专利复审和无效审查决定汇编丛书

# 专利复审和无效审查决定汇编

## （2007）

## 材　料（第一卷）

国家知识产权局专利复审委员会　编

知识产权出版社
全国百佳图书出版单位

**图书在版编目（CIP）数据**

专利复审和无效审查决定汇编．2007．材料/国家知识产权局专利复审委员会编．—北京：知识产权出版社，2015.12

ISBN 978-7-5130-1613-1

Ⅰ．①专…　Ⅱ．①国…　Ⅲ．①专利权法—案例—中国　Ⅳ．①D923.425

中国版本图书馆 CIP 数据核字（2012）第 246953 号

**内容提要**

本书汇集了专利复审委员会 2007 年作出的材料专利复审和无效审查决定及相关审查决定和司法判决（根据法律规定需要保密的除外），比较全面地反映了专利复审委员会的审查工作和人民法院专利行政案件审理工作取得的进展，对专利工作者具有一定的借鉴和指导作用，也有利于当事人及广大公众对专利复审委员会的审查工作进行监督。

**责任编辑：**崔开丽　　**责任校对：**董志英

**责任出版：**孙婷婷　　**封面设计：**品　序

专利复审和无效审查决定汇编丛书

**专利复审和无效审查决定汇编（2007）**

材　料（第一卷）

国家知识产权局专利复审委员会　编

**出版发行：**知识产权出版社有限责任公司　　**网　　址：**http://www.ipph.cn

**社　　址：**北京市海淀区马甸南村 1 号（邮编：100088）　　**天猫旗舰店：**http://zscqcbs.tmall.com

**责编电话：**82000860 转 8377　　**责 编 邮 箱：**cui_kaili@sina.com

**发行电话：**010-82000860 转 8101/8102　　**发 行 传 真：**010-82000893/82005070/82000270

**印　　刷：**北京中献拓方科技发展有限公司　　**经　　销：**各大网上书店、新华书店及相关专业书店

**开　　本：**880mm×1230mm　1/16　　**印　　张：**159.25

**版　　次：**2015 年 12 月第 1 版　　**印　　次：**2015 年 12 月第 1 次印刷

**字　　数：**4530 千字　　**定　　价：**780.00 元（全 3 卷）

ISBN 978-7-5130-1613-1

# 本书编委会

# 前　言

随着经济全球化和我国国民经济的飞速发展，专利制度在经济活动中的作用和地位越来越突出，国民的专利意识也在不断增强。目前，我国专利申请总量超过1170万件，每年专利复审与无效宣告请求案件已超过2万件，2012年达到20261件。作为专利复审和无效宣告请求案件审查的专属机构，专利复审委员会每年都要作出数以千计的审查决定。与之相应，人民法院每年要作出数百篇司法判决。每一篇审查决定和判决书都凝聚着审查员和审判人员的心血和智慧。通过审查员和审判人员结合具体案情的创作型劳动，生硬的法律条文变得鲜活和丰满，形成一笔宝贵的精神财富和公共资源，并不断有专利代理机构、专利代理人以及审查员希望专利复审委员会能够出版专利复审和无效审查决定，作为学习和工作时的重要参考资料。

除根据法律规定需要保密的外，《专利复审和无效审查决定汇编（2007）》汇集了专利复审委员会2007年作出的审查决定，包括针对相应审查决定的司法判决，以便读者了解审查决定的法律状态并对照阅读和分析。本汇编按照技术专业领域将分为8大册，共25分卷：机械（3卷）、电学（4卷）、通信（2卷）、医药（2卷）、化学（2卷）、材料（3卷）、光电（3卷）、外观设计（6卷）。因此，本汇编比较全面地反映了专利复审委员会的审查工作和人民法院专利行政案件审理工作取得的进展。

我们相信，本汇编对专利工作者具有一定的借鉴和指导作用，也有利于当事人及广大公众对专利复审委员会的审查工作进行监督。本汇编也将为推动专利复审委员会的发展，促进专利代理业务水平的提高，为《国家知识产权战略纲要》进一步实施尽微薄之力。

本书编委会

2013年8月

# 目　　录

## 复审请求审查决定

# 无效宣告请求审查决定

# 复审请求审查决定

001

# 用微波煎煮中药混合液的方法及应用

## 复审请求审查决定（第8977号）

**决　　定　　号**　第8977号
**决　　定　　日**　2006年7月10日
**发明创造名称**　用微波煎煮中药混合液的方法及应用
**国 际 分 类 号**　A61J 3/00
**复 审 请 求 人**　钟根元
**专 利 申 请 号**　02126634.4
**申　　请　　日**　2002年7月23日
**公　　开　　日**　2003年2月5日
**合 议 组 组 长**　丁惠玲
**主　　审　　员**　刘颖杰
**参　　审　　员**　李　礼

**法　律　依　据**　专利法第22条第3款
**决　定　要　点**

权利要求的技术方案与对比文件相比具备区别技术特征，在对比文件的基础上本领域技术人员并不能显而易见的得到该权利要求的技术方案，且该区别技术特征使得该技术方案取得了有益的技术效果，因而该权利要求具备创造性。

### 一、案由

本复审请求涉及申请人钟根元于2002年7月23日向中华人民共和国国家知识产权局提出的发明名称为“用微波煎煮中药混合液的方法及应用”的发明专利申请（下称本申请），其申请号是02126634.4，公开日是2003年2月5日。

本申请公开的权利要求书中共有10项权利要求，其中独立权利要求1、2内容如下：

“1. 一种用微波煎煮中药混合液的方法，其特征在于按配方调配好各单味中药微粉颗粒，粒度在100μm（微米）~0.5μm（微米）之间，以20μm（微米）~30μm（微米）之间最佳，加入该配方中药微粉颗粒总重量的2~10倍重量的液体，包括水溶液或蜂蜜或糖浆或含水乙醇，搅拌均匀，灌装入10毫升~500毫升的容器内，容器以药品包装级复合塑料，或复合纸制或玻璃制成，塑料以聚酯（CPET）容器，纸塑复合加工容器，聚甲基戊烯（TPX）容器为佳，封口。将包装好的中药混合液放在波纹面球形凹面的以金属片材为面板，以陶瓷或塑料或玻璃为底和边的托盘上，送入微波炉内，以微波2450兆赫，波长122nm的微波炉煎煮。额定输出功率750W，用中高挡功率，时间5分钟。煎煮好的中药混合液抽样进行薄层色谱鉴定。

2. 一种用于权利要求 1 方法的应用，其特征在于还可以用在药品或保健品或食品的生产过程。”

国家知识产权局于 2003 年 7 月 18 日向申请人发出第一次审查意见通知书，指出本申请权利要求 1~10 不具备专利法第 22 条第 3 款规定的创造性，所依据的对比文件是：CN1065760C 号中国专利文献，其公开日是 2001 年 5 月 16 日。

具体驳回理由是：对比文件 1 公开了一种利用微波技术提取中草药的方法，其中披露了以下技术特征：将定量组成的中草药加入等量蒸馏水浸泡，可以用硼硅酸容器来浸泡中草药，置于微波炉内，以微波 2450 兆赫，波长 122nm 微波炉进行煎煮，输出功率为 325W，时间 10 分钟，将得到的煎煮液进行光谱分析；权利要求 1 与对比文件 1 的区别在于：权利要求 1 中公开了各单味中药颗粒的粒度在 100μm~0. 5μm 之间，以 20μm~30μm 之间最佳，加入中药颗粒总重量 2~10 倍的液体，将包装好的中药混合液放在波纹面球形凹面的以金属片材为面板，以陶瓷或塑料或玻璃为底和边的托盘上，额定输出功率 750W，用中高档功率，时间 5 分钟。上述区别技术特征中，对中药的粒度进行的限定，加入中药颗粒总重量 2~10 的液体，额定输出功率 750W，用中高档功率，时间 5 分钟，这些技术特征是本领域技术人员的公知常识，波纹面球形凹面的以金属片材为面板，以陶瓷或塑料或玻璃为底和边的托盘是微波炉具备的一般结构，是本领域技术人员的公知常识，本领域普通技术人员很容易在对比文件 1 的基础上结合公知常识从而得到权利要求 1 所要保护的技术方案，权利要求 1 不具备突出的实质性特点和显著的进步，不符合专利法第 22 条第 3 款有关创造性的规定。另外，独立权利要求 2 将权利要求 1 的中药混合液的方法用在药品或保健品或食品的生产过程，这对本领域技术人员来说是公知常识；从属权利要求 3~10 的附加技术特征或为公知常识或为对比文件 1 公开，因而权利要求 2~10 均不具备创造性。

申请人于 2003 年 9 月 28 日针对第一次审查意见通知书提交了意见陈述书，认为与对比文件 1 相比本申请具备创造性，具体理由是：（1）本申请用微波煎煮的是已经包装好的中药微粉混合液，而对比文件 1 是用微波煎煮水浸后的中草药，然后过滤去渣，沉淀取液；（2）本申请中药粒径限定在 100μm~0. 5μm 之间，相对于对比文件 1 的中草药可以明显减少中药材用量近 80% 而不影响疗效；（3）由于中药粒径细小，中药微粉粒迅速大面积与液体混合，煎煮使中药有效成分及中药有效成分之间有益于治疗的相互作用均在即刻间溶出和产生；（4）本申请工艺时间和工序较对比文件 1 明显缩短；（5）本申请的药剂结构是由中药微粉组合物和中药微粉提取液组成，而对比文件 1 只是中草药提取液，而有些中药的有效成分不能用水溶液提取出来，只是以药粉的形式起药理作用；（6）许多中药的有效成分主要是挥发油，本申请包装后煎煮，全部保留了挥发油成分，而对比文件则有所损失，本申请疗效明显高于对比文件 1。

申请人还提供了三份参考文献：

附件 1：范碧亭主编的《中药药剂学》，人民卫生出版社 1997 年出版，扉页、第 4、144、150 页复印件；

附件 2：刘钟栋编著的《微波技术在食品工业中的应用》，中国轻工业出版社 1998 年出版，封面、第 220、231 页复印件；

附件 3：吴镭，平其能主编的《药剂学发展与展望》，化学工业出版社现代生物技术与医药科技出版中心，封面、第 100、101 页复印件。

经过上述审查程序后，国家知识产权局于 2003 年 11 月 21 日以本申请不符合专利法第 22 条第 3 款的规定为由驳回了本申请，驳回的理由与第一次审查意见通知书中的理由相同，并且认为申请人所述的“中药粒径限定在 100um~0. 5um，相对于对比文件 1 没有粒径限定的中草药可以明显地减少中草药的用量近80%”是本领域普通技术人员的常用技术手段，而本申请中中药混合液在包装后进行微波煎煮与对比文件1中公开的没有包装进行煎煮不能给本申请带来任何意想不到的技术效果。

申请人（下称复审请求人）不服上述驳回决定，于2004年3月1日向专利复审委员会提出复审请求，认为本申请与对比文件1相比具备创造性，具体理由是：（1）本申请的工艺过程与对比文件1工艺过程不同，最终药剂结构不同。（2）与对比文件1相比，本申请节约电能、产量高、中药材用量少；本申请的突出贡献在于将中药饮片限定在100微米~0.5微米的粒径，液体混合后包装煎煮不去药渣，减少了药材用量而并不降低药效；本申请工艺通过包装后煎煮，产品的稳定性更好。（3）本申请包装后煎煮与常规饮片不包装煎煮对比，使得挥发油含量更高，药效更好药剂稳定性质好，因此，包装后煎煮中药这一工艺技术可以用于把不能加入汤剂中煎煮的挥发性成分为主的中药，直接加入汤剂中煎煮。（4）本申请工艺制成的药剂产品中含有中药微粉颗粒，这些颗粒中的有些有效药理作用成分并不溶解于水等液体中，不能被水等液体提取出来，只有到达人体内以后才能被吸取发挥药效，因此本申请方法所得药剂的效果更好。

复审请求人还在意见陈述中列举了五个实验，证明本申请的工艺方法得到的药剂挥发油损失少，稳定性高，治疗效果好。

经形式审查合格后，专利复审委员会受理了该复审请求，并于2004年3月29日向请求人发出复审请求受理通知书，同时向原审查部门发出前置审查通知书。

原审查部门对本复审请求进行了前置审查，在前置审查中，原审查部门坚持原驳回决定。

专利复审委员会依法成立合议组，认真研究了国家知识产权局做出的驳回决定、请求人提交的意见陈述书及证据后，认为本案事实已经清楚，现依法做出本复审请求决定。

**二、决定的理由**

1. 审查文本

本次审查针对的文本是驳回决定所针对的文本，即请求人于申请日提交的申请文本。

2. 关于本申请是否具备创造性的问题

专利法第22条第3款规定，创造性，是指同申请日以前已有的技术相比，该发明有突出的实质性特点和显著的进步，该实用新型有实质性特点和进步。其中突出的实质性特点，是指发明相对于现有技术，对所属技术领域的技术人员来说，是非显而易见的；显著的进步，是指发明与最接近的现有技术相比能够产生有益的技术效果。

具体就本案而言，本申请权利要求1的技术方案与对比文件1公开的方案相比，区别特征在于：（1）对比文件1先将中草药进行浸泡然后直接进行煎制；而本申请要将中药材制成粒度在100μm~0.5μm之间的微粉颗粒，然后将中药微粉颗粒与水或其他溶剂混合后加入容器内，再对包装好的中药混合液加热。（2）对比文件1将煨制好的药剂进行过滤离心，去掉沉淀，剩余的溶液仅含有中草药可溶性物质；而本申请制成的药剂中含有不溶于水或其他溶剂的中药微粉颗粒。（3）对比文件1煎制过程先用输出功率650W煨制，再用输出功率325W煨制，共用时20分钟；本申请仅用输出功率750W加热，用时5分钟。

可以看出，本申请权利要求1的技术方案与对比文件1的方案相比，在工艺流程上具有较大差别，并且这种差别带来了有益的技术效果：由于将中药材做成微粉颗粒，使其可以迅速大面积地与液体混合，不需在煎煮前先行浸泡，在煎煮时药材中有效成分的溶出及相互作用的时间也大大减少；另外，本申请的药剂结构是中药微粉组合物和中药微粉提取液组成，而不仅仅是中草药提取液，可以使中药中某些不能用水溶液提取出来的有效成分通过微粉的形式产生作用；再有，许多中药的成分主要是挥发油，本申请通过先包装再煎煮的方式，保留了挥发油成分，因而药剂疗效较高。对于上述区别技术特征，对比文件1并没有给出技术启示，同时也没有令人信服的理由或证据说明这些技术特征是本领域的公知常识，因此本申请权利要求1的技术方案相对于对比文件1公开的技术内容，是非显而易见的；同时，由于存在这些区别技术特征，本申请的中药煎煮方法不但所需时间短，而且煎煮后的药剂没有挥发油损失，稳定性好，治疗效果优于现有技术，取得了有益技术效果。因此，本专利权利要求1的技术方案相对于对比文件1来说，具有突出的实质性特点和显著的进步，具备创造性。

独立权利要求2是权利要求1的方法的应用，在权利要求1相对于对比文件1具备创造性的情况下，权利要求2相对于对比文件1也具备创造性。

权利要求3~10从属于权利要求1，在权利要求1相对于对比文件1具备创造性的情况下，从属权利要求3~10相对于对比文件1也具备创造性。

**三、决定**

复审请求成立，撤销国家知识产权局于2003年11月21日对02126634.4号发明专利申请作出的驳回决定。由原审查部门依据复审请求人于申请日提交的申请文本作为审查基础继续审查程序。

复审请求人对本决定不服的，可以根据专利法第41条第2款的规定，自收到本决定之日起三个月内向北京市第一中级人民法院起诉。

002

# 供清洁室用的固定装置

## 复审请求审查决定（第9314号）

**决　　定　　号**　第9314号
**决　　定　　日**　2006年10月16日
**发明创造名称**　供清洁室用的固定装置
**国 际 分 类 号**　E04D 13/03
**复 审 请 求 人**　麦思纳&伍斯特股份有限公司
**申　　请　　号**　97102125.2
**申　　请　　日**　1997年1月6日
**公　　开　　日**　1997年11月5日
**合 议 组 组 长**　温丽萍
**主　　审　　员**　刘瑞斌
**参　　审　　员**　刘敏飞

**法 律 依 据**　专利法第33条
**决 定 要 点**

复审请求人在修改一项权利要求时将一个部件定义为一个新的名称，并且在该权利要求中将该名称进一步解释为一个在原始申请文件中已经记载的该部件的名称，由于上述两个名称在申请文件中的内涵一致而且明确清楚，修改后权利要求的保护范围没有发生变化，因此可以认为新定义的名称能够从原申请公开的信息中直接地、毫无疑义地导出，这种修改是允许的。

### 一、案由

本复审请求涉及申请日为1997年1月6日，名称为“供清洁室用的固定装置”的发明专利申请，其申请号为97102125.2，申请人为麦思纳&伍斯特股份有限公司。其公开的权利要求共有14项，其中权利要求1为：

“1. 一种供清洁室用的固定装置，尤指网格天花板，具有网格开口，以便将过滤-通风单元装入，所述单元支承在所述固定装置上，所述固定装置具有放置轨以放置所述过滤-通风单元，其特征在于：所述过滤-通风单元以各至少一放置构件支承在所述放置轨的至少二个对立的侧边上，所述放置构件突伸到所述网格开口中并保持在放置轨上。”

在实质审查程序中，审查员于2002年10月11日发出了第一次审查意见通知书，指出：权利要求1~8、13、14不具备新颖性；权利要求10~12不具备创造性；权利要求9不符合专利法第26条第4款的规定。

申请人于2003年4月25日针对第一次审查意见通知书进行了意见陈述，并提交了权利要求书的修改替换页。审查员于2003年7月18日发出了第二次审查意见通知书，指出：上述修改文本中的“所述放置构件被设计成放置腿形式”和“所述放置腿有一横向突出的支承腿”超出了原始申请文件记载的范围，不符合专利法第33条的规定。

申请人于2003年11月12日针对第二次审查意见通知书进行了意见陈述，并提交了权利要求书、说明书和说明书摘要的修改替换页，修改后的权利要求共有6项，其中的权利要求1为：

“1. 一种供清洁室用的固定装置，尤指网格天花板，具有网格开口，以便将过滤-通风单元装入，所述单元支承在所述固定装置上，所述固定装置具有放置轨以放置所述过滤-通风单元，所述过滤-通风单元以各至少一放置棱条支承在所述放置轨的至少二个对立的侧边上，所述放置棱条突伸到所述网格开口中并保持在放置轨上，其特征在于：放置轨（2）具有自由突出的水平腿（8、9）以作为放置面及支座（13），所述支座（13）隔一段距离设置在自由突出的腿（8、9）的上方并平行于该腿而延伸，且所述放置棱条（10、11）被设计成放置腿形式，过滤-通风单元（4）倚在其上，且所述放置腿有一向上突伸的边缘（12），它受到过滤-通风单元（4）的重量而支承在支座（13）下侧上，所述边缘（12）的高度相当于所述放置轨（2）的自由突出的腿（8、9）与所述支座（13）下侧之间的距离。”

审查员于2004年1月9日作出了驳回决定。在驳回决定中，审查员指出上述修改文本的权利要求1中记载的“所述放置棱条被设计成放置腿形式”和“所述放置腿有一向上突伸的边缘”超出了原始申请文件记载的范围，权利要求6中的“夹紧型材”超出了原始申请文件记载的范围，因此不符合专利法第33条的规定。

申请人（下称复审请求人）对上述驳回决定不服，于2004年4月15日向专利复审委员会提出了复审请求，并再次提交权利要求书的修改文本，该文本中只是将“权利要求6中的“夹紧型材”改为“密封件”，未对权利要求1作出修改。

经形式审查合格，复审委员会受理了该复审请求，并于2004年8月10日发出复审请求受理通知书和前置审查通知书。

原审查部门于2004年8月26日作出前置审查，坚持其驳回意见。

专利复审委员会依法成立合议组对该案进行了审查。经审查后，于2006年8月10日发出复审通知书，指出在2004年4月15日提交的权利要求书中，复审请求人对权利要求1的修改不符合专利法第33条的规定。

复审请求人于2006年9月7日提交了意见陈述书及权利要求书、说明书和说明书摘要的修改替换页，其中对于权利要求书，复审请求人仅修改了权利要求1，修改后的权利要求1如下：

“1. 一种供清洁室用的固定装置，尤指网格天花板，具有网格开口，以便将过滤-通风单元装入，所述过滤-通风单元支承在所述固定装置上，所述固定装置具有放置轨（2）以放置所述过滤-通风单元，所述放置轨在至少二个对立的侧边上各至少设有一放置部（10、11），所述放置部（10、11）突伸到所述网格开口中并保持在放置轨上，其特征在于：放置轨（2）具有自由突出的水平腿（8、9）以作为放置面及支座（13），所述支座（13）隔一段距离设置在自由突出的腿（8、9）的上方并平行于该腿而延伸，且所述放置部（10、11）被设计成放置棱条形式，过滤-通风单元（4）倚在所述放置棱条上，且所述放置棱条有一向上突伸的边缘（12），它受到过滤-通风单元（4）的重量而支承在支座（13）下侧上，所述边缘（12）的高度相当于所述放置轨（2）的自由突出的腿（8、9）与所述支座（13）下侧之间的距离。”

复审请求人对说明书也作了与上述权利要求1的修改相应的修改。

在上述工作的基础上，合议组认为本案的事实已经清楚，现依法作出如下审查决定。

**二、决定的理由**

1. 关于文本

复审请求人在答复复审通知书时提交了修改文本，其修改符合专利法第 60 条第 1 款和审查指南第四部分第二章第 4.2 节的规定，因此本复审决定所针对的文本为 2006 年 9 月 7 日提交的权利要求 1~6 项、说明书和说明书摘要，申请日提交的说明书附图和摘要附图。

2. 关于专利法第 33 条

专利法第 33 条规定，申请人可以对其申请文件进行修改，但是，对发明和实用新型专利申请文件的修改不得超出原说明书和权利要求书记载的范围。

复审请求人在 2006 年 9 月 7 日提交的权利要求 1 中引入了一个新的技术特征“放置部”并在该权利要求中加入了“所述放置部（10、11）被设计成放置棱条形式”的限定，说明书中的修改也与此相同。经过上述修改后，所属技术领域的技术人员看到的信息与原申请公开的信息虽然不同，但是由于“所述放置部（10、11）被设计成放置棱条形式”的限定，使得“放置部”与“放置棱条”这两个词在申请文件中的内涵一致而且明确清楚，因此引入的技术特征“放置部”可以从原申请公开的信息中直接地、毫无疑义地导出，因此这种修改是允许的，同样的道理，对说明书的相应的修改也应当是允许的，因此上述修改符合专利法第 33 条对发明专利申请文件的修改不得超出原说明书和权利要求书记载的范围的规定。

在以上事实和理由的基础上，合议组作出如下审查决定。

**三、决定**

撤销驳回决定，由国家知识产权局原审查部门以 2006 年 9 月 7 日提交的权利要求 1~6 项、说明书和说明书摘要，申请日提交的说明书附图和摘要附图为基础继续审批程序。

复审请求人对本决定不服的，可以根据专利法第 41 条第 2 款的规定，自收到本决定之日起三个月内向北京市第一中级人民法院起诉。

003

# 一次性穿着物品

## 复审请求审查决定（第9417号）

**决　　定　　号**　第9417号
**决　　定　　日**　2006年11月23日
**发明创造名称**　一次性穿着物品
**国 际 分 类 号**　A61F 13/49
**复 审 请 求 人**　尤妮佳股份有限公司
**申　　请　　号**　01142900.3
**申　　请　　日**　2001年11月23日
**优　先　权　日**　2000年11月24日
**公　　开　　日**　2002年8月21日
**合 议 组 组 长**　徐媛媛
**主　　审　　员**　田　华
**参　　审　　员**　柴爱军

**法 律 依 据**　专利法第22条第3款
**决 定 要 点**

如果一个技术方案的大部分技术特征已经被现有技术公开，其区别技术特征是本领域的公知常识，并且该技术方案相对于现有技术不具有有益的技术效果，那么该技术方案相对于现有技术是显而易见的，不具有突出的实质性特点和显著的进步，因此该技术方案不具有专利法规定的创造性。

### 一、案由

本复审请求涉及名称为“一次性穿着物品”的01142900.3号发明专利申请（下称本申请），申请日为2001年11月23日，优先权日为2000年11月24日，公开日为2002年8月21日，申请人为尤妮佳股份有限公司。

2004年11月19日，国家知识产权局以本申请权利要求1、3不符合专利法第22条第2款的规定、权利要求2不符合专利法第22条第3款的规定为由驳回了本申请。驳回理由为：权利要求1的所有技术特征都已被对比文件1（JP10127687A，公开日为1998年5月19日）公开，且二者属于同一技术领域，产生相同的技术效果，因此不具备新颖性；权利要求2的附加技术特征是本领域的公知常识，在对比文件1的基础上结合公知常识得出该权利要求的技术方案对本领域普通技术人员来说是显而易见的，所以该权利要求不具备创造性；权利要求3的附加技术特征也被对比文件1公开，所以在其引用的权利要求不具备新颖性时，该权利要求也不具备新颖性。驳回决定依据的审查文本为：申请人在申请日提交的说明书附图第1~8页、说明书摘要、摘要附图、2004年9月28日提交的说明书第1~9页、权利要求第1~3项。

驳回决定针对的权利要求书的内容如下：

“1. 一种一次性穿着物品，该一次性穿着物品沿前后方向，包括前腰围区域和后腰围区域，以及位于这些腰围区域之间的裆下区域，伸缩性的腿围弹性部件以伸长状态安装于一对腿围对置侧部上，该对腿围对置侧部在上述裆下区域的两侧朝横向内方凹陷，上述腿围弹性部件由第1弹性部件、第2弹性部件和第3弹性部件形成，该第1弹性部件从上述对置侧部的前端附近朝向前后方向后方、实质上呈弧形，该第2弹性部件从上述对置侧部的后端附近朝向前后方向前方、实质上呈弧形，该第3弹性部件设置于上述对置侧部上，在上述第1和第2弹性部件之间，沿前后方向延伸，其特征在于：

上述第1弹性部件包括：第1两侧部分，该第1两侧部分在上述对置侧部的前端附近延伸；第1中间部分，该第1中间部分横切上述裆下区域，上述第2弹性部件包括：第2两侧部分，该第2两侧部分在上述对置侧部的后端附近延伸；第2中间部分，该第2中间部分与上述第1中间部分，朝向前后方向后方，以规定尺寸间隔开，横切上述裆下区域，上述第3弹性部件沿上述对置侧部，朝向横向内方呈弧形，该第3弹性部件包括：第1连接部分，该第1连接部分从第1两侧部分和第1中间部分的分支部附近、汇合于该第1两侧部分而延伸；第2连接部分，该第2连接部分从上述第2两侧部分和第2中间部分的分支部附近、在第2两侧部分汇合而延伸，

在上述物品中，上述第1和第2两侧部分与第1和第2连接部分相互延伸的区域的伸长应力，大于除了上述区域以外的上述第1~3弹性部件所延伸的剩余区域的相应应力，

上述物品为由吸液性板和非透液性内面层形成的一次性尿布，该吸液性板中的透液性外面层和非透液性防漏层之间，设置有吸液性芯体，

并且，该第1和第2弹性部件的中间部分横切该吸液性芯体的前后部。

2. 根据权利要求1所述的物品，其特征在于：上述物品为由透液性外面层，非透液性内面层，设置于这些层之间的吸液性芯体形成的一次性尿布。

3. 根据权利要求1或2所述的物品，其特征在于：该非透液性内面层形成上述前后腰围区域和上述裆下区域，上述板以上述裆下区域为中心，沿前后方向延伸，通过上述防漏层，固定于上述内面层的内面，上述第1和第2弹性部件设置于上述内面层上，上述第3弹性部件设置于在上述对置侧部延伸的上述板的两侧缘部上。”

申请人（下称复审请求人）对该驳回决定不服，于2005年3月4日向专利复审委员会提出了复审请求，复审请求人在提出复审请求时未提交修改文本，其复审请求理由主要如下：

（1）申请人在答复第一次审查意见通知书时修改了权利要求1，将原权利要求1、2、权利要求4的前半部分及“中间部分”与“芯体”的关系等特征组合成新的权利要求1。

由于修改后的权利要求1新增加的特征并未公开于对比文件中，故该权利要求具有新颖性，同时在新的技术方案中，最初的相对侧部可紧密地接触于使用者脚周围，吸收体的前后部也紧密地接触于使用者的肌肤，从而可以减少泄漏，因此该修改的权利要求1具有创造性。

（2）删除了原权利要求2，并将原权利要求3、4分别修改为新的直接或间接从属于权利要求1的权利要求2、3。由于权利要求1具有新颖性和创造性，因此，权利要求2、3也具有新颖性和创造性。

经形式审查合格后，专利复审委员会受理了该复审请求，并于2005年3月30日向复审请求人发出复审请求受理通知书，同时向国家知识产权局原审查部门发出前置审查通知书。

国家知识产权局原审查部门对复审请求进行了前置审查，在前置审查意见书中表示坚持驳回

决定。

针对该复审请求，专利复审委员会成立合议组，对本案进行了审理，于2006年8月9日向复审请求人发出复审通知书。复审通知书指出：权利要求1所要求保护的技术方案与对比文件1（JP10127687A）相比，其区别技术特征是："在上述物品中，上述第1和第2两侧部分与第1和第2连接部分相互延伸的区域的伸长应力，大于除了上述区域以外的上述第1~3弹性部件所延伸的剩余区域的相应应力。"根据力学常识，当两个弹性部件汇合到一起其伸长应力必然会大于只有一个弹性部件的伸长应力。因此，弹性部件如权利要求1中的方式结合必然会带来上述区别技术特征所述的力学效果，弹性部件如对比文件1中的方式汇合在一起同样也会带来上述区别技术特征所述的力学效果。本领域技术人员将对比文件1与公知常识结合就可以得到权利要求1的技术方案，并且达到同样的技术效果，因此，权利要求1不具有专利法第22条第3款规定的创造性。权利要求2的附加技术特征是本领域的公知常识，在权利要求1不具备创造性的前提下，作为从属权利要求2也不具有专利法第22条第3款规定的创造性。权利要求3的附加技术特征也已经被对比文件1公开，在权利要求1和2不具备创造性的前提下，引用权利要求1或2的权利要求3也不具有专利法第22条第3款规定的创造性。综上，合议组认为，本申请的权利要求1~3均不具备专利法第22条第3款规定的创造性。

针对复审通知书，请求人于2006年9月25提交了意见陈述书，并修改了权利要求书和与之相应的说明书的相关部分。请求人按以下方式修改了权利要求1：（1）将前三段内容放入前序部分，（2）对吸液性芯体4进行了进一步的限定，（3）增加了辅助弹性部件15的特征。同时请求人认为：这些修改可由说明书第5页前3行、第6页倒数第2段及附图1-8得到支持。在对比文件中，吸收芯体延伸到了前腰围区域及后腰围区域，这与新修改的权利要求1中的构成"仅设置于非透液性防漏层的裆下区域内"是不相同的。由于具有上述构成，再加上增加了"辅助弹性部件"的限定，而且辅助弹性部件的作用并不影响到吸收芯体，只能充分地起作用、系紧腰部的效果。从而根据本发明的权利要求1所要求保护的技术方案，与对比文件相比，可以获得良好地吸收、保持排泄物的一次性穿着物品。因此，权利要求1具有突出的特点和显著的进步，具有创造性。相应地，权利要求2和3也具有创造性。

修改后的权利要求书为：

"1. 一种一次性穿着物品，该一次性穿着物品沿前后方向，包括前腰围区域和后腰围区域，以及位于这些腰围区域之间的裆下区域，伸缩性的腿围弹性部件以伸长状态安装于一对腿围对置侧部上，该对腿围对置侧部在上述裆下区域的两侧朝横向内方凹陷，上述腿围弹性部件由第1弹性部件、第2弹性部件和第3弹性部件形成，该第1弹性部件从上述对置侧部的前端附近朝向前后方向后方、实质上呈弧形，该第2弹性部件从上述对置侧部的后端附近朝向前后方向前方、实质上呈弧形，该第3弹性部件设置于上述对置侧部上，在上述第1和第2弹性部件之间，沿前后方向延伸，

上述第1弹性部件包括：第1两侧部分，该第1两侧部分在上述对置侧部的前端附近延伸；第1中间部分，该第1中间部分横切上述裆下区域，上述第2弹性部件包括：第2两侧部分，该第2两侧部分在上述对置侧部的后端附近延伸；第2中间部分，该第2中间部分与上述第1中间部分，朝向前后方向后方，以规定尺寸间隔开，横切上述裆下区域，上述第3弹性部件沿上述对置侧部，朝向横向内方呈弧形，该第3弹性部件包括：第1连接部分，该第1连接部分从第1两侧部分和第1中间部分的分支部附近、汇合于该第1两侧部分而延伸；第2连接部分，该第2连接部分从上述第2两侧部分和第2中间部分的分支部附近、在第2两侧部分汇合而延伸，

在上述物品中，上述第1和第2两侧部分与第1和第2连接部分相互延伸的区域的伸长应力，大于除了上述区域以外的上述第1~3弹性部件所延伸的剩余区域的相应应力，

其特征在于：

上述物品为由吸液性板和非透液性内面层形成的一次性尿布，该吸液性板中的透液性外面层和非透液性防漏层之间，设置有吸液性芯体，并且，该吸液性芯体仅设置于非透液性防漏层的裆下区域内，该非透液性内面层形成上述前后腰围区域和上述裆下区域，

并且，该第1和第2弹性部件的中间部分横切该吸液性芯体的前后部，

而且，在前腰围区域及后腰围区域还设置有辅助弹性部件。

2. 根据权利要求1所述的物品，其特征在于：上述物品为由透液性外面层，非透液性内面层，设置于这些层之间的吸液性芯体形成的一次性尿布。

3. 根据权利要求1或2所述的物品，其特征在于：上述板以上述裆下区域为中心，沿前后方向延伸，通过上述防漏层，固定于上述内面层的内面，上述第1和第2弹性部件设置于上述内面层上，上述第3弹性部件设置于在上述对置侧部延伸的上述板的两侧缘部上。”

经过上述审查程序，本案合议组认为，本案事实已经清楚，可以作出复审决定。

**二、决定的理由**

1. 审查文本

本决定依据的审查文本是：申请人在申请日提交的说明书附图第1~8页、说明书摘要、摘要附图、2006年9月25提交的说明书第1~9页、权利要求第1~3项。

2. 关于创造性

专利法第22条第3款规定，创造性，是指同申请日以前已有的技术相比，该发明有突出的实质性特点和显著的进步，该实用新型有实质性特点和进步。

判断发明是否具有突出的实质性特点，就是要判断对本领域的技术人员来说，要求保护的发明相对于现有技术是否显而易见。如果要求保护的发明相对于现有技术是显而易见的，则不具有突出的实质性特点。

权利要求1要求保护一种一次性穿着物品，根据说明书的描述其即一种一次性尿布。对比文件1（JP10127687A，公开日为1998年5月19日）公开了一种纸尿布，在其第一实施例中具体公开了如下技术特征（参见对比文件1说明书第4栏第20行至第6栏第33行、图1-4）：该纸尿裤沿前后方向，包括腹部区域、臀部区域以及位于二者之间的裆下区域。所述纸尿裤还包括腿围弹性伸缩部件67、68（相当于本申请中的第3弹性部件）前体部提升弹性件62（相当于本申请中的第1弹性部件）后体部提升弹性件64（相当于本申请中的第2弹性部件）。该腿围弹性伸缩部件67、68以伸长状态安装于一对腿围开口（相当于本申请中的腿围对置侧部）上，所述腿围开口在裆下区域的两侧横向向内方凹陷；该前体部提升弹性件62的两端部位于两腿围开口的前端部，其中间部分向腹股沟隆起，即朝前后方向的后方呈弧形，前体部提升弹性件62包括两侧部分（相当于本申请中的第1两侧部分）和中间部分（相当于本申请中的第1中间部分），该两侧部分在上述一对腿围开口的前端附近延伸，该中间部分横切裆下区域。弹性部件67、68沿上述腿围开口，朝向横向内方呈弧形，弹性部件67从前体部提升弹性件62的两侧部分和中间部分的分支部附近与前体部提升弹性件62汇合，并一起向腿围开口的前端部延伸。在腹部区域及臀部区域的腰围部还设置有腰部弹性伸缩部件65、65。该纸尿布还包括不透液的本体背面层40、尿布本体30，尿布本体30包括透液性顶片层10、不透液性底片层20以及位于两者之间的吸收主体31。并且前体部提升弹性件62的中间部分与吸收主体31交叉，即横切吸收主体31的前部。不透液的本体背面层40形成腹部区域、臀部区域及位于二者之间的裆下区域。

对比文件1的第二实施例对后体部提升弹性件64进行了改进，改进后的后体部提升弹性件69（参见说明书第7栏第16至23行、图9），其两端部分别位于两腿围开口的后端部，其中间部分向腹股沟隆

起，即朝前后方向的前方呈弧形，该后体部提升弹性部件 69 包括两侧部分（相当于本申请中的第 2 两侧部分）和中间部分（相当于本申请中的第 2 中间部分），该两侧部分在上述一对腿围开口的后端附近延伸，中间部分横切裆下区域，并与前体部提升弹性件相隔一定的尺寸，弹性部件 68 从后体部提升弹性件 69 的两侧部分和中间部分的分支部附近与后体部提升弹性件 69 汇合，并一起向腿围开口的后端部延伸。并且后体部提升弹性件 69 的中间部分与吸收主体 31 交叉，即横切吸收主体 31 的后部。

将权利要求 1 所要求保护的技术方案与对比文件 1 相比，其区别技术特征是："在上述物品中，上述第 1 和第 2 两侧部分与第 1 和第 2 连接部分相互延伸的区域的伸长应力，大于除了上述区域以外的上述第 1~3 弹性部件所延伸的剩余区域的相应应力；吸液性芯体仅设置于非透液性防漏层的裆下区域。"对此合议组认为，根据力学常识，当两个弹性部件以并联方式结合在一起时其拉应力（对应于本申请伸长应力）必然会大于只有一个弹性部件的拉应力。对比文件 1 中两个弹性部件汇合并一起向后端部延伸与权利要求 1 中弹性部件相互延伸到一起是相同内容的不同表述方式，即都表述了两个弹性部件以并联方式结合在一起的技术内容，并且都达到拉应力增大的力学效果。

复审请求人认为，对比文件 1 中的吸收主体延伸到了前腰围区域和后腰围区域与本申请中的吸液性芯体仅设置于非透液性防漏层的裆下区域是不同的，合议组认为，对比文件 1 中吸收主体延伸到前腰围区域和后腰围区域可以将从裆下向腰围部漏出的排泄物吸收，从而获得了更好的吸收、保持排泄物的效果，而本申请中将吸液性芯体仅设置在裆下区域是纸尿布这类产品为吸收排泄物所采用的惯用手段，说明书中也未说明将吸液性芯体仅设置于非透液性防漏层的裆下区域获得了其他意想不到的技术效果。同时，复审请求人在答复复审通知书时增加的辅助弹性部件 15 这一特征也已经被对比文件 1 公开。

综上所述，本领域技术人员将对比文件 1 与公知常识结合就可以得到权利要求 1 所要求保护的技术方案，并且达到同样的技术效果，权利要求 1 所要求保护的技术方案相对于现有技术而言是显而易见的，不具有突出的实质性特点和显著的进步，因此，权利要求 1 不具有专利法第 22 条第 3 款规定的创造性。

权利要求 2 的附加技术特征是："上述物品为由透液性外面层，非透液性内面层，设置于这些层之间的吸液性芯体形成的一次性尿布。"对于本领域技术人员来说，制备一次性尿布，一般包括与使用者肌肤接触的透液性外面层，防止液体渗透到外部的非透液性内面层，以及吸收液体的吸液性芯体，这是本领域的公知常识，同时由本申请说明书也无法看出上述特征能够带来其他意想不到的技术效果。将对比文件 1 与公知常识结合得到权利要求 2 的技术方案对本领域技术人员来说是显而易见的，因此，在权利要求 1 不具备创造性的前提下，作为从属权利要求 2 也不具有专利法第 22 条第 3 款规定的创造性。

对比文件 1 公开了如下技术特征（参见说明书第 4 栏第 20 行至第 6 栏第 33 行、图 1-4）：尿布主体 30 以裆下区域为中心，沿前后方向延伸，通过不透液的底片层 20，固定与本体背面层 40 的内面。前后体提升弹性件 62、69 设置于本体背面层 40 上，腿围弹性部件 67、68 设置在尿布主体的两侧边缘上。由此可见，权利要求 3 的附加技术特征已经被对比文件 1 公开。因此，在权利要求 1 和 2 不具备创造性的前提下，引用权利要求 1 或 2 的权利要求 3 也不具有专利法第 22 条第 3 款规定的创造性。

基于上述理由，合议组作出如下决定。

**三、决定**

维持国家知识产权局于 2004 年 11 月 19 日对 01142900.3 号发明专利申请作出的驳回决定。

复审请求人对本决定不服的，可以根据专利法第 41 条第 2 款的规定，自收到本决定之日起三个月内向北京市第一中级人民法院起诉。

004

# 液晶装置及配备该液晶装置的电子装置

## 复审请求审查决定（第9464号）

**决　　定　　号**　第9464号
**决　　定　　日**　2006年11月27日
**发明创造名称**　液晶装置及配备该液晶装置的电子装置
**国 际 分 类 号**　G02F 1/133，G02F 1/1343，G02F 1/1335
**复 审 请 求 人**　精工爱普生株式会社
**申　　请　　号**　01137620.1
**申　　请　　日**　2001年9月13日
**公　　开　　日**　2002年4月10日
**合 议 组 组 长**　王桂莲
**主　　审　　员**　张　曦
**参　　审　　员**　张惠军

**法　律　依　据**　专利法第26条第3款
**决　定　要　点**

如果说明书中仅给出一项技术方案最终所要实现的目的或效果，而没有清楚完整地公开实现这种目的或效果的具体技术手段，则该说明书公开不充分。

### 一、案由

本复审请求案涉及申请日为2001年9月13日、公开日为2002年4月10日、发明名称为“液晶装置及配备该液晶装置的电子装置”的发明专利申请（下称本申请），其申请号为01137620.1，申请人为精工爱普生株式会社。其公开文本的权利要求书共18项，其中独立权利要求为权利要求1、12、13和18。

应申请人的请求，国家知识产权局专利局实质审查部门对本申请进行了实质审查，于2003年11月14日发出了第一次审查意见通知书，指出本申请的说明书不符合专利法第26条第3款和专利法实施细则第18条第3款的规定，权利要求2不符合专利法第26条第4款的规定，权利要求4、5、6、9、10、11、16、17、18不符合专利法实施细则第23条第2款的规定，权利要求10不符合专利法实施细则第21条第3款的规定，权利要求12不符合专利法实施细则第22条第3款的规定，权利要求13不符合专利法实施细则第20条第1款的规定。

针对第一次审查意见通知书，申请人于2004年3月26日提交了意见陈述书，并提交了说明书第1～19页、说明书摘要和权利要求第1～14项的替换页，其中独立权利要求为权利要求1、2、4、7、

8、9、14。

经过上述实质审查程序，实质审查部门于2004年6月4日作出驳回决定，驳回决定的具体理由为：根据本申请说明书的记载，在利用斜向电场驱动液晶的场合，存在因反倾斜畴而引起的旋错问题，需要预先调查即使利用斜向电场驱动，也不产生反倾斜畴的范围，然后根据该调查结果来设定利用斜向电场驱动的液晶区域，由此通过限定利用斜向电场驱动的液晶区域，来抑制旋错的发生，但本申请说明书对解决上述问题并没有给出详细以及实质上的技术方案，即技术方案公开不充分，由此令本领域的普通技术人员无法具体实施说明书记载的内容，更无法实现本申请中声称的技术效果，因此本申请不符合专利法第26条第3款的规定。

申请人（下称复审请求人）对上述驳回决定不服，于2004年9月10日向专利复审委员会提出复审请求，并修改了权利要求书，针对驳回决定中指出的说明书公开不充分的问题，复审请求人认为修改权利要求后，本申请清楚地限定了利用倾斜电场驱动液晶区域的范围（用于显示的区域），是相当于“在第1电极和第2电极相向的区域的外侧位置，从该区域至离开而设置的遮光膜之间的间隙d”的液晶区域的范围（即，相当于“区域b”的液晶区域的范围）的，并且认为上述修改在本申请原始说明书的图1-8的间隙d（区域b）作图示而清楚地作了公开，从说明书的第8页第26~30行的记载也是清楚的，说明书已作了充分的公开。

经形式审查合格，专利复审委员会受理了该复审请求，于2004年9月28日向复审请求人发出了复审请求受理通知书，同时向原实质审查部门发出了前置审查通知书。

专利局原实质审查部门坚持原驳回决定意见，仍然认为本申请说明书对所要解决的技术问题未给出详细和实质上的技术方案，因而说明书公开不充分。

复审请求人于2005年4月21日向专利复审委员会提交了本申请的美国审查资料。

专利复审委员会依法成立合议组，对本案进行了审理，并于2006年7月7日向请求人发出复审通知书，其中指出：说明书中未对如何调查利用斜向电场同时不会产生反倾斜畴的区域范围进行清楚、完整的记载，本领域技术人员根据说明书的内容，无法获知如何适当选择该斜向电场区域，也就不能实现本申请的技术方案，说明书和附图中有关斜向电场区域的构成和特征的内容，仅能表示在该液晶装置中包含这样的一个区域，并需要进行调查以确定该区域的范围，使该区域内不会发生旋错现象。但这些内容均是最终的结果，仍然不能清楚完整地反映出怎样进行调查以及怎样确定该间隙“d”，也就是说并没有清楚、完整的记载怎样获得上述结果，因此请求人的复审请求理由不成立。

2006年8月16日，复审请求人针对上述复审通知书提交了意见陈述书和现有技术资料，复审请求人认为对于如何进行不产生反倾斜畴的范围的调查，可通过一边将间隙“d”阶段性地改变一边观察实际的液晶装置，并调查有没有产生因反倾斜畴而导致的旋错，能够调查不产生反倾斜畴的范围以及确定间隙“d”，对于本领域普通技术人员来说，上述调查是不需要创造性劳动的，属于基本技能，本领域普通技术人员根据上述记载能够实现本申请的技术方案。复审请求人提交了JP5249494作为现有技术资料，用以进一步说明根据有没有产生旋错来设定液晶装置的诸多要素范围是众所周知的。

经过上述审查程序，合议组认为，本案事实已经清楚，依法作出审查决定。

**二、决定的理由**

1. 审查基础

本复审决定所针对的文本是复审请求人于2004年9月10日提出复审请求时提交的权利要求第1~14项、2004年3月26日提交的说明书第1~19页和说明书摘要及申请日提交的附图第1~17页和摘要附图。

2. 关于专利法第 26 条第 3 款

专利法第 26 条第 3 款规定，说明书应当对发明或者实用新型作出清楚、完整的说明，以所属技术领域的技术人员能够实现为准。

如果说明书中仅给出一项技术方案最终所要实现的目的或效果，而没有清楚完整地公开实现这种目的或效果的具体技术手段，则该说明书公开不充分。

根据本申请说明书记载的内容，本申请所要解决的技术问题是，现有的半透射反射型液晶装置虽然具有可以根据使用环境等在反射型显示和透射型显示之间进行切换的优点，然而光损失率太高，因而存在显示图像暗淡的问题。本申请的目的是提供一种开口率高、显示特性良好的液晶装置以及使用这种液晶装置组装成的电子装置。

本申请的技术方案中，遮光膜的线宽比现有液晶装置的遮光膜的线宽窄长度“d”，从而在没有电极的非交叉区域，产生了从交叉区域延伸至非交叉区域的沿斜向的电场（斜向电场），这样不仅利用了垂直于基板方向产生的电场，还利用了该斜向电场来驱动液晶，进行透射型显示和反射型显示，从而提高开口率和显示特性。但是，如说明书所述，利用斜向电场驱动液晶时，会出现因反倾斜畴而导致的显示缺陷（旋错），所以预先要调查即使利用斜向电场驱动也不产生反倾斜畴的范围，然后根据该调查结果来设定没有电极的非交叉区域 b。

由此可见，利用斜向电场的前提是预先选择一个适当的“d”的范围来防止旋错的发生，但是说明书中对于如何调查利用斜向电场同时不会产生反倾斜畴的区域范围并未进行清楚、完整的记载，本领域技术人员根据说明书的内容，无法获知如何适当选择该斜向电场区域，也就不能实现本申请的技术方案。

复审请求人在请求书中提及的说明书和附图中有关斜向电场区域的构成和特征的内容，仅能表示在该液晶装置中包含这样的一个区域，并需要进行调查以确定该区域的范围，使该区域内不会发生旋错现象。但这些内容均是最终的结果，也不能清楚完整地反映出怎样进行调查以及怎样确定该间隙“d”，也就是说并没有清楚、完整的记载怎样获得上述结果。因此根据本申请说明书原始公开的内容，本领域技术人员无法获知如何调查即使利用斜向电场驱动也不产生反倾斜畴的范围，进而设定区域 b 的具体技术手段，因此本申请说明书公开不充分。复审请求人提交了本申请在美国的审查资料，并提出了在日本授权的审查情况，但该申请在美国授权或日本授权不能证明本申请符合中国专利法第 26 条第 3 款的规定。

复审请求人认为可通过一边将间隙“d”阶段性地改变一边观察实际的液晶装置，并调查有没有产生因反倾斜畴而导致的旋错，能够调查不产生反倾斜畴的范围以及确定间隙“d”，并且认为这种调查方式属于基本技能，不需要创造性劳动。对于复审请求人的上述观点，合议组认为，在本申请中需要预先选择适当的“d”的范围才能达到本发明预想的技术效果，但在说明书中并未对如何确定该范围的技术手段进行清楚完整的说明，也未给出不会产生旋错的数值选择范围，由于本发明与现有技术的区别在于利用了非交叉区域的斜向电场，而非交叉区域范围选择不当会产生旋错的问题，所以说明书中必须将如何选择非交叉区域的大小进行清楚完整的说明，请求人提出的一边阶段性改变间隙一边观察实际的液晶装置，并调查有没有产生旋错的技术手段是请求人对其说明书的扩展，原始申请文件中并未公开相关的内容。

请求人提交了日本专利文献 JP5249494 作为现有技术资料以支持其主张，认为根据该文献可以获知上述调查方式是基本技能，但合议组认为，该专利文献公开的是根据旋错的有无来设定位于像素电极与信号线和栅极线之间的阶梯差斜面倾斜度的方法，其中记载了阶梯差区域的尺寸形状与反倾斜或者旋错的产生程度之间的关系，并且确定了发生旋错、旋错减少和消除旋错的阶梯差斜面最大倾斜角的角度范围，该技术方案与本申请中的技术方案并不相同，并未涉及如何采用非交叉区域（没有电极的区域）的技术手段来产生斜向电场并抑制旋错，进而也未公开如何选择非交叉区域大小的技术手段，因此该文献不能证明上述调查方式对于本领域普通技术人员而言不需要创造性劳动就能够想到。

综上所述，本申请说明书不符合专利法第 26 条第 3 款的规定。

基于上述理由，合议组作出下述决定。

**三、决定**

复审请求的理由不成立，维持国家知识产权局专利局于 2004 年 6 月 4 日作出的驳回决定。

复审请求人对本决定不服的，可以根据专利法第 41 条第 2 款的规定，自收到本决定之日起三个月内向北京市第一中级人民法院起诉。

005

# 塑料管取暖装置

## 复审请求审查决定（第9520号）

**决 定 号** 第9520号
**决 定 日** 2006年11月8日
**发明创造名称** 塑料管取暖装置
**国 际 分 类 号** F28F 21/06
**复 审 请 求 人** 解登金
**申 请 号** 01139561.3
**申 请 日** 2001年12月6日
**公 开 日** 2003年6月11日
**合 议 组 组 长** 于 萍
**主 审 员** 朱文广
**参 审 员** 刘瑞斌

**法 律 依 据** 专利法第33条
**决 定 要 点**

申请人对说明书附图进行了修改，如果修改后增加的信息没有记载在原始权利要求书和说明书（包括附图以及附图中的文字说明）中，而且又不能从原申请记载的信息中直接、毫无疑义地得到，那么这种修改超出了原始申请文件记载的范围，不符合专利法第33条规定。

### 一、案由

本复审请求涉及申请日为2001年12月6日，名称为“塑料管取暖装置”的发明专利申请，其申请号为01139561.3，申请人为解登金。其申请时的权利要求为：

“塑料管取暖装置

①用塑料管及其配件代替金属取暖装置

②无外控制球型磁性开关。”

申请人经多次补正，最终确认并公开的文本为：2002年5月31日提交的说明书第1~2页、附图第1~10页、说明书摘要及其附图以及申请日提交的权利要求书1页。

在实质审查程序中，审查员针对上述公开文本于2005年8月26日发出了第一次审查意见通知书，指出：（1）本专利的说明书没有对该发明做出完整而清楚地说明，不符合专利法第26条第3款的规定；（2）申请人对说明书附图的修改超出了原始申请文件记载的范围，不符合专利法第33条的规定。

申请人分别于2005年9月22日、11月16日和11月18日针对第一次审查意见通知书进行了意见陈述。申请人认为：（1）本申请的说明书符合专利法第26条第3款的规定；（2）本申请符合专利法第33条的规定。

审查员于2006年1月6日作出了驳回决定。在驳回决定中，审查员坚持原第一次审查意见通知书的意见，认为：（1）本专利的说明书没有对该发明做出完整而清楚地说明，不符合专利法第26条第3款的规定；（2）申请人对说明书附图的修改超出了原始申请文件记载的范围，不符合专利法第33条的规定。

申请人（下称复审请求人）对上述驳回决定不服，于2006年3月2日向专利复审委员会提出了复审请求。复审请求人认为：本专利的说明书只是写的简单了点，不是不完整、不清楚的，符合专利法第26条第3款的规定；本专利说明书附图的修改只是格式上作了修改，因此，符合专利法第33条的规定。请求人没有提交申请文件的修改文本。

经形式审查合格，专利复审委员会于2006年4月25日向复审请求人发出复审请求受理通知书。并于同日向前审部门发出了前置审查通知书。

专利局实质审查部门于2006年5月22日作出前置审查意见，坚持原驳回决定。

专利复审委员会依法成立合议组，对本复审请求进行了审查。

本案合议组于2006年8月16日发出复审审查意见通知书，提出如下审查意见：（1）本通知书针对的文本为：2002年5月31日提交的说明书第1~2页、附图第1~10页、说明书摘要及其附图以及申请日提交的权利要求书1页，即同驳回决定所针对的文本；（2）申请人对说明书附图的修改超出了原始申请文件记载的范围，不符合专利法第33条的规定，并具体指出了附图2、3、4、5、6、8中超出原申请文件中记载范围的内容；（3）说明书及附图未对无外控制的三通磁性开关作出清楚完整地说明，此外说明书中有多处语句含糊不清导致本领域的技术人员无法清楚而确切地理解该发明，不符合专利法第26条第3款的规定。

复审请求人于2006年9月18日提交意见陈述书及说明书的修改替换页第1~2页。关于说明书附图，复审请求人明确采用2003年6月11日公开的附图第1~10页。

在上述工作的基础上，合议组认为本案事实已经清楚，可以作出审查决定。

**二、决定的理由**

1. 关于审查文本

复审请求人于2006年9月18日提交意见陈述书及说明书的修改替换页第1~2页。关于说明书附图，复审请求人明确采用国家知识产权局于2003年6月11日公开的附图第1~10页。

经审查，国家知识产权局于2003年6月11日公开的附图第1~10页就是申请人于2002年5月31日提交的附图第1~10页。因此本决定所针对文本为：2006年9月18日提交的说明书第1~2页、2002年5月31日提交的说明书附图第1~10页、说明书摘要及其附图以及申请日提交的权利要求书1页。

2. 关于专利法第33条

专利法第33条规定，申请人可以对其专利申请文件进行修改，但是对发明或实用新型专利申请文件的修改不得超出原说明书和权利要求书记载的范围。

申请人对说明书的附图进行了修改，如果修改后增加的信息没有记载在原始权利要求书和说明书（包括附图以及附图中的文字说明）中，而且又不能从原申请记载的信息中直接、毫无疑义地得到，那么这种修改超出了原始申请文件记载的范围，不符合专利法第33条规定。

合议组经审查后认为，申请人对说明书附图的修改超出了原始文件记载的范围，不符合专利法第

33条的规定。具体内容如下：附图2中将散热卡的直径改为？80，原始权利要求书、说明书和附图都没有记载其直径为80，该信息也无法从原始权利要求书、说明书（包括附图及原始附图中的文字说明）直接而毫无疑义地导出；此外该附图中肋的厚度改成了2，这也与原始公开的厚度为3不一致；修改后附图3中的凸紧的截面图、球的位置和一些尺寸标记都没有在原始文件中记载，弹性塑珠的直径也从22改为了25；图4中角管右下脚的凸部结构发生了改变，并且原始文件中没有记载上方直管段的长度60，附图5中高温油槽的结构改变了，并且原始文件中没有记载高温油槽的尺寸；附图6示出的结构在原始文件中根本就没有公开；附图8中增加了插接件的内径尺寸20、长度200、180，以及该页最右面的图上添加了标记“-20←Ø4”等，这些信息都没有在原始权利要求书和说明书（包括附图以及原始附图中的文字说明）中记载，也无法直接而毫无疑义地从中导出。因此，申请人对说明书附图的修改超出了原始申请文件记载的范围，不符合专利法第33条的规定。

合议组在2006年8月16日发出的复审通知书中已明确告知复审请求人本申请的上述缺陷。而请求人在答复复审通知书时没有提交对说明书附图的修改替换页，而只是声明使用（国家知识产权局）于2003年6月11日公开的说明书附图。然而由于上述公开的说明书附图与驳回决定所针对的以及复审通知书所针对的说明书附图相同，故不能克服本申请所存在的不符合专利法第33条规定的缺陷。

针对该缺陷，申请人在意见陈述书和复审请求书中陈述了提出该申请的过程，但这丝毫不能说明申请人作出的上述修改没有超出申请日（即2001年12月6日）提交的文本所记载的范围。

**三、决定**

驳回复审请求，维持中华人民共和国国家知识产权局于2006年1月6日作出的驳回决定。

复审请求人对本决定不服的，可以根据专利法第41条第2款的规定，自收到本决定之日起三个月内向北京市第一中级人民法院起诉。

# 北京市第一中级人民法院
# 行政判决书

（2008）一中行初字第321号

原告解登金，男，1947年5月14日出生，汉族，住山西省交城县西社镇东社村。

被告国家知识产权局专利复审委员会，住所地北京市海淀区北四环西路9号银谷大厦。

法定代表人廖涛，副主任。

委托代理人朱文广，男，国家知识产权局专利复审委员会审查员。

委托代理人齐宏涛，男，国家知识产权局专利复审委员会审查员。

原告解登金不服被告国家知识产权局专利复审委员会于2006年11月8日作出的第9520号复审请求审查决定（以下简称第9520号决定），向本院提起行政诉讼。本院受理后，依法组成合议庭，在法定期限内向被告送达了起诉书副本及应诉通知书，并于2008年5月15日公开开庭审理了本案。原告解登金，被告的委托代理人朱文广、齐宏涛到庭参加了诉讼。本案现已审理终结。

2006年11月8日，被告认为，原告对名称为“塑料管取暖装置”的第01139561.3号发明专利申请（以下简称本申请）说明书的附图进行的修改，超出了原始申请文件记载的范围，不符合《中华人民共和国专利法》（以下简称《专利法》）第三十三条规定。故作出第9520号决定，维持国家知识产权局（以下简称国知局）于2006年1月6日对本申请作出的驳回决定（以下简称驳回决定）。

在法定举证期限内，为证明第 9520 号决定的合法性，被告向本院提交了下列证据：1. 原告于申请日递交的原始申请文本，用以证明原告提出本申请时原始公开的范围。2. 原告于 2002 年 5 月 31 日提交的说明书附图，用以证明公开文本中附图的内容。3. 2002 年 2 月 22 日发出的补正通知书；4. 2002 年 4 月 26 日发出的补正通知书，上述证据 3~4 用以证明补正通知并未要求原告修改本申请的说明书及附图。5. 原告针对被告 2006 年 8 月 16 日发出的复审通知书的意见陈述，用以证明原告在复审阶段已明确使用公开文本的附图（即证据 2 的附图）。6. 本专利申请公开文本。

原告诉称，其按照专利局的要求进行了多次补正，已经获得了初步审查合格通知书，现在被告又说申请不合格，所作的决定不是依法依事实的决定。就说明书附图的问题，国知局信访室给我的答复是：进入实质审查阶段起 3 个月内，只能主动修改说明书与权利要求书的个别文字或增删，附图不能主动修改。因此，我才没有再对附图进行修改。几次补正都是按照专利局的审查员邢绍华的要求进行的。且《专利法》第三十三条规定的修改是进入实审后的主动修改，并非是指在初审阶段的补正。故被告认定我主动修改了附图没有事实依据的，也是没有法律依据的。综上所述，请求法院判决撤销第 9520 号决定，依据《专利法》第三十九条判决专利行政部门发给原告本申请的专利证书；并判令被告承担本案诉讼费。

在法定举证期限内，原告为支持其诉讼主张，向本院提交了下列证据：1. 被告邮寄复审决定的信封、国内挂号函件收据、山西交城西社邮政所出具的证明以及本院立案庭退件通知书，用以证明其在法定起诉期限内提起的诉讼。2. 专利局于 2002 年 4 月 26 日发出的补正通知书，用以证明其是根据审查员的指导对附图进行的补正。3. 发明专利申请初步审查合格通知书；4. 2003 年 9 月 1 日国知局信访咨询室的函，用以证明其是根据该函的答复意见未对申请文件进行修改。5.《专利法适用问答》一书第 76~77 页复印件，用以证明本案涉及的是补正的问题，不涉及修改的问题。

被告辩称，原告的起诉已经超过了法定的起诉期限，请求法院予以核实。关于本申请是否符合《专利法》第三十三条规定的问题，我委坚持第 9520 号决定中的认定意见，在此不再赘述。综上所述，第 9520 号决定认定事实清楚，适用法律正确，审理程序合法，请求法院判决予以维持。

经庭审质证，原告、被告对对方提交证据的关联性、合法性和真实性没有异议，但是原告认为被告提交的证据 3、4 能够证明其是在专利局的指导下才对申请文件进行补正。被告对原告提交证据的证明作用均不认可。

本院经审查认为，被告提交的证据、原告提交的证据 2、3 与第 9520 号决定有关，且符合证据合法性、真实性的要求，能够证明本案相关事实。原告提交的证据 1 能够证明其是在法定起诉期限内提起本案诉讼。本院对上述证据予以采纳。原告提交的证据 4 与第 9520 号决定合法性审查无直接关系，仅能证明原告在本专利实质审查过程中就有关问题向国知局信访的事实。证据 5 与本案审查的第 9520 号决定不具有关联性，本院不予采纳。

根据上述确认的有效证据以及庭审中各方当事人无争议的陈述，本院认定事实如下：

2001 年 12 月 6 日，原告向国知局提出名称为“塑料管取暖装置”的发明专利申请，即本申请。该申请的权利要求 2 项，内容如下：

塑料管取暖装置

①用塑料管及其配件代替金属取暖装置；

②无外控制球型磁性开关。

国知局先后两次发出补正通知书，原告经多次补正，最终确认并公开的文本为：申请日提交的权利要求书 1 页、2002 年 5 月 31 日提交的说明书第 1~2 页、附图第 1~10 页、说明书摘要及其附图。

在实质审查程序中，国知局针对上述公开文本于 2005 年 8 月 26 日发出审查意见通知书，指出：

1. 本申请的说明书没有对该发明作出完整而清楚地说明，不符合《专利法》第二十六条第三款的规定；2. 申请人对说明书附图的修改超出了原始申请文件记载的范围，不符合《专利法》第三十三条的规定。原告分别于2005年9月22日、11月16日和18日针对上述通知书陈述了意见。提出本申请的说明书符合《专利法》第二十六条、第三十三条的规定。2006年1月6日，国家知识产权局以审查意见通知书中指出的问题为理由作出驳回决定。

原告对上述驳回决定不服，认为：本专利的说明书只是写的简单了点，不是不完整、不清楚的，符合《专利法》第二十六条第三款的规定；本专利说明书附图的修改只是格式上作了修改，符合《专利法》第三十三条的规定。并以此为由于2006年3月2日向被告提出了复审请求。被告受理后，将本申请案卷转送至原审查部门进行前置审查。在前置审查意见书中，原审查部门坚持驳回决定。

2006年8月16日，被告发出复审审查意见通知书明确本通知书针对的文本与驳回决定所针对的文本相同，即原告于2002年5月31日提交的说明书第1~2页、附图第1~10页、说明书摘要及其附图以及申请日提交的权利要求书1页。认为，原告对说明书附图的修改超出了原始申请文件记载的范围，不符合《专利法》第三十三条的规定，并具体指出了附图2、3、4、5、6、8中超出原申请文件中记载范围的内容；说明书及附图未对无外控制的三通磁性开关作出清楚完整地说明，此外说明书中有多处语句含糊不清导致本领域的技术人员无法清楚而确切地理解该发明，不符合《专利法》第二十六条第三款的规定。

2006年9月18日，原告提交了意见陈述书及说明书的修改替换页第1~2页，并明确附图仍采用2003年6月11日公开（即2002年5月31日提交）的附图第1~10页。

被告以2006年9月18日原告提交的说明书第1~2页、2002年5月31日提交的说明书附图第1~10页、说明书摘要及其附图以及申请日提交的权利要求书1页作为审查文本，经审查认为，《专利法》第三十三条规定，申请人可以对其专利申请文件进行修改，但是对发明或实用新型专利申请文件的修改不得超出原说明书和权利要求书记载的范围。申请人对说明书的附图进行了修改，如果修改后增加的信息没有记载在原始权利要求书和说明书（包括附图以及附图中的文字说明）中，而且又不能从原申请记载的信息中直接、毫无疑义地得到，那么这种修改超出了原始申请文件记载的范围，不符合《专利法》第三十三条规定。原告对说明书附图的修改超出了原始文件记载的范围，其中：附图2中将散热卡的直径改为ϕ80，原始权利要求书、说明书和附图都没有记载其直径为80，该信息也无法从原始权利要求书、说明书（包括附图及原始附图中的文字说明）直接而毫无疑义地导出；此外该附图中肋的厚度改成了2，这也与原始公开的厚度为3不一致；修改后附图3中的凸紧的截面图、球的位置和一些尺寸标记都没有在原始文件中记载，弹性塑珠的直径也从22改为了25；图4中角管右下脚的凸部结构发生了改变，并且原始文件中没有记载上方直管段的长度60，附图5中高温油槽的结构改变了，并且原始文件中没有记载高温油槽的尺寸；附图6示出的结构在原始文件中根本就没有公开：附图8中增加了插接件的内径尺寸20、长度200、180，以及该页最右面的图上添加了标记“−20←ϕ4”等，这些信息都没有在原始权利要求书和说明书（包括附图以及原始附图中的文字说明）中记载，也无法直接而毫无疑义地从中导出。因此，原告对说明书附图的修改超出了原始申请文件记载的范围，不符合《专利法》第三十三条的规定。原告在意见陈述书和复审请求书中陈述了提出该申请的过程，但这丝毫不能说明原告作出的上述修改没有超出申请日（即2001年12月6日）提交的文本所记载的范围。综上所述，被告于2006年11月8日作出第9520号决定，维持国知局作出的驳回决定，并于同年12月7日以邮寄的方式送达给原告。原告不服该决定，在法定期限内向本院提起行政诉讼。

在本院庭审中，原告对被告作出第9520号决定的审查程序没有异议，亦认可该决定认定的其于

2002 年 5 月 31 日提交的附图与原始申请文件存在的区别，但是坚持认为上述不同之处是依照初审审查员的要求进行的补正，并非是对说明书附图进行的修改。

本院认为，根据《专利法》第四十一条第二款的规定，专利申请人对专利复审委员会的复审决定不服的，可以自收到通知之日起三个月内向人民法院起诉。本案中，被告于 2006 年 12 月 7 日以邮寄的方式向原告送达了第 9520 号决定，根据《中华人民共和国专利法实施细则》第五条第三款关于“国务院专利行政部门邮寄的各种文件，自文件发出之日起满 15 日，推定为当事人收到文件之日”的规定，推定原告于同年 12 月 23 日收到该决定，其于 2007 年 3 月 22 日向本院邮寄起诉材料，未超过上述法定起诉期限。被告关于原告起诉超过法定起诉期限的诉讼理由，依据不足，本院不予采信。

根据《专利法》第三十三条的规定，申请人对发明和实用新型专利申请文件的修改不得超出原说明书和权利要求书记载的范围。参照《审查指南》第二部分第八章第 5. 2. 3 节的规定，如果申请的内容通过增加、改变和/或删除其中的一部分，致使所属技术领域的技术人员看到的信息与原申请公开的信息不同，而且又不能从原申请公开的信息中直接地、毫无疑义地确定，那么，这种修改就是不允许的。本案中，原告于 2002 年 5 月 31 日提交的说明书附图，将原始说明书附图 2、3 中标注的肋的厚度、弹性塑珠的直径从 3 和 22 改变为 2 和 25；将原始文件中附图 4 的角管右下脚的凸部、附图 5 的高温油槽以及附图 6 所示的结构作了改动。在 2002 年 5 月 31 日提交的说明书附图 2、3、4、5、8 中都增加了在原始文件中没有记载的部件尺寸数值，使二者的信息不同，且不能从原始申请公开的信息中直接地、毫无疑义地导出，被告认定原告的修改不符合《专利法》第三十三条规定的结论正确。第 9520 号决定认定事实清楚，适用法律正确，审查程序合法，本院予以维持。原告的诉讼理由均缺乏事实及法律依据，本院不予采纳，其诉讼请求本院不予支持。据此，依照《中华人民共和国行政诉讼法》第五十四条第（一）项、最高人民法院《关于执行〈中华人民共和国行政诉讼法〉若干问题的解释》第五十六条第（四）项的规定，判决如下：

一、维持国家知识产权局专利复审委员会于二〇〇六年十一月八日作出的第 9520 号复审请求审查决定。

二、驳回原告解登金的其他诉讼请求。

案件受理费 100 元，由原告解登金负担（已交纳）。

如不服本判决，可在本判决书送达之日起 15 日内，向本院递交上诉状，并按对方当事人人数提出副本，预交上诉案件受理费 100 元，上诉于北京市高级人民法院。上诉人在上诉期限内未预交上诉案件受理费，又不提出缓交申请的，按自动撤回上诉处理。

审 判 长 张 杰
代理审判员 何君慧
人民陪审员 孟玉珍
二〇〇八年二月二十日
书 记 员 李 智

# 北京市高级人民法院
# 行政判决书

（2008）高行终字第678号

上诉人（一审原告）解登金，男，1947年5月14日出生，汉族，住山西省交城县西社镇东社村。

被上诉人（一审被告）国家知识产权局专利复审委员会，住所地北京市海淀区北四环西路9号银谷大厦。

法定代表人廖涛，副主任。

委托代理人朱文广，男，国家知识产权局专利复审委员会审查员。

委托代理人朱茜，女，国家知识产权局专利复审委员会审查员。

上诉人解登金因专利复审请求审查决定一案，不服北京市第一中级人民法院（2008）一中行初字第321号行政判决，向本院提起上诉。本院受理后依法组成合议庭公开开庭审理了本案。上诉人解登金，被上诉人国家知识产权局专利复审委员会的委托代理人朱文广、朱茜出庭参加了诉讼。本案现已审理终结。

2006年11月8日，国家知识产权局专利复审委员会（以下简称专利复审委）以解登金对名称为"塑料管取暖装置"、申请号为01139561.3号发明专利申请（以下简称本申请）说明书的附图进行的修改，超出了原始申请文件记载的范围为由，依据《中华人民共和国专利法》（以下简称《专利法》）第三十三条的规定，作出第9520号复审请求审查决定（以下简称第9520号决定），驳回复审请求，维持国家知识产权局（以下简称国家知产局）于2006年1月6日对本申请作出的驳回决定。解登金不服，向北京市第一中级人民法院（以下简称一审法院）提起行政诉讼。

一审法院判决认定，根据《专利法》第四十一条第二款的规定，专利申请人对专利复审委员会的复审决定不服的，可以自收到通知之日起三个月内向人民法院起诉。本案中，被告于2006年12月7日以邮寄的方式向原告送达了第9520号决定，根据《中华人民共和国专利法实施细则》第五条第三款关于"国务院专利行政部门邮寄的各种文件，自文件发出之日起满15日，推定为当事人收到文件之日"的规定，推定原告于同年12月23日收到该决定，其于2007年3月22日向法院邮寄起诉材料，未超过上述法定起诉期限。被告关于原告起诉超过法定起诉期限的诉讼理由，依据不足，不予采信。根据《专利法》第三十三条的规定，申请人对发明和实用新型专利申请文件的修改不得超出原说明书和权利要求书记载的范围。参照《审查指南》第二部分第八章第5.2.3节的规定，如果申请的内容通过增加、改变和/或删除其中的一部分，致使所属技术领域的技术人员看到的信息与原申请公开的信息不同，而且又不能从原申请公开的信息中直接地、毫无疑义地确定，那么，这种修改就是不允许的。本案中，原告于2002年5月31日提交的说明书附图，将原始说明书附图2、3中标注的肋的厚度、弹性塑珠的直径从3和22改变为2和25；将原始文件中附图4的角管右下脚的凸部、附图5的高温油槽以及附图6所示的结构作了改动。在2002年5月31日提交的说明书附图2、3、4、5、8中都增加了在原始文件中没有记载的部件尺寸数值，使二者的信息不同，且不能从原始申请公开的信息中直接地、毫无疑义地导出，被告认定原告的修改不符合《专利法》第三十三条规定的结论正确。第9520号决定认定事实清楚，适用法律正确，审查程序合法，予以维持。原告的诉讼理由均缺乏事实及法律依据，不予采纳，其诉讼请求不予支持。据此，依照《中华人民共和国行政诉讼法》

第五十四条第（一）项、最高人民法院《关于执行〈中华人民共和国行政诉讼法〉若干问题的解释》第五十六条第（四）项的规定，判决如下：一、维持专利复审委作出的第9520号决定；二、驳回原告解登金的其他诉讼请求。

解登金不服一审判决，提出上诉。诉称，一、本案的焦点是塑料管暖气装置0113956.3号发明专利发给申请人解登金初审合格通知书后，又说不合格。上诉人没有修改过申请书，也就谈不上违反《专利法》第三十三条规定，一审判决适用法律错误。专利局有告知上诉人应补正的义务，专利局没有告知上诉人与原件不符的地方应补正，发了合格通知书又说不合格，不合逻辑，是违法行政。二、补正是申请人在初步审查时，专利局认为不符合专利申请规定向申请人提出意见后，申请人在向正确方向补正，一般只限于初步审查以前；修改是申请人觉得自己申请有不对的地方向专利局在时效内提出意见，专利局批准后再修改，一般是指进入实质审查时。因上诉人对专利申请不太了解怕出错，所以在时效内没主动提出过修改。上诉人按照专利局的要求，进行了多次补正，已经获得了初步审查合格通知书，现在又说申请不合格，专利局所作的决定不是依法依事实的决定。就说明书附图的问题，国家知产局信访室给我的答复是：进入实质审查阶段起3个月内，只能主动修改说明书与权利要求书的个别文字或增删，附图不能主动修改。因此，上诉人没有再对附图进行修改。几次补正都是按照专利局的审查员邢绍华的要求进行的。且《专利法》第三十三条规定的修改是进入实审后的主动修改，并非是指在初审阶段的补正。故专利复审委认定上诉人主动修改了附图没有事实和法律依据。故请求二审法院判决撤销第9520号决定，判令被上诉人重新作出具体行政行为，并判令被上诉人承担本案诉讼费。

专利复审委答辩认为，关于《专利法》第三十三条，被上诉人坚持第9520号决定中的意见。被上诉人认为第9520号决定认定事实清楚，适用法律正确，审理程序合法，上诉人的上诉请求无事实依据和法律依据，显然不能成立。故请求二审法院判决驳回上诉人的上诉，维持一审判决和第9520号决定。

一审法院审理期间，专利复审委向法院提交了以下证据：1. 解登金于申请日递交的原始申请文本；2. 解登金于2002年5月31日提交的说明书附图；3. 2002年2月22日发出的补正通知书；4. 2002年4月26日发出的补正通知书；5. 解登金针对专利复审委2006年8月16日发出的复审通知书的意见陈述；6. 本专利申请公开文本。

一审法院审理期间，解登金向法院提交了以下证据：1. 专利复审委邮寄复审决定的信封、国内挂号函件收据、山西交城西社邮政所出具的证明以及一审法院立案庭退件通知书；2. 专利局于2002年4月26日发出的补正通知书；3. 发明专利申请初步审查合格通知书；4. 2003年9月1日国家知产局信访咨询室的函；5.《专利法适用问答》一书第76~77页复印件。

一审法院经审查认为，专利复审委提交的证据、解登金提交的证据2、3与第9520号决定有关，且符合证据合法性、真实性的要求，能够证明本案相关事实。解登金提交的证据1能够证明其是在法定起诉期限内提起本案诉讼。对上述证据予以采纳。解登金提交的证据4与第9520号决定合法性审查无直接关系，仅能证明解登金在本专利实质审查过程中就有关问题向国家知产局信访的事实。证据5与本案审查的第9520号决定不具有关联性，不予采纳。

上述证据均随案移送本院。二审期间，专利复审委、解登金均未向本院提交新的证据。经开庭审查，本院认可一审法院的认证意见，予以确认。本院根据合法有效的证据，认定如下事实：2001年12月6日，解登金向国家知产局提出名称为“塑料管取暖装置”的发明专利申请，即本申请。该申请的权利要求2项，内容如下：

①用塑料管及其配件代替金属取暖装置；

②无外控制球型磁性开关。

国家知产局先后两次发出补正通知书，解登金经多次补正，最终确认并公开的文本为：申请日提交的权利要求书1页、2002年5月31日提交的说明书第1~2页、附图第1~10页、说明书摘要及其附图。

在实质审查程序中，国家知产局针对上述公开文本于2005年8月26日发出审查意见通知书，指出：1. 本申请的说明书没有对该发明作出完整而清楚地说明，不符合《专利法》第二十六条第三款的规定；2. 申请人对说明书附图的修改超出了原始申请文件记载的范围，不符合《专利法》第三十三条的规定。解登金分别于2005年9月22日、11月16日和18日针对上述通知书陈述了意见，提出本申请的说明书符合《专利法》第二十六条第三款的规定，本申请符合《专利法》第三十三条的规定。2006年1月6日，国家知产局以审查意见通知书中指出的问题为理由作出驳回决定。

解登金对上述驳回决定不服，认为：本专利的说明书只是写的简单了点，不是不完整、不清楚的，符合《专利法》第二十六条第三款的规定；本专利说明书附图的修改只是格式上作了修改，符合《专利法》第三十三条的规定。并以此为由于2006年3月2日向专利复审委提出了复审请求。专利复审委受理后，将本申请案卷转送至原审查部门进行前置审查。在前置审查意见书中，原审查部门坚持驳回决定。

2006年8月16日，专利复审委发出复审审查意见通知书明确本通知书针对的文本与驳回决定所针对的文本相同，即解登金于2002年5月31日提交的说明书第1~2页、附图第1~10页、说明书摘要及其附图以及申请日提交的权利要求书1页。认为，解登金对说明书附图的修改超出了原始申请文件记载的范围，不符合《专利法》第三十三条的规定，并具体指出了附图2、3、4、5、6、8中超出原申请文件中记载范围的内容；说明书及附图未对无外控制的三通磁性开关作出清楚完整地说明，此外说明书中有多处语句含糊不清导致本领域的技术人员无法清楚而确切地理解该发明，不符合《专利法》第二十六条第三款的规定。

2006年9月18日，解登金提交了意见陈述书及说明书的修改替换页第1~2页，并明确附图仍采用2003年6月11日公开（即2002年5月31日提交）的附图第1~10页。专利复审委以2006年9月18日解登金提交的说明书第1~2页、2002年5月31日提交的说明书附图第1~10页、说明书摘要及其附图以及申请日提交的权利要求书1页作为审查文本，经审查认为，《专利法》第三十三条规定，申请人可以对其专利申请文件进行修改，但是对发明或实用新型专利申请文件的修改不得超出原说明书和权利要求书记载的范围。申请人对说明书的附图进行了修改，如果修改后增加的信息没有记载在原始权利要求书和说明书（包括附图以及附图中的文字说明）中，而且又不能从原申请记载的信息中直接、毫无疑义地得到，那么这种修改超出了原始申请文件记载的范围，不符合《专利法》第三十三条规定。解登金对说明书附图的修改超出了原始文件记载的范围，其中：附图2中将散热卡的直径改为ϕ80，原始权利要求书、说明书和附图都没有记载其直径为80，该信息也无法从原始权利要求书、说明书（包括附图及原始附图中的文字说明）直接而毫无疑义地导出；此外该附图中肋的厚度改成了2，这也与原始公开的厚度为3不一致；修改后附图3中的凸紧的截面图、球的位置和一些尺寸标记都没有在原始文件中记载，弹性塑珠的直径也从22改为了25；图4中角管右下脚的凸部结构发生了改变，并且原始文件中没有记载上方直管段的长度60，附图5中高温油槽的结构改变了，并且原始文件中没有记载高温油槽的尺寸；附图6示出的结构在原始文件中根本就没有公开；附图8中增加了插接件的内径尺寸20、长度200、180，以及该页最右面的图上添加了标记“-20←ϕ4”等，这些信息都没有在原始权利要求书和说明书（包括附图以及原始附图中的文字说明）中记载，也无法直接而毫无疑义地从中导出。因此，解登金对说明书附图的修改超出了原始申请文件记载的范围，不符合《专利法》第三十三条的规定。解登金在意见陈述书和复审请求书中陈述了提出该申请的过程，但这丝毫不能说明解登金作出的上述修改没有超出申请日（即 2001 年 12 月 6 日）提交的文本所记载的范围。2006 年 11 月 8 日，专利复审委作出第 9520 号决定，维持国家知产局作出的驳回决定，并于同年 12 月 7 日以邮寄的方式送达给解登金。解登金不服该决定，在法定期限内向一审法院提起行政诉讼。

本院认为，《专利法》第三十三条规定，申请人可以对其专利申请文件进行修改，但是对发明或实用新型专利申请文件的修改不得超出原说明书和权利要求书记载的范围。参照《审查指南》第二部分第八章第 5.2.3 节的规定，如果申请的内容通过增加、改变和/或删除其中的一部分，致使所属技术领域的技术人员看到的信息与原申请公开的信息不同，而且又不能从原申请公开的信息中直接地、毫无疑义地确定，那么，这种修改就是不允许的。本案中，解登金于 2002 年 5 月 31 日提交的说明书附图与其申请日所提交的原始文件记载的范围相比信息不同：一是在说明书附图 2、3、4、5、8 中增加了在原始文件中没有记载的部件尺寸数值；二是将原始说明书附图 2、3 中标注的肋的厚度、弹性塑珠的直径从 3 和 22 改变为 2 和 25；三是将原始文件中附图 4 的角管右下脚的凸部结构、附图 5 的高温油槽的结构、附图 6 所示的结构作了改动。由于存在上述不同信息，且这些不同信息又不能从原始申请公开的信息中直接地、毫无疑义地导出，专利复审委认定解登金的修改不符合《专利法》第三十三条规定的结论正确。虽然解登金陈述了提出该专利申请的过程，并认为补正不同于修改，但这些都不能否认解登金于 2002 年 5 月 31 日提交的说明书附图与其申请日所提交的原始文件记载的范围信息不同的事实。解登金的上诉理由缺乏事实及法律依据，本院不予采纳。

综上，专利复审委作出的第 9520 号决定认定事实清楚，适用法律正确，行政程序合法。一审判决维持专利复审委作出的第 9520 号决定正确。依据《中华人民共和国行政诉讼法》第六十一条第（一）项的规定，判决如下：

驳回上诉，维持一审判决。

二审案件受理费人民币 100 元，由上诉人解登金负担（已交纳）。

本判决为终审判决。

审 判 长 程 琥  
代理审判员 景 滔  
代理审判员 马 军  
二〇〇八年十二月十九日  
书 记 员 王 芳

006

# 可见光诱导的延迟发光无损伤肿瘤成像方法及其装置

## 复审请求审查决定（第9621号）

**决　定　号**　第9621号
**决　定　日**　2006年12月11日
**发明创造名称**　可见光诱导的延迟发光无损伤肿瘤成像方法及其装置
**国际分类号**　A61B 6/00
**复审请求人**　华南师范大学
**申　请　号**　02114781.7
**申　请　日**　2002年1月24日
**公　开　日**　2002年8月7日
**合议组组长**　黄　颖
**主　审　员**　刘　畅
**参　审　员**　刘颖杰

**法律依据**　专利法第25条第1款
**决定要点**

如果权利要求所述的方法是以有生命的人或动物为直接实施对象，并且以诊断病因为直接目的，那么该权利要求所请求保护的方法就属于专利法第25条第1款第（3）项所规定的诊断方法的范畴，不能被授予专利权。

### 一、案由

本复审请求涉及申请号为02114781.7、名称为"可见光诱导的延迟发光无损伤肿瘤成像方法及其装置"的发明专利申请（下称本申请），其申请日为2002年1月24日，申请人为华南师范大学。

国家知识产权局专利局审查部门依申请人的请求对本申请进行了实质审查，于2003年9月5日发出第一次审查意见通知书，指出本申请权利要求1~7属于非治疗目的的外科手术方法，因而不符合专利法第22条第4款的规定，同时权利要求1~7也属于专利法第25条第1款第（3）项所规定的不授予专利权的范围，另外，权利要求8、9不具备专利法第22条第3款所规定的创造性。

申请人针对上述审查意见通知书于2003年11月6日提交了意见陈述书，指出本申请的权利要求8、9具备专利法第22条第3款所规定的创造性，未对本发明权利要求1~7的关于专利法第25条第1款第（3）项以及专利法第22条第4款的问题进行意见陈述，且未对权利要求进行修改。

经过上述审查程序后，国家知识产权局专利局审查部门于2004年4月30日以本申请权利要求1~7不具备专利法第22条第4款所规定的实用性，以及权利要求8、9不具备专利法第22条第3款所规定的创造性为理由驳回了本申请。

驳回决定所针对的文本的权利要求书内容如下：

"1. 一种可见光诱导的延迟发光无损伤肿瘤成像方法，其特征在于包括如下步骤：

（1）将对生物体或组织无化学损伤，且对肿瘤病变部位具有代谢特异性的卟啉类光敏试剂 1~100μM 注射进生物体或组织；

（2）10~24 小时后，将活性血清白蛋白 1~100μM 作为延迟发光试剂注射进生物体或组织；

（3）用功率密度为 0.05~2.00W/cm$^2$ 和波长范围为 420~700nm 的可见光激发光源均匀辐照生物体或组织 10~60s，诱导生物体或组织产生较长时间的内源性延迟化学发光；

（4）利用光接收组件接收此来自生物体或组织的内源性延迟化学发光信号并将其转换为电信号；

（5）将电信号通过模数转换为数字信号；

（6）处理数字信号并进行影像重建，获得生物体或组织的结构图像。

2. 根据权利要求 1 所述的可见光诱导的延迟发光无损伤肿瘤成像方法，其特征在于：所述的对肿瘤部位具有代谢特异性的卟啉类光敏剂为临床许可的浓度范围 30~50μM 及延迟发光试剂为 30~50μM 具有活性的血清白蛋白。

3. 根据权利要求 1 所述的可见光诱导的延迟发光无损伤肿瘤成像方法，其特征在于：所述激发光源可以是单一波长的激光经扩束后均匀照射待测生物样品，也可以用具有较宽谱带的汞灯或氙灯作为激发光源均匀照射待测生物样品。

4. 根据权利要求 3 所述的可见光诱导的延迟发光无损伤肿瘤成像方法，其特征在于：激发光源为 50W 的高压汞灯时，可选取 420~500nm 长通滤光片获得所需的激发波段，垂直均匀辐照样品 10~60s。

5. 根据权利要求 1 所述的可见光诱导的延迟发光无损伤肿瘤成像方法，其特征在于：所述的激发光源的波长为处于光敏剂的吸收范围内，并对生物体或组织具较好穿透性的 500~700nm。

6. 根据权利要求 1 所述的可见光诱导的延迟发光无损伤肿瘤成像方法，其特征在于：激发光源功率密度可用远低于生物组织损伤阈值的量 0.1~0.5W/cm$^2$。

7. 根据权利要求 1 所述的可见光诱导的延迟发光无损伤肿瘤成像方法，其特征在于所述的激发光源均匀辐照生物体或组织后，关闭激发光源，暗化 1~10s，然后开始记录可见光诱导的生物体或组织的延迟发光。

8. 一种可见光诱导的延迟发光无损伤肿瘤成像装置，其特征在于包括可见光激发组件、光接收组件、模数转换器、计算机，光激发组件与计算机电气连接，光接收组件、模数转换器与计算机依次电气连接。

9. 根据权利要求 8 所述的可见光诱导的延迟发光无损伤肿瘤成像装置，其特征在于：所述光接收组件采用单光子成像系统。"

申请人（下称复审请求人）不服上述驳回决定，于 2004 年 7 月 9 日向专利复审委员会提出复审请求，并对其权利要求 1~7 的实用性问题进行了陈述，认为权利要求 1 中的"将对生物体或组织无化学损伤，且对肿瘤病变部位具有代谢特异性的卟啉类光敏试剂 1~100μM 注射进生物体或组织"，以及"10~24 小时后，将活性血清白蛋白 1~100μM 作为延迟发光试剂注射进生物体或组织"不属于外科手术的范畴，因而具备专利法第 22 条第 4 款所规定的实用性，复审请求人删除了权利要求 8~9，对原权利要求 1~7 未做出修改。

经形式审查合格后，专利复审委员会于 2004 年 8 月 16 日受理了上述请求，并于同日向复审请求人发出了复审请求受理通知书，同时向原审查部门发出了前置审查通知书。

原审查部门于2004年9月8日对该复审请求做出前置审查意见，仍然认为权利要求1~7不具备专利法第22条第4款所规定的实用性，坚持原驳回决定。

专利复审委员会依法成立合议组对该复审请求案进行了审理。本案合议组在仔细审阅了全部案卷后，于2005年5月12日向复审请求人发出了复审通知书，在本次通知书中，合议组指出：修改后的权利要求1~7属于专利法第25条第1款第（3）项所规定的不授予专利权的范围，且不符合专利法第22条第4款有关实用性的规定。合议组在本次通知书中还指出复审请求人应于指定期限内对本通知书进行答复。

复审请求人于2005年6月27日向专利复审委员会提交了意见陈述书，并对权利要求书进行了修改，复审请求人去掉了权利要求1中“将对生物体或组织无化学损伤，且对肿瘤病变部位具有代谢特异性的卟啉类光敏试剂1~100μM注射进生物体或组织”，以及“10~24小时后，将活性血清白蛋白1~100μM作为延迟发光试剂注射进生物体或组织”两个步骤，并提交了新的权利要求书替换页，在此次意见陈述书中，复审请求人还指出本申请的权利要求1~7不属于专利法第25条第1款第（3）项所规定的不授予专利权的情况。新修改的权利要求书内容如下：

“1. 一种可见光诱导的延迟发光无损伤肿瘤成像方法，其特征在于包括如下步骤：

（1）用功率密度为0.05~2.00W/$cm^2$和波长范围为420~700nm的可见光激发光源均匀辐照生物体或组织10~60秒s，诱导生物体或组织产生内源性延迟化学发光；

（2）利用光接收组件接收此来自生物体或组织的内源性延迟化学发光信号并将其转换为电信号；

（3）将电信号通过模数转换为数字信号；

（4）处理数字信号并进行影像重建，获得生物体或组织的结构图像。

2. 根据权利要求1所述的可见光诱导的延迟发光无损伤肿瘤成像方法，其特征在于所述激发光源是单一波长的激光或汞灯或氙灯。

3. 根据权利要求2所述的可见光诱导的延迟发光无损伤肿瘤成像方法，其特征在于：激发光源为50W的高压汞灯时，可选取420~500nm长通滤光片获得所需的激发波段，垂直均匀辐照样品10~60s。

4. 根据权利要求1所述的可见光诱导的延迟发光无损伤肿瘤成像方法，其特征在于：所述的激发光源的波长为500~700nm。

5. 根据权利要求1所述的可见光诱导的延迟发光无损伤肿瘤成像方法，其特征在于：激发光源功率密度为0.1~0.5W/$cm^2$。

6. 根据权利要求1所述的可见光诱导的延迟发光无损伤肿瘤成像方法，其特征在于所述的激发光源均匀辐照生物体或组织后，关闭激发光源，暗化1~10s，然后开始记录可见光诱导的生物体或组织的延迟发光。”

本案合议组经合议后，认为本案事实清楚，现依法作出复审决定。

**二、决定的理由**

1. 审查文本

本决定是基于复审请求人于2005年6月27日提交的权利要求第1~6项及申请日提交的说明书、说明书附图、摘要和摘要附图而作出的。

2. 关于专利法第25条第1款第（3）项

专利法第25条第1款第（3）项规定：疾病的诊断和治疗方法是不能被授予专利权的。

审查指南第二部分第一章第4.3.1.1节规定：

“一项与疾病诊断有关的方法如果同时满足以下两个条件，则属于疾病的诊断方法，不能被授予专利权：

（1）以有生命的人体或动物体为对象；

（2）以获得疾病诊断结果或健康状况为直接目的。”

“如果请求专利保护的方法中包括了诊断步骤或者虽未包括诊断步骤但包括检测步骤，而根据现有技术中的医学知识和该专利申请公开的内容，只要知晓所说的诊断或检测信息，就能够直接获得疾病的诊断结果或健康状况，则该方法满足上述条件（2）。”

合议组经审查认为，本申请的权利要求1~7所请求保护的是一种“可见光诱导的延迟发光无损伤肿瘤成像方法”，它是以有生命的人或动物体为直接实施对象，且本领域技术人员根据现有的医学知识，可以从使用权利要求1~7所述方法而得到的肿瘤图像中得出诊断结果，因而根据审查指南第二部分第1章第4.3.1.1节的关于诊断方法的判断原则，权利要求1~7所请求保护的方法实质上属于专利法第25条第1款第（3）项所述的疾病的诊断和治疗方法的范畴，不能被授予专利权。

复审请求人在2005年6月27日提交的意见陈述书中指出：本申请涉及一种成像方法，其目的是为了得到清晰图像，不是疾病的诊断方法，并不能直接进行疾病的诊断，可以间接用于了解某种疾病的情况，而且这不是唯一的，本申请还可以用于教学、研究、展示等其他用途，因此本申请的权利要求1~7不属于专利法第25条第1款第（3）项规定的不授予专利权的情况。

对此，合议组认为，如上所述，权利要求1~7具备审查指南第二部分第一章第4.3.1.1节规定的属于诊断方法的两个条件。尽管复审请求人认为本申请的目的在于得到清晰图像，但是本领域技术人员在看到根据权利要求1~7所述方法得到的清晰的肿瘤图像后，根据现有的医学知识，就可以得出诊断结果，因而权利要求1~7所请求保护的方法实质上就是专利法意义上的诊断方法。此外，复审请求人辩称本申请还可以用于教学、研究、展示等其他用途，但这并不能证明权利要求1~7所述的方法不属于诊断方法的范畴。综上所述，复审请求人的上述意见陈述的理由不能成立。

在上述事实和理由的基础上，本案合议组作出如下复审决定。

**三、决定**

复审请求不成立，维持中华人民共和国国家知识产权局于2004年4月30日作出的驳回02114781.7号发明专利申请的决定。

复审请求人对本决定不服的，可以根据专利法第41条第2款的规定，自收到本决定之日起三个月内向北京市第一中级人民法院起诉。

007

# 复合型索托屋顶结构

## 复审请求审查决定（第 9734 号）

**决　　定　　号**　第 9734 号
**决　　定　　日**　2006 年 12 月 15 日
**发明创造名称**　复合型索托屋顶结构
**国 际 分 类 号**　E04B 7/14，E04B 1/342
**复 审 请 求 人**　徐国彬，崔　玲
**申　　请　　号**　200410090799.4
**申　　请　　日**　2004 年 11 月 11 日
**公　　开　　日**　2005 年 4 月 6 日
**合 议 组 组 长**　于　萍
**主　　审　　员**　齐宏涛
**参　　审　　员**　朱文广

**法　律　依　据**　专利法第 22 条第 3 款
**决　定　要　点**

如果对比文件并未公开权利要求中的某个技术特征，也无证据证明该技术特征是本领域技术人员所惯常采用的技术手段，那么据此不能认为该权利要求请求保护的技术方案对本领域技术人员来说是显而易见的。

### 一、案由

本复审请求涉及发明名称为“复合型索托屋顶结构”的第 200410090799.4 号发明专利申请（下称本申请），申请人为徐国彬、崔玲。

经实质审查，国家知识产权局于 2006 年 3 月 10 日对本申请作出了驳回决定，驳回理由是：本申请的权利要求 1~5 不具备创造性。

驳回决定所依据的对比文件是：

对比文件 1：“新式索托结构”——《空间结构》第 6 卷第 1 期第 26~33 页，公开日为 2000 年 3 月；

对比文件 2：公开号为 CN1225962A 的中国发明专利公开说明书，公开日为 1999 年 8 月 18 日。

驳回决定所针对的权利要求书为：

“1. 一种复合型索托屋顶结构，包括多对主塔及屋顶结构，其特征在于：主塔之间张拉有柔性索，不同的柔性索布成网状，两个主塔间的柔性索以两塔水平距离的中心点为对称轴从屋顶结构主梁下贯穿过去，将屋顶结构中的主梁托住，柔性索两端被锚固住。

2. 如权利要求1所述的复合型索托屋顶结构，其特征在于：所述主塔顶部有索鞍，所述的柔性索跨过索鞍。

3. 如权利要求1或2所述的复合型索托屋顶结构，其特征在于：所述的柔性索跨过索鞍锚固在延伸至主塔之外的屋顶结构的主梁上的锚头上。

4. 如权利要求1或2所述的复合型索托屋顶结构，其特征在于：所述的柔性索锚固在主塔上。

5. 如权利要求1或2所述的复合型索托屋顶结构，其特征在于：所述的主塔为矩形或圆形布局。"

驳回决定指出：(1) 对比文件1涉及一种新式索托结构，公开了权利要求1的绝大部分特征，其区别仅在于本申请的柔性索"以两塔水平距离的中心点为对称轴从主梁下贯穿"，该技术特征所解决的技术问题是使得结构受力合理分配，将对比文件1披露的索托结构应用在屋顶结构中，得到权利要求1的技术方案，对本领域技术人员来说是显而易见的，也没有产生预料不到的技术效果。故权利要求1不符合专利法第22条第3款有关创造性的规定；(2) 权利要求2，4的附加技术特征已经被对比文件1公开，因此当其引用的权利要求1不具创造性时，该权利要求2，4也不具有创造性；(3) 权利要求3的附加技术特征已被对比文件2公开，本领域技术人员完全可以不必付出创造性劳动，就能将该附加技术特征应用到对比文件1的技术方案中，因此权利要求3也不具有创造性；(4) 权利要求5在于所述主塔的布局，对本领域技术人员来说，这是不必付出创造性劳动就能得到的，因此权利要求5也不具有创造性。

申请人（下称复审请求人）对上述驳回决定不服，于2006年5月26日向专利复审委员会提出了复审请求。复审请求人提出的复审请求理由是本申请的权利要求相对于对比文件1和2具有创造性。复审请求人在提出复审请求时未提交修改文本。

复审请求人认为：本申请权利要求1与对比文件1相比具有两项区别技术特征，分别是"不同柔性索布成网状"和"两个主塔间的柔性索以两塔水平距离的中心点为对称轴从屋顶结构主梁下贯穿过去"。对于前者，对比文件1公开的"网状结构"只是作为传力结构的屋盖体系而不是作为受力结构的柔性索，因此对比文件1没有公开"不同的柔性索布成网状"这一技术特征，也不具有本发明的技术效果，而对比文件1和2中公开的索托结构都只有二维结构，将二维结构发展为三维结构不是显而易见的。对于后者，对比文件1和2未公开"从屋顶结构主梁下贯穿的柔性索以两塔水平距离的中心点为对称轴"这一技术特征，也没有证据证明这是本领域技术人员的常用技术手段，将其认定为公知常识是不正确的。因此，权利要求1具有突出的实质性特点和显著的进步，因而具备创造性。权利要求2~5作为权利要求1的从属权利要求，也具有创造性。

经形式审查合格后，专利复审委员会受理了该复审请求，并于2006年6月26日向复审请求人发出《复审请求受理通知书》，同时向原审查部门发出前置审查意见通知书。

原审查部门对本复审请求进行了前置审查，在前置审查中，原审查部门坚持原驳回决定。

专利复审委员会依法成立合议组，对本复审请求案进行了审理。经审查，合议组认为本案事实已经清楚，可以依法做出复审请求审查决定。

**二、决定的理由**

1. 审查文本

由于复审请求人在提出复审请求时未提交申请文件的修改文本，故本决定针对的文本是驳回决定所针对的文本。

2. 关于创造性

专利法第22条第3款规定："创造性，是指同申请日以前已有的技术相比，该发明具有突出的实质性特点和显著的进步。”

判断发明是否具有突出的实质性特点，就是要判断对本领域的技术人员来说，要求保护的发明相对于现有技术是否显而易见。判断要求保护的发明对本领域的技术人员来说是否显而易见时，通常需要将本发明与最接近的现有技术进行对比，找出其区别技术特征，并由此确定出本发明所要解决的技术问题，再进一步判断现有技术中是否给出将该区别特征应用到该最接近的现有技术以解决其存在的技术问题的启示，这种启示会使本领域的技术人员在面对所述技术问题时，有动机改进该最接近的现有技术并获得如本发明所要求保护的发明。通常，如果现有技术当中未公开上述区别技术特征且没有证据证明其是公知常识，则可以认为现有技术不存在获得发明所要求保护的技术方案的技术启示。如果现有技术不存在这种技术启示，则发明不是显而易见的，具有突出的实质性特点。

具体到本案而言，独立权利要求 1 请求保护一种复合型索托屋顶结构，包括多对主塔及屋顶结构，其特征在于：主塔之间张拉有柔性索，不同的柔性索布成网状，两个主塔间的柔性索以两塔水平距离的中心点为对称轴从屋顶结构主梁下贯穿过去，将屋顶结构中的主梁托住，柔性索两端被锚固住。

对比文件 1（“新式索托结构”——《空间结构》第 6 卷第 1 期）公开了一种新式索托结构：其中披露所述索托结构“在索（相当于本申请的柔性索）与结构连接处不采用刚性锚头连接，也不切断钢索而是直接在梁结构下（相当于本申请的主梁）贯穿过去，锚固在另一侧的塔（相当于本申请的主塔）上或跨过塔顶的索鞍而锚固在邻跨或地锚上（相当于本申请的柔性索两端被锚固住），其各部件的受力情况如图 1d、1e、1f、1g 所示。其中，塔的受力与斜拉结构或悬索结构基本相同，但塔高却可大大降低”；“索托结构是采用多根托索”；“索对结构梁的支承不是采用“拉”“吊”的连接方式，而是采用“托”的方法（相当于本申请的将主梁托住），使连接的可靠性大大增加”。此外，对比文件 1 还披露了所述索托结构在屋盖体系中的应用范例（相当于公开了应用于屋盖体系中的索托结构）。

虽然对比文件 1 公开了该权利要求 1 的绝大部分特征，但两者相比，仍具有如下区别技术特征：(1) 不同的柔性索布成网状，(2) 两个主塔间的柔性索以两塔水平距离的中心点为对称轴从屋顶结构主梁下贯穿过去。

针对第一项区别技术特征，对比文件 1 中屋盖系统的“网格结构”，实际上是指作为传力结构的屋盖本身是网格状的，而其中作为受力结构的多根托索是分成两组从梁的两端平行贯穿过去，依旧位于同一平面结构内，并未形成网状（参见对比文件 1 的附图 3）。因此，对比文件 1 并未公开这一区别技术特征。驳回决定中认为对比文件 1 公开了这一特征，其事实认定有误。而且，网格结构的屋盖体系与柔性索构成的网状体系分别属于建筑物的传力结构和受力结构，屋盖体系的作用在于构成屋顶形状并将荷载传递给作为受力结构的索，柔性索则从下面将屋盖体系托住以最终承担荷载。所以两者作用也完全不同，根据对比文件 1 和 2 不可能得到将柔性索布成网状的技术启示和教导，审查员也没有证据证明该技术特征是本领域技术人员的常用技术手段。

另一方面，本发明采用了网状结构的柔性索后，也取得了有益的技术效果。由于相交的柔性索的内接圆的直径要小于主塔内接圆和整个建筑结构的外圆的直径，所以能够有效减少屋顶结构中屋盖体系悬空部分的实际跨度。

因此，根据现有的证据还不足以推出权利要求 1 不具备创造性的结论。基于同样的事实和理由，也不能得到权利要求 2~5 不具备创造性的结论。因此，驳回决定中关于权利要求 1~5 不具备创造性的结论不能成立。

**三、决定**

撤销国家知识产权局于 2006 年 3 月 10 日对 200410090799.4 号发明专利申请作出的驳回决定。

由原审查部门依据申请日提交的权利要求第 1~6 项、说明书第 1~4 页、说明书附图第 1~2 页及说明书摘要继续审查程序。

复审请求人对本决定不服的，可以根据专利法第 41 条第 2 款的规定，自收到本决定之日起三个月内向北京市第一中级人民法院起诉。

008

# 保持沐浴帘关闭的装置

## 复审请求审查决定（第9759号）

**决　　定　　号**　第9759号
**决　　定　　日**　2006年12月15日
**发明创造名称**　保持沐浴帘关闭的装置
**国 际 分 类 号**　A47K 3/14
**复 审 请 求 人**　肖沃西勒公司
**申　　请　　号**　00819468.8
**申　　请　　日**　2000年4月25日
**公　　开　　日**　2003年10月29日
**合 议 组 组 长**　马文霞
**主　　审　　员**　赵　明
**参　　审　　员**　何　炜

**法　律　依　据**　专利法第22条第3款
**决　定　要　点**
如果发明的技术方案相对于现有技术，对所属技术领域的技术人员来说，是显而易见的，则认为该发明不具有突出的实质性特点和显著的进步，因此不具有创造性。

### 一、案由

本复审请求涉及名称为“保持沐浴帘关闭的装置”的第00819468.8号发明专利申请（下称本申请），申请人为肖沃西勒公司，申请日为2000年4月25日，公开日为2003年10月29日。

2004年8月6日，国家知识产权局以权利要求1~3、6~10不符合专利法第22条第3款的规定为由驳回了本申请，驳回决定所针对的权利要求书如下：

“1. 一种用来保持帘子封闭的装置，包括：

一个基本条；

一个柔性磁性条，具有磁性面和外表面，所述基本条和所述柔性磁性条在其一端刚性或牢固地连接在一起，在所述基本条和柔性磁性条的未连接部分之间的磁吸力用于将帘子的边缘压在其间；

一个用来将所述条连接到墙壁上的装置。

2. 根据权利要求1所述的装置，其中，所述条的尺寸相等。

3. 根据权利要求2所述的装置，其中，所述条呈矩形，所述磁性面一个端部被粘连到所述基本条的一个端部。

4. 根据权利要求 2 所述的装置，其中，所述条呈矩形，另外，还包括一个呈普通钱夹形状的保持夹，该保持夹安装在所述条的端部，来固定所述条之间的连接，所述保持夹的弯曲端部从所述外表面向外延伸。

5. 根据权利要求 4 所述的装置，其中，所述条的端部被粘连起来。

6. 根据权利要求 1 所述的装置，其中，还包括一个连接到所述磁性条的所述外表面上的把手。

7. 根据权利要求 6 所述的装置，其中，所述把手具有普通的钩子形状。

8. 根据权利要求 1 所述的装置，其中，所述用来将所述条连接到墙壁上的装置是一个双面粘性条，该粘性条被粘连到所述基本条上。

9. 根据权利要求 1 所述的装置，其中，所述基本条由涂有防水漆的镀锌铁制成。

10. 根据权利要求 1 所述的装置，其中，所述基本条是柔性磁性塑料，所述基本条和所述柔性磁条的用于磁性连接的表面的极性是相反的。

11. 根据权利要求 4 所述的装置，其中，保持夹形状与钱夹相似。”

驳回决定认为：对比文件 1（CN2078125U，公开日：1991 年 6 月 5 日）公开的保持窗帘封闭的装置与权利要求 1 的区别在于：（1）二者磁性部件和非磁性部件的位置相反，（2）对比文件 1 没有明确用文字区分两个条的连接和未连接部分。但区别（1）是本领域技术人员可以根据需要设计选择的，而区别（2）在对比文件 1 中有启示，因此本领域技术人员在对比文件 1 公开的内容的基础上得到权利要求 1 的技术方案是显而易见的，权利要求 1 不具备创造性。从属权利要求 2、3、6~10 的附加技术特征或者被现有技术公开，或者是本领域的惯用手段，在权利要求 1 不具备创造性的基础上，上述直接或间接引用权利要求 1 的权利要求也不具备创造性。

申请人（以下称请求人）对上述驳回决定不服，于 2004 年 11 月 22 日向专利复审委员会提交了复审请求。请求人在提交复审请求的同时提交了权利要求书的修改替换页，其中修改了权利要求 1，将柔性磁性条与基本条的连接关系限定为“永久固定连接”，同时对权利要求 4 和 5 进行了相应的修改。请求人提交的复审请求理由为：本申请相对于对比文件 1 具备至少一个实质性区别，即对比文件 1 为分离的两个部件，而本申请为一个单一部件，它们在一端永久固定连接。本领域的技术人员从对比文件 1 中无法获得基本条和磁性条在一端永久固定、呈一个单元形式的固定装置的技术启示，因此本申请具有创造性。

修改后的权利要求 1、4、5 为：

“1. 一种用来保持帘子封闭的装置，包括：

一个基本条；

一个柔性磁性条，具有磁性面和外表面，所述基本条一个表面上有一部分被永久固定连接到所述磁性面的一部分，在所述基本条的未连接部分之间的磁吸力用于将帘子的边缘压在其间；

一个用来将所述条连接到墙壁上的装置。”

4. 根据权利要求 2 所述的装置，其中，所述条呈矩形，另外，还包括一个呈普通钱夹形状的保持夹，该保持夹安装在所述条的端部，以在两者之间保持永久的连接，所述保持夹的弯曲端部从所述外表面向外延伸。

5. 根据权利要求 1 所述的装置，其中，所述基本条和所述磁性条的端部被粘连起来。”

形式审查合格后，专利复审委员会受理了该复审请求，并于 2004 年 12 月 16 日向请求人发出《复审请求受理通知书》，并把申请案卷送至原审查部门进行前置审查。

原审查部门对本复审请求进行了前置审查，在《前置审查意见书》中，原审查部门坚持原驳回决定。

专利复审委员会成立合议组，对本复审请求案进行了审理。

本合议组于2006年4月13日发出《复审通知书》，指出：对比文件1所公开的方案与权利要求1的方案相比，区别在于：（1）二者磁性条与基本条的位置相反，本申请中是基本条固定，对比文件1中是磁性条固定；（2）本申请中基本条和磁性条的一部分永久固定连接，对比文件1中的磁性条和薄铁片为分离的两个部件。对于区别（1），选择基本条或磁性条固定，本领域普通技术人员可根据实际需要来进行选择，不需要付出创造性劳动；对于区别（2），上述的两种结合方式作为常用的连接手段，对本领域的技术人员来说是容易想到的，没有产生预料不到的技术效果，因此本领域的普通技术人员在对比文件1公开的内容的基础上得到权利要求1的技术方案是显而易见的，权利要求1不具备创造性。权利要求2~11的附加技术特征或者已经被现有技术所公开，或者是本领域普通技术人员的惯用手段，因此，在其直接或者间接引用的权利要求1相对于对比文件1不具备创造性的情况下，这些权利要求也不具备不具备创造性。

请求人于2006年5月16日提交了意见陈述书及权利要求书的修改替换页，其中在权利要求1中增加了“位于所述磁性条的底部边缘处的把手”这一技术特征，同时删除了权利要求6并调整了权利要求7的引用关系。请求人在意见陈述书中认为：对比文件1~3都没有公开位于磁性条底部边缘处的把手这一特征，通过将把手设置在磁性条的底部边缘处，可以使使用者容易地，快速地将磁性条从基本条上分离开，因此本申请的技术方案具备突出的实质性特点和显著的进步，具有创造性。

修改后的权利要求1为：

“1. 一种用来保持淋浴帘封闭的装置，包括：

一个邻近淋浴器安装的基本条；

一个柔性磁性条，具有磁性面和外表面，所述基本条一个表面上有一部分被永久固定连接到所述磁性面的一部分，在所述基本条的未连接部分之间的磁吸力用于将淋浴帘的边缘压在其间；

位于所述磁性条的底部边缘处的把手，所述把手可以操作以允许使用者将所述柔性磁性条从与所述基本条的磁性连接中分离开，由此，所述淋浴帘的边缘可以放置在所述基本条和所述柔性磁性条之间；

一个用来将所述条连接到墙壁上的装置。”

至此，合议组认为本案事实清楚，可以作出复审决定。

**二、决定的理由**

1. 关于审查文本

本复审决定是针对请求人2006年5月16日提交的权利要求第1~10项，本申请进入中国国家阶段时提交的说明书第1~3页和附图第1~2页作出的。

2. 关于创造性

专利法第22条第3款规定：创造性，是指同申请日以前已有的技术相比，该发明具有突出的实质性特点和显著的进步，该实用新型有实质性特点和进步。

如果发明的技术方案相对于现有技术，对所属技术领域的技术人员来说，是显而易见的，则认为该发明不具有突出的实质性特点和显著的进步，因此不具有创造性。

（1）权利要求1的创造性。

本申请权利要求1要求保护一种用来保持淋浴帘封闭的装置。对比文件1（CN2078125U，公开日1991年6月5日）公开了一种保持窗帘侧边封闭的装置（参见对比文件1的说明书和图1），该装置包括贴附在窗框上的磁性条4和薄铁片20（相当于本专利的基本条），借助磁性条4与铁片20的之间的磁力将窗帘夹在中间。本申请权利要求1保护的“装置”采用了用途限定，即“用来保持淋浴帘封闭”，根据该权利要求的记载和申请说明书的描述，由于该用途没有对所限定“装置”产品的保护范围产生实质影响，因此，该用途限定并不构成本申请与对比文件1之间的区别技术特征。

由此可见，对比文件1所公开的方案与权利要求1的方案相比，区别在于：①二者磁性条与基本条的位置相反，本申请中是基本条固定，对比文件1中是磁性条固定；②本申请中基本条和磁性条的一部分永久固定连接，对比文件1中的磁性条和薄铁片为分离的两个部件；③本申请在位于磁性条的底部边缘处设有把手。

关于区别①：选择基本条或磁性条固定，本领域普通技术人员可根据实际需要来进行选择，不需要付出创造性劳动；关于区别②：无论是使用分离的部件使帘子的边缘固定，还是使用一部分永久固定连接的部件将帘子的边缘固定，均可以达到本申请防止水从沐浴喷头飞溅到浴缸外的目的，而且作为常用的连接手段，上述的两种结合方式对本领域的技术人员来说是容易想到的，关于区别③：相同技术领域的的对比文件2（US5787520A，公开日1998年8月4日）的图1中有一个连接到磁性条外表面上的把手20，虽然该把手没有设置在底部边缘处，但本领域的技术人员为了达到快速、容易地分离两个部件的目的，选择适当的把手的位置并不需要付出创造性的劳动，并且上述区别没有产生预料不到的技术效果，因此本领域的普通技术人员在对比文件1、2公开的内容的基础上得到权利要求1的技术方案是显而易见的，权利要求1不具备创造性。

（2）权利要求2~10的创造性。

由对比文件1的图1可以看出，其中的磁性条和铁片的尺寸相等，从属权利要求2的附加技术特征被对比文件1公开。

从属权利要求3、5的附加技术特征中，“条呈矩形”在对比文件1的图1中公开；至于两条端部粘连的特征，是本领域普通技术人员根据常用的连接手段容易想到的。

从属权利要求4、10的附加技术特征限定了使用保持夹使两条之间保持永久连接，并且限定了保持夹的形状，保持夹作为常用的连接手段之一是本领域普通技术人员容易想到的，其具体形状根据应用的环境不同可以任意选择。

从属权利要求6的附加技术特征是本领域普通技术人员根据现有技术中各种把手的样式容易选用的。

从属权利要求7的附加技术特征已经在同一领域的对比文件3（US4594741A，公开日1986年6月17日）中公开，参见对比文件3的第2栏第21行至第51行及图1-5。

从属权利要求8的附加技术特征中，基本条为铁制成在对比文件1中已经公开，而在浴室中的金属部件通常采用防水、防锈等材质制成，并会采用外涂防水材料等方式进行外表面的处理；

从属权利要求9的技术方案中采用了极性相反的两个柔性磁性条作为固定部件，对本领域普通技术人员来说，选用铁条与磁性条的组合方式与选用两个磁性条的组合方式并没有实质性区别，它们均是常用的磁性连接的方式，是显而易见的。

由此可见，从属权利要求2~10的附加技术特征或者已经被现有技术所公开，或者是本领域普通技术人员的惯用手段，因此，在其直接或者间接引用的权利要求1相对于对比文件1、2不具备创造性的情况下，这些权利要求也不具备突出的实质性特点和显著的进步，不具备创造性。

请求人强调了本申请中“在磁性条底部设置把手，由此可以容易地快速地将磁性条和基本条分离”的理由。合议组认为，首先，对比文件2已经公开了在磁性条外表面上设置把手；其次，把手的设置就是为了便于两个相连部件的分离，其位置选择对本领域技术人员来说是很容易想到的。因此为了方便地分离两个相连接的部件，设置把手是本领域技术人员的常用手段，且没有产生预料不到的技术效果，本领域的普通技术人员在对比文件1、2公开的内容的基础上得到权利要求1的技术方案，是显而易见的，请求人的理由并不成立。

请求人还认为本申请中基本条与磁性条之间一端永久固定连接，二者之间总是对齐的，由此使用方便。合议组认为，无论是使用分离的部件使帘子的边缘固定，还是使用一部分永久固定连接的部件将帘子的边缘固定，均可以达到本申请防止水从沐浴喷头飞溅到浴缸外的目的，并且这两种固定件的连接方式也是常用的连接手段，对本领域技术人员来说是很容易想到的，没有产生预料不到的技术效果，因此本领域的普通技术人员在对比文件 1 公开的内容的基础上得到权利要求 1 的技术方案，是显而易见的，请求人的这一理由也不成立。

基于上述理由，合议组作出如下决定。

**三、决定**

维持国家知识产权局于 2004 年 8 月 6 日对 00819468. 8 号发明专利申请作出的驳回决定。

复审请求人对本决定不服的，可以根据专利法第 41 条第 2 款的规定，自收到本决定之日起三个月内向北京市第一中级人民法院起诉。

009

# 虹吸管

## 复审请求审查决定（第9812号）

**决　　定　　号**　第9812号
**决　　定　　日**　2006年12月20日
**发明创造名称**　虹吸管
**国 际 分 类 号**　E03D1/22
**复 审 请 求 人**　宝丽派普厨卫产品有限公司
**申　　请　　号**　01134432.6
**优　先　权　日**　2000年11月3日
**申　　请　　日**　2001年11月1日
**公　　开　　日**　2002年12月11日
**合 议 组 组 长**　李广峰
**主　　审　　员**　汪送来
**参　　审　　员**　侯秋霞

**法　律　依　据**　专利法第22条第3款
**决　定　要　点**

如果要求保护的技术方案同最接近的现有技术相比，其区别技术特征是所属领域解决发明实际解决的技术问题的公知常识，则要求保护的技术方案不具备创造性。

### 一、案由

本复审请求案涉及发明名称为“虹吸管”的第01134432.6号发明专利申请（下称本申请），申请人为宝丽派普厨卫产品有限公司，申请日为2001年11月1日，优先权日为2000年11月3日，公开日为2002年12月11日。

2004年12月3日，针对申请人于2003年8月25日提交的权利要求第1~10项、说明书第1~2页，2001年11月1日提交的说明书第3~4页、说明书附图第1~2页、说明书摘要及摘要附图，国家知识产权局以权利要求1~10不具备创造性、不符合专利法第22条第3款为由驳回了本申请。

驳回决定认为：对比文件1（GB2213846A，公开日为1989年8月23日）公开了一种虹吸冲水箱，并具体公开了在虹吸管钟形物20的壁上沿不同高度方向间隔设置多个孔以及各孔上配置的适合封闭任意数量（包括任意两个）的所述孔用以切断水流的封闭塞，使虹吸管10提供至少三种不同的冲洗水量。权利要求1~10相对于对比文件1和公知常识的结合不具备创造性，不符合专利法第22条第3款的规定。

驳回决定针对的权利要求 1~10 如下：

“1. 一种用于从水箱中冲洗水的虹吸管，包括的装置（2、3）可使虹吸管（1）适合于提供所需的至少三种不同的冲洗水量，其特征在于：装置（2、3）包括在虹吸管壁上的三个竖直方向间隔设置的孔（11、12、13），以及一个适合于封闭所述孔（11、12、13）中的任意两个孔以切断水流的装置。

2. 根据权利要求 1 所述的虹吸管，其特征在于：所述孔（11、12、13）沿竖直方向对齐。

3. 根据权利要求 2 所述的虹吸管，其特征在于：下孔（13）通过整体封闭物（14）而永久地塞住，上面的两个孔（11、12）是通孔，每个通孔都可由所述装置（3）有选择地进行封堵。

4. 根据权利要求 1 所述的虹吸管，其特征在于：每个孔（11、12、13）都由一个凸台（14）确定，所述装置（3）具有两个间隔的塞子（16、17），借此，塞子可塞住所述孔（11、12、13）中的一个或多个。

5. 根据权利要求 4 所述的虹吸管，其特征在于：所述装置（3）具有一个削弱区（19），借此，所述装置（3）的一部分可与其另一部分相互分开。

6. 根据权利要求 5 所述的虹吸管，其特征在于：削弱区（19）沿横向位于所述装置（3）的大致中部位置处。

7. 根据权利要求 5 或 6 所述的虹吸管，其特征在于：削弱区（19）包括一个形成于所述装置（3）本体上的 V 形槽。

8. 根据权利要求 1~6 任一所述的虹吸管，其特征在于：所述装置（3）由塑料制成。

9. 一种水箱，其特征在于：装有前述任意一项权利要求所述的虹吸管（1）。

10. 一种厕所设备，其特征在于：装有权利要求 9 所述的水箱。”

2005 年 3 月 18 日，申请人宝丽派普厨卫产品有限公司（下称请求人）对上述驳回决定不服，向专利复审委员会提出复审请求，并于 2005 年 5 月 30 日提交了补正的复审请求书和权利要求书替换页。与驳回决定所针对的权利要求书相比，请求人将原权利要求 1 中的“一个适合于封闭所述孔（11、12、13）中的任意两个孔以切断水流的装置”修改为“一个适合于同时地封闭所述孔（11、12、13）中的任意两个孔以切断水流的装置”，修改后的权利要求 1 为：

“1. 一种用于从水箱中冲洗水的虹吸管，包括的装置（2、3）可使虹吸管（1）适合于提供所需的至少三种不同的冲洗水量，其特征在于：装置（2、3）包括在虹吸管壁上的三个竖直方向间隔设置的孔（11、12、13），以及一个适合于同时地封闭所述孔（11、12、13）中的任意两个孔以切断水流的装置。”

请求人认为：本发明权利要求 1 与对比文件 1 的区别特征在于：（1）包括在虹吸管壁上的三个竖直方向间隔设置的孔（11、12、13）；（2）适合于同时地封闭所述孔（11、12、13）中任意两个孔以切断水流的装置。这可以通过两个可相互分开的间隔的塞子来实现，当封闭两相邻孔时，两个塞子不需分开即可插入到孔中，当封闭两个不相邻的孔时，可将两个塞子分开后在插入孔中。而对比文件 1 需要多个塞子封闭多个孔，不能利用单个塞同时封闭三个孔中任意两个孔，也没有这样的暗示和建议。因此本发明权利要求 1 具备创造性，符合专利法第 22 条第 3 款的规定。在权利要求 1 具有创造性的基础上，本发明的权利要求 2~10 也同样具有创造性。

经形式审查合格后，专利复审委员会受理了该请求，并于 2005 年 6 月 24 日向请求人发出了《复审请求受理通知书》，同时将本申请转送至国家知识产权局原审查部门进行前置审查。

在《前置审查意见书》中，国家知识产权局原审查部门认为经申请人修改的权利要求书仍未克服驳回决定所指出的缺陷，因此坚持驳回决定。

专利复审委员会组成合议组，对本复审请求案进行了审理，并于2006年8月2日向请求人发出《复审通知书》，指出：本申请权利要求1与对比文件1的技术方案都涉及一种虹吸管，都具有在竖直方向间隔设置的孔及其封闭装置，并且本申请装置（2）包括的孔（11、12、13）和孔的封闭装置与对比文件1中在所述的多个孔30和封闭塞32的作用相同，本申请的装置3和对比文件1的封闭塞32为封闭这些孔的封闭装置，另外，“同时地”封闭是对比文件1中隐含的技术特征。本申请权利要求1与对比文件1的区别技术特征在于：（1）权利要求1的装置2包括3个孔（11、12、13），而对比文件1是在不同预定高度上设置多个孔（30）；（2）权利要求1的装置3为一个适合于同时地封闭孔（11、12、13）中任意两个孔的封闭装置，而对比文件1中的封闭塞32是相互分离的。合议组认为这些区别技术特征都是本领域的公知常识。因此权利要求1不具备创造性。权利要求5~7是权利要求1的从属权利要求，它们的附加技术特征是本领域的公知常识，并且也没有使这些权利要求产生预料不到的效果，因此权利要求5~7相对于对比文件1也不具备创造性。权利要求8的附加技术特征在对比文件1中已经公开，在其引用的权利要求1~6不具备创造性的情况下，权利要求8也不具备创造性。权利要求9要求保护装有前述任意一项权利要求所述虹吸管（1）的水箱，对比文件1已经公开了装有其虹吸管的水箱，权利要求9与对比文件1的区别技术特征在于虹吸管，权利要求9相对于对比文件1也不具备创造性。权利要求10要求保护一种厕所设备，其装有权利要求9所述的水箱，对比文件1已公开了其虹吸管是冲洗厕所的水箱中应用的虹吸管，权利要求10也不具备创造性。因此权利要求1~10不符合专利法第22条第3款的规定。

针对上述《复审通知书》，请求人于2006年9月18日提交了意见陈述书和修改后的权利要求书，其中将原权利要求2、3、5和原权利要求4的部分技术特征并入权利要求1，并删除了原权利要求7。修改后的权利要求书如下：

“1. 一种用于从水箱中冲洗水的虹吸管，包括的装置（2、3）可使虹吸管（1）适合于提供所需的至少三种不同的冲洗水量，其特征在于：装置（2）包括在虹吸管壁上的三个竖直方向间隔设置的孔（11、12、13），以及装置（3）用于同时地封闭所述孔（11、12、13）中的任意两个孔以切断水流；所述孔（11、12、13）沿竖直方向对齐；所述下孔（13）通过整体封闭壁（14）而永久地塞住，上面的两个孔（11、12）是通孔，每个通孔都可由所述装置（3）有选择地进行封堵；所述装置（3）具有两个间隔的塞子（16、17），借此，塞子可塞住所述孔（11、12、13）中的一个或多个；所述装置（3）还具有一个削弱区（19），借此，所述装置（3）的一部分可与其另一部分相互分开。

2. 根据权利要求1所述的虹吸管，其特征在于：每个孔（11、12、13）都由一个凸台（18）确定。

3. 根据权利要求1所述的虹吸管，其特征在于：削弱区（19）沿横向位于所述装置（3）的大致中部位置处。

4. 根据权利要求1~3任一所述的虹吸管，其特征在于：所述装置（3）由塑料制成。

5. 一种水箱，其特征在于：装有前述任意一项权利要求所述的虹吸管（1）。

6. 一种厕所设备，其特征在于：装有权利要求5所述的水箱。”

请求人认为，修改的权利要求1所限定的虹吸管具有以下特征：（1）模制在虹吸管侧面的有3个竖直方向对齐的孔；（2）用装置（3）可以封堵顶部孔和中央孔；（3）下面孔是有效的“停放位置”孔；（4）装置（3）包括两个整体模制的塞子，用于封堵两个孔，当塞子同时占据顶部孔和中央孔，可以获得最大的9升冲洗水量；（5）装置（3）的塞子当占据中央孔和下面的盲孔（停放位置），可以提供最小的6升冲洗水量；（6）装置（3）具有削弱区（19），通过弯折即可获得分开的两个塞子，其中一个塞子封堵顶部孔，留下中央孔，即可获得7升的冲洗水量。权利要求1的技术方案可以实现同时地封闭所述孔（11、12、13）中任意两个孔以切断水流。对比文件 1 没有公开或者暗示上述技术特征，仍然采用本领域传统的一孔一塞的技术手段。因此本申请权利要求 1 符合专利法第 22 条第 3 款有关创造性的规定。在权利要求 1 具有创造性的基础上，其从属权利要求及相应的独立权利要求 5、6 也具有创造性。

至此，合议组认为本案事实清楚，可以作出审查决定。

**二、决定的理由**

1. 关于审查文本

本决定以请求人于 2006 年 9 月 18 日提交的权利要求第 1~6 项，2003 年 8 月 25 日提交的说明书第 1~2 页，2001 年 11 月 1 日提交的说明书第 3~4 页、说明书附图第 1~2 页、说明书摘要及摘要附图为基础。

2. 专利法第 22 条第 3 款

专利法第 22 条第 3 款规定，创造性是指同申请日以前已有的技术相比，该发明具有突出的实质性特点和显著的进步。

如果要求保护的技术方案同最接近的现有技术相比，其区别技术特征是所属领域解决发明实际解决的技术问题的公知常识，则要求保护的技术方案不具备创造性。

本申请权利要求 1 要求保护一种用于从水箱中冲洗水的虹吸管，包括的装置（2、3）可使虹吸管（1）适合于提供所需的至少三种不同的冲洗水量，其特征在于：装置（2）包括在虹吸管壁上的三个竖直方向间隔设置的孔（11、12、13），以及装置（3）用于同时地封闭所述孔（11、12、13）中的任意两个孔以切断水流；所述孔（11、12、13）沿竖直方向对齐；所述下孔（13）通过整体封闭壁（14）而永久地塞住，上面的两个孔（11、12）是通孔，每个通孔都可由所述装置（3）有选择地进行封堵；所述装置（3）具有两个间隔的塞子（16、17），借此，塞子可塞住所述孔（11、12、13）中的一个或多个；所述装置（3）还具有一个削弱区（19），借此，所述装置（3）的一部分可与其另一部分相互分开。

对比文件 1 公开了一种虹吸管，并公开了在虹吸管钟形物或者外壳的侧壁上于相同高度或者不同的预定高度可具有多个孔 30 及多个可卸的封闭塞 32，使虹吸管 10 可提供更多的不同最大冲洗水量（见说明书第第 9 页第 2 段至第 10 页第 1 段，第 11 页第 2 段，以及说明书附图 1 和附图 2）。

将本申请权利要求 1 与对比文件 1 的技术方案进行对比可知，两者都涉及一种虹吸管，都具有在竖直方向间隔设置的孔及其封闭装置，并且，本申请装置（2）包括的孔（11、12、13）和孔的封闭装置（3）相当于对比文件 1 中在所述的多个孔 30 和封闭塞 32，它们的作用相同，即在位于某高度的孔开放的情况下，当水箱的水位下降到该孔的位置时，空气可由该孔进入虹吸管内，从而终止虹吸作用，因而可以通过孔的高度控制冲洗水量，在不同高度设置多个孔是为了提供多种冲洗水量的选择；当选择某一冲洗水量后，即封闭相应数量的孔。另外，对于权利要求 1 中所述的“同时地封闭”，其含义应为在使用时需被封闭的孔同时都封闭，而不能理解为在不将装置 3 的两个塞子分开的情况下进行封闭，因为根据说明书的内容可以看出，其不可能在不分开的情况下封闭孔 11 和孔 13。对比文件 1 中的多个孔都是带有封闭塞的，只有选择开放其中某个孔时，该孔才会被开通，其他的孔应当同时封闭，这是隐含的技术特征。经过上述分析可知，本申请权利要求 1 和对比文件 1 相比，其区别技术特征为：（1）本申请权利要求 1 的装置（2）包括 3 个孔（11、12、13），且所述孔（11、12、13）沿竖直方向对齐，下孔（13）通过整体封闭壁（14）而永久地塞住，上面的两个孔（11、12）是通孔；而对比文件 1 是设置多个孔（30）。（2）本申请权利要求 1 的装置（3）具有两个间隔的塞子（16、17），并具有一个削弱区（19），而对比文件 1 中的封闭塞 32 是相互分离的。

合议组认为，对于上述区别技术特征（1），本申请权利要求1中下孔（13）被永久地封闭，实际上本申请仅有孔（11）和孔（12）能够起到控制冲洗水量的作用。盲孔（13）仅起到“停放”装置（3）的作用，这是本领域的常规技术。并且，虹吸管需要有多少种可选择的冲洗水量，便设置相应数量的孔，这是本领域的公知常识。孔在竖直方向对齐与不对齐相比并不会产生更好的技术效果。对于上述区别技术特征（2），当选定了一定数目控制冲洗水量的孔时，则需要能够封闭相应数目的孔的封闭装置，例如当选定2个孔用于控制冲洗水量时，在释放水箱中最大冲洗水量的情况下，需要两个塞子将两个孔全部封闭，当释放与某一孔相对应的冲洗水量时，则开放相应的孔。为了方便起见，将两个甚至是多个塞子制成一体的封闭装置，并在封闭装置上设置一个削弱区以便在需要时将各塞子分离，这些都是本领域的公知常识。

由此可见，在对比文件1的基础上，结合公知常识，权利要求1的技术方案对于本领域技术人员来说是显而易见的，权利要求1不具备突出的实质性特点和显著的进步，不符合专利法第22条第3款有关创造性的规定。

权利要求2是权利要求1的从属权利要求，进一步限定每个孔（11、12、13）都由一个凸台（18）确定。合议组认为，由凸台（18）确定孔是本领域的公知常识，并且也没有使得本发明的虹吸管产生预料不到的技术效果，因此，在权利要求1不具备创造性的情况下，权利要求2相对于对比文件1和公知常识的结合也不具备创造性，不符合专利法第22条第3款的规定。

权利要求3是权利要求1的从属权利要求，进一步限定削弱区（19）沿横向位于所述装置（3）的大致中部位置处。设计如此的削弱区位置也是本领域的公知常识，因此，在权利要求1不具备创造性的情况下，权利要求3相对于对比文件1和公知常识的结合也不具备创造性，不符合专利法第22条第3款有关创造性的规定。

权利要求4是权利要求1~3任意一项的从属权利要求，进一步限定装置（3）由塑料制成。对比文件1公开了封闭塞由弹性塑料制成，因此当权利要求1~3不具备创造性时，权利要求4也不具备创造性，不符合专利法第22条第3款的规定。

权利要求5要求保护一种水箱，其装有前述任意一项权利要求所述虹吸管（1）。对比文件1已经公开了装有其虹吸管的水箱（见附图1），权利要求5与对比文件1的区别技术特征在于虹吸管，对于这些区别技术特征的分析如前所述。同样地，权利要求5相对于对比文件1和公知常识的结合也不具备创造性，不符合专利法第22条第3款的规定。

权利要求6要求保护一种厕所设备，其装有权利要求5所述的水箱，对比文件1已公开了其虹吸管是冲洗厕所的水箱中应用的虹吸管（见说明书第1页第1段）。同样，当权利要求5的水箱不具备创造性时，权利要求6相对于对比文件1和公知常识的结合也不具备创造性，不符合专利法第22条第3款的规定。

根据上述事实和理由，合议组作出如下审查决定。

**三、决定**

维持国家知识产权局于2004年12月3日针对第01134432.6号发明专利申请作出的驳回决定。

复审请求人对本决定不服的，可以根据专利法第41条第2款的规定，自收到本决定之日起三个月内向北京市第一中级人民法院起诉。

010

# 具有快速跳出按钮的下沉式转换部件

## 复审请求审查决定（第9829号）

**决　定　号**　第9829号
**决　定　日**　2006年12月24日
**发明创造名称**　具有快速跳出按钮的下沉式转换部件
**国际分类号**　G05G 9/047
**复审请求人**　大众汽车有限公司
**申　请　号**　00803300.5
**申　请　日**　2000年1月26日
**公　开　日**　2002年3月6日
**合议组组长**　张梅珍
**主　审　员**　张田勇
**参　审　员**　张惠军

**法律依据**　专利法第26条第3款
**决定要点**

说明书是否充分公开以所属领域技术人员能否实现为准，只要本领域技术人员根据说明书、说明书附图以及所掌握的现有技术能够实现本申请的技术方案，则认为说明书符合专利法第26条第3款的规定。

### 一、案由

本复审请求涉及申请号为00803300.5、名称为“具有快速跳出按钮的下沉式转换部件”的发明专利申请（下称本申请），申请日为2000年1月26日，申请人为大众汽车有限公司。

国家知识产权局专利局实质审查部门依法对本申请进行了实质审查，于2002年9月13日发出第一次审查意见通知书，指出本申请说明书公开不充分，不符合专利法第26条第3款的规定。

针对上述审查意见通知书，申请人于2002年12月24日提交了意见陈述书，未对本申请进行任何修改。申请人认为：本申请说明书中给出了背景技术信息，本领域技术人员应理解快速跳出按钮或快速跳出开关，在此基础上本领域技术人员能够根据本申请说明书的描述实现操纵杆功能。

经过上述实质审查程序后，国家知识产权局专利局审查部门以本申请说明书不符合专利法第26条第3款的规定为理由，于2003年3月7日做出了驳回本申请的决定，具体的驳回理由如下：本申请的发明主题是按照快速跳出按钮的类型设置的下沉式转换部件，其中下沉式转换部件是操纵杆开关，也就是说本发明的关键在于快速跳出按钮与操纵杆的结合，而它们的结合会遇到需要克服的问题，例如，为使快速跳出按钮正常工作，在开关座开孔中要设置无锥度的直的导向槽，但为使操纵杆摆动，该导向槽又必须是有锥度的，这就很难实现快速跳出按钮与操纵杆的结合，说明书中也没有对此进行记载；本申请说明书记载的“由此可以这样来确定开孔 11 的锥度，即，操纵杆 1 的轴 2 在开孔中以任何摆幅都能达到开关点所需的开关斜度”不仅语句含糊不清，而且也没有在说明书中记载用什么手段达到这样的技术效果；对于操纵杆是下部有球体的类型、还是与周边进行电接触的类型，说明书中没有记载；同时说明书中也没有记载该操纵杆如何对反射镜及座位进行调节。因此，本申请说明书不符合专利法第 26 条第 3 款的规定。

申请人大众汽车有限公司（下称复审请求人）不服上述驳回决定，于 2003 年 4 月 12 日向专利复审委员会提出复审请求，其复审请求的理由是：（1）本发明中的操纵杆的轴具有圆柱体的形状，孔的内壁具有圆锥形形状，操作杆弹出时，操纵杆的轴的下端在开关座下侧的锥形孔口之上，使得操作杆可以进行开关操作，当操作杆压入到开关座上的开孔中时，操纵杆的轴的下端从开关座下侧的锥形孔口向下穿出，通过开关座下侧的锥形孔口与操纵杆的轴之间的配合固定，使得操纵杆不能够以弹出时的幅度摆动，从而不能进行开关操作；（2）本申请说明书中的“由此可以这样来确定开孔 11 的锥度，即，操纵杆 1 的轴 2 在开孔中以任何摆幅都能达到开关点所需的开关斜度”是清楚的，因为孔的锥度和操纵杆的运动角度之间存在一定的关系；（3）操作杆的类型对于本申请的技术方案是不重要的；（4）操作杆对反光镜和座位进行调节属于现有技术。

经形式审查合格后，专利复审委员会受理了上述复审请求，并于 2003 年 5 月 21 日向复审请求人发出了复审请求受理通知书，并于同日向原审查部门发出前置审查通知书。

原审查部门对该复审请求做出前置审查意见，仍然坚持原驳回决定。

专利复审委员会依法成立合议组对该复审请求案进行了审理。本案合议组在仔细审阅了全部案卷后，作出本审查决定。

**二、决定的理由**

1. 审查基础

本决定以进入中国国家阶段时提交的权利要求第 1~12 项、说明书第 1~4 页、说明书附图第 1、2 页、说明书摘要和摘要附图为基础。

3. 关于专利法第 26 条第 3 款

专利法第 26 条第 3 款规定：说明书应当对发明或者实用新型作出清楚、完整的说明，以所属技术领域的技术人员能够实现为准；必要的时候，应当有附图。摘要应当简要说明发明或者实用新型的技术要点。

驳回决定中认为：（1）本申请的发明主体是按照快速跳出按钮的类型设置的下沉式转换部件，其中下沉式转换部件是操纵杆开关，也就是说本发明的关键在于快速跳出按钮与操纵杆的结合，而它们的结合会遇到需要克服的问题，例如，为使快速跳出按钮正常工作，在开关座开孔中要设置无锥度的直的导向槽，但为使操纵杆摆动，该导向槽又必须是有锥度的，这就很难实现快速跳出按钮与操纵杆的结合，说明书中也没有对此进行记载；（2）本申请说明书记载的“由此可以这样来确定开孔 11 的锥度，即，操纵杆 1 的轴 2 在开孔中以任何摆幅都能达到开关点所需的开关斜度”不仅语句含糊不清，而且也没有在说明书中记载用什么手段达到这样的技术效果；（3）对于操纵杆是下部有球体的类型、还是与周边进行电接触的类型，说明书中没有记载；（4）同时说明书中也没有记载该操纵杆如何对反射镜及座位进行调节。因此，本申请说明书不符合专利法第 26 条第 3 款的规定。

合议组认为，对于上述意见（1），由本申请说明书（说明书第 3 页第 13 行至说明书第 4 页第 1 行）可知，转换部件由操纵杆 1 和开关座 10 构成，操纵杆 1 具有向下伸出的轴 2，开孔 11 为锥形，操纵杆 1 在操作位置 B 可以使轴紧贴在开关座 10 的锥形孔 11 的壁上的相应多个开关位置上，而将操纵杆 1 压入到下沉位置 A 时，操纵杆是不可操作的，由于本申请并不涉及具体的开关类型，可以确定的是操纵杆 1 在下沉位置 A 处不能使轴紧贴在开关座 10 的锥形孔 11 的壁上的相应多个开关位置上。由于转换部件仅由操纵杆 1 和开关座 10 构成，因此上述功能的实现是通过操作杆 1 与开关座 10 的锥形开孔 11 共同完成的，而开关座 10 中并不包括驳回决定中所指出的无锥度的直的导向槽，由此可知，本申请中并不存在驳回决定中所述的通过无锥度的直的导向槽和有锥度的导向槽来结合快速跳出按钮和操纵杆的问题，锥形开孔 11 兼有导向和控制操纵杆摆动的作用，本领域技术人员可以理解，当操纵杆处于下沉位置 A 时，可以有多种技术手段保证操纵杆不偏转到锥形孔壁上，而当通过在操纵杆从下沉位置 A 跳出后增加轴与开关座 10 下侧的锥形孔口之间的间隙时，操纵杆 1 在操作位置 B 才能进行大幅摆动。因此，由本申请说明书可以确定操作杆与具有锥形开孔的开关座的配合关系，本领域技术人员根据本申请说明书的记载能够实现快速跳出按钮与操作杆的结合，实现本申请的技术方案。

对于上述意见（2），“由此可以这样来确定开孔 11 的锥度，即，操纵杆 1 的轴 2 在开孔中以任何摆幅都能达到开关点所需的开关斜度”的语句确实存在语意不清之处，但其后的说明书文字部分“也就是说，所述轴紧贴在开关座 10 的锥形孔 11 壁上的相应开关位置”对其进行了解释，本领域技术人员完全可以依此实现本申请的技术方案；并且如在对于意见（1）的分析中可知，本申请说明书中记载了达到这样的技术效果的手段，即以大于操纵杆在下沉位置 A 处的摆幅的锥度确定开孔 11 的锥度。

对于上述意见（3），本申请仅是将快速跳出式开关装置转用到操纵杆开关上，而对于本申请的操作杆的具体类型，则属于本领域的常规选择，不是本申请的发明点所在。

对于上述意见（4），本申请仅涉及操纵杆开关，操纵杆开关不是操纵杆，操纵杆开关需要控制执行机构来调节反射镜及座位，而执行机构调节反射镜及座位属于本领域的现有技术，无需在说明书中说明。

综上所述，本专利说明书符合专利法第 26 条第 3 款的规定。

根据上述事实和理由，本案合议组依法做出以下审查决定。

**三、决定**

撤销国家知识产权局于 2003 年 3 月 7 日对 00803300. 5 号发明专利申请作出的驳回决定，由原审查部门以本决定依据的文本继续进行审查程序。

复审请求人对本决定不服的，可以根据专利法第 41 条第 2 款的规定，自收到本决定之日起三个月内向北京市第一中级人民法院起诉。

011

# 改进了的电外科仪器

## 复审请求审查决定（第9846号）

**决　　定　　号**　第9846号
**决　　定　　日**　06年12月5日
**发明创造名称**　改进了的电外科仪器
**国 际 分 类 号**　A61B 18/14
**复 审 请 求 人**　蒂姆医药公司
**申　　请　　号**　01822631.0
**申　　请　　日**　2001年12月27日
**优　先　权　日**　2000年12月29日
**公　　开　　日**　2004年8月4日
**合 议 组 组 长**　丁惠玲
**主　　审　　员**　杜微科
**参　　审　　员**　田　华

**法　律　依　据**　专利法第26条第4款
**决　定　要　点**

权利要求所要求保护的技术方案应当是所属技术领域的技术人员能够从说明书充分公开的内容中得到或概括得出的技术方案，当权利要求是由说明书记载的一个或多个实施例概括而成时，应当结合权利要求的保护范围、现有技术的状态、本申请所要解决的技术问题、各实施例所采取的技术方案等多种因素综合判断该权利要求的概括是否适当，是否能够得到说明书的支持。

本申请没有以绝缘外层的材料及其绝缘外层应当具有的电、热绝缘性能对权利要求1请求保护的技术方案作进一步限定，使得权利要求1的保护范围中包括了其他不能用于解决本申请所要解决的技术问题的技术方案，因此权利要求1的概括过于上位，没有得到说明书的支持。

### 一、案由

本复审请求涉及申请日为2001年12月27日，优先权日为2000年12月29日，公开日为2004年8月4日，发明名称为“改进了的电外科仪器”的PCT发明专利申请（下称本申请），其申请号是01822631.0，申请人为蒂姆医药公司。

在本申请的实质审查过程中，国家知识产权局于2005年6月10日以权利要求1、7、13、23、27不能得到说明书的支持，不符合专利法第26条第4款的规定为由驳回了本申请，驳回决定所依据的文本是：申请人在本申请进入中国国家阶段时提交的国际申请文件的说明书第1-2页、说明书附图第

1-5页、说明书摘要及摘要附图，2005年3月11日提交的说明书第3-11页以及权利要求第1-38项。

驳回决定针对的独立权利要求1为：

“1. 一种电外科仪器，用来将电外科信号传送到组织部位以便达到预定的电外科效果，所述电外科仪器包括：

金属本体，具有在300°K测量时至少0.35W/cm°K的导热系数，并具有由熔点至少2600°F的材料形成的围缘部；以及

绝缘外层，设置在所述金属本体的至少一部分上。”

驳回的具体理由为：权利要求1中的“金属本体，具有在300K测量时至少0.35W/cm°K的导热系数”用该金属的导热系数对金属进行了限定，该权利要求记载了一个较宽的数值范围“至少0.35W/cm°K的导热系数”，但是说明书中没有关于所述范围端点值——导热系数为0.35W/cmK的金属的实施例，本领域技术人员不能确定在此数值范围内的所有金属都适合作为该电外科仪器的金属本体，因此权利要求1不能得到说明书的支持；权利要求7、23、27中的导热系数“2W/cm°K”和权利要求13中的导热系数“1.2W/cm°K”也概括了较宽的数值范围，由于在说明书中没有给出关于所限定数值范围的端点值的金属的实施例，本领域技术人员难以预料此数值范围内的材料都能够达到本发明的目的，因此权利要求7、13、23、27也不能说得到明书的支持，不符合专利法第26条第4款的规定。

申请人蒂姆医药公司（下称复审请求人）不服该驳回决定，于2005年8月26日向国家知识产权局专利复审委员会提出复审请求。复审请求人在提出复审请求时对申请文件进行了修改，复审请求人认为修改后的权利要求1能够得到说明书的支持，符合专利法第26条第4款的规定。

修改后的权利要求1为：

“一种电外科仪器，用来将电外科信号传送到组织部位以便达到预定的电外科效果，所述电外科仪器包括：

金属本体，具有围缘部，所述金属本体包括：

第一金属层，该第一金属层形成所述围缘部并且具有至少2600°F的熔点，和

至少一层毗邻所述第一金属层的第二金属层，其中所述第一金属层和所述至少一层第二金属层包括不同的材料；以及

绝缘外层，设置在所述金属本体的至少一部分上。”

经形式审查合格后，专利复审委员会受理了该复审请求，并于2005年9月22日向复审请求人发出复审请求受理通知书，同时将本案送至原实质审查部门进行前置审查。

原实质审查部门在前置审查意见书中认为，修改后的权利要求1删除了原权利要求1中对金属本体的导热系数进行限定的技术特征，修改后的权利要求1超出了原申请文件记载的范围，不符合专利法第33条的规定，因此坚持原驳回决定。

合议组于2006年7月5日向复审请求人发出复审请求口头审理通知书，定于2006年7月20日举行口头审理，合议组在口头审理通知书中指出：

（1）关于审查文本，合议组认为修改后的权利要求1删除了原权利要求1中的技术特征“在300°K测量时至少0.35W/cm°K的导热系数”，扩大了权利要求1的保护范围，因此复审请求人对权利要求1的修改超出了原申请文件记载的范围，不符合专利法第33条的规定；（2）关于驳回决定中有关权利要求1不能得到说明书的支持的认定，合议组认为，本申请所要解决的技术问题是减少电外科仪器上非功能区域到组织部位的电外科能量（电和/或热）传递，采取的技术方案是将绝缘层覆盖在金属本体上以实现电/热绝缘，而不在于对金属本体的材料做出改进。说明书中既指出了本申请中金属本体所使用的金属应具有较高导热系数并给出了导热系数的下限值0.35W/cm°K，也给出了若干

可以用于金属本体的金属或合金的示例。虽然说明书中没有记载具有端点值0.35W/cm°K的导热系数的金属的具体实施例，但是由于导热系数是金属材料固有的特定参数，本领域技术人员根据说明书的记载即可以通过查阅技术手册或资料等方式获知特定金属或合金的导热系数，从而能够从现有技术中选择适当的、具有所需导热系数的金属或合金用于形成本申请中的金属本体，解决本申请所要解决的技术问题，因此驳回决定中有关“说明书中没有关于所述范围端点值——导热系数为0.35W/cmK的金属的实施例，因此权利要求1不能得到说明书的支持”的认定不能得到合议组的支持。(3)基于相同的理由，合议组认为原驳回决定中有关“由于说明书中未给出所限定数值范围的端点值的金属的实施例，因此权利要求7、13、23、27不能得到说明书的支持”的认定亦不能得到合议组的支持。(4)针对驳回决定针对的权利要求1，合议组认为其中还存在其他与驳回决定所指出的缺陷性质相同的缺陷，使得该权利要求不符合专利法第26条第4款的规定，具体理由是：根据说明书的记载，本申请所要解决的技术问题是减少电外科仪器上非功能区域到组织部位的电外科能量（电和/或热）传递，采取的技术方案是将绝缘层覆盖在金属本体上以实现电/热绝缘，要解决上述技术问题，绝缘层应当具备一定的热绝缘和电绝缘性能；其次，本申请中的绝缘层是以特定的材料实现，说明书中仅仅记载了以硅为基底的聚合材料和/或陶瓷材料组成绝缘层的实施例，本领域技术人员无法确定除上述材料以外的其他所有材料均可用于制成绝缘外层并能够解决本申请所要解决的技术问题；综上所述，本申请中的绝缘外层是以特定材料制成并必须具备一定的电、热绝缘性能，原权利要求1概括得过于上位，没有得到说明书的支持，不符合专利法第26条4款的规定。

口头审理如期举行，复审请求人的代理人到庭参加了口头审理并陈述如下意见：(1)复审请求人同意以绝缘外层的材料以及金属本体的导热系数对权利要求1做进一步限定，以克服口头审理通知书中指出的驳回决定针对的权利要求1没有得到说明书支持的缺陷；(2)本领域技术人员能够理解绝缘层的电绝缘是指绝缘层在电外科仪器的工作电压下具有电绝缘能力，因此即使未在权利要求1中对绝缘层的电绝缘性能的具体参数进行限定，权利要求1也能够得到说明书的支持。

口头审理结束后，复审请求人于2006年7月31日向合议组提交了意见陈述书及修改后的权利要求书，修改后的权利要求1为：

“1. 一种电外科仪器，用来将电外科信号传送到组织部位以便达到预定的电外科效果，所述电外科仪器包括：

金属本体，具有在300°K测量时至少0.35W/cm°K的导热系数，并具有由熔点至少2600°F的材料形成的围缘部；以及

绝缘外层，设置在所述金属本体的至少一部分上。”

复审请求人在意见陈述书中认为：本发明的发明目的在于提供一种装置，以减少电外科过程中不必要/不希望的电和/或热的释放，根据说明书第3页9~11行的记载，本发明的上述发明目的可以通过以下三种途径之一或者其组合实现：(1)使非功能区域绝缘；(2)使热量可从电外科仪器功能部分得到有效水平的排除；(3)提高电外科信号到组织部位的定位传输。本发明通过设置金属本体以及围缘部，即通过途径(2)和(3)的结合可以实现其发明目的，此时绝缘外层的具体绝缘参数的选择不影响实现本申请的发明目的，因此权利要求1中的“绝缘外层，设置在所述金属本体的至少一部分上”能够得到说明书的支持。

在上述工作的基础上，合议组认为本案事实已经清楚，可以依法作出复审决定。

## 二、决定的理由

1. 复审决定所依据的文本

本复审决定依据的文本为复审请求人在本申请进入中国国家阶段时提交的国际申请文件的说明书

第1~2页、说明书附图第1~5页、说明书摘要及摘要附图，2005年3月11日提交的说明书第3~11页，2006年7月31日提交的权利要求第1~41项。

2. 关于专利法第26条4款

专利法第26条4款规定，权利要求书应当以说明书为依据，说明要求专利保护的范围。

权利要求书应当以说明书为依据，是指权利要求应当得到说明书的支持，也就是权利要求所要求保护的技术方案应当是所属技术领域的技术人员能够从说明书充分公开的内容中得到或概括得出的技术方案。当权利要求是由说明书记载的一个或多个实施例概括而成时，应当结合权利要求的保护范围、现有技术的状态、本申请所要解决的技术问题、各实施例所采取的技术方案等多种因素综合判断该权利要求的概括是否适当，是否能够得到说明书的支持。

具体到本案，权利要求1请求保护一种电外科仪器，涉及其中的绝缘外层，复审请求人仅以“绝缘外层，设置在金属本体的至少一部分上”对权利要求1的保护范围进行了限定。

本申请说明书记载（参见说明书第3页第3~4段）：“本发明提供一种用来减少电外科过程中不必要/不希望的电和/或热的释放的装置和方法……通过使非功能区域绝缘和/或通过使热量可从电外科仪器功能部分得到有效水平的排除和/或通过其他提高电外科信号到组织部位的定位传输，本发明显著地减小了由电外科仪器的非功能区域释放的电/热。在这点上，本发明包括一种电外科仪器，该电外科仪器包括用来传送电外科信号的金属本体以及设于金属本体的至少一部分（即，非功能部分）上的绝缘外层。金属本体包括主体部和围缘部，围缘部起到将电外科信号传送至组织部位的功能。”

关于绝缘外层，本申请说明书中有如下记载（参见说明书第8页第2段），“绝缘层30应当具备热绝缘和电绝缘性能，以便分别减小使用中电外科仪器10的热能和电能的释放。例如，最为优选地，绝缘外层30应当包括一种在300°K附近测量时导热系数为约0.009W/cm°K或更小的材料。另外，绝缘层应当表现出的介电体耐压为至少约50伏电压，更为优选地至少约150伏。作为例子，层30可包括以硅为基底的聚合材料（例如，按重量计至少约10%的硅）和/或以陶瓷为基底的材料。”

合议组认为，根据说明书记载的上述内容，可知本申请所要解决的技术问题是减少从电外科仪器上的非功能区域到组织部位的电外科能量（电和/或热）传递，采取的技术方案是在电外科仪器的金属本体的至少一部分上（即非功能区域）设置绝缘外层，从而减少非功能区域释放的热能和电能。为了解决上述技术问题，本申请中的绝缘外层必须具有一定的电绝缘和热绝缘性能，否则无法限制非功能区域到组织部位的电、热能量传递，从而无法解决本申请所要解决的技术问题；其次，根据说明书的记载，本申请中的绝缘外层是以“以硅为基底的聚合材料和/或以陶瓷为基底的材料”制成，本领域技术人员无法预见除上述材料之外的其他所有材料均可用于形成绝缘外层并解决本申请所要解决的技术问题。权利要求1中没有以绝缘外层的材料以及绝缘外层应具有的绝缘性能对权利要求1请求保护的电外科仪器进行进一步限定，此时权利要求1的保护范围中包括了以任何材料制成的绝缘外层，并且不论该绝缘层是否具有本申请所需的绝缘性能，即权利要求1的保护范围内包含了其他不能解决本申请所要解决的技术问题的技术方案，因此权利要求1的概括过于上位，不能得到说明书的支持，不符合专利法第26条第4款的规定。

关于复审请求人在意见陈述书中提出的有关“本发明通过设置金属本体以及围缘部，即通过途径（2）和（3）的结合实现其发明目的，绝缘外层的具体绝缘参数的选择不影响实现本申请的发明目的，因此权利要求1能够得到说明书实质上的支持”的意见，合议组认为：虽然本领域技术人员可以通过不同途径解决本申请所要解决的技术问题，但是根据权利要求1中记载的“绝缘外层，设置在金属本体的至少一部分上”，本领域技术人员可以认定权利要求1请求保护的技术方案实质上是通过“使非功能区域绝缘”即途径（1）解决本申请所要解决的技术问题，此时绝缘外层的材料选择以及应具有的绝缘性能都对所述技术问题的解决具有实质性影响，本领域技术人员必须如说明书记载的那样以特定的材料制成绝缘外层，并且该绝缘外层必须具有特定的绝缘性能，因此复审请求人的上述主张不能得到合议组的支持。

综上所述，由于本申请没有以绝缘外层的材料以及绝缘外层应具有的电、热绝缘性能对权利要求1请求保护的技术方案作进一步限定，使得权利要求1的概括过于上位，因此权利要求1不能得到说明书的支持，不符合专利法第26条第4款的规定。

基于上述理由，合议组做出决定如下。

**三、决定**

复审请求不成立，维持国家知识产权局于2005年6月10日作出的驳回决定。

请求人对本决定不服的，可以根据专利法第41条第2款的规定，自收到本决定之日起三个月内向北京市第一中级人民法院起诉。

012

# 耳用植物蜡烛及制备方法

## 复审请求审查决定（第9876号）

**决　　定　　号**　第9876号
**决　　定　　日**　2006年12月25日
**发明创造名称**　耳用植物蜡烛及制备方法
**国 际 分 类 号**　A61M 15/00，A61L 31/14，A61K 47/44，A61F 11/00
**复 审 请 求 人**　金文法
**申　　请　　号**　02116006.6
**申　　请　　日**　2002年4月16日
**公　　开　　日**　2003年1月1日
**合 议 组 组 长**　陈迎春
**主　　审　　员**　刘　畅
**参　　审　　员**　张　曦

**法　律　依　据**　专利法第26条第4款，专利法实施细则第21条第2款
**决　定　要　点**

由于请求人在复审阶段提交了修改文件，克服了原驳回决定中指出的权利要求不符合专利法第26条第4款规定的缺陷，因此在修改后的文本的基础上撤销原驳回决定，由原审查部门继续进行审批程序。

### 一、案由

本复审请求涉及申请号为02116006.6、发明名称为“耳用植物蜡烛及制备方法”的发明专利申请（下称本申请），其申请日是2002年4月16日，公开日是2003年1月1日，申请人是金文法。其公开的权利要求共有4项，其中独立权利要求1为：

“1. 一种耳用植物蜡烛，其特征是：植物蜡烛基材中含有53.38%～87.4%蜂蜡、1.8%～6.66%蜂胶、1.8%～6.66%磁石油、1.8%～6.66%薄荷油、1.8%～6.66%路路通油、1.8%～6.66%按油、1.8%～6.66%肉桂油及1.8%～6.66%熏衣草油。”

国家知识产权局专利局实质审查部门依法对该申请进行了实质审查，于2004年3月12日发出第一次审查意见通知书，指出本申请权利要求1中的“基材”概括了一个较宽的保护范围，得不到说明书支持，不符合专利法第26条第4款的规定，同时还指出了本申请权利要求3和4不符合专利法实施细则第20条第1款的规定以及说明书摘要不符合专利法实施细则第24条的规定的问题。

针对第一次审查意见通知书，申请人于2004年4月14日提交了意见陈述书以及权利要求书的修

改替换页。其中将权利要求1和2合并，即将权利要求1中的“基材”具体限定为“无纺布或纯棉布”，并针对第一次审查意见通知书中指出的权利要求书中存在的其他问题作出了修改。

实质审查部门于2004年5月28日发出第二次审查意见通知书，指出本申请的说明书仅给出了呈空心管状、并在该长管的下端的内壁置有管状金属片的耳用植物蜡烛的实施例，而未给出其他形状的植物蜡烛的实施例，因而修改后的权利要求1的技术方案概括了较宽的保护范围，仍然不符合专利法第26第4款的规定；同时还指出了本申请权利要求1、2不符合专利法实施细则第20条第1款的规定、权利要求3不符合专利法实施细则第21条第2款的规定以及说明书摘要不符合专利法实施细则第24条的规定的问题。

针对第二次审查意见通知书，申请人于2004年6月5日提交了意见陈述书以及权利要求书和说明书摘要的修改替换页，修改后的权利要求书为：

“1. 一种耳用植物蜡烛，其特征是：该植物蜡烛包括无纺布或纯棉布基材，所述的无纺布或纯棉布基材中含有53.38%~87.4%蜂蜡、1.8%~6.66%蜂胶、1.8%~6.66%磁石油、1.8%~6.66%薄荷油、1.8%~6.66%路路通油、1.8%~6.66%按油、1.8%~6.66%肉桂油及1.8%~6.66%熏衣草油。

2. 根据权利要求1所述的植物蜡烛，其特征是：植物蜡烛呈一空心长管，长管下端的内壁置有管状金属片。

3. 一种耳用植物蜡烛无纺布的制备方法，其特征是：53.38%~87.4%蜂蜡、1.8%~6.66%蜂胶、1.8%~6.66%磁石油、1.8%~6.66%薄荷油、1.8%~6.66%路路通油、1.8%~6.66%按油、1.8%~6.66%肉桂油及1.8%~6.66%熏衣草油与无纺布或纯棉布原料充分混合后，按现有无纺布或纯棉布制作工艺织造成型，将织造成型后的无纺布或纯棉布作为基材卷成一空心长管，在长管的下端的内壁放置管状金属片。”

经过上述程序，国家知识产权局专利局于2004年7月23日做出驳回决定，指出权利要求1得不到说明书的支持，不符合专利法第26条第4款的规定。具体理由是：本申请说明书中只给出了呈空心长管状、并在该长管的下端的内壁置有管状金属片的耳用植物蜡烛的实施例，而权利要求1中请求保护的耳用植物蜡烛技术方案并未包含这一技术特征，因此该权利要求1概括的保护范围较宽，本领域技术人员难以预见出说明书中记载的上述形状和结构以外的其他所有形状和结构的植物蜡烛均能达到本发明的目的。

金文法（下称复审请求人）对上述驳回决定不服，于2004年10月19日向专利复审委员会提出了复审请求，同时提交了权利要求书的修改替换页，其中在驳回决定针对的独立权利要求1中增加了“植物蜡烛呈一空心长管”的技术特征，并将权利要求2中的该技术特征删除。复审请求人认为修改后的权利要求1的范围已概括到具体实施例，所属领域技术人员按照其记载内容能够实施本申请。

经形式审查合格后，专利复审委员会受理了该复审请求，并于2004年11月5日发出复审请求受理通知书以及前置审查通知书。在前置审查中，原审查部门认为请求人在提交复审请求时修改的权利要求1仍然没有包括“空心长管下端的内壁置有管状金属片”的技术特征，因此坚持原驳回决定。

专利复审委员会依法成立合议组对该复审请求案进行了审理，本案合议组于2005年9月20日与复申请求人进行了电话讨论，指出：独立权利要求1、3中缺少“阻燃的管状金属片”这一必要技术特征，因而独立权利要求1不符合专利法实施细则第21条第2款的规定。经电话讨论，复审请求人同意将权利要求1和2合并成新的独立权利要求1，并将修改后的权利要求1和2中“管状金属片”的技术特征具体限定为“阻燃的管状金属片”。

专利复审委员会于2005年9月26日受到了复审请求人按照上述电话讨论的内容提交的权利要求

书修改替换页，修改的权利要求如下：

“1. 一种耳用植物蜡烛，其特征是：植物蜡烛呈一空心长管，空心长管由无纺布或纯棉基材构成且无纺布或纯棉布基材中含有53.38%~87.4%蜂蜡、1.8%~6.66%蜂胶、1.8%~6.66%磁石油、1.8%~6.66%薄荷油、1.8%~6.66%路路通油、1.8%~6.66%按油、1.8%~6.66%肉桂油及1.8%~6.66%熏衣草油混合而成的药物，植物蜡烛呈一空心长管，长管下端的内壁置有阻燃的管状金属片。

2. 一种耳用植物蜡烛无纺布的制备方法，其特征是：53.38%~87.4%蜂蜡、1.8%~6.66%蜂胶、1.8%~6.66%磁石油、1.8%~6.66%薄荷油、1.8%~6.66%路路通油、1.8%~6.66%按油、1.8%~6.66%肉桂油及1.8%~6.66%熏衣草油与无纺布或纯棉布原料充分混合后，按现有无纺布或纯棉布制作工艺织造成型，将织造成型后的无纺布或纯棉布作为基材卷成一空心长管，在长管的下端的内壁放置阻燃的管状金属片。”

至此，本案合议组认为本案事实已经清楚，现依法作出本决定。

**二、决定的理由**

1. 关于审查文本

复审请求人于2005年9月26日提交了权利要求书的修改替换页，经合议组审查，未发现上述修改文本存在不符合专利法第33条和专利法实施细则第60条第1款规定之处，因此本复审决定以复审请求人于2005年9月26日提交的权利要求第1~2项，申请日提交的说明书第1~3页、说明书附图，以及2004年6月5日提交的说明书摘要为审查基础。

2. 关于专利法实施细则第21条第2款

专利法实施细则第21条第2款规定：独立权利要求应当从整体上反映发明或者实用新型的技术方案，记载解决技术问题的必要技术特征。

根据说明书背景技术部分的记载，在我国民间疗法中使用耳烛来治疗耳疾，其疗效是利用药材燃烧的热量及药力，传至耳部，以打通耳、眼、鼻、嘴、喉的通路，也可将耳部内的病理或渗入水的潮湿烘干、灭菌，并且还可利用其温差效应所产生的虹吸效果，将耳孔内的耳垢吸出，以保证耳孔的卫生，其不足之处在于：一是耳烛的本身不具有治疗疾病的药效，只能起到负压虹吸耳垢的效果；二是未形成科学的病理治疗药方，因此无法通过耳烛的方法，实现多种疾病的有效治疗；三是耳烛材质只具有燃烧功能，不具有药物的功能。而本发明的设计目的在于避免背景技术中的不足之处，提供一种既能虹吸消除耳孔耳塞，又能有效治疗耳鸣、听力下降等疾病。具体来说，本发明在传统耳烛的基础上，将植物蜡、植物草药油与无纺布织为一体，使其形成耳用植物蜡烛基材，在此基础上，将药物无纺布基材制成长条空心管状耳用植物蜡烛，由此使本发明的植物蜡烛具有治疗多种疾病及药效的技术效果，并且由于本发明是通过蜡烛燃烧达到治疗的目的，因此必须设置保证燃烧度并避免烧伤病人的部件，即在长条空心管状的下端内壁置有阻燃的管状金属片。由此可见，为了实现本发明的技术方案从而达到上述发明目的，“阻燃的管状金属片”是必不可少的，复审请求人于2005年9月26日提交的修改中将“阻燃的管状金属片”补入权利要求1和权利要求2（原权利要求3）中，因而，权利要求1、2符合专利法实施细则第21条第2款的有关规定。

3. 关于专利法第26条第4款

专利法第26条第4款规定，权利要求书应当以说明书为依据，说明要求专利保护的范围。

在驳回决定所针对的文本（复审请求人于2004年6月5日提交）中，权利要求1只是对植物蜡烛的材质进行了限定，但在本发明的说明书中，除了对该植物蜡烛的材质进行说明外，还对其形状、构造及其与其他部件的连接关系进行了说明。驳回决定中认为，独立权利要求1中未包含耳用植物蜡烛呈空心长管状、并在该长管的下端的内壁置有管状金属片的技术特征，从而造成保护范围过宽，因而得不到说明书的支持。复审请求人于 2005 年 9 月 26 日提交了权利要求书修改替换页，其中将“植物蜡烛呈一空心长管，长管下端的内壁置有阻燃的管状金属片”这一技术特征加入修改后的独立权利要求 1 中，与说明书中的记载一致，并且包含了该植物蜡烛形状、构造及其与其他部件连接关系的特征，是对其说明书内容的合理概括，从而克服了原权利要求 1 不符合专利法第 26 条第 4 款规定的问题。

综上所述，合议组认为，复审请求人针对电话讨论提交的权利要求 1、2 符合专利法第 26 条第 4 款以及专利法实施细则第 21 条第 2 款的规定。

至于本申请中是否存在其他缺陷，还有待于审查部门进一步审查。

据此，本案合议组作出如下决定。

**三、决定**

撤销国家知识产权局于 2004 年 7 月 23 日对 02116006.6 号发明专利申请做出的驳回决定，由原审查部门以 2005 年 9 月 26 日提交的权利要求第 1~2 项，申请日提交的说明书第 1~3 页、说明书附图，以及 2004 年 6 月 5 日提交的说明书摘要为基础继续进行审查程序。

复审请求人对本决定不服的，可以根据专利法第 41 条第 2 款的规定，自收到本决定之日起三个月内向北京市第一中级人民法院起诉。

013

# 使用高频高交流电压的用于去除静电的装置

## 复审请求审查决定（第9886号）

**决　　定　　号**　第9886号
**决　　定　　日**　2006年11月25日
**发明创造名称**　使用高频高交流电压的用于去除静电的装置
**国 际 分 类 号**　H05F 3/04
**复 审 请 求 人**　三星电机株式会社
**申　　请　　号**　02118846.7
**申　　请　　日**　2002年4月29日
**优　先　权　日**　2001年7月3日
**公　　开　　日**　2003年1月29日
**合议组组长**　丁惠玲
**主　　审　　员**　杜微科
**参　　审　　员**　王伟艳

**法　律　依　据**　中国专利法第33条
**决　定　要　点**

复审请求人在答复复审通知书时对申请文件进行了修改，使得修改后的说明书与复审请求人于申请日提交的说明书一致，通过上述修改本申请已经克服了原驳回决定中指出的复审请求人对说明书的修改不符合专利法第33条的缺陷。

### 一、案由

本复审请求涉及申请日为2002年4月29日，优先权日为2001年7月3日，公开日为2003年1月29日，发明名称为"使用高频高交流电压的用于去除静电的装置"的发明专利申请（下称本申请），其申请号是02118846.7，申请人为三星电机株式会社。

在本申请的实质审查过程中，国家知识产权局于2004年11月5日以申请人对本申请的修改超出了原申请文件记载的范围，不符合专利法第33条的规定为由驳回了本申请，驳回决定所依据的文本是：2002年4月29日提交的说明书附图第1~8页、说明书摘要及摘要附图，2004年5月27日提交的权利要求第1~7项，说明书第1~7页。

驳回的具体理由为：在申请人于2004年5月27日提交的修改文件中，申请人将说明书第4页第28行实施例部分记载的"针状电极31最好彼此之间有大约25~30毫米的间隔"修改为"大约20~30毫米的间隔"，由于在说明书具体实施方式部分的其他实施例中没有明确记载针状电极的间隔为20毫米，因此申请人所作的上述修改是对实施例的修改，超出了原申请文件记载的范围，不符合专利法第33条的规定。

申请人三星电机株式会社（下称复审请求人）不服该驳回决定，于2005年2月18日向国家知识产权局专利复审委员会提出复审请求。复审请求人认为，在本申请的权利要求6中记载了“其中的多个针状电极彼此对齐并且具有约20毫米到30毫米的间隔”，申请人根据原权利要求6的记载对说明书进行修改，修改后的内容在申请日提交的权利要求书中有记载，因此上述修改没有超出原说明书和权利要求书记载的范围。

经形式审查合格后，专利复审委员会受理了该复审请求，并于2005年3月25日向复审请求人发出复审请求受理通知书，同时将本案送至原实质审查部门进行前置审查。

原实质审查部门在前置审查意见书中认为，复审请求人对说明书的修改改变了实施例，属于超范围修改，因此坚持原驳回决定。

合议组于2006年7月17日向复审请求人发出复审通知书，指出：本申请原说明书实施例中清楚地记载了针状电极的间隔范围为“大约25到30毫米”，复审请求人为了克服第一次审查意见通知书中指出的原权利要求6不能得到说明书的支持，不符合专利法第26条第4款的缺陷，根据原权利要求6将说明书修改为“大约20到30毫米”，这种修改实质上是将仅在原权利要求6中记载的“20到25毫米的间隔”补入说明书实施例部分，属于对实施例的修改，由于本领域技术人员无法从原说明书实施例部分记载的相关内容中直接、毫无疑义地导出“针状电极31最好彼此之间有大约20到25毫米的间隔”，因此所述修改实质上是增加了新的实施例以说明在原权利要求6请求保护的范围内本发明能够实施，所述修改超出了原说明书和权利要求书记载的范围，不符合专利法第33条的规定。

复审请求人于2006年8月21日向复审委员会提交了意见陈述书并对说明书进行了修改，将说明书第4页第28行中的“大约20到30毫米的间隔”修改为“大约25到30毫米的间隔”。

在上述工作的基础上，合议组认为本案事实已经清楚，可以依法作出复审决定。

**二、决定的理由**

1. 复审决定所依据的文本

本复审决定依据的文本为复审请求人于2002年4月29日提交的说明书附图第1~8页、说明书摘要及摘要附图，2004年5月27日提交的权利要求第1~7项，说明书第1~3、5~7页，2006年8月21日提交的说明书第4页。

2. 关于专利法第33条

专利法第33条规定，申请人可以对其专利申请文件进行修改，但是，对发明和实用新型专利申请文件的修改不得超出原说明书和权利要求书记载的范围。

合议组认为，复审请求人在答复复审通知书时对申请文件进行了修改，将说明书第4页第28行中的“大约20到30毫米的间隔”修改为“大约25到30毫米的间隔”，修改后的说明书与复审请求人于申请日提交的说明书一致，因此复审请求人通过上述修改已经克服了原驳回决定中指出的申请人对说明书的修改不符合专利法第33条规定的缺陷。

基于上述理由，合议组做出如下决定。

**三、决定**

撤销国家知识产权局于2004年11月5日对02118846.7发明专利申请做出的驳回决定，由原审查部门在复审请求人于2002年4月29日提交的说明书附图第1~8页、说明书摘要及摘要附图，2004年5月27日提交的权利要求第1~7项，说明书第1~3、5~7页，2006年8月21日提交的说明书第4页的基础上继续本发明专利申请的审查程序。

请求人对本决定不服的，可以根据专利法第41条第2款的规定，自收到本决定之日起三个月内向北京市第一中级人民法院起诉。

014

# 搅拌机

## 复审请求审查决定（第9891号）

**决　　定　　号**　第9891号
**决　　定　　日**　2006年12月19日
**发明创造名称**　搅拌机
**国 际 分 类 号**　A47J 43/046
**复 审 请 求 人**　三洋电机株式会社
**申　　请　　号**　97123433.7
**申　　请　　日**　1997年12月30日
**公　　开　　日**　1998年9月9日
**合 议 组 组 长**　李　隽
**主　　审　　员**　黄　颖
**参　　审　　员**　丁惠玲

**法　律　依　据**　专利法第22条第3款
**决　定　要　点**

虽然一项权利要求的技术方案与最接近的现有技术相比具有区别技术特征，但是现有技术中已给出将上述区别技术特征应用到该最接近的现有技术以解决其存在的技术问题的启示，则该权利要求不具备创造性。

### 一、案由

本复审请求涉及申请号为97123433.7、名称为“搅拌机”的发明专利申请（下称本申请），其申请日为1997年12月30日，申请人为三洋电机株式会社。

本申请公开时共有7项权利要求，其中权利要求1为：

“1. 一种搅拌机，包括：

本体，内藏马达；

瓶子台，载设于该本体上；

瓶子，以可拆装方式安装于该瓶子台；以及

刀具，以可转动方式配设于上述瓶子台，且具有受马达驱动旋转的上刀和下刀；

其特征在于：

设有插入上述瓶子内的下端缩小的筒体，且使该筒体的下端位于刀具的上刀上端与下刀下端之间。”

2001年11月2日，审查员发出第一次审查意见通知书，指出本申请不具备专利法第22条第3款规定的创造性，审查员引用了以下两篇对比文件：

对比文件1：JP3050477，公开日期为1991年3月5日；

对比文件2：WO9322042，公开日期为1993年11月11日。

通知书指出：本领域技术人员很容易将对比文件1与对比文件2结合，得到权利要求1的技术方案。因此，权利要求1相对于对比文件1和2不具有突出的实质性特点和显著的进步，不符合专利法第22条第3款的规定，不具备创造性。同时，权利要求2~7分别相对于对比文件1与2的结合也不具备创造性，因此不能授予专利权。

2002年4月15日，申请人递交了针对第一次审查意见通知书的意见陈述书，并对申请文件进行了修改，修改后的权利要求书共有5项权利要求，其中权利要求1的内容如下：

"1. 一种搅拌机，包括：

本体，内藏马达；

瓶子台，载设于该本体上；

瓶子，以可拆装方式安装于该瓶子台；以及

刀具，以可转动方式配设于上述瓶子台，

设有插入上述瓶子内的下端缩小的筒体；

其特征在于：

所述刀具具有受马达驱动旋转的上刀和下刀；

所述筒体的下端至少位于较刀具的上刀上端下方；

并且，该瓶子内周面的纵方向形成肋，在该筒体形成对应于上述瓶子的肋的卡合部。"

申请人指出，为了解决防止插入瓶子的筒体转动和赋予被切削物向上的对流运动的技术问题，修改后的权利要求1的技术方案具有"该瓶子内周面的纵方向形成肋，在该筒体形成对应于上述瓶子的肋的卡合部"技术特征，而对比文件1、2的任意一篇都没有涉及上述技术问题，同时也没有公开上述特征和相关启示。因此修改后权利要求1的技术方案相对于对比文件1、2以及其组合具有突出的实质性特点和显著的进步，因此具备专利法第22条第3款规定的创造性。

国家知识产权局审查部门以本申请不具备专利法第22条第3项规定的创造性为理由，于2003年3月7日作出了驳回该专利申请的决定。理由为，本领域技术人员很容易将对比文件1与对比文件2结合，得到权利要求1的技术方案。因此，权利要求1相对于对比文件1和2不具有突出的实质性特点和显著的进步，不符合专利法第22条第3款的规定，不具备创造性。同时权利要求2~5也不具备创造性。

申请人（下称复审请求人）不服上述驳回决定，于2003年6月5日向专利复审委员会请求复审。同时还对权利要求书进行了修改，修改后的权利要求共五项，复审请求人未对权利要求2~5进行修改，其中修改后的权利要求1为：

"1. 一种搅拌机，包括：

本体，内藏马达；

瓶子台，载设于该本体上；

其特征在于：

瓶子，以可拆装方式安装于该瓶子台，以粉碎食用材料；

刀具，以可转动方式配设于上述瓶子台；

设有以可拆装方式插入上述瓶子内以粉碎冰的下端缩小的筒体；

其中，

所述刀具具有受马达驱动旋转而在所述马达支轴的轴支部向上弯曲的上刀和在所述轴支部向下方弯曲的下刀；

所述筒体的下端至少位于较刀具的上刀上端下方；

并且，该瓶子内周面的纵方向形成肋，在该筒体形成对应于上述瓶子的肋的卡合部。”

复审请求人指出，根据修改后的权利要求1的特征，粉碎食用材料时，可将筒体取下再使用，搅拌冰时才将筒体插入瓶子内以粉碎冰。因此，筒体的下端至少位于较刀具的上刀上端下方，使粉碎食用材料的刀具也具有可以粉碎冰的效果。本案由设定筒体的插入位置，可使同一刀具进行两种不同的材料切削动作。并且，复审请求人还指出，对比文件1仅用于粉碎冰，而非用于粉碎食用材料，对比文件2中所述的刀具也不能用于粉碎冰，两者所粉碎的对象物不同，其目的不同，因此并不存在将两者结合的启示，因此权利要求1具备创造性，在权利要求1具备创造性的前提下，其从属权利要求也具备创造性。

2003年7月1日经形式审查合格，专利复审委员会受理了上述请求。原审查部门对该复审请求作出前置审查意见，仍然坚持驳回决定，专利复审委员会依法组成合议组审理该复审请求。

本案合议组于2004年4月19日发出复审通知书，意见如下：

对比文件2说明书第1页第4行明确指出：本发明的刀具组件可用于粉碎或研磨各种物质，在说明书第5页第7行特别指出本发明的刀具极大改善了对冰的粉碎。因此，基于对比文件2的上述记载，合议组认为，复审请求人强调的对比文件2的刀具不能适用于粉碎冰，继而对比文件1和2不存在结合的启示的观点是不成立的。

对比文件1为一种用于粉碎冰的搅拌机，为了增加搅拌过程中冰的对流效果，采用了以可拆装方式插入上述瓶子内以粉碎冰的下端缩小的筒体。本申请权利要求1的技术方案与对比文件1相比，区别主要在于刀具的形式不同。复审请求人认为，对比文件1的搅拌机仅限于粉碎冰，而不能用于粉碎其他食物。对此，合议组认为：首先，对比文件1中并未明确其仅用于粉碎冰；其次，即使认为对比文件1仅用于粉碎冰，那么与对比文件1相比，重新确定的本申请所要解决的技术问题即为，除了搅拌冰，还能够搅拌其他物质，那么在对比文件2中恰恰给出了这样一种同时用于粉碎食用物质及冰的刀具，本领域普通技术人员在对比文件1的基础上结合对比文件2，不需要付出创造性的劳动即可以构造出本申请权利要求1的技术方案，粉碎一般食物时可以直接使用瓶子，而当用于粉碎冰时，为了增加对流效果，再插入一下端缩小的筒。因此修改后的权利要求依然不具备创造性，不符合专利法第22条第3款的规定。

2004年6月3日，复审请求人提交了意见陈述书和修改后的权利要求书和说明书替换页。复审请求人认可对比文件2公开的刀具可以用于粉碎冰，同时认为修改后的权利要求1相对于对比文件1和对比文件2具备创造性，符合专利法第22条第3款的规定。并针对复审通知书的意见指出：对比文件2的搅拌机存在本申请现有技术中所述的问题，即不能有效生成均一的碎冰；对比文件1为碎冰机，与搅拌机不同。由于对比文件1、2的刀具不同，无从判断对比文件1的筒体与对比文件2的刀具位置究竟如何配置，因此二者无法结合。复审请求人仅针对权利要求1进行了修改，修改后的权利要求1如下：

“一种搅拌机，包括：

本体，内藏马达；

瓶子台，载设于该本体上；

瓶子，以可拆装方式安装于该瓶子台，且在内周面的纵方向形成肋；

刀具，以可转动方式配设于上述瓶子台；

其特征在于：

所述刀具具有受马达驱动旋转而在所述马达支轴的轴支部向上方弯曲的上刀和在所述轴支部向下方弯曲的下刀；

设有以可拆装方式插入上述瓶子内的下端缩小的筒体，在该筒体形成卡合于上述瓶子的肋的卡合部，并且所述筒体的下端位于较刀具的上刀上端下方。"

至此，合议组认为本案事实已清楚，可以作出审查决定。

**二、决定的理由**

1. 审查文本

复审请求人于2004年6月3日提交的权利要求书和说明书的修改文本符合专利法及其实施细则的相关规定，合议组经审查对该文本予以接受。

因此，本复审决定所依据的审查文本为复审请求人于2004年6月3日提交的权利要求书，说明书1~10页，1997年12月30日提交的说明书附图1~13页以及说明书摘要。

2. 关于创造性

对比文件1公开了一种用于粉碎冰的搅拌机，具体如下：该搅拌机包括本体20，内有马达31，筒状容器20（相当于权利要求1中的瓶子），粉碎台30，刀具34，可转动的配置在粉碎台上，粉碎台由马达驱动转动，具有筒40，该筒体下端缩小，该筒体口向下插入上述筒状容器20中。对比文件1中筒40下端缩小具有斜面，可实现与本申请相同的目的，使刀具与筒之间距离缩小，增加对流效果。

对比文件2公开了一种刀具，该刀具具有上刀和下刀，用于粉碎搅拌机中，与权利要求1中刀具相同，

本申请权利要求1的技术方案与对比文件1相比，区别主要在于刀具的形式不同，与对比文件1相比，重新确定的本申请所要解决的技术问题即为，除了搅拌冰，还能够搅拌其他物质，那么在对比文件2中恰恰给出了这样一种同时用于粉碎食用物质及冰的刀具，本领域普通技术人员在对比文件1的基础上结合对比文件2，不需要付出创造性的劳动即可以构造出本申请权利要求1的技术方案，粉碎一般食物时可以直接使用瓶子，而当用于粉碎冰时，为了增加对流效果，再插入一下端缩小的筒。由于对比文件1中筒体的下端位于刀具34以下、粉碎台之上，因此，当将刀具换为对比文件2中的刀具时，筒体40下端至少应位于刀具上刀上端之下，由于在开始搅拌的时候，内部的气流和液流使筒转动，因此，使筒卡合避免转动，是本领域经常采用的技术，而权利要求1中的卡合结构是实现卡合经常采用的技术手段，而且申请人在意见陈述中论述的"肋"也是本领域常用的形成对流的有效手段，另外由于刀具的驱动是本领域技术人员公知的技术，因此，本领域技术人员很容易将对比文件1与对比文件2结合，得到权利要求1的技术方案。因此，权利要求1相对于对比文件1和2不具有突出的实质性特点和显著的进步，不具备专利法第22条第3款规定的创造性。

复审请求人提出，对比文件2的搅拌机存在本申请现有技术中所述的问题，即不能有效生成均一的碎冰；对比文件1为碎冰机，与搅拌机不同。合议组认为，如果将对比文件2视为与本申请权利要求1最接近的现有技术，则如复审请求人所述，其所欲解决的技术问题与本申请相同，而对比文件1恰好给出了在碎冰机中为了增加对流效果而增设一个可拆卸的下端缩小的筒的技术启示，基于上述同样的理由，权利要求1依然不具备创造性。

复审请求人在提出复审请求时和答复复审通知书时既未对权利要求2~5作任何修改，也未对驳回决定中关于权利要求2~5的具体评述提出异议，仅主张在权利要求1具备创造性的前提下其从属

权利要求也具备创造性。合议组经审查，依然坚持驳回决定中有关权利要求 2~5 的评述意见，认为权利要求 2~5 不具备专利法第 22 条第 3 款规定的创造性。

在以上事实和理由基础上，本案合议组作出如下审查决定。

**三、决定**

复审请求不成立，维持国家知识产权局于 2003 年 3 月 7 日针对 97123433.7 号发明专利申请作出的驳回决定。

复审请求人对本决定不服的，可以根据专利法第 41 条第 2 款的规定，自收到本决定之日起三个月内向北京市第一中级人民法院起诉。

015

# 通过计算机网络采集并显示病人顺应数据的监测器和方法

## 复审请求审查决定（第10045号）

**决　定　号**　第10045号
**决　定　日**　2007年1月9日
**发明创造名称**　通过计算机网络采集并显示病人顺应数据的监测器和方法
**国 际 分 类 号**　A61B 5/00，A61H 9/00，G06F 19/00
**复 审 请 求 人**　拜-麦坎尼卡股份有限公司
**申　请　号**　01809615.8
**申　请　日**　2001年4月12日
**公　开　日**　2003年7月30日
**合 议 组 组 长**　张惠军
**主　审　员**　熊　茜
**参　审　员**　宋　瑞

**法 律 依 据**　专利法第22条第3款
**决 定 要 点**
原审查部门在前置审查意见中不得补充新的且并非公知常识性的证据来评述创造性问题。

### 一、案由

本复审请求涉及申请号为01809615.8、名称为“通过计算机网络采集并显示病人顺应数据的监测器和方法”的发明专利申请（下称本申请），其申请日为2001年4月12日，优先权日为2000年5月17日和2001年3月16日，申请人为拜-麦坎尼卡股份有限公司。

申请人于2003年11月27日对权利要求书做出主动修改，修改后的权利要求书包括独立权利要求1及其从属权利要求2，独立权利要求3及其从属权利要求4，独立权利要求5及其从属权利要求6~8，独立权利要求9及其从属权利要求10。国家知识产权局专利实质审查部门对本申请进行了实质审查，于2004年10月15日发出了第一次审查意见通知书，通知书中引用了一篇对比文件：

对比文件1：US4832033A，公开日为1989年5月23日；

该通知书中认为权利要求1~2、5、9相对于对比文件1不符合专利法第22条第2款的规定；权利要求3~4、6~8、10相对于对比文件1不符合专利法第22条第3款的规定，同时指出说明书中也没有记载其他任何可以授予专利权的实质性内容。

针对第一次审查意见通知书，申请人于2005年2月25日递交了意见陈述书和权利要求书修改替换页，对独立权利要求3、5、9进行了修改。

申请人在意见陈述书中论述了权利要求1~10相对于对比文件1具备新颖性和创造性的理由，认为对比文件1中公开的个人刺激单元和电极无法检测病人是否佩带了医疗设备，它不可能等同于权利要求1中“当所述医疗设备被病人可操作地佩带时用于检测的传感器”。

实质审查部门在此基础之上继续审查，并于2005年4月15日发出了第二次审查意见通知书，认为权利要求1~10相对于对比文件1不符合专利法第22条第3款有关创造性的规定。

针对第二次审查意见通知书，申请人于2005年6月30日递交了意见陈述书，认为对比文件1中的负载检测电路和肌电部分仅能确定病人是否佩带了电极，而不是医疗设备，只有当电极与负载相连，负载检测电路才能以相同的方式响应病人是否佩带了该个人刺激单元，而且由对比文件1中负载传感器所检测的阻抗只能表示该负载检测器与一负载电连接。

经过上述审查程序后，国家知识产权局于2006年1月6日针对申请人于2005年2月25日提交的权利要求第1~10项，进入国家阶段时提交的说明书第1~31页、说明书附图第1~4页、说明书摘要、说明书摘要附图作出了驳回本申请的决定，具体驳回理由如下：

1. 权利要求1~10不符合专利法第22条第3款的规定

独立权利要求1请求保护一种用于采集与病人对所推荐佩带医疗设备的协议的顺应性对应的数据的方法，对比文件1公开了一种电刺激肌肉的方法，其中（参见对比文件1说明书第3栏第29行至第7栏第55行，附图1A-4）具体披露了以下技术特征，该方法提供了一系统控制单元（1），一个人刺激单元（2）以及与刺激单元相连接的电极，刺激单元包括微计算机（300）、存储器（320）和编程脉冲发生器（330），微计算机连接有负载检测传感器（336）（相当于本申请的传感器）和肌电检测器（360）（相当于本申请的传感器），刺激肌肉脉冲信号的特征可以从系统控制单元中下载到存储器中，微计算机读取存储器中的信息控制编程脉冲发生器产生脉冲，存储器的内容可以利用调制解调器通过电话线或远红外线发射器/接收器与外界交换数据（相当于本申请的通信连接），系统控制单元中也包括一个微计算机和存储器（相当于本申请的数据采集器），可接收刺激单元内的存储器传送来的数据。

独立权利要求1与对比文件1相比，其区别在于：权利要求1中的该方法用于采集与病人对所推荐佩带医疗设备的协议的顺应性对应的数据。

上述区别技术特征是用来检测病人是否佩带医疗设备，本领域技术人员在检测过程中容易想到首先要检测病人是否佩带医疗设备，而通过传感器检测的数据确认病人是否佩带医疗设备也是本领域技术人员容易想到的，因此在对比文件1的基础上获得权利要求1的技术方案对本领域技术人员来说是显而易见的，因此权利要求1不具备突出的实质性特点和显著的进步，不符合专利法第22条第3款有关创造性的规定。

权利要求2引用权利要求1，其附加技术特征为“还包含托架，通信连接位于托架内，且其中，该方法还包含在托架内设置设备用以传送数据的步骤”，上述附加技术特征已经在对比文件1（参见对比文件1说明书第7栏第3~20行）中公开，因为其引用的权利要求1不具备创造性，所以权利要求2不符合专利法第22条第3款有关创造性的规定。

独立权利要求3请求保护一种方法，对比文件1公开了一种电刺激肌肉的方法，其中（参见对比文件1说明书第3栏第29行至第7栏第55行，附图1A-4）具体披露了以下技术特征，该方法提供了一系统控制单元（1）（相当于本申请的数字数据处理器），一个人刺激单元（2）以及与刺激单元相连接的电极，刺激单元包括微计算机（300）、存储器（320）和编程脉冲发生器（330），微计算机连接有负载检测传感器（336）（相当于本申请的传感器）和肌电检测器（360）（相当于本申请的传感器），刺激肌肉脉冲信号的特征可以从系统控制单元中下载到存储器中，微计算机读取存储器中的信息控制编程脉冲发生器产生脉冲，存储器的内容可以利用调制解调器通过电话线或远红外线发射器/接收器与系统控制单元交换数据。

权利要求 3 与对比文件 1 相比，其区别在于：权利要求 3 的该方法用于采集与病人对所推荐佩带医疗设备的协议的顺应性对应的数据，传感器还用于检测病人是否佩带所述医疗设备，提供对所述处理的病人数据由所述病人的受限访问权限。

上述区别技术特征中“该方法用于采集与病人对所推荐佩带医疗设备的协议的顺应性对应的数据，传感器用于检测病人是否佩带所述医疗设备”是用来检测病人是否佩带医疗设备，本领域技术人员在检测过程中容易想到首先要检测病人是否佩带医疗设备，而通过传感器检测的数据确认病人是否佩带医疗设备也是本领域技术人员容易想到的，上述区别技术特征中的“提供对所述处理的病人数据由所述病人的受限访问权限”是本领域技术人员处理数据的常用技术手段，即在对比文件 1 的基础上得出权利要求 3 所保护的技术方案对本领域技术人员来说是显而易见的，因而权利要求 3 相对于对比文件 1 不具备突出的实质性特点和显著的进步，不符合专利法第 22 条第 3 款有关创造性的规定。

权利要求 4 引用权利要求 3，其附加技术特征是本领域技术人员用于提供处理数据常用的技术手段，因为其引用的权利要求 3 不具备创造性，所以权利要求 4 不符合专利法第 22 条第 3 款有关创造性的规定。

独立权利要求 5 请求保护一种适合于病人佩带的医疗设备，对比文件 1 公开了一种电刺激肌肉设备，其中（参见对比文件 1 说明书第 3 栏第 29 行至第 7 栏第 55 行，附图 1A-4）具体披露了以下技术特征，该设备包括一系统控制单元（1）（相当于本申请的托架），一个人刺激单元（2）（相当于本申请的控制器）以及与刺激单元相连接的电极，刺激单元包括微计算机（300）、存储器（320）和编程脉冲发生器（330），微计算机连接有负载检测传感器（336）和肌电检测器（360），刺激肌肉脉冲信号的特征可以从系统控制单元中下载到存储器中，微计算机读取存储器中的信息控制编程脉冲发生器产生脉冲，存储器的内容与系统控制单元可以利用调制解调器通过电话线或远红外线发射器/接收器（相当于本申请的通信链接）交换数据。

权利要求 5 与对比文件 1 相比，其区别在于：权利要求 5 的所述信息包括病人是否佩带所述医疗设备。

本领域技术人员在检测过程中容易想到首先要检测病人是否佩带医疗设备，然后再进行检测，即在对比文件 1 的基础上得出权利要求 5 所保护的技术方案对本领域技术人员来说是显而易见的，因而权利要求 5 相对于对比文件 1 不具备突出的实质性特点和显著的进步，不符合专利法第 22 条第 3 款有关创造性的规定。

权利要求 6 引用权利要求 5，其附加技术特征除了“通信链接包含与因特网的链接”外都已经在对比文件 1（说明书第 4 栏第 21 行至第 5 栏第 44 行）中公开，上述附加技术特征“通信链接包含与因特网的链接”是本领域技术人员为了方便病人的链接而容易想到的，因为其引用的权利要求 5 不具备创造性，所以权利要求 6 不符合专利法第 22 条第 3 款有关创造性的规定。

权利要求 7 引用权利要求 6，其附加技术特征已经在对比文件 1（具体出处同上）中公开，因为其引用的权利要求 6 不具备创造性，所以权利要求 7 不符合专利法第 22 条第 3 款有关创造性的规定。

权利要求 8 引用权利要求 7，其附加技术特征是本领域技术人员方便病人、及时更新数据而容易想到的，因为其引用的权利要求 7 不具备创造性，所以权利要求 8 不符合专利法第 22 条第 3 款有关创造性的规定。

独立权利要求 9 请求保护一种带有病人检测设备的医疗器械，对比文件 1 公开了一种电刺激肌肉设备，其中（参见对比文件 1 说明书第 3 栏第 29 行至第 7 栏第 55 行，附图 1A-4）具体披露了以下技术特征，该设备包括一系统控制单元（1），一个人刺激单元（2）（相当于本申请的控制器）以及与刺激单元相连接的电极，刺激单元包括微计算机（300）、存储器（320）和编程脉冲发生器（330），微计算机连接有负载检测传感器（336）（相当于本申请的第一传感器）和肌电检测器（360）（相当于本申请的第一传感器），刺激肌肉脉冲信号的特征可以从系统控制单元中下载到存储器中，微计算机读取存储器中的信息控制编程脉冲发生器产生脉冲，存储器的内容与系统控制单元可以利用调制解调器通过电话线或远红外线发射器/接收器（相当于本申请的下载端口）交换数据。

权利要求9与对比文件1相比，其区别在于：权利要求9的第一传感器还检测病人是否佩带所述设备。

本领域技术人员在检测过程中容易想到首先要检测病人是否佩带医疗设备，而通过传感器检测的数据确认病人是否佩带医疗设备也是本领域技术人员容易想到的，即在对比文件1的基础上得出权利要求9所保护的技术方案对本领域技术人员来说是显而易见的，因而权利要求9相对于对比文件1不具备突出的实质性特点和显著的进步，不符合专利法第22条第3款有关创造性的规定。

权利要求10引用权利要求9，其附加技术特征是本领域技术人员为了进一步检测病人是否佩带设备而容易想到的，因为其引用的权利要求9不具备创造性，所以权利要求10不符合专利法第22条第3款有关创造性的规定。

2. 申请人陈述的理由并不能说明本申请的权利要求1~10符合专利法第22条第3款的有关规定

申请人陈述的观点说明了对比文件1中公开的负载检测传感器能够检测病人是否佩带了医疗设备，因为电极和个人刺激单元都是医疗设备，本领域技术人员在检测过程中容易想到要检测病人是否佩带医疗设备，而通过传感器检测的数据确认病人是否佩带医疗设备也是本领域技术人员容易想到的，因此权利要求1~10相对于对比文件1不具备突出的实质性特点和显著的进步，不符合专利法第22条第3款的有关规定。

申请人（下称复审请求人）不服上述驳回决定，于2006年4月20日向专利复审委员会提出复审请求，并修改了独立权利要求1、3、5、9，修改后的权利要求书为：

“1. 一种用于采集与病人对所推荐佩带医疗设备的协议的顺应性对应的数据的方法，该方法的步骤包含，提供医疗设备，所述医疗设备具有用于测量病人身体温度的第一传感器和用于测量施加于病人皮肤的压力的第二传感器；提供通信连接，该连接用于通过通信链接从所述设备发送数据；以及提供数据采集器，所述数据采集器适合于通过所述的通信链接接收由所述通信连接发送的数据。

2. 权利要求1的方法中，其特征在于，还包含托架，通信连接位于托架内，且其中，该方法还包含在托架内设置设备用以传送数据的步骤。

3. 一种方法，用于采集与病人对所推荐使用医疗设备的方法的顺应性相关的数据，并向所述的病人提供与所述顺应性相关的反馈，所述方法的步骤包含，提供用于测量病人身体温度的第一传感器和用于测量施加于病人皮肤的压力的第二传感器，与数字数据处理器交流对应于所述操作使用的数据，处理所述病人的数据，以及提供对所述处理的病人数据由所述病人的受限访问权限。

4. 权利要求3的方法，其特征在于，提供所述处理数据的受限访问权限的步骤包括在访问权受限的因特网站上记下处理数据的步骤。

5. 一种适合于病人佩带的医疗设备，它具有自动采集与病人对所推荐治疗协议顺应的相关信息的控制器，所述信息包括来自于用于测量病人身体温度的第一传感器和来自于用于测量施加于病人皮肤的压力的第二传感器的信息，托架用于容纳和在所述医疗设备被放入其中时可操作地连接于所述医疗设备的控制器，所述的托架具有通信链接，该链接当在医疗设备中设置控制器时启动，所述通信链接适合于启动并通过通信链接向预定的目标发送包含在控制器内的数据。

6. 权利要求5的医疗设备，其特征在于，通信链接包含与因特网的链接，控制器独立于医疗设备，被放置在托架中，控制器包括微型计算机，且至少一个传感器与之相连，所述的微型计算机具有存储从所述传感器接收的数据的存储器。

7. 权利要求6的医疗设备，其特征在于，通信链接包括调制解调器和电话端口，用于链接电话线，以便通过电话线向所述的预定目标发送数据。

8. 权利要求7的医疗设备，其特征在于，所述的预定目标包括至少一个服务器，且其中，所述的服务器至少间歇地连接于因特网并且拥有显示所处理数据的网站。

9. 一种带有病人监测设备的医疗器械，包含至少用于测量病人身体温度的第一传感器和用于测量施加于病人皮肤的压力的第二传感器，所述的第一传感器和第二传感器与控制器相连并向它提供数据，该控制器包括下载端口，用以传送由所述第一传感器采集的与病人身体温度相关的数据以及传送由所述第二传感器采集的与施加于病人皮肤的压力相关的数据。

10. 权利要求9的医疗器械，其特征在于，还包含机械电子设备，用于对病人施加力，以及第二传感器，用于检测所述机械电子设备的输出，该第二传感器与所述控制器相连并向它提供数据。”

形式审查合格后，专利复审委员会受理了该复审请求，并于2006年6月8日向复审请求人发出了《复审请求受理通知书》，同时向原审查部门发出了《前置审查通知书》。

原审查部门对本复审请求进行了前置审查，在前置审查中，原审查部门根据修改后的权利要求重新进行检索，得到一篇对比文件2（WO99/60919A1），认为权利要求1~10相对于对比文件1和对比文件2的结合不具备创造性，因此坚持原驳回决定。

专利复审委员会依法成立合议组，对本案进行了审理，本案合议组经审查后，认为本案事实清楚，现依法作出复审决定。

**二、决定的理由**

1. 审查文本

本决定是以复审请求人于2006年4月20日提交的权利要求第1~10项以及本申请进入国家阶段时提交的说明书第1~31页、说明书附图第1~4页、说明书摘要、说明书摘要附图作为审查文本而作出的。经审查，未发现审查文本存在修改超范围的问题。

2. 关于专利法第22条第3款

专利法第22条第3款规定：创造性，是指同申请日以前已有的技术相比，该发明有突出的实质性特点和显著的进步，该实用新型有实质性特点和进步。

针对本案，合议组认为：

（1）独立权利要求1请求保护一种用于采集与病人对所推荐佩带医疗设备的协议的顺应性对应的数据的方法，对比文件1公开了一种电刺激肌肉的方法，其中（参见说明书第3栏第29行至第7栏第55行，附图1A-4）具体披露了以下技术特征，该方法提供了一系统控制单元（1），一个人刺激单元（2）以及与刺激单元相连接的电极，刺激单元包括微计算机（300）、存储器（320）和编程脉冲发生器（330），微计算机连接有负载检测传感器（336）和肌电检测器（360），刺激肌肉脉冲信号的特征可以从系统控制单元中下载到存储器中，微计算机读取存储器中的信息控制编程脉冲发生器产生脉冲，存储器的内容可以利用调制解调器通过电话线或远红外线发射器/接收器与外界交换数据（相当于本申请的通信连接），系统控制单元中也包括一个微计算机和存储器（相当于本申请的数据采集器），可接收刺激单元内的存储器传送来的数据。

独立权利要求1与对比文件1相比，其区别在于：①权利要求1的所述医疗设备具有用于测量病人身体温度的第一传感器和用于测量施加于病人皮肤的压力的第二传感器；②权利要求1的该方法用于采集与病人对所推荐佩带医疗设备的协议的顺应性对应的数据。

由于本申请的所述医疗设备具有用于测量病人身体温度的第一传感器和用于测量施加于病人皮肤的压力的第二传感器，根据本申请说明书的记载：当设备被设置在病人软组织的附近时，温度传感器监测到病人的自然体温时能够表示设备已被正确佩带，当压力传感器作为软组织扩大设备的一部分被设置在任何真空管路中或设置在真空圆罩下时，能够根据在设备和病人软组织之间创建了真空或负压的监测来表示病人佩带着设备。权利要求1由于采用了“所述医疗设备具有用于测量病人身体温度的第一传感器和用于测量施加于病人皮肤的压力的第二传感器”，解决了显示病人的顺应性的技术问题，实现了其发明目的，具有有益的技术效果。

由于对比文件1没有给出使用上述区别技术特征的技术启示，本领域技术人员在对比文件1的基础上需要付出创造性的劳动才能得出权利要求1要求保护的技术方案，且权利要求1的技术方案具有有益效果。因此，权利要求1相对于对比文件1具有突出的实质性特点和显著的进步，具备创造性，符合专利法第22条第3款的规定。

相应地，其从属权利要求2相对于对比文件1也具备创造性，符合专利法第22条第3款的规定。

（2）独立权利要求3请求保护一种方法，对比文件1公开了一种电刺激肌肉的方法，其中（参见说明书第3栏第29行至第7栏第55行，附图1A-4）具体披露了以下技术特征，该方法提供了一系统控制单元（1）（相当于本申请的数字数据处理器），一个人刺激单元（2）以及与刺激单元相连接的电极，刺激单元包括微计算机（300）、存储器（320）和编程脉冲发生器（330），微计算机连接有负载检测传感器（336）和肌电检测器（360），刺激肌肉脉冲信号的特征可以从系统控制单元中下载到存储器中，微计算机读取存储器中的信息控制编程脉冲发生器产生脉冲，存储器的内容可以利用调制解调器通过电话线或远红外线发射器/接收器与系统控制单元交换数据。

权利要求3与对比文件1相比，其区别在于：①权利要求3提供用于测量病人身体温度的第一传感器和用于测量施加于病人皮肤的压力的第二传感器，②权利要求3的方法用于采集与病人对所推荐佩带医疗设备的协议的顺应性对应的数据，③权利要求3提供对所述处理的病人数据由所述病人的受限访问权限。

由于对比文件1没有给出使用上述区别技术特征的技术启示，本领域技术人员在对比文件1的基础上需要付出创造性的劳动才能得出权利要求3要求保护的技术方案。由于权利要求3提供用于测量病人身体温度的第一传感器和用于测量施加于病人皮肤的压力的第二传感器，根据本申请说明书的记载：当设备被设置在病人软组织的附近时，温度传感器监测到病人的自然体温时能够表示设备已被正确佩带，当压力传感器作为软组织扩大设备的一部分被设置在任何真空管路中或设置在真空圆罩下时，能够根据在设备和病人软组织之间创建了真空或负压的监测来表示病人佩带着设备。权利要求3由于采用了“提供用于测量病人身体温度的第一传感器和用于测量施加于病人皮肤的压力的第二传感器”，解决了显示病人的顺应性的技术问题，实现了其发明目的，具有有益的技术效果。因此，权利要求3相对于对比文件1具有突出的实质性特点和显著的进步，具备创造性，符合专利法第22条第3款的规定。

相应地，其从属权利要求4相对于对比文件1也具备创造性，符合专利法第22条第3款的规定。

（3）独立权利要求5请求保护一种适合于病人佩带的医疗设备，对比文件1公开了一种电刺激肌肉设备，其中（参见说明书第3栏第29行至第7栏第55行，附图1A-4）具体披露了以下技术特征，该设备包括一系统控制单元（1）（相当于本申请的托架），一个人刺激单元（2）（相当于本申请的控制器）以及与刺激单元相连接的电极，刺激单元包括微计算机（300）、存储器（320）和编程脉冲发生器（330），微计算机连接有负载检测传感器（336）和肌电检测器（360），刺激肌肉脉冲信号的特征可以从系统控制单元中下载到存储器中，微计算机读取存储器中的信息控制编程脉冲发生器产生脉冲，存储器的内容与系统控制单元可以利用调制解调器通过电话线或远红外线发射器/接收器（相当于本申请的通信链接）交换数据。

权利要求5与对比文件1相比，其区别在于：权利要求5的所述信息包括来自于用于测量病人身体温度的第一传感器和来自于用于测量施加于病人皮肤的压力的第二传感器的信息。

由于权利要求5中的所述信息包括来自于用于测量病人身体温度的第一传感器和来自于用于测量施加于病人皮肤的压力的第二传感器的信息，根据本申请说明书的记载：当设备被设置在病人软组织的附近时，温度传感器监测到病人的自然体温时能够表示设备已被正确佩带，当压力传感器作为软组织扩大设备的一部分被设置在任何真空管路中或设置在真空圆罩下时，能够根据在设备和病人软组织之间创建了真空或负压的监测来表示病人佩带着设备。权利要求5由于采用了“所述信息包括来自于用于测量病人身体温度的第一传感器和来自于用于测量施加于病人皮肤的压力的第二传感器的信息”，解决了显示病人的顺应性的技术问题，实现了其发明目的，具有有益的技术效果。

由于对比文件1没有给出使用上述区别技术特征的技术启示，本领域技术人员在对比文件1的基础上需要付出创造性的劳动才能得出权利要求5要求保护的技术方案，且权利要求5的技术方案具有有益效果。因此，权利要求5相对于对比文件1具有突出的实质性特点和显著的进步，具备创造性，符合专利法第22条第3款的规定。

相应地，其从属权利要求6~8相对于对比文件1也具备创造性，符合专利法第22条第3款的规定。

（4）独立权利要求9请求保护一种带有病人检测设备的医疗器械，对比文件1公开了一种电刺激肌肉设备，其中（参见说明书第3栏第29行至第7栏第55行，附图1A-4）具体披露了以下技术特征，该设备包括一系统控制单元（1），一个人刺激单元（2）（相当于本申请的控制器）以及与刺激单元相连接的电极，刺激单元包括微计算机（300）、存储器（320）和编程脉冲发生器（330），微计算机连接有负载检测传感器（336）和肌电检测器（360），刺激肌肉脉冲信号的特征可以从系统控制单元中下载到存储器中，微计算机读取存储器中的信息控制编程脉冲发生器产生脉冲，存储器的内容与系统控制单元可以利用调制解调器通过电话线或远红外线发射器/接收器（相当于本申请的下载端口）交换数据。

权利要求9与对比文件1相比，其区别在于：权利要求9包含至少用于测量病人身体温度的第一传感器和用于测量施加于病人皮肤的压力的第二传感器。

由于权利要求9包含至少用于测量病人身体温度的第一传感器和用于测量施加于病人皮肤的压力的第二传感器，根据本申请说明书的记载：当设备被设置在病人软组织的附近时，温度传感器监测到病人的自然体温时能够表示设备已被正确佩带，当压力传感器作为软组织扩大设备的一部分被设置在任何真空管路中或设置在真空圆罩下时，能够根据在设备和病人软组织之间创建了真空或负压的监测来表示病人佩带着设备。权利要求9由于采用了“包含至少用于测量病人身体温度的第一传感器和用于测量施加于病人皮肤的压力的第二传感器”，解决了显示病人的顺应性的技术问题，实现了其发明目的，具有有益的技术效果。

由于对比文件1没有给出使用上述区别技术特征的技术启示，本领域技术人员在对比文件1的基础上需要付出创造性的劳动才能得出权利要求9要求保护的技术方案，且权利要求9的技术方案具有有益效果。因此，权利要求9相对于对比文件1具有突出的实质性特点和显著的进步，具备创造性，符合专利法第22条第3款的规定。

相应地，其从属权利要求10相对于对比文件1也具备创造性，符合专利法第22条第3款的规定。

（5）原审查部门在前置审查中，根据修改后的权利要求重新进行检索得到一篇对比文件2（WO99/60919A1），用对比文件2与对比文件1相结合评述了权利要求1~10的创造性。由于原审查部门在前置意见中补充了新的驳回证据（即对比文件2），且该证据也不属于公知常识性证据，因此不符合审查指南第四部分第二章第3.3节第（4）条的规定。

综上所述，本申请的权利要求1~10相对于对比文件1符合专利法第22条第3款的规定，具备创造性。

至于本申请中是否还存在其他的缺陷，有待原审查部门进一步审查。

**三、决定**

在修改的基础上，撤销国家知识产权局于2006年1月6日对01809615.8号发明专利申请作出的驳回决定。

由原审查部门以2006年4月20日提交的权利要求第1~10项以及进入国家阶段时提交的说明书第1~31页、说明书附图第1~4页、说明书摘要、说明书摘要附图作为审查文本继续进行审查程序。

复审请求人对本决定不服的，可以根据专利法第41条第2款的规定，自收到本决定之日起三个月内向北京市第一中级人民法院起诉。

016

# 具有良好吸收性能和芯吸效应的吸收剂

## 复审请求审查决定（第10047号）

**决　定　号**　第10047号
**决　定　日**　2006年9月14日
**发明创造名称**　具有良好吸收性能和芯吸效应的吸收剂
**国际分类号**　A61F13/53
**复审请求人**　金伯利-克拉克环球有限公司
**申　请　号**　01816129.4
**申　请　日**　2001年9月21日
**公　开　日**　2003年12月31日
**合议组组长**　钱　芸
**主　审　员**　张梅珍
**参　审　员**　李　礼

**法律依据**　专利法实施细则第21条第2款
**决定要点**

如果独立权利要求记载的特征的总和足以解决发明所提出的技术问题，并且其从整体上反映了发明的技术方案，则该独立权利要求不缺少必要技术特征。

### 一、案由

本复审请求涉及申请日为2001年9月21日，名称为“具有良好吸收性能和芯吸效应的吸收剂”的发明专利PCT申请，其申请号为01816129.4，优先权日为2000年9月22日，申请人为金伯利-克拉克环球有限公司。其公开的权利要求书为：

“1. 用于个人护理制品的吸收剂体系，包括第一可延伸外层和在所述可延伸外层反面上的第二外层，所述层之间有吸收剂材料。

2. 权利要求1的吸收剂体系，其中，所述层用有图案粘合剂黏结一起。

3. 权利要求1的吸收剂体系，其中，所述吸收剂层包含超吸收剂和纸浆。

4. 权利要求1的吸收剂体系，其中，所述吸收剂层包括超吸收剂和合成纤维。

5. 权利要求1的吸收剂体系，其中，所述第二层是可延伸的。

6. 权利要求5的吸收剂体系，其中，所述第一层是弹性的。

7. 权利要求6的吸收剂体系，其中，所述弹性层由选自聚氨酯、聚酯嵌段酰胺共聚物、聚酯、聚酰胺、共聚醚酯和聚烯烃的聚合物制成。

8. 权利要求6的吸收剂体系，其中，所述第二层是弹性的。

9. 权利要求1的吸收剂体系，其中，所述第一层是弹性的且所述第二层是不可延伸的。

10. 权利要求6的吸收剂体系，其中，所述弹性层选自有孔薄膜、机织织物、无纺织物和网织物。

11. 权利要求10的吸收剂体系，其还包含用胶乳胶粘剂层合到所述第一弹性层上的另一弹性层。

12. 权利要求6的吸收剂体系，其中所述弹性层是一种层合物，其选自颈缩黏结层合物、拉伸黏结层合物、颈缩拉伸黏结层合物及零拉伸应变层合物。

13. 权利要求1的吸收剂体系，还包含在所述外层之间的芯吸层。

14. 权利要求13的吸收剂体系，其中，所述芯吸层根据选自纺粘、黏结及梳理、和气流成网的方法制造。

15. 权利要求2的吸收剂体系，其中，所述第二外层包括由聚烯烃制成的纤维制品。

16. 用于个人护理制品的吸收剂体系，其包括在至少一侧上有超吸收剂的芯吸层、和至少一个可延伸外层及至少一个液体可渗透外层。

17. 权利要求16的吸收剂体系，其中，所述可延伸外层是可渗透液体的。

18. 权利要求16的吸收剂体系，其中，所述芯吸层根据选自纺粘、黏结及梳理、和气流成网的方法制造。

19. 权利要求16的吸收剂体系，其中，所述弹性层是一种层合物，其选自颈缩黏结层合物、拉伸黏结层合物、颈缩拉伸黏结层合物及零拉伸应变层合物。

20. 用于个人护理制品的吸收剂体系，其包括基重为17~170gsm（0.5~5osy）的气流成网芯吸层，所述芯吸层在至少一侧上有超吸收剂颗粒，以及至少一层可渗透液体的基重为17~170gsm（0.5~5osy）的颈缩黏结层合外层。

21. 一种尿布，其包含权利要求1的体系。

22. 一种训练裤，其包含权利要求1的体系。

23. 一种失禁用制品，其包含权利要求1的体系。

24. 一种绷带，其包含权利要求1的体系。

25. 一种卫生巾，其包含权利要求1的体系。

26. 一种用于个人护理制品的吸收剂体系，其包含在液体可渗透弹性外层内的吸收剂材料。

27. 一种用于个人护理制品的吸收剂体系，其包括第一可延伸外层和处于所述可延伸外层反面的第二外层，所述这些层间有吸收剂，其中，所述体系具有干燥厚度和湿厚度和干伸长度和湿伸长度，其中，所述湿厚度为所述干厚度的至少约3倍，所述干伸长度和湿伸长度大致相等。

28. 权利要求21的吸收剂体系，其中，所述第一和第二外层是有弹性的。”

国家知识产权局原审查部门依法对本申请进行了实质审查，于2004年8月27日发出了第一次审查意见通知书，其中引用了如下对比文件：

对比文件1：WO0030582A号国际专利申请公开说明书，其公开日为2000年6月2日；

对比文件2：US5650214A号美国专利说明书，其公开日为1997年7月22日；

对比文件3：WO0030584A号国际专利申请公开说明书，其公开日为2000年6月2日。

第一次审查意见通知书中指出本申请权利要求1没有记载各个层间的关系及其具体结构，不符合专利法实施细则第21条第2款的有关规定；权利要求1、13、14、16、18、19、21~25相对于对比文件1不具备新颖性；权利要求2~12、15、20、28相对于上述对比文件不具备创造性，权利要求1、16、20~27不具备单一性，权利要求27得不到说明书支持。

申请人于2005年3月11日针对第一次审查意见通知书进行了意见陈述，并提交了权利要求书的修改替换页。修改后的权利要求1为：

“1. 含吸收剂芯体系的个人护理制品，所述吸收剂芯体系在一段时间内保持孔隙的完整性和适宜的孔隙尺寸及分布，所述吸收剂芯体系包括第一弹性外层和在所述弹性外层反面上的第二外层，所述层之间有吸收剂材料，其中所述吸收剂芯体系的所述层用有图案粘合剂黏结在一起，以便在移动所述体系时使吸收剂材料保持在大致相同的位置，借此所述吸收剂芯体系能够扩展，以便继续进行液体的吸收或芯吸。”

申请人认为修改后的权利要求1符合专利法实施细则第21条第2款的规定，各项权利要求具备新颖性、创造性、单一性，同时也得到了说明书的支持。

经过上述程序，原审查部门于2005年10月14日作出了驳回决定。在驳回决定中，原审查部门认为权利要求1仍然缺少必须的结构特征，不符合专利法实施细则第21条第2款的规定。

申请人（下称复审请求人）对上述驳回决定不服，于2006年1月20日向专利复审委员会提出了复审请求，同时提交了权利要求书的替换页，仅对权利要求9进行了修改。复审请求人坚持认为驳回决定的意见不能成立，认为其权利要求1包含了本发明的全部必要技术特征。

经形式审查合格，专利复审委员会受理了该复审请求，并于2006年3月1日发出复审请求受理通知书和前置审查通知书。

专利局实质审查部门作出前置审查意见，基于与驳回决定相同的理由，坚持原驳回决定。

在此基础上专利复审委员会依法成立合议组，对本案进行审查。合议组认为，本案事实已经清楚，依法作出审查决定。

**二、决定的理由**

1. 关于审查文本

复审请求人于2006年1月20日提交了权利要求书修改替换页，经审查，该文本符合专利法第33条的有关规定，因此，本复审决定在复审请求人于2006年1月20日提交的权利要求书、进入中国国家阶段时提交的国际申请中文译文中的说明书第1~13页、摘要的基础上进行审查。

2. 关于本申请是否符合专利法实施细则第21条第2款的规定

专利法实施细则第21条第2款规定：独立权利要求应当从整体上反映发明或者实用新型的技术方案，记载解决技术问题的必要技术特征。审查指南第二部分第二章第3.1.2节中指出，必要技术特征是指，发明或者实用新型为解决其技术问题所不可缺少的技术特征，其总和足以构成发明或者实用新型的技术方案，使之区别于背景技术中所述的其他技术方案。

在本案中，根据说明书的记载，本发明的主要目的在于使尿布等个人护理制品中的超吸收剂在可控程度上溶胀，为此需保持孔隙的完整性和适宜的孔径分布，从而可以继续吸收液体而与吸收剂芯上层部分的润湿无关。

目前的权利要求1请求保护一种含吸收剂芯体系的个人护理制品，其中记载了该吸收剂芯体系包括第一弹性外层和在所述弹性外层反面上的第二外层，所述层之间有吸收剂材料，其中所述吸收剂芯体系的所述层用有图案粘合剂黏结在一起。可见该权利要求1已记载了吸收剂芯体系的层状结构以及各层之间的关系。说明书第7页第3段中有这样的描述“可延伸层允许超吸收剂润湿后在可控程度上溶胀，以便保持孔隙的完整性和适宜的孔隙尺寸及分布”，而弹性层属于可延伸层，因此权利要求1中限定的第一弹性外层能够使超吸收剂在可控程度上溶胀并保持孔隙的完整性和适宜的孔径分布。再有，权利要求1中限定的“所述吸收剂芯体系的所述层用有图案粘合剂黏结在一起”使得各层之间保持良好接触，液体可以从吸收剂芯上层部分传递到其他层，从而实现液体的充分吸收。

由以上分析可知，该权利要求1记载的特征的总和足以解决尿布等个人护理制品中的超吸收剂不能在可控程度上溶胀的技术问题，反映了本发明的技术方案，因此目前的权利要求1不缺少必要技术特征，符合专利法实施细则第21条第2款的规定。

鉴于以上事实，本案合议组经合议作出如下决定：

**三、决定**

撤销国家知识产权局于2005年10月14日对01816129.4号发明专利申请作出的驳回决定，由原审查部门在复审请求人于2006年1月20日提交的权利要求书的基础上继续审查。

复审请求人对本决定不服的，可以根据专利法第41条第2款的规定，自收到本决定之日起三个月内向北京市第一中级人民法院起诉。

017

# 离子传感器及使用它的临床分析仪

## 复审请求审查决定（第10048号）

**决　定　号**　第10048号
**决　定　日**　2006年12月26日
**发明创造名称**　离子传感器及使用它的临床分析仪
**国际分类号**　G01N 27/333
**复审请求人**　日立全球先端科技股份有限公司
**申　请　号**　02147333.1
**申　请　日**　2002年10月14日
**公　开　日**　2003年7月23日
**合议组组长**　陈迎春
**主　审　员**　周　航
**参　审　员**　杨军艳

**法律依据**　专利法第33条
**决定要点**

如果修改的内容未记载在原说明书和权利要求书之中，又不能根据原说明书和权利要求书文字记载的内容以及说明书附图直接、毫无疑义地确定的话，则该修改超出了原说明书和权利要求书记载的范围，不符合专利法第33条的规定。

### 一、案由

本复审请求涉及申请号为02147333.1、发明名称为“离子传感器及使用它的临床分析仪”的发明专利申请（下称本申请），申请日是2002年10月14日，公开日是2003年7月23日，申请人是日立全球先端科技股份有限公司。其公开的权利要求书如下：

“1. 一种离子传感器，它包括：试样溶液流经的流路；离子交换膜，它与上述试样流路中的试样接触；内部溶液，它设在所述离子交换膜的不与试样接触的那个面上并与之接触；内部电极，它与所述内部溶液接触，这些构成部分安置在密封的容器中，其特征在于，所述离子交换膜的不与试样接触的表面上涂布有反应型胶粘剂。

2. 一种离子传感器，它包括：试样溶液流经的流路；离子交换膜，它与上述试样流路中的试样接触；内部溶液，它设在所述离子交换膜的不与试样接触的那个面上并与之接触；内部电极，它与所述内部溶液接触，这些构成部分安置在密封的容器中，其特征在于，所述离子交换膜的不与试样接触的表面上涂布有两种液体混合的环氧树脂。

3. 一种氯离子传感器，它包括：试样溶液流经的流路；氯离子交换膜，它与上述试样流路中的试样接触；内部溶液，它设在所述氯离子交换膜的不与试样接触的那个面上并与之接触；内部电极，它与所述内部溶液接触，这些构成部分安置在密封的容器中，其特征在于，所述氯离子交换膜的不与试样接触的表面上涂布有两种液体混合的环氧树脂。

4. 一种临床分析仪，它使用权利要求1~3中任一项所述的离子传感器。”

国家知识产权局专利实质审查部门依申请人的请求对该申请进行了实质审查，于2004年8月13日发出第一次审查意见通知书，指出本申请说明书中对解决技术问题所采用的关键技术手段，即“两种液体混合的环氧树脂”未做出清楚、完整的说明，不符合专利法第26条第3款的规定。

针对第一次审查意见通知书，申请人于2004年11月5日提交了意见陈述书和权利要求书的修改替换页，其中删除了原权利要求1，将原权利要求2上升为新的权利要求1，同时请求人提交了如下四份参考文献，以证明其方案中有关“两种液体混合的环氧树脂”对本领域技术人员是清楚的限定用语：

参考文件1：来自互联网Azom.com的网页，其中介绍了胶粘剂的背景技术和种类，包括环氧树脂（共2页）；

参考文件2：来自互联网GlobalSpec.com的网页，其中介绍了环氧树脂胶粘剂的知识，包括双组分环氧树脂胶粘剂（共1页）；

参考文件3：来自互联网3M United States公司的网页，其涉及3M公司的双组分环氧树脂胶粘剂的产品目录（共2页）；

参考文件4：日本教科书的部分复印件，其中涉及二液型环氧树脂胶粘剂的使用方法（共5页）。

2005年2月25日国家知识产权局专利实质审查部门以本申请说明书公开不充分，不符合专利法第26条第3款的规定为由驳回了该申请。驳回决定认为：申请人提供的参考文件中所述的“双组分环氧树脂胶粘剂”、“二液型环氧树脂胶粘剂”与本申请中的“两种液体混合的环氧树脂”是不同的概念，本申请的原说明书和权利要求书中都没有记载“两种液体混合的环氧树脂”中两种液体的种类、来源、结构性能参数、混合比例、组分，等等，其对本领域技术人员来说也不是公知和常用的技术名词，因此其认为说明书公开充分的理由不成立。

申请人日立全球先端科技股份有限公司（下称复审请求人）对上述驳回决定不服，于2005年5月19日向专利复审委员会提出了复审请求，同时提交了权利要求书的修改替换页，其中将权利要求1和2中的“两种液体混合的环氧树脂”修改成“双组分环氧树脂胶粘剂”。复审请求人认为上述用语具有相同的含义，并且其技术方案中使用的“双组分环氧树脂胶粘剂”是市场上可以买到的产品，还提供了一份作为“双组分环氧树脂胶粘剂”使用的“Araldite Rapid”产品信息附件（日文，共7页），及该附件的中文译文（共7页）。

经形式审查合格后，专利复审委员会受理了该复审请求，并于2005年6月23日发出了复审请求受理通知书以及前置审查通知书。原审查部门对本复审请求进行了前置审查，在前置审查中，原审查部门认为复审请求人在提出复审请求时所作的修改超出了原申请文件公开的范围，因此坚持原驳回决定。

专利复审委员会依法成立合议组对该复审请求案进行了审理，合议组仔细研究了本申请和复审请求人的意见陈述，于2006年8月15日向复审请求人发出了复审通知书，指出：（1）复审请求人在提出复审请求时对权利要求的修改超出了原说明书和权利要求书的记载范围，不符合专利法第33条的规定；（2）驳回决定针对的文本中有关“两种液体混合的环氧树脂”的记载公开不充分，不符合专利法第26条第3款的规定。

针对上述复审通知书，复审请求人于2006年11月30日提交了意见陈述书和权利要求书的修改替换页，将“双组分环氧树脂胶粘剂”修改成“作为反应型胶粘剂的两种液体混合的环氧树脂”，修改后的权利要求书为：

“1. 一种离子传感器，它包括：试样溶液流经的流路；离子交换膜，它与上述试样流路中的试样接触；内部溶液，它设在所述离子交换膜的不与试样接触的那个面上并与之接触；内部电极，它与所述内部溶液接触，这些构成部分安置在密封的容器中，其特征在于，所述离子交换膜的不与试样接触的表面上涂布有作为反应型胶粘剂的两种液体混合的环氧树脂。

2. 一种氯离子传感器，它包括：试样溶液流经的流路；氯离子交换膜，它与上述试样流路中的试样接触；内部溶液，它设在所述氯离子交换膜的不与试样接触的那个面上并与之接触；内部电极，它与所述内部溶液接触，这些构成部分安置在密封的容器中，其特征在于，所述氯离子交换膜的不与试样接触的表面上涂布有作为反应型胶粘剂的两种液体混合的环氧树脂。

3. 一种临床分析仪，它使用权利要求1~2中任一项所述的离子传感器。”

复审请求人认为，根据原始提交的权利要求书和说明书发明内容部分可以看出，为了解决现有技术的离子传感器容易渗透水份的问题，本申请提出了三个技术方案，特征部分分别为：（1）所述离子交换膜的不与试样接触的表面上涂布有反应型胶粘剂；（2）所述离子交换膜的不与试样接触的表面上涂布有两种液体混合的环氧树脂；（3）所述氯离子交换膜的不与试样接触的表面上涂布有两种液体混合的环氧树脂。由于这三个技术方案针对同一技术问题、基于同一实施例、属于一个总的发明构思，故本领域技术人员能够清楚地认识到“两种液体混合的环氧树脂”与“反应型胶粘剂”存在必然联系，并且根据本领域公知常识，环氧树脂可以作为胶粘剂，市场上也存在环氧树脂主剂与硬化剂混合作为胶粘剂的产品，因此本领域技术人员必然能够得出“两种液体混合的环氧树脂”是“反应型胶粘剂”的结论。

至此，合议组认为，本案事实已经清楚，可以依法作出复审决定。

**二、决定的理由**

1. 关于审查文本

本复审决定以复审请求人于2006年11月30日提交的权利要求第1~3项、2002年10月14日提交的说明书第1~8页、附图第1~4页、说明书摘要和摘要附图为审查基础。

2. 关于专利法第33条

专利法第33条规定：申请人可以对其专利申请文件进行修改，但是，对发明和实用新型专利申请文件的修改不得超出原说明书和权利要求书记载的范围。

如果修改的内容未记载在原说明书和权利要求书之中，又不能根据原说明书和权利要求书文字记载的内容以及说明书附图直接、毫无疑义地确定的话，则该修改超出了原说明书和权利要求书记载的范围，不符合专利法第33的规定。

在本案中，复审请求人在提交复审请求时修改了权利要求，将原权利要求中使用的“两种液体混合的环氧树脂”修改为“双组分环氧树脂胶粘剂”，在答复复审通知书时又将该用语改成“作为反应型胶粘剂的两种液体混合的环氧树脂”，并认为本领域技术人员根据说明书的记载和本领域公知常识可以直接地、无疑义的得出原始文本中公开的“两种液体混合的环氧树脂”就是“作为反应型胶粘剂的两种液体混合的环氧树脂”，即市场上常见的“双组分环氧树脂胶粘剂”。

针对上述观点合议组认为：首先，尽管说明书中同时涉及了在离子交换膜的不与试样接触的表面上涂布“反应型胶粘剂”和“两种液体混合的环氧树脂”的两个技术方案，但由于这两个技术方案在原说明书和权利要求书中是并列列出的，原说明书和权利要求书中也没有明确表示或者暗示这两种技术方案之间是上下位的概念。其次，由于现有技术中环氧树脂的用途十分广泛，除了用作粘合剂之外，还广泛地应用于涂料、复合材料、封灌料等领域，故“环氧树脂”和“环氧树脂胶粘剂”是不同的概念，从请求人提供的多份参考文件和附件也可以看出，其使用的术语均为“环氧树脂胶粘剂”，并非“环氧树脂”，而本申请技术方案中采用的均为“环氧树脂”或“两种液体混合的环氧树脂”（见说明书具体实施方式部分第5页第9~19行、表3以及第8页第12行），并没有记载所述“环氧树脂”或“两种液体混合的环氧树脂”是“胶粘剂”或“反应型胶粘剂”或具有相关技术启示，因此本领域技术人员仅根据本申请原说明书和权利要求书的记载很难想到该技术方案中采用的“两种液体混合的环氧树脂”是一种“反应型胶粘剂”，也就是市场上出售的“双组分环氧树脂胶粘剂”。此外，关于复审请求人认为采用“两种液体混合的环氧树脂”与“反应型胶粘剂”的离子传感器技术方案属于一个总的发明构思，故本领域技术人员能够清楚地认识到“两种液体混合的环氧树脂”就是“反应型胶粘剂”的主张不能成立，因为一件专利申请中两个并列技术方案是否属于同一发明构思与根据申请文件是否能直接地、毫无疑义地得出的内容无关。

综上所述，复审请求人在答复复审通知书时将“双组分环氧树脂胶粘剂”改成“作为反应型胶粘剂的两种液体混合的环氧树脂”，两者并无实质性的差别，均不同于原说明书和权利要求书中的用语“两种液体混合的环氧树脂”，也不能从原始文本所记载的内容直接、毫无疑义地得到，故目前的文本仍然未克服复审通知书中指出的超范围问题，不符合专利法第33条的规定。

基于上述事实和理由，本案合议组作出以下审查决定。

**三、决定**

维持国家知识产权局于2005年2月25日对02147333.1号发明专利申请作出的驳回决定。

复审请求人对本决定不服的，可以根据专利法第41条第2款的规定，自收到本决定之日起三个月内向北京市第一中级人民法院起诉。

018

# 根据人类 HIV 病毒株的表型药物敏感性控制 HIV 阳性病人化疗的方法

## 复审请求审查决定（第 10073 号）

**决　定　号**　第 10073 号
**决　定　日**　2007 年 1 月 19 日
**发明创造名称**　根据人类 HIV 病毒株的表型药物敏感性控制 HIV 阳性病人化疗的方法
**国 际 分 类 号**　G01N 33/50
**复 审 请 求 人**　沃尔科股份有限公司
**申　请　号**　97191904.6
**申　请　日**　1997 年 1 月 24 日
**公　开　日**　1999 年 3 月 3 日
**合 议 组 组 长**　刘颖杰
**主　审　员**　周　航
**参　审　员**　张田勇

**法 律 依 据**　专利法第 25 条第 1 款第（3）项
**决 定 要 点**

如果请求保护的方法从表述形式上看是以离体样品为实施对象、并且未记载直接获得疾病诊断结果或进行治疗的步骤，但对于本领域技术人员来说，只要知晓其技术方案中所获得的信息，根据现有技术的医学知识，足以获得该样品供体的疾病状况或为进一步治疗做好了辅助准备工作，则该方法仍属于疾病的诊断和治疗方法，不能被授予专利权。

### 一、案由

本复审请求涉及申请号为 97191904.6、发明名称为“根据人类 HIV 病毒株的表型药物敏感性控制 HIV 阳性病人化疗的方法”的发明专利申请（下称本申请），申请日是 1997 年 1 月 24 日，公开日是 1999 年 3 月 3 日，申请人是维科公司，于 2004 年 7 月 2 日变更为沃尔科股份有限公司。

2004 年 12 月 3 日，国家知识产权局专利局实质审查部门以本申请权利要求 1~24 属于专利法第 25 条第 1 款第（3）项所规定的疾病治疗方法为由驳回了本申请。驳回决定所针对的权利要求如下：

“1. 一种筛选最佳 HIV 抑制剂的方法，包括用一个经过从病人的生物学材料的样品分离病毒 RNA 并逆转录所述 pol 基因的所需区域获得的 HIV pol 基因的序列和已缺失该序列的 HIV-DNA 构建体转染对 HIV 感染敏感的细胞系，培养所述转染的细胞以产生嵌合病毒的原种，评价所述嵌合病毒对 HIV pol 基因编码的所述酶的抑制剂的表型敏感性并对其指定一个值，构建含有所述嵌合病毒敏感性值及 HIV 嵌合野生型病毒株的相应值的数据组，重复至少二个其他的抑制剂的敏感性评价从而构建总共至少三个该数据组，以二维或三维图解形式表示该数据组使各数据组中嵌合型和野生型敏感性之间的区别提供嵌合原种对所述抑制剂处理的抗性的肉眼测量值，以及根据所测量的抗性图示选择最佳抑制剂。

2. 权利要求 1 的方法，其中数据组在多边形或准圆形图上表示，该图含有：

（a）多个从原点放射延生的标准化轴，每个轴相应于一个数据组或抑制剂或其组合；

（b）轴被标准化使野生型 HIV 对各种抑制剂的敏感性值在各轴上相等，任选表示野生型 HIV 的数据点并连接起来形成规则多边形，其顶点在轴上，其中心由原点限制；

（c）在各轴上描绘出相应于所述轴的表示嵌合 HIV 原种对抑制剂敏感性值的数据点，任意连接嵌合数据点以形成规则或不规则的多边形，其形状表示嵌合原种对一定范围的抑制剂的抗性。

3. 权利要求 2 的方法，其中各轴上有对数刻度。

4. 权利要求 2 或 3 的方法，其中在嵌合多边形中如果表示了偏心数据点，则认定的抑制剂可认为其对病人具有很小或没有用处，而位于野生型多边形内，其上或靠近其外侧的数据点认定的抑制剂可认为其对病人具有很大的用处。

5. 根据前面任一权利要求的方法，其中所述的三个或更多个数据组中的每一个还含有对所述抑制剂最坏情况可测量抗性的值，在所述的图示中表示所述的最坏情况值，使嵌合原种的数据点可与野生型和最坏情况 HIV 相比，从而提供对特定情况中抑制剂相对值的评价。

6. 一种筛选最佳 HIV 抑制剂的方法，它包括如下步骤：

（a）定期评价根据权利要求 1~5 中任一权利要求的病人 HIV 病毒株样品的表型敏感性；和

（b）发布指令用选定的抑制剂维持化疗，而特定的 HIV 病毒株保持对所选的化疗敏感；和

（c）如果且当初始抑制剂的敏感性降低时，选择不同的抑制剂。

7. 根据权利要求 1~6 中任一权利要求的方法，其中同时评价所述的嵌合病毒对 HIV pol 基因所编码的至少两个酶的抑制剂的表型敏感性。

8. 一种确定病人中个体 HIV 病毒株对 HIV pol 基因编码的至少两种酶的抑制剂的表型药物敏感性的方法，它包括用一个来经过从病人的生物学材料的样品分离病毒 RNA 并逆转录所述 pol 基因的所需区域获得的 HIV pol 基因的序列和已缺失该序列的 HIV-DNA 构建体转染对 HIV 感染敏感的细胞系，培养所述转染的细胞以产生嵌合病毒的原种并评价所述嵌合病毒对 HIV pol 基因编码的所述酶的抑制剂的表型敏感性。

9. 根据前面任一权利要求的方法，其中所述的生物材料选自血浆，血清或选自精液和阴道液的无细胞体液。

10. 根据权利要求 1~8 中任一权利要求的方法，其中所述的生物材料是加入了 RNA 稳定剂的全血。

11. 根据前面任一权利要求的方法，其中生物材料是选自脑组织或淋巴结组织的组织材料。

12. 根据权利要求 8~11 中任一权利要求的方法，其中至少两种酶选自 HIV RT，蛋白酶和整合酶。

13. 根据权利要求 1~12 中任一权利要求的方法，其中对 HIV 感染敏感的细胞系是 CD4+T-细胞系。

14. 根据权利要求 13 的方法，其中 CD4+T-细胞系是 MT4 细胞系或 HeLa CD4+细胞系。

15. 根据权利要求 1~14 中任一权利要求的方法，其中所需的病人 pol 基因的区域使用特异性的下游引物逆转录。

16. 根据权利要求 15 的方法，其中需要逆转录的序列是编码逆转录酶和蛋白酶的序列。

17. 根据权利要求 16 的方法，其中下游引物是 OUT3：5’-CATTGCTCTCCAATTACTGTGATATTTCTCATG-3’（SED ID NO：1）。

18. 根据权利要求 15~17 中任一权利要求的方法，其中逆转录产物使用嵌套式 PCR 技术扩增。

19. 根据权利要求 1~18 中任一权利要求的方法，其中 HIV-DNA 构建体是 RT 和蛋白酶基因已缺失的构建体且是以保藏号为 LMBP3590，于 1996 年 11 月 8 日保藏在 Belgian Coordinated Collections of Microorganisms-BCCM LMBP-Collection 的质粒 pGEMT3-ΔPRT。

20. 根据权利要求 1~19 中任一权利要求的方法，其中转染可经电穿孔来实现。

21. 根据权利要求 1~19 中任一权利要求的方法，其中转染可经过使用阳性脂类来实现。

22. 根据权利要求 1~21 中任一权利要求的方法，其中嵌合病毒对不同 RT，蛋白酶或整合酶抑制剂的表型药物敏感性在自动的细胞基础试验中进行评价。

23. 根据权利要求 1~22 中任一权利要求的方法，其中嵌合病毒和野生型 HIV 病毒株对一种或多种 RT，蛋白酶或整合酶抑制剂的表型药物敏感性表达为抑制剂浓度（IC 值）。

24. 根据权利要求 1~23 中任一权利要求的方法，其中 RT 抑制剂选自核苷 RT 抑制剂，例如 AZT，ddI，ddC，3TC，d4T，非核苷 RT 抑制剂，例如 loviride，nevirapine 和 tivirapine，蛋白酶抑制剂，例如 saquinavir，indinavir 和 ritonavir，整合酶抑制剂，例如咖啡酸苯基乙酯（CAPE）。”

驳回决定认为：（1）权利要求 1~5 请求保护一种筛选最佳 HIV 抑制剂的方法，其将来自病人的生物学样品采取一定的方法评价其中 HIV 病毒株对抑制剂（即药物）的敏感性，从而选定哪些抑制剂（即药物）对病人治疗有用，其实质上是为了实施药物治疗而采用的辅助方法，目的是治疗疾病，因此属于专利法第 25 条第 1 款第（3）项所规定的不能授予专利权的情形；（2）权利要求 6~7 请求保护一种筛选最佳 HIV 抑制剂的方法，其根据权利要求 1~5 的结果选择合适的抑制剂（即药物）维持治疗，当抑制剂敏感性下降时，再选择不同的抑制剂，该方法也属于疾病的治疗方法；（3）权利要求 8~24 请求保护一种确定病人中个体 HIV 病毒株对 HIV pol 基因编码的至少两种酶的抑制剂的表型药物敏感性的方法，其将来自病人的生物学样品采取一定的方法评价其中 HIV 病毒株对抑制剂（即药物）的敏感性，其实质上也是为了实施药物治疗而采用的辅助方法，不能授予专利权。

申请人沃尔科股份有限公司（下称复审请求人）对上述驳回决定不服，于 2005 年 3 月 18 日向专利复审委员会提出了复审请求，同时提交了权利要求第 5~23 项的修改替换页，其中删除了原权利要求 6，修改了相应权利要求的引用关系。修改后的权利要求第 5~23 项如下：

“5. 根据前面任一权利要求的方法，其中所述的三个或更多个数据组中的每一个还含有对所述抑制剂最坏情况可测量抗性的值，在所述的图示中表示所述的最坏情况值，使嵌合原种的数据点可与野生型和最坏情况 HIV 相比，从而提供对特定情况中抑制剂相对值的评价。

6. 根据权利要求 1~5 中任一权利要求的方法，其中同时评价所述的嵌合病毒对 HIV pol 基因所编码的至少两个酶的抑制剂的表型敏感性。

7. 一种确定病人中个体 HIV 病毒株对 HIV pol 基因编码的至少两种酶的抑制剂的表型药物敏感性的方法，它包括用一个来经过从病人的生物学材料的样品分离病毒 RNA 并逆转录所述 pol 基因的所需区域获得的 HIV pol 基因的序列和已缺失该序列的 HIV-DNA 构建体转染对 HIV 感染敏感的细胞系，培养所述转染的细胞以产生嵌合病毒的原种并评价所述嵌合病毒对 HIV pol 基因编码的所述酶的抑制剂的表型敏感性。

8. 根据前面任一权利要求的方法，其中所述的生物材料选自血浆，血清或选自精液和阴道液的无细胞体液。

9. 根据权利要求1~7中任一权利要求的方法，其中所述的生物材料是加入了RNA稳定剂的全血。

10. 根据前面任一权利要求的方法，其中生物材料是选自脑组织或淋巴结组织的组织材料。

11. 根据权利要求7~10中任一权利要求的方法，其中至少两种酶选自HIV RT，蛋白酶和整合酶。

12. 根据权利要求1~11中任一权利要求的方法，其中对HIV感染敏感的细胞系是CD4+T-细胞系。

13. 根据权利要求12的方法，其中CD4+T-细胞系是MT4细胞系或HeLa CD4+细胞系。

14. 根据权利要求1~13中任一权利要求的方法，其中所需的病人pol基因的区域使用特异性的下游引物逆转录。

15. 根据权利要求14的方法，其中需要逆转录的序列是编码逆转录酶和蛋白酶的序列。

16. 根据权利要求15的方法，其中下游引物是OUT3：5’-CATTGCTCTCCAATTACTGT-GATATTTCTCATG-3’（SED ID NO：1）。

17. 根据权利要求14~16中任一权利要求的方法，其中逆转录产物使用嵌套式PCR技术扩增。

18. 根据权利要求1~17中任一权利要求的方法，其中HIV-DNA构建体是RT和蛋白酶基因已缺失的构建体且是以保藏号为LMBP3590，于1996年11月8日保藏在Belgian Coordinated Collections of Microorganisms-BCCM LMBP-Collection的质粒pGEMT3-ΔPRT。

19. 根据权利要求1~18中任一权利要求的方法，其中转染可经电穿孔来实现。

20. 根据权利要求1~18中任一权利要求的方法，其中转染可经过使用阳性脂类来实现。

21. 根据权利要求1~20中任一权利要求的方法，其中嵌合病毒对不同RT，蛋白酶或整合酶抑制剂的表型药物敏感性在自动的细胞基础试验中进行评价。

22. 根据权利要求1~21中任一权利要求的方法，其中嵌合病毒和野生型HIV病毒株对一种或多种RT，蛋白酶或整合酶抑制剂的表型药物敏感性表达为抑制剂浓度（IC值）。

23. 根据权利要求1~22中任一权利要求的方法，其中RT抑制剂选自核苷RT抑制剂，例如AZT，ddI，ddC，3TC，d4T，非核苷RT抑制剂，例如loviride，nevirapine和tivirapine，蛋白酶抑制剂，例如saquinavir，indinavir和ritonavir，整合酶抑制剂，例如咖啡酸苯基乙酯（CAPE）。”

请求人认为：（1）本申请的技术方案在体外进行，未以有生命的人体活动物体为直接实施对象；（2）其直接目的不是治疗HIV病，而是筛选HIV药物和评价病毒对药物的表型敏感性；（3）从说明书中可看出，该方法还具有获得抗病毒图、并可用于治疗HIV的临床控制仪上的其他用途。

经形式审查合格后，专利复审委员会受理了该复审请求，并于2005年8月10日发出了复审请求受理通知书以及前置审查通知书。原审查部门对本复审请求进行了前置审查，在前置审查中，原审查部门坚持原驳回决定。

专利复审委员会依法成立合议组对该复审请求案进行了审理，合议组仔细研究了本申请和复审请求人的意见陈述，于2006年8月21日向复审请求人发出复审通知书，指出本申请权利要求1~23属于专利法第25条第1款第（3）项规定的疾病的诊断和治疗方法，不能被授予专利权。具体理由如下：（1）尽管本申请权利要求的技术方案是在体外进行的，但这种体外试验只是获得患病个体信息的一种手段，其试验样品取自该患病个体，其实质研究对象是该患病个体本身的病因和病灶状况，同时获得了该患病个体对药物可能的敏感性信息，因而其技术方案是以获得同一主体疾病诊断结果或健康状况为直接目的，仍然不能被授予专利权。（2）尽管筛选HIV药物和评价病毒对药物的表型敏感性是权利要求形式上所包括的最后步骤，但通过说明书可以看出，本发明的目的不止于此，按照技术方案获得的信息可直接确定所使用或将要使用的治疗 HIV 的药物（所述最佳 HIV 抑制剂），因此实质上本申请的方法的目的就是为了治疗 HIV 疾病。（3）此外，说明书中对本方法的其他用途的说明十分简略，只提出了一种构思而没有具体描述，况且这些用途实质上也涉及对 HIV 病毒表型的诊断和药物筛选，根据其结果本领域技术人员就能获得检测对象的患病状况和药物疗效，因此所述方法的其他用途并不能改变本申请的方法是一种疾病诊断和治疗方法结论。

针对上述复审通知书，复审请求人于 2006 年 11 月 27 日提交了意见陈述书，其坚持认为，（1）本申请的技术方案所筛选出的抑制剂不只适用于具体的患者个体，还可用于治疗所有类似的 HIV 患者；（2）本申请的技术方案是筛选 HIV 抑制剂和评价病毒对药物的表型敏感性，其直接目的并非用于疾病的诊断和治疗，任何制备药物的方法都是应当被允许的，尽管所有药物最终用于治疗疾病。

至此，合议组认为，本案事实已经清楚，可以依法作出复审决定。

**二、决定的理由**

1. 关于审查文本

复审请求人于 2005 年 3 月 18 日提交了权利要求第 5~23 项的修改替换页，经合议组审查，上述修改文本符合专利法实施细则第 60 条第 1 款的规定，并且未发现其存在不符合专利法第 33 条规定之处。因此本复审决定以复审请求人于 2004 年 4 月 20 日提交的权利要求第 1~4 项、说明书第 5 页，2005 年 3 月 18 日提交的权利要求第 5~23 项，进入国家阶段时提交的国际申请文本的说明书第 1、2、4、7~27 页、附图第 1~18 页、说明书摘要和摘要附图，国际初步审查报告附件的说明书第 3、3a、6 页为审查基础。

2. 关于专利法第 25 条第 1 款第（3）项

专利法第 25 条项第 1 款规定：对下列各项，不授予专利权：（1）科学发现；（2）智力活动的规则和方法；（3）疾病的诊断和治疗方法；（4）动物和植物品种；（5）用原子核变换方法获得的物质。

如果请求保护的方法从表述形式上看是以离体样品为实施对象、并且未记载直接获得疾病诊断结果或进行治疗的步骤，但对于本领域技术人员来说，只要知晓其技术方案中所获得的信息，根据现有技术的医学知识，足以获得该样品供体的疾病状况或为进一步治疗做好了辅助准备工作，则该方法仍属于疾病的诊断和治疗方法，不能被授予专利权。

就本案而言，权利要求 1~6 要求保护一种筛选最佳 HIV 抑制剂的方法，该方法利用来自病人生物学样品中的 HIV 病毒基因构建敏感细胞系，经过药物试验筛选出对该患病个体的 HIV 病毒有效的抑制剂。这种方法实质上是一种对患者进行诊断和治疗疾病的过程，因为其以有生命的人体为对象（患病个体），识别、确定其病因或病灶（确定其 HIV 的表型），根据该方法获得的信息，本领域技术人员足以得知该患病个体的 HIV 类型，筛选出针对该患病个体的有效药物以进行进一步治疗。因此该权利要求 1~6 属于专利法第 25 条第 1 款第（3）项规定的不能授予专利权的情形。

针对请求人答复复审通知书时提出的观点合议组认为，（1）本申请的技术方案中样品来自特定的患者个体，根据说明书可知，其筛选抑制剂的目的就是治疗该特定患者个体的 HIV 疾病，尽管所筛选出来的药物在理论上可以治疗所有同类患者的疾病，但是对于未知 HIV 类型的患者来说，不采用本申请技术方案的方法就不能得知其是否属于同类患者，即不能得知其是否对所述抑制剂敏感，因此本申请的技术方案并非一般意义上筛选药物的方法，而是针对患者个体进行药物治疗之前采用的诊断或辅助治疗方法；（2）尽管本申请权利要求形式上记载的是筛选 HIV 抑制剂和评价病毒对药物的表型敏感性的方法，其中也未记载直接获得疾病诊断结果或进行治疗的步骤，但其并非如请求人所述是一种药物制备方法，而是一种在实施药物治疗之前进行的诊断或辅助治疗方法，因为根据本申请权利要求技术方案所获得的信息，本领域技术人员足以直接确定样品供体的疾病状况或为进一步治疗

（使用最佳 HIV 抑制剂）做好了辅助准备工作，因此其在客观上检测出了特定对象的患病状况并能够直接确定进一步的治疗方案，也就是在客观上实现了疾病诊断和治疗的直接目的。

权利要求 7 要求保护一种确定病人中个体 HIV 病毒株对 HIV pol 基因编码的至少两种酶的抑制剂的表型药物敏感性的方法。该方法利用患病个体中 HIV 病毒基因构建敏感细胞系，从而评价该病毒表型对抑制剂的敏感性。该方法实质上是一种评价抑制剂对患者疗效的诊断过程，根据该方法获得的信息，本领域技术人员足以筛选出针对该患病个体的最佳有效药物以进行治疗。因此该权利要求 7 也属于专利法第 25 条第 1 款第（3）项规定的不能授予专利权的情形。

同理，权利要求 8~23 直接或间接从属于权利要求 1~7，其技术方案也属于专利法第 25 条第 1 款第（3）项规定的疾病的诊断和治疗方法，不能授予专利权。

基于上述事实和理由，本案合议组作出以下审查决定。

**三、决定**

维持国家知识产权局于 2004 年 12 月 3 日对 97191904.6 号发明专利申请作出的驳回决定。

复审请求人对本决定不服的，可以根据专利法第 41 条第 2 款的规定，自收到本决定之日起三个月内向北京市第一中级人民法院起诉。

019

# 自动周易太极预测仪

## 复审请求审查决定（第 10074 号）

**决　定　号** 第 10074 号
**决　定　日** 2006 年 12 月 31 日
**发明创造名称** 自动周易太极预测仪
**国际分类号** G09B 19/00
**复审请求人** 马琛恩
**申　请　号** 97105238.7
**申　请　日** 1997 年 7 月 1 日
**公　开　日** 1999 年 1 月 13 日
**合议组组长** 钱　芸
**主　审　员** 马　燕
**参　审　员** 张梅珍

**法律依据** 专利法实施细则第 2 条第 1 款
**决定要点**

一项权利要求从形式上看是请求保护一种装置，但该权利要求所反映的实质内容是将易经文化内容按照一定规律刻度化系统地排列，然后将按这一规律排列的内容制成信息盘，再通过其他装置来进行显示。由于其对现有技术的改进仅仅在于将信息内容按照一定规律进行编排并利用编排好的内容进行检索，这是在发明人的思维运动指导下完成的，源于发明人的思维，因此该项权利要求并未采用技术手段，也未产生技术效果，不构成技术方案，因而不符合专利法实施细则第 2 条第 1 款的规定。

### 一、案由

本复审请求涉及申请号为 97105238.7、名称为“自动周易太极预测仪”的发明专利申请（下称本申请），申请人为马琛恩，申请日为 1997 年 7 月 1 日，公开日为 1999 年 1 月 13 日，本申请公开时有 5 项权利要求，其中权利要求 1 是独立权利要求。

国家知识产权局实质审查部门依法对本申请进行了实质审查，于 2002 年 10 月 11 日发出了第一次审查意见通知书，指出根据本申请说明书的记载，该装置是一种用于起卦、预测的周易信息演绎器具，在实质上达到了占卦算命的目的，属于专利法第 5 条规定的不授予专利权的范围。

申请人针对上述审查意见通知书于 2003 年 2 月 25 日提交了意见陈述书以及权利要求书、说明书全文以及说明书摘要的修改替换页，共 6 页，申请人称，将发明名称修改为“周易全息仪”，并删除了原申请文件中涉及“预测”的内容以及有可能与审查要求不一致的部分，使其成为周易典籍内容的集中化检索工具和易经的简明注解工具，使该仪仅供周易研究之用。

2003 年 5 月 9 日，国家知识产权局实质审查部门以本申请属于专利法第 5 条规定的不授予专利权的范围为由驳回了本申请，驳回决定的具体理由为：本申请请求保护一种“周易全息仪”，根据说明书中的记载，该装置是根据《易经》理论、运用易经规律设计出来，用于进行查阅、注解等功能的周易信息演绎器具，并且，尽管申请人修改了其中有关“预测”等内容的用词，但其实质上仍然是利用易经规律实现预测的功能，达到占卦算命的目的，因此，本申请属于专利法第 5 条规定的不授予专利权的范围。

申请人马琛恩（下称复审请求人）不服上述驳回决定，于 2003 年 8 月 22 日向专利复审委员会提出复审请求，复审请求人没有对申请文件进行修改。复审请求人认为：周易不是迷信，本申请的目的是设计一种用于学习和运用周易的仪器，因此不属于专利法第 5 条规定的不授予专利权的范围。

经形式审查合格后，专利复审委员会受理了该复审请求，并于 2004 年 3 月 2 日向复审请求人发出复审请求受理通知书，同时向原审查部门发出前置审查通知书。

原审查部门对本复审请求进行了前置审查，仍然坚持原驳回决定。

针对上述复审请求，专利复审委员会依法成立合议组对该复审请求进行了审查。

本案合议组于 2006 年 6 月 5 日发出复审通知书（下称第一次复审通知书），指出：权利要求 1 和 2 请求保护的周易全息仪从形式上看是请求保护一种装置，但该权利要求所反映的实质上是按照一定规律对周易文化内容进行编排，并将构成该周易全息仪的信息盘、指示装置、运转装置和控制装置作为载体来显示所编排的易经相关内容。这种按照一定规律进行编排的方法是在人的思维运动指导下完成的，源于人的思维，必须经过人的思维运动作为媒介才能间接地作用于自然产生结果。因此，权利要求 1~2 请求保护的主题属于智力活动的规则和方法，属于专利法第 25 条第 1 款第（2）项不授予专利权的客体。此外，说明书还记载了使用该全息仪进行检索的方法、步骤和多种方式，且根据说明书记载的内容可知，信息的编排方法和信息的检索方法是一个有机的整体，本申请的周易全息仪正是将二者相结合来达到学习和研究周易的目的的。说明书中记载的这种信息编排方法和检索方法属于智力活动的规则和方法。因此，权利要求 1、2 属于专利法第 25 条第 1 款第（2）项规定的不授予专利权的客体，拟维持原驳回决定。

专利复审委员会先后于 2006 年 7 月 31 日和 2006 年 8 月 1 日收到复审请求人针对第一次复审通知书的意见陈述书，两次意见陈述书的内容相同，复审请求人认为：该仪在制造成物时，其信息内容已经由发明人按规律排列好了，在使用中不需加进个人的思维活动对信息内容进行重新编排或组合，其检索主要是体现查阅功能，其注解也是该仪中固有的内容；该仪实际上是如地球仪和尺子一样的演示、查阅、使用工具；该仪的信息载体主要是信息盘；申请人在申请文件中对该仪的使用未涉及编排，在权利要求书中只提及了该仪的结构、构造形式，未提及使用方法和规则，且在权利要求书中未要求对“检索”进行保护。

针对复审请求人的意见陈述，合议组于 2006 年 10 月 26 日再次发出了复审通知书（下称第二次复审通知书）。在第二次复审通知书中，合议组首先告知复审请求人，根据国家知识产权局令第三十八号，修订后的审查指南自 2006 年 7 月 1 日起施行，2001 年 10 月 18 日公布施行的审查指南同时废止。根据修订后的审查指南，本申请不符合专利法实施细则第 2 条第 1 款的规定。具体意见如下：

本申请的权利要求 1 和 2 请求保护一种周易全息仪，其从形式上看是请求保护一种装置，但该权利要求所反映的是将易经文化内容按照一定规律刻度化系统地排列，然后将按这一规律排列的内容制成信息盘，再通过运转装置、指示装置和控制装置来进行显示，其中，将信息内容按一定规律进行编排是在发明人的思维运动指导下完成的，源于发明人的思维，这种编排并未采用技术手段来解决技术问题，也未产生技术效果，因此不构成技术方案，因而不符合专利法实施细则第 2 条第 1 款的规定。

针对复审请求人答复第一次复审通知书的意见陈述书的观点，合议组认为，正如复审请求人所述，该仪在制造成物时，其信息内容已经由发明人按规律排列好了，而发明人对信息内容的这种编排是在发明人的思维运动指导下完成的，源于发明人的思维，尽管复审请求人声称该仪是一种查阅工具，但其作为查阅工具的基础是发明人对该仪的信息内容进行了编排，而信息盘也只是将发明人编排信息之后的结果罗列在其上，该仪实质上还是体现了按照一定规律对周易文化内容进行编排并利用信息载体来显示所编排的易经相关内容。说明书和权利要求书中所记载的对信息进行编排的方法是在发明人的思维运动指导下完成的，源于发明人的思维，未采用技术手段来解决技术问题，也未产生技术效果，因此不构成技术方案，不符合专利法实施细则第 2 条第 1 款的规定。

2006 年 12 月 11 日，复审请求人针对第二次复审通知书进行了意见陈述，并提交了补正书、权利要求书和说明书第 1 页的修改替换页，经审查，复审请求人对权利要求书和说明书的修改未超出原始申请文件所记载的范围，并且实质内容没有变化，复审请求人所提交的修改后的权利要求书如下：

"1. 一种周易全息仪，由信息盘［1］、指示装置［2］、运转装置［3］和控制装置［4］构成，其特征是，在信息盘上设置指示装置，将运转装置及控制装置与信息盘和指示装置结合为一个有机整体，即将易经六十四卦、三百八十四爻以爻为单位刻度化规律性系统排列，使相关易经文化内容与卦爻符一一对应，再将卦爻生变规律与太极阴阳变化规律相结合，将易经规律用太极形式显示出来，使卦爻的太极位置相对定格化，然后将按这一规律排列的卦爻符及其文化内容刻印、展示于实体物上或显示于屏幕上制成信息盘，再通过运转装置使信息盘演示、展现这种规律，或由指示装置对信息盘上的内容进行指示，并用控制装置控制这种运转、显示或指示。

2. 根据权利要求 1 所说的周易全息仪，其特征在于所说的信息盘是预置有易经文化内容，能够展现易经规律的装置或信息载体，信息盘所预置和展现的易经文化内容为按周易规律排列或按研究要求呈现的传统文化中的易经卦符［C］、爻符［I、J］、卦名［D］、爻题［O］、卦号［B］、爻号［K］、爻卦［L］、爻位［H］、间空［U］、间空号［V］、动爻［M］、卦辞［E］、爻辞［P］、爻辞序［N］、注解［F、G］等相关内容和结果；信息盘上整体呈现的卦爻符及其内容的排列形式为以爻或其他最小单元为单位刻度化规律性系统排列，其内容的排序形式之一为按伏羲六十四卦方位次序排列，其部分图案的结构和组成形式如说明书附图中所表示的式样，在使用中也可以此为基础进行新的排列组合；信息盘可以为圆盘形、方块形、直尺形、滚筒形、锥面形、球面形、卡片式等多种形式；信息盘上的卦爻符排列可以为环型、直型、带型、表格型、点阵型等多种形式；信息盘上的刻度和内容可以用各种符号、图形、实物、文字、数字、代号、光电声信号等整体系统规律性替代。"

复审请求人指出：对于本申请，以复审请求人于 2003 年 2 月 25 日向专利局递交的修改、补正过的《周易全息仪》的全套申请文件进行审查，并参考本次补正材料，发明名称使用补正后的"周易全息仪"。复审请求人认为，将特定内容制成信息盘，使信息盘与指示装置、运转装置和控制装置结合为一体，即构成了一个实体物，已形成了一个完整的技术方案，不能由于发明人通过思维运动对信息盘内容进行了编排、筛选、加工和处理，就将其理解为整个发明也是纯思维性的东西；关于技术手段，在说明书中已讲到了"制作"，但该产品的制作手段和方式，属于现有技术的范畴，不是本发明要保护的内容，因此不必一一列举其各种制作形式；根据说明书的记载，本申请能够达到快捷检索等设计目的，并达到说明书所描述的技术效果。因此，本申请符合专利法实施细则第 2 条第 1 款的规定。

至此，合议组认为本案事实已经清楚，依法作出本复审请求决定。

## 二、决定的理由

1. 决定所依据的文本

本复审决定以复审请求人于2006年12月11日提交的权利要求1~2项、说明书第1页；2003年2月25日提交的说明书第2~4页、说明书摘要；1998年4月3日提交的说明书附图第23~25页；申请日（即1997年7月1日）提交的说明书附图第1~22页和摘要附图作为审查基础。

2. 关于专利法实施细则第2条第1款

专利法实施细则第2条第1款规定：专利法所称发明，是指对产品、方法或者其改进所提出的新的技术方案。

技术方案是对要解决的技术问题所采取的利用了自然规律的技术手段的集合。

具体就本案而言，本申请的权利要求1和2请求保护一种周易全息仪，其从形式上看是请求保护一种装置，即该周易全息仪由信息盘、指示装置、运转装置和控制装置构成，但是，该权利要求所反映的是将易经文化内容按照一定规律刻度化系统地排列，然后将按这一规律排列的内容制成信息盘，再通过运转装置、指示装置和控制装置来进行显示，其中，将信息内容按一定规律进行编排是在发明人的思维运动指导下完成的，源于发明人的思维，这种编排并未采用自然规律来解决问题，也未产生技术效果，因此不构成技术方案，因而不符合专利法实施细则第2条第1款的规定。

复审请求人认为：将特定内容制成信息盘，使信息盘与指示装置、运转装置和控制装置结合为一体，即构成了一个实体物，已形成了一个完整的技术方案，不能由于发明人通过思维运动对信息盘内容进行了编排、筛选、加工和处理，就将其理解为整个发明也是纯思维性的东西；关于技术手段，在说明书中已讲到了“制作”，但该产品的制作手段和方式，属于现有技术的范畴，不是本发明要保护的内容，因此不必一一列举其各种制作形式；根据说明书的记载，本申请能够达到快捷检索等设计目的，并达到说明书所描述的技术效果。因此，本申请符合专利法实施细则第2条第1款的规定。

对此，合议组认为，将特定内容制成信息盘，这种对信息内容的编排是在发明人的思维运动指导下完成的，源于发明人的思维，尽管信息盘与指示装置、运转装置和控制装置结合为一体，构成了一个实体物，但是这些装置只是作为载体，用于体现所编排的周易文化内容并显示该内容。并且，由于复审请求人对信息内容的编排是制造该仪的基础，该仪的使用，即利用该仪进行检索，实际上是呈现发明人预先编排的信息内容。因此，就其整个申请来说，其涉及的内容是对该仪进行信息编排以及利用编排的内容来进行检索。同时，复审请求人也承认，该仪的制作属于现有技术，并不是本申请要保护的内容，也就是说，本申请对现有技术的改进仅仅在于信息的编排以及利用编排好的信息来进行检索，可见，本申请实质上体现的仍然是按照一定规律对周易文化内容进行编排并利用信息载体来显示所编排的易经相关内容。此外，不仅说明书中记载了信息的编排和检索，在权利要求中也记载了作为检索基础的对有关信息编排的内容，说明书和权利要求书中记载的对信息进行编排的方法是在发明人的思维运动指导下完成的，源于发明人的思维，未采用技术手段来解决技术问题，因此也未产生技术效果，从而不构成技术方案，不符合专利法实施细则第2条第1款的规定。

综上所述，本案合议组认为，本申请权利要求1~2属于专利法实施细则第2条第1款规定的不授予专利权的客体。

根据上述事实和理由，本案合议组作出以下审查决定。

## 三、决定

维持国家知识产权局于2003年5月9日对97105238.7号发明专利申请作出的驳回决定。

复审请求人对本决定不服的，可以根据专利法第41条第2款的规定，自收到本决定之日起三个月内向北京市第一中级人民法院起诉。

020

# 亚甲蓝诊断剂及上皮癌检测的诊断方法

## 复审请求审查决定（第10075号）

**决　定　号**　第10075号
**决　定　日**　2007年1月17日
**发明创造名称**　亚甲蓝诊断剂及上皮癌检测的诊断方法
**国际分类号**　G01N 3/00，G01N 29/00
**复审请求人**　日拉公司
**申　请　号**　00812317.9
**申　请　日**　2000年6月30日
**公　开　日**　2002年10月2日
**合议组组长**　张梅珍
**主　审　员**　周　航
**参　审　员**　刘　畅

**法律依据**　专利法第33条、第22条第3款
**决定要点**

原说明书和权利要求书记载的范围包括原说明书和权利要求书文字记载的内容，还包括根据原说明书和权利要求书的文字记载的内容以及说明书附图能直接地、毫无疑义地确定的内容。

如果一项权利要求的技术方案与对比文件公开的内容相比存在区别技术特征，并且现有技术中不存在将上述区别技术特征应用到该对比文件以解决其技术问题的启示，则应当认为该项权利要求相对于上述对比文件具备创造性。

### 一、案由

本复审请求涉及申请号为00812317.9、发明名称为“亚甲蓝诊断剂及上皮癌检测的诊断方法”的发明专利申请（下称本申请），其申请日是2000年6月30日，公开日是2002年10月2日，申请人是日拉公司。其公开时的权利要求如下：

“1. 一种恶化前上皮损伤和癌的体内检测方法，包括下列连续步骤：用被癌性与癌前期组织选择性保留的染色组合物漂洗上皮，其中染色组合物主要包括甲苯胺蓝O，和用一种漂洗组合物漂洗上皮，以除去未被保留的染料组合物，该方法的改进在于其中该染料组合物包含亚甲蓝。

2. 一种恶化前上皮损伤和癌的体内检测方法，包括以下的步骤：顺序地用被癌性与癌前期组织选择性保留的染色组合物漂洗上皮，其中染色组合物主要包括甲苯胺蓝O，和用一种漂洗组合物漂洗上皮，以除去未被保留的染料组合物，该方法的改进在于其中该染料组合物包含亚甲蓝。

3. 一种体内检测癌和癌前期组织的生物学染料组合物，包括：（a）亚甲蓝，（b）一种适宜于药用的水溶剂，和（c）一种适宜于药用的无色亚甲蓝的氧化剂。”

国家知识产权局专利局实质审查部门依申请人的请求对该申请进行了实质审查，于2003年11月28日发出第一次审查意见通知书，其中引用了对比文件1：US 5485527A（其公开日为1996年1月16日）。第一次审查意见通知书指出，本申请权利要求1和2属于专利法第25条第1款第（3）项所述的疾病的诊断和治疗方法，不能被授予专利权；权利要求3的技术方案相对于对比文件1不具备创造性，不符合专利法第22条第3款的规定。

针对第一次审查意见通知书，申请人于2004年6月14日提交了意见陈述书以及权利要求书、说明书和摘要的修改替换页。其中将原权利要求1和2删除，将原权利要求3修改后作为新的权利要求1，并增加了新的权利要求2。修改后的权利要求如下：

“1. 一种体内检测癌和癌前期组织的生物学染料组合物，该组合物含有：（a）亚甲蓝，（b）适宜于亚甲蓝的药用溶剂。

2. 亚甲蓝在配制体内检测癌和癌前期组织的生物学染料组合物中的应用，所述染料组合物按照如下顺序使用：用所述染色组合物漂洗上皮，从而使癌性与癌前期组织选择性地保留所述染色组合物；用一种漂洗组合物漂洗上皮，以除去未被保留的染料组合物。”

针对第一次审查意见通知书中指出的权利要求不具备创造性的问题，申请人认为，对比文件1涉及体外细胞染色来诊断和评价癌细胞的方法，而本申请的技术方案涉及对体内癌细胞进行染色的方法，鉴于现有技术中认为亚甲蓝毒性太大而不能用于体内染色，形成了技术偏见，本领域技术人员绝不可能无创造性地想到采用亚甲蓝来对体内癌细胞进行安全的染色，因此本申请的技术方案具备创造性。

实质审查部门于2004年7月23日发出第二次审查意见通知书，指出权利要求1的修改超出了原说明书和权利要求书的记载范围，不符合专利法第33条的规定，权利要求2仍然属于专利法第25条第1款第（3）项所述的疾病的诊断和治疗方法，不能被授予专利权。

针对第二次审查意见通知书，申请人于2004年10月8日提交了意见陈述书以及权利要求书的修改替换页，其中删除了权利要求2，并增加了新的从属权利要求2和3，修改后的权利要求为：

“1. 一种体内检测癌和癌前期组织的生物学染料组合物，该组合物含有：（a）亚甲蓝，（b）适宜于亚甲蓝的药用溶剂。

2. 如权利要求1所述的体内检测癌和癌前期组织的生物学染料组合物，该组合物通过缓冲体系调节pH值为2.5~7.0，所述缓冲体系选自醋酸-醋酸钠、柠檬酸-柠檬酸钠、柠檬酸-磷酸钠或它们混合的酸盐体系。

3. 如权利要求2所述的体内检测癌和癌前期组织的生物学染料组合物，该组合物含有以重量百分比计的如下成分：纯净水83.85，冰乙酸4.61，三水合乙酸钠2.45，乙醇7.48，30%过氧化氢0.41，IFF Raspberry IC563457 0.20，亚甲蓝1.00。”

经过上述程序，国家知识产权局专利局于2005年2月4日作出驳回决定，指出权利要求1的修改超出了原说明书和权利要求书的记载范围，不符合专利法第33条的规定。具体理由是：（1）新提交的权利要求1中用“含有”代替了原权利要求中的“包括”，删去了原权利要求中记载的“（b）一种适宜于药用的水溶剂；和（c）一种适宜于药用的无色亚甲蓝的氧化剂”的技术特征，并增加了新的技术特征“（b）适宜于亚甲蓝的药用溶剂”，这些修改与原技术方案相比有实质性的区别；（2）根据说明书的记载，本申请技术方案的组合物不但应当包括适宜于药用的水溶剂，还应当包括适宜于药用的氧化剂。

日拉公司（下称复审请求人）对上述驳回决定不服，于2005年5月19日向专利复审委员会提出了复审请求，没有对申请文件进行修改。复审请求人认为，根据原说明书的记载可以得知，在本申请的组合物中染料亚甲蓝可为有色形态和无色形态，当其主要为有色形态时，组合物中不必含氧化剂，而当其为无色形态时，组合物中可以进一步含有氧化剂。因此不含氧化剂的技术方案，即修改后的权利要求1能够从原说明书中推导得出，不存在修改超范围的问题。

经形式审查合格后，专利复审委员会受理了该复审请求，并于2005年6月23日发出复审请求受理通知书以及前置审查通知书。

在前置审查中，原审查部门坚持原驳回决定。

专利复审委员会依法成立合议组对该复审请求案进行了审理，于2006年8月28日发出复审通知书，认为权利要求1相对于对比文件1不具备创造性，不符合专利法第22条第3款的规定。对于复审请求人认为本申请将有毒性的亚甲蓝应用于体内检测是对技术偏见的克服的观点，合议组认为，权利要求1的技术方案与传统亚甲蓝的染色原理相同，并没有解决亚甲蓝本身的毒性问题，即事实上并没有提供出一种具体阐明其如何克服这种技术偏见的技术方案，因此无法证明其已经克服了上述技术偏见并因此使得权利要求1具有创造性。

针对上述复审通知书，复审请求人于2006年10月12日提交了意见陈述书及修改文本，其中将权利要求1中亚甲蓝的含量具体限定为“0.5重量%~3.5重量%”，权利要求2、3未作修改，修改后的权利要求书为：

“1. 一种体内检测癌和癌前期组织的生物学染料组合物，该组合物含有：（a）0.5重量%~3.5重量%的亚甲蓝，（b）适宜于亚甲蓝的药用溶剂。

2. 如权利要求1所述的体内检测癌和癌前期组织的生物学染料组合物，该组合物通过缓冲体系调节pH值为2.5~7.0，所述缓冲体系选自醋酸-醋酸钠、柠檬酸-柠檬酸钠、柠檬酸-磷酸钠或它们混合的酸盐体系。

3. 如权利要求2所述的体内检测癌和癌前期组织的生物学染料组合物，该组合物含有以重量百分比计的如下成分：纯净水83.85，冰乙酸4.61，三水合乙酸钠2.45，乙醇7.48，30%过氧化氢0.41，IFF Raspberry IC5634570.20，亚甲蓝1.00。”

请求人认为，对比文件1涉及的是严格的体外染色，其中仅泛泛地提到了所述染料可以是亚甲蓝，没有公开将亚甲蓝用于体内选择性染色癌和癌前期细胞的技术，并且现有技术（本申请背景技术US5882627）中指出由于亚甲蓝用于口腔冲洗和/或漱口时毒性太大，特意从类似染料中排除了亚甲蓝。本申请权利要求1的技术方案通过将组合物中亚甲蓝的含量调节在“0.5重量%~3.5重量%”，从而克服了现有技术中的技术偏见。

至此，本案合议组认为，本案事实已经清楚，现依法作出本决定。

**二、决定的理由**

1. 关于审查文本

复审请求人于2006年10月12日提交了权利要求书的修改替换页，因此本复审决定以复审请求人于2006年10月12日提交的权利要求第1~3项，2004年6月14日提交的说明书第1~5页和说明书摘要为审查基础。

2. 关于专利法第33条

专利法第33条规定：申请人可以对其专利申请文件进行修改，但是，对发明和实用新型专利申请文件的修改不得超出原说明书和权利要求书记载的范围，对外观设计专利申请文件的修改不得超出原图片或者照片表示的范围。

原说明书和权利要求书记载的范围包括原说明书和权利要求书文字记载的内容，还包括根据原说明书和权利要求书的文字记载的内容以及说明书附图能直接地、毫无疑义地确定的内容。

在本案中，权利要求1是由原权利要求3修改得到的，原权利要求3为“一种体内检测癌和癌前期组织的生物学染料组合物，包括：（a）亚甲蓝，（b）一种适宜于药用的水溶剂，和（c）一种适宜于药用的无色亚甲蓝的氧化剂。”，修改后的权利要求1为“一种体内检测癌和癌前期组织的生物学染料组合物，该组合物含有：（a）0.5重量%~3.5重量%的亚甲蓝，（b）适宜于亚甲蓝的药用溶剂。”。

可以看出，修改后的权利要求与原权利要求相比有以下几处区别：（1）将“包括”替换为“该组合物含有”；（2）将成分（a）“亚甲蓝”进一步限定成“0.5重量%~3.5重量%的亚甲蓝”；（3）将（b）成分“一种适宜于药用的水溶剂”该成“适宜于亚甲蓝的药用溶剂”；（4）将（c）成分“一种适宜于药用的无色亚甲蓝的氧化剂”去掉。

合议组经仔细研究原说明书和权利要求后认为，上述区别点（1）的“包括”和“含有”都属于开放式的权利要求限定方式，其含义实质上相同，“含有”之前的主语“该组合物”显然也可以从原权利要求中得知；区别点（2）记载在原始提交的说明书第3页第8~9行“在本发明中，优选染料组合物包含约0.5%到约3.5%重量的亚甲蓝组分”；区别点（3）记载于原始提交的说明书第2页第22~23行“应用于上皮组织染料的合适的亚甲蓝组合物可以通过与适宜于药用的溶剂混合制备”；至于区别点（4），根据本领域的常识，染色试剂中的亚甲蓝可以以有色的氧化态和无色的还原态两种形式存在，当其以无色的还原态存在时，使用时应当添加氧化剂将其氧化成有色的氧化态，而当其本身是有色的氧化态时，并不需要试剂组合物中包含氧化剂，在原说明书第3页第1~4段也记载了这样两种可选择的技术方案，因此，试剂组合物中不含“一种适宜于药用的无色亚甲蓝的氧化剂”的技术方案可以从原说明书文字记载的内容中直接毫无疑义地得出。

综上所述，权利要求1的技术方案可以根据原说明书所记载的内容直接得出，因此上述修改符合专利法第33条的规定。同时，经合议组审查，上述修改也符合专利法实施细则第60条第1款的规定。

3. 关于专利法第22条第3款

创造性，是指同申请日以前已有的技术相比，该发明有突出的实质性特点和显著的进步，该实用新型有实质性特点和进步。

如果一项权利要求的技术方案与对比文件公开的内容相比存在区别技术特征，并且现有技术中不存在将上述区别技术特征应用到该对比文件以解决其技术问题的启示，则应当认为该项权利要求相对于上述对比文件具备创造性。

在本案中，复审通知书中曾指出驳回决定所针对的权利要求1相对于对比文件1不具备创造性的问题。针对该问题，复审请求人将权利要求1中亚甲蓝的含量具体限定为“0.5重量%~3.5重量%”。并认为对比文件1只涉及体外染色，并没有公开将亚甲蓝用于体内选择性染色癌和癌前期细胞的技术，而现有技术US5882627中存在亚甲蓝不适于体内染色的技术偏见。因此本申请权利要求1的技术方案通过将组合物中亚甲蓝的含量调节在“0.5重量%~3.5重量%”，克服了上述技术偏见。

合议组经仔细研究本申请与对比文件1以及复审请求人的上述意见之后认为，对比文件1中公开了一种通过细胞染色来检测载波片上的生物样品中的癌症和恶性细胞增生的试剂盒及检测方法，其中所使用的染料组合物包括亚甲蓝以及适用于亚甲蓝的溶剂（参见对比文件1第1栏~第13栏）。本申请权利要求1与对比文件1所披露的技术内容相比区别在于，权利要求1中的染料组合物用于体内检测，其中亚甲蓝的浓度为0.5重量%~3.5重量%，并且适宜于亚甲蓝的溶剂是药用的。根据说明书第2页第11~13行的记载“与Pomerantz在其627专利（即US5882627）中所述的相反，亚甲蓝和它的离子衍生物，在用于体内组织着色浓度和数量下，作为局部应用选择性的染料，被安全地用于检测和/或描绘上皮癌和癌前期组织”，可以看出现有技术认为亚甲蓝由于毒性问题而不适于体内染色，而本申请的发明目的以及相对于现有技术的改进之处在于调整了亚甲蓝的使用浓度和数量，即0.5重量%~3.5重量%，使其毒性降低，从而可以安全地应用于体内染色。由于对比文件1中没有任何关于亚甲蓝可以用于体内染色的文字记载，也没有相应的技术启示，因而对本领域技术人员来说将对比文件1披露的用于体外染色的亚甲蓝进行浓度调整以应用于体内染色是非显而易见的，仅凭该对比文件1公开的内容不足以破坏本申请独立权利要求1的创造性。故本专利权利要求1相对于对比文件1符合专利法第22条第3款有关创造性的规定。

至于权利要求书和说明书中是否存在不符合授权条件的其他问题，有待于原审查部门进一步审查。

基于上述理由，合议组作出如下决定。

**三、决定**

在修改文本的基础上撤销国家知识产权局于2005年2月4日对00812317.9号发明专利申请作出的驳回决定，由原审查部门以本复审决定针对的文本为审查基础继续进行审查程序。

复审请求人对本决定不服的，可以根据专利法第41条第2款的规定，自收到本决定之日起三个月内向北京市第一中级人民法院起诉。

021

# 显示器件

## 复审请求审查决定（第10115号）

**决　定　号**　第10115号
**决　定　日**　2007年1月19日
**发明创造名称**　显示器件
**国 际 分 类 号**　G02F 1/136，H01L 21/786
**复 审 请 求 人**　株式会社半导体能源研究所
**申　请　号**　02126894.0
**申　请　日**　1996年11月17日
**公　开　日**　2003年2月26日
**合 议 组 组 长**　丁惠玲
**主　审　员**　张惠军
**参　审　员**　马　燕

**法 律 依 据**　专利法实施细则第21条第2款、第60条第1款
**决 定 要 点**
复审请求人对申请文件的修改应当仅限于消除驳回决定或者合议组指出的缺陷。

### 一、案由

本复审请求涉及申请号为02126894.0、发明名称为“显示器件”的发明专利申请（下称本申请），其公开日是2003年2月26日，申请人是株式会社半导体能源研究所，是申请日为1996年11月17日的96123320.6号发明专利申请的分案申请。本申请公开时共有36项权利要求，其中权利要求1~12为独立权利要求。

国家知识产权局实质审查部门依法对本申请进行了实质审查，于2003年12月19日发出第一次审查意见通知书，指出有关掩蔽膜的技术特征是实现本发明目的必不可少的技术特征，本申请权利要求1缺少该必要技术特征，不符合专利法实施细则第21条第2款的规定；同时指出，权利要求1、6存在不符合专利法第26条第4款规定的缺陷；权利要求2~12不符合专利法实施细则第22条第3款、第20条第1款的规定。

针对上述审查意见通知书，申请人于2004年6月16日提交了意见陈述书，同时提交了权利要求书、说明书和摘要的修改替换页，修改后的权利要求书共包括7项权利要求，其中独立权利要求1为：

“1. 一种有源矩阵电致发光显示器件，包括：

形成在一个衬底上的一个薄膜晶体管，包括具有源区、漏区和在所述源区与漏区之间的沟道区的半导体膜；

在所述薄膜晶体管上的第一绝缘膜；

设置在所述第一绝缘膜上由有机树脂膜制成的第二绝缘膜，用于在所述第一绝缘膜上提供平整的上表面；

在所述第二绝缘膜上由氮化物形成的第三绝缘膜；和

形成在所述第三绝缘膜上并连接到所述漏区的像素电极。”

经过上述审查程序后，国家知识产权局实质审查部门于2004年7月30日驳回了本申请，驳回理由为本申请权利要求1不符合专利法实施细则第21条第2款的规定。

申请人（下称复审请求人）对上述驳回决定不服，于2004年10月26日向专利复审委员会提出复审请求，认为：（1）掩蔽膜并不是实现本发明目的的必要技术特征；（2）本发明的一个特征是将第一、第二和第三绝缘膜组合，因此，在薄膜晶体管之上的包含有机树脂膜的第二绝缘膜对有源矩阵电致发光显示器件来说就是一个基本和关键的部件；（3）在第二绝缘膜之上的包含氮化物的第三绝缘膜对有源矩阵电致发光显示器件来说也是一个基本和关键的部件，因此复审请求人认为没有掩蔽膜也能实现本发明的发明目的。

经形式审查合格后，专利复审委员会受理了该复审请求，于2004年12月1日向复审请求人发出复审请求受理通知书，同日向国家知识产权局原实质审查部门发出前置审查通知书。

国家知识产权局原实质审查部门在前置审查意见书中坚持原驳回决定。

专利复审委员会依法成立合议组对本复审请求案进行了审查，于2006年3月23日发出复审通知书（下称第一次复审通知书），指出：根据本申请说明书的记载，为了解决现有技术显示器存在的掩蔽膜与薄膜晶体管之间产生电容以及掩蔽膜的掩蔽功能不充分的问题，本申请的目的在于提供一种能解决与掩蔽膜相关的问题的结构，以实现有源矩阵显示器的高性能。此外，在说明书具体实施方式部分中（参见说明书第4页）具体提到，通过选择具有一定介电常数和厚度的树脂材料作为第二层绝缘膜，并在第二层绝缘膜上形成掩蔽膜，可防止在第二层绝缘膜上形成的掩蔽膜与薄膜晶体管之间产生电容，并且用树脂材料制作的第二层绝缘膜的表面易于平坦化，可防止因表面不平整而发生光泄漏。可见，本申请通过采用树脂材料制成的第二层绝缘膜，并且将掩蔽膜设置在第二层绝缘膜上面，解决了现有技术显示器件存在的与掩蔽膜有关的问题，从而使其区别于现有技术。因此，有关掩蔽膜以及掩蔽膜与显示器件中其他膜层之间的位置关系的技术特征，是实现本发明目的必不可少的技术特征。由于权利要求1缺少上述有关掩蔽膜以及掩蔽膜与显示器件中其他膜层之间的位置关系的必要技术特征，不能从整体上反映发明的技术方案，因此不符合专利法实施细则第21条第2款的规定。请求人应当将有关掩蔽膜以及掩蔽膜与显示器件中其他膜层之间的位置关系的技术特征增加到权利要求1中，以克服上述缺陷。

针对上述第一次复审通知书，复审请求人于2006年4月25日提交了意见陈述书和权利要求书修改替换页，修改后的权利要求书中共有8项权利要求，其中在权利要求1中加入了必要技术特征“在所述第二绝缘膜上的一层掩蔽膜”，但同时删除了原权利要求1中的部分技术特征，并增加了一项从属权利要求8。

在此基础上合议组继续审查，于2006年7月5日再次发出复审通知书（下称第二次复审通知书），指出新提交的权利要求书不符合专利法实施细则第60条第1款的规定，具体理由为：（1）新增加的从属权利要求8不是为克服驳回决定或复审通知书指出的缺陷而作出的修改，不符合专利法实施细则第60条第1款的规定，复审请求人应当将权利要求8删除；（2）复审请求人在权利要求1中加入了必要技术特征“在所述第二绝缘膜上的一层掩蔽膜”，合议组对此予以接受；但同时复审请求人删除了原权利要求1中的部分技术特征，删除了原权利要求1中对半导体膜的部分限定“……源区、漏区和在所述源区与漏区之间的……”，同样，这种删除部分技术特征的方式也不是为克服驳回决定或复审通知书指出的缺陷而作出的修改，不符合专利法实施细则第60条第1款的规定，复审请求人应当保留权利要求1中对半导体膜的限定。

针对上述第二次复审通知书，复审请求人于2006年7月17日提交了意见陈述书和权利要求书修改替换页，在权利要求1中恢复了不应删除的技术特征“源区、漏区和在所述源区与漏区之间的”，并且删除了权利要求8。修改后的权利要求书共有7项权利要求，其中权利要求1为：

“1. 一种有源矩阵电致发光显示器件，包括：

形成在一个衬底上的一个薄膜晶体管，包括具有源区、漏区和在所述源区与漏区之间的沟道区的半导体膜；

在所述薄膜晶体管上的第一绝缘膜；

设置在所述第一绝缘膜上由有机树脂膜制成的第二绝缘膜，用于在所述第一绝缘膜上提供平整的上表面；

在所述第二绝缘膜上的一层掩蔽膜；

在所述第二绝缘膜和所述掩蔽膜上由氮化物形成的第三绝缘膜；和

形成在所述第三绝缘膜上并连接到所述薄膜晶体管的像素电极。”

在上述工作的基础上，合议组认为本案事实已经清楚，可以依法作出复审决定。

**二、决定的理由**

1. 决定所依据的文本

以复审请求人于2006年7月17日提交的权利要求第1~7项、2004年6月16日提交的说明书第1~8页和说明书摘要、申请日提交的说明书附图第1~5页和摘要附图作为本复审决定所依据的文本。

2. 关于专利法实施细则第60条第1款

专利法实施细则第60条第1款规定：请求人在提出复审请求或者在对专利复审委员会的复审通知书作出答复时，可以修改专利申请文件；但是，修改应当仅限于消除驳回决定或者复审通知书指出的缺陷。

复审请求人于2006年7月17日提交了权利要求书修改替换页，根据2006年7月5日发出的第二次复审通知书的要求，删除了答复第一次复审通知书时所增加的从属权利要求8，并恢复了权利要求1中不应删除的部分技术特征，因此，复审请求人于2006年7月17日提交的权利要求书中所作的修改，已经克服了第二次复审通知书指出的缺陷，符合专利法实施细则第60条第1款的规定。

3. 关于专利法实施细则第21条第2款

专利法实施细则第21条第2款规定：独立权利要求应当从整体上反映发明或者实用新型的技术方案，记载解决技术问题的必要技术特征。

在本案中，权利要求1要求保护一种有源矩阵电致发光显示器件。根据本申请说明书的记载，本申请所要解决的是现有技术显示器存在的掩蔽膜与薄膜晶体管之间产生电容以及掩蔽膜的掩蔽功能不充分的问题，具体通过选择具有一定介电常数和厚度的树脂材料作为第二层绝缘膜，并在第二层绝缘膜上形成掩蔽膜，从而解决所述技术问题。因此，有关掩蔽膜以及掩蔽膜与显示器件中其他膜层之间的位置关系的技术特征，是实现本发明目的必不可少的技术特征。复审请求人于2006年7月17日提交的权利要求书修改替换页中，在权利要求1中已经记载了上述必要技术特征，即，权利要求1已经克服了不符合专利法实施细则第21条第2款规定的缺陷。

基于上述理由，合议组作出以下决定。

**三、决定**

在修改文本的基础上撤销国家知识产权局于2004年7月30日对02126894.0号发明专利申请作出的驳回决定。

原审查部门应当以本复审决定所针对的文本作为审查基础继续进行审批程序。

复审请求人对本决定不服的，可以根据专利法第41条第2款的规定，自收到本决定之日起三个月内向北京市第一中级人民法院起诉。

022

# 具有缓解痛经作用的妇女卫生用品

## 复审请求审查决定（第10118号）

**决　　定　　号**　第10118号
**决　　定　　日**　2007年1月26日
**发明创造名称**　具有缓解痛经作用的妇女卫生用品
**国 际 分 类 号**　A61F 13/15，A61F 13/84，A61M 35/00，A61K 35/78
**复 审 请 求 人**　山东益母妇女用品有限公司
**申　　请　　号**　200510042229.2
**申　　请　　日**　2005年3月25日
**公　　开　　日**　2005年9月28日
**合 议 组 组 长**　黄玉平
**主　　审　　员**　刘　铭
**参　　审　　员**　高桂莲

**法 律 依 据**　专利法第22条第3款
**决 定 要 点**

如果一项权利要求所要求保护的技术方案与对比文件相比采用了不同的技术方案，而所述权利要求的技术方案又具有一定的技术效果，同时对比文件未就所述权利要求的技术方案给出相应的技术启示或教导，则应当认为该项权利要求相对于所述对比文件具备创造性。

### 一、案由

本复审请求涉及申请号为200510042229.2、名称为“具有缓解痛经作用的妇女卫生用品”的发明专利申请（下称本申请），申请日为2005年3月25日，申请人为山东益母妇女用品有限公司。本申请公开时权利要求书包括2项权利要求，其中独立权利要求1为：

“1. 一种具有缓解痛经作用的妇女卫生用品，包括亲肤面层和底层，其特征在于亲肤面层下加有缓解痛经粉，缓解痛经粉的配料重量组成为：益母草95~99份、艾叶18~22份、川芎30~36份、红花38~43份、延胡索8~12份、乳香12~16份、白芍8~12份、乌药8~12份。”

国家知识产权局实质审查部门依法对本申请进行了实质审查，于2006年3月24日发出第一次审查意见通知书，指出本申请权利要求1~2相对于对比文件1与2的结合不具备中国专利法第22条第3款规定的创造性。

所引用的对比文件如下：

对比文件1：公开号为CN1098318A的发明专利申请的公开说明书，公开日为1995年2月8日；

对比文件2："中医外治法治疗痛经概述"，李虹，《中医研究》第10卷第4期第47~50页，公开日为1997年8月。

针对上述审查意见通知书，申请人于2006年5月9日提交了意见陈述书，但申请人未对本申请进行任何修改。申请人认为：（1）中药材本身都具有自身的性能，但采用不同中药组分间的不同比例配合能配制出不同药物；（2）本发明所用药物不同于对比文件中的药物，其用料用量的整体组合形成的整体技术方案无法从对比文件中得出，即使本领域技术人员经过常规的分析和推理，也不能从对比文件中得出本申请权利要求中组分的选择，尤其是用量的搭配。因此，申请人认为审查员的意见不能成立。

经过上述实质审查程序后，国家知识产权局专利局实质审查部门以本申请权利要求不符合专利法第22条第3款的规定为由，于2006年7月7日作出了驳回本申请的决定，具体的驳回理由如下：（1）对比文件1公开了一种含药物的妇女卫生用品，其中公开了本申请权利要求1的结构，但其中所采用的中药组分与本申请权利要求1不同；（2）对比文件2公开了在妇女卫生用品中可使用的药物，其中在不同的技术方案中分别公开了本申请权利要求1中的8种中药组分，但含量与本申请权利要求1不同；（3）在对比文件1的基础上结合对比文件2，并经过有限次实验，得出本申请权利要求1的技术方案对本领域技术人员来说是显而易见的；（4）权利要求2对权利要求1进一步限定的技术方案是本领域技术人员为了得到效果更好的配方，通过有限次实验能够得出的，因而也不具备专利法第22条第3款有关创造性的规定。

申请人（下称复审请求人）不服上述驳回决定，于2006年8月25日向专利复审委员会提出复审请求，其复审请求的理由是：（1）由中草药组成的组合物基本上都是用现有的中草药原料组配而成，不同的配方也都是由现有的常规药物原料组成，用料不同或原料的用量不同会构成不同的药物；（2）原料的配比不同，各组分在其中发挥的作用和效力大小就会不同，致使整体效力不同；（3）本发明的贡献在于确定了药物的选料和用量，这些以封闭式组成的特定药物并不是经过有限次实验就能得出的，其整体组合形成的特定技术方案能解除妇女病痛，获得了显著的进步。复审请求人未对本申请进行任何修改。

经形式审查合格后，专利复审委员会于2006年10月26日依法受理了上述请求，并向复审请求人发出了复审请求受理通知书，同时向原审查部门发出前置审查通知书。

原审查部门对该复审请求做出前置审查意见，仍然坚持原驳回决定。

专利复审委员会依法成立合议组对该复审请求案进行审理。本案合议组在仔细审阅了全部案卷后，作出本审查决定。

**二、决定的理由**

1. 关于审查文本

由于复审请求人在复审程序中没有提交修改文本，本次复审请求审查决定所针对的审查文本与驳回决定所针对的文本相同，即在2005年3月25日提交的权利要求书第1~2项权利要求、说明书第1~3页以及说明书摘要的基础上进行审查。

2. 关于专利法第22条第3款

专利法第22条第3款规定：创造性，是指同申请日以前已有的技术相比，该发明有突出的实质性特点和显著的进步，该实用新型有实质性特点和进步。

如果一项权利要求所要求保护的技术方案与对比文件相比采用了不同的技术方案，而所述权利要求的技术方案又具有一定的技术效果，同时对比文件未就所述权利要求的技术方案给出相应的技术启示或教导，则应当认为该项权利要求相对于所述对比文件具备创造性。

本案中，其独立权利要求1请求保护一种具有缓解痛经作用的妇女卫生用品，包括亲肤面层和底层，并在亲肤面层下加有缓解痛经作用的中药粉剂，该粉剂由益母草、艾叶等8种中药材按一定重量份配比而成。对比文件1公开了一种中药保健卫生巾，其中公开了该卫生巾由外层（对应于权利要求1中的底层）、内层（对应于权利要求1中的亲肤面层）构成，其中内层为药物层。此外，对比文件1还公开了其药物层的配方如下："益母草8%，当归10%，丹参4%，鸡冠花6%，香附3%，陈艾4%，苦参5%，苍术4%，樟脑4%，荆芥穗3%，蛇床子6%，雄黄2%，地肤子6%，黄柏4%，紫草5%，蝉衣3%，茴香3%，川芎7%，青藤香5%，杜仲3%，茯苓5%"（参见对比文件1的权利要求1，说明书第2页第10行到第3页第16行，说明书附图1~3）。

将本申请权利要求1所要求保护的技术方案与对比文件1所公开的技术方案比较可知，对比文件1仅公开了本申请权利要求1中的底层、亲肤面层和药物层，以及其中药配方中的益母草及川芎，但所公开的这两种中药组分的含量与本申请权利要求1中显著不同，而且没有公开本申请权利要求1中的另外6种中药组分。

对比文件2是一篇综述性论文，其中列举了中医外治法治疗痛经的一些中药配方。在驳回决定中仅是简单地认定对比文件2全文所公开的多个配方中含有本申请权利要求1中的8种组分，本案合议组经审查认为，对比文件2主要公开了以下配方，具体为：配方1（徐汉敏等）公开了含益母草、红花各40克，川芎60克等的中药配方；配方2（杨毅芝）公开了含延胡索等的中药配方；配方3（黄玉成）公开了含乳香20克、川芎15克等的中药配方；配方4（昌年发）公开了含乌药、川芎、白芍等的中药配方；在该对比文件中，还公开了多个可用于治疗痛经的中药配方，如吕荣华等的止痛散配方（含有）、姜晓成的痛经散配方（含有）等等（参见对比文件2全文）。

在对比文件2公开的诸多配方中，最多涉及本申请权利要求1中的3种组分，而且其含量与权利要求1中明显不同。尽管在该对比文件2中的多个配方中分别涉及权利要求1中的中药配方中的8种组分，但其并没有公开权利要求1中由8种组分按一定比例配制而成的中药配方。由于对比文件1与2均没有完全公开本申请权利要求1中的中药组分及配比，即它们与本申请权利要求1的技术方案明显不同，也没有启示或教导本领域技术人员在对比文件1的基础上结合对比文件2并经过有限次实验得出权利要求1的技术方案。而且，本申请的技术方案不但能很好的缓解妇女经期产生的原发性痛经，对因盆腔炎等引起的继发性痛经同样也具有很好的防治和缓解作用，能有效解除妇女病痛，因而具有有益的技术效果。因此，对比文件1与2的结合尚不足以破坏本申请权利要求1的技术方案的创造性，即该权利要求的技术方案符合中国专利法第22条第3款有关创造性的规定。

权利要求2是权利要求1的从属权利要求，在独立权利要求1具备创造性时，该权利要求也具备创造性。

根据上述事实和理由，本案合议组依法作出以下审查决定。

**三、决定**

撤销国家知识产权局于2006年7月7日针对200510042229.2号发明专利申请作出的驳回决定，由原审查部门以本复审决定依据的文本作为审查基础继续进行审查程序。

复审请求人对本决定不服的，可以根据专利法第41条第2款的规定，自收到本决定之日起三个月内向北京市第一中级人民法院起诉。

023

# 遥控存取组合称重装置和组合称重系统

## 复审请求审查决定（第10120号）

**决　定　号**　第10120号
**决　定　日**　2006年12月26日
**发明创造名称**　遥控存取组合称重装置和组合称重系统
**国际分类号**　G01G 19/387，G08C 19/00
**复审请求人**　大和制衡株式会社
**申　请　号**　01800358.3
**申　请　日**　2001年2月23日
**公　开　日**　2002年8月7日
**合议组组长**　黄　颖
**主　审　员**　高桂莲
**参　审　员**　丁惠玲

**法律依据**　专利法第22条第3款
**决定要点**

如果一项权利要求请求保护的技术方案与一份对比文件所公开的技术方案相比，存在某些区别技术特征，而这些区别技术特征已在相同领域的另一篇对比文件中公开，并且其在该对比文件中所起的作用与其在本申请中所起的作用相同，那么该权利要求相对于上述对比文件的结合不具备创造性。

### 一、案由

本复审请求涉及申请日为2001年2月23日，名称为“遥控存取组合称重装置和组合称重系统”的发明专利申请，其申请号为01800358.3，申请人为大和制衡株式会社。其公开时的权利要求书共有18项权利要求，其中权利要求1和10为独立权利要求：

“1. 一种遥控存取组合称重装置，其特征在于包括：

一个构成组合称重装置的称重机器；

一个称重机器控制部分，用于设置称重机器的工作条件和记录称重机器的工作状态；以及

一个通信装置，通过通信媒体发送和接收包含有工作条件的设置信息和/或工作状态的记录信息的电子信息。

10. 一种组合称重系统，其特征在于包括：

组合称重装置，它具有：构成组合称重装置的称重机器；称重机器控制部分，用于设置称重机器的工作条件和记录称重机器的工作状态；以及一个通信装置，用于发送和接收包含工作条件设置信息

和工作状态记录信息的电子信息；以及

服务器计算机，它包括一个中央通信装置，用于执行与通信装置的通信，以及管理电子信息中的工作条件设置信息和工作状态记录信息；以及

通信媒体，通过其在通信装置与中央通信装置间进行通信。”

在实质审查程序中，国家知识产权局专利局实质审查部门于 2003 年 1 月 24 日发出第一次审查意见通知书，引用如下三篇对比文件：

对比文件 1：公开号为特开平 JP5-288596 的日本公开特许公报（A），其公开日为 1993 年 11 月 2 日；

对比文件 2：授权公告号为 CN2208225Y 的实用新型专利说明书，其授权公告日为 1995 年 9 月 20 日；

对比文件 3：公开号为 CN1194032A 的发明专利申请公开说明书，其公开日为 1998 年 9 月 23 日。

该审查意见通知书中指出：权利要求 1~18 分别相对于对比文件 1~3 的组合不具备创造性，且该申请不具有可被授予专利权的实质性内容。

申请人于 2003 年 6 月 13 日针对第一次审查意见通知书进行了意见陈述，并提交了权利要求书的修改替换页，修改后的权利要求书共有 16 项权利要求，其中权利要求 1 和 9 为独立权利要求：

“1. 一种遥控存取组合称重装置，包括：

一个构成组合称重装置的称重机器；

一个称重机器控制部分，用于设置称重机器的工作条件和记录称重机器的工作状态；

存储工作条件的设置信息和工作状态的记录信息的装置；以及

一个通信装置，通过通信媒体发送和接收包含有工作条件的设置信息和/或工作状态的记录信息的电子信息。

9. 一种组合称重系统，其特征在于包括：

组合称重装置，它具有：构成组合称重装置的称重机器；称重机器控制部分，用于设置称重机器的工作条件和记录称重机器的工作状态；存储工作条件的设置信息和工作状态的记录信息的装置；以及一个通信装置，用于发送和接收包含工作条件设置信息和工作状态记录信息的电子信息；

服务器计算机，它包括一个中央通信装置，用于执行与通信装置的通信，以及管理电子信息中的工作条件设置信息和工作状态记录信息；以及

通信媒体，通过其在通信装置与中央通信装置间进行通信。”

申请人认为在独立权利要求 1 和 9 中补入的技术特征“存储工作条件的设置信息和工作状态的记录信息的装置”在对比文件 1~3 中均没有披露，因此本申请具备创造性。

实质审查部门于 2004 年 3 月 12 日作出驳回决定。在驳回决定中指出申请人在权利要求 1 和 9 中补入的特征“存储工作条件的设置信息和工作状态的记录信息的装置”仅仅是将原从属权利要求 4 的附加技术特征补入了独立权利要求，该附加技术特征已被对比文件 3 公开，因此在原审查意见的基础上做出驳回决定。

申请人（下称复审请求人）对上述驳回决定不服，于 2004 年 6 月 25 日向专利复审委员会提出了复审请求并提交了权利要求书的修改替换页，删除了从属权利要求 6 和 14。复审请求人坚持认为修改后的权利要求 1~14 相对于上述对比文件具备创造性。

经形式审查合格，专利复审委员会依法受理了该复审请求。并向前审部门发出了前置审查通知书。

专利局原实质审查部门在前置审查意见中坚持驳回决定。

专利复审委员会依法成立合议组，对本复审请求进行审查。

合议组经合议于2005年12月19日发出复审审查意见通知书，提出合议组意见如下：该复审请求的权利要求1~14不符合专利法第22条第3款的规定，不具备创造性。复审请求人如果不能在指定期限内陈述意见并使申请文本克服上述缺陷，合议组将驳回复审请求人的复审请求，维持原驳回决定。期满不答复的，其复审请求将被视为撤回。

复审请求人于2006年1月25日提交意见陈述书，并提交了新的权利要求书修改替换页，修改后的权利要求书共有14项权利要求，其中权利要求1和8为独立权利要求：

“1. 一种遥控存取组合称重装置，包括：

一个构成组合称重装置的称重机器；

一个称重机器控制部分，用于设置称重机器的工作条件和记录称重机器的实际工作状态；

存储工作条件的设置信息和过去的工作状态的记录信息的装置；以及

一个通信装置，通过通信媒体发送和接收包含有工作条件的设置信息和/或工作状态的记录信息的电子信息。

8. 一种组合称重系统，其特征在于包括：

组合称重装置，它具有：构成组合称重装置的称重机器；称重机器控制部分，用于设置称重机器的工作条件和记录称重机器的实际工作状态；存储工作条件的设置信息和过去的工作状态的记录信息的装置；以及一个通信装置，用于发送和接收包含工作条件设置信息和工作状态记录信息的电子信息；

服务器计算机，它包括一个中央通信装置，用于执行与通信装置的通信，以及管理电子信息中的工作条件设置信息和工作状态记录信息；以及

通信媒体，通过其在通信装置与中央通信装置间进行通信。”

与复审审查意见通知书所针对的文本相比，复审请求人提交的该修改文本中的独立权利要求1和8，仅仅是分别将“用于设置称重机器的工作条件和记录称重机器的工作状态”和“存储工作条件的设置信息和工作状态的记录信息”修改为“用于设置称重机器的工作条件和记录称重机器的实际工作状态”和“存储工作条件的设置信息和过去的工作状态的记录信息”。复审请求人认为对比文件3的存储器存储的是实时运算所需的数据或中间变量，不可能存储历史数据，本领域技术人员在对比文件3的基础上得不到“存储工作条件的设置信息和过去的工作状态的记录信息”。因此，认为修改后的权利要求1和8相对于上述对比文件具备创造性。

对此合议组认为，对比文件3中虽然公开的是CPU的一般存储部，但其在工作过程存取的数据都应当是发生过的，也即应该是过去的，而且复审请求人所称的可存储历史数据的装置对本领域技术人员来说是公知的技术知识，因此其意见陈述书中的理由不成立。

在上述工作的基础上，合议组认为事实清楚，经合议作出本决定。

**二、决定的理由**

1. 审查基础

经审查，复审请求人于2006年1月25日对申请文件进行的修改符合专利法第33条、专利法实施细则第60条第1款的规定，可以被接受。

本复审决定依据的文本是：复审请求人于2006年1月25日提交的权利要求第1~14项；进入中国国家阶段时提交的国际申请文件的说明书第1~9页、说明书附图第1~9页，以及说明书摘要和摘要附图。

2. 关于创造性

创造性，是指同申请日以前已有的技术相比，该发明有突出的实质性特点和显著的进步，该实用新型有实质性特点和进步。

（1）权利要求1不符合专利法第22条第3款的规定。

权利要求1请求保护一种遥控存取组合称重装置。对比文件1（参见对比文件1的说明书第3、4页及其附图）公开了一种复数台组合称重装置的操作显示装置，其通过单个操作显示装置来控制复数台组合称重装置，该装置包含有组合称重装置（相当于权利要求1中的一个构成组合称重装置的称重机器）和组合称重装置的控制装置（相当于权利要求1中的一个称重机器控制部分），该装置的显示屏可以显示来自复数台组合称重装置的各种测量信息，其可以对各个组合称重装置预设操作参数（相当于权利要求1中的称重机器控制部分用于设置称重机器的工作条件和记录称重机器的实际工作状态）。

权利要求1请求保护的技术方案与对比文件1公开的技术内容相比，其区别在于：a. 存储工作条件的设置信息和过去的工作状态的记录信息的装置；b. 以及一个通信装置，通过通信媒体发送和接收包含有工作条件的设置信息和/或工作状态的记录信息的电子信息。

关于区别技术特征a，对比文件1公开了单个操作显示装置控制复数台组合称重装置，该操作显示装置的显示屏可以显示来自复数台组合称重装置的各种测量信息，其可以对各个组合称重装置预设操作参数，对比文件1公开的上述信息相当于设置工作条件信息和记录工作状态信息，那么对本领域技术人员来说在已知上述信息的基础上很容易想到设置这些信息的存储装置，因此其区别技术特征a对本领域技术人员是显而易见的。除此之外，对比文件3公开了一种翻斗车的装载重量监视系统，其翻斗车控制器内包含有存储部（参见对比文件3说明书第8页第2段），同样用于存储设置的工作条件信息和记录的工作状态信息，这与区别技术特征a的作用相同。

关于区别技术特征b，对比文件2公开了一种数字式无线传送型称重测力装置（参见对比文件2的说明书第1~3页），是由一组数字式称重测力及发射装置和另一组接收显示装置组合而成的。它是通过称重测力元件感测所称重量，经放大器将此信号放大，再由滤波器滤除杂讯后，由模数转换器转换成数字信号并通过发射装置发射出去。另一组的接收装置接收上述无线信号，解码还原成数字信号送到微型计算机进行处理后直接显示其数值，即感测传送装置和接受显示装置之间的信号传输是通过数字信号无线通信形式进行传送接受的。因此对比文件2实际上已经披露了上述区别技术特征b。对比文件1和对比文件2技术领域相同，在对比文件1的基础上结合对比文件2，并结合所属技术领域中的公知常识，得出该权利要求所要求保护的技术方案，对所属技术领域的技术人员来说是显而易见的，因此该权利要求不具有突出的实质性特点和显著的进步，因而不具备创造性。同时还应当注意到，上述区别技术特征a和b已经分别被对比文件3和2披露，其构成技术方案后各部分仍然完成其各自的功能，其总的技术效果只是各部分效果之总合，这种简单的叠加对所属技术领域的技术人员来说是显而易见的，没有产生预料不到的效果，因此该权利要求不具有突出的实质性特点和显著的进步，因而不具备创造性，不符合专利法第22条第3款的有关规定。

（2）从属权利要求2和3不符合专利法第22条第3款的规定。

从属权利要求2和3分别对权利要求1或2做了进一步限定，其附加技术特征是所述技术领域中的公知常识，对所属技术领域的技术人员来说是显而易见的，因此上述从属权利要求2和3不具有突出的实质性特点和显著的进步，不具备专利法第22条第3款所规定的创造性。

（3）从属权利要求4和5不符合专利法第22条第3款的规定。

从属权利要求4和5分别对权利要求3和4做了进一步限定，其附加技术特征也分别在对比文件

1（参见对比文件1的说明书摘要）中公开，在其引用的权利要求分别不具有创造性的前提下，上述从属权利要求4和5不具有突出的实质性特点和显著的进步，不符合专利法第22条第3款有关创造性的规定。

（4）从属权利要求6和7不符合专利法第22条第3款的规定。

从属权利要求6和7分别对权利要求1做了进一步限定，其附加技术特征也已在对比文件2（参见对比文件2的微型计算机9）中公开，在其引用的权利要求1不具有创造性的前提下，上述从属权利要求6和7不具有突出的实质性特点和显著的进步，不符合专利法第22条第3款有关创造性的规定。

（5）权利要求8不符合专利法第22条第3款的规定。

权利要求8请求保护一种组合称重系统，其除了包含有权利要求1所限定的组合称重装置的技术特征外，还包括服务器计算机和通信媒体。关于组合称重装置的技术特征的评述可以参见上述第（1）点的理由；而有关服务器计算机和通信媒体的技术特征实际上已被对比文件2披露（参见对比文件2中的中央控制计算机和微型计算机9的表述），并且上述技术特征没有给本发明带来意想不到的技术效果，对本领域技术人员来说是显而易见的，因此该权利要求不具有突出的实质性特点和显著的进步，因而不具备专利法第22条第3款规定的创造性。

（6）从属权利要求9~14不符合专利法第22条第3款的规定。

其具体评述的理由等同于上述对从属权利要求2~7的评价，参见上述第（2）、（3）、（4）点的评述。

综上所述，本复审请求的权利要求1~14均不符合专利法第22条第3款有关创造性的规定。

在上述事实和理由的基础上，本案合议组依法作出如下决定。

**三、决定**

维持国家知识产权局于2004年3月12日作出的驳回01800358.3号发明专利申请的决定。

复审请求人对本决定不服的，可以根据专利法第41条第2款的规定，自收到本决定之日起三个月内向北京市第一中级人民法院起诉。

024

# 滤色片及液晶显示器件

## 复审请求审查决定（第 10178 号）

**决　定　号** 第 10178 号
**决　定　日** 2007 年 1 月 23 日
**发明创造名称** 滤色片及液晶显示器件
**国 际 分 类 号** G02B 5/20，G02F 1/1335
**复 审 请 求 人** 东丽株式会社
**申　请　号** 02122406.4
**申　请　日** 2002 年 6 月 4 日
**公　开　日** 2003 年 1 月 8 日
**合 议 组 组 长** 张惠军
**主　审　员** 张春伟
**参　审　员** 张　曦

**法 律 依 据** 专利法第 26 条第 4 款，专利法实施细则第 20 条第 1 款
**决 定 要 点**

权利要求对说明书的概括应当适当。同时，还要考虑到说明书中没有提到的所属技术领域的技术人员应具备的知识，权利要求中的特征不必逐一地与实施例相对应，权利要求可以进行适当的概括。

每项权利要求所确定的保护范围应当清楚。权利要求的保护范围应当根据其所用词语的含义来理解。如果说明书中指明了某术语具有特定的含义，并且使用了该术语的权利要求的保护范围由于说明书中对该术语的说明而被限定得足够清楚，这种情况也是允许的。

### 一、案由

本复审请求涉及申请号为 02122406.4、申请日为 2002 年 6 月 4 日、优先权日为 2001 年 6 月 4 日和 2001 年 7 月 3 日、名称为“滤色片及液晶显示器件”的发明专利申请（下称本申请），申请人为东丽株式会社。

申请人原始提交的权利要求书中共有 14 项权利要求，其中包括独立权利要求 1 和 14，权利要求 2~13 均为权利要求 1 的从属权利要求。

应申请人的请求，国家知识产权局实质审查部门对本申请进行了实质审查，于 2004 年 11 月 5 日发出第一次审查意见通知书，指出如下缺陷：权利要求 1 缺少必要技术特征“透明区域率”，不符合专利法实施细则第 21 条第 2 款的规定；权利要求 1~3、5、9 得不到说明书的支持，不符合专利法第 26 条第 4 款的规定；权利要求 1~3、5、11、12 不清楚，不符合专利法实施细则第 20 条第 1 款的规

定；从属权利要求4～13不符合专利法实施细则第23条的规定。

针对第一次审查意见通知书，申请人于2005年3月21日提交了意见陈述书和权利要求书修改替换页；此外，申请人于2005年4月7日再次提交了意见陈述书，并针对第一次审查意见中指出的权利要求得不到说明书支持的部分追加了实验内容作为数据证明。

国家知识产权局实质审查部门于2006年1月20日发出了驳回决定。驳回决定针对的文本是：申请人于2005年3月21日提交的权利要求第1～14项；2002年6月4日提交的说明书第1～29页，附图第1～3页以及说明书摘要。

驳回决定认为：

（1）权利要求1～3、11、12不符合专利法实施细则第20条第1款的规定：权利要求1中特征“透明区域”、“副区域”、“全部副区域的面积”及“滤色片，具有红、绿、蓝三种颜色的象素……及反射用区域”的含义不清楚；权利要求2中“一边长为5μm以上的正方形”的含义不清楚；权利要求3中所谓“副区域的端部”含义不清楚；权利要求11中提到“所述象素由透射用区域与反射用区域不同的着色层构成”含义不清楚；权利要求12中“在最上部形成突起状的柱”的“最上部”含义不清楚。

（2）权利要求1、2、5、9得不到说明书的支持，不符合专利法第26条第4款的规定：权利要求1中限定了“全部副区域的面积在20～2000$\mu m^2$”，说明书实施例中仅给出了副区域的面积为79～1140$\mu m^2$的具体实施例，因此权利要求1中的面积数值范围得不到说明书的支持；权利要求2中限定了“副区域的形状是圆形、一边长为5μm以上的正方形或者短边在5μm以上的长方形”，在说明书实施例中仅给出副区域为长方形，其短边长分别为5μm、12μm、15μm，副区域为圆形时也仅有直径为5μm、10μm、20μm、38μm的四种情况，未给出副区域为正方形的实施例，因而得不到说明书的支持；权利要求5中限定了“C光源的XYZ表色系统的色度图中的红色象素的透射用区域的色度坐标x为$0.4<x<0.6$，着色层的膜厚为0.6～1.5μm”，说明书实施例中仅给出色度坐标分别为0.534、0.536、0.537，着色层膜厚为1.1μm的情况，因而权利要求5中限定的上述数值范围得不到说明书的支持；权利要求9中包含技术特征“反射区域内的着色区域与透明区域的台阶在0.5μm以下”，说明书实施例中仅给出了参数为0.2μm的情况，因而权利要求9中限定的上述数值范围得不到说明书的支持。

申请人东丽株式会社（下称为复审请求人）对上述驳回决定不服，于2006年4月29日向专利复审委员会提出了复审请求并提交了权利要求书的修改替换页，将原权利要求6的附加技术特征补充到权利要求1中对着色剂加以限定，同时将原权利要求6删除。同时，复审请求人对权利要求进行了修改，并指出驳回决定所针对的权利要求1、2、5、9对于本领域技术人员而言完全可以通过阅读说明书内容来实施相应技术方案，权利要求中特定含义的词语在说明书中均给出了清楚的限定描述，因此是清楚的。修改后的权利要求书为：

“1. 滤色片，具有红、绿、蓝三种颜色的象素，并具有在这些象素中的至少一种颜色的象素用同一种材料形成的透射用区域及反射用区域，其特征为，反射用区域的一部分上存在着没有着色层的透明区域，透明区域由一个以上的副区域的集合构成，并且，各个副区域的面积在20～2000$\mu m^2$，作为着色剂，红色象素含有C. I. 颜料红254，对于绿色象素而言，透明区域率在15%以上、35%以下，对红色象素而言，为5%以上、20%以下，对于蓝色象素而言，为20%以下。

2. 如权利要求1所述的滤色片，其特征为，副区域的形状仅是圆形、一边为5μm以上的正方形或者短边在5μm以上的长方形中的任一种。

3. 如权利要求1或2中任何一个所述的滤色片，其特征为，相邻的副区域间的距离在10μm

以上。

4. 如权利要求1或2中任何一个所述的滤色片，其特征为，在着色层上形成外敷层。

5. 如权利要求1或2中任何一个所述的滤色片，其特征为，C光源的XYZ表色系统的色度图中的红色象素的透射用区域的色度座标x为0.4<x<0.6，着色层的膜厚为0.6~1.5μm。

6. 如权利要求1或2中任何一个所述的滤色片，其特征为，作为着色剂，红色象素含有具有喹吖酮骨架的颜料。

7. 如权利要求1或2中任何一个所述的滤色片，其特征为，具有喹吖酮骨架的颜料为C. I. 颜料红209。

8. 如权利要求1或2中任何一个所述的滤色片，其特征为，反射用区域内的着色区域与透明区域的台阶在0.5μm以下。

9. 如权利要求1或2中任何一个所述的滤色片，其特征为，在反射用区域内的基板与着色层之间有透明树脂层，含有反射用区域与透射用区域的着色层膜厚不同的至少一种颜色的象素。

10. 如权利要求1或2中任何一个所述的滤色片，其特征为，透射用区域与反射用区域含有由不同材料的着色层构成的至少一种颜色的象素。

11. 如权利要求1或2中任何一个所述的滤色片，其特征为，在滤色片的最上部形成突起状的柱。

12. 如权利要求1或2中任何一个所述的滤色片，其特征为，对于至少两种颜色，透射用区域的色度（$x_0$，$y_0$）与反射用区域的色度（x，y）的色度差δ满足下式：

$\delta=(x-x_0)^2+(y-y_0)^2\leqslant 3\times 10^{-3}$

13. 液晶显示器件，其特征为，它采用权利要求1~12中任何一个所述的滤色片。”

经形式审查合格后，专利复审委员会受理了上述复审请求，并于2006年6月23日向复审请求人发出复审请求受理通知书，于同日向原实质审查部门发出前置审查通知书。

在前置审查过程中，原实质审查部门认为修改后的文本仅克服了驳回决定中涉及的部分缺陷，而并未克服驳回决定中的所有缺陷，因而坚持驳回决定。

针对该复审请求，专利复审委员会组成合议组，对本案进行审理。经审查，合议组认为本案事实已经清楚，现依法作出复审决定。

**二、决定的理由**

经审查，未发现复审请求人于2006年4月29日提交的权利要求书存在不符合专利法第33条和专利法实施细则第60条规定之处，本复审决定以复审请求人2006年4月29日提出复审请求时提交的权利要求书和驳回决定针对的说明书、附图、摘要为审查基础。

1. 关于专利法实施细则第20条第1款

专利法实施细则第20条第1款规定：权利要求书应当说明发明或者实用新型的技术特征，清楚、简要地表述请求保护的范围。

审查指南第二部分第二章第3.2.2节规定，每项权利要求所确定的保护范围应当清楚。权利要求的保护范围应当根据其所用词语的含义来理解。一般情况下，权利要求中的用语应当理解为相关技术领域通常具有的含义。在特定情况下，如果说明书中指明了某词具有特定的含义，并且使用了该词的权利要求的保护范围由于说明书中对该词的说明而被限定得足够清楚，这种情况也是允许的。

就本申请而言，权利要求1请求保护一种滤光片，其中限定了“透明区域”为“没有着色层的透明区域”，其含义是清楚和明确的；“副区域”在说明书第7页倒数第5行中“把透明区域分割成多个，分割的透明区域的每一个被称作副区域”已给出清楚的解释，并且在权利要求1中也限定了该透明区域是由一个以上副区域的集合构成，因此，权利要求 1 对于透明区域的位置、构成均进行了清楚的限定，对副区域的位置以及大小也进行了清楚的限定；同时权利要求 1 中“滤色片，具有红、绿、蓝三种颜色的象素，并具有在这些象素中的至少一种颜色的象素用同一种材料形成的透射用区域及反射用区域”已经明确限定了滤色片具有红、绿、蓝三种颜色的象素，及具有至少一种颜色的象素，该象素的透射用区域及反射用区域用同一种材料形成，克服了描述不清楚的缺陷。基于上述理由，合议组认为，权利要求 1 请求保护的范围是清楚的，符合专利法实施细则第 20 条第 1 款的规定。

权利要求 2 中“副区域的形状仅是圆形、一边为 5μm 以上的正方形或者短边在 5μm 以上的长方形中的一种”，将副区域的形状清楚地限定为可以是边长为 5μm 以上的正方形或者短边长为 5μm 以上的长方形，基于上述理由，合议组认为，权利要求 2 的表述是清楚的，符合专利法实施细则第 20 条第 1 款的规定。

权利要求 3 中“相邻副区域间的距离在 10μm 以上”的技术特征，结合附图 2 和说明书第 8 页倒数第 8 行“为了避免副区域之间的相互干扰，从某一个副区域的端部到相邻的副区域的端部的距离 13（下称副区域间距）优选地为距离 10μm 以上”完全可得出权利要求 3 中“相邻副区域间的距离”是指副区域的周缘部之间的距离，基于上述理由，合议组认为，权利要求 3 的表述是清楚的，符合专利法实施细则第 20 条第 1 款的规定。

权利要求 10（与原权利要求 11 相对应）中“透射用区域与反射用区域含有由不同材料的着色层构成的至少一种颜色的象素”已清楚指出透射用区域与反射用区域“材料不同”，同时，在说明书第 7 页第 3 段中记载了“对于透射用区域和反射用区域由不同的着色层构成的象素，没有特定的限制，可以是红色象素、绿色象素、蓝色象素中的任何一种”。由此可知，滤色片的象素，其颜色可以为红、绿和蓝色中的一种。因此，权利要求 10 的表述是清楚的，符合专利法实施细则第 20 条第 1 款的规定。

权利要求 11（与原权利要求 12 相对应）中“在滤色片的最上部形成突起状的柱”已清楚限定了“最上部”是指滤色片的最上部，因此权利要求 11 表述清楚，符合专利法实施细则第 20 条第 1 款的规定。

通过以上分析，合议组认为，请求人在提出复审请求时提交的权利要求书已经克服了驳回决定中指出的权利要求不清楚的缺陷，符合专利法实施细则第 20 条第 1 款的规定。

2. 关于专利法第 26 条第 4 款

专利法第 26 条第 4 款规定：权利要求书应当以说明书为依据，说明要求专利保护的范围。

审查指南第二部分第二章第 3. 2. 1 节指出，在判断权利要求是否得到说明书的支持时，应当考虑说明书的全部内容，而不是仅限于具体实施方式部分的内容。如果说明书的其他部分也记载了有关具体实施方式或实施例的内容，从说明书的全部内容来看，能说明权利要求的概括是适当的，则应当认为权利要求得到了说明书的支持。

根据专利法和审查指南的上述规定可以看出，“权利要求书应当以说明书为依据”是指整个说明书而言的，并非仅仅限于说明书中的实施例，而且判断权利要求书是否以说明书为依据时，还要考虑到说明书中没有提到的所属技术领域的技术人员应具备的知识，权利要求中的特征不必逐一地与实施例相对应，权利要求可以进行适当的概括。

在本申请中，权利要求 1 中限定了“各个副区域的面积在 $20\mu m^2 \sim 2000\mu m^2$”。首先在说明书第 8 页第 6 行已给出与此数值范围一致的文字记载，同时在表 2 中的实施例 1 也给出了 $20\mu m^2$ 的面积取值。其次，在本申请说明书第 7 页最后一段至第 8 页第 1 段分析了当副区域分割得过小时，成品率降低；当分割过大时，台阶增大，因此副区域的面积有必要在 $20\mu m^2 \sim 2000\mu m^2$ 的范围内。此外，更优选地，为 $70 \sim 2000\mu m^2$ 的范围。尽管表 2 的实施例列举的副区域面积值最大值为 $1140\mu m^2$，不过作为本领域技术人员来说，不能认为权利要求仅限于这些实施例给出的具体数值，即应当理解为实施例给出了实现本发明的优选范围，结合说明书的整体内容看，权利要求 1 中“各个副区域的面积在 20~2000μm$^2$”的概括是适当的，能够得到说明书的实质上支持。

权利要求 2 中“副区域的形状仅是圆形、一边为 5μm 以上的正方形或者短边在 5μm 以上的长方形中的一种”在说明书第 4 页第 11 行和说明书第 16 页第 6 行已给出与此数值范围一致的文字记载，同时在说明书实施例中给出了短边长分别为 5μm、12μm、15μm 的长方形实施例和直径为 5μm、10μm、20μm、38μm 的圆形实施例，并且权利要求 2 是权利要求 1 的从属权利要求，而在权利要求 1 中已经对每个副区域的面积作出了限定，在此基础上本领域技术人员完全可以根据需要对副区域的尺寸进行适当选取，并且可以对权利要求数值范围内的发明进行实施，因此权利要求 2 能够得到说明书的支持。

权利要求 5 “C 光源的 XYZ 表色系统的色度图中的红色象素的透射用区域的色度坐标 x 为 0.4<x<0.6，着色层的膜厚为 0.6μm~1.5μm”在说明书第 9 页第 9 行和第 18 行已分别给出与此数值范围一致的文字记载，并且在说明书这一部分明确指出，“红色象素的透明区域的色度 x，优选地为 0.4<x<0.6。特别是，更优选 0.45<x<0.58，更为优选 0.50<x<0.58”。“当着色层的膜厚变厚时，即使用外敷层也很难掩盖着色区域与透明区域的台阶，所以，着色层的膜厚优选地在 0.6~1.5μm 的范围内。”可见，应当理解为说明书实施例中给出的 x 的膜厚的具体数值仅表示优选实施方式，应当允许根据说明书其他部分记载的内容进行适当的概括，因此权利要求 5 能够得到说明书的支持。

权利要求 8 中包含技术特征“反射用区域内的着色区域与透明区域的台阶在 0.5μm 以下”在说明书第 9 页第 5 行给出与此数值范围一致的文字记载，并且在说明书这一部分明确指出，“在反射用区域内，着色区域与透明区域的台阶在 0.5μm 以下”、“更优选的，该台阶在 0.4μm 以下”、“当反射用区域的着色区域与透明区域的台阶变大时，引起液晶取向不佳，反射时的白色亮度极低”。由此可见，说明书中不仅公开了台阶在 0.5μm 以下，而且根据本领域公知常识着色区域与透明区域的台阶应当越小越好。应当理解为在说明书实施例中给出的参数为 0.2μm 是一种优选实施方式，应当允许根据说明书其他部分记载的内容进行适当的概括，因此，权利要求 8 能够得到说明书的支持。

因此，权利要求 1、2、5、8 中限定的数值范围在说明书具体实施方式部分中均有相对应的文字记载，并且考虑到说明书的整体内容以及本领域技术人员应具备的知识，权利要求 1、2、5、8 的技术方案均为对说明书的合理概括，符合专利法第 26 条第 4 款的规定。

基于上述理由，请求人在提出复审请求时提交的权利要求书符合专利法实施细则第 20 条第 1 款及专利法第 26 条第 4 款的规定。

关于复审请求人于 2005 年 4 月 7 日提交的意见陈述书中所追加的实施例 7~10 以及数据表格，属于审查指南第二部分第八章第 5.2.3.1 节规定的“不允许的增加”的情形，即复审请求人不得补入实施方式和实施例以说明在权利要求请求保护的范围内发明能够实施。合议组对复审请求人追加实施例的主张不予支持，但鉴于复审请求人实际上并未将上述追加实施例增加到说明书中，故此针对复审请求人提出复审请求时与追加实施例有关的复审理由，合议组不予以评述。

根据上述事实和理由，本案合议组作出如下决定。

**三、决定**

在修改文本的基础上撤销国家知识产权局于 2006 年 1 月 20 日对 02122406.4 号发明专利申请作出的驳回决定。由原审查部门以本决定所依据的文本，即：2006 年 4 月 29 日提交的权利要求书，2002 年 6 月 4 日提交的说明书第 1~29 页，附图第 1~3 页，以及说明书摘要为基础继续进行审查。

复审请求人对本决定不服的，可以根据专利法第 41 条第 2 款的规定，自收到本决定之日起三个月内向北京市第一中级人民法院起诉。

025

# 用于眼内晶状体的嵌入系统

## 复审请求审查决定（第10184号）

**决　定　号**　第10184号
**决　定　日**　2007年2月12日
**发明创造名称**　用于眼内晶状体的嵌入系统
**国际分类号**　A61F 9/007
**复审请求人**　佳能星股份有限公司
**申　请　号**　00137097.9
**申　请　日**　2000年12月29日
**公　开　日**　2002年7月31日
**合议组组长**　丁惠玲
**主　审　员**　徐洁玲
**参　审　员**　张　华

**法律依据**　专利法第22条第2款
**决定要点**

如果本申请权利要求所要保护的技术方案和对比文件公开的技术内容相比，其中包含未被该对比文件公开的技术特征，则本申请权利要求所要保护的技术方案就未被现有技术公开，具有新颖性。

### 一、案由

本复审请求涉及申请人佳能星股份有限公司于2000年12月29日申请，2002年7月31日公开，名称为"用于眼内晶状体的嵌入系统"的00137097.9号发明专利申请（下称本申请）。

国家知识产权局于2004年6月25日发出第一次审查意见通知书，认为权利要求1~4与对比文件（CN1192887A）相比不具备新颖性。

申请人于2004年11月10日提交了意见陈述，同时提交了权利要求书和说明书的替换页，申请人认为修改后的权利要求书所限定的本发明具备新颖性，并陈述了理由。

国家知识产权局于2004年12月31日驳回了该申请，理由是权利要求1~4与对比文件1（CN1192887A）相比不具备新颖性。

驳回决定所针对的权利要求为：

"1. 一种用于眼内晶状体的嵌入系统，包括：

一个具有一可变形光学部分的眼内晶状体；

一个用于储存所述晶状体的晶状体包，其中没有应力作用在该晶状体的光学部分上；

用于使所述晶状体变形到一减小尺寸的变形装置；以及

一个具有一插管和一推进机构的嵌入装置，通过所述插管可变形晶状体被嵌入眼中，所述推进机构用于推动所述晶状体并将其嵌入眼中，其特征在于：

所述晶状体包具有一种连接到所述嵌入装置的功能，和一种用作由嵌入装置所提供机构的一部分的功能。

2. 根据权利要求1所述的用于眼内晶状体的嵌入系统，其特征在于：所述变形装置与所述插管一体形成。

3. 根据权利要求1所述的用于眼内晶状体的嵌入系统，其特征在于：至少一部分所述变形装置与所述晶状体包一体形成。

4. 根据权利要求1所述的用于眼内晶状体的嵌入系统，其特征在于：当所述晶状体包连接到所述嵌入装置时，所述晶状体的中心与构成所述推进机构的一个推杆的中心轴线重合。

5. 根据权利要求1所述的用于眼内晶状体的嵌入系统，其特征在于：还包括一个用于将所述晶状体从一备用位置移动到一嵌入位置的晶状体移动机构，在该备用位置处所述晶状体的中心与构成所述推进机构的一个推杆的中心轴线不重合，在嵌入位置处所述晶状体的中心与所述推杆的中心轴线重合。”

佳能星股份有限公司（下称请求人）对上述驳回决定不服，于2005年4月13日向专利复审委员会提出复审请求，并在提出复审请求的同时提交新的专利申请文本，请求人认为本申请所采用的构造在晶状体包内没有开闭机构、设置有对晶状体不产生应力的晶状体包、且晶状体包直接装在推进机构和插管之间，而对比文件没有公开上述内容，因此本申请具有新颖性和创造性，国家知识产权局驳回的理由不成立。经修改的权利要求书内容如下：

“1. 一种用于眼内插入用晶状体的插入装置，包括：

对具有可变形光学部分的眼内插入用晶状体的所述光学部分以不产生应力的状态、预先存储所述晶状体的晶状体包；

通过内腔前端细的插入筒将所述晶状体以小的形状嵌入眼内的推出机构；

其特征在于：

在插入装置的所述推出机构和所述插入筒之间安装有所述晶状体包的安装机构；

该已安装的晶状体包作为所述嵌入装置的机构的一部分发挥作用。

2. 如权利要求1所述的用于眼内插入用晶状体的插入装置，其特征在于：在所述晶状体包上设置有把所述推出机构推动的所述晶状体变小的变形装置。

3. 如权利要求1所述的用于眼内插入用晶状体的插入装置，其特征在于：所述安装机构相对于所述嵌入装置使所述晶状体包定位，使所述晶状体的中心及构成所述推进机构的推杆的中心轴线基本重合。

4. 如权利要求1所述的眼内插入用晶状体的插入装置，其特征在于：具有这样一种机构：在所述晶状体包安装在嵌入装置的状态下，不使用时，所述眼内插入用晶状体的中心和构成所述推出机构的推杆的中心轴线不重合；而在使用时，则移动晶状体使其中心和推杆的中心轴线基本重合。”

形式审查合格后，专利复审委员会受理了该复审请求，并于2005年5月16日向请求人发出《复审请求受理通知书》，同时将本申请送至原实质审查部门进行前置审查。

原实质审查部门对本复审请求进行了前置审查，坚持驳回决定。

专利复审委员会组成合议组，对本案的复审请求进行了审理。

2006年9月29日，合议组向请求人发出复审通知书，指出：对比文件1（CN1192887A）公开了一种用于眼内插入用透镜的插入器具，并具体公开了以下特征：一个用于将眼内插入用透镜储存在没有应力作用在该透镜的光学部分上的状态下的透镜包容部件（5），用于使所述透镜变形到一减小尺寸的变形装置——锥部（12），具有前端尖细锥管形的插入筒（15）和挤出轴（11）的插入器具，通过所述插入筒，透镜被嵌入眼中，所述挤出轴用于挤压出所述透镜并将其插入眼中，其中包容部件与插入器具本体分离，并可在插入眼内透镜时和插入器具本体卡合，成为插入器具的一部分。与对比文件1公开的技术方案相比，本申请权利要求1要求保护的技术方案中的所有技术特征均已公开，二者的技术方案实质上相同，且属于相同的技术领域，所要解决的技术问题相同，具有相同的技术效果，因而本申请权利要求1不具备新颖性。本申请权利要求2在权利要求1的基础上进一步限定，在所述晶体包上设置有把所述推出机构推动的所述晶状体变小的变形装置。对比文件1所公开的技术方案中的包容部件同样具有将被挤出的透镜变小的相应装置，因此该附加技术特征在对比文件1中公开，权利要求2不具备新颖性。本申请权利要求3在权利要求1的基础上进一步限定，所述安装机构相对于所述嵌入装置使所述晶状体包定位，使所述晶状体的中心及构成所述推出机构的推杆的中心轴线基本重合。根据对比文件1所公开的技术内容可知该附加技术特征已在对比文件1中公开，权利要求3不具备新颖性。因此，本申请的权利要求1~3仍然不符合专利法第22条第2款的规定。

2006年11月14日，请求人向专利复审委员会提交意见陈述书，认为：本申请的“晶状体盒10”中不包含“插入筒32”，两者并排构成一体，而对比文件1中，“晶状体包容部件上形成了插入筒，成为一体的构成”，因此本申请和对比文件构成不同，作用效果也不同，本申请具有新颖性和创造性。

至此，合议组认为本案事实清楚，可以作出审查决定。

**二、决定的理由**

1. 决定所依据的文本

本复审决定以请求人于2005年4月13日提交的权利要求第1~4项，说明书第1~15页，申请日提交的附图第1~5页、摘要以及摘要附图为审查基础。

2. 关于专利法第22条第2款

专利法第22条第2款规定：新颖性是指在申请日以前没有同样的发明或者实用新型在国内外出版物上公开发表过、在国内公开使用过或者以其他方式为公众所知，也没有同样的发明或者实用新型由他人向国务院专利行政部门提出过申请并且记载在申请日以后公布的专利申请文件中。

如果本申请权利要求所要保护的技术方案和一篇对比文件公开的技术内容相比，其中包含未被该对比文件公开的技术特征，则本申请权利要求所要保护的技术方案就未被现有技术公开，具有新颖性。

本申请权利要求1要求保护一种用于眼内插入用晶状体的插入装置，包括：对具有可变形光学部分的眼内插入用晶状体的所述光学部分以不产生应力的状态、预先存储所述晶状体的晶状体包；通过内腔前端细的插入筒将所述晶状体以小的形状嵌入眼内的推出机构；其特征在于：在所述嵌入装置的所述推出机构和所述插入筒之间安装有所述晶状体的安装机构；该已安装的晶状体包作为所述嵌入装置的机构的一部分发挥作用。

对比文件1（CN1192887A）公开了一种用于眼内插入用透镜的插入器具，并具体公开了以下特征（参见附图2、3、4，说明书第6~8页），一个用于将眼内插入用透镜储存在没有应力作用在该透镜的光学部分上的状态下的透镜包容部件（5），用于使所述透镜变形到一减小尺寸的变形装置——锥部（12），具有前端尖细锥管形的插入筒（15）和挤出轴（11）的插入器具，通过所述插入筒，透镜被嵌入眼中，所述挤出轴用于挤压出所述透镜并将其插入眼中，其中包容部件5和插入筒15是一体设置的。此外，对比文件1指出：在所有实施形态中，显示了包容部件和本体一体化的结构，但包容部件也可以和本体构成可拆装的结构（参见说明书第 12 页）。

由上可知，本申请权利要求 1 要求保护的技术方案包括如下技术特征，即在所述嵌入装置的所述推出机构和所述插入筒之间安装有所述晶状体的安装机构，该已安装的晶状体包作为所述嵌入装置的机构的一部分发挥作用，因此可以确定本申请中晶状体包和插入筒是两个分离的部件。而对比文件 1 中所有实施形态中包容部件和插入筒都是一体的，虽然对比文件指示包容部件可以和本体构成可拆装结构，但本领域技术人员并不能据此直接地、毫无疑义地确定包容部件和插入筒是分离的，因而对比文件 1 未完全公开本申请权利要求 1 的技术方案，本申请权利要求 1 具备新颖性，符合专利法第 22 条第 2 款的规定。

本申请权利要求 2~4 是权利要求 1 的从属权利要求，在权利要求 1 具有新颖性前提下，权利要求 2~4 具备新颖性。

综上所述，本案合议组认为，本申请的权利要求 1~4 符合专利法第 22 条第 2 款的规定。

根据以上事实和理由，本案合议组作出如下审查决定。

**三、决定**

在修改文本的基础上撤销国家知识产权局于 2004 年 12 月 31 日对 00137097.9 号发明专利申请作出的驳回决定。由原审查部门以本复审决定所针对的文本作为审查基础继续进行审查。

复审请求人对本决定不服的，可以根据专利法第 41 条第 2 款的规定，自收到本决定之日起三个月内向北京市第一中级人民法院起诉。

026

# 多个级联光纤光栅的制作方法

## 复审请求审查决定（第10215号）

**决　定　号**　第10215号
**决　定　日**　2007年2月25日
**发明创造名称**　多个级联光纤光栅的制作方法
**国际分类号**　G02B 6/34，G02B 5/18
**复审请求人**　北京大学
**申　请　号**　03138361.0
**申　请　日**　2003年5月28日
**公　开　日**　2004年12月8日
**合议组组长**　张　曦
**主　审　员**　关　刚
**参　审　员**　马　燕

**法律依据**　专利法第22条第3款
**决定要点**

如果一项权利要求与对比文件相比存在区别技术特征，但现有技术未给出将该区别技术特征应用于所述对比文件以解决发明实际解决的技术问题的启示，并且本发明与所述对比文件相比具有有益的技术效果，则该项权利要求具备创造性，符合专利法第22条第3款的规定。

### 一、案由

本复审请求涉及申请号为03138361.0、名称为“多个级联光纤光栅的制作方法”的发明专利申请（下称本申请），申请人为北京大学，申请日为2003年5月28日。本申请公开时包括10项权利要求，其中独立权利要求1如下：

“1. 一种多个级联光纤光栅的制作方法，其特征在于：将光纤的包层通过包层腐蚀技术腐蚀成直径呈阶梯状变化的多段，在采用紫外光源对光纤照射制作多个级联的光纤光栅过程中，对光纤施加轴向应力。”

国家知识产权局实质审查部门依法对本申请进行了实质审查，于2005年9月23日发出第一次审查意见通知书，指出本申请权利要求1~10不符合专利法第22条第3款有关创造性的规定，一通中所引用的对比文件如下：

对比文件1：JP特开2002-286948 A，公开日为2002年10月3日。

针对上述审查意见通知书，申请人于2006年1月20日提交了意见陈述书和说明书第1页的修改替换页。申请人认为：对比文件1是通过对每段普通光纤分别施加不同的拉伸力而制作出周期不同的多个光纤光栅，为获得多个光栅级联需要分别制作多个光纤光栅，再用普通光纤将多个光纤光栅串联焊接在一起使用；而本发明是在一段完整的普通光纤上，通过对光纤的包层进行腐蚀，使其成为直径呈阶梯状变化的多段，然后对光纤施加同一拉抻力，而制作出光栅周期分段不同的、光滑、连续无缝隙的一个完整光纤光栅。申请人对说明书的修改是将说明书第1页的发明目的部分的“多个级联光纤光栅及其制作方法”修改为“多个级联光纤光栅的制作方法”，申请人未对权利要求书进行修改。

经过上述实质审查程序后，国家知识产权局实质审查部门以本申请权利要求1~10不符合专利法第22条第3款的规定为由，于2006年9月1日作出了驳回本申请的决定。

驳回决定中指出：对比文件1公开了一种制作光纤光栅的方法，其在一根光纤的多段预形成光栅的部分上施加不同的拉伸拉力以提供不同的轴向应变来形成多个周期不同的光栅。权利要求1与对比文件1的区别在于：权利要求1中通过腐蚀光纤包层得到不同的直径来提供不同的轴向应变；对比文件1通过施加不同的轴向拉力来提供不同的轴向应变。但是，对本领域普通技术人员来说，根据公知的公式 $F=EA\varepsilon$（其中F是轴向拉力，E是光纤的杨氏模量，A是光纤的横截面积，$\varepsilon$ 是轴向应变），完全可以在对比文件1的基础上根据实际情况，选择改变横截面积的大小以得到权利要求1的技术方案，这是显而易见的，无需付出创造性劳动。因此权利要求1不具备专利法第22条第3款规定的创造性。对于申请人所称的对比文件1的多个光纤光栅是分别制作后再通过普通光纤串联焊接在一起的意见，审查员认为根据对比文件1的说明书的记载，其是以一个光栅模板、在一根光纤上制作具有不同周期的多个光纤光栅的方法，而且其全文都不存在由多个光纤串联焊接的内容。因此申请人所陈述的理由不能成立。

申请人北京大学（下称复审请求人）不服上述驳回决定，于2006年10月24日向专利复审委员会提出复审请求，其复审请求的理由与答复第一次审查意见通知书时陈述的理由相同，复审请求人再次强调：对比文件1是通过对每段普通光纤分别施加不同的拉伸力而制作出周期不同的多个光纤光栅，为获得多个光栅级联需要分别制作多个光纤光栅，再用普通光纤将多个光纤光栅串联焊接在一起使用；而本发明是在一段完整的普通光纤上，通过对光纤的包层进行腐蚀，使其成为直径呈阶梯状变化的多段，然后对光纤施加同一拉抻力，而制作出光栅周期分段不同的、光滑、连续无缝隙的一个完整光纤光栅。复审请求人未对申请文件做进一步的修改。

经形式审查合格后，专利复审委员会依法受理了上述请求，并于2006年11月21日向复审请求人发出了复审请求受理通知书，同时向原审查部门发出前置审查通知书。

原审查部门对该复审请求做出前置审查意见，仍然坚持原驳回决定。

专利复审委员会依法成立合议组对该复审请求案进行审理。本案合议组在仔细审阅了全部案卷后，认为本案事实已经清楚，现依法作出复审决定。

**二、决定的理由**

1. 关于审查文本

由于复审请求人在提出复审请求时未对申请文件进行修改，因此，本复审请求审查决定所针对的审查文本与驳回决定所针对的文本相同，即申请日提交的权利要求第1~10项、说明书第2~3页、附图第1页、摘要、摘要附图，2006年1月20日提交的说明书第1页。

2. 关于专利法第22条第3款

专利法第22条第3款规定：创造性，是指同申请日以前已有的技术相比，该发明有突出的实质性特点和显著的进步，该实用新型有实质性特点和进步。

驳回决定中针对本申请权利要求1的评述为：在对比文件1的基础上结合公知常识，本领域普通技术人员完全可以根据实际情况，选择改变光纤包层横截面积的大小来提供不同的轴向应变，并进一步选择“腐蚀”的手段，从而得到权利要求1的技术方案，这是显而易见的，无需付出创造性的劳动。

复审请求人认为，本申请是在一段完整的普通光纤上，通过对光纤的包层进行腐蚀，使其成为直径呈阶梯状变化的多段，然后对光纤施加同一拉伸力，从而制作出光栅周期分段不同的光滑、连续无缝隙的完整光纤光栅；而对比文件1是在光纤上通过分段施加不同的拉抻力，制作出周期不同的多个光纤光栅，再用普通光纤将多个光纤光栅串联焊接在一起使用。

经审查，本申请权利要求1要求保护一种多个级联光纤光栅的制作方法。对比文件1公开了一种制作光栅的方法及其装置，其方法包括（参见对比文件1说明书第4栏第38行［0030］至第5栏第22行［0035］，以及说明书第7栏第16行［0059］至第43行［0062］，图2、3）：在一根光纤4上利用多个用于拉力调节的固定支座6a和移动支座6b将光纤4分成多段预形成光栅的部分，并通过用于拉力调节的固定支座6a和移动支座6b对各段预形成光栅的部分施加不同的拉力，用紫外光源1通过相位掩模3在预形成光栅的部分上制作光栅，从而在一根光纤上获得多个反射波长不同的光栅。

本申请权利要求1与对比文件1的区别在于：权利要求1中通过腐蚀光纤包层得到呈阶梯状变化的直径并对光纤施以轴向应力来提供不同的轴向应变；对比文件1通过对多段预形成光栅的部分施加不同的轴向拉力来提供不同的轴向应变。

合议组认为：对比文件1为了解决在制作不同反射波长的光栅的过程中需要更换相位掩模板，生产成本过高的技术问题，在制作光栅的过程中采用了对多段预形成光栅的部分施加不同的轴向拉力来提供不同的轴向应变的技术手段；本申请是为了实现多个级联的光纤光栅之间的光滑、无缝级联，利用了通过腐蚀光纤包层得到呈阶梯状变化的直径并对光纤施以同一轴向应力来提供不同的轴向应变的技术手段，两者为解决不同的技术问题而采用了不同的技术手段。而且权利要求1的技术方案达到了多个级联的光纤光栅之间实现连接光滑、无缝隙的级联效果，而对比文件1的技术方案中多个光纤光栅之间存在普通光纤部分，例如用于拉力调节的固定支座6a和移动支座6b在光纤4上所占据的部分，因此无法获得多个级联光纤光栅之间光滑、无缝级联的技术效果。公式 $F=EA\varepsilon$ 是本领域普通技术人员公知的，该公式给出了轴向应力与光纤杨氏模量、横截面积和轴向应变之间的关系，尽管根据该公式，本领域普通技术人员容易想到可以通过改变轴向应力或横截面积来改变轴向应变，也就是说，该公式提供了改变轴向应变的可选方式，但并没有给出通过将光纤的包层腐蚀成直径呈阶梯状变化的多段，并对光纤施加轴向拉力，从而实现多个光纤光栅之间的光滑、无缝级联的技术启示。

综上所述，权利要求1与对比文件1存在区别技术特征，而本领域的公知常识也未给出将该区别技术特征应用到对比文件1以解决本发明实际解决的技术问题的启示，并且本发明与对比文件1相比，实现了多个光纤光栅之间的无缝级联、不会引入附加插入损耗的技术效果。因此，权利要求1相对于对比文件1与公知常识的结合具有突出的实质性特点和显著的进步，从而具备专利法第22条第3款规定的创造性。

本申请的权利要求2~10是对权利要求1进一步限定的从属权利要求，当权利要求1具备创造性时，其从属权利要求也具备专利法第22条第3款规定的创造性。

根据上述事实和理由，本案合议组依法作出以下审查决定。

**三、决定**

撤销国家知识产权局于2006年9月1日对03138361.0号发明专利申请作出的驳回决定，由原审查部门以本决定所依据的文本作为审查基础继续进行审查程序。

复审请求人对本决定不服的，可以根据专利法第41条第2款的规定，自收到本决定之日起三个月内向北京市第一中级人民法院起诉。

027

# 具有高亮度的液晶显示装置

## 复审请求审查决定（第10222号）

**决　定　号**　第10222号
**决　定　日**　2007年1月31日
**发明创造名称**　具有高亮度的液晶显示装置
**国际分类号**　G09G 3/36
**复审请求人**　皇家菲利浦电子有限公司
**申　请　号**　00804934.3
**申　请　日**　2000年11月10日
**公　开　日**　2002年4月3日
**合议组组长**　陈迎春
**主　审　员**　王琦琳
**参　审　员**　张田勇

**法律依据**　专利法第22条第3款
**决定要点**
如果一项发明采用与现有技术不同的技术手段，实现了预料不到的技术效果，则该项发明相对于现有技术具备创造性，符合专利法第22条第3款的规定。

### 一、案由

本复审请求涉及名称为“具有高亮度的液晶显示装置”的00804934.3号发明专利申请（下称本申请），申请日为2000年11月10日，优先权日为1999年11月12日、2000年10月30日，申请人为皇家菲利浦电子有限公司。

国家知识产权局专利局实质审查部门依法对该专利申请进行了实质审查，于2003年3月14日发出第一次审查意见通知书，指出本申请权利要求1~3、5~8相对于对比文件1，不符合专利法第22条第3款的规定，与权利要求4对应的说明书部分不符合专利法第26条第3款的规定，权利要求4不符合专利法第26条第4款和专利法实施细则第20条第1款的规定；所引用的对比文件如下：

公开号为EP0541295A2的欧洲专利申请说明书，公开日为1993年5月12日。

针对上述审查意见通知书，申请人于2003年7月18日提交了意见陈述书和说明书全文以及权利要求第1~8项的修改替换页。申请人在意见陈述中表示已经按照审查意见通知书的意见对申请文本进行了修改，申请人认为经过对独立权利要求1的修改，独立权利要求1相对于对比文件1来说已经具备了创造性，符合专利法第22条第3款的规定。

经过上述实质审查程序后，国家知识产权局专利局实质审查部门认为：新修改的独立权利要求1补入了“在主像素单元中的亮度因亮度加强子像素而增强”，该技术特征是对亮度加强子像素功能的进一步限定，但是是可以从原来的权利要求中所直接导出的，所以新修改的权利要求1与原权利要求1相比，保护范围没有变化，其仍然不具备创造性；权利要求4没有对其所保护的技术方案进行清楚的限定，对权利要求4中的参数所代表的变量的限定是必不可少的，而申请人未对权利要求4进行修改，故权利要求4仍然不符合专利法实施细则第20条第1款的规定。国家知识产权局专利局实质审查部门以本申请权利要求1~3，5~8不符合专利法第22条第3款的规定，与权利要求4对应的说明书部分不符合专利法第26条第3款的规定，权利要求4不符合专利法实施细则第20条第1款的规定为由，于2003年9月5日作出了驳回该专利申请的决定。

申请人（下称复审请求人）不服上述驳回决定，于2003年12月15日向专利复审委员会提出复审请求，其复审请求的理由是：（1）驳回决定所针对的独立权利要求1因为具有特征“在主像素单元中的亮度因亮度加强子像素而增强”而具备创造性，该特征确定了一个亮度加强子像素在一个主像素单元中的作用；（2）对比文件1中的子像素并不是用来增加亮度，而是用来增加可显示的灰度等级数目的，故本发明与对比文件1在发明目的、技术方案以及技术效果和优点等各个方面都是不同的；（3）独立权利要求1中所包括的函数W=f（Ymin，Ymax）中的参数与对比文件1的技术方案中所限定的函数参数不同，对比文件1的技术方案没有覆盖Ymax为变量的情况，故应该认定本发明具有与对比文件1不同的发明构思。复审请求人删除了原权利要求4，同时提交了权利要求1~7项和说明书全文的修改替换页，修改后的权利要求书共包括7项权利要求，其中的权利要求1如下：

“1. 一种配备有晶体面板的能进行彩色显示的液晶显示设备，所述晶体面板在每个像素单元上均具有红色输出子像素、绿色输出子像素、蓝色输出子像素以及亮度加强子像素，所述液晶显示设备包括：

数据计算装置，用于通过分别对从输入图像中获得的红色输入像素、绿色输入像素、蓝色输入像素的数字值进行预定的计算处理来获得用于驱动亮度加强子像素的数字值，

其中，所述液晶显示设备用上述由所述数据计算装置和所述红、绿、蓝输入子像素的所述数字值获得的用于驱动亮度加强子像素的数字值来驱动亮度加强子像素、红色输出子像素、绿色输出子像素和蓝色输出子像素，

由所述数据计算装置进行的所述预定计算处理通过使用函数W=f（Ymin，Ymax）来获得用于驱动上述亮度加强子像素的数字值，在所述的函数中，将亮度加强像素的数字值定义为W，将红色输入子像素、绿色输入子像素和蓝色输入子像素的所述数字值的最小值和最大值分别定义为Ymin和Ymax，和

在主像素单元中的亮度因亮度加强子像素而增强。”

经形式审查合格后，专利复审委员会受理了上述复审请求，并于2004年1月6日发出了复审请求受理通知书及前置审查通知书。

原审查部门对该复审请求做出前置审查意见，仍然坚持原驳回决定。

专利复审委员会依法组成合议组，对本复审请求案进行了审理。

专利复审委员会本案合议组于2006年7月21日发出了复审通知书，指出：对比文件1的技术方案给出了提高显示亮度的技术启示，并公开了Ymax为常数的函数的实施例，而本申请权利要求1中函数的限定方式包括了Ymax为常数的情况，应该视为被对比文件1的技术方案所公开了，所以本申请权利要求1~7不符合专利法第22条第3款的规定；另外，因为本申请独立权利要求1中对同样的硬件结构使用不同的说法，产生了不清楚的问题，不符合专利法实施细则第20条第1款的规定。

复审请求人于2006年11月3日向专利复审委员会提交了意见陈述书，其理由是：本申请权利要求1中的函数W=f（Ymin，Ymax）的限定方式包括了Ymax为常数等的多种函数，而根据权利要求1中对Ymax取值的限定，Ymax只能为变量不可能是常数，对比文件1并未公开如本申请W=f（Ymin，Ymax）所述考虑到将Ymax作为变量的函数，而且该函数也不是本领域普通技术人员能够根据逻辑分析、推理或者有限次的试验而得到的，所以本申请权利要求1具备创造性，相应的其从属权利要求2~7也具备创造性。同时，复审请求人还提交了权利要求1~7的修改替换页2页，其中对独立权利要求1进行了修改以克服原独立权利要求1不符合专利法实施细则第20条第1款的规定的缺陷，修改后的独立权利要求1如下：

"1. 一种配备有晶体面板的能进行彩色显示的液晶显示设备，所述晶体面板在每个像素单元上均具有红色输出子像素、绿色输出子像素、蓝色输出子像素以及亮度加强子像素，所述液晶显示设备包括：

数据计算装置，用于通过分别对从输入图像中获得的红色输入子像素、绿色输入子像素、蓝色输入子像素的数字值进行预定的计算处理来获得用于驱动亮度加强子像素的数字值，

其中，所述液晶显示设备用上述由所述数据计算装置和所述红、绿、蓝输入子像素的所述数字值获得的用于驱动亮度加强子像素的数字值来驱动亮度加强子像素、红色输出子像素、绿色输出子像素和蓝色输出子像素，

由所述数据计算装置进行的所述预定计算处理通过使用函数W=f（Ymin，Ymax）来获得用于驱动上述亮度加强子像素的数字值，在所述的函数中，将亮度加强像素的数字值定义为W，将红色输入子像素、绿色输入子像素和蓝色输入子像素的所述数字值的最小值和最大值分别定义为Ymin和Ymax，和

在主像素单元中的亮度因亮度加强子像素而增强。"

经过审理，本合议组认为本案事实已经清楚，可以依法作出复审决定。

**二、决定的理由**

1. 审查基础

本决定是在复审请求人于2006年11月3日提交的修改后的权利要求书第1~7项、于2003年12月15日提交的说明书第1~10页、于2000年11月10日提交的说明书附图第1~5页、说明书摘要和摘要附图的基础上进行审查的。

2. 关于权利要求1是否符合专利法实施细则第20条第1款的规定

合议组在复审通知书中指出：复审请求人于2003年12月15日提交的独立权利要求1还存在不清楚的问题，不符合专利法实施细则第20条第1款的规定。在独立权利要求1中出现了"红色输入像素、绿色输入像素、蓝色输入像素"和"红色输入子像素、绿色输入子像素、蓝色输入子像素"，根据技术方案的内容来看，该两组技术名称指同样的硬件结构，然而这里使用了不同的说法，产生不清楚的问题。另外、独立权利要求1中，仅仅给出了如何得到亮度加强子像素的运算过程，对于同样决定输出图像质量的"红色输出子像素、绿色输出子像素、蓝色输出子像素"的数字值获得并未提及，也产生了不清楚的问题。

复审请求人在答复复审通知书时提交了权利要求1~7的修改替换页2页，其中对独立权利要求1进行了修改，将"红色输入像素、绿色输入像素、蓝色输入像素"修改成"红色输入子像素、绿色输入子像素、蓝色输入子像素"，克服了原独立权利要求1不符合专利法实施细则第20条第1款的规定的缺陷，新提交的权利要求1符合专利法实施细则第20条第1款的规定。

3. 关于权利要求 1~7 是否符合专利法第 22 条第 3 款的规定

专利法第 22 条第 3 款规定：创造性，是指同申请日以前已有的技术相比，该发明有突出的实质性特点和显著的进步，该实用新型有实质性特点和进步。

本申请独立权利要求 1 要求保护一种液晶显示设备，对比文件 1（EP0541295A2）则公开了一种图像处理装置，其中（说明书第 3~6 页，图 7、10）液晶面板的每个主像素单元都具有红色、绿色、蓝色以及白色子像素，其中白色子像素相当于本申请的亮度增强子像素，图像处理装置根据 R、G、B 输入像素数据计算得出白色分量 W，具体计算方式是根据一个特定函数来进行的。独立权利要求 1 与对比文件 1 相比，其区别在于：本申请独立权利要求 1 中的函数为 W=f（Ymin，Ymax）以及"在主像素单元中的亮度因亮度加强子像素而增强"。但是，根据对比文件 1 说明书附图 3 所展示的实施例可见，对比文件 1 提供了这样的一种实施方案，即在红色、绿色、蓝色三种颜色之外增加一个白色，如此增加了一个发光的成分，则绝对显示亮度与原先只有三种颜色的情况相比必然得到增加。无论其具体如何驱动，至少这种技术方案已经给出了一个通过增加像素来增加亮度的启示。故，本申请权利要求与对比文件 1 的区别在于：本申请独立权利要求 1 中的函数为 W=f（Ymin，Ymax）。

复审请求人认为：本申请权利要求 1 的 Ymax 就是变数，并不包含常数在内，由于对比文件 1 的所有函数公式中都只提到 WO=Min（R，G，B），没有提到本申请所述的 Ymax，因此对比文件 1 并未公开本申请权利要求 1 的该项技术特征，而且本领域普通技术人员也无法通过逻辑分析、推理或者有限次的试验得到本申请的权利要求所述的函数。

对此合议组认为：权利要求 1 中的"将红色输入子像素、绿色输入子像素和蓝色输入子像素的所述数字值的最小值和最大值分别定义为 Ymin 和 Ymax"对 Ymax 的定义进行了限定，Ymax 就是红色输入子像素、绿色输入子像素和蓝色输入子像素的所述数字值的最大值；本申请说明书第 5 页30 行~第 6 页第 24 行具体实施例部分的说明也对函数中 Ymax 的定义进行了限定。从上述内容可以知道 Ymax 是变量，而作为输入亮度数据可取的最大值的 MAX 是常数。而对比文件 1（说明书第 4 页公式 1，说明书第 7 页公式 2，说明书第 8 页公式 3、4，说明书第 9 页公式 5）所公开的各个函数中，其函数变量均只涉及 Min（R，G，B）也就相当于本申请的 Ymin。换句话说，本申请的亮度增强子像素是变量 Ymin 和变量 Ymax 的函数，而对比文件 1 的 W 子像素（相当于本申请的亮度增强子像素）则是变量 Min（R，G，B）（相当于本申请的 Ymin）的函数，本申请和对比文件 1 的技术手段不同。本领域普通技术人员如果不付出创造性劳动，是无法在对比文件 1 的函数中引入一个新的变量得到本申请的技术方案的。本申请通过采用与对比文件 1 不同的技术手段，不仅提高了液晶面板显示的亮度，而且还适当地提高了用液晶面板显示的图像的亮度，得到了较好的图像显示效果。因此，本申请相对于对比文件 1 具备创造性，符合专利法第 22 条第 3 款的规定。

由于独立权利要求 1 相对于对比文件 1 具备创造性，从属于独立权利要求 1 的权利要求 2~7 也具备创造性，符合专利法第 22 条第 3 款的规定。

**三、决定**

撤销国家知识产权局于 2003 年 9 月 5 日作出的驳回 00804934.3 号发明专利申请的决定，由原审查部门在复审请求人于 2006 年 11 月 3 日提交的修改后的权利要求书第 1~7 项、于 2003 年 12 月 15 日提交的说明书第 1~10 页、于 2000 年 11 月 10 日提交的说明书附图第 1~5 页、说明书摘要和摘要附图的基础上继续审查。

复审请求人对本决定不服的，可以根据专利法第 41 条第 2 款的规定，自收到本决定之日起三个月内向北京市第一中级人民法院起诉。

028

# 语音处理系统及方法

## 复审请求审查决定（第10223号）

**决　　定　　号**　第10223号
**决　　定　　日**　2007年2月28日
**发明创造名称**　语音处理系统及方法
**国际分类号**　G10L 3/00
**复审请求人**　西门子公司
**申　　请　　号**　97197631.7
**申　　请　　日**　1997年9月2日
**公　　开　　日**　1999年9月15日
**合议组组长**　张梅珍
**主　　审　　员**　刘亚斌
**参　　审　　员**　宋　瑞

**法律依据**　专利法第22条第3款
**决定要点**

如果一项权利要求与对比文件相比存在区别特征，而现有技术中不存在将该区别特征应用到该权利要求的技术方案中以解决其技术问题的启示，同时该区别特征带来了有益效果，则该项权利要求具备创造性。

**一、案由**

本复审请求涉及申请号为97197631.7、名称为“语音处理系统及方法”的发明专利申请，申请人为西门子公司。本申请的申请日为1997年9月2日，优先权日为1996年9月3日。

经过实质审查，国家知识产权局于2003年10月10日以本申请的权利要求1~10相对于对比文件WO 9618260A（下称对比文件1，公开日为1996年6月13日）不具备专利法第22条第3款规定的创造性为由作出驳回决定，驳回决定所针对的权利要求书的具体内容为：

“1. 语音处理系统，

具有多个相互无关的语音识别模块（Ei，i=1.. n），该语音识别模块各自所使用的语音识别方法是不同的，并且它们各自特别为一种规定方式的语音识别而建立，和/或

具有多个相互无关的语音输出模块（Aj，j=1.. m），该语音输出模块各自所使用的语音输出方法是不同的，并且它们各自特别为一种规定方式的语音输出而建立，

具有一个设备（MA），用于根据一个说明以后需要何种语音识别和/或语音输出的输入信号

（ES）为一个以后要执行的语音识别和/或语音输出选择至少一个语音识别模块（Ei）和/或语音输出模块（Aj）。

2. 根据权利要求1的语音处理系统，其中如此配置选择语音识别模块（Ei）和/或语音输出模块（Aj）的设备（MA），语音识别模块（Ei）和/或语音输出模块（Aj）由该设备（MA）控制。

3. 根据权利要求1或2的语音处理系统，其中共同使用的部分语音识别模块（Ei）和/或语音输出模块（Aj）在至少一个预处理模块（VV）和/或在至少一个后处理模块中实现。

4. 根据权利要求3的语音处理系统，其中多个语音识别模块（Ei）和/或语音输出模块（Aj）使用共同的资源。

5. 根据权利要求1到4之一的语音处理系统，其中提供一个对话运行控制（DA），用它实现语音处理系统与该语音处理系统的一个用户（B）的对话。

6. 根据权利要求1到5之一的语音处理系统，其中由对话运行控制（DA）产生输入信号（ES）。

7. 根据权利要求1到6之一的语音处理系统，

其中语音识别模块（Ei）至少为执行下述语音识别方式之一而配置：

单个数字识别，

数字链识别，

从有限词汇表识别词，

用无限词汇表识别一个单个词，

使用一个无限词汇表识别流利讲述的语音，

识别预先给定的词组合，

键字词识别，

字母表识别，

声音序列识别，

讲话者识别，

DTMF识别，

和/或

其中语音输出模块（Aj）至少为执行下述语音输出方式之一配置：

输出预先给的、存储的录制语音，

输出组成的单个预先给定的、存储的录制语音，

输出由存储的音素合成的词，

输出DTMF音调。

8. 语音处理方法，其中

分析一个输入信号（ES）（401），其说明后面需要何种方式的语音识别和/或语音输出，

取决于该输入信号（ES），从多个相互无关的语音识别模块（Ei，i=1…n）中，该语音识别模块各自所使用的语音识别方法是不同的，并且它们各自特别为一种规定方式的语音识别而建立，和/或从多个相互无关的语音输出模块（Aj，j=1…m）中，该语音输出模块各自所使用的语音输出方法是不同的，并且它们各自特别为一种规定方式的语音输出而建立，激活至少一个语音识别模块（Ei）和/或至少一个语音输出模块（Aj）（402），

用所选择的语音识别模块和/或语音输出模块执行各自方式的语音识别和/或语音输出（403）。

9. 根据权利要求8的方法，其中在语音识别前执行对于待识别语音信号的一个预处理（VV）。

10. 根据权利要求8或者9的方法，其中在语音识别后执行对已识别语音信号的一个后处理。”

在驳回决定中，审查员认为：

权利要求1请求保护一种语音处理系统，包括多个语音识别模块，和/或输出模块，以及一个根据需要选择识别模块和/或输出模块的设备。对比文件1与本发明领域相同，其中公开的电话答话系统包括交换电路、处理器和存储器三大模块，其中处理器对输入信号进行选择处理，对应于权利要求1中的选择设备（MA），而存储器存储有多个不同的类和子集，对应于权利要求1的语音识别模块和输出模块，因此本领域普通技术人员容易在对比文件1的基础上得出权利要求1所请求保护的技术方案，权利要求1不具备专利法第22条第3款规定的创造性。同理，权利要求8也不具备创造性。权利要求2~7引用了权利要求1，权利要求9~10引用了权利要求8，上述从属权利要求的附加技术特征或者已被对比文件1公开，或者为公知常识，因此权利要求2~7、9~10也不具备创造性。

申请人（下称复审请求人）对上述驳回决定不服，于2004年1月21日向专利复审委员会提出了复审请求，同时提交了权利要求书的全文替换页，其中将权利要求1和8中的“相互无关”替换为“相互独立”，对权利要求8的叙述顺序作了调整，其余权利要求未作修改。修改后的权利要求书具体内容如下：

“1. 语音处理系统，

具有多个相互独立的语音识别模块（Ei，i=1…n），该语音识别模块各自所使用的语音识别方法是不同的，并且它们各自特别为一种规定方式的语音识别而建立，和/或

具有多个相互独立的语音输出模块（Aj，j=1…m），该语音输出模块各自所使用的语音输出方法是不同的，并且它们各自特别为一种规定方式的语音输出而建立，

具有一个设备（MA），用于根据一个说明以后需要何种语音识别和/或语音输出的输入信号（ES）为一个以后要执行的语音识别和/或语音输出选择至少一个语音识别模块（Ei）和/或语音输出模块（Aj）。

2. 根据权利要求1的语音处理系统，其中如此配置选择语音识别模块（Ei）和/或语音输出模块（Aj）的设备（MA），语音识别模块（Ei）和/或语音输出模块（Aj）由该设备（MA）控制。

3. 根据权利要求1或2的语音处理系统，其中共同使用的部分语音识别模块（Ei）和/或语音输出模块（Aj）在至少一个预处理模块（VV）和/或在至少一个后处理模块中实现。

4. 根据权利要求3的语音处理系统，其中多个语音识别模块（Ei）和/或语音输出模块（Aj）使用共同的资源。

5. 根据权利要求1到4之一的语音处理系统，其中提供一个对话运行控制（DA），用它实现语音处理系统与该语音处理系统的一个用户（B）的对话。

6. 根据权利要求1到5之一的语音处理系统，其中由对话运行控制（DA）产生输入信号（ES）。

7. 根据权利要求1到6之一的语音处理系统，

其中语音识别模块（Ei）至少为执行下述语音识别方式之一而配置：

单个数字识别，

数字链识别，

从有限词汇表识别词，

用无限词汇表识别一个单个词，

使用一个无限词汇表识别流利讲述的语音，

识别预先给定的词组合，

键字词识别，

字母表识别，

声音序列识别，

讲话者识别，

DTMF 识别，

和/或

其中语音输出模块（Aj）至少为执行下述语音输出方式之一配置：

输出预先给的、存储的录制语音，

输出组成的单个预先给定的、存储的录制语音，

输出由存储的音素合成的词，

输出 DTMF 音调。

8. 语音处理方法，其中

分析一个输入信号（ES）（401），其说明后面需要何种方式的语音识别和/或语音输出，

取决于该输入信号（ES），从一个由多个相互独立的语音识别模块（Ei，i=1…n）组成的集合中，和/或从一个由多个相互独立的语音输出模块（Aj，j=1…m）组成的集合中，激活至少一个语音识别模块（Ei）和/或至少一个语音输出模块（Aj）（402），其中该语音识别模块各自所使用的语音识别方法是不同的，并且它们各自特别为一种规定方式的语音识别而建立，以及该语音输出模块各自所使用的语音输出方法是不同的，并且它们各自特别为一种规定方式的语音输出而建立，

用所选择的语音识别模块和/或语音输出模块执行各自方式的语音识别和/或语音输出（403）。

9. 根据权利要求 8 的方法，其中在语音识别前执行对于待识别语音信号的一个预处理（VV）。

10. 根据权利要求 8 或者 9 的方法，其中在语音识别后执行对已识别语音信号的一个后处理。"

复审请求人认为，对比文件 1 中仅仅描述了一个语音识别模块和/或一个语音输出模块，二者各具有一个确定的语音识别和/或语音输出类型，而不涉及本发明意义上的多个不同类型，而本发明正是通过控制地选择本发明中的相互独立的语音识别模块或者语音输出模块才具有突出的优点。因此，对比文件 1 没有教导本发明中所述对多个语音识别模块或语音输出模块进行有控制的选择。

经形式审查合格，专利复审委员会依法受理了该复审请求，于 2004 年 2 月 23 日发出复审请求受理通知书和前置审查通知书。

原审查部门在前置审查意见书中认为，目前的文本相对于驳回决定所针对的文本没有实质性的改变，因而坚持原驳回决定。

针对该复审请求，专利复审委员会成立合议组对本案进行审理。经审查，合议组认为本案事实已经清楚，可以作出审查决定。

**二、决定的理由**

1. 关于审查文本

本复审决定以复审请求人于 2004 年 1 月 21 日提交的权利要求 1~10 项，1999 年 3 月 3 日提交的说明书 1~22 页、说明书附图 1~4 页以及说明书摘要和摘要附图作为审查文本。

2. 关于创造性问题

专利法第 22 条第 3 款规定：创造性，是指同申请日以前已有的技术相比，该发明有突出的实质性特点和显著的进步，该实用新型有实质性特点和进步。

如果一项权利要求与现有技术相比存在区别特征，而现有技术中不存在将该区别特征应用到该权利要求的技术方案中以解决其技术问题的启示，同时该区别特征带来了有益效果，则该项权利要求具备创造性。

（1）关于权利要求 1 的创造性。

本申请的权利要求 1 要求保护一种语音处理系统，而对比文件 1 中（参见说明书第 2 页第 1 行至第 6 页第 22 行，第 7 页第 10 行至第 10 页第 9 行，第 15 页第 17~25 行，图 3-5）公开了一种电话应答系统，包括呼叫切换电路、处理器和存储器，用户呼叫经过切换电路传送到处理器，处理器中包括语音识别装置用于检测和识别用户响应，语音识别装置识别多个预定义的口语语句，例如“是”、“否”和“不知道”，然后处理器在该用户响应的基础上根据模糊集合算法组织所存储的词汇和短语动态生成一个恰当的语言输出（文本），并且通过音频输出设备中的语音合成器将该语言输出转换成音频信号反馈给用户；其中模糊集合包括多个类（class），每个类包括一组对象（object），对象是用于表示动作的指向、所关注的抽象或实际事物或人、或者所关注的信息，这些对象反映了用户的关注内容或喜好，而类和对象又与所存储的词汇和短语相关联，用于由处理器根据检测到的用户响应确定用户关注或喜好的内容，从而相应地确定类和对象的一个“子集”来反映用户关注或喜好，进而生成适当的语言输出。

权利要求 1 所要求保护的技术方案与对比文件 1 公开的内容相比，其区别在于：对比文件 1 中仅仅描述了一个语音识别装置和一个音频输出设备，其中并没有记载使用多个语音识别模块和多个语音输出模块；而权利要求 1 中描述了具有多个语音识别模块和/或多个语音输出模块，并且各个语音识别模块分别使用不同的语音识别方法，各个语音输出模块分别使用不同的语音输出方法，以及通过一个设备根据输入信号来选择相应的至少一个语音识别模块和/或语音输出模块。

根据该确定的区别特征，权利要求 1 要解决的技术问题是根据不同的输入信号来从多个使用不同语音识别方法的语音识别模块和/或多个使用不同语音输出方法的语音输出模块中选择相应的至少一个语音识别模块和/或语音输出模块。

对比文件 1 中没有关于包括多个语音识别模块或使用多种不同的语音识别方法的记载，也没有关于包括多个语音输出模块或使用多种不同的语音输出方法的记载，并且也没有关于从多个语音识别模块中选择至少一个和从多个语音输出模块中选择至少一个的记载。并且对比文件 1 中没有给出关于使用上述区别特征的任何教导和启示，也没有证据表明所述区别特征是本领域的公知常识，而所述区别特征使得权利要求 1 的技术方案具有了能够根据不同情况选用对于每种情况最佳适合的语音识别模块和/或语音输出模块的技术效果。因此权利要求 1 相对于对比文件 1 具备专利法第 22 条第 3 款规定的创造性。

原审查部门在驳回决定中指出：对比文件 1 中的处理器对输入信号进行选择处理，对应于权利要求 1 中的选择设备（MA）；而存储器存储有多个不同的类和子集，对应于权利要求 1 的语音识别模块和输出模块。

然而，关于语音识别模块，对比文件 1 中仅仅简单地提到“语音识别装置识别多个预定义的口语语句例如‘是’、‘否’和‘不知道’”，并没有披露该语音识别装置使用可供选择的多种不同的语音识别方法；至于语音输出模块，对比文件 1 中也仅仅描述了通过音频输出设备中的语音合成器将该语言输出（文本）转换成音频信号提供给用户，没有记载该语音合成器使用可供选择的多个语音合成方法。因此，对比文件 1 中并没有公开与本申请权利要求 1 中相应的多个语音识别模块和/或语音输出模块，对比文件 1 中处理器所进行的选择过程实质上是指根据不同的用户响应选择不同的词语来生成语言输出（文本）并通过音频输出设备转换为语音形式，这一过程显然是与本申请权利要求 1 中所述根据输入信号选择不同的语音识别模块和/或语音输出模块的含义不同。

关于驳回决定指出对比文件 1 公开了“存储器存储有多个不同的类和子集”，合议组认为：由前述对比文件 1 公开的内容可知，对比文件 1 中的“类”和“子集”只是在生成语言输出（文本）的过程中供选择的反映用户关注内容或喜好的信息集合；而本申请中所述语音识别模块是使用某种语音识别方法来实现语音识别功能的程序或装置，所述语音输出模块是使用某种语音输出方法来实现语音输出功能的程序或装置，可见，对比文件1中的“类”和“子集”与本申请中的语音识别模块和输出模块的含义完全不同。

综上所述，合议组认为，驳回决定中的理由不充分，权利要求1相对于对比文件1具备专利法第22条第3款规定的创造性。

（2）关于权利要求2~7的创造性。

权利要求2~7是权利要求1的从属权利要求，在权利要求1具备创造性的情况下，权利要求2~7也具备专利法第22条第3款规定的创造性。

（3）关于权利要求8的创造性。

权利要求8要求保护一种语音处理方法，该方法与权利要求1所述的语音处理装置对应，其中的大部分技术特征已经被对比文件1所公开（参见说明书第2页第1行至第6页第22行，第7页第10行至第10页第9行，第15页第17~25行，图3~5），其区别特征也是：对比文件1中仅仅描述了一个语音识别装置和一个音频输出设备，其中并没有记载使用多个语音识别模块和多个语音输出模块；而权利要求8中描述了具有多个语音识别模块和/或多个语音输出模块，并且各个语音识别模块分别使用不同的语音识别方法，各个语音输出模块分别使用不同的语音输出方法，以及通过一个设备根据输入信号来选择相应的至少一个语音识别模块和/或语音输出模块。

上文中已经具体分析了该区别特征使得本发明具有了能够根据不同情况选用对于每种情况最佳适合的语音识别模块和/或语音输出模块的技术效果，而对比文件1中既没有公开该区别特征，也没有给出关于使用该区别特征的启示，因此权利要求8相对于对比文件1具备专利法第22条第3款规定的创造性。

（4）关于权利要求9~10的创造性。

权利要求9~10是权利要求8的从属权利要求，在权利要求8具备创造性的情况下，权利要求9~10也具备专利法第22条第3款规定的创造性。

基于上述理由，合议组作出如下决定。

**三、决定**

撤销国家知识产权局于2003年10月10日对97197631.7号发明专利申请作出的驳回决定，由原审查部门以本复审决定所依据的文本继续进行审查。

复审请求人对本决定不服的，可根据专利法第41条第2款的规定，自收到本决定之日起三个月内向北京市第一中级人民法院起诉。

029

# 体液吸收性物品

## 复审请求审查决定（第10225号）

**决　定　号**　第10225号
**决　定　日**　2007年2月12日
**发明创造名称**　体液吸收性物品
**国际分类号**　A61F 13/15
**复审请求人**　尤妮佳股份有限公司
**申　请　号**　00104501.6
**申　请　日**　2000年1月19日
**公　开　日**　2000年9月13日
**合议组组长**　丁惠玲
**主　审　员**　张惠军
**参　审　员**　刘　畅

**法律依据**　专利法第22条第3款，专利法实施细则第20条第1款
**决定要点**
如果一项权利要求的技术方案相对于现有技术具有突出的实质性特点和显著的进步，则该权利要求具备创造性。

**一、案由**

本复审请求涉及申请日为2000年1月19日、优先权日为1999年1月19日、名称为“体液吸收性物品”的发明专利申请（下称本申请），其申请号为00104501.6，申请人为尤妮佳股份有限公司，其公开时的权利要求共有10项，其中权利要求1为独立权利要求。

国家知识产权局专利局实质审查部门依照申请人的请求对本申请进行了实质审查，于2003年8月1日发出第一次审查意见通知书，其中引用了以下对比文件：

对比文件1：GB 2262235A，公开日为1993年6月16日；

对比文件2：US 5，092，860，公开日为1992年3月3日；

对比文件3：EP 0781537A1，公开日为1997年7月2日。

并具体指出，本申请权利要求1，3~8，10不具备专利法第22条第3款规定的创造性；权利要求2不清楚，不符合专利法实施细则第20条第1款的规定；权利要求4~10分别引用了在前的多项从属权利要求，不符合专利法实施细则第23条第2款的规定。

针对第一次审查意见通知书，申请人于2004年2月5日进行了意见陈述，同时提交了说明书第5

页和说明书摘要的修改替换页，未对权利要求书进行修改。申请人认为对比文件1~3并没有公开权利要求1的技术方案，因而权利要求1具备专利法第22条第3款所规定的创造性；并且认为权利要求2所表述的含义是清楚的，因而符合专利法实施细则第20条第1款的规定。

经过上述审查程序后，国家知识产权局于2004年4月2日以本申请权利要求1，3~8，10不具备专利法第22条第3款规定的创造性、权利要求2不符合专利法实施细则第20条第1款的规定为由驳回本申请。

申请人尤妮佳股份有限公司（下称复审请求人）对上述驳回决定不服，于2004年7月13日向专利复审委员会提出复审请求，同时提交了权利要求书的修改替换页。复审理由为：（1）对比文件1中的中间部分和两侧缘区域相比，占绝大部分，两侧缘区域仅设置在中间部分的两侧边缘，而且是很窄的两条，并且两侧缘区域是平行的，在纵向的两终端互不连接，而本申请修改后的权利要求1的第1吸收表面区域位于体液吸收性物品的中央，第2吸收表面区域是从第1吸收表面区域的周边向外延伸形成的从四周包围第1吸收表面区域的第2吸收表面区域，即第2吸收表面区域位于第1吸收表面区域的四周，纵向与横向连接成一体；（2）对比文件1中没有记载或暗示本申请权利要求1中的如下特征："上述皮肤接触面的两侧表面区域中的上述第1吸收表面区域与第2吸收表面区域之间的边界线横向沿上述一对挤压条状槽定位，第2边界线沿在上述皮肤接触面的第1吸收表面区域与第2吸收表面区域的边界线定位"，对比文件1~3都没有公开本申请权利要求具有的这些区别，并且权利要求1实现了在使用者的皮肤之间获得适当通气性以及使朝向第2吸收表面区域流动的体液快速地吸收于芯体中、从而进一步提高通气性的有益效果，因而权利要求1具备创造性。另外，复审请求人对权利要求2进行了修改，将原权利要求2中不清楚的特征"由形成上述各皱的凹凸条部中的凸条部形成各槽"修改为"在形成上述各皱的凹凸条部中的凸条之间形成各槽"。修改后的权利要求书共有10项权利要求，其中权利要求1和2如下：

"1. 一种体液吸收性物品，其包括具有纵向中心线、皮肤接触面和皮肤非接触面的吸收性结构体，该吸收性结构体由形成上述皮肤接触面的透液性顶层、形成上述皮肤非接触面的不透液性底层、位于这两者之间的吸液性芯体构成，包含上述皮肤接触面的上述吸收性结构体的顶部的截面呈圆弧状隆起，该皮肤接触面具有相对上述纵向中心线保持对称的一对挤压条状槽，其特征在于：

上述顶层划分为位于其中间区域的第1吸收表面区域、和从上述第1吸收表面区域的周边向外延伸形成的从四周包围第1吸收表面区域的第2吸收表面区域；

上述第1吸收表面区域由没有皱的实际上平滑的面形成，其具有许多导液开孔；

上述第2吸收表面区域具有实质上沿上述纵向中心线延伸的多条皱；

上述皮肤接触面的两侧表面区域中的上述第1吸收表面区域与第2吸收表面区域之间的第1边界线沿上述一对挤压条状槽定位，第2边界线沿在上述皮肤接触面的第1吸收表面区域与第2吸收表面区域的边界线定位。

2. 根据权利要求1所述的物品，其特征在于，由形成上述各皱的凹凸条部中的凸条部之间形成各槽，各槽在上述皮肤接触面的两端表面区域中的上述第1吸收表面区域与第2吸收表面区域之间的第2边界线处开口。"

经形式审查合格，专利复审委员会受理了该复审请求，于2004年8月5日发出复审请求受理通知书，并于同日向原审查部门发出了前置审查通知书。

专利局原审查部门在前置审查中，仍然坚持驳回决定。

在此基础上专利复审委员会依法成立合议组，对本案进行审查，于2006年4月27日发出复审通知书，指出：

本申请权利要求1中限定的技术方案为“上述皮肤接触面的两侧表面区域中的上述第1吸收表面区域与第2吸收表面区域之间的第1边界线沿上述一对挤压条状槽定位，第2边界线沿在上述皮肤接触面的第1吸收表面区域与第2吸收表面区域的边界线定位”，而从说明书附图可以看出，第1边界线处于皮肤接触面的第1吸收表面区域与第2吸收表面区域之间，而第2边界线也沿皮肤接触面的第1吸收表面区域与第2吸收表面区域之间的边界线定位，从目前的权利要求1来看，第2边界线与第1边界线有可能是同一条边界线，或者是部分重叠的边界线（即第2边界线包含第1边界线），因而权利要求1请求保护的范围实质上是不清楚的，不符合专利法实施细则第20条第1款的规定。并且为了节约审查程序，复审通知书中同时指出，即使复审请求人为克服权利要求1不清楚的缺陷而将权利要求1中的第2边界线限定为沿皮肤接触面的两端表面区域中的第1吸收表面区域与第2吸收表面区域的边界线定位，如此修改后的权利要求1、3~8和10依然不具备专利法第22条第3款规定的创造性。

针对上述复审通知书，复审请求人于2006年8月11日提交了意见陈述书以及权利要求书的修改替换页，将权利要求1中的第1边界线限定为“第1边界线是一对边界线（11a，11a），每个边界线都具有与使用者大腿内侧的曲面相吻合的曲率，且具有终端”，同时将权利要求2的技术特征并入权利要求1中。

合议组于2006年11月15日与复审请求人的代理人进行了电话讨论，指出：在复审请求人2006年8月11日提交的权利要求书中，权利要求4~9存在多项从属权利要求引用在先多项从属权利要求的缺陷，需加以克服；另外建议复审请求人根据权利要求书的内容对说明书进行适应性修改。复审请求人的代理人表示同意合议组的上述意见，并表示将尽快向合议组提交书面的修改文本。

2006年12月20日，专利复审委员会收到了复审请求人针对上述电话讨论提交的意见陈述书，以及权利要求书、说明书第2、2a页的修改替换页。修改后的权利要求书共有9项权利要求，其中权利要求1为：

“1. 一种体液吸收性物品，其包括具有纵向中心线、皮肤接触面和皮肤非接触面的吸收性结构体，该吸收性结构体由形成上述皮肤接触面的透液性顶层、形成上述皮肤非接触面的不透液性底层、位于这两者之间的吸液性芯体构成，包含上述皮肤接触面的上述吸收性结构体的顶部的截面呈圆弧状隆起，该皮肤接触面具有相对上述纵向中心线保持对称的一对挤压条状槽，其特征在于：

上述顶层划分为位于其中间区域的第1吸收表面区域、和从上述第1吸收表面区域的周边向外延伸形成的从四周包围第1吸收表面区域的第2吸收表面区域；

上述第1吸收表面区域由没有皱的实际上平滑的面形成，其具有许多导液开孔；

上述第2吸收表面区域具有实质上沿上述纵向中心线延伸的多条皱；

上述皮肤接触面的两侧表面区域中的上述第1吸收表面区域与第2吸收表面区域之间的第1边界线沿上述一对挤压条状槽定位，其中第1边界线是一对边界线（11a，11a），每个边界线都具有与使用者大腿内侧的曲面相吻合的曲率，且具有终端；第2边界线沿在上述皮肤接触面的第1吸收表面区域与第2吸收表面区域的边界线定位；

在形成上述各皱的凹凸条部中的凸条部之间形成各槽，各槽在上述皮肤接触面的两端表面区域中的上述第1吸收表面区域与第2吸收表面区域之间的第2边界线处开口。”

在上述工作的基础上，合议组认为本案事实已经清楚，可以依法作出复审决定。

**二、决定的理由**

1. 决定所依据的文本

本复审决定以复审请求人于2006年12月20日提交的权利要求第1~9项、说明书第2和2a页，

2004年2月5日提交的说明书第5页和说明书摘要，以及2000年1月19日提交的说明书第1、3~4、6页，附图第1~2页及摘要附图作为审查基础。

2. 关于本申请是否符合专利法实施细则第20条第1款的规定

专利法实施细则第20条第1款规定：权利要求书应当说明发明或者实用新型的技术特征，清楚、简要地表述请求保护的范围。

复审请求人在提出复审请求时，将驳回决定中指出的不清楚的特征“由形成上述各皱的凹凸条部中的凸条部形成各槽”修改为“在形成上述各皱的凹凸条部中的凸条之间形成各槽”；针对复审通知书中指出的有关第2边界线和第1边界线的限定不清楚的缺陷，复审请求人在答复复审通知书时，将第1边界线进行了具体限定为“第1边界线是一对边界线（11a，11a），每个边界线都具有与使用者大腿内侧的曲面相吻合的曲率，且具有终端”。经审查，修改后的权利要求1所增加的内容可以从说明书中导出，因而不存在修改超范围的缺陷，且修改后的权利要求1中关于“槽”和“第1边界线”、“第2边界线”的限定是清楚的，符合专利法实施细则第20条第1款的规定，已经克服了驳回决定和复审通知书中指出的权利要求不清楚的缺陷。

3. 关于本申请权利要求是否具备创造性

专利法第22条第3款规定：创造性是指同申请日以前已有的技术相比，该发明有突出的实质性特点和显著的进步，该实用新型有实质性特点和进步。

在本申请中，权利要求1要求保护一种体液吸收性物品。对比文件1公开了一种卫生巾，并具体公开了如下技术特征（见对比文件1说明书第2页第15~28行、第5页第23行至第6页第17行、第7页第31行至第9页第7行及其附图1~3）：该卫生巾包括吸收组件10（相当于本申请中的吸收性结构体），该吸收组件10也包括纵向中心线、皮肤接触面和皮肤非接触面，该吸收组件10包括不透液性背面层2、液体透过的顶层1、位于两者之间的吸湿件3（相当于本申请中的吸液性芯体），该顶层1与穿着者的皮肤相邻，因此形成皮肤接触面。顶层1由中间部分和两侧缘区域B组成（分别相当于本申请中的第1吸收表面区域和第2吸收表面区域），上述顶层的中间部分由有孔（相当于本申请中的导液孔）塑料薄膜组成，即该中间部分由没有皱的实际上平滑的面形成，侧缘区域B的表面是不平的，由压缩部分12形成，可见，该技术特征在对比文件1中的作用客观上也是在使用者的皮肤之间获得适当的通气性、压缩恢复弹性等性能，该权利要求中的第2吸收表面区域中沿上述纵向中心线延伸的多条皱相对于对比文件1中的压缩部分12来说只是形式上的简单改变，并无实质不同。由此可见，本申请权利要求1与对比文件1相比，其区别在于：（1）包含皮肤接触面的吸收性结构体的顶部的界面成圆弧状隆起，该皮肤接触面具有相对纵向中心线保持对称的一对挤压条状槽；（2）上述皮肤接触面的两侧表面区域中的上述第1吸收表面区域与第2吸收表面区域之间的第1边界线沿上述一对挤压条状槽定位，其中第1边界线是一对边界线（11a，11a），每个边界线都具有与使用者大腿内侧的曲面相吻合的曲率，且具有终端；第2边界线沿在上述皮肤接触面的第1吸收表面区域与第2吸收表面区域的边界线定位；（3）第2吸收表面区域从第1吸收表面区域的周边向外延伸形成从四周包围第1吸收表面区域；和（4）在形成上述各皱的凹凸条部中的凸条部之间形成各槽，各槽在上述皮肤接触面的两端表面区域中的上述第1吸收表面区域与第2吸收表面区域之间的第2边界线处开口。由此可见，权利要求1相对于对比文件1实际所要解决的问题是增加通气性和吸收性。

对比文件2公开了一种卫生巾，与本申请、对比文件1均属相同的技术领域。在对比文件2所公开的卫生巾中，吸收性结构体的顶部成圆弧状隆起（具体参见对比文件2附图3），具有相对于纵向中心线对称的两列分离压缩区，每个分离压缩区整体上成条形形状（具体参见对比文件2的附图2），因此对比文件2已经给出了在皮肤接触面设置相对于上述纵向中心线保持对称的一对挤压条状槽的启

示，即公开了上述区别技术特征（1）。对比文件2没有公开上述的区别技术特征（2）、（3）和（4）

对于上述的区别（2），本领域普通技术人员很容易想到，吸收物品在使用时，分离压缩区外侧的区域通常是与使用者的皮肤的接触面积较大的区域，为了增加该接触面积较大的区域的舒适性，本领域普通技术人员很容易想到将上述第1边界线沿分离压缩区定位，并在对比文件2的启示下将对比文件2中的分离压缩区设置成挤压条状槽；对于上述的区别（3），为了减少月经向体液吸收性物品四周流动而产生的渗漏，本领域普通技术人员很容易想到将有孔的第1吸收表面区域限定在体液吸收性物品的中央，而在其周边设定无孔区域，从而在两端表面区域中的第1吸收表面区域与第2吸收表面区域之间形成第2边界线，是本领域的一种常规技术手段，且该特征并未为本申请带来意想不到的技术效果。

对于上述的区别技术特征（4），在对比文件1和2中均没有披露该区别技术特征。根据本申请说明书的记载，通过沿皱13中的凹凸条部中的凹条部的长度方向，按照一定间距、形成小于导液开孔12的第2导液开孔，具有有效地使朝向第2吸收表面区域9流动的月经快速地吸收于芯体中，并且使通气性进一步提高的有益技术效果。由此可见，本申请权利要求1相对于对比文件1和对比文件2具有突出的实质性特点和显著的进步，符合专利法第22条第3款关于创造性的规定。

此外，在驳回决定中评价权利要求3的创造性时所引用的对比文件3中，也没有披露上述区别技术特征（4），因而即使将对比文件1、2和3结合，如果不付出创造性的劳动，也不能得到本申请权利要求1的技术方案。

在权利要求1具备创造性的条件下，直接或间接引用权利要求1的从属权利要求2~9也具备创造性，符合专利法第22条第3款的规定。

至于本申请是否还存在其他缺陷，则有待原审查部门继续审查。

基于上述理由，合议组作出如下决定。

**三、决定**

在复审请求人对申请文件作出修改的基础上，撤销国家知识产权局于2004年4月2日对00104501.6号发明专利申请作出的驳回决定，由原审查部门以本复审决定所针对的文本作为审查基础继续进行审批程序。

复审请求人对本决定不服的，可以根据专利法第41条第2款的规定，自收到本决定之日起三个月内向北京市第一中级人民法院起诉。

030

# 醇酸树脂腻子新用途——修饰瓷砖拼缝

## 复审请求审查决定（第10257号）

**决　定　号**　第10257号
**决　定　日**　2007年3月2日
**发明创造名称**　醇酸树脂腻子新用途——修饰瓷砖拼缝
**国 际 分 类 号**　E04B 1/68，C09D 167/00，C09D 5/34
**复 审 请 求 人**　宋红旗
**申　请　号**　00124933.9
**申　请　日**　2000年9月26日
**公　开　日**　2002年4月17日
**合 议 组 组 长**　黄　颖
**主　审　员**　钱　芸
**参　审　员**　丁惠玲

**法 律 依 据**　专利法第26条第3款、第33条
**决 定 要 点**

如果一项专利申请的发明点在于将某一公知的物质用于一种新用途，则这种物质的组分配比属于现有技术，不能因为说明书中没有描述该种物质的组分配比，就认为该申请不符合专利法第26条第3款的规定。

### 一、案由

本复审请求涉及的是申请日是2000年9月26日、申请人是宋红旗、申请号是00124933.9、名称是“醇酸腻子树脂新用途——修饰瓷砖拼缝”的发明专利申请。

在实质审查程序中，实质审查部门于2002年8月16日发出第一次审查意见通知书，指出：本申请说明书缺少腻子的组分配比，没有对发明作出清楚、完整的说明，因此不符合专利法第26条的规定。

申请人于2002年12月13日提交意见陈述书，没有对申请文件进行修改。申请人指出：腻子的组分配比是公知技术。

实质审查部门于2003年2月14日以本申请不符合专利法第26条第3款的规定为由，作出了驳回本申请的决定。

申请人（下称复审请求人）对上述驳回决定不服，于2003年5月8日向专利复审委员会提出了复审请求。其复审请求的理由是本申请的醇酸树脂腻子既有配比通式，又有行业标准，已经形成了事实上的充分公开。复审请求人提交了中华人民共和国化学工业部1987年2月4日发布的中华人民共

和国专业标准 C07-5 各色醇酸腻子复印件 3 页。同时复审请求人对本申请的说明书进行了修改，并提交了经修改的说明书替换页。

经形式审查合格，专利复审委员会受理了该复审请求，并于 2003 年 6 月 12 日发出了受理通知书及前置审查通知书。

在前置审查程序中，原审查部门认为修改文本超出了原始申请文件公开的范围，因此仍然坚持原驳回决定。

专利复审委员会依法成立合议组对本案进行了审查，于 2004 年 4 月 5 日发出复审通知书，指出复审请求人 2003 年 5 月 8 日提交的修改的说明书中新增加的内容（包括腻子的组分、腻子的配制、醇酸树脂腻子性能参数）在原始说明书及权利要求书中没有记载，也不能由原始说明书和权利要求书记载的内容得出，因此新修改的内容超出了原始申请文件记载的范围，不符合专利法第 33 条的规定，复审请求人 2003 年 5 月 8 日提交的修改的说明书不能被接受。

2004 年 5 月 4 日复审请求人提交意见陈述书，提交了权利要求书、说明书的修改替换页。同时提交了证明腻子组分配比是公知技术的如下附件：

附件 1：中国标准出版社出版的《化学工业标准汇编 涂料与颜料 2003（下）》复印件 2 页；及中华人民共和国化学工业部 1987 年 2 月 4 日发布的中华人民共和国专业标准 C07-5 各色醇酸腻子复印件 3 页；

附件 2：化学工业出版社出版的《中国化工产品大全》第二版 中卷复印件 2 页；

附件 3：科学技术文献出版社出版的《涂料制造技术》一书复印件 3 页；

附件 4：化学工业出版社出版的《涂料》一书复印件 5 页；

附件 5：浙江科学技术出版社出版的《油漆涂装技术 1000 问》一书复印件 8 页；

附件 6：网上检索到的有关醇酸树脂腻子的资料 1 页；

附件 7：网上检索到的有关醇酸树脂涂料【413】C07-5 灰色醇酸腻子的资料 1 页；

附件 8：石家庄市油漆厂第二分厂“海鱼牌油漆”宣传资料等共 3 页；

附件 9：中华人民共和国化学工业部油漆产品标准第二册“醇酸、氨基漆”复印件 2 页；

附件 10：西北油漆厂 1986 年的涂料产品目录复印件 2 页；

附件 11：湖北省沙市市制漆厂油漆产品说明复印件 2 页；

附件 12：轻工业出版社出版的《日用品的涂漆和装饰》一书复印件 2 页；

附件 13：石油化学工业出版社出版的《涂料工艺》第三分册复印件 4 页；

附件 14：化学工业出版社出版的《家具涂料与涂装技术》一书复印件 3 页；

附件 15：化学工业出版社出版的《油漆工技巧问答》一书复印件 3 页；

附件 16：中国石化出版社出版的《涂料配方手册》复印件 3 页。

2004 年 9 月 24 日合议组与复审请求人进行了电话会晤，合议组告知复审请求人其于 2004 年 5 月 4 日提交的修改文件仍然不符合专利法第 33 条的规定，复审请求人同意再次提交修改文本，以符合专利法第 33 条的规定。

2004 年 10 月 6 日复审请求人提交了意见陈述书及修改的权利要求书和说明书。

2005 年 11 月 28 日合议组与复审请求人进行了电话会晤，复审请求人表示将再次提交修改文件。

2005 年 12 月 3 日复审请求人提交了说明书修改替换页。

本案合议组经合议后，认为本案事实清楚，现依法作出复审决定。

## 二、决定的理由

1. 审查的基础

本决定以复审请求人于2004年10月6日提交的权利要求1~4项、2005年12月3日提交的说明书1至3页及申请日提交的说明书附图、摘要附图作为审查基础。

2. 关于专利法第33条

专利法第33条规定，申请人可以对其专利申请文件进行修改，但是，对发明和实用新型专利申请文件的修改不得超出原说明书和权利要求书记载的范围，对外观设计专利申请文件的修改不得超出原图片或者照片表示的范围。

复审请求人于2004年10月6日提交的权利要求1~4项与申请日提交的权利要求完全相同；复审请求人于2005年12月3日提交的说明书第1~3页，相对于申请日提交的说明书而言，仅仅是对段落进行了调整，具体来说，是将与原混同在不同段落中的腻子选择、腻子组分、腻子的施用对应的内容分别单独作为三个部分，使段落层次更为清晰；同时修改了个别文字的错误，将“水和硬化”改为“水合硬化”。上述修改能够从原说明书中直接、毫无疑义地得出，因此没有超出原说明书和权利要求书记载的范围，符合专利法第33条的规定，克服了复审通知书指出的缺陷。

3. 关于专利法第26条第3款

专利法第26条第3款规定：说明书应当对发明或者实用新型作出清楚、完整的说明，以所属技术领域的技术人员能够实现为准。

由此可见，所属技术领域的技术人员依据说明书所公开的内容能否实现本发明或者实用新型是本申请是否符合专利法第26条第3款规定的判定依据。

本申请的发明点在于将醇酸树脂腻子用于装饰瓷砖拼缝，也就是醇酸树脂腻子在用于填平金属及木制品表面的传统用途之外的一种新用途，而醇酸树脂腻子本身属于现有技术，其组分配比也均是现有技术，从复审请求人提交的附件中也可以清楚地得出这一结论，在本申请说明书中没有对醇酸树脂腻子组分配比进行描述的情况下，本领域的技术人员依据说明书所公开的内容仍然能够实现本发明，因此，本申请符合专利法第26条第3款的规定。

基于以上事实和理由，合议组作出如下决定。

至于本申请是否存在其他缺陷，有待于原审查部门继续审查。

## 三、决定

撤销国家知识产权局2003年2月14日针对00124933.9号发明专利申请作出的驳回决定，由原审查部门在复审请求人2004年10月6日提交的权利要求1~4项、2005年12月3日提交的说明书第1~3页及申请日提交的说明书附图、摘要附图的基础上继续进行审批程序。

复审请求人对本决定不服的，可以根据专利法第41条第2款的规定，自收到本决定之日起3个月内向北京市第一中级人民法院起诉。

031

# 用于支付商品或服务款项的方法和系统

## 复审请求审查决定（第10271号）

**决　定　号**　第10271号
**决　定　日**　2007年2月13日
**发明创造名称**　用于支付商品或服务款项的方法和系统
**国际分类号**　G07F 19/00，H04M 17/00
**复审请求人**　西门子公司
**申　请　号**　99811213.5
**申　请　日**　1999年9月15日
**优先权日**　1998年9月22日，1999年2月22日
**公　开　日**　2001年10月24日
**合议组组长**　丁惠玲
**主　审　员**　杨存吉
**参　审　员**　田　华

**法律依据**　专利法实施细则第2条第1款
**决定要点**

如果发明仅是利用已有的技术手段完成一种商业活动规则，那么该发明在解决的问题和获得的效果方面对最接近的现有技术所做出的贡献是非技术性的，不满足技术方案三要素均应当为技术性的条件，不属于专利法实施细则第2条第1款规定的新的技术方案。

**一、案由**

本复审请求案涉及申请日为1999年9月15日、申请号为99811213.5、发明名称为“用于支付商品或服务款项的方法和系统”的PCT发明专利申请（下称本申请），申请人为西门子公司。

本申请于2001年10月24日公开后，国家知识产权局实质审查部门针对原始提交国际申请文件中文译文，依法对本申请进行实质审查，并于2004年8月6日发出第一次审查意见通知书，指出本申请的权利要求1~15属于专利法第25条第1款第（2）项规定的不能被授予专利权的智力活动的规则和方法，权利要求16~21不符合专利法实施细则第2条第1款的规定。

针对第一次审查意见通知书，申请人于2004年12月17日提交了意见陈述书。申请人认为：本申请提供一种要解决借助移动无线电装置和经电磁波与移动无线电装置通信的基础电信站支付商品或服务款项的技术问题的方法，其中在作为具体技术手段的基础电信站和移动无线电装置之间存在款项数据和指令数据的传输，在从属权利要求中还进一步规定了个人识别号码和生物特征鉴别、密钥的传

输和比较等，以确定正确地发送付款数据，从而达到相应的技术效果。权利要求1~15中涉及对于自然力的掌握和运用，而不是单纯的智力活动，不属于专利法第25条规定的智力活动的规则和方法。权利要求16~21相应地也解决了技术问题并达到技术效果，构成技术方案，符合专利法实施细则第2条第1款的规定。

经过上述审查程序后，国家知识产权局实质审查部门于2005年7月8日作出驳回决定，理由是本申请权利要求1~15属于专利法第25条第1款第2项规定的智力活动的规则和方法，权利要求16~21不符合专利法实施细则第2条第1款的规定。驳回决定所针对的权利要求书为：

"1. 用于借助于移动无线电装置（3）和经电磁波与移动无线电装置（3）通信的基础电信站（1）支付商品或服务款项的方法，其特征在于：

基础电信站（1）发送用于付款所必须的数据到移动无线电装置（3）上，

移动无线电装置（3）在使用者处查询付款的确认，

在确认之后，移动无线电装置（3）通过付款指令数据的发送启动付款过程，和

移动无线电装置（3）或金融机构或记账者的电信装置（6）发送付款过程的签收数据到基础电信站（1）上。

2. 按权利要求1的方法，其特征在于，在实施付款过程时移动无线电装置（3）直接与金融机构的电信装置（6）通信。

3. 按权利要求1的方法，其特征在于，在实施付款过程时移动无线电装置（3）发送付款指令数据到基础电信站（1）上，此基础电信站然后经固定网连接（C）传送数据到金融机构的电信装置（6）上。

4. 按以上权利要求之一的方法，其特征在于，移动无线电装置（3）在发送之前转换由基础电信站（1）接收的数据为适合于付款过程的格式。

5. 按以上权利要求之一的方法，其特征在于，在实施付款过程的步骤之前进行移动无线电装置（3）的使用者的鉴别。

6. 按权利要求5的方法，其特征在于，经个人识别号码的输入，或经生物特征进行使用者的鉴别。

7. 按以上权利要求之一的方法，其特征在于，电子收款台（2）传送用于付款所必须的数据到基础电信站（1）上。

8. 按以上权利要求之一的方法，其特征在于，基础电信站（1）也发送在基础电信站（1）或所分配单元中生成的密钥到移动无线电装置（3）上，

移动无线电装置（3）发送此密钥到金融机构或记账者的电信装置（6）上，和

由金融机构或记账者的电信装置（6）发送密钥到基础电信站（1）上。

9. 按以上权利要求之一的方法，其特征在于，至少在某些传输路径上采用密钥于要传输数据的编码。

10. 按以上权利要求之一的方法，其特征在于，由基础电信站（1）如此传送用于付款所必须的数据到移动无线电装置（3）上，使得将这些数据的至少部分作要读出的短消息写入移动无线电装置（3）的短消息存储器中，在此将金融机构或记账者的电信装置（6）的呼叫号码作为发送人呼叫号码登录。

11. 按以上权利要求之一的方法，其特征在于，在读出短消息和通过使用者的相应确认之后，自动传送含有用于付款所必须数据的短消息到金融机构或记账者的电信装置（6）上。

12. 按以上权利要求之一的方法，其特征在于，基于移动无线电标准进行移动无线电装置（3）

和金融机构或记账者的电信装置（6）之间的通信。

13. 按以上权利要求之一的方法，其特征在于，在所传输的密钥与存储在基础电信站（1）或所分配的单元中的密钥成功地比较之后，在基础电信站（1）中或在所分配的单元中进行发放商品，或提供服务。

14. 按以上权利要求之一的方法，其特征在于，与对于付款过程所必须的数据和/或与付款过程的签收数据一起传输密钥。

15. 按以上权利要求之一的方法，其特征在于，用于付款所必须的数据包括应支付的金额，和/或应支付款项的商品的或应支付款项的服务的名称，和/或接收者的账号，和/或银行引导数，和/或使用目的，和/或客户号码，和/或金融机构或记账者的电信装置（6）的呼叫号码。

16. 用于可靠地支付商品或服务款项的系统包括：

具有用于发送用于支付款项所必须的数据到移动无线电装置（3）上的和用于接收移动无线电装置（3）数据的无线电装置的基础电信站（1），

在此移动无线电装置（3）具有：

用于接收由基础电信站（1）所发送数据的接收装置（7），

用于查询支付款项确认的，与接收装置（7）连接的查询装置（9），和

用于发送为了启动支付过程的数据的，和/或用于发送支付过程签收数据到基础电信站（1）上的，与查询装置（9）连接的发送装置（10）。

17. 按权利要求16的系统，其特征在于，此外移动无线电装置（3）具有用于转换所接收数据成适合于支付过程格式的，与接收装置（7）连接的转换装置（8）。

18. 按权利要求16~17之一的系统，其特征在于，基础电信站（1）与电子收款台连接，此电子收款台构成为用于传送用于支付款项所必须的数据到基础电信站（1）上。

19. 按权利要求16~18之一的系统，其特征在于，具有用于生成和/或验证密钥的，分配给基础电信站（1）的计算装置。

20. 按权利要求16~19之一的系统，其特征在于，移动无线电装置具有转换单元，此转换单元将由基础电信站（1）传送的用于支付款项所必须的数据如此转换成可读的短消息，使得将用为了支付款项所必须的数据所传送的，金融机构或记账者的电信装置（6）的呼叫号码登录为发送人呼叫号码。

21. 按权利要求16~20之一的系统，其特征在于，用于支付款项所必须的数据包括应支付的金额，和/或应支付款项的商品或应支付款项的服务的名称，和/或接收者的账号，和/或银行引导数，和/或使用目的，和/或客户号码和/或金融机构或记账者的电信装置（6）的呼叫号码。"

申请人（下称复审请求人）对上述驳回决定不服，于2005年9月13日向专利复审委员会提出复审请求。复审请求人认为：本申请提供一种要解决借助移动无线电装置和经电磁波与移动无线电装置通信的基础电信站支付商品或服务款项的技术问题的方法，其中在作为具体技术手段的基础电信站和移动无线电装置之间存在款项数据和指令数据的传输，在从属权利要求中还进一步规定了个人识别号码和生物特征鉴别、密钥的传输和比较等，以确定正确地发送付款数据，从而达到相应的技术效果。权利要求1~15中涉及对于自然力的掌握和运用，而不是单纯的智力活动，不属于专利法第25条规定的智力活动的规则和方法。权利要求16~21相应地也解决了技术问题并达到技术效果，构成技术方案，符合专利法实施细则第2条第1款的规定。

经形式审查合格后，专利复审委员会受理了该请求，于2005年11月2日向复审请求人发出复审请求受理通知书，同时向国家知识产权局实质审查部门发出前置审查通知书。

国家知识产权局实质审查部门在前置审查意见书中仍然坚持驳回决定。

专利复审委员会依法组成合议组对本复审请求进行了审查，并于2006年6月23日发出复审通知书，指出本申请权利要求1~15请求保护的方法仅是利用已有的技术手段完成支付款项的过程，在解决的问题和获得的效果方面对最接近的现有技术所做出的贡献仍旧是非技术性的商业活动规则，不满足技术方案三要素均应当为技术性的条件，属于专利法第25条第1款第2项所规定的智力活动的规则和方法，不是专利法保护的客体；权利要求16~21请求保护的系统仅是利用已有的技术手段完成支付款项的过程，在解决的问题和获得的效果方面对最接近的现有技术所做出的贡献仍旧是非技术性的商业活动规则，不满足技术方案三要素均应当为技术性的条件，不属于专利法实施细则第2条第1款规定的新的技术方案。

复审请求人于2006年7月28日提出延长期限请求书。专利复审委员会于2006年8月22日同意将复审请求人答复上述复审通知书的期限延长至2006年10月8日。

复审请求人于2006年10月5日提交意见陈述书，认为本申请用于可靠支付商品或服务款项的系统中，其中权利要求20的移动无线电装置具有一个转换单元，此转换单元将由基础电信站传送的用于支付款项所必需的数据转换成可读的短信息，使得将用为了支付款项所必需的数据所传送的、金融机构或记账者的电信装置的呼叫号码登录为发送人呼叫号码，而对比文件1没有公开上述转换单元。本申请的支付过程则是基于基础电信站和移动无线电装置之间的数据传送来完成的，基础电信站向移动无线电装置发送用于付款所必需的数据，移动无线电装置查询付款的确认，在确认之后，通过付款指令数据的发送启动付款过程，以及移动无线电装置或金融机构或记账者的电信装置发送付款过程的签收数据到基础电信站。

至此，合议组认为本案事实已经清楚，可以依法作出决定。

**二、决定的理由**

本复审决定所针对的申请文本为：原始提交国际申请文件中文译文的权利要求第1~21项、说明书第1~9页、说明书附图第1~2页、摘要和摘要附图。

专利法实施细则第2条第1款规定发明是指对产品、方法或者其改进所提出的新的技术方案。

技术方案是指包括以下三个要素的解决方案：为了解决技术问题、采用技术手段并且能够获得技术效果。确定一项发明专利申请是否构成技术方案必须依据这三个要素，来判断其解决的问题是否是技术性的，采用的手段是否是技术性的，获得的效果是否是技术性的。对于构成一项技术方案而言，这三个具备技术属性的要素缺一不可。技术属性是指遵循自然法则，受科学规律的约束。在认定三个要素的性质时，不应受说明书本身声称解决的问题和获得的效果的限制。应以最接近的现有技术作为参照物，客观地确定要求保护的方案在解决的问题、采用的手段和获得的效果这三个方面对最接近的现有技术实际作出的贡献。

如果要求保护的方案与最接近的现有技术相比，采用的主要手段为公知的计算机和网络技术，不同之处仅在于非技术性的商业活动规则，或者不同之处除了非技术性的商业活动规则之外，仅是与计算机和网络惯用技术的简单叠加或者拼凑，那么这种方案是利用已有的技术手段来完成一种商业规则的运作，在解决的问题和获得的效果方面对最接近的现有技术所作出的贡献仍旧是非技术性的，不满足三要素均应当为技术性的条件。因此，这种方案不属于专利法实施细则第2条第1款规定的技术方案，不是专利法保护的客体。

具体在本申请中，权利要求16请求保护一种用于可靠地支付商品或服务款项的系统。对比文件1（WO9811519A）公开了一种通过移动无线电装置进行无现金支付的方法和系统，其中具体公开了如下特征：通过移动无线电话网络在具有多功能卡的移动终端（MF）和交易终端（GE）之间建立连接，用保存在多功能卡中的卡号执行一个支付能力检查，如果该支付能力检查获得一个肯定的结果时，在移动终端上确认后，在交易终端让与一定数量的款项（参见说明书摘要以及附图 1)。对比文件 1 中的移动终端、交易终端分别相当于本申请权利要求 16 中的移动无线电装置和基础电信站，同时，本领域普通技术人员知道，在对比文件 1 公开的移动终端也会包括接收装置、查询装置和接收装置。由此可见，权利要求 16 请求保护的系统仅是利用已有的技术手段完成支付款项的过程，在解决的问题和获得的效果方面对最接近的现有技术所做出的贡献仍旧是非技术性的商业活动规则，不满足技术方案三要素均应当为技术性的条件，不属于专利法实施细则第 2 条第 1 款规定的新的技术方案。

同样，直接或间接引用权利要求 16 的从属权利要求 17~21 的附加技术特征也均为本领域的常规技术手段，不能构成对现有技术的贡献，因此这些权利要求的方案对现有技术的贡献仍是非技术性的商业活动规则，解决的问题和获得的效果方面是非技术性的，不属于专利法实施细则第 2 条第 1 款规定的新的技术方案。

对于复审请求人主张对比文件 1 没有公开权利要求 20 中所述转换单元的主张，合议组认为：将由基础电信站传送的数据转换成可读的短消息，使呼叫号码登录为发送人呼叫号码是本领域的常规技术手段，所以权利要求 20 在解决的问题和获得的效果方面仍是非技术性的，复审请求人的主张不能成立。

基于上述理由，合议组作出如下决定。

**三、决定**

维持国家知识产权局于 2005 年 7 月 8 日针对 99811213.5 号申请作出的驳回决定。

根据专利法第 41 条第 2 款的规定，对本决定不服的，复审请求人可以在收到本通知之日起三个月内向北京市第一中级人民法院起诉。

032

# 标签系统

## 复审请求审查决定（第10284号）

**决　定　号** 第10284号
**决　定　日** 2007年2月28日
**发明创造名称** 标签系统
**国际分类号** G09F 3/02，G09F 3/20//B32B 29/00
**复审请求人** 干爽标签丹麦股份有限公司
**申　请　号** 98812200.6
**申　请　日** 1998年12月15日
**优先权日** 1997年12月16日
**公　开　日** 2001年1月31日
**合议组组长** 李　隽
**主　审　员** 欧　岚
**参　审　员** 钱　芸

**法律依据** 专利法第33条
**决定要点**

若修改属于删除了说明书的一部分内容，致使所属技术领域的技术人员看到的信息与原申请记载的信息不同，同时也不能从原说明书和权利要求书所记载的信息中直接地、毫无疑义地确定，那么该修改是不允许的。

### 一、案由

本复审请求涉及的是申请日为1998年12月15日、发明名称是“标签系统”的发明专利申请（以下称本申请），其申请号为98812200.6，申请人是干爽标签丹麦股份有限公司。

应申请人的请求，国家知识产权局专利局审查部门对本申请进行了实质审查，于2002年12月13日发出了第一次审查意见通知书，通知书引用了对比文件1：WO9534879A1，公开日1995年12月21日，在其中指出：权利要求1~5不具有专利法第22条第2款所规定的新颖性，权利要求6和7不具有专利法第22条第3款所规定的创造性。

申请人于2003年6月30日针对第一次审查意见通知书提交了意见陈述书及新修改的权利要求书和说明书，修改后的权利要求书共7项权利要求，其中权利要求1如下：

“1. 一种标签系统，包括：

一个纸材料，或纸的相似材料的衬页，所述衬页确定相反的表面；

施加到衬页一侧的以溶剂为基的，最好是水基的，非永久性黏结材料的胶涂层；

纸材料或纸的相似材料的印刷纸，确定相反的前后两面，所述印刷纸的后面可分开地以面接触通过胶涂层固定到衬页，印刷纸被分成单个纸标签，它们可单个地从所述衬页取下。”

经过上述审查程序后，国家知识产权局专利局实质审查部门于 2003 年 8 月 29 日作出驳回决定，理由是相对于对比文件 1 本申请权利要求 1~5 不具备专利法第 22 条第 2 款所规定的新颖性，权利要求 6 和 7 不具备专利法第 22 条第 3 款所规定的创造性。

申请人（下称复审请求人）不服上述驳回决定，于 2003 年 12 月 15 日向专利复审委员会提出了复审请求，在提出复审请求时没有提交修改文本。

经形式审查合格后，专利复审委员会受理了该复审请求，于 2004 年 1 月 12 日向复审请求人发出了复审请求受理通知书，同时向原审查部门发出了前置审查通知书。经审查，原审查部门坚持原驳回决定。

专利复审委员会依法成立合议组对本复审请求案进行了审理，对驳回决定所针对的文本进行审查，于 2005 年 3 月 15 日向复审请求人发出复审通知书，在复审通知书中指出：由本申请的说明书第 4 页第 1 段的“本发明的标签系统的衬页的非永久性胶涂层可以由，允许纸标签可从衬页取下，并且胶涂层可经受激光打印机中的高温处理的任何适宜的非永久胶涂层构成。因此胶涂层可由溶剂型胶涂层，热熔化胶涂层，最好是丙烯乳化液涂层，例如含有最好是水基的胶涂层的丙烯酸聚合物或聚氨酯，和非热固化胶构成”（后一句话的英文原文为“Thus，the adhesive coating may be constituted by a solvent type adhesive coating，a hot melt adhesive coating or alternatively and preferably an acryl-emulsion coating e. g. an acrylic polymer containing or a polyurethane containing adhesive coating，preferably a water based，non-heat curable adhesive.”）这段文字可知以水为基的，非热固性胶的丙烯乳化液涂层是以溶剂为基的，最好是水为基的非永久性黏结材料的胶涂层的一个具体实施例，而对比文件 1 中公开了“以水为基的，非热固性胶的丙烯乳化液涂层”，是本申请权利要求 1 中“以溶剂为基的，最好是水为基的，非永久性黏结材料的胶涂层”的下位概念，故相对于对比文件 1 本申请独立权利要求 1 和从属权利要求 2~5 不符合专利法第 22 条第 2 款新颖性的规定、从属权利要求 6 和 7 不符合专利法第 22 条第 3 款创造性的规定。因此合议组经审查拟维持原驳回决定。

复审请求人于 2005 年 6 月 10 日针对上述复审通知书提交了意见陈述书和经过修改的申请文件替换页。复审请求人在此次提交的文本中将原说明书第 4 页第 1 段中的“例如含有最好是水基的胶涂层的丙烯酸聚合物或聚氨酯，和非热固化胶构成”修改成“例如含有胶涂层的丙烯酸聚合物或聚氨酯构成”，并认为非可热固化胶和非永久性黏结材料是相互独立的不同的概念，因而权利要求 1~7 具备专利法第 22 条第 2 款和第 3 款规定的新颖性和创造性。

合议组经审查于 2005 年 8 月 24 日向复审请求人再次发出复审请求书，指出复审请求人于 2005 年 6 月 10 日提交的修改文本中说明书不符合专利法第 33 条的规定，而驳回决定所依据的权利要求 1~7不符合专利法第 22 条第 2 款和第 3 款新颖性和创造性的规定，本申请无授权前景。

复审请求人于 2005 年 12 月 30 日针对上述复审通知书提交了意见陈述书，认为其于 2005 年 6 月 10 日提交的修改文本未超出原始说明书和权利要求书所记载的范围。

经过上述审查程序，合议组认为本案事实已经清楚，依法作出审查决定。

**二、决定的理由**

1. 审查基础

本决定以复审请求人于 2003 年 6 月 30 日提交的权利要求第 1~7 项、说明书第 1~3、5~8 页和说明书摘要，2005 年 6 月 10 日提交的说明书第 4 页以及进入中国国家阶段时提交的国际申请文件的文本中的附图第1~4页和摘要附图作为审查基础。

2. 关于专利法第33条

专利法第33条规定：申请人可以对其专利申请文件进行修改，但是，对发明和实用新型专利申请文件的修改不得超出原说明书和权利要求书记载的范围，对外观设计专利申请文件的修改不得超出原图片或者照片表示的范围。

审查指南第二部分第八章第5.2.3节作出进一步解释，作为一个原则，凡是对说明书（及其附图）和权利要求书作出不符合专利法第33条规定的修改，均是不允许的。具体地说，如果申请的内容通过增加、改变和/或删除其中的一部分，致使所属技术领域的技术人员看到的信息与原申请记载的信息不同，而且又不能从原申请记载的信息中直接地、毫无疑义地确定，那么，这种修改就是不允许的。这里所说的申请内容，是指原说明书（及其附图）和权利要求书记载的内容，不包括任何优先权文件的内容。

复审请求人于2005年6月10日提交的修改文本中的说明书第4页第1段中将原来的“例如含有最好是水基的胶涂层的丙烯酸聚合物或聚氨酯，和非热固化胶构成”改成“例如含有胶涂层的丙烯酸聚合物或聚氨酯构成”；同时在2005年12月30日提交的意见陈述书中指出原说明书第4页第1段中的相应语句明显是举例性质的，删去其中某一个例子不会超出原申请公开的范围。合议组经审查认为，上述的修改属于删除了说明书的一部分内容，致使所属技术领域的技术人员看到的信息与原申请记载的信息不同，同时也不能从原说明书和权利要求书所记载的信息中直接地、毫无疑义地确定，因此该修改是不允许的，不符合专利法第33条的规定。

由于合议组已在2005年8月24日发出的复审通知书中告知过复审请求人其于2005年6月10日提交的修改文本不符合专利法第33条的规定，复审请求人没有提交能克服原驳回决定中指出的缺陷的申请文本，因此复审请求的理由不成立。

基于上述理由，合议组依法作出下述决定。

**三、决定**

维持国家知识产权局专利局于2003年8月29日作出的驳回98812200.6号发明专利申请的决定。

复审请求人对本决定不服的，可以根据专利法第41条第2款的规定，自收到本决定之日起三个月内向北京市第一中级人民法院起诉。

033

# 电动牙刷

## 复审请求审查决定（第10296号）

**决　　定　　号**　第10296号
**决　　定　　日**　2007年3月7日
**发明创造名称**　电动牙刷
**国 际 分 类 号**　A61C 17/26，A61C 17/34
**复 审 请 求 人**　丘奇&德怀特有限公司
**申　　请　　号**　00812044.7
**申　　请　　日**　2000年8月15日
**优　先　权　日**　1999年8月25日
**进入国家阶段日期**　2001年12月25日
**公　　开　　日**　2003年6月11日
**合 议 组 组 长**　徐媛媛
**主　　审　　员**　田　华
**参　　审　　员**　耿　博

**法　律　依　据**　专利法第22条第3款
**决　定　要　点**

当一权利要求所要求保护的技术方案与现有技术公开的技术方案之间存在区别技术特征，且现有技术没有给出任何技术启示和教导，本领域技术人员需要付出创造性劳动才能得到所述技术方案时，则该权利要求具有创造性。

### 一、案由

本复审请求涉及名称为“电动牙刷”的00812044.7号发明专利申请（下称本申请），申请日为2000年8月15日，进入国家阶段日期为2001年12月25日，优先权日为1999年8月25日，公开日为2003年6月11日，申请人为丘奇&德怀特有限公司。

2005年2月4日，国家知识产权局以本申请的权利要求1、2相对于对比文件1（US4827550A）和对比文件2（US5524312A）的结合不符合专利法第22条有关创造性的规定为由驳回了本申请。驳回决定依据的审查文本为：申请人于2001年12月25日提交的说明书摘要、摘要附图、说明书附图，2004年10月18日提交的说明书、权利要求1~15项。

驳回决定针对的权利要求书的内容如下：

“1. 一种电动牙刷，包括：

细长的主体部分，所述细长的主体部分具有相对的第一和第二端、空心部分和纵轴线；

连接于所述第一端的刷头；

位于所述刷头内的运动部分；

位于所述细长主体部分的空心部分内的电机；

位于所述空心部分中的齿轮，其中所述电机有效地连接于所述齿轮；

可枢转地与所述齿轮相连的第一环转臂，与所述第一环转臂相连的第二环转臂，和与运动部分相连的第三环转臂；以及

轴，所述轴有效连接于所述第二和第三环转臂上并设置用于将来回方式的运动传给运动部分。

2. 如权利要求 1 所述的电动牙刷，还包括设置在邻接所述细长主体部分的第二端的手把。

3. 如权利要求 2 所述的电动牙刷，还包括位于所述刷头与手把之间的成角度的轴，其特征在于，所述轴位于该成角度的轴的内部。

4. 如权利要求 1 所述的电动牙刷还包括一开关，其有效连接于所述电机，压下该开关以提供该牙刷的瞬时性操作，而压下该开关并滑入所述细长主体部分上的一槽内以提供该牙刷的连续性操作。

5. 如权利要求 1 所述的电动牙刷还包括一电池，其位于所述空心部分的内部为所述电机提供动力。

6. 如权利要求 1 所述的电动牙刷，其特征在于，所述第二和第三环转臂以来回的方式运动。

7. 如权利要求 1 所述的电动牙刷，其特征在于，所述刷头还包括固定部分，所述运动部分和固定部分彼此相邻设置。

8. 如权利要求 7 所述的电动牙刷，其特征在于，所述运动部分设置在邻近所述刷头的第一端处，而所述固定部分设置在邻近该刷头的第二端上。

9. 如权利要求 7 所述的电动牙刷，其特征在于，所述固定部分设置在邻近所述刷头的第一端处，而运动部分设置在邻近该刷头的第二端处。

10. 如权利要求 7 所述的电动牙刷，其特征在于，所述运动部分位于所述刷头的中心，而所述固定部分位于该刷头的相对两侧。

11. 如权利要求 7 所述的电动牙刷，其特征在于，所述运动部分还包括一连接于所述第三环转臂的圆盘。

12. 如权利要求 7 所述的电动牙刷，其特征在于，所述运动部分绕垂直于所述细长主体部分纵轴线的轴线旋转。

13. 如权利要求 7 所述的电动牙刷，其特征在于，所述运动部分绕垂直于所述细长主体部分的纵轴线摆动。

14. 如权利要求 7 所述的电动牙刷，其特征在于，所述运动部分包括硬刷毛而固定部分包括软刷毛。

15. 如权利要求 14 所述的电动牙刷，其特征在于，硬刷毛相对于软刷毛凹进。”

驳回决定中指出：将对比文件 1 中所述的“Z”形环转臂 90 改装为衔接的“7”“L”形环转臂（即本申请中的第一环转臂和第二环转臂）对于本领域普通技术人员来说，是不需要付出创造性劳动就能想到的，并且本申请与对比文件 1 的其他区别技术特征也已经被对比文件 2 所公开，因此，权利要求 1 和权利要求 2 相对于对比文件 1 和 2 的结合不具有创造性。至于申请人声称的对比文件 1 和对比文件 2 中没有公开牙刷头部与牙刷柄成一定角度的理由，由于本申请独立权利要求 1 和 2 中并没有记载“成角度的轴”或者“牙刷头部与牙刷柄成一定角度”，因此，该理由不成立。综上，本申请不具备专利法第 22 条第 3 款规定的创造性，依据专利法第 38 条将该申请予以驳回。

申请人（下称复审请求人）对该驳回决定不服，于2005年4月11日向专利复审委员会提出了复审请求，复审请求人在提出复审请求时未提交修改文本，其复审请求理由主要如下：

（1）对于本领域的普通技术人员而言，将对比文件1之曲柄臂90改成本发明权利要求1中的第一环转臂和第二环转臂不是显而易见的。将对比文件1中的刚性曲柄臂90分成销连接将给对比文件1中的装置带来一系列的机械问题，因此，区别技术特征2对于本领域的普通技术人员而言不是公知常识，是非显而易见的。

（2）对比文件2的驱动板21始终没有环转，而是沿直线往复运动。因此，对比文件2中的驱动板21不能等同于本发明权利要求1中的第三环转臂。

因此，对比文件1和2及它们的结合，都没有公开本发明中的三个环转臂和第三环转臂与刷头内的运动部分相连，也没有对此给出任何技术启示和教导。此外也没有公开本权利要求1中的三个环转臂和轴构成的简化的运动部分的机构。

经形式审查合格后，专利复审委员会受理了该复审请求，并于2005年5月25日向复审请求人发出复审请求受理通知书，同时向国家知识产权局原审查部门发出前置审查通知书。

国家知识产权局原审查部门对复审请求进行了前置审查，在前置审查意见书中表示坚持驳回决定。

针对该复审请求，专利复审委员会成立合议组，对本案进行了审理，于2006年9月8日向复审请求人发出复审通知书。复审通知书指出：将权利要求1所要求保护的技术方案与对比文件1相比，其区别技术特征是：（1）位于刷头内的运动部分；（2）可枢转地与所述齿轮相连的第一环转臂，与所述第一环转臂相连的第二环转臂；（3）和与运动部分相连的第三环转臂。对于区别技术特征（2），合议组认为，对比文件1已经公开了与齿轮枢接的曲柄臂90，该曲柄臂与驱动轴30相连，从而带动轴30做往复运动，该曲柄臂所起的作用与本发明中的第一环转臂和第二环转臂的作用一样，都是带动轴做往复运动。而将“Z”形曲柄臂90改装为衔接的“7”形“L”形环转臂（即第一环转臂和第二环转臂）对于本领域普通技术人员来说，是不需要付出创造性劳动就能想到的。因此，将对比文件1中的曲柄臂90改成为本申请权利要求1中的第一环转臂和第二环转臂是显而易见的，同时请求人也未指出用两个环转臂代替一个曲柄臂能够带来其他意想不到的技术效果。同时合议组认为，对比文件2也公开了权利要求1与对比文件1的其他两个区别技术特征。本申请权利要求1中只限定了第三环转臂与运动部分相连，并没有限定第三环转臂带动运动部分做什么运动，由于请求人对权利要求1的此种限定较上位，因此，在对比文件中公开了一个可做往复运动并于运动部分连接的机构的情况下，权利要求中的该特征即已被公开。进一步而言，本发明权利要求1中的第三环转臂与圆盘偏置，因而带动圆盘和刷头内的运动部分转动，而对比文件2中虽然驱动板没有直接与运动部分偏置，但是驱动板上采用了一个偏置的销，从而使笔直销驱动第一刷毛支持架围绕其中心转动，也就是说，采用偏置这种技术手段是本领域中的惯常技术手段，本领域技术人员不需要付出创造性劳动就能想到使用偏置的方法使运动机构转动。本领域技术人员可以从对比文件2中得到启示，将对比文件2中的驱动板与刷头的运动部分应用到对比文件1的轴上，就可以得到权利要求1的技术方案，因此，权利要求1的技术方案相对于现有技术是显而易见的，不具有突出的实质性特点和显著的进步，不具有创造性。权利要求2的附加技术特征也被对比文件1公开，因此，在权利要求1不具备创造性的前提下，作为从属权利要求2也不具有创造性。

针对复审通知书，请求人于2006年12月8提交了意见陈述书，并修改了权利要求书。请求人认为，修改后的权利要求中至少具有这样的技术特征，即所述轴相对于所述细长主体部分的纵轴线倾斜。与之相比，对比文件1、2中都没有披露或可无疑义地推导出这样的技术特征。所述轴相对于所述细长主体部分的纵轴线倾斜，从而提供了工效学益处，而且这种结构还没有应用在电动牙刷上。本发明的修改后的权利要求1通过上述结构能够实现上述工效学的益处，能够使得使用者可以更加容易地使牙刷进入嘴的后凹部，同时仍然接触齿面，从而带来了有益技术效果。因此，修改后的权利要求1相对于对比文件1、2具有突出的实质性特点和显著的进步，因而具有创造性。相应地，权利要求2也具有创造性。

修改后的权利要求书为：

“1. 一种电动牙刷，包括：

细长的主体部分，所述细长的主体部分具有相对的第一和第二端、空心部分和纵轴线；

连接于所述第一端的刷头；

位于所述刷头内的运动部分；

位于所述细长主体部分的空心部分内的电机；

位于所述空心部分中的齿轮，其中所述电机有效地连接于所述齿轮，用于使齿轮产生旋转运动；

可枢转地与所述齿轮相连的第一环转臂；

可枢转地与所述第一环转臂相连的第二环转臂；

轴，所述轴有效连接于所述第二环转臂上，并且所述轴相对于所述细长主体部分的纵轴线倾斜；以及

第三环转臂，所述第三环转臂在一端处可枢转地连接到所述轴，并且在另一端处以偏置的方式可枢转地连接到运动部分，从而通过所述第一环转臂和第二环转臂，对所述齿轮的旋转运动进行变换，从而在所述轴和第三环转臂中产生来回运动，以便使得所述运动部分转动或者摆动。

2. 如权利要求1所述的电动牙刷，还包括设置在邻接所述细长主体部分的第二端的手把。

3. 如权利要求2所述的电动牙刷，还包括位于所述刷头与手把之间的成角度的轴，其特征在于，所述轴位于该成角度的轴的内部。

4. 如权利要求1所述的电动牙刷还包括一开关，其有效连接于所述电机，压下该开关以提供该牙刷的瞬时性操作，而压下该开关并滑入所述细长主体部分上的一槽内以提供该牙刷的连续性操作。

5. 如权利要求1所述的电动牙刷还包括一电池，其位于所述空心部分的内部为所述电机提供动力。

6. 如权利要求1所述的电动牙刷，其特征在于，所述第二和第三环转臂以来回的方式运动。

7. 如权利要求1所述的电动牙刷，其特征在于，所述刷头还包括固定部分，所述运动部分和固定部分彼此相邻设置。

8. 如权利要求7所述的电动牙刷，其特征在于，所述运动部分设置在邻近所述刷头的第一端处，而所述固定部分设置在邻近该刷头的第二端上。

9. 如权利要求7所述的电动牙刷，其特征在于，所述固定部分设置在邻近所述刷头的第一端处，而运动部分设置在邻近该刷头的第二端处。

10. 如权利要求7所述的电动牙刷，其特征在于，所述运动部分位于所述刷头的中心，而所述固定部分位于该刷头的相对两侧。

11. 如权利要求7所述的电动牙刷，其特征在于，所述运动部分还包括一连接于所述第三环转臂的圆盘。

12. 如权利要求7所述的电动牙刷，其特征在于，所述运动部分绕垂直于所述细长主体部分纵轴线的轴线旋转。

13. 如权利要求7所述的电动牙刷，其特征在于，所述运动部分绕垂直于所述细长主体部分的纵

轴线摆动。

14. 如权利要求 7 所述的电动牙刷，其特征在于，所述运动部分包括硬刷毛而固定部分包括软刷毛。

15. 如权利要求 14 所述的电动牙刷，其特征在于，硬刷毛相对于软刷毛凹进。”

经过上述审查程序，本案合议组认为，本案事实已经清楚，可以作出复审决定。

**二、决定的理由**

1. 审查文本

本决定依据的审查文本是：复审请求人于 2001 年 12 月 25 日提交的说明书摘要、摘要附图、说明书附图，2004 年 10 月 18 日提交的说明书，2006 年 12 月 8 日提交的权利要求 1~15 项。

2. 关于创造性

专利法第 22 条第 3 款规定：创造性，是指同申请日以前已有的技术相比，该发明有突出的实质性特点和显著的进步，该实用新型有实质性特点和进步。

审查指南第二部分第四章第 3.2 节指出，判断发明是否具有突出的实质性特点，就是要判断对本领域的技术人员来说，要求保护的发明相对于现有技术是否显而易见。如果要求保护的发明相对于现有技术是显而易见的，则不具有突出的实质性特点；反之，如果对比的结果表明要求保护的发明相对于现有技术是非显而易见的，则具有突出的实质性特点。在评价发明是否具有显著的进步时，主要应当考虑发明是否具有有益的技术效果。

权利要求 1 要求保护一种电动牙刷，对比文件 1（US4827550A，公开日为 1989 年 5 月 9 日）公开了一种电动牙刷，具体公开了如下技术特征（参见对比文件 1 说明书第 4 栏第 8 行至第 5 栏第 45 行、第 9 栏第 43 行至第 11 栏第 45 行、附图 1~10）：细长的主体部分 12，该细长主体部分具有上端 15 和相对的下端 16、空心部分和纵轴线；刷头连接于主体部分的上端；电机位于细长主体部分的空心部分内；齿轮位于电机前部空腔内，并与电机有效的连接；曲柄臂 90；驱动轴 30；曲柄臂 90 的下端 92 与平面齿轮 85 枢接，曲柄臂 90 的上端 96 穿过轴 30 的孔与驱动轴 30 相连，从而驱动轴 30 做往复运动，并通过头驱动轴 170 将电机 70 的运动传递给头部机构，最终使刷头上的刷毛运动。

对比文件 2（US5524312A，公开日为 1996 年 6 月 11 日）公开了一种电动牙刷，具体公开了如下技术特征（参见对比文件 2 说明书第 1 栏第 60 行至第 2 栏第 41 行、附图 1~3）：刷头部分包括可运动的第一刷头支持架 3（相当于刷头内的运动部分），该支持架与驱动板 21（相当于第三环转臂）相连，驱动板 21 与传输杆 2 刚性和固定连接，驱动板 21 上的笔直销 23 与第一刷毛保持架 3 上的侧凹口接合，而短杆 22 与第二刷毛保持架 4 上的导槽 42 接合，从而，当传输轴 2 在电机的驱动下往复运动时，驱动板 21 也往复运动，从而驱动板 21 的笔直销 23 驱动第一刷毛保持架 3 围绕其中心转动。

从对比文件 1 和对比文件 2 公开的内容可以看出，对比文件 1 中的轴 30 和对比文件 2 中的传输轴 2 均处于主体的纵轴线上，而本申请权利要求 1 中“轴，所述轴有效连接于所述第二环转臂上，并且所述轴相对于所述细长主体部分的纵轴线倾斜”的技术特征并未被对比文件 1 和对比文件 2 公开，两个对比文件中也未就该技术特征给出任何技术启示和教导，同时由本申请说明书可看出上述区别特征能够带来有益的技术效果，即使用者可以更加容易地使牙刷进入嘴的后凹部，同时仍然接触齿面。综上，权利要求 1 相对于对比文件 1 和 2 的结合具有突出的实质性特点和显著的进步，符合专利法第 22 条第 3 款规定的创造性。

由于独立权利要求 1 具有创造性，相应地，其从属权利要求 2 也具有创造性。

基于上述理由，合议组作出如下决定。

## 三、决定

撤销国家知识产权局于2005年2月4日对00812044.7号发明专利申请作出的驳回决定，以复审请求人于2001年12月25日提交的说明书摘要、摘要附图、说明书附图，2004年10月18日提交的说明书，2006年12月8日提交的权利要求书为基础，发回原审查部门继续进行审查。

复审请求人对本决定不服的，可以根据专利法第41条第2款的规定，自收到本决定之日起三个月内向北京市第一中级人民法院起诉。

034

# 利用氧气和惰性气体在肺部与血液进行交换测量肺部血流的方法和装置

## 复审请求审查决定（第10300号）

**决　　定　　号**　第10300号
**决　　定　　日**　2007年3月16日
**发明创造名称**　利用氧气和惰性气体在肺部与血液进行交换测量肺部血流的方法和装置
**国 际 分 类 号**　A61B 5/026，A61M 16/04
**复 审 请 求 人**　加文·J·B·鲁滨逊
**申　　请　　号**　97182422.3
**申　　请　　日**　1997年10月24日
**进入国家阶段日**　2000年4月24日
**公　　开　　日**　2000年12月6日
**合 议 组 组 长**　徐媛媛
**主　　审　　员**　刘　妍
**参　　审　　员**　崔国振

**法　律　依　据**　专利法第22条第4款
**决　定　要　点**

专利法意义上的外科手术方法是指，使用器械对有生命的人体或者动物体实施的剖开、切除、缝合、纹刺等创伤性或者介入性治疗或处置的方法。外科手术方法分为治疗目的和非治疗目的的外科手术方法。非治疗目的的外科手术方法，是以有生命的人或者动物为实施对象，无法在产业上使用，不具备实用性。

在复审程序中，专利复审委员会一般仅针对驳回决定所依据的理由和证据进行审查，不承担对专利申请全面审查的义务。

### 一、案由

本复审请求涉及申请日为1997年10月24日，进入国家阶段日期为2000年4月24日，公开日为2000年12月6日，名称为“利用氧气和惰性气体在肺部与血液进行交换测量肺部血流的方法和装置”的第97182422.3号PCT发明专利申请（下称本申请），申请人为加文·J·B·鲁滨逊。

国家知识产权局于2004年12月31日驳回了该申请。驳回决定所针对的权利要求书为：

“1. 一种用于测量受验者体内肺部血流的方法，其特征在于：

把呼吸系统分割成两个或多个部分，所述分割部分包括所述呼吸系统的完整气体交换部分，

用独立的气体混合物为每一所述分割部分通气，至少其中一种所述气体混合物包括一种可溶性惰性气体，

在至少两个所述分割部分测定可溶性惰性气体的摄入量，

测定所述分割部分的相关肺部血流，

在其中至少两个分割部分测定可溶性惰性气体结束潮汐的浓度，

以及根据摄入量的测定值、可溶性惰性气体结束潮汐的浓度值以及相关的肺部血流计算肺部血流。

2. 如权利要求 1 所述的方法，其特征在于，把呼吸系统分割成两个分割部分。

3. 如权利要求 2 所述的方法，其特征在于，所述两个分割部分分别包括左肺和右肺。

4. 如权利要求 1 所述的方法，其特征在于，所述可溶性惰性气体包括氧化氮。

5. 如权利要求 1 所述的方法，其特征在于，其中至少一种所述气体混合物包括两种或多种可溶性惰性气体。

6. 如权利要求 1 所述的方法，其特征在于，所述可溶性气体混合物包括：七氟烷和/或地氟烷。

7. 如权利要求 1 所述的方法，其特征在于，其中至少一种所述气体混合物包括氧化氮和七氟烷或地氟烷。

8. 如权利要求 1 所述的方法，其特征在于，受验者处于麻醉状态。

9. 如权利要求 1 所述的方法，其特征在于，利用可溶性惰性气体作为标志气体测定可溶性惰性气体的所述摄入量。

10. 如权利要求 1 所述的方法，其特征在于，一种气体混合物包括 60% 至 80% 容积的可溶性惰性气体，而其他气体混合物包括 0 至 20% 的可溶性气体混合物。

11. 如权利要求 10 所述的方法，其特征在于，所述其他气体混合物不包括所述可溶性惰性气体。

12. 如权利要求 1 所述的方法，其特征在于，一种气体混合物包括可溶性惰性气体，而其他气体混合物不包括所述可溶性惰性气体。

13. 如权利要求 1 所述的方法，其特征在于，所述呼吸系统的三个分割部分是隔开的。

14. 如权利要求 13 所述的方法，其特征在于，用气体混合物向其中的两分割部分通气，这些气体混合物基本上与可溶性惰性气体平衡，这两分割部分内的可溶性惰性气体的浓度互不相同，再用与可溶性惰性气体不平衡的气体混合物向第三部分通气。

15. 如权利要求 14 所述的方法，其特征在于，所述两分割部分基本上与可溶性惰性气体和二氧化碳平衡。

16. 如权利要求 14 所述的方法，其特征在于，所述两分割部分中的可溶性惰性气体的平衡浓度是这样测定的：

在所述第三分割部分内测定可溶性惰性气体呼出潮汐的浓度，

估算受验者的心输出量，

根据心输出量的估算值和所述第三分割部分中可溶性惰性气体结束潮汐的浓度，计算可溶性惰性气体近似较大和较小的平衡浓度，

把所述两分割部分中的可溶性惰性气体的浓度调整到近似较大和较小的平衡浓度，

调整所述两分割部分中的每一部分中的每一部分中的可溶性惰性气体的浓度，直到实现基本上的平衡，

在提供到所述两分割部分的气体混合物基本上与可溶性惰性气体平衡时，计算肺部血流。

17. 如权利要求 14 所述的方法，其特征在于，用不包括所述可溶性惰性气体的气体混合物为所

述第三分割部分充气。

18. 如权利要求 1 或 14 所述的方法，其特征在于，在多个时间间隔上计算肺部血流。

19. 如权利要求 16 所述的方法，其特征在于，在多个时间间隔上计算肺部血流，并根据心输出量的变化或总的氧气摄入量调整所述两分割部分中的可溶性惰性气体的平衡浓度。

20. 一种用于在受验者体内测量肺部血流的装置，包括：

用于把独立的气体混合物提供到受验者呼吸系统的两个或多个隔开的分割部分的多腔套箍支气管内导管，所述隔开的分割部分包括属于所述呼吸系统的完整的气体交换部件，

用于以相同的流量和相同的总压力向所述多腔导管的每一空腔提供不同气体混合物的两个或多个通气系统，

用于（i）对每一分割部分的吸入和呼出气体进行取样和/或（ii）对每一分割部分新输入的气体和排出的气体进行取样的取样装置，

以及用于测定所述取样装置提供的样品内气体浓度的气体分析仪，

用于测定（i）所述吸入和呼出的气体和/或（ii）所述新输入气体和排出气体流量的流量测定装置，

以及根据所测定的浓度和流量计算肺部血流的处理系统。

21. 如权利要求 20 所述的装置，其特征在于，包括一个气体输送系统，进一步包括用于对从气体输送系统输送到一个通气系统的气体组份进行采样的采样装置。

22. 如权利要求 20 所述的装置，其特征在于，进一步包括用于从通气系统采样排出气体的采样装置。

23. 如权利要求 20 所述的装置，其特征在于，多腔套箍支气管内具有两个或三个空腔。

24. 一三腔套箍的支气管内的导管，用于向受验者体内呼吸系统的三个隔开的分割部分中的每一部分提供独立的气体混合物，所述三个分割部分包括所述呼吸系统的完整气体交换部分，所述导管包括：

具有适于插入受验者体内气管的三个空腔的初始管，所述每一空腔在其顶端朝向连接管开孔，该连接管适于与通气系统连接，并且所述每一空腔在其底端朝向一个出口开孔，该出口用于向其中一个所述分割部分输送气体混合物；

一个或多个可充气套箍环绕所述初始管设置，和/或环绕所述出口设置，适于在呼吸系统内部形成密封，从而使每一出口都能够将气体混合物输送到所述三个隔开的分割部分中的一个，其处于与其他分割部分中的每一个隔离的状态。

25. 如权利要求 24 所述的三腔套箍的支气管内的导管，其特征在于，具有环绕初始管设置并位于适用于在气管内部形成第一密封的开孔之上的第一可充气套箍。

26. 如权利要求 25 所述的三腔套箍支气管内导管，其特征在于，具有一第二可充气套箍，该第二可充气套箍位于第一出口和第三出口之间、并环绕第二出口，以便在右支气管形成第二密封、在动脉下支气管形成第三密封，该第三密封可使第三出口向右肺的中、下肺叶输送气体混合物，而第二密封可使第二出口向右肺的上肺叶输送气体混合物。

27. 如权利要求 25 所述的三腔套箍支气管内导管，其特征在于，具有一第二可充气套箍，该第二可充气套箍位于第一出口和第三出口之间、并环绕第二出口，以便在左支气管形成第二密封、在动脉下支气管形成第三密封，该第三密封可使第三出口向左肺的下肺叶输送气体混合物，而第二密封可使第二出口向左肺的上肺叶输送气体混合物。”

驳回决定中指出：（1）权利要求 1～19 不符合专利法第 22 条第 4 款规定的实用性。独立权利要

求1及其从属权利要求2~19请求保护一种用于测量受验者体内肺部血流的方法，该方法实质上是将导管插入到人体呼吸系统的气管中，然后在导管中通入气体混合物，通过测量人体吸入/呼出气体或者输入气体/排出气体的参数计算肺部血流。上述方法是以人作为实施对象，必须由专业的操作人员（医生）实施该方法，其效果依赖于操作人员插入导管的准确性等因素，而且即使对于同一受验者，不同的操作人员掌握的尺度不同（例如不同的麻醉的深度），因此得到的效果也不相同，因而权利要求1~19请求保护的方法不具有再现性，导致无法在产业上使用而不具备实用性，不符合专利法第22条第4款的规定。（2）申请人提供的文献仅说明了通过培训和以往的经验技术技师可以实现权利要求1~19请求保护的方法，但不能证明该方法可以在产业上应用。

申请人（下称复审请求人）对上述驳回决定不服，于2005年4月15日向专利复审委员会提出复审请求，复审请求人在提出复审请求时未对其申请文本进行修改，但提交了以下一份附件用于证明本申请具有实用性：

附件2："Development and in vitro validation of a device for measuring non-shunt cardiac output by nitrous oxide throughflow"，英文，共8页。

复审请求人的复审请求理由概括为：（1）本发明所属技术领域的技术人员，即医生，根据公开的技术内容，能够重复实现专利申请中为解决技术问题所采用的技术方案，即可以测量出受验者体内肺部的血流。这种重复测量没有依赖任何随机因素，并且实施结果应该是相同的，即其计算公式是一定的，因此权利要求1~19保护的技术方案是具有再现性的。（2）权利要求1~19保护的技术方案的发明点不在于人这个作用对象，而在于采用的方法和步骤，例如，如何分割呼吸系统，如何通入气体，通入何气体，测定何参数，从而计算出肺部血流。（3）权利要求1~19要求保护的是一种用于测量受验者体内肺部血流的方法，是一种可提供这类信息的方法中侵害人体较少的方法。尽管本发明的方法需要插入到受验者气路中的导管，但这种插入可以在不破坏受验者的皮肤的情况下进行。并且将导管合适地插入气路已经是公知技术。（4）本发明涉及的是从活的人体或动物体获取形体参数、生理参数或其他参数的方法，其直接目的不是获得诊断结果，也不属于"疾病的诊断和治疗方法"。基于此，复审请求人认为，国家知识产权局驳回的理由不成立，本申请权利要求1~19具有实用性。

经形式审查合格后，专利复审委员会受理了该复审请求，并于2005年5月19日向复审请求人发出复审请求受理通知书，随后将本申请移交原实审部门进行前置审查。

原实质审查部门对本复审请求进行了前置审查，坚持原驳回决定。

专利复审委员会组成合议组，对本案的复审请求进行了审理。于2006年12月5日向复审请求人发出复审通知书。复审通知书指出：驳回决定所针对的权利要求1~19要求保护的是一种用于测量受验者肺部血流的方法。该方法实质上是将导管插入到人体呼吸系统的气管中，然后在导管中通入气体混合物，通过测量人体吸入/呼出气体或者输入气体/排出气体的参数计算肺部血流。其是采用器械对有生命的人体实施的介入性的处置方法，属于专利法意义上的外科手术方法。同时该方法的直接目的是获得中间参数，不是用于治疗，所以属于非治疗目的的外科手术方法。根据审查指南第二部分第一章4.3.2.3节以及第五章3.2.4节的规定，对于非治疗目的的外科手术方法，是以有生命的人或者动物为实施对象，无法在产业上使用，不具备实用性，不符合专利法第22条第4款的规定。

针对复审通知书，复审请求人于2007年1月22日进行了意见陈述并对申请文本进行了修改，将原权利要求1~19项删除，对其他权利要求进行重新排序，修改后的权利要求书如下：

"1. 一种用于在受验者体内测量肺部血流的装置，包括：

用于把独立的气体混合物提供到受验者呼吸系统的两个或多个隔开的分割部分的多腔套箍支气管内导管，所述隔开的分割部分包括属于所述呼吸系统的完整的气体交换部件，

用于以相同的流量和相同的总压力向所述多腔导管的每一空腔提供不同气体混合物的两个或多个通气系统，

用于（i）对每一分割部分的吸入和呼出气体进行取样和/或（ii）对每一分割部分新输入的气体和排出的气体进行取样的取样装置，

以及用于测定所述取样装置提供的样品内气体浓度的气体分析仪，

用于测定（i）所述吸入和呼出的气体和/或（ii）所述新输入气体和排出气体流量的流量测定装置，

以及根据所测定的浓度和流量计算肺部血流的处理系统。

2. 如权利要求1所述的装置，其特征在于，包括一个气体输送系统，进一步包括用于对从气体输送系统输送到一个通气系统的气体组分进行采样的采样装置。

3. 如权利要求1所述的装置，其特征在于，进一步包括用于从通气系统采样排出气体的采样装置。

4. 如权利要求1所述的装置，其特征在于，多腔套箍支气管内具有两个或三个空腔。

5. 一三腔套箍的支气管内的导管，用于向受验者体内呼吸系统的三个隔开的分割部分中的每一部分提供独立的气体混合物，所述三个分割部分包括所述呼吸系统的完整气体交换部分，所述导管包括：

具有适于插入受验者体内气管的三个空腔的初始管，所述每一空腔在其顶端朝向连接管开孔，该连接管适于与通气系统连接，并且所述每一空腔在其底端朝向一个出口开孔，该出口用于向其中一个所述分割部分输送气体混合物；

一个或多个可充气套箍环绕所述初始管设置，和/或环绕所述出口设置，适于在呼吸系统内部形成密封，从而使每一出口都能够将气体混合物输送到所述三个隔开的分割部分中的一个，其处于与其他分割部分中的每一个隔离的状态。

6. 如权利要求5所述的三腔套箍的支气管内的导管，其特征在于，具有环绕初始管设置并位于适用于在气管内部形成第一密封的开孔之上的第一可充气套箍。

7. 如权利要求6所述的三腔套箍支气管内导管，其特征在于，具有一第二可充气套箍，该第二可充气套箍位于第一出口和第三出口之间、并环绕第二出口，以便在右支气管形成第二密封、在动脉下支气管形成第三密封，该第三密封可使第三出口向右肺的中、下肺叶输送气体混合物，而第二密封可使第二出口向右肺的上肺叶输送气体混合物。

8. 如权利要求6所述的三腔套箍支气管内的导管，其特征在于，具有一第二可充气套箍，该第二可充气套箍位于第一出口和第三出口之间、并环绕第二出口，以便在左支气管形成第二密封、在动脉下支气管形成第三密封，该第三密封可使第三出口向左肺的下肺叶输送气体混合物，而第二密封可使第二出口向左肺的上肺叶输送气体混合物。”

至此，合议组认为本案事实已经清楚，可以作出审查决定。

**二、决定的理由**

1. 文本的认定

本决定所依据的文本是复审请求人于2007年1月22日提交的权利要求1~8项，以及驳回决定所依据的说明书、说明书附图及其摘要。

2. 关于专利法第22条第4款

对于驳回决定所针对的原权利要求1~19，合议组在复审通知书指出：（1）独立权利要求1及其从属权利要求2~19要求保护的是一种用于测量受验者肺部血流的方法。权利要求1的技术特征限定，本发明要“用独立的气体混合物为每一所述分割部分通气”，根据说明书第18～21页的记载可知，该方法实质上是将导管插入到人体呼吸系统的气管中，然后在导管中通入气体混合物，通过测量人体吸入/呼出气体或者输入气体/排出气体的参数计算肺部血流。可见所述的“通气”必须通过在人体肺部插入导管的方式才得以进行，这一过程不可避免的将导管介入到人体中，所以实际上是采用器械对有生命的人体实施的介入性的处置方法，属于专利法意义上的外科手术方法。（2）即使这种方法可能如复审请求人在复审请求中所述的“插入可以在不破坏受验者的皮肤的情况下进行”，但是否破皮并非判断是否属于外科手术方法的标准，介入性的治疗或处置方法不同于通常的剖开、切除、缝合、纹刺等创伤性的外科手术方法，只要将一定的器械介入到有生命的人体或者动物体当中，即涉及介入性的治疗或处置方法，属于外科手术方法。（3）正如复审请求人在意见陈述中指出的，本发明所述方法的直接目的仅仅是获得中间参数，不是用于治疗，因此该方法属于非治疗目的的外科手术方法。对于非治疗目的的外科手术方法，是以有生命的人或者动物为实施对象，无法在产业上使用，不具备实用性。基于同样的理由，从属权利要求2～19也不具备实用性，不符合专利法第22条第4款的规定。（4）申请人在复审请求时提交的证据仅证明了本领域技术人员能够实施权利要求1～19请求保护的方法，而技术方案能够实施并不代表该技术方案能够在产业上应用以及是否属于专利法保护的客体。

复审请求人于2007年1月22日提交了修改文本，删除了原权利要求1～19，将原权利要求20～27作为修改后的权利要求1～8。鉴于原驳回决定所指出的本申请中不符合专利法第22条第4款规定的权利要求1～19已被删除，从而驳回决定所指出的缺陷已不存在。同时由于修改后的权利要求1～8（即原权利要求20～27）在驳回决定中未涉及，为避免给复审请求人造成审级利益的损失，合议组在此对修改后的权利要求1～8也不作进一步评述。

根据以上事实和理由，本案合议组作出如下审查决定。

**三、决定**

撤销国家知识产权局于2004年12月31日对97182422.3号发明专利申请作出的驳回决定。由原审查部门在以下文本基础上继续进行审查：复审请求人于2004年3月22日提交的说明书第1～4，12，18～19页以及说明书摘要，按国际初步审查报告的附件提交的说明书第8，13，15，17，20，24页以及附图第3页，按进入中国国家阶段时提交的国际申请文件中的说明书第5～7，9～11，14，16，21～23，25～26页以及附图第1～2页，于2007年1月22日提交的权利要求1～8项。

复审请求人对本决定不服的，可以根据专利法第41条第2款的规定，自收到本决定之日起三个月内向北京市第一中级人民法院起诉。

035

# 一种填石路基的模量反算方法

## 复审请求审查决定（第10314号）

**决　　定　　号**　第10314号
**决　　定　　日**　2007年3月20日
**发明创造名称**　一种填石路基的模量反算方法
**国 际 分 类 号**　G01N 3/303
**复 审 请 求 人**　长安大学
**申　　请　　号**　200410074571.6
**申　　请　　日**　2004年9月7日
**公　　开　　日**　2005年2月9日
**合 议 组 组 长**　张梅珍
**主　　审　　员**　刘亚斌
**参　　审　　员**　宋　瑞

**法 律 依 据**　专利法第25条第1款第（2）项
**决 定 要 点**

一项权利要求中只要包含了技术特征，则该项权利要求就不属于专利法第25条第1款第（2）项所说的智力活动的规则和方法。

### 一、案由

本复审请求涉及申请号为200410074571.6，名称为“一种填石路基的模量反算方法”的发明专利申请。申请人为长安大学。本申请的申请日为2004年9月7日，公开日为2005年2月9日。

经实质审查，国家知识产权局于2005年11月11日以本申请的权利要求1~12不符合专利法第25条第1款第（2）项为由作出驳回决定。驳回决定所针对的权利要求书中共有12项权利要求，其中只有一项独立权利要求即独立权利要求1，其具体内容为：

“1. 一种对填石路基的结构性能进行评价的方法，其特征在于，该方法包括以下步骤：

A. 模量反算系统获取填石路基的结构参数和落锤式弯沉仪FWD的测试数据；

B. 模量反算系统根据所获取的填石路基的结构参数确定填石路基的层位和泊松比取值，并对FWD测试数据中包含的实测弯沉数据进行修正；

C. 模量反算系统根据修正后的FWD测试数据以及已确定的填石路基的层位和泊松比取值计算出一组初始模量值，将计算出的该组初始模量值作为当前模量值；

D. 模量反算系统根据当前模量值计算弯沉值，判断计算出的弯沉值与步骤A获取的FWD测试数据中包括的实测弯沉值之间的差值是否满足拟合精度要求，如果是，则将当前模量值作为模量反算结果，执行步骤 F，否则，执行步骤 E；

E. 模量反算系统根据计算出的弯沉值与实测弯沉值之间的差值计算出一组模量值，将计算出的该组模量值作为当前所得模量值，返回步骤 D；

F. 模量反算系统根据模量反算结果对填石路基的结构性能进行评价。”

在驳回决定中，审查员认为：权利要求 1～12 请求保护一种对填石路基的结构性能进行评价的方法，但是其内容是通过人的思维，经过推理、分析和判断而产生的抽象的结果，是指导人们对由测量仪器获得的各种信息进行思维和判断的规则和方法，并非利用自然规律和自然力的技术方案；并且，该评价方法并未应用到具体的实施方案中去以达到一定的技术效果，权利要求中没有体现出申请人所述的在工程中实际应用并取得较好技术效果。因此，该权利要求除了计算、分析和判断之外，没有产生具体的技术效果，从而不属于一种技术方案，而是属于智力活动的规则和方法，因此不能被授予专利权。

申请人（下称复审请求人）对上述驳回决定不服，于 2006 年 2 月 24 日向专利复审委员会提出了复审请求，同时提交了权利要求书和说明书的全文替换页，说明书附图第 2 页、说明书摘要以及摘要附图的修改替换页。修改后的权利要求书仍包括 12 项权利要求，其中只有 1 项独立权利要求即独立权利要求 1，其具体内容为：

“1. 一种确定填石路基施工质量的方法，其特征在于，该方法包括以下步骤：

A. 落锤式弯沉仪 FWD 在填石路基上测试弯沉数据和时程数据；

B. 向模量反算系统输入填石路基的结构参数以及 FWD 所测试出的弯沉数据和时程数据；

C. 模量反算系统根据所获取的填石路基的结构参数确定填石路基的层位和泊松比取值，并根据 FWD 测试数据中包含的时程数据对实测弯沉数据进行修正；

D. 模量反算系统根据修正后的弯沉数据以及已确定的填石路基的层位和泊松比取值计算出一组初始模量值，将计算出的该组初始模量值作为当前模量值；

E. 模量反算系统根据当前模量值计算弯沉值，判断计算出的弯沉值与步骤 B 获取的 FWD 测试数据中包括的实测弯沉数据之间的差值是否满足拟合精度要求，如果是，则将当前模量值作为模量反算结果，执行步骤 G，否则，执行步骤 F；

F. 模量反算系统根据计算出的弯沉值与实测弯沉数据之间的差值计算出一组模量值，将计算出的该组模量值作为当前所得模量值，返回步骤 E；

G. 模量反算系统根据模量反算结果确定填石路基的施工质量是否合格。”

复审请求人认为，本发明解决的是如何准确客观地确定填石路基的实际施工质量是否合格的技术问题，采用了技术手段，包括：（1）FWD 在填石路基上测试弯沉数据和时程数据；（2）将填石路基的结构参数和测试出的弯沉数据和时程数据输入模量反算系统；（3）确定填石路基的层位和泊松比、对 FWD 测试数据进行修正、得到模量反算结果；（4）根据模量反算结果确定施工质量是否合格。并且，本发明带来了技术效果，即可以得到准确的、反映填石路基实际施工质量的模量反算结果，并可根据该模量反算结果准确客观地确定出填石路基的施工质量是否合格。复审请求人还认为，本发明与现有技术的区别在于：FWD 测试了时程数据，并将所测试出的时程数据和填石路基的结构参数输入模量反算系统。本发明对现有技术的贡献不仅在于模量反算系统对数据的分析判断过程，还在于：FWD 采集数据的不同，模量反算系统计算模量反算结果时所依据数据的不同，以及可准确的确定出施工质量是否合格。因此本发明并非智力活动的规则和方法，而是一个完整的技术方案，属于可给予专利保护的客体。

经形式审查合格，专利复审委员会依法受理了该复审请求，于2006年5月10日发出复审请求受理通知书和前置审查通知书，并将本案送回原审查部门进行前置审查。

原审查部门在前置审查意见书中认为，权利要求1中所增加的“落锤式弯沉仪FWD在填石路基上测试弯沉数据和时程数据”属于本领域的公知常识，该申请相对于现有技术的贡献仍然仅在于属于智力活动的规则和方法的部分，因而坚持原驳回决定。

针对该复审请求，专利复审委员会成立合议组对本案进行审查。经审查，合议组认为本案事实已经清楚，可以作出审查决定。

**二、决定的理由**

1. 关于审查文本

本复审决定以复审请求人于申请日提交的说明书附图第1、3~7页，2006年2月24日提交的权利要求第1~12项、说明书第1~18页、说明书附图第2页、说明书摘要和摘要附图作为审查文本。

2. 关于专利法第25条第1款第（2）项

专利法第25条第1款规定：对以下各项，不授予专利权：（1）科学发现；（2）智力活动的规则和方法；（3）疾病的诊断和治疗方法；（4）动物和植物品种；（5）用原子核变换方法获得的物质。

一项权利要求中只要包含了技术特征，则该项权利要求就不属于专利法第25条第1款第（2）项所说的智力活动的规则和方法。

（1）关于权利要求1是否属于专利法第25条第1款第（2）项规定的不予授权范围。

本申请的权利要求1要求保护一种确定填石路基施工质量的方法，其中步骤A利用落锤式弯沉仪FWD在填石路基上测试弯沉数据和时程数据，步骤B~G利用模量反算系统进行数据的计算、修正、判断和比较操作。合议组认为，步骤A利用落锤式弯沉仪FWD在填石路基上测试数据显然是采用了技术手段，属于技术特征。根据审查指南第二部分第一章第4.2节和第九章第2节的规定，如果一项权利要求在对其进行限定的全部内容中既包含智力活动的规则和方法的内容，又包含技术特征，则该权利要求就整体而言并不是一种智力活动的规则和方法，不应当依据专利法第25条排除其获得专利权的可能性。

在对权利要求1进一步分析之后，合议组认为，权利要求1所要解决的问题是如何准确客观地确定填石路基的实际施工质量是否合格，是技术问题。该方法中利用落锤式弯沉仪所测试的数据不仅包括FWD测试结果，还包括时程数据，从而可以根据该时程数据对实测弯沉数据进行自动修正，避免了像现有技术那样进行简单的人工修正而导致的缺陷；该方法针对填石路基不具有明显层位、非完整的道路结构形式，增加了根据填石路基的结构参数确定填石路基的层位的步骤，避免了像现有技术那样不对填石路基分层或者人工进行分层而导致反算结果差异很大的缺陷；该方法中增加了根据填石路基的结构参数确定泊松比取值的步骤，相对于现有技术中取恒定泊松比能够更准确地反映施工质量的好坏；该方法中还包括根据修正后的弯沉数据以及所确定的填石路基的层位和泊松比取值计算出一组初始模量值，避免了像现有技术那样由用户选取初始模量值所造成的模量反算过程复杂和模量反算结果不一致、不合理的缺陷。因此该方法利用的是遵循自然规律的技术手段，获得了更准确的、反映填石路基实际施工质量的模量反算结果，从而能够更准确客观地确定填石路基的施工质量是否合格，因而获得的是技术效果。所以，该权利要求1所要求保护的是一种通过执行计算机程序实现外部数据处理并获得准确的评价结果的技术方案，是专利保护的客体，不属于专利法第25条第1款第（2）项规定的不予授权范围。

原审查部门在驳回决定中还指出：该评价方法并未应用到具体的实施方案中去以便达到一定的技术效果，在权利要求中并未体现出申请人所述已经将该评价方法实际应用到工程中并得到了较好的技术效果，所以该权利要求所要求保护的方案不是专利法意义上的技术方案。但是，合议组认为，本申请的权利要求 1 中已经明确记载了该方法是用于确定填石路基的施工质量是否合格，此外，判断一个解决方案是否专利法意义上的技术方案应当从技术问题、技术手段和技术效果三个方面来整体分析，而并不要求权利要求中一定要体现出该方案的实际应用。

（2）关于权利要求 2~12 是否属于专利法第 25 条第 1 款第（2）项规定的不予授权范围。

权利要求 2~12 是权利要求 1 的从属权利要求，由于权利要求 1 不属于专利法第 25 条第 1 款第（2）项规定的不予授权范围，因此其从属权利要求 2~12 也不属于专利法第 25 条第 1 款第（2）项规定的不予授权范围。

**三、决定**

撤销国家知识产权局于 2005 年 11 月 11 日对 200410074571.6 号发明专利申请作出的驳回决定，由原审查部门以本复审决定所依据的申请文本继续进行审查。

如对本复审请求审查决定不服，根据专利法第 41 条第 2 款的规定，请求人可以自收到本决定之日起三个月内向北京市第一中级人民法院起诉。

036

# 海水脱盐的方法

## 复审请求审查决定（第 10375 号）

**决　定　号**　第 10375 号
**决　定　日**　2007 年 3 月 21 日
**发明创造名称**　海水脱盐的方法
**国际分类号**　C02F 1/00，C01D 7/18，C02F 103：08
**复审请求人**　保罗 · 龙韦德
**申　请　号**　00819996.5
**申　请　日**　2000 年 9 月 27 日
**公　开　日**　2003 年 11 月 12 日
**合议组组长**　于　萍
**主　审　员**　欧　岚
**参　审　员**　刘　凡

**法律依据**　专利法第 26 条第 3 款
**决定要点**

当一项申请技术方案的实现不能用所属领域的基本常识来解释时，那么应该在原始的说明书中完整地公开能够让本领域的技术人员理解该申请技术方案的发明机理，或者记载可以证明该申请的技术方案成立的实验及相关数据结果，达到所属技术领域的技术人员确信所述的技术方案能够解决其所要解决的技术问题，并能够实现该申请技术方案的程度。

### 一、案由

本复审请求涉及的是申请日为 2000 年 9 月 27 日、发明名称是"海水脱盐的方法"的发明专利申请（以下称本申请），其申请号为 00819996.5，申请人是保罗 · 龙韦德。

应申请人的请求，国家知识产权局专利局审查部门对本申请进行了实质审查，并于 2004 年 2 月 27 日发出了第一次审查意见通知书，通知书中指出：本申请中的技术方案描述得含糊不清，申请人没有给出实验数据加以证明 $Na_2CO_3$ 和 $NH_4Cl$ 能以固相沉淀析出，因此说明书的公开是不完整和充分的，不符合专利法第 26 条第 3 款的规定；而且提交的申请文本中也没有记载具有授权前景的实质内容。

申请人于 2004 年 9 月 13 日对第一次审查意见通知书提交了意见陈述书，认为申请文件公开充分。

经过上述审查程序后，国家知识产权局专利局审查部门于 2004 年 11 月 12 日作出驳回决定，理由是本申请的说明书没有对发明作出清楚、完整的说明，公开不充分，不符合专利法第26条第3款的规定。

申请人（以下称复审请求人）不服上述驳回决定，于2005年2月28日向专利复审委员会提出了复审请求，同时提交了说明书第2页的修改替换页，在复审请求书中其再次陈述了说明书符合专利法第26条第3款规定的理由。

经形式审查合格后，专利复审委员会受理了该复审请求，于2005年3月30日向复审请求人发出了《复审请求受理通知书》，同时向原审查部门发出了《前置审查通知书》。原审查部门对该复审请求做出前置审查意见，坚持原驳回决定。

专利复审委员会依法成立合议组对本复审请求案进行了审理，于2005年12月8日向复审请求人发出复审通知书，在复审通知书中指出：修改后的说明书不符合专利法第26条第3款的规定，复审请求人没有给出充分的理由说明其申请公开是充分的。因此合议组经审查拟维持原驳回决定。

复审请求人于2006年3月23日针对上述复审通知书提交了意见陈述书和说明书第2页的修改替换页。复审请求人在此次提交的文本中将说明书第2页中的反应方程式进行了修改，并陈述了说明书满足专利法第26条第3款规定的理由。

经过上述审查程序，合议组认为本案事实已经清楚，可以作出审查决定。

**二、决定的理由**

1. 审查基础

复审请求人于2006年3月23日提交了说明书第2页的修改替换页，对原说明书中盐离解反应化学式中的明显错误根据公知常识进行了修正，经审查该修改符合专利法第33条及专利法实施细则第60条的规定。本决定以进入中国国家阶段时提交的国际申请文件的权利要求书1~4，说明书第1、3、4页，说明书摘要以及2006年3月23日提交的说明书第2页作为审查基础。

2. 关于专利法第26条第3款的问题

专利法第26条第3款规定，说明书应当对发明或者实用新型作出清楚、完整的说明，以所属技术领域的技术人员能够实现为准。

审查指南第二部分第二章2.1.3还规定：所属技术领域的技术人员能够实现，是指所属技术领域的技术人员按照说明书记载的内容，就能够实现该发明或者实用新型的技术方案，解决其技术问题，并且产生预期的技术效果。说明书应当清楚地记载发明或者实用新型的技术方案，详细地描述实现发明或者实用新型的具体实施方式，完整地公开对于理解和实现发明或者实用新型必不可少的技术内容，达到所属技术领域的技术人员能够实现该发明或者实用新型的程度。

如果一项专利申请所要求保护的技术方案，申请人根据已有的专业知识不能清楚地说明该技术方案解决其技术问题的机理，则应在原始说明书中给出实验数据来证明其技术效果，说明其能解决所要解决的技术问题。

针对本案而言，本申请涉及一种海水或微咸水脱盐的方法。说明书中描述的脱盐方法，其关键步骤是在处理腔内由盐、氨、$CO_2$和水生成$Na_2CO_3$和$NH_4Cl$这两种重质固体产物，并将该产物在澄清池内沉降并在底流出口移出。合议组认为，由化学领域基本常识中的溶解度原理可知，$Na_2CO_3$和$NH_4Cl$是易溶电解质，在水中溶解度很大，在液相反应体系中，由于反应物NaCl含量很低（3%），故上述两种反应产物相对于反应体系中的水来说是少量的，也就是说，不可能达到饱和状态，故在本申请说明书没有具体公开其他技术手段的情况下，二者不可能有悖常理而以固体状态出现，因此本领域的技术人员按照说明书记载的内容无法得到$Na_2CO_3$和$NH_4Cl$固体继而实现脱盐的目的。

复审请求人在意见陈述书中陈述由于本申请涉及的是海水而不是纯水，因此不能用化学领域基本常识中的溶解度原理来解释，并且认为本申请的发明机理无法清楚描述，而是提交了按照说明书公开的内容所做的实验及相关数据结果，证明其所述方法的化学反应可以生成 $Na_2CO_3$ 和 $NH_4Cl$ 固体沉淀。合议组经合议认为，由于本领域的技术人员根据化学领域的基本常识不能推出由本申请所述的技术方案可以产生所述的固体沉淀，那么复审请求人即申请人应该在原始的说明书中完整地公开能够让本领域的技术人员理解本申请技术方案的发明机理，或者记载可以证明本申请的技术方案成立的实验及相关数据结果，达到所属技术领域的技术人员确信所述的技术方案能够解决其所要解决的技术问题，并能够实现该申请技术方案的程度。而所述技术内容复审请求人在原始说明书中均未记载，因此本申请的说明书没有充分公开所要保护的技术方案，不符合专利法第 26 条第 3 款的规定。

虽然复审请求人在 2006 年 3 月 23 日提交的意见陈述中附具了实验数据及相关说明，但由于所述内容并未记载在本申请的原始说明书中，故不能因此克服如上所述的本申请不符合专利法第 26 条第 3 款规定的缺陷。

基于上述理由，合议组依法作出下述决定。

**三、决定**

维持国家知识产权局专利局于 2004 年 11 月 12 日作出的驳回 00819996.5 号发明专利申请的决定。

复审请求人对本决定不服的，可以根据专利法第 41 条第 2 款的规定，自收到本决定之日起 3 个月内向北京市第一中级人民法院起诉。

037

# 气体液化的双混合制冷剂循环方法

## 复审请求审查决定（第10376号）

**决　定　号**　第10376号
**决　定　日**　2007年3月22日
**发明创造名称**　气体液化的双混合制冷剂循环方法
**国际分类号**　F25J 1/02，3/02
**复审请求人**　气体产品与化学公司
**申　请　号**　99126718.4
**优 先 权 日**　1998年12月9日
**申　请　日**　1999年12月9日
**公　开　日**　2000年6月14日
**合议组组长**　黄　颖
**主　审　员**　朱文广
**参　审　员**　刘敏飞

**法律依据**　专利法第22条第3款
**决定要点**

将要求保护的发明与最接近的现有技术对比，确定出发明的区别特征和其实际解决的技术问题，若现有技术中能给出将上述区别特征应用到该最接近现有技术以解决其存在的技术问题（即发明实际解决的技术问题）的启示，则要求保护的技术方案相对于现有技术是显而易见的，无突出的实质性特点。当所述区别技术特征为公知常识时，通常认为现有技术中存在上述“技术启示”。

### 一、案由

本复审请求涉及申请日为1999年12月9日，名称为“气体液化的双混合制冷剂循环方法”的发明专利申请（下称本申请），其申请号为99126718.4，申请人为气体产品与化学公司。

本申请的公开文本中共有17项权利要求，其中独立权利要求1为：

“1. 一种液化加压进料气体的方法，包括：

（a）通过间接换热，在第一换热区用第一汽化混合制冷剂冷却加压进料气体，产生冷却的进料气体和第一混合制冷剂蒸汽，其中第一汽化混合制冷剂是在基本恒定的第一压力下汽化的；

（b）通过间接换热，在第二换热区用第二汽化混合制冷剂进一步冷却和冷凝已被冷却的进料气体，产生液体产品和第二混合制冷剂蒸汽，其中第二汽化混合制冷剂是在基本恒定的第二压力下汽化的；

（c）压缩第一混合制冷剂蒸汽；并冷却、冷凝和闪蒸所得的压缩的第一混合制冷剂蒸汽，提供第一汽化混合制冷剂；和

（d）压缩第二混合制冷剂蒸汽；并冷却、冷凝和闪蒸所得的压缩的第二混合制冷剂蒸汽，提供第二汽化混合制冷剂，其中至少一部分用于冷却和冷凝第二混合制冷剂蒸汽所需的冷量是由在第一换热区中用第一汽化液体混合制冷剂间接换热提供的。”

申请人于2000年9月16日提出主动修改并提交了说明书第5、7页、权利要求书第2、4页的修改替换页，将说明书第5页倒数第5行的“（c）”修改为“（b）”，第7页第19行的“（b）”修改为“（d）”；将权利要求10步骤（2）中的“（c）”修改为“（b）”，权利要求15第1行的“（b）”修改为“（d）”。

应申请人的请求，国家知识产权局实质审查部门对本申请进行了实质审查，并于2003年6月13日驳回本申请，理由为权利要求1~6、10、11不具有创造性。依据的审查文本为2002年9月5日答第一次审查意见通知书所提交的修改文本，修改后的权利要求共有16项，其中权利要求1~6、10、11为：

“1. 一种液化加压进料气体的方法，包括：

（a）通过间接换热，在第一换热区用高位汽化混合制冷剂冷却加压进料气体，产生冷却的进料气体和高位混合制冷剂蒸汽，其中高位汽化混合制冷剂是在基本恒定的第一压力下汽化的；

（b）通过间接换热，在第二换热区用低位汽化混合制冷剂进一步冷却和冷凝已被冷却的进料气体，产生液体产品和低位混合制冷剂蒸汽，其中低位汽化混合制冷剂是在基本恒定的第二压力下汽化的；

（c）压缩高位混合制冷剂蒸汽；并冷却、冷凝和闪蒸所得的压缩的高位混合制冷剂蒸汽，提供高位汽化混合制冷剂；和

（d）压缩低位混合制冷剂蒸汽；并冷却、冷凝和闪蒸所得的压缩的低位混合制冷剂蒸汽，提供低位汽化混合制冷剂，其中至少一部分用于冷却和冷凝低位混合制冷剂蒸汽所需的冷量是由在第一换热区中用高位汽化液体混合制冷剂间接换热提供的。

2. 权利要求1的方法，其中，在步骤（c）中，高位混合制冷剂蒸汽的压缩可以在至少两级压缩中进行，产生了至少一股级间两相制冷剂物流；该级间两相制冷剂物流被分离成级间制冷剂蒸汽和级间制冷剂液体；该级间制冷剂蒸汽被压缩产生进一步压缩的制冷剂；该级间液体制冷剂被泵送以产生进一步加压的液体制冷剂；进一步压缩的制冷剂和进一步加压的液体制冷剂合并；所得的合并的高位混合制冷剂被冷却、冷凝、任选地过冷，和闪蒸以提供步骤（a）中的高位汽化混合制冷剂。

3. 权利要求1的方法，其中，在压缩后，冷却和冷凝高位混合制冷剂蒸汽所需的冷量的至少一部分是由在第一换热区与高位汽化液体混合制冷剂间接换热提供的。

4. 权利要求1的方法，进一步包括通过以下步骤从加压进料气体中除去重于甲烷的烃：

（1）将冷却的进料气体从第一位置引入到蒸馏塔中，从中排出富含甲烷的塔顶物流和重于甲烷的组分的塔釜物流；和

（2）分离塔釜物流以获得含有多至4个碳原子的组分的第一烃物流，和含有多于4个碳原子的组分的第二烃物流。

5. 权利要求1的方法，其中在压缩后，冷却和冷凝低位混合制冷剂蒸汽所需冷量的一部分由在第二换热区与低位汽化混合制冷剂间接换热至少部分地提供。

6. 权利要求1的方法，其中：

在压缩后，低位混合制冷剂蒸汽在第一换热区通过间接换热来冷却，并从中以第一温度排出，

所得的冷却后的低位混合制冷剂物流被引入第二换热区，并通过间接换热在其中进一步冷却，

低位混合制冷剂蒸汽从第二换热区以第二温度排出，该温度低于第一温度，和

得到的进一步冷却的第二混合制冷剂蒸汽在未预热的情况下直接压缩。

10. 一种液化加压进料气体的系统，包括：

（a）冷却加压进料气体、冷却压缩的高位混合制冷剂、冷却压缩的低位混合制冷剂的第一换热装置，其中至少部分冷却是与高位汽化混合制冷剂间接换热进行的，高位汽化混合制冷剂在基本恒定的第一压力下汽化，其中冷却产生了冷却的加压进料气体、液化的第一混合制冷剂、冷却的低位压缩混合制冷剂，其中高位汽化混合制冷剂产生了高位混合制冷剂蒸汽；

（b）压缩高位混合制冷剂蒸汽以提供压缩的高位混合制冷剂的第一压缩装置；

（c）闪蒸液化的高位混合制冷剂以提供高位汽化混合制冷剂的减压装置；

（d）进一步冷却和冷凝已冷却的进料气体，以及进一步冷却和液化已冷却的低位压缩混合制冷剂的第二换热装置，其中至少部分冷却是与低位汽化混合制冷剂间接换热进行的，低位汽化混合制冷剂在基本恒定的第二压力下汽化，其中冷却产生液体产物和液化的低位混合制冷剂，并且其中低位汽化混合制冷剂产生低位混合制冷剂蒸汽；

（e）压缩低位混合制冷剂蒸汽以提供压缩的低位混合制冷剂的第二压缩装置；

（f）闪蒸液化的低位混合制冷剂以提供低位汽化混合制冷剂的减压装置；和

（g）管线装置，该管线装置用于：

向第一换热装置引入加压进料气体，

从第一换热装置向第二换热装置输送冷却的进料气体，

从第二换热装置排出液体产物，

从第一换热装置向第一压缩装置输送高位混合制冷剂蒸汽，和第一压缩装置向第一换热装置输送所得的压缩的高位混合制冷剂蒸汽，

从第一换热装置向第二换热装置输送冷却的低位压缩混合制冷剂，

从第二换热装置向第二压缩装置输送低位混合制冷剂蒸汽，和从第二压缩装置向第一换热装置输送所得的压缩的低位混合制冷剂蒸汽。

11. 权利要求 10 的系统，其中第一压缩装置包括：

至少两个压缩机级及与之相连的管线，其中一级产生级间压缩制冷剂，

级间冷却器，级间压缩的制冷剂在其中冷却和部分冷凝，从而产生两相级间制冷剂，

分离器和与之相连的管线，在其中，两相级间制冷剂被分离成级间制冷剂蒸汽和级间制冷剂液体；

附加压缩机级，在其中级间制冷剂蒸汽被压缩以产生进一步压缩的制冷剂，

用于对级间制冷剂液体加压的泵以及与之相连的管线，和

使所得的加压级间制冷剂液体和进一步压缩的制冷剂合并以产生步骤（a）的压缩的高位混合制冷剂的管线。”

申请人（下称复审请求人）不服上述驳回决定，于 2003 年 9 月 24 日向专利复审委员会提出了复审请求，但未提交修改文本。在复审请求书中复审请求人陈述：（1）关于权利要求 1 的创造性。现有技术的众多气体液化专利中教导了高位制冷剂是在两个或三个不同压力下汽化的，对比文件 1 亦是如此，这表明现有技术中优选在三个不同的压力水平汽化高位制冷剂。而本申请的高位制冷剂是在一个基本恒定的压力下汽化，由此导致可采用单级换热器，通常情况下其成本较低，操作简便，因此具有显著的进步。（2）关于权利要求 2 的创造性。对比文件 1 的方法中所述液体没有被泵送，并且所述

蒸汽和液体没有合并，因此不同于权利要求2的方法。其中物流94和96压力不同，并且均作为单独的物流进入制冷剂级联回路98，显然这种将不同压力和温度下的物流合并在热力学上是效率极低，因此权利要求2具有创造性。（3）关于权利要求3~6、10和11，复审请求人同样不同意审查员的意见。

经形式审查合格，专利复审委员会受理了该复审请求。并于2003年11月12日向复审请求人发出了复审请求受理通知书，同时向原审查部门发出了前置审查通知书。原审查部门对该复审请求作出前置审查意见书，坚持原驳回决定。

专利复审委员会依法成立合议组，对本复审请求案进行了审理，于2006年8月7日向复审请求人发出复审通知书，在复审通知书中指出：权利要求1~6、10、11不具备创造性，不符合专利法第22条第3款的规定；从属权利要求2~7、9不具有单一性，从属权利要求11、12、14~16不具有单一性，不符合专利法第31条第1款的规定。

复审请求人于2006年11月13日针对上述复审通知书提交了意见陈述书，坚持认为对比文件1没有教导热交换器在三压力汽化方法之外还可以使用单一压力汽化方法；而且对比文件1没有公开阶段之间的液体泵出，以及没有教导或暗示一道制冷剂物流而不是两道分开的制冷剂物流流入高级热交换器；对比文件2公开的是有别于本发明的方法的除去较重的烃的方法。

经过上述审查程序，合议组认为本案事实已经清楚，可以依法作出复审决定。

**二、决定的理由**

1. 审查基础

本决定以驳回决定针对的审查文本作为审查基础。

2. 关于创造性

专利法第22条第3款规定的创造性，是指同申请日以前已有的技术相比，该发明有突出的实质性特点和显著的进步，该实用新型有实质性特点和进步。

将要求保护的发明与现有技术对比，其技术方案相对于现有技术是非显而易见的，则具有突出的实质性特点；是显而易见的，则无突出的实质性特点。按照此审查基准判断该要求保护的技术方案相对于现有技术是否显而易见，通常可按以下三个步骤进行：（1）确定最接近的现有技术；（2）确定发明的区别特征和其实际解决的技术问题；（3）判断要求保护的发明对本领域的技术人员来说是否显而易见。在第三步骤的判断过程中，要确定的是现有技术整体上是否存在某种技术启示，即现有技术中是否给出将上述区别特征应用到该最接近现有技术以解决其存在的技术问题（即发明实际解决的技术问题）的启示。当所述区别技术特征为公知常识时，通常认为现有技术中存在上述“技术启示”。

就本案而言，独立权利要求1请求保护一种液化加压进料气体的方法。对比文件1（CN1041440A）公开了一种使用低级、高级和吸收制冷循环进行天然气液化的方法，披露了以下技术特征（见对比文件1说明书第6页第12行至第7页第21行及附图1~3）：通过管路12将天然气原料送进干燥器18以除掉杂质，干燥后的天然气经管路22送到高级制冷热交换器24里被高级（即高位）混合制冷剂汽化冷却，经过初步冷却的天然气在经管路26送到低级制冷热交换器68中被低级（即低位）混合制冷剂汽化冷却冷凝。压缩后的高级制冷剂在分离器84中进行相分离，分离器84的塔顶气流经压缩机88压缩送入高级制冷阶式环路98中，液体通过高级制冷阶式环路98中。多组分制冷剂在压缩机52和54中被压缩，经压缩的低级制冷剂通过管路56送到热交换器24被高级混合制冷剂冷却，然后将这种冷凝的多组分制冷剂在分离器62中进行相分离，分离器62中的塔顶馏份和塔底残液分别通过管路64和66送到低级制冷热交换器68中从而产生制冷过程。权利要求1请求保护的技术方案与对比文件1公开的技术方案相比，其区别在于：权利要求1中所述的“其中高位汽化混合制冷剂是在基本恒定的第一压力下汽化的；其中低位汽化混合制冷剂是在基本恒定的第二压力下汽化的”，以及高位混合制冷剂和低位混合制冷剂通过闪蒸来提供高位混合制冷剂和低位混合制冷剂蒸汽。

首先，液态制冷剂通过闪蒸形成汽化的制冷剂从而提供冷量是本领域通常采用的技术手段。其次，在汽化过程中制冷剂的汽化压力通常都是基本恒定的，因此对比文件1中的低级混合制冷剂就是在一个基本恒定的压力下汽化的。至于高级混合制冷剂，虽然从对比文件1中可以看出其分三级引出并从压缩机的三个不同的压力段引入压缩机，但本领域技术人员据此也很容易想到这里可以采用本领域常用的更为简单的单压力汽化过程来代替，三个不同的压力水平汽化是对比文件1中的一种优选方案，本申请中作为一种更为基本的工艺过程，即在一个基本恒定的压力下汽化的技术方案对本领域技术人员是显而易见的。综上所述，在对比文件1的基础上结合上述公知常识以获得权利要求1所要求保护的技术方案，对所属技术领域的技术人员来说是显而易见的，因此该权利要求不具备突出的实质性特点，因而不符合专利法第22条第3款有关创造性的规定。

权利要求2限定部分的大部分附加技术特征也已在对比文件1（见对比文件1说明书第7页第3行至第13行及附图1）中公开。对比文件1记载了压缩高级制冷剂采用的压缩机包括76和88，经压缩机76压缩后的高级制冷剂经冷却器冷却后在分离器84中分离成一种塔顶气流和一种液体，经压缩机88进一步压缩的制冷剂经冷却器冷却后经管路90冷却后送入高级制冷热交换器中，而液体制冷剂经冷却器冷却后则经管路96冷却后，送入高级制冷热交换器中。权利要求2请求保护的技术方案与对比文件1公开的技术方案之间的区别为：权利要求2中所述的“所得的合并的高位混合制冷剂被冷却、冷凝、任选地过冷，和闪蒸以提供步骤（a）中的高位汽化混合制冷剂。”即，权利要求2中液体制冷剂是还经加压再与气态制冷剂混合冷却、冷凝、任选地过冷，和闪蒸以提供步骤（a）中的高位汽化混合制冷剂。而对比文件1中未明显记载液态制冷剂要经过加压，同时其中的气态和液态制冷剂是先冷却后混合。然而，从对比文件1可以看出，气态制冷剂和液态制冷剂均来自同一个地点，即分离器84，同时均要送到同一个装置98中，由于气态制冷剂经过了加压，因此其出口的压力通常要高于液态制冷剂，显然这一点不利于液态制冷剂的输送，因此虽然对比文件1中未明确记载，但本领域技术人员很容易就能想到在液态制冷剂的输送管路96加上一个泵来加压输送。至于先混合后冷却还是先冷却后混合，均是本领域中通常使用的两种方式，而冷凝、任选地过冷，和闪蒸等均是本领域在制冷过程通常采用的技术手段，因此，在对比文件1的基础上结合上述公知常识以获得权利要求2所要求保护的技术方案，对所属技术领域的技术人员来说是显而易见的，该权利要求不具备突出的实质性特点，因而不符合专利法第22条第3款有关创造性的规定。

权利要求3限定部分的技术特征是本领域的技术人员在进行设计时所采用的常规方法，本领域的技术人员通常采用制冷剂和制冷剂蒸汽之间的间接换热来冷却和冷凝制冷剂蒸汽，因此权利要求3不符合专利法第22条第3款有关创造性的规定。

权利要求4限定部分的附加技术特征已在对比文件2（CN1056116A）（见对比文件2说明书第1页第19行至第2页第5行）中公开。对比文件2公开了一种提高天然气中甲烷含量的方法及其装置，记载了原料天然气经冷却后进入吸收塔，吸收天然气中C2+以上的碳氢化和物以净化天然气，净化的天然气经过滤器和油气分离器进入产品生产系统。由于对比文件2给出了从冷却的加压进料气体中分离重于甲烷的烃的技术启示，而权利要求4中的通过蒸馏塔进行分离与对比文件2中的吸收塔分离都是本领域常用的分离技术手段，使得本领域的技术人员很容易想到将现有技术中的蒸馏塔分离替换对比文件2中的吸收塔分离，并应用到对比文件1中构成权利要求4的技术方案，故该权利要求所要保护的技术方案相对于对比文件1和2是显而易见的，该权利要求不具备突出的实质性特点，不符合专利法第 22 条第 3 款有关创造性的规定。

权利要求 5 限定部分的技术特征是本领域的技术人员在进行设计时所采用的常规方法，本领域的技术人员通常采用制冷剂和制冷剂蒸汽之间的间接换热来冷却和冷凝制冷剂蒸汽，因此权利要求 5 不符合专利法第 22 条第 3 款有关创造性的规定。

权利要求 6 限定部分的大部分附加技术特征已在对比文件 1（见对比文件 1 说明书第 6 页第 12 行至第 7 页第 21 行及附图 1~3）中公开。对比文件 1 中公开了冷却压缩的低级制冷剂的高级制冷热交换器，其中冷却是与高级制冷剂间接换热进行的，由低级制冷热交换器经管路 50 向压缩机 52 和 54 输送低级制冷剂蒸汽，压缩后的低级制冷剂蒸汽经管路 56 进入高级制冷热交换器进行冷却，再经管路 64 和 66 向低级制冷热交换器输送低级制冷剂；虽然对比文件 1 未公开经高级制冷热交换器冷却后的低级制冷剂蒸汽再引入低级制冷热交换器进一步冷却，但本领域的技术人员通常采用制冷剂和制冷剂蒸汽之间的间接换热来冷却和冷凝制冷剂蒸汽。因此权利要求 6 不符合专利法第 22 条第 3 款有关创造性的规定。

权利要求 10 请求保护一种液化加压进料气体的系统。对比文件 1 公开了一种使用低级、高级和吸收制冷循环进行天然气液化的方法，披露了以下技术特征（见对比文件 1 说明书第 6 页第 12 行至第 7 页第 21 行及附图 1~3）：冷却天然气原料、冷却压缩的低级制冷剂的高级制冷热交换器，其中冷却是与高级制冷剂间接换热进行的；高级制冷剂在压缩机 76 中被压缩；进一步冷却和冷凝已冷却的天然气的低级制冷热交换器，其中至少部分冷却是与低级制冷剂间接换热进行的；低级制冷剂经管路 50 在压缩机 52 和 54 中被压缩，天然气原料经管路 22 送入高级制冷热交换器，冷却的天然气经管路 26 送入低级制冷热交换器，低级制冷热交换器经管路 28 排出液体产物；由高级制冷热交换器向压缩机 76 输送高级制冷剂蒸汽，压缩后的高级制冷剂蒸汽经管路 90 和 96 送入高级制冷热交换器；由低级制冷热交换器经管路 50 向压缩机 52 和 54 输送低级制冷剂蒸汽，压缩后的低级制冷剂蒸汽经管路 56 进入高级制冷热交换器进行冷却，再经管路 64 和 66 向低级制冷热交换器输送低级制冷剂。权利要求 10 与对比文件 1 之间的区别为：权利要求 10 中所述的“高位汽化混合制冷剂是在基本恒定的第一压力下汽化，闪蒸液化的高位混合制冷剂以提供高位汽化混合制冷剂的减压装置；低位汽化混合制冷剂是在基本恒定的第二压力下汽化的，闪蒸液化的低位混合制冷剂以提供低位汽化混合制冷剂的减压装置。如前面所述，在一个基本恒定的压力下汽化的技术手段以及闪蒸液化、高压的制冷剂在进入制冷热交换器之前先进行减压均是本领域的技术人员在进行设计时所采用的常规方法。由此可知在对比文件 1 的基础上，本领域的技术人员结合常规方法得到权利要求 10 请求保护的技术方案是显而易见的，因此权利要求 10 不具备突出的实质性特点，不符合专利法第 22 条第 3 款有关创造性的规定。

权利要求 11 限定部分的大部分附加技术特征已在对比文件 1（见对比文件 1 说明书第 7 页第 3 行至第 13 行及附图 1）中公开，对比文件 1 记载了压缩高级制冷剂采用的压缩机包括 76 和 88，经压缩机 76 压缩后的高级制冷剂经冷却器冷却后在分离器 84 中分离成一种塔顶气流和一种液体，经压缩机 88 进一步压缩的制冷剂经冷却器冷却后经管路 90 冷却后送入高级制冷热交换器中，而液体制冷剂则经管路 96 冷却后，送入高级制冷热交换器中。区别仅在于“对级间制冷剂加压的泵”，如前所述，用泵加压输送是本领域的一种常规技术手段，是本领域的技术人员很容易想到的，因此权利要求 11 请求保护的技术方案是显而易见的，该权利要求不具备突出的实质性特点，不符合专利法第 22 条第 3 款有关创造性的规定。

复审请求人在 2006 年 9 月 22 日提交的意见陈述书坚持认为对比文件 1 没有教导热交换器在三压力汽化方法之外，还可以使用单一压力汽化方法；而且一阶段热交换比复杂的三阶段热交换简单、便宜，因此具有显著的进步。合议组认为，单一压力汽化方法是本领域关于汽化的一种常规方法，而三压力汽化方法是一种更为优选或者说是更好的汽化方法，后者相对于前者要复杂，但效果要更好，因此不能由于前者简单、便宜便断定前者相对于后者具有突出的实质性特点和显著的进步；而且对比文件1记载了低级制冷热交换器的制冷剂循环步骤中制冷剂蒸汽仅由一根管路50送入压缩机52，显然公开了单一压力的汽化方法，由此可知对比文件1给出了使用单一压力汽化方法的技术启示。

基于上述理由，合议组作出下述决定。

**三、决定**

维持国家知识产权局专利局于2003年6月13日作出的驳回99126718.4号发明专利申请的决定。

复审请求人对本决定不服的，可以根据专利法第41条第2款的规定，自收到本决定之日起3个月内向北京市第一中级人民法院起诉。

038

# 液晶显示装置及其驱动方法

## 复审请求审查决定（第10401号）

**决　定　号**　第10401号
**决　定　日**　2007年4月12日
**发明创造名称**　液晶显示装置及其驱动方法
**国际分类号**　G02F 1/13357，G09G 3/36
**复审请求人**　夏普株式会社
**申　请　号**　03119561.X
**申　请　日**　2003年3月11日
**优先权日**　2002年3月11日
**公　开　日**　2003年9月24日
**合议组组长**　张梅珍
**主　审　员**　张春伟
**参　审　员**　刘　畅

**法律依据**　专利法第22条第2款，专利法实施细则第20条第1款
**决定要点**
在对一项权利要求的新颖性进行判断时，如果该权利要求的技术方案与对比文件公开的技术方案存在区别，则该权利要求相对于该现有技术具备新颖性。

### 一、案由

本复审请求涉及申请号为03119561.X、申请日为2003年3月11日、优先权日为2002年3月11日、名称为“液晶显示装置及其驱动方法”的发明专利申请（下称本申请），申请人为富士通显示技术株式会社，后变更为夏普株式会社。

申请人原始提交的权利要求书中共有19项权利要求，其中权利要求1、12、13和15为独立权利要求。

应申请人的请求，国家知识产权局实质审查部门依法对本申请进行了实质审查，于2004年10月15日发出第一次审查意见通知书，指出本申请的如下缺陷：说明书公开不充分，不符合专利法第26条第3款的规定；权利要求15与权利要求13之间缺乏单一性，不符合专利法第31条第1款的规定。

申请人针对第一次审查意见通知书，于2005年2月28日提交了意见陈述书和权利要求书修改替换页，删除了权利要求15~19。

审查员在2005年5月13日发出第二次审查意见通知书，引用了以下对比文件：

对比文件1：CN1356681A，公开日为2002年7月3日，申请日为2001年11月29日。

在该通知书中指出权利要求1~6和权利要求12、13相对于对比文件1不具备专利法第22条第2款规定的新颖性；权利要求7、8和11不符合专利法实施细则第20条第1款的规定；权利要求5~8、10和11不符合专利法第23条第2款的规定。

申请人针对第二次审查意见通知书，于2005年7月28日提交了意见陈述书和权利要求书及说明书第2页修改替换页。修改后的权利要求书共包括14项权利要求，其中权利要求1~6和权利要求12如下：

“1. 一种液晶显示装置，其特征在于，具有：

液晶显示板，其具有相对配置的2张基板和密封在所述2张基板间的液晶；

光源装置，其具有：传导入射光的面状导光板；以及多个线状光源，其配置在所述面状导光板的端部，以指定的亮灭频率且以相互不同的定时仅在帧期间内指定的点亮时间点亮。

2. 如权利要求1所述的液晶显示装置，其特征在于：

所述多个线状光源中的每个线状光源的所述点亮时间不同。

3. 如权利要求1或2所述的液晶显示装置，其特征在于：

所述点亮时间被分割为所述帧期间的初始期和终止期。

4. 如权利要求3所述的液晶显示装置，其特征在于：

所述点亮时间相对所述帧期间的比率为40%以上。

5. 如权利要求1的任一项中所述的液晶显示装置，其特征在于：

所述亮灭频率与帧频率相等。

6. 如权利要求1的任一项中所述的液晶显示装置，其特征在于：

所述多个线状光源分别被配置在1个所述面状导光板的多个端部。

12. 一种光源装置，其特征在于具有：

传导入射光的面状导光板；

多个线状光源，其配置在所述面状导光板的端部，以指定的亮灭频率且以相互不同的定时仅在帧期间内指定的点亮时间点亮。”

国家知识产权局专利局实质审查部门于2006年1月27日作出了驳回决定，以权利要求1~6和权利要求12相对于对比文件1不具备新颖性为由驳回了本申请。

申请人（下称复审请求人）对上述驳回决定不服，于2006年5月10日提出了复审请求，提交了权利要求书的修改替换页，其中对权利要求1进行了修改，将“与面状导光板之中指定的一个相对的线状光源，以相同的频率和定时点亮”的描述补入到权利要求1中，并且指出：修改后的权利要求1的技术特征没有被对比文件1揭示，因此，修改后的权利要求1具备专利法第22条第2款规定的新颖性。修改后的权利要求书共包括13项权利要求，其中权利要求1~6和权利要求12为：

“1. 一种液晶显示装置，其特征在于，具有：

液晶显示板，其具有相对配置的2张基板和密封在所述2张基板间的液晶；

光源装置，其具有：传导入射光的面状导光板；以及多个线状光源，其配置在所述面状导光板的端部，以指定的亮灭频率且以相互不同的定时仅在帧期间内指定的点亮时间点亮，

与所述面状导光板之中特定的一个相对的所述线状光源，以相同的频率和定时点亮。

2. 如权利要求1所述的液晶显示装置，其特征在于：

所述多个线状光源中的每个线状光源的所述点亮时间不同。

3. 如权利要求1或2所述的液晶显示装置，其特征在于：

所述点亮时间被分割为所述帧期间的初始期和终止期。

4. 如权利要求3所述的液晶显示装置，其特征在于：

所述点亮时间相对所述帧期间的比率为40%以上。

5. 如权利要求1所述的液晶显示装置，其特征在于：

所述亮灭频率与帧频率相等。

6. 如权利要求1所述的液晶显示装置，其特征在于：

所述多个线状光源分别被配置在1个所述面状导光板的多个端部。

12. 一种光源装置，其特征在于具有：

传导入射光的面状导光板；

多个线状光源，其配置在所述面状导光板的端部，以指定的亮灭频率且以相互不同的定时仅在帧期间内指定的点亮时间点亮，

与所述面状导光板之中特定的一个相对的所述线状光源，以相同的频率和定时点亮。”

经形式审查合格，专利复审委员会依法受理了该复审请求，并于2006年7月25日向复审请求人发出复审请求受理通知书，同日向原实质审查部门发出前置审查通知书。

原实质审查部门在前置审查意见中，仍然坚持驳回决定。

专利复审委员会依法成立合议组，对该复审请求进行审查。

合议组于2006年11月22日发出复审通知书，指出：权利要求1和12中出现的“以指定的亮灭频率且以相互不同的定时仅在帧期间内指定的点亮时间点亮，与所述面状导光板之中特定的一个相对的所述线状光源，以相同的频率和定时点亮”语句不通顺，从而导致了不能准确限定其保护范围。具体而言，其中“所述面状导光板之中特定的一个相对的所述线状光源”既可理解为“线状光源的数量是一个”又可理解为“多个面状导光板中特定的一个面状导光板”，因此表述不清楚；同时，“以指定的亮灭频率且以相互不同的定时”与“所述面状导光板之中特定的一个相对的所述线状光源，以相同的频率和定时点亮”前后矛盾，到底是“以不同定时点亮”还是“以相同的定时点亮”，表述不清楚。因此，权利要求1和12的保护范围不清楚，不符合专利法实施细则第20条第1款的规定。

针对上述复审通知书，复审请求人于2007年1月5日提交了意见陈述书以及权利要求书的替换页，修改后的权利要求书共包括13项权利要求，其中权利要求1~6和权利要求12为：

“1. 一种液晶显示装置，其特征在于，具有：

液晶显示板，其具有相对配置的2张基板和密封在所述2张基板间的液晶；

光源装置，其具有：传导入射光且被层叠的面状导光板；以及多个线状光源，其相对地配置在所述面状导光板的两端部，以指定的亮灭频率且以相互不同的定时仅在帧期间内指定的点亮时间点亮。

2. 如权利要求1所述的液晶显示装置，其特征在于：

所述多个线状光源中的每个线状光源的所述点亮时间不同。

3. 如权利要求1或2所述的液晶显示装置，其特征在于：

所述点亮时间被分割为所述帧期间的初始期和终止期。

4. 如权利要求3所述的液晶显示装置，其特征在于：

所述点亮时间相对所述帧期间的比率为40%以上。

5. 如权利要求1所述的液晶显示装置，其特征在于：

所述亮灭频率与帧频率相等。

6. 如权利要求1所述的液晶显示装置，其特征在于：

所述多个线状光源分别被配置在1个所述面状导光板的多个端部。

12. 一种光源装置，其特征在于具有：

传导入射光且被层叠的面状导光板；

多个线状光源，其相对地配置在所述面状导光板的两端部，以指定的亮灭频率且以相互不同的定时仅在帧期间内指定的点亮时间点亮。”

至此，合议组认为本案事实已经清楚，可以作出审查决定。

**二、决定的理由**

1. 关于审查文本

合议组审查了复审请求人于2007年1月5日提交了权利要求书的修改替换页，合议组经审查认为该修改文本符合专利法第33条和实施细则第60条的规定。因此，本复审决定所依据的文本为复审请求人于2007年1月5日提交的权利要求第1~13项、于2005年7月28日提交的说明书第2页、于申请日提交的说明书第1、3~19页、附图第1~22页、摘要以及摘要附图。

2. 关于专利法实施细则第20条第1款

专利法实施细则第20条第1款规定：权利要求书应当说明发明或者实用新型的技术特征，清楚、简要地表述请求保护的范围。

本案中，针对复审请求人于2006年5月10日提交的权利要求1~6和12，合议组在2006年11月22日发出复审通知书，指出：权利要求1和12中出现的“以指定的亮灭频率且以相互不同的定时仅在帧期间内指定的点亮时间点亮，与所述面状导光板之中特定的一个相对的所述线状光源，以相同的频率和定时点亮”语句不通顺，从而导致了不能准确限定其保护范围。其中“所述面状导光板之中特定的一个相对的所述线状光源”既可理解为“线状光源的数量是一个”又可理解为“多个面状导光板中特定的一个面状导光板”，因此表述不清楚；同时，“以指定的亮灭频率且以相互不同的定时”与“所述面状导光板之中特定的一个相对的所述线状光源，以相同的频率和定时点亮”前后矛盾，到底是“以不同定时点亮”还是“以相同的定时点亮”，表述不清楚。复审请求人于2007年1月5日提交了意见陈述书以及权利要求书的替换页。复审请求人在修改后的权利要求1和12中对线状光源的限定为“其相对地配置在所述面状导光板的两端部，以指定的亮灭频率且以相互不同的定时仅在帧期间内指定的点亮时间点亮。”经审查，新的权利要求1和12克服了原权利要求1和12中相应部分语句不通顺、前后矛盾的缺陷，且保护范围是清楚的。因此，修改后的权利要求1和12符合专利法实施细则第20条第1款的规定。

3. 关于专利法第22条第2款

专利法第22条第2款规定：新颖性，是指在申请日以前没有同样的发明或实用新型在国内外出版物上公开发表过、在国内公开使用过或者以其他方式为公众所知，也没有同样的发明或者实用新型由他人向专利局提出过申请并且记载在申请日以后公布的专利申请文件中。

在对一项权利要求的新颖性进行判断时，如果该权利要求的技术方案与对比文件公开的技术方案存在实质上的区别，则该权利要求相对于该现有技术具有新颖性。

权利要求1所要求保护的技术方案是：一种液晶显示装置，具有液晶显示板，其具有相对配置的2张基板和密封在所述2张基板间的液晶；光源装置具有层叠的面状导光板，导光板传导入射光；以及多个线状光源，其相对地配置在所述面状导光板的端部，以指定的亮灭频率且以相互不同的定时仅在帧期间内指定的点亮时间点亮。

对比文件1公开了一种液晶显示装置，并具体公开了以下技术内容（参见说明书第14页第3~4行，第31页实施例8，图13和图22）：一种液晶显示装置，具有液晶显示板1，其具有相对配置的2张透射基片和密封在所述2张透射基片间的液晶；光源装置包括具有一个面状的导光板80，导光板

80传导入射光；以及多个线性光源81，其相对地配置在所述导光板80的端部，以指定的亮灭频率且以相互不同的定时仅在帧期间内指定的点亮时间点亮。

权利要求1所要求保护的技术方案与对比文件1技术方案之间的区别在于：权利要求1中的面状导光板为层叠结构。上述区别技术特征未在对比文件1中公开，因此权利要求1所请求保护的技术方案与对比文件1中的技术方案不同，权利要求1具有新颖性。

在权利要求1具备新颖性的的情况下，直接或间接引用权利要求1的从属权利要求2~6也具备新颖性。

权利要求12所要求保护的技术方案是：一种光源装置，其具有传导入射光且被层叠的面状导光板；具有多个线状光源，其相对地配置在所述面状导光板的两端部，以指定的亮灭频率且以相互不同的定时仅在帧期间内指定的点亮时间点亮。

对比文件1也公开了一种光源装置，并具体公开了以下技术内容（参见说明书第14页第3~4行，第31页实施例8，图13和图22）：光源装置包括具有一个面状的导光板80，导光板80传导入射光；以及多个线性光源81，其相对地配置在所述导光板80的端部，以指定的亮灭频率且以相互不同的定时仅在帧期间内指定的点亮时间点亮。

权利要求12所要求保护的技术方案与对比文件1技术方案之间的区别在于：权利要求12中的面状导光板为层叠结构。上述区别技术特征未在对比文件1中公开，因此权利要求12所请求保护的技术方案与对比文件1中的技术方案不同，权利要求12具有新颖性。

综上所述，权利要求1~6和权利要求12相对于对比文件1具有新颖性，故合议组依法作出如下决定。

**三、决定**

撤销2006年1月27日由国家知识产权局所作出的驳回决定。由原审查部门在复审请求人于2007年1月5日提交的权利要求第1~13项、于2005年7月28日提交的说明书第2页、于申请日提交的说明书第1、3~19页、附图第1~22页、摘要以及摘要附图的基础上对本案继续进行审查。

复审请求人对本决定不服的，可以根据专利法第41条第2款的规定，自收到本决定之日起三个月内向北京市第一中级人民法院起诉。

039

# 滤色器衬底及其制造方法、光电装置以及电子装置

## 复审请求审查决定（第10430号）

**决　定　号**　第10430号
**决　定　日**　2007年4月2日
**发明创造名称**　滤色器衬底及其制造方法、光电装置以及电子装置
**国 际 分 类 号**　G02F 1/1333，G02F 1/1335，G02B 5/20，G03F 7/00
**复 审 请 求 人**　精工爱普生株式会社
**申　请　号**　03147190.0
**申　请　日**　2003年7月8日
**优 先 权 日**　2002年7月9日
**公　开　日**　2004年2月4日
**合 议 组 组 长**　张惠军
**主　审　员**　陈　力
**参　审　员**　张　曦

**法 律 依 据**　专利法第22条第2款、第3款
**决 定 要 点**

如果一项权利要求相对于现有技术存在区别技术特征，且现有技术中也没有给出采用该区别技术特征解决本发明实际所要解决的技术问题的技术启示，则该权利要求具备创造性。

### 一、案由

本复审请求涉及名称为“滤色器衬底及其制造方法、光电装置以及电子装置”的03147190.0号发明专利申请（下称本申请），其申请日为2003年7月8日，优先权日为2002年7月9日，公开日为2004年2月4日，申请人为精工爱普生株式会社。

国家知识产权局实质审查部门依法对本申请进行了实质审查，并于2005年4月1日发出第一次审查意见通知书，指出本申请的权利要求1、3~6不具备新颖性，不符合专利法第22条第2款的规定，权利要求2、7~10、12、13不具备创造性，不符合专利法第22条第3款的规定，权利要求11不符合专利法实施细则第20条第1款的规定，权利要求4、5、10、12不符合专利法实施细则第23条第2款的规定。另外还指出本申请的说明书不符合专利法实施细则第18条、第19条的规定。其中引用的对比文件是：

对比文件1：KR20010096808A，公开日2001年11月8日；

对比文件2：US20020018159A1，公开日是2002年2月14日。

针对第一次审查意见通知书，申请人于2005年8月16日提交了意见陈述书以及权利要求书、说明书及说明书附图第3、5页的修改替换页，其中仅修改了权利要求1和7以及相应从属权利要求的引用关系，认为修改后的权利要求1、7符合专利法第22条第2、3款的规定，未修改权利要求11也没有陈述认为其保护范围清楚的理由，修改后的权利要求书共包括13项权利要求。

国家知识产权局实质审查部门于2005年10月14日以申请人于2005年8月16日所提交的权利要求1~10、12、13不符合专利法第22条第2、3款有关新颖性和创造性的规定以及权利要求11不符合专利法实施细则第20条第1款的规定为由驳回了本申请。

驳回决定认为，虽然申请人对权利要求1、7进行了修改，但是，其构成的技术方案实际上分别是原权利要求1、7的技术方案中的一部分，而针对该部分技术方案，已经在第一次审查意见通知书中进行了评述，因此修改后的权利要求1~10，12~13仍不符合专利法第22条第2、3款的规定；此外，请求人没有对权利要求11进行修改以及陈述理由，因此权利要求11仍然不符合专利法实施细则第20条第1款的规定。

申请人精工爱普生株式会社（下称复审请求人）对上述驳回决定不服，于2006年1月25日向专利复审委员会提出复审请求，再次修改了权利要求1和7，认为修改后的权利要求1、7符合专利法第22条第2、3款的规定，其理由是对比文件1和对比文件2中均没有公开本申请权利要求1中有关"透射区域400备有2色着色层"的技术内容。复审请求人提交了权利要求的修改替换页，修改后的权利要求书共有13项权利要求，具体如下：

"1. 一种滤色器衬底，具备在衬底上排列成矩阵状的像素部，其特征在于，

具有在所述像素部内彼此相邻配置的第1区域及第2区域；

所述第1区域备有局部设置的第1着色层，和在除了所述第1着色层形成区域外的区域上设置的第2着色层；

所述第2区域备有所述第2着色层。

2. 如权利要求1中所述的滤色器衬底，其特征在于，

在所述第1区域内以矩阵状图形形成了所述第1着色层。

3. 如权利要求1或2中所述的滤色器衬底，其特征在于，

在形成了所述第1着色层的区域的外部边缘与所述任一处的区域的内部边缘之间设置了一定的距离。

4. 如权利要求1或2中所述的滤色器衬底，其特征在于，

所述第1着色层的厚度与所述第2着色层的厚度相同。

5. 如权利要求1或2中所述的滤色器衬底，其特征在于，

第1着色层和第2着色层由具有互不相同的分光透射率的材料构成。

6. 一种光电装置，其特征在于，具备：

权利要求1中所述的滤色器衬底；

与该滤色器衬底相对配置的另一衬底；以及

在所述滤色器衬底与所述另一衬底间配置的光电物质。

7. 一种滤色器衬底的制造方法，该滤色器衬底具备在衬底上排列成矩阵状的像素部，其特征在于，包含：

在所述像素部内彼此相邻配置第1区域及第2区域的工序；

所述第1区域形成局部设置的第1着色层，和在除了所述第1着色层形成区域外的区域上设置第2着色层的工序；

所述第 2 区域形成所述第 2 着色层的工序。

8. 如权利要求 7 中所述的滤色器衬底的制造方法，其特征在于，

形成所述第 1 着色层的工序还包含下述工序：

在所述像素部的整个面上形成第 1 原料膜的工序；

在所述第 1 原料膜上形成抗蚀剂膜的工序；

对所述抗蚀剂膜进行一定图形的曝光且对曝光区域进行显影的工序；以及

对所述抗蚀剂膜和所述第 1 原料膜一起进行蚀刻的工序。

9. 如权利要求 7 或 8 中所述的滤色器衬底的制造方法，其特征在于，

形成所述第 2 着色层的工序还包含下述工序：

形成具有比最终应形成的第 2 着色层的厚度厚的第 2 原料膜的工序；以及

对所述第 2 原料膜进行烧结的工序。

10. 如权利要求 8 中所述的滤色器衬底的制造方法，其特征在于，

所述一定图形在与所述第 1 区域对应的部分中包含矩阵状图形。

11. 如权利要求 10 中所述的滤色器衬底的制造方法，其特征在于，

构成所述矩阵状图形的一个一个形状的总面积比该矩阵状图形内，并且该一个一个形状以外的部分的面积小。

12. 如权利要求 7、8、10 或 11 中所述的滤色器衬底的制造方法，其特征在于，

在形成所述第 1 着色层的区域的外部边缘与所述第 1 区域的内部边缘之间设置了一定的距离。

13. 一种电子装置，其特征在于，

具备如权利要求 6 中所述的光电装置。”

经形式审查合格后，专利复审委员会受理了上述复审请求，于 2006 年 3 月 2 日向复审请求人发出了复审请求受理通知书，并将本案送至原实质审查部门进行前置审查。

原实质审查部门对上述复审请求做出前置审查意见，仍然坚持原驳回决定。

专利复审委员会依法组成合议组，对本复审请求案进行了审理。

经过审理，本合议组认为本案事实已经清楚，可以依法作出复审决定。

**二、决定的理由**

1. 审查基础

本决定是在复审请求人于 2006 年 1 月 25 日提交的权利要求第 1~13 项、于 2005 年 8 月 16 日提交的说明书第 1~25 页、附图第 3、5 页、于 2003 年 7 月 8 日提交的附图第 1、2、4、6~18 页以及说明书摘要和摘要附图的基础上作出的。

2. 关于权利要求 1~6 是否符合专利法第 22 条第 2 款的规定

专利法第 22 条第 2 款规定：新颖性，是指在申请日以前没有同样的发明或者实用新型在国内外出版物上公开发表过、在国内公开使用过或者以其他方式为公众所知，也没有同样的发明或者实用新型由他人向国务院专利行政部门提出过申请并且记载在申请日以后公布的专利申请文件中。

本申请权利要求 1 请求保护一种滤色器衬底，对比文件 1 公开了一种滤色器衬底，并具体公开了以下技术特征（参见说明书全文）：所述滤色器衬底的像素部包括透射区域 120（相当于权利要求 1 中的第 1 区域）和反射区域 110（相当于权利要求 1 中的第 2 区域），滤色器层 400（相当于权利要求 1 中的第 1 着色层）设置于该透射区域上，滤色器层 401（相当于权利要求 1 中的第 2 着色层）设置于反射区域上，也就是说对比文件 1 中公开的像素部中客观上分为了透射区域和反射区域，不同的滤色器层（也就是着色层）分别设置于不同的区域上。对比文件 1 没有公开权利要求 1 中的“所述第 1

区域备有局部设置的第1着色层，和在除了所述第1着色层形成区域外的区域上设置的第2着色层；所述第2区域备有所述第2着色层”这一技术特征，即对比文件1公开的技术方案并不存在同时具有两种滤色器层的区域。因此本申请权利要求1的技术方案相对于对比文件1具有明显的区别，属于不同的技术方案，权利要求1与对比文件1相比具备新颖性。

权利要求2~5是权利要求1的从属权利要求；权利要求6请求保护一种光电装置，其具备权利要求1中所述的滤色器衬底，在权利要求1具备新颖性的基础上其从属权利要求2~5以及包含其的独立权利要求6也都具备新颖性。

综上所述，本申请权利要求1~6具备新颖性，符合专利法第22条第2款的规定。

3. 关于权利要求1~10、12、13是否符合专利法第22条第3款的规定

专利法第22条第3款规定：创造性，是指同申请日以前已有的技术相比，该发明有突出的实质性特点和显著的进步，该实用新型有实质性特点和进步。

审查指南第二部分第四章第3.2节对发明创造性的审查基准作出了明确规定，在判断要求保护的发明与现有技术相比有无突出的实质性特点，即是否为非显而易见时，通常可按以下三个步骤进行：（1）确定最接近的现有技术，（2）确定发明的区别特征和其实际解决的技术问题，（3）判断要求保护的发明对本领域的技术人员来说是否显而易见；评价发明是否具有显著的进步，主要应当考虑发明是否具有有益的技术效果。

权利要求1请求保护一种滤色器衬底，对比文件1公开了一种滤色器衬底，如评述权利要求1新颖性时所述的，对比文件1未公开权利要求1中“所述第1区域备有局部设置的第1着色层，和在除了所述第1着色层形成区域外的区域上设置的第2着色层；所述第2区域备有所述第2着色层”的技术特征。本申请权利要求1实际所要解决的技术问题是：进行显示时光在反射区域中经过着色层的光路比透射区域的长，影响彩色显示的质量，在透射区域和反射区域上形成纯色不同的着色层存在曝光时发生对准偏移产生间隙造成的光泄漏问题。而对比文件1公开的滤色器衬底中两个着色层分别位于不同的区域中，其技术方案所存在的缺陷正是本申请所要解决的技术问题，因此对比文件1未给出应用上述区别特征以解决本申请实际所要解决的技术问题的启示。

对比文件2公开了一种滤色器衬底（参见说明书第3页第1行至第4页右栏第2行，附图2~4），该滤色器衬底包括透射部分和反射部分，在其反射部分B上途敷了着色层202，并在该着色层上形成多个凹槽，在透射部分A上整体涂敷着色层202，在透射部分和反射部分上涂敷覆盖层204，覆盖层填充凹槽使整个着色层202平坦化。虽然该对比文件2公开了在透射部分和反射部分上涂敷着色层的技术手段，但其并未公开在同一区域中涂敷两种着色层。对比文件2中填充在凹槽中的覆盖层204所起的作用是平坦化着色层202的凹槽，其并不是着色层，并且在透射区域和反射区域上都涂敷有该覆盖层，该覆盖层并非仅存在于反射部分中，由此可见，对比文件2并未公开上述区别特征。此外，对比文件2也未给出应用上述区别特征以解决本发明技术问题的启示。由此可见，对比文件1、2均未公开上述区别特征，也未给出应用上述区别特征以解决本申请所要解决的技术问题的启示，并且上述区别特征能够带来防止着色层的间隙造成的光漏泄等的发生、以进行高品质的彩色图像显示的技术效果，而这一效果优于现有技术。因此权利要求1请求保护的技术方案不是显而易见的，具有突出的实质性特点和显著的进步，具备创造性。

权利要求6请求保护一种光电装置，其具备权利要求1中所述的滤色器衬底，因此在权利要求1请求保护的技术方案具备创造性的前提下，该权利要求6也具备创造性。

权利要求13请求保护一种电子装置，其具备权利要求6中所述的光电装置，在权利要求6请求保护的光电装置具备创造性的基础上，权利要求13请求保护的电子装置也具备创造性。

权利要求7请求保护一种滤色器衬底的制造方法，其包含制造权利要求1滤色器衬底的各个步骤，对比文件1公开了一种滤色器衬底，如评述权利要求1时所述的，对比文件1未公开“所述第1区域备有局部设置的第1着色层，和在除了所述第1着色层形成区域外的区域上设置的第2着色层；所述第2区域备有所述第2着色层”的技术特征，因此相应地也没有公开形成上述着色层的工序。对比文件1公开的滤色器衬底中两个着色层分别位于不同的区域中，其技术方案所存在的缺陷正是本申请所要解决的技术问题，因此对比文件1也未给出启示通过形成“所述第1区域备有局部设置的第1着色层，和在除了所述第1着色层形成区域外的区域上设置的第2着色层；所述第2区域备有所述第2着色层”来制造一种可以解决本申请技术问题的滤色器衬底。

同样，对比文件2也未公开在同一区域中涂敷两种着色层，因此相应地也未公开在同一区域中形成两种着色层的滤色器衬底的制造方法，并且上述区别特征能够带来防止着色层的间隙造成的光漏泄等的发生、以进行高品质的彩色图像显示的技术效果，而这一效果优于现有技术。因此，权利要求7请求保护的技术方案相对于对比文件1、2具有突出的实质性特点和显著的进步，具备创造性。

由于权利要求1、7具备创造性，因此引用上述权利要求的从属权利要求2~5、8~10、12也具备创造性。

综上所述，本申请的权利要求1~10，12，13具备创造性，符合专利法第22条第3款的规定。

4. 关于专利法实施细则第20条第1款的规定

专利法实施细则第20条第1款规定：权利要求书应当说明发明或者实用新型的技术特征，清楚、简要地表述请求保护的范围。

驳回决定中认为权利要求11的附加技术特征“构成所述矩阵状图形的一个一个形状的总面积比该矩阵状图形内，并且该一个一个形状以外的部分的面积小”，不能清楚地理解一个一个形状构成的矩阵状图形内的一个一个形状以外的部分指代的是哪一部分。

合议组认为，由于该权利要求11引用权利要求10，权利要求10引用权利要求8，权利要求8引用权利要求7，整体考虑上述权利要求的内容可以得知，该权利要求11中“构成所述矩阵状图形的一个一个形状的总面积”是指第1区域中的第1着色层的总面积，“该矩阵状图形内该一个一个形状以外的部分的面积”是指第1区域中除了所述第1着色层的形成区域外的第2着色层的面积，因此该权利要求11请求保护的范围是清楚的，符合专利法实施细则第20条第1款的规定。

基于上述理由，合议组作出下述决定。

**三、决定**

撤销国家知识产权局于2005年10月14日针对03147190.0号发明专利申请作出的驳回决定。

由原审查部门以本复审决定所依据的文本，即复审请求人于2006年1月25日提交的权利要求第1~13项、于2005年8月16日提交的说明书第1~25页，附图第3、5页，于2003年7月8日提交的附图第1、2、4、6~18，说明书摘要以及摘要附图为基础继续审查。

复审请求人对本决定不服的，可以根据专利法第41条第2款的规定，自收到本决定之日起三个月内向北京市第一中级人民法院起诉。

040

# 光学晶体的极化方法和配置

## 复审请求审查决定（第10431号）

**决　　定　　号**　第10431号
**决　　定　　日**　2007年4月9日
**发明创造名称**　光学晶体的极化方法和配置
**国际分类号**　G02F 1/05，G02F 1/37//C30B 33/04
**复审请求人**　科博尔特公司
**申　　请　　号**　97192916.5
**优　先　权　日**　1996年1月12日，1996年11月19日
**申　　请　　日**　1997年1月10日
**公　　开　　日**　1999年4月7日
**合议组组长**　张惠军
**主　　审　　员**　陈　力
**参　　审　　员**　张春伟

**法　律　依　据**　专利法第22条第3款
**决　定　要　点**

如果一项权利要求相对于现有技术存在区别技术特征，且现有技术中并未给出采用该区别技术特征解决本发明所要解决的技术问题的技术启示，则该权利要求具备创造性。

### 一、案由

本复审请求涉及名称为"光学晶体的极化方法和配置"的第97192916.5号发明专利申请（下称本申请），其申请日为1997年1月10日，优先权日为1996年1月12日和1996年11月19日，公开日为1999年4月7日，申请人为IOF光学研究所股份公司，后变更为科博尔特公司。

应申请人的请求，国家知识产权局实质审查部门依法对本申请进行了实质审查，并于2002年3月29日发出了第一次审查意见通知书，指出本申请的权利要求1～13、19不具备创造性，不符合专利法第22条第3款的规定，权利要求1、15、19之间不具有单一性，不符合专利法第31条第1款的规定，以及权利要求5～14、18不符合专利法实施细则第23条第2款的规定，另外指出，本申请的说明书不符合专利法实施细则第18条、第19条的规定。

其中引用的对比文件是：

对比文件1：US5157754A，公开日是1992年10月20日；

对比文件2：US5403511A，公开日是1995年4月4日；

对比文件3：EP0687941A2，公开日是1995年12月20日。

针对第一次审查意见通知书，申请人于2002年8月13日提交了意见陈述书以及权利要求书、说明书和附图第1页的修改替换页，修改后的权利要求书共包括39项权利要求，其中独立权利要求1、34和39分别对应于原独立权利要求1、15和19。

国家知识产权局实质审查部门于2003年7月11日以申请人于2002年8月13日提交的权利要求第1~27项不符合专利法第22条第3款有关创造性的规定，权利要求第28~33项不符合专利法第26条第4款的规定为由驳回了本申请。

驳回决定认为，虽然申请人对权利要求书进行了修改，但是，修改后的独立权利要求1的技术方案实际上与原独立权利要求1是相同的，其从属权利要求2~27与原权利要求2~13实质上也是相同的，只是将引用的顺序做了一定的调整，由于在第一次审查意见通知书中对相应的技术方案已经进行了评述，因此修改后的权利要求1相对于对比文件1和2不具备创造性，其从属权利要求2~27也不具备创造性，不符合专利法第22条第3款的规定。

申请人科博特尔公司（下称复审请求人）对上述驳回决定不服，于2003年10月13日向专利复审委员会提出复审请求，同时提交了权利要求书的修改替换页，删除了原权利要求28~33，对权利要求1和2的措词进行了修改，权利要求3~6来自原始提交的权利要求3~6，权利要求7来自原权利要求1，权利要求8的内容披露在说明书第2页第20~21行和第28行中，权利要求9~15来自原始提交的权利要求7~13，权利要求16~19与原始提交的权利要求15~18相同，认为修改后的权利要求1~15符合专利法第22条第3款的规定，其理由是本发明的权利要求1是在进行实际极化前降低晶体的传导率的新技术，降低传导率的目的是使助熔剂生长的晶体能够进行电场极化，而对比文件1根本没有披露或暗示在进行变畴前先通过电场极化降低传导率。对比文件2涉及液晶，对于液晶来说，变畴的整体概念是无用的，而且液晶不能是助熔剂生长的，只有固体晶体是生长的，因此本领域普通技术人员决不可能将对比文件2与任何其他已知技术结合在一起来解决本发明所要解决的技术问题。对比文件3披露了通过改变铁电晶体的表面层提供变畴的技术以便防止特定部分的晶体进行变畴，而本发明是通过在进行变畴前降低传导率而便于在特定部分的晶体中进行变畴，对比文件3偏离了本发明的方向。修改后的权利要求书共有19项权利要求，其中包括两项独立权利要求1、16，其分别与原独立权利要求1、15对应，其中独立权利要求1为：

1. 一种周期性转换助熔剂生长的铁电晶体畴的方法，包括下列步骤：

降低所述晶体的传导率，以及然后

进行变畴。

经形式审查合格专利复审委员会受理了该复审请求，于2003年10月29日向复审请求人发出了复审请求受理通知书，并于同日向原实质审查部门发出了前置审查通知书。

原实质审查部门对上述复审请求做出前置审查意见，仍然坚持驳回决定。

专利复审委员会依法组成合议组，对本复审请求案进行了审理。

经审查，本案合议组认为本案事实已经清楚，可以依法作出复审决定。

## 二、决定的理由

1. 审查基础

本复审决定以复审请求人于2003年10月13日提交的权利要求第1~19项、于2002年8月13日提交的说明书第1~11页、附图第1页、于1998年9月9日提交的附图第2页以及说明书摘要和摘要附图作为审查基础。

2. 关于权利要求 1~15 是否符合专利法第 22 条第 3 款的规定

专利法第 22 条第 3 款规定：创造性，是指同申请日以前已有的技术相比，该发明有突出的实质性特点和显著的进步，该实用新型有实质性特点和进步。

权利要求 1 请求保护一种周期性转换助熔剂生长的铁电晶体畴的方法，包括降低所述晶体的传导率，然后进行变畴。对比文件 1 公开了一种波长转换方法及其光学制品（参见说明书第 5 栏第 60 行至第 7 栏第 32 行），其利用 $KTiOMO_4$ 型材料的优点（其中 M 为 P 或 As），诸如高非线性度与抗破坏性，以及准相位匹配，改变非线性光学系数（如“d”）的符号和/或幅值以实现波长转换，对比文件 1 描述了用于进行波长变换的非线性晶体的必需性能和用于实现所述晶体性能的常规极化技术：提供分子式是 $K_{1-x}Rb_xTiOMO_4$ 的单晶体材料的 z 切晶片的 z-表面，其中 x 从 0 到 1，M 是 P 或者 As，该表面具有光学平滑的表面；提供具有如 Rb 和 Ba 等离子的熔融盐，在预定温度下对所述光学平滑表面进行预定时间的曝光，通过离子交换改变所述晶片的折射率和非线性光学系数；将掩蔽材料施加到所述晶片上以提供一沿着所述光学平滑 z-表面部分的调整区域图形；在选定的温度下将所述掩模后的晶片浸入到所述熔融盐，由此在未掩模区域提供离子交换；从所述晶片中除去掩模材料，以及对所述晶片进行抛光，以提供具有抛光的波导输入和输出面的清洁波导。与本申请权利要求 1 相比，对比文件 1 没有公开进行变畴前先降低所述晶体传导率的周期性转换助熔剂生长的铁电晶体畴的方法，也没有给出其技术启示。

对比文件 2 公开了一种铁电液晶组合物和铁电液晶显示器（参见说明书第 3 栏第 34 行至第 45 行），其目的是解决显示装置在长时间蓄电后阈值特性差以及闪烁的问题，其与本申请的发明目的不同。虽然对比文件 2 中披露了可向液晶中加入有机材料来降低液晶的传导率，但液晶并不是一种固体晶体，其并非是由助熔剂生长的，因为只有固体晶体是生长出来的。因此对比文件 2 也没有公开在进行变畴前先通过降低传导率的周期性转换助熔剂生长的铁电晶体畴的方法，且也没有给出其技术启示，并且上述区别特征能够带来低成本、高效、大规模地生产周期性极化器件的效果，而这一效果优于现有技术。因此，权利要求 1 请求保护的技术方案相对于对比文件 1 和 2 具有突出的实质性特点和显著的进步，具备创造性，符合专利法第 22 条第 3 款的规定。

由于权利要求 1 具备创造性，因此直接或间接引用权利要求 1 的从属权利要求 2~15 也具备创造性，符合专利法第 22 条第 3 款的规定。

基于上述理由，合议组作出下述决定。

**三、决定**

撤销国家知识产权局于 2003 年 7 月 11 日针对 97192916.5 号发明专利申请作出的驳回决定。

由原审查部门以本复审决定所依据的文本，即复审请求人于 2003 年 10 月 13 日提交的权利要求第 1~19 项、于 2002 年 8 月 13 日提交的说明书第 1~11 页、附图第 1 页、于 1998 年 9 月 9 日提交的附图第 2 页、说明书摘要以及摘要附图为基础继续审查。

复审请求人对本决定不服的，可以根据专利法第 41 条第 2 款的规定，自收到本决之日起三个月内向北京市第一中级人民法院起诉。

041

# 海水变成淡水的方法

## 复审请求审查决定（第 10437 号）

**决 定 号** 第 10437 号
**决 定 日** 2007 年 4 月 12 日
**发明创造名称** 海水变成淡水的方法
**国 际 分 类 号** C02F 1/22，C02F 1/38
**复 审 请 求 人** 谢宣齐
**申 请 号** 02117979.4
**申 请 日** 2002 年 5 月 27 日
**公 开 日** 2003 年 12 月 17 日
**合 议 组 组 长** 赵 明
**主 审 员** 董晓静
**参 审 员** 王 冬

**法 律 依 据** 专利法第 26 条第 3 款
**决 定 要 点**

如果所属技术领域的技术人员根据说明书公开的内容，结合其掌握的现有技术的知识，在不付出创造性劳动的情况下能够再现本发明的技术方案，解决其技术问题，并产生预期的技术效果，则说明书对于要求保护的技术方案的描述就是清楚和完整的。

### 一、案由

本复审请求涉及发明名称为“海水变成淡水的方法”的 02117979.4 号发明专利申请（下称本申请），申请人为谢宣齐，申请日为 2002 年 5 月 27 日，公开日为 2003 年 12 月 17 日。

国家知识产权局实质审查部门对本申请进行了实质审查，于 2005 年 7 月 1 日发出第一次审查意见通知书，认为本申请的说明书不符合专利法第 26 条第 3 款的规定。其具体理由可概括为，本申请说明书中给出的海水淡化方法中，淡化过程的关键在于“将海水冰施以外力，令盐卤自海水冰中析出，使海水冰变成淡水冰”，但是盐卤溶解在海水中以离子态如氯离子、钠离子、镁离子存在，在海水由液态变为固态时，盐卤的组成离子不发生变化，因此，在说明书没有说明盐卤的组成离子如何在受到外力时从固态的冰中析出及其选择性析出的机理，也没有给出任何淡化过程参数的情况下，本领域技术人员无法实现其技术方案。

针对上述审查意见通知书，申请人于 2005 年 9 月 26 日进行了答复，并提供了以下附件：

附件 1：由台湾精准环境股份有限公司针对海水淡化（冷冻真空分子凝析法）样品出具的关于臭

度、浊度、色度、铁、锰、铜、锌、硫酸盐、酚类、阴离子界面活性剂、氨氮、硬度、总溶解固体含量的水质样品检验报告（报告编号：精检字第 EV25CB171 号）。

申请人认为，氯化钠溶解水确实以离子状态存在，但是一旦水变成固态冰时，氯化钠随时以固态小结晶附着在水结晶固体上，是一种物理性的混合，只要稍有外力施加例如离心力和吸力，就可将盐卤或镁盐分子立即由固体冰块中析离而出；而且附件 1 的检验报告也证明本申请海水淡化的纯度良好。

2006 年 3 月 3 日，国家知识产权局实质审查部门以说明书不符合专利法第 26 条第 3 款的规定为由，驳回了本申请。驳回决定除了重申第一次审查意见通知书所指出的审查意见之外，还针对申请人的意见陈述提出以下意见：（1）氯化钠是易溶化合物，它能否产生结晶固体与相应温度下的溶解度和海水中溶解的氯化钠量有关，还需考虑海水中所含的其他阴阳离子能否成结晶固体及其与氯化钠的关系；而且海水的部分结冰与完全结冰不同，部分结冰时冰是淡水冰，但完全结冰时冰通过外力变成淡水冰则令人无法相信；（2）申请人给出的“附着及物理混合”的解释缺乏理论依据，附件 1 的水质检验报告缺乏原海水的数据和淡化水中氯、钠离子含量，因此均不能说明本申请符合专利法第 26 条第 3 款的规定。

申请人（下称请求人）不服上述驳回决定，于 2006 年 6 月 5 日向专利复审委员会提出复审请求，请求人在提出复审请求时没有对申请文件进行修改。请求人在复审请求书中坚持认为，氯化钠在海水中呈现分子状态，在海水结冰时，盐卤（氯化钠）分子结成小结晶体附着在水分子大结晶体上，二者是物理性的附着结合关系而非化学键连接关系，因此在适当的外力施加下盐卤或镁盐分子将与结冰水分子分离，从水分子冰状结晶体间的空隙中析离出，这是很明显的物理现象，容易理解。

形式审查合格后，专利复审委员会受理了该请求，并于 2006 年 6 月 29 日向请求人发出了复审请求受理通知书，同时向原审查部门发出前置审查通知书，并随该通知书将本申请案卷转送至国家知识产权局原审查部门进行前置审查。

原审查部门对本复审请求进行了前置审查，坚持原驳回决定。

2006 年 9 月 7 日，请求人提交意见陈述书和以下附件：

附件 2：由台湾精湛环境股份有限公司对样品编号为 F05306501 的海水样品出具的关于钙、钠、镁、氯离子、碳酸根、硝酸根含量的样品检验报告（专案编号：ES95F0067）；

附件 3：精湛环境股份有限公司对样品编号为 F06086503 的淡化分离水样品出具的关于钙、钠、镁、氯离子、碳酸根、硝酸根含量的样品检验报告（专案编号：ES95F0067），该样品由与附件 2 同一批的海水样品经淡化处理得到。

请求人认为由上述附件 2、3 可知经过本申请技术方案处理后，原海水的钙、钠、镁、氯离子含量下降，足以证明本申请的技术方案可以分离出海水冰中的钙、钠、镁、氯离子，因此本申请说明书所述的方法可以实施。

专利复审委员会依法组成合议组，对本复审请求案进行了审理。

至此，合议组认为本案事实清楚，可以作出审查决定。

**二、决定的理由**

专利法第 26 条第 3 款规定，说明书应当对发明或者实用新型作出清楚、完整的说明，以所属技术领域的技术人员能够实现为准。

如果所属技术领域的技术人员根据说明书公开的内容，结合其掌握的现有技术的知识，在不付出创造性劳动的情况下能够再现本发明的技术方案，解决其技术问题，并产生预期的技术效果，则说明书对于要求保护的技术方案的描述就是清楚和完整的，符合专利法第 26 条第 3 款的规定。

具体到本申请中，其要解决的技术问题是由海水生产淡水，说明书描述的技术方案是将海水或海井水结成冰，然后将海水冰施予外力例如旋转离心力和抽吸力，令盐卤自海水冰中析出，使海水冰变成淡水冰，再将析出的盐卤与淡水冰予以分置在不同空间，将淡水冰溶化即成淡水。由此可见，判断本申请说明书是否公开充分的关键在于所属技术领域的技术人员根据说明书的描述和其掌握的现有技术知识，能否确定海水冰中盐卤通过外力析出的理论可能性和实践可行性。

合议组认为，首先，就海水结冰析出盐卤的理论可能性来说，本申请说明书对此的描述是“海水结冰后，氢键结合比率提高，分子间的空隙较多，则存在空隙中的盐卤成分较容易被析出”（第4页第22~24行），而且所属技术领域的技术人员已知的是，海水是由多种盐类和水组成的稀溶液，属于水盐体系，其溶液相图若以横坐标为溶液中盐类浓度，纵坐标为溶液温度来表示的话，冰点线或称冷却曲线在一定范围内（例如低于低共熔组成的范围内）是下降的曲线。在此范围内，如果使溶液冷却降温而且存在冰晶生长条件，则其中的水将在到达溶液冰点时开始结冰（结晶），从而将原本溶解在海水中的盐分排除在冰晶的生长界面之外，导致溶液的浓度增大，而所述被冷冻浓缩了的海水将位于结晶表面及其间隙内。此时，如果将冰结晶和浓缩液进行固液分离，并且使得到的冰融化，则将得到比海水含盐量低的淡水。

其次，就海水结冰析出盐卤的实践可行性来说，虽然海水的冰点随其浓度的增加而降低，但是在海水和海井水的含盐量范围内，其冰点仍处于可以实现的范围；而且本申请的说明书也给出了具体分离的方法，即对海水冰施予外力，将盐卤自海水冰中析出，所述外力可以是离心力或者抽吸力，所属技术领域的技术人员根据这一描述，无需付出创造性劳动即可实现冰晶和盐卤的分离，从而得到淡水。此外，请求人提供的附件1~3也可以佐证采用本申请的技术方案得到了盐浓度低于原海水的淡水。

此外，针对驳回决定提到的氯化钠结晶影响因素以及海水完全结冰时能否分离得到淡水冰的问题，合议组认为，虽然根据水盐体系的相平衡原理，海水中诸如氯化钠等的盐类物质会因溶液的组成、浓度、温度等因素影响而在降温冷却过程中发生或不发生相态的变化，例如出现系统中同时存在溶剂和溶质的晶体，或者由于浓度高于低共熔组成而导致体系中仅存在溶质晶体的情况，但是，对所属技术领域的技术人员来说，这些情况都是其实施本申请的技术方案时可以常规选择或者避免的，并不影响本领域技术人员实现本申请的技术方案，解决其技术问题，并且产生预期的技术效果。

综上可知，本申请说明书对海水变成淡水方法的描述足以使所属技术领域的技术人员实现其方案，因此符合专利法第26条第3款的规定。

根据上述事实和理由，合议组作出如下审查决定。

**三、决定**

撤销国家知识产权局于2006年3月3日针对02117979.4号发明专利申请作出的驳回决定，由原审查部门在驳回决定所针对的文本基础上继续进行审查。

复审请求人对本决定不服的，可以根据专利法第41条第2款的规定，自收到本决定之日起3个月内向北京市第一中级人民法院起诉。

042

# 真空星型热管式太阳能热水器

## 复审请求审查决定（第 10461 号）

**决　定　号**　第 10461 号
**决　定　日**　2007 年 4 月 11 日
**发明创造名称**　真空星型热管式太阳能热水器
**国 际 分 类 号**　F24J 2/00
**复 审 请 求 人**　林锦城
**申　请　号**　200520110988. 3
**申　请　日**　2005 年 6 月 13 日
**合 议 组 组 长**　李广峰
**主　审　员**　隋　璐
**参　审　员**　徐洁玲

**法 律 依 据**　专利法第 33 条
**决 定 要 点**

如果申请的内容通过增加、改变和/或删除其中的一部分，致使所属技术领域的技术人员看到的信息与原申请记载的信息不同，而且又不能从原申请记载的信息中直接地、毫无疑义地确定，那么，这种修改是不允许的。

### 一、案由

本复审请求涉及申请号为 200520110988. 3、申请日为 2005 年 6 月 13 日、名称为“真空星型热管式太阳能热水器”的实用新型专利申请（下称本申请），申请人为林锦城。

2006 年 8 月 25 日，国家知识产权局原审查部门以对申请文件的修改不符合专利法第 33 条规定为由驳回了本申请。驳回决定所针对的文本是申请人于 2006 年 5 月 19 日提交的权利要求书 1 页、说明书 3 页、说明书附图 4 页、说明书摘要 1 页、说明书摘要附图 2 页。原审查部门认为申请人于 2006 年 5 月 19 日提交的修改文本存在超过原始申请文件范围的缺陷，如权利要求所述星型热管的形状、构造，附图 3 所示热水器总装图等内容均未在原始申请文件中记载，也不能从原始申请文件中直接、毫无疑义地确定。

申请人林锦城（下称复审请求人）不服上述驳回决定，于 2006 年 9 月 22 日向专利复审委员会提出了复审请求，同时提交了说明书、说明书摘要、摘要附图、权利要求书、说明书附图的修改替换页。复审的主要理由是：说明书附图的修改仅在于规范附图和图号；权利要求中星型热管的形状、构造在原说明书中有记载；本申请有明显的实质性特点和显著的进步。

复审请求人于2006年11月15日又一次提交了意见陈述，和2006年9月22日提交的意见陈述基本相同，并提交了清华阳光紫金冠中冠产品广告1页。

经形式审查合格后，专利复审委员会于2006年12月12日受理了该复审请求，并于同日发出了复审请求受理通知书，同时向原审查部门发出了前置审查通知书。

原审查部门于2006年12月20日作出了前置审查意见书，坚持原驳回决定。

专利复审委员会依法成立合议组对本案进行审理，并于2007年1月30日向复审请求人发出复审通知书。通知书指出：请求人在提出复审请求时提交的申请文件修改文本中的权利要求书、说明书、说明书附图有较大的改动，新增的内容如星型热管的形状、构造特征、附图3-5等没有记载在原始申请文件中，也不能由原始申请文件直接地、毫无疑义地确定，因此对权利要求书、说明书、说明书附图的修改超出了原说明书和权利要求书记载的范围，不符合专利法第33条的规定。

2007年2月26日及2007年4月3日，复审请求人针对上述复审通知书进行了意见陈述，没有提交修改文本。复审请求人的意见陈述和其提复审请求时的补充意见陈述基本相同，同时复审请求人认为驳回决定针对的文本和提复审请求时提交的修改文本均符合专利法第33条的规定。

在上述工作的基础上，合议组认为本案事实已经清楚，可以依法作出审查决定。

**二、决定的理由**

1. 审查文本

本复审决定是以复审请求人提复审请求时提交的修改文本，即复审请求人于2006年9月22日提交的权利要求书1、说明书3页、说明书附图4页、说明书摘要1页、说明书摘要附图2页作为审查的基础。

2. 关于专利法第33条的问题

专利法第33条规定：申请人可以对其专利申请文件进行修改，但是，对发明和实用新型专利申请文件的修改不得超出原说明书和权利要求书记载的范围。

如果申请的内容通过增加、改变和/或删除其中的一部分，致使所属技术领域的技术人员看到的信息与原申请记载的信息不同，而且又不能从原申请记载的信息中直接地、毫无疑义地确定，那么，这种修改是不允许的。

本案中，请求人于2006年9月22日提交的修改文本中，权利要求书、说明书、说明书附图无论在形式上，还是在内容上均有较大变动。例如：新增了以下内容：

权利要求书的权利要求2中新增“晚间虹吸停止，水的热升冷降半导体传热特性，延缓热水箱的保温时间热水器可以继续使用直至修复”；权利要求3中新增“星型管迎阳面积大，可吸收较多的光热能量，传热距离平均<4mm”；权利要求4中新增“星型管存水量只有玻璃热管的1/8，由于存水量少，日间热启动快，晚间虹吸停止热量散失也少，常年累计也是一笔大数字”。

说明书中发明内容部分新增“该星型管串入两端通透的玻璃真空管内……自动开启热循环程序”；有益效果部分新增“星型管迎阳面积大，可吸收较多的光热能量。传热距离只等于管壁的平均厚度<4mm”、“星型管存水量只有玻璃热管的1/8，由于存水量少，日间热启动快，晚间虹吸停止热量散失也少，常年累计也是一笔大数字”、“两端通透的真空玻璃管很容易用两节、三节串接起来组成大型陈列式热水器，省掉中间许多零部件，有着更高的性价比”；新增具体实施方式“在图3、图4中，真空星型热管总成（16），通过连接管（7）、（12）分别与上集热管（13）下分水管（9）连接……冷（温）水从水箱低处通过φ6×4孔流入星型热管底部进行下一轮的虹吸循环”；新增附图说明中关于图3、图4、图5的说明。

说明书附图中新增附图3、4、5。

上述权利要求书、说明书、说明书附图部分新增的内容没有记载在原始申请文件中，也不能由原始申请文件直接地、毫无疑义地确定，因此对权利要求书、说明书、说明书附图修改超出了原说明书和权利要求书记载的范围，不符合专利法第33条的规定。

合议组注意到，复审请求人在答复复审通知书时，请求合议组在驳回决定针对的文本和提复审请求时提交的修改文本中选择审查文本。正如前述，提复审请求时提交的文本不符合专利法第33条的规定，而驳回决定针对的文本同样存在修改超过原始申请文件范围的缺陷，如权利要求所述星型热管的形状、构造，附图3所示热水器总装图等内容均未在原始申请文件中记载，也不能从原始申请文件中直接、毫无疑义地确定，同样不符合专利法第33条的规定。

基于上述事实和理由，合议组作出如下决定。

**三、决定**

维持国家知识产权局于2006年8月25日对200520110988.3号实用新型专利申请作出的驳回决定。

复审请求人对本决定不服的，可以根据专利法第41条第2款的规定，自收到本决定之日起3个月内向北京市第一中级人民法院起诉。

043

# 液晶显示器及其制造方法

## 复审请求审查决定（第10465号）

**决　定　号**　第10465号
**决　定　日**　2007年4月13日
**发明创造名称**　液晶显示器及其制造方法
**国 际 分 类 号**　G02F 1/133
**复 审 请 求 人**　三星电子株式会社
**申　请　号**　01126061.0
**申　请　日**　2001年8月27日
**优 先 权 日**　2001年5月7日
**公　开　日**　2002年12月11日
**合 议 组 组 长**　张惠军
**主　审　员**　张春伟
**参　审　员**　张　曦

**法 律 依 据**　专利法第22条第2款、第3款
**决 定 要 点**
在对一项权利要求的新颖性进行判断时，如果该权利要求的技术方案与对比文件公开的技术方案存在区别，则该权利要求相对于该对比文件具有新颖性。

### 一、案由

本复审请求涉及申请号为01126061.0、申请日为2001年8月27日、优先权日为2001年5月7日、名称为“液晶显示器及其制造方法”的发明专利申请（下称本申请），申请人为三星电子株式会社。

申请人原始提交的权利要求书中共有52项权利要求，其中独立权利要求1、6、13、20、25、29、32、34、52均请求保护液晶显示器，独立权利要求43请求保护一种制造液晶显示器的方法，独立权利要求50请求保护一种监视器，其余权利要求为从属权利要求。

应申请人的请求，国家知识产权局实质审查部门依法对本申请进行了实质审查，于2005年1月7日发出第一次审查意见通知书，其中引用了以下对比文件：

对比文件1：JP8122775A，公开日为1996年5月17日；

对比文件2：CN1259724A，公开日为2000年7月12日。

该通知书中指出：权利要求1相对于对比文件1不具备新颖性；权利要求3和6相对于对比文件

1 和 2 不具备创造性；权利要求 7、8、13 和 14 相对于对比文件 1、2 和公知常识不具备创造性。同时指出独立权利要求组 6、20、25、29、43 与独立权利要求组 13、32、34、50、52 之间，权利要求 20、25 与 29 之间、权利要求 32、34 与 52 之间均不具备单一性；权利要求 26 不符合专利法实施细则第 23 条第 2 款的规定。

针对第一次审查意见通知书，申请人于 2005 年 5 月 19 日提交了意见陈述书和权利要求书、说明书修改替换页。

实质审查部门于 2005 年 7 月 8 日发出第二次审查意见通知书，指出权利要求 1 得不到说明书的支持，不符合专利法第 26 条第 4 款的规定。

申请人针对第二次审查意见通知书于 2005 年 9 月 7 日提交了意见陈述书，认为：说明书列举了多种实施方式，权利要求 1 中的功能性限定是得到说明书支持的。

实质审查部门于 2005 年 10 月 28 日发出第三次审查意见通知书，指出权利要求 1 相对于对比文件 1 不具备新颖性，权利要求 3 相对于对比文件 1 和 2 不具备创造性。

申请人针对第三次审查意见通知书于 2006 年 1 月 4 日提交了意见陈述书，认为：对比文件 1 并未披露权利要求 1 的固定装置，权利要求 1 具备新颖性。

国家知识产权局实质审查部门于 2006 年 3 月 10 日作出了驳回决定，在驳回决定中指出：权利要求 1 相对于对比文件 1 不具备新颖性，权利要求 3 相对于对比文件 1 和 2 不具备创造性。

申请人三星电子株式会社（下称复审请求人）对上述驳回决定不服，于 2006 年 6 月 1 日向专利复审委员会提出了复审请求，同时提交了权利要求书的修改替换页。修改后共包括 5 项权利要求，其中独立权利要求 1 为：

“一种液晶显示器，包括：用于发光的发光装置；用于容纳发光装置的接收装置；安装在接收装置的后表面上、用于向发光装置供电的供电装置；连接在发光装置和供电装置之间、用于向发光装置供电的供电线；在接收装置上形成的固定装置，其用于接触供电线和将供电线导向供电装置，并防止供电线与接收装置分离。”

经形式审查合格，专利复审委员会受理了该复审请求，于 2006 年 6 月 29 日向复审请求人发出了复审请求受理通知书。同时，向原审查部门发出了前置审查通知书。

在前置审查过程中，原实质审查部门坚持驳回决定。

在此基础上，专利复审委员会依法成立合议组，对本案进行了审查。合议组认为本案事实已经清楚，现依法作出如下复审请求审查决定。

**二、决定的理由**

1. 关于审查文本

合议组审查了复审请求人于 2006 年 6 月 1 日提交的修改文本，认为该修改文本符合专利法第 33 条和专利法实施细则第 60 条的规定。因此，本复审决定所依据的文本为复审请求人于 2006 年 6 月 1 日提交的权利要求第 1~5 项、于 2005 年 5 月 19 日提交的说明书第 1~25 页、于申请日提交的附图第 1~29 页、摘要及摘要附图。

2. 关于权利要求 1 是否符合专利法第 22 条第 2 款的规定

专利法第 22 条第 2 款规定：新颖性，是指在申请日以前没有同样的发明或实用新型在国内外出版物上公开发表过、在国内公开使用过或者以其他方式为公众所知，也没有同样的发明或者实用新型由他人向专利局提出过申请并且记载在申请日以后公布的专利申请文件中。

在对一项权利要求的新颖性进行判断时，如果该权利要求的技术方案与对比文件公开的技术方案存在区别，则该权利要求相对于该对比文件具有新颖性。

权利要求 1 要求保护一种液晶显示器，包括用于发光的发光装置；用于容纳发光装置的接收装置；安装在接收装置的后表面上、用于向发光装置供电的供电装置；连接在发光装置和供电装置之间、用于向发光装置供电的供电线；在接收装置上形成的固定装置，其用于接触供电线和将供电线导向供电装置，并防止供电线与接收装置分离。

对比文件 1 公开了一种液晶显示装置，并具体公开了以下技术内容：该液晶显示装置包括用于发光的荧光灯 4，相当于权利要求 1 中的发光装置；用于容纳荧光灯 4 的反射板 5 和基板 9，相当于权利要求 1 中的接收装置；用于向荧光灯 4 供电的驱动回路 22，相当于权利要求 1 的供电装置；荧光灯 4 与驱动回路 22 之间用供电线连接，在基板 9 上形成有定位突起 9a，定位突起 9a 用于与框体 2d 啮合以使得荧光灯 4 与光导板 6 之间的间隙不变及方便更换灯具。

权利要求 1 所要求保护的技术方案与对比文件 1 技术方案之间的区别在于：在权利要求 1 中，供电装置安装在接收装置的后表面上，在接收装置上形成有用于接触供电线和将供电线导向供电装置、并防止供电线与接收装置分离的固定装置。

由于上述区别技术特征未在对比文件 1 中公开，因此权利要求 1 相对于对比文件 1 具有新颖性，符合专利法第 22 条第 2 款的规定。

驳回决定中认为，对比文件 1 中的突起 9a、反射板 5 和照明单元 8a 三者相当于权利要求 1 中的固定装置，用于将灯 4 与照明配线 4a 固定，并防止其与基板分离，并将照明配线 4a 导向荧光灯。对此，合议组认为，在对比文件 1 中，突起 9a 形成在基板 9 上，其作用在于与框体 2d 啮合，使荧光灯与导光板 6 之间的间隙不变且便于更换灯具；反射板 5 作为照明单元 8a 的一个部件，将荧光灯 4 发射的光朝向导光板 6 反射，而 8a 是照明单元，由荧光灯 4、基板 9 和反射板 5 构成，因而将构成照明单元 8a 的反射板 5 与照明单元 8a、突起 9a 三者的整体视为一个固定装置是不适当的。另外，在本申请中固定装置的设置是用以容纳向灯单元供电的供电线，防止供电线与模制框架的后表面脱离，利于供电线插入突起内或从其内移去，并防止供电线与其他构件的摩擦而损坏（参见本申请说明书第 25 页最后一段至第 26 页第 1 段），而对比文件 1 中仅公开了用照明配线 4a 连接荧光灯与驱动回路，并未公开用于固定、导引照明配线 4a 且与照明配线 4a 接触的固定装置。因此，本申请权利要求 1 相对于对比文件 1 具备新颖性。

3. 关于权利要求 3 是否符合专利法第 22 条第 3 款的规定

专利法第 22 条第 3 款规定：创造性，是指同申请日以前已有的技术相比，该发明有突出的实质性特点和显著的进步，该实用新型有实质性特点和进步。

驳回决定中认为权利要求 3 的附加技术特征被对比文件 2 公开，因此权利要求 3 相对于对比文件 1 和 2 不具备创造性。经审查，如上所述，权利要求 1 所要求保护的技术方案与对比文件 1 技术方案之间的区别在于：在权利要求 1 中，供电装置安装在接收装置的后表面上，在接收装置上形成有用于接触供电线和将供电线导向供电装置、并防止供电线与接收装置分离的固定装置。对比文件 2 公开了一种液晶显示装置，并具体公开了以下技术内容：使用冷阴极放电管作为液晶显示装置的背景光光源。可见对比文件 2 也未公开权利要求 1 与对比文件 1 的上述区别技术特征，并且对比文件 2 也未给出将上述区别技术特征应用到对比文件 1 中以解决本发明所要解决的技术问题的技术启示。因此，对比文件 1 结合对比文件 2 不能影响权利要求 1 的创造性。在此基础上，引用权利要求 1 的权利要求 3 也具备创造性，符合专利法第 22 条第 3 款的规定。

**三、决定**

撤销国家知识产权局于 2006 年 3 月 10 日针对 01126061.0 号发明专利申请作出的驳回决定。由原审查部门以本决定所依据的审查文本，即复审请求人于 2006 年 6 月 1 日提交的权利要求第 1~5 项、

2005 年 5 月 19 日提交的说明书第 1～25 页、申请日提交的附图第 1～29 页、摘要及摘要附图的基础上对本案继续进行审查。

复审请求人对本决定不服的，可以根据专利法第 41 条第 2 款的规定，自收到本决定之日起三个月内向北京市第一中级人民法院起诉。

044

# 捣固车

## 复审请求审查决定（第 10479 号）

**决　定　号**　第 10479 号
**决　定　日**　2007 年 4 月 17 日
**发明创造名称**　捣固车
**国 际 分 类 号**　E01B 27/17，E01B 35/02
**复 审 请 求 人**　弗兰茨普拉塞铁路机械工业股份有限公司
**申　请　号**　01120798.1
**申　请　日**　2001 年 6 月 7 日
**优 先 权 日**　2000 年 6 月 9 日
**公　开　日**　2002 年 1 月 2 日
**合 议 组 组 长**　张梅珍
**主　审　员**　沈乐平
**参　审　员**　宋　瑞

**法 律 依 据**　专利法第 22 条第 3 款
**决 定 要 点**
如果一项发明相对于现有技术存在区别技术特征，现有技术中不存在使用该区别技术特征的技术启示，并且该发明解决了现有技术中存在的问题，获得相应的技术效果，则该发明具备专利法第 22 条第 3 款规定的创造性。

### 一、案由

本复审请求涉及申请号为 01120798.1、名称为“捣固车”的发明专利申请（下称本申请），申请日为 2001 年 6 月 7 日，优先权日为 2000 年 6 月 9 日，申请人为弗兰茨普拉塞铁路机械工业股份有限公司。本申请公开时权利要求书包括 5 项权利要求，具体内容如下：

“1. 一种捣固轨道（4）用的捣固车（1），它在轨行机构（5）之间、在捣固机组（12）沿机械（1）作业方向的前面有一套利用驱动装置（16）可调节高度的起道机组（17），用于抄平和拨正一条构成轨道平面（39）并由轨行机构（5）通过的正线（32），该捣固车（1）还具有一套辅助起道装置（18），用于抬起道岔（28）从正线（32）分叉出的分支线（27），其中起道机组（17）和辅助起道装置（18）配备有一个共用的测量系统（20），以便有控制地抬起道岔（28），其特征在于：所述共用的测量系统是一套将起道机组（17）与辅助起道装置（18）连接在一起的、能沿机械的横向伸缩的、配备有测值传感器（41）的机械式测量装置（36）。

2. 根据权利要求 1 所述的捣固车，其特征在于：机械式测量装置（36）是一根钢弦（37），测值传感器（41）是一个旋转式电位计（40）。

3. 根据权利要求 1 所述的捣固车，其特征在于：机械式测量装置（36）是一根测量方梁（44），测值传感器（41）是一个测角器（45）。

4. 根据权利要求 3 所述的捣固车，其特征在于：测量方梁（44）能伸缩。

5. 根据权利要求 1~4 中任一项所述的机械，其特征在于：测值传感器（41）通过一个控制装置（11）用于起动与辅助起道装置（18）相连的、抬起分支线（27）用的起道驱动装置（19）。”

国家知识产权局实质审查部门依法对本申请进行了实质审查，于 2003 年 7 月 18 日发出第一次审查意见通知书，该通知书指出：权利要求 1 请求保护的技术方案相对于对比文件 1 的区别在于所述机械式测量装置直接配有测值传感器；但上述区别技术特征被对比文件 2 披露了，因而权利要求 1 相对于对比文件 1 和 2 的结合不符合中国专利法第 22 条第 3 款的规定；权利要求 2 的附加技术特征被对比文件 2 披露了，权利要求 3 的附加技术特征是公知常识，权利要求 4~5 的附加技术特征被对比文件 1 披露了，因而从属权利要求 2~5 也不具备创造性。所引用的对比文件如下：

对比文件 1：CN1042960A，公开日为 1990 年 6 月 13 日；

对比文件 2：CN1105082A，公开日为 1995 年 7 月 12 日。

针对上述审查意见通知书，申请人于 2003 年 11 月 28 日提交了意见陈述书。申请人未对本申请进行任何修改。申请人认为：（1）对比文件 1~2 所公开的机械都具有一个基准系统，但该基准系统都仅仅与所述机械走行在上的正线配置，且对比文件 2 中既没有涉及捣固机也没有涉及道岔区段，对比文件 1~2 的结合不能解决本发明要解决的问题：使道岔的正线与分支线的起道量准确地匹配；（2）对比文件 2 的测量系统只是一种普通的基准系统，而本发明的系统是同时也配置给辅助起道装置的共用测量系统，将正线起道机组 17 与辅助起道装置 18 连接在一起的能沿着机械的横向伸缩的机械式测量装置。故权利要求 1 具备创造性。

经过上述实质审查程序后，国家知识产权局于 2004 年 10 月 15 日以本申请权利要求 1~5 不符合专利法第 22 条第 3 款的规定为由，做出了驳回本申请的决定，除了与第一次审查意见通知书相同的理由外，驳回决定还针对申请人答复第一次审查意见通知书的陈述意见进一步阐述了权利要求 1 不具备创造性的理由：从对比文件 1 说明书所记载的内容可以知道对比文件 1 公开的基准系统并非申请人答复第一次审查意见通知书的意见陈述书中所陈述的“仅仅与正线相匹配”，各测量装置的关系是相辅相成的。权利要求 1 与对比文件 1 公开的方案相比，其区别在于所述机械式测量装置直接配有测值传感器，其被对比文件 2 公开了，对比文件 1 和对比文件 2 同属于在正线轨道和邻线轨道之间进行校正和测量，故对比文件 1 和对比文件 2 之间存在结合启示，权利要求 1 不具备创造性。

申请人（下称复审请求人）不服上述驳回决定，于 2004 年 12 月 17 日向专利复审委员会提出复审请求，复审请求人未对本申请进行任何修改。其复审请求的理由是：（1）本申请与对比文件 1 存在以下区别：①对比文件 1 中测定梁 24 并没有将起道机组 17 与辅助起道装置 20 连接起来，而是只是将一测量轴 10 与一个位于捣固机组 15 和 16 与起道机组 17 之间的测量车连接起来，②对比文件 1 中的测定梁 24 不能伸缩；（2）本发明的主要内容在于，将测量系统一方面直接设置在正线起道机组上，另一方面则直接设置在辅助起道机组上，由此可以自动地随着辅助起道机组定位在待抬起的分支线上，也使所述测量系统自动地正确定位，这与对比文件 1 中需要使用复杂的测量结构（测量轴 10+测定梁 24+测量小车 18）不同。

经形式审查合格后，专利复审委员会依法受理了上述复审请求，并于 2005 年 1 月 27 日向复审请求人发出了复审请求受理通知书，同时向原审查部门发出前置审查通知书。

原审查部门对该复审请求做出前置审查意见，仍然坚持驳回决定。

专利复审委员会依法成立合议组，对该复审请求进行审查，本案合议组于 2006 年 10 月 9 日发出复审通知书，指出：权利要求 1 请求保护的技术方案相对于对比文件 1 的区别在于：该测量装置（36）沿着机械（1）的横向可伸缩。当对比文件 1 中的测定梁 24 与测量车 18 组成的测量系统对邻线轨道进行测量时，由于邻线轨道与正线轨道的间距是变化的，需要测量车 18 在邻线轨道上滚行。采用可伸缩的机械适应不同的间距是公知的技术手段，本领域普通技术人员可以采用使测定梁伸缩而使测量小车定位在邻线轨道上而无需付出创造性的劳动。因此权利要求 1 相对于对比文件 1 与公知常识的结合不具有突出的实质性特点和显著的进步，不具备创造性。权利要求 2 的附加技术特征被对比文件 2 披露了，权利要求 3~4 的附加技术特征是公知常识，权利要求 5 的附加技术特征被对比文件 1 披露了，因而从属权利要求 2~5 也不具备创造性。

针对复审请求的理由，复审通知书中还指出：在本申请权利要求 1 中测量系统是“将起道机组（17）与辅助起道装置（18）连接在一起的”，众所周知，“连接”是一个很上位的表述，它既可以是两个部件直接连在一起，也可以是两个部件通过连接物连在一起，根据本申请说明书的记载，起道机组（17）与辅助起道装置（18）并不是直接通过测量系统相连，测量系统仅是二者连接过程中的一个环节，而对比文件 1 所披露的即是通过机架、测量系统和控制系统将起道机组与辅助起道装置相连，所以对比文件 1 事实上已经披露了上述区别（1）；至于复审请求人所强调的第 2 点意见，根据专利法第 56 条第 1 款的规定，发明专利权的保护范围以其权利要求的内容为准，由于所陈述的内容仅记载在说明书中，所以与权利要求 1 是否具备创造性无关。综上所述，复审请求人的上述主张不能证明本申请权利要求 1 具备创造性。事实上，即使复审请求人将与所陈述的第 2 点意见相关的内容补充到权利要求 1 中，权利要求 1 仍然缺少解决技术问题的必要技术特征，因为根据本申请说明书的记载，要实现本发明测量系统的功能，除了复审请求人提到的“将测量系统一方面直接设置在正线起道机组上，另一方面则直接设置在辅助起道机组上”外，还需要设立相关的基准平面和测量平面。

针对上述复审通知书，复审请求人于 2006 年 11 月 6 日提交了意见陈述书和说明书全文以及权利要求书的替换页，修改后的权利要求书共包括 5 项权利要求，其中只有一项独立权利要求即权利要求 1，其具体内容为：

“1. 一种捣固轨道（4）用的捣固车（1），它在轨行机构（5）之间、在捣固机组（12）沿机械（1）作业方向的前面有一套利用驱动装置（16）可调节高度的起道机组（17），用于抄平和拨正一条构成轨道平面（39）并由轨行机构（5）通过的正线（32），该捣固车（1）还具有一套辅助起道装置（18），用于抬起道岔（28）从正线（32）分叉出的分支线（27），其中起道机组（17）和辅助起道装置（18）配备有一个共用的测量系统（20），以便有控制地抬起道岔（28），其特征在于：所述共用的测量系统是一套直接将起道机组（17）与辅助起道装置（18）连接在一起的、能沿机械的横向伸缩的并构成一测量平面（43）的、配备有测值传感器（41）的机械式测量装置（36），其中，该测量装置（36）一方面直接设置在所述正线起道机组（17）上，另一方面则直接设置在所述辅助起道机组（18）上。”

复审请求人在意见陈述书中认为，复审请求人已经遵照复审通知书的意见对权利要求 1 进行了修改，目前的权利要求 1~5 相对于对比文件 1 和对比文件 2 的结合具备创造性。

至此，合议组认为本案事实已经清楚，现依法作出复审决定。

**二、决定的理由**

1. 关于审查文本

本复审决定以复审请求人于 2006 年 11 月 6 日提交的权利要求第 1~5 项、说明书第 1~4 页，申请日提交的说明书附图第1~2页、说明书摘要及摘要附图作为审查基础。

2. 关于专利法第22条第3款

专利法第22条第3款规定的创造性：是指同申请日以前已有的技术相比，该发明有突出的实质性特点和显著的进步，该实用新型有实质性特点和进步。

如果一项发明相对于现有技术存在区别技术特征，现有技术中不存在使用该区别技术特征的技术启示，并且该发明解决了现有技术中存在的问题，获得相应的技术效果，则该发明具备专利法第22条第3款规定的创造性。

具体到本案，本申请权利要求1要求保护一种捣固轨道用的捣固车。对比文件1公开了一种适用于道岔区和交叉区的用于上下与侧向移动轨道的走行轨道捣固、起拨道机，并具体公开了以下内容（参见对比文件1说明书第4页第3段第1行至第14页结尾，权利要求1~7；附图1~5）：所述轨道捣固、起拨道机具有：长形的机架2，机架通过设置在两端的、相距较远的轨道走行机构3可在一条由轨枕4和钢轨5构成的正线轨道6上走行，沿机械的作业方向，机架2内起拨道机组17、测量车18、捣固机组15和16依次设置，所述起拨道机组17有一个通过液压起拨道驱动装置可进行高度和侧向调节地跟机架2相连的机具架，在机具架上为每条钢轨设置一个作为校正机构的带缘轮子和一个通过驱动装置能进行高度和横向调节的抓钩形式的夹持机构，夹持机构靠力耦合贴靠在钢轨外侧或内侧，机械装有一套通过探测轴10可在轨道6上滚行的找平与校正基准系统11，通过中央控制装置65用起拨道机组17抬起正线轨道［相当于本申请权利要求1中的“在其轨行机构（5）之间、在捣固机组（12）沿机械（1）作业方向的前面有一套利用驱动装置（16）可调节高度的起道机组（17），用于抄平和拨正形成一个轨道平面（39）并由轨行机构（5）通过的正线（32）”］；紧靠起拨道机组17的前面设有一个与机架2可转动地连接的附加起道装置20，用以夹持和抬起邻线轨道19并在机械的左纵向侧或右纵向侧使用［相当于本申请权利要求1中的“还具有一套辅助起道装置（18），用于抬起道岔（28）由正线（32）分叉出的分支线（27）”］；所述测量车18位于捣固机组15和16与起拨道机组17之间的中部探测轴10的范围内、可在一条走向平行于正线轨道9的邻线轨道19上滚行，所述测量车具有用以测取邻线轨道段的位置情况的一根横向于机械的纵向伸展的并附属于捣固机1的测定梁24和一个横向倾斜测量仪25，该测定梁24能有选择地与机械的探测轴10相连，通过移动式控制装置73用附加起道装置20抬起邻线轨道19［相当于本申请权利要求1中的“起道机组（17）和辅助起道装置（18）配备有一个共同的测量系统（20），用于有控制地抬起道岔，该测量系统将起道机组（17）与辅助起道装置（18）连接在一起、配备有测值传感器（41）”］（具体参见对比文件1说明书第8页第9行至第12页第12行，权利要求1~2，附图1~3）。

对比文件2公开了一种校正轨道位置用的线路作业机械，披露了一种测值传感器。

对比文件1和对比文件2都没有披露权利要求1中的如下技术特征：所述共用的测量系统是一套直接将起道机组（17）与辅助起道装置（18）连接在一起的、能沿机械的横向伸缩的并构成一测量平面（43）的、配备有测值传感器（41）的机械式测量装置（36），其中，该测量装置（36）一方面直接设置在所述正线起道机组（17）上，另一方面则直接设置在所述辅助起道机组（18）上。本申请权利要求1包含上述技术特征的测量系统，克服了现有测量系统需要使用复杂的测量结构（测量轴10+测定梁24+测量小车18）的缺陷，而且没有证据表明上述区别技术特征是公知常识，现有技术中也不存在将上述技术特征结合进来以解决其技术问题的启示，因此，权利要求1请求保护的技术方案具有突出的实质性特点和显著的进步，具备专利法第22条第3款规定的创造性。

由于权利要求1具备创造性，因此从属权利要求2~5也具备专利法第22条第3款规定的创造性。

综上所述，本专利权利要求1~5具备专利法第22条第3款规定的创造性。

根据上述事实和理由，本案合议组依法作出以下审查决定。

**三、决定**

在修改文本的基础上撤销国家知识产权局于2004年10月15日对01120798.1号发明专利申请作出的驳回决定，由原审查部门以本决定依据的文本作为审查基础继续进行审查程序。

复审请求人对本决定不服的，可以根据专利法第41条第2款的规定，自收到本决定之日起三个月内向北京市第一中级人民法院起诉。

045

# 低磷洁净齿轮油制剂

## 复审请求审查决定（第10512号）

**决　定　号**　第10512号
**决　定　日**　2007年4月6日
**发明创造名称**　低磷洁净齿轮油制剂
**国际分类号**　C10M 137/04，C10N 30/06
**复审请求人**　乙基公司
**申　请　号**　02108095. X
**申　请　日**　2002年2月20日
**公　开　日**　2002年10月2日
**合议组组长**　于　萍
**主　审　员**　刘　犟
**参　审　员**　赵　明

**法律依据**　专利法第26条第3款
**决定要点**
如果所属领域的普通技术人员根据申请说明书及背景技术中记载的已有技术以及其所掌握的常规手段即可制备出请求保护的组合物，则不能认定该申请因为没有给出组合物的制备方法而不符合专利法第26条第3款规定。

### 一、案由

本复审请求涉及申请人乙基公司于2002年2月20日申请，国家知识产权局于2002年10月2日公开，名称为“低磷洁净齿轮油制剂”的02108095. X号发明专利申请（下称本申请）。

国家知识产权局实审部门于2004年6月18日发出第一次审查意见通知书，认为本申请未公开低磷洁净齿轮油制剂的制备方法，不符合专利法第26条第3款的规定。

申请人于2004年11月1日提交了意见陈述书，认为本申请的要点是齿轮油制剂，而且本申请权利要求书也是要求保护一种齿轮油，而不是制备方法；并且齿轮油组合物的制备方法是本领域技术人员熟知的惯常方法。

国家知识产权局于2005年1月28日驳回了该申请，理由是本申请未公开低磷洁净齿轮油制剂的制备方法，即未对“本领域技术人员熟知的惯常方法”作出清楚、完整的说明，致使所属技术领域的技术人员不能实现该发明，不符合专利法第26条第3款的规定。

驳回决定所针对的权利要求书即为本申请的原始权利要求书，其内容如下：

"1. 一种齿轮油，其包括

a）一种基础油；

b）一种热稳定的含磷抗磨添加剂；和

c）一种不含金属的含硫极压添加剂；

其中，组分（b）的含量足以为该配制的齿轮油提供100~350ppm的磷，且组分（c）的含量足以为该配制的齿轮油提供至少10 000ppm的硫。"

申请人（以下称请求人）对上述驳回决定不服，于2005年4月22日向专利复审委员会提出复审请求，请求人在提出复审请求时没有提交新的专利申请文本。请求人认为本申请要点是齿轮油制剂，而且本申请权利要求书中也是要求的是一种齿轮油，而不是制备方法；并且认为齿轮油组合物的制备方法很简单，只需将构成该组合物的各成分简单地混合在一起就可以制成制剂，对各成分的混合次序也没有限制，即该制备方法是本领域技术人员熟知的惯常方法，国家知识产权局驳回的理由不成立。

形式审查合格后，专利复审委员会受理了该复审请求，并于2005年5月25日向请求人发出复审请求受理通知书，随后将本申请移交原实审部门进行前置审查。

原实审部门对本复审请求进行了前置审查，坚持原驳回决定。

专利复审委员会组成合议组，对本案的复审请求进行了审理。本案合议组于2006年2月5日向请求人发出复审通知书。复审通知书指出，根据审查指南第二部分第十章第4.1节中的规定，如果要求保护的发明为化学产品本身，则在说明书中还应该公开化学产品的制备等，本申请说明书中并未公开所请求保护的齿轮油的制备方法，因此不符合专利法第26条第3款的规定。如果申请人坚持认为上述齿轮油的制备方法是本领域技术人员熟知的惯常方法，则应当提供现有技术中的相关证据用以支持其主张。

针对上述复审通知书，请求人于2006年3月14日提交了意见陈述书及相关的现有技术参考文献：

附件1：US3267033A美国专利文献共6页，公开日为1966年8月16日；

附件2：US5176840A美国专利文献共14页，公开日为1993年1月5日；

附件3：US5492638A美国专利文献共6页，公开日为1996年2月20日；

附件4：US5942470A美国专利文献共15页，公开日为1999年8月24日。

其中，附件2~4在本申请的背景技术中得到了引用，请求人认为上述专利文献中已经公开了齿轮油混合物的制备方法，本领域技术人员可以基于现有技术采用本领域中常用的配制步骤制备出本申请的齿轮油，因此本申请符合专利法第26条第3款的规定。至此，合议组认为本案事实清楚，可以作出审查决定。

**二、决定的理由**

1. 决定针对的文本

本决定所针对的文本为驳回决定所针对的文本。

2. 关于专利法第26条第3款

专利法第26条第3款规定，说明书应当对发明或者实用新型作出清楚、完整的说明，以所属技术领域的技术人员能够实现为准。

所属技术领域的技术人员能够实现是指，所属技术领域的技术人员按照说明书记载的内容，就能够再现该发明所请求保护的技术方案，解决其技术问题，并且产生预期的技术效果。如果所属领域的普通技术人员根据申请说明书及背景技术中记载的已有技术以及其所掌握的常规手段即可制备出请求保护的组合物，则不能认定该申请因为没有给出组合物的制备方法而不符合专利法第26条第3款规定。

具体到本案中，驳回决定认为本申请未公开低磷洁净齿轮油制剂的制备方法，因而不符合第 26 条第 3 款的规定。请求人在答复复审通知书时提交了上述 4 篇专利文献，上述 4 篇专利文献的公开日均早于本申请的申请日及优先权日，均可作为本申请的现有技术。在上述 4 篇专利中公开了一般采用在基础油中加入多种添加剂混合而得齿轮油组合物的制备方法。并且附件 2~4 在本申请说明书中被引用。

合议组认为：本申请权利要求请求保护一种齿轮油组合物，在本申请说明书中公开了组成该齿轮油所用的基础油以及各种添加剂及其含量，也就是说本申请说明书清楚且完整的记载了请求保护的齿轮油组合物。在本申请说明书第 16 页第 5 行还说明了“在表 3 中列出了所配制的齿轮油”，也就是说本申请中的齿轮油组合物可以通过配制而成。本申请背景技术所引用的现有技术中还公开了在基础油中加入多种添加剂通过混合而得到齿轮油组合物，这样虽然本申请的说明书没有明确描述本申请这种齿轮油组合物的制备方法，但本领域技术人员在已知基础油和添加剂种类及含量的情况下，可以根据现有技术的教导从而制备出齿轮油组合物。也就是说，在本申请说明书已经公开齿轮油组合物中基础油和添加剂的种类及含量的情况下，本领域技术人员根据所掌握的现有技术特别是说明书背景技术中所引用的现有技术及常规手段可以制备得出权利要求请求保护的齿轮油组合物。综上所述，本申请说明书对所请求保护的技术方案作出了清楚、完整的说明，所属技术领域的技术人员能够实现该技术方案，本申请说明书符合专利法第 26 条第 3 款的规定。

根据以上事实和理由，本案合议组作出如下审查决定。

**三、决定**

撤销国家知识产权局于 2005 年 1 月 28 日对 02108095. X 号发明专利申请作出的驳回决定。由原审查部门在驳回决定所针对文本的基础上继续进行审查。

复审请求人对本决定不服的，可以根据专利法第 41 条第 2 款的规定，自收到本决定之日起 3 个月内向北京市第一中级人民法院起诉。

046

# 关联式的即时有声教学方法

## 复审请求审查决定（第10516号）

**决　定　号**　第10516号
**决　定　日**　2007年4月25日
**发明创造名称**　关联式的即时有声教学方法
**国际分类号**　G09B 5/04，G09B 5/00
**复审请求人**　鸿友科技股份有限公司
**专利申请号**　00129659.0
**申　请　日**　2000年10月9日
**公　开　日**　2002年5月1日
**合议组组长**　温丽萍
**主　审　员**　钟　华
**参　审　员**　李　礼

**法律依据**　专利法第25条
**决定要点**

虽然一项申请的主题为“关联式的即时有声教学方法”，但是该申请的权利要求中记载有若干技术特征，通过由上述技术特征构成的技术手段解决了相应的技术问题，则该权利要求就整体而言已经构成一个完整的技术方案，不属于智力活动的规则和方法。

### 一、案由

本复审请求涉及申请号为00129659.0、名称为“关联式的即时有声教学方法”的发明专利申请（下称本申请），其申请日是2000年10月9日，申请人是鸿友科技股份有限公司。本申请经公开的权利要求书如下：

“1. 一种关联式的即时有声教学方法，以书籍或是各种具体的器物作为学习目标，其特征在于：产生一以光学辨识并且标示于学习目标的标签，用以储存一识别码并作为识别学习目标的依据；建立对应于学习目标的声音资料，并且使该声音资料与该标签的识别码构成关联；提供一存储单元，储存该声音资料以及该识别码与该声音资料间的关联；提供一辨识与搜寻单元，用以辨识该标签的识别码，并且搜寻前述的关联找出其中对应于该识别码的声音资料；以及提供一声音输出单元，播出该辨识与搜寻单元搜寻所得的该声音资料。

2. 如权利要求1所述的关联式的即时有声教学方法，其特征在于该标签为条码。

3. 如权利要求1所述的关联式的即时有声教学方法，其特征在于该标签为雷射标签。

4. 如权利要求 1 所述的关联式的即时有声教学方法，其特征在于该标签是印刷于学习目标。

5. 如权利要求 1 所述的关联式的即时有声教学方法，其特征在于该标签是贴附于学习目标。

6. 如权利要求 1 所述的关联式的即时有声教学方法，其特征在于该声音资料为学习目标的名称。

7. 如权利要求 1 所述的关联式的即时有声教学方法，其特征在于该声音资料为学习目标的相关知识说明。

8. 如权利要求 1 所述的关联式的即时有声教学方法，其特征在于该声音资料为音乐。

9. 如权利要求 1 所述的关联式的即时有声教学方法，其特征在于该声音资料为音效。

10. 如权利要求 1 所述的关联式的即时有声教学方法，其特征在于更包括有一建立声音资料库的步骤，用以储存代表某一教学主题的多个彼此串连的标签。

11. 如权利要求 10 所述的关联式的即时有声教学方法，其特征在于该声音资料库包含有：一题目标签资料表，用以储存题目类标签；一答案标签资料表，与该题目资料表构成多对多的关联，用以储存答案类标签；一解说标签资料表，用以储存解说类标签；以及一声音资料表，用以储存声音资料，该声音资料表还分别与该答案标签资料表，以及该解说标签资料表构成一对一的关联。”

国家知识产权局实质部门对本申请进行了实质审查，于 2003 年 7 月 4 日发出第一次审查意见通知书，指出：本申请权利要求 1~10 相对于对比文件 1 和公知常识不具有创造性，本申请权利要求 11 相对于对比文件 1、对比文件 2 和公知常识不具有创造性。通知书所引用的对比文件如下：

对比文件 1：公告号为 CN1049513C 的中国发明专利说明书，授权公告日为 2000 年 2 月 16 日；

对比文件 2：公告号为 CN2174754Y 的中国实用新型专利说明书，授权公告日为 1994 年 8 月 17 日。

针对第一次审查意见通知书，申请人于 2003 年 11 月 11 日提交了意见陈述书，认为：本申请的发明目的、实现方式和有益效果均与对比文件不同，特别是本申请通过所述“标签”的光学识别，产生一唯一的识别码，并将识别码加以存储；使存储的识别码对应一声音资料，但识别码与声音资料之间的对应关系并非对比文件中的“一对一”关系，而是一种“多对多”的关系，即不同的识别码通过标签资料表的定义可以对应相同的声音资料，且本申请没有对声音资料的具体存储位置加以限制，而是通过识别码来寻找对应的声音资料，因此本申请具备创造性。同时，申请人提交了权利要求书的修改文本，修改后的权利要求书如下：

“1. 一种关联式的即时有声教学方法，以各种具体的器物作为学习目标，其特征在于该方法包括下列步骤：

（1）产生以光学辨识并且标示于学习目标的标签；

（2）储存所述标签的识别码并作为识别学习目标的依据；

（3）建立一标签资料表，确定各标签之间的多对多关联；

（4）建立对应于学习目标的声音资料，并且使该声音资料与所述各标签的识别码构成关联；

（5）提供一存储单元，储存该些声音资料以及根据上述资料表确定的识别码与声音资料间的关联；

（6）提供一辨识与搜寻单元，用以辨识一标签的识别码，并且搜寻前述的关联找出其中对应于该识别码的声音资料；

（7）提供一声音输出单元，播出该辨识与搜寻单元搜寻所得的声音资料。

2. 如权利要求 1 所述的关联式的即时有声教学方法，其特征在于该标签为条码。

3. 如权利要求 1 所述的关联式的即时有声教学方法，其特征在于该标签为雷射标签。

4. 如权利要求 1 所述的关联式的即时有声教学方法，其特征在于该标签是印刷于学习目标。

5. 如权利要求1所述的关联式的即时有声教学方法，其特征在于该标签是贴附于学习目标。

6. 如权利要求1所述的关联式的即时有声教学方法，其特征在于该声音资料为学习目标的名称。

7. 如权利要求1所述的关联式的即时有声教学方法，其特征在于该声音资料为学习目标的相关知识说明。

8. 如权利要求1所述的关联式的即时有声教学方法，其特征在于该声音资料为音乐。

9. 如权利要求1所述的关联式的即时有声教学方法，其特征在于该声音资料为音效。

10. 如权利要求1所述的关联式的即时有声教学方法，其特征在于，所述标签资料表包含有：一题目标签资料表，用以储存题目类标签；一答案标签资料表，与该题目资料表构成多对多的关联，用以储存答案类标签；一解说标签资料表，用以储存解说类标签；以及一声音资料表，用以储存声音资料，该声音资料表还分别与该答案标签资料表，以及该解说标签资料表构成一对一的关联。"

针对申请人的上述意见陈述及修改后的申请文件，国家知识产权局实质审查审查部门经过审查，于2004年1月30日发出了第二次审查意见通知书，指出：本申请权利要求1~10请求保护一种关联式的即时有声教学方法，该方法包括如何产生学习标签，储存，建立标签资料，建立声音资料，提供存储单元，提供辨识搜寻单元，提供声音输出单元等一系列步骤，这些都是经过人的思维运动为媒介间接作用于自然产生的结果，是指导人们对学习目标进行思维、识别、判断、记忆的规则和方法。这种教学方法必须经过人的思维运动间接地作用于自然产生的结果，其中并没有采用技术手段或利用自然法则，因此属于一种智力活动的规则和方法，属于专利法第25条第1款之（2）项规定的不授予专利权的范围。

针对第二次审查意见通知书，申请人于2004年4月12日提交了意见陈述书，认为：根据审查指南第二部分第一章第3.2节有关"智力活动的规则和方法"的描述可知，智力活动是离不开人的思维运动的，而由于个体的差异性，同样的智力活动的规则和方法，不同的人来实施，其结果不具备唯一性，这是智力活动的规则和方法所具备的特点。而本申请的方法的实质是提供一种辨识装置，用来辨识贴于实物上的标签，并使该标签与一段声音信息相关联，方便使用者学习。本申请的方法步骤，不需要人进行推理和分析就能得到唯一的实施结果，并且本申请采用了一套完整的技术手段，如权利要求1步骤（2）储存标签的识别码，步骤（3）建立标签资料表，步骤（4）建立声音资料，步骤（5）储存声音资料与识别码的关联，步骤（6）提供辨识单元，步骤（7）提供一声音输出单元，这些步骤都是不以人的思维运动为媒介的技术方法，因此本申请不属于智力活动的规则和方法。

经过上述实质审查程序后，国家知识产权局实质审查部门以本申请仍然属于专利法第25条第1款规定的不授予专利权的范围为由，于2004年5月21日依据专利法实施细则第53条的规定对本申请予以驳回。

申请人鸿友科技股份有限公司（下称复审请求人）对上述驳回决定不服，于2004年8月23日向专利复审委员会提出复审请求，认为：审查员对本申请的技术方案理解不正确，在第一次审查意见通知书中，已经检索出了相关的对比文件并就本申请的创造性进行了评述，在第二次审查意见通知书中，再指出本申请不属于授予专利权的范围，不符合审查指南有关审查顺序的规定。本申请的权利要求实际上给出了一种如何辨识特定标签的方法，而该方法是用于关联式的即时有声教学，其特殊的辨识技术产生了本申请特定的步骤，该对特定标签的识别步骤，对于信息识别来讲，很明显是一个典型的技术特征，信息识别仅依靠智力活动的规则与方法是无法实现的，是需要申请人经过多次调试才能得出的，因此本申请的技术方案不属于专利法第25条的内容。

经形式审查合格，专利复审委员会依法受理了该复审请求，并于2004年9月22日向复审请求人发出复审请求受理通知书，同日向原审查部门发出前置审查通知书，将案卷送回给原审查部门进行前置审查。

在本案的前置审查过程中，原审查部门坚持了原驳回决定。

至此，合议组经合议认为本案事实清楚，依法作出如下复审决定。

**二、决定的理由**

1. 审查文本

本复审决定针对的审查文本为驳回决定所依据的文本，即复审请求人于2003年11月11日提交的权利要求书，原始申请文件的说明书、说明书摘要和摘要附图。

2. 法律依据

专利法第25条规定，对于下列各项，不授予专利权：（1）科学发现；（2）智力活动的规则和方法；（3）疾病的诊断和治疗方法；（4）动物和植物品种；（5）用原子核变换方法获得的物质。对前款第（4）项所列产品的生产方法，可以依照本法规定授予专利权。

审查指南第二部分第一章第4.2节“智力活动的规则和方法”规定：

“智力活动，是指人的思维运动，它源于人的思维，经过推理、分析和判断产生出抽象的结果，或者必须经过人的思维运动作为媒介，间接地作用于自然产生结果。智力活动的规则和方法是指导人们进行思维、表述、判断和记忆地规则和方法。由于其没有采用技术手段或者利用自然规律，也未解决技术问题和产生技术效果，因而不构成技术方案。它既不符合专利法实施细则第2条第1款的规定，又属于专利法第25条第1款第（2）项规定的情形。因此，指导人们进行这类活动地规则和方法不能被授予专利权。

在判断涉及智力活动的规则和方法的专利申请要求保护的主体是否属于可授予专利权客体时，应当遵循以下原则：

（1）如果一项权利要求仅仅涉及智力活动的规则和方法，则不应当被授予专利权。如果一项权利要求，除其主体名称外，对其进行限定的全部内容均为智力活动的规则和方法，则该权利要求实质上仅仅涉及智力活动的规则和方法，也不应当被授予专利权。

（2）除了上述（1）所描述的情形之外，如果一项权利要求在对其进行限定的全部内容中既包含智力活动的规则和方法的内容，又包含技术特征，则该权利要求就整体而言并不是一种智力活动的规则和方法，不应当依据专利法第25条排出其获得专利权的可能性。”

3. 本申请是否属于智力活动的规则和方法

本申请权利要求1请求保护一种关联式的即时有声教学方法，其涉及一种在学习过程中利用一辨识装置读取标示于学习目标的标签的方法，即时提供与学习目标相关的声音教材，进而实现有声教学的关联式的即时有声教学方法。

本申请的发明目的在于摆脱传统阅读平面文字或图形教材的单调学习形式，提供辅助的声音教材，实现即听即刷的有声教学形式，从而有助于学龄前的幼童学习。

为实现本申请的发明目的，本申请权利要求1采用了由如下步骤构成的方法：

“（1）产生以光学辨识并且标示于学习目标的标签；

（2）储存所述标签的识别码作为识别学习目标的依据；

（3）建立一标签资料表，确定各标签之间的多对多关联；

（4）建立对应于学习目标的声音资料，并且使该声音资料与所述各标签的识别码构成关联；

（5）提供一存储单位，储存该些声音资料以及根据上述资料表确定的识别码与声音资料间的关联；

（6）提供一辨识与搜寻单元，用以辨识该标签的识别码，并且搜寻前述的关联找出其中对应于该识别码的声音资料；

（7）提供一声音输出单元，播出该辨识与搜寻单元搜寻所得的声音资料。”

合议组认为，虽然本申请权利要求申请保护的主题为一种关联式的即时有声教学方法，但是从其请求保护的整体技术方案来看，其不是指导人们如何进行教学以取得更好的教学成绩的方法，而是提供一种利用关联式的即时有声辨识装置以实现无人教学的方法，其包含有建立标签、储存标签的识别码、建立标签资料表、建立声音资料、提供存储单元、提供辨识与搜寻单元、提供声音输出单元等技术手段，通过上述一系列技术手段来实现其发明目的，因此该权利要求就整体而言已经构成了一个完整的技术方案，根据审查指南第二部分第一章第4.2节的规定，本申请不属于专利法第25条规定的不授予专利权的智力活动的规则和方法。

**三、决定**

撤销国家知识产权局于2004年5月21日对00129659.0号发明专利申请作出的驳回决定，由原审查部门在驳回决定依据的文本的基础上继续进行审批程序。

根据专利法第41条第2款的规定，复审请求人对本决定不服的，可以自收到本决定之日起三个月内向北京市第一中级人民法院起诉。

047

# 机利宝系列润滑油

## 复审请求审查决定（第10524号）

**决　　定　　号**　第10524号
**决　　定　　日**　2007年4月20日
**发明创造名称**　机利宝系列润滑油
**国 际 分 类 号**　C10M 169/00
**复 审 请 求 人**　刘凤梅，申保安
**申　　请　　号**　00134004.2
**申　　请　　日**　2000年12月8日
**公　　开　　日**　2002年7月10日
**合 议 组 组 长**　何　炜
**主　　审　　员**　李瑛琦
**参　　审　　员**　许　磊

**法 律 依 据**　专利法第38条
**决 定 要 点**

审查部门在作出驳回决定之前，必须将其经实质审查认定申请属于专利法实施细则第53条规定的应予驳回情形的事实、理由和证据通知申请人，并给申请人至少一次陈述意见和/或修改申请文件的机会，否则将不符合专利法第38条的规定。

### 一、案由

本复审请求涉及申请号为00134004.2、名称为“机利宝系列润滑油”的发明专利申请（下称本申请）。申请人为刘凤梅和申保安。本申请的申请日为2000年12月8日，公开日为2002年7月10日。

国家知识产权局于2003年6月13日发出第一次审查意见通知书，主要指出本申请独立权利要求6、9、13、17、21、25与权利要求1所要求保护的技术方案之间不具备单一性，不符合专利法第31条第1款的规定；同时指出权利要求1～28相对于对比文件1（CN1081198A）和对比文件2（CN1043360C）以及公知常识的结合不具有创造性，不符合专利法第22条第3款的规定。

申请人于2003年10月22日提交了意见陈述及经修改的全部申请文件替换页。申请人同意将原申请进行分案，在本申请中仅保留了有关汽车柴汽内燃机润滑油的部分，同时申请人就本申请的创造性问题进行了申辩。

国家知识产权局于2003年12月5日发出第二次审查意见通知书，指出：新提交的申请文件中的

下述内容“权利要求3中‘或为双烯基丁二酰亚胺T152’、‘抗氧抗腐剂可为……等同物’、权利要求7中‘或为双烯基丁二酰亚胺T152’、‘抗氧抗腐剂……等同物’”（见修改后的权利要求3和7）既未明确记载在原说明书和权利要求书中，也不能由原说明书和权利要求书所记载的内容直接导出，因此超出了原说明书和权利要求书记载的范围，不符合专利法第33条的规定。此外，新提交的说明书也超出了原始公开内容，不符合专利法第33条规定。

申请人于2003年12月26日提交了针对第二次审查意见通知书的意见陈述及经修改的说明书及权利要求书全文替换页，对审查员指出的修改超范围的缺陷进行了说明和修改。修改后的权利要求书中删除了如“等同物”、“或其组合物”、“或分别为上述物质等同物”等词句，对说明书中相应的部分进行了相同修改，并给出了修改后权利要求3和7的内容在原申请文件中的出处。

国家知识产权局于2004年3月5日驳回了本申请，所针对的申请文本为申请人于2003年12月26日提交的说明书第1~8页、权利要求第1~8项以及于2003年10月22日提交的说明书摘要，驳回理由是：审查员在第二次审查意见通知书中明确指出“新提交的说明书也超出了原始公开的内容，不符合专利法第33条的规定”。综上所述，本申请不符合专利法第33条的规定，因此予以驳回。

驳回决定所针对的独立权利要求1为：

“1. 一种汽车柴汽内燃机润滑油，含有基础油的A液和含有润滑油添加剂的B液，其特征是：以重量份为例：含A液10~14份，B液1~3份，进行调配制成润滑油，（a）A液中含500SN基础油40~60份，650SN基础油40~60份，150SN基础油5~15份，（b）B液中含清净剂0.6~3份，分散剂0.5~3份，抗氧抗腐剂1~3份，极压抗磨剂2~5份。”

申请人刘凤梅和申保安（下称复审请求人）对上述驳回决定不服，于2004年6月4日向专利复审委员会提出复审请求，复审请求人认为审查员在第二次审查意见通知书中没有具体指出说明书修改超范围的事实依据，造成申请人困惑，在修改时只能根据修改后的权利要求对说明书进行相应地修改，审查员在其后直接发出驳回决定，使申请人丧失了陈述意见的机会，不符合审查指南第二部分第八章中关于驳回的规定，因此国家知识产权局驳回的理由不成立。

复审请求人在提出复审请求时提交了经修改的说明书第1~9页、权利要求第1~8项以及说明书摘要。

形式审查合格后，专利复审委员会受理了该复审请求，并于2004年6月22日向复审请求人发出《复审请求受理通知书》，同时将本申请案卷移交原审查部门进行前置审查。

原审查部门对本复审请求进行了前置审查，坚持原驳回决定。

复审请求人于2006年7月5日提交了意见陈述书，认为驳回决定不符合审查指南的有关规定，其理由与复审请求时陈述的理由相同。

专利复审委员会依法组成合议组，对本案进行审查。合议组经审查后认为本案事实清楚，可以作出审查决定。

**二、决定的理由**

1. 决定所依据的文本

复审请求人在提出复审请求时提交了经修改的说明书第1~9页、权利要求第1~8项以及说明书摘要，因此本复审决定是在复审请求人于2004年6月4日提交的说明书第1~9页、权利要求第1~8项以及说明书摘要基础上作出的。

2. 关于专利法第38条

专利法第38条规定：发明专利申请经申请人陈述意见或者进行修改后，国务院专利行政部门仍然认为不符合本法规定的，应当予以驳回。

审查部门在作出驳回决定之前，必须将其经实质审查认定申请属于专利法实施细则第 53 条规定的应予驳回情形的事实、理由和证据通知申请人，并给申请人至少一次陈述意见和/或修改申请文件的机会，否则将不符合专利法第 38 条的规定。

就本案而言，在驳回决定作出之前，原审查部门只在第二次审查意见通知书中指出复审请求人对权利要求书和说明书的修改不符合专利法第 33 条的规定，但是仅对权利要求不符合规定的原因进行了说明，对说明书仅以“新提交的说明书也超出了原始公开的内容，不符合专利法第 33 条规定”的方式进行了评述，并未具体指出复审请求人对说明书的修改不符合专利法第 33 条规定的具体事实和理由，导致复审请求人在答复审查意见通知书时不能针对审查员指出的具体理由进行相应修改或论述。复审请求人答复了第二次审查意见通知书并对说明书进行了一些修改，原审查部门在对修改后的文本未作出过任何评述的情况下即作出了驳回决定，在驳回决定中原审查部门也没有以令人信服的事实和理由作为驳回的依据，仅以“审查员在第二次审查意见通知书中明确指出‘新提交的说明书也超出了原始公开的内容，不符合专利法第 33 条的规定’。综上所述，本申请不符合专利法第 33 条的规定。”的形式进行了评述，并未指出说明书的修改哪里超范围。因此，合议组认为，原审查部门在没有将其认为本申请不符合专利法第 33 条规定的事实和理由清楚地告知复审请求人的情况下即作出了驳回决定，违反了专利法第 38 条的规定。

根据以上事实和理由，本案合议组作出如下审查决定。

**三、决定**

撤销国家知识产权局于 2004 年 3 月 5 日针对 00134004. 2 号发明专利申请作出的驳回决定。由原审查部门在复审请求人于 2004 年 6 月 4 日提交的说明书第 1~9 页、权利要求第 1~8 项以及说明书摘要的基础上继续进行审查。

复审请求人对本决定不服的，可以根据专利法第 41 条第 2 款的规定，自收到本决定之日起三个月内向北京市第一中级人民法院起诉。

048

# 一种光学器件及液晶显示装置

## 复审请求审查决定（第 10577 号）

**决　定　号**　第 10577 号
**决　定　日**　2007 年 5 月 14 日
**发明创造名称**　一种光学器件及液晶显示装置
**国 际 分 类 号**　G02F 1/1335，G02B 5/30
**复 审 请 求 人**　日东电工株式会社
**申　请　号**　02118126.8
**申　请　日**　2002 年 4 月 16 日
**优 先 权 日**　2001 年 4 月 16 日
**公　开　日**　2002 年 11 月 27 日
**合 议 组 组 长**　张惠军
**主　审　员**　张春伟
**参　审　员**　张　曦

**法 律 依 据**　专利法第 33 条
**决 定 要 点**

如果申请的内容通过增加、改变和/或删除其中的一部分，致使所属技术领域的技术人员看到的信息与原申请记载的信息不同，而且又不能从原申请记载的信息中直接地、毫无疑义地确定，那么这种修改是不允许的。

**一、案由**

本复审请求涉及申请号为 02118126.8、发明名称为“一种光学器件及液晶显示装置”、申请日为 2002 年 4 月 16 日、优先权日为 2001 年 4 月 16 日、申请人为日东电工株式会社的发明专利申请（下称本申请）。

国家知识产权局实质审查部门于 2005 年 7 月 8 日发出第一次审查意见通知书，其中指出：本申请的权利要求 1 不符合专利法第 26 条第 4 款的规定；此外指出权利要求 1~7 均不具备专利法第 22 第 3 款所规定的创造性。并引用了以下对比文件：

对比文件 1：US6147732A，其公开日为 2000 年 11 月 14 日；

对比文件 2：CN1196798A，其公开日为 1998 年 10 月 21 日；

对比文件 3：CN1211746A，其公开日为 1999 年 3 月 24 日。

其中，引用对比文件 1 结合公知常识评述了权利要求 1、5~7 的创造性，引用对比文件 1 和 2 结合公知常识评述了权利要求 2 和 3 的创造性，引用对比文件 1 和 3 结合公知常识评述了权利要求 4 的创造性。

申请人于 2005 年 11 月 5 日针对第一次审查意见通知书提交了意见陈述书及权利要求书、说明书全文的修改替换页，并论述了修改后的权利要求 1~6 相对于对比文件 1 具备创造性的理由。

经过以上审查程序，国家知识产权局于 2006 年 2 月 10 日作出了驳回本申请的决定。驳回决定中指出：修改后的权利要求 1 为原权利要求 4 的附加技术特征并入原权利要求 1 而得到的，即修改后的权利要求 1 与原权利要求 4 的技术方案相同，与第一次审查意见通知书中评述权利要求 4 的意见相同，修改后的权利要求 1 的技术方案相对于对比文件 1 和 3 及公知常识的结合不具备创造性，不符合专利法第 22 条第 3 款的规定。驳回决定所涉及的权利要求 1 为：

"1. 一种光学器件，包括：

圆偏振器；

视角补偿板；和

折射率 ND20 不小于 1.485 的黏结层，所述圆偏振器和所述视角补偿板通过所述黏结层相互叠放在一起；

所述视角补偿板在波长为 550nm 的光的基础上其正面光程差不大于 100nm，厚度方向上的光程差不小于 50nm。"

申请人日东电工株式会社（下称复审请求人）对上述驳回决定不服，于 2006 年 5 月 16 日向专利复审委员会提出了复审请求，同时提交了权利要求书全文和说明书第 2 页的修改替换页。复审请求人在权利要求 1 中补入了"所述粘接层的折射率处于上述两种材料的折射率之间"的技术特征，并且指出本申请所要解决的技术问题是防止基于圆偏振模式的像素划分显示方法中对比度降低的问题，而对比文件 1 要解决的技术问题是"防止出现彩虹式的干涉边缘"，与本申请不同；对比文件 1 中通过使黏结层的折射率与低通光学滤波器不同来实现其发明目的，而本申请中是通过使"粘接层的折射率处于上述两种材料的折射率之间"来实现更高的对比度和亮度，因此本申请权利要求 1 相对于对比文件 1、2 和 3 具有创造性。

经形式审查合格，专利复审委员会受理了上述复审请求，并于 2006 年 7 月 5 日向复审请求人发出复审请求受理通知书，向原审查部门发出前置审查通知书。

国家知识产权局原审查部门对该复审请求进行了前置审查，指出权利要求 1 及说明书第 2 页第 2~4行新补入"圆偏振器的材料和视角补偿板的材料通过黏结层相互叠放在一起，所述黏结层的折射率处于上述两种材料的折射率之间"的修改超出了原说明书和权利要求书记载的范围，因此坚持驳回决定。

专利复审委员会依法成立合议组对此案进行审理，并于 2006 年 10 月 9 日向复审请求人发出了复审通知书，提出如下的复审意见：

复审请求人在提出复审请求时进行了如下修改：（1）在权利要求 1 中进行的修改"所述圆偏振器的材料和所述视角补偿板的材料通过黏结层相互叠放在一起，所述黏结层的折射率处于上述两种材料的折射率之间"；（2）在说明书第 2 页第 2 行进行的修改"圆偏振器的材料和视角补偿板材料通过黏结层相互叠放在一起，所述黏结层的折射率处于上述两种材料的折射率之间"。这些修改致使所属领域技术人员看到的信息与原申请记载的信息不同，而且又不能从原申请记载的信息中直接地、毫无疑义的确定，因此这些修改超出了原说明书和权利要求书记载的范围，不符合专利法第 33 条的规定。

为节约程序，合议组在复审通知书中除指出上述修改超范围的问题之外，还针对驳回决定所针对的文本，引用对比文件 1、2 和 3，指出权利要求 1~6 不符合专利法第 22 条第 3 款有关创造性的规定。

针对上述复审通知书，复审请求人于2006年11月10日提交了意见陈述书及权利要求书修改替换页，其中指出：根据原说明书第5页第3行到第6页第2行的记载“圆偏振器和视角补偿板通过折射率ND20不小于1.485的黏结层相互叠放在一起，因此可以抑制界面反射。特别是，考虑到经常用三乙酸纤维素作为线偏振器的透明保护层，那么所用黏结层的折射率ND20最好不小于1.485，但却小于视角补偿板和四分之一波片的折射率，尤其是黏结层的折射率处于这两种材料的折射率之间。”本领域技术人员可以清楚容易地得出“黏结层的折射率处于这两种材料的折射率之间”中的两种材料明确表示着圆偏振器和视角补偿板。其中由于“小于视角补偿板和四分之一波片的折射率”，那么这两种材料之一不可能指代在此提及的视角补偿板或四分之一波片。而由于透明保护层（三乙酸纤维素）是线偏振器的一个组成部分，那么这两种材料也不可能指代透明保护层（三乙酸纤维素）和线偏振器。由于“这两种材料”表示必然是之前提及材料的，因而唯一的可能就是这两种材料指代圆偏振器和视角补偿板的材料，因而，复审请求人认为，对权利要求的修改能够得到说明书的支持，没有超出原始公开的范围。同时认为修改后的权利要求1相对于对比文件1、2和3具备创造性。

修改后的权利要求1为：

“1. 一种光学器件，包括：

圆偏振器；

视角补偿板；和

折射率ND20不小于1.485的黏结层，所述圆偏振器的材料和所述视角补偿板的材料通过所述黏结层相互叠放在一起，所述黏结层具有在所述圆偏振器的材料和所述视角补偿板的材料之间的折射率；

所述视角补偿板在波长为550nm的光的基础上其正面光程差不大于100nm，厚度方向上的光程差不小于50nm。”

在以上工作的基础上，合议组认为本案事实已经清楚，可以作出本复审请求审查决定。

## 二、决定的理由

1. 本决定所依据的文本

本复审决定所依据的文本为复审请求人于2006年11月10日提交的权利要求第1~6项；于2005年11月5日提交的说明书第1、3~11页；于2006年5月16日提交的说明书第2页；以及申请日提交的附图第1页、摘要和摘要附图。

2. 关于专利法第33条

专利法第33条规定，申请人可以对其专利申请文件进行修改，但是，对发明和实用新型专利申请文件的修改不得超出原说明书和权利要求书记载的范围。

如果申请的内容通过增加、改变和/或删除其中的一部分，致使所属技术领域的技术人员看到的信息与原申请记载的信息不同，而且又不能从原申请记载的信息中直接地、毫无疑义地确定，那么这种修改是不允许的。

权利要求1中的“所述圆偏振器的材料和所述视角补偿板的材料通过黏结层相互叠放在一起，所述黏结层具有在所述圆偏振器的材料和所述视角补偿板的材料之间的折射率”以及说明书第2页第2~4行的“圆偏振器的材料和视角补偿板的材料通过此黏结层相互叠放在一起，所述黏结层的折射率处于上述两种材料的折射率之间”在原始申请文件中没有记载，也不能从原申请文件记载的信息直接地、毫无疑义的确定，其具体理由在于：

首先，原权利要求书和说明书对黏结层的限定和描述并没有记载黏结层的折射率在圆偏振片的材料与视角补偿板的材料之间；其次，原说明书第5页倒数第3行至第6页第2行记载的是“圆偏振器和视角补偿板通过折射率ND20不小于1.485的黏结层相互叠放在一起，因此可以抑制界面反射。特别是，考虑到经常用三乙酸纤维素作为线偏振器的透明保护层，那么所用黏结层的折射率ND20最好不小于1.485，但却小于视角补偿板和四分之一波片的折射率，尤其是黏结层的折射率处于这两种材料的折射率之间。”，其中尽管提到“黏结层的折射率处于这两种材料的折射率之间”，但从说明书上下文的描述中不能明确判断出“这两种材料”具体指哪两种材料，亦不能唯一确定“这两种材料”指的就是圆偏振器的材料和视角补偿板的材料。本领域技术人员在阅读上述文字后能够得出如下结论：圆偏振器和视角补偿板之间具有一黏结层的结构，由于使用折射率为1.485的三乙酸纤维素作为线偏振器的透明保护层，所以圆偏振器和视角补偿板之间的黏结层的折射率ND20最好不小于1.485，即该黏结层可以具有大于或等于1.485的折射率，并且该黏结层的折射率小于视角补偿板和圆偏振器中四分之一波片的折射率，那么“黏结层的折射率处于这两种材料的折射率之间”能够被理解为圆偏振器和视角补偿板之间的黏结层具有大于线偏振器的透明保护层的折射率（不小于1.485），同时小于视角补偿板或四分之一波片的折射率。那么这里的“两种材料”既可理解为线偏振器的材料和视角补偿板的材料，也可理解为线偏振器的材料和四分之一波片的材料。此外，根据本领域的公知常识，圆偏振器是由线偏振器、黏结层和四分之一波片组合构成的，因此圆偏振器的材料应包括线偏振器的材料、黏结层的材料和四分之一波片的材料。由于该黏结层的材料的折射率大于或等于线偏振器材料的折射率，又比四分之一波片材料的折射率小，因此无法确定线偏振器、黏结层和四分之一波片构成圆偏振器之后，圆偏振器的折射率与黏结层折射率之间的大小关系，进而也就不能直接、毫无疑义地得出“黏结层具有在所述圆偏振器的材料和所述视角补偿板的材料之间的折射率”。

在本案审理中，合议组已在复审通知书中指出了提复审请求时提交的权利要求1和说明书第2页的修改均超出了原说明书和权利要求书记载的范围，不符合专利法第33条的规定。复审请求人在答复复审通知书时并未针对复审通知书中指出的说明书修改超范围的缺陷进行修改和陈述意见，且修改后的权利要求1仍然存在已在复审通知书中指出的缺陷。

综上所述，本案合议组作出如下审查决定。

**三、决定**

维持国家知识产权局于2006年2月10日对02118126.8号发明专利申请作出的驳回决定。

复审请求人对本决定不服的，可以根据专利法第41条第2款的规定，自收到本决定之日起三个月内向北京市第一中级人民法院起诉。

049

# 捣固车

## 复审请求审查决定（第 10578 号）

**决　　定　　号**　第 10578 号
**决　　定　　日**　2007 年 4 月 27 日
**发明创造名称**　捣固车
**国 际 分 类 号**　E01B 27/17，E01B 35/04
**复 审 请 求 人**　弗兰茨普拉塞铁路机械工业股份有限公司
**申　　请　　号**　01112393.1
**申　　请　　日**　2001 年 4 月 6 日
**优 先 权 日**　2000 年 4 月 7 日
**公　　开　　日**　2001 年 10 月 17 日
**合 议 组 组 长**　张梅珍
**主　　审　　员**　沈乐平
**参　　审　　员**　宋　瑞

**法 律 依 据**　专利法第 22 条第 3 款
**决 定 要 点**

在判断创造性的过程中，要确定现有技术整体上是否存在相应的技术启示。如果要求保护的发明相对于最接近现有技术的区别特征为另一份对比文件中披露的相关技术手段，该技术手段在该对比文件中所起的作用与该区别特征在要求保护的发明中为解决该发明实际解决的技术问题所起的作用相同，则应当认为现有技术存在技术启示。

### 一、案由

本复审请求涉及申请号为 01112393.1、名称为“捣固车”的发明专利申请（下称本申请），申请日为 2001 年 4 月 6 日，优先权日为 2000 年 4 月 7 日，申请人为弗兰茨普拉塞铁路机械工业股份有限公司。本申请公开时权利要求书包括 5 项权利要求，具体内容如下：

“1. 一种捣固轨道（4）用的捣固车（1），在其轨行机构（5）之间紧靠捣固机组（12）沿机械（1）作业方向的前面有一套利用驱动装置（16）可调节高度的起道机组（17），用于抄平和拨正形成一个轨道平面（39）并由轨行机构（5）走行的正线（32），此外还装有一个辅助起道装置（18），用于抬起由正线（32）分支的道岔（28）分支线（27），同时起道机组（17）和辅助起道装置（18）配备有一个共同的测量系统（20），用于有控制地抬起道岔（28），其特征在于：所述共同的测量系统（20）由一个与正线（32）接触的、发射一条平行于轨道平面（39）的光束形式的基准线（38）

的信号发射器（23）和一个与分支线（27）接触的、记录基准线（38）的信号接收器（35）组成。

2. 根据权利要求1所述的机械，其特征在于：信号发射器（23）是一个提供平行于轨道平面（39）的、包含有基准线（38）的测量平面（40）的旋转式激光器（36），而信号接收器（35）是一个激光传感器（41）。

3. 根据权利要求1所述的机械，其特征在于：信号发射器（23）与起道机组（17）相连，信号接收器（35）则与辅助起道装置（18）相连。

4. 根据权利要求1所述的机械，其特征在于：信号发射器（23）装在一根位于捣固机组（12）和起道机组（17）之间的、具有在正线（32）上滚行用的带缘滚轮（44）的、高度可调节的测量轴（22）上。

5. 根据权利要求1~4中任一项所述的机械，其特征在于：信号接收器（35）被设计成能通过控制装置（11）启动一个与辅助起道装置（18）相连的、抬起分支线（27）用的起道驱动装置（19）。”

国家知识产权局实质审查部门依法对本申请进行了实质审查，于2003年7月18日发出第一次审查意见通知书，该通知书指出：权利要求1请求保护的技术方案与对比文件1的区别在于提供了一种新的测量系统，该测量系统包括一个信号发射器23和一个信号接收器35。该测量系统被对比文件2公开了，故本申请权利要求1相对于对比文件1和对比文件2的结合不符合中国专利法第22条第3款的规定；权利要求2的附加技术特征被对比文件2公开了，权利要求3~4的附加技术特征是公知常识，权利要求5的附加技术特征被对比文件1公开了，故当权利要求1不具备创造性时，从属权利要求2~5也不具备创造性。本次通知书所引用的对比文件如下：

对比文件1：CN 1042960A，公开日为1990年6月13日；

对比文件2：GB 2268021A，公开日为1993年12月22日。

针对上述审查意见通知书，申请人于2003年11月28日提交了意见陈述书，未对本申请进行任何修改。申请人认为：（1）对比文件1和2所公开的机械都具有一个基准系统，但该基准系统都仅仅与所述机械走行在上的正线配置，且对比文件2中没有涉及道岔区段。对比文件1和2的结合不能解决本发明要解决的问题：使道岔的正线与分支线的起道量准确地协调一致。（2）对比文件2的说明书描述了一种线路换轨大修机械，没有涉及捣固机，从对比文件2中根本不可能得到有关本发明权利要求1所述捣固机那样的设计结构的启示。故权利要求1~5具备创造性。

经过上述实质审查程序后，国家知识产权局实质审查部门以本申请权利要求1~5不符合专利法第22条第3款的规定为由，于2004年9月10日做出了驳回本申请的决定，除了与第一次审查意见通知书相同的理由外，驳回决定还针对申请人答复第一次审查意见通知书的陈述意见进一步阐述了权利要求1不具备创造性的理由：（1）从对比文件1说明书可知其公开的基准系统并非仅仅与正线相匹配，各测量装置的关系是相辅相成的。（2）本领域技术人员将对比文件2中同为已知的测量系统应用于对比文件1的测量系统，是不必付出创造性的劳动就能得到的。而在对比文件1的基础上采用对比文件2中的包括激光发射器25和激光接收装置26、27的测量系统，为实现发明目的，该测量系统必然需要同时还与所述邻线轨道相匹配。故权利要求1不具备创造性。

申请人（下称复审请求人）不服上述驳回决定，于2004年11月8日向专利复审委员会提出复审请求，复审请求人未对本申请进行任何修改。其复审请求的理由是：（1）对比文件1中披露的内容属于现有技术，仅与权利要求1的前序部分相关。（2）对比文件2中的激光发射器形成的基准平面是独立于机械在轨道上所处的位置并保持在这一水平面上，即机械中相互间隔的各个作业设备具有一个独立的基准面，而本发明的基准面不独立地平行于轨道平面，所以对比文件2的激光测量系统并没有给出结合启示。

经形式审查合格后，专利复审委员会依法受理了上述复审请求，并于2004年11月16日向复审请求人发出了复审请求受理通知书，同时向原审查部门发出前置审查通知书。

原审查部门对该复审请求做出前置审查意见，仍然坚持驳回决定。

专利复审委员会依法成立合议组，对该复审请求进行审查。本案合议组于2006年10月9日发出复审通知书，指出权利要求1~5相对于对比文件1、2和公知常识的结合不具有突出的实质性特点和显著的进步，不具备创造性，不符合专利法第22条第3款的规定。

针对上述复审通知书，复审请求人于2006年11月15日提交了意见陈述书，未对申请文件做任何修改。复审请求人在意见陈述书中认为，（1）本申请若从对比文件1出发则要解决一个完全不同的技术问题和提供一种不同的技术解决方案：①要有用于建立一个精确轨道位置的一个第一参考系和一个第二参考系，②所述第一参考系分配给机械行驶在其上的正线，第二参考系分配给从正线分支出的分支线，③第二参考系与第一参考系相关。本发明要解决的技术问题是借助测量小车来探测分支线在构造上非常复杂，而且因为空间位置紧张的原因不能在辅助起道机组区域内探测轨道位置。对比文件2只提供了一种公知常识，即原则上可以基于激光发射器和接收器进行测量，并没有披露上述本发明相对于对比文件1要解决的技术问题的解决方法，事实上，对比文件2的机械根本就与轨道位置校正无关，而是仅仅涉及记录和重建在破坏道床之前存在的旧的有误差的轨道位置。（2）本申请以下述特别的认知为基础：当人们通过将正线起道机组与一个激光发射器刚性相连而在一定程度上好像延长了正线起道机组的高度位置时，可以将对于横向倾斜度的测量和进而与横向倾斜测量仪连在一起的棒棍以及沉重的测量小车完全省去，该激光发射器以其激光射线自动地将正线起道机组的位置延长到沿机械横向有一定距离的辅助起道机组。综上所述，本申请权利要求1相对于对比文件1和2具备创造性。

至此，合议组认为本案事实已经清楚，现依法作出复审决定。

**二、决定的理由**

1. 关于审查文本

本复审决定以复审请求人于申请日提交的权利要求第1~5项、说明书第1~3页、附图第1~2页、说明书摘要及摘要附图作为审查基础。

2. 关于专利法第22条第3款

专利法第22条第3款规定的创造性：是指同申请日以前已有的技术相比，该发明有突出的实质性特点和显著的进步，该实用新型有实质性特点和进步。

在判断创造性的过程中，要确定现有技术整体上是否存在相应的技术启示。如果所要求保护的发明相对于最接近的现有技术的区别特征为另一份对比文件中披露的相关技术手段，该技术手段在该对比文件中所起的作用与该区别特征在要求保护的发明中为解决该发明实际解决的技术问题所起的作用相同，则应当认为现有技术存在技术启示。

具体到本案，权利要求1请求保护一种捣固轨道用的捣固车，对比文件1（CN1042960A）公开了一种适用于道岔区和交叉区的用于上下与侧向移动轨道的走行轨道捣固、起拨道机，并具体公开了以下内容（参见对比文件1说明书第4页第3段第1行至第14页结尾，权利要求1~7；附图1~5）：所述轨道捣固、起拨道机具有：长形的机架2，机架通过设置在两端的、相距较远的轨道走行机构3可在一条由轨枕4和钢轨5构成的正线轨道6上走行，沿机械的作业方向，机架2内从前向后依次设置有起拨道机组17、测量车18、捣固机组15和16，所述起拨道机组17有一个通过液压起拨道驱动装置可进行高度和侧向调节地跟机架2相连的机具架，在机具架上为每条钢轨设置一个作为校正机构的带缘轮子和一个通过驱动装置能进行高度和横向调节的抓钩形式的夹持机构，夹持机构靠力耦合贴靠在钢轨外侧或内侧，机械装有一套通过探测轴 10 可在轨道 6 上滚行的找平与校正基准系统 11，通过中央控制装置 65 用起拨道机组 17 抬起正线轨道［相当于本申请权利要求 1 中的“在其轨行机构（5）之间沿机械（1）作业方向在捣固机组（12）的前面有一套利用驱动装置（16）可调节高度的起道机组（17），用于抄平和拨正形成一个轨道平面（39）并由轨行机构（5）走行的正线（32）”］；紧靠起拨道机组 17 的前面设有一个与机架 2 可转动地连接的附加起道装置 20，用以夹持和抬起邻线轨道 19 并在机械的左纵向侧或右纵向侧使用［相当于本申请权利要求 1 中的“还装有一个辅助起道装置（18），用于抬起由正线（32）分支的道岔（28）分支线（27）”］；所述测量车 18 位于捣固机组 15 和 16 与起拨道机组 17 之间的中部探测轴 10 的范围内、可在一条走向平行于正线轨道 9 的邻线轨道 19 上滚行，所述测量车具有用以测取邻线轨道段的位置情况的一根横向于机械的纵向伸展的并附属于捣固机 1 的测定梁 24 和一个横向倾斜测量仪 25，该测定梁 24 能有选择地与机械的探测轴 10 相连，通过移动式控制装置 73 用附加起道装置 20 抬起邻线轨道 19［相当于本申请权利要求 1 中的“起道机组（17）和辅助起道装置（18）配备有一个共同的测量系统（20），用于有控制地抬起道岔”］（具体参见对比文件 1 说明书第 8 页第 9 行至第 12 页第 12 行，权利要求 1~2，附图 1~3）。

权利要求 1 请求保护的技术方案与对比文件 1 所公开的技术内容相比，区别在于：权利要求 1 中所述共同的测量系统（20）由一个与正线（32）接触的、发射一条平行于轨道平面（39）的光束形式的基准线（38）的信号发射器（23）和一个与分支线（27）接触的、记录基准线（38）的信号接收器（35）组成。权利要求 1 的技术方案提供了一种由信号发射器和接收器组成的新的测量系统，从而克服对比文件 1 中由于使用测量车不能使正线的起道量与道岔分支线的起道量在高度上准确地协调一致的技术问题。当然由于新的测量系统取消了测量车，所以在使用了新的测量系统的捣固机中捣固机组（12）就紧靠起道机组（17）了。

对比文件 2（GB 2268021A）公开了一种铁路轨道维修激光准直技术，该技术主要通过一激光发射器与一激光接收器形成一基准面，将该激光发射器与另一设置在坏了的轨道上行走的设备上的激光接收器之间形成的平面与该基准面比较，最终控制该平面落在该基准面所处的平面内，从而实现对正线轨道的维修，并具体公开了以下内容（参见对比文件 2 说明书第 7 页第 5 段第 1 行至第 18 页第 5 行，权利要求 1~20；附图 1~6）：一种轨道维修或清筛机，具有一附着于走行机构的、位于机架 3 前端区域的激光发射器 25，第一激光接收器 26 被设置于可由驱动装置 29 作纵向或横向调节的挖渣链 14 上，第二激光接收器 27 被设置于走行机构 7 上的清筛车辆 4 的前端，走行机构 7 与第二激光接收器 27 相连，提供一种精确的倾斜测量设备以检测轨道的垂直高度和横向倾斜，一控制装置 31 与上述各部分相连，共同构成测量系统 28（参见说明书第 9 页最后 1 段至第 10 页第 1 段，附图 1~2）。对比文件 2 还给出了该测量系统的操作方法（参见说明书第 14 页第 2 段）：首先，设定第二激光接收器 27 的基准点；其次，驱动装置 45 工作使得激光发射器 25 旋转以形成基准平面 44；再次，垂直驱动装置 42 工作直至基准平面 44 正好通过所述基准点；最后，驱动驱动装置 29 使得挖渣链 14 高度降低直至第一激光接收器 26 刚好位于所述基准平面 44 上。

由此可见，对比文件 2 明确地给出了可以使用激光发射器 25、第一激光接收器 26 和第二激光接收器 27 组成的测量系统校正不同段的轨道高度的技术启示；至于没有被对比文件 2 披露的技术特征“信号发射器（23）发射一条平行于轨道平面（39）的光束形式的基准线（38）”，合议组认为其仅涉及基准平面的具体设置，但是将两个比较的对象中的一个设置为比较的基准是通常的做法，在本发明中为了使正线的起道量与道岔分支线的起道量在高度上准确地协调一致，本领域的普通技术人员将一个平行于正线或分支线轨道平面的平面设置成一个基准平面无疑是最简单和适用的做法，本领域的普通技术人员在对比文件 2 的上述教导下，容易想到将对比文件 2 中的测量系统应用到对比文件 1 的技术方案中，该权利要求 1 相对于对比文件 1、2 和公知常识的结合不具有突出的实质性特点和显著的进步，因而不具备创造性，不符合专利法第 22 条第 3 款的规定。

对于复审请求人在答复复审通知书时的意见，合议组认为：

（1）本申请相对于对比文件 1 实际所要解决的技术问题是现有测量系统中支线与正线之间的起道量不能准确地一致，为解决上述问题，需要提供新的测量系统。实际上，从上文对对比文件 2 公开内容的描述可知，其技术方案也包含了两个参考系统，第一个参考系统由所述的基准点与所述的基准平面 44 组成，与已经存在的轨道相关；第二个参考系统由所述的基准平面 44 和第一激光接收装置 26 组成，与待重建的轨道相关；显然第一参考系统和第二参考系统是相互关联的，也就是说，对比文件 2 涉及了将正线上不同轨道段之间的高度保持一致的技术方案，同时披露了类似权利要求 1 的测量系统，因此对比文件 2 给出了解决现有测量系统支线与正线起道量不能准确一致问题的技术启示。

（2）对比文件 2 中的激光射线同样起到了将机械的位置自动延伸的作用，这与本发明的激光射线的作用是等同的。

综上所述，复审请求人的上述主张不能证明本申请权利要求 1 具备创造性。

权利要求 2 从属于权利要求 1，其附加技术特征是：信号发射器（23）是一个提供平行于轨道平面（39）的、包含有基准线（38）的测量平面（40）的旋转式激光器（36），而信号接收器（35）是一个激光传感器（41）。对比文件 2 的权利要求 6 披露了信号发射器（25）是一个旋转式的激光发射器，而第一、第二接收器（26、27）是激光接收器。可见，对比文件 2 公开了上述附加技术特征，因此在其引用的权利要求 1 不具备创造性时，从属权利要求 2 也不具备创造性，不符合专利法第 22 条第 3 款的规定。

权利要求 3 从属于权利要求 1，其附加技术特征是：信号发射器（23）与起道机组（17）相连，信号接收器（35）则与辅助起道装置（18）相连。权利要求 4 从属于权利要求 1，其附加技术特征是：信号发射器（23）装在一根位于捣固机组（12）和起道机组（17）之间的、具有在正线（32）上滚行用的带缘滚轮（44）的、高度可调节的测量轴（22）上。上述权利要求 3~4 的附加技术特征都是对所述信号发射器和信号接收器的安装位置的具体限定，要实现对轨道起道量的检测，所述信号发射器与所述信号接收器的安装位置的确定是必不可少的，而安装位置是根据装置的具体情况来选择的，这种选择对于本领域的普通技术人员来说无需花费创造性的劳动，因此在其引用的权利要求 1 不具备创造性时，从属权利要求 3~4 也不具备创造性，不符合专利法第 22 条第 3 款的规定。

权利要求 5 从属于权利要求 1~4 中任一项，其附加技术特征是：信号接收器（35）被设计成能通过控制装置（11）启动一个与辅助起道装置（18）相连的、抬起分支线（27）用的起道驱动装置（19）。对比文件 1 中公开了采用控制装置 55、73 和位于工作室内的中央控制装置 56、65 对其测量系统进行控制，从而启动附加起道装置 20 的驱动装置 37、39，并披露了将控制装置与测量系统联系起来的旋转式电位计 45、测量电摆 51、52（参见对比文件 1 说明书第 10 页第 18~24 行，第 11 页第2~13 行、第 26 行至第 12 页第 9 行，第 12 页第 25 行至第 13 页第 10 行，权利要求 1 和 7）。旋转式电位计 45、测量电摆 51、52 用于将测量系统输出的信号转换成电信号，进而通过控制装置控制附加起道装置 20 的驱动装置 37、39 的启动，因而旋转式电位计 45、测量电摆 51、52 的作用实质上与本发明的信号接收器（35）的作用相似。因此对比文件 1 公开了权利要求 5 的附加技术特征，因此在其引用的权利要求 1~4 不具备创造性时，从属权利要求 5 也不具备创造性，不符合专利法第 22 条第 3 款的规定。

综上所述，本专利权利要求 1~5 不具备专利法第 22 条第 3 款规定的创造性。

根据上述事实和理由，本案合议组依法作出以下审查决定。

**三、决定**

维持国家知识产权局于 2004 年 9 月 10 日对 01112393.1 号发明专利申请作出的驳回决定。

复审请求人对本决定不服的，可以根据专利法第 41 条第 2 款的规定，自收到本决定之日起三个月内向北京市第一中级人民法院起诉。

# 北京市第一中级人民法院
# 行政判决书

（2007）一中行初字第 1241 号

原告弗兰茨普拉塞铁路机械工业股份有限公司，住所地奥地利维也纳市。

委托代理人吴观乐，北京市柳沈律师事务所专利代理人。

委托代理人侯宇，北京市柳沈律师事务所律师。

被告中华人民共和国国家知识产权局专利复审委员会，住所地中华人民共和国北京市海淀区北四环西路 9 号银谷大厦 10~12 层。

法定代表人廖涛，副主任。

委托代理人宋瑞，男，中华人民共和国国家知识产权局专利复审委员会审查员。

委托代理人瞿晓峰，男，中华人民共和国国家知识产权局专利复审委员会审查员。

原告弗兰茨普拉塞铁路机械工业股份有限公司不服被告中华人民共和国国家知识产权局专利复审委员会作出的第 10578 号复审请求审查决定（以下简称复审决定），向本院提起行政诉讼。本院受理后依法组成合议庭，并于 2007 年 10 月 30 日公开开庭审理了本案，原告的委托代理人吴观乐和侯宇、被告的委托代理人宋瑞和瞿晓峰到庭参加了诉讼。本案现已审理终结。被告针对原告提出的复审请求于 2007 年 4 月 27 日作出复审决定，其主要内容如下：本复审请求涉及申请号为第 01112393.1 号、名称为“捣固车”的发明专利申请（以下简称本申请），申请日为 2001 年 4 月 6 日，优先权日为 2000 年 4 月 7 日，申请人为原告。针对本申请及中华人民共和国国家知识产权局（以下简称知识产权局）的驳回决定，原告于 2004 年 11 月 8 日向被告申请复审。被告经审查后认为：（1）关于审查文本。本复审决定以原告于申请日提交的权利要求第 1~5 项、说明书第 1~3 页、附图第 1~2 页、说明书摘要及摘要附图作为审查基础。（2）关于《中华人民共和国专利法》（以下简称《专利法》）第二十二条第三款。本申请权利要求 1 请求保护一种捣固轨道用的捣固车，对比文件 1（CN1042960A 专利文本）公开了一种适用于道岔区和交叉区的用于上下与侧向移动轨道的走行轨道捣固、起拨道机，并具体公开了以下内容（参见对比文件 1 说明书第 4 页第 3 段第 1 行至第 14 页结尾，权利要求 1~7；附图 1~5）：所述轨道捣固、起拨道机具有：长形的机架 2，机架通过设置在两端的、相距较远的轨道走行机构 3 可在一条由轨枕 4 和钢轨 5 构成的正线轨道 6 上走行，沿机械的作业方向，机架 2 内从前向后依次设置有起拨道机组 17、测量车 18、捣固机组 15 和 16，所述起拨道机组 17 有一个通过液压起拨道驱动装置可进行高度和侧向调节的跟机架 2 相连的机具架，在机具架上为每条钢轨设置一个作为校正机构的带缘轮子和一个通过驱动装置能进行高度和横向调节的抓钩形式的夹持机构，夹持机构靠力耦合贴靠在钢轨外侧或内侧，机械装有一套通过探测轴 10 可在轨道 6 上滚行的找平与校正基准系统11，通过中央控制装置65用起拨道机组17抬起正线轨道［相当于本申请权利要求1中的“在其轨行机构（5）之间沿机械（1）作业方向在捣固机组（12）的前面有一套利用驱动装置（16）可调节高度的起道机组（17），用于找平和拨正形成一个轨道平面（39）并由轨行机构（5）走行的正线（32）”］；紧靠起拨道机组17的前面设有一个与机架2可转动地连接的附加起道装置20，用以夹持和抬起邻线轨道19并在机械的左纵向侧或右纵向侧使用［相当于本申请权利要求1中的“还装有一个辅助起道装置（18），用于抬起由正线（32）分支的道岔（28）分支线（27）”］；所述测量车18位于捣固机组15和16与起拨道机组17之间的中部探测轴10的范围内、可在一条走向平行于正线轨道9的邻线轨道19上滚行，所述测量车具有用以测取邻线轨道段的位置情况的一根横向于机械的纵向伸展的并附属于捣固机1的测定梁24和一个横向倾斜测量仪25，该测定梁24能有选择地与机械的探测轴10相连，通过移动式控制装置73用附加起道装置20抬起邻线轨道19［相当于本申请权利要求1中的“起道机组（17）和辅助起道装置（18）配备有一个共同的测量系统（20），用于有控制地抬起道岔”］（具体参见对比文件1说明书第8页第9行至第12页第12行，权利要求1~2，附图1~3）。权利要求1请求保护的技术方案与对比文件1所公开的技术内容相比，区别在于：权利要求1中所述共同的测量系统（20）由一个与正线（32）接触的、发射一条平行于轨道平面（39）的光束形式的基准线（38）的信号发射器（23）和一个与分支线（27）接触的、记录基准线（38）的信号接收器（35）组成。权利要求1的技术方案提供了一种由信号发射器和接收器组成的新的测量系统，从而克服对比文件1中由于使用测量车不能使正线的起道量与道岔分支线的起道量在高度上准确地协调一致的技术问题。由于新的测量系统取消了测量车，所以在使用了新的测量系统的捣固机中捣固机组（12）就紧靠起道机组（17）了。对比文件2（GB2268021A专利文本）公开了一种铁路轨道维修激光准直技术，该技术主要通过一激光发射器与一激光接收器形成一基准面，将该激光发射器与另一设置在坏了的轨道上行走的设备上的激光接收器之间形成的平面与该基准面比较，最终控制该平面落在该基准面所处的平面内，从而实现对正线轨道的维修，并具体公开了以下内容（参见对比文件2说明书第7页第5段第1行至第18页第5行，权利要求1~20；附图1~6）：一种轨道维修或清筛机，具有一附着于走行机构的、位于机架3前端区域的激光发射器25，第一激光接收器26被设置于可由驱动装置29作纵向或横向调节的挖渣链14上，第二激光接收器27被设置于走行机构7上的清筛车辆4的前端，走行机构7与第二激光接收器27相连，提供一种精确的倾斜测量设备以检测轨道的垂直高度和横向倾斜，一控制装置31与上述各部分相连，共同构成测量系统28（参见说明书第9页最后1段至第10页第1段，附图1~2）。对比文件2还给出了该测量系统的操作方法（参见说明书第14页第2段）：首先，设定第二激光接收器27的基准点；其次，驱动装置45工作使得激光发射器25旋转以形成基准平44；再次，垂直驱动装置42工作直至基准平面44正好通过所述基准点；最后，驱动驱动装置29使得挖渣链14高度降低直至第一激光接收器26刚好位于所述基准平面44上。由此可见，对比文件2明确地给出了可以使用激光发射器25、第一激光接收器26和第二激光接收器27组成的测量系统校正不同段的轨道高度的技术启示；至于没有被对比文件2披露的技术特征“信号发射器（23）发射一条平行于轨道平面（39）的光束形式的基准线（38）”，被告认为其仅涉及基准平面的具体设置，但是将两个比较的对象中的一个设置为比较的基准是通常的做法，在本发明中为了使正线的起道量与道岔分支线的起道量在高度上准确地协调一致，本领域的普通技术人员将一个平行于正线或分支线轨道平面的平面设置成一个基准平面无疑是最简单和适用的做法，本领域的普通技术人员在对比文件2的上述教导下，容易想到将对比文件2中的测量系统应用到对比文件1的技术方案中，该权利要求1相对于对比文件1、对比文件2和公知常识的结合不具有突出的实质性特点和显著的进步，因而不具备创造性，不符合《专利法》第二十二条第三款的规定。对于原告在答复复审通知书时的意见，被告认为：（1）本申请相对于对比文件1实际所要解决的技术问题是现有测量系统中支线与正线之间的起道量不能准确地一致，为解决上述问题，需要提供新的测量系统。实际上，从上文对对比文件2公开内容的描述可知，其技术方案也包含了两个参考系统，第一个参考系统由所述的基准点与所述的基准平面44组成，与已经存在的轨道相关；第二个参考系统由所述的基准平面44和第一激光接收装置26组成，与待重建的轨道相关；显然第一参考系统和第二参考系统是相互关联的，也就是说，对比文件2涉及了将正线上不同轨道段之间的高度保持一致的技术方案，同时披露了类似权利要求1的测量系统，因此对比文件2给出了解决现有测量系统支线与正线起道量不能准确一致问题的技术启示。（2）对比文件2中的激光射线同样起到了将机械的位置自动延伸的作用，这与本申请的激光射线的作用是等同的。综上所述，原告的上述主张不能证明本申请权利要求1具备创造性。本申请权利要求2从属于权利要求1，其附加技术特征是：信号发射器（23）是一个提供平行于轨道平面（39）的、包含有基准线（38）的测量平面（40）的旋转式激光器（36），而信号接收器（35）是一个激光传感器（41）。对比文件2的权利要求6披露了信号发射器（25）是一个旋转式的激光发射器，而第一、第二接收器（26、27）是激光接收器。可见，对比文件2公开了上述附加技术特征，因此在其引用的权利要求1不具备创造性时，从属权利要求2也不具备创造性，不符合《专利法》第二十二条第三款的规定。本申请权利要求3从属于权利要求1，其附加技术特征是：信号发射器（23）与起道机组（17）相连，信号接收器（35）则与辅助起道装置（18）相连。权利要求4从属于权利要求1，其附加技术特征是：信号发射器（23）装在一根位于捣固机组（12）和起道机组（17）之间的、具有在正线（32）上滚行用的带缘滚轮（44）的、高度可调节的测量轴（22）上。上述权利要求3~4的附加技术特征都是对所述信号发射器和信号接收器的安装位置的具体限定，要实现对轨道起道量的检测，所述信号发射器与所述信号接收器的安装位置的确定是必不可少的，而安装位置是根据装置的具体情况来选择的，这种选择对于本领域的普通技术人员来说无需花费创造性的劳动，因此在其引用的权利要求1不具备创造性时，从属权利要求3~4也不具备创造性，不符合《专利法》第二十二条第三款的规定。本申请权利要求5从属于权利要求1~4中任一项，其附加技术特征是：信号接收器（35）被设计成能通过控制装置（11）启动一个与辅助起道装置（18）相连的、抬起分支线（27）用的起道驱动装置（19）。对比文件1中公开了采用控制装置55、73和位于工作室内的中央控制装置56、65对其测量系统进行控制，从而启动附加起道装置20的驱动装置37、39，并披露了将控制装置与测量系统联系起来的旋转式电位计45、测量电摆51、52（参见对比文件1说明书第10页第18~24行，第11页第2~13行、第26行至第12页第9行，第12页第25行至第13页第10行，权利要求1和7）。旋转式电位计45、测量电摆51、52用于将测量系统输出的信号转换成电信号，进而通过控制装置控制附加起道装置20的驱动装置37、39的启动，因而旋转式电位计45、测量电摆51、52的作用实质上与本申请的信号接收器（35）的作用相似。因此对比文件1公开了权利要求5的附加技术特征，在其引用的权利要求1~4不具备创造性时，从属权利要求5也不具备创造性，不符合《专利法》第二十二条第三款的规定。综上所述，本专利权利要求1~5不具备《专利法》第二十二条第三款规定的创造性。被告依照《专利法》第二十二条第三款的规定，维持国家知识产权局于2004年9月10日对本申请作出的驳回决定。被告为证明复审决定的合法性，向本院提交了下列证据，用于证明复审决定认定事实清楚、适用法律正确、审查程序合法：（1）公开号为CN1042968A的发明专利申请公开说明书（即对比文件1）；（2）公开号为GB2268021A的英国专利申请（即对比文件2）；（3）复审通知书；（4）原告于2006年11月15日提交的意见陈述书；（5）申请号为01112393.1的发明专利申请公开说明书（即本申请）。原告诉称，被告对于对比文件2的理解错误，本专利相对于对比文件1、对比文件2具有创造性。原告请求法院判决撤销复审决定、判令被告承担诉讼费。原告向本院提交了下列证据：（1）原告于申请日提交并于2001年10月17日公开的本申请公开说明书；（2）对比文件1（CN1042960A）；（3）对比文件2（GB2268021A）；（4）对比文件2（GB2268021A）的中文译文。证据1、证据2、证据3、证据4证明本申请相对于对比文件1和对比文件2具有创造性。被告辩称，复审决定认定的事实清楚、适用法律正确、程序合法，被告坚持复审决定的理由，请求法院判决维持复审决定。

经庭审质证，原告对于被告提交证据的关联性、合法性、真实性没有异议，对其证明作用持有异议；被告对于原告提交证据1、证据2、证据3的关联性、合法性、真实性没有异议，对其证明作用持有异议；对于原告提交的证据4，被告认为因原告在复审程序中没有提交，故该证据与本案无关。本院根据最高人民法院《关于行政诉讼证据若干问题的规定》，对当事人提交的证据认证如下：原告在复审程序中向被告提交过对比文件2，原告提交的证据3是对比文件2的中文译文，该译文系中国对外翻译出版公司出具的译文，被告对该译文的内容没有提出异议，故证据3并非新证据，符合证据的相关要求；被告提交的证据及原告提交的证据符合关联性、合法性、真实性的要求，上述证据可以证明本申请、对比文件以及被告审查等相关情况，本院予以确认。

依据上述有效证据以及均无异议的当事人陈述，本院认定事实如下：

原告于2001年4月6日向知识产权局申请名称是"捣固车"发明专利申请（即本申请），申请号为01112393.1，优先权日为2000年4月7日，申请人为原告。

本申请公开时权利要求书包括5项权利要求，具体内容如下：

1. 一种捣固轨道（4）用的捣固车（1），在其轨行机构（5）之间紧靠捣固机组（12）沿机械（1）作业方向的前面有一套利用驱动装置（16）可调节高度的起道机组（17），用于抄平和拨正形成一个轨道平面（39）并由轨行机构（5）走行的正线（32），此外还装有一个辅助起道装置（18），用于抬起由正线（32）分支的道岔（28）分支线（27），同时起道机组（17）和辅助起道装置（18）配备有一个共同的测量系统（20），用于有控制地抬起道岔（28），其特征在于：所述共同的测量系统（20）由一个与正线（32）接触的、发射一条平行于轨道平面（39）的光束形式的基准线（38）的信号发射器（23）和一个与分支线（27）接触的、记录基准线（38）的信号接收器（35）组成。

2. 根据权利要求1所述的机械，其特征在于：信号发射器（23）是一个提供平行于轨道平面（39）的、包含有基准线（38）的测量平面（40）的旋转式激光器（36），而信号接收器（35）是一个激光传感器（41）。

3. 根据权利要求1所述的机械，其特征在于：信号发射器（23）与起道机组（17）相连，信号接收器（35）则与辅助起道装置（18）相连。

4. 根据权利要求1所述的机械，其特征在于：信号发射器（23）装在一根位于捣固机组（12）和起道机组（17）之间的、具有在正线（32）上滚行用的带缘滚轮（44）的、高度可调节的测量轴（22）上。

5. 根据权利要求1~4中任一项所述的机械，其特征在于：信号接收器（35）被设计成能通过控制装置（11）启动一个与辅助起道装置（18）相连的、抬起分支线（27）用的起道驱动装置（19）。

知识产权局实质审查部门依法对本申请进行了实质审查，于2003年7月18日向原告发出第一次审查意见通知书，该通知书所引用的对比文件是对比文件1：CN1042960A（公开日为1990年6月13日）、对比文件2：GB2268021A（公开日为1993年12月22日）。

针对第一次审查意见通知，原告提交了意见陈述书，未对本申请进行任何修改。

经过实质审查程序后，知识产权局实质审查部门以本申请权利要求1~5不符合《专利法》第二十二条第三款的规定为由，于2004年9月10日作出了驳回本申请的决定。

原告不服驳回决定，于2004年11月8日向被告提出复审请求，原告未对本申请进行任何修改。

经形式审查合格后，被告受理了原告的复审请求，并于2004年11月16日向原告发出了复审请求受理通知书，同时向原审查部门发出前置审查通知书。原审查部门对该复审请求做出前置审查意见，仍然坚持驳回决定。

被告依法成立合议组，对该复审请求进行审查。被告于2006年10月9日向原告发出复审通知书，指出权利要求1~5相对于对比文件1、对比文件2和公知常识的结合不具有突出的实质性特点和显著的进步，不具备创造性，不符合《专利法》第二十二条第三款的规定。

针对上述复审通知书，原告提交了意见陈述书，未对申请文件做任何修改。被告经审查后作出复审决定。原告不服复审决定，向本院提起行政诉讼。

另，原告在本院庭审中明确：对于复审决定书案由部分载明的事实、审查程序以及理由部分中关于审查文本的确定均没有异议。

本院认为：根据《专利法》第四十一条第一款的规定，被告具有受理复审请求和作出复审决定的法定职权。经各方当事人确认，本案的争议焦点是本申请相对于对比文件1、对比文件2是否具有创造性。

根据《专利法》第二十二条第三款的规定，创造性是指同申请日以前已有的技术相比，该发明有突出的实质性特点和显著的进步，该实用新型有实质性特点和进步。

对比文件1公开了一种适用于道岔区和交叉区的用于上下与侧向移动轨道的走行轨道捣固、起拨道机，并具体公开了以下内容：所述轨道捣固、起拨道机具有：长形的机架2，机架通过设置在两端的、相距较远的轨道走行机构3可在一条由轨枕4和钢轨5构成的正线轨道6上走行，沿机械的作业方向，机架2内从前向后依次设置有起拨道机组17、测量车18、捣固机组15和16，所述起拨道机组17有一个通过液压起拨道驱动装置可进行高度和侧向调节的跟机架2相连的机具架，在机具架上为每条钢轨设置一个作为校正机构的带缘轮子和一个通过驱动装置能进行高度和横向调节的抓钩形式的夹持机构，夹持机构靠力耦合贴靠在钢轨外侧或内侧，机械装有一套通过探测轴10可在轨道6上滚行的找平与校正基准系统11，通过中央控制装置65用起拨道机组17抬起正线轨道［相当于本申请权利要求1中的“在其轨行机构（5）之间沿机械（1）作业方向在捣固机组（12）的前面有一套利用驱动装置（16）可调节高度的起道机组（17），用于找平和拨正形成一个轨道平面（39）并由轨行机构（5）走行的正线（32）”］；紧靠起拨道机组17的前面设有一个与机架2可转动地连接的附加起道装置20，用以夹持和抬起邻线轨道19并在机械的左纵向侧或右纵向侧使用；所述测量车18位于捣固机组15和16与起拨道机组17之间的中部探测轴10的范围内、可在一条走向平行于正线轨道9的邻线轨道19上滚行，所述测量车具有用以测取邻线轨道段的位置情况的一根横向于机械的纵向伸展的并附属于捣固机1的测定梁24和一个横向倾斜测量仪25，该测定梁24能有选择地与机械的探测轴10相连，通过移动式控制装置73用附加起道装置20抬起邻线轨道19。

本申请权利要求1请求保护一种捣固轨道用的捣固车，权利要求1请求保护的技术方案与对比文件1所公开的技术内容相比，区别在于：权利要求1中所述共同的测量系统（20）由一个与正线（32）接触的、发射一条平行于轨道平面（39）的光束形式的基准线（38）的信号发射器（23）和一个与分支线（27）接触的、记录基准线（38）的信号接收器（35）组成。权利要求1的技术方案提供了一种由信号发射器和接收器组成的新的测量系统，从而克服对比文件1中由于使用测量车不能使正线的起道量与道岔分支线的起道量在高度上准确地协调一致的技术问题。当然由于新的测量系统取消了测量车，所以在使用了新的测量系统的捣固机中捣固机组（12）就紧靠起道机组（17）了。

对比文件2（GB2268021A专利文本）公开了一种铁路轨道维修激光准直技术，该技术主要通过一激光发射器与一激光接收器形成一基准面，将该激光发射器与另一设置在坏了的轨道上行走的设备上的激光接收器之间形成的平面与该基准面比较，最终控制该平面落在该基准面所处的平面内，从而实现对正线轨道的维修，并具体公开了以下内容：一种轨道维修或清筛机，具有一附着于走行机构的、位于机架 3 前端区域的激光发射器 25，第一激光接收器 26 被设置于可由驱动装置 29 作纵向或横向调节的挖渣链 14 上，第二激光接收器 27 被设置于走行机构 7 上的清筛车辆 4 的前端，走行机构 7 与第二激光接收器 27 相连，提供一种精确的倾斜测量设备以检测轨道的垂直高度和横向倾斜，一控制装置 31 与上述各部分相连，共同构成测量系统 28。对比文件 2 还给出了该测量系统的操作方法：首先，设定第二激光接收器 27 的基准点；其次，驱动装置 45 工作使得激光发射器 25 旋转以形成基准平面 44；再次，垂直驱动装置 42 工作直至基准平面 44 正好通过所述基准点；最后，驱动驱动装置 29 使得挖渣链 14 高度降低直至第一激光接收器 26 刚好位于所述基准平面 44 上。对比文件 2 明确地给出了可以使用激光发射器 25、第一激光接收器 26 和第二激光接收器 27 组成的测量系统校正不同段的轨道高度的技术启示；至于没有被对比文件 2 披露的技术特征“信号发射器（23）发射一条平行于轨道平面（39）的光束形式的基准线（38）”，其仅涉及基准平面的具体设置，但是将两个比较的对象中的一个设置为比较的基准是通常的做法，在本发明中为了使正线的起道量与道岔分支线的起道量在高度上准确地协调一致，本领域的普通技术人员将一个平行于正线或分支线轨道平面的平面设置成一个基准平面无疑是最简单和适用的做法，本领域的普通技术人员在对比文件 2 的上述教导下，容易想到将对比文件 2 中的测量系统应用到对比文件 1 的技术方案中，该权利要求 1 相对于对比文件 1、对比文件 2 和公知常识的结合不具有突出的实质性特点和显著的进步，被告认定本申请权利要求 1 不具备创造性结论正确。

本申请权利要求 2 从属于权利要求 1，其附加技术特征是：信号发射器（23）是一个提供平行于轨道平面（39）的、包含有基准线（38）的测量平面（40）的旋转式激光器（36），而信号接收器（35）是一个激光传感器（41）。对比文件 2 的权利要求 6 披露了信号发射器（25）是一个旋转式的激光发射器，而第一、第二接收器（26、27）是激光接收器。对比文件 2 公开了上述附加技术特征，因此在其引用的权利要求 1 不具备创造性时，从属权利要求 2 也不具备创造性。

本申请权利要求 3 从属于权利要求 1，其附加技术特征是：信号发射器（23）与起道机组（17）相连，信号接收器（35）则与辅助起道装置（18）相连。权利要求 4 从属于权利要求 1，其附加技术特征是：信号发射器（23）装在一根位于捣固机组（12）和起道机组（17）之间的、具有在正线（32）上滚行用的带缘滚轮（44）的、高度可调节的测量轴（22）上。上述权利要求 3~4 的附加技术特征都是对所述信号发射器和信号接收器的安装位置的具体限定，要实现对轨道起道量的检测，所述信号发射器与所述信号接收器的安装位置的确定是必不可少的，而安装位置是根据装置的具体情况来选择的，这种选择对于本领域的普通技术人员来说无需花费创造性的劳动，因此在其引用的权利要求 1 不具备创造性时，从属权利要求 3~4 也不具备创造性。

本申请权利要求 5 从属于权利要求 1~4 中任一项，其附加技术特征是：信号接收器（35）被设计成能通过控制装置（11）启动一个与辅助起道装置（18）相连的、抬起分支线（27）用的起道驱动装置（19）。对比文件 1 中公开了采用控制装置 55、73 和位于工作室内的中央控制装置 56、65 对其测量系统进行控制，从而启动附加起道装置 20 的驱动装置 37、39，并披露了将控制装置与测量系统联系起来的旋转式电位计 45、测量电摆 51、52。旋转式电位计 45、测量电摆 51、52 用于将测量系统输出的信号转换成电信号，进而通过控制装置控制附加起道装置 20 的驱动装置 37、39 的启动，因而旋转式电位计 45、测量电摆 51、52 的作用实质上与本发明的信号接收器（35）的作用相似。因此对比文件 1 公开了权利要求 5 的附加技术特征，因此在其引用的权利要求 1~4 不具备创造性时，从属权利要求 5 也不具备创造性。

综上所述，被告认定本申请权利要求 1~5 不具备《专利法》第二十二条第三款规定创造性的结论正确，被告作出的复审决定认定的事实清楚，适用法律正确，程序合法。原告的诉讼请求缺乏事实和法律依据，本院不予支持。据此，本院依照《中华人民共和国行政诉讼法》第五十四条第（一）项的规定，判决如下：

维持被告中华人民共和国国家知识产权局专利复审委员会于二〇〇七年四月二十七日作出的第 10578 号复审请求审查决定。

案件受理费 100 元，由原告弗兰茨普拉塞铁路机械工业股份有限公司负担（已交纳）。

如不服本判决，原告弗兰茨普拉塞铁路机械工业股份有限公司可在本判决书送达之日起 30 日内、被告中华人民共和国国家知识产权局专利复审委员会可在本判决书送达之日起 15 日内向本院递交上诉状，并按对方当事人的人数提交副本，上诉于中华人民共和国北京市高级人民法院。

审 判 长 齐 莹
代理审判员 乔 军
代理审判员 杨一平
二〇〇七年十二月二十日
书 记 员 曹 炜

# 北京市高级人民法院
# 行政判决书

（2008）高行终字第 141 号

上诉人（一审原告）弗兰茨普拉塞铁路机械工业股份有限公司，住所地奥地利维也纳市约翰内斯大街 3 号。

委托代理人吴观乐，北京市柳沈律师事务所专利代理人。

委托代理人侯宇，北京市柳沈律师事务所律师。

被上诉人（一审被告）中华人民共和国国家知识产权局专利复审委员会，住所地中华人民共和国北京市海淀区北四环西路 9 号银谷大厦 10~12 层。

法定代表人廖涛，副主任。

委托代理人宋瑞，男，中华人民共和国国家知识产权局专利复审委员会审查员。

委托代理人瞿晓峰，男，中华人民共和国国家知识产权局专利复审委员会审查员上诉人弗兰茨普拉塞铁路机械工业股份有限公司（以下简称申请人）因专利复审决定一案，不服中华人民共和国北京市第一中级人民法院（2007）一中行初字第 1241 号行政判决，向本院提起上诉。本院受理后，依法组成合议庭公开开庭审理了本案。申请人的委托代理人吴观乐、侯宇，被上诉人中华人民共和国国家知识产权局专利复审委员会（以下简称复审委）的委托代理人宋瑞、瞿晓峰到庭参加了诉讼。本案现已审理终结。2007 年 4 月 27 日，复审委依据《中华人民共和国专利法》（以下简称《专利法》）第二十二条第三款的规定，作出第 10578 号复审请求审查决定（以下简称第 10578 号决定），维持了中华人民共和国国家知识产权局（以下简称国知局）对本申请作出的驳回决定。申请人不服该决定，向中华人民共和国北京市第一中级人民法院（以下简称一审法院）提起行政诉讼。一审法院经审理认为，复审委认定本申请权利要求1~5不具备创造性的结论正确，第10578号决定认定的事实清楚，适用法律正确，程序合法。申请人的诉讼请求缺乏事实和法律依据，不予支持。据此，依照《中华人民共和国行政诉讼法》（以下简称《行政诉讼法》）第五十四条第（一）项的规定，判决维持了第10578号决定。申请人不服一审判决，向本院提起上诉。该申请人认为，本申请权利要求1与对比文件1的区别技术特征就是该权利要求的技术特征。该部分技术特征在多大程度上被对比文件2披露或给出相关技术启示，是评价本申请权利要求1相对于对比文件1和对比文件2是否具有创造性的关键。根据对比文件2的记载，该文件没有披露"信号发射器发射一条平行于轨道平面的光束形式的基准线"这一特征，同时对权利要求1中"信号接收器与分支线接触"这一技术特征也未披露。据此，复审委认定对比文件2给出技术启示的结论没有事实依据。对比文件2虽披露了激光基准系统，但该系统不是也不能用于校正不同（轨道区）段的轨道高度，其实践作用在于确保带有该激光基准作业机械能够重新复制或恢复在作业前的原有轨道位置。如果该对比文件明确给出的是使用激光基准系统来校正不同（轨道区）段的轨道高度的技术启示，或者说如果对比文件2给出了利用激光基准系统可按照机械之前的轨道（高度）位置翻版复制机械后方的轨道区段的技术启示，则该技术不是对于原有轨道位置的恢复，而是破坏。在对比文件2没有给出上述技术启示的情况下，仅以本发明的目的，作为本领域技术人员容易想到的这些技术措施，断定本申请权利要求1缺乏创造性，无疑是了解发明内容之后的事后诸葛亮态度。本发明在欧洲和美国、奥地利的同族申请也都获得授权，是本发明相对于现有技术具有创造性的佐证，也意味着欧洲、美国专利局不认为对比文件2对于评价本发明的创造性有重要意义。综上，认为第10578号决定和一审判决认定事实错误，适用法律不当，请求予以撤销。复审委答辩认为，对比文件2公开了一种铁路轨道维修激光准直技术，该技术主要通过一激光发射器与一激光接收器形成一基准面，将该激光发射器与另一设置在要维修的轨道上行走的设备上的激光接收器之间形成的平面与该基准面比较，最终控制该平面落在该基准面所处的平面内，从而实现对正线轨道的维修。据此认为，对比文件2明确给出了可以使用激光发射器、第一激光接收器和第二激光接收器组成的测量系统校正轨道高度的技术启示。至于对比文件2未披露的"信号发生器发射一条平行于轨道平面的光束形成的基准线"这一技术特征，复审委认为其仅涉及基准平面的具体设置，但是将两个比较的对象中的一个设置为比较的基准是通常的做法。在本申请中，为了使正线的起道量与道岔分支线的起道量在高度上准确地协调一致，本领域普通技术人员将一个平行于正线或分支线轨道平面的平面设置成一个基准平面无疑是最简单和适用的做法，本领域的普通技术人员在对比文件2的上述教导下，容易想到将对比文件2中的测量系统应用到对比文件1的技术方案中。关于申请人主张的对比文件2只是对于机械之前的轨道位置进行翻版复制，完全谈不上要将正线上不同轨道段之间的高度保持一致的问题，复审委认为，即使按照机械之前的轨道位置翻版复制机械后方的轨道段，其实质效果也是翻版复制后的轨道与之前的高度保持一致。关于对比文件2是否披露了"信号接收器与分支线接触"这一技术特征的问题，该委认为，根据本申请说明书的记载，信号接收器并不是直接与分支线接触的，而是安装在起道装置上，通过起道装置上的双轮缘滚轮和分支线接触的。对比文件2说明书最后一段指出，激光发射器和接收器也可以固定在一个安装在机架上的测量构架上用来进行垂直调节。构架的下端利用带缘的滚轮能在轨道上移动。显然，对比文件2已经公开了本申请权利要求1的这种接触方式。综上，复审委认为第10578号决定和一审判决认定事实清楚，适用法律正确，程序合法。请求驳回申请人的上诉请求，维持一审判决和第10578号决定。一审法院审理期间，复审委提交了：（1）对比文件1：CN1042968A的发明专利申请说明书，公开日为1990年6月13日；（2）对比文件2：GB2268021A的英国专利申请，公开日为1993年12月22日；（3）复审通知书；（4）申请人于2006年11月15日提交的意见陈述书；（5）本申请说明书。申请人提交了：

（1）申请人于申请日提交并于2001年10月17日公开的本申请公开说明书；（2）对比文件1；（3）对比文件2；（4）对比文件2的中文译文。

上述证据材料均已随案移送本院。经审查，复审委提交和申请人提交的本专利申请文本和对比文件1、对比文件2来源合法，内容真实，其中对比文件1、对比文件2与本申请为同一技术领域，并公开于本申请日前，故复审委采纳上述两文件作为本专利的对比文件符合《专利法》及审查指南的相关规定；复审委提交的证据3、证据4、证据5来源合法，内容真实，能够反映复审委对本申请的复审程序及申请人在复审期间就本申请的各项主张；综上，复审委和申请人提交的证据材料均为本案有效证据；一审法院予以接纳并予采纳本院不持异议。

经审理查明，本申请系弗兰茨普拉塞铁路机械工业股份有限公司于2001年4月6日向国知局提出的名称为“捣固车”发明专利申请，申请号为01112393.1，优先权日为2000年4月7日。

本申请公开时的权利要求书内容为：

1. 一种捣固轨道用的捣固车，在其轨行机构之间紧靠捣固机组沿机械作业方向的前面有一套利用驱动装置可调节高度的起道机组，用于抄平和拨正形成一个轨道平面并由轨行机构走行的正线，此外还装有一个辅助起道装置，用于抬起由正线分支的道岔分支线，同时起道机组和辅助起道装置配备有一个共同的测量系统，用于有控制地抬起道岔，其特征在于：所述共同的测量系统由一个与正线接触的、发射一条平行于轨道平面的光束形式的基准线的信号发射器和一个与分支线接触的、记录基准线的信号接收器组成。

2. 根据权利要求1所述的机械，其特征在于：信号发射器是一个提供平行于轨道平面的、包含有基准线的测量平面的旋转式激光器，而信号接收器是一个激光传感器。

3. 根据权利要求1所述的机械，其特征在于：信号发射器与起道机组相连，信号接收器则与辅助起道装置相连。

4. 根据权利要求1所述的机械，其特征在于：信号发射器装在一根位于捣固机组和起道机组之间的、具有在正线上滚行用的带缘滚轮的、高度可调节的测量轴上。

5. 根据权利要求1~4中任一项所述的机械，其特征在于：信号接收器被设计成能通过控制装置启动一个与辅助起道装置相连的、抬起分支线用的起道驱动装置。

国知局在对本申请进行实质审查期间，于2003年7月18日向申请人发出第一次审查意见通知书，并引入了对比文件1和对比文件2。

针对第一次审查意见通知，申请人提交了意见陈述书，对本申请未进行修改。2004年9月10日，国知局以本申请权利要求1~5不符合《专利法》第二十二条第三款的规定为由，做出了驳回本申请的决定。申请人不服该决定，于2004年11月8日向复审委提出复审请求。

复审委于2004年11月16日向申请人发出了复审请求受理通知书，同时向国知局原实审部门发出前置审查通知书。原实审部门提交了前置审查意见，坚持驳回决定认定的事实及审查结论。

嗣后，复审委依法组成合议组，于2006年10月9日向申请人发出复审通知书，指出权利要求1~5相对于对比文件1、对比文件2和公知常识的结合不具有突出的实质性特点和显著的进步，不具备创造性，不符合《专利法》第二十二条第三款的规定。

针对上述复审通知书，申请人提交了意见陈述书，仍坚持原申请文本。复审委经审查认为：

（1）关于审查文本：本复审决定以申请人于申请日提交的权利要求第1~5项、说明书第1~3页、附图第1~2页、说明书摘要及摘要附图作为审查基础。

（2）关于《专利法》第二十二条第三款：本申请权利要求1请求保护的技术方案与对比文件1所公开的技术内容相比，区别在于：权利要求1中所述共同的测量系统由一个与正线接触的、发射一条平行于轨道平面的光束形式的基准线的信号发射器和一个与分支线接触的、记录基准线的信号接收器组成。权利要求 1 的技术方案提供了一种由信号发射器和接收器组成的新的测量系统，从而克服对比文件 1 中由于使用测量车不能使正线的起道量与道岔分支线的起道量在高度上准确地协调一致的技术问题。由于新的测量系统取消了测量车，所以在使用了新的测量系统的捣固机中捣固机组就紧靠起道机组了。

对比文件 2 公开了一种铁路轨道维修激光准直技术，该技术主要通过一激光发射器与一激光接收器形成一基准面，将该激光发射器与另一设置在坏了的轨道上行走的设备上的激光接收器之间形成的平面与该基准面比较，最终控制该平面落在该基准面所处的平面内，从而实现对正线轨道的维修，并具体公开了以下内容：一种轨道维修或清筛机，具有一附着于走行机构的、位于机架前端区域的激光发射器，第一激光接收器被设置于可由驱动装置作纵向或横向调节的挖渣链上，第二激光接收器被设置于走行机构上的清筛车辆的前端，走行机构与第二激光接收器相连，提供一种精确的倾斜测量设备以检测轨道的垂直高度和横向倾斜，一控制装置与上述各部分相连，共同构成测量系统。对比文件 2 还给出了该测量系统的操作方法：首先，设定第二激光接收器的基准点；其次，驱动装置工作使得激光发射器旋转以形成基准平面；再次，垂直驱动装置工作直至基准平面正好通过所述基准点；最后，驱动驱动装置使得挖渣链高度降低直至第一激光接收器刚好位于所述基准平面上。

由此复审委认为，对比文件 2 明确地给出了可以使用激光发射器、第一激光接收器和第二激光接收器组成的测量系统校正不同段的轨道高度的技术启示；至于对比文件 2 未披露的技术特征“信号发射器发射一条平行于轨道平面的光束形式的基准线”，仅涉及基准平面的具体设置；但将两个比较的对象中的一个设置为比较的基准是通常的做法。在本发明中为了使正线的起道量与道岔分支线的起道量在高度上准确地协调一致，本领域的普通技术人员将一个平行于正线或分支线轨道平面的平面设置成一个基准平面无疑是最简单和适用的做法，本领域的普通技术人员在对比文件 2 的上述教导下，容易想到将对比文件 2 中的测量系统应用到对比文件 1 的技术方案中，该权利要求 1 相对于对比文件 1、对比文件 2 和公知常识的结合不具有突出的实质性特点和显著的进步，因而不具备创造性，不符合《专利法》第二十二条第三款的规定。

关于申请人在答复复审通知书时的意见，复审委认为，（1）本申请相对于对比文件 1 实际所要解决的技术问题是现有测量系统中支线与正线之间的起道量不能准确地一致，为解决上述问题，需要提供新的测量系统。实际上，从上文对对比文件 2 公开内容的描述可知，其技术方案也包含了两个参考系统，第一个参考系统由所述的基准点与所述的基准平面组成，与已经存在的轨道相关；第二个参考系统由所述的基准平面和第一激光接收装置组成，与待重建的轨道相关；显然第一参考系统和第二参考系统是相互关联的，也就是说，对比文件 2 涉及将正线上不同轨道段之间的高度保持一致的技术方案，同时披露了类似权利要求 1 的测量系统，因此对比文件 2 给出了解决现有测量系统支线与正线起道量不能准确一致问题的技术启示。（2）对比文件 2 中的激光射线同样起到了将机械的位置自动延伸的作用，这与本申请的激光射线的作用是等同的。综上认为，申请人的上述主张不能证明本申请权利要求 1 具备创造性。

本申请权利要求 2 从属于权利要求 1，其附加技术特征是：信号发射器是一个提供平行于轨道平面的、包含有基准线的测量平面的旋转式激光器，而信号接收器是一个激光传感器。对比文件 2 的权利要求 6 披露了信号发射器是一个旋转式的激光发射器，而第一、第二接收器是激光接收器。故对比文件 2 公开了上述附加技术特征，因此在其引用的权利要求 1 不具备创造性时，从属权利要求 2 也不具备创造性，不符合《专利法》第二十二条第三款的规定。

本申请权利要求 3 从属于权利要求 1，其附加技术特征是：信号发射器与起道机组相连，信号接收器则与辅助起道装置相连。权利要求 4 从属于权利要求 1，其附加技术特征是：信号发射器装在一根位于捣固机组和起道机组之间的、具有在正线上滚行用的带缘滚轮的、高度可调节的测量轴上。上述权利要求 3~4 的附加技术特征都是对所述信号发射器和信号接收器的安装位置的具体限定，要实现对轨道起道量的检测，所述信号发射器与所述信号接收器的安装位置的确定是必不可少的，而安装位置是根据装置的具体情况来选择的，这种选择对于本领域的普通技术人员来说无需花费创造性的劳动，因此在其引用的权利要求 1 不具备创造性时，从属权利要求 3~4 也不具备创造性，不符合《专利法》第二十二条第三款的规定。

本申请权利要求 5 从属于权利要求 1~4 中任一项，其附加技术特征是：信号接收器被设计成能通过控制装置启动一个与辅助起道装置相连的、抬起分支线用的起道驱动装置。对比文件 1 中公开了采用控制装置和位于工作室内的中央控制装置对其测量系统进行控制，从而启动附加起道装置的驱动装置，并披露了将控制装置与测量系统联系起来的旋转式电位计、测量电摆。旋转式电位计、测量电摆用于将测量系统输出的信号转换成电信号，进而通过控制装置控制附加起道装置的驱动装置的启动，因而旋转式电位计、测量电摆的作用实质上与本申请的信号接收器的作用相似。因此对比文件 1 公开了权利要求 5 的附加技术特征，在其引用的权利要求 1~4 不具备创造性时，从属权利要求 5 也不具备创造性，不符合《专利法》第二十二条第三款的规定。

综上，复审委认为本专利权利要求 1~5 不具备《专利法》第二十二条第三款规定的创造性。依照《专利法》第二十二条第三款的规定，复审委作出了第 10578 号复审决定。

本院认为，基于在本案的审理期间，申请人对复审委就本申请的审查程序以及相关的法律适用、对本申请的审查基础均未提出异议，经审查，复审委就本申请的上述事项的审查并无不当，本院予以确认。

针对申请人对第 10578 号决定提出的争议，在对第 10578 号决定进行审查的基础上，本院归纳该决定中关于本申请权利要求 1~5 不具有创造性结论的推导过程为：

（1）本申请权利要求 1 请求保护的技术方案与对比文件 1 所公开的技术内容相比，区别在于：权利要求 1 中所述共同的测量系统由一个与正线接触的、发射一条平行于轨道平面的光束形式的基准线的信号发射器和一个与分支线接触的、记录基准线的信号接收器组成。权利要求 1 的技术方案提供了一种由信号发射器和接收器组成的新的测量系统，从而克服对比文件 1 中由于使用测量车不能使正线的起道量与道岔分支线的起道量在高度上准确地协调一致的技术问题。

（2）对比文件 2 公开了一种铁路轨道维修激光准直技术，该技术主要通过一激光发射器与一激光接收器形成一基准面，将该激光发射器与另一设置在坏了的轨道上行走的设备上的激光接收器之间形成的平面与该基准面比较，最终控制该平面落在该基准面所处的平面内，从而实现对正线轨道的维修。故，对比文件 2 明确地给出了可以使用激光发射器、第一激光接收器和第二激光接收器组成的测量系统校正不同段的轨道高度的技术启示。

（3）对比文件 2 未披露的技术特征“信号发射器发射一条平行于轨道平面的光束形式的基准线”，仅涉及基准平面的具体设置；但将两个比较的对象中的一个设置为比较的基准是通常的做法。

（4）本领域的普通技术人员在对比文件 2 的教导下，容易想到将对比文件 2 中的测量系统应用到对比文件 1 的技术方案中，该权利要求 1 相对于对比文件 1、对比文件 2 和公知常识的结合不具有突出的实质性特点和显著的进步，因而不具备创造性，不符合《专利法》第二十二条第三款的规定。

（5）本申请权利要求 2 从属于权利要求 1，其附加技术特征“信号发射器是一个提供平行于轨道平面的、包含有基准线的测量平面的旋转式激光器，而信号接收器是一个激光传感器”被对比文件 2 的权利要求 6 所披露，在其引用的权利要求 1 不具备创造性时，从属权利要求 2 也不具备创造性；

本申请权利要求3、4从属于权利要求1，其附加技术特征都是对所述信号发射器和信号接收器的安装位置的具体限定，而安装位置是根据装置的具体情况来选择的，这种选择对于本领域的普通技术人员来说无需花费创造性的劳动，因此在其引用的权利要求1不具备创造性时，从属权利要求3~4也不具备创造性；

本申请权利要求5从属于权利要求1~4中任一项，其附加技术特征“信号接收器被设计成能通过控制装置启动一个与辅助起道装置相连的、抬起分支线用的起道驱动装置”，被对比文件1公开，在其引用的权利要求1~4不具备创造性时，从属权利要求5也不具备创造性。

由于上述推导过程所引用的相关事实依据在本申请以及对比文件1、对比文件2中均有明确记载和出处，故，上述推导过程事实依据充分；同时，复审委在作出的上述推导以及针对申请人提出的异议给予分析时，理由阐述客观、详实，且申请人就第10578号决定中的上述分析未提出实质性的异议理由，故本院对复审委在第10578号决定中关于本申请权利要求1~5不具有创造性的判断予以认可。

综上，复审委作出的第10578号决定事实依据充分，适用法律准确，程序合法，一审法院判决维持符合《中华人民共和国行政诉讼法》第五十四条第（一）项的规定；申请人的上诉理由不能成立，本院不予支持。据此，依据《中华人民共和国行政诉讼法》第六十一条第（一）项的规定，判决如下：

驳回上诉，维持一审判决。

二审案件受理费人民币100元由上诉人弗兰茨普拉塞铁路机械工业股份有限公司负担（已交纳）。

本判决为终审判决。

审　判　长　郭　宜
代理审判员　张学磊
代理审判员　朱海宏
二〇〇八年九月五日
书　记　员　程钰玮

050

# 三点式曲线牵引椅

## 复审请求审查决定（第10585号）

**决　定　号**　第10585号
**决　定　日**　2007年3月15日
**发明创造名称**　三点式曲线牵引椅
**国际分类号**　A61F 5/04
**复审请求人**　周林生
**申　请　号**　00104627.6
**申　请　日**　2000年3月18日
**公　开　日**　2001年2月14日
**合议组组长**　王桂莲
**主　审　员**　丁惠玲
**参　审　员**　张田勇

**法律依据**　专利法第22条第3款、第26条第3款、第33条，专利法实施细则第20条第1款

**决定要点**

如果将不能从原说明书（包括附图）和权利要求书中直接明确认定的技术特征增加到权利要求书中，则对专利申请文件的上述修改不符合专利法第33条的规定。

### 一、案由

本复审请求涉及名称为“三点式曲线牵引椅”的00104627.6号发明专利申请（下称本申请），申请人为周林生，申请日为2000年3月18日，公开日为2001年2月14日。

应申请人的请求，国家知识产权局专利局审查部门依法对本申请进行了实质审查，于2003年8月22日发出第一次审查意见通知书，指出本申请的权利要求1~4与对比文件1、2的组合相比不具有突出的实质性特点和显著的进步，不符合专利法第22条第3款关于创造性的规定；权利要求5~8没有记载在原始公开的说明书和权利要求书中，不符合专利法第33条的规定。其中引用的对比文件为：

对比文件1：CN86204966U，公告日为1987年4月8日；

对比文件2：CN2071030U，公告日为1991年2月13日。

2004年2月17日，申请人针对上述审查意见通知书提交意见陈述书，没有对申请文件进行修改，陈述了认为本申请符合专利法第22条第3款关于创造性规定以及专利法第33条规定的具体理由。

2004年4月9日，国家知识产权局以本申请经申请人陈述意见后仍然不符合专利法第22条第3款的规定以及不符合专利法第33条的规定为由驳回了本申请。

驳回决定所针对的权利要求如下：

1. “三点式曲线牵引椅”的特征在于它必须具有“曲线颈项枕”的设置和它在“三点式曲线牵引”时的应用。

2. 根据权利要求1所述的一种“三点式曲线牵引椅”上的“曲线颈项枕”，可以用其“变形体”代替进行“三点式曲线牵引”。这是“三点式曲线牵引椅”的第二个特征。

3. 根据权利要求1，2所述的一种“三点式曲线牵引椅”上的“曲线颈项枕”，可以用其“组合体”替代进行“三点式曲线牵引”，这是“三点式曲线牵引椅”的又一个特征。

4. 根据权利要求1，2，3所述的一种“三点式曲线牵引椅”的第四个特征是它的“三点式曲线牵引力”的“方向”来自“曲线颈项枕”的曲面“抛物线”上的“延长线”。

5. 根据权利要求1，2，3，4所述的一种“三点式曲线牵引椅”的第五个特征是它的牵引力与被牵引力之间力的方向，一定是非直线性的。

6. 根据权利要求1，2，3，4，5所述的一种“三点式曲线牵引椅”的第六个特征是它的牵引力与被牵引力之间力的方向，一定是曲线性的。

7. 根据权利要求1，2，3，4，5，6所述的一种“三点式曲线牵引椅”的第七个特征是它的“曲线颈项枕”与座椅可以合二为一的一体化装置。

8. 根据权利要求1，2，3，4，5，6，7所述的一种“三点式曲线牵引椅”的第八个特征是它的座椅可以是“座椅变形体”。

具体的驳回理由为：（1）独立权利要求1相对于对比文件1、2的结合不符合专利法第22条第3款关于创造性的规定；（2）从属权利要求2~4同样不符合专利法第22条第3款有关创造性的规定；（3）申请人于2003年6月6日提交的权利要求5~8超出了原说明书和权利要求书记载的范围，不符合专利法第33条的规定。

申请人（下称复审请求人）不服上述驳回决定，于2004年7月24日向专利复审委员会提出复审请求。经形式审查合格后，专利复审委员会受理了上述请求，于2004年8月30日发出复审请求受理通知书及前置审查通知书。

原审查部门在规定期限内对该复审请求做出前置审查意见，仍然坚持原驳回决定。

专利复审委员会依法组成合议组对该复审请求案进行了审理，于2005年5月19日发出复审通知书，指出：

（1）权利要求1不符合专利法第22条第3款关于创造性的规定；（2）权利要求2、3不符合专利法第26条第3款的规定；（3）权利要求4不符合专利法实施细则第20条第1款的规定；（4）权利要求5~8不符合专利法第33条的规定，拟维持驳回决定。

2005年7月3日，复审请求人针对上述复审意见通知书进行了意见陈述，对权利要求书和说明书未进行修改，认为：（1）本申请提出的以“抛物线”为主要依据的颈椎曲线牵引是最为自然、最为科学的颈椎曲线牵引术，对比文件1中公开的牵引床与本申请的“三点式曲线牵引椅”不是一个类别，并且对比文件1、2公开的技术内容是落后的或者存在致命错误的，不能用来评述本申请的创造性；（2）权利要求5~8虽然在说明书中没有直接提起，但是可以从说明书以及前4项权利要求中导出是自然的也是合情合理的，根本没有超出说明书以及权利要求范围。因此，本申请应当被授予专利权。

至此，合议组认为本案事实已经清楚，依法作出本复审决定。

## 二、决定的理由

1. 关于审查文本

本复审决定书以复审请求人于2000年9月28日提交的说明书第1页、附图第1页，2003年6月6日提交的权利要求第1~8项，以及2000年3月18日提交的说明书摘要为基础。

2. 权利要求1不符合专利法第22条第3款关于创造性的规定

专利法第22条第3款规定：创造性，是指同申请日以前已有的技术相比，该发明具有突出的实质性特点和显著的进步，该实用新型具有实质性特点和进步。

具体地说，发明有突出的实质性特点，是指发明相对于现有技术，对所属技术领域的技术人员来说，是非显而易见的。如果发明是其所属技术领域的技术人员在现有技术的基础上通过逻辑分析、推理或者有限的试验可以得到的，则该发明是显而易见的，也就不具备突出的实质性特点。

权利要求1请求保护三点式曲线牵引椅，其特征在于它必须具有“曲线颈项枕”的设置和它在“三点式曲线牵引”时的应用。

对比文件1公开了一种颈椎曲度牵引器，同样用于解决直线型（即二点式）牵引器存在的问题，具体的技术方案为：病人仰卧在治疗床上，头枕在枕轮（1）上，由于牵引带所受的力，经枕轮调整产生圆周切线方向的力，使变直颈椎恢复到符合颈椎生理结构特点的正常曲度。由此可见，对比文件1中的颈椎曲度牵引器通过枕轮的调整同样实现了三点式曲线牵引，并且其中与病人颈部相配合的圆柱形枕轮是曲线颈项枕中的一种。本专利的权利要求1中仅仅提到“曲线颈项枕”，并没有对曲线作进一步的限定，即对比文件1中已经公开了下位概念的枕轮。因此，对所属技术领域的技术人员来说，权利要求1相对于对比文件1是显而易见的，不具有突出的实质性特点和显著的进步，不符合专利法第22条第3款关于创造性的规定。

3. 权利要求2、3不符合专利法第26条第3款的规定

专利法第26条第3款规定：说明书应当对发明或者实用新型作出清楚、完整的说明，以所属技术领域的技术人员能够实现为准。

所属技术领域的技术人员能够实现，是指所属技术领域的技术人员按照说明书记载的内容，不需要创造性的劳动，就能够再现该发明或者实用新型的技术方案，解决其技术问题，并且产生预期的技术效果。

权利要求2、3的附加技术特征分别进一步限定用“曲线颈项枕”的“变形体”或“组合体”替代进行“三点式曲线牵引”。但在说明书中并没有给出关于“变形体”或“组合体”的结构等的任何具体实施例，仅仅公开了“变形体”或“组合体”这一技术名称，而没有给出相应的可以实现的技术手段。此外，复审请求人在复审请求书中提到“该部分是需要经过创造性劳动才能够实现的”。由此可见，本领域普通技术人员按照目前说明书记载的内容无法实现权利要求2、3所要求保护的技术方案，无法解决相应的技术问题以及产生预期的技术效果，因此权利要求2、3不符合专利法第26条第3款的规定。

4. 权利要求4不符合专利法实施细则第20条第1款的规定

专利法实施细则第20条第1款规定：权利要求书应当说明发明或者实用新型的技术特征，清楚、简要地表述请求保护的范围。

权利要求4进一步限定“三点式曲线牵引力”的“方向”来自“曲线颈项枕”的曲面“抛物线”上的“延长线”。从物理学的角度来看，抛物线是一个直立圆锥和平行于该锥体中轴的平面相交形成的平面曲线，而力是沿直线方向施加的；此外，从生理学的角度来看，每个人的体征特点均不同，对于与其颈部相配合的曲线弧度的要求也应当不同，因此目前权利要求4在没有对“曲线颈项

枕”的曲面上“抛物线”做出任何进一步参数说明或限定的情况下，限定的力的方向来自“曲线颈项枕”的曲面“抛物线”上的“延长线”是不清楚的，因此不符合专利法实施细则第20条第1款的规定。

5. 权利要求5~8不符合专利法第33条的规定

专利法第33条规定：申请人可以对其专利申请文件进行修改，但是，对发明和实用新型专利申请文件的修改不得超出原说明书和权利要求书记载的范围。

申请人于2003年6月6日提交的权利要求5、6中的技术特征“被牵引力”、权利要求7中的“曲线颈项枕与座椅可以合二为一的一体化装置”以及权利要求8中的“座椅变形体”既未明确记载在原始公开的说明书和权利要求书中，也不能由原说明书和权利要求书直接导出，因此超出了原说明书和权利要求书记载的范围，不符合专利法第33条的规定。

6. 对复审请求人在答复复审通知书时的意见陈述的评述

（1）复审请求人主张对比文件1中的“正圆弧线”的理论是肤浅的、过时的，对比文件2中提出的“颈椎生理曲线不应该是正圆弧线，应该是圆弧两边加上二条不同角度的直线组成的曲线”不过是机械曲线生硬的凑合，不是真正的“颈椎生理曲线”，均不应当用来否定本申请的创造性。经审查，作为在本申请的申请日前公开的现有技术，虽然其自身可能存在技术上的缺陷，但其所公开的内容已经足以使本领域技术人员在不付出创造性劳动的情况下，能够得出本申请所要求保护的技术方案；此外，对比文件1公开的颈椎曲度牵引器中虽然是在治疗床上使用，但将其应用到本申请中的牵引椅上对于本领域技术人员来讲是显而易见的，因此对比文件1、2能够用来评述本申请的创造性。

（2）复审请求人在意见陈述中仅仅在重复上述新增加的内容的基础上，主张其修改符合专利法第33条，并没有给出充分的理由或者能够证明如何可以从说明书中直接地、毫无疑义地导出上述技术方案，因此其关于修改符合专利法第33条规定的意见陈述不能成立。

根据上述事实和理由，本案合议组作出以下审查决定。

**三、决定**

维持国家知识产权局于2004年4月9日对00104627.6号发明专利申请作出的驳回决定。

复审请求人对本决定不服的，可以根据专利法第41条第2款的规定，自收到本决定之日起三个月内向北京市第一中级人民法院起诉。

051

# 三点式曲线牵引床

## 复审请求审查决定（第10586号）

**决　定　号**　第10586号
**决　定　日**　2007年3月14日
**发明创造名称**　三点式曲线牵引床
**国际分类号**　A61F 5/045
**复审请求人**　周林生
**申　请　号**　00104625. X
**申　请　日**　2000年3月18日
**公　开　日**　2001年2月14日
**合议组组长**　黄　颖
**主　审　员**　丁惠玲
**参　审　员**　刘　畅

**法律依据**　专利法第22条第3款、第26条第3款、第33条，专利法实施细则第20条第1款
**决定要点**

如果将不能从原说明书（包括附图）和权利要求书中直接明确认定的技术特征作为新的权利要求增加到权利要求书中，则对专利申请文件的上述修改不符合专利法第33条的规定。

### 一、案由

本复审请求涉及名称为“三点式曲线牵引床”的00104625. X号发明专利申请（下称本申请），申请人为周林生，申请日为2000年3月18日，公开日为2001年2月14日。

应申请人的请求，国家知识产权局专利局审查部门依法对本申请进行了实质审查，于2003年8月22日发出第一次审查意见通知书，指出本申请的权利要求1~4与对比文件1、2的组合相比不具有突出的实质性特点和显著的进步，不符合专利法第22条第3款关于创造性的规定；权利要求5~8没有记载在原始公开的说明书和权利要求书中，不符合专利法第33条的规定。其中引用的对比文件为：

对比文件1：CN86204966U，公告日为1987年4月8日；

对比文件2：CN2071030U，公告日为1991年2月13日。

2004年2月17日，申请人针对上述审查意见通知书提交意见陈述书，对申请文件未作任何修改，陈述了本申请符合专利法第22条第3款关于创造性规定以及专利法第33条规定的具体意见。

2004年4月9日，国家知识产权局以本申请经申请人再次陈述意见后仍然不符合专利法第22条第3款的规定以及不符合专利法第33条的规定为由驳回了本申请。

驳回决定所针对的权利要求如下：

"1."三点式曲线牵引床"的特征在于它必须具有"曲线颈项枕"的设置和它在"三点式曲线牵引"时的应用。

2. 根据权利要求1所述的一种"三点式曲线牵引床"上的"曲线颈项枕"，可以用其"变形体"代替进行"三点式曲线牵引"。这是"三点式曲线牵引床"的第二个特征。

3. 根据权利要求1，2所述的一种"三点式曲线牵引床"上的"曲线颈项枕"，可以用其"组合体"替代进行"三点式曲线牵引"，这是"三点式曲线牵引床"的又一个特征。

4. 根据权利要求1，2，3所述的一种"三点式曲线牵引床"的第四个特征是它的"三点式曲线牵引力"的"方向"来自"曲线颈项枕"的曲面"抛物线"上的"延长线"。

5. 根据权利要求1，2，3，4所述的一种"三点式曲线牵引床"的第五个特征是它的牵引力与被牵引力之间力的方向，一定是非直线性的。

6. 根据权利要求1，2，3，4，5所述的一种"三点式曲线牵引床"的第六个特征是它的牵引力与被牵引力之间力的方向，一定是曲线性的。

7. 根据权利要求1，2，3，4，5，6所述的一种"三点式曲线牵引床"的第七个特征是它的"曲线颈项枕"与床体可以合二为一的一体化装置。

8. 根据权利要求1，2，3，4，5，6，7所述的一种"三点式曲线牵引床"的第八个特征是它的床体可以是"床体变形体"。"

具体的驳回理由为：（1）权利要求1~4相对于对比文件1、2的结合不符合专利法第22条第3款关于创造性的规定；（2）申请人于2003年6月6日提交的权利要求5~8超出了原说明书和权利要求书记载的范围，不符合专利法第33条的规定。

申请人（下称复审请求人）不服上述驳回决定，于2005年5月19日向专利复审委员会提出复审请求。经形式审查合格后，专利复审委员会受理了上述请求，于2004年8月30日发出复审请求受理通知书及前置审查通知书。

原审查部门在规定期限内对该复审请求做出前置审查意见，仍然坚持驳回决定。

专利复审委员会依法组成合议组对该复审请求案进行了审理，于2004年9月10日发出复审通知书，指出：

（1）权利要求1不符合专利法第22条第3款关于创造性的规定；（2）权利要求2、3不符合专利法第26条第3款的规定；（3）权利要求4不符合专利法实施细则第20条第1款的规定；（4）权利要求5~8不符合专利法第33条的规定，拟维持驳回决定。

2005年7月3日，复审请求人针对上述复审意见通知书进行了意见陈述，对权利要求书和说明书未进行修改，认为：（1）本申请提出的以"抛物线"为主要依据的颈椎曲线牵引是最为自然、最为科学的颈椎曲线牵引术，对比文件1、2公开的技术内容是落后的或者存在致命错误的，不能用来评述本申请的创造性；（2）权利要求5~8虽然在说明书中没有直接提及，但是可以从说明书以及前4项权利要求中导出是自然的也是合情合理的，根本没有超出说明书以及权利要求范围。因此，本申请应当被授予专利权。

至此，合议组认为本案事实已经清楚，依法作出本复审决定。

**二、决定的理由**

1. 关于审查文本

本复审决定书以复审请求人于2000年9月28日提交的说明书第1页、附图第1页，2003年6月6日提交的权利要求第1~8项，以及2000年3月18日提交的说明书摘要为基础。

2. 权利要求1不符合专利法第22条第3款关于创造性的规定

专利法第22条第3款规定：创造性，是指同申请日以前已有的技术相比，该发明具有突出的实质性特点和显著的进步，该实用新型具有实质性特点和进步。

具体地说，发明有突出的实质性特点，是指发明相对于现有技术，对所属技术领域的技术人员来说，是非显而易见的。如果发明是其所属技术领域的技术人员在现有技术的基础上通过逻辑分析、推理或者有限的试验可以得到的，则该发明是显而易见的，也就不具备突出的实质性特点。

权利要求1请求保护三点式曲线牵引床，其特征在于它必须具有“曲线颈项枕”的设置和它在“三点式曲线牵引”时的应用。

对比文件1公开了一种颈椎曲度牵引器，同样用于解决直线型（即二点式）牵引器存在的问题，具体的技术方案为：病人仰卧在治疗床上，头枕在枕轮（1）上，由于牵引带所受的力，经枕轮调整产生圆周切线方向的力，使变直颈椎恢复到符合颈椎生理结构特点的正常曲度。由此可见，对比文件1中的颈椎曲度牵引器通过枕轮的调整同样实现了三点式曲线牵引，并且其中与病人颈部相配合的圆柱形枕轮是曲线颈项枕中的一种。本专利的权利要求1中仅仅提到“曲线颈项枕”，并没有对曲线作进一步的限定，即对比文件1中已经公开了下位概念的枕轮，并且，合议组认为本领域技术人员将对比文件1的牵引器应用到牵引床上无需花费创造性劳动，是显而易见的，因此，对所属技术领域的技术人员来说，权利要求1相对于对比文件1是显而易见的，不具有突出的实质性特点和显著的进步，不符合专利法第22条第3款关于创造性的规定。

3. 权利要求2、3不符合专利法第26条第3款的规定

专利法第26条第3款规定：说明书应当对发明或者实用新型作出清楚、完整的说明，以所属技术领域的技术人员能够实现为准。

所属技术领域的技术人员能够实现，是指所属技术领域的技术人员按照说明书记载的内容，就能够实现该发明或者实用新型的技术方案，解决其技术问题，并且产生预期的技术效果。

权利要求2、3的附加技术特征分别进一步限定用“曲线颈项枕”的“变形体”或“组合体”替代进行“三点式曲线牵引”。但在说明书中并没有给出关于“变形体”或“组合体”的结构等的任何具体实施例，仅仅公开了“变形体”或“组合体”这一技术名称，但没有给出相应的可以实现的技术手段。此外，复审请求人在复审请求书中提到“该部分是需要经过创造性劳动才能够实现的”。由此可见，本领域普通技术人员按照目前说明书记载的内容无法实现权利要求2、3所要求保护的技术方案，无法解决相应的技术问题以及产生预期的技术效果，因此权利要求2、3不符合专利法第26条第3款的规定。

4. 权利要求4不符合专利法实施细则第20条第1款的规定

专利法实施细则第20条第1款规定：权利要求书应当说明发明或者实用新型的技术特征，清楚、简要地表述请求保护的范围。

权利要求4进一步限定“三点式曲线牵引力”的“方向”来自“曲线颈项枕”的曲面“抛物线”上的“延长线”。从物理学的角度来看，抛物线是一个直立圆锥和平行于该锥体中轴的平面相交形成的平面曲线，而力是沿直线方向施加的；此外，从生理学的角度来看，每个人的体征特点均不同，对于与其颈部相配合的曲线弧度的要求也应当不同，因此目前权利要求4在没有对“曲线颈项枕”的曲面上“抛物线”做出任何进一步参数说明或限定的情况下，限定的力的方向来自“曲线颈项枕”的曲面“抛物线”上的“延长线”是不清楚的，不符合专利法实施细则第20条第1款的规定。

5. 权利要求5~8不符合专利法第33条的规定

专利法第33条规定：申请人可以对其专利申请文件进行修改，但是，对发明和实用新型专利申

请文件的修改不得超出原说明书和权利要求书记载的范围。

申请人于2003年6月6日提交的权利要求5、6中的技术特征“被牵引力”、权利要求7中的“曲线颈项枕与床体可以合二为一的一体化装置”以及权利要求8中的“床体变形体”既未明确记载在原始公开的说明书和权利要求书中，也不能由原说明书和权利要求书直接导出，因此超出了原说明书和权利要求书记载的范围，不符合专利法第33条的规定。

6. 对复审请求人在答复复审通知书时的意见陈述的评述

（1）复审请求人主张对比文件1中的“正圆弧线”的理论是肤浅的、过时的，对比文件2中提出的“颈椎生理曲线不应该是正圆弧线，应该是圆弧两边加上二条不同角度的直线组成的曲线”不过是机械曲线生硬的凑合，不是真正的“颈椎生理曲线”，均不应当用来否定本申请的创造性。经审查，作为在本申请的申请日前公开的现有技术，虽然其自身可能存在技术上的缺陷，但其所公开的内容已经足以使本领域技术人员在不付出创造性劳动的情况下，能够得出本申请所要求保护的技术方案，因此对比文件1、2能够用来评述本申请的创造性。

（2）复审请求人在意见陈述中仅仅在重复上述新增加的内容的基础上，主张其修改符合专利法第33条，并没有给出充分的理由或者能够证明如何可以从说明书中直接地、毫无疑义地导出上述技术方案，因此其关于修改符合专利法第33条规定的意见陈述不能成立。

根据上述事实和理由，本案合议组作出以下审查决定。

**三、决定**

维持国家知识产权局于2004年4月9日对00104625. X号发明专利申请作出的驳回决定。

复审请求人对本决定不服的，可以根据专利法第41条第2款的规定，自收到本决定之日起三个月内向北京市第一中级人民法院起诉。

052

# 用于显示器的照明板

## 复审请求审查决定（第10605号）

**决　定　号**　第10605号
**决　定　日**　2007年4月30日
**发明创造名称**　用于显示器的照明板
**国 际 分 类 号**　G02F 1/13357，G02F 1/1335
**复 审 请 求 人**　株式会社西铁城电子
**申　请　号**　03120270.5
**申　请　日**　2003年3月7日
**优 先 权 日**　2002年3月8日
**公　开　日**　2003年9月24日
**合 议 组 组 长**　陈迎春
**主　审　员**　李　礼
**参　审　员**　张梅珍

**法 律 依 据**　专利法第22条第3条
**决 定 要 点**

若权利要求请求保护的技术方案与对比文件所公开的内容相比存在区别，但该区别属于本领域的公知常识，则该权利要求相对于该对比文件不具备创造性。

### 一、案由

本复审请求涉及申请号为03120270.5、名称为“用于显示器的照明板”的发明专利申请（下称本申请），其申请日为2003年3月7日，优先权日为2002年3月8日，申请人为株式会社西铁城电子。

国家知识产权局实质审查部门依法对本申请进行了实质审查，于2004年8月6日发出第一次审查意见通知书，指出本申请权利要求1~4不符合专利法第22条第3款的规定。

审查员所引用的对比文件如下：

对比文件1：JP11345513A日本专利申请公开说明书，公开日为1999年12月14日。

针对第一次审查意见通知书，申请人于2004年12月27日仅提交了意见陈述书，申请人认为：对比文件1的设备没有提供多个圆形棱镜，而是提供了笔直棱镜22，从而光源发出的光线并不以恒定的角度入射到这些棱镜，而使照明板上的光释放分布是不规则的，而本申请权利要求1的方案可以使整个光面板表面上的照明亮度均匀化，因此对比文件1与本申请权利要求1的技术方案有着很大的不同，具有突出的实质性特征和显著的技术进步，因而具有创造性。

经过上述审查程序后，国家知识产权局实质审查部门以申请人于申请日提交的权利要求第1~4项不具备创造性为由，于2005年2月18日作出了驳回本申请的决定。其中，驳回决定中所涉及的权利要求1~4的具体内容如下：

“1. 一种用于照明显示器的面板，其特征在于，包括

照明板，由透明塑料制作且具有两个都为矩形的表面，其中一个表面是反射表面，而另一个是释放表面；

入射表面，由斜削掉照明板的一个角形成；

边缘灯，装置在相对于入射表面处；

多个棱镜，是在照明板的反射表面上成圆形地形成的；

棱镜边线，以预定的间距与边缘灯同心排列；

每个棱镜有一顶角 $\theta$，$\theta$ 包括边缘灯一侧的第一倾角 $\theta_1$ 和第一倾角 $\theta_1$ 对面的第二倾角 $\theta_2$；其中，在第一倾角 $\theta_1$ 和第二倾角 $\theta_2$ 之间有下面的关系：

$\theta_1$（$=89.5°\sim60°$）$>\theta_2$

2. 如权利要求1所述的面板，其特征在于，还包括：相应于照明板的释放表面设置的棱镜层，该棱镜层在相应于释放表面的一个表面上有多个棱镜。

3. 如权利要求2所述的面板，其特征在于，其中棱镜具有圆形边线。

4. 如权利要求2所述的面板，其特征在于，所述棱镜是圆形双凸透镜。”

驳回决定指出：在对比文件1的基础上结合本领域的公知常识就可得到本申请权利要求1请求保护的技术方案，因此本申请权利要求1不具备创造性；进而本申请从属权利要求2~4的附加技术特征或被对比文件1公开、或属于本领域公知常识，因此从属权利要求2~4也不具备创造性，本申请权利要求1~4不符合专利法第22条第3款的有关规定。

株式会社西铁城电子（下称复审请求人）对上述驳回决定不服，于2005年6月2日向专利复审委员会提出了复审请求，并提交了权利要求书修改替换页，将原权利要求2和3的内容补入原权利要求1中，构成新的权利要求1，复审请求人认为新的权利要求1相对于对比文件1具备创造性。新的权利要求书如下：

“1. 一种用于照明显示器的面板，包括

照明板（2），由透明塑料制作且具有两个都为矩形的表面，其中一个表面是反射表面，而另一个是释放表面（2c）；

入射表面（2a），由斜削掉照明板的一个角形成；

边缘灯（1），装置在相对于入射表面处；

多个棱镜（2b），是在照明板的反射表面上成圆形地形成的；

棱镜边线，以预定的间距与边缘灯同心排列；

每个棱镜有一顶角 $\theta$，$\theta$ 包括边缘灯一侧的第一倾角 $\theta_1$ 和在第一倾角 $\theta_1$ 对面的第二倾角 $\theta_2$；

其特征在于，

在第一倾角 $\theta_1$ 和第二倾角 $\theta_1$ 之间有下面的关系：

$\theta_1$（$=89.5°\sim60°$）$>\theta_2$

还包括相应于照明板的释放表面设置的棱镜层（3），该棱镜层在相应于释放表面的一个表面上有多个棱镜（3a），其中棱镜具有圆形边线，这些圆形边线与边缘灯同心排列。

2. 如权利要求1所述的面板，其特征在于，所述棱镜是圆形双凸透镜。”

经形式审查合格，专利复审委员会受理了该复审请求，于2005年6月30日发出了复审请求受理通知书和前置审查通知书。国家知识产权局实质审查部门在前置审查意见书中坚持原驳回决定。

在此基础上，专利复审委员会依法成立合议组对本案进行审查，本案合议组于2006年9月26日向复审请求人发出了复审通知书，指出复审请求人于提交的新修改的权利要求1、2相对于对比文件1仍不具备创造性，不符合专利法第22条第3款的规定。

复审请求人针对上述复审通知书，于2006年11月9日提交了意见陈述书，但未对申请文件进行修改，复审请求人认为：对比文件1中，设置线光源来面对照明板上的一个入光面，并将照明板上的棱镜设置成与线光源平行，在该导光板的外围侧面将会产生光浪费，而本申请中照明板上的棱镜（2b）边线和棱镜层上棱镜（3）边线与边缘灯同心排列，棱镜（2b）向上反射光线，棱镜（3a）折射光线，它们协同配合，因此可以进一步提高照明光向上的亮度。

合议组经合议后认为，本案事实已经清楚，可以依法作出复审决定。

**二、决定的理由**

1. 审查的基础

本复审决定以复审请求人于2003年3月7日提交的说明书第1~4页、附图第1~5页、说明书摘要、摘要附图，于2005年6月2日提交的权利要求第1~2项为审查基础。

2. 关于专利法第22条第3款的问题

专利法第22条第3款规定：创造性，是指同申请日以前已有的技术相比，该发明有突出的实质性特点和显著的进步，该实用新型有实质性特点和进步。

（1）权利要求1不符合专利法第22条第3款的规定。

本申请权利要求1请求保护一种照明显示器的面板，对比文件1（参见说明书［0005］至［0010］、［0013］、［0015］至［0022］段、图1~3、5~7）公开了一种液晶显示器的背光照明装置，其包括：上下表面均为矩形表面的透明导光板20和光源2（相当于本权利要求中的边缘灯），光源2发出的光入射到导光板20中，经导光板20的下表面反射后由其上表面射出，在导光板20的下表面形成有多个等距平行排列的棱镜，垂直于导光板20表面的方向将每个棱镜的顶角分为顶角γ和顶角δ，顶角γ的范围在40°~60°，δ顶角的范围在80°~86°，即δ>γ，δ=80°~86°，利用这些位于导光板20下表面上、具有特定数值顶角的多个棱镜，反射出多个平行光束，这与本申请权利要求1中的多个棱镜2b所采用的技术手段以及作用均相同，即对比文件1中的导光板20相当于本申请权利要求1中的照明板，导光板20的下表面相当于本申请权利要求1中照明板的反射表面，顶角δ相当于本申请权利要求1中的第一倾角$\theta_1$，顶角γ相当于本申请权利要求1中第二倾角$\theta_2$，导光板20的上表面相当于本申请权利要求1中照明板的释放表面，对比文件1中在导光板20的上表面上还设置一光转换层10，该光转换层10的下表面上有多个截面为三角形的棱镜，与导光板20的上表面相对，其作用与本申请中的相应于照明板的释放表面设置的棱镜层相同，即对比文件1中的光转换层10相当于本申请权利要求1中的棱镜层，光转换层10下表面上的多个棱镜相当于本申请权利要求1中的棱镜层在相应于释放表面的一个表面上有的多个棱镜。

本申请权利要求1请求保护的技术方案与对比文件1所公开的技术方案相比，其区别在于：①照明板由透明塑料制作；②入射表面由斜削掉照明板的一个角形成；③照明板的反射表面上成圆形地形成的多个棱镜，棱镜边线以预定的间距与边缘灯同心地形成；④棱镜层中的棱镜具有圆形边线，这些圆形边线与边缘灯同心排列。

合议组认为，在液晶显示领域，通常采用具有透光特性的透明塑料来制作照明板，点光源或线光源均是液晶显示器中光源的常规选择，为了使用点光源而将照明板斜削掉一角形成为入射面也是本领域的常用技术手段，并且在液晶显示领域中，由于使用了点光源，为了能更有效的、更均匀的分配点光源所射出的光而相应的将多个棱镜以预定间隔、与点光源同心的、成圆形的设置，对于本领域技术人员来说也是公知常识，即上述区别技术特征①~③均属于液晶显示领域中的公知常识，并且复审请求人在实审阶段以及复审阶段中与对上述区别技术特征属于公知常识也未提出异议。

对于区别技术特征④，首先，如前面所述在显示器领域选择使用如本申请中的点光源或选择使用对比文件 1 中的线光源，都是本领域的常规选择；其次，对比文件 1 中的光源 2 是线光源，棱镜 22 平行于线光源设置，从而使光源射出的光线能以 90 度入射角入射到棱镜 22 中，即对比文件 1 中为所属领域技术人员给出了光线以恒定角度垂直入射到棱镜以提供均匀照明的技术启示，对于本申请权利要求 1 中所采用的点光源来说，在对比文件 1 所给出的上述技术启示的情况下，为了也能使由点光源发射出来的光能垂直入射到棱镜中，即从圆心到圆周任意点的半径垂直于穿过该圆周上点的切线，本领域技术人员很容易想到将棱镜设置为具有与边缘灯同心排列的圆形边线的棱镜，上述设置方法并不需要花费创造性劳动，正是由于在本申请中选择的是点光源，因而将多个棱镜以预定间隔与边缘灯（即点光源）同心排列，而对比文件 1 中由于是采用线光源，因而将导光板 20 下表面上的多个棱镜以平行于光源 2 的方式排列，上述两种棱镜的排列方式是由其所采用的光源种类所决定的，而这两种相对于不同光源选择不同棱镜排列方式属于本领域的公知常识，即区别技术特征④也属于本领域的公知常识。由此可见，上述区别技术特征均属于本领域的公知常识。

此外，本申请中实现其均匀照明发明目的的关键点并不在于采用何种光源，而是位于照明板上多个棱镜特定的顶角数值，而这些均已被对比文件 1 公开，在对比文件 1 也是利用导光板下面所设置多个棱镜的特定角度，使其能射出平行光。同时，对比文件 1 中还公开了位于导光板 20 上面的光转换层 10，而它的作用与本申请权利要求 1 中的对应于照明板的释放表面所设置的棱镜层相同，同样使将光线折射出照射到液晶板上，它们之间结构上的区别也是由于采用不同光源所造成的，而这种由于采用光源的不同选择而相应选择不同的棱镜排列方式是本领域的公知常识，并且在本申请背景技术以及附图 10、11 中也提及了这种属于现有技术的将棱镜边线设置成与边缘灯同心排列的设置方式。

复审请求人在答复复审通知书时强调本申请采用点光源相对于对比文件 1 中线光源能够进一步提高照明光向上的亮度，对此合议组认为：向上光亮度的提高并不是由于光源的选择，而是照明板反射表面棱镜角度的设置所带来的效果，而对比文件 1 已经公开了此种结构，并且也具有该效果，因此复审请求人的上述理由并不能证明本申请权利要求 1 相对于对比文件 1 具备创造性。

综上所述，在对比文件 1 的基础上结合上述公知常识就可得到本权利要求请求 1 保护的技术方案，而且上述结合并没有产生任何意想不到的技术效果，对于本领域普通技术人员来说是显而易见的，因此，权利要求 1 请求保护的技术方案不具备突出的实质性特点和显著的进步，因而不符合专利法第 22 条第 3 款规定的创造性。

（2）权利要求 2 不符合专利法第 22 条第 3 款的规定。

权利要求 2 的附加技术特征是：所述棱镜是圆形双凸透镜。

在液晶显示领域中，背光装置中的棱镜主要作用是将平行光束转换成发散的，其棱镜的形状通常采用三角形、圆形或弧形，由此可知，本权利要求中的附加技术特征属于本领域的公知常识，由于其所引用的权利要求 1 不具备创造性，对其进行进一步限定的从属权利要求 2 请求保护的技术方案也不具备突出的实质性特点和显著的进步，因而，权利要求 2 也不符合专利法第 22 条第 3 款有关创造性的规定。

综上所述，合议组认为复审请求人于 2005 年 6 月 2 日提交的权利要求第 1~2 项仍不具备创造性，仍不符合专利法第22条第3款的有关规定。根据上述事实和理由，本案合议组做出以下审查决定。

**三、决定**

复审请求的理由不成立，维持国家知识产权局于2005年2月18日对03120270.5号发明专利申请作出的驳回决定。

复审请求人对本决定不服的，可以根据专利法第41条第2款的规定，自收到本决定之日起三个月内向北京市第一中级人民法院起诉。

053

# 重量检查装置

## 复审请求审查决定（第10614号）

**决　定　号**　第10614号
**决　定　日**　2007年5月21日
**发明创造名称**　重量检查装置
**国际分类号**　G01G 11/00
**复审请求人**　株式会社石田
**申　请　号**　01137165.X
**优先权日**　2000年8月1日
**申　请　日**　2001年8月1日
**公　开　日**　2002年3月20日
**合议组组长**　张梅珍
**主　审　员**　刘亚斌
**参　审　员**　王琦琳

**法律依据**　专利法第22条第3款
**决定要点**

如果一项权利要求与对比文件相比存在区别特征，且现有技术中不存在将该区别特征应用到该权利要求的技术方案中以解决其技术问题的启示，同时该区别特征带来了有益效果，则该项权利要求具备创造性。

### 一、案由

本复审请求涉及申请号为01137165.X、名称为“重量检查装置”的发明专利申请，申请人为株式会社石田。本申请的申请日为2001年8月1日，优先权日为2000年8月1日，公开日为2002年3月20日。

应申请人的请求，国家知识产权局实质审查部门对本申请进行了实质审查，于2005年11月4日以权利要求1~5不具备专利法第22条第3款规定的创造性为由驳回了本申请，其中引用了如下3篇对比文件：

1. 公开号为CN 1259661A的发明专利公开说明书，公开日为2000年7月12日（下称对比文件1）；

2. 授权公告号为CN 2350742Y的实用新型专利说明书，授权公告日为1999年11月24日（下称对比文件2）；

3. 公告号为 CN 2042671U 的实用新型专利申请说明书，公告日为 1989 年 8 月 16 日（下称对比文件 3）。

驳回决定所依据的文本为申请人于 2005 年 7 月 8 日提交的权利要求第 1~5 项，于申请日提交的说明书第 1~10 页、附图第 1~9 页、说明书摘要以及摘要附图。驳回决定所针对的权利要求书如下：

“1. 一种重量检查装置，包括：

装载物品并对其传送的计量运送机；

重量检测机构，检测上述计量运送机的重量；

重量计算机构，根据由上述重量检测机构检测的重量值，计算物品的重量，其特征在于，包括：

送入传感器，检测对上述计量运送机的物品的送入；

重量变化监视机构，监视通过上述重量检测机构检测的重量值的变化；

控制部，根据来自送入传感器的检测信号，对上述重量变化监视机构的计量运送机重量变化监视处理与上述重量计算机构的物品重量计算处理进行切换。

2. 根据权利要求 1 所述的重量检查装置，其特征在于，还包括进行画面显示，或警报发令的警报机构；

上述控制部在上述计量运送机重量变化监视处理中，上述计量运送机的重量值呈现超过规定范围的变化时，通过上述警报机构，通知异常。

3. 根据权利要求 1 或 2 所述的重量检查装置，其特征在于，上述控制部在上述计量运送机重量变化监视处理中，上述计量运送机的重量值呈现超过规定范围的变化时，使上述计量运送机停止。

4. 根据权利要求 1~3 中的任何一项所述的重量检查装置，其特征在于，该装置还包括分配机构，该分配机构根据通过上述重量计算机构计算的物品的重量，对从上述计量运送机卸载的物品进行分配；

上述控制部在上述计量运送机重量变化监视处理中，上述计量运送机的重量值呈现超过规定范围的变化时，将异常时的规定的指令发送给上述分配机构。

5. 根据权利要求 1~4 中的任何一项所述的重量检查装置，其特征在于，上述控制部至少在通过上述送入传感器检测到将物品送入上述计量运送机之后，到从上述计量运送机卸载之前的期间，将上述计量运送机重量变化监视处理切换到上述物品重量运算处理。”

驳回决定中指出，对比文件 1 中公开了一种用动态秤确定重量的方法和设备，其中公开了输送装置、重量检测机构、重量变化监视机构以及计算物品重量的装置，权利要求 1 所请求保护的技术方案与对比文件 1 公开的内容相比，其区别特征在于控制部对重量变化监视处理与物品重量计算处理进行切换，但是该区别特征被对比文件 2 所披露，因此权利要求 1 相对于对比文件 1 和 2 的结合不具备创造性；从属权利要求 2、3、5 的附加特征也均被对比文件 1 所公开，因此权利要求 2、3、5 相对于对比文件 1 和 2 的结合不具备创造性；从属权利要求 4 的附加特征被对比文件 3 公开，因此权利要求 4 相对于对比文件 1、2、3 的结合不具备创造性。

申请人（下称复审请求人）对上述驳回决定不服，于 2006 年 2 月 20 日向专利复审委员会提出了复审请求，未对申请文本进行修改。复审请求人认为：权利要求 1 相对于对比文件 1 的区别特征“对重量变化监视处理和物品重量计算处理进行切换”在对比文件 2 中并未公开，对比文件 2 中并未记载监视重量变化的功能，也没有记载对重量变化监视处理和物品重量计算处理进行切换，并且对比文件 1 和 2 均未记载本发明的“可将基于正规的物品以外的原因的计量运送机的重量值变化作为错误检测，抑制不正常检测的物品排向下游的不利情况”这一发明效果，因此复审请求人认为权利要求 1~5 符合专利法第 22 条第 3 款有关创造性的规定。

经形式审查合格，专利复审委员会依法受理了该复审请求，于2006年4月25日向复审请求人发出复审请求受理通知书，并将本案转送至原审查部门进行前置审查。

原审查部门在前置审查意见书中坚持原驳回决定。

专利复审委员会依法成立合议组对本案进行审理。

合议组经合议认为本案事实已经清楚，可以作出审查决定。

**二、决定的理由**

1. 审查基础

由于复审请求人在提出复审请求时未对申请文本作修改，因此本复审决定针对的是原驳回决定所依据的文本，即复审请求人于2005年7月8日提交的权利要求第1~5项，于申请日提交的说明书第1~10页、附图第1~9页、说明书摘要以及摘要附图。

2. 关于创造性

专利法第22条第3款规定：创造性，是指同申请日以前已有的技术相比，该发明有突出的实质性特点和显著的进步，该实用新型有实质性特点和进步。

如果一项权利要求与对比文件相比存在区别特征，且现有技术中不存在将该区别特征应用到该权利要求的技术方案中以解决其技术问题的启示，同时该区别特征带来了有益效果，则该项权利要求具备创造性。

（1）关于权利要求1的创造性问题。

权利要求1请求保护一种重量检查装置，对比文件1公开了一种动态秤称重装置，其中（参见说明书第4页第5行至第11页第7行，图2、3、6）披露了该装置包括具有输送皮带的输送装置（相当于权利要求1所述计量运送机），用于根据信件的位置或输送时间而检测信件以得到多个重量值的秤架（相当于权利要求1所述重量检测机构），用于根据秤架输出的多个重量数据计算信件重量的微处理器（相当于权利要求1所述重量计算机构），用于检测是否有信件进入的上游传感器（相当于权利要求1所述送入传感器），以及控制器，用于根据上游传感器的检测信号开始测量时程和根据下游传感器的检测信号而停止测量时程。

权利要求1所请求保护的技术方案与对比文件1公开的内容相比，其区别在于：权利要求1中还包括重量变化监视机构，用于监视通过重量检测机构检测的重量值的变化，并且所述控制部根据送入传感器的检测信号，对重量变化监视机构的计量运送机重量变化监视处理与重量计算机构的物品重量计算处理进行切换；而对比文件1中记载的仅是利用秤架对信件进行多个重量值的测量以提高其准确性，其中没有披露重量变化监视机构，也没有披露控制器根据传感器检测信号对重量变化监视处理与重量计算机构的物品重量计算处理进行切换的内容。

根据上述确定的区别特征，权利要求1的技术方案实际所要解决的技术问题是：在对正常检测的物品进行重量测量过程之外的期间，监视计量运送机的重量是否发生异常变化，从而可以实现抑制未正常检测的物品排向下游的不利情况。

对比文件2中公开了一种动态秤，其中（参见说明书第2页倒数第2行至第4页倒数第3行）披露了包括用于输送物品的平面输送机（相当于权利要求1所述计量运送机），压力传感器（相当于权利要求1所述重量检测机构），动态称重系统（相当于权利要求1所述重量计算机构），光电开关（相当于权利要求1所述送入传感器），自动控制部分，包括动力控制和系统控制两部分，分别用于控制该动态秤的传输操作和称重计算操作。但是，对比文件2中没有公开重量变化监视机构，并且也没有公开对于重量变化监视处理与重量计算机构的物品重量计算处理进行切换。

对比文件3公开了一种饲料称重配料装置，其中（参见权利要求1，说明书第5页倒数第10行至第6页最后一行）披露了该装置包括喂料输送搅笼（相当于权利要求1所述计量运送机），用于称量饲料重量的秤斗（相当于权利要求1所述重量检测机构和重量计算机构），秤斗内装有传感器，该装置还包括用于控制整个饲料称重配制过程的计算机控制系统，以及卸料器。但是，对比文件3中没有公开重量变化监视机构，并且也没有公开对于重量变化监视处理与重量计算机构的物品重量计算处理进行切换。

由上可知，对比文件1~2中没有给出关于上述区别特征的任何教导和启示，也没有证据表明上述区别特征是本领域的公知常识，而上述区别特征使得权利要求1的技术方案具有了能够抑制未正常检测的物品排向下游的不利情况的技术效果，因此权利要求1相对于对比文件1和2的结合具备专利法第22条第3款规定的创造性。此外，对比文件3中也没有给出关于上述区别特征的任何教导和启示，因此，即使考虑对比文件3公开的内容，权利要求1相对于对比文件1~3仍具备专利法第22条第3款规定的创造性。

驳回决定中指出：对比文件2中的控制部可以监视重量的变化也可以计算物品的重量，其实质上与本申请中所述的切换结构相同，并且该特征在对比文件2中所起作用与本申请中相同，因而本申请的权利要求1不具有突出的实质性特点和显著的进步。对此，合议组认为，对比文件2中的控制部包括动力控制和系统控制两部分，分别是用于控制该动态秤的传输操作和称重计算操作，其不具有监视物品重量变化的功能，也不能实现对于重量变化监视处理与重量计算机构的物品重量计算处理进行切换，因此，对比文件2中并没有公开上述区别特征。

（2）关于权利要求2~5的创造性。

权利要求2~5是权利要求1的从属权利要求，在权利要求1具备创造性的情况下，权利要求2~5也具备专利法第22条第3款规定的创造性。

基于上述理由，合议组作出如下决定。

**三、决定**

撤销国家知识产权局于2005年11月4日对本申请作出的驳回决定。由国家知识产权局原审查部门以本复审决定所依据的文本继续进行审查。

如对本复审请求审查决定不服，根据专利法第41条第2款的规定，复审请求人可以自收到本决定之日起三个月内向北京市第一中级人民法院起诉。

054

# 超声波骨骼治疗装置

## 复审请求审查决定（第10615号）

**决　定　号**　第10615号
**决　定　日**　2007年5月16日
**发明创造名称**　超声波骨骼治疗装置
**国际分类号**　A61B 17/22
**复审请求人**　艾克索根公司
**申　请　号**　95197641.9
**申　请　日**　1995年3月2日
**优先权日**　1995年2月15日
**公　开　日**　1998年3月4日
**合议组组长**　徐洁玲
**主　审　员**　瞿晓峰
**参　审　员**　高　雪

**法律依据**　专利法实施细则第20条第1款
**决定要点**
复审请求人的主动修改克服了驳回决定所指出的缺陷，因此其修改文本应予接受，并应在该文本的基础上撤销驳回决定。

### 一、案由

本复审请求涉及名称为“超声波骨骼治疗装置”的95197641.9号发明专利申请（下称本申请），申请人为艾克索根公司，申请日为1995年3月2日，公开日为1998年3月4日。

国家知识产权局专利局审查部门依法对本申请进行了实质审查，于2003年2月14日发出第一次审查意见通知书，指出：权利要求1~8和权利要求12不清楚，不符合专利法实施细则第20条第1款的规定；权利要求17和18属于专利法第25条第1款第（3）项所述的疾病的治疗方法的范围，不能被授予专利权。第一次审查意见通知书还指出，即使申请人通过修改克服了权利要求1~8存在的不清楚的缺陷，权利要求1和权利要求3~8相对于对比文件1不具备新颖性，权利要求2相对于对比文件1和本领域公知常识不具备创造性。该通知书中引用的对比文件如下：

对比文件1：US5186162A，公开日为1993年2月16日。

针对第一次审查意见通知书，申请人于2003年9月1日提交了权利要求书和说明书的修改替换页，用修改后的权利要求1~9替换原权利要求1~18。申请人认为修改后的权利要求1~9克服了第一次审查意见通知书中指出的缺陷，申请人还着重论述了修改后的权利要求1~9具备新颖性、创造性的理由。

国家知识产权局于2004年4月23日给申请人发出第二次审查意见通知书，指出：

（1）权利要求1中的技术特征“所述信号发生器电路包含在所述超声传感器治疗头组件中”与说明书实施例所描述的不一致，因此该权利要求1没有以说明书为依据，不符合专利法第26条第4款的规定。其从属权利要求2~9也不符合专利法第26条第4款的规定。

（2）权利要求1中存在组成用于超声波治疗损伤的装置的各个部件之间的位置关系描述不清楚的缺陷，不符合专利法实施细则第20条第1款的规定。其从属权利要求2~9也不符合专利法实施细则第20条第1款的规定。

（3）说明书存在不清楚之处，不符合专利法第26条第3款的规定。

针对第二次审查意见通知书，申请人于2004年9月2日提交了权利要求书和说明书的修改替换页，并陈述了意见。申请人认为修改后的权利要求1~9克服了第二次审查意见通知书中指出的缺陷，申请人还论述了修改后的权利要求1~9具备新颖性、创造性的理由。

2004年12月10日，国家知识产权局以本申请权利要求1~9不符合专利法实施细则第20条第1款的规定为由驳回了本申请。

驳回所针对的独立权利要求1如下：

“1. 一种用于超声波治疗损伤的装置，它包括：

一个主操作单元（12），其形状做成便于病人携带并具有：

一个内部电源，

一个信号发生器电路（38），它包括一个处理器（44），用于产生脉冲信号的装置（67），和一个与所述处理器连接用于调节所述脉冲信号的开关，

一个显示器（30），它与所述信号发生器电路（38）相连，用于显示治疗顺序数据，和

一个与所述信号发生器电路连接的键盘（31），从而可以进行控制和让使用者输入数据；和

一个超声传感器治疗头组件（14），超声波信号发生器包含在所述超声传感器治疗头组件中。”

驳回决定指出，独立权利要求1中记载有“一个信号发生器电路（38），它包括一个处理器（44），用于产生脉冲信号的装置（67），和一个与所述处理器连接用于调节所述脉冲信号的开关”，以及“超声波信号发生器包含在所述超声传感器治疗头组件中”。但是，这些内容与说明书的记载不符，从而导致独立权利要求1未清楚表述请求保护的范围，不符合专利法实施细则第20条第1款的规定。具体表现为：第一，在说明书中附图标记67所表示的不是产生脉冲信号的装置，而是包含在传感器治疗头组件电路中的传感器驱动装置；第二，说明书中指出信号发生器电路（38）所包括的是“时钟”、“用于允许和禁止调制信号通至电缆（16）的开关（60）”，而不是“用于产生脉冲信号的装置（67），和一个与所述处理器连接用于调节所述脉冲信号的开关”；第三，从说明书中表示超声传感器组件电路两个实施例的附图6及附图6A以及说明书中对应的文字可以推断出“信号发生器”指的应当就是包含在主操作单元中的信号发生器电路，而不是如独立权利要求1中所记载的“超声波信号发生器包含在所述超声传感器治疗头组件中”。由于独立权利要求1不符合专利法实施细则第20条第1款的规定，其从属权利要求2~9也不符合专利法实施细则第20条第1款的规定。

申请人艾克索根公司（下称复审请求人）对该驳回决定不服，于2005年3月25日向专利复审委员会提出了复审请求，在提出复审请求时复审请求人并未提交修改文本。

经形式审查合格后，专利复审委员会受理了该复审请求，并于2005年5月18日向复审请求人发出复审请求受理通知书，同时向原审查部门发出前置审查通知书。

在前置审查意见通知书中，原审查部门坚持原驳回决定。

复审请求人于2007年2月15日主动向复审委员会提交了意见陈述，并同时提交了权利要求书的替换页，其中对驳回文本中的独立权利要求1进行了修改，修改后的独立权利要求1如下：

“1. 一种用于超声波治疗损伤的装置，它包括：

一个主操作单元（12），其形状做成便于病人携带并具有：

一个内部电源，

一个产生和控制传输给超声传感器治疗头组件脉冲的信号发生器电路（38），它包括一个处理器（44），和一个与所述处理器连接用于允许和禁止信号通至电缆（16）的开关，

一个显示器（30），它与所述信号发生器电路（38）相连，用于显示治疗顺序数据，和

一个与所述信号发生器电路连接的键盘（31），从而可以进行控制和让使用者输入数据；和

一个超声传感器治疗头组件（14），所述超声传感器治疗头组件中包含有传感器（68）及对传感器（68）进行激励的传感器驱动装置（67）。”

基于上述复审请求，专利复审委员会依法成立合议组对本复审请求进行了审查，合议组认为本案事实清楚，可以依法作出复审决定。

**二、决定的理由**

1. 审查文本

2007年2月15日，复审请求人提交了权利要求书的修改替换页，经审查，合议组认为其修改克服了驳回决定指出的缺陷（具体理由见下述意见），因此该修改文本应予接受。故本复审决定以复审请求人于2007年2月15日提交的权利要求第1~9项，于2004年9月2日提交的说明书第1~9页，于1997年8月15日提交的附图第1~11页、说明书摘要以及摘要附图为审查文本。

2. 关于权利要求1~9是否符合专利法实施细则第20条第1款的规定

专利法实施细则第20条第1款规定：权利要求书应当说明发明或者实用新型的技术特征，清楚、简要地表述请求保护的范围。

在权利要求书的修改文本中，复审请求人修改了驳回决定指出的原独立权利要求1中导致权利要求不清楚的内容，克服了驳回决定指出的由于独立权利要求1请求保护的技术方案与说明书记载不符从而导致独立权利要求1未清楚表述请求保护的范围的缺陷，同时也克服了从属权利要求2~9不符合专利法实施细则第20条第1款的缺陷。具体如下：

第一，复审请求人将原独立权利要求1中“一个信号发生器电路（38），它包括一个处理器（44），用于产生脉冲信号的装置（67），和一个与所述处理器连接用于调节所述脉冲信号的开关”修改为“一个产生和控制传输给超声传感器治疗头组件脉冲的信号发生器电路（38），它包括一个处理器（44），和一个与所述处理器连接用于允许和禁止信号通至电缆（16）的开关”。修改后的文本删除了“用于产生脉冲信号的装置（67）”这一内容，从而“信号发生器电路（38）”包含的部件得到了明确，即“一个处理器（44）和一个与所述处理器连接用于允许和禁止信号通至电缆（16）的开关”，而不是“用于产生脉冲信号的装置（67），和一个与所述处理器连接用于调节所述脉冲信号的开关”，从而克服了驳回理由中指出的第二个问题，即信号发生器电路（38）包含部件错误的问题，同时也克服了驳回决定指出的第一个问题，即附图标记67指代错误的问题。

第二，复审请求人将原独立权利要求1中“一个超声传感器治疗头组件（14），超声波信号发生器包含在所述超声传感器治疗头组件中”修改为“一个超声传感器治疗头组件（14），所述超声传感器治疗头组件中包含有传感器（68）及对传感器（68）进行激励的传感器驱动装置（67）”。其中“超声波信号发生器包含在所述超声传感器治疗头组件中”这一技术特征是驳回决定所指出的与说明书不符的内容，复审请求人通过改变治疗头组件（14）所包含部件，从而克服了驳回理由中指出的

第三个问题，即超声波发生器与治疗头组件（14）关联关系错误的问题。

综上所述，修改后的独立权利要求 1 已经克服了驳回决定所指出的缺陷，因而，从属权利要求 2~9也不再存在驳回决定所指出的缺陷。复审请求人的主张能够成立。

**三、决定**

撤销国家知识产权局于 2004 年 12 月 10 日对 95197641.9 号发明专利申请作出的驳回决定。由原审查部门以复审请求人于 2007 年 2 月 15 日提交的权利要求第 1~9 项，于 2004 年 9 月 2 日提交的说明书第 1~9 页，于 1997 年 8 月 15 日提交的附图第 1~11 页、说明书摘要以及摘要附图为审查文本作为审查基础继续进行审查程序。

复审请求人对本决定不服的，可以根据专利法第 41 条第 2 款的规定，自收到本决定之日起三个月内向北京市第一中级人民法院起诉。

055

# 反射型液晶显示装置及其制造方法

## 复审请求审查决定（第10617号）

**决　定　号**　第10617号
**决　定　日**　2007年5月1日
**发明创造名称**　反射型液晶显示装置及其制造方法
**国际分类号**　G02F 1/1335
**复审请求人**　阿尔卑斯电气株式会社
**申　请　号**　00100646.0
**申　请　日**　2000年1月25日
**优先权日**　1999年1月26日
**公　开　日**　2000年8月9日
**合议组组长**　王桂莲
**主　审　员**　李　礼
**参　审　员**　刘　畅

**法律依据**　专利法第22条第3款
**决定要点**

复审请求人对权利要求的修改未超出原说明书和权利要求书记载的范围，其中增加的技术特征在对比文件中并未公开，并且该特征也不属于本领域的公知常识，并与现有技术相比能够产生有益的技术效果，因此修改后的权利要求相对于该对比文件具备创造性。

**一、案由**

本复审请求涉及申请号为00100646.0、名称为“反射型液晶显示装置及其制造方法”的发明专利申请（下称本申请），其申请日为2000年1月25日，优先权日为1999年1月26日，申请人为阿尔卑斯电气株式会社，其公开时的权利要求共有7项。

国家知识产权局专利局实质审查部门依申请人的请求对本申请进行了实质审查，于2002年8月9日发出第一次审查意见通知书，指出权利要求第1、4、5项不符合专利法第22条第3款的规定。审查员所引用的对比文件是：

对比文件1：公开号为EP0867747A2的欧洲专利申请公开说明书，公开日为1998年9月30日。

针对第一次审查意见通知书，申请人于2002年12月3日提交了意见陈述书，并提交了权利要求书修改替换页，新提交的权利要求书共有7项权利要求。

经过上述审查程序后，国家知识产权局实质审查部门以申请人于2002年12月3日提交的权利要求第1、4、5项不符合专利法第22条第3款的规定为由，于2004年4月9日作出了驳回本申请的决定。

阿尔卑斯电气株式会社（下称复审请求人）对上述驳回决定不服，于2004年6月29日向专利复审委员会提出了复审请求，并提交了权利要求书修改替换页，复审请求人认为在本申请的权利要求1中，有机膜和金属反射膜至少形成在基板的整个显示区域，驱动元件形成在没有形成液晶层的基板上，而且，在驱动元件安装区域去除了有机膜和金属反射膜，上述结构特征与对比文件1所公开的液晶显示装置完全不同，而且，本申请的这种结构可以防止驱动元件的端子陷入第一电极层而导致不可靠的电连接，还可防止有机膜与基板的剥离，这些效果也是对比文件1所不具备的，因而，本申请的权利要求1与对比文件1相比较，具有突出的实质性特点和显著的进步，具备专利法第22条第3款规定的创造性。

经形式审查合格，专利复审委员会受理了该复审请求，于2004年7月12日发出复审请求受理通知书，并于同日向原审查部门发出了前置审查通知书。

专利局原审查部门在前置审查意见书中，认为新的权利要求1相对于对比文件1仍不具备创造性，坚持原驳回决定。

经审查，本案合议组于2006年9月13日向复审请求人发出了复审通知书，提出如下复审意见：复审请求人于2004年6月29日提出复审请求时一并提交的权利要求第1、5项相对于对比文件1不具备创造性，不符合专利法第22条第3款的规定。具体理由是：本申请权利要求1请求保护的技术方案与对比文件1公开的内容相比，其区别在于：本申请的权利要求1是在形成密封材的外周的驱动元件安装区域，去除了有机膜和金属反射膜；而对比文件1公开的是在密封材下面的驱动元件区域去除了有机膜和金属反射膜，即本申请权利要求1去除有机膜和金属反射膜的位置与对比文件1中的位置不同，复审请求人在复审请求中也认为这一点是本申请与对比文件1的区别，但对比文件1中给出了去除驱动元件下方区域有机膜和金属反射膜的技术启示，在对比文件1的基础上结合其所给出的技术启示就可得到本申请权利要求1请求保护的技术方案，因此，权利要求1请求保护的技术方案不具备突出的实质性特点和显著的进步，不符合专利法第22条第3款有关创造性的规定。同理，本领域技术人员在对比文件1公开的内容的基础上，结合制造液晶装置的常规方法，就可得出权利要求5所请求保护的技术方案，这对于本领域技术人员来说是显而易见的，并未产生任何意想不到的技术效果，因此，权利要求5请求保护的技术方案不具备突出的实质性特点和显著的进步，不符合专利法第22条第3款有关创造性的规定。

复审请求人针对上述复审通知书，于2006年10月13日提交了意见陈述书，以及权利要求书的修改本文，修改后的权利要求共2项，并陈述了修改后的权利要求书符合专利法第22条第3款有关规定的理由。复审请求人于2006年12月12日又提交了意见陈述书及权利要求书的修改替换页，对权利要求1又进行了修改，删除了其于2006年10月13日所提交的权利要求1中的“上述驱动用元件安装区域的上述外层涂敷膜的厚度小于上述显示区域的上述外层涂敷膜的厚度”这一特征，修改后的权利要求书如下：

“1. 一种反射型液晶显示装置，其特征在于，

显示区域是在由一对基板和夹持在该一对基板间的密封材包围的空间内，封入液晶层；

上述一对基板之中，在一方基板的与另一方基板相向的面上，依次形成带多个凹凸的有机膜、金属反射膜、外层涂敷膜和电极层；

在上述密封材的外周安装驱动用元件的驱动用元件安装区域，去除了上述有机膜和金属反射膜，在上述一方基板上，顺序设置上述外层涂敷膜、上述电极层、上述驱动用元件，上述驱动用元件通过具有导电性填充物的各向异性导电膜与上述电极层连接，上述外层涂敷膜覆盖上述有机膜和上述金属

反射膜的端面，并且上述外层涂敷膜的厚度在上述导电填充物的粒径以下。

2. 如权利要求1所述的反射型液晶显示装置，其特征在于，上述驱动用元件安装区域的上述外层涂敷膜的厚度为上述导电性填充物粒径的2/3以下。”

至此，合议组经合议认为本案事实已经清楚，现依法作出本复审请求审查决定。

**二、决定的理由**

1. 审查的基础

复审请求人于2006年12月12日提交的权利要求第1~2项请求保护的技术方案均记载在原说明书和权利要求书中，符合专利法第33条以及专利法实施细则第60条的有关规定，因此本复审决定以复审请求人于2006年12月12日提交的权利要求第1~2项，以及于申请日（2000年1月25日）提交的说明书第1~14页、附图第1~14页、摘要以及摘要附图作为审查基础。

2. 关于专利法第22条第3款的问题

专利法第22条第3款规定：创造性是指同申请日以前已有的技术相比，该发明有突出的实质性特点和显著的进步，该实用新型有实质性特点和进步。

审查指南第二部分第四章第2.2节进一步规定，发明有突出的实质性特点，是指对所属技术领域的技术人员来说，发明相对于现有技术是非显而易见的。第二部分第四章第2.3节进一步规定，发明有显著的进步，是指发明与现有技术相比能够产生有益的技术效果。例如，发明克服了现有技术中存在的缺点和不足，或者为解决某一技术问题提供了一种不同构思的技术方案，或者代表某种新的技术发展趋势。第二部分第四章第3.1中规定，在评价发明是否具备创造性时，审查员不仅要考虑发明的技术方案本身，而且还要考虑发明所属技术领域、所解决的技术问题和所产生的技术效果，将发明作为一个整体看待。

对比文件1公开了一种反射型显示装置，具体公开了以下技术特征：具有一对基板1、2，在两基板之间夹有液晶材料；在基板2的表面上，形成带有凹凸的树脂层15、金属膜16、平滑层12；电极11形成在树脂层15下面（参见对比文件1说明书第7栏第16行至第9栏第31行，附图1），其中对比文件1中的树脂层相当于权利要求1中的有机膜，金属膜相当于权利要求1中的金属反射膜，平滑层相当于权利要求1中的外层涂敷膜；从对比文件1的附图4中所示的另一实施例中可看到，电极111形成在平滑层114上面的情形，在驱动用元件安装区域中，没有上述树脂层和金属膜（参见对比文件1说明书第10栏第56行至第11栏第37行，附图4）。

本申请权利要求1请求保护一种反射型液晶显示装置，与对比文件1公开的内容相比，其区别在于：（1）本申请权利要求1是在形成密封材的外周的驱动元件安装区域，去除了有机膜和金属反射膜，而对比文件1公开的是在密封材下面的驱动元件区域去除了有机膜和金属反射膜，即本申请权利要求1去除有机膜和金属反射膜的位置与对比文件1中的位置不同；（2）本申请权利要求1中还包括外层涂敷膜的厚度在导电填充物的粒径以下这一技术特征，而对比文件1中没有公开该特征。

针对于第（1）点区别，对比文件1中给出了去除位于驱动用元件下方的有机膜和金属反射膜的技术方案，虽然其位置与本申请中并不相同，但是在反射型液晶显示装置中，设置有机膜和金属反射膜的目的是为了对入射到该显示装置内的光进行反射，对于驱动用元件来说上述两个薄膜并没有具体作用，在对比文件1中也给出了这样的技术启示，进一步验证上述这两个薄膜对于驱动用元件来说并无实际作用，这里所说的驱动用元件既包括位于显示区域中的，即对比文件1中所指的像素驱动元件，也包括本申请中所指的驱动用元件安装区域中的，即外围驱动电路中的驱动元件，即在反射型液晶显示装置的外围驱动电路和像素驱动电路中的驱动元件都不需要有机膜和金属反射膜，而本申请中所提到的由于上述有机膜和金属反射膜存在于驱动用元件安装区域中所导致出现的第一电极层产生裂缝、断线和有机膜容易剥落的问题，是存在于现有技术中的，也是本领域技术人员已认识到存在的问题，对于本领域技术人员来说，按照对比文件1的启示，去除带来上述问题的、且对驱动用元件并无实际作用的有机膜和金属反射膜从而能有效解决现有技术中的上述技术问题是显而易见的，是无需任何创造性劳动很容易想到的。

针对于第（2）点区别，对比文件1中并未公开该技术特征，并且上述技术特征也不属于本领域的公知常识，在对比文件1所公开内容的基础上，本领域技术人员不能得到外层涂敷膜的厚度在导电填充物的粒径以下这一技术启示。并且上述外层涂敷膜的厚度小于导电填充物的粒径会降低第一电极层产生裂缝的几率，而这使得第一电极层不容易产生断线，从而能切实地使驱动用元件与第一电极层导通，即上述区别与现有技术相比能够产生有益的技术效果。

综上所述，由于对比文件1中并未公开“外层涂敷膜的厚度在导电填充物的粒径以下”这一技术特征，并且该对比文件也未给出关于上述技术特征的技术启示，且上述技术特征能够产生有益的技术效果。因此，本申请权利要求1相对于对比文件1具备突出的实质性特点和显著的进步，因而具备专利法第22条第3款所规定的创造性。在权利要求1具备创造性的情况下，作为其从属权利要求的权利要求2相对于对比文件1也具备创造性。

因此，合议组认为复审请求人于2006年12月12日提交的权利要求第1~2项符合专利法第22条第3款的有关规定，已克服了原实质审查部门在驳回决定中所指出的缺陷。

至于本申请是否存在其他缺陷，则有待原审查部门进一步审查。

**三、决定**

复审请求理由成立，撤销国家知识产权局于2004年4月9日对00100646.0号发明专利申请作出的驳回决定。

以复审请求人于2006年12月12日提交的权利要求第1~2项，以及于申请日（2000年1月25日）提交的说明书第1~14页、附图第1~14页、摘要以及摘要附图作为审查基础继续进行审批程序。

复审请求人对本决定不服的，可以根据专利法第41条第2款的规定，自收到本决定之日起三个月内向北京市第一中级人民法院起诉。

056

# 闪烁器面板和放射线图像传感器

## 复审请求审查决定（第10618号）

**决 定 号** 第10618号
**决 定 日** 2007年5月9日
**发明创造名称** 闪烁器面板和放射线图像传感器
**国际分类号** G01T 1/20
**复审请求人** 浜松光子学株式会社
**申 请 号** 00806329. X
**申 请 日** 2000年4月13日
**优 先 权 日** 1999年4月16日
**公 开 日** 2002年5月1日
**合议组组长** 杨军艳
**主 审 员** 张惠军
**参 审 员** 谢有成

**法 律 依 据** 专利法第22条第3款
**决 定 要 点**

一项权利要求相对于一篇对比文件虽然存在区别技术特征，但如果本领域普通技术人员在该对比文件的基础上无需花费创造性劳动即可对该对比文件的技术内容进行改变，从而得到该权利要求的技术方案，则该权利要求相对于该对比文件不具备创造性。

### 一、案由

本复审请求涉及申请号为00806329. X，名称为“闪烁器面板和放射线图像传感器”的发明专利申请（下称本申请），其申请人为浜松光子学株式会社，申请日为2000年4月13日，优先权日为1999年4月16日，公开日为2002年5月1日。本申请原始权利要求共有14项。在本申请于2001年10月16日进入国家阶段时，申请人修改了权利要求书，修改后的权利要求书共包括15项权利要求，其中权利要求1、2和15为独立权利要求。

国家知识产权局实质审查部门依法对本申请进行了实质审查，于2003年8月1日发出第一次审查意见通知书，其中指出本申请权利要求1~4、6、9、12~15的技术方案相对于对比文件1不具备新颖性，不符合专利法第22条第2款的规定，权利要求5、7、8、10、11的技术方案相对于对比文件1不具备创造性，不符合专利法第22条第3款的规定。同时还指出，权利要求1~15相对于对比文件2和3不具备专利法第22条第3款规定的创造性。所引用的对比文件如下：

对比文件1：EP0903590A1号专利文献，其公开日为1999年3月24日；

对比文件2：JP平1-240887A号公开特许公报，其公开日为1989年9月26日；

对比文件3：JP平1-269083A号公开特许公报，其公开日为1989年10月26日。

针对第一次审查意见通知书，申请人于2003年12月16日提交了意见陈述书以及权利要求书的修改替换页，修改后的权利要求书共包括15项权利要求，其中权利要求1和15为独立权利要求。

经过上述程序，国家知识产权局于2004年2月20日以本申请权利要求1~4、6、9、12~15相对于对比文件1不符合专利法第22条第2款有关新颖性的规定；权利要求5、7、8、10、11相对于对比文件1不符合专利法第22条第3款有关创造性的规定为由作出驳回本申请的决定。

申请人浜松光子学株式会社（下称复审请求人）对上述驳回决定不服，于2004年6月7日向专利复审委员会提出了复审请求，并提交了权利要求书的修改替换页。修改后的权利要求书共包括17项权利要求，其中权利要求1和16为独立权利要求，权利要求3和17为本次修改新增加的从属权利要求。

经形式审查合格后，专利复审委员会受理了该复审请求，并于2004年6月28日向复审请求人发出复审请求受理通知书，并于同日向原实质审查部门发出前置审查通知书。

原实质审查部门在前置审查意见书中坚持驳回决定。

专利复审委员会依法成立合议组对本案进行审理。本案合议组于2005年8月16日向复审请求人发出复审通知书，指出本申请权利要求1与对比文件1的区别在于起支撑作用的基片的位置不同，但在本申请和对比文件1中基片都由刚性材料制成，所起的作用都是对形成在其上的各种膜和闪烁器进行支撑，仅位置上的变化不能带来突出的实质性特点和显著的进步，因此本申请权利要求1相对于对比文件1不具备专利法第22条第3款规定的创造性；基于同样的理由，独立权利要求16也不具备创造性。此外指出，权利要求1的从属权利要求2~15及权利要求16的从属权利要求17的附加技术特征或者已被对比文件1公开，或者属于本领域的公知常识，因此本申请的全部权利要求1~17均不具备创造性，不符合专利法第22条第3款的规定。

专利复审委员会于2005年11月17日收到复审请求人于2005年9月30日提交的意见陈述书和权利要求书修改替换页；另于2005年11月28日收到复审请求人提交的与前次内容相同的意见陈述书及权利要求书修改替换页。修改后的权利要求书共包括以下17项权利要求，其中权利要求1和16为独立权利要求，权利要求书的具体内容如下：

“1. 一种闪烁器面板，备有透过放射线的基片，其特征在于：

还备有设置在上述基片上的反射性金属薄膜、覆盖上述反射性金属薄膜整体的保护膜、以及通过蒸涂堆积在上述保护膜上的闪烁器；

上述反射性金属薄膜在透过放射线的同时，反射在上述闪烁器上发出的光；

上述保护膜具有从上述闪烁器保护上述反射性金属薄膜的功能，上述放射线从上述基片侧入射。

2. 根据权利要求1所述的闪烁器面板，其特征在于：

备有设置在上述反射性金属薄膜上的保护膜、以及以通过蒸涂使上述保护膜的边缘部分露出的方式堆积在上述保护膜上的闪烁器；

上述反射性金属薄膜在透过放射线的同时，反射在上述闪烁器上发出的光；

上述保护膜具有从上述闪烁器保护上述反射性金属薄膜的功能。

3. 根据权利要求1或2所述的闪烁器面板，其特征在于：上述基片为非晶形碳制基片。

4. 根据权利要求1或2所述的闪烁器面板，其特征在于：上述反射性金属薄膜直接配置在上述基片上。

5. 根据权利要求1所述的闪烁器面板，其特征在于：上述反射性金属薄膜是由包含在一组Al，

Ag，Cr，Cu，Ni，Ti，Mg，Rh，Pt 和 Au 的中的物质的材料形成的膜。

6. 根据权利要求 1 所述的闪烁器面板，其特征在于：上述保护膜是无机膜。

7. 根据权利要求 1 所述的闪烁器面板，其特征在于：上述保护膜是由包含在一组 LiF，$MgF_2$，$SiO_2$，$TiO_2$，$Al_2O_3$，MgO，SiN 和聚酰亚胺中的物质的材料形成的膜。

8. 根据权利要求 6 所述的闪烁器面板，其特征在于：上述保护膜是金属氧化膜。

9. 根据权利要求 8 所述的闪烁器面板，其特征在于：上述保护膜是上述反射性金属薄膜的氧化膜。

10. 根据权利要求 1 所述的闪烁器面板，其特征在于：上述保护膜是有机膜。

11. 根据权利要求 10 所述的闪烁器面板，其特征在于：上述保护膜是由聚酰亚胺形成的。

12. 根据权利要求 1 所述的闪烁器面板，其特征在于：上述保护膜是由无机膜和有机膜形成的。

13. 根据权利要求 1 所述的闪烁器面板，其特征在于：上述闪烁器被有机膜覆盖。

14. 根据权利要求 13 所述的闪烁器面板，其特征在于：上述有机膜进一步覆盖上述基片的表面的至少一部分。

15. 根据权利要求 14 所述的闪烁器面板，其特征在于：上述有机膜进一步覆盖上述基片的整个表面。

16. 一种放射线图象传感器，与闪烁器面板的闪烁器相对置地配置摄像元件，其特征在于：

上述闪烁器面板备有：透过放射线的基片、设置在上述基片上的反射性金属薄膜、覆盖上述反射性金属薄膜整体的保护膜、通过蒸涂堆积在上述保护膜上的闪烁器；以及覆盖上述基片的整个表面和上述闪烁器的有机膜；

上述放射线从上述基片侧入射，

上述反射性金属薄膜在透过放射线的同时，反射在上述闪烁器上发出的光；

上述保护膜具有从上述闪烁器保护上述反射性金属薄膜的功能。

17. 根据权利要求 16 所述的放射线图象传感器，其特征在于：上述基片为非晶形碳制基片。”

复审请求人的具体理由是，认为权利要求 1 的闪烁器面板与对比文件 1 在技术方案上不同，主要体现在三个方面：（1）对比文件 1 的基片是构成图像传感器 6 的必需部件，与作为本申请权利要求 1 闪烁器面板的构成部件的基片 1 不相对应；（2）对比文件 1 的闪烁器、第一有机膜、反射性金属膜和第二有机膜的组合部分，由于与图像传感器形成为一体，无法在保证其功能的前提下将此组合体从支撑他的图像传感器剥离；（3）考虑到以上所述，不能认为本申请权利要求 1 的发明是使对比文件 1 的基片 1 的变化位置而得到的，即对比文件 1 没有给出使基片 1 的位置变化而得到本申请的权利要求 1 的闪烁器面板的技术启示。因此认为本申请的权利要求 1 及其从属权利要求相对于对比文件 1 具备创造性。此外，认为权利要求 16 及其从属权利要求 17 也具备创造性。

2007 年 4 月 5 日，复审委员会向复审请求人发出合议组成员告知通知书，告知复审请求人本案合议组成员的变更情况，要求复审请求人如对合议组成员有回避请求，应当在收到该通知书之日起 7 日内提交书面的请求书，并且说明理由，必要时附具有关证据；并表示变更后的合议组坚持原合议组于 2005 年 8 月 16 日针对本申请作出的“复审通知书”中的审查意见。

复审请求人逾期没有对合议组成员提出回避请求。

至此，合议组认为本案事实已经清楚，可以作出审查决定。

**二、决定的理由**

1. 本决定所针对的审查文本

本复审决定所针对的审查文本是：专利复审委员会于 2005 年 11 月 28 日收到的复审请求人提交

的权利要求第1~17项，于2001年10月16日进入中国国家阶段时提交的说明书第1~11页、说明书附图第1~6页、说明书摘要及摘要附图。

2. 关于创造性

专利法第22条第3款规定：创造性，是指同申请日以前已有的技术相比，该发明有突出的实质性特点和显著的进步，该实用新型有实质性特点和进步。

一项权利要求相对于一篇对比文件虽然存在区别技术特征，但如果本领域普通技术人员在该对比文件的基础上无需花费创造性劳动即可对该对比文件的技术内容进行改变，从而得到该权利要求的技术方案，则该权利要求相对于该对比文件不具备创造性。

本申请的权利要求1请求保护一种闪烁器面板，备有透过放射线的基片、设置在基片上的反射性金属薄膜、覆盖反射性金属薄膜整体的保护膜、以及通过蒸涂堆积在保护膜上的闪烁器，上述反射性金属薄膜在透过放射线的同时，反射在上述闪烁器上发出的光，上述保护膜具有从上述闪烁器保护上述反射性金属薄膜的功能，上述放射线从上述基片侧入射。

对比文件1（参见其附图2、说明书第4栏第22行至第6栏第50行）披露了一种闪烁器面板，它包括第二有机膜11，设置在第二有机膜11上的反射性金属薄膜10，反射性金属薄膜在透过放射线的同时，反射闪烁器上发出的光，覆盖反射性金属薄膜全体的第一有机膜9，第一有机膜9设置在反射金属薄膜10与闪烁体7之间，具有从闪烁器保护反射性金属薄膜的功能（第一有机膜9相当于本申请权利要求1中的保护膜），通过蒸涂堆积在保护膜上的闪烁器7，设置在光接收装置阵列6中的绝缘基片1对闪烁器面板和光接收装置阵列起到支撑的作用。权利要求1与对比文件1的区别在于起支撑作用的基片的位置不同，权利要求1中在基片上依次设有反射性金属薄膜、保护膜、闪烁器，对比文件1中基片设置在闪烁器下面。虽然基片的设置位置不同，不过在本申请和对比文件1中基片都由刚性材料制成，所起的作用都是对形成在其上的各种膜和闪烁器进行支撑，仅仅是其位置的改变并不能为权利要求1带来突出的实质性特点和显著进步，且并未取得任何意想不到的技术效果，因此，权利要求1不具有专利法第22条第3款规定的创造性。

针对复审请求人在答复复审通知书所陈述的意见，合议组认为：虽然对比文件1中的闪烁器面板与图像传感器6形成为一体，对比文件1中的基片1是构成图像传感器6的一个部件，但本申请所公开的闪烁器面板在使用时也是与图像传感器相配合，同样是将图像传感器设置在闪烁器面板的出射光一侧，利用图像传感器来检测从闪烁器面板出射的光（参见本申请说明书第10页第2~3行及图11），其设置结构与对比文件1相同；至于是将闪烁器面板与图像传感器形成为一体，还是独立制造闪烁器面板与图像传感器6、然后在需要时在将二者结合在一起，均是本领域技术人员的常规选择。因此，本领域普通技术人员根据对比文件1给出的教导，在需要将闪烁器面板与图像传感器形成独立的部件时，自然会想到使用如基片1的基片对闪烁器面板进行支撑，这是显而易见的，并且实现起来也没有困难。另外，即便是在将闪烁器面板与图像传感器形成为一体的情况下，对所构成的整体起支撑作用的基片可以设置在图像传感器一侧（如对比文件1），当然也可以设置在闪烁器面板一侧。由此可见，对比文件1已经给出了利用基片对闪烁器面板进行支撑且在需要时改变基片位置的技术启示，本申请权利要求1不具备创造性。复审请求人的理由不能被接受。

（1）权利要求2是权利要求1的从属权利要求，其附加技术特征为：备有设置在上述反射性金属薄膜上的保护膜、以及以通过蒸涂使上述保护膜的边缘部分露出的方式堆积在上述保护膜上的闪烁器；上述反射性金属薄膜在透过放射线的同时，反射在上述闪烁器上发出的光；上述保护膜具有从上述闪烁器保护上述反射性金属薄膜的功能。这些特征已在对比文件1中（见附图2）披露。因此在其引用的独立权利要求1不具有创造性的条件下，权利要求2不符合专利法第22条第3款有关创造性的规定。

（2）从属权利要求3进一步限定基片为非晶形碳制基片。对比文件1中的基片由玻璃制成，虽然其没有指出基片为非晶形碳制基片，不过由于对比文件1中与本申请中基片的作用相同，都是对形成在上面的各种膜和闪烁器进行支撑，且都是由刚性材料制成的，由此本领域普通技术人员很容易想到使用本领域中常用的起支撑作用的其他刚性材料如非晶形碳基片，等效替代对比文件1中的玻璃基片。因此，权利要求3不符合专利法第22条第3款有关创造性的规定。

（3）权利要求4是对权利要求1或2的进一步限定，其附加技术特征为：上述反射性金属膜直接配置在上述基片上。虽然对比文件1中并未将反射性金属薄膜直接配置在基片上，不过由于在本申请和对比文件1中，反射性金属薄膜所起的作用都是透过射线和反射光，基片都起支撑作用，将反射性金属薄膜直接配置在基片上时，反射性金属薄膜和基片所起的作用依然分别保持不变，并未带来突出的实质性特点和显著进步，也未取得意想不到的技术效果，因此，权利要求4不符合专利法第22条第3款有关创造性的规定。

（4）权利要求5是对权利要求1的进一步限定，其附加技术特征为：上述反射性金属膜是由包含在一组Al，Ag，Cr，Cu，Ni，Ti，Mg，Rh，Pt和Au中的物质的材料形成的膜。其中Al，Ag，Cr，Au已在对比文件1中（见说明书第6栏第3行）披露，因此权利要求5不符合专利法第22条第3款有关创造性的规定。

（5）从属权利要求6、7、8、9将保护膜限定为无机膜或者某种（些）具体的无机膜。虽然对比文件1中保护膜采用有机膜，不过对比文件1和本申请中保护膜所起的作用都是对设置在其上的反射性金属薄膜进行保护，防止其被腐蚀，而本领域中公知各种常用的无机膜（包括$SiO_2$，SiN，金属氧化膜等）也具有保护相邻薄膜不受外部腐蚀的作用，权利要求6、7、8、9用起相同作用的无机材料等效替代对比文件1中的有机材料，不能带来突出的实质性特点和显著进步，也未取得意想不到的技术效果，因此权利要求6、7、8、9不符合专利法第22条第3款有关创造性的规定。

（6）权利要求10的附加技术特征为“上述保护膜是有机膜”。这一特征已在对比文件1中（见附图2、说明书第5栏第6行至第10行）披露，因此权利要求10不符合专利法第22条第3款有关创造性的规定。

（7）权利要求11是对权利要求10的进一步限定，其附加技术特征为：上述保护膜是由聚酰亚胺形成的。这种膜的材料的变化对解决本发明的技术问题效果实质相同，对该领域的普通技术人员来说是显而易见的，因此权利要求11不符合专利法第22条第3款有关创造性的规定。

（8）从属权利要求12进一步限定保护膜由无机膜和有机膜形成。这种膜的材料的变化对解决本发明的技术问题效果实质相同，对该领域的普通技术人员来说是显而易见的，因此权利要求12不符合专利法第22条第3款有关创造性的规定。

（9）权利要求13的附加技术特征“上述闪烁器被有机膜覆盖”，已经被对比文件1（附图8、9及说明书第5栏第6~25行中的有机膜11）披露，有机膜11在对比文件1中所起的作用与本申请中有机膜所起的作用相同，都是为闪烁器提供防潮、防水性。因此，权利要求13不符合专利法第22条第3款有关创造性的规定。

（10）从属权利要求14、15对有机膜作出进一步限定，不过其附加技术特征均被对比文件1（附图8、9及说明书第5栏第6~25行中的有机膜11）披露，因此权利要求14、15不符合专利法第22条第3款有关创造性的规定。

（11）独立权利要求16请求保护一种放射线图像传感器，与闪烁器面板的闪烁器相对置地配置摄像元件。在对比文件1中（见其附图2、说明书第4栏第22行至第6栏第50行）披露了这种放射线图像传感器，在闪烁器面板上以与闪烁器相对置的方式配置光接收装置 2，闪烁器面板包括第二有机膜 11，设置在第二有机膜 11 上的反射性金属薄膜 10，反射性金属薄膜在透过放射线的同时，反射闪烁器上发出的光，覆盖反射金属薄膜全体的第一有机膜 9，第一有机膜 9 设置在反射性金属薄膜 10 与闪烁体 7 之间，具有从闪烁器保护反射性金属薄膜的功能（第一有机膜 9 相当于权利要求 16 中的保护膜），通过蒸涂堆积在上述保护膜上的闪烁器（见其附图标记 7），以及设置在光接收装置 2 下面的绝缘基片 1。权利要求 16 与对比文件 1 的区别在于起支撑作用的基片的位置不同，权利要求 16 中在基片上依次设有反射性金属薄膜、保护膜、闪烁器，对比文件 1 中基片设置在闪烁器下面。虽然基片的设置位置不同，不过在本申请和对比文件 1 中基片都由刚性材料制成，所起的作用都是对形成在其上的各种膜和闪烁器进行支撑，仅仅是其位置的改变并不能为权利要求 16 带来任何突出的实质性特点和显著进步，且并未取得任何意想不到的技术效果，因此，权利要求 16 不具有专利法第 22 条第 3 款规定的创造性。

（12）从属权利要求 17 进一步限定基片为非晶形碳制基片。对比文件 1 中的基片由玻璃制成，虽然其没有指出基片为非晶形碳制基片，不过由于对比文件 1 中与本申请中基片的作用相同，都是对形成在上面的各种膜和闪烁器进行支撑，且都是由刚性材料制成的，由此本领域普通技术人员很容易想到使用本领域中常用的起支撑作用的其他刚性材料如非晶形碳基片，等效替代对比文件 1 中的玻璃基片。因此，权利要求 17 不符合专利法第 22 条第 3 款有关创造性的规定。

基于上述理由，合议组作出如下决定。

**三、决定**

维持国家知识产权局于 2004 年 2 月 20 日对 00806329. X 号发明专利申请做出的驳回决定。

复审请求人对本决定不服的，可以根据专利法第 41 条第 2 款的规定，自收到本决定之日起三个月内向北京市第一中级人民法院起诉。

057

# 用于分析物测定的电化学测试条带

## 复审请求审查决定（第10633号）

**决　定　号**　第10633号
**决　定　日**　2007年4月26日
**发明创造名称**　用于分析物测定的电化学测试条带
**国际分类号**　G01N27/327，C12Q1/00
**复审请求人**　生命扫描有限公司
**申　请　号**　01803358.X
**申　请　日**　2001年1月25日
**优先权日**　2000年2月2日
**公　开　日**　2003年1月29日
**合议组组长**　李　隽
**主　审　员**　张梅珍
**参　审　员**　周　航

**法律依据**　专利法第33条
**决定要点**
判断修改是否超范围的依据是修改后的内容是否记载在原始申请文本中或者是否能够从原始申请中直接地、毫无疑义地确定，而不是依据其保护范围是否相对于原始权利要求进一步缩小。

### 一、案由

本复审请求涉及申请日为2001年1月25日、申请号为01803358.X、名称为“用于分析物测定的电化学测试条带”的PCT发明专利申请（下称本申请），其优先权日为2000年2月2日，进入中国国家阶段的日期为2002年6月28日，申请人是生命扫描有限公司。其公开的权利要求共25项。申请人在本申请进入国家阶段时还同时提交了根据PCT条约第28条或第41条作出的权利要求全文修改替换页，其中将权利要求删减为10项，修改后的权利要求1为：

“1. 一种电化学测试条带，该条带包括：

（a）一反应区，该反应区由相对的工作电极和参比电极以及隔离所述电极的间隔层限定而成，其中所述第一和第二电极中至少一个的表面经过了均一表面修饰层修饰，该修饰层由线性自-组装分子组成，该分子具有一第一巯基末端基团和一第二磺酸盐末端基团，其中所述巯基末端基团和磺酸盐末端基团被一低聚烷基连接基团分隔；以及

（b）存在于所述反应区中的氧化还原试剂系统，其中所述氧化还原试剂系统包括至少一种酶和

一种介质。”

应申请人的请求，国家知识产权局实质审查部门对本申请进行了实质审查，于2003年11月7日发出第一次审查意见通知书，指出权利要求1~10不符合专利法第22条第3款关于创造性的规定。

申请人于2004年3月10日针对第一次审查意见通知书提交了意见陈述书以及权利要求书全文替换页，其中仅将权利要求1中“所述第一和第二电极”改为“所述工作和参比电极”，并认为修改后的权利要求1~10符合专利法第22条第3款关于创造性的规定。

实质审查部门于2004年4月23日发出第二次审查意见通知书，指出申请人陈述的理由不充分，修改后的权利要求1~10仍旧不符合专利法第22条第3款关于创造性的规定。

申请人于2004年9月2日针对第二次审查意见通知书提交了意见陈述书以及权利要求书全文替换页，其中将2004年3月10日提交的权利要求1中“所述工作和参比电极至少一个的表面经过了均一表面修饰层修饰”改为“所述参比电极的表面经过了均一表面修饰层修饰”，将“存在于所述反应区中的氧化还原试剂系统”改为“所述工作电极的表面上存在氧化还原试剂系统”，申请人认为修改后的权利要求1~10符合专利法第22条第3款关于创造性的规定。修改后的权利要求1的具体内容为：

“1. 一种电化学测试条带，该条带包括：

（a）一反应区，该反应区由相对的工作电极和参比电极以及隔离所述电极的间隔层限定而成，其中所述参比电极的表面经过了均一表面修饰层修饰，该修饰层由线性自-组装分子组成，该分子具有一第一巯基末端基团和一第二磺酸盐末端基团，其中所述巯基末端基团和磺酸盐末端基团被一低聚烷基连接基团分隔；以及

（b）所述工作电极的表面上存在氧化还原试剂系统，其中所述氧化还原试剂系统包括至少一种酶和一种介质。”

经过上述程序，实质审查部门于2004年10月15日以权利要求1~10不符合专利法第22条第3款的规定为由作出驳回决定，其针对的文本是：申请人于2004年9月2日提交的权利要求第1~10项，进入中国国家阶段时提交的说明书第1~12页，附图第1~4页以及说明书摘要和摘要附图。

申请人生命扫描有限公司（下称复审请求人）对上述驳回决定不服，于2005年1月27日向专利复审委员会提出复审请求，没有对权利要求书进行修改。复审请求人认为权利要求1具备创造性，符合专利法第22条第3款的规定。

经形式审查合格，专利复审委员会受理了该复审请求，于2005年2月28日向复审请求人发出了复审请求受理通知书，同时向原实质审查部门发出前置审查通知书。

原实质审查部门作出前置审查意见，坚持原驳回意见。

在此基础上专利复审委员会依法成立合议组，对本案进行审查，合议组于2006年6月19日发出复审通知书，依据驳回决定所针对的文本提出以下复审意见：

（1）权利要求1的修改不符合专利法第33条的规定。

权利要求1中“所述参比电极的表面经过了均一表面修饰层修饰”以及“所述工作电极的表面上存在氧化还原试剂系统”这样一种组合方案并没有记载在原始申请文本中，也不能由原始申请文本直接唯一地导出，因此修改超范围，不符合专利法第33条的有关规定。

（2）鉴于目前的文本超范围，为加快审查进程，合议组在此文本之前的文本即2004年3月10日提交的权利要求第1~10项和2002年6月28日提交的说明书第1~12页、附图第1~4页、摘要及摘要附图的基础上进行了审查，认为权利要求1~10不具备创造性，不符合专利法第22条第3款的规定。

复审请求人于2006年8月4日针对上述复审通知书提交了意见陈述书，没有对申请文本进行进一步修改。复审请求人认为权利要求1的修改未超出原申请记载的范围，同时权利要求也具备创造性。其关于权利要求1修改符合专利法第33条规定的具体理由是：

（1）权利要求1中的特征（a）、（b）的修改缩小了保护范围，其中特征（a）公开了所述参比电极的表面经过了均一表面修饰层修饰，此种实施方式包括在原权利要求1“所述第一和第二电极中至少一个的表面经过了均一表面修饰层修饰”范围之内；特征（b）记载了工作电极的表面上存在氧化还原试剂系统，而原权利要求1中的特征（b）要求氧化还原试剂系统存在于所述反应区中，鉴于工作和参比电极的表面限定反应区的顶部和底部，间隔层限定了反应区的围壁，可见氧化还原试剂系统可存在于构成反应区边界的工作电极的表面上。

（2）说明书第8页的实施例记载了用金或钯制作测试条带，其中涉及将金或钯涂到聚酯膜上，再进一步处理得到均一表面修饰层修饰的表面。具有表面修饰的金制条带用作测试条带中的参比电极。该结构支持了权利要求1特征（a）的修改。将由缓冲液、介质、酶和填充剂组成的干燥剂喷涂到钯电极的表面，从而制备工作电极，该结构支持了权利要求1特征（b）的修改。

至此，合议组认为本案事实已经清楚，可以作出复审决定。

**二、决定的理由**

1. 关于审查文本

由于复审请求人在本次复审程序中未对申请文本进行进一步修改，因此本复审决定针对的与驳回决定所依据的文本相同。

2. 关于修改超范围

专利法第33条规定：申请人可以对其专利申请文件进行修改，但是，对发明和实用新型专利申请文件的修改不得超出原说明书和权利要求书记载的范围，对外观设计专利申请文件的修改不得超出原图片或者照片表示的范围。

判断修改是否超范围的依据是修改后的内容是否记载在原始申请文本中或者是否能够从原始申请中直接地、毫无疑义地确定，而不是依据其保护范围是否相对于原始权利要求进一步缩小。

在本案中，复审请求人在2004年9月2日对原始权利要求1的特征（a）、（b）进行了修改。

关于特征（a），原始申请的权利要求1记载了“所述第一和第二电极中至少一个的表面经过了均一表面修饰层修饰”，根据其上下文可知“所述第一和第二电极”指的是参比电极和工作电极，因此该本领域技术人员可以毫无疑义地确定该内容实际上仅包括如下三种方案：经过均一表面修饰层修饰的电极表面仅仅是参比电极的表面、或者仅是工作电极的表面、或者同时是参比电极和工作电极的表面，显然修改后的权利要求1特征（a）中的“所述参比电极的表面经过了均一表面修饰层修饰”选自上述三种方案中的一种，因此可以从原始权利要求1的上述内容直接地、毫无疑义地得到。

关于特征（b），原始申请的权利要求1中记载的是“存在于所述反应区中的氧化还原试剂系统”。根据原始说明书第6页第1段中“所述工作和参比电极的表面限定反应区的顶部和底部，而间隔层限定了反应区的围壁”可知，该反应区实际上是由工作电极表面、参比电极表面和间隔层围成的立体空间，即该空间是无限个空间部位的集合，尽管工作电极表面作为空间的边界属于该空间的一部分，但在原始申请文本没有明确指出氧化还原试剂系统存在于工作电极表面的情况下，本领域技术人员根据上述内容并不能直接唯一地得出氧化还原试剂系统存在于该反应区中的工作电极表面上，也就是说虽然上述修改使得权利要求1的保护范围缩小了，但修改后的权利要求1特征（b）中的“所述工作电极的表面上存在氧化还原试剂系统”并不能从原始权利要求1的上述内容以及原始说明书、附图所公开的内容直接地、毫无疑义地确定。

复审请求人认为本申请说明书第 8 页用金或钯制作测试条带的实施例支持了权利要求 1 特征（a）、（b）的修改。合议组经审查认为，本申请说明书第 8 页中用金或钯制作测试条带的实施例公开了以下内容：将金或钯喷涂到 7-mil 厚的聚酯膜上，得到 100~500 埃厚的金属层。然后将该金属层切成薄片浸入 1% MESA 溶液中 1 分钟，在空气中干燥 1 小时。本领域技术人员由上述内容可知，经过上述处理，喷涂金或钯的聚酯膜已经获得由自组装分子组成的均一表面修饰层表面。但是由于金或钯电极既可以作为工作电极，也可以作为参比电极，因此不能确定具有该修饰层表面的金或钯电极就是工作电极，也就是说不能据此认为上述内容公开了参比电极具有均一表面修饰层。另外，该实施例还公开了以下内容：将由缓冲液、介质、酶和填充剂组成的干燥剂喷涂到钯电极的表面。本领域技术人员可以得知，上述处理使钯电极的表面存在氧化还原试剂系统。同样由于钯电极既可以作为工作电极，也可以作为参比电极，因此不能确定具有氧化还原试剂系统的钯电极就是工作电极，也就是说不能据此认为上述内容公开了工作电极的表面上存在氧化还原试剂系统。

由以上分析可见，权利要求 1 的技术方案既未记载在原始申请文本中，同时也不能由原始申请文本所公开的内容直接地、毫无疑义地确定，因此尽管其保护范围相对于原始申请的权利要求 1 缩小了，仍然属于修改超范围，不符合专利法第 33 条的规定。

合议组在 2006 年 6 月 19 日发出的复审通知书中已经将上述内容的修改不符合专利法第 33 条的规定告知复审请求人，而复审请求人在答复该复审通知书时，没有对上述内容进行修改，同时其陈述的关于上述修改得到原始申请实施例支持的理由不能成立，因此本申请仍未克服修改超范围的缺陷。

基于上述理由，合议组作出如下决定。

**三、决定**

维持国家知识产权局于 2004 年 10 月 15 日对 01803358. X 号发明专利申请作出的驳回决定。

复审请求人对本决定不服的，可以根据专利法第 41 条第 2 款的规定，自收到本决定之日起三个月内向北京市第一中级人民法院起诉。

058

# 图像形成设备

## 复审请求审查决定（第 10634 号）

**决　定　号**　第 10634 号
**决　定　日**　2007 年 4 月 30 日
**发明创造名称**　图像形成设备
**国 际 分 类 号**　G03G 13/00
**复 审 请 求 人**　佳能株式会社
**申　请　号**　98115284.8
**申　请　日**　1998 年 6 月 25 日
**优 先 权 日**　1997 年 6 月 25 日
**公　开　日**　1999 年 7 月 21 日
**合 议 组 组 长**　陈迎春
**主　审　员**　杨军艳
**参　审　员**　刘颖杰

**法 律 依 据**　专利法第 22 条第 4 款
**决 定 要 点**
若根据说明书所公开的整体技术内容能够得知，该申请的产品在产业上能够实施使用，则该申请具备实用性。

### 一、案由

本复审请求涉及申请号为 98115284.8、名称为“图像形成设备”的发明专利申请，其申请日为 1998 年 6 月 25 日，优先权日为 1997 年 6 月 25 日，申请人为佳能株式会社。其公开的权利要求书共有 14 项，权利要求 1 为独立权利要求。

国家知识产权局专利局实质审查部门依法对该专利申请进行了实质审查，于 2002 年 7 月 26 日发出第一次审查意见通知书，指出按照本申请说明书的记载，成像装置的原件输送通路与其上已经成像的记录纸张的叠置部分相交，在实际操作中原件和已经成像的记录纸张的位置会彼此冲突，不能顺利地工作，因此本申请不符合专利法第 22 条第 4 款有关实用性的规定。此外，还指出权利要求 1、3 描述不清楚，不符合专利法实施细则第 20 条第 1 款的规定；说明书部分地方描述有误，不符合专利法实施细则第 18 条的有关规定。

2002 年 12 月 7 日，申请人针对上述审查意见通知书提交了意见陈述书，认为由于原件读取操作与成像操作先后分别执行，因此不会导致原件与记录纸之间的冲突；同时，修改了权利要求 1、3 以及说明书，提交了权利要求书全文和说明书第7~10页的修改替换页。

2003年4月2日，针对申请人的上述意见陈述书，国家知识产权局专利局实质审查部门的审查员与申请人的代理人进行了电话讨论，双方陈述了各自的观点和理由，代理人认为本申请不存在实用性问题，最终双方未能达成一致意见。

经过上述审查程序后，国家知识产权局专利局实质审查部门针对申请人于2002年12月7日提交的权利要求书，说明书第7~10页以及原始申请文件的说明书第1~6、11、12页，说明书附图，说明书摘要，以本申请在实际应用中会产生问题、因而不符合专利法第22条第4款有关实用性的规定为理由，于2003年4月18日做出了驳回该专利申请的决定。

申请人佳能株式会社（下称复审请求人）不服上述驳回决定，于2003年8月4日向专利复审委员会提出复审请求，其理由是修改后的权利要求包含了位置检测装置，记录操作能够根据位置检测装置的检测结果而受到控制，因此清楚地说明了已记录的复印纸张不会与原件相冲突；此外，修改后的权利要求书增加了权利要求6和11。复审请求人同时提交了权利要求书全文的修改替换页，修改后的权利要求共有16项，其中权利要求1为独立权利要求。

经形式审查合格后，专利复审委员会受理了上述复审请求，并于2003年10月13日向复审请求人发出复审请求受理通知书，同时向原审查部分发出前置审查通知书。

原审查部门在前置审查中认为本申请在实用性方面有不可克服的缺陷，因此仍然坚持原驳回决定。

专利复审委员会依法成立合议组对该复审请求案进行了审理。本案合议组经合议后，认为本案事实已经清楚，现依法作出复审决定。

**二、决定的理由**

1. 关于审查文本

本复审决定以复审请求人于2003年8月4日提交的权利要求书，2002年12月7日提交的说明书第7~10页，以及原始申请文件的说明书摘要、摘要附图、说明书第1~6、11、12页和说明书附图作为审查基础。

2. 关于本申请是否符合专利法第22条第4款的规定

专利法第22条第4款规定：实用性，是指该发明或者实用新型能够制造或者使用，并且能够产生积极效果。

由本申请说明书公开的内容可知，本申请通过使记录纸张的排放通路与原件供应通路的排放通路相交，可以减小设备尺寸；另外，原件托盘可以折叠，进一步减小了设备尺寸；通过在原件托盘上提供打开/关闭盖，即使当原件托盘打开时，也能够实现记录纸张的排放；当原件被置于原件托盘上时，通过切换记录纸张排放通路，实现记录纸张排放。

本申请说明书第8页第9~10行写道“操作者可选择两个记录纸张输出模式（所谓的“面向下排放模式”和“面向上排放模式”）中的一个”、第13~14行写道“这些模式可通过移动记录纸张输送通路切换活板12而切换输送通路，而得到切换”、第14~16行写道“活板12由一个螺线管等驱动，且纸张排放方向可由一个用于检测选定模式的检测器确定”。由此可知，在本发明中已成像的记录纸张有两种排放模式，一种是通过导向器56的引导以面向下排放的模式排放到托盘2上；另一种是活板12由螺线管驱动而转动，纸张不通过导向器56，以面向上排放的模式排放到设备前侧。

本申请说明书第8页第28行写道：如图1所示，通常“原件叠置板18处于掩盖设置在设备的顶部的操作部分15的位置”，结合图1可知，此时设备中没有原件S，已成像的记录纸张能够顺利地以面向下排放的模式排放到托盘2上。

本申请说明书第9页第4~7行写道“当在原件叠置板18被打开的状态下接收到了传真接收或打印指令时，如果选择了面向下排放模式，出口被阻挡而造成了纸张堵塞。为了避免这种情况，原件叠置板18带有一个盖26，它可绕与原件叠置板相同的转动中心摇摆”，结合图3和图4A可知，此时原件叠置板18伸向主体外部，原件叠置板18上没有叠置原件S，其上的盖26转向操作部分15，因此已成像的记录纸张以面向下排放模式排放的通路是畅通的，能够顺利地排放到托盘2上。

本申请说明书第9页第15~17行写道“如图2所示，当原件叠置板18和盖26都被关闭且原件S被叠置在原件叠置板18上时，由于不能实现面向下排放模式，螺线管得到驱动以切换活板12，从而实现面向上排放模式”，结合图2可知，此时原件叠置板18伸向主体外部，其上的盖26也转向主体外部，与原件叠置板18处于同一平面中，原件S叠置在原件叠置板18上，已成像的记录纸张以面向下排放模式排放的通路被堵塞，但是在这种情况下活板12将受到螺线管的驱动而转动，使得已成像的记录纸张并不以面向下排放模式排放，而是能够以面向上排放模式顺利地排放到设备前侧。可见，驳回决定认为读取原稿与复印完成后的纸张输出过程几乎是同时进行的，会产生相互阻塞、干扰的情况，这种认定不正确。因为此时，复印完成后的纸张并不以面向下排放模式排放，而是以面向上排放模式排放到设备前侧，所以是能够实际应用的。

综上所述，根据本申请说明书对整体技术的描述，该图像形成设备在原件叠置板18折叠、原件叠置板18打开但其上没有原件或者原件叠置板18打开且其上叠置有原件的各种情况下，均能够顺利地排放已成像的记录纸张，在实际应用中能够顺利地工作。可见，本申请所描述的图像形成设备在产业上能够使用，并能够取得尺寸减小等积极效果，符合专利法第22条第4款有关实用性的规定。

至于本申请是否存在其他缺陷，则有待原审查部门进一步审查。

鉴于驳回决定认定事实有误，合议组经合议作出如下决定。

**三、决定**

撤销国家知识产权局于2003年4月18日对98115284.8号发明专利申请作出的驳回决定。由原审查部门根据本复审决定所依据的审查文本继续进行审查。

当事人对本决定不服的，可以根据专利法第41条第2款的规定，自收到本决定之日起三个月内向北京市第一中级人民法院起诉。

059

# 通过同时测量至少两种不同分子标记物来提高检测肿瘤及其前体阶段时的临床特异性的方法

## 复审请求审查决定（第10638号）

**决　定　号**　第10638号
**决　定　日**　2007年5月22日
**发明创造名称**　通过同时测量至少两种不同分子标记物来提高检测肿瘤及其前体阶段时的临床特异性的方法
**国际分类号**　G01N 33/53，G01N 33/533，G01N 33/574，C12Q 1/02
**复审请求人**　拜尔公司
**申　请　号**　01143708.1
**申　请　日**　2001年12月18日
**优先权日**　2000年12月18日
**公　开　日**　2002年7月24日
**合议组组长**　李　隽
**主　审　员**　周　航
**参　审　员**　张惠军

**法律依据**　专利法第25条第1款第（3）项
**决定要点**

如果请求保护的方法中虽然未包括诊断步骤，但包括了检测步骤，而且根据现有技术中的医学知识和该专利申请公开的内容，只要知晓所说的检测信息，就能够直接获得疾病的诊断结果或健康状况，则该方法属于疾病的诊断方法。

### 一、案由

本复审请求涉及申请号为01143708.1、名称为“通过同时测量至少两种不同分子标记物来提高检测肿瘤及其前体阶段时的临床特异性的方法”的发明专利申请（下称本申请），申请日为2001年12月18日，优先权日为2000年12月18日，申请人为拜尔公司。其公开的权利要求如下：

“1. 鉴定癌细胞及其前体的自动化方法，其特征在于同时检测细胞或组织样本中至少两种标记物，并且合并和确认信号强度。

2. 按照权利要求1的方法，其特征在于所述的自动化信息处理与一个诊断专家系统连接，该系统将图像信息归纳为建议性诊断。

3. 按照权利要求1~2的方法，其特征在于通过分析组织样本的组成区域内的显色反应或荧光信号定量检测出所述的分子标记物，并且将二级色彩或各个色彩的空间接近在使用至少两种标记物提供附加信息时与单一染色比较。

4. 按照权利要求1~3的方法，其特征在于检测下列标记物的联合物：her2/neu和Ki67、her2/neu和p53、her2/neu和bcl-2、her2/neu和MN、her2/neu和mdm-2、her2/neu和EGF受体、bcl-2和Ki67、bcl-2和MN、bcl-2和mdm-2、bcl-2和EGF受体、her2/neu和bcl-2、p53和bcl-2、p53和MN、p53和mdm-2、p53和EGF受体、p16和p53、p16和MN、p16和mdm-2、p16和EGF受体、p16和Ki67、p16和her2/neu、p16和bcl-2、MN和mdm-2、MN和EGF受体、mdm-2和EGF受体。

5. 按照权利要求1~4的方法，其特征在于检测乳腺、肺、子宫颈、结肠、皮肤和前列腺的肿瘤。

6. 按照权利要求1~5的方法，其特征在于它包括反射性试验。

7. 实施权利要求1~6的方法的试验试剂盒，它含有全部必要的试剂。"

国家知识产权局实质审查部门依申请人的请求对本申请进行了实质审查，于2004年5月28日发出第一次审查意见通知书，指出本申请权利要求1~6涉及疾病的诊断方法，属于第25条第1款第（3）项规定不授予专利权的情形、权利要求7不符合专利法实施细则第20条第1款的规定。

针对上述审查意见通知书，申请人于2004年9月3日提交了意见陈述书和权利要求书的修改替换页。其中仅删除了权利要求7，申请人认为权利要求1~6由于涉及体外诊断方法，是可以授予专利权的。

经过上述实质审查程序后，国家知识产权局实质审查部门以本申请权利要求1~6仍不符合专利法第25条第1款的规定为由，于2004年12月3日作出了驳回本申请的决定。

申请人拜尔公司（下称复审请求人）不服上述驳回决定，于2005年1月24日向专利复审委员会提出复审请求，但未对本申请进行任何修改。复审请求人坚持认为本申请的方法只涉及体外诊断，没有施用到有生命的有机体中，因此符合专利法第25条第1款的规定。

经形式审查合格后，专利复审委员会依法受理了上述请求，于2005年2月28日向复审请求人发出了复审请求受理通知书，同时向原审查部门发出前置审查通知书。

原审查部门对该复审请求做出前置审查意见，仍然坚持原驳回决定。

专利复审委员会依法成立合议组，对该复审请求进行审查，合议组于2006年3月17日发出复审通知书，指出本申请权利要求1~6的技术方案满足审查指南（2001版）第二部分第一章第3.3.1.1节规定的属于疾病诊断方法的技术方案的三个条件，因此按照专利法第25条第1款第（3）项的规定，不能被授予专利权。

针对上述复审通知书，复审请求人于2006年6月27日提交了意见陈述书和权利要求书的修改替换页，修改后的权利要求共有7项，其中权利要求1~6是在驳回决定所针对的权利要求1~6的基础上将顺序和引用关系稍作调整，并在独立权利要求1的主题中加入"体外"二字，同时进一步限定了分子标记物的种类，权利要求7是新增加的有关试剂盒的独立权利要求。复审请求人认为对于修改后的权利要求来说，审查员之前的审查意见不再适用。

针对上述修改文本，合议组根据2006年7月1日起施行的审查指南（2006版）的相关规定对本申请进行审查，于2006年10月24日再次发出复审通知书，指出上述修改文本中权利要求1~6仍然属于疾病的诊断方法，属于专利法第25条第1款规定的不授予专利权的客体；权利要求7不是为了消除驳回决定或合议组指出的缺陷而进行的修改，不符合专利法实施细则第60条第1款的规定。

2006年12月22日，专利复审委员会收到复审请求人针对2006年10月24日发出的复审通知书提交的意见陈述书和权利要求书的修改替换页。其中删除了权利要求7，并将权利要求1~6修改为用途权利要求，修改后的权利要求如下：

"1. 用于鉴定癌细胞及其前体的自动化体外方法的用途，其特征在于同时检测细胞或组织样本中至少两种标记物，并且合并和汇总信号强度，并且至少一个分子标记物选自：her2/neu、p16、p53、Ki67、MN、mdm-2、bc1-2 和 EGF 受体。

2. 按照权利要求 1 的用途，其特征在于标记物的联合物是：her2/neu 和 Ki67、her2/neu 和 p53、her2/neu 和 bcl-2、her2/neu 和 MN、her2/neu 和 mdm-2、her2/neu 和 EGF 受体、bcl-2 和 Ki67、bcl-2和 MN、bcl-2 和 mdm-2、bcl-2 和 EGF 受体、her2/neu 和 bcl-2、p53 和 bcl-2、p53 和 MN、p53 和 mdm-2、p53 和 EGF 受体、p16 和 p53、p16 和 MN、p16 和 mdm-2、p16 和 EGF 受体、p16 和 Ki67、p16 和 her2/neu、p16 和 bcl-2、MN 和 mdm-2、MN 和 EGF 受体、mdm-2 和 EGF 受体。

3. 按照权利要求 1 的用途，其特征在于所述的自动化信息处理与一个诊断专家系统连接，该系统将图像信息归纳为建议性诊断。

4. 按照权利要求 1~3 中任何一项的用途，其特征在于通过分析组织样本的组成区域内的显色反应或荧光信号定量检测出所述的分子标记物，其中将二级色彩或各个色彩的空间接近在使用至少两种标记物提供附加信息时与单一染色比较。

5. 按照权利要求 1~4 中任何一项的用途，其特征在于检测乳腺、肺、子宫颈、结肠、皮肤和前列腺的肿瘤。

6. 按照权利要求 1~5 中任何一项的用途，其特征在于它包括反射性试验。"

至此，合议组认为本案事实已经清楚，现依法作出复审决定。

**二、决定的理由**

1. 关于审查文本

专利复审委员会于 2006 年 12 月 22 日收到复审请求人提交的权利要求书修改替换页，经合议组审查，上述修改文本符合专利法实施细则第 60 条第 1 款的规定，并且未发现其存在不符合专利法第 33 条规定之处，因此本复审决定以专利复审委员会于 2006 年 12 月 22 日收到的权利要求第 1~6 项，复审请求人于 2001 年 12 月 18 日提交的说明书第 1~10 页以及摘要为审查文本。

2. 关于专利法第 25 条第 1 款

专利法第 25 条第 1 款规定：对下列各项，不授予专利权：（1）科学发现；（2）智力活动的规则和方法；（3）疾病的诊断和治疗方法；（4）动物和植物品种；（5）用原子核变换方法获得的物质。

如果请求保护的方法中虽然未包括诊断步骤，但包括了检测步骤，而且根据现有技术中的医学知识和该专利申请公开的内容，只要知晓所说的检测信息，就能够直接获得疾病的诊断结果或健康状况，则该方法属于疾病的诊断方法。

在本案中，权利要求 1~6 要求保护用于鉴定癌细胞及其前体的自动化体外方法的用途，其主要内容是检测细胞或组织样本中的至少两种肿瘤或癌症标记物并处理得到一定信息。根据审查指南（2006 版）第二部分第一第 4.3.1.1 节的规定，"一项与疾病诊断有关的方法如果同时满足以下两个条件，则属于疾病的诊断方法，不能被授予专利权：（1）以有生命的人体或动物体为对象；（2）以获得疾病诊断结果或健康状况为直接目的。"在权利要求 1~6 的技术方案中，尽管其直接实施对象是处于体外的生物学样品（细胞或组织），但根据说明书的记载和本领域的公知常识，这些生物学样品必然来自活的有机体，因此其实质上仍是以有生命的人体或动物体为对象；此外，尽管权利要求1~6 的方案中未明确包括诊断步骤，但包括了检测步骤，而且根据说明书的记载，本领域技术人员基于该方法获得的信息，足以得知该个体中是否存在癌细胞及其前体，从而得知该个体是否患病或者是否存在患病风险，故权利要求 1~6 的用途技术方案的目的仍然是为了获得个体的疾病诊断结果或健康状况的信息。因此该权利要求 1~6 的技术方案满足审查指南关于疾病诊断方法的两个判断条件，属于专利法第 25 条第 1 款第（3）项规定的不能授予专利权的客体。

在专利复审委员会于 2006 年 12 月 22 日收到的复审请求人提交的权利要求书修改替换页中，复审请求人将权利要求 1~6 的主题修改成原方法的用途，并认为修改后的主题可以授权。合议组认为，就权利要求 1~6 的方案来说，无论要求保护一种方法还是一种方法的用途，实质上都涉及疾病的诊断方法，满足审查指南关于疾病诊断方法的两个判断条件，况且用途权利要求也属于方法权利要求的一种，因此复申请求人的上述主张不成立。

综上所述，本专利权利要求 1~6 均涉及疾病的诊断方法，属于专利法第 25 条第 1 款规定的不授予专利权的客体。

基于上述事实和理由，本案合议组依法作出以下审查决定。

**三、决定**

维持国家知识产权局于 2004 年 12 月 3 日对 01143708.1 号发明专利申请作出的驳回决定。

复审请求人对本决定不服的，可以根据专利法第 41 条第 2 款的规定，自收到本决定之日起三个月内向北京市第一中级人民法院起诉。

## 北京市第一中级人民法院
## 行政判决书

（2007）一中行初字第 1379 号

原告拜尔公司，住所地德意志联邦共和国勒沃库森。

法定代表人迈克·克里缪克博士，秘书。

法定代表人尼尔斯·佩舍内克博士，秘书。

委托代理人吴玉和，男，中国专利代理（香港）有限公司专利代理人。

委托代理人温宏艳，女，中国专利代理（香港）有限公司专利代理人。

被告中华人民共和国国家知识产权局专利复审委员会，住所地中华人民共和国北京市海淀区北四环西路 9 号。

法定代表人廖涛，副主任。

委托代理人周航，女，中华人民共和国国家知识产权局专利复审委员会审查员。

委托代理人刘妍，女，中华人民共和国国家知识产权局专利复审委员会审查员。

原告拜尔公司不服被告中华人民共和国国家知识产权局专利复审委员会专利复审请求审查决定，于 2007 年 8 月 30 日向本院提起行政诉讼。本院受理后，依法组成合议庭并于 2007 年 12 月 3 日公开开庭审理了本案。原告的委托代理人吴玉和、温宏艳，被告的委托代理人周航、刘妍到庭参加了诉讼。本案现已审理终结。

2007 年 5 月 22 日，被告作出第 10638 号复审请求审查决定（以下简称第 10638 号决定），决定维持中华人民共和国国家知识产权局（以下简称国家知识产权局）于 2004 年 12 月 3 日对 01143708.1 号发明专利申请（以下简称本申请）作出的驳回决定。决定认为：

1. 关于审查文本

被告于 2006 年 12 月 22 日收到原告提交的权利要求书修改替换页，经合议组审查，上述修改文本符合《中华人民共和国专利法实施细则》（以下简称《专利法实施细则》）第六十条第一款的规定，并且未发现其存在不符合《中华人民共和国专利法》（以下简称《专利法》）第三十三条规定之处，因此本复审决定以被告于2006年12月22日收到的权利要求第1~6项，原告于2001年12月18日提交的说明书第1~10页以及摘要为审查文本。

2. 关于《专利法》第二十五条第一款

如果请求保护的方法中虽然未包括诊断步骤，但包括了检测步骤，而且根据现有技术中的医学知识和该专利申请公开的内容，只要知晓所说的检测信息，就能够直接获得疾病的诊断结果或健康状况，则该方法属于疾病的诊断方法。

在本案中，权利要求1~6要求保护用于鉴定癌细胞及其前体的自动化体外方法的用途，其主要内容是检测细胞或组织样本中的至少两种肿瘤或癌症标记物并处理得到一定信息。根据审查指南（2006版）第二部分第一第4.3.1.1节的规定，"一项与疾病诊断有关的方法如果同时满足以下两个条件，则属于疾病的诊断方法，不能被授予专利权：（1）以有生命的人体或动物体为对象；（2）以获得疾病诊断结果或健康状况为直接目的。"在权利要求1~6的技术方案中，尽管其直接实施对象是处于体外的生物学样品（细胞或组织），但根据说明书的记载和本领域的公知常识，这些生物学样品必然来自活的有机体，因此其实质上仍是以有生命的人体或动物体为对象；此外，尽管权利要求1~6的方案中未明确包括诊断步骤，但包括了检测步骤，而且根据说明书的记载，本领域技术人员基于该方法获得的信息，足以得知该个体中是否存在癌细胞及其前体，从而得知该个体是否患病或者是否存在患病风险，故权利要求1~6的用途技术方案的目的仍然是为了获得个体的疾病诊断结果或健康状况的信息。因此该权利要求1~6的技术方案满足审查指南关于疾病诊断方法的两个判断条件，属于《专利法》第二十五条第一款第（三）项规定的不能授予专利权的客体。

在被告于2006年12月22日收到的原告提交的权利要求书修改替换页中，原告将权利要求1~6的主题修改成原方法的用途，并认为修改后的主题可以授权。被告认为，就权利要求1~6的方案来说，无论要求保护一种方法还是一种方法的用途，实质上都涉及疾病的诊断方法，满足审查指南关于疾病诊断方法的两个判断条件，况且用途权利要求也属于方法权利要求的一种，因此原告的上述主张不成立。

综上所述，本申请权利要求1~6均涉及疾病的诊断方法，属于《专利法》第二十五条第一款规定的不授予专利权的客体。

基于上述理由，被告作出第10638号决定，维持国家知识产权局于2004年12月3日对本申请作出的驳回决定。

被告在法定的举证期限内向本院提交并经庭审质证的证据有：（1）本申请说明书；（2）驳回决定；（3）复审请求书；（4）2006年3月17日复审通知书；（5）2006年6月27日复审意见陈述书；（6）2006年10月24日复审通知书；（7）2006年12月7日复审意见陈述书。上述证据用于证明第10638号决定认定事实清楚、适用法律法规正确、审理程序合法。

原告诉称：（1）依据2001年版的《审查指南》第二部分第一章第3.3.1.1节的规定，本专利权利要求1未满足上述规定的三个条件中的任何一个，本申请不属于不应授予专利权的范围；（2）2001年版审查指南所给出的不能被授予专利权的例子中，均是指向"以有生命的人体或动物为对象"，而没有涉及"已经脱离人体或动物的组织"，2001年版的审查指南第二部分第一章第3.3.1.2节明确规定，对已经脱离人体或动物的组织、体液或排泄物进行处理或检测的方法不能依据《专利法》第二十五条第一款第（三）项的规定拒绝授予其专利权；（3）本申请的权利要求并不是专利法意义上的诊断方法，该鉴定不是在活体材料中进行，也不可能在有生命的机体中进行，必须在取自患者的样品中单独进行，属于体外检测；（4）即使适用2006年版审查指南第二部分第一章第4.3.1.1节论述的诊断方法是在有生命的人人体或动物体上实施的，而本申请明显是一种体外方法；（5）本申请权利要求1~6属于一种医学上的检测方法，不同于《专利法》第二十五条第一款第（三）项规定的疾病的诊断方法。综上，第10638号决定证据不足、适用法律法规错误，请求法院撤销第10638号决定，判令被告重新作出复审决定。

原告向法院提交了如下证据：（1）本申请说明书；（2）第一次审查意见通知书；（3）第一次意见陈述书；（4）驳回决定；（5）复审请求书；（6）2006年3月17日复审通知书；（7）2006年6月27日复审意见陈述书；（8）2006年10月24日复审通知书；（9）2006年12月7日复审意见陈述书。上述证据用以证明本申请符合专利法的要求，应当予以授权。

被告辩称：（1）在《审查指南》（2006版）于2006年7月1日公布实施后，按照《施行修订后审查指南的过渡办法》的规定，对本案应当参照审查指南2006版的规定进行审查；（2）第10638号决定认定事实清楚、适用法律正确、审理程序合法，原告的诉讼请求无法律和事实依据。综上，被告请求法院依法驳回原告的诉讼请求，维持第10638号决定。

经庭审质证，原告对被告提交的证据的关联性、合法性、真实性没有异议，但不同意被告主张的证明作用。被告认为原告提交的证据1、3与本案无关联性，对原告提交的其他证据没有异议，但不同意原告主张的证明作用。本院认为，被告及原告提交证据与被诉第10638号决定有关，且合法，各方当事人对其真实性均无异议，能够证明本案的事实，本院予以采纳。

根据上述有效证据及各方当事人在庭审中无争议的陈述，本院确认如下事实：

本案涉及申请日为2001年12月18日，优先权日为2000年12月18日，申请号为01143708.1，名称为"通过同时测量至少两种不同分子标记物来提高检测肿瘤及其前体阶段时的临床持异性的方法"的发明专利申请（即本申请），申请人为拜尔公司（即本案原告）。其公开的权利要求如下：

"1. 鉴定癌细胞及其前体的自动化方法，其特征在于同时检测细胞或组织样本中至少两种标记物，并且合并和确认信号强度。

2. 按照权利要求1的方法，其特征在于所述的自动化信息处理与一个诊断专家系统连接，该系统将图像信息归纳为建议性诊断。

3. 按照权利要求1~2的方法，其特征在于通过分析组织样本的组成区域内的显色反应或荧光信号定量检测出所述的分子标记物，并且将二级色彩或各个色彩的空间接近在使用至少两种标记物提供附加信息时与单一染色比较。

4. 按照权利要求1~3的方法，其特征在于检测下列标记物的联合物：her2/neu和Ki67、her2/neu和p53、her2/neu和bc1-2、her2/neu和MN、her2/eu和mdm-2、her2/neu和EGF受体、bc1-2和Ki67、bc1-2和MN、bc1-2和mdm-2、bc1-2和EGF受体、her2/neu和bc1-2、p53和bc1-2、p53和MN、p53和mdm-2、p53和EGF受体、p16和p53、p16和MN、p16和mdm-2、p16和EGF受体、p16和Ki67、p16和her2/neu、p16和bc1-2、MN和mdm-2、MN和EGF受体、mdm-2和EGF受体。

5. 按照权利要求1~4的方法，其特征在于检测乳腺、肺、子宫颈、结肠、皮肤和前列腺的肿瘤。

6. 按照权利要求1~5的方法，其特征在于它包括反射性试验。

7. 实施权利要求1~6的方法的试验试剂盒，它含有全部必要的试剂。"

国家知识产权局实质审查部门依原告的请求对本申请进行了实质审查，于2004年5月28日发出第一次审查意见通知书，指出本申请权利要求1~6涉及疾病的诊断方法，属于《专利法》第二十五条第一款第（三）项规定不授予专利权的情形、权利要求7不符合《专利法实施细则》第二十条第一款的规定。

针对上述审查意见通知书，原告于2004年9月3日提交了意见陈述书和权利要求书的修改替换页。其中仅删除了权利要求7，原告认为权利要求1~6由于涉及体外诊断方法，是可以授予专利权的。

经过上述实质审查程序后，国家知识产权局实质审查部门以本申请权利要求1~6仍不符合《专利法》第二十五条第一款的规定为由，于2004年12月3日作出了驳回本申请的决定。

原告不服上述驳回决定，于2005年1月24日向被告提出复审请求，但未对本申请进行任何修改。原告坚持认为本申请的方法只涉及体外诊断，没有施用到有生命的有机体中，因此符合《专利法》第二十五条第一款的规定。

经形式审查合格后，被告依法受理了上述请求，于2005年2月28日向原告发出了复审请求受理通知书，同时向原审查部门发出前置审查通知书。

原审查部门对该复审请求作出前置审查意见，仍然坚持原驳回决定。

被告依法成立合议组，对该复审请求进行审查，合议组于2006年3月17日发出复审通知书，指出本申请权利要求1~6的技术方案满足审查指南（2001版）第二部分第一章第3.3.1.1节规定的属于疾病诊断方法的技术方案的三个条件，因此按照《专利法》第二十五条第一款第（三）项的规定，不能被授予专利权。

针对上述复审通知书，原告于2006年6月27日提交了意见陈述书和权利要求书的修改替换页，修改后的权利要求共有7项，其中权利要求1~6是在驳回决定所针对的权利要求1~6的基础上将顺序和引用关系稍作调整，并在独立权利要求1的主题中加入“体外”二字，同时进一步限定了分子标记物的种类，权利要求7是新增加的有关试剂盒的独立权利要求。原告认为对于修改后的权利要求来说，审查员之前的审查意见不再适用。

针对上述修改文本，被告根据2006年7月1日起施行的审查指南（2006版）的相关规定对本申请进行审查，于2006年10月24日再次发出复审通知书，指出上述修改文本中权利要求1~6仍然属于疾病的诊断方法，属于《专利法》第二十五条第一款规定的不授予专利权的客体；权利要求7不是为了消除驳回决定或合议组指出的缺陷而进行的修改，不符合《专利法实施细则》第六十条第一款的规定。

2006年12月22日，被告收到原告针对2006年10月24日发出的复审通知书提交的意见陈述书和权利要求书的修改替换页。其中删除了权利要求7，并将权利要求1~6修改为用途权利要求，修改后的权利要求如下：

“1. 用于鉴定癌细胞及其前体的自动化体外方法的用途，其特征在于同时检测细胞或组织样本中至少两种标记物，并且合并和汇总信号强度，并且至少一个分子标记物选自：her2/neu、p16、p53、Ki67、MN、mdm-2、bcl-2和EGF受体。

2. 按照权利要求1的用途，其特征在于标记物的联合物是：her2/neu1和Ki67、her2/neu和p53、her2/neu和bcl-2、her2/neu和MN、her2/neu和mdm-2、her2/neu和EGF受体、bcl-2和Ki67、bcl-2和MN、bcl-2和mdm-2、bcl-2和EGF受体、her2/neu和bcl-2、p53和bcl-2、p53和MN、p53和mdn-2、p53和EGF受体、p16和p53、p16和MN、p16和mdm-2、p16和EGF受体、p16和Ki67、p16和her2/neu、p16和bcl-2、MN和mdm-2、MN和EGF受体、mdm-2和EGF受体。

3. 按照权利要求1的用途，其特征在于所述的自动化信息处理与一个诊断专家系统连接，该系统将图像信息归纳为建议性诊断。

4. 按照权利要求1~3中任何一项的用途，其特征在于通过分析组织样本的组成区域内的显色反应或荧光信号定量检测出所述的分子标记物，其中将二级色彩或各个色彩的空间接近在使用至少两种标记物提供附加信息时与单一染色比较。

5. 按照权利要求1~4中任何一项的用途，其特征在于检测乳腺、肺、子宫颈、结肠、皮肤和前列腺的肿瘤。

6. 按照权利要求1~5中任何一项的用途，其特征在于它包括反射性试验。”

在此基础上，被告认为本案事实已经清楚，作出第10638号决定，维持国家知识产权局于2004年12月3日对本申请作出的驳回决定。原告不服该决定诉至本院。

本院认为，根据《专利法》第二十五条第一款规定：对下列各项，不授予专利权：（1）科学发现；（2）智力活动的规则和方法；（3）疾病的诊断和治疗方法；（4）动物和植物品种；（5）用原子核变换方法获得的物质。参照《审查指南》（2006版）第二部分第一章第4.3.1.1节的规定，一项与疾病诊断有关的方法如果同时满足以下两个条件，则属于疾病的诊断方法，不能被授予专利权：（1）以有生命的人体或动物体为对象；（2）以获得疾病诊断结果或健康状况为直接目的。如果一项发明从表述形式上看是以离体样品为对象的，但该发明是以获得同一主体疾病诊断结果或健康状况为直接目的的，则该发明仍然不能被授予专利权。如果请求专利保护的方法中包括了诊断步骤或者虽未包括诊断步骤但包括检测步骤，而根据现有技术中的医学知识和该专利申请公开的内容，只要知晓所说的诊断或检测信息，就能够直接获得疾病的诊断结果或健康状况，则该方法满足上述条件（2）。

本案中，权利要求1~6要求保护用于鉴定癌细胞及其前体的自动化体外方法的用途，其主要内容是检测细胞或组织样本中的至少两种肿瘤或癌症标记物并处理得到一定信息。在权利要求1~6的技术方案中，尽管其直接实施对象是处于体外的生物学样品（细胞或组织），但根据说明书的记载和本领域的公知常识，这些生物学样品必然来自活的有机体，因此其实质上仍是以有生命的人体或动物体为对象；此外，尽管权利要求1~6的方案中未明确包括诊断步骤，但包括了检测步骤，而且根据说明书的记载，本领域技术人员基于该方法获得的信息，足以得知该个体中是否存在癌细胞及其前体，从而得知该个体是否患病或者是否存在患病风险，故权利要求1~6的用途技术方案的目的仍然是为了获得个体的疾病诊断结果或健康状况的信息。因此该权利要求1~6的技术方案满足审查指南（2006版）关于疾病诊断方法的两个判断条件，属于《专利法》第二十五条第一款第（三）项规定的不能授予专利权的客体。

综上所述，第10638号决定认定事实清楚、适用法律正确、审理程序合法，本院予以维持。原告的诉讼主张缺乏事实及法律依据，本院不予支持。据此，本院依照《中华人民共和国行政诉讼法》第五十四条第（一）项之规定，判决维持被告中华人民共和国国家知识产权局专利复审委员会于二〇〇七年五月二十二日作出的第10638号复审请求审查决定。

案件受理费100元，由原告拜尔公司负担（已交纳）。

如不服本判决，原告拜尔公司可在判决书送达之日起30日内，被告中华人民共和国国家知识产权局专利复审委员会可在判决书送达之日起15日内，向本院递交上诉状，并按对方当事人的人数提出副本，预交上诉案件受理费100元，上诉于中华人民共和国北京市高级人民法院。

审 判 长 齐 莹
代理审判员 乔 军
人民陪审员 杨一平
二〇〇八年一月八日
书 记 员 赵 锋

060

# 相移测量方法，相移修正方法，和 MRI 装置

## 复审请求审查决定（第 10645 号）

**决　定　号**　第 10645 号
**决　定　日**　2007 年 5 月 30 日
**发明创造名称**　相移测量方法，相移修正方法，和 MRI 装置
**国 际 分 类 号**　A61B 5/055
**复 审 请 求 人**　通用电器横河医疗系统株式会社
**申　请　号**　97114669.1
**申　请　日**　1997 年 7 月 11 日
**优 先 权 日**　1996 年 7 月 11 日，1997 年 3 月 14 日
**公　开　日**　1998 年 2 月 4 日
**合 议 组 组 长**　刘颖杰
**主　审　员**　熊　茜
**参　审　员**　高桂莲

**法 律 依 据**　专利法第 26 条第 3 款
**决 定 要 点**

说明书中的技术术语应该在说明书整体记载的内容中理解，其中说明书背景技术中提到的某技术术语应该和说明书中其他部分中的相同技术术语含义相同，因此说明书背景技术中提到的某技术术语的含义清楚就是该说明书中的该技术术语的含义清楚。

**一、案由**

本复审请求涉及申请号为 97114669.1、名称为"相移测量方法，相移修正方法，和 MRI 装置"的发明专利申请（下称本申请），其申请日为 1997 年 7 月 11 日，申请人为通用电器横河医疗系统株式会社。

在实质审查程序中，国家知识产权局专利局实质审查部门于 2005 年 6 月 17 日发出了第一次审查意见通知书，指出本申请的说明书未对发明作出清楚、完整的说明，致使所属技术领域的技术人员不能实现该发明，从而不符合专利法第 26 条第 3 款的规定，具体为：本申请的说明书中记载了对采样数据进行一阶富里埃变换，但说明书中未对"一阶富里埃变换"的具体含义进行说明，并且该术语也不是本领域的公知常识，本领域普通技术人员根据说明书的记载无法清楚得知该术语的具体含义，从而无法实施该发明。

针对上述审查意见通知书，申请人于 2005 年 10 月 27 日提交了意见陈述书和如下 2 篇参考文献。

参考文献1：由IEEE公开的文献摘录：PRINCIPLE OF MAGNETIC RESONANCE IMAGING，2000年出版；

参考文献2："数学手册"，科学出版社，第292~301页，1978年。

申请人认为：参考文献1描述了关于轴线（或维数）进行富里埃变换的富里埃变换的阶，具体如其中所述"一维富里埃变换"就是指"第一阶富里埃变换"；并且，由于在参考文献2中也记载了一般的"富里哀（埃）变换"，因此该变换已经是公知常识，"一阶富里埃变换"更是其中最简单者。因此申请人认为本申请符合专利法第26条第3款的规定。

经过上述实质审查程序后，国家知识产权局专利局实质审查部门以本申请不符合专利法第26条第3款的规定为理由，于2006年2月24日做出了驳回决定，认为本申请说明书中未对"一阶富里埃变换"的具体含义进行说明，还认为申请人提供的两份参考文献并不能证实"一阶富里埃变换"是本领域公知常识，具体为：

首先，从参考文献1的扉页可知，参考文献1的出版日期是在2000年，是在本申请的申请日之后公开的文献，不足以证明该技术特征在本申请的申请日之前就已经是公知常识。

其次，参考文献1中也没有明确记载本申请中所述的"一阶富里埃变换"，关于申请人在意见陈述中认为其中的"一维富里埃变换"就相当于本申请的"一阶富里埃变换"这一主张也是不成立的。

最后，参考文献2中仅有对于"富里埃变换"的描述，而没有关于"一阶富里埃变换"的记载，从而申请人关于"一阶富里埃变换"是公知常识的论断也不能成立。

申请人（下称复审请求人）不服上述驳回决定，于2006年6月3日向专利复审委员会提出复审请求，同时提交了本申请背景技术中的一篇参考文献（下称参考文献3）。

参考文献3：R. Scott Hinks等人在Proc. SMR，p. 634发表的"Fast Spin Echo Prescan for Arrifact Reduction"，1995年。

复审请求人的理由是：（1）由答复"一通"时举出的参考文献2可知"富里埃变换"是公知常识，因此其最简单形式"一阶富里埃变换"显然是普通技术人员更能了解的；（2）参考文献1尽管出版于本申请日之后，但其作为理解"富里埃变换"以及"一阶（或一维）富里埃变换"而用的知识性的说明，与其出版日期没有直接关系；（3）本申请说明书背景技术中说到的（见说明书第1页第20~24行）"减少这种重象的技术在由R. Scott Hinks等人在Proc. SMR，p. 634，1995中公开提出，其中，预扫描数据被采样，且在预扫描中不施加编码梯度曲线，对采样数据进行沿K空间频率轴的一阶富里埃变换，因此而得到相位数据，并且根据影像主扫描的相位数据修正读取梯度曲线的偏差相位和反相脉冲P"，其中清楚给出了"一阶富里埃变换"的含义。

经形式审查合格后，专利复审委员会依法受理了该复审请求，并于2006年7月31日向复审请求人发出了复审请求受理通知书，同日向原审查部门发出了前置审查通知书。

原审查部门对本复审请求进行了前置审查，在前置审查中，原审查部门仍然坚持原驳回决定，理由为：（1）参考文献2中虽然描述了"富里埃变换"，但并没有关于"一阶富里埃变换"的记载，也没有关于"一阶富里埃变换"是"富里埃变换"的最简单形式的描述；（2）参考文献1的出版日期是在2000年，是在本申请的申请日之后公开的文献，不足以证明该技术特征在本申请的申请日之前就已经是公知常识，不能作为本申请公开之前的现有技术的证明；（3）申请人新提交的R. Scott Hinks等人的参考文献中，未描述"一阶富里埃变换"，仅描述了"1D Fourier transform"，即"一维富里埃变换"，因此也不能作为申请人所述"一阶富里埃变换"的解释。

复审请求人于2006年12月19日提交了补正书和说明书第1~32页、权利要求第1~10项、附图第1~25页、摘要以及摘要附图的修改替换页，将全部申请文件中的"一阶富里埃变换"修改为"一维富里埃变换”。

专利复审委员会依法成立合议组，对本案进行了审理，本案合议组经合议后，认为本案事实清楚，现依法作出审查决定。

**二、决定的理由**

1. 关于专利法第33条

专利法第33条规定：申请人可以对其专利申请文件进行修改，但是，对发明和实用新型专利申请文件的修改不得超出原说明书和权利要求书记载的范围。审查指南第二部分第八章第5.2.1和5.2.3节对此作了进一步规定：原说明书和权利要求书记载的范围包括原说明书和权利要求书文字记载的内容和根据原说明书和权利要求书文字记载的内容以及说明书附图能直接地、毫无疑义地确定的内容。

复审请求人于2006年12月19日提交了修改文本，将全部申请文件中的“一阶富里埃变换”修改为“一维富里埃变换”。

对此修改，合议组认为：参考文献3中，即本申请说明书背景技术中说到的（见说明书第1页第20~24行）“减少这种重象的技术在由R. Scott Hinks等人在Proc. SMR，p. 634，1995中公开提出，其中，预扫描数据被采样，且在预扫描中不施加编码梯度曲线，对采样数据进行沿K空间频率轴的一阶富里埃变换，因此而得到相位数据，并且根据影像主扫描的相位数据修正读取梯度曲线的偏差相位和反相脉冲P”，其中根据参考文献3原文可知，申请人在上述内容中将由R. Scott Hinks等人在Proc. SMR，p. 634，1995中公开的文章中的“1D Fourier transform”翻译成了“一阶富里埃变换”，而在本申请其他部分的内容中的“一阶富里埃变换”与背景技术中的“一阶富里埃变换”是对应一致的，由此可见本申请中出现的“一阶富里埃变换”就是申请人在说明书背景技术中引用的R. Scott Hinks等人在Proc. SMR，p. 634，1995中公开的文章中的“1D Fourier transform”，而对本领域技术人员来说“1D Fourier transform”即为“一维富里埃变换”，上述情况可以证实本申请原始说明书中记载的“一阶富里埃变换”实际就是“一维富里埃变换”，因此，复审请求人将“一阶富里埃变换”改为“一维富里埃变换”并未超出原说明书记载的范围，针对本申请文件的上述修改符合专利法第33条的规定。

2. 审查文本

由于上述第1点的认定，本决定是基于复审请求人在2006年12月19日提交的说明书第1-32页、权利要求第1~10项、附图第1~25页、摘要、摘要附图的基础上而作出的。

3. 关于专利法第26条第3款

专利法第26条第3款规定：说明书应当对发明或者实用新型作出清楚、完整的说明，以所属技术领域的技术人员能够实现为准。

针对本案，合议组认为，复审请求人于2006年12月19日提交的修改文本，将申请文件中提到的全部“一阶富里埃变换”修改为“一维富里埃变换”，而根据参考文献3可知，“一维富里埃变换”是本申请申请日之前的现有技术，不需在说明书中对其含义进行说明，因此目前的说明书克服了驳回决定指出的缺陷。

**三、决定**

在修改文本的基础上撤销国家知识产权局于2006年2月24日就97114669.1号发明专利申请作出的驳回决定。

由原审查部门在复审请求人于2006年12月19日提交的说明书第1~32页、权利要求第1~10项、附图第1~25页、摘要、摘要附图的基础上继续进行审查程序。

复审请求人对本决定不服的，可以根据专利法第41条第2款的规定，自收到本决定之日起三个月内向北京市第一中级人民法院起诉。

061

# 投影设备和投影设备的冷却方法

## 复审请求审查决定（第10683号）

**决　定　号**　第10683号
**决　定　日**　2007年6月4日
**发明创造名称**　投影设备和投影设备的冷却方法
**国际分类号**　G03B 21/16
**复审请求人**　索尼公司
**申　请　号**　01110831.2
**申　请　日**　2001年2月9日
**优先权日**　2000年2月9日
**公　开　日**　2001年8月15日
**合议组组长**　黄玉平
**主　审　员**　张惠军
**参　审　员**　杨加黎

**法律依据**　专利法第22条第3款
**决定要点**

如果一项权利要求相对于最接近的现有技术存在区别技术特征，且现有技术中并未给出将该区别技术特征应用到该最接近的现有技术以解决其存在的技术问题的启示，则认为该项权利要求的技术方案对于本领域技术人员来说不具有显而易见性，符合专利法第22条第3款有关创造性的规定。

### 一、案由

本复审请求涉及申请号为01110831.2、发明名称为“投影设备和投影设备的冷却方法”的发明专利申请（下称本申请），其申请日为2001年2月9日，优先权日为2000年2月9日，申请人为索尼公司。

经实质审查，国家知识产权局实质审查部门于2004年2月13日以本申请权利要求1~6相对于对比文件1不符合专利法第22条第3款的规定为由，作出驳回本申请的决定。驳回决定所涉及的对比文件1为：JP7-121118A，其公开日为1995年5月12日。

驳回决定所依据的审查文本为：申请人于2003年9月18日提交的权利要求第1~6项，于申请日即2001年2月9日提交的说明书第1~7页、说明书附图第1~8页、说明书摘要及摘要附图。驳回决定所针对的权利要求书共包括6项权利要求，其中权利要求1和4为独立权利要求，独立权利要求1

具体为：

“1. 一种投影设备，包括

利用光源光放大和投射图像的光学单元，

反射来自所述光学单元的所述投影图像的反射部件，和

从背面投射来自所述反射部件的所述投影图像的屏幕，

所述投影设备还包括含有所述光源并具有多个表面的灯室，以及用于排放所述灯室内部热量的排气部件，

至少一个排气口被分别设置在所述灯室的多个表面的彼此不同的表面上；

其特征在于，至少一个所述排气口被设置在所述灯室的底表面侧，从而在布置所述灯室时在布置表面和底表面之间形成热量的通道。”

驳回决定中认为，对比文件1中从位于底部的进气口进气，并从设置在两侧的排气口将热量排出，尽管其没有公开权利要求1中将排气口设置在底部的技术方案，但是对于本领域普通技术人员来说，将进气口或排气口设置在不同表面上，是根据装置的结构设置而定的，可根据需要而设置，将排气口设置在底表面是可行的且很容易想到，因此权利要求1相对于对比文件1与公知常识的结合不具备专利法第22条第3款规定的创造性；基于同样的理由，独立权利要求4也不具备创造性。此外，从属权利要求2、3、5和6也不具备专利法第22条第3款规定的创造性。

申请人索尼公司（下称复审请求人）对上述驳回决定不服，于2004年4月27日向专利复审委员会提出复审请求，同时提交了权利要求书的修改替换页，删除了权利要求4至6，并对权利要求1进行了修改。复审请求人认为，对比文件1没有公开修改后的权利要求1中的如下特征：“所述排气部件包括一确定的、管形的空气通道，一第一排气口和一第二排气口设置在不同的灯室表面，以从灯室排出空气，所述第一和第二排气口与所述确定的、管形的空气通道连通，但是以彼此垂直的方向从所述确定的、管形的空气通道分别排出空气”，“至少一个所述排气口被设置在所述灯室的底表面侧，从而在布置所述灯室时在布置表面与底表面之间形成热量的通道”，并认为对比文件1的进气口12位于灯室的底表面侧，本领域技术人员不会将排气口也布置在灯室的底表面侧，现有技术和公知常识中没有明示或教导通过“排气口被设置在所述灯室的底表面侧”的结构来适当地进行排气，从而保持内部温度，同时也没有公开或明示“所述排气部件包括一确定的、管形的空气通道”，因此本专利相对于对比文件1与公知常识的结合具备创造性。修改后的权利要求书共包括3项权利要求，其中权利要求1为独立权利要求，如下：

“1. 一种投影设备，包括

利用光源光放大和投射图像的光学单元，

反射来自所述光学单元的所述投影图像的反射部件，和

从背面投射来自所述反射部件的所述投影图像的屏幕，

所述投影设备还包括含有所述光源并具有多个表面的灯室，以及用于排放所述灯室内部热量的排气部件，所述排气部件包括一确定的、管形的空气通道，一第一排气口和一第二排气口设置在不同的灯室表面，以从灯室排出空气，所述第一和第二排气口与所述确定的、管形的空气通道连通，但是以彼此垂直的方向从所述确定的、管形的空气通道分别排出空气；

其中，至少一个所述排气口被设置在所述灯室的底表面侧，从而在布置所述灯室时在布置表面和底表面之间形成热量的通道。”

经形式审查合格后，专利复审委员会受理了该复审请求，于2004年5月17日向复审请求人发出复审请求受理通知书，并于同日向国家知识产权局原实质审查部门发出前置审查通知书。

国家知识产权局原实质审查部门在前置审查意见书中认为，申请人修改之后的权利要求1中虽然增加了技术特征，但是增加管形通道的特征之后权利要求1与对比文件1相比仍不具备创造性，因此坚持原驳回决定。

专利复审委员会依法成立合议组对本复审请求案进行了审查。本案合议组于2005年4月29日发出复审通知书，指出：本申请权利要求1与对比文件1的区别在于：在对比文件1中，两个排气口6设置在灯室两侧，而权利要求1的其中一个排气口设置在灯室的底表面侧，并且权利要求1中的两个排气口与空气通道连通且以彼此垂直的方向从空气通道分别排出空气。对此合议组认为，尽管对比文件1中两个排气口的设置位置与权利要求1中第一和第二排气口的设置位置不同，不过由于对比文件1中给出了为避免因投影装置的安放而造成将排气口遮蔽，而在灯室的两个不同侧面上设置排气口的技术启示，实现了避免因安装而引起的排气口被阻塞的技术效果。本领域普通技术人员在根据投影设备的具体结构、待安装位置等实际情况，而需要将进气口设置在靠上的位置时，易于想到将排气口设置在侧面或底面上，以便在进气口与排气口之间构成空气通道，将投影设备中产生的热量排放到外部。因此权利要求1相对于对比文件1不具有突出的实质性特点，且并未取得意想不到的技术效果，不符合专利法第22条第3款有关创造性的规定。从属权利要求2的附加技术特征属于本领域公知常识，从属权利要求3的附加技术特征已被对比文件1公开，因此从属权利要求2和3也不符合专利法第22条第3款有关创造性的规定。

专利复审委员会于2005年6月3日收到了复审请求人针对上述复审通知书提交的意见陈述书和权利要求书修改替换页。修改后的权利要求书中共有3项权利要求，其中权利要求1为独立权利要求，如下：

“1. 一种投影设备，包括

利用容纳在一壳体中的光源的光放大和投射图像的光学单元，

反射来自所述光学单元的所述投影图像的反射部件，和

从背面投射来自所述反射部件的所述投影图像的屏幕，

所述投影设备还包括含有容纳在壳体中的所述光源并具有多个表面的灯室，一确定的、围起来的、与所述壳体相连的空气通道，一向容纳在所述壳体中的所述光源供给冷却空气并通过所述确定的、围起来的空气通道排出由所述光源加热的热空气的风扇，第一排气口和第二排气口设置在不同的灯室表面，以排出所述热空气，所述第一和第二排气口与所述确定的、围起来的空气通道连通，但是以彼此垂直的方向从所述确定的、围起来的空气通道分别排出所述热空气；

其中，至少一个所述排气口被设置在所述灯室的底表面侧，从而在布置所述灯室时在布置表面和底表面之间形成热空气的空气通道。”

复审请求人认为，对比文件1没有公开“容纳在壳体中的光源，一确定的、围起来的、与所述壳体相连的空气通道，一向容纳在所述壳体中的所述光源供给冷却空气并通过所述确定的、围起来的空气通道排出由所述光源加热的热空气的风扇”这些技术特征。且对比文件1的冷却系统依赖于自然空气循环，如果一个空气出口被墙壁等覆盖，冷却系统不能充分工作。本申请权利要求1的冷却系统不依赖于自然空气循环，如果一个空气出口被墙壁等覆盖，风扇可以继续充分冷却光源。此外，通常的投影设备在底面有4个脚，因此底面的出口不会被覆盖。因此认为本申请权利要求1~3具备创造性。

在上述工作的基础上，合议组认为本案事实已经清楚，可以依法作出复审决定。

**二、决定的理由**

1. 决定所依据的文本

以复审委员会于2005年6月3日收到的复审请求人所提交的权利要求第1~3项，复审请求人于

申请日即2001年2月9日提交的说明书第1~7页、说明书附图第1~8页、说明书摘要及摘要附图作为本复审决定所依据的文本。

2. 关于专利法第22条第3款

专利法第22条第3款规定：创造性，是指同申请日以前已有的技术相比，该发明有突出的实质性特点和显著的进步，该实用新型有实质性特点和进步。

如果一项权利要求相对于最接近的现有技术存在区别技术特征，且现有技术中并未给出将该区别技术特征应用到该最接近的现有技术以解决其存在的技术问题的启示，则认为该项权利要求的技术方案对于本领域技术人员来说不具有显而易见性，符合专利法第22条第3款有关创造性的规定。

在本案中，独立权利要求1请求保护一种投影设备。对比文件1公开了一种背面投影图像显示装置，其中（参见对比文件1说明书第0011~0026，0035~0037段，附图1~5，8~10，13~14）具体披露了以下技术特征：该装置包括容纳在壳体中的投射阴极射线管2，投射光学单元3，二者间的结合部件8（投影阴极射线管2、投射光学单元3以及二者间的结合部件8所构成的整体相当于权利要求1中所述的光学单元），用于反射投影图像的光路折反用反射镜4，从背面投射来自反射镜的投影图像的投影屏幕7，包含有阴极射线管2并具有多个表面的灯室1，两个分别设置在不同灯室侧面的排气口6，设置在灯室底表面一侧的进气口12。该投影装置的冷却散热过程是：冷却空气由进气口12进入，经阴极射线管的发热部分，从设置在显示装置灯壳两侧的排气口6排出。权利要求1与对比文件1相比，区别在于：（1）在对比文件1中，灯室内部的热量通过通道15从排气口6排放出，其通道15是由灯室内各个元件之间的空隙所空气连通而形成的，而本申请权利要求1中，存在一确定的、围起来的空气通道（参见本申请附图5、6、7、8），灯室内部的热量通过该空气通道经由两排气口排出；（2）本申请权利要求1具有用于向光源提供冷却空气并经由所述空气通道排出热空气的风扇，对比文件1没有此设置；（3）本申请权利要求1中两个排气口以彼此垂直的方向从所述空气通道分别排出热空气，且其中一个排气口设置在灯室的底表面侧，而对比文件1中两个排气口分别设置在灯室的两个侧面，两者排出热空气的方向近似是平行的。本申请权利要求1相对于对比文件1实际所要解决的技术问题是，在一个排气口被遮挡的情况下使显示装置内的热空气能够从另一排气口顺利排出。

针对上述区别，合议组认为，在对比文件1所公开的技术方案中，其所要解决的技术问题是现有显示装置贴墙壁设置时，因现有显示装置灯室背侧的排气口被墙壁遮挡而不能排出内部热空气的问题，所采用的技术手段是将两个排气口设置在灯室两侧，如此设置之后，即使显示装置与墙壁表面之间没有间隙，位于两侧的排气口也不会被墙壁遮挡，从而可将内部热空气顺利排放出，尽管当对比文件1其中一个排气口被墙壁等遮挡时，显示装置内的热量有可能经由另一排气口排放出，但是由于对比文件1中并没有一个确定的、围起来的空气通道供排出热空气使用，且没有对空气起抽吸作用的风扇，那么当其中一个排气口被遮挡时，依靠空气的自然流动，显示装置内一部分热空气可经由另一排气口顺利排出，但必然有一部分热空气（即本应从被遮挡的排气口排出的热空气）在显示装置内长时间滞留，显示装置内部局部温度将升高，会导致故障的发生。与之相比，在本申请权利要求1的技术方案中，通过形成确定的、围成的空气通道，并将两个排气口设置成以彼此垂直的方向从所述空气通道分别排出热空气、且其中一个排气口设置在灯室的底表面侧，并通过设置向光源提供冷却空气并将热空气经由空气通道排出的排气扇。通过如此设置空气通道、排气扇和排气口，当其中一个排气口（例如灯室背侧的排气口）被墙壁等遮挡时，空气仍然可以从另外一个排气口（例如底表面侧的排气口）顺利地排放出；另外，通过设置围起来的确定的空气通道，并使两个排气口与该空气通道空气连通，能保证空气在显示装置中顺畅地流通，并进一步保证当一个排气口被遮挡时显示装置中的热空气能从另一排气口顺利排出；而且，通过设置风扇，可加速显示设备内空气的流动，这样即使一个排气口被墙壁等遮挡，由于风扇对空气的抽吸作用也能保证显示设备内的热空气经由空气通道由另一排气口顺利排出，而对比文件 1 也未给出设置确定的、围起来的空气通道及风扇的技术启示。因此，本申请权利要求 1 相对于对比文件 1 具有突出的实质性特点和显著的进步，符合专利法第 22 条第 3 款有关创造性的规定。

在独立权利要求 1 具备创造性时，其从属权利要求 2 和 3 也具备创造性，符合专利法第 22 条第 3 款的规定。

基于上述理由，合议组作出以下决定。

**三、决定**

在专利复审委员会于 2005 年 6 月 3 日收到的复审请求人提交的修改文本的基础上，撤销国家知识产权局于 2004 年 2 月 13 日对 01110831.2 号发明专利申请作出的驳回决定。

原审查部门应当以本复审决定所针对的文本作为审查基础继续进行审批程序。

复审请求人对本决定不服的，可以根据专利法第 41 条第 2 款的规定，自收到本决定之日起三个月内向北京市第一中级人民法院起诉。

062

# 液晶显示器

## 复审请求审查决定（第10684号）

**决　定　号**　第10684号
**决　定　日**　2007年6月4日
**发明创造名称**　液晶显示器
**国 际 分 类 号**　G02F 1/136，G09G 3/36
**复 审 请 求 人**　夏普株式会社
**申　请　号**　02159341.8
**申　请　日**　2002年12月26日
**优 先 权 日**　2002年2月5日
**公　开　日**　2003年8月20日
**合 议 组 组 长**　张惠军
**主　审　员**　宋　瑞
**参　审　员**　马　燕

**法 律 依 据**　专利法第22条第3款
**决 定 要 点**

如果一项发明与现有技术之间的区别特征为公知常识，或者仅仅是本领域技术人员根据具体情况进行的常规选择，且上述区别特征也没有带来预料不到的技术效果，则该发明不具备创造性。

### 一、案由

本复审请求涉及申请日为2002年12月26日，优先权日为2002年2月5日，名称为“液晶显示器”的发明专利申请（下称本申请），其申请号为02159341.8，公开日为2003年8月20日，申请人原为富士通株式会社，后于2005年8月5日变更为夏普株式会社。

国家知识产权局实质审查部门依法对该专利申请进行了实质审查，于2004年9月3日发出第一次审查意见通知书，引用一篇对比文件：EP0915453 A1（下称对比文件1），其公开日为1999年5月12日；该通知书指出本申请权利要求1~9不符合专利法第22条第3款的规定，不具备创造性。

申请人针对第一次审查意见通知书于2005年1月18日提交了意见陈述书，同时提交了权利要求书全文和说明书全文的修改替换页，认为修改后的权利要求1~9具备创造性。

国家知识产权局实质审查部门在此基础上继续审查，于2005年4月15日发出第二次审查意见通知书，指出权利要求1~9相对于对比文件1仍不符合专利法第22条第3款的规定，不具备创造性。

申请人针对第二次审查意见通知书于2005年6月14日提交了意见陈述书和权利要求书全文的修

改替换页，修改后的权利要求书共包括4项权利要求，其中修改后的权利要求1结合了原权利要求1～6的技术特征，修改后的权利要求3结合了原权利要求1～5和7的技术特征，修改后的权利要求2、4的附加技术特征与原权利要求9的附加技术特征相同，其具体内容为：

“1. 液晶显示器，包括：液晶电容，通过在彼此面对面的电极之间夹持液晶而形成；正极性驱动电路系统，它通过在电极之间施加正极性电压，给液晶电容充上正电荷；以及负极性驱动电路系统，它与正极性驱动电路系统相互独立，通过在电极之间施加负极性电压，给液晶电容充上负电荷；其中彼此面对面的电极具有：象素电极，它设置在具有液晶电容的多个象素的每一个上；以及公共电极，它面向每个象素电极，二者之间填有液晶，以向其提供公共电压；其中象素具有：施加正压TFT，它给象素电极施加正极性电压；以及施加负压TFT，它给象素电极施加负极性电压；其中正极性驱动电路系统具有：施加正压栅总线，它向施加正压TFT的栅极输出施加正压栅脉冲；施加正压数据总线，它向施加正压TFT的源或漏极输出具有正极性的数据电压；其中负极性驱动电路系统具有：施加负压栅总线，它向施加负压TFT的栅极输出施加负压栅脉冲；施加负压数据总线，它向施加负压TFT的源或漏输出具有负极性的数据电压；其中正极性驱动电路系统具有：用于正极性驱动的栅总线驱动电路，它向施加正压栅总线输出施加正压栅脉冲；用于正极性驱动的数据总线驱动电路，它向施加正压数据总线输出具有正极性的数据电压，其中负极性驱动电路系统具有：用于负极性驱动的栅总线驱动电路，它向施加负压栅总线输出施加负压栅脉冲；用于负极性驱动的数据总线驱动电路，它向施加负压数据总线输出具有负极性的数据电压；其中施加正压TFT和施加负压TFT的沟道的导电类型为n型。

2. 根据权利要求1的液晶显示器，其中正极性驱动电路系统和负极性驱动电路系统被集成地形成在一个绝缘衬底上，在该衬底上形成任一个电极。

3. 液晶显示器，包括：液晶电容，通过在彼此面对面的电极之间夹持液晶而形成；正极性驱动电路系统，它通过在电极之间施加正极性电压，给液晶电容充上正电荷；以及负极性驱动电路系统，它与正极性驱动电路系统相互独立，通过在电极之间施加负极性电压，给液晶电容充上负电荷；其中彼此面对面的电极具有：象素电极，它设置在具有液晶电容的多个象素的每一个上；以及公共电极，它面向每个象素电极，二者之间填有液晶，以向其提供公共电压；其中象素具有：施加正压TFT，它给象素电极施加正极性电压；以及施加负压TFT，它给象素电极施加负极性电压；其中正极性驱动电路系统具有：施加正压栅总线，它向施加正压TFT的栅极输出施加正压栅脉冲；施加正压数据总线，它向施加正压TFT的源或漏极输出具有正极性的数据电压；其中负极性驱动电路系统具有：施加负压栅总线，它向施加负压TFT的栅极输出施加负压栅脉冲；施加负压数据总线，它向施加负压TFT的源或漏输出具有负极性的数据电压；其中正极性驱动电路系统具有：用于正极性驱动的栅总线驱动电路，它向施加正压栅总线输出施加正压栅脉冲；用于正极性驱动的数据总线驱动电路，它向施加正压数据总线输出具有正极性的数据电压，其中负极性驱动电路系统具有：用于负极性驱动的栅总线驱动电路，它向施加负压栅总线输出施加负压栅脉冲；用于负极性驱动的数据总线驱动电路，它向施加负压数据总线输出具有负极性的数据电压；其中施加正压TFT和施加负压TFT的沟道的导电类型为p型。

4 根据权利要求3的液晶显示器，其中正极性驱动电路系统和负极性驱动电路系统被集成地形成在一个绝缘衬底上，在该衬底上形成任一个电极。”

经过上述审查程序之后，国家知识产权局实质审查部门以本申请权利要求1～4与对比文件1相比不具备创造性为由，于2005年7月29日作出驳回决定，驳回决定针对的申请文本是：申请人于2005年6月14日提交的权利要求第1～4项；于2005年1月18日提交的说明书第1～16页，以及于申请日提交的说明书附图第 1~8 页、说明书摘要和摘要附图。

申请人夏普株式会社（下称复审请求人）对上述驳回决定不服，于 2005 年 10 月 21 日向专利复审委员会提出复审请求，其复审理由为：在本申请的电路构型中，一个象素的两个 TFT 的导电类型可以是 N 型和 P 型，只有 N 型或者只有 P 型的任意组合。而对比文件 1 的技术方案不适用于两个 N 型 TFT 或两个 P 型 TFT 存在于一个象素中的配置构型，同时本申请的电路构型可以为施加正、负电压的 TFT 提供不同的电压幅度，因此本申请的权利要求与对比文件 1 的技术方案不同，对比文件 1 不能破坏本申请的创造性。复审请求人在提出复审请求时未对申请文件进行修改。

经形式审查合格后，专利复审委员会依法受理了上述请求，并于 2005 年 12 月 5 日向复审请求人发出复审请求受理通知书，并于同日向原实质审查部门发出前置审查通知书，将本案转送至原实质审查部门进行前置审查。

原实质审查部门经前置审查，坚持原驳回决定。

针对该复审请求，专利复审委员会依法成立合议组，对本案进行了审理。

本案合议组于 2007 年 3 月 9 日向复审请求人发出复审通知书，其中对于复审请求人在复审请求书中的意见，合议组认为，本申请与对比文件 1 的区别在于所选择的 TFT 的沟道类型有所不同，因此用于驱动 TFT 的驱动系统也不同，但是，在 p、n 两种沟道类型的 TFT 用于驱动液晶象素都属于现有技术的情况下，当一个单一的驱动系统不能同时满足驱动施加正、负电压的 TFT 时，本领域技术人员将该单一的驱动系统换成两个独立的驱动系统以满足需求是显而易见的常规选择，且上述替换不能带来任何意想不到的技术效果，因此本申请权利要求 1~4 相对于对比文件 1 和公知常识的结合不符合专利法第 22 条第 3 款的规定，不具备创造性。

针对上述复审通知书，复审请求人于 2007 年 4 月 20 日提交了意见陈述书，同时提交了权利要求书全文和说明书全文的修改替换页，在独立权利要求 1、3 中分别加入了“其中施加正压 TFT 的栅极电压的工作范围与施加负压 TFT 的栅极电压的工作范围不同”的技术特征，权利要求书还增加了两项从属权利要求 5、6，复审请求人认为，由于在权利要求 1、3 中增加的上述技术特征在对比文件 1 中没有公开或提示，本申请的技术方案可以从上述技术特征获得有可能减小象素 TFT 驱动电压的有益技术效果，因此本申请的权利要求具有创造性。修改后的权利要求书的具体内容如下：

“1. 液晶显示器，包括：液晶电容，通过在彼此面对面的电极之间夹持液晶而形成；正极性驱动电路系统，它通过在电极之间施加正极性电压，给液晶电容充上正电荷；以及负极性驱动电路系统，它与正极性驱动电路系统相互独立，通过在电极之间施加负极性电压，给液晶电容充上负电荷；其中彼此面对面的电极具有：象素电极，它设置在具有液晶电容的多个象素的每一个上；以及公共电极，它面向每个象素电极，二者之间填有液晶，以向其提供公共电压；其中象素具有：施加正压 TFT，它给象素电极施加正极性电压；以及施加负压 TFT，它给象素电极施加负极性电压；其中正极性驱动电路系统具有：施加正压栅总线，它向施加正压 TFT 的栅极输出施加正压栅脉冲；施加正压数据总线，它向施加正压 TFT 的源或漏极输出具有正极性的数据电压；其中负极性驱动电路系统具有：施加负压栅总线，它向施加负压 TFT 的栅极输出施加负压栅脉冲；施加负压数据总线，它向施加负压 TFT 的源或漏输出具有负极性的数据电压；其中正极性驱动电路系统具有：用于正极性驱动的栅总线驱动电路，它向施加正压栅总线输出施加正压栅脉冲；用于正极性驱动的数据总线驱动电路，它向施加正压数据总线输出具有正极性的数据电压，其中负极性驱动电路系统具有：用于负极性驱动的栅总线驱动电路，它向施加负压栅总线输出施加负压栅脉冲；用于负极性驱动的数据总线驱动电路，它向施加负压数据总线输出具有负极性的数据电压；其中施加正压 TFT 和施加负压 TFT 的沟道的导电类型为 n 型，其中施加正压 TFT 的栅极电压的工作范围与施加负压 TFT 的栅极电压的工作范围不同。

2. 根据权利要求1的液晶显示器，其中正极性驱动电路系统和负极性驱动电路系统被集成地形成在一个绝缘衬底上，在该衬底上形成任一个电极。

3. 液晶显示器，包括：液晶电容，通过在彼此面对面的电极之间夹持液晶而形成；正极性驱动电路系统，它通过在电极之间施加正极性电压，给液晶电容充上正电荷；以及负极性驱动电路系统，它与正极性驱动电路系统相互独立，通过在电极之间施加负极性电压，给液晶电容充上负电荷；其中彼此面对面的电极具有：象素电极，它设置在具有液晶电容的多个象素的每一个上；以及公共电极，它面向每个象素电极，二者之间填有液晶，以向其提供公共电压；其中象素具有：施加正压TFT，它给象素电极施加正极性电压；以及施加负压TFT，它给象素电极施加负极性电压；其中正极性驱动电路系统具有：施加正压栅总线，它向施加正压TFT的栅极输出施加正压栅脉冲；施加正压数据总线，它向施加正压TFT的源或漏极输出具有正极性的数据电压；其中负极性驱动电路系统具有：施加负压栅总线，它向施加负压TFT的栅极输出施加负压栅脉冲；施加负压数据总线，它向施加负压TFT的源或漏输出具有负极性的数据电压；其中正极性驱动电路系统具有：用于正极性驱动的栅总线驱动电路，它向施加正压栅总线输出施加正压栅脉冲；用于正极性驱动的数据总线驱动电路，它向施加正压数据总线输出具有正极性的数据电压，其中负极性驱动电路系统具有：用于负极性驱动的栅总线驱动电路，它向施加负压栅总线输出施加负压栅脉冲；用于负极性驱动的数据总线驱动电路，它向施加负压数据总线输出具有负极性的数据电压；其中施加正压TFT和施加负压TFT的沟道的导电类型为p型，其中施加正压TFT的栅极电压的工作范围与施加负压TFT的栅极电压的工作范围不同。

4. 根据权利要求3的液晶显示器，其中正极性驱动电路系统和负极性驱动电路系统被集成地形成在一个绝缘衬底上，在该衬底上形成任一个电极。

5. 根据权利要求1的液晶显示器，其中保持施加正压TFT关断的电势与保持施加负压TFT关断的电势不同；以及保持施加正压TFT导通的电势与保持施加正压TFT关断的电势之间的电势差，与保持施加负压TFT导通的电势与保持施加负压TFT关断的电势之间的电势差不同。

6. 根据权利要求3的液晶显示器，其中保持施加正压TFT关断的电势与保持施加负压TFT关断的电势不同；以及保持施加正压TFT导通的电势与保持施加正压TFT关断的电势之间的电势差，与保持施加负压TFT导通的电势与保持施加负压TFT关断的电势之间的电势差不同。”

经过上述审查程序，合议组认为本案事实已经清楚，现依法作出复审请求审查决定。

**二、决定的理由**

1. 关于审查基础

本复审决定是以复审请求人于2007年4月20日提交的权利要求第1~6项、说明书第1~18页以及于申请日提交的说明书附图第1~8页、说明书摘要和摘要附图为基础作出的。

2. 关于专利法第22条第3款

专利法第22条第3款规定：创造性，是指同申请日以前已有的技术相比，该发明有突出的实质性特点和显著的进步，该实用新型有实质性特点和进步。

如果一项发明与现有技术之间的区别特征为公知常识，或者仅仅是本领域技术人员根据具体情况进行的常规选择，且上述区别特征也没有带来预料不到的技术效果，则该发明不具备创造性。

就本案而言，权利要求1请求保护一种液晶显示器，对比文件1公开了一种液晶显示设备，具体公开了以下技术特征：所述的液晶显示设备包括由彼此面对面的象素电极38夹持液晶37而形成的液晶电容；一p沟道TFT35用于提供正极性电压，以给液晶电容充上正电荷，一n沟道TFT34用于提供负极性电压，以给液晶电容充上负电荷，p沟道TFT35用于给象素电极施加正极性电压，n沟道TFT34用于给象素电极施加负极性电压；具有施加正电压的扫描线S1n–S4n，又可以被称为正电压栅极总线，施加垂直信号线 H1p-H4p，又可以被称为施加正压数据总线，它向施加正压 TFT 的源或漏极输出具有正极性的数据电压；同时，具有施加负电压的扫描线 S1p-S4p，又可以被称为负电压栅极总线，施加垂直信号线 H1n-H4n，又可以被称为施加负压数据总线，它向施加负压 TFT 的源或漏极输出具有负极性的数据电压；用作正/负极性驱动的扫描线驱动电路 30，通过与门21～24，向施加正压/负压扫描线输出施加正压/负压扫描脉冲；用作正极性驱动的图像信号线驱动电路 32，它向施加正压图像信号线输出具有正极性的数据电压；用作负极性驱动的图像信号线驱动电路 33，它向施加负压图像信号输出线输出具有负极性的数据电压（参见对比文件 1 说明书第 7 栏第 1 行至第 8 栏第 55 行以及附图 2）。可见，权利要求 1 与对比文件 1 的区别在于：（1）权利要求 1 中施加正压 TFT 和施加负压 TFT 的沟道类型为 n 型，而对比文件 1 中，施加正压 TFT 的沟道类型为 p 型，施加负压 TFT 的沟道类型为 n 型；（2）权利要求 1 中用于施加正极性电压的驱动系统和用于施加负极性电压的驱动系统独立设置，而对比文件 1 中的用于施加正极性电压的驱动系统和用于施加负极性电压的驱动系统是同一套供电系统，采用反相器对系统输出的信号极性进行转变；（3）权利要求 1 中施加正压 TFT 的栅极电压的工作范围与施加负压 TFT 的栅极电压的工作范围不同。合议组认为，对于上述区别特征（1），给液晶象素施加正压或负压 TFT 的沟道类型可以是 p 型也可以是 n 型，本领域技术人员可以根据需要进行选择，并且 p 沟道 TFT 和 n 沟道 TFT 的技术性能属于本领域公知常识，因此在本申请技术方案中对不同沟道类型 TFT 的选择也不能带来任何意想不到的技术效果；对于上述区别特征（2），是本领域技术人员根据液晶显示器中所采用的 TFT 类型的不同而进行的常规选择，在对比文件 1 中采用反相器的单个驱动系统不能符合 TFT 驱动需要时，将其换成两个独立的驱动系统分别对两种极性的 TFT 进行驱动以符合 TFT 驱动的需要，对于本领域技术人员来说是显而易见的；对于上述区别特征（3），实质上就是可对正压 TFT 和负压 TFT 施加不同的栅极电压信号，其目的正如复审请求人在复审请求书中所说："使正压电路和负压电路分开并独立，有可能利用各种 TFT 的不同的最小电压幅度，由于这一原因，可以使液晶显示器的功率消耗降低"，显然，上述区别特征（3）只是为了满足不同 TFT 的最小电压幅度而提供相应的栅极电压信号，这属于本领域技术人员对具体情况作出的常规选择，而选用尽可能小的电压幅度可以减小功耗是公知常识，其带来的技术效果也是显而易见的。因此，权利要求 1 相对于对比文件 1 和公知常识的结合不具备创造性，因而不符合专利法第 22 条第 3 款的规定。

3. 权利要求 2 不符合专利法第 22 条第 3 款的规定

权利要求 2 引用权利要求 1，其附加技术特征为"正极性驱动电路系统和负极性驱动电路系统被集成地形成在一个绝缘衬底上，在该衬底上形成任一个电极"，由于在本领域中将驱动电路系统集成在同一个衬底上属于惯用技术手段，因此在权利要求 1 不具备创造性的情况下，权利要求 2 不具备创造性，因而不符合专利法第 22 条第 3 款的规定。

4. 权利要求 3 不符合专利法第 22 条第 3 款的规定

权利要求 3 请求保护一种液晶显示器，对比文件 1 公开了一种液晶显示设备，并具体公开了以下技术特征：所述的液晶显示设备包括由彼此面对面的象素电极 38 夹持液晶 37 而形成的液晶电容；一 P 沟道 TFT35 用于提供正极性电压，以给液晶电容充上正电荷，一 N 沟道 TFT34 用于提供负极性电压，以给液晶电容充上负电荷，P 沟道 TFT35 用于给象素电极施加正极性电压，N 沟道 TFT34 用于给象素电极施加负极性电压；具有施加正电压的扫描线 S1n-S4n，又可以被称为正电压栅极总线，施加垂直信号线 H1p-H4p，又可以被称为施加正压数据总线，它向施加正压 TFT 的源或漏极输出具有正极性的数据电压；同时，具有施加负电压的扫描线 S1p-S4p，又可以被称为负电压栅极总线，施加垂直信号线 H1n-H4n，又可以被称为施加负压数据总线，它向施加负压 TFT 的源或漏极输出具有负极性的数据电压；用作正/负极性驱动的扫描线驱动电路 30，通过与门 21-24，向施加正压/负压扫描线输出施加正压/负压扫描脉冲；用作正极性驱动的图像信号线驱动电路 32，它向施加正压图像信号线输出具有正极性的数据电压；用作负极性驱动的图像信号线驱动电路 33，它向施加负压图像信号输出线输出具有负极性的数据电压（参见对比文件 1 说明书第 7 栏第 1 行至第 8 栏第 55 行以及附图 2）。权利要求 3 与对比文件 1 的区别在于：（1）权利要求 3 中施加正压 TFT 和施加负压 TFT 的沟道类型为 p 型，而对比文件 1 中施加正压 TFT 的沟道类型为 p 型，施加负压 TFT 的沟道类型为 n 型；（2）权利要求 3 中用于施加正极性电压的驱动系统和用于施加负极性电压的驱动系统独立设置，而对比文件 1 中的用于施加正极性电压的驱动系统和用于施加负极性电压的驱动系统是同一套供电系统，采用反相器对系统输出的信号极性进行转变；（3）权利要求 3 中施加正压 TFT 的栅极电压的工作范围与施加负压 TFT 的栅极电压的工作范围不同。合议组认为，对于上述区别特征（1），给液晶象素施加正压或负压 TFT 的沟道类型可以是 p 型也可以是 n 型，本领域技术人员可以根据需要进行选择，并且 p 沟道 TFT 和 n 沟道 TFT 的技术性能属于本领域公知常识，因此在本申请技术方案中对不同沟道类型 TFT 的选择也不能带来任何意想不到的技术效果；对于上述区别特征（2），是本领域技术人员根据液晶显示器中所采用的 TFT 类型的不同而进行的常规选择，在对比文件 1 中采用反相器的单个驱动系统不能符合 TFT 驱动需要时，将其换成两个独立的驱动系统分别对两种极性的 TFT 进行驱动以符合 TFT 驱动的需要，对于本领域技术人员来说是显而易见的；对于上述区别特征（3），实质上就是可对正压 TFT 和负压 TFT 施加不同的栅极电压信号，其目的正如复审请求人在复审请求书中所说："使正压电路和负压电路分开并独立，有可能利用各种 TFT 的不同的最小电压幅度，由于这一原因，可以使液晶显示器的功率消耗降低"，显然，上述区别特征（3）只是为了满足不同 TFT 的最小电压幅度而提供相应的栅极电压信号，这属于本领域技术人员对具体情况作出的常规选择，而选用尽可能小的电压幅度可以减小功耗是公知常识，其带来的技术效果也是显而易见的。因此，权利要求 3 相对于对比文件 1 和公知常识的结合不具备创造性，因而不符合专利法第 22 条第 3 款的规定。

5. 权利要求 4 不符合专利法第 22 条第 3 款的规定

权利要求 4 引用权利要求 3，其附加技术特征为"正极性驱动电路系统和负极性驱动电路系统被集成地形成在一个绝缘衬底上，在该衬底上形成任一个电极"，由于在本领域中将驱动电路系统集成在同一个衬底上属于惯用技术手段，因此在权利要求 3 不具备创造性的情况下，权利要求 4 不具备创造性，因而不符合专利法第 22 条第 3 款的规定。

复审请求人在针对复审通知书的意见陈述书中认为，本申请修改后的技术方案有可能减小像素 TFT 的驱动电压。对此，本案合议组认为，通过在权利要求 1、3 中增加"其中施加正压 TFT 的栅极电压的工作范围与施加负压 TFT 的栅极电压的工作范围不同"的技术特征并不能带来上述技术效果，上述特征的采用实际上是为了在供电上满足其通过常规选择的各种 TFT 的驱动需要，属于本领域公知常识，且上述技术特征也不能带来任何意想不到的技术效果，因此复审请求人的上述理由不成立。

综上所述，本申请权利要求 1~4 仍不符合专利法第 22 条第 3 款的规定，不具备创造性。

至于复审请求人在答复复审通知书时新增加的两项从属权利要求，即从属权利要求 5 和 6，由于在驳回决定和复审通知书所针对的申请文本中并未涉及，因此本合议组在本决定中对从属权利要求 5 和 6 是否具备创造性不再进行评价。

基于上述理由，本案合议组作出如下复审请求审查决定。

**三、决定**

维持国家知识产权局于 2005 年 7 月 29 日对 02159341.8 号发明专利申请作出的驳回决定。

复审请求人对本决定不服的，可根据专利法第 41 条第 2 款的规定，自收到本决定之日起三个月内向北京市第一中级人民法院起诉。

063

# 乙肝病毒前 $S_1$ 抗原酶联免疫测定试剂盒及制备方法

## 复审请求审查决定（第 10685 号）

**决 定 号** 第 10685 号

**决 定 日** 2007 年 6 月 6 日

**发明创造名称** 乙肝病毒前 $S_1$ 抗原酶联免疫测定试剂盒及制备方法

**国 际 分 类 号** G01N 33/53，G01N 33/531，G01N 33/576

**复 审 请 求 人** 上海新新医学生物工程公司、杜凤鸣

**申 请 号** 00115678.0

**申 请 日** 2000 年 5 月 15 日

**公 开 日** 2001 年 11 月 28 日

**合 议 组 组 长** 刘颖杰

**主 审 员** 周 航

**参 审 员** 张惠军

**法 律 依 据** 专利法第 22 条第 3 款

**决 定 要 点**

如果一项权利要求的技术方案与对比文件公开的内容相比存在区别技术特征，且该区别技术特征是针对该权利要求技术方案要解决的技术问题所特有的，并非本领域的公知常识，且对比文件中也未给出相应的技术启示，则仅凭这些对比文件公开的内容不足以否定该权利要求的创造性。

### 一、案由

本复审请求涉及申请号为 00115678.0、发明名称为“乙肝病毒前 $S_1$ 抗原酶联免疫测定试剂盒及制备方法”的发明专利申请（下称本申请），其申请日是 2000 年 5 月 15 日，公开日是 2001 年 11 月 28 日，申请人是上海新新医学生物工程公司和杜凤鸣。其公开的权利要求如下：

“1. 一种乙肝病毒 $preS_1$ 抗原酶联免疫测定试剂盒，其特征在于该试剂盒是由主要成分前 $S_1$ 抗体预包被反应条 48~96 孔、酶标记前 $S_1$ 抗体和次要成分阳性对照液 1 支、阴性对照液 1 支、20 倍浓洗涤液 1 瓶、底部缓冲液甲 1 瓶、底物缓冲液乙 1 瓶及终止液（$4NH_2SO_4$）1 瓶组成。

2. 一种如权利要求 1 所述的一种乙肝病毒 pre $S_1$ 抗原酶联免疫测定试剂盒的制备方法，其特征在于该方法包括下列步骤：（1）前 $S_1$ 抗原基因重组成前 $S_1$ 基因片断的 21-47aa 及 10-199aa；（2）免疫 Balb/c 小鼠，得前 $S_1$ 抗体阳性鼠；（3）细胞融合，Balb/c 小鼠脾细胞与骨髓瘤细胞融合成杂交瘤胞株；（4）筛选阳性克隆后，进行杂交瘤细胞扩增，得腹水；（5）抗前 $S_1$ 单抗制备，腹水除去细

胞及其他杂质得纯化前 $S_1$ 单抗；（6）HRP-抗前 $S_1$ 单抗制备，辣根过氧化物酶（HRP）与前 $S_1$ 单抗偶联；（7）包被前 $S_1$ 抗体成为予包被反应条；（8）分装试剂盒其余 7 种成分，按试剂盒需要量分装在小瓶或尖底离心管中；（9）检定试剂盒的特异性、灵敏度、精密度、稳定性合格；（10）组装成为成品。

3. 根据权利要求 1 所述的一种乙肝病毒 pre $S_1$ 抗原酶联免疫测定试剂盒，其特征在于其中所述的阳性对照液为 HBV-DNA 和 HbeAg 均阳性血清、阴性对照液为正常人血清、浓洗涤液为磷酸-Tween-20、底物缓冲液甲为 $H_2O_2$、底物缓冲液乙为 3，3′. 5. 5′-四甲基联苯胺。”

申请人于 2002 年 3 月 28 日提交了权利要求书和说明书第 5~6 页的主动修改替换页，其中将部分术语“前 $S_1$”、“单抗”替换为“抗 S”，并将权利要求书和说明书中涉及的前 $S_1$ 片段“10-199aa”改为“10-119aa”。

应申请人的请求，国家知识产权局专利局实质审查部门对本申请进行了实质审查，并于 2003 年 2 月 14 日发出第一次审查意见通知书，认为申请人于 2002 年 3 月 28 日提交的修改文本的修改时机不符合专利法实施细则第 51 条第 1 款的规定，不予接受。同时以申请日提交的权利要求第 1 页、说明书第 3~8 页、2000 年 8 月 28 日提交的说明书第 1~2 页为审查基础，指出本申请的权利要求 1~3 不符合专利法第 22 条第 3 款有关创造性的规定。该第一次审查意见通知书中引用了如下五篇对比文件：

对比文件 1：徐蓓等，“血清乙型肝炎病毒前 $S_1$ 抗原检测及其与病毒复制的关系”，《中华实验和临床病毒学杂志》，1997 年第 11 卷第 2 期，第 117~120 页；

对比文件 2：US4959323，其公开日为 1990 年 9 月 25 日；

对比文件 3：李秀惠等，“前 S1 及其抗体在急性 HBV 感染中的表现”，《临床肝胆病杂志》，1996 年第 12 卷第 3 期，第 148~150 页；

对比文件 4：CN1188235A，其公开日为 1998 年 7 月 22 日；

对比文件 5：林卫等，“抗乙型肝炎表面抗原不同亚型单克隆抗体细胞株的建立和鉴定”，《微生物学免疫学进展》，1998 年第 26 卷第 4 期，第 15~16 页。

针对第一次审查意见通知书，申请人于 2003 年 6 月 8 日提交了意见陈述书，未修改申请文件。申请人认为，本申请要求保护的是试剂盒，对比文件 1~5 均只涉及部分试剂和操作方法，而本发明中试剂的用量和配比达到了最佳，而且用试剂制备试剂盒本身就需要付出创造性劳动。同时申请人叙述了本申请技术方案的研发流程并提供了其产品在中国药品生物制品检定所的检定报告、国家药品监督管理局的新药证书及生产批件、上海市高新技术成果转化项目认定证书的复印件，欲用以证明得到本申请的技术方案需要付出创造性的劳动并具备创造性。

经过上述程序，国家知识产权局专利局于 2003 年 8 月 8 日以本申请权利要求 1~3 不符合专利法第 22 条第 3 款为由作出驳回决定。其中指出，（1）本申请权利要求 1 中涉及的试剂盒主要成分已在对比文件 1 中公开，其区别仅在于对比文件 1 中没有一一列出酶联免疫实验所使用的其他试剂，而这些试剂是本领域技术人员所公知的，例如对比文件 4 也公开了这些作为常用试剂的次要成分，本领域技术人员在对比文件 1 的基础上结合公知常识得出权利要求 1 的技术方案是显而易见的。（2）权利要求 2 要求保护的内容是权利要求 1 的试剂盒的制备方法，其中涉及单克隆抗体的制备步骤在对比文件 5 中公开，尽管对比文件 5 中制备的是抗乙肝表面抗原的单克隆抗体，与权利要求 2 中制备的抗乙肝病毒前 S1 单克隆抗体不同，然而其制备方法和原理是相似的，且所得到的抗体在试剂盒中的作用相同，另外试剂盒中其他成分的制备方法也是本领域的常规工艺，因此本领域技术人员在对比文件 1 基础上结合对比文件 5 和公知常识得出权利要求 2 的技术方案是显而易见的。（3）权利要求 3 从属于权利要求 1，其附加技术特征是酶联免疫测定过程中的常用技术手段，本领域技术人员在对比文件 1 基础上结合公知常识得到权利要求3的技术方案是显而易见的。（4）驳回决定还针对申请人的意见陈述进行了评述，认为由试剂制备试剂盒是本领域的公知技术，对比文件5中建立单抗的步骤也与权利要求2中建立单抗的步骤对应，而申请人强调的最佳用量和配比、生产工艺流程等内容并未记载在本申请的权利要求书和说明书中，也不能根据已有内容唯一导出，此外申请人提供的“新药证书及生产批件”等附件不能证明本申请的技术方案具备专利法所规定的创造性。

申请人上海新新医学生物工程公司和杜凤鸣（下称复审请求人）对上述驳回决定不服，于2003年11月14日向专利复审委员会提出了复审请求，其中未对申请文件作出任何修改，并重申了其答复第一次审查意见通知书时陈述的意见，同时强调，本申请权利要求2中制备单克隆抗体时选取的重组基因片段是首创性的，对比文件中均未公开，其使得本申请的技术方案具有突出的实质性特点和显著的进步。

经形式审查合格后，专利复审委员会受理了该复审请求，于2003年12月18日发出复审请求受理通知书，并将本申请案卷移交原审查部门进行前置审查。

在前置审查中，原审查部门坚持原驳回决定。

专利复审委员会依法成立合议组对该复审请求案进行了审理，本案合议组于2006年6月27日发出复审通知书，其中首先指出本申请说明书中有关“包被抗体”的记载前后不一致，说明书第6~8页实施例中使用的是抗S抗体，而说明书其余部分都使用的是前$S_1$抗体，以致其技术方案前后矛盾，该复审通知书中认为，按照双抗体夹心法的抗原结合位点理论，在酶标抗体为前$S_1$抗体的情况下，包被抗体应当为抗S抗体，因此按照说明书目前的记载，其技术方案不清楚，不符合专利法第26条第3款的规定。同时该复审通知书中还指出，本申请权利要求1和3相对于对比文件1和4的结合不具备创造性。

复审请求人于2006年8月4日针对上述复审通知书进行了意见陈述并提交了权利要求书和说明书的修改替换页，其中将说明书和权利要求书中使用的“包被抗体”统一成“前$S_1$抗体”，并将权利要求1和3删除，只保留原权利要求2。

合议组于2006年12月6日就“包被抗体”应当是“前$S_1$抗体”还是“抗S抗体”的问题与复审请求人进行了电话讨论，复审请求人表示，由于抗体上的抗原结合位点不是唯一的，并且通过多次临床试验表明，本申请中采用“前$S_1$抗体”作为包被抗体能够实现本发明的目的，并希望将“$PreS_1$”统一改为“前$S_1$”以克服形式缺陷。合议组同意申请人针对上述问题提交意见陈述书和修改文本。

复审请求人2006年12月22日就上述电话讨论提交了书面意见陈述和权利要求书的修改替换页，将“$PreS_1$”统一改为“前$S_1$”。之后复审请求人为了改正上述修改文本中试剂盒成分不清楚的缺陷，另于2006年12月29日和2007年3月9日两次提交了意见陈述书和权利要求书修改替换页，两次提交内容完全相同，均将权利要求1中试剂盒的其余7种成分明确为“酶标记前$S_1$抗体、阳性对照液1支、阴性对照液1支、20倍浓洗涤液1瓶、底部缓冲液甲1瓶、底物缓冲液乙1瓶及终止液（$4NH_2SO_4$）1瓶”。修改后的权利要求如下：

“1. 一种乙肝病毒前$S_1$抗原酶联免疫测定试剂盒的制备方法，其特征在于该方法包括下列步骤：（1）前$S_1$抗原基因重组成前$S_1$基因片断的21-47aa及10-199aa；（2）免疫Balb/c小鼠，得前$S_1$抗体阳性鼠；（3）细胞融合，Balb/c小鼠脾细胞与骨髓瘤细胞融合成杂交瘤胞株；（4）筛选阳性克隆后，进行杂交瘤细胞扩增，得腹水；（5）抗前$S_1$单抗制备，腹水除去细胞及其他杂质得纯化前$S_1$单抗；（6）HRP-抗前$S_1$单抗制备，辣根过氧化物酶与前$S_1$单抗偶联；（7）包被前$S_1$抗体成为予包被反应条；（8）分装试剂盒的其余7种成分，即酶标记前$S_1$抗体、阳性对照液1支、阴性对照液1支、

20倍浓洗涤液1瓶、底部缓冲液甲1瓶、底物缓冲液乙1瓶及终止液（$4NH_2SO_4$）1瓶，按试剂盒需要量分装在小瓶或尖底离心管中；（9）检定试剂盒的特异性、灵敏度、精密度、稳定性合格；（10）组装成为成品。”

至此，合议组认为本案事实已经清楚，现依法作出本决定。

**二、决定的理由**

1. 关于包被抗体的修改以及本决定所针对的审查文本

复审请求人于2006年8月4日提交了说明书的修改替换页，其中将原说明书第6~8页实施例中作为包被抗体使用的“Anti-S抗体”，即抗S抗体改成“前$S_1$抗体”。合议组经审查认为，由于抗体上的抗原结合位点不唯一，前$S_1$抗体作为包被抗体能够使本申请中的被测抗原同时与包被抗体和标记抗体结合，从而实现本申请的技术方案，鉴于本申请原权利要求书和说明书第1~5页涉及包被抗体时均采用的是“前$S_1$抗体”，可见本发明中意欲采用的包被抗体是“前$S_1$抗体”，因此复审请求人将说明书第6~8页实施例中的包被抗体由抗S抗体改为“前$S_1$抗体”是本领域技术人员结合原始文本的内容能够直接无疑义地推导出来的，故上述修改符合专利法第33条的规定，可以予以接受。

复审请求人于2007年3月9日提交了权利要求书的修改替换页，经审查上述修改文本也符合专利法第33条和专利法实施细则第60条第1款的规定，因此本复审决定以复审请求人于2007年3月9日提交的权利要求第1项，2006年8月4日提交的说明书第1~8页，以及2000年5月15日提交的说明书摘要为审查基础。

2. 关于专利法第26条第3款

复审请求人将说明书和权利要求书中的“包被抗体”统一为“前$S_1$抗体”的修改也使本申请克服了说明书技术方案前后不一致而导致的不清楚问题，因而复审通知书中指出的说明书不符合专利法第26条第3款规定的问题已得到克服。

3. 关于创造性

专利法第22条第3款规定：创造性，是指同申请日以前已有的技术相比，该发明有突出的实质性特点和显著的进步，该实用新型有实质性特点和进步。

由于复审请求人在复审程序中删除了原权利要求1和3，修改后的权利要求书中只包含一项权利要求，对应于原权利要求2，因此驳回决定中认为权利要求1和3不具备创造性的问题已不复存在，本复审决定仅针对修改后的权利要求1的创造性问题进行评述。

在本案中，权利要求1涉及一种乙肝病毒前$S_1$抗原酶联免疫测定试剂盒的制备方法，其主要步骤包括前$S_1$抗原基因重组［步骤（1）］、前S1单克隆抗体制备［步骤（2）至（5）］、酶标抗体制备［步骤（6）］、前$S_1$抗体预包被［步骤（7）］、分装其他试剂和检验成品等下游工艺［步骤（8）至（10）］。

对比文件1涉及一种乙肝病毒前$S_1$抗原检测方法，其中涉及将S单抗作为固相化抗体，前$S_1$抗体作为酶标二抗、利用双抗体夹心（即酶联免疫）法检测前$S_1$抗原的步骤。

对比文件5涉及一种乙肝表面抗原单克隆抗体的制备方法，其中包括免疫小鼠、细胞融合、筛选阳性克隆以及纯化的常规单克隆抗体制备步骤。

在本领域中，为了方便使用，将已知方法中使用的各种成分组装成用于该方法的试剂盒是常规的技术手段，本申请权利要求1涉及的酶联免疫测定试剂盒制备方案即包括配制和组装酶联免疫测定中使用的各种成分，其中主要成分是固相化抗体（本申请中是前$S_1$抗体）和酶标二抗（本申请中是HRP标记的前$S_1$单克隆抗体），次要成分有阳性对照液、阴性对照液、浓洗涤液、底物缓冲液和终止液。根据本领域的公知常识，对于绝大多数的酶联免疫测定试剂盒来说，上述成分中的主要成分是特异于检测对象的，而次要成分则是通用和公知的。在本申请中，采用了重组前 $S_1$ 基因的 21-47aa 和 10-199aa 作为制备试剂盒主要成分（即固相化抗体和酶标二抗）的基础，也即是酶联免疫测定中的检测对象，根据本申请说明书的内容可知，选择上述重组基因抗原作为检测对象是本申请相对于现有技术的改进之处，其能够更好地检测出乙肝病毒致肝细胞感染而致病的位点。

通过对比可知，对比文件 1 公开了酶联免疫测定前 $S_1$ 抗原的方法，但与本申请不同的是：对比文件 1 中采用的是 S 单抗作为固相化抗体、前 $S_1$ 抗体作为酶标二抗，并且没有公开采用重组前 $S_1$ 基因的 21-47aa 和 10-199aa 来制备单克隆抗体并用作检测对象。合议组认为，上述区别技术特征是本申请针对特定抗原设计的特定抗体来源，并非本领域的公知常识，对比文件 1 中也未提供任何启示使用这种抗体来源；而对比文件 5 公开的内容则是另一种单克隆抗体（乙肝表面抗原）的制备方法，其中也没有公开或启示采用重组前 $S_1$ 基因的 21-47aa 和 10-199aa 来制备单克隆抗体的内容。因此即使将这两篇对比文件结合在一起，本领域技术人员也不能显而易见地获得权利要求 1 请求保护的技术方案并获得相应的技术效果。因此仅凭该对比文件 1 和 5 公开的内容不足以破坏本申请权利要求 1 的创造性。该权利要求 1 相对于对比文件 1 和 5 的结合符合专利法第 22 条第 3 款有关创造性的规定。

基于上述理由，合议组作出如下决定。

**三、决定**

在复审请求人修改文本的基础上，撤销国家知识产权局于 2003 年 8 月 8 日对 00115678.0 号发明专利申请做出的驳回决定，由原审查部门以本复审决定所针对的文本为审查基础继续进行审查程序。

复审请求人对本决定不服的，可以根据专利法第 41 条第 2 款的规定，自收到本决定之日起三个月内向北京市第一中级人民法院起诉。

064

# 一次性使用尿布

## 复审请求审查决定（第10701号）

**决　定　号**　第10701号
**决　定　日**　2007年5月30日
**发明创造名称**　一次性使用尿布
**国际分类号**　A61F 13/15
**复审请求人**　尤妮佳股份有限公司
**申　请　号**　00108905.6
**申　请　日**　2000年5月19日
**优先权日**　1999年5月21日
**公　开　日**　2000年11月29日
**合议组组长**　杨军艳
**主　审　员**　杨加黎
**参　审　员**　周　航

**法律依据**　专利法第22条第3款
**决定要点**

请求保护的技术方案相对于现有技术而言是否显而易见不能仅从其是否解决相同的技术问题来判断，如果所述技术方案与现有技术所要解决的技术问题相同，但是解决该技术问题所用的手段不同，同时在现有技术中没有给出该技术方案中所用技术手段的技术启示，也没有证据表明该技术手段属于本领域的公知常识，则该技术方案相对于现有技术而言是非显而易见的，具有创造性。

### 一、案由

本复审请求涉及申请号为00108905.6、名称为“一次性使用尿布”的发明专利申请（下称本申请），其申请日为2000年5月19日，优先权日为1999年5月21日，公开日为2000年11月29日，申请人为尤妮佳股份有限公司。本申请公开时的权利要求书如下：

“1. 一次性使用尿布，由在透液性面层和不透液性背层之间夹着吸液性芯的叠层片体构成，具有彼此相对地朝长度方向延伸的两侧缘部和彼此相对地朝宽度方向延伸的两端缘部，在长度方向，具有前腰围区、后腰围区和位于前后腰围区之间的裆下区；其特征在于，

上述片体备有具有一对阻液性第1上面层和一对阻液性第2上面层、并且至少在上述裆下区与上述后腰围区之间开口的开口部；上述第1上面层在片体的上面朝宽度方向彼此离开、并朝长度方向延伸；上述第2上面层在上述第1上面层之间朝长度方向彼此离开、并朝宽度方向延伸；

上述开口部这样形成：第 1 上面层的朝长度方向延伸的固定侧部分别固定在片体的上面上，第 2 上面层的朝宽度方向延伸的固定侧部分别固定在片体的上面上，并且，从第 1 上面层的固定侧部向片体宽度方向内侧延伸的第 1 上面层的部分、和从第 2 上面层的固定侧部向片体长度方向内侧延伸的第 2 上面层的部分在相互重合的区域固定着；

第 1 上面层和第 2 上面层沿着上述开口部缘部具有弹性伸缩性。

2. 如权利要求 1 所述的一次性使用尿布，其特征在于，第 1 上面层分别在上述片体的两端缘部间延伸，位于片体两端缘部的第 1 上面层的两端缘部分别以朝片体宽度方向内侧倒伏的状态固定在片体的上面上。

3. 如权利要求 1 或 2 所述的一次性使用尿布，其特征在于，第 1 上面层的固定侧部分别位于上述芯的两侧缘部的内侧。

4. 如权利要求 1~3 中任一项所述的一次性使用尿布，其特征在于，在上述片体的两侧缘部与上述第 1 上面层的固定侧部之间形成着一对防漏罗边，该罗边备有具有弹性伸缩性的朝长度方向延伸的自由侧缘部、固定在片体上面的基侧缘部和位于片体两端缘部的长度方向两端缘部，并具有从片体的上面向上方立起的特性。”

国家知识产权局实质审查部门依法对本申请进行了实质审查，于 2003 年 11 月 7 日发出第一次审查意见通知书，指出本申请权利要求 1~4 不具备创造性，不符合专利法第 22 条第 3 款的规定。其中所引用的对比文件如下：

对比文件 1：WO9853779A1 号专利文献，其公开日为 1998 年 12 月 3 日。

第一次审查意见通知书中指出，对比文件 1 公开了本申请权利要求 1 的大部分技术特征，两者的区别在于在尿布上实现开口部的方法不同，但是在对比文件 1 的基础上，本领域技术人员根据实际情况，很容易想到应用本申请权利要求 1 中的技术方案，而不需要付出创造性劳动，因此本申请权利要求 1 不具备专利法第 22 条第 3 款规定的创造性；本申请权利要求 2~4 的附加技术特征是本领域技术人员通过有限次实验就能得到的或属于本领域的公知常识，当其引用的权利要求不具备创造性时，从属权利要求 2~4 也不具备专利法第 22 条第 3 款规定的创造性。

针对上述审查意见通知书，申请人于 2004 年 3 月 9 日提交了意见陈述书，其中并未对申请文件进行任何修改。申请人认为，本申请与对比文件 1 相比，无论从结构特征还是从所达到的技术效果来看均具有实质性区别：对比文件 1 的主要结构特征在于其表面层上具有两个开口，并且在两个开口之间形成有间隔，沿开口配置吸收芯，该结构可实现对大小便分开吸收保持，并且排泄物不会接触到穿用者肌肤的技术效果；本申请是在吸液性芯上由不透液性的层包围四周并形成开口的结构，该结构可以起到通过上述开口吸收和保持大便，不会使其露出到尿布外面的技术效果。

经过上述实质审查程序后，国家知识产权局实质审查部门认为虽然对比文件 1 和本申请权利要求 1 的区别在于在尿布上实现开口部的方法不同，但在对比文件 1 的基础上本领域技术人员根据实际情况容易想到改变具体实施形式，而应用权利要求 1 中的技术方案，仍以本申请权利要求 1~4 相对于对比文件 1 不符合专利法第 22 条第 3 款规定的创造性为由，于 2004 年 5 月 14 日作出了驳回本申请的决定。

申请人（下称复审请求人）不服上述驳回决定，于 2004 年 8 月 9 日向专利复审委员会提出复审请求，其中未对本申请进行任何修改，并坚持认为本申请与对比文件 1 的技术方案在结构和效果方面均不相同。

经形式审查合格后，专利复审委员会依法受理了上述请求，于 2004 年 9 月 7 日向复审请求人发出了复审请求受理通知书，同时向原审查部门发出前置审查通知书。

原审查部门对该复审请求做出前置审查意见，仍然坚持原驳回决定。

专利复审委员会依法成立合议组对该复审请求案进行审理。本案合议组在仔细审阅了全部案卷后，认为本案事实已清楚，现作出审查决定。

**二、决定的理由**

1. 关于审查文本

由于复审请求人在提出复审请求时未对申请文件进行修改，因此本决定以驳回决定依据的文本，即 2000 年 5 月 19 日提交的说明书 1~6 页、权利要求第 1~4 项、说明书附图第 1~5 页、说明书摘要及摘要附图为审查基础。

2. 关于专利法第 22 条第 3 款

专利法第 22 条第 3 款规定：创造性是指同申请日以前已有的技术相比，该发明有突出的实质性特点和显著的进步，该实用新型有实质性特点和进步。

请求保护的技术方案相对于现有技术而言是否显而易见不能仅从其是否解决相同的技术问题来判断，如果所述技术方案与现有技术所要解决的技术问题相同，但是解决该技术问题所用的手段不同，同时在现有技术中没有给出该技术方案中所用技术手段的技术启示，该技术手段也不是本领域的公知常识，则该技术方案相对于现有技术而言是非显而易见的，具有创造性。

经审查，对比文件 1 公开了（参见说明书第 4 页第 19 行至第 5 页第 17 行，权利要求 1，附图 1）一种尿布，其由不透液性材料制成的上片 9 和下片 11、以及吸收体 13 构成，该尿布具有前部 3、后部 5 和中间胯部 7，在后部 5 上通过沿长度方向挖掉上片材料 9 来形成容纳粪便的开口部 19，对比文件 1 的图 1 中明确示出了其尿布具有彼此相对朝长度方向延伸的两侧缘部和彼此相对地朝宽度方向延伸的两端缘部。

将本申请权利要求 1 的技术方案和对比文件 1 公开的上述技术方案进行比较后可知：其相同之处在于：（1）两者的叠层结构相同，本申请权利要求 1 请求保护的尿布由面层和背层之间夹着吸液性芯的叠层片体构成，对比文件 1 公开的尿布也由上片、下片以及封在上片和下片之间的吸收体构成；（2）两者的前后分区相同，本申请权利要求 1 请求保护的尿布具有前腰围区、后腰围区和位于前后腰围区之间的裆下区，对比文件 1 公开的尿布具有前部 3（相当于权利要求 1 所述前腰围区）、后部 5（相当于权利要求 1 所述后腰围区）和中间胯部 7（相当于权利要求 1 所述裆下区）。

然而两者的不同之处在于：（1）两者叠层结构中的面层所使用的材料不同，本申请权利要求 1 请求保护的尿布的面层是透液性的，而对比文件 1 的上片（即面层）是由不透液性材料构成；（2）两者开口部的结构不同，本申请权利要求 1 请求保护的尿布通过在片体的面层上向上堆叠第 1 和第 2 上面层来形成开口部，对比文件 1 公开的尿布通过将片体向下挖掉一部分来形成开口部，最终导致两者尿布结构中开口部的结构不同。

合议组认为，对比文件 1 虽然公开了本申请权利要求 1 中尿布的叠层片体结构，但是没有公开本申请权利要求 1 中的尿布用阻液性上面层以堆叠方式在片体的透液性面层上形成开口部的技术特征，也没有给出在片体面层上使用阻液性材料向上堆叠形成开口部的技术启示，且没有其他证据能够证明本申请权利要求 1 的这种开口部结构属于本领域公知常识，此外，本申请权利要求 1 中的尿布由于采用阻液性材料向上堆叠形成开口部，而能够达到粪便不会流动到前腰围区以及在裆下区和后腰围区粪便不会流动扩散的技术效果，因此，本申请权利要求 1 相对于对比文件 1 而言是非显而易见的，具备创造性，符合专利法第 22 条第 3 款的规定。

由于本申请权利要求 1 相对于对比文件 1 具备创造性，因此其从属权利要求 2~4 相对于对比文件 1 也具备创造性，符合专利法第 22 条第 3 款的规定。

根据上述事实和理由，本案合议组依法作出以下审查决定。

**三、决定**

撤销国家知识产权局于2004年5月14日对00108905.6号发明专利申请作出的驳回决定，由原审查部门以本决定依据的文本作为审查基础继续进行审查程序。

复审请求人对本决定不服的，可以根据专利法第41条第2款的规定，自收到本决定之日起三个月内向北京市第一中级人民法院起诉。

065

# 细胞电位测定装置

## 复审请求审查决定（第10717号）

**决　定　号**　第10717号
**决　定　日**　2007年5月24日
**发明创造名称**　细胞电位测定装置
**国际分类号**　G01N 27/00
**复审请求人**　松下电器产业株式会社
**申　请　号**　95108517.4
**申　请　日**　1995年6月13日
**优先权日**　1994年6月13日
**公　开　日**　1996年9月25日
**合议组组长**　王桂莲
**主　审　员**　张梅珍
**参　审　员**　周　航

**法律依据**　专利法第22条第3款
**决定要点**

如果一项权利要求请求保护的技术方案与现有技术所公开的技术方案相比，工作原理完全不同，技术手段也不相同，则两者存在实质上的区别，且该权利要求所述的技术方案能够产生有益效果，则该权利要求相对于该现有技术具有非显而易见性和显著进步，从而具备创造性。

### 一、案由

本复审请求涉及申请号为95108517.4、名称为“细胞电位测定装置”的发明专利申请，其申请日为1995年6月13日，优先权日为1994年6月13日，公开日为1996年9月25日，申请人为松下电器产业株式会社。其公开的权利要求共有15项，其中独立权利要求1为：

“1. 用于测定细胞电子生理学特性的细胞电位测定装置，其特征在于它装备有：

A. 一体化细胞放置器，它具有设置在基板上的若干个微电极，设置在这些微电极上的用于放置细胞的细胞放置单元，以及用于向上述微电极供给电信号并由上述微电极导出电信号的电连接组件；

B. 刺激信号供给组件，它与上述一体化细胞放置器的电连接组件相连接，以便用于向上述细胞供给电刺激信号；

C. 信号处理组件，它用于处理由上述细胞的电生理活动所产生的输出信号，并与上述一体化细胞放置器的电连接组件相连接。”

国家知识产权局专利局依法对该专利申请进行了实质审查，于2001年6月15日发出了第一次审查意见通知书，其中引用了如下对比文件：

对比文件1：“A thin film microelectrode array for monitoring extracellular neuronal activity in vitro”，作者W. NISCH等，“BIOSENSORS & BIOELECTRONICS”1994年第9卷，第737~741页；

对比文件2：专利号为US5187096 A的美国专利说明书，其公开日为1993年2月16日；

对比文件3：“Recording of spontaneous activity with photoetched microeletrode surfaces from mouse spinal neurons in culture”，作者Guenter W. Gross等，Elsevier Biomedical Press出版的“JOURNAL OF NEUROSCIENCE METHODS”，1982年第5卷第13~22页；

对比文件4：公开号为CN1057482 A的中国发明专利申请公开说明书，其公开日为1992年1月1日。

第一次审查意见通知书指出：权利要求1相对于对比文件1或对比文件2不具备创造性，权利要求2相对于对比文件1和对比文件3的结合或对比文件2和对比文件3的结合不具备创造性，权利要求3相对于对比文件2不具备创造性，权利要求4相对于对比文件2和3的结合不具备创造性，权利要求5~7、13相对于对比文件1不具备创造性，权利要求11相对于对比文件1和3的结合不具备创造性。

申请人于2001年10月30日针对第一次审查意见通知书进行了意见陈述，并提交了权利要求书、说明书第7、9、16~20页的修改替换页，在修改的权利要求书中只对权利要求1、11作了修改，并将权利要求11的引用关系由引用权利要求1变为引用权利要求2，修改后的权利要求1为：

“1. 用于测定细胞电子生理学特性的细胞电位测定装置，其特征在于它装备有：

A. 一体化细胞放置器，它具有设置在基板上的若干个微电极，设置在这些微电极上的用于放置细胞的细胞放置单元，以及用于向上述微电极供给电信号并由上述微电极导出电信号的电连接组件；

B. 刺激信号供给组件，它与上述一体化细胞放置器的电连接组件相连接，可以从多个位置对任意选择的位置通过上述微电极供给刺激信号，以便用于向上述细胞供给电刺激信号；

C. 信号处理组件，它用于处理由上述细胞的电生理活动所产生的输出信号，并与上述一体化细胞放置器的电连接组件相连接。”

申请人认为本申请不同于对比文件1和2，具有区别于它们的特别的效果，即从细胞放置单元内的多个位置任意选择，并可以设定供给刺激信号的位置；另外，认为对比文件1公开在1994年第9卷，应当不早于1994年9月，因此是在本申请优先权日之后，不能作为本申请的现有技术。

2002年5月10日原审查部门做出了驳回决定，驳回理由是权利要求1相对于对比文件1或2不具备创造性，权利要求2~7、11、13均不具备创造性，另外认为对比文件1是现有技术中“以其他方式为公众所知”的情形，可以用于评价本申请。

申请人（下称复审请求人）不服上述驳回决定，于2002年8月17日向专利复审委员会提出复审请求，同时提交了权利要求书的修改替换页，共包含15项权利要求，其中将权利要求中的“细胞”修改为“细胞或组织”，将“一体化细胞放置器”修改为“一体化复合电极”，并在独立权利要求1中加入了特征D，修改后的权利要求1为：

“1. 用于测定细胞或组织的电子生理学特性的细胞电位测定装置，其特征在于它装备有：

A. 一体化复合电极，具有设置在基板上的若干个微电极，设置在这些微电极上的用于放置细胞或组织的细胞放置单元；

B. 刺激信号供给组件，用于通过上述微电极向上述细胞或组织供给电刺激；

C. 信号处理组件，用于处理通过上述微电极获得的由于上述细胞或组织的电生理活动的输出信号；和

D. 电连接组件，用于向上述微电极供给上述电刺激并且从上述微电极导出上述电输出信号。”

经形式审查合格后，专利复审委员会受理了该复审请求，于2002年9月16日发出复审请求受理通知书，同时向原实质审查部门发出前置审查通知书。

原实质审查部门作出前置审查意见，认为修改后的权利要求1相对于对比文件2仍旧不具备创造性，坚持原驳回决定。

在此基础上专利复审委员会依法成立合议组对本案进行审查，合议组认为，本案事实已经清楚，可以作出审查决定。

**二、决定的理由**

1. 关于审查文本

复审请求人提出复审时对权利要求书进行了修改，该修改符合专利法以及实施细则的有关规定，因此本案合议组予以接受。本复审决定针对的文本为：2002年8月17日提交的权利要求1~15项；2001年10月30日提交的说明书第7、9、16~20页；1995年6月13日提交的说明书第1~6、8、10~15页，附图第1~12页；1995年8月10日提交的说明书摘要和1995年6月13日提交的说明书摘要附图。

2. 关于对比文件1是否可以用于评价权利要求1的创造性

专利法第22条第3款规定：创造性，是指同申请日以前已有的技术相比，该发明有突出的实质性特点和显著的进步，该实用新型有实质性特点和进步。

其中“已有的技术”即为现有技术，专利法实施细则第30条规定，现有技术是指申请日（有优先权的，指优先权日）前在国内外出版物上公开发表、在国内公开使用或者以其他方式为公众所知的技术。

审查指南第二部分第三章第2.1.1. 和2.1.2节指出，现有技术的时间界限是申请日，享有优先权的，则指优先权日。现有技术的地域界限视具体的公开方式而确定。属于出版物公开的，该地域指全世界范围；属于使用公开和以其他方式公开的，则仅限于国内。

在本案中，原审查部门在实质审查阶段的第一次审查意见通知书以及驳回决定中均使用了对比文件1评价权利要求1的创造性。在驳回决定中，审查员指出对比文件1属于现有技术中“以其他方式为公众所知”的情形，因此可以作为对比文件使用。

合议组认为，判断对比文件1是否可以用于评价本申请权利要求1的创造性，关键是判断对比文件1是否是：（1）公开日在本申请优先权日之前的出版物；或者（2）属于“以其他方式为公众所知”的现有技术。经过审查得知，对比文件1为非专利文献，该文献记载有：“Biosensors & Bioelectronics 9（1994）”以及“Vol. 9 No. 9/10”，根据上述内容仅能确认该文献收录在1994年，但不能确定该文献是否在本申请优先权日1994年6月13日之前公开，因此将该文献作为上述第一种情形的公开出版物的证据不足；另一方面，尽管该文献载明其发表于1993年11月在Frankfurt举行的第二届CEC“Workshop on Bioelectronics”的会议上，但鉴于会议举行地点在国外，因此其不属于专利法意义上“以其他方式为公众所知”的现有技术。因此，就对比文件1目前记载的信息而言，不能确定其已经构成本申请的现有技术，用对比文件1评价权利要求1的创造性的作法是不适当的。

3. 关于权利要求1相对于对比文件2是否具备创造性

专利法第22条第3款规定：创造性，是指同申请日以前已有的技术相比，该发明具有突出的实

质性特点和显著的进步。审查指南第二部分第四章第3.2.1节中指出，将要求保护的发明与现有技术对比，其技术方案相对于现有技术是非显而易见的，则具有突出的实质性特点；是显而易见的，则无突出的实质性特点。

审查员在驳回决定中使用对比文件2评价权利要求1的创造性时认为：（1）对比文件2所公开的开关装置40包括电源46，用于以较小电流和固定或可变频率向电极提供AC信号，而该AC信号就是向细胞提供的电刺激信号；（2）对比文件2所测定的“活细胞活性”、“一对电极”分别是本申请中“细胞生理学特性”、“若干个微电极”的下位概念。在前置审查中审查员指出请求人提复审时修改的权利要求1相对于对比文件2仍旧无创造性，认为虽然对比文件2涉及测量阻抗，但在一定的AC电流刺激下，无论测量电位还是测量阻抗都仅表示相同的物理含义，并且对比文件2也公开了通过测定阻抗检测细胞活性的事实，因此在对比文件2的基础上想到利用此项技术检测同样表示细胞活性的细胞电位是显而易见的。

复审请求人认为：（1）对比文件2中一个盛放细胞的圆柱12内的电极只有一对；（2）对比文件2是用于测定阻抗，而不是测量细胞电位；（3）对比文件2中的电源46只是为了测定阻抗而供给AC信号，并没有公开还可用于对细胞供给刺激。

本案合议组经过仔细阅卷，查明对比文件2公开了以下内容：其涉及通过测量电阻来测量细胞活性，该装置包括设置在绝缘基板14上的多个由玻璃制成的圆筒12，每个圆筒12配有一对电极，圆筒12中盛放有培养细胞（参见该对比文件第5栏第25行至第6栏第5行），由于细胞的附着、拉伸使得细胞与电极之间的接触随时间而变，从而造成电极之间的阻抗发生变化，通过测量该变化的阻抗可以得到细胞的活动情况（参见该对比文件第2栏倒数第1段）。为测量阻抗，提供开关装置40，其包括电源46，用于以较小电流和固定或可变频率向电极提供AC信号，而细胞本身不受该小电流或微弱电场的影响（参见该对比文件第6栏倒数第2段）。

可见，本申请权利要求1与对比文件2的主要区别在于：（1）本申请是测量细胞自发产生的电位或者接受刺激之后细胞自身产生的电位，而对比文件2中是测量由于细胞附着、伸展等变化引起的电极之间的阻抗改变，由此测得细胞活性；（2）本申请可以为细胞提供刺激信号，而对比文件2仅有的AC信号用于为阻抗测量提供电源，并且强调该AC信号要非常小，从而不影响细胞。

对于区别技术特征1，合议组认为，虽然本申请和对比文件2都是用于测量细胞活性，但测量的原理并不相同。根据欧姆定律，某元件在通有电流时电压等于其电阻与该电流之积，但在本案中不能简单地认定测量阻抗与测量电位表示对应的物理含义。本申请中电位是由于活细胞自身内部形成的，其电位等于细胞自身产生的电流和其阻抗之积；而对比文件2中测量的是电极之间由于细胞的附着、拉伸而产生的变化的阻抗，并且流过电极上的电流并不是细胞本身产生的电流，而是为了进行阻抗测量从外部施加的电流，即将细胞作为外部阻抗进行测量，因此对比文件2中测得的电极之间的阻抗与细胞内部的自发电位没有对应关系。也就是说对比文件2的测量原理与本申请存在本质上的区别。

对于区别技术特征2，合议组认为，对比文件2没有公开对细胞给予刺激，而本申请通过多个微电极从多个位置向细胞提供刺激，从而测量受到刺激下的细胞自发电位。

基于以上分析，可知本申请权利要求1与对比文件2所公开的技术方案相比，工作原理完全不同，技术手段也不相同，两者存在实质上的区别，而且本申请权利要求1具有有益效果，即本申请的权利要求1相对于对比文件2具有非显而易见性和显著进步，因此该权利要求1具备创造性。

鉴于本申请其他权利要求均直接或间接引用了权利要求1，当权利要求1相对于对比文件2具备创造性时，其他权利要求相对于该对比文件2也具备创造性。

在上述工作的基础上，合议组作出本决定。

**三、决定**

撤销国家知识产权局于 2002 年 5 月 10 日对 95108517.4 号发明专利申请作出的驳回决定，由原审查部门在本复审决定所依据的文本基础上继续审查。

复审请求人对本决定不服的，可以根据专利法第 41 条第 2 款的规定，自收到本决定之日起三个月内向北京市第一中级人民法院起诉。

066

# 发光装置和液晶显示器

## 复审请求审查决定（第10744号）

**决　定　号**　第10744号
**决　定　日**　2007年6月7日
**发明创造名称**　发光装置和液晶显示器
**国际分类号**　G02F 1/1335
**复审请求人**　富士通株式会社
**申　请　号**　02106197.1
**申　请　日**　2002年4月9日
**优　先　权　日**　2001年8月31日
**公　开　日**　2003年3月19日
**合议组组长**　张惠军
**主　审　员**　张春伟
**参　审　员**　张　曦

**法律依据**　专利法第26条第3款
**决定要点**

说明书应当对发明或者实用新型作出清楚、完整的说明，以所属技术领域的技术人员能够实现为准。说明书用词应当准确地表达发明的技术内容，不得含糊不清或者模棱两可，以致所属技术领域的技术人员不能清楚、正确地理解该发明，并且凡是所属技术领域的技术人员不能从现有技术中直接、唯一地得出的有关内容，均应当在说明书中描述。

### 一、案由

本复审请求涉及申请号为02106197.1、名称为“发光装置和液晶显示器”的发明专利申请，申请人为富士通株式会社，申请日为2002年4月9日，优先权日为2001年8月31日，公开日为2003年3月19日。申请人于2003年7月2日提交了权利要求书全文的修改替换页。

国家知识产权局实质审查部门依法对本申请进行了实质审查，于2004年3月26日发出第一次审查意见通知书，指出本申请权利要求1、15和29的修改超出了原说明书和权利要求书记载的范围，不符合专利法第33条的规定；权利要求2、18、22、26、28和30不符合专利法第22条第2款的规定；权利要求24不符合专利法第22条第3款的规定；权利要求4不符合专利法实施细则第20条第1款的规定。

所引用的对比文件如下：

对比文件1：JP-特开2000-11723A，公开日为2000年1月14日；

对比文件2：CN2358336Y，授权公告日为2000年1月12日。

针对上述审查意见通知书，申请人于2004年8月9日提交了意见陈述书和权利要求书全文、说明书全文和摘要的修改替换页。

国家知识产权局实质审查部门于2004年12月31日发出第二次审查意见通知书，指出：（1）权利要求1、15和29的修改超出原说明书和权利要求书记载的范围，不符合专利法第33条的规定；（2）权利要求1和2中仅仅用功能或效果限定了反射部分的平面，却没有具体限定反射部分的平面是如何根据光反射部分的位置分别倾斜不同的角度，权利要求4使用θP对V形槽进行限定，没有清楚反映该角是V形槽的哪个角，因此权利要求1、2和4请求保护的范围不清楚，不符合专利法实施细则第20条第1款的规定。

针对第二次审查意见通知书，申请人于2005年3月8日提交了意见陈述书和权利要求书全文、说明书全文和摘要修改替换页。修改后的权利要求书共包括28项权利要求，其中权利要求1和2为：

“1. 一种发光装置，包括：

用于发光的光源；

线型光导体，用于反射从所述光源照射在形成于反射面上的多个光反射部分的光线，并且使所述光线从与所述反射面相对的出射侧直线地射出；以及

光耦合到所述线型光导体的平面光导体，用于使得从所述线型光导体进入的光线以平面方式射出；

其中由所述光源所发出的光线被通过所述线型光导体的端部导入到所述线型光导体中，

其中所述多个光反射部分的平面根据所述多个光反射部分的位置，分别倾斜多个不同的角度，以便将从所述平面光导体射出的光线汇聚到观看的人眼中。

2. 一种发光装置，包括：

用于发光的光源；

线型光导体，用于反射从所述光源照射在形成于反射面上的多个光反射部分的光线，并且使所述光线从与所述反射面相对的出射侧直线地射出；以及

光耦合到所述线型光导体的平面光导体，用于使得从所述线型光导体进入的光线以平面方式射出；

其中由所述光源所发出的光线被通过所述线型光导体的端部导入到所述线型光导体中，

其中所述多个光反射部分的平面根据所述多个光反射部分的位置，分别倾斜多个不同的角度，以便光线基本上与所述线型光导体的纵向方向相垂直地射出，

并且从所述平面光导体射出的光线的方向基本上垂直于所述平面光导体的平面。”

2006年1月27日，国家知识产权局实质审查部门以本申请权利要求1和2不符合专利法实施细则第20条第1款的规定为由驳回了本申请。驳回决定认为：权利要求1中的“所述多个光反射部分的平面根据所述多个光反射部分的位置，分别倾斜多个不同的角度，以便将从所述平面光导体射出的光线汇聚到观看的人眼中”仅仅用功能或效果特征限定了所要保护的发光装置中光反射部分的平面，却没有具体限定光反射部分的平面是如何根据光反射部分的位置分别倾斜不同的角度，使得权利要求1的保护范围不清楚，不符合专利法实施细则第20条第1款的规定；权利要求2中的“所述多个光反射部分的平面根据所述多个光反射部分的位置，分别倾斜多个不同的角度，以便光线基本上与所述线型光导体的纵向方向相垂直地射出”，也使得权利要求2保护范围不清楚，不符合专利法实施细则第20条第1款的规定。

申请人富士通株式会社（下称复审请求人）对上述驳回决定不服，于2006年5月11日向专利复审委员会提交了复审请求，同时提交了权利要求书全文、说明书全文和摘要修改替换页。修改后的权利要求1和2为：

“1. 一种发光装置，包括：

用于发光的光源；

线型光导体，用于反射从所述光源照射在形成于反射面上的多个光反射部分的光线，并且使所述光线从与所述反射面相对的出射侧直线地射出；以及

光耦合到所述线型光导体的平面光导体，用于使得从所述线型光导体进入的光线以平面方式射出；

其中由所述光源所发出的光线被通过所述线型光导体的端部导入到所述线型光导体中，

其中所述多个光反射部分的平面根据所述多个光反射部分的位置，分别倾斜预定的不同的角度，以便将从所述平面光导体射出的光线汇聚到观看的人眼中。

2. 一种发光装置，包括：

用于发光的光源；

线型光导体，用于反射从所述光源照射在形成于反射面上的多个光反射部分的光线，并且使所述光线从与所述反射面相对的出射侧直线地射出；以及

光耦合到所述线型光导体的平面光导体，用于使得从所述线型光导体进入的光线以平面方式射出；

其中由所述光源所发出的光线被通过所述线型光导体的端部导入到所述线型光导体中，

其中所述多个光反射部分的平面根据所述多个光反射部分的位置，分别倾斜预定的不同角度，以便光线基本上与所述线型光导体的纵向方向相垂直地射出，

并且从所述平面光导体射出的光线的方向基本上垂直于所述平面光导体的平面。”

复审请求人认为：本领域技术人员根据修改后的权利要求1和2的技术教导以及说明书中公开的优选实施例，无需再付出创造性的劳动，就知晓可以针对不同的应用环境采用不同的计算方法来计算倾斜角，因此认为修改后的权利要求1和2符合专利法实施细则第20条第1款的规定。

经形式审查合格后，专利复审委员会依法受理了该复审请求；并于2006年6月8日向复审请求人发出复审请求受理通知书，同时将本案移送至原审查部门进行前置审查。

原审查部门对本复审请求进行了前置审查，在前置审查中，原审查部门坚持原驳回决定。

专利复审委员会依法组成合议组，对本复审请求案进行了审理。

本案合议组于2007年1月8日向复审请求人发出复审通知书，指出本申请不符合专利法第26条第3款的规定，具体理由是：本申请的发明目的是提供一种可以用均匀的光强照明的发光装置，其以光源中心发射的光为前提，通过对从光源发出的光经反射部分反射后尽可能垂直从光导体平面出射情况下的光路进行了研究，给出了从光源发出光后，在出射侧平面上全反射后照在反射部分（20a）后从光导体出射的平面倾角公式（2）和在光源发出光后直接照在反射部分（20b）后从光导体出射的平面倾角公式（4），其余公式均为这两个公式的进一步变形或参数特定选取时的变形。然而，这两个公式仅仅是一种在接近垂直出射时光线在光源、反射点和出射点处满足的一种理想垂直出射情况下出射角关于反射部分位置的三角函数关系，本领域技术人员在实际操作中仅凭这两个公式是无法实现本发明的。

针对上述复审通知书，复审请求人于2007年4月20日提交了意见陈述书，陈述了本申请符合专利法第26条第3款规定的理由。

复审请求人认为：（1）本发明是根据反射部分到光导体的底表面的不同距离，选择入射到不同反射部分光线是经反射后到达该反射部分，还是不需反射直接达到该反射部分，说明书附图5清楚地公开了如何根据反射部分到光导体的底表面的距离X（n）来选择适用的公式，即在X（n）为0-5nm时，采用公式（4）设定角度θ（n），在大于5nm时，采用公式（2）设定角度θ（n）；（2）尽管说明书中对每个发射部分的研究仅选取了一根光线，但是由于本发明是基于反射部分到光导体的底表面的距离X（n）来选择适用的公式的，本发明的公式选择与光线的数量没有关系，只是取决于反射部分到光导体的底表面的距离X（n）；（3）本领域技术人员按照本发明的技术教导，根据反射部分到光导体的底表面的不同距离，选择入射到不同反射部分光线是经反射后到达该反射部分，还是不需反射直接达到该反射部分就已经能够实现本发明的发明目的，从而实现本发明，而不需要再描述光源发出的光线经多次反射后到达同一个反射部分的情况。

至此，合议组认为本案事实已经清楚，可以作出复审决定。

**二、决定的理由**

1. 审查基础

本复审决定以复审请求人在提出复审请求时提交的说明书第1~26页，权利要求第1~28项，说明书摘要以及复审请求人在2002年4月9日提交的说明书附图第1~33页，摘要附图作为审查的基础。

2. 关于专利法第26条第3款

专利法第26条第3款规定：说明书应当对发明或者实用新型作出清楚、完整的说明，以所属技术领域的技术人员能够实现为准。

也就是说，说明书用词应当准确地表达发明的技术内容，不得含糊不清或者模棱两可，以致所属技术领域的技术人员不能清楚、正确地理解该发明，并且凡是所属技术领域的技术人员不能从现有技术中直接、唯一地得出的有关内容，均应当在说明书中描述。

本发明说明书中给出了两种反射公式：公式（2）和公式（4），公式（2）是从光源发出的光线在光导体出射侧平面全反射一次后被光反射部分反射所对应的光反射部分的倾角θ（n）；公式（4）是从光源发出的光线直接照射到光反射部分后被光反射部分反射所对应的光反射部分的倾角θ（n）。合议组认为，对于相同光反射部分，既有在从光源直接发出的光线照射的情况，也有光线在光导体内全反射后照射的情况，那么在确定光反射部分的倾角时，是选取公式（2）还是公式（4），说明书中并没有给出相关的描述，本领域技术人员从说明书中无法确定对某一个光反射部分，应选取经反射后到达反射部分光线的公式还是不需反射直接到达光反射部分光线的公式，而对于每一个光反射部分而言，上述选择的确定都是实现本发明技术方案时需要面临的问题。

请求人在意见陈述书中认为：本发明是根据反射部分到光导体的底表面的不同距离，选择入射到不同反射部分光线是经反射后到达该反射部分，还是不需反射直接达到该反射部分，说明书附图5清楚地公开了如何根据反射部分到光导体的底表面的距离X（n）来选择适用的公式，即在X（n）为0~5nm时，采用公式（4）设定角度θ（n），在大于5nm时，采用公式（2）设定角度θ（n）。

合议组对此不能认同：由说明书可知，附图5是本发明第一实施例的发光装置的光反射部分的倾角例子的曲线图，其给出了反射部分的倾角θ（n）随到光导体的底表面的距离X（n）变化的曲线，从附图5中只能得到以下结论：在X（n）小于大约5nm时，θ（n）从20度单调变化到接近33度，然后在X（n）为5nm附近，θ（n）从接近33度剧烈下降到近20度，在X（n）大于5nm时，θ（n）逐渐上升，θ（n）在X（n）大于5nm时角度上升比θ（n）在X（n）小于5nm时角度上升平缓。根据上述信息仅能反映出θ（n）随X（n）的变化趋势，但并未涉及公式（2）或公式（4）的选取，没有对 θ（n）的计算到底是选取公式（2）还是选取公式（4）给出启示，因此，本领域技术人员从附图 5 中无法得知对于相同的反射部分是选取经全反射后到达反射部分光线的公式（2）还是选取不需反射直接到达反射部分光线的公式（4）。由于对于每一个反射部分而言，公式（2）和公式（4）的选择是无法回避的问题，说明书中也并未说明如何根据光反射部分到光导体端部表面的距离 X（n）的不同来选择公式（2）还是公式（4），未对此进行清楚的说明，致使所属技术领域的技术人员不能实现该发明，因此，本申请不符合专利法第 26 条第 3 款的规定。

基于上述理由，合议组作出如下决定。

**三、决定**

维持国家知识产权局于 2006 年 1 月 27 日对申请号为 02106197.1 的发明专利申请作出的驳回决定。

复审请求人对本决定不服的，可以根据专利法第 41 条第 2 款的规定，自收到本决定之日起三个月内向北京市第一中级人民法院起诉。

067

# 冰箱显示部分的节能装置和方法

## 复审请求审查决定（第 10746 号）

**决　定　号**　第 10746 号
**决　定　日**　2007 年 5 月 30 日
**发明创造名称**　冰箱显示部分的节能装置和方法
**国 际 分 类 号**　F25D 29/00
**复 审 请 求 人**　LG 电子株式会社
**申　请　号**　01129276.8
**申　请　日**　2001 年 6 月 19 日
**公　开　日**　2002 年 3 月 27 日
**合 议 组 组 长**　朱文广
**主　审　员**　欧　岚
**参　审　员**　刘　犟

**法 律 依 据**　专利法第 22 条第 3 款
**决 定 要 点**
评价一项发明权利要求的创造性时，将被评述的权利要求与最接近的现有技术进行比较，以确定区别技术特征，并根据该区别技术特征所能达到的技术效果确定该权利要求实际解决的技术问题，最后判断现有技术中是否给出了将上述区别技术特征应用到该最接近现有技术以解决其实际要解决的技术问题的启示，若给出了启示则该权利要求相对于现有技术是显而易见的，无突出的实质性特点；反之则是非显而易见的，具有突出的实质性特点。

### 一、案由

本复审请求涉及的是申请日为 2001 年 6 月 19 日、发明名称是“冰箱显示部分的节能装置和方法”的发明专利申请（以下称本申请），其申请号为 01129276.8，申请人是 LG 电子株式会社。本申请的公开文本中共有 8 项权利要求。

应申请人的请求，国家知识产权局专利局实质审查部门依法对本申请进行了实质审查，并于 2003 年 11 月 7 日发出了第一次审查意见通知书，通知书引用了一篇对比文件：

对比文件 1：EP0949557A1，公开日 1999 年 10 月 13 日。

通知书中指出：权利要求 1~8 相对于对比文件 1 不符合专利法第 22 条第 3 款关于创造性的规定。

申请人于 2004 年 5 月 19 日针对第一次审查意见通知书提交了意见陈述书，认为对比文件 1 与本申请的技术领域不同、所要解决的技术问题不同，本申请权利要求 1~8 相对于对比文件 1 具有创造性。申请人未提交修改文本。

经过上述审查程序后，国家知识产权局专利局审查部门于2004年9月24日作出驳回决定，理由是权利要求1~8相对于对比文件1不符合专利法第22条第3款关于创造性的规定。

申请人（以下称复审请求人）不服上述驳回决定，于2005年1月10日向专利复审委员会提出了复审请求，同时提交了权利要求书的修改替换页，在复审请求书中陈述了修改后的权利要求书相对于对比文件1符合专利法第22条第3款规定的理由。修改后的权利要求书共4项权利要求，如下：

“1. 一种用于冰箱显示设备的节能装置，其包括：

显示装置，用于显示要通知给用户的信息；

背景照明装置，用于控制显示装置的亮度；

监控装置，其具有安装在冰箱前表面一侧的、用以监控用户是否在冰箱附近的红外传感器，并具有用于监控冰箱门的开和关的门开关，所述监控装置用于根据来自所述红外传感器或者门开关的检测值来监控用户是否使用了冰箱；

控制装置，用于响应监控装置的探测值而控制背景照明装置的运行。

2. 如权利要求1的冰箱显示设备的节能装置，其中的控制装置输出要在显示装置上显示的信号。

3. 一种冰箱显示部分的节能方法，包括以下步骤：

根据来自所述红外传感器或门开关的检测值确定用户是否使用了冰箱，所述安装在冰箱前表面一侧并用以监控用户是否在冰箱附近，所述门开关用于监控冰箱门的开和关；

当用户使用了冰箱时，输出用以控制显示部分的亮度的信号；以及

向显示部分输出指示信号。

4. 如权利要求3的冰箱显示部分的节能方法，其中的输出用于控制显示部分亮度的信号这一步只执行一预定时间段。”

经形式审查合格后，专利复审委员会受理了该复审请求，于2005年2月22日向复审请求人发出了复审请求受理通知书，同时向原审查部门发出了前置审查通知书。原审查部门对该复审请求做出前置审查意见，坚持原驳回决定。

专利复审委员会依法成立合议组对本复审请求案进行了审理，于2006年1月11日向复审请求人发出复审通知书，在复审通知书中指出：本申请权利要求1~4相对于对比文件1和现有技术不符合专利法第22条第3款有关创造性的规定。

复审请求人于2006年3月2日针对上述复审通知书提交了意见陈述书和权利要求书的修改替换页，修改后的权利要求书为8项权利要求，并陈述了修改后的权利要求书具备创造性的理由。之后，在2006年4月10日复审请求人提交书面请求，要求安排口头审理，针对上述的复审通知书进一步详细解释和说明本申请的创造性。

本案合议组接受上述请求，于2007年2月27日向复审请求人发出复审请求口头审理通知书，定于2007年5月17日在专利复审委员会举行口头审理。

口头审理如期举行，复审请求人出席了口头审理。在口头审理中，复审请求人明确放弃2006年3月2日提交的权利要求书修改替换页，只针对提出复审请求时的权利要求书，并陈述本申请和对比文件1有如下的不同点：对比文件1和本申请的技术领域并不相同，一个是冰箱领域，一个是便携式计算机，和便携式计算机相比，冰箱可以进行保鲜和供电，冰箱是一直使用以保持食物的新鲜，而笔记本电脑是应用户的需要，冰箱上的红外线可以当做照明使用。对比文件1中的监控装置仅仅是传感器，有可能是红外传感器，但是本专利中监控装置并不仅仅包括红外传感器，对比文件中只有在输入信息的时候显示部分亮，本专利不仅仅是输入信息的时候显示部分亮，在开门的时候显示部分也会

亮，背景技术中所提供的现有技术并不是根据门开关装置来调整冰箱的显示状态的，因此不能得到技术启示。

经过上述审查程序，合议组认为本案事实已经清楚，现依法作出复审决定。

**二、决定的理由**

1. 审查基础

本决定以复审请求人于2005年1月10日提交的权利要求书第1~4项和申请日提交的说明书1~10页、说明书附图1~3页、说明书摘要和摘要附图作为审查基础。

2. 关于创造性问题

专利法第22条第3款规定，创造性是指同申请日以前已有的技术相比，该发明有突出的实质性特点和显著的进步。

评价一项发明权利要求的创造性时，将被评述的权利要求与最接近的现有技术进行比较，确定出区别技术特征，并根据该区别技术特征所能达到的技术效果确定该权利要求实际解决的技术问题，最后判断现有技术中是否给出了将上述区别技术特征应用到该最接近现有技术以解决其实际要解决的技术问题的启示，若给出了启示则该权利要求相对于现有技术是显而易见的，无突出的实质性特点；反之则是非显而易见的，具有突出的实质性特点。

针对本案而言，本申请权利要求1请求保护一种用于冰箱显示设备的节能装置，对比文件1（EP0949557A1，公开日1999年10月13日）公开了一种移动电脑的节能装置，其包括显示屏、背景照明装置、传感器和控制装置，其中传感器用于感应并产生一个信号来监控用户是否在电脑附近使用电脑，控制装置响应该信号而控制背景照明装置的电源，传感器可安装在显示屏的外壳上并可为红外线传感。其中对比文件1中的显示屏和传感器分别相当于权利要求1中的显示装置和监控装置，对比文件1中公开的安装在显示屏外壳上的可为红外线传感的传感器相当于权利要求1中的安装在冰箱前表面一侧的红外传感器。由上所述，对比文件1公开了一种与权利要求1所述的节能装置原理相同的节能装置，虽然两种节能装置应用在不同的电器中，但由日常生活中常见的移动电话、家电、电脑、电子辞典等可知这种人使用电器时背景照明亮、人不使用电器时背景照明灭的节能装置已被广泛应用于各个电器领域，因此权利要求1的大部分技术特征已被对比文件1公开。两者的区别仅在于权利要求1中用于冰箱显示设备的节能装置的监控装置还包括监控冰箱门开关的装置，通过监控冰箱门的开和关进而监控用户是否使用冰箱，然后将检测值传给控制装置，进而控制背景照明装置即显示装置亮度的运行。由于现有技术中冰箱的门开关装置本身就能说明用户使用冰箱的状态并据此开关来控制冰箱内部的照明，而且对比文件1和现有技术又给出了一种通过监控用户是否使用电器而控制背景照明装置电源的节能装置，故本领域技术人员会很容易地从现有技术中获得启示将对比文件1中的节能装置应用到冰箱上与冰箱的门开关装置相结合，从而得到用门开关装置控制显示装置亮度的技术方案。综上所述，本专利权利要求1所述的技术方案相对于对比文件1和现有技术不具有突出的实质性特点和显著的进步，不符合专利法第22条第3款关于创造性的规定。复审请求人认为本申请与对比文件1的技术领域不相同，冰箱和便携式计算机的用途各不同。合议组认为，本申请请求保护的是冰箱显示部分的节能装置和方法，并不是冰箱本身，对比文件1公开的是一种移动电脑的节能装置及方法，也不是电脑本身，因此两者同属于家用电器的节能装置及方法，只是应用在不同的电器中，但如前所述其结构原理以及所达到的效果是相同的。此外，由于这种节能技术具有通用性，因此不同领域的技术人员也很容易想到转用到不同的领域。

从属权利要求2中记载的附加技术特征为，控制装置输出要在显示装置上显示的信号。本领域普通技术人员在面对使用户可以了解电器的相关信息的问题时，很容易会想到采用使控制装置输出在显示装置上显示的信号这种现有技术中常用的手段。因此在其引用的权利要求 1 不具备创造性的情况下，从属权利要求 2 也不符合专利法第 22 条第 3 款关于创造性的规定。

独立权利要求 3 所述的一种冰箱显示部分的节能方法，对比文件 1 公开了一种移动电脑的节能装置及方法，其包括显示屏、背景照明装置、传感器和控制装置，其中传感器用于感应并产生一个信号来监控用户是否在电脑附近使用电脑，控制装置响应该信号而控制背景照明装置的电源，传感器可安装在显示屏的外壳上并可为红外线传感。其中对比文件 1 中公开的安装在显示屏外壳上的可为红外线传感的传感器相当于权利要求 1 中的安装在冰箱前表面一侧的红外传感器。因此权利要求 3 的大部分技术特征已被对比文件 1 公开。两者的区别仅在于权利要求 3 中还通过监控冰箱门的开和关进而监控用户是否使用冰箱，进而控制显示部分亮度的运行以及是否向显示部分输出指示信号。由于现有技术中冰箱的门开关装置本身就能说明用户使用冰箱的状态并据此开关来控制冰箱内部的照明，而且对比文件 1 和现有技术又给出了一种通过监控用户是否使用电器而控制背景照明装置电源的节能方法，故本领域技术人员会很容易地从现有技术中获得启示将对比文件 1 中的节能方法应用到冰箱上并与冰箱的门开关装置相结合，从而得到用门开关装置控制显示装置亮度的技术方案，从而得到用门开关装置控制显示部分亮度的技术方案。同时本领域普通技术人员在面对使用户可以了解电器的相关信息的问题时，很容易会想到采用监控用户使用电器时向显示部分输出指示信号这种现有技术中常用的手段。与对比文件 1 和现有技术相比也不具有突出的实质性特点和显著的进步，因此也不符合专利法第 22 条第 3 款关于创造性的规定。

从属权利要求 4 中记载的附加技术特征为，输出用于控制显示部分亮度的信号这一步只执行一预定时间段。日常生活中的移动电话、电脑、家电、电子辞典等常采用这种在一预定时间段后自动切断显示装置背景照明的方法来达到节能的目的，本领域普通技术人员在考虑节能问题时，很容易会想到采用这种现有技术中常用的手段。因此在其引用的权利要求 3 不具备创造性的情况下，从属权利要求 4 也不符合专利法第 22 条第 3 款关于创造性的规定。

基于上述理由，合议组作出下述决定。

**三、决定**

维持国家知识产权局专利局于 2004 年 9 月 24 日作出的驳回 01129276. 8 号发明专利申请的决定。

复审请求人对本决定不服的，可以根据专利法第 41 条第 2 款的规定，自收到本决定之日起 3 个月内向北京市第一中级人民法院起诉。

068

# 水处理用碱式硫酸铁混凝剂

## 复审请求审查决定（第 10752 号）

**决　定　号** 第 10752 号
**决　定　日** 2007 年 6 月 4 日
**发明创造名称** 水处理用碱式硫酸铁混凝剂
**国 际 分 类 号** C02F 1/52
**复 审 请 求 人** 樊冠球
**申　请　号** 01138259.7
**申　请　日** 2001 年 12 月 6 日
**公　开　日** 2003 年 6 月 11 日
**合 议 组 组 长** 刘　犟
**主　审　员** 欧　岚
**参　审　员** 赵　明

**法 律 依 据** 专利法第 22 条第 2 款、第 3 款
**决 定 要 点**

如果专利申请与对比文件公开的内容相比，其权利要求所限定的技术方案与对比文件公开的技术方案实质上相同，所属技术领域的技术人员根据两者的技术方案可以确定两者适用于相同的技术领域，解决相同的技术问题，并具有相同的预期效果，则认为两者为同样的发明。

评价一项权利要求的创造性时，将被评述的权利要求与最接近的现有技术进行比较，确定区别技术特征以及根据该区别技术特征所能达到的技术效果来确定该权利要求实际解决的技术问题，最后判断现有技术中是否给出了将上述区别技术特征应用到该最接近现有技术以解决其实际要解决的技术问题的启示。

**一、案由**

本复审请求涉及的是申请日为 2001 年 12 月 6 日、发明名称是“水处理用碱式硫酸铁混凝剂”的发明专利申请（以下称本申请），其申请号为 01138259.7，申请人是樊冠球。本申请的公开文本中共有 4 项权利要求，具体如下：

“1. 一种水处理用碱式硫酸铁混凝剂，其特征在于：所述混凝剂是主要由碱式硫酸铁 Fe（OH）$SO_4$与无机酸配制而成的化合物。

2. 如权利要求 1 所述的碱式硫酸铁混凝剂，其特征在于：所述化合物在所述碱式硫酸铁溶解于所述无机酸溶液时根据不同的配比是聚合铁溶液或三价铁盐溶液。

3. 如权利要求 1 所述的碱式硫酸铁混凝剂，其特征在于：所述化合物在所述无机酸加入所述碱式硫酸铁中时根据配比的不同是固体聚合铁或固体三价铁盐。

4. 如权利要求 1 所述的碱式硫酸铁混凝剂，其特征在于：所述化合物在所述无机酸和适量水加入所述碱式硫酸铁时根据所述无机酸与所述碱式硫酸铁配比的不同是固体聚合铁或固体三价铁盐。”

国家知识产权局专利局审查部门对该专利申请进行了实质审查，并于 2005 年 1 月 7 日发出了第一次审查意见通知书，通知书引用了一篇对比文件（“新型净水剂——碱式硫酸铁混凝剂”，《中国给水排水》第 15 卷第 6 期第 27~28 页，公开时间：1999 年 6 月）（下称对比文件 1），指出：权利要求 1 相对于对比文件 1 不具备专利法第 22 条第 2 款所规定的新颖性，权利要求 2~4 相对于对比文件 1 不具有专利法第 22 条第 3 款所规定的创造性。

申请人于 2005 年 2 月 3 日针对第一次审查意见通知书提交了意见陈述书，陈述了权利要求 1~4 相对于对比文件 1 具有新颖性和创造性的理由。申请人未提交新的修改文本。

经过上述审查程序后，国家知识产权局专利局审查部门于 2005 年 4 月 1 日作出驳回决定，理由是相对于对比文件 1，本申请权利要求 1 备专利法第 22 条第 2 款所规定的新颖性，权利要求 2~4 不具备专利法第 22 条第 3 款所规定的创造性。

申请人（以下称复审请求人）不服上述驳回决定，于 2005 年 7 月 14 日向专利复审委员会提出了复审请求，在提出复审请求时没有提交修改文本。

经形式审查合格后，专利复审委员会受理了该复审请求，于 2005 年 10 月 25 日向复审请求人发出了《复审请求受理通知书》，同时向原审查部门发出了《前置审查通知书》。原审查部门对该复审请求做出前置审查意见，坚持原驳回决定。

专利复审委员会依法成立合议组对本复审请求案进行了审理，于 2007 年 3 月 14 日向复审请求人发出复审通知书，复审通知书中指出：本申请权利要求 1 相对于对比文件 1 不符合专利法第 22 条第 2 款有关新颖性的规定，权利要求 2、3 相对于对比文件 1 不符合专利法第 22 条第 3 款有关创造性的规定，说明书不符合专利法第 26 条第 3 款的规定。

复审请求人于 2007 年 4 月 27 日针对上述复审通知书提交了意见陈述书和一份碱式硫酸铁混凝剂的检测报告，复审请求人陈述了本申请符合专利法第 22 条第 2 款、第 3 款、专利法第 26 条第 3 款有关规定的理由。

经过上述审查程序，合议组认为本案事实已经清楚，现依法作出复审决定。

**二、决定的理由**

1. 审查基础

本决定以驳回决定针对的文本作为审查基础。

2. 关于新颖性和创造性问题

专利法第 22 条第 2 款规定，新颖性是指在申请日以前没有同样的发明或者实用新型在国内外出版物上公开发表过、在国内公开使用过或者以其他方式为公众所知，也没有同样的发明或者实用新型由他人向国务院专利行政部门提出过申请并且记载在申请日以后公布的专利申请文件中。

专利法第 22 条第 3 款规定，创造性是指同申请日以前已有的技术相比，该发明有突出的实质性特点和显著的进步，该实用新型有实质性特点和进步。

（1）关于权利要求 1 的新颖性。

本申请的权利要求 1 请求保护一种水处理用碱式硫酸铁混凝剂，对比文件 1 公开了一种碱式硫酸铁混凝剂，并具体公开了下述技术特征（参见正文第 1 页）：生产碱式硫酸铁混凝剂的方法是先将硫酸亚铁在固态下用空气充分氧化成碱式硫酸铁，再加适量硫酸中和，硫酸投加量可根据需要随时进行调节。由此可见，对比文件 1 公开了一种由碱式硫酸铁与硫酸配制而成的化合物混凝剂，而硫酸属于无机酸的一种，因此，权利要求 1 的全部技术特征都已在对比文件 1 中得到公开，二者属于同一技术领域，均用于水处理中的混凝沉淀，技术方案实质相同，并能达到相同的技术效果，因此权利要求 1 请求保护的技术方案不符合专利法第 22 条第 2 款有关新颖性的规定。

（2）关于从属权利要求 2、3 的创造性。

从属权利要求 2、3 的附加技术特征分别是“所述化合物在所述碱式硫酸铁溶解于所述无机酸溶液时根据不同的配比是聚合铁溶液或三价铁盐溶液”和“所述化合物在所述无机酸加入所述碱式硫酸铁中时根据配比的不同是固体聚合铁或固体三价铁盐”。水处理用混凝剂制成液态产品或固态产品是本领域的常规手段，对比文件 1 又公开了用碱式硫酸铁和硫酸配制且硫酸添加量可调节的生产混凝剂的方法，那么本领域技术人员在对比文件 1 的启示下并根据产品类型的需要，通过有限次试验得到三价铁盐的液态或固态产品，即得出了从属权利要求 2、3 的技术方案，因此从属权利要求 2、3 的技术方案对本领域普通技术人员而言是显而易见的，不具有突出的实质性特点，不符合专利法第 22 条第 3 款有关创造性的规定。

复审请求人认为由于对比文件 1 中未公开其所声称的本申请所采用新技术将固体硫酸亚铁用空气完全地氧化成碱式硫酸铁的内容，而且用碱式硫酸铁混凝剂的检测报告证明本申请中的碱式硫酸铁混凝剂已经生产出来，因此本申请符合专利法第 22 条第 2 款、第 3 款的规定。合议组认为，首先，本申请的权利要求书中没有记载复审请求人所述的区别于对比文件 1 的关于采用新技术将固体硫酸亚铁用空气完全地氧化成碱式硫酸铁的内容；其次，从复审请求人提交的一份碱式硫酸铁混凝剂的检测报告看不出其中的碱式硫酸铁混凝剂与本申请中所要保护的产品有何关系，此篇检测报告也无法证明本申请符合专利法第 22 条第 2 款、第 3 款的规定。故复审请求人的上述理由均不能成立。

基于上述事实和理由，合议组作出下述决定。

**三、决定**

维持国家知识产权局专利局于 2005 年 4 月 1 日作出的驳回 01138259.7 号发明专利申请的决定。

复审请求人对本决定不服的，可以根据专利法第 41 条第 2 款的规定，自收到本决定之日起 3 个月内向北京市第一中级人民法院起诉。

069

# 具有本地培训终端和远程监控站的音乐教学系统

## 复审请求审查决定（第10756号）

**决　定　号**　第10756号
**决　定　日**　2007年6月12日
**发明创造名称**　具有本地培训终端和远程监控站的音乐教学系统
**国际分类号**　G09B 15/00，G09B 5/00
**复审请求人**　雅马哈株式会社
**申　请　号**　99102727.2
**申　请　日**　1999年1月29日
**公　开　日**　1999年8月18日
**合议组组长**　石　清
**主　审　员**　苏　青
**参　审　员**　马桂丽

**法律依据**　专利法实施细则第2条第1款
**决定要点**

如果一项权利要求没有采用利用自然规律的技术手段解决技术问题，也没有获得符合自然规律的技术效果，则该权利要求不符合专利法实施细则第2条第1款的规定。

### 一、案由

本复审请求涉及申请日为1999年1月29日，申请号为99102727.2，名称为“具有本地培训终端和远程监控站的音乐教学系统”的发明专利申请（下称本申请），申请人是雅马哈株式会社，优先权日是1998年1月29日。

国家知识产权局实质审查部门于2004年12月3日以本申请不符合专利法实施细则第2条第1款，属于专利法第25条规定的不授予专利权的范围为由驳回了本申请，驳回决定所依据的文本是2004年2月16日提交的权利要求第1~12项、说明书附图第4页，1999年1月29日提交的说明书第1~13页，1999年5月4日提交的说明书附图第1~3、5、6页，说明书摘要和说明书摘要附图。驳回决定的主要理由是：权利要求1、2、5、11不符合专利法实施细则第2条第1款的规定，同时权利要求1~12属于专利法第25条第1款第（2）项规定的智力活动的规则和方法的范围。

申请人（下称复审请求人）不服上述驳回决定，于2005年3月2日向国家知识产权局专利复审委员会提出复审请求，并提交了权利要求书全文替换页（共11项权利要求），其中删除了权利要求12。复审请求人认为：权利要求1、2、5叙述了装置权利要求中包括的硬件设备及这些设备的相互连接，还清楚叙述了硬件元件之间的各种操作，上述设备专为各种硬件装置的运行而设计，该设计基于CPU的内部操作，这样的发明并非智力活动。本申请中的不同硬件部分的安排是发明的一个方面，而且处理器装置被构置成用于执行有关音乐教学的特定工作，处理器装置这样的构成、还有处理器装置这样的操作，这两方面都是有新颖性及创造性的。本申请为现存的硬件设备的组合赋予新的操作，硬件设备的新操作并不是已知的，因此具有新颖性及创造性。

经形式审查合格后，专利复审委员会受理了该复审请求，并于2005年3月30日向复审请求人发出复审请求受理通知书，同时向国家知识产权局原实质审查部门发出前置审查通知书。

国家知识产权局原实质审查部门对复审请求进行了前置审查，在前置审查意见书中坚持原驳回决定中的意见。

专利复审委员会依法成立合议组对本复审请求进行审查。合议组研究了国家知识产权局实质审查部门作出的驳回决定和复审请求人提交的复审请求书、权利要求书全文替换页后，于2007年3月28日发出复审通知书，复审通知书所依据的文本是2005年3月2日提交的权利要求第1~11项，1999年1月29日提交的说明书第1~13页，2004年2月16日提交的说明书附图第4页，1999年5月4日提交的说明书附图第1~3、5、6页，说明书摘要和说明书摘要附图。合议组在复审通知书中提出如下审查意见：独立权利要求1、2、5、11实际上是根据已有的硬件执行有关音乐教学的教学工作，没有解决技术问题，没有反映利用自然规律的技术手段，也没有获得受自然规律约束的效果，从属权利要求3、4、6~10仍然没有解决技术问题，没有反映利用自然规律的技术手段，也没有获得受自然规律约束的效果，因此权利要求1~11不符合专利法实施细则第2条第1款的规定。

针对上述复审通知书，复审请求人于2007年5月11日提交了意见陈述书和权利要求书全文替换页（共11项权利要求），其中在原独立权利要求1、2中分别添加如下特征“其包含能够控制对应于所说教学乐谱的练习部分的示范演奏的生成的控制信息，以便在所述学员终端再现所述示范演奏时根据所述控制信息控制所述示范演奏”，并对独立权利要求1、2的部分语序进行了调整，复审请求人认为：权利要求1限定的系统旨在解决实现远程自适应远程音乐教学的问题，显然采用了技术手段，其中涉及客观地评估学员的音乐水平，据此提供针对性的训练课程，而学员的音乐水平和针对性的提高训练等相关细节，都必须遵循客观规律、以客观的技术手段来实现的，虽然期间涉及学员、教员，但人的介入并不能抹杀其客观性、其自然的属性，上述问题本质上是技术问题，采用权利要求1的技术方案，可以远程实现科学的分布式音乐教学，显然是有益的，因此权利要求1符合专利法实施细则第2条第1款的规定。其余权利要求与权利要求1从属于同样的总体构思，同理也符合专利法实施细则第2条第1款的规定。

复审请求人提交的修改后的权利要求为：

“1. 一种音乐教学系统，它包括一个教员终端和至少一个学员终端，该学员终端通过网络与所说教员终端联接，

所说学员终端包括可由一个学员操作以进行一段样本演奏的一个乐器，一个处理器装置，该处理器装置在至少一个学员终端暂时准备一段测试曲目，将该测试曲目与样本演奏进行比较确定二者之间的差异，用于检测该学员培训水平并制定与所说培训水平相当的教程，和一个显示器装置，所说显示器装置由所说处理器装置控制，用于根据教程显示教学乐谱，从而通过操作所说乐器产生所说样本演奏可以再现所说教学乐谱，

教员终端包括通过网络从学员终端接收表示样本演奏的数据的一个接收器装置，由教员控制根据所接收的数据估评所说样本演奏从而制定意见信息的一个处理器装置，和将所说意见信息传送回所说学员终端的一个发送器装置，所述意见信息不能由学员终端制定，其包含能够控制对应于所说教学乐

谱的练习部分的示范演奏的生成的控制信息，以便在所述学员终端再现所述示范演奏时根据所述控制信息控制所述示范演奏，

其中学员终端在通过网络从教员终端接收到所说意见信息时根据所说意见信息控制所说显示器装置显示出所说教学乐谱的练习部分和对于所说练习部分的评述，从而提示学员根据评述演奏练习部分。

2. 可以通过一个网络与一个培训中心联接的一种本地培训设备，它包括：

一个乐器，它可由一个学员手动操作以进行一段样本演奏；

一个处理器装置，它在一个学员终端暂时准备一段测试曲目，将该测试曲目与样本演奏进行比较确定二者之间的差异，用于检测该学员培训水平并制定与所说培训水平相当的教程；

一个显示器装置，它由所说处理器装置控制根据教程显示教学乐谱，使得能够通过操作所说乐器进行一段样本演奏来再现教学乐谱；

一个发送器装置，它通过网络将表示所说样本演奏的数据传送到所说培训中心，以使培训中心能够根据所说数据对所说样本演奏进行评估和给出意见信息，所说意见信息不能由所说培训设备给出，其包含能够控制对应于所说教学乐谱的练习部分的示范演奏的生成的控制信息，以便在所述学员终端再现所述示范演奏时根据所述控制信息控制所述示范演奏，和

一个接收器装置，它通过网络从培训中心接收意见信息；

其中所说处理器装置在接收到所说意见信息时根据所说意见信息控制所说显示器装置显示所说教学乐谱的一个练习部分和对所说练习部分的评述，从而提示学员根据评述演奏所说练习部分。

3. 如权利要求 2 所述的本地培训设备，其特征在于所说处理器装置将表示利用所说乐器进行的样本演奏的数据与显示器装置上显示的表示所说教学乐谱的数据进行比较，如果样本演奏与教学乐谱之间的偏差超过音乐上可以接受的程度，则给出所说教学乐谱的一个练习部分，在节奏上强调所说练习部分以便于演奏乐器。

4. 如权利要求 2 所述的本地培训设备，其特征在于它还包括一个声源装置，该声源装置由所说处理器装置控制根据所说意见信息产生对应于所说教学乐谱的练习部分的示范演奏，从而能够根据所说评述修改示范演奏，以可听地教导所说学员。

5. 一种音乐设备，它可以通过网络与一个监控计算机联接，以相应于使用者的技能水平进行远程培训，该设备包括：

可由使用者操作以进行演奏的乐器；

处理器装置，它在一个使用者终端暂时准备一段测试曲目，将该测试曲目与所说乐器的演奏进行比较确定二者之间的差异，用于检测该使用者培训水平并制定与所说使用者培训水平相当的教程；

显示器装置，用于根据教程显示与所说使用者技能水平相当的教学乐谱，从而提示使用者通过操作乐器进行样本演奏来再现所显示的教学乐谱；

其中所述处理器装置将表示所说样本演奏的事件数据与表示所说教学乐谱的音符数据进行比较，以在本地对样本演奏进行定量评估；

发送器装置，用于通过网络将表示样本演奏的事件数据传送到所说监控计算机，使得所说监控计算机能够根据所说事件数据对所说样本演奏进行远程定性评估，从而给出指示数据，所说定性评估与所说定量评估不同，是不能从本地获得的；和

接收器装置，用于通过网络从所说监控计算机接收所说指示数据，以将所说指示数据传送到所说处理器装置；

其中所说处理器装置根据本地定量评估或者由所接收的指示数据表示的所说的远程定性评估修改

所说教学乐谱，以有效地提高使用者的技能水平。

6. 如权利要求5所述的音乐设备，其特征在于所说处理器装置包括用于根据所说指示数据控制所说显示器装置显示教学乐谱的练习部分和对于所说练习部分的评述，从而提示使用者根据所说评述演奏练习部分的装置。

7. 如权利要求6所述的音乐设备，其特征在于它还包括声源装置，该装置由所说处理器装置控制根据所说指示数据产生相应于所说教学乐谱练习部分的示范演奏，从而按照所说评述修改示范演奏，以可听地教导使用者。

8. 如权利要求5所述的音乐设备，其特征在于所说处理器装置包括当定量评估指示出所说样本演奏与所说教学乐谱之间的偏差超过乐理上可以接受的程度时用于制定教学乐谱的练习部分，使得在节奏上强调所说练习部分以便于弹奏乐器的装置。

9. 如权利要求5所述的音乐设备，其特征在于所说处理器装置包括用于在对样本演奏的总体表现进行定性评估的同时，对样本演奏的节奏、音调和音量至少其中之一进行定量评估的装置。

10. 如权利要求5所述的音乐设备，其特征在于所说处理器装置包括用于分析由使用者进行的初始演奏以确定使用者的技能水平的装置，和用于制定与所说技能水平相当的教学乐谱的装置。

11. 使用一种音乐设备的一种方法，所说的设备包括一个显示器和一个乐器，所说乐器可由一个使用者操作进行演奏，并且可以通过网络与一台监控计算机联接，以便根据使用者的技能水平对其进行远程培训，所说方法包括以下步骤：

在一个使用者终端暂时准备一段测试曲目；

将该测试曲目与所说乐器的演奏进行比较确定二者之间的差异，以便检测该使用者培训水平；

制定与使用者培训水平相当的教程；

在显示器上根据教程显示与所说使用者技能水平相当的教学乐谱，从而提示使用者通过操作所说乐器进行样本演奏来再现所显示的教学乐谱；

将表示所说样本演奏的事件数据与表示所说教学乐谱的音符数据进行比较，以对所说样本演奏进行定量评估；

通过网络将表示所说样本演奏的事件数据传送到所说监控计算机，使得所说监控计算机能够根据所说事件数据对所说样本演奏进行定性评估，从而给出指示数据，所说定性评估与所说定量评估不同，无法从所说音乐设备获得；

通过网络从所说监控计算机接收所说指示数据；和

根据定量评估或者由所接收的指示数据表示的定性评估修改所说教学乐谱，以提高使用者的技能水平。”

至此，合议组认为本案事实已经清楚，可以作出复审决定。

**二、决定的理由**

1. 关于审查文本

复审请求人于2007年5月11日答复复审通知书时对权利要求书进行了修改，合议组未发现上述修改存在不符合专利法第33条和专利法实施细则第60条的规定之处，因此，本复审决定所依据的文本是：2007年5月11日提交的权利要求第1~11项，1999年1月29日提交的说明书第1~13页，2004年2月16日提交的说明书附图第4页，1999年5月4日提交的说明书附图第1~3、5、6页、说明书摘要和摘要附图。

2. 专利法实施细则第2条第1款

专利法实施细则第2条第1款规定：“专利法所称发明，是指对产品、方法或者其改进所提出的新的技术方案。”

独立权利要求 1 限定的技术方案为：一种音乐教学系统，它包括一个教员终端和至少一个学员终端，该学员终端通过网络与所说教员终端联接，所说学员终端包括可由一个学员操作以进行一段样本演奏的一个乐器，一个处理器装置，该处理器装置在至少一个学员终端暂时准备一段测试曲目，将该测试曲目与样本演奏进行比较确定二者之间的差异，用于检测该学员培训水平并制定与所说培训水平相当的教程，和一个显示器装置，所说显示器装置由所说处理器装置控制，用于根据教程显示教学乐谱，从而通过操作所说乐器产生所说样本演奏可以再现所说教学乐谱，教员终端包括通过网络从学员终端接收表示样本演奏的数据的一个接收器装置，由教员控制根据所接收的数据估评所说样本演奏从而制定意见信息的一个处理器装置，和将所说意见信息传送回所说学员终端的一个发送器装置，所述意见信息不能由学员终端制定，其包含能够控制对应于所说教学乐谱的练习部分的示范演奏的生成的控制信息，以便在所述学员终端再现所述示范演奏时根据所述控制信息控制所述示范演奏，其中学员终端在通过网络从教员终端接收到所说意见信息时根据所说意见信息控制所说显示器装置显示出所说教学乐谱的练习部分和对于所说练习部分的评述，从而提示学员根据评述演奏练习部分。

权利要求 1 请求保护“一种音乐教学系统”，包括一个教员终端和至少一个学员终端，该学员终端通过网络与所说教员终端联接，所说学员终端包括一个乐器、一个处理器装置和一个显示器装置，教员终端包括一个接收器装置、一个处理器装置和一个发送器装置。本领域技术人员可知上述设备均是现有技术中已有的硬件，并且根据说明书中的记载可知，本申请涉及一种借助于网络支持对于具有演奏控制器的乐器的音乐教学系统，所要解决的问题是能够通过网络例如国际互联网在家中或其他地点进行教学并且能够主要根据人的感觉创建音乐课程，所采取的方案是学员终端将练习结果传送到教员终端，教员终端以专业的音乐感觉进行可听评估，参照随演奏事件数据接收到的个人信息数据和教程创建指导意见文件，并将意见传送回学员终端，利用音乐感觉进行的定性评估不是通过安装在学员终端中的培训程序教授的，而是由作为服务器的教员终端给出，所获得的效果是使得可以通过例如将音乐培训程序安装在个人计算机或客户计算机上而将学员终端设置在家中，从而在家中提供完善的音乐教学。由此可见，尽管权利要求 1 涉及处理器装置、显示器装置、接收器装置、发送器装置等硬件装置，但是本申请的发明点并不在于改进这些已有的装置，而只是对这些公知硬件装置的利用，而且在利用这些公知硬件装置解决能够通过网络例如国际互联网在家中或其他地点进行教学并且能够主要根据人的感觉创建音乐课程的问题的过程中，既未涉及对其中包含的计算机系统和网络通信系统的结构上的改进，同时也并非出于对系统的数据处理能力及性能提高的技术考虑，即只是单单为了进行有关音乐教学工作，即没有解决技术问题，没有反映利用自然规律的技术手段，也没有获得受自然规律约束的效果，因此权利要求 1 不符合专利法实施细则第 2 条第 1 款的规定。

独立权利要求 2 限定的技术方案为：可以通过一个网络与一个培训中心联接的一种本地培训设备，它包括：一个乐器，它可由一个学员手动操作以进行一段样本演奏；一个处理器装置，它在一个学员终端暂时准备一段测试曲目，将该测试曲目与样本演奏进行比较确定二者之间的差异，用于检测该学员培训水平并制定与所说培训水平相当的教程；一个显示器装置，它由所说处理器装置控制根据教程显示教学乐谱，使得能够通过操作所说乐器进行一段样本演奏来再现教学乐谱；一个发送器装置，它通过网络将表示所说样本演奏的数据传送到所说培训中心，以使培训中心能够根据所说数据对所说样本演奏进行评估和给出意见信息，所说意见信息不能由所说培训设备给出，其包含能够控制对应于所说教学乐谱的练习部分的示范演奏的生成的控制信息，以便在所述学员终端再现所述示范演奏时根据所述控制信息控制所述示范演奏，和一个接收器装置，它通过网络从培训中心接收意见信息；其中所说处理器装置在接收到所说意见信息时根据所说意见信息控制所说显示器装置显示所说教学乐谱的一个练习部分和对所说练习部分的评述，从而提示学员根据评述演奏所说练习部分。

权利要求 2 请求保护“可以通过一个网络与一个培训中心联接的一种本地培训设备”，包括一个乐器、一个处理器装置、一个显示器装置、一个发送器装置、一个接收器装置。本领域技术人员可知上述设备均是现有技术中已有的硬件，并且根据说明书中的记载可知，本申请涉及一种借助于网络支持对于具有演奏控制器的乐器的教学的音乐教学系统，所要解决的问题是能够通过网络例如国际互联网在家中或其他地点进行教学并且能够主要根据人的感觉创建音乐课程，所采取的方案是学员终端将练习结果传送到培训中心，培训中心以专业的音乐感觉进行可听评估，参照随演奏事件数据接收到的个人信息数据和教程创建指导意见文件，并将意见传送回学员终端，利用音乐感觉进行的定性评估不是通过安装在学员终端中的培训程序教授的，而是由作为服务器的培训中心给出，所获得的效果是使得可以通过例如将音乐培训程序安装在个人计算机或客户计算机上而将学员终端设置在家中，从而在家中提供完善的音乐教学。由此可见，尽管权利要求 2 涉及处理器装置、显示器装置、接收器装置、发送器装置等硬件装置，但是本申请的发明点并不在于改进这些已有的装置，而只是对这些公知硬件装置的利用，而且在利用这些公知硬件装置解决能够通过网络例如国际互联网在家中或其他地点进行教学并且能够主要根据人的感觉创建音乐课程的问题的过程中，既未涉及对其中包含的计算机系统和网络通信系统的结构上的改进，同时也并非出于对系统的数据处理能力及性能提高的技术考虑，即只是单单为了进行有关音乐教学工作，即没有解决技术问题，没有反映利用自然规律的技术手段，也没有获得受自然规律约束的效果，因此权利要求 2 不符合专利法实施细则第 2 条第 1 款的规定。

从属权利要求 3 进一步限定了处理器装置实现的功能，从属权利要求 4 进一步限定了本地培训设备还包括一个声源装置，上述附加技术特征中的硬件均是公知的，从属权利要求 3、4 仍然没有解决技术问题，没有反映利用自然规律的技术手段，也没有获得受自然规律约束的效果，因此权利要求 3、4 不符合专利法实施细则第 2 条第 1 款的规定。

独立权利要求 5 限定的技术方案为：一种音乐设备，它可以通过网络与一个监控计算机联接，以相应于使用者的技能水平进行远程培训，该设备包括：可由使用者操作以进行演奏的乐器；处理器装置，它在一个使用者终端暂时准备一段测试曲目，将该测试曲目与所说乐器的演奏进行比较确定二者之间的差异，用于检测该使用者培训水平并制定与所说使用者培训水平相当的教程；显示器装置，用于根据教程显示与所说使用者技能水平相当的教学乐谱，从而提示使用者通过操作乐器进行样本演奏来再现所显示的教学乐谱；其中所述处理器装置将表示所说样本演奏的事件数据与表示所说教学乐谱的音符数据进行比较，以在本地对样本演奏进行定量评估；发送器装置，用于通过网络将表示样本演奏的事件数据传送到所说监控计算机，使得所说监控计算机能够根据所说事件数据对所说样本演奏进行远程定性评估，从而给出指示数据，所说定性评估与所说定量评估不同，是不能从本地获得的；和接收器装置，用于通过网络从所说监控计算机接收所说指示数据，以将所说指示数据传送到所说处理器装置；其中所说处理器装置根据本地定量评估或者由所接收的指示数据表示的所说的远程定性评估修改所说教学乐谱，以有效地提高使用者的技能水平。

权利要求 5 请求保护“一种音乐设备”，它可以通过网络与一个监控计算机联接，以相应于使用者的技能水平进行远程培训，包括乐器、处理器装置、显示器装置、发送器装置、接收器装置，本领域技术人员可知上述设备均是现有技术中已有的硬件，并且根据说明书中的记载可知，本申请涉及一种借助于网络支持对于具有演奏控制器的乐器的教学的音乐教学系统，所要解决的问题是能够通过网络例如国际互联网在家中或其他地点进行教学并且能够主要根据人的感觉创建音乐课程，所采取的方案是使用者终端将练习结果传送到监控计算机，监控计算机以专业的音乐感觉进行可听评估，参照随演奏事件数据接收到的个人信息数据和教程创建指导意见文件，并将意见传送回使用者终端，利用音乐感觉进行的定性评估不是通过安装在使用者终端中的培训程序教授的，而是由作为服务器的监控计算机给出，所获得的效果是使得可以通过例如将音乐培训程序安装在个人计算机或客户计算机上而将使用者终端设置在家中，从而在家中提供完善的音乐教学。由此可见，尽管权利要求5涉及处理器装置、显示器装置、接收器装置、发送器装置等硬件装置，但是本申请的发明点并不在于改进这些已有的装置，而只是对这些公知硬件装置的利用，而且在利用这些公知硬件装置解决能够通过网络例如国际互联网在家中或其他地点进行教学并且能够主要根据人的感觉创建音乐课程的问题的过程中，既未涉及对其中包含的计算机系统和网络通信系统的结构上的改进，同时也并非出于对系统的数据处理能力及性能提高的技术考虑，即只是单单为了进行有关音乐教学工作，即没有解决技术问题，没有反映利用自然规律的技术手段，也没有获得受自然规律约束的效果，因此权利要求5不符合专利法实施细则第2条第1款的规定。

从属权利要求6、8、9、10进一步限定了处理器装置实现的功能，从属权利要求7进一步限定了音乐设备还包括声源装置，上述附加技术特征中的硬件均是公知的，从属权利要求6~10仍然没有解决技术问题，没有反映利用自然规律的技术手段，也没有获得受自然规律约束的效果，因此权利要求6~10不符合专利法实施细则第2条第1款的规定。

独立权利要求11限定的技术方案为：使用一种音乐设备的一种方法，所说的设备包括一个显示器和一个乐器，所说乐器可由一个使用者操作进行演奏，并且可以通过网络与一台监控计算机联接，以便根据使用者的技能水平对其进行远程培训，所说方法包括以下步骤：在一个使用者终端暂时准备一段测试曲目；将该测试曲目与所说乐器的演奏进行比较确定二者之间的差异，以便检测该使用者培训水平；制定与使用者培训水平相当的教程；在显示器上根据教程显示与所说使用者技能水平相当的教学乐谱，从而提示使用者通过操作所说乐器进行样本演奏来再现所显示的教学乐谱；将表示所说样本演奏的事件数据与表示所说教学乐谱的音符数据进行比较，以对所说样本演奏进行定量评估；通过网络将表示所说样本演奏的事件数据传送到所说监控计算机，使得所说监控计算机能够根据所说事件数据对所说样本演奏进行定性评估，从而给出指示数据，所说定性评估与所说定量评估不同，无法从所说音乐设备获得；通过网络从所说监控计算机接收所说指示数据；和根据定量评估或者由所接收的指示数据表示的定性评估修改所说教学乐谱，以提高使用者的技能水平。

独立权利要求11请求保护“使用一种音乐设备的一种方法”，所说的设备包括一个显示器和一个乐器，所说乐器可由一个使用者操作进行演奏，并且可以通过网络与一台监控计算机联接，以便根据使用者的技能水平对其进行远程培训，本领域技术人员可知上述设备均是现有技术中已有的硬件，并且根据说明书中的记载可知，本申请涉及一种借助于网络支持对于具有演奏控制器的乐器的教学的音乐教学系统，所要解决的问题是能够通过网络例如国际互联网在家中或其他地点进行教学并且能够主要根据人的感觉创建音乐课程，所采取的方案是使用者终端将练习结果传送到监控计算机，监控计算机以专业的音乐感觉进行可听评估，参照随演奏事件数据接收到的个人信息数据和教程创建指导意见文件，并将意见传送回使用者终端，利用音乐感觉进行的定性评估不是通过安装在使用者终端中的培训程序教授的，而是由作为服务器的监控计算机给出，所获得的效果是使得可以通过例如将音乐培训程序安装在个人计算机或客户计算机上而将使用者终端设置在家中，从而在家中提供完善的音乐教学。由此可见，尽管权利要求11涉及显示器等硬件装置，但是本申请的发明点并不在于改进这些已有的装置，而只是对这些公知硬件装置的利用，而且在利用这些公知硬件装置解决能够通过网络例如国际互联网在家中或其他地点进行教学并且能够主要根据人的感觉创建音乐课程的问题的过程中，既未涉及对其中包含的计算机系统和网络通信系统的结构上的改进，同时也并非出于对系统的数据处理能力及性能提高的技术考虑，即只是单单为了进行有关音乐教学工作，即没有解决技术问题，没有反映利用自然规律的技术手段，也没有获得受自然规律约束的效果，因此权利要求11不符合专利法实施细则第2条第1款的规定。

综上所述，本申请不符合专利法实施细则第2条第1款的规定。

**三、决定**

维持国家知识产权局于2004年12月3日对99102727.2号发明专利申请作出的驳回决定。

根据专利法第41条第2款的规定，复审请求人对本决定不服的，可以在收到本通知之日起3个月内向北京市第一中级人民法院起诉。

070

# 显示装置

## 复审请求审查决定（第10758号）

**决　　定　　号**　第10758号
**决　　定　　日**　2007年6月8日
**发明创造名称**　显示装置
**国 际 分 类 号**　G09F 9/00
**复 审 请 求 人**　精工爱普生株式会社
**申　　请　　号**　99801673. X
**申　　请　　日**　1999年7月23日
**公　　开　　日**　2001年3月7日
**合 议 组 组 长**　马志远
**主　　审　　员**　乔东峰
**参　　审　　员**　张　巍

**法 律 依 据**　专利法第22条第3款
**决 定 要 点**

若权利要求中的区别技术特征既未见诸现有技术，又不能由现有技术显而易见地获得，且该区别技术特征为技术方案带来了显著的技术效果，则该权利要求具备创造性。

### 一、案由

本复审请求涉及申请号为99801673. X，名称为“显示装置”的发明专利申请（下称本申请）。申请人为精工爱普生株式会社。本申请的申请日为1999年7月23日，优先权日为1998年7月24日，公开日为2001年3月7日。

经实质审查，国家知识产权局原实质审查部门于2004年1月9日作出驳回决定，驳回了本申请，其理由是：权利要求1~7不符合专利法第22条第3款的规定。驳回决定所依据的文本为：2000年5月24日提交的进入中国国家阶段的国际申请文件的中文译文的说明书第1、4~6页，说明书附图第1~3页，说明书摘要及摘要附图；2000年5月24日提交的按照专利合作条约第28条的修改的说明书第3页；2003年10月8日提交的权利要求第1~7项，说明书第2页。

驳回决定所针对的权利要求书如下（下称文本1）：

“1. 一种显示装置，包括：光调制面板；对上述光调制面板进行照明的面状光源；和对形成于上述光调制面板的像进行放大的透镜，其特征在于，上述面状光源具有第1发光区和第2发光区，上述第1发光区包含以第1色进行发光的场致发光元件和光学谐振器，上述第2发光区包含以与上述第1

色不同的第2色进行发光的场致发光元件和光学谐振器，具有控制装置，用于对供给以上述第1色光发光的场致发光元件和以上述第2色发光的场致元件中每个场致元件的电流进行分别独立地控制，各光学谐振器厚度不同，从上述光学谐振器射出的光示出了面向上述透镜的方向性。

2. 如权利要求1所述的显示装置，其特征在于，

具有包含以不同于上述第1色和第2色的第3色进行发光的场致发光元件和光学谐振器的第3发光区。

3. 如权利要求2所述的显示装置，其特征在于，

上述第1、第2及第3发光区分别为发红色光的发光区、发绿色光的发光区和发蓝色光的发光区。

4. 如权利要求1所述的显示装置，其特征在于，

上述光调制面板为液晶面板。

5. 如权利要求1所述的显示装置，其特征在于，

上述发光区的图形形状为条状。

6. 如权利要求1所述的显示装置，其特征在于，

各上述场致发光元件上电流共用，并且上述电流按每个场致发光元件被独立控制。

7. 如权利要求1所述的显示装置，其特征在于，

上述场致发光元件为有机场致发光元件。"

驳回决定中引用了三篇对比文件：

对比文件1：JP1-179914A，公开日为1989年7月18日；

对比文件2：JP9-180883A，公开日为1997年7月11日；

对比文件3：JP10-187058A，公开日为1998年7月14日。

驳回决定中指出，权利要求1~4、6、7的技术特征均已被对比文件1或对比文件2公开，对比文件1和对比文件2的结合破坏了上述权利要求的创造性；对比文件3披露了权利要求5的附加技术特征，从而在对比文件1、2的基础上结合对比文件3破坏了权利要求5的创造性。因此权利要求1~7均不符合专利法第22条第3款的规定。

申请人（下称请求人）对上述驳回决定不服，于2004年4月26日向专利复审委员会提出了复审请求，并同时提交了权利要求书的替换页（下称文本2），其中包括权利要求第1~7项。请求人在文本2的权利要求1中加入了限定技术特征"具有用于对供给以上述第1色发光的场致发光元件和以上述第2色发光的场致元件中每个场致元件的电流进行分别独立的控制、调整各场致元件的发光色的装置"。

经形式审查合格，专利复审委员会于2004年5月24日依法受理了该复审请求，并将其转送至原审查部门进行前置审查。

原实质审查部门在前置审查意见书中认为，在对比文件1中已经公开了该控制装置可以对各场致元件进行独立电流控制，而用控制器通过改变电流改变发光色是本领域技术人员的一项常用技术手段，因而坚持原驳回决定。

由此，专利复审委员会依法成立合议组对本申请进行审理。

请求人于2004年12月14日向专利复审委员会提交了一份补正书，补交了一份美国审查资料。由于国家知识产权局按照中国专利法对在中国的专利申请进行审查，不受别国专利审查制度的约束，因此合议组对该美国审查资料仅作为参考资料，而不作为复审的证据给予考虑。

合议组于2007年3月27日向请求人发出复审通知书，指出文本2的权利要求1~7仍不具备专利法第22条第3款规定的创造性。具体理由如下：

（1）权利要求 1 不具备创造性，不符合专利法第 22 条第 3 款的规定。对比文件 1（JP1-179914A）公开了一种液晶显示装置，其中（参见说明书第 2 页［问题的解决手段］和［实施例］部分以及附图 1，3）具体公开了如下技术特征：包括液晶显示面板 1（相当于光调制面板）、一面状背景光 3。对比文件 2（JP9-180883A）（参见说明书第［12~14］段及附图 1-4）公开了一种微小谐振器型有机电致发光元件，并具体公开了如下技术特征：能够使发出光的光谱变窄，提高了色纯度，具有良好的方向性，以及从谐振器出射的光的波长跟该谐振器的厚度有关系（参见说明书第［0014~0017］段）。由此可见，对比文件 2 披露了权利要求 1 中的场致发光元件和光学谐振器，并给出了将它们应用于对比文件 1 的显示装置中作为面状光源的启示。

权利要求 1 与对比文件 1 和对比文件 2 的技术方案的区别在于：A. 对光调制面板像进行放大的透镜。B. 面状发光显示目录具有第 1 和第 2 发光区，分别发出第 1 色和第 2 色。C. 具有用于对供给第 1 色发光的场致发光元件和第 2 色发光的场致发光元件的电流进行分别地独立的控制、调整各场致元件的发光色的装置。D. 各光学谐振器厚度不同，从上述光学谐振器射出的光示出了面向上述透镜的方向性。

但是，区别技术特征 A 属于公知常识，在显示调制面板前设置放大透镜来构成投影设备是本领域技术人员普遍采用的技术手段。区别技术特征 B 和 C 也属于 OLED（有机发光器件）技术中的公知常识，在 OLED 彩色平板显示领域，通常都是用三基色的 OLED 在同一平面设置作为背景光源，且三基色 OLED 像 CRT 显像管那样进行独立的控制电流来调整发光色（可参见宋登元、王秀山的“有机发光器件平板显示及彩色象元实现方案”（《量子电子学报》第 15 卷第 4 期，1998 年 8 月出版））。当然权利要求中的两种颜色是其的一种简化方案，是根据公知常识很容易得到的。关于区别技术特征 D，则可以从对比文件 2 的描述并结合公知常识很容易得到的，因为对比文件 2 已经记载了不同的光学谐振器厚度以得到发出的光具有不同的波长的技术内容，而根据公知常识，OLED 需要发出不同的颜色，也即需要发出不同的波长的光，从而其各个光谐振器的厚度也必然是不同的。

所以，结合对比文件 1、对比文件 2 和公知常识，本领域技术人员能够容易地得到权利要求 1 所要保护的技术方案，该权利要求 1 不具备突出的实质性特点和显著的进步，从而不具备创造性。

（2）权利要求 2、3、6 的附加技术特征均为本领域的公知常识，如前所述，三基色的 OLED 平板显示装置中通常都具有平面设置的三种有机场致发光元件，且电流共用也是一种常规的手段。因此当权利要求 1 不具备创造性时，其从属权利要求 2、3、6 同样不具备专利法第 22 条第 3 款规定的创造性。

（3）权利要求 4 的附加技术特征已被对比文件 1 公开，对比文件 1 本身就公开了一种液晶显示装置。因此当权利要求 1 不具备创造性时，该权利要求 4 同样不具备专利法第 22 条第 3 款规定的创造性。

（4）权利要求 5 的附加技术特征在对比文件 3（JP10-187058A）中被公开了，对比文件 3（参见说明书第［0005~0007］段及附图 1，2）给出了将发光区图形设置为条状的启示。因此在权利要求 1 不具备创造性的基础上，该权利要求也不具备专利法第 22 条第 3 款规定的创造性。

（5）权利要求 7 的附加技术特征已被对比文件 2 公开，对比文件 2 本身公开的就是有机场致发光元件。因此当权利要求 1 不具备创造性时，该权利要求 7 同样不具备专利法第 22 条第 3 款规定的创造性。

请求人针对合议组作出的上述复审意见，于 2007 年 5 月 11 日提交了意见陈述书及权利要求书的全文替换页（下称文本 3）。请求人对文本 2 的独立权利要求 1 进行了补充，同时删除了文本 2 的权利要求 5、6，补入了新的权利要求 5，并对各项权利要求的编号进行了调整。修改后的权利要求书共

6 项权利要求，具体内容如下：

"1. 一种显示装置，包括：

周期性地排列有多个像素的光调制面板；

对上述光调制面板进行照明的面状光源；和

对形成于上述光调制面板的像进行放大的透镜，

其特征在于，

上述面状光源具有第 1 发光区和第 2 发光区，

上述第 1 发光区包含以第 1 色进行发光的场致发光元件和光学谐振器，

上述第 2 发光区包含以与上述第 1 色不同的第 2 色进行发光的场致发光元件和光学谐振器，

具有将对以上述第 1 色发光的场致发光元件和以上述第 2 色发光的场致元件中的每个场致元件供给的电流分别进行独立地控制，并对各场致元件的发光色进行调整的装置，

各光学谐振器厚度不同，从上述光学谐振器射出的光示出了面向上述透镜的方向性，上述第 1 发光区和第 2 发光区具有条状的图形，并且相对于上述光调制面板的上述多个像素的周期性排列方向，上述条状的图形的延伸方向倾斜。

2. 如权利要求 1 所述的显示装置，其特征在于，

具有包含以不同于上述第 1 色和第 2 色的第 3 色进行发光的场致发光元件和光学谐振器的第 3 发光区。

3. 如权利要求 2 所述的显示装置，其特征在于，

上述第 1、第 2 及第 3 发光区分别为发红色光的发光区、发绿色光的发光区和发蓝色光的发光区。

4. 如权利要求 1 所述的显示装置，其特征在于，

上述光调制面板为液晶面板。

5. 权利要求 1 所述的显示装置，其特征在于，

在上述光调制面板上顺次显示与上述第 1 色对应的图像和与上述第 2 色对应的图像，在显示与上述第 1 色对应的图像期间，上述第 1 发光区发光，并且，在显示与上述第 2 色对应的图像期间，上述第 2 发光区发光。

6. 如权利要求 1 所述的显示装置，其特征在于，

上述场致发光元件为有机场致发光元件。"

请求人认为，在文本 3 权利要求 1 的技术方案中，由于"上述第 1 发光区和第 2 发光区具有条状的图形，并且相对于上述光调制面板的上述多个像素的周期性排列方向，上述条状的图形的延伸方向倾斜"，所以能防止网纹干扰的产生，但对比文件 1、2 中没有公开该内容，因此权利要求 1 具备创造性，从而其从属权利要求均具备创造性。

在上述程序的基础上，合议组认为本案事实已经清楚，可以作出审查决定。

**二、决定的理由**

1. 审查基础

在文本 3 的权利要求书中，请求人对权利要求 1 的技术方案作了进一步的限定，其中包括三处修改：I. 对"光调制面板"进一步限定为"周期性地排列有多个像素的光调制面板"；II. 对描述"用于控制、调整的装置"的语句做了文字上的调整；III. 增加了技术特征"上述第 1 发光区和第 2 发光区具有条状的图形，并且相对于上述光调制面板的上述多个像素的周期性排列方向，上述条状的图形的延伸方向倾斜"。

由于上述的第 I 与第 III 处修改所增加的技术特征在原始申请说明书中均有记载（参见说明书第 4

页第 20~22 行，第 6 页第 4~10 行），上述第Ⅱ处修改也未引入新的技术特征，因此对权利要求 1 的修改未超出原说明书和权利要求书的记载范围，符合专利法第 33 条的规定。同时，由于上述三处修改均是为了克服复审通知书指出的缺乏创造性的缺陷而作出的修改，因此也符合专利法实施细则第 60 条的规定。

另外，请求人删除了原权利要求 5 和 6，增加了新的权利要求 5，新的权利要求 5 的附加技术特征是对说明书第 5 页第 16~20 行描述的技术内容的合理概括，因此未超出原始申请文件的记载范围，符合专利法第 33 条的规定。又因为新的权利要求 5 是为了克服原权利要求 5 缺乏创造性的缺陷而作的补充，因此此修改也符合专利法实施细则第 60 条的规定。

如上所述，合议组在审查了请求人提交的文本 3 的权利要求书之后，未发现该权利要求书中存在不符合专利法第 33 条和专利法实施细则第 60 条的规定之处，因此本复审决定依据的文本为：2000 年 5 月 24 日提交的进入中国国家阶段的国际申请文件的中文译文的说明书第 1、4~6 页，说明书附图第 1~3 页，说明书摘要及摘要附图；2000 年 5 月 24 日提交的按照专利合作条约第 28 条的修改的说明书第 3 页；2003 年 10 月 8 日提交的说明书第 2 页；2007 年 5 月 11 日提交的权利要求第 1~6 项。

2. 关于专利法第 22 条第 3 款

（1）修改后的权利要求 1 包括如下技术特征：

A. 周期性地排列有多个像素的光调制面板；

B. 对上述光调制面板进行照明的面状光源；

C. 对形成于上述光调制面板的像进行放大的透镜；

D. 上述面状光源具有第 1 发光区和第 2 发光区；

E. 上述第 1 发光区包含以第 1 色进行发光的场致发光元件和光学谐振器；

F. 上述第 2 发光区包含以与上述第 1 色不同的第 2 色进行发光的场致发光元件和光学谐振器；

G. 具有将对以上述第 1 色发光的场致发光元件和以上述第 2 色发光的场致元件中的每个场致元件供给的电流分别进行独立地控制，并对各场致元件的发光色进行调整的装置；

H. 各光学谐振器厚度不同；

I. 从上述光学谐振器射出的光示出了面向上述透镜的方向性；

J. 上述第 1 发光区和第 2 发光区具有条状的图形；

K. 相对于上述光调制面板的上述多个像素的周期性排列方向，上述条状的图形的延伸方向倾斜。

对比文件 1（JP1-179914A）公开了一种液晶显示装置，包括液晶显示面板 1（相当于光调制面板）和一面状背景光 3。对比文件 1 的附图 4 还公开了光调制面板上的周期性排列的像素。也就是说对比文件 1 公开了权利要求 1 的技术特征 A、B。对比文件 2 公开了一种微小谐振器型有机电致发光元件，即公开了技术特征 E、F 中的场致发光元件和光学谐振器。对比文件 3 公开了一种彩色画面显示装置，其中具体公开了：该显示装置包括一个周期性排列有多个像素的液晶面板 2（相当于光调制面板），且包括一个对上述液晶面板 2 进行照射的发光部 1，该发光部 1 三基色的发光区 1R、1G、1B 组成。也就是说对比文件 3 公开了权利要求 1 的技术特征 A、D。

可见，对比文件 1、2、3 中的任何一篇都没有公开权利要求 1 的技术方案的所有技术特征。下面以对比文件 1 作为本申请的最接近现有技术，据此分析从对比文件 2、3 中或所属技术领域的公知常识中可能获得的技术启示。

首先，对比文件 2 公开了能够作为显示装置的光源的有机电致（场致）发光元件，并采用了微小谐振器发光的型式，该发光元件能使发出的光的光谱变窄，提高色纯度并具有良好的方向性。因为这种技术效果正是权利要求 1 的技术方案所要获得的技术效果之一，将其应用于对比文件 1 的显示装置的发光元件对于所属技术领域的技术人员来说是容易想到的，所以该对比文件2给出了将技术特征E、F应用于对比文件1以解决技术问题的启示。

其次，对比文件3公开了包括三基色像素的发光部1，其通过控制各不同颜色的像素的发光状态来实现显示装置发出彩色光的技术效果，尽管权利要求1的技术方案中的发光面板只具有第1与第2发光区，但它的目的也是为了进行彩色显示，所属领域的技术人员根据对比文件3公开的技术方案的技术启示，将三种颜色的发光区简化为两种颜色的发光区是容易想到并容易实现以取得预期技术效果的。也就是说，对比文件3给出了将技术特征D应用于权利要求1的技术方案的启示。

最后，在显示调制面板前设置放大透镜是构成投射型液晶显示装置而被普遍采用的技术手段，光学谐振器发出的光示出朝向放大透镜的方向性则是这种设置所带来的必然的技术效果，因此它们属于所属技术领域的公知常识。此外，在OLED（有机发光器件）彩色平板显示领域，三基色OLED像CRT显像管那样进行独立的控制电流来调整发光色是一种通用的技术，也属于公知常识，而对于光谐振器来说，由于需要发出不同颜色的光，波长的不同导致各个光谐振器的厚度不同也是所属领域的技术人员所公知的。而且，将三基色的光谐振器排列成条状也是多种排列方式中一种比较常用的排列方式。也就是说，权利要求1的技术方案中的技术特征C、G、H、I、J都属于公知常识，将它们应用于权利要求1的技术方案对于所属技术领域的技术人员是显而易见的。

但是，权利要求1中的技术特征K均未在对比文件1~3中披露。在所属技术领域的传统技术中，发光区的像素通常与光调制面板上的像素平行排列，也就是说，发光区的条状图形相对于光调制面板的像素的周期性方向没有倾斜，其特点是结构简单、制造方便。而权利要求1的技术方案中则采用了将发光区的条状图形相对于光调制面板的像素的周期性方向设定为倾斜，该技术手段明显区别于现有技术，现有技术中也没有给出采用倾斜设计的启示，因此具有显著的特点。此外，该技术措施有效地防止了网纹干扰的产生，虽然这种设计带来了产品结构上的复杂性和不易制造性，但也带来了意想不到的有益技术效果，具有显著的进步性。因此权利要求1的技术方案在整体上具有突出的实质性特点和显著的进步，符合专利法第22条第3款有关创造性的规定。

（2）由于独立权利要求1具备创造性，因此其从属权利要求2~6同样也具备创造性。

**三、决定**

撤销国家知识产权局于2004年1月9日针对99801673.X号发明专利申请作出的驳回决定，由原实质审查部门以请求人于2000年5月24日提交的进入中国国家阶段的国际申请文件的中文译文的说明书第1、4~6页，说明书附图第1~3页，说明书摘要及摘要附图；2000年5月24日提交的按照专利合作条约第28条的修改的说明书第3页；2003年10月8日提交的说明书第2页；2007年5月11日提交的权利要求第1~6项为基础继续进行审查程序。

请求人对本决定不服的，可以根据专利法第41条第2款的规定，自收到本决定之日起3个月内向北京市第一中级人民法院起诉。

071

# 用于在电动牙刷与分离的控制装置之间传输操作数据的系统

## 复审请求审查决定（第10759号）

**决　定　号**　第10759号
**决　定　日**　2007年6月14日
**发明创造名称**　用于在电动牙刷与分离的控制装置之间传输操作数据的系统
**国际分类号**　A61C 17/22
**复审请求人**　皇家菲利浦电子有限公司
**申　请　号**　00811611.3
**申　请　日**　2000年6月9日
**优先权日**　1999年6月9日
**公　开　日**　2002年9月25日
**合议组组长**　杨军艳
**主　审　员**　刘亚斌
**参　审　员**　李　礼

**法律依据**　专利法第33条、第26条第4款
**决定要点**

复审请求人针对驳回决定或合议组在复审通知书中指出的缺陷，删除了具有上述缺陷的权利要求，克服了上述缺陷。

### 一、案由

本复审请求涉及申请号为00811611.3、名称为“用于在电动牙刷与分离的控制装置之间传输操作数据的系统”的发明专利申请（下称本申请），申请日为2000年6月9日，优先权日为1999年6月9日，申请人为皇家菲利浦电子有限公司。本申请公开时的权利要求书包括20项权利要求，其中权利要求1、14为独立权利要求。

申请人在本申请进入中国国家阶段时提交了权利要求书的全文修改替换页，修改后的权利要求书包括10项权利要求，其中权利要求1为独立权利要求。

国家知识产权局实质审查部门依法对本申请进行了实质审查，于2003年12月19日发出第一次审查意见通知书，指出本申请权利要求1、6~8不符合专利法第33条的规定，权利要求1、10不符合专利法第26条第4款的规定，说明书不符合专利法实施细则第18条和第19条的规定。

针对上述审查意见通知书，申请人于2004年7月2日提交了意见陈述书，并提交了说明书第3页、摘要附图、说明书附图第1页和第3页的修改替换页以及权利要求书的全文修改替换页。申请人

认为：修改后的申请文本克服了第一次审查意见通知书中指出的缺陷。该修改后的权利要求书如下：

“1. 用于在电池驱动电动牙刷与分离的控制装置之间传输数据的系统，为此它包含：

在电动牙刷中用于收集并存储关于电动牙刷操作数据的装置；

当电动牙刷出现在控制装置中时，用于将数据传输到控制装置中接收部件的装置；

用于将所传输的数据存储在控制装置中的存储装置，其中所传输和存储的数据是在遍及覆盖电池驱动电动牙刷多次使用的一段时间内被收集的；以及

用于完成至少下列之一的装置：（a）显示所传输和存储的数据及（b）分析所传输和存储的数据。

2. 权利要求 1 的系统，其中所传输的数据包括关于电动牙刷使用的信息。

3. 权利要求 1 或 2 的系统，其中控制装置包括用于使电动牙刷中电池充电的装置，电池为电动牙刷提供电力。

4. 权利要求 1 或 2 的系统，其中所传输的数据包括关于电动牙刷中电池的充电电平的信息。

5. 权利要求 1 或 2 的系统，其中系统包括用于将被选定的信息从控制装置传输到电动牙刷的装置。

6. 权利要求 5 的系统，其中该被选定的信息是用于电动牙刷程序控制的编程信息。

7. 权利要求 1 或 2 的系统，其中在电动牙刷与控制装置之间的通信是无线的。

8. 权利要求 1 或 2 的系统，其中该系统包括用于确认从电动牙刷被传输到控制装置的数据准确性的装置。”

经过上述实质审查程序后，国家知识产权局实质审查部门以本申请权利要求 8 不符合专利法第 26 条第 4 款的规定为由，于 2004 年 11 月 5 日作出了驳回决定，具体的驳回理由如下：从属权利要求 8（原从属权利要求 10）的特征“该系统包括用于确认从电动牙刷被传输到控制装置的数据准确性的装置”在说明书中没有记载，说明书中所述的“数据校验”仅是一种软件编程方式而不是一种“装置”，该数据校验仅仅是解码、存储过程中的一步处理，说明书中仅记载了一种具有数据传输、解码、校验、存储功能的处理器，而不是分别具有存储器、校验装置等多个装置，因此该权利要求 8 得不到说明书支持，不符合专利法第 26 条第 4 款的规定。

申请人（下称复审请求人）不服上述驳回决定，于 2005 年 2 月 21 日向专利复审委员会提出复审请求，同时提交了权利要求书和说明书的全文修改替换页，其中将权利要求 8 的附加技术特征修改为“该系统包括用于在传输的末尾使用数据校验以确定发送的数据是否正确的处理器”，并对说明书相应部分做了适应性修改。复审请求人认为修改后的权利要求 8 得到了说明书的支持，符合专利法第 26 条第 4 条的规定。

经形式审查合格后，专利复审委员会依法受理了上述请求，并于 2005 年 3 月 15 日向复审请求人发出了复审请求受理通知书，并于同日向原审查部门发出前置审查通知书。

原审查部门对本复审请求作出前置审查意见，认为说明书中没有记载专门用于数据校验的处理器，仍然坚持原驳回决定。

专利复审委员会依法成立合议组，对本复审请求进行审查，于 2007 年 2 月 25 日向复审请求人发出复审通知书，提出如下复审意见：权利要求 8 所请求保护的技术方案中包括“用于将所传输的数据存储在控制装置中的存储装置”和“用于在传输的末尾使用数据校验以确定发送的数据是否正确的处理器”，二者是两个独立的部件，而根据原说明书和权利要求书中记载的内容不能直接地、毫无疑义地确定同时包括有上述两个独立部件的技术方案，因此权利要求 8 的修改超出了原说明书和权利要求书记载的范围，不符合专利法第 33 条的规定。

针对上述复审通知书，复审请求人于2007年4月12日提交了意见陈述书和权利要求书的全文修改替换页，其中将权利要求8删除，仅保留原权利要求1~7作为新的权利要求书，并认为修改后的权利要求书是可以接受的。修改后的权利要求书共包括如下7项权利要求：

“1. 用于在电池驱动电动牙刷与分离的控制装置之间传输数据的系统，包含：

在电动牙刷中用于收集并存储关于电动牙刷操作的数据的装置；

当电动牙刷出现在控制装置中时，用于将数据传输到控制装置中接收部件的装置；

用于将所传输的数据存储在控制装置中的存储装置，其中所传输和存储的数据是在遍及覆盖电池驱动电动牙刷多次使用的一段时间内被收集的；以及

用于完成至少下列之一的装置：（a）显示所传输和存储的数据及（b）分析所传输和存储的数据。

2. 权利要求1的系统，其中所传输的数据包括关于电动牙刷使用的信息。

3. 权利要求1或2的系统，其中控制装置包括用于使电动牙刷中电池充电的装置，电池为电动牙刷提供电力。

4. 权利要求1或2的系统，其中所传输的数据包括关于电动牙刷中电池的充电电平的信息。

5. 权利要求1或2的系统，其中系统包括用于将被选定的信息从控制装置传输到电动牙刷的装置。

6. 权利要求5的系统，其中该被选定的信息是用于电动牙刷程序控制的编程信息。

7. 权利要求1或2的系统，其中在电动牙刷与控制装置之间的通信是无线的。”

至此，合议组经合议认为本案事实已经清楚，现依法作出复审决定。

**二、决定的理由**

1. 关于审查文本

本复审决定以复审请求人于2007年4月12日提交的权利要求第1~7项，2005年2月21日提交的说明书第1~7页，2004年7月2日提交的说明书附图第1、3页和摘要附图，进入中国国家阶段时提交的说明书附图第2、4、5页和说明书摘要作为审查基础。

2. 关于专利法第33条和第26条第4款

专利法第33条规定：申请人可以对其专利申请文件进行修改，但是，对发明和实用新型专利申请文件的修改不得超出原说明书和权利要求书记载的范围，对外观设计专利申请文件的修改不得超出原图片或者照片表示的范围。

专利法第26条第4款规定：权利要求书应当以说明书为依据，说明要求专利保护的范围。

复审请求人针对复审通知书所指出的缺陷，删除了权利要求8，以原权利要求1~7作为新的权利要求。经审查，上述修改符合专利法第33条的规定，予以接受，并且克服了复审通知书中所指出的权利要求8不符合专利法第33条规定的缺陷。此外，复审请求人的上述修改也克服了驳回决定中所指出的权利要求8不符合专利法第26条第4款规定的缺陷。

根据上述事实和理由，本案合议组依法作出以下审查决定。

**三、决定**

修改后的申请文本克服了驳回决定所指出的缺陷，因此在修改文本的基础上，撤销国家知识产权局于2004年11月5日对00811611.3号发明专利申请作出的驳回决定，由原审查部门以本决定依据的文本作为审查基础继续进行审查程序。

复审请求人对本决定不服的，可以根据专利法第41条第2款的规定，自收到本决定之日起三个月内向北京市第一中级人民法院起诉。

072

# 痕量元素与同位素分析用洁净室

## 复审请求审查决定（第 10785 号）

**决　定　号**　第 10785 号
**决　定　日**　2007 年 5 月 30 日
**发明创造名称**　痕量元素与同位素分析用洁净室
**国 际 分 类 号**　G01N 37/00，F24F 3/16，B01L 1/04
**复 审 请 求 人**　南京大学
**申　请　号**　03132374. X
**申　请　日**　2003 年 8 月 18 日
**公　开　日**　2004 年 12 月 8 日
**合 议 组 组 长**　黄玉平
**主　审　员**　杨加黎
**参　审　员**　宋　瑞

**法 律 依 据**　专利法第 33 条、第 22 条第 3 款
**决 定 要 点**
说明书附图构成说明书的一部分，如果针对申请文件所作的修改能够从原说明书附图中直接且毫无疑义地确定，那么这种修改是允许的。

### 一、案由

本复审请求涉及申请号为 03132374. X、名称为“痕量元素与同位素分析用洁净室”的发明专利申请（下称本申请），申请日为 2003 年 8 月 18 日，申请人为南京大学。本申请公开时权利要求书包括 7 项权利要求，其中权利要求 1 为独立权利要求。

国家知识产权局实质审查部门依法对本申请进行了实质审查，于 2005 年 9 月 30 日发出第一次审查意见通知书，指出本申请权利要求 1~7 不符合中国专利法第 22 条第 3 款的规定。

所引用的对比文件如下：

对比文件 1：2003 年 5 月出版的《质谱学报》第 24 卷第 2 期由南京大学现代分析中心发表的《南京大学现代分析中心非标防酸洁净室竣工评审鉴定报告》；

对比文件 2：1996 年第 3 期《暖通空调》第 35~38 页由李子麟发表的《100 级管道式过滤结构洁净通道的研制》。

针对上述审查意见通知书，申请人于 2005 年 12 月 22 日提交了意见陈述书和权利要求书的修改替换页，修改后的权利要求书共包括 2 项权利要求。

针对申请人上述意见陈述，原审查部门继续审查，于2006年3月3日发出第二次审查意见通知书，指出本申请权利要求1~2相对于上述两篇对比文件仍不符合中国专利法第22条第3款的规定。

针对第二次审查意见通知书，申请人于2006年4月10日提交了意见陈述书和权利要求书的修改替换页。修改后的权利要求书共包括1项权利要求，具体内容如下：

“1. 痕量元素与同位素分析用洁净室，洁净室是一个正压区，其特征是送排风管道结构如下：所有进入超净区的风经过设在管道上的三级过滤器，空气进风管上设有粗效过滤器和中效过滤器，然后经过主管道送至各房间的静压箱中，再经过高效过滤器输入室内，室内设有回风口；另设有循环回风管道，室内设有回风口连接回风管道，将室内的无毒空气从回风管道再送入送风主管道；防酸净化室内所有直角均采用R角圆弧塑料接体；洁净室地面采用环氧树脂自流地坪；设有净化工作台内，工作台空间设有将工作台的废气全部直接排出室外抽风机；送排风管道设有主风机和值班风机，所述的管道室内净化工作台、通风排毒柜以及实验工作台面均采用防酸或防腐塑料板材。”

经过上述实质审查程序后，国家知识产权局实质审查部门以本申请权利要求1不符合专利法第22条第3款的规定为由，于2006年6月9日做出了驳回本申请的决定，具体的驳回理由如下：

权利要求1要求保护一种痕量元素与同位素分析用洁净室，对比文件1公开了一种非标防酸洁净室，权利要求1与对比文件1相比，其区别在于：（1）权利要求1明确了三级过滤器是粗效过滤器、中效过滤器和高效过滤器，而对比文件1只明确记载了三级过滤器中的高效过滤器，（2）权利要求1限定了净化工作台具有抽吸风机，（3）权利要求1限定洁净室具有回风口和回风管道。其中，区别（1）和（2）是本领域公知常识，区别（3）的技术特征被对比文件2所公开，因此，权利要求1相对于对比文件1和2不具备专利法第22条第3款规定的创造性。

申请人（下称复审请求人）不服上述驳回决定，于2006年9月20日向专利复审委员会提出复审请求，其复审请求的理由是：（1）修改后的权利要求1补充了工作台的挡风板结构，与现有技术构成区别，使本申请的洁净室具有更显著效果；（2）本申请的特征是无金属材料以高分子（塑料）为主、具有化学分析处理功能、防酸能有效排毒排酸气，有水酸碱毒爆炸试剂安全提纯系统装置，能净化工作台到30级，并采用垂直单向空气流；（3）采用全排风+部分微正压自循环方式，能够节电。复审请求人同时提交了附件1~5，其中附件1是本申请权利要求书的修改替换页，修改后的权利要求书仅包括1项权利要求，具体内容如下：

“1. 痕量元素与同位素分析用洁净室，洁净室是一个正压区，其特征是送排风管道结构如下：所有进入超净区的风经过设在管道上的三级过滤器，空气进风管上设有粗效过滤器和中效过滤器，然后经过主管道送至各房间的静压箱中，再经过高效过滤器输入室内，室内设有回风口；另设有循环回风管道，室内设有回风口连接回风管道，将室内的无毒空气从回风管道再送入送风主管道；防酸净化室内所有直角均采用R角圆弧塑料接体；洁净室地面采用环氧树脂自流地坪；设有净化工作台内，工作台上方设有挡板（14），工作台空间设有将工作台的废气全部直接排出室外抽风机；送排风管道设有主风机和值班风机，所述的管道室内净化工作台、通风排毒柜以及实验工作台面均采用防酸或防腐塑料板材。”

附件2~5包括：推荐“痕量元素与同位素分析用防酸洁净室”申请国家发明专利的推荐信两封，其中一封是由污染控制与资源化研究国家重点实验室出具的、王晓蓉签名的推荐信1页，另一封是由中科院南京地质古生物所应用古生物中心出具的、王伟签名的推荐信2页；发明人写给专利复审委员会的信6页；南京大学现代分析中心痕量元素与同位素非标防酸洁净实验室竣工评审鉴定报告3页；本申请的工作台结构示意图1页。

经形式审查合格后，专利复审委员会依法受理了上述请求，并于2006年11月15日向复审请求人发出了复审请求受理通知书，同时向原审查部门发出前置审查通知书。

原审查部门对该复审请求做出前置审查意见，认为复审请求人对权利要求书的修改不符合专利法第33条的规定，仍然坚持原驳回决定。

专利复审委员会依法成立合议组对该复审请求案进行审理。本案合议组在仔细审阅了全部案卷后，认为本案事实已清楚，现依法作出本复审决定。

**二、决定的理由**

1. 关于审查文本

本复审决定以复审请求人于2006年9月20日提交的权利要求第1项、2003年8月18日提交的说明书第1~3页、说明书附图第2~3页、说明书摘要，2004年7月16日提交的说明书附图第1页作为审查基础。

2. 关于专利法第33条

专利法第33条规定：申请人可以对其专利申请文件进行修改，但是，对发明和实用新型专利申请文件的修改不得超出原说明书和权利要求书记载的范围，对外观设计专利申请文件的修改不得超出原图片或者照片表示的范围。

说明书附图构成说明书的一部分，如果针对申请文件所作的修改能够从原说明书附图中直接且毫无疑义地确定，那么这种修改是允许的。

复审请求人在提出复审请求时提交的权利要求1中增加了“工作台上方设有挡板（14）”的技术特征。对此，合议组认为，由于原说明书第2页倒数第4行的文字部分记载了“工作台挡板14”，并且在本说明书的工作台结构示意图3中示出了标号14在工作台中所处的位置，即工作台挡板14位于工作台上方，因此本领域普通技术人员能够从图3中明确地辨认出“档板14位于工作台上方”这一特征。由于说明书的附图是说明书的一部分，当修改的内容能够从原始说明书的附图中唯一地、毫无疑义地得知时，这样的修改是允许的，因此复审请求人对权利要求1的这种修改符合专利法第33条的规定。

3. 关于专利法第22条第3款

专利法第22条第3款规定：创造性，是指同申请日以前已有的技术相比，该发明有突出的实质性特点和显著的进步，该实用新型有实质性特点和进步。

审查指南第二部分第四章第2.2节指出，发明有突出的实质性特点，是指对所述技术领域的技术人员来说，发明相对于现有技术是非显而易见的。

权利要求1请求保护一种痕量元素与同位素分析用洁净室。对比文件1公开了一种达到痕量元素与同位素化学分析室要求的非标防酸洁净室，其中（参见该对比文件1全文）公开了以下技术特征：所有进入超净区的风经过三级过滤，由主管道送至各房间的静压箱中，再经过高效过滤器输入室内；各室在主风机或值班风机工作状态下，都能达到室内正压；防酸净化室内所有直角均采用R角圆弧塑料接体；净化室地面采用环氧树脂自流坪的原料与工艺；室内净化工作台、通风排毒柜以及实验工作台面均采用聚丙烯塑料板材，该板材具有防酸、防碱、耐温和光滑的特点。

由此可见，本申请权利要求1与对比文件1的区别在于，（1）权利要求1限定了其三级过滤器是粗效过滤器、中效过滤器和高效过滤器，而对比文件1仅记载了其中的高效过滤器；（2）权利要求1限定其洁净室内有回风口和循环回风管道，并限定了回风口和循环回风管道之间的连接关系，而对比文件1没有关于回风口、循环回风管道以及它们之间的连接关系的记载；（3）权利要求1限定其净化工作台上方设有挡板（14），而对比文件1中没有此设置；（4）权利要求1限定其工作台空间设有将工作台的废气全部直接排出室外的抽吸风机，而对比文件1中没有记载其工作台内设置有抽风机。

对比文件2公开了一种用于洁净室的洁净通道，其中公开了（参见该对比文件2的“2主要结构”和“3主要结构特点”部分）以下技术特征：空气经过粗效过滤器1、中效过滤装置2、风机3、分风箱4、终末过滤装置5等送入洁净通道，再经回风粗过滤口7到缓冲室及夹道，一部分回到大系统回风道8，大部分与大系统送风9混合由1吸入，其中所述终末过滤装置采用过滤效率高的滤材。由此可见，上述区别（1）和（2）已经被对比文件2所公开，由于在工作台空间内设置将废气排出室外的抽吸风机是本领域公知常识，因此权利要求1相对于对比文件1、2以及上述公知常识的结合而言，其区别仅在于上述区别（3），即在工作台上方设有挡板14。对于该区别（3），合议组认为，由于对比文件1和对比文件2中均未记载该区别（3），而这两篇对比文件所公开的内容中也没有给出在工作台上方设置挡板的技术启示，而本申请在工作台上方设置挡板，能起到一定的风屏作用，带来了技术效果，因此本申请权利要求1相对于对比文件1和对比文件2的结合而言是非显而易见的，相对于对比文件1和对比文件2的结合而言具备创造性，符合专利法第22条第3款的规定。

根据上述事实和理由，本案合议组依法做出以下审查决定。

**三、决定**

在修改文本的基础上，撤销国家知识产权局于2006年6月9日对03132374.X号发明专利申请作出的驳回决定，由原审查部门以本决定依据的文本作为审查基础继续进行审查程序。

复审请求人对本决定不服的，可以根据专利法第41条第2款的规定，自收到本决定之日起三个月内向北京市第一中级人民法院起诉。

073

# 长波长光纤放大器

## 复审请求审查决定（第 10786 号）

**决　定　号**　第 10786 号
**决　定　日**　2007 年 6 月 5 日
**发明创造名称**　长波长光纤放大器
**国 际 分 类 号**　G02F 1/39，H04B 10/18
**复 审 请 求 人**　三星电子株式会社
**申　请　号**　03145078.4
**申　请　日**　2003 年 6 月 27 日
**优 先 权 日**　2002 年 9 月 23 日
**公　开　日**　2004 年 3 月 31 日
**合 议 组 组 长**　张惠军
**主　审　员**　谢有成
**参　审　员**　马　燕

**法 律 依 据**　专利法第 22 条第 3 款
**决 定 要 点**

如果一项发明相对于最接近的现有技术的区别技术特征被相同领域的另一篇现有技术所公开，且该区别技术特征在该篇现有技术中所起的作用与在该项发明中所起的作用相同，则认为该篇现有技术给出了将该区别技术特征应用到所述最接近的现有技术中的技术启示，该项发明不具备创造性。

### 一、案由

本复审请求涉及申请号为 03145078.4、名称为“长波长光纤放大器”的发明专利申请（下称本申请），申请人为三星电子株式会社，优先权日为 2002 年 9 月 23 日，申请日为 2003 年 6 月 27 日，公开日为 2004 年 3 月 31 日。

经实质审查，国家知识产权局实质审查部门以本申请权利要求 1~8 不符合专利法第 22 条第 3 款的规定为由，于 2006 年 5 月 19 日作出驳回决定。驳回决定所引用的对比文件为：

对比文件 1：CN1284658A，公开日为 2001 年 2 月 21 日；

对比文件 2：US6337764B1，公开日为 2002 年 1 月 8 日。

驳回决定所针对的权利要求书如下：

“1. 一种用于放大长波长的输入光纤信号的光纤放大器，包括：

第一泵浦光源，用于产生并且输出预定波长的第一泵浦光；

光电检测器，用于检测输入光信号的强度；

掺铒光纤，由从第一泵浦光源输出的第一泵浦光将该掺铒光纤带到第一泵浦态，从而产生短波长带的放大的自发发射，由放大的自发发射将该掺铒光纤带到第二泵浦态，从而导致输出长波长带的感应发射光；

第二泵浦光源，用于输出与放大的自发发射相同波长带的第二泵浦光，同时由输出控制信号来控制第二泵浦光的强度，以便控制掺铒光纤的第二泵浦态的强度；以及

控制器，用于依据由光电检测器检测到的输入光信号的光强度，计算输入光信号的光强度的损失量和信道的数量，并且将输出控制信号传输到第二泵浦光源，以便补偿输入光信号的光强度的损失量。

2. 根据权利要求1所述的光纤放大器，其特征在于还包括：

第一波长选择耦合器，用于通过一个端口，输出长波长带的输入光信号和短波长带的第二泵浦光；

位于第一波长选择耦合器的下行侧的光束分路器，用于分路从第一波长选择耦合器接收到的输入光信号的部分，并且将分路后的信号部分输出到光检测器；

位于掺铒光纤上行侧的第二波长选择耦合器，用于通过一个端口，同时输出从光束分路器接收到的长波长带的输入光信号和第一泵浦光；

位于光束分路器和第二波长选择耦合器之间的第一隔离器，用于阻塞向光束分路器传播的向后传播的光；以及

位于掺铒光纤的下行侧的第二隔离器，用于阻塞向掺铒光纤传播的向后传播的光。

3. 根据权利要求1所述的光纤放大器，其特征在于第二泵浦光源输出按照输入光信号的传播方向的第二泵浦光。

4. 根据权利要求1所述的光纤放大器，其特征在于预定的波长是980nm。

5. 根据权利要求1所述的光纤放大器，其特征在于放大的自发发射处于1528~1562nm范围内的短波长带中。

6. 根据权利要求1所述的光纤放大器，其特征在于光电检测器包括：寄存器、A/D转换器、以及多个光电二极管。

7. 一种用于放大长波长带的输入光信号的光纤放大器，包括：

光束分路器，用于分路输入光信号的部分；

第一波长选择耦合器，用于通过一个端口，同时输出长波长带的输入光信号和第一泵浦光；

位于光束分路器和第一波长选择耦合器之间的第一隔离器，用于阻塞向光束分路器传播的向后传播的光；

与第一波长选择耦合器的一侧连接的第一泵浦光源，用于输出预定波长的第一泵浦光；

位于第一波长选择耦合器的下行侧的掺铒光纤，由第一泵浦光将该掺铒光纤带到第一泵浦态，从而导致输出放大的自发发射，并且将掺铒光纤带到第二泵浦态，从而导致输出长波长带的感应发射光；

与光束分路器的一侧连接的光检测器，用于依据从光束分路器分路的输入光信号的部分，检测输入光信号的强度；

位于掺铒光纤下行的第二波长选择耦合器，用于允许通过光纤传输从光纤输出的长波长带的感应发射光，并且向光纤提供短波长带的第二泵浦光；

与第二波长选择耦合器连接的第二泵浦光源，用于输出短波长带的第二泵浦光，同时依据输出控

制信号来控制该第二泵浦光强度，以便控制掺铒光纤的第二泵浦态的强度；

位于第二波长选择耦合器的上行的第二隔离器，用于阻塞向第二波长选择耦合器传播的向后传播的光；以及

控制器，用于依据由光电检测器检测到的输入光信号的光强度，计算输入光信号的光强度损失量和信道的数量，并且将输出控制信号传输到第二泵浦光源，以便补偿输入光信号的光强度的损失量。

8. 根据权利要求4所述的光纤放大器，其特征在于第二泵浦光源输出，与输入光信号的传播方向相反传播的短波长带的第二泵浦光。"

驳回决定中认为，对比文件1中公开的种子光束源206相当于权利要求1中的第二泵浦光源，且对比文件2给出了控制泵浦光强度的技术启示，因此权利要求1相对于对比文件1和2的结合不具备创造性。权利要求2~8也不具备创造性，不符合专利法第22条第3款的规定。

申请人三星电子株式会社（下称复审请求人）对上述驳回决定不服，于2006年9月4日向专利复审委员会提出复审请求，未对申请文件进行修改。复审请求人认为，对比文件1和2未能公开用于控制C波长带的泵浦光的相关结构，此外，对比文件1中的种子光束源不是本申请中限定的“第二泵浦光源”，因此，对比文件1和2的组合无法得到权利要求1所限定的对第二泵浦光源进行控制的结构，权利要求1相对于对比文件1和2的结合具备创造性，在此基础上，权利要求2~6和8也具备创造性，基于同样的理由，权利要求7相对于对比文件1和2的结合也具备创造性。

经形式审查合格，专利复审委员会依法受理了该复审请求，并于2006年11月16日向复审请求人发出复审请求受理通知书，并于同日向原实质审查部门发出前置审查通知书，将案卷移交原审查部门进行前置审查。

原审查部门在前置审查意见中，仍然坚持原驳回决定。

国家知识产权局专利复审委员会依法成立合议组，对本复审请求进行审查。本案合议组于2007年1月30日发出复审通知书，指出权利要求1~8不具备创造性，不符合专利法第22条第3款的规定。该复审通知书的主要意见是，对比文件1是与本申请最接近的现有技术，其中的种子光束源相当于本申请权利要求中的第二泵浦光源，本申请权利要求1与对比文件1的区别在于权利要求1具有一个用于控制该第二泵浦光源的控制结构，但对比文件2公开了一个对泵浦光源进行控制的控制结构，因此启示本领域技术人员可结合对比文件1和2获得本申请权利要求1的技术方案。同理，权利要求7也不具备创造性。从属权利要求2~6和8的附加技术特征或者已被对比文件公开，或者为本领域的公知常识，因此权利要求2~6和8也不具备创造性。

针对上述复审通知书，复审请求人于2007年3月14日提交了意见陈述书，未对申请文件进行修改。复审请求人认为：对比文件1和2都未公开用于产生与放大的自发发射相同波长带的泵浦光的第二泵浦光源，对比文件1中公开的是种子光源，其是除了泵浦光源之外的附加的结构，对比文件2中未公开用于控制本申请中的第二泵浦光源的结构，因此，对比文件1和2的结合无法实现本申请的技术方案，本申请的权利要求1~8具有创造性。

至此，合议组认为本案事实已清楚，现依法作出复审请求审查决定。

**二、决定的理由**

1. 决定所依据的文本

鉴于复审请求人在复审程序中未对申请文件提出过修改，因此，本复审决定所依据的文本与驳回决定所依据的文本相同，即复审请求人于申请日即2003年6月27日提交的权利要求第1~8项、说明书第1~8页、说明书附图第1~4页、说明书摘要和摘要附图。

2. 关于专利法第 22 条第 3 款

专利法第 22 条第 3 款规定：创造性，是指同申请日以前已有的技术相比，该发明有突出的实质性特点和显著的进步，该实用新型有实质性特点和进步。

（1）权利要求 1 不具备创造性，不符合专利法第 22 条第 3 款的规定。

权利要求 1 要求保护一种用于放大长波长的输入光纤信号的光纤放大器，对比文件 1 公开了一种使用种子光束的长带光纤放大器（参见对比文件 1 说明书第 1 页第 13~15 行，第 2 页第 13~15 行，第 3 页第 23 行至第 5 页第 2 行，图 2），其包括：第一泵浦光源 212，用于产生并且输出预定波长的第一泵浦光；掺杂稀土元素的光纤 214（EDF），其是通过第一泵浦光源 212 输出的泵浦光的激发而产生短波长带的自发发射 ASE，由该自发发射 ASE 来放大 L 带信号光（相当于权利要求 1 中由第一泵浦光源输出的第一泵浦光将该放大光纤带到第一泵浦态，从而产生短波长带的放大的自发发射，由该放大的自发发射将该放大光纤带到第二泵浦态，从而导致输出长波长带的感应发射光）；种子光束源 206（相当于权利要求 1 中的第二泵浦光源），其输出与自发发射 ASE 相同波长带的 C 带泵浦光，通过种子光束源 206 来控制放大光纤中的光的强度，从而提高了信号光的放大效率；由于 L 带放大效率的增加，必然导致响应时间的减少。

权利要求 1 请求保护的光纤放大器和对比文件 1 公开的长带光纤放大器的区别在于，权利要求 1 中包括具有用于检测输入光信号的光电检测器和用于控制泵浦光源的控制器，通过它们来检测、计算并且控制各个参数从而控制第二泵浦光源发射的 C 波带的强度。

对比文件 2 公开了一种用于控制增益平坦的光纤放大器（参见对比文件 2 说明书第 2 栏第 35 行至第 4 栏第 5 行，图 1），其包括用于检测输入光信号的第一光检测单元 110、检测长波长和短波长 ASE 光的功率的第二光检测单元 130 以及用于控制泵浦光源 121、122 的增益控制器 240，所述光检测单元和控制器通过检测、计算并且控制各个参数来控制泵浦光源的输出功率值，也即对泵浦光源发射的泵浦光的强度进行控制。虽然对比文件 2 没有涉及该控制器是用于控制与本申请中第二泵浦光源相当的泵浦源，但对比文件 2 中的控制器在该光纤放大器中对光信号放大控制的方式和本申请权利要求 1 中的一样；此外，对比文件 2 中的控制器通过检测输入信号和输出信号的强度从而对泵浦光源进行控制，其作用也是为了控制泵浦光源发射的泵浦光的光强度，与权利要求 1 中的控制器所起的作用相同。因此本领域技术人员可以从对比文件 2 中得到启示，利用对比文件 2 中的光检测器和增益控制器对对比文件 1 中的包括泵浦光源 212 和种子光束源 206 在内的任何用于泵浦的光源进行控制，通过对种子光束源 206 发射的 C 波带的光强度进行合适的控制，从而获得增益平坦化的技术效果，最终抑制增益变化，由此获得权利要求 1 要求保护的技术方案。因此权利要求 1 相对于对比文件 1 和 2 的结合不具备创造性，不符合专利法第 22 条第 3 款的规定。

针对复审请求人在答复复审通知书时提出的意见，合议组认为：

尽管在对比文件 1 中，将光源 206 称为“种子光束源”，但是由于该光源发射与自发发射 ASE 相同波长带的 C 带泵浦光，并且也起到提高了信号光的放大效率、减少响应时间的作用，因此认为对比文件 1 中的“种子光束源”公开了本申请权利要求 1 中的第二泵浦光源，对比文件 1 中的光纤放大器与本申请中的光纤放大器在泵浦光源的设置上的不同之处在于本申请设置了一个控制结构对第二泵浦光源进行控制。对比文件 2 公开了用于对泵浦光源进行控制的控制结构，虽然对比文件 2 中没有与本申请中第二泵浦光源作用相当的泵浦源，由此该控制结构不是用于控制所述第二泵浦光源，但是，根据对比文件 2 所公开的对泵浦光源进行控制的控制结构而由此及彼地想到对对比文件 1 中的用于泵浦的光源（包括种子光束源 206 以及泵浦光源 212 和 218）设置一个控制结构是显而易见的，也即本领域技术人员易于想到将对比文件 2 给出的启示应用到对比文件 1 中，从而得到本申请权利要求 1 要求保护的技术方案。

（2）权利要求 2 不具备创造性，不符合专利法第 22 条第 3 款的规定。

权利要求 2 是权利要求 1 的从属权利要求，其在权利要求 1 的基础上还进一步限定了第一和第二波长选择耦合器、光束分路器、第一和第二隔离器以及它们在所述光纤放大器中的位置关系。其中，波长选择耦合器的作用是将输入光信号和泵浦光耦合到光纤放大器的光路中；光束分路器的作用是从光路中分出一部分光到光检测器，以便对光进行检测；而隔离器的作用是用于阻止向后传播的光。对比文件 1 公开了耦合器 204 和 210、隔离器 208 和 220，对比文件 2 除了公开了耦合器 123 和 124、隔离器 126 和 127 之外，还公开了分光器 111 和 134，这些部件在对比文件 1 和 2 中所起的作用与权利要求 2 中这些部件所起的作用相同，并且这些部件本身以及如何在光纤放大器中设置它们的位置关系都是本领域所公知的，因此，在权利要求 1 不具备创造性的情况下，权利要求 2 相对于对比文件 1、2 以及公知常识的结合也不具备创造性。

（3）权利要求 3~6、8 不具备创造性，不符合专利法第 22 条第 3 款的规定。

对比文件 1 在图 2 以及说明书相关部分公开了种子光束源 206 输出沿输入光信号传播方向的泵浦光（对应于权利要求 3 的附加技术特征）；在图 3 以及说明书相关部分公开了种子光束源 320 输出沿与输入光信号传播方向相反的短波长带的泵浦源（对应于权利要求 8 的附加技术特征）；公开了预定的波长为 980nm（对应于权利要求 4 的附加技术特征）；公开了放大的自发发射在 C 带尤其是在 1525 和 1570nm 之间（参见对比文件 1 说明书第 1 页第 13~14 行），虽然该数值范围与权利要求 5 中的 1528 到 1562nm 的自发发射范围略有不同，但根据本申请说明书的记载以及对比文件 1 公开的内容可知，所述的数值范围均指自发发射的 C 带波长范围，因此上述数值范围的些许不同并不能使本申请具备创造性。权利要求 6 是权利要求 1 的从属权利要求，其在权利要求 1 的基础上进一步限定光电检测器包括寄存器、A/D 转换器以及多个光电二极管，这些器件是本领域常见的一些器件，并且将它们应用到光电检测器中也是本领域的公知常识。因此在权利要求 1 不具备创造性的情况下，权利要求 6 也不具备创造性。综上所述，权利要求 3~6、8 均不具备创造性。

（4）权利要求 7 不具备创造性，不符合专利法第 22 条第 3 款的规定。

权利要求 7 要求保护一种用于放大长波长带的输入光纤信号的光纤放大器，包括光束分路器、第一和第二波长选择耦合器，第一和第二泵浦光源，第一和第二隔离器、掺铒光纤、光检测器、控制器、以及各个部件的作用和相互位置关系。权利要求 7 的技术方案和权利要求 2 的技术方案在本质上基本相同，只是权利要求 7 的第二泵浦光源是采用后向泵浦的方式，权利要求 2 中的第二泵浦光源是采用前向泵浦的方式。但是泵浦光源采用前向泵浦、后向泵浦或者同时采用前向泵浦和后向泵浦这三种泵浦方式均是本领域已知的技术手段，此外，对比文件 1（参见图 3 以及说明书相关部分）也公开了采用后向泵浦方式的种子光束源 320，基于与评述权利要求 1 和权利要求 2 相同的理由，通过对比文件 1、对比文件 2 及公知常识的结合可以获得权利要求 7 要求保护的技术方案，因此该权利要求不具备创造性。

综上所述，本专利权利要求 1~8 不符合专利法第 22 条第 3 款有关创造性的规定。

根据上述事实和理由，本案合议组依法作出以下审查决定。

**三、决定**

维持国家知识产权局于 2006 年 5 月 19 日对 03145078.4 号发明专利申请作出的驳回决定。

复审请求人对本决定不服的，可以根据专利法第 41 条第 2 款的规定，自收到本决定之日起三个月内向北京市第一中级人民法院起诉。

074

# 污水的屋顶植物净化系统

## 复审请求审查决定（第10807号）

**决　定　号**　第10807号
**决　定　日**　2007年5月25日
**发明创造名称**　污水的屋顶植物净化系统
**国际分类号**　C02F 3/32
**复审请求人**　尤　斌，尤玉兰
**申　请　号**　99116499.7
**申　请　日**　1999年5月28日
**公　开　日**　2000年10月11日
**合议组组长**　温丽萍
**主　审　员**　王桂莲
**参　审　员**　欧　岚

**法律依据**　专利法第22条第3款
**决定要点**

如果一项权利要求的部分特征与对比文件实质上相同，而其区别技术特征是本领域的公知常识，本领域技术人员在不付出创造性劳动的情况下将对比文件与所述公知常识结合即可得出该权利要求所限定的技术方案，而且该技术方案的技术效果也是显然的，则该权利要求不具有创造性。

### 一、案由

本复审请求涉及的是申请号为99116499.7的发明专利申请（下称本申请），发明名称为“污水的屋顶植物净化系统”，申请日为1999年5月28日，申请人为尤斌、尤玉兰。本申请公开的权利要求书包括如下4项权利要求：

“1. 一种由污水池、排水管构成的污水的屋顶植物净化系统；其特征在于：它还由抽水泵、送污管道、污水蓄水池、屋顶植物构成，污水池设于建筑物的最底端，在建筑物的屋顶上设有污水蓄水池，污水池与污水蓄水池间通过抽水泵及送污管道连通，污水蓄水池连接有自动喷灌装置或在污水蓄水池底部设置污水排放阀门，在屋顶上种有植物。

2. 根据权利要求1所述的污水的屋顶植物净化系统，其特征在于：污水池的一侧设有过滤池，在污水池与过滤池的相临壁面上，距离池顶5cm以上的位置处，设有一个过滤口，污水蓄水池通过抽水泵及送污管道与过滤池连通。

3. 根据权利要求1或2所述的污水的屋顶植物净化系统，其特征在于：在污水池的上方装有沼气管道，与污水池连接的管道其连接处设置成 $\overline{D}$ 型弯管。

4. 根据权利要求 1 所述的污水的污水屋顶植物净化系统，其特征在于：在污水池的另一侧还设有净化水箱。”

国家知识产权局专利局实质审查部门于 2003 年 11 月 7 日针对申请人于申请日提交的申请文本以其不符合专利法第 22 条第 3 款的规定为由作出驳回决定，其中引用了对比文件 1：CN1024473C（其公开日为 1994 年 5 月 11 日）。驳回决定指出本申请与对比文件 1 同属于污泥/污水处理领域，发明目的均是处理和利用废物，利用屋顶绿化环境，权利要求 1 中大部分技术特征已经被对比文件 1 所公开，区别技术特征仅在于“污水蓄水池连接有自动喷灌装置或在污水蓄水池底部设置污水排放阀门”，该区别技术特征是本领域的公知常识，因此权利要求 1 不具有创造性；权利要求 2 和 4 的附加技术特征是本领域的公知常识，而且没有带来更好的技术效果，因此也不具有创造性；权利要求 3 的附加技术特征没有带来有益技术效果，不具有创造性。

2004 年 2 月 20 日，申请人（下称复审请求人）对上述驳回决定不服，向专利复审委员会提出复审请求，并修改了权利要求 1，增加“土壤”这一技术特征，其他权利要求未作修改。修改后的权利要求 1 为：

“1. 一种由污水池、排水管构成的污水的屋顶植物净化系统；其特征在于：它还由抽水泵、送污管道、污水蓄水池、屋顶植物及土壤构成，污水池设于建筑物的最底端，在建筑物的屋顶上设有污水蓄水池，污水池与污水蓄水池间通过抽水泵及送污管道连通，污水蓄水池连接有自动喷灌装置或在污水蓄水池底部设置污水排放阀门，在屋顶上种有植物。”

复审请求人认为本申请与对比文件 1 的技术领域、发明目的、技术方案和技术效果均不同。本申请的发明目的是提供一种对污水起自然净化作用的污水屋顶植物净化系统，产生的技术效果是净化污水、净化空气，解决江河湖海的污染问题；对比文件 1 的发明目的是在厕所屋顶上种植植物，产生的技术效果是利用粪便沼液及屋顶空间实现绿化，对比文件 1 不仅不具有净化污水的作用，反而要消耗大量的生活饮用水，将沼液稀释后才能施加到植物上。对比文件 1 属于专门用途的建筑物或类似构筑物领域，用沼液为屋顶的植树提供水源和肥源属于污泥处理领域；本申请属于以利用植物为特征的污水生物处理领域，与对比文件 1 的技术领域不相同。修改后的权利要求 1 与对比文件 1 公开的生态厕所的区别技术特征是：污水蓄水池连接有自动喷灌装置或在污水蓄水池底部设置污水排放阀门、植物、土壤和排水管。本申请公开的植物和土壤与对比文件 1 中植物和土壤的作用完全不同，对比文件 1 中植物和土壤仅仅起到了利用废物和绿化环境的作用，不具有净化污水的作用；本申请的植物和土壤虽然在客观上也起到了利用废物和绿化环境的作用，但是本申请最主要的作用是净化污水，然后使净化后的水经屋面的下水管道流入与河道连通的排水管。本申请的新权利要求 1 产生了净化污水和空气、解决江河湖海污染问题的预料不到的技术效果，而对比文件 1 不能解决上述问题。所以新权利要求 1 具有突出的实质性特点和显著的进步，具备创造性，在权利要求 1 具备创造性的情况下，权利要求 2 至 4 也相应地具备创造性。

经形式审查合格，专利复审委员会受理了该复审请求，于 2004 年 8 月 10 日发出复审请求受理通知书及前置审查通知书。

在前置审查程序中，原实质审查部门认为复审请求人的复审理由不成立，坚持原驳回决定。

专利复审委员会依法成立合议组对本复审请求案进行了审理。2005 年 4 月 14 日本案合议组向复审请求人发出复审通知书，指出本申请与对比文件 1 比较，技术领域相同，所要解决的技术问题相同，本领域技术人员在对比文件 1 公开内容基础上结合本领域公知常识，得出权利要求 1 所述技术方案不需要花费创造性劳动，权利要求 1 不具有创造性；权利要求 2~4 的附加技术特征均属于本领域的公知常识，权利要求2~4所要求保护的技术方案也不具有创造性。

2005年5月23日复审请求人针对上述复审通知书提交了意见陈述书，认为：（1）本申请的“植物”和“土壤”与对比文件1中的“植物”和“土壤”有着本质的区别；（2）审查员仅仅断言“污水蓄水池连接有自动喷灌装置或在污水蓄水池底部设置污水排放阀门”和“排水管”是本领域公知常识，没有举证；（3）本申请权利要求1与对比文件1之间存在“污水蓄水池连接有自动喷灌装置或在污水蓄水池底部设置污水排放阀门”、“植物”、“土壤”和“排水管”四个区别技术特征，上述四个区别技术特征使本申请权利要求1与对比文件1比较具有实质性特点和进步，具有创造性。

2005年7月15日本案合议组向复审请求人发出第二次复审通知书，指出：对于复审请求人的上述第1、3点意见，由于上述两点意见与提出复审请求时的意见相同，合议组坚持2005年4月14日发出的复审通知书中的审查意见。对于复审请求人的第2点意见，合议组认为，本申请说明书中描述“在现有建筑物1、污水池2、排水管3的基础上，增设抽水泵……”、“经过绿色植物及土壤的自然净化后，经屋面的下水管道将净化水流入与河道连通的排水管”，其中的“排水管3”、“与河道连通的排水管”都可以证明排水管是现有技术，而且利用排水管排水也是公知常识；生活中用于浇灌绿地的自动喷灌装置及用于污水处理的构筑物均设置有排水阀门可以证明本申请中的“污水蓄水池连接有自动喷灌装置或在污水蓄水池底部设置污水排放阀门”是公知常识。

2005年8月18日复审请求人针对第二次复审通知书提交了意见陈述书，认为：（1）复审请求人在2005年5月23日提交的意见陈述书中，引用了《辞海》中关于“净化”一词的解释，并根据该解释进行论述，认为对比文件1中的“植物”和“土壤”仅仅起到利用废物和绿化环境的作用，并且这种利用是直接利用，不是净化；对比文件1的其他部分也没有公开使其“植物”和“土壤”具有净化作用的技术方案。合议组回避了请求人引用的《辞海》中关于“净化”的解释。（2）“排水管”和“污水排放阀门”是否是公知常识不影响本申请的创造性，根据审查指南第二部分第四章第4.2节第2段关于组合发明创造性的判断，本申请的各个技术特征在功能上彼此相互支持，并取得了能够净化污水的技术效果，因此具备创造性。

至此，合议组认为本案事实已经清楚，可以依法作出审查决定。

**二、决定的理由**

1. 审查基础

本决定以复审请求人提出复审请求时提交的权利要求书及驳回决定针对的说明书和说明书附图、摘要及摘要附图为审查基础。

2. 关于本申请是否符合专利法第22条第3款的规定

专利法第22条第3款规定，创造性是指同申请日以前已有的技术相比，该发明有突出的实质性特点和显著的进步，该实用新型有实质性特点和进步。

审查指南第二部分第四章第4.2节指出，在进行组合发明创造性的判断时通常需要考虑：组合后的各技术特征在功能上是否彼此相互支持、组合的难易程度、现有技术中是否存在组合的启示以及组合后的技术效果等。如果要求保护的发明仅仅是将某些已知产品或方法组合或连接在一起，各自以其常规的方式工作，而且总的技术效果是各组合部分效果之总和，组合后的各个技术特征之间在功能上无相互作用关系，仅仅是一种简单的叠加，则这种组合发明不具备创造性。如果组合的各技术特征在功能上彼此支持，并取得了新的技术效果，或者说组合后的技术效果比每个技术特征效果的总和更优越，则这种组合更具有突出的实质性特点和显著的进步，发明具备创造性。其中组合发明的每个单独的技术特征本身是否完全或部分已知并不影响对该发明创造性的评价。

合议组经审理，查明：本申请是针对现有居民住宅等下面设置的污水池或化粪池污水未经处理直接排入河道、污染江河湖泊的问题提出的；对比文件1公开了一种生态厕所，其针对城市厕所粪便仅仅经过化粪池直接排放到城市下水道，进而排放到江河湖泊造成水质污染这一问题提出的，可见二者的技术领域和发明目的实质上相同。对比文件1中的生态厕所包括如下技术特征：在厕所的地下设有相互串联在一起的两个以上沼气发酵池、沼气发酵池出渣池、沼气发酵池水压间、生物过滤池，厕所屋顶设有种植土、棚架、屯肥池，沼液管和自来水管接至厕所屋顶，沼液管的进液口设在末级沼气发酵池水压间。末级沼气发酵池水压间内的沼液通过沼液管、泵抽送到厕所屋顶的囤肥池，作为屋顶种植物的水源和肥源。

本申请权利要求1所限定的技术方案与对比文件1公开的生态厕所比较，区别在于本申请还包括排水管，以及污水蓄水池连接有自动喷灌装置或在污水蓄水池底部设置污水排放阀门。为了实现喷灌植物的目的，使污水蓄水池连接有自动喷灌装置或在污水蓄水池底部设置污水排放阀门，是本领域常用的控制蓄水池排放的技术手段，属于本领域的公知常识，而利用排水管排水对于本领域技术人员来说也是容易想到的，不需要花费创造性劳动。

复审请求人认为本申请的“植物”和“土壤”与对比文件1中的“植物”和“土壤”有着本质的区别，根据《辞海》中对“净化”的解释，本申请的“植物”和“土壤”与其他技术特征结合使得本申请具有净化污水的作用；而对比文件1中仅仅是利用污水，不是净化。本申请是组合发明，各个技术特征在功能上彼此支持，并取得了新的技术效果，即净化污水的作用，因此具备创造性。

对此，合议组认为，如复审请求人2005年5月23日提交的意见陈述书中对“净化”一词的解释：“采用物理学、化学或生物学等原理，运用有关科学技术的成就，对水或空气质量等所进行的加工处理，以去除其中的有害杂质，使水或空气质量达到卫生标准和要求。例如……生活污水、工业废水经净化后可用于灌溉农田或排入水体……”对比文件1公开了厕所屋顶设有种植土，将沼液抽送到厕所屋顶的囤肥池作为屋顶种植物的水源和肥源，显然屋顶植物和土壤在利用沼液的同时对沼液进行吸附过滤，从而去除其中的有害物质，使经植物排出的水蒸气达到卫生标准，此处理过程完全符合上述关于“净化”的解释。因此对比文件1中上述沼液处理过程与本申请的处理过程均是“净化”过程，所不同的是本申请经过植物过滤后液体再排放到城市下水道，而对比文件1并没有将过滤后的液体排放出去。而上述区别完全取决于提供给植物和土壤的污水量，当污水量较少时，其全部被植物和土壤所吸收利用，而后变成水蒸气；当污水量很大时，植物和土壤不能全部吸收，必然要通过排水管将其排放出去。至于复审请求人强调本申请是有创造性的组合发明，合议组认为本申请权利要求1中各个技术特征：植物、土壤、喷灌装置、排水管等各自以其常规的方式工作，所起到的作用仍旧是各自的作用，总的技术效果是各部分效果之和，并没有产生新的技术效果，因此复审请求人的上述主张不能证明其权利要求1具备创造性。

综上所述，本申请权利要求1与对比文件1比较，技术领域相同，所要解决的技术问题相同，本领域技术人员在对比文件1公开内容基础上结合本领域公知常识，得出权利要求1所述技术方案不需要花费创造性劳动，因此权利要求1不具有创造性。

从属权利要求2、4分别限定了在污水池的旁边设有过滤池和净化水箱，合议组认为：对污水进行简单的过滤以及将净化后的水通过水箱储存均是本领域中处理污水的常用手段，并没有为本发明带来意想不到的技术效果，因此当权利要求1不具备创造性时，其从属权利要求2、4也不具有创造性。

从属权利要求3限定部分的附加技术特征为：“在污水池的上方装有沼气管道，与污水池连接的管道其连接处设置成$\overline{D}$型弯管。”合议组认为，在“连接处设置成$\overline{D}$型弯管”是为了避免气体逸漏而采取的常规手段，因此权利要求3的附加技术特征为本领域的公知常识，当其引用的权利要求1和2不具备创造性时，权利要求3也不具备创造性。

综上所述，本申请独立权利要求 1 和其从属权利要求 2~4 均不符合专利法第 22 条第 3 款有关创造性的规定，复审请求人的复审理由不成立。

**三、决定**

维持国家知识产权局于 2003 年 11 月 7 日对 99116499.7 号发明专利申请作出的驳回决定。

复审请求人对本决定不服的，可以根据专利法第 41 条第 2 款的规定，自收到本决定之日起 3 个月内向北京市第一中级人民法院起诉。

075

# 加强印刷品广告影响力的方法

## 复审请求审查决定（第 10810 号）

**决　定　号**　第 10810 号
**决　定　日**　2007 年 6 月 15 日
**发明创造名称**　加强印刷品广告影响力的方法
**国 际 分 类 号**　G09F 23/10
**复 审 请 求 人**　孙万增
**申　请　号**　96108144.9
**申　请　日**　1996 年 6 月 15 日
**公　开　日**　1998 年 7 月 8 日
**合 议 组 组 长**　程　强
**主　审　员**　王丽颖
**参　审　员**　隋　璐

**法 律 依 据**　专利法第 25 条
**决 定 要 点**
若一件申请，仅仅涉及智力活动的规则和方法，其实施仍然依赖人的智力活动，不能构成技术方案，则应当属于专利法第 25 条第 1 款第（2）项规定的不授予专利权的情形。

### 一、案由

本复审请求涉及名称为“加强印刷品广告影响力的方法”的第 96108144.9 号发明专利申请（下称本申请），申请人为孙万增，申请日为 1996 年 6 月 15 日，公开日为 1998 年 7 月 8 日。

2003 年 1 月 31 日，国家知识产权局以本申请属于专利法第 25 条第 1 款第（2）项规定的不授予专利权的范围为由驳回了本申请。被驳回的权利要求书共包含两项权利要求，其中独立权利要求 1 如下：

“1. 一种加强印刷品广告影响力的方法，由在印广告的印刷品上加顺序号码、计算号码、中签条件，其特征是：顺序号码是以数码方式表示的从低位到高位按先后顺序逐个累计而组成的数码单元、计算号码是印在印刷品广告上的用数码方式表示的任意数，其定性由中签条件的要求而定，中签条件是要求顺序号码和计算号码按某种计算方法产生出的某些数码为中签单元的文告。”

驳回决定认为：本申请请求保护的加强印刷品广告影响力的方法是一种商业实施管理的方法，属于智力活动的规则和方法，属于专利法第 25 条规定的不授予专利权的范围。

申请人孙万增（下称复审请求人）对上述驳回决定不服，于 2003 年 5 月 6 日向专利复审委员会提出了复审请求，复审请求人提出的主要理由为：

（1）将本广告类专利申请定性为“商业实施管理方法”不妥。

（2）本申请中的数码和代码都是用很具体的印刷技术印制在各种印刷品上的，认为审查员把印刷系统印在印刷品上传播有形数码定为非技术手段，在有关专利法规中没有找到相关条例。

（3）本申请在2002年11月16日新提交的权利要求书中的权利要求只有两项，但审查员的驳回理由仍按原提交的权利要求1~3为依据。而新的权利要求已被审查员认可。

形式审查合格后，专利复审委员会受理了该复审请求，于2003年6月2日向复审请求人发出了复审请求受理通知书，并将本案送至原实质审查部门进行前置审查。

在前置审查意见书中，原实质审查部门坚持了原驳回决定。并认为驳回决定针对的文本是2002年11月16日提交的权利要求书和说明书，以及1996年6月15日提交的说明书摘要。在驳回决定的表格和正文中的案由部分都对此作了明确的说明，在驳回决定正文的驳回理由部分写为“权利要求1~3”明显是笔误，因此驳回决定针对的文本就是申请人最终请求审查的文本。

专利复审委员会组成合议组，对本复审请求案进行了审理。

合议组于2005年9月1日向复审请求人发出了复审通知书，指出：（1）审查员在做出驳回决定时所依据的文本应该是申请人于2002年11月16日提交的权利要求第1~2项、说明书第1~2页及1996年6月15日提交的说明书摘要。至于在驳回决定正文驳回理由部分将权利要求1~2写成“权利要求1~3”显属笔误。（2）本申请请求保护的“加强广告影响力的方法”规定了要在印广告的印刷品上加顺序号码、计算号码、中签条件，并具体规定了上述顺序号码、计算号码、中签条件的设置。可见，本发明申请，仅仅涉及智力活动的规则和方法，其实施仍然依赖人的智力活动，不能构成技术方案，应当属于专利法第25条第1款第（2）项规定的不授予专利权的情形。（3）复审请求人提出了“税控数据防伪查询方法”的专利申请被授予专利权，以此认为本申请具有专利性的主张，由于国家知识产权局专利局对其他专利申请的授权不对专利复审委员会在复审程序中的审理产生必然影响，因此对复审请求人的上述主张合议组不能支持。

国家知识产权局专利复审委员会于2005年10月11日收到了复审请求人的意见陈述。请求人认为：“各种计算方法都是演绎、推理的方法”的认定不正确，“速算法或口诀”属于“各种计算方法”，而审查指南仅将“速算法或口诀”认定为是智力活动的规则和方法，因此“各种计算方法”不是智力活动的规则和方法；本专利申请保护的是方法权利要求，即在印广告的印刷品上加顺序号码、计算号码、中签条件，全部送给读者后，在该印刷品后期上刊登的每个有关广告的中签条件，这个过程不可能在大脑里用“思维运动作为媒介”来完成；本申请中数码和代码都是用很具体的印刷技术印在各种印刷品广告上的，印刷技术是利用了自然力的；就解决问题、产生效果和构成方案而言，本申请解决的问题和产生的效果是，既能加强印刷品广告的影响力又能控制馈赠品的数量，还能节省大量以纸张为主的资源。

复审请求人还一并提交了权利要求书和说明书的修改文本，其中权利要求书中对权利要求1中的“某种计算方法”限定为“加、减、乘、除中的某种计算方法”，说明书中除进行相应修改外，还增加了本发明的目的能以最小的广告篇幅来达到最大的广告影响力，从而节省大量以纸张为主的资源等。

复审请求人于2006年3月6日再次提交了意见陈述书，其内容与前此答复意见基本相同。

合议组于2007年3月29日再次向复审请求人发出了复审通知书，指出：（1）修改文本超范围，不符合专利法第33条的规定，不予接受；（2）本申请要求保护的主题是一种加强印刷品广告影响力的方法，并在权利要求中对该种方法进行了人为限定，该方法产生的效果并不是“技术效果”，仅仅是一种智力活动的规则和方法；而在印广告的印刷品上加顺序号码、计算号码、中签条件仅仅体现了该方法的一个步骤，至于如何“加”上、采用何种设备在本专利权利要求书中没有任何体现，并不是本专利权利要求所保护的内容，因此驳回决定所针对的文本仍然属于专利法第 25 条所规定的智力活动的规则和方法，仍然不能授予专利权。

复审请求人于 2007 年 5 月 3 日针对上述复审通知书提交了意见陈述书，针对驳回决定所依据的文本再次论述了本申请不属于“智力活动的规则和方法”的理由，并放弃于 2005 年 10 月 11 日提交的修改文本，请求合议组针对驳回决定所依据的文本进行审查。

至此，合议组认为本案事实清楚，可以作出复审决定。

**二、决定的理由**

1. 关于审查文本

本复审决定是在驳回决定所依据的文本，即申请人于 2002 年 11 月 16 日提交的权利要求第 1~2 项、说明书第 1~2 页，及 1996 年 6 月 15 日提交的说明书摘要的基础上作出的。

2. 智力活动的规则和方法

专利法第 25 条第 1 款规定了智力活动的规则和方法不授予专利权。

根据审查指南的规定：智力活动是指人的思维运动，它源于人的思维，经过推理、分析和判断产生出抽象的结果，或者必须经过人的思维运动作为媒介才能间接地作用于自然产生结果，它仅是指导人们对信息进行思维、识别、判断和记忆的规则和方法，由于其没有采用技术手段或者利用自然法则，也未解决技术问题和产生技术效果，因而不构成技术方案。

根据审查指南的规定：技术方案是对要解决的技术问题所采取的利用了自然规律的技术手段的集合。

本申请请求保护的“加强印刷品广告影响力的方法”规定了要在印广告的印刷品上加顺序号码、计算号码、中签条件，并具体规定了上述顺序号码、计算号码、中签条件的设置。正如请求人在 2007 年 5 月 3 日所提交的意见陈述书中对本申请的具体使用方式进行描述的一样，本发明申请是在每份报纸上都分别印有不同的顺序号码，如从 001 号到 100 号共 100 份报纸，同时在报纸的广告上印有相同的计算号码，如计算号码 3，在下一期报纸上刊登能获得前一期报纸上的广告赠品的中签条件，如要求从前一期报纸广告上的计算号码 3 与前一期报纸上的顺序号码相加的得数为 19、29、39 中产生，这样读者必须找到该广告上的计算号码，然后与自己报纸上的顺序号码相加，才能知道自己是否能获得广告赠品，这样就会有许多读者看该广告，从而增加和强化了该广告的影响力。可见，本申请属于指导人们进行思维、表述、判断和记忆的规则和方法，其没有采用技术手段或者利用自然规律，也未解决技术问题和产生技术效果，属于仅仅涉及智力活动的规则和方法，不应当被授予专利权。属于专利法第 25 条第 1 款第（2）项规定的不授予专利权的情形。

基于上述理由，合议组作出如下决定。

**三、决定**

维持国家知识产权局于 2003 年 1 月 31 日对 96108144.9 号发明专利申请作出的驳回决定。

复审请求人对本决定不服的，可以根据专利法第 41 条的第 2 款的规定，自收到本决定之日起三个月内向北京市第一中级人民法院起诉。

# 北京市第一中级人民法院
# 行政判决书

（2007）一中行初字第1276号

原告孙万增，男，1950年9月28日出生，回族，无业，住河南省新郑市步行街南段老水厂门前路北139号。

被告国家知识产权局专利复审委员会，住所地北京市海淀区北四环西路9号银谷大厦。

法定代表人廖涛，副主任。

委托代理人隋璐，女，国家知识产权局专利复审委员会审查员。

委托代理人程强，男，国家知识产权局专利复审委员会审查员原告。

孙万增不服被告国家知识产权局专利复审委员会于2007年6月15日作出的第10810号复审请求审查决定（以下简称第10810号决定），向本院提起行政诉讼。本院受理后，依法组成合议庭，在法定期限内向被告送达了起诉书副本及应诉通知书，并于2007年10月29日公开开庭审理了本案。原告，被告的委托代理人隋璐、程强到庭参加了诉讼。本案现已审理终结。2007年6月15日，被告以名称为“加强印刷品广告影响力的方法”的第96108144.9号的发明专利申请（以下简称本申请）属于《中华人民共和国专利法》（以下简称《专利法》）第二十五条第一款第（二）项规定的不授予专利权的情形为由，作出第10810号决定，维持国家知识产权局（以下简称国知局）于2003年1月31日对本申请作出的驳回决定（以下简称驳回决定）。在法定举证期限内，为证明第10810号决定的合法性，被告向本院提交了下列证据：（1）国知局第一次审查意见通知书；（2）驳回决定；（3）复审请求书以及受理通知书；（4）2007年3月29日的复审通知书；（5）原告2007年5月3日提交的的意见陈述书；（6）2005年8月16日的复审通知书；（7）原告2005年10月6日提交的意见陈述书；（8）原告2002年11月16日提交的权利要求书第1~2项、说明书第1~2页；（9）本申请公开说明书。原告诉称：本申请是方法权利要求，是具有“时间过程要素的活动”，即从在印广告的印刷品上加顺序号码、计算号码，全部送给读者，再到该印刷品后期刊登有关广告中签条件，再到读者知道是否中签。这些时间过程不可能在大脑里用“思维运动作媒介”来完成。本申请的发明目的是通过馈赠方式加强印刷品广告的影响力，又能控制馈赠品的数量。这一切就是解决的技术问题和产生的技术效果。本申请的顺序号码、计算号码、中签条件，是采用公知的、具体的印刷技术印在相关的印刷品上的，符合授予专利权的条件。被告置事实于不顾，主观臆断，不是依照方法权利要求的审查标准，而是采用对实用新型专利申请的审查标准对本申请进行审查，作出片面的评判，属于适用法律错误。且本发明创造的贡献是既能加强印刷品广告的影响力，又能控制馈赠品的数量，而不是仅仅属于智力活动的规则和方法，所以本申请就整体而言，并不是一种智力活动的规则和方法，不应当依据《专利法》第二十五条第一款第（二）项的规定拒绝授予专利权。此外，被告作出的第10810号决定未评价原告提交的与驳回决定理由有关的证据属于程序违法。综上所述，请求法院判决撤销第10810号决定，判令被告赔偿原告经济损失5000元，并承担本案诉讼费用。在本院庭审中，原告进一步明确了其要求赔偿的具体内容，包括因起诉及开庭支付的往返路费、住宿费、误工费、起诉咨询律师费以及购买法律书籍支付的费用等，上述费用合计5000元。在法定举证期限内，原告为支持其诉讼主张除向本院提交了与被告证据1、证据2、证据3、证据4、证据5、证据6、证据7、证据8、证据9相同的证据外，还提交了第98101679号名称为“控税票据防伪查询方法”的发明专利说明书作为证据。其未就要求赔偿的内容提交证据。被告辩称，根据《审查指南》的规定，智力活动是指人的思维运动，它源于人的思维，经过推理、分析和判断产生出抽象的结果，或者必须经过人的思维运动作为媒介才能间接地作用于自然产生结果，它仅是指导人们对信息进行思维、识别、判断和记忆的规则和方法，由于其没有采用技术手段或者利用自然法则，也未解决技术问题和产生技术效果，因而不构成技术方案。技术方案是对要解决的技术问题所采取的利用了自然规律的技术手段的集合。本申请请求保护的“加强印刷品广告影响力的方法”规定了要在印广告的印刷品上加顺序号码、计算号码、中签条件，并具体规定了上述顺序号码、计算号码、中签条件的设置。本申请属于指导人们进行思维、表述、判断和记忆的规则和方法，其没有采用技术手段或者利用自然规律，也未解决技术问题和产生技术效果，属于仅仅涉及智力活动的规则和方法，不应当被授予专利权。综上所述，第 10810 号决定认定事实清楚，适用法律正确，审理程序合法，请求法院判决予以维持。在本院庭审中，针对原告明确的具体赔偿内容，被告认为，被诉决定是合法行为，并未侵犯原告的合法权益，原告的主张不属于赔偿范围。

经庭审质证，原告、被告对于对方提交证据的关联性、合法性和真实性均没有异议，但是均不同意对方证据的证明作用。

经审查，本院认为，被告提交的证据与本案审查的第 10810 号决定有关，且符合合法性、真实性的要求，本院予以采纳。对于原告提交的与被告相同的证据，本院不再重复评述。原告提交的证据第 98101679 号名称为“控税票据防伪查询方法”的发明专利说明书与被诉决定不具有关联性，本院对该证据不予采纳。

根据上述确认的有效证据以及庭审中各方当事人无争议的陈述，本院认定事实如下：

1996 年 6 月 15 日，原告向国知局提出名称为“加强印刷品广告影响力的方法”的发明专利申请，即本申请。本申请的公开日为 1998 年 7 月 8 日。在实质审查过程中，原告提交了权利要求以及说明书的修改替换页。其中权利要求 1 的内容如下：一种加强印刷品广告影响力的方法，由在印广告的印刷品上加顺序号码、计算号码、中签条件，其特征是：顺序号码是以数码方式表示的从低位到高位按先后顺序逐个累计而组成的数码单元、计算号码是印在印刷品广告上的用数码方式表示的任意数，其定性由中签条件的要求而定，中签条件是要求顺序号码和计算号码按某种计算方法产生出的某些数码为中签单元的文告。

2003 年 1 月 31 日，国知局以本申请请求保护的加强印刷品广告影响力的方法是一种商业实施管理的方法，属于智力活动的规则和方法，属于《专利法》第二十五条第一款第（二）项规定的不授予专利权的范围为由，作出驳回决定，驳回了本申请。原告不服该决定，认为驳回决定将本申请定性为“商业实施管理方法”不妥；本申请中的数码和代码都是用很具体的印刷技术印制在各种印刷品上的，审查员把印刷系统印在印刷品上传播有形数码定为非技术手段，在有关专利法规中没有找到相关条例；2002 年 11 月 16 日新提交的权利要求书中的权利要求只有两项，且新的权利要求已被审查员认可。但驳回决定仍按原提交的权利要求 1～3 为依据进行审查，故于 2003 年 5 月 6 日向被告提出了复审请求。

被告受理后将本申请案卷转送至原审查部门进行前置审查。在前置审查意见书中，原审查部门坚持驳回决定，同时认为，驳回决定针对的文本是原告 2002 年 11 月 16 日新提交的权利要求书中的权利要求书和说明书，以及 1996 年 6 月 15 日提交的说明书摘要。驳回决定理由部分写成权利要求 1～3 项系笔误。

被告以原告于 2002 年 11 月 16 日提交的权利要求第 1～2 项、说明书第 1～2 页，及 1996 年 6 月 15 日提交的说明书摘要作为审查基础，经审查于 2005 年 9 月 1 日向原告发出了复审通知书，指出：驳回决定正文驳回理由部分将权利要求1~2写成“权利要求1~3”显属笔误。本申请请求保护的“加强广告影响力的方法”规定了要在印广告的印刷品上加顺序号码、计算号码、中签条件，并具体规定了上述顺序号码、计算号码、中签条件的设置。可见，本申请仅仅涉及智力活动的规则和方法，其实施仍然依赖人的智力活动，不能构成技术方案，应当属于《专利法》第二十五条第一款第（二）项规定的不授予专利权的情形。原告提出的“税控票据防伪查询方法”的专利申请被授予专利权，并以此认为本申请具有专利性的主张，由于国知局对其他专利申请的授权不对被告在复审程序中的审理产生必然影响，因此被告对原告的上述主张不予支持。原告针对上述复审通知书提交了意见陈述，认为：“各种计算方法都是演绎、推理的方法”的认定不正确，“速算法或口诀”属于“各种计算方法”，而审查指南仅将“速算法或口诀”认定为是智力活动的规则和方法，因此“各种计算方法”不是智力活动的规则和方法；本专利申请保护的是方法权利要求，即在印广告的印刷品上加顺序号码、计算号码、中签条件，全部送给读者后，在该印刷品后期上刊登的每个有关广告的中签条件，这个过程不可能在大脑里用“思维运动作为媒介”来完成；本申请中数码和代码都是用很具体的印刷技术印在各种印刷品广告上的，印刷技术是利用了自然力的；就解决问题、产生效果和构成方案而言，本申请解决的问题和产生的效果是既能加强印刷品广告的影响力又能控制馈赠品的数量，还能节省大量以纸张为主的资源。原告还一并提交了权利要求书和说明书的修改文本，其中权利要求书中对权利要求1中的“某种计算方法”限定为“加、减、乘、除中的某种计算方法”，说明书中除进行相应修改外，还增加了本发明的目的能以最小的广告篇幅来达到最大的广告影响力，从而节省大量以纸张为主的资源等。2007年3月29日，被告再次发出复审通知书，指出原告提交的修改文本超范围，不符合《专利法》第三十三条的规定，不予接受；本申请要求保护的主题是一种加强印刷品广告影响力的方法，并在权利要求中对该种方法进行了人为限定，该方法产生的效果并不是“技术效果”，仅仅是一种智力活动的规则和方法；而在印广告的印刷品上加顺序号码、计算号码、中签条件仅仅体现了该方法的一个步骤，至于如何“加”上、采用何种设备在本专利权利要求书中没有任何体现，并不是本专利权利要求所保护的内容，因此驳回决定所针对的文本仍然属于《专利法》第二十五条所规定的智力活动的规则和方法，仍然不能授予专利权。针对该通知书，原告于2007年5月3日提交了意见陈述书，再次论述了本申请不属于“智力活动的规则和方法”的理由，并放弃2005年10月11日提交的修改文本，请求被告针对驳回决定的所依据的文本进行审查。

同年6月15日，被告作出第10810号决定，认为根据审查指南的规定，智力活动是指人的思维运动，它源于人的思维，经过推理、分析和判断产生出抽象的结果，或者必须经过人的思维运动作为媒介才能间接地作用于自然产生结果，它仅是指导人们对信息进行思维、识别、判断和记忆的规则和方法，由于其没有采用技术手段或者利用自然法则，也未解决技术问题和产生技术效果，因而不构成技术方案。而技术方案是对要解决的技术问题所采取的利用了自然规律的技术手段的集合。本申请请求保护的“加强印刷品广告影响力的方法”规定了要在印广告的印刷品上加顺序号码、计算号码、中签条件，并具体规定了上述顺序号码、计算号码、中签条件的设置。正如原告在2007年5月3日所提交的意见陈述书中对本申请的具体使用方式进行描述的一样，本申请是在每份报纸上都分别印有不同的顺序号码，如从001号到100号共100份报纸，同时在报纸的广告上印有相同的计算号码，如计算号码3，在下一期报纸上刊登能获得前一期报纸上的广告赠品的中签条件，如要求从前一期报纸广告上的计算号码3与前一期报纸上的顺序号码相加的得数为19、29、39中产生，这样读者必须找到该广告上的计算号码，然后与自己报纸上的顺序号码相加，才能知道自己是否能获得广告赠品，这样就会有许多读者看该广告，从而增加和强化了该广告的影响力。可见，本申请属于指导人们进行思维、表述、判断和记忆的规则和方法，其没有采用技术手段或者利用自然规律，也未解决技术问题和产生技术效果，属于仅仅涉及智力活动的规则和方法，属于《专利法》第二十五条第一款第（二）项规定的不授予专利权的情形，不应当被授予专利权。故被告决定维持国知局的驳回决定。原告不服该决定，向本院提起行政诉讼。

本院认为，根据《专利法》第二十五条第一款第（二）项的规定，对于智力活动的规则和方法不授予专利权。该条款所说的"智力活动的规则和方法"应当是发明创造的实施不是采用技术手段或自然规则，而是依赖人的智力活动进行的。本案中，本申请请求保护的是一种"加强印刷品广告影响力的方法"，根据权利要求书以及说明书记载的内容，这种方法是在印有广告的印刷品上加顺序号码、计算号码、中签条件，并具体规定了上述顺序号码、计算号码、中签条件的设置方法，所获得的效果是既增加该广告的影响力，又控制了馈赠品的数量。这种方法的实施不是通过采用技术手段来解决现有技术中存在的问题，而是对该方法进行了人为的限定，其实施仍然依赖人的智力活动，所获得的"增加印刷品广告影响力"的效果也不是技术效果，因而不构成技术方案。被告在对本申请进行综合审查判断的基础上，认定本申请属于《专利法》第二十五条第一款第（二）项所规定的"智力活动的规则和方法"的范畴，不能被授予专利权正确。综上所述，被告作出的第 10810 号决定认定事实清楚，适用法律正确，程序合法，本院应予维持。原告认为，本申请是方法权利要求，采用了符合自然规律的印刷技术，且具备"时间过程要素的活动"的特征要求，并以此为由提出本申请符合授予专利权条件的诉讼主张，因专利法所保护的发明创造应当是对产品、方法或者其改进所提出的新的技术方案，无论是方法权利要求还是产品权利要求所请求保护的内容，均应当构成技术方案，而本申请不能构成技术方案，故原告的该项诉讼意见缺乏法律依据，本院不予采纳。原告关于被告作出第 10810 号决定未采信原告提交证据属于程序违法，认定事实不清的诉讼主张均缺乏事实依据，本院不予采纳，其要求撤销上述决定的诉讼请求本院不予支持。

根据《中华人民共和国国家赔偿法》第二条的规定，只有在国家机关和国家机关工作人员违法行使职权侵犯公民、法人和其他组织合法权益的情形下，受害人方能取得国家赔偿请求权。本案中，在被诉决定的合法性已被确认的情况下，原告提出的赔偿请求没有事实与法律依据，本院不予支持。据此，依照《中华人民共和国行政诉讼法》第五十四条第（一）项、《中华人民共和国国家赔偿法》第二条、最高人民法院《关于审理行政赔偿案件若干问题的规定》第三十三条的规定，判决如下：

1. 维持被告国家知识产权局专利复审委员会二〇〇七年六月十五日作出的第 10810 号复审请求审查决定。

2. 驳回原告孙万增的赔偿请求。

案件受理费 100 元，由原告孙万增负担（已交纳）。

如不服本判决，可在本判决书送达之日起 15 日内向本院递交上诉状，并按对方当事人的人数提交副本，上诉于北京市高级人民法院。上诉人在上诉期限内未预交上诉案件受理费，又不提出缓交申请的，按自动撤回上诉处理。

审 判 长 梁 菲
代理审判员 何君慧
代理审判员 司品华
二〇〇七年十二月十三日
书 记 员 李 智

# 北京市高级人民法院
# 行政判决书

（2008）高行终字第65号

上诉人（一审原告）孙万增，男，1950年9月28日出生，回族，无业，住河南省新郑市步行街南段老水厂门前路北139号。

被上诉人（一审被告）国家知识产权局专利复审委员会，住所地北京市海淀区北四环西路9号银谷大厦。

法定代表人廖涛，副主任。

委托代理人隋璐，女，国家知识产权局专利复审委员会审查员。

委托代理人程强，男，国家知识产权局专利复审委员会审查员。

上诉人孙万增因专利复审请求审查决定一案，不服北京市第一中级人民法院（2007）一中行初字第1276号行政判决，向本院提起上诉。本院受理后，依法组成合议庭，依据《中华人民共和国行政诉讼法》（以下简称《行政诉讼法》）第五十九条的规定进行了审理。本案现已审理终结。

2007年6月15日，专利复审委作出第10810号复审请求审查决定（以下简称第10810号决定），主要内容为：名称为“加强印刷品广告影响力的方法”的第96108144.9号的发明专利申请（以下简称本申请）属于《中华人民共和国专利法》（以下简称《专利法》）第二十五条第一款第（二）项规定的不授予专利权的情形，维持国家知识产权局于2003年1月31日对本申请作出的驳回决定（以下简称驳回决定）。孙万增不服，诉至一审法院。

北京市第一中级人民法院（2007）一中行初字第1276号行政判决认为，本申请请求保护的是一种“加强印刷品广告影响力的方法”，根据权利要求书以及说明书记载的内容，这种方法是在印有广告的印刷品上加顺序号码、计算号码、中签条件，并具体规定了上述顺序号码、计算号码、中签条件的设置方法，所获得的效果是既增加该广告的影响力，又控制了馈赠品的数量。这种方法的实施不是通过采用技术手段来解决现有技术中存在的问题，而是对该方法进行了人为的限定，其实施仍然依赖人的智力活动，所获得的“增加印刷品广告影响力”的效果也不是技术效果，因而不构成技术方案。被告在对本申请进行综合审查判断的基础上，认定本申请属于《专利法》第二十五条第一款第（二）项所规定的“智力活动的规则和方法”的范畴，不能被授予专利权正确。被告作出的第10810号决定认定事实清楚，适用法律正确，程序合法，本院应予维持。原告关于本申请是方法权利要求，采用了符合自然规律的印刷技术，且具备“时间过程要素的活动”的特征要求，并以此为由提出本申请符合授予专利权条件的诉讼主张，因专利法所保护的发明创造应当是对产品、方法或者其改进所提出的新的技术方案，无论是方法权利要求还是产品权利要求所请求保护的内容，均应当构成技术方案，而本申请不能构成技术方案，故原告的该项诉讼意见缺乏法律依据，本院不予采纳。原告关于被告作出第10810号决定未采信其提交证据属于程序违法，认定事实不清的诉讼主张均缺乏事实依据，本院不予采纳，其要求撤销上述决定的诉讼请求本院不予支持。

本案中，在被诉决定的合法性已被确认的情况下，原告提出的赔偿请求没有事实与法律依据。据此，依照《行政诉讼法》第五十四条第（一）项、《中华人民共和国国家赔偿法》（以下简称《国家赔偿法》）第二条、最高人民法院《关于审理行政赔偿案件若干问题的规定》第三十三条的规定判决维持被告专利复审委作出的第10810号复审请求审查决定；驳回原告孙万增的赔偿请求。孙万增对上述判决不服，向本院提起上诉。

孙万增上诉称，本申请请求保护的是“方法”，但专利复审委自始至终对本申请以“产品权利要求”和“实用新型专利申请”的审查标准进行审查，存在适用法律错误。关于技术，广义的讲，技术是人类为实现社会需要而创造和发展起来的手段、方法和技能的总和。因此，方法即是技术，也是手段的同义词，所以本申请本身就是技术手段。《专利法》为专利权人提供的权利是禁止未经专利权人许可而进行制造、使用、销售之类的生产经营活动，而不是用专利权来禁锢人的思想。智力活动的规则方法涉及的是在人的头脑中进行的活动，试图将这样的活动置于专利独占权的范围是不合理的，也是不现实的。在完成一项发明创造的过程中，人的智力活动是必不可少的。本申请采用了技术手段，也构成了技术方案，印刷技术是利用了自然规律的，解决的技术问题和产生的技术效果是：用馈赠方式、加强印刷品广告的影响力，又能控制馈赠品的数量。本申请的实施步骤是：印刷顺序、计算号码→发行印刷品→印刷中签条件→发行印刷品→读者判断是否中签→读者拿中签印刷品领赠品→读者办理领赠品的相关手续：如交验身份证、签字等→读者得到赠品→馈赠者按计划数量控制并发放完全部馈赠品。这些活动是不可能在“人的头脑中进行”。这些步骤也是本方法和产品专利的一个主要区别，即“按一定规则在时间上逐步展开的，包含着时间延续的因素”或称“有时间过程要素的活动（方法、用途）”，因此，一审判决适用法律存在模糊不清等错误，请求撤销专利复审委作出的第10810号决定，并承担其在本案诉讼过程中所开销的差旅费、误工费等相关费用5 000元。

专利复审委答辩称，《专利法》第二十五条第一款规定了智力活动的规则和方法不授予专利权。根据审查指南的规定，智力活动是指人的思维运动，它源于人的思维，经过推理、分析和判断产生出抽象的结果，或者必须经过人的思维运动作为媒介才能间接地作用于自然产生结果，它仅是指导人们对信息进行思维、识别、判断和记忆的规则和方法，由于其没有采用技术手段或者利用自然法则，也未解决技术问题和产生技术效果，因而不构成技术方案。技术方案是对要解决的技术问题所采取的利用了自然规律的技术手段的集合。本申请请求保护的“加强印刷品广告影响力的方法”规定了要在印广告的印刷品上加顺序号码、计算号码、中签条件，并具体规定了上述顺序号码、计算号码、中签条件的设置。本申请属于指导人们进行思维、表述、判断和记忆的规则和方法，其没有采用技术手段或者利用自然规律，也未解决技术问题和产生技术效果，属于仅仅涉及智力活动的规则和方法，不应当被授予专利权，其作出的第10810号决定认定事实清楚，适用法律正确，审理程序合法，一审判决予以维持完全正确，上诉人的诉讼理由均不能成立，请求法院驳回上诉，维持一审判决。

经审理查明，孙万增于1996年6月15日向国家知识产权局提出名称为“加强印刷品广告影响力的方法”的发明专利申请，公开日为1998年7月8日。在实质审查过程中，其提交了权利要求以及说明书的修改替换页。其中权利要求1的内容为：一种加强印刷品广告影响力的方法，由在印广告的印刷品上加顺序号码、计算号码、中签条件，其特征是：顺序号码是以数码方式表示的从低位到高位按先后顺序逐个累计而组成的数码单元、计算号码是印在印刷品广告上的用数码方式表示的任意数，其定性由中签条件的要求而定，中签条件是要求顺序号码和计算号码按某种计算方法产生出的某些数码为中签单元的文告。

2003年1月31日，国家知识产权局以本申请请求保护的加强印刷品广告影响力的方法是一种商业实施管理的方法，属于智力活动的规则和方法，属于《专利法》第二十五条第一款第（二）项规定的不授予专利权的范围为由，作出驳回决定。孙万增以驳回决定将本申请定性为“商业实施管理方法”不妥；本申请中的数码和代码都是用很具体的印刷技术印制在各种印刷品上的，审查员把印刷系统印在印刷品上传播有形数码定为非技术手段，在有关专利法规中没有找到相关条例；本申请在2002年11月16日新提交的权利要求书中的权利要求只有两项，且新的权利要求已被审查员认可。但驳回决定仍按原提交的权利要求 1~3 为依据为由，向专利复审委提出了复审请求。

专利复审委受理后将本申请案卷转送至原审查部门进行前置审查。原审查部门坚持驳回决定中的意见，同时认为，驳回决定针对的文本是孙万增 2002 年 11 月 16 日新提交的权利要求书中的权利要求书和说明书，以及 1996 年 6 月 15 日提交的说明书摘要。驳回决定理由部分写成权利要求 1~3 项系笔误。

专利复审委以孙万增 2002 年 11 月 16 日提交的权利要求第 1~2 项、说明书第 1~2 页，及 1996 年 6 月 15 日提交的说明书摘要作为审查基础，于 2005 年 9 月 1 日向其发出复审通知书，指出：驳回决定正文驳回理由部分将权利要求 1~2 写成"权利要求 1~3"显属笔误；本申请请求保护的"加强广告影响力的方法"规定了要在印广告的印刷品上加顺序号码、计算号码、中签条件，并具体规定了上述顺序号码、计算号码、中签条件的设置。可见，本申请仅仅涉及智力活动的规则和方法，其实施仍然依赖人的智力活动，不能构成技术方案，应当属于《专利法》第二十五条第一款第（二）项规定的不授予专利权的情形。孙万增提出的"税控票据防伪查询方法"的专利申请被授予专利权，并以此认为本申请具有专利性的主张，由于国家知识产权局对其他专利申请的授权不对专利复审委在复审程序中的审理产生必然影响，因此专利复审委对孙万增的上述主张不予支持。孙万增针对上述复审通知书提交了意见陈述，认为："各种计算方法都是演绎、推理的方法"的认定不正确，"速算法或口诀"属于"各种计算方法"，而审查指南仅将"速算法或口诀"认定为是智力活动的规则和方法，因此"各种计算方法"不是智力活动的规则和方法；本专利申请保护的是"方法权利要求"，即在印广告的印刷品上加顺序号码、计算号码、中签条件，全部送给读者后，在该印刷品后期上刊登的每个有关广告的中签条件，这个过程不可能在大脑里用"思维运动作为媒介"来完成；本申请中数码和代码都是用很具体的印刷技术印在各种印刷品广告上的，印刷技术是利用了自然力的；就解决问题、产生效果和构成方案而言，本申请解决的问题和产生的效果是既能加强印刷品广告的影响力，又能控制馈赠品的数量，还能节省大量以纸张为主的资源。并提交了权利要求书和说明书的修改文本，其中权利要求书中对权利要求 1 中的"某种计算方法"限定为"加、减、乘、除中的某种计算方法"，说明书中除进行相应修改外，还增加了本发明的目的能以最小的广告篇幅来达到最大的广告影响力，从而节省大量以纸张为主的资源等。2007 年 3 月 29 日，专利复审委再次发出复审通知书，指出：孙万增提交的修改文本超范围，不符合《专利法》第三十三条的规定，不予接受；本申请要求保护的主题是一种加强印刷品广告影响力的方法，并在权利要求中对该种方法进行了人为限定，该方法产生的效果并不是"技术效果"，仅仅是一种智力活动的规则和方法；而在印广告的印刷品上加顺序号码、计算号码、中签条件仅仅体现了该方法的一个步骤，至于如何"加"上、采用何种设备在本专利权利要求书中没有任何体现，并不是本专利权利要求所保护的内容，因此驳回决定所针对的文本仍然属于《专利法》第二十五条所规定的智力活动的规则和方法，仍然不能授予专利权。针对该通知书，孙万增于 2007 年 5 月 3 日提交了意见陈述书，再次论述了本申请不属于"智力活动的规则和方法"的理由，并放弃 2005 年 10 月 11 日提交的修改文本，请求专利复审委针对驳回决定所依据的文本进行审查。

经审查，专利复审委根据审查指南的规定，以本申请请求保护的"加强印刷品广告影响力的方法"规定了要在印广告的印刷品上加顺序号码、计算号码、中签条件，并具体规定了上述顺序号码、计算号码、中签条件的设置，属于指导人们进行思维、表述、判断和记忆的规则和方法，没有采用技术手段或者利用自然规律，也未解决技术问题和产生技术效果，属于仅仅涉及智力活动的规则和方法，属于《专利法》第二十五条第一款第（二）项规定的不授予专利权的情形，不应当被授予专利权为由，作出第 10810 号决定。

一审期间，专利复审委和孙万增分别提交了以下证据：（1）国家知识产权局第一次审查意见通知书；（2）驳回决定；（3）复审请求书以及受理通知书；（4）2007年3月29日的复审通知书；（5）孙万增于2007年5月3日提交的意见陈述书；（6）2005年8月16日的复审通知书；（7）孙万增于2005年10月6日提交的意见陈述书；（8）孙万增于2002年11月16日提交的权利要求书第1~2项、说明书第1~2页；（9）本申请公开说明书。孙万增还提交了第98101679号名称为“控税票据防伪查询方法”的发明专利说明书。

上述证据均随案移送本院，经合议庭审查认为，专利复审委提交的证据，内容真实，来源合法，与本案具有关联性，能够证明本院查明的事实，本院予以确认。孙万增提交的第98101679号名称为“控税票据防伪查询方法”的发明专利说明书与本院审查的第10810号决定无关，本院不予采纳。

本院认为，根据《专利法》第二十五条第一款第（二）项“对智力活动的规则和方法不授予专利权”的规定，专利复审委以孙万增1996年6月15日和2002年11月16日提交的权利要求书及说明书记载的内容进行审查后得出“本申请要求保护的是一种‘加强印刷品广告影响力的方法’，这种方法的实施是采用人为的方法对相关条件进行限定，仅仅反映了人的智力活动，没有采用任何技术手段或者利用任何自然规律，也未产生任何技术效果，本申请属于《专利法》第二十五条第一款第（二）项所规定的智力活动的规则和方法的范围，因而不能授予专利权”的结论是正确的，其作出的第10810号决定，本院应予支持。孙万增以本申请是“方法权利要求”，采用了符合自然规律的印刷技术，且具备“时间过程要素的活动”的特征要求，符合授予专利权条件的诉讼主张缺乏事实和法律依据，本院不予支持。孙万增提出的赔偿请求亦不符合《国家赔偿法》第二条的规定，本院不予支持。综上，一审判决认定事实清楚，证据确实充分，适用法律正确，审判程序合法，所作判决应予维持。依照《行政诉讼法》第六十一条第（一）项之规定，判决如下：

驳回上诉，维持一审判决。

二审案件受理费100元，由上诉人孙万增负担（已交纳）。

本判决为终审判决。

审　判　长　张学磊
审　判　员　郭　宜
代理审判员　朱海宏
二〇〇八年三月二十日
书　记　员　程钰玮

076

# 火警接收器

## 复审请求审查决定（第10811号）

**决　定　号**　第10811号
**决　定　日**　2007年6月11日
**发明创造名称**　火警接收器
**国 际 分 类 号**　G08B 25/00，G08B 17/00
**复 审 请 求 人**　能美防灾株式会社
**专 利 申 请 号**　02121773.4
**申　请　日**　2002年5月31日
**优 先 权 日**　2001年9月27日，2001年10月24日
**公　开　日**　2003年4月9日
**合 议 组 组 长**　郭健国
**主　审　员**　张　鹏
**参　审　员**　张　华

**法 律 依 据**　专利法第22条第3款
**决 定 要 点**
如果复审请求人对于专利申请文件进行修改，克服了驳回决定指出的缺陷，专利复审委员会应当在修改文本的基础上撤销驳回决定。

### 一、案由

本复审请求案涉及申请日为2002年5月31日、优先权日为2001年9月27日和2001年10月24日、公开日为2003年4月9日、发明名称为“火警接收器”的02121773.4号发明专利申请（下称本申请），申请人为能美防灾株式会社。

国家知识产权局实质审查部门对本申请进行了实质审查，于2004年6月14日发出了第一次审查意见通知书，认为：权利要求1、2、3相对于对比文件1（JP7249184，公开日为1995年9月26日）不具备专利法第22条第3款规定的创造性，权利要求4~8相对于对比文件1、对比文件2（JP8297790，公开日为1996年11月12日）以及公知常识不具备专利法第22条第3款规定的创造性，权利要求9~11相对于对比文件1、2和公知常识的结合不具备专利法第22条第3款规定的创造性，权利要求12~13相对于对比文件1、2的结合不具备专利法第22条第3款规定的创造性。

申请人于2004年10月19日提交了意见陈述书并对权利要求书进行了修改。

针对申请人于2004年10月19日提交的权利要求第1~7项，申请日提交的说明书第1~14页、

说明书附图第1~17页、说明书摘要及摘要附图，国家知识产权局实质审查部门于2004年12月31日驳回了本申请，驳回的理由为本申请权利要求1、2相对于对比文件1不具备创造性，权利要求3、4、5相对于对比文件1、2和公知常识不具备专利法第22条第3款规定的创造性。

驳回决定针对的权利要求书的内容如下：

“1. 一种火警接收器，其中，一个建筑物被分成一系列区域，采用相应的窗口对每个区域进行窗口指示，所述火警接收器包括：一个具有用于窗口指示的框架的主体；一个矩形窗板，所述一系列区域的名字被写在其上，并且该窗板被安装到主体的框架中，该矩形窗板在其纵向端部具有配合部件以便与所述框架的配合槽配合，并且在其中心具有中心配合件以便与所述框架的一个中心配合槽配合；一个矩形的基本透明的防护板，其具有与所述窗板大体相同的结构且设置在窗板的前面，并且，在其纵向端部具有配合部件以便与所述框架的配合槽配合，在其中心具有中心配合件以便与所述框架的所述中心配合槽配合。

2. 如权利要求1所述的火警接收器，其中，所述窗板对应于多个区域，并且由一个纵向分成多个部分的矩形板构成，所述区域的名称可以被写在所述多个部分上。

3. 一种火警接收器，包括：一个其中设有一组显示单元的主体；一个安装在该主体上以便能够打开和关闭的门，一组对应于所述显示单元可以被设置在所述主体中的位置而预先形成于所述门中的开口；安装在所述门上且适于盖住所述一组开口的透明防护装置，所述透明防护装置包括至少一个透明防护板，所述一个透明防护板整体盖住设置在所述门上呈一排的所述一组开口；以及相应于所述透明防护装置上的所述一组开口的位置上预先安装的一组不透明密封件，所述一组不透明密封件与对应于所述显示单元实际设定在所述主体中的位置的透明防护装置分离开。

4. 如权利要求3所述的火警接收器，其中，所述不透明密封件与所述门的颜色基本相同。

5. 如权利要求3所述的火警接收器，其中，所述显示单元分别利用对应于建筑物被分成的各区域的窗口而进行窗口指示，并且，其中，所述窗口由具有用于窗口显示的框架的主体、一个矩形窗板和一个矩形的基本上透明的防护板构成，所述区域的名称被写在所述矩形窗板上，并且该矩形窗板被安装到所述主体的框架中，所述矩形的基本上透明的防护板与所述窗板具有基本相同的结构且被设置在其前面，并且在其纵向端部具有配合件以便与所述框架的配合槽配合，在其中心具有一个中心配合件以便与所述框架的一个中心配合槽配合。

6. 一种如权利要求1所述的火警接收器，包括：一个安装在所述主体上以便能够打开和关闭的门，一组对应于所述显示单元可以被设置在所述主体中的位置、预先形成于该门中的开口；以及由一组从一组透明防护板和一组不透明防护板中选择出来、且安装在所述门上以便盖住所述一组开口的板构成的防护装置。

7. 一种如权利要求1所述的火警接收器，包括：一个安装在所述主体上以便能够打开和关闭的门，一组脱离部分，它们能够形成一组对应于所述显示单元可以被设置在所述主体中的位置形成于该门中的开口；以及用于盖住至少一个形成于所述门中的所述开口的透明防护装置。”

驳回决定认为，对比文件1公开了一种火警接收器，其具体公开了如下技术内容：包括代表多个区域的地区表示窗口；具有用于窗口指示的框架，矩形窗板20上可以写入区域的名字，并安装到基座的框架中；与窗板大致相同的透明保护板10安装在窗板前面，且在其纵向端部具有凸出部件11，该凸出部件11与框架配合安装。（参见对比文件1说明书第1栏第35行至第7栏第18行以及附图1~7）权利要求1要求保护的技术方案与对比文件1公开的技术方案相比，区别仅在于权利要求1中还包括该矩形窗板在其中心具有中心配合件以便与所述框架的一个中心配合槽配合及防护板的中心具有中心配合件在其纵向端部具有配合部件以便与所述框架的配合槽配合，及防护板的中心具有中心配合件与框架的一个中心配合槽配合。该区别属于本领域的公知常识，因此权利要求 1 不具备创造性。权利要求 2 的附加技术特征在对比文件 1 中得到公开，其不具备创造性。对比文件 2 公开了一种火警接收机，其公开了如下技术内容：火警接收机包括地区表示装置 1，安装在主机上可以打开和关闭的门，在门上有对应于地区表示装置的预先形成的开口 30。权利要求 3 和对比文件 2 相比，区别在于权利要求 3 还包括盖住所述一组开口的透明防护装置，所属透明防护装置包括至少一个透明防护板，所述一个透明防护板整体盖住设置在所述门上呈一排的所述一组开口；以及相应于所属透明防护装置上的所属一组开口的位置上预先安装一组不透明密封件，所属一组不透明密封件与对应于所述显示单元实际设定在所述主体中的位置的透明防护装置分离开。上述区别技术特征在对比文件 1 和公知常识中有所披露，权利要求 3 相对于对比文件 1、2 和公知常识不具备创造性。从属权利要求 4、5 也不具备创造性。

申请人（下称复审请求人）对上述驳回决定不服，于 2005 年 4 月 14 日向专利复审委员会提出复审请求并对权利要求进行了修改。其主要理由是：新的权利要求 1 与对比文件 1 所公开的内容相比，区别技术特征在于：权利要求 1 中基本透明的防护板在其中心具有中心配合件以便与框架的中心配合槽配合；权利要求 1 的矩形窗板在其纵向端部具有配合部件以便与框架的配合槽配合，并且在其中心具有中心配合件以便与所述框架的一个中心配合槽配合；权利要求 1 的所述窗板对应于多个区域，并且由一个纵向分成多个部分的矩形板构成，所述区域的名称可以被写在所述多个部分上。上述三项区别技术特征使得本申请权利要求 1 具备有益的技术效果，并且对本领域技术人员而言并非显而易见，因此权利要求 1~6 具备创造性。

经形式审查合格后，专利复审委员会受理了该复审请求，于 2005 年 5 月 16 日向复审请求人发出复审请求受理通知书，并由原实质审查部门对本案进行了前置审查。原实质审查部门在前置审查意见中坚持原驳回决定。

专利复审委员会依法成立合议组对本案进行审查。专利复审委员会依法成立合议组对本案进行审查。专利复审委员会合议组针对下述文本进行审查：复审请求人 2005 年 4 月 14 日提交的权利要求 1~6项，申请日提交的说明书第 1~14 页、说明书附图第 1~17 页、摘要及摘要附图。经审查，专利复审委员会合议组于 2007 年 4 月 11 日发出复审通知书。在复审通知书中指出：权利要求 1 所要求保护的技术方案与对比文件 1 的区别技术特征为，矩形窗板、防护板在其纵向端部具有配合部件以便与所述框架的配合槽配合，在其中心具有中心配合件以便与所述框架的一个中心配合槽配合。采用配合件和配合槽是本领域通常采用的配合结构，上述矩形窗板、防护板与框架的配合结构属于公知常识。为了实现部件之间的连接和固定，本领域技术人员可以不经过创造性劳动想到矩形窗板、防护板与框架的配合结构。因此，本领域技术人员在对比文件 1 的基础上结合本领域公知常识不经过创造性劳动即可得出权利要求 1 要求保护的技术方案，权利要求 1 不具备专利法第 22 条第 3 款规定的创造性。从属权利要求 2、3 的附加技术特征在对比文件 1 中得以公开，从属权利要求 2、3 不具备专利法第 22 条第 3 款规定的创造性。权利要求 4 所要求保护的技术方案与对比文件 1 的区别技术特征包括：（1）矩形窗板、防护板在其纵向端部具有配合部件以便与所述框架的配合槽配合，在其中心具有中心配合件以便与所述框架的一个中心配合槽配合；（2）一个其中设有一组显示单元的主体；一个安装在该主体上以便能够打开和关闭的门，一组对应于所述显示单元可以被设置在所述主体中的位置而预先形成于该门中的开口；（3）相应于所述透明防护装置上的所述一组开口的位置上预先安装的一组不透明密封件，所述一组不透明密封件与对应于所述显示单元实际设定在所述主体中的位置的透明防护装置分离开。对比文件 2 公开了一种火警接收机，与对比文件 1 所属技术领域相同，并且同样具有显示火警地区的功能，本领域技术人员容易想到将其与对比文件 1 相结合。对比文件 2 公开了如下技术内容：其包括带有地区表示装置1的主机，可以打开和关闭的门安装在该主机上，在门上有对应于地区表示装置的预先形成的开口30。可见，对比文件2已经公开了上述第（2）项区别技术特征。如第一部分的评述，上述第（1）项区别技术特征属于公知常识。就区别技术特征（3）而言，对比文件1给出了在火警接收器中设置适于盖住开口的透明防护装置的技术启示，而使用不透明防护装置盖住开口属于本领域技术人员根据需求而具体选择确定的，其效果是已知的。因此，权利要求4不具备专利法第22条第3款规定的创造性。

复审请求人于2007年5月17日提交了意见陈述书和修改后的权利要求书。请求人认为上述权利要求具备创造性。修改后的权利要求书内容为：

"1. 一种火警接收器，其中，一个建筑物被分成一系列区域，采用相应的窗口对每个区域进行窗口指示，所述火警接收器包括：

一个具有用于窗口指示的框架的基座；

一个矩形窗板，所述一系列区域的名字被写在其上，并且该窗板被安装到基座的框架中；该矩形窗板在其纵向端部具有配合部件以便与所述框架的配合槽配合，并且在其中心具有中心配合件以便与所述框架的一个中心配合槽配合；

一个矩形的基本透明的防护板，其具有与所述窗板大体相同的结构且设置在窗板的前面，并且，在其纵向端部具有配合部件以便与所述框架的所述配合槽配合，在其中心具有中心配合件以便与所述框架的所述中心配合槽配合；

一个其中设有一组显示单元的主体；

一个安装在该主体上以便能够打开和关闭的门，一组对应于所述显示单元可以被设置在所述主体中的位置、预先形成于该门中的开口；以及

由一组从一组透明防护板和一组不透明防护板中选择出来、且安装在所述门上以便盖住所述一组开口的板构成的防护装置；

其中，所述窗板对应于多个区域，并且由一个纵向分成多个部分的矩形板构成，所述区域的名称可以被写在所述多个部分上；所述一组显示单元中的每一个均包括所述基座、窗板和矩形的基本透明的防护板。

2. 如权利要求1所述的火警接收器，其特征在于：对应于所述区域设置有指示灯。

3. 如权利要求2所述的火警接收器，其特征在于：对应于所述区域设置有起动状态指示部。"

经审查，合议组认为本案事实清楚，可以作出审查决定。

**二、决定的理由**

复审请求人于2007年5月17日对权利要求书做了如下修改：删除权利要求1、4、6，将权利要求5作为独立权利要求。请求人所进行的上述修改符合专利法第33条和专利法实施细则第60条第1款的规定，因此，本决定所依据的文本为复审请求人于2007年5月17日提交的权利要求第1~3项，复审请求人于申请日提交的说明书第1~14页、说明书附图第1~17页、说明书摘要及摘要附图。

在上述文本中，复审请求人删除了驳回决定认定不具备创造性的权利要求，现在的权利要求书已经克服了驳回决定所指出的缺陷，因此应由原实质审查部门继续进行审查。

**三、决定**

撤销国家知识产权局于2004年12月31日作出的驳回02121773.4号发明申请的决定，由原审查部门以本决定依据的文本为基础继续审查。

复审请求人如对本复审决定不服，可以根据专利法第41条的规定，自收到本决定之日起三个月内向北京市第一中级人民法院起诉。

077

# 作为早期 CNS 损伤标记物的 τ

## 复审请求审查决定（第 10812 号）

**决　定　号**　第 10812 号
**决　定　日**　2007 年 6 月 15 日
**发明创造名称**　作为早期 CNS 损伤标记物的 τ
**国 际 分 类 号**　G01N 33/68，G01N 33/574
**复 审 请 求 人**　基因创新有限公司
**申　请　号**　99812850.3
**申　请　日**　1999 年 9 月 7 日
**优 先 权 日**　1998 年 9 月 8 日
**公　开　日**　2001 年 12 月 5 日
**合 议 组 组 长**　张梅珍
**主　审　员**　周　航
**参　审　员**　高桂莲

**法 律 依 据**　专利法第 22 条第 3 款
**决 定 要 点**

如果权利要求与对比文件相比存在一些区别技术特征，但本领域技术人员根据对比文件给出的启示结合公知常识很容易预见和应用这些区别技术特征，则该权利要求的技术方案相对于对比文件不具有突出的实质性特点和显著的进步。

**一、案由**

本复审请求涉及申请号为 99812850.3、发明名称为“作为早期 CNS 损伤标记物的 τ”的发明专利申请（下称本申请），其申请日是 1999 年 9 月 7 日，优先权日为 1998 年 9 月 8 日，公开日是 2001 年 12 月 5 日，申请人是基因创新有限公司。

应申请人的请求，国家知识产权局专利局实质审查部门对本申请进行了实质审查，于 2004 年 9 月 3 日以本申请权利要求 1~14 不符合专利法第 22 条第 3 款所规定的创造性为由驳回了本申请，其中引用了如下两篇对比文件：

对比文件 1：WO94/13795A1，其公开日为 1994 年 6 月 23 日；

对比文件 2：Mikio Shoji 等，“Combination assay of CSF Tau，Aβ1-40 and Aβ1-42（43）as a biochemical marker of Alzheimer's disease”，Journal of the Neurological Sciences 158（1998），134~140，其公开日为 1998 年 6 月 30 日。

驳回决定所依据的文本为：申请人于2004年8月4日提交的权利要求第1~14项，2004年4月5日提交的说明书第1、18页，本申请进入中国国家阶段时提交的说明书第2~17、19~21、23~25页、附图第1~3页、说明书摘要和摘要附图，2002年4月9日提交的说明书第22页。驳回决定所针对的权利要求书如下：

“1. 特异识别τ的抗体在制造用于个体CNS损伤的早期检测和/或量化的诊断试剂盒中的用途，其中CNS损伤是由原发性良性或恶性脑肿瘤、脑转移瘤、来自寄生虫的包囊、CNS的转移、化学因素、或这些机理联合导致的。

2. 特异识别τ的抗体在制造用于个体CNS损伤的量化诊断试剂盒中的用途，其中CNS损伤是由缺氧或缺血或由物理因素导致的。

3. 根据权利要求1或2的用途，其特征进一步在于CNS损伤是通过样品来检测和/或量化的，其中样品取自个体的脑脊液。

4. 根据权利要求1或2的用途，其特征进一步在于其特征在于CNS损伤是通过样品来检测和/或量化的，其中样品取自个体的血液衍生物。

5. 根据权利要求1、3或4中任一项的用途，其中CNS的转移是由白血病、淋巴瘤或乳腺癌引起的。

6. 根据权利要求2、3或4的用途，其中缺氧或缺血是由中风、脑梗塞、脑出血、血栓形成、围产期窒息、宾斯旺格氏病或脉管炎导致的。

7. 根据权利要求1、3或4中任一项的用途，其中化学因素是基因治疗、药物、化疗或暴露于化学化合物。

8. 根据权利要求2、3或4中任一项的用途，其中物理因素是创伤、中风、颅内压或辐射。

9. 根据权利要求1~8中任一项的用途，其中检测和/或量化CNS损伤的目的是为了评价对所述CNS损伤的某些治疗效果。

10. 一种用于个体CNS损伤的早期诊断的试剂盒，其中CNS损伤是由原发性良性或恶性脑肿瘤、脑转移瘤、来自寄生虫的包囊、CNS的转移、化学因素、或这些机理联合导致，该试剂盒包含用于检测τ的工具。

11. 一种用于个体CNS损伤的量化的试剂盒，其中CNS损伤是由缺氧或缺血或由物理因素导致的，该试剂盒包含用于检测τ的工具。

12. 根据权利要求10或11的试剂盒，其特征在于所述的试剂盒包括：

与τ的表位形成免疫复合物的单克隆抗体（第一抗体）；

第二抗体；

*它可以是识别τ-第一抗体复合物表位、但不识别单独的第一抗体的单克隆抗体，或者

*它可以是识别τ-第一抗体复合物表位、但不识别单独的第一抗体的多克隆抗体，所述多克隆抗体优选利用固定化的τ蛋白或固定化的τ-第一抗体复合物通过免疫亲和色谱法加以纯化；

用于特异性标记所述第二抗体或者与之偶联的标记物；

适当的缓冲溶液，用于进行第一抗体与待测样本之间、第二抗体与τ-第一抗体复合物之间和/或第二抗体与标记物之间的免疫反应；

可能的情况下，为了标准化的目的，含有一个或多个τ表位的纯化蛋白质或合成肽。

13. 筛选或监测预防或治疗CNS损伤的化合物效果的方法，该CNS损伤是由原发性良性或恶性脑肿瘤、脑转移瘤、来自寄生虫的包囊、CNS的转移、化学因素、或这些机理联合导致的，该方法包括测定τ水平并将其与对照样本τ水平进行比较的步骤。

14. 筛选或监测预防或治疗 CNS 损伤的化合物效果的方法，该 CNS 损伤是由缺氧或缺血或由物理因素导致的，该方法包括量化 τ 水平的步骤。”

申请人基因创新有限公司（下称复审请求人）对上述驳回决定不服，于 2004 年 12 月 9 日向专利复审委员会提出复审请求，未对申请文件作任何修改。复审请求人认为，对比文件 1 只公开了某些 CNS 损伤的形式（如 AD、脑积水、缺血性脑梗塞），而权利要求 1 中的 CNS 损伤形式均未在对比文件 1 中公开，而且对比文件 1 中没有揭示 τ 水平可以量化 CNS 损伤；对比文件 2 中也没有教导某些形式的 CNS 损伤患者中有增加的 τ 水平，其中也没有涉及早期检测和/或诊断。

经形式审查合格后，专利复审委员会受理了该复审请求，于 2005 年 2 月 18 日发出复审请求受理通知书，并将本申请案卷移交原审查部门进行前置审查。

在前置审查中，原审查部门坚持原驳回决定中的意见。

专利复审委员会依法成立合议组对本复审请求案进行了审理，本案合议组于 2007 年 1 月 16 日发出复审通知书，指出本申请权利要求 1~12 的技术方案相对于对比文件 1 或 2 不具备创造性，不符合专利法第 22 条第 3 款的规定；权利要求 13 和 14 要求保护的技术方案涉及疾病的诊断和治疗方法，属于专利法第 25 条第 1 款第（3）项规定的不能授予专利权的客体。

针对上述复审通知书，复审请求人于 2007 年 4 月 28 日提交了意见陈述书和权利要求书的修改替换页，其中对权利要求 1 进行了修改，加入了特征“CNS 损伤的个体中的 τ 水平相对于健康对照个体是升高的”，并认为本领域技术人员不能通过对比文件 1 公开的内容预见到其他 CNS 损伤能够引起 τ 水平的升高，例如对比文件 2 中的一些病症就没有表现出这一现象。

复审请求人另于 2007 年 5 月 9 日再次提交了权利要求书的修改替换页，表示其在 2007 年 4 月 28 日提交的意见陈述中忽略了对权利要求 13 和 14 的审查意见，在此重新提交修改后的权利要求书，将权利要求 13 和 14 删除。修改后的权利要求书如下：

“1. 特异识别 τ 的抗体在制造用于个体 CNS 损伤的早期检测和/或量化的诊断试剂盒中的用途，其中 CNS 损伤是由原发性良性或恶性脑肿瘤、脑转移瘤、来自寄生虫的包囊、CNS 的转移、化学因素、或这些机理联合导致的，其中所述 CNS 损伤的个体中的 τ 水平相对于健康对照个体是升高的。

2. 特异识别 τ 的抗体在制造用于个体 CNS 损伤的量化诊断试剂盒中的用途，其中 CNS 损伤是由缺氧或缺血或由物理因素导致的。

3. 根据权利要求 1 或 2 的用途，其特征进一步在于 CNS 损伤是通过样品来检测和/或量化的，其中样品取自个体的脑脊液。

4. 根据权利要求 1 或 2 的用途，其特征进一步在于其特征在于 CNS 损伤是通过样品来检测和/或量化的，其中样品取自个体的血液衍生物。

5. 根据权利要求 1、3 或 4 中任一项的用途，其中 CNS 的转移是由白血病、淋巴瘤或乳腺癌引起的。

6. 根据权利要求 2、3 或 4 的用途，其中缺氧或缺血是由中风、脑梗塞、脑出血、血栓形成、围产期窒息、宾斯旺格氏病或脉管炎导致的。

7. 根据权利要求 1、3 或 4 中任一项的用途，其中化学因素是基因治疗、药物、化疗或暴露于化学化合物。

8. 根据权利要求 2、3 或 4 中任一项的用途，其中物理因素是创伤、中风、颅内压或辐射。

9. 根据权利要求 1~8 中任一项的用途，其中检测和/或量化 CNS 损伤的目的是为了评价对所述 CNS 损伤的某些治疗效果。

10. 一种用于个体 CNS 损伤的早期诊断的试剂盒，其中 CNS 损伤是由原发性良性或恶性脑肿瘤、脑转移瘤、来自寄生虫的包囊、CNS 的转移、化学因素或这些机理联合导致，该试剂盒包含用于检测 τ 的工具。

11. 一种用于个体 CNS 损伤的量化的试剂盒，其中 CNS 损伤是由缺氧或缺血或由物理因素导致的，该试剂盒包含用于检测 τ 的工具。

12. 根据权利要求 10 或 11 的试剂盒，其特征在于所述的试剂盒包括：

与 τ 的表位形成免疫复合物的单克隆抗体（第一抗体）；

第二抗体；

* 它可以是识别 τ-第一抗体复合物表位、但不识别单独的第一抗体的单克隆抗体，或者

* 它可以是识别 τ-第一抗体复合物表位、但不识别单独的第一抗体的多克隆抗体，所述多克隆抗体优选利用固定化的 τ 蛋白或固定化的 τ-第一抗体复合物通过免疫亲和色谱法加以纯化；

用于特异性标记所述第二抗体或者与之偶联的标记物；

适当的缓冲溶液，用于进行第一抗体与待测样本之间、第二抗体与 τ-第一抗体复合物之间和/或第二抗体与标记物之间的免疫反应；

可能的情况下，为了标准化的目的，含有一个或多个 τ 表位的纯化蛋白质或合成肽。”

合议组经合议后认为本案事实已经清楚，现依法作出本决定。

**二、决定的理由**

1. 审查文本

复审请求人于 2007 年 5 月 9 日提交了权利要求书的修改替换页，经审查上述修改文本符合专利法第 33 条和专利法实施细则第 60 条第 1 款的规定，因此本复审决定以复审请求人于 2007 年 5 月 9 日提交的权利要求第 1~12 项，2004 年 4 月 5 日提交的说明书第 1、18 页，本申请进入中国国家阶段时提交的说明书第 2~17、19~21、23~25 页、附图第 1~3 页、说明书摘要和摘要附图，2002 年 4 月 9 日提交的说明书第 22 页作为审查基础。

2. 关于创造性

专利法第 22 条第 3 款规定：创造性，是指同申请日以前已有的技术相比，该发明有突出的实质性特点和显著的进步，该实用新型有实质性特点和进步。

在本案中，权利要求 1 要求保护特异识别 τ 的抗体在制造用于个体 CNS 损伤（即中枢神经系统损伤）的早期检测和/或量化的诊断试剂盒中的用途，对比文件 1（参见对比文件 1 说明书第 11 页第 19 行至第 12 页第 15 行）中公开了一种用于诊断 Alzheimer's 病，Down's 综合征等神经退化性疾病（属于中枢神经系统损伤）的试剂盒，所述试剂盒中含有特异性识别 τ 蛋白的抗体，同时对比文件 1 的说明书第 19 页末段记载“相对于患有各种神经系统疾病的患者群组（τ 蛋白平均值：26.4pg/ml）来说，对照患者的（τ 蛋白）水平基本较低（平均：16.4pg/ml）”，表明 CNS 损伤个体中的 τ 水平相对于健康对照个体来说较高。因此，独立权利要求 1 所请求保护的技术方案与对比文件 1 的技术方案相比，其区别仅在于：独立权利要求 1 进一步限定了所述 CNS 损伤是由原发性良性或恶性脑肿瘤、脑转移瘤、来自寄生虫的包囊、CNS 的转移、化学因素、或者这些机理联合导致的。

复审请求人认为，对比文件 1 只公开了某些 CNS 损伤的形式（如 AD、脑积水、缺血性脑梗塞），权利要求 1 中的 CNS 损伤形式均未在对比文件 1 中公开，因此本领域技术人员不能得知权利要求 1 所述的 CNS 损伤形式是否能诱导 τ 水平的增加，例如对比文件 2 中的一些病症就没有表现出这一现象。

对此合议组认为，（1）对比文件 1 公开了多种具体的 CNS 损伤实例（参见表Ⅱ），并且得出了 τ 蛋白水平与神经系统疾病（即 CNS）存在相关性（CNS 损伤能诱导 τ 水平升高）的结论，对于本领域人员来说，在已知上述结论的情况下，很容易想到或者通过常规试验证实除了对比文件 1 所披露的

CNS 损伤形式之外，其他的 CNS 损伤形式也能引起 τ 蛋白水平的增加，因而也很容易想到将特异性 τ 蛋白用于 CNS 损伤的早期诊断和/或量化；其次，尽管目前权利要求 1 中 CNS 损伤的形式不同于对比文件 1 所披露的 CNS 损伤形式，但引起 CNS 损伤的因素本身是医学领域已知的内容，τ 蛋白水平的增加也并非排他性地针对本申请权利要求 1 所涉及的那些 CNS 损伤因素，其他形式的 CNS 损伤因素（如对比文件 1 中披露的那些因素）同样能引起 τ 蛋白水平的增加，因而将对比文件 1 中未记载的其他 CNS 损伤形式应用于对比文件 1 的试剂盒制备中从而得到本申请权利要求 1 的内容并没有带来意料不到的技术效果；此外，尽管在一些神经系统疾病的实际实验中，没有表现出 τ 水平显著升高的现象，但根据本领域常识，生化测定结果经常会受到许多因素的影响，通常不会出现百分之百阳性结果，在合理范围内出现一些波动是正常的，对比文件 1 的实验数据中也存在这种波动，但其中仍然得出了患有各种神经系统疾病的患者中 τ 水平相对于健康对照个体来说较高的结论，因此对比文件 2 中列举的一些神经系统疾病与对照品相比 τ 蛋白水平没有升高，也仅能表明对比文件 2 所处的实验条件下其所得的结果，并不能因此而否定对比文件 1 中得出的 τ 蛋白水平与 CNS 间存在相关性的结论。故复审请求人的上述理由不成立，本领域技术人员在对比文件 1 所记载的内容基础上，结合本领域的技术常识，无需创造性劳动就能够实现权利要求 1 的技术方案，该权利要求 1 不符合专利法第 22 条第 3 款有关创造性的规定。

（2）权利要求 2 要求保护特异识别 τ 的抗体在制造用于个体 CNS 损伤的量化诊断试剂盒中的用途。对比文件 1 公开了用于诊断神经退化性疾病（属于中枢神经系统损伤）的试剂盒，所述试剂盒中含有特异性识别 τ 蛋白的抗体，并且所述 CNS 可由缺氧或缺血或由物理因素导致（对比文件 1 表Ⅱ中第 228 号患者所患的缺血性脑梗塞即属于上述因素导致 CNS 损伤）。

复审请求人认为，尽管对比文件 1 中揭示了 CNS 损伤会增加 τ 水平，但没有揭示 τ 水平可以量化 CNS 损伤。

对此合议组认为，采用疾病标志物量化疾病的严重程度是本领域的常规技术手段，尽管对比文件 1 中未明确记载这种量化关系，但根据对比文件 1 所揭示的 τ 蛋白水平与 CNS 损伤之间的关联性，本领域技术人员很容易想到这种关联性具有可量化性，并且这种量化关系通过常规试验即能得出，也没有产生意料不到的技术效果。因此该权利要求 2 的技术方案也不具备创造性，不符合专利法第 22 条第 3 款的规定。

（3）权利要求 3~9 直接或间接从属于权利要求 1 或 2，其附加技术特征进一步限定了样品来源、引起 CNS 损伤的因素、以及检测和/或量化 CNS 的目的是评价治疗效果。其中有关样品来源和引起 CNS 损伤的因素是本领域技术人员公知或公用的（其中样品来自脑脊液在对比文件 1 实施例Ⅳ中已公开），而将检测和/或量化 CNS 的结果用来评价治疗效果也是本领域常规的技术手段，因此在其引用的权利要求不具备创造性的情况下，权利要求 3~9 也不符合专利法第 22 条第 3 款的规定。

（4）权利要求 10 要求保护一种用于个体 CNS 损伤的早期诊断的试剂盒。虽然该权利要求 10 涉及产品，权利要求 1 涉及用途，但实质上二者的技术方案原理相同，包含的技术特征相近似，不同之处仅在于独立权利要求 10 的试剂盒技术方案中包含用于检测 τ 的工具，而独立权利要求 1 的用途技术方案中是利用特异性识别 τ 的抗体来制备试剂盒。由于特异性识别 τ 的抗体属于检测 τ 的工具中的一种，因此基于上面针对独立权利要求 1 评述的相同理由，该独立权利要求 10 所请求保护的技术方案相对于对比文件 1 和本领域的技术常识也不具备突出的实质性特点和显著的进步，不符合专利法第 22 条第 3 款有关创造性的规定。

（5）权利要求 11 要求保护一种用于个体 CNS 损伤的量化的试剂盒。理由同上，虽然该权利要求 11 涉及产品，权利要求 2 涉及用途，但实质上二者的技术方案原理相同，包含的技术特征相近似，不同之处仅在于独立权利要求 11 的试剂盒技术方案中包含用于检测 τ 的工具，而独立权利要求 2 的用途技术方案中是利用特异性识别 τ 的抗体来制备试剂盒。由于特异性识别 τ 的抗体属于检测 τ 的工具中的一种，因此基于上述针对独立权利要求 2 评述的相同理由，该独立权利要求 11 所请求保护的技术方案也不具备突出的实质性特点和显著的进步，不符合专利法第 22 条第 3 款有关创造性的规定。

（6）权利要求 12 从属于权利要求 10 或 11，其附加技术特征进一步限定了试剂盒的成分及其作用，该附加技术特征已经在对比文件 1 中公开（参见对比文件 1 第 11 页第 18 行到第 12 页第 16 行），因此在其引用的权利要求不具备创造性的情况下，该权利要求 12 也不符合专利法第 22 条第 3 款有关的规定。

基于上述理由，合议组作出如下决定。

**三、决定**

维持国家知识产权局于 2004 年 9 月 3 日对 99812850. 3 号发明专利申请做出的驳回决定。

复审请求人对本决定不服的，可以根据专利法第 41 条第 2 款的规定，自收到本决定之日起三个月内向北京市第一中级人民法院起诉。

078

# 润滑剂组合物和对它的分析方法

## 复审请求审查决定（第 10827 号）

**决　　定　　号**　第 10827 号
**决　　定　　日**　2007 年 6 月 1 日
**发明创造名称**　润滑剂组合物和对它的分析方法
**国 际 分 类 号**　C10M 105/38
**复 审 请 求 人**　松下电器产业株式会社
**申　　请　　号**　02810097.2
**优　先　权　日**　2001 年 5 月 15 日，2001 年 11 月 5 日
**申　　请　　日**　2002 年 5 月 15 日
**公　　开　　日**　2004 年 8 月 25 日
**合 议 组 组 长**　李广峰
**主　　审　　员**　巩克栋
**参　　审　　员**　朱文广

**法 律 依 据**　专利法实施细则第 20 条第 1 款
**决 定 要 点**

对于产品权利要求，不能仅以产品权利要求中出现了不具有一定形状和结构的组成部件或者是材料特征的限定，即认为该权利要求的保护范围不清楚。

### 一、案由

本复审请求涉及名称为“润滑剂组合物和对它的分析方法”的 02810097.2 号发明专利申请（以下称本申请），申请人为松下电器产业株式会社，申请日为 2002 年 5 月 15 日，公开日为 2004 年 8 月 25 日。

2006 年 3 月 3 日，针对本申请，国家知识产权局作出驳回决定。驳回理由是：权利要求 1~25 要求保护一种硬盘装置，在该权利要求中不仅包含了产品结构特征“电机、旋转盘、基座、定子、转子、轴承”，还包含了润滑剂组合物的技术特征“组合物各组分化学结构和质量数”，因此其主题和保护范围不清楚，不符合专利法实施细则第 20 条第 1 款的规定。

驳回决定所针对的独立权利要求 1 为：

“1. 一种硬盘装置，其包括：

电机；和

一种以可自由旋转的方式通过电机安装的旋转盘；

其中所述电机包括：

基座；

用于产生磁场而固定在所述基座的定子；

含有与所述定子相对的旋转磁铁的转子；

安装在所述转子中的旋转轴部件；

轴承部件，其安装在所述基座中并且与所述旋转轴部件啮合以便可以自由旋转；

动压力发生槽，其形成在所述轴承部件和所述旋转轴部件之间形成一间隙的两个彼此相对表面的至少一个表面中；

和一种填充于所述间隙中的润滑剂组合物，其中所述润滑剂组合物选自如下所述的润滑剂组合物：

（a）一种包括一种基油的润滑剂组合物，所述基油是一种单酯，其具有下列化学结构：

$\overline{D}$；

其中 n 是 7，8 或 9 中的任一个，并且其中另外包括一种在其结构中包括至少一个（3，5-二叔丁基-4-羟苯基）的基于受阻酚的抗氧化剂，并且其中另外包括一种由下列化学结构表示的甘油三酯：

$\overline{PD}$；

其中 R1，R2 和 R3 是由 CxHyOz 组成的不饱和或饱和直链结构或支化结构；

（b）一种润滑剂组合物，其中当通过次级离子质谱分析包含在所述润滑剂中的一种基油时，次级离子强度在每单位电荷正次级离子的质量数“127,”“213”和“357”处具有峰；

（c）一种润滑剂组合物，其中当通过次级离子质谱分析包含在所述润滑剂中的一种基油时，次级离子强度在每单位电荷正次级离子的质量数“141,”“227”和“385”处具有峰；和

（d）一种润滑剂组合物，其中当通过次级离子质谱分析包含在所述润滑剂中的一种基油时，次级离子强度在每单位电荷正次级离子的质量数“155,”“241”和“413”处具有峰。”

申请人（下称请求人）对上述驳回决定不服，于 2006 年 6 月 14 日向专利复审委员会提出了复审请求。请求人认为：本申请的特定的润滑剂组合物在本发明的装置中是不可缺少的，其属于产品结构特征，同时权利要求 1 的类型是产品权利要求，即“一种硬盘装置”，因此权利要求 1~25 的主题和保护范围都是清楚的，符合专利法实施细则第 20 条第 1 款的规定。

经形式审查合格后，专利复审委员会受理了该复审请求，并于 2006 年 7 月 12 日向请求人发出复审请求受理通知书，同时向国家知识产权局原审查部门发出前置审查通知书。

国家知识产权局原审查部门对本复审请求进行了前置审查，坚持原驳回决定。

专利复审委员会组成合议组，对本复审请求进行审查。经审查，合议组认为本案事实已经清楚，可以依法作出审查决定。

**二、决定的理由**

1. 文本认定

本决定所针对的文本为：说明书第 1、12~60 页按进入中国国家阶段时提交的国际申请文件的文本；说明书第 2~11 页按国际初步审查报告的附件；权利要求 1~25 按 2005 年 9 月 28 日提交的修改文本；附图第 1~21 页按进入中国国家阶段时提交的国际申请文件的文本；摘要按 2003 年 11 月 17 日提交的文本。

2. 关于专利法实施细则第 20 条第 1 款

专利法实施细则第 20 条第 1 款规定：权利要求书应当说明发明或者实用新型的技术特征，清楚、

简要地表述请求保护的范围。

首先，每项权利要求的类型应当清楚，权利要求的主题名称应当能够清楚地表明该权利要求的类型是产品权利要求还是方法权利要求。其次，每项权利要求所确定的保护范围应当清楚，权利要求的保护范围应当根据其所用词语的含义来理解。

本申请权利要求1~25的主题名称为“一种硬盘装置”，合议组认为，对于所属技术领域的技术人员来说，“硬盘装置”的含义是清楚的，其为一种产品，因此该主题名称已经清楚地表明权利要求1~25的类型是产品权利要求，权利要求1~25的主题名称是清楚的。

本申请权利要求1~25中还包含了不具有形状结构的润滑剂组合物，合议组认为，权利要求1~25中限定的硬盘装置包括“一种填充于所述间隙中的润滑剂组合物”，即润滑剂组合物填充在所述间隙内，该润滑剂组合物是硬盘装置的组成部分之一，因此该润滑剂组合物对权利要求1~25要求保护的硬盘装置具有限定作用。对于润滑剂组合物的化学结构式及质量数等限定，合议组认为该限定属于组成部分的材料特征，产品权利要求中存在材料特征的限定是允许的。因此权利要求中存在“组合物各组分化学结构和质量数”并不违反专利法实施细则第20条第1款的规定。

基于上述理由，合议组作出下述决定。

**三、决定**

撤销国家知识产权局于2006年3月3日对第02810097.2号发明专利申请作出的驳回决定，由国家知识产权局原审查部门以驳回决定所针对的文本为基础继续进行审查程序。

复审请求人对本决定不服的，可以根据专利法第41条第2款的规定，自收到本决定之日起3个月内向北京市第一中级人民法院起诉。

079

# 测定体液中的蛋白片段

## 复审请求审查决定（第 10849 号）

**决　定　号**　第 10849 号
**决　定　日**　2007 年 6 月 20 日
**发明创造名称**　测定体液中的蛋白片段
**国 际 分 类 号**　G01N 33/68，C07K 7/06，14/78，16/18，C12N 5/20
**复 审 请 求 人**　奥斯提奥米特生物技术公司
**申　请　号**　96194134.0
**申　请　日**　1996 年 3 月 21 日
**优 先 权 日**　1995 年 3 月 24 日
**公　开　日**　1998 年 6 月 17 日
**合 议 组 组 长**　张梅珍
**主　审　员**　高桂莲
**参　审　员**　周　航

**法 律 依 据**　专利法第 26 条第 4 款
**决 定 要 点**

在判断权利要求是否得到说明书的支持时，应当考虑说明书的全部内容，而不是仅限于具体实施方式部分的内容。如果说明书的其他部分也记载了有关具体实施方式或实施例的内容，从说明书的全部内容来看，能说明权利要求的概括是适当的，则应当认为权利要求得到了说明书的支持。

### 一、案由

本复审请求涉及申请号为 96194134.0、名称为“测定体液中的蛋白片段”的发明专利申请（下称本申请），其申请日为 1996 年 3 月 21 日，优先权日为 1995 年 3 月 24 日，申请人为奥斯提奥米特生物技术公司。本申请公开时权利要求书包括 17 项权利要求，其中权利要求 1、7、8、10~14、16、17 为独立权利要求。

经实质审查，国家知识产权局原实质审查部门于 2003 年 12 月 5 日以本申请的权利要求 1、4~6、8、11~16 不符合专利法第 26 条第 4 款的规定为由驳回了本申请。驳回决定所依据的文本为：申请人于 2003 年 9 月 11 日提交的权利要求书第 1~16 项，1997 年 11 月 24 日提交的说明书第 1~21 页、说明书附图第 1~4 页以及说明书摘要。驳回决定所针对的权利要求书如下：

“1. 一种测量胶原蛋白降解率的方法，其包括测定体液中一种或多种含异天冬氨酸的胶原蛋白片段的量，所述片段所具有的氨基酸序列使得所述片段为胶原蛋白所特有。

2. 权利要求1的方法，其包括测定体液中存在的作为所述片段的式2肽类似物的量：

```
EKAH * GGR
      |
EKAH * GGR          式2
      |
      K
```

其中K-K-K是任意天然存在的交联，*是异天冬氨酸；或测定一种或多种肽类似物，该肽类似物掺入存在于含异天冬氨酸的式2肽类似物中的表位。

3. 权利要求1或2的方法，其中所述测定是应用对方法中的样品内存在的含异天冬氨酸的物类有特异性的免疫结合配体进行的。

4. 权利要求3的方法，其中免疫结合配体是针对线性肽类似物产生的抗体，该线性肽类似物对应于胶原蛋白中的一段序列，在所述氨基酸序列中，异天冬氨酸替换了所述胶原蛋白序列中的天冬氨酸。

5. 肽的合成异构体在测定胶原蛋白衍生的异构化肽中的应用，所述肽的合成异构体的氨基酸序列对应于胶原蛋白中的一段可用于鉴别作为所述肽的来源的胶原蛋白的特征序列，在该氨基酸序列中，异天冬氨酸替换了胶原蛋白序列中的的天冬氨酸。

6. 一种对体液中异构化肽内存在的一段氨基酸序列有特异性的抗体，所述异构化肽是胶原蛋白断裂后产生的片段，所述氨基酸序列对应于蛋白中的一段可用于鉴别作为所述肽的来源的胶原蛋白的特征序列，在该氨基酸序列中，异天冬氨酸替换了胶原蛋白序列中的天冬氨酸。

7. 权利要求6中的抗体，其对包含氨基酸序列EKAHiDGGR的肽异构体序列有特异性，或对包含于所述序列并包含iD的表位有特异性，其中iD是异天冬氨酸。

8. 一种针对肽异构体而产生的抗体，所述肽异构体的氨基酸序列对应于胶原蛋白中的一段特征序列，在该氨基酸序列中，异天冬氨酸替换了所述胶原蛋白序列中的天冬氨酸。

9. 权利要求6或7的抗体，它与可检测标记物偶联。

10. 权利要求8的抗体，它与可检测标记物偶联。

11. 一种细胞系，它可产生权利要求6或7的抗体的单克隆抗体。

12. 一种抗体在测定胶原蛋白衍生的异构化肽的体液检测中的应用，该抗体对一段氨基酸序列有特异性，所述氨基酸序列对应于胶原蛋白中的一段可用于鉴别作为所述肽的来源的胶原蛋白的特征序列，在所述氨基酸序列中，异天冬氨酸替换了胶原蛋白序列中的天冬氨酸，以得到体液中含异天冬氨酸的肽类似物的含量的资料。

13. 一种合成的肽类似物，其氨基酸序列对应于胶原蛋白中的一段特征序列，在所述氨基酸序列中，异天冬氨酸替换了所述胶原蛋白序列中的天冬氨酸。

14. 权利要求13的合成的肽类似物，其中有甘氨酸残基与异天冬氨酸残基相邻。

15. 一种获取患者胶原蛋白降解资料的方法，其包括测量体液中的至少一种源于胶原蛋白的含天冬氨酸的肽相对含量，和相应的含异天冬氨酸的肽类似物的相对含量，所述含天冬氨酸的肽的氨基酸序列使得该肽为胶原蛋白所特有。

16. 用于一种测定方法的检测试剂盒，所述方法包括测定体液中一种或多种含异天冬氨酸的胶原蛋白片段的量，所述片段所具有的氨基酸序列使得片段为胶原蛋白所特有，所述片段包括对体液中异构化肽内存在的一段氨基酸序列有特异性的抗体，所述异构化肽是胶原蛋白断裂后产生的片段，或类似的特异性抗体片段，所述氨基酸序列对应于胶原蛋白中的一段可用于鉴别作为所述肽的来源的胶原蛋白的特征序列，在该氨基酸序列中，异天冬氨酸替换了胶原蛋白氨基酸序列中的天冬氨酸，并与下述任意一种或几种物质组合：包含异天冬氨酸的合成的肽类似物，它与抗体或抗体片段有反应性，抗体-酶偶联物和/或其底物，终止酶偶联物-底物反应的组合物，或清洗溶液。”

驳回决定中指出：（1）本申请的实施例中仅是针对尿液中的含天冬氨酸的α1（Ⅰ）C1序列的肽和其他两类具体结构为α1（Ⅰ）N1和α2（Ⅰ）N1多肽的异构体进行测定，并得出上述几类异构化多肽的量与胶原蛋白的降解率之间存在线性关系，但未提供实施例证明具有其他氨基酸序列的片段中的天冬氨酸异构化的量也能被准确测量并且与胶原蛋白的降解率之间存在线性关系，从而测量胶原蛋白的降解率，因此权利要求1得不到说明书支持；（2）权利要求4、12~16中的“肽类似物”得不到说明书的支持，因为本申请仅针对α1（Ⅰ）C1、α1（Ⅰ）N1和α2（Ⅰ）N1异构化肽进行了实验，对于其他含有天冬氨酸的氨基酸序列并没有给出实施例证明当其片段中的天冬氨酸异构化后形成的肽类似物也可用作测量胶原蛋白的降解指标；（3）基于上述第（1）点的理由，权利要求5、6、8、11~13、15~16中的“氨基酸序列”的范围过宽，得不到说明书的支持。

申请人（下称复审请求人）对上述驳回决定不服，于2004年3月22日向专利复审委员会提出复审请求。复审请求人认为审查员没有给出本发明不能用于胶原的其他含有天冬氨酸的序列的理由，并列举了不能采用本申请方案的以下几种理论可能性：（1）对于胶原中的某些特定天冬氨酸，体液中不含有该特定天冬氨酸和它的侧翼氨基酸序列的片段；（2）由于某种未知原因，胶原中的某些特定天冬氨酸位置不会被异构化，但体液中确实含有来源于胶原的片段，所述片段含有非异构化的天冬氨酸；（3）胶原中的某些特定天冬氨酸被异构化了，但体液中并没有出现含有异构化天冬氨酸的胶原片段；（4）胶原中一些特定的天冬氨酸被异构化了，含有异构化天冬氨酸的胶原片段进入了体液，但由于某些未知的原因，它们的量不能表明胶原的降解速率。复审请求人认为，上述几种理论可能性中（1）、（2）、（3）并不构成权利要求1的缺陷，因为本申请中并不采用那些不能特异性表征胶原降解速率的天冬氨酸异构体，而是采用体液中存在的异构化胶原蛋白作为标记；至于第（4）种可能性，复审请求人认为根据异构化天冬氨酸的存在机理，不可能出现，并认为如果体液中发现了可识别的胶原片段，则它们的量一定反映了胶原降解以释放这些片段的速率。因此，根据本申请的实施例，体液中存在的任意的含有异构化天冬氨酸的胶原序列都可用以实施本申请要求保护的方法。

经形式审查合格，专利复审委员会于2004年4月12日依法受理了该复审请求，并将其转送至原审查部门进行前置审查。

原审查部门在前置审查意见书中认为，由本申请提出的“测定含异天冬氨酸的胶原蛋白片段的量”可知，只有测定的是含异天冬氨酸的胶原片段的量，才有可能作为胶原蛋白降解的指标，但测定到的量与作为指标使用不是一个概念，之间的线性关系是需要大量数据证实的，而复审请求人仅是强调可以测到量，却没有证明量与降解指标之间的关系，复审请求人在说明书中提到“测定的是胶原片段类型的话，那么异天冬氨酸的相对数量可以提供骨和已破坏了的蛋白的年龄指标”，但在该申请实施例中，申请人仅提供I型胶原中α1（Ⅰ）C1合成肽类似物免疫测定的过程，以证明该类型的胶原可通过其中天冬氨酸异构化的量表征该类型胶原的降解率，而尚未通过实验数据证明其他类型胶原也可用天冬氨酸异构化的量作为骨降解的指标，因此对于其他类型胶原蛋白，尽管也可以测量到含异天冬氨酸的胶原蛋白片段的量，但不一定能作为骨降解的指标使用，因而坚持原驳回决定。

专利复审委员会依法成立合议组对本案进行审理。

在上述程序的基础上，合议组认为本案事实已经清楚，可以作出审查决定。

**二、决定的理由**

1. 审查基础

由于复审请求人在提出复审请求时未对申请文本作修改，因此本复审决定所针对的文本与实质审查阶段驳回决定所依据的文本相同。

2. 关于专利法第 26 条第 4 款

专利法第 26 条第 4 款规定：权利要求书应当以说明书为依据，说明要求专利保护的范围。

在判断权利要求是否得到说明书的支持时，应当考虑说明书的全部内容，而不是仅限于具体实施方式部分的内容。如果说明书的其他部分也记载了有关具体实施方式或实施例的内容，从说明书的全部内容来看，能说明权利要求的概括是适当的，则应当认为权利要求得到了说明书的支持。

（1）本申请的权利要求 1 请求保护一种测量胶原蛋白降解率的方法，其包括测定体液中一种或多种含异天冬氨酸的胶原蛋白片段的量，所述片段所具有的氨基酸序列使得所述片段为胶原蛋白所特有。驳回决定中认为，本申请的实施例仅针对尿液中的含天冬氨酸的 α1（Ⅰ）C1、α1（Ⅰ）N1 和 α2（Ⅰ）N1 序列的肽的异构体进行测定，并得出上述几类异构化多肽的量与胶原蛋白的降解率之间存在线性关系，但未提供实施例证明具有其他氨基酸序列的片段中的天冬氨酸异构化的量能被准确测量并且与胶原蛋白的降解率之间存在线性关系，从而可得到胶原蛋白的降解率。对此合议组经审查后认为，本申请的背景技术部分详细列举了由不同种类胶原降解引发的多种疾病，现有技术中对胶原降解的检测是通过测定不同的生化标志物进行的，而对这些生化标志物的检测都会存在诸多缺陷，例如，作为标记物的羟脯氨酸、羟赖氨酸和它的糖苷的缺陷是非特异的骨吸收标记，且难以控制；交联化合物 3-羟基吡啶鎓的缺陷是具有局限性且耗费时间，等等。本申请的技术方案实质上是为了解决上述问题采用了另一种生化标记物，即含异天冬氨酸的胶原蛋白片段。而根据说明书第 6 页第 23 行至第 8 页第 2 行的内容，本领域技术人员可以得知，含天冬氨酸的蛋白异构化作用是生理情况下自然发生的（即代谢作用），异构化的结果是产生了含异天冬氨酸残基的肽片段。结合本领域的公知常识——蛋白质代谢之后降解产物通过体液运输，最后大多数通过尿液排出体外——可以看出，通过尿液中存在的特异性代谢产物来表征相应的的蛋白质是合乎自然规律和逻辑的。因此本申请权利要求 1 的技术方案中，将胶原蛋白所特有的片段作为胶原蛋白标记物，用体液中测得的该标记物的量来表征胶原蛋白的降解率，是本领域技术人员从说明书公开的内容能够概括得出的，故该权利要求得到了说明书的支持。此外，本申请说明书实施例中涉及的 α1（Ⅰ）C1、α1（Ⅰ）N1 和 α2（Ⅰ）N1 序列的肽，其作用实际上并不是用于证明上述异构化多肽量与胶原蛋白降解率之间的关系，而仅是实例性地给出测定体液中的上述肽片段的步骤以及其临床应用。

前置意见中提出：①可以测得的量与作为指标使用不是一个概念，需要大量实验数据证实含异天冬氨酸的胶原量与胶原蛋白降解指标之间的关系；和②没有实施例表明对于其他类型的胶原蛋白来说，也可以用含异天冬氨酸的胶原蛋白片段的量来作为骨降解的指标。

对此，合议组认为，关于第①点，由于本申请的说明书已经记载了测定含异天冬氨酸的胶原蛋白片段的量可用于表征胶原蛋白的降解，那么即说明测定到的含异天冬氨酸的胶原蛋白片段的量与胶原蛋白的降解之间是相关的，由于并不是二者之间只有线性关系才能作为表征的指标，因此在说明书披露了二者之间存在相关关系的情况下，本领域技术人员结合公知常识完全可以实施测量胶原蛋白的降解率；关于第②点，由上述第（1）点的评述可知，本申请是为了解决现有技术中胶原降解的标记物存在的诸多缺陷，而采用的一种新的生化标记物，而从已知的胶原蛋白降解原理和现有技术记载的多种生化标记物可看出，不同类型的胶原蛋白在降解的生物标记表征上具有类似性。因此，在本申请说明书已经给出了Ⅰ型胶原可通过含异天冬氨酸的胶原蛋白片段的量表征该胶原降解的情况下，在没有确信的证据能够对其他类型胶原的实施构成怀疑的情况下，应当认为其他类型的胶原也可通过含异天冬氨酸的胶原蛋白片段的量予以表征。

综上所述，权利要求 1 的内容得到了说明书的支持，符合专利法第 26 条第 4 款的规定。

（2）关于权利要求4、12~16中的“肽类似物”，由说明书第6页第15~17行的含义推断为所述的“肽类似物”应为肽中天冬氨酸异构化后形成的物质，如上（1）所述，由于本申请的发明实质是采用一种新的生化标记物（即含异天冬氨酸的胶原蛋白片段）对胶原降解进行表征，并且本申请说明书也已给出了Ⅰ型胶原可通过含异天冬氨酸的胶原蛋白片段的量表征该胶原降解的情况，那么在没有明确证据的情况下，对其他天冬氨酸异构化肽类似物可用作测量胶原蛋白的降解指标的怀疑，合议组不予支持，因此，所述权利要求中的“肽类似物“也得到了说明书的支持。

（3）基于上述第（1）点的理由，该权利要求5、6、8、11~13、15~16也符合专利法第26条第4款的规定。

基于上述理由，合议组依法作出如下审查决定。

**三、决定**

撤销国家知识产权局于2003年12月5日对本申请作出的驳回决定。由国家知识产权局原审查部门在本决定依据的文本的基础上对本发明专利申请继续审查。

如对本复审请求审查决定不服，根据专利法第41条第2款的规定，请求人可以自收到本决定之日起三个月内向北京市第一中级人民法院起诉。

080

# 监视外周动脉紧张性来无创伤诊断健康状况的方法和设备

## 复审请求审查决定（第10851号）

**决　定　号**　第10851号
**决　定　日**　2007年6月18日
**发明创造名称**　监视外周动脉紧张性来无创伤诊断健康状况的方法和设备
**国际分类号**　A61B 5/00
**复审请求人**　伊塔马医药有限公司
**申　请　号**　97196857.8
**申　请　日**　1997年7月23日
**优先权日**　1996年7月30日，1997年1月30日，1997年5月21日
**公　开　日**　1999年9月8日
**合议组组长**　张田勇
**主　审　员**　宋　瑞
**参　审　员**　王琦琳

**法律依据**　专利法第25条第1款第（3）项
**决定要点**

如果经复审请求人修改后的申请文件克服了驳回决定和复审通知书所指出的缺陷，则应当在修改文本的基础上撤销原驳回决定。

### 一、案由

本复审请求涉及申请号为97196857.8、发明名称为“监视外周动脉紧张性来无创伤诊断健康状况的方法和设备”的PCT发明专利申请（下称本申请），其申请日为1997年7月23日，优先权日为1996年7月30日、1997年1月30日、1997年5月21日，公开日为1999年9月8日，申请人原为伊塔马医药（C. M）1997有限公司，后于2004年5月21日变更为伊塔马医药有限公司。

国家知识产权局专利局实质审查部门依法对本申请进行了实质审查，于2004年8月13日以本申请权利要求17、18属于专利法第25条规定的不授予专利权的情形为由作出驳回本申请的决定，驳回决定所针对的权利要求书共包括34项权利要求，其中权利要求第14~18项的内容为：“14. 一种无创伤地检测病人的生理功能障碍的方法，包括：

在被测者的手指或脚趾的远端，包括在最远端的指或趾尖部周围施加一静态压力场，该静态压力场足够（1）基本上防止静脉血在所述远端淤积；（2）基本上防止在所述远端发生不受控制的静脉血回流；以及（3）当手指或脚趾与心脏处于同一水平位置时，部分消除所述远端动脉壁的张力，但又

不阻塞动脉；以及

测量外周动脉紧张性的变化和在手指或脚趾的所述远端相应于随动脉脉搏波而发生的相关量的变化。

15. 如权利要求 14 所述的方法，其中所述的相关量的变化通过测量在所述远端的体积变化而测量得出。

16. 如权利要求 14 所述的方法，其中所述的相关体积的变化通过测量在所述远端的光学密度变化而测量得出。

17. 如权利要求 14~16 中任一项所述的方法，其中监视所述测得的量的变化以表明病人心肌缺血的存在。

18. 如权利要求 14~16 中任一项所述的方法，其中监视所述测得的量的变化以至少表明快速眼球运动（REM）睡眠开始和处于该睡眠状态之一种情况以及睡眠呼吸暂停。”

申请人（下称复审请求人）不服上述驳回决定，于 2004 年 10 月 13 日向专利复审委员会提出复审请求，同时提交了权利要求书的修改替换页，修改后的权利要求书共包括 34 项权利要求，其具体内容为：

“1. 一种无创伤地检测病人生理状况的变化的方法，包括监视外周动脉紧张性的变化，并且在已经检测出外周动脉紧张性发生特定变化时确定病人的生理状态已经发生的变化的步骤。

2. 如权利要求 1 所述的方法，其中所述生理状况的变化可与下述相关：心肌缺血、REM 睡眠状态开始以及睡眠呼吸暂停发作。

3. 如权利要求 1 所述的方法，还包括对测量位置施加压力的步骤，所述压力足够（1）基本上防止静脉血在所述测量位置淤积；（2）基本上防止在所述测量位置发生不受控制的静脉血回流；以及（3）当测量位置处于与心脏在同一水平面上或低于心脏时，部分消除在所述测量位置处动脉壁的张力，但又不阻塞动脉。

4. 如权利要求 1 所述的方法，其中监视外周动脉紧张性变化的步骤包括监视皮肤动脉血流的变化。

5. 如权利要求 1 所述的方法，其中监视外周动脉紧张性变化的步骤包括监视手指或脚趾动脉血流的变化。

6. 如权利要求 1 所述的方法，其中所述监视步骤是连续地和/或实时地进行的。

7. 一种用来检测病人身体状况变化的设备，包括：一个施加在病人手指或脚趾的探测头，所述探测头感应手指或脚趾的外周动脉紧张性；以及一个处理器，该处理器接收来自所述探测头的信号并提供表明所述手指或脚趾的外周动脉紧张性的变化，从而表明病人的生理状态或健康状况的输出信号。

8. 如权利要求 7 所述的设备，其中所述探测头包括一个用来施加压力的膜，该压力足够（1）基本上防止静脉血在所述手指或脚趾处淤积；以及（2）部分消除所述手指或脚趾处动脉壁的张力，但又不阻塞动脉，其中所述静态压力场的范围为 30mmHg~70mmHg。

9. 如权利要求 8 所述的设备，其中所述设备还包括一个用来监视所述手指或脚趾处血量变化的传感器。

10. 如权利要求 7 所述的装置，其中所述探测头还包括一个加压箍。

11. 如权利要求 7 所述的装置，其中所述探测头用来连续地和/或实时地传感外周动脉紧张性。

12. 如权利要求 7 所述装置的探测头，将其施加到手指或脚趾上以检测外周血管收缩，所述探测头包括：一个施加压力的膜，所述压力足够部分消除所述手指或脚趾处动脉壁的张力，但又不阻塞动脉；用来基本上防止静脉血在所述手指或脚趾处淤积的装置。

13. 如权利要求 12 所述的探测头，还包括一个用来监视在所述手指或脚趾处血液量变化的传感器。

14. 一种无创伤地检测病人的生理功能障碍的方法，包括：在被测者的手指或脚趾的远端，包括在最远端的指或趾尖部周围施加一静态压力场，该静态压力场足够（1）基本上防止静脉血在所述远端淤积；（2）基本上防止在所述远端发生不受控制的静脉血回流；以及（3）当手指或脚趾与心脏处于同一水平位置时，部分消除所述远端动脉壁的张力，但又不阻塞动脉；以及测量外周动脉紧张性的变化和在手指或脚趾的所述远端相应于随动脉脉搏波而发生的相关量的变化。

15. 如权利要求 14 所述的方法，其中所述的相关量的变化通过测量在所述远端的体积变化而测量得出。

16. 如权利要求 14 所述的方法，其中所述的相关体积的变化通过测量在所述远端的光学密度变化而测量得出。

17. 如权利要求 14~16 中任一项所述的方法，其中监视所述测得的量的变化可与病人心肌缺血的存在相关。

18. 如权利要求 14~16 中任一项所述的方法，其中监视所述测得的量的变化可与至少快速眼球运动（REM）睡眠开始和处于该睡眠状态之一种情况以及睡眠呼吸暂停的发作的存在相关。

19. 如权利要求 14~16 中任一项所述的方法，其中所述静态压力场的范围为约 30mmHg 至高于病人舒张压约 10%。

20. 如权利要求 14~16 中任一项所述的方法，其中所述静态压力场施加在手指的近端部分周围，包括在手指的最尖端部。

21. 如权利要求 14~16 中任一项所述的方法，其中所述静态压力场的压力为 70mmHg。

22. 如权利要求 20 所述的方法，其中所述静态压力场由套管状的探测头施加，该探测头包括一个至少封闭指骨或趾骨的最远端的端部罩和一个邻接的环状箍。

23. 根据权利要求 12 用来检测外周动脉紧张性变化的探测头，包括：一个压力施加器，包括一个端部罩，用来接纳并向被测者身体的手指或脚趾的指骨或趾骨的最远端施加压力，以及一个箍，用来接纳并向被测者身体的手指或脚趾的远端之前的手指或脚趾的指骨或趾骨施加压力；所述箍作用如同一个静脉压迫带，以防止静脉血在所述手指或脚趾处淤积，静脉血倒流，及静脉倒流震波传入病人的手指或脚趾的远端部分；所述罩用来检测在所述指骨或趾骨最远端处动脉脉动体积变化，防止静脉血在所述手指或脚趾处淤积，并且部分消除此处动脉壁的张力，但又不阻塞动脉。

24. 如权利要求 23 所述的探测头，还包括一个加热机构。

25. 如权利要求 24 所述的探测头，还包括一个感受垂直位移的传感器。

26. 如权利要求 23 所述的探测头，其中所述端部罩还包括压力分隔室，该分隔室由一可变形的管状膜限定，并且其中所述的探测头还包括一个在加压时防止所述膜轴向运动的装置，从而避免挤出放置在探测头内的手指，其中所述静态压力场的范围为 30mmHg~70mmHg。

27. 如权利要求 26 所述的探测头，其中所述可变形的管状膜在径向上分成位于手指的相对侧的两个部分。

28. 如权利要求 26 所述的探测头，其中所述端部罩分成多个外套部分，每个所述的外套部分具有一个与之相连的膜部分，并且其中所述的多个外套部分连在一起构成所述的端部罩。

29. 如权利要求 26 所述的探测头，其中用来防止所述膜轴向运动的所述装置包括安装在外套上的遏制棒，该遏制棒具有容纳在管状膜内的中间部分，从而遏制膜向内的轴向运动。

30. 根据权利要求 12 用来测量被测者的外周动脉紧张性的探测头，包括：一个具有一个开口端和一个封闭端的刚性外套；一个位于所述外套内并气密地连接到所述外套的开口端的柔顺膜；一个设置在所述外套内的环形加压带，该带的配置用来对所述膜加压而使之贴向所述外套的内壁；一个基本上为 U 形的遏制棒，该遏制棒位于外套内，它设置成贴着膜，从而防止当膜膨胀时膜轴向移动，以便避免挤出放在那里的手指。

31. 如权利要求 30 所述的探测头，其中所述加压带将所述膜分成两个气密的加压腔。

32. 如权利要求 30 所述的探测头，还包括一个光学传感器。

33. 一种无创伤地检测病人生理状况的方法，包括：监视外周搏动体积的变化，并且在已经检测出外周搏动体积的特定变化时确定病人的生理状态。

34. 如权利要求 33 所述的方法，其中外周搏动体积的变化反映了外周动脉紧张性的变化。”

经形式审查合格后，专利复审委员会受理了上述请求，并于 2004 年 10 月 28 日向复审请求人发出复审请求受理通知书，同时发出前置审查通知书，将本案送至原实质审查部门进行前置审查。

原实质审查部门对该复审请求做出前置审查意见，仍然坚持原驳回决定。

针对该复审请求，专利复审委员会依法成立合议组，对本案进行审理，本案合议组于 2007 年 3 月 27 日向复审请求人发出复审通知书。该复审通知书指出：权利要求第 1~6、14~22、33、34 项属于专利法第 25 条第 1 款第（3）项规定的不授予专利权的情形。

复审请求人针对上述复审通知书于 2007 年 4 月 27 日提交了意见陈述书和权利要求书的修改替换页，其中删除了复审通知书中指出属于专利法第 25 条第 1 款第（3）项规定的不授予专利权的情形的原权利要求第 1~6、14~22、33、34 项，修改后的权利要求书共包括 17 项权利要求。

经过上述审查程序，合议组认为本案事实已经清楚，可以依法作出审查决定。

**二、决定的理由**

1. 关于审查基础

本复审决定是以复审请求人于 2007 年 4 月 27 提交的权利要求第 1~17 项，于 2004 年 6 月 28 日提交的说明书第 21、29、30 页，于 2000 年 10 月 10 日提交的说明书摘要，于进入中国国家阶段时提交的说明书第 1~20、22~28、31~33 页、说明书附图第 1~25 页和摘要附图为基础作出的。

2. 关于专利法第 25 条第 1 款

专利法第 25 条第 1 款规定：对下列各项，不授予专利权：

（1）科学发现；

（2）智力活动的规定和方法；

（3）疾病的诊断和治疗方法；

（4）动物和植物品种；

（5）用原子核变换方法获得的物质。

复审请求人于 2007 年 4 月 27 日提交的权利要求书的修改替换页中已经删除了复审通知书中指出的属于专利法第 25 条第 1 款第（3）项规定的不授予专利权的情形的原权利要求 1~6、14~22、33、34，从而克服了驳回决定和复审通知书所指出的缺陷，修改后的权利要求 1~17 不属于专利法第 25 条第 1 款第（3）项规定的不授予专利权的情形。

因此，经复审请求人修改后的申请文件已经克服了驳回决定和复审通知书所指出的缺陷，合议组依法作出如下审查决定。

**三、决定**

撤销国家知识产权局于2004年8月13日对97196857.8号发明专利申请作出的驳回决定，由原审查部门以本复审决定所依据的审查文本为基础继续进行审查。

复审请求人对本决定不服的，可根据专利法第41条第2款的规定，自收到本决定之日起三个月内向北京市第一中级人民法院起诉。

081

# 照片处理机

## 复审请求审查决定（第 10852 号）

**决　定　号**　第 10852 号
**决　定　日**　2007 年 6 月 20 日
**发明创造名称**　照片处理机
**国际分类号**　G03B 27/32
**复审请求人**　诺日士钢机株式会社
**申　请　号**　00105660. 3
**申　请　日**　2000 年 4 月 14 日
**优 先 权 日**　1999 年 4 月 16 日
**公　开　日**　2000 年 10 月 25 日
**合议组组长**　刘颖杰
**主　审　员**　杨加黎
**参　审　员**　周　航

**法律依据**　专利法第 22 条第 2 款、第 3 款，第 26 条第 4 款
**决定要点**

如果权利要求的技术方案与最接近的现有技术之间存在区别技术特征，该现有技术中既没有公开该区别技术特征，也没有给出该区别技术特征能应用于现有技术以解决该技术方案所实际解决的技术问题的技术启示，同时该区别技术特征使该技术方案达到了一定的技术效果，则该技术方案相对于该现有技术而言具备创造性。

### 一、案由

本复审请求涉及申请号为 00105660. 3，名称为“照片处理机”的发明专利申请（下称本申请）。申请人为诺日士钢机株式会社。本申请的申请日为 2000 年 4 月 14 日，优先权日为 1999 年 4 月 16 日，公开日为 2000 年 10 月 25 日。本申请公开时权利要求书如下：

“1. 一种照片处理机，把分别收容卷成滚筒形状的一对印相纸的第 1 软片盒和第 2 软片盒横向并排设置到机体构架上，同时使其具有能够自由自在地转换从第 1 软片盒陆续送出所述印相纸和从所述第 2 软片盒陆续送出所述印相纸这两种状态的构成，并设有对来自第 1 软片盒和第 2 软片盒的印相纸进行印相处理的图像形成部，其特征在于，把所述图像形成部设置到所述第 1 或第 2 软片盒的上方或下方，来自所述第 1 软片盒和第 2 软片盒的印相纸，通过两软片盒之间到达所述图象形成部来形成印相纸路径。”

国家知识产权局实质审查部门根据申请人的请求对本申请进行了实质审查，于2003年12月19日发出第一次审查意见通知书，指出本申请权利要求1相对于对比文件1不具备新颖性、创造性，不符合专利法第22条第2、3款的规定。

所引用的对比文件如下：

对比文件1：US5504555A号专利文献，公开日为1996年4月2日。

针对上述审查意见通知书，申请人于2004年4月19日提交了意见陈述书，同时提交了权利要求书、说明书第1~3页的修改替换页，其中仅将权利要求1中的“把”改为“将”字，并在说明书各部分之前加上相应小标题。申请人认为：对比文件1没有公开权利要求1中的技术特征“将所述图像形成部设置到所述第1或第2软片盒的上方”，尤其是权利要求1中的技术特征“来自所述第1软片盒和第2软片盒的印相纸，通过两软片盒之间到达所述图像形成部来形成印相纸路径”，因此，权利要求1与对比文件1相比具有区别技术特征，解决的技术问题不同，并且产生的技术效果不同，因此权利要求1相对于对比文件1具有新颖性、创造性。修改后的权利要求书仅包括1项权利要求，如下：

“1. 一种照片处理机，将分别收容卷成滚筒形状的一对印相纸的第1软片盒和第2软片盒横向并排设置到机体构架上，同时使其具有能够自由自在地转换从第1软片盒陆续送出所述印相纸和从所述第2软片盒陆续送出所述印相纸这两种状态的构成，并设有对来自第1软片盒和第2软片盒的印相纸进行印相处理的图象形成部，其特征在于，将所述图象形成部设置到所述第1或第2软片盒的上方或下方，来自所述第1软片盒和第2软片盒的印相纸，通过两软片盒之间到达所述图象形成部来形成印相纸路径。”

经过上述实质审查程序后，国家知识产权局实质审查部门以本申请权利要求1不符合专利法第22条第2、3款的规定为由，于2005年4月8日做出了驳回本申请的决定，驳回决定中指出：（1）本申请独立权利要求1所要求保护的技术方案已被对比文件1完全公开，且它们属于同一技术领域，因此权利要求1所要求保护的技术方案不具备新颖性，从而也不具备创造性；（2）申请人对权利要求书所作的修改对其保护范围并无任何实质性改变，申请人所强调的发明目的、所解决的技术问题与本申请不同仅是对比文件1的申请人在其申请文件中所记载的，而非实际所达到的全部效果和实际所解决的全部技术问题，本领域普通技术人员根据其结构特点可推知其必然也会带来其说明书中虽然未提到但实际上已达到的与本申请完全相同的效果。

申请人诺日士钢机株式会社（下称复审请求人）不服上述驳回决定，于2005年5月18日向专利复审委员会提出复审请求，复审请求人认为：（1）本申请的权利要求1的技术方案中的印相纸路径是通过两软片盒之间到达所述图像形成部，即两软片盒之间具有印相纸路径，而对比文件1中感光材料路径是从软片盒2a、2b下方开始的而在软片盒2a、2b之间没有感光材料路径，该对比文件1中没有涉及印相纸通过两软片盒之间到达所述图像形成部来形成印相纸路径，对于由此克服装置大型化的缺陷这一技术效果，也没有给出任何相关的启示和教导；（2）两者解决的技术问题不同，本申请的目的是提供在横向及前后方向，以及上下方向小型化的照片处理机，对比文件1的目的是自动更换感光材料以及防止反绕时感光材料末端卡在软片盒内；（3）两者的技术效果不同，本申请的技术效果是能够降低原印相处理部的高度，而对比文件1的技术效果是根据图像自动选择感光材料。复审请求人未对本申请进行任何修改。

经形式审查合格后，专利复审委员会依法受理了上述请求，并于2005年6月22日向复审请求人发出复审请求受理通知书，同时向原审查部门发出前置审查通知书。

原审查部门对该复审请求做出前置审查意见，认为复审请求人在复审请求的意见陈述中的观点和理由只是对第一次审查意见陈述书中的观点的补充说明，没有任何更实质性的说明和修改，因而坚持原驳回决定。

专利复审委员会依法成立合议组，对该复审请求进行审查，于2007年3月6日发出复审通知书，指出：本申请的权利要求1中包括两个技术方案，分别是图像形成部设置在软片盒上方的技术方案，和图象形成部设置在软片盒下方的技术方案，其中图像形成部设置在软片盒的下方的技术方案不能由本申请说明书公开的内容直接得出或概括得出，因此本申请权利要求1得不到说明书的支持，不符合专利法第26条第4款的规定。

针对上述复审通知书，复审请求人于2007年4月18日提交了意见陈述书，同时提交了说明书、权利要求书以及说明书摘要的全文替换页，修改后的权利要求书中删除了图像形成部设置在软片盒下方的技术方案，具体内容如下：

"1. 一种照片处理机，将分别收容卷成滚筒形状的一对印相纸的第1软片盒和第2软片盒横向并排设置到机体构架上，同时使其具有能够自由自在地转换从第1软片盒陆续送出所述印相纸和从所述第2软片盒陆续送出所述印相纸这两种状态的构成，并设有对来自第1软片盒和第2软片盒的印相纸进行印相处理的图像形成部，其特征在于，将所述图像形成部设置到所述第1或第2软片盒的上方，来自所述第1软片盒和第2软片盒的印相纸，通过两软片盒之间到达所述图像形成部来形成印相纸路径。"

复审请求人在意见陈述书中认为，通过对权利要求1进行修改，删除技术特征"或下方"，克服了通知书中所指的缺陷。

至此，合议组认为本案事实已经清楚，现依法作出复审决定。

**二、决定的理由**

1. 审查文本的认定

本复审决定以复审请求人于2007年4月18日提交的权利要求第1项、说明书第1~5页，2000年4月14日提交的说明书附图第1~3页，2007年4月18日提交的说明书摘要，以及2000年4月14日提交的说明书摘要附图为审查基础。

2. 关于专利法第26条第4款

专利法第26条第4款规定：权利要求书应当以说明书为依据，说明要求专利保护的范围。

复审请求人针对复审通知书于2007年4月18日提交的权利要求书修改替换页中，将原权利要求1的技术特征"或下方"删除，使得修改后的权利要求1仅包括图像形成部设置在软片盒上方的技术方案，由于本申请的说明书中详细记载了该技术方案的实施例，因此，权利要求1能够得到说明书的支持，符合专利法第26条第4款的规定。

3. 关于专利法第22条第2款

专利法第22条第2款规定：新颖性，是指在申请日以前没有同样的发明或者实用新型在国内外出版物上公开发表过、在国内公开使用过或者以其他方式为公众所知，也没有同样的发明或者实用新型由他人向国务院专利行政部门提出过申请并且记载在申请日以后公布的专利申请文件中。

权利要求1请求保护一种照片处理机。对比文件1公开了（参见该对比文件1说明书第1栏第6~8行，第3栏第43~45行，权利要求1，附图1）一种提供感光材料的装置，该装置包括：在装置主体1上安装有分别容纳感光材料A1的辊R1、感光材料A2的辊R2的一对胶卷盒2a、2b（感光材料A1、A2相当于权利要求1所述印相纸，胶卷盒2a、2b相当于权利要求1所述第1和第2软片盒），用于曝光感光材料的曝光单元（相当于权利要求1所述图像形成部），该装置能根据需要从容纳不同宽度的感光材料的胶卷盒中选择性提供具有不同宽度的感光材料，结合附图1可以确定，曝光单元设置在胶卷盒 2a、2b 的下方，来自胶卷盒 2a、2b 的感光材料通过位于这两个胶卷盒下方的传输路径来到曝光单元。

由此可见，对比文件 1 公开了本申请权利要求 1 中前序部分的全部特征，但是没有公开本申请权利要求 1 中特征部分的技术特征——“将所述图像形成部设置到所述第 1 或第 2 软片盒的上方，来自所述第 1 软片盒和第 2 软片盒的印相纸，通过两软片盒之间到达所述图像形成部来形成印相纸路径”。因此，对比文件 1 没有公开本申请权利要求 1 的全部技术特征，即对比文件 1 公开的技术方案与本申请权利要求 1 请求保护的技术方案实质上不同，因此，本申请权利要求 1 相对于对比文件 1 具备新颖性，符合专利法第 22 条第 2 款的规定。

4. 关于专利法第 22 条第 3 款

专利法第 22 条第 3 款规定：创造性，是指同申请日以前已有的技术相比，该发明有突出的实质性特点和显著的进步，该实用新型有实质性特点和进步。

如果权利要求的技术方案与最接近的现有技术之间存在区别技术特征，该现有技术中既没有公开该区别技术特征，也没有给出该区别技术特征能应用于现有技术以解决该技术方案所实际解决的技术问题的技术启示，同时该区别技术特征使该技术方案达到了一定的技术效果，则该技术方案相对于该现有技术而言具备创造性。

如前所述，本申请权利要求 1 与对比文件 1 的区别在于，权利要求 1 请求保护的照片处理机“将所述图像形成部设置到所述第 1 或第 2 软片盒的上方，来自所述第 1 软片盒和第 2 软片盒的印相纸，通过两软片盒之间到达所述图像形成部来形成印相纸路径”，这些区别技术特征带来的技术效果是，通过在两软片盒之间形成到达图像形成部的印相纸路径，能够在上下方向使最长的胶片尺寸长度的印相纸路径和软片盒重复，从而降低原印相处理部的高度。对比文件 1 中公开的是曝光单元设置在胶卷盒下方的技术方案，在对比文件 1 公开的该技术方案中，感光材料从胶卷盒的下方引出，通过胶卷盒下方的传输路径到达曝光单元，由此可见，对比文件 1 中既没有公开上述区别技术特征，也没有给出在两胶卷盒之间设置感光材料路径的技术启示，从对比文件 1 公开的技术方案中也不能推知其结构特点能使该提供感光材料的装置达到降低高度从而小型化的技术效果；而本申请权利要求 1 请求保护的技术方案与对比文件 1 相比，通过在两软片盒之间设置印相纸路径能够达到降低印相处理部高度的技术效果。因此本申请权利要求 1 相对于对比文件 1 具有突出的实质性特点和显著的进步，具备专利法第 22 条第 3 款规定的创造性。

**三、决定**

在复审请求人提交的修改文本的基础上撤销国家知识产权局于 2005 年 4 月 8 日对 00105660.3 号发明专利申请作出的驳回决定。由原审部门以本决定所针对文本为基础继续进行审查程序。

复审请求人如对本复审请求审查决定不服，根据专利法第 41 条第 2 款的规定，可以自收到本决定之日起三个月内向北京市第一中级人民法院起诉。

082

# 改进的测试器件和其使用方法

## 复审请求审查决定（第10855号）

**决　定　号**　第10855号
**决　定　日**　2007年6月20日
**发明创造名称**　改进的测试器件和其使用方法
**国际分类号**　G01N 21/86，G01N 33/52，G01N 33/66，C12Q 1/54
**复审请求人**　生命扫描有限公司
**申　请　号**　02126595. X
**申　请　日**　2002年6月18日
**优先权日**　2001年6月19日
**公　开　日**　2003年2月12日
**合议组组长**　张田勇
**主　审　员**　宋　瑞
**参　审　员**　王琦琳

**法律依据**　专利法第26条第4款，专利法实施细则第20条第1款
**决定要点**

如果经复审请求人修改后的申请文件克服了驳回决定和复审通知书所指出的缺陷，则应当在修改文本的基础上撤销原驳回决定。

### 一、案由

本复审请求涉及申请号为02126595. X、发明名称为“改进的测试器件和其使用方法”的发明专利申请（下称本申请），其申请日为2002年6月18日，优先权日为2001年6月19日，公开日为2003年2月12日，申请人为生命扫描有限公司。

国家知识产权局专利局实质审查部门依法对本申请进行了实质审查，于2005年3月25日以本申请权利要求1不符合专利法实施细则第20条第1款的规定为由作出驳回本申请的决定，驳回决定认为：本申请权利要求1中“所述定位凹口包括反向边，其中所述反向边的至少一部分与所述纵轴基本上处于平行关系”，没有清楚地表述定位凹口的具体结构，其具有几条反向边，反向边在定位凹口中的位置关系如何，这些反向边之间的相对位置关系如何，使得请求保护的范围不清楚，因此不符合专利法实施细则第20条第1款的规定。驳回决定所针对的权利要求1如下：

“1. 一种测量流体样品内至少一种成分的浓度的方法，该方法包括如下步骤：（a）提供测试器件，它规定了纵轴且包括：（i）基本上横向于所述纵轴的远边；（ii）在所述远边形成的用于与测量

装置的定位栓接合的定位凹口，该测量装置适用于测量在所述流体样品内所述至少一种成分的浓度，所述定位凹口包括反向边，其中所述反向边的至少一部分与所述纵轴基本上处于平行关系；和（iii）其中形成用于接受所述流体样品的孔，所述孔具有长圆的孔形状，具有与所述纵轴共轴的主要轴长度；（iv）样品吸收元件；（b）将所述测试器件插入至所述测量装置；和（c）可操作地接合所述定位凹口和所述定位栓。”

申请人（下称复审请求人）不服上述驳回决定，于2005年7月11日向专利复审委员会提出复审请求，同时提交了权利要求书的修改替换页，将权利要求1中的“反向边”修改为“相对边”，修改后的权利要求书如下：

“1. 一种测量流体样品内至少一种成分的浓度的方法，该方法包括如下步骤：（a）提供测试器件，它规定了纵轴且包括：（i）基本上横向于所述纵轴的远边；（ii）在所述远边形成的用于与测量装置的定位栓接合的定位凹口，该测量装置适用于测量在所述流体样品内所述至少一种成分的浓度，所述定位凹口包括相对边，其中所述相对边的至少一部分与所述纵轴基本上处于平行关系；和（iii）其中形成用于接受所述流体样品的孔，所述孔具有长圆的孔形状，具有与所述纵轴共轴的主要轴长度；（iv）样品吸收元件；（b）将所述测试器件插入至所述测量装置；和（c）可操作地接合所述定位凹口和所述定位栓。

2. 权利要求1的方法，进一步包括当所述测试器件可操作地与所述定位栓接合时，将所述测试器件维持在基本上不动的位置的步骤。

3. 权利要求1的方法，其中调节在测试器件的所述定位凹口和所述孔之间的顶点到顶点距离，以使当插入到所述测量装置中后，所述试验条经历的任何近侧移位效应最小化。

4. 权利要求1的方法，进一步包括将约5μℓ至35μℓ的所述流体样品施加到所述孔中的步骤。”

经形式审查合格后，专利复审委员会受理了上述请求，并于2005年11月3日向复审请求人发出复审请求受理通知书，同时向原实质审查部门发出前置审查通知书，并将本案送至原实质审查部门进行前置审查。

原实质审查部门对该复审请求做出前置审查意见，仍然坚持原驳回决定。

在此基础上专利复审委员会依法成立合议组对本案进行审理，本案合议组于2007年3月9日向复审请求人发出复审通知书，指出：权利要求1中的“测试器件”概括了一个较大的保护范围，而事实上在本申请说明书中的测试器件就是一种用于测量流体样品的试验条，本领域技术人员无法知道除了本申请说明书所记载的实施方式以外的其他测试器件也适用于本申请的技术方案，因此也就无法将说明书中的“试验条”概括为权利要求1中的“测试器件”；权利要求1中指出“所述相对边的至少一部分与所述纵轴基本上处于平行关系”，但是根据本申请说明书的记载（见说明书第8页第2段），相对边的至少一部分彼此之间以及和纵轴之间大体上是平行的，显然权利要求1中上述内容所限定的某些情况得不到说明书的支持，例如可能一对相对边中的一条平行于纵轴，而另一条不平行于纵轴，这样的情况也包含在权利要求1所概括的“所述相对边的至少一部分与所述纵轴基本上处于平行关系”范围内，但显然在这种情况下，其不能解决本发明所要解决的技术问题，因此权利要求1得不到说明书的支持，不符合专利法第26条第4款的规定。权利要求1中“规定了纵轴”的表述方式不清楚，不清楚在权利要求1的技术方案中纵轴是如何被规定的；权利要求1中“横向于所述纵轴的远边”的描述不清楚，首先，“横向于所述纵轴”的方向描述不清楚，无法得知是平行于纵轴还是垂直于纵轴；其次，“远边”的概念不清楚，不知道所述“远边”是相对于什么部件定义的；权利要求1中“主要轴长度”的含义存在歧义，由此导致权利要求1的不清楚，不符合专利法实施细则第20条第1款的规定。

复审请求人针对上述复审通知书于 2007 年 4 月 24 日提交了意见陈述书，同时提交了权利要求书、说明书、说明书摘要的修改替换页，修改后的权利要求书如下：

“1. 一种测量流体样品内至少一种成分的浓度的方法，该方法包括如下步骤：（a）提供试验条，其具有纵轴且包括：（i）基本上与所述纵轴横向相交的边；（ii）在所述边形成的用于与测量装置的定位栓接合的定位凹口，该测量装置适用于测量在所述流体样品内所述至少一种成分的浓度，所述定位凹口包括相对边，其中所述相对边的至少一部分彼此之间以及与所述纵轴基本上处于平行关系；和（iii）其中形成用于接受所述流体样品的孔，所述孔具有长圆的孔形状，其长轴与所述试验条的纵轴是共轴的；（iv）样品吸收元件；（b）将所述试验条插入至所述测量装置；和（c）可操作地接合所述定位凹口和所述定位栓。

2. 权利要求 1 的方法，进一步包括当所述试验条可操作地与所述定位栓接合时，将所述试验条维持在基本上不动的位置的步骤。

3. 权利要求 1 的方法，其中调节在试验条的所述定位凹口和所述孔之间的顶点到顶点距离，以使当插入到所述测量装置中后，所述试验条经历的任何近侧移位效应最小化。

4. 权利要求 1 的方法，进一步包括将约 5μℓ~35μℓ 的所述流体样品施加到所述孔中的步骤。”

经过上述审查程序，合议组认为本案事实已经清楚，可以依法作出审查决定。

**二、决定的理由**

1. 关于审查基础

本复审决定以复审请求人于 2007 年 4 月 24 日提交的权利要求第 1~4 项、说明书第 1~11 页和说明书摘要，于 2002 年 6 月 18 日提交的说明书附图第 1~3 页作为审查基础。

2. 关于专利法第 26 条第 4 款

专利法第 26 条第 4 款规定：权利要求书应当以说明书为依据，说明要求专利保护的范围。

复审请求人于 2007 年 4 月 24 日提交了权利要求第 1~4 项的修改替换页，其中将权利要求 1 权利要求 1~3 中的“测试器件”修改为说明书中记载的“试验条”；同时将权利要求 1 中的“所述相对边的至少一部分与所述纵轴基本上处于平行关系”修改为“所述相对边的至少一部分彼此之间以及与所述纵轴基本上处于平行关系”，不仅确定相对边的至少一部分与所述纵轴的平行关系，还确定了相对边至少一部分彼此之间的平行关系。因此，上述对权利要求 1~3 的修改消除了复审通知书中指出的权利要求 1~3 没有以说明书为依据的缺陷，修改后的权利要求 1~3 符合专利法第 26 条第 4 款的规定。

3. 关于专利法实施细则第 20 条第 1 款

专利法实施细则第 20 条第 1 款规定：权利要求书应当说明发明或者实用新型的技术特征，清楚、简要地表述请求保护的范围。

在复审请求人于 2007 年 4 月 24 日提交的修改后的权利要求 1 中，复审请求人将权利要求 1 中的“规定了纵轴”修改为“具有纵轴”，即“纵轴”是指试验条最长尺寸所限定的轴。将权利要求 1 中的“横向于所述纵轴的远边”修改为“与所述纵轴横向相交的边”，即试验条上与纵轴垂直的端部短边，这使得该边与纵轴的位置关系变得清楚。将权利要求 1 中的“具有与所述纵轴共轴的主要轴长度”修改为“其长轴与所述试验条的纵轴是共轴的”，由此明确了长圆孔的纵轴方向。因此，修改后的权利要求 1 克服了复审通知书中指出的缺陷，符合专利法实施细则第 20 条第 1 款的规定。

对于驳回决定中所指出的关于专利法实施细则第 20 条第 1 款的问题，合议组认为，经过复审请求人对权利要求 1 的修改，将原来的“反向边”修改为“相对边”，同时又明确限定该相对边之间的相互关系是至少部分基本上平行且平行于纵轴的。根据修改后的权利要求 1 的限定可知，该定位凹口是用于定位的，并且是向试验条内凹进的部分，包括两条相对的相对边，同时该相对边至少部分是基本上相互平行且平行于纵轴的。由此可见，权利要求 1 清楚限定了定位凹口的具体结构、相对边的条数，相对边在定位凹口中的位置关系和该相对边之间的相对位置关系，因此修改后的权利要求 1 符合专利法实施细则第 20 条第 1 款分规定。

因此，经复审请求人修改后的申请文件克服了驳回决定和复审通知书所指出的缺陷，合议组依法作出如下审查决定。

**三、决定**

撤销国家知识产权局于 2005 年 3 月 25 日对 02126595. X 号发明专利申请作出的驳回决定，由原审查部门以本复审决定所依据的审查文本为基础继续进行审查。

复审请求人对本决定不服的，可根据专利法第 41 条第 2 款的规定，自收到本决定之日起三个月内向北京市第一中级人民法院起诉。

083

# 对于高衰减物体产生的虚影的校正

## 复审请求审查决定（第 10857 号）

**决　定　号**　第 10857 号
**决　定　日**　2007 年 6 月 20 日
**发明创造名称**　对于高衰减物体产生的虚影的校正
**国际分类号**　A61B 6/03
**复审请求人**　通用电气公司
**申　请　号**　99106496. 8
**申　请　日**　1999 年 5 月 14 日
**优先权日**　1998 年 5 月 14 日
**公　开　日**　1999 年 11 月 24 日
**合议组组长**　刘颖杰
**主　审　员**　佟仲明
**参　审　员**　马　燕

**法律依据**　专利法实施细则第 21 条第 2 款，专利法第 26 条第 4 款
**决定要点**
如果独立权利要求中记载了解决其技术问题所不可缺少的技术特征，其总和足以构成本发明的技术方案，使之区别于背景技术中所述的其他技术方案，则该独立权利要求符合专利法第 21 条第 2 款的规定。

### 一、案由

本复审请求涉及申请号为 99106496. 8、名称为“对于高衰减物体产生的虚影的校正”的发明专利申请（下称本申请），申请人为通用电气公司，申请日为 1999 年 5 月 14 日，优先权日为 1998 年 5 月 14 日，公开日为 1999 年 11 月 24 日，本申请公开时有 29 项权利要求，其中权利要求 1 和 15 为独立权利要求。

国家知识产权局实质审查部门依法对本申请进行了实质审查，以原始申请文本作为审查基础，于 2004 年 1 月 2 日发出了第一次审查意见通知书，指出本申请的权利要求 1 和 15 不符合专利法实施细则第 21 条第 2 款的规定，权利要求 1、16 ~ 29 不符合专利法实施细则第 20 条第 1 款的规定。

申请人针对上述审查意见通知书于 2004 年 5 月 17 日提交了意见陈述书以及权利要求第 1 ~ 29 项的修改替换页。申请人在意见陈述书中认为，新的权利要求书克服了在第一次审查意见通知书中指出的缺陷。

修改后的独立权利要求 1 如下：

“1. 用于校正图像数据中由高衰减物体产生的虚影的一种方法，所说图像数据是在一个计算机断层摄影系统中采集的，所说方法包括以下步骤：确定高衰减物体中各种高衰减物质的衰减特性；识别所说图像中的高衰减物体；和产生各种高衰减物体的仅含误差图像数据。”

2004 年 7 月 2 日，国家知识产权局实质审查部门以本申请权利要求 1 不符合专利法实施细则第 21 条第 2 款的规定为由驳回了本申请。

驳回决定的具体理由为：

独立权利要求 1 请求保护的是“用于校正图像数据中由高衰减物体产生的虚影的一种方法”，如说明书所记载，其目的是可以校正图像数据中由高衰减物体产生的虚影。要实现上述目的，技术特征“将所说仅含误差图像数据与原始图像数据结合以生成经过校正的图像数据”和“处理经过校正的图像数据以生成一幅经过校正的图像”是必不可少的技术特征，而权利要求 1 中未记载该必要技术特征，因此权利要求 1 不符合专利法第 21 条第 2 款的规定。

通用电气公司（下称复审请求人）不服上述驳回决定，于 2004 年 10 月 18 日向专利复审委员会提出复审请求。

复审请求人的具体复审请求理由为：（1）在得到了“仅含误差图像数据”后，可以根据本申请实施例或者其他公知技术产生校正图像，因此，独立权利要求 1 并不缺少必要技术特征；（2）如果将合议组指出的技术特征加入权利要求 1 中，会使他人容易地复制核心发明而不侵犯该权利要求的范围。

经形式审查合格后，专利复审委员会受理了该复审请求，并于 2004 年 10 月 18 日向复审请求人发出复审请求受理通知书，同时向原审查部门发出前置审查通知书。

原审查部门对本复审请求进行了前置审查，在前置审查中，原审查部门坚持原驳回决定。

专利复审委员会依法成立合议组对该复审请求案进行了审查。

本案合议组于 2007 年 3 月 2 日发出复审通知书。复审通知书中指出：

（1）独立权利要求 1 请求保护的是“用于校正图像数据中由高衰减物体产生的虚影的一种方法”，而获得“仅含误差图像数据”仅是一个中间步骤，要实现本申请所述的校正图像数据中由高衰减物体产生的虚影，生成质量提高的图像的目的，仅得到各种高衰减物体的“仅含误差图像数据”是不够的，还必须将该“仅含误差图像数据”与原始图像数据相结合，得到校正后的图像数据，并且由得到的校正后的图像数据生成校正的图像。仅得到“仅含误差数据”而不与原始图像数据结合，或者与原始图像数据结合得到校正后的图像数据而不对该校正后的图像数据进行处理以生成校正的图像，都不能解决本申请所要解决的技术问题。因此，独立权利要求 1 缺少上述必要技术特征，不符合专利法实施细则第 21 条第 2 款的规定。同样的问题也出现在独立权利要求 15 中，独立权利要求 15 缺少必要技术特征，不符合专利法实施细则第 21 条第 2 款的规定。

（2）权利要求 15~29 中对于各个“装置”使用的是纯功能性限定，这些纯功能性的限定概括了一个较宽的保护范围，包括了所有可以实现该功能的装置，依据本申请文件所记载的内容，所属技术领域的技术人员难于预见可以实现该功能性特征所概括的所有装置，并且这些装置均能达到本发明的目的，因此这样的权利要求均得不到说明书的支持，不符合专利法第 26 条第 4 款的规定。此外，本申请文件的实施例中也没有记载一种用于校正图像数据中由高衰减物体产生的虚影的系统。

2007 年 4 月 17 日，复审请求人针对上述复审通知书进行了意见陈述，并对权利要求书进行了修改，删除了权利要求 11、12、15~29，在权利要求 1 中加入技术特征“对各种高衰减物质的仅含误差图像数据进行标定；”以及“将经过标定的仅含误差图像数据与原始图像数据组合；和将所得的数据进行处理以生成经过校正的图像”。

修改后的权利要求书包括12项权利要求，其中独立权利要求1如下：

“1. 用于校正图像数据中由高衰减物体产生的虚影的一种方法，所说图像数据是在一个计算机断层摄影系统中采集的，所说方法包括以下步骤：确定高衰减物体中各种高衰减物质的衰减特性；识别所说图像中的高衰减物体；产生各种高衰减物质的仅含误差图像数据；对各种高衰减物质的仅含误差图像数据进行标定；将经过标定的仅含误差图像数据与原始图像数据组合；和将所得的数据进行处理以生成经过校正的图像。”

至此，合议组认为本案事实已经清楚，依法做出本复审请求审查决定。

**二、决定的理由**

1. 决定所依据的文本

本复审决定以复审请求人于2007年4月17日提交的权利要求第1~12项，1999年5月14日提交的说明书第1~6页、说明书附图第1~2页、说明书摘要和摘要附图作为审查基础。

2. 关于专利法实施细则第21条第2款

专利法实施细则第21条第2款规定：独立权利要求应当从整体上反映发明或者实用新型的技术方案，记载解决技术问题的必要技术特征。

具体就本案而言，修改后的权利要求1已经包括了将经过标定仅含误差图像数据用于与原始图像数据组合，并获得经过校正的图像的步骤，已经可以解决本申请要解决的技术问题。由此可知，权利要求1已经克服了驳回决定中关于本申请权利要求1缺少必要技术特征，不符合专利法实施细则第21条第2款规定的驳回缺陷。

由于复审请求人已经将权利要求15删除，已经克服了复审通知书中所指出的缺陷。

3. 关于专利法第26条第4款

专利法第26条第4款规定：权利要求书应当以说明书为依据，说明要求专利保护的范围。

具体就本案而言，由于复审请求人已经将权利要求15~29删除，已经克服了复审通知书中所指出的缺陷。

根据上述事实和理由，本案合议组做出以下审查决定。

**三、决定**

在复审请求人修改文本的基础上撤销国家知识产权局于2004年7月2日对99106496.8号发明专利申请作出的驳回决定。

由原审查部门以本复审决定所依据的文本继续进行审查程序。

复审请求人对本决定不服的，可以根据专利法第41条第2款的规定，自收到本决定之日起三个月内向北京市第一中级人民法院起诉。

084

# 电弧电阻炉生产硼、钙、钡等特种合金节能技术

## 复审请求审查决定（第10860号）

**决　定　号**　第10860号
**决　定　日**　2007年6月20日
**发明创造名称**　电弧电阻炉生产硼、钙、钡等特种合金节能技术
**国 际 分 类 号**　F27D 11/04，H05B 3/00，C22C 1/02
**复 审 请 求 人**　宋振滔，宋家境
**申　请　号**　01140521. X
**申　请　日**　2001年9月17日
**公　开　日**　2003年4月9日
**合 议 组 组 长**　赵　明
**主　审　员**　董晓静
**参　审　员**　王　琳

**法 律 依 据**　专利法实施细则第20条第1款
**决 定 要 点**

权利要求的类型应当清楚，主题名称应当能够清楚地表明该权利要求的类型是产品权利要求还是方法权利要求，还应当与权利要求的技术内容相适应：如果权利要求类型是产品权利要求，则通常应用产品的结构特征来描述；如果是方法权利要求，则通常应用工艺过程、操作条件、步骤、流程等技术特征来描述。

### 一、案由

本复审请求涉及名称为“电弧电阻炉生产硼、钙、钡等特种合金节能技术”的01140521. X号发明专利申请（下称本申请），申请人为宋振滔、宋家境，申请日为2001年9月17日，公开日为2003年4月9日。

2005年8月12日，国家知识产权局实审部门以权利要求1~5不符合专利法第22条第3款为由，驳回了本申请。驳回决定针对的权利要求书如下：

“1. 本发明利用‘电弧电阻炉生产硼、钙、钡等特种合金节能技术’。

2. 按权利要求1所述，本技术其特征，将所用的导电铜（或铝）排，用导电铜管予置换。

3. 按权利要求2所述，本技术的其特征，将所用的导电铜管内通以自然水温的冷却水。

4. 按权利要求3所述，本技术的其特征，将所用的导电铜管采取同极性相远，导极性相近的组合排列形式。

5. 按权利要求4所述，本技术的其特征，将所用的导电铜管在三相电极的铜瓦上连成△。”

驳回决定认为：权利要求1中的“利用电弧电阻炉生产硼、钙、钡等特种合金节能技术”是本领域公知技术，例如可参见对比文件1（CN1174242A）、对比文件2（CN2066961U）公开的技术内容，因此权利要求1不具备创造性；从属权利要求2、3、5的附加特征被对比文件3（US4587659A）公开，该对比文件公开了一种电弧炉电极的供给结构，并具体公开了“导电铜管4、铜管内有冷却水、导电铜管连接成三角形”的特征；另外，未在对比文件3中明确记载的权利要求4的附加技术特征“导电铜管采取同极性相远，异极性相近的组合排列方式”也是本领域普通技术人员容易想到的技术手段，因为利用导电体的同性相斥、异性相吸的特性对铜管进行排列组合是本领域普通技术人员掌握的基本的专业知识，因此权利要求2~5也不满足专利法第22条第3款关于创造性的规定。

申请人（下称请求人）不服上述驳回决定，于2005年10月31日向专利复审委员会提出复审请求，请求人在提出复审请求时没有对申请文件进行修改。在复审请求书中，请求人认为对比文件1、3与本申请无关，对比文件2是单电极直流埋弧式电弧炉，与本申请的三电极三相交流电弧电阻炉不同，因此本申请具备创造性。

形式审查合格后，专利复审委员会受理了该请求，并于2006年1月5日向请求人发出了复审请求受理通知书，同时向原审查部门发出前置审查通知书，将本申请案卷转送至国家知识产权局原审查部门进行前置审查。

原审查部门对本复审请求进行了前置审查，坚持驳回决定。

专利复审委员会依法组成合议组，对本复审请求案进行了审理，并于2007年5月15日向请求人发出复审通知书，指出权利要求1的主题不清楚，根据其用语“技术”和“利用……技术”无法判断其类型是产品权利要求还是指方法、用途权利要求，而且该权利要求既没有用产品结构特征或者方法操作特征等对其主题进行描述，又出现了“等”这一含义不确定的用语，从而导致该权利要求的保护范围不清楚，不符合专利法实施细则第20条第1款的规定。权利要求2~5的引用部分仅是“根据权利要求……所述”，没有写明主题名称，且无法判断其中的“本技术的其特征”的含义；此外，权利要求2出现了括号，权利要求4出现了不清楚的术语“导极性”，这些都导致权利要求2~5的保护范围不清楚，不符合专利法实施细则第20条第1款的规定。

针对上述复审通知书，请求人于2007年5月26日提交了权利要求书的修改替换页。修改后的权利要求书为：

“1. 本发明‘电弧电阻生产硼、钙、钡等特种合金节能技术’系依据传统的‘电弧电阻炉’耗能大的弊病，而实施01140521. X的技术改造，然而达到自我补偿节能的目的；

2. 权利要求1所述，本技术的特征，将传统的电弧电阻炉的导电铜（或铝）排，用导电铜管予以取代；

3. 权利要求2所述，本技术的特征，将导电铜管通以不高于自然温度的冷却水，降低电阻耗损，然而提高电炉有功功率；

4. 权利要求3所述，本技术的特征，将导电体传统的排列方法式，施用同极性相远异极性相近的组合排列形式；

5. 权利要求4所述，本技术的特征，将传统的导电体连接方式改成末端组合成导电整体。”

至此，合议组认为本案事实清楚，可以作出审查决定。

**二、决定的理由**

1. 关于文本

本复审请求审查决定针对的文本是请求人于2007年5月26日提交的权利要求书，以及申请日提交的说明书和说明书摘要。

2. 关于专利法实施细则第 20 条第 1 款

专利法实施细则第 20 条第 1 款规定，权利要求书应当说明发明或者实用新型的技术特征，清楚、简要地表述请求保护的范围。

权利要求的类型应当清楚，主题名称应当能够清楚地表明该权利要求的类型是产品权利要求还是方法权利要求。另外，权利要求的主题名称还应当与权利要求的技术内容相适应：如果权利要求类型是产品权利要求，则通常应用产品的结构特征来描述；如果是方法权利要求，则通常应用工艺过程、操作条件、步骤、流程等技术特征来描述。

具体到本案中，权利要求 1 的表述为“本发明‘电弧电阻生产硼、钙、钡等特种合金节能技术’系根据传统的‘电弧电阻炉’耗能大的弊病，而实施 01140521. X 的技术改造，然而达到自我补偿节能的目的”，其主题名称仍然模糊不清，没有清楚表明该权利要求的类型是产品权利要求还是方法权利要求，也没有用产品结构特征或者方法操作特征等技术特征对主题进行描述，还存在“等”这一含义不确定的用语，从而导致权利要求 1 保护范围不清楚，不符合专利法实施细则第 20 条第 1 款的规定。

根据上述事实和理由，合议组作出如下审查决定。

**三、决定**

维持国家知识产权局于 2005 年 8 月 12 日针对第 01140521. X 号发明专利申请作出的驳回决定。

复审请求人对本决定不服的，可以根据专利法第 41 条第 2 款的规定，自收到本决定之日起 3 个月内向北京市第一中级人民法院起诉。

## 北京市第一中级人民法院
## 行政判决书

（2007）一中行初字第 1306 号

原告宋振滔，男，1938 年 1 月 7 日出生，汉族，丹东市节能技术研究所所长，住辽宁省丹东市元宝区锦山大街 101 号楼 2 单元 403 室。

原告宋家静，男，1966 年 10 月 4 日出生，汉族，丹东市节能技术研究所副所长，住辽宁省丹东市元宝区锦山大街 101 号楼 2 单元 403 室。

委托代理人宋振滔，同原告宋振滔。

委托代理人徐新兰，女，1955 年 9 月 12 日出生，满族，丹东市玉龙背供销社财务，住辽宁省丹东市元宝区山上街 313 号楼 1 单元 503 室。

被告国家知识产权局专利复审委员会，住所地北京市海淀区北四环西路 9 号银谷大厦 10~12 层。

法定代表人廖涛，副主任。

委托代理人王冬，女，国家知识产权局专利复审委员会审查员。

委托代理人余心蕾，女，国家知识产权局专利复审委员审查员。

原告宋振滔、宋家静不服被告国家知识产权局专利复审委员会于 2007 年 6 月 20 日作出的第 10860 号复审请求审查决定（以下简称第 10860 号决定），于 2007 年 9 月 21 日向本院提起行政诉讼。本院于 2007 年 9 月 24 日受理后，依法组成合议庭，并于 2007 年 11 月 5 日公开开庭审理了本案。原告宋振滔，原告宋家静的委托代理人宋振滔、徐新兰，被告的委托代理人王冬、余心蕾到庭参加了诉讼。本案现已审理终结。

2007年6月20日，被告依据二原告的复审请求，作出第10860号决定，认为：（1）关于文本。本复审请求审查决定针对的文本是请求人于2007年5月26日提交的权利要求书，以及申请日提交的说明书和说明书摘要。（2）关于《中华人民共和国专利法实施细则》（以下简称《专利法实施细则》）第二十条第一款。权利要求的类型应当清楚，主题名称应当能够清楚地表明该权利要求的类型是产品权利要求还是方法权利要求。另外，权利要求的主题名称还应当与权利要求的技术内容相适应；如果权利要求类型是产品权利要求，则通常应用产品的结构特征来描述；如果是方法权利要求，则通常应用工艺过程、操作条件、步骤、流程等技术特征来描述。名称为“电弧电阻炉生产硼、钙、钡等特种合金节能技术”的第01140521. X号发明专利申请（以下简称本申请）的权利要求1的表述为“本发明‘电弧电阻生产硼、钙、钡等特种合金节能技术’系根据传统的‘电弧电阻炉’耗能大的弊病，而实施01140521. X的技术改造，然而达到自我补偿节能的目的”，其主题名称仍然模糊不清，没有清楚表明该权利要求的类型是产品权利要求还是方法权利要求，也没有用产品结构特征或者方法操作特征等技术特征对主题进行描述，还存在“等”这一含义不确定的用语，从而导致权利要求1保护范围不清楚，不符合《专利法实施细则》第二十条第一款的规定。据此，被告决定维持国家知识产权局于2005年8月12日针对本申请作出的驳回决定。

被告在法定期限内，向本院提交了如下证据：

（1）申请号为01140521. X的发明专利申请公开说明书；

（2）原告于2007年5月26日提交的意见陈述和权利要求书。

原告宋振滔、宋家静诉称，被告没有足够的证据来否定本申请的新颖性、实用性和创造性。US4587659A（以下简称对比文件3）是两位德国人“机械设计方面的发明”，在美国取得了专利权是有型的，不节能的；而本申请是节能技术，是无型的。CN1174242A（以下简称对比文件1）是窑炉，只管生产毫无节能；而本申请是电炉，即节能又出产品，所以二者不能混淆。CN2066961U（以下简称对比文件2）是直流电单电极电炉，而本申请是三相交流电三电极电炉，二者在质和量上都截然不同。如果没有本申请的公开，没有哪一个普通技术人员能掌握本申请的技术手段和秘密。所以，本申请具有新颖性、实用性和创造性，且实用效益高，应当授予发明专利权。原告请求法院撤销第10860号决定，并判令本案的诉讼费用由被告承担。

二原告在法定期限内，向本院提交了如下证据，用以证明原告的发明符合《专利法》规定的新颖性、实用性和创造性的要求：

（1）第二十二届伯尔尼国际专利技术成果博览会“电弧电阻炉生产硼、钙、钡等特种合金节能技术”获金奖；

（2）共和国专家成就博览入选特邀函；

（3）丹东电冶合金有限公司证明；

（4）应用效益简介；

（5）天津蓟州冶炼工业公司材料；

（6）《世界科技咨询专家》紧急征稿函；

（7）《关于举办第二期“2005年科技若干扶持政策”暨“资助项目申报”高层研讨会的通知》

（8）《荣誉证书》。

被告国家知识产权局专利复审委员会辩称：（1）第10860号决定的法律依据是《专利法实施细则》第二十条第一款，并不涉及《专利法》第二十二条的规定，原告的起诉理由不能成立。（2）坚持第10860号决定中关于本申请不符合《专利法实施细则》第二十条第一款规定的认定意见。第10860号决定认定事实清楚、适用法律正确，请求法院予以维持。

经庭审质证，原告对被告提交的证据没有异议。被告认为原告提交的证据在行政程序中没有提交过，与本案没有关联性。本院认为，被告提交的证据，能够证明案件事实，本院予以确认。原告提交的证据因在行政程序中没有提交，故不能作为评价被诉行政行为是否合法的证据，本院不予采纳。

经审理查明，本申请涉及发明创造的名称为“电弧电阻炉生产硼、钙、钡等特种合金节能技术”，申请人为二原告，申请日为2001年9月17日，公开日为2003年4月9日。2005年8月12日，国家知识产权局实审部门以本申请权利要求1~5不符合《专利法》第二十二条第三款为由，驳回了本申请。驳回决定针对的权利要求书如下：

“1. 本发明利用“电弧电阻炉生产硼、钙、钡等特种合金节能技术”。

2. 按权利要求1所述，本技术其特征，将所用的导电铜（或铝）排，用导电铜管予置换。

3. 按权利要求2所述，本技术的其特征，将所用的导电铜管内通以自然水温的冷却水。

4. 按权利要求3所述，本技术的其特征，将所用的导电铜管采取同极性相远，导极性相近的组合排列形式。

5. 按权利要求4所述，本技术的其特征，将所用的导电铜管在三相电极的铜瓦上连成△。”

二原告不服驳回决定，于2005年10月31日向被告提出复审请求。二原告认为对比文件1、3与本申请无关，对比文件2是单电极直流埋弧式电弧炉，与本申请的三电极三相交流电弧电阻炉不同，因此本申请具备创造性。被告受理了该复审请求，并于2006年1月5日向二原告发出了复审请求受理通知书，同时向原审查部门发出前置审查通知书，将本申请案卷转送至国家知识产权局原审查部门进行前置审查。原审查部门对该复审请求进行了前置审查，坚持驳回决定。被告依法组成合议组，对该复审请求进行了审理，并于2007年5月15日向二原告发出复审通知书，指出权利要求1的主题不清楚，根据其用语“技术”和“利用……技术”无法判断其类型是产品权利要求还是指方法、用途权利要求，而且该权利要求既没有用产品结构特征或者方法操作特征等对其主题进行描述，又出现了“等”这一含义不确定的用语，从而导致该权利要求的保护范围不清楚，不符合《专利法实施细则》第二十条第一款的规定。权利要求2~5的引用部分仅是“根据权利要求……所述”，没有写明主题名称，且无法判断其中的“本技术的其特征”的含义；此外，权利要求2出现了括号，权利要求4出现了不清楚的术语“导极性”，这些都导致权利要求2~5的保护范围不清楚，不符合《专利法实施细则》第二十条第一款的规定。

二原告于2007年5月26日提交了权利要求书的修改替换页。修改后的权利要求书为：

“1. 本发明‘电弧电阻生产硼、钙、钡等特种合金节能技术’系依据传统的‘电弧电阻炉’耗能大的弊病，而实施01140521. X的技术改造，然而达到自我补偿节能的目的；

2. 权利要求1所述，本技术的特征，将传统的电弧电阻炉的导电铜（或铝）排，用导电铜管予以取代；

3. 权利要求2所述，本技术的特征，将导电铜管通以不高于自然温度的冷却水，降低电阻耗损，然而提高电炉有功功率；

4. 权利要求3所述，本技术的特征，将导电体传统的排列方法式，施用同极性相远异极性相近的组合排列形式；

5. 权利要求4所述，本技术的特征，将传统的导电体连接方式改成未端组合成导电整体。”

2007年6月20日，被告作出第10860号决定。二原告对该决定不服，向本院提起行政诉讼。

另，原告宋家静在提出专利申请时使用的名字是“宋家境”。

在本院庭审中，二原告对第10860号决定所针对的审查文本是二原告于2007年5月26日提交的权利要求书没有异议。

本院认为，根据当事人无争议的陈述，本院经过书面审查，对第10860号决定关于审查文本的认定的合法性予以确定。《专利法实施细则》第二十条第一款规定："权利要求书应当说明发明或者实用新型的技术特征，清楚、简要地表述请求保护的范围。"根据该条规定，其权利要求所要保护的主题应当清楚明确。本申请的名称为"电弧电阻炉生产硼、钙、钡等特种合金节能技术"，其权利要求1为"本发明'电弧电阻生产硼、钙、钡等特种合金节能技术'系依据传统的'电弧电阻炉'耗能大的弊病，而实施01140521.X的技术改造，然而达到自我补偿节能的目的"。在权利要求1的描述中，没有清楚地表明其所要保护的是产品还是方法，故本申请权利要求1的保护范围不清楚。被告认定本申请不符合《专利法实施细则》第二十条第一款的规定正确，本院应予支持。二原告关于本申请符合《专利法》的规定应当授予发明专利权的诉讼主张，缺乏证据支持，本院不予支持。

综上，第10860号决定认定事实清楚，适用法律正确，程序合法，本院应予维持。二原告要求撤销第10860号决定的诉讼请求，缺乏事实和法律依据，本院不予支持。依照《中华人民共和国行政诉讼法》第五十一条第（一）项之规定，判决如下：

维持被告国家知识产权局专利复审委员会作出的第10860号复审请求审查决定。

案件受理费100元，由原告宋振滔负担50元（已交纳）、原告宋家静负担50元（已交纳）。

如不服本判决，可于本判决书送达之日起15日内，向本院递交上诉状，按对方当事人的人数提交副本并预交上诉费，上诉于北京市高级人民法院。上诉人在接到人民法院预交诉讼费用的通知后七日内未预交又不提出缓交申请的，按自动撤回上诉处理。

审　判　长　娄宇红
审　判　员　李纪红
代理审判员　胡华峰
二〇〇七年十二月二十四日
书　记　员　张　涵

# 北京市高级人民法院
# 行政判决书

（2008）高行终字第324号

上诉人（一审原告）宋振滔，男，1938年1月7日出生，汉族，住辽宁省丹东市元宝区锦山大街101号楼2单元403室。

上诉人（一审原告）宋家静，男，1966年10月4日出生，汉族住辽宁省丹东市元宝区锦山大街101号楼2单元403室。

被上诉人（一审被告）国家知识产权局专利复审委员会，住所地北京市海淀区北四环西路9号银谷大厦10~12层。

法定代表人廖涛，副主任。

委托代理人董晓静，国家知识产权局专利复审委员会审查员。

委托代理人瞿晓峰，国家知识产权局专利复审委员审查员。

上诉人宋振滔、宋家静因专利复审请求审查决定，不服北京市第一中级人民法院（以下简称一审法院）（2007）一中行初字第1306号行政判决，向本院提起上诉。本院受理后，依法组成合议庭对本案进行了审理。本案现已审理终结。

2007年6月20日，国家知识产权局专利复审委员会（以下简称专利复审委）依据《中华人民共和国专利法实施细则》（以下简称《专利法实施细则》）第二十一条第一款的规定，作出第10860号复审请求审查决定（以下简称被诉决定）。决定维持国家知识产权局（以下简称国知局）于2005年8月12日作出的驳回01140521.X号发明专利申请的决定。宋振滔、宋家静不服该决定，在法定期限内向一审法院提起行政诉讼。

一审法院经审理认为，本申请的名称为“电弧电阻炉生产硼、钙、钡等特种合金节能技术”，其权利要求1为“本发明‘电弧电阻生产硼、钙、钡等特种合金节能技术’系依据传统的‘电弧电阻炉’耗能大的弊病，而实施01140521.X的技术改造，然而达到自我补偿节能的目的”。在权利要求1的描述中，没有清楚地表明其所要保护的是产品还是方法，故本申请权利要求1的保护范围不清楚。专利复审委认定本申请不符合《专利法实施细则》第二十条第一款的规定正确。第10860号决定认定事实清楚，适用法律正确，程序合法。依照《中华人民共和国行政诉讼法》第五十四条第（一）项之规定，判决维持专利复审委作出的第10860号决定。

宋振滔、宋家静不服上述一审判决向本院上诉称，上诉人在一审法庭上提供的证据和庭上的技术答辩应予采信。一审判决和被诉决定将“异极性”说成“导极性”错误。上诉人的发明已经使用并取得很高的经济效益和社会效益，因此符合《中华人民共和国专利法》和《专利法实施细则》的规定。请求二审法院判令一审判决无效，判令专利复审委承担诉讼费、交通费、宿费和技术失密费。

专利复审委辩称：1. 坚持被诉决定中的认定，同时认为宋振滔、宋家静在上诉状中仅陈述了本专利的新颖性、创造性和实用性的问题，并未提供充分的理由证明该权利要求1的保护范围是清楚的，其上诉理由不成立。2. 宋振滔、宋家静在一审诉讼期间提交的8份证据，未在行政程序中提交过，一审法院不予考虑符合法律规定。请求二审法院驳回上诉，维持一审判决，维持被诉决定。

专利复审委在法定期限内，向一审法院提交了如下证据：1. 申请号为01140521.X的发明专利申请公开说明书；2. 宋振滔、宋家静于2007年5月26日提交的意见陈述和权利要求书。

宋振滔、宋家静在法定期限内，向一审法院提交了如下证据：1. 二十二届伯尔尼国际专利技术成果博览会“电弧电阻炉生产硼、钙、钡等特种合金节能技术”获金奖；2. 共和国专家成就博览入选特邀函；3. 丹东电冶合金有限公司证明；4. 应用效益简介；5. 天津蓟州冶炼工业公司材料；6.《世界科技咨询专家》紧急征稿函；7.《关于举办第二期“2005年科技若干扶持政策”暨“资助项目申报”高层研讨会的通知》；8.《荣誉证书》。

上述证据均已随案移送本院，经本院审查认为，专利复审委提交的证据与本案具有关联性，且合法、真实，能够证明案件事实，一审法院予以认定正确，本院予以确认。宋振滔、宋家静在一审期间提交的证据因不符合最高人民法院《关于行政诉讼证据若干问题的规定》第五十九条的规定，一审法院不予采纳正确，本院予以确认。

经审理查明，本申请是申请日为2001年9月17日，公开日为2003年4月9日，名称为“电弧电阻炉生产硼、钙、钡等特种合金节能技术”，申请人为宋振滔、宋家静的发明专利申请。2005年8月12日，国家知识产权局实审部门以本申请权利要求1~5不符合《专利法》第二十二条第三款为由，驳回了本申请。驳回决定针对的权利要求书如下：

“1. 本发明利用“电弧电阻炉生产硼、钙、钡等特种合金节能技术”。

2. 按权利要求一所述，本技术其特征，将所用的导电铜（或铝）排，用导电铜管予置换。

3. 按权利要求二所述，本技术的其特征，将所用的导电铜管内通以自然水温的冷却水。

4. 按权利要求三所述，本技术的其特征，将所用的导电铜管采取同极性相远，导极性相近的组合排列形式。

5. 按权利要求四所述，本技术的其特征，将所用的导电铜管在三相电极的铜瓦上连成△。”

宋振滔、宋家静不服该驳回决定，于 2005 年 10 月 31 日向专利复审委提出复审请求。宋振滔、宋家静认为对比文件 1、3 与本申请无关，对比文件 2 是单电极直流埋弧式电弧炉，与本申请的三电极三相交流电弧电阻炉不同，因此本申请具备创造性。专利复审委受理了该复审请求，并于 2006 年 1 月 5 日向宋振滔、宋家静发出了复审请求受理通知书，同时向原审查部门发出前置审查通知书，将本申请案卷转送至国家知识产权局原审查部门进行前置审查。原审查部门对该复审请求进行了前置审查，坚持驳回决定。

专利复审委依法组成合议组，对该复审请求进行了审理，并于 2007 年 5 月 15 日向宋振滔、宋家静发出复审通知书，指出权利要求 1 的主题不清楚，根据其用语“技术”和“利用……技术”无法判断其类型是产品权利要求还是指方法、用途权利要求，而且该权利要求既没有用产品结构特征或者方法操作特征等对其主题进行描述，又出现了“等”这一含义不确定的用语，从而导致该权利要求的保护范围不清楚，不符合《专利法实施细则》第二十条第一款的规定。权利要求 2~5 的引用部分仅是“根据权利要求……所述”，没有写明主题名称，且无法判断其中的“本技术的其特征”的含义；此外，权利要求 2 出现了括号，权利要求 4 出现了不清楚的术语“导极性”，这些都导致权利要求 2~5 的保护范围不清楚，不符合《专利法实施细则》第二十条第一款的规定。

宋振滔、宋家静于 2007 年 5 月 26 日提交了权利要求书的修改替换页。修改后的权利要求书为：

“一、本发明“电弧电阻生产硼、钙、钡等特种合金节能技术”系依据传统的“电弧电阻炉”耗能大的弊病，而实施 01140521. X 的技术改造，然而达到自我补偿节能的目的；

二、权利要求一所述，本技术的特征，将传统的电弧电阻炉的导电铜（或铝）排，用导电铜管予以取代；

三、权利要求二所述，本技术的特征，将导电铜管通以不高于自然温度的冷却水，降低电阻耗损，然而提高电炉有功功率；

四、权利要求三所述，本技术的特征，将导电体传统的排列方法式，施用同极性相远异极性相近的组合排列形式；

五、权利要求四所述，本技术的特征，将传统的导电体连接方式改成未端组合成导电整体。”

2007 年 6 月 20 日，专利复审委依据宋振滔、宋家静的复审请求，作出维持国家知识产权局于 2005 年 8 月 12 日针对本申请作出的驳回决定。决定认为：1. 关于文本。本复审请求审查决定针对的文本是宋振滔、宋家静于 2007 年 5 月 26 日提交的权利要求书，以及申请日提交的说明书和说明书摘要。2. 关于《专利法实施细则》第二十条第一款。权利要求的类型应当清楚，主题名称应当能够清楚地表明该权利要求的类型是产品权利要求还是方法权利要求。另外，权利要求的主题名称还应当与权利要求的技术内容相适应：如果权利要求类型是产品权利要求，则通常应用产品的结构特征来描述；如果是方法权利要求，则通常应用工艺过程、操作条件、步骤、流程等技术特征来描述。名称为“电弧电阻炉生产硼、钙、钡等特种合金节能技术”的第 01140521. X 号发明专利申请的权利要求 1 的表述为“本发明‘电弧电阻生产硼、钙、钡等特种合金节能技术’系根据传统的‘电弧电阻炉’耗能大的弊病，而实施 01140521. X 的技术改造，然而达到自我补偿节能的目的”，其主题名称仍然模糊不清，没有清楚表明该权利要求的类型是产品权利要求还是方法权利要求，也没有用产品结构特征或者方法操作特征等技术特征对主题进行描述，还存在“等”这一含义不确定的用语，从而导致权利要求 1 保护范围不清楚，不符合《专利法实施细则》第二十条第一款的规定。

另，宋家静在提出专利申请时使用的名字是“宋家境”。

本院认为：《专利法实施细则》第二十条第一款规定：“权利要求书应当说明发明或者实用新型的技术特征，清楚、简要地表述请求保护的范围。”本申请的名称为“电弧电阻炉生产硼、钙、钡等特种合金节能技术”，其权利要求 1 为“本发明‘电弧电阻生产硼、钙、钡等特种合金节能技术’系依据传统的‘电弧电阻炉’耗能大的弊病，而实施 01140521. X 的技术改造，然而达到自我补偿节能的目的”。在权利要求 1 的描述中，没有清楚地表明其所要保护的发明专利的技术特征，本申请权利要求 1 的保护范围不清楚。专利复审委认定本申请不符合《专利法实施细则》第二十条第一款的规定正确。

被诉决定以宋振滔、宋家静于 2007 年 5 月 26 日提交的权利要求书，以及申请日提交的说明书和说明书摘要为审查文本正确。专利复审委向宋振滔、宋家静发出的复审通知书系针对的是宋振滔、宋家静在实审程序中提交的权利要求书，该权利要求四所写为“导极性”。宋振滔、宋家静于 2007 年 5 月 26 日提交的权利要求书又将权利要求 4 修改为“异极性”，因此被诉决定认定事实清楚，不存在书写错误，认定事实错误的问题。被诉决定适用法律正确，程序合法。一审法院予以维持正确。

依照《中华人民共和国国家赔偿法》第二条的规定，国家机关和国家机关工作人员违法行使职权侵犯公民、法人和其他组织的合法权益造成损害的，受害人有依照本法取得国家赔偿的权利。如上所述，被诉决定不存在违法事实，未对上诉人造成损失，依法不存在赔偿的情形。上诉人关于赔偿的上诉理由没有事实和法律依据。

依照《中华人民共和国行政诉讼法》第六十一条第（一）项、《中华人民共和国国家赔偿法》第二条、最高人民法院《关于审理行政赔偿案件若干问题的规定》第三十三条之规定，判决如下：

驳回上诉，维持一审判决。

二审案件受理费人民币 100 元，由上诉人宋振滔、宋家静负担（已交纳）。

本判决为终审判决。

审 判 长 郭 宜
审 判 员 张学磊
代理审判员 朱海宏
二〇〇八年六月十九日
书 记 员 程钰玮

085

# 受伤的四肢用的护套

## 复审请求审查决定（第10873号）

**决　定　号** 第10873号
**决　定　日** 2007年6月21日
**发明创造名称** 受伤的四肢用的护套
**国 际 分 类 号** A61F 15/00
**复 审 请 求 人** ARK治疗学有限公司
**申　请　号** 00803155.X
**申　请　日** 2000年1月26日
**公　开　日** 2002年3月6日
**合 议 组 组 长** 王丽颖
**主　审　员** 张　华
**参　审　员** 田　华

**法 律 依 据** 专利法第22条第3款
**决 定 要 点**

虽然权利要求所要求保护的技术方案与一份对比文件相比，存在区别技术特征，但是所述区别技术特征为本领域的公知常识，则该权利要求相对于现有技术不具备创造性。

### 一、案由

本复审请求涉及名称为“受伤的四肢用的护套”的00803155.X号发明专利申请（下称本申请），申请人为ARK治疗学有限公司，申请日为2000年1月26日，公开日为2002年3月6日。

2004年11月12日国家知识产权局以本专利权利要求1~9不符合专利法第22条第3款的规定以及权利要求10属于专利法第25条第1款第3项规定的情形为由驳回了本专利申请，驳回决定所针对的文本为：2004年3月26日提交的权利要求第1~10项；进入中国国家阶段时提交的说明书第1~7页、说明书附图第1~4页、说明书摘要和摘要附图，其中独立权利要求1如下：

“1. 一种装置，包括一塑料套，在其一端具有一开口与固定装置以便能够围绕一肢体或残肢部分将开口封闭使受损伤的部分包裹在套内，并且在套内包括一能吸收流体的材料。”

驳回决定的主要理由如下：（1）对比文件1（US4178924A，公开日为1979年12月18日）涉及一种保护装置，具体公开了以下技术特征：该装置包括塑料套，套有一开口上端和带子，以便围绕腿部将开口封闭并使腿部包裹在套内，在套内包括由能吸收流体的弹性材料构成的带子。由此，对比文件1公开了权利要求1的全部技术特征，权利要求1相对于对比文件1不具备新颖性。（2）从属权利要求2~6、8的附加技术特征均被对比文件1所公开，因此，从属权利要求2~6、8相对于对比文件1不具备新颖性或创造性。（3）权利要求7、9的附加技术特征为本领域的常用技术手段，在其引用的权利要求不具备新颖性或创造性的情况下，从属权利要求7、9也不具备创造性。（4）权利要求10实质上要求保护一种治疗方法，不符合专利法第25条第1款第（3）项的规定。此外，对比文件2（US3741203A，公开日为1973年6月26日）也影响本申请的新颖性或创造性。

申请人（下称请求人）对上述驳回决定不服，于2005年2月28日向专利复审委员会提出了复审请求，同时提交了权利要求书修改替换页，删除了权利要求10，修改后的权利要求书如下：

"1. 一种装置，包括一塑料套，在其一端具有一开口与固定装置以便能够围绕一肢体或残肢部分将开口封闭使受损伤的部分包裹在套内，并且在套内包括一能吸收流体的材料，该装置包括在一无菌的包裹内。

2. 按照权利要求1所述的装置，其特征在于，所述套是不透气的。

3. 按照权利要求1所述的装置，其特征在于，所述套为多层塑料结构，包括一不透气层。

4. 按照权利要求3所述的装置，其特征在于，所述结构包括一能吸收臭味的层。

5. 按照权利要求2~4之任一项所述的装置，其特征在于，所述套包括通过其壁通气的装置。

6. 按照权利要求5所述的装置，其特征在于，所述通气装置与一活性过滤器相结合。

7. 按照上述权利要求任一项所述的装置，其特征在于，所述套是可透水蒸气的。

8. 按照上述权利要求任一项所述的装置，其特征在于，该装置成短袜或长靴的一般形状。

9. 按照权利要求8所述的装置，其特征在于，该装置还包括一防滑的底面。"

请求人请求复审的主要理由为：（1）本发明中的装置具有治疗功用；（2）本发明的装置具有能够吸收流体的材料，用于吸收伤口分泌物，以及装置处于无菌的包裹中。因此，本发明相对于现有技术具备创造性。

国家知识产权局专利复审委员会于2005年4月1日受理了该复审请求，同时向实质审查部门发出了前置审查通知书。

国家知识产权局实质审查部门在前置审查意见中坚持原驳回决定。

国家知识产权局专利复审委员会于2007年3月30日发出了复审意见通知书，指出：（1）权利要求7引用权利要求2时，其附加技术特征与权利要求2的附加技术特征相矛盾，导致了权利要求7的保护范围不清楚，因此不符合专利法实施细则第20条第1款；（2）权利要求1~9相对于对比文件1及其本领域的公知常识不具备创造性，不符合专利法第22条第3款的规定。

复审请求人于2007年5月14日针对前述复审意见通知书陈述了意见，提出：对比文件1的确公开了权利要求1中的大部分技术特征，但是，对比文件1所述装置不能吸收伤口分泌物，没有治疗作用，此外，将装置置于无菌包装中是医学领域的公知常识，但是，没有任何理由将对比文件1所述装置置于无菌包装中以得到本发明的技术方案。

至此，合议组认为本案事实已经清楚，依法做出本复审请求决定。

**二、决定理由**

1. 审查文本

由于复审请求人在答复复审意见通知书时未提交申请文本的修改替换页，因此此次复审决定依据的文本为：2005年2月28日提交的权利要求第1~9项；2001年7月26日提交的说明书第1~7页、说明书附图第1~4页、说明书摘要和摘要附图。

2. 关于专利法实施细则第20条第1款

从属权利要求7的附加技术特征是：所述套是可透水蒸气的。从属权利要求2的附加技术特征是：所述套是不透气的。当权利要求 7 引用权利要求 2 时，其与权利要求 2 中的附加技术特征相矛盾，导致了权利要求的保护范围不清楚，因此，不符合专利法实施细则第 20 条第 1 款的规定。

3. 关于专利法第 22 条第 3 款

（1）权利要求 1 要求保护一种装置，包括一塑料套，在其一端具有一开口与固定装置以便能够围绕一肢体或残肢部分将开口封闭使受损伤的部分包裹在套内，并且在套内包括一能吸收流体的材料，该装置包括在一无菌的包裹内。

对比文件 1 涉及一种保护装置，具体公开了以下技术特征：（见说明书第 2 栏第 33~47 行、第 3 栏第 5~8 行、第 30~38 行、第 64~68 行、附图 1、2）：保护套为一弹性防水塑层材质构成的罩 18，20（罩 18，20 即相当于权利要求 1 中的塑料套）；所述罩上形成一开口部分 22 以便插入受伤肢体，以及一密封带 40，密封带 40 可以围绕腿部将开口封闭并使腿部包裹在套内所述开口 22（开口部分 22 即相当于权利要求 1 中的开口，密封带 40 相当于权利要求 1 中的固定装置，并且两者形成如权利要求 1 所述的包裹受伤肢体的密闭罩）；在罩的内部具有可吸收流体的弹性带 28、32、34，用以吸收水分（该弹性带 28、32、34 即相当于权利要求 1 中的能吸收流体的材料）。

由此可见，对比文件 1 公开了权利要求 1 中的大部分技术特征，其区别仅在于：权利要求 1 所述装置包括在一无菌的包裹内。为了保持装置在使用前不被污染，将该装置置于一无菌包裹中是医用领域的公知常识，例如，注射器材以及医用包扎器材在使用前都是无菌包装的。对比文件 1 所述保护套是为了防止受伤肢体受外界感染，在使用前使其置于无菌装置为本领域常用技术手段，因此，对本领域技术人员而言，在对比文件 1 的基础上结合公知常识得到权利要求 1 所要求保护的技术方案是显而易见的。权利要求 1 相对于对比文件 1 和公知常识的结合不具备创造性。

（2）权利要求 2 的附加技术特征为：所述套是不透气的。对比文件 1（见说明书第 2 栏 45~47 行）中，所述罩 20 是由弹性防水材料构成，即其是不透气的。因此，该附加技术特征被对比文件 1 所公开，在其引用的独立权利要求 1 不具备创造性的情况下，该从属权利要求 2 也不具备创造性。

（3）权利要求 3 的附加技术特征为：所述套为多层塑料结构，包括一不透气层。对比文件 1 中（见说明书第 3 栏第 35~47 行、附图 2），其罩体由两层防水塑料构成，且外层罩体是不透气的。因此，该附加技术特征被对比文件 1 公开，在其引用的独立权利要求 1 不具备创造性的情况下，该从属权利要求 3 也不具备创造性。

（4）权利要求 4 的附加技术特征为所述结构包括一能吸收臭味的层。对比文件 1（见说明书第 3 栏第 5~8 行）中披露了一种在保护套中设置类似硅胶层的吸收层的技术特征。硅胶为常用干燥剂，用于吸收湿气或异味，因此，该附加技术特征为对比文件 1 公开，在其引用的权利要求 3 不具备创造性的情况下，该从属权利要求 4 也不具备创造性。

（5）权利要求 5 的附加技术特征为所述套包括通过其壁通气的装置。对比文件 1 中披露了（见说明书第 2 栏第 38~41 行、附图 38）在保护罩的内层 18 上设有若干呼吸孔 26。因此，该附加技术特征为对比文件 1 公开，在其引用的权利要求 2、3、4 不具备创造性的情况下，该从属权利要求 5 也不具备创造性。

（6）权利要求 6 的附加技术特征为所述通气装置与一活性过滤器相结合。对比文件 1 中披露了（见说明书第 3 栏第 5~7 行）在罩的内层和外层之间形成类似硅胶层的吸收层的技术特征，并且内层罩 18 上有呼吸孔 26（呼吸孔即相当于通气装置，硅胶层即相当于活性过滤器）。硅胶为常用活性过滤器，用于吸收湿气或异味，因此，该附加技术特征为对比文件 1 公开，在其引用的权利要求 5 不具备创造性的情况下，该从属权利要求 6 也不具备创造性。

（7）当权利要求 7 引用权利要求 1、3~6 时，其附加技术特征为所述套是可透水蒸汽的。在对比文件 1 中，为了保证伤口的透气性，保护套的内层 18 上具备呼吸孔 26，即，保护套内层是可透水蒸气的，因此，该附加技术特征为对比文件 1 公开，在其引用的权利要求不具备创造性的情况下，该从属权利要求 7 也不具备创造性。

（8）权利要求 8 的附加技术特征为该装置为短袜或长靴的一般形状。在对比文件 1 的附图 2 中，所述保护套为袜状或靴状，因此，该附加技术特征已经被对比文件 1 公开，在其引用的权利要求不具备创造性的情况下，该从属权利要求 8 也不具备创造性。

（9）权利要求 9 的附加技术特征为该装置还包括一防滑的底面。在对比文件 1（见说明书第 3 栏第 12~13 行、附图 2）在外层罩 20 的底部有耐久性弹性垫 36，根据日常生活常识，该弹性垫的一个功能即在于防滑，因此，该附加技术特征已经被对比文件 1 公开，在其引用的权利要求不具备创造性的情况下，该从属权利要求 9 也不具备创造性。

复审请求人在答复复审意见通知书中提出的：对比文件 1 所述装置没有吸收流体的材料，因此不具备治疗作用，此外，现有技术未给出将对比文件 1 中所述装置置于无菌环境中以得到本申请的技术方案的技术启示。

对此，合议组认为：正如复审通知书所指出的，根据本专利申请说明书所记载（第 3 页倒数第 2 段），所述装置的治疗作用在于提供保暖和湿润的环境以及充足的充氧，同时保持伤口清洁。在对比文件 1 中，所述保护套可以提供保暖且吸收多余水分以有效保护伤口，并且，对于本领域普通技术人员而言，在包裹伤口的密闭环境中提供充分的氧气以形成对伤口的有益环境是所述领域的常用技术手段，例如在对比文件 2 中，其也提供一种保暖环境以及充分的充氧（见说明书第 7 栏第 45~50 行），也就是说，在对比文件 1 公开结构的基础上结合本领域的常用技术手段得到与本申请相同的结构是显而易见的，相同的结构自然也会产生相同的治疗功用。此外，对比文件 1 中保护套存在一类似海绵状的弹性带，其也可以起到吸收流体的作用。同时，对比文件 1 所述的装置作为一种具备治疗作用的装置，为了防止其受污染，避免将伤口感染，将这种装置置于无菌包装中对本领域技术人员而言是显而易见的。

综上所述，本申请权利要求 1~9 相对于对比文件 1 以及本领域的公知常识不具备突出的实质性特点和显著的进步，不符合专利法第 22 条第 3 款的规定。

**三、决定**

维持国家知识产权局于 2004 年 11 月 12 日对 00803155. X 号发明专利申请作出的驳回决定。

复审请求人对本决定不服的，可以根据专利法第 41 条第 2 款的规定，自收到本决定之日起三个月内向北京市第一中级人民法院起诉。

086

# 为借助于数据网络提供的服务付费的方法

## 复审请求审查决定（第 10879 号）

**决　定　号**　第 10879 号
**决　定　日**　2007 年 6 月 21 日
**发明创造名称**　为借助于数据网络提供的服务付费的方法
**国际分类号**　G07F 19/00，G07F 7/08，G07F 7/10
**复审请求人**　德国捷德有限公司
**申　请　号**　02817732.0
**申　请　日**　2002 年 7 月 22 日
**优 先 权 日**　2001 年 7 月 26 日
**公　开　日**　2004 年 12 月 8 日
**合议组组长**　杨军艳
**主　审　员**　刘亚斌
**参　审　员**　王琦琳

**法律依据**　专利法实施细则第 2 条第 1 款
**决定要点**

如果涉及计算机程序的发明专利申请的解决方案执行计算机程序的目的不是解决技术问题，或者在计算机上运行计算机程序从而对外部或内部对象进行控制或处理所反映的不是利用自然规律的技术手段，或者获得的不是受自然规律约束的效果，则这种解决方案不属于专利法实施细则第 2 条第 1 款所说的技术方案，不属于专利保护的客体。

### 一、案由

本复审请求涉及申请号为 02817732.0、名称为“为借助于数据网络提供的服务付费的方法”的发明专利申请（下称本申请），申请日为 2002 年 7 月 22 日，优先权日为 2001 年 7 月 26 日，申请人为德国捷德有限公司。本申请公开时的权利要求书包括 22 项权利要求，其中权利要求 1、15、17、18、22 为独立权利要求。

经实质审查，国家知识产权局专利局实质审查部门于 2006 年 5 月 12 日作出了驳回决定，驳回理由是本申请权利要求 10、13、14 属于专利法第 25 条第 1 款第（2）项规定的不授予专利权的范围，权利要求 1~5、8、9、11、12、15~22 不符合专利法第 22 条第 2 款的规定，以及权利要求 6、7 不符合专利法第 22 条第 3 款的规定。其中引用了如下两篇对比文件：

1. 国际公开号为 WO01/24129A1 的 PCT 专利文献，国际公开日为 2001 年 4 月 5 日（下称对比文件1)；

2. 专利号为US 5715314A的美国专利文献，公开日为1998年2月3日（下称对比文件2)。

驳回决定所依据的文本是本申请进入中国国家阶段时提交的权利要求第1~22项、说明书第1~16页、附图第1~7页、说明书摘要和摘要附图。驳回决定所针对的权利要求书如下：

“1. 一种针对交易介质的呈现而通过数据网络获取服务供应商所提供的服务的方法，该服务通过用户端系统从该服务供应商订购，该服务供应商就此呼叫结算中心，该结算中心随后进入与该交易介质的数据交换，以从该数据介质请求一定数据形式的、获取该服务所要求的必须的进账，该方法的特征在于：用户端系统（10）在进入用于请求进账的所述数据交换之前，确定与该交易介质（2）相关联的标识符（KM)，将该标识符送往该结算中心（30)，并且从其接收回该标识符以确认。

2. 如权利要求1所述的方法，其特征在于：所使用的该标识符（KM）为也被应用到用于请求进账的随后的数据交换的信息。

3. 如权利要求1所述的方法，其特征在于：从该交易介质（2）所请求的进账包括转移待支付的金额。

4. 如权利要求1所述的方法，其特征在于：该结算中心（30）在接到该标识符（KM）之后，确定预授权标识符（KV）并且将该预授权标识符（KV）与所述标识符（KM）一起发送给用户端系统（10)。

5. 如权利要求4所述的方法，其特征在于：在每个获取过程中单独地形成预授权标识符（KV)。

6. 如权利要求1所述的方法，其特征在于：该结算中心（30）监视从接到交易介质（2）的标识符（KM）直到接到用于所述用于请求进账的数据交换的使能信号（B5）的时间。

7. 如权利要求1所述的方法，其特征在于：该安全终端（14）监视从发出交易介质（2）的标识符（KM）直到开始所述用于请求进账的数据交换的时间。

8. 如权利要求1所述的方法，其特征在于：交易介质（2）的该标识符（KM）被存储在用户端系统（10)。

9. 如权利要求1所述的方法，其特征在于：只有当结算中心（30）已经从交易介质（2）收到对服务的请求时，服务供应商（40）才供应一个所请求的服务。

10. 如权利要求1所述的方法，其特征在于：在成功实现了用户从交易介质（2）请求进账的数据交换之后发生错误时，从结算中心（30）向用户端系统（10）传送暂时注入确认（B10)，该暂时注入确认包含允许该用户端系统以后对该错误投诉的信息。

11. 如权利要求1所述的方法，其特征在于：通过从用户端系统（10）向结算中心（30）所传送的参考信息（RI)，来产生所请求的服务与用户（1）的关联。

12. 如权利要求11所述的方法，其特征在于：该参考信息（RI）与交易介质（2）的标识符（KM）一起被送回向用户端系统（10）以确认。

13. 如权利要求1所述的方法，其特征在于：首先只根据类型产生对来自服务供应商（40）的服务的请求，并且与用户（1）的关联只对于结算中心（30）进行。

14. 如权利要求1所述的方法，其特征在于：在获取在程度上可扩展的服务之后，只根据类型从该服务供应商（40）请求所述服务，并且该程度只被传送给该结算中心（30)。

15. 一种结算中心，具有：交易模块，用来进行与用户端系统的数据交换；路由器模块，用来建立与服务供应商的数据链路；以及进账模块，该结算中心的特征在于：在该方法的第一阶段，交易模块（32）取得用户端系统（10）的标识符（KM)，并且将该标识符与通过用户端系统（10）所请求的服务供应商（40）的服务相联系，然后在该方法的第二阶段，进账模块（34）使用同一标识符

(KM)，从用户端系统（10）请求获取该服务所需的交易介质（2）的进账。

16. 如权利要求15所述操作结算中心的方法，其特征在于：在从用户端系统（10）收到所请求的进账之后，交易模块（32）请求服务供应商（40）提供所请求的服务。

17. 一种在用于获取通过包括对支付介质的访问的数据网络来销售的服务的方法中、被设计来通过所述数据网络进行防篡改数据交换的安全终端的使用方法，其特征在于：在预协商阶段使用该安全终端以确定交易介质（2）的标识符（KM），并且用该标识符来保护用于订购该服务的过程，同一标识符（KM）被用于随后的交易阶段以保护由交易介质（2）对获取该服务所需的一定数据形式的必须的进账的供给。

18. 一种用来实施权利要求1所述方法的联合装置，具有用户端系统、数据网络、结算中心以及服务供应商，该构造的特征在于：结算中心（30）包含交易模块（32），用来进行服务的订购，以及进账模块（34），用来请求交易介质（2）进行进账。

19. 如权利要求18所述的联合装置，其特征在于：用户端系统（10）包括允许对位于交易介质（2）上的标识符（KM）进行确定的安全终端（14）。

20. 如权利要求18所述的联合装置，其特征在于：安全终端（14）具有用来存储从交易介质（2）读取的标识符（KM）存储装置。

21. 如权利要求18所述的联合装置，其特征在于：结算中心具有用来执行订购过程的功能，以及用来进行用于请求在分离的模块（32，34）中设置的进账的数据交换的功能。

22. 一种安全终端，用于如权利要求1所述的方法中，该安全终端具有用来访问交易介质的访问设备，并且通过用户网络接口可被连接到数据网络，该安全终端的特征在于：它具有存储设备，在该存储设备中，该安全终端保存关于将由交易介质（2）进行的进账的信息，以及该交易介质的标识符(KM)。”

驳回决定的具体理由是：权利要求1请求保护一种针对交易介质的呈现而通过数据网络获取服务供应商所提供的服务的方法，对比文件1公开了一种通过互联网的卡支付交易安全设备和方法，其中公开了权利要求1的全部技术特征，并且二者属于相同的技术领域，技术方案、解决的技术问题和预期效果均相同，因此权利要求1相对于对比文件1不具备新颖性。同理，独立权利要求15、17、18、22也不具备新颖性。权利要求2~5、8、9、11、12引用了权利要求1，权利要求16引用了权利要求15，权利要求19~21引用了权利要求18，这些从属权利要求的附加技术特征也均被对比文件1公开，因此权利要求2~5、8、9、11、12、16、19~21也不具备新颖性。从属权利要求6、7引用了权利要求1，其附加技术特征被对比文件2公开，因此权利要求6、7相对于对比文件1和2的结合不具备创造性。从属权利要求10、13、14的附加技术特征均是在现有系统的基础上进行的人为规定，因此属于专利法第25条第1款第（2）项规定的不授予专利权的范围。

申请人（下称复审请求人）不服上述驳回决定，于2006年8月11日向专利复审委员会提出复审请求，同时提交了权利要求书的全文替换页，其中仅对权利要求1进行了修改，修改后的权利要求书共包括22项权利要求，其中修改后的权利要求1如下：

“1. 一种针对交易介质的呈现而通过数据网络获取服务供应商所提供的服务的方法，该服务通过用户端系统从该服务供应商订购，该服务供应商就此呼叫结算中心，该结算中心随后进入与该交易介质的数据交换，以从该数据介质请求一定数据形式的、获取该服务所要求的必须的进账，该方法的特征在于：

用户端系统（10）向该交易介质（2）请求与该交易介质（2）相关联、且由该交易介质（2）提供的标识符（KM）；

该用户端系统（10）将该标识符（KM）发送到结算中心（30）；

该结算中心（30）存储该标识符（KM），并将其发回到该用户端系统（10）；以及

该用户端系统（10）在已接收回该标识符（KM）之后，进入用于请求进账的数据交换。"

复审请求人认为，权利要求1的方法与对比文件1的方法的不同在于：（1）权利要求1中的标识符是理论上用户不会知晓的与交易介质相关的标识符，而不是对比文件1中的与用户相关的PIN；（2）权利要求1的方法在实际支付开始之前，由结算中心向用户端系统提供反馈，即标识符；（3）权利要求1中订购的服务的递交取决于标识符的反馈，而不是对比文件1中的仅取决于结算中心到供应商系统的成功支付的确认。权利要求15的结算中心与对比文件1的结算中心的不同在于：结算中心在预协商阶段和进账阶段构成交易，其中结算中心对用户端系统完成预协商阶段，并分别在预协商阶段和进账阶段中并入由交易介质提供的标识符，而对比文件1中未披露将交易分为预协商阶段和进账阶段。此外，权利要求10、13或14的方法本身完全是通过相应的电子部件之间的配合而自动完成，并且权利要求10、13或14均是权利要求1的从属权利要求，其附加技术特征本身不是"人为规定"，而是由机器执行的步骤，并没有人的参与，因此权利要求10、13或14不属于智力活动的规则和方法。

经形式审查合格后，专利复审委员会依法受理了上述请求，并于2006年9月12日向复审请求人发出了复审请求受理通知书，同时向原审查部门发出前置审查通知书。

原审查部门对该复审请求做出前置审查意见，仍然坚持原驳回决定。

专利复审委员会依法成立合议组对该复审请求进行审查，于2007年3月15日发出复审通知书，指出权利要求1~22不符合专利法实施细则第2条第1款的规定。具体理由是：权利要求1~14请求保护一种针对交易介质的呈现而通过数据网络获取服务供应商所提供的服务的方法，其中虽然涉及交易介质、用户端系统、服务供应商、结算中心之间的数据传输和存储以及过程监视，但是交易介质、用户端系统、服务供应商、结算中心、安全终端都是公知的技术设备，它们之间的数据传输和存储以及过程监视既没有给这些技术设备的内部性能带来改进，也没有给这些技术设备的构成或功能带来任何技术上的改变；该方法解决的问题是制定在支付交易之前用户与结算中心之间的数据传输规则，不构成技术问题；所采用的手段是人为制定了标识符在交易介质、用户端系统、服务供应商、结算中心之间的传送和存储的顺序和规则，并按照顺序和规则进行，不受自然规律的约束，因而未利用技术手段；该方法是用于使标识符按照人为制定的规则传输以确定传输过程无误，进而完成商业交易，其所获得的不是符合自然规律的技术效果；因此，该方法不属于专利法实施细则第2条第1款规定的技术方案，不属于专利保护的客体。基于相同的理由，权利要求15~22也不属于专利法实施细则第2条第1款规定的技术方案。

针对上述复审通知书，复审请求人于2007年4月27日提交了意见陈述书和权利要求书的全文替换页，其中仅将从属权利要求16的主题"如权利要求15所述操作结算中心的方法"修改为"如权利要求15所述的结算中心"。修改后的权利要求书共包括22项权利要求，其中权利要求1、15、17、18、22为独立权利要求。复审请求人认为修改后的权利要求书符合专利法实施细则第2条第1款的规定，具体理由为：（1）本申请的独立权利要求解决的技术问题至少在于"进一步提高订购过程的安全性、并简化系统组件"；（2）权利要求1所采用的技术手段在于"用户端系统请求关联"、"交易介质提供标识符"、"用户端系统发送标识符"、"结算中心存储并发回标识符"等等，其涉及安全验证过程，而不仅是简单的数据交换规则的定义，具体来说是通过提供从一个交易介质得到的标识符而有效地使两个处理过程（交易过程和进账/结算过程）相关联，从而增强了安全性；（3）本发明的技术方案类似于使用计算机程序而进行数据处理，各项权利要求中的技术特征本身不是"人为规定"，而

是由机器执行的步骤、或者用来由机器执行步骤的模块，独立权利要求的解决方案的技术效果在于，保护在交易阶段之前的订购过程，从而提高交易的安全性。

至此，合议组认为本案事实已经清楚，现依法作出复审决定。

**二、决定的理由**

1. 关于审查文本

本复审决定以复审请求人于2007年4月27日提交的权利要求第1~22项，进入中国国家阶段时提交的说明书第1~16页、说明书附图第1~7页、说明书摘要及摘要附图作为审查基础。

2. 关于专利法实施细则第2条第1款

专利法实施细则第2条第1款规定：专利法所称发明，是指对产品、方法或者其改进所提出的新的技术方案。

审查指南第二部分第九章第2节指出：如果涉及计算机程序的发明专利申请的解决方案执行计算机程序的目的不是解决技术问题，或者在计算机上运行计算机程序从而对外部或内部对象进行控制或处理所反映的不是利用自然规律的技术手段，或者获得的不是受自然规律约束的效果，则这种解决方案不属于专利法实施细则第2条第1款所说的技术方案，不属于专利保护的客体。

(1) 权利要求1~14不符合专利法实施细则第2条第1款的规定。

权利要求1~14请求保护一种针对交易介质的呈现而通过数据网络获取服务供应商所提供的服务的方法，其中主要涉及在结算中心与交易介质之间进行支付交易之前，标识符在交易介质、用户端系统、服务供应商、结算中心之间的传送和存储，以及安全终端对于标识符传输过程的监视。该方法虽然是涉及交易介质、用户端系统、服务供应商、结算中心之间的数据传输和存储以及过程监视，但是交易介质、用户端系统、服务供应商、结算中心、安全终端都是公知的技术设备，它们之间的数据传输和存储以及过程监视既没有给这些技术设备的内部性能带来改进，也没有给这些技术设备的构成或功能带来任何技术上的改变。该方法解决的问题是制定在支付交易之前用户与结算中心之间的数据传输规则，不构成技术问题；所采用的手段是人为制定了标识符在交易介质、用户端系统、服务供应商、结算中心之间的传送和存储的顺序和规则，并按照顺序和规则进行，不受自然规律的约束，因而未利用技术手段；该方法是用于使标识符按照人为制定的规则传输以确定传输过程无误，进而完成商业交易，其所获得的不是符合自然规律的技术效果。因此，该方法不属于专利法实施细则第2条第1款规定的技术方案，不属于专利保护的客体。

(2) 权利要求15~16不符合专利法实施细则第2条第1款的规定。

权利要求15~16请求保护一种结算中心，包括交易模块、路由器模块和进账模块，其中主要涉及在与交易介质进行支付交易之前，标识符在交易模块、用户端系统和进账模块之间的传送。该方法虽然涉及交易介质、用户端系统、交易模块、路由器模块和进账模块以及这些模块之间的数据传输，但是这些模块都是公知的技术设备，它们之间的数据传输没有给这些技术设备的内部性能带来改进，也没有给这些技术设备的构成或功能带来任何技术上的改变。该方案解决的问题是制定在支付交易之前用户与结算中心之间的数据传输规则，不构成技术问题；所采用的手段是人为制定了标识符在交易模块、用户端系统和进账模块之间的传送的顺序和规则，并按照顺序和规则进行，不受自然规律的约束，因而未利用技术手段；该方法是用于使标识符按照人为制定的规则传输以确定传输过程无误，进而完成商业交易，其所获得的不是符合自然规律的技术效果。因此，该方案不属于专利法实施细则第2条第1款规定的技术方案，不属于专利保护的客体。

(3) 权利要求17不符合专利法实施细则第2条第1款的规定。

权利要求17请求保护一种安全终端的使用方法，其中主要涉及利用安全终端确定交易介质的标识符并在订购服务和交易过程中使用该标识符。但是，其中安全终端是本领域公知的技术设备，上述确定标识符和使用标识符的过程既没有给该技术设备的内部性能带来改进，也没有给该技术设备的构成或功能带来任何技术上的改变。该方法解决的问题是如何在交易期间使用标识符，不构成技术问题；所采用的手段是人为规定了在交易中使用标识符的阶段，并按照该规定进行，不受自然规律的约束，因而未利用技术手段；该方法是通过人为规定标识符的使用方式来进行商业交易，其所获得的不是符合自然规律的技术效果。因此，该方法不属于专利法实施细则第 2 条第 1 款规定的技术方案，不属于专利保护的客体。

（4）权利要求 18~21 不符合专利法实施细则第 2 条第 1 款的规定。

权利要求 18~21 请求保护一种实施权利要求 1 所述方法的联合装置，包括用户端系统、数据网络、结算中心和服务供应商，并且结算中心还包括交易模块和进账模块，用户端系统还包括安全终端及其上的存储装置。其中主要涉及利用交易模块订购服务和利用进账模块请求进账以及标识符的确定和存储。该方案虽然涉及用户端系统、数据网络、结算中心、服务供应商、交易模块和进账模块以及这些模块之间的数据传输和存储，但是这些模块都是公知的技术设备，它们之间的数据传输和存储没有给这些技术设备的内部性能带来改进，也没有给这些技术设备的构成或功能带来任何技术上的改变。该方案解决的问题是制定支付交易中订购服务和请求进账的规则，不构成技术问题；所采用的手段是人为制定了服务和进账数据的传输和存储规则，并按照规则进行，不受自然规律的约束，因而未利用技术手段；该方案是用于完成商业交易，所获得的不是符合自然规律的技术效果。因此，该方案不属于专利法实施细则第 2 条第 1 款规定的技术方案，不属于专利保护的客体。

（5）权利要求 22 不符合专利法实施细则第 2 条第 1 款的规定。

权利要求 22 请求保护一种用于权利要求 1 所述方法中的安全终端，其涉及访问设备、用户网络接口、数据网络、存储设备、交易介质这些部件以及对于进账信息和标识符的存储。但是这些部件都是本领域的公知设备，它们之间的数据传输和存储没有给这些技术设备的内部性能带来改进，也没有给这些技术设备的构成或功能带来任何技术上的改变。该方案所解决的技术问题是根据交易规则而规定交易过程中要存储的数据内容，不构成技术问题；所采用的手段是人为规定了要存储的数据为交易信息和标识符，未利用技术手段；取得的效果是规定了交易过程中要存储的数据内容以最终完成商业交易，不是技术效果。因此，该方案也不属于专利法实施细则第 2 条第 1 款规定的技术方案，不属于专利保护的客体。

3. 对复审请求人相关意见的评述

针对复审请求人在意见陈述书中的观点，合议组认为：本申请权利要求的方案仅仅涉及在公知设备之间的数据传输和存储，其实质上是一个人为制定交易中的数据传输规则并执行该规则的方案，虽然该规则中考虑了交易的安全性问题，但其最终目的仍然是完成商业交易；各项权利要求中的特征均是利用公知设备来执行这些人为制定的规则的步骤或者是执行这些步骤的模块，复审请求人所述的“用户端系统请求关联”、“交易介质提供标识符”、“用户端系统发送标识符”、“结算中心存储并发回标识符”等等手段实质上仅仅是利用公知的用户端系统、交易介质、结算中心来执行人为制定的数据传输规则，不是技术手段；在此基础上，该方案所解决的问题仅仅是制定在支付交易之前用户与结算中心之间的数据传输规则并按照该规则执行，因此不是技术问题；并且所获得的效果仅仅是实现标识符按照人为制定的规则进行传输和存储，以最终完成商业交易，也不是符合自然规律的技术效果。因此，复审请求人的上述主张不能成立。

综上所述，本申请权利要求 1~22 不符合专利法实施细则第 2 条第 1 款的规定，不属于专利保护的客体。

根据上述事实和理由，本案合议组依法作出以下审查决定。

**三、决定**

维持国家知识产权局于2006年5月12日对02817732.0号发明专利申请作出的驳回决定。

复审请求人对本决定不服的，可以根据专利法第41条第2款的规定，自收到本决定之日起三个月内向北京市第一中级人民法院起诉。

087

# 远心光阑3维照相机及方法

## 复审请求审查决定（第10880号）

**决　定　号**　第10880号
**决　定　日**　2007年6月15日
**发明创造名称**　远心光阑3维照相机及方法
**国 际 分 类 号**　G03B 13/00，G03B 15/02
**复 审 请 求 人**　3DV系统有限公司
**申　请　号**　96196354.9
**申　请　日**　1996年6月20日
**优 先 权 日**　1995年6月22日，1995年12月1日
**公　开　日**　2000年5月17日
**合 议 组 组 长**　王桂莲
**主　审　员**　张惠军
**参　审　员**　杨军艳

**法 律 依 据**　专利法第22条第3款
**决 定 要 点**

如果一项权利要求相对于最接近对比文件的区别技术特征属于本领域的公知常识，则认为现有技术中存在将该区别技术特征应用到该最接近的现有技术以解决其存在的技术问题的启示，该项权利要求不具备创造性。

### 一、案由

本复审请求涉及申请号为96196354.9、发明名称为“远心光阑3维照相机及方法”的发明专利申请（下称本申请），其申请日是1996年6月20日，公开日是2000年5月17日，申请人是3DV系统有限公司。

经过实质审查程序后，国家知识产权局实质审查部门以申请人于1998年2月18日提交的权利要求1~8、于2003年10月21日提交的说明书第1~7页，以及本申请进入中国国家阶段时提交的说明书附图第1~3页及摘要为审查文本，于2003年12月5日以本申请权利要求1~8不具备专利法第22条第3款规定的创造性为由，作出驳回本申请的决定。驳回决定中引用了如下一篇对比文件：

对比文件1：EP0449337A2号专利文献，其公开日为1991年10月2日。

驳回决定所针对的权利要求书共包括8项权利要求，具体如下：

“1. 用于产生指示到场景中物体的距离的图像的装置，包括：

一个调制的射线源，它把射线对准场景，使得来自该源的射线的一部分被场景反射并且到达该装置；

一个远心光阑光学系统，它接收由场景反射来的射线，并且将该射线准直化；

一个调制器，它调制经准直的射线，使得到达该装置的射线的一部分通过调制器，所说一部分依赖于场景的相关部分距该装置的距离；

一个检测器，它检测由调制的准直射线形成的图像；及

一个处理器，它形成图像，该图像带有指示从该装置到物体的距离的强度值的分布，它对应于检测图像的强度分布。

2. 按照权利要求 1 的装置，其中源和检测器是瞄准的。

3. 按照权利要求 2 的装置，其中射线源包括一个连续的射线源，它与被测的射线以同一调制器调制。

4. 用于产生指示场景中物体的距离的图像的装置，包括：

一个调制的射线源，它把射线沿一条轴对准场景，使得来自该源的射线的一部分被场景反射并且到达该装置；

一个远心光阑光学系统，它接收由场景反射来的射线，并且将该射线沿所述轴准直；

一个调制器，它调制经准直的射线，使得到达该装置的射线的一部分通过调制器，所说一部分依赖于场景的相关部分距该装置的距离；

一个检测器，它检测由调制的准直射线形成的图像；

一个处理器，它形成图像，该图像带有指示从该装置到物体的距离的强度值的分布，并且对应于检测图像的强度分布。

5. 按照以上任一权利要求的装置，包括一个聚焦透镜，它接收调制的准直射线并在检测器上聚焦。

6. 按照权利要求 1~5 之任一个的装置，其中调制器是一个电光装置。

7. 按照权利要求 1~5 之任一个的装置，其中调制器是一个 KDP 调制器。

8. 按照权利要求 1~5 之任一个的装置，其中调制器是一个声光装置。”

驳回决定中具体指出：尽管对比文件 1 中没有提及远心光阑系统，但通过对比文件 1 中相应原件的组合达到的效果与远心光阑是相同的；远心光阑系统在应用光学以及光学仪器设计领域中是公知而且经常采用的一种技术；在本申请权利要求所要求的技术方案中，利用的就是远心光阑系统自身的特征，并没有产生任何区别于将远心光阑系统应用到其他技术方案中意想不到的技术效果，因此权利要求 1 以及 2 至 8 相对于对比文件 1 不具备创造性，不符合专利法第 22 条第 3 款的规定。

申请人 3DV 系统有限公司（下称复审请求人）对上述驳回决定不服，于 2004 年 3 月 3 日向专利复审委员会提出复审请求，其未对本申请进行修改。复审请求人认为：对比文件 1 的光学元件与远心光阑的效果不同；在本发明中远心光阑是用于将反射来的射线准直化，然后再调制经准直的射线，不属于已知应用，且对比文件 1 明显地背离远心光阑的应用；远心光阑的应用给本申请带来意想不到的技术效果，使某些类型的调制器更加有效且使一个场景的照明范围比较容易与相机的取景范围相一致，从而减少了测距时散射光的影响。

经形式审查合格后，专利复审委员会受理了该复审请求，并于 2004 年 4 月 29 日向复审请求人发出复审请求受理通知书，同日向国家知识产权局原实质审查部门发出前置审查通知书。

国家知识产权局原实质审查部门在前置审查意见书中坚持驳回决定。

专利复审委员会依法成立合议组对本复审请求进行了审查。本案合议组于 2005 年 5 月 17 日向复

审请求人发出复审通知书，指出：本申请权利要求 1~8 相对于对比文件 1 不具备创造性，不符合专利法第 22 条第 3 款的规定。

针对上述复审通知书，复审请求人于 2005 年 6 月 17 日提交了意见陈述书，同时提交了说明书第 1 页的修改替换页，未对权利要求书进行修改。复审请求人认为，根据对比文件 1 记载的内容，对比文件 1 公开的测距相机对大气的影响非常敏感，而远心光阑将会增加大气扰动对信噪比乃至对比文件 1 的相机提供的范围测量带来的不利影响，因此本领域普通技术人员极力避免把远心光阑用于对比文件 1 的相机中。此外，对比文件 1 使用光谱带通滤波器来消除或减少额外的环境光，不需要采用远心光阑滤除散射光，在对比文件 1 的相机中采用远心光阑来滤除散射光是非常不利的。因此，复审请求人认为本申请与对比文件 1 相比具备创造性。

经过上述审查过程，合议组认为，本案事实已经清楚，可以依法作出复审决定。

**二、决定的理由**

1. 决定所依据的文本

本复审决定以申请人于 1998 年 2 月 18 日提交的权利要求 1~8、于 2005 年 6 月 17 日提交的说明书第 1 页、于 2003 年 10 月 21 日提交的说明书第 2~7 页，以及本申请进入中国国家阶段时提交的说明书附图第 1~3 页及摘要为审查文本。

2. 关于本申请是否具备创造性

专利法第 22 条第 3 款规定：创造性，是指同申请日以前已有的技术相比，该发明有突出的实质性特点和显著的进步，该实用新型有实质性特点和进步。

如果一项权利要求相对于最接近对比文件的区别技术特征属于本领域的公知常识，则认为现有技术中存在将该区别技术特征应用到该最接近的现有技术以解决其存在的技术问题的启示，该项权利要求不具备创造性。

合议组认为，本申请的权利要求 1~8 均不具备创造性，具体理由为：

（1）独立权利要求 1 请求保护一种用于产生指示到场景中物体的距离的图像的装置。对比文件 1 公开了一种测距组合相机，其中（参见对比文件 1 说明书第 2 栏第 34 行至第 5 栏第 33 行，附图 2）披露了以下特征：一个连续的光源 18（相当于本申请权利要求 1 中调制的射线源）用来照明目标；光线通过光线准直仪 20 将照明场扩大，以达到照明目标所需范围大小；光线从准直仪出射之后进入分光镜 22，一部分光线通过偏振片 24 和电光调制器 26，而电光调制器允许一部分光通过，这是由作用到电光晶体上的电压决定的，继而这部分光通过物镜 28 投射到目标表面；目标表面使一部分入射光向回反射，反射光通过物镜、调制器、偏振片、分光镜、滤光镜 30，最后到达 CCD 相机 32；相机产生的信号经过放大器 34、数字转换器 36 处理，量化强度水平输入到计算机 38；最后由显示装置 44 示出测距数据。由此可见，对比文件 1 所披露的技术方案中也包括了调制的射线源、对入射光线和反射光线进行调制的调制器、检测反射光线所形成的图像的检测器，以及形成图像的处理器这些装置，它们在对比文件 1 和本申请文件中的作用相同，只是在文字表述上稍有不同；并且各个部件组成的光学系统也实现了与本申请相同的目的，即无须昂贵而且耗时的场景扫描就可以快速容易地判定场景中各部分的距离，从而不需要逐点、逐线地进行扫描。对比文件 1 与权利要求 1 的区别在于没有提及远心光阑系统。合议组认为，首先，远心光阑及其在光学系统中的应用是本领域公知且常采用的一种技术，本领域普通技术人员在对比文件 1 的基础上，为了得到物体更加清晰的图像，容易想到要消除散射光的影响，从照相机所接收到的物体的反射光线中滤除散射光。即本领域普通技术人员易于想到在对比文件 1 公开的照相机前面，也即物镜的前面，增设用于滤除散射光的光学元件，而本领域中常常采用处于物镜前焦面处的光阑实现滤波的目的。此外，权利要求 1 中的远心光阑光学系统所起到的滤波和准直作用，是远心光阑应用在光学领域中时最基本的作用，本申请中应用远心光阑，并没有产生意想不到的技术效果。因此，权利要求 1 所要求保护的技术方案相对于对比文件 1 不具备突出的实质性特点和显著的进步，并且并未取得意想不到的技术效果，不符合专利法第 22 条第 3 款有关创造性的规定。

针对复审请求人的复审理由和答复复审通知书时提出的意见，合议组认为：①对比文件 1 中由各个元件组成的光学系统实现了与本申请相同的无须昂贵而且耗时的场景扫描就可以快速容易地判定场景中各部分的距离，从而不需要逐点、逐线地进行扫描的目的；②远心光阑本身的结构和效果是公知的，本申请权利要求 1 中利用了远心光阑本身具有的公知的可滤除杂散光的特性；③在本领域中，用准直光线或未准直光线成像都是常采用的技术手段，其各自的技术效果是本领域技术人员熟知的，本领域普通技术人员在对比文件 1 的基础上，易于根据实际应用时所要实现的效果从中作出选择，并且本申请中也并未述及将场景反射来的射线准直化相对于未准直射线能带来何种突出和意想不到的技术效果，因此权利要求 1 中将从场景反射来的射线准直化，并不能为其带来创造性；④尽管对比文件 1 中提到了该装置需要高信噪比以及入射和出射光线的扰动会导致测量精度下降，但对比文件 1 并没有明确或者暗示在该装置中不能使用远心光阑，实际上，本领域普通技术人员在面临降低大气扰动的问题时，常常采用保证光源等光学部件的稳定性以及减少周围气流的扰动等措施，大气扰动的大小与远心光阑是否使用没有必然的联系。

综上，在对比文件 1 的基础上，在面临需要去除杂散光以提高图像精度的技术问题时，本领域普通技术人员容易想到采用常见的远心光阑系统的公知性质，并将其应用到对比文件 1 披露的技术方案中，从而可显而易见地得到权利要求 1 要求保护的技术方案，因此，权利要求 1 相对于对比文件 1 不具备突出的实质性特点和显著的进步，不符合专利法第 22 条第 3 款有关创造性的规定。

（2）权利要求 2 是权利要求 1 的从属权利要求，其附加技术特征是：源和检测器是瞄准的。对比文件 1（附图 2）中 CCD 相机是作为检测器使用的，光源发出的光通过准直仪、分光镜、调制器等照射到目标上，并通过反射进入 CCD 相机。光线能够从光源发出最终进入相机，即光源与 CCD 相机是瞄准的，从而对比文件 1 公开了从属权利要求 2 的附加技术特征，在其引用的权利要求 1 不具备创造性时，权利要求 2 也不具备创造性，不符合专利法第 22 条第 3 款的规定。

（3）权利要求 3 是权利要求 2 的从属权利要求，其附加技术特征是：射线源包括一个连续的射线源，它与被测的射线以同一调制器调制。正如在评述权利要求 1 时所述的，对比文件 1（说明书第 2 栏第 47 行至第 3 栏第 44 行，附图 2）中一个连续的光源用来照明目标，并且它经过调制器调制照射到目标上，由目标反射到组合装置中，该反射光也就是权利要求中的被测射线，再次通过调制器调制，可见对比文件 1 公开了权利要求 3 的附加技术特征，当其引用的权利要求 2 不具备创造性时，权利要求 3 也不具备突出的实质性特点和显著的进步，不符合专利法第 22 条第 3 款有关创造性的规定。

（4）独立权利要求 4 请求保护一种用于产生指示到场景中物体的距离的图像的装置。该独立权利要求与独立权利要求 1 所要求保护的技术方案不同之处在于，权利要求 4 增加了：调制的射线源把射线沿一条轴对准场景，并强调反射来的射线是沿所述轴准直的，其他特征与权利要求 1 中的相同。对比文件 1（说明书第 2 栏第 34 行至第 5 栏第 33 行，附图 2）公开了这个特征，正如在评述权利要求 1 和 2 时所述的，光线是通过准直仪、分光镜、调制器、物镜等一系列透光元件最终在 CCD 相机上成像的，光源与 CCD 相机也是瞄准的，因此这些元件都是规则排列的，也就是说他们都是以同一光轴排列的，这一点对于本领域普通技术人员来说，是可以从对比文件 1 的文字表述和图中毫无异议得出的。权利要求 4 的其他特征已在评述权利要求 1 时评述过，不再赘述。因此，在对比文件 1 的基础上结合公知常识即可得到权利要求 4 的技术方案，即权利要求 4 不具备突出的实质性特点和显著的进步，不符合专利法第22条第3款有关创造性的规定。

（5）权利要求5引用以上任一权利要求，其附加技术特征是：该装置包括一个聚焦透镜，接收调制的准直射线并在检测器上聚焦。由对比文件1（说明书第2栏第34行至第5栏第33行）披露的内容可知，调制后的光线进入CCD相机，而CCD相机与本申请的检测器相对应，而相机本身必然包括聚焦透镜，将光线聚焦到CCD器件上；而且聚焦透镜对于本领域的普通技术人员来说，也是一种经常使用的器件，在本发明中也没有起到任何意想不到的效果。因此，当其引用的权利要求都不具备创造性时，该权利要求也不具备突出的实质性特点和显著的进步，不符合专利法第22条第3款有关创造性的规定。

（6）权利要求6、7和8不具备创造性。

权利要求6、7和8的附加技术特征分别限定了调制器是一个电光装置、KDP调制器、声光装置。其中，KDP（磷酸二氢钾）调制器本身也是一种电光装置。在对比文件1中公开了使用了电光装置26作为调制器的技术方案（参见对比文件1第3栏第8~9行）。而且采用电光、声光调制器对光线或者射线进行调制，对于本领域的普通技术人员来说是惯用手段，当需要改变光线或者射线的强度或者其他参数，势必会想到使用这几种调制装置，而且在本发明中使用这些调制装置，也没有产生意想不到的技术效果，因此当其引用的权利要求不具备创造性时，权利要求6~8也不符合专利法第22条第3款有关创造性的规定。

综上所述，本申请的权利要求1~8均不符合专利法第22条第3款有关创造性的规定。

基于上述理由，合议组作出以下决定。

**三、决定**

维持国家知识产权局于2003年12月5日对96196354.9号发明专利申请作出的驳回决定。

复审请求人对本决定不服的，可以根据专利法第41条第2款的规定，自收到本决定之日起三个月内向北京市第一中级人民法院起诉。

088

# 支付交易方法和支付交易系统

## 复审请求审查决定（第 10885 号）

**决　定　号**　第 10885 号
**决　定　日**　2007 年 6 月 18 日
**发明创造名称**　支付交易方法和支付交易系统
**国际分类号**　G07F 19/00
**复审请求人**　瑞士电信流动电话公司
**申　请　号**　99817064. X
**申　请　日**　1999 年 12 月 23 日
**公　开　日**　2003 年 1 月 15 日
**合议组组长**　陈迎春
**主　审　员**　王琦琳
**参　审　员**　张惠军

**法律依据**　专利法实施细则第 2 条第 1 款
**决定要点**

如果一项权利要求的解决方案仅涉及公知设备，而未采用利用自然规律的技术手段解决技术问题，以获得符合自然规律的技术效果，则该项权利要求的解决方案不属于专利法实施细则第 2 条第 1 款规定的专利保护客体。

### 一、案由

本复审请求涉及名称为“支付交易方法和支付交易系统”的 99817064. X 号发明专利申请（下称本申请），申请日为 1999 年 12 月 23 日，公开日为 2003 年 1 月 15 日，申请人为瑞士电信流动电话公司。本申请公开时共包括 16 项权利要求。

在实质审查程序中，国家知识产权局专利局实质审查部门于 2003 年 3 月 21 日发出了第一次审查意见通知书，指出本申请的权利要求 4~8、11~16 不符合专利法实施细则第 23 条第 2 款的规定，说明书不符合专利法实施细则第 18 条第 2、3 款的规定。

针对上述审查意见通知书，申请人于 2003 年 7 月 30 日提交了权利要求书和说明书的全文修改替换页，并认为修改后的文本克服了审查意见通知书所指出的缺陷，符合专利法实施细则第 18 条第 2、3 款以及第 23 条第 2 款的规定。

在进一步审查中，国家知识产权局专利局实质审查部门于 2004 年 12 月 3 日发出了第二次审查意见通知书，指出本申请权利要求 1~8 属于专利法第 25 条第 1 款第 2 项所规定的智力活动的规则和方法，不能授予专利权；本申请权利要求9~16不属于专利法实施细则第2条第1款所规定的技术方案，不能授予专利权，其中引用了一篇对比文件如下：

对比文件1：US5986565A号美国专利文献，其授权公告日为1999年11月16日。

针对上述审查意见通知书，申请人于2005年1月26日提交了意见陈述书，认为本申请与对比文件1不仅在软件模块方面不同，在系统或装置的构成上也是不同的，本申请通过具体的技术手段解决了具体的技术问题，从而达到了具体的技术效果，因此本申请不属于专利法第25条所规定的智力活动的规则和方法的概念，也不属于纯粹的商业方法的概念。

在上述审查的基础上，国家知识产权局专利局实质审查部门于2005年8月12日以本申请权利要求1~8属于专利法第25条第1款第2项所规定的智力活动的规则和方法，本申请权利要求9~16不属于专利法实施细则第2条第1款所规定的技术方案，不能授予专利权为由，驳回了本申请。

驳回决定认为，本申请是利用现有的硬件设备完成基于特定商业规则的交易，而这种交易规则都是通过软件模块定义的，所以，本申请技术方案实质上是利用已有的技术手段来完成一种商业规则的运作，在解决的问题和获得的效果方面对现有技术所作出的贡献是非技术性的。

申请人瑞士电信流动电话公司（下称复审请求人）对上述驳回决定不服，于2005年10月31日向专利复审委员会提出复审请求，认为本申请权利要求1~16具备明显的技术性，因此不属于智力活动的规则和方法。复审请求人在提出复审请求时未对申请文本进行修改。

经形式审查合格，专利复审委员会依法受理了上述复审请求，于2005年12月1日向复审请求人发出了复审请求受理通知书，并将本案送至原实质审查部门进行前置审查。

原实质审查部门对上述复审请求做出前置审查意见，仍然坚持原驳回决定。

专利复审委员会依法组成合议组，对本复审请求案进行了审理。本案合议组于2006年12月13日向复审请求人发出复审通知书，指出本申请的权利要求1~16不属于专利法实施细则第2条第1款规定的专利保护客体，复审请求人的复审理由不能成立。

专利复审委员会于2007年4月3日收到复审请求人针对上述复审通知书提交的意见陈述书和权利要求书全文的修改替换页。复审请求人认为，修改后的权利要求包括用以启动操作的技术特征，所述操作既不受任何人的动作来启动，也不受任何人的动作干预，所述操作在技术方面改变整个系统的内部特征，因而该系统比现有技术中的系统有更好的功能，因此修改后的权利要求1~16以及增加的权利要求17属于专利法实施细则第2条第1款规定的专利保护客体。修改后的权利要求书共包括17项权利要求，其中独立权利要求1、9和17如下：

“1. 带有便携式移动装置（1）的顾客与服务点（5）之间的支付交易方法，在该支付交易方法中，服务点（5）的支付终端（2）确定有待支付的交易总额和为交易总额指定的交易标识，并通知顾客有关该交易总额和该交易标识的信息，以及在该支付交易方法中，顾客向移动装置（1）指示该交易标识，其特征在于，

支付终端（2）通过通信网（3）将交易总额和交易标识传送到交易中心（4），和

移动装置（1）通过一个移动无线网（6）将顾客指示的交易标识传送到交易中心（4），

交易中心（4）接收并存储支付终端（2）所发送的交易总额和交易标识，

交易中心（4）接收移动装置（1）所发送的交易标识，确定移动装置（1）的呼叫号，并将派与从移动装置（1）接收来的交易标识的移动装置（1）的呼叫号存储起来，以及

交易中心（4）比较从移动装置（1）接收来的交易标识以及从支付终端（2）接收来的存储交易标识，准备对交易标识匹配支付请求，该请求至少包括与从支付终端（2）接收来的匹配交易标识相关的交易总额，而且，通过移动无线网（6）把支付请求发送给移动装置（1），该移动装置（1）与

配给从移动装置（1）接收来的匹配交易标识的呼叫号相关。

9. 支付交易系统，它包括在至少一个服务点（5）中的一个或多个便携式移动装置（1）和一个或多个支付终端（2）以及一个交易中心（4），这些移动装置（1）和支付终端（2）分别至少包括一个处理器（16、26），该支付终端（2）各自包括用于通知的装置，以便通知顾客关于有待支付一个支付交易的交易总额和派与该支付交易的交易标识的信息，支付终端（2）的各个包括一个交易任务模块（23），该交易任务模块（23）每次都通过通信网（3）将各个支付交易的交易标识和交易总额传给交易中心（4），其特征在于，

移动装置（1），各包括一个交易应答模块（13），该交易应答模块（13）被配置为用于为各个支付交易接收顾客通过相关移动装置（1）的操作元件（18）指示的交易标识，并用于通过移动无线网（6）把交易标识传送给交易中心（4），

交易中心（4），包括通信模块（45），该模块被配置为用于接收并存储支付终端（2）所发送的交易总额和交易标识，用于接收移动装置（1）所发送的交易标识，用于确定移动装置（1）的呼叫号，并将派与从移动装置（1）接收来的交易标识的移动装置（1）的呼叫号存储起来，以及

交易中心包括一个支付请求模块（42），该模块被配置为用于比较从移动装置（1）接收来的交易标识以及从支付终端（2）接收来的存储交易标识，用于准备对交易标识匹配支付请求，该请求至少包括与从支付终端（2）接收来的匹配交易标识相关的交易总额，而且，支付请求模块（42）也被配置为用于通过移动无线网（6）把支付请求发送给移动装置（1），该移动装置（1）与派与从移动装置（1）接收来的匹配交易标识的呼叫号相关。

17. 一种由计算机实行的交易中心（4），它包括：

通信模块（45），被配置为用于经通信网（3）接收由多个支付终端（2）之一发送的交易总额和交易标识，用于存储交易总额和交易标识，用于经移动无线网（6）接收移动装置（1）所发送的交易标识，用于确定该移动装置（1）的呼叫号，并用于存储派与从移动装置（1）接收来的交易标识的移动装置（1）的呼叫号，以及

支付请求模块（42），被配置为用于比较从移动装置（1）接收来的交易标识与从支付终端（2）接收来的存储交易标识，用于准备对交易标识匹配支付请求，该请求至少包括与从支付终端（2）接收来的匹配交易标识相关的交易总额，而且，支付请求模块（42）也被配置为用于通过移动无线网（6）把支付请求发送给移动装置（1），该移动装置（1）与派与从移动装置（1）接收来的匹配交易标识的呼叫号相关。"

经过审理，本合议组认为本案事实已经清楚，可以依法作出复审决定。

**二、决定的理由**

1. 审查基础

本复审决定是在专利复审委员会于2007年4月3日收到的权利要求书第1~17项、复审请求人于2003年7月30日提交的说明书第1~15页以及进入中国国家阶段即2002年6月24日提交的说明书附图第1~2页、说明书摘要和摘要附图的基础上作出的。

2. 关于本申请权利要求是否属于专利法实施细则第2条第1款规定的专利保护客体

专利法实施细则第2条第1款规定：专利法所称发明，是指对产品、方法或者其改进所提出的新的技术方案。

审查指南第二部分第一章第2节进一步指出：未采用技术手段解决技术问题，以获得符合自然规律的技术效果的方案，不属于专利法实施细则第2条第1款规定的客体。

（1）关于本申请权利要求1~8。

独立权利要求1要求保护的主题是一种支付交易方法，该方法分为多个步骤，包括：在终端确定交易总额和交易标识，利用通信网将交易总额和交易标识传送到交易中心，交易中心对包含交易总额的支付请求和交易标识进行处理之后再将其传送回移动装置，然后顾客向移动装置输入该交易标识。该支付交易方法经过上述步骤处理之后，最终效果是实现一次交易活动。虽然在该方法的各个步骤中包括有便携式移动装置、服务点、支付终端、通信网、交易中心、移动无线网等内容，但是这些装置都是公知的电子设备。该支付交易方法既未对上述公知设备所构成的系统的内部性能带来任何改进，也没有给构成该系统的各个设备的结构或者功能带来任何技术上的改变。权利要求1的技术方案所要解决的问题是如何通过现有装置实现商业交易活动，不构成技术问题；采用的手段是利用公知设备实现一种对信息的处理以实现商业目的，而不是利用了自然规律的技术手段；所获得的效果仅仅是利用公知设备实现商业交易活动，该效果是在人为制定的交易实施方式之下利用公知设备进行的交易方法所获得的，不属于遵循自然规律的技术效果。因此，本申请权利要求1不属于专利法实施细则第2条第1款规定的技术方案，不属于专利保护的客体。

复审请求人对本申请权利要求1的修改仅涉及交易中心对移动装置发送过来的交易标识的处理，以及交易中心与移动装置之间的通信方式，上述修改的内容同样属于利用公知设备对信息的处理过程，是在事先设定好的方式下对信息进行处理完成交易，以实现商业目的，其仍然不是利用了自然规律的技术手段，且未获得遵循自然规律的技术效果。

直接或者间接引用独立权利要求1的从属权利要求2~8，对权利要求1进行了进一步限定。基于上述同样的理由，在独立权利要求1不属于专利法实施细则第2条第1款规定的技术方案，而这些限定亦未采用技术手段且未取得遵循自然规律的技术效果，因而不属于专利保护的客体的情况下，上述从属权利要求2~8也不属于专利法实施细则第2条第1款规定的技术方案，不属于专利保护的客体。

（2）关于本申请权利要求9~16。

独立权利要求9要求保护一种支付交易系统，其中列出了该系统的硬件结构包括便携式移动装置、服务点、支付终端、通信网、交易中心、移动无线网等，而上述硬件结构均是本领域的公知硬件结构。独立权利要求9还采用功能模块的限定方式，对支付终端、移动装置和交易中心进行了限定。所述交易任务模块、交易应答模块、通信模块和支付请求模块利用公知的通信网和移动无线网传递各种交易信息，实现相应的功能，根据审查指南第二部分第九章第5.2节的相关规定，这些功能模块所限定的装置权利要求应当理解为主要通过说明书记载的计算机程序实现该解决方法的功能模块构架，而不应当理解为主要通过硬件方式实现该解决方案的实体装置。

即独立权利要求9的保护主题是一种支付交易系统，其是在本领域公知设备的基础上，利用软件功能模块的方法形成一个系统。权利要求9实质上是运用软件模块的功能，限定了一个商业交易制度实施的系统。该制度的实质是通过预先定义的特定信息传递方式，来实现具体商业交易，完成商业交易活动。虽然在该系统的各个组成中包括有硬件设备，但是其都是公知设备。该解决方案既未对其所构成的系统的内部性能带来任何改进，也没有给构成系统的各个设备结构或者功能带来任何技术上的改变。权利要求9的解决方案所要解决的问题是如何通过公知设备实现商业交易活动，不构成技术问题；采用的手段是利用公知设备实现一种对信息的处理以实现商业目的，而不是利用了自然规律的技术手段；所获得的效果仅仅是利用公知设备实现商业交易活动，该效果是在人为制定的交易实施方式之下利用公知设备进行的交易方法所获得的，不属于遵循自然规律的技术效果。因此，本申请权利要求9不属于专利法实施细则第2条第1款规定的技术方案，不属于专利保护的客体。

复审请求人对本申请权利要求9的修改主要涉及交易中心中的关于通信和支付请求的两个软件功

能模块方式的限定，上述修改的内容同样属于利用公知设备，以软件模块方式对信息进行处理，实质上就是在事先设定好的软件模块方式下对信息进行处理完成交易，以实现商业目的，其仍然不是利用了自然规律的技术手段，未获得遵循自然规律的技术效果。

直接或者间接引用独立权利要求 9 的从属权利要求 10~16，对权利要求 9 进行了进一步限定。基于上述同样的理由，在独立权利要求 9 不属于专利法实施细则第 2 条第 1 款规定的技术方案，而这些限定亦未采用技术手段且未取得遵循自然规律的技术效果，因而不属于专利保护的客体的情况下，上述从属权利要求 10~16 也不属于专利法实施细则第 2 条第 1 款规定的技术方案，不属于专利保护的客体。

（3）关于权利要求 17 是否符合专利法实施细则第 60 条第 1 款的规定。

专利法实施细则第 60 条第 1 款规定：请求人在提出复审请求或者在对专利复审委员会的复审通知书作出答复时，可以修改专利申请文件；但是，修改应当仅限于消除驳回决定或者复审通知书指出的缺陷。

复审请求人增加的权利要求 17 并非针对驳回决定或者复审通知书所指出的缺陷而进行的修改，该修改不符合专利法实施细则第 60 条第 1 款的规定。

（4）关于复审请求人的意见陈述。

在专利复审委员会于 2007 年 4 月 3 日收到的意见陈述书中，复审请求人认为：①本申请解决的问题是关于在支付终端和移动装置用户之间如何执行支付交易，属于客观的技术问题；②本申请中由远程支付终端报告的数据结构是在没有人干扰的情况下自动地交给用户的远程移动装置，在本申请系统的功能操作和结构上存在技术方面的改进；③本申请权利要求包括用以启动操作的技术特征，所述操作既不受任何人的动作来启动，也不受任何人的动作来干预，所述操作在技术方面改变整个系统的内部特征，因而该系统比现有技术中的系统有更好的功能。

对此，合议组认为：①解决在公知设备之间如何进行商业交易活动的问题，不属于技术问题；②虽然本申请的公知设备之间对数据的具体传送过程和处理过程无需人的参与，但是这些过程均是在人为制定好的方式之下进行的，而且其目的在于成功的利用公知设备完成商业交易，其不属于利用了自然规律的技术手段；③而本申请的系统与现有系统在信息的传送、处理方式方面存在不同，但就构成系统的各个硬件设备来说，其均属于公知设备，其性能和结构未有任何改进，而上述传送、处理方式的不同也未提高系统本身的性能，本申请系统仅仅是在利用公知设备的情况下，定义了一种对信息进行传送、处理的方式，其目的在于实现商业交易，未获得遵循自然规律的技术效果；综上所述，复审请求人的观点不能成立。

基于上述理由，合议组作出下述决定。

**三、决定**

维持国家知识产权局于 2005 年 8 月 12 日作出的驳回 99817064. X 号发明专利申请的决定。

复审请求人对本决定不服的，可以根据专利法第 41 条第 2 款的规定，自收到本决定之日起三个月内向北京市第一中级人民法院起诉。

089

# 保健卫生鞋

## 复审请求审查决定（第10887号）

**决　定　号**　第10887号
**决　定　日**　2007年6月21日
**发明创造名称**　保健卫生鞋
**国际分类号**　A43B 7/00，A43B 3/24
**复审请求人**　屈格飞
**申　请　号**　98119991.7
**申　请　日**　1998年9月29日
**公　开　日**　2000年4月5日
**合议组组长**　刘颖杰
**主　审　员**　熊　茜
**参　审　员**　刘　畅

**法律依据**　专利法第33条
**决定要点**

根据原说明书和权利要求书文字记载的内容和根据原说明书和权利要求书文字记载的内容以及说明书附图能直接地、毫无疑义地确定的内容，符合专利法第33条的规定；否则，不符合专利法第33条的规定。

### 一、案由

本复审请求涉及申请号为98119991.7、名称为“保健卫生鞋”的发明专利申请（下称本申请），其申请日为1998年9月29日，申请人为屈格飞。

在实质审查程序中，国家知识产权局专利局实质审查部门于2002年11月8日发出了第一次审查意见通知书，指出权利要求1、2、4~7相对于对比文件1和对比文件2不符合专利法第22条第3款规定的创造性，权利要求3、9~10不符合专利法实施细则第20~23条的规定。

针对上述审查意见通知书，申请人于2003年3月6日提交了意见陈述书，并提交了权利要求书、说明书、附图、摘要、摘要附图的修改替换页。申请人认为：新修改的独立权利要求1由于含有“组合结构和附件功能”，相对于对比文件1和2具有新颖性和创造性；独立权利要求2是权利要求1所述保健卫生鞋的制备工艺，由于含有“密封锁接”这一特征部分同样相对于对比文件1和2具备新颖性和创造性，其从属权利要求3~10也具有新颖性和创造性。

国家知识产权局专利局实质审查部门于2003年5月9日发出了修改文本不予接受通知书，指出申请人在答复第一次审查通知书时的修改是在原权利要求的基础上，又增加了新的独立权利要求 2 及其从属权利要求 3~4，该修改时机不符合专利法实施细则第 51 条第 1 款的规定，而权利要求 1 和 2 之间没有相同或相应的特定技术特征所以没有单一性，因此上述主动修改不能视为经审查员同意的修改，不符合专利法实施细则第 51 条第 3 款的规定。

申请人于 2003 年 5 月 23 日提交了意见陈述书和经过修改的说明书和权利要求书。

国家知识产权局专利局实质审查部门于 2003 年 8 月 8 日发出了第二次审查意见通知书，指出：新修改的说明书的“并且在鞋下底上部搭接有一个拖鞋垫”、“在周边沟槽 7 的内侧组装表面除均匀的固结一层可以由 PVC 等材料构成的薄膜外”、“适合单、双手能操作的部位”，说明书和权利要求 9 中的“钢位固位板”超出了原说明书和权利要求书记载的范围，不符合专利法第 33 条的规定；权利要求 1~4 相对于对比文件 1 和对比文件 3 不符合专利法第 22 条第 3 款规定的创造性；权利要求 5~10 不符合专利法实施细则第 20 条至第 23 条的规定。

申请人于 2003 年 10 月 7 日提交了意见陈述书和经过修改的权利要求书和说明书。

国家知识产权局专利局实质审查部门于 2003 年 12 月 5 日发出了第三次审查意见通知书，指出：新修改的说明书的“调整鞋底高低”、“所述的环状接口是一个空腔鞋底结构……有一个周边沟槽 7 结构”、“所述的环状接口 10……均设有一个接口 4 装置”，说明书和权利要求 2 中的“密封锁接”，权利要求 8 中的“所述的环形接口的上下两端均设有一个接口装置”、权利要求 9 中的“环状接口的上端……周边沟槽结构”超出了原说明书和权利要求书记载的范围，不符合专利法第 33 条的规定；权利要求 1、5~7、10 不符合专利法实施细则第 20 条第 1 款的规定；说明书不符合专利法实施细则第 18 条第 3 款的规定。

申请人于 2004 年 1 月 3 日提交了意见陈述书和经过修改的摘要、权利要求书和说明书。

经过上述实质审查程序后，国家知识产权局专利局实质审查部门以本申请不符合专利法第 33 条的规定为理由，于 2004 年 3 月 12 日做出了驳回决定，认为新提交的说明书、权利要求 2 不符合专利法第 33 条的规定，具体为：说明书的“由常规的橡塑等合成的密封材料构成的接口 4”，“所述的中底为一种空腔结构……沟槽 7 结构”，“所述的环套 10 是一种鞋双底周边组合的环形带状连接装置”，和说明书、权利要求 2 中的“密封锁接”，超出了原说明书和权利要求书记载的范围，不符合专利法第 33 条的规定。

申请人（下称复审请求人）不服上述驳回决定，于 2004 年 6 月 5 日向专利复审委员会提出复审请求，提交了新修改的说明书和权利要求书，复审请求人的理由是：（1）说明书、权利要求 2 中的“密封锁接配合”在原申请文件中记载为“锁接配合”，符合专利法第 33 条的规定；（2）说明书中“环套”和“中底”符合专利法第 33 条的规定。

经形式审查合格后，专利复审委员会依法受理了该复审请求，并于 2004 年 6 月 28 日向复审请求人发出了复审请求受理通知书，同日向原审查部门发出了前置审查通知书。

原审查部门对本复审请求进行了前置审查，在前置审查中，原审查部门仍然坚持原驳回决定，认为该申请仍然不符合专利法第 33 条的规定，理由为：新提交的说明书中的“所述的接口 4 除可以由……类似已知的密封材料内构成”、“所述的中底内设有一个空腔结构……沟槽 7 结构”、“所述的环套 10 是一种鞋双底周边组合的一个接口环形”，说明书和权利要求 2 中的“密封锁接”，既未明确地记载在原说明书和权利要求书中，也不能由原说明书和权利要求书中所记载的内容直接导出。

专利复审委员会依法成立合议组，对本案进行了审理，于 2007 年 2 月 27 日向请求人发出复审通知书。复审通知书中指出：权利要求 1 中的“鞋口”、“当需鞋双底组合应用时，可伸入到上底的沟槽内，由上底和沟槽内相对设置的固位装置定位锁接，其中上底的沟槽为单层或双层沟槽结构，当双底组合时可通过环套下端的接口伸入到下底的沟槽内，由下底和沟槽内相对设置的固位装置定位锁接，环套的上端经接口，当需增加功能时，可伸入到中底下端的沟槽内，由下底和中底沟槽内相对设置的固位装置定位销接，中底上端经接口，当需应用时，可伸入到上底的沟槽内，由中底内轴连锁结的配合和上底沟槽内相对设置的固位装置定位锁接”中记载的“鞋口”，“上底”、“中底”、“下底”这样的三层结构以及有关环套的接口与上底、中底、下底的沟槽分别定位锁接的特征，与原说明书和权利要求书文字记载的内容不同；权利要求1、2中的“密封锁接”未在原说明书和权利要求书中记载；说明书第2页的第2~4行的“图中鞋面上端除可以和一个鞋口一体固接以外，当需组合应用时，还可以和一个垫圈一体固接，经垫圈上固接的多对锁环或挂钩及锁扣，伸入到鞋口内”、第7~8行的“当需要时、也可以由一对或多对的锁环或挂钩、分别的固接在一个钢性圆环上，镶裹在与沟槽7之间可组成类似已知的密封材料内构成”、第10行的“锁结”、第11~12行的“当需要时、也可以由各自相对设置的一对或多对的挂钩或锁结定位锁接”、第13行的“环鞋底径向”、第13~21行的“当双底组合时，可通过环套10下端的接口4，伸入到下底的沟槽7内，由下底和沟槽7内相对设置的固位装置定位锁接。环套10的上端经接口4，当需增加功能时，可伸入到中底下端的沟槽7内，由一下底和中底沟槽7内相对设置的固位装置定位锁接。（另外，当需要时也可以通过中底下端的一个接口4伸入到下底的沟槽7内，由下底和沟槽7内相对设置的固位装置定位锁接）。中底上端经接口4，当需应用时，可伸入到上底6的沟槽7内，由中底内轴连锁结的配合和上底6沟槽7内相对设置的固位装置定位锁接，则可按需构成一种具有多种功能的保健卫生鞋。其中所述的接口4与所述的沟槽7之间呈密封锁接配合。”、第23行的“密封锁接”、第26~31行的“另外在上底6的下表面中部按需还可以设有一对锁结9。所述的环套10是一种鞋双底周边组合的一个环形接口，且在上下两端各与一个接口4固接。所述的中底内设有一个空腔结构，其上端与一个接口4固接，下端可设有一个接口4或一个沟槽7结构，按需构成一个环状接口。且在后跟内镶嵌的一个固位板上没有一个可从后跟外侧操作的，通过类似已知的能锁紧或放松的轴连锁结，经支架连杆与中底上端接口4内的一对挂钩或锁环相连。且可利用中底的结构特点，增加用途。”未在原说明书和权利要求书文字记载；而且这些内容也不能从说明书和权利要求书文字记载的内容直接地、毫无疑义地确定，因此，本申请权利要求1~3、说明书不符合专利法第33条的有关规定。

2007年4月6日，复审请求人针对上述复审通知书提交了意见陈述书和一份新修改的申请文本。复审请求人在意见陈述书中认为：新修改的申请文本符合专利法第33条的规定。

经过上述审查程序，本案合议组经合议后，认为本案事实清楚，且已经给予复审请求人多次意见陈述及修改的机会，现依法作出复审决定。

**二、决定的理由**

1. 审查文本

本决定是基于复审请求人在2007年4月6日提交的权利要求第1~4项、说明书第1~2页、附图第1页、摘要、摘要附图的基础上而作出的。

2. 关于专利法第33条

专利法第33条规定：申请人可以对其专利申请文件进行修改，但是，对发明和实用新型专利申请文件的修改不得超出原说明书和权利要求书记载的范围。审查指南第二部分第八章第5.2.1和5.2.3节对此作了进一步规定：原说明书和权利要求书记载的范围包括原说明书和权利要求书文字记载的内容和根据原说明书和权利要求书文字记载的内容以及说明书附图能直接地、毫无疑义地确定的内容。具体地说，如果申请的内容通过增加、改变和/或删除其中的一部分，致使所属技术领域的技术人员看到的信息与原申请记载的信息不同，而且又不能从原申请记载的信息中直接地、毫无疑义地确定，那么，这种修改就是不允许的。

合议组认为：

（1）权利要求 1 中的“鞋单底或多种复合鞋底”，与原说明书和权利要求书文字记载的内容不同。原说明书和权利要求书文字记载的相关内容仅是鞋底或鞋双底，而多种复合底的含义不同于双底，而且也不能根据原说明书和权利要求书文字记载的内容以及说明书附图能直接地、毫无疑义地确定“鞋单底或多种复合鞋底”这样的内容。因此权利要求 1 的修改不符合专利法第 33 条的规定。

（2）权利要求 3 中的“由相对设置的定位装置经轴连锁结的配合”这样的有关相应的定位装置的特征，与原说明书和权利要求书文字记载的内容不同。原说明书和权利要求书文字记载的相关内容仅是具体的锁结和挂钩这样的定位装置，而且也不能根据原说明书和权利要求书文字记载的内容以及说明书附图能直接地、毫无疑义地确定除了“锁结和挂钩这样的定位装置”以外的其余定位装置的内容。因此权利要求 3 的修改不符合专利法第 33 条的规定。

（3）说明书第 1 页第 20 行中的“以便于鞋下底采用日常多种不同的材质时仍能正常实现相对于与接口的锁接配合”和第 2 页第 20~23 行的“在鞋下底沟槽 7 内与接口 4 相对结合的周边表面，当需要时，还可以贴接一个环状密封垫圈。以便于鞋下底采用日常多种不同的材质时；如天然木制的或金属等类型结构时，来调节相对固有的一种干湿和冷热的膨胀系数后，仍能正常实现相对与接口 4 的锁接配合”这样的有关鞋底的材料的特征，在原说明书和权利要求书未记载。原说明书和权利要求书文字未记载鞋的材料特征，而且也不能根据原说明书和权利要求书文字记载的内容以及说明书附图能直接地、毫无疑义地确定这些有关鞋底材料的具体特征。因此说明书第 1 页第 20 行中的“以便于鞋下底采用日常多种不同的材质时仍能正常实现相对于与接口的锁接配合”和第 2 页第 20~23 行的“在鞋下底沟槽 7 内与接口 4 相对结合的周边表面，当需要时，还可以贴接一个环状密封垫圈。以便于鞋下底采用日常多种不同的材质时；如天然木制的或金属等类型结构时，来调节相对固有的一种干湿和冷热的膨胀系数后，仍能正常实现相对与接口 4 的锁接配合”不符合专利法第 33 条的规定。

请求人在答复复审通知书时陈述：修改后的说明书第 2 页第 20~23 行的“在鞋下底沟槽 7 内与接口 4 相对结合的周边表面，当需要时，还可以贴接一个环状密封垫圈。以便于鞋下底采用日常多种不同的材质时；如天然木制的或金属等类型结构时，来调节相对固有的一种干湿和冷热的膨胀系数后，仍能正常实现相对与接口 4 的锁接配合”是根据原说明书和权利要求书针对鞋下底在日常应用中的一种直接、毫无疑义地、清楚限定该密封垫圈的从属权利要求请求保护的范围，因此该修改符合专利法第 33 条的有关规定。

对此，合议组认为：说明书第 2 页第 20~23 行的“在鞋下底沟槽 7 内与接口 4 相对结合的周边表面，当需要时，还可以贴接一个环状密封垫圈。以便于鞋下底采用日常多种不同的材质时；如天然木制的或金属等类型结构时，来调节相对固有的一种干湿和冷热的膨胀系数后，仍能正常实现相对与接口 4 的锁接配合”等等内容是否为鞋下底在日常应用的内容与该内容是否符合专利法第 33 条的有关规定并无直接关系。即使某些技术特征是日常应用的内容，但如果不能从原始说明书和权利要求书中直接、毫无疑义地确定，将其补入也是超范围的。因为原权利要求书和说明书中记载的相关内容中未公开了与鞋下底具体材料有关的内容，因此“在鞋下底沟槽 7 内与接口 4 相对结合的周边表面，当需要时，还可以贴接一个环状密封垫圈。以便于鞋下底采用日常多种不同的材质时；如天然木制的或金属等类型结构时，来调节相对固有的一种干湿和冷热的膨胀系数后，仍能正常实现相对与接口 4 的锁接配合”等等内容超出了原说明书和权利要求书记载的范围，不符合专利法第 33 条的有关规定。

（4）说明书第 2 页第 3~4 行的“还可以由一对或多对的锁环或挂钩一体固接构成”和第 2 页第 13 行的“或锁环或锁套”这样的具体连接结构的特征，与原说明书和权利要求书文字记载的内容不同。原说明书和权利要求书文字记载的相关内容未描述这样的具体连接结构，而且也不能根据原说明书和权利要求书文字记载的内容以及说明书附图能直接地、毫无疑义地确定上述具体连接结构的具体特征。因此说明书第2页第3~4行的“还可以由一对或多对的锁环或挂钩一体固接构成”和第2页第13行的“或锁环或锁套”不符合专利法第33条的规定。

（5）另外，复审请求人将原来的申请文件中的垫圈改为鞋口，锁块该为锁结，鞋底改为上底，这也不能根据原申请文件直接地、毫无疑义地确定，也不符合专利法第33条的规定。

复审请求人提交的修改后的申请文本与原始文本相比，结构、文字相差较大，虽然请求人的修改是为了完善其申请文件，但未严格依据原始文本的内容进行修改，以致超出原始记载的内容，并经过多次修改仍不能克服超范围的缺陷，据此，合议组作出如下决定。

**三、决定**

维持国家知识产权局于2004年3月12日对98119991.7号发明专利申请作出的驳回决定。

复审请求人对本决定不服的，可以根据专利法第41条第2款的规定，自收到本决定之日起三个月内向北京市第一中级人民法院起诉。

090

# 用于预测未来健康的系统

## 复审请求审查决定（第 10888 号）

**决　定　号**　第 10888 号
**决　定　日**　2007 年 6 月 21 日
**发明创造名称**　用于预测未来健康的系统
**国际分类号**　A61B 5/00
**复审请求人**　博益有限公司
**申　请　号**　98804057.3
**申　请　日**　1998 年 2 月 10 日
**优先权日**　1997 年 2 月 14 日
**公　开　日**　2000 年 9 月 27 日
**合议组组长**　钱　芸
**主　审　员**　周　航
**参　审　员**　刘　畅

**法律依据**　专利法第 25 条第 1 款第（3）项、专利法第 33 条
**决定要点**

如果要求保护的技术方案以有生命的个体为检测对象，其目的是获得该个体的健康状况或疾病诊断结果，并且根据现有技术中的医学知识和该专利申请公开的内容，只要知晓所获得的检测信息就能够直接获得所述个体的健康状况或疾病诊断结果，则该技术方案属于专利法第 25 条第 1 款第（3）项所规定的疾病诊断方法。

### 一、案由

本复审请求涉及申请号为 98804057.3、名称为“用来预测未来健康的系统”的 PCT 发明专利申请（下称本申请），其申请日为 1998 年 2 月 10 日，优先权日为 1997 年 2 月 14 日，公开日是 2000 年 9 月 27 日，申请人为拜奥马尔国际公司，2004 年 10 月 1 日变更为博益有限公司。

经实质审查，国家知识产权局专利审查部门于 2004 年 6 月 4 日驳回了本申请，其理由是：本申请的权利要求 1~25 属于专利法第 25 条第 1 款第（2）项所规定的智力活动的规则和方法，是不能授予专利权的客体。驳回决定所依据的文本为：申请人于 2004 年 4 月 6 日提交的权利要求第 1~25 项，本申请进入中国国家阶段时提交的说明书第 1~60 页、附图第 1~2 页和说明书摘要。驳回决定所针对的权利要求书共有 25 项权利要求，其中权利要求 1、8、12、15、21~25 为独立权利要求，其分别如下：

“1. 一种用于预测个体未来健康的系统，包括：

（a）一个含有处理器的计算机，该处理器包含有从被试总体的个体成员中纵向得到的生物标识值数据库，所述成员的子总体 D 确定为在特定时间段或年龄间隔内已获得特定生物状况，子总体 $\overline{D}$ 确定为在特定时间段或年龄间隔内未获得特定生物状况，包括所述生物标识值的其中至少一个的每个个体的多个纵向得到的生物标识值已经通过物理测量相应的个体的物理生物标识而得到；

（b）所述数据库使所述多个纵向得到的生物标识值以有组织的方式存储并编目录用于检索和分析；以及

（c）所述计算机包括被配置成施行以下步骤的计算机程序：

（1）从所述纵向得到的生物标识值中选择生物标识值子集，以便判别属于子总体 D 和 $\overline{D}$ 的成员，其中生物标识值子集的选择基于被试总体中个体成员的生物标识值的分布；以及

（2）采用所选生物标识值的分布：

（i）将被测总体的成员分级成或者属于在特定时间段或年龄间隔内获得特定生物状况具有指示性高概率的子总体 PD，或者属于在特定时间段或年龄间隔内获得特定生物状况具有指示性低概率的子总体$\overline{PD}$；或

（ii）对每个被试总体成员进行定量判断，推算在特定时间段或年龄间隔内获得特定生物状况的概率。

8. 一种用于预测个体未来健康的系统，包括：

（a）一个含有处理器的计算机，该处理器包含有从被试总体的个体成员中纵向得到的生物标识值数据库，所述成员的子总体 D 确定为在特定时间段或年龄间隔内已获得特定生物状况，子总体 $\overline{D}$ 确定为在特定时间段或年龄间隔内未获得特定生物状况，包括所述生物标识值的其中至少一个的每个个体的多个纵向得到的生物标识值已经通过物理测量相应的个体的物理生物标识而得到；

（b）所述数据库使所述多个纵向得到的生物标识值以有组织的方式存储并编目录用于检索和分析；以及

（c）所述计算机包括被配置成施行以下步骤的计算机程序：

（1）从所述纵向得到的生物标识值中选择生物标识值子集，以便判别属于子总体 D 和 $\overline{D}$ 的成员，其中生物标识值子集的选择基于被试总体中个体成员的生物标识值的分布；以及

（2）采用所选生物标识值的分布：

（i）将被测总体的成员分级成或者属于在特定时间段或年龄间隔内获得特定生物状况具有指示性高概率的子总体 PD，或者属于在特定时间段或年龄间隔内获得特定生物状况具有指示性低概率的子总体 $\overline{D}$；或

（ii）对每个被试总体成员进行定量判断，推算得到特定时间段或年龄间隔内特定生物状况的概率；

其中上述过程包括一判别函数，该函数采用子总体 D 和 $\overline{D}$ 内生物标识值分布的估算平均向量和估算协方差矩阵。

12. 一种预测个体健康的方法，包括：

从一个体中采集多个生物标识值，其中所述生物标识值的至少一个是通过物理测量个体的物理生物标识来获得和确定的；以及

基于从个体采集的生物标识值：

（i）将所述个体分类为在特定时间段或年龄间隔内获得特定生物状况具有指示性高概率；或

（ii）对所述个体进行定量判断，估算在特定时间段或年龄间隔内获得特定生物状况的概率；

所述分类和估算通过以下方式进行：

（1）汇编从被试总体的个体成员中纵向得到的生物标识值数据库，所述成员的子总体 D 确定为已在特定时间段或年龄间隔内得到特定生物状况，子总体 $\overline{D}$ 确定为在特定时间段或年龄间隔内未得到特定生物状况，所述数据库使所述多个纵向得到的生物标识值以有组织的方式存储并编目录用于检索和分析；

（2）从所述纵向得到的生物标识值中选择生物标识值子集，以便判别属于子总体 D 和 $\overline{D}$ 的成员，其中生物标识值子集的选择基于被试总体中个体成员的生物标识值的分布；以及

（3）采用所选生物标识的分布来进行所述分类和估算。

15. 一种用于预测个体未来健康的系统，包括：

（a）一个计算机，含有处理器并包含有来自一个个体的多个纵向得到的生物标识值，包括所述生物标识值的其中至少一个的所述多个纵向得到的生物标识值已经通过物理测量个体的物理生物标识而得到；

（b）所述数据库使所述多个纵向得到的生物标识值以有组织的方式存储并编目录用于检索和分析；以及

（c）所述计算机包括被配置成施行以下步骤的计算机程序：

（i）将所述个体分类为在特定时间段或年龄间隔内获得特定生物状况具有指示性高概率；或者在特定时间段或年龄间隔内获得的生物状况具有指示性低概率；或

（ii）对所述个体进行定量判断，估算在特定时间段或年龄间隔内获得特定生物状况的概率；

其中所述分类和估算通过以下方式进行：

（1）采集从被试总体的个体成员中纵向得到的生物标识值数据库，所述成员的子总体 D 确定为已在特定时间段或年龄间隔内得到特定生物状况，子总体 $\overline{D}$ 确定为未在特定时间段或年龄间隔内得到特定生物状况；

（2）从所述纵向得到的生物标识中选择生物标识子集，以便判别属于子总体 D 和 $\overline{D}$ 的成员，其中生物标识值子集的选择基于被试总体中个体成员的生物标识值的分布；以及

（3）采用所选生物标识的分布来进行所述分类和估算。

21. 一种用于判断个体将由特定根本死因引起死亡的危险率的方法，包括：

从个体中采集多个生物标识值，其中所述生物标识值的至少一个是通过实际测量的生物标识值来获得的；以及

对所述多个生物标识值实施统计过程，以使确定所述个体是否属于在一特定时间段或年龄间隔内具有预测的高死亡概率，所述死亡由在特定时间段或年龄间隔内总计至少占被试总体总死亡的 60% 的任何一种根本死因引起。

22. 一种判断个体呈现良好健康状况的方法，包括：

从个体中采集多个生物标识值，其中所述生物标识值的至少一个是通过实际测量的生物标识值来获得的；以及

对所述多个生物标识值实施统计过程，以便确定所述个体是否属于在一特定时间段或年龄间隔内具有预测的不会死亡的概率，其中所述死亡由在特定时间段或年龄间隔内总计至少占被试总体总死亡的 60% 的任何一种根本死因引起。

23. 一种用于判断个体由特定根本死因引起未来死亡的概率的基于计算机的系统，包括：

（a）一个包括一处理器的计算机，该处理器包含一个体的多个生物标识值；以及

（b）一计算机程序，该程序包括的步骤用于对所述生物标识值实施统计过程，这样确定所述个体是否属于在一特定时间段或年龄间隔内具有预测的死亡率，其中所述死亡由在特定时间段或年龄间隔内总计至少占被试总体总死亡的60%的任何一种根本死因引起。

24. 一种用于判断个体呈现良好健康状况的基于计算机的系统，包括：

一个包括一处理器的计算机，该处理器包含一个体的多个生物标识值；以及

一计算机程序，该程序包括的步骤用于对所述生物标识值实施统计过程，这样确定所述个体是否属于在一特定时间段或年龄间隔内具有预测的不会死亡的概率，其中所述死亡由在特定时间段或年龄间隔内总计至少占被试总体总死亡至少60%的任何一种根本死因引起。

25. 一种用于判断个体的未来健康问题危险率的装置，包括：

（a）一种用于储存一个体的多个纵向得到的生物标识值的储存装置，包括所述生物标识值的其中至少一个的所述多个纵向得到的生物标识值已经通过物理测量个体的物理生物标识而得到；以及

（b）所述多个纵向得到的生物标识值以有组织的方式存储并编目录用于检索和分析；以及

（c）一种与该储存装置连接的处理器，该处理器被编程为：

（1）从该储存装置中接收所述多个生物标识值；以及

（2）对所述多个生物标识值实施程序步骤，以便：

（i）将所述个体分类成或者属于在特定时间段或年龄间隔内获得特定生物状况具有指示性高概率的子总体PD，或者属于在特定时间段或年龄间隔内获得特定生物状况具有指示性低概率的子总体$\overline{\mathrm{PD}}$；或

（ii）定量估算在特定时间段或年龄间隔内获得特定生物状况的概率；

其中对所述数据库中的所述多个生物标识值施行所述程序步骤，所述数据库中的所述多个生物标识值已经通过以下方式被汇编：

（1）采集从被试总体的个体成员中纵向得到的生物标识值的数据库，包括所述生物标识值的其中至少一个的多个纵向得到的生物标识值基于每个个体的一个物理得到的生物标识，所述成员的子总体D确定为在特定时间段或年龄间隔内已获得特定生物状况，子总体$\overline{D}$确定为在特定时间段或年龄间隔内未获得特定生物状况；

（2）从所述纵向得到的生物标识中选择生物标识子集，以便判别属于子总体D和$\overline{D}$的成员，其中生物标识子集的选择基于被试总体中个体成员的生物标识值的分布；以及

（3）采用所选生物标识的分布来进行所述分类和估算。”

申请人博益有限公司（下称复审请求人）不服上述驳回决定，于2004年9月15日向专利复审委员会提出复审请求，同时提交了意见陈述书和权利要求书的全文替换页。修改后的权利要求书如下：

“1. 一种用于估算特定个人在一特定时间段或年龄间隔内获得特定生物状况的概率的系统，所述系统包括：

（a）在一测试时间段内至少两次周期性地从一组测试人口的每个个人成员采集一组生物指示值的装置，其中至少一部分所述生物指示值是通过测量来自该组人口的个人成员的生物样品而获得的；

（b）在所述测试时间段内监视该组测试人口的个人成员并采集关于所述个人成员是否在所述测试时间段内获得所述特定生物状况的数据的装置；

（c）从所述特定个人采集一组生物指示值的装置，其中至少一部分所述生物指示值是通过测量来自所述特定个人的生物样品而获得的；以及

（d）一计算机，所述计算机包括：

（1）数据处理及计算装置，处理由装置（a）、（b）和（c）所采集的数据并根据所处理的数据

来计算所述特定个人在一特定时间段或年龄间隔内获得所述特定生物状况的概率；以及

（2）显示或输出所计算的概率的装置。

2. 如权利要求 1 所述的系统，其中所述数据处理及计算装置包括：

把该组测试人口的个人成员分成两组亚人口的装置：即一组包含被确定为在所述特定时间段或年龄间隔内已获得所述特定生物状况的个人成员的亚人口 D 和一组包含被确定为还未在所述特定时间段或年龄间隔内获得所述特定生物状况的个人成员的亚人口 $\overline{D}$；

确定一组与该组测试人口的个人成员是否获得所述特定生物状况潜在相关的候选生物指示的装置；

通过把候选生物指示的值除以相关候选生物指示的样品标准偏差来重新换算该候选生物指示的值的装置；

通过向后删除或向前选择的方法来把该组候选生物指示减少为一组选中生物指示的装置，而该组选中生物指示在统计意义上有效地区分了所述的亚人口 D 和 $\overline{D}$；

对协变矩阵结构和预测值进行混合模型估算的装置；以及

根据估算的平均值和预测值来计算判别函数的装置。

3. 如权利要求 2 所述的系统，进一步包括：

在所述测试时间段内从一组评估人口的每个个人成员采集一组生物指示值的装置；以及

在所述测试时间段内监视该组评估人口的个人成员并采集关于该组评估人口的个人成员是否在所述测试时间段内获得所述特定生物状况的数据的装置，其中从所述评估人口采集的数据被用于评估所计算的判别函数。

4. 如权利要求 2 所述的系统，其中该组候选生物指示包括通过逻辑回归模型确定的生物指示，而该生物指示的值在统计意义上有效地与所述测试人口的个人成员是否获得所述特定生物状况相关。

5. 如权利要求 4 所述的系统，其中该组候选生物指示还包括通过通用线性混合模型确定的生物指示，而该生物指示的值具有特征性的随时间的变化趋势，并且这种特征性的变化趋势在统计意义上有效地与所述测试人口的个人成员是否获得所述特定生物状况相关。

6. 如权利要求 2 所述的系统，其中对协变矩阵结构所进行的混合模型的估算考虑：（i）在相同时间点上对不同生物指示所进行的测量之间的协变或相关性；（ii）在不同时间点上对同一生物指示所进行的测量之间的协变或相关性；（iii）在不同时间点上对不同生物指示所进行的测量之间的协变或相关性。

7. 如权利要求 2 所述的系统，其中在混合模型估算中使用二进制指示变量来表示测试人口的个人成员的生物状态，其中如果一个个人成员属于亚人口 D，则令该个人成员的所述二进制指示变量的值为 1，而其中如果一个个人成员属于亚人口 $\overline{D}$，则令该个人成员的所述二进制指示变量的值为 0。

8. 如权利要求 1 所述的系统，其中所述系统进一步包括根据所计算的概率来监督所述特定个人采取预防措施以便降低所述特定个人的未来健康危险的装置。

9. 如权利要求 1 所述的系统，其中将由装置（c）从特定个人所采集的生物指示值与由装置（a）从测试人口的个人成员周期性采集的生物指示值集进行比较，以计算该特定个人在所述特定时间段或年龄间隔内获得所述特定生物状况的概率。

10. 如权利要求 1 所述的系统，其中所述生物样品包括血液样品、尿液样品、唾液样品、毛发样品、趾甲样品、指甲样品、排泄物样品或呼出空气样品。

11. 如权利要求 1 所述的系统，其中由装置（a）和（c）所采集的生物指示值进一步包括与个人饮食习惯和生活方式相关的生物数据。

12. 一种用于估算特定个人在一特定时间段或年龄间隔内获得特定生物状况的概率的方法，所述方法包括：

（a）在一测试时间段内至少两次周期性地从一组测试人口的每个个人成员采集一组生物指示值，其中至少一部分所述生物指示值是通过测量来自该组测试人口的个人成员的生物样品而获得的；

（b）在所述测试时间段内监视该组测试人口的个人成员并采集关于所述个人成员是否在所述测试时间段内获得所述特定生物状况的数据；

（c）从所述特定个人采集一组生物指示值，其中至少一部分所述生物指示值是通过测量来自所述特定个人的生物样品而获得的；

（d）处理在步骤（a）、（b）和（c）中采集的数据并根据所处理的数据来计算所述特定个人在一特定时间段或年龄间隔内获得所述特定生物状况的概率；以及

（e）显示或输出所计算的概率，

其中步骤（d）和（e）通过一包括数据处理及计算装置和显示/输出装置的计算机来执行。

13. 如权利要求 12 所述的方法，其中所述生物样品包括血液样品、尿液样品、唾液样品、毛发样品、趾甲样品、指甲样品、排泄物样品或呼出空气样品。

14. 如权利要求 12 所述的方法，其中步骤（d）中的数据处理包括：

把该组测试人口的个人成员分成两组亚人口：即一组包含被确定为在所述特定时间段或年龄间隔内已获得所述特定生物状况的个人成员的亚人口 D 和一组包含被确定为还未在所述特定时间段或年龄间隔内获得所述特定生物状况的个人成员的亚人口 $\overline{D}$；

确定一组与该组测试人口的个人成员是否获得所述特定生物状况潜在相关的候选生物指示；

通过把该组候选生物指示的值除以相关候选生物指示的样品标准偏差来重新换算该候选生物指示的值；

通过向后删除或向前选择的方法来把该组候选生物指示减少为一组选中生物指示，而该组选中生物指示在统计意义上有效地区分了所述的亚人口 D 和 $\overline{D}$；

对协变矩阵结构和预测值进行混合模型估算；以及

根据估算的平均值和预测值来计算判别函数。

15. 如权利要求 14 所述的方法，进一步包括：

在所述测试时间段内从一组评估人口的每个个人成员上采集一组生物指示值；以及

在所述测试时间段内监视该组人口的个人成员并采集关于该组评估人口的个人成员是否在所述测试时间段内获得所述特定生物状况的数据，其中从所述评估人口采集的数据被用于评估所计算的判别函数。

16. 如权利要求 12 所述的方法，进一步包括根据所计算的概率来监督所述特定个人采取预防措施以便降低所述特定个人的未来健康危险的步骤。

17. 如权利要求 12 所述的方法，其中所述特定生物状况是由一种特定原因引起的死亡。

18. 如权利要求 12 所述的方法，其中所述特定生物状况是一种特定的疾病。

19. 如权利要求 12 所述的方法，其中所述测试时间段的范围从大约 5 年到大约 10 年。

20. 如权利要求 19 所述的方法，其中所述生物指示值是每年从该组测试人口的每个个人成员所采集的。

21. 一种用于确定生物指示的方法，这些生物指示可用于预测个人在一特定时间段或年龄间隔内获得特定生物状况的危险，所述方法包括：

（a）在一测试时间段内至少两次周期性地从一组测试人口的每个个人成员采集一组生物指示值，

其中至少一部分所述生物指示值是通过测量来自该组测试人口的个人成员的生物样品而获得的；

（b）在所述测试时间段内监视该组测试人口的个人成员并采集关于所述个人成员是否在所述测试时间段内获得所述特定生物状况的数据；

（c）把该组测试人口的个人成员分成两组亚人口：即一组包含被确定为在所述特定时间段或年龄间隔内已获得所述特定生物状况的个人成员的亚人口 D 和一组包含被确定为还未在所述特定时间段或年龄间隔内获得所述特定生物状况的个人成员的亚人口 $\overline{D}$；

（d）确定一组与该组测试人口的个人成员是否获得所述特定生物状况潜在相关的候选生物指示；

（e）通过把候选生物指示的值除以相关候选生物指示的样品标准偏差来重新换算该候选生物指示的值；

（f）把该组候选生物指示减少为一组选中生物指示，而该组选中生物指示在统计意义上有效地区分了所述的亚人口 D 和 $\overline{D}$；

（g）显示或输出该组选中生物指示，

其中步骤（c）、（d）、（e）、（f）和（g）由一包括数据处理及计算装置和显示/输出装置的计算机来执行。

22. 一种用于判断特定个人在一特定时间段或年龄间隔内死亡的危险的方法，包括：

（a）在一测试时间段内至少两次周期性地从一组测试人口的每个个人成员采集一组生物指示值，其中至少一部分所述生物指示值是通过测量来自该组测试人口的个人成员的生物样品而获得的；

（b）在所述测试时间段内监视该组测试人口的个人成员并采集关于所述个人成员是否在所述测试时间段内死亡的数据；

（c）从所述特定个人采集一组生物指示值，其中至少一部分所述生物指示值是通过测量来自所述特定个人的生物样品而获得的；

（d）处理在步骤（a）、（b）和（c）中采集的数据并根据所处理的数据来计算所述特定个人在该特定时间段或年龄间隔内死于任何一种潜在死因的概率，而所述潜在死因是在该特定时间段或年龄间隔内总计造成该组测试人口中死亡数的至少 60% 的原因；以及

（e）显示或输出所计算的概率，

其中步骤（d）和（e）由一包括数据处理及计算装置和显示/输出装置的计算机来执行。

23. 一种用于判断特定个人在一特定时间段或年龄间隔内死亡的危险的系统，所述系统包括：

（a）在一测试时间段内至少两次周期性地从一组测试人口的每个个人成员采集一组生物指示值的装置，其中至少一部分所述生物指示值是通过测量来自该组测试人口的个人成员的生物样品而获得的；

（b）在所述测试时间段内监视该组测试人口的个人成员并采集关于所述个人成员是否在所述测试时间段内死亡的数据的装置；

（c）从所述特定个人采集一组生物指示值的装置，其中至少一部分所述生物指示值是通过测量来自所述特定个人的生物样品而获得的；以及

（d）一计算机，所述计算机包括：

（1）数据处理及计算装置，处理由装置（a）、（b）和（c）所采集的数据并根据所处理的数据来计算所述特定个人在一特定时间段或年龄间隔内死于任何一种潜在死因的概率，而所述潜在死因是在该特定时间段或年龄间隔内总计造成该组测试人口中死亡数的至少 60% 的原因；以及

（2）显示或输出所计算的概率的装置。

24. 一种用于判断特定个人呈现良好健康状况的系统，所述系统包括：

（a）在一测试时间段内至少两次周期性地从一组测试人口的每个个人成员采集一组生物指示值

的装置，其中至少一部分所述生物指示值是通过测量来自该组测试人口的个人成员的生物样品而获得的；

（b）在所述测试时间段内监视该组测试人口的个人成员并采集关于所述个人成员是否在所述测试时间段内死亡的数据的装置；

（c）从所述特定个人采集一组生物指示值的装置，其中至少一部分所述生物指示值是通过测量来自所述特定个人的生物样品而获得的；

（d）一计算机，所述计算机包括：

（1）数据处理及计算装置，处理由装置（a）、（b）和（c）所采集的数据并根据所处理的数据来计算所述特定个人在一特定时间段或年龄间隔内不会死于任何一种潜在死因的概率，而所述潜在死因是在该特定时间段或年龄间隔内总计造成该组测试人口中死亡数的至少60%的原因；以及

（2）显示或输出所计算的概率的装置。

25. 一种用于估算特定个人在一特定时间段或年龄间隔内获得一种或多种特定生物状况的概率的方法，包括：

（a）在一测试时间段内至少两次周期性地从一组测试人口的每个个人成员采集可保存的生物样品；

（b）存储所采集的可保存的生物样品；

（c）在所述测试时间段内监视该组测试人口的个人成员并采集关于所述个人成员是否在所述测试时间段内获得一种或多种所述特定生物状况的数据；

（d）在该组测试人口中确定第一组个人成员，包含那些在所述测试时间段内已获得所述所述一种或多种特定生物状况的个人成员，以及第二组个人成员，包含那些在所述测试时间段内还未获得所述一种或多种特定生物状况的个人成员；

（e）从每个来自第一组和第二组个人成员的生物样品中测量生物指示值；

（f）从所述特定个人采集生物指示值，其中至少一部分所述生物指示值是通过测量来自所述特定个人的生物样品而获得的；

（g）处理在步骤（c）、（e）和（f）中采集或测量的数据并根据所处理的数据来计算所述特定个人在一特定时间段或年龄间隔内获得所述一种或多种特定生物状况的概率；以及

（h）显示或输出所计算的概率，

其中步骤（g）和（f）由一包括数据处理及计算装置和显示/输出装置的计算机来执行。”

复审请求人认为，修改后的权利要求不涉及人的思维运动，只是对生物数据的客观采集和分析，不属于专利法第25条第1款所规定的智力活动的方法，属于专利保护的客体。复审请求人还提供了如下三份已获中国专利局授权的专利说明书首页，以证明与本申请类似的涉及预测或估算未来事件的技术方案能够作为专利保护客体：

（1）ZL95111249.X号发明专利说明书首页，其发明名称为“微机预测茶碱血药浓度及给药量的方法”，授权公告日为2001年4月4日；

（2）ZL94108875.9号发明专利说明书首页，其发明名称为“一种控制被控对象的预测控制方法及使用该方法的系统”，授权公告日为1999年12月22日；

（3）ZL96118790.5号发明专利说明书首页，其发明名称为“地震－测井多信息储层数据采集处理方法”，授权公告日为2001年10月24日。

经形式审查合格后，专利复审委员会依法受理了上述请求，于2005年1月19日向复审请求人发出了复审请求受理通知书，同时向原审查部门发出前置审查通知书。

原审查部门对该复审请求做出前置审查意见，仍然坚持原驳回决定。

专利复审委员会依法成立合议组，对本复审请求进行审查，合议组于2006年4月28日发出复审通知书，指出本申请权利要求1~11、23、24中，将原先涉及数据采集和处理的内容修改成实现所述数据采集和处理的装置，这种修改超出了原始权利要求书和说明书的记载范围，不符合专利法第33条的规定；此外权利要求12~22、25的技术方案属于疾病的诊断方法，按照专利法第25条第1款第(3)项的规定，不能被授予专利权。

针对上述复审通知书，复审请求人于2006年6月21日提交了意见陈述书，未对申请文件进行任何修改。复审请求人认为：(1)原申请文本中记载的系统具有数据采集和处理的功能，则必然意味着该系统有相应的装置来实现这种功能，同时说明书多处内容也记载了实现这种功能的具体装置，因此复审请求时对权利要求所作的修改未超出原始文本的公开范围，符合专利法第33条的规定；(2)权利要求12~22、25的技术方案是对已脱离人体或动物体的样本进行处理和检测，其目的是预测生物状况，包括健康状况，并不一定是用于诊断疾病，同时其数据处理的目的和结果只是获得中间结果，不能直接得出诊断结果。因此不属于专利法第25条第1款第(3)项所规定的“疾病的诊断和治疗方法”。

至此，合议组认为本案事实已经清楚，现依法作出复审决定。

**二、决定的理由**

1. 关于审查文本

本复审决定以复审请求人于2004年9月15日提交的权利要求第1~25项，1999年10月10日提交的说明书第1~60页、说明书附图第1~2页以及说明书摘要为审查文本。

2. 关于专利法第33条

专利法第33条规定：申请人可以对专利申请文件进行修改，但是对发明和实用新型专利申请文件的修改不得超出原说明书和权利要求书记载的范围，对外观设计专利权申请文件的修改不得超出原图片或者照片表示的范围。

在本案中，权利要求1~11、23、24均涉及一种基于计算机的系统，复审请求人在提出复审请求时将所述系统中涉及数据采集和处理的内容修改成实现所述数据采集和处理的装置。例如：“在一测试时间段内至少两次周期性地从一组测试人口的每个个人成员采集一组生物指示值的装置”、“在所述测试时间段内监视该组测试人口的个人成员并采集关于所述个人成员是否在所述测试时间段内获得所述特定生物状况的数据的装置”、“把该组测试人口的个人成员分成两组亚人口的装置”、“确定一组与该组测试人口的个人成员是否获得所述特定生物状况潜在相关的候选生物指示的装置”、“通过把候选生物指示的值除以相关候选生物指示的样品标准偏差来重新换算该候选生物指示的值的装置”、“通过向后删除或向前选择的方法来把该组候选生物指示减少为一组选中生物指示的装置”、“对协变矩阵结构和预测值进行混合模型估算的装置”、“根据估算的平均值和预测值来计算判别函数的装置”等等。由于在原始申请文件中，只记载了在预测个体未来健康的系统中需要进行生物指示值的采集及处理的内容，并未记载该系统具有执行生物指示值采集及处理的装置，它们与原始申请公开的信息不同，而且也不能从原始申请公开的信息中直接地、毫无疑义地导出，因此，其修改超出了原始文本的公开范围，不符合专利法第33条的规定。

复审请求人强调的理由是，原申请文本中记载的系统具有数据采集和处理的功能，则必然意味着该系统有相应的装置来实现这种功能，同时说明书多处内容也记载了实现这种功能的具体装置，因此复审请求时对权利要求所作的修改未超出原始文本的公开范围。对此合议组认为，根据说明书的记载，能够预测个体未来健康的基于计算机的系统包括计算机，该计算机包含多个生物标识值（即数据库），以及对生物标识值进行计算的程序，而所述程序是基于对测试个体和总体的特定数据采集、判断、统计等。可见，所述系统虽然具有数据库储存和运算功能，并不当然地具有数据采集功能，更不当然地具有能实现“在一测试时间段内至少两次周期性地从一组测试人口的每个个人成员采集一组生物指示值”、“把该组测试人口的个人成员分成两组亚人口”、“通过向后删除或向前选择的方法来把该组候选生物指示减少为一组选中生物指示”等等功能的装置，因为全部或部分实现这些功能并不排除以机械装置以外的其他方式（如人为）的可能性，例如实现“在一测试时间段内至少两次周期性地采样”、“把该组测试人口的个人成员分成两组亚人口”等过程就可以认为是人为完成而非特定的自动化程序实现的。此外，说明书中提供的实例如血糖仪、计算机等也只是采样、数据处理的装置，它们并不能全部自动地完成上述权利要求记载的丰富功能，如“在一测试时间段内至少两次周期性地从一组测试人口的每个个人成员采集一组生物指示值”、“把该组测试人口的个人成员分成两组亚人口”、“通过向后删除或向前选择的方法来把该组候选生物指示减少为一组选中生物指示”等等。因此复审请求人的上述理由不成立，根据原始文本的公开内并不能直接、无疑义地得出存在实现特定功能的装置的结论。

综上所述，权利要求 1~11、23、24 的修改不符合专利法第 33 条的规定。

3. 关于专利法第 25 条第 1 款第（3）项

专利法第 25 条第 1 款规定：对下列各项，不授予专利权：（1）科学发现；（2）智力活动的规则和方法；（3）疾病的诊断和治疗方法；（4）动物和植物品种；（5）用原子核变换方法获得的物质。

在本案中，权利要求 12~20 要求保护一种用于估算特定个人在一特定时间段或年龄间隔内获得特定生物状况的概率的方法，其主要内容是检测特定个体的生物指标，将其与该个体所属的群体的相应生物指标一起进行数据处理分析，从而得出该特定个体获得特定生物状况的概率。上述方法是以有生命的人为检测对象，其目的是为了获得个体“特定生物状况”概率，所谓“特定生物状况”，根据说明书第 17 页第 23~26 行的记载，“包括所有健康范围，从最强健的健康到最严重的疾病”，也就是说所述方法的目的是为了获知个体罹患各种疾病的潜在可能性。因此权利要求 12~20 的技术方案实质上是一种患病风险度的评估方法，属于专利法第 25 条第 1 款第（3）项所规定的疾病诊断方法的范畴，不能被授予专利权。

类似地，权利要求 21 要求保护“一种用于确定生物指示的方法，这些生物指示可用于预测个人在一特定时间段或年龄间隔内获得特定生物状况的危险”，权利要求 22 要求保护“一种用于判断特定个人在一特定时间段或年龄间隔内死亡的危险的方法”，权利要求 25 要求保护“一种用于估算特定个人在一特定时间段或年龄间隔内获得一种或多种特定生物状况的概率的方法”，这些权利要求实质上均涉及对有生命的个体进行检测以评估其患病风险度的方法，属于专利法第 25 条第 1 款第（3）项所规定的疾病诊断方法的范畴，不能被授予专利权。

复审请求人强调的理由是，权利要求 12~22、25 的技术方案是对已脱离人体或动物体的样本进行处理和检测，其目的是预测包括健康状况在内生物状况，并不一定是用于诊断疾病，而且其数据处理的目的和结果只是获得中间结果，不能直接得出诊断结果。对此合议组认为：首先，尽管上述权利要求技术方案的直接检测对象是离体样品，但这些样品采自有生命的个体，权利要求中也记载了从这些有生命的个体采集样品的步骤，故所述方法仍是以有生命的个体为检测对象；其次，疾病诊断是一个广泛的概念，包括对个体的健康状况、亚健康状况、疾病状况的诊断，并不一定要针对患病的个体进行，故本申请对样品进行检测的直接目的是为了获得样品所属个体的健康状况，属于疾病诊断的一种；此外，根据现有技术中的医学知识和该专利申请公开的内容，只要知晓本申请中获得的检测信息，就能够直接获得生物个体的健康状况即其患病风险度，因此本申请中获得的信息不属于中间信息，能够直接得出诊断结果。

综上所述，经过复审请求人的意见陈述之后，复审通知书所指出的本申请具有的缺陷仍然存在，即本申请权利要求1~11、23、24的修改不符合专利法第33条的规定，权利要求12~22、25的技术方案均涉及疾病的诊断方法，属于专利法第25条第1款第（3）项所规定的不授予专利权的客体。

基于上述事实和理由，本案合议组依法作出以下审查决定。

**三、决定**

维持国家知识产权局于2004年6月4日对98804057.3号发明专利申请作出的驳回决定。

复审请求人对本决定不服的，可以根据专利法第41条第2款的规定，自收到本决定之日起三个月内向北京市第一中级人民法院起诉。

091

# 带能量变换装置的阳萎治疗设备

## 复审请求审查决定（第 10891 号）

**决　定　号**　第 10891 号
**决　定　日**　2007 年 6 月 22 日
**发明创造名称**　带能量变换装置的阳萎治疗设备
**国际分类号**　A61F 5/41，A61F 002/26，A61F 002/48
**复审请求人**　波滕西亚医疗公司
**申　请　号**　01804891. 9
**申　请　日**　2001 年 2 月 9 日
**优先权日**　2000 年 2 月 11 日
**公　开　日**　2003 年 3 月 5 日
**合议组组长**　丁惠玲
**主　审　员**　李　礼
**参　审　员**　杨军艳

**法律依据**　专利法第 33 条，专利法实施细则第 21 条第 2 款
**决定要点**

若申请文件中对超出原说明书和权利要求书范围的内容进行了删除，则该修改文件可以被接受。

若某个技术特征是解决该发明技术问题的所不可缺少的技术特征，则应将其写入独立权利要求中以形成完整的技术方案。

### 一、案由

本复审请求涉及申请号为 01804891. 9、名称为“带能量变换装置的阳萎治疗设备”的 PCT 发明专利申请（下称本申请），其申请日为 2001 年 2 月 9 日，优先权日为 2000 年 2 月 11 日，申请人为波滕西亚医疗公司。

国家知识产权局实质审查部门依法对本申请进行了实质审查，于 2003 年 9 月 12 日发出第一次审查意见通知书，指出本申请权利要求 1 缺少必要技术特征，不符合专利法实施细则第 21 条第 2 款的规定；从属权利要求 12、13、16、17、22~26、33、35~39、43、45~47 以及其后的多项从属权利要求中存在多项从属权利要求引用多项从属权利要求的问题，不符合专利法实施细则第 23 条第 2 款的规定；说明书中附图标记不一致，不符合专利法实施细则第 19 条第 3 款的规定。

针对上述审查意见通知书，申请人于 2004 年 3 月 29 日提交了意见陈述书和权利要求书、说明书第 1~19 页的修改替换页。修改后的权利要求书共包括 148 项权利要求，其中的权利要求 1 如下：

“1. 一种男性阳萎治疗设备，该设备包括一种可操作的限制装置，它可植入阳萎病人体内，以便与正常阴茎组织或其延长部分的组织部分相接合，从而形成受限的阴茎出口血流通路，所述设备的特征在于一种适于无线地传输无线能量的能量传输装置，以及一种控制装置，该控制装置用于控制能量传输装置将无线能量从病人体外传输至病人体内，以便供限制装置的操作使用，所述限制装置的操作包括暂时使该组织部分收缩，以便限制血流通路中的阴茎流出血流，从而实现勃起。”

申请人在意见陈述中称：变换装置和能量储能装置并不属于必要技术特征，无须添加到独立权利要求 1 中，“适于无线地传输能量的能量传输装置”的该表述方式包含许多对于本领域的技术人员是公知的且可设想的装置，且“一种可操作的限制装置，它可植入阳萎病人体内，以便与正常阴茎组织或其延长部分的组织部分相接合，从而形成受限的阴茎出口血流通路”的这种表述，对于本领域普通技术人员来说也会想到那些可以设想到的装置，因此，上述表述并不属于审查员在第一次审查意见通知书中称的“宽范围的上位的表述”。

经过上述实质审查程序后，国家知识产权局实质审查部门以申请人于 2004 年 3 月 29 日提交的修改文本中权利要求 1 不符合专利法实施细则第 21 条第 2 款的规定为由，于 2004 年 7 月 23 日做出了驳回本申请的决定，具体的驳回理由如下：权利要求 1 没有记载控制装置和限制装置的具体结构特征，对于所属技术领域的技术人员来说无法确定控制装置通过什么结构对限制装置进行操作，使得限制装置收缩从而使限制装置所限制的组织部分收缩，也无法确定限制装置应具有什么样的结构能在控制装置的控制下限制阴茎出口血流通路，因而该权利要求不符合专利法实施细则第 21 条第 2 款的规定。

波滕西亚医疗公司（下称复审请求人）不服上述驳回决定，于 2004 年 10 月 22 日向专利复审委员会提出复审请求，并提交了权利要求书和说明书的修改替换页，修改后的权利要求共 145 项，其中权利要求 1 如下：

“1. 一种男性阳萎治疗设备，该设备包括：一种可膨胀封套或人造括约肌形式的可操作的限制装置，它可植入于阳萎病人体内的正常阴茎组织或其延长部分的组织部分附近，从而形成受限的阴茎出口血流通路；一种能量传输装置，用于将第一种形式的能量从病人体外无线传输至病人体内；以及一种可植入于病人体内的能量变换装置，用于将由能量传输装置无线传输的第一种形式的能量变换成不同于所述第一种形式的能量的第二种形式的能量，其特征在于，所述能量变换装置至少包括一个元件，它具有正极区和负极区，所述元件能在曝露于由能量传输装置所传输的第一种形式的能量时形成正极区与负极区之间的能量场，并且该能量场产生第二种形式的能量，其中所述封套或括约肌是由第二种形式的能量可操作的，以收缩所述组织部分，以便限制阴茎出口血流通路中的阴茎出口血流，从而实现勃起。”

经形式审查合格后，专利复审委员会受理了上述复审请求，并于 2004 年 11 月 29 日发出了复审请求受理通知书及前置审查通知书。

原审查部门对该复审请求做出前置审查意见，认为复审请求人提出复审请求时提交的修改文本存在超出原说明书和权利要求书记载范围的问题，不符合专利法第 33 条的有关规定，仍然坚持原驳回决定。

专利复审委员会依法成立合议组对本复审请求案件进行审理。本案合议组于 2006 年 7 月 4 日向复审请求人发出了复审通知书，指出复审请求人于 2004 年 10 月 22 日提交的申请文件存在修改超出原权利要求和说明书记载范围的问题，不符合专利法第 33 条的规定，并且权利要求 1 请求保护的技术方案中缺少必要技术特征，仍不符合专利法实施细则第 21 条第 2 款的规定。具体理由是：提交的修改文件中包括有“可膨胀封套”，而该内容既未记载在原始公开的说明书和权利要求书中，也不能从原始申请文件中唯一导出，因而该修改不符合专利法第 33 条的规定；权利要求 1 中缺少对限制装置具体结构，以及如何对限制装置进行具体控制以实现该限制装置功能的限定，导致该权利要求未从整体上反映发明的技术方案，未记载解决其技术问题所不可缺少的必要技术特征，因而不符合专利法实施细则第21条第2款的规定。

复审请求人针对上述复审通知书于2006年10月19日提交了意见陈述书，并提交了权利要求书、说明书第1、2页的修改替换页，修改后的权利要求书包括145项权利要求，其中权利要求1如下：

“1. 一种男性阳萎治疗设备，该设备包括：一种人造括约肌形式的可操作的限制装置，它可植入于阳萎病人体内的正常阴茎组织或其延长部分的组织部分附近，从而形成受限的阴茎出口血流通路；一种能量传输装置，用于将第一种形式的能量从病人体外无线传输至病人体内；以及一种可植入于病人体内的能量变换装置，用于将由能量传输装置无线传输的第一种形式的能量变换成不同于所述第一种形式的能量的第二种形式的能量，其特征在于，所述能量变换装置至少包括一个元件，它具有正极区和负极区，所述元件能在曝露于由能量传输装置所传输的第一种形式的能量时形成正极区与负极区之间的能量场，并且该能量场产生第二种形式的能量，其中所述括约肌是由第二种形式的能量可操作的，以收缩所述组织部分，以便限制阴茎出口血流通路中的阴茎出口血流，从而实现勃起。”

合议组经合议后认为，本案事实已经清楚，可以依法作出审查决定。

**二、决定的理由**

1. 审查基础

本复审决定以复审请求人于2006年10月19日提交的权利要求第1~145项、说明书第1、2页，于2004年10月22提交的说明书第3~19页，以及进入中国国家阶段时提交的说明书附图第1~7页、说明书摘要以及摘要附图作为审查基础。

2. 关于专利法第33条的问题

复审请求人于2006年10月19日提交的权利要求第1~145项、说明书第1、2页中，删除了复审通知书中所指出的超出原说明书和权利要求书记载范围的“可膨胀封套”，该修改文本符合专利法第33条的规定，并克服了复审通知书中所指出的不符合专利法第33条规定的缺陷。

3. 关于专利法实施细则第21条第2款的问题

专利法实施细则第21条第2款规定：独立权利要求应当从整体上反映发明或者实用新型的技术方案，记载解决技术问题的必要技术问题。

审查指南第二部分第二章第3.1.2节规定：必要技术特征是指，发明或者实用新型为解决其技术问题所不可缺少的技术特征，其总和足以构成发明或者实用新型的技术方案，使之区别于背景技术中所述的其他技术方案。

在意见陈述书中，复审请求人认为：本发明实质上涉及这样一种阳萎治疗设备，其带有一个具备创造性的激励系统的可操作和可控制的限制装置，因而本发明的核心是通过特殊的能量变换装置来对能量进行无线传输，而不是所述限制装置的物理结构，因此后者并不是本发明技术方案的必要技术特征。

合议组认为：本申请所要解决的技术问题是提供一种包括有可植入到阳萎病人体内的可操作限制装置的男性阳萎治疗设备，利用控制其中的限制装置来限制的阴茎出口血流通路，从而实现勃起，由此可知控制限制装置动作的具体结构或装置是解决其技术问题所不可缺少的技术特征。而在权利要求1中，仅限定出该男性阳萎治疗设备包括限制装置、能量传输装置、能量变换装置，且分别对上述装置仅仅进行了功能性的限定，本领域技术人员从该权利要求所记载的内容中并不能知晓使用何种装置或结构来利用变换后的能量，对“人造括约肌形式的可操作的限制装置”进行控制，使之可以具有如该权利要求特征部分所述“收缩所述组织部分，以便限制阴茎出口血流通路中的阴茎出口血流，从而实现勃起”的功能。虽然复审请求人认为本发明的核心是通过特殊的能量变换装置来对能量进行无线传输，而不是所述限制装置的物理结构，但是对于权利要求1请求保护的方案来说，除了应包括复审请求人认为的能量变换装置之外，作为一个完整的男性阳萎医疗设备，还应包括实现组织部分收缩的限制装置，和利用变换后的能量控制限制装置具体动作的结构或装置，这样才能组成本申请权利要求1所请求保护的男性医疗设备，否则只限定出该限制装置及其功能，却没有限定出如何对其进行控制，是无法实现对阳萎病人的治疗的，即无法解决其技术问题，也无法获得其技术效果，可见该控制限制装置具体动作的结构或装置是构成该技术方案不可缺少的技术特征。由此可见，本申请权利要求1并没有从整体上反映发明的技术方案，未记载上述解决其技术问题所不可缺少的必要技术特征，因此，权利要求1缺少必要技术特征，不符合专利法实施细则第21条第2款的有关规定。

基于上述理由，权利要求1仍不符合专利法实施细则第21条第2款的规定。根据上述事实和理由，本案合议组做出以下审查决定。

**三、决定**

复审请求的理由不成立，维持国家知识产权局于2004年7月23日对01804891.9号发明专利申请作出的驳回决定。

复审请求人对本决定不服的，可以根据专利法第41条第2款的规定，自收到本决定之日起三个月内向北京市第一中级人民法院起诉。

092

# 液晶装置的制造方法

## 复审请求审查决定（第 10892 号）

**决　定　号**　第 10892 号
**决　定　日**　2007 年 6 月 22 日
**发明创造名称**　液晶装置的制造方法
**国 际 分 类 号**　G02F 1/133，G02F 1/1339
**复 审 请 求 人**　精工爱普生株式会社
**申　请　号**　01135756.8
**申　请　日**　2001 年 8 月 31 日
**优 先 权 日**　2000 年 9 月 1 日，2001 年 8 月 3 日
**公　开　日**　2002 年 3 月 20 日
**合 议 组 组 长**　陈迎春
**主　审　员**　李　礼
**参　审　员**　刘　畅

**法 律 依 据**　专利法第 22 条第 3 款
**决 定 要 点**

若权利要求请求保护的技术方案与对比文件所公开的内容相比存在区别，但该区别技术特征属于本领域的公知常识，则该权利要求相对于该份对比文件不具备创造性。

### 一、案由

本复审请求涉及申请号为 01135756.8、名称为“液晶装置的制造方法”的发明专利申请（下称本申请），其申请日为 2001 年 8 月 31 日，优先权日为 2000 年 9 月 1 日和 2001 年 8 月 3 日，公开日为 2002 年 3 月 20 日，申请人为精工爱普生株式会社。

在实质审查程序中，国家知识产权局实质审查部门于 2003 年 9 月 26 日发出第一次审查意见通知书，所引用的对比文件如下：

对比文件 1：CN1166880A 中国专利申请公开说明书，公开日为 1997 年 12 月 3 日；

对比文件 2：JP8146442A 日本专利申请公开说明书，公开日为 1996 年 6 月 7 日。

该通知书中指出，本申请权利要求 1~12 请求保护的技术方案相对于对比文件 1 与公知常识的结合、或对比文件 1 与对比文件 2 的结合不具备创造性，不符合专利法第 22 条第 3 款的规定。

针对上述审查意见通知书，申请人于 2004 年 2 月 3 日提交了意见陈述书，同时提交了权利要求书的全文修改替换页，修改后的权利要求书共有 4 项权利要求。申请人认为：将对比文件 1 与除去胶

水的日常生活方法相结合无法获得本发明的技术方案，修改后的权利要求1具备创造性；修改后的权利要求2的技术方案适用于溢出的封口材料较多的情况，通过使用吸引夹具可更有效地除去溢出的封口材料，根据对权利要求1的分析，修改后的权利要求2相对于对比文件1和除去胶水的日常生活方法相结合也具备创造性；进而从属权利要求3、4也具备创造性。

经过上述审查程序后，国家知识产权局实质审查部门以申请人2004年2月3日提交的权利要求1~4相对于对比文件1与公知常识的结合、或对比文件1与对比文件2的结合不符合专利法第22条第3款的规定为由，于2004年3月19日做出了驳回本申请的决定。驳回决定中所涉及的权利要求书如下：

“1. 一种液晶装置的制造方法，该液晶装置具有将液晶封口在设置在一对基板之间的液晶封入区域内的液晶面板，该液晶装置的制造方法的特征在于，有以下工序：

从在上述液晶面板的端面部开口的液晶注入口将液晶注入上述液晶封入区域内的液晶注入工序；

液晶注入后，将未固化的封口材料涂敷在上述液晶注入口上的封口材料涂敷工序；

将吸收性材料压着在溢出于上述液晶面板的外形的外侧的上述封口材料上，通过将上述封口材料吸收到上述吸收性材料，吸取溢出上述封口材料的封口材料除去工序；以及

在上述封口材料除去工序之后，使上述封口材料固化的封口材料固化工序。

2. 一种液晶装置的制造方法，该液晶装置具有将液晶封口在设置在一对基板之间的液晶封入区域内的液晶面板，该液晶装置的制造方法的特征在于，有以下工序：

从在上述液晶面板的端面部开口的液晶注入口将液晶注入上述液晶封入区域内的液晶注入工序；

液晶注入后，将未固化的封口材料涂敷在上述液晶注入口上的封口材料涂敷工序；

使吸引夹具接触着在溢出于上述液晶面板的外形的外侧的上述封口材料上，通过将上述封口材料吸收到上述吸入上述吸引夹具内部，吸取上述封口材料的封口材料除去工序；以及

在上述封口材料除去工序之后，使上述封口材料固化的封口材料固化工序。

3. 如权利要求1或2所述的液晶装置的制造方法，其特征在于：上述封口材料除去工序还包括用上述吸引夹具吸取上述封口材料的工序之后，利用拉伸夹具将上述封口材料拉伸到设置了上述液晶注入口的上述液晶面板的端面上的工序。

4. 如权利要求1或2所述的液晶装置的制造方法，其特征在于：还有在上述封口材料涂敷工序之前，使上述液晶面板上的上述液晶封入区域内部增压的工序；以及

在上述封口材料涂敷工序之后，在上述封口材料除去工序之前，使上述液晶封入区域内部减压的工序。”

申请人精工爱普生株式会社（下称复审请求人）不服上述驳回决定，于2004年6月24日向专利复审委员会提出复审请求，未提交修改文本。复审请求人认为，审查员采用将在粘贴邮票时溢出的胶水除去的方法作为例子驳回权利要求1并不适当，难以令人信服；将权利要求2的将封口材料吸入到吸引夹具的内部的特征作为是“在日常生活中具有相同吸收功能已知手段的等效替换”，但未给出任何例子，指出审查员没有根据本领域的技术发展来评述权利要求2，而是在认识本发明之后采用“在日常生活中具有相同吸收功能已知手段的等效替换”的说法来驳回权利要求2，并不适当，难以令人信服。

经形式审查合格，专利复审委员会受理了该复审请求，于2004年8月2日发出了复审请求受理通知书及前置审查通知书。

原审查部门在前置审查意见书中，仍然坚持原驳回决定。

在此基础上，专利复审委员会依法成立合议组对本案进行审查，本案合议组于2006年8月10日

向复审请求人发出了复审通知书，指出本申请权利要求1~4相对于对比文件1与公知常识的结合、或对比文件1与对比文件2的结合不具备创造性，不符合专利法第22条第3款的规定。

针对上述复审通知书，复审请求人于2006年9月14日提交了意见陈述书，并提交了权利要求书的修改替换页，对原权利要求1、2进行的修改，复审请求人认为：修改后的权利要求1、2相对于对比文件1与公知常识的结合具备突出的实质性特点和显著的进步，符合专利法第22条第3款的规定。复审请求人所提交的权利要求书内容如下：

“1. 一种液晶装置的制造方法，该液晶装置具有将液晶封口在设置在一对基板之间的液晶封入区域内的液晶面板，该液晶装置的制造方法的特征在于，有以下工序：

从设有多个液晶封入区域的大面板，分断对应于上述液晶面板的多个液晶封入区域配置成一列的矩形面板的工序；

从在上述矩形面板的各上述液晶面板的端面部开口的液晶注入口将液晶注入上述液晶封入区域内的液晶注入工序；

在上述液晶注入后，将未固化的封口材料涂敷在上述液晶注入口上的封口材料涂敷工序；

将吸收性材料压着在溢出于上述液晶面板的外形的外侧的上述封口材料上，通过将上述封口材料吸收到上述吸收性材料，吸取上述封口材料的封口材料除去工序；以及

在上述封口材料除去工序之后，使上述封口材料固化的封口材料固化工序，

上述液晶注入口被上述一对基板夹持，同时在上述矩形面板的分断面露出成一列，

在上述封口材料除去工序中，对在上述矩形面板的分断面露出的上述液晶注入口压着上述吸收性材料。

2. 一种液晶装置的制造方法，该液晶装置具有将液晶封口在设置在一对基板之间的液晶封入区域内的液晶面板，该液晶装置的制造方法的特征在于，有以下工序：

从设有多个液晶封入区域的大面板，分断对应于上述液晶面板的多个液晶封入区域配置成一列的矩形面板的工序；

从在上述矩形面板的各上述液晶面板的端面部开口的液晶注入口将液晶注入上述液晶封入区域内的液晶注入工序；

在上述液晶注入后，将未固化的封口材料涂敷在上述液晶注入口上的封口材料涂敷工序；

使吸引夹具接触在溢出于上述液晶面板的外形的外侧的上述封口材料上，通过将上述封口材料吸收到上述吸引夹具内部，吸取上述封口材料的封口材料除去工序；以及

在上述封口材料除去工序之后，使上述封口材料固化的封口材料固化工序，

上述液晶注入口被上述一对基板夹持，同时在上述矩形面板的分断面露出成一列，

在上述封口材料除去工序中，使上述吸引夹具接触于在上述矩形面板的分断面露出的上述液晶注入口。

3. 如权利要求1或2所述的液晶装置的制造方法，其特征在于：上述封口材料除去工序还包括用上述吸引夹具吸取上述封口材料的工序之后，利用拉伸夹具将上述封口材料拉伸到设置了上述液晶注入口的上述液晶面板的端面上的工序。

4. 如权利要求1或2所述的液晶装置的制造方法，其特征在于：还有在上述封口材料涂敷工序之前，使上述液晶面板上的上述液晶封入区域内部增压的工序；以及

在上述封口材料涂敷工序之后，在上述封口材料除去工序之前，使上述液晶封入区域内部减压的工序。”

经再次审查，合议组于2007年4月4日再次向复审请求人发出复审通知书，指出本申请权利要

求 1~4 仍不具备创造性，对于复审请求人所认为的由于修改后的权利要求 1、2 中包括“对在矩形面板的分断面露出的液晶注入口，压着吸收性材料或者使吸引夹具接触”、“在分断面液晶注入口露出成一列”而相对于对比文件 1 与公知常识的结合具有突出的实质性特点和意想不到的技术效果的理由，合议组认为：将液晶注入口排成一列的设置在矩形面板的分断面上属于本领域的公知常识，用于密封液晶注入口的封口材料必然位于液晶注入口上，即其位于分断面上也是本领域的惯常做法，通过上述本领域惯常做法所得到的技术效果对于本领域技术人员来说也是显而易见的，即当清除掉位于分断面上封口材料时对液晶面板的影响相对小，连续地清除位于排成一列液晶注入口上封口材料从而提高除去作用的效率，对于本领域技术人员来说均是显而易见的，因此复审请求人的上述理由并不成立。

针对上述复审通知书，复审请求人于 2007 年 5 月 8 日提交了意见陈述书，但未对申请文件进行修改。复审请求人认为：本申请为了尽可能减小封口材料向外溢出而采用压着吸收性材料的方式，并且本申请具有对比文件 1 所不具备的能使在不引起接触不良的情况下将液晶面板小型化的技术效果，因而本申请权利要求 1 相对于对比文件 1 与公知常识的结合具备突出的实质性特点和显著的进步，进而本申请权利要求 2~4 也具备创造性。

经继续审查，合议组认为，本案事实已经清楚，可以依法作出复审决定。

**二、决定的理由**

1. 审查文本

本复审决定以复审请求人于 2006 年 9 月 14 日提交的权利要求第 1~4 项，于申请日提交的说明书第 1~11 页、说明书附图第 1~7 页、说明书摘要及摘要附图作为审查基础。

2. 关于专利法第 22 条第 3 款的问题

专利法第 22 条第 3 款规定：创造性，是指同申请日以前已有的技术相比，该发明有突出的实质性特点和显著的进步，该实用新型有实质性特点和进步。

（1）权利要求 1 不符合专利法第 22 条第 3 款的规定。

本申请权利要求 1 请求保护一种液晶装置的制造方法，对比文件 1 公开了一种液晶屏的制造方法，并具体公开了以下技术特征（参见说明书第 2 页第 20 行至第 3 页第 9 行）：所述液晶显示屏具有将液晶封口设置在一对基板之间的液晶封入区域内的液晶面板，其制造方法如下：从液晶注入口向液晶充填区域内注入液晶的液晶充填工序；液晶注入后，将未固化的密封材料涂敷在上述液晶注入口上的封口材料涂敷工序；使上述封口材料固化的工序；除去溢出的封口材料（也就是封口材料的一部分）的封口材料除去工序（本领域普通技术人员通常采用的步骤）。由上述可知，权利要求 1 请求保护的技术方案与对比文件 1 公开的内容相比，其区别仅在于：①设有多个液晶封入区域的大面板，分断对应于上述液晶面板的多个液晶封入区域配置成一列的矩形面板的工序；②液晶注入口位于上述液晶面板的端面部开口处，在矩形面板的分断面露出成一列；③将吸收性材料压在溢出于上述液晶面板的外形的外侧的上述封口材料上，除去封口材料的工序是通过将溢出的上述封口材料吸收到上述吸收性材料中来实现的，对在上述矩形面板的分断面露出的上述液晶注入口压着上述吸收性材料。

合议组认为：区别技术特征①、②属于液晶装置制造领域中的惯常做法，属于本领域的公知常识，在目前的液晶装置制造领域，均是先将设有若干个液晶封入区的大面板分成具有配置成一列液晶封入区的矩形面板，将液晶注入口排成一列的设置在矩形面板的分断面上属于本领域的公知常识，用于密封液晶注入口的封口材料必然位于液晶注入口上，即其位于分断面上也是本领域的惯常做法，通过上述本领域惯常做法所得到的技术效果对于本领域技术人员来说也是显而易见的，即当清除掉位于分断面上封口材料时对液晶面板的影响相对小，连续地清除位于排成一列液晶注入口上封口材料从而提高除去作用的效率，对于本领域技术人员来说均是显而易见的。区别技术特征③实质上就是利用具有吸收性能的吸收材料在位于液晶注入口的封口材料未固化之前对溢出部分进行吸收，首先，在液晶装置制造过程中，必然有除去多余封口材料的步骤，现有技术是将这个除去步骤放在封口材料固化工序之后，但是用在封口材料未固化之前就对多余部分进行清除的方式替换现有技术中在封口材料固化之后才对其进行清除的方式，是很容易想到的，因为一般来说在呈液态的粘稠材料未固化之前就对其进行清除相对于在其固化之后才对其进行清除来说更为容易，因此将封口材料除去工序放在封口材料固化工序之前是很容易想到的；其次，该权利要求请求保护的除去未固化封口材料的具体方式也属于常用的清除粘稠液体的方法，该方法仅仅是利用吸收性材料公知的吸收特性来吸收液体从而达到除去多余液体的目的，而这在日常生活或工业生产中也都是常见的，例如在日常生活中利用布、纸等具有吸收特性的材料对粘贴邮票时多余的溢出胶水进行吸取，其原理与该权利要求中的除去工序相同。复审请求人认为该例子中吸收性材料会接触信封和邮票表面，如将它们接触液晶屏，会存在伤及液晶屏表面的可能性，如果伤及液晶屏表面就会对显示产生坏的影响。但实际上在吸收胶水的过程中其关键在于“吸取”，而且复审请求人所称的接触情况并不是必然会出现的，也是可以避免的，并且如前所述将液晶注入口设置在液晶面板的端面部属于液晶领域的惯常做法，即将液晶注入口并不设置液晶屏上，在对该液晶注入口上的多余的封口材料进行吸收时，是能够避免伤及液晶屏的。复审请求人还认为除去胶水的技术由于其技术领域与液晶屏的技术领域不同，因此不存在与将液晶注入口设置在液晶屏的端面的构造相结合的想法。但由于该权利要求中除去工序所利用方法的原理与属于生活常识的用吸收性材料吸取多余胶水的原理相同，即前面所述的利用吸收性材料的吸收特性，且实现的最终结果相同，均是在不损伤表面的前提下利用吸收性材料吸取多余的粘稠液体，其是能够与将液晶注入口设置在液晶屏的端面的构造相结合的，因此，区别技术特征③也属于公知常识。由此可见，在对比文件1的基础上结合该领域公知常识以及清除粘稠液体的常用手段就可得到该权利要求请求保护的技术方案，并且上述结合对于本领域普通技术人员来说是容易想到的，且并未产生意想不到的技术效果。因而，权利要求1请求保护的技术方案不具备突出的实质性特点和显著的进步，不符合专利法第22条第3款有关创造性的规定。

（2）权利要求2不符合专利法第22条第3款的有关规定。

权利要求2请求保护一种液晶装置的制造方法，所述的技术方案与对比文件1公开的内容相比，其区别仅在于：①设有多个液晶封入区域的大面板，分断对应于上述液晶面板的多个液晶封入区域配置成一列的矩形面板的工序；②液晶注入口位于上述液晶面板的端面部开口处，在矩形面板的分断面露出成一列；③使吸引夹具接触着在溢出于上述液晶面板的外形的外侧的上述封口材料上，除去封口材料的工序是通过将溢出的上述封口材料吸收到上述吸引夹具内部来实现的，在上述封口材料除去工序中，使上述吸引夹具接触于在上述矩形面板的分断面露出的上述液晶注入口。正如前面关于权利要求1的评述中所述，区别技术特征①、②均属于液晶装置制造领域中的惯常做法，属于本领域的公知常识。区别技术特征③实质上就是利用能对呈液态物质进行吸取的装置对多余的粘稠液体进行吸取，第一，如前面对权利要求1的评述中所述，将封口材料除去工序放在封口材料固化工序之前是很容易想到的；第二，该权利要求请求保护的除去未固化封口材料的具体方式也属于常用的吸取粘稠液体的方法，该方法仅仅是利用具有吸取呈液态物质能力的装置的公知功能，而这在日常生活或工业生产中也都是常见的，例如高中化学课中常见的利用洗耳球来移动液体，以及在重要文件或协议上签名后，立即用吸墨器将未干的墨汁吸去的吸墨装置。复审请求人认为除去胶水的技术由于其技术领域与液晶屏的技术领域不同，因此不存在与将液晶注入口设置在液晶屏的端面的构造相结合的想法。但由于该权利要求中除去工序所利用方法的原理与用具有吸取呈液态物质功能的装置来吸取粘稠液体的原理相同，即前面所述的利用此类装置的公知功能，且实现的最终结果相同，均是在不损伤表面的前提下利用装置吸取多余的粘稠液体，其能够与将液晶注入口设置在液晶屏的端面的构造相结合，因此区别技术特征③也属于公知常识。由此可见，在对比文件1的基础上结合该领域公知常识以及吸取粘稠液体的常用手段就可得到该权利要求请求保护的技术方案，并且上述结合对于本领域普通技术人员来说是容易想到的，且并未产生意想不到的技术效果。因此，权利要求2请求保护的技术方案不具备突出的实质性特点和显著的进步，不符合专利法第22条第3款有关创造性的规定。

（3）权利要求3不符合专利法第22条第3款的有关规定。

权利要求3限定部分的附加技术特征在于：上述封口材料除去工序还包括用上述吸引夹具吸取上述封口材料的工序之后，利用拉伸夹具将上述封口材料拉伸到设置了上述液晶注入口的上述液晶面板的端面上的工序。

上述技术特征同样也是日常生活中的常用手段，例如在日常生活中我们在粘贴邮票的时候，常常会有胶水挤多的情况，尤其在与邮票粘合时，会从两个纸片之间挤出一些胶水，这时一般我们采用的清除方法就是用手指、竹刀、竹片等拉伸夹具将溢出的黏稠液体拉伸到信封与邮票的端表面上，因此当其所引用的权利要求1或2不具备创造性时，该权利要求3请求保护的技术方法也不具备突出的实质性特点和显著的进步，不符合专利法第22条第3款有关创造性的规定。

（4）权利要求4不符合专利法第22条第3款的有关规定。

权利要求4限定部分的附加技术特征在于：还有在上述封口材料涂敷工序之前，使上述液晶面板上的上述液晶封入区域内部增压的工序；以及

在上述封口材料涂敷工序之后，在上述封口材料除去工序之前，使上述液晶封入区域内部减压的工序。

上述技术特征已被对比文件2公开了，对比文件2公开了一种液晶注入装置，并具体公开了以下技术特征（参见说明书第2栏第7行至第6栏第33行）：通过利用两面板之间密封区域内外的压力差（即在上述液晶注入工序之前，使上述液晶面板的上述液晶封入区域内部增压的工序；以及之后减压上述液晶封入区域内部压强的工序）来将液晶注入到液晶填充区域，由此可见，利用压力差来将黏稠液体吸入孔状物的方法对于本领域的普通技术人员来说是通常采用的技术手段，所以在对比文件1的基础上结合对比文件2，本领域的普通技术人员很容易想到采用权利要求4所述的技术方案来封住液晶注入口。因此，权利要求4请求保护的技术方案也不具备突出的实质性特点和显著的进步，不符合专利法第22条第3款有关创造性的规定。

对于复审请求人认为本申请为了尽可能减小封口材料向外溢出而采用压着吸收性材料的方式，并且本申请具有对比文件1所不具备的能使在不引起接触不良的情况下将液晶面板小型化的技术效果，因而本申请权利要求1相对于对比文件1与公知常识的结合具备突出的实质性特点和显著的进步的意见。合议组认为：首先，如前所述，为了吸收具有粘性的液体，将吸收性材料压在预吸收液体上的方法对于本领域的普通技术人员来说是通常采用的技术手段；其次，复审请求人指出本申请优于对比文件1的、通过将吸收性材料压着端面从而能够在不引起接触不良的情况下将液晶半小型化的技术效果，合议组认为该效果是由于将液晶注入口设置在位于液晶面板一侧且用吸收性材料对多余封口材料进行吸收而得到的，如前所述上述做法对于本领域技术人员来说在对比文件1的基础上结合该领域公知常识以及清除粘稠液体的常用手段是显而易见的，而由于上述做法所带来的效果对于本领域技术人员来说也是显而易见的，因此复审请求人的上述理由并不成立。

综上所述，合议组认为复审请求人于2006年9月14日提交的权利要求第1～4项仍不具备创造性，仍不符合专利法第22条第3款的有关规定。

## 三、决定

复审请求的理由不成立，维持国家知识产权局于 2004 年 3 月 19 日对 01135756. 8 号发明专利申请作出的驳回决定。

复审请求人对本决定不服的，可以根据专利法第 41 条第 2 款的规定，自收到本决定之日起三个月内向北京市第一中级人民法院起诉。

093

# 污染物去除带子组合件、污染物去除带子的滚筒以及从表面除去污染物的方法

## 复审请求审查决定（第10893号）

**决　定　号**　第10893号
**决　定　日**　2007年6月15日
**发明创造名称**　污染物去除带子组合件、污染物去除带子的滚筒以及从表面除去污染物的方法
**国际分类号**　A47L 25/00
**复审请求人**　3M创新有限公司
**申　请　号**　02815987. X
**申　请　日**　2002年8月14日
**公　布　日**　2004年11月3日
**优先权日**　2001年8月17日
**合议组组长**　朱文广
**主　审　员**　姜　岩
**参　审　员**　刘　犟

**法律依据**　专利法第22条第3款
**决定要点**

如果申请所请求保护的技术方案与最接近现有技术的区别特征为公知常识，则认为现有技术中存在将该公知常识结合到该最接近现有技术从而获得该申请请求保护的技术方案的启示，该技术方案不具备创造性。

**一、案由**

本复审请求涉及申请人3M创新有限公司于2002年8月14日申请，2004年11月3日公开，名称为“污染物去除带子组合件、污染物去除带子的滚筒以及从表面除去污染物的方法”的第02815987. X号发明专利申请（下称本申请）。

国家知识产权局实审部门于2005年2月4日发出第一次审查意见通知书，其中引用两篇对比文件——对比文件1（US4427726A，公开日期1984年1月24日）和对比文件2（DE9202836U，公开日期1992年7月16日）评述了权利要求1~3、9~11、15不具备新颖性的理由和权利要求4~16不具备创造性的理由。

申请人于2005年6月16日提交了意见陈述书及经修改的权利要求书1~15项，修改后的权利要求将原权利要求4中的内容加入原权利要求1和2中，同时删除了原权利要求4。申请人认为修改后

的权利要求1~15相对于对比文件1和2具有新颖性和创造性。

国家知识产权局实审部门于2005年8月5日驳回了该申请，理由是权利要求1~15中的每一项权利要求相对于对比文件1和2的结合都不具备创造性，不符合专利法第22条第3款的规定。

驳回决定所针对的权利要求书为：

“1. 一种污染物除去带子滚筒，它包括：a）包括第一侧面以及与所述第一侧面相反的第二侧面的背衬；b）在所述背衬的第一侧面上的粘合剂层，排列所述粘合剂层使之与所述滚筒施用表面不连续地接触；所述滚筒包括多层所述带子包绕层，

所述粘合剂层背靠所述带子滚筒的中轴面朝外放置，所述粘合剂层包括第一侧面以及与所述第一侧面相反的第二侧面，所述第一侧面包括许多凸出部分和许多凹入部分。

2. 一种污染物除去带子滚筒，它包括：a）包括第一侧面以及与所述第一侧面相反的第二侧面的背衬；b）在所述背衬的第一侧面上的粘合剂层，所述粘合剂层包括不连续的接触表面形状；所述滚筒包括多层所述带子包绕层，所述粘合剂层背靠所述带子滚筒的中轴面朝外放置，

所述粘合剂层包括第一侧面以及与所述第一侧面相反的第二侧面，所述第一侧面包括许多凸出部分和许多凹入部分。

3. 如权利要求1~2中任一权利要求所述的污染物去除带子滚筒，其特征在于所述粘合剂层包括第一侧面以及与所述第一侧面相反的第二侧面，所述第一侧面是有纹理的表面，所述有纹理的表面背靠所述带子滚筒的中轴面朝外放置。

4. 如权利要求1所述的污染物去除带子滚筒，其特征在于所述许多凸出部分的一部分和所述许多凹入部分的一部分与所述带子的横向大致平行。

5. 如权利要求1~2中任一权利要求所述的污染物去除带子滚筒，其特征在于所述背衬的第一侧面包括许多凸出部分和许多凹入部分，所述背衬的第二侧面通常是光滑表面。

6. 如权利要求5所述的污染物去除带子滚筒，其特征在于所述许多凸出部分的一部分和所述许多凹入部分的一部分与所述带子的横向大致平行。

7. 如权利要求1~6中任一权利要求所述的污染物去除带子滚筒，其特征在于所述粘合剂层是连续的。

8. 如权利要求1~6中任一权利要求所述的污染物去除带子滚筒，其特征在于所述粘合剂层是不连续的。

9. 一种污染物去除带子组合件，它包括：a）均布器，包括：i）具有第一端以及与所述第一端相对的第二端的手柄；ii）连接到所述手柄第二端的带子接受部分；以及b）安装在所述带子接受部分上的如权利要求1~9中任一权利要求所述的污染物去除带子滚筒。

10. 如权利要求9所述的污染物去除带子组合件，其特征在于所述带子接受部分还包括一个圆柱形表面。

11. 如权利要求9所述的污染物去除带子组合件，其特征在于所述手柄还包括第一凸缘，所述带子接受部分还包括第一轴，所述带子接受部分的第一轴连接到所述手柄的第一凸缘上。

12. 如权利要求11所述的污染物去除带子组合件，其特征在于所述手柄还包括第二凸缘，所述带子接受部分还包括第二轴，所述带子接受部分的第二轴连接到所述手柄的第二凸缘上。

13. 如权利要求9所述的污染物去除带子组合件，其特征在于所述污染物去除带子滚筒可拆除地安装在所述带子接受部分上。

14. 一种由一个表面除去污染物的方法，包括以下步骤：a）提供如权利要求10~14中任一权利要求所述的污染物去除带子组合件；以及b）将所述污染物去除带子组合件在所述表面上滚动，使所

述粘合剂层不连续地接触所述表面，从而将污染物粘附到所述粘合剂层上。

15. 如权利要求 14 所述的除去污染物的方法，其特征在于所述带子滚筒的一个包绕层的粘合剂层与所述滚筒的相邻包绕层的背衬之间的粘合力大于与所述表面之间的粘合力。”

申请人（以下称请求人）对上述驳回决定不服，于 2005 年 11 月 7 日向专利复审委员会提出复审请求，请求人认为，国家知识产权局驳回的理由不成立，具体为：首先，对比文件 1 中没有公开粘合剂涂层的第一侧面具有许多凸出部分和许多凹入部分；对比文件 2 中虽然公开了具有许多凸出部分和许多凹入部分的技术特征，但这些特征在对比文件 2 中所起的作用是降低对织物表面的铣削作用，与本专利中所起的作用是不同的。上述技术特征在对比文件 2 和本发明中要解决的技术问题是不同的，因此现有技术中不存在将上述区别特征应用到最接近的现有技术以解决其存在的技术问题的启示。其次，请求人认为通过凸出部分和凹入部分来降低粘附力不属于本领域中的公知常识。综上所述，权利要求 1 相对于对比文件 1 和 2 的结合并非显而易见。

请求人在提出复审请求的同时并未提交新的专利申请文本。

形式审查合格后，专利复审委员会受理了该复审请求，并于 2005 年 12 月 13 日向请求人发出复审请求受理通知书，随后将本申请移交原实审部门进行前置审查。

原实审部门对本复审请求进行了前置审查，坚持原驳回决定。

专利复审委员会组成合议组，对本复审请求进行了审理。于 2007 年 3 月 21 日向请求人发出复审通知书。复审通知书指出，权利要求 1 相对于对比文件 2 不具备创造性，具体为：对比文件 2 与本专利属于相同的技术领域，并且公开了本专利权利要求 1 中的绝大部分技术特征，虽未明确公开服装表面 4（相当于粘合带）具有一个背衬，但属于根据公知常识可以得知的，因此权利要求 1 不具备创造性。同理，权利要求 2 也不具备创造性。权利要求 3~7 的附加技术特征都被对比文件 2 公开，因此，权利要求 3~7 不具备创造性。权利要求 8 的附加技术特征是“粘合剂层是不连续的”，虽然对比文件 2 中的粘性物质层波浪形布置是连续的，但由对比文件 2 说明书中得知凸凹不平的作用是起到一定的铣削效果，虽然处于波谷的粘合剂层并不起到很大的粘合作用，本领域的技术人员很容易想到将波谷部分的粘合剂完全去掉从而得到权利要求 8 中的技术方案，因此，权利要求 8 不具备创造性。权利要求 9 中使用的权利要求 1~8 所述的污染物去除带子滚筒不具备创造性，而权利要求 9 的其他技术特征都被对比文件 2 公开，因此权利要求 9 不具备创造性。权利要求 10 的附加技术特征中的圆柱形表面是对比文件 2 中的椭圆柱形表面的下位概念，因此，权利要求 10 也不具备创造性。权利要求 11~13 的附加技术特征是本领域技术人员常用的技术手段，因此权利要求 11~13 不具备创造性。权利要求 14 中引用的权利要求中的污染物去除带子组合件不具备创造性，而权利要求 14 中的其他技术特征被对比文件 2 公开，因此权利要求 14 不具备创造性。权利要求 15 的附加技术特征是本领域的公知常识，因此权利要求 15 不具备创造性。

针对《复审通知书》指出的问题，请求人于 2007 年 4 月 26 日提交了意见陈述书及经修改的权利要求 1~15，认为修改后的权利要求相对于对比文件 1 和 2 具备创造性。修改后的权利要求书仅在权利要求 1、2 分别增加了“相邻凸出部分之间不包含粘合剂”这一技术特征。修改后的权利要求如下：

“1. 一种污染物除去带子滚筒，它包括：a）包括第一侧面以及与所述第一侧面相反的第二侧面的背衬；b）在所述背衬的第一侧面上的粘合剂层，排列所述粘合剂层使之与所述滚筒施用表面不连续地接触；所述滚筒包括多层所述带子包绕层，所述粘合剂层背靠所述带子滚筒的中轴面朝外放置，

所述粘合剂层包括第一侧面以及与所述第一侧面相反的第二侧面，所述第一侧面包括许多凸出部分和许多凹入部分，

相邻凸出部分之间不包含粘合剂。

2. 一种污染物除去带子滚筒，它包括：a）包括第一侧面以及与所述第一侧面相反的第二侧面的背衬；b）在所述背衬的第一侧面上的粘合剂层，所述粘合剂层包括不连续的接触表面形状；所述滚筒包括多层所述带子包绕层，所述粘合剂层背靠所述带子滚筒的中轴面朝外放置，

所述粘合剂层包括第一侧面以及与所述第一侧面相反的第二侧面，所述第一侧面包括许多凸出部分和许多凹入部分，

相邻凸出部分之间不包含粘合剂。

3. 如权利要求1~2中任一权利要求所述的污染物去除带子滚筒，其特征在于所述粘合剂层包括第一侧面以及与所述第一侧面相反的第二侧面，所述第一侧面是有纹理的表面，所述有纹理的表面背靠所述带子滚筒的中轴面朝外放置。

4. 如权利要求1所述的污染物去除带子滚筒，其特征在于所述许多凸出部分的一部分和所述许多凹入部分的一部分与所述带子的横向大致平行。

5. 如权利要求1~2中任一权利要求所述的污染物去除带子滚筒，其特征在于所述背衬的第一侧面包括许多凸出部分和许多凹入部分，所述背衬的第二侧面通常是光滑表面。

6. 如权利要求5所述的污染物去除带子滚筒，其特征在于所述许多凸出部分的一部分和所述许多凹入部分的一部分与所述带子的横向大致平行。

7. 如权利要求1~6中任一权利要求所述的污染物去除带子滚筒，其特征在于所述粘合剂层是连续的。

8. 如权利要求1~6中任一权利要求所述的污染物去除带子滚筒，其特征在于所述粘合剂层是不连续的。

9. 一种污染物去除带子组合件，它包括：a）均布器，包括：i）具有第一端以及与所述第一端相对的第二端的手柄；和ii）连接到所述手柄第二端的带子接受部分；以及b）安装在所述带子接受部分上的如权利要求1~9中任一权利要求所述的污染物去除带子滚筒。

10. 如权利要求9所述的污染物去除带子组合件，其特征在于所述带子接受部分还包括一个圆柱形表面。

11. 如权利要求9所述的污染物去除带子组合件，其特征在于所述手柄还包括第一凸缘，所述带子接受部分还包括第一轴，所述带子接受部分的第一轴连接到所述手柄的第一凸缘上。

12. 如权利要求11所述的污染物去除带子组合件，其特征在于所述手柄还包括第二凸缘，所述带子接受部分还包括第二轴，所述带子接受部分的第二轴连接到所述手柄的第二凸缘上。

13. 如权利要求9所述的污染物去除带子组合件，其特征在于所述污染物去除带子滚筒可拆除地安装在所述带子接受部分上。

14. 一种由一个表面除去污染物的方法，包括以下步骤：a）提供如权利要求10~14中任一权利要求所述的污染物去除带子组合件；以及b）将所述污染物去除带子组合件在所述表面上滚动，使所述粘合剂层不连续地接触所述表面，从而将污染物粘附到所述粘合剂层上。

15. 如权利要求14所述的除去污染物的方法，其特征在于所述带子滚筒的一个包绕层的粘合剂层与所述滚筒的相邻包绕层的背衬之间的粘合力大于与所述表面之间的粘合力。”

至此，合议组认为本案事实清楚，可以作出审查决定。

**二、决定的理由**

1. 审查基础

本决定以请求人2007年4月26日提交的权利要求1~15、进入中国国家阶段时提交的国际申请文件的说明书第1~21页、附图第1~5页、说明书摘要以及摘要附图为基础进行。

2. 关于权利要求 1~15 的创造性

创造性，是指同申请日以前已有的技术相比，该发明有突出的实质性特点和显著的进步。

如果申请所请求保护的技术方案与最接近现有技术的区别特征为公知常识，则认为现有技术中存在将该公知常识结合到该最接近现有技术从而获得该申请请求保护的技术方案的启示，该技术方案不具备创造性。

权利要求 1 为一个独立权利要求，其请求保护一种污染物去除带子滚筒，对比文件 2（DE9202836U，公开日为 1992 年 7 月 16 日）公开了一种用于表面污物清除的清洁辊压装置，与本申请属于相同的技术领域，并具体公开了如下技术内容：清洁辊 3 的中心 5 的粘合面上形成有卷起的粘合带，并且由对比文件 2 的附图 2 尤其是局部放大图中可以得知，该清洁辊 3 的服装表面 4（相当于本申请中的粘合剂层）是波浪型的并沿清洁辊 3 的纵向方向上分布排列，并构成波峰和波谷 7（相当于本申请中的凸出部分和凹入部分），因此服装表面 4（即粘合剂层）与服装的表面不连续接触，而且服装表面 4 背靠卷起的粘合带的中轴面朝外放置。在说明书中描述了服装表面 4，包括可以用将具有粘性的塑料制造成为服装表面 4 等，这样对比文件 2 与本申请权利要求 1 的区别在于：第一，对比文件 2 未明确公开服装表面 4 具有一个背衬，而权利要求 1 中限定服装表面 4 上具有一个背衬；第二，对比文件 2 中的凸出部分之间具有粘合剂，而本申请权利要求 1 中的凸出部分之间不具有粘合剂。关于第一点，根据公知常识可知：具有粘性的粘合带一般均会具有一个背衬，用来支撑其上的粘性物质，并隔离开一层层卷在一起的粘性物质，否则由于上层服装表面层不能由下层服装层表面剥离开来，而导致清洁辊最外面一层粘性物质失效后该清洁辊不能继续使用。例如在对比文件 1（US4427726A，公开日为 1984 年 1 月 24 日）中也可以得知清洁用滚筒的背衬与粘性物质的位置关系，在清洁用滚筒的网状材料 5（相当于本申请中背衬）上涂有粘合剂层 4。关于第二点，在复审通知书对权利要求 8 的评述中已经涉及，虽在对比文件 2 中的服装表面 4 上的粘性物质层波浪形布置是连续的，但由对比文件 2 说明书中得知该凸凹不平的作用是起到一定铣削效果，处于波谷的粘合剂层并不起很大的粘合作用，因此本领域的普通技术人员容易想到，将波谷部分的粘合剂层去掉，也就是说在凸起部分之间可以不放置粘合剂而仅使用原波浪起伏部分的波峰也可以实现该作用。因此，本领域的普通技术人员在对比文件 2 的基础上，结合公知常识即可得到权利要求 1 请求保护的技术方案，该技术方案不具备突出的实质性特点和显著的进步，不符合专利法第 22 条第 3 款的规定。

关于请求人所述对比文件 2 与修改后的权利要求 1 相比没有公开清洁辊包括多层所述带子包绕层。合议组认为：复审通知书中已经论述了“清洁辊 3 的中心 5 的粘合面上形成有卷起的粘合带”以及“根据公知常识可知：具有粘性的粘合带一般均会具有一个背衬，用来支撑其上的粘性物质，并隔离开一层层卷在一起的粘性物质，否则由于上层服装表面层不能由下层服装层表面剥离开来，而导致清洁辊最外面一层粘性物质失效后该清洁辊不能继续使用”。由对比文件 2 说明书中及权利要求 1 中也可得知清洁辊的服装表面具有粘合面，粘合面在清洁辊的中心上卷起粘合带。因此可以得知，对比文件 2 中实际上已经暗含公开了“多层”这一技术特征。而且，关于请求人所述的修改后的权利要求 1 具备的优点也本领域技术人员可以预想得到的，因此，修改后的权利要求 1 同样不符合专利法第 22 条第 3 款规定的创造性。

权利要求 2 为另外一项独立权利要求，其与权利要求 1 的区别在于限定粘合剂层的方式略有不同：权利要求 1 中限定“排列所述粘合剂层使之与所述滚筒施用表面不连续地接触”，而权利要求 2 中限定“所述粘合剂层包括不连续的接触表面形状”。由对比文件 2 的附图 2 以及其说明书中相应部分可知：对比文件 2 中的清洁辊 3 的服装表面 4（相当于本申请中的粘合剂层）是波浪型的并沿清洁辊 3 的纵向方向上分布排列，构成波峰和波谷 7（相当于本申请中的凸出部分和凹入部分）。由此可见，对比文件2公开的辊子的粘合剂层不但与滚筒施用表面不连续接触，如同对权利要求1的评述，当波谷部分的粘合剂被去掉时，其本身也是具有不连续的接触表面的。因此，与对权利要求1的评述相同，权利要求2也不符合专利法第22条第3款的规定。

权利要求3的附加技术特征也在对比文件2中公开了，因为对比文件2的服装表面4的粘性物质层肯定包括两个侧面，带纹理的一面用来与服装接触，也即背靠所述卷起的粘合带的中轴面朝外。因此，在权利要求3引用的权利要求不具备创造性的条件下，权利要求3也不符合专利法第22条第3款的规定的创造性。

权利要求4的附加技术特征也在对比文件2中公开了（参见对比文件2附图），因此当其引用的权利要求不具备创造性的条件下，权利要求4也不具备专利法第22条第3款规定的创造性。

权利要求5的附加技术特征也在对比文件2中公开了，由对比文件2附图2中的局部放大图即可得知，因此当其引用的权利要求不具备创造性的条件下，权利要求5也不具备专利法第22条第3款规定的创造性。

同上，权利要求6的附加技术特征已经在对比文件2中公开了，因此当其引用的权利要求不具备创造性的条件下，权利要求6也不具备专利法第22条第3款规定的创造性。

权利要求7的附加技术特征“所述粘合剂层是连续的”已在对比文件2中公开，因此，在其引用的权利要求不具备创造性的条件下，权利要求7也不具备专利法第22条第3款规定的创造性。

权利要求8的附加技术特征“所述粘合剂层是不连续的”，虽在对比文件2中的服装表面4上的粘性物质层波浪形布置是连续的，但由对比文件2说明书中得知该凸凹不平的作用是起到一定铣削效果，处于波谷的粘合剂层并不起很大的粘合作用，因此本领域的普通技术人员容易想到，将波谷部分的粘合剂层去掉，仅使用原波浪起伏部分的波峰也可以实现该作用，从而得到权利要求8的技术方案。因此，在其引用的权利要求不具备创造性的条件下，该权利要求8也不具备专利法第22条第3款规定的创造性。

权利要求9请求保护一种污染物去除带子组合件，包括均布器和以上权利要求中任一权利要求中所述的污染物去除带子滚筒，其中均布器由手柄和带子接受部分构成。对比文件2中公开了一种污染物去除带子组合件，并具体公开了具有第一端及与第一端相对的第二端的手柄1，连接到手柄1第二端的支撑清洁辊3的轴2（相当于本申请中的带子接受部分），以及安装在轴2上的污染物去除带子滚筒。如前面对权利要求9中引用的上述权利要求中请求保护的污染物去除带子滚筒的评述，这些带子滚筒相对于同一篇对比文件2均不具备创造性，因此本专利权利要求9请求保护的技术方案相对于对比文件2也不具备创造性，不符合专利法第22条第3款规定的创造性。

权利要求10的附加技术特征是“带子接受部分还包括一个圆柱形表面”，对比文件2中公开的是一个椭圆拄形表面，而圆柱形表面又是常用的几何柱面，在其引用的权利要求不具备创造性的条件下，该权利要求10也不具备专利法第22条第3款规定的创造性。

权利要求11至13的附加技术特征是本领域技术人员常用的技术手段，因此权利要求11~13不具备专利法第22条第3款规定的创造性。

权利要求14请求保护一种去除污染物表面的方法，对比文件2公开了一种污染物去除带子组合件，该组合件在服装等表面滚动，所述粘合剂层不连续地接触服装等表面，将污染物粘到粘合剂层上。如上所述，其引用的权利要求中的带子组合件并不具有创造性。因此当提供所引用的权利要求中的污染物去除带子组合件时，权利要求14不符合专利法第22条第3款规定的创造性。

权利要求15的附加技术特征是本领域的公知常识，因此权利要求15不符合专利法第22条第3款规定的创造性。

综上所述，本申请权利要求 1~15 不符合专利法第 22 条第 3 款的规定。

根据以上事实和理由，本案合议组作出如下审查决定。

**三、决定**

维持国家知识产权局于 2005 年 8 月 5 日对 02815987. X 号发明专利申请作出的驳回决定。

复审请求人对本决定不服的，可以根据专利法第 41 条第 2 款的规定，自收到本决定之日起 3 个月内向北京市第一中级人民法院起诉。

094

# 测试全血的方法

## 复审请求审查决定（第10894号）

**决　定　号**　第10894号
**决　定　日**　2007年6月22日
**发明创造名称**　测试全血的方法
**国际分类号**　G01N 33/543，G01N 33/49
**复审请求人**　株式会社三菱化学药得论
**申　请　号**　02809599.5
**申　请　日**　2002年3月7日
**优先权日**　2001年3月9日
**公　开　日**　2004年6月23日
**合议组组长**　刘颖杰
**主　审　员**　李晓娜
**参　审　员**　周　航

**法律依据**　专利法第22条第3款
**决定要点**

判断发明是否具有突出的实质性特点，就是要判断对本领域的技术人员来说，要求保护的技术方案相对于现有技术是否显而易见，其中要从最接近的现有技术和发明实际解决的技术问题出发，判断要求保护的发明对本领域技术人员来说是否显而易见；评价发明是否具有显著的进步，主要应考虑该技术方案是否具有有益的技术效果。

### 一、案由

本复审请求涉及申请号为02809599.5，名称为“测试全血的方法”的发明专利申请（下称本申请），其申请人为株式会社三菱化学药得论，申请日为2002年3月7日，优先权日为2001年3月9日，公开日为2004年6月23日。本申请公开时权利要求共有16项，其中权利要求1、12和15为独立权利要求。

国家知识产权局专利局实质审查部门依法对本申请进行了实质审查，于2004年12月17日发出第一次审查意见通知书，其中指出本申请权利要求1~3、9、11的技术方案不具备新颖性，不符合专利法第22条第2款的规定，权利要求4~8、10、12~16的技术方案不具备创造性，不符合专利法第22条第3款的规定。该第一次审查意见通知书中引用了如下一篇对比文件：

对比文件1：JP6167495A号日本专利文献，其公开日为1994年6月14日。

针对第一次审查意见通知书，申请人于2005年4月28日提交了意见陈述书以及权利要求书的修改替换页。其中修改了权利要求1、9、11、14形式上的明显错误，修改后的权利要求如下：

“1. 测试分析物的方法，其包括反应步骤和测定步骤，该反应步骤形成包括含有全血的样品、固体载体所携带的、特异结合样品中含有的分析物的第一物质和特异结合分析物的第二物质的反应系统，并且使分析物与第一和第二物质反应，该测试步骤测试形成的反应产物，其中：

（1）反应步骤是在血细胞不被破坏的状态下进行的；和

（2）至少反应步骤是在存在足够量的不引起溶血、不抑制分析物与特异结合分析物的第一和第二物质的反应、并且可以防止反应系统中存在的成分对反应系统的影响的去垢剂下进行的。

2. 权利要求1所述的方法，其中去垢剂选自聚氧乙烯山梨糖醇酐酯类型去垢剂和磺基甜菜碱类型去垢剂。

3. 权利要求1或2所述的方法，其中反应系统中去垢剂的浓度的范围是0.1%~10%。

4. 根据权利要求1~3的任何一个所述的方法，其中含有全血的样品含有全血和全血处理溶液，该全血处理溶液含有足够量的去垢剂，该去垢剂当全血处理溶液与全血混合时不会引起溶血、不抑制分析物与特异结合分析物的第一和第二物质的反应、并且可以防止存在于反应系统中的成分对反应系统的影响。

5. 根据权利要求4所述的方法，其中去垢剂选自聚氧乙烯山梨糖醇酐酯类型去垢剂和磺基甜菜碱类型去垢剂。

6. 根据权利要求4或5所述的方法，其中全血处理溶液中的去垢剂的浓度的范围是0.1%~50%。

7. 根据权利要求4~6的任何一个所述的方法，其中全血和全血处理溶液的比例的范围是99∶1到5∶95。

8. 根据权利要求4~7的任何一个所述的方法，其中全血处理溶液进一步包括特异结合分析物的第一物质。

9. 根据权利要求1~8的任何一个所述的方法，其中使分析物与第一和第二物质反应的反应步骤包括，使第一物质与含有全血的样品反应形成第一反应产物的第一反应步骤，和使第二物质与第一反应产物反应形成第二反应产物的第二反应步骤。

10. 根据权利要求1~9的任何一个所述的方法，其中第二物质是用标记物质标记的。

11. 根据权利要求1~10的任何一个所述的方法，其中特异结合分析物的第一和第二物质是抗原或抗体。

12. 测定全血中的分析物的方法，包括：

（1）稀释步骤，将全血与全血处理溶液混合稀释全血；

（2）第一反应步骤，将固体载体承载的、特异结合分析物的第一物质加入到稀释的全血中，使它们反应，在反应系统中形成第一反应产物；

（3）第一分离步骤，从反应系统中分离出第一反应步骤中形成的第一反应产物；

（4）第二反应步骤，在分离出的第一反应产物中加入特异结合分析物的第二物质，使它们反应，在反应系统中形成第二反应产物；

（5）第二分离步骤，从反应系统中分离出第二反应步骤中形成的第二反应产物；和

（6）测定步骤，测定分离出的第二反应产物，其中

全血处理溶液含有足够量的去垢剂，该去垢剂当溶液与全血混合时不引起溶血、不抑制分析物与第一和第二物质的反应，并且可以在各个步骤中防止反应系统中存在的成分对反应系统的影响。

13. 权利要求12所述的方法，其中第二物质是用标记物质标记的。

14. 权利要求 13 所述的方法，其中特异结合分析物的第一和第二物质是抗原或抗体。

15. 测试全血中的分析物的试剂盒，其包括固体载体携带的、特异结合分析物的第一物质和特异结合分析物的第二物质，以及当与全血混合时不引起溶血、不抑制分析物与第一物质和第二物质的反应的去垢剂。

16. 权利要求 15 所述的试剂盒，其进一步包括全血处理溶液。”

针对第一次审查意见通知书中指出的权利要求不具备新颖性或创造性的问题，申请人认为，本申请权利要求 1 的方法与对比文件 1 所公开方法的区别在于：（1）权利要求 1 中载体携带的是与分析物结合的第一物质，而对比文件 1 中载体携带的是样品中含有的分析物，（2）权利要求 1 中的分析物夹在第一物质和第二物质之间，而对比文件 1 中并非如此，（3）权利要求 1 的方法中应用含有全血的样品，其中使用了去垢剂，这样血细胞不被破坏，也能够防止存在于反应系统中的成分对反应系统的影响，而该对比文件 1 中所用的样品是溶血液或稀释的溶血液，如果样品中含有大量血细胞，则无法进行凝结测试，同时去垢剂是加入到单克隆抗体中；因此相对于对比文件 1 所公开的方法，本申请权利要求 1 具备新颖性和创造性，其余的权利要求 2~16 也具备新颖性和创造性。

实质审查部门于 2005 年 6 月 17 日发出第二次审查意见通知书，指出上述第（1）、（2）两点区别技术特征是本领域技术人员常用的技术手段，对第（3）点区别而言，对比文件 1 的方法也使用了去垢剂，且无论去垢剂最初是加入到哪里，最终都是包含在测试系统中，其作用都相同，因此相对于对比文件 1，权利要求 1~16 都不具备创造性，不符合专利法第 22 条第 3 款的规定。

针对第二次审查意见通知书，申请人于 2005 年 9 月 2 日提交了意见陈述书以及权利要求书和说明书第 3 页的修改替换页，其中删除了原从属权利要求 10 和 13，对原独立权利要求 1、11、14 分别作了进一步限定，并修改了从属权利要求的引用关系。修改后的权利要求书共有 14 项权利要求，其中独立权利要求 1、11、13 的技术方案如下：

“1. 测试分析物的方法，其包括反应步骤、分离步骤和测定步骤，该反应步骤形成包括含有全血的样品、磁性颗粒承载的、特异结合样品中含有的分析物的第一物质和用酶或发光物质标记的特异结合分析物的第二物质的反应系统，并且使分析物与第一和第二物质反应以形成反应产物，该分离步骤分离形成的反应产物，该测试步骤测试分离的反应产物，其中：

（1）反应步骤是在血细胞不被破坏的状态下进行的；和

（2）至少反应步骤是在存在足够量的不引起溶血、不抑制分析物与特异结合分析物的第一和第二物质的反应、并且可以防止反应系统中存在的成分对反应系统的影响的去垢剂下进行的。

11. 测定全血中的分析物的方法，包括：

（1）稀释步骤，将全血与全血处理溶液混合稀释全血；

（2）第一反应步骤，将磁性颗粒承载的、特异结合分析物的第一物质加入到稀释的全血中，使它们反应，在反应系统中形成第一反应产物；

（3）第一分离步骤，从反应系统中分离出第一反应步骤中形成的第一反应产物；

（4）第二反应步骤，在分离出的第一反应产物中加入用酶或发光物质标记的、特异结合分析物的第二物质，使它们反应，在反应系统中形成第二反应产物；

（5）第二分离步骤，从反应系统中分离出第二反应步骤中形成的第二反应产物；和

（6）测定步骤，测定分离出的第二反应产物，其中

全血处理溶液含有足够量的去垢剂，该去垢剂当溶液与全血混合时不引起溶血、不抑制分析物与第一和第二物质的反应，并且可以在各个步骤中防止反应系统中存在的成分对反应系统的影响。

13. 测试全血中的分析物的试剂盒，其包括磁性颗粒承载的、特异结合分析物的第一物质、用酶

或发光物质标记的、特异结合分析物的第二物质，以及当与全血混合时不引起溶血、不抑制分析物与第一物质和第二物质的反应的去垢剂。”

经过上述程序，国家知识产权局专利局于2006年3月10日做出驳回决定，其中认为权利要求1与对比文件1的区别在于：（1）权利要求1中载体粒子为磁性颗粒，且载体粒子所承载的是与分析物结合的第一物质，（2）权利要求1中第二物质是用酶或发光物质标记的，（3）权利要求1中还包括分离反应产物的步骤；而这三点区别技术特征是本领域的常用技术手段，因而权利要求1不具备创造性，其他权利要求2～14相对于对比文件1也都不具备创造性，不符合专利法第22条第3款的规定。

申请人（下称复审请求人）对上述驳回决定不服，于2006年6月22日向专利复审委员会提出复审请求，同时修改了权利要求书，其中删除了原权利要求4～6、8和13～14，并将原从属权利要求4提升为新的独立权利要求1。新修改的权利要求书如下：

“1. 测定全血中的分析物的方法，其包括稀释步骤、反应步骤、分离步骤和测定步骤，该稀释步骤通过将全血与全血处理溶液混合来稀释全血，该反应步骤形成包括所述稀释的全血、由磁性颗粒承载并特异结合该稀释的全血中含有的分析物的第一物质和用酶或发光物质标记的特异结合分析物的第二物质的反应系统，并且使该分析物与第一和第二物质反应以形成反应产物，该分离步骤分离形成的反应产物，而该测试步骤测试分离的反应产物，其中：

（1）反应步骤是在血细胞不被破坏的状态下进行的；和

（2）该全血处理溶液含有足够量的去垢剂，该去垢剂当全血处理溶液与全血混合时不引起溶血、不抑制该分析物与特异结合该分析物的第一和第二物质的反应、并且可以防止反应系统中存在的成分对反应系统的影响。

2. 权利要求1所述的方法，其中去垢剂选自聚氧乙烯山梨糖醇酐酯类型去垢剂和磺基甜菜碱类型去垢剂。

3. 权利要求1所述的方法，其中反应系统中去垢剂的浓度的范围是0.1%～10%。

4. 根据权利要求1所述的方法，其中全血和全血处理溶液的比例的范围是99：1到5：95。

5. 根据权利要求1所述的方法，其中使该分析物与第一和第二物质反应的反应步骤包括，使第一物质与稀释的全血反应形成第一反应产物的第一反应步骤，和使第二物质与第一反应产物反应形成第二反应产物的第二反应步骤。

6. 根据权利要求1所述的方法，其中特异结合该分析物的第一和第二物质是抗原或抗体。

7. 测定全血中的分析物的方法，包括：

（1）稀释步骤，将全血与全血处理溶液混合以稀释全血；

（2）第一反应步骤，将磁性颗粒承载的、特异结合该分析物的第一物质加入到稀释的全血中，使它们反应，在反应系统中形成第一反应产物；

（3）第一分离步骤，从反应系统中分离出第一反应步骤中形成的第一反应产物；

（4）第二反应步骤，在分离出的第一反应产物中加入用酶或发光物质标记的、特异结合该分析物的第二物质，使它们反应，在反应系统中形成第二反应产物；

（5）第二分离步骤，从反应系统中分离出第二反应步骤中形成的第二反应产物；和

（6）测定步骤，测定分离出的第二反应产物，

其中，全血处理溶液含有足够量的去垢剂，该去垢剂当该全血处理溶液与全血混合时不引起溶血、不抑制该分析物与第一和第二物质的反应，并且可以在各个步骤中防止反应系统中存在的成分对反应系统的影响。

8. 权利要求7所述的方法，其中特异结合该分析物的第一和第二物质是抗原或抗体。”

复审请求人认为：在本申请所述的方法中，包括通过添加含有去垢剂的全血处理溶液稀释全血以避免引起全血中溶血的稀释步骤，该稀释步骤发生在使所述被稀释全血中含有的分析物与特异结合所述分析物的物质进行反应的反应步骤之前，这避免了溶血对反应步骤和后续步骤产生的负面影响，从而可对全血进行灵敏和准确的分析；而对比文件1所公开的方法中，并未教导或建议本发明的上述技术特征，因此本申请相对于对比文件1具备创造性。

经形式审查合格后，专利复审委员会受理了该复审请求，并于2006年7月26日发出复审请求受理通知书以及前置审查通知书。

原审查部门在前置审查意见书中认为，申请人将权利要求1中“含有全血的样品”修改为“稀释的全血”，其保护范围没有实质的变化，因而坚持原驳回决定。

基于上述复审理由，专利复审委员会依法成立合议组对本案进行了审理，本案合议组仔细研究了本申请和复审请求人的意见陈述后认为，本案事实已经清楚，现依法作出审查决定。

**二、决定的理由**

1. 本决定所针对的审查文本

复审请求人于2006年6月22日提出复审请求时提交了权利要求书的修改替换页，经合议组审查，上述修改文本符合专利法实施细则第60条第1款的规定，并且未发现其存在不符合专利法第33条规定之处，因此本复审决定所针对的审查文本是：复审请求人于2006年6月22日提交的权利要求第1~8项，2005年9月2日提交的说明书第3页，2003年11月10日进入国家阶段时提交的说明书第1~2、4~15页和说明书摘要。

2. 关于创造性

专利法第22条第3款规定的创造性，是指同申请日以前已有的技术相比，该发明有突出的实质性特点和显著的进步。

判断发明是否具有突出的实质性特点，就是要判断对本领域的技术人员来说，要求保护的技术方案相对于现有技术是否显而易见，其中要从最接近的现有技术和发明实际解决的技术问题出发，判断要求保护的发明对本领域技术人员来说是否显而易见；评价发明是否具有显著的进步，主要应考虑该技术方案是否具有有益的技术效果。

就本案而言，独立权利要求1涉及一种测定全血中的分析物的方法，其包括稀释、反应、分离和测定四个步骤，在稀释步骤中，首先使含足量去垢剂的全血处理溶液与全血混合，所述去垢剂不引起全血溶血、不抑制该分析物与特异结合分析物的第一和第二物质的反应、并且可以防止反应系统中存在的成分对反应系统的影响；随后在血细胞不被破坏的状态下进行的反应步骤中，使被稀释全血中的分析物与由磁性颗粒承载的、特异结合该分析物的第一物质和用酶或发光物质标记的、特异结合该分析物的第二物质进行反应；接下来在分离步骤中分离由上述反应形成的反应产物；最后在测试步骤中测试被分离的反应产物。在本申请说明书中，一种优选的去垢剂是Tween 20。

对比文件1（参见其第【0015】、【0038】、【0039】、【0050】、【0063】、【0071】段）涉及一种测定全血样品中抗原物质的凝结免疫测定方法，其中被检测样品即全血溶血液中的抗原物质（对应于“分析物”）吸附在乳胶载体粒子上，然后使单克隆抗体（对应于“第一物质”）与上述抗原物质发生特异结合反应，再使第二抗体（对应于“第二物质”）选择性地与单克隆抗体结合反应以凝结胶乳。在其实施例1中（参见第【0099】~【0103】段），首先向全血中加入纯水得到溶血液、然后向所得溶血液中加入GBS进行稀释来制备被检测的全血样品溶液，然后样品中的抗原物质HbA1c吸附到乳胶粒子上，随后用溶有表面活性剂如Tween 20的GBS-T溶液稀释抗HbA1c的单克隆抗体，并将该抗体溶液加入到乳胶悬浮液中使HbA1c与单克隆抗体反应；然后向乳胶悬浮液中加入用GBS-T稀释的抗鼠IgG兔子抗血清（即第二抗体），以进行单克隆抗体与抗血清之间的反应从而选择性地凝结胶乳。

由此可知，权利要求 1 的技术方案与对比文件 1 所公开内容相比，主要区别在于：在权利要求 1 的稀释步骤中，在全血处理溶液中加入了足量的去垢剂，并且所述去垢剂不引起全血溶血、不抑制和影响反应的进行，因此其后续的反应步骤是在不溶血的状态下进行的，而对比文件 1 中是将去垢剂加入单克隆抗体的稀释液中，然后与已经溶血的全血样品混合，因此反应是在溶血的情况下进行的。

驳回决定中认为（参见对从属权利要求 4 的评述），对上述区别技术特征而言，对比文件 1 中也加入了去垢剂即 Tween 20，只不过其是加入到单克隆抗体稀释液中，然后与全血溶液混合，但最终去垢剂都存在于混合后的混合反应液中，因而这种差异并没有实质上的不同。在对本申请和对比文件 1 作进一步的分析之后，合议组认为，尽管本申请和对比文件 1 中都在反应系统中加入了 Tween 20 这种物质，但是两种技术方案中该物质的添加方式不同，本申请是将 Tween 20 加入全血处理溶液中、与含有分析物的待测全血样品混合后，再使分析物与第一物质和第二物质发生反应，而对比文件 1 中的 Tween 20 是先加入单克隆抗体的稀释液中，随后使该抗体与全血中含有的分析物反应；而且更重要的是，本申请和对比文件 1 中 Tween 20 所起的作用不同，由此反应发生时血细胞是否被破坏的状态也不同，在本申请中 Tween 20 是作为去垢剂使用，其作用是防止溶血，即保护血细胞不被破坏，由此反应步骤及其后续的步骤都是在血细胞未被破坏的状态下发生，而根据对比文件 1 的记载，Tween 20 是在全血溶液发生溶血之后作为表面活性剂加入反应系统中，反应发生时血细胞已经被破坏；因此上述区别技术特征使本申请权利要求 1 的方案克服了现有的利用全血作样品的测试方法或测试仪器中、由于溶血发生或血细胞的存在导致固体载体易于粘附或聚集在反应容器内壁或滴管尖上从而引起测试不准确的问题，相反，对比文件 1 所公开的技术方案由于在溶血之后加入 Tween 20，故所产生的技术效果不同，也不能解决上述由溶血或血细胞存在而引起的测试不准确的问题，同时没有相应的技术启示，也就是说该权利要求 1 相对于对比文件 1 所公开的内容具有有益的技术效果和非显而易见性。故权利要求 1 相对于对比文件 1 具有突出的实质性特点和显著的进步，符合专利法第 22 条第 3 款的规定。

独立权利要求 7 也涉及一种测定全血中分析物的方法，相对于独立权利要求 1 的技术方案，该权利要求 7 所述的方法进一步将反应步骤和分离步骤细分成了第一、第二反应步骤和第一、第二分离步骤。由于该独立权利要求 7 也包括了其中使含足量去垢剂的全血处理溶液与全血混合以避免引起溶血的稀释步骤，由该步骤所取得的技术效果与权利要求 1 中相同，因此由对上述权利要求 1 的分析可知，对比文件 1 没有披露上述特征，也没有相应的技术启示，因此对比文件 1 不能破坏独立权利要求 7 的创造性。

在独立权利要求 1 和 7 相对于对比文件 1 具备创造性的情况下，其相应的从属权利要求 2~6 和 8 相对于对比文件 1 也符合专利法第 22 条第 3 款有关创造性的规定。

综上所述，本专利的权利要求 1~8 相对于对比文件 1 都符合专利法第 22 条第 3 款有关创造性的规定。

基于上述理由，合议组作出如下决定。

**三、决定**

撤销国家知识产权局于 2006 年 3 月 10 日对 02809599.5 号发明专利申请做出的驳回决定，由原审查部门以本复审决定所针对的文本为审查基础继续进行审查程序。

复审请求人对本决定不服的，可以根据专利法第 41 条第 2 款的规定，自收到本决定之日起三个月内向北京市第一中级人民法院起诉。

095

# 正向和反向 ABO 血型的同步测定

## 复审请求审查决定（第 10897 号）

**决　定　号**　第 10897 号
**决　定　日**　2007 年 5 月 29 日
**发明创造名称**　正向和反向 ABO 血型的同步测定
**国际分类号**　G01N 33/80
**复审请求人**　奥索临床诊断有限公司
**申　请　号**　00118488. 1
**申　请　日**　2000 年 6 月 8 日
**优先权日**　1999 年 6 月 8 日
**公　开　日**　2000 年 12 月 13 日
**合议组组长**　王桂莲
**主　审　员**　周　航
**参　审　员**　刘　畅

**法律依据**　专利法第 26 条第 4 款
**决定要点**
在复审程序中，经过修改的专利申请文件消除了原驳回决定指出的缺陷，并且修改符合专利法第 33 条和专利法实施细则第 60 条的规定，应当撤销原驳回决定，由原审查部门继续进行审批程序。

### 一、案由

本复审请求涉及申请号为 00118488. 1、发明名称为“正向和反向 ABO 血型的同步测定”的发明专利申请（下称本申请），其申请日是 2000 年 6 月 8 日，公开日是 2000 年 12 月 13 日，申请人是奥索临床诊断有限公司。

2002 年 10 月 29 日，申请人根据专利法第 33 条和专利法实施细则第 51 条的规定，对本申请的权利要求进行了主动修改，修改后的权利要求共 8 项，其中权利要求 1 和 5 是独立权利要求，修改后的权利要求如下：

“1. 一种分析血液的方法，包括：
（a）血液样品与抗-A 和抗-B 抗体反应；
（b）血液样品与带有 A 抗原的试剂红血细胞和带有 B 抗原的试剂红血细胞反应；
（c）将样品进行目测或分光光度分析；和
（d）分析目测或分光光度法的分析结果来确定 ABO 血型；

其中目测分析包括柱凝集反应技术。

2. 如权利要求1所述的方法，其中步骤（b）的试剂红血细胞被染色。

3. 如权利要求2所述的方法，其中柱凝集反应技术是柱凝集反应试验和盒形式的分离管。

4. 如权利要求3所述的方法，其中采用自动计算机化图像系统来阐明凝集反应结果。

5. 同步进行正向和反向ABO测型的方法，包括

（a）血液样品与抗-A和抗-B抗体反应，其中抗体结合了检测标记；

（b）血液样品与带有标记的A抗原和标记的B抗原的试剂红血细胞反应；

（c）对样品进行目测或分光光度分析；和

（d）分析目测或分光光度分析的结果来确定ABO类型；

其中，目测分析包括柱凝集反应技术。

6. 如权利要求5所述的方法，其中步骤（b）的试剂红血细胞被染色。

7. 如权利要求6所述的方法，其中柱凝集反应技术是柱凝集反应试验和盒形式的分离管。

8. 如权利要求7所述的方法，其中采用自动计算机化图像系统来阐明凝集反应结果。”

国家知识产权局专利局实质审查部门依申请人的请求对该申请进行了实质审查，于2004年3月12日发出第一次审查意见通知书，指出本申请权利要求1~8的技术方案没有记载在说明书中，因而得不到说明书支持，不符合专利法第26条第4款的规定，并且按照权利要求1~8所记载的方法检测血样会使血液发生凝集，无法实现本申请的发明目的。此外，第一次审查意见通知书中还指出权利要求1~8还有可能存在新颖性和创造性的问题，并提供了四篇对比文件，但未具体说明理由。

针对第一次审查意见通知书，申请人于2004年9月27日提交了意见陈述书以及权利要求书和说明书第2页的修改替换页。其中修改了独立权利要求1和5的主题，并将其中步骤（a）和（b）重新进行表述，将步骤（c）和（d）进一步限定为“目测或自动计算化图像分析”，同时对从属权利要求2和6作了适应性修改。修改后的权利要求1、2、5和6如下：

“1. 一种在反向试验中分析血液的方法，包括：

（a）混合血液样品与带有A抗原的试剂红血细胞和带有B抗原的试剂红血细胞，其中该混合在单柱中进行；

（b）使混合物凝集；

（c）将混合物进行目测或自动计算机化图像分析；和

（d）分析目测或自动计算机化图像分析结果来确定ABO反向类型。

2. 如权利要求1所述的方法，其中步骤（a）的一组试剂红血细胞被染色。

5. 采用两个细胞群同步进行血液样品ABO抗体测试的方法，包括

（a）混合血液样品与带有第一抗原的第一组试剂红血细胞和带有第二抗原的第二组试剂红血细胞，其中该混合在单柱中进行；

（b）使混合物凝集；

（c）将混合物进行目测或自动计算机化图像分析；和

（d）分析目测或自动计算机化图像分析结果来确定ABO类型。

6. 如权利要求5所述的方法，其中步骤（a）的一组试剂红血细胞被染色。”

申请人认为，修改后的权利要求所记载的技术方案是本领域技术人员根据常识结合原始说明书和权利要求的公开内容可以毫无疑问地直接推导出来的，并消除了权利要求得不到说明书支持的缺陷。此外，申请人还简单陈述了本申请技术方案相对于对比文件具有新颖性和创造性的理由。

经过上述程序，国家知识产权局专利局于2004年12月3日以本申请权利要求1和5不符合专利法第26条第4款的规定为由驳回了本申请，其中仍然认为权利要求1和5的技术方案没有记载在说明书中，也不能从说明书中推导得出。驳回决定同时指出，权利要求1和5公开的方法直接将带A抗原的试剂红细胞和带有B抗原的试剂红细胞加入血液样品中，致使A、B、O三种血型都会产生凝集，因而无法确定样品类型。

奥索临床诊断有限公司（下称复审请求人）对上述驳回决定不服，于2005年3月18日向专利复审委员会提出了复审请求，同时提交了权利要求书的修改替换页，将权利要求增加到21项，其中权利要求1、6、11、16、19是独立权利要求。复审请求人认为，新提交的权利要求书的内容都能得到说明书的支持。

经形式审查合格后，专利复审委员会受理了该复审请求，并于2005年5月12日发出复审请求受理通知书以及前置审查通知书。在前置审查中，原审查部门坚持原驳回决定。

复审请求人于2006年12月1日再次主动提交了意见陈述书和权利要求书的修改替换页，其中删除了权利要求11~21，并将权利要求1和2合并为新的权利要求1，将权利要求6和7合并为新的权利要求5。修改后的权利要求如下：

“1. 一种在反向试验中分析血液的方法，包括：

（a）混合血液样品与带有A抗原的第一试剂红血细胞和带有B抗原的第二试剂红血细胞，其中该混合在单柱中进行，并且其中所述第一或第二试剂红血细胞之一被可区分性的染色；

（b）使混合物凝集；

（c）对混合物在单柱中进行目测或自动计算机化图像分析；和

（d）分析目测或自动计算机化图像分析结果来确定ABO反向类型。

2. 如权利要求1所述的方法，其中进行目测或自动计算机化图像分析的单柱选自管和柱凝集技术的。

3. 如权利要求2所述的方法，其中柱凝集反应技术是柱凝集反应试验和盒形式的分离管。

4. 如权利要求3所述的方法，其中采用自动计算机化图像系统来阐明凝集反应结果。

5. 采用两个细胞群同步进行血液样品ABO抗体测试的方法，包括：

（a）混合血液样品与带有第一抗原的第一组试剂红血细胞和带有第二抗原的第二组试剂红血细胞，其中该混合在单柱中进行，并且其中一组试剂红血细胞被染色；

（b）使混合物凝集；

（c）对混合物在单柱中进行目测或自动计算机化图像分析；和

（d）分析目测或自动计算机化图象分析结果来确定ABO类型。

6. 如权利要求5所述的方法，其中进行目测或自动计算机化图像分析的单柱选自管和柱凝集技术的。

7. 如权利要求6所述的方法，其中柱凝集反应技术是柱凝集反应试验和试剂盒形式的分离管。

8. 如权利要求7所述的方法，其中采用自动计算机化图像系统来阐明凝集反应结果。”

复审请求人认为，本申请权利要求的技术方案仅限于血型的“反向”测定方法，即通过带A或B抗原的试剂红细胞来检测血液样品中的未知抗体，在说明书第14页第6~10行和倒数第1、2段、图6以及实施例2的A~C部分均讨论了上述反向试验，通过标记的试剂红细胞可以只进行一次试验就能区分出各种血型，因此本申请权利要求的技术方案能够实施并得到了说明书的支持。

专利复审委员会依法成立合议组对该复审请求案进行了审理，本案合议组认为，本案事实已经清楚，现依法作出审查决定。

## 二、决定的理由

1. 关于审查文本

本复审决定以复审请求人于 2006 年 12 月 1 日提交的权利要求第 1~8 项，2004 年 9 月 27 日提交的说明书第 2 页，2000 年 6 月 8 日提交的说明书第 1、3~20 页、附图第 1~9 页为审查基础。

2. 关于专利法第 26 条第 4 款

专利法第 26 条第 4 款规定：权利要求书应当以说明书为依据，说明要求保护的范围。

在本案中，驳回决定认为，权利要求 1 和 5 所请求保护的方案都涉及将血液样品与带两种抗原的试剂红细胞混合并进行检测分析的步骤，然而说明书记载的方案是将一种经处理变色的带抗原的试剂红细胞与一种未经处理的带抗原的试剂红细胞与血液样品混合，两者记载不一致，并且按照权利要求记载的方案，由于未对试剂红细胞进行区分标记，致使 A、B、O 三种血型都会产生凝集，因而无法确定样品类型。

由于在复审程序中，复审请求人修改了权利要求，在权利要求 1 和 5 中分别加入了“所述第一或第二试剂红血细胞之一被可区分性的染色”、“其中一组试剂红血细胞被染色”的技术特征，可以看出，修改后的权利要求方案对试剂红细胞进行了区分标记（即处理变色的试剂红细胞和未经处理变色的试剂红细胞），与说明书中的方案一致，并因而能够实现各种血型的检测，这样就消除了原驳回决定指出的缺陷，且修改符合专利法第 33 条和专利法实施细则第 60 条的规定，应当撤销原驳回决定，由原审查部门继续进行审批程序。

基于以上事实和理由，本案合议组做出以下审查决定。

## 三、决定

在修改文本的基础上撤销国家知识产权局于 2004 年 12 月 3 日对 00118488.1 号发明专利申请做出的驳回决定，由原审查部门以复审请求人于 2006 年 12 月 1 日提交的权利要求第 1~8 项，2004 年 9 月 27 日提交的说明书第 2 页，2000 年 6 月 8 日提交的说明书第 1、3~20 页、附图第 1~9 页为审查基础继续进行审查程序。

复审请求人对本决定不服的，可以根据专利法第 41 条第 2 款的规定，自收到本决定之日起三个月内向北京市第一中级人民法院起诉。

096

# 车辆用灯具

## 复审请求审查决定（第 10915 号）

**决　　定　　号**　第 10915 号
**决　　定　　日**　2007 年 5 月 21 日
**发明创造名称**　车辆用灯具
**国 际 分 类 号**　F21V 13/08
**复 审 请 求 人**　株式会社小糸制作所
**申　　请　　号**　02107951. X
**申　　请　　日**　2002 年 3 月 22 日
**优 先 权 日**　2001 年 3 月 22 日
**公　　开　　日**　2002 年 10 月 30 日
**合 议 组 组 长**　李　隽
**主　　审　　员**　王伟艳
**参　　审　　员**　杜微科

**法 律 依 据**　专利法第 22 条第 2 款、第 3 款
**决 定 要 点**

权利要求请求保护的技术方案与最接近的现有技术相比具有区别技术特征，则该权利要求具有新颖性。

如果该区别技术特征的引入致使权利要求所限定的技术方案具有突出的实质性特点和显著的进步，则该权利要求具有创造性。

### 一、案由

本复审请求涉及申请日为 2002 年 3 月 22 日，优先权日为 2001 年 3 月 22 日，名称为“车辆用灯具”、申请号为 02107951. X 的发明专利申请（下称本申请），申请人是株式会社小糸制作所。

国家知识产权局在对本申请进行实质审查后，于 2004 年 12 月 31 日作出驳回决定。驳回决定所依据的文本是申请人 2004 年 6 月 17 日提交的说明书第 1~6 页，2004 年 10 月 21 日提交的权利要求书第 1~4 项，2002 年 3 月 22 日提交的说明书摘要、摘要附图以及说明书附图第 1~4 页。驳回理由为：权利要求 1、2、3 相对于对比文件 1（US5010458A，公开日为 1991 年 4 月 23 日）不具有新颖性。权利要求 4 相对于对比文件 1 和对比文件 2（US4868725A，公开日为 1989 年 9 月 19 日）不具有创造性。

驳回决定所针对的权利要求书如下：

"1. 一种要求用所需的功能颜色进行点亮的车辆用灯具，具有出射基本白颜色光的光源、反射从所述光源出射的光的反射面，以及透过由所述反射面反射的光使其照射到外部的透镜，其特征在于，所述透镜的颜色及所述反射面的颜色分别着有与该灯具点亮时的功能颜色相同色系的浅颜色。

2. 根据权利要求1所述的车辆用灯具，其特征在于，在所述反射面上，形成有其颜色浓度足以与所述透镜的颜色相乘而形成所述功能颜色的反射膜。

3. 根据权利要求2所述的车辆用灯具，其特征在于，所述反射膜具有涂有混入了所需色料的涂料的涂层膜。

4. 根据权利要求1~3中的任一项所述的车辆用灯具，其特征在于，该灯具构成为复合了数个不同功能颜色的灯的车辆用灯具，其中一个灯的透镜着有与其他灯的透镜颜色相同色系的颜色。"

申请人（下称复审请求人）对上述驳回决定不服，于2005年4月14日向专利复审委员会提出复审请求。复审请求人在提出复审请求时着重对独立权利要求1具有创造性进行了意见陈述，其主要意见如下：对比文件1的技术方案不同于本申请的技术方案。本申请是通过在反射面和透镜上均着同系浅色，并通过相乘作用而发生具有所需功能色的光，但对比文件1的透镜则是透明的，在上、下平壁的内表面以及护罩上涂有所需功能颜色，护罩在反射镜的焦点位置，以使反射镜反射护罩的颜色。由此，当车灯未点亮时，用户可以看到上下平壁以及护罩的颜色，使人感觉到透镜也具有所需功能颜色的感觉。当车灯点亮时，由于白色光线经过反射后平行上下平壁通过透镜，因此不会发生颜色变化。本申请权利要求1技术方案与对比文件1存在区别技术特征"透镜着有与灯具点亮时的功能颜色相同色系的浅颜色"，该区别技术特征具有突出的实质性特点和显著的进步，对于本领域技术人员来说非显而易见，因此，权利要求1具有创造性，其从属权利要求也具备创造性。

经形式审查合格，专利复审委员会受理了该复审请求，并于2005年5月25日向复审请求人发出了受理通知书及向原审查部门发出前置审查通知书。

在前置审查中，针对复审请求人的复审理由，国家知识产权局原审查部门坚持原驳回决定，理由同驳回决定。

专利复审委员会依法成立合议组对本案进行复审，合议组认为本案事实已经清楚，可以依法作出审查决定。

**二、决定的理由**

1. 关于审查文本的认定

复审请求人在提复审请求时未修改申请文件，因此，复审决定所依据的文本是复审请求人于2004年6月17日提交的说明书第1~6页，2004年10月21日提交的权利要求书第1~4项，2002年3月22日提交的说明书摘要、摘要附图以及说明书附图第1~4页。合议组评判本申请的权利要求书时所采用的对比文件与驳回决定所引用的对比文件相同（即，对比文件1：US5010458A、对比文件2：US4868725A）。

2. 关于专利法第22条第2款

专利法第22条第2款规定：发明的新颖性，是指在申请日以前没有同样的发明在国内外出版物上公开发表过、在国内公开使用过或者以其他方式为公众所知，也没有同样的发明由他人向国务院专利行政部门提出过申请并且记载在申请日以后公布的专利申请文件中。

对比文件1涉及一种车辆用灯具，并具体公开了以下技术特征（参见说明书第1栏第1行至第4栏第60行）：该灯具有白色光源（18），反射光源出射光的反射面16，灯泡护罩位于反射镜的焦点位置，上平壁21和下平壁22以及灯泡护罩上涂有与灯具相邻配件相同的颜色（不同于灯具点亮时的功能色），在不影响灯亮时反射白光的情况下，可根据实际需要将反射面16喷涂相邻配件的浅颜色。此外，根据需要也可将无色透镜14的上部32和下部34以及侧面36涂成与灯具相邻配件相同的颜色，但透镜14正前面为无色。由此，当灯不点亮时，无色透镜能够被感知与上、下平壁、护罩、反射面上所涂颜色，从而与相邻配件相同的颜色。当灯点亮时，不影响白光的提供。

由此可见，本申请权利要求1所要保护的技术方案相对于对比文件1具有区别技术特征“透镜的颜色和反射面的颜色分别着有与灯具点亮时的功能色相同色系的浅颜色”。因此，权利要求1相对于对比文件1具有新颖性，符合专利法第22条第2款的规定。

由于权利要求1相对于对比文件1具有新颖性，其从属权利要求2、3相对于对比文件1也具有新颖性，符合专利法第22条第2款的规定。

3. 关于专利法第22条第3款

专利法第22条第3款规定：发明的创造性，是指同申请日以前已有的技术相比，该发明有突出的实质性特点和显著的进步。

权利要求4是引用权利要求1~3之一的多项从属权利要求，其直接或间接地引用权利要求1，因此，权利要求4相对于对比文件1至少也具有区别技术特征“透镜的颜色和反射面的颜色分别着有与灯具点亮时的功能色相同色系的浅颜色”。从解决的技术问题的角度来讲，该区别技术特征使权利要求4的技术方案能够解决在不能将透镜颜色形成为功能色且不能将透镜厚度形成较厚情况下仍使白色光以所需功能色点亮的技术问题，而对比文件1通过将灯泡护罩、透镜上、下、侧部和反射面上涂有与灯具相邻配件相同的颜色，透镜正前面不涂色，从而实现灯不亮时，无色透镜被感知相邻配件的颜色，灯亮时，不影响白光的提供，二者解决的技术问题不同。再从公开的技术内容的角度来讲，对比文件1技术方案利用了灯罩以及灯罩位于反射镜焦点位置的特性，虽然对比文件1可选择地将反射面涂色和将透镜的上、下及侧部涂色，但其所涂颜色并非灯具点亮时的功能色，而且对比文件1强调反射面涂淡色的前提是不改变灯亮时白色光线颜色，同时透镜正面为无色，灯亮时同样不改变光线颜色，这与本专利灯亮时通过反射面和透镜相互配合改变光线颜色不同。综上，对比文件1未给出得到权利要求4技术方案的技术启示。

对比文件2公开了一种车辆用灯具，并具体公开了以下技术特征（参见说明书第1栏第55行至第2栏第56行，附图1~4），光源灯泡2发出的光，经过被涂成红色的内透镜4，之后经过被涂成琥珀色的外透镜3，这样，当灯点亮时，尽管稍带琥珀色，但仍能显示其需要红色功能色，当灯熄灭时，则只能观察到琥珀色，从而使复合灯显示统一的琥珀色，外观更美观。由此，对比文件2未公开上述区别技术特征，未给出与对比文件1结合获得权利要求4请求保护的技术方案的技术启示，而且上述区别技术特征为权利要求4请求保护的技术方案带来了减少透镜涂层厚度的同时仍能使白色光以所需功能色点亮的有益技术效果，因此，权利要求4相对于对比文件1和对比文件2的结合具有突出的实质性特点和显著的进步，具备创造性。

**三、决定**

撤销国家知识产权局于2004年12月31日对02107951. X号发明专利申请作出的驳回决定。在复审请求人于2004年6月17日提交的说明书第1~6页，2004年10月21日提交的权利要求书第1~4项，2002年3月22日提交的说明书摘要、摘要附图以及说明书附图第1~4页的基础上，由原审查部门继续进行审批程序。

复审请求人如对本复审决定不服，可根据专利法第41条第2款的规定，在收到本决定之日起三个月内向北京市第一中级人民法院起诉。

097

# 获得远紫外辐射的方法和远紫外辐射源，及其在光刻中的应用

## 复审请求审查决定（第10935号）

**决　定　号**　第10935号
**决　定　日**　2007年6月25日
**发明创造名称**　获得远紫外辐射的方法和远紫外辐射源，及其在光刻中的应用
**国际分类号**　H05G 2/00
**复审请求人**　法国原子能委员会
**申　请　号**　00815673.5
**申　请　日**　2000年11月14日
**优先权日**　1999年11月15日
**公　开　日**　2003年1月8日
**合议组组长**　刘颖杰
**主　审　员**　杨加黎
**参　审　员**　高桂莲

**法律依据**　专利法第22条第3款
**决定要点**

当对比文件公开的内容与该发明申请的请求保护的技术方案实际解决的技术问题、技术方案、所要达到的技术效果均不相同时，该对比文件不能影响该申请的创造性。

### 一、案由

本复审请求涉及申请号为00815673.5、名称为“获得远紫外辐射的方法和远紫外辐射源，及其在光刻中的应用”的发明专利申请（下称本申请），申请日为2000年11月14日，优先权日为1999年11月15日，申请人为法国原子能委员会。本申请公开时权利要求书包括11项权利要求，其中权利要求1、2、10为独立权利要求。

国家知识产权局实质审查部门依法对本申请进行了实质审查，于2003年5月30日发出第一次审查意见通知书，指出本申请权利要求1~3不符合专利法第22条第3款的规定，权利要求6~8不符合专利法第26条第4款的规定，权利要求4、5不符合专利法实施细则第20条第1款的规定，以及权利要求9不符合专利法实施细则第23条的规定。

所引用的对比文件如下：

对比文件1：US5293396A，公开日为1994年3月8日；

对比文件 2："Prototype high-speed tape target transport for a laser plasma soft-X-ray projection lithography source"，Steven J. Haney 等人，Applied Optics，第 32 卷，第 34 期，第 6934~6937 页，1993 年 12 月 1 日；

对比文件 3："Absolutely measured x-ray spectra from laser plasmas with targets of different elements"，K. Eidmann and T. Kishimoto，Appl. Phvs. Lett，第 49 卷，第 7 期，第 377~378 页，1986 年 8 月 18 日。

针对上述审查意见通知书，申请人于 2003 年 12 月 12 日提交了意见陈述书和权利要求第 1~11 项的修改替换页，对权利要求 4、5、9 进行了修改，同时认为权利要求 1~3 相对于对比文件 1~3 具备创造性。

针对申请人上述意见陈述，原审查部门继续审查，于 2004 年 2 月 6 日发出第二次审查意见通知书，指出本申请权利要求 1~3 不符合专利法第 22 条第 3 款的规定，权利要求 4~6、9、10 不符合专利法实施细则第 20 条第 1 款的规定，以及说明书的撰写不符合专利法实施细则第 18 条的规定。

针对第二次审查意见通知书，申请人于 2004 年 6 月 21 日提交了意见陈述书和说明书第 1~10 页，以及权利要求第 1~11 项的修改替换页。修改后的权利要求第 1~3 项如下：

"1. 一种获得远紫外辐射的方法，其中，至少利用具有第 1 面和第 2 面的一个固体靶（28，42），该靶在激光束聚焦在靶的第 1 面（30）上时，通过与激光束（34）彼此作用能发射远紫外辐射，所述方法的特征在于，靶（28，42）包含通过与激光束彼此作用能发射远紫外辐射的材料；以及靶的厚度在约 0.05μm 到约 5μm 的范围，并且靶能从所述第 2 面（37）各向异性地发射远紫外辐射部分（36），该远紫外辐射部分被收集和传输，以便利用这一部分。

2. 一种远紫外辐射源，其中该源至少包含具有第 1 面和第 2 面的一个固体靶（28，43），该靶能通过与聚焦在靶的第 1 面（30）上的激光束（34）彼此作用而发射远紫外辐射，该源的特征在于，所述靶（28，42）包含能通过与激光束彼此作用而发射远紫外辐射的材料；以及靶的厚度在约 0.05μm 到约 5μm 的范围，使所述靶能从所述第 2 面（37）各向异性地发射远紫外辐射部分（36），该远紫辐射部分被收集和传输，以便利用这一部分。

3. 根据权利要求 2 所述的源，其特征在于，包含在靶内的材料的原子序数属于从 28 到 92 的原子序数组。"

经过上述实质审查程序后，国家知识产权局实质审查部门以本申请权利要求 1~3 不符合专利法第 22 条第 3 款的规定为由，于 2004 年 8 月 6 日做出了驳回本申请的决定，具体的驳回理由如下：

（1）权利要求 1 和权利要求 2 分别请求保护一种获得远紫外辐射的方法和一种远紫外辐射源，对比文件 1 公开了一种产生激光高温等离子体的方法，权利要求 1、2 与该对比文件 1 的区别在于，对比文件 1 没有公开靶的厚度范围为"约 0.05μm 到约 5μm"，由于对比文件 2 公开了在通常情况下人们会对靶材料及其厚度进行选择的技术启示，因此本领域技术人员在对比文件 1 的基础上，会从对比文件 2 中获得将上述区别特征应用到对比文件 1 的启示，因此权利要求 1、2 不具备专利法第 22 条第 3 款规定的创造性。

（2）从属权利要求 3 的附加技术特征是对包含在靶内的材料的原子序数范围的限定，对比文件 3 公开的靶材料的原子序数范围与权利要求 3 的该范围重叠，因此本领域技术人员在对比文件 1 的基础上结合对比文件 2、3 容易得出权利要求 3 的技术方案，因此权利要求 3 不具备专利法第 22 条第 3 款规定的创造性。

（3）申请人在意见陈述书中陈述的本申请是通过激光束照射靶的前面、由靶的背面得到远紫外辐射源，并且靶的属性、组分都是优化的这些技术特征实质上被对比文件 1 所公开；权利要求 1、2

与对比文件1虽然存在区别技术特征，但由于对比文件2提供了可以对靶厚度进行选择的技术启示，因此在对比文件1的基础上结合对比文件2的技术启示很容易得出权利要求1、2的技术方案。

申请人（下称复审请求人）不服上述驳回决定，于2004年11月20日向专利复审委员会提出复审请求，其复审请求的理由是：本领域技术人员从对比文件1所教导和建议的源及其获得的方法中，得不到关于本申请权利要求1和权利要求2所记载的远紫外辐射源及其获得的方法和技术启示，对比文件1既没有考虑辐射所依据的物理现象，也没有考虑靶的厚度、激光的光通量、辐射的特征，更没有考虑利用这种类型的辐射源在光刻领域进行处理的潜在优势；对比文件2利用的是正面发射，因而可以使用很厚的靶的支架，但这种很厚的靶的支架不能用于本发明，因此复审请求人认为，本领域技术人员从对比文件2中也得不到关于本发明权利要求1、2技术方案的技术启示。

经形式审查合格后，专利复审委员会依法受理了上述请求，并于2004年12月23日向复审请求人发出了复审请求受理通知书，同时向原审查部门发出前置审查通知书。

原审查部门对该复审请求做出前置审查意见，仍然坚持原驳回决定。

专利复审委员会依法成立合议组对该复审请求案进行审理。

本案合议组在仔细审阅了全部案卷后，作出本审查决定。

**二、决定的理由**

1. 关于审查文本

由于复审请求人在提复审请求时未对申请文本进行修改，因此本次复审请求审查决定所针对的审查文本与驳回决定所针对的文本相同，即以进入中国国家阶段时提交的说明书摘要、摘要附图和说明书附图第1~3页，以及2004年6月21日提交的说明书第1~10页，权利要求书1~11为审查文本。

2. 关于专利法第22条第3款

专利法第22条第3款规定：创造性是指同申请日以前已有的技术相比，该发明有突出的实质性特点和显著的进步，该实用新型有实质性特点和进步。

当对比文件公开的内容与该发明申请的请求保护的技术方案实际解决的技术问题、技术方案、所要达到的技术效果均不相同时，该对比文件不能影响该申请的创造性。

在本案中，合议组经合议认为，权利要求1、2相对于对比文件1和对比文件2的结合而言均具备创造性，符合专利法第22条第3款的规定，具体理由如下：

（1）关于权利要求1的创造性。

本申请权利要求1请求保护一种获得远紫外辐射的方法，其实际解决的技术问题是通过将激光束聚焦在合适厚度的固体靶前面并从该靶背面发射，从而各向异性地发射远紫外辐射，为了解决该技术问题，本申请权利要求1所采用的技术方案是使激光束聚焦在给定厚度的固体靶的第1面，通过激光束与固体靶的彼此作用而从该靶的第2面发射远紫外辐射，从而达到能提供各向异性地远紫外辐射的技术效果。

对比文件1公开了一种用于远紫外激光器的等离子体产生方法，其实际解决的技术问题是要产生等离子体，并将该等离子体用于产生远紫外辐射时需要使用的等离子区中，为了解决该技术问题，对比文件1所采用的技术方案是（参见对比文件1说明书第2栏第29~32行，第6栏第5~14行）令激光束从固体投射窗口2一侧照射用于产生等离子源7的材料背部，以产生等离子源7，等离子源7再通过狭长切口4放出等离子体，从而达到在高效加热时产生快速膨胀的直等离子体的技术效果。

由此可见，首先，对比文件1所要解决的技术问题是要产生等离子区中的等离子体而非远紫外辐射，而本申请权利要求1所要解决的技术问题是要产生远紫外辐射，因此对比文件1与本申请权利要求1实际解决的技术问题不同；其次，由对比文件1公开的上述技术方案可知，对比文件1公开的透射激光束的部件是用于产生等离子体的部件，而本申请权利要求1的固体靶是用于产生远紫外辐射的部件，因此对比文件1的透射激光束的部件与本申请权利要求1的固体靶不同，虽然对比文件1中也记载了（参见对比文件1说明书第6栏第39~40行）其所需的远紫外激光器采用靶，但是没有公开激光束在该靶上是反射还是透射，也没有公开该靶的厚度，也即没有公开本申请权利要求1请求保护的技术方案；最后，对比文件1所要达到的技术效果是要产生快速膨胀的直等离子体，而本申请权利要求1所要达到的技术效果是要产生各向异性的远紫外辐射，因此对比文件1与本申请权利要求1所达到的技术效果也不同。综上所述，对比文件1与本申请权利要求1解决的技术问题、技术方案、所达到的技术效果均不相同，因此用对比文件1不能影响本申请权利要求1的创造性。

对比文件2公开了一种用于激光等离子软X射线投影光刻源的高速带靶传输方法，其实际解决的技术问题是要制造适用于所述投影光刻源的高速带靶传输设备，对比文件2与本申请权利要求1所解决的技术问题、技术方案、要达到的技术效果也不相同，即使将对比文件2与对比文件1结合在一起，其也没有公开本申请权利要求1请求保护的技术方案。因此用对比文件2结合对比文件1仍然不能影响本申请权利要求1的创造性。

综上所述，本申请权利要求1相对于对比文件1和对比文件2而言具备创造性，符合专利法第22条第3款的规定。

（2）关于权利要求2、3的创造性。

本申请权利要求2请求保护一种远紫外辐射源，其与本申请权利要求1除主题不同外，其他的技术特征实质上都是相同的，两者的区别仅是权利要求1请求保护的是方法，而权利要求2请求保护的是装置，由于对比文件1、2没有公开权利要求1的技术特征所限定的方法，同样，对比文件1、2也没有公开权利要求2的技术特征所限定的装置，因此本申请权利要求2相对于对比文件1和对比文件2而言具备创造性，符合专利法第22条第3款的规定。

由于本申请权利要求2相对于对比文件1、2具备创造性，因此其从属权利要求3相对于对比文件1、2也具备创造性，符合专利法第22条第3款的规定。

根据上述事实和理由，本案合议组依法做出以下审查决定。

**三、决定**

撤销国家知识产权局于2004年8月6日对00815673.5号发明专利申请作出的驳回决定，由原审查部门以本复审决定依据的文本作为审查基础继续进行审查程序。

复审请求人对本决定不服的，可以根据专利法第41条第2款的规定，自收到本决定之日起三个月内向北京市第一中级人民法院起诉。

098

# 具有共附着件和透氧侧的热垫

## 复审请求审查决定（第 10977 号）

**决　定　号**　第 10977 号
**决　定　日**　2007 年 6 月 25 日
**发明创造名称**　具有共附着件和透氧侧的热垫
**国际分类号**　A61F 7/03
**复审请求人**　普罗克特和甘保尔公司
**申　请　号**　97195952. 8
**优先权日**　1996 年 6 月 27 日
**申　请　日**　1997 年 6 月 23 日
**公　开　日**　1999 年 7 月 21 日
**合议组组长**　李　隽
**主　审　员**　瞿晓峰
**参　审　员**　田　华

**法律依据**　专利法第 22 条第 3 款
**决定要点**

权利要求与最接近对比文件相比具有区别技术特征，但是所述的区别技术特征被对比文件 2 公开了，所以对比文件 2 给出了将其应用到最接近对比文件以进一步解决其技术问题的启示，该权利要求不具备创造性。

### 一、案由

本复审请求涉及名称为“具有共附着件和透氧侧的热垫”的 97195952. 8 号发明专利申请（下称本申请），申请人为普罗克特和甘保尔公司，申请日为 1997 年 6 月 23 日，优先权日为 1996 年 6 月 27 日，公开日为 1999 年 7 月 21 日。

国家知识产权局经过实质审查，于 2005 年 1 月 7 日以本申请权利要求 1~9 不具备创造性为由驳回了本申请。驳回决定依据的文本为：申请人于 2004 年 8 月 31 日提交的权利要求第 1~9 项，说明书第 2 页；于 1998 年 12 月 28 日提交的说明书第 1、3~7 页，说明书附图第 1~2 页，说明书摘要和摘要附图。驳回决定针对的权利要求书内容如下：

“1. 一种一次性的热垫，其特征在于，它包括：

a）一基本平坦的层状结构，该结构具有第一侧和第二侧，以及埋在该第一侧和第二侧之间的具有可被氧气激活的发热化学物质的多个发热单元，这多个发热单元每个都相互隔开并固定附着于所述

层状结构，该层状结构具有将氧气渗透给每个发热单元的装置，该提供透氧性的装置全部位于层状结构的第一侧；和

b）用于将热垫可拆式地附着于用户衣物内侧的装置，该可拆式附着装置位于层状结构的第一侧，从而使热垫的第二侧可以直接贴着用户身体。

2. 如权利要求 1 所述的一次性热垫，其特征在于，该通过透氧的装置包括层状结构的不透气层，在该不透气层上有一定图样的孔从而能让空气与发热化学物质接触交流，该一定图样的孔位于每个发热单元的上方，这些孔被制成一定大小以控制氧气渗透量，进而控制发热单元所产生的温度。

3. 如权利要求 2 所述的一次性热垫，其特征在于，该发热化学物质含有粉末状铁、粉末状活性炭、蛭石、水和盐的混合物。

4. 如权利要求 1~3 中任一权利要求所述的一次性热垫，其特征在于，用于可拆式地黏附热垫的装置包括压敏黏合剂。

5. 如权利要求 4 所述的一次性热垫，其特征在于，该层状结构具有上边缘和下边缘，而压敏黏合剂以平行条带形式放置于多个发热单元之间，并从上边缘连续延伸至下边缘。

6. 如权利要求 4 所述的一次性热垫，其特征在于，该压敏黏合剂是以狭窄的间断的丝条形式被施涂，它们部分覆盖第一侧，从而使位于第一侧面上提供渗氧的装置仍维持可接受的透氧性水平。

7. 如权利要求 1 所述的一次性热垫，其特征在于，还包括包围一次性热垫的不透气封套，该热垫被密封保存于不透气的封套中直到用户准备将热垫用于衣物时为止，将不透气的封套打开，就能使周围空气中的氧气激活这些多个发热单元，从而产生可控制的和持续的热量。

8. 一种一次性热垫，其特征在于，它包括：

a）一基本平坦的层状结构，该结构具有第一侧和第二侧，以及埋在该第一侧和第二侧之间的多个具有发热化学物质的发热单元，这多个发热单元每个都相互隔开并固定附着于层状结构，这多个发热单元所占面积小于该基本平坦的层状结构的约 42%，从而在提供用户总体热感觉的情况下可减少该发热化学物质，该层状结构具有将氧气渗透给每个发热单元的装置，该提供透氧的装置全部位于层状结构的第一侧；和

b）用于将热垫可拆式地附着于用户衣物内侧的装置，该可拆式附着装置位于层状结构的第一侧，从而使热垫的第二侧可以直接贴着用户身体。

9. 如权利要求 8 所述的一次性热垫，其特征在于，该发热化学物质是粉末状铁、粉末状活性炭、蛭石、水和盐的混合物。”

驳回决定指出：（1）在 EP0638300A1（其公开日为 1995 年 2 月 15 日，下称对比文件 1）的基础上结合 GB584005A（其公开日为 1947 年 1 月 6 日，下称对比文件 2）和本领域的公知常识，很容易就能得到独立权利要求 1 和独立权利要求 8 所要求保护的技术方案，因此独立权利要求 1 和独立权利要求 8 不具备创造性；（2）从属权利要求 2~7、9 的附加技术特征都已经被对比文件 1 所公开了，因此从属权利要求 2~7、9 相对于对比文件 1、对比文件 2 和本领域公知常识的结合也不具备创造性。

申请人普罗克特和甘保尔公司（下称复审请求人）不服该驳回决定，于 2005 年 4 月 21 日向专利复审委员会提出了复审请求，同时陈述了意见。复审请求人认为：本申请权利要求 1 的一次性热垫的结构与对比文件 1 和 2 所公开的结构不同，对比文件 1 没有公开“将氧气渗透给发热单元的装置全部位于层状结构的第一侧”，而且该技术特征也不是本领域技术人员容易想到的，对比文件 2 与本申请属于不同的技术领域，本领域技术人员没有将对比文件 1 和 2 相结合的动机，而且权利要求 1 的技术方案还具有优异的效果，因此权利要求 1 具备创造性，在此基础上，其从属权利要求 2~7 也具备创造性；基于与权利要求 1 的创造性相同的理由，权利要求 8 也具备创造性，其从属权利要求 9 也具备

创造性。

经形式审查合格后，专利复审委员会于2005年5月26日受理了该复审请求，向复审请求人发出复审请求受理通知书，同时向原审查部门发出前置审查通知书。

在前置审查意见书中，原审查部门坚持原驳回决定。

专利复审委员会依法成立合议组对本复审请求进行了审理。

合议组于2006年12月11日向复审请求人发出复审通知书。合议组认为：(1) 复审请求人所说的“将氧气渗透给发热单元的装置全部位于层状结构的第一侧”这个技术特征实际上已经被对比文件1公开了，由此权利要求1与对比文件1的区别仅在于权利要求1所要求保护的技术方案中具有多个加热单元，另外，对比文件2已经指出可以在封袋内装入发热化学物质以产生热量，因此对比文件2与本申请属于相同的技术领域，而对比文件2公开的敷热袋具有多个独立发热单元，因此，本领域技术人员在对比文件1的基础上结合对比文件2得到权利要求1的技术方案是显而易见的，所以权利要求1不具备创造性；(2) 权利要求2~7是权利要求1的从属权利要求，其附加技术特征均已被对比文件1公开了，在权利要求1不具备创造性的情况下，权利要求2~7也不具备创造性；(3) 与对比文件1相比，权利要求8区别技术特征有：热垫具有多个加热单元，多个发热单元所占面积小于该基本平坦的层状结构的约42%，从而在提供用户身体总体热感觉的情况下可减少该发热化学物质。但是第一个区别技术特征已经被对比文件2公开了，而本领域技术人员通过有限的试验即可获得第二个区别技术特征，因此该权利要求8不具备创造性；(4) 权利要求9的附加技术特征已经被对比文件1公开了，在权利要求8不具备创造性的情况下，权利要求9也不具备创造性。

针对上述复审通知书，复审请求人于2007年3月26日提交了意见陈述书。复审请求人坚持认为：对比文件1没有公开或提示权利要求1中的“提供透氧性的装置全部位于层状结构的第一侧，可拆式附着装置位于层状结构的第一侧”的技术方案，也没有公开或者提示上述方案所能产生的技术效果，对比文件2与本申请属于不同的技术领域，本领域技术人员没有将两者结合得出权利要求1的技术方案的动机。所以，本申请权利要求1~9均具备创造性。

至此，合议组认为本案事实清楚，可以作出审查决定。

**二、决定的理由**

1. 审查文本

本决定针对的文本是驳回决定所依据的文本，即复审请求人于2004年8月31日提交的权利要求第1~9项、说明书第2页，于1998年12月28日提交的说明书第1、3~7页、说明书附图第1~2页、提交的说明书摘要和摘要附图。

2. 关于权利要求1~9的创造性

专利法第22条第3款规定：创造性，是指同申请日以前已有的技术相比，该发明有突出的实质性特点和显著的进步，该实用新型有实质性特点和进步。

根据上述规定，合议组认为本申请权利要求1~9均不具备创造性，具体理由如下：

(1) 独立权利要求1不具备创造性。

权利要求1要求保护一种一次性的热垫，对比文件1披露了一种便携式的身体加热垫，并具体公开了以下技术特征（参见对比文件1说明书第2页第41~52行，第3页第28~31行，附图1）：身体加热垫具有一个层状结构，由一个平坦的内袋1构成，内袋1具有第一、第二两个侧面，发热物质2固定于内袋1中，发热物质2是可被氧气激活的发热化学物质，一个自粘贴层3（相当于权利要求1中的用于将热垫可拆式地附着于用户衣物内侧的装置）位于内袋第一侧，一定数量的将氧气渗透给发热物质的微孔同时位于内袋的第一侧。

复审请求人在答复复审通知书时认为，对比文件1没有公开或提示本申请权利要求1中“该提供透氧性的装置全部位于层状结构的第一侧”和“该可拆式附着装置位于层状结构的第一侧”这两个技术特征，也没有公开或提示上述技术特征所能产生的技术效果。对此，合议组认为，对比文件1已经指出：内袋至少有一个表面是可透气的，并且自粘贴层全部或部分地设置在任一表面上（参见对比文件1说明书第2页第51~52行），这包含了下面这种情形，即内袋的一个表面是可透气的，而且自粘贴层全部或部分地设置在该表面上。据此，合议组可以毫无疑义地认定对比文件1中公开了将透气装置和附着装置设置在同一侧的技术手段。而且，采用这一技术手段也没有带来预料不到的技术效果，其所能产生的技术效果，本领域技术人员通过简单的逻辑分析就可以知晓。因为，在利用氧气激活化学物质产生热量的热垫中，参与反应的氧气量是影响所产生的热量的重要因素，而氧气又是通过透氧装置进入发热单元的，当透氧装置没有设置在与皮肤直接接触的那一侧时，热垫与皮肤的接触面积的变化就不会影响到进入热垫的氧气量了，也就是说，热垫所产生的热量不会因为热垫与皮肤接触面积的变化而发生太大的变化，即热垫能够持续产生恒定的热量。

由此可知，权利要求1与对比文件1的区别在于：权利要求1所要求保护的一次性热垫具有多个加热单元，而对比文件1中的热垫只有一个加热单元。

该区别技术特征所要解决的技术问题是，确保热垫能够适应身体的曲线，与身体舒适的贴合在一起。而对比文件2公开了一种具有多个独立发热单元的敷热袋（参见对比文件2说明书第1页第18~30行，附图5~8），而且对比文件2中设置多个独立发热单元所起的作用与在本发明中所起的作用相同，都是为了使敷热袋适应身体的曲线，与身体舒适的贴合在一起。因此，对比文件2给出了将该技术特征应用于对比文件1以进一步解决其技术问题的启示，在对比文件1的基础上结合对比文件2得出该权利要求1所要求保护的技术方案，对本领域的技术人员来说是显而易见的，所以该独立权利要求1所要求保护的技术方案不具备创造性，不符合专利法第22条第3款的规定。

复审请求人在答复复审通知书时认为：对比文件2公开的是一种药膏袋，其结构与本申请权利要求1所要求保护的技术方案不同；权利要求1的技术方案与对比文件2的治疗机理是完全不同的；另外，对比文件2中的设备中采用的是水激活，与权利要求1采用氧气激活的技术方案不同；由于对比文件1和2属于不同的技术领域，本领域技术人员没有将对比文件1和2进行结合的技术启示。对此，合议组认为，对比文件2中已经明确指出了可以在封袋内装入发热化学物质以产生热量（参见对比文件2第1页第1栏第18~22行），也就是说对比文件2实际上公开了一种热垫，因此，对比文件2与本申请属于相同的技术领域。复审请求人还指出权利要求1的技术方案与对比文件2的治疗机理、具体的发热手段等不同之处，但是本领域技术人员只是把对比文件2中设置多个独立发热单元这个技术特征应用到对比文件1以进一步解决对比文件1存在的技术问题，所以上述那些不同点不足以否定对比文件2给予本领域技术人员将其应用到对比文件1以解决其技术问题的启示。

（2）从属权利要求2~7不具有创造性。

权利要求2对权利要求1作了进一步限定，其附加技术特征是：“该通过透氧的装置包括层状结构的不透气层，在该不渗气层上有一定图样的孔从而能让空气与发热化学物质接触交流，该一定图样的孔位于每个发热单元的上方，这些孔被制成一定大小以控制氧气渗透量，进而控制发热单元所产生的温度。”对比文件1已经公开了在内袋1的表面设置一定数量一定直径的孔来控制氧气的渗透，进而控制发热单元所产生的温度（参见对比文件1说明书第3页第17~22行）。所以，权利要求2的附加技术特征已经被对比文件1公开了，且其在对比文件1中的作用与其在本发明中所起的作用相同，都是为了将一定量的氧气渗透给发热化学物质，从而使发热化学物质产生热量，达到一定的温度。在其引用的权利要求1不具有创造性的情况下，从属权利要求2也不具备创造性，不符合专利法第22

条第 3 款的规定。

权利要求 3 对权利要求 2 作了进一步限定，其附加技术特征是："该发热化学物质含有粉末状铁、粉末状活性炭、蛭石、水和盐的混合物。"该附加技术特征已经被对比文件 1 公开了（参见对比文件 1 说明书第 3 页第 28~31 行）。在其引用的权利要求 1 不具有创造性的情况下，从属权利要求 3 也不具备创造性，不符合专利法第 22 条第 3 款的规定。

权利要求 4 对权利要求 1、2、3 作了进一步限定，其附加技术特征是："用于可拆式地黏附热垫的装置包括压敏黏合剂。"对比文件 1 已经公开了在内袋 1 的表面设置有自粘贴层 3（参见对比文件 1 说明书第 4 页第 18~23 行），该自粘贴层 3 可拆式地粘附于使用者的衣服上。所以，权利要求 4 的附加技术特征已经被对比文件 1 公开了。在其引用的权利要求 1、2、3 均不具有创造性的情况下，从属权利要求 4 也不具备创造性，不符合专利法第 22 条第 3 款的规定。

权利要求 5 对权利要求 4 作了进一步限定，其附加技术特征是："该层状结构具有上边缘和下边缘，而压敏黏合剂以平行条带形式放置于多个发热单元之间，并从上边缘连续延伸至下边缘。"对比文件 1 公开了在内袋 1 的表面上设置平行的自粘贴层 3，该自粘贴层从内袋 1 的上边缘延伸到下边缘（参见对比文件 1 的附图 5、6）。所以，权利要求 5 的附加技术特征已经被对比文件 1 公开了，因此，在其引用的权利要求 4 不具有创造性的情况下，从属权利要求 5 也不具备创造性，不符合专利法第 22 条第 3 款的规定。

权利要求 6 对权利要求 4 作了进一步限定，其附加技术特征是："该压敏黏合剂是以狭窄的间断的丝条形式被施涂，它们部分覆盖第一侧，从而使位于第一侧面上提供渗氧的装置仍维持可接受的透氧性水平。"对比文件 1 公开了在内袋 1 的表面设置多个平行的自粘贴条 3，使自粘贴条部分覆盖内袋 1 的一个侧面（参见对比文件 1 说明书第 4 页第 34~52 行，附图 3、5、6）。所以，权利要求 6 的附加技术特征已经被对比文件 1 公开了，因此，在其引用的权利要求 4 不具有创造性的情况下，从属权利要求 6 也不具备创造性，不符合专利法第 22 条第 3 款的规定。

权利要求 7 对权利要求 1 作了进一步限定，其附加技术特征是："还包括包围一次性热垫的不透气封套，该热垫被密封保存于不透气的封套中直到用户准备将热垫用于衣物时为止，将不透气的封套打开，就能使周围空气中的氧气激活这些多个发热单元，从而产生可控制的和持续的热量。"对比文件 1 已经公开了将内袋 1 放置在一个密封不透气的外袋 4 中，以避免在正式使用前空气中的氧气激活内袋 1 中的发热化学物质（参见对比文件 1 说明书第 4 页第 27~28 行，附图 1、2）。所以，权利要求 7 的附加技术特征已经被对比文件 1 公开了，因此，在其引用的权利要求 1 不具有创造性的情况下，从属权利要求 7 也不具备创造性，不符合专利法第 22 条第 3 款的规定。

（3）权利要求 8 不具有创造性。

权利要求 8 要求保护一种一次性的热垫，对比文件 1 披露了一种便携式的身体加热垫，并具体公开了以下技术特征（参见对比文件 1 说明书第 2 页第 41~52 行，第 3 页第 28~31 行，附图 1）：身体加热垫具有一个层状结构，由一个平坦的内袋 1 构成，内袋 1 具有第一、第二两个侧面，发热物质 2 固定于内袋 1 中，发热物质 2 是可被氧气激活的发热化学物质，一个自粘贴层 3（相当于权利要求 8 中的用于将热垫可拆式地附着于用户衣物内侧的装置）位于内袋第一侧，一定数量的将氧气渗透给发热物质的微孔同时位于内袋的第一侧。

所以，权利要求 8 与对比文件 1 的区别在于：权利要求 8 所要求保护的一次性热垫具有多个加热单元，多个发热单元所占面积小于该基本平坦的层状结构的约 42%，从而在提供用户身体总体热感觉的情况下可减少该发热化学物质。

对比文件 2 公开了一种具有多个独立发热单元的敷热袋（参见对比文件 2 说明书第 1 页第 18~30

行，附图5~8)，而且对比文件2中设置多个独立发热单元所起的作用与在本发明中所起的作用相同，都是为了使敷热袋适应身体的曲线，与身体舒适地贴合在一起。另外，发热单元所占面积越大，提供给使用者的热量越多，本领域技术人员可以通过有限的试验和实际需要的热量来选择发热单元所占的面积，并且该区别技术特征没有产生预料不到的技术效果。因此，该独立权利要求8所要求保护的技术方案对本领域的技术人员来说是显而易见的，不具备创造性，不符合专利法第22条第3款的规定。

（4）从属权利要求9不具有创造性。

权利要求9对权利要求8作了进一步限定，其附加技术特征是："该发热化学物质是粉末状铁、粉末状活性炭、蛭石、水和盐的混合物。"该附加技术特征已经被对比文件1公开了（参见对比文件1说明书第3页第28~31行)。在其引用的权利要求8不具有创造性的情况下，从属权利要求9也不具备创造性，不符合专利法第22条第3款的规定。

**三、决定**

维持国家知识产权局于2005年1月7日对97195952.8号发明专利申请作出的驳回决定。

复审请求人对本决定不服的，可以根据专利法第41条第2款的规定，自收到本决定之日起三个月内向北京市第一中级人民法院起诉。

099

# 紫外吸收光谱法机动车尾气 NO、HC 和烟雾道边检测仪

## 复审请求审查决定（第 10979 号）

**决　定　号**　第 10979 号
**决　定　日**　2007 年 6 月 26 日
**发明创造名称**　紫外吸收光谱法机动车尾气 NO、HC 和烟雾道边检测仪
**国 际 分 类 号**　G01N 21/33
**复 审 请 求 人**　中国科学院安徽光学精密机械研究所
**申　请　号**　02258829.9
**申　请　日**　2002 年 12 月 11 日
**合 议 组 组 长**　张梅珍
**主　审　员**　马　燕
**参　审　员**　高桂莲

**法 律 依 据**　专利法第 26 条第 3 款
**决 定 要 点**

如果说明书记载的技术方案能够解决其要解决的技术问题，并产生预期的技术效果，且本领域的普通技术人员根据说明书记载的内容结合常规的装置能够实现本申请的技术方案，则认为该说明书对本申请作出了清楚、完整的说明，符合专利法第 26 条第 3 款的规定。

### 一、案由

本复审请求涉及申请号为 02258829.9、名称为“紫外吸收光谱法机动车尾气 NO、HC 和烟雾道边检测仪”的实用新型专利申请（下称本申请），申请人为中国科学院安徽光学精密机械研究所，申请日为 2002 年 12 月 11 日。

国家知识产权局实用新型审查部门依法对本申请进行了初步审查，以原始申请文本作为审查基础，于 2003 年 7 月 18 日发出了第一次审查意见通知书，指出本申请要求保护的检测仪包含光学部分和电路部分，但是说明书中未公开电路部分的电原理图，一般的技术人员无法实施该申请，因此，本申请的说明书不符合专利法第 26 条第 3 款的规定。

申请人针对上述审查意见通知书于 2003 年 9 月 22 日提交了意见陈述书以及权利要求书、说明书、说明书摘要的全文修改替换页，修改后的权利要求书共包括 4 项权利要求。申请人在意见陈述书中认为，电路部分变化性太大，实现方式太多，为了实现同一功能，可以有不同的电路；而且，电路部分的功能和已有技术大同小异，一般技术人员稍加改进即可，申请人的本意是不要求保护该电路部分。

国家知识产权局实用新型审查部门对本申请继续进行审查，于2003年11月28日发出了第二次审查意见通知书，指出本申请的原始文件及修改后的文件都没有提供电原理图，一般的技术人员无法实施该申请，因此，本申请的说明书不符合专利法第26条第3款的规定。

申请人针对第二次审查意见通知书于2004年1月3日提交了意见陈述书以及权利要求书、说明书、说明书附图第1~2页、说明书摘要的全文修改替换页，修改后的权利要求书共包括2项权利要求。并提交了审查指南第一部分第二章、第二部分第二章、第八章，以及专利法的部分内容的复印件，同时提交了在本申请的申请日之前公开的三份授权的实用新型专利公开文本，意欲通过上述文件说明已有技术的机车尾气检测仪很多，检测仪的基本结构、工作原理都近似，对取得的光学信号进行光电转换，进行数据处理是常规技术，因此，本申请符合专利法第26条第3款的规定。

2004年5月21日，国家知识产权局实用新型审查部门以本申请说明书不符合专利法第26条第3款的规定为由驳回了本申请。驳回决定认为：本申请要求保护的检测仪包含光学部分和电路部分，但是说明书未公开电路部分的电原理图，一般的技术人员无法实施该申请；认为申请人在意见陈述中所提出的对取得的光学信号进行光电转换、进行数据处理是常规技术的这一观点没有事实依据。因此，本申请的说明书不符合专利法第26条第3款的规定。

申请人中国科学院安徽光学精密机械研究所（下称复审请求人）不服上述驳回决定，于2004年8月6日向专利复审委员会提出复审请求，同时提交了全部申请文件的全文修改替换页，修改后的权利要求书仅有1项权利要求。复审请求人认为：对取得的光学信号进行光电转换，进行数据处理是常规技术，光谱仪本身用于测量光学数据，数据采集传输和数据处理也属于常规手段，所需电路属于常规技术手段，本领域普通技术人员不需要付出创造性劳动，即可实施本申请的内容。

2004年11月22日，复审请求人提交了意见陈述书，同时提交了权利要求书、说明书、说明书摘要的全文修改替换页，修改后的权利要求书包括2项权利要求。

经形式审查合格后，专利复审委员会受理了该复审请求，并于2005年1月26日向复审请求人发出复审请求受理通知书，同日向原审查部门发出前置审查通知书。

原审查部门对本复审请求进行了前置审查，在前置审查中，原审查部门坚持原驳回决定。

针对上述复审请求，专利复审委员会依法成立合议组对本案进行了审查。

本案合议组于2007年2月15日发出复审通知书，指出：本案以复审请求人于2004年11月22日提交的权利要求第1~2项、说明书第1~3页、说明书摘要，于2004年8月6日提交的说明书附图第1~2页、摘要附图为审查基础，本申请的说明书不符合专利法第26条第3款的规定，具体理由为：（1）本申请的说明书中记载了“采用自行设计的PDA多道光谱仪，特有的50nm光谱窗口，可实时检测NO、HC和烟雾三种污染物”，但是说明书中没有具体描述这种PDA多道光谱仪的结构以及特有50nm光谱窗口是如何实现的；（2）说明书中没有记载样品池的作用，本领域技术人员不清楚该样品池是用于收集被测车辆尾气亦或仅仅是反射光的一个通路，如果是前者，当汽车在路上飞速行驶，如何保证该汽车的尾气实时到达样品池，并且在下一辆汽车驶过之前已经检测完毕，同时又要保证该尾气能及时从样品池中排出，否则将造成下一辆车尾气测量的准确性；如果该样品池仅仅是反射光的一个通路，其上的进气口、出气口的具体作用是什么。

2007年3月30日，复审请求人针对上述复审通知书提交了意见陈述书，同时提交了权利要求书、说明书和说明书摘要的全文修改替换页，修改后的权利要求书仅有1项权利要求。在意见陈述书中，复审请求人详细解释了样品池的工作过程和作用，是用于光信号测量时的校准，在测量之初，先将样品池中充满样本气体，测得此时的激光反射信号数据，用于数据校准；然后，将样品池中样本气体排空，激光反射信号直接由样品池并经透镜出射，到达光谱仪。

2007年6月7日，复审请求人再次对申请文件进行修改，并提交了权利要求书、说明书的全文修改替换页，修改后的权利要求书只有1项权利要求。

2007年6月22日，复审请求人又一次对申请文件进行修改，并提交了权利要求书、说明书、说明书摘要的全文修改替换页，修改后的权利要求书共包括2项权利要求。此次修改文本中删除了“采用自行设计的PDA多道光谱仪，特有的50nm光谱窗口”。

至此，合议组认为本案事实已经清楚，依法做出本复审请求审查决定。

**二、决定的理由**

1. 审查文本

本复审决定以复审请求人于2007年6月22日提交的权利要求第1~2项、说明书第1~2页、说明书摘要，于2004年8月6日提交的说明书附图第1~2页、摘要附图作为审查文本。

2. 关于专利法第26条第3款

专利法第26条第3款规定：说明书应当对发明或者实用新型作出清楚、完整的说明，以所属技术领域的技术人员能够实现为准。

具体就本案而言，本申请涉及一种紫外吸收光谱法机动车尾气NO、HC和烟雾道边检测仪。根据说明书的记载，现有的机动车尾气检测技术是从静止、怠速状态下的汽车的尾气排气管中抽取待测气体再进行相应的分析得出污染气体的含量，其所存在的缺陷是不能进行实时动态检测，本申请正是针对现有技术的这一缺陷而设计了能够进行实时动态检测的检测仪。为此，本申请采用的技术手段是将紫外光源发出的光经准直后发射到车道对面安置的角反射器，反射回来的紫外光通过样品池并在透镜在作用下聚焦在光谱仪的狭缝上，经光栅分光后由光电转换器接收，再经数据处理后得出测量结果。

驳回决定中认为，本申请要求保护的检测仪包含光学部分和电路部分，但是说明书未公开电路部分的电原理图，一般的技术人员无法实施该申请，此外，检测仪的电路部分可以采用现有电路，也可以根据需要设计新的电路，因此，一般的技术人员无法从说明书判断本申请具体使用哪种电路。

对此，合议组认为，根据本申请的记载，首先，本申请要解决的技术问题在于设计一种能够进行实时动态检测的检测仪，即对行驶中的汽车的尾气进行实时动态检测，其对现有技术的改进之处在于如何获取行驶中的机动车的尾气，而非对获取的尾气进行光电转换和数据处理；其次，本申请所涉及的光电转换器、数据处理装置的作用仅仅是对获取的光信号进行光电转换和数据处理，没有特别的作用，而这种对光信号进行光电转换和数据处理的技术已经非常普遍，本领域普通技术人员根据本申请记载的技术方案并采用常规的对光信号进行光电转换和数据处理的装置可以解决本申请要解决的技术问题，并产生预期的实时动态检测的效果。

复审通知书中指出，（1）说明书中记载了“采用自行设计的PDA多道光谱仪，特有的50nm光谱窗口，可实时检测NO、HC和烟雾三种污染物”，但没有具体描述这种PDA多道光谱仪的结构以及特有50nm光谱窗口是如何实现的；（2）说明书中没有记载样品池的作用，本领域技术人员不清楚该样品池是用于收集被测车辆尾气亦或仅仅是反射光的一个通路。

在复审请求人于2007年6月22日提交的说明书中，删除了“采用自行设计的PDA多道光谱仪，特有的50nm光谱窗口”，没有对所使用的光谱仪进行限定。合议组经审查认为，本申请中的光谱仪的作用是将光谱分光，采用普通的光谱仪也能够起到将光谱分光的作用，并且配合检测仪的其他元件能够实现本申请的对机动车尾气实时动态测量的技术方案。

复审请求人在2007年3月30日提交的意见陈述书中说明了样品池的具体工作过程和作用。该样品池是用于光信号测量时的校准，在测量之初，先将样品池中充满样本气体，测得此时的激光反射信号数据，用于数据校准；然后，将样品池中样本气体排空，激光反射信号直接由样品池并经透镜出射，到达光谱仪。合议组经审查认为，复审请求人所陈述的样品池的作用确系本领域的公知常识，本领域的普通技术人员根据说明书中公开的内容以及本领域的公知常识可以清楚地了解本申请的技术方案。

因此，修改后的本申请克服了驳回决定和复审通知书中指出的缺陷，符合专利法第 26 条第 3 款的规定。

**三、决定**

撤销国家知识产权局于 2004 年 5 月 21 日对 02258829.9 号实用新型专利申请作出的驳回决定，由原审查部门在本复审决定依据的文本的基础上继续审查程序。

复审请求人对本决定不服的，可以根据专利法第 41 条第 2 款的规定，自收到本决定之日起三个月内向北京市第一中级人民法院起诉。

100

# 改进型分配头及具有这种分配头的流体产品分配装置

## 复审请求审查决定（第10992号）

**决　定　号**　第10992号
**决　定　日**　2007年6月25日
**发明创造名称**　改进型分配头及具有这种分配头的流体产品分配装置
**国 际 分 类 号**　A61M 15/08，B05B 11/00
**复 审 请 求 人**　瓦卢瓦股份有限公司
**申　请　号**　00808716.4
**申　请　日**　2000年6月5日
**优 先 权 日**　1999年6月10日
**公　开　日**　2002年6月19日
**合 议 组 组 长**　张田勇
**主　审　员**　佟仲明
**参　审　员**　高桂莲

**法 律 依 据**　专利法第38条、第22条第2款
**决 定 要 点**
在作出驳回决定之前，应当给申请人提供至少一次针对驳回所依据的事实、理由和证据陈述意见和/或修改申请文件的机会。判断新颖性时，应当将发明的各项权利要求分别与每一项现有技术的相关技术内容单独地进行比较，不得将其与几项现有技术的相关技术内容的组合进行对比。

**一、案由**

本复审请求涉及申请号为00808716.4、名称为“改进型分配头及具有这种分配头的流体产品分配装置”的PCT发明专利申请（下称本申请），申请日为2000年6月5日，优先权日为1999年6月10日，申请人为瓦卢瓦股份有限公司。

国家知识产权局专利局实质审查部门依法对本申请进行了实质审查，于2003年11月7日发出第一次审查意见通知书，在通知书中引用两篇对比文件，分别为：

对比文件1：CN1172699A号中国发明专利申请公开说明书，公开日为1998年2月11日；

对比文件2：US4830224美国专利文献，公开日为1989年5月16日。

在该通知书中指出：本申请权利要求1~5、9~12分别相对于对比文件1不具备新颖性，不符合专利法第22条第2款的规定，本申请权利要求6~12相对于对比文件1和对比文件2的结合不具备创造性，不符合专利法第22条第3款的规定。其中，第一次审查意见通知书所针对的权利要求书如下：

“1. 一种流体产品分配装置的分配头，其特征在于，所述分配头具有一个内主体（10）和一个分离的外主体（20），所述内主体限定一条流体产品分配通道（11），所述通道（11）的终端是一个分配孔（12），所述外主体（20）限定一个操纵面（21），使用者按压该操纵面使分配装置工作，所述内主体（10）以不可拆卸的方式固定在分配装置上，所述外主体（20）以可拆卸的方式装配在所述内主体（10）上，这样，当要拆卸所述分配头时，只有所述外主体（20）可以拆卸，而所述内主体（10）固定在所述分配装置上。

2. 根据权利要求1所述的分配头，其特征在于，内主体（10）包括一个外径向凸肩（19），该外径向凸肩同外主体（20）的一个相应的内径向凸肩（29）相配合，限定分配头的装配位置。

3. 根据权利要求1或2所述的分配头，其特征在于，外主体（20）摩擦装配在内主体（10）上。

4. 根据上述权利要求之一所述的分配头，其特征在于，所述分配头制成一个鼻式按压器形状，包括一个用于局部进入到鼻孔中的截锥形延长部分（15，25）以及一个形成操纵面的加宽部分（21）。

5. 根据权利要求4所述的分配头，其特征在于，外主体（20）装有截锥形部分（25）和加宽部分（21）。

6. 根据权利要求4所述的分配头，其特征在于，内主体（10）装有截锥形部分（15），而外主体（20）装有加宽部分（21）。

7. 根据权利要求6所述的分配头，其特征在于，内主体（10）具有一个中空管状件（13）和一个截锥形裙部（15），该裙部围绕所述管状件（13）延伸，形成所述截锥形部分，所述裙部（15）的自由端具有一个径向凸肩（19），以便同外主体（20）相配合。

8. 根据权利要求7所述的分配头，其特征在于，所述截锥形裙部（15）的自由端在其前轴向端面处具有一个尖棱（17）。

9. 根据上述权利要求之一所述的分配头，其特征在于，内主体（10）具有若干固定件（18）、例如卡装件，以便固定在所述分配装置上。

10. 一种流体产品分配装置，这种分配装置具有一个流体产品存储器（1）和一个分配件（2）、例如一个泵，其特征在于，所述分配装置具有一个根据权利要求1~9之一的分配头。

11. 根据权利要求10所述的流体产品分配装置，其特征在于，所述分配头的内主体（10）卡装在泵（2）的操纵杆（3）上，这样，当分配头松脱或拆卸时，内主体（10）同封堵件（40）一起仍然固定在所述泵（2）上，以防污染存储器（1）中的流体产品。

12. 根据权利要求10或11所述的流体产品分配装置，其特征在于，所述分配头的内主体（10）在分配孔（12）处具有一个封堵件（40）。”

针对上述审查意见通知书，申请人于2004年3月19日提交了意见陈述书和权利要求书的修改替换页，对权利要求的引用关系和个别文字进行了相应的修改。修改后的权利要求书共包括12项权利要求，如下：

“1. 一种流体产品分配装置的分配头，其特征在于，所述分配头具有一个内主体（10）和一个分离的外主体（20），所述内主体限定一条流体产品分配通道（11），所述通道（11）的终端是一个分配孔（12），所述外主体（20）限定一个操纵面（21），使用者按压该操纵面使分配装置工作，结合有分配孔（12）的所述内主体（10）以不可拆卸的方式固定在分配装置上，所述外主体（20）以可拆卸的方式装配在所述内主体（10）上，这样，当要拆卸或去掉所述分配头时，只有所述外主体（20）可以拆卸，而所述内主体（10）保持固定在所述分配装置上。

2. 根据权利要求1所述的分配头，其特征在于，内主体（10）包括一个外径向凸肩（19），该外径向凸肩同外主体（20）的一个相应的内径内凸肩（29）相配合，限定分配头的装配位置。

3. 根据权利要求1或2所述的分配头，其特征在于，外主体（20）摩擦装配在内主体（10）上。

4. 根据权利要求1所述的分配头，其特征在于，所述分配头制成一个鼻式按压器形状，包括一个用于局部进入到鼻孔中的截锥形延长部分（15，25）以及一个形成操纵面的加宽部分（21）。

5. 根据权利要求4所述的分配头，其特征在于，外主体（20）包括有截锥形部分（25）和加宽部分（21）。

6. 根据权利要求4所述的分配头，其特征在于，内主体（10）包括有截锥形部分（15），而外主体（20）包括有加宽部分（21）。

7. 根据权利要求6所述的分配头，其特征在于，内主体（10）具有一个中空管状体（13）和一个截锥形裙部（15），该裙部围绕所述管状件（13）延伸，形成所述截锥形部分，所述裙部（15）的自由端具有一个径向凸肩（19），以便同外主体（20）相配合。

8. 根据权利要求7所述的分配头，其特征在于，所述截锥形裙部（15）的自由端在其前轴向端面处具有一个尖棱（17）。

9. 根据权利要求1所述的分配头，其特征在于，内主体（10）具有固定件（18），例如卡装件，以便固定在所述分配装置上。

10. 一种流体产品分配装置，这种分配装置具有一个流体产品存储器（1）和一个分配件（2），例如一个泵，其特征在于，所述分配装置具有一个根据权利要求1~9之一的分配头。

11. 根据权利要求10所述的流体产品分配装置，其特征在于，所述分配头的内主体（10）卡装在泵（2）的操纵杆（3）上，这样，当要去掉或拆卸分配头时，内主体（10）同封堵件（40）一起仍然保持固定在所述泵（2）上，以防污染存储器（1）中的流体产品。

12. 根据权利要求10或11所述的流体产品分配装置，其特征在于，所述分配头的内主体（10）在分配孔（12）处具有一个封堵件（40）。”

申请人认为：修改后的权利要求1关于分配孔形成的位置的技术特征在对比文件1中没有公开，并且其具有有益效果，因此权利要求1具有新颖性和创造性，其从属权利要求也具有新颖性和创造性。

经过上述实质审查程序后，国家知识产权局专利局以本申请权利要求1、6~12不符合专利法第22条第3款的规定，权利要求2~5、9~12不符合专利法第22条第2款的规定为由，于2004年4月30日作出了驳回决定，具体的驳回理由如下：本申请权利要求1相对于对比文件1和对比文件2的结合不具备专利法第22条第3款规定的创造性；权利要求2~5的附加技术特征已经被对比文件1公开，在其引用的权利要求不具备新颖性的情况下其不具备专利法第22条第2款规定的新颖性；权利要求6~7的附加技术特征已经被对比文件2公开，其相对于对比文件1和对比文件2的结合不具备专利法第22条第3款规定的创造性；权利要求8的附加技术特征属于本领域普通技术人员的简单选择，其相对于对比文件1和对比文件2的结合不具备专利法第22条第3款规定的创造性；从属权利要求9的附加技术特征已经被对比文件1公开，在其引用的权利要求不具备新颖性的情况下其不具备专利法第22条第2款规定的新颖性，在其引用的权利要求不具备创造性的情况下其不具备专利法第22条第3款规定的创造性；独立权利要求10中使用分配头的流体产品存储器已经被对比文件1公开，当其使用权利要求1~5和9中不具备新颖性的分配头时，该权利要求不具备专利法第22条第2款规定的新颖性，当其使用权利要求6~8中不具备创造性的分配头时，该权利要求不具备专利法第22条第3款规定的创造性；从属权利要求11~12的附加技术特征也已经被对比文件1公开，在其引用的权利要求不具备新颖性的情况下其不具备专利法第22条第2款规定的新颖性，在其引用的权利要求不具备创造性的情况下其不具备专利法第 22 条第 3 款规定的创造性。

申请人（下称复审请求人）不服上述驳回决定，于 2004 年 8 月 12 日向专利复审委员会提出复审请求，其复审请求的理由是：对比文件 2 中的内主体不是不可拆卸的，因此，对比文件 2 没有公开“其中结合有分配孔的所述内主体以不可拆卸的方式固定在分配装置上”这一区别特征，因此本领域普通技术人员并不能在对比文件 1 和对比文件 2 的基础上显而易见地得到本发明权利要求 1 的技术方案，权利要求 1 具有创造性，其从属权利要求也具备创造性。

经形式审查合格后，专利复审委员会依法受理了上述请求，并于 2004 年 9 月 8 日向复审请求人发出了复审请求受理通知书，同时向原审查部门发出前置审查通知书。

原审查部门对该复审请求作出前置审查意见，仍然坚持原驳回决定。

专利复审委员会依法成立合议组对该复审请求案进行审理。本案合议组在仔细审阅了全部案卷后，作出本审查决定。

**二、决定的理由**

1. 关于审查文本

本决定以进入中国国家阶段时提交的说明书第 1～5 页、说明书摘要、摘要附图和说明书附图 1–3 页，以及 2004 年 3 月 19 日提交的权利要求第 1～12 项为审查基础。

2. 关于专利法第 38 条

专利法第 38 条规定：发明专利申请经申请人陈述意见或者进行修改后，国务院专利行政部门仍然认为不符合本法规定的，应当予以驳回。

审查指南第二部分第八章第 2. 2 节规定：听证原则在实质审查过程中，审查员在作出驳回决定之前，应当给申请人提供至少一次针对驳回所依据的事实、理由和证据陈述意见和/或修改申请文件的机会，即审查员作出驳回决定时，驳回所依据的事实、理由和证据应当在之前的审查意见通知书中已经告知过申请人。

就本案而言，原审查部门在第一次审查意见通知书中指出本申请权利要求 1～5、9～12 相对于对比文件 1 不具备新颖性，不符合中国专利法第 22 条第 2 款的规定，本申请权利要求 6～12 相对于对比文件 1 和对比文件 2 的结合不具备创造性，不符合专利法第 22 条第 3 款的规定。

申请人在答复第一次审查意见通知书时进行了意见陈述并提交了修改的权利要求书，其中仅对原权利要求 1～12 中的个别用语进行了修改，并调整了部分权利要求的引用关系。原审查部门继续审查，以本申请的权利要求 1、6～12 相对于对比文件 1 和对比文件 2 的结合不具备专利法第 22 条第 3 款规定的创造性、权利要求 2～5、9～12 相对于对比文件 1 不具备专利法第 22 条第 2 款规定的新颖性为由驳回了本申请。

也就是说，原审查部门在作出驳回决定前未将修改后的权利要求 1 相对于对比文件 1 和对比文件 2 的结合不具备专利法第 22 条第 3 款规定的创造性的审查意见告知过申请人，也未给申请人就该审查意见提供陈述意见或修改申请文件的机会，违反了审查指南第二部分第八章第 2. 2 节规定的听证原则，不符合专利法第 38 条的规定。

3. 关于专利法第 22 条第 2 款

专利法第 22 条第 2 款规定：新颖性，是指在申请日以前没有同样的发明或者实用新型在国内外出版物上公开发表过、在国内公开使用过或者以其他方式为公众所知，也没有同样的发明或者实用新型由他人向国务院专利行政部门提出过申请并且记载在申请日以后公布的专利申请文件中。

审查指南第二部分第三章第 3. 1 节规定：审查新颖性时，应当根据以下原则进行判断：单独对比：判断新颖性时，应当将发明或者实用新型专利申请的各项权利要求分别与每一项现有技术或申请在先公布在后的发明或实用新型的相关技术内容单独地进行比较，不得将其与几项现有技术或者申请在先公布在后的发明或者实用新型内容的组合、或者与一份对比文件中的多项技术方案的组合进行对比。即，判断发明或者实用新型专利申请的新颖性适用单独对比的原则。这与发明或者实用新型专利申请创造性的判断方法有所不同。

就本案来说，驳回决定中使用了两篇对比文件——对比文件 1 和对比文件 2 相结合来评述独立权利要求 1 不具备创造性，在此基础上，驳回决定中又对直接或间接引用该独立权利要求 1 的权利要求 2~5、9~12 进行了不具备新颖性的评述。这实际上是将权利要求 2~5、9~12 的技术方案分别与两篇对比文件的组合进行了对比，违反了审查指南第二部分第三章第 3. 1 节规定的对专利法第 22 条第 2 款规定的新颖性进行审查时应当依据的单独对比原则，因而适用法律错误。

根据上述事实和理由，本案合议组依法作出以下审查决定。

**三、决定**

撤销国家知识产权局于 2004 年 4 月 30 日对 00808716. 4 号发明专利申请作出的驳回决定。由原审查部门根据本复审决定依据的文本继续进行审查程序。

复审请求人对本决定不服的，可以根据专利法第 41 条第 2 款的规定，自收到本决定之日起三个月内向北京市第一中级人民法院起诉。

101

# 降温等多用途日常生活用品

## 复审请求审查决定（第 11034 号）

**决　定　号**　第 11034 号
**决　定　日**　2007 年 6 月 28 日
**发明创造名称**　降温等多用途日常生活用品
**国际分类号**　F28D 5/00
**复审请求人**　涂来泾
**申　请　号**　02100811.6
**申　请　日**　2002 年 1 月 28 日
**公　开　日**　2003 年 8 月 13 日
**合议组组长**　于　萍
**主　审　员**　王　森
**参　审　员**　郭建强

**法律依据**　专利法实施细则第 20 条第 1 款
**决定要点**
如果权利要求的主题名称清楚明确，且其所确定的保护范围清楚，则认为权利要求是清楚的。

### 一、案由

本复审请求涉及申请号为 02100811.6，名称为“降温等多用途日常生活用品”的发明专利申请（下称本申请），其申请人为涂来泾，申请日为 2002 年 1 月 28 日，公开日为 2003 年 8 月 13 日。

国家知识产权局实质审查部门于 2004 年 3 月 5 日发出了第一次审查意见通知书，通知书中指出该申请的权利要求不清楚简明，不符合专利法实施细则第 20 条第 1 款的规定。

针对第一次审查意见通知书，申请人于 2004 年 5 月 16 日提交了意见陈述书及权利要求书修改文本。

国家知识产权局实质审查部门于 2004 年 10 月 15 日以本申请不符合专利法实施细则第 20 条第 1 款的规定为由驳回了本申请。驳回决定所针对的权利要求书即为请求人于 2004 年 5 月 16 日提交的新修改的权利要求书，其内容如下：

“一类能吸收、存储、扩散液体的普通窗帘、门帘、垂帘、画帘、挂帘、挂画、挂历、挂毯、壁毯、地毯、遮阳伞、遮阳帽、遮阳篷、帐篷、蚊帐、屏风、幕布、锦旗、自行车衣、工艺美术品，其特征是：在普通窗帘、门帘、垂帘、画帘、挂帘、挂画、挂历、挂毯、壁毯、地毯、遮阳伞、遮阳帽、遮阳篷、帐篷、蚊帐、屏风、幕布、锦旗、自行车衣、工艺美术品工作时的较高位置设置液体供给系统，较低位置设置未蒸发液体回收系统，把普通窗帘、门帘、垂帘、画帘、挂帘、挂画、挂历、挂毯、壁毯、地毯、遮阳伞、遮阳帽、遮阳篷、帐篷、蚊帐、屏风、幕布、锦旗、自行车衣、工艺美术品当作液体蒸发系统。

液体供给系统按公知的液体供给系统的通用原则和方法设计。

液体蒸发系统的主要零部件为普通窗帘、门帘、垂帘、画帘、挂帘、挂画、挂历、挂毯、壁毯、地毯、遮阳伞、遮阳帽、遮阳篷、帐篷、蚊帐、屏风、幕布、锦旗、自行车衣、工艺美术品，它们按公知的方式使用，在它们工作时的较高位置制作小口袋，用于安插液体供给系统的分支液流注入管，较低位置制作缺口，每二个缺口之间制作一个套用于安装未蒸发液体回收系统，或在它们工作时的较高位置设置过渡镶边，在过渡镶边上制作小口袋，在它们工作时的较低位置设置过渡镶边，在过渡镶边上制作缺口和套，或将分支液流注入管的输出端定位在它们工作时的上方，使液滴滴入它们，在其工作时的较低位置选用适宜的未蒸发液体回收系统，使未蒸发液体全部回收。

未蒸发液体回收系统一般可分成分回收、汇流、总回收三部分，下面提供 4 种未蒸发液体回收系统。

第 1 种未蒸发液体回收系统的主要零部件有分回收容器、汇流器、汇流回收管、总回收容器，分回收容器底部设有分回收液流出口，汇流器是一个密闭的空腔体，其上部设有多个分回收液流入口，底部设有一个总回收液流出口，各分回收容器用穿过套的轴固定在普通窗帘、门帘、垂帘、画帘、挂帘、挂画、挂历、挂毯、壁毯、遮阳伞、遮阳帽、遮阳篷、帐篷、屏风、幕布、锦旗、自行车衣、工艺美术品工作时的较低位置，各分回收容器的分回收液流出口分别与汇流器的一个分回收液流入口连接，形成多条分回收液流通道，汇流回收管输入端接在汇流器的总回收液流出口上，输出端插入总回收容器空腔内，形成总回收液流通道。

第 2 种未蒸发液体回收系统用一个开口向上的盛液体的袋子代替分回收容器、汇流器的功能，将普通窗帘、门帘、垂帘、画帘、挂帘、挂画、挂历、挂毯、壁毯、遮阳伞、遮阳帽、遮阳篷、帐篷、屏风、幕布、锦旗、自行车衣、工艺美术品的底部装入盛液体的袋子中，用尼纶搭扣将它们与盛液体的袋子相连。

第 3 种未蒸发液体回收系统使未蒸发的液体直接滴入总回收容器中，总回收容器制成盆形、碟形、槽形。

第 4 种未蒸发液体回收系统将液体蒸发系统分成多个小部分，每个小部分选用第 1 种或第 2 种或第 3 种未蒸发液体回收系统，将这个小部分的未蒸发液体收集起来，用汇流器将各小部分收集的未蒸发液体汇集成总回收液流。”

驳回决定认为本申请的权利要求主题类型不清楚，所描述的产品结构不清楚；权利要求中的用词不清楚、简明，以致于权利要求的保护范围不清楚，因而不符合专利法实施细则第 20 条第 1 款的规定。

申请人涂来泾（下称复审请求人）对上述驳回决定不服，于 2004 年 12 月 14 日向专利复审委员会提交了复审请求，并提交了经修改的权利要求书。修改后的权利要求书如下：

“一类普通窗帘、门帘、垂帘、画帘、挂帘、挂画、挂历、挂毯、壁毯、地毯、遮阳伞、遮阳帽、遮阳篷、帐篷、蚊帐、屏风、幕布、锦旗、自行车衣、工艺美术品，其特征是：在它们的顶部设置液体供给系统，底部设置未蒸发液体回收系统，把它们当作液体蒸发系统。

液体供给系统按公知的方法设计。

液体蒸发系统的顶部制作小口袋，底部制作缺口和套，或顶部制作镶边和小口袋，底部制作镶边、缺口和套。

未蒸发液体回收系统有4种。

第1种用穿过套的轴固定分回收容器，各分回收容器与汇流器连接，汇流回收管一端接在汇流器上，另一端插入总回收容器内。

第2种将液体蒸发系统的底部装人袋子中，用尼纶搭扣将它们与袋子相连。

第3种是一个盆形或碟形或槽形的容器。

第4种将液体蒸发系统分成多个小部分，每个小部分用第1种或第2种或第3种未蒸发液体回收系统收集未蒸发液体，用汇流器将它们汇成总回收液流。”

形式审查合格后，专利复审委员会受理了该请求，并于2005年3月21日向复审请求人发出了复审请求受理通知书，同时向国家知识产权局原审查部门发出前置审查通知书，并随该通知书将本申请案卷转送至原审查部门进行前置审查。

原审查部门对本复审请求进行了前置审查，在前置审查意见书中，原审查部门坚持原驳回决定。审查员认为请求人希望同时保护20类产品，使得权利要求所要求保护的主题不清楚，另外液体供给系统的结构不清楚，未蒸发液体回收系统的技术方案混乱，因此权利要求的保护范围不清楚。

专利复审委员会依法成立合议组，对本复审请求案进行了审理。

专利复审委员本案合议组于2007年4月16日发出复审通知书，通知书中指出请求人提复审请求时提交的权利要求所要求保护的主题不清楚；权利要求中列举了4种未蒸发液体回收系统，但从该权利要求的描述，不能明确地确定在所要求保护的技术方案中是则一地选择其中一种回收系统，还是同时使用几种回收系统；审查指南中规定权利要求中仅允许在结尾处使用“。”但本申请权利要求中出现多处句号，上述缺陷导致了权利要求没有清楚地表述请求保护的范围，所以权利要求不符合专利法实施细则第20条第1款的规定。

复审请求人于2007年5月20日向专利复审委员会提交了经修改的权利要求书、说明书第1~4页、说明书附图第1~3页、说明书摘要、说明书摘要附图。修改后的说明书中发明名称为“降温等多用途窗帘”，修改后的权利要求书如下：

“一种能吸收存储扩散液体的普通窗帘，其特征是：在它的顶部设置液体供给系统，底部设置未蒸发液体回收系统，把它当作液体蒸发系统，

液体供给系统按公知的方法设计，

本窗帘的顶部制作小口袋，当选用第1种未蒸发液体回收系统时，底部制作缺口和套，

未蒸发液体回收系统有2种，由制造商任选1种，

第1种用穿过套的轴固定分回收容器，各分回收容器与汇流器连接；汇流回收管一端接在汇流器上，另一端插入总回收容器内，

第2种将液体蒸发系统的底部装人袋中，用尼纶搭扣将它与袋相连。”

经审查，合议组认为本复审请求事实清楚，可以作出复审决定。

**二、决定的理由**

1. 审查文本

本复审决定以复审请求人于2007年5月20日向专利复审委员会提交的权利要求书、说明书第1~4页、说明书附图第1~3页、说明书摘要以及说明书摘要附图为审查基础。

修改后的说明书附图包括图1~12，其中图1-11同申请日提交的图1~11，图12同原图16，请求人删除了原图12~15、17。修改后的说明书为1~4页，修改内容包括：与原始说明书相比，请求人将发明名称修改为“降温等多用途窗帘”，删除了与原图12~15、17相关的描述。修改后的权利要求书删除了普通窗帘以外的其他主题，对未蒸发液体回收系统作了更为简明、清楚的限定。

请求人提交的上述修改没有超出原说明书和权利要求书的记载范围，符合专利法第33条的规定。

2. 关于专利法实施细则第20条第1款

专利法实施细则第20条第1款规定，权利要求书应当说明发明或者实用新型的技术特征，清楚、简要地表述请求保护的范围。

根据该规定，首先每项权利要求的主题名称应该清楚、明确，其次每项权利要求所确定的保护范围应当清楚。

具体到本申请中，本申请的权利要求为：

“一种能吸收存储扩散液体的普通窗帘，其特征是：在它的顶部设置液体供给系统，底部设置未蒸发液体回收系统，把它当作液体蒸发系统，

液体供给系统按公知的方法设计，

本窗帘的顶部制作小口袋，当选用第1种未蒸发液体回收系统时，底部制作缺口和套，

未蒸发液体回收系统有2种，由制造商任选1种，

第1种用穿过套的轴固定分回收容器，各分回收容器与汇流器连接；汇流回收管一端接在汇流器上，另一端插入总回收容器内，

第2种将液体蒸发系统的底部装入袋中，用尼纶搭扣将它与袋相连。”

该权利要求的主题名称已清楚地表明了其要保护一种能吸收存储扩散液体的普通窗帘，驳回决定以及复审通知书中指出的主题名称不清楚的问题已被克服。关于前置审查意见中所述的液体供给系统的结构不清楚的问题，合议组认为对于本领域的技术人员来说，根据公知的方法不需要花费创造性劳动即可实现本申请中的液体供给系统。另外，关于复审通知书及前置意见中所指出的未蒸发液体回收系统不清楚的问题，修改后的权利要求中清楚地说明了可以采用第1种未蒸发液体回收系统和第2种未蒸发液体回收系统中的一种来作为未蒸发液体回收系统，并且对每一种回收系统的构成都已进行了清楚的描述。因此本申请经修改克服了驳回决定以及复审通知书指出的本申请不符合专利法实施细则第20条第1款规定的缺陷。

基于上述事实和理由，合议组作出如下决定。

**三、决定**

撤销国家知识产权局于2004年10月15日对02100811.6号发明专利申请作出的驳回决定，由原审查部门在本复审决定所针对的文本的基础上继续进行审批程序。

复审请求人对本决定不服的，可以根据专利法第41条第2款的规定，自收到本决定之日起3个月内向北京市第一中级人民法院起诉。

102

# 超声波诊断装置

## 复审请求审查决定（第11044号）

**决　定　号**　第11044号
**决　定　日**　2007年6月21日
**发明创造名称**　超声波诊断装置
**国际分类号**　A61B 8/00
**复审请求人**　古野电气株式会社
**申　请　号**　97191006.5
**申　请　日**　1997年8月4日
**优先权日**　1996年8月5日
**公　开　日**　1998年11月4日
**合议组组长**　黄玉平
**主　审　员**　张梅珍
**参　审　员**　李晓娜

**法律依据**　专利法实施细则第20条第1款，专利法第33条
**决定要点**

当权利要求类型清楚、所用词语含义确定从而限定的保护范围清楚，则应当认为该权利要求符合专利法实施细则第20条第1款的规定。

如果一项权利要求修改后的技术内容能够由原始申请文本中直接地、毫无疑义地确定，则该权利要求的修改符合专利法第33条的规定。

**一、案由**

本复审请求涉及申请号为97191006.5、名称为“超声波诊断装置”的PCT发明专利申请，其申请日为1997年8月4日，优先权日为1996年8月5日，进入国家阶段的日期是1998年3月31日，申请人为古野电气株式会社。本申请公开日为1998年11月4日，其公开的权利要求共有18项，其中权利要求10~12为：

“10. 一种超声波诊断装置，使超声波穿透被测体以诊断该被测体特性，其特征在于，具有：

由互相相对固定设置并收发超声波信号的一对超声波振子，

在一个超声波振子的收发波阵面的前面设置的顶端，

在前端具有顶端并充灌有超声波透过性流体同时安放有另一个超声波振子的可动罐体、

使该可动罐体前进或后退的移动手段。

11. 一种超声波诊断装置，使超声波穿透被测体以诊断该被测体特性，其特征在于，具有

互相相对固定设置并收发超声波信号的一对超声波振子，

在一个超声波振子的收发波阵面的前面设置的第 1 顶端，

在前端具有第 2 顶端并保持有超声波透过性媒体同时安放有另一个超声波振子的可动罐体，

使该可动罐体移动以便用第 1 顶端及第 2 顶端的两个前端面贴紧位于上述第 1 顶端的前端面与第 2 顶端的前端面之间的上述被测体的移动手段，

根据上述一对超声波振子的收发信号对上述被测体的 SOS 进行运算的运算手段。

12. 一种超声波诊断装置，使超声波穿透被测体以诊断该被测体特性，其特征在于，具有：

由互相相对固定设置并收发超声波信号的一对超声波收发器、

在一个超声波收发器的收发波阵面的前面设置的第 1 顶端、

在前端具有第 2 顶端并保持有超声波透过性媒体同时安放有另一个超声波收发器的可动罐体、

使该可动罐体移动以便用第 1 顶端及第 2 顶端的两个前端面贴紧位于上述第 1 顶端的前端面与第 2 顶端的前端面之间的上述被测体的移动手段、

对上述被测体的宽度进行测量的宽度测量手段、

对声波信号穿透上述被测体所需的时间进行测量的透过时间测量手段、

根据上述宽度测量手段及透过时间测量手段的输出对上述被测体的 SOS 进行运算的运算手段。”

应申请人的请求，国家知识产权局专利局依法对该专利申请进行了实质审查，于 2003 年 9 月 12 日发出了第一次审查意见通知书，指出权利要求 10~12 不符合专利法实施细则第 20 条第 1 款的规定，具体理由是：上述权利要求中“移动手段”、“运算手段”以及“测量手段”是用方法特征对产品进行的限定，造成权利要求含义不清楚。另外，该通知书还指出申请中存在不具备新颖性和创造性、独立权利要求之间缺乏单一性等缺陷。

申请人于 2004 年 1 月 29 日针对第一次审查意见通知书进行了意见陈述，并提交了权利要求书、说明书的全文替换页，修改后的权利要求共 17 项，其中删除了原权利要求 1，原权利要求 2 形成新的权利要求 1，原权利要求 10~12 增加了技术特征，同时调整编号为权利要求 9~11，修改后的权利要求 9~11 具体内容为：

“9. 一种超声波诊断装置，使超声波穿透被测体以诊断该被测体特性，其特征在于，具有：

由互相相对固定设置并收发超声波信号的一对超声波振子，

在一个超声波振子的收发波阵面的前面设置的顶端，

在前端具有顶端并充灌有超声波透过性流体同时安放有另一个超声波振子的可动罐体、

使该可动罐体前进或后退的移动手段，

在前述顶端的前述可动罐体一侧的表面形成前述超声波振子发射的超声波的反射面。

10. 一种超声波诊断装置，使超声波穿透被测体以诊断该被测体特性，其特征在于，具有

互相相对固定设置并收发超声波信号的一对超声波振子，

在一个超声波振子的收发波阵面的前面设置的第 1 顶端，

在前端具有第 2 顶端并保持有超声波透过性媒体同时安放有另一个超声波振子的可动罐体，

使该可动罐体移动以便用第 1 顶端及第 2 顶端的两个前端面贴紧位于上述第 1 顶端的前端面与第 2 顶端的前端面之间的上述被测体的移动手段，

根据上述一对超声波振子的收发信号对上述被测体的 SOS 进行运算的运算手段，

在前述第 2 顶端的前述可动罐体一侧的表面形成前述超声波振子发射的超声波的反射面。

11. 一种超声波诊断装置，使超声波穿透被测体以诊断该被测体特性，其特征在于，具有：

由互相相对固定设置并收发超声波信号的一对超声波收发器、

在一个超声波收发器的收发波阵面的前面设置的第 1 顶端、

在前端具有第 2 顶端并保持有超声波透过性媒体同时安放有另一个超声波收发器的可动罐体、

使该可动罐体移动以便用第 1 顶端及第 2 顶端的两个前端面贴紧位于上述第 1 顶端的前端面与第 2 顶端的前端面之间的上述被测体的移动手段、

对上述被测体的宽度进行测量的宽度测量手段、

对声波信号穿透上述被测体所需的时间进行测量的透过时间测量手段、

根据上述宽度测量手段及透过时间测量手段的输出对上述被测体的 SOS 进行运算的运算手段，

在前述第 2 顶端的前述可动罐体一侧的表面形成前述超声波振子发射的超声波的反射面。”

申请人陈述了修改后本申请具备新颖性、创造性以及单一性的理由，同时认为权利要求 9~11 属于功能性限定，并且在这里“用结构特征限定不如用功能性来限定更为清楚”，因此权利要求 9~11 技术方案清楚，符合专利法实施细则第 20 条第 1 款的规定。

2004 年 5 月 14 日原实质审查部门以上述权利要求不符合专利法实施细则第 20 条第 1 款规定为由作出了驳回本申请的决定，具体理由同第一次审查意见通知书中所述。

申请人（下称复审请求人）不服上述驳回决定，于 2004 年 8 月 30 日向专利复审委员会提出复审请求，同时提交了权利要求书的修改替换页，其中将其 2004 年 1 月 29 日提交的权利要求书中的“手段”统一修改为“装置”，修改后的权利要求 9-11 为：

“9. 一种超声波诊断装置，使超声波穿透被测体以诊断该被测体特性，其特征在于，具有：

由互相相对固定设置并收发超声波信号的一对超声波振子，

在一个超声波振子的收发波阵面的前面设置的顶端，

在前端具有顶端并充灌有超声波透过性流体同时安放有另一个超声波振子的可动罐体、

使该可动罐体前进或后退的移动装置，

在前述顶端的前述可动罐体一侧的表面形成前述超声波振子发射的超声波的反射面。

10. 一种超声波诊断装置，使超声波穿透被测体以诊断该被测体特性，其特征在于，具有

互相相对固定设置并收发超声波信号的一对超声波振子，

在一个超声波振子的收发波阵面的前面设置的第 1 顶端，

在前端具有第 2 顶端并保持有超声波透过性媒体同时安放有另一个超声波振子的可动罐体，

使该可动罐体移动以便用第 1 顶端及第 2 顶端的两个前端面贴紧位于上述第 1 顶端的前端面与第 2 顶端的前端面之间的上述被测体的移动装置，

根据上述一对超声波振子的收发信号对上述被测体的 SOS 进行运算的运算装置，

在前述第 2 顶端的前述可动罐体一侧的表面形成前述超声波振子发射的超声波的反射面。

11. 一种超声波诊断装置，使超声波穿透被测体以诊断该被测体特性，其特征在于，具有：

由互相相对固定设置并收发超声波信号的一对超声波收发器、

在一个超声波收发器的收发波阵面的前面设置的第 1 顶端、

在前端具有第 2 顶端并保持有超声波透过性媒体同时安放有另一个超声波收发器的可动罐体、

使该可动罐体移动以便用第 1 顶端及第 2 顶端的两个前端面贴紧位于上述第 1 顶端的前端面与第 2 顶端的前端面之间的上述被测体的移动装置、

对上述被测体的宽度进行测量的宽度测量装置、

对声波信号穿透上述被测体所需的时间进行测量的透过时间测量装置、

根据上述宽度测量装置及透过时间测量装置的输出对上述被测体的 SOS 进行运算的运算装置，

在前述第 2 顶端的前述可动罐体一侧的表面形成前述超声波振子发射的超声波的反射面。”

经形式审查合格后，专利复审委员会受理了该复审请求，于 2005 年 10 月 11 日发出复审请求受理通知书，同时向原实质审查部门发出了前置审查通知书。

专利局原实质审查部门作出前置审查意见，认为权利要求 9~11 的上述修改超出了原始申请文件记载的范围，因此仍坚持原驳回决定。

在此基础上专利复审委员会依法成立合议组对本案进行审查，合议组认为，本案事实已经清楚，可以作出审查决定。

**二、决定的理由**

1. 关于审查文本

复审请求人提出复审请求时对权利要求书进行了修改，该修改符合专利法实施细则第 60 条第 1 款的有关规定，因此本复审决定针对的文本为：于 2004 年 8 月 30 日提交的权利要求 1~17 项；2004 年 1 月 29 日提交的说明书第 1~19 页；进入国家阶段时提交的国际申请文件中文译文的附图第 1~11 页、说明书摘要和摘要附图。

2. 关于权利要求 9~11 是否符合专利法第 33 条的规定

专利法第 33 条规定：申请人可以对其专利申请文件进行修改，但是，对发明和使用新型专利申请文件的修改不得超出原说明书和权利要求书记载的范围，对外观设计专利申请文件的修改不得超出原图片或者照片表示的范围。

复审请求人提出复审请求时对权利要求书进行了修改，其中将其 2004 年 1 月 29 日提交的权利要求 9~11 中的“移动手段”、“运算手段”、“测量手段”修改为“移动装置”、“运算装置”、“测量装置”，原实质审查部门认为原始申请文件中没有清楚地记载上述装置，也不能由原始申请文件毫无疑义地导出上述装置，因此认为上述修改超出原始申请文件的范围，不符合专利法第 33 条的规定。

权利要求 9 中记载了“使该可动罐体前进或后退的移动装置”，合议组查明，本申请原始说明书第 12 页倒数第 1 段载明“测量体 2 的可动罐体 7 通过可动机构 10 在安放有被测体（下面将被测体称为脚后跟）的诊断台 9 上可自由移动”，根据上述记载可以毫无疑义地确定可动机构就是使该可动罐体前进或后退的移动装置，因此权利要求 9 的上述内容并未超出原始申请文件记载的范围，而权利要求 10、11 中的“使该可动罐体移动以使用第 1 顶端及第 2 顶端的两个前端面贴紧位于上述第 1 顶端的前端面与第 2 顶端的前端面之间的上述被测体的移动装置”同样是指说明书中的可动机构 10。

权利要求 11 中记载了“对上述被测体的宽度进行测量的宽度测量装置”、“对声波信号穿透上述被测体所需的时间进行测量的透过时间测量装置”，合议组查明，原始说明书第 14 页倒数第 1 段中写明：控制器具有中央处理器，具有根据规定的程序执行后述的测量方式、判断方式及校正方式的功能；而第 16 页倒数第 1 段记载了“在测量方式，在夹住脚后跟的状态下对反射时间及透过时间等的数据进行取样（S11），根据该数据对脚宽进行计算（S12）”，说明书第 17 页第 1 段记载了：利用超声波收发器 4、5 测量反射波反射时间以及透过波的透过时间，将上述几部分内容结合起来可以毫无疑义地确定控制器及其所控制的超声波收发器 4、5 就是权利要求 11 中所述的宽度测量装置，而超声波收发器 4、5 就是权利要求 11 中所述的透过时间测量装置。

权利要求 10、11 中分别记载了“根据上述一对超声波振子的收发信号对上述被测体的 SOS 进行运算的运算装置”以及“根据上述宽度测量装置及透过时间测量装置的输出对上述被测体的 SOS 进行运算的运算装置”，合议组查明，原始说明书第 14 页倒数第 1 段中写明：控制器具有中央处理器，具有根据规定的程序执行后述的测量方式、判断方式及校正方式的功能；原始说明书第 16 页倒数第 1 段中记载：在测量方式，在夹住脚后跟的状态下对反射时间及透过时间等的数据进行取样（S11），根据该数据对脚宽进行计算（S12），接着进行 SOS 计算（S13）。根据上述记载可以毫无疑义地确定控制器的中央处理器就是权利要求 10、11 中的运算装置。

基于以上分析，合议组认为权利要求 9~11 中将“手段”改为“装置”，并未导致修改超范围，不能据此认为上述权利要求的修改不符合专利法第 33 条的规定。

3. 关于权利要求 9~11 是否符合专利法实施细则第 20 条第 1 款的规定

专利法实施细则第 20 条第 1 款规定：权利要求书应当说明发明或者实用新型的技术特征，清楚、简要地表述请求保护的范围。

在本案中，驳回决定指出复审请求人于 2004 年 1 月 29 日提交的权利要求 9~11 中的“移动手段”、“运算手段”、“测量手段”不清楚，复审请求人提出复审请求时对权利要求书进行了修改，将上述内容分别修改为“移动装置”、“运算装置”、“测量装置”，合议组认为，权利要求 9~11 中的“移动装置”、“运算装置”、“测量装置”含义清楚，因而权利要求 9~11 符合专利法实施细则第 20 条第 1 款的有关规定。

基于以上事实和理由，本案合议组作出如下决定。

**三、决定**

撤销国家知识产权局于 2004 年 5 月 14 日对 97191006.5 号发明专利申请作出的驳回决定，由原审查部门在本复审决定所依据的文本基础上继续审查。

复审请求人对本决定不服的，可以根据专利法第 41 条第 2 款的规定，自收到本决定之日起三个月内向北京市第一中级人民法院起诉。

103

# 自助服务终端

## 复审请求审查决定（第11108号）

**决　定　号**　第11108号
**决　定　日**　2007年6月29日
**发明创造名称**　自助服务终端
**国际分类号**　G07F 7/10
**复审请求人**　NCR国际公司
**申　请　号**　00816619.6
**申　请　日**　2000年11月22日
**优先权日**　1999年12月3日
**公　开　日**　2003年3月12日
**合议组组长**　李　隽
**主　审　员**　朱明雅
**参　审　员**　张　华

**法律依据**　专利法第22条第3款
**决定要点**
虽然对比文件1未能公开权利要求的全部技术特征，但这些未公开的技术特征是本领域的公知常识，或是从对比文件1所公开的技术特征中容易想到的，那么权利要求所要保护的技术方案相对于对比文件或其与公知常识的结合仍不具备专利法第22条第3款规定的创造性。

### 一、案由

本复审请求涉及名称为“自助服务终端”、申请号为00816619.6的PCT发明专利申请（下称本申请），其进入中国国家阶段的日期为2002年6月3日，申请日为2000年11月22日，公开日为2003年3月12日，优先权日为1999年12月3日，申请人为NCR国际公司。

国家知识产权局实质审查部门于2004年6月18日驳回了本申请，其驳回理由是本申请的权利要求1~3、8不具备新颖性，权利要求4~7不具备创造性。

驳回决定指出，权利要求1请求保护一种自动柜员机，对比文件1（JP9237368A）公开了一种自动柜员机，并具体公开了以下技术特征：该自动柜员机具有用户界面（参见对比文件1的附图标记1），所述用户界面包括多个数据输入指示器（附图标记5），每个指示器具有独特特征，并且每个指示器可以和预定的交易相关联，用户可以仅选择单个指示器来一次完成想要的交易。因此权利要求1所要保护的技术方案对于对比文件1来说不具备专利法第22条第2款规定的新颖性。权利要求2~3

的技术特征也都被对比文件1公开，因此不具备专利法第22条第2款规定的新颖性；权利要求4~7的技术特征对本领域技术人员来说不需要付出创造性劳动，因此不具备专利法第22条第3款规定的创造性。同样，权利要求8所要保护的一种在自动柜员机进行交易的方法也不具备专利法第22条第2款规定的新颖性。

针对申请人在意见陈述书中所述的“本发明与对比文件1的区别在于用户能通过仅选择一个功能键一次而完成所期望的功能”这一观点，审查员认为该特点已经被对比文件1说明书第3页公开，因而该理由不成立。

申请人（下称请求人）不服国家知识产权局做出的驳回决定，于2004年10月8日向专利复审委员会提出了复审请求，同时提交了意见陈述书和权利要求第1~8项的修改替换页共1页。其中，修改后的权利要求1如下：

“1. 一种自动柜员机（10），具有用户界面（20），所述用户界面（20）包括多个数据输入指示器（28），其特征在于，每个指示器（28）具有独特特征，并且每个指示器分别和预定的交易相关联，因此用户可以通过仅选择单个指示器（28）即可完成想要的交易。”

请求人在意见陈述书中指出：对比文件1中并未公开“仅仅选择一个指示器一次而完成所期望的功能”这个技术特征，参照对比文件1的图1和2可知，附图标记6所指出的选择顺序识别号①和②所示，要在对比文件1的自动取款机上完成各种功能，仅仅是对功能进行选择就需要至少按键两次，之后还要点击确认或取消键才能完成操作。相反，本发明中用户界面上设置有具有独特特征的指示器，这些指示器彼此不相同且分别与预定的交易相关联，在这种设置下，由于每个指示器与预先设定的交易性质、交易金额等数据都有固定的关联，因此用户只需要按动指示器一次，就直接确定了交易性质。而对比文件1中既没有记载这样的设计，也未对此有所启示，因而本申请的权利要求1、8的技术方案相对于对比文件1具有实质性的特点。

经形式审查合格后，专利复审委员会受理了该复审请求，并于2004年11月8日向复审请求人发出复审请求受理通知书，同时向原审查部门发出前置审查通知书。

原审查部门对本复审请求进行了前置审查，在前置审查中，原审查部门坚持原驳回决定。

专利复审委员会依法成立合议组对本案进行审查，并于2006年8月16日向请求人发出了复审通知书，指出复审请求人提出复审请求时提交的申请文件仍不符合专利法第22条第2款、第3款的规定。权利要求1所要保护的技术方案相对于对比文件1不具备专利法第22条第2款规定的新颖性；权利要求2~8相对于对比文件1和公知常识不具备专利法第22条第3款规定的创造性。

请求人于2006年9月18日答复上述复审通知书并提交了权利要求第1~5项的修改替换页共1页。修改后的权利要求书如下：

“1. 一种自助服务终端，包括：

用户界面，所述用户界面包括多个可按压下的用于输入数据的按钮，每个按钮都与其他的按钮在尺寸、形状、颜色、结构、或其组合上有所不同，并且每个按钮都与预定的交易相关联，从而使用户可以通过仅选择一个按钮即可执行想要的交易。

2. 如权利要求1所述的自助服务终端，其特征在于，该按钮从安装按钮的表面突出。

3. 如权利要求1所述的自助服务终端，其特征在于，所述预先定义的交易由用户进行程序设定。

4. 如权利要求1所述的自助服务终端，其特征在于，所述预先定义的交易由终端的所有者进行程序设定。

5. 一种在自助服务终端执行交易的方法，该方法包括：

设置多个可按压下的用于输入数据的按钮，每个按钮都与其他的按钮在尺寸、形状、颜色、结构、或其组合上有所不同；

将独特的交易与每个按钮相关联；以及

响应于仅选择其中一个按钮，完成和所选按钮相关联的交易。”

请求人在意见陈述书中强调：本申请与对比文件 1 的主要区别在于按下一键完成一次“交易”。而一次“交易”的含义不同于一个响应动作，而是诸如取款、存款等交易过程。对比文件 1 至少要按下两个键才能完成一次交易，因此对比文件与本申请有本质的区别。

在上述工作的基础上，合议组认为本案事实已经清楚，可以作出审查决定。

**二、决定的理由**

1. 审查文本

经审查，合议组认为请求人于 2006 年 9 月 18 日提交的权利要求第 1～5 项符合专利法第 33 条以及专利法实施细则第 60 条的规定，因此，本复审决定书所依据的文本为：复审请求人进入中国国家阶段时提交的说明书附图第 1～2 页、说明书摘要以及摘要附图，2004 年 5 月 24 日提交说明书第 1～7 页，2006 年 9 月 18 日提交的权利要求第 1～5 项。

2. 关于本申请是否符合专利法第 22 条第 3 款的规定

合议组评述本申请的权利要求 1～5 的创造性所采用的对比文件与实质审查过程中所引用的对比文件相同，即，对比文件 1：JP9237368A，公开日为 1997 年 9 月 9 日。

专利法第 22 条第 3 款规定：创造性是指同申请日以前已有的技术相比，该发明有突出的实质性特点和显著的进步，该实用新型有实质性特点和进步。

（1）权利要求 1 不具备创造性。

具体到本案，本申请权利要求 1 所要保护的技术方案包括如下技术特征：（a）一种自助服务终端，其包括：（b）用户界面，所述用户界面包括多个可按压下的用于输入数据的按钮；（c）每个按钮都与其他的按钮在尺寸、形状、颜色、结构、或其组合上有所不同；（d）并且每个按钮都与预定的交易相关联，从而使用户可以通过仅选择一个按钮即可执行想要的交易。对比文件 1 公开了一种自动柜员机（相当于权利要求 1 的自助服务终端），并具体公开了以下技术特征（参见对比文件 1 说明书摘要，附图 1～6）：该自动柜员机具有用户界面，所述用户界面包括多个交易键（相当于权利要求 1 的按钮），并且每个交易键可以和预定的交易相关联，即权利要求 1 的特征（a）、（b）已经被对比文件 1 公开。

对于特征（c），虽然对比文件 1 没有公开该特征，但是，在输入设备中对不同的按钮设定不同的尺寸、形状、颜色、结构等用以区别这种技术手段是本领域的公知常识，例如计算机的键盘或者游戏机的输入键盘，针对某些特定的功能键也会有不同的形状和颜色的设定。对于特征（d），对比文件 1 公开了每个交易键可以和预定的交易相关联这个技术特征，而请求人一再强调本申请与对比文件 1 的主要区别在于按下一键完成一次“交易”，“交易”的含义不同于一个响应动作。但是，“交易”仍属于一个响应动作，至于该响应动作完成的是一个完整的“交易”，还仅仅是交易中的一个步骤，都是由人来设定由程序来完成的，它们与本申请所要保护的硬件设备本身没有关系。对本领域技术人员来说从按键与响应动作相关联容易想到将按键与一个完整的交易相关联，因此，权利要求 1 所要保护的技术方案相对于对比文件 1 和公知常识不具有突出的实质性特点和显著的进步，因而不具备专利法第 22 条第 3 款规定的创造性。

（2）权利要求 2 不具备创造性。

权利要求 2 是权利要求 1 的从属权利要求，其附加技术特征为“该按钮从安装按钮的表面突出”。对比文件 1 公开了一种按钮（1）（参见对比文件 1 的附图 1），很明显，该按钮也从表面突出，本领域技术人员容易想到使用表面突出的按钮从而得到权利要求2所要保护的技术方案，在其引用的权利要求1不具备创造性的情况下，该从属权利要求2不具备专利法第22条第3款规定的创造性。

(3) 权利要求3~4不具备创造性。

权利要求3和4限定部分的附加技术特征分别是“所述预先定义的交易由用户进行程序设定”和“所述预先定义的交易由终端的所有者进行程序设定”。由于每个按钮与一项交易相关联，那么具体设定按钮与哪项交易相关联则是一种人为的设定，无论是由用户设定还是由终端的所有者设定这些交易内容，对本发明的改进来说没有任何实质性的效果，对本领域技术人员来说也都是容易想到的。因此，在它们引用的权利要求1不具备创造性的情况下，从属权利要求3和4也不具备专利法第22条第3款规定的创造性。

(4) 权利要求5不具备创造性。

权利要求5所要保护的技术方案包括如下技术特征：(a) 一种在自助服务终端执行交易的方法，其包括：(b) 设置多个可按压下的用于输入数据的按钮；(c) 每个按钮都与其他的按钮在尺寸、形状、颜色、结构、或其组合上有所不同；(d) 将独特的交易与每个按钮相关联；以及响应于仅选择其中一个按钮，完成和所选按钮相关联的交易。对比文件1公开了一种自动柜员机（相当于权利要求5的自助服务终端），并具体公开了以下技术特征（参见对比文件1说明书摘要，附图1~6）：该自动柜员机具有用户界面，所述用户界面包括多个交易键（相当于权利要求5的按钮），并且每个交易键可以和预定的交易相关联，即权利要求1的特征（a）、（b）已经被对比文件1公开。

对于特征（c），虽然对比文件1没有公开该特征，但是，在输入设备中对不同的按钮设定不同的尺寸、形状、颜色、结构等用以区别这种技术手段是本领域的公知常识。对于特征（d），对比文件1公开了每个交易键可以和预定的交易相关联这个技术特征。如前所述，对本领域技术人员来说从按键与响应动作相关联容易想到将按键与一个完整的交易相关联，因此，权利要求5所要保护的技术方案相对于对比文件1和公知常识不具有突出的实质性特点和显著的进步，因而不具备专利法第22条第3款规定的创造性。

根据上述事实和理由，本案合议组做出以下审查决定。

**三、决定**

维持国家知识产权局于2004年6月18日对00816619.6号发明专利申请作出的驳回决定。

复审请求人对本决定不服的，可以根据专利法第41条第2款的规定，自收到本决定之日起三个月内向北京市第一中级人民法院起诉。

# 北京市第一中级人民法院
# 行政判决书

（2007）一中行初字第1463号

原告NCR国际公司（NCR International Inc.），住所地美利坚合众国俄亥俄州戴顿市伯勒沃德南帕特森1700号（1700 SouthPatterson，Boulevard，Dayton，Ohio，US），邮政编码45479。

法定代表人道格拉斯. 富特（Douglas S. Foote），专利总顾问。

委托代理人车文，中华人民共和国中原信达知识产权代理有限责任公司专利代理人。

委托代理人徐澄钦，女，中华人民共和国中原信达知识产权代理有限责任公司职员。

被告中华人民共和国国家知识产权局专利复审委员会，住所地中华人民共和国北京市海淀区北四环西路银谷大厦。

法定代表人廖涛，副主任。

委托代理人张华，男，中华人民共和国国家知识产权局专利复审委员会干部。

委托代理人朱明雅，女，中华人民共和国国家知识产权局专利复审委员会干部。

原告NCR国际公司（以下简称NCR公司）不服被告中华人民共和国国家知识产权局专利复审委员会（以下简称专利复审委）于2007年6月29日作出的第11108号复审请求审查决定（以下简称第11108号决定），于2007年10月8日向本院提起行政诉讼。本院于2007年11月26日受理后，依法组成合议庭，并于2008年4月10日公开开庭审理了本案。原告NCR公司的委托代理人车文、徐澄钦，被告的委托代理人张华、朱明雅到庭参加了诉讼。本案现已审理终结。

2006年6月29日，专利复审委依据NCR公司的复审请求，作出第11108号决定，认为申请号为00816619.6号“自助服务终端”的发明专利申请（以下简称本申请）的权利要求所要求保护的技术方案相对于对比文件1与公知常识的结合不具备《中华人民共和国专利法》（以下简称《专利法》）第二十二条第三款规定的创造性，决定维持中华人民共和国国家知识产权局对本申请作出的驳回决定。决定的理由：

1. 审查文本。

经审查，专利复审委合议组认为NCR公司于2006年9月18日提交的权利要求第1~5项符合《专利法》第三十三条以及《中华人民共和国专利法实施细则》第六十条的规定，因此，第11108号决定所依据的文本为：NCR公司进入中国国家阶段时提交的说明书附图第1~2页、说明书摘要以及摘要附图，2004年5月24日提交说明书第1~7页，2006年9月18日提交的权利要求第1~5项。

2. 关于本申请是否符合《专利法》第二十二条第三款的规定。

专利复审委合议组评述本申请的权利要求1~5的创造性所采用的对比文件与实质审查过程中所引用的对比文件相同，即对比文件1，其公开日为1997年9月9日。

（1）权利要求1不具备创造性。

本申请权利要求1所要保护的技术方案包括如下技术特征：（a）一种自助服务终端，其包括：（b）用户界面，所述用户界面包括多个可按压下的用于输入数据的按钮；（c）每个按钮都与其他的按钮在尺寸、形状、颜色、结构、或其组合上有所不同；（d）并且每个按钮都与预定的交易相关联，从而使用户可以通过仅选择一个按钮即可执行想要的交易。对比文件1公开了一种自动柜员机（相当于权利要求1的自助服务终端），并具体公开了以下技术特征：该自动柜员机具有用户界面，所述用户界面包括多个交易键（相当于权利要求1的按钮），并且每个交易键可以和预定的交易相关联，即权利要求1的特征（a）、（b）已经被对比文件1公开。

对于特征（c），虽然对比文件1没有公开该特征，但是，在输入设备中对不同的按钮设定不同的尺寸、形状、颜色、结构等用以区别这种技术手段是本领域的公知常识，例如计算机的键盘或者游戏机的输入键盘，针对某些特定的功能键也会有不同的形状和颜色的设定。对于特征（d），对比文件1公开了每个交易键可以和预定的交易相关联这个技术特征，而请求人一再强调本申请与对比文件1的主要区别在于按下一键完成一次“交易”，“交易”的含义不同于一个响应动作。但是，“交易”仍属于一个响应动作，至于该响应动作完成的是一个完整的“交易”，还仅仅是交易中的一个步骤，都是由人来设定由程序来完成的，它们与本申请所要保护的硬件设备本身没有关系。对本领域技术人员来说从按键与响应动作相关联容易想到将按键与一个完整的交易相关联，因此，权利要求1所要保护的技术方案相对于对比文件1和公知常识不具有突出的实质性特点和显著的进步，因而不具备《专利法》第二十二条第三款规定的创造性。

（2）权利要求2不具备创造性。

权利要求2是权利要求1的从属权利要求，其附加技术特征为“该按钮从安装按钮的表面突出”。对比文件1公开了一种按钮（1），很明显，该按钮也从表面突出，本领域技术人员容易想到使用表面突出的按钮从而得到权利要求2所要保护的技术方案，在其引用的权利要求1不具备创造性的情况下，该从属权利要求2不具备《专利法》第二十二条第三款规定的创造性。

（3）权利要求3~4不具备创造性。

权利要求3和4限定部分的附加技术特征分别是“所述预先定义的交易由用户进行程序设定”和“所述预先定义的交易由终端的所有者进行程序设定”。由于每个按钮与一项交易相关联，那么具体设定按钮与哪项交易相关联则是一种人为的设定，无论是由用户设定还是由终端的所有者设定这些交易内容，对本发明的改进来说没有任何实质性的效果，对本领域技术人员来说也都是容易想到的。因此，在它们引用的权利要求1不具备创造性的情况下，从属权利要求3和4也不具备《专利法》第二十二条第三款规定的创造性。

（4）权利要求5不具备创造性。权利要求5所要保护的技术方案包括如下技术特征：（a）一种在自助服务终端执行交易的方法，其包括：（b）设置多个可按压下的用于输入数据的按钮；（c）每个按钮都与其他的按钮在尺寸、形状、颜色、结构、或其组合上有所不同；（d）将独特的交易与每个按钮相关联；以及响应于仅选择其中一个按钮，完成和所选按钮相关联的交易。对比文件1公开了一种自动柜员机（相当于权利要求5的自助服务终端），并具体公开了以下技术特征：该自动柜员机具有用户界面，所述用户界面包括多个交易键（相当于权利要求5的按钮），并且每个交易键可以和预定的交易相关联，即权利要求1的特征（a）、（b）已经被对比文件1公开。

对于特征（c），虽然对比文件1没有公开该特征，但是，在输入设备中对不同的按钮设定不同的尺寸、形状、颜色、结构等用以区别这种技术手段是本领域的公知常识。对于特征（d），对比文件1公开了每个交易键可以和预定的交易相关联这个技术特征。如前所述，对本领域技术人员来说从按键与响应动作相关联容易想到将按键与一个完整的交易相关联，因此，权利要求5所要保护的技术方案相对于对比文件1和公知常识不具有突出的实质性特点和显著的进步，因而不具备《专利法》第二十二条第三款规定的创造性。

根据上述事实和理由，专利复审委做出第11108号决定，维持国家知识产权局作出的驳回决定。

专利复审委在法定期限内，向本院提交了如下证据，用以证明其作出的第11108号决定认定事实清楚，适用法律正确，审查程序合法，审查结论正确：

证据1．2006年8月16日发出的复审通知书发文页、正文共5页（同原告提交的证据7）；

证据2．原告于2006年9月18日提交的意见陈述书以及权利要求书修改替换页（同原告提交的证据8）；

证据3．专利号为JP9237368A日本专利公开文本共4页（即第11108号决定中的对比文件1，以下简称对比文件1）。原告NCR公司诉称：（1）被告关于本申请权利要求1的技术区别特征（c）属于本领域的公知常识的认定错误。第一，被告在第11108号决定中作出该认定时，只是进行主观论述，没有有效证据加以证明；第二，本申请的技术领域属于自动服务终端，并非被告所认定的输入设备、计算机和游戏机等技术领域。上述两者属于完全不同的技术领域。按钮形式采用在不同的技术领域中，其解决的技术问题也不同，会产生不同的技术效果。即使如被告认定的在诸如计算机的键盘或者游戏机的输入键盘等的“输入设备中对不同的按钮设定不同的尺寸、形状、颜色、结构等用以区别”属于公知常识，也不能够说明技术特征（c）属于公知常识。实际上，自动服务终端的用户界面所采用的按钮在尺寸、形状、颜色、结构等方面大致相同或者近似才是关于自动服务终端的公知常识。第三，技术特征（c）的目的在于解决具有部分视力或认知能力有障碍的人因大部分键比较相似而使用ATM机比较困难的技术问题，使其容易辨别不同的指示器而很容易地完成交易。而被告所述的“计算机键盘或者游戏机的输入键盘”并非解决本申请上述要解决的技术问题，不具备本申请的上述有益技术效果。(2) 对比文件1没有给出本申请权利要求1技术特征（d）的技术启示。首先，对比文件1没有披露技术特征（d）中的“每个按钮都与预定的交易相关联”，因而没有披露技术特征（d）的全部内容。其次，本申请采用的硬件和软件（计算机程序）都属于中国专利保护的客体，都应当予以考虑。再次，本申请对现有技术的贡献是用户每按下一个按钮就可以完成一个预定的交易，而对比文件1必须至少设置功能选择键和确认功能键两个键才能实现上述功能。技术特征（d）如果应用于对比文件1，就和对比文件1发明所要执行的连续执行所选择的多个交易的功能相背离。所得到的装置将会有每按下一个键就执行一个交易的功能，这显然与对比文件1的教导是相背离的。因此，被告关于对比文件1给出了技术特征（d）启示的认定是错误的。最后，被告在进行本申请的权利要求1创造性审查时，明显犯了“事后诸葛亮”的错误。综上，权利要求1具备突出的实质性特点和显著的进步，相对于对比文件1具有创造性。对比文件1没有公开本申请权利要求2附加技术特征的内容，权利要求2具有创造性。本申请权利要求5系权利要求1的方法权利要求，亦应具备创造性。综上，第11108号决定认定事实不清，适用法律错误，请求法院撤销第11108号决定。

原告在法定期限内，向本院提交了如下证据，用以证明其主张：

证据1. 第11108号复审决定；

证据2. 本案专利原始申请文件；

证据3. 第一次审查意见通知书；

证据4. 答复《第一次审查意见通知书》的意见陈述书以及说明书和权利要求书的替换页和相应的修改标示页；

证据5. 驳回决定；

证据6. 复审请求书和权利要求书替换页；

证据7. 复审通知书；

证据8. 答复复审通知书的意见陈述书和权利要求书替换页。

被告专利复审委辩称：在输入设备中对不同的按钮设定不同的尺寸、形状、颜色、结构用以区别这种技术手段是本领域的公知常识。自动服务终端的键盘和计算机的键盘或者游戏机的键盘均属于输入设备，应该属于相近的领域，而且对按钮设定不同形状、颜色等用以区别也是日常生活中常用的手段，因此无需举证。对于特征（d），对比文件1公开了每个交易键可以和预定的交易相关联这个技术特征，“交易”属于一个响应动作，至于该响应动作完成的是一个完整的“交易”，还仅仅是交易中的一个步骤，都是由人来设定由程序完成的，他们与本申请所要保护的硬件设备本身没有关系，对于本领域技术人员来说从按键与响应动作相关联容易想到将按键与一个完整的交易相关联，因此，权利要求1所要保护的技术方案相对于对比文件1和公知常识不具有突出的实质性特点和显著的进步，因而不具备《专利法》第二十二条第三款规定的创造性。综上，第11108号决定认定事实清楚、适用法律正确、审理程序合法、审查结论正确，请求法院维持第11108号决定。

经庭审质证，本院认为，原告提交的证据1是第11108号决定，系被告作出具体行政行为的载体，不能作为证据使用；原告和被告提交的其他证据，合法、真实且能够证明案件事实，本院予以认证。

根据上述经认定的证据证实和庭审中各方当事人无争议的陈述，本院对以下事实予以确认：

本申请涉及名称为“自助服务终端”、申请号为00816619.6的PCT发明专利申请，其进入中国国家阶段的日期为2002年6月3日，申请日为2000年11月22日，公开日为2003年3月12日，优先权日为1999年12月3日，申请人为NCR公司。

国家知识产权局实质审查部门于2004年6月18日驳回了本申请，其驳回理由是本申请的权利要求1~3、8不具备新颖性，权利要求4~7不具备创造性。

NCR公司不服国家知识产权局做出的驳回决定，于2004年10月8日向专利复审委提出了复审请求，同时提交了意见陈述书和权利要求第1~8项的修改替换页共1页。

经形式审查合格后，专利复审委受理了该复审请求，并于2004年11月8日向NCR公司发出复审请求受理通知书，同时向原审查部门发出前置审查通知书。

原审查部门对本复审请求进行了前置审查，在前置审查中，原审查部门坚持原驳回决定。

专利复审委依法成立合议组对本案进行审查，并于2006年8月16日向NCR公司发出了复审通知书，指出NCR公司提出复审请求时提交的申请文件仍不符合《专利法》第二十二条第二款、第三款的规定。权利要求1所要保护的技术方案相对于对比文件1不具备《专利法》第二十二条第二款规定的新颖性；权利要求2~8相对于对比文件1和公知常识不具备《专利法》第二十二条第三款规定的创造性。

NCR公司于2006年9月18日答复上述复审通知书并提交了权利要求第1~5项的修改替换页共1页。修改后的权利要求书如下：

“1. 一种自助服务终端，包括：

用户界面，所述用户界面包括多个可按压下的用于输入数据的按钮，每个按钮都与其他的按钮在尺寸、形状、颜色、结构、或其组合上有所不同，并且每个按钮都与预定的交易相关联，从而使用户可以通过仅选择一个按钮即可执行想要的交易。

2. 如权利要求1所述的自助服务终端，其特征在于，该按钮从安装按钮的表面突出。

3. 如权利要求1所述的自助服务终端，其特征在于，所述预先定义的交易由用户进行程序设定。

4. 如权利要求1所述的自助服务终端，其特征在于，所述预先定义的交易由终端的所有者进行程序设定。

5. 一种在自助服务终端执行交易的方法，该方法包括：

设置多个可按压下的用于输入数据的按钮，每个按钮都与其他的按钮在尺寸、形状、颜色、结构、或其组合上有所不同；将独特的交易与每个按钮相关联；以及响应于仅选择其中一个按钮，完成和所选按钮相关联的交易。”

NCR公司在意见陈述书中强调：本申请与对比文件1的主要区别在于按下一键完成一次“交易”。而一次“交易”的含义不同于一个响应动作，而是诸如取款、存款等交易过程。对比文件1至少要按下两个键才能完成一次交易，因此对比文件与本申请有本质的区别。

经过审查，专利复审委做出了第11108号决定。

在庭审中，NCR公司同意第11108号决定中对比文件1公开了本申请权利要求1的技术特征（a）和（b）以及本申请权利要求3和4不具备创造性的认定意见，该公司对行政程序的合法性无异议，对第11108号决定对审查文本的认定无异议。

本院认为，根据当事人无争议的陈述，本院经审查，对被告作出第11108号决定的行政程序以及该决定中关于审查文本的认定的合法性予以确定，对本申请权利要求3和4不具备创造性予以认定。

本案的争议焦点为本申请的权利要求1、权利要求2以及权利要求5是否具备《专利法》第二十二条第三款规定的创造性。

根据《专利法》第二十二条第三款的规定，发明的创造性是指同申请日以前已有的技术相比，该发明有突出的实质性特点和显著的进步。

对比文件1的公开日为1999年9月9日，早于本申请的优先权日，其公开的是一种自动柜员机，和本申请属于相同的技术领域，可以作为评价本申请创造性的对比文件，对此本院予以确认。

本申请权利要求1的技术特征（c）为每个按钮都与其他的按钮在尺寸、形状、颜色、结构、或者组合上所有不同。在输入设备中，针对不同功能而使用不同外在表现形式的按钮，对于本领域技术人员来说是公知常识。对于第11108号决定认定上述区别特征为公知常识的判断，本院予以认可。本申请权利要求1的技术特征（d）是“每个按钮都与特定的交易相关联，从而使用户可以通过仅选择一个按钮即可执行想要的交易”，而对比文件1公开了每个交易键可以和预定的交易相关联的技术特征。对于本申请和对比文件1来说，操作按钮的功能均需事先进行人为的程序设定，具体的操作过程中需要几个按钮以及按键的步骤都是通过程序设定来实现的，而程序不在本申请的保护范围内。基于本申请权利要求1所要求保护的是一种硬件设备，其中并无程序内容，因此技术特征（d）与对比文件1所公开的相关内容并无实质区别。综上，对于本领域技术人员来说，本申请权利要求1相对于对比文件1和公知常识是显而易见的，本申请权利要求1不具备创造性。

本申请的权利要求2的附加技术特征是“该按钮从安装按钮的表面突出”，内容是按钮与其所处操作平面的位置关系，按钮相对于操作平面从该平面突出是本领域技术人员所采用的惯常技术手段。故在权利要求1不具备创造性的前提下，本申请权利要求2亦不具备创造性。

权利要求5系方法权利要求，在权利要求1不具备创造性的情况下，基于相同理由，权利要求5亦不具备创造性。

综上，本申请不具备《专利法》第二十二条第三款规定的创造性。第11108号决定认定事实清楚，适用法律正确，程序合法，本院应予维持。原告要求撤销第11108号决定的诉讼请求，缺乏事实和法律依据，本院不予支持。依照《中华人民共和国行政诉讼法》第五十四条第（一）项之规定，判决如下：

维持被告中华人民共和国国家知识产权局专利复审委员会作出的第11108号复审请求审查决定。

案件受理费人民币100元，由原告NCR国际公司负担（已交纳）。

如不服本判决，原告NCR国际公司可于本判决书送达之日起30日内，被告中华人民共和国国家知识产权局专利复审委员会可在本判决书送达之日起15日内，向本院递交上诉状，按对方当事人的人数提交副本并预交上诉费，上诉于中华人民共和国北京市高级人民法院。上诉人在接到人民法院预交诉讼费用的通知后7日内未预交又不提出缓交申请的，按自动撤回上诉处理。

审　判　长　娄宇红
审　判　员　李纪红
人民陪审员　欧万雄
二○○八年五月十三日
书　记　员　殷　悦

104

# 低温制冷系统

## 复审请求审查决定（第11112号）

**决　定　号**　第11112号
**决　定　日**　2007年6月27日
**发明创造名称**　低温制冷系统
**国际分类号**　F25B 41/00，F25B 47/02
**复审请求人**　赫力思科技公司
**申　请　号**　01801539.5
**申　请　日**　2001年5月30日
**公　开　日**　2002年11月20日
**合议组组长**　朱文广
**主　审　员**　刘小静
**参　审　员**　赵　明

**法律依据**　专利法第22条第2款、第26条第4款、第33条；专利法实施细则第20条第1款、第60条1款

**决定要点**

如果权利要求所包含的技术特征没有被现有技术的一份对比文件完全覆盖，则该权利要求具备新颖性。

### 一、案由

本复审请求涉及申请日为2001年5月30日、发明名称为“低温制冷系统”的申请号为01801539.5的发明专利申请，申请人为IGC珀利克尔德系统公司，后变更为赫力思科技公司。应申请人的请求，专利局审查部门对本申请进行了实质审查，于2004年3月5日发出第一次审查意见通知书，指出申请人2003年4月4日提交的对说明书的修改不符合专利法第33条的规定。同时权利要求25不清楚，因此权利要求25以原始申请文件中记载的为基准进行审查。另外，专利局审查部门还指出：权利要求1、4、10～12、15、17、24、28、29相对于对比文件1（US4959971A，公开日为1990年10月2日）不具备新颖性，权利要求2～3相对于对比文件1不具备创造性，权利要求5～9、13、16、18～23、25～27、30相对于对比文件1和对比文件2（US4742689A，公开日为1988年5月10日）不具备创造性；权利要求14得不到说明书的支持，不符合专利法第26条第4款的规定，说明书不符合专利法实施细则第18条的规定。

针对第一次审查意见通知书，申请人于2004年7月20日提交了说明书第1页的修改替换页，同

时还陈述了权利要求1~30相对于对比文件1和2具备新颖性和创造性的理由，以及权利要求14得到说明书支持的理由。

审查员针对上述修改文本和意见陈述于2005年1月7日作出了驳回决定，驳回决定中指出：权利要求1、4、10~12、15、17、24、28、29相对于对比文件1不具备新颖性，权利要求2~3相对于对比文件1不具备创造性，权利要求5~9、13、16、18~23、25~27、30相对于对比文件1和对比文件2不具备创造性；权利要求14得不到说明书的支持，不符合专利法第26条第4款的规定；同时，2003年4月4日提交的说明书替换页中增加的内容不能从原始权利要求书和说明书中直接明确地确定，因此申请人对说明书的修改不符合专利法第33条的规定，同时提交的权利要求25不清楚。驳回决定针对的权利要求1、24和28如下：

“1. 一种在冷却和除霜模式下长期连续地运行的制冷系统，其包括：

具有入口和出口的压缩单元，并且在上述入口接收处于低压的制冷剂并在上述出口排出高压的制冷剂；

具有高压回路和低压回路的制冷过程单元，上述高压回路接收来自上述压缩单元的上述高压的制冷剂，上述低压回路将上述低压的制冷剂输送到上述压缩单元的上述低压回路，在上述高压和低压的回路之间发生热交换；

具有入口和出口的主节流单元，上述主节流单元的入口接收来自上述制冷过程单元的上述高压回路的高压的制冷剂并且在上述主节流单元的出口排出低压的制冷剂；

具有入口和出口的用于选择性地冷却或加热负荷的蒸发单元，上述蒸发单元接收来自上述主节流单元的低压制冷剂，并且来自上述蒸发单元的出口的制冷剂流向上述制冷过程单元的上述低压回路；

在上述主节流单元和上述制冷过程单元的上游的冷凝单元，上述冷凝单元将来自上述压缩机单元的处于上述高压的上述制冷剂的热量除去并将该热量从上述制冷系统中向外排出；

第一旁通回路，其包括至少一个用于使制冷剂流旁通绕过上述制冷过程单元高压回路的高压支回路；

第二旁通回路，其包括至少一个用于使制冷剂流旁通绕过上述制冷过程单元低压回路的低压支回路；以及

控制系统，其用于按照选择的顺序将上述制冷剂导入在上述压缩单元和上述蒸发单元之间的经选择的封闭循环中。

24. 一种在冷却和除霜模式下长期连续运行的制冷系统，其包括：

具有入口和出口的压缩单元，并且在上述入口接收处于低压的制冷剂并在上述的出口排出高压的制冷剂；

具有高压回路和低压回路的制冷过程单元，上述高压回路接收来自上述压缩单元的上述高压的制冷剂，上述低压回路将上述低压的制冷剂输送到上述压缩单元的上述低压回路，在上述高压和低压的回路之间发生热交换；

具有入口和出口的主节流单元，上述主节流单元的入口接收来自上述制冷过程单元的上述高压回路的高压的制冷剂并且在上述主节流单元的出口排出低压的制冷剂，该出口用于与选择性地冷却或加热负荷的蒸发单元连接，并返回上述制冷过程单元的上述低压回路；

在上述主节流单元和上述制冷过程单元的上游的冷凝单元，上述冷凝单元将来自上述压缩机单元的处于上述高压的上述制冷剂的热量除去并将该热量从上述制冷系统中向外排出；

第一旁通回路，其包括至少一个用于使制冷剂流旁通绕过上述制冷过程单元高压回路的下流部分的高压支回路；

第二旁通回路，其包括至少一个用于使制冷剂流旁通绕过上述制冷过程单元低压回路的低压支回路；以及

用于按照选择的顺序将上述制冷剂导入包括上述压缩单元间的经选择的封闭循环中的控制系统。

28. 一种在冷却和除霜模式下可以长期连续运行的制冷系统，其包括：

具有入口和出口的压缩单元，并且在上述入口接收处于低压的制冷剂并在上述出口排出高压的制冷剂；

具有高压回路和低压回路的制冷过程单元，上述高压回路接收来自上述压缩单元的上述高压的制冷剂，上述低压回路将上述低压的制冷剂输送到上述压缩单元的上述低压回路，在上述高压和低压的回路之间发生热交换；

具有入口和出口的主节流单元，上述主节流单元的入口接收来自上述制冷过程单元的上述高压回路的高压的制冷剂并且在上述主节流单元的出口排出低压的制冷剂，该出口用于与选择性地冷却或加热负荷的蒸发单元连接，并返回上述制冷过程单元的上述低压回路；

在上述主节流单元和上述制冷过程单元的上游的冷凝单元，上述冷凝单元将来自上述压缩机单元的处于上述高压的上述制冷剂的热量除去并将该热量从上述制冷系统中向外排出；

第一旁通回路，其包括至少一个用于使制冷剂流旁通绕过上述制冷过程单元高压回路的高压支回路；

第二旁通回路，其包括至少一个用于使制冷剂流旁通绕过上述制冷过程单元低压回路的低压支回路；和

控制系统，其用于按照选择的顺序在包括上述压缩单元的选择的封闭循环中引导上述制冷剂。"

申请人（下称请求人）对上述驳回决定不服，于 2005 年 4 月 22 日向专利复审委员会提出复审请求，同时提交了权利要求的修改替换页，其中请求人删除了权利要求 29~30，修改了权利要求 14，对权利要求 25（原始的权利要求 24）最后关于控制系统的限定之处做了文字上的调整，并增加了新的从属权利要求 24、29 和 31。请求人提交的修改后的权利要求 14、24、25、29 和 31 如下：

"14. 根据权利要求 2 所述的制冷系统，其特征在于：上述第二温度范围在深冷的范围内。"

"24. 根据权利要求 1 所述的制冷系统，其特征在于：该系统提供深度低温的制冷效果，该深度低温的范围在-50 到-250 摄氏度内。

25. 一种在冷却和除霜模式下长期连续运行的制冷系统，其包括：

具有入口和出口的压缩单元，并且在上述入口接收处于低压的制冷剂并在上述的出口排出高压的制冷剂；

具有高压回路和低压回路的制冷过程单元，上述高压回路接收来自上述压缩单元的上述高压的制冷剂，上述低压回路将上述低压的制冷剂输送到上述压缩单元的上述低压回路，在上述高压和低压的回路之间发生热交换；

具有入口和出口的主节流单元，上述主节流单元的入口接收来自上述制冷过程单元的上述高压回路的高压的制冷剂并且在上述主节流单元的出口排出低压的制冷剂，该出口用于与选择性地冷却或加热负荷的蒸发单元连接，并返回上述制冷过程单元的上述低压回路；

在上述主节流单元和上述制冷过程单元的上游的冷凝单元，上述冷凝单元将来自上述压缩机单元的处于上述高压的上述制冷剂的热量除去并将该热量从上述制冷系统中向外排出；

第一旁通回路，其包括至少一个用于使制冷剂流旁通绕过上述制冷过程单元高压回路的下流部分的高压支回路；

第二旁通回路，其包括至少一个用于使制冷剂流旁通绕过上述制冷过程单元低压回路的低压支回

路；以及

控制系统，其用于按照选择的顺序在包括上述压缩单元的经选择的封闭循环中引导上述制冷剂。

29. 根据权利要求 25 所述的制冷系统，其特征在于：该系统提供深度低温的效果，该深度低温的范围在-50 到-250 摄氏度内。

31. 根据权利要求 30 所述的制冷系统，其特征在于：该系统提供深度低温的效果，该深度低温的范围在-50 到-250 摄氏度内。”

同时，请求人还详细地陈述了独立权利要求 1、24、28 相对于对比文件 1 和 2 具备新颖性和创造性的理由。请求人认为对比文件 1 中没有公开上述权利要求中的特征：制冷过程单元 118，和制冷剂可以在制冷过程单元的高压回路和低压回路之间进行热交换。从而，虽然比文件 1 中的热气管（14）和旁通回路（30）使制冷剂旁通绕过冷凝器（10）和蒸发器（2），但是二者不能使制冷剂旁通绕过制冷过程单元。并且，本申请通过设置制冷过程单元 118 实现了延长除霜时间并缩短恢复时间的技术效果。对比文件 2 也没有公开上述权利要求中限定的制冷过程单元 118、第一旁通回路和第二旁通回路。即使认为热交换器 10 相当于本申请中的制冷过程单元，对比文件 2 中也缺少上述权利要求中限定的第一旁通回路。

经形式审查合格，专利复审委员会受理了该复审请求，并于 2005 年 5 月 24 日向请求人发出了复审请求受理通知书、向前审部门发出了前置审查通知书。

在前置审查中，专利局原审查部门坚持原驳回决定，理由与驳回决定中的相同。

专利复审委员会依法成立合议组对本复审请求案进行了审理，于 2007 年 3 月 12 日向请求人发出复审通知书，在复审通知书中指出：（1）原始的权利要求书和说明书都没有记载第二温度范围在深冷温度范围内，并且也无法根据原始申请文件记载的信息直接、毫无疑义地确定该信息，因此，权利要求 14 不符合专利法第 33 条的规定；（2）2003 年 4 月 4 日提交的说明书替换页第 21 页最后一段至第 21a 页第二段中加入了两个新的实施例，本领域的技术人员根据原始权利要求书和说明书公开的内容无法直接地、毫无疑义地得到关于这两个实施例的信息，因此请求人对说明书的修改也不符合专利法第 33 条的规定；（3）请求人新添加的权利要求 24、29、31 不是针对驳回决定中指出的缺陷进行的修改，因此权利要求 24、29、31 不符合专利法实施细则第 60 条第 1 款的规定。

复审请求人针对上述复审通知书，于 2007 年 4 月 27 日提交了权利要求书和说明书的全文替换页，其中请求人删除了权利要求 14、24、29、31，保留了剩下的 27 项权利要求，同时删除了说明书中增加的两个实施例。

经过上述审查程序，合议组认为本案事实已经清楚，可以作出复审决定。

**二、决定的理由**

1. 审查基础

本决定以复审请求人于 2007 年 4 月 27 日提交的权利要求 1~27，说明书第 1~22 页，以及进入中国国家阶段时提交的说明书附图第 1~8 页、说明书摘要和摘要附图作为审查基础。

2. 关于专利法第 26 条第 4 款和专利法实施细则第 20 条第 1 款

由于复审请求人在修改后的权利要求书中删除了驳回决定针对的权利要求 14，同时修改了权利要求 25，克服了权利要求 25 前后不衔接的缺陷，因此上述修改文本克服了驳回决定所指出的不符合专利法第 26 条第 4 款和专利法实施细则第 20 条第 1 款的有关规定的缺陷。

3. 关于专利法第 33 条和专利法实施细则第 60 条第 1 款

由于复审请求人删除了合议组在复审通知书以及驳回决定中指出的原权利要求书和说明书中不符合专利法第 33 条和专利法实施细则第 60 条第 1 款规定的相应之处，因此，2007 年 4 月 27 日提交的权利要求书和说明书符合专利法第 33 条和专利法实施细则第 60 条第 1 款的规定。

4. 关于专利法第 22 条第 2 款

根据专利法第 22 条第 2 款的规定，新颖性是指在申请日以前没有同样的发明或者实用新型在国内外出版物上公开发表过、在国内公开使用过或者以其他方式为公众所知，也没有同样的发明或者使用新型由他人向国务院专利行政部门提出过申请并且记载在申请日以后公布的专利申请文件中。

本申请权利要求 1 请求保护一种制冷系统。对比文件 1 公开了一种用于制冷设备的制冷管路系统，该系统包括（见对比文件 1 说明书第 4 栏第 37 行至第 6 栏第 58 行及附图 1-2）：具有出口和入口的压缩机（8），根据本领域的常识可以知晓压缩机必然在其入口处接收低压制冷剂，在其出口处排出高压制冷剂；第二管路（9）和第一管路（7），来自压缩机的高压制冷剂从第二管路流过，从蒸发器（2）流出的低压制冷剂自第一管路流回到压缩机（8）内；膨胀阀（12），冷凝器（10）的出口通过第三管路（11）与膨胀阀（12）连接，膨胀阀（12）的出口通过第四管路（13）与蒸发器（2）连接；有选择地进行冷却和加热作业的蒸发器（2），其接收来自膨胀阀的低压制冷剂，并且从蒸发器出口流出的低压制冷剂流向第一管路（7）；位于膨胀阀和第二管路（9）之间的冷凝器（10），根据本领域的常识可以知晓，冷凝器必然会将来自压缩机的高压制冷剂的热量除去并将该热量从制冷系统中排出；热气管（14）和管路（30），热气管连接第二管路（9）和第四管路（13），即其使制冷剂旁通绕过冷凝器（10），热气管（14）的管路上还设有热气阀（15）。管路（30）连接第一管路（7）和第三管路（11），即其使制冷剂旁通绕过蒸发器（2），管路（30）的支路上还设有毛细管（28）；和根据运行情况控制制冷剂流动的控制环路（19）。由上可知，权利要求 1 和对比文件 1 存在区别，其区别在于：制冷剂在制冷过程单元的高压和低压回路之间发生热交换；并且第一旁通回路包括至少一个用于使制冷剂旁通绕过制冷过程单元高压回路的高压支回路；第二旁通回路包括至少一个用于使制冷剂旁通绕过制冷过程单元低压回路的低压支回路。因此，相对于对比文件 1，权利要求 1 具备新颖性，符合专利法第 22 条第 2 款的规定。

国家知识产权局原审查部门在驳回决定中指出：第二管路（9）、第一管路（7）相当于权利要求 1 中限定的高压回路和低压回路，热气管（14）和管路（30）相当于第一旁通回路和第二旁通回路。也就是说审查员认为第二管路（9）和第一管路（7）一起相当于本申请中的制冷过程单元。对此合议组不能认同，因为权利要求 1 中清楚地限定出“在上述高压回路和低压回路之间发生热交换”，而在对比文件 1 中制冷剂在第二管路（9）和第一管路（7）之间没有发生热交换。并且，实际上按照对比文件 1 中第二管路（9）和第一管路（7）的布置方式很难实现二者中的制冷剂发生热交换。此外，对比文件 1 说明书中有如下记载：热气管连接第二管路（9）和第四管路（13），管路（30）连接第一管路（7）和第三管路（11）。该信息并不能表明热气管（14）和管路（30）使制冷剂分别旁通绕过了第二管路（9）和第一管路（7）。从对比文件 1 的附图 1 中也可以清楚地看到热气管（14）和管路（30）都是从第二管路（9）和第一管路（7）的中途分支出来的，二者没有完全使制冷剂旁通流过第二管路和第一管路。实际上由于第二管路和第一管路的布置方式与本申请制冷过程单元的高压回路和低压回路相去甚远，这使得对比文件 1 中的热气管和管路也不能等同于第一旁通回路和第二旁通回路。因此，权利要求 1 的方案和对比文件 1 存在实质上的区别，权利要求 1 相对于对比文件 1 具备新颖性，符合专利法第 22 条第 2 款的规定。

类似地，由于独立权利要求 23、27（分别对应于驳回决定针对的权利要求 24 和 28）中也都限定出：制冷剂在上述高压和低压的回路间发生热交换，第一旁通回路包括至少一个用于使制冷剂旁通绕过制冷过程单元高压回路的高压支回路；第二旁通回路包括至少一个用于使制冷剂旁通绕过制冷过程单元低压回路的低压支回路，因此，权利要求 23、27 相对于对比文件 1 也具备新颖性，符合专利法

第22条第2款的规定。

驳回决定中指出的创造性问题是在评述新颖性问题的基础上作出的。由于驳回决定在新颖性的评述中事实认定错误，故创造性的驳回理由也缺少事实依据。原审查部门应当在本复审决定所认定事实的基础上继续进行审查。

基于上述理由，合议组作出下述决定。

**三、决定**

撤销国家知识产权局专利局于2005年1月7日对申请号为01801539.5的发明专利申请作出的驳回决定，由原审查部门在复审请求人于2007年4月27日提交的权利要求书、说明书、以及进入中国国家阶段时提交的说明书附图、提交的说明书摘要和摘要附图的基础上继续审查程序。

复审请求人对本决定不服的，可以根据专利法第41条第2款的规定，自收到本决定之日起3个月内向北京市第一中级人民法院起诉。

105

# 使用抗剪环连接若干钢构件的结构和方法

## 复审请求审查决定（第11123号）

**决　定　号**　第11123号
**决　定　日**　2007年6月26日
**发明创造名称**　使用抗剪环连接若干钢构件的结构和方法
**国际分类号**　E04B 1/38
**复审请求人**　赛达技术有限公司
**申　请　号**　99815048.7
**申　请　日**　1999年12月27日
**公　开　日**　2002年2月27日
**合议组组长**　于　萍
**主　审　员**　高天柱
**参　审　员**　朱文广

**法律依据**　专利法第22条第3款
**决定要点**

如果发明与对比文件公开的方案相比存在区别特征，并且没有证据表明本领域技术人员能够获得将该区别特征应用于该对比文件公开的方案中进而得到本发明的技术启示，那么该发明相对于该对比文件是非显而易见的。

**一、案由**

本复审请求涉及申请日为1999年12月27日、公开日为2002年2月27日、发明名称为“使用抗剪环连接若干钢构件的结构和方法”的99815048.7号发明专利申请（下称本申请），申请人为赛达技术有限公司。

经实质审查，国家知识产权局于2004年12月24日，以申请人于2004年2月17日提交的权利要求1~9不具备创造性，不符合专利法第22条第3款的规定为由驳回了本申请。驳回决定中引用的已有技术对比文件为公开日为1993年1月26日的日本专利申请公开说明书JP特开平5-18016A。

驳回决定针对的权利要求如下：

“1. 一种使用抗剪环来连接若干钢构件的结构，所述结构包括：

至少一个第一钢构件和至少一个第二钢构件重叠在一起，第一钢构件和第二钢构件各自具有至少一个螺栓孔和至少一个环形槽，该螺栓孔形成通过每个第一钢构件和第二钢构件，环形槽形成于第一钢构件和第二钢构件的每个接触表面上，借助于至少一个螺栓插入通过螺栓孔并且借助于螺母来紧固使第一钢构件和第二钢构件连接在一起，及至少一个抗剪环插入到第一钢构件和第二钢构件的环形槽中，从而防止与螺栓和螺母一起在第一钢构件和第二钢构件之间进行滑动，

其特征在于：在螺栓孔与螺栓之间具有第一间隙；在抗剪环与第一钢构件和第二钢构件之一的环形槽之间具有第二间隙；所述第二间隙小于所述第一间隙。

2. 如权利要求1所述的结构，其特征在于：借助于使所形成的第一钢构件的环形槽宽于第二钢构件的环形槽来布置第二间隙，其中第一钢构件是基本件，该基本件与第二钢构件重叠，并且进行了下面的一个处理从而防止在重叠和装配过程中使抗剪环分离：强制一部分抗剪环插入到第二钢构件的环形槽中；在抗剪环的外壁表面上形成防止分离的突出部；借助于粘结剂把抗剪环粘附到第二钢构件的环形槽中；磁化抗剪环；及，在抗剪环的一个侧壁表面和第二钢构件的环形槽处形成螺纹。

3. 如权利要求1所述的结构，其特征在于：在抗剪环中，中心侧壁表面至少形成了弧形表面、倾斜表面和倒角中的一个，因此当第一钢构件和第二钢构件相对移动并且接近第一钢构件和第二钢构件被重叠的状态时，抗剪环的剩余部分容易被卡在第一钢构件的环形槽中并且被强制地插入到该环形槽中。

4. 如权利要求1所述的结构，其特征在于：所形成的第一钢构件和第二钢构件的环形槽与螺栓孔同心。

5. 如权利要求1所述的结构，其特征在于：环形槽和抗剪环各自具有成形为多边形和圆中的一个形状的边缘，该抗剪环的边缘是敞开型和封闭型中的一种。

6. 如权利要求1所述的结构，其特征在于：安装状态下所述抗剪环的上端部的断面上的两角形成有插入导向表面，以便抗剪环容易地插入第一钢构件的环形槽中。

7. 一种使用抗剪环连接若干钢构件的方法，所述方法包括下面步骤：

（1）在多个第一钢构件和多个第二钢构件上分别形成螺栓孔，在螺栓与螺栓孔之间具有第一间隙；

（2）在第一钢构件和第二钢构件的每个接触表面上形成至少一个环形槽，第二钢构件的环形槽具有这样的大小：它可以紧紧地安装一部分抗剪环，而第一钢构件的环形槽具有这样的大小：在安装抗剪环后具有小于第一间隙的第二间隙；

（3）把一部分抗剪环强行插入和固定在第二钢构件的环形槽中；

（4）在第一钢构件和第二钢构件处于重叠状态时，借助于相对移动和接近第一钢构件和第二钢构件，把抗剪环的剩余部分插入到第一钢构件的环形槽中，然后使之保持在该环形槽中，从而使第一钢构件和第二钢构件对准；

（5）把螺栓插入到第一钢构件和第二钢构件的每个螺栓孔中；及

（6）借助于每个螺母紧固插入在第一钢构件和第二钢构件的每个螺栓孔中的每个螺栓，因此抗剪环完全插入并且卡在第一钢构件和第二钢构件的环形槽中，从而实现借助于螺栓、螺母和抗剪环来连接第一钢构件和第二钢构件。

8. 如权利要求7所述的方法，其特征在于：在完全紧固每个螺母之前，所述方法还包括这样的步骤：借助于横向移动第一钢构件和第二钢构件中的一个构件使第一钢构件和第二钢构件的螺栓孔精确对准，因此第二间隙在抗剪环的整个圆周处相互变成相等。

9. 如权利要求7或8的方法，其特征在于：环形槽是圆形，并且与螺栓孔同心，螺栓孔和同心环形槽借助于同时工作的工具来形成，该工具具有用来形成螺栓孔的边缘和用来形成相互同心的槽的另一边缘。”

驳回决定的主要理由为：权利要求1与对比文件1的主要区别在于，权利要求1中明确指出抗剪

环和环形槽之间具有小于第一间隙的第二间隙，而对比文件1中没有明确的相关描述。但是为了使抗剪环能够容易、顺利地插入第一钢构件的环形槽中，在抗剪环与第一钢构件的环形槽之间留出一定的间隙是在工程实际中常见的做法。而为了保证抗剪环能够实际承担第一和第二构件变形或相对位移时产生的剪切力，避免螺栓受到剪切力，抗剪环和环形槽之间的间隙必须比螺栓与螺栓孔之间的间隙小，这是有基本常识的技术人员可以想到的，也是必需的，是可以唯一直接导出的。权利要求7请求保护一种使用连接钢构件的方法，其中所使用的连接钢构件已经为对比文件1和公知常识公开，不具备专利法第22条第3款所规定的创造性，而权利要求7所述的使用方法是本领域通常的施工过程，是本领域技术人员利用其基本技术知识很容易实现的。

赛达技术有限公司（下称复审请求人）不服上述驳回决定，于2005年4月6日向专利复审委员会提出了复审请求。随同复审请求书，复审请求人对权利要求进行了修改，修改后的权利要求如下：

“1. 一种使用抗剪环来连接若干钢构件的结构，所述结构包括：

至少一个第一钢构件和至少一个第二钢构件重叠在一起，第一钢构件和第二钢构件各自具有至少一个螺栓孔和至少一个环形槽，该螺栓孔形成通过每个第一钢构件和第二钢构件，环形槽形成于第一钢构件和第二钢构件的每个接触表面上，借助于至少一个螺栓插入通过螺栓孔并且借助于螺母来紧固使第一钢构件和第二钢构件连接在一起，螺栓孔与螺栓之间具有第一间隙，在第一钢构件和第二钢构件之一的环形槽具有小于所述第一间隙的第二间隙，至少一个抗剪环插入所述第一钢构件和第二钢构件的环形槽中，与螺栓和螺母一起防止第一钢构件和第二钢构件之间的滑动；

其特征在于：所述第二间隙允许第一钢构件和第二钢构件抵抗栓孔与螺栓的紧固力而产生的变形和移动，直到一预定极限，所述第二间隙允许当到达所述预定极限后通过变形或移动施加在所述抗剪环上的抗剪力，所述螺栓与所述螺栓孔的侧壁在所述预定极限时相接触，所述抗剪环具有在侧壁表面设置的中心侧壁表面，所述中心侧壁表面的至少一部分与上下来自所述第一钢构件和第二钢构件的接触面的所述第一钢构件和第二钢构件的每个侧壁接触，当变形和移动所引起的接触发生在第二间隙时，把实际的抗剪力施加到抗剪环上。

2. 如权利要求1所述的结构，其特征在于：借助于使所形成的第一钢构件的环形槽宽于第二钢构件的环形槽来布置第二间隙，其中第一钢构件是基本件，该基本件与第二钢构件重叠，并且进行了下面的一个处理从而防止在重叠和装配过程中使抗剪环分离：强制一部分抗剪环插入到第二钢构件的环形槽中；在抗剪环的外壁表面上形成防止分离的突出部；借助于粘结剂把抗剪环粘附到第二钢构件的环形槽中；磁化抗剪环；及，在抗剪环的一个侧壁表面和第二钢构件的环形槽处形成螺纹。

3. 如权利要求1所述的结构，其特征在于：在抗剪环中，中心侧壁表面至少形成了弧形表面、倾斜表面和倒角中的一个，因此当第一钢构件和第二钢构件相对移动并且接近第一钢构件和第二钢构件被重叠的状态时，抗剪环的剩余部分容易被卡在第一钢构件的环形槽中并且被强制地插入到该环形槽中。

4. 如权利要求1所述的结构，其特征在于：所形成的第一钢构件和第二钢构件的环形槽与螺栓孔同心，螺栓孔和同心环形槽借助于同时工作的工具来形成，该工具具有用来形成螺栓孔的边缘和用来形成相互同心的环形槽的另一边缘，环形槽和抗剪环各自具有成形为多边形和圆中的一个形状的边缘，该抗剪环的边缘是敞开型和封闭型中的一种，与传统摩擦连接方法相比，抗剪环由于它的抗剪强度而借助于减少装配螺栓的数目增加了有效横截面积，从而允许增加螺栓孔的第一间隙和第一钢构件和第二钢构件的厚度，该抗剪环进行防腐蚀处理，并且形成含有与无损伤探测相一致的材料。

5. 一种使用抗剪环连接若干钢构件的方法，所述方法包括下面步骤：

（1）在多个第一钢构件和多个第二钢构件上分别形成螺栓孔，在螺栓与螺栓孔之间具有第一间隙；

（2）在第一钢构件和第二钢构件的每个接触表面上形成至少一个环形槽，第二钢构件的环形槽具有这样的大小：它可以紧紧地安装一部分抗剪环，而第一钢构件的环形槽具有这样的大小：在安装抗剪环后具有小于第一间隙的第二间隙；

（3）把一部分抗剪环强行插入和固定在第二钢构件的环形槽中；

（4）在第一钢构件和第二钢构件处于重叠状态时，借助于相对移动和接近第一钢构件和第二钢构件，把抗剪环的剩余部分插入到第一钢构件的环形槽中，然后使之保持在该环形槽中，从而使第一钢构件和第二钢构件对准；

（5）把螺栓插入到第一钢构件和第二钢构件的每个螺栓孔中；及

（6）借助于每个螺母紧固插入在第一钢构件和第二钢构件的每个螺栓孔中的每个螺栓，因此抗剪环完全插入并且卡在第一钢构件和第二钢构件的环形槽中，从而实现借助于螺栓、螺母和抗剪环来连接第一钢构件和第二钢构件。

6. 如权利要求 5 所述的方法，其特征在于：在完全紧固每个螺母之前，所述方法还包括这样的步骤：借助于横向移动第一钢构件和第二钢构件中的一个构件使第一钢构件和第二钢构件的螺栓孔精确对准，因此，当第一钢构件和第二钢构件的环形槽具有相同的中心线时，第二间隙在抗剪环的整个圆周处相互变成相等；

其特征在于：除了抗剪环的中心侧壁表面外，在两端的附近形成弧形表面、倾斜表面和倒角中的至少一个，因此在步骤 3、4 和 6 中，抗剪环的剩余部分容易被卡在第一钢构件的环形槽中并且强制地使它插入到该环形槽中；

借助于在步骤 4 和 6 中在抗剪环的上端的两拐角处所形成的插入导向表面，抗剪环被导向从而几乎没有余量地插到第一钢构件的环形槽中，当除了静态负荷的变形之外，第一钢构件和第二钢构件几乎不会产生变形或者移动时，第一钢构件的环形槽没有第二余量；

环形槽是圆形，并且与螺栓孔同心，螺栓孔和同心环形槽借助于同时工作的工具来形成，该工具具有用来形成螺栓孔的边缘和用来形成相互同心的槽的另一边缘，及

抗剪环允许借助于减少装配螺栓的数目来增加有效截面积从而达到抗剪强度，因此增加了螺栓孔的第一间隙和第一钢构件和第二钢构件的厚度。”

复审请求人的理由如下：（1）从修改后的权利要求 1 中可以看出，第二间隙是为了抵抗较小变形和移动而有意设置的，同时具有便于安装、提高工作条件、减少材抖、提高连接强度和使用寿命的技术效果。而将对比文件和公知技术相结合，不能得出为了吸收较小的变形和移动而设置第二间隙的特征。（2）本申请抗剪环的中心侧壁表面和构件的侧壁表面，至少一部分在垂直于使构件相互移动的方向上相接触，因此可以尽可能地将剪切力施加到抗剪环上。而对比文件 1 中所公开的抗剪环，没有公开中心侧壁的结构，其公开的抗剪环具有倾斜的导角以方便对准和安装，而这种倾斜表面必然会使构件在垂直于移动的方向上产生分力，而使构件存在相互分离的应力，因而容易使构件在垂直于接触表面的方向上发生变形或损坏，甚至使抗剪环脱离环形槽，而无法起到其应有的作用。

经形式审查合格后，专利复审委员会受理了该复审请求，于 2005 年 5 月 18 日向复审请求人发出受理通知书，并将该复审请求转至国家知识产权局实质审查部门进行前置审查。

在前置审查意见书中，国家知识产权局实质审查部门坚持原驳回决定。

在此基础上，专利复审委员会依法成立合议组。

合议组于 2006 年 6 月 19 日发出复审通知书，指出复审请求人在提出复审请求时提交的权利要求 1 不符合专利法实施细则第 20 条第 1 款的规定，其中“所述中心侧壁表面的至少一部分与上下来自

所述第一钢构件和第二钢构件的接触面的所述第一钢构件和第二钢构件的每个侧壁接触”不清楚。并指出，虽然复审请求人主张本发明的中心侧壁表面和构件的侧壁表面至少一部分在垂直于使构件相互移动的方向上相接触，因此可以尽可能地将剪切力施加到抗剪环上，从而克服对比文件1的方案在剪切环斜面上产生分力的缺陷。但是，上述特征并没有体现在权利要求1中，本申请目前的权利要求1不具备创造性。

针对上述复审通知书复审请求人于2006年7月24日提交了意见陈述书，并提交了新的权利要求书，复审请求人认为修改后的独立权利要求1克服了不清楚的缺陷，并基于修改后的权利要求陈述了本发明具有创造性的理由。

2007年4月26日，合议组再次发出复审通知书，指出权利要求5、6相对于对比文件1不具备创造性，不符合专利法第22条第3款的规定。并指出，虽然复审请求人主张本发明的中心侧壁表面和构件的侧壁表面至少一部分在垂直于使构件相互移动的方向上相接触，因此可以尽可能地将剪切力施加到抗剪环上，从而克服对比文件1的方案在剪切环斜面上产生分力的缺陷。但是，上述技术特征并没有写入权利要求5、6中。因此，从目前来看权利要求5、6相对于对比文件1不具备创造性。

2007年5月24日，复审请求人提交了意见陈述书，并提交了新的权利要求书，修改后的权利要求书如下：

“1. 一种使用抗剪环来连接若干钢构件的结构，所述结构包括：

至少一个第一钢构件和至少一个第二钢构件重叠在一起，第一钢构件和第二钢构件各自具有至少一个螺栓孔和至少一个环形槽，该螺栓孔形成通过每个第一钢构件和第二钢构件，环形槽形成于第一钢构件和第二钢构件的每个接触表面上，借助于至少一个螺栓插入通过螺栓孔并且借助于螺母来紧固使第一钢构件和第二钢构件连接在一起，螺栓孔与螺栓之间具有第一间隙，至少一个抗剪环插入所述第一钢构件和第二钢构件的环形槽中，与螺栓和螺母一起防止第一钢构件和第二钢构件之间的滑动，在第一钢构件和第二钢构件之一的环形槽与所述抗剪环之间具有小于所述第一间隙的第二间隙；

其特征在于：所述第二间隙允许第一钢构件和第二钢构件抵抗栓孔与螺栓的紧固力而产生的变形和移动，直到一预定极限，所述第二间隙允许当到达所述预定极限后通过变形或移动施加在所述抗剪环上的抗剪力，所述螺栓与所述螺栓孔的侧壁在所述预定极限时相接触，所述抗剪环具有中心侧壁表面，所述中心侧壁表面沿所述第一钢构件和第二钢构件的接触面的垂直方向与所述第一钢构件或第二钢构件的侧壁的至少一部分接触，当变形和移动所引起的接触发生在第二间隙时，把实际的抗剪力施加到抗剪环上。

2. 如权利要求1所述的结构，其特征在于：借助于使所形成的第一钢构件的环形槽宽于第二钢构件的环形槽来布置第二间隙，其中第一钢构件是基本件，该基本件与第二钢构件重叠，并且进行了下面的一个处理从而防止在重叠和装配过程中使抗剪环分离：强制一部分抗剪环插入到第二钢构件的环形槽中；在抗剪环的外壁表面上形成防止分离的突出部；借助于粘结剂把抗剪环粘附到第二钢构件的环形槽中；磁化抗剪环；及，在抗剪环的一个侧壁表面和第二钢构件的环形槽处形成螺纹。

3. 如权利要求1所述的结构，其特征在于：在抗剪环中，中心侧壁表面至少形成了弧形表面、倾斜表面和倒角中的一个，因此当第一钢构件和第二钢构件相对移动并且接近第一钢构件和第二钢构件被重叠的状态时，抗剪环的剩余部分容易被卡在第一钢构件的环形槽中并且被强制地插入到该环形槽中。

4. 如权利要求1所述的结构，其特征在于：所形成的第一钢构件和第二钢构件的环形槽与螺栓孔同心，螺栓孔和同心环形槽借助于同时工作的工具来形成，该工具具有用来形成螺栓孔的边缘和用来形成相互同心的环形槽的另一边缘，环形槽和抗剪环各自具有成形为多边形和圆中的一个形状的边缘，该抗剪环的边缘是敞开型和封闭型中的一种，与传统摩擦连接方法相比，抗剪环由于它的抗剪强度而借助于减少装配螺栓的数目增加了有效横截面积，从而允许增加螺栓孔的第一间隙和第一钢构件和第二钢构件的厚度，该抗剪环进行防腐蚀处理，并且形成含有与无损伤探测相一致的材料。

5. 一种使用抗剪环连接若干钢构件的方法，所述方法包括下面步骤：

（1）在多个第一钢构件和多个第二钢构件上分别形成螺栓孔，在螺栓与螺栓孔之间具有第一间隙；

（2）在第一钢构件和第二钢构件的每个接触表面上形成至少一个环形槽，第二钢构件的环形槽具有这样的大小：它可以紧紧地安装一部分抗剪环，而第一钢构件的环形槽具有这样的大小：在安装抗剪环后，在第一钢构件的环形槽与所述抗剪环之间具有小于第一间隙的第二间隙具有小于第一间隙的第二间隙；

（3）把一部分抗剪环强行插入和固定在第二钢构件的环形槽中；

（4）在第一钢构件和第二钢构件处于重叠状态时，借助于相对移动和接近第一钢构件和第二钢构件，把抗剪环的剩余部分插入到第一钢构件的环形槽中，然后使之保持在该环形槽中，从而使第一钢构件和第二钢构件对准，所述抗剪环具有中心侧壁表面，所述中心侧壁表面沿所述第一钢构件和第二钢构件的接触面的垂直方向与所述第一钢构件环形槽的侧壁的至少一部分接触，当变形和移动所引起的接触发生在第二间隙时，把实际的抗剪力施加到抗剪环上；

（5）把螺栓插入到第一钢构件和第二钢构件的每个螺栓孔中；及

（6）借助于每个螺母紧固插入在第一钢构件和第二钢构件的每个螺栓孔中的每个螺栓，因此抗剪环完全插入并且卡在第一钢构件和第二钢构件的环形槽中，从而实现借助于螺栓、螺母和抗剪环来连接第一钢构件和第二钢构件。

6. 如权利要求 5 所述的方法，其特征在于：在完全紧固每个螺母之前，所述方法还包括这样的步骤：借助于横向移动第一钢构件和第二钢构件中的一个构件使第一钢构件和第二钢构件的螺栓孔精确对准，因此，当第一钢构件和第二钢构件的环形槽具有相同的中心线时，第二间隙在抗剪环的整个圆周处相互变成相等；

其特征在于：除了抗剪环的中心侧壁表面外，在两端的附近形成弧形表面、倾斜表面和倒角中的至少一个，因此在步骤 3、4 和 6 中，抗剪环的剩余部分容易被卡在第一钢构件的环形槽中并且强制地使它插入到该环形槽中；

借助于在步骤 4 和 6 中在抗剪环的上端的两拐角处所形成的插入导向表面，抗剪环被导向从而几乎没有余量地插到第一钢构件的环形槽中，当除了静态负荷的变形之外，第一钢构件和第二钢构件几乎不会产生变形或者移动时，第一钢构件的环形槽没有第二间隙；

环形槽是圆形，并且与螺栓孔同心，螺栓孔和同心环形槽借助于同时工作的工具来形成，该工具具有用来形成螺栓孔的边缘和用来形成相互同心的槽的另一边缘，及

抗剪环允许借助于减少装配螺栓的数目来增加有效截面积从而达到抗剪强度，因此增加了螺栓孔的第一间隙和第一钢构件和第二钢构件的厚度。”

合议组经合议后认为，本案事实已经清楚，可以依法作出复审决定。

**二、决定的理由**

1. 审查文本

本复审决定以复审请求人于 2007 年 5 月 24 日提交的权利要求书，进入国家阶段时提交的说明书第 1~2、6~16 页，2004 年 2 月 17 日提交的说明书第 3~5 页，进入国家阶段时提交的附图第 1~7、9

~11 页，2004 年 2 月 17 日提交的附图第 8 页，进入国家阶段时提交的说明书摘要为基础。

2. 关于创造性

专利法第 22 条第 3 款规定：创造性，是指同申请日以前已有的技术相比，该发明有突出的实质性特点和显著的进步。

如果发明与对比文件公开的方案相比存在区别特征，并且没有证据表明本领域技术人员能够获得将该区别特征应用于该对比文件公开的方案中进而得到本发明的技术启示，那么该发明相对于该对比文件是非显而易见的。

（1）关于权利要求 1~4 的创造性。

权利要求 1 请求保护一种连接钢构件的结构，对比文件 1 公开了一种连接钢构件的结构，其中（见对比文件 1 说明书第 2 栏到第 3 栏，附图 1~4）披露了以下技术特征：第一构件（见对比文件 1 附图标记 1）和第二构件（见其附图标记 5）重叠在一起，第一构件和第二构件各自具有多个螺栓孔（见其附图标记 4）和多个环形槽（见其附图标记 2a，3a），该螺栓孔形成通过第一构件和第二构件，环形槽形成于第一构件和第二构件的每个接触表面上，通过螺栓和螺母将第一和第二钢构件连接在一起；多个抗剪环插入到第一构件和第二构件的环形槽中（见其附图 4），从而防止第一构件和第二构件之间的滑动；螺栓孔与螺栓之间具有一定的第一间隙（见其附图 1 和 4）。

相对于对比文件 1，权利要求 1 至少存在如下区别特征："所述抗剪环具有中心侧壁表面，所述中心侧壁表面沿所述第一钢构件和第二钢构件的接触面的垂直方向与所述第一钢构件或第二钢构件的侧壁的至少一部分接触，当变形和移动所引起的接触发生在第二间隙时，把实际的抗剪力施加到抗剪环上"。由于本发明的抗剪环中心侧壁表面和构件的侧壁表面至少一部分在垂直于构件相互移动的方向上相接触，因此可以尽可能地将剪切力施加到抗剪环上，从而克服在剪切环斜面上产生分力的缺陷。而对比文件 1 公开的抗剪环不具备中心侧壁的结构，不能解决在剪切环斜面上产生分力而导致构件在垂直于接触面方向上发生变形或者损坏的问题。就目前依据的对比文件 1，本领域技术人员得不到将上述区别特征应用到对比文件 1 公开的方案中进而得到权利要求 1 的技术启示，因此，权利要求 1 相对于对比文件 1 是非显而易见的。权利要求 1 的技术方案解决了在剪切环斜面上产生分力而导致构件在垂直于接触面方向上发生变形或者损坏的问题，具有显著的进步。因此权利要求 1 相对于对比文件 1 具备创造性。

权利要求 2~4 都引用了权利要求 1，分别对权利要求 1 的技术方案做了进一步的限定。因为权利要求 1 相对于对比文件 1 具备创造性，因此权利要求 2~4 相对于对比文件 1 也具备创造性。

（2）关于权利要求 5~6 的创造性。

权利要求 5 请求保护一种使用抗剪环连接若干钢构件的方法。相对于对比文件 1，权利要求 5 至少存在如下区别特征："所述抗剪环具有中心侧壁表面，所述中心侧壁表面沿所述第一钢构件和第二钢构件的接触面的垂直方向与所述第一钢构件环形槽的侧壁的至少一部分接触，当变形和移动所引起的接触发生在第二间隙时，把实际的抗剪力施加到抗剪环上"。由于权利要求 5 请求保护的方法采用了具有中心侧壁表面的抗剪环，因此可以尽可能地将剪切力施加到抗剪环上，从而克服在剪切环斜面上产生分力的缺陷。而对比文件 1 公开的抗剪环不具备中心侧壁的结构，不能解决在剪切环斜面上产生分力而导致构件在垂直于接触面方向上发生变形或者损坏的问题。就目前依据的对比文件 1，本领域技术人员得不到将上述区别特征应用到对比文件 1 公开的方案中进而得到权利要求 5 的技术启示，因此，权利要求 5 相对于对比文件 1 是非显而易见的。权利要求 5 的技术方案解决了在剪切环斜面上产生分力而导致构件在垂直于接触面方向上发生变形或者损坏的问题，具有显著的进步。因此权利要求 5 相对于对比文件 1 具备创造性。

权利要求6引用了权利要求5，对权利要求5的技术方案作了进一步的限定。因为权利要求5相对于对比文件1具备创造性，因此，权利要求6相对于对比文件1也具备创造性。

综上所述，权利要求1~6相对于对比文件1具备创造性，符合专利法第22条第3款的规定。

**三、决定**

撤销国家知识产权局2004年12月24日针对本申请作出的驳回决定，由原审查部门依据复审请求人于2007年5月24日提交的权利要求书，进入国家阶段时提交的说明书第1~2、6~16页、2004年2月17日提交的说明书第3~5页，进入国家阶段时提交的附图第1~7、9~11页、2004年2月17日提交的附图第8页，进入国家阶段时提交的说明书摘要为基础，继续进行审查。

复审请求人对本决定不服的，可以根据专利法第41条第2款的规定，自收到本决定之日起3个月内向北京市第一中级人民法院起诉。

106

# 用于锻炼人类视力的方法和装置

## 复审请求审查决定（第11140号）

**决　定　号**　第11140号
**决　定　日**　2007年7月3日
**发明创造名称**　用于锻炼人类视力的方法和装置
**国际分类号**　A61H 5/00，A61B 3/024
**复审请求人**　诺瓦维森有限公司
**申　请　号**　98814262.7
**申　请　日**　1998年8月27日
**公　开　日**　2001年11月14日
**合议组组长**　杨军艳
**主　审　员**　熊　茜
**参　审　员**　王琦琳

**法律依据**　专利法第25条第1款第（3）项
**决定要点**

针对复审通知书指出某些权利要求属于专利法第25条第1款第（3）项规定的不能授予专利权的客体，复审请求人修改了权利要求书，删除了涉及疾病的诊断和治疗方法的权利要求，上述修改克服了驳回决定和复审通知书中指出的缺陷。

### 一、案由

本复审请求涉及申请号为98814262.7、名称为“用于锻炼人类视力的方法和装置”的PCT发明专利申请（下称本申请），其申请日为1998年8月27日，进入国家阶段日期为2001年4月2日，申请人为诺瓦维森股份公司，后于2005年12月23日变更为“诺瓦维森有限公司”。

国家知识产权局专利实质审查部门对本申请进行了实质审查，于2003年12月5日发出了第一次审查意见通知书，通知书中认为权利要求1~8、16~21属于专利法第25条第1款第（3）项规定的不授予专利权的范围，同时指出权利要求9不符合专利法实施细则第21条第2款的规定以及权利要求10、15不符合专利法实施细则第20条第1款的规定。

针对第一次审查意见通知书，申请人于2004年4月14日提交了意见陈述书，没有对申请文件进行修改。申请人在意见陈述书中认为权利要求1~8、16~21请求保护的方法不属于专利法第25条第1款第（3）项规定的不授予专利权的范围，原因为：本申请方法的内容是通过对人的视野进行锻炼而提高其视力，不属于“识别、确定或消除病因或病灶的过程”；本申请方法的目的是要通过锻炼提高视力，不是“以治疗或预防疾病为直接目的”。

经过上述审查程序后，国家知识产权局于2004年7月30日针对申请人于2001年5月15日提交的权利要求第1~21项，进入中国国家阶段时提交的说明书第1~19页、附图第1~4页、说明书摘要和摘要附图作出了驳回本申请的决定，具体驳回理由如下：

申请人在意见陈述书中认为由于其方法可以用于视力良好的人，从而该方法不属于治疗方法。权利要求1请求保护的一种方法的实施对象是“患者”，其目的是实现后一区域（即待锻炼的区域，包括过渡区或视力损伤更严重的区域或剩余视力功能更弱的区域或视力系统基本完全损坏的区域）中的视力的改善，因此，该权利要求属于一种治疗方法，属于第25条第1款第（3（项规定的不授予专利权的范围。由于权利要求1属于一种治疗方法，其从属权利要求2~8也属于治疗方法，属于专利法第25条第1款第（3）项规定的不授予专利权的范围。权利要求16~21的保护主题为该装置在治疗上的应用，类似于权利要求1的理由，上述权利要求也属于治疗方法，属于专利法第25条第1款第（3）项规定的不授予专利权的范围。”

申请人诺瓦维森有限公司（下称复审请求人）不服上述驳回决定，于2004年11月12日向专利复审委员会提出复审请求，同时提交了意见陈述书和权利要求书全文的修改替换页。复审请求人在该意见陈述书中认为权利要求是清楚而简洁的并且具备创造性，并未针对驳回决定中所指出的问题进行答复。修改后的权利要求书如下：

“1. 一种装置，该装置包括：

中央数据处理装置，用来记录、存储、处理和发出传送到和/或来自该设备的其他装置的数据；

至少一个视力刺激物发出装置；

可以固定人视野的固定位置点装置；

输入装置，用来输入人对感觉到的视力刺激物的反应；

控制装置，用来依照人对感觉到的视力刺激物的反映出的表现，控制所述至少一个光学刺激物作用装置。

2. 根据权利要求1所述的装置，包括用来固定和/或支撑患者的头部的装置。

3. 根据上述权利要求中任何一个所述的装置，其中所述视力刺激物发出装置是光发射装置。

4. 根据上述权利要求中任何一个所述的装置，其中所述刺激物发出装置是其所发出的光的颜色、亮度、强度和/或形状可变的光发射装置。

5. 根据上述权利要求中任何一个所述的装置，其中所述刺激物发出装置是计算机屏幕，视频屏幕，投影屏幕或其他视力投影装置例如虚拟现实护目镜或头盔。

6. 根据上述权利要求中任何一个所述的装置，其中用以固定人的注视的所述固定点位置装置是一个标记。

7. 根据权利要求6所述的装置，其中的标记是彩色标记，其颜色能够改变，从而实现对患者视角的控制。

8. 根据上述权利要求中任何一个所述的装置，其中所述控制装置根据人对所述光学刺激物上的反应的质量，控制所述至少一个光刺激物作用装置。

9. 根据上述权利要求中任何一个所述的装置，用于通过向人提供光刺激物来锻炼人的视力系统或视觉，所述刺激物提供到所述人的视野之内的第一区域中以及所述人的视野之外的第二区域中。

10. 一种用于操作根据上述权利要求中任一个所述的装置的方法，包括以下步骤：

确定人的视力系统；

提供视力刺激物，所述视力刺激物的大部分位于所述过渡区内或附近；

记录人视力系统的特征的变化；

根据所述变化调整提供给所述过渡区的刺激物；和

重复前面的步骤，使得所述过渡区被转变到视力退化较大的区域中。

11. 根据权利要求 10 所述的方法，其中在人的视力系统中的特征的变化通过测量对提供到过渡区光的刺激物反应的时间而被记录。

12. 根据权利要求 10 或 11 所述的方法，

其中，相对于作为基准线值的在该人接受锻炼之前所测得的平均时间值，用介于发出光刺激物和反应之间的经过时间，来计算其表现。

13. 根据权利要求 12 所述的方法，其中依据在提供光刺激物过程中该人的表现来重新计算过渡区。

14. 根据权利要求 12 或 13 所述的方法，其中的反应是通过该人按压装置上的按钮来给出的。

15. 根据权利要求 10~14 中任一个所述的方法，其中过渡区是通过应用到该人先前预期其表现较差的区域而转变的。

16. 根据权利要求 10~15 中任何一个所述的方法，其中视力刺激物基本上全部作用到位于过渡区或与之直接相邻的人的视力系统上。

17. 根据权利要求 10~16 中任何一个所述的方法，其中记录人视力系统的特征的变化包括记录反应，颜色的识别，形状的识别和/或由患者对视力刺激物的定位。”

经形式审查合格，专利复审委员会依法受理了上述复审请求，并于 2004 年 12 月 27 日发出复审请求受理通知书和前置审查通知书。

原实质审查部门对该复审请求做出前置审查意见，仍然坚持原驳回决定，认为：权利要求 10~17 请求保护的主题为操作装置的方法，在对患者进行治疗时，操作过程是治疗的过程，即操作方法就是治疗方法，因此权利要求 10~17 仍然属于第 25 条第 1 款第（3）项规定的不授予专利权的范围。

专利复审委员会依法成立合议组，对本案进行了审理，本案合议组经审查后，于 2007 年 5 月 8 日发出复审通知书。通知书中指出：

“专利法第 25 条第 1 款第（3）项规定：疾病的诊断和治疗方法是不能被授予专利权的。

审查指南第二部分第一章第 4.3.2 节进一步指出：治疗方法，是指为使有生命的人体或者动物体恢复或获得健康或减少痛苦，进行阻断、缓解或者消除病因或病灶的过程。治疗方法包括以治疗为目的或者具有治疗性质的各种方法。”

权利要求 10~17 是专利法第 25 条第 1 款第（3）项规定的不能授予专利权的客体，原因如下：

本发明独立权利要求 10 及其从属权利要求 11~17 都请求保护一种用于操作根据权利要求 1~9 中任一个所述的装置的方法。独立权利要求 10 请求保护的方法包括了“根据所述变化调整给所述过渡区的刺激物”、“使得所述过渡区被转变到视力退化较大的区域中”这些步骤，其中的具有“视力退化较大的区域”的人必然是“患者”，并且根据说明书的记载，“刺激物”从“所述过渡区被转变到视力退化较大的区域”，就是为了实现本申请的发明目的“所述刺激物作用在所述患者的完好视野内的区域中和所述患者的完好视野外的区域中，后一个区域包括待锻炼的区域，从而实现所述后一个区域中的视力的改善”。因此，权利要求 10 请求保护的方法能够使具有“视力退化较大的区域”的患者获得“视力的改善”，从而消除“视力退化”等疾病，实质上只能是一种治疗方法。并且，根据权利要求 1~9 中包括的特征以及说明书的记载，权利要求 1~9 请求保护的装置实质是一种依照人对感觉到视力刺激物的反映出的表现，控制光学刺激物作用装置从而用于在所有可能的损伤的情况下进行视力改善或矫正的锻炼人们的视力的装置。因此权利要求 10 请求保护的一种用于操作根据权利要求

1~9中任一个所述的装置的方法实质上是一种操作上述用于在所有可能的损伤的情况下进行视力改善或矫正的锻炼人们的视力的装置的方法，实际应用操作这种装置的唯一目的就是用于在所有可能的损伤的情况下进行视力改善或矫正的锻炼人体的视力从而治疗人的眼睛。现权利要求10请求保护的方法的确是以治疗疾病为直接目的、在有生命的人体或动物体上实施的方法，属于疾病的治疗方法范畴，是专利法第25条第1款第（3）项规定的不能授予专利权的客体。

由于权利要求10属于治疗方法，其从属权利要求11~17是对上述治疗方法的实施步骤的进一步限定，也同样属于治疗方法，属于专利法第25条第1款第（3）项规定的不能授予专利权的客体。”

复审请求人于2007年6月7日针对复审通知书提交了意见陈述书及权利要求书全文的修改替换页，复审请求人认为由于修改后的权利要求书删除了原来的方法权利要求10~17，因此克服了复审通知书中所指出的缺陷。其中权利要求书共包括9项权利要求，具体如下：

“1. 一种装置，该装置包括：

中央数据处理装置，用来记录、存储、处理和发出传送到和/或来自该设备的其他装置的数据；

至少一个视力刺激物发出装置；

可以固定人视野的固定位置点装置；

输入装置，用来输入人对感觉到的视力刺激物的反应；

控制装置，用来依照人对感觉到的视力刺激物的反映出的表现，控制所述至少一个光学刺激物作用装置。

2. 根据权利要求1所述的装置，包括用来固定和/或支撑患者的头部的装置。

3. 根据上述权利要求中任何一个所述的装置，其中所述视力刺激物发出装置是光发射装置。

4. 根据上述权利要求中任何一个所述的装置，其中所述刺激物发出装置是其所发出的光的颜色、亮度、强度和/或形状可变的光发射装置。

5. 根据上述权利要求中任何一个所述的装置，其中所述刺激物发出装置是计算机屏幕，视频屏幕，投影屏幕或其他视力投影装置例如虚拟现实护目镜或头盔。

6. 根据上述权利要求中任何一个所述的装置，其中用以固定人的注视的所述固定点位置装置是一个标记。

7. 根据权利要求6所述的装置，其中的标记是彩色标记，其颜色能够改变，从而实现对患者视角的控制。

8. 根据上述权利要求中任何一个所述的装置，其中所述控制装置根据人对所述光学刺激物上的反应的质量，控制所述至少一个光刺激物作用装置。

9. 根据上述权利要求中任何一个所述的装置，用于通过向人提供光刺激物来锻炼人的视力系统或视觉，所述刺激物提供到所述人的视野之内的第一区域中以及所述人的视野之外的第二区域中。”

合议组经过合议后认为，本案事实已清楚，现依法作出审查决定。

**二、决定的理由**

1. 审查文本

本决定是以复审请求人于2007年6月7日提交的权利要求第1~9项，进入中国国家阶段时提交的说明书第1~19页、附图第1~4页、说明书摘要和摘要附图为基础而作出的。

2. 关于专利法第25条第1款第（3）项

专利法第25条第1款第（3）项规定：疾病的诊断和治疗方法是不能被授予专利权的。

针对本案，合议组认为：

针对合议组于2007年5月8日发出的复审通知书中指出该申请的权利要求10~17是专利法第25

条第1款第3项规定的不能授予专利权的客体，复审请求人于2007年6月7日提交了修改后的权利要求书全文的修改替换页，其中删除了涉及专利法第25条第1款第（3）项规定的疾病的诊断和治疗方法的权利要求10~17，保留了原来的权利要求1~9作为新的权利要求书，因此该修改后的权利要求书克服了驳回决定和复审通知书中指出的不符合专利法第25条第1款第（3）项规定的缺陷。

**三、决定**

在复审请求人于2007年6月7日所提交的修改文本的基础上，撤销国家知识产权局于2004年7月30日对98814262.7号发明专利申请作出的驳回决定。

由原审查部门在复审请求人于2007年6月7日提交的权利要求第1~9项，进入中国国家阶段时提交的说明书第1~19页、附图第1~4页、说明书摘要和摘要附图的基础上继续进行审查程序。

复审请求人对本决定不服的，可以根据专利法第41条第2款的规定，自收到本决定之日起三个月内向北京市第一中级人民法院起诉。

107

# 图像处理方法与装置，记录介质及成像装置

## 复审请求审查决定（第 11141 号）

**决　定　号**　第 11141 号
**决　定　日**　2007 年 7 月 3 日
**发明创造名称**　图像处理方法与装置，记录介质及成像装置
**国 际 分 类 号**　A61B 5/055
**复 审 请 求 人**　GE 医疗系统环球技术有限公司
**申　请　号**　01125707.5
**申　请　日**　2001 年 8 月 20 日
**优 先 权 日**　2000 年 8 月 18 日
**公　开　日**　2002 年 7 月 3 日
**合 议 组 组 长**　杨军艳
**主　审　员**　熊　茜
**参　审　员**　刘　畅

**法 律 依 据**　专利法第 33 条
**决 定 要 点**

如果修改的内容没有记载在原说明书和权利要求书中，并且根据原说明书和权利要求书文字记载的内容以及说明书附图也不能直接地、毫无疑义地确定，则上述修改不符合专利法第 33 条的规定。

### 一、案由

本复审请求涉及申请号为 01125707.5、名称为“图像处理方法与装置，记录介质及成像装置”的发明专利申请（下称本申请），其申请日为 2001 年 8 月 20 日，优先权日为 2000 年 8 月 18 日，申请人为 GE 医疗系统环球技术有限公司。

在实质审查程序中，国家知识产权局实质审查部门于 2005 年 2 月 18 日发出第一次审查意见通知书。通知书中引用了两篇对比文件，分别为：对比文件 1：AHN C B ET AL：“Adaptive template filtering for signal-to-noise ratio enhancement in magnetic resonance imaging” IEEE TRANSACTIONS ON MEDICAL IMAGING，vol. 18，no. 6，pages 549～556；对比文件 2：VILA J-L ET AL：“Directional adaptive image filtering：application to DNA sequence analysis” PROCEEDINGS OF THE INTERNATIONAL CONFERENCE ON IMAGE PROCESSING（ICIP）AUSTIN，pages 382～386。通知书中指出：权利要求 1、3～5、7～8、13、15～17 相对于对比文件 1 不符合专利法第 22 条第 2 款的规定；权利要求 2、6、14 相对于对比文件 1 和对比文件 2 的结合不具备专利法第 22 条第 3 款规定的创造性；权利要求 9～12

请求保护的记录介质属于专利法第25条第1款第（2）项所述的智力活动的规则和方法的范围，因此不能被授予专利权。

申请人针对上述审查意见通知书于2005年7月5日提交了意见陈述书、权利要求书修改替换页，申请人重新撰写了权利要求书，新的权利要求书包括独立权利要求1及其从属权利要求2~4，独立权利要求5及其从属权利要求6~8，独立权利要求9及其从属权利要求10~13。

国家知识产权局实质审查部门在此基础上对本案继续审查，并于2005年8月12日发出了第二次审查意见通知书，通知书中指出权利要求1~13的修改超出了原说明书和权利要求书记载的范围，不符合专利法第33条的有关规定，理由如下：

（1）独立权利要求1中限定的"定义所述多个局部区域中每一个的一个模式，所述模式是所述线的一个有角配置"和"计算所述多个局部区域中选择的感兴趣的所述像素的像素值方差"未记载在原说明书和权利要求书中，而且根据说明书中的记载，在选择了多个局部区域中的一个后，计算选择局部区域中像素的像素值方差，而并不是在选择局部区域后计算多个局部区域的像素值方差，因此权利要求1的修改超出了原始说明书和权利要求书记载的范围，不符合专利法第33条的有关规定。

（2）权利要求4的附加技术特征限定的步骤未记载在原说明书和权利要求书中，权利要求4的修改不符合专利法第33条的有关规定。

（3）独立权利要求5、9请求保护一种图像处理装置，其中限定的各设备未记载在原说明书和权利要求书中，根据原说明书和权利要求书中的记载，本申请的图像处理装置包括"区域定义设备"、"方差计算/判断设备"和"图像生成设备"，并未包括权利要求5、9中限定的设备，虽然在说明书中记载有相应的图像处理步骤，但是方法的步骤与实施该方法步骤的设备之间并不是一一对应的关系，从原说明书和权利要求书中无法直接地、毫无疑义地推导出权利要求5、9限定的设备，所以权利要求5、9的修改超出了原说明书和权利要求书限定的范围，不符合专利法第33条的有关规定。

（4）同理，从原说明书和权利要求书中无法直接地、毫无疑义地推导出从属权利要求6~8、10~11限定的设备，权利要求6~8、10~11的修改超出了原说明书和权利要求书限定的范围，不符合专利法第33条的有关规定。

（5）权利要求12的附加技术特征限定的设备未记载在原说明书和权利要求书中，权利要求12的修改不符合专利法第33条的有关规定。

（6）其余的权利要求由于引用关系也不符合专利法第33条的有关规定。

申请人于2005年10月27日递交了意见陈述书和权利要求书的修改替换页，修改了独立权利要求1、5、9，在上一次文本的基础上进一步具体限定了"一个局部区域"，其他的权利要求未进行修改，并在意见陈述书中指出修改后的权利要求1~13未超出本发明的原始公开范围的理由：

（1）权利要求1的修改可从说明书第10页第25行至第11页第14行以及说明书第11页第19行至第12页第10行中得出；

（2）在说明书中充分解释了权利要求5的技术特征，因此该权利要求可以得到原始申请的支持，本领域技术人员可以理解，在权利要求中所使用的这些"设备"对应于说明书中所描述的设备，因此，说明书可以清楚地支持权利要求中的元件。同理权利要求6~9、11~13也可以得到说明书的支持。

经过上述审查程序后，国家知识产权局实质审查部门以本申请的修改不符合专利法第33条的规定为由，于2006年2月10日针对申请人于2005年10月27日提交的权利要求1~13项、申请日提交的说明书1~14页、说明书附图1~11页、摘要和摘要附图作出了驳回本申请的决定。驳回决定认为，"权利要求1~13不符合专利法第33条的有关规定"，具体理由为：

（1）独立权利要求1中限定的“所述模式是所述线的一个有角配置”未记载在原说明书和权利要求书中，而且从说明书和权利要求书中也无法直接地、毫无疑义地推导出上述技术特征，因此权利要求1的修改超出了原始说明书和权利要求书记载的范围，不符合专利法第33条的有关规定。

（2）权利要求2~4引用权利要求1，也不符合专利法第33条的有关规定。

（3）独立权利要求5请求保护一种图像处理装置，其中限定的“在目标中定义感兴趣的像素的设备、定义多个局部区域的设备、定义所述多个局部区域中每一个的一个模式的设备，所述模式是所述线的一个有角配置、选择所述多个局部区域中的一个的设备、计算所述多个局部区域中选择的一个局部区域的感兴趣的所述像素的像素值方差的设备、比较计算的方差值和期望的方差值的设备、当方差值小于期望的方差值时，计算一个平均像素值的设备、用所述平均像素值产生一个图像的设备”，虽然在说明书中记载有相应的图像处理步骤，但是方法的步骤与实施该方法步骤的设备之间并不是一一对应的关系，从原说明书和权利要求书中无法直接地、毫无疑义地推导出权利要求5限定的设备，所以权利要求5的修改超出了原说明书和权利要求书记载的范围，不符合专利法第33条的有关规定。

（4）同理，从原说明书和权利要求书中无法直接地、毫无疑义地推导出权利要求6限定的“当方差值不小于期望的方差值时，确定是否所有的局部区域都处理完毕的设备、当所有的局部区域都处理完毕时，选择一个具有最小方差值的局部区域的设备、计算平均像素值的设备”、权利要求7限定的“当方差值不小于期望的方差值时，确定是否所有的局部区域都处理完毕的设备、当没有处理完所有的局部区域时，改变局部区域的设备”，以及权利要求8限定的“确定所有感兴趣的像素是否都处理完毕的设备、当没有处理完所有感兴趣的像素时，改变感兴趣的像素的设备”，权利要求6~8的修改超出了原说明书和权利要求书记载的范围，不符合专利法第33条的有关规定。

（5）独立权利要求9请求保护一种图像处理装置，其中限定的“在所述目标中定义感兴趣的像素的设备、定义多个局部区域的设备、定义所述多个局部区域中每一个的一个模式的设备，所述模式是所述线的一个有角配置、选择所述多个局部区域中的一个的设备、计算所述多个局部区域中选择的一个局部区域的感兴趣的所述像素的像素值方差的设备、比较计算的方差值和期望的方差值的设备、当方差值小于期望的方差值时，计算一个平均像素值的设备、用所述平均像素值产生一个图像的设备”未记载在原说明书和权利要求书中，根据原说明书和权利要求书中的记载，本申请的图像处理装置包括“信号采集设备”、“原始图像生成设备”、“区域定义设备”、“方差计算/判断设备”和“图像生成设备”，并未包括权利要求9中限定的上述设备，虽然在说明书中记载有相应的图像处理步骤，但是方法的步骤与实施该方法步骤的设备之间并不是一一对应的关系，从原说明书和权利要求书中无法直接地、毫无疑义地推导出权利要求9限定的设备，所以权利要求9的修改超出了原说明书和权利要求书记载的范围，不符合专利法第33条的有关规定。

（6）同理，从原说明书和权利要求书中无法直接地、毫无疑义地推导出权利要求10限定的“当方差值不小于期望的方差值时，确定是否所有的局部区域都处理完毕的设备、当所有的局部区域都处理完毕时，选择一个具有最小方差值的局部区域的设备、计算平均像素值的设备”、权利要求11限定的“当方差值不小于期望的方差值时，确定是否所有的局部区域都处理完毕的设备、当没有处理完所有的局部区域时，改变局部区域的设备”以及权利要求12限定的“确定所有感兴趣的像素是否都处理完毕的设备、当没有处理完所有感兴趣的像素时，改变感兴趣的像素的设备”，权利要求10~12的修改超出了原说明书和权利要求书记载的范围，不符合专利法第33条的有关规定。

（7）权利要求13引用权利要求9，不符合专利法第33条的有关规定。

（8）申请人指出的说明书中的出处（说明书第10页第25行至第11页第14行、第11页第19行至第12页第10行、附图6~9）记载了可以将多个局部区域定义为不同模式，并未记载权利要求1中限定的“所述模式是所述线的一个有角配置”，而且也无法直接地、毫无疑义地推导出上述技术特征。因此申请人陈述的理由不能说明本申请的权利要求1~13符合专利法第33条的有关规定。

申请人（下称复审请求人）不服上述驳回决定，于2006年5月25日向专利复审委员会提出复审请求，未对申请文本进行修改。复审请求人认为权利要求1~13在原说明书和权利要求书的范围内，其理由是：（1）权利要求1限定的“所述模式是所述线的一个有角配置”记载于原始公开的说明书第10页第25行至第11页第14行以及附图6~17中，因为上述表述的具体实例给出了垂直排列的像素线以及线的其他各种有角配置的实例；（2）权利要求5和9所记载的特征或者设备都已经在原始公开的说明书进行了充分的描述，即附图5的步骤504、506、508、510，以及说明书第11页第15~32行、第12页第2~10行、第13页第13~18行中的相应描述；（3）权利要求6~8、10~12在原说明书第12页第14~21行中描述了这些设备中的每一个。

经形式审查合格后，专利复审委员会受理了上述复审请求，并于2006年6月14日发出了复审请求受理通知书及前置审查通知书。

原实质审查部门对该复审请求进行了前置审查，在前置审查中，原审查部门仍然坚持原驳回决定，认为该申请仍然不符合专利法第33条的规定，理由为：申请人指出的说明书出处记载了可以将多个局部区域定义为不同模式，并未记载“所述模式是所述线的一个有角配置”，而且也无法直接地、毫无疑义地确定上述技术特征；原说明书和权利要求书记载的本申请的图像处理装置并未包括权利要求中限定的设备，从原说明书和权利要求书中的相应的图像处理步骤无法直接地、毫无疑义地确定权利要求限定的设备。

专利复审委员会依法成立合议组，对本案进行了审理，于2006年8月31日向复审请求人发出复审通知书。复审通知书中指出该申请权利要求1~13不符合专利法第33条的有关规定，原因如下：

（1）请求人在提出复审请求时陈述的与权利要求1、5、9中的“所述模式是所述线的一个有角配置”对应的原始公开的说明书第10页第25行至第11页第14行以及附图6~17中表述的具体实例，只是给出了垂直排列的像素线以及线的其他一些具体角度如45°、67.5°、22.5°等角度的实例，并未记载“有角配置”，也不能从原始公开的上述具体实例直接地、毫无疑义地确定该“有角配置”的确切含义，而“有角配置”包括了除了原始公开的上述具体角度的实例以外的其他角度的内容，因此超出了原始记载的范围，也无法直接地、毫无疑义地确定，这种修改不符合专利法第33条的有关规定。

（2）独立权利要求5、9都请求保护一种图像处理装置，其中权利要求5中的“在目标中定义感兴趣的像素的设备”、“定义多个局部区域的设备”、“定义所述多个局部区域中每一个的一个模式的设备”、“选择所述多个局部区域中的一个的设备”、“计算所述多个局部区域中选择的一个局部区域的感兴趣的所述像素的像素值方差的设备”、“比较计算的方差值和期望的方差值的设备”、“当方差值小于期望的方差值时，计算一个平均像素值的设备”以及“用所述平均像素值产生一个图像的设备”，权利要求9中的“在所述目标中定义感兴趣的像素的设备”、“定义多个局部区域的设备”、“定义所述多个局部区域中每一个的一个模式的设备”、“选择所述多个局部区域中的一个的设备”、“计算所述多个局部区域中选择的一个局部区域的感兴趣的所述像素的像素值方差的设备”、“比较计算的方差值和期望的方差值的设备”、“当方差值小于期望的方差值时，计算一个平均像素值的设备”以及“用所述平均像素值产生一个图像的设备”，上述这些设备在原说明书和权利要求书中并未记载，虽然在原说明书中记载有相应的图像处理方法步骤，即请求人在提出复审请求时陈述的与上述这些设备的内容对应的原申请中的附图5的步骤504、506、508、510、以及说明书第11页第15~32行、第12页第2~10行、第13页第13~18行中的相应描述，但是这些方法步骤与实施该方法步骤的设备之间并不是一一对应的关系，即从某个方法步骤不能直接地、毫无疑义地确定其相应的设备，因此从原说明书和权利要求书无法直接地、毫无疑义地确定权利要求5、9中的上述的设备。

（3）同理，权利要求6中的“当方差值不小于期望的方差值时，确定是否所有的局部区域都处理完毕的设备”、“当所有的局部区域都处理完毕时，选择一个具有最小方差值的局部区域的设备”、“计算平均像素值的设备”、权利要求7中的“当方差值不小于期望的方差值时，确定是否所有的局部区域都处理完毕的设备”、“当没有处理完所有的局部区域时，改变局部区域的设备”，权利要求8中的“确定所有感兴趣的像素是否都处理完毕的设备”、“当没有处理完所有感兴趣的像素时，改变感兴趣的像素的设备”，权利要求10中的“当方差值不小于期望的方差值时，确定是否所有的局部区域都处理完毕的设备”、“当所有的局部区域都处理完毕时，选择一个具有最小方差值的局部区域的设备”、“计算平均像素值的设备”，权利要求11中的“当方差值不小于期望的方差值时，确定是否所有的局部区域都处理完毕的设备”、“当没有处理完所有的局部区域时，改变局部区域的设备”以及权利要求12中的“确定所有感兴趣的像素是否都处理完毕的设备”、“当没有处理完所有感兴趣的像素时，改变感兴趣的像素的设备”这些有关设备的内容在原说明书和权利要求书中并未记载，虽然在原说明书中记载有相应的图像处理方法步骤，即请求人在提出复审请求时陈述的与上述这些设备的内容对应的原说明书第12页第14~21行中描述的内容，但是这些方法步骤与实施该方法步骤的设备之间并不是一一对应的关系，即从某个方法步骤不能直接地、毫无疑义地确定其相应的设备，因此从原说明书和权利要求书无法直接地、毫无疑义地确定权利要求6~8、10~12中的上述设备。因此权利要求6~8、10~12的修改超出了原说明书和权利要求书记载的范围，不符合专利法第33条的有关规定。

（4）权利要求2~4引用权利要求1，由于独立权利要求1、9的修改超出了原说明书和权利要求书记载的范围，因此从属于独立权利要求1的权利要求2~4和从属于独立权利要求9的权利要求13也超出了原说明书和权利要求书记载的范围，不符合专利法第33条的有关规定。

2006年10月16日，复审请求人针对上述复审通知书提交了意见陈述书和权利要求书全文修改替换页。复审请求人在意见陈述书中认为新修改的申请文件符合专利法第33条的规定，具体原因为：（1）修改了权利要求1、5、9，将其中的模式限定为一个用于连接所述多个像素的方向；（2）修改了权利要求5~12以删除各种“设备”，并且记载了一个数据处理部分被配置用于执行权利要求书中所述的各种操作。

经过上述审查程序，本案合议组经合议后，认为本案事实清楚，现依法作出复审决定。

**二、决定的理由**

1. 审查文本

本决定是基于复审请求人在2006年10月16日提交的权利要求第1~13项，以及申请日（2001年8月20日）提交的说明书第1~14页、说明书附图第1~11页、说明书摘要以及摘要附图的基础上而作出的。

2. 关于专利法第33条

专利法第33条规定：申请人可以对其专利申请文件进行修改，但是，对发明和实用新型专利申请文件的修改不得超出原说明书和权利要求书记载的范围。

审查指南第二部分第八章第5.2.1和5.2.3节对此作了进一步规定：原说明书和权利要求书记载的范围包括原说明书和权利要求书文字记载的内容和根据原说明书和权利要求书文字记载的内容以及说明书附图能直接地、毫无疑义地确定的内容。具体地说，如果申请的内容通过增加、改变和/或删除其中的一部分，致使所属技术领域的技术人员看到的信息与原申请记载的信息不同，而且又不能从原申请记载的信息中直接地、毫无疑义地确定，那么，这种修改就是不允许的。

具体就本案而言，合议组认为：

权利要求1、5、9中的“所述模式是一个用于连接所述多个像素的方向”所对应的原始公开的说明书第10页第15行至第11页第14行以及附图6~17中表述的具体实例，只是给出了以下几种具体模式的实例：局部区域可以定义为像素的一维序列，以感兴趣的像素k为中心的、垂直排列或呈向右边偏45°角排列或呈水平排列的或呈向左边偏45°角排列的七个像素点相连，以感兴趣的像素点k为中心的、垂直排列的或呈向右边偏45°角排列的或呈水平排列的或向左边偏45°角排列的或向右边偏67.5°角排列的或向右边偏22.5°角排列的或向左边偏22.5°角排列的或向左边偏67.5°角排列的九个相连接像素点，并未记载“所述模式是一个用于连接所述多个像素的方向”的内容，也不能从原始公开的上述具体模式的实例直接地、毫无疑义地确定该“所述模式是一个用于连接所述多个像素的方向”的内容，而“所述模式是一个用于连接所述多个像素的方向”包括了除原始公开的上述几种具体模式的实例以外的其他角度方向的模式的内容，因此超出了原始记载的范围也无法直接地、毫无疑义地确定，这种修改不符合专利法第33条的有关规定。

另外，权利要求2~4引用权利要求1，由于独立权利要求1的修改超出了原说明书和权利要求书记载的范围，从属于独立权利要求1的权利要求2~4也超出了原说明书和权利要求书记载的范围，不符合专利法第33条的有关规定；权利要求6~8引用权利要求5，由于独立权利要求5的修改超出了原说明书和权利要求书记载的范围，从属于独立权利要求5的权利要求6~8也超出了原说明书和权利要求书记载的范围，不符合专利法第33条的有关规定；权利要求10~13引用权利要求9，由于独立权利要求9的修改超出了原说明书和权利要求书记载的范围，从属于独立权利要求9的权利要求10~13也超出了原说明书和权利要求书记载的范围，不符合专利法第33条的有关规定。

综上所述，本申请的权利要求1~13不符合专利法第33条的规定。

**三、决定**

维持国家知识产权局于2006年2月10日对01125707.5号发明专利申请作出的驳回决定。

复审请求人对本决定不服的，可以根据专利法第41条第2款的规定，自收到本决定之日起三个月内向北京市第一中级人民法院起诉。

108

# AC-B≠A 电位平衡医用电子舌诊仪应用技术

## 复审请求审查决定（第 11142 号）

**决　定　号**　第 11142 号
**决　定　日**　2007 年 7 月 4 日
**发明创造名称**　AC-B≠A 电位平衡医用电子舌诊仪应用技术
**国际分类号**　A61B 5/00
**复审请求人**　凌清泉
**申　请　号**　01119403.0
**申　请　日**　2001 年 5 月 16 日
**公　开　日**　2002 年 12 月 18 日
**合议组组长**　杨军艳
**主　审　员**　熊　茜
**参　审　员**　刘　畅

**法律依据**　专利法实施细则第 20 条第 1 款
**决定要点**
如果权利要求书中某项权利要求的类型不清楚、某项权利要求确定的保护范围不清楚，或者构成权利要求书的所有权利要求作为一个整体不清楚，则该权利要求书不清楚。

### 一、案由

本复审请求涉及申请号为 01119403.0、名称为“AC-B≠A 电位平衡医用电子舌诊仪应用技术”的发明专利申请（下称本申请），其申请日为 2001 年 5 月 16 日，申请人为凌清泉。

国家知识产权局专利实质审查部门对本申请进行了实质审查，于 2004 年 7 月 9 日发出第一次审查意见通知书，通知书中认为权利要求 1~9 不符合专利法实施细则第 20 条第 1 款的规定。

针对第一次审查意见通知书，申请人于 2004 年 10 月 19 日递交了意见陈述书和权利要求书、说明书修改替换页。申请人在意见陈述书中作了陈述，但该陈述并不是针对第一次审查意见通知书中所指出的问题而做的答复。

经过上述审查程序后，国家知识产权局专利实质审查部门于 2005 年 1 月 14 日针对申请人于 2004 年 10 月 19 日提交的权利要求第 1~9 项、说明书第 1~30 页，2002 年 1 月 30 日提交的附图第 1 页，2002 年 4 月 16 日提交的附图第 2~4 页、说明书摘要和摘要附图作出了驳回本申请的决定，具体驳回理由如下：

（1）权利要求 1~9 不符合专利法实施细则第 20 条第 1 款的规定：

权利要求1~6、8、9所分别请求保护的“应用技术”、“技术”、“科研构思”、“舌诊仪检可定性”、“技术范围、效益”不明确是产品还是方法，即这些权利要求的类型不清楚，导致请求保护的范围不确定。

权利要求1~9中记载的技术特征也不清楚：如果请求保护的是产品，应该用产品的结构特征来描述，该产品由哪些部件组成、各组成部件之间的位置、连接关系等都应在产品权利要求中加以清楚、明确地记载，例如权利要求7请求保护的是产品——“测试电极”，那么该测试电极由哪些部件构成、各组成部件之间的位置、连接关系等都应清楚、明确地记载在该权利要求中；如果请求保护的是方法，应该用工艺过程、操作条件、步骤或者流程的技术特征来描述。而权利要求1~9中没有清楚记载上述技术特征，从而导致其请求保护的范围极不清楚。

（2）申请人在意见陈述书中虽然作了详细陈述，但该陈述并不是针对驳回中所指出的问题而做的答复，与专利法、专利法实施细则所规定的可授权的专利性无关，并不能说明本申请能被授权。

申请人（下称复审请求人）不服上述驳回决定，于2005年3月10日向专利复审委员会提出复审请求，同时提交了权利要求书和说明书第1~7页、第26页、第29页的修改替换页。

专利复审委员会依法受理了上述复审请求并于2005年9月21日发出复审请求受理通知书和前置审查通知书。

原实质审查部门对该复审请求做出前置审查意见，仍然坚持原驳回决定。

2006年7月12日，专利复审委员会收到复审请求人提交的补正书，其中提交了说明书第20、23、25页的替换页。

2006年11月20日，复审请求人再次提交意见陈述书，并提交了权利要求书第4页和说明书第6、9~12页的替换页。

专利复审委员会依法成立合议组，对本案进行了审理，本案合议组经审查后，于2007年5月8日发出复审通知书。通知书中指出：

（1）权利要求1~9不符合专利法实施细则第20条第1款的规定：

权利要求9请求保护“AC-B≠A电位平衡医用电子舌诊仪应用技术专利申请的权项区分性质”。权利要求有两种基本类型，即产品权利要求和方法权利要求。而以上权利要求9所请求保护的“权项区分性质”不明确是产品还是方法，即权利要求9的类型不清楚，导致请求保护的范围不确定，权利要求9不符合专利法实施细则第20条第1款的规定。

权利要求1~3请求保护“AC-B≠A电位平衡医用电子舌诊仪技术方法”，权利要求4请求保护“制造AC-B≠A电位平衡医用电子舌诊仪的技术方法”，权利要求5请求保护“根据权利要求4制造AC-B≠A电位平衡医用电子舌诊仪的技术方法的测试电极”，权利要求6请求保护“制造AC-B≠A电位平衡医用电子舌诊仪的技术方法的电势差计工作额定电流稳恒装置技术方法”，权利要求7请求保护“据权利要求4制造AC-B≠A电位平衡医用电子舌诊仪的技术方法的RX测量装置的技术方法”，权利要求8请求保护“AC-B≠A电位平衡医用电子舌诊仪”，权利要求9请求保护“AC-B≠A电位平衡医用电子舌诊仪应用技术专利申请的权项区分性质”，权利要求1~9中记载的技术特征不清楚：如果请求保护的是产品，应该用产品的结构特征来描述，该产品由哪些部件组成、各组成部件之间的位置、连接关系等都应在产品权利要求中加以清楚、明确地记载，例如权利要求5请求保护的是产品——“测试电极”，那么该测试电极由哪些部件构成、各组成部件之间的位置、连接关系等都应清楚、明确地记载在该权利要求中，权利要求8请求保护的是产品——“电子舌诊仪”，那么该电子舌诊仪由哪些部件构成、各组成部件之间的位置、连接关系等都应清楚、明确地记载在该权利要求中；如果请求保护的是方法，应该用工艺过程、操作条件、步骤或者流程的技术特征来描述。而权利要求1~9中没有清楚记载上述技术特征，从而导致其请求保护的范围极不清楚，不符合专利法实施细则第20条第1款的规定。

2. 申请人在复审请求书的意见陈述书和随后提交的意见陈述书中虽然作了详细陈述，但该陈述并不是针对驳回中所指出的问题而做的答复，与专利法、专利法实施细则所规定的可授权的专利性无关，并不能说明本申请能被授权。

复审请求人于2007年6月6日针对复审通知书提交了意见陈述书及权利要求书全文、说明书全文、说明书附图第1~4页的修改替换页，其中修改后的权利要求书共包括9项权利要求，具体如下：

"1. AC-B≠A电位平衡医用舌诊仪。

该仪采用电位平衡测定原理（摘要附图），选择人体内能运动——五脏为核心开窍于舌的平面分区，以舌实现仪检为突破口，建立五处电位检测点（图1），以测定内能运动反应于舌的电离运动失调为目标，建立确诊数据组；以仪器确诊引入数的量定准则，解决医学科学化的诊法统一；实现以数的量定关系，深入分析内能转化的本质诊治，明确治理、生理水平恒定动态；

该仪采用电位调零（图3内R电位调零虚线部份）、对应测线平衡（图3内Rx对应调节虚线部份），标量参检（图5），直流恒定电路（12），由测量指示——检流计G（图3），数据转换指示（图5：V、A），测线电极（图7），由测试组、对应组、数据组A、B、C三组电源与检流计直流备用照明电路四个单元电路（图12）及电势差计（图2）工作装置组成（图12），其特征在于：电位调零，由电势差计AB两组直流电源（图3），工作电流额定稳恒装置（图4），图2去AB电阻线，AC电路串连电阻$R_1$，可调电阻$R_2$，电位器$VR_5$，并联开关K（图3），连入检流计工作开关$K_1$（图3），实现AB两组工作电流I及电动势ε电位调零——检流计G（图3）指示器为零，解决舌诊仪不需缓冲容液校验比较，外界温差对仪器不需相对补偿；对应测试平衡，以电势差计AB两组直流电源（图3），工作电流额定稳恒装置（图4），舌诊仪检用AB两组建立两个电场的相对运动，同时适应对电场外Rx（图3）——舌诊电离场的相对运动，把被测的舌诊电位点（图1）看做一个可变的电阻器R（图2），或是内能运动离子交换反应于舌的点电场或内化学能转化建立的电场（图1），图2去R变阻器串连舌诊测试电极连接于外Rx插口◎（图3），并联电极工作开关$K_2$（图3），AC电路串联电位器$VR_{1-4}$（图3内Rx对应调节），连入检流计工作开关$K_1$（图3），实现测试电位内Rx=外Rx，或外Rx=内Rx，内Rx电位器对应调节（图3）阻值等于外电路被测舌诊电场的电极测量平方（图8）的R阻值，外Rx（图3）舌诊检测检流计G指示器对应测试平衡为零——电位平衡（摘要附图）；数据转换，用某一物理标量测量AC电路串联内Rx对应调节电位器的两个端点（图5内Rx对应调节虚线部分），把舌诊仪检对应测平衡的内Rx阻值——内能运动反应于外在人体舌诊的电离数据分析，转换成某一物理标量数据，用这种量定关系，实现医学确诊以数据为标准的规范统一；为了使舌诊内Rx对应调节（图5）数据转换标准规范，额定某一物理参检标量十分重要；测量指示检流计G（图3），连入检流计工作双路开关$K_1$（图3），一端接B组电源额流电路，另一端连接AB线路C点（图3）；测试电极除（图7）外，还可采用某一型号规格的电极；直流恒定电路（图12）的电路元件参数：根据电势差计电位平衡（摘要附图）工作原理的相对性，Rx数据转换某一物理标量参检额定的相对性，该仪的电路元件参数选用可根据A、B、C三组（图12）的工作电源电压及工作电流的额定标量而定，每一电路单元的组装，电阻、可调电阻、电容器、电位器的配用参数是相对的，无法固定某一元件的特定参数，也就是电阻（图12）的选用，在某一参数范围，可用不同阻值的电阻串连辅助或改用不同阻值的电位器及电容相对电源充电的可适范围不等，图12电路（V、A）可选用不同型号的电压、电流指示表或不同型号的检流计（图3、G），A、B、C三组电源（图12）还可配用1号、2号以及不同型号的电池组。

2. 根据权利要求1所述的AC-B≠A电位平衡医用电子舌诊仪的直流恒定电路（图4），其特征在于：A组直流电源12V连入电源开关（K），稳恒并联电容器（C），串联电阻（$R_1$），可调电路（$R_2$），电位校正调节器（VR），连入工作电压、电流校验开关（$K_1$），并联V、A指示表，额定输出工作电流（测试组）140uA，电压约0.3V，（图4）B组直流电源6V，稳恒电路装置同A组，电路元件参数不同，额定输出工作电流（对应组）20uA，电压约0.05V，AB两组（图4）V、A指示额定工作电流输出，额流相对同步误差。

3. 根据权利要求1所述AC-B≠A电位平衡医用电子舌诊仪的电势差计工作装置，其特征在于：AB两组电源（图3），A组（图4）电源电压V、电流强度I大于B组（图4），B≠A或A≠B。

4. 根据权利要求1所述的AC-B≠A电位平衡医用电子舌诊仪的数据转换Rx测量装制，其特征在于C组直流电源9V，连入电源开关（K），稳恒并联电容器（C），串连电阻（$R_1$），可调电阻（$R_2$），电位校正调节器（VR），连入工作电压、电流校验开关（$K_1$）串联V、A指示表（图5），Rx数据转换分析，额定参检标量参检。

5. 根据权利要求1所述的AC—B≠A电位平衡医用电子舌诊仪的电位调零（图3内R电位调零虚线部分）。对应测试平衡（内Rx对应调节），其特征在于：摘要附图的AC电路串联电位器元件的阻值调节作用。

6. AC-B≠A电位平衡医用电子舌诊仪的测试电极（图6）。由玻璃管（1）、管连接（2）、电极（3、4）、导线（5）、电极线接插头（6）组成，其特征在于：电极极板采用平面接触式（图6：3、4），既可用铂片，又可采用铝合金材质（图6：3、4），电极的型号规格与电极极板材质必要统一，测试电极与另一测试电极之间略有规格误差，规格型号不同，或电极极板与电极在材质使用上，略有腐蚀或氧化或绝缘漆处脱漆（图9：1、2、3），以铝合金材质电极为例使用，与新的同一材质电极使用，在同一特定条件，同一误差相互抵消。

7. 根据权利要求6所述的AC-B≠A电位平衡医用电子舌诊仪的测试电极，其特征在于：图7（8、9）的两级测量平面，每一极板10×4毫米，图7（10、11）极板平面厚2毫米，图7（12）两组相距5毫米，图7（1）玻璃管外围直径ϕ4毫米，中空直径ϕ2毫米，图7（5）玻璃管内极片线接处30毫米，图7（6）弯长5毫米，图7（7）角90度。

8. 根据权利要求6所述的AC-B≠A电位平衡医用电子舌诊仪的测试电极，其特征在于：两极测量舌质平面，$10\times13=130$ 毫米$^2$（平方）（图8）。

9. 根据权利要求6所述的AC-B≠A电位平衡医用电子舌诊仪的测试电极，其特征在于：只要电极规格、电极极板材质、测试条件相对一定（图7），其测定的数据在建立数据组的组合反应上，构成同步误差相互抵消。”

合议组经过合议后认为，本案事实清楚，依法作出复审决定。

**二、决定的理由**

1. 审查文本

本决定是以复审请求人于2007年6月6日提交的权利要求第1~9项、说明书第1~30页、说明书附图第1~4页，2002年4月16日提交的说明书摘要和摘要附图为基础而作出的。

2. 关于专利法实施细则第20条第1款

专利法实施细则第20条第1款：权利要求书应当说明发明或者实用新型的技术特征，清楚、简要地表述请求保护的范围。

审查指南第二部分第二章第3.2.2节对此作了进一步规定：权利要求书应当清楚，一是指每一项权利要求应当清楚，二是指构成权利要求书的所有权利要求作为一个整体也应当清楚。首先，每项权利要求的类型应当清楚。权利要求的主题名称应当能够清楚地表明该权利要求的类型是产品权利要求还是方法权利要求。不允许采用模糊不清的主题名称，例如，“一种……技术”，或者在一项权利要求的主题名称中既包含有产品又包含有方法，例如，“一种……产品及其制造方法”。另一方面，权利要求的主题名称还应当与权利要求的技术内容相适应。权利要求的主题名称还应当与权利要求的技术内容相适应。产品权利要求适用于产品发明或者实用新型，通常应当用产品的结构特征来描述。方法权利要求适用于方法发明，通常应当用工艺过程、操作条件、步骤或者流程等技术特征来描述。其次，每项权利要求所确定的保护范围应当清楚。权利要求的保护范围应当根据其所用词语的含义来理解。一般情况下，权利要求中的用词应当理解为相关技术领域通常具有的含义。最后，构成权利要求书的所有权利要求作为一个整体也应当清楚，这是指权利要求之间的引用关系应当清楚。

针对本案，合议组认为：

首先，权利要求 5 的类型不清楚。权利要求 5 请求保护“根据权利要求 1 所述的 AC-B≠A 电位平衡医用电子舌诊仪的电位调零（图 3 内 R 电位调零虚线部分）”，而权利要求有两种基本类型，即产品权利要求和方法权利要求。上述权利要求 5 请求保护的“根据权利要求 1 所述的 AC-B≠A 电位平衡医用电子舌诊仪的电位调零（图 3 内 R 电位调零虚线部分）”不明确是产品还是方法，即权利要求 5 的类型不清楚，导致权利要求 5 不符合专利法实施细则第 20 条第 1 款的规定。

其次，权利要求 1~5 的保护范围不清楚。权利要求 1 请求保护“AC-B≠A 电位平衡医用电子舌诊仪”，权利要求 2 请求保护“根据权利要求 1 所述的 AC-B≠A 电位平衡医用电子舌诊仪的直流恒定电路”，权利要求 3 请求保护“根据权利要求 1 所述的 AC-B≠A 电位平衡医用电子舌诊仪的电势差计工作装置”，权利要求 4 请求保护“根据权利要求 1 所述的 AC-B≠A 电位平衡医用电子舌诊仪的数据转换 Rx 测量装制”，权利要求 5 请求保护“根据权利要求 1 所述的 AC-B≠A 电位平衡医用电子舌诊仪的电位调零（图 3 内 R 电位调零虚线部分）”中记载的技术特征不清楚：如果请求保护的是产品，应该用产品的结构特征来描述，该产品由哪些部件组成、各组成部件之间的位置、连接关系等都应在产品权利要求中加以清楚、明确地记载，对于权利要求 1~5 请求保护的产品的“清楚、明确地记载”是指对于本领域技术人员来说能够明了该产品具体包括几部分结构及其相互连接关系，每部分的具体结构及这些具体结构之间的相互连接关系，而权利要求 1~5 中没有清楚、明确记载上述技术特征，例如本领域技术人员无法明了权利要求 1 中“该仪采用电位调零（图 3 内 R 电位调零虚线部分）、对应测线平衡（图 3 内 Rx 对应调节虚线部分），标量参检（图 5），直流恒定电路（12），由测量指示—检流计 G（图 3），数据转换指示（图 5：V、A），测线电极（图 7），由测试组、对应组、数据组 A、B、C 三组电源与检流计直流备用照明电路四个单元电路（图 12）及电势差计（图 2）工作装置组成（图 12），其特征在于：电位调零，由电势差计 AB 两组直流电源（图 3），工作电流额定稳恒装置（图 4），图 2 去 AB 电阻线，AC 电路串连电阻 $R_1$，可调电阻 $R_2$，电位器 $VR_5$，并联开关 K（图 3），连入检流计工作开关 $K_1$（图 3），实现 AB 两组工作电流 I 及电动势 ε 电位调零—检流计 G（图 3）指示器为零，解决舌诊仪不需缓冲容液校验比较，外界温差对仪器不需相对补偿;”的“电位调零”、“对应测线平衡”、“标量参检”、“数据转换指示”、“测试组”、“对应组”是具体结构还是方法步骤以及其确切含义、也无法明了“测量指示—检流计 G”、“数据转换指示”、“测线电极”与后面的“由测试组、对应组、数据组 A、B、C 三组电源与检流计直流备用照明电路四个单元电路（图 12）及电势差计（图 2）工作装置组成（图 12）”之间是什么逻辑关系，还不明了“图 2 去 AB 电阻线”具体是什么含义，从而导致其请求保护的范围极不清楚，不符合专利法实施细则第 20 条第 1 款的规定。

再次，权利要求之间的引用关系不清楚。权利要求 1 请求保护“AC-B≠A 电位平衡医用电子舌诊仪”，权利要求2请求保护“根据权利要求1所述的AC-B≠A电位平衡医用电子舌诊仪的直流恒定电路”，权利要求3请求保护“根据权利要求1所述的AC-B≠A电位平衡医用电子舌诊仪的电势差计工作装置”，权利要求4请求保护“根据权利要求1所述的AC-B≠A电位平衡医用电子舌诊仪的数据转换RX测量装制”，权利要求5请求保护“根据权利要求1所述的AC-B≠A电位平衡医用电子舌诊仪的电位调零（图3内R电位调零虚线部分）”，权利要求6~9请求保护“根据权利要求1所述的AC-B≠A电位平衡医用电子舌诊仪的的测试电极”。权利要求2请求保护的“直流恒定电路”与权利要求1请求保护的“舌诊仪”的关系以及权利要求2限定的“A组直流电源12V连入电源开关（K），稳恒并联电容器（C），串联电阻（$R_1$），可调电路（$R_2$），电位校正调节器（VR），连入工作电压、电流校验开关（$K_1$），并联V、A指示表，额定输出工作电流（测试组）140uA，电压约0.3V，（图4）B组直流电源6V，稳恒电路装置同A组，电路元件参数不同，额定输出工作电流（对应组）20uA，电压约0.05V，AB两组（图4）V、A指示额定工作电流输出，额流相对同步误差”与权利要求1的内容的关系也是不清楚的，不符合专利法实施细则第20条第1款的规定。同理，权利要求3或权利要求4或权利要求5或权利要求6~9请求保护的主题与权利要求1请求保护的“舌诊仪”的关系以及权利要求3~9限定的技术特征与权利要求1的内容的关系也是不清楚的，不符合专利法实施细则第20条第1款的规定。

最后，权利要求1~9中的“AC-B≠A”含义不清楚，即本领域技术人员不理解该公式的含义，导致权利要求1~9不符合专利法实施细则第20条第1款的规定。

对于复审请求人的意见陈述，合议组也已充分考虑。复审请求人认为该申请是一项系统性、综合性的科研开拓发明项目，因此寻求知识产权的保护、确认，而由于系统技术复杂、经费困难等方面的综合性原因，代理所不能全面理解该申请的内容，因此申请人自行撰写申请文件。但只有满足专利法授权条件的方法和产品才能得到专利权的保护，权利要求书最主要的作用是确定专利权的保护范围，因此要求权利要求书的内容和表述应当清楚，否则就会给专利权的保护带来困难，影响专利制度的正常运行。而本申请的撰写由于存在严重的缺陷不能符合专利法实施细则第20条第1款的关于权利要求书应当清楚、明确的规定，因此不能确定其保护范围。

综上所述，本申请的权利要求1~9不符合专利法实施细则第20条第1款的规定。

**三、决定**

维持国家知识产权局于2005年1月14日对01119403.0号发明专利申请作出的驳回决定。

复审请求人对本决定不服的，可以根据专利法第41条第2款的规定，自收到本决定之日起三个月内向北京市第一中级人民法院起诉。

109

# 超声诊断装置

## 复审请求审查决定（第 11161 号）

**决　定　号**　第 11161 号
**决　定　日**　2007 年 6 月 21 日
**发明创造名称**　超声诊断装置
**国际分类号**　A61B 8/00
**复审请求人**　GE 医疗系统环球技术有限公司
**申　请　号**　02118430.5
**申　请　日**　2002 年 4 月 25 日
**优 先 权 日**　2001 年 4 月 25 日
**公　开　日**　2002 年 12 月 4 日
**合议组组长**　温丽萍
**主　审　员**　宋　瑞
**参　审　员**　李　礼

**法律依据**　专利法第 33 条
**决定要点**

如果驳回决定所针对的申请文件存在驳回决定中未指出的修改超范围的缺陷，则合议组将作出撤销驳回决定的复审决定。

### 一、案由

本复审请求涉及申请号为 02118430.5、发明名称为"超声诊断装置"的发明专利申请（下称本申请），其申请日为 2002 年 4 月 25 日，优先权日为 2001 年 4 月 25 日，公开日为 2002 年 12 月 4 日，申请人为 GE 医疗系统环球技术有限公司。

本申请原始申请文件中的独立权利要求 1 如下：

"1. 一种超声诊断装置，其具有一个操作面板，操作面板上被提供有多个键式开关用来增加/减小与超声图像的成像及显示有关的设定值，其中一个或多个键式开关相对于操作面板的水平和垂直方向被倾斜地放置。"

国家知识产权局于 2004 年 5 月 21 日向申请人发出"发明专利申请进入实质审查程序通知书"。申请人于 2004 年 8 月 6 日对本申请提出主动修改，提交了权利要求书的全文替换页 2 页，修改后的权利要求书包含一项独立权利要求 1 及其从属权利要求 2～17，其中独立权利要求 1 为：

"1. 一种超声诊断装置，其具有一个操作面板，操作面板上被提供有多个键式开关，每个键式开关用来增加和减小与超声图像的成像及显示有关的设定值，所述键式开关具有一个相对于操作面板的水平和垂直方向被倾斜地放置的操作轴。”

国家知识产权局实质审查部门依法对本申请进行了实质审查，于2005年8月12日以本申请权利要求1~17不符合专利法第22条第3款的规定为由作出了驳回决定，驳回决定使用了如下三篇对比文件：

对比文件1：US6142940 A，其授权日为2000年11月7日；

对比文件2：US6103979 A，其授权日为2000年8月15日；

对比文件3：CN2099341 U，其公告日为1992年3月18日。

该驳回决定所针对的申请文本为：申请人于2004年8月6日提交的权利要求第1~17项、于申请日提交的说明书第1~9页、说明书附图第1~7页、说明书摘要和摘要附图。

申请人（下称复审请求人）不服上述驳回决定，于2005年11月10日向专利复审委员会提出复审请求，未对申请文件进行修改，并强调本申请权利要求1~17相对于上述对比文件具有创造性。

经形式审查合格后，专利复审委员会依法受理了上述复审请求，并于2005年12月13日向复审请求人发出复审请求受理通知书，同时向原实质审查部门发出前置审查通知书，并将案卷送至原实质审查部门进行前置审查。

原审查部门对该复审请求做出前置审查意见，仍然坚持驳回决定。

在此基础上，专利复审委员会依法成立合议组，对本案进行审理。

经过审查，本案合议组认为本案事实已经清楚，可以作出复审决定。

**二、决定的理由**

1. 关于审查基础

本复审决定以驳回决定所依据的申请文件作为审查基础。

2. 关于专利法第33条

专利法第33条规定：申请人可以对其专利申请文件进行修改，但是，对发明和实用新型专利申请文件的修改不得超出原说明书和权利要求书记载的范围，对外观设计专利申请文件的修改不得超出原图片或者照片表示的范围。

审查指南第二部分第八章第5.2.1节规定，在实质审查程序中，申请人对申请文件的主动修改或者按照审查意见通知书的要求进行的修改，都不得超出原说明书和权利要求书记载的范围。

具体到本案，合议组认为，驳回决定所依据的申请文件中权利要求书存在修改超范围的缺陷，不能作为驳回决定所依据的申请文本。即，修改后的权利要求1第3~4行增加的“所述键式开关具有一个相对于操作面板的水平和垂直方向被倾斜地放置的操作轴”的技术特征超出了原申请文件记载的范围。具体理由如下：

根据本申请原始申请文件，其中记载了一个或多个键式开关相对于操作面板的水平和垂直方向被倾斜地放置；键顶包括一对被布置在倾斜方向上的键顶；键顶相对于操作面板的水平方向沿逆时针方向倾斜20°~60°（参见原说明书发明概述）。键式开关1由一个键顶及一个波动开关2组成，波动开关2通过上下移动键顶位置的操作引起棒状物3倾斜来完成开关动作；同时，当未施加外力时，波动开关2靠弹性力使棒状物3竖直站立（参见原说明书第一实施例）。

合议组认为，首先，在原申请文件中并没有任何关于所述“操作轴”的记载；其次，在原申请文件中只是记载了“键式开关或键顶相对于操作面板的水平和垂直方向被倾斜地放置”，以及“波动开关2通过上下移动键顶位置的操作引起棒状物3倾斜来完成开关动作”，“当未施加外力时，波动开关2靠弹性力使棒状物3竖直站立”，根据上述内容以及原申请文件其他内容并不能直接地、毫无疑义地确定“操作轴”所指的是键式开关的哪个部分，也不能得出“所述键式开关具有一个相对于操作面板的水平和垂直方向被倾斜地放置的操作轴”这一技术特征，因此对权利要求 1 的上述修改不符合专利法第 33 条的规定。相应地，其从属权利要求 2~17 也不符合专利法第 33 条的规定。

驳回决定在没有指出上述修改超范围缺陷的情况下依据上述修改超范围的申请文本作出驳回决定，属于驳回决定适用法律错误，根据审查指南第四部分第二章第 5 节以及专利法实施细则第 62 条的规定，合议组认为应当撤销驳回决定。

基于此，由于驳回决定所依据的申请文本存在修改超范围的缺陷，合议组不再继续依此申请文本对其创造性予以评述。

**三、决定**

撤销国家知识产权局于 2005 年 8 月 12 日对 02118430.5 号发明专利申请作出的驳回决定，由原审查部门以本复审决定所依据的审查文本为基础继续进行审查。

复审请求人对本决定不服的，可根据专利法第 41 条第 2 款的规定，自收到本决定之日起三个月内向北京市第一中级人民法院起诉。

110

# 乙肝病毒前 $S_1$ 抗体酶免测定试剂盒及制备方法

## 复审请求审查决定（第11192号）

**决　定　号**　第11192号
**决　定　日**　2007年7月11日
**发明创造名称**　乙肝病毒前 $S_1$ 抗体酶免测定试剂盒及制备方法
**国 际 分 类 号**　G01N 33/53，G01N 33/531，G01N 33/576
**复 审 请 求 人**　上海新新医学生物工程公司，杜凤鸣
**申　请　号**　01105293.7
**申　请　日**　2001年2月1日
**公　开　日**　2002年9月11日
**合 议 组 组 长**　张惠军
**主　审　员**　刘　铭
**参　审　员**　高桂莲

**法 律 依 据**　专利法第33条
**决 定 要 点**

如果修改的内容是所属技术领域的技术人员能够识别出的明显文字错误，且该错误的修改是所属技术领域的技术人员能从原始申请文件记载的内容直接地、毫无疑义地确定的内容，则该修改没有超出原说明书和权利要求书所记载的范围，符合专利法第33条的规定。

### 一、案由

本复审请求涉及申请号为01105293.7、名称为“乙肝病毒前 $S_1$ 抗体酶免测定试剂盒及制备方法”的发明专利申请（下称本申请），申请日为2001年2月1日，申请人为上海新新医学生物工程公司、杜凤鸣。本申请公开时共有7项权利要求。

国家知识产权局实质审查部门依法对本申请进行了实质审查，于2003年6月6日发出第一次审查意见通知书，指出本申请权利要求1、3~7不符合专利法第22条第3款的规定，权利要求2不符合专利法实施细则第20条第1款的规定。

通知书中所引用的对比文件如下：

对比文件1：CN1190740A，公开日为1998年8月19日；

对比文件2：“微板法在植酸酶活测定过程中的应用”，黄遵锡等，《工业微生物》，第30卷第2期，第23~25页，2000年6月。

针对上述审查意见通知书，申请人于2003年10月21日提交了意见陈述书和权利要求书的修改替换页，删除了原权利要求3、5~7，对权利要求2中的不清楚之处进行了修改，并将其中的乙肝病毒前$S_1$抗原的氨基酸序列修改为：

1　　10　　20　　30　　40　　50　　60

MGGWSSKPRKGMGTNLSVPNPLGFFPDHQLDPAFGANSNNPDWDFNPVKDDWPAANQVGVGA

70　　80　　90　　100　　110

FGPRLTPPHGGILGWSPQAQGILTTVSTIPPPASTNRQSGRQPTPISPPLRDSHPQA

其中将第11位氨基酸修改为"G"（原始申请文件中为"E"）；将原权利要求4修改为新的权利要求3，修改后的权利要求书共包括3项权利要求。

申请人认为：修改后的权利要求1和3具备创造性，符合专利法第22条第3款的规定。

国家知识产权局实质审查部门在此基础上继续审查，于2003年12月19日发出第二次审查意见通知书，指出本申请权利要求2不符合专利法第33条的规定，其中对权利要求2中乙肝病毒前$S_1$抗原的氨基酸序列的修改超出了原说明书和权利要求书记载的范围；同时指出权利要求1不符合专利法第26条第4款的规定、权利要求2不符合专利法实施细则第20条第1款的规定、权利要求3不符合专利法实施细则第22条第3款的规定以及说明书不符合专利法实施细则第18条的规定。

针对第二次审查意见通知书，申请人于2004年3月4日提交了意见陈述书和说明书全文、权利要求书全文的修改替换页，删除了权利要求3，并根据说明书的内容对权利要求1进行了限定，认为对权利要求2中乙肝病毒前$S_1$抗原的氨基酸序列的修改属于明显打印错误的更正，同时提交了如下附件1作为证据来证明其为明显的打印错误：

附件1：The Journal of Immunology Vol 138，No. 11~12，1987年6月，第4457~4458页。

申请人还对说明书中乙肝病毒前$S_1$抗原的氨基酸序列进行了与权利要求2中相适应的修改。修改后的权利要求书共包括2项权利要求，其中权利要求2所涉及的乙肝病毒前$S_1$抗原的氨基酸序列为：

1　　10　　20　　30　　40　　50　　60

MGGWSSKPRKGMGTNLSVPNPLGFFPDHQLDPAFGANSNNPDWDFNPVKDDWPAANQVGVGA

70　　80　　90　　100　　110

FGPRLTPPHGGILGWSPQAQGILTTVSTIPPPASTNRQSGRQPTPISPPLRDSHPQA

经过上述实质审查程序后，国家知识产权局实质审查部门以本申请权利要求2的修改不符合专利法第33条的规定为由，于2004年4月23日作出了驳回本申请的决定，具体的驳回理由如下：申请人于2004年3月4日提交的修改文本中的权利要求2中的乙肝病毒前$S_1$抗原序列既未明确记载在原说明书和权利要求书中，也不能由原说明书和权利要求所记载的内容直接确定，因此该修改超出了原说明书和权利要求书记载的范围，不符合专利法第33条的规定，同时指出申请人提交的附件1所述的信息在原始说明书中没有引证，不能作为其可以进行修改的依据。

申请人上海新新医学生物工程公司、杜凤鸣（下称复审请求人）不服上述驳回决定，于2004年8月6日向专利复审委员会提出复审请求，其复审请求的理由是：申请人对乙肝病毒前$S_1$抗原序列的修改是根据公知技术进行的修改，这种修改没有超出原说明书和权利要求书记载的范围。同时提交了权利要求书和说明书全文的修改替换页，修改后的权利要求书包括权利要求1和2，并将乙肝病毒前$S_1$抗原的氨基酸序列补入权利要求1中，同时对权利要求书中存在的形式缺陷进行了修改；对说明书背景技术部分进行了修改，引入了更接近的现有技术；同时在说明书各部分增加了小标题；并提交了如下附件 2~6（编号续前）来证明乙肝病毒前 $S_1$ 抗原序列为公知技术：

附件 2：David R. et al："A Single 10-Residue Pre-S（1）Peptide Can Prime T Cell Help for Antibody Production to Multiple Epitopes within the Pre-S（1），Pre-（2），and S Regions of HBsAg"，The Journal of Immunology，Vol. 138：p. 4457~4465，1987；

附件 3：Alfredo Alberti et al："Fine Specificity of Human Antibody Response to the PreS1 Domain of Hepatitis B Virus"，Hepatology，1990；12（2）：p. 199~203；

附件 4：Neurath AR et al："Identification and Chemical Synthesis of a Host Cell Receptor Binding Site on Hepatitis B Virus". Cell 1986；Vol 46：p. 429~438；

附件 5：Neurath AR et al："Location and Chemical Synthesis of a Pre-S Gene Coded Immunodominant Epitope of Hepatitis B Virus". Science，1984，Vol224；p. 392~395；

附件 6：Asao Fujiyama et al："Cloning and Structural Analyses of Hepatitis B Virus DNAs，subtype adr"，Nucleic Acids Research，Vol 11，No. 13，1983，p. 4605~4610。

复审请求人认为，对乙肝病毒前 $S_1$ 抗原氨基酸序列的修改是对公知技术的修改，因而应当被允许；复审请求人用上述附件 2~6 证明乙肝病毒前 $S_1$ 抗原氨基酸序列为公知技术。

经形式审查合格后，专利复审委员会依法受理了上述复审请求，并于 2004 年 8 月 30 日向复审请求人发出了复审请求受理通知书，同时向原审查部门发出前置审查通知书。

原审查部门在前置审查意见中，仍然坚持原驳回决定。

专利复审委员会依法成立合议组对该复审请求案进行审理。在审理过程中，申请人于 2005 年 6 月 14 日就申请的技术内容与审查员进行了电话讨论。

复审请求人于 2005 年 7 月 14 日根据上述电话讨论提交了书面意见陈述书以及权利要求书全文的修改替换页，包括权利要求 1~2 项，其中对权利要求 1 进行了修改，删除了其中的乙肝病毒前 $S_1$ 抗原的氨基酸。

至此，合议组认为本案事实已经清楚，现依法作出本审查决定。

**二、决定的理由**

1. 关于审查文本

由于复审请求人在复审程序中提交了权利要求书全文和说明书全文的修改替换页，因此本次复审请求审查决定所针对的审查文本为：复审请求人于 2004 年 8 月 6 日提交的说明书第 1~13 页；于 2005 年 7 月 14 日提交的权利要求 1~2 项；以及申请日提交的说明书摘要。

2. 关于专利法第 33 条

专利法第 33 条规定：申请人可以对其专利申请文件进行修改，但是，对发明和实用新型专利申请文件的修改不得超出原说明书和权利要求书记载的范围，对外观设计专利申请文件的修改不得超出原图片或者照片表示的范围。

如果修改的内容是所属技术领域的技术人员能够识别出的明显文字错误，且该错误的修改是所属技术领域的技术人员能从原始申请文件中记载的内容直接地、毫无疑义地确定的内容，则该修改没有超出原说明书和权利要求书所记载的范围，符合专利法第 33 条的规定。

本案中，权利要求 2 请求保护一种乙肝病毒前 $S_1$ 抗体酶免测定试剂盒的制备方法，该方法涉及乙肝病毒前 $S_1$ 抗原的氨基酸序列，在复审请求人在复审阶段所提交的修改文本中，其中乙肝病毒前 $S_1$ 抗原的氨基酸序列为：

1 10 20 30 40 50 60
MGGWSSKPRKGMGTNLSVPNPLGFFPDHQLDPAFGANSNNPDWDFNPVKDDWPAANQVGVGA

70 80 90 100 110

FGPRLTPPHGGILGWSPQAQGILTTVSTIPPPASTNRQSGRQPTPISPPLRDSHPQA

而原权利要求书和说明书中所记载的乙肝病毒前 $S_1$ 抗原的氨基酸序列均为：

1 10 20 30 40 60 50

MGGWSSKPRKEMGTNLSVPNPLGFFPDHQLDPAFGANSNNPDWDFNPVKDDWPAANQVGVGA

70 80 90 100 110

FGPRLTPPHGGILGWSPQAQGILTTVSTIPPPASTNRQSGRQPTPISPPLRDSHPQA

将二者比较可知，在修改文本的氨基酸序列中第 11 位氨基酸为“G”，而在原说明书和权利要求书中第 11 位氨基酸均为“E”。

合议组经合议后认为：乙肝病毒前 $S_1$ 抗原的氨基酸序列是已知的、唯一的，原权利要求书和说明书所记载的序列中第 11 位氨基酸为“E”属于明显错误，这在复审请求人所提交的附件 2~6 中也可以得到明确证实。此外，所属领域的普通技术人员依据现有的技术知识，也可以确定该序列中第 11 位氨基酸应当为“G”，复审请求人的这种修改应属于更正明显错误，而且修改是唯一的、确定的，因此权利要求 2 的修改没有超出原权利要求书和说明书记载的范围，符合专利法第 33 条的规定。

对于驳回决定中指出的上述附件 1 的引证信息在原始说明书中没有引证的问题，合议组认为，由于该附件 1 的公开日期在本申请的申请日之前，是本申请的现有技术，因此可以作为证据来证明本申请中存在的明显错误。此外，复审请求人对说明书的修改仅涉及背景技术而不涉及发明本身，且增加的内容是申请日前已经公知的现有技术，这种修改符合专利法第 33 条的规定。

根据上述事实和理由，本案合议组依法做出以下审查决定。

**三、决定**

撤销国家知识产权局于 2004 年 4 月 23 日针对 01105293.7 号发明专利申请作出的驳回决定，由原审查部门以本复审决定依据的文本作为审查基础继续进行审查程序。

复审请求人对本决定不服的，可以根据专利法第 41 条第 2 款的规定，自收到本决定之日起三个月内向北京市第一中级人民法院起诉。

111

# 一种检查图像以检测缺陷的方法及装置

## 复审请求审查决定（第11194号）

**决　定　号**　第11194号
**决　定　日**　2007年7月17日
**发明创造名称**　一种检查图像以检测缺陷的方法及装置
**国 际 分 类 号**　G01N 21/89，G01N 21/898，D06H 3/08
**复 审 请 求 人**　香港大学
**申　请　号**　01119658.0
**申　请　日**　2001年4月18日
**优 先 权 日**　2000年4月18日
**公　开　日**　2002年2月13日
**合 议 组 组 长**　张梅珍
**主　审　员**　周　航
**参　审　员**　高桂莲

**法 律 依 据**　专利法实施细则第21条第2款、第20条第1款
**决 定 要 点**

如果独立权利要求中包含了解决其技术问题所必不可少的所有技术特征，同时该权利要求清楚地表述了请求保护的范围，本领域普通技术人员能够清楚地理解其技术方案，则该权利要求符合专利法实施细则第21条第2款和第20条第1款的规定。

### 一、案由

本复审请求涉及申请号为01119658.0、发明名称为“一种检查图像以检测缺陷的方法及装置”的发明专利申请（下称本申请），其申请日是2001年4月18日，优先权日为2000年4月18日，公开日是2002年2月13日，申请人是香港大学。其公开的权利要求共有18项，其中权利要求1、10、15、16、17、18为独立权利要求。

应申请人的请求，国家知识产权局专利局实质审查部门对本申请进行了实质审查，并于2004年3月26日发出第一次审查意见通知书，指出本申请的独立权利要求1与独立权利要求10、15~18之间不具备单一性，不符合专利法第31条第1款的规定；权利要求1中有关“削弱所采集图像中对应于缺陷区域的像素”、“获得每个像素能量”以及“切分缺陷”的含义不清楚，而且未给出具体的实现手段，导致保护范围不清楚，不符合专利法实施细则第20条第1款的规定；权利要求3、10、15中有关“最佳滤波器”的含义不明确，不符合专利法实施细则第20条第1款的规定；此外，该通知

书中还指出了本申请权利要求16~18以及说明书中存在的一些撰写上和形式上的问题。

针对第一次审查意见通知书，申请人于2004年10月9日提交了意见陈述书以及权利要求书和说明书的修改替换页，其中删除了权利要求3、10~18，并对剩余权利要求作了文字和形式上的略微修改，同时修改了说明书的形式问题，申请人认为权利要求1已清楚地体现了本申请的技术方案，并得到说明书的支持。修改后的权利要求书如下：

“1. 一种检验含缺陷织物的方法，该方法包括：采集织物图像，所采集的图像包括多个像素；减弱所采集图像中对应于无缺陷区域的像素；获得每个像素能量；以及切分缺陷。

2. 根据权利要求1所述的方法，其特征在于，对所采集图像进行滤波。

3. 根据权利要求1所述的方法，其特征在于，利用非线性函数获得每个像素的能量。

4. 根据权利要求3所述的方法，其特征在于，非线性函数是对每个经滤波的像素进行平方并取绝对值。

5. 根据权利要求1所述的方法，其特征在于，进一步包括获得局部区域中每个像素的局部能量估算。

6. 根据权利要求5所述的方法，其特征在于，利用平滑滤波器计算像素附近的局部区域中每个像素的局部能量估算。

7. 根据权利要求1所述的方法，其特征在于，对所采集的图像进行阈值处理，以便切分缺陷。

8. 根据权利要求1所述的方法，其特征在于，处于检验中的织物选自由纸张、织物、塑料、木材和钢材组成的组。”

经过上述程序，国家知识产权局专利局于2004年12月31日以本申请权利要求1不符合专利法实施细则第20条第1款的规定为由做出驳回决定。驳回决定中认为，申请人针对第一次审查意见通知书的答复意见未就权利要求1的技术方案已记载清楚给出任何具有说服力的理由，因此该权利要求仍然不符合专利法实施细则第20条第1款的规定。

申请人香港大学（下称复审请求人）对上述驳回决定不服，于2005年4月15日向专利复审委员会提出了复审请求，同时提交了权利要求书、说明书和说明书摘要的修改替换页以及本申请在美国的专利授权文本，在修改的文本中将权利要求1中的“减弱所采集图像中对应于无缺陷区域的像素”修改为“使所采集图像中对应于无缺陷区域的像素衰减”，将“能量”修改为“能量值”，将“获得每个像素能量”修改为“获取各像素的能量值”，将“切分”修改为“划分出”，将“切分缺陷”修改为“将缺陷划分出来”，并对说明书和摘要中有关内容作出适应性修改。

复审请求人还解释了权利要求1的技术方案的原理，认为各种过滤器和阈限技术是很普通的，本申请中是通过 $h_{op}$（x，y）表示的优化过滤器获得的，而“获取各像素的能量值”和“将缺陷划分出来”的技术特征可根据说明书中记载的方程式得到，因此权利要求1的技术方案是本领域技术人员完全可以理解和实施的，不存在不符合专利法实施细则第20条第1款之处。

经形式审查合格后，专利复审委员会受理了该复审请求，并于2005年5月26日发出复审请求受理通知书，并将本申请案卷移交原审查部门进行前置审查。

在前置审查中，原审查部门坚持原驳回决定。

专利复审委员会依法成立合议组对该复审请求案进行了审理，本案合议组于2007年3月22日发出复审通知书，指出本申请的独立权利要求1缺乏必要技术特征，即缺少实现本申请技术方案的最佳滤波器表达式、估算能量值的表达式，以及划分缺陷的阈值处理表达式，不符合专利法实施细则第21条第2款的规定。

复审请求人于2007年5月8日针对上述复审通知书进行了意见陈述并提交了权利要求书的修改

替换页，其中加入了用最佳滤波器处理图像、估算像素处能量值和划分缺陷阈值处理相关的表达式。之后复审请求人为了改正上述修改文本中部分术语与说明书不一致的缺陷，于2007年6月20日再次提交了权利要求书和说明书第5页的修改替换页，修改后的权利要求书如下：

“1. 一种检验含缺陷织物的方法，该方法包括：采集织物图像I（x，y），所采集的图像I（x，y）包括多个像素（x，y）；

用一个最佳滤波器 $h_{op}$（x，y）对所采集的图像进行滤波以产生一个新的图像w（x，y）

$w(x, y) = h_{op}(x, y) * I(x, y)$

其中 * 表示二维卷积；

将最佳滤波器 $h_{op}$（x，y）的参数设计成与目标函数最大值 $J_1(h_{op})$，$J_2(h_{op})$ 或 $J_3(h_{op})$ 相对应；

通过非线性平方获得每个像素处的能量值

$z(x, y) = w^2(x, y)$；

用一平滑滤波器g（x，y）将图像z（x，y）平滑化

$F(x, y) = z(x, y) * g(x, y)$；

通过从一无缺陷区域获取的阈值 $\Phi_{th}$ 对加工的图像F（x，y）作阈值处理以将缺陷划分出来

$$\Phi_{th} = \max_{x, y \in W}\{F_r(x, y)\}$$

其中 $F_r$ 表示一无缺陷样本的加工图像，W为集中在图像 $F_r$（x，y）中心的窗口。

2. 根据权利要求1所述的方法，其特征在于，从纸张、织物、塑料、木材和钢材构成的组中选出要检查的织物。”

合议组经合议后认为本案事实已经清楚，现依法作出本决定。

**二、决定的理由**

1. 关于审查文本

复审请求人于2007年6月20日提交了权利要求书和说明书第5页的修改替换页，于2005年4月15日提交了说明书第1~4、6~15页和说明书摘要的修改替换页，经审查上述修改文本均符合专利法第33条和专利法实施细则第60条第1款的规定，因此本复审决定以复审请求人于2007年6月20日提交的权利要求第1~2项、说明书第5页，2005年4月15日提交的说明书第1~4、6~15页、说明书摘要，以及2001年4月18日提交的说明书附图第1~9页和摘要附图为审查基础。

2. 关于专利法实施细则第21条第2款和第20条第1款

专利法实施细则第21条第2款规定：独立权利要求应当从整体上反映发明或者实用新型的技术方案，记载解决技术问题的必要技术特征。

专利法实施细则第20条第1款规定：权利要求应当说明发明或者实用新型的技术特征，清楚、简要地表述请求保护的范围。

在本案中，合议组在2007年3月22日发出复审通知书中指出，本申请的独立权利要求1请求保护一种检验含缺陷织物的方法，其中缺乏必要技术特征，即缺少实现本申请技术方案的最佳滤波器表达式、估算能量值的表达式，以及划分缺陷的阈值处理表达式，不符合专利法实施细则第21条第2款的规定。

针对上述复审通知书，复审请求人于2007年6月20日提交了修改文本，在独立权利要求1中明确其方法的主要步骤包括：采集织物图像，用最佳滤波器对所采集的图像进行滤波，获得每个像素处的能量值，将图像平滑化，以及进行阈值处理以将缺陷划分出来。上述各步骤还包括了对应的处理表

达式，即：所采集的织物图像为I（x，y），使用的最佳滤波器为$h_{op}$（x，y），该最佳滤波器对应于目标函数最大值$J_1$（$h_{op}$），$J_2$（$h_{op}$）或$J_3$（$h_{op}$），最佳滤波器处理后的图像值为w（x，y）=$h_{op}$（x，y）*I（x，y），求出每个像素处的能量值为z（x，y）=$w^2$（x，y），平滑滤波器为g（x，y），图像z（x，y）经平滑处理后为F（x，y）=z（x，y）*g（x，y），最后划分出缺陷的表达式为$\Phi_{th}=\max\limits_{x,y\in W}\{F_r(x,y)\}$。此外，根据说明书的记载，根据需要确定最佳滤波器$h_{op}$（x，y）和平滑滤波器g（x，y）是本领域通用的技术手段，例如，通过颠倒字典式重排序（参见说明书第2页第21~22行），以及高斯低通平滑滤波器（参见说明书第9页第7~8行）。由此合议组认为，上述修改后的权利要求1已经记载了实现本申请所必需的最佳滤波器表达式、估算能量值的表达式，以及划分缺陷的阈值处理表达式，即克服了复审通知书中指出的权利要求1缺乏必要技术特征、不符合专利法实施细则第21条第2款规定的缺陷。

而且，在修改后的权利要求中，复审请求人将原权利要求中有关“削弱所采集图像中对应于缺陷区域的像素”、“获得每个像素能量”和“切分缺陷”的表达方式分别改为“用一个最佳滤波器$h_{op}$（x，y）对所采集的图像进行滤波以产生一个新的图像w（x，y）”、“通过非线性平方获得每个像素处的能量值”和“通过从一无缺陷区域获取的阈值$\Phi_{th}$对加工的图像F（x，y）作阈值处理以将缺陷划分出来”，从而使其含义明确化；并且如上面所述，该权利要求1中还包括了上述各步骤所对应的处理表达式，从而本领域技术人员能够清楚地理解所述技术方案和该权利要求的保护范围，故驳回决定中所指出的有关“削弱所采集图像中对应于缺陷区域的像素”和“获得每个像素能量”以及“切分缺陷”含义不清、未给出明确实现手段从而导致保护范围不清楚、不符合专利法实施细则第20条第1款规定的缺陷也同时得以克服。

基于上述理由，合议组作出如下决定。

**三、决定**

在复审请求人于2007年6月20日提交的修改文本的基础上撤销国家知识产权局于2004年12月31日对01119658.0号发明专利申请做出的驳回决定，由原审查部门以本复审决定所针对的文本为审查基础继续进行审查程序。

复审请求人对本决定不服的，可以根据专利法第41条第2款的规定，自收到本决定之日起三个月内向北京市第一中级人民法院起诉。

112

# 像素结构及其制造方法

## 复审请求审查决定（第11216号）

**决　定　号**　第11216号
**决　定　日**　2007年7月12日
**发明创造名称**　像素结构及其制造方法
**国际分类号**　G02F 1/136，G02F 1/1333，H01L 29/786
**复审请求人**　友达光电股份有限公司
**申　请　号**　02153826.3
**申　请　日**　2002年11月28日
**公　开　日**　2004年6月16日
**合议组组长**　张惠军
**主　审　员**　谢有成
**参　审　员**　张　曦

**法律依据**　专利法第22条第3款
**决定要点**

如果对比文件公开了某一技术特征，所属领域技术人员根据该领域的技术常识可显然获知该技术特征客观上所起的作用与其在本发明权利要求的技术方案中所起的作用相同，则认为该对比文件给出了采用所述技术特征的技术启示。

### 一、案由

本复审请求涉及申请号为02153826.3、名称为“像素结构及其制造方法”的发明专利申请（下称本申请），其申请日为2002年11月28日，申请人为友达光电股份有限公司。

国家知识产权局实质审查部门依法对本申请进行了实质审查，于2006年7月7日作出驳回决定，指出权利要求1~8相对于对比文件1和2不具备创造性，不符合专利法第22条第3款的规定。驳回决定所针对的文本是：申请人于2005年12月19日提交的权利要求第1~8项，说明书第1~12页，说明书摘要，于2002年11月28日提交的摘要附图，说明书附图。其中独立权利要求1和5为：

“1. 一种像素结构，适于架构于一透明基板上，其特征在于：该像素结构包括：

扫描配线，配置在该透明基板上；

栅绝缘层，配置于该透明基板上，并覆盖住该扫描配线；

数据配线，配置于该栅绝缘层上，且该数据配线所延伸的方向垂直于该扫描配线所延伸的方向；

遮光层，配置在该透明基板上并对应配置在该数据配线的两侧，其中该数据配线两侧的该遮光层彼此电性连接；

薄膜晶体管，配置于该透明基板上，该薄膜晶体管包括一栅极、一信道层与一源极/漏极，其中该源极与该数据配线电性连接，该栅极与该扫描配线电性连接，该信道层配置在该栅极上方的该栅绝缘层上；

保护层，配置于该透明基板的上方，覆盖住该薄膜晶体管与该数据配线；

接触窗，配置在该保护层中；

像素电极，配置于该保护层上，其中该像素电极通过该接触窗而与该漏极电性连接。

5. 一种像素结构的制造方法，其特征在于：包括：

在一透明基板上形成一栅极以及与该栅极连接的一扫描配线，并且同时在该透明基板上形成一遮光层，其中该遮光层形成在一预定形成数据配线处的两侧，且形成在该预定形成数据配线处两侧的该遮光层彼此电性连接；

在该透明基板上形成一栅绝缘层，覆盖住该栅极、该扫描配线以及该遮光层；

在该栅极的该栅绝缘层上形成一信道层；

在该信道层上形成一源极/漏极，并且同时在该栅绝缘层上形成与该源极连接的一数据配线，其中栅极、该信道层以及该源极/漏极构成一薄膜晶体管；

在该透明基板的上方形成一保护层，覆盖住该薄膜晶体管以及该数据配线；

在该保护层中形成一开口，暴露出该漏极；

在该保护层上形成一像素电极，其中该像素电极通过该开口而与该漏极电性连接。”

驳回决定所引用的对比文件为：

对比文件1：CN1369731A，公开日为2002年9月18日；

对比文件2：JP9-329804A，公开日为1997年12月22日。

驳回决定中认为，权利要求1~8不具备专利法第22条第3款规定的创造性。并指出，虽然申请人认为在本申请的像素结构中，遮光层和像素电极之间具有栅绝缘层和保护层两个膜层，而对比文件2中遮光层和像素电极之间仅隔着一个栅绝缘层，因此本申请中的遮光层与像素电极之间所产生的寄生电容小于对比文件2中遮光层与像素电极之间的寄生电容，本申请权利要求1具备创造性，但是，本申请权利要求1并没有体现上述区别，并且即使在本申请权利要求1中体现出上述区别，由于在具有遮光作用的金属层与像素电极之间形成有栅绝缘层和保护层也是常见的，因此本申请权利要求1不具备创造性。

申请人友达光电股份有限公司（下称复审请求人）对上述驳回决定不服，于2006年9月12日向专利复审委员会提出复审请求。复审请求人声称对权利要求书作出了修改，在独立权利要求1中加入“该遮光层与该像素电极之间设置有该栅绝缘层及该保护层”这一技术特征，对独立权利要求5也作出了对应的修改，但复审请求人并未提交申请文本的修改替换页。在复审请求书中，复审请求人认为：对比文件没有公开或者教导“在具有遮光作用的金属层与像素电极之间形成有栅绝缘层以及保护层，进而使得寄生电容较小”的技术特征；在本申请中，利用上述技术特征能达到对比文件1和对比文件2所预料不到的技术效果；对比文件1和2也未公开本申请中遮光层的设置方式；本申请所要解决的问题与对比文件1和2所要解决的问题不同。因而，本申请权利要求1~8相对于对比文件1和对比文件2具备创造性。

经形式审查合格，专利复审委员会依法受理了该复审请求，并于2006年11月20日向复审请求人发出复审请求受理通知书，并于同日向原实质审查部门发出前置审查通知书，将案卷移交原审查部门进行前置审查。

原审查部门在前置审查意见中，仍然坚持驳回决定。

专利复审委员会依法成立合议组，对该复审请求进行审查。合议组于2007年1月24日发出复审通知书，指出权利要求1~8相对于对比文件1和2的结合不具备创造性，并且指出，即使将“在该遮光层与该像素电极之间，设置有该栅绝缘层及该保护层”这一技术特征加入独立权利要求1和5中，其相对于对比文件1和2的结合仍然不具备创造性，因此复审请求人的复审请求不成立。

针对上述复审通知书，复审请求人于2007年3月8日提交了意见陈述书以及权利要求书全文的修改替换页。修改后的权利要求书共有8项权利要求，其中独立权利要求1和5中加入了“在该遮光层与该像素电极之间，设置有该栅绝缘层及该保护层”这一技术特征。修改后的权利要求书如下：

“1. 一种像素结构，适于架构于一透明基板上，其特征在于：该像素结构包括：

扫描配线，配置在该透明基板上；

栅绝缘层，配置于该透明基板上，并覆盖住该扫描配线；

数据配线，配置于该栅绝缘层上，且该数据配线所延伸的方向垂直于该扫描配线所延伸的方向；

遮光层，配置在该透明基板上并对应配置在该数据配线的两侧，其中该数据配线两侧的该遮光层彼此电性连接；

薄膜晶体管，配置于该透明基板上，该薄膜晶体管包括一栅极、一信道层与一源极/漏极，其中该源极与该数据配线电性连接，该栅极与该扫描配线电性连接，该信道层配置在该栅极上方的该栅绝缘层上；

保护层，配置于该透明基板的上方，覆盖住该薄膜晶体管与该数据配线；

接触窗，配置在该保护层中；

像素电极，配置于该保护层上，其中该像素电极通过该接触窗而与该漏极电性连接。

其中，在遮光层与该像素电极之间，设置有该栅绝缘层及该保护层。

2. 如权利要求1所述的像素结构，其特征在于：该遮光层包括：

遮光部，配置在该透明基板上并对应配置在该数据配线的两侧；

连接部，配置在该透明基板上并将配置在该数据配线两侧的该遮光部连接起来。

3. 如权利要求1所述的像素结构，其特征在于：该遮光层为横越该数据配线两侧的一块状遮光金属层。

4. 如权利要求1所述的像素结构，其特征在于：该遮光层的材质与该栅极及该扫描配线的材质相同。

5. 一种像素结构的制造方法，其特征在于：包括：

在一透明基板上形成一栅极以及与该栅极连接的一扫描配线，并且同时在该透明基板上形成一遮光层，其中该遮光层形成在一预定形成数据配线处的两侧，且形成在该预定形成数据配线处两侧的该遮光层彼此电性连接；

在该透明基板上形成一栅绝缘层，覆盖住该栅极、该扫描配线以及该遮光层；

在该栅极的该栅绝缘层上形成一信道层；

在该信道层上形成一源极/漏极，并且同时在该栅绝缘层上形成与该源极连接的一数据配线，其中栅极、该信道层以及该源极/漏极构成一薄膜晶体管；

在该透明基板的上方形成一保护层，覆盖住该薄膜晶体管以及该数据配线；

在该保护层中形成一开口，暴露出该漏极；

在该保护层上形成一像素电极，其中该像素电极通过该开口而与该漏极电性连接。

在遮光层与该像素电极之间，设置有该栅绝缘层及该保护层。

6. 如权利要求5所述的像素结构的制造方法，其特征在于：该遮光层由形成在该预定形成数据配线处两侧的一遮光部以及将形成在该预定形成数据配线处两侧的该遮光部连接起来的一连接部所构成。

7. 如权利要求5所述的像素结构的制造方法，其特征在于：该遮光层为横越该数据配线的一块状遮光金属层。

8. 如权利要求5所述的像素结构的制造方法，其特征在于：该遮光层的材质与该栅极及该扫描配线的材质相同。"

复审请求人在意见陈述书中认为：（1）本申请与对比文件1和2在膜层位置的设置关系上存在差异，对比文件1没有公开本申请中设置遮光层以及遮光层与其他膜层之间的位置关系的内容，对比文件2没有公开在遮光层和像素电极之间除了形成栅绝缘层之外还形成保护层的内容，由对比文件1和2得不到本申请的权利要求；（2）对比文件2的文字内容没有揭露本申请中遮光层的设置方式，也没有给出解决本申请要解决的问题的相关动机；（3）本申请具有与对比文件1和2不同的技术效果，因为保护层的存在，所以本申请中遮光层与像素电极之间产生的寄生电容小于对比文件中遮光层和像素电极之间产生的寄生电容；（4）本申请各个膜层的组合在功能上彼此支持，取得了新的技术效果，因而本申请具备创造性。

至此，合议组认为本案事实已清楚，现依法作出审查决定。

**二、决定理由**

1. 关于审查文本

复审请求人于2007年3月8日提交了修改文本，经审查，合议组认为该修改文本符合专利法第33条专利法和实施细则第60条的规定。因此，本复审决定所依据的文本为复审请求人于2007年3月8日提交的权利要求第1～8项、于2005年12月19日提交的说明书第1～12页和说明书摘要、于2002年11月28日提交的说明书附图第1～4页和摘要附图。

2. 关于专利法第22条第3款

专利法第22条第3款规定：创造性是指同申请日以前已有的技术相比，该发明有突出的实质性特点和显著的进步，该实用新型有实质性特点和进步。

（1）本申请独立权利要求1要求保护一种像素结构，对比文件1（参见说明书第7页第2行至第12页第22行，附图1-5B）披露了一种液晶显示装置，其中的像素结构包括：由Mo，Cr或Al制成的栅极线GL（相当于权利要求1中的扫描配线），形成在采用玻璃衬底的第一衬底SUB1上；栅绝缘膜GI，形成在第一衬底SUB1上并覆盖栅极线GL；漏极线DL（相当于权利要求1中的数据配线），形成在栅绝缘膜GI上，其延伸方向垂直于栅极线GL的延伸方向；薄膜晶体管，形成在第一衬底SUB1上，该薄膜晶体管包括栅电极，其为栅极线GL的一部分，配置在栅电极上方的栅绝缘膜上的沟道层（相当于权利要求1中的信道层），由Mo，Cr或Al制成的漏电极SD1和源电极SD2，漏电极SD1是漏极线DL的一部分（这里源电极和漏电极与数据线和像素电极的连接方式相当于权利要求1中的连接方式）；保护膜PSV，形成在第一衬底SUB1上，其覆盖薄膜晶体管和漏极线DL；在保护膜PSV中形成穿孔CN（相当于权利要求1中的接触窗）；像素电极PX，形成在保护膜PSV上，经过穿孔CN连接到源电极SD2（相当于权利要求1中的漏极）；配置在上透明基板SUB2上对应于漏极线DL的位置的遮光膜BM；另外，在像素电极PX和第一衬底SUB1之间存在栅绝缘层GI和保护层PSV。

权利要求1与对比文件1的区别在于，本申请权利要求1中限定了：A. 遮光层配置在透明基板SUB1上并且数据配线两侧的遮光层彼此电性连接；B. 在遮光层和像素电极之间具有栅绝缘层和保护层。上述区别技术特征在权利要求1中实际所要解决的技术问题是能够使数据配线与其两侧的遮光层之间所产生的电容互相平衡，避免因为数据配线两侧的寄生电容不一而造成显示不均匀，并且尽可能地减小遮光层与像素电极之间的寄生电容。

对比文件2公开了一种液晶显示装置，其中（参见说明书第5栏第36行至第12栏第46行，附图1~9）披露了上述区别技术特征A：将金属导电膜形成的遮光膜SKD配置在透明基板SUB1上，并横越信号电极配线DL（相当于权利要求1中的数据配线）的两侧（也即遮光膜SKD在电极配线DL两侧是彼此电性连接的）。尽管在对比文件2中没有明确指出上述区别技术特征A在对比文件2的技术方案中所起的作用，但是其客观上也起到了使数据配线与其两侧的遮光层所产生的电容互相平衡，避免因为数据配线两侧的寄生电容不一而造成显示不均匀的作用，并且该作用是本领域技术人员根据对比文件2可显然获知的。因此，对比文件2给出了将遮光层直接设置在对比文件1中的第一衬底SUB1上并且使数据线两侧的遮光层电性连接的技术启示，也即本领域技术人员会想到以如对比文件2所述的方式在对比文件1中的第一衬底SUB1上设置遮光层，而这样设置后，在遮光层和像素电极之间就具有栅绝缘层和保护层（对应于区别技术特征B），从而获得权利要求1要求保护的技术方案，因此权利要求1相对于对比文件1和2的结合不具有突出的实质性特点和显著的进步，不符合专利法第22条第3款有关创造性的规定。

（2）权利要求2是权利要求1的从属权利要求，其附加技术特征为：该遮光层包括：一遮光部，配置在该透明基板上并对应配置在该数据配线的两侧；一连接部，配置在该透明基板上并将配置在该数据配线两侧的该遮光部连接起来。对比文件2（参见说明书第7栏第42行至第8栏第15行，图1、2）披露了将由一整块金属导电膜形成的遮光膜SKD配置在透明基板SUB1上并横越信号电极配线DL的两侧，这在客观上可以起到使数据线两侧的寄生电容平衡的作用，在此基础上，为了减少用材或者增加一种制造方式的选择等目的，将遮光膜设置为以连接部连接起来的方式显然是容易想到的，并且实现起来也没有任何技术上的障碍，因此当其引用的权利要求1不具备创造性时，权利要求2亦不具备创造性，不符合专利法第22条第3款的规定。

（3）权利要求3是权利要求1的从属权利要求，其附加技术特征为：该遮光层为横越该数据配线两侧的一块状遮光金属层。对比文件2（参见说明书第7栏第42行至第8栏第15行，图1、2）披露了金属导电膜形成的遮光膜SKD配置在透明基板SUB1上，并横越信号电极配线DL的两侧。因此，上述附加技术特征已被对比文件2披露，当其引用的权利要求1不具备创造性时，权利要求3亦不具备创造性，不符合专利法第22条第3款的规定。

（4）权利要求4是权利要求1的从属权利要求，其附加技术特征为：该遮光层的材质与该栅极及扫描配线的材质相同。对比文件2（参见说明书第8栏第10~15行）披露了遮光膜SKD和扫描信号配线用同种材料制成，而栅极是扫描信号配线的一部分。因此，上述附加技术特征已经被对比文件2披露，当其引用的权利要求1不具备创造性时，权利要求4亦不具备创造性，不符合专利法第22条第3款的规定。

（5）独立权利要求5请求保护一种像素结构的制造方法，对比文件1（具体出处同上）披露了一种液晶显示装置的制造方法，其中的像素结构制造方法如下：在采用玻璃衬底的第一衬底SUB1上形成Mo，Cr或Al制成的栅极线GL（相当于权利要求5中的扫描配线），栅电极是栅极配线的一部分；在第一衬底SUB1上形成栅绝缘膜GI，并覆盖栅极线GL；在栅极绝缘膜GI上形成半导体膜AS，其起到沟道层（相当于权利要求5中的信道层）的作用；在沟道层上形成漏电极SD1和源电极SD2，并同时在栅极绝缘膜GI上形成漏极线DL（相当于权利要求5中的数据配线），漏电极SD1（相当于权利要求5中的源极）是漏极线DL的一部分，其中栅电极，沟道层，漏电极SD1和源电极SD2构成一薄膜晶体管；在第一衬底 SUB1 上形成保护膜 PSV，其覆盖薄膜晶体管和漏极线 DL；在保护膜 PSV 中形成穿孔 CN（相当于权利要求 5 中的开口），暴露源电极 SD2（相当于权利要求 5 中的漏极）；在保护膜 PSV 上形成像素电极 PX，其经过穿孔 CN 连接到源电极 SD2；在上透明基板 SUB2 上对应于漏极线 DL 的位置设置遮光膜 BM；另外，在像素电极 PX 和第一衬底 SUB1 之间具有栅绝缘层 GI 和保护层 PSV。权利要求 5 与对比文件 1 的区别在于，在权利要求 5 中，A. 在形成扫描配线的同时，直接在透明基板上形成一遮光层，其中该遮光层形成在一预定形成数据配线处的两侧，且在该数据配线两侧的该遮光层彼此电性连接；B. 使在遮光层和像素电极之间具有所述栅绝缘层和保护层。上述区别技术特征在权利要求 5 中实际所要解决的技术问题是能够使数据配线与其两侧的遮光层之间所产生的电容互相平衡，避免因为数据配线两侧的寄生电容不一而造成显示不均匀，并且尽可能地减小遮光层与像素电极之间的寄生电容。

对比文件 2 公开了一种液晶显示装置的制造方法，其中（参见说明书第 5 栏第 36 行至第 12 栏第 46 行，附图 1~9）披露了上述区别技术特征 A：在透明基板 SUB1 上同时由金属导电膜形成遮光膜 SKD 和扫描配线 GL，其中遮光膜 SKD 横越预定形成信号电极配线 DL（相当于权利要求 5 中的数据配线）处的两侧（也即遮光膜 SKD 在电极配线 DL 两侧是彼此电性连接的），并被栅极绝缘膜 GI 覆盖。尽管在对比文件 2 中没有明确指出上述区别技术特征 A 所起的作用，但是其客观上也起到了使数据配线与其两侧的遮光层所产生的电容互相平衡，避免因为数据配线两侧的寄生电容不一而造成显示不均匀的作用，并且该作用是本领域技术人员根据对比文件 2 可显然获知的。因此，对比文件 2 给出了将遮光层直接设置在对比文件 1 中的第一衬底 SUB1 上并且使数据线两侧的遮光层电性连接的技术启示，也即本领域技术人员会想到以如对比文件 2 所述的方式在对比文件 1 中的第一衬底 SUB1 上直接设置遮光层，而这样设置后，在遮光层和像素电极之间就具有栅绝缘层和保护层（对应于区别技术特征 B），从而获得权利要求 5 要求保护的技术方案，因此权利要求 5 相对于对比文件 1 和 2 的结合不具有突出的实质性特点和显著的进步，不符合专利法第 22 条第 3 款有关创造性的规定。

（6）权利要求 6 是权利要求 5 的从属权利要求，其附加技术特征为：该遮光层由形成在该预定形成数据配线处两侧的一遮光部以及将形成在该预定形成数据配线处两侧的该遮光部连接起来的一连接部所构成。对比文件 2（说明书第 7 栏第 42 行至第 8 栏第 15 行，第 10 栏第 13~20 行，图 1、2、4）披露了将由一整块金属导电膜形成的遮光膜 SKD 配置在透明基板 SUB1 上并横越信号电极配线 DL 的两侧，这客观上可以起到使数据线两侧的寄生电容平衡的作用，在此基础上，为了减少用材或者增加一种制造方式的选择等目的，将遮光膜设置为以连接部连接起来的方式显然是容易想到的，并且实现起来也没有任何技术上的障碍，因此当其引用的权利要求 5 不具备创造性时，权利要求 6 亦不具备创造性，不符合专利法第 22 条第 3 款的规定。

（7）权利要求 7 是权利要求 5 的从属权利要求，其附加技术特征为：该遮光层为横越该数据配线两侧的一块状遮光金属层。对比文件 2（说明书第 7 栏第 42 行至第 8 栏第 15 行，第 10 栏第 13~20 行，图 1、2、4）披露了将由金属导电膜形成的遮光膜 SKD 配置在透明基板 SUB1 上并横越信号电极配线 DL 的两侧。因此，上述附加技术特征已经被对比文件 2 披露，当其引用的权利要求 5 不具备创造性时，权利要求 7 亦不具备创造性，不符合专利法第 22 条第 3 款的规定。

（8）权利要求 8 是权利要求 5 的从属权利要求，其附加技术特征为：该遮光层的材质与该栅极及扫描配线的材质相同。对比文件 2（说明书第 8 栏第 10~15 行）披露了遮光膜 SKD 和扫描信号配线用同种材料制成，而栅极是扫描信号配线的一部分。因此，上述附加技术特征已经被对比文件 2 披露，当其引用的权利要求 5 不具备创造性时，权利要求 8 亦不具备创造性，不符合专利法第 22 条第 3 款的规定。

3. 关于复审请求人的意见陈述

针对复审请求人于 2007 年 3 月 8 日提交的意见陈述书，合议组认为：

（1）尽管本申请的技术方案与对比文件 1 和 2 都有不同之处，但是如前所述，对比文件 2 给出了将遮光层设在透明基板 SUB1 上并使其横越预定信号电极配线 DL 的两侧的技术启示，在对比文件 1 的基础上结合对比文件 2 即可获得本申请的技术方案。

（2）从对比文件 2 的附图中可以直接地、毫无疑义地确定遮光层的设置方式，并且对比文件 2 中对该设置方式进行了文字记载（说明书第 38~41 段）：将遮光层设在透明基板 SUB1 上并使其横越预定信号电极配线 DL 的两侧。虽然对比文件 2 没有文字记载如此设置遮光层所起的作用，但是该作用是本领域技术人员根据本领域的技术常识可显然获知的，因此对比文件 2 给出了以上述方式设置遮光层的技术启示，在面临对比文件 1 所存在的技术问题时，本领域技术人员有按照对比文件 2 所述方式设置遮光层以解决该技术问题的动机。

（3）本申请在遮光层和像素电极之间除了具有栅绝缘层之外，还具有保护层，复审请求人一再强调该保护层的作用，但是，由于根据对比文件 2 给出的技术启示，可以如对比文件 2 所述在对比文件 1 中的第一衬底 SUB1 上直接设置遮光层，这样在遮光层和像素电极之间除了具有栅绝缘层 GI 之外，还具有保护层 PSV，本领域技术人员根据本领域的技术常识可显然获知：该保护层 PSV 可以减小遮光层于像素电极之间产生的寄生电容，与本申请中该保护层的作用相同。

（4）本申请各个膜层的组合所取得的技术效果是其结构客观上所达到的技术效果，而根据以上阐述可知，对比文件 1 和 2 相结合得到的像素结构与本申请权利要求 1 中的像素结构相同，其所达到的技术效果也相同，因此本申请并未有预料不到的技术效果。

在专利复审委员会于 2007 年 1 月 24 日发出的复审通知书中，合议组已经就复审请求人强调的“在遮光层和像素电极之间设置有栅绝缘层和保护层”这一技术特征进行了评述，并指出即使复审请求人将这一技术特征增加到权利要求 1 中，本申请的技术方案相对于对比文件 1 和 2 的结合仍不具备创造性，并阐述了具体理由。针对该复审通知书，复审请求人于 2007 年 3 月 8 日提交了意见陈述书，将这一技术特征增加到独立权利要求 1 和 5 中，同时陈述了本申请具备创造性的理由。经审查，合议组认为复审请求人的理由不能被接受。

综上所述，本专利权利要求 1~8 不符合专利法第 22 条第 3 款有关创造性的规定。

根据上述事实和理由，本案合议组依法做出以下审查决定。

**三、决定**

维持国家知识产权局于 2006 年 7 月 7 日对 02153826.3 号发明专利申请作出的驳回决定。

复审请求人对本决定不服的，可以根据专利法第 41 条第 2 款的规定，自收到本决定之日起三个月内向北京市第一中级人民法院起诉。

113

# 分析装置

## 复审请求审查决定（第11225号）

**决　定　号** 第11225号
**决　定　日** 2007年7月24日
**发明创造名称** 分析装置
**国际分类号** G01N 21/55
**复审请求人** 英国国防部
**申　请　号** 97181420.1
**申　请　日** 1997年11月5日
**优先权日** 1996年11月16日
**公　开　日** 2000年2月16日
**合议组组长** 刘颖杰
**主　审　员** 周　航
**参　审　员** 宋　瑞

**法律依据** 专利法第22条第2款、第26条第3款、第33条
**决定要点**

如果对比文件中的一种技术方案包含了请求保护的产品权利要求的全部技术特征，包括结构特征和功能特征，则该权利要求不具备新颖性。

**一、案由**

本复审请求涉及申请号为97181420.1、名称为“分析装置”的PCT发明专利申请（下称本申请），申请日为1997年11月5日，优先权日为1996年11月16日，进入中国国家阶段的日期为1999年7月16日，申请人为英国国防部。本申请公开时权利要求书包括32项权利要求，在其进入中国国家阶段时申请人提交了根据PCT条约第41条对权利要求书全文和说明书第1、2页做出的修改替换页，其中修改了第1~11项权利要求，并将其余权利要求删除，同时修改了说明书的部分内容。修改后的权利要求如下：

“1. 一种用于检测单个颗粒状分析物的表面胞质团共振的装置，该装置包括：

（a）一个传感器，所说的传感器具有能粘接分析物的金属化表面；

（b）一个能在传感器表面上产生损耗波的光源；

（c）一个能够检测由粘接在传感器表面上的单个颗粒分析物散射的光线的检测器。

2. 按照权利要求1所述的装置，其中所说的检测器位于由所说光源光入射的传感器表面的相

反侧。

3. 按照权利要求 1 所述的装置，其中所说检测器包括一个透镜。

4. 按照权利要求 1 或 2 所述的装置，包括一个能从金属化表面内反射的发自光源的光的第二检测器。

5. 按照前述权利要求的任一个所述的装置，其中检测器是视频摄像机。

6. 按照前述权利要求的任一个所述的装置，其中，所述的检测器位于能够检测与传感器表面成预定角度的散射或发射的光线的位置。

7. 按照前述权利要求的任一个所述的装置，进一步的特征在于包括一个用于增加由粘连到传感器表面上的分析物散射或发射的光的强度的第二光源。

8. 按照权利要求 7 所述的装置，其中第二光源位于使由第一检测器检测的第二光源发出的光量成为最小的位置。

9. 按照前述任一权利要求所述的装置，其中第二光源发出与第一光源不同波长的光线。

10. 一种检测单个颗粒状分析物的方法：包括：

（a）把分析物粘接到传感器上，所说的传感器包括能粘接分析物的金属化表面；

（b）提供一个能在传感器表面上产生损耗波的光源；

（c）检测由所说的分析物散射或发射的光线，所说的检测是在光入射到传感器表面的相反侧进行的。

11. 根据权利要求 10 的方法，其中分析物从以下组中选取：原核生物细胞；真核生物细胞；病毒或病毒体，蛋白质；核酸。”

国家知识产权局实质审查部门依申请人的请求对本申请进行了实质审查，于 2001 年 12 月 28 日发出第一次审查意见通知书，指出本申请权利要求 1、2、4~6、10、11 不符合专利法第 22 条第 2 款有关新颖性的规定，权利要求 3、7~9 不符合专利法第 22 条第 3 款有关创造性的规定。上述通知书所引用的对比文件如下：

对比文件 1：US5485277A，公开日为 1996 年 1 月 16 日；

对比文件 2：K. A. Peterlinz 等，“Two-color approach for determination of thickness and dielectric constant of thin films using surface plasmon resonance spectroscopy”，Optics Communications，130（1996）206~266。

第一次审查意见通知书中指出，权利要求 1、2、4~6、10、11 的全部技术特征在对比文件 1 中公开，因而不具备新颖性；从属权利要求 3 的附加技术特征是本领域的公知常识，从属权利要求 7~9 的附加技术特征在对比文件 2 中公开且作用相同，因而不具备创造性。

针对上述审查意见通知书，申请人于 2002 年 7 月 3 日提交了意见陈述书和权利要求书的修改替换页。其中在独立权利要求 1 和 10 中分别加入了检测金属化表面反射光的装置和步骤，以及形成二维图像的装置和步骤，并修改了部分从属权利要求。申请人认为，上述修改使得权利要求具备新颖性和创造性。

针对上述意见陈述和修改文本，国家知识产权局实质审查部门于 2002 年 11 月 22 日发出第二次审查意见通知书，指出申请人于 2002 年 7 月 3 日提交的上述修改文本超出了原说明书和权利要求书的记载范围，不符合专利法第 33 条的规定。

针对第二次审查意见通知书，申请人于 2003 年 4 月 3 日提交了意见陈述书，同时提交了说明书与权利要求书的全文修改替换页。其中修改后的独立权利要求 1 和 10 如下：

“1. 一种用于检测可溶的颗粒状分析物的表面胞质团共振的装置，该装置包括：

一个传感器，所说的传感器具有能粘接分析物的金属化表面；

一个能在传感器表面上产生损耗波的光源；

一个能够检测由粘接在金属化表面上的分析物颗粒散射的光线的第一检测器；和

一个检测从金属化表面内反射的来自耗损波的光的第二检测器；

其特征在于所述第一检测器为用来基于所述的散射光线观测传感器表面上分析物的分布的装置。

10. 一种检测固体或者颗粒状分析物的方法：包括：

（a）把分析物粘接到传感器上，所说的传感器包括能粘接分析物的金属化表面；

（b）在传感器表面上产生损耗波；

（c）利用第一检测器检测由粘接在所述金属化表面的所述分析物颗粒散射的光线；和

（d）利用第二检测器检测从所述金属化表面内反射的耗损波；

其特征在于所述第一检测器为用来基于所述的散射光线观测传感器表面上分析物的分布的视频摄像机。"

经过上述实质审查程序后，国家知识产权局实质审查部门以本申请权利要求 1 和 10 的修改不符合专利法第 33 条的规定为由，于 2003 年 6 月 6 日做出驳回本申请的决定。驳回决定中指出，修改后的权利要求 1 和 10 中"所述第一检测器为用来基于所述的散射光线观测传感器表面上分析物的分布的装置"、"所述第一检测器为用来基于所述的散射光线观测传感器表面上分析物的分布的视频摄像机"在原说明书和权利要求书中没有记载，也不能从原申请公开的信息中直接得出。此外，驳回决定中还提到，即使不考虑修改超范围的问题，本申请的权利要求 1 和 10 仍然存在相对于对比文件 1 不具备新颖性的问题，但该问题并不作为驳回理由。

申请人英国国防部（下称复审请求人）不服上述驳回决定，于 2003 年 9 月 16 日向专利复审委员会提出复审请求，同时提交了权利要求书和说明书全文的修改替换页，其中将权利要求 1~7、9~11 中的术语"第一检测器"和"第二检测器"互换，并适应性地修改了说明书。复审请求人认为，原始说明书中对第一检测器和第二检测器的名称比较混乱，但它们各自的特征是清楚的，修改之后使名称前后一致，并且未超出原始文本的公开范围。复审请求人还陈述了本申请相对于对比文件具有新颖性和创造性的理由，认为对比文件 1 与本申请的区别在于：（1）对比文件 1 中的检测器是根据分析物电信号进行积分计算，而不是根据传感器上颗粒分布进行计算；（2）对比文件 1 中的检测器不是用于提供传感器表面颗粒分析物的分布图像，而是用于增强系统中耗损波产生的光散射或光发射。

经形式审查合格后，专利复审委员会依法受理了上述复审请求，并于 2003 年 11 月 10 日向复审请求人发出了复审请求受理通知书，同时向原实质审查部门发出前置审查通知书，并将本申请案卷移交原实质审查部门进行前置审查。

原审查部门对该复审请求做出前置审查意见，仍然坚持原驳回决定。

专利复审委员会依法成立合议组，对该复审请求进行审查，于 2006 年 8 月 29 日发出第一次复审通知书，其中指出：由于原始说明书中时而将检测反射光的传感器称为第一检测器，检测散射或发射光的传感器称为第二检测器（参见原说明书第 1 页第 27 行至第 2 页第 10 行，以及第 5 页第 12 行至文末）；时而反之将检测散射或发射光的传感器称为第一检测器，将检测反射光的传感器称为第二检测器（参见原说明书第 2 页第 11 行至第 4 页第 27 行），这样前后严重分歧的说明致使本领域技术人员不能确定各检测器的相应检测功能，从而不能进一步得知这些检测器的具体特征（例如哪个是视频摄像机，哪个是光学聚焦装置，哪个位于光源的相同侧或相反侧等等），因而申请人为了明确各检测器的具体功能和特征而对本申请所作的多次修改（包括提出复审请求时所作的修改）都不能够从原始文本中直接无疑义地导出，不符合专利法第 33 条的规定。此外上述第一检测器和第二检测器对应功能特征混乱的问题还导致本申请原始说明书没有对技术方案做出清楚完整的说明，因而不符合专利法第26条第3款的规定。

针对上述复审通知书，复审请求人于2006年12月4日提交了意见陈述书，同时提交了权利要求书与说明书的全文替换页。复审请求人认为，本申请说明书中第一检测器和第二检测器名称前后不一致是由于翻译错误造成的，因此对照本申请的国际公开文本WO 98/2208（PCT/GB97/03037）重新修改了说明书译文，然后在说明书中加入小标题，在发明内容部分加入独立权利要求的内容，并修改权利要求书的表述与原始说明书的中文译文一致。修改后的权利要求书如下：

“1. 一种用于检测可溶的和/或颗粒的分析物的表面胞质团共振的装置，该装置包括：

一个传感器，所说的传感器具有能粘接分析物的金属化表面；

一个能在传感器表面上产生损耗波的光源；

一个检测从金属化表面内反射的来自耗损波的光的第一检测器；和

一个能够检测由粘接在金属化表面上的分析物颗粒散射或发射的光线的第二检测器；和

其特征在于所述第二检测器为用来基于所述的散射光线观测传感器表面上分析物的分布的装置。

2. 按照权利要求1所述的装置，其中所说的第二检测器是视频摄像机。

3. 按照权利要求2所述的装置，其中所说视频摄像机为电荷耦合器件摄像机

4. 按照权利要求1、2或3所述的装置，其中所述第二检测器位于由产生所述耗损波的源的光入射的传感器表面的相反侧。

5. 按照权利要求1所述的装置，其中第二检测器包括光学聚焦装置。

6. 按照前述权利要求的任一个所述的装置，其中，所述的第二检测器位于能够检测与传感器表面成预定角度的散射光线的位置。

7. 按照前述权利要求的任一个所述的装置，特征在于还包括一个用于增加由粘连到传感器表面上的分析物散射的光的强度的第二光源。

8. 按照权利要求7所述的装置，特征在于所述第二光源位于使其光线沿与所述耗损波光源的从所述传感器表面内反射到第二检测器的光相同的路径、但是沿相反的方向的位置。

9. 按照权利要求7或8所述的装置，其中第二光源发出与耗损波光源不同波长的光线。

10. 一种检测固体或者颗粒状分析物的方法，包括：

（a）把分析物粘接到一个传感器的金属化表面上；

（b）在传感器表面上产生损耗波；

（c）利用第一检测器检测从所述金属化表面内反射的耗损波；和

（d）利用第二检测器检测由粘接在所述金属化表面的所述分析物颗粒散射或发射的光线；

其特征在于所述第二检测器为用来基于所述的散射光线观测传感器表面上分析物的分布的电荷耦合器件摄像机。

11. 根据权利要求10的方法，其中分析物从以下组中选取：原核生物细胞；真核生物细胞；病毒或病毒体蛋白质；核酸。”

本案合议组经合议审查之后，于2007年3月5日向复审请求人发出改正译文错误通知书，要求其在指定的一个月期限内补办改正译文错误的手续，缴纳相关费用。

应上述通知书要求，复审请求人于2007年3月22日向国家知识产权局专利局提交了改正译文错误的请求书并交纳了相关的手续费。

针对上述修改文本，合议组于2007年5月18日发出第二次复审通知书，指出从属权利要求5的附加技术特征“第二检测器包括光学聚焦装置”并未记载在原申请文本中，不符合专利法第33条的规定；

权利要求1~6、10和11相对于对比文件1不符合专利法第22条第2款有关新颖性的规定。

针对上述第二次复审通知书，复审请求人于2007年6月25日提交了意见陈述书，同时提交了权利要求书全文的修改替换页。其中主要修改之处在于将权利要求5中的“光学聚焦装置”改为“透镜”，将权利要求1和10中第二检测器检测的“分析物的分布”改为“单个分析物颗粒”，去掉了其中有关检测发射光的描述，并调整了权利要求1、6、8、10中部分语句的表达方式。修改后的权利要求书如下：

“1. 一种用于检测可溶的和/或颗粒的分析物的表面胞质团共振装置，该装置包括：

一个传感器，所说的传感器具有能粘接分析物的金属化表面；

一个配置为在传感器表面上产生损耗波的光源；

一个配置为检测从金属化表面内反射的来自所述光源的光的第一检测器；和

一个配置为产生由粘接在金属化表面上的分析物颗粒散射的光线获得的该金属化表面的图像的第二检测器；

其特征在于，所述第二检测器为用来基于所述传感器表面散射的光线观测和分析该传感器表面上的单个分析物颗粒的装置。

2. 按照权利要求1所述的装置，其中所说的第二检测器为视频摄像机。

3. 按照权利要求2所述的装置，其中所说视频摄像机为电荷耦合器件摄像机。

4. 按照权利要求1、2或3所述的装置，其中所述第二检测器位于由产生所述耗损波的光源的光入射的传感器表面的相反侧。

5. 按照权利要求1所述的装置，其中第二检测器包括透镜。

6. 按照前述权利要求的任一个所述的装置，其中，所述第二检测器配置为检测以与所述传感器表面成预定角度的散射的光线。

7. 按照前述权利要求的任一个所述的装置，特征在于还包括一个用于增加由粘连到传感器表面上的分析物散射的光的强度的第二光源。

8. 按照权利要求7所述的装置，特征在于所述第二光源配置为使光线沿与所述耗损波光源的从所述传感器表面内反射到第二检测器的光相同的路径反方向传输。

9. 按照权利要求7或8所述的装置，其中第二光源发出与耗损波光源不同波长的光线。

10. 一种检测固体和/或颗粒状分析物的方法，包括：

（a）把分析物粘接到包括在一个传感器内的金属化表面上；

（b）在传感器表面上产生损耗波；

（c）利用第一检测器检测来自所述光源的从所述金属化表面内反射的光线；和

（d）利用第二检测器，通过由粘接到所述金属化表面的分析物颗粒散射的光线对所述金属化表面成像；

其特征在于，所述第二检测器为用来基于所述传感器表面散射的光线观测和分析该传感器表面上的单个分析物颗粒的装置。

11. 根据权利要求10的方法，其中分析物从以下组中选取：原核生物细胞；真核生物细胞；病毒或病毒体蛋白质；核酸。”

复审请求人认为，对权利要求5的修改已经克服其不符合专利法第33条规定的缺陷，同时表示，本申请明显不同于对比文件1，本申请中的第二检测器是对分布于传感器表面上的单个分析物颗粒产生实时检测图像，而对比文件1中的检测器是基于传感器表面上的可溶分析物发出的光的总和；此外，本申请中的第一检测器是用于检测可溶分析物，而对比文件1中的第二光电检测器的作用是提供参考信号。因此本申请具有新颖性和创造性。

至此，合议组认为本案事实已经清楚，现依法作出复审决定。

**二、决定的理由**

1. 关于审查文本

本复审决定以复审请求人于2007年6月25日提交的权利要求第1~11项，2006年12月4日提交的说明书第1~8页，进入中国国家阶段时提交的说明书附图第1~3页、说明书摘要及摘要附图作为审查基础。

2. 关于专利法第26条第3款和第33条

专利法第26条第3款规定：说明书应当对发明或者实用新型作出清楚、完整的说明，以所属技术领域的技术人员能够实现为准；必要的时候，应当有附图。摘要应当简要说明发明或者实用新型的技术要点。

专利法第33条规定：申请人可以对其专利申请文件进行修改，但是，对发明和实用新型专利申请文件的修改不得超出原说明书和权利要求书记载的范围，对外观设计专利申请文件的修改不得超出原图片或者照片表示的范围。

在合议组于2006年8月29日发出第一次复审通知书中指出，由于本申请中对“第一检测器”和“第二检测器”及其功能的描述前后严重不一致，致使本领域技术人员无法清楚地得知其确切的技术方案，造成说明书公开不充分，不符合专利法第26条第3款的规定；进而复审请求人在本申请实质审查阶段和复审阶段为了明确其技术方案而对本申请所作的修改均不能从原始文本中直接地、毫无疑义地导出，不符合专利法第33条的规定。

复审请求人认为，复审通知书中指出的上述问题是由于翻译错误造成的，因此于2006年12月4日提交了对照本申请国际公开文本WO 98/2208（PCT/GB97/03037）重新做出的说明书及权利要求书修改替换页。其中包括将检测反射光的检测器一致地修改为第一检测器，将检测散射光或发射光的检测器一致地修改为第二检测器。

合议组经核实，“第一检测器”和“第二检测器”及其功能描述前后严重不一致的问题在本申请的国际公开文本WO 98/2208A1中不存在，该国际公开文本中明确并一致地记载：第一检测器能够检测传感器表面的反射光，第二检测器能够检测传感器表面的散射光或发射光。故上述问题的确是由于本申请进入国家阶段后的翻译错误造成的。根据审查指南第三部分第二章的第3.3节的规定，进入国家阶段的国际申请其原始提交的国际申请文件具有法律效力，作为申请文件修改的法律依据。因此合议组根据专利法实施细则第110条的规定向复申请求人发出“改正译文错误通知书”，要求其补办改正译文错误手续，缴纳相关费用。复申请求人在规定期限内向国家知识产权局提交了改正译文错误请求书并交纳了相关的手续费，经审查该手续合格。因此上述修改文本中针对“第一检测器”和“第二检测器”及其对应功能的修改符合专利法第33条的规定。

合议组对该修改文本继续进行审查，在2007年5月18日发出的第二次复审通知书中指出，从属权利要求5的附加技术特征涉及“光学聚焦装置”，而该技术特征未记载于原申请文本中，也不能由原申请文本毫无疑义地导出，不符合专利法第33条的规定。针对上述第二次复审通知书，复审请求人于2007年6月25日提交的权利要求书修改替换页中，将权利要求5中的“光学聚焦装置”改为“透镜”。经审查，上述文本已克服两次复审通知书中指出的不符合专利法第33条规定的缺陷。

同时，上述文本中“第一检测器”和“第二检测器”的功能分别一致地对应于检测反射光和检测散射光或发射光，因而复审通知书中指出的其功能描述前后严重不一致、不符合专利法第26条第

3 款规定的问题也得以克服。

3. 关于专利法第 22 条第 2 款

专利法第 22 条第 2 款规定：新颖性，是指在申请日以前没有同样的发明或者实用新型在国内外出版物上公开发表过、在国内公开使用过或者以其他方式为公众所知，也没有同样的发明或者实用新型由他人向国务院专利行政部门提出过申请并且记载在申请日以后公布的专利申请文件中。

（1）独立权利要求 1 要求保护一种用于检测可溶的和/或颗粒的分析物的表面胞质团共振装置，对比文件 1（US5485277A）也公开了一种利用表面胞质团共振原理检测溶液中的分析物的装置（参见对比文件 1 附图 16、17 以及说明书第 16 栏第 14 行到第 17 栏第 46 行），其中包括生物传感器波导元件（相当于本专利中的传感器），其具有黏结分析物的金属表面，能在生物传感器表面上产生偏振光的光源 50（相当于本专利中产生损耗波的光源），能够检测带荧光标记的分析物所发出的荧光的光电检测器 350，以及用以检测分析物反射光第二光电检测器 360（其作用相当于本专利中的第一检测器）。

本案的争议焦点在于对比文件 1 中的光电检测器 350 是否相当于本专利中的第二检测器。合议组认为，根据本申请的权利要求 1，其第二检测器的功能是“基于所述传感器表面散射的光线观测和分析该传感器表面上的单个分析物颗粒的分布”，而根据对比文件 1 第 8 栏第 7~11 行的记载，其中的光电检测器 350 是一种用于检测分析物荧光信号的“间接”传感器，可以是单独的光电检测器或者是检测器阵列。根据本领域常识，光电检测器阵列包括二极管阵列、CCD 阵列等多种形式，其由多个以一定方式排布的光电检测器构成，每个光电检测器将其对应位置处的光线转换成电信号，由此可检测出单个和/或多个发光物质分布。故对比文件 1 中的光电检测器 350 完全能够实现本申请中第二检测器“基于所述传感器表面散射的光线观测和分析该传感器表面上的单个分析物颗粒的分布”的功能。因此，对比文件 1 经公开了本申请权利要求 1 中的全部技术特征，独立权利要求 1 相对于对比文件 1 不具备专利法第 22 条第 2 款所规定的新颖性。

复审请求人强调的理由是，①本申请中的第二检测器是对分布于传感器表面上的单个分析物颗粒产生实时检测图像，而对比文件 1 中的检测器是基于传感器表面上的可溶分析物发出的光的总和，不能区分单个和多个发光事件；②本申请中的第一检测器是用于检测可溶分析物，而对比文件 1 中的第二光电检测器的作用是提供参考信号。

对此合议组认为：①由上面对光电传感器阵列的原理分析可知，对比文件 1 中的光电检测器 350 可以检测单个和/或多个发光物质的分布，从而也能够实现“基于所述传感器表面散射的光线观测和分析该传感器表面上的单个分析物颗粒的分布”的功能，并且根据本申请说明书第 3 页第 15~17 行的记载，第二检测器可以是任何类型的适于检测由分析物散射或发射的光线的光检测器，例如二维的二极管阵列、光电倍增管等，表明本申请中有关第二检测器的技术特征已经在对比文件 1 中公开，二者不存在复审请求人强调的上述功能和原理上的区别；②对比文件 1 说明书第 16 栏第 60~64 行中记载，第二光电检测器 360 用来检测未被生物传感器吸收的光（即反射光），而本申请中的第一检测器也是用来检测分析物的反射光的，即权利要求 1 中有关第一检测器的技术特征也已经在对比文件 1 中公开，至于检测得到的反射光信号将进行何种处理，本申请权利要求 1 中并未体现。因此，复审请求人的上述理由并不成立。

（2）权利要求 2 和 3 直接或间接从属于权利要求 1，其附加技术特征分别为“所述第二检测器为视频摄像机”、“所述第二检测器为电耦合器件摄像机”，对于对比文件 1 中公开的光电检测器阵列来说，这些装置只是本领域惯用手段的直接置换，因此在其引用的权利要求 1 不具备新颖性的情况下，权利要求 2 和 3 也不符合专利法第 22 条第 2 款的规定。

(3) 权利要求4~6直接或间接从属于权利要求1，其附加技术特征分别为“第二检测器位于由产生所述损耗波的源的光入射的传感器表面的相反侧”、“第二检测器包括透镜”，“第二检测器配置为检测以与所述传感器表面成预定角度的散射光线的位置”，这些附加技术特征在对比文件1中已经公开（参见对比文件1附图17），因此在其引用的权利要求1不具备新颖性的情况下，权利要求4~6也不符合专利法第22条第2款有关新颖性的规定。

基于上述事实和理由，本案合议组依法做出以下审查决定。

**三、决定**

维持国家知识产权局于2003年6月6日对97181420.1号发明专利申请作出的驳回决定。

复审请求人对本决定不服的，可以根据专利法第41条第2款的规定，自收到本决定之日起三个月内向北京市第一中级人民法院起诉。

114

# 表现高稳定性的薄卫生吸收巾

## 复审请求审查决定（第11230号）

**决　　定　　号**　第11230号
**决　　定　　日**　2007年7月30日
**发明创造名称**　表现高稳定性的薄卫生吸收巾
**国 际 分 类 号**　A61F 13/15
**复 审 请 求 人**　庄臣及庄臣有限公司
**申　　请　　号**　00814396. X
**优 先 权 日**　1999年8月16日
**申　　请　　日**　2000年8月16日
**公　　开　　日**　2002年11月13日
**合 议 组 组 长**　钱　芸
**主　　审　　员**　马　燕
**参　　审　　员**　张梅珍

**法 律 依 据**　专利法第22条第3款
**决 定 要 点**

如果一项权利要求所要保护的产品的性质被对比文件隐含公开，并且复审请求人不能根据申请文件或现有技术证明该项权利要求中包含性能、参数特征的产品与对比文件产品在结构和/或组成上不同，那么，推定该项权利要求保护的产品与对比文件隐含公开的产品相同，并且如果该项权利要求与对比文件之间的区别属于本领域的公知常识，则该项权利要求相对于对比文件与公知常识的结合不具备创造性，不符合专利法第22条第3款的规定。

### 一、案由

本复审请求涉及申请号为00814396. X、名称为“表现高稳定性的薄卫生吸收巾”的PCT发明专利申请（下称本申请），申请人为庄臣及庄臣有限公司，申请日为2000年8月16日，优先权日为1999年8月16日，进入国家阶段日期为2002年4月16日，本申请公开日为2002年11月13日，其公开时有20项权利要求。

国家知识产权局实质审查部门依法对本申请进行了实质审查，于2004年1月2日发出了第一次审查意见通知书，指出权利要求1~20不具备创造性，不符合专利法第22条第3款的规定。审查员所引用的对比文件如下：

对比文件1：US5866242A，其公开日为1999年2月2日。

申请人针对上述审查意见通知书于2004年7月19日提交了意见陈述书，申请人认为，本发明的目的在于“该卫生巾在干燥和湿润状态抵靠使用者的会阴区域保持在稳定的位置”以及“降低结束的可能性”，在本发明提出之前，本领域技术人员没有可能知道侧向硬度的作用，也不可能导出“该卫生巾在湿润时（因此能吸收更多的液体）抵靠穿用者的会阴部位是稳定的，并通过该穿用者的大腿抵御侧向压力。结果，降低结束的可能性”，并且对比文件1没有公开权利要求1中的技术特征：“卫生巾在充满液体时表现约至少2倍的厚度增加”、“在饱和状态下的侧向硬度与在干燥状态下的侧向硬度的比率不小于0.9”，因此，权利要求1~20具备创造性。

2004年9月3日，国家知识产权局实质审查部门以本申请权利要求1~20不符合专利法第22条第3款为由驳回了本申请，驳回决定的具体理由为：尽管对比文件1没有公开权利要求1中所述的“卫生巾在充满液体时表现约至少2倍的厚度增加”、“在饱和状态下的侧向硬度与在干燥状态下的侧向硬度的比率不小于0.9”的技术特征，但是所述技术特征对于本领域的技术人员来说是通过有限的常规试验就能得到的，即在对比文件1的基础上通过有限的常规试验就能得到具有与权利要求1相同材料、相同结构的产品，因此，权利要求1不具备创造性，基于第一次审查意见通知书所阐述的理由，从属权利要求2~20也不具备创造性，因而权利要求1~20不符合专利法第22条第3款的规定。

申请人庄臣及庄臣有限公司（下称复审请求人）不服上述驳回决定，于2004年12月15日向专利复审委员会提出复审请求，复审请求人没有对申请文件进行修改。复审请求人的意见与答复第一次审查意见通知书时的意见相同，认为权利要求1~20具备创造性。

经形式审查合格后，专利复审委员会受理了该复审请求，并于2005年1月5日向复审请求人发出复审请求受理通知书，同时向原审查部门发出前置审查通知书。

原审查部门对本复审请求进行了前置审查，仍然坚持原驳回决定。

针对上述复审请求，专利复审委员会依法成立合议组对该复审请求进行了审查。

本案合议组于2006年9月15日发出复审通知书，指出：权利要求1与对比文件1相比，其区别在于：卫生巾在充满液体时表现约至少2倍的厚度增加；在饱和状态下的侧向硬度与在干燥状态下的侧向硬度的比率不小于0.9。虽然对比文件1没有明确记载上述区别技术特征，但是卫生巾的性质是由吸收层的结构、材料、组分含量所决定的，由于对比文件1中吸收材料的基重、密度以及超吸收聚合物的含量与本申请中吸收层的基重、密度以及超吸收聚合物的含量相同或部分重叠，而相同结构、相同材料的产品其内在性质必然相同，并且，复审请求人不能根据申请文件或现有技术证明权利要求中包含性能、参数特征的产品与对比文件产品在结构和/或组成上不同，因此，推定要求保护的产品与对比文件产品相同，因而独立权利要求1不具备新颖性，不符合专利法第22条第2款的规定。此外，权利要求2~12、权利要求15~20不具备新颖性，不符合专利法第22条第2款的规定；权利要求13、14不具备创造性，不符合专利法第22条第3款的规定，拟维持原驳回决定。

2006年12月29日，复审请求人针对上述复审通知书进行了意见陈述，并提交了权利要求1~9项的修改替换页，其中仅对权利要求1进行了修改。复审请求人认为，本领域的技术人员在寻找保持在稳定的位置的一次性卫生巾时，根本没有任何动机来考虑干燥和湿润状态之下不同侧向硬度，更不会获知在饱和状态下的侧向硬度与在干燥状态下的侧向硬度的比率不小于0.9时，以降低结束的可能性，也不会获得充满液体时表现约至少2倍的厚度增加，此外，复审请求人将权利要求1的卫生巾限定为还包括“各从卫生巾的纵侧边侧向向外突出的翼片”，其认为对比文件1根本没有公开带有翼片的卫生巾，因此，权利要求1~20具有新颖性和创造性。复审请求人所提交的修改后的权利要求1及其从属权利要求如下：

“1. 一种适合穿在内衣裆部的卫生巾，所述卫生巾包括：

a）一透液覆层；

b）一个在所述透液覆层下方的吸收系统，所述吸收系统包括超吸收材料和纤维素纤维；

c）一个在所述吸收系统下方的不透液阻挡层；

其特征在于，

d）所述卫生巾具有小于约5mm的厚度；

e）所述卫生巾在充满液体时表现约至少2倍的厚度增加；

f）所述卫生巾具有在饱和状态下的侧向硬度；

g）所述卫生巾具有在干燥状态下的侧向硬度；以及

h）所述在饱和状态下的侧向硬度与所述在干燥状态下的侧向硬度的比率为不小于0.9；并且

所述卫生巾还包括各从卫生巾的纵侧边侧向向外突出的翼片。

2. 根据权利要求1所述的卫生巾，其特征在于，在饱和状态下的侧向硬度与在干燥状态下的侧向硬度的比率大于1。

3. 根据权利要求2所述的卫生巾，其特征在于，所述卫生巾在干燥状态下的厚度小于约3。

4. 根据权利要求2所述的卫生巾，其特征在于，所述卫生巾在干燥状态下的厚度是约2.8。

5. 根据权利要求2所述的卫生巾，其特征在于，所述吸收系统包括纤维素纤维和超吸收材料的混合物。

6. 根据权利要求5所述的卫生巾，其特征在于，所述吸收系统包括：具有约100g/m$^2$至约700g/m$^2$的基重的吸收层，该吸收层通过气流成网形成浆的底层、浆的中间层和设于浆之间的超吸收聚合物和包含至少一些浆的一个顶层。

7. 根据权利要求6所述的卫生巾，其特征在于，所述吸收层具有大于约0.25g/cc的密度。

8. 根据权利要求7所述的卫生巾，其特征在于，所述吸收层包括从约5%重量百分比到约60%重量百分比的超吸收聚合物。

9. 根据权利要求8所述的卫生巾，其特征在于，所述吸收层包括从约20%重量百分比到约55%重量百分比的超吸收聚合物。

10. 根据权利要求9所述的卫生巾，其特征在于，所述吸收层包括从约30%重量百分比到约45%重量百分比的超吸收聚合物。

11. 根据权利要求10所述的卫生巾，其特征在于，所述吸收层包括约40%重量百分比的超吸收聚合物。

12. 根据权利要求6所述的卫生巾，其特征在于，所述吸收层是一个第二吸收层，且所述吸收系统包括一个在所述第二吸收层之上的第一吸收层。

13. 根据权利要求12所述的卫生巾，其特征在于，所述第一吸收层是在所述第二层的所述顶层上气流成网。

14. 根据权利要求12所述的卫生巾，其特征在于，所述卫生巾包括一固定件，用于将所述卫生巾保持在一个穿用者的内衣上。

15. 根据权利要求12所述的卫生巾，其特征在于，所述第二吸收层具有从约150g/m$^2$~350g/m$^2$范围的基重。

16. 根据权利要求15所述的卫生巾，其特征在于，所述第二吸收层具有从约200g/m$^2$~300g/m$^2$范围的基重。

17. 根据权利要求16所述的卫生巾，其特征在于，所述第二吸收层具有约250g/m$^2$的基重。

18. 根据权利要求15所述的卫生巾，其特征在于，所述第二吸收层具有约0.3g/cc~0.5g/cc范围内的密度。

19. 根据权利要求18所述的卫生巾，其特征在于，所述第二吸收层具有约0.3g/cc~0.45g/cc范围内的密度。

20. 根据权利要求6所述的卫生巾，其特征在于，中间层包括靠近底层的第一中间层和靠近顶层的第二中间层。”

本案合议组对本案继续进行审查，于2007年2月28日发出第二次复审通知书，指出：权利要求1增加了技术特征“所述卫生巾还包括从卫生巾的纵侧边侧向向外突出的翼片”，而卫生巾只有带翼片和不带翼片这两种，本申请选择了其中带翼片的一种，这不需要花费创造性劳动，因此，权利要求1相对于对比文件1和本领域公知常识的结合不具有创造性，不符合专利法第22条第3款的规定。此外，权利要求2~20也不具备创造性，不符合专利法第22条第3款的规定。

2007年6月15日，复审请求人针对第二次复审通知书进行了意见陈述，复审请求人重申，本技术领域的一般人员在寻找保持在稳定的位置的一次性卫生巾时，根本没有任何动机来考虑干燥和湿润状态之下的侧向硬度的关系，更不会获知在饱和状态下的侧向硬度与在干燥状态下的侧向硬度比率不小于0.9时，以降低结束的可能性，更不会具体地获得：（1）在充满液体时表现约至少2倍的厚度增加；以及（2）在饱和状态下的侧向硬度与在干燥状态下的侧向硬度的比率为不小于0.9。此外，复审请求人认为，如果上述（1）、（2）是显而易见的，显然复审委员能容易找到相应的教导的技术文件证据，否则有欠公允。因此，复审请求人重申权利要求1具有创造性，符合专利法第22条第3款的规定。由于权利要求1具有创造性，其从属权利要求2~20也具有创造性。

至此，合议组认为本案事实已经清楚，依法做出本复审请求决定。

**二、决定的理由**

1. 决定所依据的文本

本复审决定以复审请求人于2007年1月8日提交的权利要求1~9项；按进入中国国家阶段时提交的国际申请文件的权利要求第10~20项、说明书第1~13页、说明书附图第1~4页、说明书摘要和摘要附图作为审查基础。

2. 关于专利法第22条第3款

专利法第22条第3款规定：创造性，是指同申请日以前已有的技术相比，该发明有突出的实质性特点和显著的进步，该实用新型有实质性特点和进步。

具体就本案而言，

（1）权利要求1不具备创造性。

独立权利要求1请求保护一种适合穿在内衣裆部的卫生巾，对比文件1（US5866242A）（参见对比文件1说明书全文，附图1~3）公开的吸收用品中，披露了以下技术特征：该吸收用品包括透过液体的顶片（相当于独立权利要求1中的“透液覆层”，参见说明书第1栏第24~34行），将液体无阻碍地从身体传递到用品的芯部，且其本身不吸收流体，保持干燥；不透过液体的底片（相当于独立权利要求1中的“不透液阻挡层”，参见说明书第1栏第24~34行），其位于吸收用品外表面上，用于防止流体渗漏到吸收用品外面；置于顶片和底片之间的吸收材料（也称作“吸收芯”，相当于独立权利要求1中的“吸收系统”），该吸收材料包括超吸收聚合物和纤维素纤维（参见说明书第2栏第56~58行，图2、3），并且该吸收材料由多层构成，总厚度很低，为0.5~2.5mm，甚至可以达到1.25~1.75mm（参见说明书第3栏第53~57行，第7栏第43~48行）。在本申请中，记载了吸收层的厚度可以从约0.5mm变化到约2.5mm，优选约1.0~2.0mm，甚至更优选约1.25~1.75mm，并且由于对比文件1中已经明确记载该吸收材料是作为妇女卫生产品的吸收材料，在妇女卫生产品中最常见的是卫生巾，而且卫生巾的顶片和底片的厚度一般都很薄，通常为零点零几毫米，因此对比文件 1 中的整个卫生巾的厚度可以如本申请请求保护的卫生巾一样控制在 5mm 以下，此外，对比文件 1 的吸收材料具有特定的基重、密度，以及一定的格氏硬度。

独立权利要求 1 请求保护的卫生巾与对比文件 1 公开的吸收用品相比，其区别在于：①所述卫生巾在充满液体时表现约至少两倍的厚度增加；②所述卫生巾在饱和状态下具有一定侧向硬度，在干燥状态下具有一定侧向硬度，并且在饱和状态下的侧向硬度与在干燥状态下的侧向硬度的比值不小于 0.9；③所述卫生巾包括各从卫生巾的纵侧边侧向向外突出的翼片。

本申请要解决的技术问题是使卫生巾在干燥和湿润状态抵靠使用者的会阴区域保持在稳定的位置，并且降低结束的可能性。根据说明书的记载可知，通过将第二吸收层的基重、密度、超吸收聚合物的含量限制在一定范围内来获得在干燥和湿润状态下均稳定并降低结束可能性的卫生巾，并且，通过对包括上述性能参数的第二吸收层的卫生巾进行测试，得到了该卫生巾在充满液体时表现约至少两倍的厚度增加，以及在饱和状态下的侧向硬度与在干燥状态下的侧向硬度的比率不小于 0.9。由此可知，上述区别技术特征是由吸收层的结构、材料、组分含量所产生的必然结果。具体而言，卫生巾在充满液体时表现约至少两倍的厚度增加，这体现了卫生巾的优良吸收性质，而卫生巾的这种良好吸收性质是由超吸收聚合物的含量所决定的，此外，本领域的技术人员熟知，卫生巾在饱和状态下的侧向硬度与在干燥状态下的侧向硬度的比率与吸收层的基重、密度以及超吸收聚合物的含量密切相关。由于对比文件 1 中吸收材料的基重、密度以及超吸收聚合物的含量与本申请中吸收层的基重、密度以及超吸收聚合物的含量相同或部分重叠，而相同结构、相同材料的产品其内在性质必然相同，因此，可以推定对比文件 1 公开的产品在充满液体时表现约至少两倍的厚度增加，及其在饱和状态下的侧向硬度与在干燥状态下的侧向硬度的比值不小于 0.9。另外，妇女卫生产品中最常见的是卫生巾，而卫生巾只有带有从卫生巾的纵侧边侧向向外突出的翼片和不带有从卫生巾的纵侧边侧向向外突出的翼片这两种，本申请选择了其中带有翼片的一种，这不需要花费创造性劳动。因此，独立权利要求 1 相对于对比文件 1 和公知常识的结合不具备突出的实质性特点和显著的进步，因而不符合专利法第 22 条第 3 款有关创造性的规定。

复审请求人重申，本技术领域的一般人员在寻找保持在稳定的位置的一次性卫生巾时，根本没有任何动机来考虑干燥和湿润状态之下的侧向硬度的关系，更不会获得在充满液体时表现约至少 2 倍的厚度增加；以及在饱和状态下的侧向硬度与在干燥状态下的侧向硬度的比率为不小于 0.9。此外，复审请求人认为，如果这是显而易见的，显然复审委员能容易找到相应的教导的技术文件证据，否则有欠公允。

对此合议组认为，上面已经分析了相同结构、相同材料的产品其内在性质必然相同，权利要求 1 中上述参数并没有使其限定的卫生巾具有与对比文件 1 中吸收用品在结构、组成上的明显差别。并且，根据审查指南第二部分第三章第 3.2.5 节的规定，如果所属技术领域的技术人员根据该性能、参数无法将要求保护的产品与对比文件产品区分开，则可推定要求保护的产品与对比文件产品相同，除非申请人能够根据申请文件或现有技术证明权利要求中包含性能、参数特征的产品与对比文件产品在结构和/或组成上不同。可见，举证责任在复审请求人，而非合议组。本案中，复审请求人并没有根据本申请或现有技术证明权利要求 1 中包含性能、参数特征的产品与对比文件产品在结构和/或组成上不同，因此，复审请求人的上述主张不能证明权利要求 1 具有创造性。

（2）从属权利要求 2 不具备创造性。

从属权利要求 2 对独立权利要求 1 做了进一步的限定，其限定部分的附加技术特征为：在饱和状态下的侧向硬度与在干燥状态下的侧向硬度的比率大于 1。根据对独立权利要求 1 的评述中可知，卫生巾的这一性质是吸收层的结构、材料、组分含量所产生的必然结果，由于对比文件 1 中吸收材料的基重、密度以及超吸收聚合物的含量与本申请中吸收层的基重、密度以及超吸收聚合物的含量相同或部分重叠，而相同结构、相同材料的产品其内在性质必然相同，从而可以推定对比文件 1 公开的产品在饱和状态下的侧向硬度与在干燥状态下的侧向硬度的比率大于 1，因此，在其引用的独立权利要求 1 不具备创造性时，该从属权利要求 2 相对于对比文件 1 和公知常识的结合也不具备创造性，不符合专利法第 22 条第 3 款的规定。

（3）从属权利要求 3、4 不具备创造性。

从属权利要求 3、4 分别进一步限定了“所述卫生巾在干燥状态下的厚度小于约 3”、“所述卫生巾在干燥状态下的厚度是约 2. 8”。

根据对独立权利要求 1 的评述可知，对比文件 1 的吸收芯由多层构成，总厚度很低，为 0. 5~2. 5mm，甚至可以达到 1. 25~1. 75mm（参见说明书第 3 栏第 53~57 行，第 7 栏第 43~48 行）。在本申请中，也记载了吸收层的厚度可以从约 0. 5mm 变化到约 2. 5mm，优选约 1. 0~2. 0mm，甚至更优选约 1. 25~1. 75mm，并且由于对比文件 1 中已经明确记载该吸收材料是作为妇女卫生产品的吸收材料，在妇女卫生产品中最常见的是卫生巾，而且卫生巾的顶片和底片的厚度一般都很薄，通常为零点零几毫米，因此对比文件 1 中的整个卫生巾的厚度可以如本申请请求保护的卫生巾一样控制在 3mm 或者 2. 8mm 以下。由此可知，在其引用的权利要求 2 不具备创造性时，从属权利要求 3、4 相对于对比文件 1 和公知常识的结合也不具备创造性，因而不符合专利法第 22 条第 3 款的规定。

（4）从属权利要求 5~12 不具备创造性。

从属权利要求 5~12 分别进一步限定了“所述吸收系统包括纤维素纤维和超吸收材料的混合物”、“所述吸收系统包括：具有约 $100g/m^2$ 至约 $700g/m^2$ 的基重的吸收层，该吸收层通过气流成网形成浆的底层、浆的中间层和设于浆之间的超吸收聚合物和包含至少一些浆的一个顶层”、“所述吸收层具有大于约 0. 25g/cc 的密度”、“所述吸收层包括从约 5% 重量百分比到约 60% 重量百分比的超吸收聚合物”、“所述吸收层包括从约 20% 重量百分比到约 55% 重量百分比的超吸收聚合物”、“所述吸收层包括从约 30% 重量百分比到约 45% 重量百分比的超吸收聚合物”、“所述吸收层包括约 40% 重量百分比的超吸收聚合物”、“所述吸收层是一个第二吸收层，且所述吸收系统包括一个在所述第二吸收层之上的第一吸收层”。

对比文件 1 公开了以下技术特征：吸收材料包括超吸收聚合物和纤维素纤维的混合物（参见说明书第 2 栏第 56~58 行，图 2、3），吸收材料的基重约为 $200\sim400g/m^2$（参见说明书第 2 栏第 52、53 行，第 3 栏第 25~31 行，图 2、3），其通过气流成网形成浆的底层、浆与置于其中的超吸收聚合物，以及浆的顶层（参见说明书第 5 栏第 19~39 行，图 1，第 2 栏第 55~60 行）；吸收材料的密度大于大约 0. 25g/cc（参见说明书第 5 栏第 41 行），吸收材料包括约 10% ~40% 重量百分比的超吸收聚合物（参见说明书第 2 栏第 59 行），甚至包括约 10% ~50% 重量百分比的超吸收聚合物（参见说明书第 3 栏第 25~27 行），在透过液体的顶片和吸收材料之间具有传输层或获取层（相当于权利要求 12 中的“第一吸收层”，参见说明书第 1 栏第 45~47 行）。由此可知，对比文件 1 公开了从属权利要求 5~12 的附加技术特征，因此，在其引用的在先权利要求不具备创造性时，从属权利要求 5~12 相对于对比文件 1 和公知常识的结合也不具备创造性，因而不符合专利法第 22 条第 3 款的规定。

（5）从属权利要求 13 不具备创造性。

从属权利要求 13 对权利要求 12 做了进一步的限定，其限定部分的附加技术特征为：所述第一吸收层是在所述第二层的所述顶层上气流成网。由于气流成网是形成吸收层的公知技术，在对比文件 1 中公开了利用该技术形成吸收材料（相当于“第二吸收层”）的基础上，本领域的普通技术人员很容易想到利用该技术形成传递层或获取层（相当于“第一吸收层”）。因此，在其引用的权利要求12不具备创造性时，该从属权利要求13相对于对比文件1和公知常识的结合也不具备创造性，因而不符合专利法第22条第3款的规定。

（6）从属权利要求14不具备创造性。

从属权利要求14进一步限定了“所述卫生巾包括一固定件，用于将所述卫生巾保持在一个穿用者的内衣上”。

市售的绝大部分卫生巾都包括翼片，本领域的技术人员和使用者都知道，翼片的作用是使其保持在穿用者的内衣上，属于公知常识，因此，在其引用的权利要求12不具备创造性时，该从属权利要求14相对于对比文件1和公知常识的结合也不具备创造性，因而不符合专利法第22条第3款的规定。

（7）从属权利要求15~20不具备创造性。

从属权利要求15~20分别进一步限定了“所述第二吸收层具有从约150g/m$^2$~350g/m$^2$范围的基重”、“所述第二吸收层具有从约200g/m$^2$~300g/m$^2$范围的基重”、“所述第二吸收层具有约250g/m$^2$的基重”、“所述第二吸收层具有约0.3g/cc~0.5g/cc范围内的密度”、“所述第二吸收层具有约0.3g/cc~0.45g/cc范围内的密度”、“中间层包括靠近底层的第一中间层和靠近顶层的第二中间层”。

对比文件1公开了以下技术特征：吸收材料的基重约为150~250g/m$^2$（参见说明书第7栏第49~52行，图2、3）；吸收材料的密度为大约0.3~0.5g/cc，甚至为大约0.4g/cc（参见说明书第7栏第52~55行），中间层包括靠近底层的第一中间层和靠近顶层的第二中间层（参见说明书第2栏第66行至第3栏第1行）。由此可知，对比文件1公开了从属权利要求15~20的附加技术特征，因此在其引用的在先权利要求不具备创造性时，从属权利要求15~20相对于对比文件1和公知常识的结合也不具备创造性，因而不符合专利法第22条第3款的规定。

综上所述，合议组认为：权利要求1~20均不具备创造性，不符合专利法第22条第3款的规定，故本案合议组做出以下审查决定。

**三、决定**

维持国家知识产权局于2004年9月3日对00814396.X号发明专利申请作出的驳回决定。

复审请求人对本决定不服的，可以根据专利法第41条第2款的规定，自收到本决定之日起三个月内向北京市第一中级人民法院起诉。

115

# 彩色滤光基板的制造方法及其结构

## 复审请求审查决定（第 11267 号）

**决　定　号**　第 11267 号
**决　定　日**　2007 年 8 月 8 日
**发明创造名称**　彩色滤光基板的制造方法及其结构
**国际分类号**　G02F 1/1335，G02B 5/23
**复审请求人**　友达光电股份有限公司
**申　请　号**　200310100549. X
**申　请　日**　2003 年 10 月 16 日
**公　开　日**　2004 年 9 月 15 日
**合议组组长**　杨军艳
**主　审　员**　陈　力
**参　审　员**　张　曦

**法律依据**　专利法第 22 条第 3 款
**决定要点**
如果一项权利要求相对于现有技术存在区别特征，且现有技术中并未给出采用该区别特征解决本发明所要解决的技术问题的技术启示，则该权利要求具备创造性。

### 一、案由

本复审请求涉及申请号为 200310100549. X、发明名称为“彩色滤光基板的制造方法及其结构”的发明专利申请（下称本申请），其申请日是 2003 年 10 月 16 日，申请人是友达光电股份有限公司，2004 年 1 月 18 日，申请人因申请文件字迹不清晰进行补正，提交了权利要求书和说明书全文的修改替换页。本申请于 2004 年 9 月 15 日公开，公开时的权利要求书共有 10 项权利要求，其中权利要求 1、6 为独立权利要求。

应申请人的请求，国家知识产权局实质审查部门依法对本申请进行了实质审查，并于 2005 年 12 月 2 日发出了第一次审查意见通知书，指出本申请的权利要求 1～10 不具备创造性，不符合专利法第 22 条第 3 款的规定。其中引用的对比文件如下：

对比文件 1：特开平 11-248921A 号日本公开特许公报，其公开日为 1999 年 9 月 17 日。

针对上述第一次审查意见通知书，申请人于 2006 年 3 月 21 日提交了意见陈述书，认为权利要求 1～10相对于对比文件 1 存在以下两点区别：（1）本申请的间隔物与彩色滤光层并非同时形成且该间隔物不是由彩色滤光层所构成，（2）本申请的覆盖层或电极层均是形成于间隔物之前，上述两点区别并不显而易见，由此认为权利要求1~10相对于对比文件1具备创造性。申请人没有对申请文件进行修改。

经过上述审查程序后，国家知识产权局实质审查部门于2006年6月9日针对申请人于2004年1月18日提交的权利要求第1~10项、说明书第1~7页，2003年10月16日提交的说明书附图第1~6页、说明书摘要、摘要附图，以所述权利要求1~10不具备专利法第22条第3款规定的创造性为由驳回了本申请。驳回决定认为：独立权利要求1与对比文件1相比，区别仅在于，本申请的权利要求1中，黑矩阵围出复数个次画素区以及彩色光阻层形成在次画素区中。但该区别特征对本领域技术人员而言是公知技术，本领域技术人员在对比文件1的基础上结合公知常识易于得出权利要求1要求保护得技术方案，因此独立权利要求1不具有创造性，同理独立权利要求6也不具备创造性；基于与第一次审查意见通知书相同的理由，认为从属权利要求2~5、7~10也不具备创造性。

申请人友达光电股份有限公司（下称复审请求人）对上述驳回决定不服，于2006年9月8日向专利复审委员会提出复审请求，其具体理由是本发明权利要求1中的"……图案化该彩色光阻层，以在预定形成间隙物处的该彩色光阻层中形成一开口；以及在该开口内形成一间隙物"已限定出间隔物与彩色光阻层不是同时形成的，与对比文件1中公开的间隔物与彩色滤光层是同时形成的不同，这样选择本案间隔物的材质时可以无须考虑彩色滤光层的材质而选择机械强度较高的材料，由此使得本案请求保护的彩色滤光基板比对比文件1的耐荷重能力要强，由此认为权利要求1及其从属权利要求具有创造性，同理，认为独立权利要求6及其从属权利要求也具有创造性。复审请求人未对申请文件进行修改。

经形式审查合格，专利复审委员会受理了该复审请求，于2006年11月17日向复审请求人发出了复审请求受理通知书，并于同日向原实质审查部门发出了前置审查通知书。

国家知识产权局原实质审查部门在前置审查意见书中坚持原驳回决定。

专利复审委员会依法组成合议组，对本复审请求案进行了审理。本案合议组于2007年1月30日向复审请求人发出复审通知书。针对复审请求人的意见，合议组认为：独立权利要求1与对比文件1相比其区别在于："在预定形成间隙物处的该彩色光阻层中形成一开口，以及在该开口内形成一间隙物"，其解决的技术问题是克服了当面板遭遇不正当外界施力时由于间隙物比彩色光阻层的刚性强而造成彩色光阻层比间隙物提早破裂的问题，即通过不将间隙物设置在彩色光阻层上而克服上述问题。对比文件1公开的技术方案是直接利用黑矩阵上的着色层作为间隙物，即每形成一种颜色的着色层便在黑矩阵上形成一层衬垫层，最终形成向上的突出结构构成间隔物，并且黑矩阵上作为间隔物的着色层不存在过滤不同颜色光的作用，仅仅起到间隔物的作用且与次画素区中的着色层分离也就是说作为间隔物的着色层在受力时不会影响到次画素区的着色层，也起到了避免着色层破裂的技术效果。该技术方案没有再在着色层上设置刚性强度大的物体，因此对比文件1给出了不在着色层（即彩色光阻层）上添加刚性强度大的间隔物、将刚性强度大的间隔物直接作用于黑矩阵上的启示。本领域技术人员在对比文件1的基础上面对彩色光阻层上刚性强度大的间隔物会使该光阻层在受到挤压的时候容易破裂的问题时很容易想到不将该刚性强度大的物体设置于着色层上，由此在采用普通的间隔物而不是用着色层作为间隔物的制造方法中，在着色层中形成开口，将间隔物直接设置在黑矩阵上是容易想到的，并且该手段也没有为该权利要求1的技术方案的创造性带来实质上的影响。所以复审请求人的理由不能接受，独立权利要求1相对于对比文件1和公知技术的结合不具备创造性。同理，独立权利要求6相对于对比文件1和公知常识的结合也不具备创造性，其从属权利要求2、7~10相对于对比文件1和公知常识的结合也不具备创造性。据此，合议组认为，本申请权利要求1、2、6~10不具备创造性，不符合专利法第22条第3款的规定。

针对上述复审通知书，复审请求人于2007年3月14日提交了意见陈述书和权利要求书全文的修改替换页。修改后的权利要求共9项，其中请求人将原权利要求3、4的技术内容分别并入权利要求1中形成两个新的权利要求1、3，并删除原权利要求3、4，在原权利要求6中加入特征“一电极层，形成在该彩色光阻层以及该黑色矩阵层上”。请求人认为修改后的独立权利要求与对比文件1中公开的“着色层4、6、8所形成的间隙物是直接设置在黑矩阵2上”具有明显的差别。对比文件1并没有揭露或教导上述区别特征，所以本领域技术人员在对比文件1的基础上并不能显而易见地得知修改后的独立权利要求1、3、5的技术方案，因此上述独立权利要求1、3、5及其从属权利要求2、4、6~9具备创造性。

2007年6月5日，复审请求人又提交了权利要求书全文的修改替换页。修改后的权利要求共7项，其中删除了权利要求7和9。

2007年7月11日，复审请求人再次提交了权利要求书全文和说明书第3~7页的修改替换页，其中在原独立权利要求1、5中添加了特征“其中，该电极层位于该间隙物与该黑矩阵层之间”，删除了从属权利要求4，将原独立权利要求3修改为引用权利要求1的从属权利要求，并相应地修改了各权利要求之间的引用关系。修改后的权利要求书共6项权利要求，如下：

“1. 一种彩色滤光基板的制造方法，其特征在于其包括以下步骤：

在一基板上形成一黑矩阵，以围出复数个次画素区；

在该基板上的该些次画素区中形成一彩色光阻层，并覆盖住部分该黑矩阵；

图案化该彩色光阻层，以在预定形成间隙物处的该彩色光阻层中形成一开口；

在该彩色光阻层以及该黑矩阵层上形成一电极层；以及

在该开口内形成一间隙物，其中，该电极层位于该间隙物与该黑矩阵层之间。

2. 根据权利要求1所述的彩色滤光基板的制造方法，其特征在于其中所述的彩色光阻层中所形成的该开口是暴露出该黑矩阵。

3. 根据权利要求1所述的彩色滤光基板的制造方法，其特征在于其中还包括：

在该彩色光阻层上形成一覆盖层；

图案化该覆盖层，以在预定形成间隙物处的该覆盖层中形成该开口，其中，该电极层形成于该彩色光阻层、该黑矩阵层以及该覆盖层上。

4. 一种彩色滤光基板的结构，其特征在于其包括：

黑矩阵，形成在一基板上，其中该黑矩阵会围出复数个次画素区；

彩色光阻层，形成在该基板上的该些次画素区中，并覆盖住部分该黑矩阵，其中该彩色光阻层中具有复数个开口；

电极层，形成在该彩色光阻层以及该黑矩阵层上；以及

复数个间隙物，各该些间隙物是配置在该彩色光阻层中的各该些开口内，

其中，该电极层位于该间隙物与该黑矩阵层之间。

5. 根据权利要求4述的彩色滤光基板的结构，其特征在于其中所述的彩色光阻层中的该些开口是暴露出该黑矩阵。

6. 根据权利要求4述的彩色滤光基板的结构，其特征在于其更包括一覆盖层，形成在该彩色光阻层上。”

经审查，本案合议组认为本案事实已经清楚，可以依法作出复审决定。

**二、决定的理由**

1. 审查基础

本复审决定以复审请求人于2007年7月11日提交的权利要求第1~6项、说明书第3~7页，于

2004年1月18日提交的说明书第1~2页，于2003年10月16日提交的说明书附图1~6页、说明书摘要、摘要附图作为审查基础。

2. 关于权利要求1~6是否具备专利法第22条第3款的规定

专利法第22条第3款规定：创造性，是指同申请日以前已有的技术相比，该发明有突出的实质性特点和显著的进步，该实用新型有实质性特点和进步。

如果一项权利要求相对于现有技术存在区别特征，且现有技术中并未给出采用该区别特征解决本发明所要解决的技术问题的技术启示，则该权利要求具备创造性。

合议组认为，本申请的权利要求1~6具备创造性，具体理由为：

权利要求1请求保护一种彩色滤光基板的制造方法，对比文件1（特开平11-248921A）公开了一种彩色滤光基板以及使用该基板的液晶显示装置，其中还公开了制造该彩色滤光基板的方法，具体公开了以下技术特征（参见说明书第12栏第27行至第15栏第23行，附图1~2）：在基板1上形成黑色矩阵2，以围出复数个次画素区；在该基板上的该些次画素区中形成着色层3（相当于彩色光阻层），并同时形成衬垫层4（相当于间隙物），通过光刻法来实现图案化，将不需要的部分除去，以确定所需要保留的部分，再用同样的方法依次形成着色层5、7（相当于彩色光阻层）并分别同时形成衬垫层6、8，最后形成电极层，从附图1中明显可以看出，着色层3、5、7覆盖部分黑色矩阵2，并且由着色层构成的衬垫层4、6、8形成在着色层3、5、7之间的黑矩阵上的位置，电极层10形成在衬垫层4、6、8和着色层3、5、7上。

与本申请权利要求1相比，对比文件1没有公开权利要求1中的“在预定形成间隙物处的该彩色光阻层中形成一开口，以及在该开口内形成一间隙物，其中，该电极层位于该间隙物与该黑矩阵层之间”的技术特征。也就是说，在权利要求1的技术方案中用于放置间隙物的位置是在彩色光阻层中形成开口后，且在彩色光阻层以及黑矩阵层上形成电极层之后才在该开口处形成间隙物的。上述区别特征解决的技术问题是：克服了当面板遭遇不正当外界施力时由于间隙物比彩色光阻层、电极层的刚性强而造成彩色光阻层、电极层比间隙物提早破裂的问题。相比之下，对比文件1公开的技术方案是直接利用黑矩阵上的着色层作为间隙物，即每形成一种颜色的着色层便在黑矩阵上形成一层衬垫层，最终形成向上的突出结构来构成间隔物（这里黑矩阵上作为间隔物的着色层不起过滤不同颜色光的作用，仅仅起到间隔物的作用），然后再在这些起彩色光阻层作用和起衬垫作用的着色层上形成电极层。也就是说，对比文件1中的衬垫层是与着色层同时形成，且电极层是形成在衬垫之上，相当于该部分电极层形成在一凸起上，这样的设置方式不能解决在面板遭遇不正当外界施力时造成该部分电极层断裂的技术问题。因此对比文件1没有给出在彩色光阻层中形成预定开口后再将电极层形成于间隙物与黑矩阵之间的技术启示，本申请权利要求1的技术方案解决了现有技术中存在的上述技术问题，并具有优于现有技术的技术效果。因此，权利要求1请求保护的技术方案相对于对比文件1具有突出的实质性特点和显著的进步，具备创造性，符合专利法第22条第3款的规定。

由于权利要求1具备创造性，因此直接引用权利要求1的从属权利要求2、3也具备创造性，符合专利法第22条第3款的规定。

权利要求4请求保护一种彩色滤光基板的结构，对比文件1（特开平11-248921 A）公开了一种彩色滤光基板以及使用其的液晶显示装置，其中具体公开了以下技术特征（参见说明书第12栏第27行至第15栏第23行，附图1~2）：形成在基板1上的黑色矩阵2，该黑矩阵围出复数个次画素区，形成在基板上的着色层3、5、7（相当于彩色光阻层），以及在黑矩阵上与上述着色层同时形成的衬垫层4、6、8（相当于间隙物），电极层10形成在衬垫层4、6、8和着色层3，5，7上，从附图1中明显可以看出，着色层3、5、7覆盖部分黑色矩阵2，并且衬垫层4、6、8形成在上述着色层3、5、7

之间的黑矩阵上。

与本申请权利要求4相比，对比文件1没有公开该权利要求4中的“该彩色光阻层具有复数个开口；所述间隙物是配置在该彩色光阻层中的各该些开口内，其中，该电极层位于该间隙物与该黑矩阵层之间”的技术特征。上述区别特征解决的技术问题是：克服了当面板遭遇不正当外界施力时由于间隙物比彩色光阻层、电极层的刚性强而造成彩色光阻层、电极层比间隙物提早破裂的问题。相比之下，对比文件1公开的技术方案是直接利用黑矩阵上的着色层作为间隙物，即每形成一种颜色的着色层便在黑矩阵上形成一层衬垫层，最终形成向上的突出结构来构成间隔物（这里黑矩阵上作为间隔物的着色层不起过滤不同颜色光的作用，仅仅起到间隔物的作用），电极层形成在起彩色光阻层作用和起衬垫作用的着色层上，相当于该部分电极层形成在一凸起上，这样的设置方式不能解决在面板遭遇不正当外界施力时造成该部分电极层断裂的技术问题。因此对比文件1没有给出将电极层设置在间隙物与黑矩阵之间的技术启示，本申请权利要求4的技术方案解决了现有技术中存在的上述技术问题并具有优于现有技术的技术效果。因此，权利要求4请求保护的技术方案相对于对比文件1具有突出的实质性特点和显著的进步，具备创造性，符合专利法第22条第3款的规定。

由于权利要求4具备创造性，因此直接引用权利要求4的从属权利要求5、6也具备创造性，符合专利法第22条第3款的规定。

基于上述理由，合议组作出下述决定。

**三、决定**

在复审请求人于2007年7月11日提交的修改文本的基础上，撤销国家知识产权局于2006年6月9日针对200310100549.X号发明专利申请作出的驳回决定。

由原审查部门以本复审决定所依据的文本，即复审请求人于2007年7月11日提交的权利要求第1~6项、说明书第3~7页，于2004年1月18日提交的说明书第1~2页，于2003年10月16日提交的说明书附图1~6页、说明书摘要、摘要附图为基础继续进行审查。

复审请求人对本决定不服的，可以根据专利法第41条第2款的规定，自收到本决定之日起三个月内向北京市第一中级人民法院起诉。

116

# 冰箱的冷却空气供应装置

## 复审请求审查决定（第 11290 号）

**决　定　号**　第 11290 号
**决　定　日**　2007 年 8 月 14 日
**发明创造名称**　冰箱的冷却空气供应装置
**国 际 分 类 号**　F25D 17/06
**复 审 请 求 人**　LG 电子株式会社
**申　请　号**　02102514. 2
**申　请　日**　2002 年 1 月 23 日
**公　开　日**　2003 年 3 月 19 日
**合 议 组 组 长**　朱文广
**主　审　员**　刘小静
**参　审　员**　刘　犟

**法 律 依 据**　专利法第 33 条
**决 定 要 点**

原说明书和权利要求书记载的范围包括原说明书和权利要求书文字记载的内容和根据原说明书和权利要求书文字记载的内容以及说明书附图能直接地、毫无疑义地确定的内容。如果申请的内容通过增加、改变和/或删除其中的一部分，致使所属技术领域的技术人员看到的信息与原申请记载的信息不同，而且又不能从原申请记载的信息中直接地、毫无疑义地确定，那么，这种修改就不允许。反之，修改是允许的。

**一、案由**

本复审请求涉及申请日为 2002 年 1 月 23 日、发明名称为“冰箱的冷却空气供应装置”的申请号为 02102514. 2 的发明专利申请，申请人为 LG 电子株式会社。

应申请人的请求，国家知识产权局审查部门对本申请进行了实质审查，于 2003 年 10 月 24 日向申请人发出了第一次审查意见通知书，指出独立权利要求 1、4、15 中缺少实现发明要解决的技术问题的必要技术特征，不符合专利法实施细则第 21 条第 2 款的规定。同时还指出权利要求 9 与权利要求 1 之间不具备相同或者相应的特定技术特征，不属于一个总的发明构思，不符合专利法第 31 条第 1 款的规定。

针对第一次审查意见通知书，申请人于 2004 年 3 月 3 日陈述了意见，并提交了修改后的权利要求 1～15 和说明书第 1～16 页的修改替换页。申请人修改后的权利要求 1 如下：

“1. 一种冷却空气供应装置，它包括：

送风扇，装在冷冻室后壁上，迫使经冷冻循环的蒸发器冷却的空气发生流动；

供应通道，形成在将冷冻室和冷藏室隔开的隔层上，使送风扇吹出的冷却空气供向冷藏室；

后导向通道，从冷却空气供应通道分支而成，可引导冷却空气到冷藏室后边；

右导向通道，从冷却空气供应通道分支而成，可引导冷却空气到冷藏室右边；及

左导向通道，从冷却空气供应通道分支而成，具有与右导向通道相同的直径，可引导冷却空气到冷藏室左边，

其中，后导向通道沿水平方向形成在隔层的后侧，右导向通道和左导向通道之一沿竖直方向形成在隔层的横向一侧上，右导向通道和左导向通道的另一个形成在隔层上。”

国家知识产权局审查部门于2004年5月2日针对上述修改后的权利要求书向申请人发出第二次审查意见通知书，指出：该申请的原始文件只记载了后导向通道28沿水平方向形成在隔层12的一侧；右导向通道30沿垂直方向形成在隔层12的右部；左导向通道32斜着形成在隔层12的一侧。原始文本没有记载左右导向通道两者可以互换。因此权利要求1中增加的技术特征不能从原说明书（包括附图）或权利要求书中明确地认定。所以该权利要求1不符合专利法第33条的规定。

针对第二次审查意见通知书，申请人于2004年8月5日提交了意见陈述书，并提交了权利要求1~15和说明书第12页的修改替换页。但是申请人没有修改权利要求1，其在意见陈述书中详细地陈述了权利要求1符合专利法第33条的理由。

国家知识产权局原审查部门于2004年9月10日针对申请人于申请日提交的说明书摘要、摘要附图和说明书附图第1~10页、2004年3月3日提交的说明书第1~11页、第13~16页和2004年8月5日提交的权利要求第1~15项及说明书第12页作出驳回决定，认为原始文件中没有记载左右导向通道可以互换，因此权利要求1超出了原始权利要求书和说明书（包括附图）记载的范围，不符合专利法第33条的规定。

申请人（下称复审请求人）对上述驳回决定不服，于2004年12月15日向专利复审委员会提出复审请求，复审请求人没有提交修改替换页，并且坚持认为其针对第二次审查意见通知书陈述的意见足以说明权利要求1符合专利法第33条的规定。

经形式审查合格，专利复审委员会受理了该复审请求，并于2005年1月31日向复审请求人发出了复审请求受理通知书并向前审部门发出了前置审查通知书。

在前置审查中，国家知识产权局原审查部门坚持原驳回决定。

专利复审委员会依法成立合议组并对本复审请求案进行了审理，于2007年2月12日向复审请求人发出复审通知书，在复审通知书中指出：驳回决定针对的权利要求1中新增加的特征“右导向通道和左导向通道之一沿竖直方向形成在隔层的横向一侧上，右导向通道和左导向通道的另一个形成在隔层上”既没有在原始的权利要求书和说明书中记载，也不能从原始的权利要求书和说明书中直接而毫无疑义地确定。原始的权利要求书和说明书文字部分只记载了左导向通道斜着形成在隔层中，右导向通道沿垂直方向形成在隔层的右部。并且，依照附图可以明确地确定文字部分所述的左导向通道和右导向通道有唯一明确的参照基准面，也就是说左导向通道和右导向通道的设置方式实际上已经绝对化，而并非如复审请求人在意见陈述中所述的那样是相对的。因此，权利要求1不符合专利法第33条的规定。

复审请求人针对上述复审通知书，于2007年3月16日提交了权利要求1~15的修改替换页和意见陈述书。修改后的权利要求1如下：

“1. 一种冷却空气供应装置，它包括：

送风扇，装在冷冻室后壁上，迫使经冷冻循环的蒸发器冷却的空气发生流动；

供应通道，形成在将冷冻室和冷藏室隔开的隔层上，使送风扇吹出的冷却空气供向冷藏室；

后导向通道，从冷却空气供应通道分支而成，可引导冷却空气到冷藏室后边；

右导向通道，从冷却空气供应通道分支而成，可引导冷却空气到冷藏室右边；及

左导向通道，从冷却空气供应通道分支而成，具有与右导向通道相同的直径，可引导冷却空气到冷藏室左边，

其中，后导向通道沿水平方向形成在隔层的后侧，右导向通道沿竖直方向形成在隔层的右侧上，左导向通道形成在隔层上并具有一定斜度。”

经过上述审查程序，合议组认为本案事实已经清楚，可以作出复审决定。

**二、决定的理由**

1. 审查的基础

本复审决定所针对的文本为复审请求人于 2007 年 3 月 16 提交的权利要求 1~15，2004 年 3 月 3 日提交的说明书第 1~11 页、13~16 页，2004 年 8 月 5 日提交的说明书第 12 页以及申请日提交的说明书附图第 1~10 页、说明书摘要和摘要附图。

2. 关于专利法第 33 条

专利法第 33 条规定，申请人可以对其专利申请文件进行修改，但是，对发明和实用新型专利申请文件的修改不得超出原始说明书和权利要求书记载的范围。

原说明书和权利要求书记载的范围包括原说明书和权利要求书文字记载的内容和根据原说明书和权利要求书文字记载的内容以及说明书附图能直接地、毫无疑义地确定的内容。如果申请的内容通过增加、改变和/或删除其中的一部分，致使所属技术领域的技术人员看到的信息与原申请记载的信息不同，而且又不能从原申请记载的信息中直接、毫无疑义地确定，那么，这种修改就能不允许。反之，修改是允许的。

具体到本案中，驳回决定指出在 2004 年 8 月 5 日所提交的权利要求 1 中特征“右导向通道和左导向通道之一沿竖直方向形成在隔层的横向一侧上，右导向通道和左导向通道的另一个形成在隔层上”超出了原始申请文件所记载的范围，复审请求人于 2007 年 3 月 16 日提交了修改后的权利要求书，其中将上述特征改为“右导向通道沿竖直方向形成在隔层的右侧上，左导向通道形成在隔层上并具有一定斜度”。这些特征在原始的权利要求 3、说明书和附图中都有明确而清楚的记载，故而上述权利要求 1 已经克服了驳回决定中所指出的缺陷。

**三、决定**

撤销中华人民共和国国家知识产权局于 2004 年 9 月 10 日对 02102514.2 号发明专利申请作出的驳回决定。由原审查部门在本复审决定针对文本的基础上继续进行审查。

复审请求人对本决定不服的，可以根据专利法第 41 条第 2 款的规定，自收到本决定之日起 3 个月内向北京市第一中级人民法院起诉。

117

# 便携式脑高级功能的心理生理参数实用测试系统

## 复审请求审查决定（第11291号）

**决　定　号**　第11291号
**决　定　日**　2007年8月14日
**发明创造名称**　便携式脑高级功能的心理生理参数实用测试系统
**国际分类号**　A61B 5/16，G06F 17/00，G06F 19/00//159：00
**复审请求人**　北京大学
**申　请　号**　01100477.0
**申　请　日**　2001年1月16日
**公　开　日**　2001年6月27日
**合议组组长**　刘颖杰
**主　审　员**　佟仲明
**参　审　员**　熊　茜

**法律依据**　专利法第26条第3款
**决定要点**

如果本领域普通技术人员根据说明书的记载就能够实现本发明的技术方案，解决其技术问题，产生预期的技术效果，那么该说明书的撰写是符合专利法第26条第3款的规定的。

### 一、案由

本复审请求涉及申请号为01100477.0、名称为“便携式脑高级功能的心理生理参数实用测试系统”的发明专利申请（下称本申请），申请日为2001年1月16日，申请人为北京大学。

国家知识产权局实质审查部门依法对本申请进行了实质审查，于2003年3月28日发出第一次审查意见通知书，在该通知书中指出：本申请中没有对系统中的软件部分作出清楚、完整的描述，致使本领域普通技术人员不能实现该发明，因此不符合专利法第26条第3款的规定。

针对上述审查意见通知书，申请人于2003年7月31日提交了意见陈述书和说明书第3~11页以及说明书附图第6~8页的修改替换页。申请人认为：本发明所用的软件涉及的模块属于本领域的常用技术，而且修改后的说明书已经达到了充分公开的程度。

国家知识产权局实质审查部门于2003年9月26日发出第二次审查意见通知书指出：申请人对说明书的修改超出了原始说明书和权利要求书记载的范围，不符合专利法第33条的规定；此外，虽然信号采集和分析属于现有技术，但当应用到不同领域中时，具体的算法和实现方法并不相同，本申请的说明书中没有记载这些内容，本领域普通技术人员根据说明书中公开的内容无法实现该发明。

针对上述审查意见通知书，申请人于2003年11月28日提交了意见陈述书和说明书第1~8页的修改替换页，并表明删除附图10~12。申请人认为修改后的说明书克服了通知书中指出的问题。

经过上述实质审查程序后，国家知识产权局实质审查部门于2004年1月9日以本申请说明书的撰写不符合专利法第26条第3款为由驳回了该申请。该驳回决定所针对的文本是：2003年11月28日提交的说明书第1~8页，2001年1月16提交的权利要求第1~9项，附图第1~5页和说明书摘要和摘要附图。

申请人（下称复审请求人）不服上述驳回决定，于2004年4月30日向专利复审委员会提出复审请求。

对此，专利复审委员会于2004年5月24日发出不予受理通知书，指出复审请求人提出复审请求的期限不符合专利法第41条第1款规定的复审请求的法定期限。

复审请求人于2004年7月23日提交了恢复权利请求书，以及意见陈述书、修改后的权利要求1~9项的替换页，说明书第2、3页替换页。复审请求人在意见陈述书中表示：为了实现本申请的目的，最基本的是对一定刺激条件下诱发的电活动信号进行放大、记录与分析，分析它们的组成成分的潜伏期和幅值，本申请记载的“复杂性分析、独立成分分析和自适应变量自回归相干性分析”信号处理模块在脑高级功能测试与分析中并不是必须的组成成分，已将其删除，本申请已充分公开，符合专利法第26条第3款的规定。

专利复审委员会依法受理了上述请求，并于2006年5月31日向复审请求人发出了复审请求受理通知书，同时向原审查部门发出前置审查通知书。

原审查部门对该复审请求做出前置审查意见，认为，在说明书中缺少对软件部分的具体说明，本领域普通技术人员不能清楚得知各个输入参数及其物理含义、参数之间的关系，输出参数计物理含义，如何对这种不同种类的刺激信号引起的慢电位和时间相关电位进行分析，以及从分析结果中如何得到“脑的认知状态”，仍然不能克服本申请公开不充分的问题，因此仍然坚持原驳回决定。

专利复审委员会依法成立合议组对该复审请求案进行审理。本案合议组在仔细审阅了全部案卷后，于2007年1月23日向复审请求人发出口头审理通知书，将口审日期定于2007年2月9日。复审请求人面取了该口头审理通知书。

口头审理如期举行，复审请求人出席了口头审理。

在口头审理中，复审请求人提交了权利要求1~6项的修改替换页，以及一份公知常识的佐证：证据1：《生物医学信号处理》杨福生　高上凯编　高等教育出版社1989年5月第1版，1995年7月第2次印刷，第564~606页的复印件。复审请求人阐述了本申请的技术方案，以及实现方式，表示本申请的改进之处在于硬件，而本发明中的软件部分是针对脑电信号的处理，其与本申请背景部分引入的美国专利US6092058的软件中脑电信号处理的实现功能完全相同，其实际上属于公知公用的软件。其中修改后的权利要求1内容如下：

“1. 一种便携式脑高级功能的心理生理参数实用测试系统，由硬件和软件组成，其特征在于：硬件包括事件发生器、反应器、信号采集器和控制器，事件发生器由耳机、显示器、皮肤电刺激器、运动刺激器组成，分别呈现听、视、触和运动觉刺激事件；反应器由手反应器、脚反应器和眼动反应器组成；信号采集器由缓冲电路、放大器、数据采集器和微处理器组成，信号采集器对脑事件相关电位和慢电位进行采集和分析；控制器，用于控制事件的发生、控制信号采集器对脑事件相关电位和慢电位的采集以及对反应器产生的反应信号进行记录。”

至此，合议组认为本案事实清楚，现依法作出审查决定。

## 二、决定的理由

1. 关于审查文本

本次决定针对的文本是：2007 年 2 月 9 日提交的权利要求第 1~6 项；2003 年 11 月 28 日提交的说明书第 1、4~8 页；2004 年 7 月 23 日提交的说明书第 2~3 页；2001 年 1 月 16 日提交附图 1~5 页、说明书摘要、摘要附图。

2. 决定的理由

专利法第 26 条第 3 款规定：说明书应当对发明或者实用新型作出清楚、完整的说明，以所属技术领域的技术人员能够实现为准。

就本案来说，合议组认为，根据本申请说明书公开的内容可以看出软件主要包括三个部分：进行数据处理的脑事件相关电位处理模块；包括了测评程序、刺激程序、信号采集程序等的实用软件包；以及包括各种参数的数据库。并且从说明书的具体实施方式中可以看出，软件模块所起的作用是：首先通过刺激程序向受试者呈现刺激材料，然后采集受试者的脑电记录，剔除被污染的数据，分类叠加后存盘（即，进行数据处理），最后根据数据库中的记录和判定标准对测得的数据进行判定，给出结果。也就是说，本领域普通技术人员根据说明书中公开的内容可以获得软件的组成和各组成模块的作用，并唯一地推导出各模块调用的流程。

而且，软件中的显示刺激材料的程序、对数据进行分类和存盘的程序、从数据库中调用记录并根据已定的标准进行数据判定的程序属于数据处理中的常用技术手段，是本领域普通技术人员根据本领域的公知常识就可以实现其编制的。至于参数的选择，合议组认为复审请求人提供的证据 1 是高等教育出版社在申请日之前出版的一本可作为教材使用的专业书籍，其可以证明提取脑信号的算法已经属于本领域的公知常识。本领域普通技术人员根据该公知常识也是可以完成对脑信号进行提取和处理的相应程序设计。也就是说，本领域普通技术人员根据说明书的记载和相关现有技术就能够完成本申请中的软件的各组成模块的程序设计。

由此可见，本领域普通技术人员根据说明书的记载和相关现有技术，能够再现本发明的技术方案，解决其技术问题，产生预期的技术效果，因此本申请符合专利法第 26 条第 3 款有关说明书应当充分公开的规定。

根据上述事实和理由，本案合议组依法做出以下审查决定。

## 三、决定

撤销国家知识产权局于 2004 年 1 月 9 日对 01100477.0 号发明专利申请作出的驳回决定。由原审查部门在 2007 年 2 月 9 日提交的权利要求第 1~6 项；2003 年 11 月 28 日提交的说明书第 1、4~8 页；2004 年 7 月 23 日提交的说明书第 2~3 页；2001 年 1 月 16 日提交附图 1~5 页、说明书摘要、摘要附图的基础上继续进行审查程序。

复审请求人对本决定不服的，可以根据专利法第 41 条第 2 款的规定，自收到本决定之日起三个月内向北京市第一中级人民法院起诉。

118

# 一种分娩方法

## 复审请求审查决定（第 11295 号）

**决　定　号**　第 11295 号
**决　定　日**　2007 年 8 月 14 日
**发明创造名称**　一种分娩方法
**国际分类号**　A61B 17/42
**复审请求人**　翁志成
**申　请　号**　200410017282.2
**申　请　日**　2004 年 3 月 30 日
**公　开　日**　2005 年 1 月 12 日
**合议组组长**　刘颖杰
**主　审　员**　熊　茜
**参　审　员**　高桂莲

**法律依据**　专利法第 22 条第 4 款
**决定要点**

本申请请求保护的分娩方法，是以产妇即以有生命的人为实施对象，无法在产业上使用，这种分娩方法的实现受到个体差异及随机因素的影响，不具有再现性，因此该方案不具备实用性。

### 一、案由

本复审请求涉及申请号为 200410017282.2、名称为“一种分娩方法”的发明专利申请（下称本申请），其申请日为 2004 年 3 月 30 日，申请人为翁志成，本申请公开时的权利要求书包括一项权利要求，具体为：

“1. 一种分娩方法：产妇入院前或入院后先作常规的产前检查。每人发给一本小册子“怎样生小孩”。接着每天上课，以课堂形式为佳，可随意提问互相借鉴；也可床前讲解。内容包括有关解剖生理、分娩机制及具体操作。结合讲课放动物生产录像、自己分娩操作录像。讲解危急信号、紧急求救、手术守候。讲解重点为心理辅导，主要解决一个“吓”字，另外，也讲解自己生的好处。然后填写自己分娩申请表，表示自觉自愿。产房可分单人产房，允许有陪伴；普通多人大产房，可以有互相观摩照应。整个产房地面铺垫褥子，要软硬适中，要能吸水吸潮，棉质为佳，可做成平方块块，以便更换。照明全部装在地上沿墙角四周。房内有空调；有软便盆脸盆，可用一次性降解白泡沫塑料制成。另有消毒水、粗丝线、绷带、纱布、剪刀、眼药水。大房间可有一两个监护人，有求救信号按钮。产房内可放软沙发及床。产妇临产，单人房的在原地；普通房的去多人大产房。开口期：多多练习爬爬，吃喝拉睡随心所欲。娩出期：沉着、冷静。取蹲位，前倾身体。感会阴太胀即俯趴。觉宫缩太急太强，生得太快即俯趴。如有陪护可在产妇前面或后面，顺势助儿头回转屈伸，助儿肩回转下上。胎盘期：胎儿娩出，脐带暂不管，爬换地方，等胎盘逼出，再自己或令陪护处理脐带，胎儿滴眼。"

国家知识产权局专利实质审查部门对本申请进行了实质审查，于2005年11月11日发出了第一次审查意见通知书，指出本申请不符合专利法第22条的规定，其具体理由是独立权利要求1要求保护的方法无再现性，不符合专利法第22条第4款关于实用性的规定。

针对上述审查意见通知书，申请人于2006年3月9日提交了意见陈述书，申请人认为，该方法的可再现性就是另一个人可以以同样方法分娩。

经过上述审查程序后，国家知识产权局于2006年6月9日作出了驳回本申请的决定，具体驳回理由如下：

（1）权利要求1不符合专利法第22条第4款的规定。

本申请要求保护一种分娩方法，独立权利要求1不符合专利法第22条第4款有关实用性的规定。上述权利要求请求保护一种分娩方法：这种分娩方法是以产妇为主体，在产前学习分娩相关知识，并进行心里辅导，克服恐惧心理，在分娩过程中取蹲位或俯趴位，根据自身的生理情况自主调整分娩进程，最终完成分娩。这种分娩方法的实现受到个体差异及随机因素的影响，致使所属技术领域的技术人员不可能重复实现其方案，无再现性，更加无法在产业上使用，因此该权利要求不具备实用性。

（2）申请人陈述的理由并不能说明本申请的权利要求1符合专利法第22条第4款的有关规定。

申请人在意见陈述书中指出：该方法的可再现性就是另一个人可以以同样方法分娩。分娩方法是以产妇也就是有生命的人为实施对象，而每个人的个体差异很大，部分人或许可以在分娩过程中采用相同或相似的体位，但由于分娩过程以有生命的人为实施对象的分娩方法的实现受到个体差异及多种随机因素的影响，致使其方案无再现性，也不能在产业上使用，不符合专利法第22条第4款的关于实用性的规定。

申请人翁志成（下称复审请求人）不服上述驳回决定，于2006年6月29日向专利复审委员会提出复审请求，没有提交修改文件。复审请求人认为：正常分娩自己生以及异常分娩送医院，我国四川等地产妇都在家里自己生，因此引导产妇自己生有实用性，能使用和能产生积极效果。

经形式审查合格后，专利复审委员会依法受理了该复审请求，并于2006年8月7日向复审请求人发出了复审请求受理通知书，同时向原审查部门发出了前置审查通知书。

原审查部门对本复审请求进行了前置审查，仍然坚持原驳回决定。

专利复审委员会依法成立合议组，对本案进行了审理。

本案合议组于2007年2月12日发出复审通知书，指出：本申请要求保护一种分娩方法，这种分娩方法是以产妇为主体，在产前学习分娩相关知识，并进行心里辅导，克服恐惧心理，在分娩过程中取蹲位或俯趴位，根据自身的生理情况自主调整分娩进程，最终完成分娩。其实质是以产妇即以有生命的人为实施对象，无法在产业上使用，因此该申请不具备实用性；复审请求人所陈述的上述关于异常分娩和正常分娩可以分别处理以及四川等地产妇都在家里自己生的理由只能说明自己生是可能的，不能说明该申请请求保护的分娩方法能够在产业上使用，和专利法所说的实用性并无直接关联，因此不能说明该申请具有专利法第22条第4款规定的实用性。

针对上述复审通知书，复审请求人于2007年3月8日提交了意见陈述书，复审请求人在意见陈述书中认为本申请的"自己生"特指在医院里自己生，而产科医院是真的生产行业。

本案合议组经审查后，认为本案事实清楚，现依法作出复审决定。

**二、决定的理由**

1. 审查文本

本复审决定是以驳回决定依据的文本作为审查文本，即复审请求人于2004年7月13日提交的权利要求书的第1项，2004年8月10日提交的说明书第1~3页和2004年7月13日提交的说明书摘要作为审查文本而作出的。

2. 关于专利法第22条第4款

专利法第22条第4款规定：实用性，是指发明或者实用新型能够制造或者使用，并且能够产生积极效果。

审查指南第二部分第五章第3.2节和3.2.1节进一步规定：专利法第22条第4款所说的“能够制造或使用”是指发明或者实用新型的技术方案具有在产业中被制造或使用的可能性，所谓产业，是指工业、农业、林业、水产业、畜牧业、交通运输业以及文化体育、生活用品和医疗器械等行业。满足实用性要求的技术方案不能违背自然规律并且应当具有再现性。具有实用性的发明或者实用新型专利申请主题，应当具有再现性。反之，无再现性的发明或者实用新型专利申请主题不具备实用性。再现性，是指所属技术领域的技术人员，根据公开的技术内容，能够重复实施专利申请中为解决技术问题所采用的技术方案。这种重复实施不得依赖任何随机的因素，并且实施结果应该是相同的。

针对本案，合议组认为：

（1）本申请要求保护一种分娩方法，这种分娩方法是以产妇为主体，在产前学习分娩相关知识，并进行心里辅导，克服恐惧心理，在分娩过程中取蹲位或俯趴位，根据自身的生理情况自主调整分娩进程，最终完成分娩。其实质是以产妇即以有生命的人为实施对象，无法在产业上使用。并且，人的生理条件千差万别，在分娩中出现的情况也各不相同，而这些情况受个人体质、心理因素等许多复杂因素的共同影响，很多是难以提前预料的，产妇及医护人员需要根据当时的情况采取不同的措施，制定不同的方案，可以说某一位产妇的分娩过程很难在他人身上完全再现，由此可知，这种分娩方法的实现受到个体差异及随机因素的影响，致使所属技术领域的技术人员不可能重复实现其方案，无再现性。因此该申请不具备实用性。

（2）复审请求人认为本申请的“自己生”特指在医院里自己生，而产科医院是真的生产行业。但合议组认为请求人所说的上述“生产行业”与专利法意义上的“产业”不是同一件事。复审请求人的理由不能说明该申请请求保护的分娩方法能够在产业上使用，和专利法所说的实用性并无直接关联，因此不能说明该申请具有专利法第22条第4款规定实用性。该申请中的分娩方法是以产妇也就是有生命的人为实施对象，因此不能在产业上使用，不符合专利法第22条第4款的有关实用性的规定。

（3）对于复审请求人的意见陈述，合议组认为，专利法的立法的目的在于促进科技进步和创新，只有适合产业应用的方法和产品才能得到专利权的保护，复审请求人的该方法并不适于在产业上推广应用，根据复审请求人所述，该方法的精髓就在于“自己生”，每个产妇均可以在家中办到，因而就无需也无法在产业上加以应用。

综上所述，本申请不符合专利法第22条第4款的关于实用性的规定。

基于上述理由，合议组作出如下决定。

**三、决定**

维持国家知识产权局于2006年6月9日对200410017282.2号发明专利申请作出的驳回决定。

复审请求人对本决定不服的，可以根据专利法第41条第2款的规定，自收到本决定之日起三个月内向北京市第一中级人民法院起诉。

# 北京市第一中级人民法院
# 行政判决书

（2007）一中行初字第1527号

原告翁志成，男，1937年1月11日出生，汉族，上海中潭医院医生，住上海市闸北区中山北路805弄32号603室。

被告国家知识产权局专利复审委员会，住所地北京市海淀区北四环西路9号银谷大厦10~12层。

法定代表人廖涛，副主任。

委托代理人高桂莲，女，国家知识产权局专利复审委员会审查员。

委托代理人隋璐，女，国家知识产权局专利复审委员会审查员。

原告翁志成不服被告国家知识产权局专利复审委员会作出的第11295号复审请求审查决定（以下简称复审决定），向本院提起行政诉讼。本院受理后依法组成合议庭，并于2007年12月13日公开开庭审理了本案，原告翁志成、被告的委托代理人高桂莲和隋璐到庭参加了诉讼。本案现已审理终结。

被告针对原告提出的复审请求于2007年8月14日作出复审决定，其主要内容如下：

本复审请求涉及申请号为第200410017282.2号、名称为“一种分娩方法”的发明专利申请（以下简称本申请），其申请日为2004年3月30日，申请人为原告。

针对本申请及国家知识产权局的驳回决定，原告于2006年6月29日向被告申请复审。被告经审查后认为：

（1）审查文本。

本复审决定是以驳回决定依据的文本作为审查文本，即原告于2004年7月13日提交的权利要求书的第1项，2004年8月10日提交的说明书第1~3页和2004年7月13日提交的说明书摘要为审查文本。

（2）关于《中华人民共和国专利法》（以下简称《专利法》）第二十二条第四款。

①本申请要求保护一种分娩方法，这种分娩方法是以产妇为主体，在产前学习分娩相关知识，并进行心理辅导，克服恐惧心理，在分娩过程中取蹲位或俯趴位，根据自身的生理情况自主调整分娩进程，最终完成分娩。其实质是以产妇即以有生命的人为实施对象，无法在产业上使用。并且，人的生理条件千差万别，在分娩中出现的情况也各不相同，而这些情况受个人体质、心理因素等许多复杂因素的共同影响，很多是难以提前预料的，产妇及医护人员需要根据当时的情况采取不同的措施，制定不同的方案，可以说某一位产妇的分娩过程很难在他人身上完全再现。由此可知，这种分娩方法的实现受到个体差异及随机因素的影响，致使所属技术领域的技术人员不可能重复实现其方案，无再现性。因此该申请不具备实用性。

②原告认为本申请的“自己生”特指在医院里自己生，而产科医院是真的生产行业。但被告认为原告所说的上述“生产行业”与专利法意义上的“产业”不是同一件事。原告的理由不能说明该申请请求保护的分娩方法能够在产业上使用，和专利法所说的实用性并无直接关联，因此不能说明该申请具有《专利法》第二十二条第四款规定实用性。该申请中的分娩方法是以产妇也就是有生命的人为实施对象，因此不能在产业上使用，不符合《专利法》第二十二条第四款有关实用性的规定。

③对于原告的意见陈述，被告认为，专利法的立法目的在于促进科技进步和创新，只有适合产业应用的方法和产品才能得到专利权的保护，原告的该方法并不适于在产业上推广应用，根据原告所

述，该方法的精髓就在于“自己生”，每个产妇均可以在家中办到，因而就无须也无法在产业上加以应用。

综上所述，本申请不符合《专利法》第二十二条第四款关于实用性的规定。

被告依照《专利法》第二十二条第四款的规定，维持国家知识产权局于2006年6月9日对本申请作出的驳回决定。

被告为证明复审决定的合法性，向本院提交了复审决定所针对的审查文本，证明复审决定认定的事实清楚。

原告诉称：本申请是一种分娩方法，母亲方面生得快、顺利、出血少、不太痛，宝宝方面无缺氧、不窒息、个个健康，该方法能够使用并能产生积极效果；本申请可以适用于多名产妇，具有再现性；医院是产业，本申请在医院使用，属于可以在产业上使用；《专利法》没有禁止以人为实施专利的对象。本申请符合《专利法》第二十二条第四款的规定，原告请求法院判决撤销复审决定。

原告未向本院提交证据。

被告辩称，本申请不符合《专利法》第二十二条第四款及审查指南第二部分第五章第2节关于实用性的规定，复审决定认定的事实清楚、适用法律正确、程序合法，被告坚持复审决定的理由，请求法院判决维持复审决定。

经庭审质证，原告对于被告提交证据的关联性、合法性、真实性没有异议，对其证明作用持有异议。本院根据最高人民法院《关于行政诉讼证据若干问题的规定》，对当事人提交的证据认证如下：被告提交的证据符合关联性、合法性、真实性的要求，可以证明被告审查本申请所针对的审查文本的情况，本院予以确认。

依据上述有效证据以及均无异议的当事人陈述，本院认定事实如下：

原告于2004年3月30日向国家知识产权局申请名称为“一种分娩方法”的发明专利申请（即本申请），申请号为第200410017282.2号，申请人为原告。本申请公开时的权利要求书包括一项权利要求，内容为：

一种分娩方法：产妇入院前或入院后先作常规的产前检查。每人发给一本小册子“怎样生小孩”。接着每天上课，以课堂形式为佳，可随意提问互相借鉴；也可床前讲解。内容包括有关解剖生理、分娩机制及具体操作。结合讲课放动物生产录像、自己分娩操作录像。讲解危急信号、紧急求救、手术守候。讲解重点为心理辅导，主要解决一个“吓”字，另外，也讲解自己生的好处。然后填写自己分娩申请表，表示自觉自愿。产房可分单人产房，允许有陪伴；普通多人大产房，可以有互相观摩照应。整个产房地面铺垫褥子，要软硬适中，要能吸水吸潮，棉质为佳，可做成平方块块，以便更换。照明全部装在地上沿墙角四周。房内有空调；有软便盆脸盆，可用一次性降解白泡沫塑料制成。另有消毒水、粗丝线、绷带、纱布、剪刀、眼药水。大房间可有一两个监护人，有求救信号按钮。产房内可放软沙发及床。产妇临产，单人房的在原地；普通房的去多人大产房。开口期：多多练习爬爬，吃喝拉睡随心所欲。娩出期：沉着、冷静。取蹲位，前倾身体。感会阴太胀即俯趴。觉宫缩太急太强，生得太快即俯趴。如有陪护可在产妇前面或后面，顺势助儿头回转屈伸，助儿肩回转下上。胎盘期：胎儿娩出，脐带暂不管，爬换地方，等胎盘逼出，再自己或令陪护处理脐带，胎儿滴眼。

国家知识产权局专利实质审查部门对本申请进行了实质审查，于2005年11月11日发出了第一次审查意见通知书，指出本申请不符合《专利法》第二十二条的规定，其具体理由是独立权利要求1要求保护的方法无再现性，不符合《专利法》第二十二条第四款关于实用性的规定。

针对上述审查意见通知书，原告提交了意见陈述书，认为，该方法的可再现性就是另一个人可以以同样方法分娩。

经过上述审查程序后，国家知识产权局于2006年6月9日作出了驳回本申请的决定，具体驳回理由是：(1) 本申请权利要求1不符合《专利法》第二十二条第四款的规定；(2) 原告陈述的理由并不能说明本申请的权利要求1符合《专利法》第二十二第四款的有关规定。

原告不服驳回决定，于2006年6月29日向被告提出复审请求，其没有提交修改文件。原告认为：正常分娩自己生以及异常分娩送医院，我国四川等地产妇都在家里自己生，因此引导产妇自己生有实用性，能使用和能产生积极效果。

经形式审查合格后，被告依法受理了该复审请求，并向原告发出了复审请求受理通知书，同时向原审查部门发出了前置审查通知书。

原审查部门对本复审请求进行了前置审查，仍然坚持原驳回决定。

被告依法成立合议组，对本案进行了审理。被告向原告发出复审通知书，指出：本申请要求保护一种分娩方法，这种分娩方法是以产妇为主体，在产前学习分娩相关知识，并进行心理辅导，克服恐惧心理，在分娩过程中取蹲位或俯趴位，根据自身的生理情况自主调整分娩进程，最终完成分娩。其实质是以产妇即以有生命的人为实施对象，无法在产业上使用，因此该申请不具备实用性；原告所陈述的上述关于异常分娩和正常分娩可以分别处理以及四川等地产妇都在家里自己生的理由只能说明自己生是可能的，不能说明该申请请求保护的分娩方法能够在产业上使用，和专利法所说的实用性并无直接关联，因此不能说明该申请具有《专利法》第二十二条第四款规定的实用性。

原告向被告提交了意见陈述书，原告在意见陈述书中认为本申请的“自己生”特指在医院里自己生，而产科医院是真的生产行业。

被告经审查作出被诉复审决定。原告不服复审决定，向本院提起行政诉讼。

原告在法庭审理中确认，其对复审决定书案由部分载明的事实、理由部分关于审查文本的确定以及被告审查程序、法律依据，均没有异议。

本院认为：根据《专利法》第四十一条第一款的规定，被告具有受理复审请求和作出复审决定的法定职权。经各方当事人确认，本案的争议焦点是：本申请是否符合《专利法》第二十二条第四款实用性的规定。

根据《专利法》第二十二条第四款的规定，实用性是指发明或者实用新型能够制造或者使用，并且能够产生积极效果。

根据审查指南第二部分第五章第3.2节和3.2.1节的规定：《专利法》第二十二条第四款所说的“能够制造或使用”是指发明或者实用新型的技术方案具有在产业中被制造或使用的可能性。所谓产业，是指工业、农业、林业、水产业、畜牧业、交通运输业以及文化体育、生活用品和医疗器械等行业。具有实用性的发明或者实用新型专利申请主题，应当具有再现性。反之，无再现性的发明或者实用新型专利申请主题不具备实用性。再现性，是指所属技术领域的技术人员，根据公开的技术内容，能够重复实施专利申请中为解决技术问题所采用的技术方案。这种重复实施不得依赖任何随机的因素，并且实施结果应该是相同的。

本案中，本申请要求保护一种分娩方法，这种分娩方法是以产妇为主体，其实质是以产妇即以有生命的人为实施对象，无法在产业上使用。且人的生理条件千差万别，在分娩中出现的情况也各不相同，而这些情况受个人体质、心理因素等许多复杂因素的共同影响，产妇及医护人员需要根据当时的情况采取不同的措施，制定不同的方案，某一位产妇的分娩过程很难在他人身上完全再现。所属技术领域的技术人员不可能重复实现其方案，无再现性；原告所说的“生产行业,，与专利法意义上的“产业”不同，原告的理由不能说明本申请请求保护的分娩方法能够在产业上使用，本申请并不适于在产业上推广应用。被告关于本申请不符合《专利法》第二十二条第四款实用性的认定正确，本院应予支持。

综上所述，被告作出的复审决定认定的事实清楚，适用法律正确，程序合法。原告的诉讼请求缺乏事实和法律依据，本院不予支持。据此，本院依照《中华人民共和国行政诉讼法》第五十四条第（一）项的规定，判决如下：

维持被告国家知识产权局专利复审委员会于二○○七年八月十四日作出的第11295号复审请求审查决定。

案件受理费100元，由原告翁志成负担（已交纳）。

如不服本判决，当事人可在本判决书送达之日起15日内向本院递交上诉状，并按对方当事人人数提交副本，上诉于北京市高级人民法院。

审 判 长 齐 莹
代理审判员 乔 军
人民陪审员 张燕宾
二○○七年十二月二十日
书 记 员 曹 炜

# 北京市高级人民法院
# 行政判决书

（2008）高行终字第185号

上诉人（一审原告）翁志成，男，1937年1月11日出生，汉族，上海中潭医院医生，住上海市闸北区中山北路805弄32号603室。

被上诉人（一审被告）国家知识产权局专利复审委员会，住所地北京市海淀区北四环西路9号银谷大厦10~12层。

法定代表人廖涛，副主任。

委托代理人高桂莲，女，国家知识产权局专利复审委员会审查员。

委托代理人隋璐，女，国家知识产权局专利复审委员会审查员。

上诉人翁志成因专利复审请求审查决定一案，不服北京市第一中级人民法院（2007）一中行初字第1527号行政判决，向本院提起上诉。本院受理后，依法组成合议庭，依据《中华人民共和国行政诉讼法）》第五十九条的规定进行了审理。本案现已审理终结。

2007年8月14日，国家知识产权局专利复审委员会（以下简称专利复审委）依据《中华人民共和国专利法》（以下简称《专利法》）第二十二条第四款的规定，以本申请请求保护的分娩方法，是以产妇即以有生命的人为实施对象，无法在产业上使用，这种分娩方法的实现受到个体差异及随机因素的影响，不具有再现性，该方案不具备实用性为由，作出11295号复审请求审查决定，维持国家知识产权局于2006年6月9日作出的驳回决定。翁志成不服，诉至一审法院。

北京市第一中级人民法院（2007）一中行初字第1527号行政判决认为，本案争议的焦点是：本申请是否符合《专利法》第二十二条第四款的规定。根据审查指南第二部分第五章第3.2节和3.2.1节的规定：《专利法》第二十二条第四款所说的“能够制造或使用”是指发明或者实用新型的技术方案具有在产业中被制造或使用的可能性。所谓产业，是指工业、农业、林业、水产业、畜牧业、交通运输业以及文化体育、生活用品和医疗器械等行业。具有实用性的发明或者实用新型专利申请主题，应当具有再现性。反之，无再现性的发明或者实用新型专利申请主题不具备实用性。再现性，是指所属技术领域的技术人员，根据公开的技术内容，能够重复实施专利申请中为解决技术问题所采用的技术方案。这种重复实施不得依赖任何随机的因素，并且实施结果应该是相同的。

本案中，本申请要求保护一种分娩方法，这种分娩方法是以产妇为主体，其实质是以产妇即以有生命的人为实施对象，无法在产业上使用。且人的生理条件千差万别，在分娩中出现的情况也各不相同，而这些情况受个人体质、心理因素等许多复杂因素的共同影响，产妇及医护人员需要根据当时的情况采取不同的措施，制定不同的方案，某一位产妇的分娩过程很难在他人身上完全再现。所属技术领域的技术人员不可能重复实现其方案，无再现性；原告所说的“生产行业”与专利法意义上的“产业”不同，原告的理由不能说明本申请请求保护的分娩方法能够在产业上使用，本申请并不适于在产业上推广应用。被告关于本申请不符合《专利法》第二十二条第四款实用性的认定正确，本院应予支持。综上，被告作出的复审决定认定的事实清楚，适用法律正确，程序合法。原告的诉讼请求缺乏事实和法律依据，本院不予支持。依照《中华人民共和国行政诉讼法》第五十四条第（一）项的规定，判决维持被告专利复审委作出的第 11295 号复审请求审查决定。翁志成对上述判决不服，向本院提起上诉。

翁志成上诉称，分娩不同于产品机器，产妇按本方法，分娩顺利，宝宝完好，再一产妇如按本方法，同样分娩顺利，宝宝完好，如此下去即是再现性，一点没错。它无随机因素，今天好明天也好；也不受个体差异影响。个体差异是属个性不能比较，人是有共性的才能比较。所属技术领域的人员，在产院应是助产士，是完全能够胜任的。国家对“产业”是有定义的，医院也是产业。《专利法》旨在促进科技进步和创新，专利复审委认为本申请没有实用性，是促退还是守旧。请求二审法院撤销专利复审委作出的第 11295 号复审请求审查决定。

专利复审委答辩称，审查指南第二部分第五章第 3. 2. 1 节对什么是再现性作了详细的解释：“再现性是指所属技术领域的技术人员，根据公开的技术内容，能够重复实施专利申请中为解决技术问题所采用的技术方案。这种重复实施不得依赖任何随机的因素，并且实施结果应该是相同的”。对此，我委认为本申请是以产妇也即是以有生命的人为实施对象，由于人的生理条件千差万别，在实际分娩过程中也各有不同，这些情况受个人体质、心理因素等许多复杂因素的共同影响，虽然翁志成认为在现实生活中已有多名产妇采取蹲位成功实施了分娩，但这并不能证明所有的产妇在实际分娩中都可以采取蹲位实现成功分娩，也即是说本申请所要求保护的技术方案并不能保证在所有的产妇身上再现，而这一点是至关重要的。由于本申请的技术方案涉及的是生产婴儿，如果在实际操作中产妇采取蹲位仅能生出婴儿的腿或者其他某一部位而不能顺利产出完整婴儿，则需要采取其他措施如剖宫产，本领域技术人员根据常识有理由怀疑这样的情形在实际分娩过程中是存在的，而这也显然不属于产品的生产率低的情形，因此，本申请的技术方案是不具备再现性的，所以本申请不具备《专利法》第二十二条第四款规定的实用性。专利审查工作是依据《专利法》和审查指南的规定进行的，审查指南第二部分第五章第 2 节对“产业,，给出的定义是“所谓产业，它包括工业、农业、林业、水产业、畜牧业、交通运输业以及文化体育、生活用品和医疗器械等行业”，因此，“医院”并不是专利法意义上的产业。本申请的技术方案没有实用性，并不是说本申请的技术方案没有作用，没有有益的效果。根据审查指南第二部分第五章第 2 节的规定“所谓的实用性是指发明或者实用新型申请的主题必须能够在产业上制造或者使用，并且能够产生积极效果”。可见实用性的判断要同时包含两个方面：一是能够在产业上制造或者使用，二是能够产生积极效果。本申请的技术方案不具备实用性实际上是不能满足其中的第一个条件，由于其不具备再现性，而不能在产业上制造或使用，因此，我委并没有否认本申请的技术方案没有作用，只是本申请有没有作用已不能影响本申请是否具备实用性的结论。一审判决认定事实正确，适用法律适当，请求二审法院驳回上诉，维持一审判决。

经审理查明，翁志成于2004年3月30日向国家知识产权局提出名称为“一种分娩方法”的发明专利权申请，申请号为第200410017282.2号。本申请公开时的权利要求书包括一项权利要求，内容为：

一种分娩方法：产妇入院前或入院后先作常规的产前检查。每人发给一本小册子“怎样生小孩”。接着每天上课，以课堂形式为佳，可随意提问互相借鉴；也可床前讲解。内容包括有关解剖生理、分娩机制及具体操作。结合讲课放动物生产录像、自己分娩操作录像。讲解危急信号、紧急求救、手术守候。讲解重点为心理辅导，主要解决一个“吓”字，另外，也讲解自己生的好处。然后填写自己分娩申请表，表示自觉自愿。产房可分单人产房，允许有陪伴；普通多人大产房，可以有互相观摩照应。整个产房地面铺垫褥子，要软硬适中，要能吸水吸潮，棉质为佳，可做成平方块块，以便更换。照明全部装在地上沿墙角四周。房内有空调；有软便盆脸盆，可用一次性降解白泡沫塑料制成。另有消毒水、粗丝线、绷带、纱布、剪刀、眼药水。大房间可有一两个监护人，有求救信号按钮。产房内可放软沙发及床。产妇临产，单人房的在原地；普通房的去多人大产房。开口期：多多练习爬爬，吃喝拉睡随心所欲。娩出期：沉着、冷静。取蹲位，前倾身体。感会阴太胀即俯趴。觉宫缩太急太强，生得太快即俯趴。如有陪护可在产妇前面或后面，顺势助儿头回转屈伸，助儿肩回转下上。胎盘期：胎儿娩出，脐带暂不管，爬换地方，等胎盘逼出，再自己或令陪护处理脐带，胎儿滴眼。

国家知识产权局对本申请进行了实质审查后，于2005年11月11日，向翁志成发出第一次审查意见通知书，指出本申请独立权利要求1要求保护的方法无再现性，不符合《专利法》第二十二条第四款关于实用性的规定。

针对上述审查意见通知书，翁志成在其提交的意见陈述书中认为，该方法的可再现性就是另一个人可以以同样方法分娩。

经上述审查程序后，国家知识产权局于2006年6月9日以本申请权利要求1不符合《专利法》第二十二条第四款的规定；翁志成陈述的理由并不能说明本申请的权利要求1符合《专利法》第二十二第四款的有关规定为由，作出驳回决定。

翁志成对驳回决定不服，于2006年6月29日向专利复审委提出复审请求。翁志成认为：正常分娩自己生以及异常分娩送医院，我国四川等地产妇都在家里自己生，因此引导产妇自己生有实用性，能使用和能产生积极效果。

经形式审查合格后，专利复审委依法受理了该复审请求，并向翁志成发出了复审请求受理通知书，同时向原审查部门发出了前置审查通知书。

原审查部门对本复审请求进行了前置审查，仍然坚持原驳回决定中的意见。

专利复审委经审理，在向翁志成发出复审通知书中指出：本申请要求保护一种分娩方法，这种分娩方法是以产妇为主体，在产前学习分娩相关知识，并进行心理辅导，克服恐惧心理，在分娩过程中取蹲位或俯趴位，根据自身的生理情况自主调整分娩进程，最终完成分娩。其实质是以产妇即以有生命的人为实施对象，无法在产业上使用，因此该申请不具备实用性；翁志成所陈述的上述关于异常分娩和正常分娩可以分别处理以及四川等地产妇都在家里自己生的理由只能说明自己生是可能的，不能说明该申请请求保护的分娩方法能够在产业上使用，和专利法所说的实用性并无直接关联，因此不能说明该申请具有《专利法》第二十二条第四款规定的实用性。

针对专利复审委的复审通知书，翁志成在意见陈述书中认为本申请的“自己生”特指在医院里自己生，而产科医院是真正的生产行业。专利复审委经审查作出被诉决定。

翁志成在一审法院审理中确认，其对复审决定书案由部分载明的事实、理由部分关于审查文本的确定以及审查程序、法律依据，均没有异议。

一审期间，专利复审委向法院提交了以下证据：翁志成于2004年7月13日提交的权利要求书第1项和2004年8月10日提交的说明书第1~3页及2004年7月13日提交的说明书摘要。

上述证据均随案移送本院。经审查，本院认为，上述证据内容真实，来源合法，与本案具有关联性，能够证明本院查明的事实，本院予以确认。

本院认为，根据《专利法》第二十二条第一款的规定，授予专利权的发明和实用新型应当具备新颖性、创造性和实用性。因此，申请专利的发明具备实用性是授予其专利权的必要条件之一。所谓实用性，是指发明或者实用新型申请的主题必须能够在产业上制造或者使用，并能产生积极的效果。审查指南第二部分第五章第3.2.1节规定，具有实用性的发明或者实用新型专利申请主题，应当具有再现性。再现性是指所属技术领域的技术人员，根据公开的技术内容，能够重复实施专利申请中为解决技术问题所采用的技术方案。这种重复实施不得依赖任何随机因素，并且实施结果应该是相同的。

本申请权利要求请求保护的是一种分娩方法，根据《专利法》的规定，该分娩方法必须在产业中能够使用，并且能够解决技术问题。本申请要求保护的分娩方法是以产妇为主体，在产前学习分娩相关知识，并进行心理辅导，克服恐惧心理，在分娩过程中取蹲位或俯趴位，根据自身的生理情况自主调整分娩进程，最终完成分娩。虽然本申请请求保护的分娩方法在产妇分娩过程中能够实现，但由于产妇分娩是一个复杂的生产过程，必然受到产妇个体差异及各种随机因素的影响，致使所属技术领域的技术人员必须根据产妇分娩过程中出现的不同情况，采取相应的措施来保证产妇及婴儿的生命安全。致使本申请请求保护的方法很难在其他产妇身上完全再现，所属技术领域的技术人员也不可能在每一个产妇身上重复实现本申请请求保护的技术方案。因此，专利复审委得出本申请不具备实用性的结论是正确的，其作出的第11295号决定，本院予以支持。一审判决认定事实清楚，证据确实充分，适用法律正确，审判程序合法，所作判决应予维持。依照《中华人民共和国行政诉讼法》第六十一条第（一）项之规定，判决如下：

驳回上诉，维持一审判决。

二审案件受理费100元，由上诉人翁志成负担（已交纳）。

本判决为终审判决。

审　判　长　郭　宜
审　判　员　张学磊
代理审判员　朱海宏
二〇〇八年四月八日
书　记　员　程钰玮

119

# 一种动物性食品中氯霉素酶免疫检测试剂盒及其检测方法

## 复审请求审查决定（第 11306 号）

**决 定 号** 第 11306 号
**决 定 日** 2007 年 7 月 30 日
**发明创造名称** 一种动物性食品中氯霉素酶免疫检测试剂盒及其检测方法
**国际分类号** G01N 33/53，G01N 33/535，G01N 33/543，G01N 33/577
**复审请求人** 江南大学
**申 请 号** 02137940.8
**申 请 日** 2002 年 7 月 12 日
**公 开 日** 2003 年 1 月 8 日
**合议组组长** 任晓兰
**主 审 员** 吴红权
**参 审 员** 刘 亚

**法律依据** 专利法第 22 条第 3 款
**决定要点**

在判断一项权利要求是否具有创造性时，首先，应当确定与该权利要求所述技术方案最接近的现有技术；继而，将该权利要求中所述技术方案和最接近的现有技术进行特征对比分析，确定二者之间的区别特征，并客观分析以确定权利要求要求保护的技术方案相对于最接近的现有技术实际解决的技术问题；然后，从最接近的现有技术和上述实际解决的技术问题出发，判断权利要求要求保护的技术方案对本领域的技术人员来说是否是显而易见的。如果上述区别特征在现有技术中具有明确的启示或是本领域的公知常识，则该权利要求所要求保护的技术方案对本领域的技术人员来说是显而易见的，不具备创造性。

**一、案由**

本复审请求涉及发明名称为"一种动物性食品中氯霉素酶免疫检测试剂盒及其检测方法"的第 02137940.8 号发明专利申请（下称本申请），申请人为江南大学，申请日为 2002 年 7 月 12 日，公开日为 2003 年 1 月 8 日。

国家知识产权局原审查部门针对申请人于申请日提交的文本对本申请进行实质审查，于 2003 年 10 月 10 日发出《第一次审查意见通知书》，指出：权利要求 1~6 相对于对比文件 1（CN1153908A，公开日为 1997 年 7 月 9 日）不具有创造性，不符合专利法第 22 条第 3 款的规定。

针对《第一次审查意见通知书》，申请人于 2003 年 10 月 23 日提交了意见陈述书，认为：从对比文件 1 中找不出检测氯霉素的技术启示，因此权利要求 1 是非显而易见的，具备创造性。

2004 年 1 月 30 日，针对申请人于申请日提交的权利要求书、说明书和说明书附图及其摘要，国家知识产权局以权利要求 1~6 相对于对比文件 1 不符合专利法第 22 条第 3 款的规定为由驳回了本申请。

2004 年 2 月 24 日，申请人江南大学（下称请求人）对上述驳回决定不服，向专利复审委员会提出复审请求，请求人在提出复审请求时没有对权利要求书进行修改。

2005 年 2 月 25 日，专利复审委员会作出第 5682 号复审决定，该决定认为：仅由对比文件 1 一篇文献不能够影响本申请权利要求 1~6 的创造性，因此撤销驳回决定，由原审查部门以申请日提交的申请文本继续审查。

2005 年 10 月 28 日，原审查部门发出《第二次审查意见通知书》，指出，权利要求 1~6 相对于对比文件 1 和 2（“广州鸡肉中氯霉素含量的快速检测与分析”，王菊芳等，《四川畜牧兽医》，2002 年 5 月增刊，第 29 卷，总第 137 期，第 35~36 页）的结合不符合专利法第 22 条第 3 款关于创造性的规定。

2005 年 11 月 9 日，请求人针对《第二次审查意见通知书》进行了意见陈述，但是未提交修改文本。

2005 年 12 月 16 日，针对请求人于申请日提交的权利要求书、说明书和说明书附图及其摘要，国家知识产权局以权利要求 1~6 相对于对比文件 1 和 2 的结合不符合专利法第 22 条第 3 款的规定为由驳回了本申请。

驳回决定认为：

（1）权利要求 1 与对比文件 1 的区别在于检测对象不同和显色底物不同，而对比文件 2 是针对鸡肉中的氯霉素用酶联免疫方法进行的测定。为了能够检测氯霉素，本领域普通技术人员容易想到将对比文件 1 中针对黄曲霉毒素 B1 的检测试剂盒与对比文件 2 中的氯霉素相结合，这种结合对于所属技术领域的技术人员来说是显而易见的，并且没有产生预料不到的技术效果；至于显色底物，所使用的都是常见的显色底物，是常用手段的等效替换；因此权利要求 1 相对于对比文件 1 和对比文件 2 的结合不具有创造性。

（2）权利要求 2 和 3 的附加技术特征已经分别在对比文件 1 的权利要求 2 和 3 中公开，在独立权利要求 1 相对于对比文件 1 和 2 的结合不具有创造性的情况下，从属权利要求 2 和 3 也不具有创造性。

（3）权利要求 4 与对比文件 1 的区别在于对比文件 1 包被的抗体和加入的酶标抗原是 AFB1，并且权利要求 4 与对比文件 1 在温育时间、洗板间隔时间和避光时间上存在区别。由于测定 A490nm 值是测定吸光值的常用手段，具体操作时间随不同的实验进行适应性修改也不需要创造性劳动，因此如同第 1）点的评述，权利要求 4 相对于对比文件 1 和 2 的结合是显而易见的，权利要求 4 不具有创造性。

（4）权利要求 5 的附加技术特征都是常用试剂，并没有产生意想不到的技术效果，在独立权利要求 4 不具有创造性的情况下，从属权利要求 5 也不具有创造性。

（5）权利要求 6 的附加技术特征的一部分在对比文件 1 中已经公开，另一部分是经过有限次实验就能获得的，因此当独立权利要求 4 不具有创造性时，从属权利要求 6 也不具有创造性。

驳回决定针对的权利要求 1~6 如下：

“1. 一种氯霉素（CAP）酶免疫检测试剂盒，其特征在于由盒体（1），酶标板（2），A 试剂瓶（标准 CAP 试剂）（3），B 试剂瓶（稀释液）（4），C 试剂瓶（酶标抗原试剂）（5），D 试剂瓶（酶标抗原稀释液）（6），E 试剂瓶（含吐温-20 的磷酸盐 PBS 固体）（7），F 试剂瓶（邻苯二胺 OPD 试剂）（8），G 试剂瓶（醋酸钠-柠檬酸缓冲液）（9），H 试剂瓶（H2O2 溶液）（10），I 试剂瓶（硫酸溶液）（11），海绵托架（12）所组成，海绵托架（12）内装有上述 A、B、C、D、E、F、G、H、I 试剂瓶，海绵托架（12）及酶标板（2）均安放在盒体（1）内。

2. 按照权利要求 1 所述的氯霉素（CAP）酶免疫检测试剂盒，其特征在于所述的海绵托架（12）上制有孔和凹槽。

3. 按照权利要求 1 所述的氯霉素（CAP）酶免疫检测试剂盒，其特征在于所述的酶标板（2）有塑料支架和各自分开的带孔穴的塑料条组成。

4. 一种用氯霉素（CAP）酶免疫检测试剂盒检测氯霉素的方法，先进行样品处理，其特征在于首先将单克隆 CAP 抗体包被在酶标板上，酶标板放在 4℃冰箱过夜，再进行试剂及酶底物混合液的配制，在 A 试剂（标准 CAP）中加 20~30mlB 试剂混匀，在 C 试剂（酶标抗原）中加入 10~20mlD 试剂，溶解混匀，在 2~8℃下保存，用 E 试剂加入去离子水配制成 E 洗涤液，用 E 洗涤液洗酶标板 2~4 次，洗液不得溢出，每次间隔 3~4 分钟，洗后用吸水纸拍干，在酶标板小孔中加入配制好的试剂及样品稀释液进行竞争免疫反应，在 37~38℃温育 1~1.5h，再用 E 洗涤液洗板 4~6 次，每次间隔3~4min，拍干，再加入酶底物混合液，混匀，在 37~38℃避光作用 15~20 分钟，显色，最后加入 I 终止液（硫酸溶液）中止反应，用酶标仪测定 A490nm 值。

5. 按照权利要求 4 所述的检测氯霉素（CAP）的方法，其特征在于所述的 C 试剂（酶标抗原试剂）为氯霉素-辣根过氧化物酶（CAP-HRP）或酶标羊抗兔抗体（SABC，上海）或酶标猪抗兔抗体（Sigma，USA），B 试剂（稀释液）为 PBST 溶液（含 10g/LBSA，0.01mol/L，pH7.4），D 试剂（酶标抗原稀释液）为 PBS 溶液（含 1% 明胶，0.01mol/L，pH7.4）。

6. 按照权利要求 4 所述的检测氯霉素（CAP）的方法，其特征在于所述的酶底物混合液，采用 G 试剂（醋酸钠-柠檬酸缓冲液）和 F 试剂（邻苯二胺）按 G：F=7~9：3~1，和每 ml 此稀释液加 14μlH 试剂（$H_2O_2$）混合配制而成，临用前半小时内配制。”

2006 年 2 月 15 日，请求人对上述驳回决定不服，向专利复审委员会提出复审请求，请求人在提出复审请求时提交了修改的权利要求书。

修改后的权利要求 1~5 如下：

“1. 一种氯霉素酶免疫检测试剂盒，其特征在于由盒体（1），酶标板（2），A. 标准 CAP 试剂的试剂瓶（3），B. 稀释液的试剂瓶（4），C. 酶标抗原试剂的试剂瓶（5），D. 酶标抗原稀释液的试剂瓶（6），E. 含吐温-20 的磷酸盐 PBS 固体的试剂瓶（7），F. 邻苯二胺试剂的试剂瓶（8），G. 醋酸钠-柠檬酸缓冲液的试剂瓶（9），H. H2O2 溶液的试剂瓶（10），I. 硫酸溶液的试剂瓶（11），海绵托架（12）所组成，海绵托架（12）内装有上述 A、B、C、D、E、F、G、H、I 试剂瓶，海绵托架（12）及酶标板（2）均安放在盒体（1）内；

所述的 C 酶标抗原试剂为氯霉素-辣根过氧化物酶或酶标羊抗兔抗体 SABC 上海，或酶标猪抗兔抗体 Sigma，USA，B 稀释液试剂为含 10g/LBAS0.01mol/LpH7.4 的 PBST 溶液，D 酶标抗原稀释液为含 1% 明胶 0.01mol/LPH7.4 的 PBS 溶液。

2. 按照权利要求 1 所述的氯霉素酶免疫检测试剂盒，其特征在于所述的海绵托架（12）上制有孔和凹槽。

3. 按照权利要求 1 所述的氯霉素酶免疫检测试剂盒，其特征在于所述的酶标板（2）有塑料支架和各自分开的带孔穴的塑料条组成。

4. 一种用氯霉素酶免疫检测试剂盒检测氯霉素的方法，先进行样品处理，其特征在于首先将单克隆CAP抗体包被在酶标板上，酶标板放在4℃冰箱过夜，再进行试剂及酶底物混合液的配制，在A. 标准CAP试剂中加20~30mlB. 试剂混匀，在C. 酶标抗原试剂中加入10~20mlD. 试剂，溶解混匀，在2~8℃下保存，用E. 试剂加入去离子水配制成E. 洗涤液，用E. 洗涤液洗酶标板2~4次，洗液不得溢出，每次间隔3~4分钟，洗后用吸水纸拍干，在酶标板小孔中加入配制好的试剂及样品稀释液进行竞争免疫反应，在37~38℃温育1~1.5h，再用E洗涤液洗板4~6次，每次间隔3~4min，拍干，再加入酶底物混合液，混匀，在37~38℃避光作用15~20分钟，显色，最后加上I. 硫酸溶液终止液中止反应，用酶标仪测定A490nm值。

5. 按照权利要求4所述的检测氯霉素的方法，其特征在于所述的酶底物混合液，采用G. 醋酸钠-柠檬酸缓冲液和F. 邻苯二胺按G：F=7~9：3~1，和每毫升此稀释液加14μlH. $H_2O_2$混合配制而成，临用前半小时内配制。”

请求人认为：（1）第二次驳回决定仍以对比文件1作为本申请不具备创造性的依据，无视第一次复审决定的约束力；（2）对比文件2中所使用的德国试剂盒没有公开，并且不同于本申请试剂盒中所用的试剂；（3）在具体的检测操作步骤和灵敏度方面，本申请与现有技术相比有进步和贡献，因此应认为有创造性。

经形式审查合格后，专利复审委员会受理了该请求，并于2006年4月4日向请求人发出了《复审请求受理通知书》，同时将本申请转送至国家知识产权局原审查部门进行前置审查。

在《前置审查意见书》中，国家知识产权局原审查部门认为请求人在复审请求时并没有提供本申请权利要求具有创造性的充分理由，因此坚持驳回决定。

专利复审委员会组成合议组，对本复审请求案进行了审理。

合议组于2007年4月6日向请求人发出《复审请求口头审理通知书》，拟定于2007年5月16日举行口头审理。

合议组于2007年4月17日向请求人发出《复审通知书》，指出：权利要求1~5相对于对比文件1和2的结合不具有创造性，不符合专利法第22条第3款的规定；要求请求人在口头审理过程中对《复审通知书》所指出的问题进行答复，并且告知请求人，如果需要，最迟在收到《复审通知书》之日起一个月内书面陈述意见。

2007年5月16日，口头审理如期举行，请求人的代理人出席了口头审理，请求人表示已收到《复审通知书》并对合议组成员无回避请求。请求人当庭提交了意见陈述书。并在口头审理过程中充分陈述了自己的意见。请求人认为：（1）对比文件2并未公开所用德国试剂盒的具体配制试剂，并不构成一个技术方案；（2）对比文件2没有公开酶标抗原试剂，也没有公开显色底物，而本申请公开了采用氯霉素-辣根过氧化物酶或酶标羊抗兔抗体SABC上海，或酶标猪抗兔抗体Sigma USA，及邻苯二胺显色检测氯霉素的技术方案，因此本申请采用以上酶标抗原和显色底物来检测氯霉素含量的技术方案相对于对比文件2是非显而易见的；（3）尚未见文献报道采用本申请的酶标抗原和显色底物用于检测动物食品中的氯霉素含量。

至此，合议组认为本案事实已经清楚，可以作出审查决定。

**二、决定的理由**

1. 关于决定的文本

本复审决定是针对请求人于2006年2月15日提交的权利要求第1~5项，申请日提交的说明书第1~5页、说明书附图第1页及说明书摘要作出的。

2. 关于专利法22条3款

专利法第22条第3款规定，创造性，是指同申请日以前已有的技术相比，该发明有突出的实质性特点和显著的进步。

在判断一项权利要求是否具有创造性时，首先，应当确定与该权利要求所述技术方案最接近的现有技术；继而，将该权利要求中所述技术方案和最接近的现有技术进行特征对比分析，确定二者之间的区别特征，并客观分析以确定权利要求要求保护的技术方案相对于最接近的现有技术实际解决的技术问题；然后，从最接近的现有技术和上述实际解决的技术问题出发，判断权利要求要求保护的技术方案对本领域的技术人员来说是否是显而易见的。如果上述区别特征在现有技术中具有明确的启示或是本领域的公知常识，则该权利要求所要求保护的技术方案对本领域的技术人员来说是显而易见的，不具备创造性。

就本申请而言，权利要求 1 请求保护一种用于检测动物性食品中的氯霉素含量的酶联免疫的试剂盒，对比文件 1 公开了一种检测黄曲霉毒素 $B_1$ 的酶联免疫试剂盒，其可以用于检测粮食、饲料及食品中的黄曲霉毒素 $B_1$，对比文件 1 与本申请属于相同的技术领域。本申请权利要求 1 的技术特征与对比文件 1 公开的技术特征对比如下表：

| 本申请权利要求 1 | 对比文件 1 |
|---|---|
| 氯霉素酶免疫检测试剂盒 | 检测黄曲霉毒素 $B_1$ 的试剂盒 |
| 盒体（1） | 盒体（1） |
| 酶标板（2） | 酶标板（2） |
| A. 标准 CAP 试剂的试剂瓶（3） | B 试剂瓶（标准 AFB1 试剂）（4） |
| B. 稀释液的试剂瓶（4），其中 B 稀释液试剂为含 10g/LBAS0.01mol/LpH7.4 的 PBST 溶液 | A 试剂瓶（稀释液）（3） |
| C. 酶标抗原试剂的试剂瓶（5），其中 C 酶标抗原试剂为氯霉素-辣根过氧化物酶或酶标羊抗兔抗体 SABC 上海，或酶标猪抗兔抗体 Sigma，USA | C 试剂瓶（酶标抗原试剂）（5），其中 C 酶标抗原试剂为黄曲霉毒素 B1-辣根过氧化物酶 |
| D. 酶标抗原稀释液的试剂瓶（6），其中 D 酶标抗原稀释液为含 1% 明胶 0.01mol/LPH7.4 的 PBS 溶液 | D 试剂瓶（酶标抗原稀释液试剂）（6） |
| E. 含吐温-20 的磷酸盐 PBS 固体的试剂瓶（7） | E 试剂瓶（含吐温-20 的 PBS 固体）（7） |
| F. 邻苯二胺试剂的试剂瓶（8） | F 试剂瓶（四甲基联苯胺试剂）（8） |
| G. 醋酸钠-柠檬酸缓冲液的试剂瓶（9） | H 试剂瓶（醋酸钠-柠檬酸缓冲液）（10） |
| H. $H_2O_2$ 溶液的试剂瓶（10） | G 试剂瓶（$H_2O_2$溶液）（9） |
| I. 硫酸溶液的试剂瓶（11） | I 试剂瓶（硫酸溶液）（11） |
| 海绵托架（12）所组成，海绵托架（12）内装有上述 A、B、C、D、E、F、G、H、I 试剂瓶，海绵托架（12）及酶标板（2）均安放在盒体（1）内 | 海绵托架（12）所组成，海绵托架（12）内装有上述 A、B、C、D、E、F、G、H、I 试剂瓶，海绵托架（12）及酶标板（2）均安放在盒体（1）内 |

由特征对比列表可以看出，本申请权利要求 1 的技术方案与对比文件 1 所公开的技术方案相比，其区别在于：（1）检测对象和采用的检测试剂不同，本申请需要检测的是氯霉素，采用的是标准氯

霉素试剂，对比文件 1 中要检测的是黄曲霉毒素 $B_1$，采用的是标准黄曲霉毒素 $B_1$ 试剂；（2）显色底物不同，本申请使用邻苯二胺，对比文件 1 使用四甲基联苯胺；（3）本申请权利要求 1 具体限定了稀释剂试剂和酶标抗原稀释液。

根据本申请的技术内容可见，本发明实际要解决的技术问题是对对比文件 1 中的试剂盒进行改进，以便能够使用酶联免疫吸附竞争法来检测动物食品中氯霉素的含量。因此，本案的争议焦点是现有技术中是否存在用酶联免疫吸附竞争法检测动物食品中氯霉素含量的启示。

对比文件 2 公开了一种针对鸡肉中氯霉素含量的酶联免疫检测法，并且氯霉素检测在 50～4050ng/kg 范围内都具有良好的相关性（参见对比文件 2 摘要及第 35 页）。从对比文件 2 的内容可以知道，本领域已经使用酶联免疫吸附竞争法来检测动物食品中氯霉素的含量，所以当本领域技术人员面对本发明的上述实际要解决的技术问题时，能够从对比文件 2 中得到启示，并在对比文件 1 的基础上改变相应的检测试剂。此外，区别（2）和（3）都是酶联免疫检测中常见的试剂，在本领域普通技术人员想到可以将对比文件 1 的酶联免疫试剂盒与对比文件 2 结合用于检测氯霉素的情况下，自然会将对比文件 1 的试剂盒进行一些适应性改变，例如对显色底物和稀释剂进行一些常规选择，而这种选择是本领域普通技术人员本身所具有的知识或者只要通过有限次的试验就能确定的，并且这些选择也没有给技术方案本身带来任何意想不到的技术效果，因此，权利要求 1 不具备创造性，不符合专利法第 22 条第 3 款的规定。

从属权利要求 2 和 3 的附加技术特征已经在对比文件 1 的权利要求 2 和 3 中公开，在独立权利要求 1 相对于对比文件 1 和 2 的结合不具有创造性的情况下，其从属权利要求 2 和 3 也不具有创造性，不符合专利法第 22 条第 3 款的规定。

权利要求 4 要求保护一种用氯霉素酶免疫检测试剂盒检测氯霉素的方法，对比文件 1 也公开了一种用黄曲霉毒素 $B_1$ 的酶联免疫试剂盒检测黄曲霉毒素 $B_1$ 的方法，具体公开了如下内容：首先将多克隆抗体或单克隆抗体包被在酶标板上，酶标板放在 4℃左右冰箱过夜，再进行试剂及酶底物混合液的配制，在标准 AFB1 中加 20～30ml 稀释液试剂混匀，在 C 试剂酶标抗原中加入 10～20ml 酶标抗原稀释液，溶解，混匀，在 2～8℃下保存，E 试剂（含吐温 20 的 PBS 固体）中加入蒸馏水配制成洗涤液，用 E 洗涤液洗酶标板 2～4 次，洗涤不得溢出，每次间隔 0.5～1.5 分钟，放在吸水纸上拍干，在酶板小孔中加入配制好的试剂及样品稀释液进行竞争免疫反应，在 37～38℃放置 28～35 分钟，再用洗涤液洗板 4～6 次，每次间隔 1～2 分钟，拍干，再加入酶底物混合液，混匀，在 37～38℃放置 13～18分钟，显色，最后加入 I 终止液（硫酸溶液）中止反应，测定（参见对比文件 1 说明书第 3 页第 7～17 行）。权利要求 4 的技术方案与对比文件 1 公开的内容相比，区别在于检测对象不同以及在具体操作时间、洗板间隔时间和避光时间上有所不同。但测定 A490nm 处的吸光值对于本领域技术人员来说是常见的测定手段。如前所述，在对比文件 2 已经给出了用酶联免疫试剂盒来检测鸡肉中氯霉素含量的启示的情况下，本领域普通技术人员有动机将对比文件 1 和对比文件 2 结合，获得权利要求 4 所述的技术方案。

从属权利要求 5 进一步限定了权利要求 4 的方法，对比文件 1 也公开了底物混合液配制（参见对比文件 1 说明书第 8 页第 10～13 行和权利要求 6），其中不同的是对比文件 1 使用的是四甲基联苯胺，本申请使用的是邻苯二胺，对于本领域普通技术人员来说，四甲基联苯胺和邻苯二胺都属于常见的显色底物，而且也没有证据表明将两者替换使用带来了意想不到的技术效果；至于酶底物混合液中醋酸钠-柠檬酸缓冲液和邻苯二胺的比例，本领域普通技术人员经过有限次的试验就能确定合适的比例范围，因此，在独立权利要求 4 不具备创造性的情况下，权利要求 5 也不具备创造性，不符合专利法第 22 条第 3 款的规定。

请求人在答复《复审通知书》时以及在口头审理过程中认为：（1）对比文件2并未公开所用德国试剂盒的配制试剂，并不构成一个技术方案；（2）对比文件2没有公开酶标抗原试剂，也没有公开显色底物，而本申请公开了采用氯霉素-辣根过氧化物酶或酶标羊抗兔抗体SABC上海，或酶标猪抗兔抗体Sigma USA，及邻苯二胺显色检测氯霉素的技术方案，因此本申请采用以上酶标抗原和显色底物来检测氯霉素含量的技术方案相对于对比文件2是非显而易见的；（3）尚未见文献报道采用本申请的酶标抗原和显色底物用于检测动物食品中的氯霉素含量。

对此，合议组认为：（1），虽然在对比文件2中没有具体公开所述的德国试剂盒中所配制的试剂是什么组成，但是并不能认为对比文件2就不构成一个技术方案，对比文件2中的试剂盒有具体的厂商和型号，本领域技术人员可以通过市购获得该试剂盒并用于检测鸡肉中的氯霉素含量；（2），在评价权利要求1的创造性时，对比文件2用于证明现有技术是否给出使用酶联免疫吸附竞争法检测动物食品中氯霉素含量的启示，在对比文件2已经给出了这一启示的情况下，对比文件2是否公开其中所采用的德国试剂盒的组成并不影响本领域技术人员将对比文件2的这一启示用于对比文件1；（3），对比文件1已经公开了酶标抗原黄曲霉毒素B1-辣根过氧化物酶，本申请与其的区别仅是用氯霉素代替黄曲霉毒素B1，在检测氯霉素时，本领域技术人员容易从对比文件1中得到启示，使用氯霉素-辣根过氧化物酶，此外，本申请使用的另外两种酶标抗原即酶标羊抗兔抗体SABC上海或酶标猪抗兔抗体Sigma USA都是本领域常用的市售商品，本领域技术人员从市售的商品中选择合适的酶标抗原试剂用于酶联免疫检测法中并不需要花费创造性劳动。至于本申请所使用的显色底物邻苯二胺，则是酶联免疫法中常用的试剂。因此，请求人的上述理由尚不能使权利要求1~5具有创造性。

请求人在提交复审请求时还认为，第二次驳回决定中仍以对比文件1作为本申请不具备创造性的依据无视第一次复审决定的约束力。对此，合议组认为，第二次驳回决定引用对比文件1和对比文件2的结合评价权利要求1~5的创造性，而第一次驳回决定仅引用对比文件1来评价权利要求1~6的创造性，两次驳回决定所依据的事实和证据并不相同，因此不属于审查指南第四部分第二章第7节规定的“原审查部门不得以同样的事实、理由和证据作出与该复审决定意见相反的决定”的情况。

请求人在提交复审请求时还认为，本申请在检测操作步骤和灵敏度方面相对于现有技术取得了进步和贡献。对此，合议组认为，本申请的整个检测操作步骤与对比文件1相比，其区别在于检测对象和相应的试剂不同，整个检测操作步骤并没有简化；同时，对比文件2中已经明示出，用酶联免疫试剂盒检测鸡肉中氯霉素含量的低限为50ng/kg，这与本申请中的检测灵敏度是相同的，因此没有证据表明本申请方法的灵敏度相对于现有技术取得了意想不到的技术效果，请求人认为本申请相对于现有技术在检测操作步骤和灵敏度方面取得了进步和贡献的主张不能成立。

根据上述事实和理由，合议组作出如下审查决定。

**三、决定**

维持国家知识产权局于2005年12月16日针对第02137940.8号发明专利申请作出的驳回决定。

复审请求人对本决定不服的，可以根据专利法第41条第2款的规定，自收到本决定之日起三个月内向北京市第一中级人民法院起诉。

120

# 21 世纪版教学用书

## 复审请求审查决定（第 11308 号）

**决　定　号**　第 11308 号
**决　定　日**　2007 年 8 月 16 日
**发明创造名称**　21 世纪版教学用书
**国际分类号**　G09F 23/10
**复审请求人**　杨财铸
**申　请　号**　02142336.9
**申　请　日**　2002 年 9 月 10 日
**优先权日**　2002 年 1 月 13 日
**公　开　日**　2003 年 7 月 30 日
**合议组组长**　程　强
**主　审　员**　朱明雅
**参　审　员**　耿　博

**法律依据**　专利法第 25 条第 2 款、第 22 条第 3 款
**决定要点**

当一申请所要保护的客体实质上为一种资金的支配方法时，该客体应当属于专利法第 25 条第 2 款所规定的智力活动的规则，不能授予专利权。

当一申请所要保护的技术方案对本领域技术人员而言，在结合对比文件和公知常识的情况下能够容易得出，则该技术方案不符合专利法第 22 条第 3 款规定的创造性。

### 一、案由

本复审请求涉及名称为“21 世纪版教学用书”的 02142336.9 号发明专利申请（下称本申请），申请日为 2002 年 9 月 10 日，公开日为 2003 年 7 月 30 日，申请人为杨财铸。

国家知识产权局实质审查部门于 2004 年 9 月 10 日驳回了本申请，驳回决定所依据的文本为：申请人于 2004 年 7 月 6 日提交的说明书第 1~9 页、权利要求第 1~4 项、说明书附图第 1~4 页、说明书摘要第 1 页以及摘要附图。驳回决定的具体理由是权利要求 3 和 4 不具备创造性：权利要求 3 和 4 实质上要保护的技术方案为在教学用书的封面、内页和封底刊登广告，或在内页增加纸张刊登广告。而对比文件 1（CN1202427A）公开了一种利用书本进行广告宣传的方法以及所使用的书本，而书本当然包括了封面、内页和封底，而对书本的限定和广告的印刷位置是本领域的公知常识，故权利要求 3、4 相对于对比文件 1 不具备突出的实质性特点和显著的进步，因而不具备创造性。其中，权利要

求第 3、4 项的内容如下：

“3. 一种为义务教育筹集资金的新型纸制品《21sj－教学用书》，所述的教学用书包括（1）中外文字典词典之类的辞书，（2）从小学、中学直到大中专含本科研究生、硕士博士、博士后，及电大、成人中高级教育的各阶段、各年级、各学科的教科书以及与之相配套的教学大纲、教学参考书等教师用书，其特征：在于在所述教学用书之封面、内页和封底上刊登有由厂矿企事业部部门、集团公司、个体业主以及其他经济实体采用捐赠、赞助、冠名、广告及其他方式以图文及其他符号登载的由广告构成的广告信息板块，在于集中整合将所述教学用书之全部广告收入，为我国义务教育筹集资金用于支付学生教科书的纸张费、印刷费和发行费，实现向西部甚至向全国的学生低价甚至免费提供教科书以减轻学生家长负担完善我国义务教育制度的目的。

4. 一种为义务教育筹集资金向学生低价甚至免费提供教科书的新型纸制品《21sj－教学用书》，所述的教学用书包括（1）中外文字典词典之类的辞书，（2）从小学、中学直到大中专含本科研究生、硕士博士、博士后，及电大、成人中高级教育的各阶段、各年级、各学科的教科书以及与之相配套的教学大纲、教学参考书等教师用书，其特征在于：在现行辞书、教科书、教师用书的基础上，在所述书籍之内页件增加设置了一页页通过现有技术与书轴相连接的专门用于刊登广告信息的纸张书页，该纸张书页只印又由厂矿企事业部部门、集团公司、个体业主以及其他经济实体采用捐赠、赞助、冠名、广告及其他方式以图文及其他符号登载的由广告构成的广告信息板块。”

申请人（下称请求人）不服原实质审查部门做出的驳回决定，于 2004 年 11 月 15 日向专利复审委员会提出了复审请求，并提交了意见陈述书以及说明书全文替换页第 1～9 页、说明书附图第 1～4 页、权利要求 1～5、说明书摘要以及摘要附图。

请求人的复审理由是：本发明属于转用发明，是将公知的广告技术专用于为中国的义务教育筹集资金的新领域，因此具有创造性。

经形式审查合格后，专利复审委员会受理了该复审请求，并于 2004 年 12 月 30 日向请求人发出复审请求受理通知书，同时向原审查部门发出前置审查通知书。原实质审查部门在前置审查意见中坚持原驳回决定。

请求人于 2005 年 5 月 1 日再次提交意见陈述书，请求人在意见陈述书中仍主张其申请是将公知的广告技术专用于为中国的义务教育筹集资金的新领域，对中国义务教育事业具有重大贡献，因而具有创造性。

专利复审委员会依法成立合议组对该复审请求案进行了审查。

合议组于 2006 年 6 月 23 日发出复审通知书，指出：请求人于 2004 年 11 月 15 日提出复审请求时提交的修改文本的内容，例如说明书第 1 页第 1 段、第 1 页第 5 行至第 2 页第 2 行、说明书附图中增加的附图 1 和附图 8、修改后的权利要求 2 中“教学用书的可视信息板块由教学板块和广告信息板块构成”、权利要求 4 中“教学用书的可视信息板块由教学板块和广告信息板块构成”、权利要求 5 中“所述书籍之内页间增加设置有一页页通过现有技术与书轴相连接的专门刊登广告信息的纸张书页”等内容，既未在原始公开文本中记载，也不能从原始公开文本中直接地、毫无疑义地导出，因此都超出了原始文本所记载的范围，不符合专利法第 33 条的规定，但为了节约程序，合议组在本申请公开文本的基础上，对本申请的创造性进行评述。本申请公开文本的权利要求书包括了权利要求第1～7 项，经审查，合议组认为权利要求 1～7 相对于对比文件 1 均不符合专利法第 22 条第 3 款有关创造性的规定。

请求人于 2006 年 7 月 30 日针对上述复审意见通知书提交了意见陈述书，同时提交了修改文本。请求人在意见陈述书中坚持主张本发明属于转用发明，是将公知的广告技术专用于为中国的义务教育筹集资金的新领域，并一直强调本申请具有重要的社会意义，因此具有创造性。

合议组对请求人提交的修改文本进行仔细研究后，于2006年8月25日向请求人发出口头审理通知书，定于2006年9月11日举行口头审理，口头审理的内容主要涉及本申请的修改文本是否符合专利法第33条、专利法实施细则第60条第1款、专利法第25条以及专利法第22条第3款的规定问题。

口头审理于2006年9月11日如期举行，请求人参加了口头审理。在口头审理过程中，请求人再次要求修改申请文本，并当庭确定说明书附图以及摘要附图以答复复审通知书时提交的文本为准；权利要求书、说明书以及说明书摘要以当庭提交的修改文本为审查基准。

经合议，合议组当庭告知请求人，其当庭修改的权利要求书中的权利要求1、2不符合专利法第25条的规定，权利要求3~5不符合专利法第22条第3款的规定。

请求人于2006年10月6日提交了意见陈述书以及权利要求书的修改替换页2页，在意见陈述书中，请求人又一次陈述了本申请将具有的社会意义。

专利复审委员会于2007年7月2日向请求人发出合议组成员告知通知书，将合议组组长由柴爱军变更为程强。

请求人于2007年7月13日提出回避请求，要求合议组成员耿博回避，同时提交了权利要求书修改替换页2页。

复审委员会于2007年7月30日作出决定，驳回请求人的回避请求。

至此，合议组认为本案事实已经清楚，可以依法做出复审决定。

**二、决定的理由**

1. 审查文本

请求人在口头审理之后又于2006年10月6日、2007年7月13日分别提交了权利要求书的修改替换页。合议组表示根据请求人的意愿，接受请求人最后提交的权利要求书作为审查基础，其内容如下：

“1. 一种将现行教学用书技术和广告技术结合起来为中华人民共和国义务教育筹集资金的开拓性方法，其特征在于：将现行教学用书技术和广告技术结合起来并用于为中华人民共和国义务教育筹集资金这一特定用途，在于将现行教学用书技术和广告技术结合起来为中华人民共和国义务教育筹集资金这一新领域，本方法具有为中国义务教育筹集资金向全国学生低价甚至免费提供教科书的功能和效果，所述的教学用书包括（1）中外文字典词典之类的辞书，（2）从小学、中学直到大中专含本科研究生、硕士博士、博士后，及电大、成人中高级教育的各阶段、各年级、各学科的教科书以及与之相配套的教学大纲，所述的广告信息是指由厂矿企事业部部门、集团公司、个体业主以及其他经济实体采用捐赠、赞助、冠名、广告及其他方式以图文及其他符号登载的由广告构成的广告信息的集合。

2. 一种现行教学用书的新用途，所述的教学用书包括（1）中外文字典词典之类的辞书，（2）从小学、中学直到大中专含本科研究生、硕士博士、博士后，及电大、成人中高级教育的各阶段、各年级、各学科的教科书以及与之相配套的教学大纲、教学参考书等教师用书，其特征在于：将仅仅用于教与学的现行教学用书用于承载广告为中华人民共和国义务教育筹集资金向学生低价甚至免费提供教科书，这一新用途能够在不需要政府投入资金的情况下解决我国一直渴望解决但始终未能获得成功的向学生低价甚至免费提供教科书的难题，能够克服长期以来所形成的教学用书除了在教师与学生之间用于教与学之外别无他用的偏见，所述的广告信息是指由厂矿企事业部部门、集团公司、个体业主以及其他经济实体采用捐赠、赞助、冠名、广告及其他方式以图文及其他符号登载的由广告构成的广告信息的集合。

3. 一种将现行教学用书技术、广告技术转用到为中华人民共和国义务教育筹集资金向学生免费提供教科书这一新领域的方法，所述的教学用书包括（1）中外文字典词典之类的辞书，（2）从小学、中学直到大中专含本科研究生、硕士博士、博士后，及电大、成人中高级教育的各阶段、各年级、各学科的教科书以及与之相配套的教学大纲，其特征在于：这种转用具有为中华人民共和国义务教育筹集资金的功能和效果，能够在不需要政府投入资金的情况下解决向全国学生免费提供教科书这一人们一直渴望解决但始终未能获得成功的难题，所述的广告信息是指由厂矿企事业部部门、集团公司、个体业主以及其他经济实体采用捐赠、赞助、冠名、广告及其他方式以图文及其他符号登载的由广告构成的广告信息的集合。

4. 一种现行教学用书与广告产品即刊登有广告的纸张书页相结合得出的新产品。其特征在于：把教学用书与刊登有广告信息的纸张书页结合起来并应用于为中华人民共和国义务教育筹集资金向学生低价甚至免费提供教科书这一特定的新用途，这种结合克服了长期以来所形成的教学用书除了在教师与学生之间用于教与学之外别无他用的缺陷和偏见，具有为中华人民共和国义务教育筹集资金的功能和效果，所述的教学用书包括（1）中外文字典词典之类的辞书，（2）从小学、中学直到大中专含本科研究生、硕士博士、博士后，及电大、成人中高级教育的各阶段、各年级、各学科的教科书以及与之相配套的教学大纲、教学参考书等教师用书，所述的广告信息是指由厂矿企事业部部门、集团公司、个体业主以及其他经济实体采用捐赠、赞助、冠名、广告及其他方式以图文及其他符号登载的由广告构成的广告信息的集合。

5. 一种新型纸制工具《21sj-教学用书》，所述的教学用书包括（1）中外文字典词典之类的辞书，（2）从小学、中学直到大中专含本科研究生、硕士博士、博士后，及电大、成人中高级教育的各阶段、各年级、各学科的教科书以及与之相配套的教学大纲、教学参考书等教师用书，其特征在于：在所述教学用书之封面、内页和封底上刊登有由厂矿企事业部部门、集团公司、个体业主以及其他经济实体采用捐赠、赞助、冠名、广告及其他方式以图文及其他符号登载的由广告构成的广告信息，本纸制品克服了长期以来所形成的教学用书除了在教师与学生之间用于教与学之外别无他用的缺陷和偏见，具有具有为中华人民共和国义务教育筹集资金的功能，能够在不需要政府投入资金的情况下解决向学生免费提供教科书这一我国一直渴望解决但始终未能获得成功的难题。

6. 一种用性质、功能、效果不同的纸张书页替换变更现行教学用书上的纸张书页所获得的新型纸制工具《21sj-教学用书》，所述的教学用书包括（1）中外文字典词典之类的辞书，（2）从小学、中学直到大中专含本科研究生、硕士博士、博士后，及电大、成人中高级教育的各阶段、各年级、各学科的教科书以及与之相配套的教学大纲、教学参考书等教师用书，其特征在于：用兼有广告和教学内容的纸张书页替换所述教学用书上单纯印有教学内容的纸张书页，在于将现行教学用书和广告结合起来并转用到为中华人民共和国义务教育筹集资金向学生免费提供教科书这一新领域和特定用途，这一要素的替换变更能够取得为义务教育筹集资金的崭新功能和效果，能够在不需要政府投入资金的情况下解决向学生免费提供教科书这一社会性历史性难题，能够克服了长期以来所形成的教学用书除了在教师与学生之间用于教与学之外别无他用的缺陷和偏见，所述的教学内容是指在教师与学生之间用于教与学的图文及其他符号组合而形成的由教学内容构成的集合，所述的广告信息是指由厂矿企事业部部门、集团公司、个体业主以及其他经济实体采用捐赠、赞助、冠名、广告及其他方式以图文及其他符号登载的由广告构成的广告信息的集合。”

2. 关于专利法第25条第2款

专利法第25条第2款规定：对智力活动的规则和方法不授予专利权。

智力活动的规则由于其没有采用技术手段，也未解决技术问题和产生技术效果，因而不构成技术方案。

具体到本申请，权利要求 1 请求保护的是一种“将现行教学用书技术和广告技术结合起来为中华人民共和国义务教育筹集资金的开拓性方法”，权利要求 2 请求保护的是“一种现行教学用书的新用途”，权利要求 3 请求保护的是“一种将现行教学用书技术、广告技术转用到其他新领域的方法”，权利要求请求保护的实质上是筹集资金的方法，或是筹集的资金的具体用途。这些方法或用途均不是技术方案，也没有解决技术问题，而是一种人为设定的资金的获取或使用方式，属于智力活动的规则。因此权利要求 1~3 均不属于专利法所要保护的内容，不符合专利法第 25 条第 2 款的规定。

3. 关于专利法第 22 条第 3 款

专利法第 22 条第 3 款规定：创造性是指同申请日以前已有的技术相比，该发明有突出的实质性特点和显著的进步，该实用新型有实质性特点和进步。

具体到本申请，本申请权利要求所要保护的产品都不具备专利法第 22 条第 3 款规定的创造性。

（1）权利要求 4 请求保护的是“一种现行教学用书与广告产品即刊登有广告的纸张书页相结合得出的新产品”，其技术方案实质上为：教学用书内插入刊登有广告的纸张，即在教学用书中插入广告页。对比文件 1（CN 1202427A 公开日为 1998 年 12 月 23 日）公开了一种利用书本进行广告宣传的方法及其所使用的书本，并具体公开了：“书本上印有广告信息，广告信息包括企事业单位名称、企事业单位介绍、产品广告、服务广告、广告用语、广告图案及其他广告信息中的一种或多种”（参见对比文件 1 说明书第 1 页第 4~14 行）。权利要求 4 与对比文件 1 相比，其区别在于对书的限定，对比文件 1 已经明确指出，书本上印有广告，本领域技术人员根据公知常识，可以将书本扩展到各类书籍，书本当然包括教学用书，教学用书也包括了从小学到博士的各个阶段的教学大纲、教学参考书和教师用书，因此在对比文件 1 的基础上结合公知常识获得权利要求 4 所要保护的技术方案对本领域技术人员来说是显而易见的。因此该权利要求不具备突出的实质性特点和显著的进步，因而不具备专利法第 22 条第 3 款所规定的创造性。

（2）权利要求 5 请求保护的是一种“新型纸制工具《21sj-教学用书》”，其技术方案实质上为：教学用书的封面、内页和封底上设有可登广告的版面篇幅，各种单位采用捐赠、赞助、冠名、广告等其他方式，在该版面上登载商标广告及其他资讯信息。对比文件 1 公开了一种利用书本进行广告宣传的方法及其所使用的书本，并具体公开了：“书本上印有广告信息，广告信息包括企事业单位名称、企事业单位介绍、产品广告、服务广告、广告用语、广告图案及其他广告信息中的一种或多种”（参见对比文件 1 说明书第 1 页第 4~14 行）。权利要求 5 与对比文件 1 相比，其区别在于对书的限定，对比文件 1 已经明确指出，书本上印有广告，本领域技术人员根据公知常识，可以将书本扩展到各类书籍，且书本当然包括封面、内页和封底，因此在对比文件的基础上结合公知常识获得权利要求 5 所要保护的技术方案对本领域技术人员来说是显而易见的。因此该权利要求不具备突出的实质性特点和显著的进步，因而不具备专利法第 22 条第 3 款所规定的创造性。

（3）权利要求 6 请求保护的是一种“用性质、功能、效果不同的纸张书页替换变更现行教学用书上的纸张书页所获得的新型纸制工具《21sj-教学用书》”，其技术方案实质上为：教学用书的书页中既有教学内容也有广告内容。对比文件 1 公开了一种利用书本进行广告宣传的方法及其所使用的书本，并具体公开了：“书本上印有广告信息，广告信息包括企事业单位名称、企事业单位介绍、产品广告、服务广告、广告用语、广告图案及其他广告信息中的一种或多种”（参见对比文件 1 说明书第 1 页第 4~14 行）。权利要求 6 与对比文件 1 相比，其区别在于对书的限定，对比文件 1 已经明确指出，书本上印有广告，本领域技术人员根据公知常识，可以将书本扩展到各类书籍，且书本当然包括封面、内页和封底；同时，广告既可以是整页插入也可以分别插入正常页中，这种广告刊登方式在报纸、书刊中非常常见，是一种经常使用的手段。因此在对比文件 1 的基础上结合公知常识获得权利要求 6 所要保护的技术方案对本领域技术人员来说是显而易见的。因此该权利要求不具备突出的实质性特点和显著的进步，因而不具备专利法第 22 条第 3 款所规定的创造性。

综上所述，本申请权利要求 1~3 不符合专利法第 25 条第 2 款的规定；权利要求 4~6 不符合专利法第 22 条第 3 款的规定。

基于上述理由，合议组作出下述决定。

**三、决定**

维持国家知识产权局于 2004 年 9 月 10 日对 02142336.9 号发明专利申请作出的驳回决定。

复审请求人对本决定不服的，可以根据专利法第 41 条第 2 款的规定，自收到本决定之日起三个月内向北京市第一中级人民法院起诉。

121

# 液晶显示装置

## 复审请求审查决定（第11318号）

**决　定　号**　第11318号
**决　定　日**　2007年8月1日
**发明创造名称**　液晶显示装置
**国际分类号**　G02F 1/1333，G02F 1/1335，G09F 9/35
**复审请求人**　统宝光电股份有限公司
**申　请　号**　02158417.6
**申　请　日**　2002年12月24日
**公　开　日**　2004年7月7日
**合议组组长**　张　曦
**主　审　员**　谢有成
**参　审　员**　陈　力

**法律依据**　专利法第26条第3款
**决定要点**

在判断说明书是否公开充分时，不仅要根据说明书本身所记载的内容，而且要结合现有技术中公知的技术手段和方法，如果所属技术领域的技术人员根据说明书所记载的内容结合现有技术中公知的技术手段和方法即可实施本发明的技术方案，则认为说明书公开充分。

### 一、案由

本复审请求涉及申请号为02158417.6、名称为“液晶显示装置”的发明专利申请（下称本申请），其申请日为2002年12月24日，公开日为2004年7月7日，申请人为统宝光电股份有限公司。

国家知识产权局专利局实质审查部门依法对本申请进行了实质审查，于2005年9月23日发出第一次审查意见通知书，指出本申请不符合专利法第26条第3款的有关规定。

针对上述审查意见通知书，申请人于2006年1月10日提交了意见陈述书，陈述本申请符合专利法第26条第3款的有关规定的理由，并提交了说明书的修改替换页第1~7页。

国家知识产权局专利局实质审查部门于2006年4月7日以本申请不符合专利法第26条第3款为由作出驳回决定，驳回决定所针对的文本是：申请人于申请日即2002年12月24日提交的权利要求第1~17项，说明书附图，说明书摘要和摘要附图，于答复第一次审查意见通知书时即2006年1月10日提交的说明书全文第1~7页。驳回决定认为，说明书中记载了通过调整两个基板上的彩色滤光片的厚度来使得透射区域的显示和反射区域的显示色彩饱和度接近或相同，但在说明中并未给出任何具体调整方法或实现手段，也没有清楚地记载和说明如何具体地调节彩色滤光片 42 的厚度 $t_1$ 以及彩色滤光片 47 的厚度 $t_2$，使得最后在穿透区的显示及反射区的显示的色彩饱和度接近或相同，也就是说，说明书中只给出愿望和结果，而未给出任何使所属技术领域的技术人员能够实施的技术手段，从而所属技术领域的技术人员根据说明书中的简单记载不能实现该发明。

申请人统宝光电股份有限公司（下称复审请求人）对上述驳回决定不服，于 2006 年 7 月 14 日向专利复审委员会提出复审请求。复审请求人认为，形成彩色滤光片的方法为现有技术中一般的方法，比如喷涂印刷法，用此方法同样也可以控制滤光片的厚度，进一步说，使本申请附图 4 中彩色滤光片 42 的厚度 $t_1$ 和彩色滤光片 47 的厚度 $t_2$ 满足 $t_1+t_2 \approx t_2+t_2$ 就可以达到目的。因此，根据本申请中提出的发明构思并通过现有技术中已知的技术手段即可实现本申请说明书中记载的技术方案。复审请求人未对申请文件进行进一步修改。

经形式审查合格后，专利复审委员会依法受理了该复审请求，于 2006 年 8 月 11 日发出复审请求受理通知书，并于同一日向国家知识产权局专利局实质审查部门发出了前置审查通知书。

国家知识产权局专利局实质审查部门对本复审请求作出前置审查意见，仍然坚持原驳回决定。

基于上述复审请求，专利复审委员会依法成立合议组对本复审请求案进行审查。合议组在仔细审阅了全部案卷后，认为本案事实已经清楚，现依法作出复审决定。

**二、决定的理由**

1. 决定所依据的文本

由于复审请求人在提出复审请求时未对申请文本进行修改，因此本决定以驳回决定所依据的文本作为审查基础，即复审请求人于申请日 2002 年 12 月 24 日提交的权利要求第 1~17 项，说明书附图第 1~4 页，说明书摘要和摘要附图，于 2006 年 1 月 10 日提交的说明书第 1~7 页。

2. 关于本申请是否符合专利法第 26 条第 3 款的规定

专利法第 26 条第 3 款规定：说明书应当对发明或者实用新型作出清楚、完整的说明，以所属技术领域的技术人员能够实现为准；必要的时候，应当有附图。摘要应当简要说明发明或者实用新型的技术要点。

在判断说明书是否公开充分时，不仅要根据说明书本身所记载的内容，而且要结合现有技术中公知的技术手段和方法，如果所属技术领域的技术人员根据说明书所记载的内容结合现有技术中公知的技术手段和方法即可实施本发明的技术方案，则认为说明书公开充分。

现有技术在制造半透半反液晶显示装置时，为避免透射区和反射区的色彩饱和度差异，采取使彩色滤光片的透射区和反射区的厚度具有差异的方法（图 2A），或者在彩色滤光片的反射区挖洞的方法（图 2B），在这两种方法中，彩色滤光片都是在一个基板上形成，并且滤色片在反射区和透射区有区别，因此，如果上下基板没有精确对准而导致上下基板对应的透射区和反射区错位，就会产生在反射模式和透射模式中色彩饱和度不同的问题，也即现有技术需要将上下基板的反射区和透射区精确对准等烦琐的制作工艺。本申请为解决该技术问题，采用在两个基板上都形成彩色滤光片的技术方案（参照附图 4），即：在下基板上形成一层厚度为 $t_1$ 的彩色滤光片 42，在上基板上形成一层厚度为 $t_2$ 的彩色滤光片 47，通过调整彩色滤光片 42 的厚度 $t_1$ 和彩色滤光片 47 的厚度 $t_2$，使最后在透射区和反射区的色彩饱和度接近或者相同。这样，在反射显示模式中，光线在反射区穿过彩色滤光片 47 两次，在透射显示模式时，光线穿过彩色滤光片 42 一次和穿过彩色滤光片 47 一次，由于滤色片在上基板上没有区分反射区和透射区，因此，对于上基板和下基板而言，即使它们对应的反射区和透射区没有精确对准，在反射模式和透射模式中光线穿过滤色片的情况也是相同的，因此在制造半透半反液晶显示装置时无须使上下基板精确对准，通过调整彩色滤光片 42 和 47 的厚度，就可以达到在反射模式和透射模式中显示的色彩饱和度接近或者相同的技术效果。因此，合议组认为，本申请说明书充分公开了为解决现有技术中需要对准等烦琐的制作工艺的技术问题而采用在上、下基板均形成彩色滤光片的技术手段，达到两种模式中显示的色彩饱和度接近或相同的技术效果。

至于如何具体调整两基板上彩色滤光片的厚度以使得透射区的显示和反射区的显示色彩饱和度接近或相同的方法和实现手段，合议组认为：本领域技术人员可以根据现有技术中公知的技术手段和方法来获得。因为，第一，形成彩色滤光片以及控制其厚度的技术手段是公知的，比如可以采用光刻法形成彩色滤光片，在该工艺中，通过控制曝光时间、掩模类型等来控制所形成的彩色滤光片的厚度，本申请说明书中也记载了该形成方法如一般的彩色滤光片的形成方法（说明书第5页第11行，第6页第9行）；第二，如何确定彩色滤光片的厚度参数来达到显示的色彩饱和度接近或者相同的方法也是公知的，本申请在背景技术部分也提到“厚度补偿的原理”（参见说明书第2页第5行），简单地，可以通过控制曝光时间、掩模类型等具体的控制膜厚的手段使彩色滤光片42的厚度 $t_1$ 和彩色滤光片47的厚度 $t_2$ 满足 $t_1=t_2$ 的条件，这样，在反射模式中，光线经过彩色滤光片的距离为 $t_2+t_2$，在透射模式中，光线经过彩色滤光片的距离为 $t_1+t_2$，即在反射模式和透射模式中光线经过彩色滤光片的距离相等，因而实现了厚度补偿，显示时呈现相同的色彩饱和度。当然，若滤色片不同，也可通过事先实验等手段确定不同的滤色片所需的厚度，以达到相同的色彩饱和度，再采用上述公知的手段形成该厚度的滤色片。并且无论是如何形成彩色滤光片还是如何控制其厚度以及怎样确定其厚度参数均不是本发明所要解决的技术问题。因此，本领域技术人员在上述现有公知技术手段和方法的基础上，根据本申请说明书记载的内容无须创造性地劳动就可获得彩色滤光片42和47厚度的具体的调整方法和实现手段。

综上所述，本申请说明书不但提出了发明构思，给出了所要实现的愿望和结果，而且公开了使所属技术领域的技术人员能够实施的技术手段，其技术方案解决了技术问题，并产生了技术效果，因此本申请说明书公开充分，符合专利法第26条第3款的有关规定。

**三、决定**

复审请求的理由成立，撤销国家知识产权局于2006年4月7日对02158417.6号发明专利申请作出的驳回决定，以复审请求人于2002年12月24日提交的权利要求第1~17项，说明书附图第1~4页，说明书摘要和摘要附图，于2006年1月10日提交的说明书第1~7页作为审查基础继续进行审批程序。

复审请求人对本决定不服的，可以根据专利法第41条第2款的规定，自收到本决定之日起三个月内向北京市第一中级人民法院起诉。

# 测量摩擦力的设备

## 复审请求审查决定（第 11323 号）

**决　定　号**　第 11323 号
**决　定　日**　2007 年 8 月 15 日
**发明创造名称**　测量摩擦力的设备
**国 际 分 类 号**　G01N 19/02
**复 审 请 求 人**　FM 设备股份有限公司
**申　请　号**　01806485. X
**优 先 权 日**　2000 年 3 月 13 日
**国 际 公 布 日**　2001 年 9 月 27 日
**申　请　日**　2001 年 3 月 13 日
**公　开　日**　2003 年 5 月 14 日
**合 议 组 组 长**　李　隽
**主　审　员**　周　航
**参　审　员**　张　曦

**法 律 依 据**　专利法第 26 条第 3 款
**决 定 要 点**

如果说明书中给出了技术手段，但对于所属技术领域的技术人员来说，该手段是含糊不清的，根据说明书记载的内容无法具体实施，则该说明书未对技术方案作出清楚、完整的说明，不符合专利法第 26 条第 3 款的规定。

### 一、案由

本复审请求涉及申请号为 01806485. X、发明名称为“测量摩擦力的设备”的 PCT 发明专利申请（下称本申请），其申请日是 2001 年 3 月 13 日，优先权日为 2000 年 3 月 13 日，公开日是 2003 年 5 月 14 日，公开时的申请人是哈里德布鲁克特萨尔格公司，2004 年 7 月 23 日变更为 FM 设备股份有限公司。本申请公开时的权利要求如下：

“1. 一种在潮湿的公路、机场跑道或类似基础路面上测量摩擦力的设备，其特征在于：包括至少一个安装在垂直支持架（3）上的车轮（2），该支持架通过臂（8）连接到紧固板（1）上，和具有测量单元（10）的两个水平臂（11、12），以及一个调整螺钉（6）。

2. 如权利要求 1 所述的设备，其特征在于：测量单元被连接到用于读出测量值的监视器（15）上。

3. 如权利要求1所述的设备，其特征在于：车轮安装制动器，最好是防滑刹车系统制动器。

4. 如权利要求1~3所述的设备，其特征在于：该设备位于车辆（13）的前部。”

国家知识产权局专利局实质审查部门依申请人的请求对本申请进行了实质审查，于2003年11月28日发出第一次审查意见通知书，指出本申请说明书中提到使用具有高精度的测量单元来吸收压力，但未明确指出该测量单元的具体类型和结构，因而造成说明书公开不充分，不符合专利法第26条第3款的规定。

针对第一次审查意见通知书，申请人于2004年6月14日提交了意见陈述书，但并未对申请文件进行任何修改，申请人认为，本申请中用于测量摩擦力的“测量单元（10）”是本领域的常用测量单元，而且只要能够测量摩擦力的结构都可用于本申请，因而本申请的技术方案是清楚的。

经过上述审查程序，国家知识产权局专利局实质审查部门于2004年7月23日以本申请说明书公开不充分，不符合专利法第26条第3款的规定为由驳回了本申请，其具体驳回理由与第一次审查意见通知书中的理由相同。驳回决定所依据的文本是进入中国国家阶段时提交的权利要求第1~4项，说明书第1~4页，附图第1~2页，说明书摘要和摘要附图。

申请人FM设备股份有限公司（下称复审请求人）对上述驳回决定不服，于2004年11月6日向专利复审委员会提出复审请求，同时提交了权利要求书全文和说明书第1页的修改替换页，其中将本申请的发明名称和权利要求1的主题由原来的“测量摩擦力的设备”改成“测量推进动力的设备”，并将原权利要求3修改为权利要求3和4。复审请求人补充说明了有关测量单元10的一些性质，并且认为从本申请说明书及其附图可以清楚地得知测量单元10测量的是车轮2对车辆的压力，即“推进动力”。

经形式审查合格后，专利复审委员会受理了该复审请求，于2004年12月14日发出复审请求受理通知书，并将本申请案卷移交原审查部门进行前置审查。

在前置审查中，原审查部门坚持驳回决定中的意见。

专利复审委员会依法成立合议组对本复审请求案进行了审理，本案合议组于2006年9月14日发出复审通知书，指出复审请求人在提出复审请求时对权利要求书和说明书进行的修改中，将权利要求1的主题和发明名称由原来的“测量摩擦力的设备”改成“测量推进动力的设备”不符合专利法第33条的规定。而驳回决定所针对的文本中，由于说明书未对车轮（2）、垂直支架（3）和臂（8）共同形成的连接结构与悬臂（11、12）以及该悬壁上的测量单元（10）、调整螺钉（6）相互之间的结构关系和受力关系作必要的说明，造成说明书公开不充分，不符合专利法第26条第3款的规定。

针对上述复审通知书，复审请求人于2006年12月29日提交了意见陈述书，对测量单元10如何测得摩擦力进行了说明，同时提交了权利要求书全文、说明书第1页、说明书附图第1~2页、摘要附图的修改替换页，其中对申请文件做出了如下修改：（1）将权利要求1的主题修改为“一种用于测量在公路面、机场跑道上的摩擦力/阻力的设备”，将发明名称修改为“测量摩擦力的设备”；（2）修改了独立权利要求1的技术方案，其中增加了“第一水平臂”的技术特征，并具体限定了“测量单元”与“第一水平臂”等部件之间的连接关系；（3）新增了从属权利要求2~4、6~8，在权利要求9中进一步限定了监视器显示的是“净水平力”；（4）修改了说明书的全部附图和摘要附图，将之前用黑色、灰色色块填充的零件修改成线条勾勒。

针对上述修改文本，合议组于2007年4月24日再次发出复审通知书，指出上述修改文本中第（2）和（3）点修改不符合专利法实施细则第60条第1款的规定，同时也不符合专利法第33条的规定。此外，该复审通知书再次指出了本申请不符合专利法第26条第3款规定的问题，即，首先，复审请求人始终没有解释清楚本申请说明书中记载的悬臂11和悬臂梁12之间的关系；其次，本申请说明书中没有对如何校正测得的压力值以得到准确的摩擦力值作出清楚具体的说明，以至于本领域技术人员无法实际实施。

针对上述复审通知书，复审请求人于2007年6月8日提交了意见陈述书，同时提交了权利要求书全文和说明书第3页、说明书附图第1页的修改替换页。修改后的权利要求如下：

“1. 一种用于测量在公路面、机场跑道上的摩擦力的设备，其特征在于：包括

连接到一个车辆（13）的紧固板（1）；

垂直支持架（3），通过转动臂（8）固定在紧固板（1）上，从而垂直支持架（3）被支撑在上边缘，并且像摆锤一样转动；

至少一个安装在垂直支持架（3）上的车轮（2）；

一个连接到所述车辆的前部的水平悬臂（11），所述水平悬臂（11）设置有测量单元（10）和调整螺钉（6），从而测量单元（10）安装成当车辆向前行驶时用来检测车轮朝向车辆的压力。

2. 如权利要求1所述的设备，其特征在于：测量单元被连接到用于读出测量值的监视器（15）。

3. 如权利要求1所述的设备，其特征在于：车轮安装制动器。

4. 如权利要求3所述的设备，其特征在于：制动器是防滑刹车系统制动器。

5. 如权利要求1所述的设备，其特征在于：所述设备位于所述车辆的前部。”

复审请求人认为，标记11、12的悬臂实际上是同一部件，这一点从说明书书附图中可以唯一地导出，因而将权利要求书、说明书和说明书附图均作了相应的修改。此外复审请求人还陈述了修改后的权利要求1~5可得到说明书的支持的理由。

至此，合议组认为本案事实已经清楚，现依法作出本决定。

**二、决定的理由**

1. 关于审查文本

本复审决定以复审请求人于2007年6月8日提交的权利要求第1~5项、说明书第3页、说明书附图第1页，2006年12月29日提交的说明书第1页、说明书附图第2页、摘要附图，以及进入中国国家阶段时提交的说明书第2、4页、说明书摘要作为审查基础。

2. 关于专利法第26条第3款

专利法第26条第3款规定：说明书应当对发明或者实用新型作出清楚、完整的说明，以所属技术领域的技术人员能够实现为准。

本申请涉及一种测量车辆与路面之间的摩擦力的设备，通过说明书的记载可知，其主要技术方案包括：在车辆上安装一个由垂直支架、悬臂、车轮等组成的结构单元，当车辆向前行驶时，所述结构单元中的车轮将对车辆产生压力，通过悬臂等部件将该压力传递给安装在车轮附近的测量单元，对所述测量单元测得压力值进行校正之后可以获得车辆实际受到的压力，从而可以得到车辆受到的净摩擦力。尽管在理想状态下所述测量单元测得的压力值等于车轮受到的净摩擦力，但在本申请说明书中也已提到，在实际操作中，压力测量会受到外界各种因素的影响，因此应当对测得的压力值进行校正处理。然而，本申请说明书中并没有明确记载如何执行这种校正处理的具体操作，仅在说明书第3页末行和第4页首行提到：“按照与平衡臂成比例的对压力进行校正，平衡臂位于车轮中心和测量单元接触点之间”。对于本领域技术人员来说，说明书中给出的上述技术手段是含糊不清的，因为测量单元直接测得的车轮对车辆的压力并不是车辆受到的净摩擦力，需要对其校正以得到最终的结果，然而对仪器测得的数值按照实际操作误差因素进行校正是个复杂烦琐的过程，要考虑若干不确定的变量并通过函数或标准曲线计算得出，而本申请说明书没有对此作出充分的说明，本领域技术人员在不付出创造性劳动的情况下不能够实际实施所述校正过程。因此本申请说明书没有对技术方案作出清楚完整的

说明，不符合专利法第 26 条第 3 款的规定。

复审请求人在 2006 年 12 月 29 日提交的意见陈述书中对测量单元 10 如何测得摩擦力进行了说明，其认为车辆向前行驶时，车轮中心会向后移动对测量单元 10 造成压力，这样就能测出车轮所受的净摩擦力/阻力。对此合议组认为，正如上面所论述，通过上述方式测得的压力值需要经过校正处理后才能得出实际的净摩擦力值。合议组于 2007 年 4 月 24 日发出复审通知书，其中就此问题要求复审请求人给出合理的解释，然而复审请求人在 2007 年 6 月 8 日针对上述复审通知书的答复意见中并未对此进行任何说明。

基于上述理由，合议组作出如下决定。

**三、决定**

维持国家知识产权局于 2004 年 7 月 23 日对 01806485. X 号发明专利申请做出的驳回决定。

复审请求人对本决定不服的，可以根据专利法第 41 条第 2 款的规定，自收到本决定之日起三个月内向北京市第一中级人民法院起诉。

123

# 耐擦伤的螺纹管连接的螺纹件

## 复审请求审查决定（第 11338 号）

**决　定　号**　第 11338 号
**决　定　日**　2007 年 8 月 17 日
**发明创造名称**　耐擦伤的螺纹管连接的螺纹件
**国 际 分 类 号**　C10M 169/00，E21B 17/042，F16B 33/06
**复 审 请 求 人**　法国瓦罗里克·曼尼斯曼油汽公司
**申　请　号**　01816676.8
**优 先 权 日**　2000 年 8 月 31 日
**申　请　日**　2001 年 8 月 9 日
**公　开　日**　2004 年 1 月 14 日
**合 议 组 组 长**　刘　犟
**主　审　员**　王　琳
**参　审　员**　王　冬

**法 律 依 据**　专利法第 31 条第 1 款
**决 定 要 点**

一件专利申请中涉及的多项发明，当明显不存在相同或相应的技术特征，且在技术上无关联时可直接判断出它们不具备单一性；但对于存在相同或相应的技术特征的，则需要与现有技术加以比较，判断上述技术特征是否为本发明对现有技术作出贡献的特定技术特征。

### 一、案由

本复审请求涉及发明名称为"耐擦伤的螺纹管连接的螺纹件"的 01816676.8 号发明专利申请（下称本申请），申请人为法国瓦罗里克·曼尼斯曼油汽公司，申请日为 2001 年 8 月 9 日，优先权日为 2000 年 8 月 31 日，公开日为 2004 年 1 月 14 日。

2005 年 1 月 21 日，国家知识产权局实审部门在未进行检索的情况下发出了第一次审查意见通知书，指出本申请权利要求 1、23 和 25 不符合专利法第 31 条第 1 款的规定。具体理由为：权利要求 1 请求保护的是一种耐擦伤的螺纹管连接的阳螺纹或阴螺纹，其特定技术特征是阳螺纹件或阴螺纹件；权利要求 23 请求保护的是耐擦伤的螺纹管连接，其特定技术特征是装配连接；权利要求 25 请求保护的是一种耐擦伤的螺纹管连接的阳螺纹件或阴螺纹件上形成润滑物质薄层的方法，其特定技术特征是薄膜形成。它们要求保护的技术方案在技术上互不关联，也没有相同或相应的特定技术特征，不属于一个总的发明构思，因此不符合专利法第 31 条第 1 款的规定。

针对第一次审查意见通知书，申请人于2005年5月24日提交了权利要求书和说明书第2、5页的修改替换页以及意见陈述书，认为修改后的独立权利要求1、28、30和31符合专利法第31条1款的规定，理由是：修改后的独立权利要求1、28、30和31都包含特定技术特征：具有润滑物质薄层，并且润滑物质为具有下列三组物质的均匀混合物：增稠剂；至少一种耐极压添加剂，包括至少一种称为化学EP添加剂的可进行化学作用的耐极压添加剂，该化学EP添加剂能够在Hertz压力为1000Mpa或更大的情况下使用；油。也就是说，这些独立权利要求之间具有多个相同的特定技术特征，它们在技术上相关联，属于一个总的发明构思。因此符合专利法第31条第1款的规定。

2005年8月12日，国家知识产权局发出第二次审查意见通知书，指出修改后的权利要求1、28、30和31不符合专利法第31条第1款的规定。具体理由为：权利要求1请求保护的是一种耐擦伤的螺纹管连接的阳螺纹或阴螺纹，其特定技术特征是阳螺纹件或阴螺纹件结构；权利要求28请求保护的是螺纹管连接，其特定技术特征是装配连接步骤；权利要求30请求保护的是一种耐擦伤的螺纹管连接的阳螺纹件或阴螺纹件上形成润滑物质薄层的方法，其特定技术特征是薄膜形成步骤；权利要求31请求保护的是一种耐擦伤的螺纹管的连接方法，其特定技术特征是加工处理步骤。这些权利要求的特定技术特征在技术上没有任何相关的内容，而且权利要求28、30和31与权利要求1所要求保护的技术方案在技术上互不关联，也没有相同或相应的特定技术特征，不属于一个总的发明构思，不符合专利法第31条第1款的规定。

针对第二次审查意见通知书，申请人于2005年10月27日提交了意见陈述书，进一步阐述了独立权利要求1、28、30和31之间符合专利法第31条第1款的理由，强调指出，独立权利要求28中的螺纹管连接使用了根据权利要求1所述的螺纹件；独立权利要求30请求保护一种用于生产权利要求1的螺纹件的方法，其中包含了权利要求1的润滑物质的成分；权利要求31请求保护一种形成根据权利要求28的螺纹管连接的方法。它们具有相同的特定技术特征，因此符合专利法第31条第1款的规定。

2006年1月27日，国家知识产权局以本申请权利要求1、28、30和31不符合专利法第31条第1款的规定为由驳回了本申请。驳回决定理由与第二次审查意见通知书中的理由相同。其中驳回决定针对的独立权利要求1、28、30和31为：

“1. 一种螺纹管连接的阳螺纹件或阴螺纹件（2），它包括相应的阳螺纹或阴螺纹（104，204），润滑物质至少沉积在螺纹连接的螺纹（12、52）的表面（14，16，18，20，54，56，58，60）上，其特征在于，在形成螺纹管连接之前润滑物质沉积为薄层（22），并且润滑物质为下列物质的均匀混合物：

a）增稠剂；

b）至少一种耐极压添加剂，包括至少一种称为化学EP添加剂的可进行化学作用的耐极压添加剂，该化学EP添加剂能够在Hertz压力为1 000MPa或更大的情况下使用；和

c）油。”

“28. 一种螺纹管连接，其包括阳螺纹件和阴螺纹件，每一个所述螺纹件都包括相应类型的螺纹，所述螺纹一个装配在另一个上，达到连接的位置，其特征在于，两个螺纹件中的至少一个螺纹件的螺纹表面上沉积有润滑物质，而且至少一个螺纹件的所述螺纹表面经过处理以吸收或吸附润滑物质，在形成螺纹管连接之前润滑物质沉积为薄层，并且润滑物质为具有下列三组物质的均匀混合物：

a）增稠剂；

b）至少一种耐极压添加剂，包括至少一种称为化学EP添加剂的可进行化学作用的耐极压添加剂，该化学EP添加剂能够在Hertz压力为1000MPa或更大的情况下使用；和

c）油。”

“30. 一种在耐擦伤的螺纹管连接的阳螺纹件或阴螺纹件上形成润滑物质薄层的方法，该螺纹件包括阳螺纹或阴螺纹，其中：

a）制备一种均匀的液体混合物，它由下列物质组成：

挥发性溶剂；

增稠剂；

至少一种耐极压添加剂，包括至少一种可进行化学作用的耐极压添加剂，该化学 EP 添加剂能够在 Hertz 压力为 1 000MPa 或更大的情况下使用；和

油；

b）厚度基本均匀的所述液体混合物薄层在形成螺纹管连接之前施加在至少是螺纹连接的螺纹表面上；和

c）使挥发性溶剂蒸发掉或允许它蒸发掉。

31. 一种形成耐擦伤的螺纹管连接的方法，该方法包括下述步骤：

a）加工阳螺纹件和阴螺纹件，每一个螺纹件都包括用于与另一个螺纹件的对应螺纹配合的螺纹；

b）处理至少一个螺纹件的螺纹表面，用于吸收或吸附将在进一步的步骤中沉积的润滑物质；

c）至少在螺纹件的阳螺纹和阴螺纹的螺纹表面上将润滑物质沉积为薄层，该润滑物质为下列物质的均匀混合物：

i）增稠剂；

ii）至少一种耐极压添加剂，包括至少一种称为化学 EP 添加剂的可进行化学作用的耐极压添加剂，该化学 EP 添加剂能够在 Hertz 压力为 1000MPa 或更大的情况下使用；和

iii）油；

d）将阳螺纹件装配在阴螺纹件上。”

申请人（以下称请求人）对上述驳回决定不服，于 2006 年 4 月 14 日向专利复审委员会提出了复审请求，同时提交了权利要求书 1~4 的修改替换页。

经形式审查合格后，专利复审委员会受理了该复审请求，并于 2006 年 6 月 8 日向请求人发出复审请求受理通知书，并向原审查部门发出了前置审查通知书，同时将本案送至原审查部门进行前置审查。

原审查部门在前置审查意见书中坚持原驳回决定。

请求人于 2007 年 3 月 13 日提交了权利要求书 1~4 的替换页，只是将权利要求 29 的主题名称由“螺纹管连接”修改为与引用的权利要求 28 的主题一致的“螺纹件”。其中与驳回决定所针对的权利要求有关的权利要求为：

“1. 一种螺纹管连接的阳螺纹件或阴螺纹件（2），它包括相应的阳螺纹或阴螺纹（104，204），润滑物质至少沉积在螺纹连接的螺纹（12、52）的表面（14，16，18，20，54，56，58，60）上，其特征在于，在形成螺纹管连接之前润滑物质沉积为薄层（22），并且润滑物质为下列物质的均匀混合物：

a）增稠剂；

b）至少一种耐极压添加剂，包括至少一种称为化学 EP 添加剂的可进行化学作用的耐极压添加剂，该化学 EP 添加剂能够在 Hertz 压力为 1 000MPa 或更大的情况下使用；和

c）油。”

“19. 如权利要求 1 所述的螺纹件，其特征在于，润滑物质沉积的表面（14，16，18，20，54，

56，58，60）被处理，以吸收或吸附所述润滑物质。”

“28. 如权利要求 19 所述的螺纹件，其特征在于，其用螺纹装配到对应类型的螺纹件上以构成螺纹管连接。”

“30. 一种在耐擦伤的螺纹管连接的阳螺纹件或阴螺纹件上形成润滑物质薄层的方法，该螺纹件包括阳螺纹或阴螺纹，其中：

a）制备一种均匀的液体混合物，它由下列物质组成：

挥发性溶剂；

增稠剂；

至少一种耐极压添加剂，包括至少一种可进行化学作用的耐极压添加剂，该化学 EP 添加剂能够在 Hertz 压力为 1 000MPa 或更大的情况下使用；和

. 油；

b）厚度基本均匀的所述液体混合物薄层在形成螺纹管连接之前施加在至少是螺纹连接的螺纹表面上；和

c）挥发性溶剂蒸发掉或允许它蒸发掉。

31. 一种形成耐擦伤的螺纹管连接的方法，该方法包括下述步骤：

a）加工阳螺纹件和阴螺纹件，每一个螺纹件都包括用于与另一个螺纹件的对应螺纹配合的螺纹；

b）处理至少一个螺纹件的螺纹表面，用于吸收或吸附将在进一步的步骤中沉积的润滑物质；

c）至少在螺纹件的阳螺纹和阴螺纹的螺纹表面上将润滑物质沉积为薄层，该润滑物质为下列物质的均匀混合物：

iv）增稠剂；

v）至少一种耐极压添加剂，包括至少一种称为化学 EP 添加剂的可进行化学作用的耐极压添加剂，该化学 EP 添加剂能够在 Hertz 压力为 1 000MPa 或更大的情况下使用；和

vi）油；

d）将阳螺纹件装配在阴螺纹件上。”

专利复审委员会组成合议组，对本复审请求案进行了审理。经审查，合议组认为本案事实清楚，可以作出复审决定。

**二、决定的理由**

1. 文本的确定

请求人在提出复审请求的同时对权利要求书进行了修改，并于 2007 年 3 月 13 日主动提交了权利要求书第 1~4 页的修改替换页，尽管此次修改不符合专利法实施细则第 60 条有关修改时机的规定，但与驳回决定针对的文本相比，该文本的修改部分符合专利法第 33 条的规定且是根据驳回决定中指出的缺陷进行的修改，同时在该修改文本的基础上审查有利于节约审查程序，因此经合议组审查该文本予以接受。故本决定所针对的审查文本为 2007 年 3 月 13 日提交的权利要求第 1~32 项；2005 年 5 月 24 日提交的说明书第 2、5、5a 页；进入中国国家阶段时提交的说明书第 1、3~4、6~27 页，说明书附图第 1~7 页以及说明书摘要。

2. 关于专利法第 31 条第 1 款

专利法第 31 条第 1 款规定，一件发明或者实用新型专利申请应当限于一项发明或者实用新型。属于一个总的发明构思的两项以上的发明或者实用新型，可以作为一件申请提出。

专利法实施细则第 35 条规定，依照专利法第 31 条第 1 款的规定，可以作为一件专利申请提出的属于一个总的发明构思的两项以上的发明或者实用新型，应当在技术上相互关联，包含一个或者多个

相同或者相应的特定技术特征，其中特定技术特征是指每一项发明或者实用新型作为整体，对现有技术作出贡献的技术特征。

一件专利申请中涉及的多项发明，当明显不存在相同或相应的技术特征，且在技术上无关联时可直接判断出它们不具备单一性；但对于存在相同或相应的技术特征的，则需要与现有技术加以比较，判断上述技术特征是否为本发明对现有技术作出贡献的特定技术特征。

就本申请而言，其权利要求书中独立权利要求1请求保护一种螺纹管连接的阳螺纹件或阴螺纹件；权利要求28请求保护一种螺纹件，其为权利要求19的从属权利要求，而权利要求19为权利要求1的从属权利要求，因此权利要求28间接引用了权利要求1；独立权利要求30请求保护一种在耐擦伤的螺纹管连接的阳螺纹件或阴螺纹件上形成润滑物质薄层的方法；独立权利要求31请求保护一种形成耐擦伤的螺纹管的连接方法，上述权利要求包含有共同的技术特征：润滑物质，该润滑物质中起润滑作用的主要成分为：

增稠剂；

至少一种耐极压添加剂，包括至少一种称为化学EP添加剂的可进行化学作用的耐极压添加剂，该化学EP添加剂能够在Hertz压力为1 000MPa或更大的情况下使用；和

油。

即本申请中权利要求1、28、30和31之间存在着共同的技术特征，在此情形下，本申请的上述权利要求之间是否具备单一性就需要将上述共同技术特征在与现有技术相比较，如果上述共同技术特征是将本申请作为整体考虑，对现有技术作出贡献的技术特征，则上述共同特征为特定技术特征，权利要求1、28、30和31之间具有单一性。反之，则不具有单一性。而原审查部门并未提供证据证明上述共同特征不是相同的特定技术特征，即就目前而言，尚不能断定权利要求1、28、30和31之间不存在单一性。

基于上述理由，本案合议组作出如下决定。

**三、决定**

撤销国家知识产权局于2006年1月27日对01816676.8号发明专利申请作出的驳回决定。由原审查部门在本决定所针对文本的基础上继续进行审查程序。

复审请求人对本决定不服的，可以根据专利法第41条第2款的规定，自收到本决定之日起3个月内向北京市第一中级人民法院起诉。

124

# 透光型屏幕

## 复审请求审查决定（第11344号）

**决　定　号**　第11344号
**决　定　日**　2007年8月21日
**发明创造名称**　透光型屏幕
**国际分类号**　G03B 21/62
**复审请求人**　大日本印刷株式会社
**申　请　号**　98800041.5
**申　请　日**　1998年1月20日
**优先权日**　1997年1月20日
**公　开　日**　1999年5月5日
**合议组组长**　黄玉平
**主　审　员**　马　燕
**参　审　员**　李　礼

**法律依据**　专利法第22条第3款、第33条
**决定要点**

如果一项权利要求与一篇对比文件之间存在区别技术特征，另一篇对比文件没有公开该区别技术特征，同时也未给出该技术启示，两篇对比文件的结合对于本领域普通技术人员来说不付出创造性的劳动就不能得出该项权利要求请求保护的技术方案，则该项权利要求相对于这两篇对比文件的结合具有创造性，符合专利法第22条第3款的规定。

### 一、案由

本复审请求涉及申请号为98800041.5、名称为“透光型屏幕”的发明专利申请（下称本申请），申请人为大日本印刷株式会社，申请日为1998年1月20日，优先权日为1997年1月20日，本申请公开文本的权利要求书共包括8项权利要求。

国家知识产权局实质审查部门依法对该专利申请进行了实质审查，于2005年4月29日以本申请权利要求1~8不符合专利法第22条第3款有关创造性的规定、权利要求9及说明书的相应部分不符合专利法第33条的规定为由驳回了本申请。驳回决定中引用了如下3篇对比文件：

对比文件1：JP特开平8-258051A号公开特许公报，公开日为1996年10月8日；

对比文件2：JP特开平6-160982A号公开特许公报，公开日为1994年6月7日；

对比文件3：JP特开平6-266009A号公开特许公报，公开日为1994年9月22日。

驳回决定所依据的文本为：申请人于2004年3月20日提交的权利要求第1~9项、说明书第1~7页、说明书摘要；进入中国国家阶段时提交的说明书附图第1~3页和摘要附图。驳回决定所针对的权利要求书如下：

“1. 一种透光型屏幕，用于投影非常精细的投影光，包括：

具有聚光或散光功能等光学功能的透镜片或平面片，上述透镜片或平面片在该透镜片或平面片的出光侧的表面具有微小的凹凸，以及

一个透明层，该透明层配置在所述透镜片或平面片的出光侧表面中投影光透光部的至少一个表面，

其中所述透明层使所述透镜片或平面片的出光侧表面中至少所述投影光透光部变得平滑，使得所述透镜片或平面片的投影光透光部的表面粗糙度Ra在0~0.40μm之间。

2. 权利要求1所述的透光型屏幕，其特征在于，所述透明层是一个涂层，该涂层通过将透明材料涂覆在所述透镜片或平面片的出光侧表面上而形成。

3. 权利要求1所述的透光型屏幕，其特征在于，所述透明层的折射率低于所述透镜片或平面片的基体材料的折射率。

4. 权利要求3所述的透光型屏幕，其特征在于，上述透明层是这样一个层，该层的厚度满足关系式 $d=\lambda/4n$，其中n是透明层的折射率，d是厚度，而λ是理论设计波长。

5. 权利要求1所述的透光型屏幕，其特征在于，所述透明层的硬度高于上述透镜片或平面片的基体材料的硬度。

6. 权利要求1所述的透光型屏幕，其特征在于，上述透镜片或平面片，在其出光侧的表面上的上述投影光透光部的表面以外的部分设置遮光层。

7. 权利要求6所述的透光型屏幕，其特征在于，在上述遮光层上被覆透明材料。

8. 权利要求1~7中任何一项所述的透光型屏幕，其特征在于，还包括一个或多个透镜片或平面片，所述的一个或多个透镜片或平面片放置在相对于权利要求1~7中任何一项所述的透镜片或平面片的光源侧。

9. 权利要求1所述的透光型屏幕，其特征在于，所述透镜片或平面片包括扩散材料，以及所述透镜片或平面片的出光侧表面上的微小凹凸由所述扩散材料引起。”

驳回决定的具体理由为：（1）对比文件1公开了一种投影屏幕所用聚光透镜片的模具制作方法，其中要求透镜片模具的表面粗糙度<120nm，即<0.12μm，这样，用该模具模制的透镜片的表面粗糙度也必然<120nm，属于平滑的表面，并且，本申请权利要求1中记载的透明层被对比文件2中透明的树脂薄膜层15公开，该薄膜层15的折射率低于透镜片的折射率，厚度为 $d=\lambda/4n$，由于对比文件1、2属于相关技术领域，因此，本领域普通技术人员很容易将对比文件1中所制作的透镜片应用于对比文件2中以构成权利要求1请求保护的透光型屏幕，从而权利要求1相对于对比文件1、2的结合不具备创造性；此外，对申请人所坚持的对比文件2的涂层15没有明确记载能使透镜片1、2的表面变光滑这一观点并不否认，但认为“没有明确记载”并不表示不能达到使表面变光滑的实际效果，且本领域普通技术人员都知道，对于投影屏幕、其出射光侧的表面都是光滑的表面，以此来使所投影的画面颜色鲜明清晰，而对表面衡量的一个重要指标就是粗糙度，任何平整光滑的表面也都是有一定粗糙度的，因此申请人的上述观点不成立。（2）本申请权利要求2~4、6~8相对于对比文件1、2的结合也不具备创造性，权利要求5相对于对比文件1~3不具备创造性，不符合专利法第22条第3款的规定。（3）权利要求9增加的技术特征“所述透镜片或平面片的出光侧表面上的微小凹凸由所述扩散材料引起”在原说明书中无相应的记载，因此权利要求9的修改超出了原始申请文件记载的范

围，相应地，说明书第2页中与权利要求9相同的修改也超出了原始申请文件记载的范围，不符合专利法第33条的规定。

申请人大日本印刷株式会社（下称复审请求人）不服上述驳回决定，于2005年8月12日向专利复审委员会提出复审请求，同时提交了权利要求书全文的修改替换页，其中删除了权利要求9。修改后的权利要求书共包括8项权利要求，其中权利要求1为独立权利要求。

修改后的权利要求书如下：

“1. 一种透光型屏幕，用于投影非常精细的图像，包括：

具有聚光或散光功能等光学功能的透镜片或平面片，上述透镜片或平面片在该透镜片或平面片的出光侧的表面具有微小的凹凸，以及

一个透明层，该透明层配置在所述透镜片或平面片的出光侧表面中至少投影光透光部，

形成所述出光侧的表面的所述透镜片或平面片由挤压成形法模制；

其中所述透明层使所述透镜片或平面片的出光侧表面中至少所述投影光透光部变得平滑，使得所述透镜片或平面片的投影光透光部的表面粗糙度Ra在0~0.40μm之间。

2. 权利要求1所述的透光型屏幕，其特征在于，所述透明层是一个涂层，该涂层通过将透明材料涂覆在所述透镜片或平面片的出光侧表面上而形成。

3. 权利要求1所述的透光型屏幕，其特征在于，所述透明层的折射率低于所述透镜片或平面片的基体材料的折射率。

4. 权利要求3所述的透光型屏幕，其特征在于，上述透明层是这样一个层，该层的厚度满足关系式 $d=\lambda/4n$，其中 n 是透明层的折射率，d 是厚度，而 λ 是理论设计波长。

5. 权利要求1所述的透光型屏幕，其特征在于，所述透明层的硬度高于上述透镜片或平面片的基体材料的硬度。

6. 权利要求1所述的透光型屏幕，其特征在于，上述透镜片或平面片，在其出光侧的表面上的上述投影光透光部的表面以外的部分设置遮光层。

7. 权利要求6所述的透光型屏幕，其特征在于，在上述遮光层上被覆透明材料。

8. 权利要求1~7中任何一项所述的透光型屏幕，其特征在于，还包括一个或多个透镜片或平面片，所述的一个或多个透镜片或平面片放置在相对于权利要求1~7中任何一项所述的透镜片或平面片的光源侧。”

复审请求人在复审请求书中认为：（1）根据透镜片模具的表面粗糙度<0.12μm判断出利用该模具模制的透镜片的表面粗糙度必然<120nm是错误的，且在对比文件1中没有对利用表面粗糙度<0.12μm的模具实际制作的模制物体的表面粗糙度作任何公开乃至教导；（2）透光型屏幕的出射光侧的表面通常不作抛光处理，因此驳回决定中指出的“本领域普通技术人员都知道，对于透光型屏幕，其出射光侧的表面都是光滑的表面，因为只有这样才能使所投影的画面颜色鲜明清晰”属理解错误；（3）本申请权利要求1涉及的“透明层”是利用透明材料的涂敷等来达到所期望的表面粗糙度，而对比文件2中记载的透明树脂薄膜层15是防止反射膜，没有利用透明材料的涂敷等来达到所期望的表面粗糙度的意图，并且在达到本申请的效果方面，“表面粗糙度”的值是决定性地重要的，对于本领域技术人员来说，在没有清楚记载“表面粗糙度”的值时是不能想到指定的范围的值的；（4）即使将对比文件1、2结合，也没有给出对于在透镜表面上形成防止反射膜后的屏幕的表面粗糙度的任何教导；（5）删除了权利要求9以克服驳回决定中的修改超范围的问题。

经形式审查合格后，专利复审委员会受理了该复审请求，并于2005年9月14日向复审请求人发出复审请求受理通知书，同日向原审查部门发出前置审查通知书。

原审查部门对本复审请求进行了前置审查，在前置审查中，原审查部门坚持原驳回决定。

针对上述复审请求，专利复审委员会依法成立合议组对本案进行了审查。

本案合议组于2007年6月4日发出复审通知书，指出：说明书第2页第18~19行记载了“所述透镜片或平面片的出光侧表面上的微小不平整由所述扩散材料引起”，而在原说明书和权利要求书中并没有记载微小不平整是由扩散材料引起的，也不能根据原始申请文件直接地、毫无疑义地确定上述内容，因此，说明书的上述修改超出了原说明书和权利要求书记载的范围，不符合专利法第33条的规定。

复审请求人针对上述复审通知书于2007年6月29日提交了意见陈述书，并提交了说明书的全文修改替换页，其中删除了“所述透镜片或平面片包括扩散材料，以及所述透镜片或平面片的出光侧表面上的微小不平整由所述扩散材料引起”的内容。

至此，合议组认为本案事实已经清楚，现依法做出本复审请求审查决定。

**二、决定的理由**

1. 决定所依据的文本

本复审请求审查决定以复审请求人于2005年8月12日提交的权利要求第1~8项，2007年6月29日提交的说明书第1~12页，2004年3月20日提交的说明书摘要，进入中国国家阶段时提交的说明书附图第1~3页和摘要附图作为审查基础。

2. 关于专利法第33条

专利法第33条规定：申请人可以对其专利申请文件进行修改，但是，对发明和实用新型专利申请文件的修改不得超出原说明书和权利要求书记载的范围，对外观设计专利申请文件的修改不得超出原图片或者照片表示的范围。

具体就本案而言，驳回决定所针对申请文件中的权利要求9中记载的技术特征“所述透镜片或平面片的出光侧表面上的微小凹凸由所述扩散材料引起”，既未明确记载在原说明书和权利要求书中，也不能从原说明书和权利要求书中直接地、毫无疑义地确定，因而不符合专利法第33条的规定。鉴于复审请求人在提出复审请求时一并提交的修改文本中已删除了原驳回决定中指出的不符合专利法第33条规定的权利要求9，因此，修改后的权利要求书克服了驳回决定指出的缺陷，符合专利法第33条的规定。

此外，复审请求人于2004年3月20日提交的说明书第2页第18~19行记载了“所述透镜片或平面片的出光侧表面上的微小不平整由所述扩散材料引起”，而在原说明书和权利要求书中并没有记载微小不平整是由扩散材料引起的，并且也不能根据原始申请文件直接地、毫无疑义地确定，因此，说明书的上述修改超出了原说明书和权利要求书记载的范围，不符合专利法第33条的规定。鉴于复审请求人于2007年6月29日提交的修改文本中已删除了“所述透镜片或平面片包括扩散材料，以及所述透镜片或平面片的出光侧表面上的微小不平整由所述扩散材料引起”，因此，修改后的说明书克服了复审通知书中指出的上述缺陷，符合专利法第33条的规定。

3. 关于专利法第22条第3款

专利法第22条第3款规定：创造性，是指同申请日以前已有的技术相比，该发明有突出的实质性特点和显著的进步，该实用新型有实质性特点和进步。

具体就本案而言，对比文件1（参见对比文件1的图1~10及相应的文字说明、说明书摘要）公开了一种投影屏幕所用聚光透镜片的模具制作方法，其中公开了以下技术特征：利用该模具模制透镜片，透镜片模具的表面粗糙度<120nm，即，<0. 12μm。

对比文件2（参见对比文件2说明书第2栏第［0007］段至第6栏第［0038］段、图1~4）公开了一种透明模制屏幕，并具体公开了以下技术特征：透明模制屏幕具有菲涅耳透镜片 1、双凸透镜片 2、前面扩散板 3，该前面扩散板 3 包括薄扩散层 9 和透明层 10；防止反射层 15，其配置在菲涅耳透镜片 1 的两侧（即入射光一侧和出射光一侧）的表面上、双凸透镜片 2 的两侧的表面上、薄扩散层 9 的入射光一侧的表面上，以及透明层 10 的出射光一侧的表面上；通过挤压成形来制作前面扩散板 3。

合议组经审查认为，（1）对比文件 1 公开了透镜片模具的表面粗糙度<120nm，即，<0. 12μm，但没有公开利用该模具模制的透镜片的表面粗糙度的具体数值范围。由于受模具材料、用于制作透镜片的材料以及模制工艺条件和环境等诸多因素的影响，模制成的透镜片的表面粗糙度与模具的表面粗糙度之间并不存在唯一的对应关系，也就是说，根据模具的表面粗糙度<0. 12μm 不能唯一地导出利用该模具模制的透镜片的表面粗糙度<0. 12μm。此外，对比文件 2 也没有公开菲涅耳透镜片 1、双凸透镜片 2、前面扩散板 3 的表面粗糙度的具体数值范围。

（2）根据说明书的记载，本申请权利要求 1 中记载的表面粗糙度在 0~0. 40μm 之间的透明层有两个作用，其一是，通过使表面平滑来避免因表面存在微小凹凸时投影光在微小凹凸处所发生的全反射，从而避免图像产生麻点；其二是，利用该透明层的平滑表面使环境光的镜面反射和散乱反射发生在不同的位置，并由于该表面平滑而使镜面反射成分明显，同时抑制环境光的散乱反射，从而抑制图像发白的现象。对比文件 1 公开了一种投影屏幕所用聚光透镜片的模具制作方法，其中并未涉及利用该模具模制出的透镜能够避免图像产生麻点和抑制图像发白的技术内容，也未公开在模制出的透镜表面配置透明层。对比文件 2 公开了一种透明模制屏幕，其中通过使双凸透镜片中不含扩散剂来防止散乱反射，并在菲涅耳透镜片 1、双凸透镜片 2、前面扩散板 3 的表面涂敷防止反射层 15，使该防止反射层 15 基于干涉效应而将其上、下表面反射的光相互抵消，从而使环境光的反射最小。可见，对比文件 2 的防止反射层 15 所依据的原理是干涉效应，所起的作用是使环境光的反射最小，而不是抑制环境光的散乱反射。并且对比文件 2 未考虑防止反射层 15 的表面粗糙度，因此其没有给出利用表面粗糙度在一定数值范围内的平滑表面而使镜面反射成分明显同时抑制环境光的散乱反射的技术手段和技术启示。此外，在对比文件 2 中，没有提及图像产生麻点的技术问题，也没有涉及利用该防止反射层 15 来避免图像产生麻点的技术内容。

基于上述理由，对比文件 1、2 均未公开表面粗糙度在 0~0. 40μm 之间的透明层，也未给出相应的技术启示，且本申请由于设有上述透明层，带来了通过使表面平滑来避免图像产生麻点以及抑制环境光的散乱反射的技术效果。由此可知，对比文件 1、2 的结合不能得到本申请权利要求 1 请求保护的技术方案，即本申请权利要求 1 相对于对比文件 1、2 的结合是非显而易见的。因此，本申请权利要求 1 具备创造性，符合专利法第 22 条第 3 款的规定。

在本申请权利要求 1 具备创造性的基础上，直接或间接引用其的从属权利要求 2~8 也具备创造性，符合专利法第 22 条第 3 款的规定。

根据上述事实和理由，本案合议组做出以下复审请求审查决定。

**三、决定**

撤销国家知识产权局于 2005 年 4 月 29 日对 98800041. 5 号发明专利申请作出的驳回决定。

由原审查部门以本审查决定所依据的文本，即复审请求人于 2005 年 8 月 12 日提交的权利要求第 1~8 项，2007 年 6 月 29 日提交的说明书第 1~12 页，2004 年 3 月 20 日提交的说明书摘要，进入中国国家阶段时提交的说明书附图第 1~3 页和摘要附图作为审查基础继续进行审查程序。

复审请求人对本决定不服的，可以根据专利法第 41 条第 2 款的规定，自收到本决定之日起三个月内向北京市第一中级人民法院起诉。

125

# 家用截留饮水器的水处理方法

## 复审请求审查决定（第11370号）

**决 定 号** 第11370号
**决 定 日** 2007年8月31日
**发明创造名称** 家用截留饮水器的水处理方法
**国 际 分 类 号** C02F 9/04，A47J 31/00//（C02F9/04，1：28，1：44）
**复 审 请 求 人** 上海泛洲净水设备有限公司
**申 请 号** 00125198.8
**申 请 日** 2000年9月15日
**公 开 日** 2002年4月10日
**合 议 组 组 长** 李 隽
**主 审 员** 隋 璐
**参 审 员** 田 华

**法 律 依 据** 专利法第33条、第22条第3款
**决 定 要 点**

如果申请的内容通过增加、改变和/或删除其中的一部分，致使所属技术领域的技术人员看到的信息与原申请记载的信息不同，而且又不能从原申请记载的信息中直接地、毫无疑义地确定，那么，这种修改是不允许的。

### 一、案由

本复审请求涉及申请人上海泛洲净水设备有限公司于2000年9月15日申请，2002年4月10日公开，发明名称为“家用截留饮水器的水处理方法”的00125198.8号发明专利申请（下称本申请）。

国家知识产权局实质审查部门于2002年12月13日发出第一次审查意见通知书，指出：权利要求1、2相对于对比文件1（CN2310070Y，授权公告日为1999年3月10日）和对比文件2（CN2338331Y，授权公告日为1999年9月15日）不具备专利法第22条第3款规定的创造性。

针对上述通知书，申请人于2003年3月12日提交了意见陈述书，论述了权利要求1相对于审查意见通知书中引用的对比文件1和2具有创造性的理由。

国家知识产权局实质审查部门于2003年6月6日对本申请作出了驳回决定。驳回决定所针对的文本是申请人原始提交的申请文本。其中权利要求书的内容为：

“1. 家用截留饮水器的水处理方法，其特征在于自来水先进入5微米聚丙烯粗滤，后进入渗银活性碳碳滤，再进入1微米聚丙烯精滤，滤水再进入0.01微米聚砜中空管形膜过滤，后成能生饮净水

输出。

2. 根据权利要求1所述的水处理方法，其特征在于渗银活性碳是碘值为1000的30目渗银活性碳。”

驳回决定中认为权利要求1、2相对于对比文件1和2不符合专利法第22条第3款有关创造性的规定。权利要求1所要求保护的技术方案和对比文件1所公开的技术方案的区别在于，自来水先进入5微米聚丙烯粗滤，后进入渗银活性碳碳滤，而上述区别技术特征已被对比文件2所公开，本领域普通技术人员在对比文件1的基础上，会从对比文件2获得将上述区别技术特征应用到对比文件1中而得到权利要求1所要求保护技术方案的启示，因此，权利要求1所要求保护的技术方案不具备创造性，从属权利要求2的附加部分的技术特征属于公知常识，在其引用的权利要求1不具备创造性的情况下，该权利要求也不具备创造性。

申请人上海泛洲净水设备有限公司（下称复审请求人）对上述驳回决定不服，于2003年8月26日向专利复审委员会提出了复审请求，并提交了上海市科技成果查新报告（编号：09-200083c）复印件、上海市高新技术成果转化项目证书（编号：20010117）复印件。复审请求人认为，本申请技术方案的核心在于选用0.01微米的聚砜中空管形超滤膜，可极好地截留细菌和病毒等，并将粗滤、渗银活性碳吸附和过滤、精滤与之有机结合起来。

经形式审查合格后，专利复审委员会于2004年8月9日受理了该复审请求，并向复审请求人发出复审请求受理通知书，同时将本申请送至原实质审查部门进行前置审查。

在前置审查意见书中，原实质审查部门坚持原驳回决定。

专利复审委员会成立合议组对本案进行审理，并于2007年4月5日向复审请求人发出复审通知书。通知书指出：权利要求1、2相对于对比文件1和2的结合及对比文件1、2与公知常识性证据《化工辞典》的结合不具备创造性，不符合专利法第22条第3款的规定。针对复审请求人认为本申请的技术方案的核心内容在于选用了0.01微米的聚砜中空管形超滤膜，合议组认为：对比文件1公开了使用UF中空超滤膜材料进行超滤，膜材料可用聚砜超滤膜制成，而《化工辞典》（参见第81页，化学工业出版社，2000年8月第4版）公开超滤膜的额定孔径为0.001~0.02微米，用作超滤膜的高分子材料主要有纤维素衍生物、聚砜、聚丙烯腈等。故为达到本申请所要求的技术效果，本领域的普通技术人员很容易想到采用0.01微米孔径的聚砜超滤膜，此为公知常识。

针对复审通知书，复审请求人于2007年4月27日向专利复审委员会提交了意见陈述及附件，附件包括：（1）上海市预防医学研究院（沪预研2005）检字第0327B号检验报告复印件；（2）上海市产品质量监督检验所、国家食品质量监督检验中心市监督抽查检验报告（编号J060601544）复印件；（3）上海市高新技术成果转化项目评审表（2000.9.11）复印件；（4）上海市科技成果查新报告（编号09-200083c）复印件。复审请求人在意见陈述中认为本发明技术方案的核心内容在于选择孔径为0.01微米的聚砜中空纤维超滤膜，虽然0.01微米孔径的超滤膜是在公知的孔径范围内，但其产生的效果非公知，因此，本申请具备创造性。专利复审委员会于2007年5月11日再一次收到复审请求人提交的说明书、说明书附图、权利要求书、说明书摘要及说明书摘要附图的修改替换页。

复审委员会针对复审请求人提交的意见陈述、附件及修改文本，2007年5月22日向复审请求人再次发出复审通知书。复审通知书中指出：专利复审委员会2007年5月11日收到的修改文本中权利要求书、说明书中出现的“椰壳活性炭”（说明书第1页第12行、倒数第2行）在原始申请文本中没有记载，原始申请文本中相应的内容为“渗银活性炭”，并且原始申请文本中的渗银活性炭不能直接地、毫无疑义地确定其就是椰壳活性炭；说明书第2页的检测结果表格中的浊度、溶解性总固体、四氯化碳、大肠杆菌群、PH、氯化物的分析结果等和原始文本记载的不符，并且上述分析结果也不能从原始文本中直接地、毫无疑义地确定；说明书附图和原始文本的附图不符，此种改变也不能从原始文本直接地、毫无疑义地确定，因此，复审请求人对权利要求书、说明书、说明书附图的修改超出了原说明书和权利要求书记载的范围，不符合专利法第 33 条的规定。针对复审请求人提交的意见陈述，合议组认为：尽管复审请求人强调 0.01 微米孔径的超滤膜产生了意想不到的技术效果，仅凭复审请求人提交的水质检验报告不能证明 0.01 微米孔径的超滤膜取得了意想不到的技术效果，该水质检验报告仅能证明采用所述孔径超滤膜经过水质处理的水符合国家标准。超滤膜的额定孔径范围为 0.001~0.02 微米，根据原水水质及所要求得到的净化水的标准在额定孔径范围内选择合适孔径的滤芯是本领域普通技术人员通过有限次试验能够得到的，不需要花费创造性劳动，同时，复审请求人也未提交证据说明不采用 0.01 微米孔径的超滤膜如何不能正常工作、去除病毒。因此，复审请求人提交的修改文本不符合专利法第 33 条的规定，其意见陈述也未就权利要求 1、2 具有创造性提出有说服力的理由。

2007 年 6 月 26 日，复审请求人针对专利复审委员会 2007 年 5 月 22 日作出的复审通知书提交了意见陈述。其在意见陈述中仅对权利要求 1 作了修改，修改后的权利要求 1 为：

“家用截留饮水器的水处理方法，包含渗银活性碳的吸附、杀菌和抑菌，聚丙烯的粗滤和精滤，以及聚砜中空管形膜的超滤，其特征在于：处理的次序为聚丙烯的粗滤-渗银活性碳的吸附、杀菌和抑菌-聚丙烯的精滤-聚砜中空管形膜的超滤；其中聚丙稀粗滤的孔径为 5 微米，渗银活性碳的碘值为 1000、粒度为 30 目，聚丙烯精滤的孔径为 1 微米，聚砜中空管形膜的孔径为 0.01 微米。”

经过上述程序，合议组认为本案事实已经清楚，可以依法作出审查决定。

**二、决定的理由**

1. 审查文本

由于复审请求人 2007 年 6 月 26 日提交的意见陈述只对权利要求书作了修改，本复审决定是以复审请求人于 2007 年 6 月 26 日提交的权利要求书、复审委员会于 2007 年 5 月 11 日收到的说明书、说明书附图、说明书摘要及说明书摘要附图作为审查的基础。

2. 关于专利法第 33 条的问题

专利法第 33 条规定：申请人可以对其专利申请文件进行修改，但是，对发明和实用新型专利申请文件的修改不得超出原说明书和权利要求书记载的范围。

如果申请的内容通过增加、改变和/或删除其中的一部分，致使所属技术领域的技术人员看到的信息与原申请记载的信息不同，而且又不能从原申请记载的信息中直接地、毫无疑义地确定，那么，这种修改是不允许的。

复审请求人于 2007 年 6 月 26 日提交的意见陈述中仅对权利要求书作了修改，未对说明书及附图进行修改。修改后的权利要求 1 中增加了渗银活性碳的碘值、粒目的具体限定，及渗银活性碳的吸附、杀菌和抑菌作用，而渗银活性碳的碘值、粒目的具体限定及渗银活性碳的作用在原说明书第 2 页第 6~9 行中记载，因此，权利要求 1 的修改克服了复审通知书中所指出的权利要求书超出了原申请文件公开的范围的缺陷。而复审请求人未对说明书及附图进行修改，复审请求人于 2007 年 5 月 11 日提交的修改后文本中说明书中出现的“椰壳活性炭”（说明书第 1 页第 12 行、倒数第 2 行）在原始申请文本中没有记载，原始申请文本中相应的内容为“渗银活性炭”，并且原始申请文本中的渗银活性炭不能直接地、毫无疑义地确定其就是椰壳活性炭；说明书第 2 页的检测结果表格中的浊度、溶解性总固体、四氯化碳、大肠杆菌群、pH、氯化物的分析结果等和原始文本记载的不符，并且上述分析结果也不能从原始文本中直接地、毫无疑义地确定；说明书附图和原始文本的附图不符，此种改变也不能从原始文本直接地、毫无疑义地确定，因此，复审请求人对说明书、说明书附图的修改超出了原说明书和权利要求书记载的范围，不符合专利法第 33 条。

3. 关于修改后权利要求 1 的创造性

复审请求人 2007 年 6 月 26 日提交的意见陈述中对权利要求 1 作了修改，修改后的权利要求 1 仍然不符合专利法第 22 条第 3 款的规定。

权利要求 1 请求保护一种家用截留饮水器的水处理方法。对比文件 1 公开了一种写字楼多级纯净水超滤装置，其具体公开了以下的技术特征（参见该对比文件的说明书第 1~2 页、附图 1）：超滤装置依次是由（果壳）活性碳、PP 滤芯、（13X）分子筛以及 UF 中空超滤膜组成的多级（四级）预滤及超滤滤筒滤芯构成。自来水管与活性碳筒的进水口相接，然后依次与其他筒相接，最后由 UF 中空超滤膜滤筒出口与冷热饮水机的进水口管道相接。其中 PP 滤芯为聚丙烯熔喷滤芯，UF 中空超滤膜材料可用聚砜超滤膜制成。

权利要求 1 要求保护的技术方案与对比文件 1 所公开的技术方案相比，其区别在于：（1）权利要求 1 的技术方案中水在经过渗银活性碳碳滤之前，需要先进入 5 微米聚丙烯粗滤；（2）权利要求 1 中使用渗银活性碳碳滤，而对比文件 1 中使用（果壳）活性碳碳滤；（3）对比文件 1 中水在经过 PP（聚丙烯）滤芯过滤和 UF 中空超滤膜超滤的步骤之间还需要经过分子筛过滤，而权利要求 1 的技术方案中无经过分子筛过滤这一步骤；（4）权利要求 1 中对聚丙烯的粗滤、精滤及聚砜中空管形膜的超滤的具体孔径，渗银活性碳的碘值、粒度进行限定，对比文件 1 没有具体限定。

对比文件 2 公开了一种城乡通用净水机，具体公开了如下特征（参见该对比文件的说明书第 1~3 页及附图 1）：包括粗滤装置、精滤装置和超滤装置，水管将它们依次连通，粗滤和精滤装置中分别用陶瓷粗滤和精滤滤芯，超滤装置中装有活性碳桶和载银活性碳桶。对比文件 2 中的粗滤滤芯用的陶瓷滤芯，但与本权利要求所述的聚丙烯滤芯在水处理中所起作用是完全相同的，即自来水首先通过粗滤芯去除大颗粒杂质等再进入下一步过滤，而且聚丙烯滤芯是本领域常用的一种滤芯，可以用于粗滤；载银活性碳滤所起的作用与权利要求 1 中渗银活性碳碳滤的作用相同，起到杀菌的作用。

由此可见，（1）对比文件 2 公开了原水先通过陶瓷粗滤芯粗滤处理后，再通过载银活性碳进行碳滤的技术特征，而陶瓷粗滤和聚丙烯粗滤都是本领域的常规技术手段，因此，对比文件 2 给出了将对比文件 1 技术方案中的活性碳用渗银活性碳或载银活性碳代替进行碳滤，同时在碳滤之前进行聚丙稀粗滤的技术启示；（2）分子筛过滤也是常用的过滤手段，本领域普通技术人员根据过滤的精度不同可以选择是否采用分子筛过滤；（3）虽然对比文件中没有限定滤芯的孔径、渗银活性碳的碘值、粒度，但权利要求 1 限定的孔径是在常规孔径范围内，渗银活性碳的碘值、粒度的选择是一种常规的选择。根据原水水质及所要求得到的净化水的标准在额定孔径范围内选择合适孔径的滤芯是本领域普通技术人员通过有限次试验能够得到的，不需要花费创造性劳动，也未带到意想不到的技术效果。因此，本领域普通技术人员不用付出创造性劳动就可以将对比文件 1 和对比文件 2 结合得到本权利要求 1 的技术方案，权利要求 1 的技术方案也没有带来意想不到的技术效果，因此权利要求 1 所要求保护的技术方案不具备专利法第 22 条第 3 款有关创造性的规定。

基于上述事实和理由，合议组作出如下决定。

**三、决定**

维持国家知识产权局于 2003 年 6 月 6 日对 00125198.8 号发明专利申请作出的驳回决定。

复审请求人对本决定不服的，可以根据专利法第 41 条第 2 款的规定，自收到本决定之日起 3 个月内向北京市第一中级人民法院起诉。

126

# 用于标记和鉴定液体的方法和装置

## 复审请求审查决定（第11386号）

**决　定　号**　第11386号
**决　定　日**　2007年8月30日
**发明创造名称**　用于标记和鉴定液体的方法和装置
**国际分类号**　G01N 33/28
**复审请求人**　波士顿先进技术有限公司
**申　请　号**　98808218.7
**申　请　日**　1998年6月30日
**优先权日**　1997年6月30日
**公　开　日**　2000年9月20日
**合议组组长**　张梅珍
**主　审　员**　高桂莲
**参　审　员**　刘　铭

**法律依据**　专利法第22条第3款
**决定要点**

如果一项权利要求请求保护的技术方案与一份对比文件所公开的技术方案相比，存在某些区别技术特征，而这些区别技术特征已在相同领域的另一篇对比文件中公开，并且其在该对比文件中所起的作用与其在本申请中所起的作用相同，那么该权利要求相对于上述对比文件的结合不具备创造性。

### 一、案由

本复审请求涉及申请号为98808218.7、名称为“用于标记和鉴定液体的方法和装置”的发明专利申请（下称本申请），申请日为1998年6月30日，优先权日为1997年6月30日，公开日为2000年9月20日，申请人为波士顿先进技术有限公司。本申请公开时权利要求书包括24项权利要求，其中权利要求1、9、14、19、24为独立权利要求，申请人在国际初步审查报告附件中对权利要求书进行了修改，修改后的权利要求书共包括25项权利要求，其中权利要求1、9、11、13、14、19、24、25为独立权利要求。

经实质审查，国家知识产权局实质审查部门于2003年12月26日发出驳回决定，其中引用了如下三篇对比文件：

对比文件1：EP0512404A1，公开日为1992年11月11日；

对比文件2：US5525516A，公开日为1996年6月11日；

对比文件3：DE4224301A1，公开日为1994年1月27日。

其理由是：权利要求1、2、4~7、9~13、19~22、25相对于对比文件1和2的结合不具备创造性；权利要求14~18相对于对比文件2不具备创造性；权利要求24相对于对比文件1~3的结合不具备创造性。

驳回决定所依据的文本为申请人于2003年10月9日提交的权利要求第9~14项，2002年10月28日提交的权利要求第1~8、15~25项、说明书第1~11页，2000年2月17日提交的说明书附图第1~10页、摘要附图，以及国际初步审查报告所附的摘要。

驳回决定所针对的权利要求书如下：

“1. 一种为鉴定烃液体的方法，包含步骤：

（a）选择至少一种第一标记物和一种第二标记物，每种标记物均可与待鉴定的烃液体相混合，并且每种标记物在至少一个波长范围具有光谱学上可区分的特征，在该范围内该标记物的光谱特征可区分于该液体的光谱特征以及在该液体中的其他标记物的光谱特征，无须由该液体中提取所述标记物，以及

（b）将各标记物混合在液体中以形成加标记的液体，使第一标记物的浓度与第二标记物的浓度之比基本上等于预定的数值，所述数值用作该液体的鉴定符，

以此，检测加标记的液体的吸收光谱、荧光光谱或拉曼光谱，根据加标记的液体的光谱确定第一和第二标记物的浓度以及将测量的第一标记物的浓度和测量的第二标记物的浓度的比与具有预定数值的查询表相比较，有助于鉴定加标记的液体。

2. 如权利要求1的方法，其中至少一种标记物是有机染料。

3. 如权利要求1的方法，其中第一标记物是苯甲腈，第二标记物是按同位素富集的苯甲腈。

4. 如权利要求1的方法，其中第一标记物和第二标记物在电磁波谱的红外光或可见光部分内均有吸收带。

5. 如权利要求1的方法，其中第一标记物的浓度和第二标记物的浓度每个均为选择的基准浓度的倍数。

6. 权利要求1的方法，其中的液体是石油产品。

7. 权利要求6的方法，其中该石油产品是汽油。

8. 权利要求1的方法，其中第二标记物是由第一标记物通过同位素取代第一标记物中的至少一个原子形成的。

9. 权利要求1的方法，其中所述方法还包括步骤：

（a）检测加标记的烃液体的吸收光谱，

（b）根据该液体的吸收光谱确定至少一种第一标记物和一种第二标记物在加标记的液体中的浓度，

每种标记物在至少一个波长范围具有吸收光谱，在该范围内该标记物的吸收光谱可区分于该液体的吸收光谱以及在该液体中的其他标记物的吸收光谱，而无须由该液体中提取该标记物，以及

（c）将测量的第一标记物的浓度和测量的第二标记物的浓度的比与具有预定数值的查询表相比较，以此有助于鉴定液体。

10. 权利要求9的方法，其中该测量步骤包含利用吸收光谱分析仪测量标记物的浓度。

11. 权利要求1的方法，其中所述方法还包括步骤：

（a）检测加标记的烃液体的荧光光谱，

（b）根据该液体的荧光光谱确定至少一种第一标记物和一种第二标记物在加标记的液体中的

浓度，

每种标记物在至少一个波长范围具有荧光光谱，在该范围内该标记物的荧光光谱可区分于该液体的荧光光谱以及在该液体中的其他标记物的荧光光谱，而无须由该液体中提取该标记物，以及

（c）将测量的第一标记物的浓度和测量的第二标记物的浓度的比与具有预定数值的查询表相比较，以此有助于鉴定液体。

12. 权利要求 9 的方法，其中该测量步骤包含利用化学分析测量标记物的浓度。

13. 权利要求 1 的方法，其中所述方法还包括步骤：

（a）检测加标记的烃液体的拉曼光谱，

（b）根据该液体的拉曼光谱确定至少一种第一标记物和一种第二标记物在加标记的液体中的浓度，

每种标记物在至少一个波长范围具有拉曼光谱，在该范围内该标记物的拉曼光谱可区分于该液体的拉曼光谱以及在该液体中的其他标记物的拉曼光谱，无须由该液体中提取所述标记物，以及

（c）将测量的第一标记物的浓度和测量的第二标记物的浓度的比与具有预定数值的查询表相比较，以此有助于鉴定液体。

14. 一种有助于鉴定加标记的液体的装置，所述液体包括多个与该液体可混合和以预定的相对浓度模式存在的标记物，该装置包括：

一种检测器，该检测器用于检测液体中的多种标记物而不需要将所述标记物从液体中提取出来，并且所述检测器也用于产生指示每种标记物的相对浓度的信号，所述信号构成了一种测定浓度模式；

一种模式比较单元，能对比测定的浓度模式和所鉴定液体的已知浓度模式从而有助于标记液体的鉴定，其中可以通过查阅表得到已知的模式。

15. 权利要求 14 的装置，其中所述检测器是一种光谱检测器，它能够在远红外光谱区、中红外光谱区和可见光谱区工作，能够检测光强度、吸收光谱、荧光光谱或拉曼光谱。

16. 权利要求 14 的装置，还包括至少一种第二检测器，其中第一检测器限于电磁光谱中与以第一标记物为特征的选择振动模式特征相关的部分，而第二检测器限于电磁光谱中与以第二标记物为特征的选择振动模式特征相关的部分。

17. 权利要求 14 的装置，其中该比较单元还包括

一种检测器，该检测器用于确定第一标记物的浓度和第二标记物的浓度的比例。

18. 权利要求 14 的装置，其中该比较单元是一种专用微处理器。

19. 一种用于鉴定液体的标记物组合物，包括：

至少一种第一标记物和一种第二标记物，每种标记物均可与液体相混合，并且每种标记物在至少一个波长范围具有光谱学上可区分的特征，在该范围内该标记物的光谱特征可区分于该液体的光谱特征以及在液体中的其他标记物的光谱特征，无须由该液体中提取所述标记物，

各标记物混合在液体中，使第一标记物的浓度与第二标记物的浓度之比基本上等于预定的数值，所述数值用作为对该液体的鉴定符，

以此通过与具有预定数值的查询表内部的已知的浓度比相对比，由第一标记物和第二标记物的浓度来鉴定该液体。

20. 权利要求 19 的标记物组合物，其中至少一种标记物是在液体中不能通过目视检测的。

21. 权利要求 19 的标记物组合物，其中至少一种标记物是通过特征红外光吸收曲线检测的。

22. 权利要求 19 的标记物组合物，其中至少一种标记物是选自苯甲腈、异氰酸苄酯、酞青、萘青、镍-二硫酚配合物、各种芳香胺的铵化合物、次甲基染料和甘菊环方形酸染料。

23. 权利要求 19 的标记物组合物，其中至少一种标记物是同位素富集的化合物。

24. 权利要求 1 的方法，其中该方法还包括步骤：

提供一种液体，以及

将一种在近红外或中红外光区域中能吸收和/或发荧光的化合物混合在液体中，所述化合物是选自苯甲腈、异氰酸苄酯、酞青、萘青、镍-二硫酚配合物、各种芳香胺的铵化合物、次甲基染料和甘菊环方形酸染料。

以此测量第一和第二标记物的浓度以及将测量的第一标记物的浓度和测量的第二标记物的浓度的比与具有预定数值的查询表相比较，以有助于鉴定液体。

25. 权利要求 1 的方法，其中所述方法还包括：

（a）选择至少第一和第二标记物，每种标记物均可与烃液体相混合，并且每种标记物在至少一个波长范围具有光谱学上可区分的特征，在该范围内该标记物的光谱特征可区分于该液体的光谱特征以及在该液体中其他标记物的光谱特征，无须由该液体中提取所述标记物，每种标记物在电磁光谱的红外或可见光部分具有光谱，其中所述光谱选自吸收光谱、荧光光谱或拉曼光谱，以及

（b）将各标记物混合在液体中以形成加标记的液体，使第一标记物的浓度与第二标记物的浓度之比基本上等于预定的数值，所述数值用作该液体的鉴定符，

以此，检测加标记的液体的吸收光谱、荧光光谱或拉曼光谱，根据加标记的液体的光谱测定第一和第二标记物的浓度以及将测量的第一标记物的浓度和测量的第二标记物的浓度的比与具有预定数值的查询表相比较，有助于鉴定加标记的液体。”

申请人（下称复审请求人）对上述驳回决定不服，于 2004 年 4 月 8 日向专利复审委员会提出了复审请求。复审请求人认为：对比文件 1 公开的是一种新的标记物组合物，包括其制备方法及其分析方法，对该标记物组合物的分析采用的是气相色谱分析分离标记物，然后用成批处理来作光谱分析，来检测烃液体中的所述标记物，对比文件 1 要求在分析标记物之前对烃液进行一分离步骤。对比文件 2 披露了另一组标记化合物，但没有提示化合物可以成套使用，因此可改变第一和第二标记物的浓度，从而制成鉴定用的“代码”，对比文件 2 的实施例中披露的许多标记物有多重交叠的吸收频率，如果将其选作第一和第二标记物，则不能具有光谱学上可区分的特征，此外，对比文件 2 没有教导可用不同类型的标记化合物为烃液编码多套大量不同的标识符。因此，对比文件 1 和 2 均没有公开本申请的方法，而且对比文件 1 和 2 中标记物具有不同的化学结构式，设计用来基于不同的检测器和不同的标记方案以不同方式进行检测，对比文件 1 和对比文件 2 二者没有结合的启示。此外，即使将对比文件 1 和 2 结合，这一结合也不能得出有效的解决方案，因此本申请的权利要求相对于对比文件 1 和 2 具备创造性，请求撤销原驳回决定。

经形式审查合格，专利复审委员会依法受理了该复审请求，并于 2004 年 5 月 11 日发出复审请求受理通知书和前置审查通知书。

原审查部门在前置审查意见书中坚持原驳回决定。

随后，专利复审委员会依法成立合议组对本案进行审理。

合议组于 2007 年 3 月 29 日向复审请求人发出复审通知书，指出：本申请的权利要求 1、2、4~7、9~13、19~22、25 相对于对比文件 1 和 2 的结合不具备创造性，不符合专利法第 22 条第 3 款的规定；权利要求 14~18 相对于对比文件 2 和本领域公知常识的结合不具备专利法第 22 条第 3 款规定的创造性；权利要求 24 相对于对比文件 1~3 的结合不具备专利法第 22 条第 3 款规定的创造性。针对复审请求人的复审理由，合议组的意见是：本申请保护的是一种鉴定烃液体的方法，对比文件 1 披露了一种鉴定烃液体的标记物、及其鉴定烃液体的方法，并且公开了标记物可以成套使用，本申请权利要

求1与对比文件1的不同之处仅在于：本申请在烃液体中的标记物的鉴定是直接的，不需要将其从烃液体中分离出来，而对比文件1实际上是先采用气相色谱法将标记物从烃液体中分离出来，再进行进一步的分析测定，此外对比文件1没有公开使用对应经鉴定液体的预设值或已知浓度模式的查阅表。对比文件2披露了用一种或多种标记物标记和鉴定烃液体，其中不需要将标记物从烃液体中提取出来就可以进行光谱检测，标记物使用荧光标记的化合物，不同的标记物在不同的波长处吸收近红外和/或发出荧光，而且相互之间不产生干扰，可见对比文件2已经披露了省去分离步骤直接对标记物鉴定的方案。至于将不同浓度比的标记物组与相应的烃液体对应制成列表以备使用过程进行查询，合议组认为其为本领域技术人员常用的技术手段。由于对比文件1和2的技术领域相同，并且所述区别技术特征的作用在本申请和对比文件2中的作用是相同的，因此在对比文件1的基础上结合对比文件2以及本领域常用的技术手段得到权利要求1所请求保护的技术方案，这对于本领域技术人员来说，是显而易见的。此外，合议组认为对比文件2给出了几种标记物的实施例，但也明确指出了在吸收或荧光光谱测定中区分的波长范围至少是20nm，因此本领域技术人员在现有技术的教导下，完全有能力去寻找适合鉴别光谱学上鉴别的标记物，而不必拘泥于上述实施例中公开的有限的几种标记物，并且对比文件2本身也不限于上述实施例给出的几种标记物，本领域技术人员可以选择其记载的适合光谱区分的标记物进行标记鉴定液体，这是完全可以预见到的。而且由于本申请的权利要求1中并没有写明其要保护的标记物的种类，仅是指出了选择标记物的特征是具有在光谱学上可区分的特征，通过上述分析明显得出，该特征在现有技术中是有启示的，基于上述理由，合议组认为复审请求人的意见陈述不能使其主张成立。

复审请求人于2007年6月28日提交了意见陈述书，复审请求人认为：（1）对比文件1和本申请解决的技术问题不同，对比文件1针对的技术问题是寻求与烃的应用更相容的标记物，其解决方案是使用一套以低浓度使用的化合物，所述的标记物可以在分开的时间从色谱柱中洗脱出来，从而能以系列方式进行表征。（2）对比文件2公开的是一组近红外荧光标记化合物，但并没有公开上述化合物可以成套使用，以便制成标记“代码”，或通过测定在多标记物混合物中存在的各种标记物的浓度而精确破译这种“代码”，而且对比文件2披露的是“可检测”，这与“可测定”不同。（3）对比文件1没有公开适用于本申请方法的标记物，对比文件2公开的标记物也不适用本申请的方法。基于上述理由，本申请的独立权利要求1、14、19分别相对于对比文件1和2具备创造性，相应地其从属权利要求也具备创造性。

在上述程序的基础上，合议组认为本案事实已经清楚，可以作出审查决定。

**二、决定的理由**

1. 关于审查文本

由于复审请求人在复审程序中没有针对本申请提交修改文本，因此本复审请求的审查决定所针对的审查文本与驳回决定所针对的文本相同。

2. 关于专利法第22条第3款

专利法第22条第3款规定：创造性，是指同申请日以前已有的技术相比，该发明有突出的实质性特点和显著的进步，该实用新型有实质性特点和进步。

如果一项权利要求请求保护的技术方案与一份对比文件所公开的技术方案相比，存在某些区别技术特征，而这些区别技术特征已在相同领域的另一篇对比文件中公开，并且其在该对比文件中所起的作用与其在本申请中所起的作用相同，那么该权利要求相对于上述对比文件的结合不具备创造性。

（1）关于独立权利要求1的创造性。

独立权利要求1请求保护一种鉴定烃液体的方法。对比文件1（参见对比文件1的说明书第3页第37行至第4页第14行和第4页第36行至第5页第6行以及实施例33）也公开了一种标记和鉴定烃液体的方法。其披露了以下技术特征：①选择多种标记物，不同标记物具有光谱学上可区分的特征，每种标记物均可以与待鉴定的烃液体相混合；②各种不同的标记物可以以一定比例混合在一起形成标记物组（也即在每一组中不同种标记物的浓度比基本上等于预定的数值），将该标记物组混合进烃液体中形成加标记的液体，使用所述不同种标记物浓度比作为该液体的鉴定标准。然后，通过气相色谱、高效液相色谱、红外分析仪等手段分析确定标记物及其含量，并与不同的预定数值比较，有助于鉴定加标记的液体。

该权利要求1所请求保护的技术方案与对比文件1所公开的技术方案相比，其区别在于：①独立权利要求1分析标记物的过程无须从烃液体中提取所述标记物，而对比文件1采用的分析手段最终是将标记物从烃液体中分离出来；②对比文件1中没有公开使用对应经鉴定液体的预设值或已知浓度模式的查阅表。

由于上述区别技术特征在本申请中所能达到的技术效果是简化了分析带标记物烃液体的步骤，从而加快了其分析过程，并能通过相应的浓度模式查阅表直接确定待鉴定液体。根据所述区别技术特征所达到的技术效果可知，权利要求1相对于对比文件1实际上要解决的技术问题是：简化分析步骤，通过相应的浓度模式查阅表格确定待鉴定的液体。

对比文件2（参见对比文件2的说明书第2栏第55行至第3栏第6行）涉及一种鉴定烃液体的方法，其具体公开了用一种或多种标记物标记和鉴定烃液体，其中不需要将标记物从烃液体中提取出来就可以进行光谱检测，标记物使用荧光标记的化合物，不同的标记物在不同的波长处吸收近红外和/或发出荧光，而且相互之间不产生干扰（参见对比文件2的说明书第3栏第35~40行），从而达到实时监测的目的。因此，对比文件2已经公开了上述区别技术特征①，而该技术特征在对比文件2中的作用实际上也是简化了分析步骤；而关于上述区别技术特征②，在对比文件1已经公开了将多种不同的标记物以一定比例混合在一起形成标记物组，并将该标记物组混合进烃液体中形成加标记的液体，同时使用所述不同种标记物浓度比作为该液体的鉴定标准的情况下，那么将不同浓度比的标记物组与相应的烃液体对应制成列表以备使用过程进行查询，这是本领域技术人员常用的技术手段。对比文件1和2都是使用标记物对烃液体进行鉴定，属于相同技术领域，并且上述区别技术特征①的作用在本申请和对比文件2中的作用是相同的，由此可见在对比文件1的基础上结合对比文件2以及本领域常用的技术手段得到权利要求1所请求保护的技术方案，这对于本领域技术人员来说，是显而易见的。因此，独立权利要求1不具有突出的实质性特点和显著的进步，不符合专利法第22条第3款有关创造性的规定。

此外，对于复审请求人在答复复审通知书时关于权利要求1具备创造性的意见，合议组认为：作为评价专利申请创造性的对比文件，并不要求其与本申请解决的技术问题完全相同，也不要求其完全公开权利要求技术特征，而是判断在上述对比文件基础上是否显而易见得出本申请权利要求的技术方案。上文中已充分论述了对比文件1和2结合公知常识很容易得到权利要求1的技术方案，在此不再赘述。此外，复审请求人认为对比文件1和对比文件2的标记物不适用于本申请，对此合议组认为，本申请的权利要求1仅是保护一种鉴定烃液体的方法，并没有对所用的标记物的种类进行具体限定，就目前权利要求1记载的内容而言，对比文件1和对比文件2的结合对权利要求1方法的披露是显而易见的，因此，权利要求1不具备创造性。

（2）关于从属权利要求2、4~7、9~13的创造性。

从属权利要求2、4~7不符合专利法第22条第3款有关创造性的规定。从属权利要求2所限定的技术特征在对比文件2中（见说明书第1栏第12~30行）已经提及；从属权利要求4中所限定的附加技术特征也在对比文件2中公开（参见说明书第1栏第55~58行）；从属权利要求5~7中限定的附加技术特征在对比文件1中公开（分别参见说明书第4页第47~53行、第3页第29~30行）。因此，在其分别引用的权利要求不具备创造性的基础上，该从属权利要求2、4~7相对于对比文件1和2的结合不具有突出的实质性特点和显著的进步，不符合专利法第22条第3款有关创造性的规定。

从属权利要求9所限定的附加技术特征实质上是在独立权利要求1的基础上将技术方案进一步限定到吸收光谱上。基于上述对独立权利要求1评述的同样理由，从属权利要求9相对于对比文件1和2的结合不具备突出的实质性特点和显著的进步，因此，在从属权利要求9引用的权利要求1不具备创造性的基础上，该从属权利要求9不符合专利法第22条第3款有关创造性的规定。

从属权利要求10所限定的附加技术特征已在对比文件2中公开（参见说明书第1栏第64行至第2栏第45行）；从属权利要求12所限定的附加技术特征对于本领域的普通技术人员来说是公知常识。因此，在从属权利要求10和12引用的权利要求9不具备创造性的基础上，其分别相对于对比文件1和2的结合不具备突出的实质性特点和显著的进步，不符合专利法第22条第3款有关创造性的规定。

从属权利要求11和13所限定的附加技术特征实质上是在独立权利要求1的基础上分别将技术方案进一步限定到荧光光谱和拉曼光谱。基于对独立权利要求1评述的同样理由，因此，在从属权利要求11和13分别引用的权利要求1不具备创造性的基础上，该从属权利要求11和13分别相对于对比文件1和2的结合不具备突出的实质性特点和显著的进步，不符合专利法第22条第3款有关创造性的规定。

（3）关于独立权利要求14的创造性。

对比文件2（参见对比文件2的说明书第1栏第64行至第3栏第24行以及附图1~2）公开了一种用于鉴别石油产品中近红外标记物的装置，该装置具有检测器，该检测器用于检测液体中标记物在不同波长的吸收峰，从而得到标记物的浓度值。

独立权利要求14与对比文件2中所公开的测定装置相比，其区别在于：独立权利要求14中的技术方案包括模式比较单元，用于将测定的浓度模式和已知的浓度模式进行比较，从而对液体进行鉴定，并且可以通过查阅表得到已知浓度模式。

由上述对权利要求1的评述可知，将不同浓度比的标记物组与相应的烃液体对应制成列表以备使用过程进行查询，这是本领域技术人员常用的技术手段；并且，该比较单元本身也是本领域技术人员常用的技术手段，因此，独立权利要求14相对于对比文件2和本领域公知常识的结合不具有突出的实质性特点和显著的进步，不符合专利法第22条第3款的规定。

复审请求人在答复意见中认为对比文件2披露的检测器没有公开测定被测标记物的浓度。对此合议组认为，在对比文件2的第3栏第19~23行中明确记载，理想情况下红外检测器应检测得出近红外荧光团的浓度，因此可以确定对比文件2披露了得到待测标记物的浓度的技术特征，复审请求人的上述理由不成立。

（4）关于从属权利要求15~18的创造性。

从属权利要求15所限定的附加技术特征已在对比文件2中公开（参见对比文件2的说明书第1栏第64行至第2栏第45行），因此，在从属权利要求15引用的权利要求14不具备创造性的基础上，该从属权利要求15相对于对比文件2和本领域公知常识的结合不符合专利法第22条第3款有关创造性的规定。

对于本领域的普通技术人员来说，为了检测两种或两种以上光谱特征不同的物质，使用至少两种检测器用于检测上述物质是显而易见的，因此，在从属权利要求16引用的权利要求14不具备创造性的基础上，该从属权利要求16所限定的技术方案相对于对比文件2和本领域公知常识的结合不符合专利法第 22 条第 3 款有关创造性的规定。

从属权利要求 17~18 所限定的附加技术特征均为本领域的公知常识，因此，在从属权利要求 17~18引用的权利要求 14 不具备创造性的基础上，该从属权利要求 17~18 所限定的技术方案相对于对比文件 2 和本领域公知常识的结合不符合专利法第 22 条第 3 款有关创造性的规定。

（5）关于独立权利要求 19 的创造性。

独立权利要求 19 请求保护一种标记物组合物，用于鉴定液体，鉴定步骤同独立权利要求 1 中所述的方法。而对比文件 1（参见对比文件 1 的说明书第 3 页第 37 行至第 4 页第 14 行和第 4 页第 36 行至第 5 页第 6 行以及实施例 33）中也公开了一种用于鉴定液体的标记物组合物，其披露了以下技术特征：①多种标记物，不同标记物具有光谱学上可区分的特征，每种标记物均可以与待鉴定的烃液体相混合；②各种不同的标记物可以以一定比例混合在一起形成标记物组，也即在每一组中不同种标记物的浓度比基本上等于预定的数值，将该标记物组混合进烃液体中形成加标记的液体，使用所述不同种标记物浓度比作为该液体的鉴定标准。然后，通过气相色谱、高效液相色谱、红外分析仪等手段分析确定标记物及其含量，并与不同的预定数值比较，有助于鉴定加标记的液体。

独立权利要求 19 与对比文件 1 所公开的技术方案相比，其区别在于：①独立权利要求 19 分析标记物的过程无需从烃液体中提取所述标记物，而对比文件 1 是采用的分析手段最终是将标记物从烃液体中分离了出来；②对比文件 1 中没有公开使用对应经鉴定液体的预设值或已知浓度模式的查阅表。

对比文件 2（参见对比文件 2 的说明书第 2 栏第 55 行至第 3 栏第 6 行）涉及一种鉴定烃液体的方法，其具体公开了用一种或多种标记物标记的组合物并用来鉴定烃液体，其中不需要将标记物从烃液体中提取出来就可以进行光谱检测，从而达到实时监测的目的。因此，对比文件 2 已经公开了上述区别技术特征①，而区别技术特征②属于本领域常用的技术手段（具体评述参见对权利要求 1 中的评述理由）。因此，由于对比文件 1 和 2 属于相同的技术领域，二者结合本领域常用的技术手段得到权利要求 19 的技术方案对本领域技术人员来说是显而易见的，故权利要求 19 不符合专利法第 22 条第 3 款规定的创造性。

（6）关于从属权利要求 20~22 的创造性。

从属权利要求 20~22 所限定的附加技术特征均已在对比文件 2 中公开（参见对比文件 2 的摘要）。因此，在从属权利要求 20~22 引用的权利要求 19 不具备创造性的基础上，该从属权利要求 20~22相对于对比文件 1 和 2 的结合不具有突出的实质性特点和显著的进步，不符合专利法第 22 条第 3 款有关创造性的规定。

（7）关于从属权利要求 24 的创造性。

从属权利要求 24 对权利要求 1 进一步限定的技术特征“提供液体”、“将化合物混合在液体中”、“标记物浓度测量”、“浓度比计算及查表”在对比文件 1 与 2 中公开（参见上述对权利要求 1 的评述意见）。

从属权利要求 24 与对比文件 1 和 2 的结合相比，其区别在于：所述的化合物选自苯甲腈、异氰酸苄酯、酞青、萘青、镍-二硫酚配合物、各种芳香胺的铵化合物、次甲基染料和甘菊环方形酸染料。

对比文件 3 中公开（参见对比文件 3 的摘要以及说明书第 2 页第 3~14 行）了：异氰酸苄酯、酞青、萘青、镍-二硫酚配合物、各种芳香胺的铵化合物、次甲基染料和甘菊环方形酸染料可用作标记物。这些化合物在对比文件 3 和本发明中的作用均是用于标记液体，从而有助于液体的鉴定。因此，对于本领域的普通技术人员来说，为了标记液体，容易想到将对比文件 3 中披露的上述标记物用于对比文件 1 和 2 的结合中，从而得到权利要求 24 所请求保护的技术方案。由此可知，权利要求 24 相对于对比文件 1~3 不具备突出的实质性特点和显著的进步。因此，在从属权利要求 24 引用的权利要求

1 不具备创造性的基础上，该从属权利要求 24 所请求保护的技术方案不符合专利法第 22 条第 3 款有关创造性的规定。

（8）关于从属权利要求 25 的创造性。

从属权利要求 25 引用独立权利要求 1，其进一步限定的附加技术特征在于：标记物的选择、鉴定符的设定、鉴定液体的方式，其中每种标记物在电磁光谱的红外或可见光部分具有光谱，所述光谱选自吸收光谱、荧光光谱或拉曼光谱。

其中标记物的选择、鉴定符的设定以及鉴定液体的方式已经被对比文件 1 与 2 公开（参见上述对权利要求 1 的评述意见）。

而附加技术特征中标记物的光谱特征在对比文件 2 中公开（参见对比文件 2 的说明书第 4 栏第 32~46行），因此，根据上述对独立权利要求 1 评述的同样理由，从属权利要求 25 相对于对比文件 1 和 2 以及本领域常用技术手段的结合不具有突出的实质性特点和显著的进步。因此，在从属权利要求 25 引用的权利要求 1 不具备创造性的基础上，该从属权利要求 25 所请求保护的技术方案不符合专利法第 22 条第 3 款有关创造性的规定。

综上所述，本专利权利要求 1、2、4~7、9~22、24、25 不具备专利法第 22 条第 3 款规定的创造性。

根据上述事实和理由，本案合议组依法做出以下审查决定。

**三、决定**

维持国家知识产权局于 2003 年 10 月 26 日对 98808218.7 号发明专利申请作出的驳回决定。

复审请求人对本决定不服的，可以根据专利法第 41 条第 2 款的规定，自收到本决定之日起三个月内向北京市第一中级人民法院起诉。

127

# 扣合件夹及制作扣合件夹的方法

## 复审请求审查决定（第 11387 号）

**决　定　号**　第 11387 号
**决　定　日**　2007 年 8 月 22 日
**发明创造名称**　扣合件夹及制作扣合件夹的方法
**国 际 分 类 号**　A44B 21/00，B29C 45/14，B65D 63/00，B65D 85/24，G09F 3/12
**复 审 请 求 人**　艾弗芮丹尼逊有限公司
**申　请　号**　00816960.8
**优 先 权 日**　1999 年 12 月 5 日
**申　请　日**　2000 年 12 月 15 日
**公　开　日**　2003 年 4 月 9 日
**合 议 组 组 长**　任晓兰
**主　审　员**　侯　曜
**参　审　员**　李新芝

**法 律 依 据**　专利法第 33 条，第 22 条第 3 款
**决 定 要 点**

如果修改增加的内容能够从原申请记载的信息中直接地、毫无疑义地确定，那么，这样的修改就是允许的。

如果请求人在复审程序中删除了驳回决定所指出的不具备创造性的权利要求，则认为所述修改已经克服了驳回决定所指出的这些权利要求不具备创造性的缺陷。

### 一、案由

本复审请求案涉及发明名称为“扣合件夹及制作扣合件夹的方法”的第 00816960.8 号发明专利申请（下称本申请），申请人为艾弗芮丹尼逊有限公司，申请日为 2000 年 12 月 15 日，优先权日为 1999 年 12 月 15 日，公开日为 2003 年 4 月 9 日。

国家知识产权局原审查部门对本申请进行了实质审查，并于 2003 年 12 月 26 日发出了《第一次审查意见通知书》，指出：本申请权利要求 1~10 不具备专利法第 22 条第 3 款规定的创造性。

2004 年 5 月 10 日，请求人针对《第一次审查意见通知书》提交了权利要求书和说明书全文的替换页，新增加了从属权利要求 6~18，将原权利要求 6~8，10 改为权利要求 19~22，删除了原权利要求 9，并陈述了本申请的权利要求具备创造性的理由。

2004 年 6 月 25 日，针对申请人于 2004 年 5 月 10 日提交的权利要求书和说明书，2002 年 6 月 10

日提交的说明书附图第1~5页、说明书摘要和摘要附图，国家知识产权局以本申请不符合专利法第22条第3款的规定为由驳回了本申请。驳回决定针对的权利要求第1~5，19~22项如下：

“1. 一种扣合件夹，它包括：

（a）一第一扣合件，所述第一扣合件包括一柔性线，柔性线有一第一放大端及一第二放大端；

（b）一第二扣合件，所述第二扣合件包括一柔性线，柔性线有一第一放大端及一第二放大端；

（c）所述第一扣合件和第二扣合件安排成相平行、并排、且处于相互间隔开的关系；

（d）一第一连接短柱把所述第一扣合件的第一放大端连接于所述第二扣合件的第一放大端；

（e）一第二连接短柱把所述第一扣合件的第二放大端连接于所述第二扣合件的第二放大端；

（f）一放大连杆与第一和第二扣合件的第一放大端相间隔开；

（g）一第一连接颈把所述放大连杆连接到所述第一扣件夹的第一放大端，所述第一连接颈具有第一端，该第一端形成在所述第一扣件夹的第一放大端；

（h）一第二连接颈把所述放大连杆连接到所述第二扣件夹的第一放大端，所述第二连接颈具有第一端，该第一端形成在所述第二扣件夹的第一放大端。

2. 如权利要求1所述的扣合件夹，其特征在于，所述第一连接颈的第一端的截面面积与所述第一连接颈的其余部分比较是逐渐缩减的。

3. 如权利要求2所述的扣合件夹，其特征在于，所述第二连接颈的第一端的截面面积与所述第二连接颈的其余部分比较是逐渐缩减的。

4. 如权利要求3所述的扣合件夹，其特征在于，所述第一连接颈在第一端处渐缩成V-形尖端。

5. 如权利要求4所述的扣合件夹，其特征在于，所述第二连接颈在第一端处渐缩成V-形尖端。

……

19. 一种扣合件夹组件，其特征在于，它包括：

（a）多个扣合件夹；

（b）一具有前表面的薄板，至少薄板前表面的一部分涂敷有粘结剂，所述多个扣合件夹以间隔开关系安置在所述薄板的前表面上；

（c）一保存所述薄板的容器，所述容器包括其上形成一开口的顶板以提供通向容器的内部的入口。

20. 如权利要求19所述的扣合件夹组件，其特征在于，多个扣合件夹的每一个包括：

（a）一第一扣合件，所述第一扣合件包括一柔性线，柔性线有一第一放大端及一第二放大端；

（b）一第二扣合件，所述第二扣合件包括一柔性线，柔性线有一第一放大端及一第二放大端；

（c）所述第一扣合件和第二扣合件安排成相平行、并排、且处于相互间隔开的关系；

（d）一第一连接短柱把所述第一扣合件的第一放大端连接于所述第二扣合件的第一放大端；

（e）一第二连接短柱把所述第一扣合件的第二放大端连接于所述第二扣合件的第二放大端；

21. 如权利要求20所述的扣合件夹夹组件，其特征在于，所述容器是由纸板制成的。

22. 一种制作扣合件夹的方法，其特征在于，所述方法包括下列步骤：

（a）提供一具有类似扣合件夹模腔的模型，扣合件夹包括一第一扣合件，所述第一扣合件包括具有一第一放大端和一第二放大端的柔性线；一第二扣合件，所述第二扣合件包括一具有一第一放大端和一第二放大端的柔性线；所述第一扣合件和第二扣合件处于平行、并排、间隔开的关系；一第一连接短柱，该连接短柱把第一扣合件的第一放大端连接到所述第二扣合件的第一放大端，以及第二连接短柱，该连接短柱把第一扣合件的第二放大端连接到所述第二扣合件的第二放大端；一放大连杆，该放大连杆与第一和第二扣合件的第一放大端相间隔开，一第一连接颈，该连接颈把所述放大连杆连接到第一扣合件的第一放大端，所述第一连接颈具有形成在第一扣合件的第一放大端上的第一端，以及一第二连接颈，该连接颈将所述放大连杆连接到第二扣合件的第一放大端，所述第二连接颈具有形成在第二扣合件的第一放大端上的第一端；

（b）将熔融塑料注射入模型的模腔，

（c）使熔融塑料在模型的模腔中冷却，以及

（d）从模型中取出成型塑料以产生扣合件夹。”

驳回决定指出：（1）US4456123A（1984年6月26日公开，下称对比文件1）公开了一种扣合件夹，包括以下特征：①第一扣合件，所述第一扣合件包括一柔性线52，柔性线有一第一放大端56及一第二放大端53；②第二扣合件，所述第二扣合件包括一柔性线52，柔性线有一第一放大端56及一第二放大端53；③所述第一扣合件和第二扣合件安排成相平行、并排，且处于相互隔开的关系；④第一连接短柱57把所述第一扣合件的第一放大端连接于所述第二扣合件的第一放大端；⑤第二连接短柱54把所述第二扣合件的第一放大端连接于所述第二扣合件的第一放大端（参见对比文件1的说明书第3栏第34行至第4栏第38行，以及附图1~9）；权利要求1要求保护的技术方案与对比文件1公开的技术方案相比，区别在于：①放大连杆与第一和第二扣合件的第一放大端相间隔开；②第一连接颈把所述放大连杆连接到所述第一扣合件夹的第一放大端；所述第一连接颈具有第一端，该第一端形成在所述第一扣合件夹的第一放大端；③第二连接颈把所述放大连杆连接到所述第二扣合件夹的第一放大端；所述第一连接颈具有第一端，该第一端形成在所述第二扣合件夹的第一放大端。该区别技术特征在US4660718A（公开日1987年4月28日，下称对比文件2）的背景技术部分已经公开（参见对比文件2的说明书第1栏第24~54行，附图1），其中连接杆和连接颈的作用就是将扣合件夹连接起来，由于对比文件1和2均涉及扣合件夹，因此在对比文件1的基础上结合对比文件2公开的连接杆和连接颈，得到权利要求1的技术方案，对于本领域技术人员是显而易见的，且没有产生预想不到的技术效果，因此权利要求1的技术方案相对于对比文件1和2的结合不具备创造性，不符合专利法第22条第3款的规定。基于相同理由，权利要求1的技术方案相对于对比文件1分别与对比文件3、6、7、8、9、11、12或13的结合，以及对比文件4分别与对比文件2、3、6、7、8、9、11、12或13的结合，以及对比文件5分别与对比文件2、3、6、7、8、9、11、12或13的结合，以及对比文件10分别与对比文件2、3、6、7、8、9、11、12或13的结合不具备专利法第22条第3款规定的创造性。（2）从属权利要求2~5对连接颈进行了限定，但第一和第二连接颈在第一端形成V形或面积逐渐缩减，使得更加容易分离，是常用技术手段和常识，并且没有产生预想不到的技术效果，因此权利要求2~5也不具备专利法第22条第3款规定的创造性。（3）权利要求19要求保护一种扣合件夹组件，对比文件1中公开了多个扣合件夹，二者的区别在于：①权利要求19中有一具有前表面的薄板，至少薄板前表面的一部分涂敷有粘结剂，所述多个扣合件夹以间隔开关系安置在所述薄板的前表面上；和②一保存所述薄板的容器，所述容器包括其上形成一开口的顶板以提供通向容器的内部的入口，所述区别是本领域及其他相关领域的常用技术手段，在对比文件1的基础上结合上述公知常识和技术以得到权利要求19的技术方案，对于本领域技术人员是显而易见的，因此权利要求19不符合专利法第22条第3款的规定；基于相同理由，权利要求19相对于对比文件2~13也不具备专利法第22条第3款规定的创造性。（4）权利要求20的附加技术特征已经在对比文件1，4~5和10中公开，权利要求21的附加技术特征是本领域的常用技术手段，因此权利要求20~21不符合专利法第22条第3款的规定。（5）权利要求22要求保护一种制作扣合件夹的方法，其与对比文件1的区别在于：①权利要求22的扣合件夹具有放大连杆和连接颈；②权利要求22是通过模塑制作扣合件夹，由于对比文件2公开了区别①，区别②是常用技术手段，因此权利要求22不符合专利法第22条第3款的

规定。

2004年10月10日，申请人（下称请求人）对上述驳回决定不服，向专利复审委员会提出复审请求，请求人在提出复审请求时对申请文件进行了修改，将原权利要求1和22中的“放大连杆”改为“细长连杆”，并增加了“该细长连杆垂直延伸至所述第一扣合件的所述第一放大端和所述第二扣合件的所述第一放大端”的特征，同时对说明书第4页作出适应性修改。

请求人认为：(1) 对比文件1公开了一种梯子状的扣合件夹，其中扣合件是以端对端的方式排列的，不同于本申请中扣合件的“平行、并排且处于相互间隔开的关系”，并且对比文件1提供此类扣合件夹的目的在于去除连杆，对比文件2、3、6、7、8、9、11、12和13公开的是带有连杆的扣合件夹，各扣合件是以平行、并排且处于相互间隔开的关系排列的，而且，由于扣合件与连杆相邻的端部已经连接在连杆上，不存在使端部互相连接的连接件，因此对比文件1、2、3、6、7、8、9、11、12和13并未明示或暗示权利要求1限定的技术方案，不存在对比文件1与2、3、6、7、8、9、11、12或13的组合动机；对比文件4公开的是环形扣合件夹，在试图分离出一个扣合件时，必须用手撕扯下来，由于连杆通常是用于将扣合件夹导入分配工具中，因此对比文件4缺乏与对比文件2、3、6、7、8、9、11、12或13的组合动机；基于与对比文件1的相同理由，对比文件5缺乏与对比文件2、3、6、7、8、9、11、12或13的组合动机；对比文件10公开的是环形扣合件夹，各扣合件的相邻插入端之间和接纳端之间并未由连接柱连接，因此对比文件10缺乏与对比文件2、3、6、7、8、9、11、12或13的组合动机，综上所述，独立权利要求1及其从属权利要求2~5具备专利法第22条第3款规定的创造性。(2) 对比文件1~13没有公开或暗示将多个扣合件夹安装在涂敷有粘结剂的薄板上以及用于保存此类薄板的容器，因此权利要求19及其从属权利要求20~21具备专利法第22条第3款规定的创造性。(3) 基于与 (1) 相同的理由，权利要求22的制备方法也具备专利法第22条第3款规定的创造性。

经形式审查合格后，专利复审委员会受理了该请求，并2004年11月15日向请求人发出了《复审请求受理通知书》，同时将本申请转送至国家知识产权局原审查部门进行前置审查。

在《前置审查意见书》中，国家知识产权局原审查部门认为提交复审请求时进行的修改不能从权利要求书和说明书记载的内容直接推导得出，且表述不清楚，因此仍针对驳回文本坚持原驳回决定。

专利复审委员会依法组成合议组，对本复审请求案进行了审理。

2007年4月20日，专利复审委员会本案合议组向复审请求人发出《复审通知书》，指出：

(1) 权利要求1要求保护一种扣合件夹，对比文件 (1) 公开了一种扣合件夹，所述扣合件夹包括通过大量细丝52交叉连接的延长的连续侧部件50和51，侧部件50包括由可分割连接件54连接在一起的大量拉环或桨状端部件53，侧部件51包括大量由可分割连接件57连接在一起的端棒56，各扣合件之间呈平行、并排且相互间隔的关系。权利要求1的技术方案与对比文件1的区别在于：在权利要求1中有 (g) 垂直延伸至第一和第二扣合件的第一放大端的细长连杆，以及 (h) 处于细长连杆和各扣合件的第一放大端之间的连接颈。从本申请说明书公开的内容来看，连杆的作用在于作为整个扣合件夹的骨架并使扣合件夹能够与当前已有的扣合件脱下工具一起使用（参见本申请说明书第7页第三段），而连接颈的作用是用于将各扣合件与连杆连接。因此本发明实际要解决的技术问题是解决提供具有连杆和连接颈的扣合件夹并使其能够与扣合件夹分配工具配合使用。本案的焦点在于判断现有技术中是否存在用连杆作为骨架并通过连接颈与扣合件夹相连的技术启示。对比文件2公开了一种连接组件，所述组件的各连接件包括：端部1，一端与端部1侧端面的中央部位连接的细丝2，在细丝2的另一端形成并在与端部1延伸的平面上平行延伸的横柱3，各连接件之间通过各自的连接颈

20 连接至其共有的连杆 21，各相邻的端部 1 通过容易切断的连接件 22 连接，所述连接颈 20 的作用不仅在于将扣合件连接在连杆 21 上，而且在于和起骨架作用的连杆 21 一起配合扣合件分配机一起使用。由此可见，对比文件 2 中公开了连接颈，以及通过连接颈与扣合件相连并与扣合件排列方向呈现垂直延伸的连杆，并且教导了连接颈的连接作用和连杆的骨架作用，以及二者与扣合件分配机一起使用。因此将对比文件 1 和 2 结合，得到权利要求 1 的技术方案对于本领域技术人员是显而易见的。因此权利要求 1 的技术方案不具备创造性，不符合专利法第 22 条第 3 款的规定。

（2）权利要求 2~5 的附加技术特征对连接颈的形状作了进一步限定，但是将连接颈的形状设计为从放大连杆至第一放大端逐渐缩减，直至形成 V 型尖端，使得其更容易脱下，是本领域技术人员根据普通知识容易想到的，而且说明书书中也没有进一步的证据显示这样的结构具有出人意料的效果，因此在权利要求 1 不具备创造性的前提下，权利要求 2~5 的技术方案也不具备突出的实质性特点和显著进步，不符合专利法第 22 条第 3 款的规定。

（3）权利要求 19 要求保护一种扣合件夹组件。对比文件 1 和 2 均公开了扣合件夹，因此权利要求 19 与对比文件 1 或 2 的区别在于特征（b）一具有前表面的薄板，至少薄板前表面的一部分涂敷有粘结剂，所述多个扣合件夹以间隔开关系安置在所述薄板的前表面上，以及特征（c）一保存所述薄板的容器，所述容器包括其上形成一开口的顶板以提供通向容器的内部的入口，而所述区别技术特征是本领域及日常生活中常用的技术手段和普通常识，因此权利要求 19 的技术方案不具备实质性特点和显著进步，不符合专利法第 22 条第 3 款的规定。

（4）权利要求 20 进一步限定了权利要求 19 中的结构，基于此前对于权利要求 1 的创造性评述的相同理由，在权利要求 19 不具备创造性的前提下，权利要求 20 的技术方案也不具备突出的实质性特点和显著进步，不符合专利法第 22 条第 3 款的规定。

（5）权利要求 21 进一步限定了权利要求 20 中的容器为纸板制成的，但由于所述容器的作用仅在于存储扣合件夹，其质地对于其功能的实现没有任何影响，而且将容器的质地选择为纸制是本领域技术人员容易想到的，因此在权利要求 20 不具备创造性的前提下，权利要求 21 的技术方案也不具备突出的实质性特点和显著进步，不符合专利法第 22 条第 3 款的规定。

（6）权利要求 22 要求保护一种制作扣合件夹的方法。对比文件 1 中公开了将热塑料挤入模具、冷却和脱模的扣合件夹生产工艺，在扣合件夹本身不具备创造性的前提下，权利要求 22 的技术方案也不具备创造性，不符合专利法第 22 条第 3 款的规定。

2007 年 5 月 31 日，复审请求人针对上述《复审通知书》提交了意见陈述书，以及经修改的说明书和权利要求书的全文替换页，其中将权利要求 6 的附加技术特征补入权利要求 1，删除了权利要求 19，并按照与权利要求 1 相同的方式修改了权利要求 20 和 22，形成了新的权利要求 18 和 20。

修改后的权利要求 1、18 和 20 如下：

“1. 一种扣合件夹，它包括：

（a）一第一扣合件，所述第一扣合件包括一柔性线，柔性线有一第一放大端及一第二放大端，其中所述第一扣合件的第一放大端为一横向杆；

（b）一第二扣合件，所述第二扣合件包括一柔性线，柔性线有一第一放大端及一第二放大端，其中所述第二扣合件的第一放大端为一横向杆；

（c）所述第一扣合件和第二扣合件安排成相平行、并排、且处于相互间隔开的关系；

（d）一第一连接短柱把所述第一扣合件的第一放大端连接于所述第二扣合件的第一放大端；

（e）一第二连接短柱把所述第一扣合件的第二放大端连接于所述第二扣合件的第二放大端；

（f）一细长连杆与第一和第二扣合件的第一放大端相间隔开，该细长连杆垂直延伸至所述第一扣合件的所述第一放大端和所述第二扣合件的所述第一放大端；

（g）一第一连接颈把所述细长连杆连接到所述第一扣件夹的第一放大端，所述第一连接颈具有第一端，该第一端形成在所述第一扣件夹的第一放大端；

（h）一第二连接颈把所述细长连杆连接到所述第二扣件夹的第一放大端，所述第二连接颈具有第一端，该第一端形成在所述第二扣件夹的第一放大端。”

“18. 一种扣合件夹组件，它包括：

多个扣合件夹，其中每个扣合件夹包括：

（a）一第一扣合件，所述第一扣合件包括一柔性线，柔性线有一第一放大端及一第二放大端，其中所述第一扣合件的第一放大端为一横向杆；

（b）一第二扣合件，所述第二扣合件包括一柔性线，柔性线有一第一放大端及一第二放大端，其中所述第二扣合件的第一放大端为一横向杆；

（c）所述第一扣合件和第二扣合件安排成相平行、并排、且处于相互间隔开的关系；

（d）一第一连接短柱把所述第一扣合件的第一放大端连接于所述第二扣合件的第一放大端；

（e）一第二连接短柱把所述第一扣合件的第二放大端连接于所述第二扣合件的第二放大端；

一具有前表面的薄板，至少薄板前表面的一部分涂敷有粘结剂，所述多个扣合件夹以间隔开关系安置在所述薄板的前表面上；以及

一保存所述薄板的容器，所述容器包括其上形成一开口的顶板以提供通向容器的内部的入口。”

“20. 一种制作扣合件夹的方法，其特征在于，所述方法包括下列步骤：

（a）提供一具有类似扣合件夹模腔的模型，扣合件夹包括一第一扣合件，所述第一扣合件包括具有一第一放大端和一第二放大端的柔性线，其中所述第一扣合件的第一放大端为一横向杆；一第二扣合件，所述第二扣合件包括一具有一第一放大端和一第二放大端的柔性线，其中所述第二扣合件的第一放大端为一横向杆；所述第一扣合件和第二扣合件处于平行、并排、间隔开的关系；一第一连接短柱，该连接短柱把第一扣合件的第一放大端连接到所述第二扣合件的第一放大端，以及第二连接短柱，该连接短柱把第一扣合件的第二放大端连接到所述第二扣合件的第二放大端；一细长连杆，该细长连杆与第一和第二扣合件的第一放大端相间隔开，该细长连杆垂直延伸至所述第一扣合件的所述第一放大端和所述第二扣合件的所述第一放大端，一第一连接颈，该连接颈把所述细长连杆连接到第一扣合件的第一放大端，所述第一连接颈具有形成在第一扣合件的第一放大端上的第一端，以及一第二连接颈，该连接颈将所述细长连杆连接到第二扣合件的第一放大端，所述第二连接颈具有形成在第二扣合件的第一放大端上的第一端；

（b）将熔融塑料注射入模型的模腔，

（c）使熔融塑料在模型的模腔中冷却，以及

（d）从模型中取出成型塑料以产生扣合件夹。”

请求人认为：鉴于权利要求 6 所要求保护的技术方案未受到质疑，料想权利要求 6 已经得到了认可，因此修改后的权利要求应当具备专利法第 22 条第 3 款规定的创造性。

经过上述审查程序，合议组认为本案事实已经清楚，可以依法作出复审决定。

**二、决定的理由**

1. 决定依据的文本

专利法第 33 条规定，申请人可以对其专利申请文件进行修改，但是，对发明和实用新型专利申请文件的修改不得超出原说明书和权利要求书记载的范围，对外观设计专利申请文件的修改不得超出原图片或者照片表示的范围。

如果修改增加的内容能够从原申请记载的信息中直接地、毫无疑义地确定，那么，这样的修改就是允许的。

请求人在提出复审请求时，将原权利要求 1（f）中的“放大连杆”改为“细长连杆”，并增加了“该细长连杆垂直延伸至所述第一扣合件的所述第一放大端和所述第二扣合件的所述第一放大端”特征，并对原权利要求 22 和说明书进行了适应性修改。

在《前置审查意见书》中，国家知识产权局原审查部门认为所述修改不能从原权利要求书和说明书记载的内容直接推导得出，且表述不清楚。

对此，合议组认为：在本申请说明书中对于细长连杆，即放大连杆进行了文字描述和图示，“所述第一扣合件和第二扣合件安排成相平行、并排、且处于相互间隔开的关系，放大连杆与第一和第二扣合件的第一放大端相间隔开”（参见说明书第 4 页第一段），“放大连杆与扣合件间隔开并与连接短柱相平行地延伸。多个彼此隔开的连接颈从连杆垂直地突伸出”（参见说明书第 7 页第 8~10 行，第 9 页第 5~7 行，以及附图 1 和 5），本领域技术人员据此可以知晓细长连杆与连接颈和扣合件之间的位置关系，即细长连杆通过第一扣合件和第二扣合件各自的连接颈，将第一扣合件的第一放大端和第二扣合件的第一放大端连接起来，连杆与各连接颈垂直，并且与放大端之间的连接短柱平行，因此，该细长连杆是相对于所述第一扣合件的所述第一放大端和所述第二扣合件的所述第一放大端是垂直延伸的，所述表述可以从权利要求书和说明书记载的内容直接推导得出，且表述清楚。

因此，上述修改符合专利法第 33 条的规定，本复审决定依据的文本是请求人于 2007 年 5 月 31 日提交的新修改的权利要求第 1~20 项、说明书第 1~11 页以及 2002 年 6 月 10 日提交的说明书附图第 1~5 页、说明书摘要和摘要附图。

2. 关于创造性

专利法第 22 条第 3 款规定，创造性，是指同申请日以前已有的技术相比，该发明有突出的实质性特点和显著进步。

如果请求人在复审程序中删除了驳回决定所指出的不具备创造性的权利要求，则认为所述修改已经克服了驳回决定所指出的这些权利要求不具备创造性的缺陷。

就本案而言，驳回决定中的驳回理由是权利要求 1~5，19~22 不具备创造性，没有对答复《第一次审查意见通知书》时新增加的权利要求 1 的从属权利要求 6~18 是否具备创造性发表意见，在答复《复审通知书》时，请求人将原来的从属权利要求 6 的附加技术特征补入权利要求 1，形成了新的独立权利要求 1，并相应地修改了原独立权利要求 19 和 22，形成了新的独立权利要求 18 和 20，这实质上是删除了驳回决定所针对的原权利要求 1~5，19~22 的技术方案。

由于在驳回决定中审查员没有对从属权利要求 6~18 的技术方案是否具备创造性发表意见，因此，合议组认为，复审请求人在答复《复审通知书》时进行的修改已经克服了驳回决定指出的原权利要求 1~5，19~22 不具备创造性的缺陷。

基于上述理由，合议组作出下述决定。

**三、决定**

撤销国家知识产权局于 2004 年 6 月 25 日针对 00816960.8 号发明专利申请作出的驳回决定，由国家知识产权局原审查部门以 2007 年 5 月 31 日提交的权利要求书和说明书，以及驳回决定所针对的其他文本为基础继续审查。

复审请求人对本决定不服的，可以根据专利法第 41 条第 2 款的规定，自收到本决定之日起三个月内向北京市第一中级人民法院起诉。

128

# 供静脉注射导液管插入用的安全管心针

## 复审请求审查决定（第11388号）

**决　定　号**　第11388号
**决　定　日**　2007年8月30日
**发明创造名称**　供静脉注射导液管插入用的安全管心针
**国 际 分 类 号**　A61M 25/06 A61M 5/32
**复 审 请 求 人**　MDC投资控股公司
**申　请　号**　95197813.6
**申　请　日**　1995年4月17日
**公　开　日**　1998年5月6日
**合 议 组 组 长**　刘颖杰
**主　审　员**　王琦琳
**参　审　员**　周　航

**法 律 依 据**　专利法第22条第3款
**决 定 要 点**

如果一项技术方案同现有技术相比存在区别特征，但是现有技术针对该区别特征已经给出了足够的技术启示，本领域普通技术人员根据该技术启示无须付出创造性劳动就可以得到该技术方案，则该技术方案不具备突出的实质性特点和显著的进步，不符合专利法第22条第3款有关创造性的规定。

### 一、案由

本复审请求案涉及名称为“供静脉注射导液管插入用的安全管心针”的95197813.6号PCT发明专利申请（下称本申请），其申请日为1995年4月17日，其公开日为1998年5月6日，申请人为MDC投资控股公司。本申请公开时的权利要求书共包括3项权利要求，申请人在国际初步审查阶段提交了权利要求书全文的修改替换页，修改后的权利要求书共包括7项权利要求，其中权利要求1是独立权利要求。

国家知识产权局实质审查部门依法对本申请进行了实质审查，并于2003年5月23日发出了第一次审查意见通知书，指出本申请的权利要求1~7相对于对比文件1和对比文件2的结合不具备创造性，不符合专利法第22条第3款的规定。在第一次审查意见通知书中引用的2篇对比文件如下：

对比文件1：WO93/12830号PCT专利文献，其公开日为1993年7月8日；

对比文件2：US5376075A号美国专利文献，其公开日为1994年12月27日。

针对上述审查意见通知书，申请人于2003年12月8日提交了意见陈述书和权利要求书全文的修改替换页，申请人对权利要求 1 和权利要求 7 进行了修改，并增加了权利要求 8~24。

申请人认为，本申请权利要求 1 要求保护的导液管注射装置与对比文件 1 所述的皮下注射器是完全不同的，而且本申请的装置与对比文件 2 所述的导液管注射装置也不同，其并不是当导液管从外壳一除去就自动缩回的，另外，修改后的权利要求 1 包括了用于持留促动件并接着响应在柱塞端部上的预定压力释放促动件的装置，而对比文件 1 的注射器不包括柱塞的锁定部。

经过上述审查程序，国家知识产权局实质审查部门于 2004 年 4 月 30 日以本申请权利要求 1~7 仍然不具备创造性，不符合专利法第 22 条第 3 款的规定为由驳回了本申请。驳回决定所针对的文本是：申请人于 2003 年 12 月 8 日提交的权利要求第 1~24 项，于 1997 年 10 月 16 日进入中国国家阶段时提交的说明书第 1~8 页、说明书附图第 1~4 页、说明书摘要以及摘要附图，其中权利要求 1~7 如下：

“1. 一种用于静脉注射导液管插入的装置，该装置有一外壳（12），外壳（12）有一前端（24）与导液管套（22）相匹配并且设置有一延伸自外壳（12）的前端（24）的注射针（14），其支持并导引导液管插管（20）进入血管；一在外壳（12）之内的弹簧（44），用以给注射针（14）施加力从而把注射针推进外壳（12）之中；以及一注射针持留元件（36，36′），用于克服弹簧的力以可释放的方式把注射针（14）持留在它从外壳（12）伸出的位置上；这一装置的特征在于：

一定位于外壳（12）之中的促动件（64），它有一柱塞端部（86），柱塞端部在延伸超过外壳的后端的第一限定位置由被用于持留促动件的装置持留，促动件（64）可以应答从第一限定位置释放促动件（64）的在柱塞端部（86）之上的预定压力由持留促动件的装置释放并移到第二限定位置，从而由弹簧（44）把注射针（14）压迫推进外壳之中；以及

上述促动件（64）具有带一朝前开口端（70）的腔室（72），用于在注射针（14）被弹簧（44）压迫推进外壳中之后承接并容纳注射针（14）。

2. 根据权利要求 1 的装置，其中的注射针持留元件（36，36′）有一用于与注射针相啮合的碰锁突起（46，46′），促动件（64）是可以移动的，以便与碰锁突起（46，46′）相啮合，从而释放注射针保持件（36，36′），使注射针回缩到外壳之中。

3. 根据权利要求 2 的装置，其中促动件（64）释放用于把注射针握持住以使其抵抗弹簧（44）压力的碰锁突起，从而把注射针（14）推入外壳（12）之中。

4. 根据以上的任一权利要求的装置，其中外壳（12）和促动件（64）界定了一个在导液管插入时用以承接血液的腔室，该装置进一步的特点在于出口装置（90），它与腔室相连接，用以在把血液保留在腔室中时把其中的气体排出。

5. 根据权利要求 4 的装置，其中出口装置（90）是由多孔材料做成的，用以选择性地允许气体从腔室中排出而却阻塞液体流。

6. 根据权利要求 2 或 3 的装置，其中碰锁突起部（26′）分别沿着各自的边接合在一起，从而与注射针一起形成一液体密封结构。

7. 根据权利要求 1 的装置，其中用于持留促动件的装置包括协同操作的棘爪（76，80，84），用于在初始状态把促动件（64）持留在第一限定位置上，并且外壳包括用于把促动件（64）持留在第二限定位置上的装置。”

该驳回决定认为，申请人所指出的本申请装置与对比文件 2 导液管的不同在权利要求 1 的技术方案中并没有体现出来，对比文件 1 和对比文件 2 属于相同技术领域，当对比文件 1 已经公开了权利要求 1 技术方案中除“可用于静脉注射导液管”外的其他特征时，根据对比文件 2 的启示，本领域普通技术人员可以得到启示将对比文件 1 中的装置用于静脉注射导液管的插入，即，将对比文件 1 和 2 结合起来构成本申请权利要求 1 所要求保护的技术方案，这对于本领域普通技术人员来说是很容易想到

的，无须付出创造性的劳动。

申请人 MDC 投资控股公司（下称复审请求人）对上述驳回决定不服，于 2004 年 8 月 16 日向专利复审委员会提出复审请求，但未对申请文件进行修改。复审请求人认为，在 2003 年 12 月 8 日提交的修改文本中，申请人对权利要求 1 所作的修改可以使促动件可释放地保持在某一位置以防止针的意外缩回，而且对于对比文件 1 来说，加一个持留装置以在使用前保持注射器柱塞的技术特征是与注射器的使用相抵触的。

经形式审查合格，专利复审委员会受理了上述请求，并于 2004 年 9 月 8 日向复审请求人发出复审请求受理通知书，并将本案送至原实质审查部门进行前置审查。

国家知识产权局原实质审查部门对上述复审请求做出前置审查意见，仍然坚持原驳回决定。

专利复审委员会依法组成合议组，对本复审请求案进行了审理。

本案合议组于 2007 年 4 月 25 日向复审请求人发出复审通知书，指出：本申请权利要求 1 请求保护的技术方案与对比文件 2 相比，它们的区别特征在于：一定位于外壳之中的促动件，它有一柱塞端部，柱塞端部在延伸超过外壳的后端的第一限定位置由被用于持留促动件的装置持留，促动件可以应答从第一限定位置释放促动件的在柱塞端部之上的预定压力由持留促动件的装置释放并移到第二限定位置，从而由弹簧把注射针压迫推进外壳之中，上述区别特征限定了持留注射针以及使注射针缩回的机械结构。而对比文件 1 则涉及一种具备可回缩针头的皮下注射用注射器，其同样属于向生物体注射输液的器械，而且其与本申请和对比文件 2 相同地是一种为了避免使用过的针头伤人，而设计的在针头使用之后使其缩回的结构。其中包括：活塞装置 23（说明书第 8 页第 11 行，相当于本申请权利要求 1 中的柱塞），轨槽 190 与凸出部 175 构成一个轻微的锁定效果以避免针头的误收回（说明书第 15 页第 24~26 行，相当于持留柱塞端部于第一限定位置的持留装置），通过移动活塞触发释放对针头的持留效果，使针头回缩至管道部分 36 中（说明书第 12 页第 9~23 行，相当于促动件释放并使注射针缩回外壳之中的过程）。综上所述，对比文件 2 与本申请权利要求 1 的技术方案属于相同的技术领域，实现了相同的技术效果，在具体机械结构上，仅在针头回缩结构方面存在不同，而处于相近领域的对比文件 1 的技术方案公开了这一具体针头回缩的结构，对于本领域普通技术人员来说，在对比文件 2 的基础上结合对比文件 1，无须付出任何创造性劳动，即可得到本申请权利要求 1 的技术方案，故本申请权利要求 1 的技术方案相对于对比文件 2 和对比文件 1 的结合不具备创造性，不符合专利法第 22 条第 3 款的规定。相应地，从属权利要求 2~7 也不具备创造性，不符合专利法第 22 条第 3 款的规定。

针对复审请求人的意见陈述，合议组还指出：对比文件 2 所要解决的技术问题与本申请相同，均是为了在注射完成后使针头缩回，以避免针头伤人，如请求人所述，对比文件 2 并非采用轴向移动促动件的方式来实现针头回缩的技术效果，其所采用的持留翼方式一定程度上妨碍了使用者的操作，但由于对比文件 2 存在这种缺陷，本领域技术人员为了解决该缺陷，会去寻找其他技术手段以克服该缺陷。对比文件 1 的技术领域与对比文件 2 和本申请非常接近，在医疗领域中需要导液管的场合往往伴随着注射针的使用，而对比文件 1 中为了防止针头伤人而使其缩回的结构就是采取了轴向移动促动件的结构，因此，对比文件 1 已经给出了采用轴向移动促动件使针头缩回的技术方案，而将该技术方案运用到导液管中同样可以实现针头缩回的技术效果，对本领域技术人员来说这种结合是不难实现的。同样，关于持留促动件的技术特征也在对比文件 1 中公开。因此，合议组认为请求人意见陈述的观点不能成立。权利要求 1~7 的技术方案相对于对比文件 1、2 公开的现有技术不具备创造性。

针对上述复审通知书，复审请求人于 2007 年 7 月 10 日向专利复审委员会提交了意见陈述书以及权利要求书全文的修改替换页，修改后的权利要求书共包括 7 项权利要求如下：

“1. 一种用于静脉注射导液管插入的装置，该装置有一外壳，外壳有一前端与导液管套相匹配并且设置有一延伸自外壳的前端的注射针，其支持并导引导液管插管进入血管；一在外壳之内的弹簧，用以给注射针施加力从而把注射针推进外壳之中；以及一注射针持留元件，用于克服弹簧的力以可释放的方式把注射针持留在它从外壳伸出的位置上；这一装置的特征在于：

一定位于外壳之中的促动件，它有一柱塞端部，柱塞端部在延伸超过外壳的后端的第一限定位置被持留以持留促动件，促动件可以应答从第一限定位置释放促动件的在柱塞端部之上的预定压力而从第一限定位置释放并移到第二限定位置，其中促动件可通过沿外壳的纵向轴线的单次单向运动从第一限定位置运动到第二限定位置，从而注射针被释放并且由弹簧压迫推进外壳之中；以及

上述促动件具有带一朝前开口端的腔室，用于在注射针被弹簧压迫推进外壳中之后承接并容纳注射针。

2. 根据权利要求 1 的装置，其中的注射针持留元件有一用于与注射针相啮合的碰锁突起，促动件是可以移动的，以便与碰锁突起相啮合，从而释放注射针保持件，使注射针回缩到外壳之中。

3. 根据权利要求 2 的装置，其中促动件释放用于把注射针握持住以使其抵抗弹簧压力的碰锁突起，从而把注射针推入外壳之中。

4. 根据以上的任一权利要求的装置，其中外壳和促动件界定了一个在导液管插入时用以承接血液的腔室，该装置进一步的特点在于出口装置，它与腔室相连接，用以在把血液保留在腔室中时把其中的气体排出。

5. 根据权利要求 4 的装置，其中出口装置是由多孔材料做成的，用以选择性地允许气体从腔室中排出而却阻塞液体流。

6. 根据权利要求 2 或 3 的装置，其中碰锁突起部分别沿着各自的边接合在一起，从而与注射针一起形成一液体密封结构。

7. 根据权利要求 1 的装置，其中用于持留促动件的装置包括协同操作的棘爪，用于在初始状态把促动件持留在第一限定位置上，并且外壳包括用于把促动件持留在第二限定位置上的装置。”

复审请求人认为，对比文件 2 相对于对比文件 1 具有优点，因此本领域技术人员不会有任何动机去组合对比文件 1 和对比文件 2；对比文件 2 没有公开以沿外壳的纵向轴线的单次单向运动缩回针；对比文件 1 的装置要求涉及 90 度转动和推拉柱塞的至少 4 个动作以释放针，并且对比文件 1 的使用者必须遵循复杂的规程以有意地和有目的地将针缩回注射器，而本申请只需简单并且单次的单向运动就可以释放并缩回注射针，因此本申请与对比文件 1 的技术效果不同。

经过上述审理程序，本合议组认为本案事实已经清楚，可以依法作出复审决定。

**二、决定的理由**

1. 审查基础

本决定是在复审请求人于 2007 年 7 月 10 日提交的权利要求书第 1~7 项、于 1997 年 10 月 16 日提交的说明书第 1~8 页、说明书附图第 1~4 页、说明书摘要和摘要附图的基础上作出的。

2. 关于本申请权利要求 1~7 是否符合专利法第 22 条第 3 款有关创造性的规定

专利法第 22 条第 3 款规定：创造性，是指同申请日以前已有的技术相比，该发明有突出的实质性特点和显著的进步，该实用新型有实质性特点和进步。

（1）本申请权利要求 1 请求保护一种用于静脉注射导液管插入的装置，对比文件 2（US5376075）公开了一种在导液管进入静脉血管之后套管针能通过弹簧缩回的静脉注射用导液管插入系统，其中（说明书第 4 栏第 9~31 行）包括：手持部 22（相当于本申请权利要求 1 中的外壳），插接部 46（相当于本申请权利要求 1 中的前端），扩大外延部 34（相当于本申请权利要求 1 中的导液管套），套管针 26（相当于本申请权利要求 1 中的注射针），内管状部 32（相当于本申请权利要求 1 中的导液管插

管），弹簧 76（对比文件 2 说明书第 5 栏第 12 行、第 43 行），可释放的保持机构 30（相当于本申请权利要求 1 中的注射针持留元件），手持部 22 中形成有内部管道空间 44（相当于本申请权利要求 1 中的腔室）。

将本申请权利要求 1 请求保护的技术方案与对比文件 2 相比可见，其区别特征在于：一定位于外壳之中的促动件，它有一柱塞端部，柱塞端部在延伸超过外壳的后端的第一限定位置被持留以持留促动件，促动件可以应答从第一限定位置释放促动件的在柱塞端部之上的预定压力而从第一限定位置释放并移到第二限定位置，其中促动件可通过沿外壳的纵向轴线的单次单向运动从第一限定位置运动到第二限定位置，从而注射针被释放并且由弹簧压迫推进外壳之中。上述区别特征限定了持留注射针以及使注射针缩回的机械结构。

对比文件 2 中已经给出了利用持留翼 78、80 保持套管针的位置，通过释放持留翼使得套管针回缩至手持部 22 的内部管道空间 44 中的技术方案，该技术方案同样能够实现在需要时将注射针回缩的技术效果，只是具体的机械结构与本申请不同。

对比文件 1（WO93/12830A1）针对本申请权利要求 1 中的上述具体机械结构给出了如下技术启示。对比文件 1 涉及一种具备可回缩针头的皮下注射用注射器，其同样属于向生物体注射输液的器械，而且与本申请和对比文件 2 相同地是一种为了避免使用过的针头伤人而设计的在针头使用之后使其缩回的结构。其中包括：活塞装置 23（说明书第 8 页第 11 行，相当于本申请权利要求 1 中的柱塞），轨槽 190 与凸出部 175 构成一个轻微的锁定效果以避免针头的误收回（说明书第 15 页第 24~26 行，对应于柱塞端部在第一限定位置被持留以持留促动件的技术效果），通过沿纵向轴向移动活塞触发释放对针头的持留效果，使针头回缩至管道部分 36 中（说明书第 12 页第 9~23 行，相当于本申请中的促动件通过运动至一个第二位置来释放并使注射针缩回外壳之中的过程）。

综上所述，对比文件 2 与本申请权利要求 1 的技术方案属于相同的技术领域，并且同样可实现使注射针回缩的技术效果，在具体机械结构上，仅在使注射针回缩的具体结构方面存在不同，而处于相近领域的对比文件 1 的技术方案针对这一具体使注射针回缩的结构给出了技术启示，对于本领域普通技术人员来说，在对比文件 2 的基础上结合对比文件 1，无须付出任何创造性劳动，即可得到本申请权利要求 1 的技术方案，故本申请权利要求 1 的技术方案相对于对比文件 2 和对比文件 1 的结合不具备创造性，不符合专利法第 22 条第 3 款的规定。

复审请求人认为，①对比文件 2 相对于对比文件 1 具有优点，因此本领域技术人员不会有任何动机去组合对比文件 1 和对比文件 2；②对比文件 2 没有公开以沿纵向轴线的单次单向运动缩回针；③对比文件 1 的装置要求涉及 90 度转动和推拉柱塞的至少 4 个动作以释放针，并且对比文件 1 的使用者必须遵循复杂的规程以有意地和有目的地将针缩回注射器，而本申请只需简单并且单次的单向运动就可以释放并缩回注射针，因此本申请与对比文件 1 的技术效果不同。

对此，合议组认为：

①对比文件 2 同样可实现使注射针头回缩的技术效果，仅其具体结构与本申请的技术方案不同，本领域技术人员在了解同样可实现使针头回缩技术效果的对比文件 1 的情况下，将对比文件 1 的技术方案与对比文件 2 结合无须付出任何创造性劳动，因此选择直接使用对比文件 2 那样的结构或者在对比文件 2 的基础上结合使用对比文件 1 这样的结构不过是本领域技术人员的常规选择而已。

②对比文件 2 虽然没有直接公开与本申请相同的结构，但是对比文件 1 针对上述结构给出了技术启示。

③对比文件 1 作为一个独立的技术方案，其具体结构并不是仅考虑到针头的回缩而设置的，但是就其用于实现针头回缩功能的结构来看，其同样是通过一个活塞装置的纵向轴线移动来释放注射针

头，并使针头回缩，而该针头则先后处于一个被锁定的位置和一个被回缩容纳的位置，并且活塞装置在使得针头回缩的过程中，其也是一个单次并且单向的运动，所以就使得针头回缩的结构来看，对比文件1的技术方案实现了与本申请技术方案相同的技术效果，换句话说，针对本申请的针头回缩结构而言，对比文件1已经给出了技术启示。

（2）从属权利要求2限定部分的附加技术特征已在对比文件1（说明书第12页第9~23行，说明书第14页第3行，说明书附图19）中公开，在权利要求1不具备创造性的情况下，从属权利要求2也不具备创造性，不符合专利法第22条第3款的规定。

（3）从属权利要求3限定部分的附加技术特征已在对比文件1（说明书第12页第9~23行，说明书第14页第3行，说明书附图19）中公开，在权利要求2不具备创造性的情况下，从属权利要求3也不具备创造性，不符合专利法第22条第3款的规定。

（4）从属权利要求4限定部分的附加技术特征是："外壳和促动件界定了一个在导液管插入时用以承接血液的腔室，该装置进一步的特点在于出口装置，它与腔室相连接，用以在把血液保留在腔室中时把其中的气体排出"，对比文件2同样是一种静脉导液用的器械，其中（说明书第7栏18~24行）公开了在套管针后端连接有管子154用来引入血液，那么在套管针后端和管子154之间自然就形成了承接血液的腔室，套管针的后端出口与管子154相连接，该后端出口相当于本申请权利要求4的出口装置，而且这种装置的设置方式是本领域的常用技术手段，因此，在权利要求4所引用的权利要求不具备创造性的情况下，权利要求4也不具备创造性，不符合专利法第22条第3款的规定。

（5）从属权利要求5限定部分的附加技术特征是本领域的公知常识，根据使用需要选用能够漏出气体而不能流过液体的材料作为出口装置，是本领域普通技术人员很容易想到的，进行这种设置无须付出任何创造性劳动，因此，在权利要求5所引用的权利要求不具备创造性的情况下，权利要求5也不具备创造性，不符合专利法第22条第3款的规定。

（6）从属权利要求6限定部分的附加技术特征已在对比文件1（说明书第15页第24~26行，说明书附图29）中公开，其中公开了利用锥形台形状形成具有轻微锁定效果的结构，这种结构必然具备一定的液体密封效果。而且在静脉注射导液器械的领域，为了保持设备的气密性而在各个部件之间的接口处使各个部件形状上相互配合以提高实现液体密封也是本领域常用的技术手段，属于公知常识。因此，在权利要求6所引用的权利要求不具备创造性的情况下，权利要求6也不具备创造性，不符合专利法第22条第3款的规定。

（7）从属权利要求7限定部分的附加技术特征已在对比文件1（说明书第14页第1~8行，说明书附图18、19）中公开，其中利用成棘爪状的触发装置来实现持留作用。而且这种具有可释放性的持留结构是本领域的常用技术手段，属于公知常识。因此，在权利要求7所引用的权利要求不具备创造性的情况下，权利要求7也不具备创造性，不符合专利法第22条第3款的规定。

综上所述，复审请求人的复审请求理由不成立。

基于上述理由，合议组作出下述决定。

**三、决定**

维持国家知识产权局于2004年4月30日针对95197813.6号发明专利申请所作出的驳回决定。

复审请求人对本决定不服的，可以根据专利法第41条第2款的规定，自收到本决定之日起三个月内向北京市第一中级人民法院起诉。

129

## 推理查询方法

### 复审请求审查决定（第11406号）

**决　定　号** 第11406号
**决　定　日** 2007年9月6日
**发明创造名称** 推理查询方法
**国际分类号** G09B19/00
**复审请求人** 第一原则公司
**申　请　号** 00819988.4
**申　请　日** 2000年9月5日
**优先权日** 2000年9月1日
**公　开　日** 2003年11月19日
**合议组组长** 张　曦
**主　审　员** 佟仲明
**参　审　员** 杨军艳

**法律依据** 专利法第33条
**决定要点**

如果申请的内容通过增加其中的一部分，致使所属技术领域的技术人员看到的信息与原申请公开的信息不同，而且又不能从原申请公开的信息中直接地、毫无疑义地导出，那么，这种修改就是不允许的。

**一、案由**

本复审请求涉及申请号为00819988.4、名称为“推理查询方法”的发明专利申请（下称本申请），其申请日为2000年9月5日，优先权日为2000年9月1日，申请人为基思·兰尼尔，后于2003年8月22日变更为第一原则公司。

国家知识产权局专利局实质审查部门依法对该专利申请进行了实质审查，于2004年3月19日发出第一次审查意见通知书，指出本申请属于专利法第25条第1款第（2）项规定的情形。

针对上述审查意见通知书，申请人于2004年6月23日提交了意见陈述书和权利要求书全文的修改替换页。申请人认为：修改后的权利要求1~20及本申请不属于专利法第25条第1款第（2）项规定的情形。

经过上述实质审查程序后，国家知识产权局专利局实质审查部门以本申请属于专利法第25条第1款第（2）项的规定为理由，于2004年7月23日做出了驳回该专利申请的决定。该驳回决定所针对的文本是：申请人于2004年6月23日提交的权利要求第1~20项、2004年2月2日提交的说明书第1~15页及说明书摘要、2003年4月24日进入中国国家阶段时提交的附图1~4页及摘要附图。

申请人第一原则公司（下称复审请求人）不服上述驳回决定，于2004年11月5日向专利复审委员会提出复审请求，同时提交了权利要求书全文的修改替换页，其复审请求的的理由是：本申请请求保护的推理查询方法是用于促进个人通过比较来综合不一致性，从而改变个人的智力、情绪和身体功能响应中的至少一个方面，并且个人的智力、情绪和身体功能响应的变化是外在的、确定的、生理上可测量的，因此该方法不属于专利法第25条规定不授予专利权的客体。修改后的权利要求书共包括82项权利要求，其中权利要求1、23、73、76和79为独立权利要求，权利要求1、23、73~82的内容如下：

“1. 一种推理查询方法，用于促进人通过比较来综合出不一致，该方法包括：

提供和利用人体内的内部存在矩阵二者中至少之一；

提供和利用一致的数据矩阵二者中至少之一；

比较所述内部存在矩阵和一致数据矩阵，以确定是否存在选自包含下列内容的组的不一致性：所述内部存在矩阵和一致数据矩阵之间的第一不一致性；和所述内部存在矩阵中的第二不一致性；以及

促进所述人综合所述不一致性，并从而修改该人的智力、情绪、和身体功能响应的至少之一。

……

23. 一种方法，包括以下步骤：

使人有意识地认识到该人内部的一个或多个关于哲学、学习、和交流中一个或多个概念的内在概念，导致智力、情绪、和身体功能响应中的至少一种；

提供一致的可选概念的矩阵；

促进所述人认识到所述一致的可选概念的矩阵，所述一致的可选概念的矩阵存在于所述人以外；和

确定是否存在分裂，所述分裂包括至少一个选自下列组的不一致，该组包括：所述人的内在概念和一致的可选概念之间的不一致；考虑到所述一致的可选概念，所述人的内在概念之内的不一致；以及它们的组合；

促进消除所述分裂，从而修改所述人的智力、情绪、和身体功能响应中的至少一种。

……

73. 一种方法，通过该方法，第一人和第二人进行两手握手，该方法包括：

由第一人和第二人相互握住对方的右手，形成一手握手；和

由第一人和第二人将它们各自的左手放在所述一手握手的相对两侧。

74. 如权利要求73所述的方法，其中所述第一人和第二人是一个体系的成员，其中所述第一人在所述体系中的职位高于所述第二人的职位，其中所述相对的两侧包括所述一手握手的顶部和底部两侧，其中所述顶部和底部大致平行于所述第一和第二人所在的地面，且其中所述放手的步骤包括：

由第一人将左手放在顶部一侧；和

由第二人将左手放在底部一侧。

75. 如权利要求73所述的方法，其中所述第一人和第二人是一个体系的成员，其中所述第一人在所述体系中的职位所述第二人的职位相同，其中所述相对的两侧包括所述一手握手的两个侧面，其中第一和第二侧面大致垂直于所述第一和第二人所在的地面，且其中所述放手的步骤包括：

由第一人将左手放在第一侧；和

由第二人将左手放在第二侧。

76. 在第一人和第二人之间的两手握手，包括：

一手握手，包括所述第一人和第二人的右手互握；和

所述第一人和第二人各自的左手放在所述一手握手的相对两侧。

77. 如权利要求 76 所述的方法，其中所述第一人和第二人是一个体系的成员，其中所述第一人在所述体系中的职位高于所述第二人的职位，其中所述相对的两侧包括所述一手握手的顶部和底部两侧，其中所述顶部和底部大致平行于所述第一和第二人所在的地面，其中所第一人的左手放在所述顶部一侧，所第二人的左手放在所述底部一侧。

78. 如权利要求 76 所述的方法，其中所述第一人和第二人是一个体系的成员，其中所述第一人在所述体系中的职位所述第二人的职位相同，其中所述相对的两侧包括所述一手握手的两个侧面，其中第一和第二侧面大致垂直于所述第一和第二人所在的地面，其中所第一人的左手放在所述第一侧，所第二人的左手放在所述底第二侧。

79. 用于表示一个组织底成员职位底方法，所述组织具有成员体系结构，所述方法包括由所述成员戴上具有指示该人在该组织内的职位的色彩的脖带或围巾。

80. 如权利要求 79 所述的方法，其中所述脖带或围巾的一个边缘的结构表示该人在最短时间内符合了附加的职位要求。

81. 如权利要求 80 所述的方法，其中所述边缘具有一个特征，该特征随所述职位而变化。

82. 如权利要求 79 所述的方法，其中所述脖带或围巾包括一个右尾部、颈部、和边缘部，其中所述右尾部戴在所述人的右侧，其中所述颈部从所述人的脖子上所述右尾部结束的地方或附近开始，沿所述人的左侧延伸，其中所述颈部具有斜条纹，且其中所述边缘部的结构表示该人在最短时间内符合了附加的职位要求。”

经形式审查合格后，专利复审委员会受理了上述复审请求，并于 2004 年 12 月 1 日发出了复审请求受理通知书及前置审查通知书。

原审查部门对该复审请求做出前置审查意见，仍然坚持原驳回决定。

专利复审委员会依法成立合议组，对该复审请求进行审查，于 2005 年 6 月 6 日发出复审通知书，指出：权利要求 73~82 的技术方案均未记载在申请日提交的原始说明书和权利要求书中，并且不能从原始公开的信息中直接地、毫无疑义地导出，因此超出原说明书和权利要求书记载的范围，不符合专利法第 33 条的规定；权利要求 1~72 不能构成技术方案，属于专利法第 25 条第 1 款第（2）项规定的不授予专利权的情形。

针对上述复审通知书，复审请求人于 2005 年 9 月 21 日提交了意见陈述书。复审请求人在意见陈述书中认为，权利要求 73~82 中所述的方法在本发明的优先权文件中描述，因此修改符合专利法第 33 条的规定；权利要求 1~72 属于可授予专利的对象。复审请求人未对申请文件进行进一步修改。

专利复审委员会于 2007 年 7 月 23 日发出合议组成员告知通知书，告知复审请求人合议组成员发生了变更，复审请求人对变更后的合议组成员有回避请求的应当在收到该通知之日起 7 日内提交书面请求，并说明理由。逾期未答复，视为无回避请求。

复审请求人在指定期限内未做出答复。

至此，合议组认为本案事实已经清楚，现依法作出复审决定。

**二、决定的理由**

1. 关于审查文本

本复审决定以复审请求人于 2004 年 11 月 5 日提交的权利要求第 1~82 项、2004 年 2 月 2 日提交

的说明书第 1~15 页及说明书摘要、2003 年 4 月 24 日进入中国国家阶段时提交的附图 1~4 页及摘要附图作为审查基础。

2. 关于修改超范围问题

专利法第 33 条规定：申请人可以对其专利申请文件进行修改，但是，对发明和实用新型专利申请文件的修改不得超出原说明书和权利要求书记载的范围，对外观设计专利申请文件的修改不得超出原图片或者照片表示的范围。

具体地说，如果申请的内容通过增加、改变和/或删除其中的一部分，致使所属技术领域的技术人员看到的信息与原申请公开的信息不同，而且又不能从原申请公开的信息中直接地、毫无疑义地导出，那么，这种修改就是不允许的。

就本案而言，独立权利要求 73 和 76 及它们的从属权利要求 74、75 和 77~82 的技术方案均未记载在申请日（2000 年 9 月 5 日）提交的原说明书和权利要求书中，并且不能从原说明书和权利要求书公开的信息中直接地、毫无疑义地导出，因此超出了原说明书和权利要求书记载的范围，不符合专利法第 33 条的规定。

虽然复审请求人在意见陈述书中表示权利要求 73~82 中所记载的技术方案在本发明优先权文件中有描述，但根据审查指南第二部分第八章第 5. 2. 1 节的规定：申请人在申请日提交的原说明书和权利要求书记载的范围是审查上述修改是否符合专利法第 33 条规定的依据。申请人向专利局提交的优先权文件的内容，不能作为判断申请文件的修改是否符合专利法第 33 条规定的依据。因此，复审请求人的该意见陈述不能成立。

根据上述事实和理由，本案合议组依法做出以下审查决定。

**三、决定**

维持国家知识产权局于 2004 年 7 月 23 日对 00819988. 4 号发明专利申请作出的驳回决定。

复审请求人对本决定不服的，可以根据专利法第 41 条第 2 款的规定，自收到本决定之日起三个月内向北京市第一中级人民法院起诉。

130

# 用于向儿童教授有关个人财务、投资和记账的基本方面的游戏

## 复审请求审查决定（第11411号）

**决　定　号**　第11411号
**决　定　日**　2007年8月29日
**发明创造名称**　用于向儿童教授有关个人财务、投资和记账的基本方面的游戏
**国 际 分 类 号**　G09B 19/18
**复 审 请 求 人**　凯斯福技术股份有限公司
**申　请　号**　00810376.3
**优 先 权 日**　1999年7月15日
**申　请　日**　2000年7月12日
**公　开　日**　2002年7月31日
**合 议 组 组 长**　石　清
**主　审　员**　毕艳红
**参　审　员**　郑　直

**法 律 依 据**　专利法实施细则第2条第1款
**决 定 要 点**

对于一项发明专利申请，如果权利要求中的特征对其请求保护的方案产生实质影响的只是它们所代表的标记、符号的属性及意义，并且需要人借助理解、记忆、并加入视觉的比较和主观的判断，对上述标记、符号和游戏规则进行思维处理才能完成游戏并达到游戏的目的，上述特征并不是利用了自然规律的技术手段，由其组成的方案所解决的问题也不是技术问题，并且未产生任何符合自然规律的技术效果，则权利要求不符合专利法实施细则第2条第1款的规定，不能授予专利权。

### 一、案由

本复审请求涉及申请日为2000年7月12日、进入国家阶段日期为2002年1月15日、名称为“用于向儿童教授有关个人财务、投资和记账的基本方面的游戏”的00810376.3号PCT发明专利申请（下称本申请），其公开日为2002年7月31日、优先权日为1999年7月15日、申请人为凯斯福技术股份有限公司。

国家知识产权局原实质审查部门于2004年4月9日针对本申请作出了驳回决定，驳回决定所针对的文本为申请人于2004年3月5日提交的权利要求第1~70项、说明书第1页，2002年1月15日提交的说明书第2~23页、说明书附图第1~7页、说明书摘要、摘要附图。驳回的理由是：本申请属

于专利法第25条第1款第（2）项规定的不能授予专利权的申请。驳回决定所针对的独立权利要求如下：

"1. 一种供向游戏者教授财务技能的游戏使用的由一块游戏板和多张印刷游戏卡片组成的游戏用具，其中，所述游戏使每个游戏者初始具有预定的定期性所挣收入，至少初始表示来自游戏者的工作活动的收入、预定的定期性开支、以及预定的手头现金量，而这种游戏的目的是让游戏者从资产产生的无息收入大于预定百分比的游戏者各项开支，其特征在于，所述印刷游戏卡包括：

载有手头现金的记号的游戏卡片；

载有与每个游戏者相关联的财务陈述的记号的游戏卡片，以及

用于依次对游戏者的伪随机分配的一组游戏事件的记号的游戏卡片；

财务陈述的记号包括属于相关游戏者的无息收入的多个单元、定期性开支的多个单元、资产与负债的各自可选择地修改的可视记号；

无息收入的单元的每个可视记号具有第一预定相关可视方面，而定期性开支的单元具有第二预定相关可视方面；资产与负债的可视记号分别显现第一和第二可视方面；

这组游戏事件包括潜在地影响游戏者手头现金、无息收入、开支、资产与负债中至少一个的事件，这组事件包括用手头现金购买资产以产生无息收入的机会；

潜在地影响无息收入的游戏事件的记号显现与无息收入相关的可视方面，以及潜在地影响开支的游戏事件的记号显现与开支相关的可视方面；以及

每个财务陈述可视记号的单元的数目是可选择地修改的，以反映游戏事件的效果。"

驳回决定指出：虽然本申请的主题——游戏用具属于可以授予专利权的客体，但由于该游戏用具即卡片本身相对于现有技术没有任何改进，其区别仅仅在于在卡片上记载的各种信息，而这一区别点是通过智力活动实现的。本申请没有采用技术手段或利用自然法则，也未解决技术问题和产生技术效果，因而不构成技术方案，权利要求1~70属于专利法第25条第1款第（2）项规定的不授予专利权的范围，不能授予专利权。

申请人（下称复审请求人）对上述驳回决定不服，于2004年7月26日向专利复审委员会提出复审请求，并提交了修改后的权利要求书和相关的发明专利说明书扉页和权利要求书共5篇。其中修改后的独立权利要求书内容如下：

"1. 一种供游戏者在游戏中使用的用具，其特征在于所述用具包括：

多个具有第一可视方面的无息收入的单位的第一标记代币；

多个具有第二可视方面的定期性开支的单位的第二标记代币；

每个游戏者使用的各自财务结算表，每个财务结算表包括多个无息收入单位的第一表示和多个定期性开支单位的第二表示；以及

伪随机地指定针对各个游戏者要施行的各个特定游戏事件的机构，其中多个游戏事件的每一个游戏事件通过使相配的代币与财务结算表相关联，表明要施加的无息收入的单位和定期性开支的单位当中的至少一个。

其中第一可视方面的颜色、形状和大小中的至少一个上与每个第一表示相对应；以及

其中第二可视方面在颜色、形状和大小中的至少一个上与每个第二表示相对应，使得在施行了多个游戏事件后，通过关联性的视觉比较，作出累积的无息收入是否超过累积的定期性开支。"

复审请求人陈述的复审理由如下：从权利要求要求保护的主题而言，游戏用具并未排除在专利法保护范围之外；本申请与现有技术的区别不仅在于卡片上记载的各种信息，而且在于通过游戏事件指定机构使代币卡片上记载的信息与财务结算表卡片上记载的信息相关联；本申请权利要求要求保护的

技术方案采用了技术手段或者利用了自然法则，解决了技术问题和产生了技术效果，构成了专利法实施细则所规定的技术方案。

经形式审查合格后，专利复审委员会受理了上述复审请求，并于2004年8月16日向复审请求人发出了复审请求受理通知书，同时向原实质审查部门发出了前置审查通知书。

在前置审查意见书中，原实质审查部门坚持驳回决定。

专利复审委员会依法成立合议组，对本复审请求案进行了审查。合议组于2006年5月12日发出第一次复审通知书。复审通知书中指出：虽然从权利要求请求保护的主题来看，游戏用具并未排除在专利法保护范围之外，但是否给予专利法的保护不能仅从主题上进行判断，还要看权利要求请求保护的方案的实质内容是否能够给予保护。如请求人所述，本申请所请求保护的方案包括游戏卡片、游戏事件指定机构以及通过游戏事件指定机构使代币卡片上记载的信息与财务结算表卡片上记载的信息相关联从而表明要施加的无息收入的单位或者定期性开支的单位三方面的技术特征，前两个特征为结构上的特征，第三个特征是功能性特征。其中前两个结构特征并未体现出对现有技术的改进，其与现有技术的区别仅在于游戏卡片上记载的信息；而第三个功能性特征是一种人为的规定，因此，权利要求1的请求保护的方案虽然从整体上说不是一种智力活动的规则和方法，但本申请权利要求1对于现有技术的贡献仅仅在于属于智力活动的规则和方法的部分。另外，本申请权利要求请求保护的技术方案并未采用技术手段也并未利用自然法则，所解决的教授有关个人财务、投资和记账的基本方面的问题也不是技术问题，并未产生任何技术效果，不属于专利法实施细则所规定的技术方案。因此，合议组对请求人的复审理由不予支持，请求人提交的修改后的权利要求1~40仍属于专利法第25条第1款第（2）项规定的智力活动的规则和方法，不能授予其专利权。

请求人于2006年8月28日针对第一次复审通知书提交了意见陈述书，未修改权利要求，其所陈述理由的内容如下：首先，根据2006年7月1日实施的新修订的审查指南可知，本申请权利要求在对其进行限定的全部内容中既包含智力活动的规则和方法的内容，又包含技术特征，就整体而言并不是一种智力活动的规则和方法，不应当依据专利法第25条排除其获得专利权的可能性；另外，说明书中描述的“以既有趣又有效的方式向只能对10的物体计数并按照颜色、形状或符号、大小分类的幼小儿童教授个人财务、投资、记账的基本方面”应当认为是技术问题，根据新修订的审查指南，本申请的方案是对其要解决的技术问题所采取的利用了自然规则的技术手段的集合，并且产生了技术效果，构成了专利法实施细则所规定的技术方案。

合议组于2007年4月4日发出了第二次复审通知书，其中指出：本申请权利要求书请求保护的方案并未采用技术手段也并未利用自然规律，权利要求书所记载的方案中的大部分特征仅是为实现游戏而由游戏设计者进行的人为规定，而另外一些特征虽然属于结构特征，其对方案产生影响的也只是它们所代表的标记、符号的属性及其所代表的含义，结构上的属性可以随意变化而并不会对方案产生任何影响，上述结构特征和非结构特征所构成的集合并不属于专利法意义上的技术方案，而上述方案所解决的教授儿童有关个人财务、投资和记账的基本方面的问题也不是技术问题，并且未产生任何技术效果，因此，合议组对请求人答复第一次复审通知书的理由不予支持，权利要求1~40不符合专利法实施细则第2条第1款的规定，不能授予专利权。

请求人于2007年7月19日针对第二次复审通知书提交了意见陈述书，修改了权利要求书。其中修改后的独立权利要求内容如下：

“1. 一种向一个或多个学生教授财务技能的装置，所述装置包括：

一矩形游戏板，包括：

四个侧面和四个边沿，其中每个边沿沿着四个侧面的每个侧面延伸；

和

一个包括多个空间的连续环形轨道；

游戏钱币，具有指示学生手头现金的多个币值；

一个或多个财务陈述表卡片，每个财务陈述表卡片包括：

一个所挣收入部分，包含至少一个所挣收入单位的符号；

一个无息收入部分，包含至少一个无息收入单位的符号；

一个支出部分，包含至少一个支出单位的符号；

一个资产部分，包含至少一个资产类型的符号；和

一个债务部分，包含至少一个债务类型的符号；

其中，每个符号包括至少一个图形特征；

多个标记代币，包括：

一个或多个所挣收入标记代币，包含至少一个所挣收入单位的符号的图形特征；

一个或多个无息收入标记代币，包含至少一个无息收入单位的符号的图形特征；

一个或多个支出标记代币，包含至少一个支出单位的符号的图形特征；和

一个或多个游戏者纸片标记代币，用于沿连续环形轨道移动；

多个事件卡，每个事件卡描述一个或多个事件；和

一个确定游戏者纸片标记代币沿连续环形轨道移动多少个空间的装置。”

其中，请求人所陈述的意见如下：此次修改后的权利要求1限定的上述特征均为装置的结构特征，体现了对现有技术游戏用具的改进，采取了利用自然规律的技术手段，获得了符合自然规律的技术效果，符合专利法实施细则第2条第1款的有关规定。

在上述工作的基础上，合议组认为本案事实已经清楚，可依法作出如下复审请求审查决定。

**二、决定的理由**

经合议组审查，未发现请求人于2007年7月19日提交的权利要求第1~18项存在不符合专利法第33条和专利法实施细则第60条的相关规定之处，因此本复审请求审查决定以请求人于2007年7月19日提交的权利要求第1~18项，2004年3月5日提交的说明书第1页，2002年1月15日提交的说明书第2~23页、说明书附图第1~7页、说明书摘要、摘要附图作为审查文本。

专利法实施细则第2条第1款规定：专利法所称发明，是指对产品、方法或者其改进所提出的新的技术方案。

（1）权利要求1请求保护一种向一个或多个学生教授财务技能的装置，权利要求1仅说明该装置由一矩形游戏板、游戏钱币、一个或多个财务陈述表卡片、多个标记代币、多个事件卡和一个确定游戏者纸片标记代币沿连续环形轨道移动多少个空间的装置组成。上述特征对该方案产生实际影响的不是上述结构特征本身结构上的改进而只是它们所代表的标记、符号的属性及意义，游戏者需要借助理解、记忆、并加入视觉的比较和主观的判断，对上述标记、符号和游戏的规则进行思维处理才能完成游戏并达到游戏的目的。由此可见，上述特征并不是利用了自然规律的技术手段，其所解决的向一个或多个学生教授财务技能的问题也并不是技术问题，并且未产生任何符合自然规律的技术效果。因此，权利要求1未构成专利法实施细则第2条第1款规定的技术方案，不能授予专利权。

（2）权利要求2从属于权利要求1，其附加特征为“连续环形轨道上的至少一些空间对应于赚钱事件、赔钱事件、或者指令学生选择多个事件卡中的一个事件”，上述连续环形轨道上空间与事件的对应关系是游戏设计者为实现游戏目的而作出的一种人为规定，不属于利用自然规律的技术手段，而且游戏设计者可以随意变化上述对应关系而不会对游戏产生任何影响，上述对应关系也不会产生任何

技术上的效果。因此权利要求 2 仍未利用符合自然规律的技术手段、解决技术问题并产生技术效果，该权利要求仍然不符合专利法实施细则第 2 条第 1 款的规定，不能授予专利权。

(3) 权利要求 3~5 直接或间接从属于权利要求 1，它们的附加特征分别为“由事件卡描述的事件向学生呈现用手头现金购买资产以产生无息收入、或者潜在地影响该学生手头现金、无息收入、支出、资产和债务中至少一项的机会”、“事件卡中的至少一个事件卡包括来自财务陈述表卡片中一个部分的符号中的至少一个”、“还包括多叠事件卡，其中每叠事件卡对应于不同类别的事件”。上述事件卡所代表的具体事件、所包括的符号与每叠事件卡所代表的不同类别事件的限定也是游戏设计者为实现游戏目的而作出的一种人为规定，上述特征对方案产生实际影响的也不是上述特征本身结构上的改进而只是其上承载的标记、符号的属性及意义，游戏者需要借助理解、记忆、并加入视觉的比较和主观的判断，对上述标记、符号和游戏规则进行思维处理才能完成游戏并达到游戏的目的。权利要求 3~5 仍未利用符合自然规律的技术手段、解决技术问题并产生技术效果，因此上述权利要求仍不符合专利法实施细则第 2 条第 1 款的规定，不能授予专利权。

(4) 权利要求 6~8、12、13 直接或间接引用权利要求 1，它们附加部分的特征分别为“所挣收入、无息收入和支出的单位的符号的图形特征包括颜色和形状中的至少一个”、“所挣收入、无息收入和支出的单位的符号的每一个包括不同颜色”、“所挣收入、无息收入和支出的单位的符号的每一个包括不同形状”、“财务陈述表卡片的每个部分还包括背景颜色”、“在所挣收入部分和无息收入部分中具有相同的背景颜色”。上述特征对形状、颜色的限定是一种人为规定，形状特征虽然属于结构特征，但形状本身的变化并不会产生任何技术上的效果，游戏设计者可以随意变化形状和/或颜色而使其代表相同或不同的含义，但只要对上述含义有明确的说明就不会对游戏产生任何影响。由此可知，在方案中真正起到作用的并不是形状、颜色本身而是上述特征所标记的抽象的“标记、符号”的属性，即使没有游戏用具的实物存在，例如将其设计成计算机软件也可以完成上述游戏。权利要求 6~8、12、13 仍未利用符合自然规律的技术手段、解决技术问题并产生技术效果，因此上述权利要求仍不符合专利法实施细则第 2 条第 1 款的规定，不能授予专利权。

(5) 权利要求 9~11、14 直接或间接引用权利要求 1，它们附加部分的特征分别为“所挣收入部分、无息收入部分和支出部分分别包括多个所挣收入、无息收入和支出的单位的符号”、“每个部分中的各个符号以预定数目为单位组合在一起，从而有助于计数”、“财务陈述表卡片的各部分中的所有符号包括至少一个图形特征，该至少一个图形特征不包含在多个标记代币中的任何一个标记代币中，以帮助区分符号与置于符号上的标记代币”、“所挣收入、无息收入和支出的单位的符号大小可变，以分别指示所挣收入、无息收入和支出的单位的不同币值”。对代表收入部分、无息收入部分和支出部分的符号的限定是一种人为规定，符号的种类、数目、图形和大小等可以根据游戏规则随意的进行规定，只要进行清楚的说明就不会对完成游戏并实现游戏目的产生任何影响。由此可见，在游戏方案中真正起到作用的是上述特征所代表的抽象的“标记、符号”的属性，即使没有游戏用具的实物存在，例如将其设计成计算机软件也可以完成上述游戏，权利要求 9~11、14 仍未利用符合自然规律的技术手段、也未解决技术问题并产生技术效果，因此上述权利要求仍不符合专利法实施细则第 2 条第 1 款的规定，不能授予专利权。

(6) 权利要求 15~18 直接或间接引用权利要求 1，它们附加部分的特征分别为“所述装置包括至少一个骰子”、“还包括一个伪随机数发生器”、“伪随机数发生器包括至少一个骰子”、“伪随机数发生器包括一个具有一个或多个部分的旋转器，其中每个部分包括一个指示钱币数量的符号”。上述特征虽然属于结构上的特征，但均为现有技术中已经存在的，它们的进一步限定既未体现出对现有游戏用具的改进也并未使权利要求15~18克服不属于专利法意义上的技术方案的缺陷，因此权利要求 15

~18 不符合专利法实施细则第 2 条第 1 款的规定，不能授予专利权。

针对请求人答复第二次审查意见通知书所陈述的意见，合议组认为权利要求 1 限定的特征虽然可以认为是装置的结构特征，但权利要求 1 及其从属权利要求 2~18 中的特征对他们请求保护的方案产生实质影响的不是其装置结构上的属性而只是其上承载的标记、符号的属性及含义，上述权利要求未利用符合自然规律的技术手段、解决技术问题并产生技术上的效果，因此，合议组对请求人答复第二次复审通知书的意见不予支持。

**三、决定**

维持国家知识产权局于 2004 年 4 月 9 日对 00810376.3 号发明专利申请作出的驳回决定。

当事人对本决定不服的，可以根据专利法第 41 条第 2 款的规定，自收到本决定之日起 3 个月内向北京市第一中级人民法院起诉。

131

# 混浊媒体中的光学计算断层摄影术

## 复审请求审查决定（第11420号）

**决　定　号**　第11420号
**决　定　日**　2007年9月11日
**发明创造名称**　混浊媒体中的光学计算断层摄影术
**国 际 分 类 号**　A61B 5/00，G01N 21/47
**复 审 请 求 人**　麻省理工学院
**申　请　号**　01809074.5
**申　请　日**　2001年5月4日
**优 先 权 日**　2000年5月5日
**公　开　日**　2003年7月2日
**合 议 组 组 长**　黄玉平
**主　审　员**　张梅珍
**参　审　员**　王琦琳

**法 律 依 据**　专利法第22条第3款
**决 定 要 点**
如果一项权利要求与对比文件的区别技术特征是本领域的公知常识，本领域技术人员在不付出创造性劳动的情况下将对比文件与所述公知常识结合即可得出该权利要求所限定的技术方案，而且该技术方案的技术效果也是显然的，则该权利要求不具有创造性。

**一、案由**

本复审请求涉及的是申请日为2001年5月4日、申请号为01809074.5、名称为“混浊媒体中的光学计算断层摄影术”的发明专利PCT申请（下称本申请），其优先权日为2000年5月5日，进入中国国家阶段的日期为2002年11月5日，申请人是麻省理工学院。其公开时的权利要求共40项。

应申请人的请求，国家知识产权局实质审查部门对本申请进行了实质审查，于2005年11月11日针对以下文本作出了驳回决定：申请人于2005年7月19日提交的权利要求第1~15项，2005年1月10日提交的权利要求第16~31项，进入中国国家阶段时提交的说明书第1~20页、附图第1~10页以及说明书摘要和摘要附图。驳回决定引用了一篇对比文件如下：KUN CHEN ET AL：“Optical computed tomography in a turbid medium using early arriving photons”，JOURNAL OF BIOMEDICAL OPTICS，vol，5，no.2，第144~154页（对比文件1），其公开日为2000年4月。驳回的具体理由是权利要求1~31相对于对比文件1不符合专利法第22条第3款的规定，驳回决定所针对的权利要求书为：

“1. 一种使从人体取出的组织成像的方法，该方法包括：
提供光分布函数和储存在计算机存储器中的参考数据，该函数有散射分量和吸收分量；
把飞秒光脉冲引向待成像的组织；
用时间门控的条纹照相机检测来源于组织的光；
用检测到的光形成物体的电子表达；以及
使用光分布函数和参考数据处理该电子表达以便形成组织的图像。
2. 根据权利要求 1 的方法进一步包括把波长在 700~900nm 范围内的光引向在组织。
3. 根据权利要求 1 的方法，该方法进一步包括形成组织的图像。
4. 根据权利要求 1 的方法进一步包括提供光源和接到检测器上的数据处理器。
5. 根据权利要求 1 的方法进一步包括提供包括级数展开的光分布函数。
6. 根据权利要求 1 的方法进一步包括提供用来检测光的收集时间，该收集时间少于 1000ps。
7. 根据权利要求 4 的方法，其中提供光源的步骤包括提供激光器。
8. 根据权利要求 4 的方法，其中提供检测器的步骤包括提供条纹照相机连接的纤维光学装置。
9. 根据权利要求 1 的方法，其中光分布函数包括点展宽函数。
10. 根据权利要求 9 的方法进一步包括提供众多权重函数。
11. 根据权利要求 1 的方法进一步包括确定组织中癌性损伤的大小。
12. 一种用来使患者成像的系统，该系统包括：
编有光发布函数程序的数据处理器，该函数有散射分量和吸收分量；
储存参考数据的存储器，存储器与数据处理器连接
把飞秒光脉冲传输到待成像的患者上的扫描纤维光学探头的光传输系统；
检测来自患者的光线的时间门控的条纹照相机，该传感器被这样连接到数据处理器上，以致患者的电子表达是用检测到的光线形成的，该电子表达是用光分布函数和参考数据进行处理的，以便形成患者的图像。
13. 根据权利要求 12 的系统进一步包括把波长在 700~900nm 范围内的光线引导到患者上。
14. 根据权利要求 12 的系统，其中患者具有待扫描的组织，而且进一步包括接在数据处理器上显示组织图像的显示器。
15. 根据权利要求 12 的系统进一步包括与检测器排成直线的照相机。
16. 根据权利要求 12 的系统进一步包括其中包括级数展开的光分布函数。
17. 根据权利要求 12 的系统进一步包括控制用来检测光线的收集时间的控制器，该收集时间少于 1000ps。
18. 根据权利要求 15 的系统，其中光源包括激光器。
19. 根据权利要求 12 的系统，其中条纹照相机连接到触发器。
20. 根据权利要求 12 的系统进一步包括在待成像的物体和照相机之间提供相对运动的扫描器。
21. 根据权利要求 20 的系统进一步包括控制扫描器、门控照相机、光源和数据处理的控制器。
22. 根据权利要求 12 的系统进一步包括众多光分布函数。
23. 根据权利要求 12 的系统进一步包括纤维光学光耦合器。
24. 根据权利要求 12 的系统进一步包括用于插入身体把光线输送给组织的内窥探头。
25. 根据权利要求 12 的系统进一步包括众多权重函数。
26. 根据权利要求 12 的系统，其中从患者处收集到的光线具有在 700~900nm 范围内的波长。
27. 根据权利要求 12 的系统进一步包括显示器，用于显示组织内癌性损伤的图像。

28. 根据权利要求 12 的系统，其中数据处理器确定组织内癌性损伤的大小。

29. 根据权利要求 12 的系统，进一步包括在待成像的患者之内定义具有众多 voxel 的图像体积，每个 voxel 都有权重因子。

30. 根据权利要求 12 的系统，其中光分布函数包括迁移方程近似。

31. 根据权利要求 12 的系统，其中光分布函数定义众多有横截面积的光路径有跨部分的区域，该面积小于其扩散近似。”

申请人麻省理工学院（下称复审请求人）对上述驳回决定不服，于 2006 年 2 月 27 日向专利复审委员会提出复审请求，同时提交了权利要求书的修改替换页，其中对权利要求 1、12 作了修改，修改后的权利要求 1、12 的具体内容为：

“1. 一种使从人体取出的组织成像的方法，该方法包括：

提供光分布函数和储存在计算机存储器中的参考数据，该函数有散射分量和吸收分量；

将内窥探头插入待成像的组织中，从而把飞秒光脉冲引向待成像的组织；

通过与条纹照相机耦合的纤维光学装置传输来源于组织的光；

用时间门控的条纹照相机检测来源于组织的光；

用检测到的光形成物体的电子表达；以及

使用光分布函数和参考数据处理该电子表达以便形成组织的图像。

12. 一种用来使患者成像的系统，该系统包括：

编有光发布函数程序的数据处理器，该函数有散射分量和吸收分量；

储存参考数据的存储器，存储器与数据处理器连接

把飞秒光脉冲传输到待成像的患者上的扫描纤维光学探头的光传输系统；

光传输系统进一步包括用于插入患者身体把光线输送给组织的内窥探头；

检测来自患者的光线的时间门控的条纹照相机，该传感器被这样连接到数据处理器上，以致患者的电子表达是用检测到的光线形成的，该电子表达是用光分布函数和参考数据进行处理的，以便形成患者的图像；

与条纹照相机耦合的纤维光学装置，纤维光学装置用于收集来自患者组织的光；

在所述飞秒脉冲传输和进过患者的光纤被纤维光学装置传输至条纹照相机的时间较短，以致可以认定患者及其组织在操作过程中是固定的。”

复审请求人认为修改后的权利要求 1~31 具备创造性，符合专利法第 22 条第 3 款的规定，具体理由为：（1）对比文件 1 没有采用纤维光学装置传输来源于组织的光；（2）虽然内窥镜早已在医疗器械中应用，但是将内窥镜用于发射飞秒光脉冲的成像系统没有在现有技术中揭示；（3）虽然存储器是将数据进行存储并用于数据处理的常规手段，但本发明中存储器是存储参考数据和光分布函数的存储器，在实际应用中能够排出图像噪声，因此该技术特征不是显而易见的。

经形式审查合格，专利复审委员会受理了该复审请求，于 2006 年 3 月 24 日向复审请求人发出了复审请求受理通知书，同时向原实质审查部门发出前置审查通知书。

原实质审查部门作出前置审查意见，坚持原驳回意见。

在此基础上专利复审委员会依法成立合议组，对本案进行审查，合议组于 2006 年 8 月 31 日发出复审通知书，指出：（1）权利要求 12 中的如下特征“在所述飞秒脉冲传输和进过患者的光纤被纤维光学装置传输至条纹照相机的时间较短，以致可以认定患者及其组织在操作过程中是固定的”既没有记载在原说明书和权利要求书中，也不能由原说明书和权利要求书所记载的内容中直接地、毫无疑义地确定，因此权利要求 12 的修改超范围，不符合专利法第 33 条的有关规定。同样，直接或间接引

用权利要求12的从属权利要求13~31也不符合专利法第33条的有关规定；（2）权利要求1~11属于专利法第25条第1款第（3）项规定的不授予专利权的客体；（3）即使复审请求人将权利要求12中修改超范围的部分删除，其技术方案仍不具备创造性，而其从属权利要求13~31也不具备创造性。另外针对复审请求人提出复审请求时所强调的几点意见，合议组认为：（1）对比文件1公开了接收光的纤维束与条纹照相机耦合（参见该对比文件第149页左栏倒数第25~30行），该纤维束相当于纤维光学装置；（2）虽然对比文件1没有公开内窥镜，但正如复审请求人所述，内窥镜早已应用于医疗器械中，其作用在于将光线传输到被观测的人体组织，本申请中将内窥镜用于发射飞秒光脉冲的成像系统仅是利用了其将光线传输到被观测的组织这一公知的功能，因此完全不需要付出创造性劳动；（3）虽然在本发明中存储器用于存储参考数据和光分布函数，在实际应用中能够排出图像噪声，但正如复审请求人所述，存储器是将数据进行存储并用于数据处理的常规手段，合议组认为其中存储的内容可以根据需要进行选择，存储参考数据也是本领域技术人员在进行数据处理时常规的处理方法，没有带来意想不到的技术效果。因此，复审请求人的上述主张不成立，不能证明其请求保护的权利要求具备创造性。

复审请求人于2006年12月15日针对上述复审通知书提交了意见陈述书和权利要求书全文的修改替换页，其中删掉了权利要求1~11、29，将权利要求29的附加技术特征补入权利要求12并删掉了部分技术特征形成新的权利要求1，还对权利要求31作了文字修改。修改后的权利要求书为：

“1. 一种用来在患者体内成像的纤维光学系统，该系统包括：

编有光发布函数程序的数据处理器，该函数有散射分量和吸收分量；

储存参考数据的存储器，存储器与数据处理器连接；

把扫描光脉冲传输到待成像的患者体内的图像体积中的扫描纤维光学探头的光传输系统，所述图像体积具有众多的在与探头上收集光学纤维相连的患者之内voxel，每个voxel都有权重因子；

检测来自患者的光线的时间门控的条纹照相机，该传感器被这样连接到数据处理器上，以致患者的电子表达是用检测到的光线形成的，该电子表达是用光分布函数和参考数据进行处理的，以便形成患者的图像。

2. 根据权利要求1的系统进一步包括把波长在700~900nm范围内的光线引导到患者上。

3. 根据权利要求1的系统，其中患者具有待扫描的组织，而且进一步包括接在数据处理器上显示组织图像的显示器。

4. 根据权利要求1的系统进一步包括与检测器排成直线的照相机。

5. 根据权利要求1的系统进一步包括其中包括级数展开的光分布函数。

6. 根据权利要求1的系统进一步包括控制用来检测光线的收集时间的控制器，该收集时间少于1000ps。

7. 根据权利要求4的系统，其中光源包括激光器。

8. 根据权利要求1的系统，其中条纹照相机连接到触发器。

9. 根据权利要求1的系统进一步包括在待成像的物体和照相机之间提供相对运动的扫描器。

10. 根据权利要求9的系统进一步包括控制扫描器、门控照相机、光源和数据处理的控制器。

11. 根据权利要求1的系统进一步包括众多光分布函数。

12. 根据权利要求1的系统进一步包括纤维光学光耦合器。

13. 根据权利要求1的系统进一步包括用于插入身体把光线输送给组织的内窥探头。

14. 根据权利要求1的系统进一步包括众多权重函数。

15. 根据权利要求1的系统，其中从患者处收集到的光线具有在700~900nm范围内的波长。

16. 根据权利要求 1 的系统进一步包括显示器，用于显示组织内癌性损伤的图像。

17. 根据权利要求 1 的系统，其中数据处理器确定组织内癌性损伤的大小。

18. 根据权利要求 1 的系统，其中光分布函数包括迁移方程近似。

19. 根据权利要求 1 的系统，其中光分布函数限定众多有横截面积的光路径，该面积小于其扩散近似。”

复审请求人认为，对比文件 1 没有提供在体内与纤维光学传输系统相结合的扫描纤维光学探头的使用教导，尽管其中提到了光学纤维收集，但并没有示出如本申请附图 3 中分布的收集纤维排列 130，因此认为修改后的权利要求 1 具备创造性。

至此，合议组认为本案事实已经清楚，可以作出复审决定。

**二、决定的理由**

1. 关于审查文本

复审请求人于 2006 年 12 月 15 日提交了权利要求书全文的修改替换页，因此，本复审决定依据的文本是：复审请求人于 2006 年 12 月 15 日提交的权利要求第 1～19 项，进入中国国家阶段时提交的说明书第 1～20 页，附图第 1～10 页以及说明书摘要和摘要附图。

2. 关于修改超范围

专利法第 33 条规定：申请人可以对其专利申请文件进行修改，但是，对发明和实用新型专利申请文件的修改不得超出原说明书和权利要求书记载的范围，对外观设计专利申请文件的修改不得超出原图片或者照片表示的范围。

在本案中，合议组在复审通知书中指出：复审请求人于 2006 年 2 月 27 日提交的权利要求 12～31 修改超范围，具体理由是权利要求 12 包含如下特征“在所述飞秒脉冲传输和进过患者的光纤被纤维光学装置传输至条纹照相机的时间较短，以致可以认定患者及其组织在操作过程中是固定的”，而上述特征既没有记载在原说明书和权利要求书中，也不能由原说明书和权利要求书所记载的内容中直接地、毫无疑义地确定。同样，直接或间接引用权利要求 12 的从属权利要求 13～31 也不符合专利法第 33 条的有关规定。

复审请求人于 2006 年 12 月 15 日针对上述复审通知书对权利要求书进行了修改，删掉了 2006 年 2 月 27 日提交的权利要求 12 中的“在所述飞秒脉冲传输和进过患者的光纤被纤维光学装置传输至条纹照相机的时间较短，以致可以认定患者及其组织在操作过程中是固定的”的内容。合议组经过审查认为，通过上述修改已经克服了修改超范围的缺陷，符合专利法第 33 条的规定。

3. 关于创造性

（1）关于本申请权利要求 1 的创造性。

权利要求 1 请求保护一种用来在患者体内成像的纤维光学系统，对比文件 1 公开了一种使物体成像的系统，其中具体披露了以下技术内容：该系统包括一个编写有光分布函数的数据处理器，该函数具有散射分量和吸收分量（参见对比文件 1 中第 151～152 页，公式 12），把扫描光脉冲传输到待成像的物体内的图像体积中的纤维光学探头的光传输系统，所述图像体积具有众多的在与探头上收集光学纤维相连的物体之内 voxel，每个 voxel 都有权重因子；检测来自物体的光线的时间门控的条纹照相机，该照相机被连接到数据处理器上，以致物体的电子表达是用检测到的光线形成的，该电子表达是用光学分布函数进行处理以便形成物体的图像（参见对比文件 1 中第 144～152 页）。

权利要求 1 与对比文件 1 的区别在于：①本申请中被测对象是人体，对比文件 1 中是物体；②存储器储存参考数据且与数据处理器连接，继而使人体的电子表达用光分布函数和参考数据进行处理。合议组认为，对于区别技术特征①，对比文件 1 第 152 页右栏已经提及其中所披露的成像系统也可以应用于人体；对于区别技术特征②，正如复审请求人所述，利用存储器对数据进行存储并用于数据处理是本领域的常用技术手段，合议组认为存储器中存储的内容可以根据需要进行选择，而利用其存储的参考数据对数据进行处理也是本领域技术人员在进行数据处理时惯常采用的技术手段，上述区别技术特征未给本发明带来意想不到的技术效果，故权利要求 1 与对比文件 1 相比仍然不具有突出的实质性特点和显著的进步，不具备专利法第 22 条第 3 款规定的创造性。

复审请求人认为对比文件 1 没有提供在体内与纤维光学传输系统相结合的扫描纤维光学探头的使用教导，尽管其中提到了光学纤维收集，但并没有示出如本申请附图 3 中分布的收集纤维排列 130。对此，合议组认为，对比文件 1 虽然没有示出如本申请附图 3 中分布的收集纤维排列 130，但在该对比文件第 149 页左栏第 1~13 行明确记载了用于收集来自扫描光脉冲照射物体后的光信号的四个光学纤维束，该四个光学纤维束与条纹照相机相连，实现对物体行扫描的数据采集。可见就权利要求 1 中所记载的扫描纤维光学探头而言，已经完全被对比文件 1 所公开，因此，复审请求人的上述主张不成立。

（2）关于从属权利要求 2~19 的创造性。

直接或间接从属于权利要求 1 的权利要求 2~12、14~19 对该纤维光学系统进一步作了限定，但其限定部分的附加技术特征均已经被对比文件 1 所公开（参见对比文件 1 中第 144 页第 1 段、图 3、数学基础部分、第 147 页右栏倒数第 22 行到第 148 页右栏第 10 行、第 149 页右栏第 2 段、第 148 页右栏倒数第 1 段至第 149 页左栏第 2 段），因此当其引用的权利要求不具备创造性时，权利要求 2~12、14~19 也不具备创造性。

从属权利要求 13 的附加技术特征为“系统进一步包括用于插入身体把光线输送给组织的内窥探头”，合议组认为对比文件 1 已经指出其中所披露的成像系统也可以应用于人体，而内窥镜是本领域技术人员常用的、用于将光纤传输到被观测人体组织中的工具，因此当其引用的权利要求 1 相对于对比文件 1 不具备创造性时，该从属权利要求 13 也不具备创造性。

综上所述，权利要求 1~19 请求保护的技术方案仍然不具备创造性，因此合议组依法作出如下决定。

**三、决定**

维持国家知识产权局于 2005 年 11 月 11 日对 01809074.5 号发明专利申请作出的驳回决定。

复审请求人对本决定不服的，可以根据专利法第 41 条第 2 款的规定，自收到本决定之日起三个月内向北京市第一中级人民法院起诉。

132

# 电化学气体传感器

## 复审请求审查决定（第 11455 号）

**决　定　号**　第 11455 号
**决　定　日**　2007 年 9 月 12 日
**发明创造名称**　电化学气体传感器
**国 际 分 类 号**　G01N 27/49，G01N 27/413，G01N 27/416，G01N 33/00
**复 审 请 求 人**　研究中心实验室（有限）
**申　请　号**　00814910.0
**申　请　日**　2000 年 10 月 26 日
**优 先 权 日**　1999 年 10 月 26 日
**公　开　日**　2002 年 12 月 11 日
**合 议 组 组 长**　刘颖杰
**主　审　员**　李晓娜
**参　审　员**　高桂莲

**法 律 依 据**　专利法第 22 条第 3 款
**决 定 要 点**

如果权利要求所要求保护的技术方案与最接近现有技术的区别技术特征为另一份对比文件中披露的相关技术手段，该技术手段在该对比文件中所起的作用与该区别特征在要求保护的发明中为解决该重新确定的技术问题所起的作用相同，或者所述区别技术特征为本领域的公知常识，则认为现有技术中存在相应的技术启示，权利要求不具备专利法第 22 条第 3 款规定的创造性。

### 一、案由

本复审请求涉及申请号为 00814910.0、名称为“电化学气体传感器”的 PCT 发明专利申请（下称本申请），申请人为研究中心实验室（有限）。本申请的申请日为 2000 年 10 月 26 日，优先权日为 1999 年 10 月 26 日，公开日为 2002 年 12 月 11 日。

经实质审查，国家知识产权局实质审查部门于 2004 年 7 月 2 日发出驳回决定，针对申请人于 2004 年 5 月 19 日提交的权利要求第 1~7 项、于 2004 年 2 月 4 日提交的说明书第 1~10 页、说明书摘要以及于 2002 年 4 月 26 日提交的说明书附图第 1~4 页、摘要附图，驳回了本申请，理由是本申请的权利要求 1~7 不符合专利法第 22 条第 3 款有关创造性的规定，其中引用了如下 2 篇对比文件：

对比文件 1：US5173166A 号美国专利文献，其公开日为 1992 年 12 月 22 日；

对比文件 2：US5914019A 号美国专利文献，其公开日为 1999 年 6 月 22 日。

驳回决定所针对的权利要求 1 和 2 的内容如下：

"1. 一种电化学气体传感器，包括：一个第一平板基片，该基片具有至少一个在其上面形成的平板电极，从而形成第一电极组件，还包括一个限定储存区的壳体，所述储存区在使用时装有与所述至少一个电极接触的液体电解质，所述壳体具有一个与第一电极组件相隔绝的第一密封面，所述密封面包括互相电绝缘的导电聚合物部分，其中，至少一个电极的一部分与相应的导电聚合物部分接触，以提供外部电气连接到所述至少一个电极的装置；所述导电聚合物的设计使得在将电极膜片密封到所述壳体上的过程中，导电聚合物材料被促使穿过膜片并进入其上形成的电极。

2. 如权利要求 1 所述的电化学气体传感器，其特征在于：壳体的所述导电聚合物部分和非导电部分被共同模制成型。"

驳回决定中指出：权利要求 1 与对比文件 1 的区别仅在于，权利要求 1 包括在电极膜片即平板基片与壳体密封的过程中，导电聚合物材料被促使穿过膜片并进入其上形成的电极；而上述区别技术特征在属于相同技术领域的对比文件 2 中公开了，因此在对比文件 1 的基础上结合对比文件 2 得到权利要求 1 的技术方案对本领域技术人员是显而易见的，权利要求 1 相对于对比文件 1 和 2 的结合不具备专利法第 22 条第 3 款规定的创造性；从属权利要求 2~7 的附加技术特征均在对比文件 1 中公开，因此也不具备创造性。

申请人研究中心实验室（有限）（下称复审请求人）对上述驳回决定不服，于 2004 年 10 月 18 日向专利复审委员会提出复审请求，同时提交了权利要求书的修改替换页，其中对权利要求 1 进行了修改，增加了对"基面"的限定，并将原权利要求 2 的附加技术特征加入权利要求 1 中，删除了原权利要求 2，并调整了从属权利要求的引用关系。修改后的权利要求书共有 6 项权利要求，其具体内容如下：

"1. 一种电化学气体传感器，包括：一个第一平板基片，该基片具有至少一个在其上面形成的平板电极，从而形成第一电极组件，还包括一个限定储存区的壳体，所述储存区在使用时装有与所述至少一个电极接触的液体电解质，所述壳体具有一个与第一电极组件相隔绝的第一密封面和与该第一密封面相对的基面，所述密封面包括导电聚合物部分，该导电聚合物部分自所述第一密封面延伸至所述基面，并且通过非导电部分相互电绝缘，所述导电聚合物部分和非导电部分被共同模制成型，其中，至少一个电极的一部分与相应的导电聚合物部分接触，以提供外部电气连接到所述至少一个电极的装置；所述导电聚合物的设计使得在将电极膜片密封到所述壳体上的过程中，导电聚合物材料被促使穿过膜片并进入其上形成的电极。

2. 如前述权利要求中的任一项所述的电化学气体传感器，其特征在于：壳体的一部分围绕所述第一电极组件模制成型。

3. 如前述权利要求中的任一项所述的电化学气体传感器，其特征在于：所述壳体包括一个本体部分和一个顶盖。

4. 如权利要求 2 和 3 所述的电化学气体传感器，其特征在于：还包括大致与第一基片平行设置的一个第二平板基片，所述第二基片具有在其上形成的至少一个电极，从而形成第二电极组件。

5. 如权利要求 4 所述的电化学气体传感器，其特征在于：壳体包括一个与第二电极组件相隔绝的第二密封面。

6. 如以上任何一项权利要求所述的电化学气体传感器，其特征在于：至少一个所述导电聚合物部分起电极的作用。"

复审理由为：修改后的权利要求 1 中，壳体具有第一密封面和与该密封面相对的基面，导电聚合物部分自所述第一密封面延伸到与所述基面，并与非导电部分共同模制成型，其中导电聚合物部分与电极组件接触，由此提供了用于连接气体传感器的接触点，从而不需要接触脚；而对比文件1中没有教导壳体具有由非导电部分隔开的导电部分的技术特征，对比文件2使用了自第一密封面延伸至基面的单独的接触脚，且对比文件1和2都没有教导导电聚合物部分和非导电部分的共同模制，因此无论单独的对比文件1或2或者其结合都没有公开或暗示出本发明的技术方案，因此本发明具备创造性，符合专利法第22条第3款的规定。

经形式审查合格，专利复审委员会依法受理了该复审请求，并于2004年11月10日将其转送至原审查部门进行前置审查。

原审查部门在前置审查意见书中坚持原驳回决定。

针对上述复审请求，专利复审委员会依法成立合议组对本案进行了审理，本案合议组于2007年3月30日发出复审通知书，其中指出：（1）权利要求1不符合专利法第26条第4款的规定以及专利法实施细则第20条第1款的规定；（2）即使权利要求1克服了上述缺陷，以对比文件2作为最接近的对比文件时，权利要求1也不具备专利法第22条第3款规定的创造性，具体理由为：权利要求1的技术方案与对比文件2公开内容的区别在于：①权利要求1中导电聚合物部分自所述第一密封面延伸到所述与第一密封面相对的基面，②所述导电聚合物部分和非导电部分被共同模制成型，③所述导电聚合物的设计使得在将电极膜片密封到所述壳体上的过程中，导电聚合物材料被促使穿过膜片并进入其上形成的电极；然而上述第①点区别特征在对比文件1中已经公开，而且该特征在对比文件1中所起的作用与其在本申请中所起的作用相同，都是使所述导电聚合物部分提供用于连接气体传感器的接触点；对于第②点区别特征，对比文件1也公开了共同模制成型电化学气体传感器的方法，又由本领域公知常识可知，共同模制成型的产品更坚固、整体密封效果更好，因此在对比文件1的启示下，本领域技术人员容易想到将导电聚合物部分和非导电部分共同模制成型以改善由此所得电化学气体传感器的密封性能；上述第③点区别特征实质上限定了第一密封面上的导电聚合物部分和至少一个电极位于电极膜片的不同侧，其与对比文件2公开了导电聚合物部分和电极均在电极膜片下侧（即相同侧）的方案相比，它们的作用和功能基本相同，都是促使电极与导电聚合物接触从而与外界电气相连接，同时密封电解质液体，权利要求1的方案并未产生任何预料不到的技术效果；因此，上述三点区别技术特征并不足以使权利要求1具备突出的实质性特点和显著的进步，权利要求1相对于对比文件1、2以及本领域公知常识的结合不具备创造性；从属权利要求2~6也不具备创造性。

针对上述复审通知书，复审请求人于2007年5月14日提交了意见陈述书以及说明书全文和权利要求书的修改替换页，其中对权利要求1进行了多处修改，将“导电聚合物材料被促使穿过膜片并进入其上形成的电极”改为“导电聚合物部分的材料与平板基片上的电极隔绝”、将“基面”改为“基底表面”等，同时将权利要求3中的“顶盖”改为“盖件”，将原说明书第4页的“底部”修改为“基底”，而对其他权利要求和说明书的其他部分并未进行修改。修改后说明书共有11页，修改后的权利要求1的内容如下：

“1. 一种电化学气体传感器，包括：一第一平板基片，该基片具有多个在其上面形成的平板电极，从而形成第一电极组件，还包括一个限定储存区的壳体，所述储存区在使用时装有与所述多个电极接触的液体电解质，所述壳体具有与第一电极组件相密封的第一密封面和与该第一密封面相对的基底表面，所述密封面包括多个导电聚合物部分，该导电聚合物部分每个自所述第一密封面延伸至所述基底表面，并且通过非导电部分相互电绝缘，所述导电聚合物部分和非导电部分被共同模制成型，其中，多个电极的每一个的一部分与相应的导电聚合物部分中的一个接触，以提供外部电气连接到所述电极的装置；所述导电聚合物部分的设计使得在将第一电极组件的平板基片与所述壳体隔绝的过程中，所述导电聚合物部分的材料与平板基片上的电极隔绝。”

针对复审通知书中指出的问题，复审请求人在意见陈述书中认为：（1）修改后的权利要求 1 符合专利法第 26 条第 4 款以及专利法实施细则第 20 条第 1 款的规定；（2）关于创造性，对于权利要求 1 与对比文件 2 的区别技术特征，引用对比文件 1 不合适，对比文件 1 最多提出只包括一单一导电部分的第一壳体（框架 14）和也只包括一单一导电部分的第二壳体（18）；如果将对比文件 1 与对比文件 2 结合，只能得出以一致的导电材料替代对比文件 2 的整个壳体主体 4，而对比文件 2 的壳体只是由单一类型的非导电材料形成；此外，虽然对比文件 1 谈及了围绕第三框件 20 模制外框件 14、18，但对比文件 1 仍未提出或暗示在第一密封面上使用由非导电部分分离的多个导电聚合物部分，因此即使结合这两篇对比文件，也不能直接得到本发明独立权利要求 1 的技术方案，权利要求 1 具备创造性，其从属权利要求 2~6 也应被允许。

本案合议组于 2007 年 6 月 15 日发出第二次复审通知书，其中指出：（1）修改后权利要求 1 的技术方案中，导电聚合物部分和电极均在平板基片的相同侧，对比文件 2 已经公开了该技术特征，因此权利要求 1 的方案与对比文件 2 公开内容的区别在于：①权利要求 1 中与电极接触的导电聚合物部分自所述第一密封面延伸到与第一密封面相对的基底表面；②所述导电聚合物部分和非导电部分被共同模制成型，然而这两点区别特征不足以使权利要求 1 具备创造性；（2）对于复审请求人的意见陈述，由于权利要求 1 中的壳体是用于限定盛放液体电解质的储存区，而对比文件 1 中仅有框架 20 具有盛放液体电解质的储存小室 22，由此只有框架 14、框架 20 和框架 18 三者相密封后形成的壳体才能限定盛放电解质的储存区，因而复审请求人将框架 14 看做第一壳体、将框架 18 看做第二壳体本身就是错误的，在此基础上结合对比文件 1 和 2 所得出的结论也是偏离客观事实的；而且，对比文件 2 公开了在壳体与电极组件相密封的密封面上包括由壳体的非导电部分相互电绝缘的导电混合物部分 26，因而结合对比文件 1、2 和本领域的公知常识得到权利要求 1 的技术方案对本领域技术人员是显而易见的，因此修改后的权利要求 1 不具备创造性，权利要求 2~6 也仍不具备创造性。该复审通知书中还指出，权利要求 1 不符合专利法第 26 条第 4 款的规定。

针对第二次复审通知书，复审请求人于 2007 年 7 月 30 日提交了意见陈述书以及权利要求书的修改替换页，其中将权利要求 1 和 5 中的“隔绝”改为“密封”，对其他权利要求并未进行修改。修改后的权利要求 1、5 如下：

“1. 一种电化学气体传感器，包括：一第一平板基片，该基片具有多个在其上面形成的平板电极，从而形成第一电极组件，还包括一个限定储存区的壳体，所述储存区在使用时装有用于与所述多个电极接触的液体电解质，所述壳体具有与第一电极组件相密封的第一密封面和与该第一密封面相对的基底表面，所述密封面包括多个导电聚合物部分，该导电聚合物部分每个自所述第一密封面延伸至所述基底表面，并且通过非导电部分相互电绝缘，所述导电聚合物部分和非导电部分被共同模制，其中，多个电极的每一个的一部分与相应的导电聚合物部分中的一个接触，以提供外部电连接到所述电极的装置；所述导电聚合物部分的设计使得在将第一电极组件的平板基片与所述壳体密封的过程中，所述导电聚合物部分的材料与平板基片上的电极密封。

5. 如权利要求 4 所述的电化学气体传感器，其特征在于：壳体包括一个与第二电极组件相密封的第二密封面。”

复审请求人认为：（1）将权利要求书中的“隔绝”按照说明书改为“密封”，因此符合专利法第 26 条第 4 款的规定；（2）关于创造性，对比文件 2 中的导电部分很清楚地并未与壳体的剩余部分共同模制，本申请通过使用从第一密封面到基底表面延伸的导电聚合物部分而去除对比文件 2 中的导电销 10 进而构成了很大的改进；对比文件 1 中框架 14、18 所代表的“导电聚合物部分”并不从一密封面延伸到一基底表面，其中壳体的导电部分没有如权利要求 1 那样沿一密封面相互隔开；虽然对比文件1教导了围绕第3框架20来共同模制框架件14、18，但是并没有一种理由去将这种模制过程与对比文件2的过程相结合，因此没有结合点来结合对比文件1和2，而且即使结合对比文件1和2或将对比文件与公知常识相结合也不能得到权利要求1的技术方案；同时权利要求1相对于对比文件及其结合取得了显著的进步，结构更加紧凑，模制成一体的壳体不易泄漏，因此权利要求1具备创造性，从属权利要求2~6也应被允许。

在上述程序的基础上，合议组认为本案事实已经清楚，可以作出审查决定。

**二、决定的理由**

1. 本复审决定所针对的审查文本

本复审决定所针对的审查文本是：复审请求人于2007年7月30日提交的权利要求第1~6项、于2007年5月14日提交的说明书第1~11页、于2002年4月26日提交的说明书附图第1~4页、摘要附图和2004年2月4日提交的说明书摘要。

2. 关于专利法第22条第3款

专利法第22条第3款规定的创造性，是指同申请日以前已有的技术相比，该发明有突出的实质性特点和显著的进步，该实用新型有实质性特点和进步。

如果权利要求所要求保护的技术方案与最接近现有技术的区别技术特征为另一份对比文件中披露的相关技术手段，该技术手段在该对比文件中所起的作用与该区别特征在要求保护的发明中为解决该重新确定的技术问题所起的作用相同，或者所述区别技术特征为本领域的公知常识，则认为现有技术中存在相应的技术启示，权利要求不具备创造性。

对本案而言，权利要求1~6不具备专利法第22条第3款规定的创造性，具体理由如下。

（1）权利要求1不具备创造性。

权利要求1请求保护一种电化学气体传感器。对比文件2是与本申请最接近的对比文件，其中（参见对比文件2的全文，特别是说明书第4栏第54行至第5栏第55行，以及图1~3）也公开了一种电化学气体传感器，并具体披露了以下内容：该电化学气体传感器包括一个第一平板基片20，该基片具有多个在其下表面上形成的平板电极如22、24或25，从而形成第一电极组件，还包括一个限定储存区的壳体，其由基体部件4和盘形盖板部件8组成，所述储存区在使用时盛有与多个电极接触的液体电解质，所述壳体具有与第一电极组件相密封的第一密封面和与该第一密封面相对的基底表面，所述密封面包括多个导电混合物部分26，这些导电混合物部分26通过基体部件4的非导电部分相互电绝缘，导电混合物部分26的材料与平板基片20上的电极如24接触密封，接触导电混合物部分26的导电销4（也称为接触脚或触针）从壳体的第一密封面延伸至与该第一密封面相对的基底基面（参见复审理由），以提供外部电连接到所述电极的装置；所述导电混合物部分26的设计使得在将第一电极组件的平板基片20与所述壳体密封的过程中，所述导电混合物部分的材料与平板基片20上的电极密封。

权利要求1的技术方案与对比文件2的公开内容相比，区别在于：①权利要求1中与电极接触的导电聚合物部分自所述第一密封面延伸到与第一密封面相对的基底表面；而对比文件2中导电销从所述第一密封面延伸到所述基底表面；②所述导电聚合物部分和非导电部分被共同模制。根据区别技术特征，本申请实际解决的技术问题是不使用导电销或触针，使导电聚合物材料提供用于连接气体传感器的接触点、使之与外部电气相连，同时由共同模制来提高电化学气体传感器的密封性能。

对比文件1属于与对比文件2和本申请相同的技术领域，其中（参见对比文件1全文，特别是第2栏第18~25行、第5栏第19~22行、第6栏第38~43行、第7栏第9~13行以及第10栏第6~16行以及附图2、3）也公开了一种电化学气体传感器，其包括至少一个电极和限定储存区的壳体，该壳体与电极如12相密封的第一密封面包括导电塑料材料14（参见对比文件1第7栏第10~14行），该导电塑料材料（对应于“导电聚合物部分”）自接触电极的面（即第一密封面）延伸到与第一密封面相对的基底表面，从而提供与外部电气相连的接触点（参见对比文件1说明书第2栏第22~28行）；此外对比文件1（参见对比文件1第5栏第47~50行、第9栏第55~60行）也披露了通过围绕非导电框架20模制导电框架14、18来制造共同模制成型的电化学气体传感器。

可以看出，上述第①点区别技术特征是本申请电化学气体传感器的结构特征，虽然对比文件1中没有明确公开该特征，但是如同本申请背景技术和对比文件1中所述，对比文件1中不需要触针，其中使用导电聚合物材料提供传感器与外部电气相连的接触点，因此本领域技术人员在对比文件1的技术启示下，在面对本申请所述的技术问题时，完全有动机将对比文件2中的导电聚合物材料从接触电极的面（即第一密封面）延伸到与第一密封面相对的基底表面从而不使用导电销；对上述第②点区别技术特征而言，对比文件1公开了共同模制成型导电塑料框架14、18和非导电框架20，又由本领域公知常识可知，共同模制成型的产品的密封效果更好、所得产品中的流体更不容易泄漏；因此为了得到不用触针即可与外部电气相连、同时密封效果好的电化学气体传感器，在对比文件2的基础上结合对比文件1和本领域公知常识得到权利要求1的技术方案对本领域技术人员来说是显而易见的，因此权利要求1不具备突出的实质性特点和显著的进步，不具备专利法第22条第3款规定的创造性。

复审请求人认为：对比文件2使用了单独的接触脚，其中壳体只是由单一类型的非导电材料形成，而且其中的导电部分很清楚地并未与壳体的剩余部分共同模制；对比文件1最多提出只包括一单一导电部分的第一壳体（框架14）和也只包括一单一导电部分的第二壳体（18），其中没有提出或暗示在第一密封面上使用由非导电部分分离的多个导电聚合物部分；此外虽然对比文件1谈及了围绕第三框件20来共同模制外框件14、18，但是并没有一种理由去将这种模制过程与对比文件2的过程相结合，因此没有结合点来结合对比文件1和2，而且即使结合对比文件1和2或将对比文件与公知常识相结合也不能得到权利要求1的方案；同时权利要求1相对于对比文件及其结合取得了显著的进步，结构更加紧凑，模制成一体的壳体不易泄漏，因此权利要求1具备创造性，从属权利要求2~6也应被允许。

对此，合议组经审查认为：①根据本申请权利要求1的内容，壳体是用于限定盛放液体电解质的储存区，而对比文件1的框架20中虽然具有盛放液体电解质的储存小室22，但只有框架14、框架20和框架18三者相密封后形成的壳体才能限定盛放电解质的储存区，其中任何一个框架都不具有壳体的作用，因此复审请求人将对比文件1中的框架14看做第一壳体、将框架18看做第二壳体本身就是错误的；②如以上评述权利要求1创造性时所论及的，对比文件1和2同属于电化学气体传感器的技术领域，权利要求1与对比文件2的两点区别技术特征为对比文件1中披露的相关技术手段，这些技术手段在对比文件1中所起的作用与该区别特征在本申请中为解决所述重新确定的技术问题所起的作用相同，因此对比文件1和对比文件2存在结合点；③虽然对比文件2使用了单独的接触脚，对比文件1没有提出或暗示在第一密封面上使用由非导电部分分离的多个导电聚合物部分，但由于对比文件2公开了在第一密封面上使用由非导电部分分离的多个导电聚合物部分，对比文件1中公开了不使用接触脚、通过使导电塑料材料自第一密封面延伸到与所述基底表面从而提供与外部电气相连的接触点，因此本领域技术人员结合对比文件1、对比文件2和本领域公知常识结合后可以得到权利要求1的技术方案；④对比文件2的壳体虽然是由单一类型的非导电材料形成，但是在该壳体与电极组件相密封的密封面上仍包括导电混合物部分26，而且这些导电混合物部分26通过壳体的非导电部分相互电绝缘，因而在对比文件1所公开的共同模制成型电化学气体传感器的技术启示下，结合本领域公知的共同模制可以改善密封性能的常识，将对比文件2中的导电混合物部分与非导电部分共同模制也是本领域技术人员容易想到的；而且本申请所取得的结构更紧凑、壳体不易泄漏的技术效果完全是本领域技术人员在现有技术的基础上可以预见的；综上所述，复审请求人的上述主张不足以证明本申请具备创造性。

（2）权利要求 2~6 不具备创造性。

从属权利要求 2 引用在前的权利要求，然而其附加技术特征在对比文件 1 中已经公开（参见对比文件 1 第 5 栏第 47~50 行以及第 10 栏第 6~16 行），因此当其引用的权利要求不具备创造性时，该权利要求 2 也不具备创造性，不符合专利法第 22 条第 3 款的规定。

从属权利要求 3 引用在前的权利要求，然而其附加技术特征在对比文件 2 中已经公开（参见对比文件 2 第 4 栏第 65 行至第 5 栏第 6 行以及附图 1），因此当其引用的权利要求不具备创造性时，该权利要求 3 也不具备创造性，不符合专利法第 22 条第 3 款的规定。

从属权利要求 4 引用在前的从属权利要求 2、3，然而其附加技术特征在对比文件 1 中已经公开（参见对比文件 1 第 3 栏第 66~68 行以及附图 2），因此当其引用的权利要求不具备创造性时，该权利要求 4 也不具备创造性，不符合专利法第 22 条第 3 款的规定。

从属权利要求 5 引用在前的从属权利要求 4，然而其附加技术特征在对比文件 1 中已经公开（参见对比文件 1 第 10 栏第 6~16 行以及附图 2），因此当其引用的权利要求不具备创造性时，该权利要求 5 也不具备创造性，不符合专利法第 22 条第 3 款的规定。

从属权利要求 6 引用在前的权利要求，然而其附加技术特征在对比文件 1 中已经公开（参见对比文件 1 第 8 栏第 39~41 行以及附图 4），因此当其引用的权利要求不具备创造性时，该权利要求 6 也不具备创造性，不符合专利法第 22 条第 3 款的规定。

基于上述理由，合议组作出如下决定。

**三、决定**

维持国家知识产权局于 2004 年 7 月 2 日对 00814910.0 号发明专利申请做出的驳回决定。

复审请求人对本决定不服的，可以根据专利法第 41 条第 2 款的规定，自收到本决定之日起三个月内向北京市第一中级人民法院起诉。

133

# 癌症的检测和治疗

## 复审请求审查决定（第 11464 号）

**决　定　号**　第 11464 号
**决　定　日**　2007 年 9 月 18 日
**发明创造名称**　癌症的检测和治疗
**国 际 分 类 号**　G01N 33/574　G01N 33/577　G01N 33/566　G01N 33/567　A61K47/48
**复 审 请 求 人**　里卡尔多·J. 莫罗
**申　请　号**　200310104769. X
**申　请　日**　1995 年 9 月 18 日
**优 先 权 日**　1994 年 9 月 19 日
**公　开　日**　2004 年 6 月 9 日
**合 议 组 组 长**　刘颖杰
**主　审　员**　李晓娜
**参　审　员**　高桂莲

**法 律 依 据**　专利法第 22 条第 3 款，专利法实施细则第 62 条第 2 款
**决 定 要 点**

如果权利要求所要求保护的技术方案相对于对比文件不具有突出的实质性特点和显著的进步，则该权利要求不具备创造性。

在复审程序中，经过修改的申请文件中删除了驳回决定所针对的权利要求的技术方案，因此应当撤销驳回决定，由原审查部门继续进行审批程序。

### 一、案由

本复审请求涉及申请号为 200310104769. X、名称为“癌症的检测和治疗”的发明专利申请（下称本申请），其申请人为里卡尔多·J. 莫罗，申请日为 1995 年 9 月 18 日，优先权日为 1994 年 9 月 19 日，公开日为 2004 年 6 月 9 日。本申请是申请号为 95195125. 4 的专利申请的分案申请，分案提交日为 2003 年 10 月 30 日。

经实质审查，国家知识产权局实质审查部门于 2006 年 2 月 24 日驳回了本申请，理由是本申请的权利要求 1、2 和 4 不符合专利法第 22 条第 3 款有关创造性的规定，其中引用了如下 2 篇对比文件：

对比文件 1：Monoclonal antibodies directed against a widespread oncofetal antigen：The alpha-fetoprotein receptor，Moro R. 等人；Tumor Biology；1993 年；第 14 卷：第 116～130 页；

对比文件 2：：131I-抗 AFP 抗体导向治疗肝癌的临床观察，吴英德等；肿瘤，第 14 卷第 4 期，

1994年7月。

驳回决定所针对的权利要求书的内容如下：

“1. 一种抗体，其与生物学样品中癌细胞的AFP受体或AFP受体结合位点反应，所述生物学样品来自卵巢、淋巴结、肢体、子宫、直肠、骨盆、脑、肺、肝、肾、结肠或骨。

2. 一种标记的抗体，其与生物学样品中癌细胞的AFP受体或AFP受体结合位点反应，所述生物学样品来自卵巢、淋巴结、肢体、子宫、直肠、骨盆、脑、肺、肝、肾、结肠或骨。

3. 权利要求1或2的抗体在制备用于鉴定生物学样品中癌的存在的制剂中的应用。

4. 标记的AFP，其与生物学样品中癌细胞的AFP受体或AFP受体结合位点反应，所述生物学样品来自卵巢、淋巴结、肢体、子宫、直肠、骨盆、脑、肺、肝、肾、结肠或骨。”

驳回决定中指出：权利要求1的技术方案与对比文件1的区别仅在于：权利要求1中具体描述了生物学样品的来源；然而该区别特征在对比文件2中已经被公开，在对比文件1的基础上，采用对比文件2中的样品来源，本领域技术人员无须付出创造性劳动就可得出该权利要求1的技术方案，因此权利要求1不具备专利法第22条第3款规定的创造性；权利要求2、4的技术方案与对比文件1的区别也均在于权利要求2、4中具体描述了生物学样品的来源，因此权利要求2和4相对于对比文件1和对比文件2也不具备创造性。复审请求人未对申请文件进行进一步修改。

申请人里卡尔多·J. 莫罗（下称复审请求人）对上述驳回决定不服，于2006年6月12日向专利复审委员会提出复审请求，同时提交了如下6份英文附件作为参考文献：

附件1：从网上下载的US6455043号美国专利的相关内容共1页，该专利的公开日为2002年9月24日；

附件2：从网上下载的文章Yttrium-90-labeled anti-CD20 monoclonal antibody therapy of recurrent B-cell lymphoma，SJ Knox等；Clinical Cancer Research，Vol 2，Issue 3 457~470，Copyright® 1996 by American Association for Cancer Research的摘要共1页；

附件3：从网上下载的US4331647号美国专利的权利要求第1~50项共9页，该专利的公开日为1982年5月25日；

附件4：从网上下载的US6143509号美国专利的相关内容共1页，该专利的公开日为2000年11月24日；

附件5：文献Invest Urol. 1979年9月；17（2）：159~63的相关内容共1页；

附件6：从网上下载的“Pathophysiology of insulin resistance in Type II diabetes and obesity”的相关内容。

在复审请求的理由中，复审请求人认为：通过仅识别癌细胞的抗体来输送特异于癌细胞的那些药物并非是显而易见的，以及如果一种分子是癌特异性、则制备针对其的抗体并使用其检测和杀死癌细胞的想法也不是显而易见的，并利用附件1~5来证实上述观点；此外复审请求人还认为对比文件1没有提供任何有关卵巢、淋巴结、肢体、子宫、直肠、骨盆、脑、肺、肝、肾、结肠或骨的特异性癌症细胞的提示，只涉及了治疗乳腺癌的可能性，因而根据对比文件1，本领域技术人员不能得到权利要求1的技术方案；又依据附件6，说明根据对比文件1和对比文件2，本领域技术人员也不能得到权利要求1、2、4的技术方案，因此权利要求1、2、4具备创造性，符合专利法第22条第3款的规定。

经形式审查合格，专利复审委员会依法受理了该复审请求，并于2006年7月12日将案卷转送至原实质审查部门进行前置审查。

原实质审查部门在前置审查意见书中坚持原驳回决定。

针对上述复审请求，专利复审委员会依法成立合议组对本案进行了审理，本案合议组于2007年5月21日发出复审通知书，其中指出：（1）权利要求1要求保护一种抗体，其技术方案与对比文件1公开内容的区别在于：权利要求1具体限定了生物学样品的来源，即所述生物学样品来自卵巢、淋巴结、肢体、子宫、直肠、骨盆、脑、肺、肝、肾、结肠或骨；然而上述生物学样品的来源并不能给权利要求1所要求保护的抗体的结构和组成带来实质性的影响，对抗体起限定作用的主要还是癌细胞中的AFP受体或AFP受体结合位点；而且对比文件1中公开了生物学样品来自乳腺癌细胞，在对比文件1的基础上，基于相关要素的替代，本领域技术人员容易想到将产生AFP受体的、来自其他生物学样品如卵巢、肝等中的癌细胞替换对比文件1所述的来自乳腺的癌细胞，即在对比文件1的启示下，本领域技术人员仅仅通过尝试使用不同的生物学样品、无须付出创造性的劳动就可得到该权利要求1所要求保护的抗体，而且采用权利要求1所限定的生物学样品也并未使本申请产生预料不到的技术效果；因此该权利要求1相对于对比文件1和本领域公知常识的结合不具备创造性，不符合专利法第22条第3款的规定；（2）权利要求2与对比文件1的区别在于：①对抗体进行了标记，②具体限定了生物学样品的来源；然而对抗体进行标记以提供检测信号是本领域常用的技术手段，又基于权利要求1的审查意见可知，所述第②点区别技术特征不足以使该权利要求2具备创造性，因此权利要求2不具备创造性；（3）权利要求4与对比文件1的区别在于：具体描述了生物学样品的来源；与权利要求1的审查意见相同的原因，权利要求4也不具备创造性；（4）关于复审请求人的复审理由，合议组认为：①复审请求人的意见仅是强调抗体的应用和制备，并未表明权利要求所要求保护的抗体是否为新的，而抗体的应用和制备并非权利要求所要求保护的技术方案的内容；②附件1~6均属外文证据材料，根据专利法实施细则第4条第2款和审查指南第五部分第一章第3.3节的规定，复审请求人应当提交这6份附件的中文题录译文，并将所使用或涉及的部分译成中文，否则，该6份附件视为没有提交；③附件1、2、4的公开日期均在本申请的优先权日和申请日之后，因而附件1、2、4并不能作为评价本申请是否具有创造性的参考资料；同时附件1~5也并不能证明本申请的权利要求具有创造性；而且本次通知书的审查意见并未涉及对比文件2，附件6所证明的事实也与本申请无关；因此即使对附件1~6加以考虑的情况下，也不能证明本申请具备创造性；④虽然权利要求1中癌细胞来源的生物学样品不同，但本申请并未指明所述不同的生物学样品来源对权利要求1要求保护的抗体本身的结构和组成带来影响，而实际上对所述抗体的最终限定作用仍是其中的AFP受体或AFP受体结合点；因此复审请求人的意见陈述及相关附件不足以证实本申请满足专利法第22条第3款有关创造性的规定。

针对上述复审通知书，复审请求人于2007年8月30日提交了意见陈述书以及权利要求书的修改替换页，其中将原权利要求1、2、4删除，并将原权利要求3改写成新的权利要求1和2，修改后的权利要求书如下：

“1. 与生物学样品中癌细胞的AFP受体或AFP受体结合位点反应的抗体在制备用于鉴定生物学样品中癌的存在的制剂中的应用，所述生物学样品来自卵巢、淋巴结、肢体、子宫、直肠、骨盆、脑、肺、肝、肾、结肠或骨。

2. 与生物学样品中癌细胞的AFP受体或AFP受体结合位点反应的标记的抗体在制备用于鉴定生物学样品中癌的存在的制剂中的应用，所述生物学样品来自卵巢、淋巴结、肢体、子宫、直肠、骨盆、脑、肺、肝、肾、结肠或骨。”

在上述程序的基础上，合议组认为本案事实已经清楚，现依法作出审查决定。

**二、决定的理由**

1. 本决定所针对的审查文本

本复审决定所针对的审查文本是：复审请求人于2007年8月30日提交的权利要求第1~2项、于

2003年10月30日提交的说明书第1~25页、说明书附图第1~10页、说明书摘要以及摘要附图。

2. 关于专利法第22条第3款

专利法第22条第3款规定的创造性，是指同申请日以前已有的技术相比，该发明有突出的实质性特点和显著的进步，该实用新型有实质性特点和进步。

在本案中，驳回决定指出，本申请权利要求1、2、4的技术方案不具备创造性，不符合专利法第22条第3款规定。而复审请求人于2007年8月30日提交的修改文本中，删除了原权利要求1、2、4的技术方案，将驳回决定未涉及的从属于权利要求1或2的权利要求3改写成新的权利要求1和2，因此修改后的权利要求书消除了驳回决定所指出的不具备创造性的缺陷，根据专利法实施细则第62条第2款的规定，应当撤销原驳回决定，由原审查部门继续进行审查程序。

基于以上事实和理由，本案合议组做出以下审查决定。

**三、决定**

专利申请文件经复审请求人修改消除了驳回决定所指出的缺陷，因此在修改文本的基础上撤销国家知识产权局于2006年2月24日对200310104769.X号发明专利申请做出的驳回决定，由原审查部门以本复审决定所针对的文本为审查基础继续进行审查程序。

复审请求人对本决定不服的，可以根据专利法第41条第2款的规定，自收到本决定之日起三个月内向北京市第一中级人民法院起诉。

134

# 极谱传感器

## 复审请求审查决定（第11490号）

**决　定　号**　第11490号
**决　定　日**　2007年9月19日
**发明创造名称**　极谱传感器
**国 际 分 类 号**　G01N 27/48
**复 审 请 求 人**　贝克曼考尔特公司
**申　请　号**　97195203.5
**申　请　日**　1997年5月30日
**优 先 权 日**　1996年6月3日
**公　开　日**　1999年6月30日
**合 议 组 组 长**　刘颖杰
**主　审　员**　周　航
**参　审　员**　高桂莲

**法 律 依 据**　专利法第33条
**决 定 要 点**

在复审程序中，复审请求人删除了驳回决定中认为超范围的权利要求，使得驳回决定指出的缺陷不复存在，并且这种修改符合专利法第33条和专利法实施细则第60条的规定，应当撤销原驳回决定，由原审查部门继续进行审批程序。

### 一、案由

本复审请求涉及申请号为97195203.5、发明名称为“极谱传感器”的PCT发明专利申请（下称本申请），其申请日是1997年5月30日，优先权日为1996年6月3日，公开日是1999年6月30日，申请人是贝克曼考尔特公司。其公开的权利要求共28项，其中权利要求24和25如下：

“24. 按权利要求23所述的装置，其中丙三醇的浓度为约5%~约20%。

25. 按权利要求24所述的装置，其中丙三醇浓度为约10%。”

在本申请进入中国国家阶段时申请人还提交了国际初步审查报告附件的中文译文，包括修改后的权利要求书和说明书第2~5、7~13页。修改后的权利要求24和25如下：

“24. 按权利要求23所述的装置，其中丙三醇的浓度为约5%~约20%（v/v）。

25. 按权利要求24所述的装置，其中丙三醇浓度为约10%（v/v）。”

应申请人的请求，国家知识产权局实质审查部门对本申请进行了审查，先后于2002年4月26日和2004年4月2日发出两次审查意见通知书。针对第一次审查意见通知书，申请人于2002年9月26日提交了权利要求第1~26项、说明书第2~5页的修改替换页。针对第二次审查意见通知书，申请人于2004年6月17日提交了意见陈述书，但未对申请文件作任何修改。

经过上述实质审查程序，国家知识产权局实质审查部门于2004年10月15日以本申请权利要求24和25不符合专利法第33条的规定为由做出驳回决定。驳回决定所针对的文本是申请人于2002年9月26日提交的权利要求第1~26项，说明书第2~5页，进入中国国家阶段时提交的国际申请文件的说明书第1、6、14、15，说明书附图第1~3页，说明书摘要和摘要附图，国际初步审查报告附件中文译文的说明书第7~13页。其中权利要求24和25如下：

“24. 按权利要求23所述的装置，其中丙三醇的浓度为5vol%~20vol%。

25. 按权利要求24所述的装置，其中丙三醇浓度为10vol%~20vol%。”

驳回决定中指出，申请人在实质审查程序中将原权利要求24和25中涉及的百分比浓度修改为体积百分比，这种修改不能明显而唯一地从原始文本中导出，因此超出了原始文本的公开范围，不符合专利法第33条的规定。

申请人贝克曼考尔特公司（下称复审请求人）对上述驳回决定不服，于2005年1月31日向专利复审委员会提出复审请求，同时提交了权利要求书的修改替换页，其中仅对权利要求24和25进行了修改，修改后的权利要求24和25如下：

“24. 按权利要求23所述的装置，其中丙三醇的浓度为5%~20%体积比或重量比。

25. 按权利要求24所述的装置，其中丙三醇浓度为10%体积比或重量比。”

复审请求人认为，修改后的权利要求24和25包括了浓度表示法的所有两种可能，因此这种修改仅仅是把本领域技术人员已经理解的常识明显化，并没有增加新的内容，因此符合专利法第33条的规定。

经形式审查合格后，专利复审委员会受理了该复审请求，并于2005年3月30日发出复审请求受理通知书，并将本申请案卷移交原审查部门进行前置审查。

在前置审查中，原审查部门坚持原驳回决定。

专利复审委员会依法成立合议组对该复审请求案进行了审理，本案合议组于2007年3月26日发出复审通知书，其中指出，复审请求人在提出复审请求时将权利要求24和25中的丙三醇浓度具体限定为“体积比或重量比”，同时在国际初步审查报告附件的说明书第10页第9~10行、第14行和第13页第17行也将丙三醇和乙二醇的浓度分别限定为“（v/v）”，即体积比，这种修改超出了原始文本的公开范围，不符合专利法第33条的规定。因为根据本申请进入国家阶段时的国际公开文本，其中涉及丙三醇和乙二醇浓度之处均采用百分数表示，例如约5%~约20%，但并未明确该百分数所表示的是体积分数还是质量分数。由于以百分数表示的溶液浓度可以表示多种含义，例如质量/质量，质量/体积，体积/体积，物质的量/物质的量等。尽管按照本领域惯常的方式，液体溶液的浓度习惯采用质量比（即重量比）或体积比，并且在溶质为液态时，更通常使用体积比的方式，然而这只能说明本领域技术人员在实施本发明的技术方案时更倾向于按照体积比或质量比（即复审请求人的真实意图）来理解上述百分数的含义，从而能够实现本发明的技术方案；而不能由此说明本领域技术人员根据现有技术和原始文本的记载能够直接、唯一地推导出上述百分数一定是体积比或者重量比的结论。因此尽管复审请求人认为上述修改是对常识的明确化，但由于这种常识不是唯一的可能，在原始文本没有明确记载的情况下，这种修改是不被允许的。

复审请求人于2007年7月2日针对上述复审通知书进行了意见陈述并提交了权利要求书的修改替换页，其中为克服复审通知书中指出的权利要求书修改超范围的问题而删除了权利要求24和25。

之后复审请求人为了克服说明书中相应存在的修改超范围问题，于2007年8月13日再次提交了说明书共16页的全文修改替换页，其中将说明书第4页第1~2行、第10页第9~10行、第14行、第13页第17行中出现的“（v/v）”字样全部删除。

至此，合议组认为本案事实已经清楚，现依法作出本决定。

**二、决定的理由**

1. 关于审查文本

复审请求人于2007年7月2日提交了权利要求书的修改替换页，于2007年8月13日提交了说明书全文的修改替换页，经审查上述修改文本均符合专利法第33条和专利法实施细则第60条第1款的规定，因此本复审决定以复审请求人于2007年7月2日提交的权利要求第1~24项，2007年8月13日提交的说明书第1~16页，以及进入中国国家阶段时提交的说明书附图第1~3页、说明书摘要和摘要附图为审查基础。

2. 关于专利法第33条

专利法第33条规定：申请人可以对其专利申请文件进行修改，但是，对发明和实用新型专利申请文件的修改不得超出原说明书和权利要求书记载的范围，对外观设计专利申请文件的修改不得超出原图片或者照片表示的范围。

在本案中，驳回决定和复审通知书中都指出，本申请权利要求24和25中对有关丙三醇百分比浓度的修改（即将百分比浓度修改为体积百分比，或者将其修改为“体积比或重量比”）不能明显而唯一地从原始文本中导出，超出了原始文本的公开范围，不符合专利法第33条的规定。同时复审通知书中还指出，说明书部分有关丙三醇和乙二醇的浓度修改（即增加“（v/v）”字样）也超出了原始文本的公开范围，不符合专利法第33条的规定。

复审请求人于2007年7月2日提交了权利要求书的修改替换页，其中删除了权利要求24和25，另于2007年8月13日提交了说明书全文的修改替换页，其中删除了说明书中出现的“（v/v）”字样。由此合议组认为，通过上述修改，本申请已经克服了驳回决定和复审通知书中指出的修改超范围、不符合专利法第33条规定的问题。

基于上述理由，合议组作出如下决定。

**三、决定**

在修改文本的基础上撤销国家知识产权局于2004年10月15日对97195203.5号发明专利申请做出的驳回决定，由原审查部门以本复审决定所针对的文本为审查基础继续进行审查程序。

复审请求人对本决定不服的，可以根据专利法第41条第2款的规定，自收到本决定之日起三个月内向北京市第一中级人民法院起诉。

135

# 电喷射装置及产生液体电喷射的方法

## 复审请求审查决定（第 11494 号）

**决　定　号**　第 11494 号
**决　定　日**　2007 年 9 月 24 日
**发明创造名称**　电喷射装置及产生液体电喷射的方法
**国际分类号**　G01N 30/72，G01N 27/62，H01J 49/04，B01D 15/08
**复审请求人**　阿德文生物科学公司，基奥尼斯公司
**申　请　号**　03103112.9
**申　请　日**　1999 年 9 月 1 日
**优先权日**　1998 年 9 月 17 日
**公　开　日**　2004 年 7 月 28 日
**合议组组长**　张梅珍
**主　审　员**　刘　铭
**参　审　员**　周　航

**法律依据**　专利法第 33 条，专利法实施细则第 21 条第 2 款
**决定要点**

如果在复审程序中，复审请求人提交的修改文件满足专利法第 33 条及专利法实施细则第 60 条第 1 款的规定，并且克服了驳回决定所针对的缺陷，则应当在修改文本的基础上撤销驳回决定。

### 一、案由

本复审请求涉及申请号为 03103112.9，名称为“电喷射装置及产生液体电喷射的方法”的发明专利申请。申请人为阿德文生物科学公司、基奥尼斯公司，申请日为 1999 年 9 月 1 日，优先权日为 1998 年 9 月 17 日，公开日为 2004 年 7 月 28 日。

经实质审查，国家知识产权局审查部门于 2006 年 6 月 16 日发出驳回决定，驳回了本发明专利申请，其理由是：权利要求 1 不符合专利法实施细则第 21 条第 2 款的规定。驳回决定所依据的文本为：2005 年 11 月 22 日提交的权利要求第 1 项；2003 年 1 月 28 日提交的说明书第 1～50 页、说明书附图第 1～26 页、说明书摘要及摘要附图。驳回决定所针对的权利要求书如下：

“1. 一种电喷射装置，含有：

一个汇集在一个基片上的喷口阵列，用于在质谱仪装置对接处排出多种被分析物；和

多个电极，用于施加电位以在每个喷口处产生并控制一个电场，以从质谱仪装置中接收区域内的喷口导引排出被分析物。”

驳回决定涉及的具体理由为：权利要求1缺少必要技术特征，例如没有记载多个设置在入注表面的入口，入注表面与喷射表面的相互位置关系，入口和出口是否设置在一个基片上，连接多个相应的入口与喷口之间的通道，每个喷口周围从喷射表面凹陷的区域，以及多个电极与喷口之间的相互关系，因此不符合专利法实施细则第21条第2款的规定。

申请人阿德文生物科学公司、基奥尼斯公司（下称复审请求人）对上述驳回决定不服，于2006年9月18日向专利复审委员会提出复审请求，同时提交了权利要求书的修改替换页，其中共有14项权利要求。复审请求人认为：修改后的权利要求1具体描述了电喷射装置，符合专利法实施细则第21条第2款的规定，并且该修改符合专利法第33条的规定。新修改的权利要求书如下：

“1. 一种电喷射装置，含有：

整体式基片，其具有多个在注入侧上的入口和多个位于所述注入侧相对平面侧上的排出表面上的喷口，

多个孔道，每个所述孔道连续延伸穿过所述整体式基片，并与所述多个入口中的一个和多个喷口中对应的一个相连通，以及

包围每个从排出表面凹陷的喷口的区域；

所述多个喷口阵列布置，用于在质谱仪装置对接处排出多种被分析物；以及

多个电极，用于施加电位以在每个喷口处产生并控制一个电场，以从质谱仪装置中接收区域内的喷口导引排出被分析物。

2. 如权利要求1所述的装置，还包括：

至少设置在所述孔道的内表面以及所述喷口内外表面上的绝缘层，以使所述表面电绝缘于所述基片。

3. 如权利要求2所述的装置，其中所述绝缘层为氧化硅。

4. 如权利要求3所述的装置，其中所述氧化硅通过对硅进行热氧化而长成。

5. 如权利要求3所述的装置，其中所述氧化硅通过沉淀技术进行沉淀。

6. 如权利要求1所述的装置，其中所述喷口与所述喷射表面共面，或位于所述喷射表面下方。

7. 如权利要求1所述的装置，其中所述多个喷口的阵列以圆形结构位于所述喷射表面上。

8. 如权利要求7所述的装置，其中所述圆形结构包括96个宽度为50微米的喷口，其围绕直径2毫米的圆设置，从而相邻每对喷口之间的间隔约为65微米。

9. 如权利要求1所述的装置，还包括至少与一个入口液体连通的管道，从而所述装置将液体输送至所述入口。

10. 如权利要求9所述的装置，其中所述管道从由毛细管、片和微量吸移管组成的集合中选择。

11. 如权利要求1所述的装置，其中该基片为硅。

12. 如权利要求1所述的装置，其中该多个喷口能够在质谱仪装置的接收区域内旋转。

13. 如权利要求1所述的装置，其中该多个喷口相对于质谱仪装置的接收区域位于固定位置。

14. 如权利要求1所述的装置，其中在每个喷口处产生并控制电场包括同时、随后或任意在一个、多个或所有喷口处产生电喷射。”

经形式审查合格，专利复审委员会发出复审请求受理通知书，依法受理了该复审请求，并将其转送至原审查部门进行前置审查。

原审查部门在前置审查意见书中认为：（1）权利要求1中的“多个孔道，每个所述孔道连续延伸穿过所述整体式基片，并与所述多个入口中的一个和多个喷口中对应的一个连通”超出了原始申请文件所记载的范围；（2）从属权利要求2、5的附加技术特征所记载的内容在原始申请文件中没有

记载，也不能从原始申请文件中直接地、毫无疑义地确定；从属权利要求3、6~10、12~14的附加技术特征所记载的内容也与原始申请文件中不一致，不能从原始申请文件中直接地、毫无疑义地确定，也超出了原始申请文件记载的范围，因而坚持原驳回决定。

随后，专利复审委员会依法成立合议组对本案进行审理。

合议组于2007年3月13日向复审请求人发出复审通知书，指出请求人在复审请求时所提交的修改文本中，增加了权利要求2~14，这种修改不是针对驳回决定中指出的缺陷作出的，因而不符合专利法实施细则第60条第1款的规定。

针对上述复审通知书，复审请求人于2007年4月16日提交了意见陈述书，并对申请文件进行了修改，其中删除了从属权利要求2~14。修改后的权利要求书为：

“1. 一种电喷射装置，含有：

整体式基片，其具有多个在注入侧上的入口和多个位于所述注入侧相对平面侧上的排出表面上的喷口，

多个孔道，每个所述孔道连续延伸穿过所述整体式基片，并与所述多个入口中的一个和多个喷口中对应的一个连通，以及

包围每个从排出表面凹陷的喷口的区域；

所述多个喷口阵列布置，用于在质谱仪装置对接处排出多种被分析物；以及

多个电极，用于施加电位以在每个喷口处产生并控制一个电场，以从质谱仪装置中接收区域内的喷口导引排出被分析物。”

复审请求人认为：修改后的权利要求克服了原权利要求中存在的缺陷。

在上述程序的基础上，合议组认为本案事实已经清楚，可以作出审查决定。

**二、决定的理由**

1. 审查文本的认定

由于复审请求人在复审请求时和复审程序中提交了权利要求书的修改文本，本次复审请求审查决定所针对的审查文本是：2007年4月16日提交的权利要求第1项；2003年1月28日提交的说明书第1~50页、说明书附图第1~26页、说明书摘要以及摘要附图。

2. 关于专利法实施细则第60条第1款和专利法第33条

专利法实施细则第60条第1款规定：请求人在提出复审请求或者对专利复审委员会的复审通知书作出答复时，可以修改专利申请文件；但是，修改应当仅限于消除驳回决定或者复审通知书指出的缺陷。

专利法第33条规定：申请人可以对其专利申请文件进行修改，但是，对发明和实用新型专利申请文件的修改不得超出原说明书和权利要求书记载的范围，对外观设计专利申请文件的修改不得超出原图片或者照片表示的范围。

复审请求人在提出复审请求时提交了权利要求书的修改替换页，其中包括14项权利要求，合议组针对该修改文本发出复审通知书，指出：在复审请求时所提交的修改为本中，除对驳回决定中所指出的权利要求1进行修改之外，还增加了从属权利要求2~14。由于驳回决定所涉及的问题是独立权利要求缺乏必要技术特征，而这种缺陷是不能通过增加其从属权利要求来克服的，因此该修改不符合专利法实施细则第60条第1款的规定。

针对上述复审通知书，请求人于2007年4月16日提交了权利要求书修改替换页，其中删除了复审请求时所提交的修改文本中的从属权利要求2~14，仅仅保留了对权利要求1的修改，合议组经审查认为，这种修改是为了消除驳回决定或者复审通知书指出的缺陷而作出的修改，符合专利法实施细

则第 60 条第 1 款的规定。

前置审查意见认为复审请求人提复审请求时修改的权利要求 1 中的“多个孔道，每个所述孔道连续延伸穿过所述整体式基片，并与所述多个入口中的一个和多个喷口中对应的一个连通”这一特征修改超范围，复审请求人于 2007 年 4 月 16 日对权利要求书进行了修改，修改后的权利要求 1 仍然包含上述特征。合议组经审查认为：从原始申请的说明书附图 23A 和 23B 中可以明确看出，其中的喷射装置具有多个孔道 328，并且每个孔道 328 连续延伸穿过整体式基片，将多个入口中的一个和多个喷口中对应的一个连通，因此该特征已经明确地记载在原始申请文件中。因此，上述特征并未导致权利要求 1 修改超范围，权利要求 1 中记载的其他特征也未超出原始申请文件记载的范围，因而权利要求 1 的修改符合专利法第 33 条的规定。

3. 关于专利法实施细则第 21 条第 2 款

专利法实施细则第 21 条第 2 款规定：独立权利要求应当从整体上反映发明或者实用新型的技术方案，记载解决技术问题的必要技术特征。

在驳回决定中，原实质审查部门的审查员认为：本发明所要解决的技术问题是提供一种电喷射装置，而要解决上述技术问题，以下特征都是必不可少的：“多个设置在入注表面的入口，入注表面与排出表面的相互位置关系，入口和出口是否设置在一个基片上，连接多个相应的入口与喷口之间的通道，每个喷口周围从喷射表面凹陷的区域，以及多个电极与喷口之间的相互位置关系”。在复审请求人 2007 年 4 月 16 日提交的新修改的权利要求 1 中，已经将注入侧的入口、入注表面与排出表面的位置关系、入口与喷口在基片上的设置、入口与喷口之间的通道、喷口周围的凹陷区域以及电极与喷口的相互位置关系在权利要求 1 的技术方案中清楚地进行了限定。合议组经审查认为，新提交的权利要求 1 已经构成了一个完整的技术方案，解决了提供电喷射装置的技术问题，因而满足了专利法实施细则第 21 条第 2 款的规定。

**三、决定**

撤销国家知识产权局于 2006 年 6 月 16 日针对 03103112.9 号发明专利申请作出的驳回决定，由原审查部门在本复审决定所依据的文本的基础上继续进行审查。

复审请求人对本决定不服，可以根据专利法第 41 条第 2 款的规定，自收到本决定之日起三个月内向北京市第一中级人民法院起诉。

136

# 火灾及烟雾检测与控制系统

## 复审请求审查决定（第 11504 号）

**决　定　号**　第 11504 号
**决　定　日**　2007 年 9 月 6 日
**发明创造名称**　火灾及烟雾检测与控制系统
**国 际 分 类 号**　G01N 21/35，G01N 21/53，G08B 17/10
**复 审 请 求 人**　SLC 技术公司，爱德华兹系统技术公司
**申　请　号**　02121742.4
**申　请　日**　1997 年 11 月 26 日
**优 先 权 日**　1996 年 11 月 27 日　1997 年 7 月 28 日
**公　开　日**　2003 年 4 月 16 日
**合 议 组 组 长**　张梅珍
**主　审　员**　高桂莲
**参　审　员**　杨加黎

**法 律 依 据**　专利法实施细则第 21 条第 2 款
**决 定 要 点**

必要技术特征是指发明或实用新型为解决其技术问题所不可缺少的技术特征，如果其总和构成的技术方案能够解决该发明或实用新型所声称的多个技术问题中的至少一个，则认为该技术方案不缺少必要技术特征。

### 一、案由

本复审请求涉及申请号为 02121742.4、名称为"火灾及烟雾检测与控制系统"的发明专利申请（下称本申请），申请日为 1997 年 11 月 26 日，优先权日为 1996 年 11 月 27 日和 1997 年 7 月 28 日，申请人为 SLC 技术公司、恩格尔哈德传感器技术公司，后于 2003 年 1 月 17 日变更为 SLC 技术公司、爱德华兹系统技术公司。本申请公开时权利要求书包括 11 项权利要求。

经过实质审查，国家知识产权局实质审查部门以本申请权利要求 1 不符合专利法实施细则第 21 条第 2 款的规定为由，于 2005 年 6 月 10 日做出了驳回本申请的决定，驳回决定所依据的文本是：申请人于 2005 年 1 月 4 日提交的权利要求第 1~10 项、说明书第 1~31 页，2004 年 5 月 31 日提交的说明书附图第 1、11 页、摘要附图，2002 年 5 月 29 日提交的说明书附图第 2~10、12~13 页以及说明书摘要。驳回决定所针对的权利要求 1 的具体内容如下：

"1. 一种火灾及烟雾检测与控制方法，包括：

在大楼内的某个位置监视空气成分，从而确定一组预定的试验性火灾指示条件中的任何一个条件是否满足；

通过中断空气调节系统的正常操作控制，自动地响应所述一组预定的试验性火灾指示条件的任何一个条件的满足，从而阻止空气调节系统引起的气流掩盖在所述位置附近存在火灾的迹象；

监视在所述位置的空气成分，以便确定一组预定的真实火灾指示条件中的任何一个条件是否被满足；以及

通过提供第一报警信号自动地响应所述一组预定的真实火灾指示条件的任何一个条件的满足。”

具体的驳回理由为：本申请的目的在于提供一种可减少伪报警并具有快速响应时间的火灾及烟雾检测与控制方法，是一种进行检测并进行控制的方法。为了实现该目的，本申请应当包括检测有无火灾的全过程以及对有无火灾情况的相应控制过程，如果仅包括准确判定被监控区域附近是否发生了试验性的或真实的火灾，显然达不到本申请声称的快速检测并减小伪报警的目的。

申请人（下称复审请求人）不服上述驳回决定，于 2005 年 9 月 26 日向专利复审委员会提出复审请求，其复审请求的理由是：权利要求 1 的技术方案可以解决本申请背景技术中声称的多个技术问题，例如：通过在检测到试验性火灾指示条件时阻止空气调节系统，解决了现代化建筑中由于空调调节系统会稀释烟雾从而阻止火灾检测并助长火的生长的问题，同时根据定义的“试验性火灾指示条件”和“真实火灾指示条件”分别对应不同的紧急情况发出不同的报警信号，因此，独立权利要求 1 的技术方案是清楚完整的，符合专利法实施细则第 21 条第 2 款的规定。复审请求人未对本申请进行任何修改。

经形式审查合格后，专利复审委员会依法受理了上述请求，并于 2005 年 11 月 3 日向复审请求人发出了复审请求受理通知书，同时向原审查部门发出前置审查通知书。

原审查部门对该复审请求做出前置审查意见，仍然坚持原驳回决定。

专利复审委员会依法成立合议组对该复审请求案进行审理。本案合议组在仔细审阅了全部案卷后，作出本审查决定。

**二、决定的理由**

1. 关于审查文本

由于复审请求人在提出复审请求时没有提交修改文本，因此本复审请求审查决定所针对的审查文本与驳回决定所针对的文本相同。

2. 关于专利法实施细则第 21 条第 2 款

专利法实施细则第 21 条第 2 款规定：独立权利要求应当从整体上反映发明或者实用新型的技术方案，记载解决技术问题的必要技术特征。

必要技术特征是指发明或实用新型为解决其技术问题所不可缺少的技术特征，如果其总和构成的技术方案能够解决该发明或实用新型所声称的多个技术问题中的至少一个，则认为该技术方案不缺少必要技术特征。

本申请涉及一种火灾及烟雾检测与控制系统和方法，在本申请说明书的背景技术部分提到了当前烟雾检测器存在的诸多问题，例如伪报警、响应慢、高成本，以及现代化大楼内的空调系统对火灾检测的影响等，而本申请的发明目的在于减少伪报警并具有快速响应时间。本申请的权利要求 1 请求保护的是一种火灾及烟雾检测与控制方法，在该权利要求 1 的方法步骤中包括有在检测到试验性火灾指示条件时中断空气调节系统的正常操作，从而阻止空气调节系统引起的气流掩盖在所述位置附近存在火灾的迹象的步骤，而只有当监测到预定的真实火灾指示条件的任何一个被满足时才提供报警信号，显然通过该步骤可以提高对火灾准确性的判断，即能够减少伪报警；并且由于在已确定试验性火灾指

示条件的任何一个条件被满足后进行中断空气调节系统的操作控制，防止了空气调节系统对火灾烟雾的稀释，因此这种方法步骤实际上能使得响应时间缩短，从而达到快速检测的目的，由此可见权利要求1记载的的上述技术方案实际上解决了本申请背景技术中提到的减少伪报警并具有快速响应时间的技术问题，即解决了本申请背景技术中所声称的多个技术问题中的至少两个，因此权利要求1不缺少必要技术特征，符合专利法实施细则第21条第2款的规定。

至于驳回决定中所指的本发明为一种检测与控制方法，应当包括检测有无火灾的全过程以及对有无火灾情况的相应控制过程，如果仅包括准确判定被监控区域附近是否发生了试验性的或真实的火灾，显然达不到本发明声称的快速检测并减少伪报警的目的。合议组认为，首先，如上文所述目前权利要求1记载的技术方案能够实现减少伪报警和快速检测的目的。此外，独立权利要求的撰写并不要求其如同实施例一样记载实施整个发明的全过程，而是仅需记载与发明技术方案密切相关的与现有技术共有的必要技术特征以及该发明的必要技术特征中与最接近现有技术不同的区别技术特征。再有，判断一项独立权利要求是否缺少必要技术特征应当从所要解决的技术问题出发，如果独立权利要求记载的内容能够解决其声称的技术问题，则不应当认为其缺少必要技术特征。

综上所述，本专利权利要求1符合专利法实施细则第21条第2款的规定，本案合议组依法做出以下审查决定。

**三、决定**

撤销国家知识产权局于2005年6月10日对02121742.4号发明专利申请作出的驳回决定，由原审查部门以本复审决定依据的文本作为审查基础继续进行审查程序。

复审请求人对本决定不服的，可以根据专利法第41条第2款的规定，自收到本决定之日起三个月内向北京市第一中级人民法院起诉。

137

# 亲和反应的化学放大电化学检测方法及其试剂盒

## 复审请求审查决定（第 11505 号）

**决　定　号**　第 11505 号
**决　定　日**　2007 年 9 月 24 日
**发明创造名称**　亲和反应的化学放大电化学检测方法及其试剂盒
**国际分类号**　G01N 27/26，G01N 27/30，G01N 27/ 416，G01N 33/53，G01N 33/532，G01N 33/569，G01N 33/68，C12Q 1/68
**复审请求人**　博奥生物有限公司，清华大学
**申　请　号**　02153665. 1
**申　请　日**　2002 年 12 月 3 日
**公　开　日**　2004 年 6 月 16 日
**合议组组长**　张梅珍
**主　审　员**　高桂莲
**参　审　员**　马　燕

**法律依据**　专利法实施细则第 20 条第 1 款
**决定要点**

如果一项权利要求使用了排除性的撰写方式，但是该撰写方式不足以导致权利要求的保护范围不清楚，则上述写法应当是允许的。

### 一、案由

本复审请求涉及申请号为 02153665. 1、名称为“亲和反应的化学放大电化学检测方法及其试剂盒”的发明专利申请（下称本申请），申请日为 2002 年 12 月 3 日，申请人为北京博奥生物芯片有限责任公司（于 2006 年 11 月 24 日变更为博奥生物有限公司）和清华大学。本申请的公开日为 2004 年 6 月 16 日，其公开时权利要求书包括 31 项权利要求，其中权利要求 1、30 为独立权利要求。

应申请人的请求，国家知识产权局实质审查部门依法对本申请进行了实质审查，于 2004 年 12 月 10 日发出第一次审查意见通知书，指出本申请权利要求 7、8 采用哺乳动物样品和临床样品时属于专利法第 25 条第 1 款第（3）项规定的情形、权利要求 1~6、8、10、12~15、17、21~24、27~31 存在多处不清楚的表述，不符合专利法实施细则第 20 条第 1 款的规定，同时指出说明书中存在的相应问题。

针对上述审查意见通知书，申请人于 2005 年 4 月 8 日提交了意见陈述书和权利要求书全文、说明书第 1、3、4、5、7、8 页以及说明书摘要的修改替换页。申请人在上述修改文本中删除了部分不

清楚的表述，对其他内容进行了解释。将原权利要求 2 拆分为新的权利要求 2~4，共包括 35 项权利要求，其中权利要求 1~8、12、34 和 35 分别如下：

“1. 亲和反应的化学放大电化学检测方法，包括以下步骤：

（1）提供能在氧化电极上与被分析的目的分析物结合和/或反应的反应物；

（2）将可能含有目的分析物的样品与步骤 1）中所提供的所述反应物接触；

（3）所述分析物与所述反应物结合，形成亲和物；所述反应物、分析物或者额外反应物或额外分析物或分析物类似物与处于还原态的电化学活性标记分子共价键连接；继而标记分子在电极上被氧化；

（4）用在电极上不发生电化学反应的还原剂将所述亲和物的电化学活性分子还原到还原态；

（5）所述被还原的电化学活性分子重复参与步骤 3）和 4）的所述氧化-还原反应，产生放大的电化学信号；

（6）评价放大的电化学信号，确定目的分析物在样品中的存在和/或目的分析物的量。

2. 根据权利要求 1 所述的方法，其特征在于：所述步骤 3）中，当使用免疫检测中的夹心法时，反应物、分析物及电化学活性分子标记的额外反应物形成三元亲和物，使得电化学活性分子与电极密切靠近。

3. 根据权利要求 1 所述的方法，其特征在于：所述步骤 3）中，当使用免疫检测中的竞争法时，反应物与电化学活性分子标记的分析物形成二元亲和物，使得电化学活性分子与电极密切靠近。

4. 根据权利要求 1 所述的方法，其特征在于：所述步骤 3）中，在直接检测时，反应物和被电化学活性分子标记的分析物形成二元亲和物，使得电化学活性分子与电极密切靠近。

5. 根据权利要求 1 或 2 或 3 或 4 所述的方法，其特征在于：所述分析物选自细胞、细胞核、细胞器、病毒、分子及它们的集合体或复合体。

6. 根据权利要求 5 所述的方法，其特征在于：所述细胞选自动物细胞、植物细胞、真菌细胞、细菌细胞、重组细胞或体外培养细胞；所述细胞器选自线粒体、叶绿体、核糖体、内质网、高尔基体、溶酶体、蛋白酶体、分泌小泡、液泡或微粒体；所述分子选自无机分子、有机分子或它们的复合物。

7. 根据权利要求 6 所述的方法，其特征在于：所述有机分子选自氨基酸、肽、蛋白质、核苷、核苷酸、寡核苷酸、核酸、维生素、单糖、寡糖、碳水化合物、脂类或它们的复合物。

8. 根据权利要求 1 或 2 或 3 或 4 所述的方法，其特征在于：所述分析物选自激素、癌标记物、类固醇、固醇、药物化合物、药物化合物的代谢物或它们的复合物。

……

12. 根据权利要求 1 或 2 所述的方法，其特征在于：所述反应物选自细胞、细胞核、细胞器、病毒、分子及其他们的集合体或复合体；所述细胞选自动物细胞、植物细胞、真菌细胞、细菌细胞、重组细胞或体外培养细胞；所述细胞器选自线粒体、叶绿体、核糖体、内质网、高尔基体、溶酶体、蛋白酶体、分泌小泡、液泡或微粒体；所述分子选自无机分子、有机分子或者它们的复合物；所述有机分子选自氨基酸、肽、蛋白质、核苷、核苷酸、寡核苷酸、核酸、维生素、单糖、寡糖、碳水化合物、脂类或者它们的复合物；所述分析物选自激素、癌标记物、类固醇、固醇、药物化合物、药物化合物的代谢物或者它们的复合物。

……

34. 一种进行亲和反应化学放大电化学检测的试剂盒，它包括：

（1）能在氧化电极上与被分析的分析物结合和/或反应的反应物；

（2）一种与还原态电化学活性分子共价连接的额外的反应物、分析物或分析物类似物；

（3）不能被所述电极直接氧化的一种还原剂；

（4）评价放大的电化学信号以确定分析物在样品中的存在和/或量的装置。

35. 根据权利要求 34 所述的试剂盒，其特征在于：所述试剂盒还包括能氧化所述还原态电化学活性分子，但不能氧化所述还原剂的氧化物电极。"

经过上述实质审查程序后，国家知识产权局专利局以本申请权利要求 1、5、6、7、8、12、34 和 35 不符合专利法实施细则第 20 条第 1 款的规定为由，于 2005 年 7 月 8 日做出了驳回本申请的决定，驳回决定所依据的文本为：申请人于 2005 年 4 月 8 日提交的权利要求第 1~35 项、说明书第 1、3~5、7、8 页以及说明书摘要、2002 年 12 月 3 日提交的说明书第 2、6、9 页以及说明书附图第 1、2 页，具体的驳回理由如下：

（1）权利要求 1 的技术方案不清楚，不符合专利法实施细则第 20 条第 1 款的规定。具体表现在：①步骤 3）含义不清楚，使人难以确定"所述分析物和反应物结合生成亲和物"的步骤和"所述反应物、分析物与标记分子共价键连接"的步骤之间存在什么样的逻辑关系；此外，技术特征"额外反应物"、"额外分析物"、"分析物类似物"本身的含义不清楚；②步骤 4）中的技术特征"在电极上不发生电化学反应的还原剂"含义不清楚，属于排除性的撰写方式，同时由于"还原剂"是针对具体的反应而言的，同一种物质在一反应中为还原剂，在另一反应中却为氧化剂，从而使人难以确定上述技术特征的具体含义；③步骤 4）中的技术特征"所述亲和物的电化学活性分子"含义不清楚，所述反应物和分析物结合生成亲和物，所述反应物或分析物与电化学活性标记分子共价键连接，但以上限定中并没有提及"亲和物的电化学活性分子"，从而导致上述技术特征的具体含义不清楚。

（2）权利要求 5 中的技术特征"分子及它们的集合物或复合体"含义不清楚，不符合专利法实施细则第 20 条第 1 款的规定。由于在该权利要求中上述技术特征和"细胞"、"细胞核"、"病毒"等为并列关系，从而使人难以确定上述技术特征的具体含义。

（3）权利要求 6 中的技术特征"所述分子选自无机分子、有机分子或它们的复合物"含义不清楚，不符合专利法实施细则第 20 条第 1 款的规定。技术特征"它们的复合物"既可以指无机分子的复合物，也可以指有机分子的复合物，还可以指无机分子与有机分子的复合物。

（4）权利要求 7 和 8 中的技术特征"它们的复合物"含义不清楚，不符合专利法实施细则第 20 条第 1 款的规定。

（5）权利要求 12 中的技术特征"及其他们的集合体或复合体"、"它们的复合物"含义不清楚，不符合专利法实施细则第 20 条第 1 款的规定。

（6）权利要求 34 和 35 属于纯功能性限定的权利要求，同时上述权利要求还采用了排除性的撰写方式，导致上述权利要求的保护范围无法确定，不符合专利法实施细则第 20 条第 1 款的规定。

申请人北京博奥生物芯片有限责任公司和清华大学（下称复审请求人）不服上述驳回决定，于 2005 年 10 月 8 日向专利复审委员会提出复审请求。复审请求人认为，权利要求 1 的步骤 2）中的各个术语是清楚的，不存在歧义，步骤 4）的设计思路在于化学反应与电化学反应的偶联，其表述是准确的，并且"亲和物的电化学活性分子"的含义是清楚的，因为亲和反应发生后即形成"亲和物"，又反应物上已经进行了"电化学活性分子"标记，那么亲和物上必然存在"电化学活性分子"部分。同时认为权利要求 5 的表述严谨、正确。

经形式审查合格后，专利复审委员会依法受理了上述请求，并于 2005 年 11 月 2 日向复审请求人发出了复审请求受理通知书，同时向原审查部门发出前置审查通知书。

2006 年 11 月 24 日复审请求人变更为博奥生物有限公司和清华大学。

原审查部门对该复审请求做出前置审查意见，仍然坚持原驳回决定。

复审请求人于2007年8月7日提交了意见陈述书，以及权利要求书全文、说明书全文，说明书摘要的修改替换页，在修改文本中将权利要求1步骤3）中的技术特征“额外分析物”或“分析物类似物”删除，并删除了权利要求5和12中的“集合体”，删除了权利要求34中的“分析物类似物”。在此次意见陈述书中，复审请求人认为权利要求1中“额外反应物”的表述是清楚的，具体为：在夹心法免疫反应中，一抗是反应物，分析物是抗原，二抗就是额外反应物。在说明书第4页第5行已经清楚说明了这一点：“所述步骤2）中所述电化学活性分子是在电极上被氧化；在夹心法中，反应物、分析物及电化学活性分子标记的额外反应物形成三元亲和物，使得电化学活性分子与电极密切靠近”。二抗存在的目的是为了标记电化学活性分子，在二抗上通过共价方式标记电化学活性分子，以实现对抗原的检测。在此反应体系中，额外反应物类似于一个桥梁，它一方面同分析物反应，另外一方面标记了电化学活性分子，电化学活性分子能够被氧化，并通过电化学方式被检测，从而实现了对分析物的检测。在说明书第8页的实施例1中也举例说明了这个原理。此外，权利要求34和35采用排除性撰写方式，其限定的内容是清楚的，符合专利法实施细则的相关规定。

之后，复审请求人于2007年8月24日再次提交权利要求书全文的修改替换页，对权利要求1和34进行了修改，其中修改后的权利要求1、5~8、12、34分别为：

“1. 亲和反应的化学放大电化学检测方法，包括以下步骤：

（1）提供能在氧化电极上与被分析的目的分析物结合和/或反应的反应物；

（2）将可能含有目的分析物的样品与步骤1）中所提供的所述反应物接触；

（3）被电化学活性分子标记的所述分析物与所述反应物结合，形成亲和物，或者所述反应物、所述分析物、额外反应物与处于还原态的电化学活性分子共价键连接，形成亲和物；继而所述电化学活性分子在电极上被氧化；

（4）用在电极上不发生电化学反应的还原剂将所述亲和物的电化学活性分子还原到还原态；

（5）所述被还原的电化学活性分子重复参与步骤3）和4）的所述氧化-还原反应，产生放大的电化学信号；

（6）评价放大的电化学信号，确定目的分析物在样品中的存在和/或目的分析物的量。

……

5. 根据权利要求1或2或3或4所述的方法，其特征在于：所述分析物选自细胞、细胞核、细胞器、病毒、分子及它们的复合体。

6. 根据权利要求5所述的方法，其特征在于：所述细胞选自动物细胞、植物细胞、真菌细胞、细菌细胞、重组细胞或体外培养细胞；所述细胞器选自线粒体、叶绿体、核糖体、内质网、高尔基体、溶酶体、蛋白酶体、分泌小泡、液泡或微粒体；所述分子选自无机分子、有机分子或它们的复合物。

7. 根据权利要求6所述的方法，其特征在于：所述有机分子选自氨基酸、肽、蛋白质、核苷、核苷酸、寡核苷酸、核酸、维生素、单糖、寡糖、碳水化合物、脂类或它们的复合物。

8. 根据权利要求1或2或3或4所述的方法，其特征在于：所述分析物选自激素、癌标记物、类固醇、固醇、药物化合物、药物化合物的代谢物或它们的复合物。

……

12. 根据权利要求1或2所述的方法，其特征在于：所述反应物选自细胞、细胞核、细胞器、病毒、分子及其他们的复合体；所述细胞选自动物细胞、植物细胞、真菌细胞、细菌细胞、重组细胞或体外培养细胞；所述细胞器选自线粒体、叶绿体、核糖体、内质网、高尔基体、溶酶体、蛋白酶体、分泌小泡、液泡或微粒体；所述分子选自无机分子、有机分子或者它们的复合物；所述有机分子选自氨基酸、肽、蛋白质、核苷、核苷酸、寡核苷酸、核酸、维生素、单糖、寡糖、碳水化合物、脂类或者它们的复合物；所述分析物选自激素、癌标记物、类固醇、固醇、药物化合物、药物化合物的代谢物或者它们的复合物。

……

34. 一种进行亲和反应化学放大电化学检测的试剂盒，它包括：

（1）能在氧化电极上与被分析的分析物结合和/或反应的反应物；

（2）一种与还原态电化学活性分子共价连接的分析物或额外反应物；

（3）不能被所述电极直接氧化的一种还原剂；

（4）评价放大的电化学信号以确定分析物在样品中的存在和/或量的装置。"

专利复审委员会依法成立合议组对该复审请求案进行审理。本案合议组在仔细审阅了全部案卷后，认为本案事实已经清楚，可以依法作出审查决定。

**二、决定的理由**

1. 关于审查文本

复审请求人于2007年8月24日提交的权利要求书全文和2007年8月7日提交的说明书全文，说明书摘要的修改替换页，经合议组审查，其符合专利法以及实施细则关于修改的相关规定。因此，本复审决定以复审请求人于2007年8月24日提交的权利要求第1~35项，于2007年8月7日提交的说明书第1~9页、说明书摘要，于2002年12月3日提交的说明书附图第1~2页作为审查基础。

2. 关于专利法实施细则第20条第1款

专利法实施细则第20条第1款规定：权利要求书应当说明发明或者实用新型的技术特征，清楚、简要地表述请求保护的范围。

本案中，复审请求人于2007年8月24日对权利要求书进行了修改，其中权利要求1请求保护一种亲和反应的化学放大电化学检测方法，其步骤3）修改后的具体内容为"（3）被电化学活性分子标记的所述分析物与所述反应物结合，形成亲和物，或者所述反应物、所述分析物、额外反应物与处于还原态的电化学活性分子共价键连接，形成亲和物；继而所述电化学活性分子在电极上被氧化"，从其记载的内容可知，该步骤包括了亲和物的两种形成方式以及形成亲和物之后的进一步反应，可见"被电化学活性分子标记的所述分析物与所述反应物结合，形成亲和物"与"所述反应物、所述分析物、额外反应物与处于还原态的电化学活性分子共价键连接，形成亲和物"为并列关系；并且在上述步骤中删除了"额外分析物"、"分析物类似物"，至于"额外反应物"的含义根据说明书第4页第5行以及第8页的实施例1可以得出该额外反应物应是指夹心法免疫反应中的第二抗体，它的作用类似于一个桥梁，它一方面同分析物反应，另外一方面标记了电化学活性分子，电化学活性分子能够被氧化，并通过电化学方式被检测，从而实现分析物的检测。此外，步骤4）中的排除性写法表明该还原剂与电极不会发生电化学反应，其含义清楚、确定，关于"还原剂"的具体含义，虽然存在同一物质在一反应中为还原剂，在另一反应中为氧化剂的情况，但由步骤4）中的"将所述亲和物的电化学活性分子还原到还原态"可知该还原剂在参与该化学反应时对电化学活性分子进行还原，由于"所述电化学活性分子"在该权利要求1的亲和反应中是有确定含义的物质，即只要采用一种满足权利要求1要求的电化学活性分子，那么该电化学活性分子的物理和化学性质则是确定的，那么在与之进行的化学反应中能够对该物质进行还原的物质则必然是其还原剂，因此该"还原剂"的含义是清楚的。至于"所述亲和物的电化学活性分子"，由于上述步骤3）写明形成的亲和物都包含有"电化学活性分子"，因此也是清楚的。综上所述，权利要求1的整个技术方案对本领域技术人员来说是清楚的，符合专利法实施细则第 20 条第 1 款的规定。

权利要求 5、6、7、8、12 中它们的“复合体”或“复合物”均是指前述物质的复合体或复合物，其表述是清楚的，符合专利法实施细则第 20 条第 1 款的规定。

权利要求 34 请求保护一种进行亲和反应化学放大电化学检测的试剂盒，其中该试剂盒中所用的反应物和还原剂采用了功能性和排除的限定方式，由于涉及本申请技术方案的反应物和还原剂的种类较多，而采用穷举的方式不如采用功能性限定简洁，而且上述功能性限定和排除性的撰写方式并不足以导致该权利要求的技术方案不清楚，因此其技术方案符合专利法实施细则第 20 条第 1 款有关清楚的规定。

基于上述与权利要求 34 相同的理由，权利要求 35 的表述是清楚的，符合专利法实施细则第 20 条第 1 款的规定。

根据上述事实和理由，本案合议组依法做出以下审查决定。

**三、决定**

撤销国家知识产权局于 2005 年 7 月 8 日对 02153665.1 号发明专利申请作出的驳回决定，由原审查部门以本复审决定依据的文本作为审查基础继续进行审查程序。

复审请求人对本决定不服的，可以根据专利法第 41 条第 2 款的规定，自收到本决定之日起三个月内向北京市第一中级人民法院起诉。

138

# 用于电冰箱的与冷凝器成一体的设备腔后盖

## 复审请求审查决定（第 11572 号）

**决　定　号**　第 11572 号
**决　定　日**　2007 年 9 月 3 日
**发明创造名称**　用于电冰箱的与冷凝器成一体的设备腔后盖
**国 际 分 类 号**　F25D 23/02
**复 审 请 求 人**　LG 电子株式会社
**申　请　号**　03101505.0
**优 先 权 日**　2002 年 5 月 20 日
**申　请　日**　2003 年 1 月 10 日
**公　开　日**　2003 年 12 月 3 日
**合 议 组 组 长**　刘瑞斌
**主　审　员**　欧　岚
**参　审　员**　姜　岩

**法 律 依 据**　专利法第 22 条第 2 款
**决 定 要 点**

如果专利申请与对比文件公开的内容相比，其权利要求所限定的技术方案与对比文件公开的技术方案实质上相同，所属技术领域的技术人员根据两者的技术方案可以确定两者适用于相同的技术领域，解决相同的技术问题，并具有相同的预期效果，则认为两者为同样的发明。

### 一、案由

本复审请求涉及的是申请日为 2003 年 1 月 10 日、优先权日为 2002 年 5 月 20 日、发明名称是“用于电冰箱的与冷凝器成一体的设备腔后盖”的发明专利申请（以下称本申请），其申请号为 03101505.0，申请人是 LG 电子株式会社。本申请的原始公开文本中共有 7 项权利要求，其中权利要求 1 为：

“1. 一种与冷凝器制成一体的用于电冰箱的后盖，它设置在电冰箱设备腔外部，用于保护装有压缩机和冷凝器的设备腔，该压缩机将在蒸发器中蒸发后形成的低温低压气态制冷剂压缩成高温高压气态制冷剂；该冷凝器与压缩机相连，用于将压缩机压缩后的制冷剂冷凝成高温高压液态制冷剂，

其中所述冷凝器与所述后盖的内侧形成一体。”

国家知识产权局专利局审查部门对本申请进行了实质审查，并于 2004 年 8 月 27 日发出了第一次审查意见通知书，通知书中引用了一篇对比文件（对比文件 1：CN2237213Y，公开日：1996 年 10 月

9日），通知书中指出：权利要求1~4、6相对于对比文件1不具备专利法第22条第2款所规定的新颖性，权利要求5、7相对于对比文件1不具备专利法第22条第3款所规定的创造性。

申请人于2005年1月6日针对第一次审查意见通知书提交了意见陈述书，在其中陈述了权利要求1~7相对于对比文件1具有新颖性和创造性的理由。

经过上述审查程序后，国家知识产权局专利局审查部门于2005年2月18日作出驳回决定，理由是相对于对比文件1本申请权利要求1~4、6不具备专利法第22条第2款所规定的新颖性，权利要求5、7不具备专利法第22条第3款所规定的创造性。

申请人LG电子株式会社（以下称复审请求人）不服上述驳回决定，于2005年3月23日向专利复审委员会提出了复审请求，同时提交了权利要求书和说明书第2页的修改替换页。修改后的权利要求书为：

“1. 一种用于电冰箱的设备腔的后盖，所述后盖与冷凝器制成一体，用于保护装有压缩机和冷凝器的设备腔，该压缩机将在蒸发器中蒸发后形成的低温低压气态制冷剂压缩成高温高压气态制冷剂；该冷凝器与压缩机相连，用于将压缩机压缩后的制冷剂冷凝成高温高压液态制冷剂，

其中所述冷凝器与所述后盖的内侧形成一体。

2. 按照权利要求1所述的后盖，其中所述冷凝器的结构能使从外部引入的空气以与制冷剂相反的方向流过后盖，也就是以逆流方式流过后盖。

3. 按照权利要求1所述的后盖，其中在后盖上的冷凝器的管道之间形成多个通风口。

4. 按照权利要求1所述的后盖，其中后盖的内侧和外侧都用作所述冷凝器的散热板。

5. 按照权利要求1所述的后盖，其中用一根连接管将所述冷凝器与其他部件连接起来，该连接管采用波纹管，它可随意改变延伸的长度和方向。

6. 按照权利要求1所述的后盖，其中通过增大与所述冷凝器成一体的所述后盖的一个区域，来扩大所述冷凝器与从所述设备腔外部引入的空气相接触的加热区。

7. 按照权利要求6所述的后盖，其中所述后盖与电冰箱壁之间设定的距离大于10mm。”

形式审查合格后，专利复审委员会受理了该复审请求，并于2005年5月18日向复审请求人发出了《复审请求受理通知书》，同时向原审查部门发出了《前置审查通知书》。原审查部门对该复审请求做出前置审查意见，坚持原驳回决定。

专利复审委员会依法成立合议组对本复审请求案进行了审理，于2007年3月20日向复审请求人发出复审通知书，复审通知书中指出：本申请权利要求1、2、4相对于对比文件1（CN2237213Y，公开日：1996年10月9日）不符合专利法第22条第2款新颖性的规定、权利要求3、5、6、7相对于对比文件1不符合专利法第22条第3款创造性的规定。

复审请求人于2007年5月8日针对上述复审通知书提交了意见陈述书，复审请求人陈述了本申请符合专利法第22条第2款、第3款规定的理由，复审请求人认为对比文件1未公开本申请中冷凝器与后盖内侧形成一体的技术特征。

经过上述审查程序，合议组认为本案事实已经清楚，现依法作出复审决定。

**二、决定的理由**

1. 审查基础

本复审决定以复审请求人于2005年3月23日提交的权利要求书和说明书第2页以及申请日提交的说明书第1、3~6页、附图第1~7页、说明书摘要、摘要附图作为审查基础。

2. 关于新颖性问题

专利法第22条第2款规定，新颖性是指在申请日以前没有同样的发明或者实用新型在国内外出

版物上公开发表过、在国内公开使用过或者以其他方式为公众所知，也没有同样的发明或者实用新型由他人向国务院专利行政部门提出过申请并且记载在申请日以后公布的专利申请文件中。

如果专利申请与对比文件公开的内容相比，其权利要求所限定的技术方案与对比文件公开的技术方案实质上相同，所属技术领域的技术人员根据两者的技术方案可以确定两者适用于相同的技术领域，解决相同的技术问题，并具有相同的预期效果，则认为两者为同样的发明。

本申请的权利要求1请求保护一种用于电冰箱的设备腔的后盖，对比文件1（CN2237213Y）公开了一种用于电冰箱中的散热机构，具体披露了以下技术特征（见对比文件1说明书第2页第1~12行以及附图1，2）：该散热机构包括冷凝器2、压缩机5和冰箱壳体1，在所述冰箱壳体1的后板和底板外增设由金属材料作成的散热板3，该板包括一后板，一底板，和两侧面板，底板上设有多个散热孔，所述散热板3与冰箱壳体1组合成周围封闭，其纵截面为L形的烟道式散热通风隔层4，这个封闭的隔层，其首尾两端的自由端设有开口，其开口处为4-1和4-2，所述冷凝器2设在所述散热板3的后板和底板的内壁上，所述压缩机5设在所述隔层4的底部，冷凝器2与压缩机5相连。由上可知，散热板3相当于权利要求1的后盖，所述冷凝器2与散热板3的内壁是制成一体的，压缩机5设在散热板3与冰箱壳体1组合成的隔层4中，故散热板3对冷凝器2和压缩机5起到了保护作用。同时对比文件1中记载了电冰箱中包括冷凝器2与压缩机5，根据它们的工作原理可知其中必然包括有“该压缩机将在蒸发器中蒸发后形成的低温低压气态制冷剂压缩成高温高压气态制冷剂；该冷凝器用于将压缩机压缩后的制冷剂冷凝成高温高压液态制冷剂”这些技术特征。综上所述，对比文件1已经公开了权利要求1的全部技术特征，且对比文件1所公开的技术方案与该权利要求请求保护的技术方案属于同一技术领域，并能产生相同的技术效果，所以权利要求1所请求保护的技术方案不符合专利法第22条第2款有关新颖性的规定。

复审请求人认为由于对比文件1中的冷凝器管不是以Z字形设置在后备腔的后侧部分上，而且基本上不在设备腔的后侧部分上散热，冷凝器管需要被设置在隔层中，散热板位于电冰箱壳体的外侧，因此对比文件1中未公开权利要求1中的“冷凝器与后盖的内侧形成一体”的技术特征。合议组经合议后认为，权利要求的保护范围应当以其权利要求记载的内容为准。本申请的权利要求1中没有限定复审请求人所述的冷凝器以Z字形设置在后备腔的后侧部分上以及在设备腔的后侧部分上散热，由于权利要求1中未对后盖做具体的限定，对比文件1中的散热板正好位于电冰箱的后侧并能够保护设备腔，因此散热板可以相当于电冰箱的后盖，故对比文件1中公开了权利要求1中的上述技术特征，复审请求人的上述理由均不能成立。

基于上述事实和理由，合议组作出下述决定。

**三、决定**

维持国家知识产权局专利局于2005年2月18日作出的驳回03101505.0号发明专利申请的决定。

复审请求人对本决定不服的，可以根据专利法第41条第2款的规定，自收到本决定之日起3个月内向北京市第一中级人民法院起诉。

139

# 获得人体脂肪面积的方法与装置

## 复审请求审查决定（第 11603 号）

**决　定　号**　第 11603 号
**决　定　日**　2007 年 10 月 10 日
**发明创造名称**　获得人体脂肪面积的方法与装置
**国 际 分 类 号**　A61B 5/00，G06F 19/00 //159：00
**复 审 请 求 人**　株式会社百利达
**申　请　号**　01137536.1
**申　请　日**　2001 年 10 月 26 日
**优 先 权 日**　2000 年 10 月 27 日
**公　开　日**　2002 年 5 月 29 日
**合 议 组 组 长**　程　强
**主　审　员**　郭鹏鹏
**参　审　员**　徐洁玲

**法 律 依 据**　专利法第 26 条第 3 款
**决 定 要 点**

专利法第 26 条第 3 款规定：说明书应当对发明或者实用新型作出清楚、完整的说明，以所属技术领域的技术人员能够实现为准。

如果说明书中只给出任务和/或设想，而未给出任何使所属技术领域的技术人员能够实施的技术手段，则该发明将由于缺乏解决技术问题的技术手段而被认为无法实现。

### 一、案由

本复审请求涉及复审请求人于 2001 年 10 月 26 日申请，2002 年 5 月 29 日公开，名称为“获得人体脂肪面积的方法与装置”的第 01137536.1 号发明专利申请（下称本申请），其优先权日为 2000 年 10 月 27 日。

国家知识产权局原审查部门于 2004 年 3 月 19 日发出第一次审查意见通知书，认为本申请说明书公开不充分，所属领域技术人员不能实现本发明，不符合专利法第 26 条第 3 款的规定。

申请人于 2004 年 10 月 8 日提交了意见陈述书及权利要求书替换页，新的权利要求书包括权利要求 1~18 项。申请人认为，测量人体脂肪值和躯干脂肪值的具体方式是本领域中已知的，本领域技术人员通过常规的方法和设备能够容易地获得回归方程的具体值或系数，所以，本申请的说明书已经清楚、完整地公开了本发明的实施方式，本申请符合专利法第 26 条第 3 款的规定。

2005年4月8日，针对申请人于2004年10月8日提交的权利要求第1~18项和申请日提交的说明书第1~21页、说明书附图第1~14页以及说明书摘要和摘要附图，国家知识产权局以说明书不符合专利法第26条第3款的规定为由驳回了本申请。

驳回决定认为：本发明技术方案的关键在于如何获取人体全身脂肪值和躯干脂肪值，以及回归方程的确定。本申请说明书种没有给出当考虑其中一个参数或几个参数的组合时回归方程种的系数，因此，当计算人体脂肪面积时考虑哪些参数从而给出它们之间的关系是一种线性关系，这只是一种设想，确定具体的关系式才是最重要的，没有给出方程中的系数的具体值，这样的回归方程是不确定的，无法实现估计或计算人体脂肪面积，也不能计算内脏脂肪面积、皮下脂肪面积以及总脂肪面积。因此，本申请说明书只给出了一种设想，但对于如何获得躯干脂肪值和回归方程，没有作出清楚、完整的说明，本领域技术人员通过说明书记载的内容不能实现本发明，因此，本申请说明书不符合专利法第26条第3款的规定。

株式会社百利达（下称请求人）对上述驳回决定不服，于2005年7月25日向专利复审委员会提出复审请求，同时提交了说明书1~2页的修改替换页。请求人认为：（1）测量人体脂肪值和躯干脂肪值的具体方式是本领域已知的，美国专利US5335667中已公开了测量躯干脂肪值和人体脂肪量的方法。（2）本申请说明书中图4~11的多个示例性图表以及说明书第9~12页中参照图4~11的描述，都描述了所获得的回归方程和相关系数，在参照图表和说明书的情况下，本领域普通技术人员完全能够容易地再现本发明不需任何创造性劳动。

形式审查合格后，专利复审委员会受理了该复审请求，并于2005年9月6日向请求人发出复审请求受理通知书，随后将本申请移交国家知识产权局原审查部门进行前置审查。

国家知识产权局原审查部门对本复审请求进行了前置审查，坚持原驳回决定。

专利复审委员会组成合议组对复审请求进行了审理，于2007年5月8日向请求人发出复审通知书。复审通知书指出：

本申请涉及一种获得人体脂肪面积的装置，该装置通过测量单元获得与人体脂肪面积相关的参数，例如全身脂肪值、躯干脂肪值、腰围、体重等，由运算单元利用存储单元中的回归方程计算人体脂肪面积，再由显示单元输出该结果。然而，对于本领域技术人员来说，线性回归是用以研究可测量的变量之间的关系的一种数学统计模型，是一种通过研究有相关关系的变量之间的函数关系，确定回归模型，进而获得预测值的方法在运用线性回归方法进行分析时，必须确定某个响应变量与确定的自变量呈线性相关关系，同时根据对一定数量的样本值分析基础上得到确定的回归方程（即自变量的数目、含义以及方程中的系数均确定时）后，才能根据该回归方程得到响应变量的预测值。就本申请而言，说明书中并没有公开测定相关参数从而确定特定个体脂肪面积的具体实施例；说明书中给出了回归方程：$Y=a\times X_1+b\times X_2+c\times X_3+\cdots+y\times X_n+Z$，但该回归方程的自变量数目、这些自变量分别对应何种参数，以及方程中的系数都不明确；实施例中公开的回归方程也是不确定的。说明书中也没有公开如何选取样本值、在哪几种样本值的基础上确定回归方程中系数以及如何确定这些系数。本申请说明书图4~11表明的是利用X射线CT装置测量的内脏脂肪面积与利用本装置得出的内脏脂肪计算面积的相关性，即上述图表只表明实际值与计算值的之间的近似性以及误差大小；该图表只能表明，利用回归方程得到的该内脏脂肪计算面积是否准确。美国专利US5335667公开的内容涉及测量人体脂肪值和躯干脂肪值的方法。然而，本申请的发明目的是根据测出的人体脂肪值或躯干脂肪值等数据，根据回归方程计算出人体脂肪面积值；对于本领域技术人员来说，在没有确定的回归方程的情况下，仅根据人体脂肪值和躯干脂肪值，无法获得人体脂肪面积的计算值。所以，本申请说明书中，实质上仅仅给出了可以利用线性回归这样的统计方法来分析人体脂肪面积与全身脂肪值、腰围、身高或体重等其他参数之间的关系，这样一个设想。本领域技术人员根据说明书公开的内容无法实现本发明。因此，本申请说明书公开不充分，不符合专利法第 26 条第 3 款的规定。

2007 年 6 月 25 日，请求人针对上述复审通知书提交了意见陈述书，未对申请文件进行修改。

请求人在意见陈述中指出：(1) 本申请说明书第 10 页最后 1 段到第 11 页倒数第 3 段、第 14 页第 1 行到第 15 页第 3 行等处已经说明了回归方程中使用的自变量以及这些自变量分别对应何种参数。(2) 对在统计学领域中能够使用回归方程的本领域技术人员而言，要使用的独立变量的数目以及方程中的系数是公知常识，他们完全知道如何确定变量的个数以及系数的取值。此外，确定回归方程的特定系数的方式和如何选取样本值均属于本领域中的公知常识。本发明并非给出了一个设想，而是给出了获得人体脂肪面积的具体方法，同时说明书中给出了明确的回归方程，本领域技术人员能够根据本领域中的公知常识确定地知道使用什么参数以及多少个参数、如何确定系数值。

经过上述审查程序，本案合议组认为，本案事实清楚，可以作出复审决定。

**二、决定的理由**

1. 关于审查文本

本复审决定是以下述文本为基础作出的：请求人于 2005 年 7 月 25 日提交的说明书第 1、2 页，2004 年 10 月 8 日提交的权利要求第 1~18 项，申请日提交的说明书第 3~21 页、说明书附图第 1~14 页以及说明书摘要和摘要附图。

2. 关于专利法第 26 条第 3 款

专利法第 26 条第 3 款规定：说明书应当对发明或者实用新型作出清楚、完整的说明，以所属技术领域的技术人员能够实现为准。

所属技术领域的技术人员能够实现，是指所属技术领域的技术人员按照说明书记载的内容，就能够实现该发明的技术方案，解决其技术问题，并且产生预期的技术效果。说明书应当记载发明或者实用新型的技术方案，详细地描述实现发明或者实用新型的具体实施方式，完整地公开对于理解和实现发明或者实用新型必不可少的技术内容，达到所属技术领域的技术人员能够实现该发明或者实用新型的程度。如果说明书中只给出任务和/或设想，而未给出任何使所属技术领域的技术人员能够实施的技术手段，则该发明将由于缺乏解决技术问题的技术手段而被认为无法实现。

就本申请而言，权利要求 1~18 涉及一种获得人体脂肪面积的装置。

具体而言，根据说明书的描述，本发明提供一种获得人体脂肪面积的装置，该装置通过测量单元获得与人体脂肪面积相关的参数，例如全身脂肪值、躯干脂肪值、腰围、体重等，由运算单元利用存储单元中的回归方程计算人体脂肪面积，再由显示单元输出该结果。说明书中还指出，该装置可以包括参数输入单元和评估单元，分别用于输入如性别、年龄、身高等个人数据和根据计算的脂肪面积评估被测者的身体状况。本申请说明书附图 3~11 显示了利用 X 射线 CT 装置测量的内脏脂肪面积与利用本装置估算出的内脏脂肪计算面积的相关性；说明书中还记载了该装置中腰围量具的工作原理，以及该装置显示单元的不同显示格式。在说明书的一个具体的实施方案中，描述了测量身高、腰围和全身脂肪重量，输入年龄，据此由回归方程估算内脏脂肪面积。

对于本领域技术人员来说，线性回归是用以研究可测量的变量之间的关系的一种数学统计模型，是一种通过研究有相关关系的变量之间的函数关系，确定回归模型，进而获得预测值的方法；即，在分析相关关系的变量的实测样本值后，根据这些相关变量之间的线性相关关系，拟合出响应变量和自变量的关系函数，然后依据该函数用自变量的数据计算出响应变量的值；也就是说，在运用线性回归方法进行分析时，首先必须确定某个响应变量与确定的自变量呈线性相关关系，同时根据对一定数量的样本值分析基础上得到确定的回归方程（即自变量的数目、含义以及方程中的系数均确定时）后，才能根据该回归方程得到响应变量的预测值。就本申请来讲，说明书中指出“利用根据测量参数值估计人体脂肪面积的回归方程，根据测量参数值，计算人体脂肪面积”，但是说明书中并没有公开测定相关参数从而确定特定个体脂肪面积的具体实施例；虽然在说明书中给出了回归方程：$Y=a\times X_1+b\times X_2+c\times X_3\cdots y\times X_n+Z$，但是，该回归方程的自变量数目、这些自变量分别对应何种参数、以及方程中的系数都不明确；实施例中公开的回归方程：内脏脂肪面积 Y1=a58×腰围+b58×BMI+c58 全身脂肪重量+d58×年龄+f，由于没有公开具体的系数，该方程也是不确定的。同时，本申请也没有公开如何选取样本值、在哪几种样本值的基础上确定回归方程中系数以及如何确定这些系数。所以，本申请说明书中，实质上仅仅给出了可以利用线性回归这样的统计方法来分析人体脂肪面积与全身脂肪值、腰围、身高或体重等其他参数之间的关系，这样一个设想，并没有给出任何具体的实施例表明已经实现了本发明的技术方案，也没有给出表明人体脂肪面积与身高、体重、年龄、全身脂肪量等参数之间线性关系的具体回归方程，本领域技术人员仅根据说明书的记载，无法确定作为响应变量的人体脂肪面积究竟与哪几个参数相关、是否呈线性相关关系，以及如何确定回归方程系数并利用线性回归方程通过对人体脂肪值、身高、体重等几个参数的测定来计算人体脂肪面积值；所以，即使本申请说明书中具体公开了测量装置、显示装置等内容，并且给出了利用线性回归计算人体脂肪面积的设想，但由于没有公开如何利用测量装置得到的数据进行线性回归从而得到人体脂肪面积的计算值，导致本申请说明书缺少解决技术问题的技术手段，本领域技术人员根据说明书公开的内容无法实现本发明。因此，本申请说明书公开不充分，不符合专利法第 26 条第 3 款的规定。

对于请求人在答复复审通知书时陈述的意见，合议组认为：（1）请求人指出的本申请说明书第 10 页最后 1 段到第 11 页倒数第 3 段所记载的内容，仅仅表明，本申请认为可以从说明书中以例如方式列举的如全身脂肪值、躯干脂肪值等待测量的参数值，利用回归方程估算得到人体脂肪面积值；本申请说明书第 14 页第 1 行到第 15 页第 3 行记载的内容，仅仅表明，本申请认为，可以由腰围、BMI、全身脂肪重量、年龄利用回归方程估算内脏脂肪面积、内脏脂肪重量或内脏脂肪率；上述内容均未公开变量和系数均明确的回归方程，也没有记载任何具体的如何选择样本、确定系数等使得本领域技术人员无需创造性劳动就能获得确定的回归方程。（2）请求人主张，确定要使用的自变量数目以及方程中的系数对本领域技术人员来说，是统计领域的公知常识，所以本领域技术人员结合说明书已经记载的内容，完全可以实现本发明；对此，合议组认为，线性回归是用以研究可测量的变量之间的关系的一种数学统计模型，是一种通过研究有相关关系的变量之间的函数关系，确定回归模型，进而获得预测值的方法，它是统计学领域一种常用的数据分析方法，但是这并不意味着，在一份专利申请文件中可以仅提出能够用该方法解决某一问题的设想而不具体实施该方法并给出具体的技术手段。专利法第 26 条第 3 款要求一份专利申请文件公开至本领域技术人员能够实现为准，如前所述，本申请的说明书没有记载任何系数和变量均确定的回归方程，也没有给出如何构建一个具体特定的可以实现本发明目的的回归方程，所以本申请实质上仅仅给出了可以利用线性回归这样的统计方法来分析人体脂肪面积与全身脂肪值、腰围、身高或体重等其他参数之间的关系，这样一个设想，而没有给出具体的技术手段，在此情况下，甚至连该设想能否实现都是未知数，基于前述相同的理由，本申请不符合专利法第 26 条第 3 款的规定。

根据以上事实和理由，本案合议组作出如下复审决定。

**三、决定**

维持国家知识产权局于 2005 年 4 月 8 日对 01137536.1 号发明专利申请作出的驳回决定。

复审请求人对本决定不服的，可以根据专利法第 41 条第 2 款的规定，自收到本决定之日起三个月内向北京市第一中级人民法院起诉。

140

# 中药冰药的制备方法及设备

## 复审请求审查决定（第11604号）

**决　定　号** 第11604号
**决　定　日** 2007年10月10日
**发明创造名称** 中药冰药的制备方法及设备
**复审请求人** 缪婉萍、周伯鑫
**申　请　号** 01109840.6
**申　请　日** 2001年3月22日
**公　开　日** 2002年3月13日
**合议组组长** 徐洁玲
**主　审　员** 程　强
**参　审　员** 刘　妍

**法律依据** 专利法第33条
**决定要点**

复审请求人可以修改专利申请文件，但是，如果申请的内容增加、改变和/或删除其中的一部分，致使所属技术领域的技术人员看到的信息与原申请公开的信息不同，而且又不能从原申请公开的信息中直接地、毫无疑义地导出，那么，这种修改就是不允许的。

### 一、案由

本复审请求涉及申请日为2001年3月22日，公开日为2002年3月13日，发明名称为“中药冰药的制备方法及设备”的发明专利申请（下称本申请），其申请号是01109840.6，申请人为缪婉萍和周伯鑫。

国家知识产权局于2004年7月23日以本申请说明书不符合专利法第33条的规定为由驳回了本申请。驳回的具体理由为：申请人于2001年7月18日提交的说明书和2002年4月24日提交的说明书超出了原说明书和权利要求书记载的范围。例如，2002年4月24日提交的说明书第14页最后一段中“在设计的高度上，1毫升药液的中药冰药……5毫升药液的中药冰药高度为21毫升”这些不同规格药液的中药冰药高度既未明确记载在原说明书中，也不能由原说明书和权利要求书所记载的内容直接导出；例如，2001年7月18日提交的说明书第10页第14行“加入防腐剂万分之三的安息香酸”，该数字的改变超出了原说明书和权利要求书记载的范围，因此不符合专利法第33条的规定。

申请人缪婉萍和周伯鑫（下称请求人）不服该驳回决定，于2004年11月1日向国家知识产权局专利复审委员会提出复审请求，其具体理由为：“中药冰药的数据及内容，就是根据权利要求书和说明书以及附图中的中药冰药的形状结构特征计算出来的。补正书中的中药冰药的数据是根据实质审查资料 9、10 中详细计算出来的数据进行补正的。因此完全是符合权利要求书和说明书以及附图中的中药冰药的形状结构特征的。因此没有超出权利要求书、说明书和附图的范围”。

经形式审查合格后，专利复审委员会于 2005 年 1 月 10 日受理了该复审请求并成立本案合议组，同时将本案送至原实质审查部门进行前置审查。原实质审查部门坚持原驳回决定。

经审查，合议组于 2007 年 4 月 24 日发出《复审通知书》，其中指出：复审请求人在实质审查程序中于 2001 年 7 月 18 日、2002 年 4 月 24 日提交了修改文本，修改后的权利要求书和说明书的内容均与原始申请文件不同，也不能从原说明书和权利要求书的内容毫无疑义地导出。例如，原权利要求 1 中记载了“存放在冰药存放盒配药”而修改后的权利要求却是“用冰药配药盘配中药冰药处方”，显然，两者的含义并不相同，并且修改后的内容也不能从原来的内容直接地、毫无疑义地导出。再例如，原权利要求 7 中的“硬塑料板”修改为“厚塑料板”，显然，两者的含义并不相同，并且修改后的内容也不能从原来的内容直接地、毫无疑义地导出。再例如，原说明书第 14 页第 25 行“在设计的高度上。1 毫升、1.5 毫升、2 毫升、3 毫升、4 毫升五种规格药液的中药冰药高度为 2 厘米”修改为“在设计的高度上。1 毫升药液的中药冰药高度为 16 毫米。1.5 毫升、2 毫升、2.5 毫升、4 毫升四种规格药液的中药冰药高度为 20 毫米”。显然，“2 厘米”不等于“16 毫米”，并且，也不能从“2 厘米”推导出“16 毫米”。请求人对权利要求书和说明书的修改超出原申请文件记载的范围的内容包括但不限于以上举例以及驳回决定中指出的部分。可以说，每一处修改都超出原始申请文件所记载的范围。请求人认为，修改后的很多内容来源于提出实质审查请求时提交的资料 9、10，然而，上述资料并不属于原始的申请文件。申请专利时提交的专利文件是法律文件，具有法律效力，一经提交，不得随意进行修改。复审请求人的复审理由不能成立，对申请文件的修改不符合专利法第 33 条的规定。若请求人在答复本通知书时不能完全克服上述缺陷，本合议组将作出维持原驳回决定的复审决定。

2007 年 6 月 6 日，请求人提交了意见陈述书，坚持其修改文本。请求人认为：说明书附图上中药冰药的形状特征是：中药冰药的形状为立体的扁平状，中药冰药的底部面积小，中药冰药面上的面积大，边角处呈圆弧行，底面有数字代号。申请人没有对附图进行补正，也没有对附图的叙述进行补正。只是对中药冰药的数据进行了补正。根据审查指南第一部分第二章实用新型专利申请的初步审查第 10 节的规定以及第二部分第八章第 5 节的第 5.2.2.2（4）的规定，中药冰药的数据是可以补正的。

合议组经合议后认为，本案事实已经清楚，可以依法作出复审决定。

**二、决定的理由**

专利法第 33 条规定：申请人可以对其专利申请文件进行修改，但是，对发明和实用新型专利申请文件的修改不得超出原说明书和权利要求书记载的范围，对外观设计专利申请文件的修改不得超出原图片或者照片表示的范围。

作为一个原则，凡是对说明书（及其附图）和权利要求书，作出不符合专利法第 33 条规定的修改，均是不允许的。具体地说，如果申请的内容通过增加、改变和/或删除其中的一部分，致使所属技术领域的技术人员看到的信息与原申请公开的信息不同，而且又不能从原申请公开的信息中直接地、毫无疑义地导出，那么，这种修改就是不允许的。

复审请求人在实质审查程序中于 2001 年 7 月 18 日、2002 年 4 月 24 日提交了修改文本，修改后的权利要求书和说明书的内容均与原始申请文件不同，也不能从原说明书和权利要求书的内容毫无疑义地导出。例如，原权利要求 1 中记载了“存放在冰药存放盒配药”而修改后的权利要求却是“用冰药配药盘配中药冰药处方”，显然，两者的含义并不相同，并且修改后的内容也不能从原来的内容直接地、毫无疑义地导出。再例如，原权利要求7中的“硬塑料板”修改为“厚塑料板”，显然，两者的含义并不相同，并且修改后的内容也不能从原来的内容直接地、毫无疑义地导出。再例如，原说明书第14页第25行“在设计的高度上。1毫升、1.5毫升、2毫升、3毫升、4毫升五种规格药液的中药冰药高度为2厘米”修改为“在设计的高度上。1毫升药液的中药冰药高度为16毫米。1.5毫升、2毫升、2.5毫升、4毫升四种规格药液的中药冰药高度为20毫米”。显然，“2厘米”不等于“16毫米”，并且，也不能从“2厘米”推导出“16毫米”。请求人对权利要求书和说明书的修改超出原申请文件记载的范围的内容包括但不限于以上举例以及驳回决定中指出的部分。可以说，每一处修改都超出原始申请文件所记载的范围。请求人认为，修改后的很多内容来源于提出实质审查请求时提交的资料9、10，然而，上述资料并不属于原始的申请文件。申请专利时提交的专利文件是法律文件，具有法律效力，一经提交，不得随意进行修改。复审请求人的复审理由不能成立，对申请文件的修改不符合专利法第33条的规定。

复审请求人在答复复审通知书时认为，说明书附图上中药冰药的形状特征是：中药冰药的形状为立体的扁平状，中药冰药的底部面积小，中药冰药面上的面积大，边角处呈圆弧行，底面有数字代号。申请人没有对附图进行补正，也没有对附图的叙述进行补正。只是对中药冰药的数据进行了补正。根据审查指南第一部分第二章实用新型专利申请的初步审查第10节的规定以及第二部分第八章第5节的第5.2.2.2（4）的规定，中药冰药的数据是可以补正的。

对此，合议组认为：尽管请求人没有对说明书附图及附图说明进行修改，但是对中药冰药的形状结构数据等进行修改也是不允许的。从中药冰药的形状结构特征并不能唯一确定其结构尺寸；审查指南第一部分第二章第10节的规定是关于实用新型专利申请的初步审查的，而本申请是发明专利申请，故该规定不适用于本案；审查指南第二部分第八章第5节的第5.2.2.2（4）规定：修改后的内容应在原说明书中有记载或者能从原说明书记载的内容直接导出，然而，请求人对申请文件的修改显然在原说明书中没有记载，并且也不能从原说明书记载的内容直接导出。

故此，本合议组特作出如下决定。

**三、决定**

复审请求不成立，维持国家知识产权局于2004年7月23日作出的驳回01109840.6号发明专利申请的决定。

复审请求人对本决定不服的，可以根据专利法第41条第2款的规定，自收到本决定之日起三个月内向北京市第一中级人民法院起诉。

141

# 基于脉搏熵的多点脉搏信息融合方法

## 复审请求审查决定（第 11703 号）

**决　定　号**　第 11703 号
**决　定　日**　2007 年 11 月 7 日
**发明创造名称**　基于脉搏熵的多点脉搏信息融合方法
**国际分类号**　A61B 5/021，G06F 17/00，G06F 19/00
**复审请求人**　北京工业大学
**申　请　号**　200510002277.9
**申　请　日**　2005 年 1 月 20 日
**公　开　日**　2005 年 6 月 29 日
**合议组组长**　刘颖杰
**主　审　员**　刘　畅
**参　审　员**　佟仲明

**法律依据**　专利法第 25 条第 1 款第（3）项
**决定要点**

如果一项方法权利要求的直接目的不是获得诊断结果，且根据现有技术中的医学知识和该申请公开的内容也不能从实施该方法所得到的信息本身获得诊断结果，那么该方法不属于专利法第 25 条第 1 款第（3）项所涉及的疾病的诊断和治疗方法的范畴。

### 一、案由

本复审请求涉及申请号为 200510002277.9、名称为“基于脉搏熵的多点脉搏信息融合方法”的发明专利申请（下称本申请），其申请日为 2005 年 1 月 20 日，公开日为 2005 年 6 月 29 日，申请人为北京工业大学。

本申请公开时的权利要求书为：

“1. 一种基于脉搏熵的多点脉搏信息融合方法，首先由多路传感器模块拾取人体多点脉搏信号，经过放大、滤波和采样的预处理后，得到多路脉搏信号 $S_{ij}$，其中 $S_{ij}$ 是由压力传感器把脉搏压力信号转变为电压信号，是各采样点对应的脉搏信号幅度，$i=1, 2, \cdots, M$，$J=1, 2, \cdots, N$，$M$ 为信号路数，$N$ 为每路信号的采样点数，然后多路脉搏信号 $S_{ij}$ 通过 *RS* 232 总线或 *USB* 接口等方式传入计算机。本发明的特征还包括以下步骤：

1）计算机读取经过上述预处理的多路脉搏信号 $S_{ij}$ 存入内存；

2）计算 M 路信号在同时刻各采样点的比重 $P_{ij}$：

$$P_{ij}=\frac{S_{ij}}{\sum_{i=1}^{M}S_{ij}} \qquad (i=1,\ 2,\ \cdots,\ M,\ j=1,\ 2,\ \cdots,\ N) \qquad ①$$

3）计算 M 路信号在同时刻各采样点的脉搏熵 $E_{ij}$：

$$E_{ij}=-P_{ij}log_2^{P_{ij}} \qquad (i=1,\ 2,\ \cdots,\ M,\ j=1,\ 2,\ \cdots,\ N) \qquad ②$$

4）计算 M 路信号在同时刻采样点的均熵$\overline{E_{1j}}$：

$$\overline{E_{1j}}=-\frac{1}{M}\sum_{i=1}^{M}E_{ij} \qquad (i=1,\ 2,\ \cdots,\ M,\ j=1,\ 2,\ \cdots,\ N) \qquad ③$$

5）运用近一化规则，计算 M 路信号各采样点的近一化熵比 $e_{ij}$：

$$e_{1j}=\frac{E_{ij}}{\overline{E_{ij}}} \qquad (i=1,\ 2,\ \cdots,\ M,\ j=1,\ 2,\ \cdots,\ N) \qquad ④$$

6）取近一化熵比 $e_{ij}$ 中同时刻采样点的最大熵比 $e_{1j}$：

$$e_{1j}=MAX\ (e_{ij}) \qquad (i=1,\ 2,\ \cdots,\ M,\ j=1,\ 2,\ \cdots,\ N) \qquad ⑤$$

其中在步骤 2）到步骤 6）的过程中，进行计算 M 路信号在同时刻采样点的均值$\overline{S_{1j}}$：

$$\overline{S_{1j}}=\frac{1}{M}\sum_{i=1}^{M}S_{ij} \qquad (i=1,\ 2,\ \cdots,\ M,\ j=1,\ 2,\ \cdots,\ N) \qquad ⑥$$

7）输出一路优化脉搏信号 $W_0$：

$$W_0=\overline{S_{1j}}e_{1j} \qquad (j=1,\ 2,\ \cdots,\ N) \qquad ⑦$$

是近一化后的最大熵比融合脉搏信号数据，其保持与脉搏信号实际值相对应，又能提取多路脉搏信号在同时刻的最大特征信息，为后续处理提供较好的脉搏信息。

8）对融合后的脉搏信号 $W_0$ 进行现有技术的时频域分析处理，计算诊断需要的指标参数。”

国家知识产权局专利实质审查部门依申请人的请求对本申请进行了实质审查，于 2006 年 7 月 14 日发出第一次审查意见通知书，指出本申请权利要求 1 所请求保护的技术方案属于专利法第 25 条第 1 款第（3）项规定的疾病的诊断和治疗方法的范围，不能被授予专利权。

申请人针对上述审查意见通知书于 2006 年 8 月 28 日提交了意见陈述书，指出：本申请涉及的方法只是一种信号处理的方法，运用本申请的方法不能直接获得疾病的诊断结果或健康状况，与疾病诊断没有关系，更不涉及疾病治疗，因而本申请不属于专利法第 25 条规定的疾病的诊断和治疗方法的范围。

经过上述审查程序后，国家知识产权局专利实质审查部门于 2006 年 11 月 24 日以本申请属于专利法第 25 条第 1 款规定的情形为理由驳回了本申请。驳回决定认为：本申请请求保护“一种基于脉搏熵的多电脉搏信息融合方法”，它是以有生命的人体/动物体为直接实施对象；以获得疾病诊断结果为直接目的。本申请是通过对获取的脉搏信号进行处理后，再计算诊断需要的指标，从而根据该参考指标本领域技术人员能够获得疾病诊断结果，审查指南第二部分第一章第 4.3.1.1 节指出：即使直接目的不是获得诊断结果或健康状况，但是根据现有技术中的医学常识和该申请公开的内容能够直接获得疾病的诊断结果或健康状况，则也是属于以获得疾病诊断结果或健康状况为直接目的，根据申请公开的内容，而由其获得的指标参数，本领域技术人员能够判断被测者的疾病结果或者健康状况，因此本申请属于同时满足以上两个条件的与疾病诊断有关的方法，属于专利法第 25 条所述的疾病的诊断和治疗方法的范围，因此不能被授予专利权。

申请人北京工业大学（下称复审请求人）不服上述驳回决定，于 2006 年 12 月 15 日向专利复审委员会提出复审请求，复审请求人指出：本发明仅仅涉及生理参数即脉搏熵的多电脉搏融合方法，根据医学常识本领域技术人员不能获得疾病的诊断结果或健康状况。

经形式审查合格后，专利复审委员会受理了上述请求，于2007年1月15日发出复审请求受理通知书，同时向原审查部门发出前置审查通知书。

原审查部门对该复审请求做出前置审查意见，仍然认为本申请不属于可给予专利保护的客体，坚持原驳回决定。

针对上述复审请求，专利复审委员会依法成立合议组对该复审请求案进行了审理。经审理，本案合议组认为本案事实清楚，现依法作出复审决定。

## 二、决定的理由

1. 审查文本

由于复审请求人在提出复审请求时未对申请文件进行修改，因此本复审决定以驳回决定针对的文本为基础，即：复审请求人于申请日（2005年1月20日）提交的权利要求第1项及说明书第1~8页、说明书附图第1~4页、摘要和摘要附图。

2. 关于专利法第25条第1款

专利法第25条第1款规定：对下列各项，不授予专利权：（1）科学发现；（2）智力活动的规则和方法；（3）疾病的诊断和治疗方法；（4）动物和植物品种；（5）用原子核变换方法获得的物质。

审查指南第二部分第一章第4.3节规定：疾病的诊断和治疗方法，是指以有生命的人体或者动物体为直接实施对象，进行识别、确定或消除病因或病灶的过程。出于人道主义的考虑和社会伦理的原因，医生在诊断和治疗过程中应当有选择各种方法和条件的自由。另外，这类方法直接以有生命的人体或者动物体为实施对象，无法在产业上利用，不属于专利法意义上的发明创造。因此疾病的诊断和治疗方法不能被授予专利权。

审查指南第二部分第一章第4.3.1.2节规定了几种不属于诊断方法的例子，其中第（2）项是：直接目的不是获得诊断结果或健康状况，而只是从活的人体或动物体获取作为中间结果的信息的方法，或处理该信息（形体参数、生理参数或其他参数）的方法。

就本案而言，本申请的权利要求1请求保护一种基于脉搏熵的多点脉搏信息融合方法，其采用传感器固定在人体的桡动脉上从而采集脉搏信号，将采集到的信息传入计算机从而计算出相关参数。根据说明书的记载（见说明书第2页第3段），采用权利要求1所限定的方法，对经多路传感器采集和预处理后的多点人体脉搏信息进行融合，在提取各点信号最大信息量的同时，又能减少脉搏信号存储和传输的数据量，降低后续信号处理的复杂度，便于后续进行的脉搏时频域处理分析，也就是说，本申请的直接目的在于对信号处理的改进。此外，根据现有技术中的医学知识和本申请公开的内容，在知晓该相关参数后并不能直接获得疾病的诊断结果或健康状况。由此可见，采用本申请权利要求1所限定的方法得到的只是一种中间结果，要得到诊断所必需的信息仍需进一步利用计算机进行数据的处理，而根据现有医学知识无法从这一中间结果直接得出诊断结果，因而，根据审查指南第二部分第一章第4.3.1.2节的相关规定，权利要求1所限定的技术方案不属于专利法第25条第1款第（3）项所述的疾病的诊断和治疗方法的范畴，属于专利法保护的客体。

## 三、决定

复审请求成立，撤销国家知识产权局于2006年11月24日对申请号为200510002277.9的发明专利申请作出的驳回决定，由原审查部门在申请日（2005年1月20日）提交的权利要求第1项及说明书第1~8页、说明书附图第1~4页、摘要和摘要附图的审查文本基础上继续审查。

复审请求人对本决定不服的，可以根据专利法第41条第2款的规定，自收到本决定之日起三个月内向北京市第一中级人民法院起诉。

142

# 液晶显示元件

## 复审请求审查决定（第 11722 号）

**决　定　号**　第 11722 号
**决　定　日**　2007 年 11 月 2 日
**发明创造名称**　液晶显示元件
**国际分类号**　G02F 1/133，C09K 19/08（变更前为 C09K 19/08，G02F 1/133）
**复审请求人**　大日本油墨化学工业株式会社
**申　请　号**　01124712. 6
**申　请　日**　2001 年 7 月 25 日
**优先权日**　2000 年 7 月 25 日
**公　开　日**　2002 年 2 月 20 日
**合议组组长**　黄玉平
**主　审　员**　李晓娜
**参　审　员**　李亚林

**法律依据**　专利法第 22 条第 3 款
**决定要点**

如果权利要求所要求保护的技术方案与对比文件某一实施例所公开的内容相比，其区别特征为本领域的公知常识，或者区别特征为该对比文件的其他部分所披露的相关技术手段，该技术手段在该对比文件中所起的作用与该区别特征在要求保护的发明中为解决该重新确定的技术问题所起的作用相同，则应当认为该对比文件中存在相应的技术启示，所述权利要求不具备创造性。

### 一、案由

本复审请求涉及申请号为 01124712. 6、名称为“液晶显示元件”的发明专利申请（下称本申请），申请日为 2001 年 7 月 25 日，优先权日为 2000 年 7 月 25 日，申请人为大日本油墨化学工业株式会社。本申请公开时权利要求书包括 9 项权利要求。

国家知识产权局实质审查部门依法对本申请进行了实质审查，于 2004 年 2 月 13 日发出第一次审查意见通知书，指出本申请权利要求 1~9 不具备专利法第 22 条第 3 款规定的创造性，其中引用了如下 1 篇对比文件：

对比文件 1：US6010642A 号美国专利文献，其授权日为 2000 年 1 月 4 日。

针对上述审查意见通知书，申请人于 2004 年 6 月 3 日提交了意见陈述书以及权利要求书全文和说明书第 7 页的修改替换页，该修改后的权利要求书共包括 9 项权利要求，其中仅将权利要求 4 和说明书第7页中的明显错误表达“反式-1，4—环己亚基”修改为“反式-1，4—亚环己基”。申请人认为：本申请从对比文件1记载的众多化合物中选出本申请所用的化合物并进行组合，实现了对比文件1所预料不到的效果，大大改善了驱动电压对温度的依赖性，因此权利要求1相对于对比文件1具备创造性，其从属权利要求2~9也具备创造性。

针对申请人的上述意见陈述，原审查部门继续审查，于2004年9月10日发出第二次审查意见通知书，指出修改后的权利要求1~9相对于对比文件1仍不具备专利法第22条第3款规定的创造性。

针对第二次审查意见通知书，申请人于2004年11月23日提交了意见陈述书和权利要求书全文的修改替换页，其中将原权利要求3中关于化合物含量范围的技术特征添加入权利要求1中，并根据说明书的内容将权利要求1通式中碳原子数高限的“16”修改为“8”。修改后的权利要求书共有8项权利要求，其中权利要求1和2如下：

“1. 一种超级扭转向列（STN）液晶显示元件，具有在具有取向控制层和透明电极的一对基板间夹持液晶的结构，在至少一方的基板上具备偏光板的扭转角为180°~270°，作为构成液晶含有通式（I）中选出的一种或两种以上化合物，其含量在2~20质量%范围内，

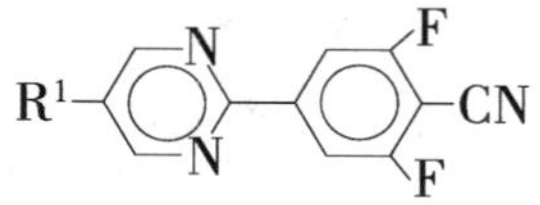

(I)

式中，$R^1$表示1~8个碳原子烷基或烷氧基、2~8碳原子的链烯基或烷氧烷基、3~8个碳原子的链烯氧基，

并含有通式（II）中选出的一种或两种以上化合物，其含量在5~30质量%范围内，

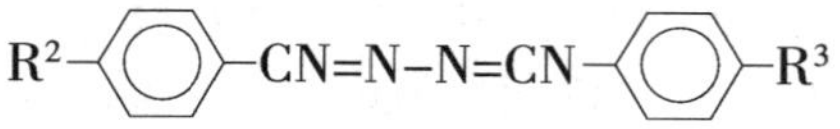

(II)

式中，$R^2$、$R^3$分别独立表示可以被氟原子取代的1~8个碳原子烷基或烷氧基、2~8碳原子的链烯基，

而且向列相-各向同性液相转变温度达75℃以上和150℃以下，折射率的各向异性（Δn）达0.07以上和0.25以下。

2. 按照权利要求1所述的超级扭转向列（STN）液晶显示元件，其特征在于在-20℃~50℃驱动温度范围内满足下列条件（i）：

（i）dV/dT≤7mV/℃（温度范围-20℃~50℃）

其中，$dV/dT^{a℃\sim b℃}$表示a℃~b℃中的阈值电压的温度依赖性。

$$\frac{dV}{dT}=\left|\frac{V_{th}(a℃)-V_{th}(b℃)}{(a℃)-(b℃)}\right|”$$

申请人在意见陈述书中认为：本申请的最大效果是改善了驱动电压对温度的依赖性，这在对比文件1中没有任何记载或暗示；而且，通过追加实验，即制备向列型液晶组合物5、6、7（其中通式I所示化合物的含量分别为6%、18%、12%，通式II所示化合物的含量分别为7%、26%、5%）并测试各组合物的诸特性如阈值电压在-20℃~25℃和25℃~50℃的温度依赖性dV/dT、在25℃的应答速度τ等，说明了修改后权利要求1中化合物的含量范围能够得到支持，且其技术方案获得了优异的技术效果；因此修改后的权利要求1相对于对比文件1具备创造性。

原审查部门于2005年7月15日发出第三次审查意见通知书，其中指出：（1）修改后的权利要求1与对比文件1的区别技术特征如具有取向控制层和透明电极的一对基板间夹持液晶的结构、在至少一方的基板上具备偏光板的扭转角为180°~270°、将几种液晶化合物混合组成制备液晶材料都是液晶

领域内的公知技术，而区别技术特征如组成液晶材料所具有的相转变温度和折射率各相异性以及各成分的比例是在对比文件 1 公开的技术内容基础上都能够直接推导出来，因此权利要求 1 相对于对比文件 1 不具备创造性；从属权利要求 2~8 也不具备创造性；（2）关于申请人的意见陈述，虽然对比文件 1 没有明确记载阈值电压的温度依赖性，但是由其公开的其他参数和高的光电特性、显示特性，本领域技术人员能够根据公知常识进行计算和推导出相应的参数。

针对第三次审查意见通知书，申请人于 2005 年 11 月 15 日提交了意见陈述书，但未对申请文件进行修改，申请人认为：对比文件 1 仅是本申请背景技术部分所涉及的内容，本申请是在对比文件 1 的基础上完成的主要涉及改善驱动电压对温度的依赖性的发明，对比文件 1 中没有任何关于改善驱动电压对温度的依赖性的记载和暗示，因此权利要求 1 相对于对比文件 1 具备创造性；而且申请人进行了追加实验和比较实验，制备了向列型液晶组合物 8 和 9（其中通式 I 所示化合物的含量分别为 6%、0%，通式 II 所示化合物的含量均为 15%）并测定了各组合物的诸特性，实验结果表明，阈值电压低与阈值电压的温度特性优异是不同的概念，这对本领域技术人员来说并非显而易见；因此权利要求 1 及其从属权利要求 2~8 具备创造性。

经过上述实质审查程序后，国家知识产权局于 2005 年 12 月 9 日做出驳回决定，以本申请权利要求 1~8 不符合专利法第 22 条第 3 款的规定为由驳回了本申请；驳回决定所依据的文本是：申请人于 2004 年 11 月 23 日提交的权利要求第 1~8 项、于 2004 年 6 月 3 日提交的说明书第 7 页、于申请日提交的说明书第 1~6、8~16 页、说明书附图第 1 页；具体的驳回理由为：权利要求 1 与对比文件 1 的区别技术特征为液晶领域内的公知技术，或者在对比文件 1 公开的技术内容基础上能够直接推导出来，因此权利要求 1 相对于对比文件 1 不具备创造性；从属权利要求 2~8 也不具备创造性。

申请人大日本油墨化学工业株式会社（下称复审请求人）不服上述驳回决定，于 2006 年 3 月 6 日向专利复审委员会提出复审请求，同时提交了权利要求书全文的修改替换页，其中将原权利要求 2 的附加技术特征添加入权利要求 1 中，删除了原权利要求 5，并调整了从属权利要求的引用关系；修改后的权利要求书共有 6 项权利要求，具体内容如下：

“1. 一种超级扭转向列（STN）液晶显示元件，具有在具有取向控制层和透明电极的一对基板间夹持液晶的结构，在至少一方的基板上具备偏光板的扭转角为 180°~270°，作为构成液晶含有通式（I）中选出的一种或两种以上化合物，其含量在 2~20 质量% 范围内，

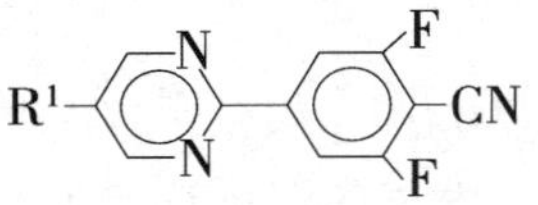
(I)

式中，$R^1$ 表示 1~8 个碳原子烷基或烷氧基、2~8 碳原子的链烯基或烷氧烷基、3~8 个碳原子的链烯氧基，

并含有通式（II）中选出的一种或两种以上化合物，其含量在 5~30 质量% 范围内，

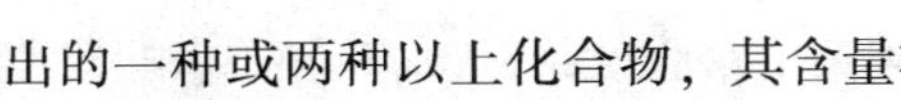
(II)

式中，$R^2$、$R^3$ 分别独立表示可以被氟原子取代的 1~8 个碳原子烷基或烷氧基、2~8 碳原子的链烯基，

而且向列相-各向同性液相转变温度达 75℃以上和 150℃以下，折射率的各向异性（Δn）达 0. 07 以上和 0. 25 以下，

在-20~50℃驱动温度范围内满足下列条件（i）：

（i）dV/dT≤7mV/℃（温度范围-20℃~50℃）

其中，$dV/dT^{a℃\sim b℃}$ 表示 a℃～b℃中的阈值电压的温度依赖性。

$$\frac{dV}{dT}=\left|\frac{V_{th}(a℃)-V_{th}(b℃)}{(a℃)-(b℃)}\right|$$

2. 按照权利要求 1 所述的超级扭转向列（STN）液晶显示元件，其特征在于其中含有从通式（III）中选出的一种或两种以上化合物，

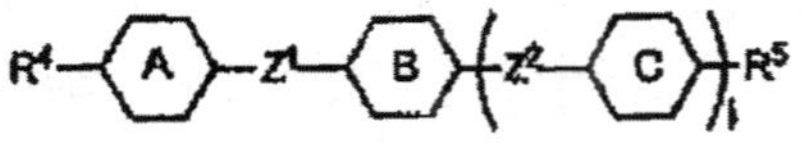
(III)

式中，$R^4$、$R^5$ 分别独立表示可以被氟原子取代的 1～16 个碳原子烷基或烷氧基、2～16 碳原子的链烯基或烷氧烷基、3～16 个碳原子的链烯氧基；环 A、环 B 和环 C 分别独立表示 1，4-亚苯基、2 或 3-氟-1，4-亚苯基、2，3-二氟-1，4-亚苯基、3，5-二氟-1，4-亚苯基、2，6-二氟-1，4-亚苯基、2-甲基-1，4-亚苯基、3-甲基-1，4-亚苯基、萘-2，6-二基、菲-2，7-二基、芴-2，7-二基、反式-1，4-亚环己基、1，2，3，4-四氢萘-2，6-二基、十氢萘-2，6-二基、反式-1，3-二氧六环-2，5-二基、吡啶-2，5-二基、嘧啶-2，5-二基、吡嗪-2，5-二基或哒嗪-2，5-二基，这些环可以被 F、Cl、CH3 一取代或二取代；l 表示 0、1 或 2；$Z^1$、$Z^2$ 表示单键、$-CH_2CH_2-$、$-(CH_2)_4-$、$-OCH_2-$、$-CH_2O-$、-COO-、-OCO-、-CH=CH-或-C≡C-。

3. 按照权利要求 1 或 2 所述的超级扭转向列（STN）液晶显示元件，其特征在于其中含有从通式（IV）中选出的一种或两种以上化合物，

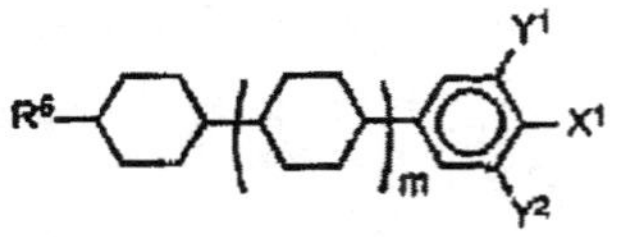
(IV)

式中，$R^6$ 表示可以被氟原子取代的 1～16 个碳原子烷基或烷氧基、2～16 碳原子的链烯基或烷氧烷基、3～16 个碳原子的链烯氧基；m 表示 0 或 1；$X^1$ 表示 F、Cl、$CF_3$、$OCF_3$ 或 CN；$Y^1$、$Y^2$ 表示 F 或 H。

4. 按照权利要求 3 所述的超级扭转向列（STN）液晶显示元件，其特征在于其中含有一种或两种以上通式（I）化合物，其含量为 2～20 质量%，含有一种或两种以上通式（II）化合物，其含量为 5～30 质量%，含有一种或两种以上从通式（III）中选出的化合物，其含量为 5～85 质量%，含有一种或两种以上从通式（IV）中选出的化合物，其含量为 5～60 质量%。

5. 按照权利要求 1 或 2 所述的超级扭转向列（STN）液晶显示元件，其特征在于满足下列条件（ii）：

（ii）$\tau^{25℃}\leq 200msec$（25℃下的应答速度）。

6. 按照权利要求 4 所述的超级扭转向列（STN）液晶显示元件，其特征在于满足下列条件（ii）：

（ii）$\tau^{25℃}\leq 200msec$（25℃下的应答速度）。”

复审请求人认为：（1）本申请是从对比文件 1 记载的通式（II-4）表示的众多化合物中选出了本申请通式（I）的化合物，进一步与本申请通式（II）的化合物进行再组合，并由此实现了本申请所强调的改善驱动电压对温度的依赖性的优异效果，这些都是对比文件 1 没有记载或暗示的，因此在对比文件 1 的基础上，本领域技术人员不能预料本申请的使阈值电压的温度依赖性得到改善的技术方案以及获得的技术效果；（2）申请人对本申请的技术内容进行了多次陈述，还提交了追加试验来证明本申请具有优异的技术效果，因而申请人有理由认为修改后的权利要求 1 相对于对比文件 1 具备创造性，完全可以满足专利法第 22 条第 3 款的规定，其直接或间接从属权利要求也符合专利法第 22 条第 3 款的规定。

经形式审查合格后，专利复审委员会于2006年4月25日依法受理了上述请求，并向复审请求人发出了复审请求受理通知书，同时向原审查部门发出前置审查通知书。

原审查部门对该复审请求做出前置审查意见，仍然坚持原驳回决定。

专利复审委员会依法成立合议组，对该复审请求案进行审查，于2007年6月4日发出复审通知书，指出：

（1）权利要求1的技术方案与对比文件1实施例23的公开内容相比，区别在于：①权利要求1中明确限定了液晶显示元件的具体结构，即具有在具有取向控制层和透明电极的一对基板间夹持液晶的结构，在至少一方的基板上具备偏光板；②权利要求1的通式（I）中苯环上取代有氟原子；③权利要求1中具体限定了阈值电压的温度依赖性的相关参数；根据这些区别技术特征可确定出，本申请实际要解决的技术问题是提供一种改善了阈值电压对温度依赖性的STN液晶显示元件；然而，对第①点区别特征而言，所述结构是液晶显示元件的常规结构，属于本领域的公知常识；对第②点区别特征而言，对比文件1中也公开了式（II-4a）所示的化合物，其中$Y^{27}$-$Y^{28}$各自独立地表示氢原子或氟原子，而且“为改善驱动电压的温度依赖性，优选使用$Y^{21}$-$Y^{28}$为F的化合物”（当$Y^{27}$、$Y^{28}$为F时，式（II-4a）的化合物即为权利要求1通式（I）的化合物），此外对比文件1中也记载了取得驱动电压对温度依赖性的更好效果，由此可知对比文件1中已经给出了使用$Y^{27}$、$Y^{28}$为F时的式（II-4a）的化合物时、可改善驱动电压的温度依赖性的教导，因此为了得到改善驱动电压对温度的依赖性（实际上同时也改善了阈值电压对温度的依赖性）的STN液晶显示元件，将上述$Y^{27}$、$Y^{28}$为F的式（II-4a）的化合物替代实施例23中含嘧啶基的化合物对本领域技术人员而言是显而易见的；对第③点区别特征而言，虽然对比文件1没有对阈值电压的温度依赖性进行说明，但是该性能是由液晶成分的结构和组成所决定的，而且这项性能参数也没有隐含该权利要求1要求保护的液晶显示元件具有某种特定的结构和/或组成，本领域技术人员根据该性能、参数无法将权利要求1的液晶显示元件与对比文件1的液晶显示元件区分开，因此第③点区别特征也不足以使本申请权利要求1具备突出的实质性特点和显著的进步；因此，权利要求1相对于对比文件1不具备突出的实质性特点和显著的进步，不具备专利法第22条第3款规定的创造性。

（2）当权利要求1不具备创造性时，从属权利要求2~6也不具备创造性。

（3）关于复审请求人的意见陈述，合议组认为：①根据本申请及对比文件1的内容，对比文件1中已经记载了通式（I）的化合物与通式（II）的化合物的组合，也记载了满足权利要求1所限定转变温度和折射率各向异性数值的、含有分别对应于本申请通式（I）、（II）化合物的液晶成分B、A的液晶组合物及由其所得的STN液晶显示元件，而且对比文件1中还记载了为改善驱动电压对温度的依赖性而优选的技术方案及其效果，由此可知对比文件1公开的方案实质上已经具有了请求人所声称的本申请的优异效果“改善了驱动电压对温度的依赖性”，此外本领域技术人员也能够预见改善驱动电压的温度依赖性也必然会改善阈值电压的温度依赖性；②请求人在答复实质审查阶段的第二次和第三次审查意见通知书时进行了追加实验以及比较实验，然而所述比较实验仅证明了含有通式（I）化合物的向列型液晶组合物8与不含通式（I）化合物的向列型液晶组合物9相比、前者的阈值电压对温度的依赖性优于后者，由此并不能证明本申请相对于对比文件1具有预料不到的技术效果，因而这些追加实验不足以证明本申请的权利要求1相对于对比文件1具有突出的实质性特点和显著的进步；因此复审请求人的上述两个观点不足以证实本申请满足专利法第22条第3款的规定。若请求人意欲提交比较实验以证明本申请的创造性，则应与对比文件1的方案进行对比，并且应提供足以证明本申请所要求保护的权利要求中所有并列选择的技术方案均具备创造性的证据。

针对上述复审通知书，复审请求人于2007年9月7日提交了意见陈述书，复审请求人在意见陈述书中认为：本申请说明书第 5 页中记载了液晶对比度的参数，基于此复审请求人又进行了追加实验和比较实验，制备了向列型液晶组合物 8 和 10（其中通式 I 化合物的含量分别为 6%、0%，通式 II 化合物的含量分别为 15% 和 19%）并测定包括对比度的各组合物诸特性，由实验结果看出，温度依赖性的数值不满足权利要求 1 的温度依赖性的关系式时，对比度恶化，从对比度恶化的数据表明，温度依赖性的限定也是对本申请技术效果的直接限定；因此权利要求 1 在驱动电压对温度的依赖性以及对比度等方面获得了预料不到的技术效果，相对于对比文件 1 具备创造性。复审请求人未对申请文本进行修改。

至此，合议组认为本案事实已经清楚，现依法作出复审决定。

**二、决定的理由**

1. 关于审查文本

本复审决定针对的文本是：复审请求人于 2006 年 3 月 6 日提交的权利要求第 1~6 项、于 2004 年 6 月 3 日提交的说明书第 7 页、以及于申请日提交的说明书第 1~6 和 8~16 页、说明书附图第 1 页、说明书摘要和摘要附图。

2. 关于专利法第 22 条第 3 款

专利法第 22 条第 3 款规定的创造性，是指同申请日以前已有的技术相比，该发明有突出的实质性特点和显著的进步，该实用新型有实质性特点和进步。

如果权利要求所要求保护的技术方案与对比文件某一实施例所公开的内容相比，其区别特征为本领域的公知常识，或者区别特征为该对比文件的其他部分所披露的相关技术手段，该技术手段在该对比文件中所起的作用与该区别特征在要求保护的发明中为解决该重新确定的技术问题所起的作用相同，则应当认为该对比文件中存在相应的技术启示，所述权利要求不具备创造性。

就本案而言，合议组经审查后认为本申请的权利要求 1~6 不具备创造性，具体理由如下：

（1）权利要求 1 不符合专利法第 22 条第 3 款有关创造性的规定。

权利要求 1 请求保护一种超级扭转向列（STN）液晶显示元件。对比文件 1 也公开了一种超级扭转向列（STN）液晶显示元件，其中披露了以下技术内容（参见对比文件 1 第 82 栏的第 10~11 行和第 81 栏第 15 行，权利要求 15、19 以及实施例 21、23、33 和 35）：一种超扭转向列（STN）液晶显示装置包括通式（I）所示的液晶成分 A（与权利要求 1 中通式（II）所示化合物的结构类似）和由含嘧啶基的通式（II-4）所示的液晶成分 B（与权利要求 1 中通式（I）所示化合物的结构类似），具体到该对比文件 1 中的实施例 23，利用向列液晶组合物（2-5）制成扭转角为 220°（在权利要求 1 限定的“180°~270°”的范围内）的 STN-LCD 显示单元，该液晶组合物中的倒数第 2 种成分为含有嘧啶基的化合物（当权利要求 1 的通式（I）中 $R^1$ 为 5 个碳原子的戊基时，该含嘧啶基的化合物与通式（I）所示化合物的结构类似），其含量为 4 重量%（在该权利要求 1 限定的“2~20 质量%”的范围内），该液晶组合物中的第 1 种成分为吖嗪衍生物（当权利要求 1 的通式（II）中 $R^2$ 为 3 个碳原子的烷基、$R^3$ 为 1 个碳原子的烷基时，该吖嗪衍生物与通式（II）所示的化合物结构相同），其含量为 8 重量%（在权利要求 1 限定的“5~30 质量%”的范围内），其向列相-各向同性液相转变温度（$T_{N-I}$）为 101.1℃（在权利要求 1 限定的“75℃以上和 150℃以下”的范围内），折射率的各向异性（$\Delta n$）为 0.172（在权利要求 1 限定的“0.07 以上和 0.25 以下”的范围内）。

由此可知，本申请权利要求 1 的技术方案与对比文件 1 实施例 23 公开的内容相比，其区别在于实施例 23 中没有披露权利要求 1 中的以下技术特征：①液晶显示元件具有在具有取向控制层和透明电极的一对基板间夹持液晶的结构，在至少一方的基板上具备偏光板，②通式（I）中苯环上取代有氟原子，③与阈值电压的温度依赖性相关的参数。根据这些区别技术特征可确定出，本申请实际要解决的技术问题是提供一种改善了阈值电压对温度依赖性的 STN 液晶显示元件。

然而，对第①点区别特征而言，所述结构是液晶显示元件的常规结构，属于本领域的公知常识；对于第②点区别特征，对比文件 1 中（参见其第 26 栏第 1~25 行、第 29 栏第 16~21 行以及第 30 栏第 63~67 行）公开了式（II-4a）所示的化合物，其中 $R^{24}$ 为碳原子数为 2-10 烷基、链烯基等，$Y^{27}$-$Y^{28}$ 各自独立地表示氢原子或氟原子，而且“为改善驱动电压的温度依赖性，优选使用 $Y^{21}$-$Y^{28}$ 为 F 的化合物”（当 $Y^{27}$、$Y^{28}$ 为 F 时，式（II-4a）的化合物即为权利要求 1 通式（I）的化合物），此外对比文件 1 中（参见其第 24 栏第 55~65 行、第 25 栏第 39~44 行、第 29 栏第 48~56 行）也记载了取得驱动电压对温度依赖性的更好效果，由此可知对比文件 1 中已经给出了使用 $Y^{27}$、$Y^{28}$ 为 F 时的式（II-4a）的化合物时、可改善驱动电压的温度依赖性的教导，因此为了得到改善驱动电压对温度的依赖性（实际上同时也改善了阈值电压对温度的依赖性）的 STN 液晶显示元件，将上述 $Y^{27}$、$Y^{28}$ 为 F 的式（II-4a）的化合物替代实施例 23 中含嘧啶基的化合物对本领域技术人员而言是显而易见的，且并未带来预料不到的技术效果；对于第③点区别特征，虽然对比文件 1 没有对阈值电压的温度依赖性进行说明，但是该性能是由液晶成分的结构和组成所决定的，而且这项性能参数也没有隐含该权利要求 1 要求保护的液晶显示元件具有某种特定的结构和/或组成，本领域技术人员根据该性能、参数无法将权利要求 1 的液晶显示元件与对比文件 1 的液晶显示元件区分开，因此第③点区别特征也不足以使本申请权利要求 1 具备突出的实质性特点和显著的进步。综上所述，在对比文件 1 的基础上结合本领域的公知常识，得到权利要求 1 的技术方案对本领域技术人员而言是显而易见的，而且权利要求 1 所要求保护的技术方案也没有取得预料不到的技术效果，因此本申请权利要求 1 不具备突出的实质性特点和显著的进步，不具备专利法第 22 条第 3 款规定的创造性。

（2）权利要求 2~6 不符合专利法第 22 条第 3 款有关创造性的规定。

从属权利要求 2 进一步限定了构成液晶中含有从通式（III）中选出的化合物。然而当该通式（III）中 l 为 0、$R^4$ 为乙烯基、$R^5$ 为 5 个碳原子的戊基，$Z^2$ 为单键，环 A 和环 B 均为 1，4-亚环己基时，通式（III）的化合物与对比文件 1 实施例 23 的液晶组合物（2-5）中的第 3 种成分结构相同，虽然该实施例 23 没有明确所述第 3 种成分中两个 1，4-亚环己基为反式-1，4-亚环己基，但由于反式结构的化合物位阻小、其结构更稳定，因此使用反式-1，4-亚环己基所对应的第 3 种成分是本领域技术人员容易想到的，属于本领域的常规技术手段；而且对比文件 1 中液晶组合物（2-5）中的第 4-6 种成分与其中的第 3 种成分一样，属于权利要求 2 中的通式（III）所示的化合物；因此当其引用的权利要求 1 不具备创造性时，权利要求 2 也不具备专利法第 22 条第 3 款规定的创造性。

从属权利要求 3 进一步限定了构成液晶中含有从通式（IV）中选出的化合物。然而当该通式（IV）中 m 为 0、$R^6$ 为乙烯基或丙烯基、$Y^1$、$Y^2$ 为 H、$X^1$ 为 CN 时，通式（IV）的化合物与对比文件 1 液晶组合物（2-5）中的倒数第 3 种或第 4 种成分结构相同，即该权利要求 3 的附加技术特征已经在对比文件 1 中公开，因此当其引用的权利要求不具备创造性时，权利要求 3 也不具备专利法第 22 条第 3 款规定的创造性。

从属权利要求 4 进一步限定了构成液晶中四种组分的含量，然而该对比文件 1 中液晶组合物（2-5）中的倒数第 2 种成分（对应于该权利要求 4 通式（I）的化合物）的含量为 4 重量%（在该权利要求 4 限定的“2~20 质量%”的范围内），其中的第 1 种成分即吖嗪衍生物（对应于该权利要求 4 通式（II）的化合物）的含量为 8 重量%（在该权利要求 4 限定的“5~30 质量%”的范围内），其中的第 3~6 种成分（对应于该权利要求 4 通式（III）的化合物）的总含量为 38 重量%（在该权利要求 4 限定的“5~85 质量%”的范围内，各成分的单独含量也在此范围内），其中的倒数第 3、4 种成分（对应于该权利要求 4 通式（IV）的化合物）的总含量为 20 重量%（在该权利要求 4 限定的

“5~60质量%”的范围内，各成分的单独含量也在此范围内）；由此可知权利要求4的附加技术特征已经在对比文件1中公开，因此当其引用的权利要求不具备创造性时，权利要求4也不具备专利法第22条第3款规定的创造性。

从属权利要求5和6的附加技术特征相同，均限定了25℃下的与应答速度相关的参数。然而对比文件1的实施例23中虽然没有明确记载在25℃下的应答速度，但是该性能参数是由液晶成分的结构和组成所决定的，对比文件1中也公开了该液晶显示单元的高速应答性被改善，而且本申请的应答速度参数没有隐含权利要求5、6的液晶显示元件具有某种特定的结构和/或组成，本领域技术人员根据该参数无法将权利要求5、6的液晶显示元件与对比文件1的液晶显示元件区分开，这些附加技术特征不足以使本申请权利要求5、6具备突出的实质性特点和显著的进步，因此当其引用的权利要求不具备创造性时，权利要求5、6也不具备专利法第22条第3款规定的创造性。

3. 针对复审请求人意见的答复

复审请求人认为：（1）本申请是从对比文件1记载的通式（II-4）表示的众多化合物中选出了本申请通式（I）的化合物，进一步与本申请通式（II）的化合物进行再组合，并由此实现了本申请所强调的改善驱动电压对温度的依赖性的优异效果，这些都是对比文件1没有记载或暗示的，因此在对比文件1的基础上，本领域技术人员不能预料本申请的使阈值电压的温度依赖性得到改善的技术方案以及获得的技术效果；（2）复审请求人多次提交了追加试验和比较实验，由此证明了本申请在驱动电压对温度的依赖性以及对比度等方面获得了预料不到的技术效果，因而权利要求1相对于对比文件1具备创造性，可以满足专利法第22条第3款的规定，其从属权利要求也具备创造性，符合专利法第22条第3款的规定。

对此，合议组认为：（1）根据本申请及对比文件1的内容，对比文件1中已经记载了通式（I）的化合物与通式（II）的化合物的组合，也记载了满足权利要求1所限定转变温度和折射率各向异性数值的、含有分别对应于本申请通式（I）、（II）化合物的液晶成分B、A的液晶组合物及由其所得的STN液晶显示元件，而且对比文件1中记载了为改善驱动电压对温度的依赖性而优选的技术方案及其效果，还记载了液晶显示元件具有更高对比度，使对比度的温度依赖性更理想的技术方案（参见对比文件1第5栏第51~60行、第25栏第39~44行，第26栏第57行等），由此可知对比文件1公开的方案实质上已经具有了本申请在驱动电压对温度的依赖性以及对比度等方面获得的技术效果，此外本领域技术人员也能够预见改善驱动电压的温度依赖性也必然会改善阈值电压的温度依赖性；（2）复审请求人进行了多次追加实验以及比较实验，但两个比较实验即向列型液晶组合物9和10中通式I化合物的含量均为0%，而对比文件1的组合物中包括通式I化合物，因此比较实验并不能使本申请与对比文件1区别开来，而且这些实验也都不能证明本申请相对于对比文件1具有预料不到的技术效果，因此实验不足以证明本申请的权利要求1相对于对比文件1具有突出的实质性特点和显著的进步。综上所述，复审请求人的上述两个观点不足以证实本申请满足专利法第22条第3款的规定。

综上所述，本申请权利要求1~6不符合专利法第22条第3款的规定。

根据上述事实和理由，本案合议组依法做出以下审查决定。

**三、决定**

维持国家知识产权局于2005年12月9日针对01124712.6号发明专利申请作出的驳回决定。

复审请求人对本决定不服的，可以根据专利法第41条第2款的规定，自收到本决定之日起三个月内向北京市第一中级人民法院起诉。

143

# 制冷设备门以及装有此门的制冷设备

## 复审请求审查决定（第11787号）

**决　定　号** 第11787号
**决　定　日** 2007年9月3日
**发明创造名称** 制冷设备门以及装有此门的制冷设备
**国 际 分 类 号** F25D 23/02
**复 审 请 求 人** BSH博世及西门子家用器具有限公司
**申　请　号** 03106341.1
**申　请　日** 2003年2月25日
**优 先 权 日** 2002年2月25日
**公　开　日** 2003年9月10日
**合 议 组 组 长** 刘瑞斌
**主　审　员** 隋　璐
**参　审　员** 姜　岩

**法 律 依 据** 专利法第22条第3款
**决 定 要 点**

在判断一项权利要求的创造性时，首先应当将权利要求所述的技术方案与最接近的现有技术进行比较，找出它们的区别技术特征，如果该区别技术特征已被另一篇对比文件公开，并给出了将上述区别技术特征应用到该最接近的现有技术中以解决本发明实际所要解决的技术问题的技术启示，则该权利要求不具备创造性。

**一、案由**

本复审请求涉及名称为“制冷设备门以及装有此门的制冷设备”的03106341.1号发明专利申请（下称本申请），申请人为BSH博世及西门子家用器具有限公司，申请日为2003年2月25日，优先权日为2002年2月25日，公开日为2003年9月10日。

2005年1月7日，审查员发出的第一次审查意见〈通知书〉，其中引用对比文件DE19856093A1、CN2192851Y、CN2118278U，指出权利要求1不具备专利法第22条2款规定的新颖性，权利要求2~4、6不具备专利法第22条第3款规定的创造性，权利要求5不具备专利法第22条第2款、第3款规定的新颖性、创造性。

申请人于2005年7月20日针对第一次审查意见通知书提交了意见陈述书，声称“对比文件1中的铝型材被做成它可以被用作一把手，而本发明中不需要附加的型材或把手，因为外护板本身被形成为一把手”。

审查员于2005年8月26日发出第二次审查意见通知书，指出权利要求1~6不具备专利法规定的创造性。

申请人于2005年10月14日对第二次审查意见通知书提交了意见陈述书，其认为权利要求1相对于对比文件1和3具有创造性。

2005年12月30日，国家知识产权局以权利要求1~6不符合专利法第22条第3款的规定为由驳回了本申请。被驳回的权利要求如下：

“1. 具有一外护板（6，10）、一内护板（9）、一封闭在外护板和内护板之间的绝热层以及一在外护板的整个高度上延伸的把手的制冷设备门，其中外护板包括一面板（6）和两个将面板（6）和内护板（9）的上、下棱边相互连接起来的封闭元件（10），其特征在于，至少面板的一个侧面的棱边部位（7，8）构成把手，并且与内护板（9）的一个侧面棱边相连接。

2. 根据权利要求1所述的制冷设备门，其特征在于，面板（6）的两个棱边部位（7，8）构成把手。

3. 根据上述权利要求中任一项所述的制冷设备门，其特征在于，面板（6）在其中间的部位上预先制成拱形。

4. 根据上述权利要求中任一项所述的制冷设备门，其特征在于，面板（6）由扁平材料通过产生大量的弯曲部位（13）而形成，其中所有弯曲部位的曲率轴线互相平行。

5. 具有根据上述权利要求中任一项所述的门以及壳体（1）的制冷设备，其特征在于，构成把手的棱边部位（7，8）凸出于该壳体的一临近的侧壁（12）。

6. 根据权利要求5所述的制冷设备，其特征在于，一冷凝器集成到侧壁（12）中。”

驳回决定认为：权利要求1相对于对比文件1（DE19856093A1）和对比文件3（CN2118278U）的结合不具备创造性；权利要求2的附加技术特征被对比文件2（CN2192851Y）公开，在其引用的权利要求不具备创造性时，权利要求2不具备创造性；权利要求3的附加技术特征被对比文件3所公开，权利要求4的附加技术特征被对比文件1、3所公开，在其引用的权利要求不具备创造性时，权利要求3、4不具备创造性；权利要求5的附加技术特征被对比文件1所公开，在其引用的权利要求不具备创造性时，权利要求5不具备创造性；权利要求6的附加技术特征是本领域常规的技术手段，在其引用的权利要求不具备创造性时，权利要求6不具备创造性。

申请人BSH博世及西门子家用器具有限公司（下称复审请求人）对上述驳回决定不服，于2006年4月14日向专利复审委员会提出了复审请求，并简要陈述了其复审请求的意见，复审请求人于2006年5月17日再次提交了意见陈述书，并提交了权利要求书和说明书的全文修改替换页，修改后的权利要求书如下：

“1. 具有一外护板（6，10）、一内护板（9）、一封闭在外护板和内护板之间的绝热层以及一在外护板的整个高度上延伸的把手的制冷设备门，其中外护板包括一面板（6）和两个将面板（6）和内护板（9）的上、下棱边相互连接起来的封闭元件（10），其中，至少面板的一个侧面的棱边部位（7，8）构成把手，并且与内护板（9）的一个侧面棱边相连接，其特征在于，构成把手的棱边部位（7，8）凸出于该壳体的一临近的侧壁（12）。

2. 根据权利要求1所述的制冷设备门，其特征在于，面板（6）的两个棱边部位（7，8）构成把手。

3. 根据权利要求1或2所述的制冷设备门，其特征在于，面板（6）在其中间的部位上预先制成拱形。

4. 根据权利要求 1 或 2 所述所述的制冷设备门，其特征在于，面板（6）由扁平材料通过产生大量的弯曲部位（13）而形成，其中所有弯曲部位的曲率轴线互相平行。

5. 根据权利要求 1 所述的制冷设备，其特征在于，一冷凝器集成到侧壁（12）中。”

复审请求人认为：复审请求人在复审请求书中认为对比文件 3 给出的启示是在冰箱门体侧面形成上下贯通的圆滑凹槽用作门把手，这是对比文件 3 的改进之处，本领域的普通技术人员从对比文件 3 给出的启示，仅能想到将对比文件 1 中铝型材的侧壁设置一个凹槽，而不能得出本发明的技术方案。而且对比文件 3 是在对比文件 1 的申请日前大约 6 年就公开的技术方案，而对比文件 1 仍然采用了另一种方案，就证明本领域普通技术人员对对比文件 3 的门结构的了解是不会对如对比文件 1 所述的门结构产生影响的。另外，复审请求人认为将原权利要求 1 和权利要求 5 结合所形成的新的权利要求 1 已克服驳回决定所指出的缺陷。

经形式审查合格后，专利复审委员会受理了该复审请求，于 2006 年 7 月 7 日发出了向复审请求人发出复审请求受理通知书，并将本案转送至原审查部门进行前置审查。

在前置审查意见书中，原审查部门坚持原驳回决定。

专利复审委员会依法成立合议组对本案进行审理，并于 2007 年 2 月 25 日向复审请求人发出复审通知书。通知书中指出：权利要求 1 相对于对比文件 1 和对比文件 3 的结合不具备创造性；权利要求 2 的附加技术特征被对比文件 2 公开，在其引用的权利要求 1 不具备创造性时，权利要求 2 不具备创造性；权利要求 3 的附加技术特征被对比文件 3 所公开，权利要求 4 的附加技术特征被对比文件 1、3 所公开，在其引用的权利要求 1 或 2 不具备创造性时，权利要求 3、4 不具备创造性；权利要求 5 的附加技术特征是本领域常规技术手段，在其引用的权利要求 1 不具备创造性时，权利要求 2 不具备创造性。针对复审请求人的复审理由，合议组认为，本领域普通技术人员能够从对比文件 3 得到的技术启示不仅仅是复审请求人提到的在冰箱门体侧面形成上下贯通的圆滑凹槽用作门把手，而且还能够从该对比文件中得到在冰箱门体侧面形成把手，将把手与门体正面面板制成一体的技术启示。对比文件之间是否能够结合在一起是看它们是否公开了技术特征、是否存在结合的启示，而与其公开日期、发明点没有关系。

2007 年 4 月 12 日，复审请求人针对上述复审通知书进行了意见陈述，其认为：（1）本发明的目的是解决泡沫密封不严的问题，对比文件 1 和 3 均未提出解决泡沫密封的问题和为解决该技术问题的技术方案；（2）本领域普通技术人员将对比文件 1 和 2 结合只能得到由封闭的注塑型材制成的冰箱门体，而非本发明所要求保护的一面板与内护板的侧面相连接而得到的门体；（3）本发明中的面板和构成把手的棱边部位之间的连接的过渡不同于对比文件 1 中的封闭型材结构和其过渡方式；（4）对比文件 1、3 中门把手的扣入原理不同，本领域普通技术人员只能在两个方案中选择一个技术方案；（5）对比文件 1 和 3 没有公开权利要求 1 的技术特征“构成把手的棱边部位凸出于该壳体的一临近的侧壁”。综上，复审请求人认为权利要求 1 相对于对比文件 1 和 3 具有新颖性和创造性。

在上述工作的基础上，合议组认为本案事实已经清楚，可以依法作出审查决定。

**二、决定的理由**

1. 审查文本

本复审决定是以复审请求人于 2006 年 5 月 17 日提交的权利要求书、说明书第 1~3 页，2003 年 2 月 25 日提交的附图第 1~2 页、说明书摘要及摘要附图作为审查的基础。

2. 关于专利法 22 条第 3 款

专利法第 22 条第 3 款规定：创造性，是指同申请日以前已有的技术相比，该发明有突出的实质性特点和显著的进步。

在判断一项权利要求的创造性时，首先应当将权利要求所述的技术方案与最接近的现有技术进行比较，找出它们的区别技术特征，如果该区别技术特征已被另一篇对比文件公开，并给出了将上述区别技术特征应用到该最接近的现有技术中以解决本发明实际所要解决的技术问题的技术启示，则该权利要求不具备创造性。

针对本申请而言，权利要求1~5不具备创造性，不符合专利法第22条第3款的规定。

（1）独立权利要求1要求保护一种制冷设备门，对比文件1（DE19856093A1）公开了一种制冷设备门，具体公开了以下技术特征（参见说明书第3栏第63行至第5栏第10行、附图）：外护板17，内护板11，封闭在外护板和内护板之间的绝热泡沫16；外护板17包括一面板18和两个将面板18和内护板11的上下棱边相互连接起来的封闭元件30；铝型材20的侧面棱边部位构成把手，并且与内护板的一个侧面棱边相连接。

权利要求1与对比文件1相比，其区别在于，权利要求1还要求保护“至少面板的一个侧面的棱边部位构成把手，并且与内护板的一个侧面棱边相连接；构成把手的棱边部位凸出于该壳体的一临近的侧壁”，即权利要求1要求保护的技术方案中面板本身作为门的把手，不需要附加门把手；而对比文件1中需要附加铝型材作为门的把手。对比文件3（CN2118278U）中公开（参见说明书第1页第11~19行、附图2）冰箱门体的竖直侧面的圆滑凹槽10和凸起11形成把手，并与门体的弧形正面面板结合为一体，是整体拉伸成型而成的。其在对比文件3中所起的作用与其在本发明中为解决其技术问题所起的作用相同，都是用于节约零部件，降低造价，简化门体结构。为了节约零部件，降低装配费用，本领域普通技术人员很容易从对比文件3中得到技术启示，将对比文件1中外护板的面板与铝型材也结合为一体；另外本申请权利要求1还要求保护“构成把手的棱边部位凸出于该壳体的一临近的侧壁”，对比文件1的磁条15的作用是与壳体的侧壁接触，使冰箱门与壳体密封，那么把手必然要凸出于该侧壁，同时“构成把手的棱边部位凸出于该壳体的一临近的侧壁”是本领域技术人员的一种很常规的选择，要形成这样一个把手必然要在门上形成一个便于用力的位置和相应的放手的结构。在这一原则下，无论将上述放手的结构制成壳体与门之间形成凹槽，或是直接在门侧形成凹槽，或是在门上形成伸出壳体外侧的部分，对于本领域技术人员都是显而易见的。可见，本领域技术人员在对比文件1的基础上结合对比文件3即可容易地得到权利要求1要求保护的技术方案。因此，权利要求1要求保护的技术方案相对于对比文件1和对比文件3的结合不具有突出的实质性特点和显著的进步，不具备创造性，不符合专利法第22条第3款的规定。

（2）权利要求2的附加技术特征为“面板的两个棱边部位构成把手”。对比文件2（CN2192851Y）中公开了（参见说明书第1页第15~18行、第2页第10行至第3页第4行及附图1）一种箱门可双向任意开闭的冰箱，其在箱门的左右对称位置上同时设有两个把手，可以任意将箱门向左或向右方向开闭。那么，本领域技术人员能够从对比文件2中得到技术启示，为了获得一种箱门可双向任意开闭的冰箱，在对比文件1和对比文件3结合而得到的技术方案中将面板的两个棱边部位构成把手，从而得到权利要求2要求保护的技术方案。因此，当引用的权利要求1不具备创造性时，权利要求2也不具备创造性。

（3）权利要求3的附加技术特征为“面板在其中间的部位上预先制成拱形”。对比文件3中（参见说明书第2页第12行、附图2）公开了门体的正面可为弧形面板。因此，当引用的权利要求不具备创造性时，权利要求3也不具备创造性。

（4）权利要求4的附加技术特征为“面板由扁平材料通过产生大量的弯曲部位而形成，其中所有弯曲部位的曲率轴线相互平行”。对比文件3中（参见说明书第2页第12行、附图2）公开冰箱门的面板和把手就是由扁平材料通过弯曲而形成的，冰箱门为弧形面板。那么，本领域技术人员能够从对比文件3中得到技术启示，将对比文件1中冰箱门的面板和把手也通过对一扁平材料进行弯曲，产生大量弯曲部位形成。所有弯曲部位的曲率轴线互相平行已在对比文件1中公开。由此，当引用的权利要求不具备创造性时，权利要求4也不具备创造性。

（5）权利要求5的附加技术特征为“一冷凝器集成到侧壁中”。冷凝器集成到侧壁中已是本领域常用的技术手段，因此，当引用的权利要求不具备创造性时，权利要求5也不具备创造性。

复审请求人认为：①本发明的目的是解决泡沫密封不严的问题，对比文件1和3均未提出解决泡沫密封的问题和解决该技术问题的技术方案。合议组认为对比文件1中公开了外护板17包括将面板18和内护板11的上下棱边相互连接起来的封闭元件30，解决了泡沫密封不严问题的技术方案。②本领域普通技术人员将对比文件1和2结合只能得到由封闭的注塑型材制成的冰箱门体，而非本发明所要求保护的一面板与内护板的侧面相连接而得到的门体。合议组认为对比文件1公开了外护板17与内护板11的侧面棱边相连接而得到的门体。③本发明中的面板和构成把手的棱边部位之间的连接的过渡不同于对比文件1中的封闭型材结构和其过渡方式。合议组认为本申请的权利要求并未请保护面板和构成把手的棱边部位之间的连接过渡方式，对比文件1也并不是封闭型材结构。④对比文件1、3中门把手的扣入原理不同，本领域普通技术人员只能在两个方案中选择一个技术方案。合议组认为对比文件给出了结合的技术启示，本领域普通技术人员能将其结合起来而不是复审请求人提到的只能两个方案选一个方案的问题。⑤对比文件1和3没有公开权利要求1的技术特征“构成把手的棱边部位凸出于该壳体的一临近的侧壁”。此技术特征已被对比文件1公开，同时也是本领域常规的技术手段。

在此基础上，合议组作出如下决定。

**三、决定**

维持国家知识产权局于2005年12月30日对03106341.1号发明专利申请作出的驳回决定。

复审请求人对本决定不服的，可以根据专利法第41条第2款的规定，自收到本决定之日起3个月内向北京市第一中级人民法院起诉。

144

# 淋浴门的压缩固定系统

## 复审请求审查决定（第 11794 号）

**决　定　号** 第 11794 号
**决　定　日** 2007 年 10 月 17 日
**发明创造名称** 淋浴门的压缩固定系统
**国际分类号** A47K 3/30
**复审请求人** 科勒公司
**申　请　号** 02812611.4
**申　请　日** 2002 年 3 月 28 日
**优　先　权　日** 2001 年 4 月 30 日
**公　开　日** 2004 年 8 月 11 日
**合议组组长** 吴亚琼
**主　审　员** 杨凤云
**参　审　员** 祁铁军

**法律依据** 专利法第 26 条第 4 款
**决定要点**

在判断权利要求是否得到说明书的支持时，应当考虑说明书的全部内容，而不是仅限于具体实施方式部分的内容，而且对于一些技术用语的含义应当结合说明书的内容来理解。如果从说明书的全部内容来看，能说明权利要求书的概括是适当的，则应当认为权利要求得到了说明书的支持。

### 一、案由

本案涉及名称为“淋浴门的压缩固定系统”的 02812611.4 号发明专利申请（下称本申请），申请人为科勒公司，申请日为 2002 年 3 月 28 日，公开日为 2004 年 8 月 11 日，优先权日为 2001 年 4 月 30 日。

国家知识产权局专利局于 2005 年 11 月 11 日以本申请的权利要求 1，5，8，10，12，18 不符合专利法第 26 条第 4 款的规定为由作出了驳回决定。驳回决定依据的文本是：2003 年 12 月 23 日进入国家阶段时提交的说明书 1~3 页，附图 1~5 页，摘要；2005 年 9 月 9 日提交的权利要求 1~21，说明书 4~7 页。

驳回决定所针对的权利要求书如下：

“1. 一种将活动门板安装在器具相对壁之间的器具开口的固定组件，包括：

水平头部导轨，有将所述活动门板悬挂在所述开口的轨道；和可调的头部伸缩组件，有轴和螺母，以螺纹啮合，所述头部伸缩组件连接到所述头部导轨的一端，所述轴和螺母可互相相对转动使所述头部伸缩组件伸开，并且通过施加在所述壁的反向压力，将所述头部导轨固定到所述器具；

其中，所述头部伸缩组件进一步包括一个夹紧装置，装在所述轴上，与所述螺母相对所述轴有一个拧进所述螺母的外螺纹端，和一个与所述夹紧装置以卡锁配合啮合的切口端；

其中，所述轴包括一个在所述端部之间的工具接受件，所述工具接受件是一个径向开口。

2. 如权利要求 1 所述的固定组件，其中，所述头部导轨以压配合与所述螺母配合。

3. 如权利要求 1 所述的固定组件，其中，进一步包括固定在所述夹紧装置外表面上的防滑脱垫。

4. 如权利要求 3 所述的固定组件，进一步包括第二夹紧装置，装在所述头部导轨的第二端，相对于所述头部伸缩组件，其中，所述第二夹紧装置在一个外表面有防滑脱垫。

5. 如权利要求 1 所述的固定组件，进一步包括一个罩，与所述头部导轨相重叠，并且掩盖所述头部伸缩组件。

6. 如权利要求 5 所述的固定组件，其中，所述罩能相对所述头部导轨滑动。

7. 如权利要求 6 所述的固定组件，进一步包括第二罩，装在所述头部导轨，与所述头部伸缩组件相对。

8. 如权利要求 1 所述的固定组件，进一步包括一个细长的加强件，装在所述头部导轨，与所述头部伸缩组件相邻。

9. 如权利要求 1 所述的固定组件，所述头部导轨进一步包括第二轨道，用于将第二活动门板安装到其上。

10. 如权利要求 1 所述的固定组件，进一步包括：

一个限位导轨，通过一个限位伸缩组件，装到所述器具，在所述头部导轨之下。

11. 如权利要求 10 所述的固定组件，其中，所述限位伸缩组件有一个限位轴和一个限位螺母，以螺纹啮合，并连接到所述限位导轨。

12. 一种将活动门板安装在器具相对壁之间的器具开口的固定组件，包括：

水平头部导轨，有将活动门板悬挂在所述开口的轨道；

可调的头部伸缩组件，有轴和螺母，以螺纹啮合，所述头部伸缩组件连接到所述头部导轨的一端，所述轴和螺母能相互相对转动使所述头部伸缩组件伸开，并且通过施加在所述壁的反向压力，将所述头部导轨固定在所述器具；和

一个限位导轨，通过一个限位伸缩组件，装到所述器具，在所述头部导轨之下，其中，所述限位伸缩组件有一个限位轴和一个限位螺母，以螺纹啮合，并连接到所述限位导轨；

其中，所述限位导轨是一个包括放置在所述限位伸缩组件两端的两个导轨的组件。

13. 如权利要求 12 所述的固定组件，其中，所述限位伸缩组件包括第二限位螺母，所述两个限位螺母拧在所述限位轴的带外螺纹的两端。

14. 如权利要求 13 所述的固定组件，其中，所述限位螺母与所述限位导轨的内壁配合。

15. 如权利要求 14 所述的固定组件，其中，所述限位轴的所述带螺纹的两端的一端有左旋螺纹，所述限位轴的所述带螺纹的两端的另一端有右旋螺纹，从而转动所述轴以相反方向相对所述限位轴来移动所述限位螺母。

16. 如权利要求 15 的固定组件，进一步包括一个遮盖所述限位伸缩组件的导向件。

17. 如权利要求 16 的固定组件，其中，所述导向件定义一个向上开口轨道，接收所述门板的下端。

18. 如权利要求 17 所述的固定组件，进一步包括一个限位加强件，与所述限位伸缩组件相邻。

19. 如权利要求 18 的固定组件，其中，所述限位加强件能相对所述限位导轨滑动。

20. 如权利要求 19 所述的固定组件，进一步包括在所述头部导轨的第二轨道，用于将第二活动门板安装到其上。

21. 如权利要求 20 的固定组件，其中，所述导向件包括第二向上开口轨道，接收所述第二门板的下端。”

在驳回决定中，原审查部门认为：（1）权利要求 1 中记载的“通过施加在所述壁的反向压力”与说明书中记载的“通过轴向向外的作用在所述相对壁上的压力”不一致而且从说明书也概括不出，导致权利要求 1 不符合专利法第 26 条第 4 款的规定，权利要求 12 也存在相同问题。（2）从属权利要求 5 中记载的“与所述头部导轨相重叠”与说明书中记载的“与所述头部导轨一端部相重叠”不一致而且从说明书也概括不出，导致权利要求 5 不符合专利法第 26 条第 4 款的规定。（3）从属权利要求 8 中记载“加强件装在所述头部导轨，但说明书中记载的是”加强件一端放在头部导轨内，另一端固定到所述夹紧装置，由此可见，该加强件并不是全部装在所述头部导轨，因此该权利要求得不到说明书的支持，不符合专利法第 26 条第 4 款的规定。（4）从属权利要求 10 中记载“装到所述器具，在所述头部导轨之下”，根据该限定有限位导轨和头部导轨都安装在推拉门板的上端的可能，但根据说明书的记载可知该限位导轨对应的是推拉淋浴门板的下端，由此可见该权利要求得不到说明书的支持，不符合专利法第 26 条第 4 款的规定。（5）从属权利要求 18 中记载的“限位加强件与所述限位伸缩组件相邻”，而说明书中记载的是“限位加强件放在限位伸缩组件之下，两个限位导轨的内端并卡锁在两个限位导轨的端部”，可见该权利要求概括了一个比说明书内容更宽的范围，导致该权利要求不符合专利法第 26 条第 4 款的规定。原审查部门认为本申请权利要求 1、5、8、10、12、18 经申请人修改和陈述意见后仍然不符合专利法第 26 条第 4 款的规定，因此依据专利法实施细则第 53 条的规定予以驳回。

申请人（下称复审请求人）对上述驳回决定不服，于 2006 年 1 月 26 日向国家知识产权局专利复审委员会提出复审请求，复审请求人没有提交新的修改文本。

复审请求人提出复审请求的理由为：（1）当伸缩组件伸开，轴向向外的作用在相对壁上的压力时，壁对其必然有反向压力，即反作用力，本发明就是通过作用力与反作用力原理来保持组件的。“通过轴向向外的作用在相对壁上的压力”与“通过施加在所述壁的反向压力”描述的是作用力与反作用力，对于本领域技术人员来讲，完全能够从“通过轴向向外的作用在相对壁上的压力”概括出“通过施加在所述壁的反向压力”的。（2）在说明书中记载了“与头部导轨一端部相重叠的罩，重叠一词的含义可解释为层层堆叠，如山峦重叠（参见商务印书馆 2000 年出版的《现代汉语词典》修订本第 174 页的注释），因此从与头部导轨一端相重叠是可以概括出与头部导轨重叠的，说明书附图也示出罩 60 与头部导轨 44 是相重叠的。由此，从说明书及附图的内容，是不难得出权利要求 5 中“与所述头部导轨相重叠”的技术特征的。（3）说明书第 4 页最后一段提到“加强件 82 横靠头部伸缩组件 52 设置，加强件 82 放在从头部导轨 44 的前端 50 和外轨道 40 延伸的边 84 上”，还有从图 6 和图 7 中也能看出加强件 82 装在头部导轨 44 上。另外，权利要求 8 中记载的是“加强件装在所述头部导轨”而不是像审查员所说的“加强件全部装在所述头部导轨”。因此权利要求 8 是得到说明书支持的。（4）从图 1 和图 3 可直接看到，限位导轨 86、88 装在所述器具，在头部导轨 44 之下，在本发明中，头部导轨有悬挂活动门板的轨道，门板被悬挂在头部导轨，而且本发明的目的就是将门装在器具开口的两壁之间，所以本领域技术人员依照常识就能排除头部导轨和限位导轨都位于门板同一端的可能。因此权利要求 10 得到说明书的支持。（5）说明书第 5 页第 4 段提到“加强件 102 放在限位伸缩组件 96 之下，限位导轨 86 和 88 的内端”，而在说明书该页的上一段还提到“限位导轨 86 和 88 通过限位伸缩组件 96 在中央连接”等，表明限位伸缩组件 96 位于两个限位导轨 86 和 88 的中央，同时，图 8 也示出了加强件 102 带有的向下延伸的端部 124 与限位伸缩组件 96 带有的螺杆轴 98 和两个螺母 100 相邻，对于本领域技术人员来说，从上述内容中完全能够直接得到权利要求 18 的加强件与所述限位伸缩组件相邻的技术方案。因此，权利要求 1，5，8，10，12，18 是得到说明书支持的，符合专利法第 26 条第 4 款的规定。

经过形式审查合格后，专利复审委员会受理了该复审请求，于 2006 年 3 月 22 日发出《复审请求受理通知书》，并依法成立合议组，对本案进行审查。

专利复审委员会于 2006 年 3 月 22 日发出《前置审查通知书》，请原审查部门按照《审查指南》第四部分第二章第 5 节的规定完成前置审查。原审查部门在前置审查中坚持原驳回决定，理由是坚持对权利要求 1、10、12 进行驳回。

合议组经过合议于 2007 年 5 月 22 日发出《复审通知书》，在该通知书中合议组提出如下审查意见：（1）权利要求 1，12 不符合专利法第 26 条第 4 款的规定。根据原始文本即进入国家阶段日提交的说明书中第 6 页第 26，27 行的记载：“一旦充分上紧，组件通过轴向向外的作用在端壁 16 和 18 上的压力被保持在位”，在端壁施加力的主体是头部伸缩组件，即头部伸缩组件作用在所述壁上，给壁施加压力，而所述壁属于力的作用对象，那么根据作用力和反作用力原理，由组件给端壁的压力产生端壁给组件的反向压力，通过该反向压力将组件保持在位，也即将头部导轨固定到所述器具。而权利要求 1，12 中有这样的描述“所述轴和螺母可互相相对转动使所述头部伸缩组件伸开，并且通过施加在所述壁的反向压力，将所述头部导轨固定到所述器具”，由此内容得知，力的主体是头部伸缩组件，力的作用对象是所述壁，那么组件对所述壁施加的力应当称为压力，但是该权利要求中却将所述组件施加在所述壁的力称为“反向压力”，所以权利要求 1，12 的语句描述与说明书的相应内容不一致，复审请求人应将“反向”删去，以克服上述缺陷。另外，复审请求人在驳回决定依据的文本中，说明书中第 7 页第 1 行相对于原始文本添加了“通过施加在所述壁的反向压力”的内容，从而导致内容前后矛盾。因为该句话中记载了“通过轴向向外的作用在端壁 16 和 18 上的压力，通过施加在所述壁的反向压力”，导致以端壁为力的作用对象的力既称为压力，又称为反向压力，而根据前后文以及作用力和反作用力原理，应当是“通过轴向向外的作用在端壁 16 和 18 上的压力，通过施加在所述组件的反向压力”才是符合清楚描述的语句。因此合议组认为请求人应当对说明书的此处内容作出适当修改。

（2）权利要求 10，12 不符合专利法第 26 条第 4 款的规定。权利要求 10，12 中有这样的描述“一个限位导轨，通过一个限位伸缩组件，装到所述器具，在所述头部导轨之下”。根据该描述存在限位导轨和头部导轨都安装在淋浴门上端的可能，即存在限位导轨安装在淋浴门上端和下端但是都是位于头部导轨下方的两个可能，但是说明书的记载只有限位导轨安装在淋浴门下方的方案。而且复审请求人在复审请求中强调：本领域技术人员依照常识就能排除头部导轨和限位导轨都位于门板同一端的可能。因此，合议组认为复审请求人应当将权利要求 10，12 的相应内容进一步限定为限位导轨位于淋浴门的下方，以符合专利法第 26 条第 4 款的规定。而这样的修改也与复审请求人主张的权利要求 10，12 的保护范围相符，因为复审请求人通过复审请求书已经明确了只存在上述两个可能中的一个方案。

复审请求人于 2007 年 6 月 25 日提交延长期限请求书，要求延长 2 个月的答复复审通知书的答复期限。延长期限请求被批准。

复审请求人于 2007 年 8 月 22 日提交意见陈述书，并且按照复审通知书的要求修改了权利要求 1，

10，12，修改了说明书第7页，同时提交权利要求书的相应替换页和说明书第7页的替换页。在该权利要求书中仅修改了权利要求1，10，12，修改后的权利要求1，10，12的内容为：

“1. 一种将活动门板安装在器具相对壁之间的器具开口的固定组件，包括：

水平头部导轨，有将所述活动门板悬挂在所述开口的轨道；和

可调的头部伸缩组件，有轴和螺母，以螺纹啮合，所述头部伸缩组件连接到所述头部导轨的一端，所述轴和螺母可互相相对转动使所述头部伸缩组件伸开，并且通过施加在所述壁的压力，将所述头部导轨固定到所述器具；

其中，所述头部伸缩组件进一步包括一个夹紧装置，装在所述轴上，与所述螺母相对所述轴有一个拧进所述螺母的外螺纹端，和一个与所述夹紧装置以卡锁配合啮合的切口端；

其中，所述轴包括一个在所述端部之间的工具接受件，所述工具接受件是一个径向开口。

10. 如权利要求1所述的固定组件，进一步包括：

一个限位导轨，通过一个限位伸缩组件，装到所述器具的下部。

12. 一种将活动门板安装在器具相对壁之间的器具开口的固定组件，包括：

水平头部导轨，有将活动门板悬挂在所述开口的轨道；

可调的头部伸缩组件，有轴和螺母，以螺纹啮合，所述头部伸缩组件连接到所述头部导轨的一端，所述轴和螺母能相互相对转动使所述头部伸缩组件伸开，并且通过施加在所述壁的压力，将所述头部导轨固定在所述器具；和

一个限位导轨，通过一个限位伸缩组件，装到所述器具的下部，其中，所述限位伸缩组件有一个限位轴和一个限位螺母，以螺纹啮合，并连接到所述限位导轨；

其中，所述限位导轨是一个包括放置在所述限位伸缩组件两端的两个导轨的组件。”

在上述程序和事实的基础上，本合议组认为本案事实清楚，可以做出复审决定。

**二、决定的理由**

1. 本决定针对的文本

复审请求人在2007年8月22日提交了权利要求书和说明书的替换页，其中，权利要求1、12删除了“反向”，权利要求10、12将“装到所述器具在所述头部导轨之下”改为“装到所述器具的下部”，在说明书第7页第1行中将“所述壁”改为“所述组件”。由于上述修改内容没有超出原说明书和权利要求书的范围，符合专利法第33条和专利法实施细则第60条的规定。因此，本复审决定以如下文本作为审查基础：2003年12月23日进入国家阶段时提交的说明书1~3页，附图1~5页，摘要；2005年9月9日提交的说明书4~6页，2007年8月22日提交的权利要求1~21项，说明书第7页。

2. 权利要求1，10，12是否符合专利法第26条第4款的规定

复审请求人在2007年8月22日提交的修改的权利要求书中，权利要求1，10，12的修改是按照复审通知书的要求进行修改的，因此修改后的权利要求1，10，12克服了驳回决定所述的缺陷，符合专利法第26条第4款的规定。

3. 权利要求5是否符合专利法第26条第4款的规定

合议组认为，两个部件重叠既可以是两个部件全部重叠，也可以是部分重叠。说明书第4页第14~16行记载“夹紧装置54和头部伸缩组件52分别由与头部导轨44端部相重叠的罩58和60掩盖，如图2所示，罩58和60可在头部导轨44上向内滑动，横跨头部导轨44端部的部件”，由此记载可得出权利要求5记载的技术方案，即所述罩与所述头部导轨相重叠，并且掩盖所述头部伸缩组件。因此权利要求5与说明书的记载一致并且能够从说明书中概括得出。权利要求5符合专利法第26条第4

款的规定。

4. 权利要求 8 是否符合专利法第 26 条第 4 款的规定

合议组认为，权利要求 8 中记载的“加强件装在所述头部导轨”不应理解为“加强件全部装在所述头部导轨”。说明书第 4 页最后一段记载“加强件 82 横靠头部伸缩组件 52 设置，加强件 82 放在从头部导轨 44 的前端 50 和外轨道 40 延伸的边 84 上”，还有从图 6 和图 7 中也能看出加强件 82 装在头部导轨 44。因此权利要求 8 是得到说明书支持，符合专利法第 26 条第 4 款的规定。

5. 权利要求 18 是否符合专利法第 26 条第 4 款的规定

合议组认为，原说明书第 5 页第 4 行记载“限位伸缩组件 96，带有拉丝螺杆轴 98 和两个螺母 100”，第 9 行记载“限位导轨 86 和 88 通过限位伸缩组件 96 在中央连接”，第 19 至 22 行记载“加强件 102 具有一个一般的平底 118，有前和后直立壁 120 和 122，分别带有向下和向内延伸的端部 124 和 126，围绕内壁 110 的肩部 128 夹紧，以便能卡锁在限位导轨 86 和 88 的端部”。在说明书附图 8，9 中能够看到，加强件 102 带有的向下延伸的端部 124 与限位伸缩组件 96 带有的螺杆轴和两个螺母 100 相邻。因此，从上述内容能够直接得到权利要求 18 的“限位加强件与所述限位伸缩组件相邻”，权利要求 18 符合专利法第 26 条第 4 款的规定。

因此复审请求人于 2007 年 8 月 22 日提交的修改文件已经消除了驳回决定中指出的缺陷。

基于上述理由，合议组作出如下决定。

**三、决定**

撤销国家知识产权局于 2005 年 11 月 11 日对 02812611. 4 号发明专利申请的驳回决定，由原审查部门在本决定针对的文本即：2003 年 12 月 23 日进入国家阶段时提交的说明书 1~3 页，附图 1~5 页，摘要；2005 年 9 月 9 日提交的说明书 4~6 页，2007 年 8 月 22 日提交的权利要求 1~21 项，说明书第 7 页的基础上继续进行审查。

复审请求人对本决定不服的，可以根据专利法第 41 条第 2 款的规定，自收到本决定之日起 3 个月内向北京市第一中级人民法院起诉。

145

# 一次性使用的体液吸收性穿用物品

## 复审请求审查决定（第 11808 号）

**决　定　号**　第 11808 号
**决　定　日**　2007 年 9 月 28 日
**发明创造名称**　一次性使用的体液吸收性穿用物品
**国 际 分 类 号**　A61F 13/15
**复 审 请 求 人**　尤妮佳股份有限公司
**申　请　号**　00137149.5
**申　请　日**　2000 年 11 月 17 日
**优 先 权 日**　1999 年 11 月 19 日
**公　开　日**　2001 年 7 月 25 日
**合 议 组 组 长**　温丽萍
**主　审　员**　宋　瑞
**参　审　员**　佟仲明

**法 律 依 据**　专利法第 22 条第 3 款
**决 定 要 点**

如果一项权利要求与最接近的现有技术之间存在区别技术特征，而另一篇相同技术领域的对比文件已经给出了在技术方案中使用该区别技术特征的技术启示，并且能够获得与该权利要求中相同的技术效果，则该权利要求不具备创造性。

### 一、案由

本复审请求涉及申请号为 00137149.5、发明名称为“一次性使用的体液吸收性穿用物品”的发明专利申请（下称本申请），其申请日为 2000 年 11 月 17 日，优先权日为 1999 年 11 月 19 日，公开日为 2001 年 7 月 25 日，申请人为尤妮佳股份有限公司。

国家知识产权局实质审查部门依法对该专利申请进行了审查，于 2004 年 4 月 30 日以本申请不符合专利法第 22 条第 3 款规定的创造性为由作出了驳回本申请的决定，驳回决定中引用以下对比文件：

对比文件 1：WO 94/18927 A1，公开日为 1994 年 9 月 1 日；

对比文件 2：US 5246431 A，公开日为 1993 年 9 月 21 日；

驳回决定认为本申请权利要求 1~5 相对于对比文件 1 和对比文件 2 的结合不符合专利法第 22 条第 3 款规定的创造性。驳回决定所针对的申请文本是：申请人于 2003 年 11 月 6 日提交的权利要求第 1~5 项和说明书第 1~5 页；于 2000 年 11 月 17 日提交的说明书附图第 1~6 页、说明书摘要和摘要附图。

申请人尤妮佳股份有限公司（下称复审请求人）不服上述驳回决定，于2004年8月12日向专利复审委员会提出复审请求，同时提交了权利要求书的全文修改替换页2页，共包括5项权利要求。复审请求人在复审请求书中认为：修改后的权利要求1限定了本申请中图4的技术方案。修改后的权利要求书内容为：

“1. 一种一次性使用的体液吸收性穿用物品，包括：

一个面向并接触穿用者的肌肤的第一表面；

一个与所述第一表面相对的第二表面；

一个安置在所述第一、第二表面之间用于吸收并保持体液的吸收部件；

多对片状物，被设置成伸缩自如地对着穿用者的肌肤；

所述多对片状物中的每一个具有一宽度方向和与所述宽度方向垂直的纵长方向，并由一个从所述吸收部件向外延伸的薄片形成；

所述多对片状物中的每一个沿宽度方向折叠以包围体液吸收性穿用物品的宽度方向的边缘，并在第一、第二表面的宽度方向的边缘部叠加；

所述多对片状物中的每一个还包括一个弹性部件，其以拉紧的状态沿所述纵长方向内覆于所述薄片；

所述多对片状物中的每一个还包括：一个靠近所述吸收部件的基缘部和离开所述吸收部件的可弹性伸缩的顶缘部，所述薄片沿着一折曲线在顶缘部折叠，以便在所述顶缘部提供沿所述纵长方向延伸的一个折叠部，所述弹性部件内覆于所述多对片状物的折叠部，在所述弹性部件和每个片状物的折曲线之间提供一个畅通的间隙，这样，畅通的间隙使片状物的顶缘部对着所述弹性部件被压扁；

所述多对片状物中的每一个的所述弹性部件离开各自的折曲线至少1mm，其靠近所述基缘部，并接合在所述薄片的内面上。

2. 如权利要求1所述的卫生体液吸收性穿用物品，其特征在于，每个弹性部件离开紧邻的折曲线至少1~20mm。

3. 如权利要求1所述的体液吸收性穿用物品，其特征在于，所述多对片状物部分从所述吸收部件侧向地向外延伸，起到一对体液阻挡片状物的作用。

4. 如权利要求1所述的体液吸收性穿用物品，其特征在于，所述薄片包括一坪量为15~50克/平方米的无纺布。

5. 如权利要求1所述的卫生体液吸收性穿用物品，其特征在于，所述体液吸收性穿用物品包括下列物品中的任一个：一次性尿布、取尿垫片、训练裤衩、生理用卫生巾、贴身短裤衬垫。”

经形式审查合格后，专利复审委员会受理了上述复审请求，并于2004年10月8日向复审请求人发出复审请求受理通知书，同时发出前置审查通知书，将案卷送至原实质审查部门进行前置审查。

原审查部门对该复审请求做出前置审查意见，仍然坚持驳回决定。

针对该复审请求，专利复审委员会依法成立合议组，对本案进行审理。本案合议组于2007年4月11日向复审请求人发出复审通知书。该复审通知书指出：复审请求人将原申请权利要求1和权利要求3中的“多个片状物”修改为“多对片状物”超出了原申请文件记载的范围，不符合专利法第33条的规定；此外，即使复审请求人根据原申请文件的记载将权利要求1、3中的“多对片状物”修改为“一对片状物”或“多个片状物”，权利要求1~5相对于对比文件1和对比文件2的结合也不符合专利法第22条第3款的规定。

复审请求人针对上述复审通知书的意见，于2007年5月28日提交了意见陈述书和修改后的权利要求书替换页2页，共包含5项权利要求，复审请求人仅对权利要求1、3进行了修改，将“多对片状物”改为“多个片状物”，并认为修改后的权利要求1~5具备创造性，其具体理由为：对比文件1或2并没有公开权利要求1中的“片状物包围体液吸收性穿用物品的宽度方向的边缘”的特征，该特征也不属于本领域的常用技术手段；对比文件1或2也没有给出将权利要求1中的“片状物包围体液吸收性穿用物品的宽度方向的边缘”的特征和“弹性部件”的特征进行结合的启示，不能证明上述结合对于本领域技术人员是显而易见的。本次修改后的权利要求1~5的内容为：

“1. 一种一次性使用的体液吸收性穿用物品，包括：

一个面向并接触穿用者的肌肤的第一表面；

一个与所述第一表面相对的第二表面；

一个安置在所述第一、第二表面之间用于吸收并保持体液的吸收部件；

多个片状物，被设置成伸缩自如地对着穿用者的肌肤；

所述多个片状物中的每一个具有一宽度方向和与所述宽度方向垂直的纵长方向，并由一个从所述吸收部件向外延伸的薄片形成；

所述多个片状物中的每一个沿宽度方向折叠以包围体液吸收性穿用物品的宽度方向的边缘，并在第一、第二表面的宽度方向的边缘部叠加；

所述多个片状物中的每一个还包括一个弹性部件，其以拉紧的状态沿所述纵长方向内覆于所述薄片；

所述多个片状物中的每一个还包括：一个靠近所述吸收部件的基缘部和离开所述吸收部件的可弹性伸缩的顶缘部，所述薄片沿着一折曲线在顶缘部折叠，以便在所述顶缘部提供沿所述纵长方向延伸的一个折叠部，所述弹性部件内覆于所述多个片状物的折叠部，在所述弹性部件和每个片状物的折曲线之间提供一个畅通的间隙，这样，畅通的间隙使片状物的顶缘部对着所述弹性部件被压扁；

所述多个片状物中的每一个的所述弹性部件离开各自的折曲线至少1mm，其靠近所述基缘部，并接合在所述薄片的内面上。

2. 如权利要求1所述的卫生体液吸收性穿用物品，其特征在于，每个弹性部件离开紧邻的折曲线至少1~20mm。

3. 如权利要求1所述的体液吸收性穿用物品，其特征在于，所述多个片状物部分从所述吸收部件侧向地向外延伸，起到一对体液阻挡片状物的作用。

4. 如权利要求1所述的体液吸收性穿用物品，其特征在于，所述薄片包括一坪量为15~50克/平方米的无纺布。

5. 如权利要求1所述的卫生体液吸收性穿用物品，其特征在于，所述体液吸收性穿用物品包括下列物品中的任一个：一次性尿布、取尿垫片、训练裤衩、生理用卫生巾、贴身短裤衬垫。”

经过上述审查程序，本案合议组认为本案事实已经清楚，可以作出复审决定。

**二、决定的理由**

1. 关于审查基础

本复审决定是以复审请求人于2007年5月28日提交的权利要求第1~5项，于2003年11月6日提交的说明书第1~5页、2000年11月17日提交说明书附图第1~6页以及说明书摘要和摘要附图为审查基础作出的。

2. 关于本申请权利要求是否具有创造性

专利法第22条第3款规定：创造性，是指同申请日以前已有的技术相比，该发明有突出的实质性特点和显著的进步，该实用新型有实质性特点和进步。

（1）权利要求 1 请求保护一种一次性使用的体液吸收性穿用物品，对比文件 1 公开了一种吸收性穿用物品，具体公开了以下技术特征（参见对比文件 1 说明书第 4 页至第 16 页，附图 4、5）：该吸收性物品具有和皮肤接触的顶片 41（相当于权利要求 1 中的第一表面），和上层相对的背片 39（相当于权利要求 1 中的第二表面），夹在顶片 41 和背片 39 之间的吸收芯 45（相当于权利要求 1 中的吸收部件），由伸缩性地面向皮肤的片层一体形成的阻挡物 50 和伸缩腿口 60（50 和 60 部分构成的片层相当于权利要求 1 中的片状物），所述片层具有一宽度方向和与宽度方向垂直的纵长方向（参见对比文件 1 说明书附图 2），其中在腿口部分 60 上具有在宽度方向上向外部延伸的柔软伸缩性自由端 65，在阻挡物 50 上具有柔软伸缩性的远端 93（65 和 93 部分相当于权利要求 1 的顶缘部），同时在阻挡物 50 上还具有一个靠近吸收部件的近端 63，在腿口 60 上还具有一个近端 91（63 和 91 部分相当于权利要求 1 的基缘部），其中上述自由端 65 和远端 93 均由片材在宽度方向上折叠形成，并在纵长方向上延伸，并且在上述折叠部分内侧接有拉紧状态的弹性体 67 和 105（相当于权利要求 1 中的弹性部件），由于对比文件 1 中的自由端 65 或远端 93 是要和肌肤接触的，且所述弹性体与自由端 65 或远端 93 保持一定间距，在和肌肤接触时必然会对着弹性体被压扁。

权利要求 1 与对比文件 1 的区别在于在权利要求 1 中：①片状物包围体液吸收性穿用物品的宽度方向的边缘；②明确指出片状物中的每一个的所述弹性部件离开各自的折曲线至少 1mm。

根据本申请说明书的记载，权利要求 1 采用上述区别技术特征①、②的目的是防止穿用物品的弹性部件向肌肤方向吃入。对于上述区别技术特征①，在本申请中的具体作用是在第一表面和第二表面的宽度方向上的边缘处防止弹性部件对肌肤的吃入，复审请求人在复审请求书中也表示片状物包覆第一表面和第二表面的宽度方向而被折叠和弹性部件的结构是使在顶缘部 40B 处也都可以发挥缓冲效果，使得弹性部件不会吃入穿用者的肌肤。而对比文件 1 中自由端 65 的作用是缓和弹性体 67 对肌肤的刺激，可见对比文件 1 给出了包覆与皮肤受力接触的弹性体来缓和对肌肤的刺激的技术启示，本领域普通技术人员根据这一技术启示，很容易想到根据穿用物品宽度方向上弹性体的具体位置来确定具体的片状物的包覆位置，从而使片状物包围体液吸收性穿用物品的宽度方向的边缘，防止弹性部件对肌肤的吃入。对比文件 2 也公开了一种吸收性制品，其中说明书第 5 栏第 64 行至第 6 栏第 2 行以及附图 5b 公开了将弹性部件与顶缘部接合时向下离开顶缘部一定距离，其目的也是缓和穿用时吸收性制品中弹性收缩片状物对肌肤的刺激，可见对比文件 2 给出了通过将弹性体离开顶缘部一定距离来缓和弹性收缩片状物对肌肤刺激的技术启示。由于对比文件 1 和对比文件 2 与本申请都属于同一技术领域，且从对比文件 1 的附图中同样可以看出弹性体离开自由端 65 和远端 93 有一定距离，对比文件 1 和对比文件 2 中的上述相关技术手段在其方案中所起到的作用与上述区别技术特征②在本申请技术方案中所起的作用相同，都是为了缓和穿用物品对肌肤的刺激，本领域技术人员根据对比文件 1 和 2 中的技术启示，在有限的试验基础上就能够获得上述区别技术特征②中的具体数值范围。综上所述，对比文件 1 和对比文件 2 与本申请属于相同技术领域，具有相似的结构，本领域技术人员在对比文件 1 的基础上结合对比文件 2 的技术启示，无须创造性劳动就能够获得权利要求 1 的技术方案，因此，本申请权利要求 1 相对于对比文件 1 和对比文件 2 的结合，不具备突出的实质性特点和显著的进步，不符合专利法第 22 条第 3 款的规定，不具备创造性。

复审请求人在针对复审通知书的意见陈述中认为：①对比文件 1 或 2 没有给出将权利要求 1 中的“片状物包围体液吸收性穿用物品的宽度方向的边缘”的特征和“弹性部件”的特征进行结合的启示，通过上述结合，权利要求 1 可以得到“在 30B、40B 处也可以发挥缓冲效果”的技术进步；②同时，对比文件 1 没有公开覆盖本体的两侧部并且在本体的里面片一侧进行接合的结构。因此，权利要求 1 相对于对比文件 1 和 2 具有专利法第 22 条第 3 款规定的创造性。

对于上述意见①，合议组认为，对比文件1已经给出了通过用片状物包覆弹性体以缓和对肌肤刺激的技术启示，因此穿用物品上哪里有这种弹性体，就可以在哪里用片状物包覆它，如果弹性体在穿用物品宽度方向的边缘处，自然也可以包覆，在这种情况中就能够获得如权利要求1的技术方案，进而同样也能够获得如本申请一样在穿用物品宽度方向边缘处（30B、40B）的缓冲效果。事实上，在对比文件1的穿用物品宽度方向中间一段的边缘处，就存在弹性体67和包覆它的片状物65，由此可见，对比文件1已经给出了将“片状物包围体液吸收性穿用物品的宽度方向的边缘”的特征和“弹性部件”的特征进行结合的启示。对于上述意见②，合议组认为，首先，本申请权利要求1的技术方案中并未记载或体现出片状物“覆盖本体的两侧部并且在本体的里面片一侧进行接合”的结构；其次，由于在对比文件1和本申请中，片状物的作用都是为了包覆弹性体以缓和其对肌肤的刺激，本领域技术人员根据对比文件1的技术启示很容易根据弹性体的具体位置确定片状物的覆盖方式和具体位置，从而使片状物能够“覆盖本体的两侧部并且在本体的里面片一侧进行接合”，因此即使在权利要求1中增加上述特征也仍然不具备创造性。综上所述，复审请求人的上述观点均不成立。

（2）权利要求2不符合专利法第22条第3款的规定。

从属权利要求2引用权利要求1，其附加技术特征为：每个弹性部件离开紧邻的折曲线至少1～20mm。上述附加技术特征仅仅是对弹性部件离开折曲线距离的数值范围的具体限定，然而，本领域普通技术人员在对比文件1、2的技术启示下（参见上述对于区别技术特征（2）的评述）通过有限的试验就能够获得该具体数值范围，因此在其引用的权利要求1不具备创造性的情况下，权利要求2不具备突出的实质性特点和显著的进步，不符合专利法第22条第3款的规定，不具备创造性。

（3）权利要求3不符合专利法第22条第3款的规定。

从属权利要求3引用权利要求1，其附加技术特征为：所述多对片状物部分从所述吸收部件侧向地向外延伸，起到一对体液阻挡片状物的作用。该附加技术特征已经被对比文件1公开了（参见对比文件1中的阻挡物50），因此在权利要求1不具备创造性的情况下，权利要求3不具备突出的实质性特点和显著的进步，不符合专利法第22条第3款的规定，不具备创造性。

（4）权利要求4不符合专利法第22条第3款的规定。

从属权利要求4引用权利要求1，其附加技术特征为：所述薄片包括一坪量为15～50克/平方米的无纺布。由于在吸收性物品中经常使用无纺布，并且在本领域中使用该坪量范围的无纺布属于本领域的公知常识，因此在其引用的权利要求1不具备创造性的情况下，权利要求4不具备突出的实质性特点和显著的进步，不符合专利法第22条第3款的规定，不具备创造性。

（5）权利要求5不符合专利法第22条第3款的规定。

从属权利要求5引用权利要求1，其附加技术特征为：所述体液吸收性穿用物品包括下列物品中的任一个：一次性尿布、取尿垫片、训练裤衩、生理用卫生巾、贴身短裤衬垫。由于在吸收性物品领域中，各种物品具有技术上的相通性，其中的片状物的设计，可适用于各种吸收性物品，因此上述附加技术特征属于公知常识，因此在其引用的权利要求1不具备创造性的情况下，权利要求5不具备突出的实质性特点和显著的进步，不符合专利法第22条第3款的规定，不具备创造性。

**三、决定**

复审请求人的复审理由不能成立，维持国家知识产权局于2004年4月30日对00137149.5号发明专利申请作出的驳回决定。

复审请求人对本决定不服的，可根据专利法第41条第2款的规定，自收到本决定之日起三个月内向北京市第一中级人民法院起诉。

146

# 织物标志牌

## 复审请求审查决定（第11827号）

**决　定　号**　第11827号
**决　定　日**　2007年9月13日
**发明创造名称**　织物标志牌
**国际分类号**　G09F 15/00
**复审请求人**　约兰·约翰松，帕特里克·约翰松
**申　请　号**　02819516.7
**优先权日**　2001年10月4日
**申　请　日**　2002年9月19日
**公　开　日**　2005年1月12日
**合议组组长**　苏　青
**主　审　员**　张　琳
**参　审　员**　乔东峰

**法律依据**　专利法第22条第3款
**决定要点**

现有技术没有公开或者启示本申请的技术方案，本申请相对于现有技术有突出的实质性特点和显著的进步，具有创造性，符合专利法第22条第3款的规定。

### 一、案由

本复审请求涉及名称为“织物标志牌”的第02819516.7号发明专利申请（下称本申请），申请人为约兰·约翰松，共同申请人为帕特里克·约翰松，申请日为2002年9月19日，公开日为2005年1月12日。

2007年1月5日，国家知识产权局以本申请不符合专利法第22条第3款的规定为由驳回了本申请。具体理由是本申请权利要求1~11相对于对比文件1（WO9607172A1）没有突出的实质性特点和显著的进步，不具备创造性。其中指出：“对比文件1的织物夹持装置在凹进部5的弯曲壁端部具有一段连着自由端6的延伸部分（相当于本申请权利要求1中反支承区12的外壁端19具有预定的最小延伸部分），该织物标志牌的框架3是一体形成的，因而对于各个部件的定义可以根据本领域技术人员的理解而划分，凹进部5和自由端6之间不可能直接连接，必然存在一个中间的延伸部而该延伸部的长短也可以根据本领域技术人员的理解而划分，因此凹进部5和自由端6之间可以由一段弯曲的延伸部分连接而成，并且该延伸部分的具体长度将根据具体结构而定。”

驳回决定涉及的权利要求1内容为：

"1. 一个织物标志牌，包括至少一对安装到底板（6）上的平行支承件（1，2）和一个织物（3），织物包括两个装配在每个支承件（分别为1和2）上的平行边区（4，5），至少一个支承件（1）包括

一个框型材（7），包括

一个安装到底板（6）的安装区（14），以及

一个反支承区（12），包括

一个内壁段（17），形成上述安装区（14）的延续部分，

一个凸缘状的外壁段（19），具有一个自由支承端（20），形成一个转动支点（A），以及

一个连接内、外壁段（17，19）的端壁段（18），上述壁段（17，18，19）在它们之间确定了一个夹紧腔（25），以及

一个夹紧型材（8），把织物（3）夹紧到框型材（7）上，夹紧型材（8）包括

一个手动加压区（28），

夹持装置（48，49），用于夹持织物的边区（4），以及

一个接合区（27），当加压区（28）被压到安装区（14）而夹紧型材（8）绕上述支点（A）转动时，设置成与反支承区（12）的内、外壁段（17，19）配合，同时在织物（3）中产生张紧应力。

特征在于：在框型材（7）的截面中看，反支承区（12）的外壁段（19）具有预定的最小延伸部分，容许夹紧型材（8）超过由框型材和夹紧型材（7，8）之间一个预定角α确定的平衡状态，在超出平衡状态时，张紧应力的作用把夹紧型材（8）移动到一个锁定位置，其中夹紧型材（8）与框型材（7）锁定接合，上述锁定位置由张紧应力保持。"

申请人约兰·约翰松，共同申请人帕特里克·约翰松（以下统称请求人）对上述驳回决定不服，于2007年4月2日向专利复审委员会提交了复审请求书。请求人在提出复审请求时未提交修改文件。请求人提出的复审请求理由为：本申请与对比文件1的区别在于：在框型材的截面中看，反支承区的外壁段具有预定的最小延伸部分，容许夹紧型材超过由框型材和夹紧型材之间的预定角度α所确定的平衡状态。对比文件1没有公开夹紧型材可绕着支点C转动以便标志牌可位于锁定状态，既没有披露或暗示自锁效果和外壁段的延伸，也没有披露或者暗示具有平衡的支点。

形式审查合格后，专利复审委员会受理了该复审请求，于2007年5月29日发出复审请求受理通知书和前置审查通知书。

在前置审查中，原审查部门坚持原驳回决定。专利复审委员会依法组成合议组，对本复审请求进行审查。

**二、决定理由**

本复审决定针对的文本是驳回决定针对的文本，即进入中国国家阶段时提交的国际申请文件的文本：2004年4月2日提交的权利要求第1~11项、说明书第1~7页、说明书附图第1~3页、说明书摘要、摘要附图。

专利法第22条第3款规定：创造性，是指同申请日以前已有的技术相比，该发明有突出的实质性特点和显著的进步，该实用新型有实质性特点和进步。

本复审决定引用的对比文件与驳回决定引用的对比文件相同，即对比文件1：WO9607172A1，公开日为1996年3月7日，早于本申请优先权日。

对比文件1公开了一种织物标志牌，并公开了以下技术特征（参见对比文件1说明书第5页第18行至第8页第7行，图1、2）：该织物标志牌包括一对可固定到某固定物上的支撑部件1和66（相当

于本申请权利要求 1 中的一对安装到底板上的平行支承件），织物 2 的两侧安装在支撑部件中的是织物边区（相当于本申请权利要求 1 中织物包括两个装配在支承件中的平行边区 4、5）；支撑部件包括框架 3（相当于本申请权利要求 1 中的框型材 7）和可把织物夹紧到框架 3 上的夹子 4（相当于本申请权利要求 1 中的夹紧型材 8）；框架 3 包括一平坦部分（相当于本申请权利要求 1 中的安装区 14）、一凹进部 5（相当于本申请权利要求 1 中的反支承区 12），凹进部 5 与平坦部分连接处为平坦部分的延续（相当于本申请权利要求 1 中的内壁段 17），凹进部 5 呈现“C”形弯曲，相对于凹进部 5 与平坦部分连接处的弯曲壁短端部（相当于本申请权利要求 1 中凸缘状的外壁段 19）存在自由端 6（相当于本申请权利要求 1 中的自由支承端 20），自由端 6 与夹子 4 的弯曲部 12 接触形成一个支点 C（相当于本申请权利要求 1 中的转动支点 A），连接凹进部 5 与平坦部分的连接处和弯曲壁端部的是一段弯曲部件（相当于本申请权利要求 1 中端壁段 18），上述连接处、弯曲壁端部和弯曲部件构成一个“C”形弯曲，这三者构成一个空腔（相当于本申请权利要求 1 中的夹紧腔 25）可容纳夹子 4 的弯曲部 12；夹子 4 包括一腰部 11（相当于本申请权利要求 1 中的手动加压区 28）、装配袋 7（相当于本申请权利要求 1 中的夹持装置 48、直棒 13（相当于本申请权利要求 1 中的夹持装置 49）、外边缘部分 9（相当于本申请权利要求 1 的接合区 27），装配袋 7 和直棒 13 是用于夹持织物边区的，当腰部 11 被压到框架 3 的平坦部分，夹子 4 绕着支点 C 转动后与框架 3 的“C”形弯曲适配时可使得织物拉紧（相当于本申请权利要求 1 中当加压区 28 被压到安装区 14 且夹紧型材 8 绕支点 A 转动时，设置成与反支承区 12 的内、外壁段 17、19 配合，同时在织物 3 中产生张紧应力）。

值得注意的是，对比文件 1 说明书第 7 页第 19~31 行公开了其织物标志牌的装配过程：“织物的边缘部分 14 包裹在直棒 13 之上，直棒 13 插入夹子 4 的装配袋 7 中，夹子 4 向框架 3 移动，由此形成特定角度并且使得边缘 19 与框架 3 的凹进部 5 相邻，之后以凹进部 5 的支点 C 为中心做枢轴运动向框架 3 按压夹子 4。当夹子 4 按压到框架 3 的位置，夹子 4 起到了杠杆的作用，由此产生织物 2 的增加的张力。”对比文件 1 说明书第 8 页第 2~7 行公开了其织物标志牌的固定过程：“夹子 4 和织物可见边部分可以由覆盖框（cover profile）来覆盖（未示出），该覆盖框和夹子 4 通过适当的配件（未示出），例如螺钉，固定到框架 3 之上。”

权利要求 1 和对比文件 1 的区别在于“在框型材（7）的截面中看，反支承区（12）的外壁段（19）具有预定的最小延伸部分，容许夹紧型材（8）超过由框型材和夹紧型材（7，8）之间一个预定角 α 确定的平衡状态，在超出平衡状态时，张紧应力的作用把夹紧型材（8）移动到一个锁定位置，其中夹紧型材（8）与框型材（7）锁定接合，上述锁定位置由张紧应力保持”。即权利要求 1 的织物夹持装置的框型材 7 的反支承区 12 含有最小延伸部分，正是由于该最小延伸部分的存在，使得通过改变夹紧型材 8 的转动角度的方式达到锁定夹紧型材 8 和框型材 7 的位置关系的作用，而对比文件 1 的织物标志牌的夹子 4 和框架 3 的固定方法是通过覆盖框（cover profile）和适当的配件，例如螺钉，将夹子 4 固定到框架 3 之上的，由此可以看出，对比文件 1 织物标志牌的装配过程（说明书第 7 页第 19~31 行）以及固定过程（说明书第 8 页第 2~7 行）均没有公开或者启示框架 3 的自由端 6 能够起到固定夹子 4 的作用，也没有给出通过改进框架 3 本身的结构，即延长自由端 6 的长度，来达到自动锁定夹子 4 的技术启示，本领域技术人员无法通过对比文件 1 的采用额外配件实现固定的技术方案想到仅仅延长自由端 6 自身的长度来自动锁定夹子 4 的技术方案。与对比文件 1 的织物标志牌需要通过另外的配件达到固定作用的技术方案相比，权利要求 1 的织物标志牌通过自身的框架结构即可以达到自动锁定的技术效果，结构简单、操作简便，其具有突出的实质性特点和显著的进步，即权利要求 1 的技术方案相对于对比文件 1 具有创造性，符合专利法第 22 条第 3 款有关创造性的规定。

权利要求 2~11 是独立权利要求 1 的从属权利要求，在权利要求 1 具有创造性的基础上，权利要求 2~11 也具有创造性，符合专利法第 22 条第 3 款有关创造性的规定。

至于申请文件是否存在其他不符合法律条款的问题，有待于原实质审查部门进一步审查。

**三、决定**

撤销国家知识产权局于 2007 年 1 月 5 日作出的驳回决定，以驳回决定依据的文本继续进行审批程序。

当事人如对本决定不服，可以根据专利法第 46 条第 2 款的规定，自收到本决定之日起 3 个月内向北京市第一中级人民法院起诉。

147

# 商业媒体广告扑克

## 复审请求审查决定（第11898号）

**决　定　号**　第11898号
**决　定　日**　2007年11月26日
**发明创造名称**　商业媒体广告扑克
**国际分类号**　G09F 23/10，G09F 23/14，A63F 1/02
**复审请求人**　符　戡
**申　请　号**　00131835.7
**申　请　日**　2000年11月6日
**公　开　日**　2002年6月12日
**合议组组长**　王晓云
**主　审　员**　郭鹏鹏
**参　审　员**　黄　强

**法律依据**　专利法第22条第2款、第3款
**决定要点**

新颖性，是指在申请日以前没有同样的发明或者实用新型在国内外出版物上公开发表过、在国内公开使用或者以其他的方式为公众所知。如果发明专利申请与现有技术相比，其权利要求所限定的技术方案与对比文件公开的技术方案实质上相同，所属技术领域的技术人员根据两者的技术方案可以确定两者能适用于相同的技术领域，解决相同的技术问题，并具有相同的预期效果，则该专利申请不具备新颖性。

创造性，是指同申请日之前已有的技术相比，该发明有突出的实质性特点和显著的进步。如果发明是所属技术领域的技术人员在现有技术的基础上仅仅通过合乎逻辑的分析、推理或者有限的试验可以得到的，并且由此获得的技术效果也是能够预见的，则该发明是显而易见的，不具备创造性。

### 一、案由

本复审请求涉及2000年11月6日申请、2002年6月12日公开、发明名称为“商业媒体广告扑克”的第00131835.7号发明专利申请（下称本申请），其申请人为符戡。

2004年8月6日，针对申请人于2003年9月29日提交的权利要求书、说明书、说明书附图和说明书摘要，国家知识产权局驳回了本申请，理由是本专利权利要求2、4不具备专利法第22条第2款规定的新颖性，权利要求1、3、5不具备专利法第22条第3款规定的创造性。

驳回决定所针对的权利要求书为：

"1. 商业媒体广告扑克，其特征在正面A处的娱乐标字、字母与花形从左至右排列，大、小王用一顶皇冠表示。

2. 商业媒体广告扑克，其特征在正面B处的图片是客户、商家需要广而告知的商品、产品、物体与服务内涵及实质性的传播内容。

3. 商业媒体广告扑克，其特征在正面C处是文字说明图片的商业用语与客户、商家的联系地址、方式等具体内容。

4. 商业媒体广告扑克，其特征在背面a处、b处、c处是客户、商家的商标、标志、字母或图案。

5. 商业媒体广告扑克，其特征在背面有龙的图案。"

驳回决定认为：本申请权利要求1相对于对比文件1（CN 1254607A，公开日为2000年5月31日）不具备专利法第22条第3款规定的创造性，权利要求2相对于对比文件2（CN 1249201A，公开日为2000年4月5日）不具备专利法第22条第2款规定的新颖性，权利要求3相对于对比文件2不具备专利法第22条第3款规定的创造性，权利要求4相对于对比文件3（CN 1178963A，公开日为1998年4月15日）不具备专利法第22条第2款规定的新颖性，权利要求5相对于对比文件3不具备专利法第22条第3款规定的创造性。

申请人符戡（以下称请求人）对上述驳回决定不服，于2004年10月31日向专利复审委员会提出复审请求，请求人未对申请文件进行修改。请求人认为：（1）对比文件3（CN 1178963A）是一份被专利局视为撤回的申请，撤回公告日为2001年2月28日，该对比文件不能作为现有技术来评价本申请。（2）审查员未引用对比文件1（CN 1254607A）中的权利要求书部分，而是引用了说明书的部分来评价本申请，这违反了专利法第56条第1款的规定；而对比文件1的内容违反了中国专利法第26条第3款、专利法实施细则第18条的规定，并且，对比文件1仅指出大小王可由图像表示，其中没有任何一个地方有"皇冠"的字或相似的文字描述与体现；此外，对比文件1的技术方案是将麻将牌、扑克牌、优惠卡三种内容设计在同一平面内，这与本申请权利要求1不同；所以本申请相对对比文件1有创造性；而且，对比文件1的权利要求1~9与本申请权利要求1的技术方案不同，所以，本申请权利要求1具备创造性。（3）对比文件2（CN 1249201A）中的说明书附图可以看出，其字母与黑桃的排列方式以及文字排版方式等与本申请说明书附图中均不相同；对比文件2中的广告内容与本申请中的广告内容的位置不同，所以其产生的设计效果与美观效果不同；而且，对比文件2本身就不具备新颖性，不能用来评价本申请的新颖性；所以，权利要求2具备专利法第22条第2款规定的新颖性。（4）本申请说明书附图中可以看出，权利要求3要求保护的是位于该广告扑克的上下方各一处，对比文件2中的文字广告位置与此不同，所以，权利要求3具备创造性。（5）对比文件3（CN 1178963A）中包含了技术特征"并用长方形的线条框起来"，所以，对比文件3的技术方案与权利要求4的技术方案不同，所以，本申请权利要求4具备新颖性。（6）对比文件3说明书第3页第19行的内容，不符合专利法第26条第3款以及专利法实施细则第18条的规定；而且，对比文件3中，没有任何"龙"字或与"龙的图案"相类似的文字表述，所以，本申请权利要求5具备创造性。

形式审查合格后，专利复审委员会受理了该复审请求，并于2004年11月15日向请求人发出《复审请求受理通知书》，随后将本申请移交国家知识产权局原审查部门进行前置审查。

国家知识产权局原审查部门对本复审请求进行了前置审查，坚持原驳回决定。

专利复审委员会组成合议组，对本案的复审请求进行了审理，于2007年3月26日向请求人发出《复审通知书》。《复审通知书》指出：

（1）权利要求1要求保护一种商业媒体广告扑克。对比文件1（CN 1254607A，公开日为2000年

5 月 31 日）也公开了一种多功能扑克，具体公开了：该牌扑克标志中 13 个数标 A～K，图标方片、草花、红桃、黑桃在右。与对比文件 1 相比，权利要求 1 要求保护的技术方案的区别在于：①权利要求 1 中的技术特征“大小王用一顶皇冠表示”，②权利要求 1 请求保护的扑克中不包括扑克数标旁边的麻将标志。然而，对比文件 1 中还指出该牌中的大小王可用图像表示，也就是说，对比文件 1 给出了这样的教导：可用图像来表示扑克牌中的大小王。选择皇冠这一图像来作为大小王的标志是本领域的常规选择；对于本领域技术人员来说，在设计只能用于扑克游戏的纸牌时，忽略对比文件 1 公开的纸牌中的麻将标志从而去掉其作为麻将使用的功能，得到只能用作扑克的纸牌，这不需要创造性的劳动。因此，权利要求 1 相对于在对比文件 1 和本领域公知常识的结合不具备创造性。

（2）权利要求 2 要求保护一种商业媒体广告扑克。对比文件 2（CN 1249201A，公开日为 2000 年 4 月 5 日）也公开了一种广告扑克牌，并具体公开了“扑克牌主体（1）的正面中央印制或标记由产品的照片或图案（2）或文字（3）的广告内容”，由此可见，本申请权利要求 2 要求保护的方案与对比文件 2 公开的技术方案实质相同；两者解决的都是使扑克牌除了娱乐功能外还具备商业宣传用这一技术问题，其预期技术效果也相同。因此，权利要求 2 不符合专利法第 22 条第 2 款关于新颖性的规定。

（3）权利要求 3 要求保护一种商业媒体广告扑克，与对比文件 2 相比，权利要求 3 要求保护的技术方案的区别在于：其中的文字说明位于该扑克牌的正面中央，且这些文字说明为图片的商业用语以及客户、商家的联系地址、方式等具体内容。然而，对比文件 2 给出了这样的教导：可以将文字广告内容印制在扑克牌的正面。对于本领域技术人员来说：图片的说明性商业用语以及客户、商家的联系地址、方式，这些都是文字广告的常规内容；同时，由广告文字可以印制在扑克正面中央，本领域技术人员经过简单的逻辑推理即可得出，当扑克中央存在图片时，可将文字广告印制在扑克的上下方（即权利要求 3 中的 C 处）。因此，在对比文件 2 的基础上，结合本领域的公知常识，得到本申请权利要求 3 的技术方案，并预期其具有相同的技术效果，对于本领域技术人员来说是显而易见的，所以权利要求 3 不符合专利法第 22 条第 3 款关于创造性的规定。

（4）权利要求 4 要求保护一种商业媒体广告扑克。对比文件 3（CN 1178963A，公开日为 1998 年 4 月 15 日）也公开了一种商品广告扑克牌，并具体公开了以下内容：每张牌的背面可以是同样花色的图案，也可以是同样的商品广告内容包括广告的文字和图案。同时，对比文件 3 中还指出，所述商品广告内容包括文字、图案，主要内容为工厂、公司及其产品的名称、简介、邮编、地址、电话号码、联系人姓名、厂房设备、产品外形等。由此可见，本申请权利要求 4 要求保护的方案与对比文件 3 公开的技术方案实质相同，且两者解决的都是使扑克牌除了娱乐功能外还具备商业宣传用这一技术问题，其预期技术效果也相同。所以，权利要求 4 不符合专利法第 22 条第 2 款关于新颖性的规定。

（5）权利要求 5 要求保护一种商业媒体广告扑克。与对比文件 3 相比，权利要求 5 的技术方案的区别在于，该技术方案中扑克牌的背面是龙的图案。然而，对比文件 3 给出了这样的教导：可以将扑克牌的背面设计成相同的图案。由于龙的图案有着特殊的含义，其作为中华民族的象征由来已久，所以，龙的图案是本领域技术人员在进行广告设计以给人留下突出的美好印象时的常规选择。因此，在对比文件 3 的基础上，结合本领域的公知常识，得到本申请权利要求 5 的技术方案，并预期其具有相同的技术效果，对于本领域技术人员来说是显而易见的，所以权利要求 5 不符合专利法第 22 条第 3 款关于创造性的规定。

（6）根据专利法、专利法实施细则以及审查指南的规定，授予专利权的发明与“现有技术”相比应当具备新颖性、创造性，“现有技术”这一法律概念是指申请日（有优先权的，指优先权日）前在国内外出版物上公开发表、在国内公开使用或者以其他方式为公众所知的技术；对比文件 1 的公开日为2000年5月31日，早于本申请的申请日，对比文件1是一份正式公开的专利文献，所以其可以用作对比文件评价本申请，对比文件1的说明书中公开的技术内容，也是现有技术的一部分，同样可以用来评价本申请的权利要求。专利法第56条第1款的规定是指在确定一项专利权的保护范围时，以权利要求的内容为准，这并不意味着当现有技术为一份公开的专利文献时，只能用其权利要求来评价本申请。同理，对比文件2是否具备新颖性，不影响其是否能作为本申请的“现有技术”来评价本申请的新颖性。对比文件3是一份正式公开的专利文献，其公开日1998年4月15日早于本申请的申请日，所以其相对于本申请属于专利法意义上的“现有技术”，可以用来评价本申请是否具备新颖性、创造性。对比文件3是否被中国专利局授权或者是否视为撤回，不影响其已经在本申请申请日之前公开的事实，对其是否能作为对比文件使用也没有影响。

2007年4月30日，请求人针对上述《复审通知书》提交了意见陈述书，请求人未对申请文件作出修改。

请求人在上述意见陈述书中认为：请求人在1996年8月9日和1997年2月16日分别向专利局提出过申请，申请号分别为96220409.9和97210961.7，三份对比文件没有一份文件的申请日早于本请求人的申请日。

至此，本案合议组认为本案事实清楚，可以作出复审决定。

**二、决定的理由**

1. 关于审查文本

本复审决定是以下述文本为基础作出的：请求人于2003年9月29日提交的权利要求第1~5项、说明书、说明书附图和说明书摘要。

2. 关于新颖性

专利法第22条第2款规定：新颖性，是指在申请日以前没有同样的发明或者实用新型在国内外出版物上公开发表过、在国内公开使用或者以其他的方式为公众所知。

如果发明专利申请与现有技术相比，其权利要求所限定的技术方案与对比文件公开的技术方案实质上相同，所属技术领域的技术人员根据两者的技术方案可以确定两者能适用于相同的技术领域，解决相同的技术问题，并具有相同的预期效果，则该专利申请不具备新颖性。

就本申请而言，权利要求2要求保护一种商业媒体广告扑克。对比文件2（CN 1249201A，公开日为2000年4月5日）也公开了一种广告扑克牌（与本申请属于相同的技术领域），并具体公开了：扑克牌主体（1）的正面中央印制或标记由产品的照片或图案（2）或文字（3）的广告内容（参见对比文件2说明书第1页第14~16行、附图1）。其中，对比文件2中的“正面中央”，相当于本申请权利要求2中的“正面B处”；对比文件2中的“产品照片或图案或文字的广告内容”与本申请权利要求2中的“客户、商家需要广而告知的商品、产品、物体与服务内涵及实质性的传播内容”的含义相同。由此可见，本申请权利要求2要求保护的方案与对比文件2公开的技术方案实质相同；两者解决的都是使扑克牌除了娱乐功能外还具备商业宣传用这一技术问题，其预期技术效果也相同。所以，权利要求2不符合专利法第22条第2款关于新颖性的规定。

权利要求4要求保护一种商业媒体广告扑克。对比文件3（CN 1178963A，公开日为1998年4月15日）也公开了一种商品广告扑克牌（与本申请属于相同的技术领域），并具体公开了以下内容：每张牌的背面可以是同样花色的图案，也可以是同样的商品广告内容包括广告的文字和图案（参见对比文件3说明书第3页第21~22行、附图20）。同时，对比文件3中还指出，所述商品广告内容包括文字、图案，主要内容为工厂、公司及其产品的名称、简介、邮编、地址、电话号码、联系人姓名、厂房设备、产品外形等（参见对比文件3说明书第3页第19~20行）。由此可见，对比文件3已经公开了权利要求 4 技术方案的全部内容，本申请权利要求 4 要求保护的方案与对比文件 3 公开的技术方案实质相同；且两者解决的都是使扑克牌除了娱乐功能外还具备商业宣传用这一技术问题，其预期技术效果也相同。所以，权利要求 4 不符合专利法第 22 条第 2 款关于新颖性的规定。

3. 关于创造性

专利法第 22 条第 3 款规定：创造性，是指同申请日之前已有的技术相比，该发明有突出的实质性特点和显著的进步。

如果发明是所属技术领域的技术人员在现有技术的基础上仅仅通过合乎逻辑的分析、推理或者有限的试验可以得到的，并且由此获得的技术效果也是能够预见的，则该发明是显而易见的，不具备创造性。

就本申请而言，权利要求 1 要求保护一种商业媒体广告扑克。对比文件 1（CN 1254607A，公开日为 2000 年 5 月 31 日）也公开了一种多功能扑克（与本申请属于相同的技术领域），该扑克可以作为常规扑克使用，也可作为纸麻将使用；其中，对比文件 1 具体公开了：该牌扑克标志中 13 个数标 A~K，图标方片、草花、红桃、黑桃在右（参见对比文件 1 说明书第 2 页第 17~19 行、附图 10~11）。与对比文件 1 相比，权利要求 1 要求保护的技术方案的区别在于：（1）权利要求 1 中的技术特征“大小王用一顶皇冠表示”，（2）权利要求 1 请求保护的扑克中不包括扑克数标旁边的麻将标志。然而，对比文件 1 中还指出该牌中的大小王可用图像表示（参见对比文件 1 说明书第 2 页第 21~22 行）；也就是说，对比文件 1 给出了这样的教导：可用图像来表示扑克牌中的大小王。“皇冠”是指国王或皇帝戴的帽子，其象征了王权或者皇权，这是基本的常识；而在常规的扑克游戏中，大小王是一副牌中最大的；所以，选择皇冠这一图像来作为大小王的标志是本领域的常规选择；此外，对于本领域技术人员来说，在设计只能用于扑克游戏的纸牌时，忽略对比文件 1 公开的纸牌中的麻将标志从而去掉其作为麻将使用的功能，得到只能用作扑克的纸牌，这不需要创造性的劳动。因此，在对比文件 1 的基础上，结合本领域的公知常识，得到本申请权利要求 1 的技术方案，并预期其具有相同的技术效果，对于本领域技术人员来说是显而易见的，所以权利要求 1 要求保护的技术方案不符合专利法第 22 条第 3 款关于创造性的规定。

权利要求 3 要求保护一种商业媒体广告扑克。对比文件 2（CN 1249201A，公开日为 2000 年 4 月 5 日）也公开了一种广告扑克牌（与本申请属于相同的技术领域），并具体公开了：扑克牌主体（1）的正面中央印制或标记由产品的照片或图案（2）或文字（3）的广告内容（参见对比文件 2 说明书第 1 页第 14~16 行、附图 1）。与对比文件 2 相比，权利要求 3 要求保护的技术方案区别在于：其中的文字说明位于该扑克牌的正面中央，且这些文字说明为图片的商业用语以及客户、商家的联系地址、方式等具体内容。然而，对比文件 2 给出了这样的教导：可以将文字广告内容印制在扑克牌的正面。对于本领域技术人员来说：图片的说明性商业用语以及客户、商家的联系地址、方式，这些都是文字广告的常规内容；同时，由广告文字可以印制在扑克正面中央，本领域技术人员经过简单的逻辑推理即可得出，当扑克中央存在图片时，可将文字广告印制在扑克的上下方（即权利要求 3 中的 C 处）。因此，在对比文件 2 的基础上，结合本领域的公知常识，得到本申请权利要求 3 的技术方案，并预期其具有相同的技术效果，对于本领域技术人员来说是显而易见的，所以权利要求 3 要求保护的技术方案不符合专利法第 22 条第 3 款关于创造性的规定。

权利要求 5 要求保护一种商业媒体广告扑克。对比文件 3（CN 1178963A，公开日为 1998 年 4 月 15 日）也公开了一种商品广告扑克牌（与本申请属于相同的技术领域），并具体公开了以下内容：每张牌的背面可以是相同花色的图案（参见对比文件 3 说明书第 3 页第 21~22 行）。与对比文件 3 相比，权利要求 5 的技术方案的区别在于，该技术方案中扑克牌的背面是龙的图案。然而，对比文件 3

给出了这样的教导：可以将扑克牌的背面设计成相同的图案。由于龙的图案有着特殊的含义，其作为中华民族的象征由来已久，所以，龙的图案是本领域技术人员在进行广告设计以给人留下突出的美好印象时的常规选择。因此，在对比文件3的基础上，结合本领域的公知常识，得到本申请权利要求5的技术方案，并预期其具有相同的技术效果，对于本领域技术人员来说是显而易见的，所以权利要求5要求保护的技术方案不符合专利法第22条第3款关于创造性的规定。

对于请求人在答复复审通知书时陈述的意见，合议组认为，本申请的申请日为2000年11月6日，同时本申请并未享有任何优先权，请求人提出的申请号分别为96220409.9和97210961.7的实用新型专利申请，与本申请是三份不同的专利申请文件。本案中，驳回决定、复审通知书以及本复审决定仅引用了对比文件1~3评价本申请权利要求1~5，请求人所述的第96220409.9号和97210961.7号实用新型专利申请与本案没有任何关联性。

根据以上事实和理由，本案合议组作出如下审查决定。

**三、决定**

维持国家知识产权局于2004年8月6日对00131835.7号发明专利申请作出的驳回决定。

复审请求人对本决定不服的，可以根据专利法第41条第2款的规定，自收到本决定之日起三个月内向北京市第一中级人民法院起诉。

148

# 气旋式能量转换系统

## 复审请求审查决定（第 11917 号）

**决　定　号**　第 11917 号
**决　定　日**　2007 年 11 月 23 日
**发明创造名称**　气旋式能量转换系统
**国际分类号**　F24J 3/06，F03G 7/00
**复审请求人**　陆　健
**申　请　号**　98115434.4
**申　请　日**　1998 年 7 月 4 日
**公　开　日**　2000 年 1 月 12 日
**合议组组长**　于　萍
**主　审　员**　姜　岩
**参　审　员**　赵　明

**法律依据**　专利法第 26 条第 3 款
**决定要点**

如果发明的说明书及其附图只是给出了发明构想、工作原理和申请人预想的功能或效果，但是没有给出必然产生这些预期功能或效果的具体技术方案，且由于说明书未公开理解、再现本发明所需的全部内容，缺少某些对发明效果具有重要意义的实质性细节，使所属技术领域的普通技术人员尚需进一步补充实验或附加创造力才能理解和实施此项发明，则该发明申请不符合专利法第 26 条第 3 款的规定。

### 一、案由

本复审请求涉及复审请求人于 1998 年 7 月 4 日申请，2000 年 1 月 12 日公开，名称为“气旋式能量转换系统”的 98115434.4 号发明专利申请（下称本申请）。

国家知识产权局实审部门于 2001 年 12 月 28 日发出第一次审查意见通知书，认为权利要求 1~6 不具备专利法第 22 条第 3 款规定的创造性。

申请人于 2002 年 2 月 16 日提交了意见陈述书及经修改的说明书第 1~4 页替换页及权利要求书第 1 页替换页。

国家知识产权局于 2003 年 3 月 7 日驳回了该申请，驳回决定针对的审查文本是：2002 年 2 月 16 日提交的权利要求 1~6、说明书第 1~4 页，1999 年 6 月 30 日提交的说明书附图第 1~6 页、摘要附图，1998 年 7 月 4 日提交的说明书摘要。理由是：申请人 2002 年 2 月 16 日新修改的权利要求 1 只是增加了对原理和过程的描述，其能量转换系统的结构与原权利要求1的结构相同。权利要求1~6相对于对比文件1和2的结合仍不具备专利法第22条第3款规定的创造性。其中使用的对比文件1的公开号为CN1121367A，公开日为1996年4月24日；对比文件2的公开号为CN86102061A，公开日为1986年10月15日。

驳回决定所针对的权利要求书为：

“1. 一种气旋式能量转换系统，能综合利用太阳能、地热能、工业余热、生活余热及大气热能等，模拟产生龙卷风，并使高速气流推动涡轮机工作，其特征是：系统由产生大量蒸汽与空气混合气的湿热气发生设施，产生高速气旋的气旋发生设施，气旋引发装置及能量输出装置组成，在气旋引发装置的引发下，气旋发生设施产生初始的高速气旋，气旋的离心作用形成真空低压区，湿热气发生设施中产生的大量蒸汽与空气混合气受气旋真空低压的诱导，在很大的气压差的作用下，形成高速气流，并通过导管从喷口喷入气旋形成的真空低压区，这过程释放出的潜热能加强了气流，加剧了气旋，产生了更大的气旋负压，如此形成自激励过程，所形成的高速气流作用于能量输出装置，向外输出能量。

2. 根据权项1所述的气旋式能量转换系统，其特征是：湿热气发生设施中有大的液体蒸发面及雾化增湿装置，有供热、吸热的温度提升装置，有湿热气的收集装置及有储热储液功能的蓄水池，经温度提升装置升温后的液体蓄入蓄水池，升温后的液体由雾化装置及蒸发面蒸发形成湿热气，湿热气由湿热气收集装置导走。

3. 根据权项1所述的气旋式能量转换系统，其特征是：气旋发生设施的主体是回转体的空腔，设施含有进气喷口、气流的导向面及出气口，与湿热气导管相连的喷管的喷口位于回转体的空腔一端近轴处气旋形成的真空低压区，紧接喷口的气流的导向面导气流顺气旋的方向喷射。

4. 根据权项1所述的气旋式能量转换系统，其特征是：气旋引发装置有喷管前加压喷气引发式，有离心引发式，有抽吸引发式多种形式，它们都能造成喷口处一定的气压差，形成喷射气流，在导向面的作用下形成初始气旋。

5. 根据权项1所述的气旋式能量转换系统，其特征是：输出动能的涡轮机安置在高速气流的通道上。

6. 根据权项2所述的湿热气发生设施，其特征是：设施中有相对独立的有隔热壁的湿热气发生通道，通道中有大的液体蒸发面及雾化增湿装置，温度提升装置和蓄液池，经温度提升装置升温后的液体蓄入蓄液池，升温后的液体由雾化装置及蒸发面蒸发形成湿热气，湿热气由通道导走。”

申请人（以下称复审请求人）对上述驳回决定不服，于2003年5月27日向专利复审委员会提出复审请求。复审请求人在提出复审请求时没有提交新的专利申请文本。

形式审查合格后，专利复审委员会受理了该复审请求，并于2003年6月9日向复审请求人发出《复审请求受理通知书》，随后将本申请移交原实审部门进行前置审查。

原实审部门对本复审请求进行了前置审查，认为申请人未修改权利要求书，因此坚持原驳回决定。

专利复审委员会组成合议组，对本案的复审请求进行了审理。

合议组于2007年7月9日向复审请求人发出《复审通知书》。《复审通知书》指出，本专利中所给出的技术手段是含糊不清的，导致本领域的技术人员无法实现其技术方案并产生预期的技术效果，因此不符合专利法第26条第3款的规定。

针对《复审通知书》指出的问题，复审请求人于2007年8月23日提交了意见陈述书及经修改的权利要求书和说明书，修改后的权利要求为：

“1. 一种气旋式能量转换系统，能综合利用太阳能、地热能、工业余热、生活余热及大气热能等，模拟产生龙卷风，并使高速气流推动涡轮机工作，其特征是：系统由产生大量蒸汽与空气混合的湿热气发生设施、产生高速气旋的气旋发生设施、气旋引发装置及能量输出装置组成，在气旋引发装置的引发下，气旋发生设施产生初始的高速气旋，气旋的离心作用形成真空低压区，进气喷口设于真空低压区，湿热气发生设施中产生的大量蒸汽与空气混合的湿热气受气旋真空低压的诱导，在气压差的作用下在导管通道中形成高速气流，并通过导管喷口喷入气旋发生设施维持了气旋，在气流的急速流动过程中释放出了蒸汽的潜热能加强了气流，加剧了气旋，产生了更大的气旋负压，引出更高速的气流和气旋负压，如此形成自激励过程，所形成的高速气流作用于能量输出装置，向外输出能量，气旋气流以相应的方式排出气旋发生设施，或排入大气，或通过后一级的抽吸装置排入大气，或排出回馈到闭合系统的前级循环流动。

2. 根据权项 1 所述的气旋式能量转换系统，其特征是：湿热气发生设施中有储液的蓄水池，有大的液体蒸发面及液体雾化增湿装置、有温度提升装置、有湿热气收集装置、有进气口和出气口，所述的温度提升装置或是一种能发热的加温装置，或是能吸收外部环境的热的加温装置，湿热气发生设施能产生大量的湿热气。

3. 根据权项 1 所述的气旋式能量转换系统，其特征是：气旋发生设施的主体是回转体的空腔，设施含有进气喷口、气流导向面及出气口，与湿热气通道导管相连的进气喷口位于回转体空腔一端近轴处气旋形成的真空低压区，导向面导气流顺气旋的方向喷射，设施允许多喷口的组合，气旋气流自出气口排出，出气口顺气旋气流方向，设施允许多出气口的组合，设施有利于在其中形成气旋。

4. 根据权项 1 所述的气旋式能量转换系统，其特征是：气旋引发装置有喷管前加压喷气引发式，有离心引发式，有抽吸引发式多种形式，所述的喷管前加压喷气引发式是产生气压差的引发动力装置安置在气旋发生设施喷口前，所述的离心引发式是产生气压差的引发动力装置安装在气旋发生设施的回转体空腔内，所述的抽吸引发式是产生气压差的引发动力装置安装在气旋发生设施的气流出口端，这些方式都能造成气压差，使气流通过喷口形成喷射气流，引发气旋发生设施中形成气旋，气压差引发动力装置或是压气机、或是离心机、或是抽气机。

5. 根据权项 1 所述的气旋式能量转换系统，其特征是：能量输出装置是涡轮机时，涡轮机安置在高速气流的通道上，其安置位置或在气旋发生设施进气端之前，或在气旋发生设施中，或在气旋发生设施出气端。

6. 根据权项 2 所述的湿热气发生设施，其特征是：湿热气发生设施中有相对独立的有隔热壁的湿热气发生通道，通道中有蓄水池，其有大的液体蒸发面及雾化增湿装置，有温度提升装置、有湿热气收集装置、有储液储热功能的蓄水池、有与外界环境相通的进气口、出气口，所述的温度提升装置或是一种能发热加温的装置，或是能吸收外部环境的热的加温装置，湿热发生通道能产生大量的湿热气。”

复审请求人在修改后的权利要求书及说明书中增补了一些原理性解释和工作过程的描述，并调整部分文字顺序。在意见陈述书中，复审请求人认为本申请说明书中给出的技术手段可以实现其技术方案，并产生预期的技术效果，符合专利法第 26 条第 3 款的规定。

至此，合议组认为本案事实清楚，可以作出审查决定。

**二、决定的理由**

1. 审查基础

针对复审通知书指出的问题，复审请求人于 2007 年 8 月 23 日提交了权利要求书及说明书的修改替换页，并注明了其中修改部分的内容在原说明书或原权利要求书中的具体位置，合议组经过核对认为修改后的权利要求书及说明书中的内容在原权利要求书及原说明书中存在或可由原申请记载的信息中可以直接地、毫无疑义地确定，这种修改符合专利法第33条及实施细则第60条第1款的规定。因此，本复审请求审查决定以复审请求人2007年8月23日提交的权利要求1~6及说明书第1~6页，1999年6月30日提交的说明书附图第1~6页、说明书摘要附图，1998年7月4日提交的说明书摘要为基础进行。

2. 本专利是否符合专利法第26条第3款的规定

专利法第26条第3款规定：说明书应当对发明或者实用新型作出清楚、完整的说明，以所属技术领域的技术人员能够实现为准。

如果发明的说明书及其附图只是给出了发明构想、工作原理和申请人预想的功能或效果，但是没有给出必然产生这些预期功能或效果的具体技术方案，且由于说明书未公开理解、再现本发明所需的全部内容，缺少某些对发明效果具有重要意义的实质性细节，使所属技术领域的普通技术人员尚需进一步补充实验或附加创造力才能理解和实施此项发明，则该发明申请不符合专利法第26条第3款的规定。

本申请的发明目的是提供一种简单的自激励气旋发生系统，能在常温常压的自然条件下综合利用太阳能、地热能、工业余热、生活余热及大气热能，说明书还描述了如下技术原理：使用一个透明覆盖层覆盖液体蒸发面以及其他散发热量的放热体，利用太阳能、地热能、工业余热、生活余热以及大气热能等热能在透明覆盖层内产生湿热蒸汽，建立一个能产生猛烈旋风的气旋发生塔，在引发气流作用下，塔内形成气旋，由于气旋的存在，塔内形成一个真空低压区，湿热气体发生设施中的液体获得热能后产生大量的蒸汽和空气的混合气。混合气受塔内低压的诱导，在很大的压强差作用下，通过导管从喷口以一定的角度急剧地喷入这个真空低压区，并释放大量潜热，进一步促进、维持了高速气旋，形成自激励过程。这些具有一定温度的混合气源源不断地喷射的结果，使得在导管、气旋塔这样的空气通道中出现连续的高速气流。在通道中某处置入涡轮机，涡轮机就会受气流的冲击而工作。

但是，合议组认为本申请的说明书中缺少一些对本发明目的的实现必不可少的技术内容，导致本领域技术人员仅根据说明书中的内容无法理解和实施其技术方案，具体如下：

首先，根据本申请说明书中的内容无法实现发明目的。涡轮机是由高速气体冲击叶片工作的，对本申请而言，湿热气体在发生气旋由产生到冲击涡轮机叶片的过程中，受到很多阻力的影响，例如湿热气导管管壁的摩擦阻力、气旋发生塔中塔壁的摩擦力、涡轮机轴承间的机械摩擦阻力等等，正如复审通知书中所述的意见“本申请所利用各种生活余热、工业余热等排出的热量是不稳定的，这种情况下如何确保产生持续气旋所需的湿热气体，本申请说明书中没有具体说明。此外，由于摩擦力的作用，气流在热气通道及气旋发生塔中的速度将会逐渐减弱，所以由气流喷射形成负压的能力也逐渐减弱，从而诱导混合气体的能力也逐渐降低，而说明书中并未公开采用何种设备或方法以保证在吸入气旋塔中的气流能量逐渐减弱的情况下仍然能维持涡轮机的正常运转”，复审请求人辩称，本发明的系统中，潮湿的热空气释放的潜热能足以克服摩擦力的作用，不但不会使气流减弱，还能进一步促进、维持高速气旋，匹配的好还能使系统有富裕的能量输出，即除在系统工作初始采用气旋引发装置将湿热混合气体引到气旋发生塔内，接下来气旋过程就可以自发自动地进行下去，由潮湿的热空气的潜热转化为涡轮机的输出动能，该汽化潜热不但能够克服摩擦力，还能促进高速气旋。但合议组认为：要实现涡轮机能够发生动力输出这样的功能和效果，需要对推动涡轮机的持续运转所需的能量、混合气体释放的潜热能以及气旋发生过程的各种阻力进行定量的分析并使用试验数据证明，本申请中的说明书中缺乏这部分重要技术内容，导致本领域技术人员无法理解和实施本发明，并据此来解决本发明所要解决的技术问题。

另外，正如复审通知书中指出的那样，如果长时间的将空调机的散热器、楼房、正在排气的汽车等放热物体覆盖在透明覆盖物内，则使这些放热物无法正常散热或散热效率很低从而影响其正常使用。虽然复审请求人辩称，系统收集的湿热空气温度仅为30~40℃，不影响空调机和汽车的正常工作。合议组认为：如同复审请求人在意见陈述书中所述的那样“透明覆盖面笼罩下的空间构成一个温棚，起到收集阳光的作用，阳光的热辐射功率最高可达每平方米一千瓦”，而且其中还有其他放热体协同加热空气，如何保证空间内的空气温度控制在30~40℃在说明书中并无说明。至于请求人所述，如果热空气充满了上层空间，就会从遮阳蓬下溢出排向室外大气，而如果温度远高于大气温度，通过覆盖面向大气散热。合议组认为：由本申请说明书中可知，所述的透明覆盖封闭面所起的作用是笼罩收集和导向的作用，阳光对空气及蒸发池中水的加温，以及水变成蒸汽也是需要一个收集过程的，在此过程中湿热蒸汽不能随意散出，而通过覆盖面的传导过程相对较慢，其散热必然会受到影响。而本申请说明书中并未给出如何控制覆盖面中空气温度的内容，也没有给出如何在本申请的气旋式能量转换系统处于工作状态时保证覆盖面中的放热体正常工作的内容。至于复审请求人在意见陈述书中所述的在透明覆盖物上开窗等解决方案在本申请说明书和权利要求书中并无披露。

综上，本申请说明书中给出的技术方案是含糊不清的，本领域技术人员根据说明书记载的内容无法具体实施所述的方案并用来解决本发明所要解决的技术问题，因此本申请说明书没有对发明作出清楚、完整的说明，不符合专利法第26条第3款的规定。

根据以上事实和理由，本案合议组作出如下审查决定。

**三、决定**

维持国家知识产权局于2003年3月7日对98115434.4号发明专利申请作出的驳回决定。

复审请求人对本决定不服的，可以根据专利法第41条第2款的规定，自收到本决定之日起3个月内向北京市第一中级人民法院起诉。

149

# 唇间吸收装置

## 复审请求审查决定（第 11927 号）

**决　定　号**　第 11927 号
**决　定　日**　2007 年 11 月 7 日
**发明创造名称**　唇间吸收装置
**国际分类号**　A61F 13/15
**复审请求人**　宝洁公司
**申　请　号**　01821798.2
**申　请　日**　2001 年 1 月 24 日
**公　开　日**　2004 年 3 月 31 日
**合议组组长**　王丽颖
**主　审　员**　王伟艳
**参　审　员**　刘　妍

**法律依据**　专利法第 22 条第 3 款
**决定要点**

如果权利要求的技术方案与对比文件存在区别技术特征，但现有技术给出将上述区别技术特征应用到对比文件的技术启示，亦即该区别技术特征的引入并未给本申请权利要求的技术方案带来突出的实质性特点和显著的进步，则该权利要求不具备专利法第 22 条第 3 款规定的创造性。

**一、案由**

本复审请求涉及申请日为 2001 年 1 月 24 日，公开日为 2004 年 3 月 31 日，进入国家阶段日期为 2003 年 7 月 7 日，名称为“唇间吸收装置”、申请号为 01821798.2 的发明专利申请（下称本申请），申请人是宝洁公司。

经实质审查，国家知识产权局原实质审查部门于 2005 年 2 月 4 日驳回了本申请。驳回理由是本申请权利要求 1~14、16~18 不符合专利法第 22 条第 3 款的规定。

驳回决定所依据的文本是申请人 2004 年 5 月 14 日提交权利要求书第 1~18 项，2004 年 12 月 17 日提交的说明书第 1 页、进入国家阶段时提交的国际申请文件的说明书第 2~17 页、说明书附图第 1~5页以及摘要。

驳回决定所针对的权利要求书如下：

“1. 唇间吸收装置，该吸收装置具有一个体触表面、一个与体触表面相对的朝向衣服表面、一个内部区域和一个环绕内部区域的周边区域，体触表面可透过液体，该唇间吸收装置包括：

吸收组件，该吸收组件设置在朝向衣服表面与体触表面之间，该吸收组件具有一个朝向身体表面和一个与朝向身体表面相对的朝向衣服表面；

其中，该唇间吸收装置在内部区域的体触表面上有一个凸面部分，在内部区域的朝向衣服表面上有一个凹面部分，凸面部分与凹面部分形成面对面的关系。

2. 如权利要求 1 所述的唇间吸收装置，其中该吸收组件为一个吸收芯，该吸收芯具有一个朝向身体表面和一个与朝向身体表面相对的朝向衣服表面，该唇间装置还包括一个可透过液体的顶层，该顶层设置在吸收芯的朝向身体表面上，其中该顶层具有一体触表面。

3. 如权利要求 2 所述的唇间吸收装置，还包括不可透过液体的底层，该底层设置在吸收芯的朝向衣服表面上，其中该底层具有一朝向衣服表面。

4. 如权利要求 3 所述的唇间吸收装置，其中该顶层、吸收芯和底层分层叠成层压结构。

5. 如权利要求 1 所述的唇间吸收装置，其中该凸面部分和该凹面部分成圆顶状、圆锥体状或柱状。

6. 如权利要求 1 所述的唇间吸收装置，其中周边区域的体触表面在水平面之内。

7. 如权利要求 1 所述的唇间吸收装置，其中周边区域的体触表面与水平面成一定角度。

8. 如权利要求 1 所述的唇间吸收装置，其中该唇间吸收装置的纵向长度为约 60 毫米至约 150 毫米，横向宽度为约 20 毫米至约 80 毫米。

9. 如权利要求 8 所述的唇间吸收装置，其中，装置的凸面部分的纵向长度与装置的纵向长度之比为约 1：1. 1 至约 1：10。

10. 如权利要求 9 所述的唇间吸收装置，其中凸面部分的纵向长度为约 10 毫米至约 80 毫米。

11. 如权利要求 8 所述的唇间吸收装置，其中凸面部分的高度为约 5 毫米至约 50 毫米。

12. 如权利要求 1 所述的唇间吸收装置，其中唇间吸收装置的周边区域具有一个环形边缘，该环形边缘成圆环形、椭圆形、三角形、长方形或葫芦形。

13. 制造唇间吸收装置的方法，该唇间装置具有一个体触表面、一个与体触表面相对的朝向衣服表面、一个内部区域、一个环绕内部区域的周边区域、一个在内部区域中位于体触表面上的凸面部分、一个在内部区域中位于朝向衣服表面上的凹面部分，并且凸面部分与凹面部分成面对面的关系，该方法包括以下步骤：

提供两个吸收组件，每一组件都有相对的第一表面和第二表面，该两个吸收组件的第一表面形成面对面的关系；

沿预定缝合线将两个吸收组件的一部份缝合，使该两个吸收组件形成凸面部分和凹面部分。

14. 如权利要求 13 所述的方法，其中该两个吸收组件的第一表面和第二表面两者中的一个是可透过液体的。

15. 如权利要求 14 所述的方法，其中该两个吸收组件的第一表面可透过液体，该方法还包括将两个吸收组件翻转的步骤，该步骤用以暴露两个吸收组件的第一表面。

16. 如权利要求 13 所述的方法，其中两个吸收组件由具有相对的第一与第二表面和一条预定折叠线的一个整体吸收组件形成；提供两吸收组件的步骤包括：提供整体吸收组件、沿预定折叠线折叠该整体吸收组件。

17. 如权利要求 13 所述的方法，其中该吸收组件包括可透过液体的顶层材料和吸收芯材料，这两种材料成层状排列。

18. 唇间吸收装置，该吸收装置具有一个体触表面、一个与体触表面相对的朝向衣服表面、一个内部区域和一个环绕内部区域的周边区域，体触表面可透过液体，该唇间吸收装置包括适于使用者手指插入的凹面部分。”

申请人（下称请求人）对上述驳回决定不服，于2005年4月21日向专利复审委员会提出复审请求。请求人在提交复审请求时修改了权利要求，删除了原权利要求13~17，保留了原权利要求1~12、18，将其重新按顺序编号为权利要求1~13，同时提交了说明书第1页替换页。

经形式审查合格，专利复审委员会受理了该复审请求，并于2005年6月2日向复审请求人发出了复审请求受理通知书及向原审查部门发出前置审查通知书。

在前置审查中，针对复审请求人的复审理由，国家知识产权局原实质审查部门认为申请人提交的新的修改文本没有克服审查员在驳回决定中指出的不具备创造性的问题，因而坚持原驳回决定。

专利复审委员会依法成立合议组对本案进行复审，合议组于2007年4月24日向复审请求人发出复审通知书，指出的主要内容为：权利要求1请求保护一种唇间吸收装置，对比文件1（US4595392A）公开了一种唇间吸收垫，并公开了权利要求1中的吸收组件等大部分技术特征。权利要求1与对比文件1的区别在于，权利要求1中周边区域环绕内部区域，而对比文件1中周边区域位于内部区域两侧。为了更好地防止体液泄漏，本领域技术人员很容易想到将周边区域环绕内部区域，因此，在对比文件1的基础上结合公知常识得出本申请权利要求1的技术方案对本领域普通技术人员来说是显而易见的，权利要求1不具备创造性。相应地，权利要求2~13也不具备创造性。另外，针对复审请求人意见陈述书中所陈述的主张，合议组进行了评述，说明了对其主张不予支持的具体理由。

2007年6月5日，请求人提交了针对复审通知书的意见陈述书，陈述了权利要求1相对于对比文件1具有创造性的具体理由，并同时提交了权利要求书替换页，仅对权利要求1进行了修改，修改后的权利要求书如下：

“1. 唇间吸收装置，该吸收装置具有一个体触表面、一个与体触表面相对的朝向衣服表面、一个内部区域和一个环绕内部区域的周边区域，体触表面可透过液体，该唇间吸收装置包括：

吸收组件，该吸收组件设置在朝向衣服表面与体触表面之间，该吸收组件具有一个朝向身体表面和一个与朝向身体表面相对的朝向衣服表面；

其中，该唇间吸收装置有：一个凸面部分，该凸面部分形成在所述内部区域内的体触表面上；和一个凹面部分，该凹面部分在内部区域的朝向衣服表面上，所述凸面部分与凹面部分以面对面的关系形成在所述内部区域内。

2. 如权利要求1所述的唇间吸收装置，其中该吸收组件为一个吸收芯，该吸收芯具有一个朝向身体表面和一个与朝向身体表面相对的朝向衣服表面，该唇间装置还包括一个可透过液体的顶层，该顶层设置在吸收芯的朝向身体表面上，其中该顶层具有一体触表面。

3. 如权利要求2所述的唇间吸收装置，还包括不可透过液体的底层，该底层设置在吸收芯的朝向衣服表面上，其中该底层具有一朝向衣服表面。

4. 如权利要求3所述的唇间吸收装置，其中该顶层、吸收芯和底层分层叠成层压结构。

5. 如权利要求1所述的唇间吸收装置，其中该凸面部分和该凹面部分成圆顶状、圆锥体状或柱状。

6. 如权利要求1所述的唇间吸收装置，其中周边区域的体触表面在水平面之内。

7. 如权利要求1所述的唇间吸收装置，其中周边区域的体触表面与水平面成一定角度。

8. 如权利要求1所述的唇间吸收装置，其中该唇间吸收装置的纵向长度为约60毫米至约150毫米，横向宽度为约20毫米至约80毫米。

9. 如权利要求8所述的唇间吸收装置，其中，装置的凸面部分的纵向长度与装置的纵向长度之比为约 1：1.1 至约 1：10。

10. 如权利要求 9 所述的唇间吸收装置，其中凸面部分的纵向长度为约 10 毫米至约 80 毫米。

11. 如权利要求 8 所述的唇间吸收装置，其中凸面部分的高度为约 5 毫米至约 50 毫米。

12. 如权利要求 1 所述的唇间吸收装置，其中唇间吸收装置的周边区域具有一个环形边缘，该环形边缘成圆环形、椭圆形、三角形、长方形或葫芦形。

13. 唇间吸收装置，该吸收装置具有一个体触表面、一个与体触表面相对的朝向衣服表面、一个内部区域和一个环绕内部区域的周边区域，体触表面可透过液体，该唇间吸收装置包括适于使用者手指插入的凹面部分。"

至此，合议组认为本案事实已经清楚，可以依法作出审查决定。

**二、决定的理由**

1. 审查文本的确定

复审请求人于 2007 年 6 月 5 日提交的经修改的权利要求书符合专利法第 33 条及专利法实施细则第 60 条的规定。因此，此次复审决定书所依据的文本是请求人于 2005 年 4 月 21 日提交的说明书第 1 页，进入国家阶段时提交的国际申请文件的说明书第 2~17 页，于 2007 年 6 月 5 日提交的权利要求书第 1~13 项，进入国家阶段时提交的国际申请文件的说明书附图第 1~5 页、摘要以及摘要附图。

2. 关于专利法第 22 条第 3 款

专利法第 22 条第 3 款规定：发明的创造性，是指同申请日以前已有的技术相比，该发明有突出的实质性特点和显著的进步。

（1）权利要求 1 请求保护一种唇间吸收装置，对比文件 1（US4595392A，公开日为 1986 年 6 月 17 日）公开了一种唇间吸收垫（参见说明书第 2 栏第 23 行至 60 行，权利要求书以及附图 1~3），该唇间吸收垫包括一个面对阴唇的体触表面、一个与体触表面相对的底面，即朝向衣服表面，一个中央处理部分 3（相当于本申请的内部区域）和一个处于中央处理部分 3 两侧的周边区域 10，该唇间吸收垫包括一个吸收芯 6（相当于本申请的吸收组件），该吸收芯设置于透液层 2 和不透液层 8 之间，即处于朝向衣服表面与体触表面之间，该吸收芯包括一个朝向阴唇的表面和一个与朝向阴唇表面相对的朝向衣服表面。该唇间吸收垫在中央处理部分 3 上有一凸面部分，在中央处理部分 3 的朝向衣服表面上有一个凹面部分 4，该凸面部分和凹面部分形成面对面的关系（相当于本申请的凸面部分与凹面部分以面对面的关系形成在所述内部区域内）。

由此可见，本申请权利要求 1 的大部分技术特征已经被对比文件 1 所公开，权利要求 1 与对比文件 1 的区别在于，权利要求 1 中周边区域环绕内部区域，而对比文件 1 中周边区域位于内部区域两侧。上述区别技术特征使本申请权利要求的技术方案能够解决更好地防止体液泄漏的技术问题。然而对比文件 1 公开的周边区域位于内部区域两侧目的是防止体液泄漏，这与周边区域环绕内部区域在本发明中所起的作用相同。为了更好地防止体液泄漏，本领域技术人员很容易想到将周边区域环绕内部区域，如在 CN2393517Y（授权公告日为 2000 年 8 月 30 日）的专利文献中就公开了上述技术特征，因此，在对比文件 1 的基础上结合公知常识得出本申请权利要求 1 的技术方案对本领域普通技术人员来说是显而易见的，权利要求 1 不具备创造性。

对于请求人认为"对比文件 1 突起的圆柱形部分没有设置在内部区域内部，而是形成在周边区域内"的主张，合议组认为：由于对比文件 1 的突起的圆柱形部分在中央处理部分 3 内，中央处理部分 3 相当于本申请的内部区域，因此，对比文件 1 突起部分形成在内部区域，而且在评价权利要求 1 的创造性时已经指出权利要求 1 与对比文件 1 的区别在于"权利要求 1 中周边区域环绕内部区域，而对比文件 1 中周边区域位于内部区域两侧"，所述区别特征为公知常识。因此，请求人的上述主张不能成立。

（2）从属权利要求2~6、12不具备创造性。

对比文件1公开了下述技术特征（参见说明书第2栏第23行至60行，权利要求书以及附图1~3）：“吸收芯6具有一个朝向身体表面和一个于朝向身体表面相对的朝向衣服表面，在吸收芯的朝向身体的表面上设置有透液层2，该透液层具有体触表面”；“不透液层8设置在吸收芯的朝向衣服表面上，其具有一朝向衣服表面”；“唇间吸收垫具有透液层、吸收芯和不透液层分层层压结构”；“中心处理部分3上形成有圆柱状凸面部分”；“周边区域10的体触表面在水平面内”；“周边区域具有环形边缘，该环形边缘成圆环形”。由此可见，对比文件1公开了权利要求2~6、12的附加技术特征，权利要求2~6、12直接或间接地从属于权利要求1，在权利要求1相对于对比文件1和公知常识的结合不具备创造性的情况下，权利要求2~6、12也不具备创造性。

（3）从属权利要求7的附加技术特征为“其中周边区域的体触表面与水平面成一定角度”然而该技术特征是本领域普通技术人员很容易想到的，如在EP1016392A（公开日为2000年7月5日）的专利文献中就公开了类似特征（参见说明书附图1-7b），且该技术特征所起的作用与其在本申请中的作用相同。因此，在其引用的权利要求1不具备创造性的情况下，权利要求7也不具备创造性。

（4）从属权利要求8~11的附加技术特征分别对唇间装置的纵向、横向长度和凸面部分的纵向长度、高度以及装置与凸面部分纵向长度的比例进行了限定，这些数值的确定是本领域技术人员通过有限的试验即可确定的，属于常规选择，如在US5961508A（公开日为1999年10月5日）的专利文献中就对突起吸收单元30的长度和宽度等进行了选择，而且从本申请的说明书中也看不出这些数值的选择能够给本申请带来预料不到的技术效果，属于常规选择。权利要求8~11直接或间接地从属于权利要求1，因此，在其引用的权利要求不具备创造性的情况下，权利要求8~11也不具备创造性。

（5）权利要求13请求保护一种唇间吸收装置。对比文件1公开了一种唇间吸收垫（参见说明书第2栏第23行至60行，权利要求书以及附图1~3），该唇间吸收垫包括一个面对阴唇的体触表面、一个与体触表面相对的底面，即朝向衣服表面，一个中心处理部分3（相当于本申请的内部区域）和一个处于中间处理部分3两侧的周边区域10，体触表面可透过液体，该唇间吸收垫包括一个适于使用者手指插入的凹面部分4。由此可见，本申请权利要求13的大部分技术特征已经被对比文件1所公开，权利要求13与对比文件1的区别在于，权利要求13中周边区域环绕内部区域，对比文件1中周边区域位于内部区域两侧。正如评价权利要求1的创造性中所述，该区别技术特征为公知常识。因此，权利要求13相对于对比文件1和公知常识的结合也不具备创造性。

综上所述，本申请权利要求1~13均不符合专利法第22条第3款的规定。

**三、决定**

复审请求人对01821798.2号发明专利申请的复审请求不成立，维持原驳回决定。

复审请求人如对本复审决定不服，可以根据专利法第41条第2款的规定，在收到本决定之日起三个月内向北京市第一中级人民法院起诉。

150

# 塑料容器及用其供应摄影处理化学材料的方法和装置

## 复审请求审查决定（第11957号）

**决 定 号** 第11957号
**决 定 日** 2007年12月5日
**发明创造名称** 塑料容器及用其供应摄影处理化学材料的方法和装置
**国 际 分 类 号** G03D 3/06，B65D 1/02，G03D 13/02
**复 审 请 求 人** 富士胶片株式会社
**申 请 号** 99103483.X
**申 请 日** 1999年3月31日
**优 先 权 日** 1998年3月31日
**公 开 日** 1999年10月6日
**合 议 组 组 长** 李 隽
**主 审 员** 郭鹏鹏
**参 审 员** 徐洁玲

**法 律 依 据** 专利法第22条第3款
**决 定 要 点**

如果发明是所属技术领域的技术人员在现有技术的基础上仅仅通过合乎逻辑的分析、推理或者有限的试验可以得到的，并且由此获得的技术效果也是能够预见的，则该发明是显而易见的，不具备创造性。

### 一、案由

本复审请求案涉及申请人富士写真胶片株式会社于1999年3月31日申请，1999年10月6日公开，名称为“塑料容器及用其供应摄影处理化学材料的方法和装置”的第99103483.X号发明专利申请（下称本申请），其优先权日为1998年3月31日。2007年5月11日，本申请的申请人变更为富士胶片株式会社。

国家知识产权局原审查部门于2002年12月27日发出第一次审查意见通知书，认为本申请权利要求1~20不具备专利法第22条第3款所规定的创造性，权利要求12、13、20不符合专利法第31条第1款的规定。

申请人于2003年7月4日提交了意见陈述书及权利要求书、说明书以及说明书摘要替换页，新的权利要求书包括权利要求第1~15项。申请人认为，新的权利要求1相对于对比文件1、2的结合具备创造性，新的权利要求7、8、15相对于对比文件1、2、3具有创造性。

2005年5月13日，针对申请人于2003年7月4日提交的权利要求第1~15项和说明书第1~21页、说明书摘要以及申请日提交的说明书附图和摘要附图，国家知识产权局以权利要求1~15不符合专利法第22条第3款的规定为由，驳回了本申请。驳回决定针对的权利要求书如下：

“1. 一种塑料容器（10），包括：

一个底部（10d），其具有大体矩形底面的底部；

一个筒体部分（10c），其由四个从底面的各个侧边垂直向上升起的平直的平面形成，并且其大体为矩形管状形状；

一个嘴部（10a），其水平截面积比筒体部分的截面积小；以及

一个肩部（10b），其从筒体部分向嘴部逐渐变窄；

其特征在于：

所述塑料容器的容量为800~3000毫升；

所述筒体部分的平均厚度为0.2~0.7毫米；

所述筒体长度H与筒体水平截面的外部四周形成的矩形的对角线的长度L的比例（H/L）为2~4；

由所述筒体部分的水平截面的外部四周形成的矩形的每一个顶点呈弧形，顶点的曲率半径R为3~20毫米。

2. 按照权利要求1的塑料容器（10），其特征在于，其中所述塑料容器是由HDPE制造的。

3. 按照权利要求1的塑料容器（10），其特征在于，其中所述塑料容器是由LDPE制造的。

4. 按照权利要求1~3任一所述的塑料容器（10），其特征在于，其中所述的塑料容器底部（10d）的平均厚度为0.8~5毫米。

5. 按照权利要求4的塑料容器（10），其特征在于，其中所述塑料容器是通过注射吹模方法模制而成的。

6. 按照权利要求1的塑料容器（10），其特征在于，其中所述塑料容器容纳在一个箱子中，箱子的内表面具有一定的长度和宽度，能够被仅仅包装在其中的塑料容器的数目为整数个。

7. 用于容纳摄影处理化学材料的塑料容器，包括：

一个底部（10d），其具有大体矩形底面的底部；

一个筒体部分（10c），其由四个从底面的各个侧边垂直向上升起的平直的平面形成，并且其大体为矩形管状形状；

一个嘴部（10a），其水平截面积比筒体部分的截面积小；以及

一个肩部（10b），其从筒体部分向嘴部逐渐变窄；

其特征在于：

所述塑料容器的容量为800~3000毫升

所述筒体部分的平均厚度为0.2~0.7毫米；

所述（US5092474A，授权公告日为1992年3月3日）；

由所述筒体部分的水平截面的外部四周形成的矩形的每一个顶点呈弧形，顶点的曲率半径R为3~20毫米；以及

一个排出口，其设置在嘴部的内周，并且被一个密封元件封闭，其可以被一个管状体或杆状体冲开。

8. 使用按照权利要求7所述塑料容器用于供应摄影处理化学材料的方法，包括如下步骤：

将所述充满处理化学材料的、用于处理化学材料的容器保持在自动处理器的补充罐的上面，以便

容器的排出口向下；并且

用一个管状体，通过从下面冲压，打开所述用于摄影处理化学材料容器的密封元件，并且打开所述排出口。

9. 按照权利要求 8 的供应摄影处理化学材料的方法，还包括下面的步骤：

通过设置在所述管状体上的排放孔，向所述用于摄影处理化学材料的容器内排放洗涤水，洗涤所述用于摄影处理化学材料的容器。

10. 按照权利要求 8 的供应摄影处理化学材料的方法，其中塑料容器的所述排出口放置在自动处理器内，其中所述排出口从容纳所述塑料容器箱子的开口部分伸出。

11. 按照权利要求 10 的供应摄影处理化学材料的方法，其中，在所述箱子的上部边缘和下部边缘设置刻痕，而不是设置在所述塑料容器的插入方向的前表面上的纵向中心轴上。

12. 按照权利要求 10 的供应摄影处理化学材料的方法，其中，刻痕沿所述塑料容器的插入方向设置在所述箱子的侧缘部分。

13. 按照权利要求 10 的供应摄影处理化学材料的方法，其中，所述箱子是用波面纸和塑料之一制造的。

14. 按照权利要求 10 的供应摄影处理化学材料的方法，其中所述塑料容器与所述箱子模制成整体。

15. 使用按照权利要求 7 所述塑料容器、用于向自动处理器供应摄影处理化学材料的装置，包括：

保持装置，其将充满摄影处理化学材料的容器保持在自动处理器的补充罐的上面，以便容器的排出口向下；

一个管状体，其安装在所述自动处理器上，以便所述管状体能够升高和降低，所述管状体从被所述保持装置保持的所述用于摄影处理化学材料容器的密封元件下面压入，并且打开所述排出口；

一个设置在所述管状体上的排放孔；以及

供应装置，其设置在所述自动处理器上，并且向所述管状体供应洗涤水，并且通过所述排放孔排放洗涤水。”

驳回决定认为：（1）权利要求 1 要求保护一种塑料容器，对比文件 1（CN1121698A，公开日为 1996 年 5 月 1 日）公开了一种塑料容器，包括：一个底部，一个大体为矩形管状的筒体部分，一个嘴部，以及一个肩部，筒体部分的平均厚度为 0.2～0.5 毫米，使用 HDEP 一类塑料吹塑成形，其筒体部分的长度 H 与筒体部分水平截面的外部四周形成的矩形对角线的长度 L 的比例约为 2～4（参见对比文件 1 中的图 1～8、说明书摘要）。权利要求 1 与对比文件 1 的区别在于：权利要求 1 中将所述塑料容器 1 的容量限定为 800～3000 毫升，并且将筒体部分的水平截面的外部四周形成的矩形的每一个顶点的曲率半径 R 限定为 3～20 毫米。对比文件 2（US5092474A，授权公告日为 1992 年 3 月 3 日）也公开了一种塑料容器，该容器包括：一个底部，一个大体为矩形管状形的筒体部分，一个嘴部，一个肩部，由筒体部分的水平截面的外部四周形成的矩形的每一个顶点呈弧形并且每一个顶点的曲率半径 R 为 0.5～0.75 英寸即 12.7～19.05 毫米，该容器的容量约为 40～48 盎司即1100～1364毫升。可见，权利要求 1 与对比文件 1 的两个技术特征已经被对比文件 2 公开。对比文件 1 和对比文件 2 已经披露了权利要求 1 的全部技术特征，在对比文件 1 的基础上结合对比文件 2 得出权利要求 1 的技术方案对于本领技术人员来说是显而易见的，所以权利要求 1 不符合专利法第 22 条第 3 款规定的创造性。(2) 引用权利要求 1 的权利要求 2～6、附加技术特征也被对比文件 1 和 2 公开，基于同样理由，权利要求 2～6 请求保护的技术方案也不具备专利法第 22 条第 3 款规定的创造性。 （3）对比文件 3

（US5640643A，授权公告日为1997年6月17日）公开了一种盛放摄影处理化学材料的塑料容器以及使用该容器的装置和方法。权利要求7~15与对比文件3公开的内容的区别在于：权利要求7~15中的塑料容器的容量被限定为800到3000毫升、筒体部分的平均厚度被限定为0.2到0.7毫米、筒体长度H与筒体水平截面的外部四周形成的矩形的对角线的长度L的比例（H/L）为2到4、筒体部分的水平截面的外部四周形成的矩形的每一个顶点的曲率半径R限定为3到20毫米。上述区别技术特征已经被对比文件1和对比文件2公开，且对比文件1~3属于相关的技术领域，本领域技术人员很容易将对比文件1和2中的塑料容器应用于对比文件3得出权利要求7~15所要求保护的技术方案，所以权利要求7~15不具备创造性。

请求人对上述驳回决定不服，于2005年8月29日向专利复审委员会提出复审请求，请求人在提出复审请求时提交了新的权利要求第1~15项以及说明书第3~5页的修改替换页。请求人认为：（1）对比文件1和2的共同之处是都为塑料容器，但是对比文件2中的容器是厚壁容器，因此，本发明和对比文件1中薄壁容器刚度减少的问题不会发生在对比文件2中，所以很难将对比文件2中厚壁的形状尤其是内部容积和弧度调节为对比文件1中的薄壁容器；所以，权利要求1的技术方案相对于对比文件1和2具有创造性。（2）对比文件中没有提及对瓶子的干燥，本发明中则可以通过同一套管路对瓶子内部实行清洗和干燥。

形式审查合格后，专利复审委员会受理了该复审请求，并于2005年9月21日向请求人发出复审请求受理通知书，随后将本申请转送国家知识产权局原审查部门进行前置审查。

国家知识产权局原审查部门对本复审请求进行了前置审查，坚持原驳回决定。

专利复审委员会组成合议组对本复审请求案进行了审理，于2007年2月6日向请求人发出复审通知书。复审通知书指出：（1）权利要求1请求保护一种塑料容器。对比文件1（CN 1121698A公开日为1996年5月1日）也公开了一种塑料容器，与对比文件1相比，权利要求1要求保护的技术方案区别特征在于：该塑料容器的容量为800~3000毫升，筒体长度H与筒体水平截面的外部四周形成的矩形的对角线的长度L之比为2~4，筒体部分的水平截面的外部四周形成的矩形的每一个顶点成弧形，顶点的曲率半径R为3~20毫米。对比文件2（US 5092474A，公告日为1992年3月3日）也公开了一个轻型塑料容器，该容器同样由一个大体矩形的底面、大体矩形管状的筒体部分、水平截面积比筒体截面积小的嘴部以及从筒体向嘴部逐渐变窄的肩部组成。对比文件2还具体公开了：该容器的容积为48盎司（单位换算后为1419毫升），筒体部分的水平截面的外部形成的矩形的每个顶点的曲率半径为0.5~0.75英寸（单位换算后为12.7~19.05毫米），筒体部分的水平截面的外部形成的矩形的每个顶点都呈曲率半径为12.7~19.05毫米的弧形，该技术特征在对比文件2中起到了增强该塑料容器筒体部分强度和硬度的作用。此外，权利要求1中筒体长度H与筒体水平截面的外部四周形成的矩形的对角线的长度L之比为2~4这一技术特征，是本领域技术人员在制作此类塑料容器时常规选择的比例范围。所以，在对比文件1的基础上结合对比文件2及本领域的公知常识，得到权利要求1要求保护的技术方案，并预期其具有相同的技术效果，对本领域技术人员来说是显而易见的。因此，本申请权利要求1不符合中国专利法第22条第3款有关创造性的规定。（2）权利要求2~6引用权利要求1，其附加技术特征或被对比文件1公开或为本领域的常规手段，所以在权利要求1具备创造性的前提下，权利要求2~6也不具备创造性。（3）权利要求7请求保护一种塑料容器。对比文件1（CN 1121698A公开日为1996年5月1日）也公开了一种塑料容器，与对比文件1相比，权利要求7要求保护的技术方案区别特征在于：该塑料容器的容量为800-3000毫升，筒体长度H与筒体水平截面的外部四周形成的矩形的对角线的长度L之比为2~4，筒体部分的水平截面的外部四周形成的矩形的每一个顶点成弧形，顶点的曲率半径R为3~20毫米，嘴部内周设置一个排出口，并被一个密封元件封闭，其可以被一个管状体或者杆状体冲开。对比文件3

（US 5640643A 公告日为 1997 年 6 月 17 日）也公开了一种化学材料的容器，该容器的嘴部内周设置有一个排出口，该排出口被一膜密封，当该密封膜被管状喷嘴从下面冲击打开，容器中的液体流出（参见对比文件 3 说明书第 2 栏第 3 栏第 53~63 行）；可见，对比文件 3 已公开了上述第四个区别技术特征，且该技术特征在对比文件 3 中与在本申请中作用相同。所以，在对比文件 1 的基础上结合对比文件 2、3 及本领域的公知常识得到权利要求 7 要求保护的技术方案，并预期其具有相同的技术效果，对本领域技术人员来说是显而易见的，权利要求 7 不符合中国专利法第 22 条第 3 款有关创造性的规定。（4）权利要求 8 要求保护一种供应摄影处理化学材料的方法。对比文件 3（US 5640643A 公告日为 1997 年 6 月 17 日）也公开了一种供应摄影处理化学材料的方法。与对比文件 3 相比，权利要求 8 要求保护的技术方案的区别仅在于，权利要求 8 的技术方案中使用容器的是权利要求 7 要求保护的塑料容器。然而，对比文件 3 给出了这样的教导：可以使用容纳化学材料的容器，通过其中公开的步骤向需要的系统中供应摄影处理化学材料。对于本领域技术人员来说，利用形状不同的容纳化学材料容器通过相同的步骤和装置供应化学材料，是可以通过常规的手段实现的，无须创造性的劳动。因此，基于前述相同的理由，权利要求 8 也不符合中国专利法第 22 条第 3 款有关创造性的规定。（5）权利要求 9~14 直接或间接引用权利要求 8，其附加技术特征或被对比文件 3 公开，或为本领域常规手段，所以权利要求 9~14 也不符合专利法第 22 条第 3 款的规定。（6）权利要求 15 请求保护一种向自动处理器供应摄影处理化学材料的装置。对比文件 3（US 5640643A 公告日为 1997 年 6 月 17 日）也公开了一种供应摄影处理化学材料的装置。与对比文件 3 相比，权利要求 15 要求保护的技术方案的区别仅在于，权利要求 15 要求保护的装置上使用容器的是特定的，是权利要求 7 要求保护的塑料容器。然而，对比文件 3 给出了这样的教导：用其中公开装置可以由容纳化学材料的容器向需要的系统内供应摄影处理化学材料。对于本领域技术人员来说，使用相同的装置利用形状不同的容器来供应化学材料，是可以通过常规的手段实现的，无须创造性劳动。所以，在权利要求 7 要求保护的容器不具备创造性的前提下，权利要求 15 不符合专利法第 22 条第 3 款有关创造性的规定。

2007 年 3 月 21 日，请求人针对上述《复审通知书》提交了意见陈述书和新修改的权利要求书，修改后的权利要求书如下：

"1. 一种塑料容器（10），包括：

一个底部（10d），其具有大体矩形底面的底部；

一个筒体部分（10c），其由四个从底面的各个侧边垂直向上升起的内外表面平坦且厚度均一的四个平直面形成，并且其大体为矩形管状形状；

一个嘴部（10a），其水平截面积比筒体部分的截面积小；以及

一个肩部（10b），其从筒体部分向嘴部逐渐变窄；

其特征在于：

所述塑料容器的容量为 800~3000 毫升

所述筒体部分的平均厚度为 0.2~0.7 毫米；

所述筒体长度 H 与筒体水平截面的外部四周形成的矩形的对角线的长度 L 的比例（H/L）为 2~4；

由所述筒体部分的水平截面的外部四周形成的矩形的每一个顶点呈弧形，顶点的曲率半径 R 为 3~20 毫米。

2. 按照权利要求 1 的塑料容器（10），其特征在于，其中所述塑料容器是由 HDPE 制造的。

3. 按照权利要求 1 的塑料容器（10），其特征在于，其中所述塑料容器是由 LDPE 制造的。

4. 按照权利要求 1~3 任一所述的塑料容器（10），其特征在于，其中所述的塑料容器底部

（10d）的平均厚度为0.8~5毫米。

5. 按照权利要求4的塑料容器（10），其特征在于，其中所述塑料容器是通过注射吹模方法模制而成的。

6. 按照权利要求1的塑料容器（10），其特征在于，其中所述塑料容器容纳在一个箱子中，箱子的内表面具有一定的长度和宽度，能够被仅仅包装在其中的塑料容器的数目为整数个。

7. 用于容纳摄影处理化学材料的塑料容器，包括：

一个底部（10d），其具有大体矩形底面的底部；

一个筒体部分（10c），其由四个从底面的各个侧边垂直向上升起的内外表面平坦且厚度均一的四个平直面形成，并且其大体为矩形管状形状；

一个嘴部（10a），其水平截面积比筒体部分的截面积小；以及

一个肩部（10b），其从筒体部分向嘴部逐渐变窄；

其特征在于：

所述塑料容器的容量为800~3000毫升

所述筒体部分的平均厚度为0.2~0.7毫米；

所述（US5092474A，授权公告日为1992年3月3日）；

由所述筒体部分的水平截面的外部四周形成的矩形的每一个顶点呈弧形，顶点的曲率半径R为3~20毫米；以及

一个排出口，其设置在嘴部的内周，并且被一个密封元件封闭，其可以被一个管状体或杆状体冲开。

8. 使用按照权利要求7所述塑料容器用于供应摄影处理化学材料的方法，包括如下步骤：

将所述充满处理化学材料的、用于处理化学材料的容器保持在自动处理器的补充罐的上面，以便容器的排出口向下；并且

用一个管状体，通过从下面冲压，打开所述用于摄影处理化学材料容器的密封元件，并且打开所述排出口；

在容器内的摄影处理化学材料被排放完毕后，将与所述管状体相通的一个洗涤水管接通，用洗涤水对容器内部进行洗涤；

洗涤后关闭所述洗涤水管，将与所述管状体相通的一个干燥空气管接通，用热排放空气对容器进行干燥。

9. 按照权利要求8的供应摄影处理化学材料的方法，还包括下面的步骤：

通过设置在所述管状体上的排放孔，向所述用于摄影处理化学材料的容器内排放洗涤水，洗涤所述用于摄影处理化学材料的容器。

10. 按照权利要求8的供应摄影处理化学材料的方法，其中塑料容器的所述排出口放置在自动处理器内，其中所述排出口从容纳所述塑料容器箱子的开口部分伸出。

11. 按照权利要求10的供应摄影处理化学材料的方法，其中，在所述箱子的上部边缘和下部边缘设置刻痕，而不是设置在所述塑料容器的插入方向的前表面上的纵向中心轴上。

12. 按照权利要求10的供应摄影处理化学材料的方法，其中，刻痕沿所述塑料容器的插入方向设置在所述箱子的侧缘部分。

13. 按照权利要求10的供应摄影处理化学材料的方法，其中，所述箱子是用波面纸和塑料之一制造的。

14. 按照权利要求10的供应摄影处理化学材料的方法，其中所述塑料容器与所述箱子模制成

整体。

15. 使用按照权利要求7所述塑料容器、用于向自动处理器供应摄影处理化学材料的装置，包括：

保持装置，其将充满摄影处理化学材料的容器保持在自动处理器的补充罐的上面，以便容器的排出口向下；

一个管状体，其安装在所述自动处理器上，以便所述管状体能够升高和降低，所述管状体从被所述保持装置保持的所述用于摄影处理化学材料容器的密封元件下面压入，并且打开所述排出口；

一个设置在所述管状体上的排放孔；以及

供应装置，其设置在所述自动处理器上，具有通过集合管相连的洗涤水管和干燥空气管；所述洗涤水管用于向所述管状体供应洗涤水，并且通过所述排放孔排放洗涤水；所述干燥空气管用于向所述管状体供应热排放空气，并通过所述排放孔排放该热排放空气。”

请求人在意见陈述书中指出：对比文件1中公开的容器其筒体部分的各个侧面是不是平坦的平直面，而是设置有特殊的凹部，这一区别技术特征提高了本发明中的容器内壁的易清洁性，对比文件2中的塑料容器也不是四个壁都是平坦的，本领域技术人员并不会显而易见地想到将对比文件1和2进行组合得到本申请权利要求1的技术方案。

经过上述审查程序，本案合议组认为，本案事实已经清楚，可以作出复审决定。

**二、决定的理由**

1. 关于审查文本

本复审决定是以下述文本为基础作出的：请求人于2007年3月21日提交的权利要求1~15项，2005年8月29日提交的说明书第3~5页，2003年7月4日提交的说明书第1、2、6~21页、说明书摘要，申请日提交的说明书附图1~7页以及摘要附图。

2. 关于创造性问题

专利法第22条第3款规定：创造性，是指同申请日之前已有的技术相比，该发明有突出的实质性特点和显著的进步。

如果发明是所属技术领域的技术人员在现有技术的基础上仅仅通过合乎逻辑的分析、推理或者有限的试验可以得到的，并且由此获得的技术效果也是能够预见的，则该发明是显而易见的，不具备创造性。

就本申请而言，权利要求1~7涉及塑料容器，权利要求8~14涉及一种供应摄影处理化学材料的方法，权利要求15涉及一种用于向自动处理器供应摄影处理化学材料的装置。

权利要求1要求保护一种塑料容器。对比文件1（CN 1121698A，公开日为1996年5月1日）也公开了一种塑料容器，该容器包括：一个具有大体矩形底面的底部；由四个从底面各侧边垂直向上升起的平直平面形成的筒体部分，该筒体部分大体为矩形管状；水平截面积比筒体部分截面积小的嘴部；从筒体部分向嘴部逐渐变窄的肩部；筒体部分的平均壁厚为0.2~0.6mm（参见对比文件1说明书第3页第22~23行、附图1以及说明书第6页第12~13行）。与对比文件1相比，权利要求1要求保护的技术方案区别特征在于：（1）该塑料容器的容量为800~3000毫升；（2）筒体长度H与筒体水平截面的外部四周形成的矩形的对角线的长度L之比为2~4；（3）筒体部分的水平截面的外部四周形成的矩形的每一个顶点成弧形，顶点的曲率半径R为3~20毫米；（4）形成筒体部分的四个平面是平坦的。根据本申请说明书的内容，筒体部分水平截面外部四周形成矩形的顶点制成具有一定曲率半径的弧形以及H/L比例范围的选择，起到了增强容器制支撑性和形状保持性的作用。对比文件2（US 5092474A，公告日为1992年3月3日）也公开了一个轻型塑料容器，该容器同样由一个大体矩形的底面、大体矩形管状的筒体部分、水平截面积比筒体截面积小的嘴部以及从筒体向嘴部逐渐变窄的肩部组成，并且该轻型塑料容器其筒体部分是由平滑的平面组成。对比文件2还具体公开了以下技术特征：（1）该容器的容积为48盎司（单位换算后为1419毫升）（参见对比文件2说明书第3栏第11~13行）；（2）筒体部分的水平截面的外部形成的矩形的每个顶点的曲率半径为0.5~0.75英寸（单位换算后为12.7~19.05毫米）（参见对比文件2说明书第3栏第36~39行）。对比文件2公开的塑料容器的容积落入了本申请权利要求1要求保护的范围之内；同时，对比文件2公开的塑料容器的筒体部分的水平截面的外部形成的矩形的每个顶点都呈曲率半径为12.7~19.05毫米的弧形，该技术特征在对比文件2中起到了增强该塑料容器筒体部分强度和硬度的作用，所以，对比文件2明确公开了：将具有大体矩形管状筒体的塑料容器的水平截面的外部矩形顶点塑造成弧形，可以增强筒体部分的强度和硬度；也就是说，对比文件2对本领域技术人员给出了这样的技术启示：将水平截面塑料容器筒体部分的外部矩形顶点塑造成弧形，能增强筒体部分的强度和硬度；并且，对比文件2公开的塑料容器筒体部分的两个侧面都是平滑平坦的平面，本领域技术人员在上述启示之下，无须创造性劳动即可得知，上述技术特征对于平滑平坦的平面来说也能起到相同的作用。并且对比文件2中公开的弧形顶点的曲率半径落入了本申请权利要求1要求保护的范围之内。而构成筒体部分的四个侧面均为平坦的平面是本领域中的常规选择。此外，权利要求1中筒体长度H与筒体水平截面的外部四周形成的矩形的对角线的长度L之比为2~4这一技术特征，是本领域技术人员在制作此类塑料容器时常规选择的比例范围。所以，在对比文件1的基础上结合对比文件2及本领域的公知常识，得到权利要求1要求保护的技术方案，并预期其具有相同的技术效果，对本领域技术人员来说是显而易见的。因此，权利要求1要求保护的技术方案相对于对比文件1、2和本领域公知常识的结合不具有突出的实质性特点和显著的进步，不符合专利法第22条第3款有关创造性的规定。

权利要求2引用权利要求1，其附加技术特征为“其中所述塑料容器是由HDPE制造的”。该技术特征已被对比文件1公开（参见对比文件1说明书第6页第12~13行），在其引用的权利要求1不具备创造性的前提下，基于相同的理由，权利要求2也不符合专利法第22条第3款有关创造性的规定。

权利要求3引用权利要求1，其附加技术特征为“其中所述塑料容器是由LDPE制造的”。对于本领域技术人员来说，低密度聚乙烯与高密度聚乙烯都是其在制作此类轻型塑料容器时常规选择的材料。所以，基于前述相同的理由，在对比文件1的基础上结合对比文件2及本领域的公知常识，得到权利要求3要求保护的技术方案，并预期其具有相同的技术效果，对本领域技术人员来说是显而易见的。因此，权利要求3不符合专利法第22条第3款有关创造性的规定。

权利要求4引用权利要求1~3，其附加技术特征是“其中所述该塑料容器底部（10d）的平均厚度为0.8到5毫米”。对于本领域技术人员来说，该技术特征是在制作此类轻型塑料瓶时常规选择的厚度范围。因此，在其引用的权利要求不具备创造性的前提下，基于相同的理由，权利要求4也不符合专利法第22条第3款有关创造性的规定。

权利要求5引用权利要求4，其附加技术特征为“其中所述塑料容器是通过注射吹模方法模制而成的”。该技术特征已被对比文件1公开（参见对比文件1说明书第6页第12~13行），在其引用的权利要求1不具备创造性的前提下，基于相同的理由，权利要求5也不符合专利法第22条第3款有关创造性的规定。

权利要求6引用权利要求1，其附加技术特征为“其中所述塑料容器容纳在一个箱子中，箱子的内表面具有一定的长度和宽度，能够被紧紧包装在其中的塑料容器的数目为整数个”。对于本领域技术人员来说，使用具有一定长度和宽度的箱子包装该塑料容器，确定该箱子的长度和宽度，使其中包装的特定塑料容器的数目为整数个并且包装紧密，是通过简单的逻辑分析计算和常规手段就可实现的；该技术特征是对本领域技术人员来说是常规技术手段。所以，在其引用的权利要求1不具备创造性的前提下，基于前述相同的理由，权利要求6要求保护的技术方案也也不符合专利法第22条第3款有关创造性的规定。

权利要求7请求保护一种塑料容器。对比文件1（CN 1121698A公开日为1996年5月1日）也公开了一种塑料容器，该容器包括：一个具有大体矩形底面的底部；由四个从底面各侧边垂直向上升起的平直平面形成的筒体部分，该筒体部分大体为矩形管状；水平截面积比筒体部分截面积小的嘴部；从筒体部分向嘴部逐渐变窄的肩部；筒体部分的平均壁厚为0.2~0.6mm（参见对比文件1说明书第3页第22~23行、附图1以及说明书第6页第12~13行）。与对比文件1相比，权利要求7要求保护的技术方案区别特征在于：（1）该塑料容器的容量为800~3000毫升；（2）筒体长度H与筒体水平截面的外部四周形成的矩形的对角线的长度L之比为2~4；（3）筒体部分的水平截面的外部四周形成的矩形的每一个顶点成弧形，顶点的曲率半径R为3~20毫米；（4）形成筒体部分的四个平面是平坦的；（5）嘴部内周设置一个排出口，并被一个密封元件封闭，其可以被一个管状体或者杆状体冲开。权利要求7要求保护的容器其嘴部的排出口和上面密封元件这一技术特征，起到的作用是当受到管状或杆状体冲击时，该密封元件可被打开，从而容器内部容纳的液体可被排出。对比文件3（US 5640643A公告日为1997年6月17日）也公开了一种化学材料的容器，该容器的嘴部内周设置有一个排出口，该排出口被一膜密封，当该密封膜被管状喷嘴从下面冲击打开，容器中的液体流出（参见对比文件3说明书第2栏第3栏第53~63行）；可见，对比文件3已公开了上述区别技术特征（5），且该技术特征在对比文件3中与在本申请中作用相同。所以，基于前述相同的理由，在对比文件1的基础上结合对比文件2、3及本领域的公知常识得到权利要求7要求保护的技术方案，并预期其具有相同的技术效果，对本领域技术人员来说是显而易见的。因此，权利要求7不符合专利法第22条第3款有关创造性的规定。

对于请求人在答复复审通知书时陈述的意见，合议组认为：虽然对比文件1中的塑料容器，其形成筒体部分的四个平面上设置凹部与本申请不同，但是对比文件2中公开的塑料容器，其筒体部分是由光滑的平面形成的；虽然对比文件2中的塑料容器其有两个面上设有凹部，但是，对比文件2中明确地给出了，将具有矩形管状筒体的塑料容器的水平截面的外部矩形顶点塑造成弧形，可以增强筒体部分的强度和硬度，这样的技术启示；并且，对比文件2公开的塑料容器筒体部分的两个侧面都是平滑平坦的平面，可见，上述技术特征对于平滑平坦的平面来说也能起到相同的作用。所以，在这一启示之下，本领域技术人员通过简单的逻辑推理，就可以显而易见地得知，对于由平坦平面组成矩形筒体体部分的塑料容器来说，将水平截面的外部矩形顶点塑造成弧形必定可以增强筒体部分的强度和硬度。因此，基于前述相同的理由，权利要求1不符合专利法第22条第3款有关创造性的规定。

根据以上事实和理由，本案合议组作出如下审查决定。

**三、决定**

维持国家知识产权局于2005年5月13日对99103483.X号发明专利申请作出的驳回决定。

复审请求人对本决定不服的，可以根据专利法第41条第2款的规定，自收到本决定之日起三个月内向北京市第一中级人民法院起诉。

151

# 连续式高处理量筛选

## 复审请求审查决定（第12026号）

**决　定　号**　第12026号
**决　定　日**　2007年11月23日
**发明创造名称**　连续式高处理量筛选
**国际分类号**　G01N 33/543，G01N 33/53
**复审请求人**　艾博特公司
**申　请　号**　98812079.8
**申　请　日**　1998年12月11日
**优先权日**　1997年12月12日
**公　开　日**　2001年1月24日
**合议组组长**　陈迎春
**主　审　员**　杨加黎
**参　审　员**　马　燕

**法律依据**　专利法第22条第3款
**决定要点**

如果一项发明申请请求保护的技术方案相对于一篇对比文件存在区别特征，但是该区别特征为本领域普通技术知识，且现有技术中存在将所述技术知识与所述对比文件结合的技术启示，则所述技术方案相对于所述对比文件和所述技术知识的结合不具备创造性。

**一、案由**

本复审请求涉及申请号为98812079.8、名称为“连续式高处理量筛选”的发明专利申请（下称本申请），申请日为1998年12月11日，优先权日为1997年12月12日，进入国家阶段日期为2000年6月12日，公开日为2001年1月24日，申请人为艾博特公司。本申请公开时权利要求书共包括31项权利要求，其中权利要求1、7、8、18、19、20、21为独立权利要求。

国家知识产权局实质审查部门依法对本申请进行了实质审查，于2003年6月27日发出第一次审查意见通知书；在本次通知书所针对的审查文本中，权利要求书是申请人根据专利合作条约第41条所提交的修改文件，共包括14项权利要求，其中权利要求1~4为独立权利要求；通知书中指出，独立权利要求1~4相对于对比文件1和2的结合不具备创造性，从属权利要求5~14的附加技术特征分别被对比文件1所公开或属于本领域公知常识，在权利要求1~4不具备创造性的基础上，从属权利要求5~14也不具备创造性，不符合专利法第22条第3款的规定。

所引用的对比文件如下：

对比文件1：WO97/16569A1，公开日为1997年5月9日；

对比文件2：WO94/02515A1，公开日为1994年2月3日。

针对上述审查意见通知书，申请人于2004年1月12日提交了意见陈述书，其中未对本申请进行任何修改。申请人认为：本申请要求受测试物质在扩散且与一种或多种试剂接触时保持其空间构形，而对比文件1和2没有教导按任何阵式沉积多于96个样本并保持它们的空间构形以使每种物质都可通过其与其初始沉积位点的相互关系来得到鉴定。

经过上述实质审查程序后，国家知识产权局实质审查部门以本申请权利要求1~14不符合专利法第22条第3款的规定为由，于2004年3月19日做出了驳回本申请的决定。

申请人艾博特公司（下称复审请求人）不服上述驳回决定，于2004年7月5日向专利复审委员会提出复审请求，同时提交了附件1：Burns等人于2001年发表的文章“Well-less，gel-permeation formats for ultra-HTS”共8页，未对本申请进行任何修改。本次复审请求的理由是：本申请的检测实验并不基于微珠而是使用平面型多孔基质，但是对比文件1和2中所述的检测实验基于微珠，不使用或者未提示使用平面型多孔基质；对比文件1和2中所述检测实验仅可用于一步法，没有公开或提示可用于多步法，并且在本申请之前，现有技术中没有公开或提示基于凝胶的形式可以用来进行多步检测实验，而本申请的检测实验如表1所示，可用于各种各样的形式，即简单的、复杂的、一步法、多步法等。

经形式审查合格后，专利复审委员会依法受理了上述请求，并于2004年8月2日向复审请求人发出了复审请求受理通知书，同时向原审查部门发出前置审查通知书。

原审查部门对该复审请求做出前置审查意见，仍然坚持原驳回决定。

针对上述复审请求，专利复审委员会依法成立合议组，对本案进行审查，于2007年6月6日发出复审通知书，指出：（1）独立权利要求1~4相对于对比文件1和本领域技术人员的普通技术知识的结合不具备创造性，从属权利要求5~14的附加技术特征分别被对比文件1所公开或属于本领域公知常识，在独立权利要求1~4不具备创造性的基础上，其从属权利要求5~14也不具备创造性，不符合专利法第22条第3款的规定；（2）对于复审请求人的意见陈述，合议组认为，与复审请求人所列表1不同，作为现有技术的对比文件1公开了关于化合物文库的一步筛选法和多步筛选法；对比文件1中公开了用于承载待测复合物的固体载体可以为凝胶，用于承载检测试剂的基质是胶体基质，而凝胶和胶体基质均是多孔基质，因此对比文件1公开了使用多孔基质的检测方法，这时对比文件1的检测实验同样不基于微珠；本申请权利要求书未明确体现其请求保护的检测方法是一步法还是多步法，而对比文件1的实施例中的操作步骤与本申请权利要求中使用多步法的操作步骤基本相同，因此关于一步法和多步法的观点不能作为本申请具有创造性的依据；附件1的公开日晚于本申请的申请日，且复审请求人也没有说明该附件1如何证明本申请权利要求1~14具备创造性；基于上述理由，认为复审请求人在意见陈述书中关于权利要求1~14具备创造性的主张不能成立。

针对上述复审通知书，复审请求人于2007年9月20日提交了意见陈述书，同时提交了权利要求书的全文修改替换页共包括12项权利要求、欧洲申请授权权项共2页，以及复审请求人于提出复审请求时提交的附件1。修改后的权利要求书如下：

“1. 同时检测多种不同物质样品增强或抑制生物学过程能力的方法，该方法包括：

a）96种以上独特物质样品，每种以一小份体积加到基质上形成排列，使得每种独特物质以其自身的独特位点为中心，并且根据加样位点确定每种物质的身份，

b）使上述基质和含有或带有均一分布的第一检测试剂的第一多孔基质接触，并使每种物质各有

一部分扩散到上述多孔基质，其扩散的方式可以保证每种扩散物质的空间位置能与上述基质上上述物质最初加样的位置相关联，

c）进行检测，以观察每种物质和所述的检测试剂的相互作用来测定每种扩散物质增强或减弱上述生物学过程的能力，

所述方法的特征在于上述基质为平面基质。

2. 权利要求 1 的方法，其还包括以下步骤：

b1）使上述第一多孔基质和含有或带有第二种均一分布的检测试剂的第二基质接触，并使第二种检测试剂扩散到第一多孔基质，或使每种物质和第一种试剂扩散到第二基质，在后一种情况下确保扩散的方式使得每种物质在第二基质中的位置能与上述物质在上述平面基质上的最初加样位置相关联，以及

c1）进行所述步骤 c）。

3. 权利要求 1 或 2 中的方法，其中均一分布的检测试剂中的一种是大分子。

4. 权利要求 1 或 2 中的方法，其中均一分布的检测试剂中的一种是酶。

5. 权利要求 1 或 2 中的方法，其中均一分布的检测试剂中的一种是粗制的生物抽提物。

6. 权利要求 1 或 2 中的方法，其中均一分布的检测试剂中的一种是细胞器。

7. 权利要求 1 或 2 中的方法，其中均一分布的检测试剂中的一种是全细胞。

8. 权利要求 1 或 2 中的方法，其中均一分布的检测试剂是平面多孔基质一个表面上携带的全细胞。

9. 权利要求 8 中的方法，其中所述的相互作用是通过使上述多孔基质和一种试剂的溶液或悬液含有一种试剂的多孔基质接触，上述试剂在随便那种情况下都可促进一种蛋白的显现，上述蛋白在上述全细胞中的表达即是被评测的生物学过程。

10. 权利要求 2 中的方法，其中第一检测试剂是标记的配基，而第二检测试剂是针对上述配基的固定后的受体。

11. 权利要求 10 中的方法，其中第二基质被洗涤以除去扩散到上述第二基质之上或之中但不与上述固定受体结合的任一标记配基。

12. 权利要求 11 中的方法，其中所述第二基质与一种试剂的溶液或悬液或含有一种试剂的多孔基质接触，上述试剂在随便那种情况下都促进未在洗涤中被除去的标记配基的显现。”

复审请求人在本次意见陈述书中的理由与提出复审请求时的理由基本相同。

至此，合议组认为本案事实已经清楚，现依法作出复审请求审查决定。

**二、决定的理由**

1. 决定所依据的文本

本次复审请求审查决定所依据的文本为：进入中国国家阶段时即 2000 年 6 月 12 日提交的说明书摘要、说明书第 1～24 页和说明书附图 1～19 页，以及 2007 年 9 月 20 日提交的权利要求第 1～12 项。

2. 关于专利法第 22 条第 3 款

专利法第 22 条第 3 款规定：创造性，是指同申请日以前已有的技术相比，该发明有突出的实质性特点和显著的进步，该实用新型有实质性特点和进步。

如果一项发明申请请求保护的技术方案相对于一篇对比文件存在区别特征，但是该区别特征为本领域普通技术知识，且现有技术中存在将所述技术知识与所述对比文件结合的技术启示，则所述技术方案相对于所述对比文件和所述技术知识的结合不具备创造性。

（1）权利要求 1 请求保护一种同时检测多种不同物质样品增强或抑制生物学过程能力的方法，

对比文件1公开了一种批量检测复合物对酶或配体分子的影响的方法，其中（参见说明书第4页第13~33行，第8页第19~20行，第10页第16~17行，第11页第16~21行）公开了以下技术特征：将含有活性复合物（对应于权利要求1的“独特物质样品”）的固体载体与含有酶的胶体基质（对应于权利要求1的“带有均一分布的第一检测试剂的第一多孔基质”）接触，使得载体上的复合物在胶体基质的有限区域内扩散以分别形成高浓度区域，监测底物与酶的反应（对应于权利要求1的“相互作用”）从而确定复合物对酶活性的影响力（对应于权利要求1的“增强或减弱上述生物学过程的能力”），其中，固体载体例如为圆盘或凝胶（所述胶体基质、圆盘和凝胶均可对应于权利要求1的“平面基质”），有序排列载体上的复合物，以便能够识别这些与活性区域相关联的复合物。由此可见，权利要求1请求保护的技术方案与对比文件1所公开的技术方案之间的区别仅在于，权利要求1的方法具体限定了检测样品的数量为“96种以上”。由于对比文件1已经公开了其是批量筛选复合物的方法（参见说明书第1页第15~20行），本领域普通技术人员能够根据实际需要选择适当数量的样品例如96种以上样品进行筛选，因此权利要求1相对于对比文件1与本领域普通技术知识的结合不具备突出的实质性特点和显著的进步，因而权利要求1不具备创造性，不符合专利法第22条第3款的规定。

（2）权利要求2是权利要求1的从属权利要求，其附加技术特征限定了在检测过程中，所述第一多孔基质还与带有第二种均一分布的检测试剂的第二基质接触的步骤，对比文件1中也公开了在将所述含有活性复合物的固体载体与含有酶的胶体基质（对应于权利要求2的“第一多孔基质”）接触后，再将该胶体基质与含有底物的另一个胶体基质（对应于权利要求2的“带有第二种均一分布的检测试剂的第二基质”）接触从而使底物与酶接触，监测底物与酶的反应从而确定复合物对酶活性的影响力的步骤，其中，与活性区域相关联的复合物因有序排列而便于识别。对比文件1虽然没有公开当含酶的胶体基质与含底物的胶体基质接触时，是底物扩散到含酶的胶体基质上还是活性复合物与酶扩散到含底物的胶体基质上，但是根据本领域普通技术知识可知，在上述检测过程中要达到其检测目的，所述活性复合物、酶和底物必然要扩散至相互接触，而这种扩散只能是上述两种扩散方式中的一种，由此可见对比文件1实际上给出了权利要求2的关于扩散方式的技术特征的技术启示，因此，在权利要求1不具备创造性的基础上，其从属权利要求2也不具备创造性，不符合专利法第22条第3款的规定。

（3）权利要求3~8的附加技术特征是对权利要求1或2的检测方法中所用的检测试剂的限定，由于对比文件1的检测方法中已经公开了（参见说明书第5页第4~9行，第6页第1~14行）可以将大分子、酶作为检测试剂，而将生物抽提物、细胞器、全细胞作为检测试剂以及将全细胞作为检测试剂分布到平面多孔基质的一个表面上是本领域公知常识，因此，当权利要求1、2不具备创造性时，它们的从属权利要求3~8也不具备创造性，不符合专利法第22条第3款的规定。

（4）权利要求9的附加技术特征是对检测方法中所述“相互作用”的含义的限定，对比文件1也公开了（参见说明书第9页第11~20页）其检测过程中通过使含待测复合物和酶的胶体基质与底物或含底物的胶体基质接触并反应，监测其光度变化（相当于权利要求9的“蛋白的显现”）来判断待测复合物对酶的影响力。由此可见，权利要求9的附加技术特征已经被对比文件1所公开，当权利要求8不具备创造性时，其从属权利要求9也不具备创造性，不符合专利法第22条第3款的规定。

（5）权利要求10的附加技术特征是对第一和第二检测试剂的限定，对比文件1也公开了（参见说明书第5页第4~32行，第9页第21~29行）其待测复合物可以跟示踪配体（相当于权利要求10的“第一检测试剂”）接触，再跟受体（相当于权利要求10的“第二检测试剂”）相互作用。由此可见，权利要求10的附加技术特征已经被对比文件1所公开，当权利要求2不具备创造性时，其从属权利要求 10 也不具备创造性，不符合专利法第 22 条第 3 款的规定。

（6）权利要求 11 的附加技术特征是本领域公知常识，因此，当权利要求 10 不具备创造性时，其从属权利要求 11 也不具备创造性，不符合专利法第 22 条第 3 款的规定。

（7）权利要求 12 的附加技术特征是对标记配基显现过程的限定，对比文件 1 也公开了（参见说明书第 9 页第 16~29 行）在其检测过程中，含有配体与受体的胶体基质接触并相互作用能够显现标记。由此可见，权利要求 12 的附加技术特征已经被对比文件 1 所公开，当权利要求 11 不具备创造性时，其从属权利要求 12 也不具备创造性，不符合专利法第 22 条第 3 款的规定。

综上所述，本申请权利要求 1~12 不具备创造性，不符合专利法第 22 条第 3 款的规定。

3. 关于复审请求人的意见陈述

复审请求人在意见陈述书中列出现有技术与本申请检测实验之间的比较表 1。对此，合议组认为，作为现有技术中的对比文件 1 已经公开了关于化合物文库的一步筛选法和多步筛选法（参见用对比文件 1 评述本申请权利要求 1~12 时所引用的相关段落），与复审请求人所列表 1 不同。

复审请求人强调本申请的检测实验并不基于微珠，而使用平面型多孔基质，相比之下，对比文件 1 和对比文件 2 的检测实验基于微珠，不使用或未提示使用平面型多孔基质。对此，合议组认为，对比文件 1 中公开了用于承载待测复合物的固体载体既可以是微珠也可以是圆盘、凝胶，用于承载酶、底物等检测试剂的基质是胶体基质，凝胶和胶体基质均是多孔基质，由此可见，在对比文件 1 的检测实验中，既可以使用微珠来完成实验，也可以使用凝胶、胶体基质等多孔基质代替微珠完成实验，即对比文件 1 公开了使用多孔基质的检测方法，当选择对比文件 1 公开的凝胶、胶体基质等多孔基质进行实验时，该对比文件 1 的检测实验与本申请的检测实验同样是不基于微珠的。

复审请求人还强调，对比文件 1 和对比文件 2 没有公开或提示其检测实验可以用于多步法，现有技术中没有公开或提示基于凝胶的形式可以用来进行多步检测实验。对此，合议组认为，本申请的权利要求书中没有明确体现其要求保护的检测方法是复审请求人所述的一步法还是多步法，而且对比文件 1 公开的实施例的操作步骤与本申请权利要求中使用多步法的技术方案的操作步骤基本相同，因此复审请求人关于一步法和多步法的观点不能作为本申请具有创造性的依据。

此外，复审请求人在提交意见陈述书时提交的与本申请相对应的欧洲申请的授权权项，不能作为本申请在中国是否能得到专利保护的判断基础；同时提交的附件 1 的公开日为 2001 年，晚于本申请的申请日；同时复审请求人在意见陈述书中仅说明了在改进的 HTS 的另一种尝试，即孔更少的检测方式中，如该附件所述，“开发用于免疫学筛选和抗微生物筛选的早期检测实验，运用多孔凝胶基质（主要是琼脂或琼脂糖）来检测抗原-抗体相互作用或潜在的抗细菌剂”，而没有说明该附件如何证明本申请的权利要求 1~12 具备创造性。

综上所述，复审请求人在意见陈述书中认为本申请权利要求 1~12 相对于现有技术具备创造性的主张不能成立。

**三、决定**

维持国家知识产权局于 2004 年 3 月 19 日对 98812079.8 号发明专利申请作出的驳回决定。

复审请求人对本决定不服的，可以根据专利法第 41 条第 2 款的规定，自收到本决定之日起三个月内向北京市第一中级人民法院起诉。

152

# 一种冷热箱及其应用

## 复审请求审查决定（第12064号）

**决　定　号**　第12064号
**决　定　日**　2007年12月17日
**发明创造名称**　一种冷热箱及其应用
**国际分类号**　F25D 23/12
**复审请求人**　李海泉
**申　请　号**　00805287.5
**申　请　日**　2000年3月24日
**优先权日**　1999年3月24日，1999年10月17日
**公　开　日**　2002年4月10日
**合议组组长**　张　曦
**主　审　员**　谢有成
**参　审　员**　李晓娜

**法律依据**　专利法第33条
**决定要点**
如果申请的内容通过增加、改变和/或删除其中的一部分，致使所属技术领域的技术人员看到的信息与原申请记载的信息不同，而且又不能从原申请记载的信息中直接地、毫无疑义地确定，那么，这种修改就是不允许的。

### 一、案由

本复审请求案涉及申请号为00805287.5、名称为“一种冷热箱及其应用”的PCT发明专利申请(下称本申请)，其申请日为2000年3月24日，优先权日为1999年3月24日及1999年10月17日，进入中国国家阶段日期为2001年9月20日，公开日为2002年4月10日，申请人为李海泉。本申请进入中国国家阶段时的申请文本共包括40项权利要求，其中独立权利要求为第1、12、28、36～40项，分别如下：

“1. 一种冷热箱，它包括箱壁均设有保温层的两个箱体，所述箱体一个为热箱，另一个为冷箱，所述热箱设有电热元件和控温元件，其特征在于：所述热箱及冷箱的正面和背面分别双向设有保温门。

……

12. 一种冷热箱，其特征在于：它包括箱壁均设有保温层的两个箱体，所述箱体一个为热箱，另

一个为冷箱，所述热箱及冷箱的正面设有保温门，所述热箱设有电热元件和控制温元件。

……

28. 一种冷热箱，其特征在于：它包括箱壁均设有保温层的两个箱体，所述箱体一个为热箱，另一个为冷箱，所述热箱及冷箱的正面设有保温门，在所述热箱及冷箱的保温材料层与内壁之间设有以相变材料为介质的储热、储冷层。

……

36. 权利要求 1 所述的冷热箱在居民、团体、食堂、饭店、食品加工、社区服务及电子商务中的应用。

37. 权利要求 12 所述的冷热箱在居民、团体、食堂、饭店、食品加工、社区服务及电子商务中的应用。

38. 权利要求 28 所述的冷热箱在居民、团体、食堂、饭店、食品加工、社区服务、观光旅游、集会及流动人员中的应用。

39. 权利要求 12 所述的冷热箱与自动售货机相结合，应用于保热保冷自动售货。

40. 权利要求 28 所述的冷热箱与自动售货机相结合，应用于保热保冷自动售货。”

2002 年 12 月 13 日，国家知识产权局实质审查部门发出第一次审查意见通知书，指出独立权利要求 12 相对于对比文件 1（CN2071924U，其公告日为 1991 年 2 月 27 日）不具备创造性，不符合专利法第 22 条第 3 款的规定；独立权利要求 12 的各从属权利要求之间、这些从属权利要求与独立权利要求 1 之间，以及独立权利要求 28 与独立权利要求 1 之间均不具备单一性，不符合专利法第 31 条的规定。

针对第一次审查意见通知书，2003 年 4 月 26 日，申请人提交了意见陈述书以及权利要求书全文、说明书全文和说明书摘要的修改替换页。修改后的权利要求共有 174 项，其中独立权利要求为第 1、96、140、152~155、167~174 项，分别如下：

“1. 三餐产业化生产经营和电子商务的配送方法，包括以下步骤：

a. 在用户所在地安装设置配送箱；

b. 投送者向用户配送箱投送物品；

c. 用户从配送箱获取得所送物品。

……

96. 实施权利要求 1 的方法的配送箱，包括箱和车，其特征在于：所述的配送箱是替代用户随时接收投送物品的一种特制专用箱。

……

140. 一种自动售餐机，其特征在于：它是用权利要求 96 所述的配送箱替代自动售货机盛物箱的。

……

152. 一种商品，其特征在于：它是权利要求 1 所述的方法配送的。

153. 一种电子商务商品，其特征在于：它是权利要求 1 所述的方法配送的。

154. 一种食品，其特征在于：它是权利要求 1 所述的自动售餐机出售的。

155. 一种商品，其特征在于它是权利要求 1~95 所述的任一种方法配送的。

……

167. 一种快餐食品，其特征在于：它是权利要求 140~151 所述的任一种自动售餐机出售的。

168. 权利要求 96~139 所述的任一配送箱在食堂中的应用。

169. 权利要求 96~139 所述的任一配送箱在饭店中的应用。

170. 权利要求 96~139 所述的任一配送箱在食品加工业中的应用。

171. 权利要求 96~139 所述的任一配送箱在社区服务中的应用。

172. 权利要求 96~139 所述的任一配送箱在居家室内中的应用。

173. 权利要求 96~139 所述的任一配送箱在电子商务中的应用。

174. 权利要求 96~139 所述的任一配送箱在团体中的应用。"

申请人认为：从说明书中不难看出，该发明是创建一个全新的商品配送机制，即是在用户所在地安装设置替代用户随时接收投送货的方法发明，原申请文件中"冷热箱"的主要功能和核心作用是顶替用户的接收送货，其保冷和保热是次要的功能，因此申请人将"冷热箱"修改为"配送箱"，更贴近发明主题；新增的独立权利要求 132 的自动售餐机与总的发明构思相吻合；电子商务商品和其他物品的投送虽然没在原申请文件中具体陈述，但是这是所述技术领域的技术人员可以直接地、毫无困难地明了的；总之，修改后的申请文件符合专利法的规定和审查指南的要求。

2003 年 7 月 18 日，国家知识产权局实质审查部门发出第二次审查意见通知书，指出申请人对权利要求书和说明书的修改超出了原说明书和权利要求书记载的范围，不符合专利法第 33 条的规定。

针对第二次审查意见通知书，2003 年 10 月 1 日，申请人提交了意见陈述书，认为其修改没有超出原说明书和权利要求书记载的范围，符合专利法第 33 条的规定。申请人没有修改申请文件。

2003 年 12 月 5 日，国家知识产权局实质审查部门以申请人于 2003 年 4 月 26 日提交的说明书第 1~6页、权利要求第 1~174 项、说明书摘要、进入中国国家阶段时提交的国际申请文件的说明书附图第 1 页、摘要附图为基础，以本申请权利要求书和说明书的修改不符合专利法第 33 条的规定为由作出驳回决定。

驳回决定指出：申请人于 2003 年 4 月 26 日提交的修改文件中的各项权利要求所要求保护的技术方案以及发明内容部分增加的内容，均既未明确地记载在原说明书和权利要求书中，也不能由原说明书和权利要求书所记载的内容直接导出，因此超出了原说明书和权利要求书记载的范围，不符合专利法第 33 条的规定。驳回决定还指出，专利法规定允许对申请文件进行修改，但是修改不得超出原说明书和权利要求书记载的范围，不得以增添、删节或者替换等修改方式，导致修改后的申请文件中增加了原说明书和权利要求书没有记载并且又不能从中直接推导的内容，由于申请人在修改文件中增添大量超出原说明书和权利要求书记载的范围的内容，因此，申请人所提交的修改文件不能被接受。

申请人李海泉（下称复审请求人）对上述驳回决定不服，于 2004 年 3 月 9 日向专利复审委员会提出复审请求，其没有修改申请文件。复审请求人认为其在 2003 年 4 月 26 日答复第一次审查意见通知书时对权利要求书和说明书的修改符合专利法第 33 条的规定，主要理由为：关于独立权利要求 1，"其特征内容虽然没有在原说明书中原文记载，但也是本技术领域的人员能够轻而易举地直接导出或直接'概括'出的"；关于独立权利要求 96，"将其写成了一般人都能从说明书内容直接导出或概括出的符合专利法第 33 条规定的'功能'特征"；关于权利要求 140~151，"同样也是一般人都能一目了然地看得清、导得出具体的结构和使用方法的"；关于权利要求 152~174，"不仅在原说明书和权利书中均有相应记载或能直接导出，而且也能得到独立权利要求 1 和 96 的支持"；关于说明书，"即使是增加的'电子商务商品'配送等的内容……该内容虽然没在原申请文件中详细或具体地记载，但由于其配送方法较之三餐配送极为简单，即使简单陈述也是所属技术领域人员可直接地、毫无困难地导出和推断出的"。

经形式审查合格，专利复审委员会依法受理了该复审请求，于 2004 年 3 月 29 日发出复审请求受理通知书，并于同一日向国家知识产权局原实质审查部门发出了前置审查通知书。

国家知识产权局原实质审查部门在前置审查意见中，仍然坚持原驳回决定。

针对上述复审请求，专利复审委员会依法成立合议组，对本案进行审查。本案合议组于2006年6月19日向复审请求人发出复审通知书。复审通知书指出：

（1）对说明书的修改不符合专利法第33条的规定，包括：①修改后的发明名称“三餐产业化生产经营和电子商务的配送方法、由该方法配送的商品、实施配送方法的配送箱以及该箱的其他应用”和技术领域“本发明涉及商品配送，特别是涉及一日三餐工厂化生产、社会化服务和电子商务的配送机制和配送方法”在原说明书和权利要求书中均没有记载，也不能由原说明书和权利要求书记载的内容直接地、毫无疑义地导出；②修改后的背景技术部分中的内容因时间在本申请申请日之后或者没有准确的时间而不能确定为是申请日前已经公知的现有技术，因此这样的修改超出了原说明书和权利要求书记载的范围；③将发明目的扩大到“三餐产业化生产经营和电子商务的配送方法”、“实施配送方法的配送箱”、和“公知箱累产品用于替代用户接收送货的新用途”等，这些对发明内容部分所作的修改是对原始技术内容进行概括引伸得到的，扩大到了更为上位的技术领域以及由此带来的新的技术效果；④在附图说明和具体实施方式部分，将“冷热箱”修改为“配送箱”、将“蒸发器13”修改为“冷凝器13”，其意义均发生了改变，超出了原说明书和权利要求书记载的范围；⑤修改后的说明书的结尾处对“配送箱”的使用、设置及效果的文字描述在原说明书和权利要求书中没有记载；

（2）对权利要求书的修改不符合专利法第33条的规定，包括：①权利要求1~95请求保护的“三餐产业化生产经营和电子商务的配送方法”，权利要求96~117、121~132、134~139请求保护的“配送箱”，权利要求118~120请求保护的“搁板”，权利要求133请求保护的“管”，权利要求140~151请求保护的“自动售餐机”，权利要求152~167请求保护的“商品”或者“食品”，权利要求168~174请求保护的“应用”均是在原说明书和权利要求书记载内容的基础上概括引申得到的；不属于可以直接地、毫无疑义地由原说明书和权利要求书导出的内容；②权利要求22提及的具体特征“冷凝器”、权利要求25、27~31、69、98、100~104、111、141、143~147提及的“增控温设备”或“增温设备”、权利要求55提及的“用餐前3小时”，以及权利要求122提及的“所述小箱是活动隔板纵横相隔出的可拆、可装的活动小箱”在原说明书和权利要求书中均未记载，也不能直接地、毫无疑义地导出；

（3）对说明书摘要的修改不符合专利法第33条的规定；

（4）复审请求人的复审理由不具有说服力，复审请求人在修改申请文本时，普遍采用了上位概括的方式，将原申请文本中的技术方案或具体特征加入了其他公知或非公知的内容、经过概括引申后得出新的方案，因此，从内容上看，修改文本超出了原说明书和权利要求书记载的范围。

针对上述复审通知书，2006年8月4日，复审请求人提交了意见陈述书以及权利要求书全文、说明书第1~3页和说明书摘要的修改替换页。修改后的权利要求共有68项，其中独立权利要求1、37、53、62~68分别如下：

“1. 一种商品配送的方法，包括以下步骤：

a. 在用户所在地安装设置接货箱；

b. 投送者向用户接货箱投送物品；

c. 用户从接货箱获取得所送物品。

……

37. 实施权利要求1的方法的接货箱，其特征在于：所述的接货箱是替代用户随时接收投送物的一种特制专用箱。

……

53. 实施权利要求 1 的方法的送货箱或送货车，其特征在于：所述的送货箱或送货车，是与接货箱匹配应用的、用于载投物品的特制专用箱或专用车。

……

62. 一种商品，其特征在于：它是权利要求 1 所述的方法配送的。

63. 一种食品，其特征在于：它是权利要求 1 所述的方法配送的。

64. 一种电子商务商品，其特征在于：它是权利要求 1 所述的方法配送的。

65. 权利要求 37 所述的接货箱在食堂、饭店、食品加工、社区服务中的应用。

66. 权利要求 53 所述的送货箱或者送货车在食堂、饭店、食品加工或社区服务中的应用。

67. 权利要求 37 所述接货箱或送货箱在自动售货机中的应用。

68. 权利要求 53 所述的送货箱或送货车在自动售货机的送货中的应用。”

复审请求人在意见陈述书中认为：（1）将原说明书第 3 页第 16 行中的蒸发器 13 修改为冷凝器 13 是对公知技术撰写错误或者打印错误的纠正，即在制冷设备中，“蒸发器”是“制冷元件”，“冷凝器”是“散热元件”，原说明书第 3 页第 16 行中“蒸发器 13”应该是“冷凝器 13”，因此将“蒸发器”修改为“冷凝器”没有超出原说明书和权利要求书记载的范围；（2）在此次修改中，将“冷热箱”修改为“接货箱”和“送货箱”，将与车辆制造为一体的冷热箱修改为“送货车”，修改后的“接货箱”、“送货箱”、送货车”概括了“冷热箱”的功能和特征，将发明名称修改为“一种商品配送的方法、实施该方法的配送设备以及由该方法配送的商品和该配送设备的其他应用”，其在原说明书和权利要求书中有记载，因此上述修改均符合专利法第 33 条的规定；（3）在复审请求人于 2003 年 4 月 26 日答复第一次审查意见通知书时对权利要求书和说明书的修改中，对权利要求 1 的修改是由原说明书上位概括而来的，得到了原说明书的支持；对发明名称、说明书摘要、权利要求的主题类型等的修改是为了与要求保护的主题相适应，符合专利法的规定；（4）难以理解复审通知书中有关“加入了公知或非公知内容”的意见，无法接受复审通知书中“普遍采用了上位概括的方法”乃至类似的说法。

至此，合议组认为本案事实已清楚，现依法作出审查决定。

**二、决定的理由**

1. 审查基础

本决定以复审请求人于 2006 年 8 月 4 日提交的说明书第 1~3 页、说明书摘要和权利要求第 1~68 项，于 2001 年 9 月 20 日进入中国国家阶段时提交的国际申请文件的说明书附图第 1 页，于 2001 年 10 月 23 日补正的摘要附图作为基础。

2. 关于专利法第 33 条

专利法第 33 条规定：申请人可以对其专利申请文件进行修改，但是，对发明和实用新型专利申请文件的修改不得超出原说明书和权利要求书记载的范围，对外观设计专利申请文件的修改不得超出原图片或者照片表示的范围。

审查指南第二部分第八章第 5.2.1 节规定，原说明书和权利要求书记载的范围包括原说明书和权利要求书文字记载的内容和根据原说明书和权利要求书文字记载的内容以及说明书附图能直接地、毫无疑义地确定的内容。

审查指南第二部分第八章第 5.2.3 节规定，如果申请的内容通过增加、改变和/或删除其中的一部分，致使所属技术领域的技术人员看到的信息与原申请记载的信息不同，而且又不能从原申请记载的信息中直接地、毫无疑义地确定，那么，这种修改就是不允许的。

审查指南第二部分第八章第 5.2.2.2 节规定了允许的说明书及其摘要的修改，其中第（11）点为：修改由所属技术领域的技术人员能够识别出的明显错误，即语法错误、文字错误和打印错误，对这些错误的修改必须是所属技术领域的技术人员能从说明书的整体及上下文看出的唯一的正确答案。

在专利复审委员会于2006年6月19日发出的复审通知书中，合议组已经告知复审请求人对申请文件的修改应当注意满足专利法第33条及专利法实施细则第60条的规定，修改应当仅限于复审通知书指出的缺陷且不得超出原始申请文件记载的范围。但是，在此次提交的修改文本中，复审请求人再次对说明书、权利要求书和说明书摘要进行了大幅度的修改，与原说明书和权利要求书相比，修改后的内容超出了原说明书和权利要求书记载的范围，不符合专利法第33条的规定。具体包括以下（1）和（2）两点：

（1）对说明书的修改不符合专利法第33条的规定。

①将"蒸发器13"修改为"冷凝器13"不符合专利法第33条的规定。

在复审请求人此次也即2006年8月4日提交的说明书第2页第18行中，复审请求人将原说明书中的"蒸发器13"修改为"冷凝器13"，合议组在复审通知书中已经指出因其意义发生了改变，不能由原说明书和权利要求书直接地、毫无疑义地导出而使得该修改不符合专利法第33条的规定。尽管复审请求人认为原说明书中"蒸发器13"为公知技术的撰写错误或者打印错误，但是，合议组认为，根据审查指南第二部分第八章第5.2.2.2第（11）点中的规定，修改由所属技术领域的技术人员能够识别出的明显错误，即语法错误、文字错误和打印错误是允许的，对这些错误的修改必须是所属技术领域的技术人员能从说明书的整体及上下文看出的唯一的正确答案，而所属技术领域的技术人员从原说明书的整体及上下文并不能看出"蒸发器13"属于以上错误，"冷凝器13"也不是其唯一的正确答案。因此，将"蒸发器13"修改为"冷凝器13"不符合专利法第33条的规定。

②对说明书其他内容的修改不符合专利法第33条的规定。

根据原申请文本的记载，本申请发明名称为"一种冷热箱及其应用"，技术领域为"存储设备及其应用，特别是一种冷热箱及其应用"，其目的是"提供一种无须用户亲手接货，可对熟热食品保热，对冷凉食品保冷，或者自然温度保存物品的冷热箱"以及"将冷热箱与自动售货机相结合，用于自动出售保热、保冷的食品"。但在修改文本中，复审请求人将发明名称修改为"一种商品配送的方法、实施该方法的配送设备以及由该方法配送的商品和该配送设备的其他应用"，将技术领域修改为"本发明涉及商品配送，特别是涉及食品和电子商务等商品的配送"，将发明目的修改为"在社区创建一种既无须用户亲手接货，又能将送货时间大大拓宽的社区配送新机制，通过该机制的运作，实现低成本、高效益投送三餐净菜食品、电子商务商品和其他物品的目的"，本领域技术人员通过这些修改后的内容看到的是有关"商品配送"的信息，而原申请记载的是"冷热箱及其应用"，其涉及的是冷热箱的结构，如何利用该冷热箱存储、投送食品等，其比"商品配送"的含义范围要窄，因此从修改后的内容所看到的有关"商品配送"的信息与通过原申请记载的内容所看到的信息是不同的，并且该信息又不能从原申请记载的信息中直接地、毫无疑义地确定，因此，该修改超出了原说明书和权利要求书记载的范围，不符合专利法第33条的规定。

在修改文本中，复审请求人重新撰写了本发明的背景技术及其效果，其中包括"社区配送机制"及其相关内容，而社区配送机制的含义非常广泛，因此其包含的信息与原申请记载的信息不同，并且又不能从原申请记载的信息中直接且毫无疑义地确定包括"社区配送机制"，因此，该修改超出了原说明书和权利要求书记载的范围，不符合专利法第33条的规定。

在修改文本中，复审请求人重新撰写了本发明的技术方案，将其概括为商品的配送方法，用来设施该配送方法的接货箱、送货车等，食品、电子商务商品或其他物品，接货箱、送货车等在食堂、饭店等场合的应用。而原说明书和权利要求书记载的信息是"冷热箱及其应用"，显然，这与从上述修改后的内容看到的信息是不同的，并且，由于原说明书和权利要求书中的“冷热箱”与修改后的“接货箱”等含义不同，因此不能从原说明书和权利要求书中直接且毫无疑义地确定上述修改后的内容。因此，该修改超出了原说明书和权利要求书记载的范围，不符合专利法第33条的规定。

在修改文本中，复审请求人重新撰写了本发明对附图的说明以及实施例，其内容也是根据“商品配送的方法”以及“接货箱”、“送货箱”、“送货车”及其应用等进行修改的，如上所述，该修改超出了原说明书和权利要求书记载的范围，不符合专利法第33条的规定。

（2）对权利要求书的修改不符合专利法第33条的规定。

在修改文本中，复审请求人重新撰写了全部权利要求，共包括68项权利要求。其中，权利要求1~9、33~36要求保护一种商品配送的方法，从属权利要求10~19、22~32的主题名称为“投送”，从属权利要求20~21引用权利要求19，主题名称分别为“储热”和“储冷”，从属权利要求37~47、49~52的主题名称为“接货箱”，从属权利要求48的主题名称为“隔热搁板”，从属权利要求53~61的主题名称为“送货箱或送货车”，权利要求62~64分别要求保护一种商品、食品和电子商务商品，权利要求65~68分别要求保护接货箱、送货箱或送货车、接货箱或送货箱、送货箱或送货车在不同场合的应用，并且在权利要求中包含“物品”和“接货箱”（权利要求1）、“特制专用箱”（权利要求37）等。从修改后的这些权利要求所包含的信息来看，要求保护的是“商品配送的方法”、“投送”、“接货箱”等，它们与原申请所记载的“冷热箱及其应用”含义不同，也不能从原申请记载的这些信息中直接且毫无疑义地确定，比如，因为“冷热箱”与“接货箱”含义不同，因此不能从“冷热箱”直接地、毫无疑义地确定可将其修改为“接货箱”。因此，这些修改均超出了原说明书和权利要求书记载的范围，不符合专利法第33条的规定。

（3）关于复审请求人的意见陈述。

对于复审请求人于2006年8月4日提交的意见陈述书，其中的意见①和②在前面第（1）、（2）项的论述中合议组已经作出解释，在此不再赘述。

对于意见（3），复审请求人认为对权利要求1的修改是由原说明书上位概括而来的，得到了原说明书的支持，对发明名称、说明书摘要、权利要求的主题类型等的修改是为了与要求保护的主题相适应。合议组认为，对权利要求的修改应当以原说明书和权利要求书记载的范围来判断，通过原说明书上位概括而修改的权利要求相比原权利要求和说明书来说，其范围要大，因此超出了原说明书和权利要求书记载的范围；审查指南上规定允许对发明名称、说明书摘要、权利要求的主题类型进行与要求保护的主题相适应的修改是以修改后的要求保护的主题未超出原说明书和权利要求书记载的范围为前提的，如前所述，本申请修改后说明书中的要求保护的主题超出了超出原说明书和权利要求书记载的范围，因此这样的修改是不允许的。

对于意见（4），无论是加入公知的还是非公知的内容，只要在加入内容后，致使所属技术领域的技术人员看到的信息与原申请记载的信息不同，而且又不能从原申请记载的信息中直接地、毫无疑义地确定，这样的加入就不允许，“加入了公知或非公知内容”既包括加入公知的内容，又包括加入非公知的内容，也即加入公知的内容或加入非公知的内容都有可能导致修改超出原说明书和权利要求书记载的范围；至于“采用了上位概括的方法”导致修改超出原说明书和权利要求书记载的范围的理由如前所述，因为上位概括后的范围比原说明书和权利要求书记载的范围要大，在此不再赘述。

综上所述，复审请求人对申请文件进行的修改不符合专利法第33条的规定。

基于上述理由，本案合议组依法作出以下审查决定。

## 三、决定

维持国家知识产权局于 2003 年 12 月 5 日对 00805287.5 号 PCT 发明专利申请作出的驳回决定。

复审请求人对本决定不服的，可以根据专利法第 41 条第 2 款的规定，自收到本决定之日起三个月内向北京市第一中级人民法院起诉。

153

# 复式空调器

## 复审请求审查决定（第 12067 号）

**决　定　号**　第 12067 号
**决　定　日**　2007 年 12 月 14 日
**发明创造名称**　复式空调器
**国际分类号**　F24F 3/06，F25B 5/02
**复审请求人**　LG 电子株式会社
**申　请　号**　200310102401. X
**优先权日**　2003 年 1 月 13 日
**申　请　日**　2003 年 10 月 17 日
**公　开　日**　2004 年 8 月 4 日
**合议组组长**　朱文广
**主　审　员**　姜　岩
**参　审　员**　王　博

**法律依据**　专利法第 22 条第 3 款
**决定要点**

在对一项发明专利申请的创造性进行判断时，首先要将权利要求所述的技术方案和现有技术中最接近的一个技术方案进行特征分析并对相应的技术特征进行对比，找出它们之间存在的区别特征，进而考察该区别特征的引入是否给该发明的权利要求的技术方案带来了突出的实质性特点和显著进步，如果没有，该发明的权利要求不具备创造性。

**一、案由**

本复审请求涉及申请人 LG 电子株式会社于 2003 年 10 月 17 日申请，2004 年 8 月 4 日公开，名称为“复式空调器”的 200310102401. X 号发明专利申请（下称本申请）。

国家知识产权局实质审查部门针对申请人原始提交的申请文本于 2006 年 6 月 9 日驳回了该申请，理由是权利要求 1~9 不符合专利法第 22 条第 3 款的规定。驳回决定所针对的权利要求书为（下称文本 1）：

“1. 一种复式空调器，该空调器包括：

一个室外单元，该室外单元有一台压缩机，一个室外热交换器，以及室外单元管路系统；

多个室内单元，每个室内单元有一个膨胀组件，一个室内热交换器，室内管路系统；

连接在室外单元和室内单元之间的连接管路；以及

装在所述各连接管路上用于防止异物进入室外单元的压缩机中的异物去除装置。

2. 根据权利要求 1 所述的复式空调器，其中将所述异物去除装置装在与所述连接管路相连的室外单元的出口旁边。

3. 根据权利要求 1 所述的复式空调器，其中将所述异物去除装置装在具有与其相连的连接管路的分配器的出口旁边。

4. 根据权利要求 1 所述的复式空调器，其中所述异物去除装置是一除污器。

5. 一种复式空调器，该空调器包括：

一个室外单元，该室外单元有一台压缩机，一个室外热交换器，一个用于控制来自压缩机的制冷剂的流路的流路控制阀，以及室外单元管路系统；

多个室内单元，每个室内单元有一个室内单元膨胀组件，一个室内热交换器，和室内管路系统；

一个用于接收来自室外单元的制冷剂的分配器，该分配器将制冷剂分配到各个按各自运行模式运行的室内单元中，并再将制冷剂返送到室外单元中；

连接在所述室外单元和分配器之间的连接管路；以及

装在所述各连接管路上用于防止异物进入室外单元的压缩机中的异物去除装置。

6. 根据权利要求 5 所述的复式空调器，其中将所述异物去除装置装在与所述连接管路相连的室外单元的出口旁边。

7. 根据权利要求 6 所述的复式空调器，其中将所述异物去除装置装在具有与其相连的所述连接管路的室内单元的出口旁边。

8. 根据权利要求 5 所述的复式空调器，其中所述异物去除装置是一除污器。

9. 根据权利要求 5 所述的复式空调器，其中所述运行模式包括：

冷却所有房间的第一运行模式；

加热所有房间的第二运行模式；

冷却大多数房间和所述加热少数房间的第三运行模式；以及

加热大多数房间和冷却少数房间的第四运行模式。

10. 根据权利要求 5 所述的复式空调器，其中所述流路控制阀包括：

一个与压缩机的出口连通的第一出口；

一个与室外热交换器连通的第二出口；

一个与压缩机的入口连通的第三出口；以及

一个关闭或连通一关闭管件的第四出口。

11. 根据权利要求 10 所述的复式空调器，其中所述室外单元管路系统包括：

连接在压缩机的出口和所述第一出口之间的第一管路；

连接在所述第二出口和装有室外热交换器的室外单元的第一出口之间的第二管路；

连接在所述第一管路和室外单元的第二管路之间的第三管路；以及

连接在所述第三出口和具有一个中点的压缩机的入口之间的第四管路，所述中点与室外单元的第三出口相连。

12. 根据权利要求 11 所述的复式空调器，其中所述室外单元还包括一个安装在所述室外单元的第三出口和压缩机的入口之间的第四管路上的存储器。

13. 根据权利要求 11 所述的复式空调器，其中所述室外单元还包括：

一个安装在所述室外热交换器和室外单元的第一出口之间的第二管路上的止回阀；和

一个安装在所述第二管路上与所述止回阀并联的室外单元电子膨胀组件。

14. 根据权利要求 11 所述的复式空调器，其中所述止回阀只可以使制冷剂从所述室外热交换器流到第一出口。

15. 根据权利要求 11 所述的复式空调器，其中所述连接管路包括：

连接在所述室外单元的第一出口和分配器的第一出口之间的第一连接管路；

连接在所述室外单元的第二出口和分配器的第二出口之间的第二连接管路；以及

连接在所述室外单元的第三出口和分配器的第三出口之间的第三连接管路。

16. 根据权利要求 15 所述的复式空调器，其中所述分配器包括：

用于将制冷剂从室外单元引导到室内单元以及从室内单元引导到室外单元的分配器管道系统；以及

一个安装在所述分配器管道系统上以便控制分配器管道系统中的制冷剂按照各个运行模式流动的阀组。

17. 根据权利要求 16 所述的复式空调器，其中所述分配器管道系统包括：

装有所述分配器第一出口的液态制冷剂管路；

多根从所述液态制冷剂管路分岔出并且分别与室内单元中的各室内单元膨胀组件相连的液态制冷剂分支管路；

装有所述分配器第二出口的气态制冷剂管路；

多根从所述气态制冷剂管路分岔出并且分别与室内单元中的各室内热交换器相连的第一气态制冷剂分支管路；

多根分别从所述第一气态制冷剂分支管路的中点分岔出的第二气态制冷剂分支管路；

具有与其相连的所有第二气态制冷剂分支管路的回流管路。

18. 根据权利要求 17 所述的复式空调器，其中所述阀组包括多个安装在所述第一和第二气态制冷剂分支管路上的开启/关闭阀。

19. 根据权利要求 18 所述的复式空调器，其中所述分配器还包括用于防止从压缩机排出的制冷剂以及充满第三管路的制冷剂液化的装置。

20. 根据权利要求 19 所述的复式空调器，其中所述装置包括：

连接在回流管路和气态制冷剂管路之间的旁通管路；以及

一个设置在所述旁通管路上的分配器膨胀组件。”

申请人（以下称复审请求人）对上述驳回决定不服，于 2006 年 9 月 6 日向专利复审委员会提出复审请求，复审请求人在提出复审请求的同时提交了权利要求书的修改替换页（下称文本 2），具体的修改方式为：将原权利要求 10 作为新的独立权利要求 5，删除原权利要求 10，并相应修改了从属权利要求 6~9 的引用关系。关于权利要求 1~4 的创造性，复审请求人认为：首先，权利要求 1 中的异物去除单元“连接于室外单元和室内单元之间的各个连接管路上”这一特征未被任何对比文件公开，而且也不是基于对比文件公开的内容可以显而易见得到的，理由是本申请要解决的技术问题之前没有被注意或提及过；而且，过滤器常规安装在室内单元以及/或室外单元内，将其放置于室内单元和室外单元之间不是常规设置方式，本领域技术人员不能显而易见地想到，因此权利要求 1~4 相对于对比文件具备创造性。关于权利要求 5~19 的创造性，复审请求人认为此次修改将审查员未评述过的权利要求 10 作为新的独立权利要求 5，克服了原驳回决定中指出的创造性缺陷。因此修改后的权利要求1~19符合专利法的规定，国家知识产权局实质审查部门的驳回理由不成立。

形式审查合格后，专利复审委员会受理了该复审请求，并于 2006 年 10 月 25 日向复审请求人发出复审请求受理通知书，同时将本申请移交原实审部门进行前置审查。

原实审部门对本复审请求进行了前置审查，坚持原驳回决定，认为：提出复审请求时修改的权利要求书中未对权利要求1~4进行任何修改，权利要求1~4要求保护的技术方案仍然不具有突出的实质性特点和显著的进步，不符合专利法第22条第3款的规定。

专利复审委员会组成合议组，对本案的复审请求进行了审理。本案合议组于2007年9月20日针对提出复审请求时修改的权利要求书向复审请求人发出《复审通知书》，指出如下审查意见。

本申请权利要求1请求保护的技术方案与对比文件1（CN2357243Y，授权公告日为2000年1月5日）的区别在于：过滤器的设置位置和数量不同。但是，在空调领域中，过滤器的作用正是去除制冷剂管路中的异物的，它安装在制冷剂管路中，以保证空调器的正常运行，是空调系统的常用部件。本领域技术人员根据需要将过滤器设置于制冷剂管路中的多个位置，得到权利要求1的技术方案是显而易见的，因此，权利要求1的技术方案不具备突出的实质性特点和显著的进步，不具备创造性。

从属权利要求2和3对异物去除装置的设置位置进行进一步限定，但是对于本领域技术人员来说，在对比文件1的基础上实现从属权利要求2和3的技术方案不需要付出创造性的劳动，因此，权利要求2和3不具备突出的实质性特点和显著的进步，因而不具备创造性；对比文件1中所述的过滤器实际上就是一种除污器，因此，权利要求4也不具备创造性。

关于复审请求人认为的对比文件中未公开本申请权利要求1中的“连接于室外单元和室内单元之间的各个连接管路上的异物去除装置”这一技术特征，且包含该特征的技术方案并不是基于对比文件公开的内容可以显而易见得到，合议组认为：对比文件3（公开日为1987年2月的《空气调节用制冷技术》）明确指出过滤器用于“防止铁屑、铁锈等污物进入压缩机”，并且“干燥器……也可以与过滤器结合，装设干燥过滤器”，对比文件3为空调专业的教科书，因此，干燥过滤器可以有干燥和去除铁屑等异物（包括焊接或其他处理过程引入的异物）的功能是本领域的公知常识；另外，在授权公告号为CN2529121Y的中国专利文献（授权公告日2003年1月1日）的背景技术中也指出：在空调器的生产安装过程中，焊接铜管时产生的焊屑……人们通常在空调器管路中安装过滤器，用以过滤制冷剂流体中的杂质。也就是说，该文献指出了在空调器的生产安装焊接管路的过程中会产生焊屑等杂质以及该杂质要通过过滤器去除，这些都说明该技术问题并非在本申请中首次提出。另外，在空调领域中，作为公知常识，将过滤器设置在制冷剂管线上，其功能是用于去除异物，并且本领域技术人员可以根据需要将其设置在不同的位置，这是很容易想到的，并不需要付出创造性的劳动。综上，请求人的理由不能成立。因此，权利要求1~4不具备创造性。

针对复审通知书指出的问题，复审请求人于2007年11月8日提交了意见陈述书及经修改的权利要求书（下称文本文3），修改方式是，删除了原权利要求1~4，原权利要求5~19形成了新的权利要求1~15。修改后的权利要求共15项，其中权利要求1为：

“1. 一种复式空调器，该空调器包括：

一个室外单元，该室外单元有一台压缩机，一个室外热交换器，一个用于控制来自压缩机的制冷剂的流路的流路控制阀，以及室外单元管路系统；

多个室内单元，每个室内单元有一个室内单元膨胀组件，一个室内热交换器，和室内管路系统；

一个用于接收来自室外单元的制冷剂的分配器，该分配器将制冷剂分配到各个按各自运行模式运行的室内单元中，并再将制冷剂返送到室外单元中；

连接在所述室外单元和分配器之间的连接管路；以及

装在所述各连接管路上用于防止异物进入室外单元的压缩机中的异物去除装置，

其中所述流路控制阀包括：

一个与压缩机的出口连通的第一出口；

一个与室外热交换器连通的第二出口；

一个与压缩机的入口连通的第三出口；以及

一个关闭或连通一关闭管件的第四出口。”

至此，合议组认为本案事实清楚，可以作出审查决定。

**二、决定的理由**

1. 审查基础

复审请求人2007年11月8日提交了权利要求的修改替换页（文本3），相对于原始申请文件，其修改方式为，删除了权利要求1~4，以原权利要求10作为新的独立权利要求1，并相应修改了原权利要求6~9的引用关系，其他权利要求编号续前，共有15项权利要求，而且此次修改是为了克服复审通知书中指出的创造性的缺陷而进行的，合议组经过核对未发现此次对权利要求的修改存在不符合专利法第33条和专利法实施细则第60条第1款的规定之处。本决定以复审请求人于2007年11月8日提交的权利要求1~15，2003年10月17日提交的说明书第1~12页、附图第1~5页、说明书摘要以及说明书摘要附图为基础进行。

2. 关于创造性

专利法第22条第3款规定，创造性，是指同申请日以前已有的技术相比，该发明有突出的实质性特点和显著的进步，该实用新型具有实质性特点和进步。

当复审请求人根据复审通知书中提出的审查意见，删除了驳回决定中指出的有缺陷的权利要求，保留了驳回决定中没有评述过的权利要求，也就克服了驳回决定所指出的缺陷，应由原审查部门对新的权利要求书继续进行审查。

本案中，复审请求人根据复审通知书中提出的审查意见，删除了驳回决定中指出的不符合专利法第22条第3款的权利要求1~4，将驳回决定中没有评述过的权利要求10作为新的独立权利要求1，因此，修改后的文本3已经消除了驳回决定中指出的权利要求1~9不具备创造性，不符合专利法第22条第3款的缺陷，根据专利法实施细则第62条第2款的规定，应当撤销原驳回决定，由原审查部门对新的权利要求书继续进行审查。

根据以上事实和理由，本案合议组作出如下审查决定。

**三、决定**

撤销国家知识产权局于2006年6月9日对200310102401. X号发明专利申请作出的驳回决定。由原审查部门在本决定针对的审查文本的基础上继续进行审查。

复审请求人对本决定不服的，可以根据专利法第41条第2款的规定，自收到本决定之日起3个月内向北京市第一中级人民法院起诉。

154

# 具有带局部可伸展区的内裤护层部件的吸湿用品

## 复审请求审查决定（第12098号）

**决　定　号**　第12098号
**决　定　日**　2007年12月19日
**发明创造名称**　具有带局部可伸展区的内裤护层部件的吸湿用品
**国际分类号**　A61F 13/15
**复审请求人**　普罗克特和甘保尔公司
**申　请　号**　94193468.3
**优先权日**　1993年7月22日，1993年9月20日
**申　请　日**　1994年7月22日
**公　开　日**　1996年9月18日
**合议组组长**　于　萍
**主　审　员**　王　琳
**参　审　员**　姜　岩

**法律依据**　专利法第26条第4款、第22条第3款，专利法实施细则第20条第1款
**决定要点**

如果一项发明专利申请权利要求所要求保护的技术方案与对比文件公开的技术内容相比较，虽然在技术方案上两者的各组成部件有一定的对应关系，但专利申请中的某些参数限定没有被对比文件公开，且专利申请所解决的技术问题与对比文件不同，并产生了预料不到的技术效果，根据对比文件公开的技术内容，所属领域的技术人员并不能想到专利申请所要解决的技术问题，也不能获得采用专利申请权利要求中的参数限定来解决该权利要求所要解决的技术问题的启示，则该权利要求相对于该对比文件具有创造性。

### 一、案由

本复审请求涉及发明名称为“具有带局部可伸展区的内裤护层部件的吸湿用品”的第94193468.3号发明专利申请（下称本申请），申请人为普罗克特和甘保尔公司，申请日为1994年7月22日，优先权日为1993年7月22日及1993年9月20日，公开日为1996年9月18日。

经实质审查，国家知识产权局实质审查部门于2003年1月10日对本申请做出了驳回决定。驳回决定所针对的审查文本为申请人于2002年11月20日提交的权利要求1~14和说明书第1~18页，及申请人于1994年7月22日提交的说明书附图第1~5页和说明书摘要。驳回的理由是本申请权利要求1~11、13和14不符合专利法第22条第3款，权利要求1、3和7不符合专利法26条第4款以及权利

要求6不符合专利法实施细则第20条第1款的规定。其中驳回决定所针对的权利要求书为：

“1. 一种用于穿用者的具有一个裆区和一对侧边缘的内裤上的吸湿用品，该吸湿用品具有沿纵向延伸的纵向尺寸和沿着横向延伸的横向尺寸，所述吸湿用品包括：

一个有吸湿芯的主体部分，该主体部分有一朝向身体侧、一朝向内衣侧和一对纵向边缘；以及

一对用于沿着穿用者内裤侧边缘折叠的侧围件，该侧围件与上述主体部分接合并且沿横向向外延伸到该主体部分之外达到远边缘，其伸出纵向侧边缘之外的距离小于主体部分宽度的一半；该侧围件有一条横向中心线，其中至少一个侧围件包括至少一个可伸展区和比该至少一个可伸展区硬挺的另一区，当该侧围件沿着内裤侧边缘折叠时，所述的至少一个可伸展区伸展，其中所述的至少一个可伸展区沿纵向伸出大于或等于20至30mm，而所述的硬挺区的抗弯性能为2grams至50grams之间。

2. 如权利要求1所述的吸湿用品，其特征在于：所述的可伸展区主要沿横向伸展。

3. 一种用于穿用者的具有一个裆区和一对侧边缘的内裤上的吸湿用品，该吸湿用品具有沿纵向延伸的纵向尺寸和沿横向延伸的横的尺寸，所述吸湿用品包括：

一个有吸湿芯的主体部分，该主体部分有一朝向身体侧，一朝向内裤侧和一对纵向边缘；以及

一对用于沿着穿用者短内裤的侧边缘折叠的侧围件，该侧围件与上述主体部分接合并且沿横向向外延伸到该主体部分之外达到远边缘，其伸出纵向边缘之外的距离小于该主体部分宽度的一半；该侧围件有一条横向中心线，其中至少一个侧围件包括两个在横向中心线相对侧上的可侧展区和一个位于所述的两个伸展区之间的中间区，所述的中间区包含所述的横向中心线，并且比所述的可伸展区硬梃，所述的可伸展区在沿短内裤边缘折叠时是可伸展的，其中，所述可伸展区上有能沿纵向伸展大于或等于10至15mm的区域，在所述区域之间的纵向距离为20mm至150mm之间。

4. 如权利要求3所述的吸湿用品，其特征在于所述的两个可伸展区之间的纵向距离是在30mm至100mm之间。

5. 如权利要求3所述的吸湿用品，其特征在于所述的可伸展区主要沿横向伸展。

6. 如权利要求3所述的吸湿用品，其特征在于至少一个可伸展区包括一个侧围件区域，该区域设有带折叠线的褶皱。

7. 如权利要求3所述的吸湿用品，其特征在于：所述的侧围件的可伸展区在小于200gramsf/英寸作用下的伸展量大于或等于30%，并小于或等于80%。

8. 如权利要求7所述的吸湿用品，其特征在于：所述的侧围件的可伸展区在所述的力作用下的可伸展量在40%至70%之间。

9. 如权利要求3所述的吸湿用品，其特征在于所述的中间区有一个形成所述侧围件的近边缘部分的近边缘和一个形成所述侧围件的远边缘部分的远边缘，所述的远边缘比所述的近边缘短。

10. 如权利要求3所述的吸湿用品，其特征在于所述的侧围件的所述可伸展区包括侧向最向内的点，所述侧向最向内的点是在可伸展区中最靠近吸湿用品的纵向中心线的那些点，当两个相对侧围件上的所述侧向最向内的两点之间的距离大于穿用者短内裤裆区的宽度时，所述的侧向最向内的点限定了在所述侧围件内部预先布置的折叠线上的点。

11. 如权利要求3所述的吸湿用品，其特征在于所述的侧围件与所述的主体部分为一整体。

12. 如权利要求3所述的吸湿用品，其特征在于所述的侧围件包括附着在位于所述主体部分的纵向侧边缘内部的一附着点上接合到主体部分的朝向内裤侧上的分开的部分，且所述侧围件不固定在附着点和所述主体部分的纵向侧缘之间的所述朝向内裤侧上。

13. 一种如权利要求3所述的吸湿用品，还包括一个位于所述纵向中心线相对两侧上的主体部分朝向内裤侧的形成两个纵向取向的粘接剂条的压敏粘接剂固定件，所述的粘接剂条具有伸到所述侧围

件的所述中间区内的中心侧向延伸部分，使所述的中心粘接剂相隔开，以便把所述的两个侧围件固定在穿用者内裤的弹性侧边缘上。

14. 如权利要求3所述的吸湿用品，其特征在于所述的侧围件为在一个纵向取向的折叠线附近沿着穿用者内裤裆部分的一个侧边缘折叠成形，所述纵向取向的折叠线把所述粘接剂固定件分成包括第一部分和第二部分的两部分，所述的折叠线位于所述内裤裆部的侧边缘的外侧，以便使包括第一和第二部分的所述侧围件的一部分在所述内裤的外侧边缘相互重叠和粘接。”

驳回决定中认为：（1）权利要求1中“至少一个可伸展区沿纵向伸出大于或等于20至30mm”不能从说明书直接而唯一地导出；权利要求3中“所述可伸展区上有能沿纵向伸展大于或等于10至15mm的区域”所概括的范围得不到说明书的支持；权利要求7中“伸展量大于或等于30%，并小于或等于80%”在说明书中没有描述，因此上述权利要求不符合专利法第26条第4款的规定；（2）权利要求6中“至少一个可伸展区包括一个侧围件区域”与所引用的权利要求3中“至少一个侧围件包括两个在横向中心线相对侧上的可伸展区”相矛盾，因此不符合专利法实施细则第20条第1款的规定；（3）权利要求1和3与对比文件1（CN1073090A，公开日为1993年6月16日）的区别技术特征是本领域技术人员根据使用产品时的舒适性容易选择的，因此不具备创造性；从属权利要求2、4~11、13、14的附加技术特征或者被对比文件1公开，或者未带来意想不到的技术效果，因此也不具备专利法第22条第3款规定的创造性。

申请人普罗克特和甘保尔公司（以下称复审请求人）对上述驳回决定不服，于2003年4月10日向专利复审委员会提出了复审请求。复审请求人在提出复审请求时未提交修改文本。复审请求人认为权利要求1、3和7在说明书中有依据，得到了说明书的支持；权利要求6与其引用的权利要求5的内容也不矛盾，并重申了独立权利要求1和3具备创造性的理由。

经形式审查合格后，专利复审委员会受理了该复审请求，并于2003年5月6日向请求人发出复审请求受理通知书，并向原实质审查部门发出了前置审查通知书，同时将本案送至原实质审查部门进行前置审查。

原实质审查部门在前置审查意见书中坚持原驳回决定。

专利复审委员会依法成立合议组，对本复审请求案进行了审理。于2007年6月29日向复审请求人发出复审通知书，指出：（1）权利要求1中记载的技术特征“所述的至少一个可伸展区沿纵向伸出大于或等于20至30mm”与说明书中相应部分记载的内容不同，因此权利要求1不符合专利法第26条第4款的规定；（2）权利要求6的附加技术特征为“至少一个可伸展区包括一个侧围件区域，该区域设有带折叠线的褶皱”，即可伸展区包括侧围件区域，而其引用的独立权利要求3中限定“至少一个侧围件包括两个在横向中心线相对侧上的可侧展区和一个位于所述的两个伸展区之间的中间区”，即侧围件包括可伸展区，两者归属关系混乱，因此不符合专利法实施细则第20条第1款的规定；（3）权利要求1和3请求保护一种用于穿用者的具有一个裆区和一对侧边缘的内裤上的吸湿用品，该权利要求1和3相对于对比文件1不具备创造性，对比文件1也公开了（参见其说明书的第11页至第30页以及附图1-5）一种卫生巾20（即吸湿用品），其含有一个表层40，底层42，一个吸收芯44（相当于权利要求1中的有吸收芯的主体部分）和一对折片24（相当于权利要求1中的侧围件），至少部分表层、底层和吸收芯含有主体部分22，折片24可以附着在主体部分22上，卫生巾至少有一个不同可延伸区域50（对比文件1中的同一侧的两个可延伸区域50相当于权利要求1中的一个可伸展区）用于释放折片24中产生的应力，折片24的中心部分可以是不具有任何可延伸特性或可延伸性比折片角区52小的中心部分27（相当于权利要求1中的硬挺区），且可延伸区域50之间的纵向距离为30mm。权利要求1和3与对比文件1相比，差别在于：权利要求1中还限定了所述的至少一个可伸展区沿纵向伸出大于或等于20至30mm，而所述的硬挺区的抗弯性能为2grams至50grams之间；权利要求3中还限定了所述可伸展区有能沿纵向伸展大于或等于10至15mm的区域。但是正如本申请说明书中所述，侧围件50可由任何用于构成卫生巾主体部分21的材料制作，或者其包括一个基本上不伸展的材料片，该材料片上有用于可伸展区的可伸展范围，这些可伸展区域可以用包括机械拉伸、起皱、碾压、加热和变形等方法形成。根据本领域普通技术人员的常识可知，常规用于折片的材料通过已知的方法即可达到权利要求1中对延伸量和硬挺区抗弯性能的要求以及权利要求3对延伸量的要求，而且这些区别技术特征的引入并未产生预料不到的效果，因此，权利要求1和3相对对比文件1不具备专利法第22条第3款规定的创造性。

权利要求2的附加技术特征被对比文件1说明书的第14页第2段的下述内容公开："不同可延伸的区域50最好在横向方向通常向外以很大的量先伸展，最好在横向方向的可伸展性比纵向方向的可延伸性大"，权利要求4~11的附加技术特征被对比文件1（参见其说明书的第11页至第30页以及附图1-5）的下列内容公开：折片在纵向方向离折片横向中心线约1.5mm之间的点设置可延伸区域，不同可延伸的区域50最好在横向方向通常向外以很大的量先伸展，最好在横向方向的可伸展性比纵向方向的可延伸性大，用于不同可延伸区域50的合适的结构包括机械拉紧的，成波纹状的，环辊状的，折叠的，起褶的，或连接到弯曲连接处的，卫生巾可拉长的长度为未拉长长度的约15~40%，只有卫生巾部件的限定部分是可拉长的，图1中折片的远边缘比近边缘短，折片与卫生巾的主体可以是一体的。而且附图4和5中限定的折片与内裤侧的关系与本发明相同。因此，当其引用的独立权利要求不具备创造性时，这些权利要求也不具备专利法第22条第3款规定的创造性。权利要求13和14限定了吸湿用品上的固定件，对比文件1（参见其说明书的第27页至第33页以及附图1-5）中公开了在内裤侧上、纵向中心线两侧以及折片的中心区上有压敏粘结剂条。虽然对比文件1中不是由主体上的粘结剂条延伸形成的，但是两者的效果相同，本领域技术人员在其基础上，为了方便起见，将粘结剂条适当延长得到权利要求13和14的技术方案是显而易见的，因此，当其引用的权利要求3不具备创造性时，这些权利要求也不具备专利法第22条第3款规定的创造性。

同时，合议组发出了复审请求口头审理通知书，定于2007年8月30日对本案进行口头审理。

针对上述复审通知书，请求人于2007年8月14日提交了意见陈述书和权利要求书的修改替换页，进一步阐述了修改后的权利要求相对于对比文件1具备创造性的理由。其中修改后的独立权利要求1和3的内容如下：

"1. 一种用于穿用者的具有一个裆区和一对侧边缘的内裤上的吸湿用品，该吸湿用品具有沿纵向延伸的纵向尺寸和沿着横向延伸的横向尺寸，所述吸湿用品包括：

一个有吸湿芯的主体部分，该主体部分有一朝向身体侧、一朝向内衣侧和一对纵向边缘；以及

一对用于沿着穿用者内裤侧边缘折叠的侧围件，该侧围件与上述主体部分接合并且沿横向向外延伸到该主体部分之外达到远边缘，其伸出纵向侧边缘之外的距离小于主体部分宽度的一半；该侧围件有一条横向中心线，其中至少一个侧围件包括至少一个可伸展区和比该至少一个可伸展区硬挺的另一区，当该侧围件沿着内裤侧边缘折叠时，所述的至少一个可伸展区伸展，其中一对可伸展区沿纵向伸出大于或等于20至30mm，而所述的硬挺区的抗弯性能为2grams至50grams之间。

3. 一种用于穿用者的具有一个裆区和一对侧边缘的内裤上的吸湿用品，该吸湿用品具有沿纵向延伸的纵向尺寸和沿横向延伸的横的尺寸，所述吸湿用品包括：

一个有吸湿芯的主体部分，该主体部分有一朝向身体侧，一朝向内裤侧和一对纵向边缘；以及

一对用于沿着穿用者短内裤的侧边缘折叠的侧围件，该侧围件与上述主体部分接合并且沿横向向外延伸到该主体部分之外达到远边缘，其伸出纵向边缘之外的距离小于该主体部分宽度的一半；该侧

围件有一条横向中心线，其中至少一个侧围件包括两个在横向中心线相对侧上的可侧展区和一个位于所述的两个伸展区之间的中间区，所述的中间区包含所述的横向中心线，并且比所述的可伸展区硬梃，所述的可伸展区在沿短内裤边缘折叠时是可伸展的，其中，所述可伸展区上有能沿纵向伸展大于或等于10至15mm的区域，在所述区域之间的纵向距离为20mm至150mm之间。”

口头审理因故改在2007年9月12日进行，复审请求人的代理人出席了本次口头审理，在口头审理中，请求人对权利要求1~14相对于对比文件1具备创造性的理由进行了充分的阐述，认为本申请与对比文件1的区别在于：本申请的侧围件包括可伸展区和硬挺区，其中一对可伸展区延纵向伸展大于或等于20至30毫米，而所述的硬挺区的抗弯性能为2grams至50grams之间，所述的硬挺区位于两个伸展区之间。本申请的吸湿用品具有如下效果：穿用者简单地拉内裤时吸湿用品能自动地围在穿用者的短内裤的边缘，并且不用在其上设置带有短内裤固定件的护翼和单独的弹性绳或粘结剂。

合议组明确指出：复审请求人所陈述的使本申请的吸湿用品具有上述技术效果的特征“侧围件包括可伸展区和硬挺区，其中一对可伸展区沿纵向伸展大于或等于20~30毫米，而所述的硬挺区的抗弯性能为2~50grams，所述的硬挺区位于两个伸展区之间”并未体现在请求人于2007年8月14日提交的修改后的独立权利要求1和3中，权利要求1缺少伸展区和硬挺区的位置关系，权利要求3缺少硬挺区抗弯性能的限定，缺少上述限定的权利要求1和3并不能产生其所声称的技术效果，所以目前的权利要求1和3相对于对比文件1没有突出实质性特点和显著的进步，不符合专利法22条第3款的规定。并告知请求人应当在口审结束后一个月之内提交意见陈述书或对权利要求书进行修改。如果修改文本仍然不能克服本申请不符合专利法第22条第3款规定的实质性缺陷，复审委员会将作出维持驳回决定的复审决定。

请求人于2007年10月11日提交了权利要求书和说明书的修改替换页以及意见陈述书，其中权利要求书主要的修改方式为：将权利要求1中的“一个侧围件包括至少一个可伸展区”分别改为“一个侧围件包括一对可伸展区”，并增加了技术特征“其中所述硬挺区被定位在所述一对可伸展区之间”，将“伸出”一词改为了“伸展”；将权利要求2的附加技术特征由“所述的可伸展区主要沿横向伸展”改为“所述硬挺区包含所述横向中心线”；将独立权利要求3改为权利要求2的从属权利要求，其附加技术特征为“所述可伸展区上有能沿纵向伸展大于或等于10至15mm的区域，在所述区域之间的纵向距离为20mm至150mm之间”；删除了权利要求5；将权利要求6中的“至少一个可伸展区”改为“所述可伸展区”；并对说明书进行了适应性修改，增加了修改后权利要求1的内容，删除了原权利要求3的内容。修改后的权利要求书为：

“1. 一种用于穿用者的具有一个裆区和一对侧边缘的内裤上的吸湿用品，该吸湿用品具有沿纵向延伸的纵向尺寸和沿着横向延伸的横向尺寸，所述吸湿用品包括：

一个有吸湿芯的主体部分，该主体部分有一朝向身体侧、一朝向内衣侧和一对纵向边缘；以及

一对用于沿着穿用者内裤侧边缘折叠的侧围件，该侧围件与上述主体部分接合并且沿横向向外延伸到该主体部分之外达到远边缘，其伸出的纵向侧边缘之外距离小于主体部分宽度的一半；该侧围件有一条横向中心线，其中至少一个侧围件包括一对可伸展区和比所述可伸展区硬挺的另一区，其中所述硬挺区被定位在所述一对可伸展区之间，当该侧围件沿着内裤侧边缘折叠时，所述可伸展区伸展，其中一对可伸展区沿纵向伸展大于或等于20至30mm，而所述的硬挺区的抗弯性能为2grams至50grams之间。

2. 如权利要求1所述的吸湿用品，其特征在于：所述硬挺区包含所述横向中心线。

3. 如权利要求2所述的吸湿用品，所述可伸展区上有能沿纵向伸展大于或等于10至15mm的区域，在所述区域之间的纵向距离为20mm至150mm之间。

4. 如权利要求 3 所述的吸湿用品，其特征在于所述的两个可伸展区之间的纵向距离是在 30mm 至 100mm 之间。

5. 如权利要求 3 所述的吸湿用品，其特征在于所述可伸展区设有带折叠线的褶皱。

6. 如权利要求 3 所述的吸湿用品，其特征在于：所述的侧围件的可伸展区在小于 200gramsf/英寸作用下的伸展量大于或等于 30%，并小于或等于 80%。

7. 如权利要求 6 所述的吸湿用品，其特征在于：所述的侧围件的可伸展区在所述的力作用下的可伸展量在 40% 至 70% 之间。

8. 如权利要求 3 所述的吸湿用品，其特征在于所述的中间区有一个形成所述侧围件的近边缘部分的近边缘和一个形成所述侧围件的远边缘部分的远边缘，所述的远边缘比所述的近边缘短。

9. 如权利要求 3 所述的吸湿用品，其特征在于所述的侧围件的所述可伸展区包括侧向最向内的点，所述侧向最向内的点是在可伸展区中最靠近吸湿用品的纵向中心线的那些点，当两个相对侧围件上的所述侧向最向内的两点之间的距离大于穿用者短内裤裆区的宽度时，所述的侧向最向内的点限定了在所述侧围件内部预先布置的折叠线上的点。

10. 如权利要求 3 所述的吸湿用品，其特征在于所述的侧围件与所述的主体部分为一整体。

11. 如权利要求 3 所述的吸湿用品，其特征在于所述的侧围件包括附着在位于所述主体部分的纵向侧边缘内部的一附着点上接合到主体部分的朝向内裤侧上的分开的部分，且所述侧围件不固定在附着点和所述主体部分的纵向侧缘之间的所述朝向内裤侧上。

12. 如权利要求 3 所述的吸湿用品，还包括一个位于所述纵向中心线相对两侧上的主体部分朝向内裤侧的形成两个纵向取向的粘接剂条的压敏粘接剂固定件，所述的粘接剂条具有伸到所述侧围件的所述中间区内的中心侧向延伸部分，使所述的中心粘接剂相隔开，以便把所述的两个侧围件固定在穿用者内裤的弹性侧边缘上。

13. 如权利要求 3 所述的吸湿用品，其特征在于所述的侧围件为在一个纵向取向的折叠线附近沿着穿用者内裤裆部分的一个侧边缘折叠成形，所述纵向取向的折叠线把所述粘接剂固定件分成包括第一部分和第二部分的两部分，所述的折叠线位于所述内裤裆部的侧边缘的外侧，以便使包括第一和第二部分的所述侧围件的一部分在所述内裤的外侧边缘相互重叠和粘接。”

至此，合议组认为本案事实清楚，可以作出复审决定。

**二、决定的理由**

1. 文本的确定

经审查，合议组认为请求人于 2007 年 10 月 11 日提交的修改文本符合专利法第 33 条和专利法实施细则第 60 条第 1 款的规定，予以接受。据此确定本决定以下列文本为审查基础：申请日提交的说明书附图第 1~5 页和说明书摘要，2007 年 10 月 11 日提交的权利要求 1~13 和说明书第 1~17 页。

2. 关于专利法第 26 条第 4 款

专利法第 26 条第 4 款规定，权利要求书应当以说明书为依据，说明要求专利保护的范围。

权利要求书应当以说明书为依据，是指权利要求应当得到说明书的支持。此处的支持是指实质上支持。权利要求书中的每一项权利要求所要求保护的技术方案应当是所属技术领域的技术人员能够从说明书充分公开的内容中得到或概括得出的技术方案，并且不得超出说明书公开的范围。

原权利要求 1 中记载了技术特征“至少一个可伸展区沿纵向伸出大于或等于 20 至 30mm”，其含义包括了如下情况：一个“可伸展区”沿纵向伸出大于或等于 20 至 30mm。而说明书附图 1、3 及说明书的描述为，每个侧围件 50 具有两个可伸展区 56，每个部分 56 能够伸长大于或等于约 10 至 15mm，而每个侧围件的这些部分的组合伸展大于或等于约 20~30mm，即公开的 20~30mm 是位于同一侧围件的两个可伸展区的纵向伸展量，而不是一个可伸展区的纵向伸展量。并且说明书的其他部分也未描述权利要求 1 的上述特征，很显然，原权利要求 1 的上述描述与说明书的描述不一致，且不能从说明书中概括得出，因此得不到说明书的支持，不符合专利法第 26 条第 4 款的规定。针对复审通知书指出的这一缺陷，复审请求人修改了权利要求书，将上述权利要求中的技术特征修改为："其中一对可伸展区沿纵向伸展大于或等于 20 至 30mm"，该内容为原始说明书第 10 页最后一段和说明书附图 1 中公开的内容，因此符合专利法第 33 条的规定，且得到了说明书的支持，克服了驳回决定和复审通知书指出的这一缺陷。

驳回决定中认为，原独立权利要求 3 中限定的技术特征"所述可伸展区上有能沿纵向伸展大于或等于 10 至 15mm 的区域"同时包含"可伸展区还有不能沿纵向伸展大于或等于 10～15mm 的区域"的含义，因此，该限定不能由说明书中"可伸展区的每个部分 56′能够伸长大于或等于约 10 至 15mm"直接而唯一地导出，不符合专利法地 26 条第 4 款的规定。合议组认为，由于修改后的权利要求 3 已成为权利要求 2 的从属权利要求，并间接从属于权利要求 1，而在其引用的权利要求中已限定了一个侧围件包括一对可伸展区和定位于该对可伸展区之间的硬挺区，以及一对可伸展区沿纵向伸展的量，所以驳回决定所指出的原权利要求 3 的上述问题已不存在。

另外，驳回决定指出了原权利要求 7 中的技术特征"伸展量大于或等于 30%，并小于或等于 80%"没有得到支持而不符合专利法第 26 条第 4 款的问题，合议组认为，根据审查指南的规定，权利要求书应当以说明书为依据，是指权利要求应当得到说明书的实质支持，由于原始说明书第 10 页公开了可伸展区的多种伸展量：20%～80%、40%～70%、60%～70%，足以支持权利要求 7 概括的范围，因此权利要求 7 符合专利法第 26 条第 4 款的规定。

3. 专利法实施细则第 20 条第 1 款

专利法实施细则第 20 条第 1 款规定，权利要求书应当说明发明或者实用新型的技术特征，清楚、简要地表述请求保护的范围。

原权利要求 6"至少一个可伸展区包括一个侧围件区域"与其引用的原权利要求 3 中的"至少一个侧围件包括两个在横向中心线相对侧上的可伸展区"的描述，两者对于"可伸展区"与"侧围件"的归属关系限定的相互矛盾，不符合专利法实施细则第 20 条第 1 款的规定。针对驳回决定和复审通知书指出的这一缺陷，请求人进行了修改，修改后的权利要求 5（对应驳回决定及复审通知书中所指的权利要求 6）将原来的附加技术特征"至少一个可伸展区包括一个侧围件区域，该区域设有带折叠线的褶皱"改为"所述可伸展区设有带折叠线的褶皱"，删除了上述相互矛盾的内容，因此，驳回决定中所指出的权利要求 6 不符合专利法实施细则第 20 条第 1 款的缺陷已不存在。

4. 关于专利法第 22 条第 3 款

专利法第 22 条第 3 款规定，创造性，是指同申请日以前已有的技术相比，该发明有突出的实质性特点和显著的进步，该实用新型有实质性特点和进步。

如果一项权利要求要求保护的技术方案与对比文件公开的技术内容相比较，虽然在技术方案上两者的各组成部件有一定的对应关系，但它们所解决的技术问题、预期效果完全不同，在具体性能参数上也存在差别，根据对比文件公开的技术内容，所属领域的技术人员不可能获得将其中的性能参数改进并用于解决该权利要求所要解决的技术问题的启示，则该权利要求相对于对比文件具有创造性。

本案中，对比文件 1 为申请人与本申请相同的，公开在本申请的优先权日之前的专利文献，该对比文件 1 公开了一种具有折片和不同可延伸区域的吸收制品，其具有沿纵向延伸的纵向尺寸和沿着横向延伸的横向尺寸，该吸收制品包括，一个吸湿芯的主体部分，该主体部分有一朝向身体侧、一朝向内衣侧和一对纵向边缘；以及一对用于沿着穿用者内裤侧边缘折叠的折片（相当于本申请中的侧围件)，该折片与主体部分接合并且沿横向向外延伸至主体部分之外达到远边缘，其伸出的纵向侧边缘之外的距离小于主体部分宽度的一半，该折片有一条横向中心线，每一个折片包括两个可延伸区域和一个比延伸区域硬挺的折片的中心部分，当折片沿着内裤侧边缘折叠时，所述的可延伸区域伸展，两个可延伸区域之间的纵向距离为3厘米。将对比文件1公开的上述内容与本申请的权利要求1进行比较，两者的区别在于：权利要求1中具体限定了“其中至少一个侧围件包括一对可伸展区和比所述可伸展区硬挺的另一区，其中所述硬挺区被定位在所述一对可伸展区之间，当该侧围件沿着内裤侧边缘折叠时，所述可伸展区伸展，其中一对可伸展区沿纵向伸展大于或等于20至30mm，而所述的硬挺区的抗弯性能为2grams至50grams之间”。通过本申请说明书的描述可知，包含上述上述区别技术特征的本申请的权利要求1所限定的技术方案所要解决的技术问题和达到的技术效果是使该用品在被穿用者使用时，通过简单地向上拉短内裤就能自动地围住穿用者的短内裤的边缘，并且不用在其上设置固定短内裤的护翼和弹性绳。即产生了预料不到的技术效果。对比文件1所要解决的技术问题和达到的技术效果是释放折片中产生的压力，避免其脱落，对比文件1并未提出本申请所要解决的技术问题，也未给出解决采用权利要求1所述方案来解决本申请的技术问题的技术启示，其中所公开的具体的伸展长度和抗弯性能等参数上也与本申请的权利要求1存在差别。因此本领域技术人员在对比文件1的基础上不能得到启示来得到本申请的吸湿用品。同时上述技术特征改善了抗弯和抗皱能力，方便了穿用者，产生了预料不到的技术效果，因此权利要求1相对于对比文件1具有突出的实质性特点和显著的进步，具备创造性。

在独立权利要求1相对于对比文件1具备创造性的前提下，其从属权利要求2~13相对于对比文件1也具备创造性。

基于上述理由，本案合议组作出如下决定。

**三、决定**

撤销国家知识产权局于2003年1月10日对94193468.3号发明专利申请作出的驳回决定。由原审查部门在本决定所针对文本的基础上继续进行审查程序。

复审请求人对本决定不服的，可以根据专利法第41条第2款的规定，自收到本决定之日起3个月内向北京市第一中级人民法院起诉。

155

# 勃起工具

## 复审请求审查决定（第12144号）

**决　定　号**　第12144号
**决　定　日**　2007年11月29日
**发明创造名称**　勃起工具
**国 际 分 类 号**　A61F 5/41，A61H 19/00
**复 审 请 求 人**　韦伯罗特龙股份有限公司
**申　请　号**　01806459.0
**申　请　日**　2001年2月1日
**优 先 权 日**　2000年3月14日
**公　开　日**　2003年5月14日
**合 议 组 组 长**　刘颖杰
**主　审　员**　刘　畅
**参　审　员**　王琦琳

**法 律 依 据**　专利法第22条第3款
**决 定 要 点**

如果现有技术中给出了将区别特征应用到最接近的现有技术以解决其存在的技术问题的启示，那么本专利要求保护的技术方案不具备创造性。

### 一、案由

本复审请求涉及申请号为01806459.0、名称为“勃起工具”的发明专利PCT申请（下称本申请），其申请日为2001年2月1日，进入中国国家阶段的日期为2002年9月12日，公开日为2003年5月14日，申请人为梅迪特龙股份有限公司，后于2005年3月22日变更为韦伯罗特龙股份有限公司。

国家知识产权局专利局审查部门依申请人的请求对本申请进行了实质审查，于2004年4月23日发出第一次审查意见通知书，指出本申请的权利要求1~4、6~10、12、13不具备专利法第22条第3款所规定的创造性，以及说明书不符合专利法实施细则第18条第3款的规定，在此次意见陈述书中，审查员引用了以下对比文件：

对比文件1：专利号为US5377692A的美国专利说明书，其公开日为1995年1月3日；

对比文件2：授权公告号为CN2187456Y的中国实用新型专利说明书，其授权公告日为1995年1月18日。

申请人针对上述审查意见通知书于2004年11月8日提交了意见陈述书，指出：对比文件1没有披露一种勃起工具，而是一种装备了振动器以便对女性生殖器的敏感部位进行振动的避孕套，而且对比文件1、2均没有披露任何由压敏材料制成的元件，也没有披露出布置在勃起工具中或其上的任何脉冲或振动发射微型电子电路。此外，申请人还提交了新的权利要求1~12。

经过上述审查程序后，国家知识产权局专利局审查部门于2005年8月5日以本申请权利要求1~3、5~9、11、12不符合专利法第22条第3款的规定为理由驳回了本申请。驳回决定所针对的文本是：2004年11月8日提交的说明书第1~7页，权利要求第1~12项，2002年9月12日提交的说明书附图第1~3页、说明书摘要及摘要附图。

在驳回决定正文中，审查员指出：对比文件1中已经披露了采用脉冲电流通过记忆合金材料使其产生振动的特征，对比文件2中披露了通过振动可以使阴茎勃起，并通过记忆合金产生的振动与权利要求1所述压敏元件产生的振动在本申请中所起的作用相同，也即采用压敏元件并没有给本申请带来任何实质性进步。

韦伯罗特龙股份有限公司（下称复审请求人）不服上述驳回决定，于2005年11月21日向专利复审委员会提出复审请求，指出：对比文件1中并没有记录振动是为了影响男性性伴侣，即对比文件1的装置并非用于勃起工具，此外，对比文件1也很难与对比文件2结合从而得到本申请权利要求1所限定的技术方案，复审请求人没有对申请文件进行修改。

经形式审查合格后，专利复审委员会于2006年5月26日受理了上述请求，并于同日向复审请求人发出了复审请求受理通知书，同时向原审查部门发出了前置审查通知书。

原审查部门对该复审请求做出前置审查意见，仍然坚持原驳回决定。

专利复审委员会依法成立合议组对该复审请求案进行了审理，并于2007年4月23日发出复审通知书，指出：权利要求1~12相对于对比文件1、2不具备专利法第22条第3款所规定的创造性。

复审请求人于2007年7月24日向专利复审委员会提交了意见陈述书，并提交了权利要求书全文和说明书全文的修改替换页，其中对权利要求书的修改如下：将原权利要求9的特征加到原权利要求1中形成新的权利要求1，并删除了原权利要求6~9。新的权利要求书共包括8项权利要求，其具体内容如下：

“1. 一种用于安放在至少一部分阴茎周围上的勃起工具，它包括由弹性材料优选为橡胶制成的装置（10），其特征在于，所述装置由弹性束紧环（10）构成，该弹性束紧环适于滑动到阴茎上，所述环（10）装有至少一个由压敏材料制成的元件（3），该元件依次连接在至少一个脉冲或振动发射微型电子电路（4）以及至少一个微型电池（7）上，所述电池（7）和微型电路（4）还设置在所述环（10）中或其上，并且所述压敏元件（3）用来在所述微型电路（4）的促动作用下向阴茎或其部分发出机械和电脉冲或振动。

2. 如权利要求1所述的勃起工具，其特征在于，所述压电元件（3）设计用来在性交期间也向性伴侣发出机械和电脉冲或振动。

3. 如权利要求1所述的勃起工具，其特征在于，所述电子电路（4）用来在一个或几个预定的频率范围中发出电脉冲或振动。

4. 如权利要求2所述的勃起工具，其特征在于，所述压电材料是压电薄膜。

5. 如权利要求2所述的勃起工具，其特征在于，所述压电元件（3）嵌入在所述装置（10）中以避免与皮肤直接接触。

6. 如权利要求1所述的勃起工具，其特征在于，所述微型电路（4）用来在销售包装打开时自动启动，或者在将该环戴在阴茎上时手动启动。

7. 如权利要求 1 所述的勃起工具，其特征在于，所述微型电路（4）还可以连接在外部电源部件（11）上以获得特别强大的脉冲或振动。

8. 如权利要求 7 所述的勃起工具，其特征在于，所述微型电路（4）用于与包含在外部电源部件（11）中的可手动操纵的信号控制装置（12）合作。”

复审请求人在此次意见陈述书中指出：对比文件 1、2 中都没有公开阴茎环，而且对比文件 1、2 也没有公开具有用于发出振动的微型电路的阴茎环，其中对比文件 1 仅仅公开了一个电池，而没有电路；对比文件 1 中的“环部分 10”并没有以任何方式表示为“束紧环”，它仅仅表示为用于“接触阴道壁”，且为避孕套的“振动区域”的一部分。

本案合议组经合议认为本案事实清楚，现依法作出复审决定。

**二、决定的理由**

1. 审查文本

本决定是基于复审请求人于 2007 年 7 月 24 日提交的权利要求第 1~8 项、说明书第 1~7 页，进入中国国家阶段时提交的说明书附图 1~3 页、摘要以及摘要附图作为审查文本。

2. 关于专利法第 22 条第 3 款

专利法第 22 条第 3 款规定：创造性，是指同申请日以前已有的技术相比，该发明有突出的实质性特点和显著的进步，该实用新型有实质性特点和进步。

（1）关于独立权利要求 1 是否具备创造性。

本专利的权利要求 1 涉及一种用于安放在至少一部分阴茎周围上的勃起工具，对比文件 1（US5377692A）公开了一种振动避孕套，其包括振动部分（6），振动部分可以采用一种与电池结合的具有形状记忆功能的金属片，在脉冲电流的作用下利用其记忆功能产生振动，其能量单元可被任意已知的能量源驱动，例如：电流、电池、弹簧、气动、水动等。对比文件 1 中的振动避孕套可以使在性交过程中的女性伴侣通过其阴蒂和/或阴道壁感受到的振动刺激从而达到性高潮。对比文件 1 公开了权利要求 1 中的大部分技术特征，其区别在于：①权利要求 1 中采用的是压敏材料制成的元件来提供振动，而对比文件 1 采用的是记忆合金来提供振动；②权利要求 1 中的装置是用于治疗男性勃起障碍的，而对比文件 1 中的避孕套是用于使在性交过程中的女性伴侣通过其阴蒂和/或阴道壁感受到的振动刺激从而达到性高潮的；③对比文件 1 中没有明确记载该避孕套是使用何种材料，而本申请的权利要求 1 中明确记载了避孕套是由橡胶制成的；④权利要求 1 中还限定了“所述装置由用来戴在阴茎上的弹性束紧环（10）构成”。

对于区别特征①，权利要求 1 中采用压敏元件在接受到电压脉冲后可以产生机械振动，而对比文件 1 中的记忆合金可在电流的作用下改变其形状，因而对其施加脉冲电流即可产生振动。由此可见，权利要求 1 中的压敏元件与对比文件 1 中的记忆合金都是在脉冲电流的作用下产生振动，二者的作用机理虽然不同，但二者在各自技术方案中所起到的效果都是相同的，而且压敏元件是本领域所公知的一种元件，为了达到振动效果而设置压敏元件对于本领域技术人员来说也只是一种常规选择，不需要付出创造性劳动就可以得到。对于区别特征②，合议组认为，对比文件 2（CN2187456Y）公开了一种男性功能障碍多功能治疗仪，其中（参见对比文件 2 说明书第 1 页倒数第 2 行至第 2 页第 1 行，附图 1）披露了如下技术方案：通过固定于阴茎上的微型棒状变速振动按摩器的适当强度的振动，使阴茎组织发生共振，阴茎血管充血，导致阴茎完全或部分勃起，由此可见，对比文件 2 给出了通过按摩器对阴茎施加振动来促使其勃起的技术启示，对于本领域技术人员来说通过可振动的避孕套来治疗男性勃起功能障碍无需付出创造性劳动。对于区别特征③，根据本领域的公知常识，避孕套通常都是由橡胶材料制成的，所以采用橡胶材料制作避孕套对于本领域技术人员来说属于公知常识；对于区别特征④，合议组认为，对比文件1披露了振动部分包括带状部分8和环状部分10的技术方案（参见对比文件1说明书第3栏第39~41行，附图1~3），虽然对比文件1中没有明确指出“环部分10”以任何方式表示为“紧束环”，但是根据本领域的公知常识可知，避孕套在使用过程中都是束紧在阴茎区域周围的，而且为了将振动更好地传到阴茎，从而在避孕套上设置弹性束紧环，这对于本领域技术人员来说是很容易想到的。综上所述，本领域技术人员在对比文件1、2公开的内容的基础上结合本领域的公知常识，可以得出本申请权利要求1所请求保护的技术方案，这对于本领域技术人员来说是显而易见的。因此，权利要求1不具备专利法第22条第3款所规定的创造性。

复审请求人在2007年7月24日提交的意见陈述中表示：①对比文件1并非用于勃起工具；②对比文件1中的“环部分10”为避孕套的“振动区域”的一部分；③对比文件1仅仅公开了一个电池，而没有电路。对此合议组认为：对于①观点，如上所述，对比文件2给出了通过按摩器对阴茎施加振动来促使其勃起的技术启示，在避孕套上设置弹性束紧环，这对于本领域技术人员来说是很容易想到的；对于②观点，如上所述，对比文件1中已经给出了在避孕套上设置弹性束紧环这一部件的启示，而“环部分10”为避孕套的“振动区域”的一部分不会对这一启示产生影响；对于③观点，对比文件1中的避孕套可通过对电源14加以控制来改变振幅、频率、强度、持续时间等参数从而产生不同的振动（参见对比文件1说明书第3栏第48~54行），其实质上还是通过电子电路来控制所发出电脉冲或振动的频率，也就是说，对比文件1中的避孕套包含电子电路。综上所述，复审请求人的上述意见并不能证明本申请的权利要求1具备创造性，其主张不能成立。

（2）关于从属权利要求2~8是否具备创造性。

从属权利要求2对权利要求1作了进一步的限定，并加入了如下附加技术特征：“所述压电元件（3）设计用来在性交期间也向性伴侣发出机械和电脉冲或振动”。对比文件1中披露了该避孕套可以产生刺激性伴侣的振动（参见对比文件1说明书第3栏第55行至第4栏第40行），因而在权利要求2引用的权利要求1不具备创造性的情况下，权利要求2也不具备专利法第22条第3款所规定的创造性。

从属权利要求3对权利要求1作了进一步的限定，并加入了如下附加技术特征：“所述电子电路（4）用来在一个或几个预定的频率范围中发出电脉冲或振动”。如上所述，对比文件1中的避孕套可通过对电源14加以控制来改变振幅、频率、强度、持续时间等参数从而产生不同的振动（参见对比文件1说明书第3栏第48~54行），其实质上还是通过电子电路来控制所发出电脉冲或振动的频率，因而在权利要求3引用的权利要求1不具备创造性的情况下，权利要求3也不具备专利法第22条第3款所规定的创造性。

从属权利要求4对权利要求2作了进一步的限定，并加入了如下附加技术特征：“所述压电材料是压电薄膜”。压电薄膜是本领域所公知的一种压电元件，为了将压电元件设置于避孕套中从而在性交期间也向阴茎及性伴侣发出机械和电脉冲或振动，那么就需要采用压电薄膜来作为压电元件使用，这对于本领域技术人员来说只是一种常规选择，不需要付出创造性劳动就可以很容易地想到，因而，在权利要求4引用的权利要求2不具备创造性的情况下，权利要求4也不具备专利法第22条第3款所规定的创造性。

从属权利要求5对权利要求2作了进一步的限定，并加入了如下附加技术特征：“所述压电元件（3）嵌入在所述装置（10）中以避免与皮肤直接接触”。对比文件1中披露了将振动部分嵌入到避孕套前端的技术方案（参见对比文件1说明书第4栏第14~16行，附图6），因而在权利要求5引用的权利要求2不具备创造性的情况下，权利要求5也不具备专利法第22条第3款所规定的创造性。

从属权利要求6对权利要求1作了进一步的限定，并加入了如下附加技术特征：“所述微型电路

（4）用来在销售包装打开时自动启动，或者在将该环戴在阴茎上时手动启动。”无论是在打开销售包装后启动微型电路，还是在使用者将避孕套戴在阴茎上时手动启动微型电路，这在设计时对于本领域技术人员来说都只是一种常规选择，并不需要其付出创造性劳动就可以很容易得想到，因而，在其引用的权利要求1不具备创造性的情况下，权利要求6也不具备专利法第22条第3款所规定的创造性。

从属权利要求7对权利要求1作了进一步限定，并加入了如下附加技术特征：“所述微型电路（4）还可以连接在外部电源部件（11）上以获得特别强大的脉冲或振动”。对比文件1披露了可以使用外部电源14的技术方案（参见对比文件1说明书第3栏第42~47行，附图1），因此当权利要求7引用的权利要求1不具备创造性时，权利要求7也不符合专利法第22条第3款有关创造性的规定。

从属权利要求8对权利要求7作了进一步限定，并加入了如下附加技术特征：“所述微型电路（4）用于与包含在外部电源部件（11）中的可手动操纵的信号控制装置（12）合作”。对比文件1披露了外部电源14可以提供使用者改变振动模式的控制功能的技术方案（参见对比文件1说明书第3栏第48~54行），也就是说，对比文件1中的控制电路包含了对使用者输入的控制信号加以处理的功能，因此当权利要求8引用的权利要求7不具备创造性时，权利要求8也不符合专利法第22条第3款有关创造性的规定。

综上所述，本申请的权利要求1~8不符合专利法第22条第3款的规定。

**三、决定**

维持国家知识产权局于2005年8月5日对申请号为01806459.0的发明申请作出的驳回决定。

复审请求人对本决定不服的，可以根据专利法第41条第2款的规定，自收到本决定之日起三个月内向北京市第一中级人民法院起诉。

156

# 肝功测试

## 复审请求审查决定（第12145号）

**决　定　号**　第12145号
**决　定　日**　2007年12月17日
**发明创造名称**　肝功测试
**国 际 分 类 号**　A61B 5/00
**复 审 请 求 人**　诺金欧洲公司
**申　请　号**　98810086.X
**申　请　日**　1998年8月3日
**优 先 权 日**　1997年8月12日
**公　开　日**　2000年11月29日
**合 议 组 组 长**　刘颖杰
**主　审　员**　刘　畅
**参　审　员**　佟仲明

**法 律 依 据**　专利法第25条第1款
**决 定 要 点**
如果一项权利要求所限定的方法是以有生命的人体为实施对象并且其直接目的在于获得被实施对象的健康状况的方法，那么该方法属于专利法第25条第1款第（3）项所规定的疾病的诊断方法的范畴，不能被授予专利权。

**一、案由**

本复审请求涉及申请号为98810086.X、名称为“肝功测试”的PCT发明专利申请（下称本申请），其申请日为1998年8月3日，公开日为2000年11月29日，优先权日为1997年8月12日，申请人为诺金有限公司（后于2001年2月16日变更为诺金欧洲公司）。本申请公开时的权利要求书共包括13项权利要求，其中权利要求1、12、13为独立权利要求，权利要求2~11为从属权利要求。

国家知识产权局专利实质审查部门依申请人的请求对本申请进行了实质审查，于2003年11月21日发出第一次审查意见通知书，指出本申请权利要求1、12不清楚，不符合专利法实施细则第20条第1款的规定；权利要求5、6、8不符合专利法实施细则第23条第2款的规定；权利要求13得不到说明书的支持，不符合专利法第26条第4款的有关规定。

申请人针对上述审查意见通知书于2004年3月31日提交了意见陈述书以及权利要求书的全文替换页，修改后的权利要求书中共包括24项权利要求，其中权利要求1、12、13、24为独立权利要求，权利要求 2~11、14~23 为从属权利要求。复审请求人认为修改后的权利要求书已经克服了第一次审查意见通知书中的缺陷。

国家知识产权局专利实质审查部门于 2004 年 6 月 18 日发出第二次审查意见通知书，指出权利要求 10、11、22、23 不清楚，不符合专利法实施细则第 20 条第 1 款的规定；对权利要求 24 的修改不符合专利法第 33 条的规定。

申请人针对上述审查意见通知书于 2004 年 8 月 28 日提交了意见陈述书及权利要求书的全文替换页，其中申请人删除了权利要求 24，并对权利要求 10、11、22、23 进行了修改。

国家知识产权局专利实质审查部门于 2005 年 3 月 18 日发出第三次审查意见通知书，，指出权利要求 1~12 请求保护一种测定患者肝功的方法，该方法涉及患者体内给药、采样及荧光强度测定用于测定患者的肝功能，由于该测定方法以有生命的人为实施对象，无法在产业上应用，且由于不同患者的个体差异，对相同药物的代谢能力不同，导致本领域技术人员不能根据公开的技术内容在不同个体之间得到相同的实施结果，因而不符合专利法第 22 条第 4 款有关实用性的规定，同样权利要求 13~23 也不具备实用性，且权利要求 5 不符合专利法实施细则第 20 条第 1 款的有关规定。

申请人针对上述审查意见通知书于 2005 年 7 月 28 日提交了意见陈述书及权利要求书的全文替换页，其中申请人对权利要求 5、17 进行了修改以克服不符合专利法实施细则第 20 条第 1 款规定的缺陷，针对第三次审查意见通知书中指出的权利要求 1~23 不具备实用性的问题，申请人认为本发明的方法虽然涉及给药到患者体内，但它实际上还是一种体外方法，不能仅仅因为本发明的方法涉及一些体内的步骤就认定该方法不具备实用性。此外，药物的代谢在不同个体之间存在差异，但如说明书中的实施例所表明的，由于患者对药物的代谢与正常个体对药物的代谢之间有着显著的差异，所以仍然可以区分开患者与正常个体，因而本申请的权利要求 1~23 具备实用性。

经过上述审查程序后，国家知识产权局专利实质审查部门于 2005 年 9 月 9 日以本申请不符合专利法第 22 条第 4 款规定为理由驳回了本申请。驳回决定认为：本申请虽然涉及体外步骤，但其体外检测步骤必须依赖于患者对于药物的代谢，也就是说必须依赖于患者个体对特定药物的代谢水平才能进行，而患者的代谢水平是有个体差异的，因而该方法不具备再现性。

驳回决定所针对的文本为：进入中国国家阶段时（2000 年 4 月 11 日）提交的说明书第 1~8 页、附图第 1 页、说明书摘要第 1 页、摘要附图第 1 页以及 2005 年 7 月 28 日提交的权利要求第 1~23 项。

其中，驳回决定所针对的独立权利要求 1、12、13 为：

“1. 测定患者肝功的方法，其中包括下述步骤：

（i）将有效量的有色或荧光胆汁酸衍生物静脉内给药到患者体内后，处理流过患者肝脏并且在一系列时间间隔采集的一系列血样；和

（ii）通过下述步骤测定每一样本中所述胆汁酸衍生物的颜色或荧光强度：

（a）处理血样以获得含有所述胆汁酸衍生物的血浆，

（b）测定血浆中所述胆汁酸衍生物的颜色或荧光强度，和

（c）在图上标出一定时间内步骤（b）中获得的颜色或荧光测量结果，然后作出通过这些测量结果的血浆清除曲线，将所得血浆清除曲线与从具有已知肝功的个体中获得的血浆清除曲线进行比较，以测定出所述患者的肝功。

……

12. 有色或荧光胆汁酸衍生物在制备用于通过下述方法来测定肝功的诊断剂中的应用，其中所述方法包括下述步骤：

（i）将有效量的含有所述有色或荧光胆汁酸衍生物的诊断剂静脉内给药到患者体内，

（ii）进行完步骤（i）后，在一系列时间间隔采集流过患者肝脏的血样，和

（iii）通过下列步骤测定每一样本中所述胆汁酸衍生物的颜色或荧光强度：

（a）处理血样以获得含有所述胆汁酸衍生物的血浆，

（b）测定血浆中所述胆汁酸衍生物的颜色或荧光强度，和

（c）将在步骤（iii）（b）中获得的测定结果拟合，以获得血浆清除曲线，将所得血浆清除曲线与从具有已知肝功的个体中获得的血浆清除曲线进行比较，以测定出所述患者的肝功。

13. 测定患者肝功的方法，其中包括下述步骤：

（i）将有效量的有色或荧光胆汁酸衍生物静脉内给药到患者体内后，处理流过患者肝脏并且在预定时间间隔采集的血样；和

（ii）通过下述步骤测定该样本中所述胆汁酸衍生物的颜色或荧光强度：

（a）处理血样以获得含有所述胆汁酸衍生物的血浆，

（b）测定血浆中所述胆汁酸衍生物的颜色或荧光强度，和

（c）将在步骤（b）中获得的测定结果与至少一个标准进行比较，以测定出所述患者的肝功。

……"

申请人诺金欧洲公司（下称复审请求人）不服上述驳回决定，于 2005 年 12 月 24 日向专利复审委员会提出复审请求，复审请求人指出：本申请的方法仅仅是将某种物质以本发明所需的方式引入，这并不构成外科手术方法，这样的步骤并不需要通过外科手术来实施，实际上是可以由患者自己来进行的，可以在产业上应用，因而本申请的方法具备实用性。此外，复审请求人还指出本申请的方法仅仅让医士获得有关肝功生理参数的信息，因此该方法并不包括诊断全过程，因而本申请的方法不属于诊断方法。复审请求人未对申请文件做任何修改。

经形式审查合格后，专利复审委员会受理了上述请求，于 2006 年 1 月 24 日发出复审请求受理通知书，同时向原审查部门发出前置审查通知书。

原审查部门对该复审请求做出前置审查意见，仍然认为本申请的权利要求 1~23 不具备实用性，坚持原驳回决定。

针对上述复审请求，专利复审委员会依法成立合议组对该复审请求案进行了审理。本案合议组于 2006 年 8 月 28 日发出了复审通知书，并指出：本申请权利要求 1~11、13~23 要求保护的客体属于或者包含疾病的诊断方法，属于专利法第 25 条第 1 款第（3）项规定的不授予专利权的发明创造的范畴；权利要求 12 除主题名称外，实质上仅仅涉及诊断方法，因而也属于专利法第 25 条第 1 款第（3）项规定的不授予专利权的发明创造的范畴。

复审请求人于 2006 年 12 月 11 日提交了意见陈述书和权利要求书的全文替换页，此次提交的权利要求书共包括 10 项权利要求，其中权利要求 1 为独立权利要求，权利要求 2~10 为从属权利要求，修改后的权利要求 1 的内容如下：

"1. 有色或荧光胆汁酸衍生物在用于测定肝功的诊断药物制备中的应用。"

复审请求人认为修改后的权利要求为涉及第二医药用途的权利要求，符合专利法及专利法实施细则的有关规定。

本案合议组认为本案事实清楚，现依法作出复审决定。

**二、决定的理由**

1. 审查文本

本决定是以复审请求人于 2006 年 12 月 11 日提交的权利要求第 1~10 项、2000 年 4 月 11 日提交的说明书第 1~8 页、说明书附图第 1 页、说明书摘要以及摘要附图为审查基础。

2. 关于专利法第25条第1款

专利法第25条第1款规定：对下列各项，不授予专利权：（1）科学发现；（2）智力活动的规则和方法；（3）疾病的诊断和治疗方法；（4）动物和植物品种；（5）用原子核变换方法获得的物质。

审查指南第二部分第一章第4.3节规定："疾病的诊断和治疗方法，是指以有生命的人体或者动物体为直接实施对象，进行识别、确定或消除病因或病灶的过程。出于人道主义的考虑和社会伦理的原因，医生在诊断和治疗过程中应当有选择各种方法和条件的自由。另外，这类方法直接以有生命的人体或者动物体为实施对象，无法在产业上利用，不属于专利法意义上的发明创造。因此疾病的诊断和治疗方法不能被授予专利权。"

审查指南第二部分第十章第4.5.2节规定"物质的医药用途发明以药品权利要求或者例如'在制药中的应用'、'在治疗某病的药品中的应用'等等属于制药方法类型的用途权利要求申请专利，则不属于专利法第25条第1款第（3）项规定的情形。上述的属于制药方法类型的用途权利要求可撰写成例如'化合物X作为制备治疗Y病药物的应用'或与此类似的形式。"

审查指南第二部分第二章第3.2.1节的规定："权利要求书应当以说明书为依据，是指权利要求应当得到说明书的支持。权利要求书中的每一项权利要求所要求保护的技术方案应当是所属技术领域的技术人员能够从说明书充分公开的内容中得到或概括得出的技术方案，并且不得超出说明书公开的范围。"

就本案而言，根据审查指南第二部分第十章第4.5.2节的规定，复审请求人在答复复审请求书时提交的修改后的权利要求1的主题名称不属于专利法第25条第1款第（3）项规定的情形，但是整个权利要求1中只包含这一主题名称，未对这一主题名称作出进一步的限定，根据审查指南第二部分第二章第3.2.1节的规定，应参照本申请说明书的内容对这一权利要求进行解释，在本申请说明书第2页中对本申请涉及有色或荧光胆汁酸衍生物在制备用于测定肝功的诊断剂中的应用作出了解释，该应用是通过下述方法实现的：

（1）将有效量的含有所述有色或荧光胆汁酸衍生物的诊断剂静脉内给到患者体内，

（2）进行完步骤（1）后，在一系列时间间隔采集流过患者肝脏的血样，和

（3）通过下述步骤测定每一样本中所述胆汁酸衍生物的颜色和荧光强度：

①处理血样以获得含有所述胆汁酸衍生物的血浆，

②测定血浆中所述胆汁酸衍生物的颜色或荧光强度，和

③将在步骤（3）②中获得的测定结果拟合，以获得血浆清除曲线，将所得血浆清除曲线与从具有已知肝功的个体中获得的血浆清除曲线进行比较，以测定出所述患者的肝功。

除此之外，说明书中并未给出其他将有色或荧光胆汁酸衍生物用于制备测定肝功的诊断剂中的应用方法，本领域技术人员从说明书中公开的内容也无法得到或概括出其他将有色或荧光胆汁酸衍生物用于制备测定肝功的诊断剂中的应用方法。由此可见，修改后的权利要求1所限定的方法从形式上看虽然不属于疾病的诊断方法的主题，但就本申请的技术方案而言，权利要求1中有色或荧光胆汁酸衍生物在用于测定肝功的诊断药物制备中的应用实际上是通过静脉给药到患者体内、采集流过患者肝脏的血样、以及荧光强度测定来测定患者的肝功能从而实现的，也就是说，这种应用实质上还是一种以有生命的人体为实施对象、并且其直接目的在于获得被实施对象的健康状况的方法，属于专利法第25条第1款第（3）项所规定的疾病的诊断方法的内容，不能被授予专利权。

基于相似的理由，从属权利要求2~10也属于专利法第25条第1款第（3）项所规定的疾病的诊断方法的范畴，不能被授予专利权。

### 三、决定

复审请求不成立，维持国家知识产权局于2005年9月9日对申请号为98810086.X的PCT发明专利申请作出的驳回决定。

复审请求人对本决定不服的，可以根据专利法第41条第2款的规定，自收到本决定之日起三个月内向北京市第一中级人民法院起诉。

157

# 棉条用供给器

## 复审请求审查决定（第 12147 号）

**决　定　号**　第 12147 号
**决　定　日**　2007 年 12 月 6 日
**发明创造名称**　棉条用供给器
**国 际 分 类 号**　A61F 13/20
**复 审 请 求 人**　尤妮佳股份有限公司
**申　请　号**　00137334. X
**申　请　日**　2000 年 11 月 17 日
**优 先 权 日**　1999 年 11 月 19 日
**公　开　日**　2001 年 6 月 20 日
**合 议 组 组 长**　黄玉平
**主　审　员**　刘　畅
**参　审　员**　杨加黎

**法 律 依 据**　专利法第 22 条第 3 款
**决 定 要 点**

如果一项权利要求与一份对比文件的区别特征被另一篇对比文件所公开，且这两篇对比文件属于相同或相近的技术领域，则应该认为这两篇对比文件之间存在着结合的启示，因此该项权利要求相对于这两篇对比文件的结合不具备创造性。

**一、案由**

本复审请求涉及申请号为 00137334. X、名称为“棉条用供给器”的发明专利申请（下称本申请），其申请日为 2000 年 11 月 17 日，优先权日为 1999 年 11 月 19 日，公开日为 2001 年 6 月 20 日，申请人为尤妮佳股份有限公司，本申请公开时的权利要求书共包括 8 项权利要求，其中权利要求 1 为独立权利要求，权利要求 2~8 为从属权利要求。

国家知识产权局实质审查部门依申请人的请求对本申请进行了实质审查，于 2003 年 3 月 21 日发出第一次审查意见通知书，指出本申请权利要求 1~5 不具备专利法第 22 条第 2 款所规定的新颖性，权利要求 6、7 不具备专利法第 22 条第 3 款所规定的创造性，权利要求 8 不清楚，不符合专利法实施细则第 20 条第 1 款的规定，说明书不符合专利法实施细则第 19 条第 3 款的规定。其中引用了两篇对比文件：

对比文件 1：US5267953A，其公开日期为 1993 年 12 月 7 日；

对比文件2：GB549053A，其公开日期为1942年11月4日。

申请人针对上述审查意见通知书于2003年7月30日提交了意见陈述书，同时提交了权利要求书与说明书第1~4页的修改替换页，其中权利要求书的修改是，将原权利要求1~7进行合并作为新的独立权利要求1，将原权利要求8作为新的权利要求2，从属于权利要求1。申请人在此次意见陈述书中还指出：即使将对比文件1、2结合也无法容易地得到本发明的具有“内筒的前、后端分别形成朝各自的顶端外径慢慢张开、且张开部的边缘向外面侧或内面侧弯曲”形状的棉条用供给器，因此，本发明修改后的权利要求1具备创造性。

经过上述审查程序后，国家知识产权局实质审查部门于2003年10月10日以本申请的权利要求1不具备专利法第22条第3款所规定的创造性为理由驳回了本申请。驳回决定所针对的文本是：2000年11月17日提交的说明书第5页、说明书附图第1~4页、说明书摘要及摘要附图，2003年7月30日提交的权利要求第1~2项、说明书第1~4页。

驳回决定认为：权利要求1与对比文件1的区别在于形成在上述内筒后端上的张开部的边缘向张开部的外面侧或内面侧弯曲，形成在上述内筒前端上的推压部的边缘向推压部的外面侧或内面侧弯曲；对比文件2中的凸缘9在活塞前后端所起作用与本申请中的张开部的边缘是相同的，且对比文件1和对比文件2同属于棉条供给器领域，因此结合对比文件1、2得到权利要求1的技术方案是显而易见的；此外，对于本领域普通技术人员来说，为了使对比文件1中的“张开端46”与手指接触时减少对手指的压力、“张开端44”与身体局部接触时不会产生不舒适感，从对比文件2中得到把对比文件1中的“张开端44、46”向外侧弯曲的启示是很容易想到的，因此，修改后的权利要求1仍然不具备创造性。

申请人尤妮佳股份有限公司（下称复审请求人）不服上述驳回决定，于2004年1月18日向专利复审委员会提出复审请求，复审请求人对权利要求书进行了修改，新的权利要求书共包括9项权利要求，其中，权利要求1、8、9为独立权利要求，权利要求2~7为从属权利要求。复审请求人指出：在修改后的独立权利要求1、8、9中明确地限定了本申请区别于对比文件的技术特征：“在内筒的推压部或张开部的周缘部附近形成向外或向内的弯曲部”，而对比文件1、2中都不含有这一技术特征，因此，修改后的权利要求1~9均具备创造性。

经形式审查合格后，专利复审委员会于2004年2月17日受理了上述请求，并于同日向复审请求人发出复审请求受理通知书，同时向原审查部门发出前置审查通知书。

原审查部门对该复审请求做出前置审查意见，认为本申请权利要求1~6、8~9不具备专利法第22条第3款所规定的创造性，坚持原驳回决定。

专利复审委员会依法成立合议组对该复审请求案进行了审理，并于2005年3月15日发出复审通知书，指出：权利要求1~6、8、9相对于对比文件1和2的结合不具备专利法第22条第3款规定的创造性。其理由为：权利要求1与对比文件1的区别在于：所述推压部在其周缘部附近带有一个向外或向内的弯曲部。对比文件2公开了在活塞7前端向外面侧弯曲形成凸缘9，本领域技术人员为了使对比文件1中的“张开端44”与身体局部接触时不会产生不舒适感，很容易在对比文件2的启示下把对比文件1中的“张开端44”向外侧弯曲，从而在张开端44的周缘部附近带有一个向外的弯曲部，且对比文件1和对比文件2同属于棉条供给器领域，因此结合对比文件1、2得到权利要求1的技术方案是显而易见的，因此权利要求1相对于对比文件1、2不具备创造性；权利要求2~6是权利要求1的从属权利要求，其附加技术特征分别被对比文件1、2所公开，因而在权利要求1不具备创造性的情况下，权利要求2~6也不具备创造性；依据与权利要求1不具备创造性相同的理由，权利要求8、9相对于对比文件1、2也不具备创造性。

复审请求人于2005年4月30日向专利复审委员会提交了意见陈述书，同时提交了权利要求书和说明书的全文修改替换页，其中将权利要求1与权利要求3合并，形成新的权利要求1，删除了权利要求2~6、9，将权利要求7、8撰写为权利要求1的从属权利要求2、3。其中新的权利要求书如下：

“1. 一种棉条用供给器，包括：

一个外筒，包括前端和基端，一个用来推出棉条的突出口形成在前端处，而一个开口形成在基端处；

一个内筒，用来推出棉条，所述内筒带有一个布置在所述外筒中的前端、和一个从所述外筒穿过所述开口向后突出的后端；其特征在于：

所述内筒由挤压成型的热塑性树脂制的挤出材形成，所述挤出材的一端变形以限定所述内筒的一个推压部，所述推压部具有较大直径并且在其周缘部附近带有一个向外或向内的弯曲部；

所述挤出材在挤出成型后朝轴向延伸。

2. 根据权利要求1所述的棉条用供给器，其特征在于，所述向外或向内的弯曲部的每一个具有比从所述棉条处延伸的取出塞绳的直径小的尺寸。

3. 根据权利要求1所述的棉条用供给器，其特征在于，所述外筒包括一个用来把所述棉条配合在其中的大直径部和从所述大直径部向基端延伸的小直径部；所述内筒的所述推压部定位在所述大直径部中，并且具有比所述小直径部的内径大的外径。”

复审请求人在此次意见陈述书中认为：原权利要求3所记载的技术特征“挤出材在挤出成型后朝轴方向延伸”没有被对比文件1所公开，因而新的权利要求1~3均具备创造性。

本案合议组于2007年10月17日向复审请求人发出了合议组成员告知通知书，告知其合议组成员变更的情况，并告知复审请求人：如对合议组成员有回避请求的，请于收到此通知书之日起7日内提交书面的请求书，并说明理由，必要时附具有关证据，逾期未答复的，视为无回避请求。

复审请求人逾期未答复。

至此合议组认为本案事实清楚，现依法作出复审决定。

**二、决定的理由**

1. 审查文本

本复审决定所依据的文本为复审请求人于2005年4月30日提交的权利要求第1~3项及说明书第1~6页，申请日（2000年11月17日）提交的说明书附图第1~4页、摘要和摘要附图。

2. 关于专利法第22条第3款

专利法第22条第3款规定：创造性，是指同申请日以前已有的技术相比，该发明有突出的实质性特点和显著的进步，该实用新型有实质性特点和进步。

（1）本申请的独立权利要求1不具备创造性。

独立权利要求1请求保护一种棉条用供给器，在对比文件1（US5267953A）中公开了一种弯曲棉条用供给器，其中（参见说明书第7栏第24行至第8栏第11行，附图1、2、7）披露了以下技术特征：一种弯曲棉条用供给器10，包括：一个外筒14，包括前端和基端，一个用来推出棉条的插入端22（相当于申请中的突出口）形成在前端处，而一个开口形成在基端处；一个内筒16，用来推出棉条，所述内筒带有一个布置在所述外筒14中的前端，和一个从所述外筒穿过所述开口向后突出的后端；所述内筒由挤压成型的热塑性树脂制的挤出材形成，所述挤出材的一端变形以限定所述内筒的一个张开端44（相当于申请中的推压部），所述张开端44具有较大直径。

对于复审请求人于2005年4月30日提交的意见陈述书中所提出的“权利要求1中的特征‘挤出材在挤出成型后朝轴向延伸’并未被对比文件1所公开”，合议组认为，从对比文件1的说明书（见对比文件说明书第7栏第24~52行）及附图可以看出，对比文件1中的内筒由热塑性塑料通过挤压工艺成型，由于成型后为筒形的形状，所以被挤压的热塑性塑料在挤压后必然是沿其中心轴线方向进行延伸，这样才能将热塑性塑料挤压成筒形，所以这一技术特征实质上已经被对比文件1所公开。

因此，该独立权利要求1所要求保护的技术方案与对比文件1所公开的技术方案相比，其区别在于：权利要求1中所述推压部在其周缘部附近带有一个向外或向内的弯曲部。对于该区别特征，对比文件2（GB549053A）公开了下述技术特征（见对比文件2中的说明书第1页第81行到第2页第5行，附图1、2）：一种棉条供给器，包括用于容纳棉条的纸管，以及在纸管内滑动以推出棉条的活塞，在上述活塞7（相当于申请中的内筒）前端向外面侧弯曲形成凸缘9。本申请和对比文件1、2都属于棉条用供给器领域，因此本领域普通技术人员为了使对比文件1中的“张开端44”与身体局部接触时不会产生不舒适感，很容易在对比文件2的启示下把对比文件1的“张开端44”向外侧卷曲，从而在张开端44的周缘部附近带有一个向外的弯曲部，也就是说，在对比文件1的基础上结合对比文件2得出该权利要求所要求保护的技术方案，对本领域的技术人员来说是显而易见的，同时两者的结合未带来预料不到的技术效果。

综上，本申请独立权利要求1请求保护的技术方案相对于对比文件1与2的结合不具备突出的实质性特点和显著的进步，因而不具备专利法第22条第3款所规定的创造性。

（2）从属权利要求3也不具备创造性。

从属权利要求3对权利要求1做了进一步的限定，并加入了如下附加技术特征：“所述外筒包括一个用来把所述棉条配合在其中的大直径部和从所述大直径部向基端延伸的小直径部；所述内筒的所述推压部定位在所述大直径部中，并且具有比所述小直径部的内径大的外径。”，对比文件1（参见说明书第7栏第24行到第8栏第11行，附图1、2、7）披露了以下技术特征：所述外筒14包括一个用来把所述棉条配合在其中的大直径部18和从所述大直径部向基端延伸的手握部分20（相当于本申请中的小直径部）；所述内筒16的所述张开端44定位在所述大直径部中，并且具有比所述手握部分20的内径大的外径。由此可见，权利要求3的附加技术特征已经被对比文件1所公开了，因此在其引用的权利要求1不具备创造性时，从属权利要求3所请求保护的技术方案也不具备突出的实质性特点和显著的进步，因而不具备专利法第22条第3款所规定的创造性。

**三、决定**

复审请求不成立，维持国家知识产权局于2003年10月10日作出的驳回决定。

复审请求人对本决定不服的，可以根据专利法第41条第2款的规定，自收到本决定之日起三个月内向北京市第一中级人民法院起诉。

158

# 用来构造人体器官病变检测仪的导纳微分环

## 复审请求审查决定（第 12198 号）

**决　定　号**　第 12198 号
**决　定　日**　2007 年 12 月 21 日
**发明创造名称**　用来构造人体器官病变检测仪的导纳微分环
**国 际 分 类 号**　A61B 5/053，A61B 5/026，A61B 5/00
**复 审 请 求 人**　深圳市辉大高科技发展有限公司
**申　请　号**　00101765.9
**申　请　日**　2000 年 1 月 20 日
**公　开　日**　2001 年 8 月 1 日
**合 议 组 组 长**　刘颖杰
**主　审　员**　刘　畅
**参　审　员**　张梅珍

**法 律 依 据**　专利法第 33 条
**决 定 要 点**

如果复审请求人对申请文件的修改未记载于原始申请的文件中，且无法从原始提交的说明书及权利要求书中直接地、毫无疑义地确定，那么该修改不符合专利法第 33 条的规定。

### 一、案由

本复审请求涉及申请号为 00101765.9、名称为“用来构造人体器官病变检测仪的导纳微分环”的发明专利申请（下称本申请），其申请日为 2000 年 1 月 20 日，公开日为 2001 年 8 月 1 日，申请人为深圳市辉大高科技发展有限公司，本申请公开时的权利要求书共包括 1 项独立权利要求。

国家知识产权局实质审查部门依申请人的请求对本申请进行了实质审查，于 2003 年 5 月 9 日发出第一次审查意见通知书，指出本申请的说明书中指出图 6 反映了由 ΔY、dy/dt 合成的脑导纳微分环波形，并指出 I–IV 相是由 ΔY 的 1–3、3–5、5–7、7–9 段与 dy/dt 的 1–3、3–5、5–7、7–9 段曲线分别合成的，但没有具体说明由 ΔY、dy/dt 曲线的上述段如何得到包括 I–IV 相的该脑导纳微分环，基于类似理由，也不清楚由 ΔY、dy/dt 曲线如何得到心导纳微分环、肺导纳微分环，因此说明书不符合专利法第 26 条第 3 款的规定。

申请人针对上述审查意见通知书于 2003 年 9 月 12 日提交了意见陈述书，同时提交了说明书第 10 页及说明书附图第 4 页的修改替换页。申请人在此次意见陈述书中指出了说明书的两处错误：说明书第 10 页第 4 行的“Y”应为“ΔY”，此为一明显打印错误；根据说明书第 10 页 2~6 行的描述，说明书附图中图10的直角坐标系中，X轴（横轴）应定义为“dy/dt”、Y轴（纵轴）应定义为“ΔY”。此外，申请人在此次意见陈述书中还指出：说明书第7页18~20行、第8页倒数2~4行、第10页3~6行均提到了实现本申请发明目的的技术方案：将dy/dt、ΔY分别输入计算机，以“dy/dt”为X轴（横轴）、“ΔY”为Y轴（纵轴）建立直角坐标系，其结果输出图形即为本申请中提到的微分导纳环，该过程是一种数学上的处理，属于一种公知的数学方法，对所属领域技术人员而言，完全可以通过说明书中的描述得以再现。

经过上述审查程序后，国家知识产权局实质审查部门于2004年5月14日以本申请不符合专利法第26条第3款的规定为由驳回了本申请。驳回决定所针对的文本为：2000年1月20日提交的说明书第1~9、11~19页、权利要求第1~5项、说明书附图第1~3、5~15页、说明书摘要及摘要附图，2003年9月12日提交的说明书第10页、说明书附图第4页。

驳回决定认为：说明书中没有具体说明由ΔY、dy/dt曲线的上述段如何得到包括I-IV相的该脑导纳微分环，基于类似理由，也不清楚由ΔY、dy/dt曲线如何得到心导纳微分环、肺导纳微分环，虽然申请人指出该过程是一种数学上的处理，属于一种公知的数学方法，但说明书中并没有说明该过程用的是哪种数学处理方法，申请人也未提出可以证明该过程属于一种公知的数学方法的证据，本领域技术人员仅通过说明书的描述难以再现本发明，因此说明书不符合专利法第26条第3款的规定。

申请人深圳市辉大高科技发展有限公司（下称复审请求人）不服上述驳回决定，于2004年8月13日向专利复审委员会提出复审请求，复审请求人对权利要求书、说明书、说明书摘要及说明书附图进行了修改，将权利要求书及说明书中的“dy/dt”改为“dΔy/dt”，并对说明书附图3、4、5、10进行了修改，此外还修改了说明书中的错别字。复审请求人在此次意见陈述书中认为：ΔY是时间t的函数，可以写成ΔY=f（t），是由现有的脑导纳图测试仪即可测出，而dΔy/dt也是时间t的函数，可以写为dΔy/dt=Φ（t），是Δy对时间t的微分，而所述的导纳微分环是ΔY与dΔy/dt的函数关系，可以写成ΔY=Ψ（dΔy/dt），因此，由函数ΔY=f（t）和dΔy/dt=Φ（t）得到ΔY=Ψ（dΔy/dt）的解析式，或在直角坐标系中由函数ΔY=f（t）的曲线和dΔy/dt=Φ（t）的曲线得到ΔY=Ψ（dΔy/dt）的曲线导纳微分环，是一种数学上的处理，属于一种公知的数学方法，对本领域技术人员来说完全可通过说明书的描述得以实现，一般来说，在工程上，比较简单的方法是在直角坐标纸上将ΔY=f（t）的曲线和dΔy/dt=Φ（t）的曲线，分别画在X轴和Y轴上，如图6所示，则将该二曲线上相同的点一一对应连成曲线即得到图示的ΔY=Ψ（dΔy/dt）的曲线导纳微分环，这种曲线的合成在示波器上早已被应用，例如在电学中，用这种方法将交流电路的电压波形和电流波形分别接到示波器的X轴和Y轴输入，则在示波器的直角坐标系上即可得到功率因数图，即该电路上的电流和电压的关系图，在计算机得到广泛应用的今天，实现上述曲线的合成更是一件公知的技术。

经形式审查合格后，专利复审委员会于2004年8月31日受理了上述请求，并于同日向复审请求人发出复审请求受理通知书，同时向原审查部门发出前置审查通知书。

原审查部门对该复审请求做出前置审查意见，驳回决定所指出的说明书不清楚、不完整之处都属于公知的数学方法和公知技术，但没有给出得出该结论的证据和证据的具体出处，因此坚持原驳回决定。

专利复审委员会依法成立合议组对该复审请求案进行了审理，并于2007年7月25日发出复审通知书，指出：复审请求人在提出复审请求时对申请文件进行的修改存在以下几处不符合专利法第33条的规定之处：（1）复审请求人在提出复审请求时将原说明书及附图中的“dy/dt”改为“dΔy/dt”。然而根据数学常识可以知道，“dy/dt”是函数y对时间t的一阶导数，而“dΔy/dt”则是y的变化量（Δy）对时间t的一阶导数，二者是不同的概念，上述修改后的内容未记载在原说明书和权利要求书中，并且无法从原始提交的说明书中直接地、毫无疑义地确定，因而超出了原权利要求书及说明书记载的范围，不符合专利法第33条的有关规定；（2）复审请求人在提出复审请求时将附图3中曲线进行了修改，使得极值D对应于dy/dt等于0的那一点，此外还将附图10中的“Δy”与“dy/dt”所标注的横纵坐标位置互换，并且将图4、5中各点的标号进行了修改。上述修改后的内容未记载在原说明书和权利要求书中，并且无法从原始提交的说明书中直接地、毫无疑义地确定得出，因而超出了原权利要求书及说明书记载的范围，不符合专利法第33条的有关规定。此外，在本申请原始公开的说明书记载的是“dy/dt”、“Δy”与“t”之间的函数关系，而复审请求人在提出复审请求时也承认说明书中的“dy/dt”应为“dΔy/dt”，由此可见，根据原始说明书记载的内容，本领域技术人员不能实现该发明的技术方案，解决其技术问题，并且产生预期的技术效果，因而原始公开的说明书不符合专利法第26条第3款的规定。

复审请求人于2007年8月14日向专利复审委员会提交了意见陈述书，并对说明书附图4、5进行了修改。在此次意见陈述书中，复审请求人还指出：复审请求时将原说明书及附图中的“dy/dt”改为“dΔy/dt”是属于对原说明书中所存在的所属技术领域的技术人员能够识别的明显错误的修改，理由为：说明书及权利要求书中多处（权利要求1；说明书第3页、第6页、第8页）提及“导纳变化对时间的一阶导数”，而导纳变化对时间的一阶导数的数学表达式应该是“dΔy/dt”，不是“dy/dt”，此外，从说明书附图3、5中的曲线也可以看出，“dy/dt”为打字错误，这可以从原始提交的说明书中直接地、毫无疑义地确定；关于对图3的修改，复审请求人认为所属技术领域的技术人员能够从说明书的整体及上下文看出，在认定上部曲线为导纳变化曲线ΔY，而下部曲线为dΔy/dt后，极值D应该对应于dΔy/dt等于0的那一点，原图3中的不对应是明显的错误；关于对图10的修改，复审请求人认为原图10中所标注的“Δy”与“dy/dt”是分别用于标示“Δy”与“dy/dt”曲线，而不代表横纵坐标位置，修改的目的是为了避免误解，另一方面是符合工程上所规定的正确标注方法；关于对图4、5的修改，复审请求人撤销在提出复审请求时对图4、5中各点标号的更改，但保留对坐标轴符号的更改，将“dy/dt”改为“dΔy/dt”；对于本申请不符合专利法第26条第3款的问题，复审请求人认为修改后的权利要求书和说明书已经克服了原申请文本所存在的不清楚、不完整的缺陷。

至此合议组认为本案事实清楚，现依法作出复审决定。

**二、决定的理由**

1. 审查文本

本复审决定所依据的文本为复审请求人于2004年8月13日提交的说明书摘要、权利要求书、说明书第1~19页、说明书附图第1、2、4~15页，2007年8月14日提交的说明书附图第3页。

2. 关于专利法第33条

专利法第33条规定：申请人可以对其专利申请文件进行修改，但是，对发明和实用新型专利申请文件的修改不得超出原说明书和权利要求书记载的范围，对外观设计专利申请文件的修改不得超出原图片或者照片表示的范围。

审查指南第二部分第八章第5.2.3节规定：如果申请的内容通过增加、改变和/或删除其中的一部分，致使所属技术领域的技术人员看到的信息与原申请记载的信息不同，而且又不能从原申请记载的信息中直接地、毫无疑义地确定，那么，这种修改就是不允许的。

就本案而言，复审请求人多次提交了申请文件的修改文本，对本申请的说明书、权利要求书及说明书附图进行了多处修改。经合议组审查，复审请求人对申请文件的修改存在着多处不符合专利法第33条有关规定的修改，其中：

（1）复审请求人对说明书的修改不符合专利法第33条的有关规定。

复审请求人在提交复审请求时（2004年8月13日）将原说明书中的“dy/dt”改为“dΔy/dt”，并认为原说明书中的“dy/dt”是打字错误。对此合议组认为：根据数学常识可以知道，“dy/dt”是函数y对时间t的一阶导数，而“dΔy/dt”则是y的变化量（Δy）对时间t的一阶导数，二者是不同的概念，不能直接用“dΔy/dt”来替换dy/dt。请求人指出本申请的说明书中多处提及“导纳变化对时间的一阶导数”，因而可以确定dy/dt应当为dΔy/dt，但是从说明书第1页第1段记载的“本发明涉及的是一种用来构造人体器官病变检测仪的检测方法，具体地讲，本发明涉及的是一种用来构造人体器官病变检测仪的导纳微分环。”可以看出，本发明要构建的是导纳微分环，而不是导纳变化微分环，这又与复审请求人所称说明书中多处提及的“导纳变化对时间的一阶导数”是不一致的，也就是说，由于说明书中存在着不一致的内容，本领域技术人员不能根据原始申请文件夹在的内容唯一确定其中的dy/dt应当是dΔy/dt，导致复审请求人对说明书的这一修改（将“dy/dt”改为“dΔy/dt”）不能从原说明书中直接地、毫无疑义地确定，复审请求人的上述主张并不能成立。因此，复审请求人对说明书的修改超出了原权利要求书及说明书记载的范围，不符合专利法第33条的有关规定。

另外，综上所述，由于原始申请文件中存在文字及公式记载的不一致，说明本申请说明书确实存在不清楚的缺陷，并且这种缺陷无法在满足专利法第33条的情况下加以克服。

（2）复审请求人对说明书附图3的修改不符合专利法第33条的有关规定。

复审请求人在提出复审请求时指出本次修改将附图3中曲线进行了修改，使得极值D对应于dy/dt等于0的那一点，请求人在答复复审通知书时进一步指出所属技术领域的技术人员能够从说明书的整体及上下文看出，在认定上部曲线为导纳变化曲线ΔY，而下部曲线为dΔy/dt后，极值D应该对应于dΔy/dt等于0的那一点，原图3中的不对应是明显的错误。对此合议组认为，复审请求人对附图3的修改未记载于原始申请文件中，而其在答复复审通知书时强调对图3的修改符合专利法第33条的有关规定的前提条件是“在认定上部曲线为导纳变化曲线ΔY，而下部曲线为dΔy/dt后”，如上所述，复审请求人将“dy/dt”改为“dΔy/dt”不符合专利法第33条的有关规定，也就是说，这一前提条件不能成立，因而复审请求人对说明书附图3的修改也是无法从原始提交的说明书中直接地、毫无疑义地确定的，不符合专利法第33条的有关规定。

**三、决定**

复审请求不成立，维持国家知识产权局于2004年5月14日对00101765.9号发明专利申请作出的驳回决定。

复审请求人对本决定不服的，可以根据专利法第41条第2款的规定，自收到本决定之日起三个月内向北京市第一中级人民法院起诉。

159

# 硬币类型判断装置

## 复审请求审查决定（第12232号）

**决　定　号**　第12232号
**决　定　日**　2007年12月21日
**发明创造名称**　硬币类型判断装置
**国际分类号**　G07D 5/02
**复审请求人**　罗烈尔银行机器股份有限公司
**申　请　号**　03123177.2
**申　请　日**　2000年12月15日
**优先权日**　1999年12月15日
**公　开　日**　2004年7月28日
**合议组组长**　杨军艳
**主　审　员**　瞿晓峰
**参　审　员**　刘亚斌

**法律依据**　专利法第22条第2款
**决定要点**

如果权利要求所请求保护的技术方案与最接近的对比文件相比具有区别技术特征，且该区别技术特征不是所属技术领域中惯用手段的直接置换，那么该权利要求相对于该对比文件具备新颖性。

### 一、案由

本复审请求涉及申请号为03123177.2、名称为“硬币类型判断装置”的发明专利申请（下称本申请），申请人为罗烈尔银行机器股份有限公司，申请日为2000年12月15日，优先权日为1999年12月15日，公开日为2004年7月28日。公开时的权利要求书中共有两项权利要求，其中权利要求1为独立权利要求。

经实质审查，国家知识产权局实质审查部门于2006年9月8日以本申请权利要求1~3相对于对比文件1不符合专利法第22条第2款的规定为由驳回了本申请。驳回决定所依据的文本为：申请人于2006年6月6日提交的权利要求第1~3项、说明书第1~2页，申请日提交的说明书第3~6页、附图第1~2页、说明书摘要和摘要附图。驳回决定所针对的权利要求如下：

“1. 一种用于判断在被传送通过硬币传送路径的硬币的圆周表面上是否出现倾斜的凹槽的硬币类型判断装置，所述硬币类型判断装置包括：

用于对硬币的圆周表面发射的入射光的发光器件；

放置在从所述发光器件发射且被所述倾斜的凹槽反射的入射光的规则反射方向上的光接收器件，所述倾斜的凹槽相对于所述硬币的一个轴以与0°不同的一个预定角度倾斜；和

根据从光接收器件接收的光量判断是否出现倾斜的凹槽的一个判断器件。

2. 根据权利要求1的硬币类型判断装置，特征在于所述发光器件通过垂直于上述硬币轴的光轴对被传送通过硬币传送路径的硬币的圆周表面发射所述入射光。

3. 根据权利要求1的硬币类型判断装置，特征在于所述光接收器件位于在平行于所述硬币的轴的方向上从与所述发光器件的位置相对于与所述硬币的轴垂直的一个平面对称的位置分开的位置。”

驳回决定引用的对比文件1为EP0416932A1号欧洲专利文献，其公开日为1991年3月13日。驳回决定认为：本申请权利要求1请求保护一种硬币类型判断装置，而对比文件1也公开了一种硬币辨别装置，其中位于硬币通路部分、向硬币外缘照射狭缝形光束的发光装置相当于本申请权利要求1中“用于对硬币的圆周表面发射的入射光的发光器件”；接收从发光装置发出并从硬币反射回去的光的光接收装置相当于本申请权利要求1中“放置在从所述发光器件发射且被所述倾斜的凹槽反射的入射光的规则反射方向上的光接收器件”；通过来自光接收装置的检测信号确定硬币上是否有锯齿的确定装置相当于本申请权利要求1中“根据从光接收器件接收的光量判断是否出现倾斜的凹槽的一个判断器件”；对比文件1所述的“硬币外缘的锯齿”隐含公开了以预定角度倾斜的凹槽；而根据对比文件1所述的“光接收装置，接收从发光装置发出的光从硬币反射回去”可知，“光接收装置”必然位于如本申请权利要求1所述的位置，这从对比文件1的说明书和附图也可看出；而且，对于光学、电学领域的技术人员来说，从对比文件1中“根据光波和电波的峰值的波形判断硬币是否具有锯齿”可以推出本申请权利要求1中“根据从光接收器件接收的光量判断是否出现倾斜的凹槽”，所以权利要求1的全部技术特征被对比文件1公开，两者属于同一技术领域，采取的技术方案实质上相同，解决的技术问题相同，预期效果相同，因此权利要求1相对于对比文件1不具备新颖性；权利要求2和3是权利要求1的从属权利要求，其附加技术特征均已被对比文件1公开，在权利要求1不具备新颖性的情况下，权利要求2和3也不具备新颖性。

申请人罗烈尔银行机器股份有限公司（下称复审请求人）不服上述驳回决定，于2006年12月18日向专利复审委员会提出了复审请求，同时提交了权利要求书的修改替换页。复审请求人认为：对比文件1公开的硬币类型判断装置中的光接收器件并非设置在特定的位置以接收从倾斜凹槽来的反射光，所以该硬币类型判断装置的判断部分要根据脉冲数目是否大于一个固定值来确定有没有凹槽，因而该硬币类型判断装置要有用于产生脉冲信号的波形整形电路以及用以计算脉冲的计数器；而本申请的权利要求1中光接收器件的位置是在倾斜凹槽所反射的反射光的正常反射方向上，无须波形整形电路或计数器，以简单的配置判断有没有倾斜凹槽，所以权利要求1具备新颖性和创造性，其从属权利要求2和3也具备新颖性和创造性。修改后的权利要求书如下：

“1. 一种用于判断在被传送通过硬币传送路径的硬币的圆周表面上有没有形成倾斜的凹槽的硬币类型判断装置，所述硬币类型判断装置包括：

用于对硬币的圆周表面发射入射光的发光器件；

放置在从所述发光器件发射且被所述倾斜的凹槽之一反射的入射光的正常反射方向上的光接收器件，所述倾斜的凹槽相对于所述硬币的一个轴以与0°不同的一个预定角度倾斜；和

根据从光接收器件接收的光量的峰值是否超过预定的阈值来判断有没有倾斜的凹槽的一个判断器件。

2. 根据权利要求1的硬币类型判断装置，其特征在于所述发光器件通过垂直于上述硬币的轴的光轴对被传送通过硬币传送路径的硬币的圆周表面发射所述入射光。

3. 根据权利要求 1 的硬币类型判断装置，其特征在于所述光接收器件位于在平行于所述硬币的轴的方向上从与所述发光器件的位置相对于与所述硬币的轴垂直的一个平面对称的位置分开的位置。”

经形式审查合格，专利复审委员会依法受理了该复审请求，并于 2007 年 2 月 13 日发出复审请求受理通知书和前置审查通知书，将案卷转送至原实质审查部门进行前置审查。

原实质审查部门在前置审查意见书中认为，复审请求人提交的修改文本没有在实质上改变权利要求的保护范围，基于与驳回决定相同的理由，坚持原驳回决定。

针对上述复审请求，专利复审委员会依法成立合议组对本案进行审理。

经审查，合议组认为本案事实已经清楚，可以作出复审请求审查决定。

**二、决定的理由**

1. 审查文本

由于复审请求人在提出复审请求时提交了权利要求书的修改替换页，因此，本决定所依据的文本为：复审请求人于 2006 年 12 月 18 日提交的权利要求第 1~3 项，于 2006 年 6 月 6 日提交的说明书第 1~2 页，以及于申请日提交的说明书第 3~6 页、附图第 1~2 页、说明书摘要和摘要附图。

2. 权利要求 1~3 是否具备新颖性

专利法第 22 条第 2 款规定：新颖性，是指在申请日以前没有同样的发明或者实用新型在国内外出版物上公开发表过、在国内公开使用过或者以其他方式为公众所知，也没有同样的发明或者实用新型由他人向国务院专利行政部门提出过申请并且记载在申请日以后公布的专利申请文件中。

本申请权利要求 1 请求保护一种用于判断在被传送通过硬币传送路径的硬币的圆周表面上有没有形成倾斜的凹槽的硬币类型判断装置，包括用于对硬币的圆周表面发射入射光的发光器件、放置在从所述发光器件发射且被所述倾斜的凹槽之一反射的入射光的正常反射方向上的光接收器件和根据从光接收器件接收的光量的峰值是否超过预定的阈值来判断有没有倾斜的凹槽的一个判断器件。

对比文件 1 公开了一种用于判断硬币圆周表面是否有锯齿的硬币辨别装置，具体公开了以下技术特征（参见对比文件 1 说明书第 3 栏第 34 行至第 9 栏第 14 行）：在硬币传送路径外侧有一发射和接收光的单元 13，其中包括发光装置 11 和光接收装置 12，当硬币通过传送路径时，发光装置 11 通过狭缝孔 3a 向硬币圆周表面发射狭缝形光束，该狭缝形光束从硬币圆周表面反射并通过另一狭缝孔 3b 照射到光接收装置 12，光接收装置 12 接收该反射光并根据所接收到的光的强弱将其转化为相应的电信号，所得到的电信号经过积分电路 21 和整形电路 22 处理后形成脉冲信号，然后计数器 23 计算出该脉冲信号中脉冲的数量，并将该数量与一预定值比较，若脉冲数量大于或等于预定值，则判断硬币有锯齿，反之则判断硬币无锯齿。

合议组认为，将本申请权利要求 1 所请求保护的技术方案与对比文件 1 公开的内容相比，（1）两者所要解决的技术问题不同：权利要求 1 中的硬币类型判断装置是用于判断硬币圆周表面上是否形成倾斜的凹槽，并且所述倾斜的凹槽相对于所述硬币的一个轴以与 0°不同的一个预定角度倾斜；而对比文件 1 中的硬币辨别装置是用于确定硬币圆周表面上是否有锯齿，锯齿本身不一定是倾斜的。（2）尽管两者均利用了光反射的原理，但是两者所采用的具体实现手段不同：权利要求 1 中的光接收器件放置在从所述发光器件发射且被所述倾斜的凹槽反射的入射光的正常反射方向上，由于所述倾斜的凹槽相对于所述硬币的一个轴以一个与 0°不同的预定角度倾斜，所以权利要求 1 中的光接收器件必然与硬币处于不同的平面内，并且直接接收凹槽所反射的光，因此可以直接通过光接收器件所接收到的光的强弱与阈值相比较来判定是否存在倾斜的凹槽；而对比文件 1 中的光接收装置设置在从发光装置发出并从硬币圆周表面反射的入射光的正常反射方向上，所以该光接收装置与硬币处于同一平面内，由于光接收装置接收的是从硬币圆周表面反射的光，而不是仅从锯齿反射的光，所以需要对光接收装置所接收的光量进行相应的转换，将光转变为电信号，并经过进一步处理形成脉冲信号，然后将脉冲信号中脉冲数量与一固定值比较来判定是否存在锯齿；（3）两者所达到的技术效果不同：权利要求1的技术方案通过简单的装置判断硬币圆周表面是否有倾斜的凹槽；而对比文件1公开的内容中包含了积分电路、整形电路和计数器，结构复杂，且只能判断硬币圆周表面是否有锯齿。

由于权利要求1所请求保护的技术方案与对比文件1公开的内容存在上述区别技术特征，且这些区别技术特征不属于所属技术领域惯用手段的直接置换，所以权利要求1所请求保护的技术方案与对比文件1公开的内容实质上不相同，所要解决的技术问题和获得的技术效果也不同，因此权利要求1相对于对比文件1具备新颖性，符合专利法第22条第2款的规定。

权利要求2和3是权利要求1的从属权利要求，在权利要求1相对于对比文件1具备新颖性的情况下，权利要求2和3相对于对比文件1也具备新颖性，符合专利法第22条第2款的规定。

**三、决定**

撤销国家知识产权局于2006年9月8日对03123177.2号发明专利申请作出的驳回决定。由国家知识产权局原实质审查部门在本复审请求审查决定所依据文本的基础上对本发明专利申请继续审查。

复审请求人对本决定不服的，可以根据专利法第41条第2款的规定，自收到本决定之日起三个月内向北京市第一中级人民法院起诉。

160

# 生物活性玻璃组合物在抗炎症和抗微生物中的应用

## 复审请求审查决定（第12247号）

**决　定　号**　第12247号
**决　定　日**　2007年12月7日
**发明创造名称**　生物活性玻璃组合物在抗炎症和抗微生物中的应用
**国际分类号**　A61F 13/00，A61K 7/48
**复审请求人**　美国生物材料公司
**申　请　号**　99813123.7
**申　请　日**　1999年9月10日
**优先权日**　1998年9月10日，1999年9月9日
**公　开　日**　2001年12月5日
**合议组组长**　陈迎春
**主　审　员**　杨加黎
**参　审　员**　周　航

**法律依据**　专利法实施细则第62条第2款
**决定要点**

如果复审请求人在复审阶段依法对其专利申请的权利要求书进行修改，将在实质审查阶段的驳回决定中指出的不符合专利法规定的权利要求删除，则认为该权利要求书克服了驳回决定所指出的缺陷。

### 一、案由

本复审请求涉及申请号为99813123.7、名称为“生物活性玻璃组合物在抗炎症和抗微生物中的应用”的PCT发明专利申请（下称本申请），申请日为1999年9月10日，优先权日为1998年9月10日和1999年9月9日，申请人为美国生物材料公司。本申请公开时权利要求书包括49项权利要求，其中权利要求1、12、13、15、18、20、21、24、26、32、38、41、48、49为独立权利要求。

国家知识产权局实质审查部门依法对本申请进行了实质审查，于2003年4月25日发出第一次审查意见通知书，其中指出：本申请权利要求1~11、15~19相对于对比文件1不具备新颖性，不符合专利法第22条第2款的规定；权利要求23、32~36、38~40相对于对比文件1不具备创造性，不符合专利法第22条第3款的规定；权利要求12~14、20~22、24~31属于疾病的治疗方法，根据专利法第25条的规定，不能授予专利权；此外，当独立权利要求1、32、38不成立时，独立权利要求41、

48、49不具备单一性，不符合专利法第31条第1款的规定。

其中所引用的对比文件如下：

对比文件1：WO9811853A1，其公开日为1998年3月26日。

针对上述审查意见通知书，申请人于2003年9月10日提交了意见陈述书以及权利要求书的全文修改替换页，修改后的权利要求共30项，其中权利要求1~3、5、7、13、19、22、29、30是独立权利要求。其主要修改之处在于，删除了原权利要求1~19，将原从属于权利要求1的权利要求23修改后作为新的独立权利要求1，将原权利要求20~22、24~31修改为制药用途的新的权利要求2~12，将原权利要求32~49修改后作为新的权利要求13~30。申请人认为上述修改克服了第一次审查意见通知书中指出的缺陷，并且具备创造性。

经过上述实质审查程序后，国家知识产权局实质审查部门以本申请权利要求1、13相对于对比文件1仍然不符合专利法第22条第3款有关创造性的规定为由，于2004年1月9日做出了驳回本申请的决定。驳回决定所针对的权利要求1和13如下：

“1. 一种在载体中包含非连接的生物活性玻璃微粒的组合物，其中生物活性玻璃微粒已经与一种包含生物可降解聚合物的生物相容的、生物可降解的材料形成复合材料。

13. 一种抗菌组合物，包含有效抗菌量的非连接的生物活性玻璃微粒。”申请人美国生物材料公司（下称复审请求人）不服上述驳回决定，于2004年4月26日向专利复审委员会提出复审请求，但未对申请文件作任何修改。复审请求人认为，关于权利要求1的创造性，对比文件1中与生物活性玻璃微粒结合使用的是创伤和灼伤治疗用品或敷料，本申请权利要求1中与生物活性玻璃微粒一同形成复合材料的是生物可降解聚合物，这两类物质是有区别的，虽然生物可降解聚合物是本领域公知的，但是其与本申请权利要求1的生物活性玻璃微粒结合形成复合材料在现有技术中没有公开；关于权利要求13的创造性，对比文件1仅教导了生物活性玻璃具有辅助抗生素作用的抑菌效果，而没有说明其具有抗菌效果，也没有提及有效抗菌量的生物活性玻璃。随同复审请求书，同时提交了附件1：RichardJ. Lewis，Sr. 编写的Hawley's Condensed Chemical Dictionary，欲用以证明本申请中所述“抗菌”的含义不同于对比文件1所述的“抑菌”。

经形式审查合格后，专利复审委员会依法受理了上述复审请求，并向复审请求人发出复审请求受理通知书，向原审查部门发出前置审查通知书。

原审查部门对该复审请求做出前置审查意见，仍然坚持原驳回决定。针对上述复审请求，专利复审委员会依法成立合议组，对本案进行审查，本案合议组于2007年6月4日发出复审通知书，指出：独立权利要求1的技术方案得不到说明书的支持，不符合专利法第26条第4款的规定；独立权利要求13、19相对于对比文件1不具备创造性，不符合专利法第22条第3款的规定；由于权利要求13、19均不具备创造性，因此权利要求1与权利要求14~18、20、21之间不具备单一性，不符合专利法第31条第1款的规定。

针对上述复审通知书，复审请求人于2007年7月19日提交了意见陈述书，同时提交了权利要求书的全文修改替换页，其中删除了原独立权利要求1、13、19及其从属权利要求14~18、20~21，并对原权利要求2~12、22~30进行了适应性修改，修改后的权利要求书如下：

“1. 一种组合物在制备用于加速创伤或灼伤愈合的药物中的用途，所述组合物在载体中包含非连接的生物活性玻璃微粒，其中生物活性玻璃微粒已经与一种包含生物可降解聚合物的生物相容的、生物可降解的材料形成复合材料。

2. 一种组合物在制备用于加速创伤或灼伤愈合期间改善形成的瘢痕外观的药物中的用途，所述组合物在载体中包含非连接的生物活性玻璃微粒，其中生物活性玻璃微粒已经与一种包含生物可降解聚合物的生物相容的、生物可降解的材料形成复合材料。

3. 权利要求2中的用途，其中生物活性玻璃存在于一种包含非连接形式的生物活性玻璃，生物活性玻璃的微粒和一种合适的载体的组合物中。

4. 一种组合物在制备用于在创伤中减小炎症水平的药物中的用途，所述组合物在载体中包含非连接的生物活性玻璃微粒，其中生物活性玻璃微粒已经与一种包含生物可降解聚合物的生物相容的、生物可降解的材料形成复合材料。

5. 权利要求4中的用途，其中的炎症是慢性炎症。

6. 一种组合物在制备用于在创伤中减小细菌感染水平的药物中的用途，所述组合物在载体中包含非连接的生物活性玻璃微粒，其中生物活性玻璃微粒已经与一种包含生物可降解聚合物的生物相容的、生物可降解的材料形成复合材料。

7. 权利要求6中的方法，其中的生物活性玻璃具有如下重量百分比的组成：

| 成分 | 百分比 |
|---|---|
| $SiO_2$ | 40~86 |
| CaO | 10~46 |
| $Na_2O$ | 0~35 |
| $P_2O_5$ | 2~8 |
| $CaF_2$ | 0~25 |
| $B_2O_3$ | 0~10 |
| $K_2O$ | 0~8 |
| MgO | 0~5 |

8. 权利要求6中的方法，其中生物活性玻璃具有如下重量百分比的组成：

| 成分 | 百分比 |
|---|---|
| $SiO_2$ | 45 |
| CaO | 24.5 |
| $Na_2O$ | 24.5 |
| $P_2O_5$ | 6 |

9. 权利要求6中的方法，其中生物活性玻璃微粒大小范围用SEM或激光散射技术测量时小于约90微米。

10. 权利要求6中的方法，其中生物活性玻璃微粒大小范围用SEM或激光散射技术测量时小于约20微米。

11. 权利要求6中的方法，其中生物活性玻璃微粒大小范围用SEM或光刻度技术测量时小于约2微米。

12. 包含非连接生物活性玻璃微粒和/或其水提取物的化妆品产品，其与含水的液体的化妆品基质组合，其中生物活性玻璃微粒已经与一种包含生物可降解聚合物的生物相容的、生物可降解的材料形成复合材料。

13. 权利要求12中的化妆产品，其中化妆品基质包括选自液体粉底，皮肤洗剂，乳剂，香波，染发剂和霜剂的液体材料。

14. 权利要求 12 中的化妆产品，其中生物活性玻璃具有如下重量百分比的组成：

| 成分 | 百分比 |
|---|---|
| $SiO_2$ | 40~86 |
| CaO | 10~46 |
| $Na_2O$ | 0~35 |
| $P_2O_5$ | 2~8 |
| $CaF_2$ | 0~25 |
| $B_2O_3$ | 0~10 |
| $K_2O$ | 0~8 |
| MgO | 0~5 |

15. 权利要求 12 中的化妆产品，其中生物活性玻璃具有如下重量百分比的组成：

| 成分 | 百分比 |
|---|---|
| $SiO_2$ | 45 |
| CaO | 24.5 |
| $Na_2O$ | 24.5 |
| $P_2O_5$ | 6 |

16. 权利要求 12 中的化妆产品，其中生物活性玻璃微粒大小范围用 SEM 或激光散射技术测量时小于约 90 微米。

17. 权利要求 12 中的化妆产品，其中生物活性玻璃微粒大小范围用 SEM 或激光散射技术测量时小于约 20 微米。

18. 权利要求 12 中的化妆产品，其中生物活性玻璃微粒大小范围用 SEM 或激光散射技术测量时小于约 2 微米。

19. 包含一种组合物的辅助植入体、缝线、印膜、螺丝钉、薄板和管子，所述组合物在载体中包含非连接的生物活性玻璃微粒，其中生物活性玻璃微粒已经与一种包含生物可降解聚合物的生物相容的、生物可降解的材料形成复合材料。

20. 包含一种组合物的用于体外细胞培养的装置，所述组合物在载体中非连接的生物活性玻璃微粒，其中生物活性玻璃微粒已经与一种包含生物可降解聚合物的生物相容的、生物可降解的材料形成复合材料。"

复审请求人在意见陈述书中认为，由于修改后的权利要求书中删除了复审通知书中指出的不符合专利法规定的权利要求 1、13~21，因此，克服了复审通知书所指出的缺陷。

至此，合议组认为本案事实已经清楚，现依法作出复审决定。

**二、决定的理由**

1. 决定所依据的文本

复审请求人于 2007 年 7 月 19 日提交了权利要求书的修改替换页，经审查所述修改文本符合专利法第 33 条和专利法实施细则第 60 条第 1 款的规定，因此本复审请求审查决定所依据的文本为：复审请求人于 2007 年 7 月 19 日提交的权利要求第 1~20 项，2001 年 5 月 10 日提交的说明书第 1~18 页以及说明书摘要。

2. 关于复审请求人于2007年7月19日针对复审通知书提交的权利要求书

专利法实施细则第62条第2款规定：专利复审委员会进行复审后，认为原驳回决定不符合专利法和本细则有关规定的，或者认为经过修改的专利申请文件消除了原驳回决定指出的缺陷的，应当撤销原驳回决定，由原审查部门继续进行审查程序。

如果复审请求人在复审阶段依法对其专利申请的权利要求书进行修改，将在实质审查阶段的驳回决定中指出的不符合专利法规定的权利要求删除，则认为该权利要求书克服了驳回决定所指出的缺陷。

在本案中，复审请求人为了克服复审通知书中指出的权利要求1得不到说明书支持，权利要求13、19不具备创造性，以及由于权利要求13、19不具备创造性而导致权利要求1与权利要求14~18、20、21之间不具备单一性的缺陷，于2007年7月19日提交了权利要求书的修改替换页，其中删除了驳回决定所针对的独立权利要求1、独立权利要求13及其从属权利要求14~18、独立权利要求19及其从属权利要求20~21，故复审通知书中指出的缺陷已不复存在。同时上述修改也使得本申请克服了驳回决定中指出的其所针对文本中权利要求1和13不具备创造性的问题，即驳回决定中指出的缺陷也已不复存在。

**三、决定**

在复审请求人于2007年7月19日提交的修改文本的基础上撤销国家知识产权局于2004年1月9日对99813123.7号发明专利申请作出的驳回决定，由原审查部门以本决定依据的文本作为审查基础继续进行审查程序。

复审请求人对本决定不服的，可以根据专利法第41条第2款的规定，自收到本决定之日起三个月内向北京市第一中级人民法院起诉。

161

# 具有一个或以上的正象的象印相和方法

## 复审请求审查决定（第12248号）

**决　定　号**　第12248号
**决　定　日**　2007年12月7日
**发明创造名称**　具有一个或以上的正象的象印相和方法
**国际分类号**　G03B 27/32
**复审请求人**　伊斯曼柯达公司
**申　请　号**　95102990.8
**申　请　日**　1995年3月25日
**优先权日**　1994年3月25日
**公　开　日**　1996年1月17日
**合议组组长**　陈迎春
**主　审　员**　杨加黎
**参　审　员**　高桂莲

**法律依据**　专利法第22条第2款、第3款
**决定要点**

在驳回决定中认定一项独立权利要求不具有新颖性或创造性，而没有否定其从属的某一权利要求的新颖性或创造性的情况下，如果复审请求人将该从属权利要求中的附加技术特征补入所述独立权利要求中，则修改后的独立权利要求就消除了驳回决定所指出的缺陷。

**一、案由**

本复审请求涉及申请号为95102990.8、名称为“具有一个或以上的正象的象印相和方法”的发明专利申请（下称本申请），申请日为1995年3月25日，优先权日为1994年3月25日，申请人为伊斯曼柯达公司。本申请公开时权利要求书包括25项权利要求，其中权利要求1、7、13、19、25为独立权利要求。

在实质审查程序中，国家知识产权局专利局于2003年3月21日发出第一次审查意见通知书，指出本申请权利要求19~20、22、24相对于对比文件1不具备新颖性，不符合专利法第22条第2款的规定；权利要求1~18、23、25相对于对比文件1、或对比文件1和2的结合不具备创造性，不符合专利法第22条第3款的规定；说明书和摘要的撰写不符合专利法实施细则第18条、第24条的规定。

所引用的对比文件如下：

对比文件1：US5287141A，其公开日为1994年2月15日；

对比文件 2：JP5-27406A，其公开日为 1993 年 2 月 5 日。

针对上述审查意见通知书，申请人于 2003 年 6 月 18 日提交了意见陈述书，同时提交了权利要求书、说明书以及说明书摘要的全文修改替换页，其中删除了原权利要求 1～18，将原权利要求 19～24 重新编号为权利要求 1～6，即第一次审查意见通知书中未评述的原权利要求 21 对应于修改后的权利要求 3。修改后的权利要求如下：

“1. 制作具有显示位于图像记录媒体上一个或多个对应图像的一个或多个正像的图像相片的方法，它包括以下步骤：

自动分析所述一个或多个对应图像，以测定所述一个或多个对应图像中每一个的高宽比；

将所述一个或多个对应图像中每一个的正像记录在记录纸上；和

在所述记录纸上提供一个或多个可看到的指示符，所述一个或多个可看到的指示符分别与一个或多个正像相关联，用以指示所述一个或多个对应图像的高宽比。

2. 依照权利要求 1 的方法，其特征在于：所述记录步骤能有效地在所述记录纸上记录若干正像。

3. 依照权利要求 1 的方法，其特征在于：所述图像记录媒体是照相胶卷，并且所述分析步骤包括以下步骤：

扫描所述一个或多个对应图像的每一个的至少一部分，以获得所述一个或多个对应图像的每一个的若干区域的图像密度；和

比较所述一个或多个对应图像中每一个的所述图像密度，以测定所述一个或多个对应图像中每一个的所述高宽比。

4. 依照权利要求 1 的方法，其特征在于：所述提供步骤能有效地在所述记录纸上提供一个或多个字母说明，这指示所述一个或多个对应图像中每一个的所述高宽比。

5. 依照权利要求 1 的方法，其特征在于：所述提供步骤能有效地在一个或多个所述正像上提供垂直和/或水平线，以指示对于一个或多个对应图像的所述高宽比。

6. 依照权利要求 1 的方法，其特征在于：所述提供步骤能有效地控制所述记录步骤，使得所述一个或多个正像被以所述一个或多个对应图像的所述高宽比被记录。”

申请人认为：对比文件 1 没有给出或暗示对图像的分析从而确定本申请修改后的权利要求 1 所要求的高宽比，对比文件 1 没有给出或暗示例如修改后的权利要求 3 的特征，该特征进一步限定了作为分析步骤的一部分的确定图像密度的扫描特征。

针对申请人上述意见陈述，国家知识产权局专利局于 2003 年 8 月 1 日发出第二次审查意见通知书，指出基于与第一次审查意见通知书正文中评述权利要求 19～20、22～24 的相同理由，修改后的权利要求 1、2、4、6 不具备专利法第 22 条第 2 款规定的新颖性，权利要求 5 不具备专利法第 22 条第 3 款规定的创造性；并指出对比文件 1 是利用编码器检测胶片上的标记之间的距离来确定图像的高宽比的，即也是通过图像的相关信息的分析来获知图像的高宽比的，本申请的图像分析是对比文件 1 的检测胶片上的标记之间的距离的图像分析的上位概念；同时还指出本申请说明书摘要不符合专利法实施细则第 24 条的规定。

针对第二次审查意见通知书，申请人于 2003 年 10 月 3 日提交了意见陈述书，但未对本申请进行任何修改。申请人在意见陈述书中坚持认为本申请权利要求 1 与对比文件 1 相比具有创造性，对比文件 1 没有给出如本申请所要求的对图像自身进行分析从而确定图像的高宽比的内容，也没有给出任何的建议；对比文件 1 和 2 均未披露和暗示权利要求 1 的图像分析步骤。

经审查后，国家知识产权局专利局以本申请权利要求 1、2、4、6 不符合专利法第 22 条第 2 款的规定，权利要求 5 不符合专利法第 22 条第 3 款的规定为由，于 2004 年 1 月 16 日做出了驳回本申请的

决定，驳回决定认为：权利要求1、2、4、6请求保护的技术方案已经被对比文件1所公开，因此这些权利要求不具备新颖性，不符合专利法第22条第2款的规定；权利要求5相对于对比文件1和2的结合不具备创造性，不符合专利法第22条第3款的规定；对于申请人在意见陈述书中强调的对比文件1、2没有给出如本申请所要求的对图像自身进行分析从而确定图像的宽高比的内容，驳回决定认为，对比文件1的检测图像相邻剪口之间的距离也是对图像自身进行分析的一种具体体现，属于本申请权利要求1所述技术方案的下位概念。

申请人伊斯曼柯达公司（下称复审请求人）不服上述驳回决定，于2004年4月14日向专利复审委员会提出复审请求，其复审请求的理由是：对比文件1没有明示或暗示本申请请求保护的自动分析图像以确定高宽比的方法，据此认为对比文件1不存在权利要求1所要求的分析一个图像以确定高宽比的方法。复审请求人在提出复审请求时未对本申请进行任何修改。

经形式审查合格后，专利复审委员会依法受理了上述请求，于2004年5月11日向复审请求人发出了复审请求受理通知书，同时向原审查部门发出前置审查通知书。

原审查部门对该复审请求做出前置审查意见，仍然坚持原驳回决定。

针对上述复审请求，专利复审委员会依法成立合议组，经审查，于2007年4月23日发出复审通知书，指出：权利要求1、2、4、6相对于对比文件1不具备新颖性，不符合专利法第22条第2款的规定，权利要求5相对于对比文件1和2的结合不具备创造性，不符合专利法第22条第3款的规定，并且对复审请求书中提出的理由不予支持。

针对上述复审通知书，复审请求人于2007年6月4日提交了意见陈述书和权利要求书的全文修改替换页，修改后的权利要求书共包括5项权利要求，其中将权利要求3的附加技术特征写入权利要求1中，修改后的独立权利要求1如下：

“1. 制作具有显示位于照相胶卷的图像记录媒体上一个或多个对应图像的一个或多个正像的图像相片的方法，它包括以下步骤：

自动分析所述一个或多个对应图像，以测定所述一个或多个对应图像中每一个的高宽比，其中分析步骤包括扫描所述一个或多个对应图像的每一个的至少一部分，以获得所述一个或多个对应图像的每一个的若干区域的图像密度，并且比较所述一个或多个对应图像中每一个的所述图像密度，以测定所述一个或多个对应图像中每一个的所述高宽比；

将所述一个或多个对应图像中每一个的正像记录在记录纸上；和

在所述记录纸上提供一个或多个可看到的指示符，所述一个或多个可看到的指示符分别与一个或多个正像相关联，用以指示所述一个或多个对应图像的高宽比。”

至此，合议组认为本案事实已经清楚，现依法作出复审决定。

**二、决定的理由**

1. 本复审决定所依据的文本

本复审请求审查决定所依据的文本为：复审请求人于2007年6月4日提交的权利要求第1~5项，2003年6月18日提交的说明书第1~9页、说明书摘要，1995年3月25日提交的说明书附图第1~4页以及摘要附图。

2. 关于本申请权利要求1~5的新颖性和创造性

在驳回决定中认定一项独立权利要求不具有新颖性或创造性，而没有否定其从属的某一权利要求的新颖性或创造性的情况下，如果复审请求人将该从属权利要求中的附加技术特征补入到所述独立权利要求中，则修改后的独立权利要求就消除了驳回决定所指出的缺陷。

本申请驳回决定所依据的审查文本中，权利要求书共包括6项权利要求（下称原权利要求），驳回决定认定原权利要求1、2、4~6不具有新颖性或创造性，但未对原权利要求3的新颖性和创造性进行评述。在复审程序中，复审请求人提交了权利要求书的修改替换页，共包括5项权利要求，其中将原权利要求3的附加技术特征写入原权利要求1，修改后的独立权利要求1请求保护的技术方案与原权利要求3请求保护的技术方案相同，鉴于驳回决定中未对该技术方案的新颖性和创造性进行评述，因此，合议组认为，修改后的权利要求书克服了驳回决定所指出的缺陷。

**三、决定**

在复审请求人于2007年6月4日提交的修改文本的基础上，撤销国家知识产权局专利局于2004年1月16日对95102990.8号发明专利申请作出的驳回决定，由原审查部门以本复审决定依据的文本作为审查基础继续进行审查程序。

复审请求人对本决定不服的，可以根据专利法第41条第2款的规定，自收到本决定之日起三个月内向北京市第一中级人民法院起诉。

162

# 一种现浇砼用模壳构件

## 复审请求审查决定（第12268号）

**决　定　号**　第12268号
**决　定　日**　2007年12月11日
**发明创造名称**　一种现浇砼用模壳构件
**国际分类号**　E04B 5/36
**复审请求人**　邱则有
**申　请　号**　03143753.2
**申　请　日**　2003年8月4日
**公　开　日**　2005年2月16日
**合议组组长**　欧　岚
**主　审　员**　齐宏涛
**参　审　员**　王　博

**法律依据**　专利法第22条第3款
**决定要点**

如果将权利要求请求保护的技术方案与最接近的对比文件相比存在区别技术特征，且现有技术并未给出将该区别技术特征应用到最接近的对比文件的技术启示，则该权利要求相对于现有技术而言是非显而易见的。

### 一、案由

本复审请求涉及申请日为2003年8月4日，公开日为2005年2月16日，发明名称为“一种现浇砼用模壳构件”的发明专利申请，其申请号为03143753.2，申请人为邱则有。

国家知识产权局实审部门于2005年7月15日发出第一次审查意见通知书，认为权利要求1~17不具备专利法第22条第3款规定的创造性。

申请人于2005年11月18日提交了意见陈述书，其中陈述了本申请的独立权利要求相对于对比文件具有新颖性和创造性的理由。

国家知识产权局实审部门于2006年4月7日对本申请作出了驳回决定，驳回理由是：本申请不符合专利法第22条第3款的规定。

驳回决定所针对的文本是申请人于申请日提交的权利要求1~17、说明书第1~10页、说明书附图第1~8页、说明书摘要以及摘要附图。该文本的权利要求书如下：

“1. 一种现浇砼用模壳构件，包括多面体实心轻质材料构件（1），其特征在于在多面体实心轻质材料构件（1）的至少一个四周侧面（2）上沿底面（3）向外伸出有挑板（4）。

2. 根据权利要求1所述的一种现浇砼用模壳构件，其特征在于在多面体实心轻质材料构件（1）的相邻两侧面（2）上沿底面（3）伸出有挑板（4）构成L形挑板，或所有四周侧面（2）上沿底面（3）均向外伸出有挑板（4）构成环形挑板。

3. 根据权利要求1所述的一种现浇砼用模壳构件，其特征在于在多面体实心轻质材料构件（1）的至少一个四周侧面（2）沿上面（5）向外伸出有挑板（4）。

4. 根据权利要求1所述的一种现浇砼用模壳构件，其特征在于所述的挑板（4）为多面体实心轻质材料构件（1）设置并连接在水泥砂浆或水泥砼底板（6）上而形成的挑板。

5. 根据权利要求1所述的一种现浇砼用模壳构件，其特征在于多面体实心轻质材料构件（1）为泡沫塑料块、膨胀珍珠岩块、膨胀蛭石块、发泡或加气砼块、陶粒砼块、稻草谷壳胶结材料块、木炭砼块或者水泥胶结的泡沫粒块料。

6. 根据权利要求1所述的一种现浇砼用模壳构件，其特征在于多面体实心轻质材料构件（1）的外表面裹覆有水泥浆或水泥砂浆或水泥纤维外膜层（7）。

7. 根据权利要求1至6中任一权利要求所述的一种现浇砼用模壳构件，其特征在于多面体实心轻质材料构件（1）或者底板（6）中含有增强物（8），或者有增强物（8）露出。

8. 根据权利要求1至6中任一权利要求所述的一种现浇砼用模壳构件，其特征在于所述的多面体实心轻质材料构件（1）水平剖面形状为长方形、正方形、弧角多边形、倒角多边形、多弧形、波纹形或圆形。

9. 根据权利要求1至6中任一权利要求所述的一种现浇砼用模壳构件，其特征在于所述的多面体实心轻质材料构件（1）上设置有凹槽（9）、阴角（10）、倒角（11）、凹坑（12）、孔洞（13）、凸台模块（14）、凸条（15）、阳角（16）中的至少一个。

10. 根据权利要求9所述的一种现浇砼用模壳构件，其特征在于所述的凹槽（9）、阴角（10）、倒角（11）、凸条（15）自身或相互呈平行、正交、斜交或立交设置。

11. 根据权利要求1至6中任一权利要求所述的一种现浇砼用模壳构件，其特征在于所述的多面体实心轻质材料构件（1）内设置有加劲肋（17）、加劲杆（18）、加强筋（19）中的至少一个，或者有加劲肋（17）、加劲杆（18）中的至少一个露出多面体实心轻质材料构件（1）外，或者加劲肋（17）、加劲杆（18）上还有增强物（8）露出。

12. 根据权利要求1至6中任一权利要求所述的一种现浇砼用模壳构件，其特征在于所述的多面体实心轻质材料构件（1）、底板（6）、挑板（4）的外表面中的至少一个为波纹形、锯齿形、拉毛形或者糙面外表面。

13. 根据权利要求1至6中任一权利要求所述的一种现浇砼用模壳构件，其特征在于所述的多面体实心轻质材料构件（1）上设置有定位构件（20）。

14. 根据权利要求1至6中任一权利要求所述的一种现浇砼用模壳构件，其特征在于所述的多面体实心轻质材料构件（1）上设置有多面体实心轻质材料构件（1）之间彼此连接的连接件（21）。

15. 根据权利要求1至6中任一权利要求所述的一种现浇砼用模壳构件，其特征在于所述的多面体实心轻质材料构件（1）上设置有多面体实心轻质材料构件（1）上设置有方便搬运的搬运件（22）。

16. 根据权利要求1至6中任一权利要求所述的一种现浇砼用模壳构件，其特征在于至少两个以上模壳构件通过挑板（4）联接为一体，模壳构件之间构成内肋模腔（23）。

17. 根据权利要求1至6中任一权利要求所述的一种现浇砼用模壳构件，其特征在于内肋模腔

(23) 内设置有固定或活动的撑拉件 (24)。”

驳回决定所依据的对比文件是：(1) 中国发明专利申请公开说明书 CN1366118A，公开日为 2002 年 8 月 28 日；(2) 中国实用新型专利说明书 CN2479101Y，授权公告日为 2002 年 2 月 27 日；(3) 中国实用新型专利说明书 CN2189175Y，授权公告日为 1995 年 2 月 8 日；(4) 中国发明专利申请公开说明书 CN1348040A，公开日为 2002 年 5 月 8 日；(5) 中国发明专利申请公开说明书 CN1415815A，公开日为 2003 年 5 月 7 日；(6) 中国实用新型专利说明书 CN2561848Y，授权公告日为 2003 年 7 月 23 日；(7) 中国发明专利申请公开说明书 CN1403667A，公开日为 2003 年 3 月 19 日。

在驳回决定中，审查员指出：对比文件 1 公开了一种模壳构件，包括结构底板与空腔模壳，结构底板沿底面向外伸出形成挑板（参见对比文件 1 的说明书第 11~13 页，附图 49~50）。权利要求 1 与对比文件 1 的区别在于：模壳是实心的，而对比文件 1 中的模壳是空腔，且内部可以填充轻质材料，但该区别特征已被对比文件 2 公开（参见对比文件 2 的说明书第 1~2 页），而且该特征在对比文件 2 中所起的作用与其在本申请中为解决其技术问题所起的作用相同，都是用于形成轻质实心模壳，也就是说对比文件 2 给出了将该技术特征用于该对比文件 1 以解决其技术问题的启示。因此，权利要求 1 所要求保护的技术方案相对于对比文件 1 和 2 不具有突出的实质性特点和显著的进步，因而不具备专利法第 22 条第 3 款规定的创造性。在权利要求 1 不具备创造性的情况下，从属权利要求 2~17 相对于对比文件 1~6 以及公知常识的结合也不具备创造性。

申请人（下称复审请求人）对上述驳回决定不服，于 2006 年 7 月 12 日向专利复审委员会提出了复审请求，并提交了权利要求书的替换页，将从属权利要求 6 的附加技术特征加入到权利要求 1 中，从而形成新的权利要求 1~16，同时对说明书以及说明书摘要进行了适应性修改，该文本的权利要求 1 内容如下：

“1. 一种现浇砼用模壳构件，包括多面体实心轻质材料构件 (1)，其特征在于在多面体实心轻质材料构件 (1) 的至少一个四周侧面 (2) 上沿底面 (3) 向外伸出有挑板 (4)，多面体实心轻质材料构件 (1) 的外表面裹覆有水泥浆或水泥砂浆或水泥纤维浆外膜层 (7)。”

复审请求人的复审理由主要为：由于本申请的多面体实心轻质材料构件的外表面裹覆有水泥浆或水泥砂浆或水泥纤维浆外膜层，故模壳构件在搬运、码放、运输、安装及施工过程中，外膜层可有效防止现浇砼中的水渗入轻质块中，可有效地防止现浇砼因凝固水被吸干而造成烧坏，同时，也可以防止轻质块被泡软离散混入现浇砼中，降低现浇砼的强度，实心轻质材料构件不易破损，其整体性更好。因此修改后的权利要求 1 相对于对比文件 1 和 2 具有创造性，相应地，其从属权利要求 2~16 也具有创造性。

经形式审查合格后，专利复审委员会受理了该复审请求，并于 2006 年 9 月 6 日向复审请求人发出复审请求受理通知书，同时向原审查部门发出前置审查通知书。

原审查部门对本复审请求进行了前置审查，在前置审查意见书中，原审查部门坚持原驳回决定。

专利复审委员会依法成立合议组，对本案进行审理。经审查，合议组于 2007 年 9 月 28 日针对复审请求人提出复审请求时提交的权利要求书发出复审通知书，指出：首先，在构件的外表面裹覆有水泥浆或水泥砂浆或水泥纤维浆外膜层是所述技术领域中为提高预制构件的强度以防止在搬运、码放过程中破损的常用技术手段。在对比文件 1 的基础上结合对比文件 2 和常用技术手段得出权利要求 1 所要求保护的技术方案，对本领域技术人员来说是显而易见的，因此权利要求 1 相对于对比文件 1 和 2 仍然不具备创造性；其次，在权利要求 1 不具备创造性的情况下，从属权利要求 2~16 也仍不具备创造性。

复审请求人于 2007 年 11 月 10 日针对上述复审通知书提交了意见陈述书，并提交了权利要求书的替换页，将从属权利要求 3 的附加技术特征加入到权利要求 1 中，即形成新的权利要求 1~15，同时对说明书和说明书摘要进行了适应性修改，该文本的权利要求 1 内容如下：

"1. 一种现浇砼用模壳构件，包括多面体实心轻质材料构件（1），其特征在于在多面体实心轻质材料构件（1）的至少一个四周侧面（2）上沿底面（3）向外伸出有挑板（4），多面体实心轻质材料构件（1）的外表面裹覆有水泥浆或水泥砂浆或水泥纤维浆外膜层（7），在多面体实心轻质材料构件（1）的至少一个四周侧面（2）上沿上面（5）向外伸出有挑板（4）。"

复审请求人认为：对比文件 1 没有公开模壳构件四周侧面上沿上面向外伸出有挑板的技术方案，而在本申请中，当模壳构件应用于现浇砼楼盖时，伸出的挑板可与现浇砼形成叠合楼板，减少现浇砼的用量，降低了楼盖的综合造价。因此，修改后的权利要求 1 相对于对比文件 1 和 2 具有创造性，相应地，其从属权利要求 2~15 也具有创造性。

至此，合议组认为本案事实已经清楚，可以依法作出本复审请求决定。

**二、决定的理由**

1. 审查基础

针对复审通知书指出的问题，复审请求人于 2007 年 11 月 10 日提交了权利要求 1~15、说明书第 1~10 页以及说明书摘要的修改替换页，经审查，合议组认为其没有超出原说明书和权利要求书记载的范围，因此所述修改符合专利法第 33 条和专利法实施细则第 60 条第 1 款的规定。故上述修改文本连同复审请求人于 2003 年 8 月 4 日提交的说明书附图第 1~8 页和摘要附图作为本复审决定的审查基础。

2. 关于专利法第 22 条第 3 款有关创造性的规定

专利法第 22 条第 3 款规定："创造性，是指同申请日以前已有的技术相比，该发明有突出的实质性特点和显著的进步，该实用新型有实质性特点和进步。"

判断发明是否具有突出的实质性特点，就是要判断对本领域的技术人员来说，要求保护的发明相对于现有技术是否显而易见。判断要求保护的发明对本领域的技术人员来说是否显而易见时，通常需要将本发明与最接近的现有技术进行对比，找出其区别技术特征，并由此确定出本发明所要解决的技术问题，再进一步判断现有技术中是否给出将该区别特征应用到该最接近的现有技术以解决其存在的技术问题的启示，这种启示会使本领域的技术人员在面对所述技术问题时，有动机改进该最接近的现有技术并获得如本发明所要求保护的发明。通常，如果现有技术当中未公开上述区别技术特征且没有证据证明其是公知常识，则可以认为现有技术不存在获得发明所要求保护的技术方案的技术启示。如果现有技术不存在这种技术启示，则发明是非显而易见的，具有突出的实质性特点。

具体到本案，权利要求 1 请求保护一种现浇砼用模壳构件，对比文件 1（CN1366118A）也公开了一种空间结构楼盖预制空腔构件，该构件包括结构底板 3（相当于本申请中的底面）、空腔模板 1 和空腔 2，结构底板 3 沿底面向外伸出形成挑板 11（参见对比文件 1 的说明书第 11~13 页，附图49~50）。该权利要求 1 与对比文件 1 的区别在于：（1）权利要求 1 的模壳构件是实心的，而对比文件 1 中的模壳是空腔的，且内部可以填充轻质材料；（2）权利要求 1 中的多面体实心轻质材料构件的外表面裹覆有水泥浆或水泥砂浆或水泥纤维外膜层；（3）权利要求 1 中的多面体实心轻质材料构件的至少一个四周侧面上沿上面向外伸出有挑板。

第三项区别技术特征是原驳回决定针对的权利要求书中从属权利要求 3 的附加技术特征，驳回决定中对该特征进行了如下评述，"……而对比文件 1 中公开了：结构底板沿底面向外伸出形成挑板，其作用是形成浇注用模板，而沿上面向外伸出有挑板同样是形成浇注用的模板；因此将作为模板的挑板从底面换到上面是本领域技术人员容易想到的，因此在对比文件 1 的基础上该技术方案的使用对本领域的技术人员来说是显而易见的……”。

对此合议组认为：首先，在对比文件 1 现浇楼盖的施工过程中，模壳之间要形成现浇肋梁，需要在现浇肋梁的下面和侧面形成支护，而上面则用来浇注混凝土，本身不需要使用模板，相反，如使用模板将导致浇注困难。因此，驳回决定认为在对比文件 1 的基础上“将作为模板的挑板从底面换到上面是本领域技术人员容易想到的”缺乏证据支持。其次，根据本申请说明书第 2 页第 4 段的记载可知，当模壳构件应用于现浇砼楼盖中时，伸出的挑板可以与现浇砼形成叠合楼板，以减少现浇砼的用量。因此，驳回决定认为“沿上面向外伸出有挑板同样是形成浇注用的模板”也缺乏证据支持。此外，即使现有技术中有涉及上模板的记载，但要得到权利要求 1 所述形式的上挑板，仍需要相应的证据支持。综上所述，对比文件 1 并没有给出在模壳上表面设置上挑板的技术启示和教导。同时，本申请采用了这一技术特征后，也取得了减少现浇砼用量、降低楼盖综合造价的技术效果。

因此，根据现有的证据还不足以得出权利要求 1 不具备创造性的结论。基于同样的事实和理由，也不能得到权利要求 2~15 不具备创造性的结论。

根据上述的事实和理由，本案合议组依法作出以下决定。

**三、决定**

撤销国家知识产权局于 2006 年 4 月 7 日对 03143753.2 号发明专利申请作出的驳回决定。

由原实审部门依据复审请求人于 2007 年 11 月 10 日提交的权利要求 1~15、说明书第 1~10 页以及说明书摘要，于 2003 年 8 月 4 日提交的说明书附图第 1~8 页以及摘要附图继续审查程序。

复审请求人对本决定不服的，可以根据专利法第 41 条第 2 款的规定，自收到本决定之日起 3 个月内向北京市第一中级人民法院起诉。

163

# 光学放大器

## 复审请求审查决定（第12313号）

**决　定　号**　第12313号
**决　定　日**　2007年12月24日
**发明创造名称**　光学放大器
**国际分类号**　G02F 1/39
**复审请求人**　富士通株式会社
**申　请　号**　99107386. X
**申　请　日**　1999年2月26日
**优先权日**　1998年2月27日
**公　开　日**　1999年10月20日
**合议组组长**　杨军艳
**主　审　员**　陈　力
**参　审　员**　张　曦

**法律依据**　专利法第33条
**决定要点**

如果权利要求的内容由于修改了某个技术特征后使本领域技术人员看到的信息与原说明书和权利要求书记载的信息不同，而且又不能从原说明书和权利要求书记载的信息中直接地、毫无疑义地确定，那么，这种修改就超出了原说明书和权利要求书记载的范围。

### 一、案由

本复审请求涉及申请号为99107386. X、发明名称为“光学放大器”的发明专利申请（下称本申请），其申请日是1999年2月26日，优先权日是1998年2月27日，公开日是1999年10月20日，申请人是富士通株式会社。本申请公开时的权利要求书共有7项权利要求，其中权利要求1、3为独立权利要求。

应申请人的请求，国家知识产权局实质审查部门对本申请进行了实质审查，于2002年8月23日发出第一次审查意见通知书，指出本申请权利要求1、3~7不具备专利法第22条第3款规定的创造性；权利要求2、6得不到说明书支持，不符合专利法第26条第4款的规定。其中引用如下对比文件：

对比文件1：EP0794599A2号专利文献，其公开日为1997年9月10日；

对比文件2：GB2315361A号专利文献，其公开日为1998年1月28日。

针对上述审查意见通知书，申请人于2003年1月7日提交了意见陈述书，同时提交了权利要求书全文的修改替换页，说明书第1~5、20页的修改替换页，摘要附图的修改替换页，说明书附图第19页的修改替换页，其中申请人删除了原权利要求2、6、7并对权利要求1进行了修改。申请人认为修改后的权利要求1~4相对于对比文件1、2具备创造性。修改后的权利要求书中共包括4项权利要求，具体内容如下：

“1. 一个光学放大器，包括：

前级光放大单元，该单元包括掺稀土元素的光纤，该光纤用于传输具有多种不同波长的波长复用信号光；

增益均衡器，该增益均衡器设置在前级放大单元输出端并根据该掺杂光纤的增益特性补偿波长；

可变衰减器单元，该单元位于前级和后级光放大单元之间，控制由前级光放大单元放大并由增益均衡器增益均衡的波长复用信号光的功率；和

后级光放大单元，该单元设置在该增益均衡器输出端并包括掺稀土元素的光纤。

2. 一个光学放大器，其中：

前级光放大器，该放大器包括掺稀土元素的光纤，该光纤用于传输具有多种不同波长的波长复用信号光、并输出放大的光信号；

色散补偿器，用于补偿被该前级光放大器所放大信号中的色散，并输出相应的信号；

后级光放大器，该放大器包括接收来自相应色散补偿器相应信号的第二掺稀土元素的光纤，并用于放大该相应信号；

增益均衡器，该增益均衡器位于该第二掺稀土元素的输出端，用于补偿该第二掺稀土元素光纤的与波长相关的增益特性，并输出光信号；

第三掺稀土元素光纤，位于该增益均衡器的输出端。

3. 一个如权利要求2的光学放大器，还包括位于该前级光放大器与该色散补偿器之间的第二增益均衡器。

4. 一个如权利要求2的光学放大器，还包括位于该前级光放大器与该色散补偿器之间的可变衰减器。”

经过上述审查程序后，国家知识产权局实质审查部门于2003年12月5日以本申请权利要求1~4不具备专利法第22条第3款规定的创造性为由驳回了本申请。驳回决定所针对的文本是：申请人于2003年1月7日提交的说明书第1~5、20页、权利要求第1~4项、说明书附图第19页、摘要附图，于1999年2月26日提交的说明书第6~19、21~38页、说明书附图第1~18、20~42页、说明书摘要。

申请人富士通株式会社（下称复审请求人）对上述驳回决定不服，于2004年3月22日向专利复审委员会提出复审请求，同时提交了权利要求书全文的修改替换页以及说明书第3页的修改替换页第3、3a页，其中复审请求人用新的权利要求1~3代替原权利要求1~4。修改后的权利要求书共包括3项权利要求，其中权利要求1、2为独立权利要求。权利要求书的具体内容如下：

“1. 一种光学放大器，包括：

经由可拆卸的耦合器单元彼此光连接的前级放大单元和后级放大单元，其中：

前级放大器的泵浦功率按如下方式控制：通过在前级放大单元的输入和输出端处的功率之间进行比较，与前级放大单元相联系的放大率变成恒定值；

AGC/APC模块，该模块以如下方式执行前级放大单元的自动增益控制：在输入功率变高并且泵浦光功率达到极限值时，AGC切换至APC；

由后级放大单元对与前级放大单元相联系的增益减小进行补偿，从而把与多个放大单元相联系的总增益保持在恒定值；以及

设置在各级之间的可变衰减器单元，启动该单元，以调节与已经按照所述 AGC/APC 放大的波长复用信号相联系的输出功率值。

2. 一种光学放大器，其中：

在各级之间的损失变大且至后级放大单元的输入值对至前级放大单元的输入值的比值变小时，光学放大器部分由三级组成，其中第二级放大单元被设置成采用 0.98μm 的泵浦光。

3. 如权利要求 2 的光学放大器，其中

改变输出功率，从而按照 AGC 模块进行的反馈控制来调节增益。”

复审请求人认为：本申请与现有技术的区别在于：（1）光电路和控制电路的结构：为前级和后级放大单元提供的各个控制电路被设置成单一的组合单元，同时前级放大单元和后级放大单元经由可拆卸的光耦合器光连接（见图 26）；（2）允许宽输入动态范围的控制方法：对 EDF1 的控制由 AGC/APC 来执行，其中如果由于输入功率增加和泵浦光功率达到极限值而导致 EDF1 的增益变成不能控制到预定值，则切换 AGC/APC 以补偿 EDF1 增益中的减小（见说明书第 24 页第 13~16 行）；（3）三级结构：在各级之间的损失变大并且后级放大单元的输入值对前级放大单元的输入值的比值变小的情形下，光学放大器部分由三级构成，其中第二级放大器被设置成接收 0.98μm 泵浦光（见说明书第 25 页第 2~3 段）。由此，复审请求人认为修改后的权利要求 1~3 具备专利法第 22 条第 3 款规定的创造性。

经形式审查合格后，专利复审委员会受理了该复审请求，于 2004 年 4 月 9 日向复审请求人发出复审请求受理通知书，并于同日向国家知识产权局原实质审查部门发出前置审查通知书。

国家知识产权局原实质审查部门在前置审查意见书中坚持原驳回决定。

针对上述复审请求，专利复审委员会依法成立合议组，对本案进行审查。本案合议组于 2007 年 5 月 10 日向复审请求人发出复审通知书。该复审通知书指出：（1）权利要求 1~3 修改超范围：独立权利要求 1 中的技术特征“在输入功率变高并且泵浦光功率达到极限值时，AGC 切换至 APC”在原说明书和权利要求书中没有记载，也不能从原说明书和权利要求书中直接地、毫无疑义地确定。原说明书第 24 页第 13~16 行仅记载了“如果输入功率增加或泵功率已达到最大，则 APC 转换到 AGC。”，而权利要求 1 中的“极限值”包括最大值和最小值，其是“最大值”的上位概念；另外，原说明书中记载的是在输入功率增加或泵功率达到最大值时从 APC 转换至 AGC 而不是该权利要求 1 中的 AGC 切换至 APC。此外，该权利要求 1 中的技术特征“设置在各级之间的可变衰减器单元，启动该单元，以调节与已经按照所述 AGC/APC 放大的波长复用信号相联系的输出功率值”，也没有记载在原说明书和权利要求书中，且不能从原说明书和权利要求书中直接地、毫无疑义地确定，原说明书仅在第 24 页第 17~18 行记载了“设置的可变衰减器 VATT 能根据施加的电压值调节光衰减量。可变衰减器能用 AGC/APC 调节放大的波长复用光信号的输出功率电平”，说明书所表达的意思是：AGC/APC 用于调节放大的输出功率电平，而该权利要求的技术特征所表达的含义是：调节由 AGC/APC 放大的输出功率值，两者所表达的含义是明显不同的，因此复审请求人对独立权利要求 1 的修改超出了原说明书和权利要求书记载的范围，不符合专利法第 33 条的规定。独立权利要求 2 请求保护的技术方案既未记载在原说明书和权利要求书中，也不能从原说明书和权利要求书中直接地、毫无疑义地确定，因此独立权利要求 2 的修改超出了原说明书和权利要求书记载的范围，同理其从属权利要求 3 的修改也超出了原说明书和权利要求书记载的范围，不符合专利法第 33 条的规定。（2）说明书修改超范围：说明书第 3 页第 8~16 行、第 22~25 行记载的技术方案与权利要求 1 和 2 相对应，基于上述理由其修

改也超出了原说明书和权利要求书记载的范围；另外，说明书第 3 页的第 4~7 行记载的技术方案："根据本发明的一方面，提供一种光学放大器，包括：经由可拆卸的耦合器单元彼此光连接的前级放大单元和后级放大单元，其中，在光学放大器的各级之间提供色散补偿器单元和增益均衡器单元，并且设置分别为前级和后级放大单元提供的各控制电路以形成组合的单个单元。"既未记载在原说明书和权利要求书中，也不能从原说明书和权利要求书中直接地、毫无疑义地确定。原申请文件仅在原说明书发明内容部分以及原权利要求 2 记载本发明的光学放大器包括前级光学放大单元和一个后级光学放大单元，一个可拆卸的光耦合器连接该前级光放大器与所述后级光放大器之间，但是并没有记载该光学放大器的各级之间具有色散补偿器单元，而原说明书记载有色散补偿模块和增益均衡器的具体实施例和附图中也没有记载前级光学放大器和后级光学放大器之间连接有可拆卸的光耦合器，故原申请文件中没有记载可拆卸的光耦合器、色散补偿模块和增益均衡器均包含在光学放大器中的技术方案。因此说明书上述部分的修改超出了原说明书和权利要求书记载的范围，不符合专利法第 33 条的规定。为节约程序，合议组还指出（3）权利要求 1 得不到说明书的支持，不符合专利法第 26 条第 4 款的规定；（4）说明书不清楚，不符合专利法实施细则第 18 条第 3 款的规定。

针对上述复审通知书，复审请求人于 2007 年 8 月 27 日提交了意见陈述书，同时提交了权利要求书全文替换页和说明书第 3 页的修改替换页第 3、3a 页，其中复审请求人将复审请求时提交的权利要求 1 中的技术特征"极限值"修改为"允许最大值"，删除了技术特征"经由可拆卸的耦合器单元"，增加技术特征"其中 AGC 是指将放大单元的增益控制到目标增益，APC 是指将泵浦光功率控制到允许最大值"，并将与"可变衰减器单元"相关的技术特征修改为"可变衰减器单元，用于调节与已经按照所述光学放大器放大的波长复用信号相联系的输出功率值"，此外请求人还删除了权利要求 2、3，将说明书发明内容部分修改回原始状态，并在其中补入修改后的权利要求 1 的技术方案。对于技术特征"AGC 切换至 APC"在原说明书和权利要求书中没有记载的问题，复审请求人认为该处在原说明书中属于失误被记载错了，正确的就应该是"AGC 切换至 APC"，因此没有对此处进行修改，复审请求人认为此次提交的修改文本符合专利法及其实施细则的相关规定。修改后的权利要求只有 1 项，具体为：

"1. 一种光学放大器，包括：

彼此光连接的前级放大单元和后级放大单元，其中：

前级放大器的泵浦功率按如下方式控制：通过在前级放大单元的输入和输出端处的功率之间进行比较，与前级放大单元相联系的放大率变成恒定值；

AGC/APC 模块，其中 AGC 是指将放大单元的增益控制到目标增益，APC 是指将泵浦源的泵浦光功率控制到允许最大值，该 AGC/APC 模块以如下方式执行前级放大单元的自动增益控制：在输入功率变高并且泵浦光功率达到允许最大值时，AGC 切换至 APC；

由后级放大单元对与前级放大单元相联系的增益减小进行补偿，从而把与多个放大单元相联系的总增益保持在恒定值；以及

可变衰减器单元，用于调节与已经按照所述光学放大器放大的波长复用信号相联系的输出功率值。"

经过上述审查过程，合议组认为，本案事实已经清楚，可以依法作出复审请求审查决定。

**二、决定的理由**

1. 决定所依据的文本

本复审请求审查决定以复审请求人于 2007 年 8 月 27 日提交的权利要求第 1 项、说明书第 3、3a 页，于 2003 年 1 月 7 日提交的说明书第 1、2、4、5、20 页、说明书附图第 19 页、摘要附图，于

1999 年 2 月 26 日提交的说明书第 6~19、21~38 页、说明书附图第 1~18、20~42 页、说明书摘要作为审查基础。

2. 关于权利要求 1 是否符合专利法第 33 条的规定

专利法第 33 条规定：申请人可以对其专利申请文件进行修改，但是，对发明和实用新型专利申请文件的修改不得超出原说明书和权利要求书记载的范围，对外观设计专利申请文件的修改不得超出原图片或者照片表示的范围。

审查指南第二部分第八章第 5.2.3 节不允许的修改中规定：如果申请的内容通过增加、改变和/或删除其中的一部分，致使所属技术领域的技术人员看到的信息与原申请记载的信息不同，而且又不能从原申请记载的信息中直接地、毫无疑义地确定，那么，这种修改就是不允许的。

具体到本案，合议组认为，本申请权利要求 1 的修改超出了原说明书和权利要求书记载的范围，因此不符合专利法第 33 条的规定，具体理由为：

权利要求 1 中的技术特征“在输入功率变高并且泵浦光功率达到允许最大值时，AGC 切换至 APC”在原说明书和权利要求书中没有记载，也不能从原说明书和权利要求书中直接地、毫无疑义地确定。原说明书第 24 页第 13~16 行仅记载了“如果输入功率增加或泵功率已达到最大，则 APC 转换到 AGC。”与请求人修改后的内容并不相同，因此请求人对独立权利要求 1 的修改超出了原说明书和权利要求书记载的范围，不符合专利法第 33 条的规定。

复审请求人在答复复审通知书时认为：原说明书该处内容被错误地记载了，因为根据原说明书第 23 页第 2 段中的记载“APC 用于控制相应泵浦光源 $LD_1 \sim LD_3$ 的输出光功率以使它们变成常数”，即 APC 用于控制每个 LD 的输出光功率，以便每个输出光功率变为常数；而原说明书第 33 页倒数第 2 段中记载了“在 AGC 状态 E2 中，可变光衰减器 ATT 的衰减量是固定的，AGC/APC 模块和 AGC 模块分别进行控制，以使前级 EDF 模块 1 和后级 EDF 模块 2 的增益恒定”，即 AGC 的功能是将前级 EDF 模块和后级 EDF 模块的光学放大增益保持恒定。再根据原说明书第 24 页第 3 段中的记载“当系统使用标准的光在线放大器时，不同的输入电平会使光在线放大器的输出电平产生波动。因此，已通过分束器的主信号（波长复用光）输入到一个可变衰减器 VATT。如果输入功率增加或泵功率已达到最大，则 APC 转换到 AGC”，由此可以得出，当泵浦光源的光功率达到最大时，即使 AGC 执行控制以增加泵浦光源功率从而获得恒定增益，LD 的寿命在预定最大功率被超过时也会被缩短。因此必须控制功率以不超过泵浦光源的光学最大功率，以便防止 LD 寿命的缩短。也就是说，本领域技术人员在基于原说明书第 24 页第 3 段的记载，结合原说明书中其他部分对 AGC 和 APC 的功能的限定，可以直接地、毫无疑义地确定“如果输入功率增加或泵功率已达到最大”，则应该是 AGC 切换到 APC，而非 APC 转换到 AGC。

经审查，对于上述意见陈述合议组认为：原说明书第 23 页第 19 行记载了“APC 用于控制相应泵浦光源 $LD_1 \sim LD_3$ 的输出光功率以使它们变成常数。”由此，能够确定 APC 的功能是控制泵浦光源的输出光功率。而关于 AGC 的功能，原说明书和权利要求书中都没有明确的记载。由于本申请声称是针对光学放大器的功率和增益控制提出的一项新的技术方案，那么即使如复审请求人所述 AGC 是用于控制增益的，但由于 APC 和 AGC 均能对增益产生影响，本领域技术人员并不能确定 AGC 在本发明这一特定技术方案中所起的作用，也不能直接地、毫无疑义地确定在输入功率变高并且泵浦光功率达到允许最大值时，AGC 切换至 APC，更不能确定原说明书中的记载为明显错误，也就是说，复审请求人的上述修改并非是所属技术领域的技术人员能从原说明书的整体及上下文得出的唯一的正确答案。因此复审请求人的意见陈述不成立，其修改仍然是不允许的，不符合专利法第 33 条的规定。

综上所述，请求人于 2007 年 8 月 27 日提交的权利要求 1 仍然不符合专利法第 33 条的有关修改不得超出原申请说明书和权利要求书记载范围的规定。

基于上述理由，合议组作出以下决定。

**三、决定**

维持国家知识产权局于 2003 年 12 月 5 日对 99107386. X 号发明专利申请作出的驳回决定。

复审请求人对本决定不服的，可以根据专利法第 41 条第 2 款的规定，自收到本决定之日起三个月内向北京市第一中级人民法院起诉。

164

# 用于光学测定在一个纵向运动的线形物体上的一种参数的装置

## 复审请求审查决定（第12317号）

**决　定　号**　第12317号
**决　定　日**　2007年12月25日
**发明创造名称**　用于光学测定在一个纵向运动的线形物体上的一种参数的装置
**国际分类号**　G01N 21/89，G01N 33/36，G01B 11/10，G01B 11/30
**复审请求人**　乌斯特技术股份公司
**申　请　号**　97197406.3
**申　请　日**　1997年8月14日
**优先权日**　1996年8月20日
**公　开　日**　1999年9月15日
**合议组组长**　张田勇
**主　审　员**　李　礼
**参　审　员**　高桂莲

**法律依据**　专利法第26条第3款
**决定要点**

如果说明书给出了技术手段，但对于所属技术领域的技术人员来说该手段是含糊不清的，从而根据说明书记载内容无法具体实施，则该说明书并未对其发明作出清楚、完整的说明。

### 一、案由

本复审请求涉及申请号为97197406.3、名称为“用于光学测定在一个纵向运动的线形物体上的一种参数的装置”的PCT发明专利申请（下称本申请），申请日为1997年8月14日，进入中国国家阶段日期为1999年2月23日，优先权日为1996年8月20日，公开日为1999年9月15日，申请人为泽韦格路瓦有限公司（之后于2003年5月16日变更为乌斯特技术股份公司）。

国家知识产权局实质审查部门依法对本申请进行了实质审查，于2002年7月5日以本申请独立权利要求1、8不符合专利法实施细则第21条第2款、权利要求4、8不符合专利法实施细则第20条第1款规定为由发出驳回决定，驳回决定所依据的文本是：进入中国国家阶段提交的按照原始提交国际申请文件中文译文的说明书附图第1~2、5页、说明书摘要，2002年6月1日提交的说明书第1~8页、权利要求第1~12项、说明书附图第3~4页、摘要附图。驳回所针对的独立权利要求1、8的具体内容如下：

“1. 用于光学采集在一个纵向移动的线形物体（K）上的至少一个参数的装置，具有一个光源、一个由至少两个单个传感器（3a、3b、6a、6b、9a、9b）合成的光学传感器（1、3、4、7）和一个用于共同测定来自传感器的信号的测定电路，其中，纵向移动的物体处于光源和传感器之间，其中，传感器被遮光并且用于一个参数的测量值是可通过至少一个单个的传感器数字地采集的，其特征在于，传感器具有至少另一个用于模拟地采集一个参数的单个传感器（3e、3f、5、8a、8b）。

8. 用于光学采集在一个纵向移动的线形物体（K）上的至少一个参数的方法，其中，物体通过一个光源被照耀，光源的光通过一个传感器前的物体被遮挡并且用于参数的测量值通过传感器被生成，其特征在于，在物体上，至少两个信号（57、58）被平行采集，其中，至少一个用于继续处理的信号是脉冲式的。”

具体的驳回理由是：本申请权利要求1请求保护一种用于光学采集在一个纵向移动的线形物体上的至少一个参数的装置，在该方案中测定电路的具体结构以及如何对所得到的模拟值和数字值均是必不可少的技术特征，但在该项权利要求中并未对其具体结构进行限定，对如何对所得到的模拟值和数字值也未进行限定，因而不符合专利法实施细则第21条第2款的相关规定，同理权利要求8也存在相同的缺陷，也不符合专利法实施细则第21条第2款的相关规定，并且在权利要求4和8中出现“至少”导致权利要求保护范围不清楚，不符合专利法实施细则第20条第1款的规定。

申请人（下称复审请求人）不服该驳回决定，于2002年10月11日向专利复审委员会提出了复审请求，并提交了权利要求书全文修改替换页，修改后的权利要求书包括12项权利要求。新的权利要求1对测定电路的具体结构作了限定，并删除了权利要求4和8及其他权利要求中的“至少”一词，复审请求人认为修改后的权利要求书已克服了驳回决定中所指出的缺陷，其中权利要求1和8的具体内容如下：

“1. 用于光学采集一个纵向移动的线形物体（K，41）上的一个参数的装置，具有一个光源（20、21、43）、一个由两个单个传感器（3a、3b、6a、6b、9a、9b）合成的光学传感器（1、3、4、7、22、23）并具有一个用于共同分析处理出自两个单个传感器的信号的测定电路（38），其中，纵向移动的物体位于光源和传感器之间，其中，传感器被遮光并且一个用于参数的测量值是可通过单个传感器数字地采集的，其特征在于，传感器具有另一个用于模拟地和连续地采集一个参数的单个传感器（3e、3f、5、8a、8b、64），其中，每个单个传感器（30、64）为用于把光转换成电流的结构并且与用于转换和存储出自单个传感器的信号的构件以及与测定电路（38）相连，测定电路（38）由一计算机和一存储器组成，计算机和存储器共同分析处理出自单个传感器的信号并且其中，数字地采集了的、出自单个传感器的信号在预先给定的时间期间被综合。

8. 用于光学采集一个纵向移动的线形物体（K、41）上的一个参数的方法，具有一个光源（43）、一个由两个单个传感器（3a、3b、6a、6b、9a、9b）合成的光学传感器（1、3、4、7）并且具有一个用于共同分析处理出自两个单个传感器的信号的测定电路（38），其中，纵向移动的物体位于光源和传感器之间，其中，传感器被遮光并且一个用于参数的测量值是可通过单个传感器数字地采集的，其特征在于，附加于数字地采集，参数模拟地和连续地被采集，其中采集了的光被转换成电流并被存储，出自单个传感器的信号在一个具有一个用于确定同一参数的存储器的计算机中被共同地分析处理并且数字地采集了的、出自单个传感器的信号在预先给定的时间期间被综合。”

经形式审查合格后，专利复审委员会受理了上述请求，并于2002年11月11日向复审请求人发出了复审请求受理通知书，同时向原实质审查部门发出前置审查通知书。

原实质审查部门对该复审请求作出前置审查意见，仍然坚持原驳回决定。

针对上述复审请求，专利复审委员会依法成立合议组，本案合议组经审查于2003年7月14日发出第一次复审通知书，其中指出：权利要求1和8的修改超出原始申请文件权利要求书和说明书的记载范围，其中的“测定电路”、“数字地采集了的、出自单个传感器的信号在预先给定的时间期间被综合”在原始说明书中没有记载，因而不符合专利法第33条的规定；出于节约程序的目的，对于驳回决定所针对的权利要求书，合议组认为权利要求1和8缺少测定电路具体结构这一必要技术特征，因而不符合专利法实施细则第21条第2款的规定。

针对第一次复审通知书，复审请求人首先于2003年10月3日提交了权利要求书和说明书的全文修改替换页以及意见陈述书，于2004年1月14日再次提交了意见陈述书以及权利要求书和说明书的修改文本，修改后的权利要求书包括12项权利要求，其中于2004年1月14日提交的权利要求1和8的具体内容如下：

“1. 用于光学采集一个纵向移动的线形物体（K、41）上的一个参数的装置，具有一个光源（43）、一个由两个单个传感器单元（3a、3b、6a、6b、9a、9b）合成的光学传感器（1、3、4、7、22、23），并具有一个用于共同分析处理出自两个单个传感器单元的信号的计算电路（38），其中，纵向移动的物体位于光源和光学传感器之间，其中，光学传感器被遮光并且一个用于参数的测量值是可通过单个传感器单元数字地采集的，其特征在于，光学传感器具有另一个用于模拟地和连续地采集一个参数的单个传感器单元（3e、3f、5、8a、8b、30、64），其中，每个单个传感器单元（30、64）为用于把光转换成电流的结构并且与用于转换和存储出自单个传感器单元的信号的构件以及与计算电路（38）相连，计算电路（38）由一计算机和一存储器组成，计算机和存储器共同分析处理出自单个传感器单元的信号并且其中，数字地采集了的、出自单个传感器单元的信号在预先给定的时间期间被积分。

8. 用于光学采集一个纵向移动的线形物体（K、41）上的一个参数的方法，具有一个光源（43）、一个由两个单个传感器单元（3a、3b、6a、6b、9a、9b）合成的光学传感器（1、3、4、7），并且具有一个用于共同分析处理出自两个单个传感器单元的信号的计算电路（38），其中，纵向移动的物体位于光源和传感器之间，其中，光学传感器被遮光并且一个用于参数的测量值是可通过单个传感器单元数字地采集的，其特征在于，附加于数字地采集，参数模拟地和连续地被采集，其中，采集了的光被转换成电流并被存储，出自单个传感器单元的信号在一个具有一个用于确定同一参数的存储器的计算机中被共同地分析处理并且数字地采集了的、出自单个传感器单元的信号在预先给定的时间期间被积分。”

复审请求人认为：上述修改已克服了第一次复审通知书所指出的缺陷。

针对复审请求人的上述意见陈述及修改的申请文件，本案合议组于2007年4月24日发出第二次复审通知书，提出以下复审意见：本申请说明书及权利要求书中对于如何利用传感器单元信号得到线性物体直径仅限定了用计算电路对单个传感器单元的信号所进行地共同分析处理，并在预先给定的时间期间对单个传感器信号进行积分，但未对如何“共同分析处理”进而得到线性物体直径的具体技术手段进行限定，并且仅是对如何判断单个传感器单元是否被物体遮盖进行了详细说明，但对所有信号进行怎样的二进制数值的排列能得到整个传感器照射得出的图像未作具体说明，对如何就能在此基础上推导出线的横截面的数值的具体做法也未作具体说明，即本申请说明书中没有公开如何对出自单个传感器单元的信号进行共同分析而最终得到关于纵向移动的线性物体上参数的具体方法，因此，本申请说明书不符合专利法第26条第3款的规定。

针对上述第二次复审通知书，复审请求人于2007年7月5日提交了意见陈述书以及权利要求书全文修改替换页，同时还提交了本申请的美国同族专利US6219135B授权文本，以及多份关于光学传感器数字或模拟地采集测量值的参考文献，复审请求人认为：权利要求1和8中的“共同分析处理”

应理解为对信号进行一种数学处理，如何对信号进行“共同分析处理”属于本领域技术人员所公知的技术内容，比如将所采集的模拟信号经过 A/D 转换变成数字形式，也就是存在两个数字信号，再利用公知的计算方式例如积分将分别来自于两种光传感器单元的信号进行计算，即本申请发明点并不在于如何对模拟信号和数字信号的计算处理，所采用的计算处理方式均是公知的，其发明点在于通过一次测量，由于传感器单元中既包括数字地采集线形物体参数值的多个传感器，又包括模拟地采集线形物体参数值的单个传感器，而得到模拟和数字两种不同的数字信号；同时本申请说明书中关于附图 12 的相关说明中，已详细描述了传感器单元对纵向运动的线形物体进行测量的过程和原理，因而，本申请符合专利法第 26 条第 3 款的有关规定。修改后的权利要求书包括 12 项权利要求，其中的权利要求 1 和 8 内容如下：

“1. 用于光学采集一个纵向移动的线形物体上的参数的装置，包括，

光源（20、21、43）；

光学传感器（3、4、7、22、23）；

所述纵向移动的线形物体（K、15、41）被置于所述光源（20、21、43）和所述光学传感器（3、4、7、22、23）的中间，使得所述纵向移动的线形物体（K、15、41）遮挡住光，从而在所述光学传感器（3、4、7、22、23）上留下影子；

其特征在于，所述光学传感器（3、4、7、22、23）包括，

多个单个传感器单元（3a-3b、6a-6k、9a-9e），其可以数字化的测量参数值；

单个传感器单元（3e、3f、5、8a、8b），其可以模拟并连续的测量参数值；

所述各个单个传感器单元（3a-3d、3e、3f、6a-6k、5、9a-9e、8a、8b）的数字化数据信号在预先给定的时间内被积分；

计算电路（38），由计算机和存储器组成，将各单个传感器单元（3a-3d、3e、3f、6a-6k、5、9a-9e、8a、8b）的信号值进行计算处理，所述单个传感器单元（3a-3d、3e、3f、6a-6k、5、9a-9e、8a、8b）将所接收到的光转化为电流而成为信号，并且所述单个传感器单元（3a-3d、3e、3f、6a-6k、5、9a-9e、8a、8b）连接到电路元件和计算电路（38）将所述单个传感器单元（3a-3d、3e、3f、6a-6k、5、9a-9e、8a、8b）传来的信号进行转换计算和存储。

8. 用于光学采集一个纵向移动的线形物体上的参数的方法，包括，

光源（20、21、43）；

光学传感器（3、4、7、22、23）；

所述纵向移动的线形物体（K、15、41）被置于所述光源（20、21、43）和所述光学传感器（3、4、7、22、23）的中间，使得所述纵向移动的线形物体（K、15、41）遮挡住光，从而在所述光学传感器（3、4、7、22、23）上留下影子；

其特征在于，

采用所述光学传感器（3、4、7、22、23）中所包括的多个单个传感器单元（3a-3d、6a-6k、9a-9e），数字的记录一个参数的测量值；

采用所述光学传感器（3、4、7、22、23）中所包括单个传感器单元（3e、3f、5、8a、8b），模拟并连续的测量参数值；

所述各个单个传感器单元（3a-3d、3e、3f、6a-6k、5、9a-9e、8a、8b）采集的数值信号在预先给定的时间内被积分；

所述单个传感器单元（3a-3d、3e、3f、6a-6k、5、9a-9e、8a、8b）将所接收到的光转化为电流信号并被储存，并且所述单个传感器单元（3a-3d、3e、3f、6a-6k、5、9a-9e、8a、8b）传来的

信号被带有存储器的计算机一起计算得到参数值。”

至此，合议组认为本案事实已经清楚，现依法做出本复审请求审查决定。

**二、决定的理由**

1. 审查的基础

本复审决定以复审请求人于2007年7月5日提交的权利要求第1~12项，于2004年1月14日提交的说明书第1~9页，于2002年10月11日提交的附图第1页，于2002年6月1日提交的附图第3、4页、摘要附图和进入中国国家阶段时提交的国际申请文件的中文译文文本的说明书附图第2、5页、说明书摘要作为审查基础。

2. 关于专利法第26条第3款

专利法第26条第3款规定：说明书应当对发明或者实用新型作出清楚、完整的说明，以所属技术领域的技术人员能够实现为准；必要的时候，应当有附图。摘要应当简要说明发明或者实用新型的技术要点。

如果说明书给出了技术手段，但对于所属技术领域的技术人员来说该手段是含糊不清的，从而根据说明书记载内容无法具体实施，则该说明书并未对其发明作出清楚、完整的说明。

具体到本案，复审请求人在针对第二次复审通知书所陈述的意见中，表示本申请的发明点并不在于如何对模拟信号和数字信号的计算处理，在请求保护的技术方案中所采用的计算处理方式均是公知的，例如求各信号的平均值，本发明的发明点在于通过一次测量，由于传感器单元中既包括数字地采集线形物体参数值的多个传感器，又包括模拟地采集线形物体参数值的单个传感器，而得到模拟和数字两种不同的数字信号。

对此，合议组认为：首先，根据本申请说明书的记载，现有技术中是使用一系列输出脉冲信号的光敏器件对线形物体的直径或截面进行测量，这种测量方式要想得到准确的测量结果必须用相当高的电路费用才能达到，本申请为此提供一种能简单和准确测量出线形物体参数的装置，其利用产生两种信号类型的光学传感器，一种是直接数字测定物体直径，另一种是模拟测定该参数，这些传感器与一个计算电路相连接，利用计算电路将几个单个传感器输出的信号被统一计算出来，从而得到被测物的参数数值，也就是说，对于本申请所提出的技术方案中，为了得到准确的测量数值，必须将不同类型信号即数字信号和模拟信号进行相应的计算，由此才能得到被测物的参数，该计算步骤是完成该技术方案所必须的，如果没有该计算步骤并不能实现本申请发明的技术效果；其次，在本申请中仅限定了用计算电路对单个传感器单元的信号进行共同分析处理，却未给出具体的方式，即在说明书中并未给出如何对两种不同类型信号共同分析处理从而得到关于被测物的测量结果的具体计算方法，虽然复审请求人表示在本申请中对模拟信号和数字信号的处理方式均采用本领域所公知的，且上述内容并不属于本申请的发明点，但是，在现有技术中由于仅是利用产生一种信号类型的光学传感器来测量线形物体参数，只需对一种类型的信号进行处理，即对一种类型的信号进行处理对于本领域技术人员来说是公知的，但本领域技术人员并不知道如何对本申请技术方案中的模拟信号和数字信号两种不同类型信号进行计算才可得到准确的测量结果，即使如复审请求人所解释的只要采用任意公知的处理方法就可以，但由于现有技术中从未出现过需要对两种不同类型信号进行处理从而得到测量参数的情况，本申请说明书中也未对具体方式进行任何说明，因而所属技术领域技术人员仍然不能知晓该共同分析处理的具体方式。因此，本申请说明书所给出的技术手段对于所属技术领域的技术人员来说是含糊不清的，根据本申请说明书所记载的全部内容，无法对不同类型信号进行计算从而得出被测物横截面的直径，即无法对其具体实施，因此，本申请说明书不符合专利法第26条第3款的规定。

另外，对于复审请求人针对第二次复审通知书所提交的本申请的美国同族专利US6219135B1授权文本，以及多份关于光学传感器数字或模拟地采集测量值的参考文献，合议组认为：本申请的美国同族专利申请是否在美国已授权并不能影响其进入中国国家阶段后对本申请的审查；在意见陈述书中复审请求人表示提供其他参考文献也仅是为了说明光学传感器能够数字地采集测量值，也能够模拟地采集测量值，并未提到在这些文献中提及了如何对两种不同信号进行共同处理，如前所述，它们并不能说明本申请说明书已对其发明的技术方案进行了清楚、完整的说明。

根据上述事实和理由，本案合议组作出以下审查决定。

**三、决定**

维持国家知识产权局于2002年7月5日对97197406.3号PCT发明专利申请作出的驳回决定。

复审请求人对本决定不服的，可以根据专利法第41条第2款的规定，自收到本决定之日起三个月内向北京第一中级人民法院起诉。

165

# 拉　锁

## 复审请求审查决定（第12336号）

**决　　定　　号**　第12336号
**决　　定　　日**　2007年12月13日
**发明创造名称**　拉锁
**国 际 分 类 号**　A44B 19/34，D03D 15/00
**请　　求　　人**　YKK株式会社
**申　　请　　号**　02151400.3
**申　　请　　日**　2002年11月20日
**公　　开　　日**　2003年5月28日
**合议组组长**　蒋　彤
**主　　审　　员**　李　阳
**参　　审　　员**　张　琳

**法 律 依 据**　专利法第22条第3款
**决 定 要 点**

当权利要求相对于现有技术存在区别特征，如果现有技术中给出了将上述区别特征应用到最接近的现有技术以解决其存在的技术问题的启示，则认为该权利要求是显而易见的，不具备突出的实质性特点和显著的进步，即不具备创造性。

### 一、案由

本复审请求涉及申请日为2002年11月20日，申请号为02151400.3，名称为“拉锁”的发明专利申请（下称本申请），申请人是YKK株式会社，优先权日是2001年11月21日。

国家知识产权局实质审查部门于2005年5月13日依据申请人于2002年11月20日提交的说明书第1，3~11页、附图第1~8页、说明书摘要、摘要附图；2005年1月17日提交的权利要求1~9、说明书第2页以本申请不符合专利法第22条第3款的规定为由驳回了本申请，驳回决定的主要理由是：权利要求1~9不符合专利法第22条第3款的规定。

驳回决定所依据的权利要求书如下：

“1. 一种包括拉锁（1），表面拉锁（21）和按扣（30）的拉锁，包括至少一个区别真实拉锁与假冒品的识别纱（9，26，34），上述识别纱（9，26，34）定位在构成上述拉锁（1，21，30）的带上不少于一个规定位置上，其特征在于，

上述识别纱（9，26，34）含有可通过照射规定波长红外线而辨别的材料，以及

上述识别纱（9，26，34）被染成与带的其他构成纱相同的颜色。

2. 根据权利要求1所述的拉锁，其特征在于，上述带是纺织带，其构成纱是大量经纱（10，27）和纬纱（11，28），上述识别纱是上述经纱（10，27）的一部分，上述识别纱（9，26，34）重复一个循环，交会并在一个或两个纬纱（11，28）上方运行，然后交会并在一个或两个纬纱（11，28）下方运行。

3. 根据权利要求1所述的拉锁，其特征在于，上述带是编织带，其构成杀是多种经纱编织纱，上述识别沙（9，26，34）是沿链式针迹织纱（12）插入的经纱置入纱（14）。

4. 根据权利要求1所述的拉锁，其特征在于，上述带是编织带，其构成纱是多种经纱编织纱，上述识别纱（9，26，34）是链式针迹织纱（12）的一部分。

5. 根据权利要求1所述的拉锁，其特征在于，上述带是编织带，其构成纱是多种经纱编织纱，上述识别纱（9，26，34）是钩编组织纱（13）的一部分。

6. 根据权利要求1所述的拉锁，其特征在于，上述规定位置靠近拉链（1）元件列（3）的腿部端，上述识别纱（9）是经纱（10）或经纱编织纱，并沿靠近上述腿部端位置连续设置。

7. 根据权利要求1所述的拉锁，其特征在于，上述识别纱（26）是表面拉锁（21）的带的配合元件（23）一部分构成纱。

8. 根据权利要求1所述的拉锁，其特征在于，上述识别纱（9，26，34）含有在红外线照射下发出不同于周围部件颜色的材料。

9. 根据权利要求1所述的拉锁，其特征在于，上述识别纱（9，26，34）含有当照射规定波长红外线时发出规定波长红外线的材料。”

驳回决定中引用了两篇对比文件：

对比文件1：JP2001211913A，公开日为2001年8月7日；

对比文件2：CN1101928A，公开日1995年4月26日。

驳回决定中指出：独立权利要求1相对于对比文件1和2不具备突出的实质性特点和显著的进步，不符合专利法第22条第3款有关创造性的规定；从属权利要求2~9不符合专利法第22条第3款的规定。

申请人（下称请求人）不服上述驳回决定，于2005年8月24日向国家知识产权局专利复审委员会提出复审请求，并提交了权利要求书全文替换页共1页，说明书全文替换页共10页，摘要替换页，说明书附图第5、6页替换页。请求人认为：修改后的独立权利要求1包括了原权利要求6的附加技术特征，在权利要求1的技术方案中，识别纱沿靠近元件外侧位置连续设置，因此，被染成与带的其他构成纱相同的颜色的识别纱的位置可以被规定而无须找寻发光及放电等现象发生的位置，上述显现在识别时成为判断的标准，因此，按照权利要求1的技术方案，识别工作可以很容易地进行。另外，由于识别纱设置在元件外侧，因而识别纱不会被元件所掩盖住，因而在识别时作为判断标准的上述现象可被看到，能够容易地被检测到，从而使识别工作十分简便。修改后的独立权利要求1的技术方案明显区别于对比文件1和2，具备突出的实质性特点和显著的进步，符合专利法第22条规定的新颖性和创造性。

请求人提交的修改后的权利要求书为：

“1. 一种包括拉锁（1）和按扣（30）的拉锁，包括至少一个区别真实拉锁与假冒品的识别纱（9，34），上述识别纱（9，34）定位在规定位置上，是构成上述拉锁（1，30）的至少一部分，其特征在于，

上述识别纱（9，34）含有可通过照射规定波长红外线而辨别的材料，

上述识别纱（9，34）被染成与带的其他构成纱相同的颜色，

上述规定位置靠近元件，所述元件包括拉链（1）的拉锁元件（16，17）和按扣（30）的按扣元件（31），

上述识别纱（9，34）是经纱（10）或经纱编织纱，并沿靠近所述元件外侧的位置连续设置。

2. 根据权利要求1所述的拉锁，其特征在于，上述带是纺织带，其构成纱是大量经纱（10）和纬纱（11），上述识别纱是上述经纱（10）的一部分，上述识别纱（9，34）重复一个循环，交会并在一个或两个纬纱（11）上方运行，然后交会并在一个或两个纬纱（11）下方运行。

3. 根据权利要求1所述的拉锁，其特征在于，上述带是编织带，其构成纱是多种经纱编织纱，上述识别纱（9，34）是沿链式针迹织纱（12）插入的经纱置入纱（14）。

4. 根据权利要求1所述的拉锁，其特征在于，上述带是编织带，其构成纱是多种经纱编织纱，上述识别纱（9，34）是链式针迹织纱（12）的一部分。

5. 根据权利要求1所述的拉锁，其特征在于，上述带是编织带，其构成纱是多种经纱编织纱，上述识别纱（9，34）是钩编组织织纱（13）的一部分。

6. 根据权利要求1所述的拉锁，其特征在于，上述识别纱（9，34）含有在红外线照射下发出不同于周围部件颜色的材料。

7. 根据权利要求1所述的拉锁，其特征在于，上述识别纱（9，34）含有当照射规定波长红外线时发出规定波长红外线的材料。”

经形式审查合格后，专利复审委员会受理了该复审请求，并于2005年9月22日向请求人发出复审请求受理通知书，同时向国家知识产权局实质审查部门发出前置审查通知书。

国家知识产权局实质审查部门对复审请求进行了前置审查，在前置审查意见书中坚持原驳回决定。

请求人于2005年11月28日补充提交了意见陈述书并提交了说明书全文替换页共10页、权利要求书全文替换页共1页。请求人认为：在2005年8月24日随复审请求书提交的、修改的权利要求书中存在一处打印错误，以及修改后的说明书中还遗留几处请求人决定删去的关于“表面拉锁”的内容。因此，请求人决定提交权利要求书及说明书的替换页，消除上述缺陷。

专利复审委员会依法成立合议组对本复审请求进行审查。合议组研究了国家知识产权局实质审查部门作出的驳回决定和请求人提交的复审请求书、修改文本后，于2007年6月1日发出复审通知书，复审通知书所依据的文本为请求人于2005年11月28日提交的权利要求书1~7和说明书第1~10页，于2005年8月24日提交复审请求书提交的说明书附图第5、6页，说明书摘要以及申请日提交的说明书附图第1~4页、摘要附图为基础进行审查的。合议组在复审通知书中指出，修改后的权利要求1~7相对于对比文件1、2和公知常识的结合不具备创造性，不符合专利法第22条第3款的规定。

请求人收到复审通知书后于2007年7月16日和2007年9月13日分别提交意见陈述书并提交了摘要、权利要求书全文替换页共1页和说明书全文修改替换页共10页。

请求人2007年9月13日提交的权利要求书为：

“1. 一种包括拉链（1）和按扣（30）的拉索，包括至少一个区别真实拉索与假冒品的识别纱（9，34），上述识别纱（9，34）定位在规定位置上，是构成上述拉锁（1，30）的带的至少一部分，其特征在于：

上述识别纱（9，34）含有可通过照射规定波长红外线而辨别的材料，

上述识别纱（9，34）被染成带的其他构成纱相同的颜色，

上述规定位置靠近元件外侧，所述元件包括拉链（1）的拉锁元件（16，17）和按扣（30）的按

扣元件（31），

上述识别纱（9，34）是经纱（10）或经纱编织纱，并沿靠近所述元件外侧德威治连续设置，以及

上述识别纱（9，34）在红外线照射下发出红外线。

2. 根据权利要求 1 所述的拉锁，其特征在于，上述带是纺织带，其构成杀生活是大量经纱（10，27）和纬纱（11，28），上述识别纱（9，34）是上述经纱（10，27）的一部分，上述识别纱（9，34）上方运行，然后交会并在一个或两个纬纱（11，28）下方运行。

3. 根据权利要求 1 所述的拉锁，其特征在于，上述带是编织带，其构成纱是多种经纱编织纱，上述识别纱（9，34）是沿链针迹织纱（12）插入的经纱置入纱（14）。

4. 根据权利要求 1 所述的拉锁，其特征在于，上述带是编织带，其构成纱是多种经纱编织纱，上述识别纱（9，34）是链式针迹织纱（12）的一部分。

5. 根据权利要求 1 所述的拉锁，其特征在于，上述带是编织带，其构成纱是多种经纱编织纱，上述识别纱（9，34）是钩编组织织纱（13）的一部分。”

请求人认为，修改后的权利要求 1 与对比文件 1 和 2 的区别特征是“所述识别纱在红外线照射下发出红外线”。并且此特征在原说明书第 4 页倒数第 3 行至第 5 页第 1 行、第 9 页第 19~26 行所描述的工作效果可以实现，而对比文件 1 和对比文件 2 没有预示该效果。因此即便本领域技术人员，根据对比文件 1 和 2 所描述的发明，也不能容易获得根据修改后的权利要求 1 的本发明。综上所述，修改后的独立权利要求 1 及其从属权利要求 2~5 的技术方案明显区别于对比文件，因此符合专利法第 22 条有关新颖性和创造性的规定。

至此，在上述程序的基础上，合议组认为本案事实已经清楚，可以作出复审决定。

**二、决定的理由**

1. 关于审查文本

请求人于 2007 年 9 月 13 日答复复审通知书时对权利要求书、说明书、说明书摘要进行了修改，合议组未发现上述修改存在不符合专利法第 33 条和专利法实施细则第 60 条的规定之处，因此，本复审决定所依据的文本是：请求人于 2007 年 9 月 13 日提交的权利要求 1~5、说明书第 1~10 页、说明书摘要，于 2005 年 8 月 24 日提交的说明书附图第 5、6 页，于 2002 年 11 月 20 日提交的说明书附图第 1~4 页、摘要附图。

2. 关于专利法第 22 条第 3 款

专利法第 22 条第 3 款规定：“创造性，是指同申请日以前已有的技术相比，该发明有突出的实质性特点和显著的进步，该实用新型有实质性特点和进步。”

本复审决定引用的对比文件与驳回决定中所引用的对比文件相同，即：对比文件 1：JP2001211913A，公开日为 2001 年 8 月 7 日；对比文件 2：CN1101928A，公开日为 1995 年 4 月 26 日。

本申请涉及一种可区别真实拉锁与仿造品的拉锁，在拉锁构成带上的规定位置设有识别纱，该识别纱含有对于可见光照射和规定波长红外线照射有不同光学反应的物质。其目的是克服现有技术中识别纱位置不确定以及紫外线照射会带来的对人体伤害等问题的缺陷。

（1）权利要求 1 要求保护一种包括拉链和按扣的拉锁。对比文件 1（参见说明书第 2 页第 2 栏第 40 行至第 8 页第 13 栏第 6 行以及附图）公开了一种可从仿造产品中识别出来的拉链，将混合有荧光材料的细丝作为识别纱织入衣料带中，当特定波长的激励光施加到拉链上，则识别纱的荧光材料会发光，以达到将真实拉链和仿造产品相区别的目的。

独立权利要求1所要求保护的技术方案与对比文件1所公开的技术方案相比，其区别在于：①权利要求1中识别纱中含有可通过照射规定波长的红外线而辨别的材料；②识别纱被染成与带的其他构成纱相同的颜色；③识别纱定位在规定位置，规定位置靠近元件外测的位置连续设置；④识别纱在红外线照射下发出红外线。关于区别①，对比文件2（参见说明书第2页第1行至第14页最后一行）公开了一种红外线激励发出可见光的物质，特别是关于一种包括适合于用作把红外激光转变为可见激光的激光器元件的透明晶体的红外光激励发光物质，基于对比文件1给出的技术启示，所属领域技术人员为了实现防伪的目的很容易想到将对比文件1中的荧光材料选择为红外线激励来辨别的物质。关于区别特征②，所属领域技术人员为了达到让仿造者不容易仿制的技术效果，自然而然地会选择将识别纱与其他构成纱染成相同颜色；对于区别③，为方便快速识别从而使识别纱位于规定位置，更是所属领域技术人员根据需要作出的一种常规选择；对于区别④，在对比文件2中使用红外线激励发出可见光的物质的启示下，所属领域技术人员选择使用红外线激励发出红外线光的物质，也无须付出创造性劳动。

关于请求人在答复复审通知书的意见陈述中认为，识别纱在规定波长的红外线照射下，识别纱也不发出可见光，无人能够辨别出识别纱的检测状况；而对比文件1和对比文件2均没有预示该效果，因此即便所属技术领域的技术人员，根据对比文件1和2所描述的发明，也不能容易获得根据修改后的权利要求1的技术方案。对此合议组认为，选择用红外线激励发出红外线光的物质而非发出可见光的物质，对于所属领域技术人员来说，这是一种根据应用场合和范围而作的一种选择，根据一般的设计需要就会容易地想到并且不存在任何实现上的困难，即无须付出创造性的劳动。

因此，所属技术领域的技术人员在对比文件1、2的基础上，结合所属领域的常识，得到权利要求1的技术方案是显而易见的，由此，权利要求1不具备专利法第22条第3款规定的创造性。

（2）从属权利要求2~5是权利要求1的从属权利要求，其附加技术特征均为拉锁带的识别纱和构成纱的编织方法。所属领域技术人员在生产过程中根据需要利用合适的编织方法来进行识别纱和构成纱的编织，权利要求2~5所述编织方法为所属领域惯用的技术手段。且本申请要解决的技术问题是为了克服现有技术中识别纱位置不确定以及紫外线照射会带来的对人体伤害等问题的缺陷，所以关于识别纱和构成纱的编织方法与解决现有技术问题并没有直接关联，也不是本申请对现有技术作出贡献的地方。因此上述权利要求2~5不具备突出的实质性特点和显著的进步，因而不具备专利法第22条第3款所规定的创造性。

综上所述，本申请权利要求1~5不符合专利法第22条第3款的规定。

**三、决定**

维持国家知识产权局于2005年5月13日对02151400.3号发明专利申请作出的驳回决定。

根据专利法第41条第2款的规定，请求人对本决定不服的，可以在收到本通知之日起3个月内向北京市第一中级人民法院起诉。

166

# 玻璃钢椭球形保温沼气池

## 复审请求审查决定（第 12350 号）

**决　定　号**　第 12350 号
**决　定　日**　2007 年 5 月 30 日
**发明创造名称**　玻璃钢椭球形保温沼气池
**国际分类号**　C02F 11/04
**复审请求人**　李欣真
**申　请　号**　200410075059.3
**申　请　日**　2004 年 8 月 26 日
**公　开　日**　2005 年 8 月 3 日
**合议组组长**　朱文广
**主　审　员**　王　森
**参　审　员**　刘瑞斌

**法律依据**　专利法第 26 条第 3 款
**决定要点**
如果说明书对发明作出的说明达到了所属技术领域的技术人员能够实现的程度，则说明书满足充分公开发明的要求。

### 一、案由

本复审请求涉及申请号为 200410075059.3，名称为“玻璃钢椭球形保温沼气池”的发明专利申请（下称本申请），其申请人为李欣真，申请日为 2004 年 8 月 26 日，公开日为 2005 年 8 月 3 日。

国家知识产权局实质审查部门于 2006 年 3 月 17 日发出了第一次审查意见通知书，通知书中指出申请人没有给出具体的技术手段，本领域技术人员无法实现，不符合专利法第 26 条第 3 款的规定。

针对第一次审查意见通知书，申请人于 2006 年 4 月 23 日提交了意见陈述书及 5 份附件，未提交修改文本，所附附件用以证明本申请符合专利法及其细则的相关规定。

国家知识产权局实质审查部门于 2006 年 11 月 3 日以本申请不符合专利法第 26 条第 3 款的规定为由驳回了本申请。驳回决定所针对的权利要求书如下：

“1. 利用矿渣作玻璃钢复合材料，提高制品性能，降低制品成本的新技术。

2. 利用风能转热能和太阳能热流置换，解决沼气池冬季发酵难的新技术。”

申请人李欣真（下称复审请求人）对上述驳回决定不服，于 2006 年 11 月 29 日向专利复审委员会提交了复审请求，并提交了经修改的权利要求书及说明书第 1 页。修改的权利要求书如下：

“‘玻璃钢椭球形保温沼气池’发明专利申请的技术特征是：利用矿渣制作成蜂窝状的池壁夹层，提高玻璃钢沼气池池壁的隔热保温性，同时增强制品的刚度，降低制作成本。

该发明要求专利保护的范围是：

利用矿渣作玻璃钢复合材料制作玻璃钢沼气池的新技术。”

形式审查合格后，专利复审委员会受理了该请求，并于2007年1月11日向复审请求人发出了复审请求受理通知书，同时向原审查部门发出前置审查通知书，并随该通知书将本申请案卷转送至国家知识产权局原审查部门进行前置审查。

原审查部门对本复审请求进行了前置审查，在前置审查意见书中，原审查部门坚持原驳回决定。

专利复审委员会依法成立合议组，对本复审请求案进行了审理。

复审请求人于2007年5月13日向专利复审委员会提交了经修改的权利要求书、说明书第1页、说明书附图第1页、说明书摘要和说明书摘要附图。修改后的权利要求书如下：

“1. 一种椭球形沼气池，由上半球、下半球、进料口、出料口、活动盖5个部件组成，池体采用矿渣玻璃钢复合材料。”

经审查，合议组认为本复审请求事实清楚，可以作出复审决定。

**二、决定的理由**

1. 审查文本

本复审决定以复审请求人于2007年5月13日向专利复审委员会提交的权利要求第1项、说明书第1页、说明书附图第1页、说明书摘要以及说明书摘要附图为审查基础。

2. 关于专利法第26条第3款

专利法第26条第3款规定，说明书应当对发明作出清楚、完整的说明，以所属技术领域的技术人员能够实现为准。

说明书对发明或者实用新型作出的清楚、完整的说明，应当达到所属技术领域的技术人员能够实现的程度。也就是说，说明书应当满足充分公开发明或者实用新型的要求。

具体到本申请中，本申请的权利要求1为：

“1. 一种椭球形沼气池，由上半球、下半球、进料口、出料口、活动盖5个部件组成，池体采用矿渣玻璃钢复合材料。”

该权利要求请求保护的技术方案与本申请说明书公开的内容是一致的，且矿渣和玻璃钢均是公知材料，两者采用常规混合方法即可得到矿渣玻璃钢复合材料，本领域的技术人员通过阅读本申请的说明书完全可以实现权利要求1请求保护的一种椭球形沼气池，因此本申请经修改克服了驳回决定指出的本申请不符合专利法第26条第3款规定的缺陷。

基于上述事实和理由，合议组作出如下决定。

**三、决定**

撤销国家知识产权局于2006年11月3日对200410075059.3号发明专利申请作出的驳回决定，由原审查部门在本复审决定所针对的文本的基础上继续进行审批程序。

复审请求人对本决定不服的，可以根据专利法第41条第2款的规定，自收到本决定之日起3个月内向北京市第一中级人民法院起诉。

专利复审和无效审查决定汇编丛书

# 专利复审和无效审查决定汇编

# （2007）

## 材　料（第二卷）

国家知识产权局专利复审委员会　编

知识产权出版社
全国百佳图书出版单位

**图书在版编目（CIP）数据**

专利复审和无效审查决定汇编．2007．材料/国家知识产权局专利复审委员会编．—北京：知识产权出版社，2015.12

ISBN 978-7-5130-1613-1

Ⅰ．①专…　Ⅱ．①国…　Ⅲ．①专利权法—案例—中国　Ⅳ．①D923.425

中国版本图书馆 CIP 数据核字（2012）第 246953 号

**内容提要**

本书汇集了专利复审委员会2007年作出的材料专利复审和无效审查决定及相关审查决定和司法判决（根据法律规定需要保密的除外），比较全面地反映了专利复审委员会的审查工作和人民法院专利行政案件审理工作取得的进展，对专利工作者具有一定的借鉴和指导作用，也有利于当事人及广大公众对专利复审委员会的审查工作进行监督。

**责任编辑**：崔开丽　　**责任校对**：董志英

**责任出版**：孙婷婷　　**封面设计**：品　序

专利复审和无效审查决定汇编丛书

**专利复审和无效审查决定汇编（2007）**

材　料（第二卷）

国家知识产权局专利复审委员会　编

**出版发行**：知识产权出版社有限责任公司　　**网　　址**：http：//www.ipph.cn

**社　　址**：北京市海淀区马甸南村1号（邮编：100088）　　**天猫旗舰店**：http：//zscqcbs.tmall.com

**责编电话**：82000860 转 8377　　**责编邮箱**：cui_kaili@sina.com

**发行电话**：010-82000860 转 8101/8102　　**发行传真**：010-82000893/82005070/82000270

**印　　刷**：北京中献拓方科技发展有限公司　　**经　　销**：各大网上书店、新华书店及相关专业书店

**开　　本**：880mm×1230mm　1/16　　**印　　张**：159.25

**版　　次**：2015年12月第1版　　**印　　次**：2015年12月第1次印刷

**字　　数**：4530千字　　**定　　价**：780.00元（全3卷）

ISBN 978-7-5130-1613-1

# 本书编委会

# 前　言

随着经济全球化和我国国民经济的飞速发展，专利制度在经济活动中的作用和地位越来越突出，国民的专利意识也在不断增强。目前，我国专利申请总量超过1170万件，每年专利复审与无效宣告请求案件已超过2万件，2012年达到20261件。作为专利复审和无效宣告请求案件审查的专属机构，专利复审委员会每年都要作出数以千计的审查决定。与之相应，人民法院每年要作出数百篇司法判决。每一篇审查决定和判决书都凝聚着审查员和审判人员的心血和智慧。通过审查员和审判人员结合具体案情的创作型劳动，生硬的法律条文变得鲜活和丰满，形成一笔宝贵的精神财富和公共资源，并不断有专利代理机构、专利代理人以及审查员希望专利复审委员会能够出版专利复审和无效审查决定，作为学习和工作时的重要参考资料。

除根据法律规定需要保密的外，《专利复审和无效审查决定汇编（2007）》汇集了专利复审委员会2007年作出的审查决定，包括针对相应审查决定的司法判决，以便读者了解审查决定的法律状态并对照阅读和分析。本汇编按照技术专业领域将分为8大册，共25分卷：机械（3卷）、电学（4卷）、通信（2卷）、医药（2卷）、化学（2卷）、材料（3卷）、光电（3卷）、外观设计（6卷）。因此，本汇编比较全面地反映了专利复审委员会的审查工作和人民法院专利行政案件审理工作取得的进展。

我们相信，本汇编对专利工作者具有一定的借鉴和指导作用，也有利于当事人及广大公众对专利复审委员会的审查工作进行监督。本汇编也将为推动专利复审委员会的发展，促进专利代理业务水平的提高，为《国家知识产权战略纲要》进一步实施尽微薄之力。

本书编委会

2013年8月

# 目　　录

## 无效宣告请求审查决定

# 无效宣告请求审查决定

001

# 一种硝酸生产用氨氧化炉–废热锅炉

## 无效宣告请求审查决定（第8736号）

**决　　定　　号**　第8736号
**决　　定　　日**　2006年10月16日
**发明创造名称**　一种硝酸生产用氨氧化炉–废热锅炉
**国 际 分 类 号**　F22B5/00
**无效宣告请求人**　哈尔滨哈锅锅炉容器工程有限责任公司，山东海化华龙硝铵有限公司，山东省化工规划设计院
**专　利　权　人**　化工工业第二设计院
**专　　利　　号**　01259577.2
**申　　请　　日**　2001年8月28日
**授 权 公 告 日**　2003年12月17日
**合 议 组 组 长**　朱文广
**主　　审　　员**　刘瑞斌
**参　　审　　员**　姜　岩

**法　律　依　据**　专利法第26条第3款，专利法第22条第2款、第3款
**决　定　要　点**

如果在一项专利的说明书和权利要求书中只是公开了一个部件的名称，并且专利权人明确表示上述部件具有独特的结构，而该结构却未记载在专利的说明书和权利要求书中，同时从说明书附图中也不能清楚得出该部件的结构，那么该部件没有被充分公开，因此本专利不符合专利法第26条第3款的规定。

### 一、案由

本无效宣告请求涉及国家知识产权局于2003年12月17日授权公告的、名称为“一种硝酸生产用氨氧化炉–废热锅炉”的实用新型专利权（下称本专利），其专利号是01259577.2，申请日是2001年8月28日，专利权人是化学工业第二设计院。本专利授权公告时的权利要求书如下：

“1. 一种硝酸生产用氨氧化炉–废热锅炉，包括由分布器、触媒筐及旋转烧嘴构成的氧化炉和由蒸汽过热器、水蒸发器及金属箱构成的废热锅炉，其特征是所说的蒸汽过热器的盘管采用8头并联，各头为四层螺旋管串联顺错流方式布置。

2. 如权利要求1所述的硝酸生产用氨氧化炉–废热锅炉，其特征还应当包括在支撑铂网结构处填充填充物。

3. 如权利要求1所述一种硝酸生产用氨氧化炉-废热锅炉，其特征还应当包括铂网的支撑采用回收网和支撑网。

4. 如权利要求1所述一种硝酸生产用氨氧化炉-废热锅炉，其特征还应当包括所述蒸汽过热器为螺旋管式、所述水蒸发器为多排蛇行管式、所述双零水冷壁的结构型式。”

针对本专利权，哈尔滨哈锅锅炉容器工程有限责任公司、山东海化华龙硝铵有限公司、山东省化工规划设计院（下称请求人1、2、3）于2006年05月10日向专利复审委员会提出无效宣告请求，认为本专利不符合专利法第22条的规定，同时请求人1、2、3均提交了如下附件：

附件1：1991年第1期化学工业部设备设计技术中心站出版的《化工设备设计》封面页、版权页及第30-40页复印件共13页；

附件2：授权公告日为1993年11月3日、授权公告号为CN2145180Y，专利号为92245810.3的中国实用新型专利说明书共4页。

请求人1、2、3均认为：本专利的权利要求1中记载的分布器、触媒筐、旋转烧嘴、蒸汽过热器、水蒸发器及金属箱特征均在附件1中公开，其中蒸汽过热器的盘管采用8头并联，各头为四层螺旋管串联的特征在附件1中有明确记载，关于顺错流方式布置更是一种在本领域应用了十几年的公知技术。而且蒸汽过热器的盘管采用8头并联，各头为四层螺旋管串联顺错流方式布置的技术特征在附件2中也有完全相同的记载。因此，专利的权利要求1记载的技术特征全部是公知技术，不具有新颖性。

本专利的权利要求2中记载的在支撑铂网结构处填充填充物的技术特征是一种本领域常用的技术手段，附件2中有填充物的记载，而且，支撑铂网本身就是透气的，增加的填充物也达不到防止氨泄露的目的，因此权利要求2没有创造性。

本专利的权利要求3中记载的铂网的支撑采用回收网和支撑网的技术特征在附件1中有明确记载，因此，权利要求3不具有新颖性。

本专利的权利要求4记载的蒸汽过热器为螺旋管式、水蒸发器为多排蛇行管式，所述的双零水冷壁的结构形式均在附件1中有明确记载，因此，权利要求4不具有新颖性。

经形式审查合格，专利复审委员会依法受理了上述无效宣告请求，并于2006年05月11日向请求人和专利权人发出无效宣告请求受理通知书，同时将专利权无效宣告请求书及其附件清单中所列附件的副本转送给专利权人，并要求专利权人在指定的期限内陈述意见。

请求人1、2、3均于2006年5月25日向专利复审委员会提交意见陈述书，补充了无效请求的理由和证据，其中补充的作为证据的附件为：

附件3：化工部化工设计公司主编、化工部第二设计院等编写，化学工业出版社出版，1983年7月第一版第一次印刷的《氮肥工艺设计手册》封面、版权页、前言页、目录、第186、194、195页的复印件共8页；

附件4：1996年出版的《化肥工业》第5期第23卷的封面、版权目录页、第33、34页、底页，复印件共5页；

附件5：授权公告日为1999年3月24日、授权公告号为CN1042654C，专利号为95108021.0的中国发明专利说明书共7页。

请求人1、2、3均认为附件4、5公开了铂网的支撑采用回收网和支撑网，表明权利要求3的附加技术特征是公知技术。

专利权人于2006年6月19日提交了权利要求书的修改文本和意见陈述书，其中修改后的权利要求1为“一种硝酸生产用氨氧化炉-废热锅炉，包括由分布器、触媒筐及旋转烧嘴构成的氧化炉和由蒸汽过热器、水蒸发器及金属箱构成的废热锅炉，其特征是所说的蒸汽过热器的盘管采用8头二组并联，四层螺旋管顺错流的特殊布置方式，结合改进材料选用和专用制造技术要求，保证设备的使用寿命（见图1）。”专利权人认为本专利相对于请求人提交的附件1、2具有新颖性和创造性。

本案合议组于2006年8月7日向请求人1、2、3和专利权人发出口头审理通知书，定于2006年9月21日举行口头审理。随同口头审理通知书，将专利权人于2006年6月19日提交的意见陈述书和权利要求书的修改文本的副本转送给请求人1、2、3。同时在寄送给专利权人和请求人1、2、3的口头审理通知书中指出，专利权人于2006年6月19日提交的经过修改的权利要求书不符合审查指南的相关规定，因此口头审理拟按照本专利授权公告时的权利要求进行审理，双方当事人可以对合议组的上述审查意见提交书面意见或在口头审理时陈述意见。

专利复审委员会于2006年8月30日发出转送文件通知书，将上述附件3-5的副本转送给专利权人。

口头审理如期举行，在口头审理中请求人1、2、3和专利权人并未对合议组拟将本专利授权公告时的权利要求作为本次口头审理的基础的审查意见提出异议，也没有针对合议组的上述审查意见提交书面意见，因此本次口头审理的审查基础为本专利授权公告时的权利要求。

请求人明确其无效的理由、证据和范围为：权利要求1相对于附件1或2不符合专利法第22条第2款的规定、权利要求2不符合第26条第3款的规定，相对于附件1或2以及公知常识不符合专利法第22条第3款的规定，权利要求3不符合第26条第3款的规定，相对于附件2和5不符合专利法第22条第3款的规定，权利要求4不符合第26条第3款的规定，相对于附件1不符合专利法第22条第2款的规定。请求人当庭放弃附件3，放弃权利要求3不具有新颖性的无效理由。

请求人当庭提交了附件1、4的原件。专利权人认为附件1是化工行业的内部杂志，对其是否公开有异议但对其真实性没有异议，请求人认为附件1具有国内统一刊号是公开出版物。请求人当庭提交了共6页的附件2，合议组当庭将该证据的复印件转给专利权人，专利权人对上述附件2及附件4、5的真实性没有异议。

请求人认为附件2公开了本专利权利要求1中记载的各个技术特征。专利权人认为虽然附件2公开了本专利权利要求1的全部技术特征，但是本专利的蒸汽过热器的盘管采用8头并联相对于附件2中的8头并联并且各头为四层螺旋管串联的具体结构有改进，但本专利说明书中没有公开改进后的结构。请求人认为附件1中公开了权利要求1中除顺错流方式布置外的全部技术特征，顺错流方式布置是本领域的公知常识。专利权人认为顺错流方式布置是公知常识但在这里有不同的用途。

请求人认为本专利的权利要求2中记载的“支撑铂网结构处填充填充物”在本专利说明书中没有明确说明，且没有说明是什么样的结构和位置，所以公开不充分；另外，虽然该特征在附件1和2中没有公开，但是如果该填充物是填充在铂网和触媒筐之间的则属于本领域公知常识；此外支撑铂网结构处没有设置填充物的必要。专利权人认为本专利说明书附图1中附图标记6已经标出填充物的具体位置，设置填充物是为了避免氨的泄露。

请求人认为本专利权利要求3中的“铂网的支撑采用回收网和支撑网”在说明书及附图中没有公开，不符合专利法第26条第3款的规定。双方当事人均认为铂网的支撑采用回收网和支撑网是现有技术，但是专利权人认为本专利中支撑网的具体结构与现有技术中的支撑网不同。

请求人认为本专利的权利要求4的附加技术特征公开不充分，具体为蒸汽过热器为螺旋管式、水蒸发器为多排蛇行管式，双零水冷壁的结构型式在说明书及附图中均没有显示。专利权人认为双零水冷壁是本专利所独创的，但承认在本专利说明书中没有说明其具体结构。请求人认为如果按照“双零水冷壁”的含义是管与管之间、管与壳之间均为零间距，那么权利要求4相对于附件1没有新颖性。

至此，合议组认为本案事实已经清楚，可以作出审查决定。

**二、决定的理由**

1. 关于证据和现有技术

请求人提交的证据是附件1~5，其中附件2是专利号为92245810.3号实用新型专利说明书，请求人在提出无效宣告请求时只提交了该说明书的著录项目页、说明书第1、3页和说明书附图页共4页，没有提供权利要求页和说明书第2页，在口审时，请求人当庭重新提交了包括权利要求页和说明书第2页的完整的第92245810.3号实用新型专利说明书作为新的附件2，合议组当庭将请求人提交的上述新的附件2转交给专利权人，专利权人对其真实性没有异议；专利权人对于附件1、4、5的真实性也没有异议，但是认为附件1不属于公开出版物，请求人当庭放弃了附件3。

经审查，合议组认可附件1、4、5及请求人当庭提交的附件2的真实性，同时由于请求人在提出无效宣告请求时提交了附件2中的4页，并依据其提交的上述4页陈述了相应的无效请求的理由，因此请求人口审当庭重新提交完整的附件2不属于审查指南中规定不予考虑的新证据的情形。对于专利权人提出的附件1在化工行业内部发行，不属于公开出版物的理由，合议组认为附件1载于1991年第1期《化工设备设计》杂志中，而该杂志的封底虽然有“内部发行”字样，但还印有“国内统一刊号：CN31-1425”和“广告经营许可证编号：沪工商广字06016号”的字样，同时也没有证据表明该杂志是在特定范围内要求保密，因此附件1属于专利法意义上的公开出版物。由于上述附件的公开日期均在本专利的申请日之前，因此可以作为本专利的现有技术使用。

2. 关于专利权人提交的修改文本

专利权人于2006年6月19日提交了权利要求书的修改文本，其中修改后的权利要求1为“一种硝酸生产用氨氧化炉-废热锅炉，包括由分布器、触媒筐及旋转烧嘴构成的氧化炉和由蒸汽过热器、水蒸发器及金属箱构成的废热锅炉，其特征是所说的蒸汽过热器的盘管采用8头二组并联，四层螺旋管顺错流的特殊布置方式，结合改进材料选用和专用制造技术要求，保证设备的使用寿命（见图1）。”

修改后的权利要求1相对于授权公告时的权利要求1将“8头并联，各头为四层螺旋管串联顺错流方式布置。”修改为“8头二组并联，四层螺旋管顺错流的特殊布置方式，结合改进材料选用和专用制造技术要求，保证设备的使用寿命（见图1）。”合议组认为上述修改并未记载在原始公开的说明书和权利要求书中，也不能从原始说明书和权利要求要求书中直接的毫无疑义的导出，因此这种修改超出了原说明书和权利要求书记载的范围，不符合审查指南第四部分第三章第4.6.1节修改原则第3条以及第4条的规定，因此上述修改不能被接受，本次口头审理所依据的文本为授权公告时的权利要求1~4。

3. 关于本专利的新颖性

新颖性，是指在申请日以前没有同样的发明或者实用新型在国内外出版物上公开发表过、在国内公开使用过或者以其他方式为公众所知，也没有同样的发明或者实用新型由他人向国务院专利行政部门提出过申请并记载在申请日以后公布的专利申请文件中。

本案中，无效请求人和专利权人均认为：附件2公开了本专利的权利要求1中记载的各个技术特征。专利权人认为虽然附件2公开了本专利权利要求1的全部技术特征但是本专利蒸汽过热器的盘管采用8头并联相对于附件2中的8头并联并且各头为四层螺旋管串联的具体结构有改进，但在本专利说明书中没有公开改进后的结构。

合议组经审查后认为，附件2的技术方案中公开了权利要求1的所有技术特征，并且本专利与附件2中对蒸汽过热器的限定都只是“蒸汽过热器的盘管采用8头并联，各头为四层螺旋管串联”的文字限定，均未再作进一步的限定。由此可见，权利要求 1 相对于附件 2 不具备专利法第 22 条第 2 款规定的新颖性。

4. 关于本专利的创造性

创造性，是指同申请日以前已有的技术相比，该发明有突出的实质性特点和显著的进步，该实用新型具有实质性特点和进步。

本案中，请求人 1、2、3 认为权利要求 2 的附加技术特征没有被附件 1 和附件 2 公开，但该技术特征是公知常识，权利要求 2 相对于附件 1 或 2 与公知常识结合不具备创造性。

请求人 1、2、3 和专利权人均认为权利要求 3 的附加技术特征是现有技术，因此请求人认为权利要求 3 相对于附件 2 和 5 的结合不具备创造性。但是专利权人认为本专利中支撑网的具体结构与现有技术中的支撑网不同。

合议组经审查后认为，权利要求 2 从属于权利要求 1，其附加技术特征“支撑铂网结构处填充填充物”在附件 1 或附件 2 中都没有被公开，也没有证据表明该技术特征是公知常识，而且在说明书中记载了填充物的作用是防止氨泄漏，同时在说明书附图中也标明了填充物的位置，因此权利要求 2 相对于附件 1 或 2 结合公知常识具备专利法第 22 条第 3 款的创造性。

权利要求 3 从属于权利要求 1，合议组经审查后认为，附件 5 中公开了“把钯金搜集网置于铂网之下，由耐热不锈钢衬托”，其中钯金搜集网相当于本专利的回收网，不锈钢衬托相当于本专利的支撑网，由于附件 2 公开了权利要求 1 的所有技术特征，而附件 5 所公开的就是一种用于生产硝酸时收集贵金属的回收网，因此本领域技术人员可以显而易见的将该回收网及用于支撑的不锈钢支撑网结合到附件 2 中形成本专利权利要求 3 的技术方案，因此权利要求 3 相对于附件 2 和附件 5 的结合不具备创造性。

5. 关于专利法第 26 条第 3 款

请求人 1、2、3 在口审中当庭提出本专利权利要求 2~4 不符合专利法第 26 条第 3 款的规定。由于上述无效理由属于不需要新的证据支持的新的无效理由，不属于审查指南规定的不予考虑的情形，因此合议组决定在本次口头审理中对上述无效理由予以考虑，并要求无效请求人和专利权人对其陈述意见。

专利法第 26 条第 3 款规定：说明书应当对发明或者实用新型作出清楚、完整的说明，以所属技术领域的技术人员能够实现为准。由此可见，所属技术领域的技术人员依据说明书所公开的内容能否实现本发明或者实用新型是本专利是否符合专利法第 26 条第 3 款的判定依据。

请求人认为本专利的权利要求 2~4 不符合专利法第 26 条第 3 款的规定，具体为：权利要求 2 中的“支撑铂网结构处填充填充物”在本专利说明书没有明确说明，没有说明填充物是什么样的结构和位置，因此公开不充分。权利要求 3 中的“铂网的支撑采用回收网和支撑网”在说明书及附图中没有公开，不符合专利法第 26 条第 3 款的规定。权利要求 4 附加技术特征中“螺旋管式”、“多排蛇行管式”和“双零水冷壁”结构形式在说明书及附图中没有显示，专利权人认为双零水冷壁是本专利所独创的，在说明书附图中有附图标记指示，但在说明书中没有说明其具体结构。

合议组经合议后认为：权利要求 2 中“支撑铂网结构处填充填充物”说明了填充物填充的位置，并且在说明书中说明了填充物是用于防止氨气泄漏的，因此本领域技术人员依据上述记载能够清楚地得知填充物填充的位置和作用，因此本专利权利要求 2 符合专利法第 26 条第 3 款的规定。

由于专利权人认为本专利权利要求 4 中的双零水冷壁具有独创的结构，但在本专利说明书中没有具体说明其结构，因此本领域技术人员只根据双零水冷壁的字面描述不可能得知其具体结构，也就不能实现，因此权利要求 4 不符合专利法第 26 条第 3 款的规定。

鉴于本专利权利要求1相对于附件2不具备新颖性，权利要求3相对于附件2与附件5的结合不具备创造性，权利要求4相对于不符合专利法第26条第3款的规定，因此请求人针对权利要求1、3、4的其他无效理由、证据和事实不再予以评述。

综上所述，本专利权利要求1不符合专利法第22条第2款的规定，权利要求3不符合专利法第22条第3款的规定，权利要求4不符合专利法第26条第3款的规定。

根据上述的事实和理由，本案合议组依法做出如下审查决定。

**三、决定**

宣告01259577.2号实用新型专利权的权利要求1、3、4无效，在权利要求2的基础上维持该专利权继续有效。

当事人对本决定不服的，可以根据专利法第46条第2款的规定，自收到本决定之日起三个月内向北京市第一中级人民法院起诉。根据该款的规定，一方当事人起诉后，另一方当事人应当作为第三人参加诉讼。

002

# 一种耐火砖

## 无效宣告请求审查决定（第8854号）

**决　　定　　号**　第8854号
**决　　定　　日**　2006年11月17日
**发明创造名称**　一种耐火砖
**国 际 分 类 号**　F27D 1/08
**无效宣告请求人**　巩义市热工炉材厂
**专　利　权　人**　白有力
**专　　利　　号**　99245547.2
**申　　请　　日**　1999年12月11日
**授 权 公 告 日**　2000年9月27日
**合 议 组 组 长**　于　萍
**主　　审　　员**　刘　翠
**参　　审　　员**　崔　震

**法　律　依　据**　专利法第22条第2款、第3款，专利法第26条第4款
**决　定　要　点**

如果现有技术中所公开的技术方案未能全部覆盖一项权利要求中所有的技术特征，同时所属领域普通技术人员也不能直接的、唯一的推导出未被覆盖的技术特征必然包含于上述现有技术中，则该权利要求具有新颖性。

一项实用新型权利要求所限定的技术方案虽然与某现有技术相比具有区别技术特征，然而如果所属领域普通技术人员在该现有技术基础上，在进行工程设计时根据设计常识可以推知该区别技术特征从而获得上述实用新型权利要求所限定的技术方案，则该项权利要求不具备创造性；若现有技术中没有给出采用这一区别技术特征的技术启示，同时该技术方案具有有益的技术效果，则该权利要求具备创造性。

### 一、案由

本无效宣告请求案涉及国家知识产权局于2000年9月27日公告授予的、名称为“一种耐火砖”的第99245547.2号实用新型专利权（下称本专利），其申请日为1999年12月11日，专利权人为白有力。该专利授权公告的权利要求如下：

“1. 一种耐火砖，它包括砖本体，其特征在于：所述砖本体是由耐火材料层（1）和保温层（2）构成，在砖本体（1）内设置有至少一根金属杆（3），金属杆（3）的两端伸出于砖本体（1）之外。

2. 根据权利要求 1 所述的耐火砖，其特征在于：所述的金属杆（3）为对称设置的两根。

3. 根据权利要求 1 或所述的耐火砖，其特征在于：所述的金属杆（3）为 M 字形状。

4. 根据权利要求 1 或所述的耐火砖，其特征在于：所述的金属杆（3）为 U 字形状。

5. 根据权利要求 1 或所述的耐火砖，其特征在于：所述的金属杆（3）中部分别设置于耐火材料层（1）和保温层（2）内。”

针对上述专利权，巩义市热工炉材厂（下称请求人）于 2005 年 2 月 18 日向专利复审委员会提出无效宣告请求，认为本专利不具备新颖性，并提交了下述附件：

附件 1：第 98220230. X 号中国实用新型专利说明书的扉页共 1 页复印件，授权公告日为 1999 年 7 月 21 日；

附件 2：中国专利网－回转窑窑衬用复合砖（2）共 1 页复印件；

附件 3：'97 水泥、玻璃、陶瓷工业用耐火材料学术研讨会－论文集的封面、第 88～93 页共 7 页复印件；

经形式审查合格后，专利复审委员会受理了上述请求，于 2005 年 2 月 18 日向双方当事人发出《无效宣告请求受理通知书》，并将《宣告专利权无效请求书》及其他有关文件的副本转送给专利权人，要求其在指定的期限内答复，同时成立合议组对本无效请求案进行审理。

请求人于 2005 年 3 月 18 日递交了意见陈述书，其中补充了新的无效宣告理由，并补充了附件 4～6：

附件 4：第 93221533. 5 号中国实用新型专利说明书共 4 页复印件，授权公告日为 1994 年 6 月 22 日；

附件 5：第 95244814. 9 号中国实用新型专利说明书共 6 页复印件，授权公告日为 1997 年 4 月 2 日；

附件 6：冶金工业出版社出版的《耐热钢筋混凝土结构计算》1981 年 10 月第 1 版封面、版权页、原序页、第 200～205 页，共 5 页复印件；

同时，请求人认为在本专利说明书中没有关于 U 字形金属杆的记载，因此权利要求 4 不符合专利法第 26 条第 4 款的规定；权利要求 1 相对于附件 6（参见该附件第 202 页及图 81）不具备新颖性和创造性；权利要求 2 的附加技术特征被附件 4 的附图 2 公开，权利要求 3、4 的附加技术特征被附件 5 或附件 6 公开，权利要求 5 的附加技术特征被附件 6 公开，因此权利要求 2～5 也不具备新颖性和创造性。

专利权人于 2005 年 3 月 25 日作出答复，认为在请求人提供的附件中均缺少在砖本体中设置金属杆的特征，因此本专利具备新颖性和创造性。

2005 年 8 月 31 日，本案合议组向双方当事人发出《无效宣告请求口头审理通知书》，定于 2005 年 10 月 19 日对该专利权的无效请求进行口头审理。同时，将请求人于 2005 年 3 月 18 日提交的意见陈述书及其附件清单中所列附件副本转给了专利权人，将专利权人于 2005 年 3 月 25 日提交的意见陈述书副本转给了请求人。

2005 年 10 月 19 日，口头审理如期进行，双方当事人均出席了口头审理。请求人明确其无效的理由、证据和范围为：本专利权利要求 4 不符合专利法第 26 条第 4 款的规定；本专利权利要求 1～5 相对于附件 6 不具备新颖性；本专利权利要求 1～5 相对于附件 6 和 5 的结合或相对于附件 6 和公知常识的结合不具备创造性。请求人当庭放弃了附件 2、3 和 4。专利权人对附件 1、5 和 6 的真实性无异议。在庭审过程中，请求人还当庭提交了附件 7（《耐火材料技术问答》冶金工业出版社出版 1994 年 2 月第 1 版第 297 页原件），将其作为解释锚固件为公知常识的证据，合议组当庭将其转给专利权人。庭审过程中，合议组就本案的无效理由及证据逐一进行了调查，双方当事人充分陈述了各自的意见。

至此，合议组认为本案的事实清楚，可以作出审查决定。

**二、决定的理由**

1. 关于证据

请求人在提出无效宣告请求之日起1个月内，于2005年3月18日补充提交了附件4~6，上述附件的提交符合专利法实施细则第66条的规定，合议组予以接受。

请求人当庭放弃了附件2、3和4，专利权人对附件1、5和6的真实性无异议，请求人还当庭提交了附件7的原件，由于附件1，5~7均为公开出版物，且公开日均早于本专利的申请日，因此合议组经审查后认为附件1、5~7可以作为本案的证据使用。

2. 关于专利法第26条第4款

专利法第26条第4款规定，权利要求书应当以说明书为依据，说明要求专利保护的范围。

请求人认为说明书中没有给出权利要求4所涉及的金属杆为U字形的实施例，因此该权利要求得不到说明书实质性的支持。

合议组经审查后认为，权利要求4的内容已经明确记载在说明书第1页，另外由于本实用新型技术方案比较简单，其在说明书涉及技术方案的部分已经就实用新型专利所要求保护的方案作出了清楚、完整的说明，且说明书及附图已经给出了金属杆为M字形的实施例，根据上述描述，本领域技术人员完全可以理解到将M型金属杆置换为U型金属杆即可实现权利要求4所述技术方案，即根据说明书公开的相关内容本领域技术人员完全可以得到权利要求4所述的技术方案。因此对于请求人提出的由于权利要求4所涉及的U字形的形状在说明书的实施例中没有描述，该权利要求得不到说明书实质性的支持，因而不符合专利法第26条第4条规定的主张，合议组不予支持。

3. 关于新颖性

专利法第22条第2款规定，新颖性，是指在申请日以前没有同样的发明或者实用新型在国内外出版物上公开发表过、在国内公开使用过或者以其他方式为公众所知，也没有同样的发明或者实用新型由他人向国务院专利行政部门提出过申请并且记载在申请日以后公布的专利申请文件中。

如果现有技术所公开的技术方案未全部覆盖一项权利要求中所有的技术特征，同时所属领域普通技术人员也不能直接的、唯一的推导出未被覆盖的区别技术特征必然包含于上述现有技术中，则该权利要求具有新颖性。

本案中，请求人认为本专利权利要求1~5相对于附件6不具备新颖性。本专利权利要求1为：

“1. 一种耐火砖，它包括砖本体，其特征在于：所述砖本体是由耐火材料层（1）和保温层（2）构成，在砖本体（1）内设置有至少一根金属杆（3），金属杆（3）的两端伸出于砖本体（1）之外。”

请求人认为附件6中第202页的图81展现了该混凝土的结构，其中图81中的1-重耐热混凝土相当于本专利权利要求1的耐火层（1）；该图中的3-轻质耐热混凝土绝热保护层相当于本专利权利要求1的保温层（2）；该图中的2-纵向工作钢筋和4-立体的4毫米的耐热钢筋网的钢筋均相当于本专利权利要求1的金属杆。而在附件6中虽没有明确记载本专利权利要求1中的“金属杆（3）的两端伸出于砖本体（1）之外”这一技术特征，但是从附件6第203页倒数第3段的内容中可以得出，并且从附件6第201页中可以反向推知有些纵向工作钢筋与锚固件连接。

合议组认为：附件6公开了一种耐热混凝土，其中图81展现了该混凝土的结构，该混凝土由1-重耐热混凝土和3-轻质耐热混凝土绝热保护层组成，其中在1-重耐热混凝土层内有2-纵向钢筋，在上述1-重耐热混凝土层和3-轻质耐热混凝土绝热保护层之间有4-立体的4毫米的耐热钢筋网，可以认为图 81 中的 1-重耐热混凝土相当于本专利权利要求 1 的耐火层（1），该图中的 3-轻质耐热混凝土绝热保护层相当于本专利权利要求 1 的保温层（2）。但将附件 6 公开的内容与本专利权利要求 1 相对比，至少本专利权利要求 1 中的"金属杆（3）的两端伸出于砖本体（1）之外"这一特征没有被附件 6 所公开，也就是说附件 6 未全部覆盖本专利权利要求 1 中所有的技术特征。

请求人认为从附件 6 第 203 页的内容中可以得出"金属杆（3）的两端伸出于砖本体（1）之外"这一技术特征。在附件 6 第 203 页的倒数第三段记载了"为了建成装配式的钢筋混凝土构件的结构，拉应力要能够通过连接的工作钢筋，而压应力要通过受压混凝土，由这一构件传给那一构件。钢筋在接头处焊接的情况下，必须保证钢筋与连接板之间焊接的连续性。先在接头的这一侧焊上钢筋，然后再焊另一侧，以避免在连接板冷却下来时钢筋产生附加应力。构件之间的接缝应当用砂浆或混凝土灌筑，使接头成为整体。接头处砂浆或混凝土的强度不应低于 100 号。装配式构件之间的接头在使用中应当坚固、不透气和可靠"，合议组认为根据上述描述可以推导出有工作钢筋需要焊接在连接板上，而在附件 6 的图 81 中，图标 2 为纵向工作钢筋，也就是说 2-纵向工作钢筋要承受拉应力且与连接板焊接；而在附件 6 第 202 页明确说明了图标 4-立体的 4 毫米的耐热钢筋网是为了增强轻质耐热混凝土绝热保护层和重混凝土的结合，因此图标 4 所示的耐热钢筋网显然不能是与连接板之间进行焊接的工作钢筋。而工作钢筋要与连接板焊接可以采用连接板深入混凝土构件本体，在混凝土构件本体内与工作钢筋连接或工作钢筋伸出混凝土构件本体与连接板连接。因此不能唯一的推导出上述的 2-纵向工作钢筋必然伸出砖本体之外，更不能推导出 4-立体的 4 毫米的耐热钢筋网的钢筋必然伸出砖本体之外，即从附件 6 第 203 页不能唯一的推导出本专利权利要求 1 中的"金属杆（3）的两端伸出于砖本体（1）之外"这一技术特征。

此外，请求人认为从附件 6 第 201 页的内容中可以得出"金属杆（3）的两端伸出于砖本体（1）之外"这一技术特征。合议组认为，从附件 6 第 201 页中只能推导出某些纵向钢筋可以焊接在锚固件上，但是不能推出这些焊接在锚固件上的纵向钢筋必然要伸出砖本体之外，其有可能是锚固件在砖本体内与纵向钢筋相连，然后锚固件突出于砖体之外。也就是说不能唯一的推导出图 81 中的 2-纵向工作钢筋必然会伸出于砖本体之外，更不能推导出图 81 中的 4-立体的 4 毫米的耐热钢筋网的钢筋必然伸出砖本体之外，即从附件 6 第 201 页也不能唯一的推导出本专利权利要求 1 中的"金属杆（3）的两端伸出于砖本体（1）之外"这一技术特征。

综上所述，将本专利权利要求 1 与附件 6 公开的内容相对比，至少本专利权利要求 1 中的"金属杆（3）的两端伸出于砖本体（1）之外"这一技术特征没有被附件 6 公开，也就是说附件 6 未全部覆盖本专利权利要求 1 中所有的技术特征；同时所属领域的普通技术人员也不能直接的、唯一推导出"金属杆（3）的两端伸出于砖本体（1）之外"这一未被覆盖的区别技术特征必然包含于附件 6 中，即本专利权利要求 1 与附件 6 公开的技术方案是不同的技术方案，因此，本专利权利要求 1 相对于附件 6 具有新颖性。由于独立权利要求 1 相对于附件 6 符合专利法第 22 条第 2 款有关新颖性的规定，因此从属权利要求 2~5 相对于附件 6 也具有新颖性。

此外，请求人提供的附件 1、5 也不能破坏本专利的新颖性。

附件 1 公开了一种耐火隔热复合砖，其由工作层和隔热层复合而成。将附件 1 公开的内容与本专利权利要求 1 相对比，附件 1 中的复合砖内未设有金属杆，即本专利权利要求 1 与附件 1 所公开的技术方案是不同的技术方案，因此本专利权利要求 1 相对于附件 1 具有新颖性。

由于本专利权利要求 1 相对于附件 1 符合专利法第 22 条第 2 款有关新颖性的规定，所以其从属权利要求 2~5 相对于附件 1 也符合专利法第 22 条第 2 款有关新颖性的规定。

附件 5 公开了一种钢网轻质墙体砖，其由整体 1 填充料、钢网片 2 以及 V 字形钢丝 3 组成。将附件5公开的内容与本专利权利要求1相比，附件5并非耐火砖，其砖本体既没有本专利权利要求1中的耐火材料层又没有保温层，并且在附件5说明书的文字说明部分没有对其附图1中所伸出钩子的描述，并且也不能从附图中看出所伸出的钩子是贯穿于整体1填充料的金属杆，即附件5并没有公开本专利权利要求1中的“金属杆（3）的两端伸出于砖本体（1）之外”这一技术特征，即本专利权利要求1与附件5所公开的技术方案是不同的技术方案，因此本专利权利要求1相对于附件5具有新颖性。

由于本专利权利要求1相对于附件5符合专利法第22条第2款有关新颖性的规定，所以其从属权利要求2~5相对于附件5也符合专利法第22条第2款有关新颖性的规定。

4. 关于创造性

根据专利法第22条第3款的规定：创造性，是指同申请日以前已有的技术相比，该发明有突出的实质性特点和显著进步，该实用新型有实质性特点和进步。

一项实用新型权利要求所限定的技术方案虽然与某现有技术相比具有区别技术特征，然而如果所属领域普通技术人员在该现有技术基础上，在进行工程设计时根据设计常识可以推知该区别技术特征从而获得上述实用新型权利要求所限定的技术方案，则该项权利要求不具备创造性；若现有技术中没有给出采用这一区别技术特征的技术启示，同时该技术方案具有有益的技术效果，则该权利要求具备创造性。

请求人认为本专利权利要求1~5相对于附件6和5的结合或相对于附件6和公知技术的结合不具备创造性。

如上文所述，可以认为图81中的1-重耐热混凝土相当于本专利权利要求1的耐火层（1），该图中的3-轻质耐热混凝土绝热保护层相当于本专利权利要求1的保温层（2）。而且可以认为附件6第203页中的工作钢筋要与连接板焊接可以采用连接板深入混凝土构件本体在混凝土构件本体内与工作钢筋连接，或采用工作钢筋伸出混凝土构件本体与连接板连接。由于附件6图81中的4-立体的4毫米的耐热钢筋网是为了增强轻质耐热混凝土绝热保护层和重混凝土的结合，因此图标4所示的耐热钢筋网显然不能是与连接板之间进行焊接的工作钢筋，而图81中的2-纵向工作钢筋为附件6第203页所说的工作钢筋。因此所属领域技术人员根据工程实际需要，可以容易的选择出将图81中的2-纵向工作钢筋伸出混凝土构件这样的方案，即2-纵向工作钢筋相当于本专利权利要求1中的金属杆（3），根据上述的分析，该2-纵向工作钢筋也可以伸出混凝土构件。也就是说所属领域技术人员根据工程实际需要，可以基于附件6很容易地得出本专利权利要求1所请求保护的技术方案，因此本专利权利要求1不符合专利法第22条第3款有关创造性的规定。

从属权利要求2的附加技术特征是“所述的金属杆（3）为对称设置的两根”，根据上文所述，附件6中图81中的2-纵向工作钢筋是有可能伸出混凝土构件的，所属技术领域的技术人员考虑到工程实际需要、混凝土构件本体的大小等因素来选择该2-纵向工作钢筋的数量，同时为了保证整体混凝土构件受力均匀，一般情况下，所属领域的技术人员会将多根2-纵向工作钢筋进行均匀配置，因此所属技术领域的技术人员基于附件6很容易地得出本专利权利要求2所请求保护的技术方案，因此本专利权利要求2不符合专利法第22条第3款有关创造性的规定。

从属权利要求3、4的附加技术特征是“所述的金属杆（3）为M字形状”和“所述的金属杆（3）为U字形状”。合议组认为，首先，如在上文中的论述，附件6的图81中仅有“2-纵向工作钢筋”有可能伸出混凝土构件，而“4-立体的4毫米的耐热钢筋网”并没有证据证明其是伸出混凝土构件的。因此附件6图81中2-纵向工作钢筋对应本专利耐火砖中的金属杆，而4-立体的4毫米的耐热钢筋网不能对应于本专利耐火砖的金属杆，并且在附件6中没有给出2-纵向工作钢筋可以为“M、

U 字形状”；其次，虽然附件 6 图 81 中图标 4-立体的 4 毫米的耐热钢筋网是设置的多根，并且从侧面图看呈现 M 形状，但是由于 2-纵向工作钢筋和 4-立体的 4 毫米的耐热钢筋网在该混凝土构件中所起的作用不同，因此所属领域技术人员不会容易地想到将 4-立体的 4 毫米的耐热钢筋网的构造和形状特性应用在 2-纵向工作钢筋中；而附件 5 公开的是钢网轻质墙体砖，其由整体 1 填充料、钢网片 2 以及 V 字形钢丝 3 组成，其中并没有公开本专利从属权利要求 3~4 的附加技术特征；最后，请求人并没有提供证据证明本专利从属权利要求 3~4 的附加技术特征是公知常识或常用手段。请求人提交附件 7 是用于证明锚固件为公知常识的，其中并未涉及从属权利要求 3、4 的附加技术特征。因此对于请求人提出的权利要求 3~4 相对于附件 6 和 5 或附件 6 和公知常识的结合而不具有创造性的主张，合议组不予支持，本专利从属权利要求 3~4 相对于附件 6 和 5 或附件 6 和公知常识的结合符合专利法第 22 条第 3 款有关创造性的规定。

从属权利要求 5 的附加技术特征是“所述的金属杆（3）中部分别设置于耐火材料层（1）和保温层（2）内”。合议组认为，首先，如在上文中的论述，附件 6 中图 81 中仅有“2-纵向工作钢筋”有可能伸出混凝土构件，而“4-立体的 4 毫米的耐热钢筋网”并没有证据证明其是伸出混凝土构件的。因此附件 6 图 81 中“2-纵向工作钢筋”对应本专利耐火砖中的金属杆，而“4-立体的 4 毫米的耐热钢筋网”不能对应于本专利耐火砖的金属杆，并且在附件 6 中没有给出“2-纵向工作钢筋”的中部分别设置于 1-重耐热混凝土和 3-轻质耐热混凝土绝热保护层内；其次，虽然附件 6 图 81 中图标“4-立体的 4 毫米的耐热钢筋网”的设置位置是在 1-重耐热混凝土和 3-轻质耐热混凝土绝热保护层内，但是由于“2-纵向工作钢筋”和“4-立体的 4 毫米的耐热钢筋网”在该混凝土构件中所起的作用不同，因此所属领域技术人员不会容易地想到将“4-立体的 4 毫米的耐热钢筋网”的设置位置应用在“2-纵向工作钢筋”中；而附件 5 公开的是钢网轻质墙体砖，其由整体 1 填充料、钢网片 2 以及 V 字形钢丝 3 组成，其中并没有公开本专利从属权利要求 5 的附加技术特征；最后，请求人并没有提供证据证明本专利从属权利要求 5 的附加技术特征是公知常识或常用手段。请求人提交附件 7 是用于证明锚固件为公知常识的，其中并未涉及权利要求 5 的附加技术特征。因此对于请求人提出的权利要求 5 相对于附件 6 和 5 或附件 6 和公知常识的结合而不具有创造性的主张，合议组不予支持，本专利从属权利要求 5 相对于附件 6 和 5 或附件 6 和公知常识的结合符合专利法第 22 条第 3 款有关创造性的规定。

基于以上事实和理由，本案合议组作出如下审查决定。

**三、决定**

宣告第 99245547.2 号实用新型专利权利要求 1~2 无效，在该实用新型专利权利要求 3~5 的基础上维持有效。

当事人对本决定不服的，可以根据专利法第 46 条第 2 款的规定，自收到本决定之日起三个月内向北京市第一中级人民法院起诉。根据该款的规定，一方当事人起诉后，另一方当事人应当作为第三人参加诉讼。

003

# 两段变压吸附尿素脱碳工艺方法

## 无效宣告请求审查决定（第8860号）

**决 定 号** 第8860号
**决 定 日** 2006年11月24日
**发明创造名称** 两段变压吸附尿素脱碳工艺方法
**国 际 分 类 号** B01D 53/047，C07C 273/16
**无效宣告请求人** 西南化工研究设计院
**专 利 权 人** 成都天立化工科技有限公司
**专 利 号** 01108694.7
**申 请 日** 2001年7月31日
**授 权 公 告 日** 2004年10月27日
**合 议 组 组 长** 张 沧
**主 审 员** 何 炜
**参 审 员** 赵 明

**法 律 依 据** 专利法第22条第2款、第3款，第26条第3款、第4款；专利法实施细则第20条第1款

**决 定 要 点**

说明书应当充分公开发明或者实用新型的技术内容，以使所属技术领域的技术人员按照说明书记载的内容，就能够再现该发明或者实用新型的技术方案，解决其技术问题，并且产生预期的技术效果。

对于方法权利要求，如果要求保护的技术方案与现有技术的技术方案相比，在一个或几个步骤上存在实质不同，则该权利要求相对于该现有技术具备新颖性。

在判断一项权利要求是否具有创造性时，首先，应当确定与该权利要求所述技术方案最接近的现有技术的技术方案；其次，将该权利要求中所述技术方案和现有技术中最接近的技术方案进行特征分析，确定二者之间的区别技术特征，并进一步确定要求保护的发明相对于最接近的现有技术实际解决的技术问题；最后，判断现有技术是否给出为解决发明实际解决的技术问题而将区别技术特征引入最接近的技术方案得到该权利要求技术方案的启示。如果现有技术并未给出从最接近的对比文件得出权利要求技术方案的启示，同时区别技术特征的引入给该权利要求技术方案带来了有益的效果，则该权利要求具备创造性。

### 一、案由

本无效宣告请求案涉及国家知识产权局于2004年10月27日公告授予的、名称为“两段变压吸

附尿素脱碳工艺方法”的第01108694.7号发明专利权（下称本专利），其申请日为2001年7月31日，专利权人为成都天立化工科技有限公司。该专利授权公告的权利要求如下：

“1. 两段变压吸附尿素脱碳工艺方法，二段变压吸附装置串联操作，原料气以煤为原料的合成氨变换气，第一段变压吸附装置用于提纯二氧化碳，第二段变压吸附装置用于分离氢、氮气；第一段变压吸附装置在一个循环周期中依次经历吸附A、均压降ED、产品二氧化碳降压D、均压升ER、最终升压FR变压吸附工艺步骤；第二段变压吸附装置在一个循环周期中依次经历吸附A、均压降ED、逆放BD、抽真空VC、均压升ER、最终升压FR变压吸附工艺步骤。

2. 根据权利要求1所述两段变压吸附尿素脱碳工艺方法，第二段变压吸附装置吸附塔在均压降压ED和逆放BD步骤之间有回收RG步骤，在第二段变压吸附装置吸附塔增加回收RG步骤的同时，必须在第一段变压吸附装置吸附塔在产品二氧化碳降压D和均压升压ER步骤之间有二段气升压2ER步骤。

3. 根据权利要求2所述的两段变压吸附尿素脱碳工艺方法，其特征在于，第一段变压吸附的均压降ED与产品二氧化碳降压D之间设置二氧化碳置换P步骤，用第二段变压吸附装置吸附塔回收RG步骤的气体对第一段变压吸附装置吸附塔升压。

4. 根据权利要求2所述的两段变压吸附尿素脱碳工艺方法，其特征在于，在第一段变压吸附产品二氧化碳降压D与均压升ER之间设置抽真空操作步骤VC。

5. 根据权利要求1或2所述的两段变压吸附尿素脱碳工艺方法，其特征在于第一段变压吸附装置吸附塔内由下到上装填的吸附剂为活性氧化铝、活性炭及细孔硅胶，或活性氧化铝及活性炭，或活性氧化铝及细孔硅胶，第二段变压吸附装置吸附塔内装填的吸附剂只为细孔硅胶。

6. 根据权利要求1或2的两段变压吸附，其特征在于第一段变压吸附装置在进行产品二氧化碳降压置换步骤D时，先将吸附塔内的产品二氧化碳放入均压缓冲罐，当吸附塔与均压缓冲罐的压力基本平衡后，再将吸附塔内的产品二氧化碳放入气柜。

7. 根据权利要求2所述的两段变压吸附尿素脱碳工艺方法，其特征在于第二段变压吸附装置吸附塔的回收RG步骤是将其吸附塔内均压降完成后的气体逆向放入中间独立吸附床T，该中间独立吸附床T也可以用缓冲罐代替。

8. 根据权利要求1或2所述的两段变压吸附尿素脱碳工艺方法，其特征在于第一段变压吸附装置出口气中二氧化碳的平均浓度为2%~9%（V）。

9. 根据权利要求1和2所述的两段变压吸附尿素脱碳工艺方法，其特征在于第一段变压吸附装置均压降ED结束时，吸附塔瞬间流出气中二氧化碳浓度为85~98%（V）。

10. 根据权利要求1或2所述的两段变压吸附尿素脱碳工艺方法，其特征在于两段变压吸附装置吸附步骤A的压力为0.6~3.6MPa，两段变压吸附装置的吸附压力可以不相等。”

针对上述专利权，西南化工研究设计院（下称请求人）于2005年8月18日向专利复审委员会提出无效宣告请求，认为本专利不符合专利法第22条第2、3款，专利法第26条第3、4款以及专利法实施细则第20条第1款的规定，并提交了下述附件：

附件1：第99116508.X号发明专利的授权公告文本，授权公告号CN1126585C，授权公告日为2003年11月5日，共10页；

附件2：第96117584.2号发明专利的授权公告文本，授权公告号CN1089621C，授权公告日为2002年8月28日，共10页；

附件3：第01108694.7号发明专利的授权公告文本，共29页（即本专利）。

请求人认为，（1）本专利说明书没有明确说明当变压吸附装置吸附塔的工艺步骤运行到抽真空阶段时吸附塔内的压力参数值，本专利不符合专利法第26条第3款的规定；（2）基于与本专利说明书不符合专利法第26条第3款规定的同样理由，权利要求1~10不符合专利法第26条第4款和专利法实施细则第20条第1款的规定；（3）附件1为最接近的现有技术，附件1和2所公开的技术内容完全覆盖了本专利的所有技术特征，即完全否定了本专利的新颖性，本专利权利要求1~10不符合专利法第22条第2款的规定；（4）本专利相对于附件1和2不具备新颖性，当然也不具备创造性；附件1和2相结合已经在本专利申请日以前将本发明所属的技术领域、发明目的、技术方案、技术效果等方面的内容予以充分公开，因此本专利不具有突出的实质性特点和显著的进步，不符合专利法第22条第3款的规定。

经形式审查合格后，专利复审委员会受理了上述请求，于2005年12月14日向双方当事人发出《无效宣告请求受理通知书》，并将《专利权无效宣告请求书》及其他有关文件的副本转送给专利权人，要求其在指定的期限内答复，同时成立合议组对本无效请求案进行审理。

专利复审委员会于2006年1月25日收到专利权人提交的意见陈述书和反证1：

反证1：《吸着分离过程基础》，叶振华编著，化学工业出版社，1988年9月第1版，封面页、出版信息页、目录页、第289~300页、第425~426页，复印件共20页。

专利权人认为：（1）反证1可以证明抽真空是本领域的公知常识，并且在本专利申请日前，大量的专利文献已经公开了抽真空变压吸附工艺，因此本专利符合专利法第26条第3、4款的规定；（2）本发明第一段的均压降ED步骤后直接采用产品二氧化碳降压D步骤，而在附件1中并未公开该技术特征，本专利权利要求1~10具备新颖性；（3）附件2也没有公开上述技术特征，也没有给出上述技术特征的启示，因此本专利权利要求相对于附件1和2的结合具备创造性。

2006年8月22日，本案合议组向双方当事人发出口头审理通知书，拟定于2006年11月7日对该专利权的无效请求进行口头审理。

2006年11月7日口头审理如期进行。双方当事人的代理人出席了口头审理，合议组逐一调查了无效宣告请求的理由和证据，双方当事人充分陈述了意见。庭审过程中：（1）请求人补充提交了附件1和附件2的申请公开文本（以下分别称附件1′和附件2′），用以替换原来的附件1~2：

附件1′：第99116508.X号发明专利的公开文本，公开号CN1235862A，公开日为1999年11月24日，共9页（下称对比文件1）；

附件2′：第96117584.2号发明专利的公开文本，公开号CN1146369A，公开日为1997年4月2日，共9页（下称对比文件2）。

请求人提出在提交无效宣告请求时误将附件1~2的授权公告文本当作申请公开文本提交，现予更正。合议组当庭将新的附件1′和附件2′转交专利权人。专利权人对于请求人补充提交的附件1′和附件2′的公开文本作为对比文件表示没有异议。（2）专利权人对对比文件1~2的真实性、合法性、关联性、公开性均没有异议；请求人对反证1的真实性、合法性、关联性、公开性均没有异议。（3）请求人当庭增加了新的无效理由，即认为本专利说明书第7页中“二段气压升2ER”工艺的内容、以及第8页“回收RG”工艺的内容都说明在第一段吸附工艺中有抽真空的步骤，这与说明书和权利要求书中所称的本发明第一段吸附工艺可以没有抽真空步骤相反，不符合专利法第26条第3款的规定，因此本专利权利要求1、2、7不符合专利法第26条第4款的规定。合议组当庭宣布，由于请求人当庭陈述的上述无效理由没有在提出无效宣告请求日起一个月内提及和提交，因此根据专利法实施细则第66条的规定，合议组对其不予接受。（4）请求人明确其无效理由为：本专利说明书没有明确说明当变压吸附装置吸附塔的工艺步骤运行到抽真空阶段时吸附塔内的压力参数值，因此本专利权利要求1-10不符合专利法第26条第3、4款和专利法实施细则第20

条第1款的规定；相对于对比文件1，权利要求1、3~6、8~10不具备新颖性；对比文件1为最接近的现有技术，依据对比文件1和公知常识，权利要求1~6、8~10不具备创造性；依据对比文件1和2，权利要求7不具备创造性。（5）专利权人认为吸附塔内的抽真空步骤及其控制参数，对本领域的普通技术人员来说完全是公知的，权利要求1~10符合专利法第26条第3、4款和专利法实施细则第20条第1款的规定；权利要求1~10与对比文件1~2相比，主要区别技术特征在于第一段的均压降ED步骤后直接采用产品二氧化碳降压D步骤，因此而大幅度降低了设备投资和能耗，减少了装置的氢、氮气的损失，同时大大简化了工艺流程和操作，因此具备新颖性和创造性。

经过上述审查程序，合议组认为本案事实已经清楚，可以依法作出审查决定。

**二、决定的理由**

1. 关于证据

请求人提交的对比文件1和2均为中国发明专利申请公开说明书，专利权人对其真实性没有异议，合议组对对比文件1和2予以接受。对比文件1和2的公开日均早于本专利申请日，因此，这两篇对比文件可以用于评价本专利的新颖性和创造性。专利权人提交的反证1的公开日也早于本专利申请日，请求人对其真实性、公开性均无异议，可以作为本案证据使用。

2. 关于无效理由

请求人在口头审理中提出了新的本专利不符合专利法第26条第3、4款，专利法实施细则第20条第1款规定的无效理由，其所依据的事实与提出无效宣告请求时提出的事实不同，且无关联，也没有在提出无效宣告请求日起一个月内提及和提交，因此根据专利法实施细则第66条的规定，合议组对其不予接受。

下面将针对请求人提出的其他无效理由，分别评述本专利权利要求1~10是否符合专利法第26条第3、4款，专利法第22条第2、3款和专利法实施细则第20条第1款的规定。

1. 关于专利法第26条第3款

专利法第26条第3款规定，“说明书应当对发明或者实用新型作出清楚、完整的说明，以所属技术领域的技术人员能够实现为准”。

说明书应当充分公开发明或者实用新型的技术内容，以使所属技术领域的技术人员按照说明书记载的内容，就能够再现该发明或者实用新型的技术方案，解决其技术问题，并且产生预期的技术效果。

本专利涉及一种两段变压吸附尿素脱碳方法，尤其涉及采用两段变压吸附技术从制气过程以煤为原料的合成氨变换气中进行尿素脱碳的方法。说明书中描述本发明两段变压吸附尿素脱碳方法的提纯装置不需置换和抽真空的步骤，原料气为制气过程以煤为原料的合成氨变换气，此方法采用二段变压吸附装置串联操作，第一段变压吸附装置用于提纯二氧化碳产品，第二段变压吸附装置用于分离氢、氮气产品。其工艺过程为第一段变压吸附装置的吸附塔在一个循环周期中依次经历吸附A、均压降ED、产品二氧化碳降压D、均压升ER、最终升压FR变压吸附工艺步骤，第一段变压吸附装置吸附塔在产品二氧化碳降压D步骤放出的气体即为产品二氧化碳，第二段变压吸附装置的吸附塔在一个循环周期中依次经历吸附A、均压降ED、逆放BD、抽真空VC、均压升ER、最终升压FR变压吸附工艺步骤，第二段变压吸附装置处于吸附步骤的吸附塔出口流出的混合气主要为氮、氢气。第一段变压吸附的均压降ED与产品二氧化碳降压D之间可设置二氧化碳置换P步骤，第一段变压吸附产品二氧化碳降压D与均压升ER之间可设置抽真空操作步骤VC。说明书中描述本发明与现有技术相比大幅度节省投资和操作费用，减少了装置的氢、氮气损失，工艺流程和操作变得简单，降低了装置的故障率。随着吸附压力的增高，这种优势越见明显。说明书中还给出了3个具体实施例。

请求人认为，在本发明中，抽真空（VC）为第二段变压吸附装置工艺步骤中必不可少的技术特征和第一段变压吸附装置工艺步骤中可有的技术特征，但是说明书没有给出吸附塔内抽真空时的压力参数值，如果从公知技术中推导这一参数显然不能达到说明书所述的技术效果：第一段变压吸附装置出口气中二氧化碳平均浓度2%~9%，产品氢、氮气中二氧化碳浓度小于0.1%（V）。因此本专利说明书公开不充分，不符合专利法第26条第3款的规定。

合议组认为，抽真空是化学工程领域的常规技术。具体到变压吸附分离领域中，对吸附塔中的吸附剂进行再生可以通过抽真空解吸易吸附组分的方式是本领域技术人员的公知常识，设置抽真空步骤使吸附塔中的吸附剂再生，这可以从已出版的教科书中得到证明。反证1第291页第8行到第292页第20行中，介绍了双塔变压吸附是常用的工艺，并介绍了其中的抽真空步骤，在真空度为500mmHg时，可以将已吸附的氮气解吸出来，使吸附剂再生，并说明该双塔变压吸附工艺可以将混合气中易吸附组分$H_2O$、$CH_4$、CO、$CO_2$等杂质降至1ppm以下。显然，在本发明第二段采用抽真空时，将易吸附组分$CO_2$控制在0.1%（V）（即1000ppm）以下是容易实现的。因此抽真空步骤及其相应的压力参数的计算和控制，在本发明申请日属于本领域技术人员公知的常识，其压力参数值的选择是所属领域的技术人员通过逻辑分析和有限的试验容易得到的，请求人认为本发明没有给出其压力参数值会导致本发明技术方案达不到说明书所述的技术效果缺乏具体的事实和理论依据。

因此，合议组认为，说明书已对本发明作出了清楚、完整的说明，所属技术领域的技术人员按照说明书的记载就能够实现本发明的技术方案，请求人主张本专利不符合专利法第26条第3款规定之无效理由不能够成立。

2. 关于专利法第26条第4款和专利法实施细则第20条第1款

请求人认为本专利权利要求1~10不符合专利法第26条第4款和专利法实施细则第20条第1款的理由与本专利不符合专利法第26条第3款的理由相同，即说明书没有给出抽真空工艺具体的压力参数值。由于前文已经认定请求人主张本专利不符合专利法第26条第3款规定之无效理由不能够成立，基于同样的理由，合议组对请求人关于本专利不符合专利法第26条第4款和专利法实施细则第20条第1款的无效理由也不予支持。

3. 关于专利法第22条第2款。

专利法第22条第2款规定：新颖性，是指在申请日以前没有同样的发明或者实用新型在国内外出版物上公开发表过、在国内公开使用过或者以其他方式为公众所知，也没有同样的发明或者实用新型由他人向国务院专利行政部门提出过申请并且记载在申请日以后公布的专利申请文件中。

对于方法权利要求，如果要求保护的技术方案与现有技术的技术方案相比，在一个或几个步骤上存在实质不同，则该权利要求相对于该现有技术具备新颖性。

本专利权利要求1~10均要求保护两段变压吸附尿素脱碳工艺方法，所述方法为二段变压吸附装置串联操作，原料气是以煤为原料的合成氨变换气，第一段变压吸附装置用于提纯二氧化碳，第二段变压吸附装置用于分离氢、氮气（参见本专利说明书第3页第6段和权利要求1~10）。

对比文件1公开了一种从混合气中分离提纯易吸附相产品（$CO_2$）和难吸附相产品（氢、氮气）的变压吸附分离方法，此方法用二段变压吸附PSA装置，第一段装置吸附分离易吸附相组份，第二段装置获得高纯度的难吸附相组份（参见对比文件1说明书第1页第4~6段和说明书第2页第1~7行以及第3页实施例）。

为了方便比较，下面将本专利权利要求1~4的两段变压吸附装置在一个循环周期中经历的步骤与对比文件1的相应步骤通过表格比较：

<table>
<tr><td rowspan="2">权利要求 1</td><td>一段</td><td>吸附 A</td><td>均压降 ED</td><td colspan="2">$CO_2$ 降压 D</td><td></td><td colspan="2">均压升 ER</td><td>最终升压 FR</td></tr>
<tr><td>二段</td><td>吸附 A</td><td>均压降 ED</td><td colspan="2">逆放 BD</td><td>抽真空 VC</td><td colspan="2">均压升 ER</td><td>最终升压 FR</td></tr>
<tr><td rowspan="2">权利要求 2</td><td>一段</td><td>吸附 A</td><td>均压降 ED</td><td colspan="2">$CO_2$ 降压 D</td><td></td><td>2ER</td><td>ER</td><td>最终升压 FR</td></tr>
<tr><td>二段</td><td>吸附 A</td><td>均压降 ED</td><td>回收 RG</td><td>逆放 BD</td><td>抽真空 VC</td><td colspan="2">均压升 ER</td><td>最终升压 FR</td></tr>
<tr><td rowspan="2">权利要求 3</td><td>一段</td><td>吸附 A</td><td>均压降 ED</td><td>$CO_2$ 置换 P</td><td>$CO_2$ 降压 D</td><td></td><td>2ER</td><td>ER</td><td>最终升压 FR</td></tr>
<tr><td>二段</td><td>吸附 A</td><td>均压降 ED</td><td>回收 RG</td><td>逆放 BD</td><td>抽真空 VC</td><td colspan="2">均压升 ER</td><td>最终升压 FR</td></tr>
<tr><td rowspan="2">权利要求 4</td><td>一段</td><td>吸附 A</td><td>均压降 ED</td><td colspan="2">$CO_2$ 降压 D</td><td>抽真空 VC</td><td>2ER</td><td>ER</td><td>最终升压 FR</td></tr>
<tr><td>二段</td><td>吸附 A</td><td>均压降 ED</td><td>回收 RG</td><td>逆放 BD</td><td>抽真空 VC</td><td colspan="2">均压升 ER</td><td>最终升压 FR</td></tr>
<tr><td rowspan="2">对比文件 1</td><td>一段</td><td>预吸附 FA→<br>吸附 A→<br>再吸附 LA</td><td>均压降 ED</td><td colspan="2">顺放 PP+$CO_2$ 置换 P</td><td>抽真空 VC</td><td colspan="2">均压升 ER</td><td>最终升压 FR</td></tr>
<tr><td>二段</td><td>吸附 A</td><td>均压降 ED</td><td colspan="2">逆放 BD</td><td>抽真空 VC</td><td colspan="2">均压升 ER</td><td>最终升压 FR</td></tr>
</table>

本专利权利要求 1 和对比文件 1 中所使用的原料气在表述上不完全一样，但是从本专利说明书第 7 页表格所显示的原料气的组成和对比文件 1 说明书第 3 页实施例所显示的原料气的组成来看，二者所含成分相同（本专利虽然提及 $O_2$+Ar，但是其体积浓度范围是≤0.8%，即没有排除可以为零的情况），各成分浓度重叠或部分重叠，可见本专利与对比文件 1 的方案中原料气实质上相同。

本专利方法二段中的“回收 RG”是指均压降 ED 结束后，吸附塔内气体逆向放入中间吸附床，此后再将该中间吸附床与一段刚抽完真空的吸附塔连通；“逆放 BD”是指回收 RG 结束后，若吸附塔内气体压力较高，须逆着吸附方向将气体降至常压（参见本专利说明书第 6 页第 19~23 行）；一段中的“2ER”是指利用二段回收 RG 步骤进入中间吸附床的气体对一段完成抽真空步骤的吸附塔升压（参见本专利说明书第 8 页）。对比文件 1 中一段中的“顺放 PP”是指吸附塔内气体顺着吸附方向放出，前一部分气体回收至原料气中，后一部分气体放空至常压；“$CO_2$ 置换 P”是指用高纯的易吸附相产品气（$CO_2$）顺向置换吸附塔，置换出气放空。

经比较，合议组认为本专利权利要求 1 与对比文件 1 相比存在以下区别技术特征：权利要求 1 的一段“均压降 ED”和“均压升 ER”步骤之间，为“产品二氧化碳降压 D”步骤，而对比文件 1 为“顺放 PP”、“$CO_2$ 气置换 P”和“抽真空 VC”步骤。请求人在口头审理中认为对比文件 1 说明书第 2 页第 5 行中“顺向均压降压回收有效气体”即为“产品二氧化碳降压”，反证 1 第 291 页第 3~6 行也可以证明“产品二氧化碳降压”属于公知常识。合议组认为，本专利权利要求 1 要求保护的方法与对比文件 1 公开的技术方案具有明显不同的操作步骤，权利要求 1 通过直接降压回收产品二氧化碳，而对比文件 1 中首先经过顺放、二氧化碳气置换步骤后，再通过抽真空回收产品二氧化碳，请求人指出的对比文件 1 第 2 页第 5 行中“顺向均压降压回收有效气体”是说第一段吸附工艺结束后，在第二段吸附装置中得到高纯度难吸附相产品（氢、氮气）的方法，并非权利要求 1 所述的在第一段吸附工艺中的“产品二氧化碳降压 D”步骤；至于反证 1 第 291 页第 3~6 行中介绍变压吸附工艺时提到的“或者把吸附塔的出口和缓冲贮罐相连放压，缓冲贮罐中均压得到的气体可以作为冲洗气使用，减少了产品冲洗的消耗”，仅仅是说变压吸附工艺中吸附塔中的气体可以放压进入缓冲贮罐，作为冲洗气使用，并不能证明在两段变压吸附工艺在第一段吸附装置中用“产品二氧化碳降压 D”步骤替代“顺放 PP”、“$CO_2$ 气置换 P”和“抽真空 VC”步骤属于公知常识。另外，请求人指出的对比文件 1 说明书第 1 页倒数第 1 行到第 2 页第 1 行提到的“降压回收气体”是指均压降 ED 工艺，也并非本专利所述“产品二氧化碳降压D”。可见权利要求1与对比文件1的技术方案存在实质区别，因此，权利要求1相对于对比文件1具备新颖性。

权利要求2与对比文件1相比存在以下区别技术特征：（1）权利要求2的一段“均压降ED”和“均压升ER”步骤之间，为“产品二氧化碳降压D”步骤和“二段气升压2ER”步骤，而对比文件1为“顺放PP”、“$CO_2$气置换P”和“抽真空VC”步骤；（2）权利要求2二段具有“回收RG”步骤，对比文件1不存在上述步骤。因此，权利要求2与对比文件1的技术方案存在实质区别，权利要求2相对于对比文件1具备新颖性。

权利要求3与对比文件1相比存在以下区别技术特征：（1）权利要求3一段通过降压回收产品二氧化碳气体，而对比文件1通过抽真空回收产品二氧化碳气体，且置换P步骤前有“顺放PP”步骤；（2）权利要求3二段具有“回收RG”步骤，同时在一段“均压升ER”步骤前，有“二段气升压2ER”步骤，对比文件1不存在上述步骤。因此，权利要求3与对比文件1的技术方案存在实质区别，权利要求3相对于对比文件1具备新颖性。

权利要求4与对比文件1相比存在以下区别技术特征：（1）权利要求4一段“均压降ED”步骤后，首先通过降压回收产品二氧化碳气体，然后再抽真空回收二氧化碳气体，而对比文件1一段“均压降ED”步骤之后，首先有“顺放PP”步骤，然后用产品二氧化碳置换吸附塔，然后直接抽真空回收二氧化碳气体；（2）权利要求4二段具有“回收RG”步骤，同时在一段“均压升ER”步骤前，有“二段气升压2ER”步骤，对比文件1不存在上述步骤。因此，权利要求4与对比文件1的技术方案存在实质区别，权利要求4相对于对比文件1具备新颖性。

权利要求5~10分别是权利要求1或2的从属权利要求，在权利要求1、2相对于对比文件1均具备新颖性的情况下，权利要求5~6、8~10也具备新颖性。

4. 关于专利法第22条第3款

专利法第22条第3款规定：创造性，是指同申请日以前已有的技术相比，该发明有突出的实质性特点和显著的进步。

在判断一项权利要求是否具有创造性时，首先，应当确定与该权利要求所述技术方案最接近的现有技术的技术方案；其次，将该权利要求中所述技术方案和现有技术中最接近的技术方案进行特征分析，确定二者之间的区别技术特征，并进一步确定要求保护的发明相对于最接近的现有技术实际解决的技术问题；最后，判断现有技术是否给出为解决发明实际解决的技术问题而将区别技术特征引入最接近的技术方案得到权利要求技术方案的启示。如果现有技术并未给出从最接近的对比文件得出权利要求技术方案的启示，同时区别技术特征的引入给该权利要求技术方案带来了有益的效果，则该权利要求具备创造性。

对比文件2涉及一种多塔变压吸附气体分离方法，其中公开了以下内容：传统的变压吸附气体分离方法至少需两个或两个以上的吸附塔，每个吸附塔在一次循环中一般要经历吸附（A），均压降压（ED），顺向或逆向放压（D），顺放气冲法或抽真空（VC），均压升压（ER），隔离（I），最终升压（FR）步骤，在抽真空管线上可以并联真空缓冲罐，当真空泵不能直接抽塔时就抽缓冲罐（参见对比文件2说明书第1页第3~11行）。对比文件1和2中，对比文件1是最接近的现有技术。

上文已经描述了本专利权利要求1相对于对比文件1的区别技术特征是：权利要求1的一段“均压降ED”和“均压升ER”步骤之间，为“产品二氧化碳降压D”步骤，而对比文件1为“顺放PP”“$CO_2$气置换P”和“抽真空VC”步骤。本专利省略“顺放PP”“$CO_2$气置换P”和“抽真空VC”步骤的目的在于节省投资和操作费用，减少氢、氮气的损失，同时保证产品二氧化碳气体的纯度。

对比文件 2 为多塔变压吸附工艺，其方法在均压降和均压升步骤之间，为“顺放气冲洗或抽真空（VC）”，其中顺放气冲洗或抽真空步骤是为了使吸附床再生（参见对比文件 2 说明书第 1 页第 7~8 行和倒数第 2~5 行），对比文件 2 并未给出为节省操作费用，可以省略顺放 PP、顺放气冲洗或抽真空的技术启示，更未给出可以省略对比文件 1 中二氧化碳置换步骤的技术启示。请求人认为上述区别技术特征是本领域公知常识的观点缺乏根据，合议组不予支持。因此，权利要求 1 技术方案的得出是非显而易见的。而且，本专利实施例 1 描述了按照权利要求 1 的工艺方法进行的操作步骤，产品氢、氮气中二氧化碳浓度小于 0.1%，该工艺方法与对比文件 1 相比，氮气损失减少了 35%，氢气损失减少了 30%，每年可增加直接经济效益 450 万元左右（参见本专利说明书第 10 页第 5、6 段）。因此，权利要求 1 相对于对比文件 1~2、以及本领域公知常识，具有突出的实质性特点和显著的进步，具备专利法第 22 条第 3 款规定的创造性。

权利要求 2 与对比文件 1 相比存在以下区别技术特征：（1）权利要求 2 一段“均压降 ED”和“均压升 ER”步骤之间，为“产品二氧化碳降压 D”步骤，而对比文件 1 为“顺放 PP”“$CO_2$ 气置换 P”和“抽真空 VC”步骤；（2）权利要求 2 二段具有“回收 RG”步骤，同时在一段“均压升 ER”步骤前，设置有“二段气升压 2ER”步骤，对比文件 1 不存在上述步骤。

对于上述区别技术特征（1），按照上述评述，对比文件 2 没有给出引入对比文件 1 的技术启示。鉴于在对比文件 1 基础上引入区别技术特征（1）得出权利要求 2 技术方案是非显而易见的，而且，该特征的引入产生了有益的技术效果，因此，权利要求 2 具备专利法第 22 条第 3 款规定的创造性。

权利要求 3 与对比文件 1 相比存在以下区别技术特征：（1）权利要求 3 一段通过降压回收产品二氧化碳气体，而对比文件 1 通过抽真空回收产品二氧化碳气体，且置换 P 步骤前有“顺放 PP”步骤；（2）权利要求 3 二段具有“回收 RG”步骤，同时在一段“均压升 ER”步骤前，有“二段气升压 2ER”步骤，对比文件 1 不存在上述步骤。

对于上述区别技术特征（1），同样，对比文件 2 没有给出可省略抽真空步骤的技术启示，即权利要求 3 技术方案的得出是非显而易见的。本专利实施例 2 描述了按照权利要求 3 的方法进行的操作步骤，该实施例得到的产品二氧化碳纯度为 99.5%，二氧化碳回收率大于 70%，产品中二氧化碳浓度小于 0.1%，该方法与对比文件 1 相比，氮气损失减少 65%，氢气损失减少 60%，每年增加直接经济效益 720 万元（参见本专利说明书第 15 页第 1、2 段）。由此可见，权利要求 3 相对于对比文件 1 和 2 具有突出的实质性特点和显著的进步，具备专利法第 22 条第 3 款规定的创造性。

权利要求 4 与对比文件 1 相比存在以下区别技术特征：（1）权利要求 4 一段“均压降 ED”步骤后，首先通过降压回收产品二氧化碳气体，然后再抽真空回收二氧化碳气体，而对比文件 1 一段“均压降 ED”步骤之后，首先有“顺放 PP”步骤，然后用产品二氧化碳置换吸附塔，然后直接抽真空回收二氧化碳气体；（2）权利要求 4 二段具有“回收 RG”步骤，同时在一段“均压升 ER”步骤前，有“二段气升压 2ER”步骤，对比文件 1 不存在上述步骤。

对于上述区别技术特征（1），即权利要求 4 省略了二氧化碳气体置换步骤，回收产品二氧化碳气体时也非直接通过真空泵回收，而是先降压回收，再抽真空回收。对比文件 2 没有给出在对比文件 1 基础上可省略二氧化碳气体置换步骤的启示，即权利要求 4 技术方案的得出是非显而易见的。本专利实施例 3 描述了按照权利要求 4 的方法进行的操作步骤，该实施例得到的产品氢、氮气中二氧化碳浓度小于 0.1%，该实施例方法与对比文件 1 相比，氮气损失减少了 90%，氢气损失减少了 85%，每年增加直接经济效益 800 万元（参见本专利说明书第 20 页第 4、5 段）。由此可见，权利要求 4 相对于对比文件 1 和 2 具有突出的实质性特点和显著的进步，具备专利法第 22 条第 3 款规定的创造性。

权利要求 5-10 分别是权利要求 1 或 2 的从属权利要求，在权利要求 1 和 2 具备创造性的情况下，权利要求 5~10 也具备创造性。

基于以上事实和理由，本案合议组作出如下审查决定。

**三、决定**

维持第 01108694.7 号发明专利权有效。

当事人对本决定不服的，可以根据专利法第 46 条第 2 款的规定，自收到本决定之日起三个月内向北京市第一中级人民法院起诉。根据该款的规定，一方当事人起诉后，另一方当事人应当作为第三人参加诉讼。

004

# 彩色浇漆窨井盖

## 无效宣告请求审查决定（第8893号）

**决　　定　　点**　第8893号
**决　　定　　日**　2006年11月27日
**发明创造名称**　彩色浇漆窨井盖
**国 际 分 类 号**　E02D 29/14
**无效宣告请求人**　青岛中和弘琪机械工程有限公司
**专　利　权　人**　青岛大门铸造有限公司
**专　　利　　号**　02268385.2
**申　　请　　日**　2002年7月17日
**授 权 公 告 日**　2003年6月11日
**合 议 组 组 长**　陈迎春
**主　　审　　员**　杨军艳
**参　　审　　员**　周　航

**法　律　依　据**　专利法第22条第2款、第3款
**决　定　要　点**

一项权利要求的技术方案与对比文件相比，区别仅在于材料不同，如果权利要求中所使用的材料是现有的，并且本领域技术人员由该材料的特性得知的应用效果与其在该权利要求中的效果相同，那么这种材料的替换不具备创造性。

### 一、案由

本无效宣告请求涉及中华人民共和国国家知识产权局于2003年6月11日授权公告的、名称为“彩色浇漆窨井盖”的实用新型专利权（下称本专利），其专利号是02268385.2，申请日是2002年7月17日，专利权人是青岛大门铸造有限公司。该专利授权公告时的权利要求书如下：

“1. 一种彩色浇漆窨井盖，它包括井盖，其特征在于：在井盖的外表面铸有凹槽，凹槽内填充有带色的固化树脂漆，所述的固化树脂漆与井盖形成一体结构。

2. 根据权利要求1所述的彩色浇漆窨井盖，其特征在于：凹槽的深度为2~12mm。

3. 根据权利要求1或2所述的彩色浇漆窨井盖，其特征在于：固化树脂填充处略低于窨井盖的外表面或与窨井盖的外表面平齐。”

针对本专利，青岛中和弘琪机械工程有限公司（下称请求人）于2005年6月30日向专利复审委员会提出无效宣告请求，其提交的附件如下：

附件 1：公开号为特开平 6-220878 的日本专利公开特许公报及其部分中文译文，其公开日为 1994 年 8 月 9 日。

请求人认为：本专利权利要求 1~3 的技术特征被附件 1 所公开，因此不具备新颖性和创造性，不符合专利法第 22 条第 2、3 款的规定。

经形式审查合格后，专利复审委员会依法受理了上述无效宣告请求，于 2005 年 9 月 28 日向双方当事人发出无效宣告请求受理通知书，并将请求人提交的无效宣告请求书及其附件清单中所列附件的副本转送给专利权人。

针对上述无效宣告请求，专利权人于 2005 年 10 月 28 日向专利复审委员会寄交了意见陈述书及上述附件 1 的补充中文译文。专利权人认为本专利与附件 1 所要解决的技术问题、技术方案和效果均不同，具有实质性差异，因此本专利符合专利法关于新颖性和创造性的规定。

专利复审委员会针对本无效宣告请求案依法成立合议组，本案合议组于 2006 年 5 月 11 日向双方当事人发出无效宣告请求口头审理通知书，定于 2006 年 7 月 6 日举行口头审理。随同口头审理通知书，将专利权人于 2005 年 10 月 28 日提交的意见陈述书及附件 1 的补充中文译文转给请求人。

口头审理如期举行，双方当事人均参加了口头审理。

在口头审理中，请求人当庭明确无效宣告请求的理由、范围、证据为：本专利权利要求 1~3 相对于附件 1 不符合专利法第 22 条第 2 款、第 3 款关于新颖性、创造性的规定。专利权人对附件 1 的真实性无异议，对请求人所提交的附件 1 部分中文译文的准确性无异议。请求人对专利权人所提交的附件 1 补充中文译文的准确性无异议。

请求人认为附件 1 公开了本专利权利要求 1 的全部技术特征，附件 1 中是由带有颜色的陶瓷粉末和环氧树脂形成填充物；附件 1 公开了本专利权利要求 2 的附加技术特征；本专利权利要求 3 的附加技术特征可由附件 1 公开的工艺中得出，从附件 1 附图中也可看出，而且该附加技术特征也是公知常识。

专利权人认可本专利井盖外表面有凹槽、凹槽内有填充物与附件 1 相同，但认为两者填充物不同，且填充物与井盖的结合形式不同：附件 1 使用树脂作为粘结剂、表面铺粒子、最终依靠粘结剂与凹槽结合；而本专利凹槽内填充的是固化的带色树脂漆、依靠树脂漆自身的粘结与井盖形成一体式结构。专利权人表示本专利中使用的固化树脂漆是现有的漆。

至此，合议组认为本案事实已清楚，现依法作出审查决定。

**二、决定的理由**

1. 关于证据和现有技术

专利权人对附件 1 的真实性无异议，经审查附件 1 可以作为本案证据使用。

附件 1 为日本专利文献，其公开日在本专利的申请日之前，因此其上记载的内容构成了本专利的现有技术。

专利权人对请求人所提交的附件 1 部分中文译文的准确性无异议，请求人对专利权人所提交的附件 1 补充中文译文的准确性也无异议，因此合议组以请求人和专利权人所提交的附件 1 中文译文的组合作为附件 1 公开的内容。

2. 关于权利要求 1 的新颖性和创造性

专利法第 22 条第 2 款规定：新颖性，是指在申请日以前没有同样的发明或者实用新型在国内外出版物上公开发表过、在国内公开使用过或者以其他方式为公众所知，也没有同样的发明或者实用新型由他人向国务院专利行政部门提出过申请并且记载在申请日以后公布的专利申请文件中。

专利法第 22 条第 3 款规定：创造性，是指同申请日以前已有的技术相比，该发明有突出的实质性特点和显著的进步，该实用新型有实质性特点和进步。

请求人认为附件1公开了本专利权利要求1的全部技术特征，附件1中由带色的陶瓷粉末和环氧树脂形成填充物。

经审查，附件1公开了一种检查井盖，由表面侧具有凹槽部的井盖本体、该凹槽部内填充的陶瓷粉末粒子和粘接剂所构成，该陶瓷粉末粒子均一地填充在该粘接剂层中之后使粘接剂硬化（见附件1译文第0005段）；陶瓷粉末粒子不仅是白色的，而且还有其他颜色的粒子（见附件1译文第007段）；凹槽部内填充的粘接剂是环氧树脂粘接剂（见附件1译文第0011段），环氧树脂是合成树脂，硬化前有良好的流动性（见附件1译文第0014段）。

合议组认为：附件1中检查井盖凹槽部填充的陶瓷粉末粒子可以有多种颜色，因此形成的是一种彩色窨井盖；该井盖向外的表面一侧具有凹槽部，凹槽部内有填充物。在附件1中，凹槽部内的填充物可以由均匀分布有带色陶瓷粉末粒子的环氧树脂粘接剂形成，该粘接剂最终硬化成为固体；环氧树脂粘接剂在硬化前有良好的流动性，能够与凹槽壁充分接触，因此最终形成的固体填充物能够与井盖形成一体结构。

本专利权利要求1与附件1的区别在于：本专利权利要求1凹槽中的填充物是由树脂漆固化形成的；附件1凹槽中的填充物是由混合有色陶瓷粉末的树脂粘接剂固化形成的。

关于本专利是否具备新颖性，合议组认为，漆是一种粘液状的涂料，涂施于物体表面，干燥后能够结成坚韧的保护膜。粘接剂俗称胶，是一种能使两个物体表面结合在一起的物质。它们是两种不同的物质，因此本专利权利要求1具备新颖性。

关于本专利是否具备创造性，合议组认为，树脂漆和树脂粘接剂虽然是两种不同的物质，但是它们所利用的都是树脂的粘性特征，并且专利权人已认可树脂漆是现有的材料，而且树脂漆具有附着力好、耐磨等优点也是本领域公知的。因此，合议组认为本领域技术人员采用具有良好附着力并耐磨的现有树脂漆材料来代替附件1中混合有色陶瓷粉末的树脂粘接剂作为窨井盖外表面凹槽中的填充物是容易想到的，本专利权利要求1相对于附件1不具有实质性特点和进步，不具备创造性，不符合专利法第22条第3款的规定。

3. 关于权利要求2和3的新颖性、创造性

（1）在本专利权利要求1具备新颖性的情况下，本专利权利要求2和3也具备新颖性。

（2）关于本专利权利要求2的创造性。

本专利权利要求2的附加技术特征是：凹槽的深度为2~12mm。

请求人认为该附加技术特征已被附件1所公开。

经审查，附件1公开了井盖表面一侧圆形凹槽部的深度为5~8mm（见附件1译文第0011段第2行）。附件1中凹槽深度的数值范围落在本专利权利要求2所限定凹槽深度的数值范围内，因此当它所引用的权利要求1不具备创造性时，本专利权利要求2也不具备创造性，不符合专利法第22条第3款的规定。

（3）关于本专利权利要求3的创造性。

本专利权利要求3的附加技术特征是：固化树脂填充处略低于窨井盖的外表面或与窨井盖的外表面平齐。

请求人认为从附件1工艺中需晃动、端平可知必然是低于或与表面齐平，此外从附件1附图中也可以看出。另外，这一特征属于公知常识，为了耐磨的目的，填充处不会高出表面。

经审查，附件1公开了检查井盖及其制作工艺。在检查井盖制造过程中，首先在凹槽部内注入环氧树脂粘接剂；随后在粘接剂层上投入既定数量的陶瓷粉末粒子，大致将上述凹槽部埋上为之；接着

用手左右振动井盖主体；其后，烘干至粘接剂硬化（见附件1译文第0011~0012段）。合议组认为在该工艺过程中，陶瓷粉末粒子埋上凹槽部之后经左右振动井盖主体，必然将高于井盖表面的粒子振掉，最终填充物的顶面将低于井盖外表面或与井盖外表面平齐；此外，从附件1的附图1中也能够看出填充物的顶面低于井盖外表面。因此，当权利要求3所引用的权利要求1或2不具备创造性时，权利要求3也不具备创造性，不符合专利法第22条第3款的规定。

综上所述，本专利权利要求1~3不具备创造性，不符合专利法第22条第3款的规定。

**三、决定**

宣告02268385.2号实用新型专利权全部无效。

当事人对本决定不服的，可以根据专利法第46条第2款的规定，自收到本决定之日起三个月内向北京市第一中级人民法院起诉。根据该款的规定，一方当事人起诉后，另一方当事人应当作为第三人参加诉讼。

005

# 卷闸门用的防盗锁

## 无效宣告请求审查决定（第8915号）

**决　定　点**　第8915号
**决　定　日**　2006年12月5日
**发明创造名称**　卷闸门用的防盗锁
**国际分类号**　E05B 59/02
**无效宣告请求人**　顾永愚
**专利权人**　曹金泰
**专　利　号**　00220959.4
**申　请　日**　2000年7月4日
**授权公告日**　2001年5月23日
**合议组组长**　刘颖杰
**主　审　员**　张田勇
**参　审　员**　马　燕

**法律依据**　专利法第22条第2款
**决定要点**

如果请求人提供的证据中的在本专利申请日之前公开销售的产品无法与本专利的产品相对应，则该证据不能用以证明与本专利相同的产品在本专利申请日之前已经公开销售。

### 一、案由

本无效宣告请求涉及中华人民共和国国家知识产权局于2001年5月23日授权公告的、名称为“卷闸门用的防盗锁”的实用新型专利（下称本专利），其申请号是00220959.4，申请日是2000年7月4日，专利权人是曹金泰。该专利授权公告时的权利要求书如下：

“1. 一种卷闸门用的防盗锁，由内、外锁壳（13）（37）内、外锁芯（14）（1）内锁盖（2）地盒（26）地钩座（28）开启/闩合机构组成，其特征在于所述内锁壳（13）上设有M型爪扣座（25）（30）（32）活动锁爪滑动槽（18）定位凸台（19）凹腔（17），M型爪扣座（25）（30）（32）位于内锁壳（13）的下部，伸出内锁壳（13）的容腔，并可容入地盒（26）内，且与地钩座（28）相对应，活动锁爪滑动槽（18）和定位凸台（19）以及凹腔（17）分别位于内锁壳（13）的容腔中部；所述的开启/闩合机构设在内锁壳（13）上，其由活动锁爪（22）一对爪扣（24）弹簧座（21）弹簧滑块座（35）定位块（7）弹簧（34）锁拨块（8）拨爪（5）构成，活动锁爪（22）置于内锁壳（13）的容腔内，并可沿活动锁爪滑动槽（18）左、右滑移，一对爪扣（24）位于活动锁爪（22）

下部，伸出内锁壳（13）的容腔而位于M型爪扣座（25）（30）（32）内，并与地钩座（28）相对应，弹簧座（21）位于活动锁爪（22）上，弹簧滑块座（35）活置在活动锁爪（22）上，定位块（7）位于弹簧滑块座（35）的底部，弹簧（34）的一端固定在弹簧座（21）上，另一端嵌入弹簧滑块座（35）内，锁拨块（8）套置在内锁芯（14）的锁芯杆（12）上，拨爪（5）位于位于锁拨块（8）上，与活动锁爪（22）相配合。”

针对上述专利权，顾永愚（下称请求人）于2005年9月12日向专利复审委员会提出无效宣告请求，其提交的证据如下：

证据1：江苏省常熟市制锁二厂的卫士防撬锁（GMF：2000-Ⅰ型）使用说明复印件1页；

证据2：公安部安全防范报警系统产品质量监督检验测试中心报告编号为“公沪检001329”的检验报告复印件6页，其中被检验产品是常熟市制锁二厂的GMF-2000-Ⅰ型卷闸门防撬锁具，检验报告的日期为2000年6月20日；

证据3：常熟市公安局熟公内技发【2000】字第2号《关于防盗专用锁具必须经型式检验方可生产、经销、使用的通知》，复印件2页，日期为2000年4月19日；

证据4：苏州市公安局（通知）公刑发（2000）字第27号《关于宣传、推广卷帘门防盗锁的通知》，复印件3页，日期为2000年7月1日。

请求人认为：由证据1~4可知，本专利产品生产、销售及宣传、推广时间均在本专利申请日之前，本专利不具备专利法第22条第2款规定的新颖性。

经形式审查合格，专利复审委员会受理了上述无效宣告请求，于2006年1月17向请求人和专利权人发出无效宣告请求受理通知书，同时将无效宣告请求书及其附件清单中所列附件的副本转送给专利权人，要求其在指定的期限内答复。

专利权人期满未答复。

专利复审委员会依法组成合议组，对上述无效宣告请求进行审查。

本案合议组于2006年9月20日向双方当事人发出口头审理通知书，定于2006年10月23日举行口头审理。

口头审理如期举行，双方当事人均参加了口头审理。在口头审理中，请求人明确其无效理由、事实、证据为：本专利权利要求1相对于证据1~4不符合专利法第22条第2款规定的新颖性。请求人当庭出具了证据1、证据3的原件以及加盖有“苏州市公安局档案室”蓝章的证据4的复印件；请求人未提交证据2的原件，并且对于证据2的第4页的报告编号“公沪检001295”与证据2的扉页报告编号“公沪检001329”不同表示不清楚；请求人还认为专利权人知道证据2的来源，并在诉讼程序中专利权人出具过此证据，因此专利权人应该可以确认其真实性。专利权人核实了请求人当庭出具的证据1、证据3的原件以及加盖有“苏州市公安局档案室”蓝章的证据4的复印件与其收到的复印件一致，对证据1、3的真实性没有异议，但认为证据1的形成日期在本专利申请日之后，证据3与本专利无关联性，证据2为复印件，不能确认其真实性，不能确认证据4上的印章的真实性，并且证据4上没有文字说明，不能确认其是否为公安局的印章。

请求人认为证据1中包括有“国家专利：00220959.4”和“公沪检（001329）”的字样，可以证明该产品与本专利的产品是一致的，并且通过了型式检验，证据1中还包括“苏州市公安局监制”的字样及总经销地的地址、电话；证据2证明该产品于2000年6月20日经过型式检验；证据3证明要求防盗专用锁具进行型式检验；证据4中常熟市制锁二厂在苏州的销售地址与证据1中的地址完全一致，证据4所讲的就是卷帘门防盗锁，由证据4中的“在苏州设立了……技防办对此相关的工作可与总经销处联系”可知本专利在申请日前公开。此外，请求人还认为，虽然证据3—4没有锁的型号，但专利权人在2000年只有一种型号的锁经过型式检验。因此，证据1~4相互关联，足以证明本专利在申请日前公开销售的事实。专利权人认为：证据1是一份产品说明书，表明了本案的专利号，说明这份产品说明书在本专利的申请日之后形成的；证据2是检验报告，不是专利法意义上的公开文件，没有涉及到本专利的技术内容；证据3、证据4不能证明其中的锁具就是本专利的产品。

至此，合议组认为本案事实清楚，现依法作出审查决定。

**二、决定的理由**

1. 关于证据

请求人提交了证据1、3的原件，专利权人对其真实性没有异议；专利权人认为证据1的形成日期在本专利申请日之后，证据3与本专利无关联性。合议组经审查认为，本专利涉及一种卷闸门用的防盗锁，请求人使用证据1~4组成证据链证明本专利产品在申请日前公开销售，虽然证据1的形成日期在本专利申请日之后，但请求人用证据1证明GMF：2000-Ⅰ型卫士防撬锁是本专利的产品，与证据1的形成时间无关；而证据3是证据1中“常熟市制锁二厂”的所在地的公安机关“常熟市公安局”下发的《关于防盗专用锁具必须经型式检验方可生产、经销、使用的通知》，其日期为2000年4月19日，在本专利申请日之前，请求人用证据3证明，在本专利申请日之前，防盗锁具已经实行市场准入制度，2000年5月31日后凡未经型式检验合格的防盗专用锁具（包括卷闸门防撬锁）不准生产、经销和配套使用，因此证据1中的产品也必须经过型式检验，因而证据3与本专利存在关联性。因此，在证据1、3的真实性可以确定的情况下，证据1、3可以作为本案的证据。

证据2是公安部安全防范报警系统产品质量监督检验测试中心报告编号为“公沪检001329”的常熟市制锁二厂GMF-2000-Ⅰ型卷闸门防撬锁具的型式检验的检验报告复印件，请求人未在规定的期限内提交证据2的原件，并且不能清楚给出证据2的检验报告正文“共5页第4页”中的报告编号“公沪检001295”与证据2的其他页中的报告编号“公沪检001329”不同的合理解释，同时专利权人对其真实性有异议，因此，证据2的真实性不能确定，在没有其他证据进行佐证的情况下，证据2不能作为本案的证据。

请求人当庭出具了证据4的一份复印件，其上加盖有“苏州市公安局档案室”的蓝色方章，并写有“此材料共叁页，摘自我处档案资料刑警支队2000年发文汇集案卷”字样，专利权人经核实认为该证据与其收到的复印件一致，但认为证据4中的印章的真实性不能确定，并且证据4上没有文字说明，不能确认其是否为公安局的印章。合议组经审查认为，证据4为苏州市公安局2000年4月19日下发的编号为“公刑发（2000）字第27号”的公文，并且在该复印件每页的右上角分别有“082”、“083”和“084”的连续编号，并且请求人已经出具了加盖有“苏州市公安局档案室”的蓝色方章的证据4的复印件，说明了证据4的来源，专利权人完全可以对该证据的真实性加以核实，虽然专利权人对“苏州市公安局档案室”的蓝色方章提出异议，对证据4的真实性有异议，但并未提出任何具体理由。因此，合议组认可证据4的真实性，证据4可以作为本案的证据。

2. 关于专利法第22条第2款

专利法第22条第2款规定：新颖性，是指在申请日以前没有同样的发明或者实用新型在国内外出版物上公开发表过、在国内公开使用过或者以其他方式为公众所知，也没有同样的发明或者实用新型由他人向国务院专利行政部门提出过申请并且记载在申请日以后公布的专利申请文件中。

由本决定“关于证据”部分可知，请求人提交的证据2不能作为本案的定案依据，因此，合议组仅评述本专利权利要求1相对于证据1、3、4所构成的证据链是否具备专利法第22条第2款的规定。

证据1是江苏省常熟市制锁二厂卷闸门用防撬锁产品介绍，其“卫士防撬锁GMF-2000-Ⅰ型使用说明”页中包括“本锁获国家专利：00220959.4，并通过公安部型式检验合格。公沪检（001329）”和“总经销：苏州市安达电子系统工程有限公司　地址：苏州市桃花坞大街 274 号　电话：0512-72961935233728　传真：0512-5224048”的叙述，说明证据 1 形成于本专利申请日和编号为“公沪检（001329）”的公安部型式检验日期之后，GMF-2000-Ⅰ型卫士防撬锁是一种卷闸门防撬锁，是与本专利对应的产品，并且通过了公安部型式检验，编号为“公沪检（001329）”，该锁由“苏州市安达电子系统工程有限公司”总经销。

证据 3 是发布日期为 2000 年 4 月 19 日的、常熟市公安局熟公内技发【2000】字第 2 号《关于防盗专用锁具必须经型式检验方可生产、经销、使用的通知》，其中要求防盗门（包括电控防盗门）生产、安装单位所选用的防盗锁具必须符合国标 GB17565-1998，并通过型式检验合格；5 月 31 日后凡未经型式检验合格的防盗专用锁具（包括卷闸门防撬锁）一律不准生产、经销和配套使用。

证据 4 是发布日期为 2000 年 7 月 1 日的、苏州市公安局（通知）公刑发（2000）字第 27 号《关于宣传、推广卷帘门防盗锁的通知》，其中说明常熟制锁二厂生产的卫士牌卷帘门防撬锁已通过公安部质量检测部门的型式检验，常熟制锁二厂在苏州设立了“常熟制锁二厂卫士牌卷帘门防撬锁苏州地区总经销处”，总经销处地点为“苏州市桃花坞大街 274 号”，电话为“0512-7296193”。

合议组经审查认为，对于一家制锁厂，一种型式的锁具未必只有一种产品，而不同产品通常是以产品型号区分的。本案中，证据 3、4 中均未涉及“常熟制锁二厂卫士牌卷帘门防撬锁”的具体型号；请求人也未能证明在证据 4 的发布日期前常熟制锁二厂只有一种型号的卷帘门防撬锁经过型式检验；而仅凭证据 4 中的“常熟制锁二厂卫士牌卷帘门防撬锁苏州地区总经销处”的地点、电话与证据 1 中的“总经销：苏州市安达电子系统工程有限公司”地址、电话一致，尚不足以证明证据 4 中所述的“卫士牌卷帘门防撬锁”就是证据 1 中 GMF-2000-Ⅰ型卫士防撬锁，即无法证明证据 4 中所述的“卫士牌卷帘门防撬锁”就是本专利保护的产品，从而证据 1、3 和 4 无法构成证据链证明本专利保护的产品已在申请日前公开销售。因此，本专利权利要求 1 具备专利法第 22 条第 2 款规定的新颖性。

**三、决定**

维持 00220959.4 号实用新型专利权有效。

当事人对本决定不服的，可以根据专利法第 46 条第 2 款的规定，自收到本决定之日起三个月内向北京市第一中级人民法院起诉。根据该款的规定，一方当事人起诉后，另一方当事人应当作为第三人参加诉讼。

006

# 耐火砖

## 无效宣告请求审查决定（第8933号）

**决　　定　　号**　第8933号
**决　　定　　日**　2006年9月20日
**发明创造名称**　耐火砖
**国 际 分 类 号**　F27D 1/04
**无效宣告请求人**　巩义市热工炉材厂
**专　利　权　人**　白有力
**专　　利　　号**　99245549.9
**申　　请　　日**　1999年12月11日
**授 权 公 告 日**　2000年9月27日
**合 议 组 组 长**　于　萍
**主　　审　　员**　刘　犟
**参　　审　　员**　崔　震

**法　律　依　据**　专利法第22条第2款、第3款，专利法第26条第4款
**决　定　要　点**

如果现有技术中所公开的技术方案未能全部覆盖一项权利要求中所有的技术特征，同时所属领域普通技术人员也不能直接地、唯一地推导出未被覆盖的技术特征必然包含于上述现有技术中，则该权利要求具有新颖性。

一项实用新型权利要求所限定的技术方案虽然与某现有技术相比具有区别技术特征，然而如果所属领域普通技术人员在该现有技术基础上，在进行工程设计时根据设计常识即可以推知该区别技术特征从而获得上述实用新型权利要求所限定的技术方案，则该项权利要求不具备创造性；若现有技术中没有给出采用这一区别技术特征的技术启示，同时该技术方案具有有益的技术效果，则该权利要求具备创造性。

### 一、案由

本无效宣告请求案涉及国家知识产权局于2000年9月27日公告授予的、名称为“耐火砖”的第99245549.9号实用新型专利权，其申请日为1999年12月11日，专利权人为白有力。该专利授权公告的权利要求如下：

“1. 一种耐火砖，它包括砖本体（1），其特征在于：在砖本体（1）内设置有至少一根金属杆（2），金属杆（2）的两端伸出于砖本体（1）之外。

2. 根据权利要求 1 所述的耐火砖，其特征在于：所述的金属杆（2）为对称设置的两根。

3. 根据权利要求 1 或所述的耐火砖，其特征在于：所述的金属杆（2）均为 M 字形状。

4. 根据权利要求 1 或所述的耐火砖，其特征在于：所述的金属杆（2）均为 U 字形状。”

针对上述专利权（下称本专利），巩义市热工炉材厂（下称请求人）于 2005 年 2 月 18 日向专利复审委员会提出无效宣告请求。请求人认为与本专利类似的结构在申请日之前已经在北京首钢球团厂使用，因此本专利不具备新颖性。请求人同时提交了下述附件：

附件 1：中国专利网复印件共 1 页，其中提及了回转窑窑衬用复合砖（2），专利号：98110051.1；

附件 2：冶金工业出版社发行的《不定形耐火材料》，1994 年 6 月第 1 版，封面、版权页、第 376~377 页复印件，共 4 页。

经形式审查合格后，专利复审委员会受理了上述宣告专利权无效请求，于 2005 年 2 月 18 日向双方当事人发出《无效宣告请求受理通知书》，并将请求人提交的《宣告专利权无效请求书》及其他有关文件的副本转送给专利权人，要求其在指定的期限内答复，同时成立合议组对本无效请求案进行审理。

请求人于 2005 年 3 月 18 日递交了意见陈述书，认为本专利权利要求 4 不符合专利法第 26 条第 4 款的规定，本专利权利要求 1~4 不具备新颖性和创造性。并补充了附件 3~5 以证明上述主张：

附件 3：第 93221533.5 号中国实用新型专利说明书共 4 页复印件，授权公告日为 1994 年 6 月 22 日；

附件 4：第 95244814.9 号中国实用新型专利说明书共 6 页复印件，授权公告日为 1997 年 4 月 2 日；

附件 5：冶金工业出版社出版的《耐热钢筋混凝土结构计算》，1981 年 10 月第 1 版，封面、版权页、原序页、第 200~205 页，共 5 页复印件。

针对专利复审委员会于 2005 年 2 月 18 日发出的受理通知书，专利权人于 2005 年 3 月 25 日作出答复，其认为请求人宣称的本专利于申请日前已在北京首钢球团厂使用，其并不是事实，并且没有得到任何证据的支持。并且专利权人认为本专利具备创造性。

2005 年 8 月 31 日，本案合议组向双方当事人发出《无效宣告请求口头审理通知书》，定于 2005 年 10 月 19 日对该专利权的无效请求进行口头审理，同时，将请求人于 2005 年 3 月 18 日提交的意见陈述书及其附件清单中所列附件副本转给了专利权人，将专利权人于 2005 年 3 月 25 日提交的意见陈述书副本转给了请求人。

2005 年 10 月 19 日，口头审理如期进行，双方当事人均出席了口头审理。请求人明确其无效宣告请求的理由、证据和范围为：本专利权利要求 4 不符合专利法第 26 条第 4 款的规定；本专利权利要求 1~4 相对于附件 5 不具备新颖性；本专利权利要求 1~4 相对于附件 5 和 4 的结合或相对于附件 5 和公知常识的结合不具备创造性。请求人当庭放弃了附件 1~3。专利权人对附件 4 和 5 的真实性无异议。庭审过程中，合议组就本案的无效理由及证据逐一进行了调查，双方当事人充分陈述了各自的意见。

至此，合议组认为本案的事实清楚，可以作出审查决定。

**二、决定的理由**

1. 关于证据

请求人在提出无效宣告请求之日起 1 个月内，先后分两次共提交了 5 份附件，即附件 1~5，上述附件的提交符合专利法实施细则第 66 条的规定。

由于请求人于口头审理当庭放弃了附件 1~3，合议组对该附件 1~3 不再予以考虑。专利权人对请求人提交的附件 4 和 5 的真实性无异议，且由于附件 4 和 5 均为国内公开出版物，公开日均早于本专利的申请日，因此合议组经审查后认为附件 4 和 5 可以作为本案的证据使用。

2. 关于专利法第 26 条第 4 款

专利法第 26 条第 4 款规定，权利要求书应当以说明书为依据，说明要求专利保护的范围。

请求人认为说明书中没有给出权利要求 4 所涉及的金属杆为 U 字形的实施例，因此该权利要求得不到说明书实质性的支持。

合议组经审查后认为，权利要求 4 的内容已经明确记载在说明书第 1 页，另外由于本实用新型技术方案比较简单，其在说明书涉及技术方案的部分已经就实用新型专利所要求保护的方案作出了清楚、完整的说明，且说明书及附图已经给出了金属杆为 M 字形的实施例，根据上述描述，本领域技术人员完全可以理解到将 M 型金属杆置换为 U 型金属杆即可实现权利要求 4 所述技术方案，即根据说明书公开的相关内容本领域技术人员完全可以得到权利要求 4 所述的技术方案。因此对于请求人提出的由于权利要求 4 所涉及的 U 字形的形状在说明书的实施例中没有描述，该权利要求得不到说明书实质性的支持，因而不符合专利法第 26 条第 4 条规定的主张，合议组不予支持。

3. 关于专利法第 22 条第 2 款

专利法第 22 条第 2 款规定，新颖性，是指在申请日以前没有同样的发明或者实用新型在国内外出版物上公开发表过、在国内公开使用过或者以其他方式为公众所知，也没有同样的发明或者实用新型由他人向国务院专利行政部门提出过申请并且记载在申请日以后公布的专利申请文件中。

如果现有技术所公开的技术方案未全部覆盖一项权利要求中所有的技术特征，同时所属领域普通技术人员也不能直接的、唯一的推导出未被覆盖的区别技术特征必然包含于上述现有技术中，则该权利要求具有新颖性。

具体到本案中，本专利权利要求 1 为：

“1. 一种耐火砖，它包括砖本体（1），其特征在于：在砖本体（1）内设置有至少一根金属杆（2），金属杆（2）的两端伸出于砖本体（1）之外。”

请求人认为附件 5 中第 202 页的图 81 展现了该混凝土的结构，其中图 81 中的 1-重耐热混凝土及 3-轻质耐热混凝土绝热保护层对应本专利权利要求 1 的砖本体（1）；该图中的 2-纵向工作钢筋和 4-立体的 4 毫米的耐热钢筋网的钢筋均相当于本专利权利要求 1 的金属杆。而在附件 5 中虽没有明确记载本专利权利要求 1 中的“金属杆（2）的两端伸出于砖本体（1）之外”这一技术特征，但是从附件 5 第 201 页和第 203 页可以推出。

合议组认为：附件 5 公开了一种耐热混凝土，其中图 81 展现了该混凝土的结构，该混凝土由 1-重耐热混凝土和 3-轻质耐热混凝土绝热保护层组成，其中在 1-重耐热混凝土层内有 2-纵向钢筋，在上述 1-重耐热混凝土层和 3-轻质耐热混凝土绝热保护层之间有 4-立体的 4 毫米的耐热钢筋网。将附件 5 公开的内容与本专利权利要求 1 相对比，至少本专利权利要求 1 中的“金属杆（2）的两端伸出于砖本体（1）之外”这一特征没有被附件 5 所公开，也就是说附件 5 未全部覆盖本专利权利要求 1 中所有的技术特征。

请求人认为从附件 5 第 203 页的内容中可以得出“金属杆（2）的两端伸出于砖本体（1）之外”这一技术特征。在附件 5 第 203 页的倒数第三段记载了“为了建成装配式的钢筋混凝土构件的结构，拉应力要能够通过连接的工作钢筋，而压应力要通过受压混凝土，由这一构件传给那一构件。钢筋在接头处焊接的情况下，必须保证钢筋与连接板之间焊接的连续性。先在接头的这一侧焊上钢筋，然后再焊另一侧，以避免在连接板冷却下来时钢筋产生附加应力。构件之间的接缝应当用砂浆或混凝土灌筑，使接头成为整体。接头处砂浆或混凝土的强度不应低于 100 号。装配式构件之间的接头在使用中应当坚固、不透气和可靠”，合议组认为根据上述描述可以推导出有工作钢筋需要焊接在连接板上，而在附件5的图81中，图标2为纵向工作钢筋，也就是说2-纵向工作钢筋要承受拉应力且与连接板焊接；而在附件5第202页明确说明了图标4-立体的4毫米的耐热钢筋网是为了增强轻质耐热混凝土绝热保护层和重混凝土的结合，因此图标4所示的耐热钢筋网显然不能是与连接板之间进行焊接的工作钢筋。而工作钢筋要与连接板焊接可以采用连接板深入混凝土构件本体在混凝土构件本体内与工作钢筋连接或工作钢筋伸出混凝土构件本体与连接板连接。因此不能唯一的推导出上述的2-纵向工作钢筋必然伸出砖本体之外，更不能推导出4-立体的4毫米的耐热钢筋网的钢筋必然伸出砖本体之外。即从附件5第203页不能唯一的推导出本专利权利要求1中的“金属杆（2）的两端伸出于砖本体（1）之外”这一技术特征。

此外，请求人认为从附件5第201页的内容中可以得出“金属杆（2）的两端伸出于砖本体（1）之外”这一技术特征。合议组认为，从附件5第201页中只能推导出某些纵向钢筋可以焊接在锚固件上，但是不能推出这些焊接在锚固件上的纵向钢筋必然要伸出砖本体之外，其有可能是锚固件在砖本体内与纵向钢筋相连，然后锚固件突出于砖体之外。也就是说不能唯一的推导出图81中的2-纵向工作钢筋必然会伸出于砖本体之外，更不能推导出图81中的4-立体的4毫米的耐热钢筋网的钢筋必然伸出砖本体之外，即从附件5第201页也不能唯一的推导出本专利权利要求1中的“金属杆（2）的两端伸出于砖本体（1）之外”这一技术特征。

综上所述，将本专利权利要求1与附件5公开的内容相对比，至少本专利权利要求1中的“金属杆（2）的两端伸出于砖本体（1）之外”这一特征没有被附件5公开，也就是说附件5未全部覆盖本专利权利要求1中所有的技术特征；同时所属领域的普通技术人员也不能直接的、唯一推导出“金属杆（2）的两端伸出于砖本体（1）之外”这一未被覆盖的区别技术特征必然包含于附件5中，即本专利权利要求1与附件5公开的技术方案是不同的技术方案，因此，本专利权利要求1相对于附件5具有新颖性，由于独立权利要求1相对于附件5符合专利法第22条第2款有关新颖性的规定，因此从属权利要求2~4相对于附件5也具有新颖性。

4. 关于专利法第22条第3款

根据专利法第22条第3款的规定：创造性，是指同申请日以前已有的技术相比，该实用新型有实质性特点和进步。

一项实用新型权利要求所限定的技术方案虽然与某现有技术相比具有区别技术特征，然而如果所属领域普通技术人员在该现有技术基础上，在进行工程设计时根据设计常识即可以推知该区别技术特征从而获得上述实用新型权利要求所限定的技术方案，则该项权利要求不具备创造性；若现有技术中没有给出采用这一区别技术特征的技术启示，同时该技术方案具有有益的技术效果，则该权利要求具备创造性。

请求人认为本专利权利要求1~4相对于附件5和4的结合或相对于附件5和公知常识的结合不具备创造性。

如上文所述，合议组认为附件5第203页中的工作钢筋要与连接板焊接可以采用连接板深入混凝土构件本体在混凝土构件本体内与工作钢筋连接，或采用工作钢筋伸出混凝土构件本体与连接板连接。由于附件5图81中的4-立体的4毫米的耐热钢筋网是为了增强轻质耐热混凝土绝热保护层和重混凝土的结合，因此图标4所示的耐热钢筋网显然不能是与连接板之间进行焊接的工作钢筋，而图81中的2-纵向工作钢筋为附件5第203页所说的工作钢筋。因此所属领域技术人员根据工程实际需要，可以容易的选择出将图81中的2-纵向工作钢筋伸出混凝土构件这样的方案，即2-纵向工作钢筋相当于本专利权利要求1中的金属杆（2），根据上述的分析，该2-纵向工作钢筋也可以伸出混凝土构件。也就是说所属领域技术人员根据工程实际需要，可以基于附件5很容易地得出本专利权利要求1所请求保护的技术方案，因此本专利权利要求1不符合专利法第22条第3款有关创造性的规定。

从属权利要求2的附加技术特征是“所述的金属杆（2）为对称设置的两根”，根据上文所述，附件5中图81中的2-纵向工作钢筋是有可能伸出混凝土构件的，所属技术领域的技术人员考虑到工程实际需要、混凝土构件本体的大小等因素来选择该2-纵向工作钢筋的数量，同时为了保证整体混凝土构件受力均匀，一般情况下，所属领域的技术人员会将多根2-纵向工作钢筋进行均匀配置，因此所属技术领域的技术人员考虑到工程实际需要、混凝土构件本体的大小等因素，可以基于附件5很容易地得出本专利权利要求2所请求保护的技术方案，因此本专利权利要求2不符合专利法第22条第3款有关创造性的规定。

从属权利要求3、4的附加技术特征是“所述的金属杆（2）均为M字形状”和“所述的金属杆（2）均为U字形状”。合议组认为，首先，如在上文中的论述，附件5中图81中仅有2-纵向工作钢筋有可能伸出混凝土构件，而4-立体的4毫米的耐热钢筋网不可能伸出混凝土构件的。因此附件5图81中2-纵向工作钢筋对应本专利耐火砖中的金属杆，而4-立体的4毫米的耐热钢筋网不能对应于本专利耐火砖的金属杆，并且在附件5中没有给出2-纵向工作钢筋可以为“M、U字形状”；其次，虽然附件5图81中图标4-立体的4毫米的耐热钢筋网是设置的多根，并且从侧面图看呈现M形状，但是由于2-纵向工作钢筋和4-的立体的4毫米的耐热钢筋网在该混凝土构件中所起的作用不同，因此所属领域技术人员不会轻易想到将4-的立体的4毫米的耐热钢筋网的构造和形状特性应用在2-纵向工作钢筋中；而附件4公开的是钢网轻质墙体砖，其由整体1填充料、钢网片2以及V字形钢丝3组成，其中并没有公开本专利从属权利要求3~4的附加技术特征；最后，请求人并没有提供证据证明本专利从属权利要求3~4的附加技术特征是公知常识或常用手段。因此对于请求人提出的权利要求3~4相对于附件5和4或附件5和公知常识的结合而不具有创造性的主张，合议组不予支持。因此本专利从属权利要求3~4相对于附件5和4或附件5和公知常识的结合符合专利法第22条第3款有关创造性的规定。

基于以上事实和理由，本案合议组作出如下审查决定。

## 三、决定

宣告第99245549.9号实用新型专利权利要求1~2无效，在该实用新型专利权利要求3-4的基础上维持有效。

当事人对本决定不服的，可以根据专利法第46条第2款的规定，自收到本决定之日起三个月内向北京市第一中级人民法院起诉。根据该款的规定，一方当事人起诉后，另一方当事人应当作为第三人参加诉讼。

007

# 新结构游泳眼镜

## 无效宣告请求审查决定（第8973号）

**决　　定　　号**　第8973号
**决　　定　　日**　2006年12月5日
**发明创造名称**　新结构游泳眼镜
**国 际 分 类 号**　A63B 33/00
**无效宣告请求人**　深圳市鹏亿发精密模具有限公司
**专　利　权　人**　天惠有机硅（深圳）有限公司
**专　　利　　号**　99242920. X
**申　　请　　日**　1999年9月9日
**授 权 公 告 日**　2000年8月23日
**合 议 组 组 长**　石　清
**主　　审　　员**　苏　青
**参　　审　　员**　郑　直

**法　律　依　据**　专利法第22条第2款、第3款
**决　定　要　点**

如果现有技术已经公开了一项权利要求要求保护的技术方案的全部技术特征，则该权利要求不具备新颖性。

如果本领域技术人员将现有技术相结合，不需付出任何创造性的劳动就能够得出该项权利要求所述的技术方案，则该权利要求不具备创造性。

### 一、案由

本无效宣告请求涉及国家知识产权局于2000年8月23日授权公告的名称为“新结构游泳眼镜”的99242920. X号实用新型专利（下称本专利），其申请日为1999年9月9日，专利权人为天惠有机硅（深圳）有限公司。授权公告的权利要求书为：

“1. 一种新结构游泳眼镜，由镜体、鼻扣、头带及密封圈等组成，其特征在于密封圈与头带呈一整体，密封圈上的绕套圈与镜体是以绕套式连接。

2. 根据权利要求1所述的新结构游泳眼镜，其特征在于头带与密封圈是呈一体式，并有同为一个整体的绕套圈，绕套圈绕套在镜体周缘槽中，而绕套圈的尾部也相对应的紧紧嵌入镜体尾部中，并使该嵌入部位呈紧压状态。

3. 根据权利要求1或2所述的新结构游泳眼镜，其特征在于左右镜体由中间的弓形鼻扣连接，

鼻扣插入镜体中。

4. 根据权利要求1所述的新结构游泳眼镜，其特征在于镜体尾部外表面完整的“箭头”型形状，1~4部份是凸出的外弧形凸面，两个1~5部份是低于1~4的内弧形凸面，而1~6部份是两个完整的凹面弧形，并且这两个面是以一定斜度位于内弧面与外弧面之间。”

针对本专利权，深圳市鹏亿发精密模具有限公司（下称请求人）于2005年8月1日向专利复审委员会提出了无效宣告请求，其理由是本专利不符合专利法第22条第2、3款的规定，请求人同时提交了下列证据：

证据1：中国台湾申请号83211395、公告号237960的新型专利公报和专利说明书，公告日为1995年1月1日。

证据2：中国台湾申请号86218108、公告号334805的新型专利公报和专利说明书，公告日为1998年6月21日。

证据3：中国98226413.5号实用新型专利说明书，公告日为1999年6月16日。

请求人在无效宣告请求书中指出：权利要求1无新颖性，权利要求2、3无新颖性和创造性，权利要求4无创造性。

经形式审查合格，专利复审委员会受理了上述无效宣告请求，并于2005年8月2日向双方当事人发出无效宣告请求受理通知书，将请求人提交的无效宣告请求书及其附件清单中所列附件副本转送给了专利权人，要求其在指定期限内答复。

请求人于2005年8月28日补充了以下4份证据：

证据4：国家知识产权局专利检索咨询中心出具的编号为G051396的检索报告。

证据5：中国95240026.X号实用新型专利说明书，公告号为2227504，公告日为1996年5月22日。

证据6：美国US5603125A号专利说明书及中文译文，公告日为1997年2月18日。

证据7：美国US5459882A号专利说明书及中文译文，公告日为1995年10月24日。

针对上述无效宣告请求，专利权人于2005年9月12日寄交了意见陈述书。在该意见陈述书中，专利权人认为：本专利权利要求1的镜片及其与密封圈的连接结构与证据1、2相比，无论在镜片的结构还是镜片与密封圈的连接结构均不一样，证距1、2、3均没有公开权利要求2的技术方案，权利要求2的技术特征也未在三份证据中有相关的提示性的内容，请求人所提出的的事实和理由均不能成立。

合议组于2006年8月23日向双方当事人分别发出了无效宣告请求口头审理通知书，定于2006年10月31日举行口头审理，并向双方当事人分别发出转送文件通知书，将专利权人于2005年9月12日寄交的意见陈述书转送给请求人，将请求人于2005年8月28日补充的4份证据转送给专利权人。

请求人于2006年9月6日寄交了意见陈述书，认为专利权人提交的意见陈述书的理由不能成立。

合议组于2006年9月14日向专利权人发出转送文件通知书，将请求人于2006年9月6日寄交的意见陈述书转送给专利权人。

专利权人于2006年9月25日寄交了意见陈述书，不同意检索报告中涉及的事实、理由和证据。

专利权人于2006年9月26日寄交了意见陈述书，不同意请求人2006年9月6日提交的意见陈述书的内容。

合议组于2006年10月16日向请求人发出转送文件通知书，将专利权人于2006年9月25日、2006年9月26日寄交的意见陈述书转送给请求人。

口头审理如期举行，双方当事人均出席口头审理。在口头审理中，

（1）请求人明确放弃证据2、6、7，证据4只是作为参考，认为证据1和证据5内容相同，用证据5和证据3评价本专利的新颖性和创造性。

（2）请求人明确无效理由为：权利要求1、3不符合专利法第22条第2款的规定，权利要求1~4不符合专利法第22条第3款的规定，具体评述方式为：用证据5评价权利要求1、3的新颖性、创造性，证据5结合证据3评价权利要求1~4的创造性。

（3）专利权人对证据1的真实性有异议，对证据3、4、5的真实性无异议，专利权人认为证据4、5不应该考虑。

至此，合议组认为本案事实已经清楚，现依法作出审查决定。

**二、决定的理由**

1. 关于证据

请求人放弃证据2、6、7，因此证据2、6、7不作为证据使用。请求人明确证据4只是作为参考。

证据1是台湾专利文献，经合议组核实，其真实性无异议，并且其公开日在本专利申请日之前，可以用于评述本专利的新颖性和创造性。

证据3是中国专利文献，专利权人对其真实性无异议，并且其公开日在本专利申请日之前，可以用于评述本专利的新颖性和创造性。

证据5是证据1的中国同族专利，二者内容相同，请求人在提出无效宣告请求时已经针对证据1具体陈述了意见，而且在证据4中也包括用证据5评价权利要求1~3的新颖性的内容，因此合议组对其予以考虑，证据5是中国专利文献，专利权人对证据5的真实性无异议，并且其公开日在本专利申请日之前，可以用于评述本专利的新颖性和创造性。

2. 关于专利法第22条第2款

专利法第22条第2款规定："新颖性，是指在申请日以前没有同样的发明或者实用新型在国内外出版物上公开发表过、在国内公开使用过或者以其他方式为公众所知，也没有同样的发明或者实用新型由他人向国务院专利行政部门提出过申请并且记载在申请日以后公布的专利申请文件中。"

（1）关于权利要求1的新颖性。

权利要求1的技术方案为：一种新结构游泳眼镜，由镜体、鼻扣、头带及密封圈等组成，其特征在于密封圈与头带呈一整体，密封圈上的绕套圈与镜体是以绕套式连接。

证据5（参见说明书第1~2页、附图1）公开了一种运动护目眼镜如游泳镜等，包括镜片2、连接件8、系结带3、镜框1，两镜片2可为与人体眼睛周边相吻合的弧形镜片体，该两弧形镜片体分别套置在各自镜框1的环形框槽5内，两镜片2的相邻一侧各连有一凸出连接座6，且两连接座6上有通孔7，连接件8两端的倒钩9分别穿过两连接座6的通孔7，使两镜框1及其镜片2连成一体，两镜框1外侧分别延伸连有两根系结带3，两对系结带3之间通过各自的扣具4连接在一起。镜框1由柔软材质制成，它与使用者眼框周部接触，形成较佳的贴触效果。

由此可见，证据5中的"镜片2""连接件8""系结带3""镜框1"分别相应于权利要求1的"镜体""鼻扣""头带""密封圈"。专利权人认为说明书附图2中清楚描述了密封圈上的绕套圈与镜体的绕套连接方式和结构，但是合议组认为，权利要求1中仅仅限定为"密封圈上的绕套圈与镜体是以绕套式连接"，没有对绕套式连接进行具体限定，根据《现代汉语词典》的解释，绕套含义为缠绕、互相衔接或重叠，证据5中两镜片2分别套置在各自镜框1的环形框槽5内，由此可见，证据5的环形框槽5相应于权利要求1中的绕套圈，其与镜片2之间的连接方式即为"绕套式"连接，也就是证据5已经公开了权利要求1的全部技术特征，因此权利要求1相对于证据5不具备新颖性，不符

合专利法第 22 条第 2 款的规定。

（2）关于权利要求 3 的新颖性。

权利要求 3 的技术方案为：根据权利要求 1 或 2 所述的新结构游泳眼镜，其特征在于左右镜体由中间的弓形鼻扣连接，鼻扣插入镜体中。

由上文可知，证据 5 中的“连接件 8”相应于权利要求 1 的“鼻扣”，也就是权利要求 3 的附加技术特征已经在证据 5 公开，因此在权利要求 1 不具备新颖性的前提下，权利要求 3 引用权利要求 1 的技术方案也不具备新颖性，不符合专利法第 22 条第 2 款的规定。

3. 关于专利法第 22 条第 3 款

专利法第 22 条第 3 款规定：创造性，是指同申请日以前已有的技术相比，该发明有突出的实质性特点和显著的进步，该实用新型有实质性特点和进步。

（1）关于权利要求 2 的创造性。

权利要求 2 的技术方案为：根据权利要求 1 所述的新结构游泳眼镜，其特征在于头带与密封圈是呈一体式，并有同为一个整体的绕套圈，绕套圈绕套在镜体周缘槽中，而绕套圈的尾部也相对应的紧紧嵌入镜体尾部中，并使该嵌入部位呈紧压状态。

由上文可知，“头带与密封圈是呈一体式，并有同为一个整体的绕套圈”已经在证据 5 公开，权利要求 2 相对于证据 5 的区别技术特征在于：绕套圈绕套在镜体周缘槽中，绕套圈的尾部也相对应的紧紧嵌入镜体尾部中，并使该嵌入部位呈紧压状态。

在证据 5 中，“两镜片 2 分别套置在各自镜框 1 的环形框槽 5 内”，与权利要求 2 的“绕套圈绕套在镜体周缘槽中”只是相互位置关系不同。此外，证据 3（参见说明书第 2 页倒数第 7 行至第 3 页第 4 行，附图 1-3）公开了一种运动潜水镜，包括镜片 1、护垫 2、鼻架 3、延伸带 4、扣具 5、系结带 6，其中镜片 1 由硬材成型，且侧边具有可透视侧缘 11，且在内侧设置接合部 12，并且该接合部 12 具有可供护垫 2 套合的接合缘 13；护垫 2、鼻架 3、延伸带 4 由软材一体成型，该护垫 2 为中空环形体，且对应镜片 1 接合缘 13 成型有套合部 21，使护垫 2 可由其挠性将套合部 21 套合在镜片 1 的接合缘 13 上，又在其内侧成型有外摺状的贴合部 22，贴合部 22 可保证配戴时与眼眶防水密合。

由此可见，证据 3 中“贴合部 22”“套合部 21”“镜片 1”相当于权利要求 2 中的“密封圈”“绕套圈”“镜体”，证据 3 中“套合部 21 套合在镜片 1 的接合缘 13”的套合方式与权利要求 2 的“绕套圈绕套在镜体周缘槽中”的套合方式同样也只是套合时的相互位置关系不同。但是合议组认为，套合时的构件相互位置关系的变化是本领域技术人员很容易想到的，并且位置关系的改变也并未带来更好的技术效果，因此在证据 5 的基础上结合证据 3 以获得权利要求 2 所要求保护的技术方案，对所属技术领域的技术人员来说是显而易见的，因此在权利要求 1 与证据 5 相比不具备新颖性的前提下，权利要求 2 不具备实质性特点和进步，不符合专利法第 22 条第 3 款有关创造性的规定。

（2）关于权利要求 3 的创造性。

权利要求 3 的技术方案为：根据权利要求 1 或 2 所述的新结构游泳眼镜，其特征在于左右镜体由中间的弓形鼻扣连接，鼻扣插入镜体中。

由上文可知，证据 5 中的“连接件 8”相应于权利要求 1 的“鼻扣”，也就是权利要求 3 的附加技术特征已经在证据 5 公开，因此在权利要求 2 不具备创造性的前提下，权利要求 3 引用权利要求 2 的技术方案也不具备创造性，不符合专利法第 22 条第 2 款的规定。

（3）关于权利要求 4 的创造性。

权利要求 4 的技术方案为：根据权利要求 1 所述的新结构游泳眼镜，其特征在于镜体尾部外表面完整的“箭头”型形状，1～4 部份是凸出的外弧形凸面，两个 1～5 部份是低于 1～4 的内弧形凸面，而1~6部份是两个完整的凹面弧形，并且这两个面是以一定斜度位于内弧面与外弧面之间。

权利要求4的上述附加特征只是对镜体尾部外表面形状进行了限定，没有带来任何有益的技术效果，因此在权利要求1与证据5相比不具备新颖性的前提下，权利要求4也不具备实质性特点和进步，不符合专利法第22条第3款的规定。

因此，权利要求1、3不符合专利法第22条第2款的规定，权利要求2~4不符合专利法第22条第3款的规定。对于请求人请求的其他证据和评述方式将不再详细评述。

**三、决定**

宣告99242920.X号实用新型专利权全部无效。

当事人对本决定不服的，可以根据专利法第46条第2款的规定，自收到本决定之日起三个月内向北京市第一中级人民法院起诉。根据该款的规定，一方当事人起诉后，另一方当事人应当作为第三人参加诉讼。

# 北京市第一中级人民法院
# 行政判决书

（2007）一中行初字第493号

原告天惠有机硅（深圳）有限公司，住所地广东省深圳市宝安区观澜镇惠民一路24号

委托代理人韦庆文，北京思创毕升专利事务所专利代理人

委托代理人林虹，深圳市中知专利商标代理有限公司专利代理人

被告国家知识产权局专利复审委员会，住所地北京市海淀区北四环西路9号银谷大厦10~12层

法定代表人廖涛，副主任

委托代理人苏青，国家知识产权局专利复审委员会审查员

委托代理人杨存吉，国家知识产权局专利复审委员会审查员

第三人深圳市鹏亿发精密模具有限公司，住所地广东省深圳市宝安区固戍村固戍一路231号二楼

法定代表人吴建峰，董事长

委托代理人曹建军，广东金圳律师事务所律师

原告天惠有机硅（深圳）有限公司（简称天惠公司）不服被告国家知识产权局专利复审委员会（简称专利复审委员会）2006年12月12日作出的第8973号无效宣告请求审查决定（简称第8973号决定），于法定期限内向本院提起诉讼。本院于2007年3月26日受理本案后，依法组成合议庭，并按照法律有关规定通知深圳市鹏亿发精密模具有限公司（简称鹏亿发公司）作为第三人参加诉讼，于2007年5月28日公开开庭进行了审理。原告天惠公司的委托代理人韦庆文、林虹，被告专利复审委员会的委托代理人苏青、杨存吉，第三人鹏亿发公司的委托代理人曹建军到庭参加了诉讼。本案现已审理终结。专利复审委员会第8973号决定系就鹏亿发公司对天惠公司享有的第99242920.X号实用新型专利（简称本专利）所提出的无效宣告请求作出的。专利复审委员会在该决定中认定：（1）关于证据。鹏亿发公司放弃证据2、证据6、证据7，因此不作为证据使用。鹏亿发公司明确证据4只是作为参考。证据1、证据3和证据5的真实性无异议，且公开日都在本专利申请日之前，可以用于评述本专利的新颖性和创造性。证据5是证据1的中国同族专利，二者内容相同，鹏亿发公司在提出无效宣告请求时已经针对证据1具体陈述了意见，而且在证据4中也包括用证据5评价权利要求1~3的

新颖性的内容，因此专利复审委员会对其予以考虑。(2) 关于专利法第 22 条第 2 款。①关于权利要求 1 的新颖性。证据 5 中的“镜片 2”“连接件 8”“系结带 3”“镜框 1”分别相应于本专利权利要求 1 的“镜体”“鼻扣”“头带”“密封圈”。权利要求 1 中仅仅限定为“密封圈上的绕套圈与镜体是以绕套式连接”，没有对绕套式连接进行具体限定，证据 5 中两镜片 2 分别套置在各自镜框 1 的环形框槽 5 内，由此可见，证据 5 的环形框槽 5 相应于权利要求 1 中的绕套圈，其与镜片 2 之间的连接方式即为“绕套式”连接，即证据 5 公开了权利要求 1 的全部技术特征，因此权利要求 1 相对于证据 5 不具备新颖性，不符合《专利法》第二十二条第二款的规定。②关于权利要求 3 的新颖性。证据 5 中的“连接件 8”相应于权利要求 1 的“鼻扣”，即权利要求 3 的附加技术特征已经在证据 5 公开，因此在权利要求 1 不具备新颖性的前提下，权利要求 3 引用权利要求 1 的技术方案也不具备新颖性，不符合《专利法》第二十二条第二款的规定。(3) 关于《专利法》第二十二条第三款的规定。①关于权利要求 2 的创造性。“头带与密封圈是呈一体式，并有同为一个整体的绕套圈”已经在证据 5 公开，权利要求 2 相对于证据 5 的区别在于：绕套圈绕套在镜体周缘槽中，绕套圈的尾部也相对应的紧紧嵌入镜体尾部中，并使该嵌入部位呈紧压状态。在证据 5 中，“两镜片 2 分别套置在各自镜框 1 的环形框槽 5 内”，与权利要求 2 的“绕套圈绕套在镜体周缘槽中”只是相互位置关系不同。此外，证据 3 中“贴合部 22”“套合部 21”“镜片 1”相当于权利要求 2 中的“密封圈”“绕套圈”“镜体”，证据 3 中“套合部 21 套合在镜片 1 的接合缘 13”的套合方式与权利要求 2 的“绕套圈绕套在镜体周缘槽中”的套合方式同样也只是套合时的相互位置关系不同。而套合时的构件相互位置关系的变化是本领域技术人员很容易想到的，并且位置关系的改变也并未带来更好的技术效果，因此在证据 5 的基础上结合证据 3 以获得权利要求 2 所要求保护的技术方案，对所属技术领域的技术人员来说是显而易见的，因此在权利要求 1 与证据 5 相比不具备新颖性的前提下，权利要求 2 不具备实质性特点和进步，不符合《专利法》第二十二条第三款有关创造性的规定。②关于权利要求 3 的创造性。由于权利要求 3 的附加技术特征已经在证据 5 公开，因此在权利要求 2 不具备创造性的前提下，权利要求 3 引用权利要求 2 的技术方案也不具备创造性，不符合《专利法》第二十二条第三款的规定。③关于权利要求 4 的创造性。权利要求 4 的附加特征只是对镜体尾部外表面形状进行了限定，没有带来任何有益的技术效果，因此在权利要求 1 与证据 5 相比不具备新颖性的前提下，权利要求 4 也不具备实质性特点和进步，不符合专利法第二十二条第三款的规定。据此，专利复审委员会作出第 8973 号决定，宣告本专利权全部无效。原告天惠公司不服，在法定期限内向本院提起行政诉讼，其诉称：(1) 专利复审委员会对本专利权利要求 1 和 3 的新颖性认定有误。将证据 5 与本专利权利要求 1 比较，可以清楚地看出：①二者的技术领域近似。本专利是“游泳镜”，证据 5 公开的是“运动护目眼镜”，二者的技术领域近似，但是产品不同，本专利“游泳镜”属于证据 5 的“运动护目眼镜”的下位概念。②二者所解决的技术问题不同。本专利解决的是在水中使用安全可靠（防水），防止头带断裂和密封圈脱出的问题。而证据 5 解决的是“美观”、“舒适”、“牢固定位”的问题。③二者的技术方案不同。④二者的预期效果不同。因此，本专利的权利要求 1 符合《专利法》第二十二条第二款新颖性的规定。在权利要求 1 具有新颖性的前提下，从属权利要求 3 也具备新颖性。(2) 关于本专利权利要求2~4 的创造性。与被引用的权利要求 1 比较，权利要求 2 增加了 3 个技术特征：①“绕套圈绕套在镜体周缘槽中”；②“绕套圈”与头带和密封圈同为一个整体；③“绕套圈的尾部也相对应的紧紧嵌入镜体尾部中，并使该嵌入部位呈紧压状态”。专利复审委员会只对区别技术特征 1 进行了比对，而忽略或者回避了区别特征②和③。区别特征②是为了实现在水下使用密封、安全的目的，绕套圈采用与头带与密封圈同为一个整体的结构，比较非同一整体的结构，同一整体的结构无疑是一种更优选的结构。区别特征 3，对于解决“头带被硬质镜体或带扣划破、磨损而造成的断裂情况”的问题以及达到在水下使用密封、安全的目的，无疑也是一种更优选的结构。对于区别特征①，a. 关于证据5。首先，权利要求2增加了一个“周缘槽”，而该结构是证据5中根本不存在、也没有任何启示。并且，权利要求2的绕套圈绕套在周缘槽的槽体中，其连接的结构关系清楚，这样的紧密结合起到密封防水、又防脱落的作用，该连接方式在证据5中根本不存在、也没有任何启示。因此，权利要求2的区别特征1与证据5绝不只是互相位置关系不同。b. 关于证据3。专利复审委员会将证据3中分置于护垫2内外两侧的“贴合部22”“套合部21”与权利要求2中同为一体的“密封圈”、“绕套圈”混为一谈，将证据3中仅含有单一边缘结合缘13的镜片1与权利要求2中含有“周缘槽”这种特定的凹槽式结构的镜体相提并论。显然，同为一体的“密封圈”“绕套圈”的密封防水作用是优于分置于内外两侧的“贴合部22”“套合部21”的；嵌入凹槽式结构的绕套圈与周缘槽的结合紧密程度，也一定是优于仅有单一结合缘13与护垫2的结合程度的。同时，本专利权利要求2的技术方案在证据5的基础上结合证据3，如果不经过创造性的劳动，也是无法得到的。因此，本专利权利要求2具备创造性。权利要求3引用权利要求2，因此在权利要求2具有创造性的前提下，权利要求3也具有创造性。权利要求4的附加特征的作用是“由于……镜体尾部槽中的绕套圈部位是呈紧压状态嵌入的，因此在承受一定的拉力时也不会脱出，而绕套圈在拉力的作用下，也会更紧密的绕在镜体的周缘槽中，更保证绕套圈不会被脱出，而达到密封圈不会脱出的目的”。同时，在权利要求1具备创造性的前提下，权利要求4也具备创造性。（3）行政行为违法。①专利复审委员会未向天惠公司转交鹏亿发公司的第二次意见陈述书，因此原告不清楚鹏亿发公司对证据5的意见。②证据4作为报告其名称错误，专利复审委员会没有交换证据4中的附件，因此不清楚该报告是针对什么作出的。综上所述，专利复审委员会的第8973号决定事实认定有误，程序违法，请求法院撤销第8973号决定，维持本专利权有效。被告专利复审委员会除坚持在第8973号决定中的意见外，并辩称：（1）有关权利要求1、3新颖性认定。本专利是“游泳眼镜”，证据5涉及“运动护目眼镜如游泳镜”，二者技术领域相同。证据5中“镜框1由柔软材质制成，它与使用者眼框周部接触，形成较佳的贴触效果”，“镜框1”相应于权利要求1的“密封圈”，同样也能起到密封作用，解决了防水、密封问题。（2）有关权利要求2的创造性认定。权利要求2中区别特征2已经在证据5公开，区别特征3不是技术特征，而是采用“绕套圈绕套在镜体周缘槽中”方式产生的结果。综上，专利复审委员会认为第8973号决定认定事实清楚，适用法律正确，审理程序合法，请求法院驳回天惠公司的诉讼请求，维持专利复审委员会的第8973号决定。第三人鹏亿发公司除同意第8973号决定中的认定外，还述称：（1）关于权利要求1的新颖性。本专利权利要求1与证据5属于相同的技术领域，技术方案的用词不同，但实质上相同，因而它们能够解决相同的技术问题，并具有相同的预期效果。众所周知，所有的游泳眼镜，必须具有密封圈，并且它的密封圈与镜片都是绕套连接的，没有这些技术特征，游泳眼镜将不能防水，因而不能实现它的基本功能。（2）关于权利要求2的创造性。对于天惠公司主张的区别特征1，在镜体中的周缘开槽是公知技术特征，而且证据3的图1可以清楚地看出，镜片的周缘是有槽的，图4表示了绕套圈与镜片的绕套方式，图2、3、5和6显示了绕套后的效果。对于天惠公司主张的区别特征2，由于所有的游泳眼镜的密封圈与绕套圈都是一个整体的，而且证据5中已经予以公开，因此专利复审委员会并没有回避该特征。对于天惠公司主张的区别特征3，是绕套圈绕套的必然结果，由于绕套圈是一个有弹性的环形圈，其绕在镜片上，绕套圈的尾部不可能不嵌入镜片的尾部的凹形槽内，因而不能将它作为一个独立的技术特征看待。而天惠公司并未说明对绕套圈的尾部与镜体的尾部的连接结构的配合关系进行什么限定。（3）关于权利要求4的创造性。权利要求4进一步限定的附加技术特征不能解决任何技术问题，说明书也没有说明它是用来解决什么技术问题，能带来什么技术效果。事实上，它带来了负面效果，因非箭头形状的尾部可以扩大视野，用箭头形状，由于光的折射而使戴镜者看不清本来通过尾部可以看清的东西，因此被告专利复审委员会的第8973号决定认定事实清楚，适用法律正确，审理程序合法，请求法院驳回天惠公司的诉讼请求，维持专利复审委员会的第8973号决定。

本院经审理查明：

名称为“新结构游泳眼镜”的99242920. X号实用新型专利（即本专利）由天惠公司于1999年9月9日向国家知识产权局提出申请，2000年8月23日被授权公告，专利号为99242920. X。本专利授权公告的权利要求书如下：

“1. 一种新结构游泳眼镜，由镜体、鼻扣、头带及密封圈等组成，其特征在于密封圈与头带呈一整体，密封圈上的绕套圈与镜体是以绕套式连接。

2. 根据权利要求1所述的新结构游泳眼镜，其特征在于头带与密封圈是呈一体式，并有同为一个整体的绕套圈，绕套圈绕套在镜体周缘槽中，而绕套圈的尾部也相对应的紧紧嵌入镜体尾部中，并使该嵌入部位呈紧压状态。

3. 根据权利要求1或2所述的新结构游泳眼镜，其特征在于左右镜体由中间的弓形鼻扣连接，鼻扣插入镜体中。

4. 根据权利要求1所述的新结构游泳眼镜，其特征在于镜体尾部外表面完整的“箭头”型形状，1~4部份是凸出的外弧形凸面，两个1~5部份是低于1~4的内弧形凸面，而1~6部份是两个完整的凹面弧形，并且这两个面是以一定斜度位于内弧面与外弧面之间。”

根据本专利说明书的记载，已知的泳镜技术中，一般是只由一根头带通过带扣再与两镜体连接，使用中头带在拉力的作用下，会常有头带被硬质镜体或带扣划破、磨损而造成的断裂情况。另外，左右密封圈是以单体的形式绕套在两镜体的周缘槽内，使用中与脸部接触的密封圈在移动时，或是在入水时，或是受到其他无意识的破坏性外力时，密封圈有从镜体上的装配槽中脱出的可能。本实用新型的目的在于改良上述的不良状态，本实用新型的密封圈与头带呈一体式的方式，能有效抑制密封圈会脱出的可能。当头带绕套在镜体上时，也就是与之一体的密封圈也同时绕套在镜体上，由于绕套圈部分是紧紧绕在镜体周缘的装配槽内，并且镜体尾部槽中的绕套圈部位是呈紧压状态嵌入的，因此在承受一定的拉力时也不会脱出，而绕套圈在拉力的作用下，也会更紧密地绕在镜体的周缘槽中，更保证绕套圈不会被脱出，而达到密封圈不会脱出的目的。

2005年8月1日，鹏亿发公司以本专利不符合《专利法》第二十二条第二款和第三款的规定为由，向专利复审委员会提出无效宣告请求。并提交了证据1、证据2、证据3，2005年8月28日，又补充提交了证据4、证据5、证据6、证据7。其中：

证据1：中国台湾申请号83211395、公告号237960的新型专利公报和专利说明书，公告日为1995年1月1日。

证据3：中国98226413. 5号实用新型专利说明书，公告日为1999年6月16日。其说明书第2页倒数第7行至第3页第4行，附图1-3公开了一种运动潜水镜，包括镜片1、护垫2、鼻架3、延伸带4、扣具5、系结带6，其中镜片1由硬材成型，且侧边具有可透视侧缘11，且在内侧设置接合部12，并且该接合部12具有可供护垫2套合的接合缘13；护垫2、鼻架3、延伸带4由软材一体成型，该护垫2为中空环形体，且对应镜片1接合缘13成型有套合部21，使护垫2可由其挠性将套合部21套合在镜片1的接合缘13上，又在其内侧成型有外摺状的贴合部22，贴合部22可保证配戴时与眼眶防水密合。

证据4：为国家知识产权局专利检索咨询中心出具的编号为G051396的《检索报告》，共4页。其项目名称为新结构游泳眼镜，委托单位为深圳市永杰专利商标事务所，委托人曹建军，委托日期为2005年8月1日。

证据5：中国95240026.X号实用新型专利说明书，公告号为2227504，公告日为1996年5月22日。其说明书第1~2页和附图1公开了一种运动护目眼镜如游泳镜等，包括镜片2、连接件8、系结带3、镜框1，两镜片2可为与人体眼睛周边相吻合的弧形镜片体，该两弧形镜片体分别套置在各自镜框1的环形框槽5内，两镜片2的相邻一侧各连有一凸出连接座6，且两连接座6上有通孔7，连接件8两端的倒钩9分别穿过两连接座6的通孔7，使两镜框1及其镜片2连成一体，两镜框1外侧分别延伸连有两根系结带3，两对系结带3之间通过各自的扣具4连接在一起。镜框1由柔软材质制成，它与使用者眼框周部接触，形成较佳的贴触效果。

2006年10月31日，专利复审委员会进行了口头审理。在口头审理过程中：（1）鹏亿发公司明确放弃证据2、证据6、证据7，证据4只是作为参考，认为证据1和证据5内容相同，用证据5和证据3评价本专利的新颖性和创造性。（2）鹏亿发公司明确无效理由为：权利要求1、3不符合《专利法》第二十二条第二款的规定，权利要求1~4不符合《专利法》第二十二条第三款的规定，用证据5评价权利要求1、3的新颖性、创造性，证据5结合证据3评价权利要求1~4的创造性。（3）天惠公司对证据1的真实性有异议，对证据3、证据4、证据5的真实性无异议，但认为证据4、证据5不应该考虑。

2006年12月12日，专利复审委员会作出第8973号决定。

本案庭审过程中，天惠公司强调鹏亿发公司没有针对证据5进行意见陈述，而且证据1和证据5的内容不完全相同，证据1没有提到游泳镜，而证据5提到了游泳镜，可能会导致技术领域认定的不同。

上述事实，有本专利授权公告文本、证据1、证据3和证据5、第8973号决定、口头审理记录表及当事人陈述等证据在案佐证。

本院认为：

（1）关于程序。

证据4是国家知识产权局专利检索咨询中心出具的检索报告，鹏亿发公司明确其只作为参考，而且在第8973号决定中并未使用该证据评价本专利的新颖性和创造性，因此该报告的名称是否错误，专利复审委员会是否转交该证据的附件，与本案没有关联性，因此本院不予审理。

（2）关于证据。

证据5是证据1的中国同族专利，专利复审委员会在决定中采纳证据5的部分与证据1的内容相同，而鹏亿发公司已经针对证据1发表了意见，尽管专利复审委员会在第8973号决定的第4页第1行表述存在瑕疵，但并不影响相关理由和结论的得出，因此专利复审委员会采信证据5程序合法，对于天惠公司关于专利复审委员会考虑证据5程序违法的主张，本院不予支持。

（3）关于新颖性。

《专利法》第二十二条第二款规定，实用新型的新颖性，是指在申请日以前没有同样的实用新型在国内外出版物上公开发表过，在国内公开使用过或者以其他方式为公众所知，也没有同样的实用新型由他人向国务院专利行政部门提出过申请并且记载在申请日以后公布的专利申请文件中。

①权利要求1的新颖性。

本案争议的焦点在于证据5中的“镜片2”与本专利的“镜体”是否相同，证据5中的“镜框1”与本专利的“密封圈”是否相同，证据5中的“两镜片分别套置在各自镜框1的环形框槽5”与本专利权利要求1“密封圈上的绕套圈与镜体是以绕套式连接”是否相同。证据5中的镜框由柔软材质构成，它与使用者眼眶周部接触，形成较佳的贴触效果，而由证据5附图1可见，镜框内侧的高出部分与眼睛周部接触，该结构能够达到密封的效果，其相当于密封圈，因此本专利的密封圈已经在证据5中公开，证据5的镜框上的环形框槽5相当于本专利权利要求1中的绕套圈，镜片2套置在环形框槽内即相当于本专利权利要求1的“绕套式”连接；而镜片和镜体只是措辞不同，因此权利要求1的镜体已经在证据5中予以公开。至于天惠公司主张权利要求1的镜体包括镜片，其还含有周缘槽的主张，由于周缘槽的结构特征并没有在权利要求1中出现，因此在评价权利要求1的新颖性时，本院不予考虑。由此可知，本专利权利要求1保护的技术方案与证据5公开的技术方案实质上相同，所属技术领域的技术人员根据两者的技术方案可以确定两者能够适用于相同的技术领域，即游泳眼镜；解决相同的技术问题，即密封防水的技术问题，并产生相同的预期效果，因此两者为同样的实用新型。综上所述，本专利权利要求1相对于证据5不具备新颖性，不符合《专利法》第二十二条第二款的规定。天惠公司关于技术领域、解决的技术问题、技术方案和预期的技术效果不同的主张，本院不予支持。

②权利要求3的新颖性。

权利要求3的附加技术特征已经在证据5中公开，而且天惠公司对此也无异议，因此在权利要求1不具备新颖性的前提下，权利要求3引用权利要求1的技术方案也不具备新颖性，不符合《专利法》第二十二条第二款的规定。

（4）关于创造性。

《专利法》第二十二条第三款规定，实用新型的创造性，是指同申请日以前已有的技术相比，该实用新型有实质性特点和进步。

①关于权利要求2的创造性。

天惠公司主张权利要求2与证据5相比存在如下三个区别技术特征：a.“绕套圈绕套在镜体周缘槽中”；b.“绕套圈”与头带和密封圈同为一个整体；c.“绕套圈的尾部也相对应的紧紧嵌入镜体尾部中，并使该嵌入部位呈紧压状态”。

对于区别特征b。由于证据5已经公开了镜框与系结带（相当于本专利权利要求2的头带）成一整体，而镜框包含了密封圈和环形框槽，因此本专利上述区别特征2实际上已经在证据5中予以公开。

对于区别特征a，其中的结构特征周缘槽没有在证据5中公开，该周缘槽的作用是将绕套圈绕套其中。证据3中公开的镜片侧边具有可透视侧缘11，且在内侧设置结合部12，并且该结合部12具有可供护垫2套合的接合缘13，其所起的作用与本专利周缘槽所起的作用相同，是用于将套合部（相当于绕套圈）绕套其中的。因此该区别特征已经在证据3中予以公开，而周缘槽的结构并未在本专利权利要求2中予以限定，因此关于天惠公司认为本专利的周缘槽是特定的凹槽式结构，与证据3中仅含有单一边缘的结合缘13不相同的主张，本院不予支持。

对于区别特征3，绕套圈绕套在镜体周缘槽中，必然使绕套圈的尾部相对应地嵌入镜体尾部中，而嵌入部位呈紧压状态属于效果特征，因此该区别特征实质上是区别特征1所带来的必然结果。综上所述，权利要求2相对于证据5和证据3不具备创造性，不符合《专利法》第二十二条第三款的规定。

②关于权利要求3的创造性。

由于权利要求3进一步限定的附加技术特征已经在证据5中予以公开，因此当其引用的权利要求2不具备创造性时，权利要求3不具备创造性，不符合《专利法》第二十二条第三款的规定。

③关于权利要求4的创造性。

权利要求4的附加特征只是对镜体尾部外表面形状进行了限定，没有带来任何有益的技术效果，因此在权利要求1相对于证据5不具备新颖性的前提下，权利要求4也不具备创造性，不符合《专利法》第二十二条第三款的规定。天惠公司主张的本专利权利要求4的附加技术特征所产生的技术效果是本专利的整个技术方案所产生的技术效果，而非上述附加技术特征所产生的技术效果，因此对于天惠公司的上述主张，本院不予支持。

综上，被告专利复审委员会作出的第8973号决定程序合法，证据充分，适用法律正确，应予维持。原告天惠公司请求撤销该决定的理由不能成立，本院不予支持。依照《中华人民共和国行政诉讼法》第五十四条第（一）项之规定，本院判决如下：

维持被告国家知识产权局专利复审委员会作出的第8973号无效宣告请求审查决定。

案件受理费1000元，由原告天惠有机硅（深圳）有限公司负担（已交纳）。

如不服本判决，各方当事人可于本判决送达之日起15日内，向本院提交上诉状及其副本，并交纳上诉案件受理费100元，上诉于北京市高级人民法院。

审 判 长 姜 颖
代理审判员 侯占恒
代理审判员 刘元霞
二〇〇七年七月二十七日
书 记 员 乔 平

008

# 双囊三腔前列腺灌注引流管

## 无效宣告请求审查决定（第9023号）

**决　　定　　点**　第9023号
**决　　定　　日**　2006年12月8日
**发明创造名称**　双囊三腔前列腺灌注引流管
**国 际 分 类 号**　A61M 1/00，31/00，39/00
**无效宣告请求人**　湛江市事达实业有限公司
**专 利 权 人**　黄卫东
**专　　利　　号**　97224826.9
**申　　请　　日**　1997年8月22日
**授 权 公 告 日**　1999年1月20日
**合 议 组 组 长**　陈迎春
**主　　审　　员**　刘颖杰
**参　　审　　员**　王琦琳

**法 律 依 据**　专利法第22条第2款、第3款
**决 定 要 点**

一项发明省去一项或多项要素后其功能也相应地消失，并且该要素的省略并未带来预料不到的技术效果，则该发明不具备创造性。

### 一、案由

本无效宣告请求涉及国家知识产权局1999年1月20日授权公告的97224826.9号实用新型专利权，其发明名称是“双囊三腔前列腺灌注引流管”，专利权人是黄卫东。上述专利（下称本专利）授权公告的权利要求是：

“1. 一种双囊三腔前列腺灌注引流管，包括一管体，管体内设有尿道球部气囊管腔（1）和膀胱颈部气囊管腔（2），在管体的前部设有尿道球部气囊（4）和膀胱颈部气囊（5）分别包在管体的周围；尿道球部气囊管腔（1）和膀胱颈部气囊管腔（2）的前端分别通至尿道球部气囊（4）和膀胱颈部气囊（5），它们的尾端通过管体尾部的开口引至管体外并在管口分别装有单向气阀（8），其特征在于：管体内还设有注药引流管腔（3），注药引流管腔（3）的前端开口于两气囊之间的管体壁上，其尾端开口于管体尾部而通至管体外。

2. 根据权利要求1所述的双囊三腔前列腺灌注引流管，其特征在于：所述管体尾部从表面凸起形成几个管状分枝，各分枝内分别包含尿道球部气囊管腔（1）膀胱颈部气囊管腔（2）和注药引流

管腔（3）等管腔的尾段。

3. 根据权利要求1或2所述的双囊三腔前列腺灌注引流管，其特征在于：所述管体包括内层的导管支架（6）和外层的导管外套（7），尿道球部气囊管腔（1）膀胱颈部气囊管腔（2）和注药引流管腔（3）的大部分位于导管支架（6）内，导管支架（6）的硬度比导管外套（7）大。

4. 根据权利要求1或2所述的双囊三腔前列腺灌注引流管，其特征在于：所述管体的材料为橡胶。

5. 根据权利要求3所述的双囊三腔前列腺灌注引流导管，其特征在于：所述管体的材料为橡胶。

6. 根据权利要求1或2或5所述的双囊三腔前列腺灌注引流管，其特征在于：所述注药引流管腔（3）的前端在管体壁上的开口为数个。

7. 根据权利要求3所述的双囊三腔前列腺灌注引流管，其特征在于：所述注药引流管腔（3）的前端在管体壁上的开口为数个。

8. 根据权利要求4所述的双囊三腔前列腺灌注引流管，其特征在于：所述注药引流管腔（3）的前端在管体壁上的开口为数个。”

针对本专利，湛江市事达实业有限公司（下称请求人）于2005年6月10日向专利复审委员会提出无效宣告请求，理由是本专利的权利要求1~8不具备新颖性、创造性，不符合专利法第22条第2、3款的规定。请求人共提供了四份对比文件：

对比文件1：CN88212101U号中国实用新型专利申请说明书，其公告日是1988年11月23日；

对比文件2：90204803.1号中国实用新型专利申请说明书，其公告日是1991年3月6日；

对比文件3：90204802.3号中国实用新型专利申请说明书，其公告日是1991年12月4日；

对比文件4：91231419.2号中国实用新型专利申请说明书，其公告日是1992年5月27日。

请求人认为，对比文件1与本专利属于同一技术领域，所要解决的是相同的技术问题，技术方案实质上相同，预期效果相同，本专利与对比文件1相比不具备新颖性；另外，本专利与对比文件2~4相比，区别在于导管支架6外面包裹有导管外套7，而导管外套7较为柔软，但是为了使引流管表面柔软而增设一个柔软层，这对本领域技术人员来说是显而易见的，因而本专利不具备创造性。

经形式审查合格，专利复审委员会受理了上述无效宣告请求，并于2005年8月17向请求人和专利权人发出《无效宣告请求受理通知书》，同时将请求人提交的《专利权无效宣告请求书》及其对比文件1~4的副本转给专利权人，并要求其在一个月内对该无效宣告请求陈述意见，期满未答复的，不影响专利复审委员会审理。

专利权人于2005年9月20日提交了意见陈述书，认为与对比文件1~4相比，本专利具备新颖性、创造性，请求专利复审委员会驳回请求人的无效宣告请求。对于请求人的四份对比文件，专利权人认为，本专利权利要求与对比文件1的区别在于：（1）本专利在膀胱内没有开口，而对比文件1是一种包含有四腔及两气囊的导尿管；（2）本专利的注药引流管腔为注药和引流的双向管腔，而对比文件1仅为单向注药管；（3）本专利对气囊的位置结构关系限定在尿道球部和膀胱颈部，而对比文件1则不是。而本专利从属权利要求与对比文件1的区别在于，本专利的引流管包括内层的导管支架和外层的导管外套，导管支架的硬度比导管外套大，而对比文件1为一体化导管结构。

专利权人认为对比文件1的缺点是灌注药液易返流至膀胱，从而影响对前列腺的治疗效果，对比文件1希望通过膀胱气囊和尿道气囊令两个气囊间的后尿道形成闭合腔在实际中做不到，因为膀胱颈部气囊会随着药液的注入而左右摆动，气囊的存在只能增加灌注药液对两气囊之间尿道壁的压力，这种压力只能形成对尿道壁的灌注冲洗作用。而本专利取消了对比文件1中的导尿管腔，通过注药引流管外接注药器快速注入药液灌注冲洗前列腺及前列腺尿道段，通过药物融解前列腺腺泡，腺管以及物理冲洗前列腺尿道段前列腺窦部位的炎性分泌物并结合前列腺按摩以及排尿达到引流目的。由于不刻意要求闭合两气囊之间的尿道，只是为了增加灌注时的压力，因而忽略了药液返流膀胱的问题。由于冲洗操作时间很短，所以就不必留下导尿管腔和膀胱内的导尿管开口，这对工艺十分有利，也有利于控制并尽量缩小管径的直径使导管更细，以减轻导管插入时对尿道黏膜的刺激并减轻患者的心理压力。同时，专利权人认为由于90%以上的慢性前列腺炎是非细菌性的，用抗生素前列腺局部抑菌或杀菌作为治疗慢性前列腺炎的手段没有临床意义，而如何有效引流前列腺腺管和腺泡内由于尿液返流所造成的炎性分泌物，有效清除阻塞物才是前列腺病研究的新热点。因此，专利权人认为，本专利不只是简单的去掉一个导尿管结构，而是基于对前列腺病的进一步研究和认识的基础上产生的，其相对于对比文件1~4具备新颖性和创造性。

专利复审委员会依法组成合议组，对本案进行审理。合议组于2006年6月28日向请求人和专利权人发出《无效宣告请求口头审理通知书》，告知双方合议组定于2006年8月7日对本案进行口头审理，同时将专利权人于2005年9月20日提交的意见陈述书的副本转给请求人。

口头审理如期举行，请求人委托广州市南锋专利事务所有限公司专利代理人蔡蔚毅参加口头审理，专利权人黄卫东及其委托的北京万科园知识产权代理有限责任公司专利代理人杜澄心参加口头审理。在口头审理中，请求人明确其无效宣告请求的理由是本专利不符合专利法第22条第2、3款的规定，证据是对比文件1~4。专利权人对证据的真实性没有异议，但认为对比文件1、3、4都是导尿型的注入管，需要注药和导尿，本专利则不以注药为目的，而是冲洗尿道前列腺段的污物，从而引流，是一个冲洗过程，治疗时间很快，所以不需要导尿，同时本专利是由外层和内层套在一起的，是外软内硬的结构，与对比文件不同。请求人认为对比文件1公开的技术特征与权利要求1的内容完全相同，而专利权人认为对比文件1中的导管具有导尿功能并且其注药管是单向的，而本专利没有导尿管，且“注药和引流管腔”与对比文件的“注药管”不同；同时，本专利对气囊的部位进行了详细的描述，因而本专利具有创造性。请求人认为，对比文件具有治疗前列腺和导尿两个功能，本专利只是从中单独提出了一个治疗前列腺的功能，并且对比文件1中没有强调是单向还是双向的，“注药引流管腔”和“注药管”是相同的技术特征；另外，本专利权利要求中并没有定义气囊的位置，只是定义了一个名词，与对比文件只是名称不同；本专利只是省略了导尿的功能，对比文件也可以实现单纯注药而不导尿的功能，因此本专利不具备创造性。专利权人认为，“膀胱气囊”和“膀胱颈部气囊”是不一样的。对比文件的导尿功能要是去掉的话装置就没有作用了，而本专利不需要导尿也可以实现所述功能。请求人认为，对比文件1和本专利唯一的区别是对比文件1增加了导尿的功能，而本专利没有，其他功能都相同。对于从属权利要求，请求人认为在权利要求1不具备创造性的基础上，权利要求2也不具备创造性，而权利要求3、4的附加技术特征已被对比文件1公开，因而不具备创造性，在前述权利要求不具备创造性的基础上，权利要求5~8也不具备创造性。专利权人认为，在权利要求1具有创造性的基础上，其从属权利要求2、4~8都具备创造性，同时权利要求3的附加技术特征的夹层是具有一定效果的，对比文件1中没有夹层，因而具有创造性。

对于对比文件2~4，请求人认为对比文件1、3、4的内容是一样，对比文件2与上述三份对比文件相比的不同之处是其是三个管的。

至此，本案合议组认为案件事实已经清楚，经合议，现作出如下审查决定。

**二、决定的理由**

1. 关于证据

请求人提交的证据对比文件1~4均是中国专利文献，其公开日均在本专利的申请日之前，其上记载的内容可以作为本专利的现有技术。

2. 关于本专利的新颖性

专利法第 22 条第 3 款规定，新颖性，是指在申请日以前没有同样的发明或者实用新型在国内外出版物上公开发表过、在国内公开使用过或者以其他方式为公众所知，也没有同样的发明或者实用新型由他人向国务院专利行政部门提出过申请并且记载在申请日以后公布的专利申请文件中。

根据审查指南第二部分第三章第 3.1 节的规定，同样的发明或者实用新型是指二者的技术方案相同，适用于相同的技术领域，解决相同的技术问题，并具有相同的预期效果。

具体到本案而言，对比文件 1 公开了一种慢性前列腺炎局部给药导管，其是由导管构成，导管包含有四腔及两气囊，导管尾部设有四管分别与四腔连通，其中四管分别是注药管、排尿管和两气囊的注气管，导管插入膀胱，给两气囊充气，然后再注入药液，使药液慢慢进入前列腺体内，尿液从膀胱内引流出来。

对比文件 1 与本专利属于相同的技术领域，且都是为了给前列腺给药，但是两者在技术方案上有所差别，本专利的灌注引流管仅有三腔，与对比文件 1 相比去掉了导尿管。如本专利说明书中所述，本专利去掉导尿管的原因在于，对比文件 1 的导管在向前列腺给药时，由于导尿管的存在，会使膀胱内的液压降低，不利于膀胱颈部气囊对膀胱的封闭作用，因而会使灌注的药液易返流至膀胱。

由此可知，本专利与对比文件 1 相比，两者的技术方案存在差别，且具有不同的预期效果，本专利的灌注引流管取消了导尿管，利用膀胱内的尿液反射所产生的压力加强膀胱颈部气囊的封闭作用，从而防止药液返流至膀胱内，这一点与对比文件 1 不同。因而，与对比文件 1 的技术方案相比，本专利权利要求 1 具备新颖性。

由于本专利权利要求 1 相对于对比文件 1 具备新颖性，引用或间接引用权利要求 1 的从属权利要求 2~8 相对于对比文件 1 也都具备新颖性。

对比文件 3 公开了一种具有注液孔的导尿管，对比文件 4 公开了一种前列腺疾病导尿管，与对比文件 1 相同，这两篇对比文件所公开的导尿管都具有向前列腺给药和导尿的功能，因而本专利与这两篇对比文件相比，其技术方案也是不同的，本专利具备新颖性。

对比文件 2 公开了一种前列腺止血导尿管，其除了导尿外还利用气囊压迫前列腺组织以达到止血的目的，对比文件 2 没有注药引流管腔及该腔通往尿道前列腺部的开口，所要解决的技术问题不同，预期效果也不同，因而相对于对比文件 2，本专利具备新颖性。

3. 本专利的创造性

专利法第 22 条第 3 款规定，创造性，是指同申请日以前已有的技术相比，该发明有突出的实质性特点和显著的进步，该实用新型有实质性特点和进步。

（1）具体到本案而言，对比文件 1 与本专利属于相同的技术领域，本专利权利要求 1 的技术方案相对于对比文件 1 来说，其区别仅在于取消了其中的导尿管腔，由“四腔”变为“三腔”，根据审查指南第二部分第四章第 4.6.3 节的规定，上述改变属于要素省略。要素省略是指省去已知产品或者方法中的某一项或多项要素，如果发明省去一项或多项要素后其功能也相应地消失，则该发明不具备创造性；而如果省去一项或多项要素后，依然保持原有的全部功能，或者带来预料不到的技术效果，则具备创造性。根据审查指南第二部分第四章第 5.3 节的规定，预料不到的技术效果，是指发明同现有技术相比，其技术效果产生“质”的变化，具有新的性能；或者产生“量”的变化，超出人们预期的想象。这种“质”的或者“量”的变化，对所属技术领域的技术人员来说，事先无法预测或者推理出来。

如本专利说明书中所述，去掉导尿管的目的是为了防止在向前列腺给药时，由于膀胱内尿液从导尿管排出而使膀胱内液压降低，从而造成药液返流至膀胱内。但是，去掉导尿管的同时，本专利产品同时也失去了导尿的功能；而对于本领域技术人员来说，因为去掉导尿管而使膀胱内尿液无法流出，致使膀胱内的液压不降低，这种效果是事先可以预测的，这一改变并没有产生预料不到的技术效果，因此根据审查指南的上述规定，本专利权利要求 1 的技术方案不具备创造性。

专利权人认为本专利的尿道球部气囊、膀胱颈部气囊和注药引流管腔均不同于对比文件 1 中的气囊和注药管，但是这种不同仅仅是名称上的不同，对比文件 1 中的两气囊工作时所处的位置也和本专利的气囊所处位置相同，功能也相同；而对比文件 1 的注药管与本专利的注药引流管实际也是相同的，专利权人所强调的本专利的注药引流管既能注药也能引流并不是因为该管本身的结构和功能，而是通过在该管外接注药器或负压器，而只要在对比文件 1 中的注药管外也分别接注药器和负压器，同样可以实现注药和引流的功能，因此专利权人的上述主张不能成立。

专利权人在对无效宣告请求进行答复和口头审理时都强调本专利不以注药为主要目的，而是冲洗尿道前列腺段的污物，从而引流对前列腺进行治疗，治疗时间很快，所以不需要导尿，因而本专利具备创造性。对于该主张，合议组认为：第一，专利权人的上述观点在其说明书和权利要求书中均没有明确记载，根据其说明书所述的内容，本专利所要解决的技术问题是在灌注药物的时候防止药液返流至膀胱，其整个技术方案也是针对该技术问题进行的改进；第二，本专利所要保护的是一种产品而不是治疗方法，专利权人所述的治疗方法的改进，并未对其产品本身的结构带来实际的影响，即使使用现有技术的产品，只要在使用过程中封闭导尿管，同样可以实现专利权人所述的治疗方法，因而专利权人的上述主张并不能证明本专利具备创造性。

（2）本专利权利要求 2 的附加技术特征是对所述灌注引流管的管腔的进一步限定，所述管腔在管体尾部形成几个管状分枝，对比文件 1（说明书附图）中的导管尾部也具有管状分枝，因而在权利要求 1 不具备创造性的前提下，引用权利要求 1 的权利要求 2 也不具备创造性。

（3）本专利权利要求 3 的附加技术特征是所述灌注引流管的管体分为内外两层，内层为导管支架，外层为导管外套，其中内层的硬度比外层大。由于本专利产品是要插入尿道的，为了减小对尿道的刺激，管体外层必然要比较软，而要顺利插入尿道，管体本身又必然要具有一定的硬度，因此管体采用外软内硬的结构对于本领域技术人员来说是显而易见的。在权利要求 1、2 不具备创造性的前提下，引用权利要求 1、2 的权利要求 3 也不具备创造性。

（4）本专利权利要求 4、5 的附加技术特征是管体的材料为橡胶，对比文件 1（说明书第 2 页）中的实施方案中提到材料可以选用硅橡胶，因此在权利要求 1~3 不具备创造性的前提下，引用权利要求 1~3 的权利要求 4、5 也不具备创造性。

（5）本专利权利要求 6~8 的附加技术特征是注药引流管腔的前端在管体壁上的开口为数个，而对比文件 1 公开了与注药管连通的腔在两气囊之间的管壁上开有 5 个孔这一方案，因此在权利要求 1~5不具备创造性的前提下，引用权利要求 1~5 的权利要求 6~8 也不具备创造性。

**三、决定**

宣告 97224826.9 号实用新型专利权全部无效。

一方当事人对本决定不服的，可以根据专利法第 46 条第 2 款的规定，在收到本决定之日起三个月内向北京市第一中级人民法院起诉。根据该款规定，一方当事人起诉后，另一方当事人应当作为第三人参加诉讼。

009

# 非金属格栅天花板

## 无效宣告请求审查决定（第9039号）

**决　　定　　号**　第9039号
**决　　定　　日**　2006年12月11日
**发明创造名称**　非金属格栅天花板
**国 际 分 类 号**　E04F 13/14
**无效宣告请求人**　朱芮兵
**专　利　权　人**　王志伟
**申　　请　　号**　02276643. X
**申　　请　　日**　2002年9月24日
**授 权 公 告 日**　2003年8月27日
**合 议 组 组 长**　崔　震
**主　　审　　员**　朱文广
**参　　审　　员**　刘敏飞

**法　律　依　据**　专利法第22条第3款，第26条第4款；专利法实施细则第2条第2款
**决　定　要　点**

如果现有技术的两篇文献给出了结合的启示，但依据这种启示所得到的技术方案不同于被比的权利要求，那么据此不能得到被比的权利要求是显而易见的结论。

### 一、案由

本无效宣告请求涉及中华人民共和国国家知识产权局于2003年8月27日授权公告的、名称为“非金属格栅天花板”的实用新型专利权（下称本专利），其申请号是02276643. X，申请日是2002年9月24日，专利权人为王志伟。该专利授权公告时的权利要求书如下：

“1. 非金属格栅天花板，用于室内的吊顶装饰，其特征在于，该天花板（1）是用复合浆料浇注而成，每块天花板均为通透的格栅形状。

2. 根据权利要求1所述的非金属格栅天花板，其特征在于，在格栅的侧面开设有安装沟槽（2）。

3. 根据权利要求1所述的非金属格栅天花板，其特征在于，所述的复合浆料为非金属浆料。

4. 根据权利要求1或3所述的非金属格栅天花板，其特征在于，所述的复合浆料为石膏浆料。

5. 根据权利要求1所述的非金属格栅天花板，其特征在于，所述的格栅为圆柱形格栅。

6. 根据权利要求1所述的格栅天花板，其特征在于，所述的格栅为正方形格栅。

7. 根据权利要求1所述的格栅天花板，其特征在于，所述的格栅为菱形格栅。

8. 根据权利要求1所述的格栅天花板，其特征在于，所述的格栅为六角形格栅。”

针对本专利权，朱芮兵（下称请求人）于2006年4月12日向专利复审委员会提出无效宣告请求，请求人认为：本专利的权利要求1不符合专利法实施细则第2条第2款的规定，并且相对于附件3不符合专利法第22条第2款的规定；权利要求1~8相对于附件2~4不符合专利法第22条第3款的规定；权利要求3、4不符合专利法实施细则第2条第2款的规定；权利要求1~8不符合专利法第26条第4款、专利法实施细则第20条第1款的规定。同时请求人提交了如下附件：

附件1：本实用新型专利的专利说明书；

附件2：公开日为1995年7月5日，公开号为CN1104702A的发明专利申请公开说明书，共3页；

附件3：公告日为1992年1月1日、公告号为CN2091905U的中国实用新型专利申请说明书，共8页；

附件4：授权公告日为1994年2月23日、授权公告号为CN2157245Y的实用新型专利说明书，共7页。

请求人认为：权利要求1中的“用复合浆料浇注而成”不符合专利法实施细则第2条第2款的要求；附件3的实施例和附图已把权利要求1的全部技术内容公开，所以权利要求1不具备新颖性；附件2公开了一种装饰板，本专利的权利要求1和附件2相比，区别仅仅在于天花板为通透的格栅形状，而附件3公开了石膏板（相当于涉案专利权利要求1中的天花板）多种通透性的格栅图案结构，因此，在附件2的基础上结合附件3就可以得到本专利权利要求1的的技术方案，所以权利要求1相对于附件2和3不具备创造性；权利要求2中的附加技术特征“在格栅的侧面开设有安装钩槽”被附件4披露，因此，权利要求2相对于附件2~4也不具备创造性；权利要求3、4的附加技术特征已被附件2公开，因此权利要求3、4相对于附件2、3不具备创造性；附件3中列举了具有圆型、方形及其组合方案的“非金属格栅天花板”的技术特征，因此权利要求5和6不具备新颖性和创造性；权利要求7~8的附加技术特征“格栅为菱形、六角形的”均为天花板格栅的常见形状，因此权利要求7~8相对于附件2和3也不具备创造性；权利要求1~8因采用了“非”金属这样不确定的语言而不符合专利法实施细则第20条第1款的规定；说明书中没有金属丝网和石膏混合的材料制成的实施例使得权利要求1~8得不到说明书的支持，不符合专利法第26条第4款的规定；权利要求3、4中记载的附加技术内容既不属于形状，也不属于结构，更不是两者的结合，因此权利要求3、4不符合专利法实施细则第2条第2款的规定。

经形式审查合格，专利复审委员会依法受理了上述无效宣告请求，并于2006年4月12日向请求人和专利权人发出无效宣告请求受理通知书，同时将专利权无效宣告请求书及其附件清单中所列附件的副本转送给专利权人，并要求专利权人在指定的期限内陈述意见。

针对专利复审委员会于2006年4月12日发出的上述无效宣告请求受理通知书，专利权人于2006年5月23日向专利复审委员会提交意见陈述书，并提交了修改后的权利要求书，修改后的权利要求为：

“1. 非金属格栅天花板，用于室内的吊顶装饰，其特征在于，该天花板（1）是用复合浆料浇注而成，每块天花板均为通透的格栅形状，在格栅的侧面开设有安装沟槽（2）。

2. 根据权利要求1所述的非金属格栅天花板，其特征在于，所述的复合浆料为非金属浆料。

3. 根据权利要求1或2所述的非金属格栅天花板，其特征在于，所述的复合浆料为石膏浆料。

4. 根据权利要求1所述的非金属格栅天花板，其特征在于，所述的格栅为圆柱形格栅。

5. 根据权利要求1所述的非金属格栅天花板，其特征在于，所述的格栅为正方形格栅。

6. 根据权利要求 1 所述的非金属格栅天花板，其特征在于，所述的格栅为菱形格栅。

7. 根据权利要求 1 所述的非金属格栅天花板，其特征在于，所述的格栅为六角形格栅。”

专利权人认为：经修改后的权利要求 1 所包含的全部技术特征未被任何一篇对比文件所覆盖，因此具备新颖性，本专利与附件 4 所设置的沟槽，虽然都是为了安装固定天花板，但由于是安装不同类型和材质的天花板，也为了达到不同的安装效果，沟槽的结构、位置不同、目的效果也不同。本专利安装沟槽的目的及效果是方便安装和悬吊，根本不需要再用铁钉或钉针来将天花板“钉合于屋顶上或墙壁上”，不论将附件 2~4 怎样组合和推断，都得不到权利要求 1 的技术方案，因此，权利要求 1 具备创造性；此外，请求人的其他无效理由也不成立。

专利复审委员会依法成立合议组对本无效宣告请求进行审查。

本案合议组于 2006 年 10 月 18 日向双方发出无效宣告请求口头审理通知书，定于 2006 年 11 月 29 日举行口头审理。随同口头审理通知书，将专利权人于 2006 年 5 月 23 日提交的意见陈述书及修改后的权利要求书的副本转送给请求人。

口头审理如期举行，双方当事人均参加了口头审理。

在口头审理中，（1）请求人当庭提交了三份证据，其分别如下：

附件 5：授权公告日为 2001 年 9 月 19 日、授权公告号为 CN2448885Y 的中国实用新型专利说明书；

附件 6：针对本专利的一份实用新型专利检索报告；

附件 7：公告日为 1991 年 3 月 13 日、公告号为 CN2072999U 的中国实用新型专利申请说明书。

合议组当庭将其转给专利权人。

（2）关于文本，专利权人提交了权利要求书的修改文本，双方对该文本均无异议。合议组经审查后当庭告知双方，本次口头审理以新修改的权利要求书为基础进行。

（3）请求人明确其无效宣告的理由、证据和范围为：本专利的权利要求 1~7 相对于附件 2~5 的结合不符合专利法第 22 条第 3 款的规定，权利要求 1~3 不符合专利法实施细则第 2 条第 2 款的规定，权利要求 1~7 不符合专利法第 26 条第 4 款的规定，放弃专利法第 22 条第 2 款以及专利法实施细则第 20 条第 1 款的无效理由。同时表示附件 6、7 不作为本案的证据使用，仅供合议组参考。

（4）专利权人对附件 1~7 的真实性、公开性没有异议。

（5）关于权利要求 1~3 是否符合专利法实施细则第 2 条第 2 款的规定，请求人认为：权利要求 1 中的“该天花板是用复合浆料浇注而成”属于对材料和工艺的限定，权利要求 2、3 的附加技术特征均是对材料的限定，因此权利要求 1~3 不符合专利法实施细则第 2 条第 2 款的规定。专利权人认为：本专利权利要求 1 中的浇注、权利要求 2 中的非金属浆料、石膏浆料均是用现有技术中已知的方法和已知材料进行地限定，因此符合专利法实施细则第 2 条第 2 款的规定。

（6）关于权利要求 1~7 是否符合专利法第 26 条第 4 款的规定，请求人认为：权利要求 1~7 中非金属是不确定的范围，因此不符合专利法第 26 条第 4 款的规定。专利权人认为：金属与非金属是公知的术语概念，非金属是确定性的语言，其材料限定非常清楚，因此符合专利法第 26 条第 4 款的规定。

（7）关于权利要求 1 的创造性，请求人认为：附件 2 中公开了非金属天花板以及天花板是复合浆料浇铸而成，附件 3 公开了通透的格栅形状，附件 4 公开安装槽，附件 5 给出了装饰板材背面设置凹槽以便悬挂的启示，因此权利要求 1 相对于附件 2~5 不具有创造性。专利权人同意附件 2 中公开了非金属天花板以及天花板是复合浆料浇铸而成，附件 3 公开了通透的格栅形状，但认为附件 4 所设的钩槽在安装方式和效果与本专利不同，本专利是在格栅侧面以方便天花板的悬吊，不需要用铁钉和钉针来把天花板固定在墙面上，由此本专利的天花板具有悬空通透的效果；此外还认为请求人用附件2~5相加来否定权利要求1的创造性，恰恰证明了权利要求1是具备创造性的。

至此，合议组认为本案事实已经清楚，可以作出审查决定。

**二、决定的理由**

1. 关于证据和现有技术

请求人使用的证据是附件2~5，专利权人对其真实性没有异议，因此附件2~5可以作为本案证据使用。同时由于附件2~5的公开日期在本专利的申请日前，因此可以作为本专利的现有技术使用。

2. 关于专利权人提交的修改文本

专利权人于2006年5月23日提交权利要求书的修改文本，将原权利要求1和2合并为新的权利要求1。双方对该文本均无异议。合议组经审查后认为上述修改文本符合审查指南的有关规定，本决定以专利权人提交的权利要求书的修改文本为基础进行。

3. 关于专利法实施细则第2条第2款

专利法实施细则第2条第2款规定：专利法所称的实用新型，是指对产品的形状、构造或者其结合所提出的适于实用的新的技术方案。审查指南第一部分第二章第6.1节和第6.3节规定，如果权利要求中既包含形状、构造特征，又包含对材料本身或方法本身提出的技术方案，则不属于实用新型专利保护的客体。但是，将现有技术中已知的材料应用于具有形状、构造的产品上以及以现有技术中已知方法的名称限定产品形状、构造的不属于对材料本身和方法本身提出的技术方案。

请求人认为：权利要求1中的“该天花板是用复合浆料浇注而成”属于对材料和工艺的限定，权利要求2、3的附加技术特征均是对材料的限定，因此权利要求1~3不符合专利法实施细则第2条第2款的规定。

合议组认为，权利要求1~3中的复合浆料、非金属浆料和石膏浆料均属于现有技术中的已知材料，在本专利中是将这些已知材料应用于非金属格栅天花板这样具有形状、构造的产品，因此不属于对材料本身提出的技术方案。权利要求1中用已知方法的名称“浇注”来限定产品的形状、构造，不属于对方法本身提出的技术方案。因此请求人所主张的权利要求1-3不符合专利法实施细则第2条第2款规定的无效理由不能成立。

4. 关于专利法第26条第4款

专利法第26条第4款规定：权利要求书应当以说明书为依据，说明要求专利保护的范围。权利要求书应当以说明书为依据，是指权利要求应当得到说明书的支持，其不仅应当在表述形式上得到说明书的支持，而且应当在实质上得到说明书的支持。

请求人认为：权利要求1~7中非金属是不确定的范围，因此不符合专利法第26条第4款的规定。

合议组认为，首先非金属这一术语对天花板制造这一领域的技术人员来说是清楚的，其应当是指不掺有任何金属材料的材料；其次，本领域技术人员在说明书公开了复合浆料、石膏浆料的基础上能够预测出还有其他众多的非金属材料同样适用于本专利，因此请求人关于权利要求1-7因非金属的限定而不符合专利法第26条第4款规定的无效理由不能成立。

5. 关于权利要求1~7的创造性

创造性，是指同申请日以前已有的技术相比，该发明有突出的实质性特点和显著的进步，该实用新型具有实质性特点和进步。审查指南第二部分第四章有关发明创造性的审查基准中指出：突出的实质性特点是指要求保护的技术方案相对于现有技术具有非显而易见性；显著的进步是指具有有益的技术效果。审查指南第二部分第四章第3.2.2节中指出了四种具有显著进步的情况。审查指南第四部分第六章第4节指出实用新型创造性审查的有关内容，包括创造性的概念、创造性的审查原则、审查基准以及不同类型发明的创造性判断等内容参考审查指南第二部分第四章的规定。

本案中，关于权利要求 1 的创造性，请求人认为：附件 2 中公开了非金属天花板以及天花板是复合浆料浇铸而成，附件 3 公开了通透的格栅形状，附件 4 公开了安装槽，附件 5 给出了装饰板材背面设置凹槽以便悬挂的启示，因此权利要求 1 相对于附件 2~5 不具有创造性。专利权人同意附件 2 中公开了非金属天花板以及天花板是复合浆料浇铸而成，附件 3 公开了通透的格栅形状，但认为附件 4 所设的钩槽在安装方式和效果与本专利不同，本专利是在格栅侧面以方便天花板的悬吊，不需要用铁钉和钉针来把天花板固定在墙面上，由此本专利的天花板具有悬空通透的效果。

合议组经审查后认为，本专利要求保护的是一种非金属格栅天花板。附件 2 公开的是一种轻质建筑装饰板，其可用作天花板，其材料选自菱苦土等材料。附件 3 公开的是一种可用作吊顶的立体型吸音装饰石膏板，其中的石膏板由外框、纵梁、横梁组成从而形成中央成透空孔状的格栅。附件 4 公开了一种隐藏钉孔式人造建筑装饰板，该装饰板在本体的适当位置上先设置沟槽，然后在沟槽的两侧面和底面的两夹角处设置内凹圆弧沟槽，以便铁钉或钉针将本体钉合到屋顶面或墙壁上。附件 5 公开了一种建筑用背栓式干挂件，在挂接时挂件 2 的一端挤压入连接板的槽内，另一端插入石材背面的凹槽内，由此将石材挂到墙体上。由此可见，附件 2~5 均未公开权利要求 1 中的特征“在格栅的侧面开设有安装沟槽”，在本专利的说明书第 2 页倒数第 3、4 行中提到，在安装时只需将预先安装于房屋顶面上的吊钩钩入沟槽中即可。显然，本领域技术人员基于附件 2~5 是否能够结合上述特征形成权利要求 1 的技术方案是本案的争议焦点。本案中，请求人所使用的附件 2~5 中附件 2~3 均未提及沟槽，但显然附件 2~3 中的可用作吊顶或天花板的装饰板均涉及安装的问题，因此本领域技术人员会想到结合现有的安装方式进行安装。附件 4 中给出一种安装方式，即在装饰板本体的适当位置上先设置沟槽，然后在沟槽的两侧面和底面的两夹角处设置内凹圆弧沟槽，以便铁钉或钉针将本体钉合到屋顶面或墙壁上。针对附件 4，首先从附件 4 所公开内容来看，其适用于整体呈平面状的天花板如条形板、方形板等，由此才能方便地在适当位置先做沟槽再设置内凹圆弧沟槽。因此其不大适用于格栅式天花板。此外，即使将其用于格栅式天花板，由于其要先设置沟槽然后再在沟槽的底侧夹角处设置内凹圆弧沟槽以便用铁钉或钉针将本体钉合到屋顶面或墙壁上，因此由此得到的技术方案也不同于本专利中“在格栅的侧面开设有安装沟槽”的天花板，结合附件 4 尚不能推定出本专利的权利要求 1 是显而易见的。请求人所提交的附件 5 中虽然也公开了沟槽，但该沟槽是设置在石材背面的，并将石材挂到墙体上的，与本专利在“格栅的侧面开设有安装沟槽”挂在屋顶上的技术方案明显不同，据此也不足以推定出本专利的权利要求 1 是显而易见的。显然，本专利权利要求 1 所要求保护的技术方案相对于附件 2~5 至少是提供了一种技术构思不同的安装吊顶的方式，请求人又没有证据表明本专利的技术效果不能达到现有技术的水平，因此请求人所主张的本专利权利要求 1 相对于附件 2~5 不具有创造性的无效理由不能成立。

关于权利要求 2~7，由于权利要求 2~7 均直接或间接地从属于权利要求 1，因此请求人所主张的本专利权利要求 2~7 相对于附件 2~5 不具有创造性的无效理由也不能成立。

根据上述的事实和理由，本案合议组依法做出以下决定。

**三、决定**

在专利权人于 2006 年 5 月 23 日提交的权利要求书修改文本的基础上维持 02276643. X 号实用新型专利权有效。

当事人对本决定不服的，可以根据专利法第 46 条第 2 款的规定，自收到本决定之日起三个月内向北京市第一中级人民法院起诉。根据该款的规定，一方当事人起诉后，另一方当事人应当作为第三人参加诉讼。

010

# 印花塑胶防滑地面

## 无效宣告请求审查决定（第9075号）

**决　　定　　号**　第9075号
**决　　定　　日**　2006年12月12日
**发明创造名称**　印花塑胶防滑地面
**国 际 分 类 号**　E04F 15/10
**无效宣告请求人**　邸宝谦
**专　利　权　人**　陈季华
**专　　利　　号**　99200601.5
**申　　请　　日**　1999年1月15日
**授 权 公 告 日**　2000年11月22日
**合 议 组 组 长**　朱文广
**主　　审　　员**　刘　犟
**参　　审　　员**　刘敏飞

**法　律　依　据**　专利法第22条第2款
**决　定　要　点**

如果专利的技术方案与对比文件公开的内容相比，其权利要求所限定的技术方案与对比文件公开的技术方案实质上相同，所属技术领域的技术人员根据两者的技术方案可以确定两者能够适用于相同的技术领域，解决相同的技术问题，并具有相同的预期效果，则认为两者为同样的发明或者实用新型。

### 一、案由

本无效宣告请求涉及中华人民共和国国家知识产权局于2000年11月22日授权公告的、名称为“印花塑胶防滑地面”的实用新型专利权（下称本专利），其专利号是99200601.5，申请日是1999年1月15日，专利权人是陈季华。该专利授权公告时的权利要求书如下：

“1. 一种印花塑胶防滑地面，其特征在于其表面带有凹凸不平的花纹。

2. 根据权利要求1所述的印花塑胶防滑地面，其特征在于：它由带凹凸不平花纹的塑胶防滑面层和塑胶底层组成，二者通过粘合剂粘接在一起。”

针对本专利权，邸宝谦（下称请求人）于2005年8月23日向专利复审委员会提出无效宣告请求，认为本专利全部权利要求均不符合专利法第22条第2、3款的规定，同时请求人提交了如下附件：

附件1：《田径设施手册》的封面、封面附页、中译本出版说明页、祝词页、前言页、版本说明页、第5-8页、第70-81页、封底，复印件共23页；

附件2：所称《亚特兰大奥运会田径场和跑道的技术要求》，英文复印件共52页；

附件3-1：所称DIN18035 Part6的国际标准，英文复印件共2页；

附件3-2：DIN18035 Part6（摘译），落款为保定市合成橡胶厂1989年12月，复印件共3页；

附件3-3：《中华人民共和国国家标准塑胶跑道编写说明》，落款为保定长城合成橡胶有限公司1992年7月，复印件共3页；

附件4：保裁字［2005］第22号的保定仲裁委员会仲裁通知书（二），复印件共1页；

附件5：甲方为陈季华、乙方为邸宝谦的《协议书》，复印件共1页；

经形式审查合格，专利复审委员会依法受理了上述无效宣告请求，并于2005年9月21日向请求人和专利权人发出无效宣告请求受理通知书，同时将专利权无效宣告请求书及其附件清单中所列附件的副本转送给专利权人，并要求专利权人在指定的期限内陈述意见。

请求人于2005年9月22日提交补充意见陈述，认为本专利的全部权利要求均不符合专利法第22条第2、3款的规定。并补充了下列附件：

附件3-1-1：所称DIN18035国际标准82英文版首页，复印件共1页；

附件3-1-2：DIN18035国际标准82的译文，复印件共1页；

附件3-1-3：所称DIN18035国际标准78年德文版及摘译，复印件共30页；

附件3-1-4：所称中国标准情报中心网页，复印件共1页；

附件3-1-5：北京市服务业、娱乐业、文化体育业专用发票，复印件共1页。

专利复审委员会依法成立合议组对本无效宣告请求进行审理。

本案合议组于2006年4月4日向双方发出无效宣告请求口头审理通知书，定于2006年6月5日举行口头审理。随同口头审理通知书，将请求人于2005年9月22日提交的意见陈述书及其附件清单中所列附件的副本转送给专利权人。

口头审理如期举行，双方当事人均参加了口头审理。

在口头审理中，请求人明确无效理由、范围和证据为：所使用的证据为附件1、2、3-1-3、3-1-4、3-1-5，其他没用到的证据均放弃；请求人当庭提交了附件2和附件3-1-3的译文；合议组当庭将其转送给专利权人。请求人明确所使用的译文为上述两个译文以及附件3-1-3原译文中的摘译。具体理由是：权利要求1相对于附件1或2或3-1-3、3-1-4、3-1-5没有新颖性，权利要求1、2相对于附件1或2或3-1-3、3-1-4、3-1-5没有创造性。请求人当庭提交了附件1、2、3-1-4和3-1-5的原件。专利权人对附件1、2、3-1-4和3-1-5的真实性无异议，但是认为附件1为内部出版物未公开发行，认为附件2没有发行时间。请求人认为附件1写有“酌收工本费”，请求人本人也是在书店中买到的，因此非特定人是可以买到附件1。请求人承认附件2是通过邮件方式从国外获得的，认为附件2中显示了Atlanta1996及1992的版权图案，因此该附件是在申请日前发行的。专利权人对附件3-1-3来源的真实性不认可，合议组要求专利权人对该证据来源的异议进行举证，专利权人拒绝对附件3-1-3的来源进行举证。专利权人还认为附件3-1-3没有明确写明其公开发行时间，而专利权人对该附件的译文并无异议。

专利权人于2006年6月13日向专利复审委员会提交了意见陈述书，就请求人的证据及本专利的新颖性和创造性陈述了意见。

本案合议组于2006年9月5日向双方发出无效宣告请求口头审理通知书，定于2006年11月1日再次就本案举行口头审理。本次口头审理考察了本专利权利要求2的创造性问题，双方进行了充分的辩论。

专利权人于2006年11月8日提交了意见陈述书，并对权利要求书进行了修改，此次修改是把权利要求2全部删除，保留了权利要求1，同时提交了修改后的权利要求书。修改后的权利要求书为：

"1. 一种印花塑胶防滑地面，其特征在于其表面带有凹凸不平的花纹。"。

至此，合议组认为本案事实已经清楚，可以作出审查决定。

**二、决定的理由**

1. 关于专利权人提交的修改文本

审查指南第四部分第三章第4.6节在"无效宣告程序中专利文件的修改"中对修改原则、修改方式和修改方式的限制进行了规定。其中在修改原则中规定发明或者实用新型专利文件的修改仅限于权利要求书。并且在修改方式的限制中规定在专利复审委员会作出审查决定之前，专利权人可以删除权利要求或者权利要求中包括的技术方案。

专利权人于2006年11月8日提交了修改后的权利要求书，其中删除了权利要求2，保留了权利要求1，修改后的权利要求书为：

"1. 一种印花塑胶防滑地面，其特征在于其表面带有凹凸不平的花纹。"。

合议组认为专利权人是在专利复审委员会作出审查决定之前，以删除权利要求的修改方式对权利要求书进行了修改，因此专利权人提交的权利要求书的修改文本符合审查指南的上述规定，本决定以专利权人提交的权利要求书的修改文本为基础进行。

2. 关于新颖性

新颖性，是指在申请日以前没有同样的发明或者实用新型在国内外出版物上公开发表过、在国内公开使用过或者以其他方式为公众所知，也没有同样的发明或者实用新型由他人向国务院专利行政部门提出过申请并记载在申请日以后（含申请日）公布的专利申请文件中。如果专利的技术方案与对比文件公开的内容相比，其权利要求所限定的技术方案与对比文件公开的技术方案实质上相同，所属技术领域的技术人员根据两者的技术方案可以确定两者能够适用于相同的技术领域，解决相同的技术问题，并具有相同的预期效果，则认为两者为同样的发明或者实用新型。

请求人认为本专利权利要求1相对于附件3-1-3、3-1-4和3-1-5没有新颖性。

专利权人对附件3-1-4和附件3-1-5的真实性无异议，对附件3-1-3来源的真实性不认可。合议组要求专利权人对该证据来源的异议进行举证，专利权人拒绝对附件3-1-3的来源进行举证。同时认为附件3-1-3没有明确写明其公开发行时间，对附件3-1-3的译文无异议。

合议组认为：附件3-1-3为DIN18035国际标准78年德文版，其上加盖了中国科学技术情报研究所标准馆藏章，并且上面有"84 11月7日、1988年9、作废"等章。虽然该附件不是原件，但是其上清楚地表明可以在中国科学技术情报研究所标准馆藏中查到，并且附件3-1-4给出了中国标准情报中心的联系方式，合议组认为专利权人很容易对该附件3-1-3来源的真实性进行核实。因此专利权人虽然对其来源的真实性提出了异议，但其并未具体陈述不真实的具体内容，同时专利权人又拒绝对该附件的真实性进行核实，因此合议组认为专利权人的上述主张不能成立，认为该附件真实有效可以作为本案证据使用。此外该附件为78年的德文版，其上盖有"84 11月7日、1988年9"等时间章，因此该附件的公开时间早于本专利的申请日，可以作为本专利的现有技术使用，其公开的内容以其中文译文为准。

附件3-1-3公开了一种塑胶铺面，该塑胶铺面为运动地面，并且在其中说明了该铺面可以加工成颗粒状、平面（无花纹）状或花纹状（参加该附件译文的第2、3页）。该附件3中的塑胶铺面相当于本专利权利要求1中的塑胶地面；该附件虽然没有明确的说明该花纹状是凹凸不平的花纹，但是从附件 3-1-3 中可以看出其明确写出了平面状是没有花纹的，并且将平面状与花纹状并列，也就是说该附件中的花纹状不是平面的，因此该花纹也是凹凸不平的，同时在该附件中还进一步说明了，可以通过一个成型加工工序，压印铺面的顶面，也就是说可以通过压印来造成花纹状，通过压印而造成的花纹是凹凸不平的，因此该附件中的花纹状是印花的凹凸不平的花纹，相当于本专利权利要求 1 中的凹凸不平的花纹；此外该附件作为一种运动地面的标准，必须具有防滑的效果。综上所述，该附件公开了本专利权利要求 1 的所有技术特征，是和本专利权利要求 1 相同的技术方案，因此本专利权利要求 1 相对于附件 3-1-3 不符合专利法第 22 条第 2 款的规定。

依据上述事实和理由，本案合议组作出如下决定。

**三、决定**

宣告第 99200601.5 号实用新型专利权的全部无效。

当事人对本决定不服的，可以根据专利法第 46 条第 2 款的规定，自收到本决定之日起三个月内向北京市第一中级人民法院起诉。根据该款的规定，一方当事人起诉后，另一方当事人应当作为第三人参加诉讼。

# 北京市第一中级人民法院<br>行政判决书

（2007）一中行初字第 558 号

原告陈继华（曾用名陈季华），男，1947 年 2 月 22 日出生，汉族，无业，住河北省保定市新市区东风中路公交园小区 1-3-203 号。

委托代理人李妹格，女，1971 年 3 月 19 日出生，汉族，自由职业者，住河北省保定市北市区府前街永华园小区 2 栋 1 单元 501 号。

委托代理人刘志乔，男，1949 年 10 月 12 日出生，汉族，自由职业者，住河北省保定市新市区东风中路 1177 门 1 号楼 4 单元 402 号。

被告国家知识产权局专利复审委员会，住所地北京市海淀区北四环西路 9 号银谷大厦。

法定代表人廖涛，副主任。

委托代理人朱文广，男，国家知识产权局专利复审委员会审查员。

委托代理人王伟艳，女，国家知识产权局专利复审委员会审查员。

第三人邸宝谦，男，1963 年 6 月 3 日出生，汉族，保定兴运塑胶有限公司工程师，住河北省保定市新市区向阳北大街 542 号 4 栋 4 单元 502 号。

委托代理人耿小强，北京北新智诚知识产权代理有限公司专利代理人。

委托代理人葛瑞，女，1963 年 1 月 8 日出生，汉族，保定兴运塑胶有限公司工程师，住河北省保定市新市区向阳北大街 542 号。

原告陈继华不服被告国家知识产权局专利复审委员会作出的专利行政裁决，于 2007 年 4 月 2 日向本院提起行政诉讼。本院受理后，依法组成合议庭，并依据《中华人民共和国行政诉讼法》第二十七条的规定通知邸宝谦作为本案第三人参加诉讼，于 2007 年 5 月 23 日公开开庭审理了本案。原告陈继华及其委托代理人李妹格、刘志乔，被告的委托代理人朱文广、王伟艳，第三人的委托代理人耿小强、葛瑞到庭参加了诉讼。席案现已审理终结。

2006年12月12日，被告作出第9075号无效宣告请求审查决定（下称无效决定），依据《中华人民共和国专利法》（下称《专利法》）第二十二条第二款的规定，宣告第99200601.5号实用新型专利权（下称本专利）全部无效。在法定期限内，被告向本院提交了以下证据的复印件：

1. 本专利说明书；2. 修改的权利要求书，证据1和2用以证明本专利所要保护的范围；3. 原告于2006年6月13日向被告提交的意见陈述书；4. 原告于2006年11月8日向被告提交的意见陈述书，证据3和4用以证明程序问题；5. 所称DIN18035国际标准78年德文版及中文译文；6. 所称中国标准情报中心网页；7. 北京市服务业、娱乐业、文化体育业专用发票，证据5、6、7用以证明附件3-1-3的真实性和对比文件公开的内容；8. 第一次口头审理记录表；9. 第二次口头审理记录表。证据8和9用以证明口头审理的内容。

以上证据用以证明第9075号无效请求审查决定书认定事实清楚，适用法律正确、审理程序合法。

原告诉称：1. 打孔日期为“05.09.22”的该组证据的实际打孔日期应为“05.10.14”，已超过了规定的举证期限，被告对该组证据应当不予考虑；2. 附件3-1-3未提交原件，不符合证据的形式要件，根据谁主张谁举证的原则，第三人应承担其举证不能的法律后果；3. 附件3-1-3原德文版的复印件，只有首页加盖了印章，无法证明其他页的真实性，所以相应的译文2-7页也不具有真实性；4. 附件3-1-3的译文是口审时提交的，同样超过了举证期限，亦不应采纳；5. 译文中将合成铺面译为塑胶铺面错误；6. 对于译文中“关于顶面，还可以加工成颗粒状、平面（无花纹）状或花纹状”，被告将其解释为“颗粒状、平面无花纹状和凹凸面有花纹状”三种选择方式，是不符合汉语语法及逻辑的，是错误的；7. 第三人提供的对比文件仅提供了原文件的部分译文的摘译，且没有忠实于原文，是对原文的断章取义；8. 对于原告在口审中提交的证据（即原告方证据19~25），被告在无效决定中未予列明；9. 原告取得专利权后，第三人才使用该专利技术生产出产品，这足以证明根据第三人提供的对比文件，尚不能证明原告的专利技术已公开。无效决定既不合法又不符合事实，严重违反法定程序。据此，请求法院撤销被告作出的无效决定。

原告在法定期限内向本院提交了以下证据的复印件：1. 无效宣告请求受理通知书；2. 专利权无效宣告请求书；3. 中国田径协会田径设施手册；4. 亚特兰大奥运会田径场地和跑道的技术要求；5. DIN18035part6国际标准；6. DIN18035part6国际标准摘译；7. 国家标准塑胶跑道编写说明；8. 保定仲裁委仲裁通知书（二）保裁字2005第22号；9. 陈继华与邸宝谦协议书；10. 口审通知书；11. 口审通知书回执；12. 意见陈述书；13. DIN18035part6国际标准82英文版首页；14. DIN18035part6国际标准82英文版首页（摘译）；15. DIN18035part6国际标准1978年德文版及摘译；16. 中国标准情报中心网页；17. 发票；18. 原告提交意见陈述书；19. 田径场地设施标准手册（2002年3月发布）；20. 实用新型专利说明书；21. 塑胶跑道国家标准；22. 中标通知书及合同书；23. 施工工程竣工验收报告；24. 验收证书及近三年承建工程一览表；25. 400米跑道平面图、青岛建筑工程学院印花跑道；26. 保裁字（2005）第22号通知；27. 2006年6月5日第一次口审记录；28. 附件2译文，合成跑道和室内场地运动地面说明书译文；29. 附件3-1-3译文；30. 原告意见陈述书；31. 原告身份证明；32. 第二次无效宣告请求口审理通知书；33. 口头审理通知书回执；34. 原告意见陈述书；35. 对权利要求书修改申请；36. 无效决定书。以上证据用以证明无效决定适用法律错误、采用证据错误、认定事实不清，本专利具有新颖性。原告还提交了两份实物证据：1. 现有技术方案生产的颗粒跑道样块1块；2. 本专利技术方案生产的印花塑胶跑道样块1块，用以证明本专利具有新颖性。在本院开庭审理过程中，原告还要求补充以下证据：1. 第三人向保定市仲裁委提交的补充证据申请及补充证据目录；2. 平面有装饰（花纹）图案复印件；3. 平面无装饰（花纹）图案复印件；4. 原告方自行翻译的附件3-1的中文译文，用以证明无效决定认定事实不清。

被告辩称：1. 对于原告对于附件 3-1-3 的质疑，被告在无效决定中已经进行了清楚、详细的阐述，现仍坚持无效决定中的意见；2. 如果当事人直接向被告提交的申请材料，被告当天就会打孔。但如当事人把材料提交到了国家知识产权局专利局（下称专利局），该局会先打孔，然后再转至被告处。所以，附件 3-1-3 上的打孔日期应当是最初收到第三人文件的日期。此外，在无效程序中，原告也并未对附件 3-1-3 的提交日期提出异议；3. 第三人在口审程序中补充部分译文并不违法，不属于超期提供证据；4. 原告在口审程序中补充的证据与被告对本专利新颖性的审查无关，故未在无效决定书中列明。无效决定认定事实清楚、适用法律正确、审理程序合法，审查结论正确。原告的诉讼理由不能成立，请求法院驳回原告的诉讼请求，维持无效决定。

第三人称，同意被告的意见。并称，附件 3-1-3 是在规定期限内提交的，只是最初先交到了专利局的受理处。无效决定正确，请求法院维持。

第三人未向本院提交证据材料。

对被告所举证据，原告对证据 5 的真实性有异议，对证据 6、7 的关联性有异议，认为证据 8、9 所记载的内容不完整，对其他证据在形式上无异议，对被告方证据的证明作用均不同意；第三人对被告方证据真实性、合法性、关联性和证明作用均无异议。

对原告方提交的证据，被告和第三人认为证据 3～9、13～14、19～26、28、37～42 的关联性有异议，对其他证据的真实性、合法性、关联性无异议，但对证明作用有异议。

经庭审质证及台议庭评议，本院认为被告方全部证据、原告于本院开庭审理前提交的证据均与本案具有关联性，且符合形式上的合法性、真实性的要求，本院予以确认。上述证据以及各方当事人无争议的相关陈述可以作为认定本案事实的依据。原告在本院开庭审理中提交的 4 份新证据，属于无正当理由超期提交的证据，不符合《最高人民法院关于行政诉讼证据若干问题的规定》第七条第一款的规定，本院不予采纳。

经审理查明，本案涉及国家知识产权局于 2000 年 11 月 22 日授权公告的、名称为“印花塑胶防滑地面”的实用新型专利权（即本专利），其专利号是 99200601.5，申请日是 1999 年 1 月 15 日，专利权人是原告陈继华。该专利授权公告时的权利要求书如下：

“1. 一种印花塑胶防滑地面，其特征在于其表面带有凹凸不平的花纹。

2. 根据权利要求 1 所述的印花塑胶防滑地面，其特征在于：它由带凹凸不平花纹的塑胶防滑面层和塑胶底层组成，二者通过粘合剂粘接在一起。”

针对本专利权，第三人邸宝谦于 2005 年 8 月 23 日向被告提出无效宣告请求，认为本专利全部权利要求均不符合《专利法》第二十二条第二、三款的规定，同时第三人提交了如下附件：

附件 1：《田径设施手册》的封面、封面附页、中译本出版说明页、祝词页、前言页、版本说明页、第 5-8 页、第 70-81 页、封底，复印件共 23 页；

附件 2：所称《亚特兰大奥运会田径场和跑道的技术要求》，英文复印件共 52 页；

附件 3-1：所称 DIN18035Part6 的国际标准，英文复印件共 2 页；

附件 3-2：DIN18035Part6（摘译），落款为保定市合成橡胶厂 1989 年 12 月，复印件共 3 页；
附件3-3：《中华人民共和国国家标准塑胶跑道编写说明》，落款为保定长城合成橡胶有限公司 1992 年 7 月，复印件共 3 页；

附件 4：保裁字［2005］第 22 号的保定仲裁委员会仲裁通知书（二），复印件共 1 页；

附件 5：甲方为原告、乙方为第三人的《协议书》，复印件共 1 页。

经形式审查合格，被告依法受理了上述无效宣告请求，并于 2005 年 9 月 21 日向第三人和原告发出无效宣告请求受理通知书，同时将专利权无效宣告请求书及其附件清单中所列附件的副本转送给原告，并要求原告在指定的期限内陈述意见。

第三人于2005年9月22日提交补充意见陈述，认为本专利的全部权利要求均不符合《专利法》第二十二条第二、三款的规定。并补充了下列附件：

附件3-1-1：所称DIN18035国际标准82英文版首页，复印件共1页；

附件3-1-2：DIN18035国际标准82的译文，复印件共1页；

附件3-1-3：DIN18035德国标准78年德文版及摘译，复印件共30页；

附件3-1-4：所称中国标准情报中心网页，复印件共1页；

附件3-1-5：北京市服务业、娱乐业、文化体育业专用发票，复印件共1页。

本案被告于2006年4月4日向双方发出无效宣告请求口头审理通知书，定于2006年6月5日举行口头审理。随同口头审理通知书，将第三人于2005年9月22日提交的意见陈述书及其附件清单中所列附件的副本转送给原告。

口头审理如期举行，双方当事人均参加了口头审理。

在口头审理中，第三人明确无效理由、范围和证据为：所使用的证据为附件1、2、3-1-3、3-1-4、3-1-5，其他没用到的证据均放弃；第三人当庭提交了附件2和附件3-1-3的译文；被告当庭将其转送给原告。第三人明确所使用的译文为上述两个译文以及附件3-1-3原译文中的摘译。具体理由是：权利要求1相对于附件1或2或3-1-3、3-1-4、3-1-5没有新颖性，权利要求1、2相对于附件1或2或3-1-3、3-1-4、3-1-5没有创造性。第三人当庭提交了附件1、2、3-1-4和3-1-5的原件。原告对附件1、2、3-1-4和3-1-5的真实性无异议，但是认为附件1为内部出版物未公开发行，认为附件2没有发行时间。第三人认为附件1写有“酌收工本费”，第三人本人也是在书店中买到的，因此非特定人是可以买到附件1。第三人承认附件2是通过邮件方式从国外获得的，认为附件2中显示了Atlanta1996及1992的版权图案，因此该附件是在申请日前发行的。原告对附件3-1-3来源的真实性不认可，被告要求原告对该证据来源的异议进行举证，原告拒绝对附件3-1-3的来源进行举证。原告还认为附件3-1-3没有明确写明其公开发行时间，而原告对该附件的译文并无异议。

原告于2006年6月13日向被告提交了意见陈述书，就第三人的证据及本专利的新颖性和创造性陈述了意见。

本案被告于2006年9月5日向双方发出无效宣告请求口头审理通知书，定于2006年11月1日再次就本案举行口头审理。本次口头审理考察了本专利权利要求2的创造性问题，双方进行了充分的辩论。

原告于2006年11月8日提交了意见陈述书，并对权利要求书进行了修改，此次修改是把权利要求2全部删除，保留了权利要求1，同时提交了修改后的权利要求书。修改后的权利要求书为：

“1. 一种印花塑胶防滑地面，其特征在于其表面带有凹凸不平的花纹。”

至此，被告认为本案事实已经清楚，可以作出审查决定。

被告认为：

1. 关于原告提交的修改文本

《审查指南》第四部分第三章第4.6节在“无效宣告程序中专利文件的修改”中对修改原则、修改方式和修改方式的限制进行了规定。其中在修改原则中规定发明或者实用新型专利文件的修改仅限于权利要求书。并且在修改方式的限制中规定在被告作出审查决定之前，专利权人可以删除权利要求或者权利要求中包括的技术方案。

原告于2006年11月8日提交了修改后的权利要求书，其中删除了权利要求2，保留了权利要求1，修改后的权利要求书为：

“1. 一种印花塑胶防滑地面，其特征在于其表面带有凹凸不平的花纹。”

被告认为原告是在被告作出审查决定之前，以删除权利要求的修改方式对权利要求书进行了修改，因此原告提交的权利要求书的修改文本符合《审查指南》的上述规定，本决定以原告提交的权利要求书的修改文本为基础进行。

2. 关于新颖性

新颖性，是指在申请日以前没有同样的发明或者实用新型在国内外出版物上公开发表过、在国内公开使用过或者以其他方式为公众所知，也没有同样的发明或者实用新型由他人向国务院专利行政部门提出过申请并记载在坤请日以后（含申请日）公布的专利申请文件中。如果专利的技术方案与对比文件公开的内容相比，其权利要求所限定的技术方案与对比文件公开的技术方案实质上相同，所属技术领域的技术人员根据两者的技术方案可以确定两者能够适用于相同的技术领域，解决相同的技术问题，并具有相同的预期效果，则认为两者为同样的发明或者实用新型。

第三人认为本专利权利要求1相对于附件3-1-3、3-1-4和3-1-5没有新颖性。

原告对附件3-1-4和附件3-1-5的真实性无异议，对附件3-1-3来源的真实性不认可。被告要求原告对该证据来源的异议进行举证，原告拒绝对附件3-1-3的来源进行举证。同时认为附件3-1-3没有明确写明其公开发行时间，对附件3-1-3的译文无异议。

被告认为，附件3-1-3为DIN18035国际标准78年德文版，其上加盖了中国科学技术情报研究所标准馆藏章，并且上面有“84 11月7日、1988年9、作废”等章。虽然该附件不是原件，但是其上清楚地表明可以在中国科学技术情报研究所标准馆藏中查到，并且附件3-1-4给出了中国标准情报中心的联系方式，被告认为原告很容易对该附件3-1-3来源的真实性进行核实。因此原告虽然对其来源的真实性提出了异议，但其并未具体陈述不真实的具体内容，同时原告又拒绝对该附件的真实性进行核实，因此被告认为原告的上述主张不能成立，认为该附件真实有效可以作为本案证据使用。此外该附件为1978年的德文版，其上盖有“84 11月7日、1988年9”等时间章，因此该附件的公开时间早于本专利的申请日，可以作为本专利的现有技术使用，其公开的内容以其中文译文为准。

附件3-1-3公开了一种塑胶铺面，该塑胶铺面为运动地面，并且在其中说明了该铺面可以加工成颗粒状、平面（无花纹）状或花纹状（参见该附件译文的第2、3页）。该附件3中的塑胶铺面相当于本专利权利要求1中的塑胶地面；该附件虽然没有明确的说明该花纹状是凹凸不平的花纹，但是从附件3-1-3中可以看出其明确写出了平面状是没有花纹的，并且将平面状与花纹状并列，也就是说该附件中的花纹状不是平面的，因此该花纹也是凹凸不平的，同时在该附件中还进一步说明了，可以通过一个成型加工工序，压印铺面的顶面，也就是说可以通过压印来造成花纹状，通过压印而造成的花纹是凹凸不平的，因此该附件中的花纹状是印花的凹凸不平的花纹，相当于本专利权利要求1中的凹凸不平的花纹；此外该附件作为一种运动地面的标准，必须具有防滑的效果。综上所述，该附件公开了本专利权利要求1的所有技术特征，是和本专利权利要求1相同的技术方案，因此本专利权利要求1相对于附件3-1-3不符合《专利法》第二十二条第二款的规定。

据此，被告作出无效决定。原告不服，诉至本院。

本院认为，第三人在行政程序中补充提交证据的首页上收文章的日期虽为“05. 10. 14”，但该组证据所有组成页亦均被打孔注明了“05. 09. 22”的收文日期，通常情况下打孔日期是无法更改的。对此，原告在被告的行政审查程序中亦未提出异议。因此，被告将该组证据作为第三人在规定期限内提交的补充证据予以考虑并无不妥。原告认为被告对该组证据应当不予考虑的诉讼主张依据不足，本院不予支持。

附件3-1-3为DIN18035德国标准1978年德文版，其上加盖了标明中国科学技术情报研究所标准馆藏的印记，并且其上还有“84 11 月 7 日、1988 年 9、作废”等印记。同时，第三人亦向被告一并提交了中国标准情报中心出具的发票原件和载有中国标准情报中心开馆时间、各服务项目联系电话及电子邮箱等内容的网页材料，清楚地表明了该附件的具体来源及其容易核实的特性，已尽到了基本的举证义务。在此情况下，被告要求原告为其针对上述附件来源的异议提供相应证据支持并无违法之处。在原告既不说明该附件具体有何不实之处，又无正当理由拒绝对其相应异议举证的情况下，被告认为原告的异议不成立，并将该附件作为有效证据使用并无不妥。

虽然附件 3-1-3 仅首页加盖了中国科学技术情报研究所标准馆藏的印记，但仅此尚不足以认定该份附件即存在明显异常之处，原告据此认为该附件德文版及其译文第 2~7 页均不具有真实性的诉讼主张缺乏事实及法律依据，本院不予支持。

《施行修订后审查指南的过渡办法》规定，“对于在 2006 年 7 月 1 日之前提出的无效宣告请求，其外文证据中文译文的提交适用 2001 年 10 月 18 日公布的审查指南第四部分第一章第 14 节和 2004 年 7 月 1 日起施行的审查指南公报（第 1 号）的相应规定”。而 2004 年 7 月 1 日起施行的《审查指南公报》（第 1 号，下称 1 号《审查指南公报》）第三部分第 3 点已明确，将 2001 年 10 月 18 日公布的《审查指南》第四部分第一章第 14 节的内容修改为“当事人提交外文证据的，应当在提交该外文证据的同时提交所使用部分的中文译文。当事人未在提交外文证据的同时提交中文译文的，应当主动补交。在专利复审委员会书面通知指定期限内仍未补交的，该外文证据视为未提交”。本案中，鉴于第三人已在提交该外文证据的同时提交了相应中文译文，其后第三人在口审时主动补充提交部分内容相同的补充译文并未违反 1 号《审查指南公报》的上述规定。同时，被告所引据的译文部分在第三人随同附件 3-1-3 中外文证据一并提交的译文中亦有相应内容。鉴此，被告将第三人在口审中补充的译文一并作为作出无效决定的依据并无违法之处。原告关于第三人在口审时补充提交的译文已超过了法定举证期限的理由缺乏法律依据，本院不予支持。

1 号《审查指南公报》第三部分第 3 点中规定，“对方当事人对译文具体内容有异议的，应当对有异议的部分提交中文译文。必要时，可以委托双方当事人认可的单位进行全文、所使用部分或者有异议部分的翻译……。双方当事人对委托翻译达不成协议的，专利复审委员会可以委托专业翻译单位进行全文、所使用部分或者有异议部分的翻译”。在被告的行政审查程序中，原告对附件 3-1-3 的译文已明确表示无异议，并未启动对译文的异议审查程序。在此情况下，被告对于附件 3-1-3 译文的审查程序并无违法之处，本院对于原告关于附件 3-1-3 译文准确性的相关异议不予支持。

鉴于译文中写明“塑胶铺面的表面是质密的或微孔结构，关于顶面，还可以加工成颗粒状、平面（无花纹）状或花纹状”，其中“颗粒状、平面（无花纹）状或花纹状”系并列关系。同时，译文中进一步说明，表面处理是为了使塑胶铺面的表面具有不同的表面结构，而处理方法最后一项是通过一个成型加工工序，压印铺面的顶面，通过压印造成的花纹状表面结构应当是凹凸不平的。此外，该附件已明示相应塑胶铺面具有防滑的技术特性。因此，被告综合考虑以上因素，认定该附件 3-1-3 中的花纹状是印花的凹凸不平的花纹是正确的，本院应予支持。原告关于译文中的“颗粒状、平面（无花纹）状或花纹状”应解释为“颗粒状、平面（无花纹、有花纹）状”的诉讼意见缺乏事实及法律依据，本院不予支持。

鉴于原告在被告的口审程序中提交的证据（即原告方诉讼证据 19~25）与本专利的新颖性审查无关，被告在无效决定中未予列明并未构成违法，亦未因此实际侵犯原告的合法权益。原告关于该组证据与本案有关的诉讼意见，本院不予支持。

《专利法》第二十二条第二款规定，“新颖性，是指在申请日以前没有同样的发明或者实用新型在国内外出版物上公开发表过、在国内公开使用过或者以其他方式为公众所知，也没有同样的发明或者实用新型由他人向国务院专利行政部门提出过申请并且记载在申请日以后公布的专利申请文件中”。经原告修改后，本专利的全部权利要求只包括权利要求1。经审查，本专利权利要求1的技术方案已被附件3-1-3全部公开，无效决定中关于本专利权利要求1相对于附件3-1-3不符合《专利法》第二十二条第二款规定的认定正确，本院应予支持。原告关于第三人使用了本专利技术进行生产，即足以证明本专利技术未被本案对比文件公开的诉讼意见缺乏法律依据，本院不予支持。

综上，原告要求撤销无效决定的诉讼请求缺乏事实和法律依据，本院不予支持。据此，依照《最高人民法院关于执行〈中华人民共和国行政诉讼法〉若干问题的解释》第五十六条第（四）项之规定，判决如下：

驳回原告陈继华的诉讼请求。案件受理费100元，由原告陈继华负担（已交纳）。

如不服本判决，各方当事人可在本判决书送达之日起15日内，向本院递交上诉状，并按对方当事人的人数提出副本，上诉于北京市高级人民法院。上诉人在上诉期限内未预交上诉案件受理费又不提出缓交申请的，按自动撤回上诉处理。

审　判　长　强刚华
代理审判员　贾志刚
人民陪审员　杨　旭
二〇〇七年十一月十九日
书　记　员　张　莹

## 北京市高级人民法院行政判决书

（2008）高行终字第137号

上诉人（一审原告）陈继华（曾用名陈季华），男，1947年2月22日出生，汉族，无业，住河北省保定市新市区东风中路公交园小区1-3-203号。

委托代理人李妹格，女，1971年3月19日出生，汉族，自由职业者，住河北省保定市北市区府前街华园小区2栋1单元501号。

委托代理人刘志乔，男，1949年10月12日出生，汉族，自由职业者，住河北省保定市新市区东风中路1177门1号楼4单元402号。

被上诉人（一审被告）国家知识产权局专利复审委员会，住所地北京市海淀区北四环西路9号银谷大厦。

法定代表人廖涛，副主任。

委托代理人刘翚，女，国家知识产权局专利复审委员会审查员。

委托代理人刘妍，女，国家知识产权局专利复审委员会审查员。

被上诉人（一审第三人）邸宝谦，男，1963年6月3日出生，汉族，保定兴运塑胶有限公司工程师，住河北省保定市新市区宝硕小区4-4-502。

委托代理人耿小强，北京北新智诚知识产权代理有限公司专利代理人。

委托代理人葛瑞，女，1963年1月8日出生，汉族，保定兴运塑胶有限公司工程师，住河北省保定市新市区向阳北大街542号。

上诉人陈继华因专利无效审查决定一案，不服北京市第一中级人民法院（2007）一中行初字第

558号行政判决，向本院提起上诉，本院依法组成合议庭公开开庭审理了本案。上诉人陈继华的委托代理人李妹格、刘志乔，被上诉人国家知识产权局专利复审委员会（以下简称专利复审委）的委托代理人刘翚、刘妍，被上诉人邸宝谦的委托代理人耿小强、葛瑞等到庭参加了诉讼。本案现已审理终结。

2006年12月12日，专利复审委作出第9075号无效宣告请求审查决定（以下简称第9075号决定），依据《中华人民共和国专利法》（以下简称《专利法》）第二十二条第二款的规定，宣告第99200601.5号实用新型专利权（以下简称本专利）全部无效。陈继华不服第9075号决定，向北京市第一中级人民法院提起行政诉讼。

一审法院判决认定，专利复审委将有关证据作为邸宝谦在规定期限内提交的补充证据予以考虑并无不妥。陈继华认为专利复审委对该证据不应当予以考虑的诉讼主张依据不足，本院不予支持。

本案附件3-1-3为DIN18035德国标准1978年德文版，在陈继华既不说明该附件具体有何不实之处，又无正当理由拒绝对其相应异议举证的情况下，专利复审委认为陈继华的异议不成立，并将该附件作为有效证据使用并无不妥。虽然附件3-1-3仅首页加盖了中国科学技术情报研究所标准馆藏的印记，但仅此尚不足以认定该份附件存在明显异常之处，陈继华据此认为该附件德文版及其译文的2~7页均不具有真实性的诉讼主张缺乏事实及法律依据，本院不予支持。

鉴于邸宝谦已在提交外文证据的同时提交了相应中文译文，其后邸宝谦在口审时主动补充提交部分内容相同的补充译文并未违反1号《审查指南公报》的有关规定。同时，专利复审委所引据的译文部分在邸宝谦随同附件3-1-3中外文证据一并提交的译文中亦有相应内容。鉴此，专利复审委将邸宝谦在口审中补充的译文一并作为作出无效决定的依据并无违法之处。陈继华关于邸宝谦在口审时补充提交的译文已超过了法定举证期限的理由缺乏法律依据，本院不予支持。

在行政审查程序中，陈继华对附件3-1-3的译文已明确表示无异议，并未启动对译文的异议审查程序。在此情况下，专利复审委对于附件3-1-3译文的审查程序并无违法之处，本院对于陈继华关于附件3-1-3译文准确性的相关异议不予支持。

专利复审委综合考虑相关因素，认定本案附件3-1-3中的花纹状是印花的凹凸不平的花纹是正确的，本院应予支持。陈继华关于译文中的"颗粒状、平面（无花纹）状或花纹状"应解释为"颗粒状、平面（无花纹、有花纹）状"的诉讼意见缺乏事实及法律依据，本院不予支持。

鉴于陈继华在专利复审委的口审程序中提交的证据（即陈继华诉讼证据19~25）与本专利的新颖性审查无关，专利复审委在无效决定中未予列明并未构成违法，亦未因此实际侵犯陈继华的合法权益。陈继华关于该组证据与本案有关的诉讼意见，本院不予支持。

本专利的全部权利要求只包括权利要求1，本专利权利要求1的技术方案已被附件3-1-3全部公开，专利复审委关于本专利权利要求1相对于附件3-1-3不符合《专利法》第二十二条第二款规定的认定正确，本院应予支持。陈继华关于邸宝谦使用了本专利技术进行生产，即足以证明本专利技术未被本案对比文件公开的诉讼意见缺乏法律依据，本院不予支持。

综上，依照《最高人民法院关于执行〈中华人民共和国行政诉讼法〉若干问题的解释》第五十六条第（四）项的规定，判决驳回陈继华的诉讼请求。陈继华不服一审判决，于2007年10月25日提出上诉。诉称，1. 打孔日期为"050922"的该组证据的实际打孔日期应为"051014"，已超过了规定的举证期限，专利复审委对该组证据不应当予以考虑。2. 附件3-1-3未提交原件，不符合证据的形式要件。根据谁主张谁举证的原则，被上诉人邸宝谦应承担其举证不能的法律后果。3. 附件3-1-3原德文版的复印件，只有首页加盖了印章，无法证明其他页的真实性，所以相应的译文2-7页也不具有真实性。4. 附件 3-1-3 的译文是口审时提交的，同样超过了举证期限，亦不应采纳。5. 译文中将合成铺面译为塑胶铺面错误。6. 对于译文中“关于顶面，还可以加工成颗粒状、平面（无花纹）状或花纹状”，专利复审委将其解释为“颗粒状、平面无花纹状和凹凸面有花纹状”三种选择方式，是不符合汉语语法及逻辑的，是错误的。7. 被上诉人邸宝谦提供的对比文件仅提供了原文件的部分译文的摘译，且没有忠实于原文，是对原文的断章取义。8. 对于上诉人陈继华在口审中提交的证据（即陈继华证据 19~25），专利复审委在无效决定中未予列明。9. 上诉人陈继华取得专利权后，被上诉人邸宝谦才使用该专利技术生产出产品，这足以证明根据邸宝谦提供的对比文件，尚不能证明陈继华的专利技术已公开。

综上，专利复审委作出的第 9075 号决定既不合法又不符合事实，严重违反法定程序。一审法院判决认定事实不清，证据不足，程序错误，请求二审法院撤销一审判决，同时撤销专利复审委作出的第 9075 号决定，并责令其重新作出决定。

被上诉人专利复审委仍持第 9075 号决定意见，并认为一审法院判决认定事实清楚，适用法律正确，请求二审法院驳回上诉，维持一审判决。

被上诉人邸宝谦同意专利复审委的意见。

经审理查明，1999 年 1 月 15 日，陈继华向国家知识产权局提出了名称为“印花塑胶防滑地面”的实用新型专利权申请（即本专利），2000 年 11 月 22 日，本专利被授权公告，专利号为 99200601.5，专利权人为陈继华。

本专利授权公告时的权利要求书记载的权利要求为，“1. 一种印花塑胶防滑地面，其特征在于其表面带有凹凸不平的花纹。2. 根据权利要求 1 所述的印花塑胶防滑地面，其特征在于：它由带凹凸不平花纹的塑胶防滑面层和塑胶底层组成，二者通过粘合剂粘接在一起。”

2005 年 8 月 23 日，邸宝谦针对本专利向专利复审委提出无效宣告请求，认为本专利全部权利要求均不符合《专利法》第二十二条第二、三款的规定，同时提交了以下附件：附件 1、《田径设施手册》的封面、封面附页、中译本出版说明页、祝词页、前言页、版本说明页、第 5~8 页、第 70~81 页、封底复印件共 23 页；附件 2、所称《亚特兰大奥运会田径场和跑道的技术要求》英文复印件共 52 页；附件 3-1、所称 DIN18035Part6 的国际标准英文复印件共 2 页；附件3-2、DIN18035Part6（摘译），落款为保定市合成橡胶厂 1989 年 12 月复印件共 3 页；附件 3-3、《中华人民共和国国家标准塑胶跑道编写说明》，落款为保定长城合成橡胶有限公司 1992 年 7 月复印件共 3 页；附件 4、保裁字［2005］第 22 号的保定仲裁委员会仲裁通知书（二）复印件共 1 页；附件 5、甲方为陈继华、乙方为邸宝谦的《协议书》复印件共 1 页。

经形式审查合格，专利复审委受理了上述无效宣告请求，并于 2005 年 9 月 21 日向邸宝谦和陈继华发出无效宣告请求受理通知书，同时将专利权无效宣告请求书及其附件清单中所列附件的副本转送给陈继华，并要求陈继华在指定的期限内陈述意见。

2005 年 9 月 22 日，邸宝谦提交了补充意见陈述，认为本专利的全部权利要求均不符合《专利法》第二十二条第二、三款的规定。并补充了以下附件：附件 3-1-1、所称 DIN18035 国际标准 82 英文版首页复印件共 1 页；附件3-1-2、DINl18035 国际标准 82 的译文复印件共 1 页；附件3-1-3、DIN18035 德国标准 78 年德文版及摘译复印件共 30 页；附件 3-1-4、所称中国标准情报中心网页复印件共 1 页；附件 3-1-5、北京市服务业、娱乐业、文化体育业专用发票复印件共 1 页。

2006 年 4 月 4 日，专利复审委向双方发出无效宣告请求口头审理通知书，定于 2006 年 6 月 5 日举行口头审理。随同口头审理通知书，将邸宝谦于 2005 年 9 月 22 日提交的意见陈述书及其附件清单中所列附件的副本转送给陈继华。

本案口头审理如期举行，双方当事人均参加了口头审理。

在口头审理中，邸宝谦明确了无效理由、范围和证据为，所使用的证据为附件1、2、3-1-3、3-1-4、3-1-5，其他没用到的证据均放弃。邸宝谦当庭提交了附件.2和附件3-1-3的译文。专利复审委当庭将其转送给陈继华。邸宝谦明确所使用的译文为上述两个译文以及附件3-1-3原译文中的摘译。具体理由是：本专利权利要求1相对于附件1或2或3-1-3、3-1-4、3-1-5没有新颖性，权利要求1、2相对于附件1或2或3-1-3、3-l-4、3-1-5没有创造性。邸宝谦当庭提交了附件1、2、3-1-4和3-1-5的原件。陈继华对附件1、2、3-1-4和3-1-5的真实性无异议，但是认为附件1为内部出版物未公开发行，认为附件2没有发行时间。邸宝谦认为附件1写有“酌收工本费”，邸宝谦本人也是在书店中买到的，因此非特定人是可以买到附件1。邸宝谦承认附件2是通过邮件方式从国外获得的，认为附件2中显示了Atlanta1996及1992的版权图案，因此该附件是在申请日前发行的。陈继华对附件3-1-3来源的真实性不认可，专利复审委要求陈继华对该证据来源的异议进行举证，陈继华拒绝对附件3-1-3的来源进行举证。陈继华还认为附件3-1-3没有明确写明其公开发行时间，而陈继华对该附件的译文并无异议。

2006年6月13日，陈继华向专利复审委提交了意见陈述书，就邸宝谦的证据及本专利的新颖性和创造性陈述了意见。

2006年9月5日，专利复审委又向双方发出无效宣告请求口头审理通知书，定于2006年11月1日再次就本案举行口头审理。本次口头审理考察了本专利权利要求2的创造性问题，双方进行了充分的辩论。

2006年11月8日，陈继华提交了意见陈述书，并对权利要求书进行了修改，此次修改是把权利要求2全部删除，保留了权利要求1，同时提交了修改后的权利要求书。修改后的本专利权利要求书记载的权利要求为，“1. 一种印花塑胶防滑地面，其特征在于其表面带有凹凸不平的花纹。”

2006年12月12日，专利复审委作出第9075号决定，宣告本专利权全部无效。主要理由是：

1. 关于陈继华提交的修改文本《审查指南》第四部分第三章第4.6节在“无效宣告程序中专利文件的修改”中对修改原则、修改方式和修改方式的限制进行了规定。其中在修改原则中规定发明或者实用新型专利文件的修改仅限于权利要求书。并且在修改方式的限制中规定在专利复审委作出审查决定之前，专利权人可以删除权利要求或者权利要求中包括的技术方案。

陈继华于2006年11月8日提交了修改后的权利要求书，其中删除了权利要求2，保留了权利要求1，修改后的权利要求书为：“1. 一种印花塑胶防滑地面，其特征在于其表面带有凹凸不平的花纹。”

陈继华是在专利复审委作出审查决定之前，以删除权利要求的修改方式对权利要求书进行了修改，因此陈继华提交的权利要求书的修改文本符合《审查指南》的上述规定，本决定以陈继华提交的权利要求书的修改文本为基础进行。

2. 关于新颖性。

新颖性，是指在申请日以前没有同样的发明或者实用新型在国内外出版物上公开发表过、在国内公开使用过或者以其他方式为公众所知，也没有同样的发明或者实用新型由他人向国务院专利行政部门提出过申请并记载在申请日以后（含申请日）公布的专利申请文件中。如果专利的技术方案与对比文件公开的内容相比，其权利要求所限定的技术方案与对比文件公开的技术方案实质上相同，所属技术领域的技术人员根据两者的技术方案可以确定两者能够适用于相同的技术领域，解决相同的技术问题，并具有相同的预期效果，则认为两者为同样的发明或者实用新型。

邸宝谦认为本专利权利要求1相对于附件3-1-3、3-1-4和3-1-5没有新颖性。

陈继华对附件3-1-4和附件3-1-5的真实性无异议，对附件31-3来源的真实性不认可。专利复审委要求陈继华对该证据来源的异议进行举证，陈继华拒绝对附件3-1-3的来源进行举证。同时认为附件3-1-3没有明确写明其公开发行时间，对附件3-1-3的译文无异议。

附件3-1-3为DIN18035国际标准78年德文版，其上加盖了中国科学技术情报研究所标准馆藏章，并且上面有“84 11月7日、1988年9、作废”等章。虽然该附件不是原件，但是其上清楚地表明可以在中国科学技术情报研究所标准馆藏中查到，并且附件3-1-4给出了中国标准情报中心的联系方式，陈继华很容易对该附件3-1-3来源的真实性进行核实。陈继华虽然对其来源的真实性提出了异议，但其并未具体陈述不真实的具体内容，同时陈继华又拒绝对该附件的真实性进行核实，因此，陈继华的上述主张不能成立，该附件真实有效可以作为本案证据使用。此外该附件为1978年的德文版，其上盖有“84 11月7日、1988年9”等时间章，因此，该附件的公开时间早于本专利的申请日，可以作为本专利的现有技术使用，其公开的内容以其中文译文为准。

附件3-1-3公开了一种塑胶铺面，该塑胶铺面为运动地面，并且在其中说明了该铺面可以加工成颗粒状、平面（无花纹）状或花纹状（参考该附件译文的第2、3页）。该附件3中的塑胶铺面相当于本专利权利要求1中的塑胶地面。该附件虽然没有明确的说明该花纹状是凹凸不平的花纹，但是从附件3-1-3中可以看出其明确写出了平面状是没有花纹的，并且将平面状与花纹状并列，也就是说该附件中的花纹状不是平面的，因此该花纹也是凹凸不平的，同时在该附件中还进一步说明了可以通过一一个成型加工工序，压印铺面的顶面，也就是说可以通过压印来造成花纹状，通过压印而造成曲花纹是凹凸不平的，因此该附件中的花纹状是印花的凹凸不平的花纹，相当于本专利权利要求1中的凹凸不平的花纹。此外，该附件作为一种运动地面的标准，必须具有防滑的效果。综上所述，该附件公开了本专利权利要求1的所有技术特征，是和本专利权利要求1相同的技术方案，因此本专利权利要求1相对于附件3-1-3不符合《专利法》第二十二条第二款的规定。

陈继华不服上述决定，向北京市第一中级人民法院提起行政诉讼。

本案一、二审审理期间，被上诉人专利复审委提交了以下主要证据：1. ZL9200601.5号实用新型专利说明书；2. 本专利修改的权利要求书；3. 陈继华于2006年6月13日向专利复审委提交的意见陈述书；4. 陈继华于2006年11月8日向专利复审委提交的意见陈述书；5. 所称DIN8035国际标准78年德文版及中文译文；6. 所称中国标准情报中心网页；7. 北京市服务业、娱乐业、文化体育业专用发票；8. 第一次口头审理记录表；9. 第二次口头审理记录表。

上诉人陈继华提交了以下主要证据：1. 无效宣告请求受理通知书；2. 专利权无效宣告请求书；3. 中国田径协会田径设施手册；4. 亚特兰大奥运会田径场地和跑到的技术要求；5. DIN8053part6国际标准；6. DIN8053part6国际标准摘译；7. 国家标准塑胶跑道编写说明；8. 保定仲裁委仲裁通知书（二）保裁字2005第22号；9. 陈继华与邸宝谦协议书；10. 口审通知书；11. 口审通知书回执；12. 意见陈述书；13. DIN8053part6国际标准82英文版首页；14. DIN8053part6国际标准82英文版首页（摘译）；15. DIN8053part6国际标准1978年德文版及摘译；16. 中国标准情报中心网页；17. 发票；18. 陈继华提交的意见陈述书；19. 田径场地设施标准手册（2002年3月发布）；20. 实用新型专利说明书；21. 塑胶跑道国家标准；22. 中标通知书及合同书；23. 施工工程竣工验收报告；24. 验收证书及近三年承建工程一览表；25. 400米跑道平面图、青岛建筑工程学院印花跑道；26. 保裁字（2005）第22号通知；27. 2006年6月5日第一次口审记录；28. 附件2译文，合成跑道和室内场地运动地面说明书译文；29. 附件3-1-3译文；30. 陈继华意见陈述书；31. 陈继华身份证明；32. 第二次无效宣告请求口头审理通知书；33. 口审审理通知书回执；34. 陈继华意见陈述书；35. 对权利要求书修改申请；36. 无效决定书。

陈继华还提交了两份实物证据：1. 现有技术方案生产的颗粒跑道样块 1 块；2. 本专利技术方案生产的印花塑胶跑道样块 1 块。

在本案一审开庭审理过程中；陈继华还要求补充以下证据：1. 邸宝谦向保定市仲裁委提交的补充证据申请及补充证据目录；2. 平面有装饰（花纹）图案复印件；3. 平面无装饰（花纹）图案复印件；4. 陈继华自行翻译的附件 3-1 的中文译文。

被上诉人邸宝谦未提交证据。

以上证据经庭审质证及审查核实，本院确认一审法院认证结论正确，可以作为认定本案事实的根据。

本院认为，本案主要存在以下三个争议的焦点问题：第一，被上诉人邸宝谦在行政程序中补充提交的证据是否应予采纳；第二，本案附件 3-1-3 是否具有对本案待证事实的证据力及证明力；第三，本专利是否符合《专利法》第二十二条第二款的规定。

关于被上诉人邸宝谦在行政程序中补充提交的证据是否应予采纳的问题。邸宝谦在行政程序中补充提交的证据首页上收文印章的日期虽为“051014”，但该组证据所有组成页均被打孔注明了“050922”的收文日期，而打孔日期通常情况下是无法更改的。对此，结合专利复审委及邸宝谦的陈述，该组证据存在两个收文日期的原因是，邸宝谦首先将该组补充证据提交到了专利局，专利局打孔后转交专利复审委，专利复审委又加盖了收文印章。而上诉人陈继华在专利复审委的行政审查程序中，并未对此提出异议。因此，专利复审委将该组证据作为邸宝谦在规定期限内提交的补充证据予以考虑并无不当。陈继华认为专利复审委对该组证据不应当予以考虑的诉讼主张依据不足，本院不予支持。

关于本案附件 3-1-3 是否具有对本案待证事实的证据力及证明力的问题。本案附件 3-1-3 为 DIN18035 德国标准 1978 年德文版，其上加盖了标明中国科学技术情报研究所标准馆藏的印记，且还有“84 11 月 7 日、1988 年 9，作废”等印记。同时，邸宝谦亦向专利复审委一并提交了中国标准情报中心出具的发票原件及载有中国标准情报中心开馆时间、各服务项目联系电话及电子邮箱等内容的网页材料，清楚地表明了该附件的具体来源及其容易核实的特性，已尽到了基本的举证义务。在此情况下，专利复审委要求陈继华为其针对上述附件来源的异议提供相应证据支持并无违法之处。在陈继华既不说明该附件具体有何不实之处，又无正当理由拒绝对其相应异议举证的情况下，专利复审委认为陈继华的异议不成立，并将该附件作为有效证据使用并无不当。虽然附件 3-1-3 仅首页加盖了中国科学技术情报研究所标准馆藏的印记，但仅此尚不足以认定该份附件存在明显异常之处，陈继华据此认为该附件德文版及其译文第 2~7 页均不具有真实性的诉讼主张缺乏事实根据，本院不予支持。

《施行修订后审查指南的过渡办法》规定，“对于在 2006 年 7 月 1 日之前提出的无效宣告请求，其外文证据中文译文的提交适用 2001 年 10 月 18 日公布的审查指南第四部分第一章第 14 节和 2004 年 7 月 1 日起施行的审查指南公报（第 1 号）的相应规定”。而 2004 年 7 月 1 日起施行的《审查指南公报（第 1 号）》（下称 1 号《审查指南公报》）第三部分第 3 点已明确，将 2001 年 10 月 18 日公布的《审查指南》第四部分第一章第 14 节的内容修改为“当事人提交外文证据的，应当在提交该外文证据的同时提交所使用部分的中文译文。当事人未在提交外文证据的同时提交中文译文的，应当主动补交。在专利复审委员会书面通知指定期限内仍未补交的，该外文证据视为未提交”。本案中，邸宝谦已在提交该外文证据的同时提交了相应的中文译文，其后邸宝谦又在口审时主动补充提交了部分内容相同的译文并未违反 1 号《审查指南公报》的上述规定。而专利复审委所引据的译文部分在邸宝谦随同附件 3-1-3 中外文证据一并提交的译文中亦有相应内容。据此，专利复审委将邸宝谦在口审中补充的译文一并作为无效决定的依据并无违法之处。因此，陈继华关于邸宝谦在口审时补充提交的译文已超过了法定举证期限的理由缺乏法律依据，本院不予支持。

1号《审查指南公报》第三部分第3点中规定，“对方当事人对译文具体内容有异议的，应当对有异议的部分提交中文译文。必要时，可以委托双方当事人认可的单位进行全文、所使用部分或者有异议部分的翻译。双方当事人对委托翻译达不成协议的，专利复审委员会可以委托专业翻译单位进行全文、所使用部分或者有异议部分的翻译……”。本案在专利复审委的行政审查程序中，陈继华对附件3-1-3的译文已明确表示无异议，并未启动对译文的异议审查程序。在此情况下，专利复审委对附件3-1-3译文的审查程序并无违法之处，本院对陈继华关于附件3-1-3译文准确性的异议不予支持。

鉴于译文中写明“塑胶铺面的表面是质密的或微孔结构，关于顶面，还可以加工成颗粒状、平面（无花纹）状或花纹状”，其中“颗粒状、平面（无花纹）状或花纹状”系并列关系。同时，译文中进一步说明，表面处理是为了使塑胶铺面的表面具有不同的表面结构，而处理力法最后一项是通过一个成型加工工序，压印铺面的顶面，通过压印造成的花纹状表面结构应当是凹凸不平的。此外，该附件已明示相应塑胶铺面具有防滑的技术特性。因此，专利复审委综合考虑以上因素，认定本案附件3-1-3中的花纹状系印花的凹凸不平的花纹是正确的，本院应予支持。陈继华关于译文中的“颗粒状、平面（无花纹）状或花纹状”应解释为“颗粒状、平面（无花纹、有花纹）状”的诉讼意见缺乏事实及法律依据，本院不予支持。

鉴于陈继华在专利复审委的口审程序中提交的证据（即陈继华方诉讼证据19~25）与本专利的新颖性审查无关，专利复审委在无效决定中未予列明并不构成违法，亦未因此实际侵犯陈继华的合法权益。陈继华关于该组证据与本案有关的诉讼意见，本院不予支持。

关于本专利是否符合《专利法》第二十二条第二款规定的问题。《专利法》第二十二条第二款规定，“新颖性，是指在申请日以前没有同样的发明或者实用新型在国内外出版物上公开发表过、在国内公开使用过或者以其他方式为公众所知，也没有同样的发明或者实用新型由他人向国务院专利行政部门提出过申请并且记载在申请日以后公布的专利申请文件中”。本专利经陈继华修改后，其全部权利要求只包括权利要求1。与本案附件3-1-3进行比较，本专利权利要求1的技术方案已被附件3-1-3全部公开，因此，专利复审委作出的第9075号决定中关于本专利权利要求1相对于附件3-1-3不符合《专利法》第二十二条第二款规定的认定正确。陈继华关于邸宝谦使用了本专利技术进行生产，足以证明本专利技术未被本案对比文件公开的诉讼主张缺乏事实根据和法律依据，本院不予支持。

综上，专利复审委作出的第9075号决定宣告第99200601.5号实用新型专利权全部无效合法，一审法院判决驳回陈继华的诉讼请求正确。依据《中华人民共和国行政诉讼法》第六十一条第（一）项的规定，判决如下：

驳回上诉，维持一审判决。

二审案件受理费人民币100元，由上诉人陈继华负担（已交纳）。

本判决为终审判决。

审 判 长 朱世宽
代理审判员 张学磊
人民陪审员 赵宇晖
二〇〇八年五月七日
书 记 员 张 怡

011

# 柜台票单自动录入方法和系统

## 无效宣告请求审查决定（第9082号）

决　　定　　点　第9082号
决　　定　　日　2006年12月15日
发明创造名称　柜台票单自动录入方法和系统
国 际 分 类 号　G07F 19/00
无效宣告请求人　东莞市天和商贸有限公司
专 利 权 人　王　奇
专　　利　　号　98122267.6
申　　请　　日　1998年12月31日
授 权 公 告 日　2004年4月28日
合 议 组 组 长　黄玉萍
主　　审　　员　张田勇
参　　审　　员　王琦琳

法 律 依 据　专利法第22条第3款
决 定 要 点

如果本专利的某项权利要求的技术方案与现有技术相比，该权利要求的技术方案包括有区别特征，而现有技术中没有给出使用该区别特征的启示，并且该区别特征的使用导致该权利要求的技术方案产生了有益的技术效果，那么该权利要求具备创造性。

### 一、案由

本无效宣告请求涉及国家知识产权局于2004年4月28日授权公告的名称为“柜台票单自动录入方法和系统”的98122267.6号发明专利权（下称本专利），其申请日为1998年12月31日，专利权人为王奇。本专利授权公告的权利要求书如下：

“1. 一种柜台票据自动录入方法，其特征在于，包括以下步骤：

用脱线填单机接收输入数据；

由脱线填单机将票单要素数据进行格式转换并以MICR磁码、OCR光码和条形码形式输出可机读票单传送到读写装置；

由读写装置读出每一个可机读票单；

经确认后，由读写装置将票单信息传送到计算机系统中。

2. 根据权利要求1所述柜台票据自动录入方法，其特征在于，所述用脱线填单机接收输入数据的步骤包括，用户以触摸屏方式输入票单信息的步骤。

3. 根据权利要求 1 所述柜台票据自动录入方法，其特征在于，所述用脱线填单机接收输入数据的步骤包括，用户以小键盘方式输入票单信息的步骤。

4. 一种柜台票据自动录入系统，其特征在于，包括用于生成可机读票单的脱线填单机、机读码在线读写装置，在所述脱线填单机与机读码在线读写装置之间设有传送装置；所述可机读票单包括用于记录信息的 MICR 磁码、OCR 光码或条形码，所述机读码在线读写装置可以是 MICR 磁码读写装置、OCR 光码输入装置或条形码输入装置。

5. 根据权利要求 4 所述柜台票据自动录入系统，其特征在于，所述脱线填单机包括触摸屏输入单元、机读码输出单元以及用于将所述触摸屏输入单元输入的数据以一定形式进行转换并送到机读码输出单元的处理装置。

6. 根据权利要求 4 所述柜台票据自动录入系统，其特征在于，所述脱线填单机包括小键盘输入单元、机读码输出单元以及用于将所述小键盘输入单元输入的数据以一定形式进行转换并送到机读码输出单元的处理装置。

7. 根据权利要求 5 或 6 所述柜台票据自动录入系统，其特征在于，所述机读码输出单元可以是 MICR 磁码、OCR 光码或条形码输出单元。”

针对上述专利权，东莞市天和商贸有限公司（下称请求人）于 2006 年 3 月 3 日向专利复审委员会提出无效宣告请求，其无效宣告理由为本专利不符合专利法第 22 条第 3 款规定的创造性，请求人提供的证据如下：

证据 1：CN1154067C 号中国发明专利说明书全文复印件，申请日为 1995 年 8 月 9 日，授权公告日为 2004 年 6 月 16 日；

证据 2：US5321238A 号美国专利说明书的中英文合本复印件共 15 页，公开日为 1994 年 6 月 14 日；

证据 3：国家知识产权局专利检索咨询中心 G052318 号检索报告复印件共 4 页。

请求人认为：本专利权利要求 1~7 分别相对于证据 1、证据 2 或证据 1 与证据 2 的结合不符合专利法第 22 条第 3 款规定的创造性。

经形式审查合格，专利复审委员会受理了上述无效宣告请求，于 2006 年 3 月 3 日向双方当事人发出无效宣告请求受理通知书，同时将专利权无效宣告请求书及其附件清单中所列附件的副本转送给专利权人，要求其在指定的期限内答复。专利权人期满未答复。

请求人于 2006 年 3 月 31 日向专利复审委员会提交意见陈述书，进一步认为本专利涉及商业的经营方法，属于智力活动的规则和方法，属于专利法第 25 条不授予专利权的客体之一。审查指南中所称的智力活动，是指人的思维运动，它源于人的思维，经过推理、分析和判断产生出抽象的结果，或者必须经过人的思维运动作为媒介，间接地作用于自然产生结果，它仅是指导人们进行思维、表述、判断和记忆的规则和方法。由于其没有采用技术手段或者利用自然规律，也未解决技术问题和产生技术效果，因而不构成技术方案。本专利既不符合专利法实施细则第 2 条第 1 款的规定，又属于专利法第 25 条第 1 款第（2）项规定的情形，不能被授予专利权。

专利复审委员会依法组成合议组，对上述无效宣告请求进行审查。

本案合议组于 2006 年 10 月 10 日向双方当事人发出口头审理通知书，定于 2006 年 11 月 16 日举行口头审理。随同口头审理通知书，将请求人于 2006 年 3 月 31 日提交的意见陈述书转送给专利权人。

应专利权人请求，经请求人同意，本案合议组将口头审理的日期变更为 2006 年 11 月 10 日。

口头审理如期举行，双方当事人均出席了口头审理。在口头审理中，请求人明确其无效的理由、范围为本专利权利要求1~7分别相对于证据1、证据2或证据1与证据2的结合不符合专利法第22条第3款规定的创造性，请求人明确表示放弃本专利属于专利法第25条第1款第（2）项规定的情形的无效理由。请求人当庭提交了公开日为1997年1月15日的证据1的发明专利申请公开说明书首页；请求人当庭出具了证据2的英文文本和证据3的原件；请求人明确表示证据3作为参考意见，不作为证据使用；请求人当庭提交了证据3中引用的CN1092885A号中国发明专利说明书，并明确表示该文献仅作参考，不作证据使用。专利权人认为：证据1的授权公告日为2004年6月16日，在本专利申请日之后，不能作为本案现有技术使用；专利权人对证据2、证据3的真实性没有异议，对证据2的中文译文没有异议。在口头审理中，双方当事人均充分发表了意见。

经审理，合议组认为本案的事实清楚，现依法作出如下决定。

**二、决定的理由**

1. 关于证据和现有技术

口头审理中，请求人明确表示证据3和当庭提交的证据3中引用的CN1092885A号中国发明专利说明书仅作参考，不作证据使用，因此本决定中合议组不再对这些证据进行评述。

证据1是专利号为95115371.4的中国发明专利说明书，合议组经核实其真实性可以确认，但其上记载的授权公告日为2004年6月16日，在本专利申请日之后，请求人当庭提交了证据1所涉及的95115371.4号发明专利申请公开说明书首页（下称证据1-1），证据1-1的公开日为1997年1月15日，在本专利申请日之前，请求人用证据1-1证明证据1的相关技术方案已经在本专利申请日之前公开。对此，合议组首先核实确认了证据1-1的真实性，但认为由于请求人提交的证据1-1仅是95115371.4号发明专利申请公开说明书首页，其中仅包括摘要和摘要附图，因此，证据1-1仅能证明在证据1中与证据1-1相对应的内容已于本专利申请日之前公开，与证据1-1相对应的证据1的内容可以作为本专利的现有技术，证据1中所公开的内容以证据1中对应于证据1-1的内容为准。

证据2是US5321238A号美国专利说明书的中英文合本，请求人当庭出具了证据2的英文文本，专利权人对其真实性没有异议，对其中文译文的准确性也没有异议，经合议组审查，证据2可以作为本案的定案依据，并且由于证据2的公开日期在本专利的申请日之前，因此证据2中记载的内容构成本专利的现有技术，其中证据2的文字部分所公开的内容以其中文译文的内容为准。

2. 关于专利法实施细则第2条第1款

专利法实施细则第2条第1款规定：专利法所称发明，是指对产品、方法或者其改进所提出的新的技术方案。

请求人于2006年3月31日向专利复审委员会提交意见陈述书，增加了本专利不符合专利法实施细则第2条第1款的规定的无效宣告理由。请求人认为，审查指南中所称的智力活动，是指人的思维运动，它源于人的思维，经过推理、分析和判断产生出抽象的结果，或者必须经过人的思维运动作为媒介，间接地作用于自然产生结果，它仅是指导人们进行思维、表述、判断和记忆的规则和方法。由于其没有采用技术手段或者利用自然规律，也未解决技术问题和产生技术效果，因而不构成技术方案。

本案中，独立权利要求1的技术方案保护一种柜台票据自动录入方法，独立权利要求4保护一种柜台票据自动录入系统，权利要求4保护的柜台票据自动录入系统是对应于权利要求1保护的柜台数据自动录入方法的产品权利要求。在它们的技术方案中，所要解决的技术问题是实现数据在柜台内的自动录入。该方案通过设置脱线填单机接收输入数据，并由脱线填单机将输入数据进行格式转换，输出可机读票单，计算机系统通过读写装置读入可机读票单，并将数据传送到计算机系统中。显然利用了遵循自然规律的技术手段，从而在确保数据准确性的情况下实现了输入数据的自动录入，同时也提高了用于输入数据录入的计算机的利用率，获得了技术效果。因此，独立权利要求1和独立权利要求4属于专利法实施细则第2条第1款规定的技术方案，属于专利法保护的客体。

权利要求2、3是权利要求1的从属权利要求，权利要求5~7是权利要求4的从属权利要求，在权利要求1和权利要求4属于专利法实施细则第2条第1款规定的技术方案的情况下，从属权利要求2、3、5~7的技术方案也属于专利法实施细则第2条第1款规定的技术方案，属于专利法保护的客体。

3. 关于专利法第22条第3款

专利法第22条第3款规定：创造性，是指同申请日以前已有的技术相比，该发明有突出的实质性特点和显著的进步，该实用新型有实质性特点和进步。

本案中，请求人认为本专利权利要求1~7分别相对于证据1、证据2或证据1与证据2的结合不符合专利法第22条第3款规定的创造性。

证据1公开了一种账票（账单、票据）输出处理方法，准备在账票输出时的数据输入，在用与输出格式相符的清单或用总统计表等各种的账票形式输出时所使用的帐票输出处理方法，可以将计算用数字向汉字数字自动变换表示记载，将项目名自动变换成各种语言表示记载，记载详细数据的总数统计很容易掌握，并且没有随着修改总统计表带来的格线中断。

证据2中公开了一种银行票据和支票终端处理装置及相应的票据和支票处理方法，该银行票据和支票终端处理装置包括一台用于银行前台输入票据或支票帐号和金额的输入装置、一台用于保存输入帐号和金额的暂付文件储存装置、一台用于读取票据或支票上由磁性字体书写的帐号的磁性墨水字体读取器、一个根据读取帐号而读取保存在暂付文件储存装置的票据或支票金额的金额读取器、一个用于译出票据或支票特定位置磁性字体所示金额的金额译码器、一个用于核对从原输入总金额中减去读取金额的总金额核对装置、一个用于在票据或支票上打印横线的横线标记装置、一个摄像装置、一个保持摄像数据的图像文件、以及一个在磁性墨水字体读取器、金额译码器、横线标记装置和摄像装置间传送票据或支票的传送装置，上述这些装置均与控制装置（CPU）进行连接，并受其控制。在该银行票据和支票终端处理装置工作过程中，通过输入装置在银行前台将要处理的票据或支票的帐号、金额等信息人工输入并存储在暂付文件储存装置中，随后将票据或支票传送到后台，并将票据或支票放置在传送装置上，依次通过磁性墨水字体读取器、金额译码器、横线标记装置和图像摄取装置，磁性墨水字体读取器读取票据或支票上由磁性墨水标识的帐号，金额读取器根据该帐号从暂付文件储存装置中读出票据上的金额，金额译码器通过磁性墨水将读取金额打印在票据的预定位置，横线标记装置在票据上打印横线，摄像装置对处理完毕的票据进行摄像，并将图像文件保存在系统中。（参见证据2第3栏第46行至证据2第12栏第21行及附图1~5）

（1）本专利权利要求1~7相对于证据2是否具备专利法第22条第3款规定的创造性。

本专利权利要求1保护一种柜台数据自动录入方法，证据2中的票据和支票处理方法公开了由磁性墨水字体读取器（相当于本专利中的读写装置）读出每一个票据或支票（相当于本专利中的可机读票单），经确认后，由磁性墨水字体读取器（相当于本专利中的读写装置）将票据或支票帐号（相当于本专利中的票单信息）传送到系统的其他装置中进行进一步处理。本专利权利要求1的技术方案与证据2中公开的内容相比，区别在于：本专利权利要求1的技术方案中还包括步骤“用脱线填单机接收输入数据；由脱线填单机将票单要素数据进行格式转换并以MICR磁码、OCR光码和条形码形式输出可机读票单传送到读写装置”。

证据2中的磁性墨水字体读取器可以读取票据或支票上的磁性字体，金额译码器可将票据或支票数据通过磁性墨水打印在票据或支票上，因此证据 2 中给出了上述区别特征中将输入数据进行格式转换并以 MICR（磁墨代码识别）磁码形式输出的启示，至于将输入数据转换为 MICR 磁码、OCR 光码和条形码则是本领域常用的用于信息表示和识别的技术手段，没有产生意料不到的效果。

但是，证据 2 中没有公开本专利权利要求 1 中的特征“脱线填单机”，请求人在口头审理中对此也表示认可。证据 2 中使用的是与控制装置（CPU）联网的输入装置，通过该输入装置人工输入的票据或支票的帐号和金额等信息存储在系统中，后台的各装置能够自动对其进行调用，从而完成银行系统内部的票据或支票处理，减少票据或支票处理过程中发生错误的可能性，因此，证据 2 中的前台的输入装置必须是通过控制装置（CPU）与后台设备“联网”使用的，不能脱线单独使用，即，证据 2 中没有给出输入装置可以是“脱线”的启示。在本专利权利要求 1 的技术方案中，用户通过“脱线填单机”输入并确认数据后，脱线填单机输出可机读票单，并将可机读票单传送至柜读写装置进行数据读取，并由计算机系统对所读取的数据进行处理，从而在确保数据准确性的情况下也提高了用于输入数据处理的计算机的利用率，本专利权利要求 1 的技术方案有突出的实质性特点和显著的进步。

因此，权利要求 1 保护的技术方案相对于证据 2 具备专利法第 22 条第 3 款规定的创造性。

权利要求 2、3 是权利要求 1 的从属权利要求，在权利要求 1 相对于证据 2 具备创造性的情况下，从属权利要求 2、3 分别相对于证据 2 也具备专利法第 22 条第 3 款规定的创造性。

本专利权利要求 4 保护一种柜台票据自动录入系统，该柜台票据自动录入系统是对应于权利要求 1 保护的柜台数据自动录入方法的产品权利要求，证据 2 中的银行票据和支票终端处理装置包括一台用于银行前台输入票据或支票帐号和金额的输入装置、一台用于读取票据或支票上由磁性字体书写的帐号（相当于本专利中的 MICR 磁码）的磁性墨水字体读取器（相当于本专利中的机读码在线读写装置）以及其他数据存储和处理装置。本专利权利要求 4 的技术方案与证据 2 中公开的内容相比，区别在于：本专利权利要求 4 的技术方案中还包括：A.“用于生成可机读票单的脱线填单机”和 B.“在所述脱线填单机与机读码在线读写装置之间设有传送装置”。

对于区别特征 B.，虽然证据 2 中没有公开在输入装置和磁性墨水字体读取器之间设有传送装置，但是，证据 2 中公开了在磁性墨水字体读取器、金额译码器、横线标记装置和图像摄取装置之间设置有传送装置，用于传送票据，而且证据 2 中还需要将票据从前台的输入装置处传送到后台的磁性墨水字体读取器，对本领域技术人员来说，证据 2 中给出了可以在输入装置和磁性墨水字体读取器之间另外设置传送装置的启示，并且利用传送装置传送物品也是本领域常用的技术手段，在输入装置和磁性墨水字体读取器之间设置传送装置没有产生意料不到的技术效果。

但是，对于区别特征 A.，如前所述，证据 2 中既没有公开、也没有给出输入装置可以是“脱线”的启示，基于证据 2 的发明目的，本领域技术人员也不会想到使用“脱线”的输入装置，同时，专利权人也认可证据 2 中没有公开上述技术特征 A.。在本专利权利要求 4 的技术方案中，用户通过“脱线填单机”输入并确认数据后，脱线填单机输出可机读票单，并将可机读票单传送至柜台读写装置进行数据读取，并由计算机系统对所读取的数据进行处理，从而在确保数据准确性的同时也提高了用于输入数据处理的计算机的利用率，产生了有益的技术效果。

因此，权利要求 4 保护的技术方案相对于证据 2 具备专利法第 22 条第 3 款规定的创造性。

权利要求 5~7 是权利要求 4 的从属权利要求，在权利要求 4 相对于证据 2 具备创造性的情况下，从属权利要求 5~7 分别相对于证据 2 也具备专利法第 22 条第 3 款规定的创造性。

（2）本专利权利要求 1~7 相对于证据 1 是否具备专利法第 22 条第 3 款规定的创造性。

本专利权利要求 1 保护一种柜台数据自动录入方法，证据 1 中公开了一种账票（账单、票据）输出处理方法，准备在账票输出时的数据输入，以一定的输出格式将输入数据输出在输出帐票上，即证据 1 中仅公开了一种具有基本数据输入功能（或装置）和数据输出功能（或装置）的数据处理方法（或系统），并不涉及数据的自动录入。因此，本专利权利要求 1 的技术方案与证据 1 中公开的内容相比，区别在于：本专利权利要求 1 保护一种柜台票据自动录入方法，脱线填单机将输入的票单要素数据进行格式转换并以 MICR 磁码、OCR 光码和条形码形式输出可机读票单传送到读写装置，由读写装置读出每一个可机读票单，经确认后，由读写装置将票单信息传送到计算机系统中。

证据 1 对于上述区别特征没有给出相应的技术启示，同时上述区别特征也不是本领域的公知常识。并且，如前所述，本专利权利要求 1 的技术方案有突出的实质性特点和显著的进步。因此，权利要求 1 保护的技术方案相对于证据 1 具备专利法第 22 条第 3 款规定的创造性。

权利要求 2、3 是权利要求 1 的从属权利要求，在权利要求 1 相对于证据 1 具备创造性的情况下，从属权利要求 2、3 分别相对于证据 1 也具备专利法第 22 条第 3 款规定的创造性。

本专利权利要求 4 保护一种柜台票据自动录入系统，该柜台票据自动录入系统是对应于权利要求 1 保护的柜台数据自动录入方法的产品权利要求。本专利权利要求 4 的技术方案与证据 1 中公开的内容相比，区别在于：本专利权利要求 4 保护一种柜台票据自动录入系统，包括用于生成可机读票单的脱线填单机、机读码在线读写装置，在所述脱线填单机与机读码在线读写装置之间设有传送装置，所述可机读票单包括用于记录信息的 MICR 磁码、OCR 光码或条形码，所述机读码在线读写装置可以是 MICR 磁码读写装置、OCR 光码输入装置或条形码输入装置。

证据 1 对于上述区别特征没有给出相应的技术启示，同时上述区别特征也不是本领域的公知常识。并且，如前所述，本专利权利要求 4 的技术方案有突出的实质性特点和显著的进步。因此，权利要求 4 保护的技术方案相对于证据 1 具备专利法第 22 条第 3 款规定的创造性。

权利要求 5~7 是权利要求 4 的从属权利要求，在权利要求 4 相对于证据 1 具备创造性的情况下，从属权利要求 5~7 分别相对于证据 1 也具备专利法第 22 条第 3 款规定的创造性。

（3）本专利权利要求 1~7 相对于证据 2 与证据 1 的结合是否具备专利法第 22 条第 3 款规定的创造性。

本案中，当结合使用证据 2 与证据 1 评述本专利权利要求的创造性时，请求人认为证据 2 是最接近的现有技术。

本专利权利要求 1 保护一种柜台数据自动录入方法，本专利权利要求 1 的技术方案与证据 2 中公开的内容相比，区别在于：本专利权利要求 1 的技术方案中还包括步骤“用脱线填单机接收输入数据；由脱线填单机将票单要素数据进行格式转换并以 MICR 磁码、OCR 光码和条形码形式输出可机读票单传送到读写装置”。

证据 2 中的磁性墨水字体读取器可以读取票据或支票上的磁性字体，金额译码器可将票据或支票数据通过磁性墨水打印在票据或支票上，因此证据 2 中给出了上述区别特征中将输入数据进行格式转换并以 MICR（磁墨代码识别）磁码形式输出的启示，至于将输入数据转换为 MICR 磁码、OCR 光码和条形码则是本领域常用的用于信息表示和识别的技术手段，没有产生意料不到的效果。

但是，证据 2 中没有公开本专利权利要求 1 中的特征“脱线填单机”，请求人在口头审理中对此也表示认可。证据 2 中使用的是与控制装置（CPU）联网的输入装置，通过该输入装置人工输入的票据或支票的帐号和金额等信息存储在系统中，后台的各装置能够自动对其进行调用，从而完成银行系统内部的票据或支票处理，减少票据或支票处理过程中发生错误的可能性，因此，证据 2 中的前台的输入装置必须是通过控制装置（CPU）与后台设备“联网”使用的，不能脱线单独使用，即，证据 2 中没有给出输入装置可以是“脱线”的启示，并且由于在证据 2 中使用“脱线”输入装置无法达到其发明目的，所以本领域技术人员也不会想到在证据 2 的技术方案中使用“脱线”的输入装置。在证据 1 中，仅公开了一种具有基本数据输入功能（或装置）和数据输出功能（或装置）的数据处理方法（或系统），没有公开“脱线填单机”这一技术特征，也没有给出相应的技术启示。并且，如前所述，本专利权利要求 1 的技术方案有突出的实质性特点和显著的进步。

因此，权利要求 1 保护的技术方案相对于证据 2 与证据 1 的结合具备专利法第 22 条第 3 款规定的创造性。

权利要求 2、3 是权利要求 1 的从属权利要求，在权利要求 1 相对于证据 2 与证据 1 的结合具备创造性的情况下，从属权利要求 2、3 分别相对于证据 2 与证据 1 的结合也具备专利法第 22 条第 3 款规定的创造性。

本专利权利要求 4 保护一种柜台票据自动录入系统，该柜台票据自动录入系统是对应于权利要求 1 保护的柜台数据自动录入方法的产品权利要求，本专利权利要求 4 的技术方案与证据 2 中公开的内容相比，区别在于：本专利权利要求 4 的技术方案中还包括：A.“用于生成可机读票单的脱线填单机”和 B.“在所述脱线填单机与机读码在线读写装置之间设有传送装置”。

对于区别特征 B.，虽然证据 2 中没有公开在输入装置和磁性墨水字体读取器之间设有传送装置，但是，证据 2 中公开了在磁性墨水字体读取器、金额译码器、横线标记装置和图像摄取装置之间设置有传送装置，用于传送票据，而且证据 2 中还需要将票据从前台的输入装置处传送到后台的磁性墨水字体读取器，对本领域技术人员来说，证据 2 中给出了可以在输入装置和磁性墨水字体读取器之间另外设置传送装置的启示，并且利用传送装置传送物品也是本领域常用的技术手段，在输入装置和磁性墨水字体读取器之间设置传送装置没有产生意料不到的技术效果。

但是，对于区别特征 A.，如前所述，证据 2 中既没有公开、也没有给出输入装置可以是“脱线”的启示，基于证据 2 的发明目的，本领域技术人员也不会想到使用“脱线”的输入装置，同时，专利权人也认可证据 2 中没有公开上述技术特征 A.。在证据 1 中，仅公开了一种具有基本数据输入功能（或装置）和数据输出功能（或装置）的数据处理方法（或系统），没有公开“用于生成可机读票单的脱线填单机”这一技术特征，也没有给出相应的技术启示。并且，如前所述，本专利权利要求 4 的技术方案有突出的实质性特点和显著的进步。

因此，权利要求 4 保护的技术方案相对于证据 2 与证据 1 的结合具备专利法第 22 条第 3 款规定的创造性。

权利要求 5~7 是权利要求 4 的从属权利要求，在权利要求 4 相对于证据 2 与证据 1 的结合具备创造性的情况下，从属权利要求 5~7 分别相对于证据 2 与证据 1 的结合也具备专利法第 22 条第 3 款规定的创造性。

综上所述，本专利权利要求 1~7 属于专利法实施细则第 2 条第 1 款规定的技术方案，权利要求 1~7相对于证据 1、证据 2 或证据 1 与证据 2 的结合具备创造性。

**三、决定**

维持 98122267.7 号发明专利权有效。

当事人对本决定不服的，可以根据专利法第 46 条第 2 款的规定，自收到本决定之日起三个月内向北京市第一中级人民法院起诉。根据该款的规定，一方当事人起诉后，另一方当事人应当作为第三人参加诉讼。

012

# 板岩文化石墙构件

## 无效宣告请求审查决定（第 9083 号）

**决　定　号**　第 9083 号
**决　定　日**　2006 年 12 月 11 日
**发明创造名称**　板岩文化石墙构件
**国 际 分 类 号**　E04F 13/00，B44C 3/12
**无效宣告请求人**　武汉百世达贸易有限公司
**专 利 权 人**　孙文报
**申　请　号**　01258913.6
**申　请　日**　2001 年 8 月 29 日
**授权公告日**　2002 年 7 月 3 日
**合议组组长**　王丽颖
**主　审　员**　田　华
**参　审　员**　王伟艳

**法 律 依 据**　专利法实施细则第 2 条第 2 款、第 20 条第 1 款，专利法第 22 条第 3 款、第 26 条第 3 款

**决 定 要 点**

权利要求中不仅包含有对产品的形状、构造或者其结合提出的技术方案，还包含有方法特征，如果该方法特征是现有技术中已知的方法，就属于实用新型的保护客体。

只要权利要求的类型、保护范围、作为一个整体是清楚的，即使包含有不确定的词语，只要该词语对权利要求的保护范围没有影响，该权利要求也是清楚的。

权利要求所述技术方案与现有技术公开的技术方案之间存在区别技术特征，如果现有技术中给出技术启示，使本领域技术人员将该区别技术特征应用到现有技术的技术方案中从而得到权利要求所述技术方案，则该权利要求不具有创造性。

### 一、案由

本无效宣告请求涉及国家知识产权局于 2002 年 7 月 3 日授权公告的 01258913.6 号实用新型专利权，名称为“板岩文化石墙构件”，申请日为 2001 年 8 月 29 日，专利权人为孙文报。授权公告的权利要求书如下：

“1. 一种板岩文化石墙构件，包括一种天然板岩平板，其特征在于：在保持一平面为原形麻面外，其他的面为平面，使其保持底面平整，上方制成凸形榫，下方制成凹形槽，类似德国船用甲板的

凹凸相配合的子口，使用云石胶将每块板岩条粘贴在一起，这样更牢固，更平整。板岩条端面为平面，可用不同长度的尺寸的板岩条银拼成拼块，最后再将拼块组成大的岩石板，再将岩石板的四周银上边框便成一种板岩文化石墙构件。”

针对本专利权，武汉百世达贸易有限公司（下称请求人）于2004年5月13日向专利复审委员会提出无效宣告请求，其理由是权利要求1不符合专利法实施细则第2条第2款、不符合专利法实施细则第20条第1款的规定，说明书不符合专利法第26条第3款的规定，权利要求1不具有创造性，不符合专利法第22条第3款的规定。请求人同时提交了下列证据：

对比文件1：CN2438770Y中国实用新型专利说明书，授权公告日：2001年7月11日；

对比文件2：CN2219338Y中国实用新型专利说明书，授权公告日：1996年2月7日；

对比文件3：CN2116036U中国实用新型专利申请说明书，公告日：1992年9月16日。

请求人在无效宣告请求书中指出，权利要求1的前序部分是以一种产品的形式撰写的，但在特征部分表示的则是构件的制作方法，不属于实用新型的保护客体，不符合专利法实施细则第2条第2款的规定；权利要求1中使用“保持一平面”“板岩条”“可用”“银拼成”、“银上”等不确定的词语，使用了如“这样更牢固，更平整”等不必要的语言，权利要求的类型不清楚，该产品的结构也不清楚，不符合专利法实施细则第20条第1款的规定；说明书描述的技术方案本领域技术人员无法实现，不符合专利法第26条第3款的规定；权利要求1相对于对比文件1与对比文件2的结合或者对比文件1与对比文件3的结合不具有创造性，不符合专利法第22条第3款的规定。

经形式审查合格，专利复审委员会受理了上述请求，并于2004年5月17日将宣告专利权无效宣告请求书及其他有关文件副本转送给了专利权人，要求其在指定的期限内答复。

2004年6月18日，专利权人提交了意见陈述书，并修改了权利要求，认为修改后的权利要求相对于对比文件1具有创造性，对比文件2和对比文件3与本专利无可比性。同时提供海关出口的装箱单用以证明本专利在商业上获得成功。修改后的权利要求1的内容为：

“1. 一种板岩文化石墙构件，板岩条上方成凸形榫，下方成凹形槽，有云石胶将每块板岩条粘贴在一起，岩石板的四周镶上边框，其特征在于：板岩条有一平面为原形麻面，其他的面为平面，使其保持底面平整，有不同长度尺寸的板岩条镶拼成拼块，由拼块组成大的岩石板。”

2006年9月15日，专利复审委员会向双方当事人发出了口头审理通知书，定于2006年11月1日进行口头审理，并将专利权人于2004年6月18日提交的意见陈述书及其附件的副本随口头审理通知书一起转送给了请求人。

双方当事人都寄交了口头审理回执，表示参加口头审理。

口头审理如期举行。双方当事人均出席了口头审理。双方当事人对对方出庭人员的身份资格无异议，对合议组成员无回避请求。请求人明确无效理由为专利法实施细则第2条第2款、第20条第1款、专利法第26条第3款、第22条第3款。使用对比文件1和对比文件2的结合或对比文件1和对比文件3的结合破坏权利要求1的创造性。专利权人对请求人提交的对比文件1、2、3的真实性无异议。专利权人在口审中声明权利要求书及说明书中的“银”是错别字，应为摘要中所使用的“镶”。合议组当庭告知专利权人，其在无效程序中对权利要求的修改不符合专利法的有关规定，合议组对此修改文本不予接受，本无效程序的审查范围为涉案专利的授权公告文本。合议组当庭告知双方当事人本案的审理适用2006年7月1日起实施的审查指南。双方当事人在口审中充分陈述了各自的意见。

至此，合议组认为本案事实已经清楚，在此基础上做出如下结论。

## 二、决定的理由

1. 关于审查文本

专利权人针对无效宣告请求书进行答复时，修改了权利要求书。此次修改并非是对权利要求的删除、合并和技术方案的删除，不符合专利法实施细则第68条及审查指南关于修改方式的规定，合议组对该修改文本不予接受。决定所针对的文本为本专利的授权公告文本。

2. 关于证据

请求人提交的对比文件1-3均为专利文献，专利权人对其真实性无异议，经核实，合议组认可其真实性，而且它们的公开日均早于本专利的申请日，因此，可以作为本专利的现有技术来评价本专利的创造性。

3. 关于专利法实施细则第2条第2款

专利法实施细则第2条第2款规定，专利法所称实用新型，是指对产品的形状、构造或者其结合所提出的适于实用的新的技术方案。

审查指南第一部分第二章第6.1节规定，所述产品应当是经过产业方法制造的，有确定形状、构造且占据一定空间的实体。

以现有技术中已知方法的名称限定产品的形状、构造的，例如，以焊接、铆接等已知方法名称限定各部件连接关系的，不属于对方法本身提出的技术方案。

请求人认为，本专利权利要求的前序部分是以一种产品的形式撰写的，想保护一种产品“石墙构件”，但在特征部分表示的则是构件的制作方法。权利要求整个描述的是“石墙构件”的制作工艺，所要求保护的是一种“石墙构件”的制作工艺过程，即一种工艺方法。该权利要求除主体（题）名称外，其全部技术特征是一种方法或实质上是一种方法，是不属于实用新型保护客体的，不符合实施细则第2条第2款的规定。

专利权人认为，在本专利的权利要求中，对形状与构造的结合提出了实际的技术方案，本专利的产品是石墙构件，在权利要求中都直接体现了该产品的结构特征。

合议组认为，本专利权利要求的主题是板岩文化石墙构件，是产品权利要求，虽然使用类似方法步骤对该产品进行限定，但除了方法特征外在权利要求中还包含有板岩文化石墙构件的形状、结构特征，即使包含有“制成”、“粘贴”等方法特征，但这些方法特征都属于已知方法，根据审查指南的有关规定，用已知方法的名称限定产品的形状、构造的不属于对方法本身提出的技术方案，因此，本专利保护的是板岩文化石墙构件这一产品，符合专利法实施细则第2条第2款。

4. 关于专利法实施细则第20条第1款

专利法实施细则第20条第1款规定，权利要求书应当说明发明或者实用新型的技术特征，清楚、简要地表述请求保护的范围。

权利要求应当清楚，首先，每项权利要求的类型应当清楚；其次，每项权利要求所确定的保护范围应当清楚；最后，构成权利要求书的所有权利要求作为一个整体也应当清楚，这是指权利要求之间的引用关系应当清楚。

（1）关于权利要求1的类型是否清楚。

请求人认为，权利要求1的类型不清楚，虽然主题是产品，但权利要求特征部分描述的是工艺方法。

合议组认为，本专利权利要求1要求保护的是板岩文化石墙构件，虽然在权利要求中使用了类似方法步骤的技术特征，但权利要求中还涵盖了石墙构件的形状、结构等技术特征，因此该权利要求实质上是产品权利要求，其类型是清楚的。

（2）关于权利要求1的保护范围是否清楚。

请求人认为，A、首先，通过对权利要求书和说明书的阅读，不能理解该“石墙构件”到底由哪几部分组成；其次，“在保持一平面为原形麻面外，其他的面为平面”，保持何面为麻面，无主体；天然岩石板和板岩条二者的关系不清楚；平面与凹槽矛盾；“上方”不清楚；B、权利要求中使用了不确定的词语，如“可用不同长度的尺寸的板岩条锒拼成拼块”，“可用”是一个不确定的用语，由于“锒拼成”、“锒上”的含义不清楚，不清楚是一种什么连接方式，因此，由板岩条组成岩石板的结构不清楚；岩石板的四周与边框的连接关系不清楚；权利要求中还使用了不必要语言，如“类似德国船用甲板的凹凸相配合的子口”，“这样更牢固，更平整”。

专利权人认为，权利要求的保护范围是清楚的，板岩文化石墙构件首先是由天然板岩平板制作成板岩条然后拼成岩石板，最后镶上边框成为板岩文化石墙构件；石墙构件中各部分的连接关系及上部、下部的含义通过说明书附图可以清楚地看出；至于“锒”是个错别字，在本专利摘要中使用的是“镶”，因此，权利要求中的“锒拼”应理解为“镶拼”。

合议组认为，首先，从权利要求的内容可以得出，板岩文化石墙构件首先是将天然板岩平板其中的任一面保持为原形麻面外，其余的面成平面，板岩平板为六面体其上部为凸形榫，下部为凹槽，这样的形状就形成板岩条，再将不同尺寸的板岩条镶拼成拼块，然后将拼块组成大的岩石板，最后将岩石板的四周镶上边框便成板岩文化石墙构件，因此板岩文化石墙构件的结构特征及其连接关系是清楚的。其次，关于凹槽与平面是否矛盾，合议组认为，平整的底面上有一凹槽是本领域技术人员都可理解的技术特征，凹槽与平面之间并无矛盾。关于“上方”是哪个上方的问题，根据权利要求所述内容及说明书附图可以清楚地看出是板岩条相互之间连接的上下方，而且从附图中也可以看出板岩文化石墙构件各部分的连接关系。再次，关于“锒拼”、“锒上”，合议组认为，在本专利摘要中专利权人使用了“镶拼”一词，已经表明了石墙构件中板岩条、岩石板和石墙构件的连接关系是“镶拼”，而且“锒”在现代汉语词典中解释为铁锁链或金属撞击的声音，与本专利的技术方案没有任何关联，应是一错别字，因此，“锒”在权利要求中应理解为“镶”。最后，关于“可用”、“类似德国船用甲板的凹凸相配合的子口”，“这样更牢固，更平整”这类不确定或不必要的词语，合议组认为，对于一个已经授权的实用新型专利，不能仅仅因为其使用了含义不确定或不必要的词语就认为该权利要求不清楚，而关键要确定权利要求的保护范围是否清楚，虽然本专利权利要求中使用的上述词语本身的含义不确定，但它们并不影响权利要求保护范围的确定，因此，权利要求1的保护范围是清楚的。

（3）关于权利要求1作为一个整体是否清楚。

合议组认为，由于本专利只有一个权利要求不存在引用关系，因此其作为一个整体是清楚的。

综上所述，本专利权利要求1的类型、保护范围、作为一个整体是清楚的，因此，权利要求1清楚、简要地表述请求保护的范围，符合专利法实施细则第20条第1款的规定。

5. 关于专利法第26条第3款

专利法第26条第3款规定，说明书应当对发明或者实用新型作出清楚、完整的说明，以所属技术领域的技术人员能够实现为准；必要的时候，应当有附图。摘要应当简要说明发明或者实用新型的技术要点。

说明书应当清楚地记载发明或者实用新型的技术方案，详细地描述实现发明或者实用新型的具体实施方式，完整地公开对于理解和实现发明或者实用新型必不可少的技术内容，达到所述技术领域的技术人员能够实现该发明或者实用新型的程度。

请求人认为，本专利说明书不清楚，导致所属技术领域的技术人员不能够实现。理由与权利要求不符合专利法第 20 条第 1 款的理由相同。

合议组认为，说明书已经对实用新型作出清楚、完整的说明，本领域技术人员根据说明书的记载完全可以实现本专利的技术方案，理由同上第 4 点，在此不再赘述。因此，本专利符合专利法第 26 条第 3 款的规定。

6. 关于创造性

专利法第 22 条第 3 款规定，创造性，是指同申请日以前已有的技术相比，该发明具有突出的实质性特点和显著的进步，该实用新型有实质性特点和进步。

本专利涉及一种板岩文化石墙构件，该产品主要利用天然的材料形成石墙构件，该构件既可以作为一个整体装饰整面墙，也可以将多个构件组合在一起进行装饰，对比文件 1 涉及一种建筑及道路墙地砖，该产品利用天然石材形成石材砖用以装饰墙面或地面，因此二者属于相同的技术领域。

对比文件 1 公开了一种石材砖（参见说明书第 1 页第 4、6、11、13 段），其涉及一种建筑及道路墙地用石材砖，包括具有天然纹路的天然石材碎块，其结构特征是所述石材砖正面为多块石材碎块相拼组成，碎块与碎块之间设置有井字形网络凹缝，凹缝中填充有更细的天然石材碎块或人工磁块碎块，背面为水泥、磁砖胶、树脂或云石胶粘结层，在另一实施例中公开了所述石材砖为正方形、长方形或多边形，砖与砖的周边还可以设置装饰边（相当于本专利的边框）。

权利要求 1 与对比文件 1 的区别在于：天然板岩平板保持一平面为原形麻面外，其他的面为平面，其上方为凸形榫，下方为凹形槽。

对比文件 2 公开了一种具有一体式面砖的建筑用砖块（参见说明书第 2 页第 1-4 段），该砖块具有两个相对的砌合面，两相对的砌合面上各设有多数个凹槽，且在凹槽间设有向外凸出的突起部，其中一个砌合面的凹槽与另一个砌合面的突起部相对应。该技术特征达到的技术效果是：互相叠置的砖块相邻砌合面的凹槽与突起部互相嵌合，可增加墙面的结构强度。由此可见，对比文件 2 已经公开了本专利中平面上下方具有凸形榫和凹形槽的结构特征。

专利权人认为，对比文件 1、2 中均没有公开权利要求 1 中的以下特征：A. 板岩条有一平面为原形麻面；B. 其他的面为平面；C. 有不同长度尺寸的板岩条镶拼成拼块；D. 由拼块组成大的岩石板。而且本专利通过天然板岩平板的粗犷原形麻面提供了一种具有艺术品位的文化石墙构件。

合议组认为，对比文件 1 中已经说明天然石材砖具有天然纹路，其相当于天然板岩平板的原形麻面，既然粗犷原形麻面能提供艺术品位，那么天然纹路也可被看作是粗犷并具有艺术品位，专利权人认为因其专利产品具有艺术品位使本专利具有创造性的理由不充分。对比文件 1 中将形状各异的天然石材碎块拼成石材砖，由于拼成的石材砖为正方形、长方形或多边形，将其作为墙砖的情况下一般要将不同形状的石材砖拼成大块的墙砖。因此，专利权人声称的 A、C、D 三个特征已经被对比文件 1 公开。由于对比文件 1 中天然石材碎块的形状各异，为了将其拼成石材砖要在凹缝中填充天然石材碎块或人工磁块碎块，而对比文件 2 中砖块的相对面设有凹槽和突起，将两块砖的凹槽和突起嵌合使砖块互相重叠，可增加墙面的结构强度。本领域技术人员可以从对比文件 2 中得到技术启示，为了使砖块更牢固结合，利用凹凸结合的方式，并且为了使凹凸结合的更紧密，将相互连接的面制成平面，这样就将对比文件 2 中平面上设置凹槽和凸榫的技术方案应用到对比文件 1 中，从而得到本专利权利要求 1 的技术方案。因此，权利要求 1 相对于对比文件 1 和对比文件 2 的结合是显而易见的，也未产生有益的技术效果，不具有实质性特点和进步，不符合专利法第 22 条第 3 款的规定。

此外，专利权人提供海关出口的装箱单的复印件予以证明本专利在商业上获得成功，同时主张这种成功是由于本专利的技术特征直接导致的，因而本专利具有创造性。合议组认为，首先专利权人未提供该装箱单的原件，其次仅凭该证据也不能证明本专利在商业上获得成功是由于其技术特征直接导致的，因此，专利权人主张本专利在商业上获得成功因而具有创造性的理由不充分，合议组不予支持。

**三、决定**

宣告01258913.6号实用新型专利权无效。

当事人对本决定不服的，可以根据专利法第46条第2款的规定，自收到本决定之日起三个月内向北京市第一中级人民法院起诉。根据该款的规定，一方当事人起诉后，另一方当事人应当作为第三人参加诉讼。

013

# 钢板网增强的硬塑钢产品的制造技术

## 无效宣告请求审查决定（第9085号）

**决　　定　　号**　第9085号
**决　　定　　日**　2006年12月18日
**发明创造名称**　钢板网增强的硬塑钢产品的制造技术
**国 际 分 类 号**　B32B 15/08
**无效宣告请求人**　温州煌盛管业有限公司
**专　利　权　人**　海宁市飞浪工贸实业有限公司
**专　　利　　号**　92101940.8
**申　　请　　日**　1992年3月26日
**授 权 公 告 日**　1998年1月14日
**合 议 组 组 长**　黄　颖
**主　　审　　员**　刘　犟
**参　　审　　员**　刘瑞斌

**法　律　依　据**　专利法第22条第2款、第3款、第4款，第33条，第26条第3款、第4款；专利法实施细则第20条第1款，第21条第2款

**决　定　要　点**

对发明或实用新型的修改不得超出原说明书和权利要求书记载的范围，因此对权利要求书的修改是否超范围的判断应以原说明书和权利要求书记载的范围为准，而不是以原说明书记载的范围为准。

### 一、案由

本无效宣告请求案涉及国家知识产权局于1998年1月14日授权公告的、名称为“钢板网增强的硬塑钢产品的制造技术”的92101940.8号发明专利权（下称本专利），本专利申请日为1992年3月26日，专利权人为海宁市飞浪工贸实业有限公司。本专利授权公告的权利要求如下：

“1. 一种钢板网增强的硬塑钢产品的制造技术，它包括钢板网的落料，制钢板网规格型材，酸洗，清洗吹干后，经挤塑或注塑；或玻璃钢缠绕，复盖，冷却固化工艺，其特征在于：在塑钢产品内置入一钢板网规格型材做骨架，该钢板网规格型材经自增强工艺处理。

2. 根据权利要求1中所述的制造技术，其特征在于：吹干后的钢板网规格型材放入挤塑或注塑专用模具内与塑料挤塑或注塑成型，塑料物质填满钢板网孔隙，并包容于整个钢板网规格型材，冷却后成硬塑钢产品。

3. 根据权利要求1中所述的制造技术，其特征在于：在玻璃钢产品的制造过程中，吹干后的钢

板网规格型材置入玻璃钢制品中，玻璃钢物质填满钢板网孔隙，并包容于整个钢板网规格型材，固化后成硬塑钢产品。

4. 根据权利要求1中所述的制造技术，其特征在于：硬塑钢产品的内外塑料物质层，可以是由两种不同成份的塑料层组成。”

针对上述专利权，温州煌盛管业有限公司（下称请求人）于2005年9月1日向专利复审委员会提出无效宣告请求，认为本专利权利要求1~4相对于对比文件1~3不具备新颖性和创造性，并提交了下述对比文件：

对比文件1：DE3718676A1号德国专利文献，公开日为1988年12月22日；

对比文件2：JP昭60-78716A号日本专利文献，公开日为1985年5月4日；

对比文件3：US4464218号美国专利文献，公开日为1984年8月7日。

经形式审查合格后，专利复审委员会受理了上述请求，于2005年9月2日向双方当事人发出无效宣告请求受理通知书，并将宣告专利权无效请求书及其附件清单中所列附件的副本转送给专利权人，要求其在指定的期限内答复。

专利权人逾期未陈述意见。

请求人于2005年9月29日补充提交了意见陈述书，其认为本专利不符合专利法第22条第2、3、4款，第26条第3、4款，第33条以及专利法实施细则第20条第1款和第21条第2款的规定，但未具体说明本专利不符合上述规定的理由。请求人提交了下述对比文件作为证据使用：

对比文件4：FR2265538号法国专利文献及其中文译文，公开日为1975年10月24日；

对比文件5：US4954387号美国专利文献及其中文译文，公开日为1990年9月4日；

对比文件6：CN2111422U号中国实用新型专利申请说明书，公告日为1992年7月29日，申请日为1991年11月27日，申请人为江苏省南通市防腐管道厂；

对比文件7：CN1076890A号中国发明专利申请公开说明书，即本专利的公开文本。

专利复审委员会成立合议组对本案进行审查。

本案合议组于2006年4月11日向双方当事人发出无效宣告请求口头审理通知书，定于2006年5月22日对该专利权的无效宣告请求进行口头审理，随口头审理通知书将请求人于2005年9月29日提交的意见陈述书及其附件清单中所列附件副本转送给专利权人。

口头审理如期进行，双方当事人均出席了口头审理。(1) 双方对对方出席人员的资格没有异议。(2) 请求人当庭提交对比文件1的中文译文，合议组当庭转送给专利权人，并要求专利权人在口头审理后7日内对该译文的准确性陈述意见。请求人放弃对比文件2和3。专利权人对对比文件1、4~7的真实性无异议并对对比文件4、5中文译文的准确性无异议。(3) 请求人明确其无效的理由、证据和范围为：权利要求1不符合专利法第26条第3、4款，专利法实施细则第20条第1款和第21条第2款的规定，具体的事实为权利要求1中的“落料”、“制钢板网规格型材”“注塑”“玻璃钢缠绕，复盖，冷却固化工艺”“在塑钢产品内置入一钢板网规格型材做骨架”“钢板网规格型材经自增强工艺处理”不清楚；权利要求2~4因为引用权利要求1而同样不符合上述规定；权利要求4没有公开两种不同成分的塑料层所组成的硬塑钢产品的制作方法，从而不符合专利法第26条第3、4款以及专利法实施细则第20条第1款和第21条第2款的规定；用对比文件7来证明本专利授权说明书第3页第3自然段第5行从“如在注塑工艺时”至结尾在原说明书中未记载，也不能由原说明书直接导出，导致权利要求4的附加技术特征部分在原始说明书中没有记载，不符合专利法第33条的规定；权利要求1~3与对比文件5相比没有新颖性，权利要求1、4与对比文件4相比没有新颖性，权利要求1、2与对比文件6相比没有新颖性；“酸洗，清洗吹干后”是本领域的公知技术，权利要求1~3相对于对比文件1或4或5分别与上述公知技术的结合不具备创造性，权利要求4相对于对比文件4和5与上述公知技术的结合不具备创造性；权利要求1的制造技术生产的产品废品率高，在塑钢产品内无法内置钢板网，自增强工艺没有数据支持，其他的技术特征由于没有清楚说明导致不能实施，因此不符合专利法第22条第4款的规定。(4) 专利权人声明“落料”包含裁剪的意思。请求人认为“酸洗，清洗吹干后”是对比文件5所隐含在第4页推荐实施文字详细介绍的第5行的“侵蚀”以及“电镀”中。请求人认为从对比文件6中的附图可以看出其中的金属骨架经过冷弯处理。

专利权人于2006年5月24日提交意见陈述书对口头审理时当庭转送的对比文件1的中文译文提出如下异议：(1) 请求人未在通知书收到后一个月内提交所需使用的中文译文，该外文证据视为未提出；(2) 译文第2页权项12第2行中的“挤入”应译为“喷注入”，译文第4页第3行的“尤其是热挤压或冷挤压”应译文“尤其是热压或冷压”，第6行的“比如挤注物可以结焦”应译为“比如喷铸物可以结焦”，译文第5页倒数第10行的“也可以采用压铸、浇铸或挤压方法来形成”应译为“压铸工艺”。

至此，合议组认为本案的事实清楚，可以作出审查决定。

**二、决定的理由**

1. 关于证据

请求人作为证据使用的是对比文件1~7，其中对比文件2、3已放弃，专利权人对对比文件1、4~7的真实性无异议，合议组经审查认为对比文件1、4~7可以作为本案的证据使用。其中对比文件1、4、5的公开日在本专利的申请日之前，可以作为本专利的现有技术使用；对比文件6属于申请日在本专利申请日之前，公开日在本专利申请日之后的他人专利申请，只能用来评述本专利的新颖性。对比文件1、4、5均为外文证据，专利权人对对比文件4、5的中文译文无异议，同时专利权人认为请求人未在收到外文证据处理通知书后壹个月内提交所需使用的外文译文，该对比文件视为未提出。同时对对比文件1的四处译文有异议。合议组经合议后认为：复审委员会并未发出过外文证据处理通知书，同时复审委员会在发出无效宣告请求口头审理通知书中指定了请求人最晚应当在参加口头审理时补交该对比文件的中文译文，也就是说请求人在复审委员会指定的期限内提交了该对比文件的中文译文，因此该对比文件不应该视为未提出。因此对比文件4、5的内容以请求人提交的中文译文为准，对比文件1中内容除专利权人有异议四处之外以请求人提交的译文为准。

2. 关于专利法第33条

专利法第33条规定申请人可以对其专利申请文件进行修改，但是，对发明和实用新型专利申请文件的修改不得超出原说明书和权利要求书记载的范围。

请求人用对比文件7来证明本专利授权说明书第3页第3自然段第5行“如在注塑工艺时可通过两次注塑法生产……两种不同的树脂”，其在原说明书中未记载，也不能由原说明书直接导出，导致权利要求4的附加技术特征部分在原始说明书中没有记载，不符合专利法第33条。

经合议组核实，本专利原始申请文本中的权利要求4为“根据权利要求1中所述的制造技术，其特征在于：硬塑钢产品的内外塑料物质层，可以是由两种不同成分的塑料层组成”。本专利授权文本中的权利要求4为“根据权利要求1中所述的制造技术，其特征在于：硬塑钢产品的内外塑料物质层，可以是由两种不同成份的塑料层组成。”

合议组认为：首先，按照专利法第33条的规定，申请人对其专利申请文件的修改不得超出原说明书和权利要求书记载的范围，而非仅仅是不能超过原说明书记载的范围；其次，本授权文本中权利要求4的附加技术特征与本专利原始申请权利要求书中的权利要求4的附加技术特征相同，也就是说授权文本中权利要求4的附加技术特征已经在本专利的原始申请文本中有记载，因此请求人认为权利要求 4 的附加技术特征部分在原始说明书中没有记载从而不符合专利法第 33 条的主张不能成立。

3. 关于专利法实施细则第 20 条第 1 款、第 21 条第 2 款；专利法第 26 条第 3、4 款

专利法实施细则第 20 条第 1 款规定：权利要求书应当说明发明或者实用新型的技术特征，清楚、简要地表述请求保护的范围。

权利要求的保护范围应当根据其所用词语的含义来理解。一般情况下，权利要求中的用词应当理解为相关技术领域通常具有的含义。如果本领域技术人员可以清楚的理解出一项权利要求中所用词语的含义，并能够清楚的确定该项权利要求的保护范围，则该项权利要求是清楚的。

专利法第 26 条第 3 款规定，说明书应当对发明或者实用新型作出清楚、完整的说明，以所属技术领域的技术人员能够实现为准。

根据该款规定，所属技术领域的技术人员按照说明书记载的内容，不需要创造性的劳动，就能够再现该发明或者实用新型的技术方案，解决其技术问题，并且产生预期的技术效果。中国专利法第 26 条第 3 款规定，说明书应当对发明或者实用新型作出清楚、完整的说明，以所属技术领域的技术人员能够实现为准。

专利法第 26 条第 4 款规定：权利要求书应当以说明书为依据，说明要求专利保护的范围。

专利法实施细则第 21 条第 2 款规定：独立权利要求应当从整体上反映发明或者实用新型的技术方案，记载解决技术问题的必要技术特征。

（1）请求人认为权利要求 1 不符合专利法第 26 条第 3、4 款，专利法实施细则第 20 条第 1 款和第 21 条第 2 款的规定，具体的事实为权利要求 1 中的“落料”“制钢板网规格型材”“注塑”“玻璃钢缠绕，复盖，冷却固化工艺”“在塑钢产品内置入一钢板网规格型材做骨架”“钢板网规格型材经自增强工艺处理”不清楚；权利要求 2~4 因为引用权利要求 1 而同样不符合上述规定。专利权人声明“落料”包含裁剪的意思。

合议组经合议后认为：本专利保护一种钢板网增强的硬塑钢产品的制造技术，其通过将塑料制品中内置入钢板网来达到提高塑料产品的刚度，降低挠度，增加耐压和抗裂性能。其是通过将钢板网按塑料产品的所需规格进行落料裁剪，然后制钢板网结构型材，将制成的钢板网结构型材进行自增强工艺处理（冷拉、冷轧、冷弯），处理后整形为钢板网规格型材，然后对其进行酸洗，清洗吹干后，通过注塑、玻璃钢缠绕，复盖，冷却固化工艺从而在塑钢产品内置入一钢板网规格型材做为骨架。

关于请求人所述的“落料”和“制钢板网规格型材”不清楚，合议组认为从本专利的说明书第 2 页中所记载的“将钢板网按塑料产品的所需规格进行落料剪裁，然后制钢板网结构型材”中可以看出，该工艺首先将钢板网按需要裁剪为所需大小的钢板网，即“落料”，然后将其制成所需形状规格的型材如圆形等，即“制钢板网规格型材”，也就是说本领域技术人员看到本专利的说明书之后是可以清楚的理解出“落料”和“制钢板网规格型材”的含义的。

关于请求人所述的“钢板网规格型材经自增强工艺处理”不清楚，合议组认为说明书第 2 页第 6 行记载了“将制成的钢板网结构型材进行自增强工艺处理（冷拉、冷轧、冷弯）”，本领域技术人员据此可以看出钢板网规格型材可通过冷拉、冷轧、冷弯这样的工艺来实现自增强的目的，也就是说本领域技术人员看到本专利的说明书之后可以清楚的理解出“钢板网规格型材经自增强工艺处理”的含义。

关于请求人所述的“注塑”不清楚，合议组认为“注塑”是制备塑料制品的常规工艺，因此其的含义是清楚的。

关于请求人所述的“玻璃钢缠绕，复盖，冷却固化工艺”不清楚，合议组认为“玻璃钢”是公知的塑料制品，从“玻璃钢缠绕，复盖，冷却固化工艺”中，本领域技术人员可以看出是将玻璃钢

这样的塑料制品进行缠绕、复盖，冷却固化，从而对本领域技术人员来说“玻璃钢缠绕，复盖，冷却固化工艺”的含义是清楚的。

关于请求人所述的“在塑钢产品内置入一钢板网规格型材做骨架”不清楚，合议组认为“在塑钢产品内置入一钢板网规格型材做骨架”是本领域中的一种常用说法，这一点在请求人所提供的对比文件4中文译文第2页第20行“金属网骨架包埋在网材两侧的材料层中”以及对比文件5中文译文第6页权利要求1中“它（金属基体）被植入塑料本体中”可以得到印证，显然对比文件4中金属网的包埋以及对比文件5中金属基体的植入均是本专利在塑钢产品内置入一钢板网的类似说法，因此合议组认为本领域技术人员能够清楚“在塑钢产品内置入一钢板网规格型材做骨架”的含义。

综上所述，合议组认为本领域技术人员可以理解出权利要求1中上述词语的含义，因此请求人关于因为权利要求1中上述词语不清楚，从而权利要求1不符合专利法第26条第3、4款，专利法实施细则第20条第1款和第21条第2款的规定的主张不能成立，从而请求人关于权利要求2-4因为引用权利要求1而同样不符合上述规定的主张也不能成立。

（2）请求人还认为权利要求4没有公开两种不同成分的塑料层所组成的硬塑钢产品的制作方法，从而不符合专利法第26条第3、4款以及专利法实施细则第20条第1款和第21条第2款的规定。

合议组认为权利要求4是权利要求1的从属权利要求，其附加技术特征为“硬塑钢产品的内外塑料物质层，可以是由两种不同成份的塑料层组成”，由此可以看出，该附加技术特征是指在制造所述硬塑钢产品时该硬塑钢产品的内外塑料物质层可以选用不同成份的塑料，由于本领域技术人员采用常规手段即可制备不同成分的塑料层所组成的产品，同时权利要求4引用了权利要求1，因此本领域技术人员在权利要求1的基础上利用本领域的常规手段即可得到两种不同成分的塑料层所组成的硬塑钢产品的制作方法，因此请求人还认为权利要求4没有公开两种不同成分的塑料层所组成的硬塑钢产品的制作方法，从而不符合专利法第26条第3、4款以及专利法实施细则第20条第1款和第21条第2款的规定的主张不能成立。

4. 关于专利法第22条第4款。

专利法第22条第4款的实用性是指发明或者实用新型的主题必须能够在产业上制造或者使用，并且能够产生积极效果。

请求人认为权利要求1的制造技术生产的产品废品率高，在塑钢产品内无法内置钢板网，自增强工艺没有数据支持，其他的技术特征由于没有清楚说明导致不能实施，因此不符合专利法第22条第4款的规定。

合议组经审查后认为：第一，请求人主张权利要求1的制造技术生产的产品废品率高的事实缺乏证据支持，合议组不予认定，同时单就废品率高本身而言与实用性也不存在必然的关系，根据专利法第22条第4款的规定，只要权利要求1的技术方案在产业上能够实现，同时其产生的经济、技术和社会的效果是所属技术领域的技术人员可以预料到的即可；第二，关于在塑钢产品内无法内置钢板网的问题，显然基于本发明的方法即能获得内置有钢板网的塑钢制品，同时基于前面同样的分析，对比文件4和5也公开有类似的描述，因此请求人的这一主张同样得不到支持；第三，如上所述，自增强工艺在说明书中已给了多种实现方式，本领域技术人员据此已能够在产业上实施，具体的数据是本领域技术人员在实施过程中的具体选择问题，不属于专利法第22条第4款的范畴；第四，基于前面所述，由于请求人所主张的权利要求1中不清楚的事实均不能成立，因此请求人在这里所主张的其他技术特征由于没有清楚说明导致不能实施的事实同样不能成立。

综上所述，本专利权利要求1符合专利法第22条第4款的规定。

5. 专利法第22条第2款、专利法第22条第3款

本案中，请求人认为权利要求1~3与对比文件5相比不具备新颖性，权利要求1、4与对比文件4相比不具备新颖性，权利要求1、2与对比文件6相比不具备新颖性；“酸洗，清洗吹干后”是本领域的公知技术，权利要求1~3相对于对比文件1或4或5分别与上述公知技术的结合不具备创造性，权利要求4相对于对比文件4和5与上述公知技术的结合不具备创造性。请求人认为从对比文件6中的附图可以看出其中的金属骨架经过冷弯处理。

（1）关于专利法第22条第2款的规定。

新颖性，是指在申请日以前没有同样的发明或者实用新型在国内外出版物上公开发表过、在国内公开使用过或者以其他方式为公众所知，也没有同样的发明或者实用新型由他人向专利局提出过申请并记载在申请日以后公布的专利申请文件中。

如果对比文件所公开的技术方案未全部覆盖本专利权利要求中所有的技术特征，同时所属技术领域的技术人员也不能唯一直接的推导出未被覆盖的区别技术特征必然包含于该对比文件的技术方案中，则本专利权利要求具有新颖性。

请求人认为权利要求1~3与对比文件5相比不具备新颖性，权利要求1、4与对比文件4相比不具备新颖性，权利要求1、2与对比文件6相比不具备新颖性。

合议组经合议后，认为：

对比文件1公开了一种由复合材料制作的模制体，其主要是由具有纤维增强塑料和金属的混合材料制作而成的，其中的金属芯夹入在塑料（4）中，由芳族聚酰胺、或碳，或玻璃增强纤维（3）从一面上多重渗入金属型芯（1），另一面则与之不产生机械接触。

对比文件4公开了一种复合板材，其由金属骨架（1）和涂覆在其上的两个材料层（2）和（3）组成。其中公开了该复合板材的制作方法，包括通过粘合剂将两个材料层与金属骨架粘接在一起，或将金属骨架放置在一种聚合材料或热固材料中。

对比文件5公开了一种金属与塑料复合材料，其是用金属芯材与纤维强化的塑料生产的一种复合材料，其中将强化纤维插入金属芯材的穿通孔中，使之通过这些孔洞，其具体步骤可为：首先生产金属-塑料纤维预复合材料，将金属芯板①浸润塑料，将强化纤维②浸渍塑料或再将上述纤维制成织物、网材或类似结构③，接着将①与②或③构成预复合材料，随后再生产夹心式层压板，或半成品，或将近完成的成品，或成品，或成品部件。

对比文件1、4、5分别与本专利权利要求1进行对比，上述对比文件至少均未公开权利要求1中的“该钢板网规格型材经自增强工艺处理”的这一区别技术特征，同时所属技术领域的技术人员也不能唯一直接地推导出未被覆盖的区别技术特征必然包含于上述对比文件中，因此权利要求1与上述对比文件所公开的技术方案是不同的技术方案，因此本专利权利要求1相对于上述对比文件具有新颖性。

对比文件6公开了一种金属骨架塑料管，其中通过将塑料管和钢丝网格通过热融使其结合，并使塑料镶进钢丝网格的空隙中。请求人认为从该对比文件的附图上可以看出该金属骨架经过冷弯处理。合议组认为，冷弯是一种钢板网增强工艺，而该对比文件的附图只是金属骨架塑料管的剖视图，其中包括1-塑料管，2-金属骨架，本领域技术人员无法从中看出其中的金属骨架是否经过了冷弯处理，并且在该对比文件的说明书中并没有说明该金属骨架进行了冷弯处理，因此该对比文件中并未公开“该钢板网规格型材经自增强工艺处理”这一区别技术特征，同时所属领域普通技术人员也不能唯一直接的推导出未被覆盖的区别技术特征必然包含于上述对比文件中。此外，该对比文件中也没有公开本专利权利要求1中的“酸洗、清洗吹干后”这一技术特征，同时从该对比文件中也不能唯一地推

导出来该对比文件中的金属骨架一定进行了“酸洗、清洗吹干后”工艺这一技术特征，因此本专利权利要求1与对比文件6所公开的技术方案是不同的技术方案，因此本专利权利要求1相对于对比文件6具有新颖性。

由于本专利权利要求1相对于上述对比文件符合专利法第22条第2款有关新颖性的规定，所以其从属权利要求2~4相对于上述对比文件也符合专利法第22条第2款有关新颖性的规定。

（2）关于专利法第22条第3款的规定。

创造性，是指同申请日以前已有的技术相比，该发明有突出的实质性特点和显著的进步。

审查指南第二部分第四章有关发明创造性的审查基准中指出：突出的实质性特点是指要求保护的技术方案相对于现有技术具有非显而易见性；显著的进步是指具有有益的技术效果。

请求人认为“酸洗，清洗吹干后”是本领域的公知技术，权利要求1~3相对于对比文件1或4或5分别与上述公知技术的结合不具备创造性，权利要求4相对于对比文件4和5与上述公知技术的结合不具备创造性。

合议组经合议后，认为：

如上所述，对比文件1，4，5中均未公开权利要求1中的“该钢板网规格型材经自增强工艺处理”这一区别技术特征，也就是说上述对比文件未给出采用该区别技术特征的技术启示，此外请求人只是认为“酸洗，清洗吹干后”是公知技术，请求人并未提供证据证明“该钢板网规格型材经自增强工艺处理”这一区别技术特征是公知常识；因此即使将对比文件1或4或5与所谓“酸洗，清洗吹干后”这样的公知技术结合也不能得出本专利权利要求1请求保护的技术方案，因此本专利权利要求1相对于对比文件1或4或5与所谓“酸洗，清洗吹干后”这样的公知技术结合具备创造性。由于本专利权利要求1相对于对比文件1或4或5与所谓“酸洗，清洗吹干后”这样的公知技术结合具备创造性，所以其从属权利要求2~3相对于对比文件1或4或5与所谓“酸洗，清洗吹干后”这样的公知技术结合也具备创造性。

如上所述，对比文件4，5中均未公开权利要求1中的“该钢板网规格型材经自增强工艺处理”这一区别技术特征，此外请求人只是认为“酸洗，清洗吹干后”是公知技术，请求人并未提供证据证明“该钢板网规格型材经自增强工艺处理”这一区别技术特征是公知常识；因此即使将对比文件4和5与所谓“酸洗，清洗吹干后”这样的公知技术结合也不能得出本专利权利要求4请求保护的技术方案，因此本专利权利要求4相对于对比文件4和5与所谓“酸洗，清洗吹干后”这样的公知技术结合具备创造性。

综上所述，权利要求1~4均具备创造性。

在上述事实和理由的基础上，合议组作出如下审查决定。

**三、决定**

维持第92101940.8号发明专利权有效。

当事人对本决定不服的，可以根据专利法第46条第2款的规定，自收到本决定之日起三个月内向北京市第一中级人民法院起诉。根据该款的规定，一方当事人起诉后，另一方当事人应当作为第三人参加诉讼。

014

# 一种钢筋砼用立体承力模壳

## 无效宣告请求审查决定（第9102号）

**决　定　号**　第9102号
**决　定　日**　2006年11月15日
**发明创造名称**　一种钢筋砼用立体承力模壳
**国际分类号**　E04B 5/36
**无效宣告请求人**　吴方伯
**专利权人**　邱则有
**专　利　号**　02117551.9
**申　请　日**　2002年4月30日
**授权公告日**　2005年11月23日
**合议组组长**　朱文广
**主　审　员**　刘瑞斌
**参　审　员**　刘敏飞

**法律依据**　专利法第22条第2款、第3款
**决定要点**

一项权利要求与一篇对比文件D1相比存在区别技术特征，如果存在另一篇对比文件D2，本领域技术人员可以根据D2的技术启示显而易见的得出该项权利要求保护的技术方案，那么该项权利要求不具备创造性。

### 一、案由

本无效宣告请求涉及国家知识产权局于2005年11月23日授权公告的、名称为“一种钢筋砼用立体承力模壳”的发明专利权（下称本专利），其专利号是02117551.9，申请日是2002年4月30日，专利权人是邱则有。本专利授权公告时的权利要求4、10如下：

“4. 一种钢筋砼用立体承力模壳，包括上顶板（1）、周围侧壁（2）及下底（3），上顶板（1）、周围侧壁（2）及下底（3）彼此连接构成多面体封闭空腔（4），在空腔（4）内有至少一根以上的杆件（5），其特征在于杆件（5）至少一根为等截面直杆，杆件（5）与模壳形成整体。

10. 根据权利要求1至9中任一权利要求所述的一种钢筋砼用立体承力模壳，其特征在于模壳内设置有由多根杆件（5）构成的至少一个以上的三角形杆件桁架单元（6）。”

针对本专利权，吴方伯（下称请求人）于2006年1月26日向专利复审委员会提出无效宣告请求，认为本专利权利要求4、10不符合专利法第22条第2、3款的规定，同时请求人提交了如下附件

作为证据：

附件 1：授权公告日为 1994 年 4 月 6 日，授权公告号为 CN2160693Y 的实用新型专利说明书；

附件 2：1997 年 4 月第一次印刷，中国建筑工业出版社出版的《建筑施工手册》（第三版），封面、出版信息页、第 147~155 页，复印件 11 页；

附件 3：1991 年第 6 期《建筑技术》杂志，封面、出版信息页、第 32~35 页，复印件 6 页；

附件 4：1985 年第 6 期《建筑技术开发》杂志，封面、其上有四幅图片并记载有“开发新型模壳施工技术”的一页、出版信息页、第 22~29 页，复印件 11 页；

附件 5：1955 年 5 月上海第一次印刷，大东书局出版的《钢筋混凝土楼盖计算》，封面、出版信息页、第 152~154 页的复印件 4 页，以及第 154 页的放大页 1 页，绘制有图 1~4 并标有附图 1 的图纸复印件 1 页；

请求人认为：（1）权利要求 4 及引用权利要求 4 的权利要求 10 相对于附件 5 不具备新颖性和创造性。（2）权利要求 4 相对于附件 2 和附件 1 的结合、附件 3 和附件 1 的结合、附件 4 和附件 1 的结合不具备创造性。权利要求 10 中引用权利要求 4 的技术方案相对于附件 1 和附件 4 的结合不具备创造性。

经形式审查合格，专利复审委员会依法受理了上述无效宣告请求，并于 2006 年 3 月 1 日向请求人和专利权人发出无效宣告请求受理通知书，同时将专利权无效宣告请求书及其附件清单中所列附件的副本转送给专利权人，并要求专利权人在指定的期限内陈述意见。

专利权人未在指定期限内陈述意见。

请求人在 2006 年 2 月 22 日向复审委员会再次提交了作为证据的附件及意见陈述书。

附件 6：授权公告日为 1925 年 9 月 15 日，专利号为 US1553427 的美国专利原文及其中文译文，复印件 8 页；

附件 7：授权公告日为 1936 年 5 月 26 日，专利号为 US2042113 的美国专利原文及其中文译文，复印件 11 页；

请求人认为：1. 权利要求 4 相对于附件 6 和附件 1 的结合不具备创造性。2. 权利要求 4 相对于附件 7 不具备新颖性，相对于附件 7 和附件 2 的结合不具备创造性。

请求人在 2006 年 2 月 24 日向复审委员会再次提交了作为证据的附件及意见陈述书。

附件 8：公告日为 1992 年 2 月 19 日，公告号为 CN2096597U 的实用新型专利说明书。

请求人认为：权利要求 4 相对于附件 8 不具备创造性。

专利复审委员会依法成立合议组对上述无效宣告请求进行审查。合议组于 2006 年 5 月 22 日向双方发出无效宣告请求口头审理通知书，定于 2006 年 7 月 3 日举行口头审理。随同口头审理通知书，将请求人于 2006 年 2 月 22 日和 2006 年 2 月 24 日提交的意见陈述书及其附件清单中所列附件的副本转送给专利权人。

口头审理如期举行，双方当事人均参加了口头审理。在口头审理中，（1）请求人明确其无效的理由、证据和范围为：权利要求 4 相对附件 5 或附件 7 不具备新颖性，相对于附件 1 与附件 2 或 3 或 4 或 6 的结合不具备创造性，引用权利要求 4 的权利要求 10 相对于附件 5 不具有新颖性，相对于附件 1、4、8 的结合不具有创造性。（2）请求人当庭出示了附件 2 到 8 的原件。专利权人对附件 1 到 4、附件 6 到 8 的真实性无异议，对附件 6、7 的译文准确性无异议，对附件 5 的第 5 页中请求人所加的标注有异议。（3）请求人认为附件 5 中公开的木盒为封闭结构，如木盒不封闭，现浇砼会流入木盒的空腔内，因此端头必须封闭，这是本领域技术人员公知的。专利权人认为附件 5 中未公开木盒封闭这一技术特征，也未公开杆件这一特征，同时从附图当中也不能看出木盒为封闭结构。（4）专利权人认可附件 1 中公开了“上顶板周围侧壁及下底板彼此连接构成多面体封闭空腔”的技术特征，认为杆和肋不同，认为附件 2、3、4、6、8 与本专利属于不同的技术领域，不能用于结合评价创造性。请求人认为杆和肋是相同的。(5) 请求人认为附件 6 中的附图标记 31、32、34、39 代表杆件。专利权人认为 34 为横向支撑，对横向支撑是否为杆件的问题表示不清楚。(6) 请求人认为三角形行架是本领域的公知技术，专利权人认为三角形的稳定性是公知的，但用于本专利则需要创造性劳动。(7) 专利权人认为本专利中的模壳施工后不拆除并参与结构受力，请求人认为模壳只要存在在结构当中必然会参与结构受力。

至此，合议组认为本案事实已经清楚，可以作出审查决定。

**二、决定的理由**

1. 关于证据和现有技术

请求人提交的证据是附件 1~8，专利权人对其中除附件 5 第 5 页标注外其他内容的真实性没有异议，经合议组审查附件 1~8 中除附件 5 第 5 页标注部分外的其他内容可以作为本案证据使用。同时由于附件 1~8 的公开日期在本专利的申请日前，因此其上记载的内容构成本专利的现有技术。

其中请求人提交的附件 6、7 为外文，请求人同时提供了附件 6、7 的中文译文，专利权人对上述附件 6、7 的中文译文也没有异议，经合议组审查附件 6、7 中公开内容以请求人提交的中文译文为准。

2. 权利要求 4 和 10 的新颖性

新颖性，是指在申请日以前没有同样的发明或者实用新型在国内外出版物上公开发表过、在国内公开使用过或者以其他方式为公众所知，也没有同样的发明或者实用新型由他人向专利局提出过申请并记载在申请日以后公布的专利申请文件中。

请求人认为权利要求 4 相对于附件 5 或 7 不具备新颖性，引用权利要求 4 的权利要求 10 的技术方案相对于附件 5 不具备新颖性。

合议组经审查后认为，本专利权利要求 4 保护了一种钢筋砼用立体承力模壳，该模壳包括由上顶板、下底板和周围侧壁构成的封闭空腔，空腔内有至少一根以上的杆件，杆件至少一根为等截面直杆，杆件与模壳形成整体。附件 5 公开了一种用于密肋楼盖的空心填充木盒，在文字描述部分只是限定了木盒可以是全封闭的，并给出了木盒的尺寸、木盒的安装位置及安装方式，而在给出的两幅断面图中并不能必然得出该木盒内部含有杆件，因此也不能必然得出至少一根杆件是等截面的，因此本专利权利要求 4 与附件 5 所限定的技术方案并不相同，权利要求 4 相对于附件 5 具备专利法第 22 条第 2 款规定的新颖性。

权利要求 10 引用了权利要求 4，由于权利要求 4 相对于附件 5 具备新颖性，所以权利要求 10 中引用权利要求 4 的技术方案相对于附件 5 也具备专利法第 22 条第 2 款规定的新颖性。

附件 7 公开了一种内模，该内模由内模单元组成，在采用饰面材料作为侧板的内模的内部设置多个横向支撑杆以增强其刚度，由于在浇注楼盖混凝土时，内模要埋在混凝土内部，因此内模端部必然是封闭的，与附件 7 相比本专利权利要求 4 存在有至少有一根杆件是等截面的这一区别技术特征，因此可以得出本专利权利要求 4 与附件 7 中所述的技术方案并不相同，所以权利要求 4 相对于附件 7 具备专利法第 22 条第 2 款规定的新颖性。

3. 权利要求 4 和 10 的创造性

创造性，是指同申请日以前已有的技术相比，该发明有突出的实质性特点和显著的进步。

请求人认为权利要求 4 相对于附件 1 与附件 2 或 3 或 4 或 6 不具备创造性，权利要求 10 中引用权利要求 4 的技术方案相对于附件 1、4、8 的结合不具有创造性。专利权人认为附件 2、3、4、6、8 与本专利属于不同的技术领域不能用于评价本专利的创造性，还认为三角形的稳定性是公知常识，但是用于本专利是需要付出创造性劳动的，杆和肋是不同的。

合议组经审查后认为，权利要求4请求保护一种钢筋砼用立体承力模壳，该模壳包括上顶板、周围侧壁及下底，上顶板、周围侧壁及下底彼此连接构成多面体封闭空腔，在空腔内有至少一根以上的杆件，杆件至少一根为等截面直杆、杆件与模壳形成整体，附件1公开了一种模壳构件，该构件由上底、下底、侧壁构成全封闭空腹多面体结构，模壳体内设加强肋，与附件1相比本专利权利要求4的区别在于限定了壳体内有至少一根以上的杆件，杆件至少一根为等截面直杆，杆件与模壳形成整体，附件4中公开了一种建筑施工用模壳，建筑施工用模壳与本专利属于相近的技术领域，该模壳中使用角钢对肋进行加固，从而增强了其刚度，在这一技术启示下，本领域技术人员可以显而易见的采用角钢对附件1中所述模壳构件进行加固，因此在模壳构件内部就会含有至少一根以上的杆件，至少一根为等截面直杆，杆件与模壳构件形成整体，因此本专利权利要求4相对于附件1和4的结合不具备专利法第22条第3款规定的创造性。

权利要求10引用了权利要求4，该权利要求不仅包括了权利要求4的所有技术特征还进一步限定了模壳内设置有由多根杆件构成的至少一个以上的三角形杆件桁架单元。根据上面的论述，同时也由于附件4中公开了使用角钢加固以及三角形的加固形式，本领域技术人员可以显而易见的得到权利要求10保护的技术方案，因此本专利权利要求10相对于附件1和4的结合不具备专利法第22条第3款规定的创造性。

由于权利要求4、权利要求10中引用权利要求4的技术方案相对于附件1和4的结合不具备专利法第22条第3款规定的创造性，对于请求人提出的其他无效理由在此不予评述。

根据上述的事实和理由，本案合议组依法做出以下决定。

**三、决定**

宣告02117551.9号发明专利权的权利要求4和权利要求10中引用权利要求4的技术方案无效，在权利要求1~3、5~9、11~17以及权利要求10中引用权利要求1~3、5~9的技术方案的基础上维持专利权继续有效。

当事人对本决定不服的，可以根据专利法第46条第2款的规定，自收到本决定之日起三个月内向北京市第一中级人民法院起诉。根据该款的规定，一方当事人起诉后，另一方当事人应当作为第三人参加诉讼。

## 北京市第一中级人民法院
## 行政判决书

（2007）一中行初字第622号

原告邱则有，男，1962年11月9日出生，汉族，住湖南省长沙市芙蓉区织机街。

委托代理人颜喜东，男，1977年11月22日出生，住湖南省吉首市吉首大学学生宿舍。

被告国家知识产权局专利复审委员会，住所地北京市海淀区北四环西路9号银谷大厦10~12层。

法定代表人廖涛，副主任。

委托代理人刘瑞斌，国家知识产权局专利复审委员会审查员。

委托代理人耿博，国家知识产权局专利复审委员会审查员。

第三人吴方伯，男，1959年11月6日出生，汉族，住湖南省长沙市天心区三府坪42号。

原告邱则有不服被告国家知识产权局专利复审委员会（简称专利复审委员会）作出的第9102号无效宣告请求审查决定（简称第9102号决定），在法定期限内向本院提起行政诉讼。本院于2007年4月18日受理后，依法组成合议庭，并通知吴方伯作为本案的第三人参加诉讼。本院于2007年7月27日对本案公开开庭进行了审理，原告邱则有的委托代理人颜喜东，被告专利复审委员会的委托代理人刘瑞斌、耿博，第三人吴方伯到庭参加了诉讼。本案现已审理终结。

第9102号决定系被告专利复审委员会就第三人吴方伯针对原告邱则有拥有的名称为"一种钢筋砼用立体承力模壳"的发明专利（简称本专利）提出的无效宣告请求而作出，该决定认为：

1. 附件1~8中除附件5第5页标注部分外的其他内容可以作为本案证据使用。同时由于附件1~8的公开日期在本专利的申请日前，因此其上记载的内容构成本专利的现有技术。

2. 权利要求4和10的新颖性。

本专利权利要求4保护的钢筋砼用立体承力模壳的空腔内有至少一根以上的杆件，杆件至少一根为等截面直杆，杆件与模壳形成整体。附件5中并不能必然得出该用于密肋楼盖的空心填充木盒内部含有杆件，因此也不能必然得出至少一根杆件是等截面的，因此本专利权利要求4与附件5所限定的技术方案并不相同，权利要求4相对于附件5具备《中华人民共和国专利法》（简称《专利法》）第二十二条第二款规定的新颖性。

权利要求10引用了权利要求4，由于权利要求4相对于附件5具备新颖性，所以权利要求10中引用权利要求4的技术方案相对于附件5也具备《专利法》第二十二条第二款规定的新颖性。

与附件7相比本专利权利要求4存在有至少有一根杆件是等截面的这一区别技术特征，因此可以得出本专利权利要求4与附件7中所述的技术方案并不相同，所以权利要求4相对于附件7具备《专利法》第二十二条第二款规定的新颖性。

3. 权利要求4和10的创造性。

权利要求4请求保护一种钢筋砼用立体承力模壳，该模壳包括上顶板、周围侧壁及下底，上顶板、周围侧壁及下底彼此连接构成多面体封闭空腔，在空腔内有至少一根以上的杆件，杆件至少一根为等截面直杆、杆件与模壳形成整体，附件1公开了一种模壳构件，该构件由上底、下底、侧壁构成全封闭空腹多面体结构，模壳体内设加强肋，与附件1相比本专利权利要求4的区别在于限定了壳体内有至少一根以上的杆件，杆件至少一根为等截面直杆，杆件与模壳形成整体，附件4中公开了一种建筑施工用模壳，建筑施工用模壳与本专利属于相近的技术领域，该模壳中使用角钢对肋进行加固，从而增强了其刚度，在这一技术启示下，本领域技术人员可以显而易见地采用角钢对附件1中所述模壳构件进行加固，因此在模壳构件内部就会含有至少一根以上的杆件，至少一根为等截面直杆，杆件与模壳构件形成整体，因此本专利权利要求4相对于附件1和4的结合不具备《专利法》第二十二条第三款规定的创造性。

权利要求10引用了权利要求4，该权利要求不仅包括了权利要求4的所有技术特征还进一步限定了模壳内设置有由多根杆件构成的至少一个以上的三角形杆件桁架单元。根据上面的论述，同时也由于附件4中公开了使用角钢加固以及三角形的加固形式，本领域技术人员可以显而易见地得到权利要求10保护的技术方案，因此本专利权利要求10相对于附件1和4的结合不具备《专利法》第二十二条第三款规定的创造性。

由于权利要求4、权利要求10中引用权利要求4的技术方案相对于附件1和4的结合不具备《专利法》第二十二条第三款规定的创造性，对于吴方伯提出的其他无效理由在此不予评述。

根据上述的事实和理由，专利复审委员会依法作出第9102号决定，宣告本专利的权利要求4和权利要求10中引用权利要求4的技术方案无效，在权利要求1~3、5~9、11~117以及权利要求10中引用权利要求1~3、5~9的技术方案的基础上维持专利权继续有效。

原告邱则有不服该决定，在法定期限内向本院提起行政诉讼，其诉称：第9102号决定是被告在事实认定错误的基础上作出，该决定应当依法撤销。首先，附件4公开的模壳为重复使用的开口塑料模壳，附件1公开的是一次性使用不再拆除的填充用模壳构件，二者技术思路完全不同，不能相互结合使用。其次，附件4没有公开专利权利要求4中多面体封闭空腔、至少一根以上杆件、杆件至少一根为等截面直杆等技术特征，更没有公开权利要求10中的由多根杆件构成的至少一个以上的三角形杆件桁架单元；附件1中也没有公开专利权利要求4中至少一根以上杆件、杆件至少一根为等截面直杆以及由多根杆件构成的至少一个以上的三角形杆件桁架单元等技术特征。再次，本专利为钢筋砼用立体承力模壳，附件1和附件4均只是普通的模壳构件，技术思路完全不同。在此基础上，第9102号决定依据前述两个不能结合的证据进行组合后认定本专利权利要求4、10无创造性，属认定错误。据此，请求法院依法撤销9102号决定，并维持本专利权全部有效，以维护邱则有的合法权益。

被告专利复审委员会在其答辩意见中仍坚持第9102号决定中的理由，认为该决定认定事实清楚、适用法律正确，请求法院予以维持。

第三人吴方伯未提交书面意见陈述，其当庭认为第9102号决定认定事实清楚、适用法律正确，请求法院予以维持。

本院经审理查明：

第9102号决定涉及国家知识产权局于2005年11月23日授权公告的专利号为02117551.9、名称为“一种钢筋砼用立体承力模壳”的发明专利（即本专利），其申请日是2002年4月30日，专利权人是邱则有。

本专利授权公告的权利要求4、10如下：

“4. 一种钢筋砼用立体承力模壳，包括上顶板（1）、周围侧壁（2）及下底（3），上顶板（1）、周围侧壁（2）及下底（3）彼此连接构成多面体封闭空腔（4），在空腔（4）内有至少一根以上的杆件（5），其特征在于杆件（5）至少一根为等截面直杠，杆件（5）与模壳形成整体。

10. 根据权利要求1至9中任一权利要求所述的一种钢筋砼用立体承力模壳，其特征在于模壳内设置有由多根杆件（5）构成的至少一个以上的三角形杆件桁架单元（6）。”

针对本专利权，吴方伯于2006年1月26日向专利复审委员会提出无效宣告请求，认为本专利权利要求4、10不符合《专利法》第二十二条第二、三款的规定，并先后提交了七个附件，其中：

附件1：授权公告日为1994年4月6日，授权公告号为CN2160693Y的实用新型专利说明书。附件1公开了一种模壳构件，该构件由上底、下底、侧壁构成全封闭空腹多面体结构，模壳体内设加强肋。此种模壳构件与钢筋水泥一起即成上下表面都十分平整的整体楼板结构。模壳构件在楼板中既是内模又是填充配套构件。

附件4：1985年第6期《建筑技术开发》杂志。该杂志的封面、其上有四幅图片并记载有“开发新型模壳施工技术”的一页、出版信息页、第22~29页。附件4公开了一种建筑施工用大型塑料模壳。该模壳的原型是用螺栓将四个1/4模壳连接成一个完整模壳，中心肋高50毫米。基本型是在原型的基础上进行了改进。模壳中心连接部位不是直接用螺栓连接，而是改用四个角钢、并通过螺栓进行连接，从而加强中心连接部位的强度（见附件4第22页）。该基本型的静荷载试验结果表明，当采用了小角钢加螺栓的连接方法后，使模壳的整体性明显增强，特别是模壳的垂直承载能力的潜力较大。其图4为塑壳基本型中心连接情况示意图，从该图中基本可以看出其使用的角钢为等截面。

吴方伯提出的具体无效理由为：1. 权利要求4及引用权利要求4的权利要求10相对于附件5不

具备新颖性和创造性。2. 权利要求 4 相对于附件 2 和附件 1 的结合、附件 3 和附件 1 的结合、附件 4 和附件 1 的结合不具备创造性。权利要求 10 中引用权利要求 4 的技术方案相对于附件 1 和附件 4 的结合不具备创造性。3. 权利要求 4 相对于附件 6 和附件 1 的结合不具备创造性。权利要求 4 相对于附件 7 不具备新颖性，相对于附件 7 和附件 2 的结合不具备创造性。4. 权利要求 4 相对于附件 8 不具备创造性。

2006 年 7 月 3 日，专利复审委员会举行口头审理，双方当事人均参加了口头审理。在口头审理中，双方当事人进行了如下陈述：1. 吴方伯明确其无效的理由、证据和范围为：权利要求 4 相对附件 5 或附件 7 不具备新颖性，相对于附件 1 与附件 2 或 3 或 4 或 6 的结合不具备创造性，引用权利要求 4 的权利要求 10 相对于附件 5 不具有新颖性，相对于附件 1、4、8 的结合不具有创造性。2. 吴方伯当庭出示了附件 2 到 8 的原件。邱则有对附件 1 到 4、附件 6 到 8 的真实性无异议，对附件 6、7 的译文准确性无异议，对附件 5 的第 5 页中吴方伯所加的标注有异议。3. 邱则有认可附件 1 中公开了“上顶板周围侧壁及下底板彼此连接构成多面体封闭空腔”的技术特征，认为杆和肋不同，认为附件 2、3、4、6、8 与本专利属于不同的技术领域，不能用于结合评价创造性。吴方伯认为杆和肋是相同的。4. 吴方伯认为三角形桁架是本领域的公知技术，邱则有认为三角形的稳定性是公知的，但用于本专利则需要创造性劳动。

在此基础上，专利复审委员会认为本案事实已经清楚，于 2006 年 11 月 15 日作出第 9102 号决定。

以上事实有第 9102 号决定、本专利授权公告的说明书、附件 1、附件 4 及庭审笔录在案佐证。

本院认为。

《专利法》第二十二条第三款规定的创造性，是指同申请日以前已有的技术相比，该发明有突出的实质性特点和显著的进步。

对于原告认为附件 1 和附件 4 因技术思路不同，不能相互结合使用的主张，本院认为，附件 1 公开的是填充用模壳构件，附件 4 公开的是一种大型塑料模壳，二者均是建筑使用的模壳构件，属于同一技术领域，完全可以结合使用评价权利要求 4、10 的创造性。原告的上述主张于法无据，本院不予支持。

将附件 1 与本专利权利要求 4 相比可知，二者的区别在于本专利权利要求 4 限定了“壳体内有至少一根以上的杆件，杆件至少一根为等截面直杆，杆件与模壳形成整体”这一技术特征，但附件 1 中未公开。附件 4 中给出了用等截面角钢进行加固的技术方案，鉴于角钢与本专利权利要求 4 中的杆件起同样的加固作用，且由附件 4 可知，四个角钢通过螺栓先固定在模壳中心部位的中心肋上，并进而将四个 1/4 模壳组装成一个整体。据此，附件 4 公开了使加固件与模壳形成整体的技术方案，在此基础上，本领域技术人员在附件 4 的技术启示之下，不须创造性劳动，即可得出权利要求 4 中的“壳体内有至少一根以上的杆件，杆件至少一根为等截面直杆，杆件与模壳形成整体”这一技术方案，据此，本专利权利要求 4 相对于附件 1 和附件 4 的结合不具有创造性。

权利要求 10 在权利要求 4 的基础上进一步限定了“模壳内设置有由多根杆件（5）构成的至少一个以上的三角形杆件桁架单元（6）”这一技术特征，由于三角形最稳定系本领域公知常识，在权利要求 4 不具有创造性的情况下，本领域技术人员不须创造性劳动，即可得到从属于权利要求 4 的上述技术方案，据此，权利要求 10 亦不具有创造性。

综上，原告邱则有的起诉理由不能成立，本院不予支持。专利复审委员会作出的第 9102 号决定认定事实清楚，适用法律正确，程序合法，本院予以维持。依照《中华人民共和国行政诉讼法》第五十四条第（一）项之规定，本院判决如下：

维持被告国家知识产权局专利复审委员会作出的第 9102 号无效宣告请求审查决定。

案件受理费100元，由原告邱则有负担（已交纳）。

如不服本判决，各方当事人可于本判决送达之日起15日内，向本院提交上诉状及其副本，并交纳上诉案件受理费100元，上诉于北京市高级人民法院。

审 判 长 姜 颖
代理审判员 芮松艳
人民陪审员 于立彪
二〇〇七年十二月二十日
书 记 员 牛 捷

# 北京市高级人民法院
# 行政判决书

（2008）高行终字第267号

上诉人（原审原告）邱则有，男，汉族，1962年11月9日出生，住湖南省长沙市芙蓉区织机街18号。

委托代理人颜喜东，男，汉族，1977年11月22日出生，长沙巨星轻质建材股份有限公司职员，住湖南省吉首市吉首大学学生宿舍。

被上诉人（原审被告）国家知识产权局专利复审委员会，住所地北京市海淀区北四环西路9号银谷大厦10~12层。法定代表人廖涛，副主任。

委托代理人刘敏飞，该委员会审查员。

委托代理人瞿晓峰，该委员会审查员。

原审第三人吴方伯，男，汉族，1959年11月6日出生，住湖南省长沙市天心区三府坪42号。

上诉人邱则有因发明专利权无效行政纠纷一案，不服北京市第一中级人民法院（2007）一中行初字第622号行政判决，向本院提起上诉。本院2008年4月21日受理本案后，依法组成合议庭，于2008年5月12日公开开庭进行了审理。上诉人邱则有的委托代理人颜喜东，被上诉人国家知识产权局专利复审委员会（简称专利复审委员会）的委托代理人刘敏飞、瞿晓峰，原审第三人吴方伯到庭参加了诉讼。本案现已审理终结。

涉案专利为邱则有拥有的名称为“一种钢筋砼用立体承力模壳”的发明专利（简称本专利）。针对本专利，吴方伯于2006年1月26日向专利复审委员会提出无效宣告请求，认为本专利权利要求4、10不符合《专利法》第二十二条第二、三款的规定。2006年11月15日，专利复审委员会做出第9102号无效宣告请求审查决定（简称第9102号决定），宣告本专利权利要求4和权利要求10中引用权利要求4的技术方案无效，在权利要求1~3、5~9、11~117以及权利要求10中引用权利要求1~3、5~9的技术方案的基础上维持专利权继续有效。邱则有不服该决定，向一审法院提起诉讼。

北京市第一中级人民法院认为，附件1公开的是填充用模壳构件，附件4公开的是一种大型塑料模壳，二者均是建筑使用的模壳构件，属于同一技术领域，可以结合使用评价本专利权利要求4、10的创造性。将附件1与本专利权利要求4相比可知，附件4中给出了用等截面角钢进行加固的技术方案，鉴于角钢与本专利权利要求4中的杆件起同样的加固作用，且由附件4可知，四个角钢通过螺栓先固定在模壳中心部位的中心肋上，并进而将四个1/4模壳组装成一个整体。据此，附件4公开了使加固件与模壳形成整体的技术方案，在此基础上，本领域技术人员在附件4的技术启示之下，不须创造性劳动，即可得出本专利权利要求4中的“壳体内有至少一根以上的杆件，杆件至少一根为等截面直杆，杆件与模壳形成整体”这一技术方案，据此，本专利权利要求4相对于附件1和附件4的结合不具有创造性。本专利权利要求10在权利要求4的基础上进一步限定了“模壳内设置有由多根杆件（5）构成的至少一个以上的三角形杆件桁架单元（6）”这一技术特征，由于三角形最稳定系本领域公知常识，在本专利权利要求4不具有创造性的情况下，本领域技术人员不须创造性劳动，即可得到上述技术方案，据此，本专利权利要求10亦不具有创造性。

北京市第一中级人民法院依照《中华人民共和国行政诉讼法》第五十四条第（一）项之规定，判决：维持专利复审委员会做出的第9102号决定。

邱则有不服原审判决，向本院提起上诉，请求撤销原审判决及第9102号决定。其理由主要为：1. 专利复审委员会认定本专利权利要求4与附件1的区别技术特征有遗漏。其区别技术特征应当为四个：钢筋砼用立体承力模壳，模壳体内有至少一根以上的杆件，杆件至少一根为等截面直杆、杆件与模壳形成整体。2. 附件4中“使用角钢对肋进行加固”的技术手段在该对比文件中所起的作用，不同于本专利权利要求4杆件所起的作用。3. 附件4公开的模壳为重复使用的开口塑料模壳，附件1公开的是一次性使用不再拆除的填充用模壳构件，二者技术思路完全不同，不能相互结合使用。4. 附件1、4的组合不能破坏本专利权利要求4的创造性。

专利复审委员会、吴方伯服从原审判决。

本院经审理查明：

涉案专利权为国家知识产权局于2005年11月23日授权公告的专利号为02117551.9、名称为“一种钢筋砼用立体承力模壳”的发明专利（即本专利），其申请日是2002年4月30日，专利权人是邱则有。

本专利授权公告的权利要求4、10如下：

“4. 一种钢筋砼用立体承力模壳，包括上顶板（1）、周围侧壁（2）及下底（3），上顶板（1）、周围侧壁（2）及下底（3）彼此连接构成多面体封闭空腔（4），在空腔（4）内有至少一根以上的杆件（5），其特征在于杆件（5）至少一根为等截面直杆，杆件（5）与模壳形成整体。

10. 根据权利要求1至9中任一权利要求所述的一种钢筋砼用立体承力模壳，其特征在于模壳体内设置有由多根杆件（5）构成的至少一个以上的三角形杆件桁架单元（6）。”

针对本专利，吴方伯于2006年1月26日向专利复审委员会提出无效宣告请求，认为本专利权利要求4、10不符合《专利法》第二十二条第二、三款的规定，并先后提交了七个附件。无效理由具体组合方式为：1. 本专利权利要求4及引用权利要求4的权利要求10相对于附件5不具备新颖性和创造性。2. 本专利权利要求4相对于附件2和附件1的结合、附件3和附件1的结合、附件4和附件1的结合不具备创造性。本专利权利要求10中引用权利要求4的技术方案相对于附件1和附件4的结合不具备创造性。3. 本专利权利要求4相对于附件6和附件1的结合不具备创造性。权利要求4相对于附件7不具备新颖性，相对于附件7和附件2的结合不具备创造性。4. 本专利权利要求4相对于附件8不具备创造性。在七个附件中：

附件1：授权公告日为1994年4月6日，授权公告号为CN2160693Y的实用新型专利说明书。附件1公开了一种模壳构件，该构件由上底、下底、侧壁构成全封闭空腹多面体结构，模壳体内设加强肋。此种模壳构件与钢筋水泥一起即成上下表面都十分平整的整体楼板结构。模壳构件在楼板中既是内模又是填充配套构件。

附件4：1985年第6期《建筑技术开发》杂志。该杂志的封面、其上有四幅图片并记载有“开发新型模壳施工技术”的一页、出版信息页、第22~29页。附件4公开了一种建筑施工用大型塑料模壳。该模壳的原型是用螺栓将四个1/4模壳连接成一个完整模壳，中心肋高50毫米。基本型是在原型的基础上进行了改进。模壳中心连接部位不是直接用螺栓连接，而是改用四个角钢、并通过螺栓进行连接，从而加强中心连接部位的强度。该基本型的静荷载试验结果表明，当采用了小角钢加螺栓的连接方法后，使横壳的整体性明显增强，特别是模壳的垂直承载能力的潜力较大。其图4为塑壳基本型中心连接情况示意图，从该图中基本可以看出其使用的角钢为等截面。

2006年7月3日，专利复审委员会举行口头审理，双方当事人均参加了口头审理。在口头审理中，双方当事人进行了如下陈述：1. 吴方伯明确其无效的理由、证据和范围为：本专利权利要求4相对附件5或附件7不具备新颖性，相对于附件1与附件2或3或4或6的结合不具备创造性，引用权利要求4的权利要求10相对于附件5不具有新颖性，相对于附件1、4、8的结合不具有创造性。2. 吴方伯当庭出示了附件2到8的原件。邱则有对附件1到4、附件6到8的真实性无异议，对附件6、7的译文准确性无异议，对附件5的第5页中吴方伯所加的标注有异议。3. 邱则有认可附件1中公开了“上顶板周围侧壁及下底板彼此连接构成多面体封闭空腔”的技术特征，认为杆和肋不同，认为附件2、3、4，6、8与本专利属于不同的技术领域，不能用于结合评价创造性。吴方伯认为杆和肋是相同的。4. 吴方伯认为三角形桁架是本领域的公知技术，邱则有认为三角形的稳定性是公知的，但用于本专利则需要创造性劳动。

2006年11月15日，专利复审委员会做出第9102号决定。该决定认为：

1. 附件1~8中除附件5第5页标注部分外的其他内容可以作为本案证据使用。同时由于附件1~8的公开日期在本专利的申请日前，因此其上记载的内容构成本专利的现有技术。

2. 本专利权利要求4和10的新颖性。

本专利权利要求4保护的钢筋砼用立体承力模壳的空腔内有至少一根以上的杆件，杆件至少一根为等截面直杆，杆件与模壳形成整体，附件5中并不能必然得出该用于密肋楼盖的空心填充木盒内部合有杆件，因此也不能必然得出至少一根杆件是等截面的，因此本专利权刑要求4与附件5所限定的技术方案并不相同，权利要求4相对于附件5具备《专利法》第二十二条第二款规定的新颖性。

权利要求10引用了权利要求4，由于本专利权利要求4相对于附件5具备新颖性，所以权利要求10中引用权利要求4的技术方案相对于附件5也具备《专利法》第二十二条第二款规定的新颖性。

与附件7相比本专利权利要求4存在有至少有一根杆件是等截面的这一区别技术特征，因此可以得出本专利权利要求4与附件7中所述的技术方案并不相同，所以权利要求4相对于附件7具备《专利法》第二十二条第二款规定的新颖性。

3. 本专利权利要求4和10的创造性。

本专利权利要求4请求保护一种钢筋砼用立体承力模壳，该模壳包括上顶板、周围侧壁及下底，上顶板、周围侧壁及下底彼此连接构成多面体封闭空腔，在空腔内有至少一根以上的杆件，杆件至少一根为等截面直杆、杆件与模壳形成整体，附件1公开了一种模壳构件，该构件由上底、下底、侧壁构成全封闭空腹多面体结构，模壳体内设加强肋，与附件1相比本专利权利要求4的区别在于限定了壳体内有至少一根以上的杆件，杆件至少一根为等截面直杆，杆件与模壳形成整体，附件4中公开了一种建筑施工用模壳，建筑施工用模壳与本专利属于相近的技术领域，该模壳中使用角钢对肋进行加固，从而增强了其刚度，在这一技术启示下，本领域技术人员可以显而易见地采用角钢对附件1中所述模壳构件进行加固，因此在模壳构件内部就会合有至少一根以上的杆件，至少一根为等截面直杆，杆件与模壳构件形成整体，因此本专利权利要求4相对于附件1和4的结合不具备专利法第二十二条第三款规定的创造性。

权利要求 10 引用了权利要求 4，该权利要求不仅包括了本专利权利要求 4 的所有技术特征，还进一步限定了模壳内设置有由多根杆件构成的至少一个以上的三角形杆件桁架单元。根据上面的论述，同时也由于附件 4 中公开了使用角钢加固以及三角形的加固形式，本领域技术人员可以显而易见地得到本专利权利要求 10 保护的技术方案，因此本专利权利要求 10 相对于附件 1 和 4 的结合不具备专利法第二十二条第三款规定的创造性。

由于本专利权利要求 4、权利要求 10 中引用权利要求 4 的技术方案相对于附件 1 和 4 的结合不具备《专利法》第二十二条第三款规定的创造性，对于吴方伯提出的其他无效理由在此不予评述。

根据上述的事实和理由，专利复审委员会做出第 9102 号决定，宣告本专利权利要求 4 和权利要求 10 中引用权利要求 4 的技术方案无效，在本专利权利要求 1~3、5~9、11~117 以及权利要求 10 中引用权利要求 1~3、5~9 的技术方案的基础上维持专利权继续有效。

以上事实有第 9102 号决定、本专利授权公告文件、附件 1、附件 4 及庭审笔录在案佐证。

本院认为：本案的核心问题在于附件 1 和 4 的组合是否能够破坏本专利权利要求 4 及引用权利要求 4 的权利要求 10 的创造性。《专利法》第二十二条第三款规定的创造性，是指同申请日以前已有的技术相比，该发明有突出的实质性特点和显著的进步。判断本专利是否具有创造性关键在于对比文件是否给出了本专利所要解决技术问题的技术启示。

本专利权利要求 4 请求保护一种钢筋砼用立体承力模壳，该模壳包括上顶板、周围侧壁及下底，上顶板、周围侧壁及下底彼此连接构成多面体封闭空腔，在空腔内有至少一根以上的杆件，杆件至少一根为等截面直杆、杆件与模壳形成整体，附件 1 公开了一种模壳构件，该构件由上底、下底、侧壁构成全封闭空腹多面体结构，模壳体内设加强肋。将附件 1 与本专利权利要求 4 相比可知，二者的区别在于本专利权利要求 4 限定了“壳体内有至少一根以上的杆件，杆件至少一根为等截面直杆，杆件与模壳形成整体”这一技术特征，而附件 1 中不具有该技术特征。邱则有所提第 9102 号决定对区别技术特征的认定错误的上诉主张没有事实依据，本院不予支持。

附件 4 中公开了一种建筑施工用模壳，建筑施工用模壳与本专利属于相近的技术领域，该模壳中使用角钢对肋进行加固，从而增强了其刚度。由此可见，附件 4 中给出了用等截面角钢进行加固的技术方案。鉴于角钢与本专利权利要求 4 中的杆件起同样的加固作用，且附件 4 四个角钢通过螺栓先固定在模壳中心部位的中心肋上，并进而将四个 1/4 模壳组装成一个整体。据此，附件 4 公开了使加固件与模壳形成整体的技术方案。在此基础上，本领域技术人员在附件 4 的技术启示之下，无需创造性劳动，即可得出本专利权利要求 4 中的“壳体内有至少一根以上的杆件，杆件至少一根为等截面直杆，杆件与模壳形成整体”这一技术方案，据此，本专利权利要求 4 相对于附件 1 和附件 4 的结合不具有创造性。邱则有关于附件 1 和 4 的组合不能破坏本专利权利要求 4 创造性的上诉主张于法无据，本院不予支持。

就邱则有认为附件 1 和附件 4 因技术思路不同，不能相互结合使用一节，本院认为，附件 1 公开的是填充用模壳构件，附件 4 公开的是一种大型塑料模壳，二者均是建筑使用的模壳构件，属于同一技术领域，完全可以结合使用评价本专利权利要求 4、10 的创造性。邱则有的上述主张于法无据，本院不予支持。

本专利权利要求 10 在权利要求 4 的基础上进一步限定了“模壳内设置有由多根杆件（5）构成的至少一个以上的三角形杆件桁架单元（6）”这一技术特征，由于三角形最稳定系本技术领域公知常识，在本专利权利要求 4 不具有创造性的情况下，本领域技术人员不须创造性劳动，即可得到从属于权利要求 4 的上述技术方案，据此，本专利权利要求 10 亦不具有创造性。

综上，原审判决认定事实清楚，适用法律正确，应予维持。邱则有的上诉理由不能成立，本院不予支持。依照《中华人民共和国行政诉讼法》第六十一条第一款第（一）项之规定，判决如下：

驳回上诉，维持原判。

一审案件受理费100元，由邱则有负担（已交纳）；二审案件受理费100元，由邱则有负担（已交纳）。

本判决为终审判决。

审　判　长　刘　辉
代理审判员　岑宏宇
代理审判员　焦　彦
二〇〇八年五月二十七日
书　记　员　耿巍巍
书　记　员　孙　娜

015

# 抗紫外线抗辐射镜片测试仪

## 无效宣告请求审查决定（第 9103 号）

**决　　定　　号**　第 9103 号
**决　　定　　日**　2006 年 12 月 18 日
**发明创造名称**　抗紫外线抗辐射镜片测试仪
**国 际 分 类 号**　G01N 21/33，G01N 27/60
**无效宣告请求人**　上海展志光学仪器有限公司
**专 利 权 人**　余鸿铭
**专　　利　　号**　03263640.7
**申　　请　　日**　2003 年 5 月 23 日
**授 权 公 告 日**　2004 年 5 月 19 日
**合 议 组 组 长**　钱　芸
**主　　审　　员**　张田勇
**参　　审　　员**　杨军艳

**法 律 依 据**　专利法第 22 条第 2 款、第 3 款
**决 定 要 点**

请求人当庭提交了产品实物，由于该产品实物是否保持其原始状态、内部构件是否经过更换均无法得知，因此该产品实物不能作为定案依据。

### 一、案由

本无效宣告请求涉及国家知识产权局于 2004 年 5 月 19 日授权公告的名称为“抗紫外线抗辐射镜片测试仪”的 03263640.7 号实用新型专利权（下称本专利），其申请日为 2003 年 5 月 23 日，专利权人为余鸿铭。本专利授权公告的权利要求书如下：

“1. 一种抗紫外线抗辐射镜片测试仪，其特征在于，所述测试仪包括一抗紫外线测试部和一抗辐射测试部，其中所述抗紫外线测试部以紫外线发光二极管作为发射及检测元件，所述抗辐射测试部以导电橡胶作为静电检测元件。

2. 根据权利要求 1 所述的抗紫外线抗辐射镜片测试仪，其特征在于，所述抗紫外线测试部包括：

发射电路；

检测放大电路，待测镜片置于所述发射电路和所述检测放大电路之间；

显示电路，所述检测放大电路将检测到的信号输入所述显示电路。

3. 根据权利要求 2 所述的抗紫外线抗辐射镜片测试仪，其特征在于，所述抗紫外线测试部的所

述发射电路包括紫外线发光二极管，所述检测放大电路包括紫外线发光二极管和运算放大器，所述显示电路包括运算放大器。

4. 根据权利要求1所述的抗紫外线抗辐射镜片测试仪，其特征在于，所述抗辐射测试部包括：

静电检出放大电路；

静电触发输出电路，所述静电检出放大电路将检出的静电压输入到静电触发输出电路，所述静电触发输出电路将所述静电压输出到发光二极管或发声装置或同时输出到发光二极管和发声装置。

5. 根据权利要求1所述的抗紫外线抗辐射镜片测试仪，其特征在于，所述测试仪还包括验钞部，所述验钞部设有紫外灯。"

针对上述专利权，上海展志光学仪器有限公司（下称请求人）于2005年6月27日向专利复审委员会提出无效宣告请求，其提供的作为证据使用的附件如下：

附件1：上海铁路局2003年1月25日Q027385号包裹票（领取包裹用）复印件1张，其中到站为贵阳，收货人为张陶，品名为仪器（下称附件1.1）；

上海铁路局2003年4月21日X000873号包裹票（领取包裹用）复印件1张，其中到站为贵阳，托运人为展志光学仪器公司，收货人为张陶，品名为仪器（下称附件1.2）；

附件2：上海雄鹰货运有限公司（北京专线）的托运日期为03年3月31日的No.0000653号运输委托凭证复印件1页，其中到达站为沈阳，委托人为付华，收货人为陶三华，货物名称为"仪器UV机"；

附件3：上海雄鹰货运有限公司（北京专线）的托运日期为2003年4月23日的No.0000743号运输委托凭证复印件1页，其中到达站为北京，委托人为付华，收货人为熊胸怀，货物名称为"仪器UV机"；

附件4：请求人声称是请求人自己生产及销售的"多功能UV镜片测试器"说明书彩页1页，含正反两面；

附件5：张陶于03年4月30日签字确认的"张陶对账单"复印件1页；

附件6：熊胸怀于03年4月30日签字确认的"熊胸怀对账单"复印件1页；

附件7：夏旺德于2003年3月25日写给李斌祥的信函复印件1页，其上手写有"同意以上的意见李斌祥2003年3月25日"的字样。

请求人认为：请求人生产及销售的"UV测试机"是在本专利申请日前进行的，因此可以用来评判本专利权利要求的新颖性，本专利权利要求1~5相对于附件1~6不符合专利法第22条第2款规定的新颖性。

经形式审查合格，专利复审委员会受理了上述无效宣告请求，于2005年6月27日向双方当事人发出无效宣告请求受理通知书，同时将专利权无效宣告请求书及其附件清单中所列附件的副本转送给专利权人，要求其在指定的期限内答复。

针对上述无效宣告请求，专利权人于2005年9月2日向专利复审委员会提交了意见陈述书，认为：由附件1~3、5~7无法得知所涉及的具体产品，无法与本专利权利要求的技术特征进行比较，附件4的产品说明书没有公开日期，也不能影响本专利权利要求的新颖性。

专利复审委员会依法组成合议组，对上述无效宣告请求进行审查。

本案合议组于2005年10月27日向双方当事人发出无效宣告请求口头审理通知书，指出本案定于2005年11月29日举行口头审理。随同口头审理通知书，将专利权人于2005年9月2日提交的意见陈述书转送给请求人。

口头审理如期举行，双方当事人均出席口头审理。在口头审理中，请求人明确其无效的理由、范围和证据为：本专利权利要求1~4相对于附件1~7不符合专利法第22条第2款规定的新颖性，权利要求5相对于附件1~7不符合专利法第22条第3款规定的创造性。请求人当庭提交了附件1.1、附件2和附件3的原件，并出示了一台其上没有生产日期的多功能UV镜片测试器实物（下称附件9）；请求方证人熊胸怀出庭作证，出具证人证言（下称附件8），表示收到过附件3的UV机，该UV机与请求人当庭提交的多功能UV镜片测试器相同，但不清楚其内部结构。专利权人经核实认为附件1.1、附件2和附件3的原件与复印件相符，但对附件1~7和物证的真实性有异议，并认为附件4中没有公开日期，附件3仅是委托凭证，没有相应的提货单进行佐证，请求方证人与请求人有合作关系，是利害关系人。请求人认为，本专利申请日前与本专利相同的产品已经在国内公开销售，当庭提交的附件9公开了权利要求1~4的全部技术特征，权利要求5的技术特征是本领域公知常识。在口头审理中，双方当事人均充分发表了意见。

经审理，合议组认为本案的事实清楚，现依法作出如下决定。

**二、决定的理由**

1. 关于证据

请求人提交了附件1.1、附件2和附件3的原件，并且在附件2和附件3上加盖有“上海雄鹰货运代理有限公司合同专用章”，专利权人虽然对附件1.1、附件2和附件3的真实性有异议，但未提出任何具体理由，因此，合议组认可附件1.1、附件2和附件3的真实性，附件1.1、附件2和附件3可以作为本案的定案依据。

请求人未提交附件1.2和附件5的原件，并且附件1.2和附件5中所涉及的当事人“张陶”也未出庭作证，虽然附件5中记载的“发UV机10台”的日期“03年1月25日”与附件1.1的日期“2003年1月25日”相符，附件5中记载的“发UV机20台”的日期“03年4月21日”与附件1.2的日期“2003年4月21日”相符，但合议组认为这不足以证明附件1.2和附件5的真实性，附件1.2和附件5不能作为本案的定案依据。

附件4是请求人所声称的自己生产及销售的“多功能UV镜片测试器”说明书，专利权人对附件4的真实性有异议。合议组经审查认为，请求人声称附件4是自己的产品说明书，其上除产品介绍外没有任何出版和印刷信息，请求人也未提交其他证据对附件4的真实性进行佐证，从而无法查证附件4的真实性，因此，附件4不能作为本案的定案依据。

附件6是熊胸怀于03年4月30日签字确认的“熊胸怀对账单”复印件，请求人未提交附件6的原件。证据6中记载的“发北京UV机80台”的日期为“04年4月23日”，与附件6下方的落款日期“03年4月30日”和由“熊胸怀”签署的日期“2003年4月30日”明显不符，请求人也未提交其他证据对附件6的真实性进行佐证，因此，合议组对于附件6的真实性不予认可，附件6不能作为本案的定案依据。

请求人未提交附件7的原件，证据7中所涉及的证人也没有出庭作证，并且请求人没有提供其他证据对附件7的真实性进行佐证，因此，附件7不能作为本案的定案依据。

在附件8中，证人“熊胸怀”陈述其收到过附件3的UV机，该UV机与请求人当庭提交的多功能UV镜片测试器相同，但不清楚其内部结构。专利权人认为证人“熊胸怀”与请求人之间存在利害关系，对附件8的真实性有异议。合议组经审查认为，如前所述，附件3可以作为本案的定案依据，附件3中的委托人为“付华”，并非本案请求人，因此附件3不能证明证人“熊胸怀”与请求人之间存在利害关系，并且专利权人也没有提供其他证据对此进行佐证，因此，合议组对专利权人提出的证人“熊胸怀”与请求人之间存在利害关系的主张不予支持；由于附件3中的收货人为本案证人“熊胸怀”、货物名称为“仪器UV机”，并且证人“熊胸怀”当庭陈述其收到过附件3的UV机，因此，附件8中，证人“熊胸怀”收到过附件3的UV机的事实可以认定，但不能确定证人“熊胸怀”收到过附件3的UV机的具体时间；此外，由于证人“熊胸怀”仅是当庭陈述其收到的UV机与请求人当庭提交的多功能UV镜片测试器相同，请求人并没有提供其他证据对此进行佐证，因此，合议组认为，仅凭证人“熊胸怀”的证人证言还不足以证明其收到的UV机与请求人当庭提交的多功能UV镜片测试器相同这一事实的真实性。综上所述，附件8仅能证明熊胸怀收到过附件3的UV机。

请求人还当庭提交了一台其上没有生产日期的多功能UV镜片测试器实物，即附件9，合议组认为，请求人提交的附件9是否保持其原始状态、内部结构是否经过更换，均无法得知，此外，附件9上没有生产日期，不能证明其生产日期在本专利申请日以前，请求人也没有提供证据证明附件9的公开使用日期在本专利申请日之前，该物证不能作为本案的定案依据，不能用于与本专利权利要求中的技术特征进行对比。

2. 关于专利法第22条第2款、第3款

专利法第22条第2款规定：新颖性，是指在申请日以前没有同样的发明或者实用新型在国内外出版物上公开发表过、在国内公开使用过或者以其他方式为公众所知，也没有同样的发明或者实用新型由他人向国务院专利行政部门提出过申请并且记载在申请日以后公布的专利申请文件中。

专利法第22条第3款规定：创造性，是指同申请日以前已有的技术相比，该发明有突出的实质性特点和显著的进步，该实用新型有实质性特点和进步。

本案中，请求人认为，本专利申请日前与本专利相同的产品已经在国内公开销售，当庭提交的实物公开了权利要求1~4的全部技术特征，权利要求5的附加技术特征是本领域公知常识。

由本决定“关于证据”部分的分析可知，附件1.2、附件4~7和请求人当庭提交的物证不能作为本案的定案依据，附件8仅能证明熊胸怀收到过附件3的UV机，因此，本决定仅就相对于附件1.1、附件2、附件3和附件8所证明的事实，评述本专利权利要求1~4是否具备新颖性、权利要求5是否具备创造性。

附件1.1是上海铁路局领取包裹用的包裹单，请求人没有提供证据证明其上“品名”中标注的“仪器”就是与本专利相同的产品；附件2、附件3分别是上海雄鹰货运有限公司（北京专线）的运输委托凭证，附件8也仅能证明熊胸怀收到过附件3的UV机，请求人也没有提供证据证明其上“货物名称”中分别标注的“仪器UV机”就是与本专利相同的产品。因此，附件1.1、附件2、附件3和附件8所证明的事实不能单独或组成证据链证明在本专利申请日前与本专利相同的产品已经在国内公开使用，可见本专利权利要求1~4具备专利法第22条第2款规定的新颖性。

本专利权利要求5是权利要求1的从属权利要求，权利要求5的技术方案包括其引用的权利要求1的全部技术特征。本案中，请求人仅认为权利要求5的附加技术特征是本领域公知常识，并没有举证证明权利要求1的技术方案属于现有技术，并且也没有证据表明权利要求5的技术方案中的技术特征是本领域的公知常识或常用技术手段，因此，如上所述，当本专利权利要求1具备新颖性时，其从属权利要求5具备专利法第22条第3款规定的创造性。

综上所述，本专利权利要求1~4具备新颖性，权利要求5具备创造性。

**三、决定**

维持03263640.7号实用新型专利权有效。

当事人对本决定不服的，可以根据专利法第46条第2款的规定，自收到本决定之日起三个月内向北京市第一中级人民法院起诉。根据该款的规定，一方当事人起诉后，另一方当事人应当作为第三人参加诉讼。

016

# 环保油艺术灯

## 无效宣告请求审查决定（第9133号）

决　　定　　号　第9133号
决　　定　　日　2006年12月19日
发明创造名称　环保油艺术灯
国 际 分 类 号　F21H 1/00
无效宣告请求人　龚日常
专 利 权 人　熊明华，周玉洪
专　　利　　号　02209568.3
申　　请　　日　2002年4月11日
授 权 公 告 日　2003年3月5日
合 议 组 组 长　黄　颖
主　　审　　员　张　曦
参　　审　　员　朱文广

法 律 依 据　专利法第22条第2款、第3款，第26条第3款
决 定 要 点

如果相同技术领域的对比文件中已经给出了应用某种技术手段解决某种技术问题的技术启示，则所要求保护的权利要求的技术方案相对于该对比文件不具备创造性。

### 一、案由

本无效宣告请求涉及国家知识产权局于2003年3月5日授权公告的名称为“环保油艺术灯”的02209568.3号实用新型专利权（下称本专利），其申请日是2002年4月11日，专利权人是熊明华和周玉洪。授权公告的权利要求书如下：

“1. 一种环保油艺术灯，其特征在于包括设有油罐口的油罐、灯芯和设有灯芯孔的油罐盖，油罐盖盖住油罐口，灯芯穿过油罐盖上的灯芯孔，上端露在油罐盖外面，下端伸到油罐内。

2. 如权利要求1所述的环保油艺术灯，其特征在于所述油罐外形呈柱形，油罐口位于该柱形的顶端，油罐盖包括端面和与端面边缘相接的呈柱形的侧面，侧面内径略大于油罐上部的柱形外经，油罐盖套在油罐上部。

3. 如权利要求2所述的环保油艺术灯，其特征在于所述油罐顶端和油罐盖端面之间还有带孔的密封垫，灯芯穿过密封垫上的孔，油罐上部距顶端一定距离的位置上设有凸缘，油罐盖紧压住密封垫，其侧面下部内折，紧扣在凸缘上。

4. 如权利要求1所述的环保油艺术灯，其特征在于所述油罐盖下部呈长柱形，该长柱形穿过油罐口插入油罐内，油罐盖的上部在油罐外部盖住油罐口。

5. 如权利要求1、2、3或4所述的环保油艺术灯，其特征在于在所述油罐盖的端面上设有一个或多个通孔，所述油罐盖端面的中部上凸，端面距灯芯孔一定距离的位置上设有环行凹槽，所述通孔位于凹槽内。

6. 如权利要求1、2、3或4所述的环保油艺术灯，其特征在于所述灯芯包括无损灯芯和棉芯，无损灯芯位于灯芯的上部，棉芯与无损灯芯连接。

7. 如权利要求1、2、3或4所述的环保油艺术灯，其特征在于还带有灯座和灯罩，灯座呈上端开口的内空的柱形，灯罩插在灯座上，油罐、油罐盖和灯芯组成的部件组合放在灯座内,。

8. 如权利要求1、2、3或4所述的环保油艺术灯，其特征在于还带有灯座和灯罩，灯座呈上端开口的内空的柱形，灯座和灯罩为一体，油罐、油罐盖和灯芯组成的部件组合通过吊件吊在灯罩上，位于一体化的灯座、灯罩内。

9. 如权利要求1、2、3或4所述的环保油艺术灯，其特征在于还带有灯座，油罐、油罐盖和灯芯组成的部件组合放在灯座内，灯座下带有灯座架

10. 如权利要求1、2、3或4所述的环保油艺术灯，其特征在于还带有灯罩，油罐上端套入灯罩下端。”

针对上述专利权，龚日常于2004年8月13日向专利复审委员会提出了无效宣告请求，其理由是本专利权利要求1~10不符合专利法第22条第2、3款的规定，权利要求6不符合专利法第26条第3款的规定，并提交了如下证据：

证据1：专利号为GB191112209的英国专利说明书及其部分中文译文，其公开日为1911年11月30日；

证据2：公告号为CN2040578U的中国实用新型专利申请说明书，其公告日为1989年7月5日；

证据3：请求人声称为深圳市华玉源环保科技有限公司于2002年9月1日发出的《致华玉源公司客户书》复印件1页；

证据4：请求人声称为深圳市华玉源环保科技有限公司委托深圳市顺天达专利商标代理有限公司于2004年3月26日发出的《专利侵权警告函》复印件1页。

请求人认为，本专利权利要求1相对于证据1不具备新颖性，权利要求2和4相对于证据1不具备新颖性和创造性，权利要求3和5相对于证据1与公知常识的结合不具备创造性，权利要求3相对于证据1和2不具备创造性，权利要求7~10的附加技术特征不能带来任何实质性特点和进步，是公知常识，权利要求7~10不具备新颖性；使用证据3和4的结合来证明本专利在申请日前已经在国内公开使用，因此权利要求1~10不具备新颖性；权利要求6中“不烧损的材料”不是本领域的通用/专有技术名词，而且实际上也不存在无损灯芯，既未充分公开材质，又没有说明棉芯与无损灯芯连接所带来的效果，本领域的普通技术人员不能再现无损灯芯与棉芯连接的灯芯，因此权利要求6所保护的技术方案未充分公开。

经形式审查合格后，专利复审委员会于2004年8月31日受理了上述无效宣告请求，向双方当事人发出了《无效宣告请求受理通知书》，并将无效宣告请求书及附件清单中所列附件副本转送给专利权人，要求其在指定期限内答复。

针对上述无效宣告请求，专利权人于2004年9月29日提交了意见陈述书，其认为请求人提交的证据未公开本专利权利要求1~5、7~10的全部技术特征，并且请求人认为是公知常识的特征未提交任何证据予以证明；证据3是复印件，对其真实性存在怀疑，另外证据3是宣传广告，不能说明本专

利产品在申请日前已在国内公开使用，证据4是警告函，仅能说明请求人侵权事实，不能证明本专利产品在申请日前已在国内公开使用；本领域技术人员很容易理解无损灯芯的概念，通过阅读本专利说明书是能够实现的，因此本专利符合专利法第22条第2、3款和第26条第3款的规定。

2005年6月30日，合议组向双方当事人发出口头审理通知书，指出本案定于2005年8月29日举行口头审理，并随口头审理通知书向请求人转送了专利权人提交的上述意见陈述书的副本。

口头审理如期举行，双方当事人均出席了口头审理，双方对对方出席人员的资格没有异议，对合议组成员没有回避请求。在口头审理过程中，请求人明确其无效理由是本专利权利要求6不符合专利法第26条第3款的规定；请求人使用证据3和4证明在本专利申请日之前与本专利相同的产品已经公开销售使用，因此权利要求1~10不具备新颖性；权利要求1~2、4~5、7~10相对于证据1和公知技术不具备创造性；权利要求3相对于证据1和2不具备创造性。请求人放弃了权利要求1~2、4~10相对于专利文献不具备新颖性的无效理由。请求人当庭提交了证据3和4的原件。关于附件1，专利权人认为证据1的来源不清楚，在查阅了英国专利局的网站后，未找到该证据；请求人当庭不能说清其来源；合议组给予请求人一周时间来证明该证据的真实性，逾期未提交，视为请求人放弃该举证的权力，请求人举证后，合议组代为核实，不再转给专利权人。专利权人对证据2~4的真实性表示认可，对证据1的中文译文无异议，但认为请求书中提及了大量译文中没有翻译的内容。合议组要求请求人在口头审理后一周内提交证据1的全文译文，逾期未提交，该证据公开的内容以目前请求人提交的部分译文为准。请求人表示同意。

请求人于2005年9月2日提交了证据1的全文中文译文，以及该证据的检索途径。

合议组于2006年4月27日向专利权人发出转送文件通知书，将请求人提交的上述证据1的全文中文译文以及该证据的检索途径转给专利权人，要求其在收到上述文件之日起一个月内答复，期满未答复的，视为当事人已得知转送文件中所涉及的理由、事实和证据，并且未提出反对意见。

专利权人逾期未答复。

合议组认为本案事实已经调查清楚，可以作出审查决定。

**二、决定的理由**

1. 关于证据

请求人提交了证据1的检索途径，经合议组核实，通过该检索途径社会公众均能够通过欧洲专利局网站查阅到该证据的内容，因此该证据可以作为本案证据使用，其公开日在本专利的申请日之前，因此可以用来评价本专利的新颖性和创造性，专利权人在转送文件通知书的指定期限内未对该证据中文译文的具体内容进行答复，视为其对译文准确性无异议，合议组经审查认定该证据公开的内容以其中文译文为准；专利权人对证据2~4的真实性表示认可，合议组经审查认定证据2~4可以作为本案证据使用，证据2是中国实用新型专利申请说明书，其公告日在本专利申请日之前，其上记载的内容构成本专利的现有技术，证据3和4可以用来判断在本专利申请日之前与本专利相同的产品是否已公开销售使用。

2. 关于本专利权利要求6是否符合专利法第26条第3款的规定

请求人认为权利要求6中的无损灯芯的关键是材质，然而本专利说明书中没有公开无损灯芯的材料，因此本领域技术人员无法实现。

合议组认为，无损灯芯，顾名思义应当是在使用时没有损耗的灯芯，“无损”是区别于一般诸如棉质等燃点比较低的材料而言的，在燃烧过程中，绝对无损的材质是不存在的，在各个工程技术领域中，通常是将一定条件下损耗较小的材质称作“无损”材质，因此虽然在本专利说明书中并未对该无损灯芯具体采用哪种材料进行说明，但对于所属技术领域的技术人员而言，根据说明书中公开的无损灯芯的内容以及其掌握的各种材料燃点的公知常识，很容易想到采用燃点或熔点比一般油灯的燃油火焰温度高的材料来制作灯芯，诸如玻璃纤维等，这样在油灯点燃发光时，灯芯不会因为温度高而燃烧或熔化，使灯芯的损耗减少。因此，虽然本专利说明书中没有具体公开无损灯芯的材料，但不会导致本专利的技术方案无法实现，权利要求 6 及说明书已经充分公开了本专利的技术方案，符合专利法第 26 条第 3 款的规定。

3. 关于本专利权利要求 1~10 相对于证据 3 和 4 是否具备新颖性

请求人主张用证据 3 和 4 证明在本专利申请日之前与本专利相同的产品已经公开销售使用，因此权利要求 1~10 不具备新颖性。

证据 3 是深圳市华玉源环保科技有限公司于 2002 年 9 月 1 日发出的“致华玉源公司客户书”，其中记载了该公司生产的“AA 牌环保油艺术灯”属该公司专利产品，推出已经两年的内容；证据 4 是深圳市华玉源环保科技有限公司委托深圳市顺天达专利商标代理有限公司于 2004 年 3 月 26 日发出的《专利侵权警告函》，其中记载了深圳市华玉源环保科技有限公司研制的 AA 牌环保系列产品——环保油艺术灯及环保油多用炉，已申请了国家专利并获得授权的内容，其中环保油艺术灯的专利即为本专利。

合议组认为，在证据 3 的“致华玉源公司客户书”中，并未记载“AA 牌环保油艺术灯”的专利号，而且也没有任何关于该艺术灯的结构的说明；证据 4 的《专利侵权警告函》中明确记载了环保油艺术灯为 AA 牌环保系列产品中的一个，并列出环保油艺术灯专利（即本专利）的专利名称、专利号、申请日、授权公告日和专利权人，但是由于该公司研制的是 AA 牌环保系列产品，因而不能根据证据 4 的内容毫无疑义地推断出该系列产品中仅包含环保油艺术灯和环保油多用炉两种产品，也不能推断出每种产品仅包含唯一的款式或型号，因此不能根据证据 4 清楚、唯一地获知其中所涉及的环保油艺术灯（本专利）就是附件 3 中所涉及的“AA 牌环保油艺术灯”，也就无法进一步得出本专利的产品在 2002 年 9 月 1 日之前已经推出了两年的结论，因此在没有其他证据予以佐证的情况下，仅凭证据 3 和 4 不能证明在本专利申请日之前与本专利相同的产品已经公开销售使用的事实，因此权利要求 1~10 相对于证据 3 和 4 具备新颖性，符合专利法第 22 条第 2 款的规定。

4. 权利要求 1~5、7~10 是否具备创造性

请求人主张权利要求 1、2、4、5、7~10 相对于证据 1 和公知技术不具备创造性，权利要求 3 相对于证据 1 和 2 的结合不具备创造性。

（1）权利要求 1 请求保护一种环保油艺术灯，其包括设有油罐口的油罐、灯芯和设有灯芯孔的油罐盖，油罐盖盖住油罐口，灯芯穿过油罐盖上的灯芯孔，上端露在油罐盖外面，下端伸到油罐内。

证据 1 公开了一种燃料灯的容器的改进（见中文译文第 2 页实施方式部分，图 3、4），其目的在于防止倾斜过程中油从灯中漏出流到容器周围造成的污染和浪费，针对上述目的，该燃料灯技术方案采用的技术手段是，油罐 a 具有中央稍微下凹的顶 b，其边缘为由向内凸起稍微超过法兰 d 的壁 c，在中央邻近油孔或者加油孔设置烧嘴的位置是螺纹环 e，螺纹环 e 上具有法兰 f，其形成凸缘。与灯芯管 h 固定连接的盘 g 可以安装在螺纹环 e 与油罐盖 j 之间，盘 g 上设置有小回油孔 I，回油孔也可设置在顶 b，以便聚集在盘 g 上的油回流入油罐 a 中。在 k 处具有磨边及中央有供烧嘴的顶和灯芯穿过的燃烧孔的油罐盖 j 与螺纹环 e 螺纹配合。

将证据 1 与本专利权利要求 1 进行对比可知，证据 1 公开的燃料灯中，也包括油罐，并且在油罐中央邻近油孔或者加油孔设置烧嘴的位置是螺纹环，与螺纹环相配合的是油罐盖和带有灯芯管的盘，油罐盖上具有供灯芯穿过的孔，螺纹环、盘与油罐盖将油罐口封闭，其作用相当于本专利权利要求 1 中的油罐盖，油罐盖上的孔相当于灯芯孔，而且作为燃料灯，灯芯上端势必位于油罐盖外面，下端延

伸到燃料中，这对于本领域技术人员而言是显而易见的，虽然权利要求1请求保护的是一种环保油艺术灯，而证据1公开的是燃料灯，但证据1与本专利均属于燃料灯的技术领域，而且本专利权利要求1技术方案中采用的技术手段已经被证据1公开或者对于所属技术领域的技术人员来讲是显而易见的，并且均能实现使用燃料进行照明的技术效果。因此权利要求1相对于证据1不具有实质性特点和进步，不符合专利法第22条第3款关于创造性的规定。

（2）权利要求2是权利要求1的从属权利要求，其附加技术特征是所述油罐外形呈柱形，油罐口位于该柱形的顶端，油罐盖包括端面和与端面边缘相接的呈柱形的侧面，侧面内径略大于油罐上部的柱形外径，油罐盖套在油罐上部。

证据1公开的燃料灯，从图3、4来看，其油罐也呈圆柱形，油罐口也位于柱形的顶端，油罐口设置在油罐顶部的中央，螺纹环与油罐盖直接与油罐口的边缘配合以封盖油罐口。权利要求2与证据1的区别在于，权利要求2中的油罐盖包括端面和与端面边缘相接的呈柱形的侧面，侧面内径略大于油罐上部的柱形外径，油罐盖套在油罐上部，而证据1的油罐盖j是塞入螺纹环e中的。针对上述区别特征，合议组认为，虽然两个技术方案中油罐盖的结构存在差别，但证据2中的螺纹环与油罐盖相配合也起到封盖油罐口的作用，只是由于油罐口开口位置及开口大小的不同使得油罐盖的结构也相应存在差别，本专利中采用的端面和与端面边缘相接的侧面的技术手段不能为权利要求2的技术方案的创造性带来实质性的影响，所属技术领域的技术人员根据证据1给出的技术启示，无需付出创造性劳动就能够针对不同的油罐口结构使用相应的油罐盖结构，并达到相同的密封油罐的技术效果，因此权利要求2中对于油罐盖结构的限定也是容易想到的，权利要求2也不具有实质性特点和进步，不具备专利法第22条第3款规定的创造性。

（3）权利要求3是权利要求2的从属权利要求，其进一步限定了所述油罐顶端和油罐盖端面之间还有带孔的密封垫，灯芯穿过密封垫上的孔，油罐上部距顶端一定距离的位置上设有凸缘，油罐盖紧压住密封垫，其侧面下部内折，紧扣在凸缘上。

证据2公开了一种易拉罐煤油灯，其灯底座由易拉罐制成，并且在易拉罐与灯头之间加一个与易拉罐开口形状相同的胶的或塑料的密封垫，密封垫中间开一圆孔，灯头3的下部插到密封垫的开口处，从而起到稳固灯头以及防止煤油挥发的作用，该开孔势必能够供灯芯穿过，而灯头也具有封盖油罐的作用，因此该密封垫的位置也是处于油罐顶端和封盖油罐的部件端面之间，由此可见证据2已经给出了将密封垫用于燃料灯中以起到密封作用的技术启示，此外，对于采用液体作为燃料的灯具而言，为了防止燃料的泄漏和挥发，使用密封垫进行密封是本领域的惯用手段；对于带有封盖的液体盛装容器来讲，其罐口上部设置凸缘，封盖压住密封垫并紧扣于该凸缘，从而使密封更严密，也是本领域的惯用手段，这些惯用技术手段对于本领域技术人员而言是显而易见的，不能为权利要求3的技术方案的创造性带来实质性的影响，权利要求3也不具有实质性特点和进步，不具备专利法第22条第3款规定的创造性。

（4）权利要求4是权利要求1的从属权利要求，其进一步限定了所述油罐盖下部呈长柱形，该长柱形穿过油罐口插入油罐内，油罐盖的上部在油罐外部盖住油罐口。

证据1公开的燃料灯中，对油罐起到封盖作用的盘也具有向下延伸的长柱形灯芯管，而盘作为封盖油罐的部件的一部分盖住油罐口，而且在证据1中该盘和灯芯管所起到的作用与本专利权利要求4中长柱形油罐盖的作用相同，均用于密封油罐并使灯芯从长柱形柱体中穿过，虽然称谓不同，但结构和效果均相同，证据1已经给出了应用上述技术手段以解决本专利权利要求4所要解决的技术问题的技术启示，因此权利要求4也不具有实质性特点和进步，不具备专利法第22条第3款规定的创造性。

（5）权利要求5是权利要求1、2、3或4的从属权利要求，其进一步限定了所述油罐盖的端面上设有一个或多个通孔，所述油罐盖端面的中部上凸，端面距灯芯孔一定距离的位置上设有环行凹槽，所述通孔位于凹槽内。

证据1中公开了油罐盖j具有深度伸出的法兰l，其向下倾斜并延伸到靠近盘g表面，由此在法兰下形成环形腔m，当灯倒置时，流出的油通过盘g上的回油孔I流回容器。由此可见，油罐盖的法兰由于其向下倾斜，在灯芯与油罐盖之间实际上形成了环形的凹槽，因此油罐盖的中部相对于法兰也是上凸的，并且具有环形腔容纳流出的油，而盘上设置了回油孔，使环形腔中收集的油回流到油罐中，因此针对与本专利所要解决的相同技术问题，证据1已经给出了采用回油技术手段收集流出的油并使其回流到油罐中的技术启示，权利要求5的附加技术特征不能为权利要求5的技术方案带来实质性特点和进步，权利要求5也不具备创造性，不符合专利法第22条第3款的规定。

（6）权利要求7是权利要求1、2、3或4的从属权利要求，其进一步限定了还带有灯座和灯罩，灯座呈上端开口的内空的柱形，灯罩插在灯座上，油罐、油罐盖和灯芯组成的部件组合放在灯座内。

权利要求7附加了灯座和灯罩的技术特征，灯罩能够使本专利的环保油艺术灯防风，并防止触碰到火焰，而油罐、油罐盖和灯芯组成的部件组合放在灯座内，并且灯罩与灯座采用插接的方式连接，可以使上述部件组合的放置以及本专利的环保油艺术灯整体上更稳固。证据1中仅公开了油罐、油罐盖和灯芯组成的部件，但没有公开灯座和灯罩及其结构和组合关系的技术特征，因此证据1没有给出解决上述技术问题的技术启示，而且请求人也没有提交其他证据证明权利要求7限定的灯座和灯罩及其结构和组合关系是公知常识，因此权利要求7相对于证据1具备专利法第22条第3款规定的创造性。

（7）权利要求8是权利要求1、2、3或4的从属权利要求，其进一步限定了还带有灯座和灯罩，灯座呈上端开口的内空的柱形，灯座和灯罩为一体，油罐、油罐盖和灯芯组成的部件组合通过吊件吊在灯罩上，位于一体化的灯座、灯罩内。

如评价权利要求7创造性时所述的，权利要求8附加的灯座和灯罩的技术特征，能够使本专利的环保油艺术灯防风，并防止触碰到火焰，以及使油罐、油罐盖和灯芯组成的部件组合的放置以及本专利的环保油艺术灯整体上更稳固。证据1中没有公开灯座和灯罩及其结构和组合关系的技术特征，因此证据1没有给出解决上述技术问题的技术启示，而且请求人也没有提交其他证据证明权利要求8限定的灯座和灯罩及其结构和组合关系是公知常识，因此权利要求8相对于证据1具备专利法第22条第3款规定的创造性。

（8）权利要求9是权利要求1、2、3或4的从属权利要求，其进一步限定了还带有灯座，油罐、油罐盖和灯芯组成的部件组合放在灯座内，灯座下带有灯座架。

同理，权利要求9附加的技术特征，使得本专利油罐、油罐盖和灯芯组成的部件组合的放置和环保油艺术灯整体上更稳固。证据1没有公开灯座和灯座架及其结构和组合关系的技术特征，也没有给出解决上述技术问题的技术启示，而且请求人未提交其他证据证明权利要求9限定的灯座和灯座架及其结构和组合关系是公知常识，因此权利要求9相对于证据1具备专利法第22条第3款规定的创造性。

（9）权利要求10是权利要求1、2、3或4的从属权利要求，其进一步限定了还带有灯罩，油罐上端套入灯罩下端。

合议组认为，为了使油灯等燃料灯防风并防止触碰到火焰，在油罐上端使用灯罩是公知常识，并且为了点燃油灯并便于将灯罩盖住火焰，灯罩与油罐采用套接的活动配合方式对于所属技术领域的技术人员而言是显而易见的，例如在证据2中就公开了这样的技术特征，因此在其引用的权利要求均不具备创造性的情况下，权利要求10的附加技术特征不能为权利要求10的技术方案的创造性带来实质性影响，权利要求 10 不符合专利法第 22 条第 3 款关于创造性的规定。

综上所述，本专利权利要求 6 符合专利法第 26 条第 3 款的规定；权利要求 1、2、4、5 相对于证据 1 不具备创造性，权利要求 3 相对于证据 1 和 2 的结合不具备创造性，权利要求 10 引用权利要求 1、2、4 时相对于证据 1 不具备创造性、引用权利要求 3 时相对于证据 1 和 2 的结合不具备创造性，因此权利要求 1~5 不符合专利法第 22 条第 3 款的规定；权利要求 7~9 相对于证据 1 及公知技术具备创造性，符合专利法第 22 条第 3 款的规定；请求人未依据其提交的证据提出权利要求 6 不具备创造性的无效理由，因此本决定中不涉及权利要求 6 是否符合专利法第 22 条第 3 款的规定。

在上述事实和理由基础上，本合议组作出如下决定。

**三、决定**

宣告第 02209568.3 号实用新型专利的权利要求 1~5、10 无效，维持权利要求 6~9 继续有效。

一方当事人对本决定不服的，可以根据专利法第 46 条第 2 款的规定，在收到本决定之日起三个月内向北京市第一中级人民法院起诉。起诉后，另一方当事人可以根据行政诉讼法第 27 条的规定，作为第三人向北京市第一中级人民法院申请参加诉讼。

017

# 癌症热疗机

## 无效宣告请求审查决定（第9145号）

**决 定 点** 第9145号
**决 定 日** 2006年12月18日
**发明创造名称** 癌症热疗机
**国 际 分 类 号** A61F 7/00，A61N 2/08
**无效宣告请求人** 刘曼珍
**专 利 权 人** 黄恩钊
**专 利 号** 200420031722.5
**申 请 日** 2004年5月25日
**授 权 公 告 日** 2005年6月22日
**合 议 组 组 长** 李 隽
**主 审 员** 刘颖杰
**参 审 员** 周 航

**法 律 依 据** 专利法第22条第3款
**决 定 要 点**

一项权利要求所要保护的产品分为两部分，这两部分之间仅是简单的直接组合，且在组合在一起后各自以其常规的方式工作，总的技术效果也是两者效果之和，组合后的两部分在功能上无相互作用关系，仅仅是一种简单的叠加，则在这两部分分别被现有技术公开的情况下，该权利要求不具备创造性。

### 一、案由

本无效宣告请求涉及国家知识产权局于2005年6月22日授权公告的200420031722.5号、名称为“癌症热疗机”的实用新型专利（下称本专利），其申请日是2004年5月25日，专利权人是黄恩钊。本专利授权公告的权利要求书是：

“1. 癌症热疗机，包括治疗床（1）和局部热疗器（3），其特征是在治疗床（1）上放设有保温罩（2），保温罩（2）的前端面上有供头部伸出的孔（6）；所述的局部热疗器，包括壳体、电热元件（12）棉布（14），壳体的上盖（16）的端面上有多个孔（17），电热元件（12）棉布（14）依次装设在壳体内。

2. 根据权利要求1所述的癌症热疗机，其特征在于保温罩（2）的内壁上依次固设有隔热保温棉层（7）和电热薄膜层（8）。

3. 根据权利要求 1 或 2 所述的癌症热疗机，其特征是在保温罩（2）内顶壁上固设有吊瓶挂钩（9）。

4. 根据权利要求 1 所述的癌症热疗机，其特征是在所述的局部热疗器壳体内位于棉布（14）和电热元件（12）之间设置磁片（13）。”

针对本专利，刘曼珍（下称请求人）于 2005 年 9 月 22 日向专利复审委员会提出无效宣告请求，理由是本专利不符合专利法第 22 条第 3 款的规定，请求宣告本专利权利要求全部无效。随同专利权无效宣告请求书，请求人提交了 5 份附件：

附件 1：02233296.0 号实用新型专利说明书，其授权公告日是 2003 年 3 月 19 日；

附件 2：00125467.7 号发明专利申请公开说明书，其公开日是 2002 年 4 月 24 日；

附件 3：01216985.4 号实用新型专利说明书，其授权公告日是 2002 年 7 月 31 日；

附件 4：98252137.5 号实用新型专利说明书，其授权公告日是 1999 年 12 月 22 日；

附件 5：200420031722.5 号实用新型专利说明书，即本专利。

请求人依据的主要证据是附件 1 和附件 2，其认为本专利权利要求 1 中的治疗床和局部热疗器是两个互无结构连接关系的独立装置，分别被附件 1 和附件 2 中的技术内容所公开，同时在现有技术中，采用如本专利中的局部热疗器，以药疗、磁疗、热疗三种功效完成理疗的装置还有许多，其提交的附件 3、附件 4 仅用作评判局部热疗器创造性的参考文献。另外，权利要求 2、4 的内容也已经分别被附件 1 和附件 2 的内容所公开，权利要求 3 的内容属于医疗领域的公知技术。因而，本专利权利要求 1~4 都不具备创造性。

经形式审查合格，专利复审委员会受理了上述无效宣告请求，于 2005 年 12 月 1 日向请求人和专利权人发出无效宣告请求受理通知书，并将专利权无效宣告请求书及其附件 1~5 的副本转给专利权人，要求其在一个月内答复。

专利权人于 2005 年 12 月 23 日提交了意见陈述书，其认为附件 1 是在熏蒸仪发明的基础上发明了保温罩，罩内的温度是多方位红外线照射和红外线发热板，导致罩内发热，其发热的目的是让熏蒸仪在发热板上发挥熏蒸作用，达到局部病灶治疗，而本专利的癌症热疗机是让患者体温升高杀死癌细胞，两者是截然不同的热疗装置。而附件 3 和附件 4 更与本专利毫无关系。

专利权人于 2006 年 1 月 6 日又提交了意见陈述书，其内容和前次基本相同，另外还将本专利与附件 1 至附件 4 公开的内容以表格的形式作了一个比较。

专利复审委员会依法组成合议组，对本案进行审理。合议组于 2006 年 8 月 24 日向请求人和专利权人发出无效宣告请求口头审理通知书，告知双方合议组定于 2006 年 10 月 31 日对本案进行口头审理。同时将专利权人于 2005 年 12 月 23 和 2006 年 1 月 6 日提交的两份意见陈述书转给请求人。

口头审理如期举行，请求人一方委托专利代理人杜澄心出庭参加口头审理，专利权人一方由专利权人本人黄恩钊出庭参加了口头审理。

口头审理中，双方均认可本次审理以本专利的授权公告文本作为审理基础，请求人明确根据专利法第 22 条 3 款请求无效本专利权利要求 1~4，依据的证据是附件 1 和附件 2，附件 3 和附件 4 仅作为参考不作为证据。专利权人对请求人提交证据的真实性没有异议，但认为附件 1 和附件 2 是利用红外线刺激皮肤进行治疗和中药熏蒸治疗，这两种疗法是以前早就有的治疗方法，“热宝”的局部热疗方法也是早就有的治疗方法。本专利是用发热薄膜发热的原理来治疗的，与请求人提供的证据完全不同，本专利中含有的生命检测仪也是证据中没有的。

在对本专利是否具备创造性的问题上，请求人认为本专利与附件 1 和附件 2 属于同一技术领域，附件 1 中第 4 页第一段公开了治疗床的技术特征，附件 2 的干熏仪也通过局部热疗起治疗作用，其说明书第 1 页公开了本专利中壳体、加热件和棉布的特征。本专利中的局部热疗机与治疗床主体之间没有任何连接关系，是直接从附件 1、附件 2 照搬的，没有创造性。本专利的治疗床部分也没有说明是电热的，同时附件 1 中的红外加热也是对人体整体加热。

专利权人认为红外加热是早已公开的技术特征。本专利中的局部热疗器是以发热来杀灭癌细胞，并且可以通过生命检测器观察患者的生命体征，如果患者的体温达到 40 度则内脏体温达到 43～45 度，就要控制热疗机的温度。请求人指出专利权人所说的生命检测器是本专利的权利要求书中没有提到的，与本专利无关。

专利权人认为本专利的热源与其他专利不同，本专利的外罩是不锈钢，内部贴上发热薄膜层，通过发热薄膜控制治疗舱的温度。请求人认为保温罩的技术特征在附件 1 中已经公开了。电热薄膜层有很多种，附件 1 用的是红外电热层。

请求人认为权利要求 3 的特征中吊瓶挂钩是公知的常识，放置的位置也是随意的。热源袋的磁条放置的位置在附件 2 的说明书第 1 页已经公开了。专利权人认为本专利与对比文件的形式、热源都不同，本专利是有创造性的。

至此，合议组认为本案事实已经清楚，现依法作出如下审查决定。

**二、决定的理由**

1. 关于证据

请求人在提出无效宣告请求时提交了附件 1～5，其中附件 5 是本专利，附件 3、附件 4 请求人表示不作为证使用，因而请求人用来证明本专利不具备创造性的证据是附件 1、附件 2，这两份证据都是中国专利文献，其公开日期在本专利的申请日之前，专利权人对该两份证据的真实性没有异议，因而附件 1、附件 2 上记载的技术方案可以作为本专利的现有技术，用来评价本专利的创造性。

2. 关于本专利的创造性

专利法第 22 条第 3 款规定，创造性是指同申请日前已有的技术相比，该发明有突出的实质性特点和显著的进步，该实用新型有实质性特点和进步。

具体到本案，请求人认为附件 1、附件 2 公开的内容可以证明本专利不具备创造性，合议组经审理查明：

本专利权利要求 1 的癌症热疗机包括两部分，治疗床和局部热疗机，其中治疗床上放设有保温罩，其保温罩前端面上有供头部伸出的孔；局部热疗机包括壳体和设在壳体内的电热元件、棉布，壳体的上盖的端面上有多个孔，电热元件、棉布依次装设在壳体内。

附件 1 公开了一种用于治疗肿瘤的全身热疗装置，该装置包括由红外加热板构成的多方位辅助热源仓体，位于该仓体集成内设置有一张治疗床，在该治疗床部位设有主热源，该主热源可以是呈螺旋状分布的射频电感加热器或射频电容式加热板，所述治疗床包括外露于红外加热仓体的头部部分。

请求人认为附件 1 中的全身热疗装置公开了本专利权利要求 1 中治疗床的技术特征。合议组经审查认为，根据说明书中公开的内容可知，本专利的治疗床的工作原理是让患者躺在治疗床上，接通电褥子电源使其发热，再用保温罩罩住患者全身，并将保温罩的温度调整到治疗所需温度，通过治疗床与保温罩共同对患者进行热疗，这一点与附件 1 公开的全身热疗装置的原理是相同的；本专利权利要求 1 与附件 1 的一个不同之处在于附件 1 是将治疗床置于一仓体内，而本专利的保温罩直接放置于治疗床上，但是两者所达到的效果都是使患者整个身体都处于保温罩（或仓体）和治疗床形成的热疗范围内，相对于附件 1 本专利只是将较大的、以致将整个治疗床包括在内的仓体变为较小的、位于治疗床之上的保温罩，但是对于患者来说，其所处的热疗范围都是相同的，而且在医疗领域中，很多对人体的治疗和检测装置都是在床上加一罩子的结构，因而将仓体改为保温罩对于本领域技术人员来说，也是不难想到的，因此权利要求 1 的治疗床与附件 1 的全身热疗装置相比并无实质性特点和进步。专利权人强调附件 1 是通过红外线加热而本专利是通过电热膜加热，因而两者不同，另外本专利可以通过生命检测器观察患者的生命体征，如果患者的体温达到 40 度则内脏体温达到 43~45 度，就要控制热疗机的温度；对此，合议组认为，权利要求 1 的技术方案中没有对治疗床的加热方式进行限定，并且说明书和权利要求书中均未提及生命检测器，专利权人强调的上述区别在权利要求 1 的技术方案中没有体现，因而其主张不能成立。

附件 1 与权利要求 1 的另一个区别在于，权利要求 1 的技术方案中还包括局部热疗器的具体结构。附件 1 中提到治疗肿瘤的热疗装置分为对全身和局部治疗两种，但没有对局部热疗装置的结构作具体描述。附件 2 公开了一种医用干式熏蒸仪，其是由熏蒸仪与贴敷膏两部分组成，熏蒸仪是由外套、内衬药袋、磁极板、电热膜带和温度控制器组成，散剂贴敷膏直接贴在病灶上，把熏蒸仪覆盖在贴敷膏上进行固定达到治疗的目的，其中提到该熏蒸仪可用于治疗肿瘤。附件 2 的干式熏蒸仪虽然是两部分组合使用，但其中也提到可以单独使用熏蒸仪直接覆盖在病灶上使用，而该熏蒸仪的结构与本专利的局部热疗器相似，两者内部都装有药袋或侵有药液的棉布和电热元件、磁条或磁片，都是通过药物蒸发、热量和磁场对病灶部分进行治疗，不同之处仅是在于熏蒸仪的外套是白布缝制而成，本专利是带有孔的壳体，但两者所达到的效果都是使热量和药物可以达到患者的身体，并且这一改进对于本领域技术人员来说也是不难想到的，权利要求 1 中局部热疗器的技术特征与附件 2 的熏蒸仪相比并未体现出实质性的特点和进步。

如前所述，权利要求 1 的癌症热疗机分为治疗床和局部热疗器两部分，这两部分与附件 1、附件 2 公开的技术方案相比并无实质性特点和进步，且将这两部分连接在一起后，其是各自以其常规的方式工作，而且总的技术效果是该两部分效果之总和，组合后的两部分在功能上无相互作用，仅仅是一种简单的叠加，在这种情况下，将附件 1 和附件 2 公开的内容相结合，可以破坏本专利权利要求 1 的创造性。

本专利权利要求 2 的附加技术特征进一步将治疗床中保温罩的结构限定为内顶壁上固设有隔热保温棉层和电热薄膜层，该附加技术特征在附件 1 中没有公开。附件 1 中的热源采用的是红外加热和射频加热，与本专利的电热薄膜层加热不同，并且由于两者采用的加热方式不同必然会导致两者结构上的不同，因而附件 1 中并未公开上述技术特征；在附件 2 中虽然公开了使用电热膜这一技术特征，但其是用于局部治疗的熏蒸仪中，其并没有给出可以将其用于全身热疗装置的技术启示，因此请求人认为该附加技术特征已被附件 1、附件 2 公开的主张不能成立，其认为附件 1、附件 2 可以证明本专利权利要求 2 不具备创造性的请求不能得到支持。

本专利权利要求 3 的附加技术特征是在保温罩内顶壁上固设有吊瓶挂钩，医生可以根据治疗需要，将药瓶挂在挂钩上，为患者作静脉滴流。由于在治疗过程中作静脉滴流是医疗中经常要用到的，本领域技术人员可以想到为了方便，在治疗床或保温罩上设置吊挂吊瓶的挂钩，并且增添该技术特征并不能对本专利的热疗机本身产生更好的技术效果，因而在其引用的权利要求 1 不具备创造性的前提下，权利要求 3 也不具备创造性。同时，在权利要求 2 具备创造性的前提下，权利要求 3 中引用权利要求 2 的技术方案也具备创造性。

本专利权利要求 4 的附加技术特征是局部热疗器中设置有磁片，附件 2 中的熏蒸仪也中设置有磁条，因而在其引用的权利要求 1 不具备创造性的前提下，权利要求 4 也不具备创造性。

基于上述事实和理由，本案合议组依法作出如下审查决定。

**三、决定**

宣告 200420031722.5 号实用新型专利的权利要求 1、引用权利要求 1 的权利要求 3 和权利要求 4

无效，在权利要求 2 和引用权利要求 2 的权利要求 3 的基础上维持 200420031722.5 号实用新型专利有效。

当事人对本决定不服的，可以根据专利法第 46 条第 2 款的规定，在收到本决定之日起三个月内向北京市第一中级人民法院起诉。根据该款规定，一方当事人起诉后，另一方当事人应当作为第三人参加诉讼。

018

# 高层楼房的变压式排气道结构

## 无效宣告请求审查决定（第9161号）

**决　　定　　号**　第9161号
**决　　定　　日**　2006年12月13日
**发明创造名称**　高层楼房的变压式排气道结构
**国 际 分 类 号**　E04F 17/04
**无效宣告请求人**　北京市居安建筑材料厂
**专 利 权 人**　林润泉
**专　　利　　号**　94117042.X
**申　　请　　日**　1994年10月17日
**授 权 公 告 日**　2000年8月30日
**合 议 组 组 长**　李广峰
**主　　审　　员**　崔　震
**参　　审　　员**　刘瑞斌

**法　律　依　据**　专利法第22条第3款
**决　定　要　点**

在判断一项权利要求是否具备创造性时，首先要将权利要求所述的技术方案和最接近的现有技术进行特征对比分析，确定两者之间的区别技术特征，进而考察对于所属技术领域的普通技术人员而言，在最接近的现有技术的基础上引入上述区别技术特征从而获得权利要求所要保护的技术方案是否显而易见，如果不是，则该权利要求具备创造性。

### 一、案由

本无效宣告请求涉及国家知识产权局于2000年8月30日授权公告的名称为“高层楼房的变压式排气道结构”的94117042.X号发明专利权，其申请日为1994年10月17日，专利权人为林润泉。该专利授权公告的权利要求书如下：

“1. 一种高层楼房的变压式排气道结构，包括主管道、支管道和进气口，所述主管道与支管道并排设置，每节排气道均由支管道［2］、第一主管道［11］、第二主管道［3］分别并排设置而成，所述第一主管道［1］、第二主管道［3］并排设置在支管道［2］的两侧，构成每节排气道的各段支管道［2］与相应楼层室内之间的管道外壁上，分别设置有第一进气口［5］、第二进气口［6］、第三进气口［8］和第四进气口［9］，所述支管道［2］与第一主管道［1］之间的两段相互隔开的隔板上，分别设置有第二排气口［11］和第四排气口［10］，所述支管道［2］与第二主管道［3］之间的两段相互隔开的隔板上，分别设置有第一排气口［4］和第三排气口［7］，在所述各排气口进入相应主管道的隔板壁面上分别设置一个簸箕形排气导向管，上述簸箕形排气导向管均与簸箕形排气导向管［13］相同，在与各簸箕形排气导向管相邻或相对的相应主管道的管道外壁的内壁面上，分别设置一个变压部件，变压部件的上端板的位置高于相应簸箕形排气导向管气体出口的位置，其特征在于，在支管道［2］中，与各节排气道相对应的设置进气口及相应排气口的各段的两端，分别设置一个与堵板［12］相同的堵板，将进气口与相应的排气口封闭在相应的各段支管道［2］中，或者在上述支管道［2］对应于各节排气道的各段中，分别在各自设置的进气口及相应排气口两者的上端或下端设置一个堵板，所述变压部件均由上端板［14］、平板［15］、倾斜设置的下端板［16］构成，平板［15］与下端板［16］联结处的位置高于下端板［16］与管道外壁相接触处的位置，平板［15］与管道外壁基本保持平行或相互平行。

2. 如权利要求 1 所述的高层楼房的变压式排气道结构，其特征在于，所述变压部件的下端板［16］与平板［15］相联结处为弧面形，上端板［14］与平板［15］联结为一体。

3. 如权利要求 2 所述的高层楼房的变压式排气道结构，其特征在于，所述变压部件的上端板［14］与平板［15］相联结处为弧面形。

4. 如权利要求 1 或 2 或 3 所述的高层楼房的变压式排气道结构，其特征在于，所述变压部件是一个实心部件，它与所述管道外壁相互紧固联结、粘结、或者与所述管道外壁制成一体。”

针对上述专利权，北京市居安建筑材料厂（下称请求人）于 2004 年 7 月 28 日向专利复审委员会提出无效宣告请求，其理由是本专利不符合专利法第 22 条第 3 款的规定，请求人同时提交了下列附件作为证据：

证据 1：辽宁省建筑标准设计建筑配件图集《住宅排风道》复印件 10 页（双面）；

证据 2：授权公告号为 CN87210675U 的实用新型专利申请说明书；

经形式审查合格，专利复审委员会依法受理了上述无效宣告请求，并于 2004 年 7 月 29 日将无效宣告请求书及相关文件的副本转给专利权人，要求其在指定的期限内答复。

2004 年 8 月 23 日，请求人提交了意见陈述书，进一步说明本专利相对于证据 1 和证据 2 不具备创造性。

2004 年 8 月 27 日，请求人再次递交了意见陈述书，补充了一份附件作为证据（编号续前）：

证据 3：《工程流体力学》复印件 11 页，陈纪德编，中国地质大学出版社出版，1993 年 12 月第 1 版第 1 次印刷。

请求人认为，证据 3 可以证明，本专利权利要求 1 所述变压部件的形状相对于现有技术是一种落后的结构，因此本专利不具备创造性。

2004 年 9 月 6 日，专利权人提交了意见陈述书，认为证据 1 图集上标明版权属辽宁省建筑设计标准化办公室，只有该标准化办公室才具有版权，发行权，修改权和解释权。该图集虽标明实行日期为 1994 年 7 月 1 日，但不是指公开发行时间，而是指审批日期，由于专利权人与该标准化办公室订有保密协议，因此该图集的公开发行时间为 1994 年 11 月 1 日，在本专利申请日之后，该图集所记载的内容不构成本专利的已有技术，不能用以评述本专利是否符合专利法第 22 条第 3 款的规定。专利权人同时提交了如下附件作为反证：

反证 1：辽宁省建筑设计标准化办公室 2004 年 8 月 20 日出具的证明复印件 1 页；

反证 2：辽宁省建筑设计标准化办公室和专利权人于 1993 年 12 月 2 日签订的保密协议复印件 2 页；

反证 3：辽宁省建筑设计标准化办公室于 1993 年 12 月 3 日出具的收条复印件 1 页。

2005年3月10日，复审委员会原合议组向双方当事人发出口审通知书，定于2005年4月20日对本案进行口头审理，同时将专利权人的上述意见陈述书及附件转送给请求人，将请求人的上述两次意见陈述书及提交的附件转送给专利权人。

2005年3月7日，请求人向专利复审委员会提交了意见陈述书，认为专利权人的保密协议缺乏可信度，提交了如下附件作为证据（编号续前）：

证据4：辽建发（1991）121号辽宁省建设委员会、中国人民建设银行辽宁省分行文件的复印件4页；

证据5：深府办（1992）68号深圳市人民政府办公厅文件的复印件2页；

证据6：编号（93）建科鉴字006号科学技术成果鉴定证书复印件13页；

证据7：变压式排气道专利实施可行性研究报告的封面页及目录页的复印件共5页。

2005年3月16日，合议组将上述请求人提交的意见陈述书及附件转送给专利权人。

2005年4月20日，双方当事人参加了口头审理。在口头审理前，专利权人当庭提交了（2004）二中民初字第8179号北京市第二中级人民法院民事判决书的第1、7页（下称反证4），合议组当庭将其转送给请求人。在口头审理中，请求人明确其无效理由仅为创造性，放弃证据2作为本案的证据。请求人当庭提交了证据1和证据3的原件，专利权人认可证据1和证据3的真实性。请求人没有提供证据4~7的原件，专利权人认为证据4~7的提交已经超出期限。专利权人当庭提交了反证1~3的原件，请求人认可反证1~3的复印件与原件一致，但对反证1~3的内容的真实性不予认可。在此基础上，双方当事人进行了充分的意见陈述和辩论。

此后，请求人提交了（2004）二中民初字第8179号北京市第二中级人民法院民事判决书的全文复印件，专利权人提交了（2005）高民终字第529号北京市高级人民法院民事判决书的全文复印件。

2005年7月6日，专利复审委员会作出第7417号无效宣告请求审查决定，宣告该专利权全部无效。

专利权人对上述决定不服，向北京市第一中级人民法院提起诉讼，北京市第一中级人民法院于2006年4月28日作出（2005）一中行初字第1162号行政判决书，认定专利复审委员会关于证据1上所有技术方案均已经在先公开使用的认定缺乏事实依据，在此基础上将未推广的部分技术内容与本专利进行比较从而得出本专利不具有创造性的结论是错误的，因此撤销了第7417号无效宣告请求审查决定，要求专利复审委员会重新作出无效宣告请求审查决定。

北京市居安建筑材料厂（无效请求人）对一中院作出的行政判决不服，向北京市高级人民法院提起上诉，北京市高级人民法院于2006年9月13日作出（2006）高行终字第347号终审判决，维持了一审判决。

根据两审法院的判决，专利复审委员会依法重新成立合议组，对本无效宣告请求重新进行审理。合议组于2006年10月13日向双方当事人发出口头审理通知书，定于2006年12月1日举行口头审理。

口头审理如期进行，双方当事人均出席了口头审理。在口审中，请求人明确其无效宣告的理由、证据和范围为：本专利不符合专利法第22条第3款的规定。合议组告知请求人，根据第7417号无效决定，由于请求人已经放弃了证据2，证据4~7已经超过了举证期限，因此证据2、4~7在本次口审中不予考虑。而根据两审法院的判决证据1不能作为本专利申请日之前的现有技术，因此本次口头审理可以作为对比文件的证据只有证据3，请求人对此表示认可。请求人认为在证据3的第94页的表中，弯管公开了权利要求1中变压部件这一特征，弯管相当于本专利权利要求1中的变压部件，而且变压部件是已知技术，其余特征均是公知技术。专利权人认为证据3与本案没有关系，证据3只是介绍了工程流体力学的原理，专利法保护的是技术方案不是原理，该份证据没有本专利内容的描述和结构，所以此份证据不影响本专利的创造性。请求人认为权利要求 2~4 的附加技术特征在证据 3 中没有具体公开，但利用证据 3 的原理得到本专利权利要求 2~4 的附加技术特征是一种公知常识，权利要求 4 是实心的板，也是弧形的，主要的技术特征就是把折角变成弧面，这是一般的常识。请求人当庭提交了口审意见陈述书，专利权人当庭拒绝接收请求人的意见陈述书。

至此，合议组认为本案事实已经调查清楚，可以依法作出审查决定。

**二、决定的理由**

1. 关于证据和现有技术

专利权人对请求人提交的证据 3 的真实性未提出异议，合议组经审查确认证据 3 可以作为本案的证据使用。同时，证据 3 的公开日期早于本专利的申请日，因此，可以作为本专利的现有技术使用。

2. 关于创造性

专利法第 22 条第 3 款规定：创造性，是指同申请日以前已有的技术相比，该发明有突出的实质性特点和显著的进步，该实用新型有实质性特点和进步。

在判断一项权利要求是否具备创造性时，首先要将权利要求所述的技术方案和最接近的现有技术进行特征对比分析，确定两者之间的区别技术特征，进而考察对于所属技术领域的普通技术人员而言，在最接近的现有技术的基础上引入上述区别技术特征从而获得权利要求所要保护的技术方案是否显而易见，如果不是，则该权利要求具备创造性。

证据 3（《工程流体力学》，1993 年 12 月第 1 版）的第 73 页介绍了局部阻力与局部损失，第 90 和 91 页介绍了局部损失的计算，第 93 和 94 页的表 5-4 给出了局部损失系数计算式或数值。

将本专利权利要求 1 与上述证据 3 公开的内容相比可以看出，证据 3 没有公开权利要求 1 中具体限定的技术特征。请求人认为证据 3 第 94 页表中的弯管公开了权利要求 1 中的变压部件这一技术特征，但在权利要求 1 中变压部件具体限定为“由上端板［14］、平板［15］、倾斜设置的下端板［16］构成，平板［15］与下端板［16］联结处的位置高于下端板［16］与管道外壁相接触处的位置，平板［15］与管道外壁基本保持平行或相互平行”，上述限定的技术特征在证据 3 中并未得到公开，并且请求人也未提供进一步的证据证明这种具体限定的变压部件是一种已知技术、权利要求 1 中的其余特征均是公知技术的观点。因此，本专利权利要求 1 相对于证据 3 具有突出的实质性特点和显著的进步，符合专利法第 22 条第 3 款规定的创造性。

权利要求 2~4 为权利要求 1 的从属权利要求，在权利要求 1 相对于证据 3 具备创造性的前提下，权利要求 2~4 也具备专利法第 22 条第 3 款规定的创造性。

基于以上事实和理由，本案合议组作出如下审查决定。

**三、决定**

维持 94117042. X 号发明专利权有效。

当事人对本决定不服的，可以根据专利法第 46 条第 2 款的规定，自收到本决定之日起三个月内向北京市第一中级人民法院起诉，根据该款规定，一方当事人起诉后，另一方当事人应当作为第三人参加诉讼。

019

# 高层楼房的排气道结构

## 无效宣告请求审查决定（第9162号）

**决　　定　　号**　第9162号
**决　　定　　日**　2006年12月13日
**发明创造名称**　高层楼房的排气道结构
**国 际 分 类 号**　E04F 17/04
**无效宣告请求人**　北京市居安建筑材料厂
**专　利　权　人**　林润泉
**专　　利　　号**　94117044.6
**申　　请　　日**　1994年10月17日
**授 权 公 告 日**　1998年6月24日
**合 议 组 组 长**　李广峰
**主　　审　　员**　崔　震
**参　　审　　员**　刘瑞斌

**法　律　依　据**　专利法第22条第3款
**决　定　要　点**

在判断一项权利要求是否具备创造性时，首先要将权利要求所述的技术方案和最接近的现有技术进行特征对比分析，确定两者之间的区别技术特征，进而考察对于所属技术领域的技术人员而言在最接近的现有技术的基础上引入上述区别技术特征从而获得权利要求所要保护的技术方案是否显而易见，如果不是，则该权利要求具备创造性。

### 一、案由

本无效宣告请求涉及国家知识产权局于1998年6月24日授权公告的名称为“高层楼房的排气道结构”的94117044.6号发明专利权，其申请日为1994年10月17日，专利权人为林润泉。该专利授权公告的权利要求书如下：

“1. 一种高层楼房的排气道结构，包括主管道、支管道和进气口，所述主管道与支管道并排设置，其特征在于，每节排气道均由支管道［2］、第一主管道［11］和第二主管道［3］并排设置而成，所述第一主管道［1］、第二主管道［3］分别并排设置在支管道［2］的两侧，构成每节排气道的各段支管道［2］，与相应楼层室内之间的管道外壁上，分别设置有第一进气口［5］、第二进气口［6］、第三进气口［8］和第四进气口［9］，所述支管道［2］与第一主管道［1］之间的两段相互隔开的隔板上，分别设置有第二排气口［11］和第四排气口［10］，所述支管道［2］与第二主管道

［3］之间的相互隔开的两段隔板上，分别设置有第一排气口［4］和第三排气口［7］，在支管道［2］各段的两端，分别设置一个与堵板［12］相同的堵板，将进气口与相应排气口封闭在相应的各段支管道［2］中，或者在上述支管道［2］对应于各节排气道的各段中，分别在各自设置的进气口及相应排气口两者的上端或下端设置一个堵板。

2. 如权利要求1所述的高层楼房的排气道结构，其特征在于，所述第一排气口［4］、第二排气口［11］、第三排气口［7］和第四排气口［10］各自烟气排出一侧的隔板壁面上，分别设置一个中凹弧形排气导向管，所述中凹弧形排气导向管均与中凹弧形排气导向管［13］相同。”

针对上述专利权，北京市居安建筑材料厂（下称请求人）于2004年7月28日向专利复审委员会提出无效宣告请求，其理由是本专利不符合专利法第22条第3款的规定，请求人同时提交了下列证据：

证据1：辽宁省建筑标准设计建筑配件图集《住宅排风道》复印件10页（双面）；

证据2：授权公告号为CN87210675U的实用新型专利申请说明书，其公告日为1988年9月21日。

经形式审查合格，专利复审委员会依法受理了上述无效宣告请求，并于2004年7月29日将无效宣告请求书及相关文件的副本转给专利权人，要求其在指定的期限内答复。

2004年8月23日，请求人提交了意见陈述书，进一步说明本专利不具备创造性的理由，并同时提交了如下证据（编号续前）：

证据3：DE9307239U1德国专利说明书复印件11页，公告日为1993年9月2日；

证据4：DE9307239U1德国专利说明书相关部分的中文译文2页。

2004年9月6日，专利权人提交了意见陈述书，认为证据1图集上标明版权属辽宁省建筑设计标准化办公室，只有该标准化办公室才具有版权，发行权，修改权和解释权。该图集虽标明实行日期为1994年7月1日，但不是指公开发行时间，而是指审批日期，由于专利权人与该标准化办公室订有保密协议，因此该图集的公开发行时间为1994年11月1日，在本专利申请日之后，不构成本专利的已有技术，不能用以评述本专利是否符合专利法第22条第3款的规定。专利权人同时提交了如下证据作为反证：

反证1：辽宁省建筑设计标准化办公室2004年8月20日出具的证明复印件1页；

反证2：辽宁省建筑设计标准化办公室和专利权人于1993年12月2日签订的保密协议复印件2页；

反证3：辽宁省建筑设计标准化办公室于1993年12月3日出具的收条复印件1页。

2005年1月24日，专利复审委员会原合议组向双方当事人发出口审通知书，定于2005年3月2日对本案进行口头审理，同时将专利权人于2004年9月6日提交的的意见陈述书及附件转送给请求人，将请求人2004年8月23日提交的意见陈述书转送给专利权人。

2005年2月21日，请求人向专利复审委员会提交了意见陈述书，认为专利权人的保密协议缺乏可信度，同时补交了如下证据（编号续前）：

证据5：辽建发（1991）121号辽宁省建设委员会、中国人民建设银行辽宁省分行文件的复印件4页；

证据6：深府办（1992）68号深圳市人民政府办公厅文件的复印件2页；

证据7：编号（93）建科鉴字006号科学技术成果鉴定证书复印件13页；

证据8：变压式排气道专利实施可行性研究报告的封面页及目录页的复印件共5页。

2005年3月2日，双方当事人参加了口头审理。在口头审理前，合议组将请求人于2005年2月

21 日提交的意见陈述书及附件转送给专利权人，专利权人当庭提交了（2004）二中民初字第 8179 号北京市第二中级人民法院民事判决书的第 1、2、7、9 页（下称反证 4）及证据 4 全文的中文译文（下称反证 5），合议组当庭将其转送给请求人。在口头审理中，请求人明确其无效理由仅为创造性，放弃证据 2 作为本案的证据。请求人当庭提交了证据 1 的原件，专利权人认可证据 1 的真实性，专利权人认为证据 3 中的中文译文“排烟道”应为“主竖井”，请求人对此予以认可。请求人没有提供证据 6~8 的原件，专利权人认为证据 6~8 的提交已经超出期限。专利权人当庭提交了反证 1~3 的原件，请求人对反证 1~3 的真实性不予认可。专利权人最终确认证据 1 与本专利权利要求 1 的区别在于本专利还包括有堵板设在上端或者下端的技术方案。在此基础上，双方当事人进行了充分的意见陈述和辩论，明确表示口审后无需再作意见陈述。

2005 年 3 月 2 日，专利权人提交了意见陈述书，提交了北京市第二中级人民法院（2004）二中民初字第 8179 号民事判决书复印件以及证据 3 的中文译文。

2005 年 3 月 7 日，请求人提交了意见陈述书，将本专利权利要求 1 与证据 3 作了详细对比，认为证据 3 公开了本专利所限定的“堵板”。

此后，请求人提交了（2004）二中民初字第 8179 号北京市第二中级人民法院民事判决书的全文复印件，专利权人提交了（2005）高民终字第 529 号北京市高级人民法院民事判决书的全文复印件。

2005 年 8 月 1 日，专利复审委员会作出第 7418 号无效宣告请求审查决定，宣告该专利权全部无效。

专利权人对上述决定不服，向北京市第一中级人民法院提起诉讼，北京市第一中级人民法院于 2006 年 4 月 28 日作出（2005）一中行初字第 1163 号行政判决书，认定专利复审委员会关于证据 1 上所有技术方案均已经在先公开使用的认定缺乏事实依据，在此基础上将未推广的部分技术内容与本专利进行比较从而得出本专利不具有创造性的结论是错误的，因此撤销了第 7418 号无效宣告请求审查决定，要求专利复审委员会重新作出无效宣告请求审查决定。

北京市居安建筑材料厂（无效请求人）对一中院作出的行政判决不服，向北京市高级人民法院提起上诉，北京市高级人民法院于 2006 年 9 月 13 日作出（2006）高行终字第 346 号终审判决，维持了一审判决。

根据两审法院的判决，专利复审委员会依法重新成立合议组，对本无效宣告请求重新进行审理。合议组于 2006 年 10 月 13 日向双方当事人发出口头审理通知书，定于 2006 年 12 月 1 日举行口头审理。

口头审理如期进行，双方当事人均出席了口头审理。在口审中，请求人明确其无效宣告的理由、证据和范围仅为：本专利权利要求 1 和 2 相对于证据 3 不符合专利法第 22 条第 3 款的规定。请求人认为，证据 3 中的斜壁 18 相当于本专利权利要求 1 中的堵板，证据 3 公开了该专利权利要求 1 的大部分技术特征，唯一不同的是证据 3 设有一个主管道和两个支管道，主管道等于支管道的通风面积之和，而本专利设有两个主管道和一个支管道，证据 3 和本专利权利要求 1 相同的是主管道横断面之和等于支管道的两倍，只是具体的安排、布置不一样，证据 3 中的斜壁 18 与共连接的垂直板形成的管道即该专利的中凹弧形排气导向管 13，斜壁 18 同时也是堵板。专利权人认为，证据 3 的技术属于传统的技术，不应该叫主管道，应该叫主竖井，本发明的优点是显而易见的，证据 3 和本专利虽然属于同一技术领域，但是所实施的方法和解决的问题均不相同，因此本专利是具有创造性的。请求人认为，虽然证据 3 中没有具体公开权利要求 2 中的中凹弧形排气导向管，但认为其是本领域的公知常识。证据 3 中从支管道走入主管道的口就相当于簸箕形的中凹弧形排气口，属于公知常识，是经常用到的排气口形状。专利权人认为，证据 3 中的 30 指的是烟囱，与本专利排气导向管的作用、目的和方法均不相同。另外，请求人当庭提交了口审意见陈述书，专利权人当庭拒绝接收请求人的意见陈述书。

至此，合议组认为本案事实已经调查清楚，可以依法作出审查决定。

**二、决定的理由**

1. 关于证据和现有技术

请求人提交的证据 3 为一篇德国专利文献，专利权人对其真实性未提出异议，合议组经审查后确认证据 3 可以作为本案的证据使用。同时，由于证据 3 的公开日期早于本专利的申请日，故证据 3 可以作为本专利申请日之前的现有技术使用。

2. 关于创造性

专利法第 22 条第 3 款规定：创造性，是指同申请日以前已有的技术相比，该发明有突出的实质性特点和显著的进步，该实用新型有实质性特点和进步。

在判断一项权利要求是否具备创造性时，首先要将权利要求所述的技术方案和最接近的现有技术进行特征对比分析，确定两者之间的区别技术特征，进而考察对于所属技术领域的技术人员而言在最接近的现有技术的基础上，引入上述区别技术特征从而获得权利要求所要保护的技术方案是否显而易见，如果不是，则该权利要求具备创造性。

证据 3（DE 9307239U1，公告日为 1993 年 9 月 2 日）公开了一种用于多层住宅排烟道上的燃气加热器的连接装置。其中，排烟道 5 设有一内腔 7，该内腔用一个第一隔壁 8 分成两半，其中的一个半腔用另一个横壁 9 分成两半。因此，产生了一个相对较大横截面的主管道 10 和两个相同截面积的、但是仅为主管道一半大的支管道 11 和 12。两个支管道 11 和 12 相邻，在它们的外侧边 13 和 14 上各设有对应的用于一个排气装置的连接装置 16。在排烟道部件的内部，靠近各楼层的区域中各设有一个溢流孔 17，在该处，两个支管道 11 和 12 的上端汇合于主管道中，该溢流孔 17 用一个斜壁 18 支撑。（参见证据 3 中文译文及附图 1 和 2）

将本专利权利要求 1 与证据 3 相比可以看出两者的区别在于：权利要求 1 具有两个主管道、一个支管道，并且两个主管道分别并排设置在支管道的左右两侧，而证据 3 为一个主管道、两个支管道，两个支管道设置在主管道的同一侧呈相邻布置。此外，本专利权利要求 1 在排气口的布置上也与证据 3 不同。由此可见，本专利权利要求 1 在结构设计上与证据 3 的结构完全不同，本领域技术人员在证据 3 的基础上不能显而易见地得到权利要求 1 所要保护的技术方案，并且由权利要求 1 所限定的技术方案能够达到有效地减小排气道对气流的阻力，使高层楼房各楼层的室内气体排放较为顺畅，从而提高了排气道的排烟、排气效率的技术效果。因此，权利要求 1 相对于证据 3 具有突出的实质性特点和显著的进步，符合专利法第 22 条第 3 款规定的创造性。

权利要求 2 为权利要求 1 的从属权利要求，在权利要求 1 具备创造性的情况下，权利要求 2 也具备专利法第 22 条第 3 款规定的创造性。

基于以上事实和理由，本案合议组作出如下审查决定。

**三、决定**

维持 94117044.6 号发明专利权有效。

当事人对本决定不服的，可以根据专利法第 46 条第 2 款的规定，自收到本决定之日起三个月内向北京市第一中级人民法院起诉，根据该款规定，一方当事人起诉后，另一方当事人应当作为第三人参加诉讼。

020

# 球形沼气发酵罐及过滤净化器

## 无效宣告请求审查决定（第9166号）

**决　定　号**　第9166号
**决　定　日**　2006年12月18日
**发明创造名称**　球形沼气发酵罐及过滤净化器
**国际分类号**　C02F 11/04
**无效宣告请求人**　王　磊
**专　利　权　人**　海门市农村能源建设管理办公室
**专　利　号**　03259627.8
**申　请　日**　2003年7月14日
**授权公告日**　2004年9月22日
**合议组组长**　李广峰
**主　审　员**　赵　明
**参　审　员**　刘敏飞

**法　律　依　据**　专利法第22条第2款、第3款
**决　定　要　点**

如果要求保护的技术方案与现有技术公开的内容相比，两者存在区别技术特征，导致两者技术方案实质上不同，则该技术方案相对于现有技术具备新颖性。

如果一项权利要求与现有技术中最接近的技术方案相比，存在区别技术特征，而这些区别特征的引入对本领技术人员而言是容易想到的，且其技术效果也是可以预料的，则该权利要求不具备创造性。

### 一、案由

本无效宣告请求涉及中华人民共和国国家知识产权局于2004年9月22日授权公告的、名称为“球形沼气发酵罐及过滤净化器”的实用新型专利权（下称本专利），其专利号是03259627.8，申请日是2003年7月14日，专利权人是海门市农村能源建设管理办公室。本专利授权公告时的权利要求书如下：

“1. 一种球形沼气发酵罐及过滤净化器由发酵罐、过滤净化室、溢流板、挡板、过滤料等组成，其特征是发酵罐为球形，其上口盖有密封盖，发酵罐前与进料口相通，在其后部与过滤净化室相通，其间以管道连通。

2. 根据权利要求1所述的球形沼气发酵罐及过滤净化器，其特征是球形发酵罐的数量可以为单

个、两个或者多个，其间以管道相连通。

3. 根据权利要求 1 所述的球形沼气发酵罐及过滤净化器，其特征是由多块垂直的溢流板和挡板将过滤净化室平行分隔成多个过滤空间，其间充填过滤料，过滤料的底层为支承过滤料重力的底网。

4. 根据权利要求 1 所述的球形沼气发酵罐及过滤净化器，其特征是过滤净化器中的多个过滤空间为串连多级过滤。"

针对本专利权，王磊（下称请求人）于 2006 年 4 月 11 日向专利复审委员会提出无效宣告请求，认为本专利的权利要求 1 不符合专利法第 22 条第 2 款的规定，权利要求 2~4 不符合专利法第 22 条第 3 款的规定，请求人同时提交了如下附件作为证据：

附件 1：农业出版社 1981 年 9 月出版，徐曾符主编的《沼气工艺学》封面页、第 99~101 页、第 177、178 页复印件，共 6 页；

附件 2：农业部成都沼气科学研究所培训处于 1992 年出版的，廖先明著《城镇生活污水处理工艺及工程设计》封面页、目录页、第 27 页、第 35 页复印件，共 4 页；

附件 3：1984 年 11 月 10 日发布的《中华人民共和国国家标准 GB4750~4752-84》封面页、目录页、第 37~43 页、封底页复印件，共 10 页；

附件 4：江苏省工程建设标准设计站于 1994 年出版的苏 S9402《生活污水净化沼气池》封面页、目录页、第 5~8 分图复印件，共 6 页；

附件 5：江苏省建筑工程管理局苏建管函（2003）62 号文件复印件，共 2 页；

附件 6：本专利的说明书。

请求人认为：在本专利申请日以前，同样的技术已经由他人在出版物上公开发表过，附件 1 把沼气池的形状和施工工艺作了介绍，其中就有球形沼气池的施工工艺；附件 3 记载了球形沼气池的施工工艺和图纸；附件 4 详细介绍了过滤净化器工艺设计的结构图，与本专利的专利图纸一样。本专利说明书背景技术"现在的沼气发酵罐一般均为圆筒形"的陈述不实，沼气罐的形状有很多种，包括圆形池、球形池、拱形池、长方形池、坛形池、扁球形池等，采用哪一种由各从业单位根据自己的情况和习惯自主决定。球形沼气池的技术早就已经被他人在出版物上公开，且在我国沿海和河网地带采用较多，在江苏地区得到进一步的推广采用，本专利和已有的技术相比，没有改良和创造，没有实质性特点和进步，因此不具有新颖性和创造性。

经形式审查合格，专利复审委员会依法受理了上述无效宣告请求，并于 2006 年 7 月 24 日向请求人和专利权人发出无效宣告请求受理通知书，同时将专利权无效宣告请求书及其附件清单中所列附件的副本转送给专利权人，并要求专利权人在指定的期限内陈述意见。

针对专利复审委员会发出的上述无效宣告请求受理通知书，专利权人于 2006 年 8 月 29 日提交了意见陈述书。

专利权人认为：海门市 1975 年推广沼气，1976 年就在本市东部东兴乡新垦村建造球形沼气池 136 只，直到 1980 年在全市推广同型池 2500 余只，此技术推广远远早于请求人讲的所谓他人已公开的技术；附件 3 中介绍的是球型户用水压式小沼气，而本专利为中型生活污水沼气净化池，厌氧部分虽是球形，但在结构和施工技术及处理生活污水效果方面大过小沼气池，在本专利申报前，从未发现过有两级以上球型发酵池串连及好氧过滤池一体生活污水沼气净化池的图例；在结构上本专利的施工工艺比小沼气池要先进得多，并且作为城镇住宅楼处理生活污水效果较好。

专利复审委员会依法成立合议组，对本无效宣告请求进行审查。

本案合议组于 2006 年 9 月 25 日向双方发出无效宣告请求口头审理通知书，定于 2006 年 11 月 2 日在专利复审委员会举行口头审理。随同口头审理通知书，将专利权人于 2006 年 8 月 29 日提交的意见陈述书转送给请求人。

口头审理如期举行，双方当事人均参加了口头审理。

在口头审理中，请求人明确其无效宣告请求的理由、证据和范围为：附件 1~4 单独使用评价权利要求 1 的新颖性；用附件 4 结合附件 1、附件 4 结合附件 2 或附件 4 结合附件 3 评价权利要求 1~4 的创造性，上述组合方式中附件 4 是最接近的对比文件。请求人放弃附件 5 作为证据使用。专利权人对附件 1~5 的真实性没有异议。

至此，合议组认为本案事实已经清楚，可以作出审查决定。

**二、决定的理由**

1. 关于证据和现有技术

请求人提交的证据包括附件 1~5，请求人在口头审理时明确放弃附件 5，因此合议组对附件 5 不予考虑。专利权人对附件 1~4 的真实性没有异议，同时由于附件 1~4 为公开出版物，且其公开日期在本专利的申请日前，因此可以作为本专利的现有技术使用。

2. 关于新颖性

专利法第 22 条第 2 款规定：新颖性是指在申请日以前没有同样的发明或者实用新型在国内外出版物上公开发表过、在国内公开使用过或者以其他方式为公众所知，也没有同样的发明或者实用新型由他人向国务院专利行政部门提出过申请并且记载在申请日以后公布的专利申请文件中。

如果要求保护的技术方案与现有技术公开的内容相比，两者存在区别技术特征，导致两者技术方案实质上不同，则该技术方案相对于现有技术具备新颖性。

附件 1 介绍了沼气池的结构型式及工艺参数，其中在第 100 页第 4、5 段记载了“沼气池发酵间的结构形式，一般有圆形池（图 4-4），球形池（图 4-5）……扁球形池（图 4-9）等多种形式”、“球形沼气池在我国沿海和河网地带采用较多”，图 4-5 及图 7-10 示出了球形池的构造。将附件 1 与本专利权利要求 1 相比可知，附件 1 仅公开了球形池的结构形式（相当于本专利中的球形发酵罐），而有关过滤净化室、溢流板、挡板、过滤料等技术特征均没有公开。因此权利要求 1 所述技术方案与附件 1 公开的内容相比，存在区别技术特征，其技术方案不同，即权利要求 1 相对于附件 1 具备专利法第 22 条第 2 款所规定的新颖性。

附件 2 第 27 页记载了兼氧过滤池，第 35 页记载了球形池的结构尺寸。由此可见，附件 2 也仅公开了球形过滤池，有关过滤净化室、溢流板、挡板等技术特征均没有公开。因此，权利要求 1 所述技术方案与附件 2 公开的内容相比，存在区别技术特征，导致两者技术方案不同，故权利要求 1 相对于附件 2 具备专利法第 22 条第 2 款所规定的新颖性。

附件 3 的国家标准公开了球形沼气池及施工方法。与权利要求 1 相比，附件 3 同样没有公过滤净化室、溢流板、挡板、过滤料等技术特征。因此，权利要求 1 所述技术方案与附件 3 公开的内容相比，存在区别技术特征，导致两者技术方案不同，故权利要求 1 相对于附件 3 具备专利法第 22 条第 2 款所规定的新颖性。

附件 4 是江苏省给水排水通用图集，其中由图 5 所示的 1 号净化沼气池平剖面图可以看出，该沼气池包括两个立式圆形发酵罐，其上有密封盖；发酵罐前部与进料口相通，发酵罐的后部与过滤净化室相通，其间由管道连通；多块垂直的溢流板和挡板将过滤净化室平行分隔成多个过滤空间，多个过滤空间串连形成多级过滤；过滤净化室中设置支承过滤料的底板（相当于本专利的底网）。将附件 1 与本专利权利要求 1 相比可知，附件 1 与权利要求 1 的区别仅在于：附件 1 中的发酵罐是立式圆形，而权利要求 1 中为球形发酵罐。由于存在上述区别技术特征，导致两者技术方案不同，因此权利要求 1 相对于附件 4 具备专利法第 22 条第 2 款所规定的新颖性。

3. 关于创造性

专利法第 22 条第 3 款规定：创造性，是指同申请日以前已有的技术相比，该发明有突出的实质性特点和显著的进步，该实用新型有实质性特点和进步。

在评价一项权利要求创造性时，首先应当从现有技术中确定与该权利要求技术方案最接近的技术方案，将该权利要求与现有技术中最接近的技术方案进行特征分析，如果两者相比存在区别技术特征，而这些区别特征的引入对本领域技术人员而言是容易想到的，且其技术效果也是可以预料的，则该权利要求不具备创造性。

由上面的评述可知，权利要求 1 与附件 4 的区别仅在于：附件 1 中是立式圆形发酵罐而本专利为球形发酵罐。

对于上述区别特征，合议组认为，由于立式圆形或球形的发酵罐均是本领域常用的发酵罐结构形式，而在相同的容积条件下球形罐体具有较小的表面积和较高的承压能力是本领域技术人员所公知的，因此对本领域的技术人员来说，根据应用条件的不同将附件 4 披露的净化沼气池中的立式圆形发酵罐替换为球形发酵罐是容易想到的，且其技术效果也是可以预料的，因此权利要求 1 的技术方案不具有实质性特点和进步，不符合专利法第 22 条第 3 款有关创造性的规定。

权利要求 2 对发酵罐的数量做了进一步的限定，但这种限定对本领域的技术人员来说是惯用手段，即本领域的技术人员可以根据具体的应用条件和工艺要求来选择发酵罐的数量，而且在附件 4 中也公开了两个发酵罐的技术方案，因此在其引用的权利要求 1 不具备创造性的前提下，权利要求 2 要求保护的技术方案也不符合专利法第 22 条第 3 款有关创造性的规定。

权利要求 3、4 的附加技术特征分别对过滤净化器作了进一步的限定，由上面对附件 4 的评述可知，上述附加技术特征已被附件 4 公开，因此在其引用的权利要求 1 不具备创造性的前提下，权利要求 3、4 要求保护的技术方案也不符合专利法第 22 条第 3 款有关创造性的规定。

根据上述的事实和理由，本案合议组依法做出以下决定。

**三、决定**

宣告 03259627. 8 号实用新型专利权全部无效。

当事人对本决定不服的，可以根据专利法第 46 条第 2 款的规定，自收到本决定之日起三个月内向北京市第一中级人民法院起诉。根据该款的规定，一方当事人起诉后，另一方当事人应当作为第三人参加诉讼。

021

# 泡沫塑料—水泥砼屋面保温隔热层及其施工方法

## 无效宣告请求审查决定（第9174号）

**决　　定　　点**　第9174号
**决　　定　　日**　2006年12月16日
**发明创造名称**　泡沫塑料—水泥砼屋面保温隔热层及其施工方法
**国 际 分 类 号**　E04D 1/08，E04D 11/00
**无效宣告请求人**　南京欧文斯科宁挤塑泡沫板有限公司
**专 利 权 人**　周荣标
**专　　利　　号**　94105476.4
**申　　请　　日**　1994年5月5日
**授 权 公 告 日**　2001年7月18日
**合 议 组 组 长**　钱　芸
**主　　审　　员**　王桂莲
**参　　审　　员**　刘颖杰

**法 律 依 据**　专利法第33条
**决 定 要 点**

授权专利的权利要求中存在有未记载在原说明书和权利要求书中且不能从原说明书和权利要求书以及附图直接地毫无疑义地确定的技术特征，则该权利要求修改超范围。

### 一、案由

本无效宣告请求涉及国家知识产权局于2001年7月18日授权公告的名称为“泡沫塑料-水泥砼屋面保温隔热层及其施工方法”的94105476.4号发明专利权，其申请日是1994年5月5日，专利权人是周荣标。其授权公告的权利要求书如下：

“1. 一种屋面保温隔热层，其特征是：隔热层内层为硬质泡沫塑料隔热板块，面层为水泥砼或瓦屋面。

2. 根据权利要求1所述的隔热层面层为水泥砼的硬质泡沫塑料隔热板块，其特征是：泡沫塑料板块为长方体，大平面0.25㎡面积有9或16个分布均匀、上大下小、圆柱形贯穿孔洞，四侧面两对侧面为凹槽，另两对侧面为凸条，或四侧面均为半圆槽，凹槽与凸条能镶接。

3. 根据权利要求1所述面层为瓦顶屋面的硬质泡沫塑料隔热板块，其特征是：泡沫塑料板块为长方体，四侧面两对侧面为凹槽，另两对侧面为凸条，凹槽与凸条能镶接。

4. 根据权利要求1所述内层为硬质泡沫塑料隔热板块、面层为水泥砼的屋面保温隔热层，施工方法其特征是：将混凝土屋面清洗干净，凹陷处用2：1水泥砂浆抹平，砂浆凝固后，将泡沫塑料隔热板块大口平面朝上，凹凸相接，整齐靠紧铺盖屋面，四周用砖砌体围住，砌体长1~2米处留置直径2cm的小孔，泡沫塑料板块上面倒入425#2：1水泥砂浆，用捣杆先把孔洞内水泥砂浆轻轻捣实，泡沫塑料板块上面再抹一层3cm厚水泥砂浆，四周砖砌体用水泥砂浆抹面，孔口不得堵塞；或者在泡沫塑料隔热板块孔洞内放入水泥砂浆轻轻捣实后，使砂浆高出洞口面1cm，平稳放上预制水泥砼板块，待孔洞内水泥砂浆凝固后再行水泥砼板块的沟缝。

5. 根据权利要求1所述瓦屋面保温隔热层，施工方法其特征是：将泡沫塑料隔热板块凹凸镶接，在板块相邻四角处用垫片、铁钉把板块固定在室顶天花板、条木或栓木上，边安装、边固定，直至铺盖整个屋、室顶面。”

针对上述发明专利（下称本专利），南京欧文斯科宁挤塑泡沫板有限公司（下称请求人）于2004年7月9日向专利复审委员会提出了无效宣告请求，理由是本专利权利要求1不符合专利法第22条第2款的规定，权利要求3、5不符合专利法第22条第3款的规定，权利要求1~5不符合专利法第26条第4款以及专利法第33条的规定，并提交了如下附件作为证据：

附件1：本专利的发明专利说明书CN1068649C；

附件2：本专利的发明专利申请公开说明书CN1132299A；

附件3：US4677800号美国专利（下称对比文件1），其公开日为1987年7月7日；

附件4：US3411256号美国专利（下称对比文件2），其公开日为1968年11月19日；

附件5：US4651494号美国专利（下称对比文件3），其公开日为1987年3月24日。

请求人认为将本专利的授权文本和公开文本即附件1、2相比较，可以看出授权时权利要求1限定内层为硬质泡沫塑料，而从属于权利要求1的权利要求2~5中所述的泡沫塑料也应当是硬质的，但原始公开的文本中并没有记载泡沫塑料是硬质的，因此修改超范围；由于权利要求1~5限定了泡沫塑料是硬质的，同时上述权利要求的每一个技术方案在说明书中都找不到相应的表述，因此权利要求1~5得不到说明书的支持；权利要求1相对于对比文件1或对比文件2不具备新颖性，权利要求3相对于对比文件1、对比文件1和3的结合、对比文件2和3的结合不具备创造性，权利要求5的附加技术特征是公知的，因此也不具备创造性。

经形式审查合格后，专利复审委员会受理了该无效请求，于2004年7月12日向双方当事人发出无效宣告请求受理通知书，并将无效宣告请求书及其附件清单中所列附件的副本转给了专利权人，要求专利权人在收到该通知书之日起1个月内陈述意见；期满未答复，不影响专利复审委员会的审理。

请求人于2004年7月14日向专利复审委员会提交了附件3~5的中文译文。

专利权人于2004年8月5日针对无效宣告请求提交了意见陈述书，同时提交了权利要求书的修改替换页，修改后的权利要求书为：

“1. 一种屋面保温隔热层，其特征是：隔热层内层为硬质泡沫塑料隔热板块，面层为水泥砼或瓦屋面。

2. 根据权利要求1所述的屋面保温隔热层，所述的硬质泡沫塑料隔热板块，其特征是：硬质泡沫塑料隔热板块为长方体，板块的大平面设置有分布均匀的贯穿孔洞。

3. 根据权利要求1所述的屋面保温隔热层，所述的硬质泡沫塑料隔热板块，其特征是：硬质泡沫塑料隔热板块为长方体，板块侧面形状为凹槽凸条，相邻板块靠紧，侧面凹槽凸条能镶接。

4. 根据权利要求1所述的屋面保温隔热层，所述的内层为硬质泡沫塑料隔热板块，面层为水泥砼的屋面保温隔热层，施工方法是：（1）屋面按个体工程设计，完成屋面铺盖硬质泡沫塑料隔热板块前的工序；（2）将硬质泡沫塑料隔热板块整齐靠紧和凹凸镶接铺盖屋面；（3）在屋面铺盖成的硬质泡沫塑料隔热板块的四周，用砖砌体围住，砌体长 1~2 米处，留置直径 2cm 的排水孔洞；（4）在硬质泡沫塑料隔热板块上面倒入由硅酸盐系列的水泥、砂石和水搅拌的混合物，振动捣实抹平成厚度 3cm 的面层或在硬质泡沫塑料隔热板块上面用水泥砂浆铺设水泥砼预制板块面层；其特征是：施工时先在屋面铺盖硬质泡沫塑料隔热板块，板块四周砌体围住，然后在硬质泡沫塑料隔热板块上面现浇筑水泥混凝土面层或在硬质泡沫塑料隔热板块上面铺水泥砼预制板块面层。

5. 根据权利要求 1 所述的屋面保温隔热层，所述的内层为硬质泡沫塑料隔热板块，面层为瓦屋面的屋面保温隔热层，施工方法是：将硬质泡沫塑料隔热板块整齐靠紧或凹凸镶接固定在居室天花板下面，或固定在条木下面，也可固定在栓木下面，栓木上面是瓦面；其特征是：用于遮阳挡风排雨水的面层为瓦屋面，屋面下用于保温隔热的是硬质泡沫塑料隔热板块。”

专利权人认为本专利权利要求 1 得到了说明书支持，并且请求人提交的三份对比文件均不能影响本专利的新颖性。关于是否超范围，专利权人认为授权时的独立权利要求 1 中所述的硬质泡沫塑料是对说明书泡沫塑料的进一步限定，并且鉴于对比文件公开的内容或者鉴于实施发明的某部分是不可能的，允许用具体“放弃”的方式，用隔热对硬质泡沫塑料进一步限定符合上述规定。

2005 年 2 月 21 日本案合议组向双方当事人发出口头审理通知书，定于 2005 年 3 月 30 日对本案举行口头审理，并将专利权人于 2004 年 8 月 5 日提交的意见陈述书以及权利要求书修改替换页转给请求人，将请求人 2004 年 7 月 14 日提交的意见陈述书以及附件 3~5 的中文译文转给专利权人。

2005 年 3 月 20 日专利权人提交了意见陈述书，说明其不参加口头审理，但提交了书面意见，认为：（1）本专利权利要求 1~3 相对于对比文件 1~3 存在区别技术特征，并且带来有益效果，因此具备新颖性和创造性；（2）鉴于请求人提供的三份对比文件没有注明附件来源，因此对对比文件的真实性及其中文译文的准确性表示质疑，请求专利复审委员会给予审查。

口头审理如期举行，专利权人未参加口头审理。合议组告知请求人，专利权人 2004 年 8 月 5 日提交的权利要求不符合专利法第 33 条的规定，口头审理以授权公告的权利要求书为基础。请求人明确其无效理由、证据和范围为：（1）权利要求 1~5 不符合专利法第 33 条、第 26 条第 4 款的规定，具体理由是权利要求 1 中的“硬质”及权利要求 1~5 的具体方案在原始申请文件中没有公开。（2）权利要求 1 与对比文件 1 或 2 比较不具有新颖性；请求人用对比文件 1、对比文件 1 与 2 结合或对比文件 2 与 3 结合评价权利要求 3 的创造性，没有具体就对比文件 2 和 3 结合评价权利要求 3 的创造性发表意见；权利要求 5 的附加技术特征是公知常识，因此权利要求 5 也不具有创造性。

2005 年 6 月 10 日，本案合议组向专利权人发出合议组成员告知通知书，并指出如对变更后的合议组成员有回避请求，应当于收到该通知书之日起 7 日内提交书面请求，逾期未答复，视为无回避请求。

专利复审委员会于 2005 年 7 月 19 日收到专利权人的答复意见，未对合议组成员提出回避请求。

2006 年 8 月 16 日，本案合议组向双方当事人发出无效宣告请求审查通知书，告知双方由于专利权人 2004 年 8 月 5 日提交的权利要求既不符合专利法第 33 条的规定，也不符合审查指南中的相关规定，本案将以授权文本为审查基础，同时指出当事人应当于收到该通知书之日起 1 个月内提交书面意见，逾期未答复，不影响专利复审委员会审理。

请求人期满未答复，专利权人于 2006 年 9 月 11 日提交了意见陈述书和权利要求书的修改替换页，修改后的权利要求书为：

“1. 一种屋面保温隔热层，其特征是：隔热层内层为硬质泡沫塑料隔热板块，面层为水泥砼或瓦屋面。

2. 根据权利要求 1 所述的隔热层面层为水泥砼的硬质泡沫塑料隔热板块，其特征是：硬质泡沫塑料隔热板块为长方体，板块的大平面设置有分布均匀的贯穿孔洞。

3. 根据权利要求1所述面层为瓦屋面的硬质泡沫塑料隔热板块，其特征是：硬质泡沫塑料板块为长方体，板块侧面形状为凹槽凸条，相邻板块靠紧，侧面凹槽凸条能镶接。

4. 根据权利要求1所述内层为硬质泡沫塑料隔热板块，面层为水泥砼的屋面保温隔热层，施工方法是：（1）屋面按个体工程设计，完成屋面铺盖硬质泡沫塑料隔热板块前的工序；（2）将泡沫塑料隔热板块大口平面朝上，凹凸镶接，整齐紧靠铺盖屋面，四周用砖砌体围住，砌体长1~2米处留置直径2cm的小孔；（3）泡沫塑料板块上面倒入425#2∶1水泥砂浆，用捣杆先把孔洞内水泥砂浆轻轻捣实、泡沫塑料板块上面再抹一层3cm厚水泥砂浆，四周砖砌体用水泥砂浆抹面，孔口不得堵塞；或者在泡沫塑料隔热板块孔洞内放入水泥砂浆轻轻捣实后，使砂浆高出洞口面1cm，平稳放上预制水泥砼板块，待孔洞内水泥砂浆凝固后，再行水泥砼板块的沟缝。

5. 根据权利要求1所述瓦屋面保温隔热层，施工方法是：将泡沫塑料隔热板块凹凸镶接，在板块相邻四角处用垫片、铁钉把板块固定在室顶天花板、条木或栓木上，边安装、边固定，直至铺盖整个屋、室顶面，其特征是：用于遮阳挡风排雨水的面层为瓦屋面，屋面下用于保温隔热的是硬质泡沫塑料隔热板块。”

专利权人陈述，如果本次修改的权利要求书仍然不符合要求，则按授权权利要求书审理。

至此，本案合议组认为事实已经清楚，依法作出审查决定。

**二、决定的理由**

1. 关于审查基础

2006年7月1日起施行的专利审查指南第四部分第三章第4.6节规定，在无效宣告程序中发明或者实用新型专利文件的修改仅限于权利要求书，其原则是：（1）不得改变原权利要求的主题名称。（2）与授权的权利要求相比，不得扩大原专利的保护范围。（3）不得超出原说明书和权利要求书记载的范围。（4）一般不得增加未包含在授权的权利要求书中的技术特征。在满足上述修改原则的前提下，修改权利要求书的具体方式一般限于权利要求的删除、合并和技术方案的删除。

本案中，专利权人在无效宣告程序中共提交过两次权利要求书的修改替换页，日期分别为2004年8月5日和2006年9月11日。合议组已于2006年8月16日告知专利权人其于2004年8月5日提交的权利要求书不符合专利法第33条以及审查指南的相关规定。经合议组审查，专利权人于2006年9月11日提交的权利要求书中，权利要求2、4分别相对于授权文本中的相应权利要求删去了部分技术特征，权利要求3、5分别相对于授权文本中的相应权利要求增加了部分技术特征。上述修改不符合无效宣告程序中专利文件的修改原则，同时修改采用的方式不是权利要求的删除、合并和技术方案的删除，不符合审查指南中的上述规定。2006年版审查指南与2001年版审查指南有关上述规定的内容相同。即专利权人2006年9月11日提交的修改文本不符合2001年版审查指南规定，也不符合2006年版审查指南的规定。专利权人在意见陈述书中也声明，若其2006年9月11日对权利要求的修改不符合规定，则按授权的权利要求书审理，因此本案以授权文本为审查基础。

2. 关于专利法第33条

专利法第33条规定：申请人可以对其专利申请文件进行修改，但是，对发明和实用新型专利申请文件的修改不得超出原说明书和权利要求书记载的范围，对外观设计专利申请文件的修改不得超出原图片或者照片表示的范围。

本专利的发明专利申请公开说明书CN1132299A（即附件2）记载的权利要求书如下：

“1. 泡沫塑料——水泥砼屋面保温隔热层及其施工方法。

2. 用于（1）施工、平面有上大下小圆柱形孔洞，两对侧面为凹、另两对侧面为凸，或四侧面均为半圆槽，相同型块凹凸侧面镶接、半圆槽任意两侧相接，能形成排气空洞的长方体（平面为正方形）泡沫塑料保温隔热块。

3. 同一构思的系列产品，用于搪瓷浴缸、蒸饭用铝合金饭盒、炖饭用钢精锅、提水桶（可用于发酵面粉、家庭酿甜酒）暖气热水管、自来水管、水表保温隔热、防冻的泡沫塑料垫套、盒套、锅套、桶套、管套、表套。”

将本专利的授权文本（即附件1）与本专利的原始公开文本（即附件2）相比较，可以发现：授权时的权利要求1~4均记载了硬质泡沫塑料隔热板块，由于权利要求5从属于权利要求1，因此该权利要求5中所述的泡沫塑料隔热板块也是硬质的，而本专利的原说明书和权利要求书并没有记载泡沫塑料是硬质的。

原说明书中记载了面层分别为水泥砼、瓦屋面的屋面保温隔热层具体实施例，对于面层为水泥砼的实施例，是将泡沫塑料隔热块平铺在屋面上，向泡沫塑料隔热块的孔洞中倒入水泥砂浆，捣实后，洞口砂浆比洞口面高出1cm，然后放上水泥砼块。待孔洞内水泥凝固后再进行水泥砼块的沟缝。这样能够防止孔洞内砂浆受压太早，凝固后长度缩短，柱不能起承力作用而水泥砼面直接压在泡沫塑料块上（参见附件2说明书第2页倒数第1段至第3页第1段）。可见，在该实施例中，主要是泡沫塑料隔热块孔洞中的水泥砂浆承受水泥砼的重量，不能由该内容得出泡沫塑料隔热块是硬质的。对于面层为瓦顶屋面的实施例，是将泡沫塑料隔热块用钉直接固定在居室天花板或条木或栓木下面，可见，也不能由该内容得出泡沫塑料隔热块是硬质的。此外，原说明书中其他部分以及说明书附图均不能直接地、毫无疑义地确定“泡沫塑料隔热块是硬质的”。因此，本专利授权的权利要求1~5超出原始申请文件记载范围，不符合专利法第33条的规定。

专利权人在答复无效宣告请求受理通知书时认为，授权时的独立权利要求1中所述的硬质泡沫塑料是对说明书泡沫塑料的进一步限定，并且鉴于对比文件公开的内容或者鉴于实施发明的某部分是不可能的，允许用具体“放弃”的方式，从一较宽的权利要求中排除某部分，使权利要求从整体上看，覆盖具有明显排除某部分的一个确定的保护范围，因此权利要求的修改符合专利法第33条的规定。

2006年7月1日起施行的专利审查指南第二部分第八章第5.2.3.3节指出，如果在说明书和权利要求书中没有记载某特征的原数值范围的其他中间数值，而鉴于对比文件公开的内容影响发明的新颖性和创造性，或者鉴于当该特征取原数值范围的某部分时发明不可能实施，申请人采用具体“放弃”的方式，从上述原数值范围中排除该部分，使得要求保护的技术方案中的数值范围从整体上看来明显不包括该部分，由于这样的修改超出了原说明书和权利要求书记载的范围，因此除非申请人能够根据申请原始记载的内容证明该特征取“放弃”后的数值时，本发明不可能实施，或者该特征取经“放弃”后的数值时，本发明具有新颖性和创造性。可见，上述被允许的采用具体“放弃”的方式进行的修改针对的是数值范围，而本专利中将“泡沫塑料”修改为“硬质泡沫塑料”并不属于上述所允许的修改方式，因此专利权人据此认为修改不超范围的主张不成立，合议组不予支持。

鉴于本专利权利要求1~5修改超范围，从而导致该专利权全部无效，因此合议组不再审查请求人提出的其他无效宣告请求理由。

**三、决定**

宣告94105476.4号发明专利权全部无效。

当事人对本决定不服的，可以根据专利法第46条第2款的规定，自收到本决定之日起叁个月内向北京市第一中级人民法院起诉。根据该款的规定，一方当事人起诉后，另一方当事人应当作为第三人参加诉讼。

# 北京市第一中级人民法院
# 行政判决书

（2007）一中行初字第1339号

原告周荣标，男，1949年3月29日出生，汉族，上海盟建环保节能科技有限公司高级工程师，住福建省浦城县上青岭小区25号

被告国家知识产权局专利复审委员会，住所地北京市海淀区北四环西路9号银谷大厦10~12层

法定代表人廖涛，副主任

委托代理人刘颖杰，国家知识产权局专利复审委员会审查员

委托代理人隋璐，国家知识产权局专利复审委员会审查员

第三人南京欧文斯科宁挤塑泡沫板有限公司，住所地江苏省南京市栖霞经济开发区

法定代表人GaryA. Nieman，董事长

委托代理人李勇，北京市金杜律师事务所律师

委托代理人陈文平，北京市金杜律师事务所律师

原告周荣标不服被告国家知识产权局专利复审委员会（简称专利复审委员会）于2006年12月16日作出的第9174号无效宣告请求审查决定（简称第9174号决定），于法定期限内向本院提起行政诉讼。本院于2007年9月27日受理本案后，依法组成合议庭，并于2007年11月12日公开开庭进行了审理。原告周荣标，被告专利复审委员会的委托代理人刘颖杰、隋璐，第三人南京欧文斯科宁挤塑泡沫板有限公司（简称欧文斯公司）的委托代理人李勇、陈文平到庭参加诉讼。本案现已审理终结。被告专利复审委员会针对第三人欧文斯公司就原告周荣标的名称为“泡沫塑料-水泥砼屋面保温隔热层及其施工方法”的发明专利（专利号为94105476.4，简称本专利）所提出的复审请求作出第9174号决定，该决定认定：1. 关于审查基础周荣标在无效宣告程序中共提交过两次权利要求书的修改替换页，日期分别为2004年8月5日和2006年9月11日。专利复审委员会已于2006年8月16日告知周荣标其于2004年8月5日提交的权利要求书不符合《专利法》第三十三条以及《审查指南》的相关规定。经专利复审委员会审查，周荣标于2006年9月11日提交的权利要求书中，权利要求2、4分别相对于授权文本中的相应权利要求删去了部分技术特征，权利要求3、5分别相对于授权文本中的相应权利要求增加了部分技术特征。上述修改不符合无效宣告程序中专利文件的修改原则，同时修改采用的方式不是权利要求的删除、合并和技术方案的删除，不符合《审查指南》第四部分第三章第4.6节的规定。因此以授权文本为审查基础。2. 关于《专利法》第三十三条将本专利的授权文本与本专利的原始公开文本相比较，可以发现：授权时的权利要求1~4均记载了硬质泡沫塑料隔热板块，由于权利要求5从属于权利要求1，因此该权利要求5中所述的泡沫塑料隔热板块也是硬质的，而本专利的原说明书和权利要求书并没有记载泡沫塑料是硬质的。原说明书中记载了面层分别为水泥砼、瓦屋面的屋面保温隔热层具体实施例，对于面层为水泥砼的实施例，是将泡沫塑料隔热块平铺在屋面上，向泡沫塑料隔热块的孔洞中倒入水泥砂浆，捣实后，洞口砂浆比洞口面高出1cm，然后放上水泥砼块。待孔洞内水泥凝固后再进行水泥砼块的沟缝。这样能够防止孔洞内砂浆受压太早，凝固后长度缩短，柱不能起承力作用而水泥砼面直接压在泡沫塑料块上（参见附件2说明书第2页倒数第1段至第3页第1段）。可见，在该实施例中，主要是泡沫塑料隔热块孔洞中的水泥砂浆承受水泥砼的重量，不能由该内容得出泡沫塑料隔热块是硬质的。对于面层为瓦顶屋面的实施例，是将泡沫塑料隔

热块用钉直接固定在居室天花板或条木或栓木下面，可见，也不能由该内容得出泡沫塑料隔热块是硬质的。此外，原说明书中其他部分以及说明书附图均不能直接地、毫无疑义地确定“泡沫塑料隔热块是硬质的”。因此，本专利授权的权利要求1~5超出原始申请文件记载范围，不符合《专利法》第三十三条的规定。周荣标在答复无效宣告请求受理通知书时认为，授权时的独立权利要求1中所述的硬质泡沫塑料是对说明书泡沫塑料的进一步限定，并且鉴于对比文件公开的内容或者鉴于实施发明的某部分是不可能的，允许用具体“放弃”的方式，从一较宽的权利要求中排除某部分，使权利要求从整体上看，覆盖具有明显排除某部分的一个确定的保护范围，因此权利要求的修改符合《专利法》第三十三条的规定。审查指南规定，被允许的采用具体“放弃”的方式进行的修改针对的是数值范围，而本专利中将“泡沫塑料”修改为“硬质泡沫塑料”并不属于上述所允许的修改方式，因此周荣标据此认为修改不超范围的主张不成立，专利复审委员会不予支持。鉴于本专利权利要求1~5修改超范围，从而导致该专利权全部无效，因此专利复审委员会不再审查欧文斯公司提出的其他无效宣告请求理由。被告专利复审委员会第9174号决定宣告94105476.4号发明专利权全部无效。原告周荣标不服该决定，于法定期限内向本院提起诉讼称：本专利授权时权利要求书的修改符合《专利法》第三十三条，没有超出原说明书记载的范围，并可从原说明书中直接地、毫无疑义地导出。根据说明书内容可确定：本专利用于屋面隔热的泡沫塑料块属结构性泡沫塑料，其厚度为12cm，泡沫塑料不吸水（属闭孔泡沫塑料），先将泡沫塑料块铺盖屋面，四周用砖砌体围住，施工时，在屋面铺盖好的泡沫塑料块上面完成面层水泥砼的正常工序施工。泡沫塑料块同时具备以上用途、规格、性能、要求，可直接毫无疑义地确定“泡沫塑料隔热块是硬质闭孔泡沫塑料”。另外，泡沫塑料是上位概念，隔热用硬质泡沫塑料是下位概念，硬质泡沫塑料并未超出泡沫塑料的范围。综上，请求法院依法撤销专利复审委员会第9174号决定，判决本专利权有效。

被告专利复审委员会辩称：1. 本专利技术方案所利用的是泡沫塑料的绝热性，对于其强度并没有要求，屋面的强度还是依靠水泥砼来实现。原告称本专利泡沫塑料用于屋面隔热，故其为硬质的，该主张不能成立。2. 泡沫塑料的厚度与其是否硬质并无必然联系。3. 本专利泡沫塑料是否为闭孔与其是否硬质并无必然联系。4. 关于本专利屋面的铺设过程。第一，原告所述的施工过程在说明书中并未记载，并且从说明书记载的内容也无法直接地、毫无疑义地确定；第二，该施工方案本身也存在问题。施工时靠泡沫塑料来支持而不会导致其损坏难以令人信服。5. 即使修改后的技术特征是下位概念，如果其不能从原记载内容直接地、毫无疑义地确定，这种修改也是不允许的。综上，请求法院维持第9174号决定。

第三人欧文斯公司述称：根据本专利原说明书公开的内容，不能直接地、毫无疑义地推导出其中所述的泡沫塑料是硬质的。1. 本发明主要利用了泡沫塑料的绝热性能，而不是其结构性的支撑性能。本领域技术人员可以认识到的是，泡沫塑料只要起到绝热性能就能达到本发明的目的，无论是硬质的泡沫塑料，还是半硬质和软质泡沫塑料，都能起到隔热效果。2. 我们在日常生活中都见到过更厚的海绵，厚度12cm的泡沫塑料板块不一定是硬质的。3. 闭孔泡沫塑料也有硬质、半硬质、软质之分。4. 说明书公开的施工方式只是举例说明的一种实施方案，并不表示不能用其他方式施工。即使按照说明书中的公开方式进行施工，也并不意味着所述泡沫塑料一定是硬质的。综上所述，请求法院维持第9174号决定。

本院经审理查明：周荣标于2001年7月18日向国家知识产权局专利局申请了名称为“泡沫塑料-水泥砼屋面保温隔热层及其施工方法”的发明专利，专利号为94105476.4（下称本专利）。其授权公告的权利要求书如下：

“1. 一种屋面保温隔热层，其特征是：隔热层内层为硬质泡沫塑料隔热板块，面层为水泥砼或瓦屋面。

2. 根据权利要求1所述的隔热层面层为水泥砼的硬质泡沫塑料隔热板块，其特征是：泡沫塑料板块为长方体，大平面0.25m$^2$面积有9或16个分布均匀、上大下小、圆柱形贯穿孔洞，四侧面两对侧面为凹槽，另两对侧面为凸条，或四侧面均为半圆槽，凹槽与凸条能镶接。

3. 根据权利要求1所述面层为瓦顶屋面的硬质泡沫塑料隔热板块，其特征是：泡沫塑料板块为长方体，四侧面两对侧面为凹槽，另两对侧面为凸条，凹槽与凸条能镶接。

4. 根据权利要求1所述内层为硬质泡沫塑料隔热板块、面层为水泥砼的屋面保温隔热层，施工方法其特征是：将混凝土屋面清洗干净，凹陷处用2∶1水泥砂浆抹平，砂浆凝固后，将泡沫塑料隔热板块大口平面朝上，凹凸相接，整齐靠紧铺盖屋面，四周用砖砌体围住，砌体长1~2米处留置直径2cm的小孔，泡沫塑料板块上面倒入425#2∶1水泥砂浆，用捣杆先把孔洞内水泥砂浆轻轻捣实，泡沫塑料板块上面再抹一层3cm厚水泥砂浆，四周砖砌体用水泥砂浆抹面，孔口不得堵塞；或者在泡沫塑料隔热板块孔洞内放入水泥砂浆轻轻捣实后，使砂浆高出洞口面1cm，平稳放上预制水泥砼板块，待孔洞内水泥砂浆凝固后再行水泥砼板块的沟缝。

5. 根据权利要求1所述瓦屋面保温隔热层，施工方法其特征是：将泡沫塑料隔热板块凹凸镶接，在板块相邻四角处用垫片、铁钉把板块固定在室顶天花板、条木或栓木上，边安装、边固定，直至铺盖整个屋、室顶面。”

针对上述发明专利，欧文斯公司于2004年7月9日向专利复审委员会提出了无效宣告请求，理由是本专利权利要求1不符合《专利法》第二十二条第二款的规定，权利要求3、5不符合《专利法》第二十二条第三款的规定，权利要求1~5不符合《专利法》第二十六条第四款以及《专利法》第三十三条的规定，并提交了如下附件作为证据：

附件1：本专利的发明专利说明书CN1068649C；

附件2：本专利的发明专利申请公开说明书CN1132299A；

附件3：US4677800号美国专利（下称对比文件1），其公开日为1987年7月7日；

附件4：US3411256号美国专利（下称对比文件2），其公开日为1968年11月19日；

附件5：US4651494号美国专利（下称对比文件3），其公开日为1987年3月24日。

口头审理如期举行，周荣标未参加口头审理。专利复审委员会告知欧文斯公司，周荣标2004年8月5日提交的权利要求不符合《专利法》第三十三条的规定，口头审理以授权公告的权利要求书为基础。欧文斯公司明确其无效理由、证据和范围为：1. 权利要求1~5不符合《专利法》第三十三条、第二十六条第四款的规定，具体理由是权利要求1中的“硬质”及权利要求1~5的具体方案在原始申请文件中没有公开。2. 权利要求1与对比文件1或对比文件2比较不具有新颖性；欧文斯公司用对比文件1、对比文件1与对比文件2结合或对比文件2与对比文件3结合评价权利要求3的创造性，没有具体就对比文件2和对比文件3结合评价权利要求3的创造性发表意见；权利要求5的附加技术特征是公知常识，因此权利要求5也不具有创造性。

另，本专利的发明专利申请公开说明书CN1132299A记载的权利要求书如下：

“1. 泡沫塑料——水泥砼屋面保温隔热层及其施工方法。

2. 用于（1）施工、平面有上大下小圆柱形孔洞，两对侧面为凹、另两对侧面为凸，或四侧面均为半圆槽，相同型块凹凸侧面镶接、半圆槽任意两侧相接，能形成排气空洞的长方体（平面为正方形）泡沫塑料保温隔热块。

3. 同一构思的系列产品，用于搪瓷浴缸、蒸饭用铝合金饭盒、炖饭用钢精锅、提水桶（可用于发酵面粉、家庭酿甜酒）暖气热水管、自来水管、水表保温隔热、防冻的泡沫塑料垫套、盒套、锅套、桶套、管套、表套。”

上述事实，有第9174号决定、本专利发明专利说明书、发明专利申请公开说明书CN1132299A及当事人陈述等证据为证。

本院认为，根据各方当事人的诉辩主张，本案争议的焦点是：周荣标在本专利授权文本中将其原始公开文本中的“泡沫塑料”修改为“硬质泡沫塑料”，该修改是否超出了原说明书和权利要求书记载的范围。

将本专利的授权文本与本专利的原始公开文本相比较，可以发现：授权时的权利要求1~4均记载了硬质泡沫塑料隔热板块，由于权利要求5从属于权利要求1，因此该权利要求5中所述的泡沫塑料隔热板块也是硬质的，而本专利的原说明书和权利要求书并没有记载泡沫塑料是硬质的，且该修改从原说明书中以及说明书附图均不能直接地、毫无疑义地确定。

周荣标起诉称由于本专利泡沫塑料用于屋面隔热，其厚度为12cm，泡沫塑料不吸水（属闭孔泡沫塑料）以及施工方式可以直接地、毫无疑义地确定“泡沫塑料隔热块是硬质闭孔泡沫塑料”。对此本院认为，屋面隔热利用泡沫塑料的绝热性，对于其强度并没有要求，因此本专利泡沫塑料用于屋面隔热不能必然得出其为硬质的结论。周荣标称本专利泡沫塑料的厚度及不吸水可以得出其为硬质的结论，但被告及第三人均否认此点，且该结论与常识相悖，周荣标有必要提交证据证明这一点。周荣标并未提交相应证据，故本院对此不予采信。而周荣标所述的施工方式出现在其说明书的具体实施例中，由于实施例并不代表唯一的施工方式，故不能排除在其他的施工方式中，泡沫塑料并不需要承受施工工人的重量。而且，该实施例中也未载明施工时只能是施工工人站在泡沫塑料块上来回走动。周荣标起诉称泡沫塑料是上位概念，硬质泡沫塑料是下位概念，硬质泡沫塑料并未超出泡沫塑料的范围。对此本院认为，即使修改后的技术特征是下位概念，如果其不能从原记载内容直接地、毫无疑义地确定，这种修改也是不允许的。综上所述，原告的起诉理由不能成立。

综上，被告专利复审委员会作出的第9174号决定认定事实清楚，程序合法，应予维持。依照《中华人民共和国行政诉讼法》第五十四条第（一）项之规定，本院判决如下：维持被告国家知识产权局专利复审委员会作出的第9174号无效宣告请求审查决定。案件受理费100元，由原告周荣标负担（已交纳）。如不服本判决，可在本判决书送达之日起15日内，向本院递交上诉状，并按对方当事人人数提交副本，交纳上诉案件受理费100元，上诉于北京市高级人民法院。

审 判 长 任 进
代理审判员 邢 军
代理审判员 郝建欣
二〇〇六年十二月二十八日
书 记 员 朱 平

# 北京市高级人民法院
# 行政判决书

（2008）高行终字第 45 号

上诉人（原审原告）周荣标，男，汉族，1949 年 3 月 29 日出生，上海盟建环保节能科技有限公司高级工程师，现住福建省浦城县上青岭小区 25 号。

被上诉人（原审被告）国家知识产权局专利复审委员会，住所地北京市海淀区北四环西路 9 号银谷大厦 10~12 层。

法定代表人廖涛，副主任。

委托代理人刘颖杰，该委员会审查员。

委托代理人隋璐，该委员会审查员。

原审第三人南京欧文斯科宁挤塑泡沫板有限公司，住所地江苏省南京市栖霞经济开发区。

法定代表人 Gary A. Nieman，董事长。

委托代理人李勇，北京市金杜律师事务所律师。

委托代理人陈文平，北京市金杜律师事务所律师。

上诉人周荣标因专利权无效行政纠纷一案，不服北京市第一中级人民法院（2007）一中行初字第 1339 号行政判决，于法定期限内向本院提出上诉。本院于 2008 年 1 月 17 日受理后，依法组成合议庭，于 2008 年 2 月 21 日公开审理了本案。上诉人周荣标，被上诉人国家知识产权局专利复审委员会（以下简称专利复审委员会）的委托代理人刘颖杰、隋璐，原审第三人南京欧文斯科宁挤塑泡沫板有限公司（以下简称南京欧文斯公司）的委托代理人李勇、陈文平到庭参加诉讼。本案现已审理终结。

北京市第一中级人民法院认定，周荣标系名称为“泡沫塑料-水泥砼屋面保温隔热层及其施工方法”的发明专利（以下简称本专利）的权利人，南京欧文斯公司于 2004 年 7 月 9 日向专利复审委员会提出了无效宣告请求，理由是本专利权利要求 1 不符合《专利法》第二十二条第二款的规定，权利要求 3、5 不符合《专利法》第二十二条第三款的规定，权利要求 1~5 不符合《专利法》第二十六条第四款以及《专利法》第三十三条的规定。2006 年 12 月 16 日，专利复审委员会以本专利的授权文本为审查基础作出第 9174 号无效宣告请求审查决定（以下简称第 9174 号决定），认定本专利权利要求 1~5 修改超范围，从而导致本专利全部无效，专利复审委员会不再审查南京欧文斯公司提出的其他无效宣告请求理由，并决定宣告本专利权全部无效。

北京市第一中级人民法院认为，将本专利的授权文本与本专利的原始公开文本相比较，本专利授权时的权利要求 1~4 均记载了硬质泡沫塑料隔热板块，由于本专利权利要求 5 从属于权利要求 1，因此，该权利要求 5 中所述的泡沫塑料隔热板块也是硬质的，而本专利的原说明书和权利要求书并没有记载泡沫塑料是硬质的，且该修改从原说明书以及说明书附图均不能直接地、毫无疑义地确定。第 9174 号决定认定事实清楚，程序合法，应予维持。依照《中华人民共和国行政诉讼法》第五十四条第（一）项之规定，判决：维持专利复审委员会作出的第 9174 号决定。

周荣标不服一审判决向本院提出上诉，认为本专利权利要求书的修改可以从原说明书中直接地、毫无异议地确定，该修改符合审查指南中“允许修改的规定”，请求撤销原审判决及第 9174 号决定，维持本专利权有效。专利复审委员会及南京欧文斯公司服从原审判决。

本院经审理查明：

1994年5月5日，周荣标向原中国专利局申请了名称为“泡沫塑料-水泥砼屋面保温隔热层及其施工方法”的发明专利（即本专利），申请号为94105476.4。原中国专利局于1996年10月2日公开的《发明专利申请公开说明书》中记载的本专利的权利要求书为：“1.泡沫塑料-水泥砼屋面保温隔热层及其施工方法。2.用于（1）施工、平面有上大下小圆柱形孔洞，两对侧面为凹、另两对侧面为凸，或四侧面均为半圆槽，相同型块凹凸侧面镶接、半圆槽任意两侧相接，能形成排气空洞的长方体（平面为正方形）泡沫塑料保温隔热块。3.同一构思的系列产品，用于搪瓷浴缸、蒸饭用铝合金饭盒、炖饭用钢精锅、提水桶（可用于发酵面粉、家庭酿甜酒）、暖气热水管、自来水管、水表保温隔热、防冻的泡沫塑料垫套、盒套、锅套、桶套、管套、表套。”该《发明专利申请公开说明书》记载的本专利的说明书及附图均未使用“硬质泡沫塑料”一词，也没有本专利的“泡沫塑料”是“硬质泡沫塑料”的相关记载。

2001年7月8日，本专利获得授权，专利权人为周荣标，其授权公告的《发明专利说明书》记载的权利要求书为：

“1.一种屋面保温隔热层，其特征是：隔热层内层为硬质泡沫塑料隔热板块，面层为水泥砼或瓦屋面。

2.根据权利要求1所述的隔热层面层为水泥砼的硬质泡沫塑料隔热板块，其特征是：泡沫塑料板块为长方体，大平面0.25 $m^2$ 面积有9或16个分布均匀、上大下小、圆柱形贯穿孔洞，四侧面两对侧面为凹槽，另两对侧面为凸条，或四侧面均为半圆槽，凹槽与凸条能镶接。

3.根据权利要求1所述面层为瓦顶屋面的硬质泡沫塑料隔热板块，其特征是：泡沫塑料板块为长方体，四侧面两对侧面为凹槽，另两对侧面为凸条，凹槽与凸条能镶接。

4.根据权利要求1所述内层为硬质泡沫塑料隔热板块、面层为水泥砼的屋面保温隔热层，施工方法其特征是：将混凝土屋面清洗干净，凹陷处用2∶1水泥砂浆抹平，砂浆凝固后，将泡沫塑料隔热板块大口平面朝上，凹凸相接，整齐靠紧铺盖屋面，四周用砖砌体围住，砌体长1~2米处留置直径2cm的小孔，泡沫塑料板块上面倒入425#2∶1水泥砂浆，用捣杆先把孔洞内水泥砂浆轻轻捣实，泡沫塑料板块上面再抹一层3cm厚水泥砂浆，四周砖砌体用水泥砂浆抹面，孔口不得堵塞；或者在泡沫塑料隔热板块孔洞内放入水泥砂浆轻轻捣实后，使砂浆高出洞口面lcm，平稳放上预制水泥砼板块，待孔洞内水泥砂浆凝固后再行水泥砼板块的沟缝。

5.根据权利要求1所述瓦屋面保温隔热层，施工方法其特征是：将泡沫塑料隔热板块凹凸镶接，在板块相邻四角处用垫片、铁钉把板块固定在室顶天花板、条木或栓木上，边安装、边固定，直至铺盖整个屋、室顶面。”

2004年7月9日，南京欧文斯公司向专利复审委员会提出无效宣告请求，理由是：本专利权利要求1不符合《专利法》第二十二条第二款的规定，权利要求3、5不符合《专利法》第二十二条第三款的规定，权利要求1~5不符合《专利法》第二十六条第四款以及《专利法》第三十三条的规定，并提交了如下附件作为证据：

附件1：本专利的发明专利说明书CN 1068649C；

附件2：本专利的发明专利申请公开说明书CN 1132299A；

附件3：US4677800号美国专利（下称对比文件1），其公开日为1987年7月7日；

附件4：US3411256号美国专利（下称对比文件2），其公开日为1968年11月19日；

附件5：US4651494号美国专利（下称对比文件3），其公开日为1987年3月24日。

在专利复审委员会于2005年3月30日举行的口头审理过程中，周荣标未参加该口头审理。专利复审委员会告知南京欧文斯公司，周荣标于2004年8月5日提交的权利要求不符合《专利法》第三十三条的规定，口头审理以授权公告的权利要求书为基础。南京欧文斯公司明确其无效理由、证据和范围为：1. 本专利权利要求1~5不符合《专利法》第三十三条、第二十六条第四款的规定，具体理由是权利要求1中的“硬质”及权利要求1~5的具体方案在原始申请文件中没有公开。2. 本专利权利要求1与对比文件1或2比较不具有新颖性；南京欧文斯公司用对比文件1、对比文件1与2结合或对比文件2与3结合评价本专利权利要求3的创造性，但没有具体就对比文件2和3结合评价权利要求3的创造性发表意见；本专利权利要求5的附加技术特征是公知常识，因此，权利要求5也不具有创造性。

2006年12月16日，专利复审委员会作出第9174号决定，认定：周荣标在无效宣告程序中共提交过两次权利要求书的修改替换页，日期分别为2004年8月5日和2006年9月11日。专利复审委员会已于2006年8月16日告知周荣标其于2004年8月5日提交的权利要求书不符合《专利法》第三十三条以及《审查指南》的相关规定。经专利复审委员会审查，周荣标于2006年9月11日提交的权利要求书中权利要求2、4分别相对于授权文本中的相应权利要求删去了部分技术特征，权利要求3、5分别相对于授权文本中的相应权利要求增加了部分技术特征。上述修改不符合无效宣告程序中专利文件的修改原则，同时，修改采用的方式不是权利要求的删除、合并和技术方案的删除，不符合《审查指南》第四部分第三章第4.6节的规定。因此以授权文本为审查基础。将本专利的授权文本与本专利的原始公开文本相比较，可以发现：授权时的权利要求1~4均记载了硬质泡沫塑料隔热板块，由于权利要求5从属于权利要求1，因此，该权利要求5中所述的泡沫塑料隔热板块也是硬质的，而本专利的原说明书和权利要求书并没有记载泡沫塑料是硬质的。原说明书中记载了面层分别为水泥砼、瓦屋面的屋面保温隔热层具体实施例，对于面层为水泥砼的实施例，是将泡沫塑料隔热块平铺在屋面上，向泡沫塑料隔热块的孔洞中倒入水泥砂浆，捣实后，洞口砂浆比洞口面高出lcm，然后放上水泥砼块。待孔洞内水泥凝固后再进行水泥砼块的沟缝。这样能够防止孔洞内砂浆受压太早，凝固后长度缩短，柱不能起承力作用而水泥砼面直接压在泡沫塑料块上。可见，在该实施例中，主要是泡沫塑料隔热块孔洞中的水泥砂浆承受水泥砼的重量，不能由该内容得出泡沫塑料隔热块是硬质的。对于面层为瓦顶屋面的实施例，是将泡沫塑料隔热块用钉直接固定在居室天花板或条木或栓木下面，可见，也不能由该内容得出泡沫塑料隔热块是硬质的。此外，原说明书中其他部分以及说明书附图均不能直接地、毫无疑义地确定“泡沫塑料隔热块是硬质的”。因此，本专利授权的权利要求1~5超出原始申请文件记载范围，不符合《专利法》第三十三条的规定。周荣标在答复无效宣告请求受理通知书时认为，授权时的独立权利要求1中所述的硬质泡沫塑料是对说明书泡沫塑料的进一步限定，并且鉴于对比文件公开的内容或者鉴于实施发明的某部分是不可能的，允许用具体“放弃”的方式从一较宽的权利要求中排除某部分，使权利要求从整体上看覆盖具有明显排除某部分的一个确定的保护范围，因此，权利要求的修改符合《专利法》第三十三条的规定。《审查指南》规定的被允许的采用具体“放弃”的方式进行的修改针对的是数值范围，而本专利中将“泡沫塑料”修改为“硬质泡沫塑料”并不属于上述所允许的修改方式，因此周荣标据此认为修改不超范围的主张不成立，专利复审委员会不予支持。鉴于本专利权利要求1~5修改超范围，从而导致该专利权全部无效，因此专利复审委员会不再审查南京欧文斯公司提出的其他无效宣告请求理由。综上，专利复审委员会作出第9174号决定宣告本专利全部无效。

周荣标在二审时提交了一组照片及《中华人民共和国国家标准隔热用聚苯乙烯泡沫塑料》复印件，因其均未在无效审查程序中向专利复审委员会提交，且该组照片也无拍摄时间，《中华人民共和国国家标准隔热用聚苯乙烯泡沫塑料》复印件上加盖有“作废”的印章，故本院对上述材料均不予采信。

上述事实，有第9174号决定、本专利申请公开说明书、本专利说明书、当事人陈述及庭审笔录等证据在案佐证。

本院认为，本案二审的焦点问题是专利权人将公开说明书中的“泡沫塑料”修改为授权文本中的“硬质泡沫塑料”能否从原说明书中直接地、毫无疑义地确定，该修改是否符合《审查指南》中“允许修改的规定”。

《专利法》第三十三条规定，申请人可以对其专利申请文件进行修改，但是，对发明和实用新型专利申请文件的修改不得超出原说明书和权利要求书记载的范围。《审查指南》第二部分规定，凡是对说明书及其附图和权利要求书作出不符合《专利法》第三十三条规定的修改，均是不允许的。具体地说，如果申请的内容通过增加、改变、删除其中的一部分，致使所属技术领域的技术人员看到的信息与原申请记载的信息不同，而且又不能从原申请记载的信息中直接地、毫无疑义地确定，那么，这种修改就是不允许的。

本专利授权时的权利要求1~4均记载了硬质泡沫塑料隔热板块，由于权利要求5从属于权利要求1，故该权利要求5中所述的泡沫塑料隔热板块也是硬质的。而本专利申请公开说明书并未出现“硬质泡沫塑料”的用语，也没有关于本专利的泡沫塑料是硬质的记载，故从本专利申请公开说明书的全部记载中均不能直接地、毫无疑义地确定其“泡沫塑料”是“硬质泡沫塑料”。周荣标所称的本专利用于屋面隔热及其所述的施工方式，均不能直接地、毫无疑义地得出本专利申请公开说明书记载的“泡沫塑料”是“硬质泡沫塑料”的结论，其有关本专利授权文本中的“硬质泡沫塑料”对公开说明书中的“泡沫塑料”的修改可以从原说明书中直接地、毫无疑义地确定的上诉请求依据不足，本院不予支持。周荣标有关本专利的授权文本中的“硬质泡沫塑料”对公开说明书中的“泡沫塑料”的修改符合审查指南有关规定的上诉主张亦无法律依据而不能成立。

综上，上诉人周荣标的上诉理由缺乏事实及法律依据，不能成立，本院不予支持。一审判决认定事实清楚，适用法律正确，应予维持。依据《中华人民共和国行政诉讼法》第六十一条第一款第（一）项之规定，判决如下：

驳回上诉，维持原判。

一审案件受理费100元，由周荣标负担（已交纳）；二审案件受理费100元，由周荣标负担（已交纳）。

本判决为终审判决。

审　判　长　张雪松
代理审判员　刘晓军
代理审判员　李燕蓉
二〇〇八年三月五日
书　记　员　毕　怡

022

# 一次性镊子

## 无效宣告请求审查决定（第9182号）

**决　　定　　号**　第9182号
**决　　定　　日**　2006年12月22日
**发明创造名称**　一次性镊子
**国 际 分 类 号**　A61B 17/30
**无效宣告请求人**　贺荣友
**专　利　权　人**　刘通生
**专　　利　　号**　98249227.8
**申　　请　　日**　1998年12月7日
**授 权 公 告 日**　2000年3月1日
**合 议 组 组 长**　钱　芸
**主　　审　　员**　张田勇
**参　　审　　员**　杨军艳

**法　律　依　据**　专利法第22条第2款、第3款；专利法实施细则第2条第2款
**决　定　要　点**

专利法实施细则第二条第二款是对可获得专利保护的实用新型的一般性定义，而不是判断新颖性、创造性、实用性的具体审查标准。

**一、案由**

本无效宣告请求涉及国家知识产权局于2000年3月1日授权公告的名称为“一次性镊子”的98249227.8号实用新型专利权（下称本专利），其申请日为1998年12月7日，专利权人为刘通生。本专利授权公告的权利要求书如下：

“1. 一种一次性镊子，它主要由上镊身（1）和下镊身（2）两部分组成，上镊身（1）和下镊身（2）上分别设有镊头（3）和镊齿（5），上镊身（1）和下镊身（2）通过镊尾（4）固接，其特征在于：上镊身（1）上设有定位边（8），下镊身（2）上设有定位边（9），上镊身（1）和下镊身（2）内分别设有加强筋（7），镊尾（4）的固接处设有镊孔（6）。

2. 根据权利要求1所述的一次性镊子，其特征还在于：上镊身（1）上设有的定位边（8）和下镊身（2）上设有的定位边（9）呈活动紧配合。”

针对上述专利权，贺荣友（下称请求人）于2004年12月6日向专利复审委员会提出无效宣告请求，其提供的证据如下：

证据1：申请号为98240995.8的中国实用新型专利说明书，授权公告日为1999年8月25日，专利权人为刘江潮；

证据2：公开日为1991年5月28日的5019091号美国专利文献全文及其部分中文译文1页；

证据3：公开日为1964年7月14日的3140715号美国专利文献全文及其部分中文译文1页；

证据4：公开日为1976年8月31日的3977410号美国专利文献全文及其部分中文译文1页；

证据5：申请号为94207664.8的中国实用新型专利说明书，授权公告日为1995年4月5日。

请求人认为：本专利权利要求1、2相对于证据1、证据2、证据3、证据4或证据5分别不符合专利法第22条第2款规定的新颖性，权利要求1、2相对于证据1、证据2、证据3、证据4或证据5分别不符合专利法第22条第3款规定的创造性，而且权利要求1、2不符合专利法实施细则第2条第2款的规定。

请求人于2004年12月27日向专利复审委员会提交意见陈述书，补充提交了如下证据：

补充证据1：北京市医药管理局于一九九八年五月二十二日核发给北京友邦基业商贸有限责任公司的京药器监（准）字98第101055号医疗器械产品注册证，复印件1页，其上加盖"北京市医药管理局"和"北京友邦基业科贸有限责任公司"公章；

补充证据2：加盖"北京市医药管理局"和"北京友邦基业科贸有限责任公司"公章的医疗器械产品生产制造认可表，复印件1页；

补充证据3：声称在专利复审委员会W61848号案卷中的"友邦牌"一次性处置盘包实物两件，声称该实物的生产日期为98年11月30日；

补充证据4：本专利专利权人委托"北京金之桥知识产权代理有限公司"于2004年7月9日向"北京市普仁医院"发出的专利权人声明，复印件1页；

补充证据5：中华人民共和国国家知识产权局于2000年11月7日发出的涉及98304977.7号外观设计专利的撤销专利权请求的审查决定书，复印件3页；

补充证据6：北京市工商行政管理局2000年6月28日登记的北京友邦基业科贸有限责任公司的企业法人营业执照（副本）复印件1页；

补充证据7：北京友邦基业科贸有限责任公司的变更基本信息表，复印件1页。

请求人认为；补充证据1证明了"友邦"牌一次性处置盘包在1998年5月22日后，即在本专利申请日前就在市场上公开销售、使用；补充证据2证明"友邦"牌一次性处置盘包的组成部件中包括大镊子和小镊子，"友邦"牌一次性处置盘包在1998年5月22日后，即在本专利申请日前就开始生产制造；补充证据3是两件"友邦"牌一次性处置盘包实物，请求人在专利复审委员会W61848案的审理过程中提交过，其中一件是生产日期为98年11月30日的"友邦"牌一次性处置盘包实物（下称证据3.1），其结构与本专利权利要求的技术方案相同；补充证据4、补充证据5中专利权人的陈述存在明显相悖之处；补充证据6证明北京友邦基业科贸有限责任公司成立于1997年10月9日，法定代表人为本专利专利权人刘通生，在补充证据3的基础上可以确定，在本专利申请日前，北京友邦基业科贸有限责任公司就已经生产和在国内销售了与本专利相同的产品；补充证据7证明1999年12月13日北京友邦基业商贸有限责任公司变更为北京友邦基业科贸有限责任公司。因此，在本专利申请日以前有同样的发明或者实用新型在国内公开使用过或者以其他方式为公众所知，本专利不符合专利法第22条的规定。

经形式审查合格，专利复审委员会受理了上述无效宣告请求，于2005年1月10日向双方当事人发出无效宣告请求受理通知书，同时将专利权无效宣告请求书及其附件清单中所列附件的副本和请求人于2004年12月27日提交的意见陈述书及其补充证据1、2、4~7转送给专利权人，要求其在指定的期限内答复。

针对上述无效宣告请求，专利权人于2005年3月2日向专利复审委员会提交了意见陈述书，认为：证据1~4至少没有公开“镊尾的固接处设有镊孔”；证据2~4仅有部分中文译文，不能形成完整的技术方案，不能与本专利权利要求进行比较；证据5没有公开本专利的定位边、加强筋、镊孔等，也没给出类似的启示；由补充证据1~7不能认定公开了本专利的技术方案，因此，本专利具备新颖性、创造性，也符合专利法实施细则第2条第2款的规定。

专利复审委员会依法成立合议组，对上述无效宣告请求进行审查。

本案合议组于2005年10月17日向双方当事人发出无效宣告请求口头审理通知书，指出本案定于2005年11月22日举行口头审理。随同口头审理通知书，将专利权人于2005年3月2日提交的意见陈述书转送给请求人。

口头审理如期举行，双方当事人均出席口头审理。在口头审理中，请求人明确其无效的理由、范围和证据为本专利权利要求1、2分别相对于证据1、证据2、证据3或证据4不具备新颖性；补充证据1~7证明与本专利相同的产品在本专利申请前已经公开销售，权利要求1、2不具备新颖性；权利要求1、2分别相对于证据2、证据3、证据4或证据5不具备创造性；本专利权利要求1、2不符合专利法实施细则第2条第2款的规定，但请求人在口头审理过程中未对该无效宣告理由进行具体陈述。请求人未提交补充证据1、2、4~7的原件；合议组从专利复审委员会W601848号案卷中调取了其中的一次性处置盘包实物，该案卷中仅有一件实物（下称补充证据3.2），内有一把镊子，该实物的包装袋封口处标有“生产日期99年11月18日”的字样，请求人当庭进行了核实并予以确认。专利权人对证据1~5的真实性没有异议，对附件2、4的中文译文的准确性没有异议；专利权人认为证据1的专利权已经转让给本专利的专利权人，因此，证据1不能用于评述本专利权利要求的新颖性，专利权人对此没有提交任何证据加以证明；专利权人认为证据3的中文译文中的附图标记22不是定位边，而应译为“耳形凸起”，请求人对此表示认可；专利权人对补充证据1、2、3.2、4~7的真实性有异议。在口头审理中，双方当事人均充分发表了意见。

经审理，合议组认为本案的事实清楚，现依法作出如下决定。

**二、决定的理由**

1. 关于证据和现有技术

证据1是申请日在本专利之前、授权公告日在本专利的申请日之后的中国专利文献。专利权人对其真实性没有异议，但认为证据1的专利权已经转让给本专利的专利权人，因此，证据1不能用于评述本专利权利要求的新颖性。合议组认为，由于专利权人未提交任何证据证明证据1的专利权已经转让给本专利的专利权人，因此，证据1是由他人在本专利的申请日之前向国家知识产权局提出的、授权公告日在本专利的申请日之后的专利文献，可以用于评述本专利权利要求的新颖性。

证据2~5是公开日期在本专利申请日之前的专利文献，专利权人对证据2~5的真实性均无异议，对附件2、4的中文译文的准确性没有异议；专利权人认为证据3的中文译文中的附图标记22应译为“耳形凸起”，请求人对此表示认可。经合议组审查认为，对比文件2~5可以作为本案的定案根据，并且其上记载的内容构成本专利的现有技术，其中证据3中附图标记22为“耳形凸起”，证据2、4和证据3其余文字部分所公开的内容以请求人提交的中文译文的内容为准。

口头审理中，请求人未提交补充证据1、2、4~7的原件，专利权人对它们的真实性提出异议，由于补充证据1、2、4~7的真实性无法核实，因此补充证据1、2、4~7不能作为本案的定案依据。

请求人认为其作为证据使用的补充证据3是在专利复审委员会W601848号案卷中的两件实物，经合议组调取该案卷，并经请求人核实确认，该案卷中仅有一件实物（补充证据3.2），内有一把镊子，该实物的包装袋封口处标有“生产日期 1999 年 11 月 18 日”字样。合议组经审查认为，由专利复审委员会 W601848 号案卷中未能调取到生产日期为 1998 年 11 月 30 日的实物（补充证据 3.1），并且请求人当庭也未提交该实物，因此，补充证据 3.1 不能作为本案的定案依据；虽然合议组调取到补充证据 3.2，但补充证据 3.2 的包装袋封口处的生产日期 1999 年 11 月 18 日在本专利的申请日之后，仅凭补充证据 3.2 不能证明该产品在本专利申请日之前已经公开销售，补充证据 3.2 不能用于与本专利权利要求中的技术特征进行对比。

2. 关于专利法实施细则第 2 条第 2 款

专利法实施细则第 2 条第 2 款规定：专利法所称实用新型，是指对产品的形状、构造或者其结合所提出的适于实用的新的技术方案。

审查指南第一部分第二章第 6.5 节规定：专利法实施细则第 2 条第 2 款是对可获得专利保护的实用新型的一般性定义，而不是判断新颖性、创造性、实用性的具体审查标准。

请求人认为本专利的权利要求 1、2 不符合专利法实施细则第 2 条第 2 款的规定。

合议组认为：本专利权利要求 1 请求保护一种一次性镊子，在其前序和特征部分对所述所述一次性镊子的形状、构造及其结合进行了限定，因此，权利要求 1 的技术方案符合专利法实施细则第 2 条第 2 款的规定。

由于独立权利要求 1 符合专利法实施细则第 2 条第 2 款的规定，并且独立权利要求 1 的从属权利要求 2 的附加技术特征也是分别对所述镊子的构造进行的限定，因此，权利要求 2 的技术方案也分别符合专利法实施细则第 2 条第 2 款的规定。

3. 关于专利法第 22 条第 2 款

专利法第 22 条第 2 款规定：新颖性，是指在申请日以前没有同样的发明或者实用新型在国内外出版物上公开发表过、在国内公开使用过或者以其他方式为公众所知，也没有同样的发明或者实用新型由他人向国务院专利行政部门提出过申请并且记载在申请日以后公布的专利申请文件中。

本案中，请求人认为权利要求 1、2 分别相对于证据 1、2、3 或 4 不具有新颖性；补充证据 1～7 证明与本专利相同的产品在本专利申请前已经公开销售，权利要求 1、2 不具备新颖性。

由本决定前述“关于证据和现有技术”部分的分析可知，补充证据 1、2、3.1、3.2、4～7 不能作为本案的定案依据，因此，以下仅评述本专利权利要求 1、2 分别相对于证据 1、2、3 或 4 是否具有新颖性。

证据 1 中公开了一种一次性镊子，它主要由上镊臂 1（相当于本专利中的上镊身 1）和下镊臂 2（相当于本专利中的下镊身 2）两部分组成，上镊臂 1 和下镊臂 2 上分别设有镊头 5 和镊齿 6，上镊臂 1 和下镊臂 2 通过镊尾 3 固接，上镊臂 1 和下镊臂 2 的相向面设有互为交错的凹凸肋条 4（相当于本专利中的定位边 8），凹凸肋条 4 也构成了上下镊臂的内侧筋，加强了镊臂的强度。

由以上分析可知，本专利权利要求 1 相对于证据 1 的区别在于：在本专利权利要求 1 的技术方案中，（1）上镊身和下镊身内分别设有加强筋，（2）镊尾的固接处设有镊孔。

对于区别特征（1），证据 1 中的凹凸肋条既有定位作用、又有加强镊臂强度的作用，在本专利权利要求 1 的技术方案中，分别单独设置定位边和加强筋，对于本领域技术人员来说，这种替换属于本领域的惯用手段的直接置换。但是，对于区别技术特征（2），证据 1 中的文字部分并没有公开相关特征，在证据 1 的附图 1 中，在镊尾 3 的固接处图示有一圆形圈状物，但从附图 1 中不能直接的、毫无疑义的确定该圆形圈状物，就是一个孔状结构。因此，本专利权利要求 1 相对于证据 1 具备专利法第 22 条第 2 款规定的新颖性。

本专利权利要求 2 是权利要求 1 的从属权利要求，在权利要求 1 相对于证据 1 具备新颖性的情况下，权利要求 2 相对于证据 1 也具备专利法第 22 条第 2 款规定的新颖性。

证据 2 中公开了一种一次性镊子，它主要由镊臂 12（相当于本专利中的上镊身 1）和镊臂 14（相当于本专利中的下镊身 2）组成，镊臂 12 和镊臂 14 上分别设有镊头和镊齿，镊臂 12 与镊臂 14 相连接处呈弧状，在该弧状连接的中点处连接有镊尾，镊臂 12 和镊臂 14 内分别设有加强筋 18，镊臂 12 上设有一个凸起 30，凸起 30 垂直于镊臂并高出加强筋 18，镊臂 14 上设置有一对平行的凸起 36，在这对平行的凸起之间形成一凹槽 34，通过凸起 30 与凹槽 34 的相互作用，使两个镊臂 12、14 紧密准确结合、无错位。

本专利权利要求 1 相对于证据 2 的区别在于：在本专利权利要求 1 的技术方案中，（1）上镊身和下镊身通过镊尾固接，（2）镊尾的固接处设有镊孔，（3）上镊身上设有定位边，下镊身上设有定位边。

由以上分析可知，证据 2 中没有公开上述区别特征，上述区别特征也不能从证据 2 中直接的、毫无疑义的导出。因此，本专利权利要求 1 相对于证据 2 具备专利法第 22 条第 2 款规定的新颖性。

本专利权利要求 2 是权利要求 1 的从属权利要求，在权利要求 1 相对于证据 2 具备新颖性的情况下，权利要求 2 相对于证据 2 也具备专利法第 22 条第 2 款规定的新颖性。

证据 3 中公开了一种一次性镊子，它主要由两个镊臂（相当于本专利中的上镊身 1 和下镊身 2）组成，两个镊臂上分别设有镊头和镊齿，两个镊臂通过镊尾固接，两个镊臂的内侧臂表面上分别设有加强筋 16，在一个镊臂的齿端侧的加强筋上有凸形插片 20，在另一个镊臂的齿端侧的齿端侧的加强筋上有凹形插槽 21，凹形插槽 21 的每一侧有耳形凸起 22，凹形插槽 21 和凸形插片 20 的作用是防止镊子齿合的交叉错位。

由以上分析可知，本专利权利要求 1 相对于证据 3 的区别在于：在本专利权利要求 1 的技术方案中，（1）上镊身上设有定位边，下镊身上设有定位边，（2）镊尾的固接处设有镊孔。

证据 3 中没有公开上述区别特征，上述区别特征也不能从证据 3 中直接的、毫无疑义的导出。因此，本专利权利要求 1 相对于证据 3 具备专利法第 22 条第 2 款规定的新颖性。

本专利权利要求 2 是权利要求 1 的从属权利要求，在权利要求 1 相对于证据 3 具备新颖性的情况下，权利要求 2 相对于证据 3 也具备专利法第 22 条第 2 款规定的新颖性。

证据 4（参见附图 1~16 及其中文译文）中公开了一种一次性镊子，它主要由两个镊臂 2、4 组成，两个镊臂 2、4 上分别设有镊头和镊齿，两个镊臂通 2、4 过镊尾 6 固接，镊尾 6 的固接处设有镊孔，两个镊臂 2、4 的内侧分别设有纵向的加强筋，在两个镊臂 2、4 的加强筋中部分别设有凸起肋条 18、31，凸起肋条 18 具有交错平行设置的两个肋条 24、26，对应于凸起肋条 18，凸起肋条 31 具有交错平行设置的两个肋条 28、30，其中肋条 26 与肋条 28 在一个平面上，而肋条 30 与肋条 24 在另一个平面上，使得凸起肋条 18 和 31 可以形成平行交叉，从而紧密配合，使镊子的闭合不会错位。

由以上分析可知，本专利权利要求 1 相对于证据 4 的区别在于：在本专利权利要求 1 的技术方案中，上镊身上设有定位边，下镊身上设有定位边。

请求人认为证据 4 中的凸起肋条 18、31 公开了本专利权利要求 1 中的定位边。对此合议组认为，证据 4 中镊子的凸起肋条 18 和 31 形成平行交叉，凸起肋条 18 和 31 通过设置在各肋条端部的凸块 38、34、32、36 相互钩接（参见附图 3~12），在镊子的闭合过程中，凸块 38、34、32、36 分别在其对应的平面上运动，从而在凸起肋条 18 和 31 的宽度行程上保证了镊子的闭合不会错位。而本专利权利要求 1 中的定位边能够在镊子的长距离镊合过程中始终保持镊子对准，而且所述定位边上没有凸块，定位边之间不需要钩接。因此，证据 4 中没有公开上述区别特征，上述区别特征也不能从证据 4 中直接地、毫无疑义地导出，本专利权利要求 1 相对于证据 4 具备专利法第 22 条第 2 款规定的新颖性。

本专利权利要求 2 是权利要求 1 的从属权利要求，在权利要求 1 相对于证据 4 具备新颖性的情况下，权利要求 2 相对于证据 4 也具备专利法第 22 条第 2 款规定的新颖性。

3. 关于专利法第 22 条第 3 款

专利法第 22 条第 3 款规定：创造性，是指同申请日以前已有的技术相比，该发明有突出的实质性特点和显著的进步，该实用新型有实质性特点和进步。

本案中，请求人认为权利要求 1、2 相对于证据 2、3、4 或 5 不具有创造性。

如前所述，本专利权利要求 1 相对于证据 2 的区别在于：在本专利权利要求 1 的技术方案中，（1）上镊身和下镊身通过镊尾固接，（2）镊尾的固接处设有镊孔，（3）上镊身上设有定位边，下镊身上设有定位边。

对于区别特征（1），证据 2 中虽然没有公开，但是通过镊尾固接上下镊身是本领域的常用技术手段。对于区别特征（2），证据 2 中的镊尾与镊臂 12 和镊臂 14 相连区域呈弧状，该弧状构造客观上起到了使镊子更富弹性、镊合度更大的作用，与镊孔在本专利中所起作用相同，此外，证据 2 中的镊子在镊合过程中，由于镊臂 12 和镊臂 14 上设置有加强筋 18，所以也可能再形成为一镊孔，因此，证据 2 中给出了在本专利的镊尾的固接处设置镊孔的启示。对于区别特征（3），证据 2 中使用凸起 30 与由一对凸起 36 构成的凹槽 34 进行配合，在镊子的镊合过程的后期，使凸起 30 嵌入到凹槽 34 内，在很短的镊合行程内使两个镊臂 12、14 准确结合、无错位，而本专利中通过在上下镊身上分别设置相互活动配合的定位边，使上下镊身在长的镊合行程内均保持对准，证据 2 中并没有给出使用定位边进行定位的启示。可见权利要求 1 相对于证据 2 具有非显而易见性，同时权利要求 1 的技术方案也具有上述技术效果。因此，本专利权利要求 1 相对于证据 2 具备专利法第 22 条第 3 款规定的创造性。

本专利权利要求 2 是权利要求 1 的从属权利要求，在权利要求 1 相对于证据 2 具备创造性的情况下，权利要求 2 相对于证据 2 也具备专利法第 22 条第 3 款规定的创造性。

如前所述，本专利权利要求 1 相对于证据 3 的区别在于：在本专利权利要求 1 的技术方案中，（1）镊尾的固接处设有镊孔，（2）上镊身上设有定位边，下镊身上设有定位边。

对于区别特征（1），证据 3 中的镊尾与两镊臂相连区域呈弧状，该弧状构造客观上起到了使镊子更富弹性、镊合度更大的作用，与镊孔在本专利中所起作用相同，此外，证据 2 中的镊子在镊合过程中，由于两镊臂上设置有加强筋 16，所以也可能再形成为一镊孔，因此，证据 3 中给出了在本专利的镊尾的固接处设置镊孔的启示。对于区别特征（2），证据 3 中使用凸形插片 20 与凹形插槽 21 进行配合，在镊子的镊合过程的后期，使凸起 30 嵌入到凹槽 34 内，在很短的镊合行程内使两个镊臂无错位；而本专利中通过在上下镊身上分别设置相互活动配合的定位边，使上下镊身在长的镊合行程内均保持对准，证据 3 中并没有给出使用定位边进行定位的启示。可见权利要求 1 相对于证据 3 具有非显而易见性，同时权利要求 1 的技术方案也具有上述技术效果。因此，本专利权利要求 1 相对于证据 3 具备专利法第 22 条第 3 款规定的创造性。

本专利权利要求 2 是权利要求 1 的从属权利要求，在权利要求 1 相对于证据 3 具备创造性的情况下，权利要求 2 相对于证据 3 也具备专利法第 22 条第 3 款规定的创造性。

如前所述，本专利权利要求 1 相对于证据 4 的区别在于：在本专利权利要求 1 的技术方案中，上镊身上设有定位边，下镊身上设有定位边。

请求人认为证据 4 中的凸起肋条 18、31 公开了本专利权利要求 1 中的定位边。对此合议组认为，证据 4 中镊子的凸起肋条 18 和 31 形成平行交叉，凸起肋条 18 和 31 通过设置在各肋条端部的凸块 38、34、32、36 相互钩接（参见附图 3~12），在镊子的闭合过程中，凸块 38、34、32、36 分别在其对应的平面上运动，从而在凸起肋条 18 和 31 的宽度行程上保证了镊子的闭合不会错位。而本专利权利要求 1 中的定位边能够在镊子的长距离镊合过程中始终保持镊子对准，而且所述定位边上没有凸块，定位边之间不需要钩接。因此，证据 4 中没有给出不使用凸块 38、34、32、36 而仅设置定位边就能使得镊子在镊合过程中始终保持对准的启示，可见权利要求 1 相对于证据 4 具有非显而易见性，同时权利要求 1 的技术方案也具有上述技术效果。因此，本专利权利要求 1 相对于证据 4 具备专利法第 22 条第 3 款规定的创造性。

本专利权利要求 2 是权利要求 1 的从属权利要求，在权利要求 1 相对于证据 4 具备创造性的情况下，权利要求 2 相对于证据 4 也具备专利法第 22 条第 3 款规定的创造性。

证据 5 公开了一种一次性镊子，它主要由两个镊臂 7 组成，两个镊臂 7 上分别设有夹持部分 9（相当于本专利中的镊头 3）和镊齿 13，两个镊臂 7 通过结合部分 8（相当于本专利中的镊尾 4）固接，两个镊臂 7 内分别设有加强筋 11。

本专利权利要求 1 相对于证据 5 的区别在于：在本专利权利要求 1 的技术方案中，（1）镊尾的固接处设有镊孔，（2）上镊身上设有定位边，下镊身上设有定位边。

对于区别特征（1），证据 5 中的两镊臂结合部分呈弧状，该弧状构造客观上起到了使镊子更富弹性、镊合度更大的作用，与镊孔在本专利中所起作用相同，因此，证据 5 中给出了在本专利的镊尾的固接处设置镊孔的启示。对于区别特征（2），证据 3 中既没有公开也没有给出设置定位边的启示，而本专利中通过在上下镊身上分别设置相互活动配合的定位边，使上下镊身在长的镊合行程内均保持对准，可见权利要求 1 的技术方案具有实质性特点和进步。因此，本专利权利要求 1 相对于证据 5 具备专利法第 22 条第 3 款规定的创造性。

本专利权利要求 2 是权利要求 1 的从属权利要求，在权利要求 1 相对于证据 5 具备创造性的情况下，权利要求 2 相对于证据 5 也具备专利法第 22 条第 3 款规定的创造性。

综上所述，本专利权利要求 1、2 相对于证据 1、证据 2、证据 3 或证据 4 具备新颖性；权利要求 1、2 分别相对于证据 2、证据 3、证据 4 或证据 5 具备创造性；本专利权利要求 1、2 符合专利法实施细则第 2 条第 2 款的规定。

**三、决定**

维持 98249227.8 号实用新型专利权有效。

当事人对本决定不服的，可以根据专利法第 46 条第 2 款的规定，自收到本决定之日起三个月内向北京市第一中级人民法院起诉。根据该款的规定，一方当事人起诉后，另一方当事人应当作为第三人参加诉讼。

023

# 一种玻璃门锁

## 无效宣告请求审查决定（第9192号）

**决　　定　　点**　第9192号
**决　　定　　日**　2006年12月19日
**发明创造名称**　一种玻璃门锁
**国 际 分 类 号**　E05B 65/02
**无效宣告请求人**　南景勋
**专　利　权　人**　陆津汉，陆荣昌
**专　　利　　号**　03224601.3
**申　　请　　日**　2003年3月28日
**授 权 公 告 日**　2004年3月3日
**合 议 组 组 长**　李　隽
**主　　审　　员**　刘颖杰
**参　　审　　员**　彭　燕

**法　律　依　据**　专利法第22条第2款、第3款
**决　定　要　点**

如果一项权利要求中的某一技术特征限定的范围过宽，包含了所有能够实现该技术特征的技术手段，则现有技术中可以实现该技术特征的任何技术手段都可以认为是公开了该技术特征。

### 一、案由

本无效宣告请求涉及国家知识产权局于2004年3月3日授权公告的03224601.3、名称为“一种玻璃门锁”实用新型专利（下称本专利），其专利权人是陆津汉、陆荣昌，申请日是2003年3月28日。本专利授权公告的权利要求书如下：

“1. 一种玻璃门锁，包括锁体，所述锁体由装有锁芯（11）的外锁体（1）和装有锁舌（21）的内锁体（2）构成，其特征在于在外锁体（1）锁芯（11）与内锁体（2）锁舌（21）之间设有一锁带式联动机构，所述内外锁体（1）（2）之间设有可分别与内外锁体（1）（2）相连接的槽板（5），该槽板（5）上设有可与玻璃门配装的固紧机构（7）。

2. 根据权利要求1所述的玻璃门锁，其特征在于所述锁带式联动机构包括设置在外锁体（1）内的锁芯拔动机构（12）及设置于内锁体（2）上的手动拔动机构（22），所述锁芯拔动机构（12）与手动拔动机构（22）之间设有可供两者连动的钢带（4）；其中：

上述锁芯拔动机构（12）包括拔块（13）及与拔块（13）联动的带齿的拔轮（15），其中拔块

（13）在靠近锁芯（11）内端表面设有一侧带有齿条（14）的腰形孔，所述拔轮（15）呈水平设置于腰形孔内且其齿面与齿条（14）相啮合，在拔轮（15）中部设有与锁芯（11）中芯条相连接的插孔，在拔块（13）的另一端设有一与钢带（4）相连接的槽位，槽位内设有可通过螺钉（16）将钢带（4）与拔块（13）连成一体的螺孔；

上述手动拔动机构（22）包括，一端带拔动齿轮（23）的旋钮（24），带有可与拔动齿轮（23）啮合的齿条（25）的拔板（26）及与拔板（26）连动的锁舌移动机构（3），其中：

所述旋钮（24）设置于内锁体（2）的外端表面，在内锁体（2）上设有供旋钮（24）上拔动齿轮（23）穿过的通孔，在拔动齿轮（23）内设有底端带螺孔的一内六角卡孔（27）；

上述内锁体（2）设有与拔板（26）宽度相滑配的导槽，拔板（26）设置于导槽内，在拔板（26）上开有一长条状弧孔（28），上述可与拔动齿轮（23）啮合的齿条（25）设置在弧孔一侧，在拔板（26）一端设有一连接螺孔，所述钢带（4）通过螺钉与拔板（26）相连接，在拔板（26）上端设有可防止拔板（26）径向移动的定位板（29），在定位板（29）前端设有一伸长至内锁体端面的弧形限位片；

上述锁舌移动机构（3）包括摆板（31）和转板（34），在摆板（31）的下端设有一对可容置锁舌（21）端部的卡槽，在摆板（31）中部沿横向开有导槽（32），在导槽（32）下方开有一呈T型的限位孔（33），上述转板（34）设于摆板（31）的上方，在转板（34）下方设有穿过摆板（31）导槽（32）向下延伸与拔动齿轮（23）内六角卡孔（27）相插接的转轴（35），在转板（34）的扇形弧面两端设有半圆形的凹位（35），在转板（34）另一端下部设有可卡入导槽下方T形限位孔的三角形卡块（36）。

3. 根据权利要求2所述的玻璃门锁，其特征在于上述锁芯拔动机构（12）中的拔块（13）上方设有一压板（17），该压板（17）的一端设有延长的弧形片（18），所述压板（17）通过螺钉与外锁体（1）相固定。

4. 根据权利要求2所述的玻璃门锁，其特征在于上述内锁体（2）摆板（31）附近设有一带开口的矩形槽（6），在槽中设有一条中段带半圆弧扣（61）的弹簧钢丝（62），其半圆弧扣（61）的弧位与转板（34）扇形弧面上的半圆形凹位（35）相适配。

5. 根据权利要求2所述的玻璃门锁，其特征在于上述钢带（4）的宽度为8~15mm、0.2~0.5mm厚的弹性钢片。

6. 根据权利要求1所述的玻璃门锁，其特征在于上述固紧机构（7）包括设置于槽板（5）的与玻璃门的玻璃厚度相适配的槽位（51）及设置在槽板（5）靠近内锁体（2）一侧的带凸台的活动片（71），其中，在槽板（5）与内锁体（2）之间插有一片可使活动片（71）位移的楔板（72），该楔板呈L型，其短边与内锁体后端的码板相连，所述码板上设有可使楔板（72）往复移动的调节螺钉（73）。

7. 根据权利要求1所述的玻璃门锁，其特征在于上述内、外锁体（1）（2）内侧端面分别设有若干带有螺孔的凸台（10），上述槽板（5）与内外锁体（1）（2）内侧端面结合部设有可分别旋入凸台（10）螺孔的螺钉。”

针对上述专利权，南景勋（下称请求人）于2005年8月25日向专利复审委员会提出无效宣告请求，理由是本专利不符合专利法第22条第2、3款的规定，不具备新颖性、创造性。随同其专利权无效宣告请求书，请求人还提交了三份附件：

附件1：授权公开号为20-0288713的韩国实用新型公告文本，其公开日期是2002年9月11日；

附件2：附件1说明书部分的中文译文；

附件 3：本专利说明书。

请求人的具体无效理由是：附件 1 和本专利都涉及玻璃门锁，附件 1 要解决的技术问题是如何在玻璃门上不打孔的情况下使门的室内、外门锁进行联动；本专利要解决的技术问题是如何避免在玻璃门上打孔而使内外锁联动。因此，附件 1 和本专利涉及的是相同技术领域，解决的是相同的技术问题，相对于附件 1 本专利权利要求 1 不具备新颖性，权利要求 2 至 7 不具备创造性。

经形式审查合格，专利复审委员会受理了上述无效宣告请求，于 2005 年 9 月 28 日向请求人和专利权人发出无效宣告请求受理通知书，同时将专利权无效宣告请求书及其附件 1~3 的副本转给专利权人，要求其在一个月内对该无效宣告请求陈述意见。

专利权人于 2005 年 11 月 5 日提交了意见陈述，认为本专利具备新颖性、创造性，具体理由是：

（1）附件 1 要解决的技术问题是提供一种在室内外均可开门或锁门的新型钢化玻璃门装置，本专利要解决的技术问题是提供一种在安装时无需在玻璃门上加工锁具安装孔，便可保证锁具有内外联动功能的玻璃门锁。本专利的紧固机构中的调节螺钉带动楔板使活动片压紧玻璃，就可以使门锁固定在玻璃门边缘上的任何一个位置，实现了安装玻璃门锁时无需在玻璃门上开设安装孔，便可使内外锁体呈对称地扣合在玻璃门侧壁上，使整个安装过程方便、快捷，因而本专利具备新颖性、创造性。而附件 1 的门锁需要在玻璃门上开孔或者借助门拉手的固定孔才能安装，因此附件 1 与本专利所要解决的技术问题不同。

（2）此外，专利权人还认为本专利与附件 1 存在以下区别：a. 附件 1 没有公开本专利的锁舌限位机构，其是由转板上的凹位和内锁体槽中的一条中段带半圆弧扣的弹簧钢丝相配合而成；b. 本专利对钢带的尺寸有较详细的描述，由此对其运动条件作了限制，钢带只能在特定的空隙中运动，并且两端再用螺钉固定，使其工作的可靠性有保障；而附件 1 的钢带运动没有约束条件，没有可靠性，钢带两端只是插于移动部与导片结合部，没有紧固方法，缺陷显而易见，附件 1 中的弧形导片在开门与锁门的运动过程中遇到的阻力是浮动的，产生位置变化，弧形导片失去了导向作用，钢带也没有运动轨道可循，而本专利导向弧片通过螺钉与外锁体固定保证了钢带运动的合理间隙不变化；c. 本专利锁带式联动机构的旋钮中设有拨动齿轮，而附件 1 的齿轮部分是连接在控制杆的转轴上；d. 本专利在旋钮中设置孔，与该孔对应的转轴设置在转板上，而附件 1 的控制杆中设置转轴，与该转轴对应的孔设置在连接部上；e. 本专利的转轴与孔的连接是受六角扳手的启迪而设计的形状，而非请求人所说是由附件 1 的教导通过常规选择可得到的。

专利复审委员会依法组成合议组，对本案进行审理，合议组于 2006 年 8 月 24 日向请求人和专利权人发出口头审理通知书，告知双方当事人合议组定于 2006 年 11 月 7 日对本案进行口头审理，同时将专利权人于 2005 年 11 月 5 日提交的意见陈述转给请求人。

口头审理如期举行，请求人一方由专利代理人韩明星、刘奕晴出庭参加，专利权人一方由专利权人陆津汉、陆荣昌及公民代理乔广生出庭参加。

在口头审理中，请求人明确无效宣告请求的理由是本专利的权利要求 1 到 7 都不符合专利法第 22 条第 2、3 款的规定，其中增加了认为权利要求 1 不具备创造性的理由；依据的证据是提出无效宣告请求时提交的附件 1，专利权人对附件 1 的真实性及公开日期（2002 年 9 月 11 日）和中文译文的准确性均没有异议，但认为附件 1 与本专利是相同的技术领域但解决的技术问题不同，本专利具有新颖性和创造性。

在对本专利是否具备创造性的辩论过程中，请求人认为本专利的权利要求 1 与附件 1 的大部分的结构和功能都是相同的，本专利的权利要求 1 的技术方案已经被附件 1 公开，因而权利要求 1 不具备新颖性，并且由于权利要求 1 没有新颖性，所以也没有创造性。专利权人认为本专利可以不用在门上打孔而通过固紧机构即可安装，说明书中第5页第5到8行中所提到的固紧机构的技术特征在附件1中并没有公开，而不在玻璃门上打孔即可安装这一点并非本领域技术人员不付出创造性劳动就可以想到的。对此请求人认为任何门锁都有固定在门上的固紧机构，这是本领域的公知常识，并且本专利也看不出如何实现不打孔的；并且由于附件1中公开了利用玻璃门的已有的把手来固定门锁，因此也是不用在门上打孔的，另外，附件1中的支撑件100就具有本专利的槽板5和固紧机构7的两个功能。请求人还指出槽板和固紧机构的关系在本专利的权利要求1中并没有反映出来，专利权人则认为权利要求1已经写明固紧机构7是在槽板5上的。

针对权利要求2，请求人认为本专利的技术方案与附件1的孔和轴的位置只是交换了一下，权利要求2中的所有技术特征都被附件1所公开了，不同的只是各部件的位置和连接关系的不同。专利权人则认为，首先，权利要求2是权利要求1的从属权利，因此当权利要求1具有创造性和新颖性时，权利要求2也具有创造性和新颖性。其次，权利要求2的技术方案与附件1的方案不同，两者各部件连接位置的不同导致了产品内部结构的不同，本专利的扇形转板具有附加的限位机构。请求人则认为权利要求2中没有对限位机构进行描述，且扇形转板是没有起到限位作用的。专利权人指出，本专利的限位机构是通过转轴和弹簧钢丝实现的限位作用，凹位和限位孔、弹簧钢丝共同作用使得转板不再往前走，限位孔和卡块的作用是使得摆板带动凹块向前移，凹位和弹簧可以表明门锁打开和关上的状态，另外手动拨动机构中的锁舌移动机构的凹位和三角形卡块的结构是与附件1的主要不同之处。请求人则认为权利要求2中没有记载凹位的技术特征，附件1中的导销的连接结构与本专利相同，并认为本专利的凹位没有技术效果，并且权利要求2中没有对弹簧进行限定。

针对权利要求3，请求人认为其已被附件1公开因而没有创造性，其中本专利的压板对应于附件1的盖板。专利权人认为，首先，权利要求3是权利要求2的从属权利，所以权利要求3也有创造性；其次，附件1不能限定钢带的移动，而本专利用螺钉固定钢带，钢带是与齿条联动的。请求人认为附件1中的连接器件与移动板连接，本专利的钢带是与拨块13连接的，本专利的拨块即对应附件1的移动板。

针对权利要求4，请求人认为本专利限位结构是常规手段，在附件1中已经公开。专利权人认为定位机构在其他领域是公知的，但是在玻璃门锁领域是有创造性的，本专利摆板起到定位的作用，拨板拨动到95度的时候弧扣摆动到了凹位被卡住，锁舌就被固定住，使其不会伸出来。请求人认为附件1中的锁舌也是可以不伸出来的。

针对权利要求5，请求人认为钢带的宽度和厚度是通过锁的大小来设计的，是公知常识。专利权人对请求人这一主张表示认可。

针对权利要求6，请求人认为其附加技术特征通过权利要求1来看是显而易见的，因此没有创造性和新颖性。专利权人指出权利要求6是对权利要求1的固紧机构的具体限定，具备创造性；请求人认为固紧机构的结构和位置关系在权利要求6中看不出来，且附件1通过把手来固定，与本专利相同。

针对权利要求7，请求人认为其是公知常识且已被附件1公开。专利权人对请求人这一主张表示认可，认为权利要求7的附加技术特征不是有贡献的技术特征。

最后专利权人表示，本专利的主要贡献是不用打孔就可以将锁固定在门上，权利要求6完整的体现了这一技术方案，且权利要求2限定的限位机构与附件1完全不同的。

由于请求人当庭新增加了权利要求1不具备创造性的无效宣告请求理由，合议组告知专利权人其可以在自口头审理之日起七日内针对权利要求1的创造性提交意见陈述。

专利权人于2006年11月12日提交了意见陈述，其认为本专利权利要求1中披露的“在槽板

(5) 上设有可与玻璃门配装的固紧机构”是针对本实用新型锁要求解决的实质性问题而提出的，所述“固紧机构”为一极为确定的结构特征，具备实质性特点，另外本专利所要解决的技术问题是业内人士渴望解决的问题，其相对于打孔安装玻璃门具有显著的进步，因此本专利权利要求 1 具有创造性。

至此，合议组认为本案事实已经清楚，现依法作出如下审查决定。

**二、决定的理由**

1. 关于证据

附件 1 是韩国专利文献，其公开日是 2002 年 9 月 11 日，专利权人对附件 1 的真实性及公开日期和中文译文的准确性均没有异议，因此附件 1 中公开的内容可以构成本专利的现有技术，并且其文字部分的内容以中文译文即附件 2 为准。

2. 关于新颖性

专利法第 22 条第 2 款规定，新颖性是指在申请日以前没有同样的发明或者实用新型在国内外出版物上公开发表过、在国内公开使用过或者以其他方式为公众所知，也没有同样的发明或者实用新型由他人向国务院专利行政部门提出过申请并且记载在申请日以后公布的专利申请文件中。

根据审查指南第二部分第三章第 3. 1 节的规定，同样的发明或者实用新型是指如果两者的技术领域、所解决的技术问题、技术方案和预期效果实质上相同，则认为两者为同样的发明或者实用新型。

附件 1 涉及一种钢化玻璃门的门锁装置，该门锁仅在从门框向内侧伸展的室内启动部设有锁柱，通过室内控制杆或者室外锁孔便可操作锁柱进出，在室内外均可开门或锁门。该门锁包括室内锁件和室外锁件，室外锁件中装有锁孔，室内锁件中装有锁柱，室内、外锁件之间有连接器件，该室内、外锁件安装在支撑片上，支撑片安装在门体上。将附件 1 公开的技术方案与本专利权利要求 1 所要保护的技术方案相比，附件 1 中的室内锁件 200、室外锁件 300、锁孔 350、锁柱 253、连接器件 400 和支撑片 100 分别相当于本专利权利要求 1 的内锁体 2、外锁体 1、锁芯 11、锁舌 21、锁带式联动机构和槽板 5；附件 1 中虽然没有明确公开锁芯，但其称作锁孔的部件实际上包含锁芯，而该锁芯部件通过连接器件与锁柱相连，这样通过室外用钥匙开锁或在室内旋转控制杆都可以带动锁柱，实现开锁或锁门，且室内、外锁件也是安装在支撑片上，再将支撑片安装在门上，这一点也和本专利相同。附件 1 没有明确公开的技术特征就是本专利的固紧机构，本专利所要解决的技术问题是在安装时无需在玻璃上加工锁具安装孔便可保证锁具具有内外联动，为了实现该目的本专利所采用的技术手段主要有两点：一是在外锁体的锁芯和内锁体的锁舌之间设置锁带式联动装置；二是通过其固紧机构的设置将门锁以不开孔的方式安装在门上，上述第一点已经被附件 1 公开，而上述第二点在本专利权利要求 1 要保护的技术方案却并没有明确加以限定。权利要求 1 中仅仅限定了“可与玻璃门配装的固紧机构”，而该技术特征包括了所有可以将门锁安装在玻璃门上的安装手段；附件 1 中虽然仅仅公开了支撑片“通过从门的一侧向两侧面滑行连接并予以固定”，而没有明确是如何将支撑片安装在门上，但从上述内容可以肯定该支撑片是通过某种方式安装在门上的，因而实际本专利权利要求 1 中的“可与玻璃门配装的固紧机构”这一技术特征也已被附件 1 公开。如上所述，本专利权利要求 1 中由于没有对固紧机构进行准确的限定，实际上权利要求 1 的技术方案仅能解决内、外锁联动的问题而不能解决不在门上打孔而安装门锁的问题，而内、外联动这一问题恰好是附件 1 所要解决的技术问题，且两者的技术方案和预期技术效果均相同，因而两者属于同样的发明创造，也就是说相对于附件 1，本专利权利要求 1 不具备新颖性。

专利权人一再强调本专利由于固紧机构的设置而不用在门上打孔即可安装锁具，并且权利要求 1 中的固紧机构是一确定的技术特征，因而具备实质性特点，但是权利要求 1 中的文字记载并没有将该固紧机构限定为其可以不开孔即可将门锁安装到门上，也没有对该固紧机构的具体结构作出限定，因而其并不是一个确定的技术特征，专利权人的上述观点不能得到支持。

3. 关于创造性

专利法第 22 条第 3 款规定，创造性是指同申请日以前已有的技术相比，该发明有突出的实质性特点和显著的进步，该实用新型有实质性特点和进步。

具体到本案，由于本专利权利要求 1 的技术方案相对附件 1 不具备新颖性，也即其相对于现有技术不具备实质性特点，因而其不具备创造性。

本专利权利要求 2 对锁带式联动机构的具体结构作了限定，将其分为锁芯拨动机构和手动拨动机构，其中锁芯拨动结构包括拨块、拨轮、带齿条的腰形孔、拨轮中与锁芯中芯条相连接的插孔，拨块一端设有与钢带连接的槽位；手动拨动机构包括拨动齿轮的旋钮、带有与拨动齿轮啮合的齿条的拨板，内锁体上设有供旋钮上的拨动齿轮穿过的通孔，拨动齿轮内设有底端带螺孔的内六角卡孔，钢带与拨板相连接，手动拨动机构还包括锁舌移动机构，该锁舌移动机构包括摆板和转板，摆板下端设有容置锁舌端部的卡槽，摆板中部有导槽，导槽下方开有呈 T 型的限位孔，转板设于摆板上方，转板的转轴穿过摆板导槽与拨动齿轮内六角卡孔相插接，转板的扇形弧面两端设有半圆形的凹位，转板另一端下部设有可卡入导槽下方 T 形限位孔的三角形卡块。

附件 1 虽然没有像本专利一样将门锁分成锁芯拨动机构、手动拨动机构、锁舌移动机构几部分，但其各组成部件与本专利相比是可以对应的，具体而言，与本专利权利要求 2 所要保护的技术方案相比，附件 1 的连接器件 400、移动板 321、齿轮部 330、带齿轮 323 的导孔 322 分别相当于本专利的钢带 4、拨块 13、拨轮 15 和带齿条 14 的腰形孔，并且附件 1 中的连接器件也是连接在移动板的一端的插槽中；附件 1 中的齿轮部 230、控制杆 270 和移动板 221 相当于本专利的拨动齿轮 23、旋钮 24 和拨板 26，附件 1 中的导孔 222、盖板 242、盖板 242 的导片 243 相当于本专利的弧孔 28、定位板 29、定位板 29 的弧形限位片，且附件 1 中的控制杆设置于室内锁件的外表面，在室内锁件中也有供控制杆上齿轮部穿过的通孔，连接器件连接在移动部一端的插槽中；另外，附件 1 中的门锁部 250、导孔 251、启动孔 252、连接部 260、导销 262 和盖板 342 分别相当于本专利的摆板 31、导槽 32、T 型限位孔 33、转板 34、卡块 36 和压板 17；虽然附件 1 和本专利中的各个部件的名称并不相同，但是上述各相应部件在附件 1 和本专利中的连接关系及其各自起的作用都是一致的，并且组合起来也可以完成相同的功能，即在室外通过钥匙转动锁芯，在室内转动旋钮（或控制杆），都可以通过钢带（或连接器件）带动锁舌（或锁柱）以实现锁门和开锁；两者相比较而言，本专利技术方案的内容更加具体，如内六角卡孔和与之相插接的转轴，这些内容附件 1 并没有具体公开，但是孔与轴的作用就是旋转轴带动孔，从而带动相应部件移动，在这一点上两者是相同的，并且对于孔与轴的具体形状和方式，本领域技术人员也是可以根据自己的知识加以选择的。

虽然附件 1 的技术方案与本专利权利要求 2 的技术方案非常相似，但是附件 1 没有公开权利要求 2 中转板为扇形弧面且其两端设有半圆形凹位这一技术特征，虽然请求人认为这一技术特征是本领域的常规选择且没有任何功能和技术效果，但是合议组认为该主张并不能成立，理由如下：转板设置为扇形弧面且在其上具有凹位这一技术特征并不是孤立的，本专利的摆板上设有一带开口的矩形槽，在槽中设有一条中段带半圆弧扣的弹簧钢丝，其半圆弧扣的弧位与转板扇形弧面上的半圆形凹位相适配，该结构的作用是当锁舌处于伸出和缩回的不同位置时，转板上的两个凹位分别卡住摆板上弹簧钢丝的弧扣，其效果一是可以提醒操作者锁舌已经处于伸出或缩回位置，二是使转板不再转动起到限位作用；这一结构并没有被附件 1 公开，且附件 1 也没有给出任何的技术启示，并且这种结构可以带来有益的技术效果，请求人虽然主张该结构是本领域的公知常识，但却没有提出令人信服的理由或证据加以证明，因而对其这一主张合议组不予支持。虽然在本专利权利要求 2 中没有对摆板中的矩形槽、弹簧钢丝进行限定，但是转板中扇形弧面上半圆形凹位这一特征是实现上述功能的技术方案中不可缺少的，因而具有实质性特点，在对权利要求 2 的创造性进行评价时应当予以考虑，因此合议组认为本专利权利要求 2 具备创造性。

本专利权利要求 3、4、5 都是权利要求 2 的从属权利要求，在权利要求 2 具备创造性的前提下，权利要求 3、4、5 也具备创造性。

本专利权利要求 6 是权利要求 1 的从属权利要求，其是对固紧机构具体结构的限定，通过对结构的具体限定，权利要求 6 的技术方案可以实现本专利不在门上打孔即可安装门锁这一发明目的，而附件 1 并没有揭示这一技术方案，也没有任何技术启示。请求人认为在本领域中使用楔形件进行夹紧是显而易见的，但权利要求 6 的技术方案不仅仅是概括限定了使用楔形件进行夹紧，其还对如何实现将本专利的门锁安装到玻璃门上的具体结构进行了限定，这一具体结构对于本领域技术人员来说并非显而易见。因此，权利要求 6 具备创造性。

本专利权利要求 7 的附加技术特征是在内、外锁体内侧端面设有带螺孔的凸台，槽板与内外锁体内侧端面结合部设有可旋入凸台螺孔的螺钉。这是对内外锁体与槽板连接方式的具体限定，附件 1 中的支撑片与室内外锁件也是通过凸台、螺孔、螺钉的方式连接的，只是凸台设置在支撑片上，在附件 1 公开内容的基础上要得到权利要求 7 附加技术特征限定的技术方案是显而易见的，并且专利权人也认可该附加技术特征并没有给权利要求 7 的技术方案带来创造性的贡献，因而在权利要求 1 不具备新颖性的前提下，引用权利要求 1 的权利要求 7 不具备创造性。

**三、决定**

宣告 03224601. 3 号实用新型专利权利要求 1、权利要求 7 无效，在权利要求 2~6 的基础上维持 03224601. 3 号实用新型专利有效。

一方当事人对本决定不服的，可以根据专利法第 46 条第 2 款的规定，在收到本决定之日起三个月内向北京市第一中级人民法院起诉。根据该款规定，一方当事人起诉后，另一方当事人应当作为第三人参加诉讼。

024

# 可弯曲变化的装潢组件

## 无效宣告请求审查决定（第9210号）

**决　　定　　号**　第9210号
**决　　定　　日**　2006年12月7日
**发明创造名称**　可弯曲变化的装潢组件
**国 际 分 类 号**　E04F 19/02
**无效宣告请求人**　徐建民
**专　利　权　人**　高升工程有限公司
**申　　请　　号**　99258263.6
**申　　请　　日**　1999年12月30日
**授 权 公 告 日**　2000年12月20日
**合 议 组 组 长**　朱文广
**主　　审　　员**　黄　颖
**参　　审　　员**　刘瑞斌

**法　律　依　据**　专利法第22条第2款
**决　定　要　点**

如果在一项专利的申请日之前，已经有同样内容的专利在台湾地区公开，则该专利与所述在台湾地区公开的专利相比不具备新颖性。

### 一、案由

本无效宣告请求涉及国家知识产权局于2000年12月20日授权公告的名称为“可弯曲变化的装潢组件”的专利权（下称本专利），其申请日为1999年12月30日，专利权人为高升工程有限公司。该专利授权公告的权利要求如下：

“1. 一种可弯曲变化的装潢组件，其特征是：它主要具有本体及压条，其中，本体下方设有带圆孔的底板，在其两侧上方设有相对扣钩、且该扣钩与带钩部的压条扣合，又该扣钩下方两侧设有外倾边，而相邻的扣钩之间设有缺口，并且该缺口与压条下方还形成间隙。

2. 按权利要求1所述的一种可弯曲变化的装潢组件，其特征是：所述扣钩中央及下方分别设有不同大小的透孔。”

针对上述专利权，徐建民（下称请求人）于2005年7月14日向专利复审委员会提出无效宣告请求，其理由是本实用新型专利不符合专利法第22条第2款、第3款，专利法第26条第4款，专利法实施细则第20条第1款、第21条第2款的规定。所提供的证据如下：

证据 1：99257775.6 号实用新型专利说明书，专利权人为张福长，申请日为 1999 年 12 月 27 日，授权公告日为 2000 年 10 月 18 日；

证据 2：97231611.6 号实用新型专利说明书，授权公告日为 1999 年 3 月 17 日；

证据 3：97226368.3 号实用新型专利说明书，授权公告日为 1999 年 4 月 28 日；

证据 4：97210253.1 号实用新型专利说明书，授权公告日为 1998 年 5 月 27 日；

证据 5：97210312.0 号实用新型专利说明书，授权公告日为 1998 年 5 月 27 日；

证据 6：97308631.9 号外观设计公报，授权公告日为 1998 年 2 月 25 日；

证据 7：96309169.7 号外观设计公报，授权公告日为 1997 年 7 月 2 日。

请求人认为：本专利与证据 1、2 相比均不具备新颖性，与证据 2-7 相比不具备创造性。

经形式审查合格，专利复审委员会受理了上述请求，并于 2005 年 9 月 1 日将请求书及其附件的副本转送专利权人，要求其在指定的期限内答复。

请求人于 2005 年 8 月 15 日提交了意见陈述书，并提交如下补充证据：

证据 8：US4660348 号美国专利文献原文 6 页以及使用部分的相关译文 2 页，授权公告日为 1987 年 4 月 28 日。

专利权人于 2005 年 10 月 24 日提交了意见陈述书，此外还提交了以下证据：

附件 1：台湾经济部中央标准局的函以及 295141 号台湾专利公报，授权公告日为 1997 年 1 月 1 日；

附件 2：广州金鹏实业有限公司产品宣传页复印件，共 1 页；

附件 3：万瑞造型装潢组件、自由组合工法组件产品彩色宣传页原件，共 2 张。

专利权人认为：本专利符合专利法第 22 条第 2 款、第 3 款关于新颖性和创造性的规定，本专利的权利要求符合专利法第 26 条第 4 款以及专利法实施细则第 20 条第 1 款的规定，独立的权利要求符合专利法实施细则第 21 条第 2 款的规定，并指出，本专利所涉及的可弯曲变化的装潢组件，早在 1995 年就由原设计人曾繁昌在台湾申请专利，并于 1997 年 1 月 1 日发布公报，且于同年 5 月 30 日取得专利证书，足以证明本专利无模仿抄袭之嫌，并认为本专利与附件 2、3 相比更新颖、更先进、更科学。

专利复审委员会依法组成合议组，对上述无效宣告请求进行审查。

本案合议组于 2006 年 2 月 6 日向双方当事人发出口头审理通知书，定于 2006 年 4 月 11 日举行口头审理，同时将专利权人于 2005 年 10 月 24 日提交的意见陈述书副本转送给请求人，将请求人于 2005 年 8 月 15 日提交的意见陈述和补充证据的副本转送专利权人。

口头审理如期举行，请求人当庭明确其无效宣告请求的理由、范围及证据的使用方式如下：本专利权利要求 1、2 分别相对于证据 1、2 不具备新颖性；本专利权利要求 1、2 分别相对于证据 2、证据 3、证据 4、证据 3 和 4 的组合、证据 4 和 5 的组合、证据 5 和 7 的组合、证据 6 和 7 的组合、证据 8 不具备创造性；本专利权利要求 1、2 不符合专利法实施细则第 20 条第 1 款的规定；权利要求 1 不符合专利法实施细则第 21 条第 2 款的规定；本专利权利要求 1、2 不符合专利法第 26 条第 4 款的规定。请求人表示其具体理由同请求书及补充意见陈述中的书面意见，不再补充新的意见。

2006 年 4 月 10 日，针对本专利权，请求人再次向专利复审委员会提出无效宣告请求，并提交以下证据：

证据 9：295141 号台湾专利公报及说明书复印件，授权公告日为 1997 年 1 月 1 日，其上盖有国家知识产权局专利检索咨询中心副本认证专用章；

请求人认为，经对比，本专利与证据 9 说明书和附图实质上完全相同，因此本专利与证据 9 相比不具备新颖性。

经形式审查合格，专利复审委员会受理了上述请求，并于2006年5月24日将请求书及其相关文件的副本转送专利权人并要求其在指定的期限内答复。

2006年6月7日，针对专利复审委员会于2006年5月24日发出的受理通知书，专利权人提交了意见陈述书，指出，专利权人公司所有的本专利与请求人所提交的证据9事实上均为同一个创作设计人曾繁昌所创作设计的。本专利专利权人与证据9的专利权人“昌营企业股份有限公司”均为台湾地区的曾氏家族企业。由于目前台湾与大陆处于分治状况，因此其在台湾取得的专利权无法直接适用于大陆，也就只好在大陆另行申请了。此外，专利权人还提交了附件4：专利权人的身份证件、高升工程有限公司执照、昌营企业股份有限公司登记证、昌营企业股份有限公司执照、高升工程有限公司授权证明书等以证明其上述陈述的事实。

根据审查指南有关合并审理的规定，本案合议组决定对上述两请求合并审理。

2006年10月17日，针对请求人再次提出的无效宣告请求，本案合议组向双方当事人分别发出合议组成员告知通知书，告知双方如果对合议组成员有回避请求，应于收到该通知之日起七日内提交书面请求书，并且说明理由。

2006年10月24日，请求人提交书面意见，明确表示对合议组成员没有回避请求，专利权人逾期未陈述意见。

经审查，合议组认为本案的事实已清楚，作出如下决定。

**二、决定的理由**

1. 关于现有技术

请求人提交的证据1为他人在本专利申请日前向国家知识产权局提出申请，在本专利申请日后公开的专利文献，专利权人对其真实性无异议，其仅可以用来评价本专利的新颖性。

请求人提交的证据2~9为公告日早于本专利申请日的专利文献，在口头审理中，专利权人对证据2~8的真实性无异议，请求人提交了证据9带有“国家知识产权局专利检索咨询中心副本认证专用章”的复印件，且该证据为专利权人在第一次无效宣告请求中所提交过的，经审查，合议组对证据2~9的真实性予以确认，因此证据2~9上所记载的内容均构成本专利的现有技术。

专利权人提交了附件1~3，请求人对其真实性无异议，经审查，合议组对附件1~3的真实性予以确认。

2. 关于新颖性

专利法第22条规定：

授予专利权的发明和实用新型，应当具备新颖性、创造性和实用性。

新颖性，是指在申请日以前没有同样的发明或者实用新型在国内外出版物上公开发表过、在国内公开使用过或者以其他方式为公众所知，也没有同样的发明或者实用新型由他人向国务院专利行政部门提出过申请并且记载在申请日以后公布的专利申请文件中。

如果在一项专利的申请日之前，已经有同样内容的专利在台湾地区公开，则该专利与所述在台湾地区公开的专利相比不具备新颖性。

虽然从专利权人提交的附件1和附件4的内容看，证据9的专利权人与本专利的专利权人有种种关系，且两专利的设计人为同一人，但是上述附件均不能改变证据9（即附件1）在本专利申请日前在台湾地区公开的事实，由于证据9在台湾地区的公开日期早于本专利的申请日，其上记载的内容构成本专利的现有技术，可以用来评价本专利的新颖性和创造性。

证据9公开了一种可弯曲变化的装潢组件，它主要具有本体及压条，本体下方设有带圆孔的底板，在其两侧上方设有相对扣钩、且该扣钩与带钩部的压条扣合，又该扣钩下方两侧设有外倾边，而相邻的扣钩之间设有缺口，并且该缺口与压条下方还形成间隙，所述扣钩中央及下方分别设有不同大小的透孔。

经对比，证据9所公开的技术方案与本专利权利要求1、2实质上完全相同，且专利权人在口头审理中表示附件1（证据9）与本专利技术方案完全一样，其在书面意见中指出：本专利与请求人所提交的证据9事实上均为同一个创作设计人曾繁昌所创作设计的。本专利专利权人与证据9的专利权人“昌营企业股份有限公司”均为台湾的曾氏家族企业。由于其在台湾取得的专利权无法直接适用于大陆，只好在大陆另行申请。经审查，本专利与证据9公开的技术方案实质上相同，且二者所属技术领域、所解决的技术问题以及所取得的技术效果与本专利完全相同，因此本专利权利要求1、2不具备新颖性，不符合专利法第22条第2款的规定。

由于与证据9相比，本专利权利要求1、2不具备新颖性，因此对请求人提交的其他证据不再予以评述。

专利权人提交了附件2、3用以证明本专利与已有技术相比具备新颖性和创造性，但是上述附件最多仅可证明本专利较之所公开的产品而言具有进步性，其不能证明本专利与证据9相比具备新颖性。

在此基础上，合议组作出如下审查决定。

**三、决定**

宣告99258263.6号实用新型专利权无效。

当事人对本决定不服的，可以根据专利法第46条第2款的规定，自收到本决定之日起三个月内向北京市第一中级人民法院起诉。根据该款的规定，一方当事人起诉后，另一方当事人应当作为第三人参加诉讼。

025

# 气血通诊治器

## 无效宣告请求审查决定（第9229号）

**决　　定　　号**　第9229号
**决　　定　　日**　2006年12月21日
**发明创造名称**　气血通诊治器
**国 际 分 类 号**　A61M 1/08，A61H 7/00
**无效宣告请求人**　黄骅市天福达医疗器械有限公司
**专　利　权　人**　向跃军
**专　　利　　号**　98204846.7
**申　　请　　日**　1998年5月25日
**授 权 公 告 日**　1999年10月13日
**合 议 组 组 长**　郭健国
**主　　审　　员**　杜微科
**参　　审　　员**　刘　妍

**法　律　依　据**　专利法第22条第2款；专利法实施细则第2条第2款
**决　定　要　点**

权利要求与对比文件相比存在区别技术特征，二者属于不同的技术方案，该权利要求具有新颖性。

从属权利要求以现有技术中已知的材料对某个部件进行进一步限定，不属于对材料本身提出的技术方案，符合专利法实施细则第2条第2款的规定。

### 一、案由

本无效宣告请求涉及国家知识产权局于1999年10月13日授权公告的名称为“气血通诊治器”的98204846.7号实用新型专利权，其申请日是1998年5月25日，专利权人是向跃军，其授权公告的权利要求书如下：

“1. 一种气血通诊治器，包括一端开口的透明罐体和安装在所述罐体上的逆止阀，其特征在于所述罐体的罐壁上制有一通孔，其上装有易用针头刺入的橡胶密封塞，所述的逆止阀为可用手控制其启闭的逆止阀。

2. 按照权利要求1所述的气血通诊治器，其特征在于所述的可用手控制其启闭的逆止阀由所述罐体阀孔和安装在其中的阀芯组成，所述阀芯由橡胶制成的阀座、与所述阀座相配合的锥阀和装在所述锥阀阀杆外端上的用于密封阀杆和阀孔孔壁外露端的端面的‘O’形密封圈组成。

3. 按照权利要求2所述的气血通诊治器，其特征在于所述的罐体由塑料制成。

4. 按照权利要求3所述的气血通诊治器，其特征在于所述阀孔孔壁外露端的侧壁为光滑的弧形面。”

针对上述实用新型专利（下称本专利），黄骅市天福达医疗器械有限公司（下称请求人）于2005年12月26日向专利复审委员会提出无效宣告请求，理由是本专利权利要求1、2、4不具有新颖性，不符合专利法第22条第2款的规定；权利要求3不属于实用新型保护的客体，不符合专利法实施细则第2条第2款的规定。在提出无效请求时请求人提交了以下附件作为证据：

附件1：98203537.3号实用新型专利说明书，申请日为1998年4月15日，授权公告日为1999年6月9日，专利权人为杨国域；

经形式审查合格后，专利复审委员会于2005年12月27日受理了该无效宣告请求，并于2006年6月15日将无效宣告请求书及其附件副本一并转给了专利权人，要求专利权人在指定的答复期限内陈述意见。

专利复审委员会于2006年10月10日向双方当事人发出口头审理通知书，定于2006年12月20日对本案举行口头审理。

口头审理如期举行，请求人的代理人出席了口头审理，专利权人未能出席口头审理，合议组依法进行了缺席审理。请求人坚持其在无效宣告请求书中的证据和无效理由，认为本专利权利要求1、2、4相对于附件1不具有新颖性，不符合专利法第22条第2款的规定；权利要求3不符合专利法实施细则第2条第2款的规定。

在上述工作的基础上，合议组认为本案事实已经清楚，可以依法作出审查决定。

**二、决定的理由**

1. 证据

附件1为98203537.3号实用新型专利说明书，合议组依职权对该证据的真实性进行了核实。附件1的申请日为1998年4月15日，授权公告日为1999年6月9日，专利权人为杨国斌。附件1是由他人在本专利申请日前提出申请、并且在申请日后公开的专利，可以用于评价本专利权利要求1、2、4的新颖性。

2. 新颖性

专利法第22条第2款规定，新颖性，是指在申请日以前没有同样的发明或者实用新型在国内外出版物上公开发表过、在国内公开使用过或者以其他方式为公众所知，也没有同样的发明或者实用新型由他人向国务院专利行政部门提出过申请并且记载在申请日以后公布的专利申请文件中。

附件1涉及一种“可用于注入药物的真空拔罐”，由气缸、活塞、拔罐等组成。与本专利相比，附件1未能公开权利要求1中的技术特征“透明罐体”。请求人认为附件1说明书第1页倒数第7行记载了“……达到要求时，人体肌肤被吸引凸起，并发红润”，表明罐体是透明的。合议组认为所述内容为拔罐使用过程中人体皮肤的正常反应，不能据此认定附件1中的罐体为“透明罐体”，从附件1中的其他内容中也不能直接、毫无疑义地确定附件1中的罐体为“透明罐体”，因此权利要求1相对于对比文件1存在区别技术特征，属于不同的技术方案，权利要求1相对于附件1具有新颖性，符合专利法第22条第2款的规定。

在权利要求1具有新颖性时，其从属权利要求2、4同样具有新颖性，符合专利法第22条第2款的规定。

3. 关于专利法实施细则第2条第2款

专利法实施细则第2条第2款规定，专利法所称实用新型，是指对产品的形状、构造或者其结合所提出的适于实用的新的技术方案。

权利要求3是权利要求2的从属权利要求，其附加技术特征为“其特征在于所述的罐体由塑料制成”。

请求人认为权利要求3的附加技术特征为材料特征，因此权利要求3不符合专利法实施细则第2条第2款的规定。

合议组认为，权利要求3的技术方案由权利要求2的全部技术特征以及权利要求3的附加技术特征共同组成，权利要求3虽以“由塑料制成”对罐体所使用的材料进行了进一步限定，但是塑料为现有技术中已知的材料，权利要求3不属于对材料本身提出的技术方案，符合专利法实施细则第2条第2款的规定。

**三、决定**

维持第98204846.7号实用新型专利权有效。

当事人对本决定不服的，可以根据专利法第46条第2款的规定，自收到本决定之日起三个月内向北京市第一中级人民法院起诉。根据该款的规定，一方当事人起诉后，另一方当事人应当作为第三人参加诉讼。

026

# 砖混石灰立窑结构

## 无效宣告请求审查决定（第9260号）

**决　　定　　号**　第9260号
**决　　定　　日**　2006年12月25日
**发明创造名称**　砖混石灰立窑结构
**国 际 分 类 号**　F27B 1/00
**无效宣告请求人**　锦竹市拱星氧化钙厂
**专 利 权 人**　杨义清，陈益开
**专　　利　　号**　02276378.3
**申　　请　　日**　2002年9月6日
**授 权 公 告 日**　2003年8月20日
**合 议 组 组 长**　徐媛媛
**主　　审　　员**　王伟艳
**参　　审　　员**　杨存吉

**法 律 依 据**　专利法第22条第2款、第3款
**决 定 要 点**

如果对比文件的组合不能覆盖权利要求技术方案的全部技术特征，且对比文件均未给出形成权利要求技术方案的技术启示，同时该技术方案能带来有益的技术效果，则该实用新型的权利要求具备创造性。

### 一、案由

本无效宣告请求涉及国家知识产权局于2003年8月20日授权公告的、名称为“砖混石灰立窑结构”的实用新型专利，其专利号为02276378.3，申请日为2002年9月6日，专利权人是杨义清、陈益开。该专利授权公告的权利要求书如下：

“1. 一种砖混石灰立窑结构，包括窑体、窑内的中心分布台、炉篦、炉栅、炉栅间的放料口及对应的放料杆，贮料仓、放料斗，其特征在于：窑体内衬立柱上的承重底板支撑的中心分布台上安装有整体结构的、塔形炉篦，该炉篦四周均布有框架式炉栅，炉篦与中心分布台下具有能气流贯通的进风口，开具有通风口的炉栅通过放料口及承重底板上的通气孔与环形操作间气流相通，作为窑体进风通道的操作间还与窑体外壁及内衬上的进风口、操作孔气流相通。

2. 根据权利要求1所述的砖混石灰立窑结构，其特征在于：窑体外壁内布置多道圈梁和结构柱，窑体内衬的上部预热带为圆台形，窑体内衬的下部冷却带呈倒圆台形，窑体外壁与内衬间设置有隔热

夹层，放灰口周围及窑体承重底板上铺设有隔热垫层。

3. 根据权利要求 1 所述的砖混石灰立窑结构，其特征在于：放料口为双层钢盒，在其夹层中具有隔热垫层。

4. 根据权利要求 1 所述的砖混石灰立窑结构，其特征在于：增加稳固性的圈梁的设置是上部稀、下部及高温段密，结构柱为均匀分布布置。

5. 根据权利要求 1 所述的砖混石灰立窑结构，其特征在于：框架式钢制炉栅是采用圆钢有间距均布于各钢筋混凝土支撑的棱锥体上，一端支撑在所述放料口侧窑体钢筋混凝土承重底面上，另一端支承在两个放料口之间的支撑台上，圆钢下布设有加固用钢轨。

6. 根据权利要求 1 所述的砖混石灰立窑结构，其特征在于：贮料仓是与窑体内衬壁上的预埋件焊接，其下仓口与放料斗焊接，放料斗具有翻板闸门及操作手柄，闸门出口与输送机衔接，在输送机上设有挡料板。

7. 根据权利要求 1 所述的砖混石灰立窑结构，其特征在于：在窑体内衬外壁顶部四周布设有环形热水槽、其钢体结构沿其周边安装。"

针对上述实用新型专利权（下称本专利），锦竹市拱星氧化钙厂（下称请求人）于 2004 年 11 月 1 日向专利复审委员会提出了无效宣告请求，其理由是本专利权利要求 1~7 不符合专利法第 22 条第 2、3 款的规定，请求宣告其专利权全部无效。请求人同时提交如下附件作为证据：

证据 1：授权公告号为 CN2543956Y 的中国实用新型专利申请说明书复印件，申请日为 2002 年 5 月 10 日，授权公告日为 2003 年 4 月 9 日；

证据 2：授权公告号为 CN2230028Y 的中国实用新型专利说明书复印件，授权公告日为 1996 年 6 月 26 日；

证据 3：公告号为 CN1258652A 的中国发明专利说明书复印件，公开日为 2000 年 7 月 5 日，请求人同时还提交了该申请的授权公告文本；

证据 4：授权公告号为 CN2251558Y 的中国实用新型专利说明书复印件，授权公告日为 1997 年 4 月 9 日；

证据 5：公告号为 CN2057506U 的中国实用新型专利说明书复印件，公告日为 1990 年 5 月 23 日。

经形式审查合格后，专利复审委员会于 2004 年 12 月 22 日依法受理了该无效宣告请求，并将无效宣告请求书及其附件清单中所列附件副本转给了专利权人，要求专利权人在指定期限内进行意见陈述。专利复审委员会于 2005 年 1 月 17 日收到了专利权人针对上述无效宣告请求的意见陈述书，陈述了本专利具有新颖性和创造性的具体理由。专利复审委员会本案合议组于 2006 年 9 月 11 日向双方当事人发出口头审理通知书，定于 2006 年 10 月 10 日举行本案的口头审理，同时将专利权人的意见陈述书随口审通知书转送请求人，并要求请求人在口审时对此发表意见。

口头审理如期举行，双方当事人均到庭参加了口头审理，并均对对方当事人的出庭身份和资格无异议。合议组当庭告知了合议组成员的变更情况，双方当事人对变更后的合议组成员均无回避请求。在口头审理中，请求人明确无效宣告理由、事实、证据为：（1）权利要求 1 不符合专利法第 22 条第 2 款的规定，单独使用证据 1 或证据 3 来评述权利要求 1 的新颖性。（2）权利要求 1 不符合专利法第 22 条第 3 款的规定，使用证据 3 和公知常识的结合来评述权利要求 1 的创造性。（3）权利要求 2 不符合专利法第 22 条第 3 款的规定，使用证据 3 和证据 4 以及公知常识的结合或者证据 2 和证据 3 以及公知常识的结合来评述权利要求 2 的创造性。（4）权利要求 3~7 不符合专利法第 22 条第 3 款的规定，使用证据 3 和公知常识的结合来评价权利要求 3~7 的创造性。（5）专利权人承认证据 1 与本专利中炉篦塔形结构与伞形结构相同。（6）请求人认为尽管权利要求 3~7 的附加技术特征均未在证据 3

中公开，但本领域技术人员不需付出创造性劳动即可实现。请求人明确表示对随口审通知书转交的专利权人的意见陈述书不再进行任何书面答复。

2006年10月6日，合议组收到专利权人提交的意见陈述书，由于其内容与口审时及2005年1月17日收到的书面意见陈述所述基本相同，故合议组未将该意见陈述书转送请求人。

至此，合议组认为本案事实已经清楚，可以依法作出审查决定。

**二、决定的理由**

1. 审查文本的确定

由于专利权人在无效程序中未提交权利要求修改书，因此，本决定以授权公告的文本为审查基础。

2. 关于适用的审查指南的版本问题

根据国家知识产权局令第三十八号，修订后的审查指南自2006年7月1日起施行，2001年10月18日公布施行的审查指南同时废止。2006年7月1日之前提出的专利申请和根据该申请授予的专利权，除特殊规定以外，自2006年7月1日起也适用修订后的审查指南的规定。根据该规定，本专利的无效宣告审查应当适用2006年7月1日公布施行的审查指南。

3. 证据认定

请求人提交的证据1~5均为专利文献，专利权人对上述证据的真实性无异议，因此，合议组对证据1~5的真实性予以认可。证据1申请日为2002年5月10日，早于本专利申请日，公告日为2003年4月9日，晚于本专利申请日，且为他人申请，因此，可以作为抵触申请评价本专利的新颖性。证据2~5的公开日或授权公告日均早于本专利申请日，因此，可以作为评价本专利新颖性和创造性的现有技术。

4. 关于本专利的新颖性

专利法第22条第2款规定：新颖性，是指同申请日以前没有同样的发明或者实用新型在国内外出版物上公开发表过、在国内公开使用过或者以其他方式为公众所知，也没有同样的发明或者实用新型由他人向国务院专利行政部门提出过申请并且记载在申请日以后公布的专利申请文件中。

（1）请求人认为权利要求1相对于证据1不具有新颖性。请求人认为贮料仓、放料斗是公知常识，中心分布台下的进风口、承重底板上的通气孔、外壁及内衬上的进风口为证据1隐含地公开。专利权人认为：证据1未公开权利要求1的以下技术特征：炉篦为整体塔形结构；在窑体外壁及内衬上、中心分布台下设有进风口，在承重底板上设有通气孔，因此，权利要求1相对于证据1具有新颖性。

对此，合议组认为，证据1为本申请的抵触申请，其公开了一种石灰立窑内的棱锥体结构，在窑体内有炉栅和炉栅支撑柱，炉栅由炉篦、中心分布台、分料棱锥体（相当于权利要求1中的炉栅）、放料口、放料杆组成，由此，权利要求1中的特征“窑体、窑内的中心分布台、炉篦、炉栅、炉栅间的放料口及对应的放料杆”被证据1所公开。此外，在证据1中，中心分布台为圆台，由支撑柱支撑，圆台上为伞形炉篦，炉篦为钢结构件，其上开有长条形通风口，分类棱锥体为钢结构件，其一种结构为均布的条状结构，由圆钢或方钢等组合成棱锥体。专利权人在口审时承认伞形结构与本专利塔形结构相同。由此，权利要求1中的特征“窑体内衬立柱上的承重底板支撑的中心分布台上安装由整体结构的、塔形炉篦，该炉篦四周均布有框架式炉栅，炉篦与中心分布台下具有能气流贯通的进风口”被证据1所公开。此外，证据1还公开了炉体1内设有环形通道，可通至各个操作孔，进行放料。因此，证据1隐含地公开了权利要求1中的特征“开具有通风口的炉栅通过放料口与环形操作间气流相通，作为窑体进风通道的操作间还与窑体外壁及内衬上的进风口、操作孔气流相同”。

因此，证据 1 未公开权利要求 1 技术方案中的如下技术特征：①贮料仓、放料斗，②开具有通风口的炉栅通过承重底板上的通气孔与环形操作间气流相通，而且本领域技术人员也无法从证据 1 中直接地、毫无疑义地确定上述技术特征。因此，权利要求 1 相对于证据 1 具有新颖性。

对于请求人认为贮料仓、放料斗是公知常识，所以被证据 1 隐含公开的主张，合议组认为技术特征是否为公知常识与该特征能否被直接地、毫无疑义地确定无直接关系，因此，对请求人的该主张不予支持。

（2）请求人认为权利要求 1 相对于证据 3 不具有新颖性。请求人认为虽然证据 3 未明确记载贮料仓、放料斗，但其是所属领域公知常识，故证据 3 公开了权利要求 1 的全部技术特征。专利权人认为：证据 3 未公开权利要求 1 的以下技术特征：炉栅为框架式，具有通风口，炉篦为整体塔形结构；在窑体外壁及内衬上、中心分布台下设有进风口，在承重底板上设有通气孔，因此，权利要求 1 相对于证据 3 具有新颖性。

对此，合议组认为，证据 3 公开了一种新型石灰窑，包括窑体、炉篦、中心分布台、分料棱锥体、放料口、放料杆。由此，权利要求 1 中的特征“窑体、窑内的中心分布台、炉篦、炉栅间的放料口及对应的放料杆”被证据 3 所公开。此外，在证据 3 中，中心分布台为圆台，由支撑柱支撑，圆台上为伞形炉篦，炉篦上的通风口为长条形。分类棱锥体采用耐火砖砌成。因此，权利要求 1 中的特征“窑体内衬立柱上的承重底板支撑的中心分布台上安装有整体结构的、塔形炉篦，炉篦与中心分布台下具有能气流贯通的进风口”被证据 3 所公开。

因此，证据 3 未公开权利要求 1 技术方案中的如下技术特征：①贮料仓、放料斗；②炉栅、炉篦四周均布有框架式炉栅；③开具有通风口的炉栅通过放料口及承重底板上的通气孔与环形操作间气流相通；④作为窑体进风通道的操作间还与窑体外壁及内衬上的进风口、操作孔气流相通，而且本领域技术人员也无法从证据 3 中直接地、毫无疑义地确定上述技术特征。因此，权利要求 1 相对于证据 3 具有新颖性。

基于前述原因，合议组对请求人的“贮料仓、放料斗是公知常识，所以被证据 1 隐含公开”的主张不予支持。对于请求人的“证据 3 说明书第 1 页第 7、11 行中钢结构炉栅相当于权利要求 1 中的炉篦四周均布有框架式炉栅”主张，合议组认为，证据 3 中的炉栅由炉篦、中心分布台、分料棱锥体、放料口、放料杆组成，其不同于权利要求 1 中的均布于炉篦四周的炉栅，二者名称同但结构不同，因此，对请求人的该主张不予支持。同样，请求人的“证据 3 中钢结构炉栅公开了权利要求 1 中开具有通风口的炉栅”的主张也不予支持。对于请求人的“证据 3 中承重底板上放料口相当于权利要求 1 中承重底板上通气孔”的主张，合议组认为，权利要求 1 中放料口不同于承重底板上通气孔，因此，对请求人的该主张也不予支持。

5. 关于本专利的创造性

专利法第 22 条第 3 款规定：创造性，是指同申请日以前已有的技术相比，该发明有突出的实质性特点和显著的进步，该实用新型有实质性特点和进步。

（1）权利要求 1 的创造性。

请求人认为权利要求 1 相对于证据 3 和公知常识的结合不具备创造性。

合议组认为，如上所述，证据 3 与权利要求 1 所要求保护的技术方案存在四点区别技术特征。对于区别特征①，贮料仓、放料斗是本领域的公知常识。对于区别技术特征②、③、④，权利要求 1 保护的技术方案中通过炉栅成框架式结构开具有通风口，从而起到通风的作用，也因此增加两条进风通道，即与放料口、环形操作间、进风口以及操作孔相配合形成第一条进风通道；与承重底板上的通气孔、环形操作间、进风口以及操作孔相配合形成第二条进风通道。因此，区别技术特征②、③、④未被证据 3 所公开，同时也带来增加通风的有益效果，并且证据 3 中也未给出相应的技术启示，因此，权利要求 1 相对于证据 3 和公知常识的结合具备创造性。

（2）权利要求 2~7 的创造性。

请求人认为权利要求 2 相对于证据 3 和证据 4 以及公知常识的结合或者证据 3 和证据 2 以及公知常识的结合不具备创造性。

证据 4 公开了一种石灰窑，主要有料车、窑体、回转布料器、窑衬、电磁振动卸灰器组成，并具体描述上述构件的组成和相互连接关系，同时公开了窑衬从里到外分别由高铝耐火砖层、耐火纤维原棉层、轻质粘土耐火砖层、膨胀珍珠岩砖层、岩棉层组成，与窑体内腔壁相接，即证据 4 公开了“窑体外壁与内衬间设置有隔热夹层”，但其并未涉及炉栅、炉篦、中心分布台以及窑体的结构。

证据 2 公开了一种近似椭圆柱形机械立窑，窑体采用近似椭圆柱形，布料机构采用定轴回转导轨变位单机布料，卸料机构采用液压传动自转摆辊结构，其并未涉及炉栅、炉篦、中心分布台以及承重底板通气孔等结构。

合议组认为，由于权利要求 2 直接引用权利要求 1，因此，权利要求 1 与证据 3 的区别技术特征必然也是权利要求 2 与证据 3 的区别技术特征，而通过上述描述可以看出，证据 2、4 也同样未披露上述区别技术特征或给出相应的技术启示，因此，权利要求 2 无论是相对于证据 3 和证据 4 以及公知常识的结合还是证据 3 和证据 2 以及公知常识的结合均具备创造性。

请求人认为权利要求 3~7 相对于证据 3 和公知常识的结合不具备创造性。

合议组认为，权利要求 3~7 均从属于权利要求 1，在权利要求 1 相对于证据 3 和公知常识的结合具备创造性的前提下，权利要求 3~7 相对于证据 3 和公知常识同样也具备创造性。

**三、决定**

维持 02276378.3 号实用新型专利权有效。

当事人对本决定不服的，可以根据专利法第 46 条第 2 款的规定，自收到本决定通知书之日起三个月内向北京市第一中级人民法院起诉。根据该款的规定，一方当事人起诉后，另一方当事人应当作为第三人参加诉讼。

027

# 抗洪防冲合金钢丝网石兜

## 无效宣告请求审查决定（第9276号）

**决　定　号**　第9276号
**决　定　日**　2006年12月19日
**发明创造名称**　抗洪防冲合金钢丝网石兜
**国际分类号**　E02B 3/04，B21F 31/00
**无效宣告请求人**　郑士元
**专　利　权　人**　永嘉县东泉防汛器材制造有限公司
**专　利　号**　00246495.0
**申　请　日**　2000年8月18日
**授权公告日**　2001年7月4日
**合议组组长**　李　隽
**主　审　员**　张梅珍
**参　审　员**　刘颖杰

**法律依据**　专利法第22条第3款
**决定要点**

如果多个证据彼此印证形成完整的证据链，同时没有相反证据表明上述证据不真实，则该证据链能够证明其待证事实。

### 一、案由

本无效宣告请求涉及国家知识产权局于2001年7月4日授权公告的名称为“抗洪防冲合金钢网石兜”的00246495.0号实用新型专利权，其申请日是2000年8月18日，原专利权人是永嘉县强力防汛物资有限公司，后于2003年8月29日变更为永嘉县东泉防汛器材制造有限公司。授权公告的权利要求书如下：

“1. 一种抗洪防冲合金钢丝网石兜，呈圆形兜状，其特征在于：它由网底和网边组成；网底有若干圈钢丝围成同心圆，其最内圈圆中心有若干纵横交错的钢丝相互交织编结成中心网底，该钢丝延长与各同心圆钢丝交织，各同心圆由内向外逐渐增加径向交织的钢丝数，各钢丝径向向外延伸相互缠绕交织成菱形的网眼，该网眼内小外大构成网边，该网边直径逐渐收缩成网兜形状。

2. 如权利要求1所述的抗洪防冲合金钢丝网石兜，其特征在于：所述网底的钢丝同心圆有5圈，最内圈圆内形成中心网底的钢丝有9股，每股5条钢丝，9股分为3组，每组3股等距平行，3组互成60°夹角。

3. 如权利要求 1 所述的抗洪防冲合金钢丝网石兜，其特征在于：所述网底的钢丝同心圆最内圈直径为 60~90cm，最外圈直径为 200~280cm，整个网兜的网边直径为 500~600cm。”

针对上述实用新型专利权（下称本专利），郑士元（下称请求人）于 2005 年 3 月 7 日向专利复审委员会提出了无效宣告请求，并提交了如下证据：

（一）第一组证据

证据 1：《浙江水利科技》1999 年增刊中的目次页（1 页）以及杭州银河防汛物资有限公司的宣传页（2 张）的复印件，1999 年 7 月 5 日出版；

证据 2：《浙江水利科技》1999 年第 3 期中的目次页（1 页）以及杭州银河防汛物资有限公司的宣传页（1 张）的复印件，1999 年 9 月 25 日出版；

证据 3：《浙江水利科技》1999 年第 4 期中的目次页（1 页）郑士元与李彪撰写的文章“合金钢网石兜（箱）柔性砼互连板块在防冲护堤中的应用”（2 页）以及杭州银河防汛物资有限公司的宣传页（1 张）的复印件，1999 年 12 月 25 日出版；

证据 4：《浙江水利科技》2000 年第 2 期中的目次页（1 页）郑士元、李彪撰写的文章“合金钢网系列柔性块体在水利工程防护中的应用”（2 页）以及杭州银河防汛物资有限公司的宣传页（1 张）的复印件，2000 年 3 月 25 日出版；

证据 5：《浙江水利科技》2000 年第 3 期中的目次页（1 页）以及杭州银河防汛物资有限公司的宣传页（1 张）的复印件，2000 年 5 月 25 日出版；

（二）第二组证据

证据 6：《浙江围垦科技资料汇编暨围垦技术与管理交流会论文集》第十一期中的目录页以及郑士元撰写的文章“合金钢网石兜（箱）柔性网砼互连板块在水利工程防护中的应用”（6 页）的复印件，1999 年 12 月；

证据 7：《浙江水利科技》2001 年第 4 期中的目次页（1 页）以及杭州银河防汛物资有限公司的宣传页（1 张）的复印件，2001 年 7 月 25 日出版；

证据 8：4 张照片的复印件（共 5 页）；

（三）第三组证据

证据 9：9 张照片以及临海市城市防洪工程建设指挥部出具的情况说明复印件；

证据 10：临海市城市防洪工程施工图复印件（共 8 页）；

证据 11：《浙江水利科技》2001 年第 6 期中的目次页（1 页）以及杭州银河防汛物资有限公司的宣传页（1 张）的复印件，2001 年 11 月 25 日出版；

（四）第四组证据

证据 12：声称为摄于 1998 年 7 月 2 日最初设计的网兜试验现场的 5 张照片的复印件（共 2 页）；

证据 13：声称为摄于 1998 年 7 月 5~6 日改进后的网兜结构及试验现场的 3 张照片的复印件（共 1 页）；

证据 14：声称为摄于 1998 年 8 月 4 日网兜试验现场的 3 张照片的复印件（共 1 页）；

证据 15：声称为摄于 2000 年 2 月 1 日网兜试验现场的 3 张照片的复印件（共 1 页）；

证据 16：声称为摄于 2000 年 7 月 27 日网兜试验现场的 3 张照片的复印件（共 1 页）；

证据 17：声称为摄于 2000 年 3 月 28 日网兜试验现场的 3 张照片的复印件（共 1 页）；

（五）第五组证据

证据 18.1：（2005）杭证民字第 1138 号公证书；

证据 18.2：证据 18.1 所附的 36 张照片的复印件（共 12 页）；

证据18.3：证据18.1所附的GF-90-0101号工矿产品购销合同副本复印件（共2页），签订时间为1999年8月23日；

证据18.4：证据18.1所附的萧山市围垦水利工程管理所出具的合金钢柔性网石兜（箱）使用鉴定书复印件，时间为1999年12月；

证据18.5：证据18.1所附的购买网石兜的发票复印件；

证据18.6：证据18.1所附的萧山区围垦水利工程管理所出具的证明复印件；

证据18.7：证据18.1所附的对陈海奇的调查笔录复印件；

（六）第六组证据

证据19：《浙江水利科技》2000年增刊中叶建宏、郑曼克撰写的文章“柔性块体新技术在钱塘江强涌潮地段治险中的应用”（2页）的复印件；

证据20：专利号为98110827.X的中国发明专利说明书（共8页）；

（七）第七组证据

证据21：温州瓯北镇标准堤塘建设指挥部向杭州银河防汛物资有限公司购买网兜的进帐单复印件（2张，日期分别为2000年6月30日以及2000年9月26日）和编号为0225788的浙江省货物销售统一发票记帐联凭证复印件。

请求人认为：（1）本专利不具备新颖性，具体理由是：第一组证据中每一个证据都单独公开了本专利权利要求1~3的技术内容；第二组证据中的证据6单独公开了本专利权利要求1~3的技术内容，证据7是在申请日之后出版的一张与证据6照片对应的彩色稿；第三组证据用于证明在申请日之前与本专利相同的网石兜已经在浙江省台州临海城防工程上应用了；第四组证据中每一个证据都单独公开了本专利权利要求1~3的技术内容；第五组证据证明与本专利相同的网石兜在1999年已经在国内公开使用；第六组证据证明合金钢网兜的定义在申请日之前就已经存在，并且网石兜在1999年8月曾经进行抛投过；第七组证据公开了本专利权利要求3的技术特征。（2）本专利权利要求1~3相对于证据1~6、8~9、12~21不具备创造性。（3）本专利中的网石兜是开口结构，不能将块石进行封闭包裹，不能实现发明目的，因此本专利缺少必要技术特征，同时也不具备实用性。

经形式审查合格后，专利复审委员会受理了该无效请求，于2005年8月18日向双方当事人发出无效宣告请求受理通知书，并将无效宣告请求书及其附件清单中所列附件副本转给了专利权人，要求其在指定的期限内答复。

专利权人在规定的期限内未进行答复。

专利复审委员会依法组成合议组，对上述无效宣告请求进行审查。2006年2月21日，本案合议组向双方当事人发出口头审理通知书，定于2006年4月4日对本案举行口头审理。

口头审理如期举行，请求人参加了口头审理，专利权人未出席口头审理。请求人明确无效理由、范围为：本专利权利要求1~3不符合专利法第22条第2款、第3款以及专利法实施细则第21条第2款的规定，明确表示放弃专利法第22条第4款关于实用性的无效理由。请求人当庭提交证据1~9、证据11~17、证据18中公证书、调查笔录以及证明的原件，证据19、21的原件；认为证据1、6、7为同一卷的照片，同时提供了照片的底片；提交了证据10盖有红章的复印件。

在口头审理中，请求人对上述无效理由和证据充分发表了如下意见：

（1）关于实施细则第21条第2款的规定。

请求人认为专利权人所用专利的现有技术均为封闭的结构，但从本专利中看不出是封闭的结构，本专利网石兜的刚性比较大，人工封闭很难，但用机械可以强行进行封闭。

（2）关于本专利的新颖性、创造性。

请求人明确表示使用第一组证据中的每一篇证据单独评述本专利的新颖性、第二组证据至第六组证据每一组作为证据链分别评述本专利的新颖性。

请求人明确表示使用证据 1~21 评价本专利的创造性。

关于第一组证据（证据 1~5）：

请求人认为本专利的技术效果与证据 1 相同，证据 1 的网兜的网眼是由小到大的，形成网兜的形状，从证据 1 照片中的网石兜可以看出钢丝有五圈，认可权利要求 2、3 的附加技术特征在证据 1 中不太容易看出；证据 1 公开了本专利权利要求 1 的所有技术特征，权利要求 2 的具体数目增减不能构成创造性，认为权利要求 3 为公知技术，所以本专利的权利要求 1~3 相对于证据 1 不具备创造性；认为证据 2、证据 3、证据 4、证据 5 的文字说明及图片同样公开了本专利权利要求 1~3 的技术特征。

关于第二组证据（证据 6~8）：

请求人认为上述证据公开了本专利权利要求 1~3，由于证据 6 与证据 7 的照片是一样的，所以证据 7 是在证据 6 公开出版后对应证据 6 的彩色稿，其公开了圆形口状、圆兜状，第 157 页的照片公开了网石兜的底部结构、网边结构；证据 6 的主办单位是浙江省围垦局，出席单位是该局水利部门的单位，请求人认为是公开出版物，为证明出版单位所以加盖公章；证据 6 公开了网眼大小的限定、“丝间缠绕两圈”公开了本专利的五圈，菱形部分是编织的，同心圆是一根一根的焊接而成；证据 8 是在广告宣传的时候刊登的照片，可以从证据 8 看出网兜的其他角度的结构。

关于第三组证据（证据 9~11）：

请求人认为证据 9~11 公开了本专利权利要求 1~3 的技术特征，照片上有时间，网兜在临海的工程第一次使用是 2000 年 7 月，只用一两个月完成，在本专利申请日之前一两个月使用过。

关于第四组证据（证据 12~17）：

请求人认为此组证据照片上有清楚的拍摄时间，证据 12 中公开了网底、网兜、同心圆、菱形网眼，网眼的编织方式是由小大、由内到外，与权利要求 1 的技术特征完全相同。

关于第五组证据（证据 18）：

请求人认为从公证书及照片中可以确认网兜的尺寸及形状，该网兜也是由网底、网边构成，公开了五圈、钢丝组、同心圆，从照片所示的人体高度测出网兜钢丝同心圆的尺寸，所以本专利的权利要求 1~3 全部技术特征被证据 18 所公开；购销合同副本里提到了合金钢网石兜的名称；发票是 99 年 12 月 29 日；证明是 99 年 9 月份开始的，与合同的日期及付款的凭证相印证，此组证据均是公证人员的公证下进行的；合议组询问为何公证时间为 05 年，而公证人员的签署日期是 04 年，请求人表示这是打印上的错误，提出可以重新出具一份公证书，并由公证人员对此时间的情况进行说明。

关于第六组证据（证据 19~20）第七组证据（证据 21）：

证据 19 公开了网石兜的抛投，从附图及文字内容可以看出网石兜的构思及网眼的由小变大，证据 20 说明书附图上可以看出网石兜展开后是打结的形式，收口、连接、同心圆均被公开。

第七组证据对网石兜有个描述，发票上有网眼大小、制造厂，公开了曲面直径；关于发票上面手写的技术规格，请求人认为是在发明之前开发票的时间写上去的，因为此发票是原件，底联上有一张有手写字，时间是 2000 年 8 月，发票是先发货后收款。

口头审理结束后，请求人于 2006 年 4 月 17 日提交了如下证据：

证据 22.1：（2006）杭证民字第 2161 号公证书原件；

证据 22.2：杭州市公证书出具的说明原件，对 1138 号公证书部分内容中出现的明显笔误即公证书落款日期进行更正。

本案合议组于2006年5月12日向专利权人发出转送文件通知书，将请求人于2006年4月17日提交的上述证据的副本转送给专利权人，指出对该通知书的答复期限为1个月，期满未答复的，视为当事人已得知转送文件中所涉及的理由、事实和证据，并且未提出反对意见。

专利权人期满未答复。

至此，合议组认为本案事实清楚，可以依法作出审查决定。

**二、决定的理由**

1. 本专利是否符合专利法实施细则第21条第2款的规定

专利法实施细则第21条第2款规定：独立权利要求应当从整体上反映发明或者实用新型的技术方案，记载解决技术问题的必要技术特征。

请求人认为专利权人所用专利的现有技术中网石兜均为封闭的结构，但从本专利权利要求1中看不出该网石兜是封闭的结构，本专利网石兜的刚性比较大，人工封闭很难，但用机械可以强行进行封闭。

合议组认为权利要求1虽然没有指出如何对网石兜进行封闭，但网石兜的结构是清楚的，并且正如请求人所述，该网石兜可以用机械强行封闭，所以权利要求1所限定的网石兜不会因没有记载封闭结构而缺少必要技术特征。

2. 关于出版物公开

请求人主张使用证据1~5证明出版物公开，具体理由是：本专利的发明效果与证据1相同，证据1网兜的网眼是由小到大的，形成网兜的形状，从证据1照片的可以看出网石兜的钢丝有五圈，认可权利要求2、3的附加技术特征在证据1中不太容易看出，证据1公开了本专利权利要求1的所有技术特征，权利要求2的具体数目增减不能使其具备创造性，权利要求3为公知技术，所以本专利的权利要求1~3相对于证据1不具备创造性；证据2、3、4、5的文字说明及图片同样公开了本专利权利要求1~3的技术特征。

合议组经审理，查明：

证据1~5为国内公开出版物，并且请求人当庭提交了上述证据的原件，经合议组核实，上述证据复印件与原件一致，并且专利权人未对上述证据提出异议，其可以作为本案的证据使用。上述证据1~5的公开日在本专利申请日之前，因此其上记载的内容可以作为本案的现有技术。

证据1中包含有“合金钢柔性网石箱使用鉴定书”的一页的右下脚有两张图，分别为“合金钢网兜（袋、箱）网孔结构”图、“合金钢网箱内装块石起吊”图，从上述两张图可以看出：该网箱在起吊后呈网兜形状，由网底和网边组成，网底由若干圈钢丝围成同心圆，最内圈圆中心由若干横纵交错的钢丝相互交织编结成中心网底，该钢丝延长与各同心圆钢丝交织，各同心圆由内向外逐渐增加径向交织的钢丝数，各钢丝径向向外延伸相互缠绕交织成菱形的网眼，该网眼内小外大构成网边。

将本专利权利要求1与证据1中公开的上述内容进行比较，区别在于本专利中的网石兜呈圆形兜状，即网边直径逐渐收缩呈圆兜形状，而证据1中的网石兜处于吊装石头的使用状态，其形状为不规则图形的兜状。鉴于存在上述区别，该权利要求1相对于证据1具备新颖性，而从属于权利要求1的权利要求2~3相对于证据1也具备新颖性。

对于上述区别技术特征，合议组认为作为装盛石块的器材，圆兜形状是网石兜的一种常规选择，因此本专利权利要求1相对于上述照片中的网石兜不具备创造性。

权利要求2从属于权利要求1，其附加技术特征为“所述网底的钢丝同心圆有5圈，最内圈圆内形成中心网底的钢丝有9股，每股5条钢丝，9股分为3组，每组3股等距平行，3组互成60°夹角。”请求人认为证据1的照片中能够看到钢丝同心圆为5圈，合议组经过仔细观察，认为该照片并不能清晰地反映出同心圆的圈数，同时证据 1 中未公开上述其他技术特征，在没有证据表明上述区别技术特征为本领域公知常识的情况下，应当认定该权利要求 2 相对于证据 1 具备创造性。

权利要求 3 从属于权利要求 1，其附加技术特征为“所述网底的钢丝同心圆最内圈直径为 60~90cm，最外圈直径为 200~280cm，整个网兜的网边直径为 500~600cm。”合议组认为上述数值是本领域技术人员根据不同使用环境下对网石兜尺寸进行的常规选择，并没有产生预料不到的技术效果，因此当权利要求 1 不具备创造性时，该从属权利要求 3 也不具备创造性。

另外，证据 2~5 公开了与证据 1 类似的技术内容，但上述证据均未公开本专利权利要求 2 中的附加技术特征，并且没有证据表明上述该附加技术特征为本领域公知常识，因此该权利要求 2 相对于证据 2~5 中的任一个证据都具备创造性。

3. 关于使用公开

请求人认为第二组至第七组证据中的每一组都表明本专利已经被使用公开。

合议组经审理，查明以下事实：

第五组证据中证据 18. 1 为公证书，其后附有 7 份附件，即证据 18. 2-18. 8。经审查，该公证书落款时间与公证时间存在明显矛盾：该公证书记载公证申请人于 2005 年 2 月 28 日到该公证处作上述公证，但落款时间却为 2004 年 1 月 6 日。针对上述问题，请求人于 2006 年 4 月 17 日提交了证据 22. 2-杭州市公证处出具的说明，指出证据 18. 1-（2005）杭州民字第 1138 号公证书因为制作过程中电脑系统原因落款时间出现笔误，该公证书落款时间应当为 2005 年 3 月 6 日。专利权人未对证据 18. 1 以及证据 22. 2-杭州市公证处出具的上述说明的真实性提出异议，本案合议组认为在没有相反证据表明上述证据 18. 1 不真实的情况下，上述证据可以作为本案的证据使用。

证据 18. 1 中记载了以下内容：郑士元于 2005 年 2 月 28 日到浙江省杭州市公证处，称为了证明其在 1999 年出售给萧山区围垦水利工程管理所的网兜已经具备本专利的技术特征，要在当年施工的工地上挖取一个网石兜，并向萧山区围垦水利管理所进行取证，申请保全证据。该公证处公证员以及郑士元委托的律师林蜀等人于 2005 年 2 月 28 日到萧山区围垦水利工程管理所，由林蜀对该所陈海奇进行调查询问，制作《调查笔录》（证据 18. 7）一份，并由该所提供《工矿产品购销合同》（证据 18. 3）《合金钢柔性网石兜（箱）使用鉴定书》（证据 18. 4）《证明》（证据 18. 6）以及盖章的发票（证据 18. 5）复印件。之后，公证人员随同申请人及工人到萧山区围垦海塘二十二工段 7+700 处，现场开挖放置于该工段的网石兜（因为涨潮原因，中途停止，并于次日继续），现场拍摄照片 36 张。其证明与此公证书相粘连的照片 36 张（证据 18. 2）系于 2005 年 2 月 28 日及 3 月 1 日在现场拍摄，与实际情况相符；相应的资料由萧山区围垦水利工程管理所提供，《调查笔录》（证据 18. 7）由林蜀现场调查制作。

证据 18. 3 为 GF-90-0101 号工矿产品购销合同复印件，其上载明：供方：杭州银河防汛物资有限公司，需方：萧山市围垦水利工程管理所，签订时间：1999 年 8 月 23 日，产品名称：合金钢网石箱，单价为 955. 22；合金钢网石兜，单价为 751. 88；并注明上述产品在签订合同后，30 天内供 50%，45 天供齐。该合同上盖有杭州银河防汛物资有限公司的章、萧山市围垦水利工程管理所的章以及萧山区水利工程管理所的章。

证据 18. 5 为编号 0225780 的发票复印件，其上载明：货物名称为网石兜，单价为 751. 88；网石箱，单价为 955. 22，日期为 1999 年 12 月 29 日。该发票上盖有杭州银河防汛物资有限公司财务专用章、萧山市围垦水利工程管理所的章。

上述证据 18. 3、18. 5 为复印件，请求人在口头审理时未出具原件，为此请求人在口头审理之后提交了证据 22. 1。该证据 22. 1 为（2006）杭证民字第 2161 号公证书原件，其附有 GF-90-0101 号工矿产品购销合同以及编号为0225780的发票复印件，上述购销合同、发票分别与证据18.3、证据18.5相同，并且该公证书证明与此公证书所附的GF-90-0101号工矿产品购销合同以及编号为0225780的发票复印件与萧山区围垦水利工程管理所保存的原件相符，合议组认为根据证据22.1可以认定证据18.3、18.5分别与其原件相符。上述证据18.3、证据18.5货品供方、需方对应，货物名称以及单价相一致，合同签订日期与发票出具日期相关联，并且专利权人未对上述证据的真实性提出异议，合议组经过审查，认为上述证据可以作为本案证据使用，其证明了萧山市围垦水利工程管理所于1999年购买了杭州银河防汛物资有限公司的合金钢网石兜、网石箱。

证据18.4为《合金钢柔性网石兜（箱）使用鉴定书》复印件，其指出萧山市围垦二十、二十三工段经常发生滑坡、溃堤，而通过安放300米合金钢网石兜（箱）经过农历八、九、十月8米以上的大潮，没有发现破损、腐蚀和网石兜（箱）的冲失。该复印件上盖有萧山围垦水利工程管理所的章，日期为1999年12月。

证据18.6为萧山围垦水利工程管理所出具的证明复印件，其上记载有：萧山围垦水利工程管理于1999年9月份开始向杭州银河防汛物资有限公司购买了合金钢网石兜，用于其辖区十八-二十三工段海塘度汛抢险、堤址防冲，这些网石兜自1999年抛投后一直使用至2005年2月28日，应用效果很好。在1999年该所曾出具用网石兜护岸的新方法的鉴定书。该证明复印件上盖有萧山围垦水利工程管理所的章，日期为2005年2月28日。

证据18.7为《调查笔录》复印件，其中记载了林蜀对萧山围垦水利工程管理所副所长陈海奇的问讯，陈海奇承认萧山围垦水利工程管理所采购了杭州银河防汛物资有限公司的网石兜，并于1999年将其抛投到萧山海塘外十八-二十三工段，而后至今再没有抛投。该复印件上有陈海奇的签名以及萧山区围垦水利工程管理所的章。

将证据18.4、18.6、18.7与证据18.3、证据18.5对应来看，萧山围垦水利工程管理所为了解决建堤防冲以度汛期，1999年下半年向杭州银河防汛物资有限公司购买合金钢网石兜（证据18.3、证据18.5），而后将其抛投至萧山海塘外十八-二十三工段（证据18.6、18.7），经过了1999年农历八、九、十月大潮的检验（证据18.4）。上述证据18.3-18.7内容一致，并且从签订购买合同到购买事实的发生以及售后的使用鉴定，时间、地点以及事件上相关联，同时有萧山围垦水利工程管理所副所长陈海奇对整个购买以及使用网石兜的情况回顾和萧山围垦水利工程管理所出具的情况说明，所有上述证据相互印证，彼此支持，同时专利权人未对证据18.4、18.6、18.7的真实性提出异议，在证据18.3、证据18.5真实性得到确认的基础上，合议组认为证据18.4、18.6、18.7可以作为本案证据使用，其再次证明了合金钢网石兜在1999年销售的事实。

另外，根据证据18.6、18.7，合议组认为可以得出以下事实：1999年网石兜被抛投到萧山海塘外十八-二十三工段后至2005年2月28日再没有抛投。

综合上述证据可以得知，萧山市围垦水利工程管理所于1999年购买了杭州银河防汛物资有限公司的合金钢网石兜、网石箱，而后将其抛投到萧山海塘外十八-二十三工段，此后至2005年2月28日再没有抛投。因此2005年2月28日以及3月1日在萧山海塘外二十二工段上挖出的网石兜应当就是1999年购买的网石兜。基于以上分析，合议组认为可以根据证据18.1-（2005）杭州民字第1138号公证书复印件所附的在上述现场上述时间拍摄的挖出的网石兜的36张照片与本专利进行对比来判断本专利的新颖性和创造性。

通过该公证书中所附的36张照片中的第33张照片可以清晰地看到该合金钢丝网石兜的结构：该网石兜由网底和网边组成，网底由5圈钢丝同心圆构成，最内圈圆中心有横纵交错的钢丝相互交织编织成中心网底，该钢丝延长与各同心圆钢丝交织，各同心圆由内向外逐渐增加径向交织的钢丝数，各钢丝径向向外延伸相互缠绕交织成菱形的网眼，该网眼内小外大构成网边。最内圈圆内形成中心网底的钢丝有9股，9股分成三组，每组3股等距平行，3组互成60°交角。每股由3条或者4条钢丝组成。

将本专利权利要求1与上述照片比较，其区别在于：本专利中的网石兜呈圆形兜状，即网边直径逐渐收缩呈圆兜形状。鉴于存在上述区别，该权利要求1相对于该照片具备新颖性，而从属于权利要求1的权利要求2~3相对于该照片也具备新颖性。

对于上述区别技术特征，合议组认为上述照片中的网石兜因为在填埋和开挖过程中发生变形，不能确定其原始形状，但作为装盛石块的器材，圆兜形状是一种常规选择，因此本专利权利要求1相对于上述照片中的网石兜不具备创造性。

权利要求2从属于权利要求1，其附加技术特征为"所述网底的钢丝同心圆有5圈，最内圈圆内形成中心网底的钢丝有9股，每股5条钢丝，9股分为3组，每组3股等距平行，3组互成60°夹角"，上述照片中的网石兜公开了除"每股5条钢丝"特征之外的其他附加技术特征，而照片中网石兜每股有3条或者4条钢丝，合议组认为每股的钢丝数目可以根据钢丝的强度以及网石兜所盛放物料的重量来选择，并且该区别技术特征并没有带来意想不到的技术效果，因此当权利要求1不具备创造性时，该从属权利要求2也不具备创造性。

权利要求3从属于权利要求1，其附加技术特征为"所述网底的钢丝同心圆最内圈直径为60~90cm，最外圈直径为200~280cm，整个网兜的网边直径为500~600cm。"合议组认为上述数值是本领域技术人员根据网石兜尺寸进行的选择，并没有产生预料不到的技术效果，因此当权利要求1不具备创造性时，该从属权利要求3也不具备创造性。

综上所述，本专利权利要求1~3均不具备创造性，故本案合议组作出如下决定。

**三、决定**

宣告00246495.0号实用新型专利权无效。

当事人对本决定不服的，可以根据专利法第46条第2款的规定，自收到本决定之日起叁个月内向北京市第一中级人民法院起诉。根据该款的规定，一方当事人起诉后，另一方当事人应当作为第三人参加诉讼。

028

# 眼科灸疗保健镜

## 无效宣告请求审查决定（第9288号）

**决　　定　　点**　第9288号
**决　　定　　日**　2006年12月25日
**发明创造名称**　眼科灸疗保健镜
**国 际 分 类 号**　A61B1 7/36，A61F 9/007
**无效宣告请求人**　烟台高新区爱心医疗器械厂，烟台正启管理咨询有限公司
**专 利 权 人**　蒋泉涛
**专　　利　　号**　96248797.X
**申　　请　　日**　1996年12月27日
**授 权 公 告 日**　1998年8月19日
**合 议 组 组 长**　丁惠玲
**主　　审　　员**　刘　畅
**参　　审　　员**　张惠军

**法 律 依 据**　专利法第22条第3款，第26条第3款、第4款；专利法实施细则第20条第1款，第21条第2款

**决 定 要 点**

如果对比文件与本专利的权利要求相比存在区别技术特征，并且没有给出关于该区别技术特征的启示，那么本专利的权利要求具备专利法第22条第3款所规定的创造性。

### 一、案由

本无效宣告请求涉及国家知识产权局于1998年8月19日授权公告的名称为“眼科灸疗保健镜”的实用新型专利权（下称本专利），其专利号是96248797.X，申请日是1996年12月27日，专利权人是蒋泉涛。

本专利授权公告时的权利要求书为：

“1. 一种眼科灸疗保健镜，其特征在于筒体的截面形状似现眼镜框的空腔，一端为眼镜框形，另一端为与空腔壳体形状相同的密封盖，空腔内设有一支架，在靠近眼镜框镜片处由其支持用做灸疗用药柱。

2. 按照权利要求1所述的眼科灸疗保健镜，其特征在于眼镜框形一端，两镜片处为带排列若干小孔的板，在壳体外带孔板的中心处缚贴一由透气性材料制做袋内装药物的药垫。

3. 按照权利要求1所述的眼科灸疗保健镜，其特征在于空腔内设有的支架，由一支柱固定在壳

体壁上，一带有螺纹的旋转杆穿过支柱并由其支持，带螺纹的旋转杆上旋配一带螺孔的板，其板的两端伸出两针状直杆，杆上插着做灸疗用药柱，其位置正对两眼镜片带孔板的后面，带螺孔的板有两滑道孔，装在道轨上，道轨固定在支柱上。

4. 按照权利要求1所述的眼科灸疗保健镜，其特征在于在螺孔板上伸出一指示针，壳体壁上设有一长槽，并在上面刻上刻度，指示针由长槽内穿出。

5. 按照权利要求1所述的眼科灸疗保健镜，其特征在于在壳体设有通风孔，通风孔为圆柱体分两层，内层为座，固定在壳体壁上，外层为盖，内外层的圆柱面上开有风口。”

针对上述专利权，烟台高新区爱心医疗器械厂（下称第一请求人）于2004年7月19日向专利复审委员会提出无效宣告请求，其理由是：本专利不符合专利法第22条第3款，第26条第3、4款，以及专利法实施细则第20条第1款、第21条第2款的规定。第一请求人提交如下附件作为证据使用：

附件2（下称对比文件1）：申请号为92104233.7、名称为“视力恢复治疗仪”的发明专利申请公开说明书，其申请日为1992年6月7日，公开日为1993年12月29日。

经形式审查合格，专利复审委员会受理了上述无效宣告请求，并于2004年7月20日向双方当事人发出受理通知书，同时将无效宣告请求书及其附件清单中所列附件副本转送给专利权人，并告知专利权人在收到无效宣告请求受理通知书之日起一个月内对该无效宣告请求陈述意见。

针对上述专利权，烟台正启管理咨询有限公司（下称第二请求人）于2004年7月23日向专利复审委员会提出无效宣告请求，其理由是：本专利不符合专利法第22条第3款，第26条第3、4款，以及专利法实施细则第20条第1款、第21条第2款的规定。第二请求人提交的证据与第一请求人相同。

经形式审查合格，专利复审委员会受理了上述无效宣告请求，并于2004年7月23日向双方当事人发出受理通知书，同时将无效宣告请求书及其附件清单中所列附件副本转送给专利权人，并告知专利权人在收到无效宣告请求受理通知书之日起一个月内对该无效宣告请求陈述意见。

针对上述两项无效宣告请求，专利权人逾期未答复。

专利复审委员会依法成立合议组，对上述两项无效宣告请求进行审理。根据《审查指南》第四部分关于合案审查的规定，将上述两项无效宣告请求进行合并审理，并于2005年8月18日向三方当事人发出无效宣告请求口头审理通知书，定于2005年10月10日进行口头审理。

口头审理如期进行，三方当事人均出席了口头审理。双方当事人对合议组成员变更没有异议，对合议组成员没有回避请求。

在口头审理中，第一请求人和第二请求人（下统称为请求人）明确表示无效理由、证据和范围均相同，具体为：本专利权利要求1~5不符合专利法第22条第3款的规定，权利要求1、4不符合专利法实施细则第20条第1款的规定，权利要求1不符合专利法实施细则第21条第2款的规定，此外，说明书不符合专利法第26条第3款的规定，权利要求1不符合专利法第26条第4款的规定。所使用的证据为ZL92104233.7（即对比文件1）。专利权人对该证据的真实性表示无异议。

关于专利法第26条第3、4款请求人认为：说明书中只有一种实施方案，没有对“眼镜镜框”的空腔结构及“眼镜镜片”的位置这些特征作出清楚明确的解释。对此专利权人认为：说明书第3页第2段及附图已经对此进行过说明，本领域技术人员可以结合本领域的公知常识得知框架的形状及镜片的位置。此外，请求人认为：权利要求书中明确写了“镜片”这一特征，但说明书中并没有具体描述，对此专利权人认为：权利要求书和说明书中记载的是“镜片处”，只是一个位置关系，并不是一个具体部件。

关于专利法实施细则第 20 条第 1 款，请求人认为：权利要求 1 中存在镜框的结构及镜片的位置的不清楚，对此专利权人认为请求人的观点不能成立。请求人认为：权利要求 4 中指出“螺孔板上伸出一指示针”，而在其引用的权利要求 1 中并没有对螺孔板作出说明，因而不符合专利法实施细则第 20 条第 1 款的规定。对此专利权人认为：螺孔板属于支架的一部分。

关于专利法实施细则第 21 条第 2 款，请求人认为：权利要求 1 中缺少“通风孔”以及“支架”的连接关系这些必要技术特征。专利权人认为：密封盖的作用是为了防止药柱脱离筒体，但并不密闭空气，因此通风孔并不是灸疗的必要技术特征，没有它一样可以实施灸疗，筒体、外盖、镜片处三个技术特征以及在说明书中组成支架的各部分配合说明已经可以清楚说明支架的具体位置，并且说明书第 2 页第 2 段也有相关记载。

关于权利要求 1 的创造性，请求人认为：本领域技术人员在对比文件 1 的基础上能够得出权利要求 1 所请求保护的技术方案，因而权利要求 1 不具备创造性。专利权人认为：灸疗与电加热药垫是不同的，另外本专利的筒体、密封盖、支架与对比文件 1 中的中空框室，金属壁面，定位销结构功能以及实现的效果都是不同的。请求人认为：权利要求 1 中只要求保护灸疗用的药柱，对比文件 1 中的窗口 20 和定位销就相当于本专利中的支架。专利权利人认为：窗口 20 只是用于固定辅助作用体，与支架作用不同。

关于权利要求 2 的创造性，请求人认为对比文件 1 公开了权利要求 2 的附加技术特征。对此专利权人认为权利要求 2 中强调的是板，与对比文件 1 中的“凹弧面”在实现效果上与技术特征上是不同的。对此请求人认为凹弧面与板都带有孔，可参见对比文件 1 的图 2，而且都起到了为了防止药物散落的作用。而且权利要求 2 中并没有限定板是平面还是弧面。

关于权利要求 3 的创造性，请求人认为在对比文件 1 的基础上结合本领域的公知常识可破坏权利要求 3 的创造性。对此专利权人认为本专利的调节机构与对比文件 1 的调节机构不同。

关于权利要求 4 的创造性，请求人认为权利要求 4 所进一步限定的特征属于公知常识，对此专利权人认为，带刻度的指示针具有有益效果，且没有被对比文件 1 公开，不属于公知常识。请求人认为对比文件 1 中用指示灯光亮的强弱来表明治疗的强度具有暗示作用。对此专利权人认为指示灯的光亮强弱不如刻度精确。

关于权利要求 5 的创造性，请求人认为通风孔是为了燃烧而设计的，所以在其引用的权利要求不具备创造性的情况下，该权利要求 5 也不具备创造性。对此专利权人认为，通风孔并不是燃烧所必备的，而且也不属于公知常识。

至此，合议组认为本案事实清楚，现依法作出审查决定。

**二、决定的理由**

1. 关于证据

对比文件 1 是专利文献，早于本专利的申请日，专利权人对对比文件 1 的真实性没有异议。经审查，对比文件 1 可以作为本案证据使用，并且其上记载的内容构成本专利的现有技术。

2. 关于专利法第 26 条第 3 款

专利法第 26 条第 3 款规定：“说明书应当对发明或者实用新型作出清楚、完整的说明，以所属技术领域的技术人员能够实现为准；必要的时候，应当有附图。摘要应当简要说明发明或者实用新型的技术要点。”

请求人认为说明书中只有一种实施方案，没有对“眼镜镜框”的空腔结构及“眼镜镜片”的位置这些特征作出清楚明确的解释，因而本专利不符合专利法第 26 条第 3 款的有关规定。

经审查，本专利的说明书第 1 页第 4 段记载了“有一个截面形状似眼镜框的空腔的筒体，一端为眼镜框形，另一端为与空腔壳体形状相同的盖密封”，同时在本专利说明书第 3 页第 2 段还记载了“在壳体空腔（1）的壁上固定着支持板（3），其上固定两支导轨杆（8），螺旋杆（4）由支持板（3）支持，其配合为圆柱形间隙配合。与螺旋杆（4）为螺纹配合的螺孔板，也称三孔板（7）架在两导轨杆（8）上，当螺旋杆（4）扭动时，三孔板（7）就在导轨杆（8）上前后移动。三孔板的两端各设有一针状杵，上面各插一灸疗用药柱（6），其位置在空腔内……”，同时，从本专利的附图 1 可以清楚地看出说明书所公开的上述有关壳体空腔的位置关系和空腔内各部件的组成及其连接关系。此外，说明书第 3 页第 2 段还记载了“在贴近眼处（也就是在壳体外面的一面）固定着一用透气性材料制成袋子的药垫（9）……在充当镜片的孔板及袋式药垫（9）的周围是一圈软材料密封圈（11），以保证散发的药内物质与热量更好地作用于眼部，同时避免烧伤使用者。……镜片孔板（9）的后面，眼疾患者眼部的受热量，来自灸疗用药柱（6）燃烧发出的热量，透过孔板（9）作用于药垫，使其散发。”，结合本专利的附图 1、2 不难看出，充当镜片的孔板（9）位于壳体空腔（1）的眼镜框端，与药柱（6）相对。因此，合议组认为，本专利的说明书已经对“眼镜镜框”的空腔结构及“眼镜镜片”的位置作出了清楚、完整的说明，本领域技术人员根据本专利说明书的记载，能够实现本专利的技术方案，因而说明书的公开是充分的，符合专利法第 26 条第 3 款的有关规定。

3. 关于专利法第 26 条第 4 款

专利法第 26 条第 4 款规定：“权利要求书应当以说明书为依据，说明要求专利保护的范围。”

请求人认为，权利要求书中明确写了“镜片”这一特征，但说明书中并没有具体描述，因而本专利不符合专利法第 26 条第 4 款的有关规定。

经审查，在本专利的权利要求书中多次出现了“镜片”这一特征。在本专利的说明书第 3 页第 2 段明确记载了在本专利中充当镜片的是孔板（9），并且在说明书第 3 页第 2 段对镜片的位置及其与其他部件的连接关系作出了说明：“在贴近眼处（也就是在壳体外面的一面）固定着一用透气性材料制成袋子的药垫（9）……在充当镜片的孔板及袋式药垫（9）的周围是一圈软材料密封圈（11）……三孔板的两端各设有一针状杵，上面各插一灸疗用药柱（6），其位置在空腔内，以保证散发的药内物质与热量更好地作用于眼部，同时避免烧伤使用者。镜片孔板（9）的后面，眼疾患者眼部的受热量，来自灸疗用药柱（6）燃烧发出的热量，透过孔板（9）作用于药垫，使其散发”。在本专利的说明书附图中也同样反映了上述说明书对镜片结构及位置关系的描述。因而，本专利的权利要求书能够得到说明书的支持，符合专利法第 26 条第 4 款的有关规定。

4. 关于专利法实施细则第 20 条第 1 款

专利法实施细则第 20 条第 1 款规定：“权利要求书应当说明发明或者实用新型的技术特征，清楚、简要地表述请求保护的范围。”

请求人认为：权利要求 1 中存在镜框的结构及镜片的位置不清楚，权利要求 4 中指出“螺孔板上伸出一指示针”，而在其引用的权利要求 1 中并没有对螺孔板作出说明，因而权利要求 1、4 不符合专利法实施细则第 20 条第 1 款的规定。

专利权人认为：权利要求 1 是清楚的，且权利要求 4 中的螺孔板属于支架的一部分。

经审查，本专利的权利要求 1 对于镜框和镜片的描述为：“筒体的截面形状似现眼镜框的空腔，一端为眼镜框形，另一端为与空腔壳体形状相同的密封盖，空腔内设有一支架，在靠近眼镜框镜片处由其支持用做灸疗用药柱”，其中已经清楚地限定空腔的一端为眼镜框形，且镜片处于眼镜框处。另外，如上所述，本专利的说明书已经对壳体空腔的结构及镜片的位置关系作出了清楚、完整的说明，因而，权利要求 1 中有关镜框和镜片的位置关系是清楚的，符合专利法实施细则第 20 条第 1 款的有关规定。

此外，关于请求人认为的权利要求 4 中进一步限定“螺孔板上伸出一指示针”，而在其引用的权利要求 1 中并没有对螺孔板作出说明的这一主张，合议组认为，权利要求 1 中没有对螺孔板这一结构进行限定，而权利要求 4 引用的是权利要求 1，因而权利要求 4 中出现的“螺孔板上伸出一指示针，壳体壁上设有一长槽，并在上面刻上刻度，指示针由长槽内穿出”造成其技术方案和保护范围不清楚，不符合专利法实施细则第 20 条第 1 款的规定。虽然专利权人在口头审理过程中认为螺孔板属于支架的一部分，但是如上所述，权利要求 1 中所限定的方案中并没有螺孔板这一结构，在说明书中也没有记载螺孔板属于支架的一部分这样的内容，本领域技术人员无法从中无歧义地得出该权利要求地保护范围，因而专利权人的上述主张不能成立，即权利要求 4 不符合专利法实施细则第 20 条第 1 款的规定。

5. 关于专利法实施细则第 21 条第 2 款

专利法实施细则第 21 条第 2 款规定：“独立权利要求应当从整体上反映发明或者实用新型的技术方案，记载解决技术问题的必要技术特征。”

审查指南第二部分第二章第 3. 1. 2 节对必要技术特征的概念进行了解释：“必要技术特征是指，发明或者实用新型为解决其技术问题所不可缺少的技术特征，其总和足以构成发明或者实用新型的技术方案，使之区别于背景技术中所述的其他技术方案。”

请求人认为：权利要求 1 中缺少“通风孔”以及“支架”的连接关系这些必要技术特征，因而不符合专利法实施细则第 21 条第 2 款的有关规定。

经审查，本专利说明书的背景技术部分记载了现有技术中的眼科治疗仪采用的是“通过电刺激和中药作用来达到消除眼睛疲劳，放松眼部肌组织”，或者是利用“小孔成像”的原理减轻眼球晶状体的过度调节，而本专利的目的在于提供一种从根本上解决增强眼肌及屈光间质的新陈代谢，增加其微循环，改善血液流变状态，来治愈眼疾的器械。具体来说，本专利是通过当作为灸疗的药柱燃烧时，热量通过两镜处的带孔板，对眼部肌进行灸疗，同时透气性材料袋中的药也辅助渗透，共同起到增强眼肌的新陈代谢，增强其微循环的作用。因此，采用灸疗来对眼部进行治疗是使本专利区别于背景技术的技术特征。权利要求 1 中限定了这样的技术方案：一种眼科灸疗保健镜，包括横截面类似于现在眼镜镜框的空腔，其一端为眼镜框形，另一端为与空腔壳体形状相同的密封盖，空腔内设有一支架，在靠近眼镜框镜片处由其支持用作灸疗用的药柱。由此可见，权利要求 1 已经包括了使本专利区别于背景技术的全部技术特征，虽然权利要求 1 中没有对通风孔这一结构进行限定，但是，根据本领域的公知常识，为了使壳体空腔内的空气流通进而使药柱燃烧更充分，在壳体上设置通风孔这样的结构，这对于本领域技术人员来说只是一种常规选择。另外，在本专利灸疗保健镜的技术方案中，软材料密封圈 11、密封盖 5 处实际上也可以使少量空气流入，从而使药柱保持燃烧。可见通气孔并不是实现本发明目的的必不可少的技术特征。因而，权利要求 1 符合专利法实施细则第 21 条第 2 款的有关规定。

6. 关于权利要求 1~3、5 的创造性

专利法第 22 条第 3 款规定：“创造性，是指同申请日以前已有的技术相比，该发明有突出的实质性特点和显著的进步，该实用新型有实质性特点和进步。”

本专利的权利要求 1 涉及一种眼科灸疗保健镜，其特征在于筒体的截面形状类似于现在的眼镜镜框的空腔，一端为眼镜框形，另一端为与空腔壳体形状相同的密封盖，空腔内设有一支架，在靠近眼镜框镜片处由其支持用做灸疗用药柱。

对比文件 1 公开了一种视力恢复治疗器，在说明书附图 3、4、5 中可以看出该视力恢复治疗器的整体形状类似于现在的眼镜，由左、右两个框室（16）（17）组成，在对比文件 1 说明书第 7 页第 7

段记载了“在眼球压迫装置上做文章，把它设计成一个内含药灸装置和发振器的中空圆柱体总成，取名为‘辅助作用体’，其一个端面（朝向人体眼睛方向）为凹弧面……辅助作用体的外表面是一金属质的圆柱体壁面（9）……”，辅助作用体（1）中空内腔中按朝向人体眼睛的方向先是布置一块药饼（4），其后是发热体（3），最后是发振器（2），发振器（2）可以选用压电陶瓷片组，也可选用电磁式发振器，其中在对比文件1的权利要求4中明确记载了：中空腔体内含有药饼和熏烤药饼的电热装置。

对比文件1中的辅助作用体为中空结构，其一端为凹弧面，外表面为金属质的圆柱体壁面，因而，对比文件1中的上述特征相当于本专利权利要求1中的“筒体的截面形状类似于现在的眼镜镜框的空腔，一端为眼镜框形，另一端为与空腔壳体形状相同的密封盖”。由于对比文件1中采用的是电加热药饼的方式，即药饼与加热体紧贴在一起来实施治疗，因而没有公开本专利权利要求1中“支架”结构，而本专利权利要求1中的支架可用于支持药柱，使其不与其他结构相接触，从而提供可用于药柱燃烧的足够空间。由于对比文件1与本专利采用的加热方式不同，导致了它们设置药柱的结构和方式也不同，而且从对比文件1公开的内容也无法得到在壳体内腔设置支架以支持药柱的启示，因而本专利的权利要求1相对于对比文件1具备专利法第22条第3款所规定的创造性。

请求人认为权利要求1中只要求保护灸疗用的药柱，对比文件1中的窗口20和定位销就相当于本专利中的支架。对此合议组认为，权利要求1中所限定的技术方案中已经明确记载了“空腔内设有一支架”的技术特征。此外，如上所述，由于对比文件1与本专利采用的加热方式不同，导致了它们在设置药柱的结构和方式也不同，而且对比文件1中的窗口20和定位销与权利要求1中的支架结构及功能也并不相同，因而，请求人的这一主张不能成立。

在独立权利要求1具备创造性的情况下，其从属权利要求2，3和5也具备专利法第22条第3款所规定的创造性。

**三、决定**

宣告96248797.X号实用新型专利权的权利要求4无效，在权利要求1、2、3、5的基础上维持专利权有效。

当事人对本决定不服的，可以根据专利法第46条第2款的规定，自收到本决定之日起三个月内向北京市第一中级人民法院起诉。根据该款的规定，一方当事人起诉后，另一方当事人应当作为第三人参加诉讼。

029

# 一种磁化地砖

## 无效宣告请求审查决定（第 9299 号）

**决　定　号**　第 9299 号
**决　定　日**　2006 年 12 月 19 日
**发明创造名称**　一种磁化地砖
**国 际 分 类 号**　E04F 15/02
**无效宣告请求人**　常州华通机房设备工程有限公司
**专　利　权　人**　简水龙
**专　　利　　号**　00216324.1
**申　　请　　日**　2000 年 1 月 27 日
**授 权 公 告 日**　2001 年 9 月 5 日
**合 议 组 组 长**　朱文广
**主　审　员**　刘瑞斌
**参　审　员**　姜　岩

**法　律　依　据**　专利法第 22 条第 3 款；专利法实施细则第 2 条第 2 款，专利法实施细则第 20 条第 1 款

**决　定　要　点**

如果技术方案中除形状、构造特征外还含有用方法名称限定的技术特征，而且该方法名称是现有技术中已知的，那么这一技术方案属于实用新型的保护客体，否则该技术方案就包含了对方法本身提出的技术方案，则不属于实用新型保护的客体。

### 一、案由

本无效宣告请求涉及国家知识产权局于 2001 年 9 月 5 日授权公告的、名称为"一种磁化地砖"的实用新型专利权（下称本专利），其专利号是 00216324.1，申请日是 2000 年 1 月 27 日，专利权人是简水龙（下称专利权人）。本专利授权公告的权利要求包括权利要求 1~8、11~19。

针对上述专利权，常州华通机房设备工程有限公司（下称请求人）于 2005 年 8 月 10 日向专利复审委员会提出无效宣告请求，随同无效宣告请求书提交了如下附件：

附件 1：授权公告日为 1994 年 2 月 2 日，公告号为 CN2154883Y 的中国实用新型专利说明书，共 4 页；

附件 2：授权公告日为 1997 年 6 月 4 日，公告号为 CN2255465Y 的中国实用新型专利说明书，共 5 页。

请求人认为：本专利权利要求1、2、4、6、8、12不具备新颖性；权利要求1~8、11~19不具备创造性；权利要求1~4、7、8、12、13、19不符合专利法实施细则第2条第2款的规定；权利要求3、4、7、8、11、12、14、15、16、18不符合专利法实施细则第20条第1款的规定。

经形式审查合格，专利复审委员会依法受理了上述无效宣告请求，并于2005年9月15日将无效宣告请求书及其附件清单中所列附件的副本转送给专利权人。

针对专利复审委员会于2005年9月15日作出的上述无效宣告请求受理通知书，专利权人于2005年10月28日提交了意见陈述书，专利权人认为：附件1和附件2公开的技术方案与本专利的发明目的、技术方案和技术效果都不相同，因此本专利具有新颖性和创造性。

专利复审委员会于2006年1月10日向双方发出无效宣告请求口头审理通知书，指出本案合议组定于2006年2月27日举行口头审理。随同口头审理通知书，将专利权人于2005年10月28日提交的意见陈述书转送给请求人。

口头审理如期举行，在口头审理中：请求人当庭提交了证明权利要求5中的特征为公知常识的证据原件及复印件：中国建筑工业出版社于1996年6月出版的《新型装修材料及其应用》第2版的封面、版权页、出版说明页、152~155页的复印件；上海科学技术文献出版社于1987年5月出版的《建筑塑料》第1版的封面、封底、版权页、65~70页的复印件，经合议组核实上述公知常识性附件的复印件与原件一致。

合议组在口头审理后于2006年3月2日向专利权人发出无效宣告请求审查通知书，告知专利权人合议组的构成情况，并将口头审理记录表附表和请求人当庭提交的公知常识性证据随通知书转送给专利权人，要求其在通知书指定的期限内进行答复。

专利权人于2006年4月4日对上述通知书进行了答复，专利权人认为请求人当庭提交的附件不符合专利法实施细则第66条的规定；同时还认为本专利在花色面层的组成以及花色面层与磁化底料层相结合上属于创新设计，产生了技术效果，相对于附件1和附件2具有新颖性和创造性。

口头审理之后，国家知识产权局对本专利的授权文本进行了更正，更正后的权利要求书如下：

“1. 一种磁化地砖，其系应用于可吸附磁性物质之地板上，其特征在于：它由一花色面层和一磁化底料层构成；一花色面层，具有一上表面与一下表面；一磁化底料层，与花色面层之下表面相结合。

2. 如权利要求1所述之磁化地砖，其特征在于：该花色面层系为一塑料花色面层。

3. 如权利要求2所述之磁化地砖，其特征在于：该塑料花色面层主要系由塑料聚氯乙烯（PVC）所组成。

4. 如权利要求2所述之磁化地砖，其特征在于：该塑料花面层主要系由橡胶材质所组成。

5. 如权利要求1所述之磁化地砖，其特征在于：该花色面层包括：保护层、一照像制板层和一塑料层；一保护层，位于该花色面层之上表面；一照相制版层，位于该保护层之下方；一塑料层，位于该照相制版层之下方。

6. 如权利要求1所述之磁化地砖，其特征在于：该磁化底料层系由氧化铁—塑料所组成。

7. 如权利要求1所述之磁化地砖，其特征在于：该磁化底料层的塑料系为聚氯乙烯（PVC）；块状铁板呈方形、长方形、菱形或其他有规的形状。

8. 如权利要求1所述的一种磁化地砖，其特征在于：该磁化塑料地砖至少包括：一塑料花色面层，具有一上表面与一下表面；以及一磁化底料层，其系由氧化铁与塑料所组成，该磁化底料层系以高层融合方式结合于该塑料花色面层之下表面。

9. 如权利要求8所述之磁化塑料地砖，其特征在于：该塑料花色面层主要系由塑料聚氯乙烯

（PVC）所组成。

10. 如权利要求 8 所述之磁化塑料地砖，其特征在于：该塑料花色面层主要系由橡胶所组成。

11. 如权利要求 8 所述之磁化塑料地砖，其特征在于：该塑料花色面层包括：一保护层，位于该塑料花色面层之上表面；一照相制版层，位于该保护层之下方；一塑料层，位于该照相制版层之下方。

12. 如权利要求 8 所述之磁化塑料地砖，其特征在于：该磁化底料层之该塑料系为聚氯乙烯（PVC）；块状铁板呈方形、菱形或其他有规则的形状。”

本案合议组于 2006 年 9 月 18 日将上述更正后的授权文本转送给双方，要求双方在指定期限内陈述意见。

本案请求人于 2006 年 10 月 18 日提交意见陈述书，认为上述更正后的权利要求书中的权利要求 1、2、4、6、8 不具备新颖性；权利要求 1~12 不具备创造性；权利要求 1~4、7~9 不符合专利法实施细则第 2 条第 2 款的规定；权利要求 3、4、7-10、12 不符合专利法实施细则第 20 条第 1 款。

专利权人逾期未陈述意见。

合议组于 2006 年 11 月 1 日再次向双方发出口头审理通知书，定于 2006 年 12 月 5 日对本案进行口头审理，随同口头审理通知书将请求人于 2006 年 10 月 18 日提交的意见陈述书转送给专利权人。

口头审理如期进行，专利权人没有参加口头审理。合议组明确本次口头审理的审查基础是本案合议组于 2006 年 9 月 18 日向双方转送的本专利的更正文本的权利要求书。请求人明确其无效的理由、证据和范围为：权利要求 1、2、4、6、8 相对于附件 1 不具备新颖性；权利要求 1~12 相对于附件 1 结合公知常识不具备创造性。权利要求 5、8、11 不符合专利法实施细则第 2 条第 2 款的规定。权利要求 3、4、7、8、9、10、12 不符合专利法实施细则第 20 条第 1 款的规定。附件 2、3 作为公知常识使用。请求人认为权利要求 8 中的“高层融合方式”，本身表述不清楚，如果按照本专利说明书中所述的“高压融合方式”就是清楚的，权利要求 8 中“高层融合方式”属于是新方法，造成该权利要求不符合专利法实施细则第 2 条第 2 款的规定，如果把“高层融合方式”变成“高压融合方式”则不存在专利法实施细则第 2 条 2 款的问题。权利要求 5、11 中照相制版层也是方法限定，不符合专利法实施细则第 2 条第 2 款的规定。但请求人认为照相制版层是现有技术。关于专利法第 22 条第 2 款：请求人认为附件 1 公开了权利要求 1 的全部技术特征，虽未公开面层为花色这一特征，但花色面层是公知的常识。“用于可吸附磁性物质的地板上”的特征虽未在附件 1 中公开但属于用途限定，而非地砖自身的结构特征，因此权利要求 1 不具备新颖性。权利要求 2、4、6 被附件 1 公开，请求人认为铁氧体磁性材料就是氧化铁。附件 1 公开的压制就是权利要求 8 中的高压融合方式。关于专利法第 22 第 3 款：请求人认为权利要求 1 与附件 1 唯一的区别是对面层进行了花色的限定，在附件 3 的第 153 页上印花的 PVC 地砖可以证明花色面层为公知常识。权利要求 2 中的塑料材质是一种常规的材料，而且也在附件 1 中被公开。权利要求 3 中的聚氯乙烯 PVC 是常规材料，而且也在附件 1 中被公开。权利要求 4 中的橡胶材料在附件 1 中被公开。权利要求 5 的附加技术特征在附件 2、3 中都被公开，照相制版层和印刷油墨是等同的。权利要求 6 的附加技术特征被附件 1 公开。权利要求 7 中的聚氯乙烯是本领域的公知常识，请求人同意附件 2、3 没有块状铁板，但块状铁板不属于本专利中磁性地砖的一部分。权利要求 8 中的高层融合方式，如果理解为高压融合方式，就被附件 1 中的压制所公开，高压融合方式是压制的一种。对于权利要求 9、10、11、12 创造性的意见分别与前面所述的权利要求 3、4、5、7 的意见相同。

至此，合议组认为本案事实清楚，现依法作出审查决定。

## 二、决定的理由

1. 关于证据和现有技术

请求人于2005年8月10日提交了授权公告日为1994年2月2日、公告号为CN2154883Y的中国实用新型专利说明书的附件1作为证据1，合议组核实了其真实性，同时该证据的公开日期在本专利的申请日前，因此可以作为本专利的现有技术的证据使用。

由于请求人针对更正后的权利要求1~12提交意见陈述时，并未结合其于2005年8月10日提交的附件2陈述无效理由，因此对该附件不予考虑。

请求人于2006年2月27日口审时当庭提交上海科学技术文献出版社于1987年5月出版的《建筑塑料》第1版的封面、封底、版权页、65~70页的复印件作为证据2；提交中国建筑工业出版社于1996年6月出版的《新型装修材料及其应用》第2版的封面、版权页、出版说明页、152~155页的复印件作为证据3；请求人表示上述两份证据作为公知常识性证据使用，并于2006年2月27日的口审当庭向合议组出示了上述证据2、3的原件，合议组经核实认定上述公知常识性证据的复印件与原件一致。由于证据2、3上记载的印刷日均早于本专利的申请日，因此证据2、3可以构成本专利的现有技术。同时由于证据2、3可以作为工程技术人员的教材，属于公知常识性证据，因此其提交符合审查指南第四部分第三章第4.3.1节关于证据提交时间的规定。

2. 关于审查的文本

国家知识产权局对本专利进行了更正，更正后的权利要求书为权利要求1~12，本案合议组于2006年9月18日向请求人和专利权人转送了更正后的专利文件，并要求双方在指定期限内陈述意见。期满双方均未提出异议。本次无效宣告请求所涉及的权利要求为上述更正后的权利要求1~12。

3. 关于专利法实施细则第20条第1款

专利法实施细则第20条第1款规定，权利要求书应当说明发明或者实用新型的技术特征，清楚、简要地表述请求保护的范围。

请求人认为本专利权利要求7、12的附加技术特征中的“块状铁板”在其引用的权利要求及其附加技术特征的其他部分中均没有出现，因此上述权利要求不清楚，不符合专利法实施细则第20条第1款的规定。

合议组认为，权利要求7从属于权利要求1，其附加技术特征中出现了“块状铁板呈方形、长方形、菱形或其他有规的形状”的限定，由于在权利要求1中和权利要求7其他的附加技术特征中均没有出现“块状铁板”这一特征，因此上述限定是不清楚的，同时上述限定中的“或其他有规的形状”也限定出了不清楚的保护范围，因此权利要求7不符合专利法实施细则第20条第1款的规定。

由于权利要求12的附加技术特征与权利要求7的附加技术特征相同，其直接和间接引用的权利要求1和8中均没有出现“块状铁板”的技术特征，因此权利要求12不符合专利法实施细则第20条第1款的规定。

4. 关于专利法实施细则第2条第2款

专利法实施细则第2条第2款规定，专利法所称的实用新型是指对产品的形状、构造或者其结合所提出的适于实用的新的技术方案。

请求人认为，按照权利要求8所记载的内容“高层融合方式”并不是现有技术中的一种方法，那么该权利要求不符合专利法实施细则第2条第2款的规定。

合议组认为，按照权利要求8所记载的内容，本领域技术人员不能得出“高层融合方式”是现有技术中的一种结合方式，那么根据审查指南第一部分第二章第6.1节的规定，该限定属于对方法本身提出的技术方案，不属于实用新型保护的客体，那么权利要求8不符合专利法实施细则第2条第2

款的规定。

5. 关于专利法第 22 条第 3 款

专利法第 22 条第 3 款规定，创造性是指同申请日以前已有的技术相比，该实用新型具有实质性特点和进步。

请求人认为权利要求 1 相对于证据 1 与公知常识的结合不具备创造性，并且认为证据 3 可以证明权利要求 1 中的花色面层是公知常识；专利权人认为花色面层和磁化底料层的限定是创新的，尤其是将两者结合起来更具有创造性。

合议组经审查后认为，本专利权利要求 1 保护一种磁化地砖，该地砖用于可吸附磁性物质的地板上，该地砖由具有上下表面的花色面层和与花色面层下表面相结合的磁化底料层构成。证据 1 公开了一种磁性地板，该地板由位于上面的支承层和与支承层下表面相结合的磁性层组成；与证据 1 相比权利要求 1 的区别在于限定了磁化地砖的上层为花色面层，限定了该地砖可吸附磁性物质的地板上，由于作为公知常识性证据的证据 3 中介绍了印花贴膜地砖，该地砖的面层中含有印花，因此地砖中含有花色面层是本领域的公知常识，同时由于磁性材料可吸附在吸附磁性物质的地板上是其公知的属性，既然证据 1 中的磁性地板给出了将地砖底层制成磁性的技术启示，那么本领域技术人员必然能够得知该地板能够用于可吸附磁性物质的地板上，在上述公知常识的启示下，本领域技术人员将其加入证据 1 的技术方案中得到本专利权利要求 1 的技术方案是显而易见的，因此本专利权利要求 1 相对于证据 1 和公知常识的结合不具备专利法第 22 条第 3 款规定的创造性。

权利要求 2、3 直接或间接的从属于权利要求 1，其附加技术特征中将花色面层限定为塑料和塑料聚氯乙稀。证据 1 中公开了支承层可以为塑料，而且聚氯乙稀也是塑料中公知的一种，因此权利要求 2、3 进一步限定的技术方案相对于证据 1 与公知常识的结合也不具备专利法第 22 条第 3 款规定的创造性。

权利要求 4 从属于权利要求 2，其附加技术特征限定了地砖的塑料花色面层主要由橡胶材质组成，在证据 1 中公开的支承层可以用橡胶制成的技术启示下，本领域技术人员可以很显然的将花色面层制成橡胶材质，因此上述附加技术特征的限定并不能使权利要求 4 所保护的技术方案相对于证据 1 和公知常识的结合具备专利法第 22 条第 3 款规定的创造性。

权利要求 5 从属于权利要求 1，其附加技术特征限定了花色面层包括保护层、一照相制板层和一塑料层，并限定了这三层的位置结构关系，公知常识性证据 3 中给出的印花贴膜地砖证明花色面层从上至下依次含有保护层、印刷油墨层和塑料底层是本领域的一种公知的结构，同时在证据 3 中还记载有底层可以是二层或三层贴合而成，这一技术特征就给出了上述的由三层组成的公知结构是可以与另外的一层底层贴合在一起形成地砖的，也就是整个权利要求 5 所限定的技术方案，另外在上述由三层组成的公知结构中的印刷油墨层的启示下本领域技术人员可以显而易见的将其替换为现有技术中的照相制版层，因此在权利要求 1 相对于证据 1 结合公知常识不具备创造性时，权利要求 5 相对于证据 1 结合公知常识也不具备专利法第 22 条第 3 款规定的创造性。

权利要求 6 的附加技术特征限定了磁化底料层由氧化铁和塑料组成，证据 1 中公开了地砖的磁性层由铁氧体磁性材料和塑料组成，根据这一技术启示下，本领域技术人员可以显而易见的得到将氧化铁和塑料组成磁化底料层的技术方案，因此在其引用的权利要求 1 不具备创造性的前提下，权利要求 6 也不具备专利法第 22 条第 3 款规定的创造性。

权利要求 7 从属于权利要求 1，其附加技术特征中出现了“块状铁板呈方形、长方形、菱形或其他有规的形状”的限定。如果按照本专利说明书中的描述将块状铁板理解为对可吸附磁性物质之地板的限定，那么该限定并不属于对地砖本身的结构限定而是对于地砖应用环境的限定，并且其限定出的形状也属于常规的形状，由于将磁性地砖用于可吸附磁性物质的地板上是其公知的属性，在这种公知属性的启示下本领域技术人员必然能够得知该地板能够用于可吸附磁性物质的地板上，无论该地板的形状如何并不影响磁性地砖的使用也不能带来不同的技术效果，另外由于聚氯乙稀是塑料中一个惯用的种类，将磁化底层中的塑料限定为聚氯乙稀对于本领域技术人员是显而易见的，因此即使按照说明书中记载内容的理解权利要求 7 也不具备专利法第 22 条第 3 款规定的创造性。

权利要求 8 从属于权利要求 1，其附加技术特征限定了磁化地砖至少包括塑料花色面层，以及由氧化铁和塑料组成的磁化底料层，磁化底料层以高层融合方式结合在塑料花色面层下表面。如果按照本专利说明书的记载并结合本领域的技术知识，将上述高层融合方式理解为高压融合方式。那么由于证据 1 中公开了支承层的一面压制有磁性层，其磁性层可以由铁氧体磁性材料和塑料组成这样的技术内容，在这些技术内容的启示下，本领域技术人员可以显而易见的得到将氧化铁和塑料组成的磁化底料层以现有技术当中已经存在的高压融合的方式结合在塑料花色面层下表面，因此权利要求 8 相对于证据 1 结合公知常识不具备专利法第 22 条第 3 款规定的创造性。

权利要求 9～12 从属于权利要求 8，其中权利要求 9、10、11、12 的附加技术特征分别与权利要求 3、4、5、7 相同，根据上面的论述可以得出权利要求 9～12 不具备专利法第 22 条第 3 款规定的创造性。

综上所述，合议组作出如下审查决定。

**三、决定**

宣告 00216324.1 号实用新型专利权全部无效。

当事人对本决定不服的，可以根据专利法第 46 条第 2 款的规定，自收到本决定之日起三个月内向北京市第一中级人民法院起诉。根据该款的规定，一方当事人起诉后，另一方当事人应当作为第三人参加诉讼。

030

# 整体式化粪池

## 无效宣告请求审查决定（第 9320 号）

**决　定　号**　第 9320 号
**决　定　日**　2006 年 12 月 22 日
**发明创造名称**　整体式化粪池
**国际分类号**　E03F 5/10，C02F 3/10
**无效宣告请求人**　侯宪勇
**专 利 权 人**　李文清
**专　利　号**　200320113464.0
**申　请　日**　2003 年 12 月 16 日
**授权公告日**　2005 年 1 月 5 日
**合议组组长**　张宗任
**主　审　员**　邢文飞
**参　审　员**　石　清

**法律依据**　专利法第 22 条第 2 款、第 3 款
**决定要点**

如果对比文件未公开权利要求中的某些技术特征，本领域技术人员在该对比文件的基础上也不能得到有关该权利要求技术方案的技术启示，且该权利要求的技术方案能够产生比现有技术优越的技术效果，则该权利要求与该对比文件相比具备实质性特点和进步，符合专利法第 22 条第 2、3 款有关新颖性和创造性的规定。

### 一、案由

本无效宣告请求涉及国家知识产权局于 2005 年 1 月 5 日授权公告的、名称为"整体式化粪池"的实用新型专利（下称本专利），其申请日为 2003 年 12 月 16 日，申请号为 200320113464.0，专利权人为李文清。该专利授权公告的权利要求书是：

"1. 整体式化粪池，包括上部设有进、出水口和清污孔的圆筒形池体，其特征在于，池体内用刮膜隔仓板分成沉淀池和处理池，隔仓板上设置有填充污水处理填料的填料箱，填料箱侧面设有污水通道，与填料箱对应的隔仓板中间部位设有污水孔道，污水通道与污水孔道连通；处理池中安装有污水处理填料。

2. 如权利要求 1 所述的整体式化粪池，其特征在于，沉淀池有两个以上，其间通过污水孔道相互连通。

3. 如权利要求1或2所述的整体式化粪池，其特征在于，填料箱和处理池中竖向安装有悬挂式水处理填料。

4. 如权利要求3所述的整体式化粪池，其特征在于，沉淀池上面设有清污孔，处理池上面设有安装孔。

5. 如权利要求3所述的整体式化粪池，其特征在于，池体内壁设有环形加强筋，池体两端设有径向加强筋。

6. 如权利要求4所述的整体式化粪池，其特征在于，池体内壁设有环形加强筋，池体两端设有径向加强筋。

7. 如权利要求1、2、4、5或6所述的整体式化粪池，其特征在于，池体整体由玻璃钢材料制成。

8. 如权利要求3所述的整体式化粪池，其特征在于，池体整体由玻璃钢材料制成。"

针对上述专利权，侯宪勇（下称请求人）于2006年7月24日向专利复审委员会提出了无效宣告请求，其理由是本专利权利要求1、3、7、8不符合专利法第22条第2、3款的规定。请求人提交的作为附件使用的附件如下：

附件1：专利号为99230632.9的中国实用新型专利说明书复印件，其授权公告日为2000年10月25日；

附件2：专利号为01268346.9的中国实用新型专利说明书复印件，其授权公告日为2002年8月21日；

附件3：专利号为99215994.6的中国实用新型专利说明书复印件，其授权公告日为2000年6月7日；

请求人认为：（1）附件1、附件2对权利要求1的所有技术特征均有对应内容。其中，附件1说明书中提到污水进水口、出水口、出渣口、过滤格板、储粪仓、过滤仓、翻水管及纤维材料及其相护作用、处置，分别同本专利权利要求1中的进、出水管、清污孔、刮仓格板及填料箱、沉淀池、处理池、污水孔道及通道、污水处理填料相同。其功能及原理也相同；附件2的说明书中进水管口、排水口、格板、沉淀分离池、生物滤池、导流孔、球形生物载体填料的作用、位置等也同本专利权利要求要求1的相同。（2）附件1的说明书及其附图4的内容披露了权利要求3的附加技术特征，即在与填料箱起相同作用的仓格之间竖向覆盖有纤维材料，其作用同水处理材料相同。（3）附件3的摘要及说明书中均提到所涉及专利产品全由玻璃钢制成，公开了本专利权利要求7、8的附加技术特征，综上所述，本专利不符合专利法第22条第2、3款的规定。

经形式审查合格，专利复审委员会受理了上述无效宣告请求，并于2006年7月25日发出无效宣告请求受理通知书，并将请求书及其附件的副本转送给专利权人。

专利权人于2006年9月12日提交了意见陈述书，其中指出：请求人提供的任何一篇附件都未公开本专利权利要求1中"隔仓板上设置有填充污水处理填料的填料箱，填料箱侧面设有污水通道，与填料箱对应的隔仓板中间部位设有污水孔道，污水通道与污水孔道连通"技术特征，也没有给出相关技术启示，因此本专利权利要求相对于附件1~3具有实质性特点和进步，符合专利法第22条第3款的规定。在权利要求具有创造性的情况下，直接或间接应用权利要求1的从属权利要求均具有创造性，符合专利法第22条第3款的规定。

专利复审委员会依法成立合议组对本案进行审理，本案合议组于2006年11月10日向双方当事人发出口头审理通知书，定于2006年12月19日举行口头审理，同时将专利权人于2006年9月12日提交的意见陈述书及其附件的副本转送给请求人。

口头审理如期举行，双方当事人均出席口头审理并各自陈述了意见。

在口头审理中：（1）双方当事人对合议组成员无回避请求；（2）双方当事人对对方出庭人员身份无异议；（3）专利权人对附件1~3的真实性无异议；（4）请求人明确放弃使用附件2；（5）请求人放弃权利要求7不符合专利法第22条第2、3款的无效宣告请求的理由和权利要求8不符合专利法第22条第2款的无效宣告请求的理由；（6）请求人明确表示无效宣告请求的理由为：权利要求1相对于附件1不符合专利法第22条第2、3款的规定；权利要求3引用权利要求1的方案相对于附件1不符合专利法第22条第2、3款的规定；基于权利要求3引用权利要求1的方案不具有新颖性和创造性的理由，权利要求8相对于附件1和附件3的结合也不符合专利法第22条第3款的规定。

在上述工作的基础上，合议组认为双方当事人已经充分发表意见，本案事实清楚，可以依法作出决定。

**二、决定的理由**

1. 关于证据

附件1、3均为专利文件，附件1（下称对比文件1）是一篇实用新型专利授权公报，其公开日是2000年10月25日，早于本专利的申请日，因此对比文件1可以作为本专利申请日前的现有技术的证据使用；附件3（下称对比文件2）也是一篇实用新型专利授权公报，其公开日是2000年6月7日，早于本专利的申请日，因此对比文件2可以作为本专利申请日前的现有技术的证据使用。

由于请求人明确放弃使用附件2，因此对附件2不再进行评述。

2. 关于专利法第22条第2款

专利法第22条第2款规定：新颖性，是指在申请日之前没有同样的发明或者实用新型在国内外出版物上公开发表过、在国内公开使用过或者以其他方式为公众所知，也没有同样的发明或者实用新型由他人向国务院专利行政部门提出过申请并且记载在申请日以后公布的专利申请文件中。

本专利的权利要求1的特征如下：整体式化粪池；包括上部设有进、出水口和清污孔的圆筒形池体；池体内用刮膜隔仓板分成沉淀池和处理池；隔仓板上设置有填充污水处理填料的填料箱；填料箱侧面设有污水通道，与填料箱对应的隔仓板中间部位设有污水孔道，污水通道与污水孔道连通；处理池中安装有污水处理填料。

对比文件1涉及一种集成式生物化粪池；1为外壳，2为粪便污水进水口，4为出渣口（相当于本专利的清污孔），6为出水口；该粪池包括与污水进口连接的储粪（调节）仓（相当于本专利的沉淀池）、与排水口连接的过滤仓（相当于本专利的处理池）；在储粪仓与过滤仓之间设置过滤格板，穿过过滤格板10的上方部位设置翻水管11，穿过过滤格板12的上方部位设置翻水管13；储粪仓各壁面以及过滤仓各仓格的各个壁面分别覆盖纤维材料14（见对比文件1权利要求1、2，说明书第1页最后1行到第2页第13行，及附图3、4）。

权利要求1所要求保护的技术方案与对比文件1所公开的技术内容相比，其区别在于对比文件1没有公开技术特征“隔仓板上设置有填充污水处理填料的填料箱，填料箱侧面设有污水通道，与填料箱对应的隔仓板中间部位设有污水孔道，污水通道与污水孔道连通”，同时也不能从对比文件1中直接地、毫无疑义的确定上述技术内容，因此权利要求1的技术特征在对比文件1中没有全部被公开，权利要求1相对于对比文件1具备专利法第22条第2款规定的新颖性。

由于权利要求1相对于对比文件1具有新颖性，引用权利要求1的从属权利要求3也具有新颖性，符合专利法第22条第2款的规定。

3. 关于专利法第22条第3款

专利法第22条第3款的规定：创造性，是指同申请日以前已有的技术相比，该发明有突出的实质性特点和显著进步，该实用新型有实质性特点和进步。

如上所述，权利要求1所要求保护的技术方案与对比文件1所公开的技术内容相比，其区别在于对比文件1没有公开技术特征“隔仓板上设置有填充污水处理填料的填料箱，填料箱侧面设有污水通道，与填料箱对应的隔仓板中间部位设有污水孔道，污水通道与污水孔道连通”，同时现有技术也没有给出任何的技术启示，可以将上述区别技术特征应用到对比文件1，因此对于本领域技术人员来说，将上述区别技术特征应用到对比文件1是很难想到的，而且由于本申请权利要求1采用了上述技术特征，增加了污水的混合与停留时间，污水与处理填料得到接触时间延长，有机物生物降解程度更高，处理效果增强，因此权利要求1限定的技术方案相对于对比文件1来说具有实质性特点和进步，符合专利法第22条第3款的规定。

由于权利要求1具有创造性，引用权利要求1的从属权利要求3也具有创造性，符合专利法第22条第3款的规定。

权利要求8引用权利要求3，其附加技术特征是：池体整体由玻璃钢材料制成。其包含了权利要求3的附加技术特征和权利要求1的所有技术特征。

对比文件2公开了一种玻璃钢化粪池，其全由玻璃钢制成。

可见对比文件2也没有公开技术特征“隔仓板上设置有填充污水处理填料的填料箱，填料箱侧面设有污水通道，与填料箱对应的隔仓板中间部位设有污水孔道，污水通道与污水孔道连通”，而且现有技术当中也不存在将上述特征应用到对比文件1和对比文件2的技术启示，同时权利要求8由于包含了上述特征而具有有益的技术效果，因此权利要求8限定的技术方案相对于对比文件1和对比文件2的结合具有实质性特点和进步，符合专利法第22条第3款的规定。

请求人认为：过滤仓仓格相当于本专利的填料箱，穿过过滤格板10的上方部位设置翻水管11和穿过过滤格板12的上方部位设置翻水管13相当于本专利的污水通道和污水孔道。但是从对比文件1和本专利的附图可以看出，对比文件1公开的过滤仓仓格在结构上与本专利的填料箱有着本质的区别，而且对比文件1设置翻水管的位置也与本专利的污水通道和污水孔道的设置位置不同，因此对比文件1没有公开特征“隔仓板上设置有填充污水处理填料的填料箱，填料箱侧面设有污水通道，与填料箱对应的隔仓板中间部位设有污水孔道，污水通道与污水孔道连通”，因此请求人的上述观点不成立。

综上所述，本专利权利要求1、3、8都具有新颖性和创造性，符合专利法第22条第2、3款的规定

**三、决定**

维持200320113464.0号实用新型专利权有效。

当事人对本决定不服的，可以根据专利法第46条第2款的规定，自收到本决定之日起三个月内向北京市第一中级人民法院起诉。根据该款的规定，一方当事人起诉后，另一方当事人应当作为第三人参加诉讼。

031

# 双盖水杯

## 无效宣告请求审查决定（第9362号）

**决　　定　　号**　第9362号
**决　　定　　日**　2006年12月19日
**发明创造名称**　双盖水杯
**国 际 分 类 号**　A45F 3/16
**无效宣告请求人**　张振棋
**专　利　权　人**　张幸锦
**专　　利　　号**　02278533.7
**申　　请　　日**　2002年7月25日
**授 权 公 告 日**　2003年6月4日
**合 议 组 组 长**　高　栋
**主　　审　　员**　瑜　佳
**参　　审　　员**　马志远

**法　律　依　据**　专利法第22条第2款、第3款
**决　定　要　点**

如果对比文件公开了本专利的技术方案，且其实现的技术效果与本专利也完全相同，则本专利不具备新颖性。

在判断创造性的过程中，如果所述区别特征为另一篇对比文件所披露的技术手段，该技术手段在该对比文件中所起的作用与该区别特征在本专利请求保护的技术方案中所起的作用相同，则应当认为对比文件中存在技术启示。

### 一、案由

本无效宣告请求涉及国家知识产权局于2003年6月4日授权公告的02278533.7号实用新型专利，其名称为“双盖水杯”，申请日是2002年7月25日，专利权人是张幸锦。

该专利授权公告的权利要求书如下：

“1. 一种双盖水杯，其特征在于：它包括具有上、下开口的杯体，杯体上、下开口上设有密封盖，杯子体内安装有滤网片。”

“2. 根据权利要求1所述的双盖水杯，其特征在于：杯体上、下口部外缘分别设有外螺纹，杯盖裙部的内壁设有内螺纹。”

“3. 根据权利要求1或2所述的装置，滤网片的周部设有塑料环，杯体内壁上设有防止滤网片下

滑的定位台阶。”

针对上述专利权（下称本专利），2006年4月29日张振棋（下称请求人）向国家知识产权局专利复审委员会提出无效宣告请求，其无效理由是本专利权利要求1~2不符合专利法第22条第2款的规定，权利要求3不符合专利法第22条第3款的规定。请求人提交了如下附件作为证据：

附件1：公告号为TW298790的台湾专利公报复印件（下称对比文件1），公告日为1997年2月21日；

附件2：公告号为TW355334的台湾专利公报复印件（下称对比文件2），公告日为1999年4月1日；

附件3：中国实用新型专利CN2347522Y复印件（下称对比文件3），公告日为1999年11月10日；

附件4：中国实用新型专利CN2045604U复印件（下称对比文件4），公告日为1989年10月11日。

请求人认为：对比文件1、2、3分别都公开了一种具有上下两个盖的水杯，并具体公开了以下技术特征：泡茶杯具有上盖、下盖，杯盖与杯体旋紧卡合（作用相当于螺纹配合）或者通过螺纹配合，并在杯体内设置了滤网，也就是已经公开了权利要求1、2的所有技术特征，因此权利要求1、2不具有新颖性，不符合专利法第22条第2款的规定；权利要求3相对于对比文件1或者对比文件3与4的结合不具备创造性，不符合专利法第22条第3款的规定。

专利复审委员会于2006年6月26日发出无效宣告请求受理通知书，并将请求人于2006年4月29日提交的意见陈述书及其附件副本转给专利权人，要求其在指定的期限内答复，专利权人在指定的期限内未做任何答复。

本案合议组于2006年10月23日向双方当事人发出口头审理通知书，定于2006年11月28日对本案进行口头审理。

口头审理于2006年11月28日如期举行。专利权人未出席口头审理，请求人出席了口头审理。在口头审理中，请求人对合议组成员无回避请求，对合议组成员变更无异议，并明确无效宣告理由为：权利要求1相对于对比文件1、对比文件2、对比文件3分别不具有专利法第22条第2款规定的新颖性；权利要求2相对于对比文件1、对比文件2、对比文件3分别不具有专利法第22条第2款规定的新颖性；权利要求3相对于对比文件1不具有专利法第22条第3款规定的创造性，相对于对比文件3和对比文件4的结合不具有专利法第22条第3款规定的创造性。并当庭提交了盖有国家知识产权局专利检索咨询中心副本认证红色专用章的对比文件1、2副本。

在上述工作的基础上，合议组认为本案事实已经清楚，可以依法作出本无效宣告请求审查决定。

**二、决定的理由**

1. 关于证据

请求人提交的对比文件1~2为台湾专利公报，请求人提交了盖有国家知识产权局专利检索咨询中心副本认证红色专用章的对比文件1、2副本，请求人提交的对比文件3~4为中国实用新型专利说明书，经合议组核实，对上述对比文件1~4的真实性予以认可；上述对比文件1~4的公告日都早于本专利的申请日，因此上述对比文件1~4可以作为评价本专利新颖性和创造性的现有技术。

2. 关于新颖性

专利法第22条第2款规定：“新颖性，是指在申请日以前没有同样的发明或实用新型在国内外出版物上公开发表过，在国内公开使用过或者以其他方式为公众所知，也没有同样的发明或者实用新型由他人向专利局提出过申请并且记载在申请日以后公布的专利申请文件中。”

本专利的权利要求 1 特征如下：

一种双盖水杯，具有：

a. 具有上、下开口的杯体；

b. 杯体上、下开口上设有密封盖；

c. 杯子体内安装有滤网片。

对比文件 3 涉及一种保健型茶杯（具体参见对比文件 3 的说明书第 1 页第 9 行至第 24 行，附图 1-3），并具体公开了以下技术特征：具有上下两个开口呈圆筒状的杯体，并具有上杯盖和下杯盖，上下杯盖通过螺纹可以与杯体相旋紧（等同于密封，仅仅是文字表述的不同），同时在杯体中间有一个过滤隔板。因此，合议组认为对比文件 3 已经公开了权利要求 1 的技术方案，且实现的技术效果也完全相同，从而权利要求 1 不具备新颖性，不符合专利法第 22 条第 2 款的规定。

权利要求 2 的附加技术特征是：杯体上、下口部外缘分别设有外螺纹，杯盖裙部的内壁设有内螺纹。

对比文件 3 中公开了（具体参见同上）：杯体上部通过阳螺纹与上杯盖里的阴螺纹可以旋紧，同样下杯盖，通过螺纹与杯体下部相旋紧。因此，合议组认为对比文件 3 已经公开了权利要求 2 的技术方案，且实现的技术效果也完全相同，在其引用的权利要求 1 相对于对比文件 3 不具备新颖性的前提下，权利要求 2 相对于对比文件 3 也不具备新颖性，不符合专利法第 22 条第 2 款的规定。

3. 关于创造性

专利法第 22 条第 3 款规定：“创造性，是指同申请日以前已有的技术相比，该发明有突出的实质性特点和显著的进步，该实用新型有实质性特点和进步。”

权利要求 3 的附加技术特征是：滤网片的周部设有塑料环，杯体内壁上设有防止滤网片下滑的定位台阶。

对比文件 3 中未公开滤网片设置有环，以及杯体内壁上设置有定位台阶防止滤网片下滑；对比文件 3 中的过滤隔板是固定在茶杯中间的。然而对比文件 4 公开了一种组合式方便杯（具体参见对比文件 4 的说明书第 1 页倒数第 2 行至第 2 页第 5 行，附图 1），并具体公开了以下特征：包括有杯体 1，上杯盖 2 与下杯盖 4，杯体 1 上连接有滤网组合件 5，滤网组合件包括接触胶圈 6（接触杯子内壁，固定滤网位置，等同于定位台阶）、金属环 7（相当于塑料环）、金属滤网 8（相当于滤网）组成，金属滤网 8 四周焊接在金属环 7 上，金属环 7 嵌合在接触胶圈 6 上。由此可见，权利要求 3 中的技术特征已经在对比文件 4 中公开了，并且它们在对比文件 4 中的作用与其在本专利的作用相同，虽然塑料环与金属环有细微区别，然而金属环的强度比同样厚度的塑料环要高，更为坚固。由于对比文件 3 与对比文件 4 属于相同的技术领域，所属技术领域的技术人员在对比文件 3 的基础上结合对比文件 4 得到权利要求 3 的技术方案是显而易见的，即该权利要求 3 不具备实质性特点和进步，不具备专利法第 22 条第 3 款规定的创造性。

由于请求人关于本专利相对于对比文件 3、4 不符合专利法第 22 条第 2、3 款的规定的无效理由成立，因此合议组对于权利要求 1~3 相对于其他的对比文件 1、2 所代表的现有技术是否符合专利法第 22 条第 2、3 款的规定不再进行评述。

**三、决定**

宣告 02278533.7 号实用新型专利权全部无效。

当事人对本决定不服的，可以根据专利法第 46 条第 2 款的规定，自收到本决定之日起三个月内向北京市第一中级人民法院起诉。根据该款的规定，一方当事人起诉后，另一方当事人应当作为第三人参加诉讼。

032

# 一种内装式防盗锁

## 无效宣告请求审查决定（第9371号）

**决　　定　　号**　第9371号
**决　　定　　日**　2006年12月25日
**发明创造名称**　一种内装式防盗锁
**国际分类号**　E05B 59/00
**无效宣告请求人**　中山市实力锁业有限公司，黄锐添
**专　利　权　人**　中山市安防特种锁厂
**专　　利　　号**　00239473.1
**申　　请　　日**　2000年9月19日
**授权公告日**　2001年8月1日
**合议组组长**　陈迎春
**主　　审　　员**　杨军艳
**参　　审　　员**　彭　燕

**法律依据**　专利法第22条第2款、第3款
**决定要点**

当被评价的权利要求与现有技术的技术方案实质上不同时，不能认为两者是同样的发明或者实用新型。

### 一、案由

本无效宣告请求涉及中华人民共和国国家知识产权局于2001年8月1日授权公告的、名称为“一种内装式防盗锁”的实用新型专利权（下称本专利），其专利号是00239473.1，申请日是2000年9月19日，专利权人是中山市安防特种锁厂。该专利授权公告的权利要求书如下：

“1. 一种内装式防盗锁，包括锁头和锁体，锁体包括底壳（1）面壳（2）衬板（3）主锁舌（4）和斜舌（5），其中在底壳（1）上装有主锁舌（4）和斜舌（5），主锁舌（4）上设有一推杆（6），斜舌（5）上设有一‘L’形拨块（7），‘L’形拨块（7）上设有一斜舌拨孔（8），主锁舌（4）和斜舌（5）之间通过推杆（6）及‘L’形拨块（7）连接；底壳（1）和面壳（2）组成一锁壳固定在衬板（3）上，其特征在于：所述的锁头由内锁头（9）和外锁头（10）组成，内锁头（9）和外锁头（10）为十字匙四排弹子顶档式结构（11），又在外锁头（10）上套有一防钻套（12），其中内锁头（9）和外锁头（10）之间设有一拨叉（13），内、外锁头（9、10）通过锁头架（14）连接固定成为一体；所述的锁头垂直穿插在锁壳上，并用一螺钉（15）固定在锁壳上，内、外锁头（9、

10）间的拨叉（13）的位置对应在主锁舌（4）的拨动机构（16）上。

2. 如权利要求1所述的内装式防盗锁，其特征在于：锁体中还设有一保险锁舌机构，该机构包括旋钮芯（17）旋钮拨叉（18）扭簧（19）摆制块（20）保险锁舌（21），所述的旋钮芯（17）在底壳（1）上，旋钮芯（17）上装有旋钮拨叉（18），摆制块（20）与底壳（1）之间设有一扭簧（19），旋钮拨叉（18）与摆制块（20）及保险锁舌（21）相接触。

3. 如权利要求2所述的内装式防盗锁，其特征在于：该锁设有一内把手（22），内把手（22）装在内装饰板（23）上，内装饰板（23）装在锁体的一侧并固定在门的内壁上，其中内把手（22）内设有一方形扭杆（24），方形扭杆（24）与内把手（22）接触的一端装有一弹簧（25），另一端插在斜舌拨孔（8）内；在所述的内装饰板（23）上设有一保险旋钮（26），保险旋钮（26）上装有旋钮方轴（27），旋钮方轴（27）插在旋钮芯（17）内。

4. 如权利要求2所述的内装式防盗锁，其特征在于：该锁设有一内把手（22）和外把手（28），内把手（22）装在内装饰板（23）上，外把手（28）装在外装饰板（29）上，又内、外装饰板（23、29）装在锁体的两侧，分别固定在门的内、外壁上；内把手（22）和外把手（28）通过一方形扭杆（30）连接，方形扭杆（30）穿过斜舌拨孔（8），方形扭杆（30）与外把手（28）接触的一端装有一弹簧（25）；在所述的内装饰板（23）上设有一保险旋钮（26），保险旋钮（26）上装有旋钮方轴（27），旋钮方轴（27）插在旋钮芯（17）内。

5. 如权利要求1、2、3或4所述的内装式防盗锁，其特征在于：在锁体的上下方分别安装有上拉块（31）和下拉块（32）。”

针对本专利权，中山市实力锁业有限公司（下称第一请求人）于2002年4月29日向专利复审委员会提出无效宣告请求（原案件编号5W04226，现案件编号5W05953），其提交的附件如下：

附件1.1：本专利授权公告文本；

附件1.2：CN2361775Y号实用新型专利说明书，授权公告日为2000年2月2日；

附件1.3：CN2381729Y号实用新型专利说明书，授权公告日为2000年6月7日。

经审理，专利复审委员会于2002年9月23日作出了第4534号无效宣告请求审查决定。决定认为：将本专利权利要求1与附件1.2、附件1.3相比较，附件1.2与本专利更为接近，因此附件1.2为本专利最接近的对比文件；通过将本专利权利要求1与附件1.2比较分析，附件1.2已经公开了本专利权利要求1的全部技术特征，两者技术方案实质上相同，因此宣告00239473.1号实用新型专利的权利要求1无效，在权利要求2~4的基础上维持专利权有效。

专利权人不服第4534号审查决定，向北京市第一中级人民法院提起行政诉讼。经审理，北京市第一中级人民法院于2003年12月19日作出（2003）一中行初字第336号行政判决书。判决书认为附件1.2中具有防钻片的“外锁头套壳50”相当于本专利的“防钻套12”且附件1.2公开了内外锁头、锁头架、内外锁头间的拨叉及螺钉固定等特征，但是附件1.2中的“托板11”不相当于本专利的“推杆6”、附件1.2中的“主锁栓31与托板11相连”不相当于本专利的“主锁舌4上设有一推杆6”、附件1.2中的“斜舌连接板28”不相当于本专利的“L形拨块7”、附件1.2的权利要求和说明书中均未说明“托板11”和“斜舌连接板28”相连接以及“主锁栓31”与“斜舌柱27”之间存在联动关系，因此第4534号审查决定根据附件1.2认定本专利权利要求1不具备新颖性主要证据不足，应予撤销。

专利复审委员会对一审判决不服，向北京市高级人民法院提起上诉。经审理，北京市高级人民法院于2004年5月19日作出（2004）高行终字第121号行政判决书。判决书认为附件1.2中未对托板11是否可以横向移动可与斜舌连接板28共同作用以控制斜舌进给这一特征给予表述并要求保护，故第4534号决定关于此特征的认定及推断依据不足，维持一审判决。

专利复审委员会针对该无效宣告请求重新立案，编号5W05953。

针对本专利权，黄锐添（下称第二请求人）于2004年5月17日向专利复审委员会提出无效宣告请求，其提交的附件如下：

附件2.1：本专利授权公告文本；

附件2.2：CN2386138Y号实用新型专利说明书，授权公告日为2000年7月5日；

附件2.3：CN2361775Y号实用新型专利说明书，授权公告日为2000年2月2日（与附件1.2相同）。

第二请求人认为：本专利权利要求1、3、5与附件2.2相比不具备新颖性；权利要求3和5在附件2.3中可找到，因此请求宣告本专利的专利权无效。

经形式审查合格，专利复审委员会依法受理了上述无效宣告请求，于2004年5月17日向第二请求人和专利权人发出无效宣告请求受理通知书（案件编号5W05877），并将第二请求人提交的无效宣告请求书及其附件清单中所列附件的副本转送给专利权人，要求专利权人在指定期限内答复，并告知期满未答复的不影响专利复审委员会审理。

专利权人于2004年9月9日向专利复审委员会寄交了意见陈述书，认为：本专利权利要求1与附件2.2相比具备新颖性；其从属权利要求也具备新颖性。专利权人同时提交了以下附件：

附件A：北京市高级人民法院2004年5月19日作出的（2004）高行终字第121号行政判决书复印件8页；

附件B：北京市第一中级人民法院2003年12月19日作出的（2003）一中行初字第336号行政判决书复印件11页；

附件C：手写“证据目录”清单复印件1页；

附件D：专利权人在行政诉讼程序中提交的《代理词》共12页。

专利复审委员会针对上述两项无效宣告请求依法成立合议组，本案合议组于2006年4月24日向三方当事人发出无效宣告请求口头审理通知书，指出本案定于2006年5月31日举行口头审理，并告知三方当事人上述两案将合案审理。随同口头审理通知书，将专利权人于2004年9月9日提交的意见陈述书及其附件的副本（共21页）转送给第二请求人。

口头审理如期举行，三方当事人均参加了口头审理。

在口头审理中，合议组告知第一请求人5W05953一案为重审案件，根据公平原则以及双方当事人在前审中发表的意见应当在后续程序中具有约束力，因此重审案件审理的范围应当仅限于前审时请求人明确的无效理由、证据和范围，所以本次口头审理中第一请求人无效理由及范围是：本专利权利要求1不具备新颖性和创造性，不符合专利法第22条第2、3款的规定；使用证据为附件1.2和1.3。第一请求人对此表示认可。

第二请求人明确其无效理由及范围是：本专利权利要求1、3、5不符合专利法第22条第2款关于新颖性的规定；使用证据为附件2.2和2.3。

专利权人对附件1.2、附件1.3及附件2.2、附件2.3（同附件1.2）的真实性无异议。

针对第一请求人的无效宣告请求，专利权人认为附件1.2及附件1.3没有公开本专利权利要求1的全部技术特征；基本认同法院对本专利权利要求1具有新颖性的认定，与法院认定不同之处在于认为权利要求1中“又在外锁头（10）上套有一防钻套（12）”这一特征没有被附件1.2公开，其结构与附件1.2公开的防钻结构不同；此外没有给出与附件1.3结合的启示；因此认为本专利权利要求1具备新颖性、创造性。

关于本专利权利要求1的新颖性：第二请求人认为附件2.2公开了权利要求1的全部技术特征；“推杆”是从后面加力的杆，不一定作直线运动，附件2.2中的斜舌副拨片与本专利中“推杆”作用相同；附件2.2中的斜舌主拨片与本专利中“L形拨块”等同；附件2.2中的定位柱102’相当于本专利中的拨孔8。专利权人认为附件2.2与本专利两者联动机构的组成、形状、位置关系不相同，效果也不同；此外附件2.3在附件2.2引用时没有公开，而附件2.3的内容没有全部记载在附件2.2中，因此附件2.2中涉及附件2.3的技术内容仅限于附件2.2中记载的内容，所以认为权利要求1中的“内、外锁头（9、10）通过锁头架（14）连接固定为一体”在附件2.2中并不明确。第二请求人答辩认为附件2.2说明书中已明确指出其是在附件2.3的基础上改进的。

关于本专利权利要求3的新颖性：合议组告知第二请求人本专利权利要求3的保护范围是权利要求1、2、3技术特征的集合。第二请求人认为本专利权利要求2所限定的保险锁舌机构及权利要求3的附加技术特征均属于已有的公知技术。专利权人认为新颖性不涉及公知技术，权利要求2的附加技术特征和权利要求3中的大部分技术特征没有被附件2.2公开。

关于本专利权利要求5的新颖性：第二请求人认为其撰写错误，使得保护范围不清楚，无法评述。

至此，合议组认为本案事实已清楚，现依法作出审查决定。

**二、决定的理由**

1. 关于证据和现有技术

第一请求人所提交的附件1.2、附件1.3和第二请求人所提交的附件2.2、附件2.3（同附件1.2）均为专利文献，专利权人对它们的真实性没有异议，经审查合议组认为附件1.2、附件1.3及附件2.2、附件2.3（同附件1.2）可以作为本案证据使用。

附件1.2、附件1.3和附件2.2、附件2.3（同附件1.2）的公开日均在本专利申请日之前，因此其上记载的内容构成了本专利的现有技术。

2. 关于第一请求人的无效宣告请求

第一请求人的无效理由及范围是：本专利权利要求1不具备新颖性和创造性，不符合专利法第22条第2、3款的规定；使用证据为附件1.2和附件1.3。

（1）附件1.2是否影响本专利权利要求1的新颖性和创造性。

经审查，附件1.2公开了一种锁体为内装式的三向五舌防盗门锁，包括插芯锁头3、锁盒6、主锁栓和斜舌机构。其中主锁栓采用厚钢板与四根圆柱舌31直接铆合，用厚钢板制成的托板11与主锁栓铆合，托板11上开有一字形滑孔22，滑孔22内套插有一个固定在锁盒6底板上的托板定位柱13，使得托板11只能作横向运动，（见说明书第2页第24~30行）；斜舌27的控制机构包括斜舌拨套18、斜舌拨套柱19、扭簧26、斜舌柱27、斜舌连接板28等（见说明书第2页第22~23行）；十字钥匙插芯锁头3是通过门形螺栓支架7和长螺钉8固定安装在锁盒6上的，插芯锁头3凸出于锁盒6的两侧，在室内外都能开启（见说明书第2页倒数第1行至第3页第2行）。使用时，将钥匙插入锁芯37内，旋转锁芯37，带动锁头拨块35转动，拨动托板11横移，并带动主锁栓的圆柱舌31横移，实现主锁舌的开启或关闭（见说明书第3页第21~31行）。

由此可见，附件1.2与本专利均为内装式防盗锁，都包括有锁头，该锁头通过螺钉固定在锁壳上。在附件1.2中，由盖板4（相当于本专利的底壳1）锁盒6（相当于本专利的面壳2）锁盒固定面板33（相当于本专利的衬板3）主锁栓的圆柱舌31（相当于本专利的主锁舌4）和斜舌27（见附图1和3）这些结构特征构成了本专利中所述的锁体，因此附件1.2中的防盗锁包括锁头和锁体。在附件1.2中，锁盒6上装有主锁栓的圆柱舌31和斜舌27；盖板4和锁盒6组成一锁壳固定在锁盒固定面板 33 上；插芯锁头 3 凸出于锁盒 6 的两侧，在室内外都能开启，结合附图 4 可知锁头 3 由内锁头和外锁头组成，附图 4 中剖开图示的为外锁头 58，未剖开的为内锁头；锁头 3 是十字钥匙插芯锁头，在附图 4 中显示外锁头为四排弹子顶档式结构；从附图 4 可见外锁头处具有外锁头套壳 50、外锁头防钻片 51 和活动防钻片 52，能够起到防钻的功能，相当于本专利中外锁头 10 上套有的防钻套 12；从附图 4 可见内锁头和外锁头之间有一锁头拨块 35，内、外锁头通过锁头架连接固定成为一体；从附图 3 可见锁头 3 垂直穿插在锁壳上；锁头拨块 35 转动时其上的凸起能够拨动托板 11 横移，带动主锁栓的圆柱舌 31 横移，相当于本专利中内、外锁头间拨叉的位置对应在主锁舌的拨动机构上。

将权利要求 1 与附件 1.2 比较可知，权利要求 1 中“主锁舌上设有一推杆，斜舌上设有一“L”形拨块，“L”形拨块上设有一斜舌拨孔，主锁舌和斜舌之间通过推杆及“L”形拨块连接”的特征没有被附件 1.2 所公开。在附件 1.2 中，主锁栓的圆柱舌 31 由锁头拨块 35 带动托板 11 进行移动，斜舌 27 由斜舌拨套 18、斜舌拨套柱 19 等组成的控制机构进行移动，从其文字说明和图示说明中均不能看出两者之间存在联动关系。因此，附件 1.2 没有公开本专利权利要求 1 的全部技术特征，也没有给出主锁舌和斜舌之间通过推杆及 L 形拨块联动的技术启示，本专利权利要求 1 相对于附件 1.2 具备新颖性和创造性，符合专利法第 22 条第 2、3 款的规定。

（2）附件 1.3 是否影响本专利权利要求 1 的新颖性和创造性。

经审查，附件 1.3 公开了一种双头锁具，其特征是在主锁头的上方或下方设置一辅助锁头，主锁头和辅助锁头分别用各自的钥匙开启或锁住，在辅助锁头相对一侧的相应位置处装有一旋钮，旋钮能顺时针或逆时针转动，旋钮的连接杆插入到辅助锁头的凸轮孔中。辅助锁头的方舌头与辅助锁头组件相连，辅助锁头的凸轮转动时，其拨动件分别与辅助锁头组件上的凹槽相对应的两斜面相接触（参见附件 1.3 说明书第 2 页第 15 行至第 3 页第 14 行和附图 1、2）。

将本专利权利要求 1 与附件 1.2 和附件 1.3 相比较，合议组认为附件 1.2 与本专利权利要求 1 更为接近，因此如上所述，在本专利权利要求 1 相对于附件 1.2 具备新颖性和创造性的情况下，本专利权利要求 1 相对于附件 1.3 也具备新颖性和创造性，符合专利法第 22 条第 2、3 款的规定。

（3）附件 1.2 与附件 1.3 结合是否影响本专利权利要求 1 的创造性。

如上所述，本专利权利要求 1 与附件 1.2 的区别特征在于：本专利权利要求 1 中主锁舌上设有一推杆，斜舌上设有一“L”形拨块，“L”形拨块上设有一斜舌拨块，主锁舌和斜舌之间通过推杆及“L”形拨块连接。

经审查，合议组认为附件 1.3 中未公开上述区别技术特征，也未给出主锁舌和斜舌之间通过推杆及 L 形拨块联动的技术启示，因此本专利权利要求 1 相对于附件 1.2 与附件 1.3 的结合具备创造性，符合专利法第 22 条第 3 款的规定。

3. 关于第二请求人的无效宣告请求

（1）关于本专利权利要求 1 的新颖性。

第二请求人认为附件 2.2 公开了本专利权利要求 1 的全部技术特征，因此本专利权利要求 1 不具备新颖性。

经审查，附件 2.2 公开了一种锁体为内装式的三向五舌防盗门锁，是在附件 2.3（即附件 1.2）的基础上进行的改进。附件 2.2 对附件 2.3（即附件 1.2）的改进在于：在托板 11 上面上、下各设置一个拨片定位柱 102、102’分别固定斜舌副拨片 101 和斜舌主拨片 104；斜舌副拨片 101 上端的凸块 107 受锁头拨块 35 的拨动而移动，其下端为 U 形槽 108；斜舌主拨片 104 的上端设置有副拨片导柱 103，该导柱位于 U 形槽 108 内，其下端的拨块 109 拨动斜舌拨导柱 105，从而拨动斜舌板 28 乃至斜舌柱 27 回收移动（见说明书第 3 页第 11~17 行和附图 10-12）。使用时，锁头拨块 35 转动，使得托板 11 带动主锁栓的圆柱舌 31 横移；主锁舌收回后，斜舌副拨片 101 处于锁头拨块 35 下方，斜舌主拨片 104 靠近斜舌拨导柱 105；进一步旋转钥匙，锁头拨块 35 拨动斜舌副拨片 101 上端的凸块 107，斜舌副拨片 101 绕定位柱 102 旋转，其下端的 U 形槽 108 左移，带动斜舌主拨片 104 上端的副拨片导柱 103 左移，斜舌主拨片 104 绕定位柱 102’旋转，其下端的拨块 109 右移，带动斜舌拨导柱 105 右移，从而将斜舌柱 27 收回，开启斜舌（见说明书第 4 页第 1~7 行）。附件 2.2 通过这样的结构实现了主锁栓的圆柱舌与斜舌之间的联动。

如上所述附件 2.3（即附件 1.2）与本专利权利要求 1 相比，没有公开的特征仅为“主锁舌上设有一推杆，斜舌上舌有一 L 形拨块，L 形拨块上舌有一斜舌拨孔，主锁舌和斜舌之间通过推杆及 L 形拨块连接”，附件 2.2 是在附件 2.3（即附件 1.2）的基础上进行的改进，因此即使附件 2.2 公开了附件 2.3（即附件 1.2）的全部技术特征，其能否影响本专利权利要求 1 的新颖性还要看附件 2.2 中是否公开了权利要求 1 中附件 2.3（即附件 1.2）所没有公开的上述特征，也就是说附件 2.2 中主锁栓的圆柱舌与斜舌之间的联动结构与本专利权利要求 1 中主锁舌与斜舌之间的联动结构是否相同。

在附件 2.2 中主锁栓的圆柱舌 31 与斜舌 27 之间的联动结构包括斜舌副拨片 101 和斜舌主拨片 104，斜舌主拨片 104 可绕定位柱 102’旋转；本专利中主锁舌与斜舌之间的联动结构包括推杆 6 和 L 形拨块 7，L 形拨块 7 上设有斜舌拨孔 8。第二请求人认为附件 2.2 中的斜舌副拨片与本专利中“推杆”作用相同、斜舌主拨片与本专利中“L”形拨块效果相同、定位柱 102’相当于本专利中的拨孔。将两者进行比较后，合议组认为附件 2.2 中斜舌副拨片 101 转动时通过其下端的 U 形槽 108 带动斜舌主拨片 104 上端的副拨片导柱 103 移动，从而带动斜舌主拨片 104 转动，在这个过程中斜舌副拨片并不是推动斜舌主拨片转动，因此附件 2.2 中的斜舌副拨片 101 并不相当于本专利权利要求 1 中的推杆；附件 2.2 中定位柱 102’是固定在托板 11 上的，使得斜舌主拨片 104 能够绕着其转动，没有拨孔的功能，因此定位柱 102’也不相当于本专利权利要求 1 中的拨孔，在附件 2.2 中斜舌主拨片 104 上没有设置拨孔。可见，附件 2.2 没有公开本专利权利要求 1 中的所有技术特征，权利要求 1 相对于附件 2.2 具备新颖性，符合专利法第 22 条第 2 款的规定。

附件 2.3 与附件 1.2 相同，因此如上所述，附件 2.3 没有公开本专利权利要求 1 中的所有技术特征，权利要求 1 相对于附件 2.3 具备新颖性，符合专利法第 22 条第 2 款的规定。

（2）在独立权利要求 1 具备新颖性的情况下，其从属权利要求 3 和 5 也具备新颖性，符合专利法第 22 条第 2 款的规定。

**三、决定**

维持 00239473.1 号实用新型专利权有效。

当事人对本决定不服的，可以根据专利法第 46 条第 2 款的规定，自收到本决定之日起三个月内向北京市第一中级人民法院起诉。根据该款的规定，一方当事人起诉后，另一方当事人应当作为第三人参加诉讼。

# 北京市第一中级人民法院
# 行政判决书

（2007）一中行初字第592号

原告黄锐添，男，1967年8月15日出生，汉族，中山市实力锁业有限公司董事长，住广东省中山市小榄镇绩东一裕胜村

委托代理人黄大宇，男，广州市新诺专利事务所有限公司专利代理人

被告国家知识产权局专利复审委员会，住所地北京市海淀区北四环西路9号银谷大厦10~12层

法定代表人廖涛，副主任

委托代理人杨军艳，女，国家知识产权局专利复审委员会审查员

委托代理人张鹏，男，国家知识产权局专利复审委员会审查员

第三人中山市安防特种锁厂，住所地广东省中山市小榄镇菊城大道东72号

第三人中山市实力锁业有限公司，住所地广东省中山市东升镇兆兴大道

法定代表人刘成开，厂长

法定代表人黄锐添，董事长

委托代理人刘小敏，女，广州知友专利代理有限公司专利代理人

委托代理人黄大宇，男，广州市新诺专利事务所有限公司专利代理人

原告黄锐添不服被告国家知识产权局专利复审委员会作出的第9371号无效宣告请求审查决定（以下简称第9371号决定），向本院提起诉讼。本院受理后，依法组成合议庭，并通知本案的利害关系人中山市安防特种锁厂（以下简称安防锁厂）中山市实力锁业有限公司（以下简称实力公司）作为第三人参加本案诉讼，于2007年6月5日公开开庭审理了本案。原告的委托代理人黄大宇，被告的委托代理人杨军艳、张鹏，第三人安防锁厂的委托代理人刘小敏，第三人实力公司的委托代理人黄大宇到庭参加了诉讼。本案现已审理终结。被告针对实力公司、黄锐添的无效宣告请求，对专利号是00239473.1，申请日是2000年9月19日，专利权人是安防锁厂，名称为“一种内装式防盗锁”的实用新型专利权（以下简称本专利）进行审查，依据《中华人民共和国专利法》（以下简称《专利法》）第二十二条第二款、第三款的规定，于2006年12月30日作出第9371号决定：维持本专利有效。主要理由如下：（1）实力公司提供的附件1.2（即CN2381729Y号实用新型专利说明书，授权公告日为2000年6月7日）附件1.3与黄锐添提供的附件2.2（即CN2386138Y号实用新型专利说明书，授权公告日为2000年7月5日）附件2.3（同附件1.2相同）可以作为本案证据使用，其公开日均在本专利申请日之前，其上记载的内容构成了现有技术。（2）附件1.2没有公开本专利权利要求1的全部技术特征，也没有给出主锁舌和斜舌之间通过推杆及L形拨块联动的技术启示，本专利权利要求1相对于附件1.2具备新颖性和创造性；将本专利权利要求1与附件1.2和附件1.3相比较，附件1.2与本专利权利要求1更为接近。在本专利权利要求1相对于附件1.2具备新颖性和创造性的情况下，本专利权利要求1相对于附件1.3也具备新颖性和创造性；附件1.3中未公开本专利权利要求1中的“主锁舌上设有一推杆，斜舌上设有一“L”形拨块，“L”形拨块上设有一斜舌拨块，主锁舌和斜舌之间通过推杆及“L”形拨块连接的技术特征，也未给出主锁舌和斜舌之间通过推杆及L形拨块联动的技术启示，因此本专利权利要求1相对于附件1.2与附件1.3的结合具备创造性。（3）针对黄锐添的请求，被告认定附件2.3（即附件1.2）与本专利权利要求1相比，没有公开的特征仅为

“主锁舌上设有一推杆，斜舌上舌有一L形拨块，L形拨块上舌有一斜舌拨孔，主锁舌和斜舌之间通过推杆及L形拨块连接”。而附件2.2是在附件2.3的基础上进行的改进。将附件2.2与本专利进行比较，附件2.2中斜舌副拨片转动时通过其下端的U形槽带动斜舌主拨片上端的副拨片导柱移动，从而带动斜舌主拨片转动，在这个过程中斜舌副拨片并不是推动斜舌主拨片转动，因此附件2.2中的斜舌副拨片101并不相当于本专利权利要求1中的推杆；附件2.2中定位柱是固定在托板上的，使得斜舌主拨片能够绕着其转动，没有拨孔的功能，因此定位柱也不相当于本专利权利要求1中的拨孔，在附件2.2中斜舌主拨片上没有设置拨孔。因此，附件2.2没有公开本专利权利要求1中的所有技术特征，权利要求1相对于附件2.2具备新颖性。附件2.3与附件1.2相同，没有公开本专利权利要求1中的所有技术特征，权利要求1相对于附件2.3具备新颖性。在独立权利要求1具备新颖性的情况下，其从属权利要求3和5也具备新颖性。在法定期限内，被告向本院提交了如下证据，用以证明第9371号决定合法：（1）本专利说明书；（2）附件2.2；（3）口头审理记录。原告诉称：被告认定事实不清，理由不成立，所作出的结论错误。附件2.2中主锁拴的圆柱舌与斜柱舌之间的联动结构与本专利权利要求1中的主锁舌与斜锁舌之间的联动结构相同。在附件2.2的说明书中描述了附件2.2同样具备能够用钥匙开启斜舌，能够用把手开启斜舌的两个功能，说明本专利和附件2.2的发明目的、技术方案、技术效果和功能相同。附件2.2具备本专利权利要求1的全部技术特征。因此，本专利权利要求1不符合《专利法》第二十二条第二款关于新颖性的规定。因此，请求法院撤销第9371号决定。原告在本院开庭审理前，未提交证据。被告辩称：针对原告的起诉，我委认为，第一，本专利权利要求1中已描述了主锁舌和斜舌之间通过推杆及L形拨块连接，可以确定该L形拨块之间具有联动关系。此外，从本专利说明书和附图对其技术方案的具体描述中也能确定该推杆与该L形拨块之间具有联动关系，主锁舌上的推杆L形拨块转动，带动斜舌移动，从而实现主锁舌和斜舌的同时开启。第二，附件2.2中斜舌副拨片转动时通过其下端的U形槽带动斜舌主拨片上端的副拨片导柱移动，从而带动斜舌主拨片转动，在这个过程中斜舌副拨片并不是推动斜舌主拨片转动。因此，附件2.2中的副拨片并不相当于本专利权利要求1中的推杆，两者的联动结构不同。第三，本专利权利要求1中的联动结构的L形拨块上设有一斜舌拨孔，可用来安装把手，从而能够使用把手开启斜舌，而附件2.2中的联动结构上没有设置相应的拨孔。综上，我委作出的第9371号决定认定事实清楚，适用法律正确，审理程序合法，原告的诉讼理由不能成立，请求法院驳回原告的诉讼请求，维持第9371号决定。第三人安防锁厂未提交书面陈述意见及证据，在开庭审理中，其表示同意被告作出的第9371号决定。第三人实力公司未提交书面陈述意见及证据，在开庭审理中，其表示同意原告的诉讼主张。

在开庭质证中，原告和第三人对被告的证据没有异议。

经审查，上述证据来源合法、真实，属于行政程序中的有效证据，本院予以确认。

根据以上有效证据，本院认定事实如下：本专利的授权公告日是2001年8月1日，其权利要求包括5项，其中权利要求1的内容为：

“1. 一种内装式防盗锁，包括锁头和锁体，锁体包括底壳（1）面壳（2）衬板（3）主锁舌和斜舌（5），其中在底壳（1）上装有主锁舌（4）和斜舌（5），主锁舌（4）上设有一推杆（6），斜舌（5）上设有一‘L’形拨块（7），‘L’形拨块（7）上设有一斜舌拨孔（8），主锁舌（4）和斜舌（5）之间通过推杆及‘L’形拨块（7）连接；底壳（1）和面壳（2）组成一锁壳固定在衬板（3）上，其特征在于：所述的锁头由内锁头（9）和外锁头（10）组成，内锁头（9）和外锁头（10）为十字匙四排弹子顶档式结构（11），又在外锁头（10）上套有一防钻套（12），其中内锁头（9）和外锁头（10）之间设有一拨叉（13），内、外锁头（9、10）通过锁头架（14）连接固定成为一体；所述的锁头垂直穿插在锁壳上，并用一螺钉（15）固定在锁壳上，内、外锁头（9、10）间的拨叉

（13）的位置对应在主锁舌（4）的拨动机构（16）上。”

2002 年 4 月 29 日，实力公司向被告提出无效宣告请求，同时提交了附件 1.1（即本专利公告文本）附件 1.2。其理由是本专利权利要求 1 不具备新颖性。被告经过审查，于 2002 年 9 月 23 日作出第 4534 号无效宣告请求审查决定（以下简称第 4534 号决定），认为附件 1.2 已经公开了本专利权利要求 1 的全部技术特征，两者技术方案实质上相同，因此宣告本专利权利要求 1 无效，在权利要求 2~4 的基础上维持专利权有效。

安防锁厂不服，向本院起诉。本院以第 4534 号决定根据附件 1.2 认定本专利权利要求 1 不具备新颖性主要证据不足为由，于 2003 年 12 月 19 日作出（2003）一中行初字第 336 号行政判决，撤销第 4534 号决定。被告不服，提起上诉。北京市高级人民法院于 2004 年 5 月 19 日作出（2004）高行终字第 121 号行政判决，认定附件 1.2 中未对托板 11 是否可以横向移动可与斜舌连接板 28 共同作用以控制斜舌进给这一特征给予表述并要求保护，故第 4534 号决定关于此特征的认定及推断依据不足，据此维持一审判决。

后，被告针对实力公司的请求，重新立案审查。

2004 年 5 月 17 日，原告针对本专利向被告提出无效宣告请求，并提交了附件 2.2、附件 2.3，其理由为：本专利权利要求 1、3、5 与附件 2.2 相比不具备新颖性；权利要求 3 和 5 在附件 2.3 中可找到，因此请求宣告本专利的专利权无效。

被告受理后，发出受理通知书，并将原告的请求书及其附件副本转送给安防锁厂并告知了相关权利义务。安防锁厂于 2004 年 9 月 9 日向被告提交了意见陈述书。

被告组成合议组，将两案合案，于 2006 年 5 月 31 日进行口头审理，原告和两第三人均参加了口头审理。

在口头审理中，被告明确告知实力公司在前一案件审查中发表的意见应当在后续程序中具有约束力，本案的审理范围仅限于实力公司提出的本专利权利要求 1 不具备新颖性和创造性，不符合《专利法》第二十二条第二款、第三款的规定，使用证据为附件 1.2 和附件 1.3；对黄锐添所提的争议的审查范围和理由是本专利权利要求 1、3、5 不符合《专利法》第二十二条第二款关于新颖性的规定，使用证据为附件 2.2 和附件 2.3。

安防锁厂表示对附件 1.2、附件 1.3、附件 2.2、附件 2.3 的真实性无异议。

被告经审查，于 2006 年 12 月 25 日作出第 9371 号决定，并于同年 12 月 3 日向原告和两第三人邮寄送达。原告不服，在法定期限内，向本院起诉，请求撤销第 9371 号决定。

在开庭审理中，原告和第三人对以下内容没有争议：

（1）被告的无效审查程序；

（2）第 9371 号决定中“案由”部分记载的内容；

（3）被告在第 9371 号决定认定的“附件 1.2、附件 1.3、附件 2.2、附件 2.3 可以作为本案证据使用，其上记载的内容构成本专利的现有技术”的内容；

（4）第 9371 号决定认定的权利要求 1 相对于附件 1.2 或附件 1.3 具有新颖性和创造性；相对于附件 1.2 与附件 1.3 的结合具有创造性。本院认为：根据当事人无争议的陈述，本院经书面审查，对上述无争议的内容予以确认。在此基础上，本院将针对原告的请求理由，围绕第 9371 号决定维持本专利有效是否合法进行审查。

首先，针对本案的证据，附件 1.2、附件 1.3、附件 2.2、附件 2.3 均为本案无效审查程序中的有效证据，其公开日均在本专利申请日之前，与本专利属于相同技术领域，被告认定上述附件记载的内容构成了本专利现有技术的结论正确。

其次，由于第三人实力公司对于第9371号决定认定本专利权利要求1相对于附件1.2、附件1.3或者附件1.2与附件1.3的结合均具备新颖性和创造性的内容没有起诉，且原告和两第三人在诉讼中对该部分内容和结论均无异议，故本院经书面审查，对被告认定的本专利权利要求1相对于实力公司提供的证据具备新颖性和创造性的结论予以确认。

第三，因附件2.3与附件1.2相同，所以本院对被告认定的以下内容予以确认："本专利权利要求1与附件1.2的区别特征在于，本专利权利要求1中主锁舌上设有一推杆，斜舌上舌有一L形拨块，L形拨块上舌有一斜舌拨孔，主锁舌和斜舌之间通过推杆及L形拨块连接"。在此基础上，针对原告提出的争议，本案争议的焦点内容是被告认定本专利权利要求1相对于附件2.2具有新颖性的内容是否合法。

根据原告和两第三人对被告认定的附件2.2公开内容没有异议的陈述，本院对被告将附件2.2与本专利权利要求1进行对比后认定的以下内容予以确认：

（1）附件2.2是对附件2.3的改进。

（2）附件2.2实现的是主锁栓的圆柱舌与斜舌之间的联动，其中的主锁栓的圆柱舌31与斜舌27之间的联动结构包括斜舌副拨片101和斜舌主拨片104，斜舌主拨片104可绕定位柱102′旋转。

（3）本专利权利要求1实现的是主锁舌与斜舌之间的联动，其中的主锁舌与斜舌之间的联动结构包括推杆6和L形拨块7，L形拨块7上设有斜舌拨孔8。

将两者的技术特征进行对比，被告认定"附件2.2中斜舌副拨片101转动时通过其下端的U形槽108带动斜舌主拨片104上端的副拨片导柱103移动，从而带动斜舌主拨片104转动，在这个过程中斜舌副拨片并不是推动斜舌主拨片转动"，从而认为附件2.2中的斜舌副拨片101并不相当于本专利权利要求1中的推杆；附件2.2中定位柱102′是固定在托板11上的，使得斜舌主拨片104能够绕着其转动，没有拨孔的功能，因此定位柱102′也不相当于本专利权利要求1中的拨孔，在附件2.2中斜舌主拨片104上没有设置拨孔。所以，被告认为附件2.2没有公开本专利权利要求1中的所有技术特征的证据充分。

因此，被告认定权利要求1相对于附件2.2、附件2.3具备新颖性的结论正确。在本专利权利要求1具备新颖性的情况下，其从属权利要求3和5也具备新颖性的结论正确。

综上，被告认定事实清楚，程序合法，适用法律正确，本院应予维持。原告请求撤销第9371号决定的主张缺乏事实根据，本院不予采纳。依照《中华人民共和国行政诉讼法》第五十四条第（一）项的规定，判决如下：

维持国家知识产权局专利复审委员会于二〇〇六年十二月二十五日作出的第9371号专利无效宣告请求审查决定。

案件受理费1000元，由原告黄锐添负担（已交纳）。

如不服本判决，当事人可在判决书送达之日起15日内，向本院递交上诉状，并按对方当事人的人数提出副本及预交上诉费100元，上诉于北京市高级人民法院。

审　判　长　饶亚东
代理审判员　刘景文
代理审判员　乔　军
二〇〇七年十二月二十日
书　记　员　张　涵

033

# 一种幕墙用抗震悬挂装置

## 无效宣告请求审查决定（第9372号）

**决　定　号**　第9372号
**决　定　日**　2006年12月19日
**发明创造名称**　一种幕墙用抗震悬挂装置
**国际分类号**　E04B 2/88
**无效宣告请求人**　台州市旗鱼幕墙科技有限公司，武汉凌云建筑装饰工程有限公司
**专利权人**　徐跃华
**专　利　号**　200320100109.X
**申　请　日**　2003年10月8日
**授权公告日**　2004年9月22日
**合议组组长**　李广峰
**主　审　员**　赵　明
**参　审　员**　刘瑞斌

**法律依据**　专利法第22条第3款
**决定要点**

如果一项实用新型的权利要求与现有技术中最接近的技术方案相比，存在区别技术特征，而这些区别技术特征不是本领域的技术人员根据现有技术的教导容易想到的，则该权利要求所述的技术方案具备创造性。

### 一、案由

本无效宣告请求涉及中华人民共和国国家知识产权局于2004年9月22日授权公告的、名称为“一种幕墙用抗震悬挂装置”的实用新型专利权（下称本专利），其专利号是200320100109.X，申请日是2003年10月8日，专利权人是徐跃华。本专利授权公告时的权利要求书如下：

“1. 一种幕墙用抗震悬挂装置，其特征在于：包括上部带有倒U形凹槽的挂钩和下部安装腹板；所述挂钩上设置有高度调整螺钉，挂钩两立板内侧分别设置有隔离垫安装卡槽；所述安装腹板位于所述挂钩外侧，其上沿与挂钩一侧立板的下沿或该立板的外侧相连，背对挂钩一侧设置有安装用定位立面，与所述挂钩同侧表面上设置有靠压支撑面或靠压支撑边，并且该靠压支撑面或靠压支撑边上设置有隔离垫安装卡槽。

2. 如权利要求1所述的幕墙用抗震悬挂装置，其特征在于：所述安装腹板与所述安装用定位立面相对另一侧表面上加工有水平安装孔定位槽，该安装孔定位槽的上下方均加工有防松条纹或网纹。”

针对本专利权，台州市旗鱼幕墙科技有限公司（下称第一请求人）于2006年3月6日向专利复审委员会提出无效宣告请求，认为本专利的权利要求1、2不符合专利法第22条第2、3款，第26条第3、4款，专利法实施细则第20条第1款的有关规定，请求人同时提交了如下附件：

附件1：授权公告日为2003年4月16日、授权公告号为CN1105817C（专利号为98804662.8）的中国发明专利说明书，共11页；[下称对比文件1]

附件2：US6427410B1美国专利文献，授权公告日为2002年8月6日，共7页；[下称对比文件2]

附件3：德国慧鱼公司的技术手册第28、117、126页复印件，共3页；[下称对比文件3]

附件4：本专利的说明书。

第一请求人认为：对比文件1和2分别公开了本专利权利要求1的全部技术特征，因此权利要求1不具有新颖性和创造性；权利要求2中的附加技术特征是本领域的普通技术人员所公知的，在市场上也随处可见带有上述防松动条纹或网纹的螺母，属于公知常识，因此，权利要求2也不具有新颖性和创造性。

经形式审查合格，专利复审委员会依法受理了上述无效宣告请求，并于2006年3月7日向第一请求人和专利权人发出无效宣告请求受理通知书，同时将专利权无效宣告请求书及其附件清单中所列附件的副本转送给专利权人，并要求专利权人在指定的期限内陈述意见。

第一请求人于2006年4月5日向专利复审委员会提交了意见陈述书，并补充了无效宣告的理由和证据，其中补充的证据为：(编号续前)

附件5：《金属与石材幕墙工程技术规范》，中华人民共和国行业标准JGJ 133-2001，2001年5月29日发布，2001年6月1日实施，2001年7月第一版、2006年1月第八次印刷，封面、首页、出版信息页、第12、35页复印件，共5页；[下称对比文件4]

附件6：中国建筑工业出版社出版、陈建东主编的《金属与石材幕墙工程技术规范应用手册》，2001年4月第一版、2002年6月第三次印刷，封面、出版信息页、第352~357、363~366、370~379、393~401、1075、1091、1092、1128页复印件，共35页；[下称对比文件5]

附件7：授权公告日为2001年3月21日、授权公告号为CN2424251Y（专利号为00227636.4）的中国实用新型专利说明书，共6页。[下称对比文件6]

第一请求人认为：对比文件5中的第1075页中的图2所公开的挂件与本专利权利要求1所描述的挂件形状结构完全相同；对比文件4第12页中的第4.3.2规定："幕墙中不同的金属材料接触处，除不锈钢外均应设置耐热的环氧树脂玻璃纤维布或尼龙12垫片。"本行业的普通技术人员在使用图2所公开的挂件时，为了满足行业标准的要求，必然要在挂件与其他金属相接触的部位加装隔离垫，即在U形凹槽与靠压支撑边上加装隔离垫。同时，为了更好的固定隔离垫，在U形凹槽与靠压支撑边上设置卡槽是本行业惯用的技术手段。因此，本专利的权利要求1不具备新颖性和创造性。对比文件5的第256页中的图，清楚地反映出挂件的表面成形有定位和防滑条纹，对比文件6中的权利要求4也公开了这一特征。上述结构是本行业普通技术人员所熟知的，因此本专利的权利要求2也不具备新颖性和创造性。

针对专利复审委员会发出的上述无效宣告请求受理通知书，专利权人于2006年5月16日提交了意见陈述书。

专利权人认为：本专利权利要求1中在挂钩两立板内侧及靠压支撑面或靠压支撑边上设置隔离垫安装卡槽的目的是为了在该处安装隔离垫，以便将悬挂装置与支撑板完全隔离，从而保证隔离垫在起到减震作用的同时，还能够有效地防止悬挂装置与支撑板之间因材质不同出现的电化学反应，而对比文件1中公开的悬挂元件不具有隔离垫安装卡槽，因此，本专利的权利要求1具有创造性；同理，与对比文件2相比，本专利的权利要求1同样具备创造性；在本专利权利要求1具备新颖性和创造性的前提下，本专利权利要求2也必然具备新颖性和创造性；本专利权利要求2在权利要求1的基础上增加的附加技术特征，不但将安装孔限定在本专利悬挂装置中定位立面上的最佳受力及便于安装的位置处，而且还方便安装孔的加工，同时其中的防松条纹或网纹可有效防止安装后的锚栓的松脱，以保证外挂件固定安全，而公知常识中并未有这种应用的启示，因此，仅就本专利的权利要求2所增加的附加技术特征来讲，也具备创造性。

本案合议组于2006年7月24日发出转送文件通知书，将第一请求人于2006年4月5日提交的意见陈述书及其所附附件转给专利权人；将专利权人于2006年5月16日提交的意见陈述书转给第一请求人，并要求双方在指定期限内陈述意见。

同日，专利复审委员会向第一请求人发出外文证据处理通知书，告知其于2006年3月6日提交的外文证据US6427410号美国专利文献，未在提交该外文证据的同时提交所使用部分的中文译文，第一请求人应在收到本通知书之日起，一个月内补交所使用部分的中文译文，期满未补交的，该外文证据视为未提交。

专利权人于2006年8月7日提交了意见陈述书。

专利权人认为：对比文件5第1075页中的图2与对比文件3第1页的图示内容完全相同，该挂件是直接挂靠在支撑板上的，其上不论是挂钩处还是安装腹板的下部位置，不仅均未设置隔离垫，也未留隔离垫的安装空间，所以，对比文件5中的挂件没有公开本专利权利要求1的所有技术特征，权利要求1具有新颖性；本专利的发明目的是减震，可防止两不同金属之间出现的电化学反应只是附带的效果，对比文件4未给出完成本专利发明目的的任何技术启示；对比文件5中的胶条卡槽并未给出如何解决本专利所解决的减震问题的技术启示，在对比文件5第1075页图2的基础上结合对比文件4和对比文件5其他部分的技术内容，仍然不能得出本专利权利要求1所限定的技术方案，因此，本专利的权利要求1具备创造性；本专利的权利要求2增加了防松条纹或网纹、定位槽两个附加技术特征，请求人提交的对比文件4、5、6中均未记载有定位槽这一特征，所以，本专利的权利要求2所增加的附加技术特征具有新颖性和创造性。

针对本专利权，武汉凌云建筑装饰工程有限公司（下称第二请求人）于2006年3月17日向专利复审委员会提出无效宣告请求，认为本专利权利要求1、2不符合专利法第22条第2、3款的规定，请求人同时提交了如下附件：

附件1-1：中国建筑工业出版社出版、陈建东主编的《金属与石材幕墙工程技术规范应用手册》，2001年4月第一版第一次印刷，封面、出版信息页、目录、第1090~1095、1102~1105、1111页复印件，共14页。

经形式审查合格，专利复审委员会依法受理了上述无效宣告请求，并于2006年7月5日向第二请求人和专利权人发出无效宣告请求受理通知书，同时将专利权无效宣告请求书及其附件清单中所列附件的副本转送给专利权人，并要求专利权人在指定的期限内陈述意见。

针对专利复审委员会发出的上述无效宣告请求受理通知书，专利权人于2006年8月7日提交了意见陈述书，专利权人认为第二请求人的无效宣告请求不能成立，请求维持本专利有效。

本案合议组于2006年10月13日向各方当事人发出无效宣告请求口头审理通知书，定于2006年11月20日举行口头审理。随同口头审理通知书，将专利权人于2006年8月7日提交的意见陈述书分别转送给第一请求人和第二请求人。

口头审理如期举行，各方当事人均参加了口头审理。

在口头审理中，第一请求人确认其无效宣告请求的理由是权利要求1、2不符合专利法第22条第

3 款的规定，证据的组合方式为：对比文件 1、4 和 5 的结合，其中对比文件 1 是最接近的对比文件；对比文件 4 和 5 的结合，其中对比文件 5 是最接近的对比文件。第一请求人明确放弃其他的无效理由及未使用的证据。专利权人对对比文件 1、4、5 的真实性没有异议，但对对比文件 4 能否适用于评述本专利的创造性有异议。

第二请求人明确其无效请求的理由是权利要求 1、2 相对于附件 1-1 不具有创造性，并表示其具体意见与第一请求人相同。专利权人对附件 1-1 的真实性没有异议。

至此，合议组认为本案事实已经清楚，可以作出审查决定。

**二、决定的理由**

1. 关于证据和现有技术

第一请求人明确其仅使用对比文件 1、4、5 评价本专利的创造性，放弃其他未使用的证据，因此合议组对第一请求人放弃的证据不予考虑。

专利权人对对比文件 1、4、5 以及附件 1-1 的真实性没有异议，合议组对上述证据予以接受。由于对比文件 1、5 及附件 1-1 为公开出版物，且其公开日期在本专利的申请日前，因此可以作为本专利的现有技术使用。

专利权人对对比文件 4 的公开日期有异议，认为其是在 2006 年 1 月印刷，晚于本专利的申请日，不能作为本专利的现有技术使用。合议组认为，虽然对比文件 4 的印刷日期为 2006 年 1 月，但其是 2001 年 7 月第一版的第八次印刷，通常情况下相同的版本所记载的内容应该相同，在没有其他证据证明该版次的出版物内容有改动的情况下，应当视为其所记载的内容前后一致。此外，对比文件 4 作为行业标准，已于 2001 年 6 月 1 日实施，也就是说，至少在此日期，对比文件 4 的所有内容已处于公众可以得知的状态。因此合议组认为，对比文件 4 是公开日期早于本专利申请日的公开出版物，其中记载的内容可以作为本专利的现有技术使用。

2. 关于创造性

专利法第 22 条第 3 款规定：创造性，是指同申请日以前已有的技术相比，该发明有突出的实质性特点和显著的进步，该实用新型有实质性特点和进步。

如果一项实用新型的权利要求与现有技术中最接近的技术方案相比，存在区别技术特征，而这些区别技术特征不是本领域的技术人员根据现有技术的教导容易想到的，则该权利要求所述的技术方案具备创造性。

本专利为了解决现有技术中幕墙悬挂装置抗震性和稳定性不理想的缺陷，而提供一种可实现挂钩的高度可调并具有良好抗震性和可靠稳定性的幕墙悬挂装置，其通过在挂钩及靠压支撑面或靠压支撑边与建筑物上的支撑板之间设置隔离垫，从而起到良好的防震效果及防止产生电化学反应。

对比文件 1 涉及一种将房屋立面平板固定在建筑物墙上的装置，图 1 和图 3 分别示出了两种具体实施方式，其中图 1 公开了悬挂元件 26 和调节螺栓 30，开有槽的箱形断面 28 将悬挂元件插套在横向支撑件 12 的筋板 20 上，悬挂元件 26 的长边支撑在横向支撑件 12 的前臂 22 上，调节螺栓 30 可以调节立面平板 14 的高度（参见说明书第 4 页第 2 段及图 1）；图 3 公开了悬挂元件 72 和调节螺钉 84，悬挂元件 72 具有一个板 74，它的下边缘 76 是折弯的，悬挂元件 72 用一个横断面作成 U 形的上部边缘 78 钩住横向支撑件 62 的上筋板 70，调节螺钉 84 拧进悬挂元件 72 的 U-形上边缘 78 用于进行高度调整，悬挂元件 72 就放置在横向支撑件 62 的筋板 70 上，立面平板 86 安装在悬挂元件 72 上（参见说明书第 5 页第 20 行至第 6 页第 9 行及图 3）。

将本专利权利要求 1 与对比文件 1 相比，存在多处区别技术特征，上述的两种具体实施方式均至少没有公开如下技术特征：（1）挂钩两立板内侧分别设置隔离垫安装卡槽；（2）靠压支撑面或靠压支撑边上设置有隔离垫安装卡槽。

对比文件5第1075页的图2示出了一个悬挂装置，包括上部带有倒U形凹槽的挂钩和下部安装腹板，挂钩上设置有高度调整螺钉，安装腹板位于所述挂钩外侧，其上沿与挂钩立板的外侧相连，背对挂钩一侧设置有安装用定位立面，与挂钩同侧表面上设置有靠压支撑面或靠压支撑边。

将本专利权利要求1与对比文件5相比，同样存在多处区别技术特征，其中至少包括：（1）挂钩两立板内侧分别设置隔离垫安装卡槽；（2）靠压支撑面或靠压支撑边上设置有隔离垫安装卡槽。

对比文件4第4.3.2中记载了“幕墙中不同的金属材料接触处，除不锈钢外均应设置耐热的环氧树脂玻璃纤维布或尼龙12垫片”。

由此可见，对比文件1、4和5中均没有公开“挂钩两立板内侧分别设置隔离垫安装卡槽”、“靠压支撑面或靠压支撑边上设置有隔离垫安装卡槽”这两个技术特征，由于上述区别技术特征的存在，从而在确保被安装构件水平方向安装稳定可靠的基础上，还能起到良好的减震效果，同时防止悬挂装置与金属支撑的支撑板间直接接触所产生的电化学反应，即这些区别技术特征的引入使权利要求1要求保护的技术方案相对于现有技术解决了现有的幕墙悬挂装置稳定性和抗震性的技术问题，产生了有益的效果。而相对于本专利所解决的技术问题，在现有技术中没有给出任何启示，并且也没有给予引入上述区别技术特征解决所要解决的技术问题的教导，即将对比文件1、4和5任意进行组合也不能得出权利要求1所要保护的技术方案，因此对本领域技术人员来说权利要求1所述技术方案是不容易想到的，即权利要求1相对于对比文件1、4、5或对比文件5和4的组合具备创造性。

权利要求2为权利要求1的从属权利要求，在权利要求1具备创造性的前提下，从属权利要求2也符合专利法第22条第3款有关创造性的规定。

第一请求人认为：虽然对比文件1或5没有公开“挂钩两立板内侧分别设置隔离垫安装卡槽”、“靠压支撑面或靠压支撑边上设置有隔离垫安装卡槽”这两个技术特征，但作为行业标准的对比文件4规定：“幕墙中不同的金属材料接触处，除不锈钢外均应设置耐热的环氧树脂玻璃纤维布或尼龙12垫片”，因此本领域的普通技术人员在使用对比文件1或5所公开的挂件时，为了满足行业标准的要求，必然要在挂件与其他金属相接触的部位加装隔离垫，即在U形凹槽与靠压支撑边上加装隔离垫。同时，为了更好的固定隔离垫，在U形凹槽与靠压支撑边上设置卡槽是本行业惯用的技术手段，对比文件5中就公开了大量挂件与其他金属部件相配合的结构，其中胶条、垫块都是安装在卡槽中。因此在挂件上成形用于安装隔离垫的卡槽是本领域惯用的技术手段，无须创造性的劳动。

合议组认为，判断一项技术方案相对于现有技术是否显而易见的关键在于现有技术中是否存在着将该技术方案中的技术特征组合在一起的技术启示。本专利的目的在于提供一种具有良好抗震性和可靠稳定性的幕墙悬挂装置，同时可防止两种不同金属间出现的电化学反应。对比文件4安装的是隔离垫，是起到隔离两种不同金属的作用，其目的是防止不同金属材料的接触处产生电化学反应；对比文件5虽然公开了安装胶条的卡槽，但其是设置在型材上的，并没有给出解决本专利所面临的减震问题的启示。由此可见，现有技术中并没有给出在悬挂装置上设置隔离垫安装卡槽以达到减震目的的技术启示，也没有给予引入上述区别技术特征解决本专利所要解决的技术问题的教导。因此，合议组对第一请求人的上述主张不予支持。

第二请求人所使用的附件1-1中第1092页的图与对比文件1中的图1所示的悬挂元件基本相同，其同样没有公开“挂钩两立板内侧分别设置隔离垫安装卡槽”、“靠压支撑面或靠压支撑边上设置有隔离垫安装卡槽”这两个技术特征，基于上述同样的理由，权利要求1相对于附件1-1具有创造性。

综上所述，本专利权利要求1、2相对于第一请求人和第二请求人所提交的证据具有创造性，上述请求人提出的无效请求理由不成立。

根据上述的事实和理由，本案合议组依法做出以下决定。

**三、决定**

维持200320100109. X号实用新型专利权有效。

当事人对本决定不服的，可以根据专利法第46条第2款的规定，自收到本决定之日起三个月内向北京市第一中级人民法院起诉。根据该款的规定，一方当事人起诉后，另一方当事人应当作为第三人参加诉讼。

# 北京市第一中级人民法院
# 行政判决书

（2007）一中行初字第698号

原告台州市旗鱼幕墙科技有限公司，住所地浙江省温岭市泽国镇泽楚路113号。

法定代表人蒋剑波，董事长。

委托代理人林建军，北京金之桥知识产权代理有限公司专利代理人。

委托代理人朱黎光，北京金之桥知识产权代理有限公司专利代理人。

被告国家知识产权局专利复审委员会，住所地北京市海淀区北四环西路9号银谷大厦10~12层。

法定代表人廖涛，副主任。

委托代理人赵明，国家知识产权局专利复审委员会审查员。

委托代理人高雪，国家知识产权局专利复审委员会审查员。

第三人徐跃华，男，1962年2月6日出生，汉族，住浙江省杭州市江干区笕桥镇水墩村2组27号。

委托代理人尹振启，北京中创阳光知识产权代理有限责任公司专利代理人。

原告台州市旗鱼幕墙科技有限公司（简称旗鱼公司）不服被告国家知识产权局专利复审委员会（简称专利复审委员会）于2006年12月19日作出的第9372号无效宣告请求审查决定（简称第9372号决定），于法定期限内向本院提起行政诉讼。本院于2007年5月10日受理后，依法组成合议庭，并通知徐跃华作为第三人参加本案诉讼。2007年6月28日本院公开开庭对本案进行了审理，原告旗鱼公司的委托代理人朱黎光，被告专利复审委员会的委托代理人赵明、高雪和第三人徐跃华的委托代理人尹振启到庭参加了诉讼。本案现已审理终结。

第9372号决定系专利复审委员会针对旗鱼公司和武汉凌云建筑装饰工程有限公司分别就徐跃华所拥有的200320100109. X号实用新型专利（简称本专利）所提出的无效宣告请求而作出的。针对旗鱼公司无效宣告请求依据的事实和理由，专利复审委员会在第9372号决定中认为：一、关于证据和现有技术。徐跃华对对比文件1、4、5的真实性没有异议。对比文件1、5为公开出版物，其公开日期在本专利的申请日前，可以作为本专利的现有技术使用。对比文件4的印刷日期为2006年1月，但其是2001年7月第一版的第八次印刷，通常情况下相同的版本所记载的内容应该相同，在没有其他证据证明该版次的出版物内容有改动的情况下，应当视为其所记载的内容前后一致。对比文件4作为行业标准，已于2001年6月1日实施，至少在此日期，对比文件4的所有内容已处于公众可以得知的状态。因此，对比文件4是公开日期早于本专利申请日的公开出版物，其中记载的内容可以作为本专利的现有技术使用。二、关于创造性。对比文件1涉及一种将房屋立面平板固定在建筑物墙上的装置。将本专利权利要求 1 与对比文件 1 进行对比，存在多处区别技术特征，其中至少包括：（1）挂钩两立板内侧分别设置隔离垫安装卡槽；（2）靠压支撑面或靠压支撑边上设置有隔离垫安装卡槽。本专利由于上述区别技术特征的存在，从而在确保被安装构件水平方向安装稳定可靠的基础上，还能起到良好的减震效果，同时防止悬挂装置与金属支撑的支撑板间直接接触所产生的电化学反应。即这些区别技术特征的引入使权利要求 1 要求保护的技术方案相对于现有技术解决了现有的幕墙悬挂装置稳定性和抗震性的技术问题，产生了有益的效果。对比文件 4 第 4.3.2 中记载了“幕墙中不同的金属材料接触处，除不锈钢外均应设置耐热的环氧树脂玻璃纤维布或尼龙 12 垫片”，其安装的是隔离垫，是起到隔离两种不同金属的作用，其目的是防止不同金属材料的接触处产生电化学反应。对比文件 5 第 1075 页的图 2 示出了一个悬挂装置。对比文件 4 和 5 与本专利权利要求 1 相比，同样至少没有公开以上这两个区别技术特征。对比文件 5 虽然公开了安装胶条的卡槽，但其是设置在型材上的，并没有给出解决本专利所面临的减震问题的启示。由此可见，现有技术中并没有给出在悬挂装置上设置隔离垫安装卡槽以达到减震目的的技术启示，也没有给予引入上述区别技术特征解决本专利所要解决的技术问题的教导。将对比文件 1、4 和 5 任意进行组合也不能得出权利要求 1 所要保护的技术方案，因此对本领域技术人员来说权利要求 1 所述技术方案是不容易想到的，即权利要求 1 相对于对比文件 1、4、5 或对比文件 5 和 4 的组合具备创造性。权利要求 2 为权利要求 1 的从属权利要求，在权利要求 1 具备创造性的前提下，从属权利要求 2 也符合《专利法》第二十二条第三款有关创造性的规定。基于上述理由，专利复审委员会作出第 9372 号决定，维持本专利权有效。

原告旗鱼公司不服，向本院提起行政诉讼，其诉称：第 9372 号决定认定事实错误。被告忽略了对比文件 4 和 5 是标准和手册，也没有充分考虑对比文件 4 给出的结合启示，忽略了对比文件 1 的申请人是德国公司。对比文件 4 和 5 因为属于标准和手册，其对于本领域技术人员而言均是公知常识，其记载的知识灵活应用于本技术领域应该是显而易见的，因此，其与对比文件 1 结合是显而易见的。对比文件 4“幕墙中不同的金属材料接触处。除不锈钢外均应设置耐热的环氧树脂玻璃纤维布或尼龙 12 垫片”是国家强制性行业标准，故设置隔离垫已非启示，而是必须或强制设置。设置隔离垫所用卡槽的方式在证据 5 中有明确记载，如第 395 页下图中圆圈所示的卡槽。由对比文件 1、4 和 5 可以显而易见地导出本专利权利要求 1、2 的技术方案。综上，请求法院依法撤销第 9372 号决定，宣告本专利权无效。

被告专利复审委员会辩称：首先，对比文件 1、4 和 5 均没有公开“挂钩两立板内侧分别设置隔离垫安装卡槽”、“靠压支撑面或靠压支撑边上设置有隔离垫安装卡槽”的区别技术特征。本专利由于上述区别技术特征的存在，从而在确保被安装构件水平方向安装稳定可靠的基础上，还能起到良好的减震效果，同时防止悬挂装置与金属支撑的支撑板间直接接触所产生的电化学反应。其次，对比文件 4 安装的是隔离垫，是起到隔离两种不同金属的作用，其目的是防止不同金属材料的接触处产生电化学反应。对比文件 5 虽然公开了安装胶条的卡槽，但其是设置在型材上，并没有给出解决本专利所面临的减震问题的启示。由此可见，对比文件 1、4 和 5 并没有给出在悬挂装置上设置隔离垫安装卡槽以达到减震目的的技术启示，也没有给予引入上述区别技术特征解决本专利所要解决的技术问题的教导。综上，被告作出的第 9372 号决定认定事实清楚、适用法律正确、审查程序合法，请求法院予以维持。

第三人徐跃华述称：首先，设置隔离垫安装卡槽并非我国的强制性标准，对比文件 4 设置隔离垫的目的是防止不同金属之间发生电化学反应，而且设置隔离垫的方式不限于使用卡槽；其次，对比文件 5 中的卡槽只是一个结构要素，将对比文件 1、4 和 5 结合不能得出本专利的技术方案。第 9372 号决定认定事实清楚、适用法律正确，请求法院予以维持。

本院经审理查明：

本案涉及国家知识产权局于2004年9月22日授权公告的名称为“一种幕墙用抗震悬挂装置”的实用新型专利，其申请日为2003年10月8日、专利号为200320100109.X、专利权人为徐跃华。本专利授权公告的权利要求书为：

“1. 一种幕墙用抗震悬挂装置，其特征在于：包括上部带有倒U形凹槽的挂钩和下部安装腹板；所述挂钩上设置有高度调整螺钉，挂钩两立板内侧分别设置有隔离垫安装卡槽；所述安装腹板位于所述挂钩外侧，其上沿与挂钩一侧立板的下沿或该立板的外侧相连，背对挂钩一侧设置有安装用定位立面，与所述挂钩同侧表面上设置有靠压支撑面或靠压支撑边，并且该靠压支撑面或靠压支撑边上设置有隔离垫安装卡槽。

2. 如权利要求1所述的幕墙用抗震悬挂装置，其特征在于：所述安装腹板与所述安装用定位立面相对另一侧表面上加工有水平安装孔定位槽，该安装孔定位槽的上下方均加工有防松条纹或网纹。”

针对本专利，旗鱼公司于2006年3月6日以本专利不符合《专利法》第二十二条第二款、第三款、第二十六条第三款、第四款，《专利法实施细则》第二十条第一款的规定为由，向专利复审委员会提出无效宣告请求，并提交相应证据。其中，对比文件1是授权公告日为2003年4月16日、授权公告号为CN1105817C的中国发明专利说明书。其公开了一种将房屋立面平板固定在建筑物墙上的装置，图1和图3分别示出了两种具体实施方式。其中图1公开了悬挂元件26和调节螺旋30，开声槽的箱形断面28将悬挂元件插套在横向支撑件12的筋板20上，悬挂元件26的长边支撑在横向支撑件12的前臂22上，调节螺栓30可以调节立面平板14的高度（参见说明书第4页第2段及图1）。图3公开了悬挂元件72和调节螺钉84，悬挂元件72具有一个板74，它的下边缘76是折弯的，悬挂元件72用一个横断面作成U形的上部边缘78钩住横向支撑件62的上筋板70，调节螺钉84拧进悬挂元件72的U形上边缘78用于进行高度调整，悬挂元件72就放置在横向支撑件62的筋板70上，立面平板86安装在悬挂元件72上（参见说明书第5页第20行至第6页第9行及图3）。

2006年4月5日，旗鱼公司向专利复审委员会补充了无效宣告理由和证据，其证据包括：

对比文件4：《金属与石材幕墙工程技术规范》，中华人民共和国行业标准JGJ133-2001，2001年5月29日发布，2001年6月1日实施，2001年7月第一版、2006年1月第八次印刷，封面、首页、出版信息页、第12、35页复印件，共5页。其中第12页第4.3.2中记载了“幕墙中不同的金属材料接触处，除不锈钢外均应设置耐热的环氧树脂玻璃纤维布或尼龙垫片12。”

对比文件5：中国建筑工业出版社出版、陈建东主编的《金属与石材幕墙工程技术规范应用手册》，2001年4月第一版、2002年6月第三次印刷，封面、出版信息页、第352~357、363~366、370~379、393~401、1075、1091、1092、1128页复印件，共35页。其中第395页下部附图示出了一个卡槽。第396页至401页示出了多个使用O形胶条和K形胶条的型材设计图形，从附图中明确可见胶条与型材的固定方式均为卡槽式连接。

2006年11月20日，专利复审委员会主持进行了口头审理。旗鱼公司确认其无效理由是本专利权利要求1、2不符合《专利法》第二十二条第三款的规定，证据的组合方式为：对比文件1、4和5的结合，其中对比文件1是最接近的对比文件；对比文件4和5的结合，其中对比文件5是最接近的对比文件。徐跃华对对比文件1、4和5的真实性没有异议，但对对比文件4能否适用于评述本专利的创造性有异议。

2006年12月19日，专利复审委员会作出第9372号决定，维持本专利权有效。

本案庭审过程中，双方当事人均确认本专利与对比文件1相比，至少包括第9372号决定中认定的两项区别技术特征。专利复审委员会、徐跃华认为对比文件4中所述“幕墙中不同的金属材料接触处，除不锈钢外均应设置耐热的环氧树脂玻璃纤维布或尼龙垫片 12”的目的在于防止电化学反应，旗鱼公司则认为减震是设置玻璃纤维布或尼龙垫片必然带来客观技术效果。

上述事实有本专利授权公告说明书、第 9372 号决定、对比文件 1、4 和 5 及当事人陈述等证据在案佐证。

本院认为：

《专利法》第二十二条第三款规定，实用新型的创造性，是指同申请日以前已有的技术相比，该实用新型有实质性特点和进步。

本案审理过程中，双方当事人均确认本专利权利要求 1 与对比文件 1 相比，“挂钩两立板内侧分别设置隔离垫安装卡槽”、“靠压支撑面或靠压支撑边上设置有隔离垫安装卡槽”是两个区别技术特征，本院对此亦不持异议。

与对比文件 1 相比，上述区别技术特征的存在可以防止悬挂装置与挂钩两立板内侧、靠压支撑面或靠压支撑板之间因金属接触产生的电化学反应，同时还起到减震作用。因此，本案的关键问题在于对比文件 4 和对比文件 5 是否给出了将该两项区别技术特征应用于对比文件 1 以解决其存在的技术问题的技术启示。

关于挂钩两立板内侧、安装腹板的靠压支撑面或靠压支撑边上设置隔离垫的区别技术特征。对比文件 4 作为国家行业标准，要求在“幕墙中不同的金属材料接触处，除不锈钢外均应设置耐热的环氧树脂玻璃纤维布或尼龙 12 垫片”，其目的在于防止金属间的电化学反应。本领域技术人员在对比文件 1 的基础上，结合对比文件 4 的技术内容，无需花费创造性劳动，能够很容易地想到在对比文件 1 的箱形断面 28、悬挂元件 26 的长支撑边分别与横向支撑件 12 的金属接触处设置垫片即可得到本专利权利要求 1 在挂钩两立板内侧、靠压支撑面或靠压支撑板上设置隔离垫的技术方案，从而起到防止电化学反应的作用。实践中，无论是以玻璃纤维布、尼龙垫片作为隔离垫，或者还是以其他材料制成隔离垫，因均具有一定厚度，设置在幕墙不同构件的结合处，均能起到一定的缓冲、减震的作用。也就是说，减震作用是设置隔离垫防止电化学反应时所必然带来的客观技术效果。因此，对比文件 4 给出了在对比文件 1 公开的装置中设置隔离垫，从而起到防止电化学反应和减震作用的技术启示。

关于本专利权利要求 1 的隔离垫与挂钩两立板内侧、安装腹板的靠压支撑面或靠压支撑板为卡槽式连接的区别技术特征。对比文件 5 的第 395 页至 400 页中多处附图已经公开了卡槽式连接方式固定胶条的情形，与该区别技术特征在本专利权利要求 1 中所起的作用完全相同。且对比文件 5 作为本领域中的技术手册，其所记载的卡槽连接方式属于本领域的公知常识，本领域技术人员将卡槽连接方式应用于幕墙悬挂装置亦属于对惯用技术手段的运用，无需花费创造性劳动。

总之，专利复审委员会关于对比文件 4 和对比文件 5 没有给出将上述区别特征引入以解决相关技术问题的启示的认定有误，本院予以纠正。鉴于专利复审委员会认为本专利权利要求 1 的技术方案与对比文件 1 相比“至少”存在以上区别特征，而除此之外是否存在其他区别特征未给予明确认定，故专利复审委员会应在本院前述认定的基础上对本专利权利要求 1 的技术方案与对比文件 1 相比是否还具有其他区别特征以及对本专利创造性的影响重新进行审查。

综上，被告作出的第 9372 号决定适用法律及结论均存在错误，原告请求撤销该决定的理由成立，本院予以支持。依照《中华人民共和国行政诉讼法》第五十四条第（二）项第 2 目之规定，本院判决如下：

一、撤销被告国家知识产权局专利复审委员会作出的第 9372 号无效宣告请求审查决定；

二、被告国家知识产权局专利复审委员会重新就第 200320100109. X 号“一种幕墙用抗震悬挂装置”的实用新型专利权作出无效宣告请求审查决定。

案件受理费100元，由被告国家知识产权局专利复审委员会负担（已交纳）。

如不服本判决，各方当事人可于本判决送达之日起15日内，向本院提交上诉状及其副本，并交纳上诉案件受理费100元，上诉于北京市高级人民法院。

审 判 长 仪 军
代理审判员 侯占恒
人民陪审员 刘元霞
二〇〇七年七月十一日
书 记 员 乔 平

# 北京市高级人民法院
# 行政判决书

（2008）高行终字第215号

上诉人（原审被告）国家知识产权局专利复审委员会，住所地北京市海淀区北四环西路9号银谷大厦10~12层。

法定代表人廖涛，副主任。

委托代理人赵明，该委员会审查员。

委托代理人瞿晓峰，该委员会审查员。

被上诉人（原审原告）台州市旗鱼幕墙科技有限公司，住所地上海市青浦区大生路10号-231室。

法定代表人蒋剑波，董事长。

委托代理人林建军，男，汉族，1963年10月9日出生，北京金之桥知识产权代理有限公司专利代理人，住北京市海淀区双榆树知春路49号院A座108号。

委托代理人朱黎光，男，汉族，1961年12月26日出生，北京金之桥知识产权代理有限公司专利代理人，住北京市海淀区复兴路甲49号院2楼4单元306号。

被上诉人（原审第三人）徐跃华，男，汉族，1962年2月6日出生，住浙江省杭州市江干区笕桥镇水墩村2组27号。

委托代理人尹振启，男，汉族，1965年2月2日出生，北京中创阳光知识产权代理有限责任公司专利代理人，住北京市。海淀区龙翔路2楼1502号。

上诉人国家知识产权局专利复审委员会（简称专利复审委员会）因专利无效行政纠纷一案，不服北京市第一中级人民法院（2007）一中行初字第698号行政判决，向本院提出上诉。本院于2008年3月24日受理后，依法组成合议庭，于2008年4月14日公开开庭进行了审理。上诉人专利复审委员会的委托代理人赵明、瞿晓峰，被上诉人台州市旗鱼幕墙科技有限公司（简称旗鱼公司）的委托代理人朱黎光，被上诉人徐跃华的委托代理人尹振启到庭参加了诉讼。本案现已审理终结。

徐跃华拥有名称为“一种幕墙用抗震悬挂装置”的实用新型专利（即本专利），其申请日是2003年10月8日，授权公告日是2004年9月22日，专利号是200320100109.X。2006年3月6日旗鱼公司以本专利不符合《专利法》第二十二条第二款、第三款，第二十六条第三款、第四款；《专利法实施细则》第二十条第一款的规定为由，向专利复审委员会提出无效宣告请求。2006 年 11 月 20 日，在专利复审委员会进行口头审理时，旗鱼公司确认其无效理由是本专利权利要求 1、2 不符合《专利法》第二十二条第三款的规定。2006 年 12 月 19 日，专利复审委员会作出第 9372 号无效宣告请求审查决定（简称第 9372 号决定），维持本专利权有效。旗鱼公司不服，向北京市第一中级人民法院提起诉讼。

北京市第一中级人民法院判决认定：双方当事人均确认本专利权利要求 1 与对比文件 1 相比，“挂钩两立板内侧分别设置隔离垫安装卡槽”“靠压支撑面或靠压支撑边上设置有隔离垫安装卡槽”是两个区别技术特征，本院对此不持异议。

与对比文件 1 相比，上述区别技术特征的存在可以防止悬挂装置与挂钩两立板内侧、靠压支撑面或靠压支撑板之间因金属接触产生的电化学反应，同时还起到减震作用。因此，本案的关键问题在于对比文件 4 和对比文件 5 是否给出了将该两项区别技术特征应用于对比文件 1 以解决其存在的技术问题的技术启示。

关于挂钩两立板内侧、安装腹板的靠压支撑面或靠压支撑边上设置隔离垫的区别技术特征。对比文件 4 作为国家行业标准，要求在“幕墙中不同的金属材料接触处，除不锈钢外均应设置耐热的环氧树脂玻璃纤维布或尼龙 12 垫片”，其目的在于防止金属间的电化学反应。本领域技术人员在对比文件 1 的基础上，结合对比文件 4 的技术内容，无需花费创造性劳动，能够很容易地想到在对比文件 1 的箱形断面 28、悬挂元件 26 的长支撑边分别与横向支撑件 12 的金属接触处设置垫片即可得到本专利权利要求 1 在挂钩两立板内侧、靠压支撑面或靠压支撑板上设置隔离垫的技术方案，从而起到防止电化学反应的作用。实践中，无论是以玻璃纤维布、尼龙垫片作为隔离垫，或者还是以其他材料制成隔离垫，因均具有一定厚度，设置在幕墙不同构件的结合处，均能起到一定的缓冲、减震的作用。也就是说，减震作用是设置隔离垫防止电化学反应时所必然带来的客观技术效果。因此，对比文件 4 给出了在对比文件 1 公开的装置中设置隔离垫，从而起到防止电化学反应和减震作用的技术启示。

关于本专利权利要求 1 的隔离垫与挂钩两立板内侧、安装腹板的靠压支撑面或靠压支撑板为卡槽式连接的区别技术特征。对比文件 5 的第 395 页至 400 页中多处附图已经公开了卡槽式连接方式固定胶条的情形，与该区别技术特征在本专利权利要求 1 中所起的作用完全相同。且对比文件 5 作为本领域中的技术手册，其所记载的卡槽连接方式属于本领域的公知常识，本领域技术人员将卡槽连接方式应用于幕墙悬挂装置亦属于对惯用技术手段的运用，无需花费创造性劳动。

专利复审委员会关于对比文件 4 和对比文件 5 没有给出将上述区别特征引入以解决相关技术问题的启示的认定有误。鉴于专利复审委员会认为本专利权利要求 1 的技术方案与对比文件 1 相比“至少”存在以上区别特征，而除此之外是否存在其他区别特征未给予明确认定，故专利复审委员会应在本院前述认定的基础上对本专利权利要求 1 的技术方案与对比文件 1 相比是否还具有其他区别特征以及对本专利创造性的影响重新进行审查。

专利复审委员会作出的第 9372 号决定适用法律及结论均存在错误。依照《中华人民共和国行政诉讼法》第五十四条第（二）项第 2 目之规定，判决：一、撤销专利复审委员会作出的第 9372 号决定；二、专利复审委员会重新就第 200320100109. X 号“一种幕墙用抗震悬挂装置”的实用新型专利权作出无效宣告请求审查决定。

专利复审委员会不服原审判决，向本院提起上诉，请求撤销原审判决，维持专利复审委员会第 9372 号决定。主要理由为：原审判决认定事实不清，适用法律错误。1. 本专利通过在悬挂装置的挂钩两立板内侧分别设置隔离垫安装卡槽、靠压支撑面或靠压支撑边上设置隔离垫安装卡槽，从而在确保被安装构件水平方向安装稳定可靠的基础上，还能起到良好的减震效果，同时防止悬挂装置与金属支撑的支撑板间直接接触所产生的电化学反应。故本专利主要解决悬挂装置的抗震性问题。原审判决将本专利所解决的主要技术问题认定为防止电化学反应，与事实不符。2. 原审判决对创造性的判断错误。对比文件 4 仅要求在不同的金属材料接触处，且该材料在不为不锈钢的情况下，才需要加设环氧树脂玻璃纤维布或尼龙 12 垫片，其目的是防止电化学反应的产生。故原审判决关于对比文件 4 给出了在对比文件 1 公开的装置中设置隔离垫的技术内容的认定错误。另外，没有证据证明对比文件 4 中的环氧树脂玻璃纤维布或尼龙 12 垫片与对比文件 5 中的卡槽结合是本领域的惯用技术手段，更没有证据证明上述的结合方式可以应用于悬挂装置中。原审判决关于本领域技术人员将卡槽连接方式应用于幕墙悬挂装置亦属于对惯用技术手段的运用认定错误。

旗鱼公司、徐跃华服从原审判决。

本院经审理查明：本案涉及国家知识产权局于 2004 年 9 月 22 日授权公告的名称为“一种幕墙用抗震悬挂装置”的实用新型专利，其申请日为 2003 年 10 月 8 日、专利号为 200320100109. X、专利权人为徐跃华。本专利授权公告的权利要求书为：

“1. 一种幕墙用抗震悬挂装置，其特征在于：包括上部带有倒 U 形凹槽的挂钩和下部安装腹板；所述挂钩上设置有高度调整螺钉，挂钩两立板内侧分别设置有隔离垫安装卡槽；所述安装腹板位于所述挂钩外侧，其上沿与挂钩一侧立板的下沿或该立板的外侧相连，背对挂钩一侧设置有安装用定位立面，与所述挂钩同侧表面上设置有靠压支撑面或靠压支撑边，并且该靠压支撑面或靠压支撑边上设置有隔离垫安装卡槽。

2. 如权利要求 1 所述的幕墙用抗震悬挂装置，其特征在于：所述安装腹板与所述安装用定位立面相对另一侧表面上加工有水平安装孔定位槽，该安装孔定位槽的上下方均加工有防松条纹或网纹。”

针对本专利，旗鱼公司于 2006 年 3 月 6 日以本专利不符合《专利法》第二十二条第二款、第三款，第二十六条第三款、第四款；《专利法实施细则》第二十条第一款的规定为由，向专利复审委员会提出无效宣告请求，并提交相应证据。其中，对比文件 1 是授权公告日为 2003 年 4 月 16 日、授权公告号为 CN1105817C 的中国发明专利说明书。其公开了一种将房屋立面平板固定在建筑物墙上的装置，图 1 和图 3 分别示出了两种具体实施方式。其中图 1 公开了悬挂元件 26 和调节螺旋 30，开有槽的箱形断面 28 将悬挂元件插套在横向支撑件 12 的筋板 20 上，悬挂元件 26 的长边支撑在横向支撑件 12 的前臂 22 上，调节螺栓 30 可以调节立面平板 14 的高度（参见说明书第 4 页第 2 段及图 1）。图 3 公开了悬挂元件 72 和调节螺钉 84，悬挂元件 72 具有一个板 74，它的下边缘 76 是折弯的，悬挂元件 72 用一个横断面作成 U 形的上部边缘 78 钩住横向支撑件 62 的上筋板 70，调节螺钉 84 拧进悬挂元件 72 的 U 形上边缘 78 用于进行高度调整，悬挂元件 72 就放置在横向支撑件 62 的筋板 70 上，立面平板 86 安装在悬挂元件 72 上（参见说明书第 5 页第 20 行至第 6 页第 9 行及图 3）。

2006 年 4 月 5 日，旗鱼公司向专利复审委员会补充了无效宣告理由和证据，其证据包括：

对比文件 4：《金属与石材幕墙工程技术规范》，中华人民共和国行业标准 JGJ133-2001，2001 年 5 月 29 日发布，2001 年 6 月 1 日实施，2001 年 7 月第一版、2006 年 1 月第八次印刷，封面、首页、出版信息页、第 12、35 页复印件，共 5 页。其中第 12 页第 4. 3. 2 中记载了“幕墙中不同的金属材料接触处，除不锈钢外均应设置耐热的环氧树脂玻璃纤维布或尼龙垫片 12。”

对比文件 5：中国建筑工业出版社出版、陈建东主编的《金属与石材幕墙工程技术规范应用手册》，2001 年 4 月第一版、2002 年 6 月第三次印刷，封面、出版信息页、第 352 ~ 357、363 ~ 366、370 ~ 379、393 ~ 401、1075、1091、1092、1128 页复印件，共 35 页。其中第 395 页下部附图示出了一个卡槽。第396页至401页示出了多个使用O形胶条和K形胶条的型材设计图形，从附图中明确可见胶条与型材的固定方式均为卡槽式连接。

2006年11月20日，专利复审委员会主持进行了口头审理。旗鱼公司确认其无效理由是本专利权利要求1、2不符合《专利法》第二十二条第三款的规定，证据的组合方式为：对比文件1、4和5的结合，其中对比文件1是最接近的对比文件；对比文件4和5的结合，其中对比文件5是最接近的对比文件。徐跃华对对比文件1、4和5的真实性没有异议，但对对比文件4能否适用于评述本专利的创造性有异议。

2006年12月19日，专利复审委员会作出第9372号决定，维持本专利权有效。

本集庭审过程中，双方当事人均确认本专利与对比文件1相比，至少包括第9372号决定中认定的两项区别技术特征。

上述事实有本专利授权公告说明书、第9372号决定，对比文件1、4和5及当事人陈述等证据在案佐证。

本院认为：关于原审判决对本专利所解决的技术方案的认定是否正确的问题。上诉人主张，本专利通过在悬挂装置的挂钩两立板内侧分别设置隔离垫安装卡槽、靠压支撑面或靠压支撑边上设置隔离垫安装卡槽，从而在确保被安装构件水平方向安装稳定可靠的基础上，还能起到良好的减震效果，同时防止悬挂装置与金属支撑的支撑板间直接接触所产生的电化学反应，本专利主要解决悬挂装置的抗震性问题。原审判决则认为，在"幕墙中不同的金属材料接触处，除不锈钢外均应设置耐热的环氧树脂玻璃纤维布或尼龙12垫片"，目的在于防止金属间的电化学反应。但无论是以玻璃纤维布、尼龙垫片作为隔离垫，或者还是以其他材料制成隔离垫，因均具有一定厚度，设置在幕墙不同构件的结合处，都能起到一定的缓冲、减震的作用。由此可见，原审判决对本专利技术方案的理解与上诉人并没有实质上的区别。上诉人认为原审判决认定事实错误的主张不能成立，本院不予支持。

关于本专利的创造性问题。对比文件4作为国家行业标准，要求在"幕墙中不同的金属材料接触处，除不锈钢外均应设置耐热的环氧树脂玻璃纤维布或尼龙12垫片"，目的在于防止金属间的电化学反应。本领域技术人员在对比文件1的基础上，结合对比文件4的技术内容，无需花费创造性劳动，能够很容易地想到在对比文件1的箱形断面28、悬挂元件26的长支撑边分别与横向支撑件12的金属接触处设置垫片即可得到本专利权利要求1在挂钩两立板内侧、靠压支撑面或靠压支撑板上设置隔离垫的技术方案，从而起到防止电化学反应的作用。如前所述，减震作用是设置隔离垫防止电化学反应时所必然带来的客观技术效果。因此，对比文件4给出了在对比文件1公开的装置中设置隔离垫，从而起到防止电化学反应和减震作用的技术启示。对比文件5作为本领域中的技术手册，其所记载的卡槽连接方式应属于本领域的公知常识。本领域技术人员将卡槽连接方式应用于幕墙悬挂装置亦属于对惯用技术手段的运用，无需花费创造性劳动。综上所述，对比文件4和对比文件5给出了"挂钩两立板内侧分别设置隔离垫安装卡槽"、"靠压支撑面或靠压支撑边上设置有隔离垫安装卡槽"两项区别技术特征应用于对比文件1以解决其存在的技术问题的技术启示。由于专利复审委员会对此问题的认定有误，对本专利权利要求1的技术方案与对比文件1相比是否还存在其他区别特征未予认定，故应重新就200320100109. X号"一种幕墙用抗震悬挂装置"的实用新型专利权作出无效宣告请求审查决定。

综上所述，北京市第一中级人民法院（2007）一中行初字第698号行政判决认定事实清楚，适用法律正确，程序合法，应予维持。上诉人专利复审委员会的上诉请求和理由没有事实和法律依据，本院不予支持。依照《中华人民共和国行政诉讼法》第六十一条第（一）项之规定，本院判决如下：

驳回上诉，维持原判。

一审案件受理费 100 元，由国家知识产权局专利复审委员会负担（已交纳）；二审案件受理费 100 元，由国家知识产权局专利复审委员会负担（已交纳）。

本判决为终审判决。

审　判　长　张　冰
审　判　员　莎日娜
代理审判　　钟　鸣
二〇〇八年五月二十九日
书　记　员　陈　明

034

# 带内螺旋棱的下水管

## 无效宣告请求审查决定（第9374号）

**决　　定　　点**　第9374号
**决　　定　　日**　2006年12月22日
**发明创造名称**　带内螺旋棱的下水管
**国 际 分 类 号**　E03F 3/04
**无效宣告请求人**　黄泽勇，马振峰
**专　利　权　人**　王克义
**专　　利　　号**　97210499.2
**申　　请　　日**　1997年2月4日
**授 权 公 告 日**　1999年2月17日
**合 议 组 组 长**　钱　芸
**主　　审　　员**　李　隽
**参　　审　　员**　黄　颖

**法　律　依　据**　专利法第22条第2款、第3款
**决　定　要　点**
如果发明是在有可能的、有限的范围内选择具体的尺寸范围，而这些选择可以由本领域的技术人员通过常规手段得到并且没有产生预料不到的技术效果，则该发明不具备创造性。

### 一、案由

本无效宣告请求涉及国家知识产权局于1999年2月17日授权公告的、名称为“带内螺旋棱的下水管”的97210499.2号实用新型专利（下称本专利），其申请日是1997年2月4日，专利权人是王克义。该专利授权公告时的权利要求书如下：

“1. 带内螺旋棱的下水管，它是圆柱套塑料管（1），其特征在于圆柱套塑料管（1）的内壁上布有至少一条螺旋棱（2）。

2. 根据权利要求1所述的带内螺旋棱的下水管，其特征在于螺旋棱（2）与圆柱轴心线（3）的夹角为5°~30°。

3. 根据权利要求1、2所述的带内螺旋棱的下水管，其特征在于螺旋棱（2）的高度为1~5mm。”

针对上述专利权，黄泽勇、马振峰（下称请求人）于2003年4月1日向专利复审委员会提出无效宣告请求，其提交的证据如下：

证据1：公告日为1990年10月10日，公告号为CN2063597U的实用新型专利申请说明书；

证据2：申请日为1996年11月15日，授权公告日为1997年11月19日，授权公告号为CN2268174Y的实用新型专利说明书，其专利权人为张效慧。

请求人在无效宣告请求书中指出：本专利权利要求1相对于证据1不具有新颖性，权利要求2相对于证据1和证据2的结合不具有创造性，权利要求3相对于证据1和证据2的结合不具有创造性。

请求人于2003年4月17日提交了意见陈述书，并补充提交了以下证据：

证据3：授权公告日为1997年9月24日，授权公告号为CN2263254Y的实用新型专利说明书。

请求人在上述意见陈述书中指出：上述补充证据中所公开的技术内容已经完全覆盖了本专利权利要求1中所公开的全部技术内容，所以本专利的权利要求1与证据3相比不具有新颖性。

经形式审查合格，专利复审委员会依法受理了上述无效宣告请求，并于2003年5月6日向双方当事人发出无效宣告请求受理通知书，同时将无效宣告请求书及请求人提出无效宣告请求时附件清单中所列证据1和证据2副本转送给专利权人。

专利权人于2003年6月3日提交了意见陈述书，并提交了修改的权利要求书，修改后的权利要求书如下：

"1. 带有螺旋棱的下水管，它是圆柱套塑料管（1），其特征在于圆柱套塑料管（1）的内壁上布有至少一条螺旋棱（2），螺旋棱（2）与圆柱轴心线（3）的夹角为5°~30°，螺旋棱（2）的高度为1~5mm。"

专利权人在陈述意见中指出：（1）本专利的申请日是1997年2月4日，授权公告日是1999年2月17日，虽然于1996年11月15日申请的证据2其申请日在本专利的申请日之前，但其授权公告日却在本专利的申请日之后，且证据2的申请人与本专利申请人不同，根据审查指南第二部分第四章第2.1节的规定："专利法第二十二条第二款中所述的，在申请日以前由他人向专利局提出过申请并且记载在申请日以后公布的专利申请文件中的内容，不属于现有技术，因此，在评价发明创造性时不予考虑"。鉴于以上规定，在评定本专利创造性时应将证据2排除在外。（2）将本专利原权利要求1、2、3合并为新的权利要求1。（3）修改后本专利新的权利要求1与证据1相比的不同在于多了"螺旋棱（2）与圆柱轴心线（3）的夹角为5°~30°和螺旋棱（2）的高度为1~5mm"的限定，修改后本专利新的权利要求1相对于证据1具有新颖性。（4）证据2所限定的"螺旋角为5°~60°"，而本专利对螺旋角的限定为5°~30°，且证据2未对螺旋棱的高度做任何限定，因此修改后本专利新的权利要求1相对于证据2具有新颖性。（5）修改后本专利新的权利要求1相对于证据1多了"螺旋棱（2）与圆柱轴心线（3）的夹角为5°~30°"和"螺旋棱（2）的高度为1~5mm"的特征，带来了实质性特点和进步。螺旋棱螺旋角的大小和螺旋棱的高度相互配合是有一最佳选择范围的，超过此最佳范围必然达不到其发明目的，实现不了其发明效果，本专利与证据1相比是一选择性发明，所以本专利新的权利要求1相对于证据1具有创造性。

专利复审委员会依法组成合议组，对本无效宣告请求进行审查。

本案合议组于2004年3月29日向双方当事人发出无效宣告请求口头审理通知书，指出本案定于2004年5月11日举行口头审理。随同口头审理通知书，将专利权人于2003年6月3日提交的意见陈述书转交请求人，将请求人于2003年4月17日提交的意见陈述书及补充证据3的副本转送给专利权人。

口头审理如期举行，双方当事人均参加了口头审理。

在口头审理中，双方当事人对对方出席口头审理人员的身份及资格均无异议，双方当事人对合议组成员无回避请求。口头审理以专利权人于2003年6月3日提交的修改后的权利要求1为审理基础。

请求人当庭明确其无效宣告请求的理由、证据和范围为：（1）权利要求1相对于证据1不具备专利法第22条第3款规定的创造性；（2）权利要求1相对于证据2不具备专利法第22条第2款规定的新颖性；(3) 权利要求1相对于证据3不具备专利法第22条第2规定的新颖性。并且请求人当庭提交了新增的证据4：专利复审委员会于1999年11月29日针对96249121.7作出的第1668号《无效宣告请求审查决定》，合议组当庭告知请求人提交的1668号决定因超过举证期限，不予接受。专利权人指出权利要求中的特征“圆柱套塑料管”即指“圆柱形塑料管”。双方就本专利权利要求1是否具备新颖性、创造性发表了各自的意见。

至此，合议组认为本案事实清楚，现依法作出审查决定。

**二、决定的理由**

1. 关于审查文本

专利权人于2003年6月3日提交了权利要求书的修改替换页，删除了原权利要求1、2以及权利要求3中引用权利要求1的技术方案，经审查，上述修改符合审查指南第四部分第三章第4.6节的有关规定，可以被接受，本决定以专利权人于2003年6月3日提交权利要求书作为审查基础。

2. 关于证据

专利法实施细则第66条规定：在专利复审委员会受理无效宣告请求后，请求人可以在提出无效宣告请求之日起1个月内增加理由或者补充证据。逾期增加理由或者补充证据的，专利复审委员会可以不予考虑。

证据3是请求人于2003年4月17日提交的补充证据，距其提出无效宣告请求之日未超过一个月，因此根据专利法实施细则第66条的规定，合议组对证据3予以接受。

证据4是请求人于2004年5月11日口审当庭提交的补充证据，距其提出无效宣告请求之日已超过了一个月，且该证据与请求人的无效请求无直接关系，因此根据专利法实施细则第66条的规定，合议组对证据4不予接受。

证据1、2、3均是中国实用新型专利说明书，专利权人未对其真实性提出异议，经审查，证据1至3可以作为本案证据使用，证据1、3的公开日在本专利申请日之前，其上记载的内容构成本专利的现有技术。证据2是由他人在本专利申请日前向国家知识产权局提出申请、在本申请申请日之后公开的专利文件，仅可用于评价本专利的新颖性。

3. 关于新颖性

专利法第22条第2款规定：新颖性，是指在申请日以前没有同样的发明或者实用新型在国内外出版物上公开发表过、在国内公开使用过或者以其他方式为公众所知，也没有同样的发明或者实用新型由他人向国务院专利行政部门提出过申请并且记载在申请人以后公布的专利申请文件中。

审查指南第二部分第三章第3.1节规定：如果专利申请与对比文件公开的内容相比，其权利要求所限定的技术方案与对比文件公开的技术方案实质上相同，所属技术领域的技术人员根据两者的技术方案可以确定两者能够适用于相同的技术领域，解决相同的技术问题，并具有相同的预期效果，则认为两者为同样的发明或者实用新型。

请求人认为本专利权利要求1与证据2相比不具备新颖性，本专利权利要求1与证据3相比不具备新颖性。

本专利权利要求1请求保护一种带有螺旋棱的下水管，证据2公开了一种消音排水管，其中管子内表面上呈多条螺旋导流凸起的螺旋线，导流凸起的螺旋线呈渐开线齿形、矩形或三角形，其螺旋角为5°~60°，管材的原料为聚乙烯、聚氯乙稀、聚丙烯ABS等各种合成树脂原料均可。证据2中的管子相当于本专利权利要求中的圆柱套塑料管，证据2中位于管子内表面上的螺旋线相当于本专利中的螺旋棱。

本专利权利要求1请求保护的技术方案与证据2所公开的内容相比，其区别在于：本专利权利要求1请求保护的技术方案中还包括“螺旋棱的高度为1~5mm”。因此，证据2所公开内容与本专利权利要求1请求保护的技术方案不相同，本专利权利要求1相对于证据2公开的内容具备新颖性。

证据3公开了一种内壁形成螺旋形突起的管材，包括管体10，于管体10的内壁一体成型形成多个截面呈三角形的螺旋型突起1，相当于本专利权利要求1中的圆柱套塑料管的内壁上布有至少一条螺旋棱，管壁内形成多个沿纵向延伸的空腔3，空腔3位于内壁4与外壁5之间呈扇形分布。证据3中的管体相当于本专利权利要求1中的圆柱套塑料管。

本专利权利要求1请求保护的技术方案与该证据所公开的内容相比其区别在于：本专利权利要求1请求保护的技术方案中还包括“螺旋棱（2）与圆柱轴心线（3）的夹角为5°~30°，螺旋棱的高度为1~5mm”。因此，证据3所公开内容与本专利权利要求1请求保护的技术方案不相同，本专利权利要求1相对于证据3公开的内容具备新颖性。

综上所述，本专利权利要求1相对于证据2或证据3具备新颖性，符合专利法第22条第2款的规定。

4. 关于创造性

专利法第22条第3款规定：创造性，是指同申请日以前已有的技术相比，该发明有突出的实质性特点和显著的进步，该实用新型有实质性特点和进步。

请求人认为权利要求1相对于证据1不具备创造性。

证据1公开了一种内表面上具有导流用螺旋形凸起的管子，其中在管子1内表面上反复形成多条导流用缓慢螺旋形凸起2，其管外壁为合成树脂外皮层5。证据1中的管子相当于本专利权利要求1中的圆柱套塑料管，位于管子内表面上反复形成的多条导流缓慢螺旋形凸起相当于本专利权利要求1中的螺旋棱。

本专利权利要求1请求保护的技术方案与该证据所公开的内容相比，其区别在于本专利权利要求1请求保护的技术方案中还包括“螺旋棱（2）与圆柱轴心线（3）的夹角为5°~30°，螺旋棱的高度为1~5mm”。在证据1第4页第16~18行记载了如下内容：“尤其是本实用新型通过改变向下的螺旋形导流凸起2的向下角度和导流凸起2的数目，能有选择地使用适应各种缓急程度流动的流体所需的管子”。合议组认为，证据1已经公开了一种在内表面上具有起导流作用的螺旋形凸起的管子，并且给出了能够根据流体的各种缓急程度流动的需要，改变螺旋形导流凸起2的向下角度及导流凸起2的数目的技术启示，即证据1公开了一种在管的内表明上具有起到导流作用的螺旋形凸起的技术方案，并且该凸起具有一定倾斜角度，对于本领域技术人员来说，为了实现流体可在该管内流动并能降低噪音的目的，该螺旋形凸起的高度不可能太高，其与圆柱轴心线的夹角不可能太大，而本专利与证据1的上述区别仅是在可能的范围内选择具体的尺寸范围，但这些选择是可以由本领域的技术人员通过常规手段得到的，且并没有产生预料不到的技术效果，也就是说在证据1的基础上结合本领域的公知技术就可得到权利要求1请求保护的技术方案，对于所属技术领域的技术人员来说是显而易见的。综上所述，本专利权利要求1请求保护的技术方案相对于证据1不具有实质性特点和进步，不符合专利法第22条第3款有关创造性的规定。

综上所述，本专利权利要求1不具备创造性。

在以上理由及事实的基础上，本案合议组作出如下决定。

**三、决定**

宣告97210499.2号实用新型专利权全部无效。

当事人对本决定不服的，可以根据专利法第46条第2款的规定，自收到本决定之日起三个月内向北京市第一中级人民法院起诉。根据该款的规定，一方当事人起诉后，另一方当事人应当作为第三人参加诉讼。

035

# 粘度检测传感器及带该装置的油墨粘度自动跟踪调节仪

## 无效宣告请求审查决定（第9381号）

**决 定 点** 第9381号
**决 定 日** 2006年12月27日
**发明创造名称** 粘度检测传感器及带该装置的油墨粘度自动跟踪调节仪
**国 际 分 类 号** G01N 11/00，B41F 31/02
**无效宣告请求人** 莫灿生
**专 利 权 人** 江门市蓬江区杜阮华龙有限公司
**专 利 号** 03225463.6
**申 请 日** 2003年4月21日
**授 权 公 告 日** 2004年3月31日
**合 议 组 组 长** 杨军艳
**主 审 员** 刘颖杰
**参 审 员** 周 航

**法 律 依 据** 专利法第22条第2款、第3款，第26条第3款；专利法实施细则第21条第2款

**决 定 要 点**

本专利的技术方案与对比文件公开的技术方案所要解决的技术问题、采用的技术手段都不同，且本专利的技术方案具有有益效果，因而本专利具备创造性。

### 一、案由

本无效宣告请求涉及国家知识产权局2004年3月31日授权公告的03225463.6号、名称为“粘度检测传感器及带该装置的油墨粘度自动跟踪调节仪”的实用新型专利（下称本专利），其申请日是2003年4月21日，专利权人是江门市蓬江区杜阮华龙有限公司。本专利授权公告的权利要求书如下：

“1. 一种粘度检测传感器，其特征在于外壳（1）内装有电机（2），电机（2）带动电机轴（3）转动，电机轴（3）的底端安装有液轮（4）。

2. 根据权利要求1所述的一种粘度检测传感器，其特征在于液轮（4）为圆形且从中间向外由厚渐薄。

3. 一种带粘度检测传感器的油墨粘度自动跟踪调节仪，其特征在于支架（5）的顶端安装有底部开有溶剂出口的溶剂桶（6），与粘度检测传感器配套使用的油墨内杯（7）将电机轴（3）和液轮（4）套入杯内并固定在溶剂桶（6）的下方，油墨从油墨内杯（7）底部的油墨进口（8）进入杯

（7）内，溶剂经溶剂桶（6）的溶剂出口、电磁阀（9）溶剂导管（10）油墨内杯（7）底部的溶剂进口（11）进入杯（7）内，调节好的油墨通过位于液轮（4）上方的油墨出口（12）流出，安装在支架（5）上的监控仪（13）通过信号线分别与电磁阀（9）和电动机（2）相连。

4. 根据权利要求 3 所述的一种带粘度检测传感器的油墨粘度自动跟踪调节仪，其特征在于与油墨内杯（7）配合使用的油墨外杯（14）固定在支架（5）侧边、溶剂桶（6）的下方，外杯（14）的两侧开有低于外杯（14）高度的与油墨内杯（7）上的油墨进口（8）和溶剂进口（11）相配合开口槽（15），调节好的油墨通过内杯（7）上的油墨出口（12）流入到外杯（14）内，再通过外杯（14）底部的油墨出口（16）流出。”

针对本专利，莫灿生（下称请求人）于 2005 年 10 月 8 日向专利复审委员会提出无效宣告请求，理由是本专利权利要求 1~4 不符合专利法第 22 条第 3 款的规定，依据的证据是：日本专利特开平6-347392 公开说明书（下称证据 1），其公开日是 1994 年 12 月 22 日。请求人认为，证据 1 公开了一种粘度检测装置，包括电机，电机带动电机轴，电机轴底端安装有旋转轮，本专利权利要求 1 与证据 1 相比，两者区别在于本专利中的电机安装在外壳内，而用壳体将元器件罩在其中加以保护以便安全使用，是本领域技术人员在解决该问题时的公知常识，因而本专利权利要求 1 相对证据 1 不具备创造性；本专利权利要求 2 的附加技术特征已被证据 1 公开，因而权利要求 2 也不具备创造性；由于本专利权利要求 1 和 2 的粘度检测传感器不具有创造性，并且根据传感器的信号来调节液体的流量或混合液体中不同的液体的配给量是本领域的公知常识，因此本专利权利要求 3、4 的带粘度检测传感器的油墨粘度自动跟踪调节仪没有实质性的特点和进步，不具备创造性。

经形式审查合格，专利复审委员会受理了上述无效宣告请求，于 2005 年 10 月 9 日向请求人和专利权人发出无效宣告请求受理通知书，同时将请求人提交的《专利权无效宣告请求书》及其所附证据 1 转给专利权人，要求其在收到通知之日起一个月内对该无效宣告请求陈述意见，并向请求人发出外文证据处理通知书，告知其未提交证据 1 的中文译文，应当在收到通知之日起一个月内补交。

2005 年 11 月 8 日专利复审委员会收到请求人提交的补正书，其中补充提交了证据 1 的中文译文，同时请求人还补充提交了证据 2~8：

证据 2：东芝机器有限公司的 GS100/6“包装材料六色旋转凹板印刷机”操作手册封面复印件 1 页及其中文译文，其复印件上有 1992-10 的字样，并有手写“广东佳宝集团 92 年以有此机”的字样，以及日本 MEISEI 公司的 AP-150 型 MS 粘度控制器说明书复印件共 14 页及其中文译文；

证据 3：东芝机器有限公司的 ELTROMAT-EIKO 粘度控制系统说明书共 3 页及其中文译文，该说明书第 1 页上盖有东莞东洋印刷制品有限公司的红章，并有手写文字表示证据 3 由该公司提供并与该公司保存的原件一致，且证据 3 是该公司于 1992 年购买东芝凹印机时，东芝公司随凹印机的“油墨粘度检测循环系统”附件设备的电气原理图机说明书原始资料；

证据 4：东芝机器有限公司的 GS120/6 的“凹板印刷机”及其附件设备“油墨粘度检测循环系统”的照片四张，照片上盖有东莞东洋印刷制品有限公司的红章，并有手写文字表示这四张照片是该公司 1992 年购买并使用至今的东芝凹印机及附件设备“油墨粘度检测循环系统”的现状照片；

证据 5：02147775.2 号发明专利申请公开说明书，其公开日是 2004 年 6 月 16 日；

证据 6：03235798.2 号实用新型专利说明书，其授权公告日是 2005 年 7 月 13 日；

证据 7：化学工业出版社出版发行的“塑料薄膜的印刷与复合”封面、版权页、序页、第 50~53 页复印件（共 3 页），该书印刷于 2002 年 8 月；

证据 8：印刷工业出版社出版发行的“丝网印刷油墨”封面、版权页、目录第 1 页、第 446~449 页复印件（共 4 页），该书印刷于 2001 年 7 月。

请求人同时还增加了无效宣告理由：(1) 说明书不符合专利法第26条第3款的规定；(2) 权利要求1不符合专利法实施细则第21条第2款的规定；(3) 权利要求1和2不符合专利法实施细则第20条第1款的规定；(4) 权利要求1不符合专利法第26条第4款的规定；(5) 权利要求1和2不符合专利法第22条关于创造性的规定；(6) 权利要求3不符合专利法实施细则第21条第2款的规定；(7) 本专利不符合专利法第22条关于新颖性的规定；(8) 权利要求3和4不符合专利法第22条关于新颖性的规定。

针对上述新增的理由和补充的证据，请求人的具体意见如下：(1) 说明书不符合专利法第26条第3款的规定的理由是，本专利使用粘度检测传感器对油墨的粘度进行检测是通过对电机的电流进行采样来完成的，因而电机是完成电流采样的重要技术特征，并不是任何结构的电机都能达到本专利的目的，但是在本专利说明书中没有对电机作任何的解释说明，而电机在不同的技术领域为达到不同的目的，其基本机构中还有不同的附属结构，如果不说明附属结构，本领域技术人员无法获知用于完成本专利目的的电机附属结构；另外，本专利中对检测到信号进行处理，用来控制调节的技术特征应是监控仪，因而监控仪是本专利提出解决的技术问题的重要技术特征，但是本专利说明书中没有对监控仪的形状、构造作出任何说明，虽然说明书中给出了监控仪的工作原理，但是对于所属技术领域的技术人员来说，不通过创造性的劳动无法重现本专利的监控仪；由于本专利没有对电机和监控仪作出清楚、完整的说明，导致所属技术领域的技术人员根据说明书的记载，在不付出创造性的劳动时，无法实现本专利，因而本专利不符合专利法第26条第3款的规定。

(2) 本专利权利要求1不符合专利法实施细则第21条第2款的规定的理由是，电动机在不同技术领域为达到不同的目的，在其基本结构中还有不同的附属结构，本专利中电动机是完成电流检测的重要技术特征，而权利要求1中却没有记载用于电流检测这种功能的附属结构，因而不能达到检测目的，所以权利要求1缺少解决技术问题的必要技术特征。

(3) 本专利权利要求1和2不符合专利法实施细则第20条第1款的规定的理由是，权利要求1由于缺少解决技术问题的必要技术特征，因而没有对其要保护的范围作出清楚的说明，权利要求2的附加技术特征也没有对权利要求1缺少解决必要技术问题的必要技术特征给予补充，也没有对其要保护的范围作出清楚的说明。

(4) 权利要求1不符合专利法第26条第4款的规定的理由是，本专利说明书中对粘度检测传感器中的液轮的限定为"圆形且从中间向外由厚渐薄"，而权利要求1中没有对液轮的形状作限定，因而权利要求1得不到说明书支持。

(5) 权利要求1和2不符合专利法第22条关于创造性的规定的理由是，①证据7公开了一种油墨循环回流装置，该装置中公开了一种粘度测试器，并由图2-9公开了其结构及工作原理，其中提供外力进行旋转的装置与电线连接，并在末端有一个宽度大于连接件的装置，该装置是用来使液体进行充分接触的，权利要求1与证据7的区别仅在于权利要求1具体限定了进行动力传动的是电机，但是对于本领域普通技术人员来说，使用电机作为动力机构提供旋转的外力是公知常识，因此权利要求1不具备实质性特点和进步，不符合专利法第22条关于创造性的规定。②证据8中公开了一种旋转粘度计，包括一个合适的旋转体，旋转系统，其与权利要求1区别在于，权利要求1中进行动力传动的是电机，证据8仅说明是旋转系统，但使用电机作为旋转系统进行动力传动，是普通技术人员知晓的公知常识，因此权利要求1不具备实质性特点和进步，不符合专利法第22条关于创造性的规定。

(6) 权利要求3不符合专利法实施细则第21条第2款的规定的理由是，权利要求3没有记载监控仪的构造，在这种情况下，如何将电动机的电流信号转变为粘度值，又如何根据该粘度值来控制电磁阀，这些必要技术特征都未记载在权利要求3中，因而该权利要求不符合专利法实施细则第21条第 2 款的规定。

（7）本专利不符合专利法第 22 条关于新颖性的规定的理由是，①证据 2 中给出了 AP－150 型粘度控制器的功能原理、主要组成元件及使用说明，该 AP－150 型 MS 粘度控制器的结构与本专利的结构基本一致，所不同的部分也是本领域中等同手段的替换。②证据 3 的说明书中披露了本专利的所有结构特征，证据 4 的照片显示了所述油墨粘度检测循环系统在不同角度的结构图，可以清楚地看到该系统的结构与本专利的结构基本相同。由证据 2～4 可以看出，本专利在申请日之前已经有同样的实用新型在国内公开使用，因此本专利不符合专利法第 22 条关于新颖性的规定。

（8）权利要求 3、4 不符合专利法第 22 条关于新颖性的规定的理由是，证据 5 与本专利相比，二者解决的技术问题相同，都是要自动调节油墨粘度，取得的有益效果相同，都是实时对油墨粘度进行精确的控制，两者的区别之一在于证据 5 中用于油墨混合调节的装置是油墨槽，本专利是油墨内杯，区别之二在于证据 5 中用于检测油墨粘度的装置是安装有空气压力传感器的油墨循环泵，本专利用于检测油墨粘度的装置是电机及电机轴底部的液轮；而对于区别一，使用槽或杯是本领域的常识，二者作用相同，对于区别二，使用安装有空气压力传感器的油墨循环泵或使用电机及电机轴底部的液轮来检测油墨粘度是所属技术领域的惯用手段的直接替换，因此证据 5 和本专利采取的技术方案属于相同的技术方案，因此本专利不具备新颖性。另外，权利要求 4 的附加技术特征是本领域的常识，因此在权利要求 3 没有新颖性的前提下，权利要求 4 也不具备新颖性。

专利复审委员会依法组成合议组，对本案进行审理，合议组于 2006 年 8 月 24 日向请求人和专利权人发出口头审理通知书，告知双方合议组定于 2006 年 11 月 21 日对本案进行口头审理，同时将请求人于 2005 年 11 月 8 日提交的证据 1 的中文译文和意见陈述书及其所附证据 2～8 转给专利权人。

口头审理如期举行，双方均出庭参加。在口头审理中，请求人明确本次无效宣告请求的理由是（1）说明书不符合专利法第 26 条第 3 款的规定；（2）权利要求 1、3 不符合专利法实施细则第 21 条第 2 款的规定；（3）权利要求 2、4 不符合专利法实施细则第 20 条第 1 款的规定；（4）权利要求 1 不符合专利法第 26 条第 4 款的规定；（5）权利要求 3 不符合专利法第 21 条第 2 款的规定；（6）权利要求 1～4 不符合专利法第 22 条第 3 款的规定，依据的证据是证据 1、7、8；（7）权利要求 3、4 不符合专利法第 22 条第 2 款的规定，依据的证据是证据 5、6；（8）权利要求 3 不符合专利法第 22 条的规定，依据的证据是证据 2、3、4。

质证过程中，请求人指出证据 2 是通过广东佳宝集团得到的说明书，但不能提交证据 2 的原件，证据 3、4 都是通过东莞东阳公司得到的，并且证据 3、7、8 也没有原件。对于请求人提交的证据，专利权人认为，由于证据 1、2、3 没有原件因此对其真实性有异议，但对证据 1、2、3 的译文的准确性没有异议，对证据 4～8 的真实性没有异议。请求人指出证据 1 是专利文献在网上可以查询到，可以进行核实。如果专利权人对证据 1 有异议需要说明具体理由。对此专利权人认为因为证据 1 是日本专利，所以有异议。专利权人还当庭提交了针对请求人提出的无效请求的答辩意见和本专利的说明书及照片。

关于对本专利是否符合专利法第 26 条第 3 款的规定，请求人认为本专利要保护一种粘度传感器，但是根据说明书中公开的内容本领域技术人员只能将其理解为是一个电力传动机构，只有搅拌的功能，而不能理解为粘度检测传感器，说明书中公开的内容不能实现本专利的发明目的。另外，本专利的粘度检测传感器没有公开检测电机电流的手段，本专利的目的要是自动调节粘度，就必须能检测出粘度的大小并可以主动调节，本专利没有公开检测仪的具体结构，不能实现油墨的调节。同时，本专利没有揭示如何把粘度转换成电流输出，也没有写明将转速转换成电流并输出电流的装置，且监控仪的构造不清楚，因而传感器的结构也不清楚。专利权人认为本专利的传感器的电机电流是通过监测系统来检测的，传感器用来传感电流值并把阻力转为电流，电流由检测系统来监测。而将粘度转换为电流值的原理是油墨的粘度越大遇到的阻力越大，就需要更大的电流来驱动，所以电流上就有变化，根据本专利说明书公开的内容，本领域技术人员可以制作出本专利的产品。

关于本专利是否符合专利法实施细则第21条第2款的规定，请求人认为权利要求1缺少监控仪，因而记载的技术特征不能解决其技术问题；权利要求3缺少的是监控仪的具体构造，没有公开如何进行信号采集和处理，本专利的监控仪是一个新的设备，但是说明书中没有公开充分。另外，油墨粘度的自动检测的处理控制输出结构也是一个新的装置，本专利同样没有写清楚。专利权人认为本专利的监控仪可以通过采集电机的电流信号控制电磁阀，这一点是公知的且本专利的发明点不在于监控仪，因而本专利符合专利法实施细则第21条第2款的规定。

关于本专利是否符合专利法第26条第4款的规定，请求人认为权利要求1中的液轮必须是说明书中记载的特定的液轮，普通的液轮是不能用的，只能使用本专利特定的液轮，而权利要求1没有对液轮进行限定，得不到说明书支持。专利权人认为：普通的液轮是可以使用的，只是效果不好。使用权利要求2限定的液轮的效果更好。

关于对本专利权利要求1到4是否具备创造性，请求人单独用证据1、7、8评述权利要求1~4的创造性，其中证据1用于检测煤的熔融粘度，其记载了一种粘度检测系统的结构，证据1与本专利的权利要求1的区别仅在于本专利的权利要求1有一个外壳，其他的结构均被证据1公开了，因此本专利的权利要求1没有创造性。专利权人则认为证据1与本专利权利要求1的区别是本专利是通过电机来传感的，而证据1是用泵来传感的。泵和电机是不同的，泵靠压力检测粘度，电机是用阻力带动电流检测粘度。证据1传感的是泵的压力，本专利传感的是电机的电流。请求人则认为，证据1也是关于粘度测定的方法，粘度的测定的原理是通过转矩求得粘度，证据1中的泵是压力控制部分，与测量粘度没有关系。关于权利要求2是否具备创造性，请求人指出证据1公开了旋转体（液轮）的形状，其圆锥状与本专利的液轮一样。专利权人则认为本专利权利要求2中的液轮的整体是圆形的，不是圆锥状的。

请求人认为证据7的图2-9中的（1）是粘度测试器上面的驱动系统，相当于电机，与权利要求1的对比来看区别是证据7中的驱动系统没有具体说明是电机，而电机作为驱动系统是本领域技术人员公知的。专利权人则认为证据7的原理是测量频率的，与本专利原理和结构都不一样。请求人同意证据7的原理是测量频率的，与本专利的工作原理不同，但认为其公开了本专利的结构。对于权利要求2，请求人认为测量粘度的机器形状是常识性的结构，因此权利要求2没有创造性。

请求人认为证据8中的3.3段说明证据8是通过旋转系统带动检测的，与本专利的区别是没有说明旋转系统是什么，而本专利是用电机作为旋转系统，但是用电机作为旋转系统是本领域的公知常识。专利权人则认为证据8只能用手来启动，而本专利不是，且证据8是通过压力来检测的。请求人认为证据8的检验原理中说明附件8检测的是液体，清楚说明了所用的是旋转检测器，且附件8也说明了可以手动启动也可以自动启动的。关于权利要求3、4，请求人认为权利要求3中用到的粘度检测传感器是权利要求1限定了的，因而不具备创造性，而溶剂的油墨的输入输出系统的结构是本领域公知的结构，从而权利要求3不具备创造性。权利要求4的附属结构没有带来意想不到的结果，也不具备创造性。并且权利要求3、4中没有被证据1、7、8公开的技术特征都是常识性的结构。因此权利要求1~4都不具备创造性。

关于本专利是否具备新颖性，请求人放弃用证据5和证据6评价专利的新颖性，仅用证据2、3、4来评价本专利权利要求3、4的新颖性，但表示不当庭进行具体比较。

口头审理之后，合议组经审议，认为本案事实已经清楚，可以依法作出审查决定。

**二、决定的理由**

1. 关于证据

证据1是日本专利文献，专利权人对其真实性有异议，但未提出合理的理由，经合议组核实，证据1真实有效，可以作为本案的证据。由于证据1的公开日期在本专利的申请日之前，因而其上记载的技术方案可以作为本专利的现有技术。同时专利权人对证据1的中文译文的准确性没有异议，因而证据1文字记载的内容以中文译文为准。

关于证据2，请求人仅提交了复印件，其主张该证据是从广东佳宝集团获得的，但没有任何证据可以证明其主张，其上所写的"广东佳宝集团92年以有此机"的字样没有签名，不能确认是何人所写，在这种情况下，该证据的出处及真实性无法得到确认，因此证据2不能作为本案的证据。

关于证据3，其上有东莞东洋印刷制品有限公司的证明文字，并盖有该公司的红章，以证明证据3由该公司提供并与该公司保存的原件一致，且证据3是该公司于1992年购买东芝凹印机时，东芝公司随凹印机的"油墨粘度检测循环系统"附件设备的电气原理图机说明书的原始资料。该证明文字从形式上看属于证人证言，但是没有自然人的签字，出具该证言的证人也没有参加口头审理，合议组对该证言不予采信，在没有其他证据加以证实的情况下，证据3的出处及真实性无法得到确认，因而证据3不能作为本案证据。

关于证据4，专利权人对证据4的真实性没有异议，因而其可以作为本案的证据。

关于证据5、6，请求人在口头审理当庭放弃用证据5、6评价本专利的新颖性，在本案中合议组不再考虑证据5、6。

证据7、8是公开出版物，专利权人对其真实性没有异议，因而其可以作为本案的证据使用，这两份证据的公开日期均在本专利的申请日之前，因而其上记载的内容可以作为本专利的现有技术。

2. 关于专利法第26条第3款

专利法第26条第3款规定，说明书应当对发明或者实用新型作出清楚、完整的说明，以所属技术领域的技术人员能够实现为准。

请求人认为本专利说明书没有公开电机和监控仪的具体结构，因而公开不充分，不符合专利法第26条第3款的规定。经审查，本专利公开了一种油墨粘度检测传感器及带该装置的油墨粘度自动跟踪调节仪，其检测油墨粘度的原理是通过电机带动油墨中的液轮转动，当油墨粘度发生发生变化时，液轮的转速也发生变化，从而使得电机的电流变化，而监控仪将检测到的电机电流与设定的标准电流比较，当电机的电流大于标准值时，也就是液轮遇到的阻力变大，表明油墨粘度变大，而如果电机的电流小于标准值时，也就是液轮遇到的阻力变小，表明油墨的粘度变小。

根据上述工作原理，本专利的电机仅是带动液轮转动，而当液轮遇到阻力变大时，为了保持其转动，必然需要加大电机的电流，反之则需减小电机电流，而对电机电流变化的检测是通过监控仪完成的，说明书中并未说明电机要完成电流采样这一功能，因而在本专利中电机只是完成其具有的常规功能即可，而这一点是本领域普通技术人员所知的，并不需要在说明书中披露具体电机的结构。

至于监控仪，根据本专利所述，其所要完成的功能是将电机电流与标准值相比较，同时控制电磁阀的开关，以控制向油墨内杯中添加溶剂或油墨，上述功能对于本领域技术人员来说，根据其所具有的知识和技能，采用常规的监测装置应当可以实现，因而在本专利说明书已经公开的内容的基础上，本领域技术人员可以实现本专利的方案，因此本专利符合专利法第26条第3款的规定。

3. 关于专利法实施细则第21条第2款

专利法实施细则第21条第2款规定，独立权利要求应当从整体上反映发明或者实用新型的技术方案，记载解决技术问题的必要技术特征。

如前所述，本专利的粘度检测传感器对油墨粘度进行检测是通过监控仪检测电机电流，并将该电流值与标准值相比较实现的，因此监控仪是实现本专利所要解决的技术问题的必要技术特征，而权利要求 1 并未记载监控仪这一特征，因而不符合专利法实施细则第 21 条第 2 款的规定。

由于权利要求 1 不符合专利法实施细则第 21 条第 2 款的规定，应当被宣告无效，在这种情况下，从属于权利要求 1 的权利要求 2 即成为独立权利要求，而权利要求 2 的附加技术特征也没有对监控仪进行限定，因此成为独立权利要求后的权利要求 2 也不符合专利法实施细则第 21 条第 2 款的规定。

关于权利要求 3，请求人认为权利要求 3 没有记载监控仪的构造，因而也就没有记载如何将电机的电流信号转为为粘度值，如何根据粘度值控制电磁阀，因而权利要求 3 缺乏必要技术特征。对此合议组认为，如前所述，监控仪是通过将电机电流与标准值进行比较判断油墨粘度变化，而并非要将电流信号转为粘度值；另外，在将电机电流与标准值比较后，如果电流大于标准值，则表示粘度变大，监控仪输出一个开关量控制电磁阀打开，将溶剂桶中的溶剂通过电磁阀添加到油墨内杯中，稀释油墨的粘度，如果电流小于标准值，则表示粘度变小，监控仪输出一个开关量控制电磁阀关闭，油墨内杯中只有油墨流入，浓缩油墨的粘度，通过上述方式对油墨粘度进行调节。监控仪的上述功能，本领域技术人员是可以根据其所具有的知识和技能，采用常规的监测装置加以实现的，并不需要将其具体结构写入权利要求中，而权利要求 3 中已经写明监控仪与电磁阀和电机相连接，表明了监控仪与电机和电磁阀的结构关系，根据权利要求 3 限定的技术方案，已经能够实现本专利的油墨粘度自动跟踪调节仪的调节油墨粘度的功能，因而权利要求 3 符合专利法实施细则第 21 条第 2 款的规定。

请求人的无效宣告请求理由中，针对本专利权利要求 1、2 的还有专利法第 22 条 2、3 款，专利法第 26 条第 4 款，专利法实施细则第 20 条第 1 款；如前所述，由于本专利权利要求 1、2 不符合专利法实施细则第 21 条第 2 款的规定，应当被宣告无效，因此对于请求人针对权利要求 1、2 的其他无效宣告请求理由，在此不再进行评述。

4. 关于本专利权利要求 3、4 的新颖性

请求人在 2005 年 11 月 8 日补充意见陈述及口头审理时提出本专利权利要求 3、4 相对于证据 5、6 不具备新颖性，在口头审理时提出本专利权利要求 3、4 相对于证据 2、3、4 不具备新颖性。如前所述，证据 2、3 不能作为本案证据，本案中对证据 5、6 不予考虑，因而合议组仅对本专利权利要求 3、4 相对于证据 4 是否具备新颖性加以评价。

证据 4 是四张照片，根据其所附文字可知照片内容是东莞东洋印刷制品有限公司 1992 年购买的东芝凹印机时随机的附件设备“油墨粘度检测循环系统”，其中第一张照片是一间房间中摆放的数台机器，第二张照片是一张机器铭牌，第三张、第四张照片是两个单个机器；其中，只有第三张、第四张照片反映了该装置的外观，但从该外观上无法了解其各个部件的功能和作用，更无法知道该装置的内部结构，因而上述四张照片无法反映出该装置的具体技术方案，也就无法与本专利的技术方案进行对比。在这种情况下，仅凭证据 4 无法证明本专利权利要求 3、4 不具备新颖性。

5. 关于本专利权利要求 3、4 的创造性

专利法第 22 条第 3 款规定，创造性是指同申请日以前已有的技术相比，该发明有突出的实质性特点和显著的进步，该实用新型有实质性特点和进步。

请求人认为，本专利权利要求 3、4 与证据 1、7、8 相比，不具备创造性。合议组经审理查明，证据 1 公开了一种处于软化熔融状态的煤炭的粘度测定装置及测定方法，其中该装置包括旋转体、把煤炭试料保持在软化熔融状态的甑、将所述旋转体及甑进行密封的加热装置、加热装置的温度检测头、温度控制装置、驱动旋转体旋转的电机、运算器、将所述加热装置内进行减压的减压泵；该方法是将煤炭试料与旋转体一起置入甑内后，在减压状态下加热至试料煤炭的再固化温度以上，边进行热

分解产生气体的强制脱气，边使处于软化熔融状态的煤炭中的旋转体以一定范围内的任意固定转速进行旋转，由转矩值求得试料煤炭的从软化开始温度以上到再固化温度以下的任意温度的粘度。

由证据 1 公开的上述内容可知，证据 1 与本专利权利要求 3 的技术方案存在以下不同之处：（1）两者所要解决的技术问题和采用的技术手段是不同的，证据 1 所要解决的技术问题是测定处于熔融状态的煤炭的浓度，而本专利权利要求 3 的技术方案所要解决的技术问题是对油墨粘度进行自动调节，虽然其装置中也包含有对油墨粘度进行测定的部件，但该部件只是油墨粘度自动跟踪调节仪的一部分，权利要求 3 的装置中还包括有对油墨粘度自动调节的部件，而这些部件在证据 1 中完全没有提及。而且由于证据 1 的技术方案仅仅涉及粘度的测定，而且测定的对象也与本专利不同，其中不会给出如何对油墨粘度调节的启示，因此与证据 1 相比，本专利权利要求 3 具备实质性特点。请求人在意见陈述中认为，根据传感器的信号来调节液体的流量或混合液体中不同的液体的配给量是本领域的公知常识，对此合议组认为，本专利权利要求 3 并非简单的将其粘度跟踪调节仪限定为根据传感器的信号调节液体流量或混合液体中不同液体的配给量，而是限定了该装置的具体结构，在没有任何证据公开该具体结构的情况下，仅凭请求人的陈述，不足以认定本专利权利要求 3 的油墨粘度调节装置是公知的。（2）证据 1 中对煤炭粘度的测定是根据电机转矩与煤炭粘度之间存在的函数关系，在测得电机转矩后通过运算器将电机的转矩变为粘度，并记录于记录器中，而本专利权利要求 3 的技术方案仅需将电机电流与标准值比较以判断粘度变化，并不需要具体测出粘度值，因而本专利的粘度检测传感器也不需要运算器和记录器，其与证据 1 中粘度测定装置所采取的技术方案是不同的。由于本专利权利要求 3 的技术方案与证据 1 的技术方案存在上述区别，且本专利权利要求 3 的技术方案可以实现不间断地检测油墨粘度，同时通过监控仪对检测的粘度值与所设定的值进行比较，发出控制信号自动添加溶剂调节油墨的粘度，因而具备有益的技术效果。因此，相对于证据 1，本专利权利要求 3 具备创造性。

证据 7 第 50~51 页公开了一种进口组式凹版轮转印刷工艺，其中关于调墨的步骤中载明，在印刷时为了使油墨保持恒定的粘度，采用油墨缸、油墨箱中的油墨能循环回流的装置，同时采用自动稀释结构，即在测定粘度后，用粘度测试器监视，如粘度增大就通过阀门自动添加溶剂，如粘度变小，则由信号灯指示，再添加油墨，使粘度恢复到原来的粘度，在证据 7 的第 52 页有供墨系统示意图。证据 7 中虽然公开了用粘度测试器监视，根据粘度的变化进行调节的技术方案，但并没有公开实现上述方案的装置的具体结构，特别是没有公开粘度测试仪的具体结构和其是通过何种方式检测油墨粘度并自动添加溶剂或油墨，因而仅凭证据 7 公开的内容，尚不足以证实本专利权利要求 3 不具备创造性。

证据 8 第 447 页记载了油墨、油脂粘度的检验方法，使用的仪器是旋转粘度计和超级恒温器，其包括以下步骤：将试样注入液池内，按试样的粘度大小放入合适的旋转锤，开动仪器开关使旋转系统运行，经保温运转待仪器读数指针保持在固定点时记录所指数据。该公开的内容中没有任何涉及到本专利粘度传感器和粘度自动跟踪调节仪技术方案的内容，并对于其使用的旋转粘度计的结构也没有任何说明，对于请求人认为本专利相对于证据 8 不具备创造性的主张，合议组不予支持。

请求人在口头审理中仅分别使用附件 1、7、8 评价本专利权利要求 3、4 的创造性，并没有将证据 1、7、8 结合使用，并且如前所述，证据 1、7、8 中都没有公开本专利的粘度传感器和粘度自动跟踪调节仪，且这三份证据中也都没有给出相关的技术启示，因此即使将这三份证据加以结合也不能破坏本专利权利要求 3 的创造性。

由于本专利权利要求 3 相对证据 1、7、8 具备创造性，引用权利要求 3 的从属权利要求 4 也具备创造性。

**三、决定**

宣告03225463.6号实用新型专利权利要求1、2无效，在权利要求3、4的基础上维持03225463.6号实用新型专利有效。

当事人对本决定不服的，可以根据专利法第46条第2款的规定，在收到本决定之日起三个月内向北京市第一中级人民法院起诉。根据该款规定，一方当事人起诉后，另一方当事人应当作为第三人参加诉讼。

036

# 全自动强除污滤水器

## 无效宣告请求审查决定（第9386号）

**决　　定　　号**　第9386号
**决　　定　　日**　2006年12月27日
**发明创造名称**　全自动强除污滤水器
**国 际 分 类 号**　C02F 1/00
**无效宣告请求人**　兰州天宝电力有限公司
**专 利 权 人**　王　歆
**专　　利　　号**　00226884.1
**申　　请　　日**　2000年10月4日
**授 权 公 告 日**　2001年9月26日
**合 议 组 组 长**　钱　芸
**主　　审　　员**　胡文辉
**参　　审　　员**　丁惠玲

**法 律 依 据**　专利法第22条第2款、第3款、第4款
**决 定 要 点**

专利法意义上的实用性是指，该发明或者实用新型能够制造或者使用，并且能够产生积极效果。一项专利的产品投放市场后在使用中发生过事故，并不能表明其产品不能够制造，也不能够表明产品不具备积极效果。因此，不能仅依据产品使用中发生过事故就认为该专利不具有实用性。

### 一、案由

本无效宣告请求涉及国家知识产权局于2001年9月26日授权公告的00226884.1号实用新型专利权，名称为“全自动强除污滤水器”，申请日为2000年10月4日，专利权人为王歆。授权公告的权利要求书如下：

“1. 一种全自动强除污滤水器，包括传动机构（1），筒体（10）、主轴（14）等，主轴（14）与传动机构（1）相联；其特征在于筒体（10）内设有主轴（14），在主轴（14）上至少连有三个滤芯（17），滤芯（17）内设有滤芯轴（16），滤芯轴（16）上设有强力去污旋转刷（15），其一端连有从动齿轮（6），从动齿轮（6）与固定齿轮（5）相啮合；筒体（10）与滤芯（17）之间为净水室（7），净水室（7）下设有配水盘（11）。

2. 如权利要求1所述的全自动强除污滤水器，其特征在于所述的滤芯（17）外壁为滤网。”

针对本专利权，兰州天宝电力有限公司（下称请求人）于2003年7月8日向专利复审委员会提

出无效宣告请求，其理由是：本实用新型专利不具有新颖性和创造性，不符合中国专利法第 22 条的规定。请求人同时提交了下列附件作为证据：

证据 1：中国电力出版社 1998 年 1 月出版的《火力发电厂设备手册第四册》，封面、封里、编写说明出版信息页及第 272 页至 274 页等的复印件 8 页；

证据 2：兰州白云电力机械修制厂与宏祥公司签定的《订货合同》及其补充说明复印件各 1 页。

经形式审查合格，专利复审委员会受理了上述请求，并于 2003 年 8 月 26 日将专利权无效宣告请求书及其他有关文件副本转送给了专利权人，要求其在指定的期限内答复。

专利权人在指定的期限内未陈述意见。

2004 年 4 月 19 日，专利复审委员会向双方当事人发出了口头审理通知书，定于 2004 年 5 月 31 日进行口头审理。

口头审理如期举行。双方当事人均参加了口头审理。请求人当庭明确其无效理由是本专利的权利要求 1、2 不具有新颖性、创造性和实用性。请求人当庭补充了证据 3《科学技术成果鉴定证书》（甘科鉴字 1999 第 173 号）和证据 4 宏祥公司与电力机械厂合作清单及照片的复印件，合议组当庭将上述证据转送给了专利权人。专利权人认可证据 1 的真实性，认可证据 2 中订货合同的真实性，但不认可附加的补充说明的真实性；专利权人不认可证据 3 的真实性，不认可证据 4 清单的真实性，认可证据 4 中照片的真实性，但不清楚照片的拍摄日期。请求人明确其认为本专利不具有实用性是因为本专利产品投放市场后在使用中发生过事故。请求人明确其提交的证据 2、3、4 用于说明本专利不具备新颖性，证据 1 用于评价本专利的创造性。合议组在口头审理中明确告知各方当事人口头审理后不接受双方提交的任何新证据。

本案合议组在上述工作基础上，认为本案事实已经清楚，依法作出本决定。

**二、决定的理由**

1. 关于证据

请求人提供的证据 1 是《火力发电厂设备手册第四册》，是本专利的申请日前公开的公开出版物，专利权人认可其真实性，合议组认定其构成本专利的现有技术，可以用来评价本专利的新颖性和创造性。本案中，请求人仅主张证据 1 用于评价本专利的创造性。根据请求原则，本案中，证据 1 仅用于评价本专利的创造性。

请求人提供的证据 2 是一份订货合同及其补充说明，请求人仅提供了合同及补充说明的复印件。由于专利权人是合同上的署名人之一，并且专利权人认可其真实性，因此合议组认可证据 2 订货合同的真实性。由于专利权人不认可合同补充说明的真实性，请求人又没有提交能够证明其真实性的证据，合议组仅根据请求人提交的复印件无法认可订货合同补充说明的真实性，因此，补充说明部分不能作为本案证据使用。

请求人提供的证据 3 是一份《科学技术成果鉴定证书》的复印件，专利权人不认可其真实性，请求人没有提交可以证明其真实性的其他证据，因此，合议组无法认可证据 3 的真实性，不能作为本案证据使用。

请求人提供的证据 4 是一份手写的《宏祥公司与电力机械厂合作清单》的复印件，专利权人不认可其真实性，请求人没有提交可以证明其真实性的其他证据，因此，合议组无法认可其真实性；虽然专利权认可了证据 4 中照片的真实性，但由于照片的拍摄日期无法确定，因此也不能作为评价本专利新颖性的证据适用于本案。

综上所述，请求人提供的证据中证据 1 为可以评价本专利创造性的证据使用，证据 2 中的订货合同可以作为评价本专利新颖性的证据使用。证据 3 和证据 4 不能作为本案证据使用。

2. 关于实用性

专利法第 22 条第 4 款规定的实用性是指，该发明或者实用新型能够制造或者使用，并且能够产生积极效果。

请求人认为本专利不具有实用性的理由是因为本专利产品投放市场后在使用中发生过事故。合议组认为，产品投放市场后在使用中发生事故，并不能表明其产品不能够制造，也不能够表明产品不具备积极效果。因此，不能仅依据产品使用中发生过事故就认为相应的专利不具有实用性。合议组对请求人认为本专利不具有实用性的主张不予支持。

3. 关于新颖性

请求人提供的证据 2、3、4 用于说明本专利不具有新颖性。由于证据 3 不能作为本案证据使用，证据 4 不能用于评价本专利的新颖性，因此以下仅就证据 2 能否破坏本专利的新颖性进行评述。

请求人提供的证据 2 是兰州白云电力机械修制厂与宏祥公司签定的《定货合同》，其签定日期早于本专利的申请日，但是合同中仅载明品名为“滤水器”，规格为 WX-600-01，并且备注中标注有“待定”字样，没有任何关于该产品技术方案的说明。合议组根据该定货合同记载的信息无法得出与本专利相关的技术方案已经在申请日前公开销售的结论，因此，对请求人认为本专利产品在申请日前已经公开销售而丧失新颖性的主张不予支持。

4. 关于创造性

根据请求人的请求，证据 1 是用来评价本专利的创造性的唯一证据。

权利要求 1 限定了一种全自动强除污滤水器，包括传动机构（1），筒体（10）、主轴（14）等，主轴（14）与传动机构（1）相联；其特征在于筒体（10）内设有主轴（14），在主轴（14）上至少连有三个滤芯（17），滤芯（17）内设有滤芯轴（16），滤芯轴（16）上设有强力去污旋转刷（15），其一端连有从动齿轮（6），从动齿轮（6）与固定齿轮（5）相啮合；筒体（10）与滤芯（17）之间为净水室（7），净水室（7）下设有配水盘（11）。

证据 1 的第 272 页至 273 页公开了一种 GEWZ-700 型转网式管道滤网，它也是一种可以自动除污的水过滤器，从其工作原理说明和附图中可以看出这种水过滤器包括有传动机构、筒体、转网和轴，轴设于筒体内并与传动机构相连，筒体与滤芯之间为净水室。将证据 1 与本专利权利要求 1 相比较可知，证据 1 没有公开在主轴上至少连有三个滤芯，滤芯内设有滤芯轴，滤芯轴上设有强力去污旋转刷，其一端连有从动齿轮，从动齿轮与固定齿轮相啮合；净水室下设有配水盘等技术特征，并且也没有给出可以采用上述技术特征的任何启示。因此，本领域的普通技术人员根据证据 1 公开的内容不经过创造性的劳动无法得出权利要求 1 所要求保护的技术方案，并且权利要求 1 所限定的技术方案具有过滤效果好，反冲清洗快捷干净的技术效果，因此权利要求 1 相对于证据 1 具有专利法第 22 条第 3 款规定的创造性。

由于权利要求 1 具有创造性，其从属权利要求 2 也当然地具有创造性。

**三、决定**

维持 00226884.1 号实用新型专利权有效。

当事人对本决定不服的，可以根据专利法第 46 条第 2 款的规定，自收到本决定之日起三个月内向北京市第一中级人民法院起诉。根据该款的规定，一方当事人起诉后，另一方当事人应当作为第三人参加诉讼。

037

# 自接式轻钢龙骨

## 无效宣告请求审查决定（第9407号）

**决　定　点**　第9407号
**决　定　日**　2006年12月27日
**发明创造名称**　自接式轻钢龙骨
**国际分类号**　E04F 13/08，E04F 13/00
**无效宣告请求人**　王国栋
**专　利　权　人**　广州金鹏实业有限公司
**专　利　号**　97116088.0
**申　请　日**　1997年12月19日
**授权公告日**　2002年10月30日
**合议组组长**　李　隽
**主　审　员**　王桂莲
**参　审　员**　刘　凡

**法律依据**　专利法第22条第3款；专利法实施细则第13条第1款
**决定要点**

在判断是否为同样的发明创造时，应当将两件专利的权利要求书的内容进行比较，如果进行对比的两项权利要求的区别在于分别采用上位概念和下位概念限定同类性质的技术特征，则认为进行对比的两项权利要求保护范围不同，两件专利不属于同样的发明创造。

### 一、案由

本无效宣告请求涉及国家知识产权局于2002年10月30日授权公告的名称为“自接式轻钢龙骨”的97116088.0号发明专利权（下称本专利），其申请日为1997年12月19日，专利权人为广州金鹏实业有限公司。本专利授权公告的权利要求书如下：

“1. 一种自接式轻钢龙骨，包括主龙骨、副龙骨、吊杆等，其特征在于：主龙骨（Ⅰ）的接头横截面呈导向夹角状，同时位于该接头的两侧端面分别设有向外凸出，并单向倾斜受力的卡钩（4），主龙骨的另一端两侧面分别设有与卡钩（4）贴切配合的卡孔（5）。

2. 根据权利要求1所述的一种自接式轻钢龙骨，其特征在于：主龙骨与主龙骨的纵向连接是靠一个主龙骨头部两侧面上设置的卡钩（4）和另一个主龙骨尾端两侧面上设置的卡孔（5）的配合完成的，副龙骨以垂直于主龙骨的方向连接于主龙骨的底部。”

针对本专利权，王国栋（下称请求人）于2004年7月15日向专利复审委员会提出无效宣告请求，其提供的附件如下：

附件1：90217641.2号中国实用新型专利申请说明书，公告日为1991年2月13日；

附件2：97231611.6号中国实用新型专利说明书，申请日为1997年12月19日，授权公告日为1999年3月17日，专利权人为本专利的专利权人——广州金鹏实业有限公司；

附件3：97116088.0号中国发明专利说明书，授权公告日为2002年10月30日（本专利）。

请求人认为：本专利相对于附件1与公知常识的结合不具备专利法第22条第3款规定的创造性，本专利相对于附件3不符合专利法实施细则第13条第1款的规定。

经形式审查合格，专利复审委员会受理了上述无效宣告请求，于2004年7月15日向双方当事人发出无效宣告请求受理通知书，同时将专利权无效宣告请求书及其附件清单中所列附件的副本转送给专利权人，要求其在指定的期限内答复。

请求人于2004年8月5日向专利复审委员会提交了意见陈述书，补充提交了如下附件：

附件4：97210312.0号中国实用新型专利说明书，授权公告日为1998年5月27日；

附件5：96309169.7号中国外观设计专利，授权公告日为1997年7月2日；

附件6：93210692.7号中国实用新型专利说明书，授权公告日为1995年2月1日。

请求人进一步陈述了本专利相对于附件4不具备专利法第22条第2款规定的新颖性，本专利相对于附件5、附件6不具备专利法第22条第3款规定的创造性。

针对上述无效宣告请求，专利权人于2004年8月23日向专利复审委员会提交了意见陈述书和放弃专利权声明，在放弃专利权声明中要求自本专利授权之日起放弃ZL97231611.6的实用新型专利权（即，附件2）。专利权人在意见陈述书中认为：专利权人已经提交了放弃ZL97231611.6的实用新型专利权（即，附件2）的声明，本专利符合专利法实施细则第13条第1款的规定；请求人在提出无效宣告请求时，对于专利法第22条第3款的无效理由，没有结合证据清楚的指出对比文件所公开的技术特征，不符合专利法实施细则第64条的规定，专利复审委员会应当驳回请求人提出的本专利不符合专利法第22条第3款的无效理由；本专利权利要求1、2相对于附件1具备创造性。

专利复审委员会依法组成合议组，对上述无效宣告请求进行审查。

本案合议组于2005年2月21日向双方当事人发出无效宣告请求口头审理通知书，定于2005年4月6日举行口头审理。随同口头审理通知书，将请求人于2004年8月5日提交的意见陈述书及其附件清单中所列附件的副本转送给专利权人，将专利权人于2004年8月23日提交的意见陈述书转送给请求人。

口头审理如期举行，双方当事人均出席口头审理。在口头审理中，请求人明确其无效的理由、范围为本专利权利要求1、2与附件5和6比较不符合专利法第22条第3款的规定，本专利权利要求1、2相对于附件2的权利要求1不符合专利法实施细则第13条第1款的规定。请求人放弃使用附件1和附件4；专利权人对附件2、5、6的真实性没有异议。双方均认为附件5公开了本专利权利要求1中的“卡孔（5）”，未公开权利要求1中的“卡钩（4）”；请求人认为附件6公开了权利要求1中的“卡钩（4）”，并认为在附件5所公开内容的基础上得出权利要求2是容易的；专利权人认为附件5中的孔是装饰孔而非“卡孔”，并认为附件6与本专利的技术领域相差甚远，对于本专利权利要求1中的“卡钩（4）”没有启示。请求人认为本专利权利要求1与附件2的权利要求1保护范围相同，本专利权利要求2与本专利权利要求1的保护范围实质上相同，故本专利权利要求1和2不符合专利法实施细则第13条第1款的规定；专利权人认为本专利权利要求1中记载的“设有与卡钩（4）贴切配合的卡孔（5）”不同于附件2的权利要求1中记载的“设有用于卡钩（4）卡接的卡孔（5）”，并表示自本专利授权之日起放弃附件2的专利权，提交了放弃专利权的声明；请求人表示若专利权人放弃附件2专利权的请求被批准，则放弃本专利不符合专利法实施细则第13条第1款的无效理由及附件2，双方同意由专利复审委员会核实专利权人放弃附件2专利权请求的批准结果。在口头审理中，双方当事人均充分发表了意见。

专利权人于2005年8月3日向专利复审委员会提交了意见陈述书，称专利权人于2005年4月7日向国家知识产权局提交了97231611.6实用新型专利权放弃声明，已被批准。专利权人随意见陈述书提交了放弃专利权声明复印件2页。

经合议组核实，国家知识产权局于2005年8月12日发出了手续合格通知书，准予专利权人放弃97231611.6号实用新型专利权，该声明在2005年第21卷第40号实用新型专利公报上予以公告，97231611.6号实用新型专利权的放弃生效日为2002年10月30日。

经审理，合议组认为本案的事实清楚，现依法作出如下决定。

**二、决定的理由**

1. 关于证据和现有技术

请求人在无效宣告程序中共提交了6份附件，即附件1~6，其中附件3是本专利。

口头审理中，请求人明确放弃附件1和附件4，因此本决定中合议组不再对这些证据进行评述。

附件2是与本专利相比属于同一专利权人的具有相同申请日的中国实用新型专利文献，其授权公告日为1999年3月17日，专利权人对附件2的真实性没有异议，因此，附件2中的权利要求可以用于评述本专利权利要求是否符合专利法实施细则第13条第1款的规定。

附件5、附件6是公开日期在本专利申请日之前的中国专利文献，专利权人对其真实性均无异议，经合议组审查，附件5、附件6可以作为本案的定案根据，并且其上记载的内容构成本专利的现有技术。

2. 关于专利法第22条第3款

专利法第22条第3款规定：创造性，是指同申请日以前已有的技术相比，该发明有突出的实质性特点和显著的进步，该实用新型有实质性特点和进步。

附件5为外观设计专利，其以图示的方式公开了一种槽形天花板吊顶龙骨，包括该吊顶龙骨的立体图、左视图、仰视图、主视图和俯视图。该吊顶龙骨两侧槽边下缘上等间隔设置有槽口，槽口以两个相对的钩状成形，在每个槽口上方设置有两个圆孔。即，附件5仅涉及该吊顶龙骨的外观，并没有涉及该吊顶龙骨的使用状态以及该吊顶龙骨槽边上的圆孔的作用，也没有相应的文字描述。

附件6中公开了一种袋包扣件，插件10在其两侧分别具有腿11，腿11的端部具有分别向插件10两侧凸出的端头11′和11″，当该袋包扣件锁闭时，腿11的端头11′和11″嵌入到扣紧体1的相应卡孔中；此外，该袋包扣件还包括与扣紧体1配合使用的锁块9，在扣紧体1顶部两侧形成有两个导向孔3、3′，一个固定凸部4从扣紧体1的中央突出，锁块9的底部制有一操作槽5，锁块9上两个固定腿6、6′顶部内侧设有挂爪7和斜面8，在将插件10完全插入到扣紧体1之后，锁块9插入导向孔3、3′，将锁块9推向进口13，在锁块9底部的操作槽5就沿着在扣紧体1顶部中间的固定凸部4向前移动，当锁块9的操作槽5的尽端达到固定凸块4，若进一步向前施力于其上，该锁块9就整体向上些许升起并在通过固定凸部4后再降下，如图5B所示，此时，锁块9的固定腿6、6′就沿着扣紧体1顶侧的导向孔3、3′向前移动并在插件10的腿11和中央支承15之间稳妥地座靠在两端头11′和11″上，从而将插件10安全的锁紧在扣紧体1中。

本专利权利要求1保护一种自接式轻钢龙骨，本专利权利要求1的技术方案与附件5公开的内容相比，区别在于：本专利权利要求1的技术方案是一种自接式轻钢龙骨，包括主龙骨、副龙骨、吊杆等，主龙骨（Ⅰ）的接头横截面呈导向夹角状，同时位于该接头的两侧端面分别设有向外凸出，并单向倾斜受力的卡钩（4），主龙骨的另一端两侧面分别设有与卡钩（4）贴切配合的卡孔（5）。

对于上述区别特征，采用钢材制造龙骨以及使用主龙骨、次龙骨、吊杆等构成框架结构是本领域的公知常识。请求人认为附件5中公开了本专利权利要求1中的“卡孔”，对此，合议组认为，如上所述，附件5中没有涉及该吊顶龙骨的使用状态以及该吊顶龙骨槽边上的圆孔的作用，也没有相应的文字描述，并且附件5中也没有示出在吊顶龙骨上存在凸出于侧面的凸出部件，即，附件5中没有公开本专利权利要求1中的“卡钩”，从附件5的图中也不能确定每个槽口上方设置的圆孔是用于连接作用的“卡孔”，本领域技术人员在附件5的基础上也不会容易地想到利用“卡钩”和“卡孔”的“贴切配合”来连接两根如附件5所示的吊顶龙骨，即，附件5中没有给出所示吊顶龙骨可以纵向相互连接的启示，本领域技术人员不会容易地想到在附件5的吊顶龙骨上设置“卡钩”和“卡孔”，用于相互连接。同时，附件6涉及一种袋包扣件，与本专利相比技术领域相差甚远，在附件5中没有给出使用“圆孔”直接连接两根吊顶龙骨的启示的情况下，本领域技术人员不会想到将附件6所述袋包扣件中的端头11′和11″与卡孔配合或锁块9的固定腿6、6′与扣紧体1的导向孔3、3′配合的连接方式应用于附件5进而得到本专利权利要求1的技术方案。本专利权利要求1的技术方案中，通过使用卡钩（4）和卡孔（5）的连接结构，并将主龙骨（Ⅰ）的接头横截面设置为导向夹角状，实现了相同型号主龙骨之间的连接，而不需要其他的辅助连接构件。因此，本专利权利要求1的技术方案相对于附件5和附件6具备创造性，符合专利法第22条第3款的规定。

本专利权利要求2是权利要求1的从属权利要求，在权利要求1相对于附件5和附件6具备创造性的情况下，权利要求2相对于附件5和附件6也具备创造性，符合专利法第22条第3款的规定。

3. 关于专利法实施细则第13条第1款

专利法实施细则第13条第1款规定：同样的发明创造只能被授予一项专利。

审查指南第二部分第三章第6节规定：专利法第九条或专利法实施细则第十三条第一、二款中所述的“同样的发明创造”是指两件或两件以上申请（或专利）中存在保护范围相同的权利要求。

审查指南第四部分第七章第2节规定：任何人认为属于同一专利权人的具有相同或者不同申请日的两项专利权不符合专利法实施细则第13条第1款规定的，可以请求专利复审委员会宣告其中一项专利权无效。在这种情况下，专利权人欲通过放弃另一项专利权的方式来维持该项专利权有效的，应当向专利复审委员会提交自申请日起放弃另一项专利权的书面声明，由专利局予以登记和公告。自申请日起放弃专利权的，该专利权视为自始不存在。

本案中，请求人在口头审理中认为本专利权利要求1、2相对于附件2不符合专利法实施细则第13条第1款的规定，其中附件2是与本专利相比属于同一专利权人的具有相同申请日的中国实用新型专利文献，其授权公告日为1999年3月17日；请求人表示若专利权人放弃附件2专利权的请求被批准，则放弃本专利权利要求1、2不符合专利法实施细则第13条第1款的无效理由及附件2，双方同意由专利复审委员会核实专利权人放弃附件2专利权请求的批准结果。专利权人于口头审理后提交了附件2的放弃专利权声明，对于该请求，国家知识产权局发出了手续合格通知书，准予放弃附件2的专利权，附件2的专利权的放弃生效日为2002年10月30日。

合议组认为，附件2的专利权的放弃生效日为2002年10月30日，专利权人并非自附件2的申请日（1997年12月19日）起放弃附件2的专利权，因此，合议组仍将对本专利权利要求1、2相对于附件2的权利要求1不符合专利法实施细则第13条第1款的无效理由进行审查。

请求人提交的附件2的权利要求1如下：

“1. 一种自接式轻钢龙骨，包括主龙骨（1）副龙骨（2）吊杆（3）等构成，其特征在于：主龙骨（1）的接头横截面呈导向夹角状，同时位于该接头的两侧端面上分别设有向外凸出，并呈单向倾斜受力的卡钩（4），而位于主龙骨（1）的另一端接头两侧面分别设有用于卡钩（4）卡接的卡孔（5）”

本专利的权利要求1与附件2的权利要求1进行比较可知，本专利权利要求1中记载有“设有与卡钩（4）贴切配合的卡孔（5）”，附件2的权利要求1中记载有“设有用于卡钩（4）卡接的卡孔（5）”，即，卡钩（4）与卡孔（5）的连接方式的文字描述不同，本专利权利要求1中为“贴切配合”，附件2的权利要求1中为“卡接”。对此，合议组认为，本专利的权利要求1的技术方案和附件2的权利要求1的技术方案中均要将卡钩（4）“卡接”到卡孔（5）中，而本专利的权利要求1的技术方案中的“贴切配合”具有紧密连接的含义，属于“卡接”的下位概念，因此，附件2的权利要求1的保护范围与本专利权利要求1的保护范围并不相同，本专利权利要求1相对于附件2的权利要求1符合专利法实施细则第13条第1款的规定。

本专利权利要求2是权利要求1的从属权利要求，权利要求2的技术方案中包括其引用的权利要求1的全部技术特征，与附件2的权利要求1的技术方案相比，附件2的权利要求1的技术方案没有公开卡钩（4）与卡孔（5）“贴切配合”以及本专利权利要求2的附加技术特征“主龙骨与主龙骨的纵向连接是靠一个主龙骨头部两侧面上设置的卡钩（4）和另一个主龙骨尾端两侧面上设置的卡孔（5）的配合完成的，副龙骨以垂直于主龙骨的方向连接于主龙骨的底部”，因此，附件2的权利要求1的保护范围与本专利权利要求2的范围并不相同，本专利权利要求2相对于附件2的权利要求1符合专利法实施细则第13条第1款的规定。

综上所述，本专利权利要求1、2相对于附件5和6符合专利法第22条第3款的规定，本专利权利要求1、2相对于附件2的权利要求1符合专利法实施细则第13条第1款的规定。

**三、决定**

维持97116088.0号发明专利权有效。

当事人对本决定不服的，可以根据专利法第46条第2款的规定，自收到本决定之日起三个月内向北京市第一中级人民法院起诉。根据该款的规定，一方当事人起诉后，另一方当事人应当作为第三人参加诉讼。

038

# 加压供水罐

## 无效宣告请求审查决定（第9408号）

**决　定　号**　第9408号
**决　定　日**　2006年12月27日
**发明创造名称**　加压供水罐
**国 际 分 类 号**　E03B 3/40
**无效宣告请求人**　北京华金浩环保科技有限公司
**专 利 权 人**　张新群
**专　利　号**　98220256.3
**申　请　日**　1998年2月11日
**授 权 公 告 日**　1999年7月14日
**合 议 组 组 长**　钱　芸
**主　审　员**　张田勇
**参　审　员**　王琦琳

**法 律 依 据**　专利法实施细则第20条第1款，专利法实施细则第21条第2款，专利法第26条第3款，专利法第22条第2款、第3款

**决 定 要 点**

如果一种装置的具体结构及其使用方法是本领域公知常识，并且涉案专利中又没有对所述装置提出特殊要求，那么所述装置的具体结构及其使用方法不是涉案专利独立权利要求中的必要技术特征。

### 一、案由

本无效宣告请求涉及国家知识产权局于1999年7月14日授权公告的名称为“加压供水罐”的98220256.3号实用新型专利权（下称本专利），其申请日为1998年2月11日，专利权人为张新群。本专利授权公告的权利要求书如下：

“1. 一种加压供水罐，它包括电机水泵（2）进水管（8）出水管（3）出水管（3）连通在电机水泵（2）的出口，其特征在于电机水泵（2），进水管（8）进口安装在压力水罐（1）内，压力水罐（1）顶部设有通气阀（11）。

2. 根据权利要求1所述的加压供水罐，其特征在于通气阀（11）的开关阀是浮球（12）。

3. 根据权利要求1或2所述的加压供水罐，其特征在于进水管（8）上设有逆止阀（4）。

4. 根据权利要求3所述的加压供水罐，其特征在于一连通管（7）一端连通在进水管（8）的逆止阀（4）与阀门（5）之间；另一端连通在出水管（3）上。”

针对上述专利权，北京华金浩环保供水设备有限公司，后变更为北京华金浩环保科技有限公司（下称请求人）于2005年7月18日向专利复审委员会提出无效宣告请求，其提供的作为证据使用的对比文件如下：

对比文件1：申请号为90224796.4的中国实用新型专利申请说明书，公告日为1991年10月16日；

对比文件2：公开日为1996年9月4日的EP0730094A1号欧洲专利文献的英文文本；

对比文件3：格兰富水泵（上海）有限公司BMB，BM4″，6″，及8″增压机组产品样本的封面、封底及“总体数据”页、“典型安装”页，复印件共4页。

请求人认为：本专利权利要求1~4分别相对于对比文件1、对比文件2或对比文件3不具备新颖性，权利要求1~4分别相对于对比文件1、对比文件2或对比文件3不具备创造性，不符合中国专利法第22条第2、3款的规定；本专利权利要求1不符合专利法实施细则第21条第2款的规定，权利要求1~4不符合专利法实施细则第20条第1款的规定；本专利说明书不符合专利法第26条第3款的规定。

经形式审查合格，专利复审委员会受理了上述无效宣告请求，于2005年7月18日向双方当事人发出无效宣告请求受理通知书，同时将专利权无效宣告请求书及其附件清单中所列附件的副本转送给专利权人，要求其在指定的期限内答复。

针对上述无效宣告请求，专利权人于2005年8月11日向专利复审委员会提交了意见陈述书，专利权人认为：对比文件1与本专利相比，技术领域、所解决的技术问题、技术方案、技术效果均不同，本专利与对比文件1相比具备新颖性和创造性；对比文件2为外文证据，请求人未同时提交其中文译文，对比文件2应视为未提交，本专利与对比文件2相比具备新颖性和创造性；对比文件3是格兰富水泵（上海）有限公司的《BMB，BM4″，6″，及8″增压机组》相关页复印件，其上没有日期，不能确认在本专利申请日前出版过，在本案中不能作为破坏新颖性和创造性的证据使用；本专利权利要求1、2、4符合专利法实施细则第20条第1款的规定；本专利权利要求1符合专利法实施细则第21条第2款的规定；本专利说明书符合专利法第26条第3款的规定。

请求人于2005年8月15日向专利复审委员会提交意见陈述书，提交了对比文件2的中文译文10页，并补充提交了如下对比文件：

对比文件4：由中国建筑工业出版社出版的、1992年9月第一版、2003年5月第十一次印刷的《建筑给水排水工程》的封面、前言页、版权页、第22、41、57、67~69页的复印件共9页；

对比文件5：CN87209505U号中国实用新型专利申请说明书，公告日为1988年9月14日；

对比文件6：申请号为93218188.0的中国实用新型专利说明书，授权公告日为1994年3月16日；

对比文件7：申请号为97214610.5的中国实用新型专利说明书，申请日为1997年4月21日，授权公告日为1999年2月3日，专利权人为张文永；

对比文件8：申请号为89221720.0的中国实用新型专利申请说明书，公告日为1992年5月20日。

请求人认为：对比文件5~8的公开日期均早于本专利的申请日，可以用于评价本专利的新颖性和创造性；对比文件4是教科书，公开了本专利权利要求1中的通气阀的特征，并且公开了权利要求2~4的附加技术特征，因此权利要求2~4不具备创造性；对比文件5公开了逆止阀和连通管的内容，因此权利要求4不具备创造性；本专利权利要求1相对于对比文件6、7不具备新颖性；本专利权利要求1、3分别相对于对比文件8不具备新颖性。

专利复审委员会依法组成合议组，对上述无效宣告请求进行审查。

本案合议组于2006年2月9日向双方当事人发出无效宣告请求口头审理通知书，定于2006年3月9日举行口头审理。随同口头审理通知书，将请求人于2005年8月15日提交的意见陈述书及其附件清单中所列附件的副本转送给专利权人，将专利权人于2005年8月11日提交的意见陈述书转送给请求人。

口头审理如期举行，双方当事人均出席了口头审理。在口头审理中，专利权人当庭提交了权利要求书的修改替换页和意见陈述书，专利权人将原权利要求1删除，将原权利要求2作为新的权利要求1，并且认为修改后的权利要求1~3具备新颖性、创造性，符合专利法第22条第2、3款的规定，也符合专利法实施细则第20条第1款、第21条第2款的规定，说明书符合专利法第26条第3款的规定。

合议组当庭将其转送给请求人，并当庭告知双方当事人此次修改符合专利法的相关规定，将此文本作为本次口头审理所依据的文本。

针对专利权人当庭提交的修改后的权利要求书，请求人明确其无效的理由、范围为：本专利权利要求1~3不符合专利法实施细则第20条第1款的规定，权利要求1不符合专利法实施细则第21条第2款的规定，说明书不符合专利法第26条第3款的规定，对比文件1影响权利要求1的新颖性，对比文件1、5、8分别与对比文件4结合影响权利要求1~3的创造性，对比文件1、8、4结合影响权利要求1~3的创造性。

请求人当庭表示放弃对比文件2、3、6、7；请求人当庭提交对比文件4的原件，明确表示提出无效请求时的对比文件4第67~69页不作为证据使用，请求人认为对比文件4的版权页标有“1992年9月第一版”，因此可以认定其公开在本专利申请日之前。专利权人对对比文件1、4、5、8的真实性无异议；专利权人认为对比文件4的复印件与原件一致，但认为其版权页标有“2003年5月第十一次印刷”，因此不能作为现有技术使用。

关于专利法实施细则第20条第1款，请求人认为权利要求1中的“电机水泵”和“通气阀的开关阀是浮球”不清楚，保护范围不清楚，由于权利要求2引用权利要求1，因此权利要求2也不清楚。认为权利要求3“一连通管一端连通在进水管的逆止阀与阀门之间”不清楚，也没有限定逆止阀与阀门之间的位置关系，不应该用附图解释权利要求。

关于专利法实施细则第21条第2款，请求人认为电机水泵的驱动方式、通气阀的结构是本专利必要技术特征。

关于专利法第26条第3款，请求人认为通气阀的具体结构、通气阀与开关阀的关系以及开关阀的特征没在说明书里描述；请求人认为浮球仅是靠液面升降和自身重力升降，即负压导致水位下降，水位下降才导致浮球下降，打开通气阀，而不是在水位不下降时依靠负压将浮球压下，打开通气阀，因此，请求人认为“当罐内出现负压时，大气压力将浮球顶开”无法实现。专利权人认为浮球封闭通气孔，出水流量大于入水流量时出现负压，浮球靠负压打开通气阀，并认为本专利中的浮球阀的结构是独创的。

关于专利法第22条第2款，请求人认为对比文件1中的“管壳4”相当于本专利的“加压供水罐”，本专利权利要求1中的其他特征除“通气阀（11）的开关阀是浮球（12）”外均在对比文件1中公开，“通气阀（11）的开关阀是浮球（12）”是惯用技术手段。专利权人认为对比文件1没有公开“进水管”，对比文件1中的“放气孔”不同于本专利的“通气阀”。

关于专利法第22条第3款，（1）请求人认为对比文件1与对比文件4的结合可以评价权利要求1的创造性，对比文件4第57页公开了“浮球阀”，与本专利中的浮球的作用相同，均是利用液位变化而自动启闭的构件；对比文件 1 的“放气孔”是通气、放气作用，与单独的通气阀限定的内容相同，因此可以与对比文件 4 结合。专利权人认为对比文件 1 的“放气孔”是放气作用，而本专利中的“通气阀”有自动进排气作用，对比文件 4 中也没有公开本专利中的浮球通气阀，本专利利用浮球通气阀解决了负压的问题；对比文件 1 与本专利解决负压问题的技术方案不同。

（2）请求人认为对比文件 8 公开了“潜水泵”、“进水管”、“出水管”，认为对比文件 8 没有明确公开“通气阀”；对比文件 4 第 57 页公开了“浮球阀”，可与对比文件 8 结合评价权利要求 1 的创造性；另外对比文件 1 给出了在放气孔上设置阀门的启示。专利权人认为对比文件 4、8 均未给出解决负压问题的技术方案，对比文件 8 中浮球阀是控制供水，不是通气阀。

（3）请求人认为对比文件 5 与本专利权利要求 1 区别在于没有通气阀，与对比文件 4 结合评价权利要求 1 的创造性，对比文件 5 还公开了“逆止阀”的技术特征。专利权人认为对比文件 4、5 的结合不能得出权利要求 1 的技术特征。

（4）请求人认为权利要求 2、3 的附加技术特征分别在对比文件 4 第 22 页和第 41 页中公开。

在口头审理中，双方当事人均充分发表了意见。

经审理，合议组认为本案的事实清楚，现依法作出如下决定。

**二、决定的理由**

1. 关于审查基础

专利法实施细则第 68 条第 1 款规定：在无效宣告请求的审查过程中，发明或者实用新型专利的专利权人可以修改其权利要求书，但是不得扩大原专利的保护范围。

审查指南第四部分第三章 5.4 节规定：发明或者实用新型专利文件的修改仅限于权利要求书，其原则是：（1）不得改变原权利要求的主题名称；（2）与授权的权利要求书相比，不得扩大原专利的保护范围；（3）不得超出原说明书和权利要求书记载的范围；（4）一般不得增加未包含在授权的权利要求书中的技术特征。修改权利要求书的具体方式一般是指权利要求的删除、合并和技术方案的删除。权利要求的删除是指从权利要求书中去掉某项或者某些项权利要求，例如独立权利要求或者从属权利要求。权利要求的合并是指两项或者两项以上从属于同一独立权利要求的权利要求的合并，此时将所合并的权利要求的技术特征组合在一起，形成了新的权利要求。该新的权利要求应当包含被合并的权利要求中的全部技术特征。技术方案的删除是指从同一权利要求中并列的两种以上技术方案中删除一种或者一种以上技术方案。以上所述修改方式既可以单独采用，也可以结合在一起采用。

专利权人于 2006 年 3 月 9 日提交了本专利权利要求书的修改替换页，修改后的权利要求书如下：

“1. 一种加压供水罐，它包括电机水泵（2）进水管（8）出水管（3）出水管（3）连通在电机水泵（2）的出口，其特征在于电机水泵（2），进水管（8）进口安装在压力水罐（1）内，压力水罐（1）顶部设有通气阀（11），通气阀（11）的开关阀是浮球（12）。

2. 根据权利要求 1 所述的加压供水罐，其特征在于进水管（8）上设有逆止阀（4）。

3. 根据权利要求 2 所述的加压供水罐，其特征在于一连通管（7）一端连通在进水管（8）的逆止阀（4）与阀门（5）之间；另一端连通在出水管（3）上。”

经合议组审查认为，专利权人以删除的方式修改了权利要求书，将原权利要求 1 删除，将原权利要求 2 作为新的权利要求 1，原权利要求 3、4 分别变为权利要求 2、3，并且原权利要求 3、4 包括新的权利要求 2、3 的技术方案，因此，此次修改符合专利法实施细则第 68 条的规定，本审查决定以专利权人于 2006 年 3 月 9 日提交的权利要求书作为审查基础。

2. 关于证据和现有技术

请求人在无效宣告程序中共提交 8 份对比文件，即对比文件 1~8。

口头审理中，请求人明确放弃对比文件2、3、6、7，并明确表示对比文件4的第67~69页不作为证据使用，因此本决定中合议组不再对这些证据进行评述。

对比文件1、5、8是公开日期在本专利申请日之前的中国专利文献，专利权人对对比文件1、5、8的真实性均无异议，经合议组审查，对比文件1、5、8可以作为本案的定案根据，并且其上记载的内容构成本专利的现有技术。

对比文件4是由中国建筑工业出版社出版的、1992年9月第一版、2003年5月第十一次印刷的《建筑给水排水工程》，属于专利法意义上的出版物。请求人当庭提交对比文件4的原件，专利权人对其真实性没有异议，但认为版权页标有“2003年5月第十一次印刷”，因此不能作为现有技术使用。对此合议组认为，虽然请求人提供的对比文件4的公开日应视为2003年5月31日，在本专利申请日之后，但是对比文件4的版权页上还标明有“1992年9月第一版”的字样，据此可以推知对比文件4中记载的内容仍然是其1992年9月第一版的内容，并且由于对比文件4的第一版的出版时间比本专利的申请日早将近6年，因而可以确定对比文件4中记载的内容在本专利的申请日之前已经公开；虽然专利权人对对比文件4的公开日期有异议，但其未能提供证据加以证明。因此，合议组认可对比文件4中记载的内容构成本专利的现有技术；由于请求人明确表示对比文件4第67~69页不作为证据使用，所以对比文件4中所公开的内容以其封面、前言页、版权页、第22、41、57页记载的内容为准。

3. 关于专利法第26条第3款

专利法第26条第3款规定：说明书应当对发明或者实用新型作出清楚、完整的说明，以所属技术领域的技术人员能够实现为准；必要的时候，应当有附图。摘要应当简要说明发明或者实用新型的技术要点。

请求人认为：（1）通气阀的具体结构没在说明书里描述；（2）通气阀与开关阀的关系以及开关阀的特征没在说明书里描述；（3）浮球仅是靠液面升降和自身重力升降，即负压导致水位下降，水位下降才导致浮球下降，打开通气阀，而不是水位不下降时依靠负压将浮球压下，打开通气阀，因此，“当罐内出现负压时，大气压力将浮球顶开”无法实现。

专利权人认为浮球封闭通气孔，出水流量大于入水流量时出现负压，浮球靠负压打开通气阀，并认为本专利中的浮球阀的结构是独创的。

对于请求人的观点（1），合议组经审查认为，本申请附图3中已经示出了本专利的通气阀的具体结构；并且在说明书（参见说明书第2页第1~9行）中说明附图标记11所示为安装在压力水罐顶部的通气阀，附图标记12为浮球，附图标记13为阀体，附图标记14为通气孔；通气阀11装在压力水罐1顶部，罐内水压可将浮球12顶在阀体13的阀座上，以达到密闭，当罐内出现负压时，大气压力将浮球（12）顶开。根据本专利说明书所公开的上述内容，本领域技术人员可以直接得出本专利的通气阀为本领域常用的浮球阀，即在具有上侧通气孔14和下侧通气孔（即附图3中通气阀下侧的开口）的阀体13内，活动设置有浮球12，上侧通气孔14侧设有阀座，当浮球12顶在阀座上时关闭通气孔14，从而使得本专利中的浮球12能够根据压力水罐1的内外侧压差变化而自动启闭通气孔14。因此，本专利说明书已经对通气阀的具体结构作出了清楚、完整的说明，使所属技术领域的技术人员能够实现。

对于请求人的观点（2），合议组经审查认为，本专利说明书中仅在技术方案中有“通气阀的开关阀是浮球”的描述，而本专利说明书实施例中，浮球12是自动启闭通气孔14的开关部件。根据本专利说明书所公开的上述内容，本领域技术人员能够理解：开关阀是通气阀的一个组成部件，用于控制通气阀的开关；本专利的实施例中的开关阀是浮球12。

对于请求人的观点（3），合议组经审查认为，本专利的通气阀 11 设置在压力水罐 1 的顶部，在罐内水压将浮球 12 顶在阀体 13 的阀座上从而密闭压力水罐 1 后，如果罐内出现负压，即压力水罐 1 内的压力小于大气压力，也就是说，从浮球上侧对浮球 12 施加的大气压力大于从浮球下侧对其施加的压力，导致浮球 12 受力不平衡，浮球 12 向下侧移动，打开通气阀 11，空气经通气孔 14 进入压力水罐 1，从而能够在罐内出现负压时，在水位不下降的情况下依靠负压将浮球 11 压下。

因此，本专利说明书对本专利的技术内容作出了清楚、完整的说明，本领域技术人员根据说明书记载的内容能够实现本专利的技术方案，本专利说明书符合专利法第 26 条第 3 款的规定。

4. 关于专利法实施细则第 20 条第 1 款

专利法实施细则第 20 条第 1 款规定：权利要求书应当说明发明或者实用新型的技术特征，清楚、简要地表述请求保护的范围。

请求人认为：（1）权利要求 1 中的“电机水泵”和“通气阀的开关阀是浮球”不清楚，保护范围不清楚，由于权利要求 2 引用权利要求 1，因此权利要求 2 也不清楚；（2）认为权利要求 3“一连通管一端连通在进水管的逆止阀与阀门之间”不清楚，也没有限定逆止阀与阀门之间的位置关系，不应该用附图解释权利要求。

对于请求人的观点（1），合议组经审查认为，本专利权利要求 1 中具有与说明书技术方案中相对应的技术特征“通气阀的开关阀是浮球”，该技术特征表示开关阀是通气阀的一个组成部件，用于控制通气阀的开关，并且在权利要求 1 中将开关阀限定为浮球，因此，权利要求 1 中出现的“通气阀的开关阀是浮球”的描述是清楚的；而使用电机驱动水泵是本领域的常用技术手段，因此，本专利权利要求 1 中出现的“电机水泵”的用语也是清楚的。由此可知，本专利权利要求 1 以及引用权利要求 1 的权利要求 2 符合专利法实施细则第 20 条第 1 款的规定。

对于请求人的观点（2），合议组经审查认为，本专利从属权利要求 3 中出现的语句“一连通管一端连通在进水管的逆止阀与阀门之间”已经清楚的限定了“连通管”在进水管上的连接位置；虽然权利要求 3 中没有限定进水管的逆止阀与阀门的相互位置关系，但是这并不会造成本专利权利要求 3 的保护范围不清楚。因此，本专利权利要求 3 符合专利法实施细则第 20 条第 1 款的规定。

5. 关于专利法实施细则第 21 条第 2 款。

专利法实施细则第 21 条第 2 款规定：独立权利要求应当从整体上反映发明或者实用新型的技术方案，记载解决技术问题的必要技术特征。

请求人认为电机水泵的驱动方式、通气阀的结构是本专利必要技术特征。

合议组经审查认为，本专利权利要求 1 涉及一种加压供水罐的结构，电机水泵是该加压供水罐的组成部件之一，用于加压供水，本专利对电机水泵没有特殊的要求，本领域技术人员可以选用常规的电机水泵进行加压供水，针对不同类型的电机水泵，其相应的驱动方式也是公知技术，所以电机水泵的驱动方式不是本专利权利要求 1 的必要技术特征；如前所述，本专利中的通气阀是本领域常用的一种浮球阀，本专利仅是使用本领域公知的浮球阀解决加压供水罐中出现的负压问题，并且本专利独立权利要求 1 中已限定了“通气阀的开关阀是浮球”，无需再对本领域常用的浮球阀的具体结构进行限定，即，通气阀的结构同样也不是本专利权利要求 1 的必要技术特征。因此，本专利权利要求 1 符合专利法实施细则第 21 条第 2 款的规定。

6. 关于专利法第 22 条第 2 款

专利法第 22 条第 2 款规定：新颖性，是指在申请日以前没有同样的发明或者实用新型在国内外出版物上公开发表过、在国内公开使用过或者以其他方式为公众所知，也没有同样的发明或者实用新型由他人向国务院专利行政部门提出过申请并且记载在申请日以后公布的专利申请文件中。

本案中，请求人认为本专利权利要求 1 相对于对比文件 1 不具备新颖性。

对比文件 1 公开了一种潜水电泵在管道中安装用来增压供水的装置，包括潜水电泵 5、管壳 4、联接管 8、定中支撑 7、吸气管 13 等部件；潜水电泵 5 安装在管壳 4 内；联接管 8 中部包括有连接盘 3，联接管 8 通过连接盘 3 与管壳 4 连接，联接管 8 上端与出水管连接，下端与潜水电泵 5 的出水口 12 连接；定中支撑 7 连接在管壳 4 下端，并与管道水管相连接；定中支撑 7 装置由定中套 19、定中支架 20、锁紧螺母 21、定中螺杆 22 组成，定中套 19 具有出水孔 23 和进水孔 24，定中支架 20 具有进水孔 25；为了放出管壳 4 内高空间的集气，在联接盘 3 和管壳 4 设有放气孔 10 和 11，两孔各接放气阀门或根据本装置的立、卧安装情况，一孔堵塞，另一孔接阀门，开泵前先放出集气再开动潜水电泵 5；在运行中，为了把集在管壳 4 内高空间的空气及时排出，在管壳 4 内设有吸气管 13，该管的一端伸向潜水电泵 5 的滤水网 14 内或做成凹槽 26 形状与滤水网 14 的网孔相连接，管的另一端与潜水电泵 5 的泵体固定，管口伸向管壳 4 内的高空间，利用滤水网 14 处的负压，将集在管壳 4 内上部的空气吸入泵内排出（参见对比文件 1 说明书第 1 页第 13 行至第 3 页第 10 行及说明书附图 1~5）。

本专利权利要求 1 要求保护一种加压供水罐，将其与对比文件 1 的技术方案相比，区别在于：在本专利权利要求 1 的技术方案中，（1）加压供水罐包括进水管，并且进水管进口安装在压力水罐内；（2）压力水罐顶部设有通气阀，通气阀的开关阀是浮球。

对于区别特征（1），对比文件 1 中公开了该增压供水装置的定中支撑 7 的定中支架 20 上具有进水孔 25，定中支撑 7 与管道水管相连接，对本领域技术人员来说，使用进口在壳体内的进水管代替对比文件 1 中的进水孔 25 属于本领域惯用手段的直接置换。

对于区别特征（2），对比文件 1 公开了在联接盘 3 和管壳 4 设有放气孔 10 和 11，放气孔 10 和 11 可以各自接阀门，开泵前通过放气孔放出管壳 4 内高空间的集气，在装置运行中，通过潜水电泵 5 的滤水网 14 处的负压以及吸气管 13 将集在管壳 4 内高空间的空气排出，因此，对比文件 1 中的放气孔 10 和 11 仅是在水泵启动前通过阀门控制进行放气；而本专利中的通气阀是根据加压供水罐内的压力变化，利用通气阀内的浮球自动启闭加压供水罐与大气联通的通气孔，因此，本专利中的通气阀具有自动进排气的作用。由此可知，对比文件 1 中没有公开区别特征（2），使用浮球阀代替对比文件 1 中的放气孔上的阀门也不属于本领域惯用手段的直接置换。

综上所述，本专利权利要求 1 相对于对比文件 1 具备新颖性，符合专利法第 22 条第 2 款的规定。

7. 关于专利法第 22 条第 3 款

专利法第 22 条第 3 款规定：创造性，是指同申请日以前已有的技术相比，该发明有突出的实质性特点和显著的进步，该实用新型有实质性特点和进步。

请求人认为：对比文件 1、5、8 分别与对比文件 4 结合影响权利要求 1~3 的创造性，对比文件 1、8、4 结合影响权利要求 1~3 的创造性。

对比文件 4 公开了止回阀和浮球阀，其中止回阀又名单向阀，是限制管道内的水流朝运动相反的方向流动，当水流方向相反时，阀门将自动关闭，止回阀一般安装在需要防止水倒流的管路上；浮球阀是一种利用液位的变化而自动启闭的构件，一般设在水箱、水池的进水管上，用以开启或切断水流（参见对比文件 4 第 22 页倒数第 1~2 行和第 57 页第 7~11 行）。

对比文件 5 公开了一种高层建筑自动供水器，由出水管 1、潜水泵 2、密封法兰 3、密封筒体 4、进水管 5 组成，进水管 5 处安装有逆止阀，出水管 1 连通在潜水泵 2 的出口，潜水泵 2 安装在密封筒体 4 内，组装在可与供水管道兼容的一段两端密封的圆筒式粗管道中，圆筒的两端有进水口和出水口与管道连接构成一个积木器件（参见对比文件 5 说明书第 2 页第 9~20 行及说明书附图 1~3）。

对比文件 8 公开了一种压力给水装置，在压力给水罐 1 的下部有一常压储水罐 2，在常压储水罐

2内，有两台潜水泵3，潜水泵3经单向阀4与压力给水罐1相通，在常压储水罐2上部开有排气孔5，以排出常压储水罐2内的空气，供水管路将水从A口输入到常压储水罐2内，常压储水罐2内上满水后，A口靠浮球阀口关闭，水位下降后浮球阀将A口打开，保证了常压储水罐2内保持一定水位，常压储水罐2内的水，由潜水泵3经单向阀4注入压力给水罐1内随着水的排出压力下降，控制系统重新将潜水泵3打开，由于压力给水罐1容积有限，造成潜水泵3频繁起动为延长潜水泵3的使用寿命，采用双泵交替工作（参见对比文件8说明书第1页倒数第4行至第2页第11行及说明书附图）。

（1）本专利权利要求1~3相对于对比文件1与对比文件4的结合是否具备创造性。

如前所述，本专利权利要求1要求保护一种加压供水罐，其与对比文件1的技术方案相比，区别在于：在本专利权利要求1的技术方案中，①加压供水罐包括进水管，并且进水管进口安装在压力水罐内；②压力水罐顶部设有通气阀，通气阀的开关阀是浮球。

对于区别特征①，对比文件1中公开了该增压供水装置的定中支撑7的定中支架20上具有进水孔25，定中支撑7与管道水管相连接，对本领域技术人员来说，对比文件1中的进水孔25是水流通道的一部分，对本领域技术人员来说，在进水孔25处使用进口在壳体内的进水管是显而易见的。

对于区别特征②，如前所述，对比文件1中的放气孔10和11仅是在水泵启动前通过阀门控制进行放气，而本专利中的浮球阀具有自动进排气的作用，因此，虽然对比文件4中公开了浮球阀，但是由于对比文件1中并未给出可以利用浮球阀解决加压供水罐中出现负压时的技术问题的启示，本领域技术人员无法将对比文件4中公开的浮球阀安装到对比文件1的放气孔上从而实现与本专利权利要求1的技术方案相同的功能。

可见，本专利权利要求1相对于对比文件1、4是非显而易见的，并且本专利权利要求1的技术方案具有根据加压供水罐内的压力变化自动控制电机水泵进行加压供水的技术效果，因此，本专利权利要求1具备专利法第22条第3款规定的创造性。

本专利权利要求2、3是权利要求1的从属权利要求，在权利要求1相对于对比文件1、4具备创造性的情况下，权利要求2、3分别相对于对比文件1、4也具备专利法第22条第3款规定的创造性。

（2）本专利权利要求1~3相对于对比文件5与对比文件4的结合是否具备创造性。

本专利权利要求1要求保护一种加压供水罐，将其与对比文件5的技术方案相比，区别在于：在本专利权利要求1的技术方案中，①进水管进口安装在压力水罐内；②压力水罐顶部设有通气阀，通气阀的开关阀是浮球。

对于区别特征①，对比文件5中虽然没有明确说明进水管的进口在密封筒体4内部，但是将进水管的进水口引入到水罐内部对本领域技术人员来说是显而易见的。

对于区别特征②，对比文件5中的自动供水器并不包括浮球阀，即对比文件5中并未给出可以在自动供水器中使用浮球阀的技术启示，本领域技术人员无法将对比文件4中公开的浮球阀应用于对比文件5的自动供水器从而实现与本专利权利要求1的技术方案相同的功能。

可见，本专利权利要求1相对于对比文件5、4是非显而易见的，并且本专利权利要求1的技术方案具有根据加压供水罐内的压力变化自动控制电机水泵进行加压供水的技术效果，因此，本专利权利要求1具备专利法第22条第3款规定的创造性。

本专利权利要求2、3是权利要求1的从属权利要求，在权利要求1相对于对比文件5、4具备创造性的情况下，权利要求2、3分别相对于对比文件5、4也具备专利法第22条第3款规定的创造性。

（3）本专利权利要求1~3相对于对比文件8与对比文件4的结合是否具备创造性。

本专利权利要求1要求保护一种加压供水罐，将其与对比文件8的技术方案相比，区别在于：在本专利权利要求 1 的技术方案中，出水管连通在电机水泵的出口，电机水泵、进水管进口安装在压力水罐内，压力水罐顶部设有通气阀，通气阀的开关阀是浮球。

由此可见，对比文件 8 中的压力给水装置与本专利权利要求 1 中的加压供水罐的结构截然不同，对比文件 8 中也没有给出可以得出上述区别特征的启示；而对比文件 4 中仅公开了浮球阀是利用液位的变化而自动启闭的构件，一般设在水箱、水池的进水管上，用以开启或切断水流，对比文件 4 也没有给出应用上述区别特征的启示；此外，也没有证据表明这些区别特征是本领域公知常识。本专利权利要求 1 的技术方案具有根据加压供水罐内的压力变化自动控制电机水泵进行加压供水的技术效果。因此，本专利权利要求 1 相对于对比文件 8、4 是非显而易见的，本专利权利要求 1 具备专利法第 22 条第 3 款规定的创造性。

本专利权利要求 2、3 是权利要求 1 的从属权利要求，在权利要求 1 相对于对比文件 8、4 具备创造性的情况下，权利要求 2、3 分别相对于对比文件 8、4 也具备专利法第 22 条第 3 款规定的创造性。

（4）本专利权利要求 1~3 相对于对比文件 1、对比文件 8、对比文件 4 的结合是否具备创造性。

如前所述，本专利权利要求 1 要求保护一种加压供水罐，其与对比文件 1 的技术方案相比，区别在于：在本专利权利要求 1 的技术方案中，①加压供水罐包括进水管，并且进水管进口安装在压力水罐内；②压力水罐顶部设有通气阀，通气阀的开关阀是浮球。

对于区别特征①，对比文件 1 中公开了该增压供水装置的定中支撑 7 的定中支架 20 上具有进水孔 25，定中支撑 7 与管道水管相连接，对本领域技术人员来说，对比文件 1 中的进水孔 25 是水流通道的一部分，对本领域技术人员来说，在进水孔 25 处使用进口在壳体内的进水管是显而易见的。

对于区别特征②，如前所述，对比文件 1、对比文件 4 和对比文件 8 中均没有给出使用浮球阀根据加压供水罐内的压力变化自动进排气的启示，本领域技术人员无法将对比文件 1、8、4 结合得到本专利权利要求 1 的技术方案。

可见，本专利权利要求 1 相对于对比文件 1、8、4 是非显而易见的，并且本专利权利要求 1 的技术方案具有根据加压供水罐内的压力变化自动控制电机水泵进行加压供水的技术效果，因此，本专利权利要求 1 具备专利法第 22 条第 3 款规定的创造性。

本专利权利要求 2、3 是权利要求 1 的从属权利要求，在权利要求 1 相对于对比文件 1、8、4 具备创造性的情况下，权利要求 2、3 分别相对于对比文件 1、8、4 也具备专利法第 22 条第 3 款规定的创造性。

综上所述，本专利说明书符合专利法第 26 条第 3 款的规定，权利要求 1~3 符合专利法实施细则第 20 条第 1 款的规定，权利要求 1 符合专利法实施细则第 21 条第 2 款的规定，权利要求 1~3 具备新颖性和创造性。

**三、决定**

维持 98220256.3 号实用新型专利权有效。

当事人对本决定不服的，可以根据专利法第 46 条第 2 款的规定，自收到本决定之日起三个月内向北京市第一中级人民法院起诉。根据该款的规定，一方当事人起诉后，另一方当事人应当作为第三人参加诉讼。

039

# 电动、手动两用腰椎间盘复位机

## 无效宣告请求审查决定（第9418号）

**决　　定　　点**　第9418号
**决　　定　　日**　2006年12月30日
**发明创造名称**　电动、手动两用腰椎间盘复位机
**国 际 分 类 号**　A61F 5/04，A61H 39/04
**无效宣告请求人**　大连蓝天软伤专科医院
**专 利 权 人**　张福民
**专　　利　　号**　96105000.4
**申　　请　　日**　1996年5月13日
**授 权 公 告 日**　2001年10月24日
**合 议 组 组 长**　李　隽
**主　　审　　员**　刘　畅
**参　　审　　员**　张梅珍

**法　律　依　据**　专利法第22条第2款、第3款、第4款，专利法第26条第3款、第4款，专利法第33条；专利法实施细则第20条第1款，专利法实施细则第21条第2款

**决　定　要　点**

如果一项权利要求与现有技术之间存在区别技术特征，且该区别技术特征不属于本领域的公知常识，则该项权利要求具备创造性。

### 一、案由

本无效宣告请求涉及中华人民共和国国家知识产权局于2001年10月24日授权公告的、名称为“电动、手动两用腰椎间盘复位机”的发明专利权（下称本专利），其申请号为96105000.4、申请日为1996年5月13日，专利权人为张福民。该专利授权公告时的权利要求书如下：

“1. 电动、手动两用腰椎间盘复位机，包括复位仪（1）滑架（2）活动床架（3）固定床架（4）升降机构（5）等部分，其特征在于复位仪（1）中的杵针（14）经针盘（13）和压力传感器（37）同四连杆（10）连接，四连杆（10）通过滑套（8）安装在门架上，通过手轮（12）和正反螺杆（11）控制四连杆（10），使杵针（14）上下移动，通过滑套（8）使杵针（14）沿门架左右移动；杵针（14）加压由压力传感器（37），通过数显箱（6）指示压力值；活动床架（3）与固定床架（4）连接处设有铰链，活动床架（3）通过升降机构（5）可绕铰链轴转动；复位仪（1）横向位置

调整和空间支承机构的滑架（2），包括滑轮（24）手轮（25）齿条（26）齿轮（27）轴（28）和门架，顺时针转动手轮（25），滑架（2）向左移动，逆时针转动滑架（2）向右移。

2. 按权利要求1所述的腰椎间盘复位机，其特征在于升降机构（5）为压板式机构，包括开有长槽的拉板（41）轴套（42）背帽（43）固定锁（44）平垫（45）锁紧轴（46）螺母（47）手把（48），当活动床架（3）沿中心铰链轴转动任一角度时，锁紧轴（46）沿着拉板（41）中的长槽滑动，当活动床架（3）转动一定角度时，背紧螺母（47）将活动床架锁住，床面固定在倾斜状态。

3. 按权利要求1所述的腰椎间盘复位机，其特征在于升降机构（5）为齿轮与丝杆式机构，当电机（23）旋转，电机小齿轮带动大带轮（21）转动，齿轮（20）带动丝杆齿轮（19）转动，丝杆（15）转动，推动丝母（17）移动，丝母推动支臂（16）将上床架顶起。

4. 按权利要求3所述的腰椎间盘复位机，其特征在于无电时，通过摇把（18）转动丝杆（15），将上床架顶起。

5. 按权利要求1所述的腰椎间盘复位机，其特征在于升降机构为蜗轮与蜗杆式机构，包括蜗杆（29）蜗轮螺母（30）铰链（31）丝杠（32）壳体支架（33）壳体（34）支承轴（35）支点（36）转动蜗杆（29）驱动蜗轮螺母（30）转动，使丝杠（31）上升或下降，带动活动床架（3）绕支点（36）升起或落下，壳体支架（33）固定在固定床架（4）上，当丝杠升起的同时，壳体（34）绕壳体支架（33）的支承轴（35）作左或右摆动，直至丝杠带动活动床架落下时，壳体（34）处于水平状态。”

针对上述专利权，大连蓝天软伤专科医院（下称请求人）于2005年4月18日向专利复审委员会提出无效宣告请求，同时提交了如下附件：

附件1：专利号为ZL93222617.5的实用新型专利说明书全文，共6页，其授权公告日为1995年11月1日（下称证据1）；

附件2：专利号为ZL93222950.6的实用新型专利说明书全文，共8页，其授权公告日为1994年8月17日（下称证据2）；

附件3：专利号为ZL95204732.2的实用新型专利说明书全文，共7页，其授权公告日为1995年12月27日（下称证据3）；

附件4：本专利申请公开说明书全文，共18页。

请求人认为，（1）由于将权利要求1从“左端或中心铰链连接”修改为“铰链”，扩大了保护范围，并且删除了转角大小通过轴编码器送入数显箱……扩大了保护范围，超出了原始记载的技术方案及范围，因此权利要求1的修改不符合专利法第33条的规定；（2）说明书没有对门架这一必要特征，滑架的各部件与滑架、活动床架的连接关系作出说明，因此说明书不符合专利法第26条第3款的规定；（3）权利要求1~5请求保护的技术方案的全部技术特征已经在证据1中公开，因此，权利要求1~5与证据3相比不具备新颖性，不符合专利法第22条第2款的规定；（4）权利要求1~5的技术方案与证据1、3的结合或证据2、3的结合相比不具备创造性，不符合专利法第22条第3款的规定；（5）独立权利要求1缺少部件之间的连接、作用关系这样的必要技术特征，没有反映完整的技术方案，其从属权利要求与独立权利要求1合并形成新的独立权利要求，也缺少必要技术特征，因此权利要求1~5不符合专利法实施细则第21条第2款的规定；（6）权利要求1~5中缺少相互连接关系的技术特征，使得技术方案及保护范围不清楚，因此，权利要求1~5不符合专利法实施细则第20条第1款的规定；（7）权利要求1中的门架，权利要求2中的升降机构为压板式机构在说明书中没有记载，因此权利要求1、2没有以说明书为依据，其余权利要求都是权利要求1、2的从属权利要求，也没有以说明书为依据，因此权利要求1~5不符合专利法第26条第4款的规定。

经形式审查合格，专利复审委员会依法受理了上述无效宣告请求，于2005年5月30日向双方当事人发出无效宣告请求受理通知书，并将无效宣告请求书及其附件副本转送给专利权人，要求专利权人于收到该通知一个月内就请求人提出的无效宣告请求陈述意见。

请求人于2005年5月17日向专利复审委员会提交了意见陈述书，补充提交了作为证据使用的如下补充附件：

补充附件1：北京理工大学出版社出版发行的、于1995年5月第一次印刷的《机械基础》复印件共2页，包括版权页、第218页（下称证据4）；

补充附件2：专利号为ZL95201557.9的实用新型专利说明书共13页，包括首页、说明书第1~7页、说明书附图第1~5页，其授权公告日为1996年12月4日（下称证据5）；

补充附件3：申请号为89213024.5的实用新型专利申请说明书全文，共8页，其公告日为1990年3月28日（下称证据6）；

补充附件4：申请号为88215912.7的实用新型专利申请说明书全文，共7页，其公告日为1989年4月5日（下称证据7）；

补充附件5：陕西科学技术出版社出版发行的、于1990年9月第1次印刷的《新型蜗杆传动》复印件共2页，包括版权页、第233页（下称证据8）。

请求人认为，证据4与证据1结合进一步证明权利要求1不具备创造性；证据5或6与证据1结合进一步证明权利要求3、4不具备创造性；证据7或8与证据1结合进一步证明权利要求5不具备创造性。

针对上述无效宣告请求受理通知书，专利权人于2005年7月12日向专利复审委员会提交了意见陈述书，认为（1）请求人只是提出了权利要求1在形式上所进行的修改，而没有说明这种修改超出原权利要求和说明书范围的理由，因此，请求人认为本专利不符合专利法第33条的理由不能成立；（2）本专利的说明书和附图已经对本专利的技术方案进行了清楚、完整的描述，包括门架、滑架的各部件与滑架及活动床架的连接关系，本领域技术人员能够实现，因此，本专利符合专利法第26条第3款的规定；（3）本专利权利要求1与证据3存在区别技术特征，因此权利要求1具备新颖性，权利要求2~5是权利要求1的从属权利要求，在权利要求1具备新颖性的前提下，权利要求2~5也具备新颖性，因此权利要求1~5符合专利法第22条第2款的规定；（4）请求人没有说明证据1~3影响权利要求1~5的创造性的理由，因此，请求人关于权利要求1~5不具备创造性的理由不能成立；（5）请求人没有给出本专利缺少必要技术特征以及缺少哪些必要技术特征的事实，因此，请求人关于权利要求1缺少必要技术特征的理由不能成立；（6）权利要求1~5所记载的技术方案是清楚的，如果权利要求不清楚或者不能确定其保护范围，则无法评价其新颖性和创造性，因此，请求人关于权利要求1~5不清楚的理由不能成立；（7）根据权利要求2的内容，“压板式机构”还通过其他特征“包括开有长槽的拉板（41）轴套（42）……床面固定在倾斜状态”进行了限定，这些限定是“压板式机构”的真正含义，而该限定已明确记载于说明书中，因此，请求人关于权利要求2没有以说明书为依据的理由不能成立。

针对上述无效宣告请求，专利复审委员会依法成立合议组，本案合议组于2005年10月10日向双方当事人发出无效宣告请求口头审理通知书，指出定于2005年11月7日进行口头审理。随同口头审理通知书，将专利权人于2005年7月12日提交的意见陈述书转送给请求人，并将请求人于2005年5月17日提交的意见陈述书及其附件清单中所列附件副本转送给专利权人。

口头审理如期举行，双方当事人均参加了口头审理。

在口头审理过程中：(1) 请求人明确其无效宣告的理由、证据和范围为：权利要求 1~5 不符合专利法第 22 条第 2、3、4 款、第 26 条第 4 款以及专利法实施细则第 20 条第 1 款、第 21 条第 2 款的规定；说明书不符合专利法第 26 条第 3 款的规定；权利要求 1 的修改不符合专利法第 33 条的规定；(2) 请求人明确表示使用证据 3、证据 4、证据 7，放弃证据 1、2、5、6、8，权利要求 1~5 相对于证据 3 不具备新颖性，权利要求 1 相对于证据 3、4 的结合不具备创造性，权利要求 2~5 相对于证据 3 以及本领域的惯用手段不具备创造性，权利要求 3~5 相对于证据 3、7 的结合不具备创造性；(3) 专利权人对证据 3、4、7 的真实性表示认可，但认为证据 4 与本案无关联；(4) 关于专利法第 22 条第 4 款、第 26 条第 3 款以及专利法实施细则第 20 条第 1 款、第 21 条第 2 款，请求人认为，权利要求 1 中的压力传感器是连接器件，没有公开压力传感器与其他部件的连接关系，并且缺少滑架各组成部件之间的连接关系，权利要求 2 中缺少压板式机构的各组成部件的连接关系，权利要求 5 中缺少蜗轮与蜗杆式机构的各组成部件的连接关系，权利要求 1、2、5 中的技术方案不能实现电动、手动两用，且上述内容均未在说明书中记载，以上从属权利要求引入的主要部件与外部部件如固定床架、活动床架连接关系没有相应特征。对此，专利权人认为，说明书及附图中有相关记载，且压力传感器位于力的传导链上，连接关系清楚；(5) 关于专利法第 26 条第 4 款，请求人认为，权利要求 1 中的门架在说明书中没有记载，权利要求 1 中的“顺时针……向右移”、权利要求 2 中的“当活动床架……倾斜状态”均为功能性限定，保护范围过宽，得不到说明书的支持。对此专利权人认为，说明书及附图可以解释上述内容；(6) 关于权利要求 1 的新颖性和创造性，专利权人认为，证据 3 与权利要求 1 存在区别技术特征，请求人认可证据 3 中的齿轮轴是一体的，本专利的齿轮和轴是两个部件，但认为其实质上是一样的；关于权利要求 2~5 的新颖性和创造性，请求人认为，证据 3 没有完全公开权利要求 2~5 的全部附加技术特征，但未公开部分是本领域的惯用技术手段的等同替换或公知常识。对此专利权人认为，权利要求 2~5 公开了本专利的升降机构的几种实施例，相对于现有技术具备新颖性和创造性；(7) 关于专利法第 33 条，请求人认为，本专利授权文本的权利要求 1 删除了公开文本的权利要求 1 中的“当电机通电……送入数显箱”，这样的修改不符合专利法第 33 条的规定。对此专利权人认为，这种修改符合专利法第 33 条的规定；(8) 双方表示已对本案充分发表意见，合议组要求双方在庭审后 10 日内提交口头审理中已发表意见的书面总结。

2005 年 11 月 16 日专利权人向专利复审委员会提交了意见陈述书，同日，请求人向专利复审委员会寄交了意见陈述书，双方在意见陈述书中均重述了口审时的观点。

至此，合议组认为本案事实已经清楚，现依法作出审查决定。

**二、决定的理由**

1. 关于证据

请求人提交的证据为证据 1~3（即附件 1~3）证据 4~8（即补充附件 1~5），在口头审理中，请求人明确表示放弃证据 1、2、5、6、8，因此对这些证据不再进行评述；请求人明确表示使用证据 3、4、7，专利权人对证据 3、4、7 的真实性无异议，合议组经审查认为，证据 3、4、7 可以作为本案证据使用。由于证据 3、4、7 的公开日期均早于本专利的申请日，因此其上记载的内容构成本专利的现有技术。

2. 关于专利法第 33 条

专利法第 33 条规定：申请人可以对其专利申请文件进行修改，但是，对发明和实用新型专利申请文件的修改不得超出原说明书和权利要求书记载的范围，对外观设计专利申请文件的修改不得超出原图片或者照片表示的范围。

请求人认为，专利权人在答复第一次审查意见通知书时进行的修改中，将权利要求1中的“左端或中心铰链连接”改为“铰链”，同时删除了“转角大小通过轴编码器送入数显箱”，因而超出了原始申请文件所记载的技术方案，不符合专利法第33条的规定。

对此合议组认为，授权文本中的权利要求1所记载的技术方案为：“电动、手动两用腰椎间盘复位机，包括复位仪（1）滑架（2）活动床架（3）固定床架（4）升降机构（5）等部分，其特征在于复位仪（1）中的杵针（14）经针盘（13）和压力传感器（37）同四连杆（10）连接，四连杆（10）通过滑套（8）安装在门架上，通过手轮（12）和正反螺杆（11）控制四连杆（10），使杵针（14）上下移动，通过滑套（8）使杵针（14）沿门架左右移动；杵针（14）加压由压力传感器（37），通过数显箱（6）指示压力值；活动床架（3）与固定床架（4）连接处设有铰链，活动床架（3）通过升降机构（5）可绕铰链轴转动；复位仪（1）横向位置调整和空间支承机构的滑架（2），包括滑轮（24）手轮（25）齿条（26）齿轮（27）轴（28）和门架，顺时针转动手轮（25），滑架（2）向左移动，逆时针转动滑架（2）向右移。”上述特征已经在原始申请的说明书第1页最后一段至第5页第1段中有所记载。虽然专利权人在答复第一次审查意见通知书时将权利要求1中的特征“左端或中心铰链连接”和“转角大小通过轴编码器送入数显箱”删除，但修改后的权利要求1所限定的技术方案在原始申请文件中已有所记载，本领域技术人员可以从原始申请文件所记载的内容中直接地、毫无疑义地确定权利要求1所限定的技术方案，因而，专利权人对权利要求1进行的修改符合专利法第33条的规定，请求人的主张不能成立。

3. 关于专利法第22条第4款、第26条第3款，专利法实施细则第20条第1款以及专利法实施细则第21条第2款

请求人认为，权利要求1中压力传感器是连接器件，但在权利要求1中没有公开压力传感器与其他部件的连接关系，并且缺少滑架各组成部件之间的连接关系，权利要求2中缺少压板式机构的各组成部件的连接关系，权利要求5中缺少蜗轮与蜗杆式机构的各组成部件的连接关系，权利要求1、2、5中的技术方案不能实现电动、手动两用，且上述内容均未在说明书中记载。因而本专利不符合专利法第22条第4款、第26条第3款，专利法实施细则第20条第1款以及专利法实施细则第21条第2款的相关规定。

经审查，权利要求1中明确记载了“杵针（14）经针盘（13）和压力传感器（37）同四连杆（10）连接，四连杆（10）通过滑套（8）安装在门架上”，在本专利说明书的图1和图6中也可以看出压力传感器与其他部件之间的连接关系，权利要求1中对滑架的组成部件的限定为“滑架（2），包括滑轮（24）手轮（25）齿条（26）齿轮（27）轴（28）和门架”，此外，权利要求1还对滑架的工作方式作出了限定：“顺时针转动手轮（25），滑架（2）向左移动，逆时针转动滑架（2）向右移”，另外，说明书附图3也对滑架的各组成部件作出了示意性的解释。

权利要求2中限定了压板式机构包括有“开有长槽的拉板（41）轴套（42）背帽（43）固定锁（44）平垫（45）锁紧轴（46）螺母（47）手把（48）”，此外，权利要求2还对压板式机构的工作方式进行了限定：“当活动床架（3）沿中心铰链轴转动任一角度时，锁紧轴（46）沿着拉板（41）中的长槽滑动，当活动床架（3）转动一定角度时，背紧螺母（47）将活动床架锁住，床面固定在倾斜状态”，在本专利说明书的图8也对压板式机构的组成及连接作出了示意性的说明。权利要求5中限定了蜗轮与蜗杆式机构包括“蜗杆（29）蜗轮螺母（30）铰链（31）丝杠（32）壳体支架（33）壳体（34）支承轴（35）支点（36）”。

权利要求5中还对蜗轮与蜗杆式机构的工作方式进行了限定：“转动蜗杆（29），驱动蜗轮螺母（30）转动，使丝杠（31）上升或下降，带动活动床架（3）绕支点（36）升起或落下，壳体支架

（33）固定在固定床架（4）上，当丝杠升起的同时，壳体（34）绕壳体支架（33）的支承轴（35）作左或右摆动，直至丝杠带动活动床架落下时，壳体（34）处于水平状态”，在说明书的附图 5 中也对蜗轮与蜗杆式机构作出了示意性的说明。

（1）关于专利法第 20 条第 1 款。

专利法实施细则第 20 条第 1 款规定：“权利要求书应当说明发明或者实用新型的技术特征，清楚、简要地表述请求保护的范围。”

合议组认为，权利要求 1 涉及一种电动、手动两用腰椎间盘复位机，在权利要求 1 中已经记载了压力传感器与其他部件的连接关系，虽然权利要求 1 中没有对滑架的各部件之间的连接关系作出具体说明，但是结合权利要求 1 中对滑架的工作方式的相关描述以及说明书附图的示意性解释，本领域技术人员可以确定并实现权利要求 1 中滑架的各部件之间的连接关系。同理，虽然权利要求 2 中没有对压板式机构的各部件之间的连接关系作出具体说明，但是结合权利要求 2 中对压板式机构的工作方式的相关描述以及说明书附图的示意性解释，本领域技术人员可以确定并实现权利要求 2 中压板式机构的部件之间的连接关系。同样，虽然权利要求 5 中没有对蜗轮与蜗杆式机构的各部件之间的连接关系作出具体说明，但是结合权利要求 5 中对蜗轮与蜗杆式机构的工作方式的相关描述以及说明书附图的示意性解释，本领域技术人员可以确定并实现权利要求 5 中蜗轮与蜗杆式机构的部件之间的连接关系。综上所述，权利要求 1、2、5 是清楚的。由于权利要求 3 引用了权利要求 1，权利要求 4 引用了权利要求 3，且请求人认定本专利权利要求 3、4 不清楚的理由与权利要求 1 不清楚的理由一样，因此在权利要求 1 清楚的情况下，权利要求 3、4 也是清楚的，综上所述，权利要求 1~5 符合专利法实施细则第 20 条第 1 款的规定。

（2）关于专利法第 26 条第 3 款。

专利法第 26 条第 3 款规定：“说明书应当对发明或者实用新型作出清楚、完整的说明，以所属技术领域的技术人员能够实现为准；必要的时候，应当有附图。摘要应当简要说明发明或者实用新型的技术要点。”

如上所述，本专利的说明书附图 1、3、5、6、8 已经对压力传感器与其他部件的连接关系、滑架的各组成部件之间的连接关系、压板式机构的各组成部件之间的连接关系以及蜗轮与蜗杆式机构的各组成部件间的连接关系作出了示意性的解释，此外，在说明书第 2 页倒数第 3 段至第 3 页倒数第 3 段也有相关的文字说明，本领域的技术人员完全可以确定并实现其连接关系。因此，本专利的说明书已经对压力传感器与其他部件的连接关系、滑架的各组成部件之间的连接关系、压板式机构的各组成部件之间的连接关系以及蜗轮与蜗杆式机构的各组成部件间的连接关系作出了清楚、完整的说明，因而说明书的公开是充分的，符合专利法第 26 条第 3 款的规定。

（3）关于专利法实施细则第 21 条第 2 款。

专利法实施细则第 21 条第 2 款规定：“独立权利要求应当从整体上反映发明或者实用新型的技术方案，记载解决技术问题的必要技术特征。”

如上所述，权利要求 1 虽然没有对压力传感器与其他部件的连接关系以及滑架各组成部件之间的连接关系进行具体说明，但是，通过权利要求 1 中对压力传感器及滑架的工作方式的描述，本领域技术人员能够确定并实现压力传感器与其他部件的连接关系以及滑架各组成部件之间的连接关系，因而本领域技术人员根据权利要求 1 所限定的技术方案可以实现本专利，并解决完善原腰椎间盘复位机结构设计，实现治疗过程电气化操作，数据化管理，增加治疗的准确性，减少治疗的辅助操作时间，减轻患者痛苦，提高治疗效率的技术问题。因此，权利要求 1 记载了解决技术问题的必要技术特征，符合专利法实施细则第 21 条第 2 款的规定。

（4）关于专利法第 22 条第 4 款。

专利法第 22 条第 4 款规定："实用性，是指该发明或者实用新型能够制造或者使用，并且能够产生积极效果。"

如上所述，权利要求 1、2、5 已经对压力传感器与其他部件的连接关系、滑架的各组成部件之间的连接关系、压板式机构的各组成部件之间的连接关系以及蜗轮与蜗杆式机构的各组成部件间的连接关系作出了清楚的说明，说明书第 2 页倒数第 3 段至第 3 页倒数第 3 段以及说明书附图 1、3、5、6、8 也对上述部件之间的连接关系作出了清楚、完整的说明，因而本领域技术人员根据本专利权利要求书及说明书所记载的技术方案可以实现本发明，并解决完善原腰椎间盘复位机结构设计，实现治疗过程电气化操作，数据化管理，增加治疗的准确性，减少治疗的辅助操作时间，减轻患者痛苦，提高治疗效率的技术问题。因而，权利要求 1~5 符合专利法第 22 条第 4 款的规定。

4. 关于专利法第 26 条第 4 款

专利法第 26 条第 4 款规定："权利要求书应当以说明书为依据，说明要求专利保护的范围。"

请求人认为，权利要求 1 中的门架在说明书中没有记载，权利要求 1 中的"顺时针转动手轮（25），滑架（2）向左移动，逆时针转动滑架（2）向右移"、权利要求 2 中的"当活动床架（3）沿中心铰链轴转动任一角度时，锁紧轴（46）沿着拉板（41）中的长槽滑动，当活动床架（3）转动一定角度时，背紧螺母（47）将活动床架锁住，床面固定在倾斜状态"均为功能性限定，保护范围过宽，得不到说明书的支持。

在本专利说明书第 2 页倒数第 2 段记载了："复位仪杵针沿滑架左右方向及上下方向移动"，在本专利说明书附图 1、2 可以看到，滑架 2 上面横置有一滑轨供复位仪杵针横向移动，该滑轨与两侧的滑架组成了本领域所公知的门架结构。虽然说明书文字部分没有对门架这一结构进行说明，但是根据说明书附图 1、2 所公开的内容，本领域技术人员能够看出滑架上的门架这一本领域所公知的结构，并了解该结构在权利要求 1 所限定的技术方案中所起到的作用，因而权利要求 1 所记载的内容能够从说明书所公开的内容中得出。此外，本领域技术人员根据权利要求 1、2 中对滑架及压板式机构组成部件的描述，结合权利要求 1、2 中关于滑架与压板式机构工作方式的限定，可以清楚地得出滑架及压板式机构中各部件之间的连接关系并得以实现。因而，权利要求 1、2 中对滑架及压板式机构工作方式的限定是允许的。综上所述，本专利权利要求 1、2 是以说明书为依据的，由于权利要求 3、5 引用了权利要求 1，权利要求 4 引用了权利要求 3，且请求人认定本专利权利要求 3~5 得不到说明书支持的理由与权利要求 1、2 得不到说明书支持的理由一样，因此在权利要求 1、2 符合专利法第 26 条第 4 款的情况下，权利要求 3~5 也符合专利法第 26 条第 4 款的规定。

5. 关于专利法第 22 条第 2、3 款

专利法第 22 条第 2 款规定："新颖性，是指在申请日以前没有同样的发明或者实用新型在国内外出版物上公开发表过、在国内公开使用过或者以其他方式为公众所知，也没有同样的发明或者实用新型由他人向国务院专利行政部门提出过申请并且记载在申请日以后公布的专利申请文件中。"

专利法第 22 条第 3 款规定："创造性，是指同申请日以前已有的技术相比，该发明有突出的实质性特点和显著的进步，该实用新型具有实质性特点和进步。"

（1）关于权利要求 1 与证据 3、4 相比是否具备创造性。

本案中，请求人认为权利要求 1 相对于证据 3、4 的结合不具备创造性。

本专利的权利要求 1 涉及一种电动、手动两用腰椎间盘复位机，包括复位仪（1）滑架（2）活动床架（3）固定床架（4）升降机构（5）等部分，其特征在于复位仪（1）中的杵针（14）经针盘（13）和压力传感器（37）同四连杆（10）连接，四连杆（10）通过滑套（8）安装在门架上，通过

手轮（12）和正反螺杆（11）控制四连杆（10），使杵针（14）上下移动，通过滑套（8）使杵针（14）沿门架左右移动；杵针（14）加压由压力传感器（37），通过数显箱（6）指示压力值；活动床架（3）与固定床架（4）连接处设有铰链，活动床架（3）通过升降机构（5）可绕铰链轴转动；复位仪（1）横向位置调整和空间支承机构的滑架（2），包括滑轮（24）手轮（25）齿条（26）齿轮（27）轴（28）和门架，顺时针转动手轮（25），滑架（2）向左移动，逆时针转动滑架（2）向右移。

证据3公开了一种脊椎病多功能治疗机，其包括复位仪（参见图3）调位器（参见说明书第2页第3至5行，图2，相当于权利要求1中的“滑架”）活动床面（参见说明书第2页第1至3行，相当于权利要求1中的“活动床架”）床纵撑、床腿、床横撑（分别参见图1中的“2”“3”“4”，相当于权利要求1中的“固定床架”）四连杆升降机构（参见说明书第2页第1、2行，图1中的“5”，相当于权利要求1中的“升降机构”），复位仪中的杵针（参见图3中的“22”）经杵杆盘（参见图3中的“21”，相当于权利要求1中的“针盘”）和压力传感器（参见图3中的“36”）同四连杆（参见图3中的“18”）连接，四连杆通过轴套（参见图3中的“17”，相当于权利要求1中的“滑套”）安装在左右支架（参见图2中的“7”）和光杆（参见图2中的“8”）形成的门架上，通过手轮（参见图3中的“19”）和四连杆丝杠（参见图3中的“25”，相当于权利要求1中的“正反螺杆”）控制四连杆，使杵针上下移动，通过轴套使杵针沿光杆移动（参见说明书第2页第6、7行，图1、3）；杵针加压由压力传感器，压力及时间数显箱（参见图1中的“14”）实现压力的数字显示控制和加压时间的控制；四连杆升降机构通过连接板连接在床面的下面，可使床面绕铰链向上支起和落下；调位器（相当于权利要求1中的“复位仪横向位置调整和空间支承机构的滑架”），包括导轮（参见图1中的“10”，相当于权利要求1中的“滑轮”）手轮（参见图1中的“16”）齿条（参见图2中的“30”）齿轮轴（参见图2中的“29”）以及左右支架（参见图2中的“7”）和光杆（参见图2中的“8”）形成的门架，转动手轮通过齿轮轴在齿条上的滚动带动拖板（参见图1中的“11”）沿床面实现左右移动，即带动门架沿床面实现左右移动。

本专利权利要求1请求保护的电动、手动两用腰椎间盘复位机与证据3公开的脊椎病多功能治疗机相比，其区别在于：①权利要求1中的复位仪的滑架包括齿轮、轴，而对比文件1中的调位器包括齿轮轴；②权利要求1中，顺时针转动手轮滑架向左移动，逆时针转动滑架向右移，而对比文件1公开了转动手轮使门架左右移动。

证据4是北京理工大学出版社出版发行的1995年5月第一次印刷的《机械基础》，其上记载的内容属于本领域的公知常识，证据4公开了齿轮传动的分类，其中包括齿轮齿条的传动方式。

经审查，合议组认为，①权利要求1中的齿轮、轴为分体结构，其通过与齿条相啮合而使滑架移动，对比文件1中没有公开齿轮轴的具体结构，但该齿轮轴也是通过其上的齿轮与齿条之间的啮合而使调位器移动，两者的工作原理相同，所起的作用也相同，根据证据4可知，齿轮与齿条相啮合是本领域一种公知的传动方式，本领域的技术人员容易想到利用齿轮轴与齿条的啮合构成传动系统或者利用分体式的齿轮、轴与齿条的啮合构成传动系统，此外，本专利中没有披露齿轮、轴这样的分体结构除了与齿条啮合使滑架移动之外还具有其他的技术效果，即，这种分体结构并没有产生作为传动系统之外的预料不到的技术效果；②对比文件1记载了转动手轮使门架左右移动，这包括顺时针转动手轮使门架向左移动、逆时针转动手轮使门架向右移动，或者顺时针转动手轮使门架向右移动、逆时针转动手轮使门架向左移动，两种方式的效果是相同的，本领域的技术人员将其设计为权利要求1所述的方式只是一种常规选择，这种设计并没有产生预料不到的技术效果。因此，权利要求1相对于证据3与本领域的公知常识结合不具备创造性，不符合专利法第22条第3款的规定。

（2）关于权利要求 2~5 是否具备创造性。

请求人认为权利要求 2 相对于证据 3 以及本领域的惯用手段不具备创造性，权利要求 3~5 相对于证据 3、7 的结合不具备创造性。

证据 7 公开了一种不用人抬病人的手术后换床装置，具体公开了以下技术特征（参见证据 7 说明书第 4 页第 5 至 12 行，图 1）：当电机（参见图 1 中的“1”）转动时，使与电机轴同轴的蜗杆（参见图 1 中的“2”）旋转并带动蜗轮（参见图 1 中的“3”）转动，再通过一对蜗轮蜗杆的传动，使双向丝杠（参见图 1 中的“4”）旋转，在双向丝杠的两侧各有一条横杠，横杠中间为丝杠螺母，随双向丝杠的转动，两个丝杠螺母随之向中间靠拢或分开，与丝杠螺母成一体的横杠的两端都有铰接的活动支臂（参见图 1 中的“5”），支臂的上端就产生下降或上升动作，而手术台的台面支架（参见图 1 中的“6”）与活动支臂上的上端是铰接连接，这样，手术台台面和床腿（参见图 1 中的“9”）也跟着下降或上升。

权利要求 2、3、5 对权利要求 1 中的腰椎间盘复位机的升降机构做了进一步的限定，但证据 3 公开的脊椎病多功能治疗机对四连杆升降机构的描述为：“四连杆升降机构 5 通过连接板 6 连接在床面 1 的下面，可使床面绕铰链 15 向上支起和落下”，由此可见，权利要求 2、3、5 所进一步限定的升降机构与证据 3 中的升降机构的结构及工作原理均不同，且权利要求 2、3、5 与证据 3 的区别不属于本领域的公知常识。证据 7 公开的换床装置虽然公开了一种利用电机带动蜗轮蜗杆传动从而实现床面在水平位置上升降的机构，但是，证据 7 中的升降机构所起的作用为通过升降床面而免除手术过的病人被抬来抬去所带来的痛苦，也减轻了医护人员的劳动强度，同时便利了大夫的手术操作，而本专利中的升降机构是通过压板式、齿轮与丝杆式或蜗轮与蜗杆式三种不同的实施方式来改变床面的俯仰角度，由此可见，本专利中的升降机构与证据 7 中的升降机构所解决的技术问题及带来的技术效果均不同，二者之间缺乏结合的启示，因而，权利要求 2、3、5 相对于证据 3、7 具备专利法第 22 条第 3 款所规定的创造性。

由于权利要求 3 具备创造性，引用权利要求 3 的权利要求 4 也具备创造性。

综上所述，权利要求 1 不具备专利法第 22 条第 3 款所规定的创造性，权利要求 2~5 具备专利法第 22 条第 3 款所规定的创造性。

据此，本案合议组作出如下决定。

**三、决定**

宣告 96105000.4 号发明专利权的权利要求 1 无效，在权利要求 2~5 的基础上维持专利权继续有效。

当事人对本决定不服的，可以根据专利法第 46 条第 2 款的规定，自收到本决定之日起三个月内向北京市第一中级人民法院起诉。根据该款的规定，一方当事人起诉后，另一方当事人应当作为第三人参加诉讼。

040

# 海水源热泵机组

## 无效宣告请求审查决定（第9420号）

**决　　定　　号**　第9420号
**决　　定　　日**　2006年12月11日
**发明创造名称**　海水源热泵机组
**国 际 分 类 号**　F25B 30/06，F24F 5/00，F24J3/06
**无效宣告请求人**　徐　荣
**专　利　权　人**　烟台蓝德空调工业科技有限公司
**申　　请　　号**　200420052373.5
**申　　请　　日**　2004年7月19日
**授 权 公 告 日**　2005年9月7日
**合 议 组 组 长**　崔　震
**主　　审　　员**　朱文广
**参　　审　　员**　郭建强

**法　律　依　据**　专利法第22条第3款
**决　定　要　点**
如果一项权利要求相对于现有技术是显而易见的，那么该项权利要求不具有创造性。

### 一、案由

本无效宣告请求涉及中华人民共和国国家知识产权局于2005年9月7日授权公告的、名称为“海水源热泵机组”的实用新型专利权（下称涉案专利），其申请号是200420052373.5，申请日是2004年7月19日，专利权人是烟台蓝德空调工业科技有限公司。该专利授权公告时的权利要求书如下：

“1. 一种海水源热泵机组，其特征是，它具有制冷压缩机（3），制冷压缩机（3）通过管路分别与满液式蒸发器（1）、水冷壳管式冷凝器（2）连通，满液式蒸发器（1）通过管路、节流装置（24）与水冷壳管式冷凝器（2）连通，

所述满液式蒸发器（1）具有筒体（4），筒体（4）内设有耐腐蚀换热管（8），筒体（4）的端部设有耐腐蚀管板（7），耐腐蚀换热管（8）固定在耐腐蚀管板（7）上，在筒体（4）的一端连接有水箱（5），水箱（5）上设有进水口（12）、出水口（13），水箱（5）与耐腐蚀换热管（8）的管腔连通，在筒体（4）的另一端连接有回水水室（6），回水水室（6）与耐腐蚀换热管（8）的管腔连通，在筒体（4）的顶端设有均气板（10），

所述水冷壳管式冷凝器（2）具有筒体（14），筒体（14）内设有耐腐蚀换热管（18），筒体（14）的端部设有耐腐蚀管板（17），耐腐蚀换热管（18）固定在耐腐蚀管板（17）上，在筒体（14）的一端连接有水箱（15），水箱（15）上设有进水口（20）、出水口（21），水箱（15）与耐腐蚀换热管（18）的管腔连通，在筒体（14）的另一端连接有回水水室（16），回水水室（16）与耐腐蚀换热管（18）的管腔连通。

2. 根据权利要求1所述的海水源热泵机组，其特征是，在所述满液式蒸发器（1）的水箱（5）和回水水室（6）内设有化学电池的正极。

3. 根据权利要求1所述的海水源热泵机组，其特征是，在所述水冷壳管式冷凝器（2）的水箱（15）和回水水室（16）内设有化学电池的正极。

4. 根据权利要求1所述的海水源热泵机组，其特征是，在所述水冷壳管式冷凝器（2）的出水口（21）处设有温度传感器（23）。"

针对上述专利权，徐荣（下称请求人）于2006年2月26日向专利复审委员会提出无效宣告请求，其无效的理由是权利要求1~4不具有创造性。请求人提交的附件如下：

附件1：公开号为CN1442658A的发明专利申请公开说明书，其公开日为2003年9月17日，共6页；

附件2：由国家知识产权局专利信息中心提供的编号为05-282号检索报告复印件一份，共5页。

请求人的意见如下：（1）权利要求1与附件1的区别在于前者的满液式蒸发器设有均气板，且冷凝器的结构与蒸发器基本相同。其中管壳式换热器中设置均气板是本领域通常采用的方法，此外在附件1公开的满液式蒸发器结构的技术启示下，冷凝器显然也可采用与蒸发器相同的结构，因此权利要求1相对于附件1不具有创造性。（2）权利要求2和3的附加技术特征已经在附件1中公开，因此权利要求2和3的技术方案也是显而易见的，不具有创造性。（3）权利要求4的附加技术特征是本领域技术人员通常采用的，因此不具有创造性。

经形式审查合格，专利复审委员会依法受理了上述无效宣告请求，并于2006年4月18日向双方发出无效宣告请求受理通知书，同时将无效宣告请求书及其附件清单中所列附件的副本转送给专利权人，并要求专利权人在指定的期限内陈述意见。

在规定的期限内专利权人未陈述意见。

专利复审委员会本案合议组于2006年8月9日向双方发出无效宣告请求口头审理通知书，定于2006年9月21日举行口头审理。随同口头审理通知书，要求专利权人应在接到本通知书一周内或者在口头审理时对请求人所提的证据进行质证，否则视为没有异议。

口头审理如期举行，请求人参加了口头审理，专利权人没有出席。在口头审理中，请求人认为涉案专利的权利要求1~4不符合专利法第22条第3款的规定。用附件1评价涉案专利的创造性，用附件2辅助证明涉案专利没有创造性。请求人当庭提交了附件3——《制冷原理及设备》的封面、出版信息页、第205、233页等共6页、附件4——《制冷空调原理及应用》的封面、出版信息页、第354、355页等共6页，同时提交了附件2~4的原件，合议组经核实认为复印件与原件一致。请求人用附件1结合公知技术来评价涉案专利权利要求1~4的创造性，用附件3来说明在筒体的顶端设有均气板是公知技术，用附件4来说明权利要求4的附加技术特征是公知技术。

口头审理后，合议组于2006年9月29日向专利权人发出了无效宣告请求审查通知书，将口头审理记录表（附页）复印件以及请求人当庭提交的附件3和4转送给专利权人，并要求专利权人在接到通知书一个月内发表质证意见。专利权人逾期未答复。

至此，合议组认为本案事实已经清楚，可以作出审查决定。

## 二、决定的理由

1. 关于证据和现有技术

请求人提交的证据包括附件1~4，专利权人对附件1~4的真实性没有提出异议，合议组经核实对其真实性予以认可，其中附件3和4的提交时间虽然超出了一个月举证时间，但其证明的是公知常识，合议组据此予以接受，因此附件1~4可以作为本案的证据使用。同时由于附件1、3、4为公开出版物，其公开日期在本专利的申请日前，因此可以作为本专利的现有技术使用。

2. 本专利的权利要求1~4的创造性

创造性，是指同申请日以前已有的技术相比，该发明有突出的实质性特点和显著的进步，该实用新型具有实质性特点和进步。审查指南第二部分第四章有关发明创造性的审查基准中指出：判断发明是否具有突出的实质性特点就是要判断对本领域的技术人员来说，要求保护的发明相对于现有技术是否显而易见；在评价发明是否具有显著的进步时，主要应当考虑发明是否具有有益的技术效果。审查指南第四部分第六章第4节指出：实用新型专利创造性审查的有关内容，包括创造性的概念、创造性的审查原则、审查基准以及不同类型发明的创造性判断等内容参照审查指南第二部分第四章的规定。

本案中，请求人用附件1结合公知技术来评价涉案专利权利要求1~4的创造性，用附件3来说明在筒体的顶端设有均气板是公知技术，用附件4来说明权利要求4的附加技术特征是公知技术。专利权人对此始终没有意见陈述。

合议组经审查后认为本专利权利要求1请求保护一种海水源热泵机组，附件1（参见附件1说明书第1页第18行至第2页第8行以及附图1，2）公开了一种可利用海水源的热泵机组，其包括压缩机1、冷凝器2、节流装置6和蒸发器3，蒸发器采用满液式蒸发器结构，该蒸发器由带有工质进出口的筒体8、位于筒体8内的铝黄铜材料换热管9、垂直于筒体的管板10、带有海水进出口的铸铁封头11（即水箱）以及筒体另一端用来回水的封头（即回水室）所组成，换热管内壁、管板海水侧以及封头内壁经过海水防腐处理，蒸发器工作时海水走管程，工质走壳程。在该蒸发器中海水经过的部分都能方便可行的进行防腐处理，避开了不易进行防腐处理的壳程。权利要求1与附件1之间的区别为：权利要求1中的满液式蒸发器中设有均气板，且附件1中没有对冷凝器进行具体的限定。然而附件3《制冷原理及设备》在第233页第9.7.3节满液式蒸发器的倒数第8~10行中提到了“为了使蒸气中的液滴分离出来，小型蒸发器常在壳体上部焊接一个气包，大型蒸发器则在上部留出一定的分离空间或装有分离挡板等液滴分离装置”，以及从本专利说明书第2页倒数第1行到第3页第1行“均气板10的作用是防止工作时筒体4内的制冷剂液体被压缩机吸入”可以看出，本专利的均气板就是上述的分离挡板，由此可见在满液式蒸发器的顶端设有均气板是本领域通常采用的技术手段。至于冷凝器，在这种类型热泵机组中水冷式冷凝器是通常采用的，显然在水冷情况下，由于蒸发器和冷凝器的作用分别是使工质与海水和水进行热交换，因此从换热角度来讲虽然热流的方向不同，但两者本质雷同，因此本领域技术人员很容易想到使冷凝器采用与蒸发器相同的结构，由此就得到权利要求1请求保护的技术方案，权利要求1相对于附件1以及上述公知常识的结合不具备创造性。

权利要求2的附加技术特征是在所述满液式蒸发器（1）的水箱（5）和回水水室（6）内设有化学电池的正极。从附件1附图2中可以看到其中筒体两端分别用作水箱和回水室的封头中设置有锌块12，显然该锌块在这里即用作化学电池的正极。因此权利要求2的附加技术特征已经被附件1公开，权利要求2相对于附件1及上述公知常识也不具备创造性。

权利要求3的附加技术特征是在所述水冷壳管式冷凝器（2）的水箱（15）和回水水室（16）内设有化学电池的正极。基于权利要求1的分析可以看到冷凝器采用与蒸发器相同的结构是显而易见的，此外由于冷凝器和蒸发器都涉及防腐的问题，因此在冷凝器筒体两端分别用作水箱和回水室的封头中设置有用作化学电池的锌块也是显而易见，因此权利要求 3 相对于附件 1 及上述公知常识也是显而易见的，因此不具备创造性。

权利要求 4 的附加技术特征是在所述水冷壳管式冷凝器（2）的出水口（21）处设有温度传感器（23）。显然，在用作热泵时，由于水冷壳管式冷凝器（2）的出水口所出来的是所需的热水，因此在这里设置温度传感器对所需热水的温度进行监测是显而易见的，因此权利要求 4 相对于附件 1 及上述公知常识也不具备创造性。

基于上述分析，由于权利要求 1 相对于附件 1 和公知常识已不具备创造性，因此合议组不再对请求人提出的其他证据和事实进行评述。

根据上述的事实和理由，本案合议组依法做出以下决定。

**三、决定**

宣告 200420052373.5 号实用新型专利权全部无效。

当事人对本决定不服的，可以根据专利法第 46 条第 2 款的规定，自收到本决定之日起三个月内向北京市第一中级人民法院起诉。根据该款的规定，一方当事人起诉后，另一方当事人应当作为第三人参加诉讼。

041

# 采暖散热器

## 无效宣告请求审查决定（第9421号）

**决 定 号** 第9421号
**决 定 日** 2006年11月16日
**发明创造名称** 采暖散热器
**国 际 分 类 号** F28D 1/04
**无效宣告请求人** 天津市波沃工贸有限公司
**专 利 权 人** 浙江努奥罗散热器有限公司，上海努奥罗散热器有限公司
**申 请 号** 200420087840.8
**申 请 日** 2004年8月20日
**授 权 公 告 日** 2005年9月7日
**合 议 组 组 长** 李广峰
**主 审 员** 朱文广
**参 审 员** 郭建强

**法 律 依 据** 专利法第22条第2款、第3款
**决 定 要 点**

对于本身含义不确定的词语，需要本领域技术人员结合说明书和附图所公开的相关内容来确定其含义。

### 一、案由

本无效宣告请求涉及中华人民共和国国家知识产权局于2005年9月7日授权公告的、名称为“采暖散热器”的实用新型专利权（下称本专利），其申请号是200420087840.8，申请日是2004年8月20日，专利权人是浙江努奥罗散热器有限公司、上海努奥罗散热器有限公司。该专利授权公告时的权利要求书如下：

“1. 一种采暖散热器，该散热器具有进水集液管（1）及出水集液管（5），所述进水集液管（1）与出水集液管（5）通过一排散热管（2）连接并连通，所述散热管（2）胀接于柱翼（3）内，所述柱翼（3）的两端设有罩盖（4），其特征在于所述胀接于每个单元柱翼（3）内的散热管（2）有两根，该两根散热管（2）的两端伸出柱翼（3）并分别与进水集叶管（1）及出水集液管（5）接通，所述胀接于每个单元柱翼（3）内的两根散热管（2）相对于进水集液管（1）的轴线呈左右分布。

2. 如权利要求1所述的一种采暖散热器，其特征在于所述每个单元柱翼（3）内的两端各设有开孔的罩盖（4）。

3. 如权利要求1所述的一种采暖散热器，其特征在于所述进水集液管（1）及出水集液管（5）分别为单根直管。

4. 如权利要求1所述的一种采暖散热器，其特征在于所述进水集液管（1）及出水集液管（5）为单元直管，各单元直管与单元柱翼（3）相匹配，并且各单元直管之间为螺纹连接。

5. 如权利要求1所述的一种采暖散热器，其特征在于所述进水集液管（1）、出水集液管（5）及散热管（2）为铜材，柱翼（3）为铝材。”

针对本专利权，天津市波沃工贸有限公司（下称请求人）于2005年5月29日向专利复审委员会提出无效宣告请求，认为本专利的权利要求1~5不符合专利法第22条第2、3款的规定，同时请求人提交了如下附件：

附件1：申请日为2004年5月5日、授权公告日为2005年7月20日、专利权人为张又喜的专利号为200420040357.4号实用新型专利说明书；

附件2：由国家知识产权局专利检索咨询中心提供的编号为G060644的检索报告复印件一份，共4页；

附件3：CN86206696U号实用新型专利申请说明书，其授权公告日为1987年12月9日；

附件4：申请号为90100531.2号发明专利申请公开说明书，其公开日为1990年7月4日；

附件5：申请号为90214089.2号实用新型专利申请说明书，其授权公告日为1990年12月5日；

附件6：申请号为90202891.X号实用新型专利申请说明书，其公开日为1990年9月12日；

附件7：申请号为89204134.X号实用新型专利申请说明书，其公告日为1989年11月29日；

附件8：CN87212849U号实用新型专利申请说明书，其公告日为1988年10月5日；

附件9：申请号为91224664.2号实用新型专利申请说明书，其公告日为1992年8月5日。

请求人认为：权利要求1~5相对于附件1不具有新颖性，不符合专利法第22条第2款的规定；权利要求1~5与附件3~9相比，不具有创造性，不符合专利法第22条第3款的规定。

经形式审查合格，专利复审委员会依法受理了上述无效宣告请求，并于2006年6月1日向请求人和专利权人发出无效宣告请求受理通知书，同时将专利权无效宣告请求书及其附件清单中所列附件的副本转送给专利权人，并要求专利权人在指定的期限内陈述意见。

针对专利复审委员会于2006年6月1日发出的上述无效宣告请求受理通知书，专利权人于2006年7月14日提交了意见陈述书及相关的证据。

专利权人提交的证据如下：

证据1：国家知识产权局于2006年2月28日针对本专利做出的《实用新型专利检索报告》复印件一份，共4页。

专利权人认为：权利要求5中“进水集液管（1）、出水集液管（5）……为铜材”的内容，尽管在本专利说明书中没有记载，由于在原始申请的权利要求书中已经公开，因此并不违反专利法第26条第4款的规定；权利要求1~5的技术方案与附件1公开的不同，因此具有新颖性；权利要求1~5的技术与附件3~9中记载的已知方案在目的、构成和效果上均不相同，因此附件3~9不能破坏权利要求1~5的创造性。

本案合议组于2006年8月9日向双方发出无效宣告请求口头审理通知书，定于2006年10月16日举行口头审理。随同口头审理通知书，将专利权人于2006年7月14日提交的意见陈述书及其附件清单中所列附件的副本转送给请求人。

口头审理如期举行，双方当事人均参加了口头审理。口头审理中记录了以下事项：（1）双方出席人员对对方出席人员的身份和资格没有异议。（2）请求人明确其无效的理由、证据和范围为：权利要求 1、2、3、5 相对于附件 1 不具有新颖性，权利要求 1~5 相对于附件 3~9 的任意一篇和公知技术的结合不具有创造性。(3) 关于证据的质证：专利权人对上述证据的真实性、合法性表示认可，对上述证据的关联性有异议，认为上述证据不能证明本专利不具有新颖性和创造性。(4) 关于权利要求 1 相对于附件 1 的新颖性。请求人认为本专利权利要求 1 的特征均已被附件 1 公开。专利权人认为除了以下四点区别，其他特征均已被附件 1 公开：①本专利是进水集液管和出水集液管，附件 1 中讲的是上下连箱，没讲到上下连箱进水和出水的作用，说明书的附图仅仅是示意的功能，不能解释成管子；②柱翼的两端设置有罩盖，而附件 1 是上下连箱与封头罩相连，本专利的罩盖是设置在柱翼上的，封头罩是靠柱翼两端连接起来的，附件 1 的附图 2 中封头罩并没有架设在柱翼上，而且封头罩是与上下连箱相连的；③两根散热管的两端伸出柱翼，而附件 1 中是上下连箱 3 与每个散热片的柱翼片连接，没有讲到散热管是从柱翼上伸出这一点；④双水道散热管左右分布的特征在附件 1 的文字上没有表示。对此请求人认为：附件 1 的上下连箱指的就是进水集液管和出水集液管，只是称谓上不同，功能是相同的，都是进水和出水的管道；柱翼的两端设置有罩盖已经被附件 1 公开了，本专利所述的罩盖与封头罩的连接位置是相同的，附件 1 的附图 1、2 已经对此进行了解释，同样是封头罩设置在柱翼的两端，位置和功能都是一样的，都是为了防尘安全和美观；附件 1 的附图 2 明显的显示出散热管的两端伸出有柱翼，制作方法也进一步说明了铝翼片两端伸出有柱翼；本专利的柱翼并没有对其形状进行具体的限定，附件 1 的附图 2 已经公开了双水道散热管的分布。(5) 关于权利要求 2 的新颖性。请求人认为："每个单元柱翼 (3) 内的两端各设有开孔的罩盖 (4)" 在附件 1 中本身没有公开，但封头罩本身包括有开孔和不开孔的。专利权人认为：每个单元柱翼没有公开，没有讲到封头罩是什么形状，只是一个连通的封头罩，每个单元柱翼的两端各设封头罩没有公开，本专利的封头罩是开孔的封头罩，上下连箱与封头罩相接，本专利的是柱翼的两端设有罩盖。(6) 关于权利要求 3 的新颖性。请求人认为："进水集液管 (1) 及出水集液管 (5) 分别为单根直管。" 这一特征被附件 1 附图 1、2、3 公开。对此专利权人认为：单独直管在这 3 幅图中看不出来。(7) 关于权利要求 5 的新颖性。请求人认为："所述进水集液管 (1)、出水集液管 (5) 及散热管 (2) 为铜材，柱翼 (3) 为铝材" 中除进出水集液管为铜材没有公开外，其他均已被附件 1 公开。专利权人同意上述意见。(8) 关于权利要求 1 相对于附件 3~9 任一篇的创造性。请求人认为：附件 3~9 分别公开了关于双水道、三水道等散热管的特征，权利要求 1 的其他特征均是公知技术，因此权利要求 1 不具有创造性。专利权人认为：本专利不是只有双水道这一特征，还有其他的特征。(9) 关于权利要求 2 的创造性。请求人认为：权利要求 2 的附加技术特征在附件 3~9 中没有被公开，在附件 1 中公开了。专利权人认为：权利要求 2 的附加技术特征未被附件 1、3~9 公开。(10) 关于权利要求 3 的创造性。双方都认为权利要求 3 的附加技术特征为公知技术。(11) 关于权利要求 4 的创造性。请求人认为：在附件 4 权利要求 1 中已经公开了权利要求 4 的技术特征。专利权人认为：附件 4 仅公开了上下连箱连接进水管和出水管是螺纹连接，每个单元两个片之间没有螺纹连接，并且是不是直的看不出来。(12) 关于权利要求 5 的创造性。请求人认为：权利要求 5 是公知技术。专利权人认为请求人没有证据。

至此，合议组认为本案事实已经清楚，可以作出审查决定。

**二、决定的理由**

1. 关于证据和现有技术

请求人提交的证据是附件 1~9，其中附件 2 是由国家知识产权局专利检索中心针对本专利出具的一份检索报告，该检索报告所反映的仅仅是出具单位对本专利新颖性和创造性的一种参考性意见，本身并不能作为本专利是否具有新颖性和创造性的依据。因此在本专利新颖性和创造性的审查中不予考虑。关于附件 1、3~9，专利权人对其真实性没有异议，因此合议组经审查认定上述证据可以作为本案的证据使用。同时由于附件3~9的公开日期在本专利的申请日前，因此可以作为本专利的现有技术使用。附件1为张又喜于本专利申请日前向中国国家知识产权局提出的、在本专利申请日后公开的专利文献，因此其仅能用来评述本专利的新颖性。

2. 关于本专利的权利要求1、2、3、5相对于附件1的新颖性

新颖性，是指在申请日以前没有同样的发明或者实用新型在国内外出版物上公开发表过、在国内公开使用过或者以其他方式为公众所知，也没有同样的发明或者实用新型由他人向国务院专利行政部门提出过申请并记载在申请日以后（含申请日）公布的专利申请文件中。所谓同样的发明或者实用新型，是指技术领域、所要解决的技术问题和技术方案实质上相同，预期效果相同的发明或者实用新型。

本案中，请求人认为本专利权利要求1的特征均已被附件1公开。专利权人则认为存在四点区别：（1）本专利的进水集液管和出水集液管；（2）本专利的柱翼两端设有罩盖，即本专利的罩盖是设置在柱翼上并与柱翼两端连接起来，而附件1的封头罩并没有架设在柱翼上，其封头罩是与上下连箱相连的；（3）本专利两根散热管的两端伸出柱翼，而附件1中是上下连箱3与每个散热片的柱翼片连接，没有讲到散热管是从柱翼上伸出这一点；（4）双水道散热管左右分布的特征在附件1的文字上没有表示。请求人认为柱翼的两端设置有罩盖已经被附件1公开了，从附件1的附图1、2可以看出其封头罩也设置在柱翼的两端，位置和功能都是一样的，都是为了防尘安全和美观。

从以上事实可以看出，罩盖与柱翼之间的结构关系是本案的争议焦点之一。在附件1所公开的双水道铜铝复合柱翼型散热器中，包括有铝翼片、上下连箱及封头罩，铝翼片与双水道铜管相接，双水道铜管分别与上下连箱相接，上下连箱与封闭头罩相接。显然附件1中的铝翼片与本专利的柱翼相对应，附件1中的封头罩与本专利的罩盖相对应。结合附件1的附图可以看出附件1的封头罩在位置上处于与铝翼片的两端。因此上述争议的关键就在于本专利权利要求1中“柱翼的两端设有罩盖”中的“设有”是否包含有专利权人所述的罩盖设置在柱翼上并与柱翼两端连接起来的内容。显然如果其包含上述内容，那么本专利权利要求1的技术方案就与附件1中上下连箱与封头罩相连的技术方案区别开来从而具有新颖性。对此合议组认为，单就“设有”这一词本身而言，其可能存在多种解释，既可能包含有连接的含义也可能包含不连接的含义，这需要本领域技术人员结合说明书和附图所公开的相关内容来确定其含义。从附件1可以看出，附件1所公开的封头罩不仅处于上下连箱的两端同时也处于铝翼片的两端，然而附件1的专利权人在描述这种关系时并未提到与封头罩没有连接关系的铝翼片，而是直接用与封头罩有连接关系的上下连箱进行说明，表示该封头罩是与上下连箱相连的。显然这也是本领域技术人员在撰写及阅读文献时所通常采用的方式，换句话说，本领域技术人员总是习惯于用彼此之间存在连接关系的两个部件来表达各部件之间的结构及位置关系。从本专利权利要求书、说明书以及附图所公开的内容来看，罩盖在位置上不仅处于柱翼的两端，其同时也处于进出水集液管的两端，但本专利在表述三者之间的关系时并未提及进出水集液管，而是表述成“所述柱翼的两端设有罩盖”，因此本领域技术人员会将这里的“设有”理解成所述罩盖设置在柱翼上并与柱翼的两端连接起来的技术方案。因此本专利权利要求1相对于附件1具有新颖性。由此，其从属权利要求2、3、5相对于附件1也具有新颖性。权利要求1、2、3、5均符合专利法第22条第2款的规定。

3. 关于本专利的权利要求1~5相对于附件3~9的创造性。

创造性，是指同申请日以前已有的技术相比，该发明有突出的实质性特点和显著的进步，该实用新型具有实质性特点和进步。审查指南第二部分第四章有关发明创造性的审查基准中指出：突出的实质性特点是指要求保护的技术方案相对于现有技术具有非显而易见性；显著的进步是指具有有益的技术效果。审查指南第四部分第六章第4节指出实用新型创造性的审查可以参考审查指南第二部分第四

章有关发明创造性的审查原则、审查基准以及不同类型发明的创造性判断的规定。

本案中，请求人认为：附件3~9分别公开了关于双水道、三水道等散热管的特征，权利要求1的其他特征均是公知技术，因此权利要求1不具有创造性。

合议组经审查后认为，附件3~9虽然公开了关于双水道、三水道等散热管的特征，但权利要求1还有其他技术特征，请求人认为其他的技术特征均为公知技术，却未举证证明并具体说明，因此其请求不能成立。特别值得注意的是，权利要求1中“所述柱翼（3）的两端设有罩盖（4）”的技术特征在请求人所举证据——附件3~9中均未提及同时也未给出这方面的技术启示，因此从请求人的现有证据来看，请求人既无法证明本专利是显而易见的，又不能证明本专利不具有进步性，因此请求人所主张的本专利权利要求1相对于附件3~9不具有创造性的理由不能成立。据此，请求人所主张的本专利权利要求2~5不具有创造性的理由也不能成立。权利要求1~5符合专利法第22条第3款的规定。

根据上述的事实和理由，本案合议组依法做出以下决定。

**三、决定**

维持200420087840.8号实用新型专利权有效。

当事人对本决定不服的，可以根据专利法第46条第2款的规定，自收到本决定之日起三个月内向北京市第一中级人民法院起诉。根据该款的规定，一方当事人起诉后，另一方当事人应当作为第三人参加诉讼。

# 北京市第一中级人民法院
# 行政判决书

（2007）一中行初字第568号

原告：天津市波沃工贸有限公司，住所地天津市武清区泉州北路18号

委托代理人：胡强，北京泛华伟业知识产权代理有限公司专利代理人

委托代理人：蔡民军，北京泛华伟业知识产权代理有限公司专利代理人

被告：国家知识产权局专利复审委员会，住所地北京市海淀区北四环西路9号银谷大厦10~12层

法定代表人：廖涛，副主任

委托代理人：朱文广，男，国家知识产权局专利复审委员会审查员

委托代理人：高雪，女，国家知识产权局专利复审委员会审查员

第三人：上海努奥罗散热器有限公司，住所地上海市闵行区中春路7333弄108号

第三人：浙江努奥罗散热器有限公司，住所地温州市瓯海丽岙泊岙工业区1号

以上二第三人之共同法定代表人：陈国华，董事长

以上二第三人之共同法定代表人：陈国华，董事长

以上二第三人之共同委托代理人：孙振铎，北京金言诚信知识产权代理有限公司专利代理人

以上二第三人之共同委托代理人：曹荣宗，男，浙江努奥罗散热器有限公司经理

以上二第三人之共同委托代理人：孙振铎，北京金言诚信知识产权代理有限公司专利代理人

以上二第三人之共同委托代理人：曹荣宗，男，浙江努奥罗散热器有限公司经理

原告天津市波沃工贸有限公司（下称天津波沃公司）不服被告国家知识产权局专利复审委员会（下称专利复审委）作出的专利无效宣告请求审查决定，向本院提起行政诉讼。本院受理后，依法组成合议庭，依照《中华人民共和国行政诉讼法》第二十七条的规定，依法通知与本案有利害关系的上海努奥罗散热器有限公司（下称上海努奥罗公司）、浙江努奥罗散热器有限公司（下称浙江努奥罗公司）为本案第三人参加诉讼，并于2007年5月18日公开开庭审理了本案。原告的委托代理人胡强、蔡民军，被告的委托代理人朱文广、高雪，二第三人的共同委托代理人孙振铎、曹荣宗到庭参加了诉讼。本案现已审理终结。2006年11月16日，专利复审委作出第9421号无效宣告请求审查决定（以下简称第9421号决定），维持上海努奥罗公司、浙江努奥罗公司所有的“采暖散热器”实用新型专利权（以下简称本专利）有效。为证明第9421号决定合法，专利复审委在法定举证期限内向本院提交了以下证据：1. 申请日为2004年5月5日、授权公告日为2005年7月20日、专利权人为张又喜的专利号为200420040357.4实用新型专利说明书；2. 由国家知识产权局专利检索咨询中心提供的编号为G060644的检索报告复印件一份，共4页；3. CN86206696U号实用新型专利申请说明书，其授权公告日为1987年12月9日；4. 申请号为90100531.2发明专利申请公开说明书，其公开日为1990年7月4日；5. 申请号为90214089.2实用新型专利申请说明书，其授权公告日为1990年12月5日；6. 申请号为90202891.X实用新型专利申请说明书，其公开日为1990年9月12日；7. 申请号为89204134.X实用新型专利申请说明书，其公告日为1989年11月29日；8. CN87212849U号实用新型专利申请说明书，其公告日为1988年10月5日；9. 申请号为91224664.2实用新型专利申请说明书，其公告日为1992年8月5日。以上证据为天津波沃公司在行政程序中向专利复审委提交的附件1、附件2、附件3、附件4、附件5、附件6、附件7、附件8、附件9；10. 本专利授权公告文本；11. 口审记录附表；12. 第9421号决定。天津波沃公司诉称，专利复审委作出的第9421号决定不符合《审查指南》的规定。本专利与附件3相比，区别仅在于“该权利要求1中散热管是胀接于柱翼内，柱翼两端设有罩盖”。而这种区别属于公知常识，因为本专利将散热管置于柱翼内，在柱翼中套进散热管，首先要使套接紧密，如留有空隙，空隙中空气的导热系数低，直接降低散热管的热效率，故采用套接紧密的胀接工艺是本领域技术人员的惯用手段，属于常规的技术手段，属于公知常识，结合罩盖这一散热器必然具有的部件，在附件3的基础上结合公知常识即可获得本专利权利要求所要保护的技术方案。附件4、附件5、附件6、附件7、附件8、附件9也给出了散热器中采用1~3或多个水道的技术教导，以改进散热性能。因此，本专利权利要求1相对于附件4、附件5、附件6、附件7、附件8、附件9不具有创造性。本专利权利要求2~5进一步限定的技术特征是本领域的公知技术，在其引用的权利要求1不具有创造性的前提下，权利要求2~5也不具有创造性。除此之外，天津波沃公司在开庭审理中还提出本专利不具新颖性的诉讼理由。综上，天津波沃公司请求撤销第9421号决定，诉讼费由专利复审委承担。天津波沃公司为证明其诉讼主张，向本院提交了以下证据：1. 第9421号决定；2. 本专利授权公告文本；证据3、证据4、证据5、证据6、证据7、证据8、证据9、同专利复审委证据3、证据4、证据5、证据6、证据7、证据8、证据9；10、同专利复审委证据1。专利复审委辩称，附件3、附件4、附件5、附件6、附件7、附件8、附件9虽然公开了关于双水道、三水道等散热管的特征，但本专利权利要求1还公开了其他技术特征，天津波沃公司认为其他技术特征均为公知常识，但未举证说明。本专利权利要求1中“所述柱翼的两端设有罩盖”的技术特征在附件3、附件4、附件5、附件6、附件7、附件8、附件9中未提及也没有有关技术启示，天津波沃公司所举证据无法证明本专利是显而易见的且无进步性，因此其诉讼理由不能成立，请求维持第9421号决定。上海努奥罗公司及浙江努奥罗公司陈述意见：第9421号决定认定事实清楚，适用法律正确，天津波沃公司关于本专利不具创造性的诉讼意见无事实依据，其关于本专利不具新颖性的诉讼理由系在庭审中新增加的，法院不应接受。综上，请求维持第9421号决定，驳回天津波沃公司的诉讼请求。上海努奥罗公司、浙江努奥罗公司未向法院提交证据。

经庭审质证，本院审查核实，被告证据及原告证据均与本案具有关联，且合法真实，本院予以确认。

根据以上确认的有效证据，本院认定事实如下：2005年9月7日，国家知识产权局授权公告了本专利，申请日是2004年8月20日，专利权人是浙江努奥罗公司、上海努奥罗公司。

本专利授权公告时的权利要求书如下：1. 一种采暖散热器，该散热器具有进水集液管（1）及出水集液管（5），所述进水集液管（1）与出水集液管（5）通过一排散热管（2）连接并连通，所述散热管（2）胀接于柱翼（3）内，所述柱翼（3）的两端设有罩盖（4），其特征在于所述胀接于每个单元柱翼（3）内的散热管（2）有两根，该两根散热管（2）的两端伸出柱翼（3）并分别与进水集叶管（1）及出水集液管（5）接通，所述胀接于每个单元柱翼（3）内的两根散热管（2）相对于进水集液管（1）的轴线呈左右分布。2. 如权利要求1所述的一种采暖散热器，其特征在于所述每个单元柱翼（3）内的两端各设有开孔的罩盖（4）。3. 如权利要求1所述的一种采暖散热器，其特征在于所述进水集液管（1）及出水集液管（5）分别为单根直管。4. 如权利要求1所述的一种采暖散热器，其特征在于所述进水集液管（1）及出水集液管（5）为单元直管，各单元直管与单元柱翼（3）相匹配，并且各单元直管之间为螺纹连接。5. 如权利要求1所述的一种采暖散热器，其特征在于所述进水集液管（1）、出水集液管（5）及散热管（2）为铜材，柱翼（3）为铝材。”

2005年5月29日，天津波沃公司针对本专利，向专利复审委提出无效宣告请求，认为本专利的权利要求1~5不符合《中华人民共和国专利法》（以下简称《专利法》）第二十二条第二、三款的规定，同时提交了附件1、附件2、附件3、附件4、附件5、附件6、附件7、附件8、附件9。权利要求1~5相对于附件1不具有新颖性，不符合《专利法》第二十二条第二款的规定；权利要求1~5与附件3、附件4、附件5、附件6、附件7、附件8、附件9相比，不具有创造性，不符合《专利法》第二十二条第二、三款的规定。

经形式审查合格，专利复审委受理了上述无效宣告请求，并于2006年6月1日向天津波沃公司和上海、浙江努奥罗公司发出无效宣告请求受理通知书，同时将专利权无效宣告请求书及附件副本进行了转送，并要求上海、浙江努奥罗公司在指定的期限内陈述意见。上海、浙江努奥罗公司于同年7月14日提交了意见陈述书及证据1，即国家知识产权局于2006年2月28日针对本专利做出的《实用新型专利检索报告》。

2006年8月9日，专利复审委向当事人发出无效宣告请求口头审理通知书，并将上海、浙江努奥罗公司提交的意见陈述书及证据转送给天津波沃公司。

同年10月16日，口头审理如期举行，各方当事人均参加了口头审理。口头审理中记录了以下事项：1. 当事人对对方出席人员的身份和资格没有异议。2. 天津波沃公司明确其无效的理由、证据和范围为：权利要求1、2、3、5相对于附件1不具有新颖性，权利要求1~5相对于附件3、附件4、附件5、附件6、附件7、附件8、附件9的任意一篇和公知技术的结合不具有创造性。3. 上海、浙江努奥罗公司对上述证据的真实性、合法性表示认可，对上述证据的关联性有异议，认为上述证据不能证明本专利不具有新颖性和创造性。4. 关于权利要求1相对于附件1的新颖性。天津波沃公司认为本专利权利要求1的特征均已被附件1公开。上海、浙江努奥罗公司认为除了以下四点区别，其他特征均已被附件1公开：（1）本专利是进水集液管和出水集液管，附件1中讲的是上下连箱，没讲到上下连箱进水和出水的作用，说明书的附图仅仅是示意的功能，不能解释成管子；（2）柱翼的两端设置有罩盖，而附件1是上下连箱与封头罩相连，本专利的罩盖是设置在柱翼上的，封头罩是靠柱翼两端连接起来的，附件1的附图2中封头罩并没有架设在柱翼上，而且封头罩是与上下连箱相连的；（3）两根散热管的两端伸出柱翼，而附件1中是上下连箱3与每个散热片的柱翼片连接，没有讲到散热管是从柱翼上伸出这一点；（4）双水道散热管左右分布的特征在附件1的文字上没有表示。上海、浙江努奥罗公司认为：附件1的上下连箱指的就是进水集液管和出水集液管，只是称谓上不同，功能是相同的，都是进水和出水的管道；柱翼的两端设置有罩盖已经被附件1公开了，本专利所述的罩盖与封头罩的连接位置是相同的，附件1的附图1、2已经对此进行了解释，同样是封头罩设置在柱翼的两端，位置和功能都是一样的，都是为了防尘安全和美观；附件1的附图2明显的显示出散热管的两端伸出有柱翼，制作方法也进一步说明了铝翼片两端伸出有柱翼；本专利的柱翼并没有对其形状进行具体的限定，附件1的附图2已经公开了双水道散热管的分布。5. 关于权利要求2的新颖性。天津波沃公司认为：“每个单元柱翼（3）内的两端各设有开孔的罩盖（4）”在附件1中本身没有公开，但封头罩本身包括有开孔和不开孔的。上海、浙江努奥罗公司认为：每个单元柱翼没有公开，没有讲到封头罩是什么形状，只是一个连通的封头罩，每个单元柱翼的两端各设封头罩没有公开，本专利的封头罩是开孔的封头罩，上下连箱与封头罩相接，本专利的是柱翼的两端设有罩盖。6. 关于权利要求3的新颖性。天津波沃公司认为：“进水集液管（1）及出水集液管（5）分别为单根直管。”这一特征被附件1附图1、2、3公开。上海、浙江努奥罗公司认为：单独直管在这3幅图中看不出来。7. 关于权利要求5的新颖性。天津波沃公司认为：“所述进水集液管（1）、出水集液管（5）及散热管（2）为铜材，柱翼（3）为铝材”中除进出水集液管为铜材没有公开外，其他均已被附件1公开。上海、浙江努奥罗公司同意上述意见。8. 关于权利要求1相对于附件3、附件4、附件5、附件6、附件7、附件8、附件9任一篇的创造性。天津波沃公司认为：附件3、附件4、附件5、附件6、附件7、附件8、附件9分别公开了关于双水道、三水道等散热管的特征，权利要求1的其他特征均是公知技术，因此权利要求1不具有创造性。上海、浙江努奥罗公司认为：本专利不是只有双水道这一特征，还有其他的特征。9. 关于权利要求2的创造性。天津波沃公司认为：权利要求2的附加技术特征在附件3、附件4、附件5、附件6、附件7、附件8、附件9中没有被公开，在附件1中公开了。上海、浙江努奥罗公司认为：权利要求2的附加技术特征未被附件1、附件3、附件4、附件5、附件6、附件7、附件8、附件9公开。10. 关于权利要求3的创造性。各方当事人都认为权利要求3的附加技术特征为公知技术。11. 关于权利要求4的创造性。天津波沃公司认为：在附件4权利要求1中已经公开了权利要求4的技术特征。上海、浙江努奥罗公司认为：附件4仅公开了上下连箱连接进水管和出水管是螺纹连接，每个单元两个片之间没有螺纹连接，并且是不是直的看不出来。12. 关于权利要求5的创造性，天津波沃公司认为：权利要求5是公知技术。

被告经审查认为，附件3、附件4、附件5、附件6、附件7、附件8、附件9的公开日期在本专利的申请日前，因此可以作为本专利的现有技术使用。附件1为张又喜于本专利申请日前向中国国家知识产权局提出的、在本专利申请日后公开的专利文献，因此其仅能用来评述本专利的新颖性。

关于本专利的权利要求1、2、3、5相对于附件1是否具有新颖性的问题，被告认为：罩盖与柱翼之间的结构关系是本案的争议焦点之一。在附件1所公开的双水道铜铝复合柱翼型散热器中，包括有铝翼片、上下连箱及封头罩，铝翼片与双水道铜管相接，双水道铜管分别与上下连箱相接，上下连箱与封闭头罩相接。显然附件1中的铝翼片与本专利的柱翼相对应，附件1中的封头罩与本专利的罩盖相对应。结合附件1的附图可以看出附件1的封头罩在位置上处于与铝翼片的两端。因此上述争议的关键就在于本专利权利要求1中“柱翼的两端设有罩盖”中的“设有”是否包含有上海、浙江努奥罗公司所述的罩盖设置在柱翼上并与柱翼两端连接起来的内容。从附件1可以看出，附件1所公开的封头罩不仅处于上下连箱的两端同时也处于铝翼片的两端，然而附件1的专利权人在描述这种关系时并未提到与封头罩没有连接关系的铝翼片，而是直接用与封头罩有连接关系的上下连箱进行说明，表示该封头罩是与上下连箱相连的。从本专利权利要求书、说明书以及附图所公开的内容来看，罩盖在位置上不仅处于柱翼的两端，其同时也处于进出水集液管的两端，但本专利在表述三者之间的关系时并未提及进出水集液管，而是表述成“所述柱翼的两端设有罩盖”，因此本领域技术人员会将这里的“设有”理解成所述罩盖设置在柱翼上并与柱翼的两端连接起来的技术方案。因此本专利权利要求1相对于附件1具有新颖性。由此，其从属权利要求2、3、5相对于附件1也具有新颖性。

关于本专利的权利要求1~5相对于附件3、附件4、附件5、附件6、附件7、附件8、附件9的创造性问题，被告认为：附件3、附件4、附件5、附件6、附件7、附件8、附件9虽然公开了关于双水道、三水道等散热管的特征，但权利要求1还有其他技术特征，天津波沃公司认为其他的技术特征均为公知技术，却未举证证明并具体说明，因此其请求不能成立。权利要求1中“所述柱翼（3）的两端设有罩盖（4）”的技术特征在天津波沃公司的所举证据中均未提及同时也未给出这方面的技术启示，因此从请求人的现有证据来看，天津波沃公司既无法证明本专利是显而易见的，又不能证明本专利不具有进步性，因此其所主张的本专利权利要求1相对于附件3、附件4、附件5、附件6、附件7、附件8、附件9不具有创造性的理由不能成立，其所主张的本专利权利要求2-5不具有创造性的理由也不能成立。

综上，被告作出决定维持本专利权有效。原告不服，诉至本院。

本案开庭审理中，天津波沃公司对第9421号决定中认定的以下内容无争议：1. 附件1、附件3、附件4、附件5、附件6、附件7、附件8、附件9为有效证据；2. 本专利权利要求1-5具有创造性。

本院认为，《专利法》第二十二条第二款规定：“新颖性，是指在申请日以前没有同样的发明或者实用新型在国内外出版物上公开发表过、在国内公开使用过或者以其他方式为公众所知，也没有同样的发明或者实用新型由他人向国务院专利行政部门提出过申请并且记载在申请日以后公布的专利申请文件中。”本案中，判断本专利权利要求1相对于附件1是否具有新颖性，关键在于本专利权利要求1中“所述柱翼的两端设有罩盖”这一技术特征是否被附件1所公开。从附件1的说明书和附图能够看出“封头罩处于铝翼片的两端”的位置关系。而本专利从说明书及附图中不但能够看出罩盖设置在柱翼上的位置关系，还能得出罩盖是与柱翼两端直接连接的关系，由于附件1的说明书及附图中未公开该连接关系亦没有任何技术启示，因此，权利要求1相对于附件1存在区别的技术特征。根据上述法律规定，本专利权利要求1具有新颖性。针对原告提出的“柱翼的两端设有罩盖”中“设有”并不能直接认定为“连接”的诉讼意见，本院认为，根据《专利法》第二十六条第四款规定，权利要求书应当以说明书为依据，说明要求专利保护的范围。因此，权利要求中有关技术特征的概念应当结合专利说明书及附图进行解释，本案中，被告结合本专利说明书及附图对上述技术特征中“设有”这一概念进行理解，并得出本专利权利要求1中罩盖与柱翼存在连接关系的结论并无不妥。原告关于本专利权利要求1不具有新颖性的诉讼意见事实依据不充分，本院不予支持。由于本专利权利要求2、3、5从属于本专利权利要求1，因此，当本专利权利要求1相对于附件1具有新颖性时，权利要求2、3、5同样具有新颖性。

鉴于原告在开庭审理中明确表示对本专利权利要求1~5相对于附件3、附件4、附件5、附件6、附件7、附件8、附件9具有创造性无争议，经审查，本院对上述内容予以确认。

综上，被告作出的第9421号决定认定事实清楚，适用法律正确，行政程序合法，本院应予维持。原告的诉讼理由均缺乏事实依据，其诉讼请求本院不予支持。据此，依照《中华人民共和国行政诉讼法》第五十四条第（一）项之规定，判决如下：

维持被告国家知识产权局专利复审委员会于二〇〇六年十一月十六日作出的第9421号无效宣告请求审查决定。

一审案件受理费100元，由原告天津市波沃工贸有限公司负担（已交纳）。

如不服本判决，可在判决书送达之日起15日内，向本院递交上诉状，并按对方当事人的人数提出副本，预交上诉案件受理费，上诉于北京市高级人民法院。上诉人在上诉期满后7日内未预交，又不提出缓交申请的，按自动撤回上诉处理。

审　判　长　梁　菲
代理审判员　何君慧
代理审判员　司品华
二〇〇七年六月二十九日
书　记　员　李铁萌

042

# 数显式电子肺活量计

## 无效宣告请求审查决定（第9425号）

**决　　定　　号**　第9425号
**决　　定　　日**　2006年12月31日
**发明创造名称**　数显式电子肺活量计
**国 际 分 类 号**　A61B 5/091，A61B 5/097
**无效宣告请求人**　南通衡器厂
**专　利　权　人**　赵东红
**专　　利　　号**　00201324. X
**申　　请　　日**　2000年1月26日
**授 权 公 告 日**　2000年9月13日
**合 议 组 组 长**　王桂莲
**主　　审　　员**　张梅珍
**参　　审　　员**　刘　畅

**法　律　依　据**　专利法第22条第2款、第3款，第26条第3款、第4款
**决　定　要　点**

在无效宣告程序中，专利权人声明放弃从属权利要求的，视为专利权人承认该权利要求自始不符合专利法及专利法实施细则的有关规定，并且承认请求人对该权利要求的无效宣告请求。

**一、案由**

本无效宣告请求涉及中华人民共和国国家知识产权局于2000年9月13日授权公告的、名称为“数显式电子肺活量计”的实用新型专利权（下称本专利），其专利号是00201324. X，申请日是2000年1月26日，专利权人是赵东红。该专利授权时的权利要求书如下：

“1. 一种数显式电子肺活量计包括：测压装置、依次同该测压装置联接的压力传感器、压频转换器、单片机和数字显示器，其特征是所述该测压装置由进气管、气流压差发生装置和手柄构成，所述进气管联接于该气流压差发生装置的前端，而所述手柄联接于该气流压差发生装置的侧面。

2. 根据权利要求1所述的数显式电子肺活量计，其特征是该气流压差发生装置具有：外壳，位于所述外壳之内，并同其联接的等径管道部分；同所述等径管道部分联接的变径管道部分以及在所述等径管道部分上设置有带第一测压孔的第一导压管。

3. 根据权利要求2所述的数显式电子肺活量计，其特征是，所述外壳的外腔部分的侧壁上设置有第二测压孔的第二导压管。

4. 根据权利要求2所述的数显式电子肺活量计，其特征是，所述变径管道部分是具有直线收缩轮廓或曲线收缩轮廓的锥形，并且所述变径管道部分的侧壁上设置有第二测压孔的第二导压管。

5. 根据权利要求4所述的数显式电子肺活量计，其特征是，所述变径管道部分之后，联接有扩散出口部分。

6. 根据权利要求5所述的数显式电子肺活量计，其特征是，所述扩散出口段是直线增大的倒锥形体或曲线形增大的倒锥形体。"

针对上述专利权，南通衡器厂（下称请求人）于2002年4月18日向专利复审委员会提出无效宣告请求，其提交的附件如下：

附件1：公开日为1973年5月29日、专利号为US3735752的美国专利说明书（以下称对比文件2）；

附件2：公开日为1992年8月11日、专利号为US5137026的美国专利说明书（以下称对比文件1）；

附件3：公开日为1999年11月16日、专利号为US5984873的美国专利说明书（以下称对比文件3）；

附件4：公开日为1998年10月6日、专利号为US5816246的美国专利说明书（以下称对比文件4）；

请求人无效请求的理由是：本专利不符合专利法第22条第2、3款和第26条第3、4款的规定。

经形式审查合格，专利复审委员会受理了上述无效宣告请求，于2002年4月18日向双方当事人发出无效宣告请求受理通知书，同时将专利权无效宣告请求书及其附件清单中所列附件的副本转送给专利权人，要求其在指定的期限内答复。

请求人于2002年5月18日向专利复审委员会寄交了意见陈述书，并补充提交了以下附件：

附件5：公开日为1997年10月14日、专利号为US5676132的美国专利说明书（以下称对比文件5）；

附件6：公开日为1993年7月28日、公开号为EP0552916A1的欧洲专利申请说明书（以下称对比文件6）；

附件7：上海辞书出版社出版的《辞海》缩印本的封面及第1537页的复印件共两页（以下称对比文件7）；

附件8：乐嘉谦主编、化学工业出版社出版的《仪表工手册》的封面、前言及第181~183页的复印件共5页（以下称对比文件8）；

附件9：1996年9月出版、王箴主编、化学工业出版社出版的《化工辞典》的封面、数据页和前言、及第110页的复印件共3页（以下称对比文件9）；

附件10：刘欣荣编著、水利电力出版社出版的《流量计》的封面、前言、及第64~66、69~71页的复印件共6页（以下称对比文件10）；

附件11：1986年9月出版、杨根生、林辉渝编、机械工业出版社出版的《流量测量仪表》的封面、版权页、前言、目录、第57~59、62~63、74~78页的复印件共9页（以下称对比文件11）；

请求人认为：本专利相对于对比文件5~11不具有新颖性和创造性。

专利权人于2002年5月23日针对请求人于2002年4月18日提交的无效宣告请求进行答复。专利权人认为本专利具备新颖性和创造性，并且符合专利法第26条第3、4款的规定。

专利复审委员会于2002年7月22日向请求人发出外文证据处理通知书，要求其在接到本通知书1个月内提交所使用部分的中文译文，期满未提交的，该外文证据视为未提交。同时将专利权人于2002年5月23日提交的意见陈述书转送给请求人。

请求人于2002年8月30日向专利复审委员会提交了所使用部分的中文译文。

专利复审委员会于2002年9月10日向双方当事人发出无效宣告请求口头审理通知书，指出本案合议组定于2002年10月15日举行口头审理。随同口头审理通知书，将请求人于2002年5月18日寄交的意见陈述书和其中的附件5~11以及请求人于2002年8月30日寄交的中文译文转送给专利权人。

口头审理如期举行，双方当事人均参加了口头审理。在口头审理中，专利权人声明放弃权利要求5和6。请求人明确其无效的理由是：权利要求1~4相对于对比文件6不具有新颖性，权利要求1相对于对比文件1或对比文件5不具有新颖性；权利要求1~4相对于对比文件6和3或对比文件6和1或对比文件6和4或对比文件10和1或对比文件10和11不具有创造性，权利要求4不符合专利法第26条第3、4款的规定。

专利复审委员会于2002年10月16日收到请求人提交的补充意见，请求人进一步陈述了本专利说明书不符合专利法第26条第3款和本专利权利要求1~4不符合专利法第26条第4款的规定的理由。

专利复审委员会依法于2002年11月19日作出第4635号无效宣告请求审查决定，宣告本实用新型专利权全部无效。第4635号无效宣告请求审查决定的理由如下：

本专利权利要求1符合专利法第26条第3款的规定；本专利权利要求4不符合专利法第26条第3款的规定；本专利的权利要求1~3符合专利法第26条第4款的规定；本专利的权利要求1~3相对于对比文件6、权利要求1相对于对比文件1或者5具有新颖性；本专利的权利要求1相对于对比文件1不具有创造性；本专利的权利要求2和3相对于对比文件1和6不具有创造性。

专利权人不服专利复审委员会作出的第4635号决定，向北京市第一中级人民法院提起行政诉讼，要求法院依法撤销专利复审委员会作出的第4635号决定，并判令维持本专利权有效。专利权人认为本专利权利要求1~3相对于对比文件1、6具备创造性。

北京市第一中级人民法院于2003年11月13日作出（2003）一中行初字第128号行政判决书，维持国家知识产权局专利复审委员会第4635号审查决定。

专利权人对北京市第一中级人民法院（2003）一中行初字第128号行政判决不服，上诉至北京市高级人民法院，认为原审判决对于本专利权利要求2、3不具备创造性的认定是错误的。

北京市高级人民法院于2004年8月27日作出（2004）高行终字第23号行政判决书，认为第4635号无效宣告请求审查决定关于本专利权利要求2、3不具备创造性的认定是错误的，认为本专利权利要求2和3与对比文件1和6比较具备创造性，判决：撤销国家知识产权局专利复审委员会第4635号无效宣告请求审查决定，国家知识产权局专利复审委员会在维持本专利权利要求2、3有效的基础上重新作出无效宣告请求审查决定。

根据北京市高级人民法院所作出的（2004）高行终字第23号行政判决书，专利复审委员会重新成立合议组对该无效宣告请求进行审理。

专利复审委员会于2006年7月25日向双方当事人发出口头审理通知书，定于2006年9月12日在专利复审委员会举行口头审理。

口头审理如期举行，请求人未出席口头审理，也未提交口头审理回执。

专利权人于2006年9月13日向专利复审委员会提交了北京市第二中级人民法院（2002）二中民初字第6716号民事裁定书，其中涉及“南通衡器厂于2004年8月26日被江苏省南通市中级人民法院宣告破产”的内容。合议组经核实，江苏省南通市中级人民法院（2004）通中民破字第4-2号民事裁定书中裁定：宣告南通衡器厂（包括其下设的不具备法人资格的分支机构南通衡器厂修理门市部、南通市第二工具厂）破产，裁定日期为2004年8月26日。

**二、决定理由**

经审理查明，在原无效宣告程序中，专利权人放弃本专利从属权利要求5和6，根据审查指南第四部分第三章第2.2节“当事人处置原则”的规定，视为专利权人承认权利要求5、6自始不符合专利法及其实施细则的有关规定，并且承认请求人对权利要求5、6的无效宣告请求。另查明，在原无效宣告程序中，专利复审委员会已经作出第4635号无效宣告请求审查决定，认定：（1）本专利权利要求1符合专利法第26条第3款的规定；（2）本专利权利要求4不符合专利法第26条第3款的规定；（3）本专利权利要求1~3符合专利法第26条第4款的规定；（4）本专利权利要求1相对于对比文件1或者5具备专利法第22条第2款规定的新颖性；（5）本专利权利要求1相对于对比文件1与本领域公知常识的结合不具备专利法第22条第3款规定的创造性；权利要求2和3相对于对比文件1和6不具有创造性，不符合专利法第22条第3款的规定。北京市高级人民法院在（2004）高行终字第23号行政判决书中判决维持第4635号无效宣告请求审查决定关于本专利权利要求1、4~6的理由和结论，认为权利要求2和3相对于对比文件1和6具有创造性，判令专利复审委员会在权利要求2和3有效的基础上重新作出审查决定。

鉴于请求人已于2004年8月26日被宣告破产，主体已经消灭，因此本案合议组对于请求人在原无效宣告程序中明确的其他未审理的无效宣告请求的理由不予审理。经过上述无效和诉讼程序，本专利的权利要求书发生了变化，根据已经生效的北京市高级人民法院（2004）高行终字第23号行政判决书，合议组作出如下审查决定。

**三、决定**

宣告00201324.X号实用新型专利权利要求1、4~6无效，在权利要求2、3的基础上维持专利权继续有效。

当事人对本决定不服的，可以根据专利法第46条第2款的规定，自收到本决定之日起三个月内向北京市第一中级人民法院起诉。根据该款的规定，一方当事人起诉后，另一方当事人应当作为第三人参加诉讼。

043

# 一种新型机票夹

## 无效宣告请求审查决定（第9428号）

**决　定　号**　第9428号
**决　定　日**　2006年12月22日
**发明创造名称**　一种新型机票夹
**国际分类号**　A45C 11/18
**无效宣告请求人**　北京阳光尚东广告有限公司
**专　利　权　人**　鲁俊群
**专　利　号**　200320129706.5
**申　请　日**　2003年12月22日
**授权公告日**　2005年3月9日
**合议组组长**　马志远
**主　审　员**　李玲玲
**参　审　员**　刘路尧

**法律依据**　专利法第22条第2款、第3款
**决定要点**

对于一项实用新型专利的权利要求的技术方案，如果其与对比文件公开的内容相比较存在区别技术特征，则该实用新型专利的权利要求相对于该对比文件具备新颖性，如果本技术领域的技术人员在对比文件公开的内容的基础上得出该权利要求的技术方案是容易的，则该实用新型专利的权利要求相对于该对比文件不具备创造性。

### 一、案由

本无效宣告请求涉及国家知识产权局于2005年3月9日授权公告、专利号为200320129706.5、名称为“一种新型机票夹”的实用新型专利（下称本专利），其申请日是2003年12月22日，专利权人是鲁俊群。本专利授权公告的权利要求书如下：

“1. 一种新型机票夹，主要由折面（1）、折面（2）、折面（3）组成，其特征在于折面（1）、折面（3）两折面相对应，两个相连折面（1）、（2）的一端（4）和（5）或两端（4）和（5）及（6）和（7）相粘合。”

针对上述专利权，北京阳光尚东广告有限公司（下称请求人）于2006年6月14日向国家知识产权局专利复审委员会提出无效宣告请求，其无效理由为本专利权利要求1不具备新颖性、创造性，不符合专利法第22条第1、2款的规定。请求人提交了如下附件：

附件1：本实用新型专利说明书全文复印件；

附件2（下称对比文件1）：中国实用新型专利92217778.3号说明书全文复印件，其公开日为1993年6月9日；

附件3：中国实用新型专利97227062.0号说明书全文复印件，其公开日为1999年4月28日；

附件4：美国专利US5288942号公告说明书全文复印件，其公开日为1994年2月22日；

附件5：美国专利US6026873号公告说明书全文复印件，其公开日为2000年2月22日。

请求人无效宣告请求的具体理由是：对比文件1完全覆盖了本专利的发明点，本专利权利要求1相对于对比文件1不具有新颖性，也不具有创造性。附件3、附件4和附件5也辅助证明了本专利不具有创造性。

经形式审查合格后，专利复审委员会受理了上述请求，于2006年6月15日发出无效宣告请求受理通知书，将请求人于2006年6月14日提交的无效宣告请求书及其附件清单中所列附件副本寄送专利权人。

请求人于2006年7月5日补充提交了意见陈述书和如下附件（编号续前）：

附件6：北京广济堂印刷有限公司证明复印件1页；

附件7：北京诚必达房地产经纪有限公司证明复印件1页；

附件8："冠云庄园"机票票夹票样原件1份。

请求人在意见陈述书中认为：本专利权利要求书中的技术方案早于2003年7月16日公开发行并使用，所以本专利不具备新颖性和创造性。

针对上述无效宣告请求，专利权人于2006年7月12日提交意见陈述书，认为：请求人提交的对比文件1公开的机票袋的结构是五层的结构，显然与本专利的三层结构不同；附件3公开的弃物袋是一种口袋的形状，显然与本专利的三层结构不同；附件4和5都是美国专利，没有中文译文，从其附图看也没有公开本专利的结构特征。因此本专利权利要求1具有新颖性和创造性。

专利复审委员会依法成立合议组，对本无效宣告请求进行审查。本案合议组于2006年8月16日向请求人发出外文证据处理通知书，要求其在指定期限内补交附件4和附件5的中文译文，期满未补交的，该外文证据附件4和附件5视为未提交；同时，本案合议组发出两份转送文件通知书，将专利权人于2006年7月12日提交意见陈述书转给请求人，并将请求人于2006年7月5日提交的意见陈述书及其所附附件转给专利权人。

专利权人于2006年8月25日提交意见陈述书，认为：请求人提交的附件6、附件7无出证人签字，仅仅根据2006年6月12日的"证明"无法证明附件8的机票票样的公开时间，即附件6、7和附件8之间没有任何关联性，附件6、7和附件8不能证明本专利在申请日以前在国内公开使用过，因此附件6、7、8不能否定本专利的新颖性。

在上述外文证据处理通知书的指定期限内，请求人没有提交附件4和附件5的中文译文。

合议组于2006年11月10日向双方当事人发出口头审理通知书，定于2006年12月19日对本案进行口头审理，同时随口头审理通知书将专利权人于2006年8月25日提交的意见陈述书转给请求人。

口头审理如期举行，双方当事人均到庭出席了口头审理。在口头审理过程中，双方当事人对对方出庭人员身份无异议，合议组当庭告知请求人于口头审理7日内补交其法人代表证明，合议组当庭告知请求人，附件4、5的美国专利说明书未提交中文译文，视为未提出；附件3在提出无效宣告请求时未结合具体技术内容说明理由合议组不予审理。在此情况下合议组就本无效宣告请求案进行了庭审调查：（1）请求人当庭出示了附件6和附件7的原件。（2）专利权人明确对请求人提交的附件2、附件 3、附件 4 和附件 5 的真实性没有异议；专利权人认可请求人提交的附件 6、附件 7 和附件 8 原件与复印件内容相同。（3）请求人主张：附件 7 中 2003 年 7 月 15 日北京诚必达房地产经济有限公司曾委托北京智扬海天广告设计有限公司设计制作冠云庄园”机票票封，附件 6 中 2003 年 7 月 16 日北京智扬海天广告设计有限公司又委托北京广济堂印刷有限公司印刷，证明“冠云庄园”机票票样的设计图纸已于 2003 年 7 月 16 日完成，以证明公众所获知日期；附件 6 中的交货日期 2003 年 7 月 23 日也为“冠云庄园”机票票夹为公众所获知的日期；附件 8“冠云庄园”机票票夹票样与本专利相同。（4）专利权人认为在没有其他证据佐证的情况下，仅凭附件 6 和附件 7 中的日期不能证明使用本专利技术的产品在申请日之前公开。（5）请求人明确无效理由为：本专利权利要求 1 相对于对比文件 1 不符合专利法第 22 条第 2、3 款的规定。专利权人也充分陈述了本专利权利要求 1 相对于对比文件 1 符合专利法第 22 条第 2、3 款的规定的理由。

请求人于 2006 年 12 月 21 日提交了企业法人营业执照（副本）复印件。

在上述工作的基础上，合议组认为本案事实已经清楚，可依法作出无效宣告请求审查决定。

**二、决定的理由**

1. 关于证据

对比文件 1 是公开日在本专利的申请日之前的中国实用新型专利文献，且专利权人对对比文件 1 的真实性无异议，因此，对比文件 1 可以作为评价本专利新颖性和创造性的现有技术。

2. 关于本专利权利要求 1 相对于对比文件 1 的新颖性和创造性

专利法第 22 条第 2 款规定的新颖性，是指在申请日以前没有同样的发明或者实用新型在国内外出版物上公开发表过、在国内公开使用过或者以其他方式为公众所知，也没有同样的发明或者实用新型由他人向国务院专利行政部门提出过申请并且记载在申请日以后公布的专利申请文件中。

专利法第 22 条第 3 款规定的创造性，是指同申请日以前已有的技术相比，该发明有突出的实质性特点和显著的进步，该实用新型有实质性特点和进步。

本专利所属的技术领域涉及一种机票夹，主要用于装放飞机票、登机牌等票证的票据夹。本专利所要解决的技术问题是：现有技术中采用传统的将机票放入钱夹或放入信封的随意方式，本专利的目的在于提供一种新颖的、便于加工制作、安全可靠、携带方便的新型机票夹。本专利预期的技术效果是：适于机票及零散票据的抽取和存放，以防零散票据的散失。本专利的优点在于结构简单、材料来源方便，易于实施，且安全可靠、携带方便。

对比文件 1 所属的技术领域涉及一种用来装飞机票的机票袋。对比文件 1 所要解决的技术问题是：现有技术中无一定规格、形式的票夹或票袋盛装，容易使乘机者丢失其中的某些票据，对比文件 1 技术方案的目的在于提供一种结构简单、携带方便的机票袋。

可见本专利与对比文件 1 所属的技术领域及二者所要解决的技术问题均相同。

本专利权利要求 1 的技术方案是，一种新型机票夹，主要由折面（1）、折面（2）、折面（3）组成，其特征在于折面（1）、折面（3）两折面相对应，两个相连折面（1）、（2）的一端（4）和（5）或两端（4）和（5）及（6）和（7）相粘合。

对比文件 1（参见本专利说明书摘要、说明书第 1 页倒数第 2 段及附图 3）公开的机票袋是通过一张四等分的包装纸对折而构成并将一相连的两对折面底部封口，其间夹装有隔层纸。具体由折面 1、折面 3、折面 4、折面 5、隔层纸 2 构成，所述折面 1 与折面 3 的一个底边 7、8 粘合在一起，折面 4 与折面 5 相互对折，隔层纸夹装在折面 1 与折面 3 之间，其数量可为 1~2 张。本实用新型的机票袋，其外表面及内表面均可印制不同的产品广告、企业情况介绍或航班时刻表等，既可为乘机者盛装各种票据，又是一种很好的广告媒体。使用时，只须将机票、保险票、登机牌等插入折面 1 与折面 3

及隔层纸2之间，并将折面4、折面5对折与折面1、折面3合成一整体。

将本专利权利要求1的技术方案与对比文件1公开的上述内容比较可知，二者的区别在于：本专利权利要求1中将两个相连折面的一端或两端相粘合；而对比文件1中将两对折面底部粘合在一起，即仅将两个相连折面的一端粘合。因此，本专利权利要求1相对于对比文件1具备新颖性，符合专利法第22条第2款的规定。

本技术领域的技术人员可以得知，将两个相连折面的一端粘合，则剩余两个开口方向可以插入机票，若将其两端粘合，则剩余一个开口方向可以插入机票，在对比文件1公开的将两个相连折面的一端粘合的内容的基础上，本技术领域的技术人员出于安全目的将两个相连折面的两端均粘合是容易的，因此本专利权利要求1相对于对比文件1不具备有实质性特点和进步，即不具备创造性，不符合专利法第22条第3款的规定。

专利权人认为，请求人提交的对比文件1公开的机票袋的结构是五层的结构，显然与本专利的三层结构不同。对此，合议组认为，对比文件1公开的机票夹比本专利权利要求1的机票夹多余一隔层纸和一机票夹封面，而该两个特征与本专利权利要求1的技术方案均无关。而且，对比文件1中的机票夹如果省略一隔层纸，则不能起到分开插入不同票据的功能，即不能依然保持原有的全部功能，因此也不能因为本专利权利要求1技术方案的内容少于对比文件1技术方案就认定权利要求1符合审查指南创造性判断中关于要素省略发明的相关规定。

综上所述，本专利权利要求1不符合专利法第22条第3款的规定。在此基础上，合议组对请求人提交的其他附件及理由均不再加以评述。

**三、决定**

宣告200320129706.5号实用新型专利权全部无效。

当事人对本决定不服的，可以根据专利法第46条第2款的规定，自收到本决定之日起三个月内向北京市第一中级人民法院起诉。根据该款规定，一方当事人起诉后，另一方当事人应当作为第三人参加诉讼。

044

# 高尔夫木杆杆头的壳体击球面板的结合构造

## 无效宣告请求审查决定（第9429号）

**决　　定　　号**　第9429号
**决　　定　　日**　2007年1月8日
**发明创造名称**　高尔夫木杆杆头的壳体击球面板的结合构造
**国 际 分 类 号**　A63B 53/04
**无效宣告请求人**　甯挹芳
**专　利　权　人**　陈晴祺
**专　　利　　号**　01224586.0
**申　　请　　日**　2001年6月6日
**授 权 公 告 日**　2002年2月27日
**合 议 组 组 长**　陈海平
**主　　审　　员**　武树辰
**参　　审　　员**　张　娅

**法　律　依　据**　专利法第22条第2款、第3款
**决　定　要　点**

在无效宣告审查程序中，对于在台湾地区形成的证据，如果由台湾地区公证处对该证据进行了公证，且由海基会将该公证书副本寄送给大陆公证员协会（省、自治区、直辖市一级），该公证员协会对收到的大陆使用的公证书副本进行了查证并出具证明，则专利复审委员会对该证据的真实性予以认可。

### 一、案由

本无效宣告请求涉及的是国家知识产权局于2002年2月27日授权公告的，专利号为01224586.0，名称为“高尔夫木杆杆头的壳体击球面板的结合构造”的实用新型专利（下称本专利），本专利的申请日为2001年6月6日，专利权人为陈晴祺。本专利授权公告的权利要求书如下：

“1. 一种高尔夫木杆杆头的壳体与击球面板的结合构造，其特征在于，包含有：一壳体，金属材质，概呈木杆杆头形状，中空，在对应杆头正面部位形成一开口；一击球面板，金属材质，形状对应并略大于该壳体的开口，是盖合于该开口并与该壳体紧固焊结；该壳体的开口外缘及该击球面板的背面周缘设有相互嵌合的凸条及凹槽。

2. 根据权利要求1所述的高尔夫木杆杆头的壳体与击球面板的结合构造，其特征在于，其中该壳体的开口外缘设有呈环状的前述凸条，该击球面板的背面周缘设有呈环状的前述凹槽。

3. 根据权利要求1所述的高尔夫木杆杆头的壳体与击球面板的结合构造，其特征在于，其中该壳体的开口外缘设有呈环状的前述凹槽，该击球面板的背面周缘设有呈环状的前述凸条。

4. 根据权利要求1所述的高尔夫木杆杆头的壳体与击球面板的结合构造，其特征在于，其中该壳体及该击球面板的契合接面上具有一由硬焊焊材形成的焊结层。

5. 根据权利要求1所述的高尔夫木杆杆头的壳体与击球面板的结合构造，其特征在于，其中该杆头表面上具有一沿该壳体与击球面板的环状接缝的环状焊结部。

6. 根据权利要求4所述的高尔夫木杆杆头的壳体与击球面板的结合构造，其特征在于，其中该杆头表面上具有一沿该壳体与击球面板的环状接缝的环状焊结部。"

甯挹芳（下称请求人）针对上述专利权于2005年11月24日向国家知识产权局专利复审委员会提出了无效宣告请求，请求宣告本专利权利要求1~6全部无效，其理由是本专利不符合专利法第22条第2款、第3款，专利法实施细则第2条第2款的规定，请求人同时提交了如下附件作为证据：

附件1：经台湾公证的公告号为421057的台湾专利公报、公告日为2001年2月1日的副本，共2页；

附件2：经台湾公证的公告号为421057，申请号为89206642的台湾新型专利说明书公告本副本，共9页；

附件3：北京市公证员协会出具的公证函。

经审查，上述无效宣告请求符合专利法及其实施细则规定的形式要求，专利复审委员会予以受理，于2006年2月23日向请求人和专利权人发出了无效宣告请求受理通知书，并将上述无效宣告请求书及附件副本转给了专利权人，要求专利权人在指定期限内进行意见陈述，同时成立合议组对此案进行审查。

专利复审委员会本案合议组于2006年8月14日向请求人及专利权人发出了口头审理通知书，定于2006年10月16日在专利复审委员会举行口头审理。

口头审理如期举行，仅请求人一方出席了口头审理。口头审理中，请求人明确其无效理由为专利法第22条第2款、第3款，放弃专利法实施细则第2条第2款作为无效理由使用，请求人认为本专利权利要求1~6相对于其所提供的证据不具备新颖性和创造性。

在上述工作的基础上，本案合议组经过合议，认为本案的事实已经清楚，可以依法作出审查决定。

**二、决定的理由**

1. 关于证据

附件1是经中国台湾公证的公告号为421057的台湾专利公报副本2页，其中包括申请专利的范围和附图1~3；附件2是经台湾公证的公告号为421057，申请号为89206642的台湾新型专利说明书公告本副本，共9页。附件1和附件2均是专利文献，台湾地区公证处已对上述证据进行了公证，且由海基会将该公证书副本寄送给北京市公证员协会，北京市公证员协会对收到的该公证书副本进行了查证并出具了证明，故合议组对上述证据的真实性予以认可。

附件1是公告号为421057的台湾专利公报文本，附件2是公告号为421057的台湾专利说明书公告本，二者是同一专利文献的两个文本，因此，它们实质上是一份现有技术，在下文中将附件1和附件2合称为对比文件。该对比文件的公告日为2001年2月1日，在本专利的申请日2001年6月6日之前，因此可以用作评价本专利新颖性和创造性的现有技术。

2. 关于新颖性

根据专利法第22条第2款，新颖性，是指在申请日以前没有同样的发明或者实用新型在国内外出版物上公开发表过、在国内公开使用过或者以其他方式为公众所知，也没有同样的发明或者实用新型由他人向国务院专利行政部门提出过申请并且记载在申请日以后公布的专利申请文件中。

本专利权利要求1请求保护“一种高尔夫木杆杆头的壳体与击球面板的结合构造，其特征在于，包含有：一壳体，金属材质，概呈木杆杆头形状，中空，在对应杆头正面部位形成一开口；一击球面板，金属材质，形状对应并略大于该壳体的开口，是盖合于该开口并与该壳体紧固焊结；该壳体的开口外缘及该击球面板的背面周缘设有相互嵌合的凸条及凹槽”。

对比文件公开了一种“高尔夫木杆杆头之壳体与击球面板之结合构造”，并具体公开了以下技术特征：“一种高尔夫木杆杆头之壳体与击球面板之结合构造，包含有：一壳体，概呈木杆杆头形状，中空，在对应杆头正面部位形成一开口；一击球面板，形状对应并略大于该壳体之开口，系盖合于盖开口上；该壳体之开口外缘及该击球面板之背面周缘设有相互嵌合之环状凸条及环状凹槽；该壳体及该该击球面板之契合接面上具有一焊结层，该焊结层系由硬焊焊材熔融濡渗后冷却凝固所形成，将该壳体与该击球面板紧固焊结。”（参见该对比文件的“申请专利范围1”）。另外，在该对比文件的说明书公告本第4页第1~2行和第4页第5~6行分别记载有：“壳体（10），材质为不锈钢或钛合金”（即金属材质）；“击球面板（20），材质为钛合金或不锈钢或麻时效钢或其他金属材质”。

由此可见，对比文件已经公开了权利要求1的全部技术特征，且对比文件所公开的技术方案与该权利要求所要求保护的技术方案属于同一技术领域，并能产生相同的技术效果，因此权利要求1所要求保护的技术方案不具备专利法第22条第2款所规定的新颖性。

从属权利要求2对权利要求1作了进一步的限定，其限定部分的附加技术特征是：“该壳体的开口外缘设有呈环状的前述凸条，该击球面板的背面周缘设有呈环状的前述凹槽”。对比文件的“申请专利范围2”记载有：“依据申请专利范围第1项所述之高尔夫木杆杆头之壳体与击球面板之结合构造，其中：该壳体之开口外缘设有前述环状凸条，该击球面板之背面周缘设有前述环状凹槽。”由此可知从属权利要求2限定部分的附加技术特征也已被对比文件公开，因此当其引用的权利要求1不具备新颖性时，该从属权利要求2所要求保护的技术方案也不具备专利法第22条第2款所规定的新颖性。

从属权利要求3对权利要求1作了进一步的限定，其限定部分的附加技术特征是：“该壳体的开口外缘设有呈环状的前述凹槽，该击球面板的背面周缘设有呈环状的前述凸条。”对比文件的“申请专利范围3”记载有：“依据申请专利范围第1项所述之高尔夫木杆杆头之壳体与击球面板之结合构造，其中：该壳体之开口外缘设有前述环状凹槽，该击球面板之背面周缘设有前述环状凸条。”由此可知从属权利要求3限定部分的附加技术特征也已被对比文件公开，因此当其引用的权利要求1不具备新颖性时，该从属权利要求3所要求保护的技术方案也不具备专利法第22条第2款所规定的新颖性。

从属权利要求4对权利要求1作了进一步的限定，其限定部分的附加技术特征是：“该壳体及该击球面板的契合接面上具有一由硬焊焊材形成的焊结层”。对比文件的说明书公告本第4页第10~13行记载有：“该壳体（10）及该击球面板（20）之契合接面上均匀地濡著有一焊结层（32），该焊结层（32）系由硬焊焊材（如银基焊材）熔融濡渗后冷却凝固形成，将壳体（10）与击球面板（20）紧固焊结。”由此可知从属权利要求4限定部分的附加技术特征也已被对比文件公开，因此当其引用的权利要求1不具备新颖性时，该从属权利要求4所要求保护的技术方案也不具备专利法第22条第2款所规定的新颖性。

从属权利要求5对权利要求1作了进一步的限定，其限定部分的附加技术特征是：“该杆头表面上具有一沿该壳体与击球面板的环状接缝的环状焊结部”。对比文件说明书公告本第5页第1~4行记载有：“则焊材不但能濡满契合接面，并会穿渗至壳体（10）内部而凝积在该开口（12）边缘，凝固后形成一焊结击球面板（20）与壳体（10）之环状焊结条（34），能大幅强化接合强度。”由此可知，虽然表述方式不同，但从属权利要求5限定部分的附加技术特征实质上也已被对比文件公开，因此当其引用的权利要求1不具备新颖性时，该从属权利要求5所要求保护的技术方案也不具备专利法第22条第2款所规定的新颖性。

从属权利要求6对权利要求4作了进一步的限定，其限定部分的附加技术特征是："该杆头表面上具有一沿该壳体与击球面板的环状接缝的环状焊结部。”对比文件说明书公告本第4页第18~21行记载有："在盖合击球面板（20）前，先在壳体（10）之环状凹槽（12）上置设一圈膏状焊材，再嵌压上击球面板（20），使焊材于夹缝间扩布，接着将杆头置入高温炉内加热，使焊材熔融并藉毛细现象均匀濡渗契合缝隙，冷却凝固后形成焊结层（32）"；第5页第1~4行记载有："则焊材不但能濡满契合接面，并会穿渗至壳体（10）内部而凝积在该开口（12）边缘，凝固后形成一焊结击球面板（20）与壳体（10）之环状焊结条（34），能大幅强化接合强度。”由此可知，虽然表述方式不同，但从属权利要求6限定部分的附加技术特征实质上也已被对比文件公开，因此当其引用的权利要求4不具备新颖性时，该从属权利要求6所要求保护的技术方案也不具备专利法第22条第2款所规定的新颖性。

综上所述，本专利权利要求1~6不具备专利法第22条第2款规定的新颖性。

**三、决定**

宣告01224586.0号实用新型专利权全部无效。

当事人对本决定不服的，可以根据专利法第46条第2款的规定，自收到本决定之日起三个月内向北京第一中级人民法院起诉。根据该款的规定，一方当事人起诉后，另一方当事人应当作为第三人参加诉讼。

045

# 粮棉含水测量仪

## 无效宣告请求审查决定（第 9431 号）

**决　定　号** 第 9431 号
**决　定　日** 2006 年 12 月 26 日
**发明创造名称** 粮棉含水测量仪
**国 际 分 类 号** G01N 27/02
**无效宣告请求人** 德州市德城区海丰电子技术科研所
**专 利 权 人** 郭荣光，陈庆明
**专　利　号** 02268399.2
**申　请　日** 2002 年 7 月 20 日
**授 权 公 告 日** 2003 年 6 月 18 日
**合 议 组 组 长** 张惠军
**主　审　员** 马　燕
**参　审　员** 刘　畅

**法 律 依 据** 专利法第 22 条第 2 款、第 3 款
**决 定 要 点**

请求人提供的证据不能证明本专利的产品在申请日前在国内销售、公开使用过，本专利具备新颖性，符合专利法第 22 条第 2 款的规定。

### 一、案由

本无效宣告请求涉及国家知识产权局于 2003 年 6 月 18 日授权公告的名称为"粮棉含水测量仪"的 02268399.2 号专利权（下称本专利），其申请日为 2002 年 7 月 20 日，专利权人为郭荣光，共同专利权人为陈庆明，其授权公告时的权利要求书如下：

"1. 一种粮棉含水测量仪。包括钢质探针 1、仪器本体 2、手柄 3，该测量仪仪器本体 2 内设置了全部电子线路，包括输入阻抗转换电路 4、工作状态检测电路 5、A/D 转换电路 6、按键阵列 7、温度检测电路 8、稳压电源 9、微处理器 10、电池 11、电池欠压检测电路 12、液晶显示器 13、和声音输出电路 14，探针 1 连接输入阻抗转换电路 4 和工作状态检测电路 5，输入阻抗转换电路 4 的输出与 A/D 转换电路 6 连接，工作状态检测电路 5、A/D 转换电路 6、按键阵列 7、温度检测电路 8 的输出均与微处理器 10 连接，电池 11 经稳压电源 9 与其他所有部分连接，电池 11 与电池欠压检测电路 12 连接，后者的输出与微处理器 10 连接，微处理器 10 的输出分别与液晶显示器 13、声音输出电路 14 连接。

2. 按照权利要求 1 所述的粮棉含水测量仪，其特征在于两根探针等长，等径，外端为锥形体，

平行设置并与仪器本体2注塑为整体结构。”

针对上述专利权，德州市德城区海丰电子技术科研所（下称请求人）于2006年5月19日向专利复审委员会提出无效宣告请求，其理由是本专利权利要求1、2不具备新颖性和创造性，不符合专利法第22条第2款、第3款的规定。请求人提交了如下附件作为证据：

附件1：90221420.9号实用新型专利申请说明书的首页、权利要求书和说明书附图第1页复印件，共3页，其公告日为1991年6月12日；

附件2：92219344.4号实用新型专利说明书的首页、权利要求书1页、说明书第3、5、6页，附图第2页复印件，共6页，其授权公告日为1993年6月9日；

附件3：99239373.6号实用新型专利申请受理通知书、权利要求书、说明书第1页和说明书附图第1页复印件，共4页；

附件4：专利复审委员会于2005年11月22日针对本专利做出的第7737号无效宣告请求审查决定复印件，共7页；

附件5：山东省德州市公证处于2005年1月14日出具的（2005）德证经字第245号公证书复印件，共3页；

附件6：河北省景县公证处于2006年4月19日出具的（2006）景证民字第25号公证书复印件，共6页；

附件7：请求人声称对解剖保全的实物“ZHY-3型籽棉回潮仪”测绘的电原理图及方框图复印件，共1页。

请求人于2006年6月13日向专利复审委员会补充提交了意见陈述书，同时提交了如下补充附件：

补充附件1-1：德州浪潮电子信息有限公司于2005年9月20日开具的《证明》复印件，共1页；

补充附件2：开票日期分别为2001年12月20日、2001年12月20日、2002年4月12日，编号分别为01196971、01196972、01212137的山东增值税专用发票复印件，共3页；

补充附件3：山东省德州市公证处于2005年1月14日出具的（2005）德证经字第245号公证书复印件，共3页；

补充附件4：河北省景县公证处于2006年4月19日出具的（2006）景证民字第25号公证书复印件，共6页；

补充附件5：关于孟德军曾于2001年9月购买了德州科拓电子实业公司生产的“ZHY-3型籽棉回潮仪”的证明，以及“ZHY-3型籽棉回潮仪”的图片复印件，共1页。

请求人认为本专利相对于补充附件1-1、2、3、4或5不具备新颖性，不符合专利法第22条第2款的规定。

经形式审查合格，专利复审委员会受理了上述无效宣告请求，于2006年7月24日向双方当事人发出无效宣告请求受理通知书，并将无效宣告请求书及其附件清单中所列附件的副本转送给专利权人，同时要求其在指定的期限内答复。

针对上述无效宣告请求，专利权人于2006年9月1日向专利复审委员会提交了意见陈述书，认为（1）并不否认德州浪潮电子信息有限公司的发票的真实性，但否认发票上所开具的产品是本专利产品；（2）附件6中的三张发票均未标注产品型号，实际上是专利权人第二代产品回潮仪的发票；（3）对补充附件5的真实性有异议；（4）本专利相对于附件1、附件5、附件6、附件7或补充附件3、4具备新颖性，符合专利法第22条第2款的规定；（5）本专利相对于附件1、2或3均具备创造性，符合专利法第 22 条第 3 款的规定。

专利复审委员会依法组成合议组，对上述无效宣告请求进行审查。

本案合议组于 2006 年 10 月 13 日向双方当事人发出口头审理通知书，定于 2006 年 11 月 16 日举行口头审理，随同口头审理通知书将专利权人于 2006 年 9 月 1 日提交的意见陈述书转送给请求人，并告知请求人应当于口头审理当庭提交所用证据的原件，以备核实其真实性。

口头审理如期举行，双方当事人均出席了口头审理，对合议组成员没有回避请求。

在口头审理中，请求人明确表示其无效理由及范围是本专利权利要求 1~2 不符合专利法第 22 条第 2 款关于新颖性的规定；明确表示放弃附件 1~3、附件 5~7、补充附件 5 作为证据使用，附件 4 仅作为参考。请求人当庭提交了与补充附件 1-1 相关的两份证据，具体为：

补充附件 1-2：德州科拓电子有限公司与德州浪潮电子信息有限公司的分离决议复印件，共 3 页；

补充附件 1-3：德州市工商行政管理局出具的“分公司吊销情况”，注册号：3714001903001 复印件，共 1 页；

合议组当庭将补充附件 1-2、补充附件 1-3 转送给专利权人，专利权人表示对补充附件 1-2、补充附件 1-3 的真实性没有异议。请求人当庭提交补充附件 1-1、补充附件 4 的原件；声称补充附件 3 的原件在本案卷宗中，经专利权人当庭核实，认为补充附件 1-1、补充附件 3 和 4 的复印件与原件一致，专利权人表示对补充附件 1-1、补充附件 2~4 的真实性无异议，请求人明确表示补充附件 1-1 以及附件 1-2 和附件 1-3 用于证明德州科拓电子实业公司的成立时间为 1998 年 1 月 7 日，吊销时间为 2001 年 12 月 31 日，德州科拓电子有限公司成立于 2002 年 6 月 13 日，由此证明在 2002 年 7 月 20 日之前已生产过与本专利相同的产品；请求人表示补充附件 2 可证明本专利的产品在申请日之前已经销售；专利权人认可补充附件 2 中的三张增值税发票记载的产品名称为“回潮仪”、型号为“ZHY-3”型，认可补充附件 2 中的增值税发票中的“ZHY-3”型是专利权人生产的，但认为与补充附件 4 发票中的产品不一致；请求人认为补充附件 1-1 中发票中提到的“ZHY-3”型就是补充附件 4 中证据保全的产品；认可补充附件 4 的发票未显示出仪器的型号，并且补充附件 4 的照片中的产品没有显示出生产日期但有生产单位，结合补充附件 1-1 可知德州科拓电子实业有限公司生产的产品的时间在本专利的申请日之前，补充附件 1-1 和补充附件 4 相关联，证明销售事实；专利权人认可发票的真实性，但认为补充附件 4 的公证书中的三张发票均没有记载产品型号，补充附件 4 的照片中的仪器不是本专利产品，并且不能肯定补充附件 4 中的发票中所销售的产品与照片中所显示的产品一样；请求人和专利权人均现场演示了产品实物。

至此，合议组认为本案的事实已清楚，依法作出如下决定。

**二、决定的理由**

1. 关于证据

请求人明确表示放弃附件 1~3、附件 5~7、补充附件 5，因此在本案中对这些附件不予考虑；请求人明确表示附件 4 作为参考。经查，附件 4 是专利复审委员会第 7737 号无效宣告请求审查决定，其所依据的证据与本无效宣告请求审查决定所依据的证据不同，因此附件 4 的无效宣告请求审查决定的结论对本决定没有约束性。

请求人提交了补充附件 1-1、补充附件 4 的原件、补充附件 3 的原件在本案卷宗中，经专利权人核实，补充附件 1-1、补充附件 3 和 4 的复印件与原件一致；且专利权人表示对补充附件 1-1、补充附件 2~4 的真实性无异议，因此，补充附件 1-1、补充附件 2~4 可以作为本案证据使用。

请求人当庭提交了补充附件 1-2、补充附件 1-3，用于结合补充附件 1-1 来证明德州科拓电子有限公司的成立时间、以及德州科拓电子实业分公司的成立时间和吊销时间，且专利权人对其真实性无异议，因此，补充附件1-2、补充附件1-3可以作为本案证据使用。

2. 关于专利法第22条第2款

专利法第22条第2款规定：新颖性，是指在申请日以前没有同样的发明或者实用新型在国内外出版物上公开发表过、在国内公开使用过或者以其他方式为公众所知，也没有同样的发明或者实用新型由他人向国务院专利行政部门提出过申请并且记载在申请日以后公布的专利申请文件中。

请求人认为补充附件1至4构成证据链，破坏本专利权利要求1~2的新颖性。

合议组认为，补充附件1共包括三份证据，即补充附件1-1、1-2、1-3。其中补充附件1-1是德州浪潮电子信息有限公司于2005年9月20日开具的证明，其表明“德州科拓电子实业公司”于1998年1月7日成立，并于2001年8月28日在德州市工商局注册，变更为“德州科拓电子有限公司”，“德州科拓电子有限公司”于2002年6月13日从“德州浪潮电子信息有限公司”分离出来。补充附件1-2是德州浪潮电子信息有限公司与德州科拓电子有限公司分离的决议，其内容是德州浪潮电子信息有限公司同意德州科拓电子有限公司从其分离出来，该决议的签订日期为2002年6月13日。补充附件1-3是德州市工商行政管理局于2005年9月28日出具的“分公司吊销情况”说明，其证明德州科拓电子实业公司于2001年12月31日因故被吊销。从补充附件1-1、1-2、1-3可以确定的事实是，德州科拓电子实业公司成立于1998年1月7日，于2001年12月31日被吊销，且德州科拓电子实业公司由德州浪潮电子信息有限公司投资。

补充附件2是开票日期分别为2001年12月20日、2001年12月20日、2002年4月12日、编号分别为01196971、01196972、01212137的山东增值税专用发票，其仅能证明德州浪潮电子信息有限公司于2001年12月20日两次向金乡县金利集团宏大棉业有限公司销售了型号为“ZHY-3”的回潮仪，以及于2002年4月12日向鱼台县天源农副产品经营有限责任公司销售了型号为“ZHY-3”的回潮仪，但不能证明所销售的“ZHY-3”型回潮仪是本专利的产品。

补充附件3是山东省德州市公证处于2005年1月14日出具的“（2005）德证经字第245号”公证书，其证明“山东增值税专用发票No. 01196971号”的影印件与原件相符，以及原件上“德州浪潮电子信息有限公司现金收讫章”及影印件上“德州浪潮电子信息有限公司财务专用章”的印鉴均属实，该补充附件3可以证明补充附件2中的“山东增值税专用发票No. 01196971号”的真实性，但不能证明该发票中提到的“ZHY-3”型回潮仪是本专利的产品。

补充附件4是河北省景县公证处于2006年4月19日出具的（2006）景证民字第25号公证书，其内容是公证人员于2006年4月19日上午在景县王瞳油棉厂与参与人马保平，对保全的《ZHY-3型籽棉回潮仪》进行查封、拍照，并复制了购买ZHY-3型籽棉回潮仪的原始发票三张，并证明与公证书相粘连的三张原始发票的复印件与原件一致，且公证书张所附的《ZHY-3型籽棉回潮仪》照片为公证人员现场所拍摄的照片。经查，补充附件4的公证书中共附有三张山东省商业零售统一发票，但发票上仅有产品名称“回潮仪”而无型号，不能确定所销售的产品是所附照片上显示的“ZHY-3型籽棉回潮仪”，也不能证明所销售的产品是本专利产品。补充附件4所附照片中的产品上无生产日期，虽然显示的生产单位为德州科拓电子实业有限公司，其仅能证明照片上显示的产品是德州科拓电子实业有限公司生产的“ZHY-3型籽棉回潮仪”，结合补充附件1，也仅能证明德州科拓电子实业有限公司在其续存期间，即在2001年12月31日前生产了“ZHY-3型籽棉回潮仪”，但并不能以此证明该ZHY-3型籽棉回潮仪产品即是本专利产品。

综上所述，补充附件1至4可以证明在本专利申请日前，德州浪潮电子有限公司与德州科拓电子有限公司生产、销售过“ZHY-3型籽棉回潮仪”，但没有证据证明该产品即是本专利的产品，即补充附件1~4不能证明在本专利的申请日前，本专利的产品已经公开销售、使用，因此，本专利具备新颖性。

综上所述，本专利符合专利法第22条第2款的规定。

在此基础上，合议组依法作出如下决定。

**三、决定**

维持02268399.2号实用新型专利权有效。

当事人对本决定不服的，可以根据专利法第46条第2款的规定，自收到本决定之日起三个月内向北京市第一中级人民法院起诉。根据该款的规定，一方当事人起诉后，另一方当事人应当作为第三人参加诉讼。

046

# 摩托车方便伞

## 无效宣告请求审查决定（第9432号）

**决　　定　　号**　第9432号
**决　　定　　日**　2006年12月30日
**发明创造名称**　摩托车方便伞
**国 际 分 类 号**　A45B11/00，A45B23/00，B62J11/00
**无 效 请 求 人**　赵　恩
**专 利 权 人**　欧志云
**专　　利　　号**　00224911.1
**申　　请　　日**　2000年5月23日
**授 权 公 告 日**　2001年3月28日
**合 议 组 组 长**　张　度
**主　　审　　员**　哈雅坤
**参　　审　　员**　贾彦飞

**法 律 依 据**　专利法第26条第3款，专利法第22条第2款、第3款
**决 定 要 点**

现有技术未披露一项权利要求的某一技术特征，而且由于该技术特征不属于本领域普通技术人员的公知常识并且该技术特征使该权利要求所述的技术方案与现有技术相比达到了有益效果，则该权利要求具备新颖性和创造性。

专利法要求专利申请说明书应当公开专利的技术方案，是以本领域普通技术人员可以实现为前提的。

### 一、案由：

本无效宣告请求涉及国家知识产权局于2001年3月28日授权公告的、申请号为00224911.1、名称为“摩托车方便伞”的实用新型专利（下称本专利），专利权人为欧志云，申请日是2000年5月23日，其授权公告的权利要求书如下：

“1. 一种摩托车方便伞，其特征是：伞的一个或一个以上伞骨支架较其他支架长，该长支架由套管和在其内活动的支架组成，伞柄插装在连接架上经连接架安装在摩托车上。”

针对本专利，赵恩（下称请求人）于2006年3月22日以本专利不符合专利法第26条第3款以及专利法第22条第2、3款的规定为由向专利复审委员会提出无效宣告请求，并提供了如下附件：

附件1：ZL00224911.1号实用新型专利说明书（本专利）；

附件2：ZL98232818.4号实用新型专利说明书（证据对比文件）。

请求人认为：（1）本专利的说明书表述的不清楚、不完整，不符合专利法第26条第3款的规定，说明书实施例中只说明了“伞面上有三根长伞骨支架”，没有说明它们的结构关系及其组成，使得所属技术领域的技术人员难以实现；（2）权利要求1不具有新颖性，因为本专利与附件2对比文件的技术主题相同，而且其权利要求1中记载的全部四个技术特征也在附件2对比文件的实用新型专利说明书中有记载；（3）权利要求1不具有创造性，因为本专利权利要求1所记载的技术方案对于本技术领域的技术人员来说是显而易见的，不用付出创造性劳动就可以实现。

经形式审查合格，专利复审委员会于2006年7月24日向双方当事人发出无效宣告请求受理通知书，并随通知书将无效宣告请求书及其附件的副本转送给专利权人。

对此，专利权人未在指定期限内答复。

本案合议组于2006年10月16日向双当事人发出口审通知书，拟定于2006年12月11日下午2：00时进行口头审理。

口头审理如期举行。双方当事人均出席了口头审理，双方当事人对合议组成员没有回避请求，双方当事人对对方出庭人员身份没有异议。请求人当庭明确其无效理由为：本专利不符合专利法第26条第3款，本专利相于对比文件1（98232818.4号实用新型专利说明书）不符合专利法第22条第2、3款的规定。请求人当庭提交公知常识性证据“现代汉语辞典第986页”的原件及其复印件，并将该证据结合对比文件1来评价本专利权利要求1的创造性，合议组当庭将该证据的复印件转给专利权人，专利权人对该证据的真实性无异议。

至此，双方当事人已经充分发表了各自意见，本案合议组认为事实已经清楚，可以在此基础上作出审查决定。

**二、决定的理由**

1. 关于证据

请求人所提供的证据是ZL98232818.4号实用新型专利说明书（下称对比文件1），其授权公告日为1999年7月7日，由于该对比文件1的授权公告日在本专利的申请日之前，因此适用于评价本专利的新颖性和创造性。

2. 关于专利法第26条第3款

专利法第26条第3款规定：说明书应当对发明或者实用新型作出清楚、完整的说明，以所属技术领域的技术人员能够实现为准。换言之，专利法要求专利申请说明书应当公开专利的技术方案，是以本领域普通技术人员可以实现为前提的。

请求人认为，本专利的说明书实施例中没有给出完整的说明，对摩托车方便伞伞面结构的说明不够详细、具体，说明书实施例中只说明了“伞面上有三根伞骨支架”，没有说明它们的结构关系及其组成，所属技术领域的技术人员很难根据本专利说明书实现。本申请的发明目的就是“提供一种摩托车方便伞，解决雨天或烈日下，摩托车乘坐者遭日晒雨淋的问题”，但从说明书中说明的情况看，其伞柄与连接架的插装方式，在雨天风大时会造成伞柄的转动，无法防止雨淋从而影响到用户的正常使用，而且连接架用螺丝安装方式容易被雨水腐蚀，从而影响了连接的牢固程度。

合议组认为，在本专利说明书的技术方案部分（参见说明书第1页第4段）明确记载了本专利的伞的一个或一个以上伞骨支架较其他支架长，并且在说明书的实施例部分（参见说明书第1页第8段至第2页第2行）还具体记载了本专利的摩托车方便伞伞面上有三根长伞骨支架是由套管和支架组成，支架可在套管内伸缩，同时说明书实施例部分还记载了在使用本专利的伞时要先拉出伸缩支架，再撑开伞面。此外，在说明书附图（图1）中描绘出了该伞的伞面结构，从图1中可以清楚地看出有多根伞骨用于支撑伞面，其中有一根以上的伞骨比其他几根伞骨明显要长，并且所示较长的伞骨 2 是由支架 4 和套管 3 构成的，支架 4 嵌于套筒 3 内部，并且结合说明书实施例部分的描述可知，该支架 4 可以在套筒 3 内部进行伸缩运动。在本说明书已经公开了摩托车方便伞的伞面上各组成部件之间的相对位置关系、相互运动关系及连接关系的前提下，本领域普通技术人员借助于所属领域的技术常识可以实现本专利的技术方案。因此，本专利说明书中不存在公开不充分的问题，故请求人关于本专利不符合专利法第 26 条第 3 款的无效理由，合议组对此不予支持。

至于请求人在无效宣告请求书中提出的“伞柄与连接架的插装方式，在雨天风大时会造成伞柄的转动，无法防止雨淋从而影响到用户的正常使用，而且连接架用螺丝安装方式容易被雨水腐蚀，从而影响了连接的牢固程度”这一问题属于本专利技术效果方面的问题，这与本专利说明书是否充分公开了伞面结构以使本领域普通技术人员根据说明书描述能够实现本专利的技术方案无关。

3. 关于专利法第 22 条第 2、3 款

专利法第 22 条第 2 款规定：新颖性，是指在申请日以前没有同样的发明或者实用新型在国内外出版物上公开发表过、在国内公开使用过或者以其他方式为公众所知，也没有同样的发明或者实用新型由他人向国务院专利行政部门提出过申请并且记载在申请日以后公布的专利申请文件中。

专利法第 22 条第 3 款规定：创造性，是指同申请日以前已有的技术相比，该发明有突出的实质性特点和显著的进步，该实用新型有实质性特点和进步。

请求人所提交的证据（对比文件 1）为实用新型专利文件，且其授权公告日在本专利的申请日之前，因此上述证据构成本专利的现有技术，可以用于评价本专利的新颖性和创造性。

对比文件 1 公开了一种雨阳车伞，具体披露了以下技术特征：（1）伞盖 2 由一个伞骨 17、支撑架 18、支撑杆 24 和伞面 26 组成，伞面 26 通过支撑架帽 28 设置在支撑架 18 上；（2）伞骨 17 较支撑架 18 长（参见图 2）；（3）伞骨 17 由一个伞骨套筒 29 与插套在骨架套筒 29 之内的骨架插筒 30 以及设置在骨架套筒 29 之内并顶在骨架插筒 30 的一端的一个顶簧 31 构成（参见权利要求 1）；（4）插管 4 插套在套管 3 内（参见权利要求 1）；（5）套管 3 通过固定卡 13 和固定销 14 固定在车上。

经过比较，合议组认为：对比文件 1 未披露本专利权利要求 1 中“伞的一个或一个以上伞骨支架较其他支架长”这一技术特征。具体来讲，从本专利的权利要求 1、说明书以及附图可以清楚地看出，本专利权利要求 1 所请求保护的伞的伞面上具有多根伞骨支架并且这些伞骨支架以伞柄顶点为轴心呈中心发散状分布在伞面上以便支撑起整个伞面，这些用于支撑伞面的伞骨支架当中有一根或多根比其他支架长，同时较长伞骨支架是由套管 3 和在其内部自由伸缩活动的支架组成的；而对比文件 1 中伞的伞盖 2 是由一个伞骨 17、支撑架 18、支撑杆 24 和伞面 26，其中所述伞骨 17 为一根，其两端连接于伞面 26 的两端并横贯整个伞面，以便支撑该伞面，在伞面 26 与伞骨 17 的两端连接部位设有用以在伞面 26 和伞骨 17 之间起支撑作用的支撑架 18。对于本领域普通技术人员来说，所述支撑架 18 与伞骨 17 不属于相同的部件，其各自的功能上存在区别，虽然所述伞骨 17 明显比支撑架 18 要长，但是它们之间的结构关系和相互连接关系并不是以伞柄顶点为轴心呈中心发散状分布在伞面上，而是主要由伞骨 17 作为主体支撑物支撑整个伞面，而支撑架 18 则是设在伞面 26 与伞骨 17 之间的连接部位，由此可见支撑架 18 并不等同于本专利权利要求 1 中所述的伞骨支架，所以对比文件 1 既没有披露“伞的一个伞骨支架较其他支架长”的技术特征，也没有披露“伞的一个以上的伞骨支架较其他支架长”的技术特征，由于存在上述区别技术特征，相对于对比文件 1 本专利权利要求 1 具有新颖性，符合专利法第 22 条第 2 款的规定。

虽然请求人认为本专利还不具备创造性，但通过上述新颖性的分析可知，该对比文件 1 与本专利存在区别技术特征，而这一区别技术特征不属于本领域的公知常识，即使将对比文件 1 与请求人当庭

提交的公知常识性证据相结合，也无法得到本专利权利要求 1 的技术方案。本专利由于采用“一根伞骨或多根伞骨长于其他伞骨并且由套管和在其内活动伸缩的支架构成所述长伞骨支架”这样的伞面支撑结构，从而解决了在日晒或雨淋时可使长伞骨支架自由拉伸以获得更大的伞面保护，同时达到了使伞的安装拆卸简便、可折叠且携带方便的有益效果。因此本专利权利要求 1 与对比文件 1 相比具备专利法第 22 条第 3 款规定的创造性。

**三、决定**

维持 00224911.1 号实用新型专利权有效。

当事人对本决定不服的，可以根据专利法第 46 条第 2 款的规定，自收到本决定之日起三个月内向北京市第一中级人民法院起诉。根据该款的规定，一方当事人起诉后，另一方当事人应当作为第三人参加诉讼。

047

# 一种扣式的液晶显示屏保护装置

## 无效宣告请求审查决定（第9434号）

**决　　定　　号**　第9434号
**决　　定　　日**　2007年1月11日
**发明创造名称**　一种扣式的液晶显示屏保护装置
**国　际　分　类　号**　G03B 17/56，H04N 5/225
**无效宣告请求人**　汕头市澄海区南光照相器材厂
**专　利　权　人**　田永忠
**专　　利　　号**　200420070951.8
**申　　请　　日**　2004年6月29日
**授　权　公　告　日**　2005年8月24日
**合　议　组　组　长**　王桂莲
**主　　审　　员**　张　曦
**参　　审　　员**　彭　燕

**法　律　依　据**　专利法第26条第4款；专利法实施细则第21条第2款
**决　定　要　点**

一件专利申请的说明书可以列出发明或者实用新型所要解决的一个或者多个技术问题，但一项独立权利要求的技术方案不必包含解决所有技术问题所需的全部技术特征。如果该独立权利要求已经针对某个或某些技术问题限定了完整的技术方案，则该独立权利要求不缺少必要技术特征，可以通过从属权利要求中的附加技术特征来限定进一步改进的技术方案，从而解决其他技术问题。

如果本领域技术人员能够根据说明书公开的内容直接得到或概括得出一项权利要求所要求保护的完整技术方案，则该权利要求能够得到说明书的支持。

### 一、案由

本无效宣告请求涉及国家知识产权局于2005年8月24日授权公告的名称为“一种扣式的液晶显示屏保护装置”的200420070951.8号实用新型专利权（下称本专利），其申请日是2004年6月29日，专利权人是田永忠。本专利授权公告的权利要求书如下：

“1. 一种扣式的液晶显示屏保护装置，其特征在于：该保护装置包括有一架框、一设置在架框外表面的扣式连接件、一以可旋转方式安装在架框内侧上部的上挡光板、及在架框内的左右侧以可旋转及有弹性方式设置的第一挡光板及第二挡光板。

2. 如权利要求1所述的扣式的液晶显示屏保护装置，其特征在于：在所述的架框的内侧还设置有一透明片。

3. 如权利要求2所述的扣式的液晶显示屏保护装置，其特征在于：所述架框的下部中间形成有一凹口，所述上挡光板的下部形成有一凸起件，该凸起件通过该凹口露于外部。

4. 如权利要求3所述的扣式的液晶显示屏保护装置，其特征在于：所述上挡光板的下部形成有至少一个止动凸起，所述架框的下部内表面形成有至少一个凹陷，该止动凸起可插入该凹陷中以起固定作用。”

针对上述专利权，汕头市澄海区南光照相器材厂（下称请求人）于2006年4月6日向专利复审委员会提出了无效宣告请求，请求人的具体理由是：根据本专利说明书可知，设置透明片是为了克服现有技术中“在数码相机的使用过程中，液晶显示屏易沾附沙尘、灰土等细微物，还存在着易被硬物刮花液晶显示屏的问题，从而影响液晶显示屏的显示效果，甚至缩短其使用寿命”的缺陷，实现本专利“具有防尘及防刮花功能的数码相机液晶显示屏保护”的目的，达到本专利“具有保护液晶显示屏免受灰尘等细微物影响、免受刮花的功能”的效果，因此该技术特征应为本专利权利要求1的必要技术特征，由于本专利未将“一设置在架框的内侧的透明片”这一必要技术特征记载在独立权利要求1中，扩大了专利保护范围，因此不符合专利法第26条第4款和专利法实施细则第21条第2款的规定。请求人还提交了如下附件：

附件1：授权公告号为CN2720478Y的实用新型专利说明书（本专利授权公告文本）；

附件2：田永忠对汕头市澄海区南光照相器材厂的民事起诉书、汕头市中级人民法院（2006）汕中法知初字第9号应诉通知书、汕头市中级人民法院第0001732号传票。

经形式审查合格后，专利复审委员会受理了上述无效宣告请求，于2006年5月24日向双方当事人发出无效宣告请求受理通知书，并将无效宣告请求书及附件清单中所列附件副本转送给专利权人，要求其在指定期限内答复。

针对上述无效宣告请求，专利权人于2006年6月26日向专利复审委员会寄交了意见陈述书，专利权人在其意见陈述书中认为：本专利实现了使用简便、可使液晶显示屏免受环境光影响和防尘及防刮花这两个目的，专利法、专利法实施细则和审查指南中均未规定说明书中所有技术方案和技术特点均必须反映在独立权利要求中，也未规定独立权利要求必须记载实现所有发明目的的技术方案，“一设置在架框的内侧的透明片”这一技术特征是为了在实现使用简便、可使液晶显示屏免受环境光影响的基础上进一步实现保护液晶显示屏免受灰尘等细微物影响、防刮花的效果。因此权利要求1不缺少必要技术特征，符合专利法实施细则第21条第2款和专利法第26条第4款的规定。

针对上述无效宣告请求，专利复审委员会依法成立合议组对本案进行审理。

2006年8月21日，专利复审委员会本案合议组向双方当事人发出无效宣告请求口头审理通知书，指出本案定于2006年9月26日举行口头审理，并随口审通知书向请求人转送了专利权人的意见陈述书副本。

口头审理如期举行，请求人出席了口头审理，专利权人缺席此次口头审理，请求人对变更后的合议组成员无回避请求。在口头审理过程中，请求人明确其无效宣告请求的理由、证据和范围是：本专利权利要求1不符合专利法第26条第4款和专利法实施细则第21条第2款的规定。请求人当庭陈述的理由与其请求书内容基本相同，并针对专利权人意见陈述书中的意见，认为本专利的发明目的只有一个，说明书中提出的技术方案也只有一个，权利要求1中未记载权利要求2中限定的附加技术特征，而权利要求1不能实现防尘、防刮花的功能，该功能是通过权利要求2中限定的透明片实现的，因此不符合专利法第26条第4款和专利法实施细则第21条第2款的规定。

由于专利权人未参加口头审理，2006年12月11日，合议组向专利权人发出合议组成员告知通知书，告知其本案合议组主审员由侯海薏变更为张曦，根据专利法实施细则第 38 条的规定，如对变更后的合议组成员有回避请求的，在收到本通知之日起 7 日内提交书面的请求书，并且说明理由，必要时附具有关证据。逾期未答复，视为无回避请求。

专利权人在该通知书指定期限内，未对合议组成员提出回避请求。

在上述事实的基础上，合议组经合议依法作出审查决定。

**二、决定的理由**

请求人提出的本专利不符合专利法第 26 条第 4 款和专利法实施细则第 21 条第 2 款的规定的无效请求理由均涉及了“在所述的架框的内侧还设置有一透明片”的技术特征。

1. 关于专利法实施细则第 21 条第 2 款

专利法实施细则第 21 条第 2 款规定：独立权利要求应当从整体上反映发明或者实用新型的技术方案，记载解决技术问题的必要技术特征。

必要技术特征是指，发明或者实用新型为解决其技术问题所不可缺少的技术特征，其总和足以构成发明或者实用新型的技术方案，使之区别于背景技术中所述的其他技术方案。

根据本专利说明书背景技术部分的记载，本专利所要解决的技术问题是针对习见的挡光装置虽然能起到遮挡入射到液晶显示屏的外部光的目的，但存在安装或拆卸不方面的缺点，而且在数码相机使用过程中，液晶显示屏易沾附沙尘、灰尘等细微物，以及刮花液晶显示屏的问题。由此可见，本专利所要解决的技术问题有两个，即现有技术的挡光装置安装或拆卸不方便的问题以及液晶显示屏易沾附灰尘、易被刮花的问题；针对上述技术问题，本专利说明书发明内容部分提到了本实用新型的目的在于提供一种使用简便、可使液晶显示屏免受环境光影响，且具有防尘及防刮花功能的数码相机液晶显示屏保护装置。

为了实现上述目的，本专利权利要求 1 提出了一种扣式的液晶显示屏保护装置，该保护装置通过架框、设置在架框外表面的扣式连接件、以可旋转方式安装在架框内侧上部的上挡光板以及在架框内的左右侧以可旋转及有弹性方式设置的第一挡光板和第二挡光板的技术方案，能够遮挡外部光，使数码相机液晶显示屏免受环境光影响，并且解决了现有技术中存在的安装或拆卸不方便的技术问题。也就是说，合议组认为，本专利权利要求 1 中技术特征的总和已经构成了区别于现有技术的完整技术方案，解决了其技术问题，实现了其发明目的，由此可见，权利要求 1 已经记载了解决所述技术问题的必要技术特征，符合专利法实施细则第 21 条第 2 款的规定。

请求人认为本专利说明书提出的发明目的只有一个，不是多个目的，权利要求 1 不能实现防尘、防刮花的功能，而该功能是通过架框内侧设置的透明片实现的。

合议组认为，一件专利申请的说明书可以列出发明或者实用新型所要解决的一个或者多个技术问题，但一项独立权利要求的技术方案不必包含解决所有技术问题所需的全部技术特征，如果该独立权利要求已经针对某个或某些技术问题限定了完整的技术方案，则该独立权利要求不缺少必要技术特征，可以通过从属权利要求中的附加技术特征来限定进一步改进的技术方案，从而解决其他技术问题。具体到本案，如上所述，本专利针对现有技术中存在的挡光装置安装或拆卸不方便的问题以及液晶显示屏易沾附灰尘、易被刮花的问题作出了改进，其所要解决的技术问题是两个，因此不能因为说明书中将发明目的以连贯的方式撰写而判断其发明目的只有一个，进而认为独立权利要求 1 必须包括实现所有发明目的的全部技术特征。本专利独立权利要求 1 解决了安装或拆卸不方便的技术问题，而权利要求 2 的附加技术特征“在所述的架框的内侧还设置有一透明片”是对权利要求 1 技术方案的进一步改进，由其解决易沾附灰尘、易刮花液晶显示屏的技术问题，就权利要求 1 本身而言，其已经限定了完整的技术方案。同时，独立权利要求 1 中缺少“在所述的架框的内侧还设置有一透明片”的技术特征并不会导致权利要求 1 的技术方案无法实现以及安装或拆卸不方便的技术问题无法解决。因此，请求人的上述观点不成立。

2. 关于专利法第 26 条第 4 款

专利法第 26 条第 4 款规定：权利要求书应当以说明书为依据，说明要求专利保护的范围。

说明书具体实施方式部分仅给出了一个实施例，在该实施例的技术方案中包括了权利要求 1 中的架框、扣式连接件、上挡光板、第一挡光板和第二挡光板的全部技术特征。如上所述，本专利权利要求 1 已经构成了完整的技术方案，虽然说明书公开的实施例中还包括设置在架框内侧的一透明片，但该技术手段是为了解决液晶显示屏易沾附灰尘、易被刮花的技术问题而提出的，是对能够解决安装或拆卸不方便技术问题的技术方案的进一步改进，而且该技术手段与该技术方案中的其他技术手段之间不存在必然的联系，本领域技术人员针对所要解决的安装或拆卸不方便的技术问题，完全能够根据说明书中公开的内容直接得到或概括得出权利要求 1 这样一个完整的技术方案，因此权利要求 1 得到了说明书的支持，符合专利法第 26 条第 4 款的规定。

综上所述，本专利权利要求 1 符合专利法第 26 条第 4 款和专利法实施细则第 21 条第 2 款的规定。故此，本合议组作出如下决定。

**三、决定**

维持 200420070951. 8 号实用新型专利权有效。

当事人对本决定不服的，可以根据专利法第 46 条第 2 款的规定，自收到本决定之日起三个月内向北京市第一中级人民法院起诉。根据该款的规定，一方当事人起诉后，另一方第三人人应当作为第三人参加诉讼。

048

# 一种石材陶瓷用锚栓

## 无效宣告请求审查决定（第9444号）

**决　定　号** 第9444号
**决　定　日** 2007年1月12日
**发明创造名称** 一种石材陶瓷用锚栓
**国际分类号** E04B 2/88
**无效宣告请求人** 杭州飞宏装饰材料有限公司
**专　利　权　人** 杭州斯泰铝业有限公司
**申　请　号** 00208322.1
**申　请　日** 2000年4月12日
**授权公告日** 2001年2月7日
**合议组组长** 于　萍
**主　审　员** 刘瑞斌
**参　审　员** 郭建强

**法律依据** 专利法第22条第3款
**决定要点**

如果不能证明请求人提交的实物证据是一项专利申请日之前公开的产品或者与该专利申请日前已经公开的产品结构相同，就不能认为该实物证据是本专利的现有技术，也就不能用该实物证据来评价本专利的新颖性和创造性。

### 一、案由

本无效宣告请求涉及国家知识产权局于2001年2月7日授权公告的、名称为“一种石材陶瓷用锚栓”的实用新型专利权（以下简称本专利），其专利号是00208322.1，申请日是2000年4月12日，专利权人是徐跃华，后于2006年12月1日变更为杭州斯泰铝业有限公司。该专利授权公告时的权利要求书如下：

“1. 一种石材陶瓷用锚栓，包括顶端设有锚栓头的锚栓杆，锚栓头上设有止滑凸块，锚栓杆上设有螺纹，锚栓杆上还依次套有波形圈和护套，其特征在于护套与石材陶瓷的接触表面设有弹性层，波形圈与石材陶瓷的抵触部分也设有弹性层。

2. 如权利要求1所述的一种石材陶瓷用锚栓，其特征在于所述的弹性层为涂敷的有机材料层。

3. 如权利要求1或2所述的一种石材陶瓷用锚栓，其特征在于所述的波形圈与石材陶瓷的抵触部分呈片状。

4. 如权利要求 1 或 2 所述的一种石材陶瓷用锚栓，其特征在于所述的护套设有与锚栓杆的螺纹配合的内螺纹。

5. 如权利要求 3 所述的一种石材陶瓷用锚栓，其特征在于所述的护套设有与锚栓杆的螺纹配合的内螺纹。”

针对本专利权，慧鱼（太仓）建筑锚栓有限公司和杭州飞宏装饰材料有限公司作为共同请求人于 2006 年 3 月 15 日向专利复审委员会提出无效宣告请求，后共同请求人变更为杭州飞宏装饰材料有限公司（以下简称请求人）单方，请求人认为本专利不符合专利法第 22 条第 2 款、第 3 款的规定，同时提交了如下附件：

附件 1：专利号为 EP0647760B2 的欧洲专利公报复印件，共 7 页；

请求人于 2006 年 4 月 12 日补充提交了意见陈述书，其中附加了附件 1.1、附件 2~5。

附件 1.1 是附件 1 的部分中文译文，共 3 页；

附件 2 是申请日为 1999 年 12 月 30 日，授权公告日为 2000 年 8 月 30 日，授权公告号为 CN3158652 的外观设计专利公报复印件，共 3 页；

附件 3：上海市公证处于 2006 年 4 月 6 日作出的编号为（2006）沪证经字的第 3392 号公证书，共 6 页，及一个密封的证物袋；

附件 4：1999 年 2 月 18 日出版的《施工技术》杂志第 28 卷第 2 期的封面、版权目录页以及第 38、39 页复印件，共 4 页；

附件 5：国家知识产权局复审委员会于 2006 年 3 月 29 日发出的第 8150 号无效宣告请求审查决定书复印件，共 6 页。

请求人认为：（1）本专利权利要求 1~5 相对于附件 2 或 4 与附件 1 的结合不具备创造性。（2）权利要求 1~5 相对于附件 3 与附件 1 的结合不具备创造性。

经形式审查合格，专利复审委员会依法受理了上述无效宣告请求，并于 2006 年 05 月 31 日向请求人和专利权人发出无效宣告请求受理通知书，同时将专利权无效宣告请求书及其附件清单中所列附件的副本，以及请求人于 2006 年 4 月 12 日补交的意见陈述书和补充附件转送给专利权人，并要求专利权人在通知书指定的期限内陈述意见。

专利权人于 2006 年 7 月 7 日提交了意见陈述书，指出请求人提交的附件 1 中所公开的压缩元件 8 设置的作用是压迫膨胀元件 5 变形，这与本专利中护套和波形圈表面的弹性层结构不同，因此附件 1 不能给出设置弹性层的技术启示，因此本专利权利要求 1 相对于附件 1 具备新颖性，相对于附件 1 与附件 2 或附件 3 的结合具备创造性。

本案合议组于 2006 年 8 月 7 日向双方发出无效宣告请求口头审理通知书，定于 2006 年 9 月 19 日举行口头审理，并随同口头审理通知书，将专利权人于 2006 年 7 月 7 日提交的意见陈述书的副本转送给请求人。

口头审理如期举行，双方当事人均参加了口头审理。合议组就本案进行的庭审调查如下：

请求人明确其无效宣告请求的理由、证据和范围是：权利要求 1~5 相对于附件 1、3、4 没有创造性。请求人当庭放弃专利法第 22 条第 2 款的无效理由，并且放弃使用附件 2。

专利权人对附件 1 的真实性及请求人提交的附件 1 的部分译文的准确性均没有异议，由于请求人没有提供附件 4 的原件，专利权人因而对其真实性有异议。请求人请求利用附件 5 证明附件 4 的真实性，合议组要求其在庭后一周之内提交附件 4 的原件。专利权人表示由合议组来核实附件 4 的复印件与原件是否一致，专利权人不再进行核实。

附件 3 中包括公证书、证人杨荣国的书面证言、销售合同、销售发票及一个证物袋，双方当事人当庭检验了证物袋，均确认证物袋没有破损。合议组当庭拆开证物袋，从证物袋中取出两个实物，其中一个由三个部件组成，包括锚栓杆、波形圈、带内螺纹的护套，其护套上刻有 FZP11X12 A4 M6，另一个由四个部件组成，包括锚栓杆、波形圈、护套、螺母，其护套上刻有 FZP11X21 A4 M6。请求人解释，FZP 是柱锥式锚栓的通用代号（附件 4 中有相应的说明），11 代表孔径，12 或 21 代表孔深，A4 代表材质，M6 代表锚栓杆的直径。

请求人认为附件 3 证明其中的实物在涉案专利申请日以前已经被公开销售。专利权人认为销售合同本身签署的买方名称与签章的名称不符，出具书面证言的证人没有出庭接受质证，所以对这份附件有异议。请求人当庭提交了盖有上海市工商行政管理局青浦分局档案室材料证明章的证明材料共 8 页，用于证明上述销售合同中买方名称的单位与签章名称的单位相同。合议组当庭将上述材料的复印件转给专利权人，专利权人认为在工商局登记变更企业名称的时间为 1997 年 4 月 15 日，而上述销售合同的签订日期为 98 年 1 月 7 日，因此仍然否认该销售合同的真实性，另外还认为上述销售合同和发票不能证明公证书中所附的实物是当初公开销售的实物。

请求人认为附件 3 或 4 结合附件 1 破坏权利要求 1 的创造性，附件 1 结合附件 3 或 4 破坏权利要求 1 的创造性。

合议组要求双方当事人明确根据附件 1 的附图 2 和 2a 及请求人提交的部分译文是否可以认定压缩元件 8 是由凸缘 14、间隔部分 10、壁分段 11 几个部分组成的整体件，并且是由软塑材料制成。请求人认为压缩元件 8 是位于间隔部分 10 的外表面的独立于间隔部分 10 的部件。专利权人认为根据上述资料无法确认压缩元件 8 与间隔部分 10、凸缘 14、壁分段 11 之间的相互关系。

请求认为权利要求 2 的附加技术特征被附件 1 公开，专利权人认为权利要求 2 的附加技术特征“弹性层为涂敷的有机材料层”表明弹性层与其所涂敷的部件形成一体，而附件 1 并未公开这一技术特征。

请求人认为权利要求 3~5 的附加技术特征为公知常识，专利权人认为没有证据表明上述附加技术特征为公知常识。

口头审理结束后，请求人于 2006 年 9 月 25 日提交了盖有“上海图书馆上海科学技术情报研究所文献服务部”印章的 1999 年第 2 期《施工技术》杂志的封面、目录页以及第 38、39 页的复印件，并附带有说明书一页，该说明书中声明正在办理上述内容的公证程序。

请求人于 2006 年 10 月 9 日提交了由上海市黄浦区第一公证处提交的（2006）沪黄一证经字第 7816 号公证书，该公证书证明与其相粘连的复印件内容与《施工技术》1999 年第二期原本的封面页、目录页、第 38 页、第 39 页内容相符。

专利权人于 2006 年 8 月 10 向国家知识产权局提交了著录项目变更申报书，欲将专利权人由徐跃华变更为杭州斯泰铝业有限公司，国家知识产权局于 2006 年 12 月 1 日发出变更手续合格通知书，并于 2007 年 1 月 10 日公布的第 23~02 期公报上予以公告。

专利权人杭州斯泰铝业有限公司于 2006 年 12 月 14 日向专利复审委员会提交了委托书 1 页和声明 1 页，声明仍然委托原专利权人的代理人代理本次无效宣告请求，并认可该代理人在本次无效宣告请求中的代理意见。

至此，合议组认为本案事实已经清楚，可以作出审查决定。

**二、决定的理由**

1. 证据和现有技术

请求人提交了附件 1~5 作为证据使用，在口头审理过程中主动放弃了附件 2。专利权人认可附件 1 的真实性；对于附件 4，专利权人也明确表示认可合议组对其真实性的审查，并且请求人补交了证明附件 4 的复印件与原件相符的公证书。经审查，合议组认为附件 1 及附件 4 均为公开出版物，并且公开日均早于本专利的申请日，因此附件 1 和附件 4 构成了本专利的现有技术。另外由于请求人只提交了附件 1 的部分中文译文，专利权人认可上述部分译文的准确性，因此在本案中只使用附件 1 中有中文译文的部分及其说明书附图。

附件 3 是由上海市公证处出具的公证书，其中包括证人证言、销售合同和发票复印件和一个密封的证物袋。专利权人认为附件 3 中的销售合同本身签署的买方名称与签章的名称不符，出具书面证言的证人没有出庭接受质证，所以对这份附件有异议。请求人当庭提交了盖有上海市工商行政管理局青浦分局档案室材料证明章的证明材料，用于证明上述销售合同中买方名称的单位与签章名称的单位相同。合议组认为，附件 3 中所附的销售合同和发票的复印件均是在公证人员的公证下进行复印的，因此可以证明上述复印件与原件是一致的，同时请求人提交了工商部门证实上述销售合同中买方名称的单位与签章名称的单位相同的证明材料，而且经合议组审查，上述销售合同与发票中所涉及的产品型号、数量均能够对应，因此附件 3 中所附的销售合同和发票能够证明在本专利申请日前销售合同中所涉及的产品已经公开销售的事实。附件 3 中还附有证人杨荣国出具的书面证言，由于该证言是证人在公证人员的公证下出具的，因此可以证明证人杨荣国确实出具过上述证言。请求人试图通过证人证言来证明上述销售合同和发票中所涉及的产品与附件 3 的证物袋中所封存的由“慧鱼（太仓）建筑锚栓有限公司”提供的实物结构完全一致，因此可以将附件 3 的证物袋中所封存的实物作为已有技术与本专利进行特征对比。合议组认为，首先出具证言的证人杨荣国没有出席口头审理接受质证，其证言不能作为单独认定案件事实的依据，因此不能够仅依据该证言就认定附件 3 所附销售合同和发票中涉及的产品与附件 3 证物袋中的实物的结构是一致的。另外，销售合同中注明了产品的型号，其中一项为“FZP 11X12 M6 A4”，证物袋中封存的两个实物中也有一个的护套上刻有“FZP 11X12 A4 M6”，两者基本一致，请求人陈述“其中 FZP 是柱锥式锚栓的通用代号（附件 4 中有相应的说明），11 代表孔径，12 代表孔深，A4 代表材质，M6 代表锚栓杆的直径。”根据这一陈述可知，无论是销售合同中记载的型号还是实物上刻有的型号，其中所包含的只是表示锚栓的尺寸和材质等参数，而不具有能表示出锚栓的特定结构的要素，销售合同中所记载的型号与实物上刻有的型号一致也只能说明两者所表示的柱锥式锚栓的尺寸和材质是一致的，并不能证明符合上述型号的锚栓的结构必然是一致的。另外根据请求人提交的附件 4 中记载的由锥形螺杆、扩压环和间隔套管三个部件组成的锚栓的形状与附件 3 中所附护套上刻有 FZP 11X12 A4 M6 的实物的组成部分和外形完全相同，但是根据附件 4 的“用专用打入工具，推进间隔套筒”的描述可知该锚栓的间隔套管内侧没有螺纹，而附件 3 中的上述实物的套筒内侧是有螺纹的，因此两者的结构是不同的。如果根据请求人的上述陈述在附件 4 记载的锚栓和附件 3 所附的实物锚栓上刻其尺寸和材质等参数，这些参数可以完全相同，但是它们的构造却是不同的，这就说明销售合同上的型号与实物上所刻的型号一致不能够必然证明销售合同中所涉及的产品与附件 3 所附的实物结构相同。另外根据附件 3 中的公证词所述，其所附的实物是由慧鱼（太仓）建筑锚栓有限公司提供的，而该公司曾经是本案无效请求人的共同请求人，与本案的专利权人存在利害关系。综合上面的因素，合议组认为附件 3 中所附的实物不能作为在本专利申请日前已公开的现有技术来评价本专利的新颖性和创造性。

2. 关于创造性

创造性，是指同申请日以前已有的技术相比，该发明有突出的实质性特点和显著的进步，该实用新型具有实质性特点和进步。

请求人认为本专利权利要求 1 相对于附件 4 或 3 与附件 1 结合不具备创造性，权利要求 2 的附加技术特征被附件 1 公开，权利要求 3~5 的附加技术特征是公知常识。

如上所述，请求人并不能证明附件3中所附的销售合同与发票所涉及的、在本专利申请日前已经公开销售的产品的结构与附件3中所附的实物相同，同时请求人也没有提供其他能够证明上述销售合同与发票所涉及的产品的结构的证明，因此附件3不能作为现有技术用来评价本专利的创造性。

附件4公开了一种柱锥式锚栓，其中包括端部为锥形面的“锥形螺杆”、“扩压环”和“间隔套筒”，分别相当于本专利权利要求1中的“设有锚栓头的锚栓杆”、“波形圈”和“护套”，另外根据附件4中柱锥式锚栓的附图，在锥形螺杆的锥形面上绘制有一根近似半圆形的线，根据工程制图的常识，此种线的含义是该部位相对于锚栓端部锥形面必然会有凸起或凹入。从柱锥式锚栓的工作原理来看，此处设计一个凹入部分没有任何意义；而考虑到柱锥式锚栓在工作过程中其扩压环是在锚栓端部的锥形面上滑动并张开的，显然在锚栓端部锥形面上设置凸起可以对扩压环在张开过程中起到导向和防止转动的作用，本领域技术人员看到上述附图中的近似半圆形的线时，只能唯一的将其理解为该处具有一根相对于锥形面的凸起，而该凸起相当于本专利权利要求1中的止滑凸块；根据“锥形螺杆”这一名称可以推知其上必然具有螺纹，因此附件4与本专利权利要求1的区别只是在于护套、波形圈与石材接触的部位设有弹性层。很显然该区别技术特征可以使锚栓在工作时与被固定物弹性接触，从而避免了易碎的被固定物在固定过程中被挤压而破碎，这正是本权利要求相对于附件4所实际解决的技术问题。

附件1公开了一种紧固件，该紧固件用于玻璃面板的安装，该紧固件包括具有膨胀锥头的膨胀螺杆、压缩元件、膨胀元件和螺母，紧固件的工作过程是通过螺母的拧紧来挤压压缩元件，压缩元件顶压膨胀元件使其张开，可见该紧固件与附件4及本专利中的锚栓的工作方式是一致的，并且都是用于固定易碎的装饰材料，因此它们的用途及技术领域是基本相同的；由于在附件1中公开了压缩元件是软塑材料制成的，膨胀元件外套有软塑材料，同时该附件中明示了使用软塑材料是为了使紧固件可以以柔和的、避免应力集中的方式固定，所以附件1给出了固定石材、陶瓷等易碎板材时，其紧固件与板材壁接触时要采用柔性接触的技术启示，在这一技术启示下，本领域技术人员可以很显然的想到在附件4所公开的锚栓与石材接触的部位即套管和扩压环外侧加上弹性层以减少应力集中的技术方案，即本专利权利要求1所述的技术方案，因此本专利权利要求1相对于附件4与附件1的结合不具备专利法第22条第3款规定的创造性。

本专利权利要求2为权利要求1的从属权利要求，其附加技术特征限定了“弹性层为涂覆的有机材料层”，专利权人认为该特征表明弹性层与其所涂敷的部件形成一体，其相对于附件1中弹性材料套在部件上产生了更好的技术效果。

请求人认为，附件1公开了上述权利要求2的附加技术特征，并认为附件1中的压缩元件8是位于间隔部分10的外表面并独立于间隔部分10的部分。

合议组认为请求人的上述主张与事实不符。事实上从附件1的附图2及2a以及附件1的译文可以得知，压缩元件8是由凸缘14、间隔部分10、壁分段11几个部分构成的整体。附件1中并没有公开弹性层是涂覆在其所覆盖的部件上的，并且也没有给出任何明确的技术启示使本领域技术人员能够想到将弹性层涂覆到部件上，因此本专利权利要求2相对于附件4和附件1具备专利法第22条第3款规定的创造性。

权利要求3、4分别都是对权利要求1或2做了进一步限定，其附加技术特征分别为“所述的波形圈与石材陶瓷的抵触部分呈片状”和“所述的护套设有与锚栓杆的螺纹配合的内螺纹”。

合议组认为，本专利权利要求3、4的附加技术特征均未在附件4和附件1中公开。请求人主张上述特征为公知常识，但没有提供证据予以证明或提出充分的理由予以说明，故合议组对上述主张不予支持，因此权利要求3、4相对于附件4和附件1具备专利法第22条第3款规定的创造性。

权利要求5是对权利要求3的进一步限定，在权利要求3具备创造性的前提下，从属于该权利要求3的权利要求5也具备创造性。

综上所述，合议组依法作出如下审查决定。

**三、决定**

宣告00208322.1号实用新型专利权的权利要求1无效，在权利要求2~5的基础上维持该专利权继续有效。

当事人对本决定不服的，可以根据专利法第46条第2款的规定，自收到本决定之日起3个月内向北京市第一中级人民法院起诉。根据该款的规定，一方当事人起诉后，另一方当事人应当作为第三人参加诉讼。

049

# 节能水箱

## 无效宣告请求审查决定（第9451号）

**决　　定　　号**　第9451号
**决　　定　　日**　2007年1月9日
**发明创造名称**　节能水箱
**国 际 分 类 号**　E03B 11/06
**无效宣告请求人**　上海连成（集团）有限公司
**专　利　权　人**　池学聪
**专　　利　　号**　03209576.7
**申　　请　　日**　2003年9月16日
**授 权 公 告 日**　2004年9月15日
**合 议 组 组 长**　刘颖杰
**主　　审　　员**　杨军艳
**参　　审　　员**　徐晓亚

**法　律　依　据**　专利法第22条第3款
**决　定　要　点**

在判断创造性的过程中，应确定现有技术整体上是否存在技术启示。如果区别特征为相同技术领域中另一篇对比文件中披露的相关技术手段，该技术手段在该对比文件中所起的作用与该区别特征在请求保护的专利中所起的作用相同，则应当认为现有技术中存在技术启示。

### 一、案由

本无效宣告请求涉及的是国家知识产权局于2004年9月15日授权公告的、名称为“节能水箱”的实用新型专利（下称本专利），其申请号是03209576.7，申请日是2003年9月16日，专利权人是池学聪。该专利授权公告时的权利要求书如下：

“1. 一种节能水箱，由水箱、浮球开关、等组成，其特征在于：水箱中的水管连通进水口和出水端，在水箱中的水管上有浮球开关和逆止阀。

2. 根据权利要求1所述的节能水箱，其特征在于：水泵放置在水箱中，水箱中设有水箱隔板，通过水箱隔板使水泵与水箱中的水隔离。

3. 根据权利要求1所述的节能水箱，其特征在于：将水泵和气压罐放置在水箱中，水箱中设有水箱隔板，通过水箱隔板使水泵、气压罐与水箱中的水隔离。

4. 根据权利要求1所述的节能水箱，其特征在于：将水泵和变频电控柜放置在水箱中，水箱中设有水箱隔板，通过水箱隔板使水泵和变频电控柜与水箱中的水隔离。

5. 根据权利要求1所述的节能水箱，其特征在于：水泵、气压罐和变频电控柜放置在水箱中，水箱中设有水箱隔板，通过水箱隔板使水泵、气压罐和变频电控柜与水箱中的水隔离。”

针对上述专利权，上海连成（集团）有限公司（下称请求人）于2005年12月29日向专利复审委员会提出无效宣告请求，其提交的证据如下：

证据1：公告号为CN2084949U的实用新型专利申请说明书全文，其公告日为1991年9月18日；

证据2：DE 19649997A1号专利文献，其公开日为1998年6月4日；

证据3：公告号为CN2108750U的实用新型专利申请说明书全文，其公告日为1992年7月1日；

证据4：DE 29702026U1号专利文献，其公开日为1997年4月30日；

证据5：CN87204999U号实用新型专利申请说明书全文，其公告日为1988年1月13日；

证据6：授权公告号为CN2194931Y的实用新型专利说明书全文，其授权公告日为1995年4月19日；

证据7：授权公告号为CN2446163Y的实用新型专利说明书全文，其授权公告日为2001年9月5日；

证据8：国家知识产权局专利检索咨询中心出具的G 052470号检索报告复印件共4页。

请求人认为：本专利权利要求1相对于证据1不具备创造性；本专利权利要求2相对于证据1和证据2的结合并运用本领域公知常识是显而易见的；权利要求3～5中水箱的结构是本领域公知的，将其置于水箱中用隔板使其与水隔离是显而易见的。鉴于以上事实和理由，本专利权利要求1～5不符合专利法第22条第3款有关创造性的规定。

经形式审查合格，专利复审委员会依法受理了上述无效宣告请求，于2005年12月29日向双方当事人发出无效宣告请求受理通知书，并将请求人提交的无效宣告请求书及其附件清单中所列附件的副本转送给专利权人，告知专利权人在一个月内陈述意见，期满未答复不影响专利复审委员会审理。

专利权人于2006年2月6日向专利复审委员会提交了意见陈述书，认为本专利为节能水箱，证据1为家庭自动蓄水箱，两者发明目的、解决方案和技术效果均不同，因此本专利具备创造性。

2006年3月13日，专利复审委员会收到了请求人补交的证据2全文和证据4全文的中文译文。

对上述无效宣告请求，专利复审委员会依法成立合议组。本案合议组于2006年6月12日向双方当事人发出无效宣告请求口头审理通知书，指出本案定于2006年8月10日举行口头审理。随同口头审理通知书，将专利权人于2006年2月6日提交的意见陈述书转给请求人，将专利复审委员会于2006年3月13日收到的请求人补交的证据2和证据4的中文译文转给专利权人。

口头审理如期举行，双方当事人均参加了口头审理。

在口头审理中，专利权人当庭提交了修改后的权利要求书，合议组当庭将该修改后的权利要求书转给请求人。合议组经审查认为该权利要求书的修改符合审查指南的相关规定，告知双方当事人本次口头审理以专利权人当庭提交的修改后的权利要求书所构成的修改文本作为审理的依据，双方当事人对此均无异议。

请求人明确其无效理由是专利法第22条第3款，并新增无效理由专利法第5条，认为本专利“妨碍公共利益”。请求人当庭提交了两份新证据：《城市供水条例》（1994年7月19日中华人民共和国国务院令第158号发布）复印件3页（下称证据9）和《给水排水设计手册第2册建筑给水排水第二版》首页、版权信息页及第21、23、46、47页复印件共6页（下称证据10），合议组当庭将上述两份新证据转给专利权人。请求人当庭提交了证据10和含有证据9的《涉水产品管理文件汇编》原件。此外，请求人明确证据 1~8 中仅使用证据 1 和证据 2 进行创造性的评述。合议组当庭告知请求人对于请求书中没有结合无效理由陈述意见的证据 3~8 合议组不予考虑。

专利权人认可证据 9 与《涉水产品管理文件汇编》原件一致，但认为其没有出版日期，不能作为出版物；专利权人对证据 1 和证据 2 的真实性没有异议，对其中文译文的准确性没有异议。

请求人针对专利法第 5 条的具体无效理由是：本专利水泵等装置接在进水口之后，进水口直接接入公共管网，利用公共管网的压力，不符合证据 9 中第 35 条第（6）项的规定，因而妨碍了公共利益。专利权人认为本专利中水泵没有直接接在公共管网中，与该条款不矛盾。

针对专利法第 22 条第 3 款的无效理由：请求人认为证据 1 公开了“水管连通进水口和出水端”的技术特征，证据 2 公开了“水泵放在箱体中”及所有的控制部件全部安装在一起；此外，证据 10 用来证明本专利的原理和结构都是公知常识。专利权人认为证据 1 和证据 2 与本专利发明目的不同、技术方向不同，证据 2 的结构与本专利不同；表示本专利中的水管一部分在有水的部分，一部分在无水的部分，水管通过有水的部分并经过水泵流出。

由于请求人当庭新增加了无效理由和证据，合议组告知专利权人可以在口头审理之后 15 日内对请求人新提的无效理由和证据发表意见。

2006 年 8 月 24 日，专利权人向专利复审委员会提交了意见陈述书，重述了口头审理时的观点，并提交了如下附件证明本专利符合国家法律规定，符合专利法第 5 条的规定：

附件 A：建筑设备施工安装通用图集 91SB3-1（2005）原件及第 80 页复印件 1 页；

附件 B：鉴字［2006］第 054 号科学技术成果鉴定证书原件及复印件 14 页；

附件 C：鉴字［2006054］号新产品新技术鉴定验收证书原件及复印件 9 页；

附件 D：京水客字［2005］135 号文件复印件 5 页；

附件 E：京水务供［2005］2 号文件复印件 2 页；

附件 F：2005 年 6 月 8 日北京市自来水集团公司供水分公司出具的勘察意见原件及复印件各 1 页；

附件 G：建科［2006］38 号文件原件及其中建设部节能省地型建筑推广应用技术目录第 18 页复印件 1 页。

至此，合议组认为本案事实清楚，现依法作出审查决定。

**二、决定的理由**

1. 审查基础

专利权人当庭提交了修改后的权利要求书，合议组经审查认为该权利要求书的修改符合审查指南的相关规定，告知双方当事人本次口头审理以专利权人当庭提交的修改后的权利要求书所构成的修改文本作为审理的依据，双方当事人对此均无异议。修改后的权利要求书为：

“1. 一种节能水箱，由水箱、浮球开关、等组成，其特征在于：水箱中的水管连通进水口和出水端，在水箱中的水管上有浮球开关和逆止阀；水泵放置在水箱中，水箱中设有水箱隔板，通过水箱隔板使水泵与水箱中的水隔离。

2. 根据权利要求 1 所述的节能水箱，其特征在于：将水泵和气压罐放置在水箱中，水箱中设有水箱隔板，通过水箱隔板使水泵、气压罐与水箱中的水隔离。

3. 根据权利要求 1 所述的节能水箱，其特征在于：将水泵和变频电控柜放置在水箱中，水箱中设有水箱隔板，通过水箱隔板使水泵和变频电控柜与水箱中的水隔离。

4. 根据权利要求 1 所述的节能水箱，其特征在于：水泵、气压罐和变频电控柜放置在水箱中，水箱中设有水箱隔板，通过水箱隔板使水泵、气压罐和变频电控柜与水箱中的水隔离。”

2. 关于定案证据

证据 1 和 2 均为专利文献，专利权人对它们的真实性没有异议，合议组经审查认为证据 1 和 2 能够作为本案证据使用。证据 1 和 2 的公开日均在本专利申请日之前，因此其上记载的内容构成了本专利的现有技术。

专利权人对请求人所提交的证据 2 中文译文的准确性没有异议，因此证据 2 公开的内容以其中文译文为准。

3. 关于专利法第 22 条第 3 款的无效理由

（1）关于权利要求 1 的创造性。

请求人认为证据 1 公开了"水管连通进水口和出水端"的技术特征，证据 2 公开了所有控制部件全部安装在一起的特征，此外"水管在水箱中"是本领域人员很容易做到的，因此本专利权利要求 1 不具备创造性，不符合专利法第 22 条第 3 款的规定。

专利权人认为证据 1 和证据 2 都是家庭中使用的，而本专利是针对一个区域的供水装置，两者的发明目的、对设备的使用环境、使用条件都不同。

合议组经审理查明，证据 1 公开了一种家用自动蓄水箱，水箱 1 通过进水管 5 和放水管 8 与主水管 6 并联，浮球 2 装在水箱 1 内并与进水管 5 连接（见证据 1 第 3 页最后 1 行至第 4 页第 1 行和图 1）；止回阀 7 装在放水管 8 上，它的作用是允许水箱 1 的水流出，阻止主水管 6 的水经放水管 8 回流进水箱（见证据 1 第 4 页第 1~3 行和图 1）。在自来水供水时，一部分水经进水管 5，由浮球 2 控制，将水箱 1 补满水（见证据 1 第 4 页第 3~4 行）；一旦主水管无水，主水管 6 的水位降到水箱 1 水位以下，水位差所形成的压力打开止回阀 7，水箱 1 里的水便经放水管 8 从水龙头 9 流出（见证据 1 第 4 页第 4~6 行）；当恢复供水时，主水管 6 的水位或水压升高，止回阀 7 关闭，水箱 1 开始补水，直至浮球 2 被抬至预定高度（见证据 1 第 4 页第 8~9 行）。

将本专利权利要求 1 与证据 1 进行比较可见，证据 1 公开了该自动蓄水箱由水箱 1、浮球开关 2 等组成；水箱 1 通过进水管 5 和放水管 8 与主水管 6 并联，进水管 5 一端为水箱 1 的进水口，放水管 8 一端为水箱 1 的出水端，也就是说，主水管 6 连通了水箱 1 的进水口和出水端，相当于本专利中水管连通进水口和出水端；浮球 2 与进水管 5 连接，止回阀 7 装在放水管 8 上，由于进水管 5 和放水管 8 均连接到主水管 6 上，因此浮球 2 与止回阀 7 相当于连接到主水管 6 上，与本专利中水管上有浮球开关和逆止阀的特征相同。由于证据 1 中的主水管 6 连通着水箱 1 的进水口和出水端，因此当管网中的压力足够时，自来水将通过主水管 6 直接向用户供水；当管网压力不够，主水管 6 中无水时，止回阀 7 将打开，通过水箱 1 向用户供水。可见，证据 1 与本专利均能取得管网压力足够时由管网供水、管网压力不够时由水箱供水的技术效果。

本专利权利要求 1 与证据 1 的区别在于：①本专利中的节能水箱为向一个区域供水的装置，证据 1 中的自动蓄水箱为家用储水、供水装置；②本专利中水管位于水箱内部，证据 1 中主水管 6 位于水箱 1 外部；③本专利中水泵放置在水箱中，水箱中设有水箱隔板，通过水箱隔板使水泵与水箱中的水隔离。

关于区别特征①：合议组认为无论是向区域供水的装置，还是家用供水的装置，它们都是一种供水、给水的装置，它们的技术领域是相同的。它们的区别在于供水用户的多少，要适应用户数多少这一区别，只要变换水箱容积和水泵能量即可，而这一改变对本领域技术人员来说是不难实现的。由于证据 1 中主水管 6 连通了水箱 1 的进水口和出水端，在自来水管网中压力满足的情况下能够由主水管 6 直接供水而不需要使用水箱 1 中的水，因此当本领域技术人员要利用自来水管网中的压力供水而不使用水箱供水以解决供水节能问题时，想到采用证据 1 所公开的自动蓄水箱结构是显而易见的。

关于区别特征②：合议组认为无论水管位于水箱内部还是水箱外部，本专利与证据1中水管与水箱的连接方式及所起的作用都是相同的，两者没有实质上的区别；况且本专利的水管位于水箱内这一技术特征，对于本专利所要解决的技术问题并未起到积极作用，这一改变也没有带来预料不到的技术效果。

关于区别特征③：证据2公开了一种在生活用水的供水设备中所使用的装置，该装置包括补给水箱5、泵7和控制部件12等（见证据2中文译文第3页倒数第2行至第4页第1行和附图），这些部件作为一个完整的组合装置整体安装在一个封闭的壳体内（见证据2中文译文第3页第9至11行）。证据2是一种供水设备，与证据1属于相同的技术领域。证据2中给出了在供水设备中使用水泵并将水泵与补给水箱安装在一起使得结构紧凑、占用空间少的技术启示。因此，合议组认为本领域技术人员在证据2公开内容的启示下，容易想到将水泵放置在水箱中以节约占用空间，并用水箱隔板将水泵与水箱中的水隔离。此外，合议组认为小区供水装置中包括水泵是必然的，而将水泵设置在水箱中能够节约占用空间是本领域人员已知的常识，水泵设置在水箱中时必然要用隔板将其与水隔离。因此，区别特征③对本领域人员来说是显而易见的。

综上所述，对本领域技术人员来说，将证据1和证据2结合或者在证据1的基础上结合其已知的常识，得到本专利权利要求1的技术方案是显而易见的，其也没有产生预料不到的技术效果，因此权利要求1不具有实质性特点和进步，不具备创造性，不符合专利法第22条第3款的规定。

（2）关于权利要求2~4的创造性。

权利要求2~4进一步限定了该节能水箱包括气压罐和变频电控柜，它们也放置在水箱中，通过水箱隔板与水箱中的水隔离。

合议组认为，小区供水装置中气压罐和变频电柜是常用的设备，而将它们设置在水箱中能够节约占用空间是本领域人员已知的常识，它们设置在水箱中时必然要用隔板将其与水隔离。因此，当它们所引用的权利要求1不具备创造性时，权利要求2~4也不具备创造性。

**三、决定**

宣告03209576.7号实用新型专利权全部无效。

当事人对本决定不服的，可以根据专利法第46条第2款的规定，自收到本决定之日起三个月内向北京市第一中级人民法院起诉。根据该款的规定，一方当事人起诉后，另一方当事人应当作为第三人参加诉讼。

# 北京市第一中级人民法院
# 行政判决书

（2007）一中行初字第571号

原告池学聪，男，1965年8月17日出生，汉族，上海熊猫机械集团有限公司经理，住上海市徐汇区南丹东路300弄7号3203室。

委托代理人刘兰，女，厦门市新华专利商标代理有限公司专利代理人。

被告国家知识产权局专利复审委员会，住所地北京市海淀区北四环西路9号银谷大厦10~12层。

法定代表人廖涛，副主任。

委托代理人杨军艳，女，国家知识产权局专利复审委员会审查员。

委托代理人王丽颖，女，国家知识产权局专利复审委员会审查员。

第三人上海连成（集团）有限公司，住所地上海市嘉定区曹安路3616~3618号。

法定代表人张锡淼，总裁。

委托代理人沈原，男，上海东方易知识产权事务所专利代理人。

委托代理人唐莉莎，女，上海东方易知识产权事务所专利代理人。

原告池学聪不服被告国家知识产权局专利复审委员会作出的第9451号无效宣告请求审查决定（以下简称被诉决定）一案，向本院起诉。本院受理后，依法组成合议庭，并通知与被诉决定有法律利害关系的上海连成（集团）有限公司作为本案第三人参加诉讼。2007年5月22日，本院依法公开开庭进行了审理。原告的委托代理人刘兰，被告的委托代理人杨军艳、王丽颖，第三人的委托代理人沈原、唐莉莎到庭参加了诉讼。现本案已审理终结。

被告根据第三人的无效宣告请求，对原告的申请号是03209576.7、名称为“节能水箱”的实用新型专利（以下简称本专利）进行审查，认为对本领域技术人员来说，第三人的证据1（即：公告号为CN2084949U的实用新型专利申请说明书全文，其公告日为1991年9月18日）和证据2（即：DE19649997A1号专利文献，其公开日为1998年6月4日）结合或者在证据1的基础上结合已知的常识，得到本专利权利要求1的技术方案是显而易见的，其也没有产生预料不到的技术效果，因此权利要求1不具有实质性特点和进步，不具备创造性。权利要求2~4也不具备创造性。依据《中华人民共和国专利法》（以下简称《专利法》）第二十三条的规定，被告于2007年1月23日作出被诉决定，宣告本专利全部无效。

在法定期限内，被告向本院提交了如下证据，用以证明被诉决定合法：（1）本专利公告文本；（2）原告修改后的权利要求书；（3）口头审理记录；（4）被诉决定的证据1；（5）被诉决定的证据2。

原告诉称：

（1）被告的决定理由存在适用法律不当，没有按照审查实用新型的创造性审查本专利。被告在审查和合议本无效案时，对本专利与已有技术特征的区别均认为是显而易见，忽略了本专利所带来的节能技术效果，看不到由于本专利与已有技术结构不同所带来的实质性特点和进步，不符合《专利法》第一条“保护发明创造专利权，鼓励发明创造，有利于发明创造的推广应用……”的规定。

（2）被告的决定理由存在对本领域的技术认识不清，导致结论错误。本专利与证据1和证据2相比发明目的不同、技术解决方案不同、产生的技术效果也不同。

（3）本专利从申请以来，已在全国各地安装使用，节能效果十分明显，改变了传统小区供水（水箱）装置自来水管网压力白白浪费的弊端，解决了要想利用自来水公共管网的压力水泵不能直接与自来水公共管网相接的问题（国家明令禁止），这是本专利的创新点，也是创造性所在，采用本专利节能可达30%，能原紧张的今天是应该大力提倡的，本专利取得了意想不到的效果。本专利在节能的同时还解决了人们长期以来不能解决的问题，设备占用空间的问题，这是所有对比文件所不具备的。因而本专利具有实质性的特点和进步，因此权利要求1符合《专利法》第二十二条三款的规定的创造性。

（4）被告在决定中认为本专利与证据1的区别有三点。针对区别特征1，被告忽略了本专利是保证小区用户连续24小时大量供水，解决的是要消耗能量的这一事实，而非家用供水设备，而证据1是一种家用间断补充少量供水，没有水泵，不存在节能问题；证据2因为针对雨水使用频率不高，也是家用，耗能小可以不考虑节能问题，故向被告所说要适用用户数多少这一区别，故只需变换水箱容积和水泵能量即可，显然是不确切的，得出这样的结论对本领域是不了解的，故被告对区别特征1认为是显而易见的判断是错误的。针对区别特征2，被告认为无论水管放置何位都没有实质区别，忽略了对于一天24小时向小区供水的供水设备其能耗的危害，本专利水箱中的水管连通进水口和出水端的结构，对本专利要解决的节能问题起到了积极的作用，由于减少了连接弯头，可以节省水泵的能耗，故被告的结论也是缺乏理论和实际应用的，证据3专家鉴定结论很好地说明了此问题。针对区别特征3，被告认为将证据1与证据2的结合即可显而易见的得出本专利，也是站不住脚的。既要保证节能，又要节约占地面积，便于水箱的现场安装，简单地通过证据1与证据2的结合是不能得出的。

综上所述，本专利起到了结构简单又节能的效果，对实用新型而言是有实质性特点和进步的，按照《审查指南》第二部分第四章在5.4、第四部分第六章“其他规定”的2，被告未能以事实为根据，未能从发明创造整体上综合考虑本专利的实质性特点和进步的判定错误，其判定结果不能令原告信服。因此，请求人民法院判决撤销被诉决定，并责令被告重新作出行政行为。

在法定期限内，原告向本院提交了如下证据，用以支持其诉讼主张。(1) 本专利的公告文本复印件；(2) 原告修改后的权利要求书复印件；(3) 关于专利03209576.7司法技术鉴定报告书复印件；(4) 国家知识产权局关于专利03209576.7检索报告复印件；(5) 被诉决定的证据1的复印件；(6) 被诉决定的证据2的复印件；(7) 被诉决定的证据2的中文译文复印件；(8) 用户使用意见两份。

被告辩称：

(1) 针对权利要求1的创造性问题，我委坚持被诉决定认定的事实。对本领域的技术人员来说将证据1与证据2结合或者在证据1的基础上结合已知的常识，得到本专利权利要求1的技术方案是显而易见的，本专利权利要求1不具有创造性。尽管证据1记载的发明目的与本专利不同，但是对于该技术领域的普通技术人员来说，能够知晓其结构客观上可以解决本专利所要解决的问题，因此将证据1中公开的结构用于本专利所述的小区供水装置中是具有显而易见性的，不需要创造性劳动。

(2) 从属权利要求2~4限定的设备是小区供水装置中的常用设备，为了节约空间将它们设置在水箱中是本领域技术人员已知的常识，因此当其所引用的权利要求1不具备创造性时，权利要求2~4也不具备创造性。

综上，被诉决定认定事实清楚，适用法律正确，审理程序合法，原告的诉讼理由不能成立，请求法院驳回原告的诉讼请求，维持被诉决定。

第三人述称：其同意被诉决定。

在庭审质证中，原告对被告提供的证据没有争议。被告对原告的证据1、2、5~7认可，不同意原告证据4的证明目的，并认为证据3和证据8与本案无关。第三人同意被告的举证，认为原告的证据3不能左右本案。

经审查，本院认为被告的证据与原告的证据1、2、5~7为行政程序中的有效证据，本院予以确认。原告的证据3中对于技术形成的内容能够作为证据使用，但是其中涉及本专利具有创造性的评述内容缺乏法律依据，本院不予确认；原告的证据4只能证明在本案形成之前，本专利不具备新颖性和创造性，不能支持原告主张本专利具备创造性，本院不予确认；原告的证据8是用户的使用意见，不能当然证明本专利具备创造性，本院不予确认。

根据有效证据，本院确认事实如下：

本专利的申请日是2003年9月16日，授权公告日为2004年9月15日，其被授权公告的权利要求内容（略）。

针对本专利权，第三人于2005年12月29日向被告提出无效宣告请求，其提交了证据1~8作为对比文件。其理由是：本专利权利要求1相对于证据1不具备创造性；本专利权利要求2相对于证据1和证据2的结合并运用本领域公知常识是显而易见的；权利要求3~5中水箱的结构是本领域公知的，将其置于水箱中用隔板使其与水隔离是显而易见的。鉴于以上事实和理由，本专利权利要求1~5不符合《专利法》第二十二条第三款有关创造性的规定。

经形式审查合格，被告依法受理，并向第三人发出无效宣告请求受理通知书，并将第三人的请求书及其附件副本转送给原告，并告知其在一个月内陈述意见。

2006年2月6日，原告向被告提交了意见陈述书，认为本专利为节能水箱，证据1为家庭自动蓄水箱，两者发明目的、解决方案和技术效果均不同，因此本专利具备创造性。

2006年3月13日，被告收到第三人补交的证据2全文和证据4全文的中文译文后，被告依法成立合议组，并将第三人补交的证据2和证据4的中文译文转给原告。

2006年8月10日，被告进行口头审理，原告和第三人均参加了口头审理。原告当庭提交了修改后的权利要求书。合议组经审查认为该权利要求书的修改符合《审查指南》的相关规定，明确以原告修改后的权利要求书文本作为审理的依据，原告和第三人对此均无异议。

在口头审理中，第三人的意见如下：明确其无效理由是《专利法》第二十二条第三款，并新增无效理由《专利法》第五条，认为本专利“妨碍公共利益”。同时其当庭提交了两份新证据：证据9——国务院令第158号《城市供水条例》，证据10——《给水排水设计手册第2册建筑给水排水第二版》，并明确证据1~8中仅使用证据1和证据2进行创造性的评述。合议组当庭告知第三人对于请求书中没有结合无效理由陈述意见的证据3~8不予考虑。

原告的意见如下：对证据1和证据2的真实性没有异议，对其中文译文的准确性没有异议；认可证据9与《涉水产品管理文件汇编》原件一致，但认为其没有出版日期，不能作为出版物。其针对《专利法》第五条的具体无效理由，认为本专利中水泵没有直接接在公共管网中，与该条款不矛盾。

由于第三人当庭新增加了无效理由和证据，合议组告知原告可以在口头审理之后15日内对该理由和证据发表意见。

2006年8月24日，原告向被告提交意见陈述书，重述了口头审理时的观点，并提交了附件A~F证明本专利符合国家法律规定，符合《专利法》第五条的规定。

被告经合议，认定了以下内容：

（1）原告修改后的权利要求书符合《审查指南》的相关规定，作为审理的依据，其权利要求内容为：

“1. 一种节能水箱，由水箱、浮球开关等组成，其特征在于：水箱中的水管连通进水口和出水端，在水箱中的水管上有浮球开关和逆止阀；水泵放置在水箱中，水箱中设有水箱隔板，通过水箱隔板使水泵与水箱中的水隔离。

2. 根据权利要求1所述的节能水箱，其特征在于：将水泵和气压罐放置在水箱中，水箱中设有水箱隔板，通过水箱隔板使水泵、气压罐与水箱中的水隔离。

3. 根据权利要求1所述的节能水箱，其特征在于：将水泵和变频电控柜放置在水箱中，水箱中设有水箱隔板，通过水箱隔板使水泵和变频电控柜与水箱中的水隔离。

4. 根据权利要求1所述的节能水箱，其特征在于：水泵、气压罐和变频电控柜放置在水箱中，水箱中设有水箱隔板，通过水箱隔板使水泵、气压罐和变频电控柜与水箱中的水隔离。”

（2）证据1和2均为专利文献，内容真实，其公开日均在本专利申请日之前，其上记载的内容构成了本专利的现有技术。原告对第三人提交的证据2的中文译文没有异议，可以以其中文译文为准。

（3）关于本专利的创造性问题。

①证据1公开了一种家用自动蓄水箱，水箱通过进水管和放水管与主水管并联，浮球装在水箱内并与进水管连接；止回阀装在放水管上，它的作用是允许水箱的水流出，阻止主水管的水经放水管回流进

水箱。在自来水供水时，一部分水经进水管，由浮球控制，将水箱补满水；一旦主水管无水，主水管的水位降到水箱水位以下，水位差所形成的压力打开止回阀，水箱里的水便经放水管从水龙头流出；当恢复供水时，主水管的水位或水压升高，止回阀关闭，水箱开始补水，直至浮球被抬至预定高度。

②将本专利权利要求 1 与证据 1 进行比较可见，证据 1 公开了该自动蓄水箱由水箱、浮球开关等组成；水箱通过进水管和放水管与主水管并联，进水管一端为水箱的进水口，放水管一端为水箱的出水端，也就是说，主水管连通了水箱 1 的进水口和出水端，相当于本专利中水管连通进水口和出水端；浮球与进水管连接，止回阀装在放水管上，由于进水管和放水管均连接到主水管上，因此浮球与止回阀相当于连接到主水管上，与本专利中水管上有浮球开关和逆止阀的特征相同。由于证据 1 中的主水管连通着水箱 1 的进水口和出水端，因此当管网中的压力足够时，自来水将通过主水管直接向用户供水；当管网压力不够，主水管中无水时，止回阀将打开，通过水箱向用户供水。可见，证据与本专利均能取得管网压力足够时由管网供水、管网压力不够时由水箱供水的技术效果。

本专利权利要求 1 与证据 1 的区别在于：A. 本专利中的节能水箱为向一个区域供水的装置，证据 1 中的自动蓄水箱为家用储水、供水装置；B. 本专利中水管位于水箱内部，证据中主水管位于水箱外部；C. 本专利中水泵放置在水箱中，水箱中设有水箱隔板，通过水箱隔板使水泵与水箱中的水隔离。

关于区别特征 A：无论是向区域供水的装置，还是家用供水的装置，它们都是一种供水、给水的装置，它们的技术领域是相同的。它们的区别在于供水用户的多少，要适应用户数多少这一区别，只要变换水箱容积和水泵能量即可，而这一改变对本领域技术人员来说是不难实现的。由于证据中主水管连通了水箱的进水口和出水端，在自来水管网中压力满足的情况下能够由主水管直接供水而不需要使用水箱中的水，因此当本领域技术人员要利用自来水管网中的压力供水而不使用水箱供水以解决供水节能问题时，想到采用证据 1 所公开的自动蓄水箱结构是显而易见的。

关于区别特征 B：无论水管位于水箱内部还是水箱外部，本专利与证据中水管与水箱的连接方式及所起的作用都是相同的，两者没有实质上的区别；况且本专利的水管位于水箱内这一技术特征，对于本专利所要解决的技术问题并未起到积极作用，这一改变也没有带来预料不到的技术效果。

关于区别特征 C：证据 2 公开了一种在生活用水的供水设备中所使用的装置，该装置包括补给水箱、泵和控制部件等，这些部件作为一个完整的组合装置整体安装在一个封闭的壳体内。证据 2 是一种供水设备，与证据 1 属于相同的技术领域。证据 2 中给出了在供水设备中使用水泵并将水泵与补给水箱安装在一起使得结构紧凑、占用空间少的技术启示。因此，本领域技术人员在证据 2 公开内容的启示下，容易想到将水泵放置在水箱中以节约占用空间，并用水箱隔板将水泵与水箱中的水隔离。此外，小区供水装置中包括水泵是必然的，而将水泵设置在水箱中能够节约占用空间是本领域人员已知的常识，水泵设置在水箱中时必然要用隔板将其与水隔离。因此，区别特征 C 对本领域人员来说是显而易见的。

综上所述，对本领域技术人员来说，将证据 1 和证据 2 结合或者在证据 1 的基础上结合其已知的常识，得到本专利权利要求 1 的技术方案是显而易见的，其也没有产生预料不到的技术效果，因此权利要求 1 不具有实质性特点和进步，不具备创造性，不符合《专利法》第二十二条第三款的规定。

③权利要求 2~4 进一步限定了该节能水箱包括气压罐和变频电控柜，它们也放置在水箱中，通过水箱隔板与水箱中的水隔离。小区供水装置中气压罐和变频电柜是常用的设备，而将它们设置在水箱中能够节约占用空间是本领域人员已知的常识，它们设置在水箱中时必然要用隔板将其与水隔离。因此，当它们所引用的权利要求 1 不具备创造性时，权利要求 2~4 也不具备创造性。2007 年 1 月 9 日，被告根据上述认定，作出被诉决定，并于同年 1 月 23 日向原告和第三人邮寄送达。原告不服，在法定期限内，向本院提起行政诉讼。

在开庭审理中，原告和第三人对以下内容没有争议：

（1）被告的行政审查职责及行政程序；

（2）被诉决定书“案由”部分记载的事实经过；

（3）被诉决定将原告修改的权利要求书作为审查文本；

（4）被告认定证据1和2为本专利的对比文件；

（5）被诉决定认定的证据1和证据2公开的内容以及本专利与证据1的区别。

本院认为：根据当事人无争议的陈述，本院经书面审查，对上述无争议的内容予以确认。在此基础上，本院围绕原告争议的内容，对被诉决定的合法性进行审查。

证据1和证据2与本专利属于相同技术领域，其公开日在本专利申请日之前，能够作为本专利的现有技术。根据原告和第三人对被告认定的证据1和证据2公开的内容没有争议的陈述，本院对被告将证据1与本专利权利要求1进行对比后认定的本专利权利要求1与证据1的区别特征（1）~（3）的内容予以确认。同时，本院对被告认定的证据2公开的技术内容予以确认。

针对区别特征A，本专利和证据1的技术领域相同，两者的区别在于供水用户的多少以及水管位置。为此，被告认为对本领域技术人员来说，要适应用户数多少这一区别，只要变换水箱容积和水泵能量即可实现的意见成立。同时，对于利用自来水管网中的压力供水而不使用水箱供水以解决供水节能问题时，被告认定证据1公开的自动蓄水箱结构对本领域技术人员有技术启示的结论正确。

针对区别特征B，本专利和证据1的区别仅在于水管和水箱的位置关系，而本专利与证据1中的水管与水箱的连接方式及所起的作用相同，没有实质上的区别。所以，被告认为本专利的水管位于水箱内的技术特征没有带来预料不到的技术效果的结论正确。

针对区别特征C，证据2公开的补给水箱5、泵7和控制部件12等作为一个完整的组合装置整体安装在一个封闭的壳体内。在证据2的结构紧凑、占用空间少的技术启示下，被告认定本领域技术人员容易想到将水泵放置在水箱中以节约占用空间，并用水箱隔板将水泵与水箱中的水隔离是显而易见的结论正确。

因此，被告认定本专利权利要求1不具备创造性的主要证据充分，符合《审查指南》第二部分第四章、第四部分第六章第4节的规定。

而权利要求2~4限定的技术方案是将气压罐和变频电控柜放置在水箱中，通过水箱隔板与水箱中的水隔离。原告认可气压罐和变频电控柜是小区供水设置中的常用设备。为保障这些设备安全工作，用隔板将其与水隔离是常识。因此，被告认定权利要求2~4没有创造性的结论正确。

综上，被诉决定认定事实清楚，程序合法，适用法律正确，本院应予维持。原告的诉讼主张缺乏事实依据，本院不予支持。故，依照《中华人民共和国专利法》第二十二条第三款，《中华人民共和国行政诉讼法》第五十四条第（一）项的规定，判决如下：

维持国家知识产权局专利复审委员会于二〇〇七年一月二十三日作出的第9451号无效宣告请求审查决定。

案件受理费100元，由池学聪负担（已交纳）。

如不服本判决，可在本判决书送达之日起15日内向本院递交上诉状，并按对方当事人的人数提出副本及预交上诉案件受理费100元，上诉于北京市高级人民法院。

审　判　长　饶亚东

审　判　员　刘景文

人民陪审员　孟玉珍

二〇〇八年十月二十日

书　记　员　蒋利玮

# 北京市高级人民法院
# 行政判决书

（2008）高行终字第432号

上诉人（一审原告）池学聪，男，1965年8月17日出生，汉族，上海熊猫机械集团有限公司经理，住上海市徐汇区南丹东路300弄7号3203室。

委托代理人王佩瑜，北京市法拓律师事务所律师。

委托代理人刘昊，北京市法拓律师事务所律师。

被上诉人（一审被告）国家知识产权局专利复审委员会，住所地北京市海淀区北四环西路9号银谷大厦10~12层。

法定代表人廖涛，副主任。

委托代理人杨军艳，女，国家知识产权局专利复审委员会审查员。

委托代理人张华，男，国家知识产权局专利复审委员会审查员。

被上诉人（一审第三人）上海连成（集团）有限公司，住所地上海市嘉定区曹安路3616~3618号。

法定代表人张锡淼，总裁。

委托代理人沈原，男，上海东方易知识产权事务所专利代理人。

委托代理人唐莉莎，女，上海东方易知识产权事务所专利代理人。

上诉人池学聪因专利无效宣告请求审查决定一案，不服北京市第一中级人民法院（2007）一中行初字第571号行政判决，向本院提起上诉。本院依法组成合议庭公开开庭审理了本案。上诉人池学聪及其委托代理人王佩瑜、刘昊，被上诉人国家知识产权局专利复审委员会的委托代理人杨军艳、张华，被上诉人上海连成（集团）有限公司的委托代理人沈原、唐莉莎出庭参加了诉讼。本案现已审理终结。

国家知识产权局专利复审委员会（以下简称专利复审委）根据上海连城（集团）有限公司（以下简称连成公司）的无效宣告请求，对池学聪的申请号是03209576.7号、名称为“节能水箱”的实用新型专利（以下简称本专利）进行审查。2007年1月9日，专利复审委依据《中华人民共和国专利法》（以下简称《专利法》）第二十二条第三款的规定，作出第9451号无效宣告请求审查决定（以下简称第9451号决定），宣告本专利权全部无效。池学聪不服，向北京市第一中级人民法院提起行政诉讼。

北京市第一中级人民法院（2007）一中行初字第571号行政判决认定，根据当事人无争议的陈述，经书面审查，对无争议的内容予以确认。在此基础上，围绕原告争议的内容，对被诉决定的合法性进行审查。证据1（即公告号为CN2084949U的实用新型专利申请说明书全文，其公告日为1991年9月18日）和证据2（即DE19649997A1号专利文献，其公开日为1998年6月4日）与本专利属于相同技术领域，其公开日在本专利申请日之前，能够作为本专利的现有技术。根据原告和第三人对被告认定的证据1和证据2公开的内容没有争议，对被告将证据1与本专利权利要求1进行对比后认定的本专利权利要求1与证据1的区别特征（1）~（3）的内容予以确认。同时，对被告认定的证据2公开的技术内容予以确认。针对区别特征（1），本专利和证据1的技术领域相同，两者的区别在于供水用户的多少以及水管位置。为此，被告认为对本领域技术人员来说，要适应用户数多少这一区别，只要变换水箱容积和水泵能量即可实现的意见成立。同时，对于利用自来水管网中的压力供水而不使用水箱供水以解决供水节能问题时，被告认定证据1公开的自动蓄水箱结构对本领域技术人员有技术启示的结论正确。针对区别特征（2），本专利和证据1的区别仅在于水管和水箱的位置关系，而本专利与证据1中的水管与水箱的连接方式及所起的作用相同，没有实质上的区别。所以，被告认为本专利的水管位于水箱内的技术特征没有带来预料不到的技术效果的结论正确。针对区别特征（3），证据2公开的补给水箱5、泵7和控制部件12等作为一个完整的组合装置整体安装在一个封闭的壳体内。在证据2的结构紧凑、占用空间少的技术启示下，被告认定本领域技术人员容易想到将水泵放置在水箱中以节约占用空间，并用水箱隔板将水泵与水箱中的水隔离是显而易见的结论正确。因此，被告认定本专利权利要求1不具备创造性的主要证据充分，符合《审查指南》第二部分第四章、第四部分第六章第4节的规定。而权利要求24限定的技术方案是将气压罐和变频电控柜放置在水箱中，通过水箱隔板与水箱中的水隔离。原告认可气压罐和变频电控柜是小区供水设置中的常用设备。为保障这些设备安全工作，用隔板将其与水隔离是常识。因此，被告认定权利要求2~4没有创造性的结论正确。综上，第9451号决定认定事实清楚，程序合法，适用法律正确，应予维持。原告的诉讼主张缺乏事实依据，不予支持。故，依照《中华人民共和国专利法》第二十二条第三款，《中华人民共和国行政诉讼法》第五十四条第（一）项的规定，判决维持专利复审委作出的第9451号决定。

池学聪不服一审判决，提出上诉。诉称，（1）在诉讼程序方面，因一审法院不是专业技术机构，故上诉人在一审期间向一审法院提出申请要求委托权威机构对本案所涉专利进行技术鉴定，但一审法院未支持上诉人此合理请求，在审理程序上存在瑕疵，并直接影响了本案的主要事实认定与判决结果。（2）本案的关键事实认定方面，一审法院对于区别特征、供水方式等理解有误。家用水箱与节能水箱二者在结构、原理、使用方法上具有本质的区别，尤其节能水箱利用自来水原有压力差多少补多少，在用户大量用水而自来水压力不能满足时，由自来水和水箱水泵一起供水达到节能30%以上的目的，事实上具有创造性和实用性，并且如果节能水箱权利要求1具有创造性，则权利要求2~4同样具有创造性，应依法取得实用新型专利权并得到相应保护。故请求二审法院在查明事实，或在委托相应权威机构作出相关鉴定的基础上，依法撤销一审判决和第9451号决定，由被上诉人承担一、二审诉讼费用。

专利复审委答辩认为，（1）关于本专利权利要求1的创造性。我委坚持被诉决定认定的事实。对本领域的技术人员来说将证据1与证据2结合或者在证据1的基础上结合其已知的常识，得到本专利权利要求1的技术方案是显而易见的，本专利权利要求1不具有创造性。尽管证据1记载的发明目的与本专利不同，但是对于该技术领域的普通技术人员来说，能够知晓其结构客观上可以解决本专利所要解决的问题，因此将证据1中公开的结构用于本专利所述的小区供水装置中是具有显而易见性的，不需要创造性劳动。（2）关于本专利权利要求2~4的创造性。从属权利要求2~4限定的设备是小区供水装置中的常用设备，为了节约空间将它们设置在水箱中是本领域技术人员已知的常识，因此当它们所引用的权利要求1不具备创造性时，权利要求2~4也不具备创造性。综上，第9451号决定认定事实清楚，适用法律正确，审理程序合法，上诉人的诉讼理由不能成立，请求二审法院驳回上诉人的上诉请求，维持一审判决和我委第9451号决定。

连成公司答辩认为，其同意一审判决和第9451号决定。

一审法院审理期间，专利复审委向法院提交了以下证据材料：（1）本专利公告文本；（2）池学聪修改后的权利要求书；（3）口头审理记录；（4）第9451号决定的证据1；（5）第9451号决定的证据2。

一审法院审理期间，池学聪向法院提交了以下证据材料：（1）本专利的公告文本复印件；

（2）池学聪修改后的权利要求书复印件；（3）关于专利 03209576.7 司法技术鉴定报告书复印件；（4）国家知识产权局关于专利 03209576.7 检索报告复印件；（5）第 9451 号决定的证据 1 的复印件；（6）第 9451 号决定的证据 2 的复印件；（7）第 9451 号决定的证据 2 的中文译文复印件；（8）用户使用意见两份。

一审法院经审查，认为专利复审委的证据与池学聪的证据 1、2、5~7 为行政程序中的有效证据，予以确认。池学聪的证据 3 中对于技术形成的内容能够作为证据使用，但是其中涉及本专利具有创造性的评述内容缺乏法律依据，不予确认；池学聪的证据 4 只能证明在本案形成之前，本专利不具备新颖性和创造性，不能支持池学聪主张本专利具备创造性，不予确认；池学聪的证据 8 是用户的使用意见，不能当然证明本专利具备创造性，不予确认。

上述证据均随案移送本院，经审查，本院认可一审法院的认证意见，予以确认。在本院庭审期间，池学聪向本院申请对本专利进行司法鉴定，经审查，本院认为本专利并不涉及司法鉴定问题，对池学聪的司法鉴定申请不予准许。

本院根据合法有效的证据及当事人的有关陈述，确认如下事实：本专利的申请日是 2003 年 9 月 16 日，授权公告日为 2004 年 9 月 15 日，专利权人为池学聪。

2005 年 12 月 29 日，连成公司针对本专利权向专利复审委提出无效宣告请求，其提交了证据 1~8 作为对比文件。其理由是：本专利权利要求 1 相对于证据 1 不具备创造性；本专利权利要求 2 相对于证据 1 和证据 2 的结合并运用本领域公知常识是显而易见的；权利要求 3~5 中水箱的结构是本领域公知的，将其置于水箱中用隔板使其与水隔离是显而易见的。鉴于以上事实和理由，本专利权利要求 1~5 不符合《专利法》第二十二条第三款有关创造性的规定。经形式审查合格，专利复审委依法受理，并向连成公司发出无效宣告请求受理通知书，并将连成公司的请求书及其附件副本转送给池学聪，并告知其在一个月内陈述意见。

2006 年 2 月 6 日，池学聪向专利复审委提交了意见陈述书，认为本专利为节能水箱，证据 1 为家庭自动蓄水箱，两者发明目的、解决方案和技术效果均不同，因此本专利具备创造性。

2006 年 3 月 13 日，专利复审委收到连成公司补交的证据 2 全文和证据 4 全文的中文译文。后，专利复审委依法成立合议组，并将连成公司补交的证据 2 和证据 4 的中文译文转给池学聪。

2006 年 8 月 10 日专利复审委进行口头审理，池学聪和连成公司均参加了口头审理。池学聪当庭提交了修改后的权利要求书。合议组经审查认为该权利要求书的修改符合《审查指南》的相关规定，明确以池学聪修改后的权利要求书文本作为审理的依据，池学聪和连成公司对此均无异议。在口头审理中，连成公司的意见如下：明确其无效理由是本专利不符合《专利法》第二十二条第三款的规定，并新增无效理由认为本专利不符合《专利法》第五条的规定，认为本专利“妨碍公共利益”。同时其当庭提交了两份新证据：证据 9——国务院令第 158 号《城市供水条例》，证据 10——《给水排水设计手册第 2 册建筑给水排水第二版》，并明确证据 1~8 中仅使用证据 1 和证据 2 进行创造性的评述。合议组当庭告知连成公司对于请求书中没有结合无效理由陈述意见的证据 3~8 合议组不予考虑。池学聪的意见如下：对证据 1 和证据 2 的真实性没有异议，对其中文译文的准确性没有异议；认可证据 9 与《涉水产品管理文件汇编》原件一致，但认为其没有出版日期，不能作为出版物。其针对《专利法》第五条的具体无效理由，认为本专利中水泵没有直接接在公共管网中，与该条款不矛盾。由于连成公司当庭新增加了无效理由和证据，合议组告知池学聪可以在口头审理之后 15 日内对该理由和证据发表意见。

2006 年 8 月 24 日，池学聪向专利复审委提交意见陈述书，重述了口头审理时的观点，并提交了如下附件 A~F 证明本专利符合国家法律规定，符合《专利法》第五条的规定。

专利复审委经合议，认定了以下内容：

（1）池学聪修改后的权利要求书符合《审查指南》的相关规定，作为审理的依据，其权利要求内容为：

“1. 一种节能水箱，由水箱、浮球开关等组成，其特征在于：水箱中的水管连通进水口和出水端，在水箱中的水管上有浮球开关和逆止阀；水泵放置在水箱中，水箱中设有水箱隔板，通过水箱隔板使水泵与水箱中的水隔离。

2. 根据权利要求1所述的节能水箱，其特征在于：将水泵和气压罐放置在水箱中，水箱中设有水箱隔板，通过水箱隔板使水泵、气压罐与水箱中的水隔离。

3. 根据权利要求1所述的节能水箱，其特征在于：将水泵和变频电控柜放置在水箱中，水箱中设有水箱隔板，通过水箱隔板使水泵和变频电控柜与水箱中的水隔离。

4. 根据权利要求1所述的节能水箱，其特征在于：水泵、气压罐和变频电控柜放置在水箱中，水箱中设有水箱隔板，通过水箱隔板使水泵、气压罐和变频电控柜与水箱中的水隔离。”

（2）证据1和2均为专利文献，池学聪对它们的真实性没有异议，其公开日均在本专利申请日之前，其上记载的内容构成了本专利的现有技术。池学聪对连成公司提交的证据2中文译文的准确性没有异议，可以以其中文译文为准。

（3）关于本专利的创造性问题。

①证据1公开了一种家用自动蓄水箱，水箱通过进水管和放水管与主水管并联，浮球装在水箱内并与进水管连接；止回阀装在放水管上，它的作用是允许水箱的水流出，阻止主水管的水经放水管回流进水箱。在自来水供水时，一部分水经进水管，由浮球控制，将水箱补满水；一旦主水管无水，主水管的水位降到水箱水位以下，水位差所形成的压力打开止回阀，水箱里的水便经放水管从水龙头流出；当恢复供水时，主水管的水位或水压升高，止回阀关闭，水箱开始补水，直至浮球被抬至预定高度。

②将本专利权利要求1与证据1进行比较可见，证据1公开了该自动蓄水箱由水箱、浮球开关等组成；水箱通过进水管和放水管与主水管并联，进水管一端为水箱的进水口，放水管一端为水箱的出水端，也就是说，主水管连通了水箱1的进水口和出水端，相当于本专利中水管连通进水口和出水端；浮球与进水管连接，止回阀装在放水管上，由于进水管和放水管均连接到主水管上，因此浮球与止回阀相当于连接到主水管上，与本专利中水管上有浮球开关和逆止阀的特征相同。由于证据1中的主水管连通着水箱1的进水口和出水端，因此当管网中的压力足够时，自来水将通过主水管直接向用户供水；当管网压力不够，主水管中无水时，止回阀将打开，通过水箱向用户供水。可见，证据与本专利均能取得管网压力足够时由管网供水、管网压力不够时由水箱供水的技术效果。

本专利权利要求1与证据1的区别在于：A. 本专利中的节能水箱为向一个区域供水的装置，证据1中的自动蓄水箱为家用储水、供水装置；B. 本专利中水管位于水箱内部，证据中主水管位于水箱外部；C. 本专利中水泵放置在水箱中，水箱中设有水箱隔板，通过水箱隔板使水泵与水箱中的水隔离。

关于区别特征A：无论是向区域供水的装置，还是家用供水的装置，它们都是一种供水、给水的装置，它们的技术领域是相同的。它们的区别在于供水用户的多少，要适应用户数多少这一区别，只要变换水箱容积和水泵能量即可，而这一改变对本领域技术人员来说是不难实现的。由于证据1中主水管6连通了水箱1的进水口和出水端，在自来水管网中压力满足的情况下能够由主水管6直接供水而不需要使用水箱1中的水，因此当本领域技术人员要利用自来水管网中的压力供水而不使用水箱供水以解决供水节能问题时，想到采用证据1所公开的自动蓄水箱结构是显而易见的。

关于区别特征B：无论水管位于水箱内部还是水箱外部，本专利与证据1中水管与水箱的连接方式及所起的作用都是相同的，两者没有实质上的区别；况且本专利的水管位于水箱内这一技术特征，对于本专利所要解决的技术问题并未起到积极作用，这一改变也没有带来预料不到的技术效果。

关于区别特征 C：证据 2 公开了一种在生活用水的供水设备中所使用的装置，该装置包括补给水箱、泵和控制部件等，这些部件作为一个完整的组合装置整体安装在一个封闭的壳体内。证据 2 是一种供水设备，与证据 1 属于相同的技术领域。证据 2 中给出了在供水设备中使用水泵并将水泵与补给水箱安装在一起使得结构紧凑、占用空间少的技术启示。因此，本领域技术人员在证据 2 公开内容的启示下，容易想到将水泵放置在水箱中以节约占用空间，并用水箱隔板将水泵与水箱中的水隔离。此外，小区供水装置中包括水泵是必然的，而将水泵设置在水箱中能够节约占用空间是本领域人员已知的常识，水泵设置在水箱中时必然要用隔板将其与水隔离。因此，区别特征 C 对本领域人员来说是显而易见的。

综上所述，对本领域技术人员来说，将证据 1 和证据 2 结合或者在证据 1 的基础上结合其已知的常识，得到本专利权利要求 1 的技术方案是显而易见的，其也没有产生预料不到的技术效果，因此权利要求 1 不具有实质性特点和进步，不具备创造性，不符合《专利法》第二十二条第三款的规定。

③权利要求 2~4 进一步限定了该节能水箱包括气压罐和变频电控柜，它们也放置在水箱中，通过水箱隔板与水箱中的水隔离。小区供水装置中气压罐和变频电柜是常用的设备，而将它们设置在水箱中能够节约占用空间是本领域人员已知的常识，它们设置在水箱中时必然要用隔板将其与水隔离。因此，当它们所引用的权利要求 1 不具备创造性时，权利要求 2~4 也不具备创造性。

2007 年 1 月 9 日，专利复审委依据《专利法》第二十二条第三款的规定，作出第 9451 号决定，宣告本专利权全部无效，并于同年 1 月 23 日向池学聪和连成公司邮寄送达。池学聪不服，在法定期限内，向北京市第一中级人民法院提起行政诉讼。

本院认为，《专利法》第二十二条第三款规定，创造性是指同申请日以前已有的技术相比，该实用新型有实质性特点和进步。本案中，证据 1 和证据 2 与本专利属于相同技术领域，其公开日在本专利申请日之前，能够作为本专利的现有技术。根据池学聪和连成公司对专利复审委认定的证据 1 和证据 2 公开的内容均没有争议，对专利复审委将证据 1 与本专利权利要求 1 进行对比后认定的本专利权利要求 1 与证据 1 的区别特征①~③的内容没有异议，以及对专利复审委认定的证据 2 公开的技术内容没有异议，对此本院亦予以确认。专利复审委通过对本专利权利要求 1 与证据 1 的区别特征①~③分析比较后认定，对本领域技术人员来说，将证据 1 和证据 2 结合或者在证据 1 的基础上结合其已知的常识，得到本专利权利要求 1 的技术方案是显而易见的，其也没有产生预料不到的技术效果，因此权利要求 1 不具有实质性特点和进步，不具备创造性。并且当权利要求 1 不具备创造性时，权利要求 2~4 也不具备创造性。对此，本院确认专利复审委就本专利权利要求 1、权利要求 2~4 不具备创造性的认定理由，在此不再赘述。

综上，专利复审委作出的第 9451 号决定认定事实清楚，适用法律正确，行政程序合法。一审判决维持第 9451 号决定正确。池学聪的上诉请求缺乏事实和法律依据，本院不予支持。依据《中华人民共和国行政诉讼法》第六十一条第（一）项的规定，判决如下：

驳回上诉，维持一审判决。

二审案件受理费人民币 100 元，由上诉人池学聪负担（已交纳）。

本判决为终审判决。

审 判 长 程 琥
代理审判员 景 滔
代理审判员 赵宇晖
二〇〇八年十一月十三日
书 记 员 张 怡

050

# 气密型铝合金推拉窗

## 无效宣告请求审查决定（第9457号）

**决　　定　　号**　第9457号
**决　　定　　日**　2007年1月8日
**发明创造名称**　气密型铝合金推拉窗
**国 际 分 类 号**　E06B 1/14
**无效宣告请求人**　秦连勋
**专　利　权　人**　王　恺
**专　　利　　号**　03245879.7
**申　　请　　日**　2003年5月28日
**授 权 公 告 日**　2004年7月14日
**合 议 组 组 长**　李人久
**主　　审　　员**　郭　婷
**参　　审　　员**　唐　莉

**法　律　依　据**　专利法第22条第3款
**决　定　要　点**

请求人提供的证据的公开日在本专利的申请日之后，不能构成本专利的现有技术，不能作为评价本专利是否具备专利法第22条第3款规定的创造性的证据使用。

### 一、案由

本无效宣告请求案涉及国家知识产权局于2004年7月14日公告授予的、名称为“气密型铝合金推拉窗”的第03245879.7号实用新型专利权（下称本专利），其申请日为2003年5月28日，专利权人为王恺。该专利授权公告的权利要求如下：

“1. 一种气密型铝合金推拉窗，由窗框和窗扇组成，窗框包括上框、下框、左框和右框，窗扇包括窗扇上框、窗扇下框、窗扇左框和窗扇右框，其特征是：窗框的上框包括上框体和其上的上滑轨，窗扇上框包括框体和其上的两个密封凹槽，在两个密封凹槽内各嵌装一密封胶条，两密封胶条分别与上滑轨的前、后面相接触；窗框的下框包括下框体和其上的下滑轨，在下滑轨的两边各有一翻沿，窗扇下框包括框体和其上的两个密封凹槽，在两密封凹槽内各嵌装一密封胶条，两密封胶条分别与下滑轨上的翻沿相接触。

2. 根据权利要求1所述的气密型铝合金推拉窗，其特征是：在窗框的上框体与墙体的安装面的棱角上设有注胶槽。

3. 根据权利要求1所述的气密型铝合金推拉窗，其特征是：在窗框的下框体与墙体的安装面的棱角上设有注胶槽。

4. 根据权利要求2或3所述的气密型铝合金推拉窗，其特征是：上述的注胶槽为弧形凹槽或内直角形凹槽或平面切角。

5. 根据权利要求1所述的气密型铝合金推拉窗，其特征是：窗框的左框包括框体和其上的两个左边封，窗扇的左框包括框体和其上的两个密封凹槽，每个密封凹槽内各嵌装一密封胶条，两密封胶条分别与左窗框上的两个左边封相接触，窗框的右框，包括框体和其上的两个右边封，窗扇的右框包括框体和其上的两个密封凹槽，每个密封凹槽内各嵌装一密封胶条，两个密封胶条分别与右窗框上的两个右边封相接触。

6. 根据权利要求5所述的气密型铝合金推拉窗，其特征是：在窗框的左框体与墙体的安装面的棱角上设有注胶槽。

7. 根据权利要求5所述的气密型铝合金推拉窗，其特征是：在窗框的右框体与墙体的安装面的棱角上设有注胶槽。

8. 根据权利要求6或7所述的气密型铝合金推拉窗，其特征是：所述的注胶槽为弧形凹槽或内直角形凹槽或平面切角。”

针对上述专利权，秦连勋（下称请求人）于2006年7月24日向专利复审委员会提出无效宣告请求，认为本专利权利要求1~8不符合专利法第22条第2款和专利法第22条第3款的规定，并提交了下述文献作为证据：

证据1：申请号为02370563.9、申请日为2002年12月2日、公告号为CN3305239、公告日为2003年7月2日的外观设计专利文献，复印件共4页。

经形式审查合格后，专利复审委员会受理了上述请求，于2006年7月25日向双方当事人发出《无效宣告请求受理通知书》，并将《专利权无效宣告请求书》及所附证据的副本转送给专利权人，要求其在指定的期限内答复，同时成立合议组对本无效宣告请求案进行审理。

2006年10月24日，专利复审委员会向双方当事人发出《无效宣告请求口头审理通知书》，指出本案合议组定于2006年12月13日对该专利权的无效宣告请求进行口头审理。

2006年12月13日，口头审理如期进行，双方当事人均委托代理人出席了口头审理。请求人明确本案的无效理由为权利要求1~8不符合专利法第22条第3款有关创造性的规定，放弃权利要求1~8不具备专利法第22条第2款规定的新颖性的无效理由。专利权人认可证据1的真实性。双方均认定证据1的公开日为2003年7月2日，在本专利的申请日2003年5月28日之后。请求人主张证据1所述专利在2003年3月已公开使用，但同时表示未曾提交过证明其已公开使用的证据。

至此，合议组认为本案的事实清楚，可以作出审查决定。

**二、决定的理由**

专利法第22条第3款规定，创造性，是指同申请日以前已有的技术相比，该发明有突出的实质性特点和显著的进步，该实用新型有实质性特点和进步。

根据该款规定，用来评价本专利技术方案是否具备创造性的证据必须是申请日以前已有的技术，即该证据应当在申请日以前处于能够为公众获得的状态。

证据1是申请号为02370563.9、申请日为2002年12月2日、公告号为CN3305239、公告日为2003年7月2日的中国外观设计专利文献。专利权人认可证据1的真实性，因此合议组对于证据1的真实性也予以确认。专利权人对证据1是否能够成本专利的现有技术存在异议，对此合议组认为：证据1的公开日为2003年7月2日，本专利的申请日为2003年5月28日，证据1的公开日晚于本专利的申请日，其在本专利申请日前处于公众无法获得的状态，不是本专利申请日前已有的技术，因此证据1不能作为评价本专利是否具备专利法第22条第3款规定的创造性的证据使用。

请求人虽然在口头审理时主张证据1所示专利在2003年3月时已公开使用，但是未提交任何证据予以证明，因此，合议组对其主张不予支持。

综上，由于请求人没有提供有效的证据，因此合议组对于请求人提出的本专利权利要求1~8不具备专利法第22条第3款规定的创造性的无效理由不予支持。

基于以上事实和理由，本案合议组作出如下审查决定。

**三、决定**

维持第03245879.7号实用新型专利权有效。

当事人对本决定不服的，可以根据专利法第46条第2款的规定，自收到本决定之日起三个月内向北京市第一中级人民法院起诉。根据该款的规定，一方当事人起诉后，另一方当事人应当作为第三人参加诉讼。

051

# 野餐袋

## 无效宣告请求审查决定（第9466号）

**决　　定　　号**　第9466号
**决　　定　　日**　2006年12月26日
**发明创造名称**　野餐袋
**国 际 分 类 号**　A45C 11/20
**无效宣告请求人**　厦门泰华工贸有限公司
**专　利　权　人**　江仰恒
**申　　请　　号**　97250127.4
**申　　请　　日**　1997年11月19日
**授 权 公 告 日**　1999年5月5日
**合 议 组 组 长**　马　昊
**主　　审　　员**　崔哲勇
**参　　审　　员**　骆素芳

**法　律　依　据**　专利法第22条第3款
**决　定　要　点**

对于外国作品的中文翻译出版物，在该中文翻译出版物的出版信息页未标注出版日期而仅标注该外国作品版权符号和中文翻译出版物的印刷日期时，该中文翻译出版物的出版日期与该外国作品的首次出版日期并无必然联系，不能以其所翻译的外国作品版权符号上标注的首次出版日期作为中文翻译出版物的出版日期，此时对于中文翻译出版物的公开日期的认定应当以其标注的印刷日为准。

### 一、案由

本无效宣告请求涉及国家知识产权局于1999年5月5日授权公告、申请号为97250127.4、名称为“野餐袋”的实用新型专利（以下简称本专利），其申请日为1997年11月19日、专利权人为江仰恒。本专利授权公告的权利要求书如下：

“1. 一种野餐袋，其特征在于：野餐袋为上方设有提扣、背面设有背带的袋子，它至少包括一层，袋子内两面分别设有内袋、插袋、松紧带和插环等，袋子正面设有外袋，袋子侧面还设有插扣带和尼龙搭扣；另有两个侧袋分别通过侧袋上的固定环和尼龙搭扣，与袋子侧面的插扣带和尼龙搭扣配合，固定在袋子侧面。

2. 如权利要求1所述的一种野餐袋，其特征在于；袋子四周和侧袋外围均设有保温层。”

针对上述实用新型专利权，厦门泰华工贸有限公司（以下简称请求人）于2005年3月30日向国家知识产权局专利复审委员会提出了无效宣告请求，理由是本专利权利要求 1~2 相对于现有技术不符合专利法第 22 条第 3 款的规定，并提交了以下附件：

附件 1：中国 91211589.0 号实用新型专利申请说明书；

附件 2：中国 91220776.0 号实用新型专利申请说明书；

附件 3：中国 CN87204736 号实用新型专利申请说明书；

附件 4：《背包族手册》复印件共 4 页，湖南文艺出版社出版，2001 年 8 月第 1 版第 1 次印刷；

附件 5：美国 US5649658 专利说明书；

附件 6：《Asian Sources Fashion Accessories》1996 年 12 月刊复印件共 8 页；

附件 7：中国 93230966.6 号实用新型专利说明书；

附件 8：中国 93220703.0 号实用新型专利说明书；

附件 9：中国 91209927.5 号实用新型专利申请说明书。

经形式审查合格，专利复审委员会受理了上述无效宣告请求，并于 2005 年 3 月 31 日将该无效宣告请求书及其附件的副本转送专利权人。

专利权人于 2005 年 4 月 28 日提交了意见陈述书，认为：（1）由于附件 4 和 6 为复印件，因此不能确认其真实性；（2）附件 4 的印刷日晚于本专利的申请日，不能评价本专利的创造性；（3）附件 6 为域外证据，不能直接评价本专利；（4）附件 1~3、5、8 与本专利不属于相同的技术领域，本专利相对于上述附件具有创造性。

请求人于 2005 年 4 月 30 日再次提交意见陈述书，并补充提交了以下附件：

附件 10：美国 US5573166 专利说明书和附图以及该附图的中文译文；

附件 11：附件 5 中附图的中文译文。

专利复审委员会依法成立合议组对本案进行审理。

本案合议组于 2006 年 3 月 21 日向双方当事人发出口头审理通知书，定于 2006 年 4 月 26 日对本案进行口头审理，并于同日发出转送文件通知书，分别将上述意见陈述书及附件转送给对方当事人。

口头审理于 2006 年 4 月 26 日如期举行，口头审理中双方当事人充分发表了意见，并明确了以下事实：

（1）双方当事人对合议组成员没有回避请求；

（2）双方当事人对对方出庭人员的身份没有异议；

（3）请求人当庭出示了附件 4、6 的原件，专利权人当庭核实了上述原件，并表示上述原件与复印件一致；

（4）专利权人表示对该附件 5、10 的译文的准确性无异议；

（5）请求人当庭表示放弃新颖性的无效理由，明确无效理由为：本专利不符合专利法第 22 条第 3 款的规定，评述权利要求 1 的具体方式如下：

（a）附件 1、3、4、5、6、10 分别结合公知常识；

（b）附件 1 作为最接近对比文件，分别与附件 5、7、8、10 结合；

（c）附件 3 作为最接近对比文件，分别与附件 5、7、8、10 结合；

（d）附件 4 作为最接近对比文件，分别与附件 5、7、8、10 结合；

评述权利要求 2 的方式是：在评述权利要求 1 的证据结合方式的基础上再结合附件 9。

专利复审委员会于 2006 年 5 月 8 日收到请求人于 2006 年 3 月 31 日提交的意见陈述书，其中包括附件 5 和 10 的部分说明书内容的中文译文。

专利复审委员会于 2006 年 9 月 7 日发出转送文件通知书，将请求人于 2006 年 3 月 31 日提交的意见陈述书及其附件转送给专利权人。

2006年10月10日，专利复审委员会收到专利权人的意见陈述书，专利权人认为由于转送的附件5和10的译文不符合专利法实施细则和审查指南的规定，不应予以考虑。

基于上述工作，合议组认为各方当事人已经充分发表意见，本案事实已经清楚，可以作出本决定。

**二、决定的理由**

1. 证据认定

（1）附件10是请求人在提出无效宣告请求之日起一个月内补充提交的证据，因此可以被接受。

（2）根据2006年版审查指南过渡办法第三条的规定，对于在2006年7月1日之前提出的无效宣告请求，其外文证据中文译文的提交适用2001年10月18日公布的审查指南第四部分第一章第14节和2004年7月1日起施行的审查指南公报（第1号）的相应规定。由于请求人提出无效宣告请求的日期为2005年3月30日，因此对其外文证据中文译文的要求适用于审查指南公报（第1号），根据审查指南公报（第1号）第三条的规定，“当事人未在提交外文证据的同时提交中文译文的，应当主动补交。在专利复审委员会书面通知指定期限内仍未补交的，该外文证据视为未提交”。鉴于请求人于2006年3月31日提交译文属于主动补交，且由于邮路的问题致使合议组在口审之前未能收到并不属于请求人的过失，因此对于上述译文应予接受。合议组已经于2006年9月7日将上述译文转送给专利权人，专利权人在意见陈述中并未对上述译文的准确性提出异议，因此合议组决定对请求人2006年3月31日提交的补充译文予以认定。

（3）附件1~3、5、7~10均为公开日早于本专利申请日的专利文献，可以用于评价本专利的创造性，但由于附件5、10为外文证据，且请求人在举证期限内仅提交了附件5、10说明书的部分译文和附图译文，因此仅将附件5、10中已经提交中文译文的部分作为证据使用。

（4）附件4为《背包族手册》复印件共4页，该书由湖南文艺出版社出版，其扉页记载有“［英］休·麦克曼纳斯　著　陈嫔荣　译”的内容，其版权页中记载有“2001年8月第1版第1次印刷”、“Copyright© 1995 Dorling Kindersley Limited，London Text Copyright© 1995 Hugh McManners”和“英国Dorling Kindersley公司独家授权　版权所有　不得翻印”等内容。请求人在口审中认为根据本书记载的版权标识“Copyright© 1995”，应当认定附件4的公开日期为1995年，因此可以作为现有技术来评价本专利的创造性。而专利权人在口审中认为对于附件4来说，应当以其记载的印刷日作为其公开日。

合议组认为，①首先，根据附件4的版权页中记载的“2001年8月第1版第1次印刷”字样，可以确定附件4在中国的印刷日期应当是在2001年8月；

②其次，根据附件4扉页记载的“［英］休·麦克曼纳斯　著　陈嫔荣　译”的内容和在版权页中记载的“Copyright© 1995 Dorling Kindersley Limited，London Text Copyright© 1995 Hugh McManners”和“英国Dorling Kindersley公司独家授权　版权所有　不得翻印”等内容可以认定，附件4是由英国人著作的外国作品的中文翻译出版物，其上标注的版权符号“Copyright© 1995”中表示的首次出版日期1995年应当是针对该外国作品而言，而并非针对其中文翻译出版物附件4。

因此，附件4作为外国作品的中文翻译出版物，其出版日期与该外国作品的首次出版日期并无必然联系，不能以其所翻译的外国作品版权符号上标注的首次出版日期作为附件4的出版日期，根据审查指南第二部分第三章第2.1.3.1节的规定，对于出版物附件4的公开日期的认定应当以其标注的印刷日为准。因此合议组认定该附件4的公开日为2001年8月，晚于本专利的申请日，不能作为评价本专利创造性的现有技术。

（5）附件6是《Asian Sources Fashion Accessories》1996年12月刊复印件共8页，请求人认为由于附件6第7页上记载的“广告栏”（ADVERTISING）内记载有中国（China）以及中国多个城市的联系电话，因此可以认定该附件6是面向中国大陆发行的公开出版物，因此不属于域外证据；而专利权人认为附件6全部为英文制作，且其中广告的发布主体均为台湾、香港等地区的厂家，因此应当将其认定为域外证据，由于附件6作为域外证据并未履行公证认证手续，因此在本案中不能作为证据使用。

合议组在审阅附件6后发现附件6的第7页中记载了与其编辑发行有关的多个部门的联系方式，例如在“联系我们”（CONTACT US AT）栏内，记录的地址为新加坡和菲律宾；“广告栏”（ADVERTISING）栏内记载的地址包括中国大陆；“发行和流通办公机构”（SUBSCRIPTION&CIRCULATION OFFICES）栏内记载的地址为欧洲、美国、日本、新加坡等；“编辑办公机构”（EDITORIAL BUREAUS）栏内记载的地址为印度、美国等。

根据上述信息，合议组认为，附件6上并未记载发行刊号等能够表明其公开发行并标识其形成地和发行范围的法定标识，因此只能作为一般印刷品来认定。由于附件6存在以下缺陷，合议组对附件6不予采信：

①根据审查指南第二部分第三章第2.1.3.1节的规定，专利法意义上的出版物是指记载有技术或设计内容的独立存在的传播载体，并且应当表明或者有其他证据证明其公开发表或出版的时间。附件6作为一般印刷品，本身并不具有法定的公开发行的属性，因此在请求人没有提交其他证据来证明其已经公开发表或出版的情况下，合议组对附件6作为出版物不予采信。

②根据审查指南第四部分第八章第2.2.2节的规定，对于在中华人民共和国领域外形成的证据，应当履行相关的证明手续。根据附件6第7页上记载的信息，附件6的“联系我们”、“发行和流通办公机构”以及“编辑办公机构”均为我国域外的国家和地区，仅有“广告”栏内包括了中国大陆，虽然附件6的“广告”栏内记载的地址包括中国大陆，但合议组认为由于“发行和流通办公机构”通常用于表明负责流通事务的机构，因此，“广告”栏内所列的机构就不应当再被理解为与该“发行和流通办公机构”负责相同的事务，而应当理解为是指代理广告的机构，而这种代理广告的机构所在地与附件6的形成地并无必然联系，另外由于“发行和流通办公机构”、“编辑办公机构”和“联系我们”均为与附件6的形成和传播地密切相关的机构，并且这些机构均设在我国域外，因此可以认定附件6属于在我国域外形成和传播的印刷品。鉴于请求人并未依据指南的规定对附件6履行相关的证明手续，因此合议组对附件6不予采信。

2. 关于创造性

（1）关于权利要求1的创造性。

权利要求1请求保护一种野餐袋，包括以下特征：

①野餐袋为上方设有提扣、背面设有背带的袋子，它至少包括一层，

②袋子内两面分别设有内袋、插袋、松紧带和插环等，

③袋子正面设有外袋，

④袋子侧面还设有插扣带和尼龙搭扣；另有两个侧袋分别通过侧袋上的固定环和尼龙搭扣，与袋子侧面的插扣带和尼龙搭扣配合，固定在袋子侧面。

附件1公开一种组合式书包，参照说明书第5页，该组合式书包可用于旅游、课外活动等用途，因此与本专利属于相近技术领域。参照附件1的附图1，该组合式书包上设有提手6和背带5，并包括主包体7和一个或几个正面和侧面副包体，其中主包体与正面副包体和侧面副包体之间可以通过连接装置连接，根据说明书第4页第6段的描述，主包体7与正面副包体4的连接装置可以是拉链或搭

扣或按扣或系带。

将权利要求 1 与附件 1 进行对比可知，附件 1 中的提手、背带、正面副包体分别对应于权利要求 1 中的提扣、背带和外袋，因此附件 1 已经公开了权利要求 1 中的特征①和③。权利要求 1 中特征④限定了袋子和侧袋之间的具体连接结构，而附件 1 已经公开主包体与副包体之间通过拉链或搭扣或按扣或系带等连接装置与副包体连接，从而实现可拆卸的效果，因此权利要求 1 中限定的带子和侧袋之间的搭扣连接结构已经被附件 1 公开。至于权利要求 1 中特征④限定的带子和侧袋之间的固定环和插扣带之间的连接结构，实质也是日常生活中常用的连接结构，例如裤子上用于和皮带配合使用的裤鼻结构以及移动电话套上用于和皮带配合使用的固定环结构，因此权利要求 1 中的固定环和插扣带之间的连接结构属于公知常用的固定连接结构。权利要求 1 与附件 1 的区别在于还包括特征②。

附件 10 公开一种徒步旅行包，参见附图 1~3，该旅行包内包括大食物袋 64、多个搭扣关合器 66、68，这些搭扣关合器可以搭扣放置在其中的水壶、三明治容器以及其他物品，有利于整理必备物品。

专利权人在口审中认为附件 10 中并未描述用于方便固定杯子、小菜板等的内袋，用于方便固定刀、叉、筷子、勺的插袋，用于方便固定碟、盘的松紧带以及用于方便固定酒瓶起子的插环，而上述特征限定了作为野餐袋的必要结构。

合议组认为，由于附件 10 中并未描述将这种旅行包用于野餐时的使用方式，因此附件 10 并未描述将其食物袋 64 以及搭扣关合器等用于固定如专利权人所描述的众多野餐用具，但是附件 10 中的食物袋作为与本专利中限定的内袋和插袋相同的袋状结构，本领域技术人员可以很容易将其改变用于容纳小菜板、杯子和餐巾等物品，而附件 10 中的搭扣关合器的工作原理与本专利中描述的松紧带也十分相似，同样可以用于固定碟、盘等器皿。至于用于固定酒瓶起子的插环，更是日常生活和户外中常用的用于固定类似起子的结构。因此，附件 10 已经给出关于权利要求 1 中的特征（2）的技术启示，本领域技术人员将附件 10 中公开的具体结构与附件 1 相结合，可以很容易地得到权利要求 1 的技术方案并实现其技术效果，因此权利要求 1 相对于附件 1、10 的结合不具有实质性特点和进步，不具有创造性。

（2）关于权利要求 2 的创造性。

权利要求 2 的附加技术特征为：袋子四周和侧袋外围均设有保温层。

合议组认为，对于野餐袋来说，对其容纳的食物等物品进行保温是必要和必然的措施，这种措施在本领域中为常见技术手段，例如附件 10 中的口袋还可以对食物进行保温（参见附件 10 说明书译文第 1 页最后一句），或者附件 9 中描述的用于保温所装食物的保温包。因此在其引用的独立权利要求 1 相对于附件 1 和 10 的结合不具有创造性时，权利要求 2 同样不具有实质性特点和进步，不具有创造性。

**三、决定**

宣告 97250127.4 号实用新型专利全部无效。

当事人对本决定不服的，可以根据专利法第 46 条第 2 款的规定，自收到本决定之日起三个月内向北京市第一中级人民法院起诉。根据该款的规定，一方当事人起诉后，另一方当事人应当作为第三人参加诉讼。

052

# 座便器卫生座垫

## 无效宣告请求审查决定（第9470号）

**决　　定　　号**　第9470号
**决　　定　　日**　2007年1月29日
**发明创造名称**　座便器卫生座垫
**国 际 分 类 号**　A47K 13/00
**无效宣告请求人**　佛山市先忧科技有限公司
**专　利　权　人**　霍景泉
**专　　利　　号**　01219245.7
**申　　请　　日**　2001年4月9日
**授 权 公 告 日**　2002年2月20日
**合 议 组 组 长**　吴亚琼
**主　　审　　员**　路传亮
**参　　审　　员**　祁轶军
**附　　　　　图**

**法　律　依　据**　专利法第22条第2款、第3款
**决　定　要　点**

本专利权利要求所要求保护的技术方案在技术领域、所要解决的技术问题、技术方案以及预期效果上与现有技术相同，则该实用新型所要求保护的技术方案不具备新颖性。

本专利与现有技术的区别技术特征对本领域的普通技术人员来说是显而易见的，且该区别技术特征与该专利的其他技术特征结合也不能使该专利获得意料不到的技术效果，故该专利不具备创造性。

### 一、案由

本无效宣告请求涉及的是国家知识产权局于2002年2月20日公告授权的、专利号为01219245.7、名称为“座便器卫生座垫”的实用新型专利（下称本专利），该专利的申请日为2001年4月9日，专利权人为霍景泉。该专利授权公告的权利要求书如下：

“1. 座便器卫生座垫，装于座便器上，包括有支承座和垫板，其特征在于：支承座上装有可转动的输送卷筒和回收卷筒，输送卷筒上卷绕有一定长度的保护套；保护套从垫板一端穿入、另一端穿出将垫板全程裹套，且保护套从穿出端回绕于回收卷筒上。

2. 根据权利要求1的卫生座垫，其特征是垫板一端与支承座分离，而另一端通过铰接装置与支承座活动连接。

3. 根据权利要求 1 或 2 的卫生座垫，其特征是铰接装置旁侧装有可将保护套单侧割开的刃刀。

4. 根据权利要求 1 或 2 的卫生座垫，其特征是支承座的回收卷筒上装有手动摇柄。

5. 根据权利要求 3 的卫生座垫，其特征是支承座内装有电机和定时器，电机与回收卷筒轴连。”

佛山市先忧科技有限公司（下称请求人）针对上述专利权于 2006 年 1 月 24 日向国家知识产权局专利复审委员会提出了无效宣告请求，请求宣告本专利权利要求 1~5 全部无效，其理由是本专利不符合专利法第 22 条第 2、3 款和专利法实施细则第 13 条第 1 款的规定，同时提交了如下附件作为证据（其中附件 1 是本专利说明书的复印件）：

附件 2：授权公告号为 CN2213519Y、授权公告日为 1995 年 11 月 29 日的中国实用新型专利说明书复印件，共 13 页（下称证据 1）；

附件 3：授权公告号为 CN2346383Y、授权公告日为 1999 年 11 月 3 日的中国实用新型专利说明书复印件，共 6 页。

经审查，上述无效宣告请求符合专利法及其实施细则规定的形式要求，专利复审委员会予以受理，并于 2006 年 2 月 16 日向无效宣告请求人和专利权人发出了无效宣告请求受理通知书，将上述无效宣告请求书及附件副本转给了专利权人，要求专利权人在指定期限内进行意见陈述，同时成立合议组对本案进行审查。

专利权人在指定的期限内没有进行意见陈述。

专利复审委员会本案合议组于 2006 年 7 月 26 日向请求人及专利权人发出了口头审理通知书，定于 2006 年 9 月 26 日在专利复审委员会举行口头审理。

口头审理如期举行，仅请求人一方当事人出席口头审理，请求人对合议组成员无回避请求。请求人明确表示其无效理由仅为本专利不具备新颖性和创造性，同时表示放弃将附件 3（CN2346383Y）作为证据使用，仅使用证据 1 来评价本专利的新颖性和创造性。同时，请求人认为本专利权利要求 4 的附加技术特征是本领域的公知常识。

在上述工作的基础上，本案合议组经过合议，认为本案的事实已经清楚，可以作出审查决定。

**二、决定理由**

1. 证据认定

请求人提交的证据 1 是授权公告号为 CN2213519Y 的中国实用新型专利说明书复印件，经合议组查证属实，且证据 1 的公开日在本专利的申请日之前，故该证据可以作为用于评价本专利新颖性和创造性的现有技术。

2. 本专利的新颖性和创造性

专利法第 22 条第 2 款规定，新颖性，是指在申请日以前没有同样的发明或者实用新型在国内外出版物上公开发表过、在国内公开使用过或者以其他方式为公众所知，也没有同样的发明或者实用新型由他人向国务院专利行政部门提出过申请并且记载在申请日以后公布的专利申请文件中。

专利法第 22 条第 3 款规定，创造性，是指同申请日以前已有的技术相比，该发明具有突出的实质性特点和显著的进步，该实用新型具有实质性特点和进步。

本专利权利要求 1 请求保护一种座便器卫生座垫。证据 1 公开了一种带护套的坐便器的坐垫圈，该坐垫圈装在坐便器上，其包括机座 7（相当于本专利的支承座）和坐垫 8（相当于本专利的垫板），机座 7 上设置有可以转动的被动轴 4 和主动轴 12，其中被动轴和主动轴上均设有芯轴，被动轴上的芯轴用于安装未使用过的卫生护套，主动轴上的芯轴用于卷绕已使用过的卫生护套（相当于本专利的输送卷筒和回收卷筒），被动轴上的芯轴上卷绕有一定长度的卫生护套；卫生护套从坐垫的一端穿入，另一端穿出，套住坐垫，且卫生护套穿出端卷绕在主动轴的芯轴上（参见证据 1 的说明书第 2 页第 2 行至第 3 页倒数第 4 行及其附图 1）。可见，证据 1 所披露的技术方案与本专利权利要求 1 所要求保护的技术方案实质上是完全相同的，并且证据 1 与本专利属于相同的技术领域，都是为了解决卫生坐垫不卫生、不能更换的技术问题，达到了相同的技术效果。因此，本专利权利要求 1 不具备专利法第 22 条第 2 款所规定之新颖性。

从属权利要求 2 的附加技术特征是"垫板一端与支承座分离，而另一端通过铰接装置与支承座活动连接。众所周知，普通座便器上坐垫圈的两端均是通过铰接装置连接在支承座上的，以便掀起或放下坐垫圈。为了解决方便卫生护套套入坐垫圈和能够直接掀起和放下坐垫圈的问题，本领域的技术人员很容易想到仅铰接坐垫圈的一端，而另一端与支承座分离，将卫生护套直接套入。因而该附加技术特征对本领域的技术人员来说是显而易见的，在其引用的权利要求不具备新颖性的情况下，该权利要求所要求保护的技术方案也不具备专利法第 22 条第 3 款所规定之创造性。

从属权利要求 3 的附加技术特征是"铰接装置旁侧装有可将保护套单侧割开的刃刀"，而该附加技术特征已被证据 1（参见证据 1 说明书第 3 页第 1~5 行及其附图 1）所公开，且都是为了解决将卫生护套从一侧割开，以便于回收的技术问题，达到了相同的技术效果。因而，在其引用的权利要求 1 不具备新颖性的情况下，该权利要求所要求保护的技术方案不具备专利法第 22 条第 2 款所规定之新颖性，在其引用的权利要求 2 不具备创造性的情况下，该权利要求所要求保护的技术方案不具备专利法第 22 条第 3 款所规定之创造性。

从属权利要求 4 的附加技术特征是"支承座的回收卷筒上装有手动摇柄"。证据 1 公开的技术方案是采用电动装置控制主动轴转动，从而将使用过的卫生护套卷绕在回收卷轴上，从而达到更换卫生护套的目的。由此，本领域的技术人员很容易想到在回收卷筒上设置一个手动摇柄，变电动为手动，通过手动转动摇柄卷绕卫生护套进行更换，这种技术手段的变换对本领域的技术人员而言是显而易见的，因此，在其引用的权利要求不具备新颖性或创造性的情况下，该权利要求所要求保护的技术方案也不具备专利法第 22 条第 3 款所规定之创造性。

从属权利要求 5 的附加技术特征是"支承座内装有电机和定时器，电机与回收卷筒轴连"。而证据 1 已经公开了技术特征"支承座内装有电机和码盘，电机与主动轴相连，带动主动轴转动（参见证据 1 说明书附图 1）"。可见，从属权利要求 5 所要求保护的技术方案仅仅是将证据 1 中的"码盘"替换成"定时器"，而"码盘"和"定时器"的作用都是计量卷绕回收卫生护套的长度，将"码盘"替换成"定时器"是本领域常用技术手段的等效替换。因此，在其引用的权利要求不具备新颖性或创造性的情况下，该权利要求所要求保护的技术方案也不具备专利法第 22 条第 3 款所规定之创造性。

综上，合议组认为本专利的权利要求 1~5 所要求保护的技术方案均不具备新颖性或创造性。

**三、决定**

宣告第 01219245.7 号实用新型专利全部无效。

若当事人对本决定不服，可以根据专利法第 46 条第 2 款的规定，自收到本决定之日起 3 个月内向北京市第一中级人民法院起诉。根据该款的规定，一方当事人起诉后，另一方当事人应当作为第三人参加诉讼。

053

# 生物质循环流化床气化净化系统

## 无效宣告请求审查决定（第9476号）

**决　定　号**　第9476号
**决　定　日**　2007年1月18日
**发明创造名称**　生物质循环流化床气化净化系统
**国际分类号**　C10B 53/02，C10K 1/10
**无效宣告请求人**　余洪恩
**专利权人**　中国科学院广州能源研究所
**专　利　号**　98122264.1
**申　请　日**　1998年12月30日
**授权公告日**　2003年1月15日
**合议组组长**　赵　明
**主　审　员**　刘　犟
**参　审　员**　王　冬

**法律依据**　专利法第22条第2款、第3款
**决定要点**

在创造性的判断中，如果一项权利要求与对比文件存在区别技术特征，对比文件未给出采用该区别技术特征的技术启示，并且该项权利要求能够带来有益的效果，则认为该项权利要求相对于上述对比文件具备创造性。

**一、案由**

本无效宣告请求涉及中华人民共和国国家知识产权局于2003年1月15日授权公告的、名称为“生物质循环流化床气化净化系统”的发明专利权（以下简称本专利），其专利号是98122264.1，申请日是1998年12月30日，专利权人是中国科学院广州能源研究所。该专利授权公告时的权利要求书如下：

“1. 一种生物质循环流化床气化净化系统，具有生成燃气的气化炉和燃气的水洗净化装置，其特征在于：

（1）采用循环流化床气化炉（11）生成燃气，该气化炉的流化床底部有一个分隔出来的作为飞灰燃烬和回流空间的内置流化床（112）；

（2）在气化炉的上部侧面设有一个惯性分离器（12），该惯性分离器的进气口与气化炉的燃气出口相连，其下部具有飞灰回流管道（121）通入气化炉的内置流化床（112）；

（2.1）在惯性分离器中设有内置空气预热器（122），气化炉所需空气经该空气预热器预热后送入气化炉流化床的布风室；

（3）由旋风分离器（2）、文丘里管（3）、水洗塔（4）构成多级燃气净化系统，经惯性分离器（12）分离出来的燃气送入旋风分离器（2），经旋风分离器（2）除尘处理后的燃气送入文丘里管（3），燃气在文丘里管（3）内经冷却和洗去部分焦油后送入水洗塔（4），燃气在水洗塔内经进一步冷却和除去焦油后由引风机送入储气罐（5）；

（4）具有污水处理及其循环系统，由文丘里管（3）和水洗塔（4）排出的废水经污水处理池（6）处理后被重新泵入文丘里管和水洗塔循环使用。

2. 根据权利要求1所述的生物质循环流化床气化净化系统，其特征在于所说的生物质循环流化床气化炉（11）与惯性分离器（12）结合构成一体化结构的空气预热式循环流化床气化炉（1）。”

针对本专利权，余洪恩（以下简称请求人）于2005年11月11日向专利复审委员会提出无效宣告请求，认为本专利不符合专利法第22条、第9条以及专利法实施细则第13条第1款、第2条第1款以及第30条的规定，同时请求人提交了如下附件：

附件1：授权公告日为2002年1月23日，专利号为98119073.1的中国发明专利说明书；

附件2：本专利的专利说明书；

附件3：中国对外翻译出版公司于1984年12月出版的《稻壳变能源》封面、内容页2页复印件，共3页；

附件4：东华书局于1986年出版的《能源应用》的封面、第187页复印件，共2页；

附件5：《科学中国人优秀论文选》的第224、225页以及论文证书复印件，共3页；

附件6：河南科学技术出版社出版的《气力输送原理与设计计算》封面复印件，共1页；

附件7：郑州粮食学院编制的《除尘与气力输送》封面页复印件，共1页；

附件8：中国建设工业出版社出版的《除尘器》封面页复印件，共1页；

附件9：郑州粮食学院与商业部郑州粮食科学设计研究所联合出版的《粮食工程设计手册》封面页复印件，共1页；

附件10：“广州中科华源科技有限公司”公司简介复印件，共1页。

经形式审查合格，专利复审委员会依法受理了上述无效宣告请求，并于2006年3月14日向请求人和专利权人发出无效宣告请求受理通知书，同时将专利权无效宣告请求书及其附件清单中所列附件的副本转送给专利权人，并要求专利权人在指定的期限内陈述意见。

针对专利复审委员会于2006年3月14日发出的上述无效宣告请求受理通知书，专利权人于2006年4月26日提交了意见陈述书，专利权人认为与请求人所提交的附件相比，本专利具备专利法所要求的新颖性、创造性和实用性。

专利复审委员会依法成立合议组，对本案进行审查。

本案合议组于2006年6月26日向双方发出无效宣告请求口头审理通知书，定于2006年8月17日举行口头审理。随同口头审理通知书，将专利权人于2006年4月26日提交的意见陈述书转送给请求人。

口头审理如期举行，双方当事人均参加了口头审理。在口头审理过程中，请求人出示了附件3-8的原件，并新提交了上述附件所使用部分的复印件，合议组当庭将上述复印件转给了专利权人，专利权人对请求人新提交的上述内容用在本无效宣告请求中没有异议。请求人所提交的附件及内容如下：

附件1：授权公告日为2002年1月23日，申请日为1998年10月22日，专利号为98119073.1，专利权人为余洪恩的中国发明专利说明书；

附件2：本专利的专利说明书；

附件3：中国对外翻译出版公司于1984年12月出版的《稻壳变能源》封面、出版信息页、第17~20、79、141、143、144、202页复印件，共13页；

附件4：东华书局于1986年出版的《能源应用》的封面、版权信息页、第186、187页复印件，共4页；

附件5：人民日报出版社于2001年12月出版的《科学中国人优秀论文选（二）》的版权页、第224、225页以及由中国科技报研究会学术工作委员会和科学中国人杂志社于2001年11月颁发的论文证书复印件，共4页 ；

附件6：河南科学技术出版社于1981年8月出版的《气力输送原理与设计计算》封面、版权信息页、第1、277页复印件，共4页；

附件7：郑州粮食学院编制的《除尘与气力输送》封面页、第229页复印件，共2页；

附件8：中国建设工业出版社于1981年4月出版的《除尘器》封面页、版权信息页、第26、46、141、142、164、235、236页复印件，共9页；

附件9：郑州粮食学院与商业部郑州粮食科学设计研究所联合出版《粮食工程设计手册》封面页复印件，共1页；

附件10："广州中科华源科技有限公司"的公司简介复印件，共1页。

请求人明确其无效的理由、证据和范围为：本专利权利要求1、2不符合专利法第22条第2款、第3款的规定，用附件4或8评价权利要求1的新颖性，附件1或8评价权利要求2的新颖性；附件3~8、10评价权利要求1、2的创造性；请求人放弃了专利法第9条、专利法实施细则第13条第1款、专利法实施细则第30条以及专利法实施细则第2条第1款的无效理由；请求人放弃使用附件9。

至此，合议组认为本案事实已经清楚，可以作出审查决定。

**二、决定的理由**

1. 关于无效理由和证据的认定

附件1为授权公告日为2002年1月23日、申请日为1998年10月22日、专利号为98119073.1、专利权人为余洪恩的中国发明专利说明书，本专利的申请日为1998年12月30日，申请人为中国科学院广州能源研究所。由此可见，附件1是他人在本专利申请的申请日以前向专利局提出并且在本专利申请日以后公布的专利申请，专利权人对附件1的真实性无异议，因此附件1只能用于评价本专利的新颖性。

附件3、4、6、8为在本专利申请日前公开的出版物，专利权人对附件3、4、6、8的真实性无异议，因此附件3、4、6、8可以作为本专利的现有技术使用。

附件5为在本专利申请日后公开的出版物，因此该附件不能作为评价本专利新颖性或创造性的证据使用。

附件7为郑州粮食学院编制的《除尘与气力输送》，该附件没有印制出版时间，请求人声称该附件为1977年的课本，但未提交其他相关证据予以证明。鉴于专利权人对附件7的真实性及公开日期并未提出异议，合议组对附件7予以接受。

附件10为"广州中科华源科技有限公司"的公司简介，该附件并未印制出版时间，同时专利权人认为附件10的公开日期在本专利申请日之后，而请求人也没有提交其他相关证据用以证明该附件的出版时间，因此附件10不能作为评价本专利新颖性或创造性的证据。

请求人放弃了附件9，因此合议组对附件9不予考虑。

因此，合议组审理的关于本专利的无效理由和范围为：权利要求1相对于附件4或8是否具备新颖性；权利要求 2 相对于附件 1 或 8 是否具备新颖性；权利要求 1~2 相对于附件 3、4、6~8 是否具备创造性。

2. 关于新颖性和创造性

新颖性，是指在申请日以前没有同样的发明或者实用新型在国内外出版物上公开发表过、在国内公开使用过或者以其他方式为公众所知，也没有同样的发明或者实用新型由他人向国务院专利行政部门提出过申请并记载在申请日以后（含申请日）公布的专利申请文件中。

所谓同样的发明或者实用新型，是指技术领域、所要解决的技术问题和技术方案实质上相同，预期效果相同的发明或者实用新型。

创造性，是指同申请日以前已有的技术相比，该发明有突出的实质性特点和显著的进步，该实用新型具有实质性特点和进步。

在创造性的判断中，如果一项权利要求与对比文件存在区别技术特征，对比文件未给出采用该区别技术特征的技术启示，并且该项权利要求能够带来有益的效果，则认为该项权利要求相对于上述对比文件具备创造性。

附件 1 公开了一种稻壳煤气的生产工艺及其设备，附件 4 涉及流体化床气化炉，附件 8 涉及除尘器、洗涤器及污水处理等内容，将上述附件与本专利权利要求 1 进行单独对比，均未公开本专利权利要求 1 中的“该气化炉的流化床底部有一个分隔出来的作为飞灰燃烬和回流空间的内置流化床”、“气化炉上部侧面设有一个惯性分离器”等技术特征，也就是说附件 1、4 或 8 所公开的技术内容与本专利权利要求 1 的技术方案并不相同，因此本专利权利要求 1 相对于附件 1、4 或 8 具备新颖性。本专利权利要求 2 为权利要求 1 的从属权利要求，因此当权利要求 1 相对于附件 1 或 8 具备新颖性时，权利要求 2 相对于上述附件也具备新颖性。

附件 3 涉及稻壳变能源的工艺及其设备，附件 4 涉及流体化床气化炉，附件 6 涉及气体输送原理与设计计算，附件 7 涉及除尘与气力输送，附件 8 涉及除尘器、洗涤器及污水处理等内容。与本专利权利要求 1 相比，上述附件均未公开本专利权利要求 1 中所述“该气化炉的流化床底部有一个分隔出来的作为飞灰燃烬和回流空间的内置流化床”、“气化炉上部侧面设有一个惯性分离器”等技术特征，同时上述附件也未给出应用上述区别特征的技术启示，因此权利要求 1 相对于上述附件的任意组合是非显而易见的；同时权利要求 1 的生物质循环流化床气化净化系统适于处理多种生物质废料并具有较高的效率，具有有益的技术效果。因此相对于上述附件的组合，本专利权利要求 1 具备创造性。本专利权利要求 2 为权利要求 1 的从属权利要求，因此当权利要求 1 相对于上述附件的组合具备创造性时，权利要求 2 相对于上述附件的组合也具备创造性。

根据上述的事实和理由，本案合议组依法作出以下决定。

**三、决定**

维持 98122264.1 号发明专利权有效。

当事人对本决定不服的，可以根据专利法第 46 条第 2 款的规定，自收到本决定之日起 3 个月内向北京市第一中级人民法院起诉。根据该款的规定，一方当事人起诉后，另一方当事人应当作为第三人参加诉讼。

# 北京市第一中级人民法院
# 行政判决书

（2007）一中行初字第 754 号

原告余洪恩，男，1954 年 6 月 1 日出生，汉族，江西省上饶市鄱阳县粮食局下岗职工，住江西省上饶市鄱阳县鄱阳镇玖家苑 1 号。

被告国家知识产权局专利复审委员会，住所地北京市海淀区北四环西路 9 号银谷大厦 10~12 层。

法定代表人廖涛，副主任。

委托代理人刘翚，国家知识产权局专利复审委员会审查员。

委托代理人张鹏，国家知识产权局专利复审委员会审查员。

第三人中国科学院广州能源研究所，住所地广东省广州市天河区五山能源路 2 号。

法定代表人吴创之，所长。

委托代理人余炳和，广州科粤专利代理有限责任公司专利代理人。

原告余洪恩因不服被告国家知识产权局专利复审委员会（简称专利复审委员会）于 2007 年 1 月 18 日作出的第 9476 号无效宣告请求审查决定（简称第 9476 号决定），于法定期限内向本院提起行政诉讼。本院于 2007 年 5 月 22 日受理后，依法组成合议庭，并通知第 9476 号决定的相对方中国科学院广州能源研究所作为本案第三人参加诉讼。本院于 2007 年 8 月 28 日公开开庭审理了本案。原告余洪恩，被告专利复审委员会的委托代理人刘翚、张鹏，第三人中国科学院广州能源研究所的委托代理人余炳和到庭参加了诉讼。本案现已审理终结。

第 9476 号决定系被告针对原告就第三人拥有的第 98122264.1 号、名称为“生物质循环流化床气化净化系统”的发明专利权（简称本专利）提起的无效宣告请求所作出。第 9476 号决定认为：

（1）关于无效理由和证据的认定。附件 1 是他人在本专利申请的申请日以前向专利局提出并且在本专利申请日以后公布的专利申请，专利权人对附件 1 的真实性无异议，因此附件 1 只能用于评价本专利的新颖性。附件 3、4、6、8 为在本专利申请日前公开的出版物，专利权人对附件 3、4、6、8 的真实性无异议，因此附件 3、4、6、8 可以作为本专利的现有技术使用。附件 5 为在本专利申请日后公开的出版物，因此该附件不能作为评价本专利新颖性或创造性的证据使用。附件 7 为郑州粮食学院编制的《除尘与气力输送》，该附件没有印制出版时间，余洪恩声称该附件为 1977 年的课本，但未提交其他相关证据予以证明。鉴于专利权人对附件 7 的真实性及公开日期并未提出异议，故对附件 7 予以接受采用。余洪恩放弃了附件 9，因此对附件 9 不予考虑。附件 10 为“广州中科华源科技有限公司”的公司简介，该附件并未印制出版时间，同时专利权人认为附件 10 的公开日期在本专利申请日之后，而余洪恩也没有提交其他相关证据用以证明该附件的出版时间，因此附件 10 不能作为评价本专利新颖性或创造性的证据。因此，审理涉及的关于本专利的无效理由和范围为：权利要求 1 相对于附件 4 或 8 是否具备新颖性；权利要求 2 相对于附件 1 或 8 是否具备新颖性；权利要求 1~2 相对于附件 3、4、6~8 是否具备创造性。

（2）关于新颖性和创造性。附件 1、4 或 8 所公开的技术内容与本专利权利要求 1 的技术方案并不相同，因此本专利权利要求 1 相对于附件 1、4 或 8 具备新颖性。本专利权利要求 2 为权利要求 1 的从属权利要求，因此当权利要求 1 相对于附件 1 或 8 具备新颖性时，权利要求 2 相对于上述附件也具备新颖性。权利要求 1 相对于附件 3、4、6、7、8 的任意组合是非显而易见的；同时权利要求 1 的生物质循环流化床气化净化系统适于处理多种生物质废料并具有较高的效率，具有有益的技术效果。因此相对于附件3、4、6、7、8的组合，本专利权利要求1具备创造性。本专利权利要求2为权利要求1的从属权利要求，因此当权利要求1相对于上述附件的组合具备创造性时，权利要求2相对于上述附件的组合也具备创造性。

基于上述事实和理由，专利复审委员会作出第9476号决定，宣告维持本专利权有效。

原告余洪恩不服第9476号决定，在法定期限内向本院提起行政诉讼称：（1）附件1的权利要求1（3）、（4）和2（10）与本专利的权利要求1（3）、（4）要保护的内容和范围是相同的。（2）本专利的权利要求1“流化床气化炉”与附件4，图4.8.8流体化床气化炉采用了基本相同的手段，实现基本相同的功能，达到基本相同的效果，是无需创造性劳动就能够得到的气化炉。本专利权利要求1（2）在气化炉的上部侧面设有一个处理飞灰的惯性分离器，惯性分离器是附件6、7、8披露的现有技术。本专利权利要求1（3）相对应附件1、6、7、8的旋风分离器，文丘里管、水洗塔的现有技术。本专利权利要求1（4）相对应附件1、6、7、8污水处理与循环系统的现有技术。这样的技术特征的技术启示是分隔，是设有，是简单的叠加，而不是设计，是惯用手段的直接置换，是直接地、毫无疑义地确定的技术内容。因此这样的技术特征的技术启示不具备新颖性和创造性。（3）本专利与附件1发明专利在其技术领域、所解决的技术问题、技术方案和预期效果实质上完全相同。流化床气化炉与附件4流体化床气化炉在其手段、功能、效果都是相同的（生成燃气），不具有突出的实质性特点和显著的进步。惯性分离器相对应附件6、7、8，其功能是飞灰惯性分离。在气化炉上部侧面设有一个惯性分离器，这种“设有一个惯性分离器”技术启示与现有的惯性分离器技术功能相比是显而易见的，是简单叠加的，不具有突出的实质性特点和显著进步。本专利权利要求2为权利要求1的从属权利要求，当权利要求1相对于上述附件的组合不具备创造性，权利要求2相对于上述附件的组合也不具备创造性。

综上，原告认为第9476号决定违反了《中华人民共和国专利法》（简称《专利法》）第五十六条第一款、最高人民法院《关于审理专利纠纷案件适用法律问题的若干规定》（简称法释［2001121号）第十七条规定和审查指南审查的判断原则，违反了《专利法》第二十二条第二款、第三款对发明专利的审查原则，请求法院支持其无效宣告请求，撤销被告作出的第9476号决定，并责令被告宣告本专利权无效。

被告专利复审委员会辩称：（1）关于《专利法》第五十六条第一款、法释［2001］21号第十七条，不属于原告的无效请求理由。（2）原告在起诉状中错误地认为其所提供的证据能证明本专利权利要求的部分特征，则该权利要求就不具备新颖性和创造性。由于本专利权利要求1与附件1、4、8存在诸多区别技术特征，故我委坚持第9476号决定中关于本专利具备新颖性和创造性的理由。综上，被告认为第9476号决定认定事实清楚、适用法律正确、审理程序合法，审查结论正确，原告的诉讼理由不能成立，请求法院驳回原告请求，维持第9476号决定。

第三人中国科学院广州能源研究所陈述意见，同意被告专利复审委员会的辩称意见，请求法院驳回原告请求，维持第9476号决定。

本院经审理查明：

本专利的名称为“生物质循环流化床气化净化系统”，专利号是98122264.1，申请日是1998年12月30日，授权公告日是2003年1月15日，专利权人是中国科学院广州能源研究所。该专利授权公告时的权利要求书如下：

“1. 一种生物质循环流化床气化净化系统，具有生成燃气的气化炉和燃气的水洗净化装置，其特征在于：（1）采用循环流化床气化炉（11）生成燃气，该气化炉的流化床底部有一个分隔出来的作为飞灰燃烬和回流空间的内置流化床（112）；

（2）在气化炉的上部侧面设有一个惯性分离器（12），该惯性分离器的进气口与气化炉的燃气出口相连，其下部具有飞灰回流管道（121）通入气化炉的内置流化床（112）；

（2.1）在惯性分离器中设有内置空气预热器（122），气化炉所需空气经该空气预热器预热后送入气化炉流化床的布风室；

（3）由旋风分离器（2）、文丘里管（3）、水洗塔（4）构成多级燃气净化系统，经惯性分离器（12）分离出来的燃气送入旋风分离器（2），经旋风分离器（2）除尘处理后的燃气送入文丘里管（3），燃气在文丘里管（3）内经冷却和洗去部分焦油后送入水洗塔（4），燃气在水洗塔内经进一步冷却和除去焦油后由引风机送入储气罐（5）；

（4）具有污水处理及其循环系统，由文丘里管（3）和水洗塔（4）排出的废水经污水处理池（6）处理后被重新泵入文丘里管和水洗塔循环使用。

2. 根据权利要求1所述的生物质循环流化床气化净化系统，其特征在于所说的生物质循环流化床气化炉（11）与惯性分离器（12）结合构成一体化结构的空气预热式循环流化床气化炉（1）。”

针对本专利权，余洪恩于2005年11月11日向专利复审委员会提出无效宣告请求，认为本专利不符合《专利法》第二十二条、第九条以及《专利法实施细则》第十三条第一款、第二条第一款以及第三十条的规定。为证明其无效宣告请求，余洪恩向专利复审委员会提交了如下10份附件作为证据：

附件1：授权公告日为2002年1月23日，申请日为1998年10月22日，专利号为98119073.1，专利权人为余洪恩的中国发明专利说明书；

附件2：本专利的专利说明书；

附件3：中国对外翻译出版公司于1984年12月出版的《稻壳变能源》封面、出版信息页、第17~20、79、141、143、144、202页复印件，共13页；

附件4：东华书局于1986年出版的《能源应用》的封面、版权信息页、第186、187页复印件，共4页；

附件5：人民日报出版社于2001年12月出版的《科学中国人优秀论文选（二）》的版权页、第224、225页以及由中国科技报研究会学术工作委员会和科学中国人杂志社于2001年11月颁发的论文证书复印件，共4页；

附件6：河南科学技术出版社于1981年8月出版的《气力输送原理与设计计算》封面、版权信息页、第1、277页复印件，共4页；

附件7：郑州粮食学院编制的《除尘与气力输送》封面页、第229页复印件，共2页；

附件8：中国建设工业出版社于1981年4月出版的《除尘器》封面页、版权信息页、第26、46、141、142、164、235、236页复印件，共9页；

附件9：郑州粮食学院与商业部郑州粮食科学设计研究所联合出版《粮食工程设计手册》封面页复印件，共1页；

附件10：“广州中科华源科技有限公司”的公司简介复印件，共1页。

经形式审查合格，专利复审委员会受理了该无效宣告请求，并依法成立合议组，于2006年8月17日举行了口头审理。在口头审理过程中，余洪恩明确其无效的理由、证据和范围为：本专利权利要求1、2不符合《专利法》第二十二条第二款、第三款的规定，用附件4或8评价权利要求1的新颖性，附件1或8评价权利要求2的新颖性；附件3~8、10评价权利要求1、2的创造性；余洪恩放弃了《专利法》第九条、《专利法实施细则》第十三条第一款、《专利法实施细则》第三十条以及

《专利法实施细则》第二条第一款的无效理由；余洪恩放弃使用附件9。

基于上述事实，专利复审委员会于2007年1月18日作出第9476号决定。

上述事实有本专利说明书、第9476号决定、上述附件1~10、当事人陈述等在案佐证。

本院认为：

针对发明专利而言，新颖性是指在申请日以前没有同样的发明或者实用新型在国内外出版物上公开发表过、在国内公开使用过或者以其他方式为公众所知，也没有同样的发明或者实用新型由他人向国务院专利行政部门提出过申请并记载在申请日以后（含申请日）公布的专利申请文件中。创造性是指同申请日以前已有的技术相比，该发明有突出的实质性特点和显著的进步。

附件1是他人在本专利的申请日以前向专利局提出并且在本专利申请日以后公布的专利申请文件，因此附件1只能用于评价本专利的新颖性，不能用来评价本专利的创造性。附件3、4、6、7、8为在本专利申请日前公开的出版物，因此能够作为本专利的现有技术用来评价本专利的新颖性和创造性。对此，原告并无异议。原告有异议的是其认为本专利与这些附件公开的技术系同样的发明创造，故不具备新颖性和创造性。针对原告的诉讼主张，本院认为：所谓同样的发明创造，是指技术领域、所要解决的技术问题和技术方案实质上相同，预期效果相同的发明或者实用新型。在判断一项专利是否与其现有技术属于同样的发明创造时，应将该权利要求书的全部技术特征作为一个整体进行比较，而不能将其中的个别技术特征分割出来进行单独对比。由原告的起诉状可知，原告得出“本专利与这些附件在技术领域、所确决的技术问题、技术方案和预期效果实质上完全相同”的结论，完全基于其对本专利个别特征与附件中内容的片面比对，故该主张缺乏事实与法律依据，不能成立。

附件1是与本专利最接近的对比文件，该文件公开了一种稻壳煤气的生产工艺及其设备，该文件披露的是一个典型的固定床气化炉结构，与本专利权利要求1中的“气化炉的流化床底部有一个分隔出来的作为飞灰燃烬和回流空间的内置流化床”、“气化炉上部侧面设有一个惯性分离器”等技术特征有着明显的区别。附件4涉及流体化床气化炉，附件8涉及除尘器、洗涤器及污水处理等内容，将附件1、4、8与本专利权利要求1进行单独对比可知，其均未公开本专利权利要求1中的“该气化炉的流化床底部有一个分隔出来的作为飞灰燃烬和回流空间的内置流化床”、“气化炉上部侧面设有一个惯性分离器”等技术特征，故附件1、4或8所公开的技术内容与本专利权利要求1的技术方案并不相同，因此本专利权利要求1相对于附件1、4或8具备新颖性。本专利权利要求2为权利要求1的从属权利要求，因此当权利要求1相对于附件1或8具备新颖性时，权利要求2相对于上述附件也具备新颖性。

附件3涉及稻壳变能源的工艺及其设备，附件4涉及流体化床气化炉，附件6涉及气体输送原理与设计计算，附件7涉及除尘与气力输送，附件8涉及除尘器、洗涤器及污水处理等内容。与本专利权利要求1相比，这些附件均未公开本专利权利要求1中所述“该气化炉的流化床底部有一个分隔出来的作为飞灰燃烬和回流空间的内置流化床”、“气化炉上部侧面设有一个惯性分离器”等技术特征，同时上述附件也未给出应用上述区别特征的技术启示，因此权利要求1相对于上述附件的任意组合是非显而易见的；同时权利要求1的生物质循环流化床气化净化系统适于处理多种生物质废料并具有较高的效率，具有有益的技术效果。因此相对于上述附件的组合，本专利权利要求1具备创造性。本专利权利要求2为权利要求1的从属权利要求，因此当权利要求1相对于上述附件的组合具备创造性时，权利要求2相对于上述附件的组合也具备创造性。

综上所述，原告的诉讼理由及其请求缺乏事实根据与法律依据，本院不予支持。被告作出的第9476号决定，审查程序合法，认定事实清楚，适用法律并无不当，故应予维持。依据《中华人民共和国行政诉讼法》第五十四条第（一）项之规定，本院判决如下：

维持国家知识产权局专利复审委员会作出的第 9476 号无效宣告请求审查决定。

案件受理费 100 元，由原告余洪恩负担（已交纳）。

如不服本判决，各方当事人可在本判决送达之日起 15 日内，向本院递交上诉状及副本，并交纳上诉案件受理费 100 元，上诉于北京市高级人民法院。上诉期满后 7 日内未交纳上诉案件受理费的，按自动撤回上诉处理。

审 判 长 赵 静
代理审判员 姜庶伟
人民陪审员 于立彪
二〇〇七年十月二十四日
书 记 员 谭北川
书 记 员 朱 平

# 北京市高级人民法院
# 行政判决书

（2008）高行终字第 57 号

上诉人（原审原告）余洪恩，男，汉族，1954 年 6 月 1 日出生，江西省上饶市鄱阳县粮食局下岗职工，住江西省上饶市鄱阳县鄱阳镇玖家苑 1 号。

被上诉人（原审被告）国家知识产权局专利复审委员会，住所地北京市海淀区北四环西路 9 号银谷大厦 10~12 层。

法定代表人廖涛，副主任。

委托代理人刘翚，国家知识产权局专利复审委员会审查员。

托代理人张鹏，国家知识产权局专利复审委员会审查员。

被上诉人（原审第三人）中国科学院广州能源研究所，住所地广东省广州市天河区五山能源路 2 号。

法定代表人吴创之，所长。

委托代理人余炳和，男，汉族，1946 年 2 月 27 日出生，广州科粤专利代理有限责任公司专利代理人，广东省广州市东山区先烈中路 81 号大院 75 号 1301 房。

上诉人余洪恩因专利无效行政纠纷一案，不服北京市第一中级人民法院（2007）一中行初字第 754 号行政判决，向本院提出上诉。本院于 2008 年 2 月 13 日受理后，依法组成合议庭，于 2008 年 3 月 18 日公开开庭进行了审理。上诉人余洪恩，被上诉人国家知识产权局专利复审委员会（简称专利复审委员会）的委托代理人刘翚、张鹏，被上诉人中国科学院广州能源研究所的委托代理人余炳和到庭参加了诉讼。本案现已审理终结。

中国科学院广州能源研究所拥有名称为“生物质循环流化床气化净化系统”的发明专利（简称本专利），专利号是 98122264.1，申请日是 1998 年 12 月 30 日，授权公告日是 2003 年 1 月 15 日。2005 年 11 月 11 日余洪恩以本专利不符合《中华人民共和国专利法》（简称《专利法》）第二十二条、第九条以及《中华人民共和国专利法实施细则》（简称《专利法实施细则》）第十三条第一款、第二条第一款、第三十条的规定为由，向专利复审委员会提出无效请求。专利复审委员会经审查于

2007 年 1 月 18 日作出的第 9476 号无效宣告请求审查决定（简称第 9476 号决定），维持本专利有效。余洪恩不服，向北京市第一中级人民法院提起诉讼。

北京市第一中级人民法院判决认定：附件 1 是他人在本专利的申请日以前向专利局提出并且在本专利申请日以后公布的专利申请文件，因此附件 1 只能用于评价本专利的新颖性，不能用来评价本专利的创造性。附件 3、4、6、7、8 为在本专利申请日前公开的出版物，因此能够作为本专利的现有技术用来评价本专利的新颖性和创造性。判断一项专利是否与其现有技术属于同样的发明创造，应将该权利要求书的全部技术特征作为一个整体进行比较，而不能将其中的个别技术特征分割出来进行单独对比。余洪恩的诉请基于其对本专利个别特征与附件中内容的片面比对，故该主张缺乏事实与法律依据。

附件 1 是与本专利最接近的对比文件，该文件公开了一种稻壳煤气的生产工艺及其设备，披露的是一个典型的固定床气化炉结构，与本专利权利要求 1 中的“气化炉的流化床底部有一个分隔出来的作为飞灰燃烬和回流空间的内置流化床”、“气化炉上部侧面设有一个惯性分离器”等技术特征有着明显的区别。附件 4 涉及流体化床气化炉，附件 8 涉及除尘器、洗涤器及污水处理等内容，将附件 1、4、8 与本专利权利要求 1 进行单独对比可知，其均未公开本专利权利要求 1 中的“该气化炉的流化床底部有一个分隔出来的作为飞灰燃烬和回流空间的内置流化床”、“气化炉上部侧面设有一个惯性分离器”等技术特征，故附件 1、4 或 8 所公开的技术内容与本专利权利要求 1 的技术方案并不相同，因此本专利权利要求 1 相对于附件 1、4 或 8 具备新颖性。本专利权利要求 2 为权利要求 1 的从属权利要求，因此当权利要求 1 相对于附件 1 或 8 具备新颖性时，权利要求 2 相对于上述附件也具备新颖性。

附件 3 涉及稻壳变能源的工艺及其设备，附件 4 涉及流体化床气化炉，附件 6 涉及气体输送原理与设计计算，附件 7 涉及除尘与气力输送，附件 8 涉及除尘器、洗涤器及污水处理等内容。与本专利权利要求 1 相比，这些附件均未公开本专利权利要求 1 中所述“该气化炉的流化床底部有一个分隔出来的作为飞灰燃烬和回流空间的内置流化床”、“气化炉上部侧面设有一个惯性分离器”等技术特征，同时上述附件也未给出应用上述区别特征的技术启示，因此权利要求 1 相对于上述附件的任意组合是非显而易见的；同时权利要求 1 的生物质循环流化床气化净化系统适于处理多种生物质废料并具有较高的效率，具有有益的技术效果。因此相对于上述附件的组合，本专利权利要求 1 具备创造性。本专利权利要求 2 为权利要求 1 的从属权利要求，因此当权利要求 1 相对于上述附件的组合具备创造性时，权利要求 2 相对于上述附件的组合也具备创造性。专利复审委员会作出的第 9476 号决定，审查程序合法，认定事实清楚，适用法律并无不当。依据《中华人民共和国行政诉讼法》第五十四条第（一）项之规定，判决：维持国家知识产权局专利复审委员会作出的第 9476 号无效宣告请求审查决定。

余洪恩不服原审判决，向本院提起上诉，请求撤销原审判决及第 9476 号决定，责令专利复审委员会宣告本专利无效，并由中国科学院广州能源研究所返还专利使用费。理由是：1. 在口头审理过程中，上诉人并没有放弃《专利法》第九条、《专利法实施细则》第十三条第一款、第二条第一款、第三十条的无效理由，也没有放弃使用附件 9。专利复审委员会提供的口审记录是伪证。2. 本专利的权利要求 1、2 不具备新颖性和创造性。3. 第 9476 号决定违反了《专利法》第九条、第二十二条第一款、第二款、第三款、第五十六条第一款，《专利法实施细则》第二条第一款、第十三条第一款，《专利审查指南》第二部分第三章 3.1、第三章 6.1、第四章 4.2 及法释（2001）21 号第 17 条的规定。

专利复审委员会、中国科学院广州能源研究所服从原审判决。

本院经审理查明：本专利的名称为“生物质循环流化床气化净化系统”，专利号是 98122264.1，申请日是 1998 年 12 月 30 日，授权公告日是 2003 年 1 月 15 日，专利权人是中国科学院广州能源研究所。该专利授权公告时的权利要求书如下：

“1. 一种生物质循环流化床气化净化系统，具有生成燃气的气化炉和燃气的水洗净化装置，其特征在于：

（1）采用循环流化床气化炉（11）生成燃气，该气化炉的流化床底部有一个分隔出来的作为飞灰燃烬和回流空间的内置流化床（112）；

（2）在气化炉的上部侧面设有一个惯性分离器（12），该惯性分离器的进气口与气化炉的燃气出口相连，其下部具有飞灰回流管道（121）通入气化炉的内置流化床（112）；

（2.1）在惯性分离器中设有内置空气预热器（122），气化炉所需空气经该空气预热器预热后送入气化炉流化床的布风室；

（3）由旋风分离器（2）、文丘里管（3）、水洗塔（4）构成多级燃气净化系统，经惯性分离器（12）分离出来的燃气送入旋风分离器（2），经旋风分离器（2）除尘处理后的燃气送入文丘里管（3），燃气在文丘里管（3）内经冷却和洗去部分焦油后送入水洗塔（4），燃气在水洗塔内经进一步冷却和除去焦油后由引风机送入储气罐（5）；

（4）具有污水处理及其循环系统，由文丘里管（3）和水洗塔（4）排出的废水经污水处理池（6）处理后被重新泵入文丘里管和水洗塔循环使用。

2. 根据权利要求1所述的生物质循环流化床气化净化系统，其特征在于所说的生物质循环流化床气化炉（11）与惯性分离器（12）结合构成一体化结构的空气预热式循环流化床气化炉（1）。”

针对本专利，余洪恩于2005年11月11日向专利复审委员会提出无效宣告请求，认为本专利不符合《专利法》第二十二条、第九条以及《专利法实施细则》第十三条第一款、第二条第一款以及第三十条的规定。为证明其无效宣告请求，余洪恩向专利复审委员会提交了如下10份附件作为证据：

附件1：授权公告日为2002年1月23日，申请日为1998年10月22日，专利号为98119073.1，专利权人为余洪恩的中国发明专利说明书；

附件2：本专利的专利说明书；

附件3：中国对外翻译出版公司于1984年12月出版的《稻壳变能源》封面、出版信息页、第17~20、79、141、143、144、202页复印件，共13页；

附件4：东华书局于1986年出版的《能源应用》的封面、版权信息页、第186、187页复印件，共4页；

附件5：人民日报出版社于2001年12月出版的《科学中国人优秀论文选（二）》的版权页、第224、225页以及由中国科技报研究会学术工作委员会和科学中国人杂志社于2001年11月颁发的论文证书复印件，共4页；

附件6：河南科学技术出版社于1981年8月出版的《气力输送原理与设计计算》封面、版权信息页、第1、277页复印件，共4页；

附件7：郑州粮食学院编制的《除尘与气力输送》封面页、第229页复印件，共2页；

附件8：中国建设工业出版社于1981年4月出版的《除尘器》封面页、版权信息页、第26、46、141、142、164、235、236页复印件，共9页；

附件9：郑州粮食学院与商业部郑州粮食科学设计研究所联合出版《粮食工程设计手册》封面页复印件，共1页；

附件10：“广州中科华源科技有限公司”的公司简介复印件，共1页。

经形式审查合格，专利复审委员会受理了该无效宣告请求，并依法成立合议组，于2006年8月17日举行了口头审理。

在口头审理过程中，余洪恩明确其无效的理由、证据和范围为：本专利权利要求1、2不符合

《专利法》第二十二条第二款、第三款的规定，用附件 4 或 8 评价权利要求 1 的新颖性，附件 1 或 8 评价权利要求 2 的新颖性；附件 3~8、10 评价权利要求 1、2 的创造性；余洪恩放弃了《专利法》第九条、《专利法实施细则》第十三条第一款、《专利法实施细则》第三十条以及《专利法实施细则》第二条第一款的无效理由，并放弃使用附件 9。

基于上述事实，专利复审委员会于 2007 年 1 月 18 日作出第 9476 号决定。

上述事实有本专利说明书、第 9476 号决定、上述附件 1~10、当事人陈述等在案佐证。

本院认为，关于专利复审委员会口头审理记录表的真实性问题。上诉人余洪恩虽然对其真实性提出质疑，但没有向本院提供任何证据加以证实。二审庭审过程中，上诉人余洪恩称，该记录表记载的专利号与本专利不同，案件编号是错误的。经查阅口头审理记录表，记载的专利号与本专利确有不同，但案件编号与第 9476 号决定的案件编号一致。该记录表记载的内容均与本案相关联，并有上诉人余洪恩、被上诉人中国科学院广州能源研究所的委托代理人余炳和等人的签字，故该记录表记载的专利号应为笔误。上诉人余洪恩称其伪证的上诉理由不能成立，本院不予支持。该记录表可以证实，上诉人余洪恩在无效审查程序中，已放弃了《专利法》第九条、《专利法实施细则》第十三条第一款、《专利法实施细则》第三十条以及《专利法实施细则》第二条第一款的无效理由，并放弃使用附件 9。因此，上诉人余洪恩的此项上诉请求不能成立，本院不予支持。

关于本专利权利要求 1、2 的新颖性和创造性问题。上诉人余洪恩对第 9476 号决定及原审判决对此问题的认定不服，认为本专利的权利要求 1、2 不具备新颖性和创造性，但其未向本院说明事实依据。二审庭审过程中，又明确表示对第 9476 号决定及原审判决就本案的审理范围有异议。鉴于上诉人余洪恩不能对自己的诉讼主张进行具体说明，故上诉人余洪恩的此项上诉请求不能成立，本院不予支持。

关于本案的法律适用。第 9476 号决定及原审判决已经明确了本案的审理范围及法律依据。上诉人余洪恩主张适用的《专利法》第二十二条第一款、第五十六条第一款、法释（2001）21 号第 17 条均不属无效的理由，其在无效审查程序中并未提出。在无效审查程序中，又放弃《专利法》第九条、《专利法实施细则》第二条第一款、第十三条第一款作为无效理由。经查，专利复审委员会在作出第 9476 号决定的过程中，没有违反相关法律的规定。因此，上诉人余洪恩的此项上诉请求不能成立，本院不予支持。

关于由被上诉人中国科学院广州能源研究所返还专利使用费的问题。本案系专利无效行政纠纷，上诉人余洪恩的此项上诉请求不属本案审理范围，对该项上诉请求，本院不予支持。

综上，原审判决认定事实清楚，适用法律正确，程序合法，应予维持。上诉人余洪恩的上诉请求和理由没有事实和法律依据，本院不予支持。依照《中华人民共和国行政诉讼法》第六十一条第（一）项之规定，判决如下：

驳回上诉，维持原判。

一审案件受理费 100 元，由余洪恩负担（已交纳），二审案件受理费 100 元，由余洪恩负担（已交纳）。

本判决为终审判决。

审　判　长　刘继祥
审　判　员　莎日娜
代理审判员　焦　彦
二〇〇八年十月一日
书　记　员　孙　娜

054

# 布面装饰板

## 无效宣告请求审查决定（第9480号）

**决　定　号**　第9480号
**决　定　日**　2007年2月2日
**发明创造名称**　布面装饰板
**国际分类号**　E04F 13/00，E04C 2/02
**无效宣告请求人**　毛栩滕
**专　利　权　人**　朱春生
**专　利　号**　200420082501.0
**申　请　日**　2004年8月30日
**授权公告日**　2005年9月7日
**合议组组长**　黄　颖
**主　审　员**　刘瑞斌
**参　审　员**　郭建强

**法律依据**　专利法第22条第2款、第3款，专利法实施细则第2条第2款
**决定要点**

根据现行审查指南的规定，在无效宣告请求阶段，以合并的方式修改权利要求时，合并后的权利要求应当包含被合并的从属权利要求的全部技术特征，而不能只将从属权利要求中的某些技术特征与其他从属权利要求合并。

### 一、案由

本无效宣告请求涉及国家知识产权局于2005年9月7日授权公告的、名称为“布面装饰板”的实用新型专利权（以下简称本专利），其申请号是200420082501.0，申请日是2004年8月30日，专利权人是朱春生。本专利授权公告时的权利要求书如下：

“1. 一种布面装饰板，包括基材（1），其特征在于：在基材（1）的顶面固定有上包装层（2），在基材（1）的底面固定有下包装层（3）。

2. 如权利要求1所述的布面装饰板，其特征在于：所述上包装层（2）可以为布、纸或外层为布、内层为护面纸的布纸复合物中的一种，下包装层（3）可以为布或外层为布、内层为护面纸的布纸复合物中的一种。

3. 如权利要求2所述的布面装饰板，其特征在于：所述布为带图案花纹或不图案花纹的布。

4. 如权利要求1或2或3所述的布面装饰板，其特征在于：所述基材（1）的左右两个侧面的横

截面形状可以为直线形、梯形、三角形或扇形中的一种。

5. 如权利要求 1 或 2 或 3 所述的布面装饰板，其特征在于：所述基材（1）可以为石膏、磷石膏、脱硫石膏、硅钙材料或矿棉材料中的一种。

6. 如权利要求 4 所述的布面装饰板，其特征在于：在上包装层的顶面滚涂/粘贴有具有防水作用的贴面层（4），在下包装层的底面还滚涂/粘贴有具有防水作用的贴面层（5），在侧面还滚涂/粘贴有封边层（6）。

7. 如权利要求 6 所述的布面装饰板，其特征在于：所述贴面层（4、5）为墙纸、树脂、塑料膜、油漆、乳胶漆、胶贴纸或过塑，封边层（6）为墙纸、树脂、塑料膜、油漆、乳胶漆、胶带、胶贴纸或过塑。”

针对上述专利权，毛栩滕（以下简称请求人）于 2006 年 3 月 20 日向专利复审委员会提出无效宣告请求，认为本专利不符合专利法第 22 条第 2 款、第 3 款的规定及专利法实施细则第 2 条第 2 款、第 20 条第 1 款的规定，同时请求人提交了如下附件：

附件 1：授权公告日为 1999 年 05 月 05 日、授权公告号为 CN2317270Y 的中国实用新型专利说明书，共 7 页；

附件 2：授权公告日为 2001 年 03 月 21 日、授权公告号为 CN2467296Y 的中国实用新型专利说明书，共 5 页；

附件 3：授权公告日为 1998 年 01 月 14 日、授权公告号为 CN2272471Y 的实用新型专利说明书，共 6 页；

附件 4：授权公告日为 1998 年 03 月 04 日、授权公告号为 CN2275527Y 的中国实用新型专利说明书，共 4 页；

附件 5：授权公告日为 1999 年 01 月 06 日、授权公告号为 CN2303038Y 的中国实用新型专利说明书，共 5 页。

请求人认为：（1）权利要求 1 相对于附件 1 或 2 或 3 没有新颖性。权利要求 2 相对于附件 1 或 2 没有新颖性。权利要求 4 相对于附件 3 没有新颖性。权利要求 6、7 相对于附件 4 或 5 没有新颖性。（2）权利要求 2、3、5、7 不符合专利法实施细则第 2 条第 2 款的规定。（3）权利要求 3 不符合专利法实施细则第 20 条第 1 款的规定。（4）权利要求 4、6 不符合专利法第 22 条第 3 款的规定。

经形式审查合格，专利复审委员会依法受理了上述无效宣告请求，并于 2006 年 05 月 24 日向请求人和专利权人发出无效宣告请求受理通知书，同时将专利权无效宣告请求书及其附件清单中所列附件的副本转送给专利权人，并要求专利权人在指定的期限内陈述意见。

针对专利复审委员会发出的上述无效宣告请求受理通知书，专利权人于 2006 年 6 月 29 日提交了意见陈述书和权利要求书的修改替换页，其中修改后的权利要求书为：

“1. 一种布面装饰板，包括基材（1），在基材（1）的顶面固定有上包装层（2），在基材（1）的底面固定有下包装层（3），其特征在于：所述上包装层（2）和下包装层（3）均为布或外层为布、内层为护面纸的布纸复合物，在上包装层（2）的顶面滚涂/粘贴有具有防水作用的贴面层（4），在下包装层（3）的底面滚涂/粘贴有具有防水作用的贴面层（5），在侧面滚涂/粘贴有封边层（6）。

2. 如权利要求 1 所述的布面装饰板，其特征在于：所述基材（1）可以为石膏、磷石膏、脱硫石膏、硅钙材料或矿棉材料中的一种。

3. 如权利要求 1 所述的布面装饰板，其特征在于：所述贴面层（4、5）为墙纸、树脂、塑料膜、油漆、乳胶漆、胶贴纸或过塑，封边层（6）为墙纸、树脂、塑料膜、油漆、乳胶漆、胶带、胶贴纸或过塑。”

专利复审委员会依法成立合议组，并于2006年8月7日向双方发出无效宣告请求口头审理通知书，定于2006年9月25日举行口头审理。随同口头审理通知书，将专利权人于2006年6月29日提交的意见陈述书及其附件清单中所列附件的副本转送给请求人。同时在寄送给专利权人和请求人的口头审理通知书中指出，专利权人于2006年6月29日提交的经过修改的权利要求书不符合审查指南的相关规定，因此本次口头审理拟按照本专利授权公告时的权利要求进行审理，双方当事人可以对合议组的上述决定提交书面意见或在口头审理时陈述意见。

口头审理如期举行，双方当事人均参加了口头审理。在口头审理中：（1）专利权人表示在授权公告文本权利要求1~7的基础上放弃权利要求3、5、7以及权利要求4中引用权利要求3的技术方案。（2）请求人明确其无效宣告请求的理由、证据、和范围是：权利要求2、6不符合专利法实施细则第2条第2款的规定，权利要求1、2、4、6不符合专利法第22条第2款、第3款的规定，放弃其他的无效理由。专利权人对附件1~5的真实性没有异议。（3）专利权人明确表示本专利权利要求2中的布、纸、布纸的复合层是已知的材料，权利要求6关于滚涂、粘贴是已知的方法，因此权利要求2、6属于实用新型保护的客体。请求人认为如果权利要求2、6的附加技术特征是现有的材料或方法，那么该权利要求符合专利法实施细则第2条第2款的规定。（4）请求人认为权利要求1相对于附件1或2或3不具备新颖性，权利要求2相对于附件1或2不具备新颖性，权利要求4相对于附件2不具备新颖性，权利要求6相对于附件2或3不具备新颖性。专利权人同意附件1或3与权利要求1相同。（5）请求人认为权利要求2相对于附件1和2以及公知常识的结合不具备创造性。专利权人认为本专利中的布纸复合物中的纸是石膏板的包装纸，其上包裹一层布，石膏板外面也可以不用纸。专利权人认为布的作用是提高装饰板的强度，而附件1或2中并没有公开这一内容，附件2中玻璃纤维层不同于布面层，因此本权利要求2具备创造性。请求人认为权利要求4相对于附件1和2以及公知常识的结合或附件1和3以及公知常识的结合不具备创造性。请求人认为侧面横截面为梯形、三角形或扇形是公知常识，专利权人认为上述限定使本专利具有美观的效果。请求人认为权利要求6相对于附件1、2、4以及公知常识的结合或附件1、2、5以及公知常识的结合没有创造性。专利权人认为上述附件中均未公开封边层，其中贴面层和封边层只是位置不同，材料和作用是相同的。

至此，合议组认为本案事实已经清楚，可以作出审查决定。

**二、决定的理由**

1. 关于证据和现有技术

请求人提交的证据是附件1~5，专利权人对其真实性没有异议，经合议组审查，附件1~5可以作为本案证据使用。同时由于附件1~5的公开日期均在本专利的申请日之前，因此可以作为本专利的现有技术使用。

2. 关于专利权人提交的修改文本

根据审查指南第四部分第三章第4.6节关于修改的规定，“权利要求的合并是指将两项或者两项以上相互无从属关系但在授权公告文本中从属于同一独立权利要求的权利要求合并。在此情况下，所合并的从属权利要求的技术特征组合在一起形成新的权利要求。该新的权利要求应当包含被合并的从属权利要求的全部技术特征。”

本案中，专利权人修改后的权利要求1是将原权利要求6的附加技术特征“在上包装层（2）的顶面滚涂/粘贴有具有防水作用的贴面层（4），在下包装层（3）的底面滚涂/粘贴具有防水作用的贴面层（5），在侧面还滚涂/粘贴有封边层（6）。”和权利要求2中的一部分技术特征“一种布面装饰板，包括基材（1），在基材（1）的顶面固定有上包装层（2），在基材（1）的底面固定有下包装层（3），其特征在于：所述上包装层（2）和下包装层（3）均为布或外层为布、内层为护面纸的布纸复合物”合并而成。

合议组认为，原权利要求6从属于原权利要求4，权利要求2与权利要求6合并修改必须要包括权利要求4中的技术特征，但是修改后的权利要求1没有包括权利要求4的技术特征，因此这种修改不符合审查指南的上述规定，这样的修改不能被接受。因此本次口头审理针对的权利要求为授权公告时的权利要求书。

由于专利权人当庭放弃了权利要求3、5、7和权利要求4中引用权利要求3的技术方案，根据审查指南第四部分第三章第2.2节的规定，上述权利要求视为自始不符合专利法及其实施细则的有关规定，并且承认请求人对该权利要求的无效宣告请求。所以本案口头审理针对的权利要求为授权公告的权利要求1、2、6以及权利要求4引用权利要求1或2的技术方案。

3. 关于专利法实施细则第2条第2款

专利法实施细则第2条第2款规定：专利法所称的实用新型，是指对产品的形状、构造或者其结合所提出的适于实用的新的技术方案。

审查指南第一部分第二章第6.1规定，用现有技术中已知方法限定产品形状、构造的，不属于对方法本身提出的技术方案。第6.3节规定，现有技术中已知材料用于具有形状、构造的产品上，不属于对材料本身提出的技术方案。

在本案中，专利权人明确表示本专利权利要求2中的布、纸、布纸的复合层是已知的材料，权利要求6关于滚涂、粘贴是已知的方法，因此权利要求2、6属于实用新型保护的客体。请求人认为如果权利要求2、6的附加技术特征是现有的材料或方法，那么该权利要求符合专利法实施细则第2条第2款的规定。

合议组审查后认为，本专利权利要求2中所涉及的布、纸、布纸的复合层是现有技术中已知的材料，权利要求6所涉及的滚涂、粘贴是现有技术中已知的方法，同时权利要求2、6所保护的技术方案中包括了对产品构造和形状的限定，相对于本专利背景技术作出了改进并能够应用于产业和产生有用的技术效果，因此本专利权利要求2、6符合专利法实施细则第2条第2款的规定。

4. 本专利的新颖性

专利法第22条第2款规定的新颖性，是指在申请日以前没有同样的发明或者实用新型在国内外出版物上公开发表过、在国内公开使用过或者以其他方式为公众所知，也没有同样的发明或者实用新型由他人向国务院专利行政部门提出过申请并记载在申请日以后公布的专利申请文件中。

请求人认为本专利权利要求1相对于附件1或2或3不具备新颖性，专利权人在口头审理中明确表示权利要求1与附件1或2或3相同，经合议组审查认为权利要求1的技术方案与附件1或2或3相同，因此权利要求1不具备专利法第22条第2款规定的新颖性。

5. 本专利的创造性

专利法第22条第3款规定的创造性，是指同申请日以前已有的技术相比，该实用新型具有实质性特点和进步。

请求人提交的附件1公开了一种室内装饰板，该板上、下两侧覆盖有表面装饰层，装饰层可以是布、可以是纸，上、下两侧的装饰层的材质可以相同也可以不同，两个表面装饰层还可以选择其他材质作为装饰层，装饰层在基板上的附着方式包括包裹的方式。附件4中公开了一种贴面石膏装饰板，该板基材为石膏板，石膏板上裹有衬纸，在衬纸上面依次有装饰贴面层和保护涂层，装饰贴面层和保护涂层均延及装饰板的侧面，该板的侧面横截面的形状为直线形。

请求人认为权利要求2相对于附件1、附件2以及公知常识的结合不具备创造性。权利要求4相对于附件1、附件2以及公知常识的结合或者附件1、附件3以及公知常识的结合不具备创造性。权利要求 6 相对于附件 1、附件 2、附件 4 及公知常识的结合或者附件 1、附件 2、附件 5 及公知常识的结合没有创造性。

专利权人认为装饰板外包裹的布的作用是提高装饰板的强度，而附件 1 或 2 中并没有公开这一内容，因此本权利要求 2 具备创造性。权利要求 4 中关于侧面形状的限定使产品具有美感，因此权利要求 4 具备创造性。专利权人认为附件 1、2、4、5 中均没有公开封边层。专利权人认可本专利中的布、纸、布纸的复合层是已知材料，滚涂和粘贴是已知方法，封边层和贴面层使用的材料和作用是相同的。

合议组认为，权利要求 2 请求保护一种布面装饰板，装饰板包括基材和位于基材上下的包装层，上包装层可以是布、纸或外层为布、内层为护面纸的布纸复合物中的一种，下包装层（3）可以为布或外层为布、内层为护面纸的布纸复合物中的一种。附件 1 中公开了装饰板上下侧面分别为布或纸的技术方案；对于权利要求 2 中装饰板上下侧面为布纸复合物的技术方案，虽然没有在附件 1 中直接公开，但是附件 1 中明确记载了装饰板的装饰层可以选用其他材质，同时专利权人也认可布纸复合层是现有技术中的已知材料，因此本领域技术人员在附件 1 的技术启示下，可以得出将装饰板上下侧面制成布纸复合层的技术方案，况且附件 5 中公开的石膏板其装饰面也是采用了纸、布多层进行复合的，这也充分佐证了布纸复合物是现有技术。另外，专利权人认为本专利中的布是包裹在基材上以达到提高装饰板强度的目的，在附件 1 中也公开了装饰层包裹于基层上的技术方案，其客观上达到了提高装饰板强度的目的，因此权利要求 2 相对于附件 1 以及公知常识的结合不具备专利法第 22 条第 3 款规定的创造性。

权利要求 4 从属于权利要求 1 或 2，其附加技术特征限定了装饰板侧面横截面的形状，附件 4 中公开的贴面石膏装饰板的侧面横截面的形状为直线形，本领域技术人员在附件 4 的启示下，显然可以将附件 1 中装饰板的侧面横截面制成直线形而得到本专利权利要求 4 中装饰板侧面横截面是直线形的技术方案，同时装饰板侧面横截面为三角形、梯形、扇形是本领域的公知常识，因此在其引用的权利要求 1 或 2 不具备新颖性或创造性的前提下，权利要求 4 中引用权利要求 1 或 2 的技术方案相对于附件 1 和附件 4 的结合不具备专利法第 22 条第 3 款规定的创造性。

权利要求 6 从属于权利要求 4，其附加技术特征限定了装饰板的上下表面和侧边均滚涂/粘贴有贴面层或封边层，附件 4 中公开的贴面石膏装饰板，为了擦洗的需要，在其一侧表面和侧边涂有保护涂层，而附件 1 中给出了装饰板可以两面使用的技术方案，在附件 4 和附件 1 的技术启示下本领域技术人员显然可以将装饰板的上下两个表面和所有的侧面均涂上保护涂层从而达到防水的目的；同时专利权人在口头审理中认可滚涂/粘贴是现有技术中的已知方法，合议组也认为上述方法是现有技术中已有的方法，因此本领域技术人员显然可以得出在装饰板的各个表面和侧面滚涂或粘贴贴面层或封边层的技术方案，因此权利要求 6 相对于附件 1、附件 4 及公知常识的结合不具备专利法第 22 条第 3 款规定的创造性。

鉴于权利要求 1 相对于附件 1 不具备新颖性，权利要求 2 以及权利要求 4 中引用权利要求 1 或 2 的技术方案相对于附件 1 以及公知常识的结合不具备创造性，权利要求 6 相对于附件 1、附件 4 及公知常识的结合不具备创造性，所以合议组对请求人其他的无效请求理由、证据和事实不再予以评价。

根据上述的事实和理由，本案合议组依法作出以下决定。

**三、决定**

宣告 200420082501.0 号实用新型专利权全部无效。

当事人对本决定不服的，可以根据专利法第 46 条第 2 款的规定，自收到本决定之日起 3 个月内向北京市第一中级人民法院起诉。根据该款的规定，一方当事人起诉后，另一方当事人应当作为第三人参加诉讼。

055

# 蒸汽热交换的消音装置

## 无效宣告请求审查决定（第9490号）

**决　定　号**　第9490号
**决　定　日**　2006年6月16日
**发明创造名称**　蒸汽热交换的消音装置
**国际分类号**　F28F 27/02
**无效宣告请求人**　深圳市康福斯保健用品有限公司
**专利权人**　姚林林
**专　利　号**　200420044643.8
**申　请　日**　2004年4月8日
**授权公告日**　2005年5月4日
**合议组组长**　朱文广
**主　审　员**　欧　岚
**参　审　员**　刘敏飞

**法律依据**　专利法第22条第2款
**决定要点**

要想证明国内使用公开则必须证明以下三方面的内容：第一，申请日前国内公开使用的事实；第二，该事实能够导致某一技术方案处于本领域技术人员想得知就能得知的状态；第三，该技术方案的内容。若请求人没有证据能够证明上述的第三点即该技术方案的内容，那么请求人提供的证据不可能构成一个完整的证据链来支持涉案专利不具备新颖性的无效请求。

### 一、案由

本无效宣告请求涉及国家知识产权局于2005年5月4日授权公告的，名称为“蒸汽热交换的消音装置”的200420044643.8号实用新型专利权（以下简称本专利），申请日为2004年4月8日，专利权人为姚林林。该专利授权公告时的权利要求书为：

“1. 一种蒸汽热交换的消音装置，其特征在于，在蒸汽出口管（11、21、31）处设置有将蒸汽分割成很多小气流的蒸汽分割部件。

2. 根据权利要求1所述的蒸汽热交换的消音装置，其特征在于，所述蒸汽分割部件为开设在所述蒸汽出口管（11）管壁的多个细槽（12）或小孔（13）。

3. 根据权利要求1所述的蒸汽热交换的消音装置，其特征在于，所述蒸汽分割部件为套设在所述蒸汽出口管（21）外侧的消音管套（22）。

4. 根据权利要求 3 所述的蒸汽热交换的消音装置，其特征在于，所述消音管套（22）的底面与所述蒸汽出口管（21）的末端留有空隙（25）。

5. 根据权利要求 3 所述的蒸汽热交换的消音装置，其特征在于，所述蒸汽出口管（21）的末端开设有出气槽（26）。

6. 根据权利要求 3、4 或 5 所述的蒸汽热交换的消音装置，其特征在于，所述消音管套（22）管壁上开设有多个细槽（23）或小孔（24）。

7. 根据权利要求 6 所述的蒸汽热交换的消音装置，其特征在于，所述消音管套（22）内壁上还设有导向槽（27），在所述蒸汽出口管（21）外壁上设有与所述导向槽（27）相配合滑入的凸轨（28）；或者所述消音管套内壁上还设有凸轨，在所述蒸汽出口管外壁上设有与所述凸轨相配合滑入的导向槽。

8. 根据权利要求 1 所述的蒸汽热交换的消音装置，其特征在于，所述蒸汽分割部件为套设在所述蒸汽出口管（31）外侧的海绵（32）或网状物质（33）。”

针对上述专利权，深圳市康福斯保健用品有限公司（以下简称请求人）于 2005 年 11 月 14 日向专利复审委员会提出无效宣告请求，并提交了以下附件作为证据使用：

附件 1：所称消音罩加工图复印件，共 3 页；

附件 2：广东省深圳市公证处于 2005 年 11 月 4 日作出的（2005）深证字第 25876 号公证书原件；

附件 3：广东省深圳市公证处于 2005 年 11 月 4 日作出的（2005）深证字第 25870 号公证书原件；

附件 4：所称请求人生产的足福分体式足浴盆（药浴王 KZ-YZ）使用说明书原件 1 本；

附件 5：所称请求人的产品广告宣传彩页原件；

附件 6：广东省深圳市公证处于 2005 年 11 月 4 日作出的（2005）深证字第 25868 号公证书原件；

附件 7：广东省深圳市公证处于 2005 年 11 月 4 日作出的（2005）深证字第 25869 号公证书原件；

附件 8：广东省深圳市公证处于 2005 年 11 月 4 日作出的（2005）深证字第 25871 号公证书原件；

附件 9：广东省深圳市公证处于 2005 年 11 月 4 日作出的（2005）深证字第 25867 号公证书原件；

附件 10：广东省深圳市公证处于 2005 年 11 月 4 日作出的（2005）深证字第 25872 号公证书原件；

附件 11：黑龙江省佳木斯市郊区公证处于 2005 年 11 月 4 日作出的（2005）佳郊证民字第 596 号公证书原件；

附件 12：黑龙江省佳木斯市郊区公证处于 2005 年 11 月 4 日作出的（2005）佳郊证民字第 598 号公证书原件；

附件 13：黑龙江省佳木斯市郊区公证处于 2005 年 11 月 4 日作出的（2005）佳郊证民字第 600 号公证书原件；

附件 14：黑龙江省佳木斯市郊区公证处于 2005 年 11 月 4 日作出的（2005）佳郊证民字第 599 号公证书原件；

附件 15：黑龙江省佳木斯市郊区公证处于 2005 年 11 月 4 日作出的（2005）佳郊证民字第 597 号公证书原件；

附件 16：深圳市公安局人口管理处身份证及暂住证管理科出具的常住人口详细信息复印件 3 页；

附件 17：广东省深圳市公证处于 2005 年 11 月 4 日作出的（2005）深证字第 25874 号公证书原件；

附件 18：广东省深圳市公证处于 2005 年 11 月 4 日作出的（2005）深证字第 25875 号公证书原件；

附件19：广东省深圳市公证处于2005年11月4日作出的（2005）深证字第25873号公证书原件。

请求人在无效宣告请求书中指出，由附件1~15可知，涉案专利所保护的消音装置已于2003年5月由请求人方完成设计，并随后应用于2003年10月上市的药浴王（KZ-YZ）和熏蒸王（KZ-XZ）蒸汽足浴盆中，因此请求人方研发消音装置并成功应用于产品远远早于专利权人申请专利的2004年4月，故涉案专利不具备专利第22条第2款规定的新颖性。其中附件1~3用于证明请求人已于2003年5月定型设计了本专利所保护的消音装置即消音罩，并于2004年1月14日与宝安区沙井镇精捷塑胶模具制品厂签定单独加工所述消音罩的模具一套；附件4、5、6用于证明请求人在2003年秋天（10月）已将使用有前述消音罩的药浴王KZ-YZ足浴盆隆重推向市场；附件7~15用于证明请求人在本专利申请日之前分别向辽宁能达发展有限公司、烟台市广联电视发展有限公司电子商务中心、佳木斯科海健身器材有限公司出售了使用有前述消音罩的药浴王KZ-YZ足浴盆产品。附件16~19用来证明专利权人申请专利的情况。

经形式审查合格，专利复审委员会依法受理了上述无效宣告请求，并于2005年11月14日向双方发出无效宣告请求受理通知书，同时将专利权无效宣告请求书及其附件清单中所列附件的副本转送给专利权人，要求其在指定的期限内答复。专利权人逾期没有答复。

专利复审委员会于2006年2月10日向双方当事人发出无效宣告请求口头审理通知书，指出本案合议组定于2006年3月22日举行口头审理。

专利权人于2006年3月11日提交了意见陈述书及修改后的权利要求书，新修改的权利要求书为：

“1. 一种蒸汽热交换的消音装置，由设置在蒸汽出口管（11、21、31）端口处可将蒸汽分割成很多小气流的蒸汽分割部件构成，其特征在于，所述蒸汽分割部件为套设在所述蒸汽出口管（11、21、31）端口外侧，其上开有多个小孔（12、13）的消音管套（22）。

2. 根据权利要求1所述的蒸汽热交换的消音装置，其特征在于，所述消音管套（22）的底面与所述蒸汽出口管（21）的端口处留有空隙（25）。

3. 根据权利要求1所述的蒸汽热交换的消音装置，其特征在于，所述蒸汽出口管（11、21、31）的端口处的管壁上开设有出气槽（26）。

4. 根据权利要求1或2或3所述的蒸汽热交换的消音装置，其特征在于，所述消音管套（22）的内壁上设有导向槽（27），所述蒸汽出口管（11、21、31）的外壁上设有与所述导向槽（27）相配合的凸轨（28）。”

口头审理如期举行，双方当事人均参加了口头审理。合议组当庭将专利权人于2006年3月11日提交的意见陈述书及修改后的权利要求书转给了请求人。合议组当庭宣布专利权人提交的修改后的权利要求书不符合专利法、专利法实施细则及审查指南的有关规定，不能被接受。专利权人当庭表示放弃授权文本中的权利要求1、2和8。合议组当庭宣布本次口头审理以本专利授权文本中的权利要求3~7为基础进行。

在口头审理中，请求人明确其无效宣告请求的理由、范围和证据为：本专利不具备新颖性，使用的证据是附件1~19。关于证据的质证记录以下内容。专利权人对附件1的真实性有异议；请求人未提交附件1的原件，请求人当庭出示了附件1中所示的实物。专利权人对附件2的真实性没有异议，但认为与本专利没有关联性，该协议书没有反映出消音罩的技术特征，该协议书中的消音罩不是本专利中的消音罩；请求人认为附件2中的加工模具就是用于生产消音罩的。专利权人对附件3的复印件与原件一致没有异议，但收据不是正式发票，不具备合法性，没有反映本专利的技术特征，因此与本专利没有关联性；请求人认为附件3中的模具定金、付款与附件2相关联。专利权人对附件4形式上的真实性没有异议，但认为其是请求人自己印制的，其中的内容是否与申请日之前的情况一致无法确定，此外其没有记载时间也没有反映本专利的技术内容，不能确定附件4是在本专利申请日之前；请求人认为附件4与附件2、3能够形成证据链，请求人明确使用附件4的封面、说明书第3页，但消音装置被壳体挡住了，看不见。专利权人认为附件5内容的真实性无法确定，没有反映出本专利消音装置的技术特征；请求人认为附件5与药浴王KZ-YZ相关联，并且是在本专利的申请日之前出现。专利权人对附件6原件的真实性有异议，收据不具有合法性，没有反映本专利技术内容；请求人认为附件6是与药浴王KZ-YZ说明书印刷有关的费用。专利权人对附件7的真实性没有异议，认为附件8复印件与原件一致，认为附件7、8与本案没有关联性，只能证明请求人销售过足浴盆，但不能体现出该足浴盆使用了本专利的消音罩，附件8的销售合同涉及请求人的商业合作伙伴，该证据不具有合法性，并且协议书上的足浴盆与本案的消音器没有关联；请求人认为该发票开具日期在本专利申请日之前，证明已销售。专利权人对附件9、10的意见与附件7、8相同；请求人认为附件9、10就涉及药浴王KZ-YZ，从而能形成证据链，证明销售的真实性。专利权人认为附件15中第一页明确说明样机应由请求人即甲方提供，附件12、14中的样机不能说明就是附件15中的样机，附件12、14的公证书的内容不是事实，附件12、14、15的内容相矛盾，附件11、13与本专利没有关联性；请求人表示：没有带来公证书中所提样机，该样机没有封存，附件11~15就是涉及药浴王KZ-YZ，该销售事实是真实的。专利权人对附件16-19的真实性没有异议，附件16与本专利没有关联，附件17、18是请求人公司的协议书，应于98年4月前签订，从而证明其在98年开始生产足浴盆，姚正礼是专利权人的父亲，协议中丁方是技术提供人，丁方在签订协议之前就生产足浴盆，附件18说明第四代产品是用海绵球作为消音装置，而第四代产品是在04年1月生产，说明在本专利申请日之前没有本专利产品，附件19与本专利无关联性；请求人认为，姚林林的父亲就是姚正礼是生产足浴盆公司的，03年的药浴王的消音装置不是海绵，在药浴王KZ-YZ之前产品的消音装置是海绵，附件18的会议纪要中提及已基本完成对足浴盆的改进，会议结束后进行模具加工，姚林林在本专利申请日之时是大学学生，其父亲所在公司在本专利申请日之前已经生产足浴盆。请求人当庭提交光盘两份和提袋一份，合议组将该光盘转给专利权人。请求人表示自己并未观看光盘的内容，其用光盘和提袋证明足浴盆的上市时间是在本专利的申请日之前。关于本案的事实及辩论意见，请求人认为：从附件1~19中可以得出本专利在其申请日之前就已经生产、销售，因此本专利不具备新颖性。专利权人认为：附件1~19都没有体现在本专利申请日之前请求人已经使用和销售了与本专利相同的产品，附件1~19都没有反映本专利的技术内容，因此本专利具备新颖性。

至此，合议组认为本案事实已经清楚，可以作出审查决定。

**二、决定的理由**

1. 关于审查文本

专利法实施细则第68条和审查指南第四部分第三章第5.4节规定，无效宣告程序中专利权人可以修改其权利要求书，但不得扩大原专利的保护范围；修改权利要求书的具体方式一般是指权利要求的删除、合并和技术方案的删除。

专利权人于2006年3月11日提交了修改后的权利要求书，修改后的权利要求1中将原权利要求1的“在蒸汽出口管处设置”改为“设置在蒸汽出口管端口处”，而且还增加了未包含在授权的权利要求书中的新的技术特征“所述蒸汽分割部件为套设在所述蒸汽出口管（11、21、31）端口外侧，其上开有多个小孔（12、13）的消音管套（22）”，使得该技术方案与原权利要求书中任一权利要求的技术方案都不相同，修改后的从属权利要求2~4均直接或间接引用权利要求1，也存在相同的问题，因此该新修改的权利要求书不符合上述的专利法实施细则和审查指南的有关规定，故不能被接受。

审查指南第四部分第三章第3.4节规定，无效宣告程序中专利权人针对请求人提出的无效宣告请求，主动缩小专利权保护范围的或声明放弃从属权利要求的，视为专利权人承认大于该保护范围的权利要求或认诺该从属权利要求自始不符合专利法及其实施细则的有关规定，并且承认请求人对上述权利要求的无效宣告请求，从而免去请求人对宣告上述权利要求无效这一主张的举证责任。专利权人在口头审理当庭表示放弃授权文本中的权利要求1、2和8，因此根据审查指南的规定，专利权人承认授权文本中的权利要求1、2和8自始不符合专利法及其实施细则的有关规定，应予以无效。故本决定针对的文本为本专利授权文本中的权利要求3~7。

2. 关于请求人认定的不符合新颖性的事实

专利法第22条第2款规定的新颖性，是指在申请日以前没有同样的发明或者实用新型在国内外出版物上公开发表过、在国内公开使用过或者以其他方式为公众所知，也没有同样的发明或者实用新型由他人向国务院专利行政部门提出过申请并且记载在申请日以后公布的专利申请文件中。

要想证明国内使用公开则必须证明以下三方面的内容：第一，申请日前国内公开使用的事实；第二，该事实能够导致某一技术方案处于本领域技术人员想得知就能得知的状态；第三，该技术方案的内容。若请求人没有证据能够证明上述的第三点即该技术方案的内容，那么请求人提供的证据不可能构成一个完整的证据链来支持涉案专利不具备新颖性的无效请求。

请求人使用附件1~3证明请求人已于2003年5月定型设计了本专利所保护的消音装置即消音罩，并于2004年1月14日与宝安区沙井镇精捷塑胶模具制品厂签订单独加工所述消音罩的模具一套；使用附件4、5、6证明请求人在2003年秋天（10月）已将使用有前述消音罩的药浴王KZ-YZ足浴盆隆重推向市场。其中附件1为消音罩加工图复印件，请求人未提交附件1的原件，其口审当庭出示了所称附件1中所示的实物，专利权人对附件1的真实性有异议；附件2公证书证明的是一份请求人与宝安区沙井镇精捷塑胶模具制品厂于2004年1月14日签订的加工消音罩模具一套的协议书复印件与原件相符，附件3公证书证明的是2004年1月14日的关于收到康福斯模具订金的收据和模具订金款的费用报销单、2004年2月28日的关于收到康福斯模具中期款的收据和模具中期款的费用报销单以及2004年3月31日的关于收到康福斯模具款的收据和模具款的费用报销单的复印件与原件相符，请求人认为附件2中的加工模具就是用于生产消音罩的，认为附件3中的模具定金、付款与附件2相关联；附件4为所称请求人生产的足福分体式足浴盆药浴王KZ-YZ的使用说明书原件，请求人明确使用附件4的封面、说明书第3页，但消音装置被壳体挡住了，看不见，专利权人对附件4形式上的真实性没有异议，但认为其是请求人自己印制的，其中的内容是否与申请日之前的情况一致无法确定，此外其没有记载时间也没有反映本专利的技术内容；附件5为所称请求人的涉及足福盆药浴王产品的广告宣传彩页原件，专利权人认为附件5内容的真实性无法确定，且其中也没有公开药浴王消音装置的结构特征，请求人认为附件5与药浴王KZ-YZ相关联，并且是在本专利的申请日之前出现；附件6公证书证明的是2003年9月19日深圳市罗湖区科美服务部的印刷药浴王KZ-YZ说明书收款收据、2003年9月25日购买不干胶的收据和2003年10月11日的购药浴王说明书费用报销单的复印件与原件相符，请求人认为附件6是与药浴王KZ-YZ说明书印刷有关的费用。

合议组经审查认为，请求人未提交附件1的原件，尽管其口审当庭出示了所称附件1中所示的实物，但没有证据证明该实物与附件1的关系以及附件1的真实性，且专利权人对附件1的真实性有异议，因此对附件1不予采信；由于请求人提交了附件2、3公证书的原件，专利权人对其真实性均没有异议，附件2、3可以作为本案证据使用；但由于附件2的协议书和附件3的收据及费用报销单均没有涉及所加工的用于药浴王消音罩模具的具体结构，因此由附件1~3无法证明在本专利申请日之前请求人已设计了本专利所保护的消音装置，也不能证明请求人于2004年1月14日与宝安区沙井镇精捷塑胶模具制品厂签订单独加工消音罩模具的结构与本专利保护的消音装置结构相同。而附件4使用说明书的印制时间不能确定，即其向公众公开的时间不能确定，且请求人使用的其封面和说明书第3页也没有公开药浴王KZ-YZ的消音装置的结构特征；附件5广告宣传彩页中未公开消音装置的结构；请求人提交了附件6公证书的原件，专利权人对其真实性没有异议，其可以作为本案证据使用；但附件6中也未公开与本专利有关的药浴王消音装置的结构，因此由附件4~6无法形成证据链证明在本专利申请日前请求人推向市场的药浴王KZ-YZ足浴盆使用了与本专利相同的消音装置。

请求人使用附件7~15用于证明请求人在本专利申请日之前分别向辽宁能达发展有限公司、烟台市广联电视发展有限公司电子商务中心、佳木斯科海健身器材有限公司出售了使用有本专利所保护的消音装置即消音罩的药浴王KZ-YZ足浴盆产品。其中附件7公证书证明的是2004年1月15日和2004年2月23日的辽宁能达发展有限公司购买蒸汽足浴盆的两张增值税专用发票复印件与原件相符，附件8公证书证明的是请求人与辽宁能达发展有限公司签订的产品区域经销合同书的复印件与原件相符，请求人认为所述发票开具日期在本专利申请日之前，证明蒸汽足浴盆KZ-YZ已销售；附件9公证书证明的是2003年11月25日、2004年1月15日和2004年2月23日的烟台市广联电视发展有限公司电子商务中心购买蒸汽足浴盆的三张增值税专用发票复印件与原件相符，附件10公证书证明的是请求人与烟台市广联电视发展有限公司签订的广联销售合同的复印件与原件相符，请求人认为附件9、10就涉及药浴王KZ-YZ，从而能形成证据链证明销售的真实性；附件11公证书证明的是2003年12月25日的佳木斯科海健身器材有限公司购买蒸汽足浴盆的一张增值税专用发票复印件与原件相符，附件12公证书证明的是佳木斯科海健身器材有限公司于2003年12月25日购买了请求人生产的型号为KZ-YZ蒸汽足浴盆50台，其提供的样机是2003年10月5日生产的、编号为QC3号是所购台数中的一台，附件13公证书证明的是2004年4月29日的佳木斯科海健身器材有限公司购买蒸汽足浴盆的一张增值税专用发票复印件与原件相符，附件14公证书证明的是佳木斯科海健身器材有限公司于2004年4月29日购买了请求人生产的型号为KZ-YZ蒸汽足浴盆12台，其提供的样机是2004年2月25日生产的、编号为QC14号是所购台数中的一台，附件15公证书证明的是请求人与佳木斯科海健身器材有限公司签订的产品经销合同书的复印件与原件相符，请求人口审当庭表示没有带来前述公证书中所提样机，该样机没有封存，附件11~15就是涉及药浴王KZ-YZ，该销售事实是真实的。

合议组经审查认为，请求人提交了附件7~15公证书的原件，专利权人对其真实性均没有异议，附件7~15可以作为本案证据使用。但由于附件7、8中未公开与本专利有关的蒸汽足浴盆KZ-YZ消音装置的结构，附件9、10中未公开与本专利有关的蒸汽足浴盆KZ-YZ消音装置的结构，附件12、14中的样机没有封存，请求人也没有提交，因此无法得知所述样机的内部结构，故附件11~15也未公开与本专利有关的蒸汽足浴盆KZ-YZ消音装置的结构，因此由附件7~15无法证明请求人在本专利申请日之前分别向辽宁能达发展有限公司、烟台市广联电视发展有限公司电子商务中心、佳木斯科海健身器材有限公司出售的药浴王KZ-YZ足浴盆产品中使用了与本专利所保护的消音装置结构相同的消音罩。

请求人使用附件16~19证明专利权人申请专利的情况。其中附件16为深圳市公安局人口管理处身份证及暂住证管理科出具的包括姚正礼、蔡知花和姚林林的常住人口详细信息的复印件，附件17公证书证明的是包括丁方为姚正礼在内的甲、乙、丙、丁四方就合资组建请求人公司的协议书复印件与原件相符，附件18公证书证明的是包括姚正礼在内的请求人公司各股东签字的董事会纪要及决议复印件与原件相符，附件19公证书证明的是包括姚正礼在内的请求人公司2003年6月办公室人员工资表及工资领款人签名页复印件与原件相符。请求人认为，专利权人姚林林的父亲就是姚正礼，其是生产足浴盆公司的，2003 年的药浴王的消音装置不是海绵，在药浴王 KZ-YZ 之前产品的消音装置是海绵，附件 18 的会议纪要中提及已基本完成对足浴盆的改进，会议结束后进行模具加工，姚林林在本专利申请日之时是大学学生，其父亲所在公司在本专利申请日之前已经生产足浴盆。

合议组经审查认为，请求人未提交附件 16 的原件，但专利权人对其真实性没有异议，而请求人提交了 17~19 公证书的原件，专利权人对其真实性均没有异议，因此附件 16~19 均可作为本案证据使用。但由于附件 16~19 中也未公开与本专利有关的蒸汽足浴盆消音装置的结构，故该组证据无法证明在本专利申请日之前已经生产了使用本专利所保护的消音装置的足浴盆。

请求人在口头审理当庭提交的光盘两份和提袋一份，请求人表示自己并未观看光盘的内容，其使用光盘和提袋证明足浴盆的上市时间是在本专利的申请日之前。由于所述光盘和提袋属于提出无效宣告请求之日起 1 个月后提出的新证据，根据专利法实施细则第 66 条的规定，合议组不予接受。因此请求人的上述主张不能成立。

综上所述，请求人提交的附件 1~19 均未公开与本专利有关的蒸汽足浴盆消音装置的结构，无法构成证据链证明其关于本专利所保护的消音装置在申请日之前使用公开的主张，因此请求人提供的证据不能支持本专利不具备新颖性的无效请求。

根据上述的事实和理由，本案合议组依法作出以下决定。

**三、决定**

宣告 200420044643.8 号实用新型专利权的权利要求 1、2、8 无效，在权利要求 3~7 的基础上维持该专利权继续有效。

当事人对本决定不服的，可以根据专利法第 46 条第 2 款的规定，自收到本决定之日起 3 个月内向北京市第一中级人民法院起诉。根据该款的规定，一方当事人起诉后，另一方当事人应当作为第三人参加诉讼。

056

# 自动温热医疗器

## 无效宣告请求审查决定（第9494号）

**决　　定　　号**　第9494号
**决　　定　　日**　2007年2月12日
**发明创造名称**　自动温热医疗器
**国 际 分 类 号**　A61F 7/00
**无效宣告请求人**　延吉喜来健医疗器械有限公司北京分公司，延吉喜来健医疗器械有限公司
**专 利 权 人**　青岛丽可医疗器械有限公司
**专　　利　　号**　200320106942.5
**申　　请　　日**　2003年11月7日
**授 权 公 告 日**　2004年11月10日
**合 议 组 组 长**　张惠军
**主　　审　　员**　高桂莲
**参　　审　　员**　周　航

**法　律　依　据**　专利法第22条第2款、第3款
**决　定　要　点**

如果一项权利要求请求保护的技术方案与最接近的现有技术所公开的技术方案相比，存在某些区别技术特征，但这些区别特征属于本领域的公知常识，则认为现有技术中存在技术启示。该权利要求相对于上述现有技术和本领域公知常识的结合不具备创造性。

### 一、案由

本无效宣告请求涉及中华人民共和国国家知识产权局于2004年11月10日授权公告的、名称为“自动温热医疗器”的实用新型专利（下称本专利），其专利号是200320106942.5，申请日是2003年11月7日，专利权人是青岛丽可医疗器械有限公司。本专利授权公告时的权利要求书如下：

“1. 一种自动温热医疗器，它包括床垫体，床垫体由主体和辅助体构成，主体内的底部两侧设有两条导轨、导轨上装配有可移动的带有行走轮的温热器，其特征在于：导轨的外侧形成导轨壁，内侧为开口部，导轨壁与开口部之间形成滑道空腔，滑道空腔的顶部形成∧形，底部形成对应的∨形，两条导轨的开口部相对应，装配在导轨滑道内的行走轮顶部与底部的形状与滑道空腔顶部与底部的形状相同。

2. 根据权利要求1所述的自动温热医疗器，其特征在于：所述导轨滑道空腔顶部∧形处、底部∨形处形成有微小的弧形槽。

3. 根据权利要求1或2所述的自动温热医疗器，其特征在于：所述行走轮的外周表面中心部位开有一圈凹槽，凹槽内嵌有一环形橡胶环。”

针对上述专利权，延吉喜来健医疗器械有限公司北京分公司（下称第一请求人）于2005年11月25日向专利复审委员会提出无效宣告请求，理由是本专利不符合专利法第22条第2款的规定，不具备新颖性。随同其专利权无效宣告请求书，第一请求人提交了如下证据：

证据1-1：韩国公开编号为特2002—0059306的公开特许公报（A）复印件及其中文译文。

第一请求人在无效宣告请求书中认为，本专利权利要求1~3的技术方案均被证据1-1所公开，因此权利要求1~3相对于证据1-1不具备专利法第22条第2款规定的新颖性。

经形式审查合格，专利复审委员会依法受理了上述无效宣告请求，向请求人和专利权人发出无效宣告请求受理通知书，并于2006年2月23日将上述无效宣告请求书及其附件清单中所列附件的副本转送给专利权人，要求其在一个月内对该无效宣告请求陈述意见，期满未答复的，不影响专利复审委员会审理。

专利权人逾期没有答复。

专利复审委员会依法成立合议组，对本案进行审理。本案合议组于2006年8月11日向双方当事人发出无效宣告请求口头审理通知书，告知双方当事人合议组定于2006年9月26日对本案举行口头审理。

口头审理如期举行，双方当事人均参加了本次口头审理。

在口头审理中，第一请求人当庭提交加盖有“国家知识产权局专利检索咨询中心副本认证专用章”的证据1-1，专利权人表示对证据1-1的真实性及其译文的准确性没有异议。第一请求人明确其无效宣告请求的理由、范围、证据为：本专利权利要求1~3相对于证据1-1不符合专利法第22条第2款关于新颖性的规定。第一请求人认为：证据1-1公开了权利要求1、2的全部技术特征，只是称谓不同，结构和作用完全相同，权利要求3中的橡胶圈的形状、安装位置与作用同证据1-1的圈形资材的形状、安装位置与作用完全相同。对此专利权人认为：本专利与证据1-1实施的背景和所达到的效果不同，本专利权利要求3中的圈形资材相对于橡胶圈是比较上位的概念，因此认为权利要求1~3相对于证据1-1具备新颖性。

针对上述同一专利权，延吉喜来健医疗器械有限公司（下称第二请求人）于2006年9月30日向专利复审委员会提出无效宣告请求，其理由是本专利不符合专利法第22条第2~3款的规定，不具备新颖性和创造性。随同无效宣告请求书，第二请求人提交了如下证据：

证据2-1：韩国公开编号为特2002—0059306的公开特许公报（A）复印件及其中文译文。（同证据1-1）

第二请求人在无效宣告请求书中认为，本专利的权利要求1、2相对于证据2-1不具备新颖性和创造性；权利要求3相对于证据2-1不具备创造性。

经形式审查合格，专利复审委员会依法受理了该无效宣告请求，向请求人和专利权人发出无效宣告请求受理通知书，并于2006年10月16日将上述无效宣告请求书及其附件清单中所列附件的副本转送给专利权人，要求其在一个月内对该无效宣告请求陈述意见，期满未答复的，不影响专利复审委员会审理。

针对上述无效宣告请求，专利权人于2006年11月22日向复审委员会提交了意见陈述书。在意见陈述书中，专利权人认为，本专利与证据2-1相比，所要解决的技术问题、技术方案和技术效果均不同，本专利具有新颖性和创造性；并要求举行口头审理。

专利复审委员会本案合议组于2006年12月8日向双方当事人发出无效宣告请求口头审理通知

书，告知双方当事人合议组定于2007年1月23日对本案举行口头审理。随同口头审理通知书，将专利权人于2006年11月22日提交的意见陈述书副本转送给第二请求人。

口头审理如期举行，双方当事人均参加了本次口头审理。

在口头审理中，专利权人表示对证据2-1的真实性及其译文的准确性没有异议。第二请求人明确其无效的理由、范围、证据为：本专利的权利要求1和2相对于证据2-1不符合专利法第22条第2款和第3款关于新颖性和创造性的规定；权利要求3相对于证据2-1不符合专利法第22条第3款关于创造性的规定。专利权人认为，本专利权利要求1与证据2-1相比，存在两点区别，即（a）本专利权利要求1中“主体内底部设有导轨”（即导轨的设置位置）与证据2-1不同；（b）本专利的导轨是直的，而证据2-1是弯曲轨道。此外，证据2-1没有公开本专利权利要求2中限定的弧形槽的形状。权利要求3在权利要求1具有创造性的基础上也具有创造性，并且证据2-1也没有说明圈形资材的材质和作用。对此，第二请求人认为，证据2-1的导轨与本专利一样，都是设在底部两侧，并且本专利中也没有对导轨形状加以限定，证据2-1附图5a的标记212对应权利要求2中的弧形槽；此外，权利要求3的附加技术特征中的橡胶环的橡胶材质尽管没有被证据2-1公开，但此特征与证据2-1中的圈形资材的目的、作用是相同的，对本领域技术人员来讲是显而易见的。

至此，合议组认为本案事实清楚，现依法作出审查决定。

**二、决定的理由**

1. 关于证据

第一请求人提交的证据1-1和第二请求人提交的证据2-1是同一份韩国专利文献，专利权人对其真实性没有异议，合议组经审查认为，证据1-1和证据2-1可以作为本案证据使用（以下将证据1-1和证据2-1统称为证据1）。同时由于该证据1的公开日期在本专利的申请日之前，因此其上记载的内容构成本专利的现有技术。

专利权人对上述证据1的中文译文的准确性没有异议，因此该证据1的公开内容以其中文译文的内容为准。

2. 关于权利要求1的新颖性和创造性

新颖性，是指在申请日以前没有同样的发明或者实用新型在国内外出版物上公开发表过、在国内公开使用过或者以其他方式为公众所知，也没有同样的发明或者实用新型由他人向专利局提出过申请并记载在申请日以后（含申请日）公布的专利申请文件中。

创造性，是指同申请日以前已有的技术相比，该发明有突出的实质性特点和显著的进步，该实用新型具有实质性特点和进步。

在本案中，第二请求人认为，本专利的权利要求1相对于证据1不具备新颖性和创造性。

专利权人认为，本专利权利要求1与证据1相比，存在两点区别，即（1）本专利权利要求1中“主体内底部设有导轨”（即导轨的设置位置）与证据1不同；（2）本专利的导轨是直的，而证据1中是弯曲轨道。

合议组经审查后认为，本专利权利要求1要求保护一种自动温热医疗器，证据1公开了一种温热治疗器（参见证据1的中文译文的说明书及附图），该温热治疗器包括由上、下主体（122）（124）（相应于权利要求1中的主体和辅助体）构成的垫子（120）（相应于权利要求1中的床垫体）以及弯曲轨道（200）（相应于权利要求1中的导轨），在上述弯曲轨道（200）中有可以移动的轴柱型温球器（130）（相应于权利要求1中的温热器）。上述弯曲轨道（200）的外侧形成阻断墙（210）（相应于权利要求1中的导轨壁），内侧形成开口部（220），从而形成滑动空间（230），滑动空间（230）的上部形成∧形，下部是与其对应的∨形，两个弯曲轨道的开口部（220）相对，滚柱（240）在对应的◇形断面中紧密地滑行移动，其上、下部与弯曲轨道的上、下部相吻合。由此可见，证据 1 已经公开了权利要求 1 的全部技术特征，并且本专利与证据 1 的技术领域相同，因此该权利要求 1 相对于证据 1 不具备专利法第 22 条第 2 款规定的新颖性。

对于专利权人提到的本专利权利要求 1 与证据 1 的上述区别点（1）和（2），合议组认为：关于（1）导轨的设置位置，本专利权利要求 1 中的导轨设置在主体内的底部两侧，与之对应，证据 1 记载了“床体（110）和内部有收容空间的下体（122）和上体（124），上、下部（122）（124）截接处垫子（120）和位于上部垫子（120）的下体（122）内空间（121）两侧的，与患者弯曲的脊椎对应的弯曲轨道（200），随着上述弯曲轨道（200）移动的滚柱形温球器”（参见证据 1 的中文译文的请求项 1）。根据上述记载，结合相应的附图 3，证据 1 实际上已经披露了轨道（200）设置在温热治疗器主体底部两侧的技术特征。关于（2），“本专利中的导轨是直的”，这一点在本专利的权利要求书及说明书中并没有记载，而且根据本领域的公知技术也不能唯一导出导轨必须是直的这一技术内容，此外，从证据 1 的图 4 和图 5a 也可以看出，证据 1 的轨道的形状与本专利的导轨完全相同。因此合议组对专利权人的上述主张不予支持。

鉴于权利要求 1 相对于证据 1 不具备新颖性，因而其相对于证据 1 也不具备创造性，不符合专利法第 22 条第 3 款的规定。

3. 关于权利要求 2 的新颖性和创造性

权利要求 2 从属于权利要求 1，其附加技术特征进一步限定了导轨滑道空腔顶部和底部形成有微小的弧形槽。

第二请求人认为，权利要求 2 相对于证据 1 不具备新颖性和创造性。

专利权人认为，证据 1 没有公开权利要求 2 中附加技术特征的弧形槽的形状。

对此，合议组认为，证据 1 公开了“滑动空间（230）上部形成∧形，下部成∨形，滚柱（240）在对应的◇形断面中紧密地滑行移动”（参见证据 1 中文译文第 3 页第 22、23 行），结合附图 4 及图 5a 可知，由于滚柱本身的截面形状为圆形，为了使滑动空间与之紧密配合，在该滑动空间的上∧形和下∨形中必然具有一微小的弧形槽，并且证据 1 的图 5a 中也明确示出了处于滑动空间上部和下部的小弧形槽。可见证据 1 公开了从属权利要求 2 的附加技术特征，在该权利要求 2 引用的独立权利要求 1 不具备新颖性的前提下，该从属权利要求 2 相对于证据 1 不具备新颖性。

鉴于权利要求 2 相对于证据 1 不具备新颖性，因而其相对于证据 1 也不具备创造性，不符合专利法第 22 条第 3 款的规定。

4. 关于权利要求 3 的创造性

本案中，权利要求 3 从属于权利要求 1 或 2，其附加技术特征进一步限定了行走轮的外周表面中心部位开有一圈凹槽，凹槽内嵌有一环形橡胶环。

第二请求人认为，尽管权利要求 3 的附加技术特征中的橡胶环的橡胶材质没有被证据 1 公开，但认为此特征与证据 1 的圈形资材的目的、作用是相同的，对本领域技术人员来讲是显而易见的。

对此，专利权人认为，由于证据 1 中的圈形资材没有说明材质和作用，因此本专利权利要求 3 具备创造性。

合议组经审查后认为，证据 1 公开的滚柱（240）的最大直径部外侧中心部形成一周槽（242），在周槽（242）中安装圈形资材（250），达到接触感柔软，没有噪声的移送效果（参见证据 1 的中文译文的第 3 页第 12、13 行）。虽然上述证据没有公开该圈形资材的具体材料，但是根据本领域的公知常识，橡胶因具有优良的减振、消音特性，被广泛用于制造各种行走轮、支撑轮等的外圈材料，而且本专利采用橡胶环的目的和作用主要也是消除噪声，并没有带来其他意想不到的技术效果，因此在上述证据 1 的基础上，本领域技术人员为降低噪声选用橡胶制作圈形资材是显而易见的。因此，在该权利要求 3 所引用的权利要求 1 或 2 不具备新颖性的基础上，该权利要求 3 不具有实质性特点和进步，不具备专利法第 22 条第 3 款规定的创造性。

综上所述，本专利的权利要求 1 和 2 相对于证据 1 不具备新颖性和创造性；权利要求 3 相对于证据 1 和公知常识的结合不具备创造性。在此基础上，合议组针对第一请求人的无效理由以及专利权人的意见将不再作出评述。

合议组依法作出如下决定。

**三、决定**

宣告 200320106942.5 号实用新型专利权全部无效。

当事人对本决定不服的，可以根据专利法第 46 条第 2 款的规定，自收到本决定之日起三个月内向北京市第一中级人民法院起诉。根据该款的规定，一方当事人起诉后，另一方当事人应当作为第三人参加诉讼。

# 北京市第一中级人民法院
# 行政判决书

（2007）一中行初字第 704 号

原告青岛丽可医疗器械有限公司，住所地山东省青岛市李沧区瑞金路 37 号。

委托代理人崔滨生，男，青岛联智专利商标事务所有限公司专利代理人。

委托代理人王群，女，青岛丽可医疗器械有限公司法律顾问。

被告国家知识产权局专利复审委员会，住所地北京市海淀区北四环西路 9 号银谷大厦 10~12 层。

法定代表人廖涛，副主任。

委托代理人高桂莲，女，国家知识产权局专利复审委员会审查员。

委托代理人杨存吉，男，国家知识产权局专利复审委员会审查员。

第三人延吉喜来健医疗器械有限公司北京分公司，住所地北京市朝阳区利泽中 2 路 1 号 506 室。

第三人延吉喜来健医疗器械有限公司，住所地吉林省延吉市长白路 288 号。

负责人张道根，总经理。

法定代表人朴东霞，董事长。

两第三人的共同委托代理人尹振启，男，北京中创知识产权代理有限责任公司专利代理人。

原告青岛丽可医疗器械有限公司不服被告国家知识产权局专利复审委员会作出的第 9494 号无效宣告请求审查决定（以下简称被诉决定），向本院提起诉讼。本院受理后，依法组成合议庭，并依法通知本案的利害关系人延吉喜来健医疗器械有限公司北京分公司（以下简称喜来健北京分公司）、延吉喜来健医疗器械有限公司（以下简称喜来健公司）作为第三人参加本案诉讼。2007 年 6 月 12 日，本院依法公开开庭审理了本案，原告的委托代理人崔滨生、王群，被告的委托代理人高桂莲、杨存吉，两第三人的共同委托代理人尹振启到庭参加了诉讼。本案现已审理终结。被告针对两第三人分别提出的无效宣告请求，对专利号是 200330109885.1，申请日是 2003 年 11 月 7 日，授权公告日是 2004 年 11 月 10 日，专利权人是原告，名称为“自动温热医疗器”的实用新型专利权（以下简称本专利）进行审查，依据《中华人民共和国专利法》（以下简称《专利法》）第二十二条第二款、第三款的规定，于2007年2月13日作出被诉决定：宣告本专利无效。主要理由如下：（1）第三人提交的对比文件（以下简称附件1，即：韩国公开编号为特2002-0059306的公开特许公报（A）复印件及其中文译文）已经公开了本专利权利要求1的全部技术特征，并且本专利与附件1的技术领域相同，因此该权利要求1相对于附件1不具备《专利法》第二十二条第二款规定的新颖性。鉴于权利要求1相对于附件1不具备新颖性，因而其相对于附件1也不具备创造性，不符合《专利法》第二十二条第三款的规定。（2）附件1公开了从属权利要求2的附加技术特征，在该权利要求2引用的独立权利要求1不具备新颖性的前提下，该从属权利要求2相对于附件1不具备新颖性。鉴于权利要求2相对于附件1不具备新颖性，因而其相对于附件1也不具备创造性，不符合《专利法》第二十二条第三款的规定。（3）在附件1的基础上，本领域技术人员为降低噪声选用橡胶制作圈形资材是显而易见的。因此，在该权利要求3所引用的权利要求1或2不具备新颖性的基础上，该权利要求3不具有实质性特点和进步，不具备《专利法》第二十二条第三款规定的创造性。在法定期限内，为证明被诉决定合法，被告向本院提供了以下证据：（1）本专利的授权公告文本；（2）附件1；（3）口头审理记录表。原告诉称：被告认定事实不清，适用法律错误，程序违法，请求法院撤销被诉决定。理由如下：（1）被告对本专利权利要求1中的区别特征认定事实不清，附件1没有直接说明弯曲轨道的具体位置，也不能根据说明书和附图3推出弯曲轨道设置在底部。而且，附件1中明确界定的为弯曲轨道，本专利界定的是导轨。而导轨本身就带有直的含义。被告将本应是区别特征的直导轨排除于区别特征以外，导致认定事实不清，因而造成被诉决定错误。（2）被告对权利要求3适用法律错误。附件1没有任何教导和启示应选用何种材料，更没有告知选用橡胶材料支撑，附件1对权利要求3没有教导和启示，被告认定选用橡胶材料制成没有创造性的结论不成立。（3）本专利具有直导轨和底部位置两个区别特征，由于附件1的弯曲轨道在很短的距离内形成较大的弯曲弧度，因而在运行过程中，很容易形成不稳定和脱轨现象。因此，直导轨安装在底部，可以提高运行的稳定性，不会发生温热行走轮脱轨的现象，而且移动时几乎没有噪音。虽然本专利说明书没有明确说明本专利要解决的是附件1所存在的不足和效果，但是由于本专利的上述两区别特征形成的技术方案，自然具备解决附件2的问题和相应技术效果。因此附件1没有存在从弯曲轨道到直轨道的教导和启示，直轨道相对于弯曲轨道具有有益的技术效果，权利要求1具有创造性。（4）一个无效决定包括两个无效案件属于程序违法。两第三人提出的无效宣告请求的理由和范围不同，被告错误的将两个无效请求混同作出一个决定，明显违反了请求原则和《审查指南》的有关规定，程序违法，应予撤销。原告为支持其诉讼主张，提供了本专利和附件1作为证据。被告辩称：（1）原告的起诉理由不成立，我委坚持被诉决定中的认定内容；（2）《审查指南》第四部分第三章第4.5节已经作出明确的规定，我委对针对一项专利权的两个无效宣告案件进行合并审理并无不当。因此，被诉决定认定事实清楚，适用法律正确，程序合法，审查结论正确。原告的诉讼理由不能成立，请求法院判决驳回原告的诉讼请求，维持被诉决定。两第三人未提供书面陈述意见、证据，在开庭中其口头表示同意被诉决定和被告的答辩意见。

上述证据经过庭审质证，原、被告对对方提供的证据均没有异议，但不同意对方的举证主张。两第三人对被告的证据没有争议，不同意原告的举证主张。

经审查，本院认为上述证据来源合法，且真实，也是行政程序中的有效证据，能够作为本案的证据，本院予以确认。

根据上述有效证据和当事人无争议的陈述，本院确认事实如下：

本专利授权公告的权利要求书内容如下：

“1. 一种自动温热医疗器，它包括床垫体，床垫体由主体和辅助体构成，主体内的底部两侧设有两条导轨、导轨上装配有可移动的带有行走轮的温热器，其特征在于：导轨的外侧形成导轨壁，内侧为开口部，导轨壁与开口部之间形成滑道空腔，滑道空腔的顶部形成∧形，底部形成对应的∨形，两条导轨的开口部相对应，装配在导轨滑道内的行走轮顶部与底部的形状与滑道空腔顶部与底部的形状相同。

2. 根据权利要求1所述的自动温热医疗器，其特征在于：所述导轨滑道空腔顶部∧形处、底部∨形处形成有微小的弧形槽。

3. 根据权利要求1或2所述的自动温热医疗器，其特征在于：所述行走轮的外周表面中心部位开有一圈凹槽，凹槽内嵌有一环形橡胶环。"

针对上述专利权，喜来健北京分公司于2005年11月25日向被告提出无效宣告请求及附1，认为本专利权利要求1~3的技术方案均被附件1所公开，本专利不符合《专利法》第二十二条第二款的规定，不具备新颖性。

经形式审查合格，被告依法受理并向原告转文，并告知了相关权利和义务。逾期，原告没有作出答复。

2006年8月11日，被告成立合议组，对本案进行审理，并于同年9月26日对本案进行口头审理。在口头审理中，喜来健北京分公司当庭提交了加盖有"国家知识产权局专利检索咨询中心副本认证专用章"的附件1，明确其无效宣告请求的理由是附件1公开了权利要求1、2的全部技术特征，本专利权利要求1~3相对于附件1不符合《专利法》第二十二条第二款关于新颖性的规定。原告对该证据的真实性及其译文的准确性没有异议，但认为本专利与附件1实施的背景和所达到的效果不同，本专利权利要求3中的圈形资材相对于橡胶圈是比较上位的概念，因此认为权利要求1~3相对于附件1具备新颖性。

针对本专利，喜来健公司于2006年9月30日向被告提出无效宣告请求，其理由是本专利不符合《专利法》第二十二条第二款、第三款的规定，不具备新颖性和创造性，随同无效宣告请求书，其提交了与附件1-1相同的证据2-1。其认为本专利的权利要求1、2相对于证据2-1不具备新颖性和创造性；权利要求3相对于证据2-1不具备创造性。

经形式审查合格，被告依法受理了该无效宣告请求，向原告转文，一并告知了相应的权利和义务。

2006年11月22日，原告向被告提交了意见陈述书，认为本专利与证据2-1相比，所要解决的技术问题、技术方案和技术效果均不同，本专利具有新颖性和创造性。同时，原告向被告提出口头审理的申请。

被告于2007年1月23日对本案举行口头审理，原告和喜来健公司均参加了口头审理，原告表示对证据2-1的真实性及其译文的准确性没有异议。喜来健公司明确其无效的理由、范围、证据为：本专利的权利要求1和2相对于证据2-1不符合《专利法》第二十二条第二款、第三款关于新颖性和创造性的规定；权利要求3相对于证据2-1不符合《专利法》第二十二条第三款关于创造性的规定。原告认为本专利权利要求1与证据2-1相比，存在两点区别，即（1）本专利权利要求1中"主体内底部设有导轨"（即导轨的设置位置）与证据2-1不同；（2）本专利的导轨是直的，而证据2-1是弯曲轨道。其还认为证据2-1没有公开本专利权利要求2中限定的弧形槽的形状，权利要求3在权利要求1具有创造性的基础上也具有创造性，并且证据2-1也没有说明圈形资材的材质和作用。对此，喜来健公司认为证据2-1的导轨与本专利一样，都是设在底部两侧，并且本专利中也没有对导轨形状加以限定，证据2-1附图5a的标记212对应权利要求2中的弧形槽；此外，权利要求3的附加技术特征中的橡胶环的橡胶材质尽管没有被证据2-1公开，但此特征与证据2-1中的圈形资材的目的、作用是相同的，对本领域技术人员来讲是显而易见的。

被告根据原告和第三人的意见，认定两第三人分别提供的附件1和证据2-1（以下统称附件1）是同一份证据，其公开日期在本专利的申请日之前，可以作为本案证据使用，其中记载的内容构成本专利的现有技术。该证据公开的内容以其中文译文的内容为准。

据此，被告于2007年2月12日作出被诉决定，并于同年2月13日向原告和两第三人邮寄送达。原告不服，于2007年4月10日向本院起诉。

在开庭审理中，原告和两第三人对以下内容没有争议：（1）被告的审查职责；（2）被诉决定中“案由”部分记载的内容；（3）被告认定的附件1可以作为现有技术与本专利进行对比，以附件1的中文译文为准作为本案证据使用的内容；（4）被诉决定对附件1公开内容的描述；（5）被诉决定对本权利要求2不具有新颖性和创造性的认定结论。

在此基础上，原告明确其争议的内容为：（1）被告的行政审查程序不合法；（2）本专利的导轨形状、导轨的设置位置与附件1不同，认为权利要求1具有新颖性；（3）权利要求1、3具有创造性。

本院认为：根据当事人无争议的陈述，本院经书面审查，对上述无争议的内容予以确认。在此基础上，本院将围绕原告争议的内容对被诉决定宣告本专利无效是否合法进行审查。

首先，关于被告的审查程序是否合法的问题。

根据《审查指南》第四部分第三章第4.5节的规定，为了提高审查效率和减少当事人负担，被告可以对案件合并审理；合并审理的各无效宣告案件的证据不得相互组合使用。被告受理两第三人分别提出的无效宣告请求后，针对两第三人提出的相应理由和对比文件，分别进行了口头审理，原告也分别参加了两次口头审理并分别陈述了意见。由于两案针对的是同一项专利权，且两案的对比文件相同，故被告将两案合并作出被诉决定没有违反法律、法规或规章的规定，其行政审查程序合法。原告认为被告违反法定程序的理由缺乏依据，本院不予支持。

其次，关于权利要求1是否具有新颖性的问题。

本专利权利要求1要求保护一种自动温热医疗器，附件1公开的是一种温热治疗器，两者属于相同的技术领域，且该附件1的公开日早于本专利的申请日，被告用附件1作为本专利的现有技术评价本专利的新颖性是合法的。根据原告的争议，本案涉及新颖性的问题包括以下两点：

（1）对于轨道的形状的问题。虽然，原告主张附件1公开的是弯曲轨道，本专利是直导轨。但是在本专利的说明书中没有明确记载其中的导轨是直导轨。原告主张本专利的导轨是直导轨缺乏证据支持。所以，被告认定附件1的弯曲轨道相当于本专利权利要求1中的导轨的事实清楚。

（2）对于轨道的设置位置问题。

本专利权利要求1中的导轨设置在主体内的底部两侧；附件1的请求项1记载了“床体和内部有收容空间的下体和上体，上、下部截接处垫子和位于上部垫子的下体内空间两侧的，与患者弯曲的脊椎对应的弯曲轨道，随着上述弯曲轨道移动的滚柱形温球器”。据此，被告结合附件1的附图3认定附件1实际上已经披露了轨道设置在温热治疗器主体底部两侧的技术特征的事实清楚。原告主张从附件1的说明书和附图3无法推出弯曲轨道设置在底部的主张缺乏证据支持。

因此，被告认定附件1公开了本专利权利要求1的全部技术方案，本专利权利要求1相对于附件1不具有新颖性的结论符合《专利法》第二十二条第二款的规定，本院应予支持。

最后，关于本专利是否具有创造性的问题。

在评价专利的创造性方面，应根据《专利法》第二十二条第三款、《审查指南》中关于创造性的规定。根据《专利法》第二十二条第三款的规定，实用新型专利的创造性是指同申请日以前已有的技术相比，该发明有实质性特点和进步。

由于本专利权利要求1不具有新颖性，被告认定权利要求1相对于附件1也不具有创造性的结论正确。基于原告对被告认定权利要求2相对于附件1不具有创造性的认定没有争议，故本案对创造性的认定主要集中在权利要求3中限定的“行走轮的外周表面中心部位开有一圈凹槽，凹槽内嵌有一环形橡胶环”是否具有创造性的问题。

在附件1的中文译文第3页第12~13行公开了以下内容：滚柱的最大直径部外侧中心部形成一周槽，在周槽中安装圈形资材，达到接触感柔软，没有噪声的移送效果。所以，被告认定虽然附件1中没有公开该圈形资材的具体材料，但是根据本领域的公知常识，橡胶因具有优良的减振、消音特性，被广泛用于制造各种行走轮、支撑轮等的外圈材料，而且本专利采用橡胶环的目的和作用主要也是消除噪声，并没有带来其他意想不到的技术效果。因此，被告认定在附件1的基础上，本领域技术人员为降低噪声选用橡胶制作圈形资材是显而易见的，从而认定在该权利要求3所引用的权利要求1或2不具备新颖性的基础上，该权利要求3不具有实质性特点和进步，不具备《专利法》第二十二条第三款规定的创造性的结论正确。原告以附件1对权利要求3没有教导和启示为由，认为被告认定权利要求3选用橡胶材料制成没有创造性的结论不成立的主张缺乏根据，本院不予支持。

综上，被诉决定认定事实清楚，适用法律正确，程序合法，本院应予维持。故，依照《中华人民共和国行政诉讼法》第五十四条第（一）项，判决如下：

维持国家知识产权局专利复审委员会于二〇〇七年二月十三日作出的第9494号无效宣告请求审查决定。

案件受理费100元，由原告青岛丽可医疗器械有限公司负担（已交纳）。

如不服本判决，当事人可在判决书送达之日起15日内，向本院递交上诉状，并按对方当事人的人数提出副本及预交上诉费，上诉于北京市高级人民法院。

审　判　长　饶亚东
代理审判员　乔　军
代理审判员　杨　旭
二〇〇七年六月二十九日
书　记　员　蒋利玮

# 北京市高级人民法院
# 行政判决书

（2007）高行终字第593号

上诉人（一审原告）青岛丽可医疗器械有限公司，住所地山东省青岛市李沧区瑞金路37号。

委托代理人崔滨生，男，青岛联智专利商标事务所有限公司专利代理人。

委托代理人王群，女，青岛丽可医疗器械有限公司法律顾问。

被上诉人（一审被告）国家知识产权局专利复审委员会，住所地北京市海淀区北四环西路9号。

被上诉人（一审第三人）延吉喜来健医疗器械有限公司北京分公司，住所地北京市朝阳区利泽中2路1号506室。

被上诉人（一审第三人）延吉喜来健医疗器械有限公司，住所地吉林省延吉市长白路288号。

法定代表人廖涛，副主任。

负责人张道根，总经理。

法定代表人朴东霞，董事长。

委托代理人高桂莲，女，国家知识产权局专利复审委员会审查员。

委托代理人杨存吉，男，国家知识产权局专利复审委员会审查员。

以上两上诉人的共同委托代理人尹振启，男，北京中创知识产权代理有限责任公司专利代理人。

以上两上诉人的共同委托代理人尹振启，男，北京中创知识产权代理有限责任公司专利代理人。

上诉人青岛丽可医疗器械有限公司（以下简称青岛丽可公司）因专利无效审查决定一案，不服北京市第一中级人民法院（2007）一中行初字第704号行政判决，向本院提起上诉。本院依法组成合议庭进行了审理，现已审理终结。2007年2月12日，国家知识产权局专利复审委员会（以下简称专利复审委）作出第9494号无效宣告请求审查决定（以下简称第9494号决定），宣告第200320106942.5号“自动温热医疗器”的实用新型专利权（以下简称本专利）全部无效。青岛丽可公司不服上述决定，向北京市第一中级人民法院提起诉讼。一审法院判决认定，由于两案针对的是同一项专利权，且两案的对比文件（韩国公开编号为特2002-0059306的公开特许公报（A）复印件及其中文译文，以下简称附件1）相同，故专利复审委将两案合并作出被诉决定没有违反法律、法规或规章的规定，其行政审查程序合法。专利复审委认定附件1公开了本专利权利要求1的全部技术方案，本专利权利要求1相对于附件1不具有新颖性的结论符合《专利法》第二十二条第二款的规定。由于本专利权利要求1不具有新颖性，专利复审委认定权利要求1相对于附件1也不具有创造性的结论正确。专利复审委认定在附件1的基础上，本领域技术人员为降低噪声选用橡胶制作圈形资材是显而易见的，从而认定在权利要求3所引用的权利要求1或2不具备新颖性的基础上，权利要求3不具有实质性特点和进步，不具备《中华人民共和国专利法》（以下简称《专利法》）第二十二条第三款规定的创造性的结论正确。综上，专利复审委作出的第9494号决定认定事实清楚、适用法律正确、程序合法。依照《中华人民共和国行政诉讼法》第五十四条第（一）项的规定，判决予以维持。青岛丽可公司不服一审判决，于2007年7月12日提出上诉。诉称，（1）专利复审委对本专利权利要求1中的区别特征认定事实不清。附件1没有直接说明弯曲轨道的具体位置，也不能根据说明书和附图3推出弯曲轨道设置在底部。而且，附件1中明确界定的为弯曲轨道，本专利界定的是导轨。而导轨本身就带有直的含义。专利复审委将本应是区别特征的直导轨排除于区别特征以外，导致认定事实不清，因而造成被诉决定错误。（2）专利复审委对权利要求3适用法律错误。附件1没有任何教导和启示应选用何种材料，更没有告知选用橡胶材料支撑，附件1对权利要求3没有教导和启示，专利复审委认定选用橡胶材料制成没有创造性的结论不成立。（3）本专利具有直导轨和底部位置两个区别特征，由于附件1的弯曲轨道在很短的距离内形成较大的弯曲弧度，因而在运行过程中，很容易形成不稳定和脱轨现象。因此，直导轨安装在底部，可以提高运行的稳定性，不会发生温热行走轮脱轨的现象，而且移动时几乎没有噪声。虽然本专利说明书没有明确说明本专利要解决的是附件1所存在的不足和效果，但是由于本专利的上述两区别特征形成的技术方案，自然具备解决附件2的问题和相应技术效果。因此附件1没有存在从弯曲轨道到直轨道的教导和启示，直轨道相对于弯曲轨道具有有益的技术效果，权利要求1具有创造性。（4）一个无效决定包括两个无效案件属于程序违法。两个请求人提出的无效宣告请求的理由和范围不同，专利复审委错误地将两个无效请求混同作出一个决定，明显违反了请求原则和《审查指南》的有关规定，程序违法，应予撤销。综上，专利复审委作出的第9494号决定错误，一审法院判决认定事实不清，适用法律错误，请求二审法院撤销一审判决，同时撤销专利复审委作出的第9494号决定。被上诉人专利复审委仍持9494号决定意见，并认为一审法院判决认定事实清楚，适用法律正确，请求二审法院驳回上诉，维持一审判决。被上诉人延吉喜来健医疗器械有限公司北京分公司（以下简称喜来健北京分公司）、延吉喜来健医疗器械有限公司（以下简称喜来健公司）同意专利复审委的意见。

经审理查明，2003年11月7日，青岛丽可公司向国家知识产权局提出了名称为“自动温热医疗器”的实用新型专利申请（即本专利），2004年11月10日，该申请被授权公告，专利号为200320106942.5，专利权人为青岛丽可公司。

本专利授权公告的权利要求书的内容是：“1. 一种自动温热医疗器，它包括床垫体，床垫体由主体和辅助体构成，主体内的底部两侧设有两条导轨、导轨上装配有可移动的带有行走轮的温热器，其特征在于：导轨的外侧形成导轨壁，内侧为开口部，导轨壁与开口部之间形成滑道空腔，滑道空腔的顶部形成∧形，底部形成对应的∨形，两条导轨的开口部相对应，装配在导轨滑道内的行走轮顶部与底部的形状与滑道空腔顶部与底部的形状相同。2. 根据权利要求1所述的自动温热医疗器，其特征在于：所述导轨滑道空腔顶部∧形处、底部∨形处形成有微小的弧形槽。3. 根据权利要求1或2所述的自动温热医疗器，其特征在于：所述行走轮的外周表面中心部位开有一圈凹槽，凹槽内嵌有一环形橡胶环。”

2005年11月25日，喜来健北京分公司针对本专利向专利复审委提出无效宣告请求及附件1，认为本专利权利要求1~3的技术方案均被附件1所公开，本专利不符合《专利法》第二十二条第二款的规定，不具备新颖性。

经形式审查合格，专利复审委依法受理并向青岛丽可公司转文，并告知了相关的权利义务。青岛丽可公司逾期没有作出答复。

2006年9月26日，专利复审委对本案进行了口头审理。在口头审理中，喜来健北京分公司当庭提交了加盖有“国家知识产权局专利检索咨询中心副本认证专用章”的附件1，明确其无效宣告请求的理由是附件1公开了权利要求1、2的全部技术特征，本专利权利要求1~3相对于附件1不符合《专利法》第二十二条第二款关于新颖性的规定。青岛丽可公司对该证据的真实性及其译文的准确性没有异议，但认为本专利与附件1实施的背景和所达到的效果不同，本专利权利要求3中的圈形资材相对于橡胶圈是比较上位的概念，因此认为权利要求1~3相对于附件1具备新颖性。

2006年9月30日，喜来健公司针对本专利向专利复审委提出无效宣告请求，其理由是本专利不符合《专利法》第二十二条第二款、第三款的规定，不具备新颖性和创造性，同时提交了与附件1-1相同的证据2-1。认为本专利的权利要求1、2相对于证据2-1不具备新颖性和创造性，权利要求3相对于证据2-1不具备创造性。

经形式审查合格，专利复审委依法受理了该无效宣告请求，向青岛丽可公司转文，一并告知了相应的权利义务。

2006年11月22日，青岛丽可公司向专利复审委提交了意见陈述书，认为本专利与证据2-1相比，所要解决的技术问题、技术方案和技术效果均不同，本专利具有新颖性和创造性。同时，青岛丽可公司向专利复审委提出口头审理的申请。

2007年1月23日，专利复审委对本案举行了口头审理，青岛丽可公司和喜来健公司均参加了口头审理。青岛丽可公司表示对证据2-1的真实性及其译文的准确性没有异议。喜来健公司明确其无效的理由、范围、证据为，本专利的权利要求1和2相对于证据2-1不符合《专利法》第二十二条第二款、第三款关于新颖性和创造性的规定，权利要求3相对于证据2-1不符合《专利法》第二十二条第三款关于创造性的规定。青岛丽可公司认为本专利权利要求1与证据2-1相比，存在两点区别，即（1）本专利权利要求1中“主体内底部设有导轨”（即导轨的设置位置）与证据2-1不同。（2）本专利的导轨是直的，而证据2-1是弯曲轨道。其还认为证据2-1没有公开本专利权利要求2中限定的弧形槽的形状，权利要求3在权利要求1具有创造性的基础上也具有创造性，并且证据2-1也没有说明圈形资材的材质和作用。对此，喜来健公司认为证据2-1的导轨与本专利一样，都是设在底部两侧，并且本专利中也没有对导轨形状加以限定，证据2-1附图5a的标记212对应权利要求2中的弧形槽。此外，权利要求3的附加技术特征中的橡胶环的橡胶材质尽管没有被证据2-1公开，但此特征与证据2-1中的圈形资材的目的、作用是相同的，对本领域技术人员来讲是显而易见的。

专利复审委根据青岛丽可公司及喜来健北京分公司、喜来健公司的意见，认定两请求人分别提供的附件1和证据2-1（以下统称附件1）是同一份证据，其公开日期在本专利的申请日之前，可以作为本案证据使用，其中记载的内容构成本专利的现有技术，该证据公开的内容以其中文译文的内容为准。

2007年2月12日，专利复审委作出第9494号决定，宣告本专利全部无效。主要理由是：（1）喜来健北京分公司、喜来健公司提交的附件1已经公开了本专利权利要求1的全部技术特征，并且本专利与附件1的技术领域相同，因此，本专利权利要求1相对于附件1不具备《专利法》第二十二条第二款规定的新颖性。鉴于权利要求1相对于附件1不具备新颖性，因而其相对于附件1也不具备创造性，不符合《专利法》第二十二条第三款的规定。（2）附件1公开了本专利从属权利要求2的附加技术特征，在本专利权利要求2引用的独立权利要求1不具备新颖性的前提下，该从属权利要求2相对于附件1也不具备新颖性。鉴于权利要求2相对于附件1不具备新颖性，因而其相对于附件1也不具备创造性，不符合《专利法》第二十二条第三款的规定。（3）在附件1的基础上，本领域技术人员为降低噪声选用橡胶制作圈形资材是显而易见的。因此，在本专利权利要求3所引用的权利要求1或2不具备新颖性的基础上，该权利要求3也不具有实质性的特点和进步，不具备《专利法》第二十二条第三款规定的创造性。

青岛丽可公司不服上述审查决定，向北京市第一中级人法院提起诉讼。

本案一、二审法院审理期间，被上诉人专利复审委提交了以下主要证据：（1）本专利授权公告文本；（2）附件1；（3）口头审理记录表。

上诉人青岛丽可公司也提交了本专利文本及附件1。以上证据经本院审查核实，确认一审法院认证结论正确，可以作为认定本案事实的根据。

本院认为，关于专利复审委的审查程序是否合法的问题。《审查指南》第四部分第三章第4.5节规定，为了提高审查效率和减少当事人负担，专利复审委可以对案件合并审理。合并审理的各无效宣告案件的证据不得相互组合使用。本案中，专利复审委受理喜来健北京分公司、喜来健公司分别提出的无效宣告请求后，针对两个请求人提出的相应理由和对比文件，分别进行了口头审理，青岛丽可公司也分别参加了两次口头审理并分别陈述了意见。基于两案针对的是同一项专利权，而且两案的对比文件相同。因此，专利复审委将两案合并作出第9494号决定，没有违反相关法律规范的规定，其行政审查程序合法。

关于本专利权利要求1是否具有新颖性的问题。本专利权利要求1要求保护一种自动温热医疗器，本案附件1公开的是一种温热治疗器，两者属于相同的技术领域，且附件1的公开日早于本专利的申请日。专利复审委用附件1作为本专利的现有技术评价本专利的新颖性是合法的。本案涉及新颖性的争议存在以下两个问题，第一，关于轨道形状的问题。青岛丽可公司主张附件1公开的是弯曲轨道，而本专利是直导轨，但是在本专利的说明书中没有明确记载其中的导轨是直导轨。青岛丽可公司的主张缺乏证据支持。因此，专利复审委认定附件1的弯曲轨道相当于本专利权利要求1中的导轨的事实清楚。第二，关于轨道的设置位置问题。本专利权利要求1中的导轨设置在主体内的底部两侧，本案附件1的请求项1记载了“床体和内部有收容空间的下体和上体，上、下部截接处垫子和位于上部垫子的下体内空间两侧的，与患者弯曲的脊椎对应的弯曲轨道，随着上述弯曲轨道移动的滚柱形温球器”。鉴此，专利复审委结合附件 1 的附图 3 认定附件 1 实际上已经披露了轨道设置在温热治疗器主体底部两侧的技术特征的事实清楚。青岛丽可公司主张从附件 1 的说明书和附图 3 无法推出弯曲轨道设置在底部的主张缺乏证据支持。因此，专利复审委认定附件 1 公开了本专利权利要求 1 的全部技术方案，本专利权利要求 1 相对于附件 1 不具有新颖性的结论符合《专利法》第二十二条第二款的规定。

关于本专利是否具有创造性的问题。根据《专利法》第二十二条第三款的规定，实用新型专利的创造性是指同申请日以前已有的技术相比，该发明有实质性特点和进步。本案对创造性的争议主要集中在本专利权利要求 3 中限定的“行走轮的外周表面中心部位开有一圈凹槽，凹槽内嵌有一环形橡胶环”是否具有创造性的问题上。在本案附件 1 的中文译文第 3 页第 12~13 行公开了以下内容，滚柱的最大直径部外侧中心部形成一周槽，在周槽中安装圈形资材，达到接触感柔软，没有噪声的移送效果。基于上述公开的内容，专利复审委认定虽然附件 1 中没有公开该圈形资材的具体材料，但是根据本领域的公知常识，橡胶因具有优良的减振、消音特性，被广泛用于制造各种行走轮、支撑轮等的外圈材料，而且本专利采用橡胶环的目的和作用主要也是消除噪声，并没有带来其他意想不到的技术效果。因此，专利复审委认定在附件 1 的基础上，本领域技术人员为降低噪声选用橡胶制作圈形资材是显而易见的，从而认定在本专利权利要求 3 所引用的权利要求 1 或 2 不具备新颖性的基础上，该权利要求 3 不具有实质性特点和进步，不具备《专利法》第二十二条第三款规定的创造性的结论正确。

综上，专利复审委作出的第 9494 号决定宣告 200320106942.5 号实用新型专利权全部无效合法，一审法院判决维持正确。依照《中华人民共和国行政诉讼法》第六十一条第（一）项的规定，判决如下：

驳回上诉，维持一审判决。

二审案件受理费人民币 100 元，由上诉人青岛丽可医疗器械有限公司负担（已交纳）。

本判决为终审判决。

审　判　长　朱世宽
代理审判员　王　燕
代理审判员　赵宇晖
二〇〇七年十二月十日
书　记　员　张　怡

057

# 一种一层活动板房的建筑结构及其安装方法

## 无效宣告请求审查决定（第9511号）

**决定号** 第9511号
**决定日** 2007年2月15日
**发明创造名称** 一种一层活动板房的建筑结构及其安装方法
**国际分类号** E04B 1/343，E04H 1/02
**无效宣告请求人** 雅致集成房屋股份有限公司
**专利权人** 佛山市耀达建材贸易有限公司
**专利号** 200410027482.6
**申请日** 2004年6月7日
**授权公告日** 2005年10月12日
**合议组组长** 黄 颖
**主审员** 郭建强
**参审员** 董晓静

**法律依据** 专利法第22条第2款、第3款，第26条第3款
**决定要点**

如果所属技术领域的技术人员依据说明书所记载的内容，就能够实现本发明的技术方案，解决其技术问题，并且产生预期的技术效果，则该说明书满足专利法第26条第3款关于充分公开的要求。

如果发明相对于对比文件具有区别技术特征，则该发明具备新颖性；同时如果该区别技术特征的应用在现有技术整体上没有技术启示，是非显而易见的，且给本发明带来了有益的效果，则该发明具有突出的实质性特点和显著的进步，即具备创造性。

### 一、案由

本无效宣告请求涉及中华人民共和国国家知识产权局于2005年10月12日授权公告的、名称为“一种一层活动板房的建筑结构及其安装方法”的发明专利权（以下简称本专利），其专利号是200410027482.6，申请日是2004年6月7日，专利权人是佛山市耀达建材贸易有限公司。本专利授权公告时的权利要求书如下：

“1. 一种一层活动板房的建筑结构，包括四根地梁、四根角立柱、若干根立柱、四根圈梁、若干块夹芯板、一个屋顶、若干个门、若干个窗，其特征在于，每根角立柱、立柱的高度均为三块夹芯板的高度尺寸之和，相邻的角立柱与立柱之间、立柱与立柱之间的距离为一块夹芯板的长度尺寸，每块夹芯板的长度尺寸为1.77米至1.87米，而高度尺寸为0.90米至1.05米，全部夹芯板尺寸相等且均

呈矩形状；在每个相邻的角立柱与立柱、立柱与立柱之间，依次竖向排列嵌入三块夹芯板以构成一个单元的单面墙板构件，所有的单元单面墙板构件构成整体的四面墙板结构。

2. 根据权利要求1所述的一种一层活动板房的建筑结构，其特征在于，地梁为C型钢，且C型钢的槽口向下，地梁位于角立柱或立柱的下方，地梁分别与角立柱或立柱的下端成直角，并螺栓连接。

3. 根据权利要求1所述的一种一层活动板房的建筑结构，其特征在于，角立柱由两条相同的C型钢成纵向直角角焊缝连接而成。

4. 根据权利要求1所述的一种一层活动板房的建筑结构，其特征在于，立柱由两条相同的C型钢背面整体焊缝连接而成。

5. 根据权利要求1所述的一种一层活动板房的建筑结构，其特征在于，圈梁为C型钢，且C型钢的槽口向外侧，圈梁位于角立柱或立柱上端的外侧，圈梁分别与角立柱或立柱的上端成直角，并螺栓连接。

6. 根据权利要求1所述的一种一层活动板房的建筑结构，其特征在于，夹芯板的材料为聚苯乙烯、或聚氨脂、或岩棉。

7. 根据权利要求1所述的一种一层活动板房的建筑结构，其特征在于，屋顶为坡屋顶、或平屋顶、或拱形屋顶。

8. 实施权利要求1所述的一种一层活动板房的建筑结构，其安装方法步骤为：

（1）将四根地梁的两端按直角方向分别螺栓连接，以构成一个矩形的地梁框架，并将该地梁框架固定安装在地面；

（2）在地梁框架的四个直角位置按垂直方向分别螺栓连接四根角立柱；

（3）在地梁框架上按一块夹芯板长度尺寸的距离，即1.77米至1.87米，分别依次按垂直方向螺栓连接若干根立柱；

（4）将四根圈梁的两端按直角方向分别螺栓连接，以构成一个矩形的圈梁框架；

（5）将矩形的圈梁框架按垂直方向分别螺栓连接四根角立柱和若干根立柱，由地梁框架、四根角立柱、若干根立柱和圈梁框架构成一个长方体钢框架结构；

（6）在每个相邻的角立柱与立柱、立柱与立柱之间，依次竖向排列嵌入三块夹芯板以构成一个单元的单面墙板构件，所有的单元单面墙板构件构成整体的四面墙板结构；

（7）在墙板结构上按设计的位置安装若干个门、若干个窗，并将屋顶与四根角立柱、圈梁框架螺栓连接。”

针对本专利权，雅致集成房屋股份有限公司（以下简称请求人）于2006年7月12日向专利复审委员会提出无效宣告请求，认为本专利不符合专利法第26条第3款的规定，权利要求1不符合专利法实施细则第21条第2款的规定，权利要求1~8不符合专利法第22条第1款、第2款的规定，请求人同时提交了如下附件作为证据：

附件1：公告日为1992年1月15日、公告号为CN2093206U、申请号为90221050.5的中国实用新型专利申请说明书，共10页；

附件2：授权公告日为1999年8月25日、授权公告号为CN2334814Y、专利号为98200249.1的中国实用新型专利说明书，共6页；

请求人认为：除了夹芯板的尺寸略有不同外，附件1披露了本专利权利要求1的所有技术特征，但这种尺寸的限定没有任何实际意义，因此权利要求1相对于附件1没有新颖性和创造性；从属权利要求2~5、7的附加技术特征也分别在附件1或证据3（公证后补交）的工程图片中公开，因此也没有新颖性；从属权利要求 6 中的材料特征在国家建材行业标准 JC689-1998《金属面聚苯乙烯夹芯板》和 JC868-1998《金属面硬质聚氨酯夹芯板》中公开了，因此权利要求 6 也没有新颖性；权利要求 8 所要求保护的安装方法相对于附件 1 是显而易见的，没有创造性；本专利的“每根角立柱、立柱的高度均为三块夹芯板的高度尺寸之和，相邻的角立柱与立柱之间、立柱与立柱之间的距离为一块夹芯板的长度尺寸”的技术方案是无法实现的，因此本专利不符合专利法第 26 条第 3 款的规定。

经形式审查合格，专利复审委员会依法受理了上述无效宣告请求，并于 2006 年 7 月 12 日向请求人和专利权人发出无效宣告请求受理通知书，同时将专利权无效宣告请求书及其附件清单中所列附件的副本转送给专利权人，并要求专利权人在指定的期限内陈述意见。

请求人于 2006 年 8 月 7 日向专利复审委员会提交了意见陈述书，并补充了无效宣告的理由和证据，其中补充的证据为（编号续前）：

附件 3：授权公告日为 2004 年 1 月 21 日、授权公告号为 CN2600512Y、专利号为 02290976.1 的中国实用新型专利说明书，共 11 页；

附件 4：由国家知识产权局专利检索咨询中心于 2006 年 7 月 14 日出具的、编号为 G061234 的检索报告复印件，共 6 页；

附件 5：由中华人民共和国广东省深圳市公证处于 2006 年 7 月 12 日出具的、编号为（2006）深证字第 83236 号公证书原件，附有照片共 27 张，共 17 页；

附件 6，具体包括（共 17 页复印件）：

附件 6.1：由湖南路桥工程有限公司与深圳市雅致轻钢房屋系统有限公司于 2003 年 12 月 6 日签订的合同书，

附件 6.2：由深圳市雅致轻钢房屋系统有限公司于 2003 年 12 月 27 日出具的合同补充单，

附件 6.3：由湖南路桥建设集团公司桥梁工程公司于 2005 年 10 月 27 日出具的还款计划书，

附件 6.4：由深圳市雅致轻钢房屋系统有限公司分别于 2003 年 12 月 22 日、2003 年 12 月 23 日、2004 年 2 月 4 日、2004 年 3 月出具的七份组合板房核验单，

附件 6.5：由深圳市雅致集成房屋股份有限公司于 2005 年 6 月 17 日出具的结算单，

附件 6.6：由湖南省工商行政管理局于 2006 年 3 月 9 日出具的关于湖南路桥建设集团公司的企业注册登记公示资料；

附件 7，具体包括（共 7 页复印件）：

附件 7.1：广东省深圳市南山区人民法院于 2006 年 5 月 18 日出具的、编号为（2006）深南法民二初字第 929 号民事调解书，

附件 7.2：时间为 2006 年 4 月 3 日和 2006 年 4 月 18 日的“当事人向法院提交材料证据清单”两份，

附件 7.3：时间为 2006 年 5 月 15 日和 2006 年 5 月 19 日的调解笔录两份，

附件 7.4：时间为 2006 年 5 月 15 日的调解协议。

请求人补充的理由和事实是：本专利权利要求 1~8 不具备创造性；附件 3 与附件 1 的作用相同，用来证明本专利缺乏创造性；附件 4 的检索结果表明本专利权利要求 1~8 不具备创造性；附件 5 是关于现场拍摄的连接香港深圳的西部通道工地上的由请求人建造的活动板房的照片的公证书，附件 6 证明附件 5 的公证图片中的活动板房是 2003 年 12 月 6 日签订的委托定做合同，2004 年 3 月竣工验收，附件 7 证明附件 6 的合同在执行过程中出现过争议和诉讼，最后由深圳市南山区法院主持了调解，所以证明附件 6 的合同是真实的，因此附件 5~7 形成完整的证据链，证明本专利要求保护的活动房在本专利的申请日之前已经在国内公开销售和使用的事实，而且该事实专利

权人自己在本专利说明书中也承认了："已竣工的该一层建筑活动板房已经证明……"，因此本专利不具备新颖性；权利要求2的附加技术特征在附件3和附件5的工程图片中公开，因此没有新颖性和创造性；权利要求4的附加技术特征在附件3的图2或附件5的工程图片中公开，因此没有新颖性和创造性；关于本专利不符合专利法第26条第3款的规定的理由和事实，补充了：山墙部分的立柱因为放坡的缘故，长度与正面墙的立柱明显不同，即两山墙面的立柱，其高度必须明显大于三块夹芯板的高度尺寸之和才能支撑倒V形的坡屋顶，同样在有门的单元，两支柱之间的距离比较小，不可能全部为一块标准规格夹芯板的长度尺寸，因此本专利的"每根角立柱、立柱的高度均为三块夹芯板的高度尺寸之和，相邻的角立柱与立柱之间、立柱与立柱之间的距离为一块夹芯板的长度尺寸"的技术方案是无法实现的。

针对专利复审委员会发出的上述无效宣告请求受理通知书，专利权人于2006年10月12日寄交了意见陈述书。专利权人认为：本专利权利要求1与附件1相比，区别在于：权利要求1中为夹芯板，而附件1中为壁板；权利要求1中夹芯板高度为0.9~1.05米，而附件1中壁板高度是0.895米；权利要求1中地梁、圈梁均为四根，而附件1中没有公开根数。此外本专利相邻的各柱间竖向排列嵌入三块相同尺寸的矩形夹芯板，而附件1中侧面各柱间先镶入2块壁板后再镶入1块梯形板；附件1中的C型轻钢龙骨与本专利中的C型钢也不同，因此本专利权利要求1~7相对于附件1具备新颖性；附件1公开的仅仅是一种预制式装配镶板房，而并未公开该镶板房的安装方法，因此权利要求8具备创造性；另外本专利中每根角立柱、立柱的高度以及相邻的角立柱与立柱之间、立柱与立柱之间的距离并非请求人所曲解的完全的、严格的尺寸限制，本专利在解决可延性的时候提出了标准模数的概念，因此立柱等的尺寸可以简单的用模数即夹芯板长度等尺寸的倍数来表述，而预留长度以及增加斜向拉杆均是本领域的公知常识，且与本专利要解决的问题不相关，因此本专利说明书满足公开充分的要求。

专利复审委员会依法成立合议组对本案进行审查。

本案合议组于2006年10月13日发出转送文件通知书，将请求人于2006年8月7日提交给专利复审委员会的意见陈述书及其附件的副本转给专利权人，并要求专利权人在指定的期限内答复。

针对合议组发出的转送文件通知书，专利权人于2006年11月21日向专利复审委员会提交了意见陈述书，除了坚持2006年10月12日所提交的意见以外，还认为：本专利中记载的"已竣工的该一层建筑活动板房"是专利权人的一种保密试验行为，并未为公众所知；附件4、6、7是复印件，且附件4不具有法律效力，附件6中除了还款计划书外均没有湖南路桥工程有限公司的公章，因此对附件4、6、7的真实性有异议；对附件5~7能否形成证据链以及与本案的关联性有异议；由于请求人未对附件3公开的内容作具体说明，专利权人对本案涉及附件3的部分不予答复；权利要求6的附加技术特征是否记载于请求人所述的国家标准中，请求人并未提供证据予以证明。

本案合议组于2006年12月12日向双方当事人发出无效宣告请求口头审理通知书，定于2007年1月18日在专利复审委员会举行口头审理。随同口头审理通知书，将专利权人于2006年10月12日以及2006年11月21日提交的意见陈述书转送给请求人。

口头审理如期举行，双方当事人均参加了口头审理。在口头审理中：

（1）请求人当庭提交了盖有深圳市标准技术研究院馆藏资料业务专用章红章的中华人民共和国建材行业标准JC689-1998，金属面聚苯乙烯夹芯板（以下简称附件8）的复印件一式两份，并出示了原件，该标准由国家建筑材料工业局于1998年6月10日发布，1998年11月1日实施，该单行本由国家建筑材料工业局标准化研究所出版发行，1998年9月第1版；合议组当庭将其中一份复印件转给专利权人，专利权人经核对确认原件与复印件一致。请求人还当庭提交了盖有深圳市标准技术研究院馆藏资料业务专用章红章的中国建材行业标准 JC/T868-2000 复印件，合议组当庭告知请求人由于该证据在无效请求书中未提及，因此不予接受。

（2）请求人明确其无效宣告的理由、证据和范围为：本专利权利要求 1 的技术方案没有被说明书充分公开，不符合专利法第 26 条第 3 款的规定，权利要求 1~7 相对于证据链 5~7 不具备创造性，权利要求 1、3~5 相对于附件 1 没有新颖性和创造性，权利要求 2 相对于附件 1 和公知常识的结合不具备创造性，权利要求 6 相对于附件 1 和附件 8 的结合不具备创造性，权利要求 7 相对于附件 1 和 2 或者附件 1 和 3 的结合不具备创造性，权利要求 8 相对于附件 1 没有创造性，放弃之前提出的其他无效理由。

（3）请求人出示了附件 4、6.1、6.2、6.3、6.6、7.1 的原件，并表示附件 7 中的 7.2、7.3、7.4 的原件在法院，因此不能提供原件，附件 6 中的 6.4 和 6.5 没有原件。专利权人对附件 1~5、6.1、6.2、6.3、6.6、7.1 的真实性无异议，对附件 6.4、6.5、7.2、7.3、7.4 的真实性有异议。

（4）关于专利法第 26 条第 3 款：请求人认为说明书中关于权利要求 1 的技术方案公开不充分，表现在"每根角立柱的高度均为三块夹芯板的高度尺寸之和，相邻的角立柱与立柱、立柱与立柱之间的距离为一块夹芯板的长度尺寸"是无法实现。专利权人认为房屋侧面的立柱根据屋顶的形状可以延长，门窗部分的安装是现有技术的内容，本专利说明书公开充分。

（5）关于权利要求 1~7 相对于附件 5~7 和 8 的创造性：请求人认为权利要求 1~7 相对于证据链附件 5~7 和附件 8 没有创造性，附件 5~7 证明活动板房已经在本专利申请日前公开销售和使用；专利权人认为附件 5~7 之间无关联性，不能证明在先销售的主张，因此本专利权利要求 1~7 相对于证据链 5~7 和附件 8 具备创造性。

（6）关于权利要求 1 相对于附件 1 的新颖性和创造性：请求人认为附件 1 公开了权利要求 1 中的所有技术特征，两者之间的夹芯板的高度尺寸实质上相同，因此权利要求 1 相对于附件 1 不具备新颖性和创造性。专利权人认为权利要求 1 与附件 1 之间的存有多个区别，因此本专利相对于对比文件 1 具备新颖性和创造性。

（7）关于权利要求 2：请求人认为权利要求 2 中的附加技术特征"C 型钢的槽口向下"是公知常识，权利要求 2 相对于附件 1 和公知常识的结合不具备创造性。专利权人要求请求人对公知常识进行举证，并且坚持权利要求 2 具备创造性。

（8）关于权利要求 3~5：请求人认为权利要求 3~5 的附加技术特征均被附件 1 公开，因此不具备新颖性和创造性。专利权人坚持在权利要求 1 具备新颖性和创造性的前提下，权利要求 3~5 也具备新颖性和创造性。

（9）关于权利要求 6：请求人认为附件 8 中公开了权利要求 6 的材料特征，因此权利要求 6 相对于附件 1 和附件 8 的结合不具备创造性。专利权人认为附件 8 没有公开权利要求 6 中的聚氨酯或岩棉，承认公开了聚苯乙烯。

（10）关于权利要求 7：请求人认为附件 2 中公开了平屋顶，附件 1 和 3 中公开了坡屋顶和拱形屋顶，认为附件 3 中权利要求 7 的单坡屋顶相当于本专利的坡屋顶，双坡屋顶相当于本专利的拱形屋顶，因此权利要求 7 相对于附件 1 和 2 或者附件 1 和 3 的结合不具备创造性。专利权人认为拱形屋顶没有在附件 1~3 中公开，拱形屋顶应该是一头高一头低的。

（11）关于权利要求 8：认为附件 1 的第 5 页第 10 行至第 6 页公开了权利要求 8 中的所有步骤，因此权利要求 8 相对于附件 1 没有创造性。专利权人认为附件 1 中没有公开具体的按时间顺序的方法步骤，因此权利要求 8 具备创造性。

至此，合议组认为本案事实已经清楚，可以作出审查决定。

**二、决定的理由**

1. 关于专利法第 26 条第 3 款

专利法第 26 条第 3 款规定：说明书应当对发明或者实用新型作出清楚、完整的说明，以所属技术领域的技术人员能够实现为准。

根据该规定，如果所属技术领域的技术人员依据说明书所记载的内容，就能够实现本发明的技术方案，解决其技术问题，并且产生预期的技术效果，则该说明书满足专利法第 26 条第 3 款关于充分公开的要求。

就本案而言，请求人认为说明书中关于权利要求 1 的技术方案公开不充分，表现在“每根角立柱、立柱的高度均为三块夹芯板的高度尺寸之和，相邻的角立柱与立柱、立柱与立柱之间的距离为一块夹芯板的长度尺寸”是无法实现的，因为在房屋侧面由于坡形屋顶，所以立柱的高度大于三块夹芯板，其次房屋正面有门窗的地方，相邻的角立柱与立柱、立柱与立柱之间的距离不可能是一块夹芯板的长度。专利权人认为房屋侧面的立柱根据屋顶的形状可以延长，而门窗部分的安装是现有技术的内容，与本专利要解决的技术问题无关。

合议组经审查后认为：本专利要解决的技术问题是基于模数协调原理，提供通用化、标准化的建筑活动板房的墙体结构构件，即本专利的发明点在于活动板房的多个单元的单面墙板构件，其上可以覆盖各种现有的屋顶结构（如坡屋顶、平屋顶、拱形屋顶），每个单元的单面墙板构件由竖向排列的三块标准夹芯板构成，因此在每个单元的墙板构件中，每根角立柱、立柱的高度显然均为三块夹芯板的高度尺寸之和，即使在如请求人所说的具有坡形屋顶的房屋的侧面也是如此，因为高出三块夹芯板的高度尺寸的所有部件（包括本专利说明书附图 4 中所示的柱、三角形板、五边形板、屋面等）都是属于屋顶构件的部分，不是本专利多个单元的单面墙板构件的部分。其次，本专利中门窗的安装是最后的步骤，是在本专利的框架结构安装完成后再安装上去的，其不会影响本专利固有的框架结构的安装，即使在房屋正面有门窗的地方，各柱之间的距离也还是一块夹芯板的长度，因为活动板房中门窗的安装是现有技术，完全可以保证一个门窗构件的尺寸只限于一个单元的墙板构件中，至于门窗安装需要再行安装的门窗轴或柱，与本专利先前安装的框架结构中的角立柱、立柱虽有所区别，但并不矛盾，不会影响前者固有的结构和尺寸，各角立柱与立柱、立柱与立柱之间的距离也还是一块夹芯板的长度。综上，合议组认为所属技术领域的技术人员依据说明书所记载的内容，能够实现本专利要求保护的具有多个单元的单面墙板构件的活动板房的技术方案，解决其技术问题，并且产生预期的技术效果，因此本专利的说明书已经对发明作出了清楚、完整的说明，满足充分公开的要求，符合专利法第 26 条第 3 款的规定。

2. 关于本专利的新颖性和创造性

专利法第 22 条第 1 款、第 2 款、第 3 款规定，授予专利权的发明应当具备新颖性和创造性，新颖性，是指在申请日以前没有同样的发明或者实用新型在国内外出版物上公开发表过、在国内公开使用过或者以其他方式为公众所知，也没有同样的发明或者实用新型由他人向国务院专利行政部门提出过申请并记载在申请日以后公布的专利申请文件中。创造性，是指同申请日以前已有的技术相比，该发明有突出的实质性特点和显著的进步，该实用新型有实质性特点和进步。

根据上述规定，如果发明相对于对比文件具有区别技术特征，则该发明具备新颖性；同时如果该区别技术特征的应用在现有技术整体上没有技术启示，是非显而易见的，且给本发明带来了有益的效果，则该发明具有突出的实质性特点和显著的进步，即具备创造性。

本案中，请求人提交的证据包括附件 1~8，当庭提交的盖有深圳市标准技术研究院馆藏资料业务专用章红章的中国建材行业标准 JC/T868-2000 复印件，由于该证据的提交日距其提出无效宣告请求之日已超过一个月的期限，且在无效请求书中未提及，因此合议组不予接受。请求人当庭出示了附件4、6.1、6.2、6.3、6.6、7.1、8的原件；专利权人对附件1~5、6.2、6.3、6.6、7.1、8的真实性无异议，但对附件6.1内容的真实性及附件6.4、6.5、7.2、7.3、7.4的真实性有异议。请求人表示附件6中的6.4和6.5没有原件，附件7中的7.2、7.3、7.4的原件在法院，因此不能提供原件。

（1）关于本专利相对于附件5~7和8是否具备创造性。

请求人认为附件5~7证明活动板房已经在本专利申请日前公开销售和使用，附件5中照片20、21所显示的活动板房除了不能显示本专利中活动板房的夹芯板的尺寸外，公开了本专利权利要求1的所有技术特征，照片27公开了权利要求2的附加技术特征，照片24、25公开了权利要求3的附加技术特征，照片22、23公开了权利要求4的附加技术特征，照片6、7公开了权利要求5的附加技术特征，附件8公开了权利要求6的附加技术特征，附件5公开了权利要求7中的坡屋顶，因此权利要求1~7相对于证据链附件5~7和8没有创造性。专利权人认为附件5中活动板房的制造者、使用者不明确，附件6合同书第1页甲方填写处空白，第4页没有甲方的签章，合同显示的标的是两层的活动板房，不是本专利的一层活动板房，附件5~7之间无关联性，上述照片都没有公开上述权利要求的技术特征，从照片中看不出房屋是一层还是两层的，附件8没有公开权利要求6中的聚氨酯或岩棉，因此本专利权利要求1~7相对于证据链5~7和附件8具备创造性。

合议组经审查认为：请求人欲通过附件5~7来证明本专利申请日前已公开制造、销售的产品所构成的现有技术能够使本专利不具备创造性，但是，首先，附件6.6企业注册登记公示资料表明“湖南路桥建设集团公司”自2002年6月14日起变更为该名称，之前称“湖南省公路桥梁建设总公司”，并没有使用过附件6.1、6.4、6.5中的甲方名称“湖南路桥工程有限公司”、“湖南省路桥公司”、“湖南路桥公司”、“湖南路桥集团”等多个称呼；附件6.1合同书原件中第一页甲方名称填写空白，第四页缺少甲方盖章且不是法定代表人签字，合同中安装地点填写空白；附件6.2合同补充单原件中同样缺少甲方盖章，且不是法定代表人签字；附件6.4核验单和6.5结算单请求人只提供了复印件，无法提供原件，且未提交其他证据以证明其真实性；附件6.4、6.5中活动板房使用的工程项目和地点“深港跨海大桥”、“深港西部填海区大桥”、“西部通道”、“深港西部通道”与附件5公证书以及附件6.3中记载的“深圳湾公路大桥”也不一致。因此，合议组认为附件6.1、6.2、6.4、6.5的真实性存在疑问；其次，附件5只是证明公证员与雅致集成房屋股份有限公司的代理人于2006年7月10日在深圳市南山区沙河西路以南填海作业区深圳湾公路大桥东边的“湖南路桥建设集团公司”的工地，对建于该工地上的一间临时房屋进行拍摄的过程；附件6.3只是证明湖南路桥建设集团公司桥梁工程公司于2005年10月27日签署还款计划书，向深圳市雅致集成房屋股份有限公司承诺归还欠款的事实；附件6.6是湖南省工商行政管理局于2006年3月9日出具的湖南路桥建设集团的注册登记公示资料；附件7只是证明雅致集成房屋股份有限公司于2006年4月6日向广东省深圳市南山区人民法院起诉湖南路桥建设集团公司拖欠货款人民币881 284.25元的民事诉讼达成调解协议的事实。综上，合议组认为，上述证据的证明力不足以构成一个完整的证据链来证明公证书照片所示活动板房即为附件6.1合同所涉及的活动板房，即不能进一步证明在本专利的申请日2004年6月7日以前确实已经公开销售和使用过一种与本专利相同或类似的活动板房。因此请求人用附件5~7以及附件8结合来证明本专利权利要求1~8不具备创造性的主张，合议组不予支持。

（2）关于本专利相对于附件1~3和8是否具备新颖性和创造性。

请求人认为附件1公开了权利要求1中的所有技术特征，两者之间的夹芯板的高度尺寸实质上相同，因此权利要求1相对于附件1不具备新颖性和创造性，同理其从属权利要求3~5相对于附件1也没有新颖性和创造性；认为权利要求2中的附加技术特征“C型钢的槽口向下”是公知常识，因此权利要求 2 相对于附件 1 和公知常识的结合不具备创造性；认为附件 8 中公开了权利要求 6 的材料特征，因此权利要求 6 相对于附件 1 和附件 8 的结合不具备创造性；认为附件 2 中公开了平屋顶，附件 1 和 3 中公开了坡屋顶和拱形屋顶，因此权利要求 7 相对于附件 1 和 2 或者附件 1 和 3 的结合不具备创造性；认为附件 1 的第 5 页第 10 行至第 6 页结束公开了权利要求 8 中的所有步骤，因此权利要求 8 相对于附件 1 没有创造性。专利权人认为权利要求 1 与附件 1 之间的区别至少有：两者夹芯板的的高度尺寸不同；夹芯板的形状不同，本专利的全部夹芯板都是尺寸相等的矩形，而附件 1 中夹芯板有梯形；本专利中各柱之间竖向嵌入三块矩形板，而附件 1 中房屋侧面各柱之间的下部先嵌入两块矩形板，再嵌入一块梯形板，因此本专利相对于附件 1 具备新颖性和创造性；权利要求 3~5 也具备新颖性和创造性；专利权人要求请求人对公知常识进行举证，并且坚持权利要求 2 具备创造性；认为附件 8 没有公开权利要求 6 中的聚氨酯或岩棉，承认公开了聚苯乙烯；认为拱形屋顶没有在附件 1~3 中公开；认为附件 1 中没有公开具体的按时间顺序的方法步骤，因此权利要求 8 具备创造性。

合议组经审查后认为：

首先，关于附件 1~3、8，由于专利权人对其真实性没有异议，并经过合议组进一步核实，因此可以作为本案证据使用。同时由于它们均为公开出版物，且公开日期在本专利的申请日之前，因此可以作为本专利的现有技术使用；

其次，附件 1 公开了一种预制式装配镶板房，本发明权利要求 1 与附件 1 的区别至少在于：(1) 两者夹芯板的的高度尺寸不同，本专利是 0.90~1.05 米，而附件 1 是 0.895 米；(2) 夹芯板的形状不同，本专利的全部夹芯板都是尺寸相等的矩形，而附件 1 中夹芯板有梯形，本专利中各柱之间竖向嵌入三块矩形板，而对附件 1 中房屋侧面各柱之间的下部先嵌入两块矩形板，再嵌入一块梯形板。因此本专利权利要求 1 相对于附件 1 具备新颖性，其从属权利要求 3~5 因此相对于附件 1 也具备新颖性。

再次，上述第二点区别特征带来的技术效果在于角柱与立柱、立柱与立柱之间的墙板均用三块夹芯板，因此，在角柱与立柱或立柱与立柱之间构成一个标准的、通用的单元墙板。这样带来的好处是，在水平方向上，无论活动板房的纵向还是横向上均可依据工地现场的需要作相应的延伸和扩大，其延伸和扩大的规则按照模数协调的原理来实现。当然，横向上的扩大并非是无限制的，本专利的说明书中指出最大不要超过 5K，即若超过了 5K 对房屋的安全性不利。而纵观附件 1，其侧墙使用了二块标准的夹芯板以及一块梯形板，附图也示明了其侧墙只采用两个单元墙板，因此附件 1 的活动板房在横向上是固定死的，其侧墙无法按一定的模数来作调整，现有技术中也没有任何启示其侧墙是可以扩大的，因此本专利权利要求 1 的技术方案相对于附件 1 是非显而易见的。同时，本专利相对于附件 1 而言更具灵活性和方便性，每块矩形夹芯板构成标准件，可以根据工地的实际情况灵活地延长活动板房的长度、跨度和高度，而且可以和任何现有技术的屋顶结构（如坡屋顶、平屋顶、拱形屋顶）配合安装。因此本专利权利要求 1 相对于附件 1 具有突出的实质性特点和显著的进步，即具备创造性。其从属权利要求 3~5 相对于附件 1 也具备创造性。

同时，由于上述区别特征在附件 2、3、8 中也没有被披露，因此请求人主张的由于权利要求 2 中的附加技术特征“C 型钢的槽口向下”是公知常识，附件 8 中公开了权利要求 6 的材料特征，附件 2 中公开了平屋顶，附件 3 中公开了坡屋顶和拱形屋顶，从而从属权利要求 2、6、7 分别相对于附件 1 和公知常识的结合、附件 1 和附件 8 的结合、附件 1 和 2 或 3 的结合不具备创造性的主张合议组也不予以支持，即合议组认为在其引用的独立权利要求 1 具备创造性的基础上，从属权利要求 2、6、7 也具备创造性。

权利要求 8 要求保护权利要求 1 所述的活动板房的安装方法，其各安装步骤对应于权利要求 1 中的各部件，因此如同权利要求 1 相对于附件 1 具备创造性的理由一样，权利要求 8 的安装方法相对于附件 1 也具备创造性。

根据上述的事实和理由，本案合议组作出以下决定。

**三、决定**

维持 200410027482.6 号实用新型专利权有效。

当事人对本决定不服的，可以根据专利法第 46 条第 2 款的规定，自收到本决定之日起 3 个月内向北京市第一中级人民法院起诉。根据该款的规定，一方当事人起诉后，另一方当事人应当作为第三人参加诉讼。

# 北京市第一中级人民法院<br>行政判决书

（2007）一中行初字第 699 号

原告雅致集成房屋股份有限公司，住所地广东省深圳市南山区高新技术产业园区南区高新南一路思创科技大厦四楼。

法定代表人韩桂茂，董事长。

委托代理人林建军，北京市金之桥知识产权代理有限公司专利代理人。

委托代理人朱黎光，北京市金之桥知识产权代理有限公司专利代理人。

被告国家知识产权局专利复审委员会，住所地北京市海淀区北四环西路 9 号银谷大厦 10~12 层。

法定代表人廖涛，副主任。

委托代理人郭建强，国家知识产权局专利复审委员会审查员。

委托代理人田华，国家知识产权局专利复审委员会审查员。

第三人佛山市耀达建材贸易有限公司，住所地广东省佛山市禅城区澜石镇番村工业区 1 座 3 号厂房。

法定代表人徐泽樟，董事长。

委托代理人郭晓鸣，广东金石行律师事务所律师。

原告雅致集成房屋股份有限公司（以下简称雅致集成公司）不服被告国家知识产权局专利复审委员会（以下简称专利复审委员会）于 2007 年 2 月 15 日作出的第 9511 号无效宣告请求审查决定（以下简称简称第 9511 号决定），于法定期限内向本院提起诉讼。本院于 2007 年 5 月 10 日受理本案后，依法组成合议庭，并按照法律有关规定通知佛山市耀达建材贸易有限公司（以下简称耀达建材公司）作为第三人参加本案诉讼，于 2007 年 6 月 12 日公开开庭进行了审理。原告雅致集成公司的委托代理人朱黎光，被告专利复审委员会的委托代理人郭建强、田华，第三人耀达建材公司的委托代理人郭晓鸣到庭参加了诉讼。本案现已审理终结。

第 9511 号决定系专利复审委员会就雅致集成公司对耀达建材公司享有的名称为“一种一层活动板房的建筑结构及其安装方法”的发明专利（以下简称本专利）所提出的无效宣告请求作出的。专利复审委员会在该决定中认定：（1）本领域技术人员依据本专利说明书记载的内容，能够实现本专利要求保护的具有多个单元的单面墙板构件的活动板房的技术方案，解决其技术问题，并且产生预期的技术效果，因此本专利的说明书已经对发明作出了清楚、完整的说明，满足充分公开的要求，符合

《中华人民共和国专利法》（以下简称《专利法》）第二十六条第三款的规定。（2）关于本专利的新颖性和创造性。①附件 5~7 以及附件 8 之间不足以构成一个完整的证据链来证明公证书照片所示活动板房即为附件 6.1 合同所涉及的活动板房，即不能进一步证明在本专利的申请日以前确实已经公开销售和使用过一种与本专利相同或类似的活动板房。因此雅致集成公司用附件 5~7 以及附件 8 结合来证明本专利权利要求 1~8 不具备创造性的主张，不予支持。②本专利相对于附件 1~3 和 8 是否具备新颖性和创造性。首先，由于耀达建材公司对附件 1~3、8 的真实性没有异议，可以作为本案证据使用。同时由于其均为公开出版物，公开日期在本专利的申请日之前，因此可以作为本专利的现有技术使用。其次，本专利权利要求 1 与附件 1 的区别至少在于：两者夹芯板的高度尺寸不同，本专利是 0.90 至 1.05 米，而附件 1 是 0.895 米；夹芯板的形状不同，本专利的全部夹芯板都是尺寸相等的矩形，而附件 1 中夹芯板有梯形，本专利中各柱之间竖向嵌入三块矩形板，而对附件 1 中房屋侧面各柱之间的下部先嵌入两块矩形板，再嵌入一块梯形板。因此本专利权利要求 1 相对于附件 1 具备新颖性，其从属权利要求 3~5 相对于附件 1 也具备新颖性。再次，上述第二点区别特征带来的技术效果是：在水平面上，无论活动板房的纵向还是横向上均可依据工地现场的需要作相应的延伸和扩大，其延伸和扩大的规则按照模数协调的原理来实现。当然，横向上的扩大并非是无限制的，本专利的说明书中指出最大不要超过 5K，即若超过了 5K 对房屋的安全性不利。而附件 1 的活动板房在横向上是固定死的，其侧墙无法按一定的模数来作调整，现有技术中也没有任何侧墙可以扩展的技术启示，因此本专利权利要求 1 的技术方案相对于附件 1 是非显而易见的。同时，本专利相对于附件 1 更具灵活性和方便性，每块矩形夹芯板构成标准件，可以根据工地的实际情况灵活地延长活动板房的长度、跨度和高度，而且可以和任何现有技术的屋顶结构（如坡屋顶、平屋顶、拱形屋顶）配合安装。因此本专利权利要求 1 相对于附件 1 具有突出的实质性特点和显著的进步，具备创造性。其从属权利要求 3~5 相对于附件 1 也具备创造性。同时，由于上述区别特征在附件 2、3、8 中也没有披露，因此从属权利要求 2、6、7 也具备创造性。权利要求 8 要求保护权利要求 1 所述的活动板房的安装方法，其各安装步骤对应于权利要求 1 中的各部件，基于权利要求 1 具备创造性的相同理由，权利要求 8 的安装方法相对于附件 1 也具备创造性。据此，专利复审委员会作出第 9511 号决定，维持本专利权有效。

原告雅致集成公司不服该决定，在法定期限内向本院提起行政诉讼。雅致集成公司诉称：（1）我公司提出的本专利不符合《中华人民共和国专利法实施细则》（以下简称《专利法实施细则》）第二十一条第二款的无效理由，专利复审委员会并未予以审理。（2）本专利权利要求 1 中关于“每根角立柱的高度均为三块夹芯板的高度尺寸之和，相邻的角立柱与立柱、立柱与立柱之间的距离为一块夹芯板的长度尺寸”的描述是本领域技术人员无法实现的技术方案，与之对应的权利要求 8 所述的安装方法亦无法实现。因此本专利不符合《专利法》第二十六条第三款的规定。（3）专利复审委员会在无效宣告请求审查程序中拒绝接受我公司提交 JC/T868-2000 标准的行为缺乏法律依据。（4）专利复审委员会关于附件 5~7 的认定错误，证据中存在企业名称简称不一致，施工项目名称的细微差异以及相关合同中缺少法定代表人签字和公章的情形不应成为证据均不予采信的理由。（5）本专利是将现有常用部件进行简单组合，其连接方法也是通常使用的方法。对比文件公开的技术方案中的连接方式与本专利相同，连接方法也是本领域技术人员显而易见的。而活动板房的山墙部分应视为一个整体，对于坡屋顶侧面板材，选用两块矩形板材加一块梯形板材还是三块矩形板材加一块三角板材也是常规技术选择。因此，本专利不具备创造性。故请求法院撤销第 9511 号决定，宣告本专利权全部无效。

被告专利复审委员会辩称：（1）雅致集成公司在口头审理中明确放弃了包括本专利不符合《专利法实施细则》第二十一条第二款规定在内的其他无效理由，根据《审查指南》第四部分第三章 2.2

节规定的当事人处置原则，对于其放弃的无效宣告理由和证据，我委不再审查。（2）雅致集成公司在口头审理中并没有提出本专利不具备实用性的无效理由。（3）雅致集成公司在口头审理中提交附件8和JC/T868-2000标准两份证据，其中JC/T868-2000标准在无效请求书中未提及，因此口审时没有接受。而且这两份证据都是用来证明本专利权利要求6的附加技术特征属于现有技术，因此第9511号决定并不存在漏审的情况。（4）对于雅致集成公司所提其他起诉理由，我委均坚持第9511号决定中的评述意见。综上所述，我委作出的第9511号决定认定事实清楚、适用法律法规正确、审理程序合法，请求法院维持第9511号无效宣告请求审查决定。

第三人耀达建材公司未提交书面陈述意见，当庭表示同意专利复审委员会在第9511号决定中的意见。请求维持第9511号决定。

经审理查明：

本案涉及名称为“一种一层活动板房的建筑结构及其安装方法”的发明专利（即本专利），由耀达建材公司于2004年6月7日向国家知识产权局提出申请，于2005年10月12日被授权公告，专利号为200410027482.6。本专利的授权权利要求为：

“1. 一种一层活动板房的建筑结构，包括四根地梁、四根角立柱、若干根立柱、四根圈梁、若干块夹芯板、一个屋顶、若干个门、若干个窗，其特征在于，每根角立柱、立柱的高度均为三块夹芯板的高度尺寸之和，相邻的角立柱与立柱之间、立柱与立柱之间的距离为一块夹芯板的长度尺寸，每块夹芯板的长度尺寸为1.77米至1.87米，而高度尺寸为0.90米至1.05米，全部夹芯板尺寸相等且均呈矩形状；在每个相邻的角立柱与立柱、立柱与立柱之间，依次竖向排列嵌入三块夹芯板以构成一个单元的单面墙板构件，所有的单元单面墙板构件构成整体的四面墙板结构。

2. 根据权利要求1所述的一种一层活动板房的建筑结构，其特征在于，地梁为C型钢，且C型钢的槽口向下，地梁位于角立柱或立柱的下方，地梁分别与角立柱或立柱的下端成直角，并螺栓连接。

3. 根据权利要求1所述的一种一层活动板房的建筑结构，其特征在于，角立柱由两条相同的C型钢成纵向直角角焊缝连接而成。

4. 根据权利要求1所述的一种一层活动板房的建筑结构，其特征在于，立柱由两条相同的C型钢背面整体焊缝连接而成。

5. 根据权利要求1所述的一种一层活动板房的建筑结构，其特征在于，圈梁为C型钢，且C型钢的槽口向外侧，圈梁位于角立柱或立柱上端的外侧，圈梁分别与角立柱或立柱的上端成直角，并螺栓连接。

6. 根据权利要求1所述的一种一层活动板房的建筑结构，其特征在于，夹芯板的材料为聚苯乙烯、或聚氨脂、或岩棉。

7. 根据权利要求1所述的一种一层活动板房的建筑结构，其特征在于，屋顶为坡屋顶、或平屋顶、或拱形屋顶。

8. 实施权利要求1所述的一种一层活动板房的建筑结构，其安装方法步骤为：

（1）将四根地梁的两端按直角方向分别螺栓连接，以构成一个矩形的地梁框架，并将该地梁框架固定安装在地面；

（2）在地梁框架的四个直角位置按垂直方向分别螺栓连接四根角立柱；

（3）在地梁框架上按一块夹芯板长度尺寸的距离，即1.77米至1.87米，分别依次按垂直方向螺栓连接若干根立柱；

（4）将四根圈梁的两端按直角方向分别螺栓连接，以构成一个矩形的圈梁框架；

（5）将矩形的圈梁框架按垂直方向分别螺栓连接四根角立柱和若干根立柱，由地梁框架、四根角立柱、若干根立柱和圈梁框架构成一个长方体钢框架结构；

（6）在每个相邻的角立柱与立柱、立柱与立柱之间，依次竖向排列嵌入三块夹芯板以构成一个单元的单面墙板构件，所有的单元单面墙板构件构成整体的四面墙板结构；

（7）在墙板结构上按设计的位置安装若干个门、若干个窗，并将屋顶与四根角立柱、圈梁框架螺栓连接。”

雅致集成公司针对本专利于2006年7月12日向专利复审委员会提出了无效宣告请求，并在口头审理时，明确其提出的无效理由是本专利权利要求1的技术方案没有被说明书充分公开，不符合《专利法》第二十六条第三款的规定；本专利权利要求1、3~5不具备新颖性；本专利权利要求1~8不具备创造性。雅致集成公司在口头审理时还提交了盖有深圳市标准技术研究院馆藏资料业务专用章红章的中国建材行业标准JC/T868-2000复印件，专利复审委员会告知其由于该证据在无效请求书中未提及，因此不予接受。

附件1公开了一种预制式装配镶板房，该板房的壁板的上下端和梯形板下端加工成凹凸配合，它们的长为K，壁板的高为P。角柱用C型轻钢龙骨对角焊成，

其说明书载明，该专利的发明目的在于提供一种装拆方便、自重轻的预制式装配镶板房。优点在于各部件的尺寸可以按一定模数制成规格化，壁板长和宽分别以K和P为模数，在实际使用中，可以根据模数为基础，组成不同规格的房屋。本发明权利要求1与附件1的区别在于：（1）两者夹芯板的高度尺寸不同，本专利是0.90至1.05米，而附件1是0.895米；（2）夹芯板的形状不同，本专利的全部夹芯板都是尺寸相等的矩形，而附件1中夹芯板有梯形，本专利中各柱之间竖向嵌入三块矩形板，而对附件1中房屋侧面各柱之间的下部先嵌入两块矩形板，再嵌入一块梯形板。

雅致集成公司还提交了附件5至附件7，用以证明本专利要求保护的活动房在本专利的申请日之前已经在国内公开销售和使用的事实。其中：

附件5为（2006）广东省深圳市公证处于2006年7月12日出具的深证字第83236号公证书原件，附有照片共27张。

附件6，具体包括：

附件6.1：由湖南路桥工程有限公司与深圳市雅致轻钢房屋系统有限公司于2003年12月6日签订的合同书。经查，该合同书原件中第一页甲方名称填写空白，第四页缺少甲方盖章且不是法定代表人签字，合同中安装地点填写空白。

附件6.2：由深圳市雅致轻钢房屋系统有限公司于2003年12月27日出具的合同补充单。经查，其中缺少甲方盖章，且不是法定代表人签字。

附件6.3：由湖南路桥建设集团公司桥梁工程公司于2005年10月27日出具的还款计划书。

附件6.4：由深圳市雅致轻钢房屋系统有限公司分别于2003年12月22日、2003年12月23日、2004年2月4日、2004年3月出具的七份组合板房核验单。附件6.5：由深圳市雅致集成房屋股份有限公司于2005年6月17日出具的结算单。经查，附件6.4核验单和6.5结算单雅致集成公司只提供了复印件，无法提供原件，且未提交其他证据以证明其真实性；附件6.4、6.5中活动板房使用的工程项目和地点“深港跨海大桥”、“深港西部填海区大桥”、“西部通道”、“深港西部通道”与附件5公证书以及附件6.3中记载的“深圳湾公路大桥”也不一致。

附件6.6：由湖南省工商行政管理局于2006年3月9日出具的关于湖南路桥建设集团公司的企业注册登记公示资料。经查，该资料显示“湖南路桥建设集团公司”自2002年6月14日起变更为该名称，之前称“湖南省公路桥梁建设总公司”，并没有使用过附件6.1、6.4、6.5中的甲方名称“湖南

路桥工程有限公司"、"湖南省路桥公司"、"湖南路桥公司"、"湖南路桥集团" 等多个称呼。

附件7，具体包括（共7页复印件）：

附件7.1：广东省深圳市南山区人民法院于2006年5月18日出具的、编号为（2006）深南法民二初字第929号民事调解书，

附件7.2：时间为2006年4月3日和2006年4月18日的"当事人向法院提交材料证据清单"两份，

附件7.3：时间为2006年5月15日和2006年5月19日的调解笔录两份，

附件7.4：时间为2006年5月15日的调解协议。

雅致集成公司认为附件5是关于现场拍摄的连接香港深圳的西部通道工地上的由请求人建造的活动板房的照片的公证书，附件6证明附件5的公证图片中的活动板房是2003年12月6日签订的委托定作合同，2004年3月竣工验收，附件7证明附件6的合同在执行过程中出现过争议和诉讼，最后由深圳市南山区法院主持了调解，所以证明附件6的合同是真实的。

另查，在庭审过程中，雅致集成公司承认在口头审理过程中放弃了本专利不符合《专利法》第二十一条第二款的无效理由。此外，雅致集成公司在庭审中提交的证据3至证据7均未在无效宣告审查程序中提交。

以上事实有本专利权利要求书、说明书及附图、雅致集成公司提交的附件1、附件5至附件7、第9511号决定及当事人陈述等证据在案佐证。

本院认为，双方当事人争议的焦点问题在于：

1. 专利复审委员会是否应当对雅致集成公司提出的本专利不符合《专利法实施细则》第二十一条第二款的无效理由进行审理

基于查明的事实，雅致集成公司在口头审理中明确放弃了本专利不符合《专利法实施细则》第二十一条第二款规定无效理由，本院认为根据《审查指南》第四部分第三章2.2节规定的当事人处置原则，对于雅致集成公司放弃的无效宣告理由和证据，专利复审委员会不再审查符合相关的法律规定。雅致集成公司的上述主张，缺乏事实和法律依据，本院不予支持。

2. 对于雅致集成公司在口头审理时提交的JC/T868-2000标准是否应当审理

《审查指南》第四部分第三章4.3节规定，请求人补充证据的期限为提出无效宣告请求之日起一个月内，否则专利复审委员会不予考虑。在本案中，雅致集成公司作为请求人提出JC/T868-2000标准的时间已经超过了一个月期限，且也未提出该证据属于例外情形的主张和证据。因此，专利复审委员会对该证据不予接受和审理是正确的。雅致集成公司的该项主张，缺乏事实和法律依据，本院不予支持。

3. 本专利是否符合《专利法》第二十六条第三款的规定

《专利法》第二十六条第三款规定：说明书应当对发明或者实用新型作出清楚、完整的说明，以所属技术领域的技术人员能够实现为准。本院认为，如果所属技术领域的技术人员依据说明书所记载的内容，就能够实现本发明的技术方案，解决其技术问题，并且产生预期的技术效果，则该说明书满足《专利法》第二十六条第三款关于充分公开的要求。

就本案而言，雅致集成公司认为说明书中关于权利要求1的技术方案公开不充分，表现在"每根角立柱、立柱的高度均为三块夹芯板的高度尺寸之和，相邻的角立柱与立柱、立柱与立柱之间的距离为一块夹芯板的长度尺寸"是无法实现的。本专利要解决的技术问题是基于模数协调原理，提供通用化、标准化的建筑活动板房的墙体结构构件。即本专利的发明点在于活动板房的多个单元的单面墙板构件，其上可以覆盖各种现有的屋顶结构（如坡屋顶、平屋顶、拱形屋顶），每个单元的单面墙板

构件由竖向排列的三块标准夹芯板构成，因此在每个单元的墙板构件中，每根角立柱、立柱的高度显然均为三块夹芯板的高度尺寸之和，即使在具有坡形屋顶的房屋的侧面也是如此，因为高出三块夹芯板的高度尺寸的所有部件（包括本专利说明书附图4中所示的柱、三角形板、五边形板、屋面等）都是属于屋顶构件的部分，不是本专利多个单元的单面墙板构件的部分。此外，本专利中门窗的安装是最后的步骤，是在本专利的框架结构安装完成后再安装上去的，其不会影响本专利固有的框架结构的安装，即使在房屋正面有门窗的地方，各柱之间的距离也还是一块夹芯板的长度，因为活动板房中门窗的安装是现有技术，完全可以保证一个门窗构件的尺寸只限于一个单元的墙板构件中，至于门窗安装需要再行安装的门窗轴或柱，与本专利先前安装的框架结构中的角立柱、立柱虽有所区别，但并不矛盾，不会影响前者固有的结构和尺寸，各角立柱与立柱、立柱与立柱之间的距离也还是一块夹芯板的长度。因此，本院认为所属技术领域的技术人员依据说明书所记载的内容，能够实现本专利要求保护的具有多个单元的单面墙板构件的活动板房的技术方案，解决其技术问题，并且产生预期的技术效果，因此本专利的说明书已经对发明作出了清楚完整的说明，满足充分公开的要求，符合《专利法》第二十六条第三款的规定。雅致集成公司的该项主张，缺乏事实和法律依据，本院不予支持。

4. 附件5~7是否应当采信

基于查明的事实，本院认为雅致集成公司提交的附件6.1、6.2、6.4、6.5不能证明其证据的真实性。其附件5只是证明公证员与雅致集成房屋股份有限公司的代理人于2006年7月10日在深圳市南山区沙河西路以南填海作业区深圳湾公路大桥东边的“湖南路桥建设集团公司”的工地，对建于该工地上的一间临时房屋进行拍摄的过程；附件6.3只是证明湖南路桥建设集团公司桥梁工程公司于2005年10月27日签署还款计划书，向深圳市雅致集成房屋股份有限公司承诺归还欠款的事实；附件6.6是湖南省工商行政管理局于2006年3月9日出具的湖南路桥建设集团的注册登记公示资料；附件7只是证明雅致集成房屋股份有限公司于2006年4月6日向广东省深圳市南山区人民法院起诉湖南路桥建设集团公司拖欠货款人民币881284.25元的民事诉讼达成调解协议的事实。因此，雅致集成公司提交的上述证据的证明力不足以构成一个完整的证据链来证明公证书照片所示活动板房即为附件6.1合同所涉及的活动板房，即不能进一步证明在本专利的申请日2004年6月7日以前确实已经公开销售和使用过一种与本专利相同或类似的活动板房。因此专利复审委员会对上述附件不予采信是正确的。雅致集成公司关于用附件5~7来证明本专利权利不具备创造性的主张，缺乏事实和法律依据，本院不予支持。

5. 本专利是否具备创造性

《专利法》第二十二条第三款规定，创造性，是指同申请日以前已有的技术相比，该发明有突出的实质性特点和显著的进步。本院认为，如果本专利与现有技术相比存在区别技术特征，且区别技术特征应用在现有技术整体上没有技术启示，是非显而易见的，给本发明带来了有益的效果，则该发明具有突出的实质性特点和显著的进步，即具备创造性。

基于查明的事实，本专利权利要求1与附件1相比存在两个区别特征。其一为两者夹芯板的高度尺寸不同。其二为本专利全部夹芯板都是尺寸相等的矩形，而附件1中夹芯板有梯形，本专利中各柱之间竖向嵌入三块矩形板，而对附件1中房屋侧面各柱之间的下部先嵌入两块矩形板，再嵌入一块梯形板。对此本院认为，设置夹芯板的的高度尺寸是本领域技术人员根据活动板房的空间要求和占地情况所作的常规技术选择。附件1中提供了板房墙体各部件的尺寸可以按一定模数制成规格化，壁板长和宽分别以K和P为模数，在实际使用中，可以根据模数为基础，组成不同规格的房屋的技术启示。之所以附件1中的夹芯板有梯形，其原因在于本专利所保护的技术方案并不涉及屋顶部分，而附件1中的梯形夹芯板恰恰应用于屋顶部分，矩形夹芯板应用于板房的墙体部分。因此，本专利权利要求1

相对于附件 1 和现有技术的结合不具有突出的实质性特点和显著的进步，不具备创造性。

对于从属权利要求 2~7，本院认为上述内容均系权利要求 1 中的各部件的连接工艺、选用的材料及屋顶外形的选择种类。而其中连接工艺是本领域的公知常识，选取的夹芯板材料、屋顶的形状也是本领域技术人员根据活动板房的大小、承重、使用季节等因素所作的常规技术选择。由于其所引用的权利要求 1 不具备创造性，在附件 1 结合公知常识的基础上，从属权利要求 2~7 也不具备创造性。

权利要求 8 要求保护权利要求 1 所述的活动板房的安装方法，其各安装步骤对应于权利要求 1 中的各部件，因此如同权利要求 1 相对于附件 1 不具备创造性的理由一样，权利要求 8 的安装方法相对于附件 1 也不具备创造性。

综上，专利复审委员会作出的第 9511 号决定中，部分事实认定不清，适用法律错误，本院予以撤销。雅致集成公司关于撤销第 9511 号决定的部分理由成立，本院予以支持。由于专利复审委员会未对雅致集成公司提出的所有证据和无效理由进行评述，其应当在对这些证据和理由进行审查的基础上重新作出无效宣告请求审查决定。依照《中华人民共和国行政诉讼法》第五十四条第（二）项第 1 目、第 2 目之规定，本院判决如下：

（1）撤销被告国家知识产权局专利复审委员会作出的第 9511 号无效宣告请求审查决定。

（2）被告国家知识产权局专利复审委员会重新就第 200410027482.6 号、名称为“一种一层活动板房的建筑结构及其安装方法”的发明专利权作出无效宣告请求审查决定。

案件受理费 100 元，由被告国家知识产权局专利复审委员会负担（于本判决书生效后 7 日内交纳）。

如不服本判决，各方当事人可于本判决书送达之日起 15 日内，向本院提交上诉状及其副本，并交纳上诉案件受理费 100 元，上诉于北京市高级人民法院。

审　判　长　仪　军
代理审判员　侯占恒
人民陪审员　刘元霞
二〇〇九年三月二十日
书　记　员　王　溪

# 北京市高级人民法院
# 行政判决书

（2009）高行终字第 1190 号

上诉人（原审第三人）佛山市耀达建材贸易有限公司，住所地广东省佛山市禅城区澜石镇番村工业区 1 座 3 号厂房。

法定代表人徐泽樟，董事长。

委托代理人郭晓鸣，广东金石行律师事务所律师。

被上诉人（原审被告）国家知识产权局专利复审委员会，住所地北京市海淀区北四环西路 9 号银谷大厦 10~12 层。

法定代表人张茂于，副主任。

委托代理人郭建强，该委员会审查员。

委托代理人毛琎，该委员会审查员。

原审原告雅致集成房屋股份有限公司，住所地广东省深圳市南山区高新技术产业园区南区高新南一路思创科技大厦四楼。

法定代表人韩桂茂，董事长。

委托代理人林建军，男，汉族，1963年10月9日出生，北京市金之桥知识产权代理有限公司专利代理人，住北京市海淀区双榆树知春路49号院A座108号。

委托代理人朱黎光，男，汉族，1961年12月26日出生，北京市金之桥知识产权代理有限公司专利代理人，住北京市海淀区复兴路甲49号院2楼4单元306号。

上诉人佛山市耀达建材贸易有限公司（简称耀达建材公司）因发明专利权无效行政纠纷一案，不服北京市第一中级人民法院（2007）一中行初字第699号行政判决，向本院提出上诉。本院2009年9月14日受理本案后，依法组成合议庭，于2009年11月4日公开开庭进行了审理。上诉人耀达建材公司的委托代理人郭晓鸣，被上诉人国家知识产权局专利复审委员会（简称专利复审委员会）的委托代理人郭建强、毛琎，原审原告雅致集成房屋股份有限公司（简称雅致集成公司）的委托代理人朱黎光到庭参加了诉讼。本案现已审理终结。

北京市第一中级人民法院认定，本案涉及名称为“一种一层活动板房的建筑结构及其安装方法”的发明专利（简称本专利），专利权人是耀达建材公司。针对本专利权，雅致集成公司于2006年7月12日向专利复审委员会提出了无效宣告请求，并在口头审理时，明确其提出的无效理由是：本专利权利要求1的技术方案没有被说明书充分公开，不符合《专利法》第二十六条第三款的规定；本专利权利要求1、3~5不具备新颖性；本专利权利要求1~8不具备创造性。专利复审委员会于2007年2月15日作出第9511号无效宣告请求审查决定（简称第9511号决定），维持本专利权有效。

北京市第一中级人民法院认为，专利复审委员会对于雅致集成公司在口头审理时放弃的无效宣告理由和证据不再审理，符合《审查指南》的规定。专利复审委员会对于雅致集成公司超过举证期限提交的证据不予接受和审理是正确的。所属技术领域的技术人员依据说明书所记载的内容，能够实现本专利要求保护的具有多个单元的单面墙板构件的活动板房的技术方案，解决其技术问题，并且产生预期的技术效果，因此，本专利的说明书已经对发明作出了清楚、完整的说明，满足充分公开的要求，符合《专利法》第二十六条第三款的规定。

雅致集成公司提交的附件6.1、6.2、6.3、6.4、6.5、6.6、附件7的证明力不足以构成一个完整的证据链来证明公证书照片所示活动板房即为附件6.1合同所涉及的活动板房，即不能进一步证明在本专利的申请日2004年6月7日以前确实已经公开销售和使用过一种与本专利相同或类似的活动板房。因此请求人用附件5~7以及附件8结合来证明本专利权利要求1~8不具备创造性的主张不予支持。本专利权利要求1与附件1相比存在两个区别特征。设置夹芯板的高度尺寸是本领域技术人员根据活动板房的空间要求和占地情况所作的常规技术选择。附件1中提供了板房墙体各部件的尺寸可以按一定模数制成规格化，壁板长和宽分别以K和P为模数，在实际使用中，可以根据模数为基础，组成不同规格的房屋的技术启示。本专利不涉及屋顶部分，而附件1中的梯形夹芯板应用于屋顶部分，矩形夹芯板应用于板房的墙体部分。因此，本专利权利要求1相对于附件1和现有技术的结合不具备创造性。从属权利要求2~8也不具备创造性。专利复审委员会作出的第9511号决定，部分事实认定不清，适用法律错误，应予撤销。

北京市第一中级人民法院依照《中华人民共和国行政诉讼法》第五十四条第（二）项第1目、第2目之规定，判决：（1）撤销专利复审委员会作出的第9511号决定。（2）专利复审委员会重新就本专利权作出无效宣告请求审查决定。

耀达建材公司不服原审判决，向本院提出上诉，请求撤销原审判决，维持专利复审委员会作出的第 9511 号决定，由雅致集成公司承担本案诉讼费用。其上诉理由是：本专利与附件 1 相比，在技术领域、所要解决的技术、结构技术方案、方法技术方案和预期效果等方面均不相同，具有非显而易见性，且产生了有益的技术效果，具备创造性。一审法院对本专利权利要求 2~8 的创造性进行评判，缺乏法律依据，程序不当。专利复审委员会、雅致集成公司服从原审判决。

经审理查明，本专利是名称为“一种一层活动板房的建筑结构及其安装方法”的发明专利，由耀达建材公司于 2004 年 6 月 7 日向国家知识产权局提出申请，于 2005 年 10 月 12 日被授权公告，专利号为 200410027482.6。本专利的授权权利要求为：

“1. 一种一层活动板房的建筑结构，包括四根地梁、四根角立柱、若干根立柱、四根圈梁、若干块夹芯板、一个屋顶、若干个门、若干个窗，其特征在于，每根角立柱、立柱的高度均为三块夹芯板的高度尺寸之和，相邻的角立柱与立柱之间、立柱与立柱之间的距离为一块夹芯板的长度尺寸，每块夹芯板的长度尺寸为 1.77 米至 1.87 米，而高度尺寸为 0.90 米至 1.05 米，全部夹芯板尺寸相等且均呈矩形状；在每个相邻的角立柱与立柱、立柱与立柱之间，依次竖向排列嵌入三块夹芯板以构成一个单元的单面墙板构件，所有的单元单面墙板构件构成整体的四面墙板结构。

2. 根据权利要求 1 所述的一种一层活动板房的建筑结构，其特征在于，地梁为 C 型钢，且 C 型钢的槽口向下，地梁位于角立柱或立柱的下方，地梁分别与角立柱或立柱的下端成直角，并螺栓连接。

3. 根据权利要求 1 所述的一种一层活动板房的建筑结构，其特征在于，角立柱由两条相同的 C 型钢成纵向直角角焊缝连接而成。

4. 根据权利要求 1 所述的一种一层活动板房的建筑结构，其特征在于，立柱由两条相同的 C 型钢背面整体焊缝连接而成。

5. 根据权利要求 1 所述的一种一层活动板房的建筑结构，其特征在于，圈梁为 C 型钢，且 C 型钢的槽口向外侧，圈梁位于角立柱或立柱上端的外侧，圈梁分别与角立柱或立柱的上端成直角，并螺栓连接。

6. 根据权利要求 1 所述的一种一层活动板房的建筑结构，其特征在于，夹芯板的材料为聚苯乙烯、或聚氨脂、或岩棉。

7. 根据权利要求 1 所述的一种一层活动板房的建筑结构，其特征在于，屋顶为坡屋顶、或平屋顶、或拱形屋顶。

8. 实施权利要求 1 所述的一种一层活动板房的建筑结构，其安装方法步骤为：

（1）将四根地梁的两端按直角方向分别螺栓连接，以构成一个矩形的地梁框架，并将该地梁框架固定安装在地面；

（2）在地梁框架的四个直角位置按垂直方向分别螺栓连接四根角立柱；

（3）在地梁框架上按一块夹芯板长度尺寸的距离，即 1.77 米至 1.87 米，分别依次按垂直方向螺栓连接若干根立柱；

（4）将四根圈梁的两端按直角方向分别螺栓连接，以构成一个矩形的圈梁框架；

（5）将矩形的圈梁框架按垂直方向分别螺栓连接四根角立柱和若干根立柱，由地梁框架、四根角立柱、若干根立柱和圈梁框架构成一个长方体钢框架结构；

（6）在每个相邻的角立柱与立柱、立柱与立柱之间，依次竖向排列嵌入三块夹芯板以构成一个单元的单面墙板构件，所有的单元单面墙板构件构成整体的四面墙板结构；

（7）在墙板结构上按设计的位置安装若干个门、若干个窗，并将屋顶与四根角立柱、圈梁框架螺栓连接。”

雅致集成公司针对本专利权于2006年7月12日向专利复审委员会提出了无效宣告请求，并提交了以下证据：

附件1：公开了一种预制式装配镶板房，该板房的壁板的上下端和梯形板下端加工成凹凸配合，它们的长为K，壁板的高为P。角柱用C型轻钢龙骨对角焊成。其说明书载明，该专利的发明目的在于提供一种装拆方便、自重轻的预制式装配板房。优点在于各部件的尺寸可以按一定模数制成规格化，壁板长和宽分别以K和P为模数，在实际使用中，可以根据模数为基础，组成不同规格的房屋。

本发明权利要求1与附件1的区别在于：（1）两者夹芯板的高度尺寸不同，本专利是0.90至1.05米，而附件1是0.895米；（2）夹芯板的形状不同，本专利的全部夹芯板都是尺寸相等的矩形，而附件1中夹芯板有梯形，本专利中各柱之间竖向嵌入三块矩形板，而对附件1中房屋侧面各柱之间的下部先嵌入两块矩形板，再嵌入一块梯形板。

雅致集成公司还提交了附件5~7，用以证明本专利要求保护的活动房在本专利申请日之前已经在国内公开销售和使用的事实。其中：

附件5：广东省深圳市公证处于2006年7月12日出具的（2006）深证字第83236号公证书原件，附有照片共27张。

附件6.1：由湖南路桥工程有限公司与深圳市雅致轻钢房屋系统有限公司于2003年12月6日签订的合同书。该合同书原件中第一页甲方名称填写空白，第四页缺少甲方盖章且不是法定代表人签字，合同中安装地点填写空白。

附件6.2：由深圳市雅致轻钢房屋系统有限公司于2003年12月27日出具的合同补充单，缺少甲方盖章，且不是法定代表人签字。

附件6.3：由湖南路桥建设集团公司桥梁工程公司于2005年10月27日出具的还款计划书。

附件6.4：由深圳市雅致轻钢房屋系统有限公司分别于2003年12月22日、2003年12月23日、2004年2月4日、2004年3月出具的七份组合板房核验单复印件。

附件6.5：由深圳市雅致集成房屋股份有限公司于2005年6月17日出具的结算单复印件。

附件6.6：由湖南省工商行政管理局于2006年3月9日出具的关于湖南路桥建设集团公司的企业注册登记公示资料。

附件7.1：广东省深圳市南山区人民法院于2006年5月18日作出的（2006）深南法民二初字第929号民事调解书。

附件7.2：时间为2006年4月3日和2006年4月18日“当事人向法院提交材料证据清单”两份。

附件7.3：时间为2006年5月15日和2006年5月19日调解笔录两份。

附件7.4：时间为2006年5月15日的调解协议。

雅致集成公司在2007年1月18日口头审理时，明确其提出的无效理由是本专利权利要求1的技术方案没有被说明书充分公开，不符合《专利法》第二十六条第三款的规定；本专利权利要求1、3~5不具备新颖性；本专利权利要求1~8不具备创造性。雅致集成公司在口头审理时还提交了盖有深圳市标准技术研究所馆藏资料业务专用章红章的中华人民共和国建材行业标准JC689-1998复印件（即附件8）。

专利复审委员会于2007年2月15日作出第9511号决定，维持本专利权有效。该决定认为：1. 本领域技术人员依据本专利说明书记载的内容，能够实现本专利要求保护的具有多个单元的单面墙板构件的活动板房的技术方案，解决其技术问题，并且产生预期的技术效果，因此本专利的说明书已经对发明作出了清楚、完整的说明，满足充分公开的要求，符合《专利法》第二十六条第三款的规定。2. 关于本专利的新颖性和创造性。(1) 附件5~7以及附件8之间不足以构成一个完整的证据链来证明公证书照片所示活动板房即为附件6.1合同所涉及的活动板房，即不能进一步证明在本专利的申请日以前确实已经公开销售和使用过一种与本专利相同或类似的活动板房。因此雅致集成公司用附件5-7以及附件8结合来证明本专利权利要求1~8不具备创造性的主张，不予支持。(2) 本专利相对于附件1~3和8是否具备新颖性和创造性。首先，由于耀达建材公司对附件1~3、8的真实性没有异议，可以作为本案证据使用。同时由于其均为公开出版物，公开日期在本专利的申请日之前，因此可以作为本专利的现有技术使用。其次，本专利权利要求1与附件1的区别至少在于：两者夹芯板的的高度尺寸不同，本专利是0.90至1.05米，而附件1是0.895米；夹芯板的形状不同，本专利的全部夹芯板都是尺寸相等的矩形，而附件1中夹芯板有梯形，本专利中各柱之间竖向嵌入三块矩形板，而对附件1中房屋侧面各柱之间的下部先嵌入两块矩形板，再嵌入一块梯形板。因此本专利权利要求1相对于附件1具备新颖性，其从属权利要求3~5相对于附件1也具备新颖性。再次，上述第二点区别特征带来的技术效果是，在水平面上，无论活动板房的纵向还是横向上均可依据工地现场的需要作相应的延伸和扩大，其延伸和扩大的规则按照模数协调的原理来实现。当然，横向上的扩大并非是无限制的，本专利的说明书中指出最大不要超过5K，即若超过了5K对房屋的安全性不利。而附件1的活动板房在横向上是固定死的，其侧墙无法按一定的模数来作调整，现有技术中也没有任何侧墙可以扩展的技术启示，因此本专利权利要求1的技术方案相对于附件1是非显而易见的。同时，本专利相对于附件1更具灵活性和方便性，每块矩形夹芯板构成标准件，可以根据工地的实际情况灵活地延长活动板房的长度、跨度和高度，而且可以和任何现有技术的屋顶结构（如坡屋顶、平屋顶、拱形屋顶）配合安装。因此本专利权利要求1相对于附件1具有突出的实质性特点和显著的进步，具备创造性。其从属权利要求3~5相对于附件1也具备创造性。同时，由于上述区别特征在附件2、3、8中也没有披露，因此从属权利要求2、6、7也具备创造性。权利要求8要求保护权利要求1所述的活动板房的安装方法，其各安装步骤对应于权利要求1中的各部件，基于权利要求1具备创造性的相同理由，权利要求8的安装方法相对于附件1也具备创造性。

据此，专利复审委员会作出第9511号决定。

以上事实有本专利文件、第9511号决定、附件1及附件5~7、附件8以及当事人陈述等证据在案佐证。

本院认为，《专利法》第二十二条第三款规定，创造性，是指同申请日以前已有的技术相比，该发明有突出的实质性特点和显著的进步，该实用新型有实质性特点和进步。

本专利权利要求1与附件1相比，主要的区别技术特征是：两者夹芯板的高度尺寸不同，本专利是0.90至1.05米，而附件1是0.895米；夹芯板的形状不同，本专利的全部夹芯板都是尺寸相等的矩形，而附件1中夹芯板有梯形，本专利中各柱之间竖向嵌入三块矩形板，而对附件1中房屋侧面各柱之间的下部先嵌入两块矩形板，再嵌入一块梯形板。本专利说明书记载的有益效果是“遵循模数协调原理，全面实现一层活动板房的建筑结构尺寸配合，使该建筑结构的构件材料能够多次使用和循环再用的，把建筑结构的构件规格化和通用化，从而适用于各种常规的一层建筑活动板房……”附件1中同样披露了各部件可以按一定模数制成规格化，壁板长和宽分别以K和P为模数，这样在实际使用时，就可以以模数为基础，组合成不同规格的房屋。对于本领域技术人员而言，本专利权利要求1设定的夹芯板长度范围与附件1公开的数据相比，没有带来突出的实质性的特点和显著进步。附件1涉及一种坡屋顶活动板房的建筑结构，除嵌入两块矩形板外，还嵌入一块梯形板，用于形成屋顶。所以，附件1已公开了使用矩形板形成墙体的技术特征，本专利与附件1相比，并无实质性区别。因此，本专利权利要求 1 不符合《专利法》第二十二条第三款的规定，不具备创造性。

本专利权利要求 8 保护的是权利要求 1 所述的活动板房的安装方法，其各安装步骤对应于本专利权要求 1 中的各个部件。附件 1 也公开了一种预制式装配镶板房的装配步骤。因此，在本专利权利要求 1 不具备创造性的基础上，权利要求 8 也不具备创造性。

由于第 9511 号决定中未对本专利权利要求 1 的从属权利要求，即权利要求 2~7 是否具备创造性作进一步的评述，因此，专利复审委员会应结合雅致集成公司提出的理由和证据，在本专利权利要求 1 不具备创造性的基础上，对权利要求 2~7 进行评判，重新作出无效宣告请求审查决定。

综上所述，耀达建材公司的关于本专利权利要求 1 和 8 具备创造性的上诉理由不能成立。原审判决认定事实清楚，适用法律正确，处理结果并无不当。依照《中华人民共和国行政诉讼法》第六十一条第（一）项之规定，判决如下：

驳回上诉，维持原判。

一审案件受理费 100 元，由国家知识产权局专利复审委员会负担（于本判决生效之日起 7 日内交纳）。二审案件受理费 100 元，由佛山市耀达建材贸易有限公司负担（已交纳）。

本判决为终审判决。

审 判 长　刘　辉
代理审判员　岑宏宇
代理审判员　焦　彦
二〇〇九年十一月十六日
书 记 员　耿巍巍

058

# 彩色砼路牙沿高压成型机

## 无效宣告请求审查决定（第9515号）

**决　　定　　号**　第9515号
**决　　定　　日**　2007年2月14日
**发明创造名称**　彩色砼路牙沿高压成型机
**国 际 分 类 号**　B28B 3/02
**无效宣告请求人**　江苏华光双顺机械制造有限公司
**专　利　权　人**　张明皋
**专　　利　　号**　97243240. X
**申　　请　　日**　1997年12月19日
**授 权 公 告 日**　1999年6月9日
**合 议 组 组 长**　李广峰
**主　　审　　员**　刘瑞斌
**参　　审　　员**　郭建强

**法　律　依　据**　专利法第22条第2款、第3款
**决　定　要　点**

本领域技术人员从一幅图片所示的内容中能够直接、毫无疑义地得出的技术内容，可以在评价一项权利要求创造性时用于技术特征的对比。

### 一、案由

本无效宣告请求涉及国家知识产权局于1999年6月9日授权公告的、名称为“彩色砼路牙沿高压成型机”的实用新型专利权（以下简称本专利），其专利号是97243240. X，申请日是1997年12月19日，专利权人是张明皋。本专利授权公告时的权利要求书如下：

“1. 一种用于压制砼路牙沿的高压成型机，由液压油缸及压头、两侧的进出液压油缸装置、顶成品液压油缸装置、钢模箱体、立柱、支架和底座构成，其特征在于两侧为液压油缸操纵的自动进出钢模箱体装置和将压制成品砼路牙沿顶出箱体的顶成品液压油缸装置。

2. 根据权利要求1所述的高压成型机，其特征是钢模箱体四面由铸铁、铸钢或钢板焊接，外围有加强筋，内壁采用镀硬铬或碳氮共渗的方法处理，内壁与钢模箱体采用紧配合或螺栓固定，内壁可以互换。

3. 根据权利要求1所述的高压成型机，其特征是钢模箱体上面刻有定位浅槽。”

针对本专利，江苏华光双顺机械制造有限公司（以下简称请求人）于2006年1月13日向专利复

审委员会提出无效宣告请求，认为本专利不符合专利法第22条第2款、第3款的规定，同时请求人提交了如下附件作为证据：

附件1：北京市高级人民法院（2004）高行终字第59号行政判决书复印件，共14页；

附件2：1997年第2期《混凝土与水泥制品》杂志封面页、页眉是“群峰砖机 美化城区”字样的广告页复印件，共2页；

附件3：授权公告日为1987年4月1日、授权公告号为CN86204143U的中国实用新型专利申请说明书，共8页；

附件4：1991年第5期《新型建筑材料》杂志封面页、第一行为“国家建材局苏州混凝土水泥制品研究院”字样的广告页复印件，共2页。

请求人认为：（1）附件1是已经生效的法院判决书，其中所述的审理查明的事实中包括：一审法院经现场勘验和调查，结合当事人提交的相关销售合同和发票，确认河北省承德市滦河发电厂于1997年9月购买了1台HQY-100E型液压制砖机，该机器具有两套油缸并具备顶升推拉功能，具有本案专利独立权利要求1的所有技术特征，因此相对于上述公开销售的事实本专利独立权利要求1不具备新颖性。（2）本专利权利要求1相对于附件2广告页中QF-R1000型人行道砖液压成型机产品图片所示内容和附件3的第2或第3实施例所述技术方案的结合不具备新颖性。（3）权利要求1相对于附件4结合附件3或公知常识不具备创造性，权利要求2、3的附加技术特征是公知常识，因此也不具备创造性。

请求人于2006年2月10日向专利复审委员会再次提交意见陈述书，补充了如下无效理由和作为证据使用的附件，其补交的附件如下：

重新提交用于替换原附件4的附件：1991年第6期《新型建筑材料》的目录页复印件、第一行为“国家建材局苏州混凝土水泥制品研究院”字样的广告页复印件，共2页；

附件5：1997年第3期《新型建筑材料》的目录页及页尾有“要制砖 找南方”字样的广告页复印件，共2页；

附件6：1987年第2期，1987年4月20日出版的《混凝土与水泥制品》的目录页、第一行为“福建省泉州市模具厂”字样的广告页、第65页复印件，共3页；

请求人还提交了1997年第2期《混凝土与水泥制品》的目录页的复印件1页以证明附件2的公开日期为1997年4月20日。

请求人认为，权利要求1相对于附件5不具备新颖性。权利要求1相对于附件5与附件3的结合不具备创造性。请求人在意见陈述中提到：因为客观原因，无法调取附件1所涉及的案卷，请求合议组调取该案卷中北京市第一中级人民法院的勘验笔录和调查笔录，以及相关当事人提交的销售合同和发票以证明本专利权利要求1的技术方案在其申请日前已经以公开销售的方式被公开。

经形式审查合格，专利复审委员会依法受理了上述无效宣告请求，并于2006年4月18日向请求人和专利权人发出无效宣告请求受理通知书，同时将专利权无效宣告请求书及其附件清单中所列附件的副本转送给专利权人，并要求专利权人在指定的期限内陈述意见。

由于专利权人迁移新址不明，上述发给专利权人的无效请求受理通知书被退回，专利复审委员会于2006年5月10日作出地址不详公告记录。

专利复审委员会依法成立合议组，并于2006年9月4日向双方发出无效宣告请求口头审理通知书，定于2006年10月19日举行口头审理。随同口头审理通知书再次将请求人提交的无效宣告请求书及其于2006年2月10日提交的意见陈述书及附件转送给专利权人。

口头审理如期举行，双方当事人均出席了口头审理，在口头审理过程中，请求人当庭提交了盖有“江苏省南京市中级人民法院民事审判第三庭”骑缝章的附件7，其中包括：

附件 7-1：（2002）承证民字第 2171 号公证书及其所附的勘验笔录和照片复印件，共 7 页；

附件 7-2：（2002）宁证内经字第 6837 号公证书及其所附的发票页和记账凭证页复印件，共 3 页；

附件 7-3：（2002）承证民字第 2170 号公证书及其所附的由滦河发电厂粉煤灰开发公司与南方建材设备公司签订的编号为 970099 的合同复印件，共 3 页；

附件 7-4：北京市第一中级人民法院于 2003 年 9 月 15 日作出的调查笔录及勘验笔录复印件，共 4 页；

附件 7-5：专利复审委员会关于去承德勘验一事的声明复印件，共 1 页。

请求人当庭还提交了附件 2、4、5、6 盖有金陵图书馆印章的复印件用于证明上述附件的真实性。

合议组当庭将请求人提交的上述附件转给专利权人。

专利权人当庭提交了反证 1：2000 年第 6 期《新型建筑材料》的封面、封面背页、印有“彩色路面砖的新设备新技术”字样的彩页共 3 页复印件，并出示了原件，用于证明上述附件 7 中所涉及的 HQY-100E 型液压制砖机是后改装的，其原始结构与本专利不同。

合议组当庭将专利权人提交的上述反证 1 转给请求人。

专利权人对附件 1~7 的真实性无异议。请求人对专利权人提交的反证 1 的真实性无异议。

请求人明确其无效宣告请求的理由、范围及证据为：请求人认为本专利权利要求 1 相对于附件 1 或 7 不具备新颖性。权利要求 1 相对于附件 4 结合附件 2 或 3 或 5，附件 3 结合附件 2 或 4 或 5 或 6，不具备创造性；权利要求 2、3 相对于附件 4 结合附件 2 或 3 或 5 和公知常识，附件 3 结合附件 2 或 4 或 5 或 6 和公知常识不具备创造性。

请求人认为附件 4 披露了本专利权利要求 1 中除了“顶成品液压油缸装置”以外所有的技术特征，附件 2、3、5 中均公开了“顶成品液压油缸装置”，因此权利要求 1 不具备创造性。专利权人认为附件 4 披露了本专利权利要求 1 除了“顶成品液压油缸装置”以外所有的技术特征，附件 2、3、5 中均公开了“顶成品液压油缸装置”，但是认为附件 4 与附件 2 或 3 或 5 没有结合的启示。请求人认为附件 3 结合附件 4，附件 3 结合附件 2 或 6 及公知常识公开了权利要求 1 的所有技术特征，专利权人认为上述结合均没有启示。

请求人认为权利要求 2、3 的附加技术特征是本领域的公知技术，专利权人认为附件 2、3 的附加技术特征在本专利申请日前已有类似设备采用过，相对于本专利是现有技术，但在本专利权利要求 2、3 的技术方案中选用这些附加技术特征是需要付出创造性劳动的。

至此，合议组认为本案事实已经清楚，可以作出审查决定。

**二、决定的理由**

1. 关于证据和现有技术

请求人提交的证据是附件 1~7，专利权人对其真实性没有异议，经合议组审查，上述附件可以作为本案证据使用。同时由于上述附件 2~6 的公开日期均在本专利的申请日前，因此可以作为本专利的现有技术使用。

专利权人提交了反证 1，请求人对其真实性没有异议，经合议组审查，上述反证可以作为本案证据使用。

2. 关于本专利权利要求 1

专利法第 22 条第 3 款规定，创造性，是指同申请日以前已有的技术相比，该实用新型具有实质性特点和进步。

本领域技术人员从一幅图片所示的内容中能够直接地、毫无疑义地得出的技术内容，可以在评价一项权利要求创造性时用于技术特征的对比。

本案中，附件 4 公开了一种 HQY-100C 型半自动液压制砖机的图片，附件 2 中公开了一种 QF-R1000 型人行道砖液压成型机的图片，附件 3 中公开的制砖机中具有顶砖油缸，附件 5 中公开了一种 HQY-100C 型液压制砖机的图片，双方当事人认可上述附件均公开了“顶成品液压油缸装置”这一技术特征。

请求人认为附件 4 披露了本专利权利要求 1 中除了“顶成品液压油缸装置”以外所有的技术特征，附件 2、3、5 中均公开了“顶成品液压油缸装置”，因此权利要求 1 相对于附件 4 结合附件 2 或 3 或 5 不具备创造性。专利权人认可附件 4 披露了本专利权利要求 1 除了“顶成品液压油缸装置”以外所有的技术特征，附件 2、3、5 中均公开了“顶成品液压油缸装置”，但是认为附件 4 与附件 2 或 3 或 5 没有结合的启示。

合议组经审查后认为，从附件 4 公开的图片中可以明确地看出其中公开了本专利权利要求 1 中除“顶成品液压油缸装置”以外所有的技术特征，从附件 2、5 所示的图片中可以明确看到在制砖机中含有顶成品液压油缸装置，附件 3 中也明确的记载了在制砖机中含有顶砖油缸。由于附件 4 与附件 2、3、5 均为制砖机，属于相同的技术领域，在附件 2、5 中均明确显示了制砖机中含有顶成品液压油缸装置，附件 3 中也明确记载了在制砖机中含有顶砖油缸，本领域技术人员在看到上述附件 2、3、5 所记载的顶升油缸后必然能够得知其功能，同时由于砖的脱模在制砖机的制砖过程中是一个独立的步骤，在附件 4 所示的制砖机中虽然没有公开顶升油缸但是其压制成形的砖也是要脱模的，本领域技术人员通过附件 2、3、5 得知在现有的制砖机中存在用于压制成形后的砖脱模的顶升油缸后，将这种顶升油缸结合到附件 4 公开的制砖机中用于顶升压制成形的砖是显而易见的。因此权利要求 1 相对于附件 4 与附件 2 或 3 或 5 的结合不具备专利法第 22 条第 3 款规定的创造性。

根据上述论述，权利要求 1 不具备创造性，因此合议组对于权利要求 1 的其他无效理由在此不予评述。

3. 关于本专利权利要求 2、3

权利要求 2、3 从属于权利要求 1，请求人认为权利要求 2、3 相对于附件 4 结合附件 2 或 3 或 5 和公知常识，附件 3 结合 2 或 4 或 5 或 6 和公知常识不具备创造性，请求人还认为权利要求 2、3 的附加技术特征是本领域的公知技术，专利权人认可附件 2、3 的附加技术特证在本专利申请日前已在与本专利类似的设备采用过，相对于本专利是现有技术，但认为在本专利权利要求 2、3 的技术方案中选用这些附加技术特征是需要付出创造性劳动的。

合议组认为，附件 2~6 中均未公开权利要求 2、3 的附加技术特征，虽然请求人主张权利要求 2、3 的附加技术特征是公知常识，但是并未提交相应的证据予以证明，根据权利要求 2、3 的附加技术特征所限定的内容，合议组并不能得出本专利权利要求 2、3 的附加技术特征是公知常识的判断，因此本专利权利要求 2、3 相对于附件 4 结合附件 2 或 3 或 5 和公知常识，附件 3 结合 2 或 4 或 5 或 6 和公知常识具有专利法第 22 条第 3 款规定的创造性。

根据上述的事实和理由，本案合议组依法作出以下决定。

**三、决定**

宣告 97243240. X 号实用新型专利权的权利要求 1 无效，在权利要求 2 和 3 的基础上维持该专利权继续有效。

当事人对本决定不服的，可以根据专利法第 46 条第 2 款的规定，自收到本决定之日起 3 个月内向北京市第一中级人民法院起诉。根据该款的规定，一方当事人起诉后，另一方当事人应当作为第三人参加诉讼。

# 北京市第一中级人民法院
# 行政判决书

（2007）一中行初字第810号

原告张明皋，男，1947年7月21日出生，汉族，住江苏省南京市秦淮区长乐路136号401室。

委托代理人柯惟中，男，60岁，南京师范大学教授，住江苏省南京市月光广场5-2503室。

原告江苏华光双顺机械制造有限公司，住所地江苏省江都市丁伙镇东风路52号。

法定代表人张勇，总经理。

委托代理人汪旭东，南京知识律师事务所律师。

委托代理人陈静，南京知识律师事务所律师。

被告国家知识产权局专利复审委员会，住所地北京市海淀区北四环西路9号银谷大厦10~12层。

法定代表人廖涛，副主任。

委托代理人郭建强，男，国家知识产权局专利复审委员会审查员。

委托代理人齐宏涛，男，国家知识产权局专利复审委员会审查员。

原告张明皋、江苏华光双顺机械制造有限公司（以下简称华光机械公司）不服被告国家知识产权局专利复审委员会于2007年2月14日作出的第9515号无效宣告请求审查决定（以下简称第9515号决定），向本院提起行政诉讼。本院于2007年6月6日受理后，依法组成合议庭，于2007年9月3日公开开庭审理了本案。原告张明皋的委托代理人柯惟中，原告华光机械公司的委托代理人陈静，被告的委托代理人郭建强、齐宏涛到庭参加了诉讼。本案现已审理终结。

2007年2月14日，被告作出第9515号决定认为，名称为“彩色砼路牙沿高压成型机”的实用新型专利权（以下简称本专利）权利要求1相对于附件4（1991年第6期《新型建筑材料》的目录页复印件、第一行为“国家建材局苏州混凝土水泥制品研究院”字样的广告页复印件，共2页）与附件2（1997年第2期《混凝土与水泥制品》杂志封面页、页眉是“群峰砖机美化城区”字样的广告页复印件，共2页）或附件3（授权公告日为1987年4月1日、授权公告号为CN86204143U的中国实用新型专利申请说明书，共8页）或附件5（1997年第3期《新型建筑材料》的目录页及页尾有“要制砖找南方”字样的广告页复印件，共2页）的结合不具备《中华人民共和国专利法》（以下简称《专利法》）第二十二条第三款规定的创造性。本专利权利要求2、3相对于附件4结合附件2或附件3或附件5和公知常识，附件3结合附件2或附件4或附件5或附件6（1987年第2期，1987年4月20日出版的《混凝土与水泥制品》的目录页、第一行为“福建省泉州市模具厂”字样的广告页、第65页复印件，共3页）和公知常识具有《专利法》第二十二条第三款规定的创造性。据此，被告依据《专利法》第二十三条第二款、第三款的规定宣布本专利权利要求1无效，在权利要求2和3的基础上维持该专利权继续有效。

被告在法定期限内向本院提交了以下证据，用以证明第9515号决定正确：（1）本专利说明书；（2）附件2；（3）附件3；（4）附件4；（5）附件5；（6）附件6；（7）口头审理记录表。

原告张明皋诉称：（1）第9515号决定认定事实不清。关于“本案专利权的权利要求2和3的附加技术特征相对于本案专利为现有技术”的客观事实应当予以确认，并应成为被告评价本案专利的客观依据。（2）第9515号决定的法律推断存在严重错误。本专利与附件2、4、5、6所公开的结构与技术特征是不一样也不类似的。本领域技术人员根本不可能从一幅图片直接得出本专利权利要求1的所有技术内容，必须付出创造性的劳动。(3) 第 9515 号决定与被告作出的第 4802 号决定自相矛盾。依据同样的事实，第 4802 号决定认定本专利权利要求具备创造性，两份决定的推理与结论截然不同。因此，张明皋请求法院撤销第 9515 号决定。

原告张明皋在法定期限内向本院提交了以下证据：(1) 第 4802 号无效宣告请求审查决定，证明该决定与第 9515 号决定矛盾；(2) 本专利说明书；(3) 附件 4；(4) 附件 5，上述三份证据用以证明被告对本专利权利要求 1 不具备创造性的认定错误。

原告华光机械公司诉称：(1) 专利权人和华光机械公司均确认本专利权利要求 2、3 的附加技术特征相对于本专利为现有技术，只是华光机械公司认为该附加技术特征的实用程度更为广泛，已从一般的现有技术成为本行业的公知常识。根据《审查指南》第四部分第八章 4.3 节的相关规定，对一方当事人明确陈述的案件事实，对方当事人明确表示承认的，专利复审委员会应当予以确认。因此，本案中关于本专利的权利要求 2、3 的附加技术特征相对于本案专利为现有技术的客观事实应当予以确认，并应当成为被告评价本专利的客观依据。(2) 本专利的权利要求 2 和 3 的附加技术特征在同类产品中的采用，其所起的作用与该技术特征在本专利权利要求 2、3 的技术方案中所起的作用是完全相同的。对于本领域技术人员而言，将这些现有的制砖机上所采用的技术手段用于本案专利产品，以保持原有的钢模箱体内壁耐磨性等，是显而易见的，无须付出创造性劳动。在本专利权利要求 2、3 的附加技术特征相对于本案专利为现有技术这一客观事实被确认的前提下，本专利权利要求 2 和 3 不具备创造性。故，请求法院撤销第 9515 号决定，责令被告重新作出审查决定并判令诉讼费用由被告承担。

原告华光机械公司在法定期限内未向本院提交证据。

被告辩称：(1) 关于本专利创造性的具体判断，坚持第 9515 号决定中的审查意见。(2) 对于本领域技术人员来说，各种类型的证据中的可以直接认定的技术内容，包括图片中反映的技术内容，只要是构成《专利法》意义上的现有技术，都可以用来作为评价专利新颖性和创造性的基础。(3) 第 9515 号决定和第 4802 无效宣告请求审查决定是基于不同的证据和事实作出的，并不存在原告张明皋所称的矛盾。(4) 在口头审理中，华光机械公司仅仅主张本专利权利要求 2、3 的附加技术特征是公知常识，但没有相应证据证明，且专利权人只是承认其是现有技术而没有认可是公知常识，因此根据《审查指南》第四部分第八章 4.4 节关于公知常识的举证责任的规定，请求人应当承担举证不能的不利后果。(5) 涉及对本专利权利要求 2、3 的附加技术特征为现有技术及其作用和所解决的技术问题的认定，属于请求人未在无效宣告程序中提出过的理由。因此，第 9515 号决定认定事实清楚、适用法律正确、审理程序合法，请求法院予以维持。

经庭审质证，二原告对被告证据的关联性、真实性、合法性没有异议。被告认为张明皋的证据 1 没有关联性；对证据 2~4 的关联性、真实性、合法性没有异议。华光机械公司同意被告对张明皋证据的质证意见。经审查，本院认为，被告的证据以及张明皋的证据 2~4 能够证明案件事实，本院予以确认；张明皋的证据 1 系国家知识产权局专利复审委员会于 2003 年 2 月 19 日作出的第 4802 号无效宣告请求审查决定，该决定针对的实用新型专利是本专利，虽然该决定的结论是维持本专利有效，但是决定中所涉及的事实和证据与本案不同，故该决定对第 9515 号决定没有溯及力，与本案没有关联性，本院不予采纳。

根据上述有效证据及各方当事人在庭审中无争议的陈述，本院确认如下事实：

本专利的名称为“彩色砼路牙沿高压成型机”的实用新型专利权，其专利号是 97243240. X，申请日是 1997 年 12 月 19 日，授权公告日为 1999 年 6 月 9 日，专利权人是张明皋。本专利授权公告时的权利要求书如下：

"1. 一种用于压制砼路牙沿的高压成型机，由液压油缸及压头、两侧的进出液压油缸装置、顶成品液压油缸装置、钢模箱体、立柱、支架和底座构成，其特征在于两侧为液压油缸操纵的自动进出钢模箱体装置和将压制成品砼路牙沿顶出箱体的顶成品液压油缸装置。

2. 根据权利要求1所述的高压成型机，其特征是钢模箱体四面由铸铁、铸钢或钢板焊接，外围有加强筋，内壁采用镀硬铬或碳氮共渗的方法处理，内壁与钢模箱体采用紧配合或螺栓固定，内壁可以互换。

3. 根据权利要求1所述的高压成型机，其特征是钢模箱体上面刻有定位浅槽。"

针对本专利，华光机械公司于2006年1月13日向被告提出无效宣告请求，认为本专利不符合《专利法》第二十二条第二款、第三款的规定，同时提交了附件1~6作为证据。被告依法进行了转文。2006年10月19日被告举行了口头审理。在口头审理过程中，华光机械公司提交了盖有"江苏省南京市中级人民法院民事审判第三庭"骑缝章的附件7，其中包括：附件7-1：（2002）承证民字第2171号公证书及其所附的勘验笔录和照片复印件，共7页；附件7-2：（2002）宁证内经字第6837号公证书及其所附的发票页和记账凭证页复印件，共3页；附件7-3：（2002）承证民字第2170号公证书及其所附的由滦河发电厂粉煤灰开发公司与南方建材设备公司签订的编号为970099的合同复印件，共3页；附件7-4：北京市第一中级人民法院于2003年9月15日作出的调查笔录及勘验笔录复印件，共4页；附件7-5：专利复审委员会关于去承德勘验一事的声明复印件，共1页。张明皋提交了反证1：2000年第6期《新型建筑材料》的封面、封面背页、印有"彩色路面砖的新设备新技术"字样的彩页共3页复印件，并出示了原件，用于证明上述附件7中所涉及的HQY-100E型液压制砖机是后改装的，其原始结构与本专利不同。华光机械公司明确其无效宣告请求的理由、范围及证据为：本专利权利要求1相对于附件1或7不具备新颖性。权利要求1相对于附件4结合附件2或3或5，附件3结合附件2或4或5或6，不具备创造性；权利要求2、3相对于附件4结合附件2或3或5和公知常识，附件3结合附件2或4或5或6和公知常识不具备创造性。张明皋认为附件4披露了本专利权利要求1除了"顶成品液压油缸装置"以外所有的技术特征，附件2、3、5中均公开了"顶成品液压油缸装置"，但是认为附件4与附件2或3或5没有结合的启示；附件2、3的附加技术特征在本专利申请日前已有类似设备采用过，相对于本专利是现有技术，但在本专利权利要求2、3的技术方案中选用这些附加技术特征是需要付出创造性劳动的。

被告经审查认为：（1）关于证据和现有技术。华光机械公司提交的附件1~7可以作为证据使用。同时由于上述附件2~6的公开日期均在本专利的申请日前，因此可以作为本专利的现有技术使用。张明皋提交了反证1，可以作为证据使用。（2）关于本专利权利要求1。附件4公开了一种HQY-100C型半自动液压制砖机的图片，附件2中公开了一种QF-R1000型人行道砖液压成型机的图片，附件3中公开的制砖机中具有顶砖油缸，附件5中公开了一种HQY-100C型液压制砖机的图片，二原告认可上述附件均公开了"顶成品液压油缸装置"这一技术特征。从附件4公开的图片中可以明确地看出其中公开了本专利权利要求1中除"顶成品液压油缸装置"以外所有的技术特征，从附件2、5所示的图片中可以明确看到在制砖机中含有顶成品液压油缸装置，附件3中也明确的记载了在制砖机中含有顶砖油缸。由于附件4与附件2、3、5均为制砖机，属于相同的技术领域，在附件2、5中均明确显示了制砖机中含有顶成品液压油缸装置，附件3中也明确记载了在制砖机中含有顶砖油缸，本领域技术人员在看到上述附件2、3、5所记载的顶升油缸后必然能够得知其功能，同时由于砖的脱模在制砖机的制砖过程中是一个独立的步骤，在附件4所示的制砖机中虽然没有公开顶升油缸但是其压制成形的砖也是要脱模的，本领域技术人员通过附件2、3、5得知在现有的制砖机中存在用于压制成形后的砖脱模的顶升油缸后，将这种顶升油缸结合到附件

4 公开的制砖机中用于顶升压制成形的砖是显而易见的。因此权利要求 1 相对于附件 4 与附件 2 或 3 或 5 的结合不具备《专利法》第二十二条第三款规定的创造性。（3）关于本专利权利要求 2、3。附件 2~6 中均未公开权利要求 2、3 的附加技术特征，虽然华光机械公司主张权利要求 2、3 的附加技术特征是公知常识，但是并未提交相应的证据予以证明，根据权利要求 2、3 的附加技术特征所限定的内容，并不能得出本专利权利要求 2、3 的附加技术特征是公知常识的判断，因此本专利权利要求 2、3 相对于附件 4 结合附件 2 或 3 或 5 和公知常识，附件 3 结合 2 或 4 或 5 或 6 和公知常识具有《专利法》第二十二条第三款规定的创造性。据此，被告于 2007 年 2 月 14 日作出决定宣告本专利权利要求 1 无效，在权利要求 2 和 3 的基础上维持该专利权继续有效。张明皋、华光机械公司对该决定不服，均向本院提起行政诉讼。

在本院庭审中，张明皋、华光机械公司对被告行政程序的合法性没有异议，并对第 9515 号决定中关于证据和现有技术的认定没有异议。

本院认为：根据当事人无争议的陈述，本院经过书面审查，对第 9515 号决定中关于证据和现有技术的认定的合法性予以确定。本案的争议焦点为本专利要求 1、2、3 是否具备创造性。《专利法》第二十二条第三款规定，实用新型的创造性是指同申请日以前已有的技术相比，该实用新型有实质性特点和进步。

本案中，本专利权利要求 1 公开了一种用于压制砼路牙沿的高压成型机。附件 4 中公开了一种 HQY-100C 型半自动液压制砖机的图片，附件 2 中公开了一种 QF-R1000 型人行道砖液压成型机的图片，附件 3 中公开了一种名称为“双向出砖液压制砖机”的实用新型专利，附件 5 中公开了一种 HQY-100C 型液压制砖机的图片。将本专利权利要求 1 公开的内容与附件 4 公开的图片进行对比，本专利权利要求 1 中除“顶成品液压油缸装置”以外的其他技术特征均被附件 4 公开，而这一技术特征，在附件 2、5 公开的图片中可以清楚地看到，附件 3 中也有关于在制砖机中含有顶砖油缸的明确记载。因此，本专利权利要求 1 相对于附件 4 与附件 2 或附件 3 或附件 5 的结合不具备创造性。第 9515 号决定关于本专利权利要求 1 不具备《专利法》第二十二条第三款规定的创造性的认定正确，本院予以支持。原告张明皋关于本专利权利要求 1 具备创造性的诉讼主张，缺乏事实依据，本院不予支持。

本专利权利要求 2、3 是权利要求 1 的从属权利要求。

从附件 2~6 公开的内容中，并不能得出本专利权利要求 2、3 附加的技术特征。华光机械公司在无效请求书以及口头审理中明确表示本专利要求 2、3 的附加技术特征是本领域的公知技术，但该项理由张明皋并不认可，华光机械公司亦未提交证据证明其主张，从附件 2~6 所公开的内容中又不能得出本专利要求 2、3 的附加技术特征是公知技术的判断。故第 9515 号决定认定本专利权利要求 2、3 相对于对比文件具备创造性正确，本院应予支持。华光机械公司关于本专利权利要求 2、3 不具备创造性的主张，缺乏证据支持，本院不予采纳。

综上，第 9515 号决定认定事实清楚，适用法律正确，程序合法，本院应予维持。原告张明皋、华光机械有限公司要求撤销第 9515 号决定的诉讼请求，缺乏事实和法律依据，本院不予支持。依照《中华人民共和国行政诉讼法》第五十四条第（一）项之规定，判决如下：

维持被告国家知识产权局专利复审委员会作出的第 9515 号无效宣告请求审查决定。

案件受理费 100 元，由原告张明皋负担 50 元（已交纳）、原告江苏华光双顺机械制造有限公司负担 50 元（已交纳）。

如不服本判决，可于本判决书送达之日起 15 日内，向本院递交上诉状，按对方当事人的人数提交副本并预交上诉费，上诉于北京市高级人民法院。上诉人在接到人民法院预交诉讼费用的通知后 7

日内未预交又不提出缓交申请的，按自动撤回上诉处理。

审　判　长　吴　月
审　判　员　李纪红
代理审判员　刘井玉
二〇〇七年十一月二十日
书　记　员　赵　峰

# 北京市高级人民法院
# 行政判决书

（2008）高行终字第305号

上诉人（一审原告）张明皋，男，1947年7月21日出生，汉族，住江苏省南京市秦淮区长乐路136号401室。

委托代理人柯惟中，男，1947年7月30日出生，汉族，南京师范大学教授，住江苏省南京市鼓楼区月光广场5号2503室。

被上诉人（一审被告）国家知识产权局专利复审委员会，住所地北京市海淀区北四环西路9号银谷大厦10~12层。

法定代表人廖涛，副主任。

委托代理人郭建强，男，国家知识产权局专利复审委员会审查员。

委托代理人齐宏涛，男，国家知识产权局专利复审委员会审查员。

一审原告江苏华光双顺机械制造有限公司，住所地江苏省江都市丁伙镇东风路52号。

法定代表人张勇，总经理。

委托代理人汪旭东，南京知识律师事务所律师。

委托代理人陈静，南京知识律师事务所律师。

上诉人张明皋因专利无效宣告请求审查决定，不服北京市第一中级人民法院（2007）一中行初字第810号行政判决，向本院提起上诉。本院受理后，依法组成合议庭，依照《中华人民共和国行政诉讼法》第五十九条的规定，对本案进行了审理。本案现已审理终结。

2007年2月14日，国家知识产权局专利复审委员会（以下简称专利复审委）依据《中华人民共和国专利法》（以下简称《专利法》）第二十二条第二款、第三款的规定，作出第9515号无效宣告请求审查决定（以下简称第9515号决定），宣告97243240. X号实用新型专利权的权利要求1无效，在权利要求2和3的基础上维持专利权继续有效。张明皋不服，诉至一审法院。

北京市第一中级人民法院（2007）一中行初字第810号行政判决认为，本案的争议焦点为本专利要求1、2、3是否具备创造性。《专利法》第二十二条第三款规定，实用新型的创造性是指同申请日以前已有的技术相比，该实用新型有实质性特点和进步。

本案中，本专利权利要求1公开了一种用于压制砼路牙沿的高压成型机。证据4中公开了一种HQY-100C型半自动液压制砖机的图片，证据2中公开了一种QF-R1000型人行道砖液压成型机的图片，证据3中公开了一种名称为“双向出砖液压制砖机”的实用新型专利，证据5中公开了一种HQY-100C型液压制砖机的图片。将本专利权利要求1公开的内容与证据4公开的图片进行对比，本专利权利要求 1 中除“顶成品液压油缸装置”以外的其他技术特征均被证据 4 公开，而这一技术特征，在证据 2、5 公开的图片中可以清楚地看到，证据 3 中也有关于在制砖机中含有顶砖油缸的明确记载。因此，本专利权利要求 1 相对于证据 4 与证据 2 或证据 3 或证据 5 的结合不具备创造性。第 9515 号决定关于本专利权利要求 1 不具备《专利法》第二十二条第三款规定的创造性的认定正确，本院予以支持。原告张明皋关于本专利权利要求 1 具备创造性的诉讼主张，缺乏事实依据，本院不予支持。

本专利权利要求 2、3 是权利要求 1 的从属权利要求。

从证据 2~6 公开的内容中，并不能得出本专利权利要求 2、3 附加的技术特征。华光机械公司在无效请求书以及口头审理中明确表示本专利要求 2、3 的附加技术特征是本领域的公知技术，但该项理由张明皋并不认可，华光机械公司亦未提交证据证明其主张，从证据 2~6 所公开的内容中又不能得出本专利要求 2、3 的附加技术特征是公知技术的判断。故第 9515 号决定认定本专利权利要求 2、3 相对于对比文件具备创造性正确，本院应予支持。华光机械公司关于本专利权利要求 2、3 不具备创造性的主张，缺乏证据支持，本院不予采纳。综上，第 9515 号决定认定事实清楚，适用法律正确，程序合法，本院应予维持。原告张明皋、华光机械有限公司要求撤销第 9515 号决定的诉讼请求，缺乏事实和法律依据，本院不予支持。依照《中华人民共和国行政诉讼法》第五十四条第（一）项之规定，判决维持被告专利复审委作出的第 9515 号无效宣告请求审查决定。张明皋对上述判决不服，向本院提起上诉。

张明皋上诉称，本专利与证据 2~5 每一幅图片所公开的结构与技术特征没有一个是一样或类似的，本领域技术人员根本不可能从一幅图片直接得出本专利权利要求 1 的所有技术内容，必须对公开的每幅图片的内容加以概括总结、分析研究，才能把多幅图片上的技术内容综合设计到一台机器上，而这必须要付出创造性劳动的。一审判决与专利复审委于 2003 年 2 月 19 日作出的第 4802 号无效宣告请求审查决定自相矛盾，第 4802 号决定与第 9515 号决定涉及的主要事实和证据是完全相同的，第 9515 号决定中的证据 4 即是第 4802 号决定中的证据 1，第 9515 号决定中的证据 5 与第 4802 号决定中的证据 3 实质也是同一台机器，尽管刊登的杂志年代、期刊号不同，实质都是同一个厂家对同一型号机器所作的广告。专利复审委在第 4802 号决定中认定本专利有创造性，在第 9515 号决定中认定本专利没有创造性，专利复审委依据同样的事实和证据得出两种截然不同的结论是错误的，请求二审法院撤销一审判决。

专利复审委答辩称，关于本专利权利要求 1 创造性的具体判断，我委仍坚持第 9515 号决定中的审查意见；第 9515 号决定中的证据 5 与第 4802 号决定中的证据 3 不是同一期的杂志，因此是不同的证据，且该两份证据中记载的关于 QHY-100C 型液压制砖机的技术方案明显不同，因此，我委作出的第 9515 号决定和第 4802 号决定是基于不同的证据和事实作出的，并不矛盾。请求二审法院在查明事实的基础上，依法驳回张明皋的上诉，维持一审判决。

一审原告江苏华光双顺机械制造有限公司（以下简称华光机械公司）未向本院提交书面意见。

一审期间，专利复审委向法院提交了以下证据：（1）本专利说明书；（2）附件 2~6；（3）口头审理记录表。张明皋向法院提交了以下证据：（1）第 4802 号无效宣告请求审查决定；（2）本专利说明书；（3）附件 4、5。

上述证据均随案移送本院。经审查本院认为，专利复审委提交的证据及张明皋提交的证据 2、3 与本案具有关联性，且内容真实，来源合法，能够证明本院查明的事实，一审法院予以确认正确，本院亦予以确认。张明皋提交的证据 1 系专利复审委于 2003 年 2 月 19 日作出的第 4802 号无效宣告请求审查决定，由于该决定所涉及的事实和证据与本案并不相同，因此，该决定对本案的审理结果没有必然的影响，一审法院不予采纳是正确的，本院亦不予采纳。

经审理查明，上诉人张明皋于1997年12月19日，向国家知识产权局提出名称为“彩色砼路牙沿高压成型机”的实用新型专利权申请，其专利号是97243240.X，国家知识产权局经审查，于1999年6月9日授权公告。本专利授权公告时的权利要求书如下：

“1. 一种用于压制砼路牙沿的高压成型机，由液压油缸及压头、两侧的进出液压油缸装置、顶成品液压油缸装置、钢模箱体、立柱、支架和底座构成，其特征在于两侧为液压油缸操纵的自动进出钢模箱体装置和将压制成品砼路牙沿顶出箱体的顶成品液压油缸装置。

2. 根据权利要求1所述的高压成型机，其特征是钢模箱体四面由铸铁、铸钢或钢板焊接，外围有加强筋，内壁采用镀硬铬或碳氮共渗的方法处理，内壁与钢模箱体采用紧配合或螺栓固定，内壁可以互换。

3. 根据权利要求1所述的高压成型机，其特征是钢模箱体上面刻有定位浅槽。”

针对本专利权，华光机械公司以本专利不符合《专利法》第二十二条第二款、第三款的规定为由，于2006年1月13日向专利复审委提出无效宣告请求，同时提交了以下证据：（1）北京市高级人民法院（2004）高行终字第59号行政判决书复印件；（2）1997年第2期《混凝土与水泥制品》杂志封面页、页眉是“群峰砖机美化城区”字样的广告页复印件；（3）授权公告日为1987年4月1日、授权公告号为CN86204143U的中国实用新型专利申请说明书；（4）1991年第5期《新型建筑材料》杂志封面页、第一行为“国家建材局苏州混凝土水泥制品研究院”字样的广告页复印件，并于同年2月10日，重新提交了用于替换证据4的附件：1991年第6期《新型建筑材料》目录页复印件、第一行为“国家建材局苏州混凝土水泥制品研究院”字样的广告页复印件；并补充提交了证据5：1997年第3期《新型建筑材料》的目录页及页尾有“要制砖找南方”字样的广告页复印件；证据6：1987年第2期《混凝土与水泥制品》的目录、第一行为“福建省泉州市模具厂”字样的广告页、第65页复印件；证据7：1997年第2期《混凝土与水泥制品》的目录页的复印件以证明证据2的公开日期为1997年4月20日。

专利复审委受理后，依法进行了转文。

在口头审理过程中，华光机械公司提交了盖有“江苏省南京市中级人民法院民事审判第三庭”骑缝章的附件7，其中包括：证据7-1：（2002）承证民字第2171号公证书及其所附的勘验笔录和照片复印件；证据7-2：（2002）宁证内经字第6837号公证书及其所附的发票页和记账凭证页复印件；证据7-3：（2002）承证民字第2170号公证书及其所附的由滦河发电厂粉煤灰开发公司与南方建材设备公司签订的编号为970099的合同复印件；证据7-4：北京市第一中级人民法院于2003年9月15日作出的调查笔录及勘验笔录复印件；证据7-5：专利复审委员会关于去承德勘验一事的声明复印件。张明皋当庭提交了反证1：2000年第6期《新型建筑材料》的封面、封面背页、印有“彩色路面砖的新设备新技术”字样的彩页复印件，并出示了原件，用于证明上述证据7中所涉及的HQY-100E型液压制砖机是后改装的，其原始结构与本专利不同。华光机械公司明确其无效宣告请求的理由、范围及证据为：本专利权利要求1相对于证据1或7不具备新颖性。权利要求1相对于证据4结合证据2或3或5，证据3结合证据2或4或5或6，不具备创造性；权利要求2、3相对于证据4结合证据2或3或5和公知常识，证据3结合证据2或4或5或6和公知常识不具备创造性。华光机械公司认为，证据4披露了本专利权利要求1中除了“顶成品液压油缸装置”以外所有的技术特征，证据2、3、5中均公开了“顶成品液压油缸装置”，张明皋对此予以承认，但认为证据4与证据2或3或5没有结合的启示；证据3结合证据4，证据3结合证据2或证据6没有结合的启示。并认为证据2、3的附加技术特征在本专利申请日前已有类似设备采用过，相对于本专利是现有技术，但在本专利权利要求

2、3的技术方案中选用这些附加技术特征是需要付出创造性劳动的。

专利复审委经审查认为：(1) 关于证据和现有技术。华光机械公司提交的证据1~7可以作为证据使用。同时由于上述证据2~6的公开日期均在本专利的申请日前，因此可以作为本专利的现有技术使用。张明皋提交了反证1，可以作为证据使用。(2) 关于本专利权利要求1。证据4公开了一种HQY-100C型半自动液压制砖机的图片，证据2中公开了一种QF-R1000型人行道砖液压成型机的图片，证据3中公开的制砖机中具有顶砖油缸，证据5中公开了一种HQY-100C型液压制砖机的图片，张明皋及华光机械公司认可上述证据均公开了“顶成品液压油缸装置”这一技术特征。从证据4公开的图片中可以明确的看出其中公开了本专利权利要求1中除“顶成品液压油缸装置”以外所有的技术特征，从证据2、5所示的图片中可以明确看到在制砖机中含有顶成品液压油缸装置，证据3中也明确的记载了在制砖机中含有顶砖油缸。由于证据4与证据2、3、5均为制砖机，属于相同的技术领域，在证据2、5中均明确显示了制砖机中含有顶成品液压油缸装置，证据3中也明确记载了在制砖机中含有顶砖油缸，本领域技术人员在看到上述证据2、3、5所记载的顶升油缸后必然能够得知其功能，同时由于砖的脱模在制砖机的制砖过程中是一个独立的步骤，在证据4所示的制砖机中虽然没有公开顶升油缸，但是其压制成形的砖也是要脱模的，本领域技术人员通过附件2、3、5得知在现有的制砖机中存在用于压制成形后的砖脱模的顶升油缸后，将这种顶升油缸结合到证据4公开的制砖机中用于顶升压制成形的砖是显而易见的。因此权利要求1相对于证据4与证据2或3或5的结合不具备《专利法》第二十二条第三款规定的创造性。(3) 关于本专利权利要求2、3。证据2~6中均未公开权利要求2、3的附加技术特征，虽然华光机械公司主张权利要求2、3的附加技术特征是公知常识，但是并未提交相应的证据予以证明，根据权利要求2、3的附加技术特征所限定的内容，并不能得出本专利权利要求2、3的附加技术特征是公知常识的判断，因此本专利权利要求2、3相对于证据4结合证据2或3或5和公知常识，证据3结合2或4或5或6和公知常识具有《专利法》第二十二条第三款规定的创造性。据此，专利复审委于2007年2月14日作出决定宣告本专利权利要求1无效，在权利要求2和3的基础上维持该专利权继续有效。张明皋、华光机械公司对该决定不服，均向一审法院提起行政诉讼。

本院认为，张明皋与华光机械公司对证据1~7的真实性均无异议，证据2~6公开日均早于本专利的申请日，因此，专利复审委将上述证据作为本专利的现有技术使用符合法律规定。

在双方当事人均认可证据2、3、5公开了本专利权利要求1“顶成品液压油缸装置”这一技术特征和证据4虽然没有公开本专利权利要求1“顶成品液压油缸装置”这一技术特征，但是公开了本专利权利要求1其他所有的技术特征的前提下，专利复审委将本专利与证据2、3、5进行比对后认为，本领域技术人员在看到证据2、3、5所记载的顶升油缸后必然能够得知其功能，同时由于砖的脱模在制砖机的制砖过程中是一个独立的步骤，证据4所示的制砖机压制成形的砖也是要脱模的，本领域技术人员通过证据2、3、5得知在现有的制砖机中存在用于顶升压制成形的砖脱模的顶升油缸后，将这种顶升油缸结合到证据4公开的制砖机中用于顶升压制成形的砖是显而易见的认定正确，本院认同专利复审委的这种认定。因此，专利复审委得出的本专利权利要求1相对于证据4与证据2或3或5的结合不具备创造性的结论符合法律规定。

本专利权利要求2、3从属于权利要求1，证据2~6中没有公开权利要求2、3的技术特征，本院对专利复审委认定本专利权利要求2、3具备创造性的结论不持异议。

张明皋关于专利复审委作出的第9515号决定和4802决定在事实和证据相同的情况下却作出截然相反的结论的主张缺乏事实依据，本院不予支持。一审判决认定事实清楚，证据确实充分，适用法律正确，审判程序合法，所作判决应予维持，依照《中华人民共和国行政诉讼法》第六十一条第（一）

项之规定判决如下：

驳回上诉，维持一审判决。

二审案件受理费100元，由上诉人张明皋负担（已交纳）。

本判决为终审判决。

审 判 长 郭 宜
审 判 员 张学磊
代理审判员 朱海宏
二〇〇八年七月二十三日
书 记 员 程钰玮

059

# 保温包

## 无效宣告请求审查决定（第9517号）

**决　　定　　号**　第9517号
**决　　定　　日**　2007年2月12日
**发明创造名称**　保温包
**国 际 分 类 号**　A45C 3/00
**无效宣告请求人**　王文乐，周耀梁
**专　利　权　人**　赵　寰
**专　　利　　号**　99226986.5
**申　　请　　日**　1999年6月17日
**授 权 公 告 日**　2000年3月24日
**合 议 组 组 长**　崔国振
**主　　审　　员**　任晓兰
**参　　审　　员**　张家祥
**附　　　　　图**

**法　律　依　据**　专利法第22条第3款
**决　定　要　点**

在判断一项实用新型权利要求的创造性时，将权利要求的技术方案和最接近的现有技术进行对比，如果二者的区别技术特征没有给权利要求的技术方案带来实质性特点和进步，则该权利要求不具备创造性。

**一、案由**

本无效宣告请求案涉及国家知识产权局于2000年3月24日公告授予的、名称为“保温包”的实用新型专利（下称本专利），其申请号为99226986.5，申请日为1999年6月17日，专利权人为赵寰。该专利授权公告的权利要求书如下：

“1. 一种保温包，它包括包体（1）、提手（2），其特征在于：所述的包体（1）由三层材料组合而成，其中外层为防护层（11）、中间为发泡层（12）、内层为防水层（13）；包体（1）的口部设有搭扣（3）。

2. 根据权利要求1所述的一种保温包，其特征在于：所述的搭扣（3）可以是拉链。”

针对上述专利权，王文乐（下称请求人I）于2004年7月22日向专利复审委员会提出无效宣告请求，认为本专利不符合专利法第22条第2款和第3款的规定，请求宣告该专利权全部无效，并提交了下述附件 1 作为证据：

附件 1：实用新型专利文献 CN 97200023.2，授权公告日为 1998 年 11 月 4 日，复印件共 10 页。

请求人 I 认为：（1）通过将附件 1 的权利要求 1、权利要求 2、附图 6 以及说明书中公开的保冷保温袋与权利要求 1 的保温包进行对比发现，其区别仅在于用“搭扣”取代了“塑料拉链”。由于“搭扣”是“塑料拉链”的上位概念，同时，附件 1 中已经公开了“结合元件是以塑料拉链构成”这一特征，因此，本专利的权利要求 1 和 2 不具备新颖性。（2）将本专利权利要求 1 与附件 1 公开的内容相比，区别仅在于用“搭扣”取代了“塑料拉链”，以及在权利要求 1 中保温包包括一个防护层，而在附件 1 中保冷保温袋的外层是以柔软且可以防水的材质制成。由于“搭扣”是“塑料拉链”的上位概念，同时，本领域技术人员知道，附件 1 中公开的以柔软且可以防水的材质制成的保冷保温袋的外层结构具有防水防护功能，因此，根据附件 1 中公开的保冷保温袋的外层结构，结合公知常识，可以想到权利要求 1 中包括防护层的结构，因此，权利要求 1 不具备创造性。同时，在附件 1 中已经公开了“结合元件是以塑料拉链构成”这一特征，因此，从属权利要求 2 也不具备创造性。

经形式审查合格后，专利复审委员会受理了上述请求，于 2004 年 8 月 16 日向双方当事人发出《无效宣告请求受理通知书》，并将《专利权无效宣告请求书》及其他有关文件的副本转送给专利权人，要求其在指定的期限内答复，同时成立合议组对本无效宣告请求案进行审理。

2004 年 9 月 24 日，专利权人针对《无效宣告请求受理通知书》和《专利权无效宣告请求书》作出答复，并提交了修改的权利要求书。专利权人在授权文本的权利要求 1~2 的基础上，增加一个新的从属权利要求 3，其中，专利权人将说明书实施例中的特征“雌雄搭扣”作为附加技术特征记载入该从属权利要求 3 中。修改的权利要求书如下：

“1. 一种保温包，它包括包体（1）、提手（2），其特征在于：所述的包体（1）由三层材料组合而成，其中外层为防护层（11）、中间为发泡层（12）、内层为防水层（13）；包体（1）的口部设有搭扣（3）。

2. 根据权利要求 1 所述的一种保温包，其特征在于：所述的搭扣（3）可以是拉链。

3. 根据权利要求 1 所述的一种保温包，其特征在于：所述的搭扣（3）可以是雌雄搭扣。”

专利权人认为：（1）本专利权利要求 1 与附件 1 权利要求 1 相比有一个明显的区别是，本专利权利要求 1“包体（1）的口部设有搭扣（3）”，而附件 1 权利要求 1“在开口上设有一个结合元件”。由于搭扣是结合元件的下位概念，因此，附件 1 权利要求 1 中的“结合元件”不会影响本专利权利要求 1 中“搭扣”的新颖性，故而权利要求 1 符合专利法第 22 条第 2 款的规定。（2）请求人 I 认定本专利与附件 1 存在“用搭扣取代了塑料拉链”的区别的认定基础不正确，应当将本专利的“搭扣”与附件 1 中的“结合元件”进行对比，或者将本专利的“拉链”与附件 1 的“拉链”进行对比，不应当将本专利独立权利要求 1 的技术特征与附件 1 从属权利要求 2 的技术特征进行对比。（3）本专利权利要求 1 与附件 1 的一个重要区别在于：包体（1）的口部设有搭扣，并且在说明书中具体公开了该搭扣为“雌雄搭扣”，附件 1 中没有出现或提示过本专利这种“袋口采用雌雄搭扣”的技术特征，而且本专利在采用雌雄搭扣时，比附件 1 采用拉链更加密封且开关更加方便，使用寿命更长。因此，本专利“一种带有雌雄搭扣的保温包”具有新颖性和创造性。

针对上述同一专利权，周耀梁（下称请求人 II）于 2004 年 7 月 30 日向专利复审委员会提出无效宣告请求，认为本专利不符合专利法第 22 条第 3 款的规定，请求宣告该专利权全部无效，并提交了如下的附件 A~C 作为证据：

附件 A：实用新型专利文献 CN 2109109U，授权公告日为 1992 年 7 月 8 日，复印件共 5 页；

附件 B：实用新型专利文献 CN 2080930U，授权公告日为 1991 年 7 月 17 日，复印件共 4 页；

附件C：实用新型专利文献CN 2192577Y，授权公告日为1995年3月22日，复印件共4页。

请求人II认为：（1）附件A、C均公开了“一种保温包，它包括包体、提手，所述包体由三层材料组合而成，其中外层为防护层、中间为保温层、内层为防水层”的结构，而“包体的口部设有搭扣”是习知的技术。本专利权利要求1与附件A、C的区别仅在于“中间保温层为发泡材料层”，而从附件B的权利要求以及附件C的说明书中可知，“包体由三层材料组合而成，中间为发泡材料保温层”为已知的技术，因此，结合附件A、B或C可以破坏权利要求1的创造性。（2）对权利要求2来说，用拉链代替搭扣作为箱包的开闭件是习知的技术，而且附件A的说明书中已经体现了具有拉链的保温包，因此，权利要求2也不具备创造性。

经形式审查合格后，专利复审委员会受理了上述请求，于2004年10月9日向双方当事人发出《无效宣告请求受理通知书》，并将《专利权无效宣告请求书》及其他有关文件的副本转送给专利权人，要求其在指定的期限内答复，同时成立合议组对本无效宣告请求案进行审理。

2004年11月19日，专利权人针对上述《无效宣告请求受理通知书》和《专利权无效宣告请求书》作出答复，并提交了修改的权利要求书。其中专利权人将原权利要求2的附加技术特征并入权利要求1中形成新的权利要求1。修改的权利要求书如下：

“1. 一种保温包，它包括包体（1）、提手（2），其特征在于：所述的包体（1）由三层材料组合而成，其中外层为防护层（11）、中间为发泡层（12）、内层为防水层（13）；包体（1）的口部设有搭扣（3）；所述的搭扣（3）可以是拉链。”

专利权人认为：（1）附件A的权利要求1及其从属权利要求未反映出本专利要求保护的包体三层结构、包体口部设有搭扣等技术特征，公众也无法从其联想到并设计出本专利。2. 附件C公开的是一种带蓄冷器的保温箱包，是一种会“致冷”的箱包，侧重点在“蓄冷器”，同时也未提及本专利的搭扣，因此，其结构与本专利不同；而附件B公开的是一种用于矿井内的饭菜保温包，由硬质材料制作而成，保温层采用毡毯、棉絮，同时，在附件B中也未提及本专利中拉链这一技术特征，因此，附件B的结构也与本专利不同；公众在看到附件B和C后并不会自然联想起并设计出本专利。

2006年9月5日，本案合议组向各当事人发出《无效宣告请求口头审理通知书》，定于2006年11月6日对本无效宣告请求案进行合并口头审理，同时将专利权人针对每一请求人所提交的意见陈述书及相关附件的副本转送相应的请求人。

2006年11月6日，口头审理如期进行，各当事人均出席了口头审理，并对对方出庭人员的身份和出庭资格没有异议。双方当事人对合议组成员均无回避请求。合议组在此情况下就本无效宣告请求案进行了庭审调查：

（1）专利权人放弃了其分别针对请求人I和II的无效宣告请求所修改的权利要求书，要求以授权公告的文本为基础进行审查，请求人I和II对此均无异议。

（2）请求人I放弃权利要求1和2不具备新颖性的无效理由。

（3）合议组就本无效宣告请求案的无效理由及证据逐一进行了调查，双方当事人充分陈述了各自的意见。

至此，合议组认为本案的事实清楚，可以作出审查决定。

**二、决定的理由**

1. 关于审查文本

在专利权人放弃了其分别针对请求人I和II的无效宣告请求所修改的权利要求书，同时请求人I和II对此均无异议的情况下，本决定以授权公告的文本作为审查基础。

2. 关于证据和无效理由

（1）关于证据。

请求人I提交了1份附件，请求人II提交了3份附件，所述4份附件均为专利文献，专利权人对其真实性和公开时间均没有异议。经核实，合议组认可其真实性。基于这4份证据的公开时间均在本专利的申请日之前，因此均可以作为本专利的现有技术。

（2）关于无效理由。

在上述证据的基础上，请求人I最终确定的无效理由是：本专利权利要求1和2相对于附件1不具备专利法第22条第3款规定的创造性。请求人II最终确定的无效理由是：本专利权利要求1相对于附件A和B、或附件B和C的结合不具备创造性，权利要求2相对于附件A和B、附件B和C、或附件A和C的结合不具备创造性。

3. 关于专利法第22条第3款

专利法第22条第3款规定，创造性，是指同申请日以前已有的技术相比，该实用新型具有实质性特点和进步。

在判断一项实用新型权利要求的创造性时，将权利要求的技术方案和最接近的现有技术进行对比，如果二者的区别技术特征没有给权利要求的技术方案带来实质性特点和进步，则该权利要求不具备创造性。

（1）关于术语"搭扣"。

请求人I认为权利要求中出现的术语"搭扣"是"拉链"的上位概念，在本专利中起到使袋口密封的作用，而且，从说明书第1页第5段"上述搭扣可以是拉链"能够推知，拉链是搭扣的一种形式。专利权人对此持不同意见，认为搭扣在日常生活中具有公知的含义，与拉链是并列概念。

对此，合议组认为，首先，搭扣在日常生活中经常可以见到，通常出现在诸如手包、背包等物品上，用于将两个物件，如包口连接起来，最常见的搭扣是尼龙搭扣。在辞海中，"搭"有相接、附着的意思，"扣"有套住、牵住或者形成结儿的含义。"搭"、"扣"相连有"搭而扣之"的意思，即，两者相连并有交叉。其次，在日常生活中，拉链有其专用的含义，指的是一种可以分开和锁合的链条形金属或塑料制品，用来缝在衣服、口袋或皮包上面。由此可见，在日常生活中，"搭扣"与"拉链"是两种不同的将两个物件连接起来的方式，二者属于并列的概念。

（2）关于本专利权利要求2的创造性。

基于以上认定可以推知，尽管从表面上看，本专利权利要求2是权利要求1的从属权利要求，但实质上是用"拉链"替代了"搭扣"的与权利要求1相并列的技术方案。因此，权利要求2要求保护的技术方案为：一种保温包，它包括包体（1）、提手（2），其中包体（1）由三层材料组合而成，外层为防护层（11）、中间为发泡层（12）、内层为防水层（13）；包体（1）的口部设有拉链（3）。

请求人I认为，本专利权利要求2相对于附件1不具备创造性。

附件1公开了一种保冷保温袋，其包括一个袋体，该袋体由外而内依序设有一个外层、一个保温层和一个内层，外层由柔软且可以防水的材质制成，保温层以发泡材料制成，内层是用可以防水的材料制成，在袋体口部设有结合元件，所述结合元件可以是拉链（参见附件1权利要求）。

将权利要求2与附件1的上述内容进行对比不难发现：附件1中公开的袋体相当于权利要求2的包体（1），附件1中用柔软且可以防水的材料制成的外层必然具有防护功能，其相当于权利要求2的防护层（11），附件1中用发泡材料制成的保温层相当于权利要求2中的发泡层（12），附件1中用防水材料制成的内层相当于权利要求2的防水层（13），且附件1袋体口部的拉链相当于权利要求2中的拉链（3）。由此可见，权利要求2的技术方案与附件1中公开的上述内容相比，区别仅在于在权利要求 2 的保温包上还包括提手（2）。

然而，从附件 1 附图 6 所示的技术方案可以明显看出，在附件 1 的保冷保温袋上可以安装提手（在附件 1 中标记为 14′，称作提耳），而且上述提手在附件 1 中的作用与其在本专利中的作用相同，都是为了方便提携。根据这一启示，本领域技术人员在附件 1 权利要求的技术方案的基础上做适当的改变，从而获得权利要求 2 的技术方案是显而易见的，而且上述改变也未产生任何意料不到的效果。因此，权利要求 2 的技术方案相对于附件 1 不具备创造性，不符合专利法第 22 条第 3 款的规定。

（3）关于本专利权利要求 1 的创造性。

权利要求 1 与权利要求 2 的区别仅在于，权利要求 1 中使用搭扣将袋口封闭，而权利要求 2 中却使用拉链。然而，如上所述，在日常生活中，搭扣与拉链是两种不同的、却是非常常见的将两个物件连接起来的方式，在诸如手包的袋口封闭过程中，这两种方式不仅通用，而且达到的效果也是类似的。故而，对本领域技术人员来说，将附件 1 中公开的拉链替换为搭扣仅仅是相同功能的已知手段的等效替换，并且从本专利的说明书中公开的内容也看不出这种替换产生了什么意想不到的效果。在此情况下，基于与上述“（2）关于权利要求 2 的创造性”相同的事实和理由，权利要求 1 的技术方案相对于附件 1 也不具备创造性，不符合专利法第 22 条第 3 款的规定。

由于请求人 I 的证据已足以否定本专利所有权利要求的创造性，因此，本决定对请求人 II 的无效理由及相关证据不再评述。

基于以上事实和理由，本案合议组作出如下审查决定。

**三、决定**

宣告 99226986.5 号实用新型专利权全部无效。

当事人对本决定不服的，可以根据专利法第 46 条第 2 款的规定，自收到本决定之日起三个月内向北京市第一中级人民法院起诉。根据该款的规定，一方当事人起诉后，另一方当事人应当作为第三人参加诉讼。

060

# 回转窑浇注料预制块

## 无效宣告请求审查决定（第9526号）

**决　　定　　号**　第9526号
**决　　定　　日**　2007年3月2日
**发明创造名称**　回转窑浇注料预制块
**国 际 分 类 号**　F27B 7/28，F27D 1/12
**无效宣告请求人**　白有力
**专　利　权　人**　张继枢
**申　　请　　号**　200420010386.6
**申　　请　　日**　2004年3月17日
**授 权 公 告 日**　2005年2月23日
**合 议 组 组 长**　黄　颖
**主　　审　　员**　郭建强
**参　　审　　员**　刘瑞斌

**法　律　依　据**　专利法第22条第3款
**决　定　要　点**

如果一项实用新型对本领域技术人员来说是非显而易见的，且具有有益的技术效果，则该实用新型具有实质性特点和进步，即具备创造性。

### 一、案由

本无效宣告请求涉及中华人民共和国国家知识产权局于2005年2月23日授权公告的、名称为“回转窑浇注料预制块”的实用新型专利权（以下简称本专利），其专利号是200420010386.6，申请日是2004年3月17日，专利权人是张继枢。本专利授权公告时的权利要求书如下：

“1. 一种回转窑浇注料预制块，其特征在于，它由耐高温外层（1）、轻质隔热保温内层（2）两层复合而成，耐高温外层（1）与轻质隔热保温内层（2）之中设有锚固内筋（3），在浇注料预制块的两侧面上各有一个弧形凹槽（4）。

2. 如权利要求1所述的预制块，其特征在于，所述的锚固内筋（3）有两条，形状为‘M’形。

3. 如权利要求2所述的预制块，其特征在于，所述的弧形凹槽设在浇注料预制块的两侧面1/2处，弧的半径为25mm，锚固内筋（3）顶部在浇注料预制块内下方2/3处，下部伸出复合层浇注料预制块40mm，锚固内筋的直径为10mm或12mm。

4. 如权利要求1、2或3所述的预制块，其特征在于，耐高温外层（1）的材质选自低水泥莫来石浇注料、高铝质钢纤维浇注料或黏土质钢纤维浇注料，轻质隔热保温内层（2）的材质选自硅酸钙、漂珠浇注料或氧化铝空心球浇注料，锚固内筋（3）的材质选自1Cr18Ni9Ti、1Cr25Ni20Ti或A3钢。

5. 一种回转窑浇注料预制块，其特征在于，它由耐高温外层（1）、锚固内筋（3）预制而成，耐高温外层（1）之中设有锚固内筋（3），在浇注料预制块的两侧面上各有一个弧形凹槽（4）。

6. 如权利要求5所述的预制块，其特征在于，所述的锚固内筋（3）有两条，形状为“M”形。

7. 如权利要求6所述的预制块，其特征在于，所述的弧形凹槽设在浇注料预制块的两侧面1/2处，弧的半径为25mm，锚固内筋（3）顶部在浇注料预制块内下方2/3处，下部伸出复合层浇注料预制块40mm，锚固内筋的直径为8mm或10mm。

8. 如权利要求5、6或7所述的预制块，其特征在于，耐高温外层（1）的材质选自低水泥钢纤维粘土质浇注料、高铝质钢纤维浇注料或微膨胀低温烧结浇注料，锚固内筋（3）的材质选自1Cr18Ni9Ti、1Cr25Ni20Ti或A3钢。”

针对本专利权，白有力（以下简称请求人）于2006年9月11日向专利复审委员会提出无效宣告请求，认为本专利的权利要求1~8不符合专利法第22条的规定，请求人同时提交了如下附件作为证据：

附件1：授权公告日为2000年9月27日、授权公告号为CN2398599Y（专利号为99245547.2）的中国实用新型专利说明书，共5页；

附件2：授权公告日为2000年9月27日、授权公告号为CN2398597Y（专利号为99245549.9）的中国实用新型专利说明书，共4页；

附件3：授权公告日为1994年11月2日、授权公告号为CN2181665Y（专利号为93246675.3）的中国实用新型专利说明书，共5页；

附件4：授权公告日为2005年11月2日、授权公告号为CN1225630C（专利号为00106149.6）的中国发明专利说明书，共11页；

附件5：本专利的专利说明书，共11页。

请求人认为：附件1公开了权利要求1的耐高温外层，轻质隔热保温内层和锚固内筋三个特征，附件3或4公开了凹槽的特征，因此权利要求1没有创造性。权利要求2的附加技术特征“M”形锚固内筋在附件1中被公开，因此权利要求2也没有创造性。权利要求3引用权利要求2，其附加技术特征的限定也不能使其具备创造性。权利要求4的附加技术特征是材料特征，不是实用新型的保护内容，因此权利要求4也没有创造性。附件2公开了权利要求5中的耐高温外层和锚固内筋，弧形凹槽的特征在附件3或4中被公开，因此权利要求5没有创造性。附件2也公开了权利要求6的附加技术特征“M”形锚固内筋，因此权利要求6也没有创造性。权利要求7引用权利要求6，其附加技术特征的限定也不能使其具备创造性。权利要求8的附加技术特征是材料特征，不是实用新型的保护内容，因此权利要求8也没有创造性。

经形式审查合格，专利复审委员会依法受理了上述无效宣告请求，并于2006年9月11日向请求人和专利权人发出无效宣告请求受理通知书，同时将专利权无效宣告请求书及其附件清单中所列附件的副本转送给专利权人，并要求专利权人在指定的期限内陈述意见。

针对专利复审委员会发出的上述无效宣告请求受理通知书，专利权人于2006年10月25日提交了意见陈述书、权利要求书的修改替换页及附件清单中所列的附件，其中修改后的权利要求书为：

“1. 一种回转浇注料预制块，它由耐高温外层（1）、轻质隔热保温内层（2）两层复合而成，耐高温外层（1）与轻质隔热保温内层（2）之中设有两条形状为‘M’形的锚固内筋（3），锚固内筋

（3）下部伸出复合层浇注料预制块外，其特征在于，在浇注料预制块的两侧面上各有一个弧形凹槽（4）。

2. 如权利要求1所述的预制块，其特征在于，所述的弧形凹槽设在浇注料预制块的两侧面1/2处，弧的半径为25mm，锚固内筋（3）顶部在浇注料预制块内下方2/3处，下部伸出复合层浇注料预制块40mm，锚固内筋的直径为10mm或12mm。

3. 如权利要求1或2所述的预制块，其特征在于，耐高温外层（1）的材质选自低水泥莫来石浇注料、高铝质钢纤维浇注料或粘土质钢纤维浇注料，轻质隔热保温内层（2）的材质选自硅酸钙、漂珠浇注料或氧化铝空心球浇注料，锚固内筋（3）的材质选自1Cr18Ni9Ti、1Cr25Ni20Ti或A3钢。

4. 一种回转窑浇注料预制块，它由耐高温外层（1）、锚固内筋（3）预制而成，耐高温外层（1）中设有两条‘M’形的锚固内筋（3），锚固内筋（3）下部伸出复合层耐高温外层（1）浇注料预制块外，其特征在于，在浇注料预制块的两侧上各有一个弧形凹槽（4）。

5. 如权利要求4所述的预制块，其特征在于，所述的弧形凹槽设在浇注料预制块的两侧1/2处，弧的半径为25mm，锚固内筋（3）顶部在浇注料预制块内下方2/3处，下部伸出复合层耐高温外层（1）浇注料预制块40mm，锚固内筋的直径为8mm或10mm。

6. 如权利要求4或5所述的预制块其特征在于，耐高温外层（1）的材质选自低水泥钢纤维黏土质浇注料、高铝质钢纤维浇注料或微膨胀低温烧结浇注料，锚固内筋（3）的材质选自1Cr18Ni9Ti、1Cr25Ni20Ti或A3钢。”

专利权人还提交了如下证据：

证据1：《审查指南》有关创造性的规定，复印件，共2页；

证据2：冶金工业出版社1994年7月第一版的《筑炉手册》封面页、版权页、第639页，复印件，共3页；

证据3：专利复审委员会作出的第284号无效宣告请求审查决定书复印件，共4页；

证据4：专利复审委员会作出的第44号无效宣告请求审查决定书复印件，共4页；

证据5：专利复审委员会作出的第157号无效宣告请求审查决定书复印件，共3页。

专利权人认为：修改的权利要求书符合《审查指南》的规定。本专利的“M”形锚固内筋伸出复合层部分与“M”形所在的平面近似垂直，而附件1中“M”形锚固内筋伸出砖体部分与“M”形所在的平面近似同一个平面内；本专利预制块两侧设置凹槽的目的是有效稳固现场施工浇注的长条内衬的捣打料浇注层，阻止高温煅烧料从接缝缝隙中进入轻质隔热层，避免轻质浇注料的粉化现象（俗称老鼠打洞），而附件3中榫头和榫槽的设置是为了实现相邻耐火砖的连接，附件4中凹槽的目的是让凹槽抹上耐火泥将砖体固定在窑炉壁上，它们之间凹槽的作用不同。因此本专利新修改的权利要求相对于附件1~4的结合具备创造性。

专利复审委员会依法成立合议组对本案进行审查。

本案合议组于2006年11月7日向双方发出无效宣告请求口头审理通知书，定于2006年12月15日举行口头审理。随同口头审理通知书，将专利权人于2006年10月25日提交的意见陈述书及其附件清单中所列附件的副本转送给请求人。

口头审理如期举行，在口头审理中：

（1）合议组当庭告知双方当事人专利权人于2006年10月25日提交的修改后的权利要求书不符合审查指南第四部分第三章第4.6节的规定，合议组不予接受，因此口头审理审查的基础是本专利授权公告的文本。

（2）请求人明确其无效宣告请求的证据、理由和范围为，本专利的权利要求1~8不符合专利法

第 22 条第 3 款关于创造性的规定，放弃本专利不具备新颖性的理由。请求人当庭提交了三份作为公知技术的证据及其原件，以证明权利要求 4 和权利要求 8 中涉及的材料特征是申请日前的公知技术。请求人请求使用附件 4 的公开文本替代原附件 4（专利授权文本）使用。合议组当庭将这四份证据的副本转给专利权人。请求人新提交的证据如下：

附件 4：公开日为 2001 年 11 月 7 日、公开号为 CN1320800A（专利号为 00106149.6）的中国发明专利申请公开说明书，共 11 页；

附件 6：黑龙江科学技术出版社 1991 年 5 月第 1 版的《不锈钢纤维耐火混凝土》封面、版权页、168、169、172~175 页，共 5 页复印件；

附件 7：冶金工业出版社 1994 年 6 月第 1 版的《不定形耐火材料》封面、版权页、250、251、264、265 页，共 4 页复印件；

附件 8：冶金工业出版社 1992 年 9 月第 1 版的《特种不定形耐火材料及不烧耐火砖》封面、版权页、112~113 页，共 3 页复印件。

（3）专利权人对附件 1~4 的真实性没有异议，对请求人当庭提交的三份作为公知技术使用的附件 6~8 的真实性也没有异议。合议组告知专利权人由于请求人当庭提交了附件 4 的公开文本和三份证明公知常识的新证据即附件 6~8，因此允许专利权人在口审后七天内针对上述四份证据对本专利创造性的影响提交书面陈述意见。

（4）专利权人当庭提交了两份新的证据，以证明工业窑炉是公知技术，如下：

证据 6：冶金工业出版社 2003 年 1 月第 2 版、2005 年 11 月第 6 次印刷的《不定形耐火材料（第 2 版）》封面、版权页、第 3~8 页，共 8 页复印件；

证据 7：1999 年第 4 期《工业炉》的封面、第 33~35、52 页，共 5 页复印件。

（5）请求人当庭核实了证据 6、7 的原件与复印件的一致性，并对两份证据的真实性没有异议。同时，请求人对证据 1、3~5 的真实性没有异议，但对证据 2 的真实性有异议，因为专利权人没有提供证据 2 的原件。合议组告知专利权人由于证据 2 没有提交原件，因此合议组对专利权人提交的证据 2 的真实性无法确认，所以该证据不作为此次口头审理的证据使用。

（6）双方当事人在口审中就权利要求 1~8 是否具备创造性充分发表了各自的意见。

口头审理结束后，专利权人于 2006 年 12 月 28 日向专利复审委员会提交了意见陈述书，坚持其在口头审理中的意见。

至此，合议组认为本案事实已经清楚，可以作出审查决定。

**二、决定的理由**

1. 关于证据和现有技术

请求人提交的证据包括附件 1~8，专利权人对附件 1~8 的真实性没有异议，合议组经审查，认可附件 1~8 的真实性，作为本案证据使用，同时由于附件 1~4、6~8 为公开出版物，且其公开日期在本专利的申请日前，因此可以作为本专利的现有技术使用。

2. 关于专利权人提交的修改文本

审查指南第四部分第三章第 4.6 节在“无效宣告程序中专利文件的修改”中对修改原则、修改方式和修改方式的限制进行了规定。其中，规定修改权利要求书的具体方式一般限于权利要求的删除、合并和技术方案的删除。权利要求的合并是指两项或者两项以上相互无从属关系但在授权公告文本中从属于同一独立权利要求的权利要求的合并。在此情况下，所合并的从属权利要求的技术特征组合在一起形成新的权利要求。该新的权利要求应当包含被合并的从属权利要求中的全部技术特征。

合议组经审查后认为：专利权人修改后的新权利要求 1 中除了包含原权利要求 1 和 2 的所有技术

特征以外，还包含了原权利要求3中“锚固内筋（3）下部伸出复合层浇注料预制块外”的部分技术特征，但是没有包含权利要求3中的全部技术特征，因此该修改不属于权利要求的删除、合并和技术方案的删除，即不属于审查指南所规定的三种修改方式中的任何一种。修改后的新权利要求4也存在同样的情况。因此合议组认为专利权人提交的权利要求书的修改文本不符合审查指南的上述规定，双方当事人在口审中的意见陈述以及本决定的作出均以本专利授权公告的权利要求书为基础。

3. 关于本专利的创造性

专利法第22条第1款、第3款规定，授予专利权的发明和实用新型应当具备创造性，创造性，是指同申请日以前已有的技术相比，该发明有突出的实质性特点和显著的进步，该实用新型有实质性特点和进步。

根据该规定，如果一项实用新型对本领域技术人员来说是非显而易见的，且具有有益的技术效果，则该实用新型具有实质性特点和进步，即具备创造性。

本案中，请求人认为本专利权利要求1中的预制块包括耐高温外层、轻质隔热保温内层及其复合结构、锚固内筋这些技术特征已经在附件1中被披露，在浇注料预制块的两侧面上各有一个弧形凹槽的技术特征被附件3或4披露了，因此权利要求1相对于附件1和3或者附件1和4的结合不具备创造性。同理，附件2公开了权利要求5中预制块包括耐高温外层、锚固内筋的技术特征，附件3或4披露了预制块两侧面上有弧形凹槽的技术特征，因此权利要求5相对于附件2和3或者附件2和4的结合也不具备创造性。权利要求2和6的附加技术特征“两条M形的锚固内筋”在附件1中也被公开，因此也不具备创造性。权利要求3和7中对弧形槽和锚固内筋的半径、尺寸、位置等限定对本专利的技术效果没有任何的贡献，因此也没有创造性。权利要求4和8中的材料特征在附件6~8中有记载，是公知的材料，因此也不具备创造性。

专利权人认为本专利要求保护的预制块和附件1~4中的耐火砖属于不同类型的耐火材料，本专利的凹槽和附件3的榫槽以及附件4中的泥浆槽在作用、结构上都不一样，所以本专利的独立权利要求1和5具备创造性，其从属权利要求2~4、6~8也具备创造性。

合议组经审查后认为：本专利权利要求1的回转窑浇注料预制块与附件1所公开的耐火砖相比，至少存在如下的区别：本专利的浇注料预制块两侧面上各有一个弧形凹槽，而附件1中没有凹槽。虽然附件3中公开了四个侧面上对应有榫槽的耐火砖，但是首先，附件3中耐火砖两对应侧面上是一榫一槽结构，而本专利预制块的两对应侧面上是相同的弧形凹槽。其次从凹槽所起的作用上看，附件3中榫头-榫槽结构的作用仅是将耐火砖沿炉衬的轴向和圆周方向进行榫连接，以构成炉衬；而本专利预制块侧面弧形槽的作用是稳固浇注料捣打层，阻止高温煅烧料从缝隙中进入轻质隔热层，避免轻质浇注料的粉化现象，即老鼠打洞现象（参见本专利说明书第2页第12~14行）。附件4中虽然砖体的四个侧面上设有环形泥浆槽，但作用是用来充满泥浆，实现砖的粘结，因此其结构和作用与本专利也不相同。由此可见，请求人所提交的附件1、3、4均未给出为了在预制块之间形成稳固浇注料捣打层而在其两个侧面设置弧形凹槽，以稳固浇注料捣打层，阻止高温煅烧料从缝隙中进入轻质隔热层，避免轻质浇注料的粉化即老鼠打洞现象的技术启示，即合议组认为权利要求1相对于附件1和3或者附件1和4来说是非显而易见的。且由于凹槽解决了上述的避免轻质浇注料粉化现象的技术问题，具有有益的技术效果，因此本专利权利要求1相对于请求人所主张的附件1和3、或者附件1和4的结合具有实质性特点和进步，即具备专利法第22条第3款所规定的创造性。

由于附件2中也没有公开本专利中的弧形凹槽这一技术特征，根据上面的分析，本专利权利要求5相对于请求人所主张的附件2和3、或者附件2和4的结合也具有实质性特点和进步，即具备专利法第22条第3款规定的创造性。

由于独立权利要求 1 和 5 具备创造性，且请求人所主张的其他证据附件 6~8 只是用来评价权利要求 4 和 8 中的材料特征，并没有给出采用上述区别技术特征以解决上述技术问题的启示，因此，其从属权利要求 2~4、6~8 也具备专利法第 22 条第 3 款规定的创造性。

根据上述的事实和理由，本案合议组依法作出以下决定。

**三、决定**

维持 200420010386. 6 号实用新型专利权有效。

当事人对本决定不服的，可以根据专利法第 46 条第 2 款的规定，自收到本决定之日起 3 个月内向北京市第一中级人民法院起诉。根据该款的规定，一方当事人起诉后，另一方当事人应当作为第三人参加诉讼。

061

# 活磁能量按摩文胸

## 无效宣告请求审查决定（第9529号）

**决　定　号**　第9529号
**决　定　日**　2007年2月26日
**发明创造名称**　活磁能量按摩文胸
**国际分类号**　A41C 3/00，A61H 39/04，A61N 2/08
**无效宣告请求人**　上海启梦企业发展有限公司
**专利权人**　萧俊贤
**专　利　号**　200420021103.8
**申　请　日**　2004年3月19日
**授权公告日**　2005年3月30日
**合议组组长**　张　沧
**主　审　员**　许　磊
**参　审　员**　吴通义

**法律依据**　专利法第26条第3款
**决定要点**

说明书应当使用所属技术领域的技术术语来准确地表达发明或者实用新型的技术内容，不得含糊不清或者模棱两可，以致所属技术领域的技术人员不能清楚、正确地理解该发明或者实用新型。

**一、案由**

本无效宣告请求案涉及国家知识产权局于2005年3月30日公告授予的、名称为“活磁能量按摩文胸”的200420021103.8号实用新型专利权（下称本专利），其申请日为2004年3月19日，专利权人是萧俊贤。

本专利授权公告的权利要求书如下：

“1. 一种活磁能量按摩文胸，由罩杯、连接带、背带组成，其特征在于所述的罩杯内置有按摩垫和活磁片。”

2. 根据权利要求1所述的活磁能量按摩文胸，其特征在于所述的罩杯的内衬为透气性材料。

3. 根据权利要求1所述的活磁能量按摩文胸，其特征在于所述的按摩垫均匀分布着数个柔软圆形凸点，凸点内置有能量因子。

4. 根据权利要求3所述的活磁能量按摩文胸，其特征在于所述的柔软圆形凸点一边固定。

5. 根据权利要求3所述的活磁能量按摩文胸，其特征在于所述的能量因子为中空透明微小元素。

6. 根据权利要求 1 所述的活磁能量按摩文胸，其特征在于所述的活磁片为纳米片。”

针对上述专利权，上海启梦企业发展有限公司（下称请求人）于 2006 年 3 月 23 日向专利复审委员会提出无效宣告请求，认为本专利不符合专利法第 5 条、专利法第 22 条第 3 款、专利法第 26 条第 3 款以及专利法实施细则第 2 条第 2 款的规定，请求人同时提交了下列附件作为证据：

附件 1：1999 年 7 月 28 日公告的 98200509.1 号中国实用新型专利说明书，复印件共 10 页；

附件 2：1997 年 5 月 11 日公告的编号为 305130 的台湾新型专利公报，复印件共 4 页；

附件 3：“黛丽儿奈米活磁按摩胸罩”宣传彩页 1 张（双面）、“依艾蒂活磁能量按摩文胸”宣传彩页 1 张（双面）；

附件 4：民事起诉状复印件 2 页及姜新兰的证词 1 页，共 3 页。

请求人提出的具体无效理由是：附件 1 和 2 公开了与本专利权利要求 1~5 所述形状结构基本相同的同类产品，所以权利要求 1~5 不符合专利法第 22 条规定的创造性；权利要求 2、6 纯粹保护材料，不符合专利法实施细则第 2 条第 2 款的规定；权利要求 1、3~6 不符合专利法第 5 条的规定；本专利中的“活磁片”、“能量因子”、“中空透明微小元素”以及“纳米片”不清楚，导致说明书不符合专利法第 26 条第 3 款的规定。

请求人于 2006 年 4 月 20 日提交了《意见陈述书》并随《意见陈述书》提交了附件 5~9，请求人认为附件 5~9 表明本专利权利要求 2、6 不具备创造性且不符合专利法实施细则第 2 条第 2 款的规定。请求人提交的附件 5~9 如下：

附件 5：1999 年 7 月 21 日公告的 98224173.9 号中国实用新型专利说明书首页、权利要求书、说明书和说明书附图，复印件共 5 页；

附件 6：1997 年 5 月 21 日公开的 95113337.3 号中国发明专利申请公开说明书首页、权利要求书及说明书附图 4，复印件共 2 页；

附件 7：1999 年 1 月 27 日公开的 97108996.5 号中国发明专利申请公开说明书首页及说明书附图，复印件共 2 页；

附件 8：1995 年 6 月 14 日公告的 94220208.2 号中国实用新型专利说明书首页、权利要求书，复印件共 2 页；

附件 9：1996 年 3 月 13 日公告的 94211617.8 号中国实用新型专利说明书首页、权利要求书，复印件共 2 页。

经形式审查合格后，专利复审委员会受理了上述请求，于 2006 年 7 月 17 日向双方当事人发出《无效宣告请求受理通知书》，并将请求人提交的《专利权无效宣告请求书》及其附件清单中所列附件和无效宣告请求人于 2006 年 4 月 20 日提交的《意见陈述书》及其附件清单中所列附件转送给专利权人，要求其在指定期限内答复。

2006 年 9 月 1 日，专利权人针对上述无效宣告请求提交了《意见陈述书》和修改的权利要求书替换页，修改后的权利要求书如下：

“1. 一种活磁能量按摩文胸，由罩杯、连接带、背带组成，所述的罩杯内置有按摩垫，所述的按摩垫均匀分布着数个柔软圆形凸点，其特征在于，所述的罩杯还内置有活磁片，所述的凸点内置有能量因子。

2. 根据权利要求 1 所述的活磁能量按摩文胸，其特征在于所述的罩杯的内衬为透气性材料。

3. 根据权利要求 1 所述的活磁能量按摩文胸，其特征在于所述的柔软圆形凸点一边固定。

4. 根据权利要求 1 所述的活磁能量按摩文胸，其特征在于所述的能量因子为中空透明微小元素。

5. 根据权利要求 1 所述的活磁能量按摩文胸，其特征在于所述的活磁片为纳米片。”

专利权人同时提交了下述证据作为反证：

反证1："促进药物透皮吸收的方法"，黄际薇等，《中国医院药学杂志》2000年第20卷第11期，第680~682页，复印件共3页；

反证2："目前我国透皮给药系统研究的基本思路"，杨晓春等，《中国新药杂志》2001年第10卷第5期，第321~324页，复印件共4页；

反证3："透皮吸收制剂研究进展"，刘文等，《贵阳中医学院学报》2001年6月第23卷第2期，第45~47页，复印件共3页；

反证4："磁性纳米材料"，王明华，BIOMAGNETISM，复印件共1页；

反证5："纳米技术蕴酿制造业一场革命"，庚晋等，WMEM第6期，2001年12月，第35~36页，复印件共2页；

反证6："纳米磁体开辟数据存储新天地"，Mathew A. Dirjish/王正华译，《今日电子》1999年第8期，第6~7页，复印件共2页；

反证7：《金属功能材料》1999年，第184页，复印件共1页；

反证8："纳米复合永磁体的成分、晶粒尺寸与各向异性"，冯维存等，《功能材料与器件学报》2003年12月，第9卷第4期，第405~408页，复印件共4页。

专利权人认为：

根据反证1~8记载的现有技术，可知：（1）磁片有两类，一种是天然带有磁性的矿石，其磁性会随着长时间的使用而减弱（消磁）；另一种是注入式磁片（永磁体），其磁性永久保持，不会消磁，因而也称为"活磁片"，本专利所称的"活磁片"即是注入式磁片，永不消磁；（2）能量因子采自化妆品类和高科技产品，是一种植物萃取物，纯植物精华；（3）所说的中空透明微小元素为TDS-Liposomes透释磷脂球，其可将植物的萃取物吸附及包围在球体中，因为其球体微小，所以不会被细胞排斥，不仅能在按摩垫的凸起中形成对流，而且能够通过按摩垫的极微细的毛细孔被释放出来并作用于乳房肌肤（见反证1~3）；（4）所说的纳米片是指采用纳米材料制成的纳米磁片，其通常在医学上被广泛应用（见反证4~8）。所以，本专利中的"活磁片"、"能量因子"、"中空透明微小元素"和"纳米片"均为本专利的申请日前的公知技术，并为本领域技术人员所熟知，本领域技术人员根据说明书的记载结合现有技术和自身的技术常识，完全可以再现本专利的技术方案，所以本专利的说明书符合专利法第26条第3款的规定。同时，修改后的权利要求1~5相对于请求人提交的附件1~9具备新颖性和创造性。

2006年10月31日，专利复审委员会本案合议组向双方当事人发出《无效宣告请求口头审理通知书》，通知将于2006年12月14日在专利复审委员会对本无效宣告请求进行口头审理，并将专利权人于2006年9月1日提交的《意见陈述书》以及其附件清单所列文件转交请求人，要求其在口头审理时一并答复。

请求人于2006年11月10日提交了《无效宣告请求口头审理通知书回执》，表示不参加口头审理。同时，请求人针对专利权人于2006年9月1日提交的《意见陈述书》及所附的修改后的权利要求书和反证1~8陈述了意见。请求人认为：（1）专利权人在答辩陈述中提到的反证1~8均非本案争议专利产品的制造业界的行业内技术刊物，文章中划示的有关内容属于与本案无关的材料；（2）专利权人在答辩中对其权利要求及专利说明书中一些不清楚的词语进行了解释，但未清楚说明其解释与其证据的关联性，也未说清楚为何以纳米材料制成的纳米磁片能相对一般磁片更具有理疗效果，而且也未提出"活磁"就是"永磁"的根据，其无济于解决其说明书违反专利法第26条第3款的问题；（3）专利权人将权利要求1与权利要求3合并，并未影响对比文件公开的结构对其新权利要求的覆盖，因此其新权利要求同样应被宣告无效。

专利权人没有提交《无效宣告请求口头审理通知书回执》。

2006年12月14日，口头审理如期举行，请求人和专利权人均未出席口头审理。

至此，合议组认为本案事实清楚，可以作出审查决定。

**二、决定的理由**

1. 审查文本的认定

专利权人于2006年9月1日提交了权利要求书的修改文本，删除了权利要求1，将从属于原权利要求1的原权利要求3修改为新权利要求1并对其他权利要求的引用关系作了相应修改。经审查，该修改文本符合专利法以及专利法实施细则的相关规定，可以作为审查的基础。因此，本决定所依据的文本为专利权人于2006年9月1日提交的权利要求第1~5项以及本专利授权公告的说明书第1~2页、说明书附图第1页、说明书摘要和摘要附图。

2. 专利法第26条第3款

专利法第26条第3款规定：说明书应当对发明或者实用新型作出清楚、完整的说明，以所属技术领域的技术人员能够实现为准。

根据该款规定，说明书应当使用所属技术领域的技术术语来准确地表达发明或者实用新型的技术内容，不得含糊不清或者模棱两可，以致所属技术领域的技术人员不能清楚、正确地理解该发明或者实用新型。

本案中，权利要求1请求保护“一种活磁能量按摩文胸，由罩杯、连接带、背带组成，所述的罩杯内置有按摩垫，所述的按摩垫均匀分布着数个柔软圆形凸点，其特征在于，所述的罩杯还内置有活磁片，所述的凸点内置有能量因子。”

其中的能量因子在权利要求4中被进一步定义为“中空透明微小元素”，在说明书中对其仅有“一种透明中空颗粒”和“一种透明中空颗粒，纯植物靖华，会随体温而产生冷缩热胀变化，形成对流”的描述（见说明书第1页倒数第7~8行和第2页第9~10行）；其中的活磁片在权利要求5中被进一步定义为一种纳米片，在说明书中被描述为“纳米片，下加宽设计”（见说明书第1页倒数第3行）。

合议组认为，从权利要求1所要保护的产品来看，所说按摩文胸中的“活磁片”和内置于按摩垫凸点内的“能量因子”是获得本发明产品不可或缺的重要组成部分，但是，“活磁片”、“能量因子”是不清楚的用语，本领域技术人员不能正确地理解其技术含义。

（1）关于“活磁片”，其不是本领域常用的技术术语，无清楚的确定含义，说明书中也没有对其结构和组成以及制备方法进行清楚的描述，本领域技术人员根据说明书的描述无法知晓何为“活磁片”以及如何获得，而且，根据说明书的记载以及本领域的常识，无法认定“活磁片”就是本领域已知的“注入式磁片”或“永磁体”。此外，虽然在本专利说明书中对“活磁片”进行了“为纳米片，下加宽设计”的限定，但是并没有对如何获得纳米片以及“下加宽设计”的纳米片进行说明，而且，根据本领域技术人员的公知常识，纳米物质意味着该产品的尺寸大小为纳米级，根据字面理解，纳米片为纳米级的小片，但是从本专利说明书的描述和附图来看，所说纳米片形式的活磁片是一片体积远远大于纳米级的物质，所以本领域技术人员根据说明书的记载，并不知晓“纳米片”为何种物质。专利权人认为“纳米片”就是用纳米材料制成的纳米磁片，但是，首先，本领域不存在“纳米片”即为“纳米磁片”的说法，其次，“纳米磁片”本身与“纳米片”一样，也是不清楚的，所以，不能证明“纳米片”是本领域具有清楚含义的确定物质。因此，“纳米片”也是本领域技术人员根据说明书的记载无法获得的物质。

（2）关于“能量因子”，在说明书中将其描述为“一种透明中空颗粒”、“纯植物精华，会随体温而产生冷缩热胀变化，形成对流”、“只有一边的固定点”，然而，根据说明书的描述，本领域技术人员并不明白所述的“能量因子”为何物、如何制得。此外，对于本专利中描述能量因子时所用的“中空透明微小元素”而言，其也不是本领域中具有清楚定义的已知用语，说明书中也未记载其组成、结构和制备方法，现有技术中也未教导其组成、结构和制备方法，因此，说明书中描述“能量因子”时采用的“中空透明微小元素”的用语仍然不具有清楚的含义。

合议组注意到，专利权人在无效程序中提交了反证 1~8 用以证明“活磁片”、“能量因子”、“中空透明微小元素”和“纳米片”为现有技术。但是，上述反证 1~8 均为复印件，专利权人未参加口头审理出示原件，合议组对反证 1~8 的真实性不予认定，其不能作为本案的有效证据使用。

综上所述，组成本专利产品所必需的“活磁片”和“能量因子”以及其所采用的“纳米片”和“中空透明微小元素”的进一步限定都不是所属技术领域已知具有确切含义的术语，说明书中也没有对其来源或制备进行描述，所属技术领域的技术人员根据说明书的描述和公知常识无法获得，从而不能根据说明书的描述实现本发明，所以说明书不符合专利法第 26 条第 3 款的规定。

鉴于依据上述事实已得出本专利不符合专利法第 26 条第 3 款的规定应予以宣告无效的结论，本决定对请求人提出的其他理由和证据不作评述。

故此，本案合议组作出如下审查决定。

**三、决定**

宣告 200420021103. 8 号实用新型专利权全部无效。

当事人对本决定不服的，可以根据专利法第 46 条第 2 款的规定，自收到本决定之日起三个月内向北京市第一中级人民法院起诉。根据该款的规定，一方当事人起诉后，另一方当事人应当作为第三人参加诉讼。

062

# 一种代换传统灯管的节能式 T5 灯管支架

## 无效宣告请求审查决定（第 9532 号）

**决　定　号** 第 9532 号
**决　定　日** 2007 年 3 月 6 日
**发明创造名称** 一种代换传统灯管的节能式 T5 灯管支架
**国 际 分 类 号** F21V 21/108，F21V 23/00，F21W 131：00，F21Y 103：00
**无效宣告请求人** 深圳市朗仕照明有限公司
**专　利　权　人** 刘文轩
**申　请　号** 01255491. X
**申　请　日** 2001 年 9 月 4 日
**授 权 公 告 日** 2002 年 4 月 24 日
**合 议 组 组 长** 张梅珍
**主　审　员** 周　航
**参　审　员** 张　曦

**法　律　依　据** 专利法第 22 条第 3 款
**决　定　要　点**

如果一项权利要求请求保护的技术方案相对于现有技术是显而易见的，则该技术方案不具有创造性。

**一、案由**

本无效宣告请求涉及中华人民共和国国家知识产权局于 2002 年 4 月 24 日授权公告的、名称为"一种代换传统灯管的节能式 T5 灯管支架"的实用新型专利权（下称本专利），其申请号是 01255491. X，申请日是 2001 年 9 月 4 日，专利权人是刘文轩。该专利授权公告时的权利要求书如下：

"1. 一种代换传统灯管的节能式 T5 灯管支架，包括接铝型材主体（2），T5 灯头（5）、（10），接线器（6）、（11），端座底盖板（7）、（12），其特征在于内置电子镇流器的电路板（14）置于壳体（13）再外封绝缘层（15）后置于拉铝型材主体（2）内，左端座（3）和右端座（9）的外端下部套上 T8、T10 或 T12 的灯头件芯盖（4）、（8）。"

针对上述专利权，深圳市朗仕照明有限公司（下称请求人）于 2006 年 9 月 27 日向专利复审委员会提出无效宣告请求，其理由是，本专利不符合专利法第 22 条第 3 款的规定，其提交的证据如下：

证据 1：公开号为 CN1254249A 的发明专利申请公开说明书，其公开日为 2000 年 5 月 24 日；

证据2：公开号为WO00/45473的PCT专利申请公开文本，其公开日为2000年8月3日；

证据3：DE19854440A1号德国专利申请公开文本，其公开日为2000年6月15日；

证据4：DE19512307A1号德国专利申请公开文本，其公开日为1996年10月2日；

证据5：国家知识产权局专利检索咨询中心出具的对01255491. X号专利的、编号为G061777的检索报告复印件（共4页）；

证据6：ZL99235327. 0号实用新型专利说明书，其授权公告日为1999年12月1日；

证据7：ZL99241087. 8号实用新型专利说明书，其授权公告日为2000年9月13日。

请求人认为：证据1和证据2分别公开了本专利权利要求1中两端具有端座和灯脚的灯管支架，证据3和4中公开了能够转换T5灯管与T8、T10和T12灯管的转换装置，而将电子镇流器内置于壳体内的灯管支架是现有技术，在证据1、6、7中均有所公开，本领域技术人员结合上述证据得到本专利权利要求1的技术方案是显而易见的。证据5中也指出本专利权利要求1不具备专利法第22条第3款所规定的创造性。

经形式审查合格，专利复审委员会依法受理了上述无效宣告请求，并于2006年9月29日向双方当事人发出无效宣告请求受理通知书，同时将无效宣告请求书及其附件清单中所列附件的副本转给专利权人，要求其在收到该通知之日起一个月内陈述意见。

在上述指定的期限内，专利权人没有答复。

请求人另于2006年10月26补充提交了上述证据2~4的首页、部分说明书和权利要求书的中文译文（共9页）。

针对上述无效宣告请求，专利权人于2006年11月10日提交了意见陈述书，认为请求人所提交的7份证据两两结合不能覆盖本专利权利要求1的创造性，国家知识产权局专利检索咨询中心出具的检索报告不能作为有效证据证明本专利不具备创造性。

专利复审委员会依法成立合议组对本案进行审查，合议组于2006年12月11日向双方当事人发出无效宣告请求口头审理通知书，定于2007年1月25日在复审委员会举行本案的口头审理。随同口头审理通知书，将请求人于2006年10月26日提交的意见陈述书及其附件副本转给专利权人。

口头审理如期举行，双方当事人均参加了口头审理。合议组当庭将专利权人于2006年11月10日提交的意见陈述书转给请求人。请求人明确其无效宣告的理由和范围是：本专利权利要求1相对于证据1和证据3的结合或者证据1和证据2的结合不具备创造性，并表示其他证据仅作为现有技术的参考。专利权人对证据1~7的真实性以及证据2~4的首页、部分说明书和权利要求书的中文译文准确性没有异议。

在口头审理中，（1）请求人认为证据1公开了本专利权利要求1的大部分技术特征，其中长条状壳体3相当于本专利所述的拉铝型材主体2，灯座6相当于本专利中接线器6、11与端座底盖板7、12的结合，电子镇流器4装于壳体3内的技术特征相当于本专利中电子镇流器的电路板14置于壳体13再外封绝缘层置于主体内的技术特征，权利要求1与证据1的区别仅在于证据1没有公开节能式T5灯管支架左右端座的外端下部套上T8、T10或T12的灯头件芯盖的技术特征，但该区别技术特征在证据3中已经公开，证据3中转换器的基座即相当于本专利中的灯头件芯盖，同时该区别技术特征在证据2中也已经公开，证据2附图8中附图标记为20的部件相当于本专利中的灯头件芯盖。（2）专利权人认为证据1和3的结合不能无效本专利，首先证据1与本专利的领域不同，技术效果也不同，证据1是为了实现电子镇流器和灯管一体化设置，而本专利是为了使T8等灯管的支架能支持T5灯管，并能实现T5灯管与原先灯管轴线不重合的效果，而且本专利的技术方案与证据1相比有三点区别，即证据1的壳体与本专利的拉铝型材在材质和效果上有所不同；证据1中的灯座相对于本专利中的灯头、接线器、底盖板是上位概念；以及证据 1 中电子镇流器设置与本专利不同。此外专利权人认为证据 3 的延长转换器结构与本专利中端座、芯盖等的组合也完全不同，证据 2 与本专利的发明目的、技术方案和所达到的效果都不同，证据 2 是是用电子镇流器替换传统的电感镇流器的灯管，因而没有本专利中的延长作用。

在上述工作的基础上，合议组认为本案事实已经清楚，可以作出审查决定。

**二、决定的理由**

1. 关于证据

请求人在提出无效宣告请求时共提交了 7 份证据，并在提出无效宣告请求之日起一个月内补充提交了证据 2~4 的首页、部分说明书和权利要求书的中文译文，专利权人对证据 1~7 的真实性和证据 2~4的首页、部分说明书和权利要求书的中文译文准确性均无异议。在口头审理过程中请求人明确表示证据 4~7 仅作为参考，因此本决定中对证据 4~7 不再进行评述。合议组经审查认为，证据 1~3 均是本专利申请日之前公开的专利文件，其上记载的内容构成本专利的现有技术。鉴于专利权人对证据 2-3 中文译文的准确性无异议，故该证据 2~3 文字部分的内容以其中文译文为依据。

2. 关于创造性

专利法第 22 条第 3 款规定：创造性是指同申请日以前已有的技术相比，该发明有突出的实质性特点和显著的进步，该实用新型有实质性特点和进步。

如果一项权利要求请求保护的技术方案相对于现有技术是显而易见的，则该技术方案不具备创造性。

在本案中，请求人认为证据 1 公开了权利要求 1 的大部分技术特征，其区别技术特征在证据 3 或者证据 2 中均有所公开，因此本专利的权利要求 1 相对于证据 1 和 3 的结合或者证据 1 和 2 的结合不具备创造性。

证据 1 涉及一种能与直管型荧光灯管成一体的电子镇流器（即带电子镇流器的直管型荧光灯管），其中电子镇流器 4 装在长条状壳体 3 内，壳体 3 两端各设一端盖 1，端盖 1 内侧设有灯座 6，外侧设有灯脚 7，灯座 6 与灯脚 7 均为直管型荧光灯管 2 和灯架所适用。

证据 3 公开了一种荧光灯管的延长转换器 7，其安装在短型荧光灯管（相当于本专利中的 T5 灯管）的两端，该延长转换器的外侧面上安置有基座 8，该基座与其相对的基座（相当于本专利中的灯头件芯盖 4 和 8）相配，上述两基座与长型灯管（相当于本专利中的 T8、T10、T12）相匹配，两端安装有该延长转换器 7 的短型荧光灯管可以在长荧光灯管的灯具中使用。

通过比较可知，证据 1 中内装电子镇流器的长条状壳体 3 及其端盖 1 的组合（参见证据 1 附图 1）相当于本专利权利要求 1 中的 T5 灯管支架，其中长条状壳体 3 相当于本专利中的拉铝型材主体 2，用于支持灯管和容纳电子镇流器等内部结构；灯座 6 相当于本专利中接线器 6、11 与端座底盖板 7、12 的结合，用于在灯管端部起到电路连接作用；电子镇流器 4 装于壳体 3 内的技术特征相当于本专利中电子镇流器的电路板 14 置于壳体 13 再外封绝缘层 15 置于拉铝型材主体内的技术特征。该权利要求 1 与证据 1 的区别在于：（1）证据 1 采用长条状壳体，而本专利技术方案中采用的是拉铝型材主体；（2）证据 1 中记载了灯座、电子镇流器，但未描述其具体构成，本专利中相应元件分别采用的是接线器与端座底盖板的组合，以及电路板置于壳体中再外封绝缘层的电子镇流器；（3）权利要求 1 的技术方案中还设有 T5 灯头，左右端座外端下部还套有 T8、T10 或 T12 的灯头件芯盖，起到将 T8、T10 或 T12 灯管转接成 T5 灯管的作用。

对于上述区别点合议组认为：（1）本专利的拉铝型材主体和证据 1 的长条状壳体都起着支持灯管和容纳电子镇流器灯内部结构的功能，而拉铝型材是一种常规的成型材料并广泛应用于灯具中；

(2) 荧光灯管的灯座、电子镇流器是本领域十分常见的元件，灯座既包括与灯头相连的接线器部件，电子镇流器也必然包括内部电路板和外部壳体，此外为了使接线器不向下掉出而设置一个端座底盖板，以及使电子镇流器外壳与外界充分绝缘而外封绝缘层也是本领域技术人员很容易想到的；(3) 区别点 3) 已在证据 3 中公开，证据 3 同本专利的发明目的相同，都是为了实现不同长度灯管之间的转接，其中短型荧光灯管相当于本专利中的 T5 灯管，与基座 8 相对的基座相当于本专利中的灯头件芯盖 4 和 8，长型灯管相当于本专利中的 T8、T10 或 T12 灯管。因此在证据 1 的基础上，本领域技术人员为了使其中公开的灯管支架（即壳体和端盖的组合）能够支持较短的 T5 灯管，很容易想到将该证据 1 与证据 3 中的延长转换器相结合，从而实现本专利的目的和技术效果。因此上述区别点 (1) ~ (3) 对于本领域技术人员来说是都显而易见的。

除了上述区别点之外，专利权人还认为证据 1 与本专利在领域和技术效果上有所不同，证据 1 是为了实现电子镇流器和灯管一体化设置的目的，而本专利是为了使 T8 等灯管的支架能支持 T5 灯管，并能实现 T5 灯管与原先灯管轴线不重合的效果。

对此合议组认为：首先，尽管证据 1 涉及的是电子镇流器，但该电子镇流器用在直管型荧光灯管上并且其中也提到了灯管与灯架等的构造，因此证据 1 也涉及了照明用的灯具领域，与本专利属于十分相近的技术领域；其次，本专利权利要求 1 与证据 1 的区别技术特征在证据 3 中所起到的作用与该区别技术特征在本专利中所起的作用相同，因而在证据 1 的基础上，结合证据 3 以及本领域的公知常识或惯用手段从而得到本专利权利要求 1 的技术方案是显而易见的，且能达到本专利的技术效果；最后，专利权人声称的本专利中 T5 灯管与原先灯管轴线不相重合的技术效果在权利要求中并没有体现，因此对于这一主张合议组不予支持。

综上所述，本专利的权利要求 1 的技术方案相对于证据 1 和 3 以及本领域的公知常识或惯用技术手段的结合不具有实质性特点和进步，因而该权利要求 1 不符合专利法第 22 条第 3 款有关创造性的规定。

鉴于本专利权利要求 1 相对于证据 1 和 3 的结合不具备创造性，本案合议组不再针对请求人的另一种组合方式，即证据 1 和 2 的结合是否能破坏权利要求 1 的创造性进行审查。

基于以上事实和理由，本案合议组依法作出如下审查决定。

**三、决定**

宣告 01255491. X 号实用新型专利的权利要求全部无效。

当事人对本决定不服的，可以根据专利法第 46 条第 2 款的规定，在收到本决定之日起三个月内向北京市第一中级人民法院起诉。根据该款的规定，一方当事人起诉后，另一方当事人可以作为第三人参加诉讼。

# 北京市第一中级人民法院
# 行政判决书

（2007）一中行初字第768号

原告刘文轩，男，1944年8月18日出生，汉族，中山市莱斯比电器有限公司职员，住广东省中山市沙溪镇汇源社区居民委员会39组。

委托代理人肖凤利，北京市世纪律师事务所律师。

委托代理人许锐波，广东中汉律师事务所律师。

被告国家知识产权局专利复审委员会，住所地北京市海淀区北四环西路9号银谷大厦10~12层。

法定代表人廖涛，副主任。

委托代理人周航，女，国家知识产权局专利复审委员会审查员。

委托代理人张华，男，国家知识产权局专利复审委员会审查员。

第三人深圳市朗仕照明有限公司，住所地广东省深圳市福田区福虹路福华大厦708。

法定代表人陆敏，董事长兼总经理。

委托代理人周建秋，男，北京润平知识产权代理有限公司专利代理人。

原告刘文轩不服被告国家知识产权局专利复审委员会于2007年3月6日作出的第9532号无效宣告请求审查决定（以下简称被诉决定），向本院提起行政诉讼。本院受理后，依法组成合议庭，并依法通知与本案被诉决定存在法律上利害关系的深圳市朗仕照明有限公司作为本案第三人参加诉讼。2007年6月29日，本院依法公开开庭审理了本案，原告的委托代理人肖凤利、许锐波，被告的委托代理人周航、张华以及第三人的委托代理人周建秋到庭参加了诉讼。本案现已审理终结。

2007年3月6日，被告作出被诉决定，宣告专利权人为本案原告、名称为“一种传统灯管的节能式T5灯管支架”的实用新型专利权（以下简称本专利）的权利要求全部无效。

在法定举证期限内，被告向本院提交了下列证据：（1）本专利说明书；（2）口头审理记录表；（3）公开号为CN1254249A的发明专利申请公开说明书，公开日为2000年5月24日（即被诉决定中的证据1，以下简称对比文件1）；（4）DE19854440A1号德国专利申请公开文本，公开日为2000年6月15日（即被诉决定中的证据3，以下简称对比文件3）。证据1~4用以证明本专利不符合《中华人民共和国专利法》（以下简称《专利法》）第二十二条第三款的规定；（5）第三人于2006年9月27日向被告提交的无效宣告请求书；（6）被告分别于2006年9月29日、12月11日向原告发出的无效宣告受理通知书以及请求口头审理通知书；（7）被告于2006年12月8日收到的原告的意见陈述书。证据5~7用以证明被诉决定的审查程序合法，认定事实清楚。

原告诉称，被诉决定认定本专利权利要求1不具有创造性的评判无证据且适用法律错误。首先，在与对比文件存在区别技术特征的情况下，被诉决定认定本专利无实质性特点和进步毫无证据支持、属主观臆断。本专利是为了使T8等灯管的支架能支持T5灯管，并能实现T5灯管与原告灯管轴线不重合的效果，此技术方案既未被对比文件公开，对比文件也没有给出任何解决其需要解决问题的技术启示。其次，被诉决定就本专利权利要求1与说明书实施例间的关系认定不符合法律规定，用该两者间的关系来评判权利要求的创造性缺乏事实和法律依据，属适用法律错误。最后，被诉决定认定本专利权利要求1的技术方案相对于本领域的公知常识或惯用技术手段的结合不具有实质性特点和进步，因而认定该权利要求1不符合《专利法》第二十二条第三款有关创造性的规定。这种认定毫无事实和法律依据，是错误的。综上，请求人民法院撤销被诉决定，判决维持本专利权有效，并由被告承担本案诉讼费。

在法定期限内，原告未向本院提交证据。

被告辩称，本专利相对于对比文件1、3的结合不具有创造性，具体理由与被诉决定的理由相同。本专利与对比文件3确实存在区别技术特征，但这些区别技术特征或者是本领域公知公用的，或者已在技术领域十分接近的对比文件3中公开，并且对比文件3同本专利的发明目的相同，都是为了实现不同长度灯管之间的转接。因此，这些区别技术特征并未使本专利具有实质性特点和进步。综上，被诉决定认定事实清楚，适用法律正确，审查程序合法，请求人民法院维持被诉决定，驳回原告的诉讼请求。

第三人未向本院提交书面意见，诉讼中表示同意被告意见，请求人民法院维持被诉决定。

在法定期限内，第三人未向本院提交证据。

经庭审质证，原告对被告的证据1、2、5~7无异议，但认为其证据3、4即对比文件1、2不能作为本专利的对比文件。第三人对于被告的证据无异议。本院经审查认为，被告提交的证据均与本案存在关联，且合法、真实，本院均予确认。

根据上述有效证据及各方当事人无争议的陈述，本院认定事实如下：

本专利由中华人民共和国国家知识产权局于2002年4月24日授权公告、申请号是01255491.X、申请日是2001年9月4日。本专利授权公告时的权利要求书如下：

"1.一种代换传统灯管的节能式T5灯管支架，包括接铝型材主体（2），T5灯头（5）、（10），接线器（6）、（11），端座底盖板（7）、（12），其特征在于内置电子镇流器的电路板（14）置于壳体（13）再外封绝缘层（15）后置于拉铝型材主体（2）内，左端座（3）和右端座（9）的外端下部套上T8、T10或T12的灯头件芯盖（4）、（8）。"

针对本专利权，第三人于2006年9月27日向被告提出无效宣告请求，理由是本专利不符合《专利法》第二十二条第三款的规定，并同时提交了包括对比文件1、3在内的七份证据，其余证据分别为：证据2为公开号为WO00/45473的PCT专利申请公开文本，其公开日为2000年8月3日（以下简称对比文件2）；证据4：DE19512307A1号德国专利申请公开文本，其公开日为1996年10月2日（以下简称对比文件4）；证据5：国家知识产权局专利检索咨询中心出具的对01255491.X号专利的、编号为G061777的检索报告复印件共4页（以下简称对比文件5）；证据6：ZL99235327.0号实用新型专利说明书，其授权公告日为1999年12月1日（以下简称对比文件6）；证据7：ZL99241087.8号实用新型专利说明书，其授权公告日为2000年9月13日（以下简称对比文件7）。

第三人认为：对比文件1、2分别公开了本专利权利要求1中两端具有端座和灯脚的灯管支架，对比文件3和4中公开了能够转换T5灯管与T8、T10和T12灯管的转换装置，而将电子镇流器内置于壳体内的灯管支架是现有技术，在对比文件1、6、7中均有所公开，本领域技术人员结合上述证据得到本专利权利要求1的技术方案是显而易见的。对比文件5中也指出本专利权利要求1不具备《专利法》第二十二条第三款所规定的创造性。

经形式审查合格，被告受理上述无效宣告请求后，将上述材料依法向原告进行了转文，并要求原告自收到上述材料之日起一个月内陈述意见。在上述指定的期限内，原告没有答复。

第三人另于2006年10月26补充提交了对比文件2-4的首页、部分说明书和权利要求书的中文译文（共9页）。

2006年11月10日，原告向被告提交了意见陈述书，认为第三人所提交的7份证据两两结合不能覆盖本专利权利要求1的创造性，国家知识产权局专利检索咨询中心出具的检索报告不能作为有效证据证明本专利不具备创造性。

被告于2006年12月11日向双方当事人发出无效宣告请求口头审理通知书，定于2007年1月25日举行本案的口头审理。随同口头审理通知书，将第三人于2006年10月26日提交的意见陈述书及其附件副本转给原告。

口头审理如期举行，双方当事人均参加了口头审理。被告当庭将原告于2006年11月10日提交的意见陈述书转给第三人。第三人明确其无效宣告的理由和范围是：本专利权利要求1相对于对比文件1和3的结合或者对比文件1和2的结合不具备创造性，并表示其他证据仅作为现有技术的参考。原告对对比文件1~7的真实性以及对比文件2~4的首页、部分说明书和权利要求书的中文译文准确性没有异议。

在口头审理中，（1）第三人认为对比文件1公开了本专利权利要求1的大部分技术特征，其中长条状壳体3相当于本专利所述的拉铝型材主体2，灯座6相当于本专利中接线器6、11与端座底盖板7、12的结合，电子镇流器4装于壳体3内的技术特征相当于本专利中电子镇流器的电路板14置于壳体13再外封绝缘层置于主体内的技术特征，权利要求1与对比文件1的区别仅在于对比文件1没有公开节能式T5灯管支架左右端座的外端下部套上T8、T10或T12的灯头件芯盖的技术特征，但该区别技术特征在对比文件3中已经公开，对比文件3中转换器的基座即相当于本专利中的灯头件芯盖，同时该区别技术特征在对比文件2中也已经公开，对比文件2附图8中附图标记为20的部件相当于本专利中的灯头件芯盖。（2）原告认为对比文件1和3的结合使本专利无效，首先对比文件1与本专利的领域不同，技术效果也不同，前者是为了实现电子镇流器和灯管一体化设置，而本专利是为了使T8等灯管的支架能支持T5灯管，并能实现T5灯管与原先灯管轴线不重合的效果，而且本专利的技术方案与对比文件1相比有三点区别，即对比文件1的壳体与本专利的拉铝型材在材质和效果上有所不同；对比文件1中的灯座相对于本专利中的灯头、接线器、底盖板是上位概念；以及对比文件1中电子镇流器设置与本专利不同。此外原告认为对比文件3的延长转换器结构与本专利中端座、芯盖等的组合也完全不同，对比文件2与本专利的发明目的、技术方案和所达到的效果都不同，对比文件2是用电子镇流器替换传统的电感镇流器的灯管，因而没有本专利中的延长作用。

被告经审查认为：

在口头审理过程中第三人明确表示对比文件4~7仅作为参考，因此对对比文件4~7不再进行评述。对比文件1~3均是本专利申请日之前公开的专利文件，其上记载的内容构成本专利的现有技术。原告对对比文件2、3中文译文的准确性无异议，故该证据文字部分的内容以其中文译文为依据。

对比文件1涉及一种能与直管型荧光灯管成一体的电子镇流器（即带电子镇流器的直管型荧光灯管），其中电子镇流器4装在长条状壳体3内，壳体3两端各设一端盖1，端盖1内侧设有灯座6，外侧设有灯脚7，灯座6与灯脚7均为直管型荧光灯管2和灯架所适用。

对比文件3公开了一种荧光灯管的延长转换器7，其安装在短型荧光灯管（相当于本专利中的T5灯管）的两端，该延长转换器的外侧面上安置有基座8，该基座与其相对的基座（相当于本专利中的灯头件芯盖4和8）相配，上述两基座与长型灯管（相当于本专利中的T8、T10、T12）相匹配，两端安装有该延长转换器7的短型荧光灯管可以在长荧光灯管的灯具中使用。

对比文件1中内装电子镇流器的长条状壳体3及其端盖1的组合（参见对比文件1附图1）相当于本专利权利要求1中的T5灯管支架，其中长条状壳体3相当于本专利中的拉铝型材主体2，用于支持灯管和容纳电子镇流器等内部结构；灯座6相当于本专利中接线器6、11与端座底盖板7、12的结合，用于在灯管端部起到电路连接作用；电子镇流器4装于壳体3内的技术特征相当于本专利中电子镇流器的电路板 14 置于壳体 13 再外封绝缘层 15 置于拉铝型材主体内的技术特征。该权利要求 1 与对比文件 1 的区别在于：（1）对比文件 1 采用长条状壳体，而本专利技术方案中采用的是拉铝型材主体；（2）对比文件 1 中记载了灯座、电子镇流器，但未描述其具体构成，本专利中相应元件分别采用的是接线器与端座底盖板的组合，以及电路板置于壳体中再外封绝缘层的电子镇流器；（3）权利要求 1 的技术方案中还设有 T5 灯头，左右端座外端下部还套有 T8、T10 或 T12 的灯头件芯盖，起到将 T8、T10 或 T12 灯管转接成 T5 灯管的作用。

对于上述区别点，被告认为：（1）本专利的拉铝型材主体和对比文件 1 的长条状壳体都起着支持灯管和容纳电子镇流器灯内部结构的功能，而拉铝型材是一种常规的成型材料并广泛应用于灯具中；（2）荧光灯管的灯座、电子镇流器是本领域十分常见的元件，灯座既包括与灯头相连的接线器部件，电子镇流器也必然包括内部电路板和外部壳体，此外为了使接线器不向下掉出而设置一个端座底盖板，以及使电子镇流器外壳与外界充分绝缘而外封绝缘层也是本领域技术人员很容易想到的；（3）区别点（3）已在对比文件 3 中公开，对比文件 3 同本专利的发明目的相同，都是为了实现不同长度灯管之间的转接，其中短型荧光灯管相当于本专利中的 T5 灯管，与基座 8 相对的基座相当于本专利中的灯头件芯盖 4 和 8，长型灯管相当于本专利中的 T8、T10 或 T12 灯管。因此在对比文件 1 的基础上，本领域技术人员为了使其中公开的灯管支架（即壳体和端盖的组合）能够支持较短的 T5 灯管，很容易想到将该对比文件 1 和 3 中的延长转换器相结合，从而实现本专利的目的和技术效果。因此上述区别点（1）~（3）对于本领域技术人员来说是都显而易见的。

除了上述区别点之外，原告还认为对比文件 1 与本专利在领域和技术效果上有所不同，对比文件 1 是为了实现电子镇流器和灯管一体化设置的目的，而本专利是为了使 T8 等灯管的支架能支持 T5 灯管，并能实现 T5 灯管与原先灯管轴线不重合的效果。

对此被告认为：首先，对比文件 1 的电子镇流器用在直管型荧光灯管上并且其中也提到了灯管与灯架等的构造，因此对比文件 1 也涉及了照明用的灯具领域，与本专利属于十分相近的技术领域；其次，本专利权利要求 1 与对比文件 1 的区别技术特征在对比文件 3 中所起到的作用与该区别技术特征在本专利中所起的作用相同，因而在对比文件 1 的基础上，结合对比文件 3 以及本领域的公知常识或惯用手段从而得到本专利权利要求 1 的技术方案是显而易见的，且能达到本专利的技术效果；另外，原告声称的本专利中 T5 灯管与原先灯管轴线不相重合的技术效果在权利要求中并未体现，因此对于这一主张被告不予支持。

因此，本专利的权利要求 1 的技术方案相对于对比文件 1 和 3 以及本领域的公知常识或惯用技术手段的结合不具有实质性特点和进步，因而该权利要求 1 不符合《专利法》第二十二条第三款有关创造性的规定。

鉴于本专利权利要求 1 相对于对比文件 1 和 3 的结合不具备创造性，不再针对第三人的另一种组合方式，即对比文件 1 和 2 的结合是否能破坏权利要求 1 的创造性进行审查。

综上，被告作出被诉决定。原告不服，诉至本院。

在本院庭审过程中，原告与第三人明确表示对于被诉决定的下列内容不持异议：被诉决定的行政程序以及被诉决定中“案由”部分记载的内容。此外，原告还明确表示，对比文件 1 与对比文件 3 均不可以作为本专利的对比文件，在对比文件 1 与对比文件 3 可以作为对比文件的前提下，对于被诉决定中关于本专利与对比文件 1、3 的对比情况，不再继续发表意见，并同意本院对本专利的创造性问题进行书面审理。

本院认为：对于被诉决定中原告与第三人不持异议的部分，本院经书面审查，对其合法性予以确认。在此前提下，本案的争议焦点在于：对比文件 1 与对比文件 3 可否作为本专利的有效对比文件。

关于对比文件1的问题。对比文件1涉及一种能与直管型荧光灯管成一体的电子镇流器（即带电子镇流器的直管型荧光灯管），其中电子镇流器4装在长条状壳体3内，壳体3两端各设一端盖1，端盖1内侧设有灯座6，外侧设有灯脚7，灯座6与灯脚7均为直管型荧光灯管2和灯架所适用。由对比文件1公开的内容可以看出，尽管对比文件1涉及的是电子镇流器，但是该电子镇流器是用在直管型荧光灯管上并且其中也提到了灯管与灯架等的构造，因此对比文件1也涉及了照明用的灯具领域。而且，对比文件1也是本专利申请日前公开的文件，被告认为对比文件1与本专利属于十分相近的技术领域并将其作为本专利的有效对比文件正确。

关于对比文件3的问题。对比文件3公开了一种荧光灯管的延长转换器7，其安装在短型荧光灯管（相当于本专利中的T5灯管）的两端，该延长转换器的外侧面上安置有基座8，该基座与其相对的基座相配，上述两基座与长型灯管相匹配，两端安装有该延长转换器7的短型荧光灯管可以在长荧光灯管的灯具中使用。由对比文件3公开的内容可以看出，对比文件3同本专利的发明目的相同，都是为了实现不同长度灯管之间的转接。而且，对比文件3是本专利申请日前公开的专利文件，因此，被告将对比文件3作为本专利的有效对比文件，也是正确的。

由于原告明确表示，在对比文件1与对比文件3可以作为对比文件的前提下，对于被诉决定中关于本专利与对比文件1、3的对比情况，不再继续发表意见，并同意本院对本专利的创造性问题进行书面审理。在对比文件1与对比文件3可以作为本专利的有效对比文件的基础上，经审查，本院认为，被诉决定认定本专利权利要求1相对于对比文件1和3以及本领域的公知常识或惯用技术手段的结合不具有实质性特点和进步，亦是正确的。

另外，专利权的有效性判断是行政机关的行政职权，因此，原告所提判决本专利有效的诉讼请求并非人民法院审判权限，本院不予审查。

综上，原告的诉讼请求缺乏事实及法律依据，本院不予支持。被诉决定认定事实清楚，适用法律正确，程序合法，本院应予维持。依照《中华人民共和国行政诉讼法》第五十四条第（一）项、最高人民法院《关于执行<中华人民共和国行政诉讼法>若干问题的解释》第五十六条第（四）项之规定，判决如下：

1. 维持被告国家知识产权局专利复审委员会于二〇〇七年三月六日作出的第9532号无效宣告请求审查决定；

2. 驳回原告其他诉讼请求。

案件受理费100元，由原告刘文轩负担（已交纳）。

如不服本判决，各方当事人可于判决书送达之日起15日内，向本院递交上诉状，并按对方当事人人数提出副本，上诉于北京市高级人民法院。上诉人在接到人民法院预交上诉费用100元的通知后7日内未预交，又不提出缓交申请的，按自动撤回上诉处理。

审 判 长　梁　菲
代理审判员　司品华
人民陪审员　陈文彤
二〇〇七年十月十五日
书 记 员　王　丽

# 北京市高级人民法院
# 行政判决书

（2008）高行终字第 72 号

上诉人（一审原告）刘文轩，男，1944 年 8 月 18 日出生，汉族，中山市莱斯比电器有限公司职员，住广东省中山市沙溪镇汇源社区居民委员会 39 组。

被上诉人（一审被告）国家知识产权局专利复审委员会，住所地北京市海淀区北四环西路 9 号银谷大厦 10~12 层。

法定代表人廖涛，副主任。

委托代理人周航，女，国家知识产权局专利复审委员会审查员。

委托代理人齐宏涛，男，国家知识产权局专利复审委员会审查员。

被上诉人（一审第三人）深圳市朗仕照明有限公司，住所地广东省深圳市福田区福虹路福华大厦 708。

法定代表人陆敏，董事长兼总经理。

上诉人刘文轩因专利无效宣告请求审查决定一案，不服北京市第一中级人民法院（2007）一中行初字第 768 号行政判决，向本院提起上诉。本院受理后，依法组成合议庭，依据《中华人民共和国行政诉讼法》（以下简称《行政诉讼法》）第五十九条的规定，对本案进行了审理。本案现已审理终结。

2007 年 3 月 6 日，国家知识产权局专利复审委员会（以下简称专利复审委）根据《中华人民共和国专利法》（以下简称《专利法》）第二十二条第三款的规定，作出第 9532 号无效宣告请求审查决定（以下简称第 9532 号决定），宣告名称为“一种代换传统灯管的节能式 T5 灯管支架”的实用新型专利的权利要求全部无效。刘文轩不服，诉至一审法院。

北京市第一中级人民法院（2007）一中行初字第 768 号行政判决认为，本案的争议焦点在于：对比文件 1 与对比文件 3 可否作为本专利的有效对比文件。

关于对比文件 1 的问题。对比文件 1 涉及一种能与直管型荧光灯管成一体的电子镇流器（即带电子镇流器的直管型荧光灯管），其中电子镇流器 4 装在长条状壳体 3 内，壳体 3 两端各设一端盖 1，端盖 1 内侧设有灯座 6，外侧设有灯脚 7，灯座 6 与灯脚 7 均为直管型荧光灯管 2 和灯架所适用。由对比文件 1 公开的内容可以看出，尽管对比文件 1 涉及的是电子镇流器，但是该电子镇流器是用在直管型荧光灯管上，并且其中也提到了灯管与灯架等的构造，因此对比文件 1 也涉及了照明用的灯具领域。而且，对比文件 1 也是本专利申请日前公开的文件，被告认为对比文件 1 与本专利属于十分相近的技术领域，并将其作为本专利的有效对比文件正确。

关于对比文件 3 的问题。对比文件 3 公开了一种荧光灯管的延长转换器 7，其安装在短型荧光灯管（相当于本专利中的 T5 灯管）的两端，该延长转换器的外侧面上安置有基座 8，该基座与其相对的基座相配，上述两基座与长型灯管相匹配，两端安装有该延长转换器 7 的短型荧光灯管可以在长荧光灯管的灯具中使用。由对比文件 3 公开的内容可以看出，对比文件 3 同本专利的发明目的相同，都是为了实现不同长度灯管之间的转接。而且，对比文件 3 是本专利申请日前公开的专利文件，因此，被告将对比文件 3 作为本专利的有效对比文件，也是正确的。

由于原告明确表示，在对比文件 1 与对比文件 3 可以作为对比文件的前提下，对于被诉决定中关于本专利与对比文件1、3的对比情况，不再继续发表意见，并同意本院对本专利的创造性问题进行书面审理。在对比文件1与对比文件3可以作为本专利的有效对比文件的基础上，经审查，本院认为，被诉决定认定本专利权利要求1相对于对比文件1和3以及本领域的公知常识或惯用技术手段的结合不具有实质性特点和进步，亦是正确的。

另外，专利权的有效性判断是行政机关的行政职权，因此，原告所提判决本专利有效的诉讼请求并非人民法院审判权限，本院不予审查。

综上，原告的诉讼请求缺乏事实及法律依据，本院不予支持。被诉决定认定事实清楚，适用法律正确，程序合法，本院应予维持。依照《行政诉讼法》第五十四条第（一）项、最高人民法院《关于执行<中华人民共和国行政诉讼法>若干问题的解释》第五十六条第（四）项之规定，判决维持被告专利复审委作出的第9532号决定；驳回原告其他诉讼请求。刘文轩对上述判决不服，向本院提起上诉。

刘文轩上诉称，一审判决认定事实不清，证据不足，适用法律错误，是一份错误的判决，请求依法予以撤销。

专利复审委答辩称，我委作出的第9532号决定认定事实清楚，适用法律正确，程序合法，本专利相对于证据1和证据3的结合不具备《专利法》第二十二条第三款规定的创造性，具体理由与第9532号决定相同。上诉人的诉讼请求无事实和法律依据，请求二审法院在查明事实的基础上，驳回上诉，维持一审判决。

被上诉人深圳市朗仕照明有限公司（以下简称朗仕照明公司）同意专利复审委的答辩意见。

经审理查明，2001年9月4日，刘文轩向国家知识产权局提出名称为“一种代换传统灯管的节能式T5灯管支架”的实用新型专利权申请，国家知识产权局经审查于2002年4月24日授权公告、申请号是01255491. X。本专利授权公告时的权利要求书如下：

1. 一种代换传统灯管的节能式T5灯管支架，包括接铝型材主体（2），T5灯头（5）、（10），接线器（6）、（11），端座底盖板（7）、（12），其特征在于内置电子镇流器的电路板（14）置于壳体（13）再外封绝缘层（15）后置于拉铝型材主体（2）内，左端座（3）和右端座（9）的外端下部套上T8、T10或T12的灯头件芯盖（4）、（8）。

针对本专利权，朗仕照明公司于2006年9月27日向专利复审委提出无效宣告请求，同时提交了以下对比文件：1. 公开号为CN1254249A的发明专利申请公开说明书，其公开日为2000年5月24日；2. 公开号为WOOO/45473的PCT专利申请公开文本，其公开日为2000年8月3日；3. DE19854440A1号德国专利申请公开文本，其公开日为2000年6月15日；4. DE19512307A1号德国专利申请公开文本，其公开日为1996年10月2日；5. 国家知识产权局专利检索咨询中心出具的对01255491. X号专利的、编号为G061777的检索报告复印件；6. ZL99235327. 0号实用新型专利说明书，其授权公告日为1999年12月1日；7. ZL99241087. 8号实用新型专利说明书，其授权公告日为2000年9月13日。

朗仕照明公司认为：对比文件1、2分别公开了本专利权利要求1中两端具有端座和灯脚的灯管支架，对比文件3和4中公开了能够转换T5灯管与T8、T10和T12灯管的转换装置，而将电子镇流器内置于壳体内的灯管支架是现有技术，在对比文件1、6、7中均有所公开，本领域技术人员结合上述证据得到本专利权利要求1的技术方案是显而易见的。对比文件5中也指出本专利权利要求1不具备《专利法》第二十二条第三款所规定的创造性。

刘文轩认为，朗仕照明公司所提交的7份证据两两结合不能覆盖本专利权利要求1的创造性，国家知识产权局专利检索咨询中心出具的检索报告不能作为有效证据证明本专利不具备创造性。

在口头审理中，朗仕照明公司明确其无效宣告的理由和范围是：本专利权利要求1相对于对比文件1和3的结合或者对比文件1和2的结合不具备创造性，并表示其他证据仅作为现有技术的参考，并认为对比文件1公开了本专利权利要求1的大部分技术特征，其中长条状壳体3相当于本专利所述的拉铝型材主体2，灯座6相当于本专利中接线器6、11与端座底盖板7、12的结合，电子镇流器4装于壳体3内的技术特征相当于本专利中电子镇流器的电路板14置于壳体13再外封绝缘层置于主体内的技术特征，权利要求1与对比文件1的区别仅在于对比文件1没有公开节能式T5灯管支架左右端座的外端下部套上T8、T10或T12的灯头件芯盖的技术特征，但该区别技术特征在对比文件3中已经公开，对比文件3中转换器的基座即相当于本专利中的灯头件芯盖，同时该区别技术特征在对比文件2中也已经公开，对比文件2附图8中附图标记为20的部件相当于本专利中的灯头件芯盖。

刘文轩认为，对比文件1和3的结合不能无效本专利，首先对比文件1与本专利的领域不同，技术效果也不同，前者是为了实现电子镇流器和灯管一体化设置，而本专利是为了使T8等灯管的支架能支持T5灯管，并能实现T5灯管与原先灯管轴线不重合的效果，而且本专利的技术方案与对比文件1相比有三点区别，即对比文件1的壳体与本专利的拉铝型材在材质和效果上有所不同；对比文件1中的灯座相对于本专利中的灯头、接线器、底盖板是上位概念；以及对比文件1中电子镇流器设置与本专利不同。此外原告认为对比文件3的延长转换器结构与本专利中端座、芯盖等的组合也完全不同，对比文件2与本专利的发明目的、技术方案和所达到的效果都不同，对比文件2是用电子镇流器替换传统的电感镇流器的灯管，因而没有本专利中的延长作用。

专利复审委经审查认为：对比文件1~3均是本专利申请日之前公开的专利文件，其上记载的内容构成本专利的现有技术。刘文轩对对比文件2、3中文译文的准确性无异议，故该证据文字部分的内容以其中文译文为依据。

对比文件1涉及一种能与直管型荧光灯管成一体的电子镇流器（即带电子镇流器的直管型荧光灯管），其中电子镇流器4装在长条状壳体3内，壳体3两端各设一端盖1，端盖1内侧设有灯座6，外侧设有灯脚7，灯座6与灯脚7均为直管型荧光灯管2和灯架所适用。

对比文件3公开了一种荧光灯管的延长转换器7，其安装在短型荧光灯管（相当于本专利中的T5灯管）的两端，该延长转换器的外侧面上安置有基座8，该基座与其相对的基座（相当于本专利中的灯头件芯盖4和8）相配，上述两基座与长型灯管（相当于本专利中的T8、T10、T12）相匹配，两端安装有该延长转换器7的短型荧光灯管可以在长荧光灯管的灯具中使用。

对比文件1中内装电子镇流器的长条状壳体3及其端盖1的组合（参见对比文件1附图1）相当于本专利权利要求1中的T5灯管支架，其中长条状壳体3相当于本专利中的拉铝型材主体2，用于支持灯管和容纳电子镇流器等内部结构；灯座6相当于本专利中接线器6、11与端座底盖板7、12的结合，用于在灯管端部起到电路连接作用；电子镇流器4装于壳体3内的技术特征相当于本专利中电子镇流器的电路板14置于壳体13再外封绝缘层15置于拉铝型材主体内的技术特征。该权利要求1与对比文件1的区别在于：（1）对比文件1采用长条状壳体，而本专利技术方案中采用的是拉铝型材主体；（2）对比文件1中记载了灯座、电子镇流器，但未描述其具体构成，本专利中相应元件分别采用的是接线器与端座底盖板的组合，以及电路板置于壳体中再外封绝缘层的电子镇流器；（3）权利要求1的技术方案中还设有T5灯头，左右端座外端下部还套有T8、T10或T12的灯头件芯盖，起到将T8、T10或T12灯管转接成T5灯管的作用。

对于上述区别点，专利复审委认为：（1）本专利的拉铝型材主体和对比文件1的长条状壳体都起着支持灯管和容纳电子镇流器灯内部结构的功能，而拉铝型材是一种常规的成型材料并广泛应用于灯具中；(2) 荧光灯管的灯座、电子镇流器是本领域十分常见的元件，灯座既包括与灯头相连的接线器部件，电子镇流器也必然包括内部电路板和外部壳体，此外为了使接线器不向下掉出而设置一个端座底盖板，以及使电子镇流器外壳与外界充分绝缘而外封绝缘层也是本领域技术人员很容易想到的；(3) 区别点 (3) 已在对比文件 3 中公开，对比文件 3 同本专利的发明目的相同，都是为了实现不同长度灯管之间的转接，其中短型荧光灯管相当于本专利中的 T5 灯管，与基座 8 相对的基座相当于本专利中的灯头件芯盖 4 和 8，长型灯管相当于本专利中的 T8、T10 或 T12 灯管。因此在对比文件 1 的基础上，本领域技术人员为了使其中公开的灯管支架（即壳体和端盖的组合）能够支持较短的 T5 灯管，很容易想到将该对比文件 1 和 3 中的延长转换器相结合，从而实现本专利的目的和技术效果。因此上述区别点 (1) ~ (3) 对于本领域技术人员来说都是显而易见的。

除了上述区别点之外，刘文轩还认为对比文件 1 与本专利在领域和技术效果上有所不同，对比文件 1 是为了实现电子镇流器和灯管一体化设置的目的，而本专利是为了使 T8 等灯管的支架能支持 T5 灯管，并能实现 T5 灯管与原先灯管轴线不重合的效果。

对此专利复审委认为：首先，对比文件 1 的电子镇流器用在直管型荧光灯管上，并且其中也提到了灯管与灯架等的构造，因此对比文件 1 也涉及了照明用的灯具领域，与本专利属于十分相近的技术领域；其次，本专利权利要求 1 与对比文件 1 的区别技术特征在对比文件 3 中所起到的作用与该区别技术特征在本专利中所起的作用相同，因而在对比文件 1 的基础上，结合对比文件 3 以及本领域的公知常识或惯用手段从而得到本专利权利要求 1 的技术方案是显而易见的，且能达到本专利的技术效果；最后，刘文轩声称的本专利中 T5 灯管与原先灯管轴线不相重合的技术效果在权利要求中并未体现，因此对于这一主张专利复审委不予支持。

因此，本专利的权利要求 1 的技术方案相对于对比文件 1 和 3 以及本领域的公知常识或惯用技术手段的结合不具有实质性特点和进步，因而该权利要求 1 不符合《专利法》第二十二条第三款有关创造性的规定。

鉴于本专利权利要求 1 相对于对比文件 1 和 3 的结合不具备创造性，不再针对朗仕照明公司的另一种组合方式，即对比文件 1 和 2 的结合是否能破坏权利要求 1 的创造性进行审查。综上，专利复审委作出被诉决定。

一审期间，专利复审委提交了以下证据：(1) 本专利说明书，(2) 口头审理记录表，(3) 公开号为 CN1254249A 的发明专利申请公开说明书，公开日为 2000 年 5 月 24 日（即对比文件 1），(4) DE19854440A1号德国专利申请公开文本，公开日为 2000 年 6 月 15 日（即对比文件 3），(5) 朗仕照明公司于 2006 年 9 月 27 日提交的无效宣告请求书，(6) 专利复审委分别于 2006 年 9 月 29 日、12 月 11 日向刘文轩发出的无效宣告受理通知书以及请求口头审理通知书，(7) 刘文轩的意见陈述书。

上述证据均随案移送本院。经审查，本院认为专利复审委提交的证据，内容真实，来源合法，与本案具有关联性，能够证明本院查明的事实，本院予以确认。

本院认为，对比文件 1、3 均是本专利申请日之前公开的专利文献，其上记载的内容与本专利属于十分近似的技术领域，专利复审委将对比文件 1、3 用来评价本专利的创造性符合法律规定。

本专利是为了使 T8 等灯管支架能支持 T5 灯管，并能实现 T5 灯管与原先灯管轴线不重合的效果。将本专利与对比文件 1、3 的结合进行比对后可以看出，对比文件 1 涉及一种能与直管型荧光灯管成一体的电子镇流器（即带电子镇流器的直管型荧光灯管），其中电子镇流器 4 装在长条状壳体 3 内，壳体 3 两端各设一端盖 1，端盖 1 内侧设有灯座 6，外侧设有灯脚 7，灯座 6 与灯脚 7 均为直管型荧光灯管 2 和灯架所适用。由对比文件 1 公开的内容可以看出，尽管对比文件 1 涉及的是电子镇流器，但是该电子镇流器是用在直管型荧光灯管上，并且其中也提到了灯管与灯架等的构造。对比文件3公开了一种荧光灯管的延长转换器7，其安装在短型荧光灯管（相当于本专利中的T5灯管）的两端，该延长转换器的外侧面上安置有基座8，该基座与其相对的基座相配，上述两基座与长型灯管相匹配，两端安装有该延长转换器7的短型荧光灯管可以在长荧光灯管的灯具中使用。由对比文件3公开的内容可以看出，对比文件3同本专利的发明目的相同，都是为了实现不同长度灯管之间的转接。因此，专利复审委认定本专利权利要求1与对比文件1的区别技术特征在对比文件3中所起到的技术特征与该区别技术特征在本专利中所起的作用相同，因而在对比文件1的基础上，结合对比文件3以及本领域的公知常识和惯用手段从而得到本专利权利要求1的技术方案是显而易见的，且能达到本专利的技术效果的结论是正确的，其作出的第9532号决定，本院应予支持。刘文轩关于对比文件1与本专利的技术领域不同，技术效果也不同，对比文件3中的延长转换器7结构与本专利中端座、芯盖等的组合也完全不同的诉讼主张，本院不予支持。一审判决认定事实清楚，适用法律正确，审判程序合法，所作判决应予维持，依据《行政诉讼法》第六十一条第（一）项之规定，判决如下：

驳回上诉，维持一审判决。

二审案件受理费100元，由上诉人刘文轩负担（已交纳）。

本判决为终审判决。

审 判 长 张学磊
审 判 员 郭 宜
代理审判员 朱海宏
二〇〇八年四月八日
书 记 员 程钰玮

063

# 镶嵌式结构多功能木梳

## 无效宣告请求审查决定（第9533号）

**决　　定　　号**　第9533号
**决　　定　　日**　2007年3月1日
**发明创造名称**　镶嵌式结构多功能木梳
**国 际 分 类 号**　A45D 24/00
**无效宣告请求人**　重庆谭木匠工艺品有限公司
**专 利 权 人**　李良中
**专　　利　　号**　200420004355.X
**申　　请　　日**　2004年2月23日
**授 权 公 告 日**　2005年3月30日
**合 议 组 组 长**　陈海平
**主　　审　　员**　张　娅
**参　　审　　员**　武树辰
**附　　　　　图**

**法 律 依 据**　专利法第26条第3款，第22条第2款、第3款
**决 定 要 点**

说明书应当对发明作出清楚、完整的说明，使该领域的普通技术人员可以依据从说明书中得知的技术内容就能够理解、实施的该发明的技术方案，以达到技术人员所能够理解的、可预见到的有益效果。

对比文件公开的技术方案与独立权利要求保护的技术方案实质上相同，而且两者所属技术领域及解决的技术问题相同，则该权利要求不具备新颖性。

从属权利要求的附加技术特征已经被对比文件披露或者是本领域常规技术手段，在其引用的独立权利要求不具备新颖性的前提下，该从属权利要求不具备创造性。

### 一、案由

本无效宣告请求涉及的是专利号为200420004355.X、名称为“镶嵌式结构多功能木梳”的实用新型专利，该专利的申请日为2004年2月23日，授权公告日为2005年3月30日，专利权人为李良中。该专利授权公告的权利要求书如下：

“1. 一种镶嵌式结构多功能木梳，其包含梳梁和若干个梳齿，其特征在于：

该梳梁下部开设有若干个孔位；

该若干个梳齿的顶部分别设置有结合部；

该若干个梳齿分别通过结合部压合设置在梳梁下部设置的孔位内。

2. 如权利要求1所述的一种镶嵌式结构多功能木梳，其特征在于：所述的若干个孔位相互贯通形成孔槽，该若干个梳齿分别通过结合部压合设置在孔槽内。

3. 如权利要求1所述的一种镶嵌式结构多功能木梳，其特征在于：所述的若干个梳齿为一体制成。

4. 如权利要求1所述的一种镶嵌式结构多功能木梳，其特征在于：所述的梳梁为一体制成。

5. 如权利要求1所述的一种镶嵌式结构多功能木梳，其特征在于：所述的梳梁为两片粘贴制成。

6. 如权利要求1所述的一种镶嵌式结构多功能木梳，其特征在于：所述的结合部为曲面状、棱状或流线状。

7. 如权利要求1所述的一种镶嵌式结构多功能木梳，其特征在于：所述的梳齿的齿尖部位为曲面状、棱状或流线状。

8. 如权利要求3所述的一种镶嵌式结构多功能木梳，其特征在于：所述的梳梁上部开设有镂空部，该镂空部内设置有填充物。

9. 如权利要求1所述的一种镶嵌式结构多功能木梳，其特征在于：所述的梳齿为木质材料或野猪鬃毛。

10. 如权利要求8所述的一种镶嵌式结构多功能木梳，其特征在于：所述的填充物为橡胶体、泡沫物质。”

重庆谭木匠工艺品有限公司（下称请求人）针对上述专利权（下称本专利）于2005年11月23日向国家知识产权局专利复审委员会提出了无效宣告请求，其理由是本专利不符合专利法第22条、专利法第26条第4款、实施细则第20条第1款，实施细则第2条的规定，请求宣告本专利全部无效，并提交了下列附件作为支持其主张的证据：

附件1（下称对比文件1）：专利号为99231530.1、授权公告日为2000年3月8日的中国实用新型专利说明书；

附件2（下称对比文件2）：专利号为99231459.3、授权公告日为2000年3月29日的中国实用新型专利说明书；

请求人在无效宣告请求书中的主要观点如下：（1）本专利权利要求1、2、3、4相对于对比文件1不具备专利法第22条规定的新颖性和创造性；（2）权利要求6、7相对于对比文件1不具备创造性；（3）权利要求8、10相对于对比文件1和2不具备专利法第22条规定的创造性；（4）权利要求5不符合专利法第26条第3款、第4款的规定；（5）权利要求6、7不符合专利法实施细则第20条第1款的规定；（6）权利要求9不符合专利法实施细则第2条第2款的规定。

经审查，上述无效宣告请求符合专利法及专利法实施细则规定的形式要求，专利复审委员会予以受理，并将无效宣告请求书及附件副本转给了专利权人，同时成立合议组对此案进行审查。

专利权人没有对上述无效宣告请求进行答复。

专利复审委员会本案合议组于2006年8月2日向双方当事人发出口头审理通知书，定于2006年10月18日在专利复审委员会举行口头审理。

口头审理如期举行，请求人到庭出席，专利权人未到庭。口头审理过程中，请求人变更了部分无效理由。口头审理结束后，请求人又先后提交了四份意见陈述书请求变更部分无效理由。专利复审委员会于2006年12月15日收到第四份意见陈述书，在该意见陈述书中请求人表示以该第四份意见陈述书的意见为准，请求人最终确定的主张如下：（1）本专利权利要求1、2、3、4相对于对比文件1

不具备专利法第 22 条规定的新颖性和创造性；（2）权利要求 6、7、9 相对于对比文件 1 不具备专利法第 22 条规定的创造性；（3）权利要求 8、10 相对于对比文件 1 和 2 不具备专利法第 22 条规定的创造性；（4）权利要求 5、6 不符合专利法第 26 条第 3 款的规定；（5）权利要求 6、7 不符合专利法实施细则第 20 条第 1 款的规定。合议组于 2006 年 12 月 21 日将请求人提交的意见陈述书副本转给专利权人。专利权人在指定期限内没有作出答复。

至此，合议组认为本案的事实已经清楚，可以作出审查决定。

**二、决定的理由**

1. 关于专利法第 26 条第 3 款

专利法第 26 条第 3 款规定，说明书应当对发明或者实用新型作出清楚、完整的说明，以所属技术领域的技术人员能够实现为准。

如果说明书对一项发明作出了清楚、完整的说明，则该领域的普通技术人员可以依据从说明书中得知的技术内容就能够理解、实施的该发明的技术方案，以达到技术人员所能够理解的、可预见到的有益效果。否则应认为该说明书的撰写不符合专利法第 26 条第 3 款的规定。

就本专利而言，说明书实施例对权利要求 5 的附加技术特征“所述的梳梁为两片粘贴制成”没作任何具体描述，本领域技术人员从说明书公开的内容中无从得知梳梁是由何种形状的两片、怎样粘贴而成，也无法理解由两片粘贴而成的梳梁能达到什么有益效果。因此本专利说明书未对权利要求 5 的技术方案作出清楚、完整的说明，不符合专利法第 26 条第 3 款规定。

2. 关于证据的认定

请求人提供的对比文件 1~2 均为专利文献，其真实性由合议组确认无误，其授权公告日均在本专利的申请日之前，故对比文件 1~2 构成了本专利的已有技术，可以作为评价本专利的新颖性和创造性的证据。

3. 关于新颖性

专利法第 22 条第 2 款规定：新颖性，是指在申请日以前没有同样的发明或者实用新型在国内外出版物上公开发表过、在国内公开使用过或者以其他方式为公众所知，也没有同样的发明或者实用新型由他人向国务院专利行政部门提出过申请并且记载在申请日以后公布的专利申请文件中。

本专利权利要求 1 请求保护“一种镶嵌式结构多功能木梳”，由于梳梁梳齿分体制造，增加了梳子强度，且便于更换梳齿。对比文件 1 公开了一种可用木材制成的插式梳子，包含梳梁 3 和若干个梳齿 1，该梳梁下部开设有若干个凹孔 5（相当于本专利的“孔位”），该若干个梳齿的顶部分别设置有凸锥 6（相当于本专利的“结合部”），带凸锥 6 的梳齿插入凹孔 5 内。由此可见对比文件 1 与本专利权利要求 1 相比只是文字表达方式上略有差别，其技术方案实质上相同，且二者技术领域相同，都解决了提高梳子强度和方便更换梳齿的问题，并能产生相同的技术效果，因此权利要求 1 相对于对比文件 1 不具备新颖性。

4. 关于创造性

专利法第 22 条第 3 款规定：创造性，是指同申请日以前已有的技术相比，该发明有突出的实质性特点和显著的进步，该实用新型有实质性特点和进步。

权利要求 2、3、4、6、7、9 均引用权利要求 1，其附加技术特征“孔槽”、“梳齿一体制成”、“梳梁一体制成”、“结合部为曲面状、棱状或流线状”、“梳齿的齿尖部位为曲面状、棱状或流线状”、“所述的梳齿为木质材料或野猪鬃毛”都属于本领域经常采用的公知技术，且增加上述特征并未产生预料不到的技术效果，因此上述权利要求相对于对比文件 1 不具有创造性。

权利要求 8 引用权利要求 3，其附加技术特征为“所述的梳梁上部开设有镂空部，该镂空部内设置有填充物”。对比文件2公开了一种镶嵌式梳子，为了增加梳子强度使其不易折断，在梳背（相当于本专利的“梳梁”）上部开设有凹槽（相当于本专利的“镂空部”），凹槽内设有韧性的镶嵌物（相当于本专利的“填充物”），由此可见对比文件2公开了权利要求8的附加技术特征。在对比文件1的基础上结合对比文件2得出权利要求8的技术方案对本领域的技术人员来说是显而易见的，而且它们的结合没有产生预料不到的效果，在其引用的权利要求3不具备创造性的前提下，从属权利要求8也不具备创造性。

权利要求10引用权利要求8，其附加技术特征对填充物进一步限定为“橡胶体、泡沫物质”。如前所述，对比文件2已经披露了填充物是“有韧性”的物质，而橡胶、泡沫物质是本领域常见的“有韧性”物质。本领域技术人员根据对比文件2的技术启示，选用上述常见材料，从而获得权利要求10的技术方案是显而易见的，在其引用的权利要求8不具备创造性的前提下，从属权利要求10也不具备创造性。

**三、决定**

宣告200420004355.X号实用新型专利权全部无效。

当事人对本决定不服的，可以根据专利法第46条第2款的规定，自收到本决定之日起3个月内向北京市第一中级人民法院起诉。根据该款的规定，一方当事人起诉后，另一方当事人应当作为第三人参加诉讼。

064

# 带打火机的皮带头

## 无效宣告请求审查决定（第9547号）

**决　　定　　号**　第9547号
**决　　定　　日**　2007年3月8日
**发明创造名称**　带打火机的皮带头
**国 际 分 类 号**　A44B 11/00
**无效宣告请求人**　洪允通
**专　利　权　人**　龚伟明
**专　　利　　号**　200420082591.3
**申　　请　　日**　2004年9月4日
**授 权 公 告 日**　2005年9月7日
**合 议 组 组 长**　程　强
**主　　审　　员**　李　娟
**参　　审　　员**　任晓兰
**附　　　　　图**　共1页

**法　律　依　据**　专利法第22条第3款
**决　定　要　点**

在判断要求保护的技术方案是否具有创造性时，关键是要确定现有技术整体上是否存在某种技术启示，使本领域技术人员在面对所要解决的技术问题时，有动机改进最接近的现有技术并获得要求保护的技术方案。如果要求保护的技术方案与最接近的现有技术的区别技术特征在相同领域的另一份对比文件中有明确的记载，并且其在该对比文件中所起的作用与其在要求保护的技术方案中所起的作用相同，则认为现有技术中存在所述技术启示。

### 一、案由

本无效宣告请求涉及国家知识产权局于2005年9月7日授权公告的、名称为“带打火机的皮带头”的第200420082591.3号实用新型专利权（下称本专利），申请日为2004年9月4日，专利权人为龚伟明。本专利授权公告时的权利要求书为：

“1. 一种带打火机的皮带头，主要包括皮带头本体（1），其特征是：皮带头本体（1）上设有容纳槽（2），容纳槽（2）内设有打火机（3），打火机（3）的形状与容纳槽（2）的形状相互匹配，打火机（3）和容纳槽（2）上分别设有相互吸附的磁性装置，磁性装置包括磁体（4）和铁质材料（5），磁体（4）和铁质材料（5）可以相互转换设置在打火机（3）和容纳槽（2）上。

2. 根据权利要求 1 所述的带打火机的皮带头，其特征是：容纳槽（2）的底部设有磁体（4），打火机（3）的至少一面设有铁质材料（5）。

3. 根据权利要求 1 所述的带打火机的皮带头，其特征是：容纳槽（2）的底部设有磁体（4），打火机（3）的至少一面设有磁体（4）。

4. 根据权利要求 1 所述的带打火机的皮带头，其特征是：容纳槽（2）的底部设有铁质材料（5），打火机（3）的至少一面设有磁体（4）。

5. 根据权利要求 2 所述的带打火机的皮带头，其特征是：打火机（3）至少一面的壳体（6）里面设有铁质材料（5）。

6. 根据权利要求 3 或 4 所述的带打火机的皮带头，其特征是：打火机（3）至少一面的壳体（6）里面设有磁体（4）。

7. 根据权利要求 1 至 5 其中之一所述的带打火机皮带头，其特征是：皮带头本体（1）上容纳槽（2）的旁边开设有扳槽（7）。

8. 根据权利要求 6 所述的带打火机的皮带头，其特征是：皮带头本体（1）上容纳槽（2）的旁边开设有扳槽（7）。”

2006 年 6 月 16 日，针对上述专利权，洪允通（下称请求人）向国家知识产权局专利复审委员会提出无效宣告请求，同时提交了以下证据：

证据 1：CN2613169Y，中国实用新型专利说明书复印件，授权公告日为 2004 年 4 月 28 日，共 12 页；

证据 2：CN2159119Y，中国实用新型专利说明书复印件，授权公告日为 1994 年 3 月 23 日，共 9 页。

请求人认为，证据 1 公开的技术特征：扣头本体 1、凹槽 11、盖体 2、磁条或磁铁等磁性元件 13，分别对应于本专利权利要求 1 中的本体（1）、容纳槽（2）、打火机（3）、磁性装置。并且，对于磁性材料的安装方式及达到的功能效果都是相同的。证据 1 中的盖体 2 可以是收音机、照明灯、计时器……电子钟等，本专利中的部件是打火机，这是二者的唯一区别。证据 2 中公开了一种带有打火机的皮带扣装置，技术方案的内容也是在皮带头上以结构连接的方式，把打火机安装在皮带头的正面凹槽中，其技术效果与本专利完全相同。在证据 1 的技术方案的基础上，根据证据 2 的启示，所属技术领域的普通技术人员无需创造性劳动就能得出本专利权利要求 1 的技术方案，因此，权利要求 1 不具备创造性。权利要求 2~6 是对磁性材料的设置做了一个位置互换方面的限定，也不具备创造性。权利要求 7 和 8 的附加技术特征均已被证据 1 公开，因此也不具备创造性。本专利属于典型的组合发明。技术方案仅仅是将公知的皮带头和公知的打火机连结在一起，各自仍然以原有的常规方式工作，总的技术效果就是皮带头和打火机各自功效的总和。根据审查指南第四章第 4. 2 节规定，这种拼凑的发明创造不具备创造性。

经形式审查合格后，专利复审委员会受理了该无效宣告请求，并于 2006 年 7 月 13 日向双方当事人发出了《无效宣告请求受理通知书》，并向专利权人转送了《专利权无效宣告请求书》及其附件副本，要求其在指定的期限内答复，同时成立合议组对本无效请求案进行审理。

专利权人未在指定期限内对上述无效宣告请求进行答复。

2006 年 12 月 14 日，专利复审委员会本案合议组向双方当事人发出《无效宣告请求口头审理通知书》，拟定于 2007 年 1 月 31 日对本案进行口头审理。

2007 年 1 月 31 日，口头审理如期举行，请求人参加了口头审理，专利权人缺席。庭审过程中，本案合议组对请求人提出的无效理由和证据逐一进行了调查并充分听取了请求人一方的陈述。

经过上述审理程序，合议组认为本案事实已经清楚，可以依法作出审查决定。

**二、决定的理由**

1. 关于证据

请求人提交的证据1、2均为中国实用新型专利文献，且其公开日均早于本专利申请日，

经核实，合议组认可两份证据的真实性，并且认定其均可以作为评价本专利创造性的现有技术。

2. 关于创造性

专利法第22条第3款规定：创造性，是指同申请日以前已有的技术相比，该实用新型有实质性特点和进步。

在判断要求保护的技术方案是否具有创造性时，关键是要确定现有技术整体上是否存在某种技术启示，使本领域技术人员在面对所要解决的技术问题时，有动机改进最接近的现有技术并获得要求保护的技术方案。如果要求保护的技术方案与最接近的现有技术的区别技术特征在相同领域的另一份对比文件中有明确的记载，并且其在该对比文件中所起的作用与其在要求保护的技术方案中所起的作用相同，则认为现有技术中存在所述技术启示。

本专利的权利要求1保护一种带打火机的皮带头，主要包括皮带头本体（1），其特征是：皮带头本体（1）上设有容纳槽（2），容纳槽（2）内设有打火机（3），打火机（3）的形状与容纳槽（2）的形状相互匹配，打火机（3）和容纳槽（2）上分别设有相互吸附的磁性装置，磁性装置包括磁体（4）和铁质材料（5），磁体（4）和铁质材料（5）可以相互转换设置在打火机（3）和容纳槽（2）上。

证据1与本专利的技术领域相同，其中公开了一种抽取式皮带扣头，由具分离式的扣头本体1及具有多功效的盖体2构成，其特征在于：该扣头本体1适当处开设有凹槽11，该凹槽大小恰可供盖体插置，且于凹槽11前端设有凹印12，供方便抽取盖体2之用，并于盖体2与凹槽11相对应的结合面22、14上，分别设有能相互吸引的磁条或磁铁等磁性元件13，供吸磁固定盖体2之用，该盖体2所具有的功效可设为收音机、照明灯、计时器、计步器、马表、钥匙、指南针、警报器、电子钟等(参见其说明书第2页最后一行至第3页第5行)。

将本专利权利要求1的技术方案和证据1相比，证据1中的扣头本体1对应于权利要求1的“皮带头本体（1）”，具有多功效的盖体2对应于权利要求1的“打火机（3）”，凹槽11对应于权利要求1的“容纳槽（2）”，该凹槽大小恰可供盖体2插置对应于权利要求1的“打火机（3）的形状与容纳槽（2）的形状相互匹配”。证据1的磁性装置采用磁条或磁铁，本专利采用磁体和铁质材料，二者仅是名称上的不同，其实质上都是可以相互吸引的具有磁性的物体。因此，证据1公开的“于盖体2与凹槽11相对应的结合面22、14上分别设有能相互吸引的磁条或磁铁等磁性元件13，供吸磁固定盖体2之用”，对应于权利要求1的“打火机（3）和容纳槽（2）上分别设有相互吸引的磁性装置，磁性装置包括磁体（4）和铁质材料（5），磁体和铁质材料可以相互转换设置在打火机（3）和容纳槽（2）上”。

因此，权利要求1与证据1的区别仅在于：证据1所公开的和皮带头本体配合的盖体2可以是收音机、照明灯、计时器、计步器、马表、钥匙、指南针、警报器、电子钟，并未公开盖体2可以是打火机。而权利要求1中相应的元件是打火机。

证据2与本专利的技术领域相同，公开了一种带有打火机的皮带扣装置：皮带扣正面有一可容纳一设计别致的打火机的长方形凹槽，而打火机的长度、体积恰好可置放于内，利用所设计的结构能将打火机与皮带扣紧密结合使其不致脱落、遗失；使之随身携带方便，具有实用功能（参见其说明书第1页第3段）。

证据 2 公开了将打火机设置在皮带扣正面凹槽内这一特征，该特征在证据 2 中所起的作用是“随身携带方便，使打火机不致脱落、遗失”，与其在本专利权利要求 1 中的作用“打火机可以十分方便地随身携带，且不易丢失”（本专利说明书第 1 页倒数第 4 行）相同，即证据 2 中给出了用打火机作为盖体与皮带头本体配合的技术启示，使得本领域技术人员容易想到采用打火机作为与皮带头本体配合的盖体应用到证据 1 公开的抽取式皮带扣头中，从而得到权利要求 1 的技术方案，因此，权利要求 1 的技术方案对本领域的技术人员来说是显而易见的，并且该特征的引入并未给本专利权利要求 1 的技术方案带来预料不到的技术效果，因而权利要求 1 不具备专利法第 22 条第 3 款规定的创造性。

权利要求 2~4 是权利要求 1 的从属权利要求，均是对磁体和/或铁质材料的设置位置作出进一步限定。其中，对于“容纳槽（2）底部”这一特征，合议组认为，“容纳槽（2）底部”仅是一个相对的概念，当皮带头采取不同位置放置时，该“容纳槽（2）底部”将对应于容纳槽与打火机相接触的不同结合面。证据 1 公开了“盖体 2 与凹槽 11 相对应的结合面上分别设有能相互吸引的磁铁”这一技术特征（参见其说明书第 3 页第 2~3 行），其实质上与权利要求 2~4 中的“容纳槽（2）底部”是对应一致的。因此，权利要求 2~4 的附加技术特征均已在证据 1 中公开，在权利要求 1 不具备创造性的基础上，权利要求 2~4 也不具备创造性。

权利要求 5 和 6 分别将铁质材料和磁体的位置具体限定在“打火机（3）至少一面的壳体（6）里面”。然而，无论是将磁铁设在壳体表面还是壳体里面，都是本领域的惯用技术手段，其作用和目的也都是要达到固定打火机使其不致脱落、丢失的技术效果，因此，在其引用的权利要求 2~4 不具备创造性的基础上，权利要求 5 和 6 的技术方案也不具备专利法第 22 条第 3 款规定的创造性。

权利要求 7 和 8 分别对权利要求 1~5 及权利要求 6 作了进一步限定，二者的附加技术特征均为“皮带头本体（1）上容纳槽（2）的旁边开设有扳槽（7）”。这一特征已在证据 1 中公开（参见证据 1 的说明书第 3 页第 2 行，“于凹槽 11 前端设有凹印 12”），因此，在其分别引用的权利要求不具备创造性的基础上，权利要求 7 和 8 也不具备专利法第 22 条第 3 款规定的创造性。

基于上述事实和理由，合议组作出下述决定。

**三、决定**

宣告第 200420082591.3 号实用新型专利权全部无效。

当事人对本决定不服的，可以根据专利法第 46 条第 2 款的规定，自收到本决定之日起三个月内向北京市第一中级人民法院起诉。根据该款规定，一方当事人起诉后，另一方当事人应当作为第三人参加诉讼。

**附图**

一、本专利的附图

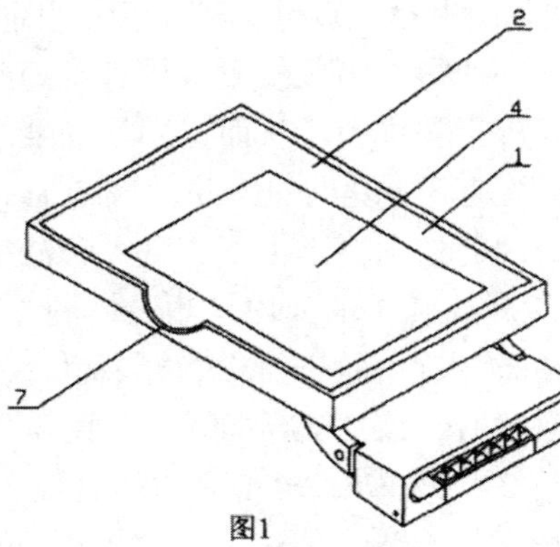


图1

二、证据1的附图

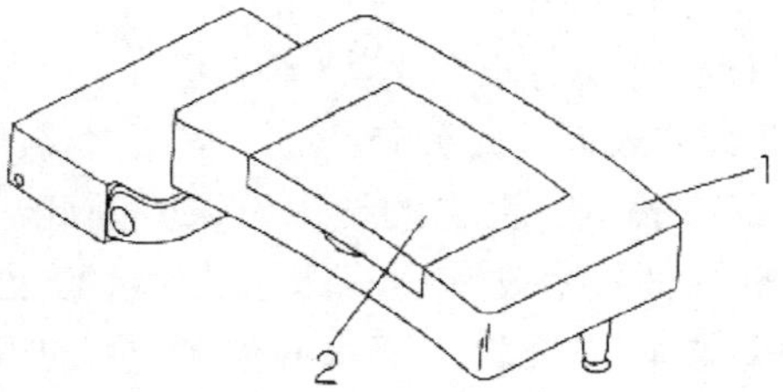


图 1

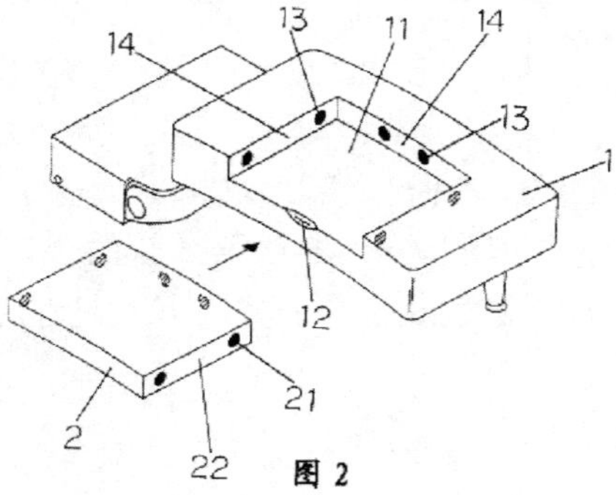


图 2

三、证据2的附图

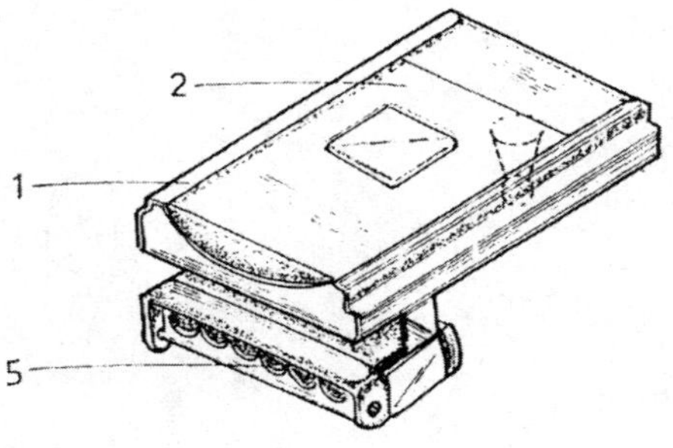

065

# 构件式模盒

## 无效宣告请求审查决定（第9562号）

**决　定　号**　第9562号
**决　定　日**　2007年3月7日
**发明创造名称**　构件式模盒
**国际分类号**　E04B 5/36
**无效宣告请求人**　颜喜东
**专利权人**　李克翔
**专　利　号**　03214972.7
**申　请　日**　2003年1月29日
**授权公告日**　2004年6月9日
**合议组组长**　朱文广
**主　审　员**　刘瑞斌
**参　审　员**　董晓静

**法律依据**　专利法第22条第2款
**决定要点**

如果一份对比文件中的一个技术方案与权利要求所保护技术方案相同，并且两者属于相同的技术领域，产生了相同的技术效果，那么该权利要求相对于该对比文件不具备新颖性。

### 一、案由

本无效宣告请求涉及国家知识产权局于2004年6月9日授权公告的、名称为“构件式模盒”的实用新型专利权（以下简称本专利），其专利号是03214972.7，申请日是2003年1月29日，专利权人是李克翔。该专利授权公告时的权利要求书如下：

“1. 构件式模盒，其特征在于：该模盒为一中空的密封盒子，在该密封盒的底板内设置有锚筋。”

针对上述专利权，颜喜东（以下简称请求人）于2006年7月28日向专利复审委员会提出无效宣告请求，随同无效宣告请求书提交了如下附件：

附件1：授权公告日为2003年6月25日，专利号为01139992.9的发明专利说明书，共22页；公开日为2002年5月8日，公开号为CN1348040A（申请号01139992.9）的发明专利申请公开说明书，共22页；

附件2：授权公告日为2004年4月28日，专利号为01140106.0的发明专利说明书，共18页；公开日为2002年7月3日，公开号为CN1356442A（申请号01140106.0）的发明专利申请公开说明书，共16页；

附件3：申请日为2002年4月30日，申请人为邱则有，公开日为2003年11月12日，公开号为CN1455066A的发明专利申请公开说明书，共64页。

请求人认为：附件1~3分别以下位概念公开了权利要求1的技术方案，权利要求1不具备新颖性和创造性。

经形式审查合格，专利复审委员会依法受理了上述无效宣告请求，并于2006年9月6日将无效宣告请求书及其附件清单中所列附件的副本转送给专利权人，并要求专利权人在指定期限内陈述意见。

专利权人逾期没有陈述意见。

专利复审委员会依法组成合议组，并于2006年11月3日向双方发出无效宣告请求口头审理通知书，指出本案合议组定于2006年12月14日针对本无效宣告请求举行口头审理。

口头审理如期举行，请求人参加了口头审理，专利权人没有参加口头审理。在口头审理中，请求人明确表示放弃附件1中的授权公告日为2003年6月25日、专利号为01139992.9的发明专利说明书和附件2中的授权公告日为2004年4月28日、专利号为01140106.0的发明专利说明书。其无效宣告请求的理由、事实和证据为：权利要求1相对于附件1或2或3不具备新颖性，权利要求1相对于附件1或2不具备创造性。

至此，合议组认为本案事实清楚，现依法作出审查决定。

**二、决定的理由**

1. 关于证据和现有技术

请求人提交了附件1~3作为证据使用，经合议组审查认可附件1~3的真实性。请求人在口审过程中放弃了附件1中的授权公告日为2003年6月25日、专利号为01139992.9的发明专利说明书和附件2中的授权公告日为2004年4月28日、专利号为01140106.0的发明专利说明书。因此在下文中附件1指公开日为2002年5月8日、公开号为CN1348040A（申请号01139992.9）的发明专利申请公开说明书，附件2指公开日为2002年7月3日、公开号为CN1356442A（申请号01140106.0）的发明专利申请公开说明书。

由于附件1、2的公开日期均在本专利的申请日前，因此其中记载的内容可以作为本专利的现有技术使用。附件3相对于本专利是由他人向专利局提出的申请日在本专利申请日之前、公开日在本专利申请日后的专利文献，只能用于评价本专利的新颖性。

2. 本专利的新颖性

专利法第22条第2款规定，新颖性，是指在申请日以前没有同样的发明或者实用新型在国内外出版物上公开发表过、在国内公开使用过或者以其他方式为公众所知，也没有同样的发明或者实用新型由他人向专利局提出过申请并记载在申请日以后公布的专利申请文件中。

请求人认为本专利权利要求1相对于附件1或2或3不具备新颖性。

合议组认为，本专利权利要求1请求保护一种构件式模盒，该模盒为一中空的密封盒子，在该密封盒的底板内设置有锚筋。附件1公开了一种用于暗密肋楼板的空腔构件，该构件是由空腔模板和结构底板一起构成的多面体结构，在结构底板内设置有钢筋，钢筋伸出结构底板外部（参见图4或5及说明书第2页第16~19行），钢筋如此设置有利于楼板的协同受力，因此附件1公开了本专利权利要求1的技术方案，并且两者属于相同的技术领域，产生了同样的技术效果，因此权利要求1相对于附件1不具备专利法第22条第2款规定的新颖性。

由于本专利权利要求1相对于附件1不具备新颖性，因此请求人提出的其他无效理由和证据在此不再予以评述。

根据上述事实和理由，合议组作出如下审查决定。

**三、决定**

宣告03214972.7号实用新型专利权全部无效。

当事人对本决定不服的，可以根据专利法第46条第2款的规定，自收到本决定之日起3个月内向北京市第一中级人民法院起诉。根据该款的规定，一方当事人起诉后，另一方当事人应当作为第三人参加诉讼。

066

# 多旋流自适应多循环厌氧反应器

## 无效宣告请求审查决定（第9564号）

**决　定　号**　第9564号
**决　定　日**　2007年3月9日
**发明创造名称**　多旋流自适应多循环厌氧反应器
**国际分类号**　C02F 3/28，11/04
**无效宣告请求人**　安徽丰原集团有限公司
**专利权人**　陈协，邵希豪，吴九九
**专　利　号**　200420023281.4
**申　请　日**　2004年5月28日
**授权公告日**　2005年5月18日
**合议组组长**　崔　震
**主　审　员**　郭建强
**参　审　员**　黄　颖

**法律依据**　专利法第26条第3款、第4款，第22条第3款，专利法实施细则第20条第1款

**决定要点**

如果本领域技术人员按照说明书所记载的内容，就能够实现本实用新型的技术方案，解决其技术问题，并且产生预期的技术效果，则说明书满足充分公开实用新型的要求。

如果权利要求所要求保护的技术方案是本领域技术人员能够从说明书充分公开的内容中得到或者概括得出的技术方案，并且没有超出说明书公开的范围，则权利要求书得到说明书的支持。

如果本领域技术人员对权利要求的技术特征以及整体的技术方案都能清楚地、毫无歧义地理解，则该权利要求的保护范围是清楚的。

如果实用新型专利所要求保护的技术方案相对于对比文件具有区别技术特征，且该区别技术特征的应用在现有技术的整体上没有技术启示，对本领域的技术人员来说是非显而易见的，同时给本实用新型带来了有益的效果，则该实用新型专利所要求保护的技术方案具有实质性特点和进步，即具备创造性。

### 一、案由

本无效宣告请求涉及中华人民共和国国家知识产权局于2005年5月18日授权公告的、名称为"多旋流自适应多循环厌氧反应器"的实用新型专利权（以下简称本专利），其专利号是200420023281.4，申请日是2004年5月28日，专利权人是陈协、邵希豪、吴九九。本专利授权公告

时的权利要求书如下：

“1. 一种多旋流自适应多循环厌氧反应器，包括反应器壳体（5）、旋流式气液分离器（2）、倒漏斗形的旋流式布水器（11）、沼气能量转换装置（25）、进水总管（13）和出水管（14），反应器壳体（5）由上反应室（6）和下反应室（10）组成，带沼气导管（1）的气液分离器（2）安装在上反应室（6）的顶部，进水总管（l3）安装在下反应室（10）外的底部，沼气能量转换装置（25）由主集气罩（9）、主沼气提升管（3）、辅集气罩（7）、辅沼气提升管（4）和下行循环管（8）组成，在上反应室（6）中设置有辅集气罩（7），在下反应室（10）中的上部设置有主集气罩（9），旋流式布水器（11）安装在下反应室（10）内的下部，进水支管（12）的一端接进水总管（13），另一端穿过下反应室（10）的侧壁和旋流式布水器（11），出口贴在旋流式布水器（11）的内壁上，在上反应室（6）的侧壁上安装有出水管（14），其特征在于：在主集气罩（9）内放置有下隔板（20），在辅集气罩（7）内放置有上隔板（17），上隔板（17）和下隔板（20）将主集气罩（9）、辅集气罩（7）隔成偶数区段，在反应器壳体（5）内外的每一个区段内放置有一套旋流式气液分离器（2）、旋流式布水器（11）和沼气能量转换装置（21）。

2. 如权利要求1所述的多旋流自适应多循环厌氧反应器，其特征在于：主集气罩（9）由向下开口的下汇流槽（18）和向下开口的下集气槽（19）组成，辅集气罩（7）由向下开口的上汇流槽（15）和向下开口的上集气槽（16）组成，下集气槽（19）垂直连通于下汇流槽（18）的侧壁上，上集气槽（16）垂直连通于上汇流槽（15）的侧壁上，主沼气提升管（3）的上端开口于气液分离器（2）内，下端穿过辅集气罩（7）与主集气罩（9）内的下汇流槽（18）相连，辅沼气提升管（4）的上端开口于气液分离器（2）内，下端与辅集气罩（7）内的上汇流槽（15）相连，下行循环管（8）的上端接气液分离器（2）的底端，中间依次向下穿过辅集气罩（7）和主集气罩（9），下端开口于旋流式布水器（11）内。

3. 如权利要求1或2所述的多旋流自适应多循环厌氧反应器，其特征在于：上汇流槽（15）、下汇流槽（18）的形状均为‘π’形，上集气槽（16）、下集气槽（19）的形状均为三角形，主集气罩（9）、辅集气罩（7）中的相邻两层集气槽均呈交错覆盖排列并留有让污泥混合液通过的缝隙。

4. 如权利要求3所述的多旋流自适应多循环厌氧反应器，其特征在于：主沼气提升管（3）的上端、辅沼气提升管（4）的上端均切线方向开口于气液分离器（2）的侧内壁上，且主沼气提升管（3）的上端、辅沼气提升管（4）的上端产生的旋流方向一致。

5. 如权利要求4所述的多旋流自适应多循环厌氧反应器，其特征在于：在反应器壳体（5）内均匀放置有偶数个旋流式布水器（2），旋流式布水器（2）产生的旋流方向使得俩俩旋流交汇处保持同流向。”

针对本专利权，安徽丰原集团有限公司（以下简称请求人）于2006年7月18日向专利复审委员会提出无效宣告请求，认为本专利不符合专利法第26条第3款的规定，权利要求1~5不符合专利法第26条第4款、第22条第3款、专利法实施细则第20条第1款的规定，请求人同时提交了如下附件作为证据：

附件1：本专利的专利说明书，共8页；

附件2：授权公告日为2004年1月21日、授权公告号为CN2600438Y（专利号为03227936.1）的中国实用新型专利说明书，共7页（以下简称对比文件1）；

附件3：IC反应器技术的发展，《环境污染与防治》2000年6月第22卷第3期，复印件，共3页（以下简称对比文件2）；

附件4：多级内循环（MIC）厌氧反应器的开发应用，《中国沼气》2002，20（4），复印件，共4

页（以下简称对比文件3）；

附件5：内循环（IC）厌氧反应器的发展与应用，《云南环境科学》2004年3月第23卷第1期，复印件，共4页（以下简称对比文件4）；

附件6：从厌氧反应器的发展谈UASB反应器的改良，《中国海洋大学学报》2004年3月第34卷第2期，复印件，共8页（以下简称对比文件5）；

附件7：授权公告日为2000年2月16日、授权公告号为CN2363771Y（专利号为99226035.3）的中国实用新型专利说明书，共6页（以下简称对比文件6）；

附件8：授权公告日为2005年1月12日、授权公告号为CN2670348Y（专利号为03278107.5）的中国实用新型专利说明书，共6页（以下简称对比文件7）；

附件9：将USR改造成IC厌氧反应器的探讨，《中国沼气》2002，20（4），复印件，共3页（以下简称对比文件8）。

请求人提出的具体理由是：本专利的说明书未对隔板的作用、集气槽和汇流槽的形状和位置关系、厌氧反应器处理有机废水和收集沼气的原理作出清楚、完整的说明，不符合专利法第26条第3款的规定；权利要求1的“在反应器壳体内外的每一个区段内放置一套旋流式气液分离器、旋流式布水器和沼气能量转换装置”不清楚，“沼气能量转换装置（25）”的附图标记在说明书和附图中都没有，因此权利要求1~5不符合专利法实施细则第20条第1款的规定；本专利权利要求1~5中关于隔板的作用、集气槽和汇流槽的形状和位置关系在实质上没有得到说明书的支持，不符合专利法第26条第4款的规定；本领域的技术人员在对比文件1和对比文件8的基础上可以显而易见地得出本专利权利要求1的技术方案，因此权利要求1不具备创造性，权利要求2和3中对主集气罩和辅集气罩的限定已在对比文件2、3、4、5中公开，因此权利要求2、3也没有创造性，本领域普通技术人员从对比文件1、6和7中都可以获得“切向输入从而形成旋流”的技术启示，因此权利要求4也不具备创造性，对于设置多个旋流反应器的技术方案，本领域的普通技术人员根据公知常识必然将它们设置为使两两旋流交汇处保持同流向，因此权利要求5的附加技术特征对于本领域的普通技术人员来说是显而易见的，所以权利要求5也不具备创造性。

经形式审查合格，专利复审委员会依法受理了上述无效宣告请求，并于2006年8月7日向请求人和专利权人发出无效宣告请求受理通知书，同时将专利权无效宣告请求书及其附件清单中所列附件的副本转送给专利权人，并要求其在指定的期限内陈述意见。

针对专利复审委员会发出的上述无效宣告请求受理通知书，专利权人于2006年9月6日提交意见陈述书。专利权人认为：隔板的作用是在集气罩正常负载时，阻拦不同区域气泡产生跨区域的聚合和跟随运动，使对应循环系统均衡正常工作。在本专利权利要求1中隔板将主、辅集气罩隔成偶数区段而非奇数区段，在反应器壳体内的每一个区段内放置一套旋流式布水器和沼气能量转换装置，在反应器壳体外的每一个相应区段内放置一套旋流式气液分离器。汇流槽的形状为“π”形描述了汇流槽的大致形状，“向下开口的汇流槽”以及“集气槽垂直连通于汇流槽的侧壁上”等形状和位置关系特征是本领域的公知常识，厌氧反应器处理有机废水和收集沼气的原理也是本领域的公知常识，因此本专利说明书已经对本专利作出了清楚完整的说明，本领域技术人员能够依据说明书实现本专利；同理，本专利的权利要求1~5是以说明书为依据的，清楚简要地表述了请求保护的范围，因此也符合专利法第26条第4款和专利法实施细则第20条第1款的规定；对比文件1和8中没有公开“隔板”以及“旋流式气液分离器”的技术特征，因此对比文件1和对比文件8结合不能显而易见地得到本专利权利要求1的技术方案，本专利权利要求1具备创造性，其从属权利要求2~5也具备创造性。

专利复审委员会依法成立合议组对本案进行审理。

本案合议组于2006年10月11日向双方发出无效宣告请求口头审理通知书，定于2006年11月28日在专利复审委员会举行口头审理。

口头审理如期举行，双方当事人均参加了口头审理。在口头审理中：

（1）合议组当庭将专利权人于2006年9月6日提交的意见陈述书副本转给请求人。请求人当庭放弃了对比文件7作为本案证据使用，出示了对比文件2~5、8的原件，专利权人对对比文件1~6、8的真实性、公开性没有异议。

（2）请求人明确其无效宣告的理由、证据和范围为：①权利要求1~5对应的技术方案在说明书中公开不充分，不符合专利法第26条第3款的规定，其中权利要求1、2中隔板的放置位置、所隔区段的个数、壳体内外如何放置以及集气罩的结构在说明书中没有描述清楚，权利要求3中的汇流槽形状为"π"形、集气槽垂直连通于汇流槽的侧壁上，在说明书中也没有描述清楚，无法得知汇流槽的形状以及同集气槽的位置关系；权利要求4和5因为引用在前的权利要求，因而也不符合上述规定。②权利要求1~5描述不清楚，不符合专利法实施细则第20条第1款的规定，所依据的事实除了上述不符合专利法第26条第3款的事实外，还包括权利要求5中"均匀放置有偶数个旋流式布水器"描述的不清楚。③权利要求1~5得不到说明书的支持，不符合专利法第26条第4款的规定，所依据的事实除了上述不符合专利法第26条第3款的事实外，还包括权利要求4中"且主沼气提升管的上端、辅沼气提升管的上端产生的旋流方向一致"、权利要求5中"旋流式布水器产生的旋流方向使得两两旋流交汇处保持同流向"为功能性限定。④权利要求1~5不具备创造性，不符合专利法第22条第3款的规定。

（3）专利权人认为说明书对权利要求1~5的技术方案已经进行了充分的公开，同时也符合专利法实施细则第20条第1款和专利法第26条第4款的规定；权利要求1中的"旋流式气液分离器"与对比文件1中的气液分离器不同，对比文件1和对比文件8中都没有公开"集气槽内放置有隔板"以及"每个区段内放置一套旋流式气液分离器"的特征，因此权利要求1具备创造性；权利要求2中的"集气罩"与对比文件1、2、4、5中的"三相分离器"不同，因此权利要求2也具备创造性；权利要求3的汇流槽形状为"π"形、集气槽为三角形在对比文件1和2中都没有公开，因此权利要求3具备创造性；权利要求4中"切线方向开口于气液分离器的侧内壁上"在对比文件3或6中都没有公开，也不是公知常识，权利要求5中的附加技术特征也不是公知常识，因此权利要求4和5也具备创造性。

至此，合议组认为本案事实已经清楚，可以作出审查决定。

**二、决定的理由**

1. 关于证据和现有技术

请求人提交的证据包括附件2~9，即对比文件1~8，请求人当庭放弃了对比文件7作为本案证据使用，出示了对比文件2~5、8的原件，专利权人对对比文件1~6、8的真实性、公开性没有异议。合议组经审查，认可对比文件1~6、8的真实性，因此将其作为本案证据使用。同时，由于对比文件1~6、8为公开出版物，且其公开日期在本专利的申请日之前，因此可以作为本专利的现有技术使用。

2. 关于专利法第26条第3款

专利法第26条第3款规定：说明书应当对发明或者实用新型作出清楚、完整的说明，以所属技术领域的技术人员能够实现为准。

如果本领域技术人员按照说明书所记载的内容，就能够实现本实用新型的技术方案，解决其技术问题，并且产生预期的技术效果，则说明书满足充分公开实用新型的要求。

就本案而言，请求人认为权利要求1~5对应的技术方案在说明书中公开不充分，不符合专利法第26条第3款的规定，具体为：权利要求1、2中隔板的放置位置、所隔区段的个数、壳体内外如何放置以及集气罩的结构在说明书中没有描述清楚，权利要求3中的汇流槽形状为"π"形、集气槽垂直连通于汇流槽的侧壁上，在说明书中也没有描述清楚，无法得知汇流槽的形状以及同集气槽的位置关系。从属权利要求4、5因为引用在前的权利要求，因而同样不符合上述规定。专利权人认为说明书对权利要求1~5的技术方案已经进行了充分的公开，符合专利法第26条第3款的规定。

合议组经审查后认为：隔板的作用是在集气罩正常负载时，阻拦不同区域气泡产生跨区域的聚合和跟随运动，使对应循环系统均衡正常工作，其放置的位置正如说明书文字以及附图中虚线位置所示，竖直地位于主、辅集气罩中，以将主、辅集气罩隔成多个区段；所隔区段个数在说明书中也有明确记载，是偶数个数的区段而不是奇数个数的区段；关于壳体内外如何放置装置，根据本专利说明书的理解，是在反应器壳体内的每一个区段内放置一套旋流式布水器和沼气能量转换装置，在反应器壳体外的每一个相应区段内放置一套旋流式气液分离器；至于集气罩的结构，如说明书文字及附图所示，集气罩为双层重叠的结构，每层又由纵横交错的集气槽和汇流槽组成，集气槽垂直连通于汇流槽的侧壁上，汇流槽的形状为"π"形，即向下开口的类矩形槽，集气槽为向下开口的三角形槽。因此本领域技术人员按照说明书记载的内容，完全能够实现本专利权利要求1~5的技术方案，解决大型有机废水厌氧消化处理的技术问题，并且达到预期的使厌氧反应器适应宽负载、处理效能高、结构简单的技术效果，据此合议组认为本专利的说明书已经对权利要求1~5的技术方案作出了清楚、完整的说明，符合专利法第26条第3款关于说明书充分公开的规定。

3. 关于专利法第26条第4款

专利法第26条第4款规定：权利要求书应当以说明书为依据，说明要求专利保护的范围。

如果权利要求所要求保护的技术方案是本领域技术人员能够从说明书充分公开的内容中得到或者概括得出的技术方案，并且没有超出说明书公开的范围，则权利要求书得到说明书的支持。

就本案而言，请求人认为本专利的权利要求1~5没有得到说明书的支持，不符合专利法第26条第4款的规定，所依据的事实除了上述不符合专利法第26条第3款的事实外，还包括权利要求4中"且主沼气提升管的上端、辅沼气提升管的上端产生的旋流方向一致"、权利要求5中"旋流式布水器产生的旋流方向使得两两旋流交汇处保持同流向"为功能性限定。专利权人认为本专利符合专利法第26条第4款的规定。

合议组经审查后认为：如前所述，由于本专利的说明书已经对权利要求1~5的技术方案进行了清楚、完整的说明，所属领域的技术人员从说明书充分公开的内容中能够得到或者概括得出权利要求1~5的技术方案，因此请求人所依据的权利要求1~5中的"隔板的放置位置、所隔区段的个数、壳体内外如何放置以及集气罩、集气槽、汇流槽的结构"在说明书中没有描述清楚因而得不到说明书实质性支持的主张，不能成立；至于权利要求4中的"且主沼气提升管的上端、辅沼气提升管的上端产生的旋流方向一致"、权利要求5中"旋流式布水器产生的旋流方向使得两两旋流交汇处保持同流向"为功能性限定的问题，合议组认为，首先，根据审查指南第二部分第二章3.2.1节的规定，对产品权利要求而言，当某一技术特征无法用结构特征来限定，或者用结构特征限定不如用功能性特征限定更为恰当的情况下，并不完全排除采用功能性限定的撰写方式。其次，权利要求4中的"两个旋流方向一致"和权利要求5中的"两个旋流交汇处同流向"是本领域的公知技术，本领域技术人员完全明了实现该公知技术的所有方法。因此合议组认为对于本领域的技术人员来说，权利要求4和5中的上述限定能够从说明书充分公开的内容中得到或者概括得出，并且没有超出说明书公开的范围，是允许的。综上，合议组认为本专利权利要求1~5是以说明书为依据的，符合专利法第26条第4款的规定。

4. 关于专利法实施细则第20条第1款

专利法实施细则第20条第1款规定：权利要求书应当说明发明或者实用新型的技术特征，清楚、简要地表述请求保护的范围。

如果本领域技术人员对权利要求的技术特征以及整体的技术方案都能清楚地、毫无歧义地理解，则该权利要求的保护范围是清楚的。

就本案而言，请求人认为本专利的权利要求1~5描述不清楚，不符合专利法实施细则第20条第1款的规定，所依据的事实除了上述不符合专利法第26条第3款的事实外，还包括权利要求5中“均匀放置有偶数个旋流式布水器”描述不清楚。专利权人认为本专利符合专利法实施细则第20条第1款的规定。

合议组经审查后认为：如前所述，本专利的说明书已经对权利要求1~5的技术方案进行了清楚、完整的说明，同理，本领域技术人员对本专利权利要求1~5的技术方案也能清楚地、毫无歧义地理解，因此请求人所依据的权利要求1~5中的“隔板的放置位置、所隔区段的个数、壳体内外如何放置以及集气罩、集气槽、汇流槽的结构”没有描述清楚的主张不能成立；至于请求人强调的权利要求5中“均匀放置有偶数个旋流式布水器”，是指在隔板隔开的偶数个反应器壳体区段内，相应设置一个旋流式布水器，从反应器的整体上看这多个布水器是均匀放置的。该技术特征的理解对于本领域技术人员来说是清楚、毫无歧义的。因此合议组认为本专利权利要求1~5的技术方案是清楚的，符合专利法实施细则第20条第1款的规定。

5. 关于本专利的创造性

专利法第22条第1款、第3款规定，授予专利权的发明和实用新型应当具备创造性，创造性是指同申请日以前已有的技术相比，该发明有突出的实质性特点和显著的进步，该实用新型具有实质性特点和进步。

如果实用新型专利所要求保护的技术方案相对于对比文件具有区别技术特征，且该区别技术特征的应用在现有技术的整体上没有技术启示，对本领域的技术人员来说是非显而易见的，同时给本实用新型带来了有益的效果，则该实用新型专利所要求保护的技术方案具有实质性特点和进步，即具备创造性。

就本案而言，请求人认为权利要求1中的关于“隔板”的特征、权利要求4中的“且主沼气提升管的上端、辅沼气提升管的上端产生的旋流方向一致”以及权利要求5中的附加技术特征是公知常识，因此权利要求1相对于对比文件1和对比文件8以及公知常识的结合不具备创造性，权利要求2的附加技术特征分别被对比文件1和2或对比文件1和4或对比文件1和5公开，权利要求3的附加技术特征被对比文件2公开，权利要求4的附加技术特征被对比文件3和公知常识或者对比文件6和公知常识公开，权利要求5的附加技术特征是公知常识，因而从属权利要求2~5也不具备创造性。专利权人认为权利要求1中的“旋流式气液分离器”与对比文件1中的气液分离器不同，对比文件1和对比文件8中都没有公开“集气槽内放置有隔板”以及“每个区段内放置一套旋流式气液分离器”的特征，因此权利要求1具备创造性，从属权利要求2~5的附加技术特征也没有被公开，因此也具备创造性。

合议组经审查后认为，本专利权利要求1与对比文件1相比，至少存在如下三点区别特征：(1)气液分离器的结构不同，本专利权利要求1中采用的是旋流式气液分离器，而对比文件1中公开的是普通的气液分离器；(2)本专利权利要求1中在主、辅集气罩内放置有上、下隔板，而对比文件1中无此构件；(3)本专利权利要求1中上、下隔板将主、辅集气罩隔成偶数区段，在反应器壳体内外的每一个区段内放置有一套旋流式气液分离器、旋流式布水器和沼气能量转换装置，而对比文件1中为单个区段、单套设备，无此结构。对比文件8虽然公开了“USR改造成IC反应器时，如果直径较大，还可通过安装2套或多套循环装置以解决传质问题”的信息，即，即使如请求人所称的给出了使用区别特征（3）的技术启示，但是对比文件1和8中都没有公开区别特征（1）和（2）。特征（1）能够提高气液分离的效率，特征（2）隔板能够阻拦反应器不同区段的气泡产生的跨区段的聚合和跟随运动，使对应循环系统均衡工作，且请求人也没有证据证明这两个技术特征为公知技术，因此合议组认为现有技术整体上并没有给出采用这两个技术特征的技术启示，即，本专利权利要求1对于本领域技术人员来说是非显而易见的，其相对于请求人所提出的对比文件1和对比文件8以及公知常识的结合具有实质性特点和进步，即具备专利法第22条第3款所规定的创造性。

同时，请求人所主张的其他对比文件2~6也没有公开上述的区别特征（1）和（2），因此权利要求1相对于对比文件1~6、8的任意组合也符合专利法第22条第3款的规定。

在独立权利要求1具备创造性的基础上，其从属权利要求2~5相对于上述对比文件也具备专利法第22条第3款所规定的创造性。

根据上述的事实和理由，本案合议组依法作出以下决定。

**三、决定**

维持200420023281.4号实用新型专利权有效。

当事人对本决定不服的，可以根据专利法第46条第2款的规定，自收到本决定之日起3个月内向北京市第一中级人民法院起诉。根据该款的规定，一方当事人起诉后，另一方当事人应当作为第三人参加诉讼。

067

# 电动按摩器

## 无效宣告请求审查决定（第9571号）

**决　　定　　号**　第9571号
**决　　定　　日**　2007年3月8日
**发明创造名称**　电动按摩器
**国 际 分 类 号**　A61H23/02
**无效宣告请求人**　广州市明捷电子有限公司，广州市兄弟运动用品有限公司
**专　利　权　人**　陈丕盛
**专　　利　　号**　02219140.2
**申　　请　　日**　2002年3月2日
**授 权 公 告 日**　2003年4月23日
**合 议 组 组 长**　黄玉平
**主　　审　　员**　高桂莲
**参　　审　　员**　刘　畅

**法　律　依　据**　专利法第22条第3款，第26条第3款、第4款
**决　定　要　点**

如果一项权利要求请求保护的技术方案与一份证据所公开的技术方案相比，存在某些区别技术特征，但这些区别特征属于本领域的公知常识，则应当认为现有技术中存在技术启示。该权利要求相对于上述证据和本领域公知常识的结合不具备创造性。

**一、案由**

本无效宣告请求涉及国家知识产权局于2003年4月23日授权公告的02219140.2号、名称为“电动按摩器”的实用新型专利（下称本专利），其专利权人是陈丕盛，申请日是2002年3月2日。本专利授权公告的权利要求书如下：

“1. 一种电动按摩器，主要包括外壳和插头，外壳内设有交直变电盒、直流电机、偏心轮，交直变电盒输入端与插头相连，输出端与直流电机相连，偏心轮套固于直流电机轴上，其特征在于：直流电机上固定有电机架；该偏心轮底面凸出的轴心为圆心轴，套固于直流电机轴上，顶面凸出的轴心为偏心轴，偏心轴上套固有轴承，轴承外套设有轴承套，该轴承套通过弹性片与电机架固定相连；另有一半圆球状的按摩头伸出外壳的按摩头孔外，按摩头内固定有按摩支架，该按摩支架的另一端固定于轴承套上。

2. 如权利要求1所述的电动按摩器，其特征在于：在偏心轮的底面或者顶面上凸出形成坎键。

3. 如权利要求 2 所述的电动按摩器，其特征在于：该坎键为圆弧形，且垂直于坎键重心与偏心轴的水平连线。

4. 如权利要求 3 所述的电动按摩器，其特征在于：该坎键设于偏心轮底面的边缘，其长度为偏心轮一半的圆周长。

5. 如权利要求 1、2、3 或 4 所述的电动按摩器，其特征在于：直流电机与外壳相接触处设有垫片。”

针对上述专利权，广州市明捷电子有限公司（下称第一请求人）于 2006 年 3 月 7 日向专利复审委员会提出无效宣告请求，理由是本专利权利要求 1~5 不符合专利法第 22 条第 2、3 款，权利要求 3 不符合专利法第 26 条第 3、4 款的规定。随同其专利权无效宣告请求书，第一请求人提交了如下一份证据：

证据 1-1：公开号为特开平 10-216191 的日本公开特许公报复印件，其公开日为 1998 年 8 月 18 日，及其中文翻译文本。

第一请求人在提出无效请求时认为，证据 1 公开了本专利权利要求 1~5 的全部技术特征，本专利不符合专利法第 22 条第 2、3 款的规定；权利要求 3 不符合专利法第 26 条第 3、4 的规定。针对权利要求 3 不符合专利法第 26 条第 3、4 款的规定的无效宣告理由，第一请求人未具体说明理由。

经形式审查合格，专利复审委员会于 2006 年 3 月 8 日依法受理了上述无效宣告请求，并向第一请求人和专利权人发出无效宣告请求受理通知书，同时将专利权无效宣告请求书及其相关文件副本转给专利权人，要求其在指定期限内对该无效宣告请求陈述意见。

专利权人于 2006 年 4 月 21 日提交了意见陈述书，认为本专利具备新颖性、创造性，具体理由是：本专利相对于证据 1-1 具有如下区别技术特征：（1）本专利使用一种片状弹性片；（2）本专利的偏心轮与按摩头之间的中间连接装置由轴承套和按摩支架两个分离元件组成，上述区别技术特征可以有效减弱按摩头的平面位移，因此认为本专利具备新颖性和创造性。此外，意见陈述书中还认为请求人提交的中文译文没有说明其翻译机构等，该中文译文不符合要求，应视为未提交。

针对上述专利权，广州市兄弟运动用品有限公司（下称第二请求人）于 2006 年 5 月 8 日向专利复审委员会提出无效宣告请求，随同其专利权无效宣告请求书，第二请求人提交了如下一份证据：

证据 2-1：公开号为特开平 10-216191 的日本公开特许公报复印件，其公开日为 1998 年 8 月 18 日，及其中文翻译文本。（同上述证据 1-1，下面将证据 1-1 和证据 2-1 统称为证据 1）

第二请求人在无效宣告请求书中认为，本专利的权利要求 1~5 相对于证据 1 不具备新颖性和创造性；权利要求 3 的附加技术特征在说明书中没有相应的具体描述，不符合专利法第 26 条第 3、4 款的规定。

经形式审查合格，专利复审委员会依法受理了该无效宣告请求，并于 2006 年 5 月 8 日向第二请求人和专利权人发出无效宣告请求受理通知书，同时将第二请求人的无效宣告请求书及其附件清单中所列附件的副本转送给专利权人，要求其在指定期限内对该无效宣告请求陈述意见。

专利权人于 2006 年 6 月 23 日提交了意见陈述书，具体意见与答复第一请求人的意见相同。

专利复审委员会依法成立合议组，对本案进行审理。根据《审查指南》第四部分第三章第 4.5 节规定的“案件的合并审理”原则，本案合议组将上述两个无效宣告请求案件合并审理。合议组于 2006 年 11 月 18 日向第一和第二请求人以及专利权人发出口头审理通知书，告知三方当事人合议组定于 2007 年 1 月 9 日对本案进行口头审理，同时将专利权人于 2006 年 4 月 21 日提交的意见陈述书转给第一请求人，将专利权人于 2006 年 6 月 23 日提交的意见陈述书转给第二请求人。

口头审理如期举行，三方当事人均出席了口头审理。在口头审理中，第一和第二请求人当庭提交如下证据（下称证据 2）的原件及其复印件作为公知常识性证据使用：

证据 2：《袖珍机械公式手册》，刘代祥等，第 101、102、113～115 页，以及封面、封底、版权页和目录第 3、4 页，重庆出版社，1985 年 9 月。

第一请求人和第二请求人明确其无效的理由、证据和范围是：本专利的权利要求 1～5 相对于证据 1 不符合专利法第 22 条第 2、3 款有关新颖性和创造性的规定；权利要求 1～5 相对于证据 1 和本专利背景技术（ZL96224551.8）的结合不符合专利法第 22 条第 3 款创造性的规定；权利要求 2 和 3 的附加技术特征已经被公知常识性证据 2 所公开，因此其相对于证据 1 和公知常识的结合不符合专利法第 22 条第 3 款的规定；权利要求 3 和 4 不符合专利法第 26 条第 3、4 款的规定。

合议组当庭告知第一请求人：根据专利法实施细则第 64 条以及审查指南的相关规定，第一请求人在提出无效宣告请求时没有对专利法第 26 条第 3 款、第 4 款的无效理由进行具体说明，本案合议组不予考虑第一请求人提出的关于专利法第 26 条第 3 款、第 4 款的无效理由。第一请求人对此表示认可。

专利权人对证据 1 的中文译文的准确性有异议，但是当庭表示以合议组的意见为准。

根据审查指南第四部分第三章第 4.3.1 节的规定，合议组对第一和第二请求人当庭提交的公知常识性证据 2 予以接受，并当庭将其转给专利权人，专利权人对该证据 2 的真实性无异议。

在庭审调查及辩论阶段，第二请求人认为：本专利权利要求 3 的附加技术特征“坎键为圆弧形，且垂直于坎键重心与偏心轴的水平连线”描述不清楚，并在说明书中也没有进行清楚的阐述，不符合专利法第 26 条第 3 款的规定，由于本专利权利要求 3 的附加技术特征没有在说明书中进行清楚完整的说明，进而没有得到说明书的支持，不符合专利法第 26 条第 4 款的规定。由于权利要求 4 是权利要求 3 的从属权利要求，基于上述理由，权利要求 4 也不符合专利法第 26 条第 3～4 款的规定。

专利权人认为：本专利权利要求 3 的附加技术特征已经对技术方案表达清晰，本领域技术人员可以理解，附加技术特征的前半部分说明了坎键的形状，后半部分是机械领域的公知常识。

第一和第二请求人认为：证据 1 与本专利权利要求 1 的描述实质上完全相同，关于权利要求 1 中的“交直变电盒”和“直流电机”在本专利的背景技术（ZL96224551.8）中描述为现有技术，因而权利要求 1 不具备创造性。权利要求 2 的附加技术特征为公知技术；权利要求 3 的结构设置是显而易见的；在权利要求 3 不具备创造性的基础上，权利要求 4 也不具备创造性；权利要求 5 的附加技术特征被证据 1 的缓冲片 74 公开。

专利权人认为：本专利权利要求 1 与证据 1 相比有三点区别：①证据 1 没有公开本专利交直流变电盒与直流电机；②证据 1 用的是曲柄机构 7，本专利是偏心轮机构，二者完全不同；③证据 1 的振动板 8 对应于本专利的按摩支架与轴承套，但振动板 8 与本专利的轴承套与按摩支架的功能是不同的，如果强行用一块板替代的话效果会受到不好的影响。但专利权人认可上述区别点①为现有技术，并认为证据 1 附图 9 标号 7A 与本专利坎键作用正好相反；本专利权利要求 4 在说明书第 4 页说明了设置原因，本专利权利要求 4 具有创造性；认可本专利权利要求 5 的附加技术特征被证据 1 公开。

至此，合议组认为本案事实已经清楚，现依法作出如下审查决定。

**二、决定的理由**

1. 关于证据

证据 1 是专利文献，属于公开出版物，专利权人对第一请求人和第二请求人提交的证据 1 的真实性没有异议，因此该证据 1 可以作为本案证据使用。同时由于该证据 1 的公开日期在本专利的申请日之前，因此其可以作为本专利的现有技术使用。

专利权人对上述证据 1 的中文译文的准确性有异议，但是没有在规定的时间内提交相应的中文译文。根据审查指南第四部分第八章第2.2.1节的规定，对方当事人对中文译文内容有异议的，应当在指定的期限内对有异议的部分提交中文译文，没有提交中文译文的，视为无异议。因此，该证据1的公开内容以第一请求人和第二请求人提交的中文译文的内容为准。

第一和第二请求人当庭提交的证据2为公知常识性证据，其公开日在本专利的申请日之前，专利权人对其真实性没有异议，根据《审查指南》第四部分第三章第4.3.1节的规定，虽然证据2的提交日期在第一请求人和第二请求人提出无效宣告请求一个月期限之外，但由于是公知常识性证据，可以被接受。

2. 关于专利法第26条第3~4款的规定

第二请求人认为：本专利权利要求3的附加技术特征“坎键为圆弧形，且垂直于坎键重心与偏心轴的水平连线”描述不清楚，并在说明书中也没有进行清楚的阐述，不符合专利法第26条第3款的规定，由于本专利权利要求3在说明书中没有进行清楚完整的说明，进而没有得到说明书的支持，不符合专利法第26条第4款的规定。由于权利要求4是权利要求3的从属权利要求，基于上述理由，权利要求4也不符合专利法第26条第3、4款的规定。

专利权人认为：本专利权利要求3的附加技术特征已经对技术方案表达清晰，本领域技术人员可以理解，附加技术特征的前半部分说明了坎键的形状，后半部分是机械领域的公知常识。

对此，合议组认为：首先，需要说明的是专利法第26条第3款的规定针对的应当是说明书。其次，权利要求3和4的附加技术特征已经记载在说明书中（参见说明书第4页倒数第3~6行），技术特征“坎键为圆弧形”说明了坎键的形状，“且垂直于坎键重心与偏心轴的水平连线”是指坎键的设置位置，在其说明书已清楚地限定了坎键与偏心轮的位置关系，即坎键凸出形成于偏心轮的底面或顶面上的情况下，本领域技术人员根据所知晓的本领域的技术常识能够清楚地理解该坎键垂直于坎键重心与偏心轴的水平连线，实际上是指坎键其圆弧形的切线垂直于坎键的重心与偏心轴的轴线或其延长线的水平连线，并且附图3也清楚地表明了其结构设置，因此说明书中有关上述附加技术特征的相应描述尚不足以导致说明书不清楚和不能实现其技术方案，即说明书符合专利法第26条第3款的规定，并且权利要求3的附加技术特征也是清楚的，相应地该权利要求也得到了说明书的支持，因此权利要求3也符合专利法第26条第4款的规定。基于上述相同的理由，权利要求4也符合专利法第26条第3、4款的规定。

3. 关于本专利的创造性

专利法第22条第3款规定：创造性是指同申请日以前已有的技术相比，该发明有突出的实质性特点和显著的进步，该实用新型有实质性特点和进步。

具体到本案，第一和第二请求人认为：本专利权利要求1相对于证据1不具备创造性。从属权利要求2~5也不具备创造性。

专利权人认为：本专利权利要求1与证据1相比有三点区别：（1）证据1没有公开本专利交直流变电盒与直流电机；（2）证据1用的是曲柄机构7，本专利是偏心轮机构，二者完全不同；（3）证据1的振动板8对应于本专利的按摩支架与轴承套，但振动板8与本专利的轴承套与按摩支架的功能是不同的，如果强行用一块板替代的话效果会受到不好的影响。但认可上述区别点（1）为现有技术。认为证据1附图9标号7A与本专利坎键作用正好相反；本专利权利要求4在说明书第4页说明了设置原因，本专利权利要求4具有创造性；认可本专利权利要求5的附加技术特征被证据1公开。

（1）合议组经审查后认为：权利要求1要求保护一种电动按摩器，证据1（参见证据1中文译文第6页第【0007】段、第【0022】段至第7页的【0031】段、第【0051】、【0056】段及附图1、7、9~11）公开了一种敲击式按摩机构及内置了该机构的按摩装置，一端有把手的壳体2（相当于权利要求 1 中的外壳)，嵌装于壳体 2 内的交流用驱动马达 4，安装于平衡锤 6 上的曲柄机构 7，安装于驱动马达 4 的输出轴 5 上的平衡锤 6；驱动马达 4 被与其输出轴 5 侧面相接的支撑板 10 和与其反输出轴 5 侧面相接的安装板 10A 夹住，驱动马达 4 装在马达外壳 68 内，该马达外壳 68 由上半部分的第一个壳体 69 和下半部分的第二个壳体 70 构成（相当于权利要求 1 中的直流电机上固定有电机架）；安装于驱动马达 4 的输出轴 5 上的平衡锤 6，安装于平衡锤 6 上的曲柄机构 7，曲柄机构 7 由曲柄销 7A 和中心与该曲柄销 7A 有若干偏离、并且在一面上有圆板状偏心环 7B 构成，这部分由硬质树脂整体成形。偏心环 7B 用螺丝安装在平衡锤 6 上，和其保持同心且可以自由拆卸，曲柄销 7A 穿过该滚珠轴承 24（相当于权利要求 1 中偏心轴上套固有轴承)，该振动板 8 的纵向上部以及横向中央部安装有滚珠轴承 24（相当于权利要求 1 中的轴承外套设有轴承套)，固定在驱动马达 4 的输出轴 5 侧面的支撑板 10、介于支撑板 10 与振动板 8 之间将 10 与 8 连接起来的、允许振动板 8 进行往返移动的弹性连接件 11（相当于权利要求 1 中的该轴承套通过弹性片与电机架固定相连)；用于按摩头伸出的开口部 13，按摩头 9A 由大体呈半球状的硬质塑料或橡胶等构成（相当于权利要求 1 中的另有一半圆球状的按摩头伸出外壳的按摩头孔外)；按摩头 9A 分别由螺丝固定在该加强板 77 上（相当于权利要求 1 中的按摩头内固定有按摩支架)，振动板 8 在其横向的两侧，装有伸出到驱动马达 4 侧的左右对称的安装加强板 77（相当于权利要求 1 中的该按摩支架的另一端固定于轴承套上)。

该权利要求 1 要求保护的技术方案与证据 1 相比，其区别在于：①权利要求 1 包含有插头，交直变电盒输入端与插头相连，输出端与直流电机相连，而证据 1 没有公开插头，其采用交流用驱动马达 4；②二者产生偏心运动即振动的机构不同，权利要求 1 中为偏心轮部件，证据 1 中采用平衡锤 6 的曲柄机构 7。

关于上述区别点①中的“插头，交直变电盒输入端与插头相连，输出端与直流电机相连”，其均为本领域的一种常规技术手段，其中采用“直流电机”替代“交流驱动马达”只是本领域技术人员的一种常规选择，并且这种选择方式亦没有为本发明带来意想不到的技术效果，这对于本领域技术人员来说是显而易见的。关于上述区别点②，本专利采用的偏心轮结构，证据 1 中采用了安装有平衡锤的曲柄机构，与本专利的偏心轮结构相比，二者都是利用偏心结构，依靠在旋转运动中离心力而产生振动作用，是机械领域中两种常规部件，而且二者分别在本专利和证据 1 中所起的作用相同，因此在本专利技术方案中根据具体要求选用上述任意一种方式对本领域技术人员来说都是显而易见的，不需要付出创造性劳动即可实现。因此，在证据 1 的基础上结合本领域的常规技术手段得到本专利权利要求 1 的技术方案是显而易见的，故本专利权利要求 1 不具有实质性特点和进步，不符合专利法第 22 条第 3 款规定的创造性。

对于专利权人强调的本专利与证据 1 的上述三点区别中的第①点和第②点参见上述评述；其中第③点专利权人认为证据 1 的振动板 8 相当于权利要求 1 中的轴承套和按摩支架，因此使用一块板替代效果不如本专利的效果好，对此合议组认为，证据 1 中的振动板 8 相当于权利要求 1 中的轴承套，固定在振动板 8 的安装加强板 77 相当于权利要求 1 中的按摩支架，其也是由两部分组成，而非专利权人认为的只有一块板，因此专利权人的上述观点不能得到支持。

（2）从属权利要求 2 对权利要求 1 做了进一步限定，其限定部分的附加技术特征为“在偏心轮的底面或者顶面上凸出形成坎键”。在转动的部件，如偏心轮或曲柄机构上，为了增加偏心作用力即振动力，或使转动部件保持力的平衡，通常需要采用配重的方式，其属于本领域的常规技术手段，而本专利的坎键即是配重，以达到增加振动力的作用，显然其属于常规技术手段。此外，证据 1 第【0027】段记载了“该平衡锤 6 由于和曲柄机构制造的曲柄销 7A 的偏心方向相反的部分变重，从而防止振动板 8 的振动运动的反坐力直接传达到支撑板上。即使曲柄销 7A 偏离输出轴 5 的中心，也可以通过平衡锤6保持重平衡，使驱动马达4的转动得以平稳地进行”，可见，证据1中的平衡锤也是一种配重，其作用是使马达4的转动平衡运行。并且，从证据1的图1和图7可以明显看出平衡锤6沿圆周一半具有一凸出部，其起到平衡的作用。因此，证据1也给出了在转动部件上设置配重的技术启示。因此，在权利要求1不具备创造性的基础上，该从属权利要求2不符合专利法第22条第3款有关创造性的规定。

（3）从属权利要求3和4的附加技术特征分别对坎键的形状及设置位置做了进一步限定。由上述第（2）点评述可知，证据1的图7和图9中显示的作为配重的平衡锤6沿其圆周具有一凸出部，且从图中可以明显看出该凸出部为圆弧形以及该凸出部也是设置在凸出部的重心与偏心轴轴线的水平连线上，由图9中相应的虚线部分可以看出该凸出部为平衡锤6一半的圆周长度，因此本领域技术人员根据证据1披露的内容得出权利要求3和4的技术方案是显而易见的，在其分别引用的权利要求不具备创造性的基础上，该权利要求3和4不符合专利法第22条第3款有关创造性的规定。

（4）从属权利要求5的附加技术特征“直流电机与外壳相接触处设有垫片”。证据1的第【0054】段中记载的“马达外壳68的各壳体69、70和驱动马达4之间，存在由橡胶或由发泡尿烷泡沫等构成的缓冲片74”公开了上述附加技术特征，且根据需要设置垫片属于本领域常规技术手段，因此，在该权利要求引用的权利要求1~4分别不具备创造性的基础上，该从属权利要求5不符合专利法第22条第3款有关创造性的规定。

综上所述，本专利的权利要求1~5相对于证据1和本领域的公知常识的结合不具备创造性，不符合专利法第22条第3款的规定，合议组依法作出如下审查决定。

**三、决定**

宣告02219140.2号实用新型专利权全部无效。

当事人对本决定不服的，可以根据专利法第46条第2款的规定，在收到本决定之日起三个月内向北京市第一中级人民法院起诉。根据该款规定，一方当事人起诉后，另一方当事人应当作为第三人参加诉讼。

068

# 水力旋转刷

## 无效宣告请求审查决定（第9572号）

**决定号** 第9572号
**决定日** 2007年3月19日
**发明创造名称** 水力旋转刷
**国际分类号** A46B 13/06
**无效宣告请求人** 联翔机电（上海）有限公司
**专利权人** 周茂光
**专利号** 200420019770.2
**申请日** 2004年1月20日
**授权公告日** 2005年9月7日
**合议组组长** 王晓云
**主审员** 吴红权
**参审员** 任晓兰

**法律依据** 专利法第22条第2款，专利法第22条第3款，专利法实施细则第2条第2款
**决定要点**

如果一项权利要求所涉及的技术方案与对比文件中所公开的技术方案相比存在区别技术特征，则所述对比文件不能破坏该权利要求的新颖性。

在确定权利要求的保护范围时，应当考虑权利要求中的所有特征，对于从属权利要求，不仅要考虑附加技术特征，而且还要考虑所引用的权利要求中的所有技术特征。在评价一项权利要求是否具有创造性时，应基于最接近的现有技术，在未给出相应的对比文件的情况下，则缺乏进行比较的基础。

专利法所称实用新型，是指对产品的形状、构造或者其结合所提出的适于实用的新的技术方案。实用新型专利只保护产品，所述产品应当是经过产业方法制造的，有确定形状、构造且占据一定空间的实体。

### 一、案由

本无效宣告请求案涉及国家知识产权局于2005年9月7日授权公告、申请日为2004年1月20日、名称为“水力旋转刷”的第200420019770.2号实用新型专利权（下称本专利），专利权人为周茂光。

本专利授权公告的权利要求书如下：

“1. 水力旋转刷，包括带进水管的手柄（1）、罩壳（15）和设于罩壳内的水轮（10），以及设于罩壳下部的圆环刷（7），其特征是水轮内设变速齿轮组，变速齿轮组下面及圆环刷之内设可转动的

螺旋刷（8），大小齿轮相啮合的一组传动齿轮（11）、（13）与水轮中心轴（12）同轴，其一端与罩壳（15）中心套相连，另一端通过圆环刷支架（5）中心与螺旋刷支架（6）相固接，圆环刷（7）通过圆环刷支架（5）与罩壳（15）相固紧。

2. 根据权利要求1所述的水力旋转刷，其特征是变速齿轮组由一小一大的主动轮（13）、（11）和一大一小的从动轮（17）、（16）相啮合组成。

3. 根据权利要求1所述的水力旋转刷，其特征是水轮与螺旋刷的转动速比为5∶1。

4. 根据权利要求1所述的水力旋转刷，其特征是水轮叶片（9）的弧形开口，与出水口的喷嘴（4）相对应。

5. 根据权利要求2所述的水力旋转刷，其特征是从动轮轴（14）设于圆环刷支架（5）中心至圆环的径向位置，与传动中心轴（12）相平行，一端与圆环刷支架（5）连成一体。

6. 根据权利要求4所述的水力旋转刷，其特征是在喷嘴出水端的水管内设有网罩形的过滤网（2），密封圈（3）与过滤网连成一体。”

针对上述专利权，联翔机电（上海）有限公司（下称请求人）于2006年1月18日向专利复审委员会提出无效宣告请求，并提交了如下附件：

附件1：授权公告号为CN2610740Y、申请日为2003年4月1日、授权公告日为2004年4月14日、专利权人为联翔机电（上海）有限公司的中国实用新型专利说明书，复印件共7页；

附件2：授权公告号为CN2722712Y的中国实用新型专利说明书（即，本专利），复印件共6页。

请求人认为：本专利权利要求1~5相对于附件1不具有新颖性；权利要求6不具有创造性；权利要求3不属于实用新型的保护对象，不符合专利法实施细则第2条第2款的规定。

经形式审查合格后，专利复审委员会受理了上述请求，于2006年5月11日向双方当事人发出了《无效宣告请求受理通知书》，并将《专利权无效宣告请求书》及其他有关文件的副本转送给专利权人，要求其在指定的期限内答复，同时成立合议组对本无效请求案进行审理。

2006年6月16日，专利权人针对该无效宣告请求提交了意见陈述书及修改的权利要求书，专利权人认为：（1）本专利采用常压自来水，而附件1采用高压水流；（2）附件1壳体上安装圆形固定支架2，本专利没有；（3）本专利是主动轮与从动轮为轴状斜啮合结构，附件1为双联齿轮结构；（4）本专利的主动轮11装在水轮中心轴12中间，与从动轮16相啮合，而附件1的圆形旋转支架5上装有输出齿轮13并且其说明书记载的内容与附图相互矛盾；（5）本专利在喷嘴出水端内设有网罩形结构的过滤网2，外圆环为弹性密封圈3，密封圈与过滤网连在一起，而附件1中无此结构；（6）本专利喷水嘴4设内螺纹18，与喷水嘴的外螺纹旋紧时相互啮合，而附件1无此结构。修改后的权利要求书如下：

“1. 水力旋转刷，包括带进水管的手柄（1）、罩壳（15）和设于罩壳内的水轮（10），以及设于罩壳下部的圆环刷（7），水轮内设变速齿轮组，变速齿轮组下面及圆环刷之内设可转动的螺旋刷，大小齿轮相啮合的一组传动齿轮（11）、（13）与水轮中心轴（12）同轴，其特征是主动轮与从动轮为轴状斜齿啮合；从动齿轮轴（14）设于圆环刷支架（5）中心至圆环的径向位置，与水轮中心轴（12）相平行，一端与圆环支架（5）连成一体。

2. 根据权利要求1所述的水力旋转刷，其特征是水轮（10）与螺旋刷（8）的转动速比为5∶1。

3. 根据权利要求1所述的水力旋转刷，其特征是水轮中心轴（12）的一端与罩壳（15）中心套相连，另一端通过圆环刷支架（5）中心与螺旋刷支架（6）相固接。

4. 根据权利要求1所述的水力旋转刷，其特征是手柄（1）的进水管内的喷水嘴端设有网罩形的过滤网（2），密封圈（3）与过滤网（2）连成一体。

5. 根据权利要求 4 所述的水力旋转刷，其特征是喷水嘴（4）通过手柄出水口内螺纹（18）旋紧。”

2006 年 9 月 19 日，合议组向双方当事人发出《无效宣告请求口头审理通知书》，拟定于 2006 年 11 月 24 日举行口头审理，并将专利权人于 2006 年 6 月 16 日提交的意见陈述书及其附件的副本转交给请求人，要求其在口头审理时答复。

2006 年 9 月 22 日，专利权人再次提交了重新修改的权利要求书，修改后的权利要求书如下：

“1. 水力旋转刷，包括带进水管的手柄（1）、罩壳（15）和设于罩壳内的水轮（10），以及设于罩壳下部的圆环刷（7），水轮内设变速齿轮组，变速齿轮组下面及圆环刷之内设可转动的螺旋刷，大小齿轮相啮合的一组传动齿轮（11）、（13）与水轮中心轴（12）同轴，其特征是水轮（10）与螺旋刷（8）的转动速比为 5：1；从动齿轮轴（14）设于圆环刷支架（5）中心至圆环的径向位置，与水轮中心轴（12）相平行，一端与圆环支架（5）连成一体。

2. 根据权利要求 1 所述的水力旋转刷，其特征是水轮中心轴（12）的一端与罩壳（15）中心套相连，另一端通过圆环刷支架（5）中心与螺旋刷支架（6）相固接。

3. 根据权利要求 1 所述的水力旋转刷，其特征是手柄（1）的进水管内的喷水嘴端设有网罩形的过滤网（2），密封圈（3）与过滤网（2）连成一体。

4. 根据权利要求 1 所述的水力旋转刷，其特征是喷水嘴（4）通过手柄出水口内螺纹（18）旋紧。”

2006 年 10 月 16 日，合议组向请求人发出《转送文件通知书》，将专利权人于 2006 年 9 月 22 日提交的重新修改的权利要求书转送给请求人，要求请求人最迟在口头审理时答复。

2006 年 11 月 24 日，口头审理如期举行。双方当事人的代理人均参加了口头审理。在口头审理过程中，合议组就本案的无效理由及证据逐一进行了调查，双方当事人的代理人充分陈述了各自的意见，其中：（1）合议组告知专利权人，其分别在 2006 年 6 月 16 日和 2006 年 9 月 22 日提交的意见陈述书中对权利要求书进行的修改不符合审查指南第四部分第三章第 4.6 节关于无效宣告程序中专利文件的修改的规定，不能被接受；专利权人当庭声明放弃上述修改的权利要求书，要求以授权公告文本作为审查文本；（2）请求人当庭增加权利要求 5 不具有创造性的无效理由，并确认其无效宣告理由及范围是：权利要求 1~5 相对于附件 1 不具有新颖性、权利要求 5~6 相对于公知技术不具有创造性，以及权利要求 3 不符合专利法实施细则第 2 条第 2 款的规定。

至此，合议组认为本案的事实已经调查清楚，可以依法作出审查决定。

## 二、决定的理由

1. 关于审查文本

由于专利权人在口头审理过程中已经明确放弃分别于 2006 年 6 月 16 日和 2006 年 9 月 22 日提交的修改的权利要求书，要求以授权公告文本作为审查文本，因此本决定依据授权公告的文本进行审查。

2. 关于证据的认定

请求人提交的附件 1 是中国实用新型专利说明书，经核实，合议组对其真实性予以认可。附件 1 的专利权人为联翔机电（上海）有限公司，申请日为 2003 年 4 月 1 日，授权公告日为 2004 年 4 月 14 日，其申请日早于本专利的申请日，授权公告日晚于本专利的申请日，因此附件 1 可以用来评价本专利的新颖性。

3. 关于无效宣告请求的理由和范围

请求人在口头审理过程中，当庭增加权利要求 5 不具有创造性的无效宣告理由，认为权利要求 5

为公知常识，但并未增加新的证据。根据 2001 年 10 月 18 日公布的审查指南，在没有提交新证据的情况下，合议组对请求人提出的权利要求 5 不具有创造性的无效宣告理由予以接受。

因此，合议组审理的无效理由和范围为：权利要求 1~5 相对于附件 1 不符合专利法第 22 条第 2 款的规定，权利要求 5 和 6 相对于公知技术不符合专利法第 22 条第 3 款的规定，以及权利要求 3 不符合专利法实施细则第 2 条第 2 款的规定。

4. 关于专利法第 22 条第 2 款

专利法第 22 条第 2 款规定，新颖性，是指在申请日以前没有同样的发明或者实用新型在国内外出版物上公开发表过、在国内公开使用过或者以其他方式为公众所知，也没有同样的发明或者实用新型由他人向国务院专利行政部门提出过申请并且记载在申请日以后公布的专利申请文件中。

如果一项权利要求所涉及的技术方案与对比文件中所公开的技术方案相比存在区别技术特征，则所述对比文件不能破坏该权利要求的新颖性。

在本案中，权利要求 1 要求保护一种水力旋转刷，包括带进水管的手柄（1）、罩壳（15）和设于罩壳内的水轮（10），以及设于罩壳下部的圆环刷（7），其特征是水轮内设变速齿轮组，变速齿轮组下面及圆环刷之内设可转动的螺旋刷（8），大小齿轮相啮合的一组传动齿轮（11）、（13）与水轮中心轴（12）同轴，其一端与罩壳（15）中心套相连，另一端通过圆环刷支架（15）中心与螺旋刷支架（6）相固接，圆环刷（7）通过圆环刷支架（5）与罩壳（15）相固紧。

附件 1 公开了一种改进型旋转圆毛刷，它包括外壳，在外壳内部中心安置的中心轴，在中心轴上安置的水轮，在外壳壳体上安置的圆形固定支架连同毛刷，安置在圆形固定支架的内圈的并装在中心轴上的圆形旋转支架连同毛刷，在外壳壳体上安装的带有高压水流通道的毛刷柄，以及在水流通道端部且相对于水轮叶片处设置的喷嘴，除此之外，它还包括一安置于水轮轴套上的小齿轮，一通过双联齿轮轴安置在圆形固定支架上的其中大齿轮与水轮轴套小齿轮啮合连接的双联齿轮，以及一通过输出齿轮轴的一端套装于水轮轴套内的、通过输出齿轮轴的另一端安置在圆形旋转支架上的与双联齿轮中的小齿轮啮合连接的输出齿轮；所述水轮轴套的端部套装在位于外壳内壁中心处的衬套内，水轮轴套上装设附具弧形曲面状叶片的水轮，在水轮的下方装设输出齿轮（参见附件 1 的权利要求 1）。

将本专利权利要求 1 的技术方案与附件 1 公开的技术方案相比较，发现两者至少存在以下区别：本专利的装置中没有圆形固定支架，而附件 1 的装置中存在圆形固定支架 2。从本专利的图 1 中可以看出，从动齿轮轴 14 与圆环刷支架 5 是连接成一体的，而从附件 1 的图 2 中可以看出，双联齿轮 12（相当于本专利的从动齿轮轴 14）先与圆形固定支架 2 连接成一体，圆形固定支架 2 再与毛刷体 3（相当于本专利的圆环刷支架 5）连接，因此，本专利权利要求 1 的技术方案与附件 1 公开的技术方案存在区别技术特征，并且双方当事人也均认可圆形固定支架是两者的一个区别技术特征，因此权利要求 1 的技术方案与附件 1 公开的技术方案不同，具有新颖性，符合专利法第 22 条第 2 款的规定。

在独立权利要求 1 具有新颖性的情况下，其从属权利要求 2~5 自然也具有新颖性，符合专利法第 22 条第 2 款的规定。

5. 关于专利法第 22 条第 3 款

专利法第 22 条第 3 款规定，创造性，是指同申请日以前已有的技术相比，该发明有突出的实质性特点和显著的进步，该实用新型有实质性特点和进步。

在确定权利要求的保护范围时，应当考虑权利要求中的所有特征，对于从属权利要求，不仅要考虑附加技术特征，而且还要考虑所引用的权利要求中的所有技术特征。在评价一项权利要求是否具有创造性时，应基于最接近的现有技术，在未给出相应的对比文件的情况下，则缺乏进行比较的基础。

请求人主张权利要求 5、6 不符合专利法第 22 条第 3 款的规定，认为权利要求 5、6 的附加技术特征均为公知技术。

合议组认为，在本案中，权利要求5、6均为从属权利要求，权利要求5引用从属权利要求2，而从属权利要求2又引用独立权利要求1，因此，在确定权利要求5的保护范围时，不仅要考虑权利要求5的附加技术特征，而且要考虑其所引用的权利要求2和权利要求1的所有技术特征，同样，从属权利要求6的技术方案也应该同时包括权利要求1、4和6中的所有技术特征。首先，在本无效宣告程序中，请求人仅提交了附件1作为证据，而附件1属于在先申请在后公开的中国专利申请，只能用于评价本专利的新颖性，不能作为现有技术用于评价本专利的创造性；其次，关于请求人认为从属权利要求5和6中的附加技术特征均为公知技术的主张，合议组认为，请求人并没有对其主张提供相应的证据，在专利权人对上述主张不予认可的情况下，合议组对权利要求5和6中的附加技术特征均为本领域的公知技术的主张不予支持，因此，权利要求5和6符合专利法第22条第3款的规定。

6. 关于专利法实施细则第2条第2款

专利法实施细则第2条第2款规定，专利法所称实用新型，是指对产品的形状、构造或者其结合所提出的适于实用的新的技术方案。根据该款的规定，实用新型专利只保护产品，所述产品应当是经过产业方法制造的，有确定形状、构造且占据一定空间的实体。

请求人认为，权利要求3的附加技术特征所限定的是技术效果，因此权利要求3不是对“产品的形状、构造或者其结合所提出的适于实用的新的技术方案”，不属于实用新型保护对象，不符合专利法实施细则第2条第2款的规定。

对此，合议组认为，权利要求3要求保护的是一种水力旋转刷，其是一种装置，属于产品的范畴，该水力旋转刷有确定的形状、构造且占据一定的空间，权利要求3的附加技术特征是“水轮与螺旋刷的转动速比为5：1”，本领域技术人员知道，水轮与螺旋刷的转动速比实际上是由带动两者的齿轮大小决定的，当齿轮大小确定时，转速比就能确定下来，相反，通过对转速比进行限定，实际上也就相应地确定了两个齿轮的相对尺寸，因此权利要求3的附加技术特征并不是对技术效果的描述，而是属于对产品形状和构造的限定，因此权利要求3要求保护的主题属于实用新型的保护客体，符合专利法实施细则第2条第2款的规定。

根据上述事实和理由，合议组作出如下审查决定。

**三、决定**

维持第200420019770.2号实用新型专利权有效。

当事人对本决定不服的，可以根据专利法第46条第2款的规定，自收到本决定之日起三个月内向北京市第一中级人民法院起诉。根据该款规定，一方当事人起诉后，另一方当事人应当作为第三人参加诉讼。

069

# 珍珠岩膨胀电炉

## 无效宣告请求审查决定（第9597号）

**决　定　号**　第9597号
**决　定　日**　2007年3月20日
**发明创造名称**　珍珠岩膨胀电炉
**国 际 分 类 号**　F27B 1/04
**无效宣告请求人**　信阳市平桥区龙泉工业电炉厂
**专 利 权 人**　孔可强
**专　利　号**　200320115796.2
**申　请　日**　2003年11月6日
**授 权 公 告 日**　2005年1月12日
**合 议 组 组 长**　崔　震
**主　审　员**　刘瑞斌
**参　审　员**　王　森

**法 律 依 据**　专利法第22条第2款、第3款
**决 定 要 点**

如果根据权利要求中记载的技术特征并且结合说明书中公开的技术内容可以理解出该技术特征与现有技术中已有产品的相应的技术特征不同，并且上述现有技术也不能给出得到上述权利要求中的技术特征的技术启示，那么上述权利要求相对于上述现有技术具备创造性。

### 一、案由

本无效宣告请求涉及国家知识产权局于2005年1月12日授权公告的、名称为“珍珠岩膨胀电炉”的实用新型专利权（以下简称本专利），其专利号是200320115796.2，申请日是2003年11月6日，专利权人是孔可强。本专利授权公告时的权利要求书如下：

“1. 珍珠岩膨胀电炉，它包括炉体外壳，外壳内设炉衬，控温装置，电热元件，其特征在于炉衬上设的搁丝砖前段上表面与后段表面上面之间形成向上夹角，电热元件设在搁丝砖上，炉内设有内高温内胆。

2. 如权利要求1所述珍珠岩膨胀电炉，其特征在于它是由上述结构单元至少两节相互连接构成，典型结构为六节。

3. 如权利要求2所述珍珠岩膨胀电炉，其特征在于所述每节或两节结构中的电热元件连接一个温控装置。”

针对上述专利权，信阳市平桥区龙泉工业电炉厂（以下简称请求人）于2006年9月25日向专利复审委员会提出无效宣告请求，随同无效宣告请求书提交了如下附件作为证据：

附件1：2000年1月出版的《信阳师范学院学报（自然科学版）》第13卷，第1期，第85~87页复印件，共3页；

附件2：1999年第9期《机械工人（热加工）》，第39、40页复印件，共2页；

附件3：标题为“第二章 热处理炉筑炉材料”复印件1页，标题为“第三章 热处理电阻炉”复印件1页；

附件4：授权公告日为2005年1月12日，授权公告号为CN2670880Y的实用新型专利说明书，共5页（本专利）。

请求人认为：（1）本专利权利要求1不符合专利法第22条第2款、第3款和专利法第26条第4款的规定；（2）本专利权利要求2、3不符合专利法第22条第3款的规定。

经形式审查合格，专利复审委员会依法受理了上述无效宣告请求，并于2006年9月27日向双方当事人发出了无效宣告请求受理通知书，并将无效宣告请求书及其附件清单中所列附件的副本转送给专利权人，要求其在指定的期限内陈述意见。

请求人于2006年10月19日向专利复审委员会提交意见陈述书，并补充提交了如下附件：

附件5：2000年5月出版的《非金属矿》第23卷，第3期第34、35页的复印件，共2页；

附件6：本专利与公知技术的对比放大图复印件1页。

请求人认为附件5中记载了“加热元件安放在型腔2内，其材料可为硅碳棒、硅钼棒或铁铬铝电热丝”。电热丝的使用方法是绕成螺线管状，安放在炉墙的搁丝砖上，即附件3——《热处理手册》第三分册第3~53页的表3-3-8，“电热元件在炉内的布置方法”。

针对专利复审委员会发出的无效宣告请求受理通知书，专利权人于2006年10月30日提交了意见陈述书，专利权人认为，本专利中的搁丝砖不能与附件1中的型腔对应。附件1中采用的加热元件（9）是硅碳棒，硅碳棒的安装必须以炉墙为支撑而形成两端支撑的结构，这与本专利的搁丝砖不同，这可以通过专利权人提到的证据1——工业电炉维修手册“电热元件的修理”来证明。附件2中炉体分节是为了制造方便，而本专利的炉体分节是为了运输方便和实现分段控制。

专利复审委员会依法组成合议组，并于2007年2月6日向双方发出无效宣告请求口头审理通知书，指出本案合议组定于2007年3月12日举行口头审理。随同口头审理通知书，将专利权人于2006年10月30日提交的意见陈述书转送给请求人，将请求人于2006年10月19日提交的意见陈述书及其附件转送给专利权人。

口头审理如期举行，双方当事人均参加了口头审理。

在口头审理中，（1）请求人明确其无效的理由、证据、范围以及证据的使用情况仅为：权利要求1相对于附件5不符合专利法第22条第2款的规定；权利要求1相对于附件5和公知常识的结合不符合专利法第22条第3款的规定，用附件3证明公知常识。权利要求2的附加技术特征被附件2公开。权利要求3的附加技术特征被附件5公开，从而不符合专利法第22条第3款的规定。附件6是对附件3的说明，公开内容还是以附件3为准。请求人放弃对附件1的使用以及专利法第26条第4款的无效理由。

（2）请求人当庭提交了附件2、3、5的原件，并向合议组补充提交附件2、3、5的出版信息页，专利权人经核对，认可附件2、3、5的真实性。专利权人放弃其在2006年10月30日提交的意见陈述书中提到的证据1——《工业电炉维修手册》“电热元件的修理”。专利权人认为请求人没有结合附件5来陈述无效理由，因此附件5不应当被采用。

（3）请求人认为附件 3 中的扇形搁丝砖同样分为前段和后段，前段上表面与后段上表面成 90 度夹角。专利权人认为本专利中搁丝砖是分为前段和后段，而附件 3 中的搁丝砖的构造是前端有凸起而不是前段，并且前端凸起不能太高。

至此，合议组认为本案事实清楚，可以依法作出审查决定。

**二、决定的理由**

1. 关于证据和现有技术

请求人所使用的证据是附件 2、3、5，附件 6 只是用作附件 3 的参考，请求人当庭补充提交了附件 2、3、5 的出版信息页，专利权人对上述附件的真实性没有异议。同时由于附件 2、3、5 的公开日期均在本专利的申请日前，因此上述附件可以构成本专利的现有技术。

专利权人认为请求人在提出附件 5 时并未结合该附件具体说明无效理由，因此不应当被接受。

请求人在提交附件 5 时对该附件进行了简要说明，即“在本次无效宣告请求的附件 1 中，其作者之一刘鹏在 2000 年 5 月《非金属矿》第 23 卷第 3 期第 34 页发表了题目为‘新型珍珠岩膨胀炉研制’（见附件 5），其中记载了‘加热元件安放在型腔 2 内，其材料可为硅碳棒、硅钼棒或铁铬铝电热丝’。电热丝的使用方法是绕成螺线管状。安放在炉墙的搁丝砖上，即《热处理手册》第三分册第 3~53 页的表 3-3-8，‘电热元件在炉内的布置方法’（见附件 3）”。

通过请求人上述陈述，可以看出请求人是将附件 5 与附件 3 结合进行使用的，同时上述陈述出现在请求人在提交无效宣告请求之日起一个月内向专利复审委员会提交的意见陈述书中，因此可以得知其中隐含了请求人利用附件 5 与附件 3 相结合来宣告本专利无效的理由。鉴于此，合议组认为，请求人提交附件 5 并不违反审查指南中关于结合提交的证据具体说明相关的无效宣告理由的规定，因此可以接受附件 5 作为本次无效宣告请求的证据使用。

2. 关于本专利的新颖性

专利法第 22 条第 2 款规定的新颖性，是指在申请日以前没有同样的发明或者实用新型在国内外出版物上公开发表过、在国内公开使用过或者以其他方式为公众所知，也没有同样的发明或者实用新型由他人向专利局提出过申请并记载在申请日以后公布的专利申请文件中。

请求人认为，本专利权利要求 1 相对于附件 5 不具备新颖性。

合议组认为，本专利权利要求 1 保护一种珍珠岩膨胀电炉，该电炉包括炉体外壳，炉衬，控温装置，电热元件，炉衬上设有的搁丝砖前段上表面与后段表面上面之间形成向上的夹角，电热元件设在搁丝砖上，炉内设有内高温内胆；附件 5 中公开了一种珍珠岩膨胀炉，该炉包括外壳，保温层和耐热层，型腔，位于型腔内的加热元件，炉管，控制柜；其中附件 5 中的外壳，保温层和耐热层，控制柜，炉管分别相当于权利要求 1 中的炉体外壳，炉衬，控温装置，内高温内胆；通过上述技术特征的对比可以得出，附件 5 中并没有公开本专利权利要求 1 中的搁丝砖，并且即使根据附件 5 中的记载，当其中的加热元件是铁铬铝电热丝时，其炉体结构中必然具有搁丝砖，那么也只是公开了搁丝砖这一技术特征而并没有公开搁丝砖前段上表面与后段表面上面之间形成向上的夹角这一技术特征，因此附件 5 所记载的技术方案与本专利权利要求 1 所保护的技术方案并不相同，因此本专利权利要求 1 相对于附件 5 具备专利法第 22 条第 2 款规定的新颖性。

3. 关于本专利的创造性

专利法第 22 条第 3 款规定的创造性，是指同申请日以前已有的技术相比，该发明有突出的实质性特点和显著的进步，该实用新型具有实质性特点和进步。

请求人认为，本专利权利要求 1 相对于附件 5 与公知常识的结合不具备创造性，附件 3 中记载的搁丝砖是本领域的公知常识，而附件 3 中所记载的扇形搁丝砖同本专利一样也是分为前段和后段，前段上表面与后段表面上面成90度夹角。

专利权人认为，附件3中扇形搁丝砖的构造是在前端而不是前段设有凸起，并且前端凸起不能太高。

合议组认为，通过上述评价新颖性时的技术特征对比可知，本专利权利要求1与附件5相比的区别技术特征在于，权利要求1中的搁丝砖的前段上表面与后段表面上面之间形成向上的夹角；附件3中公开了一种本领域公知的扇形搁丝砖，其前部设有竖直凸起，根据附件3的技术启示，本领域技术人员可以在附件5的技术方案中加入如附件3所示的搁丝砖，但是附件3中的搁丝砖只是在其前部的端头加上了一个竖直向上的凸起，这与本专利中限定的搁丝砖分为前段和后段是不同的，并且本领域技术人员在采用搁丝砖时，选择其构造并不是一种非此即彼的选择，也就是说，本领域技术人员并不能从附件3中获得本专利权利要求1中所述搁丝砖构造的技术启示。同时专利权人也明确表示，上述公知技术中的搁丝砖形成凸起的部位是前端而不是本专利中的前段。由于附件5与附件3中公开的公知技术相结合所得到的技术方案与本专利权利要求1所保护的技术方案不同，同时上述结合也没有给出能够使本领域技术人员得到本专利技术方案的技术启示，同时本专利中的膨胀珍珠岩电炉由于使用了前段上表面和后段表面上面成向上夹角的搁丝砖产生了减少热损失，提高加热效率的技术效果，因此本专利权利要求1相对于附件5与公知常识的结合具备专利法第22条第3款规定的创造性。

由于请求人提交的附件2中也未公开权利要求1中“搁丝砖前段上表面与后段表面上面之间形成向上夹角”这一技术特征，因此权利要求1相对于附件5、附件3和附件2的结合也具备专利法第22条第3款规定的创造性。在此情况下，无论权利要求2、3的附加技术特征是否被附件2或附件5公开，在权利要求1相对于附件5、附件3和附件2的结合具备专利法第22条第3款规定的创造性的前提下，其从属权利要求2、3也具备专利法第22条第3款规定的创造性。

基于上述的事实和理由，本案合议组依法作出如下审查决定。

**三、决定**

维持200320115796.2号实用新型专利权有效。

当事人对本决定不服的，可以根据专利法第46条第2款的规定，自收到本决定之日起3个月内向北京市第一中级人民法院起诉。根据该款的规定，一方当事人起诉后，另一方当事人应当作为第三人参加诉讼。

## 北京市第一中级人民法院
## 行政判决书

（2007）一中行初字第870号

原告信阳市平桥区龙泉工业电炉厂，住所地河南省信阳市平桥区农林路东段。

委托代理人尚红林，男，1970年10月6日出生，信阳师范学院政法系教师，住河南省信阳市浉河区长安西路237号。

被告国家知识产权局专利复审委员会，住所地北京市海淀区北四环西路9号银谷大厦10~12层。

法定代表人廖涛，副主任。

委托代理人王森，国家知识产权局专利复审委员会审查员。

委托代理人张华，国家知识产权局专利复审委员会审查员。

第三人孔可强，男，1954 年 1 月 30 日出生，汉族，武汉工业电炉厂厂长，住湖北省武汉市江汉区天仁里 21 号 7 楼 1 号。

原告信阳市平桥区龙泉工业电炉厂（简称龙泉厂）不服被告国家知识产权局专利复审委员会（简称专利复审委员会）作出的第 9597 号无效宣告请求审查决定（简称第 9597 号决定），于法定期限内向本院提起诉讼。本院于 2007 年 6 月 25 日受理本案后，依法组成合议庭，并依法通知孔可强作为第三人参加诉讼，于 2007 年 8 月 17 日公开开庭进行了审理。原告龙泉厂的法定代表人徐家顺及委托代理人尚红林，被告专利复审委员会的委托代理人王森、张华，第三人孔可强到庭参加诉讼。本案现已审理终结。专利复审委员会 2007 年 3 月 20 日作出的第 9597 号决定是针对龙泉厂对孔可强享有的 200320115796. 2 号名称为“珍珠岩膨胀电炉”的实用新型专利（以下简称本专利）所提出的无效宣告请求作出的。专利复审委员会认定：（1）关于新颖性。龙泉厂认为本专利权利要求 1 相对于附件 5：2000 年 5 月出版的《非金属矿》第 23 卷第 3 期第 34、35 页的记载不具备新颖性。本专利权利要求 1 保护一种珍珠岩膨胀电炉，该电炉包括外壳、炉衬、控温装置、电热元件，炉衬上设有的搁丝砖前段上表面与后段表面上面之间形成向上的夹角，电热元件设在搁丝砖上，炉内设有内高温内胆。附件 5 公开了一种珍珠岩膨胀炉，该炉包括外壳、保温层和耐热层，控制柜炉管分别相当于本专利权利要求 1 中的炉体外壳、炉衬、控温装置、内高温内胆。对比可知，附件 5 中并未公开本专利权利要求 1 中的搁丝砖，并且根据附件 5 中记载，当其中的加热元件是铁铬铝电热丝时，其炉体结构必然具有搁丝砖，也只是公开了搁丝砖这一技术特征，而并未公开“搁丝砖前段上表面与后段表面上面之间形成向上的夹角”这一技术特征，因此本专利相对于附件 5 具备新颖性。（2）关于创造性。龙泉厂认为本专利权利要求 1 相对于附件 5 与公知常识不具备创造性，附件 3：题目为“第二章热处理炉筑炉材料”、“第三章热处理电阻炉”用以说明搁丝砖属于公知常识，而附件 3 中记载的扇形搁丝砖与本专利一样，也是分为前段和后段，两段上表面与后段成 90 度夹角。孔可强认为，附件 3 中扇形搁丝砖的构造在前端而不是前段设有凸起，并且前端凸起不能太高。我委认为，通过上述新颖性对比可知，本专利权利要求 1 与附件 5 相比的区别技术特征在于，权利要求 1 中的搁丝砖的“前段上表面与后段表面上面之间形成向上的夹角”，附件 3 中公开了一种本领域技术人员可以在附件 5 的技术方案中加入如附件 3 所示的搁丝砖，但是附件 3 中的搁丝砖只是在其前部的端头加上了一个竖直向上的凸起，这与本专利中限定的搁丝砖分为前段与后段是不同的，并且本领域技术人员在采用搁丝砖时选择其构造并不是一种非此即彼的情况，即本领域技术人员不能从附件 3 中获得本专利权利要求 1 中所述搁丝砖构造的技术启示。公知技术中的凸起部位是前端，而不是本专利中的前段。附件 5、附件 3 相结合得出的技术方案与本专利权利要求 1 所要求保护的技术方案不同，这种结合未给出获得本专利技术方案的技术启示，同时由于本专利珍珠岩膨胀电炉使用了“前段上表面与后段表面上面之间形成向上的夹角”的搁丝砖，产生了减少热损失，提高热效率的技术效果，因此本专利权利要求 1 相对于附件 5、附件 3 的结合具备创造性。附件 2：1999 年第 9 期《机械工人（热加工）》第 39、40 页未公开“搁丝砖前段上表面与后段表面上面之间形成向上的夹角”这一技术特征，因此，本专利权利要求 1 相对于附件 5、附件 3、附件 2 的结合也具备创造性，在此前提下，本专利从属权利要求 2、3 也具备创造性。本专利符合《中华人民共和国专利法》（以下简称《专利法》）第二十二条第二款及第三款的规定。决定：宣告维持 200320115796. 2 号实用新型专利有效。原告龙泉厂不服该决定，向本院起诉称：（1）专利复审委员会关于新颖性的认定有误，根据《审查指南》的有关规定，引用对比文件判断新颖性和创造性时，应当以对比文件所公开的技术内容为准，该技术内容不仅包括明确记载的内容，而且包括对本领域技术人员来说隐含的且可直接地、毫无疑问地确定的技术内容。附件 5 所公开的一种“珍珠岩膨胀炉”毫无疑问就是“珍珠岩膨胀电炉”，其内部构造、技术领域、所要解决的技术问题、技术方案等均与本专利实质相同。本专利搁丝砖技术实质已含入附件5的技术方案中，该领域技术人员根据附件5完全可以确定本专利技术方案。若用铁铬铝电热丝，则必用“前段上表面与后段表面上面之间形成向上的90度夹角”的搁丝砖，本专利是“前段上表面与后段表面上面之间形成向上的夹角”的搁丝砖，“90度夹角”是下位概念，而本专利“夹角”是上位概念，本专利新颖性已被附件5所破坏。（2）被告关于权利要求1的创造性认定有误，附件5已公开了本专利权利要求1的全部技术特征，虽未明确电热元件设在搁丝砖上及搁丝砖的结构，但明确了电热元件可以为铁铬铝电热丝，本领域技术人员通过附件5自然会想到将现有技术铁铬铝电热丝设置在炉墙搁丝砖上。该搁丝砖“前段上表面与后段表面上面之间形成向上的90度夹角”，无须创造性劳动即可实现。附件3能够证明上述技术是公知的，而被告却有意把附件3搁丝砖的“前段”说成“前端”，把“前段上表面与后段表面上面之间形成向上的90度夹角”说成“在其前部的端头加上一个竖直向上的凸起”，然而其实质却是一样的。总之，二者为同样的技术方案，权利要求1相对于附件5、附件3的结合不具备创造性。（3）被告关于权利要求2的创造性认定有误，附件2公开了“组合式壳体结构”，炉身分为炉底段、炉顶段和中间段，中间段可根据炉罐有效深度的要求增减，各段用法兰连接。由此可知附件2对本专利权利要求2存在技术启示，权利要求2不具备创造性。（4）被告关于权利要求3的创造性认定有误，本专利控制柜相对于附件5控制柜所起的作用与效果没有实质性特点和进步，连接多个还是一个控制柜无须创造性劳动，本专利权利要求3相对于附件5不具备创造性。综上请求撤销专利复审委员会作出的第9597号决定，判令200320115796.2号专利权无效。被告专利复审委员会的答辩称：（1）关于新颖性，龙泉厂认为根据附件5记载，当其中的加热元件是铁铬铝电热丝时，其炉体结构中必然具有搁丝砖。我委认为，这也只是公开了炉体结构中具有搁丝砖这一技术特征，而未公开该权利要求1中所述的搁丝砖，即未公开炉衬上设置的搁丝砖前段上表面与后段表面上面之间形成向上夹角。因此，附件5与本专利相比技术方案不同，本专利相对于附件5具备新颖性。（2）关于创造性，本专利权利要求1与附件5相比技术特征的区别在于，权利要求1中的搁丝砖“前段上表面与后段表面上面之间形成向上夹角”，附件3公开了一种本领域公知的扇形搁丝砖，其前部设有竖直凸起，根据附件3的技术启示，本领域技术人员可以在附件5的技术方案中加入附件3所示的搁丝砖，但是附件3中的搁丝砖只是在其前部的端头加上了一个竖直向上的凸起，这与本专利限定的搁丝砖分为前段与后段是不同的，并且本领域技术人员在采用搁丝砖时对上述两种构造的选择并不是非此即彼的，本领域技术人员不能从附件3中得到本专利中所述搁丝砖构造的技术启示。由于附件5与附件3结合所得到的技术方案与本专利权利要求1所保护的技术方案不同，同时没有给出本专利技术启示，而本专利的膨胀珍珠岩电炉因使用了“前段上表面与后段表面上面之间形成向上夹角”的搁丝砖，产生了减少热损失，提高加热效率的技术效果，因此，本专利权利要求1相对于附件5和附件3的结合具备创造性。由于龙泉厂提交的附件2中也未公开本专利权利要求1中的“前段上表面与后段表面上面之间形成向上夹角”这一技术特征，因此权利要求1相对于附件5、附件3和附件2的结合也具备创造性。在此，无论权利要求2、3的技术特征是否被附件2或附件5公开，因权利要求1具备创造性，故其从属权利要求2、3也具备创造性，第9597号决定认定事实清楚、适用法律准确、程序合法，请求驳回原告的诉讼请求，维持第9597号决定。第三人孔可强同意第9597号决定，认为专利复审委员会的决定正确。（1）本专利搁丝砖“前段上表面与后段表面上面之间形成向上夹角”，而公知技术搁丝砖只是上平面的端头加上一个竖直向上的凸起，高度不能超过5毫米，这是工业标准决定的。而使用本专利搁丝砖设计，放于砖上的电热元件在高温膨胀时受到斜面阻力，不会脱出搁丝砖与内胆相碰，解决了引起生产线带电的危险。因本专利搁丝砖上下两块之间的夹角开口大于66毫米，电热元件能够被轻松放入，也因使用本专利设计的搁丝砖产生了减少热损失，提高热效率的技术效果。（2）本专利与对比文件相比，本专利搁丝砖为“前段上表面与后段表面上面之间形成向上夹角”结构，在本专利申请之前，只有平面结构搁丝砖。本专利采用电热元件，对比文件采用硅碳棒；本专利采用圆形炉膛，对比文件采用方形炉膛；本专利炉体高度、内胆高度与对比文件不同；本专利炉衬设计采用轻质扇形耐火砖，对比文件采用整型腔；本专利采用控温装置，对比文件采用控制柜。总之，本专利具备新颖性与创造性。

经审理查明：

2003年11月6日，孔可强申请了名称为“珍珠岩膨胀电炉”实用新型专利（即本专利），2005年1月12日获得授权，专利号为200320115796.2。本专利权利要求书如下：“1. 珍珠岩膨胀电炉，它包括炉体外壳，外壳内设炉衬，控温装置，电热元件，其特征在于炉衬上设的搁丝砖前段上表面与后段表面上面之间形成向上的夹角，电热元件设在搁丝砖上，炉内设有内高温内胆。2. 如权利要求1所述珍珠岩膨胀电炉，其特征在于它是由上述结构单元至少两节相互连接构成，典型结构为六节。3. 如权利要求2所述珍珠岩膨胀电炉，其特征在于所述每节或两节结构中的电热元件还连接一个温控装置。”本专利说明书载明：搁丝砖如图2所示，砖体51的前段表面52与后段表面上表面53之间形成向上夹角（其形状构造见本判决附图所示）。采用上述结构的好处在于当电热元件受热膨胀时，电热元件不会从搁丝砖上掉下。

2006年9月25日，龙泉厂向专利复审委员会提出无效宣告请求。其中提交了附件5：2000年5月出版的《非金属矿》第23卷第3期第34、35页；附件3：1982年12月出版的《热处理手册》中题目为“第二章热处理炉筑炉材料”、“第三章热处理电阻炉”文章，附有几种搁砖图和“金属电热元件在炉内的布置”图（表3-3-8）；附件2：1999年的9期《机械工人（热加工）》第39、40页等证据。

附件5为一篇名为《新型珍珠岩膨胀炉研制》的文章，公开了一种立式方形珍珠岩膨胀炉，其结构包括：炉管、加热元件、型腔、耐热层、保温层、炉外壳、炉支架、进料器、集料器以及辅助结构，加热元件安装在型腔内，材料可为硅碳棒、硅钼棒或铁铬铝电热丝等。该文章没有关于搁丝砖内容的介绍，但龙泉厂认为：该文章已提示了加热元件可以为铁铬铝电热丝，这时必然要用到搁丝砖，而凡是搁丝砖都带有向上直立的凸起，没有不带凸起的搁丝砖，而带凸起必然有90度夹角，因此构成对搁丝砖技术内容的隐含公开。在本专利权利要求1的其他几项技术特征均已被该附件5所公开的情况下，本专利显然已不具备新颖性。专利复审委员会表示：确认本专利权利要求1的其他几项技术特征已被公开的事实，也认可如果使用电热丝必然离不开搁丝砖的事实，故同意隐含公开主张，但认为该隐含公开只限于公开了“搁丝砖”，而搁丝砖在是否有凸起问题上不是唯一的，既包括带凸起的，也包括不带凸起的，附件5未公开所述的搁丝砖是哪种具体形状，也未公开本专利权利要求1所表述的“前段上表面与后段表面上面之间形成向上夹角”的搁丝砖这一技术特征，故此，本专利具备新颖性。孔可强同意专利复审委员会的陈述。有关存在不带凸起的平面型搁丝砖一节，专利复审委员会与孔可强均没有提供证据。孔可强称，凸起的高度有限，只能是5毫米，属于工业标准。但只限于其陈述。

附件3公开了几种搁砖，有直形搁砖和扇形搁砖，前端均带有向上直立的凸起，但无平面形搁砖，附件3中的表3-3-8金属电热元件“安放在炉墙搁砖上”一图标明，所示的上下两搁砖间距为1.2~1.4D。龙泉厂要求以其中的扇形搁砖与附件5结合来证明本专利权利要求1不具备创造性（其形状构造见本判决附图所示）。龙泉厂表示，附件3中的搁砖前端直立凸起明显与横向段之间形成90度夹角，与本专利中的搁丝砖构造仅仅是夹角大小差异。专利复审委员会表示，本专利中的搁丝砖形状构造分为前段与后段，而附件3中的搁砖形状构造是前端有凸起，明显不同，并且因受到为提高电热丝放置量和防止产生阻碍电热丝辐射热问题的限制，不能将凸起做得太高，而本专利因采用“前段上表面与后段表面上面之间形成向上夹角”的搁丝砖，与附件5与附件3的结合相比，如果在炉内上下两块搁丝砖都采用相同电热丝口径作为间距的情况下，则前者可使电热丝放置量达到最大限度，从而提高膨胀炉的热效应，而后者的电热丝则只能少于前者的放置量，没有提高热效应。龙泉厂认为，即使采用本专利技术也不存在提高热效应问题，理由是不发生热量散失到炉体之外的情况，也就不存在热损失问题，也就谈不上提高热效应问题。况且，炉内每单位平方的热效应受极限限制，电热丝不是越多越好，同时电热丝的尺寸，上下搁丝砖的间距都是可以人为调整的。

附件2为一篇名为《组合式结构井式气体渗氮炉》的文章，未披露有关“前段上表面与后段表面上面之间形成向上夹角”的搁丝砖的内容。龙泉厂表示，附件2用于结合附件5、附件3，证明本专利权利要求2、3均不具备创造性。专利复审委员会表示，因我委已认定本专利权利要求1具备创造性，权利要求2、3均是权利要求1的从属权利，当然具备创造性，且未展开评述，龙泉厂的上述主张不成立。

上述事实有第9597号决定、200320115796.2号实用新型专利说明书、《非金属矿》、“第二章热处理炉筑炉材料”、“第三章热处理电阻炉”文章、《机械工人（热加工）》，以及当事人陈述等证据在案佐证。

本院认为：

有关本专利的新颖性问题，鉴于当事人各方除对于附件5对本专利权利要求1中的“前段上表面与后段表面上面之间形成向上夹角”这一技术特征是否已公开存在异议外，其他必要技术特征均已被公开的事实没有异议，本院予以确认，并就有争议部分做出评判。

根据龙泉厂的主张，附件5能够证明本专利不具备新颖性的前提是搁丝砖的功能在于放置电热元件，不使其滑落，为此“搁丝砖的前端必然均带有向上直立的凸起”。对此，专利复审委员会只是对“搁丝砖的前端均带有直立凸起”的事实不予认可，其认为不仅存在前端有凸起的搁丝砖，而且存在不带有凸起即平面形的搁丝砖，但对于存在平面形搁丝砖事实未予证据证明。由于到案的所有证据显示炉墙上使用的搁丝砖前端均带有向上直立的凸起，各方当事人对于现有技术中存在前端带有向上直立凸起的搁丝砖一节没有争议，而仅对是否存在前端不带有凸起的平面形搁丝砖事实存在争议，故该事实成为判定搁丝砖是否具备实质性隐含公开的关键。在此，本院认为，在搁丝砖不属于一般生活常识以及大众公知的自然常识，且现有证据均显示炉墙上所用的搁丝砖的前端均带有向上直立凸起的情况下，本院不能仅凭专利复审委员会以及孔可强的陈述认定其所述情况属实。据此，本院认定龙泉厂主张的附件5隐含公开的搁丝砖指向的就是用于炉墙之上的前端“带有向上直立凸起”的搁丝砖的事实成立。

由于本专利没有对搁丝砖的前段与后段比例长度以及夹角度数作出限定，即包括了任何段长与角度，而隐含公开的前端“带有向上直立凸起”的搁丝砖存在90度夹角，属于特定角度，其向上直立的凸起与搁丝砖的横向段对应于本专利“前段与后段”，在此情况下，本专利“前段上表面与后段表面上面之间形成向上夹角”这一技术特征已被公开，故此，本专利权利要求1的全部技术特征已被附件5所明确公开或隐含公开，即在本专利申请日以前已有与本专利相同的技术方案在国内出版物上公开发表过，本专利不符合《专利法》第二十二条第二款的规定，不具备新颖性。根据龙泉厂的主张，本专利权利要求1相对于附件5，以及附件5与附件3的结合不具备创造性。本院认为，鉴于本专利相对于附件5已不具备新颖性，相应地本专利权利要求1相对于附件5也不具备实质性特点和进步，不符合专利法第二十二条第三款规定的创造性。

综上所述，专利复审委员会作出的第9597号决定认定事实不清，依照《中华人民共和国行政诉讼法》第五十四条第（二）项第1目的规定，本院判决如下：撤销被告国家知识产权局专利复审委员会作出的第9597号无效宣告请求审查决定，并由其重新作出审查。

案件受理费100元，由被告国家知识产权局专利复审委员会负担（已交纳）。如不服本判决，各方当事人于本判决书送达之日起15日内，向本院递交上诉状，并按对方当事人人数提交上诉状副本，同时交纳上诉案件受理费100元，上诉于北京市高级人民法院。

审 判 长 任 进
代理审判员 邢 军
代理审判员 于立彪
二〇〇七年九月二十日
书 记 员 朱 平

# 北京市高级人民法院
# 行政判决书

（2007）高行终字第547号

上诉人（原审被告）国家知识产权局专利复审委员会，住所地北京市海淀区北四环西路9号银谷大厦10~12层。

上诉人（原审第三人）孔可强，男，汉族，1954年1月30日出生，武汉工业电炉厂厂长，住湖北省武汉市江汉区天仁里21号7楼1号。

委托代理人王森，该委员会审查员。

委托代理人瞿晓峰，该委员会审查员。

被上诉人（原审原告）信阳市平桥区龙泉工业电炉厂，住所地河南省信阳市平桥区农林路东段。

法定代表人徐家顺，厂长。

委托代理人尚红林，男，汉族，1970年10月6日出生，信阳师范学院政法系教师，住河南省信阳市浉河区长安西路237号。

上诉人国家知识产权局专利复审委员会（以下简称专利复审委员会）、孔可强因专利权无效行政纠纷一案，不服北京市第一中级人民法院（2007）一中行初字第870号行政判决，向本院提起上诉。本院2007年11月8日受理后，依法组成合议庭进行了审理。2007年11月22日，上诉人专利复审委员会的委托代理人瞿晓峰、王森，上诉人孔可强，被上诉人信阳市平桥区龙泉工业电炉厂（以下简称龙泉厂）法定代表人徐家顺及委托代理人尚红林到我院接受了询问。本案现已审理终结。本案系争专利为名称为“珍珠岩膨胀电炉”的实用新型专利（以下简称本专利），该专利申请日为2003年11月6日，授权日为2005年1月12日，专利号为200320115796.2，专利权人为孔可强。2006年9月25日，龙泉厂向专利复审委员会提出无效宣告请求，理由为本专利不符合专利法第二十二条第二款、第三款之规定。2007年3月20日，专利复审委员会作出第9597号无效宣告请求审查决定（以下简称第9597号决定），维持本专利权有效。龙泉厂不服该决定，向北京市第一中级人民法院提起诉讼。北京市第一中级人民法院认为，根据龙泉厂的主张，附件5能够证明本专利不具备新颖性的前提是搁丝砖的功能在于放置电热元件，不使其滑落，为此，“搁丝砖的前端必然均带有向上直立的凸起”。对此，专利复审委员会只是对“搁丝砖的前端均带有直立凸起”的事实不予认可，认为不仅存在前端有凸起的搁丝砖，而且存在不带有凸起即平面形的搁丝砖，但对于存在平面形搁丝砖的事实未予证据证明。由于本案的所有证据显示炉墙上使用的搁丝砖前端均带有向上直立的凸起，各方当事人对于现有技术中存在前端带有向上直立凸起的搁丝砖一节没有争议，而仅对是否存在前端不带有凸起的平面形搁丝砖事实存在争议，故该事实成为判定搁丝砖是否具备实质性隐含公开的关键。本院认定龙泉厂主张的附件5隐含公开的搁丝砖指向的就是用于炉墙之上的前端“带有向上直立凸起”的搁丝砖的事实成立。由于本专利没有对搁丝砖的前段与后段比例长度以及夹角度数作出限定，即包括了任何段长与角度，而隐含公开的前端“带有向上直立凸起”的搁丝砖存在90度夹角，属于特定角度，其向上直立的凸起与搁丝砖的横向段对应于本专利的“前段与后段”，在此情况下，本专利“前段上表面与后段表面上面之间形成向上夹角”这一技术特征已被公开，故此，本专利权利要求1的全部技术特征已被附件5所明确公开或隐含公开，即在本专利申请日以前已有与本专利相同的技术方案在国内出版物上公开发表过，本专利不符合《专利法》第二十二条第二款的规定，不具备新颖性。综上所述，专利复审委员会作出的第9597号决定认定事实不清，依照《中华人民共和国行政诉讼法》第五十四条第（二）项第1目之规定，判决：撤销国家知识产权局专利复审委员会作出的第9597号无效宣告请求审查决定，并由其重新作出审查决定。专利复审委员会、孔可强不服原审判决，向本院提起上诉，请求撤销原审判决，维持第9597号决定。专利复审委员会的上诉理由主要为：附件5并没有明确记载其公开的技术方案具有搁丝砖这一技术特征，并根据该附件的记载，也只是公开了炉体结构中具有搁丝砖的这一技术特征，但没有公开搁丝砖的具体形状，更没有公开本专利权利要求1中所述的前段上表面与后段表面上面之间形成向上夹角的搁丝砖。原审法院仅根据搁丝砖不属于一般生活常识以及大众公知的自然常识，且现有证据均显示炉墙上所用的搁丝砖均带有向上直立的凸起，就认定附件5隐含公开的搁丝砖指向的就是用于炉墙之上的前端“带有向上直立凸起”的搁丝砖的事实是不正确的。首先，为了实现放搁电热丝，至少可能存在平面的或本专利所述的搁丝砖，或者被上诉人证据所涉及的搁丝砖；其次，从工作原理上讲，搁丝砖的前端具有直立凸起也不是必需的，搁丝砖并非需要此种结构才能实现其功能。在新颖性审查中应当坚持单独对比的原则，就本案而言，就是要将本专利权利要求1与附件5公开的技术内容单独地进行比较，由于附件5没有公开权利要求1中前段上表面与后段表面上面之间形成向上夹角的搁丝砖，所以，权利要求1的技术方案与附件5公开的技术方案实质上不相同。因此，本专利权利要求1具备新颖性。孔可强的上诉理由主要为：1. 原审判决认定本专利不具备新颖性的事实错误。本专利的搁丝砖是指本专利图纸中所画的具有专用的比例长度及夹角的搁丝砖，图纸中画有本专利搁丝砖的特定图形，只有将本专利图形的搁丝砖应用在珍珠岩膨胀电炉，由于其比例长度及夹角设计合理，电阻丝才不会脱出，虽然说明书在文字上没有对搁丝砖的前段和后段的比例长度及夹角作出限制说明，但是附图对专利搁丝砖实际形状比例和夹角做了明确定位。在此情况下，本专利“前段上表面与后段表面上面之间形成向上夹角”这一技术特征并未被公开。2. 公知搁丝砖和专利搁丝砖的图形完全不同，两种搁丝砖具有各自特定的形状。3. 公知搁丝砖和专利搁丝砖解决问题的方法完全不同。4. 本专利搁丝砖并没有“包含任何长度与角度”，也没有隐含公开前段“带有向上直立凸起”的搁丝砖存在90°夹角。综上，本专利搁丝砖是指专利说明书附图中具有特定段长和夹角的搁丝砖，因此，本专利权利要求1具备创造性。龙泉厂服从原审判决。

经审理查明：

2003年11月6日，孔可强申请了名称为“珍珠岩膨胀电炉”的实用新型专利（即本专利），并于2005年1月12日获得授权，专利号为200320115796.2。本专利权利要求书如下：

“1. 珍珠岩膨胀电炉，它包括炉体外壳，外壳内设炉衬，控温装置，电热元件，其特征在于炉衬上设的搁丝砖前段上表面与后段表面上面之间形成向上夹角，电热元件设在搁丝砖上，炉内设有内高温内胆。

2. 如权利要求 1 所述珍珠岩膨胀电炉，其特征在于它是由上述结构单元至少两节相互连接构成，典型结构为六节。

3. 如权利要求 2 所述珍珠岩膨胀电炉，其特征在于所述每节或两节结构中的电热元件还连接一个温控装置。”

本专利说明书载明：搁丝砖如图 2 所示，砖体 51 的前段表面 52 与后段表面上表面 53 之间形成向上夹角（其形状构造见本判决附图所示）。采用上述结构的好处在于当电热元件受热膨胀时，电热元件不会从搁丝砖上掉下。

2006 年 9 月 25 日，龙泉厂向专利复审委员会提出无效宣告请求，理由为本专利不符合《专利法》第二十二条第二款、第三款的规定，并提交了相应证据，其中：附件 5 为 2000 年 5 月出版的《非金属矿》第 23 卷第 3 期第 34、35 页；附件 3 为 1982 年 12 月出版的《热处理手册》中的“第二章热处理炉筑炉材料”、“第三章热处理电阻炉”，其中附有几种搁砖图和“金属电热元件在炉内的布置”图（表3-3-8）；附件 2 为 1999 年第 9 期《机械工人（热加工）》第 39、40 页。

附件 5 为一篇名为《新型珍珠岩膨胀炉研制》的文章，公开了一种立式方形珍珠岩膨胀炉，其结构包括：炉管、加热元件、型腔、耐热层、保温层、炉外壳、炉支架、进料器、集料器以及辅助结构，加热元件安装在型腔内，材料可为硅碳棒、硅钼棒或铁铬铝电热丝等，该文章没有关于搁丝砖内容的介绍。但龙泉厂认为：该文章已提示了加热元件可以为铁铬铝电热丝，这时必然要用到搁丝砖，凡是搁丝砖都带有向上直立的凸起，没有不带凸起的搁丝砖，而凸起必然有 90 度夹角，因此，构成对搁丝砖技术内容的隐含公开。在本专利权利要求 1 的其他几项技术特征均已被该附件 5 所公开的情况下，本专利显然已不具备新颖性。专利复审委员会表示确认本专利权利要求 1 的其他几项技术特征已被公开，也认可如果使用电热丝必然离不开搁丝砖的事实，故同意隐含公开的主张，但认为该隐含公开只限于公开了“搁丝砖”，而搁丝砖是否有凸起的问题上不是唯一的，既包括带凸起的，也包括不带凸起的，附件 5 未公开所述的搁丝砖是哪种具体形状，也未公开本专利权利要求 1 所表述的“前段上表面与后段表面上面之间形成向上夹角”这一技术特征，故此，本专利具备新颖性。孔可强同意专利复审委员会的陈述。对于存在不带凸起的平面形搁丝砖一节，专利复审委员会与孔可强均没有提供证据予以证明。孔可强称，凸起的高度有限，只能是 5 毫米，属于工业标准，但此只限于其陈述。

附件 3 公开了几种搁砖，有直形搁砖和扇形搁砖，前端均带有向上直立的凸起，但无平面形搁砖，附件 3 中的表 3-3-8 金属电热元件“安放在炉墙搁砖上”一图标明，所示的上下两搁砖间距为 1.2~1.4D。龙泉厂要求以其中的扇形搁砖与附件 5 结合来证明本专利权利要求 1 不具备创造性（其形状构造见本判决附图所示），并表示，附件 3 中的搁砖前端直立凸起明显与横向段之间形成 90 度夹角，与本专利中的搁丝砖构造仅仅是夹角大小差异。专利复审委员会表示，本专利中的搁丝砖形状构造分为前段与后段，而附件 3 中的搁砖形状构造是前端有凸起，明显不同，并且因受到为提高电热丝放置量和防止产生阻碍电热丝辐射热等问题的限制，不能将凸起做得太高，而本专利因采用“前段上表面与后段表面上面之间形成向上夹角”的搁丝砖，与附件 5 与附件 3 的结合相比，如果在炉内上下两块搁丝砖都采用相同电热丝口径作为间距的情况下，则前者可使电热丝放置量达到最大限度，从而提高膨胀炉的热效应，而后者的电热丝则只能少于前者的放置量，没有提高热效应。龙泉厂认为，即使采用本专利的技术也不存在提高热效应的问题，理由是不发生热量散失到炉体之外的情况也就不存在热损失的问题，也就谈不上提高热效应的问题。况且，炉内每单位平方的热效应受极限限制，电热丝不是越多越好，同时电热丝的尺寸、上下搁丝砖的间距都是可以人为调整的。

附件2为一篇名为《组合式结构井式气体渗氮炉》的文章，未披露有关“前段上表面与后段表面上面之间形成向上夹角”的搁丝砖的内容。龙泉厂表示，附件2用于结合附件5、附件3，证明本专利权利要求2、3均不具备创造性。专利复审委员会表示，因其已认定本专利权利要求1具备创造性，权利要求2、3均是权利要求1的从属权利，当然具备创造性，故未展开评述，龙泉厂的上述主张不成立。

2007年3月20日，专利复审委员会作出第9597号决定。专利复审委员会在该决定中认定：（1）关于新颖性。本专利权利要求1相对于附件5：2000年5月出版的《非金属矿》第23卷第3期第34、35页的记载不具备新颖性。本专利权利要求1保护一种珍珠岩膨胀电炉，该电炉包括外壳、炉衬、控温装置、电热元件，炉衬上设有的搁丝砖前段上表面与后段表面上面之间形成向上夹角，电热元件设在搁丝砖上，炉内设有内高温内胆。附件5公开了一种珍珠岩膨胀炉，该炉包括外壳、保温层和耐热层，控制柜炉管分别相当于本专利权利要求1中的炉体外壳、炉衬、控温装置、内高温内胆。对比可知，附件5中并未公开本专利权利要求1中的搁丝砖，并且根据附件5中记载，当其中的加热元件是铁铬铝电热丝时，其炉体结构必然具有搁丝砖，也只是公开了搁丝砖这一技术特征，并未公开“搁丝砖前段上表面与后段表面上面之间形成向上夹角”这一技术特征，因此，本专利相对于附件5具备新颖性。（2）关于创造性。龙泉厂认为本专利权利要求1相对于附件5与公知常识不具备创造性，附件3为1982年12月出版的《热处理手册》中的“第二章热处理炉筑炉材料”、“第三章热处理电阻炉”，用以说明搁丝砖属于公知常识，而附件3中记载的扇形搁丝砖与本专利一样，也是分为前段和后段，两段上表面与后段成90度夹角。孔可强认为，附件3中扇形搁丝砖的构造在前端而不是前段设有凸起，并且前端凸起不能太高。专利复审委员会认为，通过新颖性对比可知，本专利权利要求1与附件5相比的区别技术特征在于，权利要求1中的搁丝砖的“前段上表面与后段表面上面之间形成向上夹角”，附件3中公开了一种本领域技术人员可以在附件5的技术方案中加入如附件3所示的搁丝砖，但是附件3中的搁丝砖只是在其前部的端头加上了一个竖直向上的凸起，这与本专利中限定的搁丝砖分为前段与后段是不同的，并且本领域技术人员在采用搁丝砖时选择其构造并不是一种非此即彼的情况，即本领域技术人员不能从附件3中获得本专利权利要求1中所述的搁丝砖构造的技术启示。公知技术中的凸起部位是前端，而不是本专利中的前段。附件5、附件3相结合得出的技术方案与本专利权利要求1所要求保护的技术方案不同，这种结合未给出获得本专利技术方案的技术启示，同时由于本专利珍珠岩膨胀电炉使用了“前段上表面与后段表面上面之间形成向上夹角”的搁丝砖，产生了减少热损失、提高热效率的技术效果，因此，本专利权利要求1相对于附件5、附件3的结合具备创造性。附件2为1999年第9期《机械工人（热加工）》的第39、40页，其未公开“搁丝砖前段上表面与后段表面上面之间形成向上夹角”这一技术特征，因此，本专利权利要求1相对于附件5、附件3、附件2的结合也具备创造性，在此前提下，本专利从属权利要求2、3也具备创造性。本专利符合《中华人民共和国专利法》（以下简称《专利法》）第二十二条第二款及第三款的规定。综上作出第9597号决定：维持第200320115796.2号实用新型专利权有效。

上述事实有第9597号决定、200320115796.2号实用新型专利说明书、《非金属矿》、“第二章热处理炉筑炉材料”、“第三章热处理电阻炉”、《机械工人（热加工）》以及当事人陈述等证据在案佐证。

本院认为：本案的核心问题在于，本专利权利要求1相对于附件5是否具备新颖性。新颖性，是指在专利申请日以前没有同样的发明或者实用新型在国内外出版物上公开发表过、在国内公开使用过或者以其他方式为公众所知，也没有同样的发明或者实用新型由他人向国务院专利行政部门提出过申请并且记载在申请日以后公布的专利申请文件中。在判断新颖性时应当遵循单独对比的原则，即应当将发明或者实用新型专利的各项权利要求与一个对比文件单独地进行比较，不得将其与几项对比文件的组合进行对比。在引用对比文件评价发明或实用新型的新颖性和创造性时，应当以对比文件公开的技术内容为准，该技术内容不仅包括明确记载在对比文件中的技术内容，而且包括对于所属技术领域的技术人员来说，隐含的且可直接地、毫无疑义地确定的技术内容，但是，不得随意将对比文件的内容扩大或缩小。

本案中，将附件5公开的技术方案与本专利权利要求1相比，附件5没有公开权利要求1中的搁丝砖。但是，根据附件5的记载，当其中的加热元件是铁铬铜电热丝时，炉体结构中必然具有搁丝砖。对于本领域普通技术人员而言，炉墙上使用的搁丝砖前端带有向上直立的凸起是公知技术。各方当事人对此没有争议。由于本专利没有对搁丝砖的前段与后段比例长度以及夹角度数作出限定，即包括了任何段长与角度，而隐含公开的前端“带有向上直立凸起”的搁丝砖存在90度夹角，属于特定角度，其向上直立的凸起与搁丝砖的横向段对应于本专利的“前段与后段”，在此情况下，本专利权利要求1中“前段上表面与后段表面上面之间形成向上夹角”这一技术特征已被公开，故此，本专利权利要求1的全部技术特征已被附件5所明确公开或隐含公开，即在本专利申请日以前已有与本专利相同的技术方案在国内出版物上公开发表过，本专利权利要求1不符合《专利法》第二十二条第二款的规定，不具备新颖性。原审判决认定本专利权利要求1不具备新颖性的认定正确，应予维持。上诉人专利复审委员会、孔可强关于本专利权利要求1具备新颖性的上诉主张于法无据，本院不予支持。

鉴于本专利权利要求1相对于附件5不具备新颖性，专利复审委员会应当就权利要求2、3是否具备新颖性继续进行审查。

综上，原审判决认定事实基本清楚，适用法律正确，应当予以维持。上诉人专利复审委员会、孔可强的上诉主张于法无据，本院不予支持。依照《中华人民共和国行政诉讼法》第六十一条第（一）项之规定，判决如下：

驳回上诉，维持原判。

一审案件受理费100元，由国家知识产权局专利复审委员负担（于本判决生效之日起7日内交纳）；二审案件受理费100元，由国家知识产权局专利复审委员负担50元（已交纳），孔可强负担50元（已交纳）。

本判决为终审判决。

审　判　长　刘继祥
代理审判员　莎日娜
代理审判员　焦　彦
二〇〇七年十二月二日
书　记　员　毕　怡

070

# 免洗奶瓶

## 无效宣告请求审查决定（第9605号）

**决　　定　　号**　第9605号
**决　　定　　日**　2007年3月19日
**发明创造名称**　免洗奶瓶
**国 际 分 类 号**　A61J 9/00
**无效宣告请求人**　丁素云
**专　利　权　人**　张若芝
**专　　利　　号**　200420006715.X
**申　　请　　日**　2004年3月10日
**授 权 公 告 日**　2005年3月9日
**合 议 组 组 长**　熊　婷
**主　　审　　员**　哈雅坤
**参　　审　　员**　龙　安

**法　律　依　据**　专利法第22条第2款、第3款
**决　定　要　点**

本实用新型专利与现有技术相比区别特征主要在于“奶瓶盖与内杯之间设有一镂空的支撑座”，但对于本领域的普通技术人员来说，利用支撑座来支撑硬质或软质盛液容器均可以起到有效防止容器口变形的作用，这只是所属技术领域的常用手段，因此本实用新型专利相对于已有技术不具备实质性特点和进步，故不具备创造性。

**一、案由**

本无效宣告请求涉及国家知识产权局于2005年3月9日授权公告、申请号为200420006715.X、名称为“免洗奶瓶”的实用新型专利（以下简称本专利），专利权人为张若芝，申请日为2004年3月10日。授权公告的权利要求书如下：

“1. 一种免洗奶瓶，主要包括：中空瓶体、固定奶嘴的奶瓶盖及可更换的内杯；其特征在于：中空瓶体两端呈中空状上下贯通，上端外缘设有外螺纹；奶瓶盖将奶嘴固定于中空瓶体的上端，奶瓶盖下端开口内设有可螺合于中空瓶体外螺纹的内螺纹；内杯为一盛装液体的可更换容器，固设于中空瓶体上端与奶瓶盖之间，其大小恰可置入中空瓶体内，上端设有一凸缘。

2. 根据权利要求1所述的免洗奶瓶，其特征在于：所述奶瓶盖与内杯之间设有一镂空的支撑座，上端设有一凸缘。

3. 根据权利要求 2 所述的免洗奶瓶，其特征在于：所述支撑座由耐高温的塑胶材质制成。

4. 根据权利要求 1 所述的免洗奶瓶，其特征在于：所述奶瓶盖上卡扣一罩护奶嘴的上盖。

5. 根据权利要求 1 所述的免洗奶瓶，其特征在于：所述内杯为一由支撑座撑开的可更换的软质内袋。

6. 根据权利要求 5 所述的免洗奶瓶，其特征在于：所述内袋由无毒、软质的塑胶材质制成。”

针对本专利，丁素云（以下简称请求人）于 2006 年 6 月 27 日以本专利缺乏新颖性和创造性为由向专利复审委员会提出无效宣告请求，并提供了如下附件作为证据：

附件 1：申请号为 91226558.2 的实用新型专利说明书，公告日为 1992 年 9 月 2 日；

附件 2：申请号为 99208742.2 的实用新型专利说明书，公告日为 2000 年 5 月 10 日；

附件 3：申请号为 94222962.2 的实用新型专利说明书，公告日为 1995 年 7 月 5 日；

请求人认为：本专利权利要求 1~6 相对于其所提供的上述三份证据不具备新颖性和/或创造性。

经形式审查合格，专利复审委员会于 2006 年 8 月 1 日向双方当事人发出无效宣告请求受理通知书，并随该通知书将无效宣告请求书及其附件的副本转送给专利权人，要求专利权人在指定期限进行答复。

对此，专利权人于 2006 年 8 月 24 日提交了无效答辩意见陈述书。专利权人认为：（1）请求人提供的证据数量不符合审查指南的要求；（2）本专利权利要求 1 与附件 1 相比具有新颖性；（3）本专利权利要求 5、6 与附件相比具有创造性；（4）本专利权利要求 3、4 与附件相比具有创造性。

本案合议组于 2006 年 11 月 24 日向双方当事人发出口审通知书，定于 2007 年 1 月 22 日进行口头审理，同时随口审通知书将专利权人于 2006 年 8 月 24 日提交的意见陈述书转给了请求人。

口头审理如期举行，双方当事人均出席了口头审理。在口头审理中，双方当事人对对方出庭人员的身份没有异议，对合议组成员没有回避请求。专利权人对附件 1~3 的真实性没有异议。请求人当庭明确表示放弃新颖性的理由，并明确其无效理由为：权利要求 1~3、5~6 相对于附件 1 和附件 2 的结合不具有创造性；权利要求 1~6 相对于附件 1 和附件 3 的结合不具有创造性。

至此，合议组认为本案的事实已清楚，依法作出本决定。

**二、决定的理由**

1. 关于现有技术

请求人提供的证据（附件 1~3）为三篇中国实用新型专利说明书，由于上述三篇实用新型专利文件的公告日均在本专利的申请日以前，因此可作为评述本专利创造性的现有技术。

2. 关于专利法第 22 条第 3 款

专利法第 22 条第 3 款规定：创造性，是指同现有技术相比，该发明有突出的实质性特点和显著的进步，该实用新型有实质性特点和进步。

针对本案的实用新型专利而言，其中：

本专利的权利要求 1 请求保护一种免洗奶瓶，包含以下技术特征：（A）所述免洗奶瓶由中空瓶体、固定奶嘴的奶瓶盖及可更换的内杯组成；（B）中空瓶体两端呈中空状上下贯通，上端外缘设有外螺纹；（C）奶瓶盖将奶嘴固定于中空瓶体的上端，奶瓶盖下端开口内设有可螺合于中空瓶体外螺纹的内螺纹；（D）内杯为一盛装液体的可更换容器，固设于中空瓶体上端与奶瓶盖之间，其大小恰可置入中空瓶体内，上端设有一凸缘。

附件 1 公开了一种“一次性奶瓶”，包含以下技术特征（参见说明书第 4 页第 6~10 行和倒数第 2~5行）：（A）所述一次性奶瓶由筒架（1）、奶嘴（2）、瓶盖（3）和奶袋（4）组成；（B）筒架（1）的底部是贯通的，上端部分为外螺纹（5）；（C）瓶盖（3）设有内螺纹（7），拧固于筒架（1）

上端的外螺纹（5）上，奶嘴按照常规方法安装于瓶盖（3）上，并固定于筒架（1）的上端；（D）奶袋（4）的直径等于筒架（1）的直径，其上部设有翻口豁（10），奶袋（4）可放入筒架（1）内，将翻口豁（10）翻接于筒架（1）的上端外，并将瓶盖（3）通过内螺纹（7）拧固于筒架（1）上端的外螺纹（5）上，从而使奶袋（4）固设于筒架（1）上端与瓶盖（3）之间。

将本专利的权利要求 1 与附件 1 所公开内容相比后，合议组认为：（a）附件 1 的筒架同样也采用了中空状且上下贯通的结构，筒架上端部分设有外螺纹，可见其结构和功能与本专利的中空瓶体相同；（b）附件 1 的瓶盖同样也设有内螺纹，其拧固于筒架上端的外螺纹上，以将奶嘴固定于筒架的上端，可见其结构和功能与本专利的奶瓶盖相同；（c）附件 1 的奶袋是一个软质的、用于盛装液体的可更换容器，其上部设有用于翻接于筒架的上端外的翻口豁，该奶袋可置于筒架内，并将瓶盖通过内螺纹拧固于筒架上端的外螺纹上，从而使奶袋固设于筒架上端与瓶盖之间，可见其功能与本专利的内杯相同。通过上述分析可知，本专利的权利要求 1 与附件 1 所公开内容的区别在于：本专利的内杯为上端设有凸缘的容器，而附件 1 的奶袋虽然在功能上与本专利相同，但由于前者和后者分别采用了不同的材质，因而导致结构上存在细微的差别，也就是说附件 1 的奶袋上端未设有凸缘而是设有翻口豁。然而，针对上述区别，附件 3 公开了一种“免洗卫生奶瓶”，包含以下技术特征（参见说明书第 1 页倒数第 1 行至第 2 页第 1 段和第 6 段，摘要，以及附图 1-3）：（A）所述免洗卫生奶瓶由纸质瓶本体（1）、下架（2）、上架（3）、奶嘴（4）和奶瓶盖（5）构成，瓶本体（1）的上部口径较大，呈锥状，上端开一瓶口 10；（B）该瓶口（10）的外缘设有一环滚边（11）。合议组认为：附件 3 的瓶本体（1）是一个硬质的、用于盛装液体的可更换容器，并且在其上端外缘设有环滚边（11），组装时瓶本体（1）被由上而下套入下架（2）的内径，使瓶本体 1 的外径上部与下架（2）的内径相密合，且下架（2）上端面顶在瓶本体（1）的滚边（11）。由此可见，附件 3 的瓶本体的功能与本专利的内杯相同，而且该瓶本体上端外缘设有环滚边，该环滚边就相当于本专利中所述的凸缘，因此从结构上讲该瓶本体的结构也与本专利的内杯相同。

合议组认为，虽然附件 1 所公开的奶袋是一个软质的可更换容器，但是本领域的普通技术人员很容易想到利用与本专利的内杯相类似的硬质可更换容器（附件 3 的纸质瓶本体）替换软质的可更换容器（即，附件 1 的奶袋），这仅仅是所属技术领域中等效手段的简单替换，因此，本专利的权利要求 1 相对于附件 1 和 3 的结合不具备实质性特点和进步，不符合专利法第 22 条第 3 款所规定的创造性。

本专利的权利要求 2 进一步限定的附加技术特征是“所述奶瓶盖与内杯之间设有一镂空的支撑座，上端设有一凸缘”。然而，对于本领域的普通技术人员来说，利用支撑座来支撑硬质或软质盛液容器均可以起到有效防止容器口变形的作用。例如，人们常见的暖水袋和喜之郎 CiCi（可以吸的果冻）等，这些产品在其液体出口部位均设有金属或硬塑料制成的中空支撑物，其作用就是使相对较为软质的暖水袋口和软袋装果冻吸食口不会因外部握压或吸食而发生变形进而导致液体流入流出不畅，这只是所属技术领域的公知常识，因此，权利要求 2 相对于附件 1、3 以及公知常识的结合不具备实质性特点和进步，不符合专利法第 22 条第 3 款所规定的创造性。

本专利的权利要求 3 对权利要求 2 所述的支撑座的材料作了进一步限定，即“所述支撑座由耐高温的塑胶材质制成”。然而，对于本领域的普通技术人员来说，上述支撑座的材料是金属还是耐高温塑胶材质都是所属技术领域惯用的手段，因此，权利要求 3 相对于附件 1、3 以及公知常识的结合不具备实质性特点和进步，不符合专利法第 22 条第 3 款所规定的创造性。

本专利的权利要求 4 进一步限定的附加技术特征是“所述奶瓶盖上卡扣一罩护奶嘴的上盖”。然而，附件 3 已经公开了如下技术特征，即“所述免洗卫生奶瓶由纸质瓶本体（1）、下架（2）、上架

（3）、奶嘴（4）和奶瓶盖（5）构成”，其中奶瓶盖（5）相当于本专利的权利要求4所述的奶嘴的上盖，从附件3的附图1可以清楚地看出，附件3的奶瓶盖（5）就是卡扣在奶嘴（4）上以用于罩护奶嘴（4）的。可见上述附加技术特征已经被附件3所公开，因此，权利要求4相对于附件1和附件3的结合不具备实质性特点和进步，不符合专利法第22条第3款所规定的创造性。

本专利的权利要求5进一步的附加技术特征是“所述内杯为一由支撑座撑开的可更换的软质内袋”。然而，对于本领域的普通技术人员来说，人们常见的暖水袋和喜之郎CiCi（可以吸的果冻）等，这些产品在其液体出口部位均设有金属或硬塑料制成的中空支撑物，其作用就是使相对较为软质的暖水袋口和软袋装果冻吸食口不会因外部握压或吸食而发生变形进而导致液体流入流出不畅，这只是所属技术领域的公知常识，因此，权利要求5相对于附件1、3以及公知常识的结合也不具备实质性特点和进步，不符合专利法第22条第3款所规定的创造性。

本专利的权利要求6对权利要求5所述的内袋的材料作了进一步限定，即“所述内袋由无毒、软质的塑胶材质制成”。然而，对于本领域的普通技术人员来说，上述内袋的材料是制造软质袋的常用材料，因此，权利要求6相对于附件1、3以及公知常识的结合不具备实质性特点和进步，不符合专利法第22条第3款所规定的创造性。

综上所述，本专利的权利要求1~6均不具备专利法第22条第3款所规定的创造性。

**三、决定**

宣告200420006715.X号实用新型专利权全部无效。

当事人对本决定不服的，可以根据专利法第46条第2款的规定，自收到本决定之日起三个月内向北京第一中级人民法院起诉。根据该款的规定，一方当事人起诉后，另一方当事人应当作为第三人参加起诉。

071

# 一种游戏床的织布连结结构

## 无效宣告请求审查决定（第9608号）

**决　定　号**　第9608号
**决　定　日**　2007年3月27日
**发明创造名称**　一种游戏床的织布连结结构
**国际分类号**　A47D 13/06
**无效宣告请求人**　林权一
**专　利　权　人**　中山市隆成日用制品有限公司
**专　利　号**　200420046542.4
**申　请　日**　2004年6月1日
**授权公告日**　2005年8月31日
**合议组组长**　宋鸣镝
**主　审　员**　邓　巍
**参　审　员**　武树辰

**法律依据**　专利法第22条第2款、第3款
**决定要点**

即便被请求无效的权利要求中的某一技术特征已成为本领域的公知技术，但如果该技术特征没有在一份申请日在先而公告日在本专利申请日之后的专利文献所公开，则该专利文献不能构成本专利的抵触申请来否定本专利的新颖性。

### 一、案由

本无效宣告请求涉及国家知识产权局于2005年8月31日授权公告的、名称为“一种游戏床的织布连结结构”的200420046542.4号实用新型专利权，其申请日是2004年6月1日，专利权人是中山市隆成日用制品有限公司。授权公告的权利要求书如下：

“1. 一种游戏床的织布连结结构，包括：折收骨架（2）、织布（6），其特征在于折收骨架（2），包括有上折收组（3）、底架折收组（4）以及连接于该上折收组（3）及底架折收组（4）之间的垂直杆（5），其中在该垂直杆（5）外缘的内侧设置卡掣部（51）；织布（6）穿置在折收骨架（2）上，其主要由多个侧面（62）以及底面（61）所构成的限制空间（60），其中在两侧面（62）连接处设置卡掣件（63），由该卡掣件（63）与垂直杆（5）的卡掣部（51）形成卡掣，并固定在该垂直杆（5）外缘的内侧位置。

2. 根据权利要求1所述的一种游戏床的织布连结结构，其特征在于该卡掣部（51）是为平行于

垂直杆（5）且呈半封闭的卡掣槽（511）；织布（6）的卡掣件（63）是为穿置在织布（6）内的直杆（630），直杆（630）插入卡掣槽（511）内卡掣固定。

3. 根据权利要求 1 所述的一种游戏床的织布联结结构，其特征在于在垂直杆（5）上所设的卡掣部（51）是多个透孔（53），织布（6）的卡掣件（63）是为相应的定位片（7）。

4. 根据权利要求 1 所述的一种游戏床的织布连结结构，其特征在于该织布（6）的卡掣件（63）为挂片（631）。

5. 根据权利要求 1 所述的一种游戏床的织布连结结构，其特征在于该卡掣部（51）是为平行垂直杆（5）的定位槽（512）。

6. 根据权利要求 1 所述的一种游戏床的织布连结结构，其特征在于该织布（6）的卡掣件（63），设在织布（6）的多个侧面的交接处，由该交接处直接穿入垂直杆（5）上所设的卡掣部（51）。

7. 一种游戏床之织布连结结构，包括：

一织布（6），织布（6）具有可构成该游戏床的周面的多个侧面（62），并设有固定在各该织布（6）两侧面间交接处的卡掣件（63）；及

一折收骨架（2），折收骨架（2）设有卡掣部（51）与该卡掣件（63）作可重复拆解及组合的接合，该织布（6）与折收骨架（2）接合形成该游戏床的限制空间（60）。

8. 根据权利要求 7 所述的一种游戏床的织布连结结构，其特征在于该卡掣部（51）是设在该垂直杆（5）的外缘内侧位置。

9. 根据权利要求 7 所述的一种游戏床的织布连结结构，其特征在于该织布（6）侧面上边及织布底面（61）设有扣接件（9）。

10. 根据权利要求 9 所述的一种游戏床的织布连结结构，其特征在于该扣接件（9）为一黏扣带。”

针对上述实用新型专利权（下称本专利），林权一（下称请求人）于 2005 年 12 月 7 日向专利复审委员会提出无效宣告请求，请求宣告本专利部分无效，其理由是本专利不具备专利法第 22 条第 2、3 款所规定的新颖性和创造性，并提交了如下 4 份证据：

证据 1：US4811437 号美国专利说明书复印件，公开日为 1989 年 3 月 14 日；

证据 2：US1374333 号美国专利说明书复印件，公开日为 1921 年 4 月 12 日；

证据 3：专利号为 200420001804. 5 的中国实用新型专利说明书复印件，授权公告日为 2005 年 2 月 23 日，申请日为 2004 年 1 月 2 日；

证据 4：申请号为 99117004. 0 的中国发明专利申请公开说明书复印件，公开日为 2001 年 1 月 31 日；

请求人无效宣告请求的具体理由是：①权利要求 1、2、5~8 相对于证据 3 不具有新颖性；权利要求 9 相对于证据 4 不具有新颖性；②权利要求 1 相对于证据 1 和证据 2 的结合不具有创造性；权利要求 8 相对于证据 2 不具有创造性。

经形式审查合格后，专利复审委员会受理了上述无效宣告请求，于 2006 年 2 月 23 日向双方当事人发出了《无效宣告请求受理通知书》，并将无效宣告请求书及附件清单中所列附件副本转送专利权人，要求其在指定的期限内答复。同时，依法成立合议组对本案进行审查。

专利权人在指定期限内未陈述意见。

合议组于 2006 年 8 月 2 日发出外文证据处理通知书，要求请求人在指定期限内提交证据 1~2 相关部分的中文译文。

请求人于 2006 年 8 月 24 日提交了证据 1~2 所使用部分的中文译文。

2006年12月11日，本案合议组向双方当事人发出无效宣告请求口头审理通知书，拟定于2007年3月6日在专利复审委员会进行口头审理。同时将请求人于2006年8月24日提交的证据1~2所使用部分的中文译文的副本转送给专利权人。

2007年1月12日，专利权人提交了意见陈述书，认为：①证据3、4都没有公开“折收骨架”这一技术特征，因此权利要求1、2、5~9具有新颖性；②证据1的折收骨架为套筒式折收与本专利的在中间呈V字形的折收骨架不同，证据2没有折收骨架，并且证据2中立柱与织物通过织带和弹簧的连接方式与本专利通过卡掣部与卡掣件的连接方式不同，因此，证据1、2的结合不能得出权利要求1的技术方案，包含权利要求1技术特征的权利要求8相对于证据2也具有创造性。

合议组于2007年1月18日发出转文通知书，将专利权人的答辩意见副本转送请求人，并要求请求人在指定期限内答复。

请求人未在指定期限内答复。

口头审理如期举行，双方当事人均参加了口头审理。请求人当庭再次提交了意见陈述，在此意见陈述中增加了新的无效理由为：权利要求1、7相对于证据4不具有新颖性；权利要求1、7相对于证据1、4的结合不具有创造性，权利要求4、7相对于证据1、2的结合不具有创造性。合议组当庭将上述意见陈述转给专利权人。专利权人认为请求人对权利要求4的无效请求属于新的请求，其提交日已超过专利法所规定的期限，合议组不应当予以考虑。

在口头审理过程中，专利权人对证据1~4的真实性及证据1、2所使用部分的中文译文的准确性无异议，但认为证据3的公开日在本专利的申请日之后，因此不能作为本专利现有技术，不能用于评价本专利的新颖性。

请求人明确其无效宣告理由是本专利权利要求1、2、5、6、7、8相对于证据3不具有新颖性，权利要求1、7、9相对于证据4不具有新颖性；权利要求1、4、7、8相对于证据1、2的结合不具有创造性，权利要求1、7相对于证据1、4的结合不具有创造性。就此，双方当事人各自陈述了意见。

合议组当庭告知专利权人于口头审理后10日内补交对请求人当庭补充理由的意见陈述，逾期不提交不影响合议组作出审查决定。2007年3月17日，专利权人提交意见陈述，其意见与其在口头审理时所发表的意见相同，合议组不再转送请求人。

在此基础上，合议组认为本案事实已经清楚，可依法作出审查决定。

**二、决定的理由**

1. 关于证据

证据1~4均为专利文献。专利权人未对上述四份证据的真实性提出异议，合议组经核实对上述四份证据的真实性予以认可。

证据1、2、4的公开日均在本专利的申请日之前，其上记载的内容构成本专利的现有技术，能够用来评价本专利的新颖性和创造性。证据3为他人向中国国家知识产权局提出的专利申请，其申请日在本专利的申请日之前，授权公告日在本专利的申请日之后，其上记载的内容仅可用来评价本专利的新颖性。

2. 关于新颖性

根据专利法第22条第2款的规定，新颖性，是指在申请日以前没有同样的发明或者实用新型在国内外出版物上公开发表过、在国内公开使用过或者以其他方式为公众所知，也没有同样的发明或者实用新型由他人向国务院专利行政部门提出过申请并且记载在申请日以后公布的专利申请文件中。

根据审查指南中的规定，同样的发明或者实用新型，是指技术领域、所解决的技术问题和技术方案实质上相同、预期效果相同的发明或者实用新型。

证据3公开了一种易组装床座布的婴儿床，与本专利的技术领域相同；该婴儿床具有一床座，该床座包括数根架杆，各架杆具有在该架杆内的中空部及在该架杆侧壁并沿该架杆长度方向延伸且连通该中空部的开槽；还包括一床座布，该床座布包括数根对应插置在该架杆的中空部内的定位杆，以及与该定位杆连接并通过该架杆的开槽而显露在外的布体，借由定位杆与架杆相互卡合的固定作用以固定布体的位置；从证据3的附图5中可以看出，其开槽系设置于架杆外缘的内侧位置，借由定位杆与架杆的卡合，可使床座布固定于架杆的外缘内侧位置。

将证据3公开的内容与本专利权利要求1、7所要求保护的技术方案进行对比，证据3中的“座布”相当于本专利中的“织布”；证据3中的“定位杆”与“开槽”的结合相当于本专利中所述的卡掣件与卡掣部所形成的卡掣。

请求人认为本专利权利要求1、7中的技术特征“折收骨架”虽然未在证据3中直接公开，但应当认为“折收骨架”是公知技术并可以由证据3中直接推导得出。

针对上述观点，合议组认为，证据3中说明书和附图涉及床座结构的内容没有明确描述座架是可以折收的，该证据中也没有给出任何启示可以让本领域技术人员直接地、毫无疑义地确定该床座是“可折收的骨架”。另一方面，即便“可折收骨架”已成为本领域的公知技术，但由于“可折收骨架”不能作为证据3中已公开的内容，因此，证据3没有公开权利要求1、7的全部技术特征，权利要求1、7相对于证据3具有新颖性。

权利要求2、5、6是独立权利要求1的从属权利要求，权利要求8是独立权利要求7的从属权利要求，鉴于独立权利要求1、7相对于证据3具有新颖性，权利要求2、5、6、8相对于证据3也具有新颖性。

证据4公开了一种结合幼儿床的游戏围栏，包括介于一展开状态及一收折状态的可动式框架，其中该框架上端的四个转角处具有转角连接座，该转角连接座内侧各自具有一跨部，该跨部上各具有一衔接槽；还包括一幼儿床，该幼儿床是由两支撑杆及织物类布垫形成一具有开口朝上的容置空间，各支撑杆的两个终端具有一个卡掣部，并可分别跨至于游戏围栏中各自跨部的衔接槽上。

请求人认为，证据4中的“衔接槽”相当于本专利中的“卡掣部”并且“各支撑杆的两个终端具有的卡掣部”相当于本专利中“位于织布两侧面连接处设置的卡掣件”，证据4分别公开了权利要求1、7的全部技术特征，权利要求1、7相对于证据4不具有新颖性。

对于上述观点合议组认为，本专利中是在织布两侧面连接处设置卡掣件，在骨架垂直杆的内侧形成卡掣部，其目的在于卡掣件连接于卡掣部上用于将织布与垂直杆相互可拆卸式固定，并限制垂直杆与织布间的相对滑动。而证据4中设于幼儿床两支撑杆两端的卡掣部，安放于可动式框架上端四角的衔接槽内，其目的在于将幼儿床稳固地置于游戏围栏之上。由上述比较可知，证据4中的衔接槽和卡掣部无论在具体的实施方式还是实施效果上都与本专利中的卡掣部和卡掣件不相同，因此不能认定证据4中的衔接槽和卡掣部相当于本专利的卡掣部和卡掣件。

由此，证据4没有公开权利要求1，7的全部技术特征，权利要求1、7相对于证据4具有新颖性。权利要求9是权利要求7的从属权利要求，当权利要求7相对于证据4具有新颖性时，权利要求9也具有新颖性。

3. 关于创造性

专利法第22条第3款规定，创造性，是指同申请日以前已有的技术相比，该发明有突出的实质性特点和显著的进步，该实用新型有实质性特点和进步。

证据1公开了一种折迭式游戏床，该游戏床的折迭式游戏床床体包含上架体和下架体，还包括在上下架体之间沿垂直方向延伸的袖管状套管；还包括一弹性包覆件，由四个侧边面板件部分和底板部分组成的弹性包覆件构成了一个立方体的限制空间。证据 1 中文译文第 1 栏第 17~33 行、第 3~10 行、第 7 栏第 8~38 行及附图 1~4 表明该折迭式游戏床不需要将床架拆散成若干部分就可将其收置成折叠状态，并且每一对侧面围栏在收合状态时呈 V 字形。

证据 2 公开了一种便携式幼儿床，包括一支持骨架，具有至少三个直杆且彼此不成一直线地被安装在地板上；一可挠性的织物主体件，包含一连续的底面与侧面，所述侧面的上边缘通过织带与扣具与立柱上端构成连接 F+F′；所述底面籍由弹性带或其他可挠性元件连接到立柱下端构成连接 E+D′，上述两连接使织物主体件永远保持在张紧状态并与立柱保持一安全距离。

请求人认为，证据 1 公开了本专利的“折收骨架”，证据 2 中的上、下连接件（F+F′，E+D′）同样具有将织物本体固定于直杆外缘的内侧位置的功效，应被视为本专利的卡掣部与卡掣件的等效组件。由此，证据 1、2 已覆盖了权利要求 1、7 的全部技术特征，由证据 1、2 的组合得到权利要求 1、7 的技术方案是显而易见的，因此，权利要求 1、7 相对于证据 1、2 的组合不具有创造性。

针对上述观点，合议组认为，证据 1 中公开了一弹性包覆件直接缝制于可折迭骨架上；证据 2 中通过织带连接于主体件上端与立柱上端，通过弹簧连接于主体件下端与立柱下端从而使主体件保持在张紧状态并与立柱保持一安全距离；而本专利的卡掣件设于织布上，卡掣部设于可折收骨架上，通过卡掣件与卡掣部的结合从而达到组装方便、便于拆卸的目的。证据 2 中的上、下连接件（F+F′，E+D′）无论从主体件与骨架之间的结合方式，还是从达到的技术效果上都与本专利中分别处于织布和骨架上的卡掣件和卡掣部不同。由此，证据 1、2 均没有给出关于“位于织布上的卡掣件”和“位于折收骨架上的卡掣部”，从而达到组装方便、便于拆卸清洗的技术效果的技术启示。因此，权利要求 1、7 相对于证据 1、2 的结合具有实质性特点和进步，具有创造性。

权利要求 4 是权利要求 1 的从属权利要求，权利要求 8 是权利要求 7 的从属权利要求，鉴于权利要求 1、7 相对于证据 1、2 的结合具有创造性，权利要求 4、8 相对于证据 1、2 的结合也具有创造性。

请求人认为，证据 1 公开了本专利的“折收骨架”，证据 4 中“处于跨部上的衔接槽”和“各支撑杆的两个终端具有的卡掣部”相当于本专利的卡掣部和卡掣件。由此，证据 1、4 已覆盖了权利要求 1、7 的全部技术特征，由证据 1、4 的组合得到权利要求 1、7 的技术方案是显而易见的，因此，权利要求 1、7 相对于证据 1、4 的组合不具有创造性。

针对上述观点合议组认为，证据 1 的发明目的在于制造一种收置床架时不须拆除任何部件，展开时不须重新组装的可折迭式游戏床；证据 4 是通过位于位于幼儿床两侧支撑杆终端的卡掣部安放于游戏围栏可动式框架的四个转角连接座内侧上的衔接槽，从而在游戏围栏上面稳固地安放该幼儿床。在没有其他技术启示的情况下，即使本领域技术人员结合证据 1、4，也得不到权利要求 1 和 7 所保护的技术方案，而且也不能够实现通过织布上的卡掣件与位于垂直杆的卡掣部相结合从而达到组装方便、容易拆卸清洗的发明目的。因此，无论是从技术特征上分析，还是从技术效果上考虑，本专利权利要求 1、7 的技术方案对于所属技术领域的技术人员来说并不是显而易见的，权利要求 1、7 相对于证据 1、4 的结合具有创造性。

**三、决定**

维持 200420046542.4 号实用新型专利权有效。

当事人对本决定不服的，可以根据专利法第 46 条第 2 款的规定，自收到本决定之日起 3 个月内向北京市第一中级人民法院起诉，根据该款的规定，一方当事人起诉后，另一方当事人应当作为第三人参加诉讼。

072

# 扩展式微机硬件多功能实验仪

## 无效宣告请求审查决定（第9610号）

**决　　定　　号**　第9610号
**决　　定　　日**　2007年3月13日
**发明创造名称**　扩展式微机硬件多功能实验仪
**国 际 分 类 号**　G09B 25/00
**无效宣告请求人**　北京工业大学
**专 利 权 人**　徐　晶
**专　　利　　号**　200420004727.9
**申　　请　　日**　2004年2月26日
**授 权 公 告 日**　2005年2月23日
**合 议 组 组 长**　黄毅斐
**主　　审　　员**　唐向阳
**参　　审　　员**　穆丽娟

**法　律　依　据**　专利法第22条第2款、第3款
**决　定　要　点**

请求人对自己提出的无效宣告请求所依据的事实有责任提供证据加以证明，且应当提供证据的原件以证明其真实性。

### 一、案由

本无效宣告请求涉及国家知识产权局于2005年2月23日授权公告、申请号为200420004727.9、名称为“扩展式微机硬件多功能实验仪”的实用新型专利（以下简称本专利），其申请日为2004年2月26日、专利权人为徐晶。本专利授权公告的权利要求书如下：

“1. 一种扩展式微机硬件多功能实验仪结构包括微处理器、八地址锁存器、可编程只读存储器、触发器、八位A/D转换器、八位D/A转换器、可编程键盘、显示器芯片、静态随机存储器、开关电路、步进电机、直流电机、键盘及显示器、可编程并行接口、打印机接口、仿真器插座、温度测量电路和实验仪面板；其特征在于：将上述各个芯片安装于面板背面，在面板正面对应位置上印有标明芯片型号的标志字符印层；所述各芯片的数据线、控制端、A/D转换器输入、输出端和D/A转换器的输入、输出端通过引出线连接于面板上的布线区内设置的对应插孔上，在所述面板的布线区附近设有由两组五排孔插孔组成的扩展板部分；所述两组五排孔插孔中每竖向五排孔构成一组相互连通的插孔组；所述布线区内的各芯片的数据线、控制端和A/D及D/A转换器输入、输出端的插孔与扩展板部

分的两组五排孔插孔之间，根据实验需要，通过若干根双插头连接线实现组合插接。”

北京工业大学（以下简称请求人）于2006年4月6日就本专利向专利复审委员会提出了无效宣告请求，并提交了以下作为证据的附件1至3：

附件1. 徐晶、胡宾编写，北京工业大学印刷服务中心印制的“微机硬件系统《课程设计》实验指导书第二版（学生用书基础篇）”的复印件共5页，包括封面1页、目录2页、第一章第1页以及封底1页，印刷时间为2001年12月；

附件2. 由北工大计算机学院实验中心和上海复旦大学科教仪器厂联合研制、型号为FD-CASC的单片机硬件课程设计实验系统（I）的彩色数码打印照片共2页，其第2页上显示该系统背面贴有一个“北京工业大学‘211工程’”的不干胶标签，其上有手写体的购置时间为“2002年6月”；

附件3. 供方为复旦大学科教仪器厂、需方为北京工业大学计算机学院的工矿产品购销合同复印件共1页，其上有签订时间为“2000年12月”。

请求人提出的无效理由是：附件1表明本专利于申请日以前已在国内出版物公开发表过，附件2表明本专利于申请日以前已在国内公开使用过，附件3表明附件2和附件1的关联性，因此，本专利不具备新颖性和创造性。

经形式审查合格，专利复审委员会于2006年7月7日受理了该无效宣告请求，并将该无效宣告请求书及其附件清单中所列附件1~3的副本转送专利权人，要求专利权人在收到该通知书之日起一个月内陈述意见。

专利权人的家属于2006年8月1日向专利复审委员会和北京万科园知识产权代理有限责任公司提交了北京市人民检察院第二分院发给徐晶的拘留通知书的复印件，并请求延期陈述意见。但专利权人在此后一直没有陈述意见。

专利复审委员会依法成立合议组对本案进行审查，合议组于2007年1月4日向双方当事人发出口头审理通知书，定于2007年3月1日对本案进行口头审理。

口头审理于2007年3月1日如期举行，专利权人未出席此次口头审理，请求人对合议组成员没有回避请求。请求人当庭明确表示单独使用附件2评述本专利权利要求1的新颖性；附件1和附件2结合使用评述本专利权利要求1的创造性；使用附件3证明附件2的公开使用日期；请求人当庭出示了附件1的原件，并出示附件2的实物。

至此，合议组认为本案事实已经清楚，可以依法作出审查决定。

**二、决定的理由**

1. 关于无效理由

根据口头审理时请求人明确的无效理由，本案合议组依据专利法第22条第2款和第3款对本案进行审理。

2. 关于证据的认定

附件1是北京工业大学印刷服务中心印制的“微机硬件系统《课程设计》实验指导书第二版（学生用书基础篇）”的复印件，经合议组与原件核实可以确认其真实性，其印刷时间为2001年12月，在本专利的申请日之前，并且专利权人未对附件1的印刷时间提出异议，因此附件1可以作为评价本专利新颖性和创造性的现有技术。附件2为由北工大计算机学院实验中心和上海复旦大学科教仪器厂联合研制、型号为FD-CASC的单片机硬件课程设计实验系统（I）的彩色数码打印照片，其第2页的不干胶标签上只有手写体购置时间，无法确认其真实性。虽然请求人主张使用附件3证明附件2的公开使用日期，但由于请求人在口头审理过程中没有提供附件3的原件，无法证明附件3的真实性，同时，附件2中的产品名称和型号为单片机硬件课程设计实验系统（I）FD-CASC，而附件3中的产品名称和型号为单片机综合实验仿真实验仪控制实验仪与多功能数学逻辑实验仪 FD-MD1，二者并不相符，因此，附件 3 也无法证明附件 2 中的产品已于本专利申请日前公开使用，即附件 2 不能作为评价本专利新颖性和创造性的现有技术。

由于请求人在口头审理过程中当庭明确表示单独使用附件 2 评述本专利的新颖性，附件 1 和附件 2 结合使用评述本专利的创造性，而如上所述，由于附件 2 不能作为评价本专利新颖性和创造性的现有技术，因此请求人的无效理由没有证据支持，其有关本专利不具有新颖性、创造性的无效理由不能成立。

**三、决定**

维持 200420004727.9 号实用新型专利权有效。

当事人对本决定不服的，可以根据专利法第 46 条第 2 款的规定，自收到本决定之日起三个月内向北京市第一中级人民法院起诉。根据该款的规定，一方当事人起诉后，另一方当事人应当作为第三人参加诉讼。

073

# 冷渣排渣器

## 无效宣告请求审查决定（第9611号）

**决　　定　　号**　第9611号
**决　　定　　日**　2007年3月21日
**发明创造名称**　冷渣排渣器
**国 际 分 类 号**　F23J 1/02
**无效宣告请求人**　靖江市宇兴合金机械制造厂
**专　利　权　人**　宋志安
**专　　利　　号**　95111150.7
**申　　请　　日**　1995年8月9日
**授 权 公 告 日**　1999年11月3日
**合 议 组 组 长**　于　萍
**主　　审　　员**　姜　岩
**参　　审　　员**　黄　颖

**法　律　依　据**　专利法第22条第2款，专利法实施细则第13条第1款
**决　定　要　点**

如果一项专利权利要求所要求保护的技术方案中的某部件与对比文件中的相应部件的结构及工作方式均不同，则该对比文件与该专利所述技术方案实质不同，而不能否定该专利的新颖性。

### 一、案由

本无效宣告请求涉及中华人民共和国国家知识产权局于1999年11月3日授权公告的、名称为“冷渣排渣器”的发明专利权（以下简称本专利），其专利号是95111150.7，申请日是1995年8月9日，专利权人是宋志安。本专利授权公告的权利要求书内容如下：

“1. 一种冷渣排渣器，其特征在于：

（1）包括进渣室、出渣室、冷渣转筒、进水管道、出水管道、驱动装置、机架，与驱动装置动力联接在一起的冷渣转筒安装在轴承上，其轴心线与水平面呈一倾角，设置在冷渣转筒上端的进渣室和设置在冷渣转筒下端的出渣室与冷渣转筒同轴心线安装；

（2）所述冷渣转筒内部设置相互隔离的排渣通道和冷却通道，排渣通道与进渣室、出渣室相通，冷却通道通过密封件与出水管道、进水管道接通；

（3）所说进渣室顶部带有进渣口，所说出渣室底部带有出渣口。

2. 根据权利要求1所述的冷渣排渣器，其特征在于：所说冷渣转筒包括筒壳、端壁、隔管、出

水导流管，截面为多边形的隔管轴向布置在端壁之间，冷渣转筒的上端部位径向均匀布置出水导流管，出水导流管的出口均匀布置在出水管道的管壁周围，相应位置的出水管道的管壁的最上端开有一出水口。

3. 根据权利要求 2 所述的冷渣排渣器，其特征在于：所说的隔管数目为 4 根以上，其截面为六边形。

4. 根据权利要求 1 所述的冷渣排渣器，其特征在于：所说冷渣转筒的轴心线与水平面呈 5°～30°角度。

5. 根据权利要求 4 所述的冷渣排渣器，其特征在于：所说冷渣转筒的轴心线与水平面呈 15°角度。

6. 根据权利要求 1 所述的冷渣排渣器，其特征在于：所说进渣室带有冷却空心壁，冷却空心壁的上端与下端分别开有通口与出水管道相连通。”

针对本专利权，靖江市宇兴合金机械制造厂（以下简称请求人）于 2005 年 12 月 6 日向专利复审委员会提出无效宣告请求，并于 2005 年 12 月 7 日对无效宣告请求书进行了补正，认为本专利权利要求 1~6 不符合专利法第 13 条第 1 款的规定，权利要求 1 不符合专利法第 22 条第 2 款的规定，请求人同时提交了如下附件：

附件 1：授权公告号为 CN2235557Y（专利号为 ZL95240292.0）、授权公告日为 1996 年 9 月 18 日的中国实用新型专利说明书，共 9 页，申请日为 1995 年 8 月 9 日，与本专利的申请日相同；其专利权人为宋志安，与本专利的专利权人相同；

附件 2：授权公告号为 CN2216638Y（专利号为 ZL95206252.6）、授权公告日为 1996 年 1 月 3 日、专利权人为凌志浩的中国实用新型专利说明书，共 5 页；

请求人认为：（1）附件 1 与本专利属于同样的发明创造，而且先后被授予专利权，后一专利（即本专利）的授权违反了专利法实施细则第 13 条第 1 款的规定。（2）附件 2 中公开了本专利权利要求 1 中的全部技术特征，因此权利要求 1 相对于附件 2 不具备新颖性。

经形式审查合格，专利复审委员会依法受理了上述无效宣告请求，并于 2006 年 4 月 13 日向请求人和专利权人发出无效宣告请求受理通知书，同时将专利权无效宣告请求书及附件清单中所列附件的副本以及补正书转送给专利权人，并要求专利权人在指定的期限内陈述意见。

针对专利复审委员会发出的上述无效宣告请求受理通知书，专利权人于 2006 年 4 月 28 日提交了意见陈述书，认为：专利权人已经于 2005 年 12 月 22 日针对附件 1 的实用新型专利权（现已失效）向专利局提出了《放弃专利权声明》，因此本专利不存在不符合专利法实施细则第 13 条第 1 款的缺陷。附件 2 中至少没有公开本专利权利要求 1 如下技术特征“所说进渣室顶部带有进渣口，所说出渣室底部带有出渣口”。因此，附件 2 不能破坏权利要求 1 的新颖性。

专利复审委员会依法成立合议组对本案进行审查。本案合议组于 2006 年 8 月 24 日向双方发出无效宣告请求口头审理通知书，定于 2006 年 10 月 16 日在专利复审委员会举行口头审理。

口头审理如期举行，双方当事人均参加了口头审理。在口头审理中：

（1）合议组当庭将专利权人 2006 年 4 月 28 日提交的意见陈述书转给请求人。

（2）专利权人承认本专利权利要求 1~6 与附件 1 的权利要求 1~6 属于同样的发明创造。专利权人当庭提交放弃其所拥有的 95240292.0 号（即附件 1）实用新型专利权声明的原件，称自申请之日起放弃该专利权。

（3）请求人明确其无效的理由及其范围和证据：权利要求 1~6 不符合专利法实施细则第 13 条第 1 款的规定，依据的证据是附件 1。权利要求 1 不符合专利法第 22 条第 2 款的规定，依据的证据是附件 2。

（4）双方依据本专利相对于请求人提交的附件 2 是否具备新颖性充分陈述了意见。

请求人表示对当庭收到的转送文件已经在口审中陈述意见，并将在一周内提交书面意见。

专利权人于 2006 年 10 月 20 日重新提交了放弃其实用新型专利权声明，声明自该专利申请日起放弃 95240292.0 号实用新型专利权。

请求人于 2006 年 10 月 23 日提交了意见陈述书，再次重申了本专利不符合专利法实施细则第 13 条第 1 款及专利法第 22 条第 2 款的理由。

至此，合议组认为本案事实已经清楚，可以作出审查决定。

**二、决定的理由**

1. 关于证据

附件 1、2 均为中国专利文献，专利权人未对其真实性提出异议，附件 1、2 可作为本案证据使用。

其中附件 1 为宋志安（即本专利的专利权人）于 1995 年 8 月 9 日（与本专利同一申请日）提交的一份实用新型专利文献，可以作为评价本专利是否符合专利法实施细则第 13 条第 1 款规定的对比文件；附件 2 为他人在本专利申请日之前向专利局提出的、在本专利申请日之后公布的专利文献，因此其仅能用来评述本专利的新颖性。

2. 关于专利法实施细则第 13 条第 1 款

专利法实施细则第 13 条第 1 款规定：同样的发明创造只能被授予一项专利。

请求人主张本专利与附件 1 属于同样的发明创造，不符合专利法实施细则第 13 条第 1 款的规定。由于专利权人于 2005 年 12 月 22 日向国家知识产权局专利局提出放弃附件 1 所示的实用新型专利权声明，声称自该实用新型专利申请之日起放弃 ZL95240292.0 号实用新型专利权。经国家知识产权局专利局审查合格后已于 2007 年 1 月 24 日在第 23 卷 04 期专利公报上公告了该放弃专利权声明。这样就不存在同一项发明被授予两项专利权的问题了，因此，本专利符合专利法实施细则第 13 条第 1 款的规定。

3. 本专利的权利要求 1 具备新颖性

专利法第 22 条第 2 款规定：新颖性，是指在申请日以前没有同样的发明或者实用新型在国内外出版物上公开发表过、在国内公开使用过或者以其他方式为公众所知，也没有同样的发明或者实用新型由他人向国务院专利行政部门提出过申请并记载在申请日以后公布的专利申请文件中。

如果一份对比文件未公开与一项权利要求实质上相同的技术方案，则该方案相对于该对比文件具备新颖性。

请求人认为权利要求 1 不符合专利法第 22 条第 2 款的规定，具体为：权利要求 1 的全部技术特征已经被附件 2 公开了，因此不具备新颖性。

附件 2 公开了一种回转式冷渣器，由头部进渣斗、中间回转筒、尾部出渣管和冷却水进水、出水装置组成，其特征是，回转筒呈双层筒体结构，内圆筒和外圆筒之间构成水冷壳体，在内圆筒内设有均匀布置、平行排列的单回程的冷却水管束，冷却水管束和水冷壳体在回转筒头部连通；回转筒的头部装设有伸入进渣斗内掏取热灰渣的进渣回转螺壳，回转筒尾部装设有将冷却灰渣输至出渣管的出渣回转螺壳，回转筒设有下行坡度；在回转筒一端设有齿环与驱动电机联动，两端设有支承托辊；在回转筒尾部设有冷却水进水干管，与回转筒内的冷却水管束连通，在进水干管套装有回水干管，与回转筒的水冷壳体连通，进水干管和回水干管与回转筒连接处设有动密封。

双方均认为，附件 2 公开的回转式冷渣器与本专利一样，都是通过在回转筒中热煤渣与冷却水之间进行换热使煤渣冷却，其中回转筒相当于本案权利要求 1 中的冷渣转筒；其中冷却水进/出水干管相当于本案权利要求 1 中的进/出水管道；其中驱动电机相当于本案权利要求 1 中的驱动装置；其中支撑托辊相当于本案权利要求 1 中的机架；其中回转筒与驱动电机联动相当于本案权利要求 1 中的冷渣转筒与驱动装置动力装置连接；其中回转筒设有下行坡度相当于本案权利要求 1 中的冷渣转筒轴心线与水平面呈一倾角；其中回转筒呈双层筒体结构，且由附件 2 附图 1 和 2 可知其中的进/出渣回转螺壳与回转筒同轴心安装，这相当于本案权利要求 1 中进/出渣室与冷渣转筒同轴心安装；其中内筒与外筒之间构成冷却水壳体，这相当于本案权利要求 1 中的冷渣转筒内部的排渣通道和冷却通道隔离；内筒内设有冷却水管束，煤渣从内筒通过并排出相当于本案权利要求 1 中的排渣通道与进渣室、出渣室相通；其中进/回水干管与冷却水管束、冷却水壳体连通；与回转筒连接处设有动密封相当于本案权利要求 1 中的冷却通道通过密封件与进水管道、出水管道接通。

双方争议点如下：

请求人认为：（1）附件 2 中的进/出渣回转螺壳相当于本案权利要求 1 中的进/出渣室；（2）进渣回转螺壳头部有进渣斗、出渣回转螺壳尾部设有出渣管相当于本案权利要求 1 中的进渣室顶部有进渣口和出渣室底部有出渣口。

专利权人认为：（1）本专利中进渣室和出渣室仅起到暂时储存的功能，而附件 2 中进渣回转螺旋壳中具有螺旋体，其起到输送炉渣的功能，二者起到的作用不同而不具有可比性；（2）本专利权利要求 1 的最后一段“进渣室顶部带有进渣口，出渣室底部带有出渣口”，表明进渣室跟进渣口的关系是部件与部件本身所带有结构的关系，而请求人用附件 2 中的进渣斗是一个独立于进渣回转螺壳的部件，二者是不相同的。因此，附件 2 中未公开权利要求 1 的全部技术特征，权利要求 1 具备新颖性。

对此，请求人认为：首先，附件 2 中进渣回转螺旋壳与本专利的进渣室相比多了一个在轴线上安置螺旋体的特征，但是附件 2 不缺少容纳炉渣的功能。所以附件 2 中进渣回转螺壳与本专利中的进渣室具有可比性。其次，请求人认为任何形式的进渣室和出渣室都带有相应的进渣口和出渣口，由附件 2 说明书附图 1 也可以看出进渣螺壳 2 在进渣室 1 的上方也同样有进口，排渣管 9 的下方也有出口。

合议组经审查后认为，附件 2 公开了一种回转式冷渣器，与本专利属于相同的技术领域，所要解决的技术问题是对热煤渣进行有效冷却以及连续排渣，使用的技术手段都是使煤渣由入口进入到回转筒中冷却然后由出口排出。但本专利进/出渣室及其进/出渣方式与附件 2 的进/出渣回转螺壳有所区别，本专利中进/出渣室具有倾斜角度，并且进渣室顶部带有进渣口，出渣室底部带有出渣口，从而使得由进渣口进入的煤渣通过重力作用进入到回转筒中，并通过重力作用从出渣口排出。而附件 2 中的进/出渣回转螺壳中具有螺旋体，其中位于冷渣转筒上端的进渣螺壳顶部带有进渣口与进渣斗相对，而出渣回转螺壳侧面带有出渣口与出渣管相连，虽然附件 2 的技术方案中整个装置也具有一个下行坡度，但由附件 2 中不能得出煤渣从进渣斗进入进渣回转螺壳 2 后完全靠重力即可自动进入回转筒并随后由回转筒进入到出渣回转螺壳并排出的方案，其还需要通过螺旋体掏取热灰渣送入到回转筒中，以及通过螺旋体将冷却后的灰渣由回转筒中送入到出渣管中。因此，本专利权利要求 1 中的“进/出渣室”以及进渣室顶部的进渣口、出渣室底部的出渣口与附件 2 中“进/出渣回转螺壳”以及进渣回转螺壳上方带有进渣口、出渣室侧面带有出渣口不同，而且正是由于螺旋体的推动作用使得附件 2 中在出渣回转螺壳侧面开出渣口成为可能。由此可见权利要求 1 请求保护的技术方案与附件 2 中公开的技术方案实质上不同。综上所述，由于附件 2 和权利要求 1 采用的技术手段不同，产生的技术效果也不同，因此权利要求 1 的技术方案与附件 2 的技术方案不同，本专利权利要求 1 相对于附件 2 具备新颖性，符合专利法第 22 条第 2 款的规定。

根据上述的事实和理由，本案合议组依法作出以下决定。

**三、决定**

维持 95111150.7 号发明专利权有效。

当事人对本决定不服的，可以根据专利法第 46 条第 2 款的规定，自收到本决定之日起 3 个月内向北京市第一中级人民法院起诉。根据该款的规定，一方当事人起诉后，另一方当事人应当作为第三人参加诉讼。

# 北京市第一中级人民法院
# 行政判决书

（2007）一中行初字第 811 号

原告靖江市宇兴合金机械制造厂，住所地江苏省靖江市东兴镇上六圩闸。

委托代理人汪旭东，南京知识律师事务所律师。

委托代理人陈静，南京知识律师事务所律师。

被告国家知识产权局专利复审委员会，住所地北京市海淀区北四环西路 9 号。

法定代表人廖涛，副主任。

委托代理人姜岩，女，国家知识产权局专利复审委员会审查员。

委托代理人田华，女，国家知识产权局专利复审委员会审查员。

第三人宋志安。

原告靖江市宇兴合金机械制造厂不服被告国家知识产权局专利复审委员会专利无效宣告请求审查决定，于 2007 年 6 月 4 日向本院提起行政诉讼。本院受理后，依法组成合议庭并通知被诉具体行政行为的利害关系人宋志安作为第三人参加诉讼。本院于 2007 年 7 月 17 日公开开庭审理了本案。原告的委托代理人陈静，被告的委托代理人姜岩、田华到庭参加了诉讼。第三人经合法传唤未到庭。本案现已审理终结。2007 年 3 月 21 日，被告作出第 9611 号无效宣告请求审查决定（以下简称 9611 号决定），维持 95111150.7 号发明专利权（以下简称本专利）有效。决定认为：专利号为 95206252.6 号中国实用新型专利说明书（以下简称附件 2）公开了一种回转式冷渣器，与本专利属于相同的技术领域，所要解决的技术问题是对热煤渣进行有效冷却以及连续排渣，使用的技术手段都是使煤渣由入口进入到回转筒中冷却然后由出口排出。但本专利进/出渣室及其进/出渣方式与附件 2 的进/出渣回转螺壳有所区别，本专利中进/出渣室具有倾斜角度，并且进渣室顶部带有进渣口，出渣室底部带有出渣口，从而使得由进渣口进入的煤渣通过重力作用进入到回转筒中，并通过重力作用从出渣口排出。而附件 2 中的进/出渣回转螺壳中具有螺旋体，其中位于冷渣转筒上端的进渣螺壳顶部带有进渣口与进渣斗相对，而出渣回转螺壳侧面带有出渣口与出渣管相连，虽然附件 2 的技术方案中整个装置也具有一个下行坡度，但由附件 2 中不能得出煤渣从进渣斗进入进渣回转螺壳 2 后完全靠重力即可自动进入回转筒并随后由回转筒进入到出渣回转螺壳并排出的方案，其还需要通过螺旋体掏取热灰渣送入到回转筒中，以及通过螺旋体将冷却后的灰渣由回转筒中送入到出渣管中。因此，本专利权利要求 1 中的“进/出渣室”以及进渣室顶部的进渣口、出渣室底部的出渣口与附件 2 中“进/出渣回转螺壳”以及进渣回转螺壳上方带有进渣口、出渣室侧面带有出渣口不同，而且正是由于螺旋体的推动作用使得附件 2 中在出渣回转螺壳侧面开出渣口成为可能。由此可见权利要求 1 请求保护的技术方案与附件 2 中公开的技术方案实质上不同。综上所述，由于附件 2 和权利要求 1 采用的技术手段不同，产生的技术效果也不同，因此权利要求1的技术方案与附件2的技术方案不同，本专利权利要求1相对于附件2具备新颖性，符合《中华人民共和国专利法》（以下简称《专利法》）第二十二条第二款的规定。被告在法定的举证期限内向本院提交并经庭审质证的证据有：（1）专利号为95111150.7号中国发明专利说明书（即本专利）；（2）专利号为95240292.0号中国实用新型专利说明书（即附件1）；（3）专利公报更正通知单复印件；（4）专利号为95206252.6号中国实用新型专利说明书（即附件2）；（5）口头审理记录表。上述证据用于证明9611号决定认定事实清楚、适用法律法规正确、审理程序合法。原告诉称：（1）9611号决定中关于本专利不属于重复授权的认定是错误的。与本案同样的技术方案已经分别于1996年9月18日和1999年10月16日授予实用新型专利和发明专利。《审查指南》关于在实质审查程序和无效宣告请求审查程序中解决重复授权的规定与《中华人民共和国专利法实施细则》（以下简称《专利法实施细则》）第十三条第一款的规定相抵触，不能作为本案专利权无效宣告审查的依据；（2）9611号决定关于本专利独立权项具备新颖性的认定是错误的。附件2中的进/出渣回转螺壳是本专利权利要求1中所述的进/出渣室的下位概念，而非是并列的技术概念；附件2也依靠重力进行进/出渣；附件2中的出渣口设置在出渣回转螺壳的下方，而非“侧面”。综上，根据《审查指南》第二部分第三章3.1及3.2.2的规定，本案专利独立权项所要求保护的技术方案与附件2所披露的技术方案，其技术领域相同，所解决的技术问题相同、所采用的技术方案和预期的技术效果均实质上相同，因此，本专利独立权项不具备新颖性。请求法院撤销9611号决定。原告未向本院提交证据。被告辩称：（1）本无效宣告请求是在2005年12月6日提出的，而且本发明与同样的实用新型都是于2006年7月1日以前提出的专利申请，按照审查指南的过渡办法的规定，可以按照2001年10月18日公布的《审查指南》（旧指南）的规定处理，即允许申请人自在后获得的专利权的权利生效日起放弃在先获得的专利权，国家知识产权局已在专利公报上登载了本案专利权人放弃了在先获得授权的实用新型专利权，因此，9611号决定关于本专利符合《专利法实施细则》第十三条第一款的认定是正确的；（2）关于本专利新颖性的认定坚持9611号决定中的意见及理由。综上，9611号决定认定事实清楚、适用法律正确、审理程序合法，原告的诉讼理由不成立，请求法院依法驳回原告的诉讼请求，维持9611号决定。第三人未向本院提交书面意见。

经庭审质证，原告对被告提交的证据的真实性、关联性、合法性均无异议，但不同意被告主张的证明作用。本院认为，被告提交的证据与被诉9611号决定具有关联性，且合法、真实，能够证明本案的事实，本院予以采纳。

根据上述有效证据及各方当事人在庭审中无争议的陈述，本院确认如下事实：

本案涉及申请日为1995年8月9日，授权公告日为1999年11月3日，专利号为95111150.7，名称为“冷渣排渣器”的发明专利权（即本专利）。专利权人是宋志安（即本案第三人）。

本专利授权公告的权利要求书内容如下：

“1. 一种冷渣排渣器，其特征在于：（1）包括进渣室、出渣室、冷渣转筒、进水管道、出水管道、驱动装置、机架，与驱动装置动力联接在一起的冷渣转筒安装在轴承上，其轴心线与水平面呈一倾角，设置在冷渣转筒上端的进渣室和设置在冷渣转筒下端的出渣室与冷渣转筒同轴心线安装；（2）所述冷渣转筒内部设置相互隔离的排渣通道和冷却通道，排渣通道与进渣室、出渣室相通，冷却通道通过密封件与出水管道、进水管道接通；（3）所说进渣室顶部带有进渣口，所说出渣室底部带有出渣口。

2. 根据权利要求1所述的冷渣排渣器，其特征在于：所说冷渣转筒包括筒壳、端壁、隔管、出水导流管，截面为多边形的隔管轴向布置在端壁之间，冷渣转筒的上端部位径向均匀布置出水导流管，出水导流管的出口均匀布置在出水管道的管壁周围，相应位置的出水管道的管壁的最上端开有一出水口。

3. 根据权利要求2所述的冷渣排渣器，其特征在于：所说的隔管数目为4根以上，其截面为六边形。

4. 根据权利要求1所述的冷渣排渣器，其特征在于：所说冷渣转筒的轴心线与水平面呈5°~30°角度。

5. 根据权利要求4所述的冷渣排渣器，其特征在于：所说冷渣转筒的轴心线与水平面呈15°角度。

6. 根据权利要求1所述的冷渣排渣器，其特征在于：所说进渣室带有冷却空心壁，冷却空心壁的上端与下端分别开有通口与出水管道相连通。”

针对本专利权，原告于2005年12月6日向被告提出无效宣告请求，并于2005年12月7日对无效宣告请求书进行了补正，认为本专利权利要求1~6不符合《专利法实施细则》第十三条第一款的规定，权利要求1不符合《专利法》第二十二条第二款的规定，同时提交了如下附件：附件1：授权公告号为CN2235557Y（专利号为ZL95240292.0）、授权公告日为1996年9月18日的中国实用新型专利说明书，共9页，申请日为1995年8月9日，与本专利的申请日相同；其专利权人为宋志安，与本专利的专利权人相同；附件2：授权公告号为CN2216638Y（专利号为ZL95206252.6）、授权公告日为1996年1月3日、专利权人为凌志浩的中国实用新型专利说明书，共5页。

原告认为：（1）附件1与本专利属于同样的发明创造，而且先后被授予专利权，后一专利（即本专利）的授权违反了《专利法实施细则》第十三条第一款的规定。（2）附件2中公开了本专利权利要求1中的全部技术特征，因此权利要求1相对于附件2不具备新颖性。

被告依法受理了上述无效宣告请求，并于2006年4月13日向原告和第三人发出无效宣告请求受理通知书，同时将专利权无效宣告请求书及附件清单中所列附件的副本以及补正书转送给第三人，并要求第三人在指定的期限内陈述意见。

针对被告发出的上述无效宣告请求受理通知书，第三人于2006年4月28日提交了意见陈述书，认为：第三人已经于2005年12月22日针对附件1的实用新型专利权（现已失效）向专利局提出了《放弃专利权声明》，因此本专利不存在不符合《专利法实施细则》第十三条第一款的缺陷。附件2中至少没有公开本专利权利要求1如下技术特征“所说进渣室顶部带有进渣口，所说出渣室底部带有出渣口”。因此，附件2不能破坏权利要求1的新颖性。

被告依法成立合议组对本案进行审查，于2006年8月24日向双方发出无效宣告请求口头审理通知书，并于同年10月16日举行了口头审理，双方当事人均参加了口头审理。在口头审理中：（1）合议组当庭将第三人2006年4月28日提交的意见陈述书转给原告。（2）第三人承认本专利权利要求1~6与附件1的权利要求1~6属于同样的发明创造并当庭提交放弃其所拥有的95240292.0号（即附件1）实用新型专利权声明的原件，称自申请之日起放弃该专利权。（3）原告明确其无效的理由及其范围和证据：权利要求1~6不符合《专利法实施细则》第十三条第一款的规定，依据的证据是附件1。权利要求1不符合《专利法》第二十二条第二款的规定，依据的证据是附件2。（4）双方依据本专利相对于原告提交的附件2是否具备新颖性充分陈述了意见。原告表示对当庭收到的转送文件已经在口审中陈述意见，并将在一周内提交书面意见。

第三人于2006年10月20日重新提交了放弃其实用新型专利权声明，声明自该专利申请日起放弃95240292.0号实用新型专利权。原告于2006年10月23日提交了意见陈述书，再次重申了本专利不符合《专利法实施细则》第十三条第一款及《专利法》第二十二条第二款的理由。

2007年3月21日，被告作出9611号决定，维持本专利专利权有效。

本院认为，本案争议的焦点问题有两个：第一，本专利的授权是否违反了《专利法实施细则》第十三条第一款的规定而构成重复授权；第二，附件2是否公开了本专利权利要求1中的全部技术特征，进而导致本专利权利要求1不具备新颖性。

关于第一个焦点问题：《专利法实施细则》第十三条第一款规定，同样的发明创造只能被授予一项专利。审查指南过渡办法规定，同一申请人在2006年7月1日之前就同样的发明创造提出两件专利申请，为克服不符合《专利法实施细则》第十三条第一款的规定的缺陷而放弃其已经获得的专利权的，按照2001年10月18日公布的审查指南的规定处理，即允许申请人自在后获得的专利权的权利生效日起放弃其在先获得的专利权。鉴于本专利与附件1系同一申请人于1995年8月9日提出的专利申请，本案关于《专利法实施细则》第十三条第一款相关内容的认定适用2001年10月18日公布的审查指南的规定。由于附件1的专利权人已经分别于2005年12月22日、2006年10月20日向国家知识产权局专利局提出了放弃其实用新型专利权声明，且国家知识产权局专利局在专利公报上公告了该放弃专利权声明，9611号决定认定不存在同一项发明被授予两项专利权的问题，本专利符合《专利法实施细则》第十三条第一款的规定正确，本院予以支持。原告认为本专利的授权属于重复授权的诉讼主张缺乏事实及法律依据，本院不予支持。

关于第二个焦点问题：《专利法》第二十二条第二款规定：新颖性，是指在申请日以前没有同样的发明或者实用新型在国内外出版物上公开发表过、在国内公开使用过或者以其他方式为公众所知，也没有同样的发明或者实用新型由他人向国务院专利行政部门提出过申请并记载在申请日以后公布的专利申请文件中。

将本专利权利要求1与附件2公开的一种回转式冷渣器的技术方案相比较，本专利进/出渣室与附件2进/出渣回转螺壳有所区别；本专利与附件2在出渣方式上亦有所不同。本专利中进渣室顶部带有进渣口，出渣室底部带有出渣口。而附件2中的进/出渣回转螺壳中具有螺旋体，其中位于冷渣转筒上端的进渣螺壳顶部带有进渣口与进渣斗相对，而出渣回转螺壳侧面带有出渣口与出渣管相连。因此，本专利权利要求1中的“进/出渣室”以及进渣室顶部的进渣口、出渣室底部的出渣口与附件2中“进/出渣回转螺壳”以及进渣回转螺壳上方带有进渣口、出渣室侧面带有出渣口的技术方案不构成实质相同。本专利中进/出渣室具有倾斜角度，使得由进渣口进入的煤渣通过重力作用进入到回转筒中，并通过重力作用从出渣口排出。虽然附件2的技术方案中整个装置也具有一个下行坡度，但由附件2中不能得出煤渣从进渣斗进入进渣回转螺壳后完全靠重力即可自动进入回转筒并随后由回转筒进入到出渣回转螺壳并排出的方案，其还需要通过螺旋体掏取热灰渣送入到回转筒中，以及通过螺旋体将冷却后的灰渣由回转筒中送入到出渣管中。由于螺旋体的推动作用使得附件2中在出渣回转螺壳侧面开出渣口成为可能。综上，本专利权利要求1请求保护的技术方案与附件2中公开的技术方案实质上不同，9611号决定认定本专利权利要求1相对于附件2具备新颖性，符合《专利法》第二十二条第二款的规定正确，本院予以支持。原告认为本专利权利要求1与附件2的技术方案构成实质相同的诉讼主张缺乏事实及法律依据，本院不予支持。

综上，依照《中华人民共和国行政诉讼法》第五十四条第（一）项之规定，判决如下：

维持被告国家知识产权局专利复审委员会于二〇〇七年三月二十一日作出的第9611号无效宣告请求审查决定。

案件受理费100元，由原告靖江市宇兴合金机械制造厂负担（已交纳）。

如不服本判决，可在判决书送达之日起15日内，向本院递交上诉状，并按对方当事人的人数提出副本，预交上诉案件受理费100元，上诉于北京市高级人民法院。

审　判　长　齐　莹
代理审判员　乔　军
代理审判员　陈　辉
二〇〇七年十一月三十日
书　记　员　赵　锋

# 北京市高级人民法院
# 行政判决书

（2007）高行终字第587号

上诉人（一审原告）靖江市宇兴合金机械制造厂，住所地江苏省靖江市东兴镇上六圩闸。

委托代理人汪旭东，南京知识律师事务所律师。

委托代理人陈静，南京知识律师事务所律师。

被上诉人（一审被告）国家知识产权局专利复审委员会，住所地北京市海淀区北四环西路9号。

被上诉人（一审第三人）宋志安，男，1955年12月26日出生，住山东省章丘市明水荷花路9号。

法定代表人廖涛，副主任。

委托代理人姜岩，女，国家知识产权局专利复审委员会审查员。

委托代理人田华，女，国家知识产权局专利复审委员会审查员。

上诉人靖江市宇兴合金机械制造厂（以下简称宇兴厂）因专利无效宣告请求审查决定案，不服北京市第一中级人民法院（2007）一中行初字第811号行政判决，向本院提起上诉。本院依法组成合议庭，审理了本案，现已审理终结。2007年3月21日，国家知识产权局专利复审委员会（以下简称专利复审委员会）作出第9611号无效宣告请求审查决定（以下简称第9611号决定），维持95111150.7号发明专利权（以下简称本专利）有效。宇兴厂对第9611号决定不服，向一审法院提起行政诉讼。一审法院经审理认为，专利复审委员会作出的第9611号决定，认定本专利权利要求1相对于附件2具备新颖性，符合《中华人民共和国专利法》（以下简称《专利法》）第二十二条第二款的规定正确。遂依照《中华人民共和国行政诉讼法》第五十四条第（一）项之规定，判决维持了专利复审委员会作出的第9611号决定。宇兴厂不服一审判决，提起上诉，请求判决撤销一审法院判决，判决撤销专利复审委员会作出的第9611号决定。主要理由是：专利复审委员会和一审法院关于本专利重复授权问题的认定，存在严重的适用法律错误和证据认定错误；专利复审委员会和一审法院关于对影响本专利独立权项新颖性的事实认定错误。专利复审委员会答辩称：一审法院认定事实清楚，适用法律正确，请求二审法院判决维持一审判决。宋志安没有提交书面答辩意见。

经审理查明，本专利是发明专利，专利权人为宋志安。本专利的申请日为1995年8月9日，授权公告日为1999年11月3日，专利号为95111150.7，名称为“冷渣排渣器”。

本专利授权公告的权利要求书内容如下：

1. 一种冷渣排渣器，其特征在于：（1）包括进渣室、出渣室、冷渣转筒、进水管道、出水管道、驱动装置、机架，与驱动装置动力联接在一起的冷渣转筒安装在轴承上，其轴心线与水平面呈一倾角，设置在冷渣转筒上端的进渣室和设置在冷渣转筒下端的出渣室与冷渣转筒同轴心线安装；（2）所述冷渣转筒内部设置相互隔离的排渣通道和冷却通道，排渣通道与进渣室、出渣室相通，冷却通道通过密封件与出水管道、进水管道接通；（3）所说进渣室顶部带有进渣口，所说出渣室底部带有出渣口。

2. 根据权利要求1所述的冷渣排渣器，其特征在于：所说冷渣转筒包括筒壳、端壁、隔管、出水导流管，截面为多边形的隔管轴向布置在端壁之间，冷渣转筒的上端部位径向均匀布置出水导流管，出水导流管的出口均匀布置在出水管道的管壁周围，相应位置的出水管道的管壁的最上端开有一出水口。

3. 根据权利要求2所述的冷渣排渣器，其特征在于：所说的隔管数目为4根以上，其截面为六边形。

4. 根据权利要求1所述的冷渣排渣器，其特征在于：所说冷渣转筒的轴心线与水平面呈5°~30°角度。

5. 根据权利要求4所述的冷渣排渣器，其特征在于：所说冷渣转筒的轴心线与水平面呈15°角度。

6. 根据权利要求1所述的冷渣排渣器，其特征在于：所说进渣室带有冷却空心壁，冷却空心壁的上端与下端分别开有通口与出水管道相连通。”

针对本专利权，宇兴厂于2005年12月6日向专利复审委员会提出无效宣告请求，认为本专利权利要求1~6不符合《中华人民共和国专利法实施细则》（以下简称《专利法实施细则》）第十三条第一款的规定，权利要求1不符合《专利法》第二十二条第二款的规定。宇兴厂向专利复审委员会提交的证据包括：

附件1：申请日为1995年8月9日，授权公告日为1996年9月18日，专利号为95240292.0，名称为“冷渣排渣器”，专利权人为宋志安的中国实用新型专利说明书（以下简称附件1）；

附件2：授权公告号为CN2216638Y（专利号为ZL95206252.6），授权公告日为1996年1月3日，名称为“回转式冷渣器”，专利权人为凌志浩的中国实用新型专利说明书（以下简称附件2）。

宇兴厂认为：附件1与本专利属于同样的发明创造，而且先后被授予专利权，后一专利（即本专利）的授权违反了《专利法实施细则》第十三条第一款的规定；附件2中公开了本专利权利要求1中的全部技术特征，因此权利要求1相对于附件2不具备新颖性。

专利复审委员会依法受理了上述无效宣告请求，并经过转文。

宋志安针对宇兴厂的专利无效宣告请求于2006年4月28日提交了意见陈述书，认为：宋志安已经于2005年12月22日针对附件1的实用新型专利权，向国家知识产权局专利局提出了《放弃专利权声明》，因此本专利不存在不符合《专利法实施细则》第十三条第一款的缺陷。附件2中至少没有公开本专利权利要求1如下技术特征“所说进渣室顶部带有进渣口，所说出渣室底部带有出渣口”。因此，附件2不能破坏本专利权利要求1的新颖性。

专利复审委员会于2006年10月16日举行了口头审理，宇兴厂、宋志安均参加了口头审理。在口头审理中宋志安承认本专利权利要求1~6与附件1的权利要求1~6属于同样的发明创造，并当庭提交放弃其所拥有的95240292.0号（即附件1）实用新型专利权声明的原件，称自申请之日起放弃该专利权。

口头审理后，宋志安于2006年10月20日重新提交了放弃其实用新型专利权声明，声明自该专利申请日起放弃95240292.0号实用新型专利权。

专利复审委员会经审理认为，由于宋志安于2005年12月22日向国家知识产权局专利局提出放弃附件1所示的实用新型专利权声明，声称自该实用新型专利申请之日起放弃实用新型专利权。这样就不存在同一项发明被授予两项专利权的问题，因此，本专利符合《专利法实施细则》第十三条第一款的规定。

专利复审委员会经审理认为附件2公开了一种回转式冷渣器，与本专利属于相同的技术领域，所要解决的技术问题是对热煤渣进行有效冷却以及连续排渣，使用的技术手段都是使煤渣由入口进入到回转筒中冷却然后由出口排出。但本专利进/出渣室及其进/出渣方式与附件2的进/出渣回转螺壳有所区别，本专利中进/出渣室具有倾斜角度，并且进渣室顶部带有进渣口，出渣室底部带有出渣口，从而使得由进渣口进入的煤渣通过重力作用进入到回转筒中，并通过重力作用从出渣口排出。而附件2中的进/出渣回转螺壳中具有螺旋体，其中位于冷渣转筒上端的进渣螺壳顶部带有进渣口与进渣斗相对，而出渣回转螺壳侧面带有出渣口与出渣管相连，虽然附件2的技术方案中整个装置也具有一个下行坡度，但由附件2中不能得出煤渣从进渣斗进入进渣回转螺壳2后完全靠重力即可自动进入回转筒并随后由回转筒进入到出渣回转螺壳并排出的方案，其还需要通过螺旋体掏取热灰渣送入到回转筒中，以及通过螺旋体将冷却后的灰渣由回转筒中送入到出渣管中。因此，本专利权利要求1中的“进/出渣室”以及进渣室顶部的进渣口、出渣室底部的出渣口与附件2中“进/出渣回转螺壳”以及进渣回转螺壳上方带有进渣口、出渣室侧面带有出渣口不同，而且正是由于螺旋体的推动作用使得附件2中在出渣回转螺壳侧面开出渣口成为可能。由此可见权利要求1请求保护的技术方案与附件2中公开的技术方案实质上不同。综上所述，由于附件2和权利要求1采用的技术手段不同，产生的技术效果也不同，因此权利要求1的技术方案与附件2的技术方案不同，本专利权利要求1相对于附件2具备新颖性，符合《专利法》第二十二条第二款的规定。

基于以上理由，专利复审委员会于2007年3月21日作出第9611号决定，维持本专利专利权有效。

宇兴厂不服专利复审委员会作出的第9611号决定，向一审法院提起行政诉讼，请求撤销该决定。

本案一审期间，专利复审委员会向一审法院提交的证据有：（1）专利号为95111150.7号中国发明专利说明书；（2）专利号为95240292.0号中国实用新型专利说明书；（3）专利公报更正通知单复印件；（4）专利号为95206252.6号中国实用新型专利说明书；（5）口头审理记录表。

本案一审期间，宇兴厂未向一审法院提交证据。

上述证据已随案移送本院。经本院审查核实，一审法院对上述证据的关联性、合法性、真实性的审查、认定是正确的，本院不持异议，予以确认。

本院认为：《专利法实施细则》第十三条第一款规定，同样的发明创造只能被授予一项专利。

根据《施行修订后审查指南的过渡办法》的有关规定，同一申请人在2006年7月1日之前就同样的发明创造提出两件专利申请，为克服不符合《专利法实施细则》第十三条第一款的规定的缺陷而放弃其已经获得的专利权的，按照2001年10月18日公布的《审查指南》的规定处理，即允许申请人自在后获得的专利权的权利生效日起放弃其在先获得的专利权。本案中，本专利与附件1系同一申请人即宋志安，于1995年8月9日提出的专利申请。由于宋志安已经分别于2005年12月22日、2006年10月20日提出了放弃其实用新型专利权声明，且国家知识产权局专利局在专利公报上公告了该放弃专利权声明。因此，专利复审委员会认定不存在同一项发明被授予两项专利权的问题，本专利符合《专利法实施细则》第十三条第一款的规定正确。

根据《专利法》第二十二条第二款规定：新颖性，是指在申请日以前没有同样的发明或者实用新型在国内外出版物上公开发表过、在国内公开使用过或者以其他方式为公众所知，也没有同样的发明或者实用新型由他人向国务院专利行政部门提出过申请并记载在申请日以后公布的专利申请文件中。

将本专利权利要求1与附件2公开的一种回转式冷渣器的技术方案相比较，本专利权利要求1中的“进/出渣室”以及进渣室顶部的进渣口、出渣室底部的出渣口与附件2中“进/出渣回转螺壳”以及进渣回转螺壳上方带有进渣口、出渣室侧面带有出渣口的技术方案不构成实质相同。本专利中进/出渣室具有倾斜角度，使得由进渣口进入的煤渣通过重力作用进入到回转筒中，并通过重力作用从出渣口排出。虽然附件2的技术方案中整个装置也具有一个下行坡度，但由附件2中不能得出煤渣从进渣斗进入进渣回转螺壳后完全靠重力即可自动进入回转筒并随后由回转筒进入到出渣回转螺壳并排出的方案，其还需要通过螺旋体掏取热灰渣送入到回转筒中，以及通过螺旋体将冷却后的灰渣由回转筒中送入到出渣管中。综上，本专利权利要求1请求保护的技术方案与附件2中公开的技术方案实质上不同，专利复审委员会认定本专利权利要求1相对于附件2具备新颖性，是正确的。宇兴厂认为本专利权利要求1与附件2的技术方案构成实质相同的诉讼主张缺乏事实及法律依据，本院不予支持。

综上，一审法院判决维持专利复审委员会作出的第9611号决定，认定事实清楚，适用法律正确，审判程序合法。

依据《中华人民共和国行政诉讼法》第六十一条第（一）项的规定，判决如下：

驳回上诉，维持一审判决。二审案件受理费人民币100元，由上诉人靖江市宇兴合金机械制造厂负担（已交纳）。

本判决为终审判决。

审 判 长 景 滔
代理审判员 任全胜
代理审判员 朱海宏
二〇〇七年十二月二十日
书 记 员 王 芳

074

# 一种工业电熨斗汽化锅

## 无效宣告请求审查决定（第9613号）

**决　　定　　号**　第9613号
**决　　定　　日**　2007年3月27日
**发明创造名称**　一种工业电熨斗汽化锅
**国 际 分 类 号**　F22B 35/00，F22B 37/42
**无效宣告请求人**　宁波超超电器有限公司
**专 利 权 人**　徐建群
**专　　利　　号**　200520038989.1
**申　　请　　日**　2005年1月14日
**授 权 公 告 日**　2006年3月15日
**合 议 组 组 长**　朱文广
**主　　审　　员**　隋　璐
**参　　审　　员**　刘瑞斌

**法　律　依　据**　专利法第22条第3款、第26条第3款、第26条第4款，专利法实施细则第21条2款、第20条第1款
**决　定　要　点**

在判断一项权利要求的创造性时，首先应当将权利要求所述的技术方案与最接近的现有技术进行比较，找出它们的区别技术特征，然后再审查该区别技术特征对本领域技术人员来说是否是显而易见的，或者该区别技术特征是否已被另一篇对比文件公开，并给出了将上述区别技术特征应用到该最接近的现有技术中以解决本发明实际所要解决的技术问题的技术启示。

### 一、案由

本无效宣告请求涉及中华人民共和国国家知识产权局于2006年3月15日授权公告的、名称为"一种工业电熨斗汽化锅"的实用新型专利权（以下简称本专利），其专利号是200520038989.1，申请日是2005年1月14日，专利权人是徐建群。本专利授权公告时的权利要求书如下：

"1. 一种工业电熨斗汽化锅，包括锅体（1）、固定于锅体底部的带温控器（2）的发热盘（3），安装在锅体顶部的泄压阀（4），其特征在于：它还包括安装于锅体侧壁上的压力控制开关（5）。

2. 根据权利要求1所述工业电熨斗汽化锅，其特征在于：所述压力控制开关（5）包括微动开关（6）、后罩（7）、窜动触头（8）、压圈（9）、蝶形弹片（10）、密封圈（11）、联接箍（12）、联接管（13）及弹簧（16），所述联接管（13）和后罩（7）通过联接箍（12）联接，联接管（13）安装

于汽化锅锅体（1）上，所述后罩（7）内装有窜动触头（8），所述窜动触头（8）一端设有弹簧（16），另一端套在压圈（9）内，所述蝶形弹片（10）一面贴在压圈（9）上，另一面设有密封圈（11）并套在联接管（13）内，所述微动开关（6）安装在后罩（7）上，其触片（61）穿过开在外壳上的孔（73）并靠在窜动触头（8）上。

3. 根据权利要求2所述工业电熨斗汽化锅，其特征在于：所述压力控制开关后罩（7）端部还开有内螺纹孔（71），内螺纹孔外端安装调节螺塞（14），内端与所述圆管（72）连通。”

针对本专利，宁波超超电器有限公司（以下简称请求人）于2006年10月31日向专利复审委员会提出无效宣告请求，认为本专利不符合专利法第22条第2款、第3款、第26条第3款、第4款、专利法实施细则第21条第2款、第20条第1款的规定，请求人同时提交了如下附件：

附件1：公告日为1992年3月4日、公告号为CN2097955U的中国实用新型专利申请说明书，共7页；

附件2：授权公告日为1996年1月10日、授权公告号为CN2217172Y（专利号为94238938.7）的中国实用新型专利说明书，共5页；

附件3：公开日为1993年5月19日、公开号为EP0542696A2的欧洲专利文献，共7页；

附件4：公开日为1993年5月19日、公开号为EP0542695A2的欧洲专利文献，共7页；

附件5：国家知识产权局针对本专利做出的实用新型专利检索报告复印件，共4页；

附件6：本专利的专利说明书。

请求人认为：（1）说明书没有对本案专利作出清楚、完整的说明，不符合专利法第26条第3款的规定。说明书未公开触杆81是如何推动触片61使之运动，也未公开窜动触片8是如何控制微动开关6进行动作的；说明书未公开螺塞是如何对锅内压力大小进行调节；说明书未公开温控器如何控制发热盘工作；说明书未公开泄压阀如何安装在锅体顶部、泄压阀的作用是什么；说明书附图3、4太小，无法从附图中清楚地看出本案专利中各部件之间的配合关系。

（2）权利要求1得不到说明书的支持，不符合专利法第26条第4款的规定。权利要求1所限定的技术内容涵盖了多种实施方式，得不到说明书的支持。如锅体的侧壁上安装有压力控制开关，这样的限定包含了锅体的侧壁上部、中部、下部安装压力控制开关多种实施方式，而说明书没给出足够的实施例。

（3）权利要求1缺少必要技术特征，不符合专利法第21条第2款的规定。压力控制开关安装在锅体侧壁的具体位置及温控器和发热盘之间的连接关系是实现本专利所要求保护的技术方案的必要技术特征，本专利没有对上述必要技术特征加以限定，因此，缺少必要技术特征。

（4）权利要求2保护范围不清楚，不符合专利法实施细则第20条第1款的规定。权利要求2没有限定微动开关6的触片61是与窜动触头8的那个部件相接触的，导致无法得知窜动触头是如何控制微动开关的；温控器与发热盘之间连接关系未限定。

（5）权利要求1不具备新颖性和创造性。请求人认为附件1公开了本专利权利要求1的所有技术特征，权利要求1不具备新颖性和创造性。

（6）权利要求2、3的附加技术特征已经被附件3或4公开，权利要求2、3也不具备新颖性和创造性。

经形式审查合格，专利复审委员会依法受理了上述无效宣告请求，并于2006年11月2日向请求人和专利权人发出无效宣告请求受理通知书，同时将专利权无效宣告请求书及其附件清单中所列附件的副本转送给专利权人，并要求专利权人在指定的期限内陈述意见。

专利权人逾期没有答复。

针对本专利，请求人又于2006年11月27日向专利复审委员会提出了补充陈述意见，理由是本案专利权利要求2、3不符合专利法第22条第2款、第3款有关新颖性、创造性的规定，并提交了如下附件：

附件7：附件3即公开号为EP0542696A2的欧洲专利文献的中文译文，共9页；

附件8：附件4即公开号为EP0542695A2的欧洲专利文献的中文译文，共8页。

请求人认为：权利要求2、3的附加技术特征已经被附件3或4公开，权利要求2、3也不具备新颖性和创造性。

专利复审委员会依法成立合议组。

本案合议组于2007年1月12日向双方发出无效宣告请求口头审理通知书，定于2007年3月20日在专利复审委员会举行口头审理。合议组于2007年1月12日向专利权人发出转送文件通知书，将请求人于2006年11月27日提交的意见陈述书及其附件清单中所列附件的副本转送给专利权人，并要求专利权人在指定期限内答复。

口头审理如期举行，双方当事人均参加了口头审理。

在口头审理中，双方当事人对对方出席口头审理人员的资格及身份均无异议；对合议组成员没有回避请求；请求人当庭表示放弃本专利不符合专利法第22条第2款的无效理由；请求人明确其无效请求理由为本专利不符合专利法第26条第3款、权利要求1不符合专利法第26条第4款、权利要求1、2不符合专利法实施细则第20条第1款、权利要求1不符合专利法实施细则第21条第2款、权利要求1~3不符合专利法第22条第3款的规定；请求人确认使用附件1和公知常识的结合或附件1、2的组合破坏本专利权利要求1的创造性，使用附件1、2、3的结合或附件1、3以及公知常识的结合破坏权利要求2、3的创造性；请求人当庭表示放弃附件4作为证据使用；专利权人对附件1、2、3的真实性无异议，对附件3的中文译文附件7的准确性无异议。

至此，合议组认为本案事实已经清楚，可以作出审查决定。

**二、决定的理由**

1. 关于证据和现有技术

请求人提交的附件1、2是中国专利说明书，附件3是欧洲专利文献原文，附件7是附件3的中文译文，专利权人对上述附件的真实性没有异议，对附件3的中文译文附件7的准确性没有异议，因此附件3公开的内容以附件7为准，附件1~3可以作为本案证据使用。同时由于附件1~3的公开日期均在本专利的申请日前，因此可以作为本专利的现有技术使用。请求人当庭放弃了附件4，因此合议组对附件4及其译文附件8不予考虑。请求人在明确无效理由、证据、范围并未用到附件5，同时在提出无效宣告请求之日起1个月内也未结合该证据具体说明，因此，合议组对附件5不予考虑。

2. 专利法第26条第3款

专利法第26条第3款规定，说明书应当对发明或实用新型作出清楚、完整的说明，以所属技术领域的技术人员能够实现为准。

（1）请求人认为说明书未公开触杆81是如何推动触片61使之运动，也未公开窜动触片8是如何控制微动开关6进行动作的。

合议组认为：从本专利的说明书及附图可以看出，窜动触头8包括触杆81、触盘82，触片61穿过开在后罩上的孔73并靠在窜动触头8的触盘82上，当汽化锅内的水被加热，其蒸汽压力上升到一定程度时，蒸汽的压力会克服弹簧16的压力使蝶形弹片10产生瞬间的弹性变形，将窜动触头8向左推，由于微动开关的触片61靠在窜动触头8的触盘82上，从而窜动触头的左移带动触片61使之动作，切断发热盘电源，停止加热。

（2）请求人认为说明书未公开调节螺塞是如何对锅内压力大小进行调节。

合议组认为：从说明书及附图可以看出，后罩的内螺纹孔 71 外端安装调节螺塞 14，通过调节螺塞 14 来调节弹簧 16 的压力大小用以控制锅内蒸汽压力大小。

（3）请求人认为说明书未公开温控器与发热盘如何连接及温控器如何控制发热盘工作。

合议组认为：在加热设备中安装温控器是本领域的常规技术手段，而且从说明书可以看出，发热盘上设置有温控器，本领域技术人员可以根据具体的设计要求及应用条件来选择合适的方式将温控器与发热盘连接在一起，并且实现通过温控器对发热盘进行控制。

（4）请求人认为说明书未公开泄压阀如何安装在锅体顶部、泄压阀的作用是什么。

合议组认为：泄压阀是本领域常规的技术手段，泄压阀安装在锅体顶部的具体方式可以有多种选择，本领域技术人员在其技术水平范围内可根据具体的设计要求及应用条件来选择合适的安装方式和安装位置，使其可操作地设置在锅体顶部。泄压阀的作用是排放蒸汽，直至锅内压力小于设定值。

（5）请求人认为说明书附图 3、4 太小，无法从附图中清楚的看出本案专利中各部件之间的配合关系。

合议组认为：通过说明书文字部分并参考附图本领域普通技术人员可以清楚各部件之间的配合关系。

综上，本专利符合专利法第 26 条第 3 款的规定。

3. 专利法第 26 条第 4 款

专利法第 26 条第 4 款规定，权利要求书应当以说明书为依据，说明要求保护专利保护的范围。

请求人认为本专利权利要求 1 所限定的技术内容涵盖了多种实施方式，如锅体的侧壁上安装有压力控制开关，这样的限定包含了在锅体的侧壁上部、中部、下部安装压力控制开关的多种实施方式，而说明书没给出足够的实施例。

合议组认为：本领域普通技术人员根据压力控制开关的作用及说明书公开的内容均清楚地得知将压力控制开关安装在锅体侧壁的合适位置，因此权利要求 1 符合专利法第 26 条第 4 款的规定。

4. 专利法实施细则第 21 条第 2 款

专利法实施细则第 21 条第 2 款规定，独立权利要求应当从整体上反映发明或者实用新型的技术方案，记载解决技术问题的必要技术特征。

请求人认为权利要求 1 缺少必要技术特征，不符合专利法第 21 条第 2 款的规定。压力控制开关安装在锅体侧壁的具体位置及温控器和发热盘之间的连接关系是实现本专利的发明目的的必要技术特征，本案专利没有对上述必要技术特征加以限定，缺少必要技术特征。

合议组认为：上述决定理由中对压力控制开关安装的具体位置及温控器和发热盘之间的连接关系有详细论述，本专利权利要求 1 所保护的技术方案已经能够从整体上反映本实用新型的技术方案，记载了实现发明目的的全部必要技术特征。因此，权利要求 1 符合专利法实施细则第 21 条第 2 款的规定。

5. 专利法实施细则第 20 条第 1 款

专利法实施细则第 20 条第 1 款规定，权利要求书应当说明发明或者实用新型的技术特征，清楚、简要地表述请求保护的范围。

请求人认为权利要求 1、2 保护范围不清楚，不符合专利法实施细则第 20 条第 1 款的规定。权利要求 2 没有限定微动开关 6 的触片 61 是与窜动触头 8 的那个部件相接触的，导致无法得知窜动触头是如何控制微动开关；温控器与发热盘之间连接关系未限定。

合议组认为：(1) 本专利的说明书及附图可以看出，窜动触头8包括触杆81、触盘82，触片61穿过开在后罩上的孔73并靠在窜动触头8的触盘82上，当汽化锅内的水被加热其蒸汽压力上升到一定程度时，蒸汽的压力会克服弹簧16的压力使蝶形弹片10产生瞬间的弹性变形，将窜动触头8向左推，由于微动开关的触片61靠在窜动触头8的触盘82上，从而窜动触头的左移带动触片61使之动作，切断发热盘电源，停止加热。(2) 请求人在无效请求中认可利用温控器控制加热管进行加热是本领域的常规技术手段，同时说明书中已记载发热盘上设置有温控器。因此，权利要求1、2符合专利法实施细则第20条第1款的规定。

6. 关于专利法第22条第3款

专利法第22条第3款规定：创造性，是指同申请日以前已有的技术相比，该发明有突出的实质性特点和显著的进步，该实用新型具有实质性特点和进步。

在判断一项权利要求的创造性时，首先应当将权利要求所述的技术方案与最接近的现有技术进行比较，找出它们的区别技术特征，然后再审查该区别技术特征对本领域技术人员来说是否是显而易见的，或者该区别技术特征是否已被另一篇对比文件公开，并给出了将上述区别技术特征应用到该最接近的现有技术中以解决本发明实际所要解决的技术问题的技术启示。

(1) 权利要求1的创造性。

附件1公开了一种电热蒸汽发生装置，此装置由发生釜（相当于本专利权利要求1中的锅体1)、加热管（相当于本专利权利要求1中的发热盘2)、压力控制器（相当于本专利权利要求1的压力控制开关5)、电控箱、安全排气阀（相当于本专利权利要求1的泄压阀4）组成。

权利要求1与附件1的区别在于：权利要求1要求保护固定于锅体底部带温控器的发热盘，安装在锅体侧壁上的压力控制开关。而附件1中没有公开温控器，压力控制器设置在锅体外。

附件2公开了利用温控器控制加热管的技术方案。

合议组认为：附件1、2分别公开了压力控制器和温控器控制蒸汽发生装置的技术方案，同时利用温控器控制蒸汽发生装置的加热管加热也是本领域常用的技术手段，但使用压力控制器控制加热管加热或者利用温控器控制加热管加热这两种技术方案均是采用单一方式的控制构思，并未给出将两者结合起来进行双重控制的技术构思，此外，请求人也没有证据表明这一点是本领域普通技术人员容易想到的，因此不能认定本领域普通技术人员据此能够将附件1、2的方案结合起来或附件1和公知常识结合起来得到权利要求1的技术方案。同时，权利要求1的技术方案具有压力控制开关直接控制蒸汽压力动作灵敏，同时温控器防止干烧的技术效果。因此，请求人关于权利要求1不具备创造性的理由不能成立。

此外，权利要求1的压力控制开关安装在锅体侧壁，当汽化锅内的水被加热其蒸汽压力上升到一定程度时，蒸汽的压力会克服弹簧16的压力使蝶形弹片10产生瞬间的弹性变形，将窜动触头8向左推，从而带动触片61使之动作，切断发热盘电源，停止加热。而附件1的压力控制开关通过压力表安装在锅体外，其方案和本专利不同，效果也不如本专利好。

综上所述，权利要求1所要求保护的技术方案相对于附件1和附件2的结合或附件1和公知常识的结合具备实质性特点和进步，具备专利法第22条第3款规定的创造性。

(2) 权利要求2、3是权利要求1的从属权利要求，由于附件3只是公开了一个压力控制开关的具体结构，并未给出将汽化锅中安装有带有温控器的加热管的情况下，再安装上压力控制开关的技术启示，因此，在权利要求1具备创造性的情况下，权利要求2、3也具备创造性。

根据上述的事实和理由，本案合议组依法作出以下决定。

**三、决定**

维持200520038989.1号实用新型专利权有效。

当事人对本决定不服的，可以根据专利法第46条第2款的规定，自收到本决定之日起3个月内向北京市第一中级人民法院起诉。根据该款的规定，一方当事人起诉后，另一方当事人应当作为第三人参加诉讼。

# 北京市第一中级人民法院
# 行政判决书

（2007）一中行初字第928号

原告宁波超超电器有限公司，住所地浙江省慈溪市周巷镇云城村。

法定代表人张平，董事长。

委托代理人朱黎光，北京金之桥知识产权代理有限公司专利代理人。

委托代理人林建军，北京金之桥知识产权代理有限公司专利代理人。

被告国家知识产权局专利复审委员会，住所地北京市海淀区北四环西路9号银谷大厦10~12层。

法定代表人廖涛，副主任。

委托代理人隋璐，国家知识产权局专利复审委员会审查员。

委托代理人耿博，国家知识产权局专利复审委员会审查员。

第三人徐建群，男，1954年11月2日出生，汉族，住浙江省慈溪县云城乡上庵东村上庵东。

委托代理人韩洪，杭州华鼎专利事务所专利代理人。

委托代理人潘慧，女，1973年2月2日出生，杭州华鼎专利事务所职员，住浙江省杭州市上城区未央村5号202室。

原告宁波超超电器有限公司（以下简称超超公司）不服被告国家知识产权局专利复审委员会（以下简称专利复审委员会）2007年3月27日作出的第9613号无效宣告请求审查决定（以下简称第9613号决定），于法定期限内向本院提起诉讼。本院于2007年7月4日受理本案后，依法组成合议庭，并通知徐建群作为第三人参加诉讼，于2007年9月25日公开开庭进行了审理。原告超超公司的委托代理人朱黎光，被告专利复审委员会的委托代理人隋璐、耿博，第三人徐建群的委托代理人韩洪、潘慧到庭参加了诉讼。本案现已审理终结。

第9613号决定系专利复审委员会针对超超公司就徐建群拥有的第200520038989.1号、名称为“一种工业电熨斗汽化锅”的实用新型专利（以下简称本专利）提起的无效宣告请求所作出。专利复审委员会在该决定中认定：

一、关于证据和现有技术

附件1~3的公开日期均在本专利的申请日前，可以作为本专利的现有技术使用。超超公司当庭放弃了附件4，故对附件4及其译文附件8不予考虑。超超公司在明确无效理由、证据、范围时并未使用附件5，同时在提出无效宣告请求之日起1个月内也未结合该证据具体说明，因此，对附件5不予考虑。

二、本专利是否符合《中华人民共和国专利法》（以下简称专利法）第二十六条第三款的规定

（1）从本专利的说明书及附图可以看出，窜动触头8包括触杆81、触盘82，触片61穿过开在后罩上的孔73并靠在窜动触头8的触盘82上，当汽化锅内的水被加热，其蒸汽压力上升到一定程度

时，蒸汽的压力会克服弹簧16的压力使蝶形弹片10产生瞬间的弹性变形，将窜动触头8向左推，由于微动开关的触片61靠在窜动触头8的触盘82上，从而窜动触头的左移带动触片61使之动作，切断发热盘电源，停止加热。

（2）从说明书及附图可以看出，后罩的内螺纹孔71外端安装调节螺塞14，通过调节螺塞14来调节弹簧16的压力大小用以控制锅内蒸汽压力大小。

（3）在加热设备中安装温控器是本领域的常规技术手段，而且从说明书可以看出，发热盘上设置有温控器，本领域技术人员可以根据具体的设计要求及应用条件来选择合适的方式将温控器与发热盘连接在一起，并且实现通过温控器对发热盘进行控制。

（4）泄压阀是本领域常规的技术手段，泄压阀安装在锅体顶部的具体方式可以有多种选择，本领域技术人员在其技术水平范围内可根据具体的设计要求及应用条件来选择合适的安装方式和安装位置，使其可操作地设置在锅体顶部。泄压阀的作用是排放蒸汽，直至锅内压力小于设定值。

（5）通过说明书文字部分并参考附图本领域普通技术人员可以清楚各部件之间的配合关系。

综上，本专利符合《专利法》第二十六条第三款的规定。

三、本专利权利要求1是否符合《专利法》第二十六条第四款的规定

本领域普通技术人员根据压力控制开关的作用及说明书公开的内容均可清楚地得知将压力控制开关安装在锅体侧壁的合适位置，因此权利要求1符合《专利法》第二十六条第四款的规定。

四、本专利权利要求1是否符合《中华人民共和国专利法实施细则》（以下简称《专利法实施细则》）第二十一条第二款的规定

上述决定理由中对压力控制开关安装的具体位置及温控器和发热盘之间的连接关系有详细论述，本专利权利要求1所保护的技术方案已经能够从整体上反映本实用新型的技术方案，记载了实现发明目的的全部必要技术特征。因此，权利要求1符合《专利法实施细则》第二十一条第二款的规定。

五、本专利权利要求1、2是否符合《专利法实施细则》第二十条第一款的规定

（1）本专利的说明书及附图可以看出，窜动触头8包括触杆81、触盘82，触片61穿过开在后罩上的孔73并靠在窜动触头8的触盘82上，当汽化锅内的水被加热其蒸汽压力上升到一定程度时，蒸汽的压力会克服弹簧16的压力使蝶形弹片10产生瞬间的弹性变形，将窜动触头8向左推，由于微动开关的触片61靠在窜动触头8的触盘82上，从而窜动触头的左移带动触片61使之动作，切断发热盘电源，停止加热。（2）超超公司在无效请求中认可利用温控器控制加热管进行加热是本领域的常规技术手段，同时说明书中已记载发热盘上设置有温控器。因此，权利要求1、2符合《专利法实施细则》第二十条第一款的规定。

六、关于本专利是否符合《专利法》第二十二条第三款的规定

（1）权利要求1的创造性。

权利要求1与附件1的区别在于：权利要求1要求保护固定于锅体底部带温控器的发热盘，安装在锅体侧壁上的压力控制开关。而附件1中没有公开温控器，压力控制器设置在锅体外。

附件1、2分别公开了压力控制器和温控器控制蒸汽发生装置的技术方案，同时利用温控器控制蒸汽发生装置的加热管加热也是本领域常用的技术手段，但使用压力控制器控制加热管加热或者利用温控器控制加热管加热这两种技术方案均是采用单一方式的控制构思，并未给出将两者结合起来进行双重控制的技术构思，此外，超超公司也没有证据表明这一点是本领域普通技术人员容易想到的，因此不能认定本领域普通技术人员据此能够将附件1、2的方案结合起来或附件1和公知常识结合起来得到权利要求1的技术方案。同时，权利要求1的技术方案具有压力控制开关直接控制蒸汽压力动作灵敏，同时温控器防止干烧的技术效果。

此外，权利要求1的压力控制开关安装在锅体侧壁，当汽化锅内的水被加热其蒸汽压力上升到一定程度时，蒸汽的压力会克服弹簧16的压力使蝶形弹片10产生瞬间的弹性变形，将窜动触头8向左推，从而带动触片61使之动作，切断发热盘电源，停止加热。而附件1的压力控制开关通过压力表安装在锅体外，其方案和本专利不同，效果也不如本专利好。

综上所述，权利要求1所要求保护的技术方案相对于附件1和附件2的结合或附件1和公知常识的结合具备实质性特点和进步，具备《专利法》第二十二条第三款规定的创造性。

（2）权利要求2、3是权利要求1的从属权利要求，由于附件3只是公开了一个压力控制开关的具体结构，并未给出将汽化锅中安装有带有温控器的加热管的情况下，再安装上压力控制开关的技术启示，因此，在权利要求1具备创造性的情况下，权利要求2、3也具备创造性。

基于上述理由，专利复审委员会作出第9613号决定，维持本专利权有效。

超超公司不服第9613号决定，依法向本院提起行政诉讼称：

一、第9613号决定漏审附件5违反法定程序

附件5是《实用新型专利检索报告》，该报告在附件1、2的基础上得出了本专利权利要求1不具备创造性的结论，原告在无效宣告请求书中对于附件5的使用已经进行了详细的说明，被告应当对该报告的观点进行考虑和评述，被告对附件5不予考虑违反法定程序。

二、第9613号决定认定本专利权利要求1具备创造性属于认定事实不清、适用法律错误

（1）从附件5可以看出，在《实用新型专利检索报告》中已经宣告本专利权利要求1不具备创造性。可见，权利要求1是不具备创造性的。

（2）附件1中已经给出了由压力控制器控制加热管的工作，使其蒸汽压力控制在一定范围内；同时，采用水位计自动控制加热管工作，防止发生干烧而烧毁加热管。故附件1已经给出了利用两种器件控制加热管进行加热的构思，而本领域普通技术人员利用公知常识将水位计替换成温控器是显而易见的。被告认定附件1给出一种单一的控制构思显然是错误的。附件2公开了一种用于蒸气熨斗的小型蒸气发生炉，其设置带有温控器W的加热管8。因此，在加热管设备中安装温控器的方案是本领域的公知常识。附件1与本专利压力控制开关的安装方式相同，至于是安装在侧壁还是侧壁弧形连接处，两者的最终效果是完全相同的，并无实质性的特点。通过被告在决定的第6页第3段中的描述可见被告也认为压力控制开关的安装位置是本领域普通技术人员所熟知的。因此，附件1公开了本专利权利要求1的所有技术特征，本领域的普通技术人员结合自身所掌握的普通常识，无须创造性劳动，即可再现本专利技术方案。

综上，被告将本领域已经公知的技术认定为有创造性是错误的。

三、第9613号决定认为本专利从属权利要求2、3具备创造性属于认定事实不清、适用法律错误

附件3公开的各个部件与本专利中的各个部件形状和结构完全相同。附件3公开的压力控制开关与本专利的权利要求2中的技术特征完全相同，因此，本专利的权利要求2、3不具备创造性。

四、说明书没有对本专利作出清楚、完整的说明

首先，本专利说明书未公开窜动触片8是如何控制微动开关6进行动作的。

其次，本专利的说明书中没有给出调节螺塞是如何对锅内压力大小进行调节的任何描述。

另外，本专利的说明书中没有给出温控器2与发热盘3是如何连接的，温控器2又是如何控制发热盘3工作的任何描述。同样，也没有给出泄压阀4是如何安装在锅体顶部的，其具体作用及如何实现其作用的详细说明。

同时，本专利的附图2给出了一个立体分解图，尽管同时又给出了图3和图4剖视图，但公告的图3和图4太小，无法从附图中清楚地看出本专利中各部件之间的配合关系。

五、本专利权利要求1得不到说明书的支持

本专利的权利要求1所限定的技术内容中涵盖了多种实施方式，例如，锅体的侧壁上安装有压力控制开关，这样的限定包含了多种方案，即在锅体的侧壁上部、中部、下部均可安装。而说明书并没有给出足够的实施例来支持，因此，本专利的权利要求1得不到说明书的支持。

六、本专利权利要求书1中缺少必要技术特征

本专利的权利要求1采用高度概括的方式，涵盖了多种实施方式，而这些实施例中有些是不能实现其发明目的的。例如，权利要求1中仅仅给出锅体的侧壁上安装有压力控制开关，而具体的安装位置并没有进行限定。如果将压力控制开关安装在锅体的侧壁底部，则无法实现本专利的最终发明目的。另外，带温控器的发热盘没有写出温控器与发热盘之间的连接关系。因此，本专利并没有对上述必要技术特征加以限定，缺少必要技术特征。

七、本专利权利要求2保护范围不清楚

根据本专利的权利要求2无从得知窜动触头8是如何控制微动开关的。另外，带温控器的发热盘没有写出温控器与发热盘之间的连接关系。本专利的权利要求2保护范围不清楚。

综上所述，被告认定事实不清、适用法律错误，请求法院撤销第9613号决定，判令被告重新作出无效宣告审查决定，并宣告本专利权无效。

被告专利复审委员会除坚持其在第9613号决定中的意见以外，进一步辩称：(1) 原告在口头审理过程中明确放弃附件4作为证据使用。在提出无效宣告请求之日起1个月内未结合附件5具体说明，在口头审理过程中也并未以附件5作为证据使用。且附件5为专利检索报告，仅起参考作用。因此，被告对附件4、5不予考虑符合法律规定，并未违反法定程序。(2) 原告在诉讼阶段提交的证据6至8未在无效程序中提交，属于新证据，不应用于评判第9613号决定是否合法。综上，第9613号决定认定事实清楚，适用法律正确，程序合法，原告的诉讼理由不能成立，请求法院驳回原告的诉讼请求，维持第9613号决定。

第三人徐建群未提交书面陈述意见，其在庭审中表示同意被告的答辩意见。

本院经审理查明：

本专利为2006年3月15日授权公告的、名称为“一种工业电熨斗汽化锅”的实用新型专利，其专利号为200520038989.1，申请日为2005年1月14日，专利权人为徐建群。本专利授权公告的权利要求书如下：

“1. 一种工业电熨斗汽化锅，包括锅体（1）、固定于锅体底部的带温控器（2）的发热盘（3），安装在锅体顶部的泄压阀（4），其特征在于：它还包括安装于锅体侧壁上的压力控制开关（5）。

2. 根据权利要求1所述工业电熨斗汽化锅，其特征在于：所述压力控制开关（5）包括微动开关（6）、后罩（7）、窜动触头（8）、压圈（9）、碟形弹片（10）、密封圈（11）、联接箍（12）、联接管（13）及弹簧（16），所述联接管（13）和后罩（7）通过联接箍（12）联接，联接管（13）安装于汽化锅锅体（1）上，所述后罩（7）内装有窜动触头（8），所述窜动触头（8）一端设有弹簧（16），另一端套在压圈（9）内，所述蝶形弹片（10）一面贴在压圈（9）上，另一面设有密封圈（11）并套在联接管（13）内，所述微动开关（6）安装在后罩（7）上，其触片（61）穿过开在外壳上的孔（73）并靠在窜动触头（8）上。

3. 根据权利要求2所述工业电熨斗汽化锅，其特征在于：所述压力控制开关后罩（7）端部还开有内螺纹孔（71），内螺纹孔外端安装调节螺塞（14），内端与所述圆管（72）连通。”

本专利说明书通过本专利的技术领域、背景技术、发明内容、附图说明、具体实施方式和说明书附图等几个方面对本专利进行了说明，其中包含有如下内容：

（1）“本实用新型提供了一种工业电熨斗汽化锅，该工业电熨斗可以直接通过锅内蒸汽压力作用来控制电源，有效保障锅内压力安全，且防干烧”（说明书第 1 页倒数第 8 行至倒数第 7 行）。

（2）“本实用新型提供的工业电熨斗汽化锅包括锅体 1、固定于锅体底部的带温控器 2 的发热盘 3，安装在锅体顶部的泄压阀 4 及安装于锅体 1 侧壁上部的压力控制开关 5”（说明书第 2 页倒数第 6 行至倒数第 4 行）。

（3）“采用上述技术方案，增加了直接通过锅内蒸汽压力作用来控制电源通断的压力控制开关，动作灵敏，而把温控器作为干烧的预防装置，只要压力控制开关与温控器二者之中任何一个环节动作，发热盘的电源都将被切断而停止加热，安全有效”（说明书第 2 页第 6 行至第 9 行）。

（4）“所述微动开关 6 安装在后罩 7 外壳底部，其触片 61 穿过开在后罩上的孔 7 3 并靠在窜动触头 8 的触盘 82 上”（说明书第 3 页第 8 行至第 9 行）”；“当汽化锅内的水被加热其蒸汽压力上升到一定程度时，其压力会克服弹簧 16 的压力使蝶形弹片 10 产生瞬间的弹性变形，将窜动触头 8 向左推，通过触杆 81 推动微动开关 6 的触片 61 使之动作，切断发热盘电源，停止加热”（说明书第 3 页第 11 行至第 14 行）。

（5）“所述后罩 7 底部开有一内螺纹孔 71，内螺纹孔 71 外端安装调节螺塞 14，内端与后罩 7 一体的内部圆管 72 连通，圆管 72 内装有包括触杆 81 和触盘 82 的窜动触头 8，该窜动触头的触杆 81 上穿有弹簧 16”（说明书第 2 页倒数第 1 行至第 3 页第 2 行）；“通过调节螺塞 14 来调节弹簧 1 6 的压力大小从而达到控制蒸汽压力大小的目的”（说明书第 3 页第 16 行至第 17 行）。

（6）“实际应用中一般都用压力开关控制整个蒸汽系统的工作压力，而用温控器控制防干烧”（说明书第 3 页倒数第 1 行至第 4 页第 1 行）。

此外，本专利说明书还给出了 4 幅附图，包括汽化锅的结构示意图、压力开关的爆炸图、压力开关结构示意图及其 I 处放大图。

2006 年 10 月 31 日，超超公司以本专利不符合《专利法》第二十二条第二款、第三款、第二十六条第三款、第四款，《专利法实施细则》第二十一条第二款、第二十条第一款的规定为由，向专利复审委员会提出无效宣告请求，并提交了附件 1~附件 6，其中：

附件 1：公告日为 1992 年 3 月 4 日、公告号为 CN2097955U 的中国实用新型专利申请说明书，共 7 页，其中公开了一种电热蒸气发生装置，该装置由发生釜、加热管、压力控制器、电控箱、安全排气阀、水位计组成。该说明书还记载有如下内容：“加入发生釜（1）内的水量可以从水位计（8）看出，由于水分不断蒸发而水位下降，当水量低于水位下限时，水位计（8）会自动将电控箱（4）内的加热电源切断，并同时响铃报警，保护加热管（2）不被烧毁”。

附件 2：授权公告日为 1996 年 1 月 10 日、授权公告号为 CN2217172Y（专利号为 94238938.7）的中国实用新型专利说明书，共 5 页，其中公开了一种带安全监控装置的小型蒸气发生炉，记载有如下内容：“为了避免电热管在水位下降后发生干烧而损坏，现有技术中采用了连通器式的外设玻璃管液位指示器或用继电器的液位控制器。前者容易被遗忘，后者则会因为电极被水垢绝缘而影响工作可靠性……本实用新型的目的在于提供一种带安全监控装置的小型蒸汽发生炉，它可以防止电热管因干烧而损坏；另外具有低水位显示报警作用……本实用新型优点在于它利用了电热管在水面以上工作时的高温传导使温控器工作，切断其通路，同时导通显示或报警电路，从而达到炉子低水位自动显示、报警，防止电热管因干烧而损坏的目的。”

附件 5：国家知识产权局针对本专利作出的《实用新型专利检索报告》复印件，共 4 页。

在《专利权无效宣告请求书》中，超超公司关于附件 5 的使用进行了如下陈述：“另外，通过专利权人自己所作的实用新型专利检索报告中，也可以清楚看出，本案专利的权利要求 1 是不具备创造性的（参见附件 5）”。

2006 年 11 月 27 日，超超公司向专利复审委员会提出了补充陈述意见，理由是本专利权利要求 2、3 不符合《专利法》第二十二条第二款、第三款有关新颖性、创造性的规定，并提交了附件 7、附件 8。

2007 年 3 月 20 日，专利复审委员会举行了口头审理，超超公司表示放弃本专利不符合《专利法》第二十二条第二款的无效理由，并明确其无效理由为：本专利不符合《专利法》第二十六条第三款、权利要求 1 不符合《专利法》第二十六条第四款、权利要求 1、2 不符合《专利法实施细则》第二十条第一款、权利要求 1 不符合《专利法实施细则》第二十一条第二款、权利要求 1、2、3 不符合《专利法》第二十二条第三款。超超公司表示放弃附件 4 作为证据使用。徐建群对附件 1、2、3 的真实性无异议，对附件 3 的中文译文附件 7 的准确性无异议。

2007 年 3 月 27 日，专利复审委员会作出第 9613 号决定。

在本案审理过程中，原告提交证据 6~8 证明采用压力控制开关和温控器同时控制蒸气发生器工作属于公知常识，但证据 6~8 均未在行政程序中提交。

上述事实有本专利授权公告说明书、第 9613 号决定、附件 1、附件 2、附件 5、《专利权无效宣告请求书》、口头审理记录及当事人陈述等证据在案佐证。

本院认为：

一、原告未在无效程序中提交而在本案诉讼过程中新提交的证据应否予以考虑

按照《中华人民共和国行政诉讼法》第五条的规定，人民法院审理行政案件，对具体行政行为的合法性进行审查。本案为原告不服被告作出的第 9613 号决定提起的行政诉讼，故本院应当就被告作出该决定是否具备事实和法律依据进行审查。

原告作为行政程序中的无效请求人，有义务就其主张提供证据。原告在行政程序中无正当理由未提交而在本案诉讼过程中提供的证据，因不是被告作出第 9613 号决定的依据，不应作为本院审查被告作出该决定是否具备合法性的事实根据，本院对原告在诉讼过程中新提交的证据 6~8 不予考虑。

二、被告在第 9613 号决定中未对附件 5 予以考虑是否违反法定程序

首先，附件 5 系国家知识产权局出具的专利检索报告，该报告是专利有效性的初步证据，不是行政裁决，对被告没有法律约束力。因此，该报告对于本专利是否具备创造性的评判结果不能用于约束被告的具体行政行为。其次，原告在其提交给被告的《专利权无效宣告请求书》中亦仅将该证据用作本专利不具备创造性的参考，并无其他证据作用。因此，被告在第 9613 号决定中未对附件 5 予以评述并未违反法律规定，原告关于被告漏审附件 5 违反法定程序的主张缺乏事实和法律依据，本院不予支持。

三、本专利是否符合《专利法》第二十六条第三款的规定

《专利法》第二十六条第三款规定，说明书应当对发明或者实用新型作出清楚、完整的说明，以所属技术领域的技术人员能够实现为准。根据该款规定，说明书对于发明或者实用新型的说明，应当使所属技术领域的技术人员按照说明书记载的内容，不需要创造性的劳动，就能够再现该发明或者实用新型的技术方案，解决其技术问题，并且产生预期的技术效果。

1. 关于窜动触头 8 如何控制微动开关 6

本专利说明书对窜动触头 8 和微动开关 6 的结构及连接关系进行了说明，并且对窜动触头如何带动微动开关以切断发热盘电源，停止加热亦有具体描述。因此，说明书公开了窜动触头 8 如何控制微动开关 6。

2. 关于调节螺塞如何对锅内压力大小进行调节

根据本专利说明书的记载可知，后罩的内螺纹孔 71 外端安装调节螺塞 14，通过调节螺塞 14 来调

节弹簧16的压力大小可以控制锅内蒸汽压力大小。因此，说明书公开了调节螺塞如何对锅内压力大小进行调节。

3. 关于温控器与发热盘的连接关系及如何控制发热盘工作

从说明书的记载可以看出，发热盘上设置有温控器。由于在加热设备中安装温控器是本领域的常规技术手段，因而温控器与发热盘的连接方式和温控器如何控制发热盘工作作为本领域中公知常识性技术未在说明书中详细记载并不会影响本领域技术人员再现本专利技术方案。

4. 关于泄压阀的安装方式、作用和工作原理

泄压阀是本领域常规的技术手段，其作用是排放蒸汽直至锅内压力小于设定值。要实现泄压阀安装在锅体顶部，本领域技术人员在其技术水平范围内可根据具体的设计要求及应用条件来选择合适的安装方式和安装位置，实现本专利技术方案。

5. 本专利中各部件之间的配合关系

通过说明书文字部分记载并参考说明书附图，本领域技术人员能够清楚了解本专利各部件之间的配合关系，因此，本专利说明书对各部件之间的配合关系作出了清楚完整的说明。

综上所述，本领域技术人员根据说明书中所记载的内容能够再现本专利的技术方案，解决其技术问题，并且产生预期的技术效果。原告关于本专利不符合《专利法》第二十六条第三款的主张不能成立，本院不予支持。

四、关于权利要求1是否符合《专利法》第二十六条第四款的规定

《专利法》第二十六条第四款规定，权利要求书应当以说明书为依据，说明要求专利保护的范围。

本专利权利要求1限定了压力控制开关安装在锅体侧壁上，这一技术特征在本专利说明书及说明书附图中有明确记载。虽然说明书未就锅体侧壁的具体安装位置给出多个实施例，但根据压力控制开关的作用及说明书公开的内容，本领域技术人员能够得知压力控制开关在锅体侧壁上的合适位置，即本领域技术人员能够从说明书中所公开的内容直接得到或概括得出权利要求1的技术方案，因此，权利要求1符合《专利法》第二十六条第四款的规定。

五、关于权利要求1是否符合《专利法实施细则》第二十一条第二款的规定

《专利法实施细则》第二十一条第二款规定，独立权利要求应当从整体上反映发明或者实用新型的技术方案，记载解决技术问题的必要技术特征。

由于在加热设备中安装温控器是本领域的常规技术手段，本领域技术人员根据本专利权利要求书和说明书记载的内容可以对温控器与发热盘的连接关系进行常规选择。同时，如前所述，根据压力控制开关的作用及说明书公开的内容，本领域技术人员能够得知压力控制开关在锅体侧壁上的合适位置。因此，权利要求1未具体限定压力控制开关在锅体侧壁的安装位置和温控器与发热盘的连接关系并不会导致权利要求1记载的技术方案不能实现其发明目的，权利要求1并不缺少必要技术特征，符合《专利法实施细则》第二十一条第二款的规定。

六、关于权利要求2是否符合《专利法实施细则》第二十条第一款的规定

《专利法实施细则》第二十条第一款规定，权利要求书应当说明发明或者实用新型的技术特征，清楚、简要地表述请求保护的范围。

首先，权利要求2对窜动触头8和微动开关6的结构及连接关系进行了限定，说明书中对窜动触头如何带动微动开关以切断发热盘电源，停止加热亦有具体描述，根据说明书的记载可理解窜动触头如何控制微动开关。其次，如前所述，利用温控器控制加热管进行加热是本领域的常规技术手段，权利要求2未具体限定温控器与发热盘之间的连接关系并不会导致权利要求2的技术方案不清楚。因

此，权利要求 2 说明了本专利的技术特征，清楚地表述了请求保护的范围，符合《专利法实施细则》第二十条第一款的规定。

七、关于本专利是否符合《专利法》第二十二条第三款的规定

《专利法》第二十二条第三款规定的创造性是指，同申请日以前已有的技术相比，该发明有突出的实质性特点和显著的进步，该实用新型有实质性特点和进步。如果本专利要求保护的技术方案与现有技术相比存在区别技术特征，并且现有技术中没有给出采用该区别技术特征以解决本专利技术问题的技术启示，同时该区别特征可以带来有益的技术效果，则本专利所要保护的技术方案具有实质性特点和进步，符合专利法第二十二条第三款有关创造性的规定。

附件 1 公开了一种电热蒸汽发生装置，该装置同时具有压力控制器和水位计，其中压力控制器用于控制发生装置的压力，水位计用于防止加热管干烧。本专利权利要求 1 与附件 1 的区别在于：1. 本专利用温控器控制干烧，附件 1 用水位计控制干烧；2. 本专利压力控制开关的位置限定在锅体侧壁上，附件 1 的压力控制开关设置在锅体顶部与侧壁的圆弧连接处。

附件 2 公开了一种带安全监控装置的小型蒸气发生炉，该装置利用温控器控制加热管，可以防止电热管因干烧而损坏。该装置用温控器替代连通器式的外设玻璃管液位指示器或继电器的液位控制器，以解决前者容易被遗忘，后者因电极被水垢绝缘而影响工作可靠性的缺陷。由附件 2 公开的内容可知，其给出了用温控器替代水位计控制加热管加热的明确教导。在附件 1 和附件 2 结合的基础上，本领域技术人员无须付出创造性劳动即可得到将温控器和压力控制器集中于同一蒸汽发生装置的技术方案。虽然本专利与附件 1 在压力控制开关的设置位置上存在差异，但根据说明书中有关压力控制开关作用的描述，其位置设定在锅体侧壁还是锅体顶部与侧壁的圆弧连接处并没有实质性区别，亦未使本专利的技术效果优于附件 1。被告认定附件 1 的压力控制器设置在锅体外。但因附件 1 的附图为示意图，不能仅以该图中压力控制器与锅体之间以一连接管进行连接即认定压力控制器设置在锅体外。由于压力控制器用于控制锅体压力，对于本领域技术人员而言，要保证压力控制器的工作灵敏、可靠，应当尽可能减少控制器与锅体的连接路径。因此，压力控制器设置在锅体壁上是显而易见的。

综上，在附件 1 结合附件 2 的基础上，本领域技术人员不需要进行创造性劳动即可得到权利要求 1 记载的技术方案，本专利权利要求 1 不具备实质性特点和进步，不具备《专利法》第二十二条第三款有关创造性的规定。被告认定权利要求 1 具备创造性没有事实和法律依据，其基于此作出的第 9613 号决定应予撤销。由于被告认定权利要求 2、3 具备创造性系在权利要求 1 具备创造性的基础上作出的，并未就权利要求 2、3 进一步限定的技术特征进行评述，因此，其对权利要求 2、3 具备创造性的认定亦没有事实和法律依据，本院亦不予支持。

综上所述，由于第 9613 号决定对本专利权利要求 1 的创造性的认定错误，故导致第 9613 号决定错误，应当依法予以撤销。原告的部分起诉理由成立，其关于撤销第 9613 号决定的诉讼请求本院予以支持。被告应当在权利要求 1 不具备创造性的基础上，针对原告的无效理由，就本专利权利要求 2、3 是否具备创造性重新进行审查并作出无效宣告请求审查决定。依照《中华人民共和国行政诉讼法》第五十四条第（二）项第 1 目、第 2 目之规定，本院判决如下：

（1）撤销被告国家知识产权局专利复审委员会作出的第 9613 号无效宣告请求审查决定；

（2）被告国家知识产权局专利复审委员会就第 200520038989.1 号“一种工业电熨斗汽化锅”实用新型专利重新作出无效宣告请求审查决定。

案件受理费 100 元，由被告国家知识产权局专利复审委员会负担（于本判决生效之日起 7 日内交纳）。

如不服本判决，各方当事人可在本判决送达之日起15日内，向本院递交上诉状及副本，并交纳上诉案件受理费100元，上诉于北京市高级人民法院。上诉期满后7日内未交纳上诉案件受理费的，按自动撤回上诉处理。

审　判　长　姜　颖
审　判　员　苏　杭
代理审判员　芮松艳
二〇〇七年十二月十日
书　记　员　王　晫

# 北京市高级人民法院
# 行政判决书

（2008）高行终字第58号

上诉人（原审第三人）徐建群，男，汉族，1954年11月2日出生，住浙江省慈溪县云城乡上庵东村上庵东。

委托代理人韩洪，男，汉族，1980年1月29日出生，杭州华鼎专利事务所专利代理人，住江苏省东台市东台镇永康路58号。

被上诉人（原审被告）国家知识产权局专利复审委员会，住所地北京市海淀区北四环西路9号银谷大厦10~12层。

法定代表人廖涛，副主任。

委托代理人隋璐，该委员会审查员。

委托代理人杨存吉，该委员会审查员。

原审原告宁波超超电器有限公司，住所地浙江省慈溪市周巷镇云城村。

法定代表人张平，董事长。

委托代理人朱黎光，男，汉族，1961年12月26日出生，北京金之桥知识产权代理有限公司专利代理人，住北京市海淀区复兴路甲49号院2楼4单元306。

委托代理人林建军，男，汉族，1963年10月9日出生，北京金之桥知识产权代理有限公司专利代理人，住北京市海淀区双榆树知春路49号院A座108号。

上诉人徐建群因实用新型专利权无效行政纠纷一案，不服北京市第一中级人民法院（2007）一中行初字第928号行政判决，向本院提出上诉。本院2008年2月13日受理本案后，依法组成合议庭，于2008年3月10日公开开庭进行了审理。上诉人徐建群的委托代理人韩洪，被上诉人国家知识产权局专利复审委员会（以下简称专利复审委员会）的委托代理人隋璐、杨存吉，宁波超超电器有限公司（以下简称超超公司）的法定代表人张平及其委托代理人朱黎光到庭参加了诉讼。本案现已审理终结。

北京市第一中级人民法院认定，徐建群是200520038989.1号“一种工业电熨斗汽化锅”实用新型专利（以下简称本专利）的专利权人。2006年10月31日，超超公司针对本专利权向专利复审委员会提出无效宣告请求。2007年3月27日，专利复审委员会作出第9613号无效宣告请求审查决定（以下简称第9613号决定），维持本专利权有效。

北京市第一中级人民法院认为，徐建群在行政程序中无正当理由未提交而在本案诉讼过程中提供的证据，不是专利复审委员会做出第9613号决定的依据，不应作为法院审查专利复审委员会做出该决定是否具备合法性的事实根据，故对徐建群在诉讼过程中新提交的证据6~8不予考虑。国家知识产权局出具的专利检索报告不是行政裁决，对专利复审委员会没有法律约束力，该委在第9613号决定中未对该报告予以评述并未违反法律规定。本领域技术人员根据说明书中所记载的内容能够再现本专利的技术方案，解决其技术问题，并且产生预期的技术效果，超超公司关于本专利不符合《专利法》第二十六条第三款的主张不能成立。本领域技术人员能够从说明书中所公开的内容直接得到或概括得出权利要求1的技术方案，因此，本专利权利要求1符合《专利法》第二十六条第四款的规定。本专利权利要求1未具体限定压力控制开关在锅体侧壁的安装位置和温控器与发热盘的连接关系并不会导致本专利权利要求1记载的技术方案不能实现其发明目的，因此，本专利权利要求1并不缺少必要技术特征，符合《专利法实施细则》第二十一条第二款的规定。本专利权利要求2说明了本专利的技术特征，清楚地表述了请求保护的范围，符合专利法实施细则第二十条第一款的规定。本专利权利要求1与附件1存在2个区别技术特征。由附件2公开的内容可知，其给出了用温控器替代水位计控制加热管加热的明确教导。在附件1和附件2结合的基础上，本领域技术人员无须付出创造性劳动即可得到将温控器和压力控制器集中于同一蒸汽发生装置的技术方案。本领域技术人员不需要进行创造性劳动即可得到本专利权利要求1记载的技术方案，本专利权利要求1不具备创造性。由于第9613号决定对本专利权利要求1的创造性的认定错误，故导致第9613号决定错误，应当依法予以撤销。专利复审委员会应当在权利要求1不具备创造性的基础上，针对徐建群的无效理由，就本专利权利要求2、3是否具备创造性重新进行审查并做出无效宣告请求审查决定。

北京市第一中级人民法院依照《中华人民共和国行政诉讼法》第五十四条第（二）项第1目、第2目之规定，判决：(1) 撤销专利复审委员会做出的第9613号决定；(2) 专利复审委员会针对本专利重新做出无效宣告请求审查决定。徐建群不服原审判决，向本院提出上诉，请求撤销原审判决，维持第9613号决定。其理由是：本专利权利要求1与附件1存在4个区别技术特征，即：①加热装置不同；②压力控制开关的设置位置不同；③“双保险”结构不同；④压力控制手段不同。一审法院只认定了存在第2、3个区别是错误的。本专利区别特征2减小了整个设备的体积，缩短整个设备的反应时间；区别特征3克服了技术偏见，完全不同于附件1中的水位计，也不是水位计的简单替换。本专利权利要求1中的发热盘不同于附件1中的加热管；压力控制开关与附件1中的压力控制器的结构也是不同的。附件1结合附件2，本领域技术人员也不能得出本专利权利要求1的技术方案。因此，本专利权利要求1具备创造性，其从属权利要求2、3也具备创造性。专利复审委员会、超超公司服从原审判决。

经审理查明，本专利为2006年3月15日授权公告的、名称为“一种工业电熨斗汽化锅”的实用新型专利，其专利号为200520038989.1，申请日为2005年1月14日，专利权人为徐建群。本专利授权公告的权利要求书如下：

“1. 一种工业电熨斗汽化锅，包括锅体（1）、固定于锅体底部的带温控器（2）的发热盘（3），安装在锅体顶部的泄压阀（4），其特征在于：它还包括安装于锅体侧壁上的压力控制开关（5）。

2. 根据权利要求1所述工业电熨斗汽化锅，其特征在于：所述压力控制开关（5）包括微动开关（6）、后罩（7）、窜动触头（8）、压圈（9）、蝶形弹片（10）、密封圈（11）、联接箍（12）、联接管（13）及弹簧（16），所述联接管（13）和后罩（7）通过联接箍（12）联接，联接管（13）安装于汽化锅锅体（1）上，所述后罩（7）内装有窜动触头（8），所述窜动触头（8）一端设有弹簧（16），另一端套在压圈（9）内，所述蝶形弹片（10）一面贴在压圈（9）上，另一面设有密封圈

（11）并套在联接管（13）内，所述微动开关（6）安装在后罩（7）上，其触片（61）穿过开在外壳上的孔（73）并靠在窜动触头（8）上。

3. 根据权利要求 2 所述工业电熨斗汽化锅，其特征在于：所述压力控制开关后罩（7）端部还开有内螺纹孔（71），内螺纹孔外端安装调节螺塞（14），内端与所述圆管（72）连通。”

本专利说明书通过本专利的技术领域、背景技术、发明内容、附图说明、具体实施方式和说明书附图等几个方面对本专利进行了说明，其中包含有如下内容：

（1）“本实用新型提供了一种工业电熨斗汽化锅，该工业电熨斗可以直接通过锅内蒸汽压力作用来控制电源，有效保障锅内压力安全，且防干烧”（说明书第 1 页倒数第 8 行至倒数第 7 行）。

（2）“本实用新型提供的工业电熨斗汽化锅包括锅体 1、固定于锅体底部的带温控器 2 的发热盘 3，安装在锅体顶部的泄压阀 4 及安装于锅体 1 侧壁上部的压力控制开关 5”（说明书第 2 页倒数第 6 行至倒数第 4 行）。

（3）“采用上述技术方案，增加了直接通过锅内蒸汽压力作用来控制电源通断的压力控制开关，动作灵敏，而把温控器作为干烧的预防装置，只要压力控制开关与温控器二者之中任何一个环节动作，发热盘的电源都将被切断而停止加热，安全有效”（说明书第 2 页第 6 行至第 9 行）。

（4）“所述微动开关 6 安装在后罩 7 外壳底部，其触片 61 穿过开在后罩上的孔 73 并靠在窜动触头 8 的触盘 82 上”（说明书第 3 页第 8 行至第 9 行）”；“当汽化锅内的水被加热其蒸汽压力上升到一定程度时，其压力会克服弹簧 16 的压力使蝶形弹片 10 产生瞬间的弹性变形，将窜动触头 8 向左推，通过触杆 81 推动微动开关 6 的触片 61 使之动作，切断发热盘电源，停止加热”（说明书第 3 页第 11 行至第 14 行）。

（5）“所述后罩 7 底部开有一内螺纹孔 71，内螺纹孔 71 外端安装调节螺塞 14，内端与后罩 7 一体的内部圆管 72 连通，圆管 72 内装有包括触杆 81 和触盘 82 的窜动触头 8，该窜动触头的触杆 81 上穿有弹簧 16”（说明书第 2 页倒数第 1 行至第 3 页第 2 行）；“通过调节螺塞 14 来调节弹簧 16 的压力大小从而达到控制蒸汽压力大小的目的”（说明书第 3 页第 16 行至第 17 行）。

（6）“实际应用中一般都用压力开关控制整个蒸汽系统的工作压力，而用温控器控制防干烧”（说明书第 3 页倒数第 1 行至第 4 页第 1 行）。

此外，本专利说明书还给出了 4 幅附图，包括汽化锅的结构示意图、压力开关的爆炸图、压力开关结构示意图及其 I 处放大图。

2006 年 10 月 31 日，超超公司以本专利不符合《专利法》第二十二条第二款、第三款、第二十六条第三款、第四款，《专利法实施细则》第二十一条第二款、第二十条第一款的规定为由，向专利复审委员会提出无效宣告请求，并提交了附件 1～附件 6，其中：

附件 1：公告日为 1992 年 3 月 4 日、公告号为 CN2097955U 的中国实用新型专利申请说明书，共 7 页，其中公开了一种电热蒸气发生装置，该装置由发生釜、加热管、压力控制器、电控箱、安全排气阀、水位计组成。该说明书还记载有如下内容：“加入发生釜（1）内的水量可以从水位计（8）看出，由于水分不断蒸发而水位下降，当水量低于水位下限时，水位计（8）会自动将电控箱（4）内的加热电源切断，并同时响铃报警，保护加热管（2）不被烧毁”。

附件 2：授权公告日为 1996 年 1 月 10 日、授权公告号为 CN2217172Y（专利号为 94238938.7）的中国实用新型专利说明书，共 5 页，其中公开了一种带安全监控装置的小型蒸气发生炉，记载有如下内容：“为了避免电热管在水位下降后发生干烧而损坏，现有技术中采用了连通器式的外设玻璃管液位指示器或用继电器的液位控制器。前者容易被遗忘，后者则会因为电极被水垢绝缘而影响工作可靠性……本实用新型的目的在于提供一种带安全监控装置的小型蒸汽发生炉，它可以防止电热管因干烧而损坏；另外具有低水位显示报警作用……本实用新型优点在于它利用了电热管在水面以上工作时的高温传导使温控器工作，切断其通路，同时导通显示或报警电路，从而达到炉子低水位自动显示、报警，防止电热管因干烧而损坏的目的。”

附件5：国家知识产权局针对本专利作出的《实用新型专利检索报告》复印件，共4页。

在《专利权无效宣告请求书》中，超超公司就附件5进行了如下陈述：“另外，通过专利权人自己所作的实用新型专利检索报告中，也可以清楚看出，本案专利的权利要求1是不具备创造性的（参见附件5）”。

2006年11月27日，超超公司向专利复审委员会提出了补充陈述意见，理由是本专利权利要求2、3不符合《专利法》第二十二条第二款、第三款有关新颖性、创造性的规定，并提交了附件7、附件8。

2007年3月20日，专利复审委员会举行了口头审理，超超公司表示放弃本专利不符合《专利法》第二十二条第二款的无效理由，并明确其无效理由为：本专利不符合《专利法》第二十六条第三款、权利要求1不符合《专利法》第二十六条第四款、权利要求1、2不符合《专利法实施细则》第二十条第一款、权利要求1不符合《专利法实施细则》第二十一条第二款、权利要求1、2、3不符合《专利法》第二十二条第三款。超超公司表示放弃附件4作为证据使用。徐建群对附件1、2、3的真实性无异议，对附件3的中文译文附件7的准确性无异议。

2007年3月27日，专利复审委员会作出第9613号决定，维持本专利权有效。该决定认为：

一、关于证据和现有技术

附件1~3的公开日期均在本专利的申请日前，可以作为本专利的现有技术使用。超超公司当庭放弃了附件4，故对附件4及其译文附件8不予考虑。超超公司在明确无效理由、证据、范围时并未使用附件5，同时在提出无效宣告请求之日起1个月内也未结合该证据具体说明，因此，对附件5不予考虑。

二、本专利是否符合《专利法》第二十六条第三款的规定

（1）从本专利的说明书及附图可以看出，窜动触头8包括触杆81、触盘82，触片61穿过开在后罩上的孔73并靠在窜动触头8的触盘82上，当汽化锅内的水被加热，其蒸汽压力上升到一定程度时，蒸汽的压力会克服弹簧16的压力使蝶形弹片10产生瞬间的弹性变形，将窜动触头8向左推，由于微动开关的触片61靠在窜动触头8的触盘82上，从而窜动触头的左移带动触片61使之动作，切断发热盘电源，停止加热。

（2）从说明书及附图可以看出，后罩的内螺纹孔71外端安装调节螺塞14，通过调节螺塞14来调节弹簧16的压力大小用以控制锅内蒸汽压力大小。

（3）在加热设备中安装温控器是本领域的常规技术手段，而且从说明书可以看出，发热盘上设置有温控器，本领域技术人员可以根据具体的设计要求及应用条件来选择合适的方式将温控器与发热盘连接在一起，并且实现通过温控器对发热盘进行控制。

（4）泄压阀是本领域常规的技术手段，泄压阀安装在锅体顶部的具体方式可以有多种选择，本领域技术人员在其技术水平范围内可根据具体的设计要求及应用条件来选择合适的安装方式和安装位置，使其可操作地设置在锅体顶部。泄压阀的作用是排放蒸汽，直至锅内压力小于设定值。

（5）通过说明书文字部分并参考附图本领域普通技术人员可以清楚各部件之间的配合关系。

综上，本专利符合《专利法》第二十六条第三款的规定。

三、本专利权利要求1是否符合《专利法》第二十六条第四款的规定

本领域普通技术人员根据压力控制开关的作用及说明书公开的内容均可清楚地得知将压力控制开关安装在锅体侧壁的合适位置，因此权利要求1符合《专利法》第二十六条第四款的规定。

四、本专利权利要求 1 是否符合《专利法》实施细则第二十一条第二款的规定

上述决定理由中对压力控制开关安装的具体位置及温控器和发热盘之间的连接关系有详细论述，本专利权利要求 1 所保护的技术方案已经能够从整体上反映本实用新型的技术方案，记载了实现发明目的的全部必要技术特征。因此，权利要求 1 符合专利法实施细则第二十一条第二款的规定。

五、本专利权利要求 1、2 是否符合《专利法实施细则》第二十条第一款的规定

（1）本专利的说明书及附图可以看出，窜动触头 8 包括触杆 81、触盘 82，触片 61 穿过开在后罩上的孔 73 并靠在窜动触头 8 的触盘 82 上，当汽化锅内的水被加热，其蒸汽压力上升到一定程度时，蒸汽的压力会克服弹簧 16 的压力使蝶形弹片 10 产生瞬间的弹性变形，将窜动触头 8 向左推，由于微动开关的触片 61 靠在窜动触头 8 的触盘 82 上，从而窜动触头的左移带动触片 61 使之动作，切断发热盘电源，停止加热。（2）超超公司在无效请求中认可利用温控器控制加热管进行加热是本领域的常规技术手段，同时说明书中已记载发热盘上设置有温控器。因此，权利要求 1、2 符合《专利法实施细则》第二十条第一款的规定。

六、关于本专利是否符合《专利法》第二十二条第三款的规定

（1）权利要求 1 的创造性

权利要求 1 与附件 1 的区别在于：权利要求 1 要求保护固定于锅体底部带温控器的发热盘，安装在锅体侧壁上的压力控制开关。而附件 1 中没有公开温控器，压力控制器设置在锅体外。

附件 1、2 分别公开了压力控制器和温控器控制蒸汽发生装置的技术方案，同时利用温控器控制蒸汽发生装置的加热管加热也是本领域常用的技术手段，但使用压力控制器控制加热管加热或者利用温控器控制加热管加热这两种技术方案均是采用单一方式的控制构思，并未给出将两者结合起来进行双重控制的技术构思，此外，超超公司也没有证据表明这一点是本领域普通技术人员容易想到的，因此不能认定本领域普通技术人员据此能够将附件 1、2 的方案结合起来或附件 1 和公知常识结合起来得到权利要求 1 的技术方案。同时，权利要求 1 的技术方案具有压力控制开关直接控制蒸汽压力动作灵敏，同时温控器防止干烧的技术效果。

此外，权利要求 1 的压力控制开关安装在锅体侧壁，当汽化锅内的水被加热，其蒸汽压力上升到一定程度时，蒸汽的压力会克服弹簧 16 的压力使蝶形弹片 10 产生瞬间的弹性变形，将窜动触头 8 向左推，从而带动触片 61 使之动作，切断发热盘电源，停止加热。而附件 1 的压力控制开关通过压力表安装在锅体外，其方案和本专利不同，效果也不如本专利好。

综上所述，权利要求 1 所要求保护的技术方案相对于附件 1 和附件 2 的结合或附件 1 和公知常识的结合具备实质性特点和进步，具备《专利法》第二十二条第三款规定的创造性。

（2）权利要求 2、3 是权利要求 1 的从属权利要求，由于附件 3 只是公开了一个压力控制开关的具体结构，并未给出将汽化锅中安装有带有温控器的加热管的情况下，再安装上压力控制开关的技术启示，因此，在权利要求 1 具备创造性的情况下，权利要求 2、3 也具备创造性。

基于上述理由，专利复审委员会做出第 9613 号决定，维持本专利权有效。

在本院 2008 年 3 月 10 日公开开庭审理本案过程中，专利复审委员会主张压力控制器与压力控制开关的作用是一样的，压力控制器是压力控制开关的上位概念。徐建群对专利复审委员会的上述主张予以认可。

上述事实有本专利授权公告说明书、第 9613 号决定、附件 1、附件 2、附件 5、《专利权无效宣告请求书》、口头审理记录及当事人陈述等证据在案佐证。

本院认为，实用新型的创造性是指，同申请日以前已有的技术相比，该实用新型有实质性特点和进步。

附件1公开了一种电热蒸汽发生装置，该装置同时具有压力控制器和水位计，其中压力控制器用于控制发生装置的压力，水位计用于防止加热管干烧。专利复审委员会在第9613号决定中认定本专利权利要求1与附件1相比，有两个区别技术特征：1. 本专利用温控器控制干烧，附件1用水位计控制干烧；2. 本专利压力控制开关的位置限定在锅体侧壁上，附件1的压力控制开关设置在锅体顶部与侧壁的圆弧连接处。对以上区别技术特征的存在，徐建群予以认可。

关于区别技术特征1，由于附件2公开了一种带安全监控装置的小型蒸气发生炉，该装置利用温控器控制加热管，可以防止电热管因干烧而损坏。该装置用温控器替代连通器式的外设玻璃管液位指示器或继电器的液位控制器，以解决前者容易被遗忘，后者因电极被水垢绝缘而影响工作可靠性的缺陷。因此，附件2给出了用温控器替代水位计控制加热管加热的明确教导。徐建群将温控器与压力控制装置结合并不存在克服技术偏见的情形。故将附件1与附件2结合，本领域技术人员无须付出创造性劳动即可得到将温控器和压力控制器集中于同一蒸汽发生装置的技术方案，即徐建群所称本专利权利要求1的双保险结构。

关于区别技术特征2，附件1的附图中公开了压力控制器设置在锅体外，与锅体之间有一连接管，而本专利权利要求1中的压力控制开关也必须设置在锅体的外部，且由连接装置与锅体连接，看不出本专利的技术方案有优于附件1的技术效果。

徐建群还主张本专利权利要求1与附件1相比，还存在另外两个区别技术特征。关于加热盘与加热管的区别，专利复审委员会在第9613号决定中认定不存在实质性不同，不作为区别技术特征考虑，对此，徐建群并未对第9613号决定提出异议，因此，在诉讼程序中不应予以考虑；关于压力控制器与压力控制开关的区别，徐建群主张本专利权利要求1中的压力控制开关的结构不同于附件1中的压力控制器，而权利要求1中没有对压力控制开关的具体结构进行限定，本专利说明书中也未对压力控制开关做出说明，且徐建群也认可压力控制器于压力控制开关的作用是相同的，因此，该区别技术特征也不存在。故徐建群上诉称本专利权利要求1与附件1还存在另外两个区别技术特征的主张不能成立。

综上，本领域技术人员将附件1与附件2结合，不需要进行创造性劳动即可得到权利要求1记载的技术方案，因此，本专利权利要求1不具备实质性特点和进步，不具备创造性，徐建群的上诉理由不能成立。原审判决认定事实清楚，适用法律正确，应予维持。依照《中华人民共和国行政诉讼法》第六十一条第（一）项之规定，判决如下：

驳回上诉，维持原判。

一审案件受理费100元，由国家知识产权局专利复审委员会负担（于本判决生效之日起7日内交纳）；二审案件受理费100元，由徐建群负担（已交纳）。

本判决为终审判决。

审　判　长　刘　辉
代理审判员　岑宏宇
代理审判员　张冬梅
二〇〇八年三月十八日
书　记　员　陈　明
书　记　员　耿巍巍

075

# 子母式集中排气管

## 无效宣告请求审查决定（第 9614 号）

**决　　定　　号**　第 9614 号
**决　　定　　日**　2007 年 3 月 22 日
**发明创造名称**　子母式集中排气管
**国 际 分 类 号**　E04F 17/02
**无效宣告请求人**　上海同汇混凝土制品有限公司
**专 利 权 人**　赫嘉琪
**专　　利　　号**　02280176.6
**申　　请　　日**　2002 年 12 月 4 日
**授 权 公 告 日**　2004 年 1 月 28 日
**合 议 组 组 长**　朱文广
**主　　审　　员**　齐宏涛
**参　　审　　员**　刘瑞斌

**法 律 依 据**　专利法第 22 条第 2 款
**决 定 要 点**

通常情况下，标准图集都属于专利法意义上的公开出版物。在这种情况下，专利权人对请求人提交的标准图集的真实性有异议，其应当承担提出相应证据以证明其主张的责任。

### 一、案由

本无效宣告请求涉及中华人民共和国国家知识产权局于 2004 年 1 月 28 日授权公告的、名称为“子母式集中排气管”的实用新型专利权（以下简称本专利），其专利号是 02280176.6，申请日是 2002 年 12 月 4 日，专利权人是郝嘉琪。本专利授权公告时的权利要求书如下：

“子母式集中排气管，包括母烟道 1、上子烟道 2、下子烟道 3、进气口 4、出气口 5，其特征是：排气管上的进气口 4 与上子烟道 2 连通，上子烟道 2 上端与住宅上楼层排气管内下子烟道 3 下端对接，下子烟道上出气口 5 与母烟道 1 连通。”

针对本专利，上海同汇混凝土制品有限公司（以下简称请求人）于 2006 年 6 月 9 日向专利复审委员会提出无效宣告请求，认为本专利不符合专利法第 22 条第 2 款、第 3 款的规定，请求人同时提交了如下附件：

附件 1：上海市建设委员会批准的，图集号为 93 沪 J104 的上海市建筑标准设计《住宅厨房烟气集中排放系统图集》（DBJT08-47-93）的封面、目录页、设计说明页、第 1~3 页的复印件，共 6 页。

请求人认为：对比文件（附件1）图集中第1页公开的ZPS-A型烟道与本专利权利要求1请求保护的子母式集中排气管结构完全相同，因此本专利不具备新颖性、创造性，请求宣告其全部无效。

经形式审查合格，专利复审委员会依法受理了上述无效宣告请求，并于2006年9月21日向请求人和专利权人发出无效宣告请求受理通知书，同时将专利权无效宣告请求书及其附件清单中所列附件的副本转送给专利权人，并要求专利权人在指定的期限内陈述意见。

针对专利复审委员会发出的上述无效宣告请求受理通知书，专利权人于2006年11月3日提交了意见陈述书。专利权人认为：首先，附件1不是专利法意义上的公开出版物，而是一件无效的证据，请合议组不予考虑。其次，退一步讲，附件1也没有公开本专利权利要求1中结构特征，因此本专利的子母式集中排气管明显与附件1的排放系统不同，并且排烟效果更好，因此本专利权利要求1符合专利法第22条第2款、第3款的规定。

专利复审委员会依法成立合议组。

本案合议组于2007年1月12日向双方发出无效宣告请求口头审理通知书，定于2007年3月15日在专利复审委员会举行口头审理。随同口头审理通知书，将专利权人于2006年11月3日提交的意见陈述书转送给请求人。

口头审理如期举行，双方当事人均参加了口头审理。

在口头审理过程中，双方当事人对对方出庭人员的身份和资格无异议，对合议组成员无回避请求。（1）请求人当庭提交了附件1的原件，并明确其无效宣告请求的理由为本专利相对于附件1不符合专利法第22条第2款、第3款的规定，请求宣告本专利权利要求1无效。（2）关于证据，专利权人对附件1的真实性有异议，理由为：首先附件1的复印件与原件不一致，原件的内容比复印件要多，该证据不符合证据的形式要件，其次，从该附件1上看不出出版的单位，也没有其他证据证明其公开发表的时间，只能认为是设计部门内部的资料，因此其不是专利法意义上的公开出版物，是一件无效的证据。请求人认为根据标准化实施条例第16条的规定，标准本身就要公开，这份附件从复印件第2页可以看出附件1是一个标准，因此其是公开出版物。（3）关于权利要求1的新颖性和创造性，专利权人认为，附件1的子烟道截面是方形的，占据面积很大，而本专利的子烟道截面是半圆形的，占据面积很小，因此排气效率更高，另外附件1没有公开上子烟道上端和上楼层下子烟道下端对接这一技术特征。请求人则认为，首先，关于截面的问题，在权利要求里面没有体现出来，其次，附件1上一层的下子烟道与下一层的上子烟道是连通的。

至此，合议组认为本案事实已经清楚，可以作出审查决定。

**二、决定的理由**

1. 关于证据与现有技术

关于附件1的真实性问题。请求人当庭提交了附件1的原件。专利权人经核实虽然认可复印件的内容原件都有，但以原件内容页数多于复印件而否认附件1的真实性，同时以附件1不是公开出版物进行抗辩。合议组经审查认为附件1——《住宅厨房烟气集中排放系统图集》是一份标准图集，其批准部门为上海市建设委员会，其批准文号为沪建设（92）第071号，统一编号为DBJT08-47-93。合议组在口头审理过程中要求专利权人对其真实性进行核实，并告知若不明确回答则视为其放弃核实该证据的权利，专利权人最终仍不明确回答。在此基础上，合议组认为附件1为标准图集，请求人提交了原件，经核实复印件的内容与原件一致，专利权人虽对其真实性提出了异议，但未举证证明其主张，因此专利权人的这一主张不能成立，附件1的真实性可以得到确认。同时附件1属于专利法意义上的公开出版物，其公开日期应为封面上所标注的1993年3月。因为附件1的公开日早于本专利的申请日，所以可以作为本专利的现有技术使用。

2. 本专利的权利要求 1 不具备新颖性。

专利法第 22 条第 2 款规定，新颖性，是指在申请日以前没有同样的发明或者实用新型在国内外出版物上公开发表过、在国内公开使用过或者以其他方式为公众所知，也没有同样的发明或者实用新型由他人向国务院专利行政部门提出过申请并记载在申请日以后公布的专利申请文件中。

审查指南第二部分第三章规定，如果专利申请与对比文件公开的内容相比，其权利要求所限定的技术方案与对比文件公开的技术方案实质上相同，所属技术领域的技术人员根据两者的技术方案可以确定两者能够适用于相同的技术领域，解决相同的技术问题，并具有相同的预期效果，则认为两者为同样的发明或者实用新型。

请求人认为本专利权利要求相对于附件 1 不具备新颖性和创造性。

合议组经审查后认为，本专利权利要求 1 为子母式排气管，包括母烟道 1、上子烟道 2、下子烟道 3、进气口 4、出气口 5，其特征是：排气管上的进气口 4 与上子烟道 2 连通，上子烟道 2 上端与住宅上楼层排气管内下子烟道 3 下端对接，下子烟道上出气口 5 与母烟道 1 连通。附件 1 也开了一种住宅厨房排气用 ZPS-A 型烟道，从图集正文第一页以及第三页的附图中可以直接地、毫无疑义地确定，该烟道包括母烟道、上子烟道、下子烟道、进气口、出气口，其排气管上的进气口与上子烟道连通，下子烟道上出气口与母烟道连通，此外，附件 1 中上一层的下子烟道与下一层的上子烟道也必然是连通的，否则由进气口进入子烟道的废气无法经由母烟道而被排出。将本专利与附件 1 公开的内容相比，其权利要求所限定的技术方案与附件 1 公开的技术方案实质上相同，所属技术领域的技术人员根据两者的技术方案可以确定两者能够适用于相同的技术领域，解决相同的技术问题，并具有相同的预期效果，由此可见，权利要求 1 相对于附件 1 不具备新颖性。针对专利权人在口头审理过程中提出的烟道截面问题，合议组认为：关于附件 1 与本专利的子烟道截面形状不同的问题，由于这一技术特征并未记载于本专利的权利要求书中，因此在评价权利要求 1 的新颖性时不予考虑，而由权利要求本身限定的技术方案与附件 1 公开的技术方案完全相同。综上所述，权利要求 1 不符合专利法第 22 条第 2 款规定的新颖性。

鉴于本专利权利要求 1 所限定的技术方案没有新颖性，故合议组对于请求人提出的本专利权利要求 1 不具备创造性的主张不再评述。

根据上述的事实和理由，本案合议组依法作出以下决定。

**三、决定**

宣告 02280176.6 号实用新型专利权全部无效。

当事人对本决定不服的，可以根据专利法第 46 条第 2 款的规定，自收到本决定之日起 3 个月内向北京市第一中级人民法院起诉。根据该款的规定，一方当事人起诉后，另一方当事人应当作为第三人参加诉讼。

# 北京市第一中级人民法院
# 行政判决书

（2007）一中行初字第1291号

原告郝嘉琪，男，1941年11月2日出生，汉族，住上海市徐汇区三江路301弄12号302室。

委托代理人高鸥，上海旭波律师事务所律师。

被告国家知识产权局专利复审委员会，住所地北京市海淀区北四环西路9号银谷大厦10~12层。

法定代表人廖涛，副主任。

委托代理人齐宏涛，国家知识产权局专利复审委员会审查员。

委托代理人郭鹏鹏，国家知识产权局专利复审委员会审查员。

第三人上海同汇混凝土制品有限公司，住所地上海市闵行区浦江跃农村8队。

法定代表人陈兴根，总经理。

委托代理人董梅，上海东亚专利商标代理有限公司专利代理人。

原告郝嘉琪不服被告国家知识产权局专利复审委员会（简称专利复审委员会）于2007年3月22日作出的第9614号无效宣告请求审查决定（简称第9614号决定），于法定期限内向本院提起行政诉讼。本院于2007年9月21日受理本案后，依法组成合议庭，并通知上海同汇混凝土制品有限公司（简称同汇公司）作为第三人到庭参加诉讼，于2007年11月21日公开开庭进行了审理。原告郝嘉琪的委托代理人高鸥，被告专利复审委员会的委托代理人齐宏涛、郭鹏鹏，第三人同汇公司的委托代理人董梅到庭参加了诉讼。本案现已审理终结。2006年6月9日，同汇公司针对郝嘉琪拥有的名称为“子母式集中排气管”实用新型专利（简称本专利）向专利复审委员会提出无效宣告请求。2007年3月22日，专利复审委员会作出第9614号决定，认为：（1）关于证据与现有技术。附件1的真实性可以得到确认。同时附件1属于专利法意义上的公开出版物，其公开日期应为封面上所标注的1993年3月。因为附件1的公开日早于本专利的申请日，所以可以作为本专利的现有技术使用。（2）本专利权利要求1不具备新颖性。本专利权利要求1为子母式排气管，包括母烟道1、上子烟道2、下子烟道3、进气口4、出气口5，其特征是：排气管上的进气口4与上子烟道2连通，上子烟道2上端与住宅上楼层排气管内下子烟道3下端对接，下子烟道上出气口5与母烟道1连通。附件1也公开了一种住宅厨房排气用ZPS-A型烟道，从图集正文第一页以及第三页的附图中可以直接地、毫无疑义地确定，该烟道包括母烟道、上子烟道、下子烟道、进气口、出气口，其排气管上的进气口与上子烟道连通，下子烟道上出气口与母烟道连通，此外，附件1中上一层的下子烟道与下一层的上子烟道也必然是连通的，否则由进气口进入子烟道的废气无法经由母烟道而被排出。将本专利与附件1所公开的内容相比，其权利要求所限定的技术方案与附件1公开的技术方案实质上相同，所属技术领域的技术人员根据两者的技术方案可以确定两者能够适用于相同的技术领域，解决相同的技术问题，并具有相同的预期效果，由此可见，权利要求1相对于附件1不具备新颖性。关于附件1与本专利的子烟道截面形状不同的问题，由于这一技术特征并未记载于本专利的权利要求书中，因此在评价权利要求1的新颖性时不予考虑，而由权利要求本身限定的技术方案与附件1公开的技术方案完全相同。综上所述，权利要求1不符合《中华人民共和国专利法》（简称《专利法》）第二十二条第二款规定的新颖性。鉴于本专利权利要求1所限定的技术方案没有新颖性，故对同汇公司提出的本专利权利要求1不具备创造性的主张不再评述。根据上述事实与理由，专利复审委员会宣告本专利全部无效。郝嘉琪不服第

9614 号决定，在法定期限内向本院提起诉讼。其诉称：（1）按照被告依据的对比文件所述的技术，根本无法制造出符合国家强制性标准的产品。因此该所谓现有技术根本没有任何现实意义，被告把没有任何现实意义的技术作为否定本专利技术的依据纯属不当。（2）本专利的技术特征与对比文件的内容不同。最显而易见的是，对比文件的烟道截面形状均是“日”字形，且所罗列的九种型号的次烟道截面面积大小不等，但无论何种型号均无法达到国家强制性排放标准。而本专利技术子烟道流道截面为半圆形，进气口导向结构为半球形（见本专利说明书附图）。（3）本专利不仅具备新颖性更具备创造性。首先，本专利技术以恒定的子烟道流道截面（0.0133 平方米）即可达到强制性排放标准，而对比文件所列技术即便流道截面面积大于其 3~4 倍亦无法符合国家强制性标准。其次，本专利技术创造性地采用吸附式半圆子烟道，不仅改善了母子烟道气流涡流性状，并且其出口负压足可以防止母烟道气流回灌。再者，子烟道半球形的入口导向，有效引导并改善了子烟道入口气流的方向及反压。综上所述，被告依据无效的对比文件，依据没有任何现实意义的技术，判定技术特征显著不同，且具有极大市场价值的本专利技术无效显属错误，应予撤销。请求人民法院撤销被告作出的第 9614 号决定。被告专利复审委员会辩称：（1）对比文件是否符合国家强制性标准不是无效程序的审查范围，与本案没有任何关联性。（2）对于烟道截面不同的问题。由于这一特征并未记载于本专利的权利要求书中，因此在评价权利要求的新颖性时不予考虑，将权利要求请求保护的技术方案与对比文件所公开的技术方案相比，两者完全相同，因此，权利要求不符合《专利法》第二十二条第二款规定的新颖性。（3）由于本专利权利要求不具备新颖性，所以其必然不具备创造性。原告列举的几点创造性的理由不仅未记载在权利要求书中，也未记载在本专利的说明书中，其主张不能成立。综上所述，第 9614 号决定认定事实清楚，适用法律正确，审理程序合法，请求人民法院予以维持。第三人同汇公司口头述称：被告作出的第 9614 号决定认定事实清楚，结论正确，请求人民法院予以维持。

本院经审理查明：

2002 年 12 月 4 日，郝嘉琪向国家知识产权局提出名称为“子母式集中排气管”的实用新型专利（即本专利）申请。2004 年 1 月 28 日，本专利被授权公告，专利号为 02280176.6。

本专利授权公告的权利要求如下：“子母式集中排气管，包括母烟道 1、上子烟道 2、下子烟道 3、进气口 4、出气口 5，其特征是：排气管上的进气 4 与上子烟道 2 连通，上子烟道 2 上端与住宅上楼层排气管内下子烟道 3 下端对接，下子烟道上出气口 5 与母烟道 1 连通。”

针对本专利，同汇公司于 2006 年 6 月 9 日向专利复审委员会提出无效宣告请求，认为本专利不符合《专利法》第二十二条第二款、第三款的规定，并提交了附件 1 作为对比文件：附件 1 为上海市建设委员会批准的，图集号为 93 沪 J104 的上海市建筑标准设计《住宅厨房烟气集中排放系统图集》（DBJT0 8-47-93）的封面、目录页、设计说明页、第 1~3 页的复印件，共六页。附件 1 封面载明的日期为 1993 年 3 月。其目录页中的编制说明载明：本图集根据上海市建设委员会沪建设（90）第 672 号文下达的任务，由上海市民用建筑设计院主编，上海市静安区住宅公司、汇丰耐腐蚀泵制造公司参编。附件 1 公开了一种住宅厨房排气用 ZPS-A 型烟道，从图集正文第一页以及第三页的附图中可以清楚地确定，该烟道包括母烟道、上子烟道、下子烟道、进气口、出气口，其排气管上的进气口与上子烟道连通，下子烟道上出气口与母烟道连通，此外，附件 1 中上一层的下子烟道与下一层的上子烟道也必然是连通的，否则由进气口进入子烟道的废气无法经由母烟道而被排出。

2007 年 3 月 15 日，专利复审委员会举行了口头审理。在口头审理过程中，郝嘉琪对附件 1 的真实性有异议，理由为：首先，附件 1 的原件与复印件不一致，原件的内容比复印件要多。其次，从附件 1 上看不出出版的单位，也没有其他证据证明其公开发表的时间，只能认为是设计部门的内部资料，因此不是专利法意义上的公开出版物。另外，郝嘉琪认为：附件 1 的子烟道截面是方形的，占据面积很大，而本专利的子烟道截面是半圆形的，占据面积很小，因此排气效率更高，另外，附件 1 没有公开上子烟道上端和上楼层下子烟道下端对接这一技术特征。同汇公司认为：根据标准化实施条例第十六条的规定，标准本身就要公开，这份附件从复印件第二页可以看出附件 1 是一个标准，因此其是公开出版物。关于截面的问题，权利要求里面没有体现。其次，附件 1 上一层的下子烟道与下一层的上子烟道是连通的。

2007 年 3 月 22 日，专利复审委员会作出第 9614 号决定，宣告本专利无效。

在本案庭审过程中，郝家琪对附件 1 的真实性没有异议，其主张：本专利的烟道是垂直对接的，以前的是日字形对接，中间有缺失，以前的技术是连通的，中间是空的。

上述事实，有本专利授权公告文本、附件 1、第 9614 号决定及当事人陈述等证据在案佐证。

本院认为：

《专利法》第二十二条第二款规定，新颖性，是指在申请日以前没有同样的发明或者实用新型在国内外出版物上公开发表过、在国内公开使用过或者以其他方式为公众所知，也没有同样的发明或者实用新型由他人向国务院专利行政部门提出过申请并且记载在申请日以后公布的专利申请文件中。所谓同样的发明或者实用新型，是指其技术领域、所解决的技术问题、技术方案和预期效果实质上相同的发明或者实用新型。

就本专利的技术方案而言，本专利保护的是一种子母式集中排气管，包括母烟道 1、上子烟道 2、下子烟道 3、进气口 4、出气口 5，其特征是：排气管上的进气口 4 与上子烟道 2 连通，上子烟道 2 上端与住宅上楼层排气管内下子烟道 3 下端对接，下子烟道上出气口 5 与母烟道 1 连通。附件 1 中的 ZPS-A 型烟道也是一种子母式集中排气管，包括有母烟道、上子烟道、下子烟道、进气口、出气口，其排气管上的进气口与上子烟道连通，下子烟道上出气口与母烟道连通，此外，附件 1 中下一层的上子烟道上端与上一层的下子烟道也必然是连通的，否则由进气口进入子烟道的废气无法经由母烟道而被排出。由此可见，附件 1 已经公开了本专利权利要求的全部技术特征，本专利不具备新颖性。

郝嘉琪在本案诉讼中主张的本专利烟道的截面形状为半圆形、本专利的子烟道流道面积小等技术特征均未记载在本专利的权利要求书中，其对本专利的技术方案没有限定作用，故在评价本专利是否具备新颖性时不予考虑。郝嘉琪主张附件 1 所述技术无法制造出符合国家强制性标准的产品没有事实依据，且对评价本专利是否具备新颖性没有关系，故对其主张不予支持。

综上，被告专利复审委员会作出的第 9614 号决定认定事实清楚，适用法律正确，审理程序合法，依法应当予以维持。原告郝嘉琪的诉讼主张缺乏事实及法律依据，本院不予支持。依照《中华人民共和国行政诉讼法》第五十四条第（一）项之规定，本院判决如下：

维持被告国家知识产权局专利复审委员会作出的第 9614 号无效宣告请求审查决定。

案件受理费 100 元，由原告郝嘉琪负担（已交纳）。

如不服本判决，各方当事人可在本判决书送达之日起 15 日内，向本院递交上诉状及其副本，并交纳上诉案件受理费 100 元，上诉于北京市高级人民法院。

审　判　长　彭文毅
代理审判员　江建中
代理审判员　张晰昕
二〇〇七年十二月二十日
书　记　员　谭北川

076

# 吸声、保温、隔热、防水压型彩板屋面

## 无效宣告请求审查决定（第9646号）

**决　　定　　号**　第9646号
**决　　定　　日**　2007年4月10日
**发明创造名称**　吸声、保温、隔热、防水压型彩板屋面
**国 际 分 类 号**　E04D 11/02，E04B 1/74
**无效宣告请求人**　徐州飞虹网架（集团）有限公司
**专 利 权 人**　胡　兵
**专　　利　　号**　01213645. X
**申　　请　　日**　2001年3月16日
**授 权 公 告 日**　2001年12月26日
**合 议 组 组 长**　朱文广
**主　　审　　员**　刘瑞斌
**参　　审　　员**　郭建强

**法　律　依　据**　专利法第22条第3款、第26条第3款，专利法实施细则第2条第2款、第20条第1款

**决　定　要　点**

本专利所保护的权利要求与一篇对比文件中的技术方案相比存在区别技术特征，而另一篇涉及相同领域的对比文件中给出了含有该区别技术特征的技术方案，如果将该区别技术特征结合到第一篇对比文件中，是本领域技术人员根据现有技术的状况能显而易见作出的一种常规的选择，那么该权利要求相对于上述两篇对比文件的结合不具备创造性。

### 一、案由

本无效宣告请求涉及国家知识产权局于2001年12月26日授权公告的、名称为“吸声、保温、隔热、防水压型彩板屋面”的实用新型专利权（以下简称本专利），其专利号是01213645. X，申请日是2001年3月16日，专利权人是胡兵。本专利授权公告时的权利要求书如下：

“1. 一种吸声、保温、隔热、防水压型彩板屋面，由防水层压型彩板①、保温、隔热层粘贴铝箔玻璃棉毡②、保护层纤维玻璃布③和压型彩板④组成，其特征在于对压型彩板④实施穿孔，让室内声音随空气经由压型彩板④上的孔进入保温、隔热层粘贴铝箔玻璃棉毡②内并被其吸收。

2. 根据权利要求1所述的一种吸声、保温、隔热、防水压型彩板屋面，其特征在于压型彩板④上所穿孔的数目在二个以上。

3. 根据权利要求1或2所述的一种吸声、保温、隔热、防水压型彩板屋面，其特征在于压型彩板④上所穿孔的孔径在0.1mm以上。

4. 根据权利要求1、2或3所述的一种吸声、保温、隔热、防水压型彩板屋面，其特征在于压型彩板④上所穿孔的形状为圆形、椭圆形、长方形、正方形、菱形及三角形中的任何一种或者它们相互之间的形状组合。”

针对本专利权，徐州飞虹网架（集团）有限公司（以下简称请求人）于2003年11月14日向专利复审委员会提出无效宣告请求，认为本专利不符合专利法第22条第1~3款的规定，请求人同时提交了如下附件作为证据使用：

附件1：公开日为1992年3月18日、公开号为CN1059491A（专利申请号为90105397.X）的中国发明专利申请公开说明书，共7页。

经形式审查合格，专利复审委员会依法受理了上述无效宣告请求，并于2003年11月14日向请求人和专利权人发出无效宣告请求受理通知书，同时将专利权无效宣告请求书及其附件清单中所列附件的副本转送给专利权人，并要求专利权人在指定的期限内陈述意见。

专利权人于2003年12月6日针对上述无效宣告请求受理通知书提交了意见陈述书及一份资料，专利权人声称该资料为中国建筑工业出版社出版的《实用建筑声学》第323~375页的复印件。专利权人认为本专利相对于请求人提交的附件1符合专利法第22条的规定。

请求人于2003年12月11日提交了意见陈述书并补充提交了如下附件作为证据使用：

附件2：授权公告日为2000年3月29日、授权公告号为CN2371246Y的中国实用新型专利说明书，共4页；

附件3：授权公告日为1997年2月19日、授权公告号为CN2247595Y的中国实用新型专利说明书，未提交权利要求页，共6页；

附件4：授权公告日为1996年5月1日、授权公告号为CN2226095Y的实用新型专利说明书，共8页；

附件5：授权公告日为1997年10月8日、授权公告号为CN2264216Y的中国实用新型专利说明书，未提交权利要求页，共8页；

附件6：授权公告日为1997年5月7日、授权公告号为CN2253692Y的中国实用新型专利说明书，未提交权利要求页，共10页；

附件7：授权公告日为1995年10月18日、授权公告号为CN2210215Y的中国实用新型专利说明书，共12页；

附件8：授权公告日为1994年9月7日、授权公告号为CN2176389Y的中国实用新型专利说明书，未提交权利要求页，共6页；

附件9：授权公告日为1993年4月28日、授权公告号为CN2130863Y的中国实用新型专利说明书，未提交权利要求页，共8页；

附件10：清华大学建筑物理环境检测中心出具的（99）量认（国）字（Z0938）号检测报告复印件，共3页；由北京市第三建筑工程公司、中建二局安装公司和霍高文建筑系统有限公司三方签订的协议书复印件，共3页；清华大学建筑设计研究院绘制的“节点大样四”图纸复印件，1页；霍高文建筑系统有限公司广州代表处发给徐州飞虹网架集团公司长沙分公司的传真复印件，1页；

附件11：KAL-ZIP技术信息复印件，共6页。

请求人认为：本专利所有权利要求不符合专利法实施细则第2条第2款、第20条第1款，专利法第26条第3款和第22条第3款的规定。

专利复审委员会依法组成合议组于2004年7月14日发出口头审理通知书和转送文件通知书，并于2004年8月16日对本案进行了口头审理，在口头审理中，专利权人认为本专利说明书背景技术部分所描述的技术方案已经是现有技术，专利复审委员会于2004年10月20日作出第6536号无效宣告请求审查决定，决定认为本专利权利要求1~4相对于上述专利权人自认的现有技术与附件2的结合不具备创造性，从而宣告权利要求1~4无效。

专利权人对专利复审委员会作出的上述第6536号无效宣告请求审查决定不服，向人民法院提起行政诉讼。北京市高级人民法院于2005年12月20日作出终审判决，撤销了专利复审委员会作出的上述第6536号无效宣告请求审查决定。

专利复审委员会依法重新成立合议组，本案合议组于2006年11月27日向专利权人和请求人发出口头审理通知书，定于2007年1月17日针对本无效宣告请求案重新进行口头审理。

口头审理如期举行，双方当事人均参加了口头审理。

在口头审理中，请求人明确其无效宣告请求的理由、证据和范围是：由于本专利的主题“屋面”不能形成单独产品，所以权利要求1~4不符合专利法实施细则第2条第2款的规定；权利要求中“铝箔玻璃棉毡”、“纤维玻璃布”含义不清楚，所以权利要求1~4不符合专利法第26条第3款和专利法实施细则第20条第1款的规定；权利要求1~4相对于附件2或者附件2与附件3~6、8、9的任意一篇的组合不符合专利法第22条第3款的规定。附件2是本专利最接近的对比文件。放弃附件1、7的使用，附件10、11仅供参考，不作为证据使用。

专利权人对附件2~6、8、9的真实性无异议。

专利权人承认本专利中“纤维玻璃布”就是“玻璃纤维布”，这在说明书中有相应的记载。专利权人承认本专利中“玻璃棉毡”就是“纤维玻璃棉”，两者只是叫法不同。另外由于本专利中使用了压型彩板4所以可以制成大型屋面板，而附件2中的屋面构件采用了主次龙骨和吊杆的结构，属于吊顶，这与本专利不同。

请求人对于权利要求2~4的意见同专利复审委员会作出的第6536号无效宣告请求审查决定中的相关论述。

专利权人认为针对本专利的无效请求已经作出过审查决定，现再以同样的请求和理由审理本案不符合专利法实施细则第65条第2款规定的“一事不再理”原则。

至此，合议组认为本案事实已经清楚，可以依法作出审查决定。

**二、决定的理由**

1. 关于证据和现有技术

请求人提交的证据包括附件1~11，请求人当庭放弃了附件1和附件7，并明确表示附件10、11只供合议组参考，不作为证据使用。专利权人对附件2~6、8、9的真实性没有异议。经审查，合议组认可上述附件2~6、8、9的真实性，由于上述附件2~6、8、9的公开日期均在本专利的申请日前，因此可以作为本专利的现有技术使用。

2. 关于专利法实施细则第2条第2款

专利法实施细则第2条第2款规定：专利法所称的实用新型，是指对产品的形状、构造或者其结合所提出的适于实用的新的技术方案。

请求人认为本专利的权利要求1~4保护的主题为屋面，屋面不是单独的产品，因此本专利不符合专利法实施细则第2条第2款的规定。专利权人认为本专利权利要求保护的是屋面的一部分，该部分与檩条共同构成屋面。

合议组认为，本专利权利要求1~4均限定了完整的技术方案，其所保护的技术方案中均采用了构造特征对产品进行了限定。而且根据本专利的描述其权利要求 1~4 中限定的产品相对于背景技术中所提及的现有技术作出了改进，并且能够在产业上应用并产生有用的技术效果，因此本专利权利要求1~4符合专利法实施细则第 2 条第 2 款的规定。

3. 关于专利法第 26 条第 3 款和专利法实施细则第 20 条第 1 款

专利法第 26 条第 3 款规定：说明书应当对发明或者实用新型作出清楚、完整的说明，以所属技术领域的技术人员能够实现为准。

专利法实施细则第 20 条第 1 款规定：权利要求书应当说明发明或者实用新型的技术特征，清楚、简要地表述请求保护的范围。

请求人认为由于权利要求中的“玻璃棉毡”和“纤维玻璃布”的含义不清楚，因此本专利权利要求 1~4 不符合专利法第 26 条第 3 款和专利法实施细则第 20 条第 1 款的规定。

专利权人认为“玻璃棉毡”和“纤维玻璃布”分别是“纤维玻璃棉”和“玻璃纤维布”。

合议组经审查认为，按照专利权人的解释“玻璃棉毡”和“纤维玻璃布”分别是“纤维玻璃棉”和“玻璃纤维布”，本专利说明书中也有关于“玻璃纤维布”的记载，显然本领域技术人员根据本专利所公开的内容也不会对上述特征作出其他的解释，因此上述两个技术特征的含义均是清楚的，因此权利要求 1~4 符合专利法实施细则第 20 条第 1 款和专利法第 26 条第 3 款的规定。

4. 关于专利法第 22 条第 3 款的创造性

专利法第 22 条第 3 款规定的创造性，是指同申请日以前已有的技术相比，该发明有突出的实质性特点和显著的进步，该实用新型具有实质性特点和进步。

本专利权利要求 1 保护一种屋面，该屋面由防水层压型彩板①、保温、隔热层粘贴铝箔玻璃棉毡②、保护层纤维玻璃布③和压型彩板④组成，压型彩板④上有穿孔，室内声音随空气经由压型彩板④上的孔进入保温、隔热层粘贴铝箔玻璃棉毡②内并被其吸收。附件 2 公开了一种屋面构件，该屋面构件包括金属压型板，金属压型板下依次有次龙骨和主龙骨，通过螺栓将支撑构件连接在次龙骨下，支撑构件上依次有无纺布、玻璃纤维棉、铝箔，支撑构件下有一层金属穿孔板，该屋面构件具有隔热保温、吸音的功能。附件 3 公开了一种可用作屋面的轻质复合板，该轻质复合板可以通过插接互相连接，为了增强作为建筑顶板使用时的刚度，可以将该复合板的上面层的彩色涂层钢板扎压成具有梯形加强筋的断面。

请求人认为本专利权利要求 1~4 相对于附件 2 或者附件 2 与附件 3~6、8、9 中任何一篇结合不具备创造性。专利权人认为本专利权利要求 1 的技术方案中使用了压型彩板④而能够做成大型屋面板，并且本专利的屋面板不使用如附件 2 中所示的主次龙骨加吊杆的构造。

合议组经审查后认为，本专利权利要求 1 相对于附件 2 的区别在于：本专利权利要求 1 中的顶面为压型彩板，而附件 2 中屋面构件的顶面为压型板；本专利权利要求 1 中屋面的底面为压型彩板，而附件 2 中只是公开了金属穿孔板；本专利权利要求 1 中的屋面板为多层复合成的整体，而附件 2 中的各个层之间还包括了主次龙骨结合吊杆的构造。由于附件 3 中公开了一种具有不同功能的多个层复合在一起的可以作为屋面使用的轻质复合板，在这一技术启示下结合附件 2 中所公开的屋面构件的四个层具有不同的功能，各个层的功能互相支持、互相补充的事实，而将附件 2 中的四个层叠合在一起从而形成屋面用复合板对于本领域技术人员是显而易见的。另外附件 3 中还公开了为了提高屋面板的强度而将该复合板的顶面制成压型彩板的技术方案，在这一技术启示下并结合屋面板所使用的具体环境以及所采用的具体支撑方式，本领域技术人员将该屋面板制成较大的板块并将该屋面板的上下面板均制成压型彩板也是显而易见的，因此权利要求 1 相对于附件 2 和附件 3 的结合不具备专利法第 22 条第 3 款规定的创造性。

权利要求 2 的附加技术特征限定了压型彩板④上所穿孔的数目在两个以上。附件 2 中公开了上述技术特征，因此权利要求 2 不符合专利法第 22 条第 3 款规定的创造性。

权利要求 3 的附加技术特征限定了压型彩板④上所穿孔的孔径在 0.1mm 以上。由于附件 2 中已经公开了金属穿孔板的孔径按需制作，同时本专利中也未给出穿孔的孔径在 0.1mm 以上有什么特别的技术效果，因此本专利权利要求 3 也不符合专利法第 22 条第 3 款的规定。

权利要求 4 的附加技术特征限定了压型彩板④上所穿孔的形状，而这些常规形状的孔相对于吸音板上通常采用的穿孔形状均没有任何实质性特点和进步，因此权利要求 4 不符合专利法第 22 条第 3 款规定的创造性。

5. 关于专利法实施细则第 65 条第 2 款规定的“一事不再理原则”

对于专利权人在口头审理中所称的按照专利法实施细则第 65 条第 2 款规定的“一事不再理”原则，本次无效审理不应进行。合议组认为，“一事不再理”原则是指在无效宣告请求作出决定之后，又以同样的理由和证据再次提出无效宣告请求的，专利复审委员会不予受理和审理，而本案中针对一个无效宣告请求作出的审查决定被法院生效的判决撤销，那么根据这个无效宣告请求应当重新作出审查决定，这种情况不属于专利法实施细则第 65 条第 2 款所规定的再次提出无效宣告请求的情形，而这一点也在审查指南第四部分第一章第 8 节中有明确的规定，即“无效宣告请求审查决定被人民法院的生效判决撤销后，专利复审委员会应当重新作出审查决定。”专利复审委员会针对本无效宣告请求所作出的第 6536 号无效宣告请求审查决定被生效判决撤销，因此专利复审委员会应当重新作出审查决定。

根据上述的事实和理由，本案合议组依法作出以下决定。

**三、决定**

宣告 01213645.X 号实用新型专利权全部无效。

当事人对本决定不服的，可以根据专利法第 46 条第 2 款的规定，自收到本决定之日起 3 个月内向北京市第一中级人民法院起诉。根据该款的规定，一方当事人起诉后，另一方当事人应当作为第三人参加诉讼。

## 北京市第一中级人民法院
## 行政判决书

（2007）一中行初字第 952 号

原告胡兵，男，汉族，1966 年 3 月 10 日出生，无业，住湖南省长沙市岳麓区麓山门稻香村 5 栋 401 号。

委托代理人胡长明，男，汉族，1933 年 5 月 20 日出生，湖南大学建筑学院退休教授，住湖南省长沙市岳麓区稻香村 5 栋 401 号。

委托代理人胡丹，女，汉族，1970 年 10 月 28 日出生，学生，住北京市海淀区万寿路 27 号。

被告国家知识产权局专利复审委员会，住所地北京市海淀区北四环西路 9 号。

法定代表人廖涛，副主任。

委托代理人郭建强，男，国家知识产权局专利复审委员会审查员。

委托代理人田华，女，国家知识产权局专利复审委员会审查员。

第三人徐州飞虹网架（集团）有限公司，住所地徐州泉山区杏山子工业园。

法定代表人钟宪华，董事长。

委托代理人姜广勇，男，徐州飞虹网架（集团）有限公司经理。

原告胡兵不服被告国家知识产权局专利复审委员会专利无效宣告请求审查决定，于2007年7月4日向本院提起行政诉讼。本院受理后，依法组成合议庭并通知被诉具体行政行为的利害关系人徐州飞虹网架（集团）有限公司作为第三人参加诉讼。本院于2007年9月25日公开开庭审理了本案，原告的委托代理人胡长明、胡丹，被告的委托代理人郭建强、田华到庭参加了诉讼。第三人经合法传唤未到庭。本案现已审理终结。

2007年4月10日，被告作出第9646号无效宣告请求审查决定（以下简称第9646号决定），宣告01213645. X号实用新型专利权（以下简称本专利）全部无效。决定认为：

1. 关于证据和现有技术

第三人提交的证据包括附件1~11，第三人当庭放弃了附件1和附件7，并明确表示附件10、11只供合议组参考，不作为证据使用。原告对附件2~6、8、9的真实性没有异议。经审查，被告认可上述附件2~6、8、9的真实性，由于上述附件2~6、8、9的公开日期均在本专利的申请日前，因此可以作为本专利的现有技术使用。

2. 关于《中华人民共和国专利法实施细则》（以下简称《专利法实施细则》）第二条第二款

第三人认为本专利的权利要求1~4保护的主题为屋面，屋面不是单独的产品，因此本专利不符合《专利法实施细则》第二条第二款的规定。原告认为本专利权利要求保护的是屋面的一部分，该部分与檩条共同构成屋面。

被告认为，本专利权利要求1~4均限定了完整的技术方案，其所保护的技术方案中均采用了构造特征对产品进行了限定。而且根据本专利的描述其权利要求1~4中限定的产品相对于背景技术中所提及的现有技术作出了改进，并且能够在产业上应用并产生有用的技术效果，因此本专利权利要求1~4符合《专利法实施细则》第二条第二款的规定。

3. 关于《中华人民共和国专利法》（以下简称《专利法》）第二十六条第三款和《专利法实施细则》第二十条第一款

第三人认为由于权利要求中的“玻璃棉毡”和“纤维玻璃布”的含义不清楚，因此本专利权利要求1~4不符合《专利法》第二十六条第三款和《专利法实施细则》第二十条第一款的规定。

原告认为“玻璃棉毡”和“纤维玻璃布”分别是“纤维玻璃棉”和“玻璃纤维布”。

被告经审查认为，按照原告的解释“玻璃棉毡”和“纤维玻璃布”分别是“纤维玻璃棉”和“玻璃纤维布”，本专利说明书中也有关于“玻璃纤维布”的记载，显然本领域技术人员根据本专利所公开的内容也不会对上述特征作出其他的解释，因此上述两个技术特征的含义均是清楚的，因此权利要求1~4符合《专利法实施细则》第二十条第一款和《专利法》第二十六条第三款的规定。

4. 关于《专利法》第二十二条第三款的创造性

本专利权利要求1保护一种屋面，该屋面由防水层压型彩板①、保温、隔热层粘贴铝箔玻璃棉毡②、保护层纤维玻璃布③和压型彩板④组成，压型彩板④上有穿孔，室内声音随空气经由压型彩板④上的孔进入保温、隔热层粘贴铝箔玻璃棉毡②内并被其吸收。附件2公开了一种屋面构件，该屋面均件包括金属压型板，金属压型板下依次有次龙骨和主龙骨，通过螺栓将支撑构件连接在次龙骨下，支撑构件上依次有无纺布、玻璃纤维棉、铝箔，支撑构件下有一层金属穿孔板，该屋面构件具有隔热保温、吸音的功能。附件3公开了一种可用作屋面的轻质复合板，该轻质复合板可以通过插接互相连接，为了增强作为建筑顶板使用时的刚度，可以将该复合板的上面层的彩色涂层钢板扎压成具有梯形加强筋的断面。

第三人认为本专利权利要求1~4相对于附件2或者附件2与附件3~6、8、9中任何一篇结合不具备创造性。原告认为本专利权利要求1的技术方案中使用了压型彩板④而能够做成大型屋面板，并且本专利的屋面板不使用如附件2中所示的主次龙骨加吊杆的构造。

被告经审查后认为，本专利权利要求1相对于附件2的区别在于：本专利权利要求1中的顶面为压型彩板，而附件2中屋面构件的顶面为压型板；本专利权利要求1中屋面的底面为压型彩板，而附件2中只是公开了金属穿孔板；本专利权利要求1中的屋面板为多层复合成的整体，而附件2中的各个层之间还包括了主次龙骨结合吊杆的构造。由于附件3中公开了一种具有不同功能的多个层复合在一起的可以作为屋面使用的轻质复合板，在这一技术启示下结合附件2中所公开的屋面构件的四个层具有不同的功能，各个层的功能互相支持、互相补充的事实，而将附件2中的四个层叠合在一起从而形成屋面用复合板对于本领域技术人员是显而易见的。另外附件3中还公开了为了提高屋面板的强度而将该复合板的顶面制成压型彩板的技术方案，在这一技术启示下并结合屋面板所使用的具体环境以及所采用的具体支撑方式，本领域技术人员将该屋面板制成较大的板块并将该屋面板的上下面板均制成压型彩板也是显而易见的，因此权利要求1相对于附件2和附件3的结合不具备《专利法》第二十二条第三款规定的创造性。

权利要求2的附加技术特征限定了压型彩板④上所穿孔的数目在两个以上。附件2中公开了上述技术特征，因此权利要求2不符合《专利法》第二十二条第三款规定的创造性。

权利要求3的附加技术特征限定了压型彩板④上所穿孔的孔径在0.1mm以上。由于附件2中已经公开了金属穿孔板的孔径按需制作，同时本专利中也未给出穿孔的孔径在0.1mm以上有什么特别的技术效果，因此本专利权利要求3也不符合《专利法》第二十二条第三款的规定。

权利要求4的附加技术特征限定了压型彩板④上所穿孔的形状，而这些常规形状的孔相对于吸音板上通常采用的穿孔形状均没有任何实质性特点和进步，因此权利要求4不符合《专利法》第二十二条第三款规定的创造性。

5. 关于《专利法实施细则》第六十五条第二款规定的“一事不再理原则”

对于原告在口头审理中所称的按照《专利法实施细则》第六十五条第二款规定的“一事不再理”原则，本次无效审理不应进行。被告认为，“一事不再理”原则是指在无效宣告请求作出决定之后，又以同样的理由和证据再次提出无效宣告请求的，专利复审委员会不予受理和审理，而本案中针对一个无效宣告请求作出的审查决定被法院生效的判决撤销，那么根据这个无效宣告请求应当重新作出审查决定，这种情况不属于《专利法实施细则》第六十五条第二款所规定的再次提出无效宣告请求的情形，而这一点也在《审查指南》第四部分第一章第8节中有明确的规定，即“无效宣告请求审查决定被人民法院的生效判决撤销后，专利复审委员会应当重新作出审查决定。”被告针对本无效宣告请求所作出的第6536号无效宣告请求审查决定被生效判决撤销，因此被告应当重新作出审查决定。

被告在法定的举证期限内向本院提交并经庭审质证的证据有：（1）专利号为01213645.X的实用新型专利说明书（即本专利）；（2）授权公告号为CN2371246Y的实用新型专利说明书（即附件2）；（3）授权公告号为CN2247595Y的实用新型专和说明书（即附件3）；（4）口头审理记录表。上述证据用于证明第9 646号决定认定事实清楚、适用法律法规正确、审理程序合法。

原告诉称：（1）本专利与附件2存在以下不同：①技术特征不同：本专利由于省去了许多支撑构件，结构简单且给室内美观带来了意想不到的效果，附件2有主次龙骨、螺栓吊杆、带孔的支撑构件，且将吊顶移到单层屋面下，很难施工；②材料特征不同：本专利采用压型彩板经过防锈处理，附件2是金属压型板，不防锈；本专利是采用玻璃棉毡，施工方便，附件2是采用玻璃棉，不成形，不好施工；本专利采用的是玻璃纤维布，系 A 级防火材料，附件 2 采用无纺布，不防火；本专利采用穿孔压型彩板，附件 2 采用金属穿孔板；③施工方法不同。(2) 本专利与附件 3 相比较：附件 3 与本专利权利要求 1 属于不同的技术领域，不能进行对比；本专利是多层复合屋面，附件 3 是复合板屋面，二者概念不同。(3) 附件 3 中“加强筋能加强建筑顶板的刚性”的说法是错误的，且附件 3 复合板下面并不是压型彩板。由于附件 2 在附件 3 之后，且附件 2 没有得到附件 3 的技术启示，因此附件 3 相对于附件 2 和本专利均不存在显而易见的技术启示。(4) 被诉决定违反一事不再理原则。综上，本专利具备创造性，第 9646 号决定认定事实不清、适用法律错误，原告请求法院撤销第 9646 号决定。

原告在法定期限内向本院提交了如下证据：(1) 专利号为 01213645. X 的实用新型专利说明书（即本专利）；(2) 授权公告号为 CN2371246Y 的实用新型专利说明书（即附件 2）；(3) 授权公告号为 CN2247595Y 的实用新型专利说明书（即附件 3）；(4) 新型专利产品《能吸声的压型彩色钢板屋面》简介；(5) 穿孔钢板、钢板网吊顶，吴永夫编《建筑构造图集》；(6) 近年来国内体育馆建声处理现状（现有技术）摘录，中国建筑工业出版社项端祈编著《实用建筑声学》；(7) 夹芯板屋面板及夹芯板墙板图。证据 1、2 证明案件事实，证据 3 证明被诉决定对附件 3 的认定错误，证据 4 证明本专利具备实用性，证据 5 证明附件 2 的技术来自该图集，证据 6 证明本专利具备新颖性，证据 7 证明附件 3 能够加强屋面板刚度的说法是错误的。

被告辩称，被告坚持在被诉决定中的认定理由，第 9646 号决定认定事实清楚、适用法律正确、审理程序合法，原告的诉讼理由不成立，请求法院依法驳回原告的诉讼请求，维持第 9646 号决定。

第三人未向本院提交书面意见及证据。

经庭审质证，原告对被告提交的证据 1、2、4 的真实性、关联性、合法性均无异议，但不同意被告主张的证明作用，认为证据 3 与本案无关联性。被告对原告提交的证据 1～3 的关联性、合法性、真实性没有异议，对其主张的证明作用有异议，认为原告提交的证据 4～7 没有在行政程序中提交，与本案无关。本院认为，被告提交的证据以及原告提交的证据 1～3 与被诉第 9646 号决定具有关联性，且合法、真实，能够证明本案的事实，本院予以采纳。原告提交的证据 4～7 在行政程序中没有提交，本院不予采纳。

根据上述有效证据及各方当事人在庭审中无争议的陈述，本院确认如下事实：

本案涉及申请日为 2001 年 3 月 16 日，授权公告日为 2001 年 12 月 26 日，专利号为 01213645. X，名称为“吸声、保温、隔热、防水压型彩板屋面”的实用新型专利权（即本专利）。专利权人是胡兵（即本案原告）。

本专利授权公告的权利要求书内容如下：

“1. 一种吸声、保温、隔热、防水压型彩板屋面，由防水层压型彩板①、保温、隔热层粘贴铝箔玻璃棉毡②、保护层纤维玻璃布③和压型彩板④组成，其特征在于对压型彩板④实施穿孔，让室内声音随空气经由压型彩板④上的孔进入保温、隔热层粘贴铝箔玻璃棉毡②内并被其吸收。

2. 根据权利要求 1 所述的一种吸声、保温、隔热、防水压型彩板屋面，其特征在于压型彩板④上所穿孔的数目在二个以上。

3. 根据权利要求 1 或 2 所述的一种吸声、保温、隔热、防水压型彩板屋面，其特征在于压型彩板④上所穿孔的孔径 0. 1mm 以上。

4. 根据权利要求 1、2 或 3 所述的一种吸声、保温、隔热、防水压型彩板屋面，其特征在于压型彩板④上所穿孔的形状为圆形、椭圆形、长方形、正方形、菱形及三角形中的任何一种或者它们相互之间的形状组合。”

针对本专利权，第三人于2003年11月14日向被告提出无效宣告请求，认为本专利不符合《专利法》第二十二条第一款至第三款的规定，第三人同时提交了如下附件作为证据使用：

附件1：公开日为1992年3月18日、公开号为CN1059491A（专利申请号为90105397.X）的中国发明专利申请公开说明书，共7页；

经形式审查合格，被告依法受理了上述无效宣告请求，并于2003年11月14向第三人和原告发出无效宣告请求受理通知书，同时将专利权无效宣告请求书及其附件清单中所列附件的副本转送给原告，并要求原告在指定的期限内陈述意见。

原告于2003年12月6日针对上述无效宣告请求受理通知书提交了意见陈述书及一份资料，原告声称该资料为中国建筑工业出版社出版的“实用建筑声学”第323~375页的复印件。原告认为本专利相对于第三人提交的附件1符合《专利法》第二十二条的规定。

第三人于2003年12月11日提交了意见陈述书并补充提交了如下附件作为证据使用：

附件2：授权公告日为2000年3月29日、授权公告号为CN2371246Y的中国实用新型专利说明书，共4页；

附件3：授权公告日为1997年2月19日、授权公告号为CN2247595Y的中国实用新型专利说明书，未提交权利要求页，共6页；

附件4：授权公告日为1996年5月1日、授权公告号为CN2226095Y的实用新型专利说明书，共8页；

附件5：授权公告日为1997年10月8日、授权公告号为CN2264216Y的中国实用新型专利说明书，未提交权利要求页，共8页；

附件6：授权公告日为1997年5月7日、授权公告号为CN2253692Y的中国实用新型专利说明书，未提交权利要求页，共10页；

附件7：授权公告日为1995年10月18日、授权公告号为CN2210215Y的中国实用新型专利说明书，共12页；

附件8：授权公告日为1994年9月7日、授权公告号为CN2176389Y的中国实用新型专利说明书，未提交权利要求页，共6页；

附件9：授权公告日为1993年4月28日、授权公告号为CN2130863Y的中国实用新型专利说明书，未提交权利要求页，共8页；

附件10：清华大学建筑物理环境检测中心出具的（99）量认（国）字（Z0938）号检测报告复印件，共3页；由北京市第三律筑工程公司、中建二局安装公司和霍高文建筑系统有限公司三方签订的协议书复印件，共3页；清华大学建筑设计研究院绘制的“节点大样四”图纸复印件，1页；霍高文建筑系统有限公司广州代表处发给徐州飞虹网架集团公司长沙分公司的传真复印件，1页；

附件11：KAL-ZIP技术信息复印件，共6页。

第三人认为：本专利所有权利要求不符合《专利法实施细则》第二条第二款、第二十条第一款、《专利法》第二十六条第三款和第二十二条第三款的规定。

被告依法组成合议组于2004年7月14日发出口头审理通知书和转送文件通知书，并于2004年8月16日对本案进行了口头审理，在口头审理中，原告认为本专利说明书背景技术部分所描述的技术方案已经是现有技术，被告于2004年10月20日作出第6536号无效宣告请求审查决定，决定认为本专利权利要求1~4相对于上述原告自认的现有技术与附件2的结合不具备创造性，从而宣告权利要求1~4无效。

原告对被告作出的上述第6536号无效宣告请求审查决定不服，向人民法院提起行政诉讼。北京市高级人民法院于2005年12月20日作出终审判决，撤销了被告作出的上述第6536号无效宣告请求审查决定。

被告依法重新成立合议组，本案合议组于2006年11月27日向原告和第三人发出口头审理通知书，定于2007年1月17日针对本无效宣告请求案重新进行口头审理。

口头审理如期举行，双方当事人均参加了口头审理。

在口头审理中，第三人明确其无效宣告请求的理由、证据和范围是：由于本专利的主题“屋面”不能形成单独产品，所以权利要求1~4不符合《专利法实施细则》第二条第二款的规定；权利要求中“铝箔玻璃棉毡”、“纤维玻璃布”含义不清楚，所以权利要求1~4不符合《专利法》第二十六条第三款和《专利法实施细则》第二十条第一款的规定；权利要求1~4相对于附件2或者附件2与附件3~6、8、9的任意一篇的组合不符合《专利法》第二十二条第三款的规定。附件2是本专利最接近的对比文件。放弃附件1、7的使用，附件10、11仅供参考，不作为证据使用。

原告对附件2~6、8、9的真实性无异议。

原告承认本专利中“纤维玻璃布”就是“玻璃纤维布”，这在说明书中有相应的记载。原告承认本专利中“玻璃棉毡”就是“纤维玻璃棉”，两者只是叫法不同。另外由于本专利中使用了压型彩板4所以可以制成大型屋面板，而附件2中的屋面构件采用了主次龙骨和吊杆的结构，属于吊顶，这与本专利不同。

第三人对于权利要求2~4的意见同被告作出的第6536号无效宣告请求审查决定中的相关论述。

原告认为针对本专利的无效请求已经作出过审查决定，现再以同样的请求和理由审理本案不符合《专利法实施细则》第六十五条第二款规定的“一事不再理”原则。

2007年4月10日，被告作出第9646号决定，宣告本专利全部无效。原告不服该决定诉至本院。

本院认为，由于原告对第9646号决定中关于证据和现有技术、《专利法实施细则》第二条第二款以及《专利法》第二十六条第三款和《专利法实施细则》第二十条第一款的认定均无异议，且原告认可在认定本专利权利要求1不具备创造性的前提下，对第9646号决定关于本专利权利要求2~4不具备创造性的认定没有异议，因此，本案争议的焦点问题在于第9646号决定中关于本专利权利要求1相对于附件2和附件3的结合不具备创造性的认定是否正确。

依据《专利法》第二十二条第三款的规定，创造性是指同申请日以前已有的技术相比，该发明有突出的实质性特点和显著的进步，该实用新型具有实质性特点和进步。本案中，本专利权利要求1相对于附件2的区别在于：本专利权利要求1中的顶面为压型彩板，而附件2中屋面构件的顶面为压型板：本专利权利要求1中屋面的底面为压型彩板，而附件2中只是公开了金属穿孔板；本专利权利要求1中的屋面板为多层复合成的整体，而附件2中的各个层之间还包括了主次龙骨结合吊杆的构造。由于附件3中公开了一种具有不同功能的多个层复合在一起的可以作为屋面使用的轻质复合板，在这一技术启示下结合附件2中所公开的屋面构件的四个层具有不同的功能，各个层的功能互相支持、互相补充的事实，而将附件2中的四个层叠合在一起从而形成屋面用复合板对于本领域技术人员是显而易见的。另外附件3中还公开了为了提高屋面板的强度而将该复合板的顶面制成压型彩板的技术方案，在这一技术启示下并结合屋面板所使用的具体环境以及所采用的具体支撑方式，本领域技术人员将该屋面板制成较大的板块并将该屋面板的上下面板均制成压型彩板也是显而易见的，因此权利要求1相对于附件2和附件3的结合不具备《专利法》第二十二条第三款规定的创造性。

依据《审查指南》第四部分第一章第8节的规定，无效宣告请求审查决定被人民法院的生效判决撤销后，专利复审委员会应当重新作出审查决定。因此，被告因第6536号无效宣告请求审查决定被生效判决撤销而重新作出的被诉决定，不违反一事不再理的原则。

综上，第9646号决定认定事实清楚、适用法律正确、审理程序合法，本院予以维持。原告的诉讼理由缺乏事实及法律依据，其诉讼请求本院不予支持。据此，本院依照《中华人民共和国行政诉讼法》第五十四条第（一）项之规定，判决如下：

维持被告国家知识产权局专利复审委员会于二〇〇七年四月十日作出的第9646号无效宣告请求审查决定。

案件受理费100元，由原告胡兵负担（已交纳）。

如不服本判决，可在判决书送达之日起15日内，向本院递交上诉状，并按对方当事人的人数提出副本，预交上诉案件受理费100元，上诉于北京市高级人民法院。

审 判 长 齐 莹
代理审判员 乔 军
人民陪审员 彭新民
二〇〇八年一月八日
书 记 员 赵 峰

# 北京市高级人民法院
# 行政判决书

（2008）高行终字第231号

上诉人（一审原告）胡兵，男，汉族，1966年3月10日出生，无业，住湖南省长沙市岳麓区麓山门稻香村5栋401号。

委托代理人胡长明，男，汉族，1933年5月20日出生，湖南大学建筑学院退休教授，住湖南省长沙市岳麓区稻香村5栋401号。

委托代理人胡丹，女，汉族，1970年10月28日出生，学生，住北京市海淀区万寿路27号。

被上诉人（一审被告）国家知识产权局专利复审委员会，住所地北京市海淀区北四环西路9号。

法定代表人廖涛，副主任。

委托代理人郭建强，男，国家知识产权局专利复审委员会审查员。

委托代理人田华，女，国家知识产权局专利复审委员会审查员。

被上诉人（一审第三人）徐州飞虹网架（集团）有限公司，住所地徐州泉山区杏山子工业园。

法定代表人钟宪华，董事长。

委托代理人姜广勇，男，徐州飞虹网架（集团）有限公司经理。

上诉人胡兵因专利无效宣告请求审查决定，不服北京市第一中级人民法院（以下简称一审法院）（2007）一中行初字第952号行政判决，向本院提起上诉。本院依法组成合议庭，于2008年5月26日公开开庭审理了本案。上诉人胡兵的委托代理人胡长明、胡丹，被上诉人国家知识产权局专利复审委员会（以下简称专利复审委）的委托代理人郭建强、田华到庭参加了诉讼。被上诉人徐州飞虹网架（集团）有限公司（以下简称飞虹公司）经本院合法传唤未到庭参加诉讼，不影响本案的审理。本案现已审理终结。

2007 年 4 月 10 日，专利复审委依据《中华人民共和国专利法）》（以下简称《专利法》）第二十二条第三款、第二十六条第三款、《中华人民共和国专利法实施细则）》（以下简称《专利法实施细则》）第二条第二款、第二十条第一款的规定，针对专利权人为胡兵，名称为“吸声、保温、隔热、防水压型彩板屋面”的实用新型专利权（以下简称本专利）作出第 9646 号无效宣告请求审查决定（以下简称被诉决定），宣告本专利全部无效。胡兵不服该被诉决定，在法定期限内向一审法院提起行政诉讼。

一审法院经审理认为，《审查指南》第四部分第一章第 8 节的规定，无效宣告请求审查决定被人民法院的生效判决撤销后，专利复审委应当重新作出审查决定。因此，专利复审委因第 6536 号无效宣告请求审查决定（以下简称第 6536 号决定）被生效判决撤销而重新作出的被诉决定，不违反一事不再理的原则。

被诉决定认定事实清楚、适用法律正确、审理程序合法。胡兵的诉讼理由缺乏事实及法律依据，其诉讼请求不予支持。依照《中华人民共和国行政诉讼法》第五十四条第（一）项之规定，判决维持被诉决定。

胡兵不服上述一审判决向本院上诉称，（1）被诉决定违反一事不再理原则，依据最高人民法院《关于审理专利申请权纠纷案件若干问题的通知》的规定，专利复审委不应对本案再行审理。（2）本专利权利要求 1 的技术特征跟附件 3 不是相同的技术领域。多层复合屋面或多层复合压型彩虹板屋面与复合板屋面概念是完全不同的。（3）关于本专利与附件 2 的区别技术特征，绝不是压型彩板跟压型板的区别，绝不是金属穿孔板跟穿孔压型彩板的区别，而是技术方案的不同。被诉决定认定事实不清、适用法律错误。请求撤销一审判决，撤销被诉决定。

专利复审委辩称，（1）关于本专利权利要求 1~4 创造性的具体判定，仍坚持在被诉决定中的认定理由。（2）胡兵提交的《最高人民法院关于审理专利申请权纠纷案件若干问题的通知》与本案无关联性。（3）胡兵提交的证据 4~7 属于新证据，在无效宣告请求程序中未提交，因此不能作为法院审查我委具体行政行为之合法性的证据使用，应不予采纳。一审判决认定事实清楚、适用法律正确、审理程序合法。请求二审法院驳回胡兵的上诉请求，维持一审判决，维持被诉决定。

飞虹公司未向本院提交书面意见及证据。

专利复审委在法定的举证期限内向一审法院提交了如下证据：（1）本专利；（2）附件 2（授权公告日为 2000 年 3 月 29 日、授权公告号为 CN2371246Y 的中国实用新型专利说明书）；（3）附件 3（授权公告日为 1997 年 2 月 19 日、授权公告号为 CN2247595Y 的中国实用新型专利说明书）；（4）口头审理记录表。

胡兵在法定期限内向一审法院提交了如下证据：（1）本专利；（2）附件 2；（3）附件 3；（4）新型专利产品《能吸声的压型彩色钢板屋面》简介；（5）穿孔钢板、钢板网吊顶，吴永夫编《建筑构造图集》；（6）近年来国内体育馆建声处理现状（现有技术）摘录，中国建筑工业出版社项端祈编著《实用建筑声学》；（7）夹芯板屋面板及夹芯板墙板图。

上述证据均已随案移送本院，经本院审查认为，专利复审委提交的证据以及胡兵提交的证据 1~3 与被诉决定具有关联性，且合法、真实，能够证明本案的事实，一审法院予以采纳正确，本院予以确认。胡兵提交的证据 4~7 不符合《最高人民法院关于行政诉讼证据若干问题的规定》的规定，一审法院不予采纳正确。

经审理查明，本专利是申请日为 2001 年 3 月 16 日，授权公告日为 2001 年 12 月 26 日，专利号为 01213645. X，名称为“吸声、保温、隔热、防水压型彩板屋面”，专利权人是胡兵的实用新型专利。本专利授权公告的权利要求书内容如下：

"1. 一种吸声、保温、隔热、防水压型彩板屋面，由防水层压型彩板①、保温、隔热层粘贴铝箔玻璃棉毡②、保护层纤维玻璃布③和压型彩板④组成，其特征在于对压型彩板④实施穿孔，让室内声音随空气经由压型彩板④上的孔进入保温、隔热层粘贴铝箔玻璃棉毡②内并被其吸收。

2. 根据权利要求1所述的一种吸声、保温、隔热、防水压型彩板屋面，其特征在于压型彩板④上所穿孔的数目在二个以上。

3. 根据权利要求1或2所述的一种吸声、保温、隔热、防水压型彩板屋面，其特征在于压型彩板④上所穿孔的孔径在0.1mm以上。

4. 根据权利要求1、2或3所述的一种吸声、保温、隔热、防水压型彩板屋面，其特征在于压型彩板④上所穿孔的形状为圆形、椭圆形、长方形、正方形、菱形及三角形中的任何一种或者它们相互之间的形状组合。"

针对本专利权，飞虹公司于2003年11月14日向专利复审委提出无效宣告请求，认为本专利不符合《专利法》第二十二条第一至三款的规定，飞虹公司同时提交了如下附件作为证据使用：

附件1：公开日为1992年3月18日、公开号为CN1059491A（专利申请号为90105397.X）的中国发明专利申请公开说明书，共7页。

经形式审查合格，专利复审委依法受理了上述无效宣告请求，并于2003年11月14日向飞虹公司和胡兵发出无效宣告请求受理通知书，同时将专利权无效宣告请求书及其附件清单中所列附件的副本转送给胡兵，并要求胡兵在指定的期限内陈述意见。

胡兵于2003年12月6日针对上述无效宣告请求受理通知书提交了意见陈述书及一份资料，胡兵声称该资料为中国建筑工业出版社出版的"实用建筑声学"第323~375页的复印件。胡兵认为本专利相对于飞虹公司提交的附件1符合《专利法》第二十二条的规定。

飞虹公司于2003年12月11日提交了意见陈述书并补充提交了如下附件作为证据使用：

附件2：授权公告日为2000年3月29日、授权公告号为CN2371246Y的中国实用新型专利说明书，共4页；

附件3：授权公告日为1997年2月19日、授权公告号为CN2247595Y的中国实用新型专利说明书，未提交权利要求页，共6页；

附件4：授权公告日为1996年5月1日、授权公告号为CN2226095Y的实用新型专利说明书，共8页；

附件5：授权公告日为1997年10月8日、授权公告号为CN2264216Y的中国实用新型专利说明书，未提交权利要求页，共8页；

附件6：授权公告日为1997年5月7日、授权公告号为CN2253692Y的中国实用新型专利说明书，未提交权利要求页，共10页；

附件7：授权公告日为1995年10月18日、授权公告号为CN2210215Y的中国实用新型专利说明书，共12页；

附件8：授权公告日为1994年9月7日、授权公告号为CN2176389Y的中国实用新型专利说明书，未提交权利要求页，共6页；

附件9：授权公告日为1993年4月28日、授权公告号为CN213086 3Y的中国实用新型专利说明书，未提交权利要求页，共8页；

附件10：清华大学建筑物理环境检测中心出具的（99）量认（国）字（Z09 38）号检测报告复印件，共3页；由北京市第三建筑工程公司、中建二局安装公司和霍高文建筑系统有限公司三方签订的协议书复印件，共3页；清华大学建筑设计研究院绘制的"节点大样四"图纸复印件，1页；霍高文建筑系统有限公司广州代表处发给徐州飞虹网架集团公司长沙分公司的传真复印件，1 页；

附件 11：KAL-ZIP 技术信息复印件，共 6 页。

飞虹公司认为：本专利所有权利要求不符合《专利法实施细则》第二条第二款、第二十条第一款、《专利法》第二十六条第三款和《专利法》第二十二条第三款的规定。

专利复审委依法组成合议组于 2004 年 7 月 14 日发出口头审理通知书和转送文件通知书，并于 2004 年 8 月 16 日对本案进行了口头审理，在口头审理中，胡兵认为本专利说明书背景技术部分所描述的技术方案已经是现有技术，专利复审委于 2004 年 10 月 20 日作出第 6536 号决定，决定认为本专利权利要求 1~4 相对于胡兵自认的现有技术与附件 2 的结合不具备创造性，从而宣告权利要求 1~4 无效。

胡兵对专利复审委作出的上述第 6536 号决定不服，向人民法院提起行政诉讼。北京市高级人民法院于 2005 年 1 2 月 20 日作出终审判决，撤销了专利复审委作出的第 6536 号决定。

专利复审委重新成立合议组，本案合议组于 2006 年 11 月 27 日向胡兵和飞虹公司发出口头审理通知书，定于 2007 年 1 月 17 日针对本无效宣告请求案重新进行口头审理。

口头审理如期举行，双方当事人均参加了口头审理。

在口头审理中，飞虹公司明确其无效宣告请求的理由、证据和范围是：由于本专利的主题“屋面”不能形成单独产品，所以权利要求 1~4 不符合《专利法实施细则》第二条第二款的规定；权利要求中“铝箔玻璃棉毡”、“纤维玻璃布”含义不清楚，所以权利要求 1~4 不符合《专利法》第二十六条第三款和《专利法实施细则》第二十条第一款的规定；权利要求 1~4 相对于附件 2 或者附件 2 与附件 3~6、8、9 的任意一篇的组合不符合《专利法》第二十二条第三款的规定。附件 2 是本专利最接近的对比文件。放弃附件 1、7 的使用，附件 10、11 仅供参考，不作为证据使用。

胡兵对附件 2~6、8、9 的真实性无异议。

胡兵承认本专利中“纤维玻璃布”就是“玻璃纤维布”，这在说明书中有相应的记载。胡兵承认本专利中“玻璃棉毡”就是“纤维玻璃棉”，两者只是叫法不同。另外由于本专利中使用了压型彩板 4 所以可以制成大型屋面板，而附件 2 中的屋面构件采用了主次龙骨和吊杆的结构，属于吊顶，这与本专利不同。

飞虹公司对于权利要求 2~4 的意见同专利复审委作出的第 6536 号无效宣告请求审查决定中的相关论述。

胡兵认为针对本专利的无效请求已经作出过审查决定，现再以同样的请求和理由审理本案不符合《专利法实施细则》第六十五条第二款规定的“一事不再理”原则。

2007 年 4 月 10 日，专利复审委作出被诉决定，宣告本专利全部无效。决定理由如下：

1. 关于证据和现有技术

飞虹公司提交的证据包括附件 1~11，飞虹公司当庭放弃了附件 1 和附件 7，并明确表示附件 1 0、11 只供合议组参考，不作为证据使用。胡兵对附件 2~6、8、9 的真实性没有异议。经审查，专利复审委认可上述附件 2~6、8、9 的真实性，由于上述附件 2~6、8、9 的公开日期均在本专利的申请日前，因此可以作为本专利的现有技术使用。

2. 关于《专利法实施细则》第二条第二款

飞虹公司认为本专利的权利要求 1~4 保护的主题为屋面，屋面不是单独的产品，因此本专利不符合《专利法实施细则》第二条第二款的规定。胡兵认为本专利权利要求保护的是屋面的一部分，该部分与檩条共同构成屋面。

专利复审委认为，本专利权利要求 1~4 均限定了完整的技术方案，其所保护的技术方案中均采用了构造特征对产品进行了限定。而且根据本专利的描述其权利要求 1~4 中限定的产品相对于背景技术中所提及的现有技术作出了改进，并且能够在产业上应用并产生有用的技术效果，因此本专利权利要求 1~4 符合《专利法实施细则》第二条第二款的规定。

3. 关于《中华人民共和国专利法》（以下简称《专利法》）第二十六条第三款和《专利法实施细则》第二十条第一款

飞虹公司认为由于权利要求中的“玻璃棉毡”和“纤维玻璃布”的含义不清楚，因此本专利权利要求 1~4 不符合《专利法》第二十六条第三款和《专利法实施细则》第二十条第一款的规定。

胡兵认为“玻璃棉毡”和“纤维玻璃布”分别是“纤维玻璃棉”和“玻璃纤维布”。

专利复审委经审查认为，按照胡兵的解释“玻璃棉毡”和“纤维玻璃布”分别是“纤维玻璃棉”和“玻璃纤维布”，本专利说明书中也有关于“玻璃纤维布”的记载，显然本领域技术人员根据本专利所公开的内容也不会对上述特征作出其他的解释，因此上述两个技术特征的含义均是清楚的，因此权利要求 1~4 符合《专利法实施细则》第二十条第一款和《专利法》第二十六条第三款的规定。

4. 关于《专利法》第二十二条第三款的创造性

本专利权利要求 1 保护一种屋面，该屋面由防水层压型彩板①、保温、隔热层粘贴铝箔玻璃棉毡②、保护层纤维玻璃布③和压型彩板④组成，压型彩板④上有穿孔，室内声音随空气经由压型彩板④上的孔进入保温、隔热层粘贴铝箔玻璃棉毡②内并被其吸收。附件 2 公开了一种屋面构件，该屋面构件包括金属压型板，金属压型板下依次有次龙骨和主龙骨，通过螺栓将支撑构件连接在次龙骨下，支撑构件上依次有无纺布、玻璃纤维棉、铝箔，支撑构件下有一层金属穿孔板，该屋面构件具有隔热保温、吸音的功能。附件 3 公开了一种可用作屋面的轻质复合板，该轻质复合板可以通过插接互相连接，为了增强作为建筑顶板使用时的刚度，可以将该复合板的上面层的彩色涂层钢板扎压成具有梯形加强筋的断面。

飞虹公司认为本专利权利要求 1~4 相对于附件 2 或者附件 2 与附件 3~6、8、9 中任何一篇结合不具备创造性。胡兵认为本专利权利要求 1 的技术方案中使用了压型彩板④而能够做成大型屋面板，并且本专利的屋面板不使用如附件 2 中所示的主次龙骨加吊杆的构造。

专利复审委经审查后认为，本专利权利要求 1 相对于附件 2 的区别在于：本专利权利要求 1 中的顶面为压型彩板，而附件 2 中屋面构件的顶面为压型板；本专利权利要求 1 中屋面的底面为压型彩板，而附件 2 中只是公开了金属穿孔板；本专利权利要求 1 中的屋面板为多层复合成的整体，而附件 2 中的各个层之间还包括了主次龙骨结合吊杆的构造。由于附件 3 中公开了一种具有不同功能的多个层复合在一起的可以作为屋面使用的轻质复合板，在这一技术启示下结合附件 2 中所公开的屋面构件的四个层具有不同的功能，各个层的功能互相支持、互相补充的事实，而将附件 2 中的四个层叠合在一起从而形成屋面用复合板对于本领域技术人员是显而易见的。另外附件 3 中还公开了为了提高屋面板的强度而将该复合板的顶面制成压型彩板的技术方案，在这一技术启示下并结合屋面板所使用的具体环境以及所采用的具体支撑方式，本领域技术人员将该屋面板制成较大的板块并将该屋面板的上下面板均制成压型彩板也是显而易见的，因此权利要求 1 相对于附件 2 和附件 3 的结合不具备《专利法》第二十二条第三款规定的创造性。

权利要求 2 的附加技术特征限定了压型彩板④上所穿孔的数目在两个以上。附件 2 中公开了上述技术特征，因此权利要求 2 不符合《专利法》第二十二条第三款规定的创造性。

权利要求 3 的附加技术特征限定了压型彩板④上所穿孔的孔径在 0.1mm 以上。由于附件 2 中已经公开了金属穿孔板的孔径按需制作，同时本专利中也未给出穿孔的孔径在 0.1mm 以上有什么特别的技术效果，因此本专利权利要求 3 也不符合《专利法》第二十二条第三款的规定。

权利要求 4 的附加技术特征限定了压型彩板④上所穿孔的形状，而这些常规形状的孔相对于吸音板上通常采用的穿孔形状均没有任何实质性特点和进步，因此权利要求 4 不符合《专利法》第二十二条第三款规定的创造性。

5. 关于《专利法实施细则》第六十五条第二款规定的“一事不再理原则”

对于胡兵在口头审理中所称的按照《专利法实施细则》第六十五条第二款规定的“一事不再理”原则，本次无效审理不应进行。专利复审委认为，“一事不再理”原则是指在无效宣告请求作出决定之后，又以同样的理由和证据再次提出无效宣告请求的，专利复审委员会不予受理和审理，而本案中针对一个无效宣告请求作出的审查决定被法院生效的判决撤销，那么根据这个无效宣告请求应当重新作出审查决定，这种情况不属于《专利法实施细则》第六十五条第二款所规定的再次提出无效宣告请求的情形，而这一点也在《审查指南》第四部分第一章第 8 节中有明确的规定，即“无效宣告请求审查决定被人民法院的生效判决撤销后，专利复审委员会应当重新作出审查决定。”专利复审委针对本无效宣告请求所作出的第 6536 号无效宣告请求审查决定被生效判决撤销，因此专利复审委应当重新作出审查决定。

本院认为：胡兵对被诉决定中认定的证据和现有技术、本专利符合《专利法》第二十六条第三款、《专利法实施细则》第二条第二款、第二十条第一款的结论均无异议；飞虹公司对此也未提出异议；经审查，本院确认一审法院对上述事实的审查认定。在此基础上，本案的争议焦点在于：被诉决定的作出是否违反了一事不再理原则；被诉决定中关于本专利权利要求 1 相对于附件 2 和附件 3 的结合不具备创造性的认定是否正确。

《专利法实施细则》第六十五条第二款规定的“一事不再理”原则是指在无效宣告请求作出决定之后，又以同样的理由和证据再次提出无效宣告请求的，专利复审委员会不予受理和审理。本案系针对一个无效宣告请求审查决定被法院生效的判决撤销，而根据《审查指南》第四部分第一章第 8 节的“无效宣告请求审查决定被人民法院的生效判决撤销后，专利复审委员会应当重新作出审查决定”规定，专利复审委重新作出的审查决定。这种重新作出的被诉决定没有违反一事不再理原则。最高人民法院《关于审理专利申请权纠纷案件若干问题的通知》系针对专利申请权纠纷的案件，与本案系专利无效审查案件不同，因此，本案不适用该通知。

依据《专利法》第二十二条第三款的规定，创造性是指同申请日以前已有的技术相比，该发明有突出的实质性特点和显著的进步，该实用新型具有实质性特点和进步。

本专利权利要求 1 相对于附件 2 的区别在于：本专利权利要求 1 中的顶面为压型彩板，而附件 2 中屋面构件的顶面为压型板；本专利权利要求 1 中屋面的底面为压型彩板，而附件 2 中只是公开了金属穿孔板；本专利权利要求 1 中的屋面板为多层复合成的整体，而附件 2 中的各个层之间还包括了主次龙骨结合吊杆的构造。虽然上诉人强调本专利省略了附加 2 中的主次龙骨这样的结构，使得本专利更易于施工，但由于附件 3 中公开了一种具有不同功能的多个层复合在一起的可以作为屋面使用的轻质复合板，在这一技术启示下结合附件 2 中所公开的屋面构件的四个层具有不同的功能，各个层的功能互相支持、互相补充的事实，而将附件 2 中的四个层叠合在一起从而形成屋面用复合板对于本领域技术人员是显而易见的。附件 3 中还公开了为了提高屋面板的强度而将该复合板的顶面制成压型彩板的技术方案，在这一技术启示下并结合屋面板所使用的具体环境以及所采用的具体支撑方式，本领域技术人员将该屋面板制成较大的板块并将该屋面板的上下面板均制成压型彩板也是显而易见的。因此，专利复审委认定权利要求 1 相对于附件 2 和附件 3 的结合不具备《专利法》第二十二条第三款规定的创造性正确。

附件 2 中公开了权利要求 2 的附加技术特征；附件 2 公开了金属穿孔板的孔径按需制作，并且权利要求 3 所限定的穿孔的孔径没有特别的技术效果；权利要求 4 所限定的压型彩板上所穿孔的形状没有任何实质性特点和进步；因此，专利复审委认定权利要求2~4不符合《专利法》第二十二条第三款规定的创造性正确。

综上所述，上诉人认为本专利具备创造性的上诉理由，没有事实依据，本院不予支持。专利复审委作出的第9646号决定认定事实清楚，程序合法，适用法律正确，一审法院予以维持正确。依据《中华人民共和国行政诉讼法》第六十一条第（一）项的规定，判决如下：

驳回上诉，维持一审判决。

二审案件受理费人民币100元，由上诉人胡兵负担（已交纳）。

本判决为终审判决。

审 判 长 郭 宜
审 判 员 张学磊
代理审判员 朱海宏
二〇〇八年七月十二日
书 记 员 程钰玮

# 最高人民法院
# 驳回再审申请通知书

（2009）知行字第22-1号

胡兵：

你因与被申请人国家知识产权局专利复审委员会（简称专利复审委员会）、二审被上诉人徐州飞虹网架（集团）有限公司专利无效行政纠纷一案，不服北京市高级人民法院（2008）高行终字第231号行政判决，向本院申请再审。本院依法组成合议庭对本案进行了审查，现已审查终结。

你申请再审的主要理由是，权利要求1相对于附件2，除了材料不同之外，不具有附件2中的龙骨、螺栓吊杆、带孔的支撑构件。附件2采用的是吊顶技术方案，而专利是一种全新的技术方案。附件3仅公开了屋顶有压型板，此与专利的穿孔压型彩板的位置和作用不同，不属于"给出了明确的技术启示"。原终审判决依据附件2和3的组合认定专利没有创造性，存在错误。请求本院撤销原一、二审行政判决、判令维持专利权有效并由专利复审委员会承担本案诉讼费用。

本院审查查明，本案涉及国家知识产权局于2001年12月26日授权公告的、名称为"吸声、保温、隔热、防水压型彩板屋面"的实用新型专利权（简称本案专利），专利号是01213645.X，申请日是2001年3月16日，专利权人是胡兵。本案专利授权公告的权利要求书如下："1. 一种吸声、保温、隔热、防水压型彩板屋面，由防水层压型彩板①、保温、隔热层粘贴铝箔玻璃棉毡②、保护层纤维玻璃布③和压型彩板④组成，其特征在于对压型彩板④实施穿孔，让室内声音随空气经由压型彩板④上的孔进入保温、隔热层粘贴铝箔玻璃棉毡②内并被其吸收。2. 根据权利要求1所述的一种吸声、保温、隔热、防水压型彩板屋面，其特征在于压型彩板④上所穿孔的数目在二个以上。3. 根据权利要求1或2所述的一种吸声、保温、隔热、防水压型彩板屋面，其特征在于压型彩板④上所穿孔的孔径在0.1 mm以上。4. 根据权利要求1、2或3所述的一种吸声、保温、隔热、防水压型彩板屋面，其特征在于压型彩板④上所穿孔的形状为圆形、椭圆形、长方形、正方形、菱形及三角形中的任何一种或者它们相互之间的形状组合。"针对本案专利，徐州飞虹网架（集团）有限公司向专利复审委员会提出无效宣告请求，提交的证据中包括，附件2：授权公告日为2000年3月29日、授权公告号为CN2371246Y的中国实用新型专利说明书；附件3：授权公告日为1997年2月19日、授权公告号为CN2247595Y的中国实用新型专利说明书。

2007年4月10日，专利复审委员会作出第9646号无效宣告请求审查决定（简称第9646号决定），宣告本案专利全部无效，理由包括，权利要求1相对于附件2的区别在于：权利要求1中的顶面为压型彩板，而附件2中屋面构件的顶面为压型板；权利要求1中屋面的底面为压型彩板，而附件2只是公开了金属穿孔板；权利要求1中的屋面板为多层复合成的整体，而附件2中的各个层之间还包括了主次龙骨结合吊杆的构造。由于附件3中公开了一种具有不同功能的多个层复合在一起的可以作为屋面使用的轻质复合板，在这一技术启示下，结合附件2中所公开的屋面构件的四个层具有不同的功能，各个层的功能互相支持、互相补充的事实，而将附件2中的四个层叠合在一起从而形成屋面用复合板，对于本领域技术人员是显而易见的。另外，附件3还公开了为了提高屋面板的强度而将该复合板的顶面制成压型彩板的技术方案，在这一技术启示下并结合屋面板所使用的具体环境以及所采用的具体支撑方式，将该屋面板制成较大的板块并将该屋面板的上下面板均制成压型彩板，对于本领域技术人员也是显而易见的，因此，权利要求1相对于附件2和附件3的结合不符合《专利法》第二十二条第三款规定的创造性。权利要求2的附加技术特征限定了压型彩板④上所穿孔的数目在两个以上，附件2中公开了上述技术特征，因此，权利要求2不符合《专利法》第二十二条第三款规定的创造性。权利要求3的附加技术特征限定了压型彩板④上所穿孔的孔径在0.1 mm以上。由于附件2中已经公开了金属穿孔板的孔径按需制作，同时本案专利中也未给出穿孔的孔径在0.1 mm以上有什么特别的技术效果，因此，权利要求3也不符合《专利法》第二十二条第三款的规定。权利要求4的附加技术特征限定了压型彩板④上所穿孔的形状，而这些常规形状的孔相对于吸音板上通常采用的穿孔形状均没有任何实质性特点和进步，因此，权利要求4不符合《专利法》第二十二条第三款规定的创造性。

胡兵不服专利复审委员会第9646号决定，向北京市第一中级人民法院提起行政诉讼，北京市第一中级人民法院判决维持专利复审委员会第9646号决定。胡兵不服该判决，向北京市高级人民法院提起上诉。北京市高级人民法院判决驳回上诉，维持原判。

本院认为，本案专利权利要求1中的屋面顶面为压型彩板，对此，附件2公开了屋面构件的顶面为压型板，且附件3公开了为提高屋面板的强度而将复合板的顶面制成压型彩板的技术方案；权利要求1中的屋面底面为压型彩板，对此，附件2公开了屋面底面是金属穿孔板，各个层之间包括主次龙骨结合吊杆的构造，附件3公开了一种具有不同功能的多个层复合在一起的可以作为屋面使用的轻质复合板，结合附件2所公开的屋面构件四个层的功能互相支持、互相补充的事实，而将四个层叠合在一起从而形成屋面用复合板，对于本领域技术人员而言是显而易见的。附件3还公开了为提高屋面板的强度而将该复合板的顶面制成压型彩板，结合屋面板所使用的具体环境以及所采用的具体支撑方式，将该板的上、下面板均制成压型彩板，对于本领域技术人员而言也是显而易见的。因此，权利要求1相对于附件2和附件3的结合不符合《专利法》第二十二条第三款规定的创造性。此外，附件2公开了权利要求2的附加技术特征；附件2公开了金属穿孔板的孔径按需制作，同时权利要求3未给出穿孔的孔径在0.1mm以上有何特别的技术效果；权利要求4所限定的穿孔形状，相对于吸音板上通常采用的穿孔形状没有任何实质性特点和进步。因此，权利要求2、3、4分别不符合《专利法》第二十二条第三款规定的创造性。

综上，原一、二审判决认定维持专利复审委员会宣告本案专利全部无效的决定，并无不当。你的再审申请不符合《中华人民共和国行政诉讼法》第六十三条第二款、《最高人民法院关于执行<中华

人民共和国行政诉讼法>若干问题的解释》第七十二条规定的再审条件，依据《最高人民法院关于执行<中华人民共和国行政诉讼法>若干问题的解释》第七十四条的规定，予以驳回。

特此通知。

书　记　员　程钰玮

二〇一〇年六月二十三日

077

# 一种铰链

## 无效宣告请求审查决定（第9647号）

**决　　定　　号**　第9647号
**决　　定　　日**　2007年4月4日
**发明创造名称**　一种铰链
**国 际 分 类 号**　E05D 11/06
**无效宣告请求人**　佛山市顺德区能耐实业有限公司，陈祯辉，李伯南，佛山市顺德区海蒂诗金属制品有限公司
**专　利　权　人**　吴友明
**专　　利　　号**　01255929.6
**申　　请　　日**　2001年9月25日
**授 权 公 告 日**　2002年6月26日
**合 议 组 组 长**　黄玉平
**主　　审　　员**　杨军艳
**参　　审　　员**　宋　瑞

**法　律　依　据**　专利法第26条第3款，第22条第2款、第3款；专利法实施细则第20条第1款

**决　定　要　点**

在判断创造性的过程中，技术方案里部件的设置方式应当从整体上考虑，如果对比文件中相应部件的整体设置方式与本专利均不相同，且对比文件中也没有给出本专利所述该部件设置方式的技术启示，则应当认为现有技术中不存在技术启示。

### 一、案由

本无效宣告请求涉及国家知识产权局于2002年6月26日授权公告的、名称为“一种铰链”的实用新型专利（下称本专利），其申请号是01255929.6，申请日是2001年9月25日，专利权人是吴友明。该专利授权公告时的权利要求书如下：

“1. 一种铰链，包括内铰页（1）、外铰页（2）及连接内、外铰页的弯曲部件（3），其中弯曲部件（3）通过连接件（4）与内、外铰页连接，弯曲部件（3）与内铰页（1）的连接处设有一扭簧（5），其特征在于：所述的弯曲部件（3）四角均为平面，扭簧（5）的一端压在设于内铰页（1）中的一根支撑件（6）下，扭簧（5）的另一端压在弯曲部件（3）的内底面上。”

（1）针对上述专利权，佛山市顺德区能耐实业有限公司（下称第一请求人）于2006年7月14

日向专利复审委员会提出无效宣告请求，理由是本专利不具备专利法第 22 条第 2、3 款规定的新颖性和创造性，其提交的附件如下：

附件 1.1：授权公告号为 CN2415112Y 的实用新型专利说明书，其授权公告日为 2001 年 1 月 17 日；

第一请求人认为：附件 1.1 中结构与本专利大部分相同，功能原理相同，因此本专利不具备新颖性和创造性。

经形式审查合格，专利复审委员会依法受理了上述无效宣告请求（案件编号：5W07939），于 2006 年 7 月 14 日向双方当事人发出无效宣告请求受理通知书，并将第一请求人提交的无效宣告请求书及其附件清单中所列附件的副本转送给专利权人，告知专利权人在一个月内陈述意见，期满未答复不影响专利复审委员会审理。

2006 年 8 月 14 日，第一请求人提交了补充意见陈述书和附件 1.2，认为本专利权利要求 1 的所有技术特征、技术领域、所要解决的技术问题和技术效果均被附件 1.2 公开，因此本专利权利要求 1 不具备新颖性，其提交的附件如下：

附件 1.2：标准号为 Q/GJHS 01-2001、备案号为 QB/441283 97 321-2001 的《广东省企业产品标准　家具五金　杯状自弹暗铰链》首页、前言页、第 1~4 页和附图页的复印件，共 7 页。

2006 年 8 月 28 日，专利复审委员会收到专利权人针对第一请求人的无效宣告请求受理通知书（5W07939 案）提交的意见陈述书，其认为附件 1.1 公开的铰链结构特征与本专利的铰链完全不同，不能否定本专利的新颖性和创造性。

（2）针对上述专利权，陈祯辉（下称第二请求人）于 2006 年 7 月 25 日向专利复审委员会提出无效宣告请求，理由是本专利不具备专利法第 22 条第 2、3 款规定的新颖性和创造性，其提交的附件如下：

附件 2.1：本专利授权公告文本；

附件 2.2：标准号为 Q/GJHS 01-2001、备案号为 QB/441283 97 321-2001 的《广东省企业产品标准　家具五金　杯状自弹暗铰链》首页、前言页和第 1~5 页复印件，共 7 页。

第二请求人认为：本专利属于自由公知技术，因此不具备新颖性和创造性。

经形式审查合格，专利复审委员会依法受理了上述无效宣告请求（案件编号：5W07987），于 2006 年 7 月 25 日向双方当事人发出无效宣告请求受理通知书，并将第二请求人提交的无效宣告请求书及其附件清单中所列附件的副本转送给专利权人，告知专利权人在一个月内陈述意见，期满未答复不影响专利复审委员会审理。

2006 年 8 月 16 日，第二请求人提交了补充意见陈述书和附件 2.3、附件 2.4，认为本专利与附件 2.3 相比，区别仅在于本专利扭簧的另一端压在弯曲部件的内底面上、附件 2.3 是压在桥（即内铰页）的内底面上，但两者功能、作用相同，实质相同，因此本专利与附件 2.3 相比不具备新颖性和创造性；本专利与附件 2.4 相比，区别仅在于附件 2.4 是扭簧的一端压在内铰页的内底面上、本专利是扭簧的一端压在设于内铰页的一根支撑件上，但附件 2.4 同样设有支撑销，扭簧的另一端也是压接在支撑销上，两者功能、作用相同，本质上相同，因此本专利与附件 2.4 相比不具备创造性；此外第二请求人还认为，本专利中扭簧的设置方式属于传统铰链的常规结构技术。第二请求人补充提交的附件如下：

附件 2.3：公告号为 CN2101082U 的实用新型专利申请说明书，其公告日为 1992 年 4 月 8 日；

附件 2.4：申请号为 94107842.6 的发明专利申请公开说明书，其公开日为 1996 年 1 月 17 日。

2006 年 8 月 28 日，专利复审委员会收到专利权人针对第二请求人的无效宣告请求受理通知书（5W07987 案）提交的意见陈述书，其认为附件 2.2 不属于专利法规定的公开出版物，且未公开本专利权利要求书的具体内容，因此不能否定本专利的新颖性和创造性。

（3）针对上述专利权，李伯南（下称第三请求人）于2006年7月25日向专利复审委员会提出无效宣告请求，理由是本专利不具备专利法第22条第2、3款规定的新颖性和创造性，其提交的附件如下：

附件3.1：本专利授权公告文本；

附件3.2：标准号为Q/GJHS 01-2001、备案号为QB/441283 97 321-2001的《广东省企业产品标准　家具五金　杯状自弹暗铰链》首页、前言页和第1~5页复印件，共7页（同附件2.2）。

第三请求人认为：本专利属于自由公知技术，因此不具备新颖性和创造性。

经形式审查合格，专利复审委员会依法受理了上述无效宣告请求（案件编号：5W07988），于2006年7月25日向双方当事人发出无效宣告请求受理通知书，并将第三请求人提交的无效宣告请求书及其附件清单中所列附件的副本转送给专利权人，告知专利权人在一个月内陈述意见，期满未答复不影响专利复审委员会审理。

2006年8月16日，第三请求人提交了补充意见陈述书和附件3.3、附件3.4，其补充提交的附件如下：

附件3.3：公告号为CN2101082U的实用新型专利申请说明书，其公告日为1992年4月8日（同附件2.3）；

附件3.4：申请号为94107842.6的发明专利申请公开说明书，其公开日为1996年1月17日（同附件2.4）；

其补充意见也与第二请求人于2006年8月16日提交的补充意见陈述相同，认为本专利与附件3.3（同附件2.3）相比不具备新颖性和创造性；本专利与附件3.4（同附件2.4）相比不具备创造性；此外，本专利中扭簧的设置方式属于传统铰链的常规结构技术。

2006年8月28日，专利复审委员会收到专利权人针对第三请求人的无效宣告请求受理通知书（5W07988案）提交的意见陈述书，其认为附件3.2不属于专利法规定的公开出版物，且未公开本专利权利要求书的具体内容，因此不能否定本专利的新颖性和创造性。

（4）针对上述专利权，佛山市顺德区海蒂诗金属制品有限公司（下称第四请求人）于2006年7月26日向专利复审委员会提出无效宣告请求，理由是本专利不具备专利法第22条第2、3款规定的新颖性和创造性，其提交的附件如下：

附件4.1：本专利授权公告文本；

附件4.2：标准号为Q/GJHS 01-2001、备案号为QB/441283 97 321-2001的《广东省企业产品标准家具五金　杯状自弹暗铰链》首页、前言页和第1~5页复印件，共7页（同附件2.2和附件3.2）；

附件4.3：授权委托书。

第四请求人认为：本专利属于自由公知技术，因此不具备新颖性和创造性。

经形式审查合格，专利复审委员会依法受理了上述无效宣告请求（案件编号：5W07991），于2006年7月26日向双方当事人发出无效宣告请求受理通知书，并将第四请求人提交的无效宣告请求书及其附件清单中所列附件的副本转送给专利权人，告知专利权人在一个月内陈述意见，期满未答复不影响专利复审委员会审理。

2006年8月25日，专利复审委员会收到第四请求人提交的补充意见陈述书和附件4.4、附件4.5、附件4.6，第四请求人认为：本专利权利要求中“所述弯曲部件四角均为平面”语义不清楚，不符合专利法实施细则第20条第1款的规定；在说明书中也未对此给予明确的说明，不符合专利法第26条第3款的规定；本专利权利要求1中除了“扭簧的一端压在设于内铰页中的一根支撑件下”

外，其余特征完全被附件 4. 4 公开，而扭簧一端无论是压在内铰页的支撑件下，还是压在枢转臂的内壁面上实质都是一样的，是本领域技术人员惯常采用的技术手段，因此本专利与附件 4. 4 相比不具备新颖性；本专利与附件 4. 4 的上述区别特征由附件 4. 5 所公开，因此本专利相对于附件 4. 4 和附件 4. 5 的组合不具备创造性；本专利与附件 4. 6 相比区别在于，附件 4. 6 的弹簧条另一端压在桥的内壁面，而本专利扭簧的另一端压在弯曲部件的内底面，该区别特征已被附件 4. 4 公开，因此本专利与附件 4. 6 和附件 4. 4 相比不具备创造性。第四请求人补充提交的附件如下：

附件 4. 4：申请号为 94107842. 6 的发明专利申请公开说明书，其公开日为 1996 年 1 月 17 日（与附件 2. 4 和附件 3. 4 相同）；

附件 4. 5：公告号为 CN2033433U 的实用新型专利申请说明书，其公告日为 1989 年 3 月 1 日；

附件 4. 6：公告号为 CN2101082U 的实用新型专利申请说明书，其公告日为 1992 年 4 月 8 日（与附件 2. 3 和附件 3. 3 相同）。

2006 年 8 月 28 日，专利复审委员会收到专利权人针对第四请求人的无效宣告请求受理通知书（5W07991 案）提交的意见陈述书，其认为附件 4. 2 不属于专利法规定的公开出版物，且未公开本专利权利要求书的具体内容，因此不能否定本专利的新颖性和创造性。

针对上述四个无效宣告请求，专利复审委员会依法成立合议组。根据审查指南规定的“案件的合并审理”原则，本案合议组将上述四个无效宣告请求案合并口头审理。本案合议组于 2006 年 11 月 13 日向上述各方当事人发出无效宣告请求口头审理通知书，指出本案定于 2007 年 1 月 16 日举行口头审理，并告知各方当事人上述四个无效宣告请求案将合并口头审理。随同口头审理通知书，将专利权人于 2006 年 8 月 28 日针对四个无效宣告请求案分别提交的意见陈述书转给相应的各请求人，将第一请求人于 2006 年 8 月 14 日提交的补充意见陈述书及其附件、第二请求人于 2006 年 8 月 16 日提交的补充意见陈述书及其附件、第三请求人于 2006 年 8 月 16 日提交的补充意见陈述书及其附件和专利复审委员会于 2006 年 8 月 25 日收到的第四请求人提交的补充意见陈述书及其附件转给专利权人。

2006 年 12 月 18 日，专利复审委员会收到专利权人分别针对 5W07987 和 5W07991 案的意见陈述书，专利权人除了坚持以前的观点，认为附件 2. 2 和附件 4. 2 不能否定本专利的新颖性和创造性之外，还认为本专利的弹簧支承点结构与已有的支承弹簧技术截然不同，第二请求人和第四请求人提供的所有附件都不能否定本专利的新颖性和创造性。此外，专利权人认为，权利要求书中的“弯曲部件四角均为平面”结合说明书和附图是很清楚的，完全符合专利法第 26 条第 3 款及专利法实施细则第 20 条第 1 款的规定。

口头审理如期举行，各方当事人均参加了口头审理。

在口头审理中：

（1）第一请求人明确其无效宣告请求的理由、证据和范围是：本专利权利要求 1 不符合专利法第 22 条第 2、3 款的规定；使用的证据是附件 1. 2，放弃附件 1. 1 作为证据使用。第一请求人当庭没有提交附件 1. 2 的原件。

第一请求人认为附件 1. 2 图页中的铰链和本专利相同；对此，专利权人认为附件 1. 2 图中没有具体公开本专利权利要求 1 的技术方案，也没有文字说明，不能影响本专利权利要求 1 的新颖性和创造性。

（2）合议组当庭将专利权人于 2006 年 12 月 18 日针对 5W07987 一案提交的意见陈述书转给第二请求人。第二请求人和第三请求人明确其无效宣告请求的理由、证据和范围相同，具体为：本专利权利要求 1 不符合专利法第 22 条第 2、3 款的规定；使用的证据是附件 2. 2（同附件 3. 2）、附件 2. 3（同附件 3. 3）和附件 2. 4（同附件 3. 4），其中使用附件 2. 3（即附件 3. 3）评述权利要求 1 的新颖性和创造性，使用附件2.4（即附件3.4）评述权利要求1的创造性，使用附件2.3（即附件3.3）和附件2.4（即附件3.4）的结合评述权利要求1的创造性。第二、第三请求人当庭未提供附件2.2（即附件3.2）的原件，专利权人对附件2.2（即附件3.2）的真实性有异议，对附件2.3（即附件3.3）和附件2.4（即附件3.4）的真实性无异议。合议组当庭告知第二请求人、第三请求人，附件2.3（即附件3.3）和附件2.4（即附件3.4）结合来评述创造性的方式在其补充意见陈述书中未具体说明，根据专利法实施细则第64条第1款和审查指南第四部分第三章第4.1节的相应规定，合议组对上述结合方式不予考虑。

第二请求人、第三请求人认为：①附件2.3（即附件3.3）与本专利的唯一区别在于扭簧另一端所处的位置不同，但这属于等效替换，并属于技术常识和生活常识；②附件2.4（即附件3.4）与本专利权利要求1的区别仅在于扭簧一端所处的位置不同，这属于等效替换。

针对上述观点，专利权人认为：①附件2.3（即附件3.3）与本专利相比除了上述区别之外，附件2.3（即附件3.3）中的控制板不能相当于本专利中的支撑件，附件2.3（即附件3.3）中扭簧的一端压在控制板上，使用时会造成滑动；②本专利权利要求1与附件2.4（即附件3.4）的上述区别使得本专利的铰链关闭更严，同时两者扭簧的受力方向不同，技术方案应整体进行理解，附件2.4（即附件3.4）未给出扭簧安装位置、及由此带来的受力点和作用力方向不同的启示。

（3）合议组当庭将专利权人于2006年12月18日针对5W07991一案提交的意见陈述书转给第四请求人。第四请求人明确其无效宣告请求的理由、证据和范围是：本专利不符合专利法第26条第3款；本专利权利要求1不符合专利法实施细则第20条第1款，专利法第22条第2、3款的规定；使用的证据为附件4.4、附件4.5和附件4.6，放弃附件4.2作为证据使用，其中使用附件4.4评述本专利权利要求1的新颖性，使用附件4.4和附件4.5的结合以及附件4.4和附件4.6的结合评述本专利权利要求1的创造性。专利权人对附件4.4、附件4.5和附件4.6的真实性没有异议。

第四请求人认为：①本专利权利要求1与附件4.4的唯一区别在于扭簧一端所处的位置不同，这属于直接置换；②附件4.6与本专利权利要求1的区别仅在于扭簧另一端所处的位置不同，该区别特征已被附件4.4公开；③附件4.4与本专利权利要求1的上述区别特征已被附件4.5公开，同时该特征也属于公知技术；④权利要求1中所述的弯曲部件四角均为平面的描述不清楚，同时说明书中也没有对上述特征进行清楚的说明。

针对上述观点，专利权人认为：①本专利权利要求1与附件4.4中两者扭簧的受力方向不同，不属于直接置换；②附件4.6中的控制板不能相当于本专利的支撑件，不能直接将附件4.4中扭簧一端的设置方式与附件4.6中扭簧另一端的设置方式结合；③不能直接将附件4.4与附件4.5结合，没有技术启示；④根据说明书中的描述可以很清楚地理解所述“四角均为平面”是指弯曲部件中没有凸起部分，通过说明书的解释权利要求1也是清楚的。

2007年2月26日，专利复审委员会收到了第四请求人提交的口审代理词，重申了其口头审理时观点，并强调本专利背景技术中记载了扭簧压在支撑件下的情况，表明弹簧压在支撑件下是本领域的惯用手段。

至此，合议组认为本案事实已清楚，现依法作出审查决定。

**二、决定的理由**

1. 关于第一请求人的无效宣告请求

第一请求人在口头审理当庭明确表示放弃附件1.1作为本案证据使用，因此合议组不再针对附件1.1进行评述。

附件1.2是《广东省企业产品标准　家具五金　杯状自弹暗铰链》首页、前言页、第1~4页和附图页的复印件，第一请求人未提供其原件，合议组认为附件1.2的真实性无法确定，不能作为本案证据使用。

由于第一请求人未能提供真实、合法的证据来支持其主张，因此第一请求人认为本专利权利要求1不符合专利法第22条第2、3款的无效宣告请求的理由不能成立。

2. 关于第二请求人的无效宣告请求

（1）关于证据。

附件2.2为《广东省企业产品标准　家具五金　杯状自弹暗铰链》首页、前言页和第1~5页的复印件，第二请求人未提供其原件，专利权人对附件2.2的真实性有异议，合议组认为附件2.2的真实性无法确定，不能作为本案证据使用。

附件2.3和附件2.4为专利文献，专利权人对它们的真实性无异议，合议组经审查认为附件2.3和附件2.4可以作为本案证据使用。附件2.3、附件2.4的公开日均在本专利申请日之前，其上记载的内容构成了本专利的现有技术。

（2）本专利权利要求1相对于附件2.3是否具备新颖性和创造性。

新颖性，是指在申请日以前没有同样的发明或者实用新型在国内外出版物上公开发表过、在国内公开使用过或者以其他方式为公众所知，也没有同样的发明或者实用新型由他人向国务院专利行政部门提出过申请并且记载在申请日以后公布的专利申请文件中。

创造性，是指同申请日以前已有的技术相比，该发明有突出的实质性特点和显著的进步，该实用新型有实质性特点和进步。

第二请求人认为附件2.3与本专利的唯一区别在于本专利扭簧的另一端压在弯曲部件的内底面上，而附件2.3中扭簧的一端压在内铰页的内表面上，这属于等效替换，并属于技术常识和生活常识，因此本专利权利要求1相对于附件2.3不具备新颖性和创造性。

合议组经审理查明，附件2.3公开了一种铰链结构，它包含有：坐垫1，其可被固定在家具的内侧边；台2，其可被固定在门的内侧边；台2与坐垫1之间有一连接的桥3，桥3与坐垫1之间由螺纹旋接固定；台2设有二销孔232和233，供一U形销钉234插入，销钉234的一脚穿过连接板24一端的孔，另一脚穿过控制板25一端的孔；连接板24和控制板25另一端设有孔，分别通过销26、27结合在桥3的孔中；穿过连接板24的销26上同时结合有一弹簧条36，弹簧条36的一端顶在桥3的内壁面，弹簧条36的另一端顶在控制板25拱起的背253上，弹簧条36与控制板25的不同部位接触，会形成不同的压缩力（见附件2.3说明书第3页倒数第6行至第4页第10行、第5页第3段、第6页第1段和图1、2、4）。此外，由附件2.3的图2中可明显看到，连接件24的四角均为平面。

将本专利权利要求1与附件2.3进行比较：附件2.3公开了一种铰链结构，与本专利技术领域相同；附件2.3中坐垫1固定在家具的内侧边上，桥3与坐垫1固定，桥3与坐垫1的组合相当于本专利中的内铰页；附件2.3中台2固定在门的内侧边，相当于本专利中的外铰页；附件2.3中连接板24的一端通过销钉234连接到台2，连接板24的另一端通过销26连接到桥3，连接板24连接了台2和桥3与坐垫1的组合，相当于本专利中的弯曲部件，连接处的销钉26相当于本专利中的连接件；附件2.3中连接板24与桥3连接处的销26上结合有弹簧条36，相当于本专利中弯曲部件与内铰页的连接处设有一扭簧；由附件2.3的图2中可看到连接件24的四角均为平面，与本专利中弯曲部件四角均为平面相同。

本专利权利要求1与附件2.3的区别在于：本专利权利要求1中内铰页上设有一根支撑件，扭簧一端压在该支撑件下，另一端压在弯曲部件的内底面上；附件2.3中在台2和桥3之间设有一控制板25，弹簧条36的一端顶在桥3的内壁面上，即内铰页的内壁面上，另一端顶在控制板拱起的背上。

合议组认为，在附件2.3中控制板25一端通过销钉与台2连接，另一端通过销与桥3连接，即控制板 25 与外铰页和内铰页相连，与本专利中于内铰页上设置支撑件的结构特征并不相同；此外，附件 2.3 与本专利弹簧的设置方式不同，附件 2.3 中弹簧条的一端顶在内铰页上、另一端顶在控制板拱起的背上，本专利中扭簧一端压在支撑件下、另一端压在弯曲部件的内底面上。

由于本专利权利要求 1 与附件 2.3 相比存在上述区别技术特征，并且第二请求人也没有提供证据证明上述区别技术特征属于所述技术领域中惯用手段的直接置换，因此本专利权利要求 1 相对于附件 2.3 具备新颖性，符合专利法第 22 条第 2 款的规定。

此外，附件 2.3 中未给出在桥 3 上设置支撑件，并将弹簧条一端压在支撑件下、另一端压在连接件 24 内底面上的技术启示，第二请求人也没有提供证据或进行具体解释来证明上述特征属于公知常识，合议组根据所知晓的知识也无法认定其属于公知技术手段，且本专利能够起到增加产品使用寿命的效果，因此本专利权利要求 1 相对于附件 2.3 具备创造性，符合专利法第 22 条第 3 款的规定。

（3）本专利权利要求 1 相对于附件 2.4 是否具备创造性。

第二请求人认为附件 2.4 与本专利权利要求 1 的区别仅在于扭簧一端所处的位置不同，这属于等效替换，因此权利要求 1 相对于附件 2.4 不具备创造性。

合议组经审理查明，附件 2.4 公开了一种上扳式可分离铰链，其主要由座垫 1、连接板 2 和枢转臂 3 组成，枢转臂 3 的一端以座 33 固定在家具门上（下称第一端部），枢转臂 3 的另一端与连接板 2 牢固结合（下称第二端部），连接板 2 与坐垫 1 为可分离式连接，坐垫 1 固定在家具的墙壁上（见附件 2.4 说明书第 1 页倒数第 8~5 行，第 2 页第 9~10 行、第 20~23 行和附图 1、2）。此外，由附件 2.4 的附图 1 可以看到枢转臂 3 的两个端部之间有连接部件，该连接部件通过销钉分别与两端部连接；由附件 2.4 的附图 2 可以看到该连接部件与枢转臂第二端部的连接处设有弹簧，弹簧的一端压在该连接部件的内表面上，弹簧的另一端压在该第二端部的内壁上。

将本专利权利要求 1 与附件 2.4 进行比较：附件 2.4 公开了一种铰链，与本专利技术领域相同；附件 2.4 中枢转臂第二端部与连接板结合，连接板与坐垫连接，坐垫固定在家具的墙壁上，枢转臂第二端部与连接板、坐垫的组合相当于本专利中的内铰页；附件 2.4 中枢转臂第一端部（即座 33）固定在家具门上，相当于本专利中的外铰页；附件 2.4 中枢转臂两端部之间有连接部件，该连接部件通过销钉与两端部连接，该连接部件相当于本专利中的弯曲部件，连接处的销钉相当于本专利中的连接件；附件 2.4 中该连接部件与枢转臂第二端部的连接处设有弹簧，弹簧的一端压在该连接部件的内表面上，相当于本专利中弯曲部件与内铰页的连接处设有一扭簧，扭簧的一端压在弯曲部件的内底面上。

本专利权利要求 1 与附件 2.4 的区别在于：本专利权利要求 1 中弯曲部件四角均为平面，而从附件 2.4 的附图中不能清楚地看出该连接部件的完整形状，在附件 2.4 的说明书中也没有对这部分的文字描述；本专利权利要求 1 中内铰页上设有一根支撑件，扭簧的一端压在该支撑件下、另一端压在弯曲部件的内底面上，而附件 2.4 中弹簧的一端直接压在枢转臂第二端部的内壁上、另一端压在该连接部件的内表面上，相当于附件 2.4 中弹簧的一端直接压在内铰页的内壁上、另一端压在弯曲部件的内底面上。

合议组认为，由于本专利权利要求 1 与附件 2.4 相比存在上述区别技术特征，附件 2.4 中也没有给出在铰链结构中应用上述区别技术特征的技术启示，并且第二请求人也没有提供证据或进行具体解释来证明上述区别技术特征属于所述技术领域中的公知常识，合议组根据所知晓的知识也无法认定其属于公知的技术手段，且本专利能够起到增加产品使用寿命的效果，因此本专利权利要求 1 相对于附件 2.4 具备创造性，符合专利法第 22 条第 3 款的规定。

（4）关于附件 2.3 与附件 2.4 结合评述本专利权利要求 1 创造性的无效理由。

第二请求人在口头审理当庭提出使用附件 2.3 和附件 2.4 结合评述权利要求 1 的创造性。

专利权人认为第二请求人在无效请求和补充意见陈述中均没有使用附件 2.3 和附件 2.4 结合评述

本专利权利要求1的创造性，因此上述结合方式不能接受。

专利法实施细则第64条第1款规定：无效宣告请求书应当结合提交的所有证据，具体说明无效宣告请求的理由，并指明每项理由所依据的证据。

审查指南第四部分第三章第4.1节规定：请求人在提出无效宣告请求时没有具体说明地无效宣告理由以及没有用于具体说明相关无效宣告理由的证据，且在提出无效宣告请求之日起一个月内也未补充具体说明的，专利复审委员会不予考虑。

合议组认为，第二请求人在口头审理当庭所提出的使用附件2.3和附件2.4结合评述本专利权利要求1创造性的无效宣告理由，在其提出无效请求时和一个月内提交补充意见陈述时均未具体说明，因此根据专利法实施细则第64条第1款和审查指南第四部分第三章第4.1节的相应规定，合议组不予考虑。此外，上述不予接受的理由，合议组也已于口头审理当庭告知了第二请求人。

综上所述，第二请求人无效宣告请求的理由均不成立。

3. 关于第三请求人的无效宣告请求

鉴于第三请求人明确表示其无效宣告请求的理由、证据和范围与第二请求人相同，因此如上所述，第三请求人无效宣告请求的理由亦不能成立。

4. 关于第四请求人的无效宣告请求

（1）关于证据。

第四请求人在口头审理当庭明确表示放弃附件4.2作为本案证据使用，因此合议组不再针对附件4.2进行评述。

附件4.4、附件4.5和附件4.6均为专利文献，专利权人对它们的真实性没有异议，合议组经审查认为附件4.4、附件4.5和附件4.6可以作为本案证据使用。附件4.5、附件4.6和附件4.7的公开日均在本专利申请日之前，其上记载的内容构成了本专利的现有技术。

（2）关于专利法第26条第3款和专利法实施细则第20条第1款的无效宣告理由。

专利法第26条第3款规定：说明书应当对发明或者实用新型作出清楚、完整的说明，以所属技术领域的技术人员能够实现为准；必要的时候，应当有附图。

专利法实施细则第20条第1款规定：权利要求书应当说明发明或者实用新型的技术特征，清楚、简要地表述请求保护的范围。

第四请求人认为，权利要求1中所述的弯曲部件四角均为平面的描述不清楚，同时说明书中也没有对上述特征进行清楚的说明，因此不符合专利法第26条第3款和专利法实施细则第20条第1款的规定。

对此，专利权人表示，根据说明书中的描述可以很清楚地理解所述“四角均为平面”是指弯曲部件中没有凸起部分，通过说明书的解释权利要求1也是清楚的。

经审查，根据本专利说明书的记载可知，本专利所要解决的技术问题是铰链结构中弯曲部件一角的凸块会因受力大而易产生变形或断裂，导致整个产品失去使用效果（见本专利说明书第1页第2段）；相应上述要解决的技术问题所采用的技术手段是将弯曲部件一角的凸块去掉，从而得到四角均为平面的弯曲部件。合议组认为，本领域技术人员根据说明书文字部分和附图记载的内容，能够明确地知道本专利权利要求1和说明书中所述“弯曲部件四角均为平面”指的是该弯曲部件四角均不设置凸块、保持平面形状，因此本专利说明书对上述内容已经做出了清楚、完整的说明，使得所属技术领域的技术人员能够实现，符合专利法第26条第3款的规定；同时权利要求1中上述内容的表述也是清楚的，符合专利法实施细则第20条第1款的规定。

（3）本专利权利要求1相对于附件4.4是否具备新颖性。

附件4.4与第二请求人所提交的附件2.4相同，因此如上所述，本专利权利要求1与附件4.4的区别在于：本专利权利要求 1 中弯曲部件四角均为平面，而从附件 4.4 的附图中不能清楚地看出该连接部件的完整形状，在附件 2.4 的说明书中也没有对这部分的文字描述；本专利权利要求 1 中内铰页上设有一根支撑件，扭簧的一端压在该支撑件下、另一端压在弯曲部件的内底面上，而附件 2.4 中弹簧的一端直接压在枢转臂第二端部的内壁上、另一端压在该连接部件的内表面上，相当于附件 2.4 中弹簧的一端直接压在内铰页的内壁上、另一端压在弯曲部件的内底面上。

由于本专利权利要求 1 与附件 4.4 相比存在上述区别技术特征，并且第四请求人也没有提供证据证明上述区别技术特征属于所述技术领域中惯用手段的直接置换，因此本专利权利要求 1 相对于附件 4.4 具备新颖性，符合专利法第 22 条第 2 款的规定。

（4）本专利权利要求 1 相对于附件 4.4 与附件 4.5 的结合是否具备创造性。

如上所述，本专利权利要求 1 与附件 4.4 的区别在于：附件 4.4 中不能清楚地看出弯曲部件的形状，两者在弹簧端部的设置方式上也不同。

附件 4.5 公开了一种嵌入式弹力暗铰链，由转动铰链座 1、固定铰链座 2、槽形连杆 3、连杆 4、铆钉 5~8 和扭转弹簧 9 构成，弹簧 9 套在铆钉 5 上，弹簧 9 一端压在铆钉 6 上、另一端压在铆钉 7 上（见附件 4.5 第 3 页第 4 段和图 4）。

附件 4.5 中弹簧两端均压在铆钉上，即弹簧两端均压在铰链座的支撑件下；附件 4.4 中弹簧两端分别压在弯曲部件和内铰页的内壁上。合议组认为，弹簧作为铰链结构中的受力元件，其设置方式应当从整体上考虑，附件 4.4 和附件 4.5 中弹簧整体的设置方式与本专利均不相同，附件 4.4 和附件 4.5 中也没有给出将弹簧一端压在支撑件下、另一端压在弯曲部件内壁面上的这种设置方式的技术启示，并且本专利权利要求 1 的技术方案能够增加产品的使用寿命，因此本专利权利要求 1 相对于附件 4.4 与附件 4.5 的结合具备创造性，符合专利法第 22 条第 3 款的规定。

针对第四请求人认为本专利背景技术中记载了扭簧压在支撑件下的情况，表明弹簧压在支撑件下是本领域惯用手段的观点，合议组认为，尽管本专利的背景技术部分描述了扭簧压在支撑件下的结构，但其只是申请人（即专利权人）在提出申请时描述他所知晓的一种技术状况，不能表明该技术已成为专利法意义上的现有技术，且在背景技术中未给出具体出处的情况下，不能仅凭专利说明书背景技术的描述就将该内容认定成现有技术，即没有证据证明本专利中所述的弹簧设置方式在本专利申请日之前已经被公众所知。此外本专利中弹簧的设置方式与本专利所述的铰链结构相关，不涉及其他铰链结构，没有证据证明弹簧的这种设置方式是本领域中的惯用手段，因此第四请求人的上述观点合议组不予支持。

（5）本专利权利要求 1 相对于附件 4.6 与附件 4.4 的结合是否具备创造性。

附件 4.6 与第二请求人所提交的附件 2.3 相同，因此如上所述，本专利权利要求 1 与附件 4.6 的区别在于：本专利权利要求 1 中内铰页上设有一根支撑件，扭簧一端压在该支撑件下，另一端压在弯曲部件的内底面上；附件 2.3 中在台 2 和桥 3 之间设有一控制板 25，弹簧条 36 的一端顶在桥 3 的内壁面上，即内铰页的内壁面上，另一端顶在控制板拱起的背上。

合议组认为，在附件 4.6 中控制板 25 一端通过销钉与台 2 连接，另一端通过销与桥 3 连接，即控制板 25 与外铰页和内铰页相连，与本专利中于内铰页上设置支撑件的结构特征并不相同；附件 4.6 中弹簧条的设置方式是一端顶在内铰页上、另一端顶在控制板拱起的背上，与本专利中扭簧一端压在内铰页的支撑件下、另一端压在弯曲部件内底面上的设置方式不同。

附件 4.4 与第二请求人所提交的附件 2.4 相同，因此如上所述，附件 4.4 中弹簧两端分别压在弯曲部件和内铰页的内壁上。

合议组认为，弹簧作为铰链结构中的受力元件，其设置方式应当从整体上考虑，附件 4.6 和附件 4.4 中弹簧整体的设置方式与本专利均不相同，附件 4.6 和附件 4.4 中也没有给出将弹簧一端压在内铰页的支撑件下、另一端压在弯曲部件内壁面上的这种设置方式的技术启示，并且本专利权利要求1的技术方案能够增加产品的使用寿命，因此本专利权利要求1相对于附件4.6与附件4.4的结合具备创造性，符合专利法第22条第3款的规定。

综上所述，第四请求人无效宣告请求的理由均不成立。

**三、决定**

维持01255929.6号实用新型专利权有效。

当事人对本决定不服的，可以根据专利法第46条第2款的规定，自收到本决定之日起三个月内向北京市第一中级人民法院起诉。根据该款的规定，一方当事人起诉后，另一方当事人应当作为第三人参加诉讼。

# 北京市第一中级人民法院
# 行政裁定书

（2007）一中行初字第960号

原告佛山市顺德区能耐实业有限公司，住所地广东省佛山市顺德区勒流镇光大工业区。

委托代理人徐守恒，北京市中润律师事务所律师。

委托代理人刘媛媛，女，汉族，1983年5月13日出生，北京市中润律师事务所律师助理，住北京市朝阳区平乐园小区203楼102室。

被告国家知识产权局专利复审委员会，住所地北京市海淀区北四环西路9号银谷大厦10~12层。

法定代表人廖涛，副主任。

委托代理人杨军艳，国家知识产权局专利复审委员会审查员。

委托代理人瞿晓峰，国家知识产权局专利复审委员会审查员。

第三人吴友明，男，汉族，1969年11月28日出生，住广东省高要市金利镇小朗村委会榄洲村3队。

委托代理人朱世东，北京金言诚信知识产权代理有限公司专利代理人。

原告佛山市顺德区能耐实业有限公司不服被告国家知识产权局专利复审委员会于2007年4月4日作出的第9647号无效宣告请求审查决定书，向本院提起诉讼。本院于2007年7月13日受理后，依法组成合议庭，并按照法律有关规定通知吴友明作为第三人参加诉讼。在本案审理过程中，原告佛山市顺德区能耐实业有限公司于2007年9月14日向本院提出撤诉申请。

本院认为，原告佛山市顺德区能耐实业有限公司的撤诉申请未违反法律规定，应予准许。依照《中华人民共和国行政诉讼法》第五十一条之规定，裁定如下：

准许原告佛山市顺德区能耐实业有限公司撤回对被告国家知识产权局专利复审委员会、第三人吴友明的起诉。

案件受理费100元，减半收取50元，由原告佛山市顺德区能耐实业有限公司负担（已交纳）。

审 判 长 仪 军
代理审判员 侯占恒
代理审判员 王 晫
二〇〇七年九月十四日
书 记 员 乔 平

078

# 干式路面吸尘车

## 无效宣告请求审查决定（第9648号）

**决　定　号**　第9648号
**决　定　日**　2007年4月9日
**发明创造名称**　干式路面吸尘车
**国际分类号**　E01H 1/08
**无效宣告请求人**　北京天路通科技有限责任公司
**专　利　权　人**　山东金宝集团有限公司
**申　请　号**　200420052970.8
**申　请　日**　2004年8月7日
**授权公告日**　2005年9月21日
**合议组组长**　刘颖杰
**主　审　员**　周　航
**参　审　员**　张　曦

**法律依据**　专利法第22条第3款
**决定要点**

一项权利要求与最接近的现有技术相比，如果区别技术特征是本领域技术人员容易想到的，并且该区别技术特征并没有使权利要求的技术方案产生预料不到的效果，则该权利要求的技术方案不具备创造性。如果区别技术特征给权利要求的技术方案带来了一定的技术效果，而现有证据不足以证明该技术方案的显而易见性，则不能依据该证据否定权利要求的创造性。

### 一、案由

本无效宣告请求涉及中华人民共和国国家知识产权局于2005年9月21日授权公告的、名称为“干式路面吸尘车”的实用新型专利权（下称本专利），其申请号是200420052970.8，申请日是2004年8月7日，专利权人是山东金宝集团有限公司。该专利授权公告时的权利要求书如下：

“1. 一种干式路面吸尘车，包括带有动力驱动和行走系统的汽车底盘（1），其特征是在驾驶室（3）后面还有安装在汽车底盘（1）上面的吸尘发动机（4）和由该发动机（4）通过传动装置（5）驱动的风机（6），在风机（6）后方有通过铰轴（20）安装在汽车底盘（1）上面的灰箱，灰箱由中部的隔板（16）分隔为下部的密封灰箱（19）和上部的滤尘灰箱（11），两灰箱后端开口处设有灰箱门（18），两灰箱前端连接有车外罩（7），滤尘灰箱（11）的顶面带有开口，开口下面装有滤尘装置（15），在滤尘灰箱（11）和车外罩（7）上面还安装有向上凸起的顶盖（14），顶盖（14）前部设有出气口（8），在汽车底盘（1）的下方安装有吸尘盘（21），装在吸尘盘（21）上的吸尘管（13）的上端与密封灰箱（19）连通，风机下部的出气口通过吹气管（24）与吸尘盘（21）连接，风机（6）的进气口通过进气管（12）与密封灰箱（19）连通，风机上部的出气口通过出气管（10）与滤尘灰箱（11）连通。

2. 根据权利要求1所述的干式路面吸尘车，其特征是所说的吸尘盘（21）具有薄型的气室（22），吹气管（24）与该气室（22）连通，气室（22）下面装有多个吹气嘴（25）。

3. 根据权利要求1所述的干式路面吸尘车，其特征是在汽车底盘（1）的下面安装有带动吸尘盘（21）升降的油缸（28）。

4. 根据权利要求1所述的干式路面吸尘车，其特征是在汽车底盘（1）上面安装有驱动灰箱起落的油缸。

5. 根据权利要求1所述的干式路面吸尘车，其特征是所说的吸尘盘（21）的前部两侧还铰接有可向外展开的伸缩吸尘盘（26）。

6. 根据权利要求1所述的干式路面吸尘车，其特征是风机（6）的壳体内侧设有固定叶盘（34）。”

针对上述专利权，北京天路通科技有限责任公司（下称请求人）于2006年6月5日向专利复审委员会提出无效宣告请求，其理由和范围是：本专利权利要求1、2、6不符合专利法第22条第2、3款的规定和专利法实施细则第13条第1款的规定，权利要求3、4不符合专利法第22条第3款的规定和专利法实施细则第13条第1款的规定，权利要求5不符合专利法第22条第3款的规定。同时提交了如下证据：

证据1：ZL03119446.X号发明专利的授权公告文本，其申请日为2003年3月13日，授权公告日为2006年1月4日；

证据2：《工矿产品购销合同》复印件；

证据3：BJD5010TSL全吸干式吸尘车彩页。

请求人认为：（1）本专利权利要求1与证据1的在先专利所解决的技术问题、所采用的技术方案都相同，不具备新颖性和创造性，不符合专利法第22条第2、3款的规定，并以列表方式对比了本专利权利要求1与证据1的各技术特征，同时表示尽管本专利权利要求1的有些装置在证据1中未提及，但均属于通用设计；（2）本专利权利要求2与证据1的方案相同，权利要求3~5不具备创造性，权利要求6不具备新颖性。

经形式审查合格，专利复审委员会依法受理了上述无效宣告请求，并于2006年6月19日向双方当事人发出无效宣告请求受理通知书，同时将无效宣告请求书及其附件清单中所列附件的副本转送给专利权人，要求其在收到该通知之日起一个月内陈述意见。

在指定期限内专利权人未做答复。

专利复审委员会依法成立合议组对本案进行审查，合议组于2006年10月12日向双方当事人发出口头审理通知书，定于2006年11月29日在复审委员会对本案进行口头审理。

口头审理如期举行，请求人委托公民代理人刘道臣参加了口头审理，专利权人未参加此次口头审理。

在口头审理中，（1）请求人放弃了有关专利法实施细则第13条第1款和专利法第22条第2款的无效宣告理由，明确其无效宣告请求的理由和范围是：本专利权利要求1~6不符合专利法第22条第3款有关创造性的规定。其所依据的证据与无效宣告请求书中相同。（2）请求人表示证据2和证据3用以证明专利权人在请求人处购买了证据1的专利产品，并当庭提交了证据2的传真件。合议组经核对发现，证据2的复印件右上角写有合同编号2004043004，而上述传真件的右上角无合同编号，二者不一致。对此请求人认为，合同编号是公司内部拟定的，在传真时还未给出合同编号。（3）合议组当庭告知请求人，证据1的授权公告文本公开日期晚于本申请的申请日，不能作为影响本专利权利要求创造性的对比文件使用。请求人当庭提交了证据1专利文件的公开文本，并表示证据1的发明专利的公开日为2003年11月19日，早于本专利的申请日，其中作为证据使用的内容也与公开文本中一致，因此证明证据1中的相关内容已经在本专利的申请日之前公开。（4）请求人认为，证据1与本专利所解决的技术问题相同，其中公开了本专利权利要求1的绝大部分技术特征，虽然没有公开“灰箱上有出气口”的技术特征，但该区别属于公知常识。权利要求2~4和6的附加技术特征在证据1中也已经公开。权利要求5的附加技术特征“伸缩吸尘盘”在证据1中没有公开，但该手段是本领域技术人员根据需要容易想到的。

口头审理结束后，合议组当天（2006年11月29日）将请求人当庭提交的证据1的公开文本转送给专利权人，告知专利权人请求人用该公开文本证明证据1中与本专利相关的内容已经在本专利申请日前公开，并告知其应在收到之日起一个月内答复，期满未答复的，视为已得知转送文件中所涉及的事实、理由和证据，并且未提出反对意见。

在指定期限内专利权人未做答复。

在上述工作的基础上，合议组认为本案事实已经清楚，可以作出审查决定。

**二、决定的理由**

1. 关于证据

请求人在本次无效宣告程序中共提交了3份证据。其中证据1是在本发明申请日之前申请的发明专利授权文本，经合议组审查其真实性可以得到确认。证据1的授权公告日在本专利申请日之后，但请求人口审当庭提交了该发明专利的公开文本，经审查认定该公开文本的真实性，其公开日为2003年11月19日，早于本专利的申请日，并且请求人表示在本无效宣告请求中所使用的证据1内容，即说明书部分和附图与公开文本中一致，经合议组核实，这两份文本的上述内容确属相同，由此证明证据1的这部分内容在本专利申请日之前已经公开，可以用来评价本专利的创造性。

证据2是2004年4月20日北京天路通科技有限公司与山东金宝集团总公司签订的BJD5010TSL型扫路车的购销合同复印件，证据3是BJD5010TSL型吸尘车的广告宣传彩页。请求人表示BJD5010TSL型吸尘车即是证据1中的专利产品，通过证据2和3可证明本案专利权人在本专利申请日之前购买了请求人公司的吸尘车产品。对此合议组认为，首先，经审查请求人并未提交证据2的原件，因而无法确认证据2的真实性；同时证据3的广告宣传彩页上没有记载其所宣传的产品BJD5010TSL型吸尘车是证据1的专利产品的信息，因而证据2和3无法支持请求人的上述主张。

2. 关于本专利权利要求的创造性

专利法第22条第3款规定：创造性是指同申请日以前已有的技术相比，该发明有突出的实质性特点和显著的进步，该实用新型有实质性特点和进步。

一项权利要求与最接近的现有技术相比，如果区别技术特征是本领域技术人员容易想到的，并且该区别技术特征并没有使权利要求的技术方案产生预料不到的效果，则该权利要求的技术方案不具备创造性。如果区别技术特征给权利要求的技术方案带来了一定的技术效果，而现有证据不足以证明该技术方案的显而易见性，则不能依据该证据否定权利要求的创造性。

在本案中，请求人认为本专利的权利要求1~6相对于证据1不具备创造性。

通过证据1的说明书及其附图可以看出，证据1公开了一种全气动干式吸尘车，包括驾驶室、车轮（相当于权利要求1所说的行走系统）、汽车底盘等常规机动车的部件和一个安装在汽车底盘上的吸尘装置，吸尘装置包括风机机壳、叶轮（相当于权利要求 1 中的风机）、发动机、皮带轮（相当于权利要求 1 中的传动装置），发动机通过皮带轮带动叶轮旋转，风机后方有安装在汽车底盘上的灰箱，灰箱通过中间的隔板分为上、下两层（相当于权利要求 1 中的密封灰箱 19 和滤尘灰箱 11），灰箱后部设有液压千斤顶控制的后开门，灰箱前部设有罩住风机机壳车外罩，汽车底盘下方安装有吸尘盘 13，吸尘盘通过吸气管（相当于权利要求 1 中的吸尘管 13）与下部密封灰箱连通，风机机壳下部的出气口通过导气管 12（相当于权利要求 1 中的吹气管 24）与吸尘盘连接，风机机壳的进气口通过进气管 5 连接着下部密封灰箱，可将下部灰箱抽成一定的真空，风机上部的出气口通过一出气管与上部灰箱连通。

通过比较可知，本专利权利要求 1 的技术方案与证据 1 属于同一技术领域，其吸尘原理也相同，权利要求 1 与证据 1 的区别在于，（1）本专利权利要求 1 中风机后方的灰箱是通过铰轴安装在汽车底盘上，而证据 1 中没有记载灰箱和汽车底盘之间的连接方式；（2）本专利权利要求 1 中上部的滤尘灰箱顶面带有开口，开口下面装有滤尘装置，滤尘灰箱和车外罩上面还安装有向上凸起的顶盖，顶盖前部设有出气口。

对于上述区别点（1），合议组认为，吸尘车的灰箱与汽车底盘之间采用铰链连接的方式以便在倾倒垃圾时灰箱能向上抬起是本领域常用的技术手段，并且根据证据 1 说明书第 2 页第 2 段的记载“灰箱 6 可用液压千斤顶伸起，角度不小于 45°”，说明该灰箱是以绕枢轴转动的方式向上抬起的，而铰接是枢轴连接的最常用方式，因此该区别点对于本领域技术人员来说是很容易想到的。

对于上述区别点（2），合议组认为，根据吸尘车的吸尘原理，吸尘灰箱分为上下两层，下层在风机（叶轮）作用下形成真空负压，上层用于接收风机带来的夹杂着灰尘的气流，根据上述工作原理，上层灰箱接收的气流如不能及时排出，则其内部压力会越来越大以致无法继续接收气流，因此上层灰箱必然要设有排放气流的结构，同时为了使排放气流时上层灰箱中的灰尘不会随之排出，很容易想到在出口处设置滤尘装置，因而即使证据 1 中没有上层灰箱设有开口和滤尘装置的文字描述，该技术特征也是本领域技术人员必然或者很容易想到的，并且其设置部位在灰箱的顶面也是一种常规选择。至于滤尘灰箱（即上层灰箱）和车外罩上面安装有向上凸起的顶盖、顶盖前部设有出气口的技术特征，根据说明书记载，该特征的作用是使进入风机的空气排出，尽管在证据 1 中没有明确记载这一特征，但本领域技术人员应当知道，无论证据 1 还是本专利的吸尘车，都必定有排出空气的设置，并且出于遮盖的需要很容易想到并实现这种顶盖的常规设置，而增加该技术特征也并未给本专利的技术方案带来意想不到的技术效果。因此上述区别点（2）不会为权利要求 1 的创造性带来实质性的影响。

综上所述，权利要求 1 的技术方案相对于证据 1 不具有突出的实质性特点和显著的进步，不具备专利法第 22 条第 3 款规定的创造性。

权利要求 2 从属于独立权利要求 1，其附加技术特征进一步限定了吸尘盘的构造，该技术特征在证据 1 中已经公开（参见证据 1 说明书第 2 页第 1 段），证据 1 中吸尘盘的上层封闭的空心体相当于权利要求 2 中的薄型气室 22，吸尘盘上方的导气管 12 相当于权利要求 2 中的吹气管 24，吸尘盘下部设置的多个喷气嘴 14 相当于权利要求 2 中的多个吹气嘴 25。因此证据 1 已经公开了权利要求 2 的附加技术特征，在其引用的权利要求不具备创造性的情况下，权利要求 2 也不符合专利法第 22 条第 3 款有关创造性的规定。

权利要求 3 从属于独立权利要求 1，其附加技术特征进一步限定了汽车底盘下面安装有带动吸尘盘升降的油缸。证据 1 说明书第 2 页第 2 段记载“还有一套将吸尘盘提升起的装置”并指出其是常规的一般性技术。证据 1 已经公开了提升吸尘盘的装置，而采用油缸作为驱动物体起降的装置是本领域的常规技术手段，因此权利要求3的附加技术特征没有使该权利要求的技术方案产生预料不到的效果，在其引用的权利要求不具备创造性的情况下，权利要求3也不符合专利法第22条第3款有关创造性的规定。

权利要求4从属于独立权利要求1，其附加技术特征进一步限定了汽车底盘上面安装有驱动灰箱起落的油缸。证据1说明书第2页第2段记载的“灰箱6可用液压千斤顶伸起”，也公开了使用液压方式驱动灰箱起落的技术手段，因此在其引用的权利要求不具备创造性的情况下，权利要求4也不符合专利法第22条第3款有关创造性的规定。

权利要求5从属于独立权利要求1，其附加技术特征进一步限定了吸尘盘前部两侧还铰接有可向外展开的伸缩吸盘。请求人认为，证据1中未公开上述技术特征，但该手段是本领域技术人员根据需要容易想到的。对此合议组认为，伸缩吸盘能够扩展吸盘的吸尘角度和范围，具有一定的技术效果，而证据1中没有任何关于伸缩吸盘设计的记载或启示，且请求人没有提供任何其他的证据证明这种伸缩吸盘是本专利申请日以前已经存在的现有技术或属于本领域技术人员的常用技术手段，故仅凭证据1尚不足以证明权利要求5的技术方案不具备创造性。

权利要求6从属于独立权利要求1，其附加技术特征进一步限定了风机壳体内侧设有固定叶盘。通过证据1说明书第2页第2段的记载和附图4可见，证据1中的安装在叶轮内侧的导流环具有相同的功能和结构，因此证据1已经公开了权利要求6的附加技术特征，在其引用的权利要求不具备创造性的情况下，权利要求6也不符合专利法第22条第3款有关创造性的规定。

基于以上事实和理由，本案合议组依法作出如下审查决定。

**三、决定**

宣告200420052970.8号实用新型专利的权利要求1~4、6无效，在权利要求5的基础上维持该专利权有效。

当事人对本决定不服的，可以根据专利法第46条第2款的规定，在收到本决定之日起三个月内向北京市第一中级人民法院起诉。根据该款的规定，一方当事人起诉后，另一方当事人应当作为第三人参加诉讼。

079

# 空心管成型工具

## 无效宣告请求审查决定（第9656号）

**决　定　号**　第9656号
**决　定　日**　2007年4月10日
**发明创造名称**　空心管成型工具
**国 际 分 类 号**　B28B 21/82，B28B 21/56
**无效宣告请求人**　深圳市和昌建筑新材料技术开发有限公司，安徽强强新型建材有限责任公司乌鲁木齐市分公司
**专 利 权 人**　邱则有
**专　利　号**　02122557.5
**申　请　日**　2002年5月29日
**授 权 公 告 日**　2004年10月6日
**合 议 组 组 长**　李广峰
**主　审　员**　刘瑞斌
**参　审　员**　郭建强

**法 律 依 据**　专利法第22条第2款、第3款
**决 定 要 点**

在评价权利要求的新颖性或创造性时，不能仅仅根据其中技术特征的字面含义来推断其具体代表的形状和构造以及与其他技术特征的相互关系，而是应当考虑整个权利要求中上下文的意思以及根据说明书中的相关解释来理解该技术特征具体表示的形状和构造以及与其他技术特征的相互关系。

### 一、案由

本无效宣告请求涉及国家知识产权局于2004年10月6日授权公告的、名称为“空心管成型工具”的发明专利权（以下简称本专利），其专利号是02122557.5，申请日是2002年5月29日，专利权人是邱则有。本专利授权公告时的权利要求共有62项，其中独立权利要求1、2如下：

“1. 空心管成型工具，其特征在于它包括二个接口边（1）、张合式弹性筒（2）、撑形件（3）、合紧件（4），接口边（1）设置于张合式弹性筒（2）的接合部位沿长度方向的壁边上，撑形件（3）包裹于张合式弹性筒（2）的端部（5）内，合紧件（4）锁紧在接口边（1）上，其中撑形件（3）是横向的撑形件。

2. 空心管成型工具，其特征在于它包括二个接口边（1）、张合式弹性筒（2）、撑形件（3）、合紧件（4），接口边（1）设置于张合式弹性筒（2）的接合部位沿长度方向的壁边上，撑形件（3）

包裹于张合式弹性筒（2）的端部（5）内，合紧件（4）抱紧在张合式弹性筒（2）上，其中撑形件（3）是横向的撑形件。”

针对本专利，深圳市和昌建筑新材料技术开发有限公司（以下简称无效请求人 1）于 2006 年 7 月 7 日向专利复审委员会提出无效宣告请求，随同无效宣告请求书提交了如下附件：

附件 1：授权公告日为 2002 年 10 月 9 日，授权公告号为 CN2515321Y 的中国实用新型专利说明书，共 5 页。

无效请求人 1 认为，本专利相对于附件 1 不具备创造性。

经形式审查合格，专利复审委员会依法受理了上述无效宣告请求，并于 2006 年 7 月 7 日向双方当事人发出无效宣告请求受理通知书，同时将无效宣告请求书及其附件清单中所列附件的副本转送给专利权人，要求其在指定的期限内陈述意见。

专利权人逾期没有进行意见陈述。

无效请求人 1 于 2006 年 8 月 7 日补充提交了意见陈述书和如下附件：

附件 1-1：公开日为 1997 年 12 月 16 日，公开号为 JP 特开平 9-323306A 的日本专利文献及部分译文，共 11 页；

附件 1-2：公开日为 1998 年 12 月 15 日，公开号为 JP 特开平 10-329125A 的日本专利文献及部分译文，共 18 页；

附件 1-3：公开日为 1994 年 11 月 22 日，公开号为 JP 特开平 6-320525A 的日本专利文献及部分译文，共 15 页；

附件 1-4：公开日为 1994 年 11 月 8 日，公开号为 JP 特开平 6-312412A 的日本专利文献及部分译文，共 7 页。

无效请求人 1 认为，权利要求 1~3、5、7、18、27、29、31~33、36~38、40、58、59 相对于附件 1-1 和附件 1-2 的结合不具备创造性；权利要求 4、6、8、28、35、41~43、47 相对于附件 1-1、附件 1-2 以及公知常识的结合不具备创造性；权利要求 9、15~17 相对于附件 1-1、1-2、1-3 的结合不具备创造性；权利要求 30 相对于附件 1-1、1-2、1-4 以及公知常识的结合不具备创造性。

针对本专利，安徽强强新型建材有限责任公司乌鲁木齐市分公司（以下简称无效请求人 2）于 2006 年 8 月 8 日向专利复审委员会提出无效宣告请求，随同无效宣告请求书提交了如下附件：

附件 2-1：申请日为 2000 年 12 月 27 日，授权公告日为 2003 年 9 月 24 日，授权公告号为 CN1121927C 的中国发明专利说明书，共 6 页，申请人为王谨。

附件 2-2：申请日为 2001 年 11 月 15 日，授权公告日为 2002 年 10 月 9 日，授权公告号为 CN2515321Y 的中国实用新型专利说明书，共 5 页，申请人为王本淼。

无效请求人 2 认为，本专利权利要求 1~60 相对于附件 2-1 不具备新颖性；权利要求 2~60 相对于附件 2-2 不具备新颖性。

经形式审查合格，专利复审委员会依法受理了上述无效宣告请求，并于 2006 年 8 月 9 日向双方当事人发出无效宣告请求受理通知书，同时将无效宣告请求书及其附件清单中所列附件的副本转送给专利权人，要求其在指定的期限内陈述意见。

专利权人逾期没有进行意见陈述。

专利复审委员会针对上述两个无效宣告请求依法组成合议组，并于 2006 年 11 月 13 日向无效请求人 1、无效请求人 2 和专利权人发出无效宣告请求口头审理通知书，定于 2007 年 1 月 8 日对上述两个无效宣告请求进行合并口头审理。随同口头审理通知书，将无效请求人 1 于 2006 年 8 月 7 日提交的意见陈述书及其附件转送给专利权人。

口头审理如期举行，各方当事人均参加了口头审理。

在口头审理中，（1）无效请求人1明确其无效理由、事实、证据为：权利要求1、2相对于附件1-1和附件1-2的结合不具备创造性，权利要求3~9、15~18、27~33、35~38、40、47、58、59不具备创造性，其中上述权利要求9、15~17的附加技术特征被附件1-3公开，权利要求40的附加技术特征被附件1~4公开，其他权利要求的附加技术特征或者被附件1-1或1-2公开或者是公知常识；（2）无效请求人1当庭放弃了其于2006年7月7日提交的附件1，专利权人对附件1-1、1-2、1-3、1-4的真实性无异议，对其译文的准确性有异议，并当庭提交了附件1-1、1-2、1-3、1-4的译文全文，合议组将上述译文当庭转给无效请求人1；（3）无效请求人1认为，在双方部分译文不一致的情况下，可以参照附件的附图进行创造性评价；（4）无效请求人2明确其无效理由、事实、证据为：权利要求1相对于附件2-1不具备新颖性，权利要求2~62相对于附件2-1或附件2-2不具备新颖性；（5）专利权人对附件2-1和附件2-2的真实性无异议。

至此，合议组认为本案事实已经清楚，现依法作出审查决定。

**二、决定的理由**

1. 关于证据和现有技术

由于无效请求人1放弃了附件1作为证据使用，因此其提交的证据按照其于2006年8月7日提交的附件1-1、1-2、1-3、1-4的顺序编号。专利权人对无效请求人1提交的上述附件1-1、1-2、1-3、1-4的真实性没有异议，因此上述附件可以作为本案证据使用。同时由于上述附件的公开日期均在本专利的申请日前，因此可以作为本专利的现有技术使用。

由于专利权人与无效请求人1就无效请求人1提交的附件1-1、1-2、1-3、1-4的部分中文译文没有达成一致意见，无效请求人1在口头审理中明确表示参照上述附件的附图理解其技术特征的具体含义，并主要结合上述附件的附图与本专利的权利要求进行特征对比，因此在特征对比过程中对译文存在争议的部分将参照附图进行理解。

无效请求人2提交的附件2-1和2-2相对于本专利均为申请在先，公开在后的，由他人向中国专利局提交的专利文献。专利权人对上述附件的真实性没有异议，经合议组审查后认为上述附件2-1和2-2可以用作评价本专利是否具备新颖性的对比文件。

2. 关于专利法第22条第2款

专利法第22条第2款规定，新颖性，是指在申请日以前没有同样的发明或者实用新型在国内外出版物上公开发表过、在国内公开使用过或者以其他方式为公众所知，也没有同样的发明或者实用新型由他人向专利局提出过申请并记载在申请日以后公布的专利申请文件中。

本案中，无效请求人2提交了附件2-1和附件2-2，其中附件2-1中公开了一种现浇空心楼板用芯管的制造方法，其中记载的技术方案是，预制端盖，在外模板上铺设制作空心管的浆料后沿纵向向上卷起，同时将端盖放置在浆料的纵向端头处，将外模板卷成筒状后，用卡具将外模板固定。在另外的实施例中卡具可以是上下对称的半圆形固定模具。附件2-2公开了一种内制式BDF薄壁管，该管采用内制式方法成形，在圆模内均匀覆盖浆料，浆料初凝后塞入模具两端与薄壁管复合。

无效请求人2认为，附件2-1破坏本专利权利要求1~62的新颖性，其中端盖相当于本专利的撑形件，卡具相当于本专利的接口边，因此公开了权利要求1的技术方案。另外在附件2-1中另一个实施例限定了卡具为上下对称的半圆形固定模具的技术方案，该方案与权利要求2的技术方案相同。无效请求人2还认为附件2-2破坏权利要求2~62的新颖性。

专利权人认为，附件2-1中没有公开本专利的接口边和撑形件，而且与本专利的主题不同。附件2-2中没有公开本专利的接口边，因此本专利具备新颖性。

合议组认为，本专利权利要求1保护一种空心管成型工具，包括两个接口边、弹性筒、撑形件、合紧件，接口边固定于弹性筒沿长度方向的壁边上，撑形件包裹于弹性筒的端部内，合紧件锁紧在接口边上，撑形件是横向撑形件。与附件2-1中使用卡具将外模板固定相比，本专利权利要求1中是采用接口边与合紧件相配合而将弹性筒闭合的，卡具固定和接口边与合紧件配合不仅名称不同，而且从卡具本身的含义以及附件2-1的附图当中都不能直接地、毫无疑义地得出卡具可以等同于接口边与合紧件，也不可能得出如无效请求人2所述的卡具相当于接口边的技术内容，因此本专利权利要求1与附件2-1所公开的技术方案相比并不相同或等同，因此权利要求1相对于附件2-1具备专利法第22条第2款规定的新颖性。

本专利权利要求2保护一种空心管成型工具，包括两个接口边、弹性筒、撑形件、合紧件，接口边固定于弹性筒沿长度方向的壁边上，撑形件包裹于弹性筒的端部内，合紧件抱紧在弹性筒上，撑形件是横向撑形件。无论与附件2-1中使用卡具将外模板固定相比，还是与附件2-1中使用上下对称的两个半圆形模具使外模板形成卷筒相比，权利要求2中所采用的接口边固定于弹性筒沿长度方向的壁边上，合紧件抱紧在弹性筒上而使得弹性筒形成卷筒与之均不相同，而且从附件2-1的附图中也不能直接地、毫无疑义地得出上述附件2-1中的技术方案与权利要求2等同的结论，因此本专利权利要求2与附件2-1所公开的技术方案相比并不相同或等同，因此权利要求2相对于附件2-1具备专利法第22条第2款规定的新颖性。

本专利权利要求2与附件2-2相比存在接口边、合紧件、撑形件等多个区别技术特征，因此本专利权利要求2相对于附件2-2具备专利法第22条第2款规定的新颖性。

权利要求3~62均直接或间接从属于权利要求1或2，在权利要求1、2相对于附件2-1具备新颖性和权利要求2相对于附件2-2具备新颖性的前提下，权利要求3~62相对于附件2-1或附件2-2也具备专利法第22条第2款规定的新颖性。

3. 关于专利法第22条第3款

专利法第22条第3款规定，创造性，是指同申请日以前已有的技术相比，该发明有突出的实质性特点和显著的进步，该实用新型具有实质性特点和进步。

按照无效请求人1提交的译文及附图，附件1-1中公开了一种管状水泥制品的制造方法及其制造装置，砂浆通过弹性板被弯成管状，利用紧固件进行固定。附件1-2公开了一种形成空心管的模板，该模板是板状弹性片，弹性片的外边缘为环形，弹性片设在横向保持件中。

本案中，无效请求人1认为权利要求1、2相对于附件1-1和附件1-2的结合不具备创造性，认为合紧件锁紧在接口边上或抱紧在弹性筒上是本领域一种公知的连接方式。

合议组认为，与本专利权利要求1相比，附件1-1的译文和附图中均没有公开接口边，其公开的所谓接口边只是弹性板两侧边的立面，是弹性板的一部分而不是一个独立的部件，正因为如此，附件1-1中也就不可能公开合紧件锁紧在接口边上这一技术特征；附件1-2的译文和附图中均没有公开接口边，没有公开合紧件锁紧在接口边上，也没有公开撑形件包裹于弹性筒端部内这些技术特征；同时也没有证据表明上述区别技术特征是本领域的公知技术，因此无论附件1-1与附件1-2如何结合都不能得到本专利权利要求1的技术方案，而且权利要求1的技术方案产生了减少开裂、提高强度和整体性的技术效果，因此权利要求1相对于附件1-1和附件1-2的结合是非显而易见的，即具有突出的实质性特点，并且产生了有益的技术效果，因此具备专利法第22条第3款规定的创造性。

同样道理，与本专利权利要求2相比，附件1-1和附件1-2均没有公开接口边，因此权利要求2相对于附件1-1和附件1-2也具备专利法第22条第3款规定的创造性。

由于独立权利要求1、2相对于附件1-1和附件1-2的结合具备创造性，同时无效请求人1认为附件 1-3 和附件 1-4 只是分别公开了权利要求 9、15~17 和权利要求 40 的附加技术特征，而且合议组经审查认为，附件 1-3 和附件 1-4 也没有公开上述的“接口边”这一区别技术特征，因此在权利要求 1、2 具备创造性的前提下，权利要求 3~62 相对于无效请求人 1 提出的各种证据组合方式均具备专利法第 22 条第 3 款规定的创造性。

依据上述的事实和理由，合议组作出如下审查决定。

**三、决定**

维持 02122557.5 号发明专利权有效。

当事人对本决定不服的，可以根据专利法第 46 条第 2 款的规定，自收到本决定之日起 3 个月内向北京市第一中级人民法院起诉。根据该款的规定，一方当事人起诉后，另一方当事人应当作为第三人参加诉讼。

080

# 牙龈保健按摩牙刷

## 无效宣告请求审查决定（第 9662 号）

**决 定 号** 第 9662 号
**决 定 日** 2007 年 4 月 13 日
**发明创造名称** 牙龈保健按摩牙刷
**国际分类号** A46B 15/00
**无效宣告请求人** 广州高露洁棕榄有限公司
**专 利 权 人** 饶家萍
**专 利 号** 02205086.8
**申 请 日** 2002 年 3 月 18 日
**授权公告日** 2003 年 1 月 8 日
**合议组组长** 石 清
**主 审 员** 王艳妮
**参 审 员** 李玲玲

**法 律 依 据** 专利法第 22 条第 2 款
**决 定 要 点**

在判断一件专利的新颖性时，应当将权利要求的技术方案与现有技术中的一个技术方案进行对比，如果没有发现这两者之间的区别技术特征，并且现有技术中的技术方案与权利要求中的技术方案所属的技术领域相同，解决的技术问题相同，并且所产生的技术效果也相同，则该权利要求不具备专利法第 22 条第 2 款规定的新颖性。

### 一、案由

本无效宣告请求涉及国家知识产权局于 2003 年 1 月 8 日授权公告、专利号为 02205086.8、名称为“牙龈保健按摩牙刷”的实用新型专利（下称本专利），其申请日为 2002 年 3 月 18 日，专利权人为饶家萍。

本专利授权公告的权利要求书的内容如下：

“一种牙龈保健按摩牙刷，它由刷柄、弹性体、刷毛组成，其特征在于，在刷柄的正面设有刷毛，在刷柄的背面设有弹性体。”

针对上述专利权，广州高露洁棕榄有限公司（下称请求人）于 2006 年 8 月 1 日向国家知识产权局专利复审委员会提出无效宣告请求，其无效理由为：本专利权利要求不具备专利法第 22 条第 2 款规定的新颖性和第 22 条第 3 款规定的创造性。请求人提交了如下附件作为证据：

附件 1：中国实用新型专利第 ZL 92217157. 2 号说明书复印件，授权公告日为 1993 年 7 月 7 日；

附件 2：美国专利第 1，903，161 号说明书复印件，公告日为 1933 年 3 月 28 日；

附件 3：美国专利第 2，253，210 号说明书复印件，公告日为 1941 年 8 月 19 日；

附件 4：美国专利第 2，418，485 号说明书复印件，公告日为 1947 年 4 月 8 日；

附件 5：美国专利第 3，258，805 号说明书复印件，公告日为 1966 年 7 月 5 日；

附件 6：美国专利第 4，827，551 号说明书复印件，公告日为 1989 年 5 月 9 日；

附件 7：中国实用新型专利第 ZL 95215619. 9 号说明书复印件，授权公告日为 1996 年 4 月 3 日；

附件 8：中国实用新型专利 ZL 96236123. 2 说明书复印件，授权公告日为 1997 年 11 月 5 日；

附件 9：中国实用新型专利申请第 91232681. 6 号说明书复印件，公告日为 1992 年 7 月 8 日；

附件 10：中国实用新型专利第 ZL 98207009. 8 号说明书复印件，授权公告日为 1999 年 12 月 15 日；

附件 11：中国实用新型专利申请第 91215350. 4 号说明书复印件，公告日为 1991 年 10 月 16 日；

附件 12：中国实用新型专利第 ZL 97208887. 3 号说明书复印件，授权公告日为 1999 年 2 月 17 日；

附件 13：本专利说明书全文复印件。

请求人提出的具体理由是：附件 1~6 都分别公开了权利要求的所有特征，因此权利要求不具备专利法第 22 条第 2 款规定的新颖性。附件 1 涉及一种保健牙擦牙刷，其能够按摩牙床，包括带把手的基体和基体上安装的刷毛 3，并在刷毛端基体背面设置有一定弹性和耐磨性的软质摩擦片 2，用于按摩牙床和擦亮牙面。附件 2 涉及一种牙齿清洁刷和由橡胶制成的牙龈按摩装置，其包括刷柄 1，由橡胶制成的牙龈按摩装置，用于清洁牙齿的牙刷刷毛 3，在基部 2 和刷毛相反的一面是一组用于按摩牙龈的三角状的齿状物 4。附件 3 涉及一种牙龈按摩设备，该设备包括刷柄部分 10 和头部 12，刷毛 14 固定在刷头上，按摩头 16 包括应用于牙刷背部的弹性单元。附件 4 涉及一种牙龈按摩装置，所述装置得以可释放地安装在牙刷上，该装置可用在具有不同长度的刷毛区域的刷子上，可通过开口将主体的外端固定到牙刷刷柄的外端的装置，按摩器包括如橡胶等的弹性材料的条 2。附件 5 公开了一种改进的牙刷，具有一个刷柄 2 和操作单元 3，操作单元 3 的一侧具有合成刷毛，橡胶垫 7 附在牙刷的面 6 上，作为最终的抛光器并具有一个弯曲面 8 来配合用户的口腔，其功能是对牙齿进行抛光。附件 6 涉及一种电动牙刷按摩头，按摩头 13 轴向地再分为两个部分：第一部分 14 由橡胶或者类似于橡胶的材料制成，具有轴向的波浪状凸出以用于按摩牙龈；以及第二部分 15 构造为用于清洁牙刷的刷子，该按摩头在同一头部同时提供了用于按摩牙龈和清洁牙齿的装置。权利要求分别相对于附件 7 和 8 的结合、附件 7 和 9 的结合、附件 7 和 10 的结合不具备专利法第 22 条第 3 款规定的创造性；权利要求分别相对于附件 11 和 8 的结合、附件 11 和 9 的结合、附件 11 和 10 的结合不具备专利法第 22 条第 3 款规定的创造性；权利要求分别相对于附件 12 和 8 的结合、附件 12 和 9 的结合、附件 12 和 10 的结合不具备专利法第 22 条第 3 款规定的创造性。附件 7 公开了一种护龈按摩牙刷，包括刷板 4，插在刷板 4 上的刷毛 2，与刷板 4 相连接的刷柄 1，在刷板 4 的背面粘贴着由软质无毒材料做成的按摩齿 3，但是没有对按摩齿的材料进行限定，而附件 8、9、10 都分别公开了弹性按摩部件，将附件 7 分别与附件 8、9、10 结合能够影响权利要求的创造性。附件 11 公开了一种磁性按摩保健牙刷，其中由牙刷体 1、牙刷毛 2、牙刷柄 3、永磁体 4 和按摩键 5 构成，其中未公开按摩键的材料；附件 12 公开了一种带按摩功能的牙刷，包括牙刷柄 1、牙刷毛 2、在牙刷柄 1 于牙刷毛 2 背面的位置上设有凸粒，但是未公开凸粒的材料；同理，附件 11 和 12 分别与附件 8、9、10 中公开的弹性按摩部件结合也能够影响权利要求的创造性。

经形式审查合格，专利复审委员会于 2006 年 8 月 3 日受理了上述无效宣告请求，向双方当事人发出无效宣告请求受理通知书，随受理通知书将请求人于 2006 年 8 月 1 日提交的无效宣告请求书及其附件的副本转寄给专利权人，要求其在指定的期限内答复。

请求人在 2006 年 9 月 1 日补充了外文附件的中文译文，其中包括附件 2 的译文；附件 3 的译文；附件 4 的译文；附件 5 的译文；附件 6 的译文；并提交了一份新的意见陈述书，在新的意见陈述书中指出了与本专利权利要求技术方案有关的内容在相应译文中的具体出处。

专利复审委员会于 2006 年 11 月 28 日将请求人提交的上述意见陈述书和所附的附件转交给专利权人，要求其在指定的期限内答复。

专利权人在上述指定的期限内没有提交任何答复意见。

专利复审委员会依法成立合议组对本案进行审理，本案合议组于 2006 年 12 月 13 日向双方当事人发出口头审理通知书，定于 2007 年 1 月 30 日对本案进行口头审理。

2007 年 1 月 30 日口头审理如期举行。请求人委托其代理人出席了口头审理，专利权人未参加口头审理，并且请求人对合议组成员没有回避请求。在口头审理中，请求人提交了一份书面意见陈述，本次意见陈述与前次意见陈述的不同之处在于所引用的附件内容的具体出处不同。

在口头审理中，请求人明确无效理由为本专利权利要求不符合专利法第 22 条第 2 款和第 3 款的规定，具体理由为：权利要求分别相对于附件 1、附件 2、附件 3、附件 4、附件 5、附件 6 不具备新颖性。权利要求相对于附件 7 和附件 8、附件 7 和附件 9、附件 7 和附件 10 的结合不具备创造性；权利要求相对于附件 11 和附件 8、附件 11 和附件 9、附件 11 和附件 10 的结合不具备创造性；权利要求相对于附件 12 和附件 8、附件 12 和附件 9、附件 12 和附件 10 的结合不具备创造性。

在口头审理中请求人还指出当附件 1 至附件 6 不能用于评价权利要求的新颖性时，该附件 1 至附件 6 可以分别单独评价权利要求的创造性，即权利要求分别相对于附件 1 至附件 6 也不具备专利法第 22 条第 3 款规定的创造性。

合议组于 2007 年 2 月 12 日向专利权人发出了无效宣告请求审查通知书，其中将请求人在口头审理过程中陈述的内容以及当庭提交的书面意见陈述转达给专利权人，要求其在指定的期限内答复。

专利权人在指定的期限内没有提交任何答复意见。

基于上述当事人的意见陈述及口头审理，合议组认为本案事实清楚，可以依法作出审查决定。

**二、决定的理由**

1. 关于附件 1

附件 1 是中国实用新型专利第 ZL92217157.2 号说明书复印件，其授权公告日为 1993 年 7 月 7 日，早于本专利的申请日 2002 年 3 月 18 日，因此可以作为现有技术评价本专利的新颖性。

2. 关于新颖性

专利法第 22 条第 2 款规定：新颖性，是指在申请日以前没有同样的发明或者实用新型在国内外出版物上公开发表过，也没有同样的发明或者实用新型由他人向国务院专利行政部门提出过申请并且记载在申请日以后公布的专利申请文件中。

本专利权利要求的技术方案为：一种牙龈保健按摩牙刷，它由刷柄、弹性体、刷毛组成，其特征在于，在刷柄的正面设有刷毛，在刷柄的背面设有弹性体。

附件 1 公开了一种保健牙擦牙刷，能够按摩牙床，包括带把手的基体（对应于本专利权利要求中的刷柄）和基体上安装的刷毛 3，并在刷毛端基体背面设有软质摩擦片 2（对应于本专利权利要求中的弹性体），软质摩擦片 2 可以为纤维质物，也可以为内部带孔、表面带有小凸点的塑胶，只要具有一定弹性和耐磨性，该牙刷具有既可除去牙间食物残屑，又可防止牙龈受损；同时擦亮牙面、增加牙齿美观（参见附件 1 的第 3 页第 10 行至第 25 行以及附图 1-2）。由此可见，附件 1 已经公开了该权利要求的全部技术特征，且附件 1 所公开的技术方案与该权利要求所要求保护的技术方案属于同一技术领域，解决了相同的技术问题，并能产生相同的技术效果，因此该权利要求所要求保护的技术方案不具备专利法第 22 条第 2 款规定的新颖性。

鉴于本专利权利要求相对于附件 1 不具备新颖性，在此合议组对于请求人提交的其他无效理由不再予以评述。

**三、决定**

宣告 02205086. 8 号实用新型专利权全部无效。

当事人对本决定不服的，可以根据专利法第 46 条第 2 款的规定，自收到本决定之日起 3 个月内向北京市第一中级人民法院起诉。根据该款的规定，一方当事人起诉后，另一方当事人应当作为第三人参加诉讼。

081

# 背部滑动按摩器

## 无效宣告请求审查决定（第 9679 号）

**决　定　号**　第 9679 号
**决　定　日**　2007 年 4 月 16 日
**发明创造名称**　背部滑动按摩器
**国 际 分 类 号**　A61H 15/00
**无效宣告请求人**　高凤玲
**专 利 权 人**　黄志铭
**专　利　号**　200420088362.2
**申　请　日**　2004 年 9 月 21 日
**授 权 公 告 日**　2005 年 10 月 26 日
**合 议 组 组 长**　黄玉平
**主　审　员**　杨加黎
**参　审　员**　王琦琳
**附　　图**　1 页

**法 律 依 据**　专利法第 26 条第 4 款，专利法第 22 条第 2 款、第 3 款；专利法实施细则第 20 条第 1 款
**决 定 要 点**
如果请求保护的发明或实用新型与现有技术存在区别特征，且该区别特征能够带来有益的技术效果，而且现有技术中没有关于这些区别特征的相应技术启示，则该请求保护的发明或实用新型对本领域的技术人员来说是非显而易见的，具有创造性。

### 一、案由

本无效宣告请求涉及国家知识产权局于 2005 年 10 月 26 日授权公告的、名称为“背部滑动按摩器”的 200420088362.2 号实用新型专利权（下称本专利），其专利权人是黄志铭，申请日是 2004 年 9 月 21 日。本专利授权公告的权利要求书如下：

“1. 背部滑动按摩器，包括：底板（1）、由上板（21）和下板（22）构成的滑板、传动机构（3）、按摩头（4）以及盖板（5），其中滑板、传动机构（3）以及按摩头（4）均安装在由底板（1）和盖板（2）构成的空间内，其特征在于：底板（1）的底面设置有齿条（11、12）；安装在上板（21）和下板（22）之间的传动机构（3）包括一马达（31）以及通过马达（31）驱动的齿轮组；该齿轮组下方的齿轮与齿条（11、12）啮合，位于上板（21）上方的按摩头（4）通过中心转轴

（331）与齿轮组上方的齿轮连动；盖板（5）上开设有孔槽（51、52），按摩头（4）由该孔槽（51、52）延伸出盖板（5）。

2. 根据权利要求 1 所述的背部滑动按摩器，其特征在于：底板（1）的底面设置有两条平行相对的齿条（11、12）。

3. 根据权利要求 1 所述的背部滑动按摩器，其特征在于：马达（31）的输出轴连接有蜗杆（32），齿轮组包括位于蜗杆（32）两侧的第一双联齿轮（33）、与一个第一双联齿轮（33）啮合的第二双联齿轮（34）、与第二双联齿轮啮合的第三双联齿轮（35），以及由第三双联齿轮（35）带动的多个相同规格的小齿轮（36），小齿轮（36）与底板（1）内的两个齿条（11）啮合；于第一双联齿轮（33）上设置有中心转轴（331），该中心转轴（331）与位于上板（21）上的按摩头（4）连接。

4. 根据权利要求 1 所述的背部滑动按摩器，其特征在于：按摩头（4）包括一个与第一双联齿轮（33）中心转轴（331）连接的支板（41）以及安装在支板（41）上的按摩凸块（42），该按摩凸块（42）上套设有一个弹簧（43）。”

针对上述专利权，高凤玲（下称请求人）于 2006 年 10 月 17 日向专利复审委员会提出无效宣告请求，理由是本专利权利要求 1 不符合专利法第 26 条第 4 款的规定，本专利权利要求 1~4 不符合专利法第 22 条第 2、3 款的规定，本专利权利要求 3 不符合专利法实施细则第 20 条第 1 款的规定。随同其专利权无效宣告请求书，请求人提交了如下 5 份附件：

附件 1：专利号为 02250262.9 的中国实用新型专利说明书的复印件，其授权公告日为 2003 年 11 月 26 日（下称对比文件 1）；

附件 2：申请号为 01113063.6、公开号为 CN1389188A 的中国发明专利申请公开说明书的复印件，其公开日为 2003 年 1 月 8 日（下称对比文件 2）；

附件 3：专利号为 01202822.3 的中国实用新型专利说明书的复印件，其授权公告日为 2001 年 11 月 28 日（下称对比文件 3）；

附件 4：专利号为 97236698.9 的中国实用新型专利说明书的复印件，其授权公告日为 1999 年 1 月 13 日（下称对比文件 4）；

附件 5：本专利授权公告文本的复印件。

请求人的具体无效理由是：（1）本专利权利要求 1 的主要技术特征与对比文件 1 所公开的技术特征完全相同，因此不具备新颖性。（2）权利要求 1 相对于对比文件 1，或对比文件 1 和对比文件 2 的结合，或对比文件 1 和对比文件 3 的结合，或对比文件 2 和对比文件 3 的结合不具备创造性；权利要求 2 的附加技术特征被对比文件 2 所公开，权利要求 3 的附加技术特征分别被对比文件 1 或对比文件 2 公开，因此权利要求 2 和权利要求 3 不具备创造性；权利要求 4 相对于对比文件 1 和对比文件 4 的结合不具备创造性。（3）权利要求 1 记载的“马达驱动的齿轮组”的保护范围过宽，由于齿轮组有多种形式，而说明书只有一个实施例，因此该权利要求得不到说明书的支持。（4）权利要求 3 所述“多个”是含义不确定的的语言，导致该权利要求不清楚。

经形式审查合格，专利复审委员会于 2006 年 11 月 24 日依法受理了上述无效宣告请求，并向双方当事人发出无效宣告请求受理通知书，同时将专利权无效宣告请求书及其附件清单所列附件的副本转给专利权人，要求其在指定期限内对该无效宣告请求陈述意见。

针对上述无效宣告请求，专利权人于 2006 年 12 月 25 日向专利复审委员会提交了意见陈述，认为本专利具备新颖性、创造性，能够得到说明书的支持，并且保护范围清楚，具体理由是：

（1）对比文件 1 没有公开本专利权利要求 1 中底板（1）和盖板（5）这一技术特征，本专利的盖板（5）可起到对背部的支撑作用，按摩头由盖板（5）上的孔槽（51、52）延伸出，因此使用者不会感觉到由于按摩头突出所造成的不适；由于对比文件1没有公开上述技术特征，所以无法直接使用，而必须配合设置在按摩椅上的齿条才可以使用，并且这种配合方案在文中没有公开，而且对比文件1由于未采用盖板，因而会使使用者背部产生不适感觉，因此本专利的权利要求1相对于对比文件1具备新颖性和创造性。由于对比文件2和对比文件3同样没有公开“底板（1）和盖板（5）构成一个用于安装其他部件的空间，底板（1）上设置有齿条（11、12），盖板（5）上开设有孔槽（51、52）”这一技术特征，因此本专利的权利要求1相对于对比文件1和对比文件2的结合，或对比文件1和对比文件3的结合，或对比文件2和对比文件3的结合都具有创造性。因此本专利权利要求1的从属权利要求2~4也具有新颖性和创造性。

（2）对本领域普通技术人员来说，齿轮组本身存在多种组合，其不经过创造性思考就能明了还可以采用其他方式来完成，这种情况下仅给出一个实施例是允许的，因此本专利权利要求1的齿轮组能够得到说明书的支持。

（3）本专利权利要求3中的“多个”表示两个以上的含义，其所确定的保护范围是清楚明确的。

专利复审委员会依法组成合议组，对本案进行审理，合议组于2007年2月6日向双方当事人发出无效宣告请求口头审理通知书，告知双方当事人合议组定于2007年3月22日对本案进行口头审理，同时将专利权人于2006年12月25日提交的意见陈述书转给请求人。

口头审理如期举行，双方当事人均出席了口头审理。在口头审理中，双方当事人对对方出庭人员的身份和资格无异议；对合议组成员没有回避请求；请求人提交的对比文件1~4是专利文献，专利权人对其真实性无异议；请求人明确其无效宣告的理由和范围为：权利要求1相对于对比文件1不具备新颖性，权利要求1相对于对比文件1和对比文件2的组合、或对比文件2和对比文件3的组合、或对比文件1和对比文件3的组合不具备创造性，权利要求2相对于对比文件1和对比文件2的结合不具备创造性，权利要求3相对于对比文件1和对比文件2的结合不具备创造性，权利要求4相对于对比文件1和对比文件4的结合不具备创造性，权利要求1得不到说明书的支持，权利要求3的保护范围不清楚。此外，请求人放弃了本专利权利要求1单独相对于对比文件1不具备创造性的无效理由；请求人认为：本专利权利要求1的底板、上板和下板、传动机构、按摩头、齿条和齿轮组均被对比文件1公开，对比文件1中虽然没有公开本专利权利要求1的盖板，但盖板是公知常识，在本专利的技术方案中没有起主要作用；专利权人认为，本专利与对比文件1的主要区别在于：本专利权利要求1记载了底板1、盖板5，底板1与盖板5互相配合构成一个整体，按摩头由盖板上的孔槽51、52延伸出盖板，滑板在底板1和盖板5构成的外壳空间内上下滑动完成按摩作用，使用者在使用本专利时，盖板与底板构成的整体可以对人体背部起支撑作用，按摩头与盖板的这种装配使使用者在使用时不会感到过于凸出而不适，这是本专利与对比文件1之间最重要的区别特征。双方当事人均结合证据对其能否影响本专利的新颖性、创造性充分发表了意见。

至此，合议组认为本案事实已经清楚，现依法作出如下审查决定。

**二、决定的理由**

1. 关于证据

请求人提交的对比文件1~4是专利文献，属于公开出版物，专利权人对其真实性无异议，合议组经审查认为对比文件1~4可以作为本案证据使用，对比文件1~4的公开日期均在本专利的申请日之前，其上记载的内容构成本专利的现有技术，可以用于评价本专利的新颖性和创造性。

2. 关于权利要求1是否符合专利法第26条第4款的规定

专利法第26条第4款规定：权利要求书应当以说明书为依据，说明要求专利保护的范围。

审查指南第二部分第二章第3.2.1节指出，权利要求书中的每一项权利要求所要求保护的技术方案应当是所属技术领域的技术人员能够从说明书充分公开的内容中得到或概括得出的技术方案，并且不得超出说明书公开的范围。

请求人认为本专利的权利要求1中记载的“马达驱动的齿轮组”保护的范围过宽，由于齿轮组有多种形式，而说明书只有一个实施例，因此该权利要求得不到说明书的支持，不符合专利法第26条第4款的规定。

对此，合议组认为，由于说明书第2~4页的实施例中已经公开了由第一双联齿轮（33）、第二双联齿轮（34）、第三双联齿轮（35）以及小齿轮（36）依次啮合形成的齿轮组的具体实施方式，并且马达驱动齿轮组是本领域中十分常见的驱动传动方式，且具有公知的多种方式，本领域普通技术人员可以根据需要来具体设置齿轮组，尽管说明书实施例中仅给出一种驱动的齿轮组结构，但本领域普通技术人员可以合理预测出说明书给出的这一实施例的所有等同替代方式或明显变型方式都能起到相同的传动作用，使马达带动按摩头和滑块运动，因此应当允许将权利要求的保护范围概括至覆盖其所有的等同替代或明显变型的方式，即权利要求1中的“马达驱动的齿轮组”应当是本领域普通技术人员能够从说明书所公开的内容中得到或概括得出，因此本专利的权利要求1能够得到说明书的支持，符合专利法第26条第4款的规定。

3. 关于权利要求3是否符合专利法实施细则第20条第1款的规定

专利法实施细则第20条第1款规定：权利要求书应当说明发明或者实用新型的技术特征，清楚、简要地表述请求保护的范围。

审查指南第二部分第二章第3.2.2节指出，在一般情况下，权利要求中不得使用“约”、“接近”、“等”、“或类似物”等类似的用语，因为这类用语通常会使权利要求的范围不清楚。当权利要求中出现了这类用语时，审查员应当针对具体情况判断使用该用语是否会导致权利要求不清楚，如果不会，则允许。

就本案而言，请求人认为本专利权利要求3的“多个相同规格……”中的“多个”属于含义不确定的语言。

对此，合议组认为，权利要求中出现“多个”这一词语时，不能脱离技术内容本身而单独理解其含义。虽然权利要求3中的“多个相同规格的小齿轮（36）”中出现的“多个”没有限定出数值范围，但是由于齿轮组中要设置的小齿轮（36）的数量可以由本领域普通技术人员根据平行齿条之间的宽度、小齿轮（36）的直径等方面来决定，而且在本案中，本专利说明书第3页第2、4段中已经记载了带动滑板在齿条上移动的是多个规格相同的小齿轮（36），同时说明书附图中也明确示出了多个小齿轮（36）可以是3个的实施例，对于本领域普通技术人员来说显然“多个”可以根据具体情况、具体需要来确定，从以上分析可知该用词应当是清楚的，不足以导致权利要求3不清楚，使其保护范围无法确定。因此权利要求3符合专利法实施细则第20条第1款的规定。

4. 关于本专利权利要求1是否符合专利法第22条第2款的规定

专利法第22条第2款规定：新颖性，是指在申请日以前没有同样的发明或者实用新型在国内外出版物上公开发表过、在国内公开使用过或者以其他方式为公众所知，也没有同样的发明或者实用新型由他人向国务院专利行政部门提出过申请并且记载在申请日以后公布的专利申请文件中。

本专利权利要求1要求保护一种背部滑动按摩器，对比文件1公开了（参见说明书第3页第8~9行、第11~14行、第18~20行，权利要求1，附图4）一种按摩器，其包括本体1，本体内设置的蜗轮蜗杆传动系，电机3驱动蜗杆蜗轮固连的齿轮组，该齿轮组下方的小齿轮27与设置在按摩椅上的固定齿条啮合，安装在转动架4上的高低按摩头5通过与蜗轮22固连的转轴23带动；从对比文件1

的附图4可以看出，本体1相当于本专利权利要求1中由上板和下板构成的滑板，从对比文件1的权利要求1的最后一行记载可知，设置了固定齿条的按摩椅相当于本专利权利要求1中的底板，因此，对比文件1公开了本专利权利要求1中的特征“底板（1）的底面设置有齿条（11、12）”，“由上板（21）和下板（22）构成的滑板”，“安装在上板（21）和下板（22）之间的传动机构（3）包括一马达（31）以及通过马达（31）驱动的齿轮组；该齿轮组下方的齿轮与齿条（11、12）啮合，位于上板（21）上方的按摩头（4）通过中心转轴（331）与齿轮组上方的齿轮连动”，但是对比文件1没有公开本专利权利要求1中的特征“盖板（5）”，“由底板（1）和盖板（2）构成的空间”，以及“盖板（5）上开设有孔槽（51、52），按摩头（4）由该孔槽（51、52）延伸出盖板（5）”这些技术特征，由此可见，对比文件1没有公开本专利权利要求1的全部技术特征，即对比文件1公开的技术方案与权利要求1要求保护的技术方案实质上不同，因此，权利要求1相对于对比文件1具备新颖性，符合专利法第22条第2款的规定。

5. 关于本专利权利要求1~4是否符合专利法第22条第3款的规定

专利法第22条第3款规定：创造性，是指同申请日以前已有的技术相比，该发明有突出的实质性特点和显著的进步，该实用新型有实质性特点和进步。

请求人认为，权利要求1相对于对比文件1和对比文件2的结合，对比文件1和对比文件3的结合，或者对比文件2和对比文件3的结合不具备创造性；与本专利最接近的现有技术为对比文件1。

如前所述，本专利权利要求1与对比文件1的区别在于，本专利的按摩器包括“盖板（5）”，“由底板（1）和盖板（2）构成的空间”，“盖板（5）上开设有孔槽（51、52），按摩头（4）由该孔槽（51、52）延伸出盖板（5）”，这些区别技术特征带来的技术效果是，在按摩器上设置盖板5作为平面部件对人体背部起支撑作用，使按摩头4由该盖板上开设的孔槽延伸出来能够使使用者不会感觉到由于按摩头突出所造成的不适。

对比文件2涉及一种往复式按摩器，与本专利同属于按摩器领域，其公开了（参见其权利要求1、2）以下技术特征：按摩器包括本体2，本体2内设有电机7和齿轮组，电机7驱动蜗轮蜗杆传动轴连接齿轮组，该齿轮组下方的齿轮20与齿条19啮合，按摩头与电机带动的传动轴连接。但该对比文件2同样没有公开本专利权利要求1的上述区别特征，并且对比文件1、2的技术方案均没有给出在按摩器上设置盖板作为平面部件来支撑人体背部的技术启示，此外本专利与对比文件1、2相比由于在按摩器上设置了盖板作为平面部件对人体背部起支撑作用，因此具有能够使使用者不会感觉到由于按摩头突出所造成的不适的技术效果。因此在结合对比文件1和对比文件2的基础上获得本专利权利要求1的技术方案，对于本领域普通技术人员来说尚需付出创造性劳动，因此本专利权利要求1相对于对比文件1和对比文件2的结合具有实质性特点和进步，具备专利法第22条第3款规定的创造性。

对比文件3涉及一种按摩揉捏机，与本专利同属于按摩器领域，其公开了（参见说明书第2页第2~3段）以下技术特征：一种按摩揉捏机，主要由电机1、蜗轮2、蜗杆3和按摩头4组成，电机驱动蜗轮蜗杆带动按摩头运动。但该对比文件3同样没有公开本专利权利要求1的上述区别特征，并且该对比文件3的技术方案也没有给出在按摩器上设置盖板作为平面部件来支撑人体背部的技术启示，此外本专利与对比文件3相比由于在按摩器上设置了盖板作为平面部件对人体背部起支撑作用，因此具有能够使使用者不会感觉到由于按摩头突出所造成的不适的技术效果。综上所述，在结合对比文件1和对比文件3或结合对比文件2和对比文件3的基础上获得本专利权利要求1的技术方案，对于本领域普通技术人员来说尚需付出创造性劳动，因此本专利权利要求1相对于对比文件1和对比文件3的结合或对比文件2和对比文件3的结合具有实质性特点和进步，具备专利法第22条第3款规定的创造性。

请求人认可对比文件1没有公开本专利权利要求1的盖板，但是认为盖板是本领域技术人员容易想到的。对此，合议组认为，盖板作为平面部件能对人体背部起支撑作用，使按摩头4由该盖板上开设的孔槽延伸出来能够使使用者不会感觉到由于按摩头突出所造成的不适，对比文件1~3中均没有公开在按摩器上设置作为平面部件的盖板，且未给出相应的技术启示，请求人仅简单说明盖板的设置是本领域技术人员容易想到的，却没有提供任何可证明在按摩器上设置这种盖板的证据，因此请求人的上述观点不能成立。

本专利的权利要求2~4是权利要求1的从属权利要求，在权利要求1具备创造性的前提下，权利要求2~4也具备专利法第22条第3款规定的创造性。

综上所述，本专利权利要求1~4相对于请求人提交的上述对比文件均具备创造性，符合专利法第22条第3款的规定。

**三、决定**

维持200420088362.2号实用新型专利有效。

当事人对本决定不服的，可以根据专利法第46条第2款的规定，在收到本决定之日起三个月内向北京市第一中级人民法院起诉。根据该款规定，一方当事人起诉后，另一方当事人应当作为第三人参加诉讼。

082

# 一种暖气片及其制造方法

## 无效宣告请求审查决定（第 9693 号）

**决　定　号**　第 9693 号
**决　定　日**　2007 年 4 月 11 日
**发明创造名称**　一种暖气片及其制造方法
**国 际 分 类 号**　F28D 1/053
**无效宣告请求人**　山东三德暖通空调设备有限公司
**专 利 权 人**　夏纪运
**专　利　号**　200410024335. 3
**申　请　日**　2004 年 6 月 16 日
**授 权 公 告 日**　2006 年 6 月 14 日
**合 议 组 组 长**　朱文广
**主　审　员**　隋　璐
**参　审　员**　欧　岚

**法 律 依 据**　专利法第 22 条第 3 款
**决 定 要 点**

如果一项权利要求所要求保护的技术方案与现有技术所公开的技术方案相比，存在区别技术特征，而该区别技术特征是本领域技术人员的常规选择，且并未带来预料不到的技术效果，则该权利要求对本领域普通技术人员来说是显而易见的，不具备创造性。

### 一、案由

本无效宣告请求涉及中华人民共和国国家知识产权局于 2006 年 6 月 14 日授权公告的、名称为“一种暖气片及其制造方法”的发明专利权（以下简称本专利），其专利号是 200410024335. 3，申请日是 2004 年 6 月 16 日，专利权人是夏纪运。本专利授权公告时的权利要求书如下：

“1. 一种暖气片，包括上横管（1）、下横管（2），与上横管（1）和下横管（2）固定连接且内腔相通的若干竖散热管（3），其特征是：上横管（1）包括第一半管（11）和与和与第一半管（11）焊接在一起形成上横管的第二半管（12），下横管（2）包括第三半管（21）和与第三半管（21）焊接在一起形成下横管的第四半管（22），第一半管（11）和第三半管（21）上设有竖散热管（3）插接焊接孔，上横管（1）和下横管（2）的焊接点（5）分别设在上横管（1）和下横管（2）的内部；所述的竖散热管（3）设有 2 层或 3 层。

2. 一种制造如权利要求 1 所述暖气片的方法，其特征是包括如下步骤：

（1）分别制造出上横管（1）的第一半管（11）和第二半管（12），在第一半管（11）上加工出若干竖散热管（3）插接焊接孔；分别制造出下横管（2）的第三半管（21）和第四半管（22），在第三半管（21）加工出若干竖散热管（3）插接焊接孔；制造出若干竖散热管（3）备用；

（2）将竖散热管（3）的上端插接在上横管（1）的第一半管（11）的插接孔内，将竖散热管（3）的下端插接在下横管（2）的第三半管（21）的插接孔内，然后分别将竖散热管（3）的两端从各半管的内部与各半管焊接在一起；

（3）分别将上横管（1）的第一半管（11）和第二半管（12）、下横管（2）的第三半管（21）和第四半管（22）扣接在一起，并将对接缝进行焊接；

（4）在上横管（1）和下横管（2）上焊接、安装上相应的暖气片附件；

（5）对位于暖气片外表面的焊接缝进行打磨抛光处理。"

针对本专利权，山东三德暖通空调设备有限公司（以下简称请求人）于2006年11月3日向专利复审委员会提出无效宣告请求，认为本专利不符合专利法第22条第2款、第3款、第4款、第26条、第33条以及专利法实施细则第2条的规定，请求人同时提交了如下附件：

附件1：本专利的公开说明书；

附件2：授权公告日为2004年3月3日、授权公告号为CN2605549Y的中国实用新型专利说明书；

附件3：公开日为1990年9月12日、公告号为CN2062034U的中国实用新型专利申请说明书。

请求人认为：

（1）本专利的授权文本中权利要求要求保护"上横管和下横管的焊接点分别在上横管和下横管的内部"，而这一特征在原说明书中没有公开，因此权利要求的修改超出了原说明书和权利要求书记载的范围，不符合专利法第33条的规定；同样，由于上横管和下横管的焊接点分别在上横管和下横管的内部在原说明书中没有公开，而权利要求书中要求保护这一技术特征，因而权利要求书没有以说明书为依据，不符合专利法第26条的规定。

（2）附件2公开的技术方案与本专利基本一致，本专利的权利要求相对于附件2无新颖性和创造性，不符合专利法第22条的规定。

（3）本专利的权利要求相对于附件2、3的结合无创造性。

经形式审查合格后，专利复审委员会依法受理了上述无效宣告请求，并于2006年11月3日向请求人和专利权人发出无效宣告请求受理通知书，同时将专利权无效宣告请求书及其附件清单中所列附件的副本转送给专利权人，并要求专利权人在指定的期限内陈述意见。

2006年11月28日，请求人补充了如下的附件（接前述附件顺序编号）：

附件4：公开日为1999年11月3日、公开号为CN1233743A的中国发明专利申请公开说明书。

请求人认为：附件4与权利要求1相比，其区别点仅仅在于没有公开所述的竖散热管设有2层或3层这一特征，而散热器片具有2层或3层为公知技术，附件3、附件2中均有公开，故权利要求1的技术方案相对比于附件4或附件4与附件3、附件2的结合是显而易见的，权利要求1不具备创造性；附件4与权利要求2相比，其区别点仅仅在于没有公开对位于暖气片外表面的焊接缝进行打磨抛光处理，而这一技术特征是本领域的公知技术，故权利要求2也不具备创造性。

2006年12月13日，专利权人针对该无效宣告请求陈述了意见。专利权人认为：请求人请求宣告的文本中的权利要求1是授权文本的权利要求1，权利要求2是修改前的申请文本的权利要求2；技术特征"上横管和下横管的焊接点分别在上横管和下横管的内部"在原说明书中有明确记载，授权文本不存在修改超出原始文本范围的问题，同时也不存在权利要求没有以说明书为依据的问题；附件

2的专利其目的是联箱内焊，本专利的上下横管是从外部焊接的，本专利与附件2相比，发明目的不同，制造工艺不同，附件2不破坏本专利的新颖性和创造性；本专利与附件3相比，结构不同，制造工艺不同，附件3也不破坏本专利的新颖性和创造性。

专利复审委员会依法成立合议组。

本案合议组于2007年1月12日向双方发出无效宣告请求口头审理通知书，定于2007年3月15日在专利复审委员会举行口头审理。同时发出转送文件通知书，将请求人于2006年11月28日提交的意见陈述书及其附件清单中所列附件的副本转送给专利权人，将专利权人于2006年12月13日提交的意见陈述书转送给请求人。针对请求人于2006年11月28日提交的意见陈述书，专利权人于2007年1月26日提交了意见陈述，认为请求人的无效理由不成立。

口头审理如期举行，双方当事人均参加了口头审理。

在口头审理中，（1）双方当事人对对方当事人出庭资格无异议，亦对合议组成员无回避请求。（2）合议组当庭向请求人转送了专利权人于2007年1月26日提交的意见陈述。（3）请求人当庭放弃附件2作为证据使用，明确其无效宣告请求的理由为：①权利要求1不符合专利法第33条、第26条第4款、第22条第4款、专利法实施细则第2条第2款的规定。具体意见为：本专利的授权文本中权利要求1要求保护“上横管和下横管的焊接点分别在上横管和下横管的内部”，上横管和下横管的焊接点不仅包括上、下横管与竖散热管的焊接点，还包括上、下半管的焊接点，在原说明书中没有公开上、下半管的焊接点在横管的内部，导致权利要求1不符合专利法第33条、第26条第4款的规定，同时上、下半管的焊接点在横管的内部不具备实用性及工业再现性，故同时不符合专利法第22条第4款，专利法实施细则第2条第2款的规定。②权利要求1、2相对于附件4加公知常识不具备新颖性和创造性，权利要求1相对于附件3、4的结合不具备创造性。③专利权人对附件1、3、4的真实性有异议，并拒绝对附件的真实性进行核实，专利权人请求由复审委员会确定附件1、3、4的真实性。④专利权人当庭提交了新修改的权利要求书，将授权文本权利要求1“上横管（1）和下横管（2）的焊接点分别在上横管（1）和下横管（2）的内部”修改为“竖散热管（3）与上横管（1）和下横管（2）的焊接点分别在上横管（1）和下横管（2）的内部”，声称授权文本中漏掉“竖散热管（3）与”是专利权人打印错误所致。合议组当庭认定专利权人的提交的修改文本不符合审查指南的规定，不予接受，口头审理针对授权文本进行审查。⑤专利权人认为，根据本专利说明书，本领域普通技术人员可以推断出授权文本权利要求1中的上横管和下横管焊接点是指竖散热管与上下横管的焊接点，而不包括上、下半管的焊接点，故本专利符合专利法第33条、第26条第4款、第22条第4款、专利法实施细则第2条第2款的规定；权利要求1、2相对于附件4和公知常识的结合、附件4和附件3的结合具备新颖性和创造性。本专利与附件3相比，结构不同，制造工艺不同，与附件4相比，不是相同的技术领域，技术主题不同，铝合金散热器使用的是型材，无法实现在U型的边、底部同时冲孔。

至此，合议组认为本案事实已经清楚，可以作出审查决定。

**二、决定的理由**

1. 关于审查文本

专利权人当庭提交的修改文本在修改方式上是将授权文本权利要求1“上横管（1）和下横管（2）的焊接点分别在上横管（1）和下横管（2）的内部”修改为“竖散热管（3）与上横管（1）和下横管（2）的焊接点分别在上横管（1）和下横管（2）的内部”，显然这种修改并非是以删除、合并的方式进行的修改，因此不符合审查指南第四部分第三章第4.6.2节关于“修改权利要求书的方式一般限于权利要求的删除、合并和技术方案的删除”的规定，不予接受。因此，审查针对本专利的授权文本进行。

2. 关于证据和现有技术

请求人当庭放弃附件 2 作为证据使用。由于专利权人不认可附件 1、3、4 的真实性，并拒绝了合议组让其进行核实的要求，认为由合议组决定是否认可附件 1、3、4 的真实性。经合议组核实，附件 1、3、4 是真实的，因此附件 1、3、4 可以作为本案证据使用。同时由于附件 1、3、4 的公开日期均在本专利的申请日前，因此可以作为本专利的现有技术使用。

3. 关于专利法第 22 条第 3 款

专利法第 22 条第 3 款规定：创造性，是指同申请日以前已有的技术相比，该发明有突出的实质性特点和显著的进步，该实用新型具有实质性特点和进步。

在判断一项权利要求的创造性时，首先应当将权利要求所述的技术方案与最接近的现有技术进行比较，找出它们的区别技术特征，然后再考察该区别技术特征对本领域技术人员来说是否是显而易见的，或者该区别技术特征是否已被另一篇对比文件公开，并给出了将上述区别技术特征应用到该最接近的现有技术中以解决本发明实际所要解决的技术问题的技术启示。

（1）权利要求 1 的创造性。

合议组经审查后认为，附件 4 公开了一种暖气片（参见说明书第 1 页最后一段及附图 1）：其中连通管（相当于权利要求 1 的上、下横管）分别包括管盖和下槽（相当于权利要求 1 的两个半管），以及矩翼管片的内腔（相当于权利要求 1 的竖散热管）与下槽的焊接点分别在下槽的内部（相当于权利要求 1 上横管和下横管的焊接点分别设在上横管和下横管的内部）、下槽内落有孔眼（相当于权利要求 1 竖散热管插接焊接孔）的技术特征。

由此可见，权利要求 1 相对比于附件 4 的区别在于：附件 4 中没有公开竖散热管设有 2 层或 3 层。

合议组认为：竖散热管设有 2 层或 3 层是本领域常规的技术手段，本领域普通技术人员根据热负荷及设计需要如面积的限制等很容易想到在附件 4 公开的技术方案中将竖散热管设为 2 层或 3 层，故在附件 4 的基础上得出本专利权利要求 1 所要求保护的技术方案，对本领域的普通技术人员来说是显而易见的，因此，本专利的权利要求 1 所要求保护的技术方案不具有突出的实质性特点，不具备专利法第 22 条第 3 款规定的创造性。

（2）权利要求 2 的创造性。

附件 4 公开了一种暖气片的加工方法（参见说明书第 1 页最后一段、附图 1），包括以下步骤：管盖成型，下槽落好孔眼，再进行翻边，加工好矩翼管片（相当于权利要求 2 的步骤 1）；将矩翼管片与下槽的孔眼对正插好，对下槽的翻边同矩翼管片的内腔相接触的部位进行焊接（相当于权利要求 2 的步骤 2）；将管盖和下槽扣好后，在它们接触部位进行焊接（相当于权利要求 2 的步骤 3）；在连通管的四个管口焊接上四个丝头（相当于权利要求 2 的步骤 4）。同时，如权利要求 1 评述的那样，暖气片设置 2 层或 3 层竖散热管是显而易见的，因此，设置与竖散热管相对应数目的插接焊接孔也是显而易见的。此外，在焊接后，对工件焊缝处进行打磨抛光处理是本领域技术人员所采用的常规技术手段。因此，本专利的权利要求 2 所要求保护的技术方案不具有突出的实质性特点，不具备专利法第 22 条第 3 款规定的创造性。

根据上述的事实和理由，本案合议组依法作出以下决定。

**三、决定**

宣告第 200410024335.3 号发明专利权全部无效。

当事人对本决定不服的，可以根据专利法第 46 条第 2 款的规定，自收到本决定之日起 3 个月内向北京市第一中级人民法院起诉。根据该款的规定，一方当事人起诉后，另一方当事人应当作为第三人参加诉讼。

# 北京市第一中级人民法院
# 行政判决书

（2007）一中行初字第1327号

原告夏纪运，男，1954年8月8日出生，汉族，山东邦泰散热器有限公司总经理，户籍所在地山东省高密市朝阳街道娘娘庙社区镇府街68号。

委托代理人宗涛，男，1970年1月12日出生，汉族，山东邦泰散热器有限公司副总经理，户籍所在地山东省高密市密水街道张家埠社区华润花园8街17号。

被告国家知识产权局专利复审委员会，住所地北京市海淀区北四环西路9号银谷大厦。

法定代表人廖涛，副主任。

委托代理人隋璐，国家知识产权局专利复审委员会审查员。

委托代理人齐宏涛，国家知识产权局专利复审委员会审查员。

第三人山东三德暖通空调设备有限公司，住所地山东省高密市醴泉大街中段。

法定代表人孙德亮，总经理。

委托代理人李明军，男，山东三德暖通空调设备有限公司经理。

委托代理人石誉虎，男，山东三德暖通空调设备有限公司职员。

原告夏纪运不服被告国家知识产权局专利复审委员会作出的第9693号无效宣告请求审查决定（以下简称第9693号决定），于2007年8月28日向本院提起行政诉讼。本院受理后，依法组成合议庭，向被告送达了起诉状副本及应诉通知书，并依照《中华人民共和国行政诉讼法》第二十七条之规定，通知山东三德暖通空调设备有限公司作为本案第三人参加诉讼。本院于2007年11月16日公开开庭审理了本案。原告的委托代理人宗涛，被告的委托代理人隋璐、齐宏涛，第三人的委托代理人李明军、石誉虎到庭参加了诉讼。本案现已审理终结。2007年4月11日，被告作出第9693号决定，依照《中华人民共和国专利法》（以下简称《专利法》）第二十二条第三款的规定，宣告原告名称为“一种暖气片及其制造方法”，专利号为200410024335.3的发明专利权（以下简称本专利）全部无效。被告为证明第9693号决定的合法性，在法定举证期限内向本院提供了作出该决定的证据：（1）本专利授权文本；（2）名称为一种铝合金暖气片加工方法，公开日为1999年11月3日，公开号为CN1233743A的中国发明专利申请公开说明书（第9693号决定中的附件4，以下简称附件4）；（3）口头审理记录表附页。以上证据用以证明第9693号决定认定事实清楚、适用法律正确、审查程序合法。原告诉称，第三人请求宣告无效的本专利的权利要求不是一个文本的内容，权利要求1是授权文本的权利要求1，而权利要求2是公开文本，即修改前的申请文本的权利要求2。原告根据2005年10月21日发出的“第一次审查意见通知书”的审查意见，只对原申请的权利要求做了符合审查要求的修改，对原申请的说明书未做任何修改，因此，不存在“超出了原说明书和权利要求书记载的范围”的问题；在原告原说明书中已说明“竖散热管3与上横管1和下横管2的焊接点5分别在上横管1和下横管2的内部”，“竖散热管与上横管和下横管的焊接点分别在上横管和下横管的内部”。因此，不存在“上述权利要求没有以说明书为依据”的问题。本专利的修改没有超出原说明书和权利要求记载的范围，本专利的权利要求得到了说明书的支持。第三人在无效请求审查程序中提交的附件2是专利号为03243645.9，名称为“内焊联箱式钢制柱型散热器”的实用新型专利申请说明书，其权利要求1的特征是“由经内部焊接而成的联箱和钢管组成。”权利要求2的特征是“联箱的两上方R角呈圆弧状，联箱内侧所开水道一大一小，在大口水道内可进行焊接作业，联箱内焊为电焊或埋弧焊式。”在该专利的说明书中，清楚说明：“将原联箱的两个R角改成弧度尽量大的圆弧角，原联箱两面一样大的水道孔，将其中一个加大直径，这样，可使焊条由大孔伸入联箱内部以达到自由焊接的目的。”附件2要实现的目的是联箱内焊。而本专利的上下横管（相当于附件2的上下联箱）是从外部焊接的。可见本专利与附件2相比，发明目的不同，制造工艺不同。附件2不破坏本专利的新颖性和创造性。第三人在无效请求审查程序中提交的附件3是专利号为90202891.X，名称为“异体整体钢制管型散热器”的实用新型专利申请说明书，在说明书中，明确说明“本实用新型的联箱是整体形的”，“是由异形整体钢制管联箱和钢管水道两部分焊接而成”。可见，本专利与附件3相比，结构不同，制造工艺不同。附件3也不破坏本专利的新颖性和创造性。被告在无效请求审查程序中不考虑原告陈述的意见，作出的宣告本专利权全部无效的决定是错误的。因此，请求撤销第9693号决定，判决本专利权有效。原告为支持其诉讼主张，向本院提交了下列证据：（1）原告在无效请求审查程序中的意见陈述书；（2）口头审理意见陈述书；被告辩称，第9693号决定是以本专利的授权文本为基础的，并不存在文本的认定错误。第9693号决定是以权利要求1、2不具备创造性宣告本专利权无效的，该决定中并没有认定授权文本中权利要求1的修改超出原说明书和权利要求书记载的范围、权利要求1得不到说明书的支持。第9693号决定是以权利要求1、2相对于附件4不具备创造性为由，宣告本专利权无效的，并没有使用附件2、附件3作为对比文件，而且在无效请求审查程序口头审理过程中，第三人已明确表示放弃附件2作为证据使用。本专利不具备创造性的理由在无效决定中已有详细论述，在此不再赘述。综上，第9693号决定认定事实清楚、适用法律正确、审理程序合法，原告的诉讼理由不能成立，因此，请求维持该决定，驳回原告的诉讼请求。第三人同意被告的诉讼意见，并持与被告相同的诉讼请求。

经庭审质证，本院审查认为，被告证据1、证据2、证据3及原告证据1、证据2与本案被诉第9693号决定的合法性审查有关且合法、各方当事人对其真实性亦无异议，均为有效证据，本院予以确认。

在本院庭审中，原告及第三人对于第9693号决定中所记载事实的真实性及被告的审查程序无异议。

根据以上有效证据及各方当事人在庭审中无争议的陈述，本院对本案事实作出如下认定：

中华人民共和国国家知识产权局（以下简称国知局）于2006年6月14日授权公告了本专利。该专利的申请日为2004年6月16日，专利权人是本案原告夏纪运。本专利授权公告时的权利要求书如下：

“1. 一种暖气片，包括上横管（1）、下横管（2），与上横管（1）和下横管（2）固定连接且内腔相通的若干竖散热管（3），其特征是：上横管（1）包括第一半管（11）和与第一半管（11）焊接在一起形成上横管的第二半管（12），下横管（2）包括第三半管（21）和与第三半管（21）焊接在一起形成下横管的第四半管（22），第一半管（11）和第三半管（21）上设有竖散热管（3）插接焊接孔，上横管（1）和下横管（2）的焊接点（5）分别设在上横管（1）和下横管（2）的内部；所述的竖散热管（3）设有2层或3层。

2. 一种制造如权利要求1所述暖气片的方法，其特征是包括如下步骤：

（1）分别制造出上横管（1）的第一半管（11）和第二半管（12），在第一半管（11）上加工出若干竖散热管（3）插接焊接孔；分别制造出下横管（2）的第三半管（21）和第四半管（22），在第三半管（21）加工出若干竖散热管（3）插接焊接孔；制造出若干竖散热管（3）备用；

（2）将竖散热管（3）的上端插接在上横管（1）的第一半管（11）的插接孔内，将竖散热管（3）的下端插接在下横管（2）的第三半管（21）的插接孔内，然后分别将竖散热管（3）的两端从各半管的内部与各半管焊接在一起；

（3）分别将上横管（1）的第一半管（11）和第二半管（12）、下横管（2）的第三半管（21）和第四半管（22）扣接在一起，并将对接缝进行焊接；

（4）在上横管（1）和下横管（2）上焊接、安装上相应的暖气片附件；

（5）对位于暖气片外表面的焊接缝进行打磨抛光处理。"

针对本专利，第三人于2006年11月3日向被告提出无效宣告请求，认为本专利不符合《专利法》第二十二条第二款、第三款、第四款，第二十六条，第三十三条以及《中华人民共和国专利法实施细则》（以下简称《专利法实施细则》）第二条的规定，第三人同时提交了如下附件作为证据：

附件1：本专利的公开说明书；

附件2：授权公告日为2004年3月3日、授权公告号为CN2605549Y的中国实用新型专利说明书；

附件3：公开日为1990年9月12日、公告号为CN2062034U的中国实用新型专利申请说明书。

第三人认为：（1）本专利的授权文本中权利要求要求保护"上横管和下横管的焊接点分别在上横管和下横管的内部"，而这一特征在原说明书中没有公开，因此权利要求的修改超出了原说明书和权利要求书记载的范围，不符合《专利法》第三十三条的规定；同样，由于上横管和下横管的焊接点分别在上横管和下横管的内部在原说明书中没有公开，而权利要求书中要求保护这一技术特征，因而权利要求书没有以说明书为依据，不符合《专利法》第二十六条的规定。（2）附件2公开的技术方案与本专利基本一致，本专利的权利要求相对于附件2无新颖性和创造性，不符合《专利法》第二十二条的规定。（3）本专利的权利要求相对于附件2、附件3的结合无创造性。

被告受理后，将第三人的专利权无效宣告请求书及其附件清单中所列附件的副本转送给原告，并要求原告在指定的期限内陈述意见。

2006年11月28日，第三人向被告提交了公开日为1999年11月3日，公开号为CN1233743A的中国发明专利申请公开说明书，即附件4作为补充证据。

第三人认为：附件4与权利要求1相比，其区别点仅仅在于没有公开所述的竖散热管设有2层或3层这一特征，而散热器片具有2层或3层为公知技术，附件3、附件2中均有公开，故权利要求1的技术方案相对比于附件4或附件4与附件3、附件2的结合是显而易见的，权利要求1不具备创造性；附件4与权利要求2相比，其区别点仅仅在于没有公开对位于暖气片外表面的焊接缝进行打磨抛光处理，而这一技术特征是本领域的公知技术，故权利要求2也不具备创造性。

后原告针对第三人的无效宣告请求陈述了意见。原告认为，第三人提出无效宣告请求所针对的本专利权利要求1是授权文本的权利要求1，权利要求2是本专利修改前的申请文本的权利要求2；技术特征"上横管和下横管的焊接点分别在上横管和下横管的内部"在原说明书中有明确记载，本专利授权文本不存在修改超出原始文本范围的问题，同时也不存在权利要求没有以说明书为依据的问题；本专利与附件2相比，发明目的不同，制造工艺不同，附件2不破坏本专利的新颖性和创造性；本专利与附件3相比，结构不同，制造工艺不同，附件3也不破坏本专利的新颖性和创造性。

被告向双方发出口头审理通知书，定于2007年3月15日在被告处举行口头审理。同时，将第三人于2006年11月28日提交的意见陈述书及其附件清单中所列附件的副本转送给原告，将原告上述意见陈述书转送给第三人。针对第三人上述意见陈述书，原告又提交了意见陈述，认为第三人的无效理由不成立。

口头审理如期举行，双方当事人均参加了口头审理。

在口头审理中，被告当庭向第三人转送了原告再次提交的意见陈述。第三人当庭放弃附件2作为证据使用，明确其无效宣告请求的理由为：（1）权利要求1不符合《专利法》第三十三条、第二十六条第四款、第二十二条第四款，《专利法实施细则》第二条第二款的规定。具体意见为：本专利的授权文本中权利要求1要求保护“上横管和下横管的焊接点分别在上横管和下横管的内部”，上横管和下横管的焊接点不仅包括上、下横管与竖散热管的焊接点，还包括上、下半管的焊接点，在原说明书中没有公开上、下半管的焊接点在横管的内部，导致权利要求1不符合《专利法》第三十三条、第二十六条第四款的规定，同时上、下半管的焊接点在横管的内部不具备实用性及工业再现性，故同时不符合《专利法》第二十二条第四款、《专利法实施细则》第二条第二款的规定。（2）权利要求1、2相对于附件4加公知常识不具备新颖性和创造性，权利要求1相对于附件3、附件4的结合不具备创造性。原告对附件1、附件3、附件4的真实性有异议，其请求由被告确定附件1、附件3、附件4的真实性。原告当庭提交了新修改的权利要求书，将授权文本权利要求1“上横管（1）和下横管（2）的焊接点分别在上横管（1）和下横管（2）的内部”修改为“竖散热管（3）与上横管（1）和下横管（2）的焊接点分别在上横管（1）和下横管（2）的内部”，声称授权文本中漏掉“竖散热管（3）与”是原告打印错误所致。被告当庭认定原告提交的修改文本不符合《审查指南》的规定，不予接受，口头审理针对授权文本进行审查。原告认为，根据本专利说明书，本领域普通技术人员可以推断出授权文本权利要求1中的上横管和下横管焊接点是指竖散热管与上下横管的焊接点，而不包括上、下半管的焊接点，故本专利符合《专利法》第三十三条、第二十六条第四款、第二十二条第四款、《专利法实施细则》第二条第二款的规定；权利要求1、2相对于附件4和公知常识的结合、附件4和附件3的结合具备新颖性和创造性。本专利与附件3相比，结构不同，制造工艺不同，与附件4相比，不是相同的技术领域，技术主题不同，铝合金散热器使用的是型材，无法实现在U型的边、底部同时冲孔。

基于此被告认为，原告当庭提交的本专利修改文本并非是以删除、合并的方式进行的修改，因此不符合《审查指南》第四部分第三章第4.6.2节关于“修改权利要求书的方式一般限于权利要求的删除、合并和技术方案的删除”的规定，不能予以接受。因此，审查针对本专利的授权文本进行。

因第三人放弃将附件2作为证据使用，被告未评价和使用附件2。被告经核实认为附件1、附件3、附件4是真实的，可以作为本案证据使用。同时由于附件1、附件3、附件4的公开日期均在本专利的申请日前，因此可以作为本专利的现有技术使用。

被告认为在判断一项权利要求的创造性时，首先应当将权利要求所述的技术方案与最接近的现有技术进行比较，找出它们的区别技术特征，然后再考察该区别技术特征对本领域技术人员来说是否是显而易见的，或者该区别技术特征是否已被另一篇对比文件公开，并给出了将上述区别技术特征应用到该最接近的现有技术中以解决本发明实际所要解决的技术问题的技术启示。

第三人提交的附件4公开了一种暖气片，其中连通管（相当于权利要求1的上、下横管）分别包括管盖和下槽（相当于权利要求1的两个半管），以及矩翼管片的内腔（相当于权利要求1的竖散热管）与下槽的焊接点分别在下槽的内部（相当于权利要求1上横管和下横管的焊接点分别设在上横管和下横管的内部）、下槽内落有孔眼（相当于权利要求1竖散热管插接焊接孔）的技术特征。由此可见，权利要求1相对于附件4的区别在于：附件4中没有公开竖散热管设有2层或3层。而竖散热管设有2层或3层是本领域常规的技术手段，本领域普通技术人员根据热负荷及设计需要如面积的限制等很容易想到在附件4公开的技术方案中将竖散热管设为2层或3层，故在附件4的基础上得出本专利权利要求 1 所要求保护的技术方案，对本领域的普通技术人员来说是显而易见的，因此，本专利的权利要求 1 所要求保护的技术方案不具有突出的实质性特点，不具备《专利法》第二十二条第三款规定的创造性。

附件 4 公开了一种暖气片的加工方法，包括以下步骤：管盖成型，下槽落好孔眼，再进行翻边，加工好矩翼管片（相当于权利要求 2 的步骤 1）；将矩翼管片与下槽的孔眼对正插好，对下槽的翻边同矩翼管片的内腔相接触的部位进行焊接（相当于权利要求 2 的步骤 2）；将管盖和下槽扣好后，在它们接触部位进行焊接（相当于权利要求 2 的步骤 3）；在连通管的四个管口焊接上四个丝头（相当于权利要求 2 的步骤 4）。同时，如权利要求 1 评述的那样，暖气片设置 2 层或 3 层竖散热管是显而易见的，因此，设置与竖散热管相对应数目的插接焊接孔也是显而易见的。此外，在焊接后，对工件焊缝处进行打磨抛光处理是本领域技术人员所采用的常规技术手段。因此，本专利的权利要求 2 所要求保护的技术方案不具有突出的实质性特点，不具备《专利法》第二十二条第三款规定的创造性。

根据上述的事实和理由，被告作出了宣告本专利权全部无效的第 9693 号决定。

本院认为，原告以专利局曾使用过附件 4 作对比文件，后将本专利的专利权授予原告为由，认为现在被告又用附件 4 作为对比文件，认定本专利不具备创造性，宣告本专利无效是对原告的不公。而根据《专利法》第四十五条和第四十六条的规定，被告有权根据无效宣告请求人的请求，对已授权专利进行审查，并作出维持该专利权有效或宣告该专利权无效的决定。因此，原告上述意见于法无据。

《专利法》第二十二条第三款规定：创造性，是指同申请日以前已有的技术相比，该发明有突出的实质性特点和显著的进步，该实用新型具有实质性特点和进步。本专利公开了一种暖气片及其制造方法，附件 4 公开的是一种铝合金暖气片加工方法，附件 4 公开日期在本专利的申请日前，因此可以作为本专利的现有技术使用。本院认同第 9693 号决定中关于本专利的权利要求 1 所要求保护的技术方案和权利要求 2 所要求保护的技术方案均不具有突出的实质性特点，不具备《专利法》第二十二条第三款规定的创造性的认定意见。

第 9693 号决定认定事实清楚，适用法律正确，程序合法，本院应予维持。原告诉讼理由缺乏事实及法律依据，本院不予采纳，其诉讼请求本院亦不予支持。据此，依照《中华人民共和国行政诉讼法》第五十四条第（一）项的规定，判决如下：

维持被告国家知识产权局专利复审委员会作出的第 9693 号无效宣告请求审查决定。

本案案件受理费 100 元，由原告夏纪运负担（已交纳）。

如不服本判决，可在本判决书送达之日起 15 日内向本院递交上诉状，并按对方当事人的人数提出副本，上诉于北京市高级人民法院。

审 判 长 吴 月
代理审判员 刘景文
代理审判员 胡华峰
二〇〇七年十一月三十日
书 记 员 陈 明

# 北京市高级人民法院
# 行政判决书

（2008）高行终字第410号

上诉人（一审原告）夏纪运，男，1954年8月8日出生，汉族，山东邦泰散热器有限公司总经理，户籍所在地山东省高密市朝阳街道娘娘庙社区镇府街68号。

委托代理人宗涛，男，1970年1月12日出生，汉族，山东邦泰散热器有限公司副总经理，户籍所在地山东省高密市密水街道张家埠社区华润花园8街17号。

委托代理人马西芳，男，1954年9月13日出生，汉族，山东邦泰散热器有限公司北京分公司副总经理，户籍所在地山东省高密市朝阳街道西门家苓芝村231号。

被上诉人（一审被告）国家知识产权局专利复审委员会，住所地北京市海淀区北四环西路9号银谷大厦。

法定代表人廖涛，副主任。

委托代理人隋璐，国家知识产权局专利复审委员会审查员。

委托代理人齐宏涛，国家知识产权局专利复审委员会审查员。

被上诉人（一审第三人）山东三德暖通空调设备有限公司，住所地山东省高密市醴泉大街中段。

法定代表人孙德亮，总经理。

委托代理人李明军，男，山东三德暖通空调设备有限公司经理。

委托代理人石誉虎，男，山东三德暖通空调设备有限公司职员。

上诉人夏纪运因专利无效宣告请求审查决定一案，不服北京市第一中级人民法院（2007）一中行初字第1327号行政判决，向本院提起上诉。本院依法组成合议庭进行了审理，现已审理终结。

2007年4月11日，国家知识产权局专利复审委员会（以下简称专利复审委）作出第9693号无效宣告请求审查决定（以下简称第9693号决定），依照《中华人民共和国专利法》（以下简称《专利法》）第二十二条第三款的规定，宣告专利权人为夏纪运的名称为“一种暖气片及其制造方法”，专利号为200410024335.3的发明专利权（以下简称本专利）全部无效。夏纪运不服专利复审委作出的第9693号决定，向北京市第一中级人民法院提起行政诉讼。

一审法院判决认定，根据《专利法》第四十五条和第四十六条的规定，专利复审委有权根据无效宣告请求人的请求，对已授权专利进行审查，并作出维持该专利权有效或宣告该专利权无效的决定。

本专利公开了一种暖气片及其制造方法，附件4公开的是一种铝合金暖气片加工方法，附件4公开日期在本专利的申请日前，因此，可以作为本专利的现有技术使用。本院认同第9693号决定中关于本专利的权利要求1所要求保护的技术方案和权利要求2所要求保护的技术方案均不具有突出的实质性特点，不具备《专利法》第二十二条第三款规定的创造性的认定意见。

综上，专利复审委作出的第9693号决定，认定事实清楚，适用法律正确，程序合法。依照《中华人民共和国行政诉讼法》第五十四条第（一）项的规定，判决予以维持。

夏纪运不服一审判决，于2008年2月15日提出上诉。诉称，（1）上诉人提出的本专利第一次审查时认为有创造性，复审时认为没有创造性，说明创造性的判断受人为因素影响很大，希望法院对本专利的创造性重新认定。（2）本专利具备创造性。从附件4中本领域的一般技术人员很难想到可将竖散热管设为2层或3层，尤其是受材料所限，按附件4的工艺不可能将竖散热管设为2层或3层。依据附件4工艺得到的产品与本专利产品结构不同。本专利产品联箱管内部平整、无翻边，而按附件4工艺生产出的产品，矩翼管片插入到下槽的翻边处焊接，这样在联箱管内部形成了翻边高度的凸结构，这种结构会增大内部水流阻力，并且容易产生灰尘堆积造成氧腐蚀，降低使用寿命。本专利产品散热管是管材，没有任何翼状结构，而按附件4工艺生产出的产品竖散热管具有许多翼，而且生产时需对翼片进行二次加工。因此，本专利产品与按附件4工艺生产出的产品相比具有突出的实质性特点和显著的进步，具备创造性。

综上，一审法院判决认定事实不清，请求二审法院撤销一审判决，支持上诉人的上诉请求。被上诉人专利复审委辨称，第9693号决定是以本专利的授权文本为基础的，并不存在文本的认定错误。第9693号决定是以本专利权利要求1、2相对于附件4不具备创造性为由，宣告本专利权无效的。关于本专利创造性的问题，坚持第9693号决定意见。

综上，一审法院判决认定事实清楚，适用法律正确，请求二审法院驳回上诉，维持一审判决。

被上诉人山东三德暖通空调设备有限公司（以下简称三德暖通公司）同意专利复审委的意见。

本案一审审理期间，专利复审委在法定期限内向一审法院提交了以下主要证据：（1）本专利授权文本；（2）名称为一种铝合金暖气片加工方法，公开日为1999年11月3日，公开号为CN1233743A的中国发明专利申请公开说明书（即附件4）；（3）口头审理记录表附页。

夏纪运向一审法院提交了以下主要证据：（1）夏纪运在无效请求审查程序中的意见陈述书；（2）口头审理意见陈述书。

三德暖通公司未向一审法院提交证据。

一审法院经审查认为，专利复审委证据1至3及夏纪运证据1、2与本案被诉第9693号决定的合法性审查有关且合法、各方当事人对其真实性亦无异议，均为有效证据，予以确认。

上述证据均已随案移送本院。二审期间，各方当事人没有提交新的证据。经审查核实，本院确认一审法院认证意见正确，并据此认定本案如下事实：

2006年6月14日，国家知识产权局（以下简称国知局）授权公告了本专利。本专利的申请日为2004年6月16日，专利权人为夏纪运。本专利授权公告时的权利要求书如下：

"1. 一种暖气片，包括上横管（1）、下横管（2），与上横管（1）和下横管（2）固定连接且内腔相通的若干竖散热管（3），其特征是：上横管（1）包括第一半管（11）和与第一半管（11）焊接在一起形成上横管的第二半管（12），下横管（2）包括第三半管（21）和与第三半管（21）焊接在一起形成下横管的第四半管（22），第一半管（11）和第三半管（21）上设有竖散热管（3）插接焊接孔，上横管（1）和下横管（2）的焊接点（5）分别设在上横管（1）和下横管（2）的内部；所述的竖散热管（3）设有2层或3层。

2. 一种制造如权利要求1所述暖气片的方法，其特征是包括如下步骤：

（1）分别制造出上横管（1）的第一半管（11）和第二半管（12），在第一半管（11）上加工出若干竖散热管（3）插接焊接孔；分别制造出下横管（2）的第三半管（21）和第四半管（22），在第三半管（21）加工出若干竖散热管（3）插接焊接孔；制造出若干竖散热管（3）备用；

（2）将竖散热管（3）的上端插接在上横管（1）的第一半管（11）的插接孔内，将竖散热管（3）的下端插接在下横管（2）的第三半管（21）的插接孔内，然后分别将竖散热管（3）的两端从各半管的内部与各半管焊接在一起；

（3）分别将上横管（1）的第一半管（11）和第二半管（12）、下横管（2）的第三半管（21）

和第四半管（22）扣接在一起，并将对接缝进行焊接；

（4）在上横管（1）和下横管（2）上焊接、安装上相应的暖气片附件；

（5）对位于暖气片外表面的焊接缝进行打磨抛光处理。”

2006年11月3日，三德暖通公司针对本专利向专利复审委提出无效宣告请求，认为本专利不符合《专利法》第二十二条第二款、第三款、第四款，第二十六条、第三十三条以及《中华人民共和国专利法实施细则》（以下简称《专利法实施细则》）第二条的规定，三德暖通公司同时提交了如下附件作为证据：

附件1：本专利的公开说明书；

附件2：授权公告日为2004年3月3日、授权公告号为CN2605549Y的中国实用新型专利说明书；

附件3：公开日为1990年9月12日、公告号为CN2062034U的中国实用新型专利申请说明书。

三德暖通公司认为：（1）本专利的授权文本中权利要求要求保护“上横管和下横管的焊接点分别在上横管和下横管的内部”，而这一特征在原说明书中没有公开，因此权利要求的修改超出了原说明书和权利要求书记载的范围，不符合《专利法》第三十三条的规定；同样，由于上横管和下横管的焊接点分别在上横管和下横管的内部在原说明书中没有公开，而权利要求书中要求保护这一技术特征，因而权利要求书没有以说明书为依据，不符合《专利法》第二十六条的规定。（2）附件2公开的技术方案与本专利基本一致，本专利的权利要求相对于附件2无新颖性和创造性，不符合《专利法》第二十二条的规定。（3）本专利的权利要求相对于附件2、3的结合无创造性。

专利复审委受理后，将三德暖通公司的专利权无效宣告请求书及其附件清单中所列附件的副本转送给夏纪运，并要求夏纪运在指定的期限内陈述意见。

2006年11月28日，三德暖通公司向专利复审委提交了公开日为1999年11月3日，公开号为CN1233743A的中国发明专利申请公开说明书，即附件4作为补充证据。

三德暖通公司认为：附件4与权利要求1相比，其区别点仅仅在于没有公开所述的竖散热管设有2层或3层这一特征，而散热器片具有2层或3层为公知技术，附件3、附件2中均有公开，故权利要求1的技术方案相对比于附件4或附件4与附件3、附件2的结合是显而易见的，权利要求1不具备创造性；附件4与权利要求2相比，其区别点仅仅在于没有公开对位于暖气片外表面的焊接缝进行打磨抛光处理，而这一技术特征是本领域的公知技术，故权利要求2也不具备创造性。

夏纪运针对三德暖通公司的无效宣告请求陈述了意见。夏纪运认为，三德暖通公司提出无效宣告请求所针对的本专利权利要求1是授权文本的权利要求1，权利要求2是本专利修改前的申请文本的权利要求2；技术特征“上横管和下横管的焊接点分别在上横管和下横管的内部”在原说明书中有明确记载，本专利授权文本不存在修改超出原始文本范围的问题，同时也不存在权利要求没有以说明书为依据的问题；本专利与附件2相比，发明目的不同，制造工艺不同，附件2不破坏本专利的新颖性和创造性；本专利与附件3相比，结构不同，制造工艺不同，附件3也不破坏本专利的新颖性和创造性。

专利复审委向双方发出口头审理通知书，定于2007年3月15日在专利复审委处举行口头审理。同时，将三德暖通公司于2006年11月28日提交的意见陈述书及其附件清单中所列附件的副本转送给夏纪运，将夏纪运上述意见陈述书转送给三德暖通公司。针对三德暖通公司上述意见陈述书，夏纪运又提交了意见陈述，认为三德暖通公司的无效理由不成立。

口头审理如期举行，双方当事人均参加了口头审理。

在口头审理中，专利复审委当庭向三德暖通公司转送了夏纪运再次提交的意见陈述。三德暖通公司当庭放弃附件2作为证据使用，明确其无效宣告请求的理由为：(1) 权利要求1不符合《专利法》第三十三条、第二十六条第四款、第二十二条第四款、《专利法实施细则》第二条第二款的规定。具体意见为：本专利的授权文本中权利要求1要求保护“上横管和下横管的焊接点分别在上横管和下横管的内部”，上横管和下横管的焊接点不仅包括上、下横管与竖散热管的焊接点，还包括上、下半管的焊接点，在原说明书中没有公开上、下半管的焊接点在横管的内部，导致权利要求1不符合《专利法》第三十三条、第二十六条第四款的规定，同时上、下半管的焊接点在横管的内部不具备实用性及工业再现性，故同时不符合《专利法》第二十二条第四款、《专利法实施细则》第二条第二款的规定。(2) 权利要求1、2相对于附件4加公知常识不具备新颖性和创造性，权利要求1相对于附件3、4的结合不具备创造性。夏纪运对附件1、3、4的真实性有异议，其请求由专利复审委确定附件1、3、4的真实性。夏纪运当庭提交了新修改的权利要求书，将授权文本权利要求1“上横管 (1) 和下横管 (2) 的焊接点分别在上横管 (1) 和下横管 (2) 的内部”修改为“竖散热管 (3) 与上横管 (1) 和下横管 (2) 的焊接点分别在上横管 (1) 和下横管 (2) 的内部”，声称授权文本中漏掉“竖散热管 (3) 与”是夏纪运打印错误所致。专利复审委当庭认定夏纪运提交的修改文本不符合《审查指南》的规定，不予接受，口头审理针对授权文本进行审查。夏纪运认为，根据本专利说明书，本领域普通技术人员可以推断出授权文本权利要求1中的上横管和下横管焊接点是指竖散热管与上下横管的焊接点，而不包括上、下半管的焊接点，故本专利符合《专利法》第三十三条、第二十六条第四款、第二十二条第四款、《专利法实施细则》第二条第二款的规定；权利要求1、2相对于附件4和公知常识的结合、附件4和附件3的结合具备新颖性和创造性。本专利与附件3相比，结构不同，制造工艺不同，与附件4相比，不是相同的技术领域，技术主题不同，铝合金散热器使用的是型材，无法实现在U型的边、底部同时冲孔。

2007年4月11日，专利复审委作出第9693号决定，宣告本专利权全部无效。主要理由是：

夏纪运当庭提交的本专利修改文本并非是以删除、合并的方式进行的修改，因此不符合《审查指南》第四部分第三章第4.6.2节关于“修改权利要求书的方式一般限于权利要求的删除、合并和技术方案的删除”的规定，不能予以接受。因此，审查针对本专利的授权文本进行。

因三德暖通公司放弃将附件2作为证据使用，专利复审委未评价和使用附件2。专利复审委经核实认为附件1、3、4是真实的，可以作为本案证据使用。同时由于附件1、3、4的公开日期均在本专利的申请日前，因此可以作为本专利的现有技术使用。

专利复审委认为在判断一项权利要求的创造性时，首先应当将权利要求所述的技术方案与最接近的现有技术进行比较，找出它们的区别技术特征，然后再考察该区别技术特征对本领域技术人员来说是否是显而易见的，或者该区别技术特征是否已被另一篇对比文件公开，并给出了将上述区别技术特征应用到该最接近的现有技术中以解决本发明实际所要解决的技术问题的技术启示。

三德暖通公司提交的附件4公开了一种暖气片，其中连通管（相当于权利要求1的上、下横管）分别包括管盖和下槽（相当于权利要求1的两个半管），以及矩翼管片的内腔（相当于权利要求1的竖散热管）与下槽的焊接点分别在下槽的内部（相当于权利要求1上横管和下横管的焊接点分别设在上横管和下横管的内部）、下槽内落有孔眼（相当于权利要求1竖散热管插接焊接孔）的技术特征。由此可见，权利要求1相对于附件4的区别在于：附件4中没有公开竖散热管设有2层或3层。而竖散热管设有2层或3层是本领域常规的技术手段，本领域普通技术人员根据热负荷及设计需要如面积的限制等很容易想到在附件4公开的技术方案中将竖散热管设为2层或3层，故在附件4的基础上得出本专利权利要求1所要求保护的技术方案，对本领域的普通技术人员来说是显而易见的，因此，本专利的权利要求1所要求保护的技术方案不具有突出的实质性特点，不具备《专利法》第二十二条第三款规定的创造性。

附件4公开了一种暖气片的加工方法，包括以下步骤：管盖成型，下槽落好孔眼，再进行翻边，加工好矩翼管片（相当于权利要求2的步骤1）；将矩翼管片与下槽的孔眼对正插好，对下槽的翻边同矩翼管片的内腔相接触的部位进行焊接（相当于权利要求2的步骤2）；将管盖和下槽扣好后，在它们接触部位进行焊接（相当于权利要求2的步骤3）；在连通管的四个管口焊接上四个丝头（相当于权利要求2的步骤4）。同时，如权利要求1评述的那样，暖气片设置2层或3层竖散热管是显而易见的，因此，设置与竖散热管相对应数目的插接焊接孔也是显而易见的。此外，在焊接后，对工件焊缝处进行打磨抛光处理是本领域技术人员所采用的常规技术手段。因此，本专利的权利要求2所要求保护的技术方案不具有突出的实质性特点，不具备《专利法》第二十二条第三款规定的创造性。

夏纪运不服上述审查决定，向北京市第一中级人民法院提起行政诉讼。

本院认为，上诉人夏纪运及被上诉人三德暖通公司对于专利复审委所作的第9693号决定的审查程序无异议，经审查，本院予以确认。

本案争议的问题是：（1）本案附件4能否作为评价本专利的现有技术使用；（2）本专利是否符合《专利法》第二十二条第三款关于创造性的规定。

关于本案附件4能否作为评价本专利的现有技术的问题。本案附件4是与本专利最接近的现有技术，且其公开日期在本专利申请日之前，因此，专利复审委将其作为评价本专利的现有技术使用，符合《专利法》相关的规定。

关于本专利是否符合《专利法》第二十二条第三款关于创造性规定的问题。《专利法》第二十二条第三款规定，创造性，是指同申请日以前已有的技术相比，该发明有突出的实质性特点和显著的进步，该实用新型具有实质性特点和进步。本专利是一种发明专利，公开了一种暖气片及其制造方法，本案附件4公开的是一种铝合金暖气片加工方法，专利复审委根据上述法律规定，结合附件4对本专利的技术方案及技术特征进行了逐一的对比，作出本专利的权利要求1所要求保护的技术方案和权利要求2所要求保护的技术方案均不具有突出的实质性特点和显著的进步，不具备《专利法》第二十二条第三款规定的发明专利要求的创造性的认定是正确的。上诉人夏纪运关于本专利具备创造性等上诉主张没有事实根据及法律依据，本院不予支持。

综上，专利复审委作出的第9693号决定宣告200410024335.3号发明专利权全部无效合法，一审法院判决维持正确。依据《中华人民共和国行政诉讼法》第六十一条第（一）项的规定，判决如下：

驳回上诉，维持一审判决。

二审案件受理费人民币100元，由上诉人夏纪运负担（已交纳）。

本判决为终审判决。

审　判　长　朱世宽
审　判　员　张学磊
代理审判员　赵宇晖
二〇〇八年八月十九日
书　记　员　张　怡

083

# 一种结构改良的便携式烟灰袋

## 无效宣告请求审查决定（第9709号）

**决　　定　　号** 第9709号
**决　　定　　日** 2007年4月13日
**发明创造名称** 一种结构改良的便携式烟灰袋
**国 际 分 类 号** A24F 47/00，B65D 30/00，B65D 30/02
**无效宣告请求人** 徐华文
**专 利 权 人** 林江春
**专　　利　　号** 200420039922.5
**申　　请　　日** 2004年4月6日
**授 权 公 告 日** 2005年9月7日
**合 议 组 组 长** 石　清
**主　　审　　员** 王艳妮
**参　　审　　员** 郑　直

**法 律 依 据** 专利法第22条第3款
**决 定 要 点**

在判断一项实用新型专利相对于现有技术是否具有创造性时，应当将该专利所保护的技术方案与现有技术中最接近的技术方案进行比较，并找出二者之间存在的区别特征，如果该区别特征没有使本专利所保护的技术方案产生任何实质性作用，并且也没有产生任何优于现有技术的技术效果，则该技术方案不具有实质性特点和进步，不具有创造性；如果该区别特征使本专利所保护的技术方案达到了更好的技术效果、具备了多种优点，则该技术方案具有实质性特点和进步，具有创造性。

### 一、案由

本无效宣告请求涉及国家知识产权局于2005年9月7日授权公告、专利号为200420039922.5、名称为“一种结构改良的便携式烟灰袋”的实用新型专利（下称本专利），其申请日为2004年4月6日，专利权人为林江春。

本专利授权公告的权利要求书的内容如下：

“1. 一种结构改良的便携式烟灰袋，它包括一扁平外袋、一可阻燃的扁平内袋以及一隔热层，扁平内袋固连于扁平外袋内，扁平外袋和扁平内袋的上侧均开有可闭合的开口，隔热层介于扁平外袋和扁平内袋之间，其特征在于：所述的扁平外袋的横截面至少包括基层以及面层，面层的内表面贴合于基层的外表面，基层与面层复合贴合组成EVA层或PEVA层。

2. 根据权利要求 1 所述的结构改良的便携式烟灰袋，其特征在于：所述的扁平内袋的横截面包括由内而外依次贴合复合贴合而成的低密度聚乙烯、高密度聚乙烯、铝泊以及尼龙聚酯。

3. 根据权利要求 1 所述的结构改良的便携式烟灰袋，其特征在于：所述的扁平外袋的横截面还包括复合贴合或印刷于面层外表面的装饰层。

4. 根据权利要求 1 所述的结构改良的便携式烟灰袋，其特征在于：所述的扁平外袋的左边缘、右边缘及下边缘和扁平内袋的左边缘、右边缘及下边缘分别固接；所述的扁平外袋包括前外压片和后外压片，前外压片的左边缘、右边缘及下边缘和后外压片的左边缘、右边缘及下边缘分别压合连接或熔合连接或粘合连接；后外压片向上延伸成外闭合层；所述的扁平内袋包括前内压片和后内压片，前内压片的左边缘、右边缘以及下边缘和后内压片的左边缘、右边缘及下边缘分别压合连接或熔合连接或粘合连接；后内压片向上延伸成内闭合层；所述的内闭合层固连于所述的外闭合层。

5. 根据权利要求 1 或 2 或 4 所述的结构改良的便携式烟灰袋，其特征在于：所述的扁平内袋的前内压片向上延伸成保护层，保护层外翻并压合连接或熔合连接或粘合连接于扁平外袋的前外压片上部的前侧面。

6. 根据权利要求 3 或 4 所述的结构改良的便携式烟灰袋，其特征在于：所述的扁平外袋的前外压片的前侧面或和后外压片的后侧面或和外闭合层的后侧面分别复合贴合或印刷有装饰层。

7. 根据权利要求 6 所述的结构改良的便携式烟灰袋，其特征在于：所述的隔热层包括前隔热层和后隔热层；前隔热层固连于扁平内袋的前内压片的前侧面与扁平外袋的前外压片的后侧面之间；后隔热层固连于扁平内袋的后内压片的后侧面与扁平外袋的后外压片的前侧面之间。

8. 根据权利要求 1 或 4 所述的结构改良的便携式烟灰袋，其特征在于：所述的扁平外袋的前侧面固设有一公扣，内闭合层的前侧面固设有一母扣，公扣与烟灰袋开口之间的距离大于母扣与烟灰袋开口之间的距离，母扣固连内闭合层与外闭合层。

9. 根据权利要求 1 或 2 或 4 所述的结构改良的便携式烟灰袋，其特征在于：所述的扁平外袋的左边缘、右边缘分别内凹成一弧形，左边缘、右边缘的弧形相对于扁平外袋对称设置；所述的扁平内袋的左边缘、右边缘分别对应于扁平外袋的左边缘、右边缘。”

针对上述专利权，徐华文（下称请求人）于 2006 年 7 月 27 日向国家知识产权局专利复审委员会提出无效宣告请求，其无效理由为：本专利权利要求 1~9 不符合专利法第 22 条第 3 款规定的创造性。请求人提交了如下附件作为证据：

附件 1：中国实用新型专利第 ZL02245802.6 号说明书复印件，其授权公告日为 2003 年 8 月 27 日（下称证据 1）。

附件 2：中国台湾专利公报第 484358 号说明书复印件，公开日为 2002 年 4 月 21 日（下称证据 2）。

附件 3：本专利说明书复印件。

请求人陈述了以下具体意见：

（1）本专利权利要求 1 不具备专利法第 22 条第 3 款规定的创造性：

证据 1（参见证据 1 第 5 页第 5 行及附图 2）公开了在便携式烟灰袋的最里层是金属内袋层 3，所述金属内袋层 3 由厚度适中的金属箔制成，在金属内袋层 3 的底边为折合式，无须工艺密封。在金属内袋层 3 的两侧边部分，先涂黏结材料再施强力滚压，将其封合。在金属内袋层 3 的外侧包有一层阻燃绝热层 6，所述阻燃绝热层 6 可以防止金属内袋层 3 的热量向外传导。在阻燃绝热层 6 的外边再包一层外袋层 1，所述外袋层 1 一方面可以保护阻燃绝热层 6，另一方面可以通过选择适当的面料，把便携式烟灰袋做得更有利于随身携带。本专利权利要求 1 与证据 1 相比，权利要求 1 所要求保护的技术方案对所述技术领域的技术人员来说是显而易见的，因此权利要求1要求保护的技术方案不具备实质性特点和进步，因而不具备专利法第22条第3款规定的创造性。

（2）本专利权利要求2~9不具备专利法第22条第3款规定的创造性：

本专利权利要求2与证据1相比，这种层状结构只是单纯的材料替换，因此采用了相同的技术手段、实现相同的目的并且达到相同的技术效果，其技术方案对本领域技术人员来说是显而易见的，因此当其引用的权利要求1不具备创造性时，权利要求2不具备创造性。

本专利权利要求3和6不是新的技术方案，其目的是为了美观，因此当其引用的权利要求不具备创造性时，权利要求3和6也不具备创造性。

本专利权利要求4的技术方案在证据1（参见证据1第5页第6行、第6页第3行及附图2）中公开为：第5页第6行在金属内袋层3的底边为折合式，无须工艺密封。在金属内袋层3的两侧边部分，先涂黏结材料再施强力滚压，将其封合。证据1第6页第3行中公开了在袋口部分，用黏结材料把金属内袋袋口和外袋袋口先黏结牢固，然后安装好按扣。在热定型机上定型弹性的R折弯7。所述折弯7被定型在烟灰袋盖8的下边沿，该折弯的半径为5mm。因此本专利权利要求4相对于证据1不具有实质性特点和进步，因而不具备创造性。

本专利权利要求5的技术方案参见证据1第5页倒数第2行及附图2：在所述折弯里侧的上部的外袋层1的外侧与金属内袋层3之间有一个弹性密封条4，该弹性密封条预先适当地拉伸，然后热合在上述所指定的位置，因此本专利权利要求5相对于证据1不具有实质性特点和进步，因而不具备创造性。

本专利权利要求7的技术方案参见证据1第5页第10行及附图2：在金属内袋层3的外侧包有一层阻燃绝热层6，所述阻燃绝热层6可以防止金属内袋层3的热量向外传导。在阻燃绝热层6的外边再包一层外袋层1。因此本专利权利要求7相对于证据1不具有实质性特点和进步，因而不具备创造性。

本专利权利要求8的技术方案参见证据1第5页第15行及附图1-2，在所述便携式烟灰袋的金属内袋层3的背面和外袋层1的背面有一个相应的向上延伸的部分，该部分形成了烟灰袋盖8，在烟灰袋盖8的上部的中间处设置一个雌性按扣2，在所述便携式烟灰袋的外袋层1的前面设置一个与所述雌性按扣相对应的雄性按扣5，将雌性按扣2与雄性按扣5按合后就把便携式烟灰袋封闭。雌性按扣和雄性按扣可以互换。因此本专利权利要求8相对于证据1不具有实质性特点和进步，因而不具备创造性。

本专利权利要求9的技术方案参见证据2附图1、附图4，可以清楚地看到弧形相对于扁平外袋对称设置。因此，当其引用的权利要求不具有创造性时，权利要求9也不具备创造性。

专利复审委员会于2006年11月1日向双方当事人发出无效宣告请求受理通知书，随受理通知书将请求人于2006年7月27日提交的无效宣告请求书及其附件的副本转寄给专利权人。专利权人在指定期限内没有提交意见陈述书。

专利复审委员会依法成立合议组对本案进行审理，本案合议组于2007年2月27日向双方当事人发出口头审理通知书，定于2007年4月9日对本案进行口头审理。

2007年4月9日口头审理如期举行。请求人委托其代理人出席了口头审理，专利权人未参加口头审理。请求人对合议组成员没有回避请求。在口头审理中，请求人明确无效理由为本专利权利要求1~9不符合专利法第22条第3款的规定。具体理由为：权利要求1~8相对于证据1或者证据1和证据2的结合不具备创造性；权利要求9相对于证据1和证据2的结合不具备创造性。

合议组当庭告知请求人：请求人当庭提出的使用证据1和证据2的结合评述权利要求1~8的方

式在提出无效宣告请求时没有具体说明，并且在提出无效宣告请求之日起 1 个月内也没有补充具体说明，因此合议组不予考虑。

基于上述当事人的意见陈述及口头审理，合议组认为本案事实清楚，可以依法作出审查决定。

**二、决定的理由**

1. 关于证据

证据 1 为中国实用新型专利第 ZL02245802.6 号说明书复印件，其授权公告日为 2003 年 8 月 27 日。

证据 2 为中国台湾专利公报第 484358 号说明书复印件，其公开日为 2002 年 4 月 21 日。

这两份证据均为专利文献，且公开日都早于本专利的申请日 2004 年 4 月 6 日。专利权人对这两份证据的真实性未提出异议，并且合议组对这两份证据的真实性进行了核实，因此这两份证据可以作为现有技术评价本专利的创造性。

2. 关于创造性

对于实用新型专利，专利法第 22 条第 3 款规定：创造性，是指同申请日以前已有的技术相比，该实用新型有实质性特点和进步。

判断实用新型专利是否具有创造性，就是要判断其是否具有实质性特点和进步，如果要求保护的实用新型专利相对于现有技术是容易想到的，则不具有实质性特点，也就不具备创造性；反之，如果对比的结果表明要求保护的实用新型专利相对于现有技术不是容易想到的，则具有实质性特点，从而具有创造性。

（1）本专利权利要求 1 的技术方案为：一种结构改良的便携式烟灰袋，它包括一扁平外袋、一可阻燃的扁平内袋以及一隔热层，扁平内袋固连于扁平外袋内，扁平外袋和扁平内袋的上侧均开有可闭合的开口，隔热层介于扁平外袋和扁平内袋之间，其特征在于：所述的扁平外袋的横截面至少包括基层以及面层，面层的内表面贴合于基层的外表面，基层与面层复合贴合组成 EVA 层或 PEVA 层。

证据 1（参见证据 1 的第 5 页第 1 行至第 16 行以及附图 1-2）公开了一种便携式烟灰袋，其具有一个金属内袋层 3（对应于本专利权利要求 1 中的扁平内袋），所述金属内袋层 3 由厚度适中的金属箔制成，在金属内袋层 3 的底边为折合式，无须工艺密封，在金属内袋层 3 的两侧边部分，先涂黏结材料再施强力滚压，将其封合。在金属内袋层 3 的外侧包有一层阻燃绝热层 6（对应于本专利权利要求 1 中的隔热层），所述阻燃绝热层 6 可以防止金属内袋层 3 的热量向外传导，在阻燃绝热层 6 的外边再包一层外袋层 1（对应于本专利权利要求 1 中的扁平外袋），所述外袋层 1 一方面可以保护阻燃绝热层 6；另一方面外袋层 1 可以通过选择适当的面料，把便携式烟灰袋做得更有利于随身携带。在金属内袋层 3 的背面和外袋层 1 的背面有一个相应的向上延伸的部分，该部分形成了烟灰袋盖 8。权利要求 1 与证据 1 所公开的内容相比，其区别特征在于“所述的扁平外袋的横截面至少包括基层以及面层，面层的内表面贴合于基层的外表面，基层与面层复合贴合组成 EVA 层或 PEVA 层”，该区别特征在本专利中的作用是具有防滑功能，且具有环保功能，制造成本低，而证据 1 中公开了外袋层 1 可以通过选择适当的面料，把便携式烟灰袋作得更有利于随身携带，也就是说为了便于随身携带，在证据 1 中可以选择适当的面料来制作外袋层，以实现防滑、环保功能，并且能够节约制造成本。合议组认为，本专利采用相同材料的基层和面层贴合形成扁平外袋与现有技术中的外袋层相比没有产生任何实质性作用，从本专利说明书也无法看出上述区别特征能够带来任何优于现有技术的技术效果，并且这种采用两层贴合来制作袋层也是本领域技术人员的常规设计手段。因此，在证据 1 的基础上结合本领域常规设计手段得出权利要求 1 所要求保护的技术方案对本领域技术人员来说是容易的，故本专利权利要求 1 所要求保护的技术方案不具有实质性特点和进步，不具备专利法第 22 条第 3 款规定的创造性。

（2）权利要求2引用了权利要求1，其限定部分的附加技术特征为“所述的扁平内袋的横截面包括由内而外依次贴合复合贴合而成的低密度聚乙烯、高密度聚乙烯、铝泊以及尼龙聚酯”，请求人认为这种层状结构只是单纯的材料替换，因此采用了相同的技术手段、实现相同的目的，并且达到相同的技术效果。但是合议组认为，首先在证据1中没有公开该附加技术特征，证据1中公开的内袋层为单层金属箔结构，而该权利要求中的内袋层为低密度聚乙烯、高密度聚乙烯、铝泊以及尼龙聚酯四层不同材料组成的复合贴合材料，同时也没有给出采用多层不同材料构成内袋层的任何启示；其次，根据本专利说明书的记载，该特征使本专利的烟灰袋具有阻燃、密度轻、重量轻、加工方便、使用寿命长、携带方便、制造成本低的优点，故权利要求2的技术方案对于本领域技术人员而言是非显而易见的，权利要求2相对于证据1具有实质性特点和进步，具有专利法第22条第3款规定的创造性。

（3）权利要求3引用了权利要求1，其限定部分的附加技术特征为“所述的扁平外袋的横截面还包括复合贴合或印刷于面层外表面的装饰层”，但该特征是所属技术领域中的常用技术手段，出于美观的目的，在袋子外表面贴合或印刷装饰层是本领域处理袋子外表面的常用技术手段，这些常用技术手段的使用对本领域的技术人员来说是显而易见的，在其引用的权利要求1不具备创造性的情况下，该从属权利要求也不具备专利法第22条第3款规定的创造性。

（4）权利要求4引用了权利要求1，其限定部分的附加技术特征为“所述的扁平外袋的左边缘、右边缘及下边缘和扁平内袋的左边缘、右边缘及下边缘分别固接……所述的内闭合层固连于所述的外闭合层”，其中证据1（参见证据1的第5页第15行至第6页第5行以及附图1-2）中公开了金属内袋层3的底边为折合式，无须工艺密封，在金属内袋层3的两侧边部分，先涂黏结材料再施强力滚压，将其封合，在便携式烟灰袋的金属内袋层3的背面和外袋层1的背面有一个相应的向上延伸的部分（分别对应于权利要求4中的外闭合层和内闭合层），该部分形成了烟灰袋盖8，在袋口部分用黏结材料把金属内袋袋口和外袋袋口先黏结牢固，然后安装好按扣，并且从证据1的附图1-2中可以看出：外袋层1包括前后两片，并且前后两片的左边缘、右边缘、下边缘分别连接在一起组成外袋层1，内袋层3也包括前后两片，并且前后两片的左边缘、右边缘、下边缘分别连接在一起组成内袋层3，外袋层和内袋层的背面延伸的部分连接在一起，并安装有雌性按扣2。

虽然在证据1中没有公开特征“所述的扁平外袋的左边缘、右边缘及下边缘和扁平内袋的左边缘、右边缘及下边缘分别固接”，但是证据1中公开了内袋层3位于外袋层1之中，这两个袋层之间采用的连接方式属于本领域的常用技术手段，这种连接方式对于本领域技术人员是容易想到的，而各边缘无论是压合、熔合或粘合连接，其所形成的结构都是边缘之间的连接，因此在其引用的权利要求1不具备创造性的情况下，该从属权利要求4也不具备专利法第22条第3款规定的创造性。

（5）权利要求5引用了权利要求1或2或4，当权利要求5所引用的权利要求2具备创造性的情况下，该从属权利要求5具备专利法第22条第3款规定的创造性。

权利要求5限定部分的附加技术特征为“所述的扁平内袋的前内压片向上延伸成保护层，保护层外翻并压合连接或熔合连接或粘合联接于扁平外袋的前外压片上部的前侧面”，该特征已经被证据1公开，其中证据1（参见证据1的第5页第24行至第6页第5行以及附图1-2）中公开了在所述便携式烟灰袋的金属内袋层3的前面的上部设置一个折弯，该折弯压接在外袋层1的前面的上边沿处，所述折弯正好将外袋层1的前面的上边沿包裹好。因此，当权利要求5所引用的权利要求1或4不具备创造性的情况下，该从属权利要求5也不具备专利法第22条第3款规定的创造性。

（6）权利要求6引用了权利要求3或4，其限定部分的附加技术特征为“所述的扁平外袋的前外压片的前侧面或后外压片的后侧面或和外闭合层的后侧面分别复合贴合或印刷有装饰层”，该特征实质上是在扁平外袋的外表面层上增加装饰层，但是在袋子的外表面增加装饰层是所属技术领域中的常用技术手段，出于美观的目的，在袋子外表面贴合或印刷装饰层是本领域处理袋子外表面的常用技术手段，这些常用技术手段的使用对本领域的技术人员来说是容易想到的，在其引用的权利要求 3 或 4 不具备创造性的情况下，该从属权利要求 6 也不具备专利法第 22 条第 3 款规定的创造性。

（7）权利要求 7 引用了权利要求 6，其限定部分的附加技术特征为“所述的隔热层包括前隔热层和后隔热层……前侧面之间”，该特征已经被证据 1 公开，其中证据 1（参见证据 1 的第 5 页第 1 行至第 14 行以及附图 1-2）中公开了在金属内袋层 3 的外侧包有一层阻燃绝热层 6，在阻燃绝热层 6 的外边再包一层外袋层 1，并且从附图 2 中可以看出阻燃绝热层 6 包括前绝热层和后绝热层，并且前后绝热层分别位于内袋层 3 和外袋层 1 的前后两部分之间。因此，在其引用的权利要求 6 不具备创造性的情况下，该从属权利要求 7 也不具备专利法第 22 条第 3 款规定的创造性。

（8）权利要求 8 引用了权利要求 1 或 4，其限定部分的附加技术特征为“所述的扁平外袋的前侧面……外闭合层”，其中证据 1（参见证据 1 的第 5 页第 15 行至第 6 页第 5 行以及附图 1-2）中公开了在便携式烟灰袋的金属内袋层 3 的背面和外袋层 1 的背面有一个相应的向上延伸的部分，该部分形成了烟灰袋盖 8，在烟灰袋盖 8 的上部的中间处设置一个雌性按扣 2，在所述便携式烟灰袋的外袋层 1 的前面设置一个与所述雌性按扣相对应的雄性按扣 5，将雌性按扣 2 与雄性按扣 5 按合后就把便携式烟灰袋封闭。虽然在证据 1 中没有披露特征“公扣与烟灰袋开口之间的距离大于母扣与烟灰袋开口之间的距离”，但是为了使按扣紧密地扣上，以防止烟灰从开口处撒出，将公扣与开口之间的距离设置得大于母扣与开口之间的距离属于本领域的常用技术手段，这种设置方式对于本领域技术人员是容易想到的，因此在其引用的权利要求 1 或 4 不具备创造性的情况下，该从属权利要求 8 也不具备专利法第 22 条第 3 款规定的创造性。

（9）权利要求 9 引用了权利要求 1 或 2 或 4，当权利要求 9 所引用的权利要求 2 具备创造性的情况下，该从属权利要求 9 也具备专利法第 22 条第 3 款规定的创造性。

权利要求 9 限定部分的附加技术特征为“所述的扁平外袋的左边缘、右边缘分别内凹成一弧形……对应于扁平外袋的左边缘、右边缘”，但在证据 2（参见证据 2 的附图 1、4）中公开了携带式烟灰袋的左、右边缘略呈弧形，并且相对于扁平外袋基本对称，而对于本领域技术人员来说，烟灰袋左右边缘选择设置为外凸或内凹形都是容易实现的，而且由此形状的选择所带来的技术效果也是可预料的；此外在证据 1 的附图 1-2 及其相应的文字描述中公开了特征“所述的扁平内袋的左边缘、右边缘分别对应于扁平外袋的左边缘、右边缘”。由此可知，在证据 1 的基础上结合证据 2 得出该权利要求 9 进一步限定的技术方案，对本领域的技术人员来说是容易想到的，因而在权利要求 9 引用的权利要求 1、4 不具备创造性的情况下，该从属权利要求 9 不具备专利法第 22 条第 3 款规定的创造性。

**三、决定**

宣告第 200420039922.5 号实用新型专利权利要求 1、3~4、6~8、引用权利要求 1、4 的权利要求 5 的技术方案和引用权利要求 1、4 的权利要求 9 的技术方案无效，维持权利要求 2、引用权利要求 2 的权利要求 5 的技术方案和引用权利要求 2 的权利要求 9 的技术方案有效。

当事人对本决定不服的，可以根据专利法第 46 条第 2 款的规定，自收到本决定之日起 3 个月内向北京市第一中级人民法院起诉。根据该款的规定，一方当事人起诉后，另一方当事人应当作为第三人参加诉讼。

084

# 开敞式文胸

## 无效宣告请求审查决定（第9726号）

**决　　定　　号**　第9726号
**决　　定　　日**　2007年4月25日
**发明创造名称**　开敞式文胸
**国 际 分 类 号**　A41C 3/10，A41C 3/00
**无效宣告请求人**　北京东方雅迪贸易有限公司
**专　利　权　人**　王桂兰
**专　　利　　号**　02282666.1
**申　　请　　日**　2002年10月28日
**授 权 公 告 日**　2003年9月17日
**合 议 组 组 长**　杨军艳
**主　　审　　员**　李　礼
**参　　审　　员**　高桂莲

**法　律　依　据**　专利法第22条第3款
**决　定　要　点**

如果权利要求请求保护的技术方案与一份证据所公开内容相比具有区别技术特征，而这一区别技术特征已被另一份证据所公开，并且对于所属技术领域的普通技术人员来说将两份证据相结合得到该权利要求请求保护的技术方案是显而易见的，则该权利要求不具备创造性。

### 一、案由

本无效宣告请求涉及中华人民共和国国家知识产权局于2003年9月17日授权公告的、名称为“开敞式文胸”的02282666.1号实用新型专利（下称本专利），其申请日是2002年10月28日，专利权人是王桂兰。该专利授权公告时的权利要求书如下：

“1. 一种开敞式文胸，主要包括两个左右对称的杯罩、背带、肩吊带，其特征在于：所述杯罩为月牙形曲面体，由相互叠置在一起的面层、海绵体、内层及托架组成。

2. 根据权利要求书1所述的开敞式文胸，其特征在于：所述月牙形曲面体的内弧形面与乳房弧面相吻合，且敞开地托在乳房底部。

3. 根据权利要求书1所述的开敞式文胸，其特征在于：所述海绵体由透气、柔软的材料制成，且置于面层与内层之间。

4. 根据权利要求书1所述的开敞式文胸，其特征在于：所述面层、内层由透气、柔软的织物制成。

5. 根据权利要求书 1 所述的开敞式文胸，其特征在于：所述托架呈弧形，由硬质弹性材料制成，且置于面层与内层之间。”

针对本专利权，北京东方雅迪贸易有限公司（下称请求人）于 2006 年 10 月 13 日向专利复审委员会提出无效宣告请求，其无效理由是：本专利的权利要求 1~5 不符合专利法第 22 条第 2、3 款的规定。所提交的附件如下：

附件 1：由 Shirley of Hollywood 公司国际销售主管 Eric Schlobohm 于 2006 年 10 月 2 日出具的证言复印件 1 页；

附件 2：请求人声称为 Shirley of Hollywood 公司的产品（324 型号）的设计和生产图纸复印件 2 页；

附件 3：请求人声称为 Shirley of Hollywood 公司 1996~2001 年的产品目录及 324 型号产品图片复印件，共 12 页；

附件 4：请求人声称为在本专利申请日之前公开的 Shirley of Hollywood 公司产品的光盘（包含文件夹“page07”和“page08”）1 张；

附件 5：ZL00230220.9 号实用新型专利说明书，其授权公告日为 2001 年 5 月 30 日；

附件 6：No.4355641 号美国专利文献，其公开日为 1982 年 10 月 26 日；

附件 7：本专利授权公告文本。

结合上述附件，请求人认为：本专利的权利要求 1~5 相对于附件 1~4 不具备新颖性，相对于附件 5、6 不具备创造性，因而不符合专利法第 22 条第 2 款、第 3 款的规定。

经形式审查合格，专利复审委员会依法受理了上述无效宣告请求，于 2006 年 10 月 13 日向双方当事人发出了无效宣告请求受理通知书，同时将无效宣告请求书及其附件清单中所列附件的副本转送给专利权人，要求其在指定期限内答复。

专利复审委员会于 2006 年 11 月 13 日收到请求人提交的补充意见陈述书以及如下补充附件：

附件 8：No.494397 号美国专利文献，其公开日为 1893 年 3 月 28 日，及其部分中文译文 1 页；

附件 9：中国标准出版社出版的《服装工业常用标准汇编（第二版）》封面页、版权信息页、前言页、“中华人民共和国纺织行业标准 文胸 FZ/T 73012-1998” 4 页，共 7 页复印件，公开日期为 2000 年 11 月；

附件 10：中国纺织出版社出版的《贴心时尚-内衣设计》的封面页、版权信息页、第 5 页、第 43~45页复印件，共 6 页，公开日期为 1999 年 9 月；

附件 11：请求人声称为“Lover's lane”目录销售公司的正式出版物《VALENTINE'S CATALOG》的 1999 年第 6 期的封面页、封底页、第 8 页和 2000 年第 16 期的封面页、封底页、第 25 页复印件，共 6 页。

请求人在补充意见陈述书中认为：附件 8 结合附件 5 即可否定本专利权利要求 1 的创造性；附件 9 说明权利要求 1 中的“杯罩由相互叠置在一起的面层、海绵体、内层及托架组成”属于本领域公知技术；附件 10 能够证明权利要求 1 中除了“杯罩为月牙形”之外的所有技术特征是现有技术；附件 11 结合附件 5 能够否定本专利权利要求 1 的创造性。

针对请求人提出的无效宣告请求书，专利权人于 2006 年 11 月 17 日提交了意见陈述书，专利权人坚持认为本专利权利要求 1~5 相对于附件 5、6 具备新颖性、创造性。

专利复审委员会依法成立合议组，对上述无效宣告请求进行审查。本案合议组于 2006 年 12 月 11 日向双方当事人发出无效宣告请求口头审理通知书，指出本案定于 2007 年 1 月 30 日举行口头审理。

随同口头审理通知书，将于2006年11月13日收到的请求人提交的补充意见陈述书及其补充附件副本转送给专利权人，将专利权人于2006年11月17日提交的意见陈述书转送给请求人。

口头审理如期举行，请求人出席了口头审理，专利权人未出席口头审理。在口头审理中，请求人当庭明确其无效宣告请求的理由、范围和证据为：（1）附件5分别结合附件8或附件11否定本专利权利要求1~5的创造性；（2）附件10公开了本专利权利要求2~5的附加技术特征；（3）请求人当庭明确放弃权利要求1~5不符合专利法第22条第2款的无效理由，明确放弃附件1~4、6、9、以及附件10中的第5页，并且明确附件7不作为证据使用。请求人当庭提交了附件10和附件11的原件，合议组经核实其复印件与原件一致，请求人说明附件11的原件是由该目录销售公司邮寄得到的。请求人就本专利权利要求1~5不具备创造性发表了意见，其中请求人认为：附件5公开了本专利权利要求1的大部分技术特征，与本专利权利要求1请求保护的技术方案相比区别仅在于未公开“月牙形的曲面体”，而这一特征被附件8公开，因而附件5结合附件8破坏本专利权利要求1的创造性；本专利权利要求2的附加技术特征由附件8公开，本专利权利要求3~5的附加技术特征由附件5公开，因而本专利权利要求2~5也不具备创造性；附件11的图中公开月牙形曲面体以及本专利权利要求2的附加技术特征，因而附件5结合附件11影响本专利权利要求1~5的创造性；附件10中公开本专利权利要求2~5的附加技术特征。

鉴于专利权人未出席口头审理，专利复审委员会本案合议组于2007年2月25日向专利权人发出了无效宣告请求审查通知书，将请求人于当庭明确的无效宣告的理由、范围和证据及认为本专利权利要求1~5不具备创造性的具体意见告知专利权人，并附02282666.1号专利无效案件口头审理记录表复印件5页，要求专利权人在指定期限内对上述内容进行意见陈述，逾期不答复不影响专利复审委员会对本案的审理。

专利权人期满未答复。

至此，合议组认为本案事实清楚，现依法作出审查决定。

**二、决定的理由**

鉴于请求人在口头审理当庭明确放弃本专利权利要求1~5不具备新颖性的无效理由以及附件1~4、6、9、附件10中的第5页，并明确表示附件7不作为证据使用，因此本决定不再对上述无效理由及证据进行评述。

1. 关于证据

请求人提交的附件5是中国专利文献，附件8是美国专利文献，专利权人在指定期限内未对上述附件的真实性提出异议，合议组经核实对其真实性予以认可，其可以作为本案证据使用。附件5和附件8的公开日期均早于本专利的申请日，其上记载的内容构成了本专利的现有技术。其中附件8属于外文证据，请求人提交附件8的同时提交了其中文译文，专利权人在指定期限内未对附件8的中文译文的准确性提出异议，因此附件8公开的文字内容以其中文译文为准。

2. 关于本专利的创造性

专利法第22条第3款规定：创造性，是指同申请日以前已有的技术相比，该发明有突出的实质性特点和显著的进步，该实用新型有实质性特点和进步。

请求人认为附件5结合附件8可否定本专利权利要求1~5的创造性。

（1）关于本专利权利要求1的创造性。

附件5公开了一种定型哺乳胸罩，具体公开了以下内容（参见附件5说明书第1页、附图1、2）：该定型哺乳胸罩由罩杯1、罩杯框2、胸围带3、肩带4、活动连接扣5、背带扣6、肩带伸缩扣7和定型钢圈8组成，罩杯1底部与罩杯框2缝接，罩杯框内置一半圆形开口向上的定型钢圈8，其中罩杯 1 由里布 9 和面布 10 中间夹有一定型海绵层 11 缝制而成，由于罩杯 1 可通过活动连接扣 5 随意开启，妇女哺乳时无须解开背带扣 6，只需将罩杯 1 上部活动连接扣 5 打开，罩杯 1 即可开启翻下，露出乳房部分供婴儿吸吮，哺乳结束后再将活动连接扣 5 扣上，罩杯 1 和胸罩其他部分立即构成一个整体，同时由于罩杯框 2 内置有定型钢圈可起到承托乳房的作用，从而不仅使用十分方便，而且能起到防止产后乳房下垂变形的保健作用。

将本专利权利要求 1 请求保护的技术方案与附件 5 公开的内容进行对比：两者均涉及文胸产品，附件 5 中的罩杯 1 相当于本专利中的两个左右对称的杯罩，附件 5 中的胸围带 3 相当于本专利中的背带，附件 5 中的肩带 4 相当于本专利中的肩吊带，附件 5 中构成罩杯 1 的里布 9、面布 10，以及中间的定型海绵层 11 分别相当于本专利中的内层、面层以及海绵体，附件 5 中罩杯框内置的定型钢圈 8 相当于本专利中杯罩内的托架。

本专利权利要求 1 请求保护的技术方案与附件 5 公开的内容的区别在于：在本专利权利要求 1 中杯罩为月牙形曲面体，而附件 5 中未公开这一技术特征。

附件 8 公开了一种胸托，与附件 5 和本专利属于相同的技术领域。其中在附件 8 中文译文的第三部分中公开了“在托板 A 的上部边缘形成有部分杯罩 BB’，做成凹陷的形状以使其和乳房的下部吻合，从而将乳房支撑在适当的位置”，结合附件 8 的附图 1 可知该杯罩 BB’为月牙形曲面体的形状，即附件 8 公开了上述区别技术特征，其作用与本专利中“杯罩为月牙形曲面体”的作用相同，均是为了以敞开的方式承托住乳房底部。因此，当本领域技术人员为解决方便女性哺乳、保护乳房这一技术问题时，想到用附件 8 所公开的具有月牙形曲面体形状的杯罩替换附件 5 中的罩杯 1，即附件 5 与附件 8 相结合，从而得到本专利权利要求 1 所要求保护的技术方案是显而易见的，两者结合并未带来意想不到的技术效果。因此，本专利权利要求 1 请求保护的技术方案相对于附件 5 与附件 8 的结合不具有实质性特点和进步，不具备创造性，不符合专利法第 22 条第 3 款的规定。

（2）关于本专利权利要求 2 的创造性。

本专利权利要求 2 的附加技术特征是：所述月牙形曲面体的内弧形面与乳房弧面相吻合，且敞开地托在乳房底部。

如前所述，附件 8 中公开了用于支撑乳房、成凹陷形状的、与乳房下部相吻合的杯罩 BB’，且从附件 8 的附图 1 中可以明显看到“杯罩 BB’敞开地托在乳房底部”，即附件 8 公开了上述附加技术特征，当其所引用的权利要求 1 不具备创造性时，其从属权利要求 2 请求保护的技术方案也不具有实质性特点和进步，不具备创造性，不符合专利法第 22 条第 3 款的规定。

（3）关于本专利权利要求 3 的创造性。

本专利权利要求 3 的附加技术特征是：所述海绵体由透气、柔软的材料制成，且置于面层与内层之间。

如前所述，附件 5 中的罩杯 1 由里布 9 和面布 10 中间夹有一定型海绵层 11 缝制而成，“透气、柔软的材料”则属于海绵这一材料公知的特性，附件 5 中海绵层 11 夹在里布 9 和面布 10 中间，相当于本专利中海绵体置于面层与内层之间，可见，附件 5 公开了本专利权利要求 3 的上述附加技术特征，当本专利权利要求 1 不具备创造性时，其从属权利要求 3 请求保护的技术方案也不具有实质性特点和进步，不具备创造性，不符合专利法第 22 条第 3 款的规定。

（4）关于本专利权利要求 4 的创造性。

本专利权利要求 4 的附加技术特征是：所述面层、内层由透气、柔软的织物制成。

附件 5 中相当于本专利面层和内层的面布 10 和里布 9 是由布制成的，而“透气、柔软的织物”则是本领域技术人员可以根据具体需求加以选择的，即其属于常规技术手段。当本专利权利要求 1 不具备创造性时，其从属权利要求 4 请求保护的技术方案也不具有实质性特点和进步，不具备创造性，不符合专利法第 22 条第 3 款的规定。

（5）关于本专利权利要求 5 的创造性。

本专利权利要求 5 的附加技术特征是：所述托架呈弧形，由硬质弹性材料制成，且置于面层与内层之间。

附件 5 中相当于本专利托架的定型钢圈 8 为硬质材料；形状为半圆形开口向上，具有一定弹性；置于罩杯框内，钢圈不接触皮肤，而是内置于两布层之间，可见，附件 5 公开了本专利权利要求 5 的上述附加技术特征，当本专利权利要求 1 不具备创造性时，其从属权利要求 5 请求保护的技术方案也不具有实质性特点和进步，不具备创造性，不符合专利法第 22 条第 3 款的规定。

综上所述，本专利权利要求 1~5 请求保护的技术方案相对于附件 5 与附件 8 所公开内容的结合不具备创造性，不符合专利法第 22 条第 3 款的规定。

鉴于本专利权利要求 1~5 相对于附件 5 与附件 8 所公开内容的结合已不具备创造性，因此本决定不再对本专利权利要求 1~5 相对于请求人提交的其他附件的组合方式是否具备创造性进行评述。

基于上述理由和证据，现作出以下决定。

**三、决定**

宣告 02282666.1 号实用新型专利权全部无效。

当事人对本决定不服的，可以根据专利法第 46 条第 2 款的规定，自收到本决定之日起三个月内向北京市第一中级人民法院起诉。根据该款的规定，一方当事人起诉后，另一方当事人应当作为第三人参加诉讼。

085

# 大容量套管换热器

## 无效宣告请求审查决定（第9729号）

**决　　定　　号**　第9729号
**决　　定　　日**　2007年4月18日
**发明创造名称**　大容量套管换热器
**国 际 分 类 号**　F28D 7/14
**无效宣告请求人**　潍坊科灵空调设备有限公司
**专　利　权　人**　于奎明
**专　　利　　号**　00256110.7
**申　　请　　日**　2000年10月25日
**授 权 公 告 日**　2001年9月19日
**合 议 组 组 长**　刘瑞斌
**主　　审　　员**　郭建强
**参　　审　　员**　姜　岩

**法　律　依　据**　专利法第22条第2款
**决　定　要　点**

如果与实用新型专利相同的产品在该实用新型专利的申请日以前已经在国内公开销售过，则该实用新型专利不具备新颖性。

**一、案由**

本无效宣告请求涉及中华人民共和国国家知识产权局于2001年9月19日授权公告的、名称为“大容量套管换热器”的实用新型专利权（以下简称本专利），其专利号是00256110.7，申请日是2000年10月25日，专利权人是于奎明。本专利授权公告时的权利要求书如下：

“1. 一种大容量套管换热器，包括螺旋套管、通过分液管（9）与螺旋套管中的内管连接的分液头（3）以及分别连接在螺旋套管两端的进水管和出水管，其特征在于：该大容量套管换热器包括两个螺旋套管，即上螺旋套管（1）和下螺旋套管（2），下螺旋套管（2）的进水管通过一延长管连接在上螺旋套管（1）的进水管（4）上；上螺旋套管（1）的出水管通过一延长管连接在下螺旋套管（2）的出水管（5）上；与分液头（3）连接的分液管（9）分别连接在上螺旋套管（1）和下螺旋套管（2）的管板上；上螺旋套管（1）和下螺旋套管（2）的冷媒母管出口（10）通过一三通管连接在一起。”

针对本专利，潍坊科灵空调设备有限公司（以下简称请求人）于2006年7月25日向专利复审委员会提出无效宣告请求，认为本专利的权利要求1不符合专利法第22条、专利法实施细则第2条的规定，请求人同时提交了如下附件：

附件1：授权公告日为1999年9月29日、授权公告号为CN2341105Y（专利号为98239201.X）的中国实用新型专利说明书，共5页；

附件2：授权公告日为2000年9月6日、授权公告号为CN2395201Y（专利号为99246070.0）的中国实用新型专利说明书，共6页；

附件3：公开日为1992年11月11日、公开号为CN1066116A（专利申请号为92102870.9）的中国发明专利申请公开说明书，共12页；

附件4：中国建筑工业出版社1985年12月第二版、1987年12月第四次印刷的《空气调节用制冷技术（第二版）》封面、版权页、第54~57、79~83、124、126~129、132、133页复印件，共18页。

请求人认为：附件1中螺旋盘管水-水换热器的结构与单个套管式换热器的结构完全相同，附件2中的中央空调冷水机组管路结构是各单元机组与总管呈并联方式连接，附件3中空气-空气热泵空调机组的室外热交换器5和室内热交换器13并联连接，因此本专利权利要求1相对于附件1、2、3不具备创造性；本专利权利要求1相对于附件4不具备新颖性和专利性。

经形式审查合格，专利复审委员会依法受理了上述无效宣告请求，并于2006年7月25日向请求人和专利权人发出无效宣告请求受理通知书，同时将专利权无效宣告请求书及其附件清单中所列附件的副本转送给专利权人，并要求专利权人在指定的期限内陈述意见。

请求人于2006年8月23日向专利复审委员会提交了意见陈述书，并补充了无效宣告的理由和证据，其中补充的证据为：（编号续前）

附件5：中华人民共和国山东省淄博市公证处出具的编号为（2006）淄证民字第1431号公证书复印件1份；其中附有合同编号为A97114610的《工矿产品购销合同》复印件一张、《收款收据》复印件一张，共4页；

附件6：中华人民共和国山东省淄博市公证处出具的编号为（2006）淄证民字第1393号公证书复印件1份；附有照片复印件6张，VCD光盘封存袋复印件1张，共7页；以及附有VCD光盘2张。

请求人认为：附件5和6证明本专利在申请日以前已经被公开，因此本专利不具备专利性。

针对专利复审委员会发出的上述无效宣告请求受理通知书，专利权人于2006年8月30日提交了意见陈述书，认为附件1~4没有公开本专利的技术方案，本专利具备新颖性和创造性。

专利复审委员会依法成立合议组对本无效宣告请求案进行审理。

本案合议组于2007年1月9日向双方发出无效宣告请求口头审理通知书，定于2007年3月7日在专利复审委员会举行口头审理。随同口头审理通知书，将请求人于2006年8月23日提交的意见陈述书及其附件清单中所列附件的副本转送给专利权人，将专利权人于2006年8月30日提交的意见陈述书副本转送给请求人。

口头审理如期举行，双方当事人均参加了口头审理。在口头审理中：（1）请求人认为本专利不符合专利法第22条第1、2、3款的规定，并放弃本专利不符合专利法实施细则第2条的无效理由。请求人用附件5、6形成的证据链来否定本专利权利要求1的新颖性，用附件1和附件4、附件1和附件2、附件5和附件6的结合否定本专利权利要求1的创造性，并且放弃将附件3作为证据使用。（2）专利权人对附件1~2、4~6的真实性没有异议，但对附件6的内容有异议，认为在附件6公证书第3页的第4行中将“三楼”修改为“四楼”，但是第3页的第11行写的还是“三楼”，前后记载不一致。（3）请求人认为附件5证明在1999年11月2日潍坊宏力冷暖设备有限公司销售给淄博商厦冷水机组，附件 6 中的照片 5 公开了与本专利大容量套管换热器结构完全一致的产品。附件 5 的“风冷模块式冷水机组”和附件 6 的“风冷热泵冷（热）水机组”实际上是同一个产品，两种名称只是不同的叫法，而且附件 5 和附件 6 中所涉及产品的型号是相同的，都是 FM-40L。由于本专利权利要求 1 的技术方案已经被附件 5 和附件 6 形成的证据链公开，并且产品的销售日期是在本专利的申请日之前，所以本专利的权利要求 1 不具备新颖性，也不具备创造性。专利权人则认为附件 5 和附件 6 这两篇证据之间没有必然的联系，附件 5 和附件 6 中的产品名称不一致，附件 5 是风冷模块式冷水机组，附件 6 是风冷热泵冷（热）水机组，两者不是同一个产品，但认可照片和 VCD 视频中产品标牌上的型号是 FM-40L。

至此，合议组认为本案事实已经清楚，可以作出审查决定。

**二、决定的理由**

1. 关于证据认定

请求人提交的证据包括附件 1~6，当庭放弃了将附件 3 作为证据使用，并且出示了附件 4~6 的原件；专利权人经核实，认可附件 4~6 的复印件与原件相一致，并对附件 1~2、4~6 的真实性没有异议，合议组经审查，认定附件 1~2、4、5 可以作为本案的证据使用。

虽然专利权人认为附件 6 第 3 页第 4 行和第 11 行中关于楼层是三楼还是四楼的描述相互矛盾，存在瑕疵。但是合议组认为，首先专利权人未就该份公证书向有关部门提出申诉，公证书目前仍然合法有效；其次关于三楼还是四楼的瑕疵显然只是公证员的校对疏忽造成，且第 4 行的笔误公证员已予以修改并盖有公证处校对章，虽然第 11 行中的“三楼”没有被校对而存在前后不一致的瑕疵，但该瑕疵应当是公证员的疏忽造成的，因此该瑕疵不足以影响该份公证书的公信力，合议组接受附件 6 作为本案证据。

2. 关于新颖性

专利法第 22 条第 1 款、第 2 款规定，授予专利权的发明和实用新型应当具备新颖性，新颖性，是指在申请日以前没有同样的发明或者实用新型在国内外出版物上公开发表过、在国内公开使用过或者以其他方式为公众所知，也没有同样的发明或者实用新型由他人向国务院专利行政部门提出过申请并且记载在申请日以后公布的专利申请文件中。

根据上述规定，如果与实用新型专利相同的产品在该实用新型专利的申请日以前已经在国内公开销售过，则该实用新型专利不具备新颖性。

本案中，请求人认为附件 5 证明了在 1999 年 11 月 2 日潍坊宏力冷暖设备有限公司向淄博商厦出售了六台 FM-40L 型风冷模块式冷水机组，附件 6 的照片及 VCD 中可以看出该机组的蒸发器的结构与本专利权利要求 1 的大容量套管换热器完全相同，因此附件 5~6 形成证据链证明与本专利相同的产品在先公开销售了，本专利不具备新颖性。

专利权人认为附件 5 和附件 6 这两篇证据之间没有必然的联系，附件 5 和附件 6 中的产品名称不一致，附件 5 是风冷模块式冷水机组，附件 6 是风冷热泵冷（热）水机组，两者不是同一个产品，但认可附件 6 所附照片和 VCD 视频中的产品标牌上的型号是 FM-40L。

合议组经审查后认为：（1）附件 5 作为公证书，公证了公证员赴淄博商厦股份有限公司进行证据保全，对《工矿产品购销合同》和《收款收据》进行复印的过程，因此该附件中所附的合同和收据均真实有效。附件 6 作为公证书，公证了公证员赴淄博商厦股份有限公司进行另一次证据保全，对位于淄博商厦四楼顶的 FM-40L 型风冷热泵冷（热）水机组的冰水器进行拆卸、拍照、摄像、刻制 VCD 光盘的过程，因此该附件 6 中所附的照片和 VCD 光盘以及它们所显示的位于淄博商厦的实物均真实有效。（2）合议组经审查认定，附件 5 的购销合同与收据之间在供需双方、时间、产品上都相互印证，且附件 6 的公证书证明在需方淄博商厦确有供方潍坊宏力冷暖设备有限公司生产的冷（热）水机组，因此合议组确认该销售行为于1999年11月2日确有发生。(3) 附件6的公证书证明实物取证于淄博商厦，与附件5的购销合同上的需方及收据的出具方一致；铭牌上的制造单位为山东潍坊宏力冷暖设备有限公司，与购销合同的供方及收据的收款单位一致；铭牌上的产品型号与购销合同中的相同，都是FM-40L；购销合同的签订日期是1999年11月2日，机组预付款收据的填制日期是1999年11月4日，风冷热泵冷（热）水机组铭牌上的制造日期是2000年2月，购销合同记载的冷水机组的交货时间是2000年3月10日，日期之间能够相互印证，即证明符合双方先签订合同，后需方支付部分预付款，再后供方制造以及交付的商业活动惯例。虽然铭牌上的产品名称是风冷热泵冷（热）水机组，购销合同中的产品名称是风冷模块式冷水机组，从形式上看不一样，但是合议组认为风冷热泵冷（热）水机组显然是一种通用的名称，冷水机组和热水机组是根据制冷或制热需要的常规选择，括号表示依据不同的工作状态可以称之为冷水机组或是热水机组，而且冷水机组都是由多个功能模块构成的，"模块"仅是本领域技术人员对一个起一定作用的部件组合的习惯性称谓，因此合议组认定购销合同、收据与铭牌上的产品名称指向的是同一产品。综上，合议组认为照片中的冷水机组与购销合同以及收款收据之间具有唯一的对应关系，即前述的销售行为的标的物指向的就是附件6所附照片和VCD中的机组。(4) 从附件6的照片5所公开的机组的蒸发器（也称冰水器，都是换热器中的一种）的结构来看，其也包括螺旋套管、分液管、分液头以及分别连接在螺旋套管两端的进水管和出水管，其中螺旋套管也分成上下两组以并联的方式连接，即上、下螺旋套管的进水管和出水管均相互连接，与分液头连接的分液管分别连接在上、下螺旋套管的管板上，上、下螺旋套管的冷媒母管出口通过三通管相连接。因此合议组认为附件6的照片完全公开了本专利权利要求1的大容量套管换热器。

综上所述，合议组认为附件6中经公证的实物照片与附件5中的《工矿产品购销合同》、《收款收据》三者之间能够形成一个完整的证据链，证明与本专利权利要求1相同的大容量套管换热器早在本专利的申请日2000年10月25日之前，就已经随冷水机组一起由潍坊宏力冷暖设备有限公司公开销售并交付给淄博商厦股份有限公司，因此本专利权利要求1所保护的产品由于在国内在先公开销售构成了使用公开，因而本专利权利要求1不具备新颖性，不符合专利法第22条第2款的规定。

鉴于本专利由于不具备新颖性，应予全部无效，因此本决定对请求人提出的其他无效理由、事实和证据不再予以评述。

根据上述的事实和理由，本案合议组依法作出以下决定。

**三、决定**

宣告00256110.7号实用新型专利权全部无效。

当事人对本决定不服的，可以根据专利法第46条第2款的规定，自收到本决定之日起3个月内向北京市第一中级人民法院起诉。根据该款的规定，一方当事人起诉后，另一方当事人应当作为第三人参加诉讼。

# 北京市第一中级人民法院
# 行政判决书

（2007）一中行初字第1027号

原告于奎明，男，1963年6月18日出生，汉族，山东宏力空调设备有限公司总经理，住山东省潍坊市奎文区潍州路367号。

委托代理人刘俊仕，北京市新元律师事务所律师。

委托代理人赵金川，男，1976年9月21日出生，汉族，山东宏力空调设备有限公司职工，住山东省潍坊市高新技术开发区清池街道赵家狮门村25号。

被告国家知识产权局专利复审委员会，住所地北京市海淀区北四环西路9号银谷大厦。

法定代表人廖涛，副主任。

委托代理人郭建强，男，国家知识产权局专利复审委员会审查员。

委托代理人郭鹏鹏，男，国家知识产权局专利复审委员会审查员。

第三人潍坊科灵空调设备有限公司，住所地山东省潍坊市安丘经济开发区。

法定代表人葛建民，经理。

委托代理人张曰俊，潍坊正信专利事务所专利代理人。

委托代理人刘本领，男，潍坊科灵空调设备有限公司法律顾问。

原告于奎明不服被告国家知识产权局专利复审委员会作出的专利行政裁决，于2007年7月24日向本院提起行政诉讼。本院受理后，依法组成合议庭，并依据《中华人民共和国行政诉讼法》第二十七条的规定通知潍坊科灵空调设备有限公司作为本案第三人参加诉讼，于2007年9月26日公开开庭审理了本案。原告的委托代理人刘俊仕、赵金川，被告的委托代理人郭建强、郭鹏鹏，第三人的委托代理人张曰俊、刘本领到庭参加了诉讼。本案现已审理终结。2007年4月18日，被告作出第9729号无效宣告请求审查决定（以下简称被诉决定），依据《中华人民共和国专利法》（以下简称《专利法》）第二十二条第二款的规定，宣告00256110.7号实用新型专利权（以下简称本专利）全部无效。在法定期限内，被告向本院提交了以下证据的复印件：（1）第三人于2006年7月25日向被告提出的无效宣告请求书及其附页；（2）第三人于2006年8月23日向被告提交的意见陈述书及其附页；（3）原告于2006年8月30日提交的意见陈述书；（4）无效宣告请求阶段口头审理记录表；（5）中华人民共和国山东省淄博市公证处出具的编号为（2006）淄证民字第1431号公证书（以下简称1431号公证书）1份，其中附有合同编号为A97114610的工矿产品购销合同（以下简称购销合同）1张、收款收据1张；（6）中华人民共和国山东省淄博市公证处出具的编号为（2006）淄证民字第1393号公证书（以下简称1393号公证书）1份，附有照片6张，VCD光盘封存袋1张，共7页，附有VCD光盘1张（复制版）；（7）本专利说明书（CN2449174Y，ZL00256110.7），以上证据用以证明被诉决定认定事实清楚，适用法律正确，审理程序合法。原告诉称：（1）被告方证据5的购销合同中明确约定由制造者终身维修，但作为设备所有人的淄博商厦允许第三人在高温的2006年8月2日以破坏性方式取证，完全违背淄博商厦的利益，其中一定有相当特别的理由。第三人的法定代表人原为原告公司的副总经理，第三人提出宣告本专利无效的目的显然是为其不正当竞争寻找借口，证据6的取证也在这个目的之中。因此，证据6在取证方式上存在手段不正当的问题和以合法形式掩盖非法目的的问题。（2）假如证据6可以接受，也只能证明本专利在取证时的公开情况，不能证明本专利在申请日之前的公开情况。在合同中没有介绍对本专利技术的使用，在安装时采用的是封闭式的组装方式，合同中还约定了由制造者终身维修。而且，在交付相关设备后不到半年的时间，原告就申请了专利，在本专利申请日前没有维修的记录。此外，本案情况属于《审查指南》（2006年版，以下简称《审查指南》）第二部分第三章第2.1节规定的默契保密的情形。本专利在申请日前处于保密运行状态，没有公开。(3) 放弃起诉状的理由部分。综上，被告认定事实不清，故请求法院撤销被诉决定。原告未向本院提交证据材料。被告辩称，原告当庭陈述的两点理由在被告的审查程序中没有提出过，原告和第三人的民事纠纷不属于本案审理范围。《专利法》意义上的公开和通常事实上的公开不同，原告没有正确理解《专利法》意义上的公开是什么意思。本案中涉及的购销合同是民法意义上的格式合同，其中并未规定有保密义务。被诉决定对于本专利技术是否已在申请日前公开的认定，符合《审查指南》第二部分第三章第2.1.3.2节中关于使用公开的规定。综上，被诉决定认定事实清楚、适用法律正确、审理程序合法，请求法院维持被诉决定。第三人同意被告的意见，请求维持被诉决定。第三人未向本院提交证据材料。

对被告所举证据，原告对证据1、证据2、证据3、证据4、证据5、证据7的真实性、合法性、关联性无异议，但不同意其证明作用；对于证据6，原告认为不是经过正当途径获得的，不应采纳。第三人对被告证据的真实性、合法性、关联性和证明作用均无异议。

经庭审质证及合议庭评议，本院认为被告提交的证据与本案具有关联性，且符合形式上合法性、真实性的要求，本院予以确认。上述证据以及各方当事人无争议的相关陈述可以作为认定本案事实的依据。

经审理查明，本案涉及授权公告日为2001年9月19日、名称为“大容量套管换热器”的实用新型专利权（即本专利），其专利号是00256110.7，申请日是2000年10月25日，专利权人是原告于奎明。本专利授权公告时的权利要求书如下：

“1. 一种大容量套管换热器，包括螺旋套管、通过分液管（9）与螺旋套管中的内管连接的分液头（3）以及分别连接在螺旋套管两端的进水管和出水管，其特征在于：该大容量套管换热器包括两个螺旋套管，即上螺旋套管（1）和下螺旋套管（2），下螺旋套管（2）的进水管通过一延长管连接在上螺旋套管（1）的进水管（4）上；上螺旋套管（1）的出水管通过一延长管连接在下螺旋套管（2）的出水管（5）上；与分液头（3）连接的分液管（9）分别连接在上螺旋套管（1）和下螺旋套管（2）的管板上；上螺旋套管（1）和下螺旋套管（2）的冷媒母管出口（10）通过一三通管连接在一起。”

针对本专利，第三人于2006年7月25日向被告提出无效宣告请求，认为本专利的权利要求1不符合《专利法》第二十二条、《中华人民共和国专利法实施细则》（以下简称《专利法实施细则》）第二条的规定，第三人同时提交了如下附件：

附件1：授权公告日为1999年9月29日、授权公告号为CN2341105Y（专利号为98239201.X）的中国实用新型专利说明书，共5页；

附件2：授权公告日为2000年9月6日、授权公告号为CN2395201Y（专利号为99246070.0）的中国实用新型专利说明书，共6页；

附件3：公开日为1992年11月11日、公开号为CN1066116A（专利申请号为92102870.9）的中国发明专利申请公开说明书，共12页；

附件4：中国建筑工业出版社1985年12月第二版、1987年12月第4次印刷的《空气调节用制冷技术（第二版）》封面、版权页、第54~57、79~83、124、126~129、132、133页复印件，共18页。

第三人认为：附件1中螺旋盘管水-水换热器的结构与单个套管式换热器的结构完全相同，附件2中的中央空调冷水机组管路结构是各单元机组与总管呈并联方式连接，附件3中空气-空气热泵空调机组的室外热交换器5和室内热交换器13并联连接，因此本专利权利要求1相对于附件1、附件2、附件3不具备创造性；本专利权利要求1相对于附件4不具备新颖性和专利性。

经形式审查合格，被告依法受理了上述无效宣告请求，并于2006年7月25日向第三人和原告发出无效宣告请求受理通知书，同时将专利无效宣告请求书及其附件清单中所列附件的副本转送给原告，并要求原告在指定的期限内陈述意见。

第三人于2006年8月23日向被告提交了意见陈述书，并补充了无效宣告的理由和证据，其中补充的证据为（编号续前）：

附件5（即被告证据5）：1431号公证书复印件1份，其中附有购销合同复印件一张、收款收据复印件一张，共4页；

附件6（即被告证据6）：1393号公证书复印件1份，附有照片复印件6张，VCD光盘封存袋复印件1张，共7页，并附有VCD光盘2张。

第三人认为，附件5、附件6证明本专利在申请日以前已经被公开，因此本专利不具备专利性。

针对被告发出的上述无效宣告请求受理通知书，原告于2006年8月30日提交了意见陈述书，认为附件1、附件2、附件3、附件4没有公开本专利的技术方案，本专利具备新颖性和创造性。

被告依法成立合议组对本无效宣告请求案进行审理。

被告于2007年1月9日向双方发出无效宣告请求口头审理通知书，定于2007年3月7日在被告处举行口头审理。随同口头审理通知书，将第三人于2006年8月23日提交的意见陈述书及其附件清单中所列附件的副本转送给原告，将原告于2006年8月30日提交的意见陈述书副本转送给第三人。

口头审理如期举行，双方当事人均参加了口头审理。在口头审理中：（1）第三人认为本专利不符合《专利法》第二十二条第一款、第二款、第三款的规定，放弃本专利不符合《专利法实施细则》第二条的无效理由。第三人用附件5、附件6形成的证据链来否定本专利权利要求1的新颖性，用附件1和附件4、附件1和附件2、附件5和附件6的结合否定本专利权利要求1的创造性，放弃将附件3作为证据使用。（2）原告对附件1、附件2、附件4、附件5、附件6的真实性没有异议，但对附件6的内容有异议，认为在附件6公证书第3页的第4行中将“三楼”修改为“四楼”，但是第3页的第11行写的还是“三楼”，前后记载不一致。（3）第三人认为附件5证明，在1999年11月2日潍坊宏力冷暖设备有限公司销售给淄博商厦冷水机组，附件6中的照片5公开了与本专利大容量套管换热器结构完全一致的产品。附件5的“风冷模块式冷水机组”和附件6的“风冷热泵冷（热）水机组”实际上是同一个产品，两种名称只是不同的叫法，而且附件5和附件6中所涉及产品的型号是相同的，都是FM-40L。由于本专利权利要求1的技术方案已经被附件5和附件6形成的证据链公开，并且产品的销售日期是在本专利的申请日之前，所以本专利的权利要求1不具备新颖性，也不具备创造性。原告则认为附件5和附件6这两份证据之间没有必然的联系，附件5和附件6中的产品名称不一致，附件5是风冷模块式冷水机组，附件6是风冷热泵冷（热）水机组，两者不是同一个产品，但认可照片和VCD视频中产品标牌上的型号是FM-40L。

至此，被告认为本案事实已经清楚，作出如下决定：

1. 关于证据认定

第三人提交的证据包括附件1、附件2、附件3、附件4、附件5、附件6，但当庭放弃了将附件3作为证据使用，并且出示了附件4、附件5、附件6的原件。原告经核实，认可附件4、附件5、附件6的复印件与原件相一致，并对附件1、附件2、附件4、附件5、附件6的真实性没有异议，被告经审查，认定附件 1、附件 2、附件 4、附件 5 可以作为本案的证据使用。

虽然原告认为附件 6 第 3 页第 4 行和第 11 行中关于楼层是三楼还是四楼的描述相互矛盾，存在瑕疵。但是被告认为，首先，原告未就该份公证书向有关部门提出申诉，公证书目前仍然合法有效；其次，关于三楼还是四楼的瑕疵显然只是公证员的校对疏忽造成，且第 4 行的笔误公证员已予以修改并盖有公证处校对章，虽然第 11 行中的“三楼”没有被校对而存在前后不一致的瑕疵，但该瑕疵应当是公证员的疏忽造成的，因此该瑕疵不足以影响该份公证书的公信力，被告接受附件 6 作为本案证据。

2. 关于新颖性

《专利法》第二十二条第一款、第二款规定，授予专利权的发明和实用新型应当具备新颖性，新颖性，是指在申请日以前没有同样的发明或者实用新型在国内外出版物上公开发表过、在国内公开使用过或者以其他方式为公众所知，也没有同样的发明或者实用新型由他人向国务院专利行政部门提出过申请并且记载在申请日以后公布的专利申请文件中。

根据上述规定，如果与实用新型专利相同的产品在该实用新型专利的申请日以前已经在国内公开销售过，则该实用新型专利不具备新颖性。

本案中，第三人认为附件 5 证明了在 1999 年 11 月 2 日潍坊宏力冷暖设备有限公司向淄博商厦出售了 6 台 FM-40L 型风冷模块式冷水机组，附件 6 的照片及 VCD 中可以看出该机组的蒸发器的结构与本专利权利要求 1 的大容量套管换热器完全相同，因此附件 5、附件 6 形成证据链证明与本专利相同的产品在先公开销售了，本专利不具备新颖性。

原告认为附件 5 和附件 6 这两份证据之间没有必然的联系，附件 5 和附件 6 中的产品名称不一致，附件 5 是风冷模块式冷水机组，附件 6 是风冷热泵冷（热）水机组，两者不是同一个产品，但认可附件 6 所附照片和 VCD 视频中的产品标牌上的型号是 FM-40L。

被告经审查后认为：（1）附件 5 作为公证书，公证了公证员赴淄博商厦股份有限公司进行证据保全，对购销合同和收款收据进行复印的过程，因此该附件中所附的合同和收据均真实有效。附件 6 作为公证书，公证了公证员赴淄博商厦股份有限公司进行另一次证据保全，对位于淄博商厦四楼顶的 FM-40L 型风冷热泵冷（热）水机组的冰水器进行拆卸、拍照、摄像、刻制 VCD 光盘的过程，因此该附件 6 中所附的照片和 VCD 光盘以及它们所显示的位于淄博商厦的实物均真实有效。（2）被告经审查认定，附件 5 的购销合同与收据之间在供需双方、时间、产品上都相互印证，且附件 6 的公证书证明在需方淄博商厦确有供方潍坊宏力冷暖设备有限公司生产的冷（热）水机组，因此被告确认该销售行为于 1999 年 11 月 2 日确有发生。（3）附件 6 的公证书证明实物取证于淄博商厦，与附件 5 的购销合同上的需方及收据的出具方一致；铭牌上的制造单位为山东潍坊宏力冷暖设备有限公司，与购销合同的供方及收据的收款单位一致；铭牌上的产品型号与购销合同中的相同，都是 FM-40L；购销合同的签订日期是 1999 年 11 月 2 日，机组预付款收据的填制日期是 1999 年 11 月 4 日，风冷热泵冷（热）水机组铭牌上的制造日期是 2000 年 2 月，购销合同记载的冷水机组的交货时间是 2000 年 3 月 10 日，日期之间能够相互印证，即证明符合双方先签订合同，后需方支付部分预付款，再后供方制造以及交付的商业活动惯例。虽然铭牌上的产品名称是风冷热泵冷（热）水机组，购销合同中的产品名称是风冷模块式冷水机组，从形式上看不一样，但是被告认为风冷热泵冷（热）水机组显然是一种通用的名称，冷水机组和热水机组是根据制冷或制热需要的常规选择，括号表示依据不同的工作状态可以称之为冷水机组或是热水机组，而且冷水机组都是由多个功能模块构成的，“模块”仅是本领域技术人员对一个起一定作用的部件组合的习惯性称谓，因此被告认定购销合同、收据与铭牌上的产品名称指向的是同一产品。综上，被告认为照片中的冷水机组与购销合同以及收款收据之间具有唯一的对应关系，即前述的销售行为的标的物指向的就是附件6所附照片和VCD中的机组。（4）从附件6的照片5所公开的机组的蒸发器（也称冰水器，都是换热器中的一种）的结构来看，其也包括螺旋套管、分液管、分液头以及分别连接在螺旋套管两端的进水管和出水管，其中螺旋套管也分成上下两组以并联的方式连接，即上、下螺旋套管的进水管和出水管均相互连接，与分液头连接的分液管分别连接在上、下螺旋套管的管板上，上、下螺旋套管的冷媒母管出口通过三通管相连接。因此被告认为附件6的照片完全公开了本专利权利要求1的大容量套管换热器。

综上所述，被告认为附件6中经公证的实物照片与附件5中的购销合同、收款收据三者之间能够形成一个完整的证据链，证明与本专利权利要求1相同的大容量套管换热器早在本专利的申请日2000年10月25日之前，就已经随冷水机组一起由潍坊宏力冷暖设备有限公司公开销售并交付给淄博商厦股份有限公司。因此，本专利权利要求1所保护的产品由于在国内在先公开销售构成了使用公开，因而本专利权利要求1不具备新颖性，不符合《专利法》第二十二条第二款的规定。

鉴于本专利由于不具备新颖性，应予全部无效，因此被诉决定对第三人提出的其他无效理由、事实和证据不再予以评述。

据此，被告作出被诉决定。原告不服，诉至本院。

本院认为，鉴于各方当事人对于被告的审查程序均无异议，同时，在假设证据6可以被采纳的前提下，各方当事人对于被诉决定关于本专利不具备新颖性的评判亦无异议，故本案的争议焦点主要在于：（1）被告对证据6的采纳是否正确；（2）购销合同中的淄博商厦股份有限公司是否对本专利的技术内容负有保密义务。

1. 关于被告对证据6的采纳是否正确的问题。

证据6系经公证机关公证的证据材料，在证据形式上并无违法之处，且证据内容与本专利的新颖性评判有关，其中经公证的实物照片与证据5中的购销合同、收款收据三者之间能够形成一个完整的证据链，被告予以采纳并无违法之处，本院应予支持。原告关于证据6在取证方式上存在手段不正当问题等诉讼意见与证据6内容本身的真实性及被诉决定的合法性审查无关，本院不予支持。

2. 关于购销合同中的淄博商厦股份有限公司是否对本专利的技术内容负有保密义务的问题。

经审查，在购销合同中，并不存在任何涉及购买方保密义务的条款，同时原告亦无任何证据证实，作为购销合同中购买方的淄博商厦股份有限公司对本专利技术内容负有任何形式的保密义务(包括社会观念或者商业习惯上被认为应当承担保密义务的情形)。

因此，在相关证据已形成证据链，能够证明在本专利申请日前，与本专利权利要求1相同的大容量套管换热器已经随冷水机组一起由潍坊宏力冷暖设备有限公司公开销售并交付给淄博商厦股份有限公司的情况下，被告关于本专利权利要求1已构成了使用公开，因而不具备新颖性的认定符合《审查指南》第二部分第三章第2.1.3.2节的规定，本院应予支持。

综上，被诉决定认定事实清楚、适用法律正确、程序合法，本院应予维持。原告要求撤销被诉决定的诉讼请求缺乏事实和法律依据，本院不予支持。据此，依照《中华人民共和国行政诉讼法》第五十四条第（一）项，判决如下：

维持被告国家知识产权局专利复审委员会于二〇〇七年四月十八日作出的第9729号无效宣告请求审查决定。

案件受理费100元，由原告于奎明负担（已交纳）。

如不服本判决，各方当事人可在本判决书送达之日起15日内，向本院递交上诉状，并按对方当事人的人数提出副本，上诉于北京市高级人民法院。上诉人在上诉期满后7日内未预交上诉案件受理费又不提出缓交申请的，按自动撤回上诉处理。

审　判　长　强刚华
代理审判员　贾志刚
代理审判员　谢冬伟
二〇〇七年十一月三十日
书　记　员　张　莹

# 北京市高级人民法院
# 行政判决书

（2008）高行终字第325号

上诉人（一审原告）于奎明，男，1963年6月18日出生，汉族，山东宏力空调设备有限公司总经理，住山东省潍坊市奎文区潍州路367号。

委托代理人刘俊仕，北京市新元律师事务所律师。

委托代理人田玉胜，男，1968年4月5日出生，汉族，山东宏力空调设备有限公司职工，住山东省潍坊市奎文区廿里堡办事处马少野村470号。

被上诉人（一审被告）国家知识产权局专利复审委员会，住所地北京市海淀区北四环西路9号银谷大厦。

法定代表人廖涛，副主任。

委托代理人郭建强，男，国家知识产权局专利复审委员会审查员。

委托代理人郭鹏鹏，男，国家知识产权局专利复审委员会审查员。

被上诉人（一审第三人）潍坊科灵空调设备有限公司，住所地山东省潍坊市安丘经济开发区。

法定代表人葛建民，经理。

委托代理人张日俊，潍坊正信专利事务所专利代理人。

委托代理人刘本领，男，潍坊科灵空调设备有限公司法律顾问。

上诉人于奎明因专利无效宣告请求审查决定一案，不服北京市第一中级人民法院（2007）一中行初字第1027号行政判决，向本院提起上诉。本院依法组成合议庭进行了审理，现已审理终结。

2007年4月18日，国家知识产权局专利复审委员会（以下简称专利复审委）作出第9729号无效宣告请求审查决定（以下简称第9729号决定），依据《中华人民共和国专利法》（以下简称《专利法》）第二十二条第二款的规定，宣告00256110.7号实用新型专利权（以下简称本专利）全部无效。于奎明不服专利复审委作出的第9729号决定，向北京市第一中级人民法院提起行政诉讼。

一审法院判决认定，关于专利复审委对证据6的采纳是否正确的问题。证据6系经公证机关公证的证据材料，在证据形式上并无违法之处，且证据内容与本专利的新颖性评判有关，其中经公证的实物照片与证据5中的购销合同、收款收据三者之间能够形成一个完整的证据链，专利复审委予以采纳并无违法之处，应予支持。

关于购销合同中的淄博商厦股份有限公司是否对本专利的技术内容负有保密义务的问题。在购销合同中，并不存在任何涉及购买方保密义务的条款，同时于奎明亦无任何证据证实，作为购销合同中购买方的淄博商厦股份有限公司对本专利技术内容负有任何形式的保密义务（包括社会观念或者商业习惯上被认为应当承担保密义务的情形）。

因此，在相关证据已形成证据链，能够证明在本专利申请日前，与本专利权利要求1相同的大容量套管换热器已经随冷水机组一起由潍坊宏力冷暖设备有限公司公开销售并交付给淄博商厦股份有限公司的情况下，专利复审委关于本专利权利要求1已构成了使用公开，因而不具备新颖性的认定符合《审查指南》第二部分第三章第2.1.3.2节的规定，应予支持。

综上，专利复审委作出的第9729号决定事实清楚，适用法律正确，程序合法。依照《中华人民共和国行政诉讼法》第五十四条第（一）项的规定，判决予以维持。

于奎明不服一审判决，于2008年2月26日提出上诉。诉称，（1）专利复审委的证据5购销合同中明确约定由制造者终身维修，但作为设备所有人的淄博商厦允许潍坊科灵空调设备有限公司（以下简称科灵公司）在高温的2006年8月2日以破坏性方式取证，完全违背淄博商厦的利益，其中一定有相当特别的理由。科灵公司的法定代表人原为于奎明公司的副总经理，科灵公司提出宣告本专利无效的目的显然是为其不正当竞争寻找借口，证据6的取证也在这个目的之中。因此，证据6在取证方式上存在手段不正当的问题和以合法形式掩盖非法目的的问题。（2）假如证据6可以接受，也只能证明本专利在取证时的公开情况，不能证明本专利在申请日之前的公开情况。在合同中没有介绍对本专利技术的使用，在安装时采用的是封闭式的组装方式，合同中还约定了由制造者终身维修。而且，在交付相关设备后不到半年的时间，于奎明就申请了专利，在本专利申请日前没有维修的记录。此外，本案情况属于《审查指南》（2006年版）第二部分第三章第2，1节规定的默契保密的情形。本专利在申请日前处于保密运行状态，没有公开。综上，一审法院判决认定事实不清，请求二审法院撤销一审判决，同时撤销专利复审委作出的第9729号决定。

被上诉人专利复审委辩称，于奎明在诉讼中陈述的“证据6取证手段不正当和以合法形式掩盖非法目的”、“淄博商厦对本专利的设备负有保密义务”以及“本专利的设备由于采取封闭式组装方式而导致没有公开”等理由，在专利复审委的审查程序中没有提出过，法院应不予采纳。《专利法》意义上的公开和通常事实上的公开不同，于奎明没有正确理解《专利法》意义上的公开是什么意思。本案中涉及的购销合同是民法意义上的格式合同，其中并未规定有保密义务。被诉决定对于本专利技术是否已在申请日前公开的认定，符合《审查指南》第二部分第三章第2.1.3.2节中关于使用公开的规定。综上，一审法院判决认定事实清楚，适用法律正确，请求二审法院驳回上诉，维持一审判决。

被上诉人科灵公司同意专利复审委的意见。

本案一审审理期间，专利复审委在法定期限内向一审法院提交了以下主要证据：（1）科灵公司于2006年7月25日向专利复审委提出的无效宣告请求书及其附页；（2）科灵公司于2006年8月23日向专利复审委提交的意见陈述书及其附页；（3）于奎明于2006年8月30日提交的意见陈述书；（4）无效宣告请求阶段口头审理记录表；（5）中华人民共和国山东省淄博市公证处出具的编号为（2006）淄证民字第1431号公证书1份，其中附有合同编号为A97114610的工矿产品购销合同1张、收款收据1张；（6）中华人民共和国山东省淄博市公证处出具的编号为（2006）淄证民字第1393号公证书1份，附有照片6张，VCD光盘封存袋1张，共7页，附有VCD光盘1张（复制版）；（7）本专利说明书（CN2449174Y，ZL00256110.7）。

上诉人于奎明、被上诉人科灵公司未向一审法院提交证据。

一审法院经审查认为，专利复审委提交的证据与本案具有关联性，符合合法性、真实性的要求，予以确认。

上述证据均已随案移送本院。二审期间，各方当事人没有提交新的证据。经审查核实，本院确认一审法院认证意见正确，并据此认定本案如下事实：

本专利的名称为“大容量套管换热器”实用新型专利，本专利的申请日为2000年10月25日，授权公告日为2001年9月19日，其专利号为00256110.7，专利权人为于奎明。本专利授权公告时的权利要求书记载的权利要求如下：

“1. 一种大容量套管换热器，包括螺旋套管、通过分液管（9）与螺旋套管中的内管连接的分液头（3）以及分别连接在螺旋套管两端的进水管和出水管，其特征在于：该大容量套管换热器包括两个螺旋套管，即上螺旋套管（1）和下螺旋套管（2），下螺旋套管（2）的进水管通过一延长管连接在上螺旋套管（1）的进水管（4）上：上螺旋套管（1）的出水管通过一延长管连接在下螺旋套管（2）的出水管（5）上：与分液头（3）连接的分液管（9）分别连接在上螺旋套管（1）和下螺旋套管（2）的管板上；上螺旋套管（1）和下螺旋套管（2）的冷媒母管出口（10）通过一三通管连接在一起。”

2006年7月25日，科灵公司针对本专利向专利复审委提出无效宣告请求，认为本专利的权利要求1不符合《专利法》第二十二条、《中华人民共和国专利法实施细则》（以下简称《专利法实施细则》）第二条的规定，科灵公司同时提交了以下附件：

附件1：授权公告日为1999年9月29日、授权公告号为CN2341105Y（专利号为98239201.X）的中国实用新型专利说明书，共5页；

附件2：授权公告日为2000年9月6日、授权公告号为CN2395201Y（专利号为99246070.0）的中国实用新型专利说明书，共6页；

附件3：公开日为1992年11月11日、公开号为CN1066116A（专利申请号为92102870.9）的中国发明专利申请公开说明书，共12页；

附件4：中国建筑工业出版社1985年12月第二版、1987年12月第4次印刷的《空气调节用制冷技术（第二版）》封面、版权页、第54~57、79~83、124、126~129、132、133页复印件，共18页。

科灵公司认为，附件1中螺旋盘管水—水换热器的结构与单个套管式换热器的结构完全相同，附件2中的中央空调冷水机组管路结构是各单元机组与总管呈并联方式连接，附件3中空气-空气热泵空调机组的室外热交换器5和室内热交换器13并联连接，因此本专利权利要求1相对于附件1、2、3不具备创造性，本专利权利要求1相对于附件4不具备新颖性和专利性。

经形式审查合格，专利复审委依法受理了上述无效宣告请求，并于2006年7月25日向科灵公司和于奎明发出无效宣告请求受理通知书，同时将专利无效宣告请求书及其附件清单中所列附件的副本转送给于奎明，并要求于奎明在指定的期限内陈述意见。

2006年8月23日，科灵公司向专利复审委提交了意见陈述书，并补充了无效宣告的理由和证据，其中补充的证据为（编号续前）：附件5（即专利复审委证据5）：1431号公证书复印件1份，其中附有购销合同复印件一张、收款收据复印件一张，共4页；

附件6（即专利复审委证据6）：1393号公证书复印件1份，附有照片复印件6张，VCD光盘封存袋复印件1张，共7页，并附有VCD光盘2张。

科灵公司认为，附件5、6证明本专利在申请日以前已经被公开，因此本专利不具备专利性。

针对专利复审委发出的上述无效宣告请求受理通知书，于奎明于2006年8月30日提交了意见陈述书，认为附件1~4没有公开本专利的技术方案，本专利具备新颖性和创造性。

专利复审委依法成立合议组对本无效宣告请求案进行审理。

2007年1月9日，专利复审委向双方发出无效宣告请求口头审理通知书，定于2007年3月7日在专利复审委处举行口头审理。随同口头审理通知书，将科灵公司于2006年8月23日提交的意见陈述书及其附件清单中所列附件的副本转送给于奎明，将于奎明于2006年8月30日提交的意见陈述书副本转送给科灵公司。

口头审理如期举行，双方当事人均参加了口头审理。在口头审理中：（1）科灵公司认为本专利不符合《专利法》第二十二条第一款、第二款、第三款的规定，放弃本专利不符合《专利法实施细则》第二条的无效理由。科灵公司用附件5、6形成的证据链来否定本专利权利要求1的新颖性，用附件1和附件4、附件1和附件2、附件5和附件6的结合否定本专利权利要求1的创造性，放弃将附件3作为证据使用。（2）于奎明对附件1~2、4~6的真实性没有异议，但对附件6的内容有异议，认为在附件6公证书第3页的第4行中将“三楼”修改为“四楼”，但是第3页的第11行写的还是“三楼”，前后记载不一致。（3）科灵公司认为附件5证明，在1999年11月2日潍坊宏力冷暖设备有限公司销售给淄博商厦冷水机组，附件6中的照片5公开了与本专利大容量套管换热器结构完全一致的产品。附件5的“风冷模块式冷水机组”和附件6的“风冷热泵冷（热）水机组”实际上是同一个产品，两种名称只是不同的叫法，而且附件5和附件6中所涉及产品的型号是相同的，都是FM-40L。由于本专利权利要求1的技术方案已经被附件5和附件6形成的证据链公开，并且产品的销售日期是在本专利的申请日之前，所以本专利的权利要求1不具备新颖性，也不具备创造性。于奎明则认为附件5和附件6这两份证据之间没有必然的联系，附件5和附件6中的产品名称不一致，附件5是风冷模块式冷水机组，附件6是风冷热泵冷（热）水机组，两者不是同一个产品，但认可照片和VCD视频中产品标牌上的型号是FM-40L。

2007年4月18日，专利复审委作出第9729号决定，宣告本专利全部无效。主要理由是：

1. 关于证据认定

科灵公司提交的证据包括附件1~6，但当庭放弃了将附件3作为证据使用，并且出示了附件4~6的原件。于奎明经核实，认可附件4~6的复印件与原件相一致，并对附件1~2、4~6的真实性没有异议，专利复审委经审查，认定附件1~2、4、5可以作为本案的证据使用。

虽然于奎明认为附件6第3页第4行和第11行中关于楼层是三楼还是四楼的描述相互矛盾，存在瑕疵。但是专利复审委认为，首先，于奎明未就该份公证书向有关部门提出申诉，公证书目前仍然合法有效。其次，关于三楼还是四楼的瑕疵显然只是公证员的校对疏忽造成，且第4行的笔误公证员已予以修改并盖有公证处校对章，虽然第11行中的“三楼”没有被校对而存在前后不一致的瑕疵，但该瑕疵应当是公证员的疏忽造成的，因此该瑕疵不足以影响该份公证书的公信力，专利复审委接受附件6作为本案证据。

2. 关于新颖性

《专利法》第二十二条第一款、第二款规定，授予专利权的发明和实用新型应当具备新颖性。新颖性，是指在申请日以前没有同样的发明或者实用新型在国内外出版物上公开发表过、在国内公开使用过或者以其他方式为公众所知，也没有同样的发明或者实用新型由他人向国务院专利行政部门提出过申请并且记载在申请日以后公布的专利申请文件中。

根据上述规定，如果与实用新型专利相同的产品在该实用新型专利的申请日以前已经在国内公开销售过，则该实用新型专利不具备新颖性。

本案中，科灵公司认为附件5证明了在99年11月2日潍坊宏力冷暖设备有限公司向淄博商厦出售了6台FM-40L型风冷模块式冷水机组，附件6的照片及VCD中可以看出该机组的蒸发器的结构与本专利权利要求1的大容量套管换热器完全相同，因此附件5~6形成证据链证明与本专利相同的产品在先公开销售了，本专利不具备新颖性。

于奎明认为附件5和附件6这两份证据之间没有必然的联系，附件5和附件6中的产品名称不一致，附件5是风冷模块式冷水机组，附件6是风冷热泵冷（热）水机组，两者不是同一个产品，但认可附件6所附照片和VCD视频中的产品标牌上的型号是FM-40L。

专利复审委经审查后认为：（1）附件5作为公证书，公证了公证员赴淄博商厦股份有限公司进行证据保全，对购销合同和收款收据进行复印的过程，因此该附件中所附的合同和收据均真实有效。附件6作为公证书，公证了公证员赴淄博商厦股份有限公司进行另一次证据保全，对位于淄博商厦四楼顶的FM-40L型风冷热泵冷（热）水机组的冰水器进行拆卸、拍照、摄像、刻制VCD光盘的过程，因此该附件6中所附的照片和VCD光盘以及它们所显示的位于淄博商厦的实物均真实有效。（2）专利复审委经审查认定，附件5的购销合同与收据之间在供需双方、时间、产品上都相互印证，且附件6的公证书证明在需方淄博商厦确有供方潍坊宏力冷暖设备有限公司生产的冷（热）水机组，因此专利复审委确认该销售行为于1999年11月2日确有发生。（3）附件6的公证书证明实物取证于淄博商厦，与附件5的购销合同上的需方及收据的出具方一致；铭牌上的制造单位为山东潍坊宏力冷暖设备有限公司，与购销合同的供方及收据的收款单位一致；铭牌上的产品型号与购销合同中的相同，都是FM-40L；购销合同的签订日期是1999年11月2日，机组预付款收据的填制日期是1999年11月4日，风冷热泵冷（热）水机组铭牌上的制造日期是2000年2月，购销合同记载的冷水机组的交货时间是2000年3月10日，日期之间能够相互印证，即证明符合双方先签订合同，后需方支付部分预付款，再后供方制造以及交付的商业活动惯例。虽然铭牌上的产品名称是风冷热泵冷（热）水机组，购销合同中的产品名称是风冷模块式冷水机组，从形式上看不一样，但是专利复审委认为风冷热泵冷（热）水机组显然是一种通用的名称，冷水机组和热水机组是根据制冷或制热需要的常规选择，括号表示依据不同的工作状态可以称之为冷水机组或是热水机组，而且冷水机组都是由多个功能模块构成的，“模块”仅是本领域技术人员对一个起一定作用的部件组合的习惯性称谓，因此专利复审委认定购销合同、收据与铭牌上的产品名称指向的是同一产品。综上，专利复审委认为照片中的冷水机组与购销合同以及收款收据之间具有唯一的对应关系，即前述的销售行为的标的物指向的就是附件6所附照片和VED中的机组。（4）从附件6的照片5所公开的机组的蒸发器（也称冰水器，都是换热器中的一种）的结构来看，其也包括螺旋套管、分液管、分液头以及分别连接在螺旋套管两端的进水管和出水管，其中螺旋套管也分成上下两组以并联的方式连接，即上、下螺旋套管的进水管和出水管均相互连接，与分液头连接的分液管分别连接在上、下螺旋套管的管板上，上、下螺旋套管的冷媒母管出口通过三通管相连接。因此，专利复审委认为附件6的照片完全公开了本专利权利要求1的大容量套管换热器。

综上所述，专利复审委认为附件6中经公证的实物照片与附件5中的购销合同、收款收据三者之间能够形成一个完整的证据链，证明与本专利权利要求1相同的大容量套管换热器早在本专利的申请日2000年10月25日之前，就已经随冷水机组一起由潍坊宏力冷暖设备有限公司公开销售并交付给淄博商厦股份有限公司。因此，本专利权利要求1所保护的产品由于在国内在先公开销售构成了使用公开，因而本专利权利要求1不具备新颖性，不符合《专利法》第二十二条第二款的规定。

鉴于本专利不具备新颖性，应予全部无效，因此被诉决定对科灵公司提出的其他无效理由、事实和证据不再予以评述。

于奎明不服上述审查决定，向北京市第一中级人民法院提起行政诉讼。

本院认为，上诉人于奎明、被上诉人科灵公司对于专利复审委在本案中的法定职权及审查程序等均无异议，经审查，本院对其合法性予以确认。

本案争议的焦点是：1. 专利复审委对本案证据6的采纳是否正确；2. 涉案的购销合同中，淄博商厦股份有限公司是否对本专利的技术内容负有保密义务。

关于专利复审委对本案证据 6 的采纳是否正确的问题。证据 6 系经公证机关公证的证据材料，该证据对于本案来说，符合关联性、合法性和真实性的要求，具有证明本案相关事实证据资格，且该证据经过公证，具有较高的证明力，其中经公证的实物照片与证据 5 中的购销合同、收款收据三者之间能够形成一个完整的证明本案相关事实的证据链。对此，专利复审委予以采纳并无违法之处，本院予以支持。

关于涉案购销合同中，淄博商厦股份有限公司是否对本专利的技术内容负有保密义务的问题。经审查，在购销合同中，并不存在任何涉及购买方保密义务的条款，同时于奎明亦无任何证据证实，作为购销合同中购买方的淄博商厦股份有限公司对本专利技术内容负有任何形式的保密义务，包括社会观念或者商业习惯上被认为应当承担保密义务的情形。

因此，在相关证据已形成证据链，能够证明在本专利申请日前，与本专利权利要求 1 相同的大容量套管换热器已经随冷水机组一起由潍坊宏力冷暖设备有限公司公开销售并交付给淄博商厦股份有限公司的情况下，专利复审委作的关于本专利权利要求 1 已构成了使用公开，因而不具备新颖性的认定，符合《专利法》第二十二条第二款及《审查指南》第二部分第三章第 2. 1. 3. 2 节的规定，本院应予支持。

综上，专利复审委作出的 9729 号决定宣告 00256110. 7 号实用新型专利权全部无效合法，一审法院判决维持正确。依据《中华人民共和国行政诉讼法》第六十一条第（一）项的规定，判决如下：

驳回上诉，维持一审判决。

二审案件受理费人民币 100 元，由上诉人于奎明负担（已交纳）。

本判决为终审判决。

审　判　长　朱世宽
代理审判员　赵宇晖
代理审判员　任全胜
二〇〇八年八月十九日
书　记　员　张　怡

086

# 一种桑拿椅

## 无效宣告请求审查决定（第9755号）

**决　　定　　号**　第9755号
**决　　定　　日**　2007年4月24日
**发明创造名称**　一种桑拿椅
**国 际 分 类 号**　A61H 33/00，A61H 33/06
**无效宣告请求人**　大连麦迪科技开发有限公司
**专 利 权 人**　李立杰
**专　　利　　号**　01211427.8
**申　　请　　日**　2001年1月18日
**授 权 公 告 日**　2001年12月12日
**合 议 组 组 长**　温丽萍
**主　　审　　员**　张　凌
**参　　审　　员**　张汉国

**法 律 依 据**　专利法第26条第3款
**决 定 要 点**

如果某一技术手段是一项发明或实用新型的发明点，而该发明或实用新型没有清楚地公开该技术手段，使得本领域技术人员不经创造性劳动就无法实施该发明或实用新型的技术方案，则该发明或实用新型不符合专利法第26条第3款的规定。

### 一、案由

本无效宣告请求涉及国家知识产权局于2001年12月12日授权公告的名称为"一种桑拿椅"的01211427.8号实用新型专利权，其申请日是2001年1月18日，专利权人是李立杰。该专利授权公告的权利要求书如下：

"1. 一种桑拿椅，由座椅架、熏蒸锅、加热器及控制装置构成，其特征是：座椅架［1］内底部是加热器［2］，座椅采内为熏蒸锅［4］，熏蒸锅外围有温度传感器，座椅架的一侧由销轴固定双层可折叠熏蒸盖板，上层盖板［7］为靠背，下层盖板［8］为座板，中间有孔，四周有橡胶垫［5］，在座椅架上装有误操作开关［6］，在座椅架外底部是控制装置；控制装置由缺水开关、过热开关、功率开关、温度传感器、稳压电源、误操作开关、单片机系统、音乐提示、蜂鸣器、手控器构成，缺水开关、过热开关连接功率开关至加热器，另一路缺水开关、过热开关电路连稳压电源，稳压电源连单片机系统，单片机系统连误操作开关、功率开关、温度传感器、音乐提示、蜂鸣器、手控器。

2. 根据权利要求1所述的一种桑拿椅，其特征是：座椅架［1］外侧面是活动板［3］，控制装置单片机系统电路主要芯片为80C32、27256、ADC0801、74HC373、74HC244，手控器电路主要芯片为74HC164、数码管LTS546RF及发光二极管和控制键构成。”

针对上述实用新型专利（下称本专利），大连麦迪科技开发有限公司（下称请求人）于2006年5月9日向专利复审委员会提出了无效宣告请求，理由是本专利权利要求1~2不符合专利法第22条第2、3、4款和专利法实施细则第2条第2款、第20条第1款、第21条第2款的规定，请求宣告本专利全部无效，并提交了如下附件作为证据：

证据1：89212775.9号实用新型专利申请说明书，公告日为1989年9月20日。

经形式审查合格后，专利复审委员会于2006年6月1日受理了该无效宣告请求，发出无效宣告请求受理通知书，并将无效宣告请求书及其附件副本转给了专利权人，要求其在指定期限内陈述意见。

2006年6月7日，请求人提交了新的意见陈述，就本专利不符合专利法第22条第3款及专利法实施细则第20条第1款、第21条第2款的规定发表具体意见，并认为本专利也不符合专利法第26条第3款的规定。请求人同时提交如下附件作为证据：

证据2：99206327.2号实用新型专利说明书，授权公告日为2000年9月27日；

证据3：《小家电维修技巧》，电子工业出版社1996年3月第一版，出版信息页、第1~12页、第22~23页、第34页、第40页、第153页、第175~176页的复印件，共20页；

证据4：93200553.5号实用新型专利说明书，授权公告日为1994年10月12日；

证据5：《单片机应用技术教程》，清华大学出版社1997年11月第一版，出版信息页、第207页的复印件，共2页；

证据6：《实用声光控制电子装置制作精选200例》，人民邮电出版社1995年8月第一版，出版信息页、第53~54页的复印件，共3页；

证据7：声称为两张实物照片的复印件，共1页；

证据8：刊登于《经验汇编》上的“中药熏蒸治疗腰间盘突出症305例疗效观察”文章复印件，共1页；

证据9：《电子机械控制入门》，科学出版社2000年1月第一版，出版信息页、第39~41页的复印件，共2页。

请求人还在意见陈述中提出了请求专利复审委员会调取证据7、8实物的请求。

2006年6月9日，请求人再次提交了意见陈述，将本专利的技术特征与证据1、2、4公开的技术特征进行对比。

针对上述无效宣告请求，专利权人于2006年6月28日和2006年6月30日提交了两份内容一样的答复意见，并对权利要求书进行了修改，同时认为本专利相对于证据1具有新颖性和创造性，本专利符合专利法实施细则第20条的规定，本专利具备实用性。专利权人提交如下附件作为证据：

附件1：电脑熏蒸康乐椅产品推荐证书的复印件1页；

附件2：DXKY5-A电脑熏蒸康乐椅产品宣传单，1页。

2006年9月22日合议组将专利权人2006年6月28日和6月30日提交的意见陈述及其附件的副本转给请求人，将请求人于2006年6月7日和9日提交的意见陈述及其附件的副本转给专利权人，并发出口头审理通知书，定于2006年11月16日上午9：00在专利复审委员会举行口头审理。

口头审理如期举行，双方当事人及其代理人均出席了口头审理。合议组当庭告知专利权人其对权利要求的修改不符合相关法律规定，不予接受，合议组以授权公告的文本为基础进行审查。合议组告知请求人对其提出的调取证据 7、8 的实物的请求不予接受。专利权人对证据 1、2、4 的真实性无异议，对证据 3、5、6、8、9 的真实性有异议，认为证据 7 与本案无关。请求人当庭出示证据 3、5、6、7、9 的原件，专利权人认可原件与复印件一致。请求人明确在创造性对比中以证据 1 作为最接近的对比文献，认为专利权人提交的附件 1、2 与本案无关。请求人明确其无效宣告的理由为本专利不符合专利法第 22 条第 2~4 款、第 26 条第 3 款，专利法实施细则第 2 条第 2 款、第 20 条第 1 款、第 21 条第 2 款的规定。在口头审理关于新颖性的调查中，请求人放弃证据 7、8。

口头审理中，请求人认为：（1）本专利权利要求 1 的技术方案中包含的“音乐提示”是功能性特征，不属于对产品形状、构造或其结合提出的改进，因而不符合专利法实施细则第 2 条第 2 款的规定；（2）缺水、过热开关未指明其触发端、上述两开关与薰蒸锅中的水连接，不能工作，授权文本中未清楚描述上述两开关与单片机的连接关系，这样的技术方案无法实施，不具有实用性；（3）本专利权利要求 1“中间有孔，四周有橡胶垫”未指明对象，“音乐提示”的含义不清楚，误操作、缺水、过热、功率开关与手控器都不是专业术语，关于误操作开关位置有两处描述且相互矛盾，未清楚说明缺水开关与熏蒸锅的连接关系，“座椅采内为熏蒸锅”的含义不清楚，温度传感器与单片机之间缺少 A/D 转换器、处理器，权利要求 2 中各芯片之间的连接关系不清楚，因而不符合专利法实施细则第 20 条第 1 款、第 21 条第 2 款的规定；（4）本专利的说明书未公开缺水、过热开关如何触发、连接和工作的，从附图 3 来看缺水、过热开关用一根线连接，不能工作，说明书中关于误操作开关的位置描述有两处，不知其如何触发、附图 4、5 中的电路无连接线、节点标号不清楚、无降压电路、描绘不规范，不符合专利法第 26 条第 3 款的规定；（5）本专利相对于证据 1 无新颖性；（6）本专利相对于证据 1~6、9 公开的技术内容无创造性。

对于请求人的上述主张，专利权人认为：（1）“音乐提示”实际为“音乐提示器”，是控制装置中的一个功能部件，专利法实施细则第 2 条第 2 款并不禁止权利要求中使用功能性限定；（2）缺水、过热开关都由单片机控制，其与单片机的连接关系是本领域的技术常识，缺水、过热开关与锅体相连，过热开关通过温度传感器测量温度后输入单片机，由单片机指示停止加热，本专利控制装置中各部件的连接、相互作用关系和控制的实现都是本领域的公知常识；（3）结合权利要求 1 的整体可清楚理解“中间有孔，四周有橡胶垫”，“音乐提示”为音乐提示器，缺水、过热等词系为说明各开关的作用，误操作开关只有一个，前一处描述为概述，后一处是对其位置的明确限定，两者并不矛盾，缺水开关与熏蒸锅的连接关系以及温度传感器与单片机之间应有 A/D 转换器、处理器属于本领域公知常识，无需写明，“座椅采”是笔误，应为“座椅架”；（4）有关缺水、过热开关的意见同前，如使用者未到合适薰蒸温度时就盖上盖板，就会触发误操作开关，指示蜂鸣器报警、停止加热，附图 4、5 表示的电路是公知常识；（5）证据 1 未公开本专利控制装置的具体部件、温度传感器、误操作开关和销轴固定的双层可折叠盖板；（6）控制器的设计是本领域的公知常识，但将控制器的设计应用在桑拿椅上是本专利的发明点所在，特别是本专利的熏蒸锅外有温度传感器、座椅架上有误操作开关，本专利具有创造性。

口头审理中，双方当事人均认可本专利控制装置中各部件之间的连接、相互作用关系、控制的实现以及出于提高安全性的考虑而设置另一路电路都是本领域的公知常识，权利要求 2 的附加技术特征为本领域的公知常识。

至此，合议组认为本案事实已经清楚，现依法做出如下审查决定。

## 二、决定的理由

1. 关于审查文本

专利权人于2006年6月28日和2006年6月30日提交的对权利要求书的修改不符合审查指南第四部分第三章第4.6节的规定，口头审理时合议组已告知对其不予接受。口头审理以本专利授权公告的文本为基础，双方当事人针对该文本已充分陈述意见，因此本决定以授权公告的文本作为审查基础。

2. 关于证据认定

请求人共提交9份证据，其中证据1、2、4为三篇实用新型专利说明书，公开日均在本专利的申请日前，专利权人对其真实性无异议；证据3、5~6、9为公开出版物，出版时间均在本专利的申请日之前，请求人在口头审理时出示了上述四份证据的原件，经核实，原件与复印件内容相符。因此合议组对前述证据予以采信。由于请求人已经放弃证据7、8，对其不再予以评述。

专利权人提交的附件1、2与本案无关，合议组对其不予考虑，并不再作进一步的评述。

3. 关于专利法实施细则第2条第2款

请求人认为本专利权利要求1的技术方案中包含的“音乐提示”是功能性特征，不属于对产品形状、构造或其结合提出的改进，因而不符合专利法实施细则第2条第2款的规定。

合议组认为专利法实施细则第2条第2款是针对某一技术方案是否属于实用新型的保护对象而给出的定义，并非指该技术方案中某一技术特征是否是实用新型的保护对象。本专利权利要求1保护的是一种熏蒸桑拿椅，是一种包含结构、形状的产品，其中不仅包含请求人所称的功能性限定，还包含这种桑拿椅的形状和结构特征，因此符合专利法实施细则第2条第2款的规定。

4. 关于专利法第26条第3款

专利法第26条第3款规定：说明书应当对发明或者实用新型作出清楚、完整的说明，以所属技术领域的技术人员能够实现为准。

本专利涉及一种熏蒸治疗的桑拿椅，根据说明书及其附图公开的内容可知其由座椅架、熏蒸锅、加热器及控制装置构成。座椅架内为熏蒸锅，内底部为加热器，外底部为控制装置。控制装置由缺水开关、过热开关、功率开关、温度传感器、稳压电源、误操作开关、单片机系统、音乐提示、蜂鸣器和手控器构成。缺水开关、过热开关、功率开关根据熏蒸锅的状态对单片机系统进行通断电控制，手控器为单片机系统设置工作状态，位于熏蒸锅外围的温度传感器检测熏蒸药液的温度然后将信号送入单片机系统，音乐提示在达到熏蒸温度时告知患者可以开始熏蒸，未达到熏蒸温度时盖上熏蒸盖板则触发误操作开关，指示蜂鸣器报警并停止加热。

请求人认为本专利不符合专利法第26条第3款的规定，具体理由如下：（1）缺水、过热开关不是技术术语，本专利说明书未公开其如何触发、连接和工作的，从附图3来看缺水、过热开关用一根线连接，不能工作；（2）附图4、5中的电路无连接线、节点标号不清楚、无降压电路、描绘不规范；（3）误操作开关不是技术术语，说明书中关于其位置描述有两处，不知如何触发。

对此合议组认为，（1）说明书第1页已经公开“缺水开关、过热开关连功率开关至加热器，另一路缺水开关、过热开关电路连稳压电源，稳压电源连单片机系统”，由“缺水开关、过热开关、功率开关根据熏蒸锅炉的状态对单片机系统进行通断电控制”可知二者的功能是在熏蒸锅缺水、温度过高时指示断电。

附图3为本实用新型控制装置的电路框图，其表示的是控制装置中各部件的相互连接、作用关系，但并非具体的电路连接。图中缺水开关、过热开关用一条线连接，表示其都要检测熏蒸锅的状态，都可以根据熏蒸锅的状态对单片机系统进行通断电控制，属于并列的功能模块，并不意味着在实际电路中两者也是串行连接的。因此，附图 3 公开的内容是清楚的。

结合说明书和附图 3 公开的内容，本领域技术人员已经可以确定缺水开关、过热开关应与熏蒸锅相连，以检测其状态；同时这两个开关通过稳压电源与单片机系统连接，以在熏蒸锅处于缺水、过热状态时实现对其断电的控制。至于具体的电路连接是本领域技术人员根据其已有的一般技术知识，不需要创造性劳动就可以再现的，因此说明书关于缺水开关、过热开关所公开的内容是清楚的。

（2）附图 4、5 分别为本实用新型控制装置中单片机系统的电路图和手控器电路图。在说明书第 2 页公开了两个控制电路中的主要芯片，附图 4、5 上亦有相应的标示。根据各芯片的输入、输出信号即可确定其相互之间的连接关系，无须使用连接线。结合说明书和附图的内容，并且由于这两种控制电路都是本领域的公知常识，本领域技术人员可以理解并实施本实用新型中关于单片机和手控器的控制电路。因此，说明书对这部分内容的公开是清楚的。

（3）根据说明书可知，本实用新型的误操作控制是使用者在未达到熏蒸温度时盖上熏蒸盖板触发误操作开关，误操作开关提供状态信号给单片机系统，由后者指示蜂鸣器报警并通过功率开关对加热器断电。可见首先应由双层可折叠盖板触发误操作开关才可能进行后续的误操作控制，其中尤其重要的是确定误操作开关的位置。口头审理中专利人主张控制器的设计是本领域的公知常识，但是将控制器的设计应用在熏蒸治疗椅上是本专利的发明点所在，特别是本专利在座椅架上设置了误操作开关。基于此，本专利的说明书应对误操作开关的位置进行清楚的描述，使得本领域技术人员在阅读说明书后不经创造性劳动即可再现其误操作控制部分的技术方案。

然而，根据说明书第 1、2 页“在座椅架上装有误操作开关，在座椅架外底部是控制装置。控制装置由缺水开关、过热开关、功率开关、温度传感器、稳压电源、误操作开关、单片机系统、音乐提示、蜂鸣器、手控器构成”。“在座椅架上装有误操作开关 6，在座椅架外底部是控制装置。控制装置由缺水开关、过热开关、功率开关、温度传感器、稳压电源、误操作开关、单片机系统、音乐提示、蜂鸣器、手控器构成”。的记载可知，误操作开关可能位于座椅架上部或者座椅架的外底部。从附图 1 来看，误操作开关 6 却位于座椅架的上部而非外底部，说明书文字部分的记载与附图显然不一致，其关于误操作开关位置的描述是含糊不清、甚至相互矛盾的。本领域技术人员根据说明书公开的内容无法唯一确定误操作开关的位置，并且说明书也没有公开误操作开关如何检测向单片机提供的状态信号，因此本领域技术人员不经创造性劳动是无法确定误操作控制如何实现的，进而无法实施本实用新型要求保护的技术方案。

在口头审理中专利人承认误操作开关只有一个，并认为“座椅架上”是对其位置的概述，“座椅架外底部”才是对其位置的具体限定，两者并不矛盾。对此，合议组认为，根据专利权人的意见，误操作开关应唯一位于座椅架的外底部。但是这显然与说明书附图 1 公开的内容是相互矛盾的，因此对其主张不予支持。

综上，本专利权利要求 1 要求保护的技术方案未被说明书所充分公开。权利要求 2 是权利要求 1 的从属权利要求，相应地，本专利说明书也未充分公开其要求保护的技术方案，本专利不符合专利法第 26 条第 3 款的规定。

由于本专利的说明书存在“公开不充分”的实质性缺陷，所以合议组不再对本专利权利要求 1、2 的新颖性、创造性、实用性及与之相关的证据进行具体评述，也不再对其是否符合专利法实施细则第 20 条第 1 款、第 21 条第 2 款的规定进行评述。

**三、决定**

宣告 01211427.8 号实用新型专利权全部无效。

当事人对本决定不服的，可以根据专利法第 46 条第 2 款的规定，自收到本决定之日起三个月内向北京市第一中级人民法院起诉。根据该款的规定，一方当事人起诉后，另一方当事人应当作为第三人参加诉讼。

# 北京市第一中级人民法院
# 行政判决书

（2007）一中行初字第 782 号

原告李立杰，男，53 岁，汉族，抚顺矿业集团职工，住辽宁省抚顺市新扶区永安路 9 号。

被告国家知识产权局专利复审委员会，住所地北京市海淀区北四环西路 9 号银谷大厦 10~12 层。

法定代表人廖涛，副主任。

委托代理人张凌，女，国家知识产权局专利复审委员会审查员。

委托代理人田华，女，国家知识产权局专利复审委员会审查员。

第三人大连麦迪科技开发有限公司，住所地辽宁省大连市西岗区仲夏村 20 号楼 D 座。

委托代理人张泓，男，大连麦迪科技开发有限公司副经理。

委托代理人周志航，男，大连智慧专利事务所专利代理人。

原告李立杰不服被告国家知识产权局专利复审委员会于 2007 年 4 月 24 日作出的第 9755 号无效宣告请求审查决定（以下简称第 9755 号决定），于 2007 年 5 月 29 日向本院提起行政诉讼。本院于 2007 年 5 月 29 日受理后，依法组成合议庭，通知大连麦迪科技开发有限公司作为第三人参加诉讼，并于 2007 年 6 月 26 日公开开庭审理了本案。原告李立杰，被告的委托代理人张凌、田华，第三人的委托代理人张泓、周志航到庭参加了诉讼。本案现已审理终结。2007 年 4 月 24 日，被告针对第三人提出的关于本专利（专利号为 01211427.8、名称为“一种桑拿椅”的实用新型专利，其申请日为 2001 年 1 月 18 日，授权公告日为 2001 年 12 月 12 日，专利权人为原告。）无效的请求作出第 9755 号决定，认为：（1）本无效宣告审查决定以授权公告的文本作为审查基础。（2）第三人提交的证据予以采信；原告提交的附件与本案无关，不予考虑。（3）本专利权利要求 1 保护的是一种熏蒸桑拿椅，是一种包含结构、形状的产品，其中不包含第三人称的功能性限定，还包含这种桑拿椅的形状和结构特征，因此本专利符合《中华人民共和国专利法实施细则》（以下简称《专利法实施细则》）第二条第二款的规定。（4）本专利权利要求 1 要求保护的技术方案未被说明书所充分公开。权利要求 2 是权利要求 1 的从属权利要求，相应地，本专利说明书也未充分公开其要求保护的技术方案，本专利不符合《中华人民共和国专利法》（以下简称《专利法》）第二十六条第三款的规定。（5）由于本专利的说明书存在“公开不充分”的实质性缺陷，所以不再对本专利是否符合《专利法实施细则》第二十条第一款、第二十一条第二款的规定进行评述。据此，被告依据《专利法》第二十六条第三款的规定，决定宣告本专利全部无效。

被告在法定期限内向本院提交了以下证据，用以证明第 9755 号决定正确：（1）本专利说明书；（2）口头审理记录表；（3）向原告和第三人发第 9755 号决定的发文记录。原告诉称，本专利说明书全文及对有关部件的描述没有错误，误操作开关在座椅架上的位置，从说明书的附图上可以很清楚地看到，本专利内容公开充分，符合《专利法》第二十六条第三款的规定，应认定本专利有效。第9755号决定认定本专利无效没有事实依据，请求法院撤销第9755号决定。

原告在法定期限内向本院提交了以下证据：（1）89212775.9号专利说明书，用以证明专利说明书撰写的合理性；（2）《专利申请须知》第33~36页，用以证明第9755号决定的不合理性；（3）无效审查程序中专利权人答复意见，用以证明第9755号决定的不合理性。原告还向本院提交了《审查指南》第四部分第四章的规定作为法律依据。

被告辩称，坚持第9755号决定关于本专利说明书不符合《专利法》第二十六条第三款规定的认定意见。认为第9755号决定认定事实清楚、适用法律正确、审理程序合法，原告的诉讼理由不能成立，请求法院维持第9755号决定。

第三人述称，第9755号决定认定说明书未对权利要求1、2的误操作开关位置及如何监测并提供信号作出说明的认定事实清楚、证据确凿。本专利说明书关于技术方案中的误操作开关的特征的技术概念不是术语，是本专利特有的技术特征，说明书并没有对其进行定义和解释，造成该技术特征不明。同时，误操作开关在专利要求和说明书中所描绘的位置不清，造成误操作开关的位置关系不清。第9755号决定认定事实清楚、适用法律正确，请求法院予以维持。第三人在法定期限内未向本院提交证据。

经庭审质证，原告对被告证据1、证据3的关联性、真实性、合法性没有异议；对证据2中第三人的代理人的笔录改动有异议。第三人对被告的证据1、证据2、证据3的关联性、真实性、合法性没有异议。被告及第三人对原告的证据1、证据2，认为没有关联性；证据3的真实性没有异议。经审查，本院认为，被告的证据能够证明案件事实，本院予以确认。关于原告的证据1、证据2，因在第9755号决定中没有对证据1所涉专利进行评述，且本案仅就第9755号决定的合法性进行审查，故上述证据缺乏关联性，本院不予采信；证据3能够证明原告在行政程序中的意见程序情况，但不能证明第9755号决定的不合理性。

根据上述有效证据及各方当事人在庭审中无争议的陈述，本院确认如下事实：

本专利的名称为“一种桑拿椅”，其授权公告的权利要求书如下：

“1. 一种桑拿椅，由座椅架、熏蒸锅、加热器及控制装置构成，其特征是：座椅架［1］内底部是加热器［2］，座椅采内为熏蒸锅［4］，熏蒸锅外围有温度传感器，座椅架的一侧由销轴固定双层可折叠熏蒸盖板，上层盖板［7］为靠背，下层盖板［8］为座板，中间有孔，四周有橡胶垫［5］，在座椅架上装有误操作开关［6］，在座椅架外底部是控制装置；控制装置由缺水开关、过热开关、功率开关、温度传感器、稳压电源、误操作开关、单片机系统、音乐提示、蜂鸣器、手控器构成，缺水开关、过热开关连接功率开关至加热器，另一路缺水开关、过热开关电路连稳压电源，稳压电源连单片机系统，单片机系统连误操作开关、功率开关、温度传感器、音乐提示、蜂鸣器、手控器。

2. 根据权利要求1所述的一种桑拿椅，其特征是：座椅架［1］外侧面是活动板［3］，控制装置单片机系统电路主要芯片为80C32、27256、ADC0801、74HC373、74HC244，手控器电路主要芯片为74HC164、数码管LTS546RF及发光二极管和控制键构成。”

2006年5月9日，第三人针对本专利向被告提出无效宣告请求，其理由是本专利权利要求1~2不符合《专利法》第二十二条第二、三、四款和《专利法实施细则》第二条第二款、第二十条第一款、第二十一条第二款的规定。同时，第三人提交了89212775.9号实用新型专利申请说明书（公告日为1989年9月20日，以下简称附件1）作为证据。被告经审查受理了第三人的申请，并依法进行了转文。2006年6月7日，第三人提交了新的意见陈述，就本专利不符合《专利法》第二十二条第三款及第二十条第一款、第二十一条第二款的规定发表具体意见，并认为本专利也不符合《专利法》

第二十六条第三款的规定。第三人同时提交了以下附件：

附件 2：99206327.2 号实用新型专利说明书，授权公告日为 2000 年 9 月 27 日；

附件 3：《小家电维修技巧》，电子工业出版社 1996 年 3 月第一版，出版信息页、第 1~12 页、第 22~23 页、第 34 页、第 40 页、第 153 页、第 175~176 页的复印件，共 20 页；

附件 4：93200553.5 号实用新型专利说明书，授权公告日为 1994 年 10 月 12 日；

附件 5：《单片机应用技术教程》，清华大学出版社 1997 年 11 月第一版，出版信息页、第 207 页的复印件，共 2 页；

附件 6：《实用声光控制电子装置制作精选 200 例》，人民邮电出版社 1995 年 8 月第一版，出版信息页、第 53~54 页的复印件，共 3 页；

附件 7：声称方两张实物照片的复印件，共 1 页；

附件 8：刊登于《经验汇编》上的"中药熏蒸治疗腰间盘突出症 305 例疗效观察"文章复印件，共 1 页；

附件 9：《电子机械控制入门》，科学出版社 2000 年 1 月第一版，出版信息页、第 39~41 页的复印件，共 2 页。

2006 年 6 月 9 日，第三人再次提交了意见陈述，将本专利的技术特征与附件 1、附件 2、附件 4 公开的技术特征进行对比。针对上述无效宣告请求，原告于 2006 年 6 月 28 日和 6 月 30 日提交了答复意见，并对权利要求书进行了修改，同时认为本专利相对于附件 1 具有新颖性和创造性，本专利符合《专利法实施细则》第二十条的规定，本专利具备实用性。原告还提交如下附件：

附件 1：电脑熏蒸康乐椅产品推荐证书的复印件 1 页；

附件 2：DXKY5-A 电脑熏蒸康乐椅产品宣传单，1 页。

2006 年 11 月 16 日被告举行了口头审理，被告合议组告知原告对权利要求的修改不符合相关法律规定，不予接受，合议组以授权公告的文本为基础进行审查。原告对第三人提交的附件 1、附件 2、附件 4 的真实性无异议，对附件 3、附件 5、附件 6、附件 8、附件 9 的真实性有异议，认为附件 7 与本案无关。第三人出示了附件 3、附件 5、附件 6、附件 7、附件 9 的原件，原告认可原件与复印件一致。第三人明确在创造性对比中以其附件 1 作为最接近的对比文献，认为原告提交的附件 1、附件 2 与本案无关。第三人明确其无效宣告的理由为本专利不符合《专利法》第二十二条第二、三、四款，第二十六条第三款；《专利法实施细则》第二条第二款、第二十条第一款、第二十一条第二款的规定。

被告经审理认为：（1）关于审查文本。原告于 2006 年 6 月 28 日和 2006 年 6 月 30 日提交的对权利要求书的修改不符合《审查指南》第四部分第三章第 4.6 节的规定，口头审理时合议组已告知对其不予接受。本决定以授权公告的文本作为审查基础。（2）关于证据认定。第三人共提交 9 份附件，其中附件 1、附件 2、附件 4 为三篇实用新型专利说明书，公开日均在本专利的申请日前，原告对其真实性无异议；附件 3、附件 5、附件 6、附件 9 为公开出版物，出版时间均在本专利的申请日之前，在口头审理时出示了上述四份附件的原件，经核实，原件与复印件内容相符。因此合议组对前述附件予以采信。由于第三人已经放弃附件 7、附件 8，对其不再予以评述。原告提交的附件 1、附件 2 与本案无关，合议组对其不予考虑，并不再作进一步的评述。（3）关于《专利法实施细则》第二条第二款是针对某一技术方案是否属于实用新型的保护对象而给出的定义，并非指该技术方案中某一技术特征是否是实用新型的保护对象。本专利权利要求 1 保护的是一种熏蒸桑拿椅，是一种包含结构、形状的产品，其中不仅包含请求人所称的功能性限定，还包含这种桑拿椅的形状和结构特征，因此符合《实施细则》第二条第二款的规定。（4）本专利涉及一种熏蒸治疗的桑拿椅，根据说明书及其附图公开的内容可知其由座椅架、熏蒸锅、加热器及控制装置构成。座椅架内为熏蒸锅，内底部为加热器，外底部为控制装置。控制装置由缺水开关、过热开关、功率开关、温度传感器、稳压电源、误操作开关、单片机系统、音乐提示、蜂鸣器和手控器构成。缺水开关、过热开关、功率开关根据熏蒸锅的状态对单片机系统进行通断电控制，手控器为单片机系统设置工作状态，位于熏蒸锅外围的温度传感器检测熏蒸药液的温度然后将信号送入单片机系统，音乐提示在达到熏蒸温度时告知患者可以开始熏蒸，未达到熏蒸温度时盖上熏蒸盖板则触发误操作开关，指示蜂鸣器报警并停止加热。（1）本专利说明书关于缺水开关、过热开关所公开的内容是清楚的。（2）附图 4、5 分别为本实用新型控制装置中单片机系统的电路图和手控器电路图。在说明书第 2 页公开了两个控制电路中的主要芯片，附图 4、5 上亦有相应的标示。根据各芯片的输入、输出信号即可确定其相互之间的连接关系，无须使用连接线。结合说明书和附图的内容，并且由于这两种控制电路都是本领域的公知常识，本领域技术人员可以理解并实施本实用新型中关于单片机和手控器的控制电路。因此，说明书对这部分内容的公开是清楚的。（3）根据说明书可知，本实用新型的误操作控制是使用者在未达到熏蒸温度时盖上熏蒸盖板触发误操作开关，误操作开关提供状态信号给单片机系统，由后者指示蜂鸣器报警并通过功率开关对加热器断电。可见首先应由双层可折叠盖板触发误操作开关才可能进行后续的误操作控制，其中尤其重要的是确定误操作开关的位置。口头审理中专利人主张控制器的设计是本领域的公知常识，但是将控制器的设计应用在薰蒸治疗椅上是本专利的发明点所在，特别是本专利在座椅架上设置了误操作开关。基于此，本专利的说明书应对误操作开关的位置进行清楚的描述，使得本领域技术人员在阅读说明书后不经创造性劳动即可再现其误操作控制部分的技术方案。然而，根据说明书第 1、2 页“在座椅架上装有误操作开关，在座椅架外底部是控制装置。控制装置由缺水开关、过热开关、功率开关、温度传感器、稳压电源、误操作开关、单片机系统、音乐提示、蜂鸣器、手控器构成”、“在座椅架上装有误操作开关 6，在座椅架外底部是控制装置。控制装置由缺水开关、过热开关、功率开关、温度传感器、稳压电源、误操作开关、单片机系统、音乐提示、蜂鸣器、手控器构成”的记载可知，误操作开关可能位于座椅架上部或者座椅架的外底部。从附图 1 来看，误操作开关 6 却位于座椅架的上部而非外底部，说明书文字部分的记载与附图显然不一致，其关于误操作开关位置的描述是含糊不清、甚至相互矛盾的。本领域技术人员根据说明书公开的内容无法唯一确定误操作开关的位置，并且说明书也没有公开误操作开关如何检测向单片机提供的状态信号，因此本领域技术人员不经创造性劳动是无法确定误操作控制如何实现的，进而无法实施本实用新型要求保护的技术方案。在口头审理中原告承认误操作开关只有一个，并认为“座椅架上”是对其位置的概述，“座椅架外底部”才是对其位置的具体限定，两者并不矛盾。对此，合议组认为，根据原告的意见，误操作开关应唯一位于座椅架的外底部。但是这显然与说明书附图 1 公开的内容是相互矛盾的，因此对其主张不予支持。综上，本专利权利要求 1 要求保护的技术方案未被说明书所充分公开。权利要求 2 是权利要求 1 的从属权利要求，相应地，本专利说明书也未充分公开其要求保护的技术方案，本专利不符合《专利法》第二十六条第三款的规定。（5）由于本专利的说明书存在“公开不充分”的实质性缺陷，所以合议组不再对本专利权利要求 1、2 的新颖性、创造性、实用性及与之相关的证据进行具体评述，也不再对其是否符合《专利法实施细则》第二十条第一款、第二十一条第二款的规定进行评述。2007 年 4 月 24 日，被告作出决定宣告本专利全部无效。原告对该决定不服，向本院提起行政诉讼。

在本院开庭审理中，原告及第三人对第 9755 号决定中关于该决定针对的审查文本和证据认定的表述没有争议。

本院认为：说明书和权利要求书是记载发明或者实用新型及确定其保护范围的法律文书。《专利法》第二十六条第三款规定，说明书应当对发明或者实用新型作出清楚、完整的说明，以所属技术领域的技术人员能够实现为准。说明书中记载的这些方案应当与权利要求所限定的相应技术方案的表述相一致。附图是说明书的一个组成部分，应该清楚地反映发明或者实用新型的内容。本案中，本专利是一种桑拿椅，其权利要求1以及说明书的文字部分记载，在座椅架上装有误操作开关，在座椅架外底部是控制装置；控制装置由缺水开关、过热开关、功率开关、温度传感器、稳压电源、误操作开关、单片机系统、音乐提示、蜂鸣器、手控器构成。由此可知误操作开关可能位于座椅架外底部。但附图1中显示，误操作开关位于座椅架上部而非座椅架外底部。说明书的文字部分与附图明显存在矛盾。本领域技术人员无法根据说明书公开的内容唯一确定误操作开关的位置，并且说明书中也没有公开误操作开关如何检测向单片机提供的状态信号，本领域技术人员不经创造性劳动无法确定误操作控制是如何实现的，从而无法实现本专利要求保护的技术方案。在本专利权利要求1要求保护的技术方案未被说明书充分公开的情况下，其从属权利要求2亦未充分公开。因此，本专利不符合《专利法》第二十六条第三款的规定。原告关于本专利权利要求保护的技术方案已被说明书充分公开的诉讼主张，缺乏事实和法律依据，本院不予支持。

综上，第9755号决定认定事实清楚，适用法律正确，本院应予维持。依照《中华人民共和国行政诉讼法》第五十四条第（一）项的规定，判决如下：

维持被告国家知识产权局专利复审委员会作出的第9755号无效宣告请求审查决定。

案件受理费100元，由原告李立杰负担（已交纳）。

如不服本判决，可于本判决书送达之日起15日内，向本院递交上诉状，并按对方当事人的人数提交副本，上诉于北京市高级人民法院。上诉人在接到人民法院预交诉讼费用的通知后7日内未预交又不提出缓交申请的，按自动撤回上诉处理。

审　判　长　吴　月
代理审判员　李纪红
代理审判员　欧万雄
二〇〇七年八月三十一日
书　记　员　赵　锋

# 北京市高级人民法院
# 行政判决书

（2007）高行终字第487号

上诉人（一审原告）李立杰，男，53岁，汉族，抚顺矿业集团职工，住辽宁省抚顺市新抚区永安路9号。

被上诉人（一审被告）国家知识产权局专利复审委员会，住所地北京市海淀区北四环西路9号银谷大厦10~12层。

被上诉人（一审第三人）大连麦迪科技开发有限公司，住所地辽宁省大连市西岗区仲夏村20号楼D座。

法定代表人廖涛，副主任。

法定代表人陶乃琦，董事长。

委托代理人张凌，国家知识产权局专利复审委员会审查员。

委托代理人田华，国家知识产权局专利复审委员会审查员。

委托代理人张泓，男，大连麦迪科技开发有限公司职员。

委托代理人周志舰，男，大连智慧专利事务所专利代理人。

上诉人李立杰因专利行政决定一案，不服北京市第一中级人民法院（2007）一中行初字第782号行政判决，向本院提起上诉。本院依法组成合议庭，公开开庭审理了本案。上诉人李立杰，被上诉人国家知识产权局专利复审委员会（以下简称专利复审委员会）的委托代理人张凌、田华，被上诉人大连麦迪科技开发有限公司（以下简称麦迪公司）的委托代理人张泓、周志舰出庭参加了诉讼。本案现已审理终结。2007年4月24日，专利复审委员会针对名称为“一种桑拿椅”的01211427.8号实用新型专利（以下简称本专利）作出第9755号无效宣告请求审查决定，以本专利不符合《中华人民共和国专利法》（以下简称《专利法》）第二十六条第三款的规定为由，宣告本专利全部无效。李立杰不服该决定，向北京市第一中级人民法院提起行政诉讼。北京市第一中级人民法院行政判决认为，本专利是一种桑拿椅，其权利要求1以及说明书的文字部分记载，在座椅架上装有误操作开关，在座椅架外底部是控制装置；控制装置由缺水开关、过热开关、功率开关、温度传感器、稳压电源、误操作开关、单片机系统、音乐提示、蜂鸣器、手控器构成。由此可知误操作开关可能位于座椅架外底部。但附图1中显示，误操作开关位于座椅架上部而非座椅架外底部。说明书的文字部分与附图明显存在矛盾。本领域技术人员无法根据说明书公开的内容唯一确定误操作开关的位置，并且说明书中也没有公开误操作开关如何检测向单片机提供的状态信号，本领域技术人员不经创造性劳动无法确定误操作控制是如何实现的，从而无法实现本专利要求保护的技术方案。在本专利权利要求1要求保护的技术方案未被说明书充分公开的情况下，其从属权利要求2亦未充分公开。因此，本专利不符合《专利法》第二十六条第三款的规定。李立杰关于本专利权利要求保护的技术方案已被说明书充分公开的诉讼主张，缺乏事实和法律依据。综上，依照《中华人民共和国行政诉讼法》第五十四条第（一）项的规定，判决维持第9755号无效宣告请求审查决定。李立杰不服一审法院判决，向本院提起上诉，认为，麦迪公司在提出无效宣告请求时没有具体说明理由以及没有用于具体说明理由的证据，专利复审委员会应当根据《中华人民共和国专利法实施细则》（以下简称《专利法实施细则》）第六十四条及《审查指南》第四部分第三章第4.1节的规定，对其请求不予考虑。专利复审委员会没有告知李立杰审查决定所依据的理由、证据和认定的事实，更没有给予陈述意见的机会，违反了《审查指南》第四部分第一章第2.5节规定的听证原则。口审记录表经麦迪公司改动，李立杰对其不予认可，不能作为第9755号无效宣告请求审查决定作出的依据。根据本专利说明书及附图可以清楚地知道误操作开关的位置，本专利符合《专利法》第二十六条第三款的规定。故请求二审法院撤销一审判决，撤销第9755号无效宣告请求审查决定。被上诉人专利复审委员会答辩认为，一审判决和第9755号无效宣告请求审查决定认定事实清楚，适用法律正确，程序合法，李立杰的诉讼请求缺乏事实及法律依据，请求维持一审判决和无效宣告请求审查决定。被上诉人麦迪公司服从一审判决。

经审理查明：本专利系名称为“一种桑拿椅”的01211427.8号实用新型专利，其申请日为2001年1月18日，授权公告日为2001年12月12日，专利权人为李立杰。本专利授权公告的权利要求书如下：

“1. 一种桑拿椅，由座椅架、薰蒸锅、加热器及控制装置构成，其特征是：座椅架［1］内底部是加热器［2］，座椅采内为薰蒸锅［4］，薰蒸锅外围有温度传感器，座椅架的一侧由销轴固定双层可折叠薰蒸盖板，上层盖板［7］为靠背，下层盖板［8］为座板，中间有孔，四周有橡胶垫［5］，在座椅架上装有误操作开关［6］，在座椅架外底部是控制装置；控制装置由缺水开关、过热开关、功率开关、温度传感器、稳压电源、误操作开关、单片机系统、音乐提示、蜂鸣器、手控器构成，缺水开关、过热开关连接功率开关至加热器，另一路缺水开关、过热开关电路连稳压电源，稳压电源连单片机系统，单片机系统连误操作开关、功率开关、温度传感器、音乐提示、蜂鸣器、手控器。2. 根据权利要求 1 所述的一种桑拿椅，其特征是：座椅架［1］外侧面是活动板［3］，控制装置单片机系统电路主要芯片为 80C32、27256、ADC0801、74HC373、74HC244，手控器电路主要芯片为 74HC164、数码管 LTS546RF 及发光二极管和控制键构成。”

2006 年 5 月 9 日，麦迪公司针对本专利向专利复审委员会提出无效宣告请求，理由是本专利权利要求 1 至 2 不符合《专利法》第二十二条第二、三、四款和《专利法实施细则》第二条第二款、第二十条第一款、第二十一条第二款的规定，并提交了 1 份对比文件作为证据。经形式审查合格后，专利复审委员会于 2006 年 6 月 1 日受理了该无效宣告请求，发出了无效宣告请求受理通知书，并将无效宣告请求书及其附件副本转给了专利权人李立杰，要求其在指定的期限内陈述意见。

2006 年 6 月 7 日，麦迪公司提交了新的意见陈述以及作为证据的 9 份对比文件，就本专利不符合《专利法》第二十二条第三款及《专利法实施细则》第二十条第一款、第二十一条第二款的规定发表了具体意见，同时认为本专利也不符合《专利法》第二十六条第三款的规定，并结合本专利说明书进行了具体说明。2006 年 6 月 9 日，麦迪公司再次提交了意见陈述。

针对麦迪公司提出的无效宣告请求，李立杰于 2006 年 6 月 28 日和 6 月 30 日提交了答复意见，对权利要求书进行了修改，并提交了 2 份附件。2006 年 9 月 22 日，专利复审委员会将上述文件转给麦迪公司，并将麦迪公司于 2006 年 6 月 7 日和 9 日提交的意见陈述和证据转给李立杰，同时发出口头审理通知书，定于 2006 年 11 月 16 日举行口头审理。

口头审理如期举行，李立杰及麦迪公司均出席了口头审理。口头审理中，专利复审委员会告知李立杰其对权利要求的修改不符合相关法律规定，不予接受，合议组以授权公告的文本为基础进行审查，并将重要的审理事项记入口头审理笔录。口头审理笔录经李立杰及麦迪公司阅读，麦迪公司就记录中本公司陈述部分的差错进行了更正，专利复审委员会记录人员签章认可，李立杰及麦迪公司均在口头审理笔录上签字。口头审理笔录记载，麦迪公司明确其无效宣告的理由为本专利不符合《专利法》第二十二条第二、三、四款、第二十六条第三款，《专利法实施细则》第二条第二款、第二十条第一款、第二十一条第二款的规定，明确在创造性对比中以其证据 1 作为最接近的对比文献，并确认本专利不符合《专利法》第二十六条第三款的具体理由是：（1）缺水、过热开关不是技术术语，本专利说明书为公开其如何触发、连接和工作的，从附图 3 来看缺水、过热开关用一根线连接，不能工作；（2）附图 4、5 中的电路无连接线、节点标号不清楚、无降压电路、描绘不规范；（3）误操作开关不是技术术语，说明书中关于其位置描述有两处，不知如何触发。李立杰表示已收到麦迪公司 2006 年 5 月 9 日、6 月 7 日以及 6 月 9 日提交的无效宣告请求书、意见陈述和相关证据，并针对麦迪公司提出的理由和证据发表了意见。

专利复审委员会以本专利授权公告的文本作为审查基础，结合麦迪公司提出的无效理由及相关证据对本案进行了审理，认为本专利权利要求 1 保护的是一种薰蒸桑拿椅，是一种包含结构、形状的产品，其中不仅包含请求人所称的功能性限定，还包含这种桑拿椅的形状和结构特征，因此符合《专利法实施细则》第二条第二款的规定，但是本专利不符合《专利法》第二十六条第三款的规定，理由是：

（1）根据本专利说明书及附图 3 公开的内容，本领域技术人员已经可以确定缺水开关、过热开关应当与薰蒸锅相连，以检测其状态；同时这两个开关通过稳压电源与单片机系统连接，以在薰蒸锅处于缺水、过热状态时实现对其断电的控制。至于具体电路连接是本领域技术人员根据其已有的一般技术知识，不需要创造性劳动就可以再现的，因此，说明书关于缺水开关、过热开关所公开的内容是清楚的。

（2）附图4、5分别为本实用新型控制装置中单片机系统的电路图和手控器电路图。在说明书第2页公开了两个控制电路中的主要芯片，附图4、5上亦有相应的标示。根据各芯片的输入、输出信号即可确定其相互之间的连接关系，无需使用连接线。结合说明书和附图的内容，并且由于这两种控制电路都是本领域的公知常识，本领域技术人员可以理解并实施本实用新型中关于单片机和手控器的控制电路。因此，说明书对这部分内容的公开是清楚的。

（3）根据说明书可知，本实用新型的误操作控制是使用者在未达到薰蒸温度时盖上薰蒸盖板触发误操作开关，误操作开关提供状态信号给单片机系统，由后者指示蜂鸣器报警并通过功率开关对加热器断电。可见首先应由双层可折叠盖板触发误操作开关才可能进行后续的误操作控制，其中尤其重要的是确定误操作开关的位置。口头审理中专利权人主张控制器的设计是本领域的公知常识，但是将控制器的设计应用在薰蒸治疗椅上是本专利的发明点所在，特别是本专利在座椅架上设置了误操作开关。基于此，本专利的说明书应对误操作开关的位置进行清楚的描述，使得本领域技术人员在阅读说明书后不经创造性劳动即可再现其误操作控制部分的技术方案。然而，根据说明书第1、2页“在座椅架上装有误操作开关，在座椅架外底部是控制装置。控制装置由缺水开关、过热开关、功率开关、温度传感器、稳压电源、误操作开关、单片机系统、音乐提示、蜂鸣器、手控器构成。”“在座椅架上装有误操作开关6，在座椅架外底部是控制装置。控制装置由缺水开关、过热开关、功率开关、温度传感器、稳压电源、误操作开关、单片机系统、音乐提示、蜂鸣器、手控器构成”的记载可知，误操作开关可能位于座椅架上部或者座椅架的外底部。从附图1来看，误操作开关6却位于座椅架的上部而非外底部，说明书文字部分的记载与附图显然不一致，其关于误操作开关位置的描述是含糊不清、甚至相互矛盾的。本领域技术人员根据说明书公开的内容无法唯一确定误操作开关的位置，并且说明书也没有公开误操作开关如何检测向单片机提供的状态信号，因此本领域技术人员不经创造性劳动是无法确定误操作控制如何实现的，进而无法实施本实用新型要求保护的技术方案。在口头审理中李立杰承认误操作开关只有一个，并认为“座椅架上”是对其位置的概述，“座椅架外底部”才是对其位置的具体限定，两者并不矛盾。对此，合议组认为，根据李立杰的意见，误操作开关应唯一位于座椅架的外底部。但是这显然与说明书附图1公开的内容是相互矛盾的，因此对其主张不予支持。综上，本专利权利要求1要求保护的技术方案未被说明书所充分公开。权利要求2是权利要求1的从属权利要求，相应地，本专利说明书也未充分公开其要求保护的技术方案，本专利不符合《专利法》第二十六条第三款的规定。

据此，专利复审委员会认为，由于本专利的说明书存在“公开不充分”的实质性缺陷，所以不再对本专利权利要求1、2的新颖性、创造性、实用性及与之相关的证据进行具体评述，也不再对其是否符合《专利法实施细则》第二十条第一款、第二十一条第二款的规定进行评述。

2007年4月24日，专利复审委员会作出第9755号无效宣告请求审查决定，宣告本专利全部无效。李立杰不服，于2007年5月29日向北京市第一中级人民法院提起行政诉讼。

一审法院审理期间，专利复审委员会为证明其行为的合法性提交了下列证据：（1）本专利说明书；（2）口头审理记录表；（3）第9755号无效宣告请求审查决定的发文记录。

李立杰提交了以下证据：（1）89212775.9号专利说明书；（2）《专利申请须知》第33~36页；（3）无效审查程序中专利权人答复意见。李立杰还提交了《审查指南》第四部分第四章的规定作为法律依据。

麦迪公司未提交证据。

上述证据均随案移送本院。经本院审查核实，专利复审委员会提交的证据以及李立杰提交的证据

3 真实、合法，能证明本案的相关事实，本院予以采纳；李立杰提交的证据 1、证据 2 缺乏关联性，本院不予采纳。

本院认为，麦迪公司于 2006 年 5 月 9 日提出无效宣告请求时，所提出的无效宣告理由均符合《专利法实施细则》第六十四条第二款的规定。麦迪公司提交的无效宣告请求书中具体说明了无效宣告理由，需要结合证据的，结合证据进行了说明。因此，专利复审委员会对麦迪公司提出的无效宣告请求予以受理符合《专利法实施细则》第六十四条、第六十五条的规定。

麦迪公司在提出无效宣告请求之日起 1 个月内，于 2006 年 6 月 7 日提交了新的意见陈述以及作为证据的 9 份对比文件，就所提出的无效宣告理由结合相应的证据进一步补充了具体意见，同时认为本专利也不符合《专利法》第二十六条第三款的规定，并结合本专利说明书进行了具体说明。专利复审委员会对麦迪公司补充提出的理由和证据予以考虑符合《专利法实施细则》第六十六条的规定。

专利复审委员会针对麦迪公司提出的本专利不符合《专利法》第二十六条第三款的无效理由，结合本专利说明书进行审查，符合《审查指南》第四部分第三章第 4. 1 节的规定。

专利复审委员会受理麦迪公司针对本专利提出的无效宣告请求后，及时向专利权人李立杰发出了无效宣告请求受理通知书，并将无效宣告请求书及其附件副本转给了专利权人李立杰，要求其在指定的期限内陈述意见。麦迪公司在法律规定的期限内补充提交的意见和证据，专利复审委员会亦及时转给李立杰，同时发出了口头审理通知书，按照指定的期限举行了口头审理。口头审理中，专利复审委员会将重要的审理事项记入了口头审理笔录。口头审理笔录经李立杰及麦迪公司阅读，麦迪公司就记录中本公司陈述部分的差错虽为自行进行更正，但专利复审委员会记录人员已签章认可，李立杰及麦迪公司均在口头审理笔录上签字，因此，口头审理笔录合法有效。据口头审理笔录记载，麦迪公司再次明确了其无效宣告的理由；李立杰明确表示已收到麦迪公司 2006 年 5 月 9 日、6 月 7 日以及 6 月 9 日提交的无效宣告请求书、意见陈述和相关证据，并针对麦迪公司提出的理由和证据发表了意见。可见，专利复审委员会的审查程序符合《审查指南》第四部分第一章第 2. 5 节规定的听证原则。

根据本专利说明书的记载可知，误操作开关可能位于座椅架上部或者座椅架的外底部。从附图 1 来看，误操作开关 6 却位于座椅架的上部，说明书文字部分的记载与附图显然不一致。专利复审委员会根据上述事实认为，本专利说明书关于误操作开关位置的描述是含糊不清、甚至相互矛盾的；本领域技术人员根据说明书公开的内容无法唯一确定误操作开关的位置，并且说明书也没有公开误操作开关如何检测向单片机提供的状态信号，因此本领域技术人员不经创造性劳动是无法确定误操作控制如何实现的，进而无法实施本实用新型要求保护的技术方案，并据此作出本专利不符合《专利法》第二十六条第三款的认定事实清楚，理由充分。在此基础上，专利复审委员会对麦迪公司提出的其他无效宣告理由和证据不再进行评述并不违反法律规定。

综上，第 9755 号无效宣告请求审查决定认定事实清楚、适用法律正确、审查程序合法。一审判决维持正确。李立杰的上诉请求缺乏事实和法律依据，本院不予支持。依照《中华人民共和国行政诉讼法》第六十一条第（一）项之规定，判决如下：

驳回上诉，维持一审判决。

二审案件受理费人民币 100 元，由上诉人李立杰负担（已交纳）。

本判决为终审判决。

审　判　长　任全胜
代理审判员　王　燕
代理审判员　景　滔
二〇〇七年十一月二十六日
书　记　员　王　芳

087

# 背部滑动按摩器

## 无效宣告请求审查决定（第9757号）

**决　　定　　号**　第9757号
**决　　定　　日**　2007年4月27日
**发明创造名称**　背部滑动按摩器
**国 际 分 类 号**　A61H 7/00，A61H 15/00
**无效宣告请求人**　高凤玲
**专　利　权　人**　黄志铭
**专　　利　　号**　200520059685.3
**申　　请　　日**　2005年6月15日
**授 权 公 告 日**　2006年8月9日
**合 议 组 组 长**　黄玉平
**主　　审　　员**　熊　茜
**参　　审　　员**　王琦琳

**法　律　依　据**　专利法第26条第4款第22条第2款、第3款，专利法实施细则第20条第1款
**决　定　要　点**

如果一项权利要求所述技术方案与现有技术公开的技术方案之间存在区别技术特征，现有技术也没有给出得出所述技术方案的任何技术启示，本领域技术人员需要付出创造性劳动才能得出该权利要求所述的技术方案，且该技术方案具有有益效果，则该权利要求具有创造性。

### 一、案由

本无效宣告请求涉及中华人民共和国国家知识产权局于2006年8月9日授权公告的、名称为“背部滑动按摩器”的实用新型专利权（下称本专利），其申请号是200520059685.3，申请日是2005年6月15日，专利权人是黄志铭。该专利授权公告时的权利要求书如下：

“1. 背部滑动按摩器，包括：底板（1）、由上板（21）和下板（22）构成的滑板、传动机构（3）、按摩头（4）以及盖板（5），其中滑板、传动机构（3）以及按摩头（4）均安装在由底板（1）和盖板（5）构成的空间内，其特征在于：底板（1）的底面设置有齿条（11、12）；安装在上板（21）和下板（22）之间的传动机构（3）包括一马达（31）及通过马达（31）驱动的齿轮组；该齿轮组下方的齿轮与齿条（11、12）啮合，位于上板（21）上方的按摩头（4）通过中心转轴（331）与齿轮组上方的齿轮连动；盖板（5）上方开设孔槽（51、52），按摩头（4）由该孔槽（51、52）延伸出盖板（5）。

2. 根据权利要求1所述的背部滑动按摩器，其特征在于：底板（1）的底面设置有两条平行相对的齿条（11、12）。

3. 根据权利要求1所述的背部滑动按摩器，其特征在于：马达（31）的输出轴连接有蜗杆（32），齿轮组包括位于蜗杆（32）两侧的第一双联齿轮（33）、与一个第一双联齿轮（33）啮合的第二双联齿轮（34）、与第二双联齿轮啮合的第三双联齿轮（35）、以及由第三双联齿轮（35）带动的多个相同规格的小齿轮（36），小齿轮（36）与底板（1）内的两个齿条（11、12）啮合；于第一双联齿轮（33）上设置有中心转轴（331），该中心转轴（331）与位于上板（21）上的按摩头（4）连接。

4. 根据权利要求1所述的背部滑动按摩器，其特征在于：按摩头（4）包括一个与第一双联齿轮（33）中心转轴（331）连接的支板（41）以及安装在支板（41）上的按摩凸块（42），且安装按摩凸块（42）时套设有一弹簧（43）。

5. 根据权利要求4所述的背部滑动按摩器，其特征在于：所述支板（41）为圆形，且其上均匀安装有三个按摩凸块（41）。"

针对上述专利权，高凤玲（下称请求人）于2006年10月17日向专利复审委员会提出无效宣告请求，其理由是：本专利的权利要求1不符合专利法第26条第4款的规定；权利要求3不符合专利法实施细则第20条第1款的规定；权利要求1不符合专利法第22条第2款的规定；权利要求1~5不符合专利法第22条第3款的规定。请求人同时提交了下列附件：

附件1（下称对比文件1）：授权公告号为CN2587403Y的中国实用新型专利说明书，发明名称为"一种按摩器结构"，申请日为2002年12月13日，授权公告日为2003年11月26日；

附件2（下称对比文件2）：公开号为CN1389188A的中国发明专利申请公开说明书，发明名称为"往复式按摩器"，申请日为2001年6月4日，公开日为2003年1月8日；

附件3（下称对比文件3）：授权公告号为CN2461525Y的中国实用新型专利说明书，发明名称为"按摩揉捏机"，申请日为2001年1月3日，授权公告日为2001年11月28日；

附件4（下称对比文件4）：授权公告号为CN2303621Y的中国实用新型专利说明书，发明名称为"可调式按摩器"，申请日为1997年7月28日，授权公告日为1999年1月13日。

附件5：本专利授权公告文本的复印件。

请求人认为：

（1）对比文件1中揭示了该专利的主要基本特征，权利要求1不符合专利法第22条第2款关于新颖性的规定。

（2）权利要求1相对于对比文件1和对比文件2的结合或对比文件1和对比文件3的结合或对比文件2和对比文件3的结合，不符合专利法第22条第3款的创造性规定。

（3）权利要求2的附加技术特征被对比文件2公开，权利要求3的附加技术特征被对比文件1或对比文件2公开，因此权利要求2、3不符合专利法第22条第3款的创造性规定。

（4）权利要求4相对于对比文件1和对比文件4的结合不符合专利法第22条第3款的创造性规定。

（5）权利要求5的特征，该领域的普通技术人员无须花费任何创造性劳动即可得到，因此，该专利权利要求5不符合专利法第22条第3款的创造性规定。

（6）权利要求1中所述的传动机构包括一马达以及通过马达驱动齿轮组，而齿轮组的选择有多种方案，而说明书仅举一个实施例，因此权利要求1不到说明书的支持。

（7）权利要求3中的"多个"为含义不确定语言，不符合专利法实施细则第20条第1款的规定。

经形式审查合格，专利复审委员会依法受理了上述无效宣告请求，并于2006年11月20日向双方当事人发出无效宣告请求受理通知书，随该无效宣告请求受理通知书将专利权无效宣告请求书及其附件清单中所列附件的副本转送给专利权人，要求其于指定的期限内答复。

针对请求人提出的无效宣告请求，专利权人于2006年12月16日向专利复审委员会提交了意见陈述书，专利权人认为：

（1）对比文件1没有公开被请求无效实用新型专利的权利要求1中底板和盖板这一技术特征。故本专利权利要求1相对对比文件1具有新颖性和创造性。对比文件2、3同样没有公开上述特征，故本专利权利要求相对于对比文件1和2的结合，或者对比文件1和3的结合，或者对比文件2和3的结合，都具有创造性。由于本专利独立权利要求1已经具有新颖性、创造性，所以从属权利要求2、3、4、5也具有新颖性和创造性。

（2）本专利中对齿轮组的说明是符合专利法规定的。对于本技术领域的技术人员来说，齿轮组本身存在多种组合，其可以不经过创造性思考就可以明了还可以采用其他方式来完成，这种情况下仅给出一个实施例是允许的。权利要求1符合专利法第26条第4款的规定。

（3）权利要求书中“多个”并没有导致保护范围的不清楚，其所表达的含义就是两个以上的含义，所确定的保护范围是清楚、明确的，权利要求3符合专利法实施细则第20条第1款的规定。

专利复审委员会依法组成合议组对本案进行审理，合议组于2007年1月26日向双方当事人发出无效宣告请求口头审理通知书，指出本案合议组定于2007年3月22日举行口头审理。随同口头审理通知书，将专利权人于2006年12月16日提交的意见陈述书副本转送给请求人。

口头审理如期举行，双方当事人均参加了口头审理。在口头审理中，双方当事人对对方出庭人员的身份和资格无异议；对合议组成员没有回避请求；专利权人对请求人提交的附件1~4的真实性没有异议。请求人明确其无效宣告请求的理由、证据、范围为：（1）本专利权利要求1相对于对比文件1不具有新颖性；（2）本专利权利要求1相对于对比文件1、2的结合或者对比文件2、3的结合或者对比文件1、3的结合不具有创造性；明确对比文件2、3的结合以及对比文件1、3的结合仅用于评价本专利权利要求1的创造性；（3）本专利权利要求2相对于对比文件1、2的结合不具有创造性；（4）本专利权利要求3相对于对比文件1、2的结合不具有创造性；（5）本专利权利要求4相对于对比文件1、4的结合不具有创造性；（6）本专利权利要求5属于公知技术，相对于对比文件1、2的结合不具有创造性；（7）权利要求1得不到说明书的支持；（8）权利要求3的保护范围不清楚。请求人认为：（1）对比文件1权利要求1和图4公开了本专利权利要求1中的底板、上板、下板、蜗轮蜗杆传动器、按摩头、齿轮齿条组的特征，认可对比文件1没有公开本专利权利要求1的盖板，但认为盖板在本专利的技术方案中没有起到主要作用，其是公知常识；对比文件1没有叙述上、下板，但从附图4中可以看出下板上有槽；（2）权利要求2的技术特征被对比文件2的图1和图2揭示；（3）对比文件1揭示的技术特征与该专利的权利要求3所述的马达驱动蜗杆、蜗轮齿轮组驱动按摩头转动的主要技术特征完全相同，仅区别在齿轮的数量上，作为本领域的普通技术人员完全可以根据对比文件1所公开的技术方案无须创造性的劳动，就能得到该专利的权利要求3的技术方案；（4）对比文件2揭示了该专利的权利要求3所述的马达驱动蜗杆、蜗轮齿轮组驱动按摩头转动的技术特征，作为本领域的普通技术人员完全可以根据对比文件2所公开的技术方案无须创造性的劳动，就能得到该专利的权利要求3的技术方案；（5）对比文件1的权利要求2揭示了按摩头呈蘑菇状即为该专利权利要求4所述的凸块，而对比文件4揭示了按摩装置具有按摩头和弹簧，对比文件1和对比文件4的结合，能使本领域的普通技术人员无须花费任何创造性劳动能够得到该专利权利要求4所述的技术方案；（6）权利要求5的特征，为该领域的普通技术人员根据对比文件1或对比文件2或对比文件3或对比文件4，无须花费任何创造性劳动即可得到。专利权人认为：（1）本专利权利要求1与对比文件1的主要区别在于记载了盖板、底板与盖板是相互配合构成一个整体的、按摩头由盖板上的孔槽延伸出盖板，使用者在使用本专利时，盖板与底板构成的整体可以对人体背部起支撑作用，按摩头与盖板的这种装配使使用者在使用时不会感到过于凸出而不适，这是本专利与对比文件1之间最重要的区别特征；（2）对比文件2、3也没有记载"盖板、底板与盖板是相互配合构成一个整体的、按摩头由盖板上的孔槽延伸出盖板"这些特征；（3）本专利权利要求2两个平行齿条的设置方式与对比文件2不同；（4）权利要求3的传动机构采用了多个小齿轮，同时与两条齿条分别啮合，等于是两边同时带动往复运行，对比文件1所公开的技术方案及附图均只有一个齿轮，只能与一个齿条啮合，属于单边驱动方式；（5）对比文件4的弹簧不是套在弹簧上的，与本专利权利要求4的技术方案完全不同，对比文件4采用的弹性按摩结构复杂，本专利的弹簧作用是调节按摩力度；（6）本专利权利要求5用三个按摩头可以提高按摩的舒适度，对比文件1、2、3、4均未公开三个按摩头。双方当事人对上述问题均充分发表了各自的意见。

至此，合议组认为本案事实清楚，经合议依法作出审查决定。

**二、决定的理由**

1. 关于证据和现有技术

请求人提交的对比文件1~4是专利文献，专利权人对其真实性没有异议，合议组经审查认为对比文件1~4可以作为本案证据使用。同时由于对比文件1~4的公开日期均在本专利的申请日之前，因此其上记载的内容构成本专利的现有技术，可以用于评价本专利的新颖性和创造性。

2. 关于本专利权利要求1是否符合专利法第26条第4款的规定

专利法第26条第4款规定：权利要求书应当以说明书为依据，说明要求专利保护的范围。

审查指南第二部分第二章第3.2.1节进一步指出：权利要求书中的每一项权利要求所要求保护的技术方案应当是所属技术领域的技术人员能够从说明书充分公开的内容中得到或概括得出的技术方案并且不得超出说明书公开的范围。权利要求通常由说明书记载的一个或者多个实施方式或实施例概括而成。如果所属技术领域的技术人员可以合理预测说明书给出的实施方式的所有等同替代方式或明显变型方式都具备相同的性能或用途，则应当允许申请人将权利要求的保护范围概括至覆盖其所有的等同替代或明显变型的方式。对于权利要求概括得是否恰当，审查员应当参照与之相关的现有技术进行判断。

请求人认为本专利的权利要求1没有得到说明书的支持，具体为：权利要求1第6行中的"马达驱动的齿轮组"没有得到说明书的支持，因为齿轮组有多种形式，而说明书只有一个实施例。

对此，合议组认为：虽然权利要求1第6行中的"马达驱动的齿轮组"在说明书中只有一个实施例，即，在说明书第3页第10~16行描述的齿轮组，其内容是"齿轮组包括位于蜗杆两侧的第一双联齿轮、与一个第一双联齿轮啮合的第二双联齿轮、与第二双联齿轮啮合的第三双联齿轮，以及由第三双联齿轮带动的多个相同规格的小齿轮，小齿轮与底板内的两个齿条啮合"，但"马达驱动的齿轮组"是用于将马达输出的驱动力以需要的速度和方向传动给最终用于按摩的按摩头，这种驱动传动方式是本领域技术人员熟知的结构，且具有公知的多种结构形式，本领域技术人员据此能够明了除了说明书中给出的具体实施例的齿轮组外还存在公知的其他的马达驱动的齿轮组都具备相同的性能或用途，其是可以根据具体需要加以设置的。因此，权利要求1中的"马达驱动的齿轮组"应当是本领域普通技术人员能够从说明书所公开的内容中得到或概括得出的，故本专利的权利要求1符合专利法第26条第4款的规定。

3. 关于本专利权利要求3是否符合专利法实施细则第20条第1款的规定

专利法实施细则第20条第1款规定：权利要求书应当说明实用新型的技术特征，清楚、简要地表述请求保护的范围。

请求人认为本专利的权利要求 3 的“以及由第三双联齿轮带动的多个相同规格的小齿轮，小齿轮与底板内的两个齿条啮合”中的“多个”属于含义不确定的语言，不符合实施细则第 20 条第 1 款的规定。

对此，合议组认为，权利要求中出现“多个”这一词语时，不能脱离技术内容本身而单独理解其含义。虽然本专利权利要求 3 中的“多个相同规格的小齿轮（36）”中出现的“多个”没有限定出数值范围，但是由于齿轮组中要设置的小齿轮 36 的数量可以由本领域普通技术人员根据平行齿条之间的宽度、小齿轮 36 的直径以及小齿轮与其他机构相互配合的关系等方面来决定，而且在本案中，本专利说明书第 3 页第 2、4 段中已经记载了带动滑板在齿条上移动的是多个规格相同的小齿轮 36，同时说明书附图中也明确示出了多个小齿轮 36 可以是 3 个的实施例，对于本领域普通技术人员来说显然“多个”可以根据具体情况、具体需要来确定，从以上分析可知该用词应当是清楚的，不足以导致权利要求 3 不清楚，使其保护范围无法确定。因此权利要求 3 符合专利法实施细则第 20 条第 1 款的规定。

4. 本专利的权利要求 1 相对于对比文件 1 是否具有新颖性

专利法第 22 条第 2 款规定：新颖性，是指在申请日以前没有同样的发明或者实用新型在国内外出版物上公开发表过、在国内公开使用过或者以其他方式为公众所知，也没有同样的发明或者实用新型由他人向国务院专利行政部门提出过申请并且记载在申请日以后公布的专利申请文件中。

本专利权利要求 1 要求保护一种背部滑动按摩器，对比文件 1 公开了一种用于人体背部按摩的按摩器结构（权利要求 1、图 1~4），能活动安装在按摩椅上（相当于本专利权利要求 1 中的底板），其本体（相当于本专利权利要求 1 中的滑板）内设有蜗轮蜗杆传动系，本体包括上板和下板（图 2、3），其中蜗杆安装在一电机（相当于本专利权利要求 1 中的马达）的输出轴上，而与蜗轮固连的转轴的一端凸出本体外与一转动架连接，转动架上安装有成对的高低按摩头，高低按摩头与转动架之间为可自转的活动连接；所述的蜗轮蜗杆传动系中包含有对称设置于蜗杆两侧的两蜗轮，其中一蜗轮上还固连有一小齿轮，该小齿轮与一中间齿轮啮合，所述该侧的蜗轮的转动通过小齿轮、中间齿轮减速传至一大齿轮上，该大齿轮上固设一小齿轮与设置在相应按摩椅上的固定齿条啮合。由此可见，本专利的权利要求 1 相对于对比文件 1 的区别在于：（1）本专利设有盖板，盖板上方开设孔槽，按摩头由该孔槽延伸出盖板，而对比文件 1 中没有此设置；（2）本专利的滑板、传动机构以及按摩头均安装在由底板和盖板构成的空间内，形成一整体，而对比文件 1 的按摩器需要与按摩椅上安装固定齿条的背板配合使用。由于存在所述区别特征，对比文件 1 公开的技术方案与权利要求 1 要求保护的技术方案实质上不同，因此，权利要求 1 相对于对比文件 1 具有新颖性，符合专利法第 22 条第 2 款的规定。

5. 本专利的权利要求 1 相对于对比文件 1 和 2 的结合或者对比文件 1 和 3 的结合或者对比文件 2 和对比文件 3 的结合是否具有创造性

专利法第 22 条第 3 款规定：创造性，是指同申请日以前已有的技术相比，该发明有突出的实质性特点和显著的进步，该实用新型有实质性特点和进步。

请求人认为，权利要求 1 相对于对比文件 1 和对比文件 2 的结合，对比文件 1 和对比文件 3 的结合，或者对比文件 2 和对比文件 3 的结合不具备创造性；与本专利最接近的现有技术为对比文件 1。

如前所述，本专利权利要求 1 与对比文件 1 的区别在于：（1）本专利设有盖板，盖板上方开设孔槽，按摩头由该孔槽延伸出盖板；（2）本专利的滑板、传动机构以及按摩头均安装在由底板和盖板构成的空间内，这些区别技术特征带来的技术效果是，在按摩器上设置盖板作为平面部件对人体背部起支撑作用，使按摩头由该盖板上开设的孔槽延伸出来能够使使用者不会感觉到由于按摩头突出所造成的不适。

对比文件2涉及一种往复式按摩器，与本专利同属于按摩器领域，其公开了（参见其权利要求1、2、附图1~3）以下技术特征：按摩器包括本体2，本体2内设有电机7和齿轮组，电机7驱动蜗轮蜗杆传动轴连接齿轮组，该齿轮组下方的齿轮20与齿条19啮合，按摩头与电机带动的传动轴连接。但该对比文件2同样没有公开本专利权利要求1的上述区别特征，并且对比文件2的技术方案也没有给出在按摩器上设置盖板作为平面部件来支撑人体背部的技术启示。

对比文件3涉及一种按摩揉捏机，与本专利同属于按摩器领域，其公开了（参见说明书第2页第2~3段、附图1~3）以下技术特征：一种按摩揉捏机，主要由电机1、蜗轮2、蜗杆3和按摩头4组成，电机驱动蜗轮蜗杆带动按摩头运动。但该对比文件3同样没有公开本专利权利要求1的上述区别特征，并且该对比文件3的技术方案也没有给出在按摩器上设置盖板作为平面部件来支撑人体背部的技术启示。

本专利与对比文件2、3相比由于在按摩器上设置了盖板作为平面部件对人体背部起支撑作用，因此具有能够使使用者不会感觉到由于按摩头突出所造成的不适的技术效果。

综上所述，在结合对比文件1和对比文件3或结合对比文件2和对比文件3的基础上获得本专利权利要求1的技术方案，对于本领域普通技术人员来说尚需付出创造性劳动，因此本专利权利要求1相对于对比文件1和对比文件3的结合或对比文件2和对比文件3的结合具有实质性特点和进步，具备专利法第22条第3款规定的创造性。

请求人认可对比文件1没有公开本专利权利要求1的盖板，但是认为盖板是本领域技术人员容易想到的。对此，合议组认为，盖板作为平面部件能对人体背部起支撑作用，使按摩头4由该盖板上开设的孔槽延伸出来能够使使用者不会感觉到由于按摩头突出所造成的不适，对比文件1~3中均没有公开在按摩器上设置作为平面部件的盖板，且未给出相应的技术启示，请求人仅简单说明盖板的设置是本领域技术人员容易想到的，却没有提供任何可证明在按摩器上设置这种盖板的证据，因此请求人的上述观点不能成立。

6. 本专利的权利要求2~5是否具备创造性

请求人认为权利要求2、3相对于对比文件1与对比文件2的结合不具有创造性。合议组认为，权利要求2、3是权利要求1的从属权利要求，当权利要求2、3引用的独立权利要求1相对于对比文件1与对比文件2的结合具有创造性时，其从属权利要求2、3也具有创造性，符合专利法第22条第3款的规定。

请求人主张用对比文件4来证明权利要求4的附加技术特征已被公开，故权利要求4相对于对比文件1与对比文件4的结合不具有创造性。

对比文件4涉及一种可调式按摩器，其（权利要求1第11行，图1）公开了由底座、踏板、按摩装置、稳定板等组成，底座带有具有十字形通孔的两个连接头，踏板带有具有矩形通孔的连接头，设置十字形通孔与矩形通孔的相对位置，底座与踏板的空间角度即可改变，按摩器具有摩头12和弹簧15。

合议组认为该对比文件4同样没有公开本专利权利要求1区别于对比文件1的上述区别特征，并且该对比文件4的技术方案也没有给出在按摩器上设置盖板作为平面部件来支撑人体背部的技术启示。当权利要求4引用的独立权利要求1具有创造性时，从属权利要求4相对于对比文件1与对比文件4的结合也具有创造性，符合专利法第22条第3款的规定。

权利要求5从属于权利要求4，请求人认为其附加技术特征为该领域的普通技术人员根据对比文件1或对比文件2或对比文件3或对比文件4无须花费任何创造性劳动即可得到。对此合议组认为，当其引用的权利要求 4 具有创造性时，权利要求 5 也具有创造性，符合专利法第 22 条第 3 款的规定。

**三、决定**

维持 200520059685.3 号实用新型专利权有效。

当事人对本决定不服的，可以根据专利法第 46 条第 2 款的规定，自收到本决定之日起三个月内向北京市第一中级人民法院起诉。根据该款的规定，一方当事人起诉后，另一方当事人应当作为第三人参加诉讼。

088

# 电子发光冰块

## 无效宣告请求审查决定（第9760号）

**决定号** 第9760号
**决定日** 2007年4月16日
**发明创造名称** 电子发光冰块
**国际分类号** F21L 4/00//F21W 121：00，F21Y 101：02
**无效宣告请求人** 卡尔·R. 范德舒伊特
**专利权人** 刘承丰
**专利号** 03223279.9
**申请日** 2003年1月27日
**授权公告日** 2004年9月15日
**合议组组长** 杨军艳
**主审员** 谢有成
**参审员** 张春伟

**法律依据** 专利法第22条第3款
**决定要点**

在判断实用新型的创造性时，首先应将权利要求所述技术方案与最接近的现有技术相比，找出它们之间的区别特征，然后再考察现有技术中对该区别特征是否给出了技术启示。如果该区别特征在另一份对比文件中公开，且在该对比文件中所起的作用与其在本实用新型中所起的作用相同，则认为现有技术中给出了技术启示。

### 一、案由

本无效宣告请求涉及国家知识产权局于2004年9月15日授权公告的03223279.9号、名称为"电子发光冰块"的实用新型专利（下称本专利），其专利权人是刘承丰，申请日是2003年1月27日。本专利授权公告的权利要求书如下：

"1. 一种电子发光冰块，它包括外壳、内胆、发光二极管、电路，其特征是外壳（1）为透明体，其外形似一天然冰块，侧面为波纹状；内胆（2）装在外壳和里面，内胆包括胆座（6）、凸台（5）、光柱体（4），胆座上面是凸台，凸台上面是光柱体，底盖（3）安装在外壳的底面上，底盖上设有按键式天关K；电路安装在胆座上面凸台的凹腔内，发光二极管LED设置光柱体的内腔内，电池E通过开关K和集成电路IC接发光二极管LED。

2. 根据权利要求1所说的冰块，其特征是外壳为四面体或多面体。

3. 根据权利要求 1 所说的冰块，其特征是发光二极管为 1~3 个。”

针对上述专利权，卡尔·R. 范德舒伊特（下称请求人）于 2006 年 10 月 11 日向专利复审委员会提出无效宣告请求，理由是本专利不符合专利法第 22 条第 3 款、专利法第 26 条第 3 款和专利法实施细则第 20 条第 1 款的规定，同时提交了以下附件：

附件 1：WO02/10642 A1 号专利文献，其公开日为 2002 年 2 月 7 日；

附件 2：附件 1 说明书的部分中文译文；

附件 3：US005903212 A 号美国专利文献，其公开日为 1999 年 5 月 11 日；

附件 4：附件 3 说明书的部分中文译文。

具体无效宣告请求的理由是：附件 1 为本专利最接近的对比文件，本专利权利要求 1 和 3 相对于附件 1 和附件 3 的结合或者附件 1 和公知常识的结合不具备创造性；权利要求 2 的附加技术特征是显而易见的，权利要求 2 相对于附件 1 和公知常识的结合不具备创造性；权利要求 1 中“内胆（2）装在外壳和里面”不清楚，不符合专利法实施细则第 20 条第 1 款的规定；本专利权利要求 1 中“电池通过开关和集成电路接发光二极管”在说明书中没有说明，也没有对集成电路功能的描述，本领域技术人员根据说明书公开的内容无法知道集成电路是什么样的，其电路结构是怎样的，另外，权利要求 3 中“发光二极管为 1~3 个”，但在说明书中没有说明多个发光二极管如何连接，本领域技术人员无法实现说明书中所述的“反复按动开关中的 K 可使发光二极管发出多种颜色的光”，以上两点使得本专利不符合专利法第 26 条第 3 款的规定。

经形式审查合格，专利复审委员会依法受理了上述无效宣告请求，于 2006 年 11 月 23 日向请求人和专利权人发出无效宣告请求受理通知书，同时将专利权无效宣告请求书及其附件清单中所列的附件副本转给专利权人，要求其在一个月内对该无效宣告请求陈述意见。

针对上述无效宣告请求，专利权人于 2006 年 12 月 31 日提交了意见陈述书。在该意见陈述书中，专利权人认为本专利权利要求 1 具备创造性，符合专利法第 22 条第 3 款的规定，具体理由是：附件 2 中所述灯座是一个封闭的整体，本专利的电子发光冰块与附件 2 的装置在结构和效果上有显著区别，本专利结构更简单，各部分相对独立，生产以及安装都更容易，成本更低。另外，专利权人指出，权利要求 1 中“内胆（2）装在外壳和里面”是笔误，应该是“内胆（2）装在外壳的里面”，因此权利要求 1 符合专利法实施细则第 20 条第 1 款的规定。专利权人没有就请求人对本专利不符合专利法第 26 条第 3 款规定的无效宣告理由发表意见。

专利复审委员会依法成立合议组，对本案进行审理。本案合议组于 2007 年 1 月 29 日向请求人和专利权人发出口头审理通知书，告知双方当事人本案定于 2007 年 3 月 22 日进行口头审理，同时将专利权人于 2006 年 12 月 31 日提交的意见陈述转给请求人。

口头审理如期举行，请求人参加了口头审理，专利权人缺席本次口头审理。经合议组审核，请求人的身份和资格符合出庭要求。

在口头审理中，请求人明确表示放弃本专利权利要求 1 不符合专利法实施细则第 20 条第 1 款和本专利不符合专利法第 26 条第 3 款规定的无效宣告理由，坚持权利要求 1~3 不符合专利法第 22 条第 3 款有关创造性的规定的无效宣告理由，并对权利要求 1~3 不具备创造性进行了具体分析。请求人认为，附件 1 是与本专利最接近的对比文件，所公开的饮料辅助装置中的外壳 11 模拟天然冰块，灯座 12 相当于本专利中的内胆，光源不限于发光二极管，导线 33 和 34 构成电路，灯座 12 具有台阶形状，最底下的灯座壁相当于本专利中的胆座，中间的灯座壁相当于本专利中的凸台，而最上面的灯座壁相当于本专利中的光柱体，盖子 14 相当于本专利中的底盖，盖子 14 上设有开关装置 63，导线 33 和 34 装在灯座 12 的中间那部分灯座壁构成的电源室 21 内，光源设在光源室 25 内；附件 1 没有特殊限定灯座是一个整体，本专利也未明确说明胆座、凸台、光柱体三部分是分离的；附件3公开了电池通过开关和集成电路IC接发光二极管LED，因此权利要求1相对于附件1和3的结合不具备创造性。另外，请求人认为，权利要求2的附加技术特征是公知常识，权利要求3的附加技术特征在附件3中公开了。从而权利要求2和3也不具备创造性。

至此，合议组认为本案事实已经清楚，现依法作出如下审查决定。

**二、决定的理由**

1. 关于证据

附件1和附件3均为专利文献，专利权人在规定的期限内没有对它们的真实性提出异议，合议组经审查认为附件1和附件3能够作为本案证据使用。由于附件1、3的公开日均在本专利的申请日之前，因此其上记载的内容构成本专利的现有技术。

专利权人在规定的期限内没有对请求人所提交的附件1和3的中文译文的准确性提出异议，也没有提交相应的中文译文，因此附件1和3公开的内容以请求人提交的中文译文为准。

2. 关于创造性

专利法第22条第3款规定：创造性是指同申请日以前已有的技术相比，该发明有突出的实质性特点和显著的进步，该实用新型有实质性特点和进步。

（1）权利要求1是否具备创造性。

附件1涉及可被照明的饮料辅助装置，该饮料辅助装置是一种模仿小冰块的装置，可用在充满液体物质如饮料的容器中（说明书第1页第3~6行），并且公开了（说明书第3页第7行至第4页倒数第2行，第6页第8~16行，附图1、6）以下内容：饮料辅助装置10包括外壳11、灯座12、发光二极管（说明书第6页第8~16行）、导线33和34、盖子14、电源41（说明书第6页第17~24行）；外壳11可以是透明的（说明书第2页第9~10行），并且模仿任何大小和形状的大冰块和小冰块（说明书第8页第18~19行），侧面为波纹状（图1、2）；灯座12装在外壳11的里面，其外形呈台阶状；盖子14装在外壳11的底面上，盖子14上可设置按钮式开关装置63（图6）；导线33和34安装在电源室21内；光源35设在光源室25内；电源41通过开关装置63接光源35；光源35优选为发光二极管。

将本专利权利要求1与附件1进行对比可知，附件1所公开的饮料辅助装置相当于权利要求1中的电子发光冰块，它也包括外壳11，该外壳11也具有类似天然冰块的外形；灯座12相当于权利要求1中的内胆；显然，由导线33和34等可以构成电路；灯座12的不同部分相当于权利要求中内胆的不同部分，构成光源室的最上面那部分灯座壁相当于权利要求1中的光柱体4，构成电源室的中间那部分灯座壁相当于权利要求1中的凸台5，最下面那部分灯座壁相当于权利要求1中的胆座6；导线33和34安装在电源室21内相当于权利要求1中的电路安装在胆座上面凸台的凹腔内；光源35（优选为发光二极管）设在光源室25内相当于权利要求1中发光二极管设置在光柱体的内腔内。

由上可知，权利要求1所要求保护的技术方案与附件1公开的技术内容的区别在于，权利要求1限定了电池E通过开关K和集成电路IC接发光二极管，而附件1未涉及集成电路IC，电池只通过开关接发光二极管。

附件3涉及“冰块”发明，该“冰块”是用来浮在酒精饮料或水或上述两种混合物上的产品，领域和本专利相同，其中公开（说明书第2页第1~15行，图1A、8）了电池16通过开关10A和定时电路IC接照明电路23，这里的定时电路IC就是集成电路，照明电路23包括通常是发光二极管12的灯（说明书第2页第8~9行，图8）。因此，附件3公开了上述区别技术特征，并且该特征也起到了对电路控制的作用，与其在本专利权利要求1中起到的作用相同，因此附件3给出了将上述区别技术特征应用到附件 1 所公开的装置中解决对电路进行控制这个问题的技术启示，对本领域技术人员而言，将附件 1 和 3 结合起来解决控制电路的问题是显而易见的，因此权利要求 1 要求保护的技术方案相对于附件 1 和 3 的结合不具备实质性特点和进步，不符合专利法第 22 条第 3 款有关创造性的规定。

专利权人在意见陈述书中认为本专利中的电子发光冰块结构更为简单，各部分相对独立，生产以及安装都更容易，成本更低。对此，合议组认为：本专利说明书中并没有明确限定各部分部件相对独立，没有公开胆座、凸台和光柱体是分开的部件；此外，胆座、凸台和光柱体这三部分是相对独立的还是一体形成的是本领域技术人员根据实际需要可进行的选择，由于该电子发光冰块是为了替代放置在酒杯内的天然冰块，因此要求该装置具有较好的密封性，这样对生产和安装也提出了一定的要求，故由独立部件组装而成的这种装置并不一定能达到生产及安装更容易、成本更低的效果。

（2）权利要求 2 和 3 不具备创造性。

权利要求 2 引用权利要求 1，进一步限定外壳为四面体或多面体。如上所述，附件 1 公开了外壳 11 可模仿任何大小和形状的大冰块和小冰块（说明书第 8 页第 18~19 行），而冰块具有包括四面体和多面体在内的各种形状是众所周知的，也即权利要求 2 的附加技术特征是公知常识，因此在其引用的权利要求 1 不具备创造性时，权利要求 2 也不具备创造性，不符合专利法第 22 条第 3 款的规定。

权利要求 3 引用权利要求 1，进一步限定发光二极管为 1~3 个。附件 3 公开了这一技术特征，在其说明书第 6 页第 8~9 行记载了发光二极管可以为 1 个或两个以及三个或更多个。因此，当其引用的权利要求 1 不具备创造性时，权利要求 3 也不具备创造性，不符合专利法第 22 条第 3 款的规定。

**三、决定**

宣告 03223279.9 号实用新型专利权全部无效。

当事人对本决定不服的，可以根据专利法第 46 条第 2 款的规定，在收到本决定之日起三个月内向北京市第一中级人民法院起诉。根据该款规定，一方当事人起诉后，另一方当事人应当作为第三人参加诉讼。

089

# 双层隔热帐篷

## 无效宣告请求审查决定（第9769号）

**决　　定　　号**　第9769号
**决　　定　　日**　2007年4月25日
**发明创造名称**　双层隔热帐篷
**国 际 分 类 号**　E04H 15/00
**无效宣告请求人**　熊　薇
**专　利　权　人**　仪征增强塑料布有限公司
**专　　利　　号**　03219890.6
**申　　请　　日**　2003年2月14日
**授 权 公 告 日**　2004年1月14日
**合 议 组 组 长**　崔　震
**主　　审　　员**　姜　岩
**参　　审　　员**　王　博

**法　律　依　据**　专利法第22条第3款
**决　定　要　点**

如果现有技术中未公开专利技术方案中的全部技术特征，也未给出将这些区别技术特征应用到最接近的现有技术从而得到专利技术方案的技术启示，则该技术方案并非显而易见，具有实质性特点。

### 一、案由

本无效宣告请求涉及中华人民共和国国家知识产权局于2004年1月14日授权公告的、名称为“双层隔热帐篷”的实用新型专利权（以下简称本专利），其专利号是03219890.6，申请日是2003年2月14日，专利权人是仪征增强塑料布有限公司。本专利授权公告时的权利要求书如下：

“1. 双层隔热帐篷，包括由立柱、斜管、脊梁、内篷布组成的帐篷，其特征在于在立柱的外侧设置围柱，在脊梁的上端连接与脊梁平行的外脊梁，并在外脊梁和围柱的外侧布置外篷布。

2. 根据权利要求1所述双层隔热帐篷，其特征在于脊梁上连接沿其长度方向布置的若干竖直向上的短管，所述外脊梁包括若干管接头和若干直管，每个短管上端与一个管接头套接，每个管接头的前后向接口套接相邻的直管。

3. 根据权利要求2所述双层隔热帐篷，其特征在于脊梁由若干四通管接头和若干脊梁管组成，每个四通管接头设有前后向接口、左右斜向接口，每个四通管接头连接一个上述短管，四通管接头和脊梁管相间布置，四通管接头的前后向接口分别与相邻的脊梁管套接，左右斜向接口分别与左右侧斜管套接。

4. 根据权利要求3所述双层隔热帐篷，其特征在于所述管接头为三通管接头。”

针对本专利权，熊薇（以下简称请求人）于2006年11月7日向专利复审委员会提出无效宣告请求，认为本专利不符合专利法第22条第3款的规定，请求人同时提交了如下附件：

附件1：授权公告日为1994年4月13日、授权公告号为CN2161668Y、专利号为ZL93228817.0的中国实用新型专利说明书，共10页；

附件2：公告日为1978年7月25日、编号为US4102352的美国专利文献及其相关部分的中文译文，共3页。

请求人认为：本专利的权利要求1~4相对于附件1和2的结合不具备创造性。

经形式审查合格，专利复审委员会依法受理了上述无效宣告请求，并于2006年12月6日向请求人和专利权人发出无效宣告请求受理通知书，同时将专利权无效宣告请求书及其附件清单中所列附件的副本转送给专利权人，并要求专利权人在指定的期限内陈述意见。

针对专利复审委员会发出的上述无效宣告请求受理通知书，专利权人于2007年1月19日提交了意见陈述书，认为本专利的权利要求1~4相对于附件1和2的结合具备创造性。

请求人于2006年12月7日提交了补充意见陈述书并补充了证据——附件3及其中文译文，认为本专利相对于附件1和3的结合也不具备创造性。

附件3：公开日为1994年6月14日、编号为实开平6-45001的日本专利文献及相关部分的中文译文，共11页。

专利复审委员会依法成立合议组对本案进行审理，本案合议组于2007年2月25日向双方发出无效宣告请求口头审理通知书，定于2007年4月18日在专利复审委员会举行口头审理。随同口头审理通知书，将请求人于2006年12月7日提交的意见陈述书及其附件清单中所列附件的副本转送给专利权人，将专利权人于2007年1月19日提交的意见陈述书转送给请求人。

口头审理如期举行，双方当事人均参加了口头审理。在口头审理中，请求人明确其请求无效的理由、证据和范围为：本专利的权利要求1~4不符合专利法第22条第3款的规定，以附件1作为最接近的现有技术，附件1结合附件2、附件1结合附件3评价本专利权利要求1~4的创造性。专利权人对附件1~3的真实性没有异议，对附件2、3的中文译文的准确性没有异议。请求人认为权利要求1~4相对于附件1和附件2的结合以及附件1和3的结合不具备创造性。专利权人认为，权利要求1的特征部分以及权利要求2~4的附加技术特征在附件1~3中均没有公开，也没有给出相应的启示，因此权利要求1~4具备创造性。

至此，合议组认为本案事实已经清楚，可以作出审查决定。

**二、决定的理由**

1. 关于证据和现有技术

请求人提交的证据包括附件1~3，专利权人对附件1~3的真实性没有异议，同时由于附件1~3为公开日早于本专利申请日的专利文献，因此可以作为本专利的现有技术使用。

请求人提交的附件2、3为外文，请求人在提交附件2、3的同时提供了其相关中文译文，专利权人对附件2、3的中文译文的准确性也没有异议，因此附件2、3的公开内容以其中文译文为准。

2. 关于审查基础

由于专利权人在无效宣告程序中未对专利文件进行过修改，因此本案以授权公告的文本为审查基础。

3. 关于本专利权利要求 1 的创造性

创造性，是指同申请日以前已有的技术相比，该实用新型具有实质性特点和进步。

如果现有技术中未公开专利技术方案中的全部技术特征，也未给出将这些区别技术特征应用到最接近的现有技术从而得到专利技术方案的技术启示，则该技术方案并非显而易见，具有实质性特点。

（1）附件 1 和 2 结合评价权利要求 1 的创造性。

本案中，双方均认为：附件 1 中公开了本专利权利要求 1 前序部分的全部技术特征，附件 2 中公开了双层帐篷的技术特征。

请求人认为：由附件 2 的摘要附图中的附图标记 20 和 21 的双线示意可以看出帐篷的支撑结构有 2 层；附件 1 和 2 中均未具体公开“围柱”这一技术特征；本领域的技术人员根据附件 1 中公开的“管接头”可以是四通管接头可以想到将附件 1 中的支撑连接管 3 变化为五通管、六通管以及多通管，从而在附件 1 的脊梁上可以再加设各种管件，从而构成本专利的外脊梁和围柱，因此权利要求 1 相对于附件 1 和 2 的结合不具备创造性。

专利权人认为：附件 1 和附件 2 中未公开本专利权利要求 1 特征部分的技术特征，因此权利要求 1 相对于附件 1 和 2 的结合具备创造性。

合议组经审查后认为，附件 1 公开了一种帐篷，并具体公开了本专利权利要求 1 前序部分的全部技术特征：附件 1 中的帐篷包括立柱连接管 4（相当于本专利中的立柱）；屋顶连接管 6（相当于本专利中斜管）；横梁连接管（相当于本专利中的脊梁）；由篷顶 9、两侧壁 10、篷底 5、前后壁 13 组成的篷（相当于本专利中的内篷布）。由此可见，权利要求 1 相对于附件 1 的区别在于：权利要求 1 中在立柱的外侧设置围柱；在脊梁的上端连接与脊梁平行的外脊梁；在外脊梁和围柱的外侧布置外篷布。附件 2 公开了一种双层帐篷结构，由其译文倒数第 6~7 行中“该帐篷的内外篷布由同一个帐篷支架支撑”可知该帐篷仅包括一个单一支架结构，而不是如请求人所述的双层支撑结构；至于请求人所述附件 2 摘要附图中立柱 20 和篷梁 21 由双线示意表示双层支撑结构，合议组认为根据制图常识及附件 2 说明书中内容可知，透视图中的单根管状结构应该是由双线表示的，因此由摘要附图中无法得出立柱 20 和篷梁 21 各有两组从而构成双层支撑结构，也就是说附件 2 没有给出外脊梁和围柱构成的外部支撑结构的技术启示；至于请求人所述由附件 1 中横梁连接管 7 是由三通管接头连接可以想到也可以使用四通管接头从而在附件 1 的横梁连接管 7 上方再搭建一个横梁连接管，从而形成本专利权利要求 1 中的外脊梁及围柱，合议组认为，附件 1 和 2 中均未给出改变管接头从而形成另外的支撑结构的启示，因此权利要求 1 相对于附件 1 和 2 的结合是非显而易见的，并且采用这样的结构设计可有效地防止强紫外线与寒流的直接辐射与袭击，特别是内篷布与外篷布之间形成的空间层还可以起到空气节流的作用，进一步增加内篷凉爽感觉的技术效果，具有实质性特点和进步，所以权利要求 1 相对于附件 1 和 2 的结合具备创造性。

（2）附件 1 和 3 结合评价权利要求 1 的创造性。

请求人认为：附件 3 是外篷布固定在支架结构上，是一个框架结构，附件 3 没有具体公开外围柱的结构，附件 1 和 3 均未具体公开本专利权利要求 1 特征部分的技术特征，但认为可以根据附件 1 中的内容想象得到。

专利权人认为：本专利所要求保护的是如何实现双层的构造，附件 3 只有一个支撑系统，权利要求 1 的区别技术特征在附件 1 和附件 3 中均没有任何体现。

合议组经审查后认为：附件 3 仅能够证明帐篷可以为双层，但附件 1 和 3 中均没有公开本专利权利要求 1 中的双层支撑结构，因此，与上述对附件 1 和 2 的结合评述权利要求 1 创造性的理由相同，本专利权利要求 1 相对于附件 1 和 3 的结合也具备创造性。

4. 关于本专利权利要求 2~4 的创造性

请求人认为：附件 2~4 的附加技术特征均未在附件 1、2、3 中具体公开，但属于根据附件 1 中内容可以想象得到的。

专利权人认为：附加技术特征未被公开，权利要求 2~4 具备创造性

合议组经审查后认为：在独立权利要求 1 具备创造性的条件下，从属权利要求 2~4 也具备创造性。

根据上述的事实和理由，本案合议组依法作出以下决定。

**三、决定**

维持 03219890.6 号实用新型专利权有效。

当事人对本决定不服的，可以根据专利法第 46 条第 2 款的规定，自收到本决定之日起 3 个月内向北京市第一中级人民法院起诉。根据该款的规定，一方当事人起诉后，另一方当事人应当作为第三人参加诉讼。

090

# 易收边高尔夫球杆握把

## 无效宣告请求审查决定（第9772号）

**决　定　号**　第9772号
**决　定　日**　2007年3月26日
**发明创造名称**　易收边高尔夫球杆握把
**国际分类号**　A63B 53/14
**无效宣告请求人**　东莞威赢高尔夫用品有限公司
**专利权人**　朱宏松
**专　利　号**　02254451.8
**申　请　日**　2002年9月25日
**授权公告日**　2003年10月1日
**合议组组长**　李人久
**主　审　员**　吴通义
**参　审　员**　许　磊

**法律依据**　专利法第22条第3款
**决定要点**

当实用新型专利要求保护的技术方案相对于最接近的现有技术存在区别技术特征时，应判断现有技术是否给出将上述区别技术特征应用到该最接近现有技术以解决其存在的技术问题的启示，如果存在这种技术启示，则要求保护的技术方案不具有创造性，反之，如果不存在这种技术启示，且所述技术方案获得了有益的技术效果，则该技术方案具备创造性。

### 一、案由

本无效宣告请求案涉及国家知识产权局于2003年10月1日授权公告的、名称为“易收边高尔夫球杆握把”的02254451.8号实用新型专利（下称本专利），其申请日为2002年9月25日，专利权人为朱宏松。本专利授权公告的权利要求如下：

“1. 一种易收边高尔夫球杆握把，它包括为中空管的内衬管及防滑表层；内衬管具有本体及分别成型于本体上、下端的盖头及护环；防滑表层为包覆于内衬管本体外表面的片状体；其特征在于所述的盖头以本体为中心环设第一凹槽；包覆于内衬套本体外表面的防滑表层上、下端分别容纳于盖头的第一凹槽内及抵接于护环。

2. 根据权利要求1所述的易收边高尔夫球杆握把，其特征在于所述的护环以内衬管本体为中心环设第二凹槽，使得防滑表层抵接于护环的下端容纳于护环的第二凹槽内。

3. 根据权利要求 1 或 2 所述的易收边高尔夫球杆握把，其特征在于所述的内衬管本体轴向设有与盖头及护环一体成型的用以收纳防滑表层两侧边的侧边收纳单元。

4. 根据权利要求 3 所述的易收边高尔夫球杆握把，其特征在于所述的防滑表层具有与侧边收纳单元数量相对应的防滑表层单元。

5. 根据权利要求 4 所述的易收边高尔夫球杆握把，其特征在于所述的侧边收纳单元具有一端垂直连接于本体外表面的连接部，连接部的另一端分别向两侧凸出延设侧收边唇，并使侧收边唇与本体的外表面形成得以收纳防滑表层单元两侧边的收纳空间。

6. 根据权利要求 1 所述的易收边高尔夫球杆握把，其特征在于所述的内衬管与防滑表层两者之间设有借以凝集贴合的接合层。

7. 根据权利要求 1 所述的易收边高尔夫球杆握把，其特征在于所述的内衬管为模造成型的管体。

8. 根据权利要求 1 所述的易收边高尔夫球杆握把，其特征在于所述的防滑表层为裁切而成的片状体。

9. 根据权利要求 1 所述的易收边高尔夫球杆握把，其特征在于所述的内衬管系以橡胶、橡胶复合物、热可塑弹性体、热可塑橡胶、塑胶层、密闭孔式塑胶等泡棉材质模造成型。

10. 根据权利要求 1 所述的易收边高尔夫球杆握把，其特征在于所述的防滑表层系选用天然皮、合成皮、聚氨酯涂覆人造皮、布或纤维等材质裁切成的片状体。”

针对上述专利权，东莞威赢高尔夫用品有限公司（下称请求人）于 2006 年 4 月 29 日向专利复审委员会提出无效宣告请求，以本专利权利要求 1~2 不符合专利法第 22 条第 2 款的规定和权利要求1~10 不符合专利法第 22 条第 3 款的规定为由请求宣告本专利的权利要求全部无效，为支持其主张，请求人同时提交了以下证据：

证据 1：美国专利 US3，366，384，1968 年 1 月 30 日公开，复印件共 6 页；

证据 2：美国专利 US6，449，803，2002 年 9 月 17 日公开，复印件共 4 页；

证据 3：美国专利 US3，311，375，1967 年 3 月 28 日公开，复印件共 3 页；

证据 4：美国专利 US5，730，662，1998 年 3 月 24 日公开，复印件共 11 页；

证据 5：第 00109823. 3 号中国发明专利申请公开说明书，2002 年 1 月 23 日公开，复印件共 13 页；

证据 6：本专利说明书，2003 年 10 月 1 日公告，复印件共 16 页；

请求人认为：

（1）权利要求 1~2 相对于证据 1 不具备新颖性：证据 1 的图 2~4 中显示，内衬管为中空，具有一盖头（18）和一护环（32），盖头（18）下方凿出一空缺区域用以与内衬管的本体上端的斜切区域（20）配合形成收边装置，将片状的表层材料上部边缘收纳于盖头（18）下方与内衬管本体上缘结合后所形成的环状空隙中（参见证据 1 第 3 栏第 66~73 行），图 2 和图 5 中的组件（32）具有一环状收边结构（14），其作用为包覆防滑表层的底端，虽然图 2 和图 3 中显示盖头（18）与内衬管本体分离，但是“分离设计”和“一体设计”是本领域技术人员所熟知的惯用手段的直接置换。因此，权利要求 1、2 不符合专利法第 22 条第 2 款的规定。

（2）权利要求 1~2 相对于证据 1 和 2 的组合不具备创造性：证据 2 揭示了一种高尔夫球杆握把，具有一个中空内衬管（10），由弹性材质做成，该中空内衬管具有成型于其上的一个盖头（11）与一护环（18），盖头也环设一凹槽，形成一裙状周沿（12）；一条状材料裹住该内衬管外表面（10），其下端抵接于该护环（18），其上端为盖头的裙状周沿（12）所覆盖（图 1 以及第 2 栏第 33~40 行、第 49~50 和 60~64 行）。在本专利申请时，塑橡胶成型技术早已成熟，将证据 1 揭示的盖头与护环改成一体成型，或者将证据1揭示的片式防滑表层简单结合证据2揭示的一体成型于内衬管上的盖头与护环，是本领域技术人员无须花费创造性劳动就能轻易完成的；另外，证据2第3栏第46~53行说明该裙状周沿（12）的应用可扩大到该内衬管上下两端，也就是该护环（18）可以具有凹槽形状以容纳该条状表层材料的另一端，公开了权利要求2的附加技术特征，因此，权利要求1~2相对于证据1和2之简单组合不符合专利法第22条第3款的规定。

（3）权利要求1~2相对于证据2和3的组合不具备创造性：证据3揭示一片式的球杆握把表层（12），其为皮革等材质做成，包覆于组件（11）的外侧，组件（11）相对于本专利的内衬管，以橡胶或人造热塑性材质做成并卷绕或预成型至球杆上（第2栏第12~19、26~31行）；外覆一片式表层的目的在于提供舒适持感（第1栏第50行），这与本专利所要解决的问题相同。将证据3的握把表层贴合到证据2的中空内衬管上，使盖头和护环上的裙状周沿覆盖在贴合表层的两端是容易的事，因此，权利要求1~2相对于证据2和3之直接结合不符合专利法第22条第3款的规定。

（4）权利要求1~2相对于证据2和4的组合不具备创造性：证据4揭示一种握把：一中空内衬管（20），一管状表层（50）套于内衬管外部，盖头（90），但不需要具备其他实施例中具有鳍状突起与相配的凹槽（第3栏第38~41行），图10揭示一体成型于内衬管上端的盖头形状，具有裙状周沿，将证据4的管状表层展开即成为片状表层，且证据4教导用黏着剂将表层与内衬管黏合为一体式握把的技术，结合运用证据2的一体成型于内衬管上的盖头与护环，将证据4的管状表层改为片状方式黏附于证据2的内衬管上，或者将管状表层以弹性材质做成，将证据2的盖头和护环上的裙状周沿（12）先向外翻开，套入该管状表层，再将裙状周沿回复原位以覆盖管状表层之上下两端部，即完成权利要求1和2的实施，因此，权利要求1和2相对于证据2和4之结合不符合专利法第22条第3款的规定。

（5）权利要求3~10不具有创造性：上述证据中都揭示了带有凹槽的径向边缘收纳单元，由径向设立收纳单元的启发，本领域技术人员可以不花费创造性劳动就能联想到轴向的侧边收纳单元，权利要求3不具有创造性。权利要求4的附加技术特征为侧边收纳单元的数量对应于防滑表层的数量，这种数量的变化没有带来新的技术效果，数量的增减是惯常手段的替换，在权利要求3无创造性的前提下，权利要求4也不具有创造性。权利要求5的附加技术特征为所述侧边收纳单元具有一端垂直连接于本体外表面的连接部，连接部的另一端分别向两侧凸出延设侧收边唇，并使侧收边唇与本体的外表面形成得以收纳防滑表层单元两侧边的收纳空间，从证据中公开的“凹槽”联想到两侧边的收纳空间，本领域技术人员不需要付出创造性劳动，在权利要求4不具有创造性的前提下，权利要求5也不具有创造性。权利要求6和权利要求7的附加技术特征都是现有技术，在所引用的权利要求1不具有创造性的前提下，权利要求6和7也不具有创造性。权利要求8的附加技术特征为现有技术，并且权利要求8~9和10的附加技术特征在证据5说明书第1页最后一行到第2页第4行中公开，在所引用的权利要求1不具有创造性的前提下，权利要求8~10也不具有创造性。

2006年5月25日，请求人提交了证据1~4的中文译文，共40页。

经形式审查合格后，专利复审委员会受理了上述请求，于2006年6月22日向双方当事人发出《无效宣告请求受理通知书》，并将《专利权无效宣告请求书》及其附件清单中所列附件的副本和请求人于2006年5月25日补交文件的副本转送给专利权人，要求其在指定的期限内答复，同时成立合议组对本无效请求案进行审理。

专利权人于2006年8月3日针对请求人的无效宣告请求提交了意见陈述书，专利权人认为：

（1）证据1公开的握把盖头及“护环”与内衬管不是一体结构，权利要求1的盖头和第一凹槽以及护环的功能和效果完全不同于证据1，它们之间不是惯用手段的直接置换，权利要求1相对于证据1具备新颖性。在权利要求1具备新颖性的基础上，权利要求2也具备新颖性，而且由于证据1没有公开第二凹槽这一技术特征以及护环与第二凹槽的功能和效果，因此，权利要求2的技术方案相对于对比文件1公开的内容具有新颖性。

（2）权利要求1与证据1和2公开的技术相比，区别在于与内衬管本体一体成型的盖头与第一凹槽，该技术特征解决了盖头处产生间隙的技术问题，而且结构简单，不同于证据1和2利用盖头固定压制表层或条带的复杂结构，权利要求1具备创造性。

（3）证据2和3没有公开权利要求1中与本体一体成型设置于盖头处的第一凹槽和权利要求2中形成于护环处的第二凹槽，证据2和3与本专利权利要求1~2的设计构思、要达到的功能和要解决的技术问题不同，权利要求1~2相对于证据2和3具备创造性。

（4）证据4没有揭示权利要求1中与本体一体成型的盖头和第一凹槽的技术特征，证据4的沟槽或翅片是指位于管状部件上的结构，而非盖头上的构造，证据2和4都没有公开权利要求2中的第二凹槽这一技术特征，权利要求1和2相对于证据2和4具备创造性。

（5）在权利要求1或2具备创造性的前提下，权利要求3~10也具备创造性。另外，请求人未详尽说明证据中设有径向收纳单元的出处以及何种部件上设有径向收纳单元，未提供轴向侧边收纳单元技术为公知技术的证据；请求人提供的证据不能证明轴向侧边收纳单元技术是已知技术，不能证明数量上的变化是惯常手段的替换；请求人提供但证据中没公开本专利的第一凹槽和第二凹槽，没有揭示权利要求5的技术特征，这些事实表明权利要求3~10具有创造性。

（6）请求人采用多达5篇对比文件来评价本实用新型专利的创造性，不符合审查指南的规定。

（7）请求人的美国母公司在美国提出与本专利权利要求1和2完全相同的专利申请，而且本专利产品在商业上取得了成功，这都间接佐证了本专利技术具备创造性。

2006年9月26日，本案合议组向双方当事人发出《无效宣告请求口头审理通知书》，拟定于2006年11月23日对该专利权的无效请求进行口头审理，并随《无效宣告请求口头审理通知书》将专利权人于2006年8月3日提交的意见陈述书转送给请求人。

2006年9月23日，口头审理如期进行，双方当事人及其委托的代理人均出席了口头审理。在口头审理过程中，合议组就本案的无效理由及证据逐一进行了调查，双方当事人充分陈述了各自的意见。口头审理过程中记录的主要事实如下：（1）双方当事人对对方出庭人员的身份和资格没有异议，对合议组成员没有回避请求；（2）专利权人对证据1~6的真实性、公开性以及证据1~4的译文准确性没有异议；（3）请求人放弃了本专利权利要求1~2不符合专利法第22条第2款的规定的无效理由，请求人确认其主张的无效理由为：①以证据2为最接近对比文件，权利要求1和2相对于证据2和证据1的组合、证据2和证据3的组合或者证据2和证据4的组合无创造性；②以证据1为最接近对比文件，权利要求1和2相对于证据1和证据2的组合不具有创造性；③在权利要求1和2无创造性的基础上，结合证据5，权利要求3~5不具备创造性，在权利要求1和2无创造性的基础上，权利要求6~10也无创造性。

至此，合议组认为本案的事实清楚，可以作出审查决定。

**二、决定的理由**

1. 无效理由和证据的认定

（1）请求人放弃了本专利权利要求1~2不符合专利法第22条第2款的规定的无效理由，确认其主张的无效理由为权利要求1~10不具备创造性，并明确了其创造性评价的组合方式，因此，合议组审理的关于本专利权的无效宣告理由和范围是：权利要求1和2相对于证据2和证据1的组合、证据2和证据3的组合或者证据2和证据4的组合不具备创造性；在权利要求1和2无创造性的基础上，结合证据5，权利要求3~5不具备创造性，在权利要求1和2无创造性的基础上，权利要求6~10也无创造性。

（2）专利权人对证据1~6的真实性、公开性以及证据1~4的译文准确性没有异议。合议组对证据1~6的真实性、公开性以及证据1~4的译文准确性予以确认。

2. 关于专利法第22条第3款

专利法第22条第3款规定："创造性，是指同申请日以前已有的技术相比，该发明有突出的实质性特点和显著的进步，该实用新型有实质性特点和进步。"

当实用新型专利要求保护的技术方案相对于最接近的现有技术存在区别技术特征时，应判断现有技术是否给出将上述区别技术特征应用到该最接近现有技术以解决其存在的技术问题的启示，如果存在这种技术启示，则要求保护的技术方案不具有创造性，反之，如果不存在这种技术启示，且所述技术方案获得了有益的技术效果，则该技术方案具备创造性。

（1）权利要求1~2、6~10的创造性。

证据2公开一种高尔夫球杆握把，其具有空心的核心（10），核心（10）具有一主体（14）、第一端（16）和第二端（11），末端（11）处具有形成为裙状周沿（12）的凸缘，第一端（16）具备扩大的护环（18），条带材料（22）的外表面与护环（18）在其邻接处齐平，裙状周沿（12）折回主体的位置，在条带材料（22）的上方，以便将条带材料（22）固定在紧靠主体部分（14）的适当位置（参见证据2中文译文说明书第2页倒数第1~4行，第3页第3、8~9、12~14行，图1、图2、图3）。

将权利要求1与证据2公开的内容相比，证据2中的核心（10）相当于权利要求1中的内衬管；证据2中核心的主体（14）、第一端（16）和第二端（11）分别相当于权利要求1中的本体、下端和上端，折回主体的裙状周沿（12）相当于权利要求1的盖头；证据2中的护环（18）相当于权利要求1的护环，条带材料（22）相当于权利要求1的防滑表层；当证据2的裙状周沿（12）折回主体的位置时，该裙状周沿与主体（14）之间实际上形成了环绕该主体的周隙，其具有容纳并固定条状材料的作用（参见证据2中文译文图1和说明书第3页第12~14行），该周隙相当于权利要求1的凹槽，并且证据2中的"裙状周沿折回主体的位置，在条状材料（22）的上方，以将条带材料（22）固定在紧靠主体部分（14）的适当位置处"相当于权利要求1中的防滑表层容纳于第一凹槽的结构特征；证据2的条带材料（22）的外表面与护环（18）在其邻接处齐平（参见证据2中文译文图1和说明书第3页第8行），表明该条带材料抵达护环（18）并与之相接触，即公开了权利要求1中的防滑表层抵接于护环的结构特征。因此，证据2所公开的内容与权利要求1的区别仅在于权利要求1的防滑表层是片状的，而证据2的条带材料为条状的。

然而在高尔夫球杆握把的现有技术中，既有用条状材料作为防滑表层的方案，又有用片状材料作为防滑表层的方案，即这两种方案都是制备高尔夫球杆握把时通常会采用的手段，在证据1中就公开了使用单一片皮革来制备高尔夫球杆皮革握把的技术方案（参见证据1中文译文说明书第2页第23行），采用条状材料还是片状材料作为防滑表层对于本领域技术人员是可以根据具体情况进行选择的，因此，在证据1和2公开内容的基础上，将证据2中的条状材料更换成片状材料从而获得权利要求1的技术方案是显而易见的。专利权人提出证据1中公开的片状皮革最后形成筒状，而筒状形式不适合本专利的这种一体成型的内衬管。对此，合议组认为，证据1中公开的通过缝合成筒状以应用于球杆握把是处理片状材料的一种方式，本领域技术人员知晓可以采用其他已知的固定防滑表层方式来将片状材料应用于内衬管上，如将片状材料黏合于内衬管上。因此，权利要求1相对于证据2和1的组合不具有专利法第22条第3款规定的创造性。

权利要求2进一步限定权利要求1的高尔夫球杆握把的护环以内衬管本体为中心环设第二凹槽，使得防滑表层抵接于护环的下端容纳于护环的第二凹槽内。而证据2公开了一种高尔夫球杆握把，其在如图1~3所述的核心构建的两端提供一外围裙状周沿，所述外围周沿坐两端均可弯折朝向远离核心的主体部分（参见证据2中文译文说明书第4页第6~7行），即证据2公开了权利要求2的附加技术特征，在权利要求1不具有创造性的基础上，权利要求2也不具有专利法第22条第3款规定的创造性。

证据2记载了“将粘接剂施加于主体14的外表面上”（参见证据2中文译文说明书第4页第2段），而内衬管可经模造成型以及防滑表层片状体可经裁切而成是本领域技术人员公知的技术，证据2的握把核心构件即由弹性材料制成（参见证据2中文译文说明书第3页第1行），证据1的防滑表层为皮革（参见证据1中文译文说明书第2页第23行），因此，在权利要求1相对于证据2和1的组合不具有创造性的基础上，权利要求6~10相对于证据2和1的组合也不具备专利法第22条第3款规定的创造性。

鉴于以上论述已经得出权利要求1~2、6~10相对于以证据2和1的组合不具有创造性的结论，本合议组对请求人提出的权利要求1~2、6~10相对于其他证据及其组合不具有创造性的主张不作进一步评述。

（2）权利要求3~5的创造性。

请求人主张，证据5说明书第3页14~18行和图2公开了一种高尔夫球杆握把，其在球杆套管的外部，依需要形成有一个或多个任意形状的凹陷区域，并在该区域粘贴有相对于该凹陷区域形状的护皮。因此，证据5公开了权利要求3的附加技术特征，而且权利要求3只是将权利要求1、2的带有凹槽的径向边缘收纳单元改为轴向收纳单元，本领域技术人员不需要花费创造性劳动；此外，权利要求4的附加部分限定侧边收纳单元的数量对应于防滑表层的数量，这种数量的变化没有带来新的技术效果，数量的增减是惯常手段的替换，而且本领域技术人员从证据中公开的“凹槽”联想到权利要求5的两侧边的收纳空间不需要花费创造性劳动，因此，在权利要求1和2不具有创造性的基础上，权利要求3~5也不具备创造性。

合议组认为：证据5仅公开了在高尔夫球杆握把套管外部形成凹陷区域以固定护皮，其并没有公开权利要求3所述用以收纳防滑表层两侧边的侧边收纳单元。请求人提供的其他证据也都没有公开容纳和固定防滑表层的两个轴向侧边的侧边收纳单元，基于请求人提供的证据所公开的内容，本领域技术人员不可能显然地想到自高尔夫球杆握把的内衬管本体轴向上设定如本专利所述侧边收纳单元来收纳防滑表层两侧边，而该侧边收纳单元使得本专利高尔夫球杆握把具有防滑表层易于收边并且不会发生防滑表层的轴向结合处被撑大而裂开的有益技术效果。因此，权利要求3相对于请求人提供的所有证据或其组合都是非显而易见的，并具有进步性，符合专利法第22条第3款的规定。在权利要求3具备创造性的基础上，直接或间接引用权利要求3的权利要求4和5也都具备创造性。

基于以上事实和理由，本案合议组作出如下审查决定。

**三、决定**

宣告02254451.8号实用新型专利权利要求1~2、6~10无效，维持权利要求3~5有效。

当事人对本决定不服的，可以根据专利法第46条第2款的规定，自收到本决定之日起三个月内向北京市第一中级人民法院起诉。根据该款的规定，一方当事人起诉后，另一方当事人应当作为第三人参加诉讼。

# 北京市第一中级人民法院
# 行政判决书

（2007）一中行初字第 1126 号

原告朱宏松，男，1955 年 2 月 10 日出生，住美国加利福尼亚州 91801 亚罕不拉市。

委托代理人宁光，男，1966 年 9 月 13 日出生，北京三友知识产权代理有限公司职员，住北京市朝阳区北苑 3 号院医 3 楼 506 号。

委托代理人穆魁良，男，1952 年 10 月 10 日出生，北京三友知识产权代理有限公司职员，住北京市东城区和平里六区 16 楼 30 号。

被告中华人民共和国国家知识产权局专利复审委员会，住所地北京市海淀区北四环西路 9 号银谷大厦 10~12 层。

法定代表人廖涛，副主任。

委托代理人吴通义，中华人民共和国国家知识产权局专利复审委员会审查员。

委托代理人刘妍，中华人民共和国国家知识产权局专利复审委员会审查员。

第三人东莞威赢高尔夫用品有限公司，住所地广东省东莞市长安镇厦边社区银城工业区银城三路。

法定代表人黄大本，董事长。

委托代理人段立红，北京市洪范广住律师事务所律师。

委托代理人刘国伟，北京律盟知识产权代理有限责任公司专利代理人。

原告朱宏松不服被告中华人民共和国国家知识产权局专利复审委员会（简称专利复审委员会）于 2007 年 3 月 26 日作出的第 9772 号无效宣告请求审查决定（简称第 9772 号决定），于法定期限内向本院提起行政诉讼。本院于 2007 年 8 月 21 日受理本案后，依法组成合议庭，并通知第 9772 号决定的请求人东莞威赢高尔夫用品有限公司（简称威赢公司）作为第三人参加本案诉讼。本院于 2007 年 10 月 11 日公开开庭进行了审理。原告朱宏松的委托代理人宁光、穆魁良，被告专利复审委员会的委托代理人吴通义、刘妍，第三人威赢公司的委托代理人段立红、刘国伟到庭参加诉讼。本案现已审理终结。被告专利复审委员会针对第三人威赢公司就原告朱宏松的名称为“易收边高尔夫球杆握把”的实用新型专利（专利号为 02254451.8，简称本专利）所提出的无效宣告请求作出第 9772 号决定，该决定认定：（1）无效理由和证据的认定。①威赢公司放弃了本专利权利要求 1~2 不符合《专利法》第二十二条第二款的规定的无效理由，确认其主张的无效理由为权利要求 1~10 不具备创造性，并明确了其创造性评价的组合方式，因此，专利复审委员会审理的关于本专利权的无效宣告理由和范围是：权利要求 1 和 2 相对于证据 2 和证据 1 的组合、证据 2 和证据 3 的组合或者证据 2 和证据 4 的组合不具备创造性；在权利要求 1 和 2 无创造性的基础上，结合证据 5，权利要求 3~5 不具备创造性，在权利要求 1 和 2 无创造性的基础上，权利要求 6~10 也无创造性。②朱宏松对证据 1、证据 2、证据 3、证据 4、证据 5、证据 6 的真实性、公开性以及证据 1、证据 2、证据 3、证据 4 的译文准确性没有异议。专利复审委员会对证据 1、证据 2、证据 3、证据 4、证据 5、证据 6 的真实性、公开性以及证据 1、证据 2、证据 3、证据 4 的译文准确性予以确认。（2）关于《专利法》第二十二条第三款。专利法第 22 条第 3 款规定：“创造性，是指同申请日以前已有的技术相比，该发明有突出的实质性特点和显著的进步，该实用新型有实质性特点和进步。”当实用新型专利要求保护的技术方案相对于最接近的现有技术存在区别技术特征时，应判断现有技术是否给出将上述区别技术特征应用到该最接近现有技术以解决其存在的技术问题的启示，如果存在这种技术启示，则要求保护的技术方案不具有创造性，反之，如果不存在这种技术启示，且所述技术方案获得了有益的技术效果，则该技术方案具备创造性。①权利要求1~2、6~10的创造性。将权利要求1与证据2公开的内容相比，证据2中的核心（10）相当于权利要求1中的内衬管；证据2中核心的主体（14）、第一端（16）和第二端（11）分别相当于权利要求1中的本体、下端和上端，折回主体的裙状周沿（12）相当于权利要求1的盖头；证据2中的护环（18）相当于权利要求1的护环，条带材料（22）相当于权利要求1的防滑表层；当证据2的裙状周沿（12）折回主体的位置时，该裙状周沿与主体（14）之间实际上形成了环绕该主体的周隙，其具有容纳并固定条状材料的作用（参见证据2中文译文图1和说明书第3页第12~14行），该周隙相当于权利要求1的凹槽，并且证据2中的“裙状周沿折回主体的位置，在条状材料（22）的上方，以将条带材料（22）固定在紧靠主体部分（14）的适当位置处”相当于权利要求1中的防滑表层容纳于第一凹槽的结构特征；证据2的条带材料（22）的外表面与护环（18）在其邻接处齐平（参见证据2中文译文图1和说明书第3页第8行），表明该条带材料抵达护环（18）并与之相接触，即公开了权利要求1中的防滑表层抵接于护环的结构特征。因此，证据2所公开的内容与权利要求1的区别仅在于权利要求1的防滑表层是片状的，而证据2的条带材料为条状的。然而在高尔夫球杆握把的现有技术中，既有用条状材料作为防滑表层的方案，又有用片状材料作为防滑表层的方案，即这两种方案都是制备高尔夫球杆握把时通常会采用的手段，在证据1中就公开了使用单一片皮革来制备高尔夫球杆皮革握把的技术方案（参见证据1中文译文说明书第2页第23行），采用条状材料还是片状材料作为防滑表层对于本领域技术人员是可以根据具体情况进行选择的，因此，在证据1和证据2公开内容的基础上，将证据2中的条状材料更换成片状材料从而获得权利要求1的技术方案是显而易见的。朱宏松提出证据1中公开的片状皮革最后形成筒状，而筒状形式不适合本专利的这种一体成型的内衬管。对此，专利复审委员会认为，证据1中公开的通过缝合成筒状以应用于球杆握把是处理片状材料的一种方式，本领域技术人员知晓可以采用其他已知的固定防滑表层方式来将片状材料应用于内衬管上，如将片状材料黏合于内衬管上。因此，权利要求1相对于证据2和证据1的组合不具有《专利法》第二十二条第三款规定的创造性。权利要求2进一步限定权利要求1的高尔夫球杆握把的护环以内衬管本体为中心环设第二凹槽，使得防滑表层抵接于护环的下端容纳于护环的第二凹槽内。而证据2公开了一种高尔夫球杆握把，其在如图1~3所述的核心构件的两端提供一外围裙状周沿，所述外围周沿的两端均可弯折朝向远离核心的主体部分（参见证据2中文译文说明书第4页第6~7行），即证据2公开了权利要求2的附加技术特征，在权利要求1不具有创造性的基础上，权利要求2也不具有专利法第22条第3款规定的创造性。证据2记载了“将粘接剂施加于主体14的外表面上”（参见证据2中文译文说明书第4页第2段），而内衬管可经模造成型以及防滑表层片状体可经裁切而成是本领域技术人员公知的技术，证据2的握把核心构件即由弹性材料制成（参见证据2中文译文说明书第3页第1行），证据1的防滑表层为皮革（参见证据1中文译文说明书第2页第23行），因此，在权利要求1相对于证据2和证据1的组合不具有创造性的基础上，权利要求6~10相对于证据2和证据1的组合也不具备《专利法》第二十二条第三款规定的创造性。鉴于以上论述已经得出权利要求1~2、6~10相对于以证据2和证据1的组合不具有创造性的结论，专利复审委员会对威赢公司提出的权利要求1~2、6~10相对于其他证据及其组合不具有创造性的主张不作进一步评述。②权利要求3~5的创造性威赢公司主张，证据5说明书第3页14~18行和图2公开了一种高尔夫球杆握把，其在球杆套管的外部，依需要形成有一个或多个任意形状的凹陷区域，并在该区域粘贴有相对于该凹陷区域形状的护皮。因此，证据5公开了权利要求3的附加技术特征，而且权利要求3只是将权利要求 1~2 的带有凹槽的径向边缘收纳单元改为轴向收纳单元，本领域技术人员不需要花费创造性劳动；此外，权利要求 4 的附加部分限定侧边收纳单元的数量对应于防滑表层的数量，这种数量的变化没有带来新的技术效果，数量的增减是惯常手段的替换，而且本领域技术人员从证据中公开的“凹槽”联想到权利要求 5 的两侧边的收纳空间不需要花费创造性劳动，因此，在权利要求 1 和 2 不具有创造性的基础上，权利要求 3~5 也不具备创造性。专利复审委员会认为：证据 5 仅公开了在高尔夫球杆握把套管外部形成凹陷区域以固定护皮，其并没有公开权利要求 3 所述用以收纳防滑表层两侧边的侧边收纳单元。威赢公司提供的其他证据也都没有公开容纳和固定防滑表层的两个轴向侧边的侧边收纳单元，基于威赢公司提供的证据所公开的内容，本领域技术人员不可能显然地想到自高尔夫球杆握把的内衬管本体轴向上设定如本专利所述侧边收纳单元来收纳防滑表层两侧边，而该侧边收纳单元使得本专利高尔夫球杆握把具有防滑表层易于收边并且不会发生防滑表层的轴向结合处被撑大而裂开的有益技术效果。因此，权利要求 3 相对于威赢公司提供的所有证据或其组合都是非显而易见的，并具有进步性，符合《专利法》第二十二条第三款的规定。在权利要求 3 具备创造性的基础上，直接或间接引用权利要求 3 的权利要求 4 和 5 也都具备创造性。被告专利复审委员会第 9772 号决定宣告 02254451. 8 号实用新型专利权利要求 1~2、6~10 无效，维持权利要求 3~5 有效。原告朱宏松不服该决定，于法定期限内向本院提起诉讼，诉称：第一，第 9772 号决定认定事实存在错误。第 9772 号决定第 6 页“将权利要求 1 与证据 2 公开的内容相比……”一段，其中总结出的几个“相当于”属于其主观认定，证据 2 与权利要求 1 存在结构差异。将二者进行对比，其区别技术特征不仅仅体现在权利要求 1 的防滑表层是片状的，而证据 2 为条状的。第二，本专利的发明目的是要解决高尔夫球杆收边结构中内衬管成型公差所造成的内衬管与片状防滑表层间产生间隙瑕疵的问题。而证据 2 公开的牢套结构主要起固定条状防滑缠绕带的作用，无本专利所要解决的间隙瑕疵的问题。二者发明目的不同，故证据 2 无法给出本专利要解决的问题的技术启示。将证据 1 和证据 2 结合，无法破坏本专利权利要求 1~2 的创造性。因此原告请求法院依法撤销专利复审委员会第 9772 号决定，判令专利复审委员会重新作出具体行政行为。被告专利复审委员会辩称：第 9772 号决定认定事实清楚，本专利权利要求 1~2 不符合《专利法》第二十二条第三款的规定。当证据 2 的裙状周沿折回主体的位置时，该裙状周沿与主体之间实际形成了环绕该主体的周隙，该裙状周沿在固定条状材料的同时，也具有容纳条状材料的作用，即可以达到本专利权利要求 1~2 所要达到的效果。证据 2 所公开的内容与权利要求 1 的区别仅在于权利要求 1 的防滑表层是片状的，而证据 2 为条状的。在现有技术中，既有用条状材料作为防滑表层的方案，又有用片状材料作为防滑表层的方案（参见证据 1），而且本专利说明书在背景技术部分也描述现有技术存在用片状防滑表层替代条状材料的方案。因此本专利权利要求 1 相对于证据 2 和证据 1 的组合不具有创造性。证据 2 在高尔夫球杆握把的核心构件的两端有外围裙装周沿，公开了权利要求 2 的附加技术特征。综上所述，专利复审委员会第 9772 号决定认定事实清楚、适用法律法规正确、审理程序合法，审查结论正确，请求法院维持第 9772 号决定。第三人威赢公司述称：原告起诉书提到的发明目的问题，发明目的是客观存在的，不是原告主观臆断的。本案的焦点问题不是发明目的问题，而是证据 1 和证据 2 的结合是否可以否定本专利的创造性，在这个问题上我们同意被告专利复审委员会的意见。请求法院维持第 9772 号决定。

本院经审理查明：

朱宏松于 2002 年 9 月 25 日向中华人民共和国国家知识产权局专利局申请了名称为“易收边高尔夫球杆握把”的实用新型专利（即本专利）。本专利于 2003 年 10 月 1 日被授权公告，专利号为第 02254451. 8 号。本专利授权公告的权利要求书的内容为：

“1. 一种易收边高尔夫球杆握把，它包括为中空管的内衬管及防滑表层；内衬管具有本体及分别成型于本体上、下端的盖头及护环；防滑表层为包覆于内衬管本体外表面的片状体；其特征在于所述的盖头以本体为中心环设第一凹槽；包覆于内衬套本体外表面的防滑表层上、下端分别容纳于盖头的第一凹槽内及抵接于护环。

2. 根据权利要求1所述的易收边高尔夫球杆握把，其特征在于所述的护环以内衬管本体为中心环设第二凹槽，使得防滑表层抵接于护环的下端容纳于护环的第二凹槽内。

3. 根据权利要求1或2所述的易收边高尔夫球杆握把，其特征在于所述的内衬管本体轴向设有与盖头及护环一体成型的用以收纳防滑表层两侧边的侧边收纳单元。

4. 根据权利要求3所述的易收边高尔夫球杆握把，其特征在于所述的防滑表层具有与侧边收纳单元数量相对应的防滑表层单元。

5. 根据权利要求4所述的易收边高尔夫球杆握把，其特征在于所述的侧边收纳单元具有一端垂直连接于本体外表面的连接部，连接部的另一端分别向两侧凸出延设侧收边唇，并使侧收边唇与本体的外表面形成得以收纳防滑表层单元两侧边的收纳空间。

6. 根据权利要求1所述的易收边高尔夫球杆握把，其特征在于所述的内衬管与防滑表层两者之间设有借以凝集贴合的接合层。

7. 根据权利要求1所述的易收边高尔夫球杆握把，其特征在于所述的内衬管为模造成型的管体。

8. 根据权利要求1所述的易收边高尔夫球杆握把，其特征在于所述的防滑表层为裁切而成的片状体。

9. 根据权利要求1所述的易收边高尔夫球杆握把，其特征在于所述的内衬管系以橡胶、橡胶复合物、热可塑弹性体、热可塑橡胶、塑胶层、密闭孔式塑胶等泡棉材质模造成型。

10. 根据权利要求1所述的易收边高尔夫球杆握把，其特征在于所述的防滑表层系选用天然皮、合成皮、聚氨酯涂覆人造皮、布或纤维等材质裁切成的片状体。”

威赢公司于2006年4月29日向专利复审委员会提出无效宣告请求，以本专利权利要求1~2不符合《专利法》第二十二条第三款的规定和权利要求1~10不符合《专利法》第二十二条第三款的规定为由请求宣告本专利的权利要求全部无效，为支持其主张，威赢公司同时提交了以下证据：

证据1：美国专利US3，366，384，1968年1月30日公开，复印件共6页。证据1公开了使用单一片皮革来制备高尔夫球杆皮革握把的技术方案；

证据2：美国专利US6，449，803，2002年9月17日公开，复印件共4页。证据2公开一种高尔夫球杆握把，其具有空心的核心（10），核心（10）具有一主体（14）、第一端（16）和第二端（11），末端（11）处具有形成为裙状周沿（12）的凸缘，第一端（16）具备扩大的护环（18），条带材料（22）的外表面与护环（18）在其邻接处齐平，裙状周沿（12）折回主体的位置，在条带材料（22）的上方，以便将条带材料（22）固定在紧靠主体部分（14）的适当位置（参见证据2中文译文说明书第2页倒数第1~4行，第3页第3、8~9、12~14行，图1、图2、图3）；

证据3：美国专利US3，311，375，1967年3月28日公开，复印件共3页；

证据4：美国专利US5，730，662，1998年3月24日公开，复印件共11页；

证据5：第00109823.3号中国发明专利申请公开说明书，2002年1月23日公开，复印件共13页；

证据6：本专利说明书，2003年10月1日公告，复印件共16页；

2006年5月25日，威赢公司提交了证据1、证据2、证据3、证据4的中文译文，共40页。

朱宏松于2006年8月3日针对威赢公司的无效宣告请求提交了意见陈述书。

2006年9月23日，口头审理如期进行，双方当事人及其委托的代理人均出席了口头审理。在口头审理过程中，专利复审委员会就本案的无效理由及证据逐一进行了调查，双方当事人充分陈述了各自的意见。口头审理过程中记录的主要事实如下：（1）双方当事人对对方出庭人员的身份和资格没有异议，对合议组成员没有回避请求；（2）朱宏松对证据1、证据2、证据3、证据4、证据5、证据6的真实性、公开性以及证据1、证据2、证据3、证据4的译文准确性没有异议；（3）威赢公司放弃了本专利权利要求1~2不符合《专利法》第二十二条第三款的规定的无效理由，威赢公司确认其主张的无效理由为：①以证据2为最接近对比文件，权利要求1和2相对于证据2和证据1的组合、证据2和证据3的组合或者证据2和证据4的组合无创造性；②以证据1为最接近对比文件，权利要求1和2相对于证据1和证据2的组合不具有创造性；③在权利要求1和2无创造性的基础上，结合证据5，权利要求3~5不具备创造性，在权利要求1和2无创造性的基础上，权利要求6~10也无创造性。

上述事实，有第9772号决定、第02254451.8号实用新型专利说明书、美国专利US3，366，384号专利文献、美国专利US6，449，803号专利文献以及当事人陈述等证据在案佐证。

本院认为：

根据各方当事人的诉辩主张，本案争议的焦点是：本专利权利要求1~2相对于证据1和证据2结合是否具有创造性。

将权利要求1与证据2相比，证据2中的核心、主体、第一端、第二端、裙状周沿、护环、条带材料与权利要求1中的内衬管、本体、下端、上端、盖头、护环、防滑表层分别对应，无论在结构特征上还是功能上均分别相同或相似。证据2的裙状周沿在弯折朝向远离核心的主体部分时，可以将条带材料环绕在核心上，接着再将裙状周沿折回主体的位置时，该裙状周沿即可将条带材料的末端固持紧靠在核心上，可见，该裙状周沿的作用是容纳、固持条带材料并遮挡条带材料的末端。权利要求1是在盖头上以本体为中心环设凹槽，其作用为将防滑表层末端容纳于凹槽内，以遮挡因内衬管与防滑表层尺寸不同产生的公差。将证据2的裙状周沿与权利要求1的凹槽相比，尽管该裙状周沿并不是为了解决因内衬管与防滑表层尺寸不同产生的公差问题，但已经给出了解决该问题的技术启示。对本领域普通技术人员而言，在证据2设置的裙状周沿具有容纳、固持和遮挡作用的基础上，容易想到如本专利权利要求1在盖头上环设凹槽，以遮挡防滑表层末端的技术方案。因此，证据2与权利要求1的区别仅在于权利要求1的防滑表层是片状的，而证据2为条状材料。在制造高尔夫球杆握把的现有技术中，在防滑表层的材料的选用上如证据2的条带材料与如证据1、本专利的片状材料均属于常用手段。本领域普通技术人员在证据1、证据2公开的技术方案基础上，将证据2的条带材料更换为片状材料，从而获得权利要求1的技术方案不需付出创造性劳动。综上，证据1和证据2的组合已经给出了本专利权利要求1所述技术方案的技术启示，本专利权利要求1不具有创造性。

本专利权利要求2进一步限定权利要求1的高尔夫球杆握把的护环以内衬管本体为中心环设第二凹槽，使得防滑表层抵接于护环的下端容纳于护环的第二凹槽内。而证据2公开的高尔夫球杆握把，在其核心构件的两端均有外围裙状周沿，所述外围周沿的两端均可弯折朝向远离核心的主体部分，公开了权利要求2的附加技术特征。在权利要求1不具有创造性的基础上，权利要求2也不具有创造性。

综上，原告朱宏松的诉讼请求缺乏事实和法律依据，本院不予支持。被告专利复审委员会作出的第9772号决定认定事实清楚，程序合法，应予维持。依照《中华人民共和国行政诉讼法》第五十四条第（一）项之规定，本院判决如下：

维持被告中华人民共和国国家知识产权局专利复审委员会作出的第9772号无效宣告请求审查决定。

案件受理费100元，由原告朱宏松负担（已交纳）。

如不服本判决，原告朱宏松可在本判决书送达之日起30日内，被告中华人民共和国国家知识产权局专利复审委员会、第三人东莞威赢高尔夫用品有限公司可在本判决书送达之日起15日内，向本院递交上诉状，并按对方当事人人数提交副本，交纳上诉案件受理费100元，上诉于中华人民共和国北京市高级人民法院。

审 判 长 任 进
审 判 员 邢 军
审 判 员 董晓敏
二〇〇七年十月二十三日
书 记 员 朱 平

091

# 人体拉伸运动器

## 无效宣告请求审查决定（第9784号）

**决　　定　　号** 第9784号
**决　　定　　日** 2007年5月14日
**发明创造名称** 人体拉伸运动器
**国 际 分 类 号** A61H 1/02
**无效宣告请求人** 北京金双岛科技发展有限公司
**专　利　权　人** 石锦峰
**专　　利　　号** 02263972.1
**申　　请　　日** 2002年8月23日
**授 权 公 告 日** 2003年8月20日
**合 议 组 组 长** 温丽萍
**主　　审　　员** 张　凌
**参　　审　　员** 张汉国

**法 律 依 据** 专利法第22条第3款、第26条第3款
**决 定 要 点**

说明书应当对发明或者实用新型作出清楚、完整的说明，以所属技术领域的技术人员能够实现为准。所谓所属技术领域的技术人员能够实现，是指所属技术领域的技术人员按照说明书记载的内容就能够实现该发明或者实用新型的技术方案，解决其技术问题，并且产生预期的技术效果。

评价专利的创造性应以权利要求限定的范围为准，对于没有记载在权利要求书中的技术特征和其所带来的技术效果不予考虑。

### 一、案由

本无效宣告请求涉及国家知识产权局于2003年8月20日授权公告的、名称为"人体拉伸运动器"的02263972.1号实用新型专利权，其申请日是2002年8月23日，专利权人是石锦峰。该专利授权公告的权利要求书如下：

"1. 人体拉伸运动器，包括卧床（1），足部勾靠装置（2）和直线驱动装置（4），其特征在于，还包括头颈定位垫（5），此头颈定位垫（5）具有一种可以卡触在人体头，颈之间的凸台，并且，此头颈定位垫（5）安装于卧床（1）上与足部勾靠装置（2）相对的另一端。

2. 根据权利要求1所述的人体拉伸运动器，其特征在于，头颈定位垫（5）的凸台为一种两侧具有凸起（51）而中央具有凹入（52）的凹字形。

3. 根据权利要求1所述的人体拉伸运动器，其特征在于，还包括有一承板（53），该承板（53）位于卧床（1）上与足部勾靠装置（2）相对的一侧。

4. 根据权利要求3所述的人体拉伸运动器，其特征在于，承板（53）上具有头部紧固带（54）。

5. 根据权利要求4所述的人体拉伸运动器，其特征在于，头部紧固带（54）可以是一种额头系带，也可以是一种下鄂系带，也可以是额头系带与下鄂系带的组合。

6. 根据权利要求1所述的人体拉伸运动器，其特征在于，还包括可调支架（6），可调支架（6）安装于卧床（1）两侧。

7. 根据权利要求6所述的人体拉伸运动器，其特征在于，可调支架（6）包括勾杆（61）和套管（62），勾杆（61）为一种具有三段弯折的垂直弯折管，套管（62）固定安装于卧床两侧而靠近头颈定位垫（5），勾杆（61）的一段弯折段插套于套管（62）内。

8. 根据权利要求7所述的人体拉伸运动器，其特征在于，勾杆（61）的中部弯折段还包覆有软套（63）。

9. 根据权利要求7所述的人体拉伸运动器，其特征在于，套管（62）上具有一螺纹孔，插套于套管（62）内的勾杆（61）的弯折段上具有一列等距排列的复数个凹部。

10. 根据权利要求7所述的人体拉伸运动器，其特征在于，套管（62）上具有一列等距排列的复数个通孔，插套于套管（62）内的勾杆（61）的弯折段为一种空心管，该空心管内具有一弹性元件（64），弹性元件（64）上具有一按扭（65），按扭通过该空心管上的通孔外露于空心管外而可以嵌套于套管（62）上的通孔内。

11. 根据权利要求1所述的人体拉伸运动器，其特征在于，还包括辅助定位垫，该辅助定位垫固定位于头颈定位垫（5）相对于承板（53）的另一端，该辅助定位垫的两侧具有突起。”

针对上述实用新型专利（下称本专利），北京金双岛科技发展有限公司（下称请求人）于2005年1月17日向专利复审委员会提出了无效宣告请求，理由是本专利权利要求1~3不符合专利法第22条第3款的规定，权利要求1~11不符合专利法第26条第3款的规定，请求宣告本专利全部无效，并提交了如下四份附件作为证据：

附件1：97234051.3号实用新型专利说明书，授权公告日为1999年4月7日；

附件2：01210875.8号实用新型专利说明书，授权公告日为2002年4月10日；

附件3：97234071.8号实用新型专利说明书，授权公告日为1999年3月24日；

附件4：本专利说明书。

请求人认为：在结合附件1和附件2所公开的技术内容的基础上得到本专利权利要求1的技术方案，对本领域技术人员来说是显而易见的，因此本专利权利要求1不具有创造性；权利要求2的附加技术特征是公知技术，因此其不具备创造性；权利要求3的附加技术特征已为附件3所公开，因而其也不具备创造性。另外，说明书第4页记载的技术方案中的头颈定位垫只能支撑头与颈的连接部，而头处于无支撑状态，在此情形下要实现腿部、颈椎和颈骨的拉伸是不可能的；根据说明书第4页的记载“头颈定位垫安装于卧床上与足部勾靠装置相对的另一端”，而第5页又记载“该承板位于卧床上与足部勾靠装置相对的一侧”，两者相互矛盾，基于上述，权利要求1~11的技术方案均不可实施，不符合专利法第26条第3款的规定，应予全部无效。

经形式审查合格后，专利复审委员会于2005年1月18日受理了该无效请求，发出无效宣告请求受理通知书，并将无效宣告请求书及其附件副本转给了专利权人，要求其在指定期限内陈述意见。

针对上述无效宣告请求，专利权人于2005年3月2日提交了答复意见。专利权人认为，附件2、3中枕体的目的、技术特征构成以及所达到的技术效果与本发明的枕体均不同，并未给出将其应用到本发明的技术启示；现有技术一直强调解决人体分段拉伸的技术问题，并未注意到也始终未提出解决将人体沿身高方向整体拉伸的技术问题，因此也不会对本发明的技术方案给出任何技术启示，本专利符合专利法第22条第3款的规定。

2006年9月21日合议组将专利权人的答复意见转给请求人，并发出口头审理通知书，定于2006年11月15日上午9：00在专利复审委员会举行口头审理。

口头审理如期举行，双方当事人均委托代理人出席口头审理。双方当事人对附件1~3的真实性没有异议。关于专利法第26条第3款，请求人除坚持原有意见外，还提出可调支架对拉伸腿部没有作用，不清楚全身进行拉伸时可调支架如何起到辅助定位的作用。专利权人认为，即便无承板也可以实现发明的目的，从附图中可以看出头颈定位垫是有一定宽度的，可以对头部提供一定的支撑；从附图1中可知头颈定位垫和和承板的位置关系是清楚的，相互并无矛盾；可调支架用以调节长度、支撑点；同时拉伸腿部、颈椎时，可调支架起到辅助定位的作用。关于本专利的创造性，请求人明确以附件1作为最接近的对比文献，结合附件2评价权利要求1的创造性，以附件1、2结合公知常识评价权利要求2的创造性，以附件1、2结合或者附件1~3的结合评价权利要求3的创造性。

至此，合议组认为本案事实已经清楚，现依法做出审查决定。

**二、决定的理由**

1. 关于证据

双方当事人对附件1~3的真实性均无异议，合议组经审查，对其予以采信。附件1~3均为在本专利申请日前公开的出版物，其记载的内容构成现有技术，可用于评价本专利的创造性。

2. 关于专利法第26条第3款

根据专利法第26条第3款的规定，说明书应当对发明或者实用新型作出清楚、完整的说明，以所属技术领域的技术人员能够实现为准。所谓所属技术领域的技术人员能够实现，是指所属技术领域的技术人员按照说明书记载的内容就能够实现该发明或者实用新型的技术方案，解决其技术问题，并且产生预期的技术效果。

本实用新型涉及一种锻炼用的人体拉伸器，包括卧床、足部勾靠装置、直线驱动装置和头颈定位垫，其中在卧床的一端设有足部勾靠装置，而另一端安装头颈定位垫。使用时，人体平躺于卧床上，足部勾在足部勾靠装置上，头颈卡触在头颈定位垫上。直线驱动装置通过控制卧床的局部长度或足部勾靠装置的移动，实现对人体的腿部、脊椎和颈骨的拉伸。为了使人体更舒适地平躺于卧床上，还可以在卧床上与足部勾靠装置相对的一端设置一承板。

请求人认为本专利说明书第4页记载的技术方案中的头颈定位垫只能支撑头与颈的连接部，而头处于无支撑状态，在此情形下要实现腿部、颈椎和颈骨的拉伸是不可能的；说明书第4页的记载“头颈定位垫安装于卧床上与足部勾靠装置相对的另一端”，而第5页又记载“该承板位于卧床上与足部勾靠装置相对的一侧”，两者相互矛盾；可调支架对拉伸腿部没有作用，不清楚全身进行拉伸时可调支架如何起到辅助定位的作用。

合议组认为通过阅读说明书第4页所记载的内容，并结合附图1、2，本领域技术人员可以理解，在本实用新型的技术方案中头颈定位垫的作用是在对人体进行拉伸时提供除足部之外的另一个定位点，以限制人体高度方向上的移动。该定位垫具有一种可以卡触在人体头、颈之间的凸台，该凸台的结构具体可为一种模仿人体头、颈之间外形结构，承托整个颈部的枕头。由于其结构特点，定位垫可以对头部起到部分的支撑作用，其技术方案是完整的。

通过说明书第4、5页记载的内容，并结合附图1、2可知，承板与头颈定位垫都位于卧床上与足部勾靠装置相对的另一端。头颈定位垫的凸台可以是第一枕部，承板可以是第二枕部，两个枕部可以是分别独立的，也可以合而为一，即承板为头颈定位垫上与足部勾靠装置相对的一端延伸的一承板。承板与头颈定位垫的位置关系是清楚的，并不相互矛盾。

根据说明书第5页记载的内容，结合附图1、3~5可知，需要拉伸腿部时可以只使用腰腹固定带；需要同时拉伸腿部、脊椎和颈部时，可调支架可以根据人体身长的不同进行调整以适应于不同身高的人，并可以调至手可以平握或可以抵靠于腋下的位置，从而起到辅助定位的作用。因此，可调支架的作用是清楚的。

基于上述分析，在说明书公开内容的基础上，本领域技术人员能够再现其技术方案，解决其技术问题并达到预期的效果。因此本专利的说明书已经对其技术方案作了清楚、完整的说明，符合专利法第26条第3款的规定。

3. 关于权利要求1~3的创造性

根据专利法第22条第3款的规定，实用新型的创造性是指同申请日以前已有的技术相比，该实用新型有实质性特点和进步。

附件1公开了一种牵引人体身长的增高机，其由机架、支架、卧垫、牵引机构、踏脚机构和脚夹紧机构组成，使用时人仰卧垫上，踏脚机构和脚夹紧机构将足部固定，牵引机构将人的足部相对于身体向下拉伸。

本专利权利要求1与附件1的区别在于：本专利还包括在卧床上与足部勾靠装置相对的另一端设置的一头颈定位垫，该定位垫具有一种可以卡触在人体头、颈之间的凸台。

附件2公开了一种颈椎牵引枕，它由枕体构成，所述枕体包括顶板、前板、后板和底板组成，其外形为圆弧形与人体颈项部位相适应。可见附件2也公开了一种支撑、固定人体头颈部位的枕垫。

由于附件1和2均是对人体进行拉伸和牵引的装置，本领域技术人员根据附件1、2公开的内容容易想到在附件1的卧垫上增加一个与人体头颈部位外形相适应的枕垫，以便在拉伸时将其固定，从而得到与本专利权利要求1相似的带有固定人体头颈部位结构的人体拉伸器械。

专利权人主张本专利的技术方案是为了实现对人体的整体拉伸，其中头颈定位枕不仅起到定位的作用，还可以借由牵引机构，借助外力、向前对颈部进行拉伸，但是在其权利要求中并未记载牵引机构、卧床、足部勾靠装置和头颈定位垫之间如何联动、配合以实现所述的技术效果，在说明书中也未对此进行详细的说明，因此对其主张不予支持。

可见，附件2公开的外形为圆弧形与人体颈项部位相适应的枕体的作用与本专利权利要求1中具有卡触在人体头、颈之间的凸台的头颈定位垫的作用相同，附件2给出了将外形为圆弧形与人体颈项部位相适应的枕体应用到附件1中的技术启示。对本领域技术人员来说，在附件1的基础上结合附件2得到本专利权利要求1的技术方案是容易想到的，并且权利要求1所限定的技术方案相对于附件1、2并未达到更好的技术效果。因此权利要求1相对于附件1、2不具有实质性特点和进步，不具有创造性，不符合专利法第22条第3款的规定。

本专利权利要求2在权利要求1的基础上将凸台形状进一步限定为两侧具有凸起而中央具有凹入的凹字形。本专利凸台式定位垫的作用在于进行拉伸时固定人体的头颈部位，其自然应具有与人体头颈部位相适应的外形，圆弧形、凹字形或者其他适应人体头颈部位的形状都是本领域技术人员解决该技术问题采用的常用技术手段，在权利要求1不具有创造性的前提下，权利要求2也不具有创造性。

本专利权利要求3在权利要求1的基础上在卧床上与足部勾靠装置相对的一侧增加了一承板。在使用凸台式定位垫对人体头颈部位定位之后，为了使人在进行拉伸时可以更舒适地平躺于卧床上而在其上增加一个承板用于承托人体头部对本领域技术人员来说并不需要花费任何创造性劳动。因此，在权利要求1不具有创造性的前提下，权利要求3也不具有创造性。

根据以上事实和理由，本案合议组做出如下审查决定。

**三、决定**

宣告第02263972.1号实用新型专利权利要求1~3无效，维持权利要求4~11有效。

当事人对本决定不服的，可以根据专利法第46条第2款的规定，自收到本决定之日起三个月内向北京市第一中级人民法院起诉。根据该款的规定，一方当事人起诉后，另一方当事人应当作为第三人参加诉讼。

092

# 输液袋接口

## 无效宣告请求审查决定（第9792号）

**决　定　号** 第9792号
**决　定　日** 2007年5月18日
**发明创造名称** 输液袋接口
**国际分类号** A61J 1/14，A61M 5/14
**无效宣告请求人** 杭州达远包装材料有限公司
**专　利　权　人** 北京奥星恒迅包装科技有限公司
**专　利　号** 03243041.8
**申　请　日** 2003年3月31日
**授权公告日** 2004年2月25日
**合议组组长** 陈迎春
**主　审　员** 丁惠玲
**参　审　员** 刘　畅

**法律依据** 专利法第22条第2款、第3款，专利法实施细则第21条第2款
**决定要点**
在有能力通过调查取证来否定请求人所提交的证据的真实性的情况下，专利权人没能提供相应的证据，则应当承担举证不能的不利后果。

### 一、案由

本无效宣告请求案涉及国家知识产权局于2004年2月25日授权公告、名称为“输液袋接口”的03243041.8号实用新型专利权（下称本专利），其申请日为2003年3月31日，专利权人为北京奥星恒迅包装科技有限公司。

该专利授权公告的权利要求书如下：

“1. 一种输液袋接口，它包括一本体，本体上设有一纵向通孔，所述本体的一端为伸入输液袋并与之熔接密封的连接端，本体的另一端为外露的出口端，所述连接端具有向外延伸可与输液袋平滑连接的熔接过渡翼部，其特征在于：所述熔接过渡翼部的底部与两侧面具有圆弧状过渡连接部。

2. 根据权利要求1所述的输液袋接口，其特征在于：所述熔接过渡翼部两端部的下部与上述连接端底部具有圆弧状过渡连接部。

3. 根据权利要求1或2所述的输液袋接口，其特征在于：所述圆弧状过渡连接部的半径为1.0~5.0mm。

4. 根据权利要求 1 或 2 所述的输液袋接口，其特征在于：所述本体连接端的两熔接过渡翼部的水平截面外轮廓为梭形或对应边平行的船形。

5. 根据权利要求 1 或 2 所述的输液袋接口，其特征在于：所述本体连接端的熔接过渡翼部的两侧面都设有熔接肋筋。

6. 根据权利要求 1 或 2 所述的输液袋接口，其特征在于：在所述本体连接端的两熔接过渡翼部上部设置有对称的定位筋。

7. 根据权利要求 1 或 2 所述的输液袋接口，其特征在于：所述通孔为锥形孔。

8. 根据权利要求 1 或 2 所述的输液袋接口，其特征在于：熔接过渡翼部的两端部为扁平端。"

针对上述专利权，杭州达远包装材料有限公司于 2005 年 10 月 17 日向专利复审委员会提出无效宣告请求，其理由是本专利不符合专利法第 22 条第 2、3 款的规定，并提交了如下证据：

证据 1：上海市药用包装材料测试所出具的编号为 0300068、样品名称为"聚丙烯共挤复合袋用聚丙烯接口"的《检验报告》复印件 6 页，注册证号为国药包字 20030166 的药品包装用材料和容器注册证复印件 1 页，以及批件号为"浙药补 20040249"的药品补充申请批件复印件 1 页；

证据 2：印有"北京双鹤药业股份有限公司"字样的奥复星药品包装袋的照片 1 张，在袋身注有"生产日期 2002 年 9 月 2 日"字样；

证据 3：01253942. 2 号实用新型专利说明书全文，授权公告日为 2002 年 7 月 3 日。

请求人具体的无效宣告请求理由是：（1）证据 1、2 能够证明在本专利的申请日之前与本专利产品结构相同的产品已经为公众所知，因此本专利不具备新颖性、创造性；（2）证据 3 已经公开了本专利权利要求 1 的前序部分的全部技术特征，而特征部分限定的翼部底部形成圆弧状来减少破损的可能是本领域技术人员容易想到的，并显而易见会实施这样的技术手段，因此本专利不具备创造性。

经形式审查合格后，专利复审委员会受理了上述请求，于 2005 年 10 月 17 日向双方当事人发出《无效宣告请求受理通知书》，并将无效宣告请求书及其他有关文件的副本转送给专利权人，要求其在指定的期限内答复。

2005 年 10 月 28 日，请求人向专利复审委员会提交意见陈述书，认为本专利相对于证据 4 也不具备创造性，同时提交的补充证据为：

证据 4：01350302. 2 号外观设计专利公报复印件，授权公告日为 2002 年 7 月 17 日。

2005 年 11 月 11 日，请求人再次向专利复审委员会提交意见陈述书，并补充提交了证据 5、6，认为本专利相对于证据 4 和证据 5 的结合不具备创造性；而证据 6 是双鹤药业在申请日前从专利权人处购买的接口并生产销售的产品，破坏本专利的新颖性。其中补充提交的证据 5、6 分别为：

证据 5：00233702. 9 号实用新型专利说明书全文，授权公告日为 2001 年 5 月 9 日；

证据 6：印有"北京双鹤药业股份有限公司"字样的 500mL 葡萄糖注射液药品包装袋的照片 1 张，其中袋身上标注的生产日期为 2002 年 11 月 20 日。

针对上述无效宣告请求，专利权人于 2005 年 11 月 15 日提交意见陈述书。专利权人的答辩意见主要如下：（1）认为请求人提交的证据 1 缺少送检的"聚丙烯共挤复合袋用聚丙烯接口"的具体结构图样，不能证明所送检的样品是具有本实用新型专利结构的接口，以该产品销售在先而认定本专利不具备新颖性和创造性，是没有事实依据的；（2）从证据 2 的图片中无法分辨接口的具体结构，更不能证明该输液袋接口具有本专利所要求保护的全部技术特征，不能影响本专利的新颖性和创造性；（3）证据 3 所公开的技术方案、所要解决的技术问题以及所达到的有益效果与本专利完全不同，因此本专利具备新颖性和创造性。

2005 年 11 月 16 日，请求人再次向专利复审委员会提交意见陈述书，认为本专利相对于证据 7 不具备新颖性、创造性。同时提交的补充证据为：

证据7：调查笔录复印件3页，销售发票复印件4张、合同复印件3页、印有“北京双鹤药业股份有限公司”字样的250mL葡萄糖注射液药品包装袋的照片1张，其中袋身上标注的生产日期为2002年5月31日。

专利复审委员会依法成立合议组对本案进行审理。本案合议组于2006年1月17日向双方当事人发出口头审理通知书，拟定于2006年2月27日对本案进行口头审理，同时将请求人分别于2005年10月28日、2005年11月11日、2005年11月16日提交的意见陈述书及其附件的副本转送给专利权人，将专利权人于2005年11月15日针对无效宣告请求提交的意见陈述书副本相应地分别转送给请求人。

口头审理如期举行，双方当事人均到庭参加口头审理，对对方当事人的出庭人员的身份、资格均无异议，对合议组成员无回避请求，合议组在此情况下就本无效宣告请求案进行了庭审调查：请求人明确无效宣告请求的理由、范围是：本专利的权利要求1~8不符合专利法实施细则第21条第2款以及专利法第22条第2款、第3款的规定，明确表示放弃证据1、证据3。请求人当庭提交了证据2、6和7的原件；提交了《药品GMP检查指南（通则医用氧）》（下称证据8），利用其中第49页7502条的有关规定来证明请求人自己取证获得的证据2、6的真实性；提交了有关销售发票的四份公证书（下称证据9），以及信封口上骑缝加盖有“浙江省杭州市中级人民法院民事审判第三庭”印章、内封有由北京双鹤药业提供的注射液袋1个、接口1个和信封1个（下称证据10）用来进一步证明证据7的真实性。

专利权人对上述证据的意见包括：（1）对请求人提交的证据2、证据6的真实性表示异议，认可输液袋的实物与照片一致，但认为包装袋上的日期可以伪造。（2）认为证据8是内部资料，且与本案缺乏关联性，不能证明证据2、证据6的真实性。（3）对证据7本身的真实性没有异议，但认为其证明的内容的真实性不能确定并且认为所证明的内容与本案缺乏关联性。（4）专利权人当庭打开证据10中由法院封装的信封，取出信封内的实物，对该证据本身的真实性表示无异议，但对证明内容的真实性以及与本案的关联性有异议。（5）对证据4、证据5的真实性无异议。

专利权人当庭提交了反证：双鹤药业股份有限公司出具的“产品使用说明”（下称反证1）原件，以及产品批号为200512301BB、生产日期为2005年12月30日的多层共挤膜输液袋（下称反证2），并将双鹤药业股份有限公司出具的产品使用说明的复印件转给请求人，请求人表示对反证2的实物的真实性无异议，但认为与本案缺乏关联性，对反证1的真实性、关联性均表示异议，其具体理由为反证1中的产品使用说明缺少经办人的签章。专利权人不同意请求人的意见。

合议组经合议，决定给予专利权人针对请求人当庭提出的本专利权利要求不符合专利法实施细则第21条第2款的新的无效宣告请求理由在口审结束后10日内陈述意见的机会。

请求人认为本专利权利要求2所限定的技术特征应为权利要求1的必要技术特征，应记载于权利要求1中，因此权利要求1不符合专利法实施细则第21条第2款的规定。专利权人认为请求人的理由不能成立，认为从专利文件自身来讲是跟发明点对应的，本专利权利要求1足以解决本专利所需要解决的技术问题，因而不缺少必要技术特征。

请求人认为证据2、6、7、10能够证明本专利产品已经在先销售的事实，其中，证据2公开了权利要求1~8的大部分特征，其未公开权利要求3中的半径尺寸以及权利要求4中的“梭形”，但认为其是本领域的惯用技术手段。

专利权人认为证据2并不具备权利要求1中的“圆弧状过渡连接部”，权利要求3中的半径尺寸以及权利要求4中的“梭形”不是本领域的惯用技术手段，所以具备创造性。

请求人认为专利权人的解释已超出说明书记载的范围，认为说明书中不能支持权利要求3中的1.0~5.0的半径尺寸，而且说明书中也没有记载采用这种半径尺寸会取得有益效果，所以权利要求3无创造性。专利权人认为权利要求3引用权利要求1、2，认为“圆弧状过渡部”没有被公开，在权利要求1、2有新颖性、创造性的基础上，权利要求3也具有新颖性、创造性。

口头审理结束后，专利权人于2006年3月9日向专利复审委员会提交了意见陈述书，针对口审答辩补充了书面意见。

在此基础上，合议组认为当事人已经充分发表了意见，本案事实已经调查清楚，现依法作出本决定。

**二、决定的理由**

1. 关于证据

请求人先后向专利复审委员会提交了10份证据，专利权人在口头审理时提交了反证1、2，经审查，上述证据的提交期限均符合专利法以及实施细则的相关规定，可以作为证据在本案中加以评述，而对于请求人在口头审理时明确放弃的证据1、证据3，本决定中不再评述。

（1）关于证据4、5。

证据4、5均是在本专利的申请日前公开的专利文献，专利权人对其真实性无异议。经合议组审查，证据4、5可以作为本案证据使用，并且其上记载的内容构成本专利的现有技术，能够用来评述本专利的新颖性、创造性。

（2）关于证据2、证据6~10以及反证1、2。

证据2、证据6~10以及反证1、2分别为请求人和专利权人提交的用来证明与本案无关的第三人双鹤药业股份有限公司（以下简称双鹤）是否在本专利的申请日之前已经生产销售了与本专利结构相同的产品这一待证事实。

由于请求人没有提交对应于证据2中照片的输液袋实物以及相应的佐证，无法查证证据2的真实性，因此对于证据2不予采信。

证据6是与证据7、10相对应的照片，证据7中法院的调查取证笔录中明确记载了杭州市中级人民法院于2005年11月9日从双鹤取走了4袋样品，其中包括生产批号为2002112041B、生产日期为2002年11月20日的500mL葡萄糖注射液的样品1袋，而在口头审理时由请求人提供、根据合议组的要求由专利权人当庭开封的加盖有杭州市中级人民法院印章的证据10中的输液袋样品具有相同的生产厂家、生产批号、生产日期以及药品名称，因此，应当认为证据10中的输液袋样品即为杭州市中级人民法院调查取证获得的证据。

虽然专利权人主张上述输液袋样品可能是伪造的，并且提供了反证1、2来支持其主张。但经合议组审查，在专利权人也通过提交由双鹤药业生产的输液袋实物来证明其主张的相应事实的情况下，如果专利权人不认可证据10的真实性，其可以通过到双鹤药业股份有限公司调查取证，来证明双鹤药业股份有限公司生产的具有相应产品批号的上述输液袋的结构与请求人所提交的不同来证明证据2、6以及证据10中对应的输液袋以及输液袋接口是伪造的。但是专利权人在已经知晓证据10中的输液袋的生产批号的情况下，在去双鹤药业进行调查取证时却没有做出针对性的调查，仅仅开具了并没有明确否认证据10真实性的反证1，则应当承担举证不能的不利后果。因此综上所述，上述证据（包括专利权人提交的反证）在证明双鹤药业股份有限公司是否在本专利的申请日前生产、销售了证据10中对应的输液袋以及输液袋接口的盖然性方面，肯定事实的盖然性远远高于否定事实的盖然性，因此，合议组认为，请求人所主张的证据10中的输液袋接口实物已经在本专利申请日之前生产和销售的事实成立，可以使用证据10中的输液袋接口实物来评价本专利的新颖性。

2. 关于专利法实施细则第 21 条第 2 款

专利法实施细则第 21 条第 2 款规定：独立权利要求应当从整体上反映发明或者实用新型的技术方案，记载解决技术问题的必要技术特征。

请求人认为权利要求 1 不符合实施细则第 21 条第 2 款规定的具体事实为，本专利权利要求 2 所限定的技术特征应为权利要求 1 的必要技术特征，应记载于权利要求 1 中。

从本专利说明书公开的内容来看，其所要解决的技术问题是使得该接口在与输液袋熔接时可避免膜材破损，同时可提高其抗冲击能力，减少和避免由于碰撞、坠落发生输液袋破袋和渗漏。与现有技术相比，通过本专利权利要求 1 中“所述熔接过渡翼部的底部与两侧面具有圆弧状过渡连接部”这一技术特征，已经能够解决上述技术问题。而从属权利要求 2 所限定的技术特征“所述熔接过渡翼部两端部的下部与上述连接端底部具有圆弧状过渡连接部”有助于进一步解决该技术问题。也就是说，虽然权利要求 1 中没有记载该技术特征，但目前权利要求 1 的技术方案已经能够解决相应的技术问题。因此，权利要求 1 符合专利法实施细则第 21 条第 2 款的规定。

3. 关于专利法第 22 条第 2 款

专利法第 22 条第 2 款规定：新颖性，是指在申请日以前没有同样的发明或者实用新型在国内外出版物上公开发表过、在国内公开使用过或者以其他方式为公众所知，也没有同样的发明或者实用新型由他人向国务院专利行政部门提出过申请并且记载在申请日以后公布的专利申请文件中。

本案中，请求人用证据 2、证据 6、证据 7 和证据 10 主张双鹤药业公司已经在本专利的申请日前生产、销售了与本专利结构相同的产品，因此破坏本专利的新颖性。

如上所述，经审查，可以使用证据 10 中的输液袋接口实物来评价本专利的新颖性。将证据 10 中输液袋接口实物的结构与本专利权利要求 1 的技术方案进行对比可以看出，证据 10 没有公开“所述熔接过渡翼部的底部与两侧面具有圆弧状过渡连接部”这一技术特征，因此，本专利权利要求 1 的技术方案与证据 10 不相同，具备专利法第 22 条第 2 款规定的新颖性。此外，证据 10 中也没有给出任何有关该技术特征的技术启示，因此证据 10 也不能影响本专利的创造性。

4. 关于专利法第 22 条第 3 款

专利法第 22 条第 3 款规定：创造性，是指同申请日以前已有的技术相比，该发明有突出的实质性特点和显著的进步，该实用新型有实质性特点和进步。

本专利的权利要求 1 请求保护一种输液袋接口，它包括一本体，本体上设有一纵向通孔，所述本体的一端为伸入输液袋并与之熔接密封的连接端，本体的另一端为外露的出口端，所述连接端具有向外延伸可与输液袋平滑连接的熔接过渡翼部，其特征在于：所述熔接过渡翼部的底部与两侧面具有圆弧状过渡连接部。

证据 4 是与本专利最接近的现有技术，其公开了输液袋接口的外观设计，共五幅视图和一个使用状态参考图。从五幅视图中可以看出，该输液袋接口包括一本体，本体上设有一纵向的锥形通孔，连接端具有向外延伸可与输液袋平滑连接的熔接过渡翼部，熔接过渡翼部两端部的下部与连接端底部具有圆弧状过渡连接部，本体连接端的两熔接过渡翼部的水平截面外轮廓为梭形。本体连接端的熔接过渡翼部的两侧面都设有熔接肋筋、熔接过渡翼部的上部设置有对称的定位筋。熔接过渡翼部的两端部为扁平端。从使用状态参考图中可以看出本体的一端为伸入输液袋并与之熔接密封的连接端，本体的另一端为外露的出口端。

专利权人在口头审理以及意见陈述书中均明确表示认为证据 4 与本专利的权利要求 1 相比没有公开其中的“所述熔接过渡翼部的底部与两侧面具有圆弧状过渡连接部”。合议组经过审查后认可上述观点。也就是说，本专利权利要求 1 与证据 4 相比区别在于证据 4 中没有公开“所述熔接过渡翼部的底部与两侧面具有圆弧状过渡连接部”，并且证据 4 作为外观设计从视图中不能得到任何有关该圆弧状过渡连接部的技术启示。而该区别技术特征能够解决证据 4 中存在的接口在与输液袋熔接时容易膜材破损的技术问题，同时可实现提高其抗冲击能力，减少和避免由于碰撞、坠落发生输液袋破袋和渗漏的有益技术效果。

证据 5 公开了一种软袋的注口结构，在注口结构的一端设有呈环状凸缘，凸缘处具有一注口，且连接一段导管，导管内开设有一导孔，而在导管另端则为一连接部，该连接部具有一上下对称的上、下圆弧区段。同样没有公开“所述熔接过渡翼部的底部与两侧面具有圆弧状过渡连接部”这一技术特征，也没有给出任何技术启示。

因此，本专利的权利要求 1 相对于请求人提交的证据 4、5 的组合具有实质性特点和进步，符合专利法第 22 条第 3 款的规定。

在权利要求 1 具备创造性的情况下，其从属权利要求 2~8 也具备专利法第 22 条第 3 款规定的创造性。

**三、决定**

维持 03243041.8 号实用新型专利权有效。

当事人对本决定不服的，可以根据专利法第 46 条第 2 款的规定，自收到本决定之日起三个月内向北京市第一中级人民法院起诉。根据该款的规定，一方当事人起诉后，另一方当事人应当作为第三人参加诉讼。

093

# 新型双驱动混凝土搅拌机

## 无效宣告请求审查决定（第9797号）

**决　定　号**　第9797号
**决　定　日**　2007年5月15日
**发明创造名称**　新型双驱动混凝土搅拌机
**国际分类号**　B28C 5/20
**无效宣告请求人**　李建华
**专　利　权　人**　韩陆涛
**专　利　号**　03221497.9
**申　请　日**　2003年4月24日
**授权公告日**　2004年4月7日
**合议组组长**　徐洁玲
**主　审　员**　齐宏涛
**参　审　员**　刘瑞斌

**法律依据**　专利法第22条第2款
**决定要点**

如果要求保护的发明或者实用新型与对比文件的区别仅仅是所属技术领域的惯用手段的直接置换，则该发明或者实用新型不具备新颖性。

### 一、案由

本无效宣告请求涉及中华人民共和国国家知识产权局于2004年4月7日授权公告的、名称为“新型双驱动混凝土搅拌机”的实用新型专利权（以下简称本专利），其专利号是03221497.9，申请日是2003年4月24日，专利权人是韩陆涛。本专利授权公告时的权利要求书如下：

“1. 一种新型双驱动混凝土搅拌机，包括两侧托轮机构，其中一侧的托轮机构与动力机构连接，其特征是：与动力机构连接的一侧托轮机构和链轮、链条传动机构连接，链轮、链条传动机构与另一侧托轮机构连接。

2. 根据权利要求1所述的新型双驱动混凝土搅拌机，其特征是：链条传动机构包括两个同轴链轮，两个同轴链轮分别通过链条和相应一侧与托轮连接的链轮连接。”

针对本专利权，李建华（以下简称请求人）于2006年11月3日向专利复审委员会提出无效宣告请求，认为本专利不符合专利法第22条第2款的规定，请求人同时提交了如下附件：

附件1（以下简称证据1）：申请日为2003年6月12日、优先权日为2003年3月28日、授权公告日为2005年5月11日、授权公告号为CN2698560Y（专利号为03258836.4）、专利权人为李建华的中国实用新型专利说明书，共6页，以及声称是上述专利优先权文本的复印件，共5页；

附件2（以下简称证据2）：申请日为2002年11月6日、授权公告日为2003年10月1日、授权公告号为CN2576452Y（专利号为02258339.4）、专利权人为王进喜的中国实用新型专利说明书，共4页；

附件3：本专利的授权公告文本，共6页。

请求人认为：本专利权利要求不符合专利法第22条第2款有关新颖性的规定，请求宣告其全部无效。具体理由为：（1）将权利要求1与证据1相比，两者结构和功能完全相同。将权利要求1与证据2相比，区别仅在于用链轮、链条传动机构代替了皮带传动机构，但这属于结构惯用手段的直接置换，且功能也相同。因此，权利要求1无论相对于证据1还是证据2都不具备新颖性；（2）权利要求2的附加技术特征是证据1所公开的"链传动机构"所包含的内容，知道了"链传动机构"，相当于知道了本专利权利要求2的附加技术特征。另外，权利要求2的附加技术特征与证据2权利要求3中公开的技术特征相比，是完全相同的传动机构，只是将"带传动"改为"链传动"，属于惯用手段的直接置换，都能实现相同的发明目的。因此，当权利要求2引用的权利要求1不具备新颖性时，权利要求2也不具备新颖性。

经形式审查合格，专利复审委员会依法受理了上述无效宣告请求，并于2006年12月6日向请求人和专利权人发出无效宣告请求受理通知书，同时将专利权无效宣告请求书及其附件清单中所列附件的副本转送给专利权人，并要求专利权人在指定的期限内陈述意见。专利权人在上述指定的期限内未针对上述通知书陈述意见。

专利复审委员会依法成立合议组，对本案进行审理。

本案合议组于2007年2月12日向双方发出无效宣告请求口头审理通知书，定于2007年4月5日在专利复审委员会针对上述无效宣告请求举行口头审理。

口头审理如期举行，专利权人未参加口头审理。在口头审理中，请求人当庭明确其无效宣告请求的理由、范围和证据为，本专利权利要求1、2相对于证据1或2不具备新颖性；关于证据，由于请求人没有提交证据1的优先权文本的原件，无法核实其优先权，合议组要求其于口头审理结束7天之内向国家知识产权局专利复审委员会提交相关证明文件，逾期未提交则视为放弃证据1，请求人对此表示同意；关于新颖性，请求人认为证据1的优先权日早于本专利，证据2的申请日早于本专利的申请日，公告日都晚于本专利，是抵触申请，具体意见与无效宣告请求书一致。

请求人于2007年4月6日向专利复审委员会提交了盖有"中华人民共和国国家知识产权局专利证明专用章"的证据1的优先权文本，共7页。

至此，合议组认为本案事实已经清楚，可以作出审查决定。

**二、决定的理由**

1. 关于本案审查的无效理由、证据和范围

专利复审委员会已将证据2随受理通知书转给专利权人，专利权人在上述通知书指定的期限内并未对证据2的真实性发表意见。合议组经审查，认可证据2的真实性。证据2是中国实用新型专利文献，其申请日早于本专利的申请日，公开日晚于本专利的申请日，而且是由他人向中国专利局提出的申请，因此可以评价本专利新颖性。

2. 关于专利法第22条第2款

专利法第22条第2款规定，新颖性，是指在申请日以前没有同样的发明或者实用新型在国内外出版物上公开发表过、在国内公开使用过或者以其他方式为公众所知，也没有同样的发明或者实用新

型由他人向国务院专利行政部门提出过申请并且记载在申请日以后公布的专利申请文件中。

审查指南第二部分第三章第 3. 2. 3 节规定，如果要求保护的发明或者实用新型与对比文件的区别仅仅是所属技术领域的惯用手段的直接置换，则该发明或者实用新型不具备新颖性。例如，对比文件公开了采用螺钉固定的装置，而要求保护的发明或者实用新型仅将该装置的螺钉固定方式改换为螺栓固定方式，则该发明或者实用新型不具备新颖性。

具体到本案，权利要求 1 请求保护一种新型双驱动混凝土搅拌机，包括两侧托轮机构，其中一侧的托轮机构与动力机构连接，与动力机构连接的一侧托轮机构和链轮、链条传动机构连接，链轮、链条传动机构与另一侧托轮机构连接。证据 2 也公开了一种混凝土搅拌机，其动力装置与一侧托轮装置相连，该侧托轮装置与皮带传动机构连接，皮带传动机构与另一侧托轮装置连接，两侧托轮装置均有两个通过轴连接的托轮，皮带传动机构包括两个同轴带轮，两个同轴带轮分别通过皮带和相应一侧托轮连接的带轮连接（参见其说明书第 1 页第 12 至 17 行以及附图）。将两者进行比较，可以发现其区别仅在于权利要求 1 使用链轮、链条传动机构，而证据 2 使用皮带传动机构。显然，对于机械领域的技术人员来说，利用皮带传动或链条传动是解决传动问题时所熟知和惯用的技术手段，这两种传动方式可以互相替代且替代后产生的利弊为众所周知，对本专利而言，无论是皮带传动还是链传动都能够实现其发明目的。因此，该区别特征属于惯用手段的直接置换，本专利的权利要求 1 相对于证据 2 不具备专利法第 22 条第 2 款规定的新颖性。

同理，权利要求 2 的附加技术特征为“链条传动机构包括两个同轴链轮，两个同轴链轮分别通过链条和相应一侧与托轮连接的链轮连接。”该技术特征与证据 2 公开的上述技术方案的区别仍然仅在于用“链条”和“链轮”代替了“皮带”和“带轮”，由上述分析可知，这种区别仍属于惯用手段的直接置换，是将皮带传动替换为链条传动的所必然采用的技术特征，因此，在其引用的权利要求 1 不具备新颖性的情况下，该从属权利要求 2 相对于证据 2 也不具备专利法第 22 条第 2 款规定的新颖性。

鉴于证据 2 已经破坏了本专利权利要求 1 和 2 的新颖性，故合议组对于证据 1 不再评述。

根据上述的事实和理由，本案合议组依法作出以下决定。

**三、决定**

宣告 03221497. 9 号实用新型专利权全部无效。

当事人对本决定不服的，可以根据专利法第 46 条第 2 款的规定，自收到本决定之日起 3 个月内向北京市第一中级人民法院起诉。根据该款的规定，一方当事人起诉后，另一方当事人应当作为第三人参加诉讼。

094

# 具有通用结构的处理盒

## 无效宣告请求审查决定（第9820号）

**决　定　号**　第9820号
**决　定　日**　2007年5月22日
**发明创造名称**　具有通用结构的处理盒
**国际分类号**　G03G 15/08　G03G 21/00
**无效宣告请求人**　珠海纳思达数码科技有限公司
**专　利　权　人**　珠海天威飞马打印耗材有限公司
**专　利　号**　200320118356.2
**申　请　日**　2003年11月19日
**授权公告日**　2004年11月24日
**合议组组长**　杨军艳
**主　审　员**　王琦琳
**参　审　员**　马　燕

**法律依据**　专利法第22条第2款、第3款
**决定要点**

如果一项专利所要求保护的技术方案在现有技术中没有公开，且现有技术明示对已有方案进行改进得到该项专利的技术方案是非常困难的，那么该项专利相对于现有技术具有新颖性、创造性，符合专利法第22条第2款、第3款的规定。

### 一、案由

本无效宣告请求涉及国家知识产权局于2004年11月24日授权公告的名称为“具有通用结构的处理盒”的200320118356.2号实用新型专利权（下称本专利），其申请日是2003年11月19日，专利权人是珠海天威飞马打印耗材有限公司。本专利授权公告的权利要求书如下：

“1. 具有通用结构的处理盒，包括

一个内含碳粉的粉仓和一个废粉仓，粉仓和废粉仓左右两侧铰接；

其特征在于：

粉仓左右端板平直；

废粉仓顶面的左侧有一下凹区；

废粉仓左端板上沿低于顶面所在的主平面；

感光鼓保护罩左端转臂的上表面仅设一道加强筋。

2. 根据权利要求 1 所述的具有通用结构的处理盒，其特征在于：

所述下凹区为电子芯片安装穴。”

针对本专利，珠海纳思达数码科技有限公司（下称请求人）于 2006 年 11 月 1 日向专利复审委员会提出了无效宣告请求，并提交了如下证据：

证据 1：本专利授权公告文本；

证据 2：公开号为 CN1171568A 的发明专利申请公开说明书，其公开日为 1998 年 1 月 28 日；

证据 3：珠海市知识产权局于 2006 年 10 月 20 日发出的答辩通知书 1 页。

结合上述证据，请求人认为：本专利权利要求 1~2 相对于证据 1 和公知常识的结合不具备专利法第 22 条第 3 款规定的创造性；而证据 2 明确表明了处理盒带有内含碳粉的粉仓和一个废粉仓，粉仓和废粉仓左右两侧铰接，且其说明书附图 5 明示了处理盒的结构，粉仓需装入打印机进行工作。

经形式审查合格，专利复审委员会依法受理了上述无效宣告请求，并于 2006 年 11 月 1 日向双方当事人发出了无效宣告请求受理通知书，随同无效宣告请求受理通知书将专利权无效宣告请求书及其附件清单中所列附件副本转送给专利权人，要求其在指定的期限内答复。

针对上述无效宣告请求，专利权人于 2006 年 11 月 28 日向专利复审委员会提交了意见陈述书，专利权人认为：证据 1 的公告日在本专利的申请日之后不能作为对本案专利无效请求的证据；请求人也未举证现有技术中披露了本专利的技术方案，而且证据 2 全文中也没有给出如何使得处理盒适用于多款打印机的任何教导；认为本专利具有实质性特点和进步。

请求人于 2006 年 11 月 30 日向专利复审委员会补充提交了意见陈述书，并提交了如下补充证据：

证据 4：2003 年 6 月的《Recharger》杂志彩页封面、黑白页封面、18~48 页复印件共 33 页；

证据 5：证据 4 相关部分的中文译文共 6 页；

证据 6：中华人民共和国驻洛杉矶总领事馆出具的（2006）美认字第 0013317 号认证书复印件以及由上述认证书证明其文书中美国加利福尼亚州政府的印章和官员签字属实的英文证明文书共 12 页；

证据 7：中华人民共和国广东省珠海市公证处出具的（2006）珠证内经字第 1326 号公证书复印件共 3 页；

证据 8：请求人声称为 http：//www. rechargermag. com 于 2003 年 6 月 18 日发帖内容的打印文本共 2 页。

结合上述证据，请求人认为：本专利权利要求 1~2 相对于证据 4 不具备专利法第 22 条第 2 款规定的新颖性；本专利权利要求 1~2 相对于证据 4 和公知常识的结合不具备专利法第 22 条第 3 款规定的创造性；证据 7 涉及与本案密切相关的现有技术的对应产品，经公证处封印的产品样品将于口头审理时由请求人面交合议组；证据 8 内容与证据 4 一致。

专利复审委员会依法成立合议组，对本案进行审理。本案合议组于 2007 年 1 月 30 日向双方当事人发出无效宣告请求口头审理通知书，指出本案定于 2007 年 3 月 15 日举行口头审理，随同无效宣告请求口头审理通知书，将请求人于 2006 年 11 月 30 日提交的意见陈述书及其附件清单中所列附件副本转送给专利权人，将专利权人于 2006 年 11 月 28 日提交的意见陈述书转送给请求人。

口头审理如期举行，双方当事人均参加了口头审理。

在口头审理中，专利权人认可证据 1~2 的真实性；请求人明确表示放弃将证据 3 作为证据使用；请求人当庭提交了证据 4 的原件，专利权人对证据 4 的真实性表示认可，请求人表示证据 4 是本行业内定期公开赠送的杂志，专利权人认可证据 4 的杂志是本行业中的公开出版物，且认可其公开日期为 2003 年 6 月；专利权人对证据 4 中文译文（即证据 5）的准确性表示异议，认为证据 4 第 18 页第 2 栏第 1~2 行对应的翻译“通过初步检查……似乎非常困难”不当，认为应当翻译成“经过初步检查表明修改 1200 打印机使其接受 1300 碳粉盒将非常困难”，请求人对专利权人就上述翻译有异议的部分所作的修改表示认可；请求人当庭提交了证据 6 的原件，但未提交证据 6 认证书所认证部分内容的中文译文，专利权人对证据 6 认证书本身的真实性表示认可，但认为证据 6 缺乏中文译文，不能作为本案证据使用，合议组告知请求人证据 6 由于没有中文译文，在本案中视为未提交；请求人当庭提交了证据 7 的原件，专利权人认可证据 7 的真实性；请求人表示证据 8 为其自己下载的网页内容，其内容与证据 4 一致，无中文译文，专利权人对证据 8 的真实性没有异议，但认为不能确定其公开日期，且没有译文，不能作为证据使用。

请求人明确其无效宣告理由是：本专利权利要求 1~2 相对于证据 4 不具备新颖性和创造性，不符合专利法第 22 条第 2~3 款的规定；本专利权利要求 1~2 相对于证据 1 与公知常识的结合不具备创造性，不符合专利法第 22 条第 3 款的规定；证据 2 和证据 4 用来证明技术发展过程，说明公知常识；证据 8 用来辅助证明证据 4 的真实性；请求人当庭演示了证据 7 公证书中的物证，并认为上述物证与证据 1 和证据 4 中的产品对应。

请求人认为证据 4 公开了本专利权利要求 1 的全部技术特征，所以本专利权利要求 1 不具备新颖性、创造性；专利权人认为证据 4 没有公开本专利权利要求 1 中的“感光鼓保护罩左端转臂的上表面仅设一道加强筋”，认可其他技术特征被证据 4 公开，因此本专利权利要求 1 具有新颖性，证据 4 指明“修改 1200 打印机使其接受 1300 碳粉盒将非常困难”，因此没有给出结合 1200 打印机与 1300 碳粉盒的技术启示，所以本专利权利要求 1 具备创造性。请求人认为证据 1 背景技术部分是本专利的现有技术，专利权人认为背景技术并不是申请日以前已经公开的。请求人演示了物证用于说明产品结构，专利权人认为请求人所演示的实物产品与证据 4 中的实物或者本专利中的三种处理盒均不对应，且不能证明该实物结构在申请日前已经存在。双方当事人均对各自证据的使用方式和双方的证据能否影响本专利权利要求的新颖性、创造性充分发表了意见。

至此，合议组认为事实已经清楚，在此基础上，合议组经合议依法作出审查决定。

**二、决定的理由**

1. 关于证据和现有技术

（1）关于证据。

请求人在口头审理当庭明确表示放弃将证据 3 作为证据使用，因此合议组对证据 3 不再评述。

审查指南第四部分第八章第 2.2.1 节指出：当事人提交外文证据的，应当提交中文译文，未在举证期限内提交中文译文的，该外文证据视为未提交。

证据 6 是中华人民共和国驻洛杉矶总领事馆出具的（2006）美认字第 0013317 号认证书复印件，以及由上述认证书证明其文书中美国加利福尼亚州政府的印章和官员签字属实的英文证明文书，由于请求人未提交证据 6 中的英文证明文书的中文译文，因此该英文证明文书视为未提交，证据 6 仅为（2006）美认字第 0013317 号认证书。请求人当庭提交了证据 6 的原件，专利权人对其真实性予以认可，合议组对其真实性予以认可，但认为该认证书仅能证明与其粘连的文书上美国加利福尼亚州政府的印章和官员 BRUCE McPHERSON 的签字属实，而没有可与其他证据相互映证的内容，不能作为评述本专利新颖性、创造性的证据使用。

证据 8 是请求人声称为自 http：//www. rechargermag. com 网址于 2003 年 6 月 18 日发帖内容的打印文本，为外文证据，由于请求人未提交其中文译文，因此证据 8 视为未提交。

证据 1 和证据 2 是中国专利文献，专利权人对其真实性表示认可，合议组经审查认为证据 1 和证据 2 可以作为本案证据使用。

证据 4 是名为《Recharger》的杂志，请求人当庭提交了证据 4 的原件，并表示证据 4 是本行业内定期公开赠送的杂志，其公开日期为 2003 年 6 月，专利权人对证据 4 的真实性和公开日期表示认可，并认可证据 4 是本行业中的公开出版物，合议组经审查认为，证据 4 可以作为本案证据使用，其公开日期为 2003 年 6 月。

请求人提交了证据 4 相关部分的中文译文（即证据 5），专利权人认为其中与证据 4 第 18 页第 2 栏第 1~2 行相对应的“通过初步检查，通过修理 1200 打印机使其接受 1300 碳粉盒似乎非常困难”的翻译不当，认为应当翻译成“经过初步检查表明修改 1200 打印机使其接受 1300 碳粉盒将非常困难”，请求人对专利权人就上述翻译有异议的部分所作的修改表示认可，因此证据 4 公开的内容以请求人提交的中文译文为准，其中第 18 页第 2 栏第 1~2 行的内容，按照专利权人的意见译为“经过初步检查表明修改 1200 打印机使其接受 1300 碳粉盒将非常困难”。

证据 7 是由中华人民共和国广东省珠海市公证处出具的（2006）珠证内经字第 1326 号公证书，请求人当庭提交了证据 7 的原件，并演示了其中的物证，专利权人对证据 7 公证书的真实性及物证本身的真实性无异议，合议组经审查认为，证据 7 及其物证可以作为本案证据使用。

综上所述，在本案中可以采用的证据为证据 1、证据 2、证据 4 和证据 7。

（2）关于现有技术。

证据 2 是中国专利文献，证据 4 是《Recharger》杂志，它们的公开日期均在本专利的申请日之前，因此其上记载的内容构成本专利的现有技术，可以用于评价本专利的新颖性、创造性。

证据 1 是本专利授权公告文本，证据 7 是由中华人民共和国广东省珠海市公证处出具的（2006）珠证内经字第 1326 号公证书，请求人当庭演示了证据 7 所公证的型号为 hpQ2613A、hpC7115A、hpQ2624A 的打印机硒鼓物证，并认为，物证 Q2624A 对应于证据 1 中的处理盒 C，物证 C7115A 对应于本专利中的处理盒 A 以及证据 4 中的 1200 型号产品，物证 Q2613A 对应于本专利中的处理盒 B 和证据 4 中的 1300 型号产品；证据 7 的实物用来辅助证明证据 1 中的 A、B 和 C 三种处理盒属于现有技术；也就是说，请求人认为证据 1 背景技术中描述的 A、B、C 三种处理盒属于现有技术，并用证据 7 和证据 4 对上述观点进行佐证。

专利权人认为，证据 7 实物 Q2613A 产品的图标与证据 4 第 18 页 hp1300 激光打印机碳粉盒的图中的 1300 型号产品的图标并不一致，并且该证据 7 实物 Q2613A 的侧面结构与证据 1 的处理盒 B 也并不完全对应；而请求人认为上述不对应的部分是产品封条，在使用时将被揭去。

对此，合议组认为：证据 1 中仅有关于产品结构的简单示意图，无法与证据 7 的实物和证据 4 的图片显示进行充分对比，因此，请求人使用证据 7 的实物和证据 4 辅助证明证据 1 中背景技术所述内容为本专利现有技术的观点不能成立。

证据 1 中背景技术部分的描述只是申请人（即专利权人）在提出申请时描述他所能知晓的技术状况，不能表明该技术状况已经成为专利法意义上的现有技术，所以在没有足够证据充分证明证据 1 背景技术部分所记载的内容已经在本专利申请日之前公开的情况下，仅凭证据 1 尚不能证明其背景技术中记载的内容构成本专利的现有技术。

综上所述，可作为现有技术使用来评价本专利的新颖性、创造性的证据为证据 2 和证据 4。

2. 关于本专利权利要求 1~2 是否符合专利法第 22 条第 2 款规定的新颖性

请求人认为：证据 4 中公开了本专利权利要求 1 的粉仓、废粉仓；而证据 4 附图 A~E 公开了铰接关系，以及在废粉仓顶面左侧有一凹区，还公开了废粉仓左端板上沿低于顶面所在的主平面，并且能够看出在左端转臂的上表面仅有一个加强筋，而且证据 4 译文第 2 段第 1 行公开了 hp1200 的粉仓可以与 hp1300 的碳粉盒进行结合，故本专利权利要求 1 相对于证据 4 不具备新颖性，不符合专利法第 22 条第 2 款的规定；在此基础上，本专利权利要求 2 相对于证据 4 也不具备新颖性，不符合专利法第 22 条第 3 款的规定。

对此，合议组认为：本专利权利要求 1 要求保护一种具有通用结构的处理盒；证据 4 第 20 页附图 C、E 中可以看出 hp1200 碳粉盒的两端是平直的，证据 4 第 18 页附图 A 左侧可以看出在 hp1300 碳粉盒顶面左侧有一凹区，证据 4 第 18 页附图 A 及 hp1300 激光打印机碳粉盒的图中可以看出 hp1300 碳粉盒左端板上沿低于顶面所在的主平面，从证据 4 第 18 页 hp1300 激光打印机碳粉盒的图中可以看出，其左端转臂的上表面仅有一个加强筋；而证据 4 译文第 2 段第 1~4 行指出将 hp1200 的粉仓放入 1300 碳粉盒的前半部分可以工作，然而却无法将 1200 的整体碳粉盒装入 1300 打印机，因为在 1300 碳粉盒位于芯片附近的地方有凹口，反过来也不能将 1300 碳粉盒装入 1200 打印机，因为在 1300 碳粉盒的侧面有新的突起，而且经过初步检查表明修改 1200 打印机使其接收 1300 碳粉盒将非常困难。

本专利权利要求 1 的技术方案与证据 4 相比，其区别在于：本专利是一种具有通用结构的处理盒，而证据 4 中仅是将 1200 型号的粉仓放入 1300 碳粉盒的前半部进行工作，并没有公开一个将不同型号的粉仓和碳粉盒结合在一起之后形成本专利权利要求 1 所述处理盒的技术方案。因此，本专利权利要求 1 相对于证据 4 具备新颖性，符合专利法第 22 条第 2 款的规定，从属于权利要求 1 的权利要求 2 也相应地具备新颖性，符合专利法第 22 条第 2 款的规定。

3. 关于本专利权利要求 1~2 是否符合专利法第 22 条第 3 款的规定

（1）本专利权利要求 1~2 相对于证据 1 或者相对于证据 1 和公知常识的结合是否具备创造性。

请求人认为本专利权利要求 1~2 相对于证据 1 本身或者相对于证据 1 和公知常识的结合不具备创造性，证据 2 和证据 4 用于说明上述公知常识。

对此，合议组认为：鉴于证据 1 不能作为本专利的现有技术评价本专利权利要求的创造性，因此对请求人的上述无效宣告请求理由不予支持。

（2）本专利权利要求 1~2 相对于证据 4 是否具备创造性。

如前所述，本专利权利要求 1 的技术方案与证据 4 相比，其区别在于：本专利是一种具有通用结构的处理盒，而证据 4 中只是将 1200 型号的粉仓放入 1300 型号碳粉盒的前半部进行工作，并未形成一完整的处理盒。

请求人认为，证据 4 已经给出了结合 1200 打印机和 1300 碳粉盒的启示，一旦结合 1200 打印机和 1300 碳粉盒就能得到与本专利权利要求 1 相同的技术方案。

对此，合议组认为：证据 4 明示了“经过初步检查表明修改 1200 打印机使其接受 1300 碳粉盒将非常困难”，即，证据 4 事实上认为将 hp1200 的粉仓全部放入 1300 碳粉盒是一个难以解决的技术问题，那么对于本领域普通技术人员来说，该证据仅仅给出了一个难以解决的技术问题，而没有给出如何解决上述技术问题的技术启示，然而，本专利权利要求 1 的技术方案正是通过一种通用结构的处理盒实现了在一个系列的不同打印机上的兼容使用。因此，在证据 4 仅提出了技术问题，而没有给出将 1200 粉仓和 1300 的碳粉盒完全结合形成一个完整的处理盒的技术启示的情况下，本专利权利要求 1 相对于证据 4 具备创造性，符合专利法第 22 条第 3 款的规定，从属于权利要求 1 的从属权利要求 2 也相应地具备创造性，符合专利法第 22 条第 3 款的规定。

**三、决定**

维持 200320118356.2 号实用新型专利权有效。

当事人对本决定不服的，可以根据专利法第 46 条第 2 款的规定，自收到本决定之日起三个月内向北京市第一中级人民法院起诉。根据该款的规定，一方当事人起诉后，另一方当事人应当作为第三人参加诉讼。

# 北京市第一中级人民法院
# 行政判决书

（2007）一中行初字第1179号

原告珠海纳思达数码科技有限公司，住所地广东省珠海市前山明珠北路63号3栋6楼。

法定代表人李东飞，总经理。

委托代理人张润，珠海市威派特专利事务所专利代理人。

委托代理人周毅，男，1976年12月8日出生，珠海纳思达数码科技有限公司技术部职员。住广东省珠海市香洲区南山格力磁电有限公司集体宿舍。

被告国家知识产权局专利复审委员会，住所地北京市海淀区北四环西路9号银谷大厦10~12层。

法定代表人廖涛，副主任。

委托代理人王崎琳，国家知识产权局专利复审委员会审查员。

委托代理人齐宏涛，国家知识产权局专利复审委员会审查员。

第三人珠海天威飞马打印耗材有限公司，住所地广东省珠海市南屏科技工业园屏北一路32号。

法定代表人冯宝珍，董事长。

委托代理人张中，珠海智专专利商标代理有限公司专利代理人。

原告珠海纳思达数码科技有限公司（以下简称纳思达公司）不服被告国家知识产权局专利复审委员会（以下简称专利复审委员会）2007年5月22日作出的第9820号无效宣告请求审查决定（以下简称第9820号决定），于法定期限内向本院提起诉讼。本院于2007年8月31日受理本案后，依法组成合议庭，并通知第9820号决定的相对方珠海天威飞马打印耗材有限公司（以下简称天威飞马公司）作为本案第三人参加诉讼，于2007年11月20日公开开庭进行了审理。原告纳思达公司的委托代理人张润、周毅，被告专利复审委员会的委托代理人王崎琳、齐宏涛，第三人天威飞马公司的委托代理人张中到庭参加了诉讼。本案现已审理终结。

第9820号决定系专利复审委员会针对纳思达公司就天威飞马公司拥有的名称为“具有通用结构的处理盒”的第200320118356.2号实用新型专利（以下简称下称本专利）提起的无效宣告请求所作出。专利复审委员会在该决定中认定：

1. 关于证据和现有技术

（1）关于证据。

本案中可以采用的证据为证据1、证据2、证据4和证据7。

（2）关于现有技术。

证据1中背景技术部分的描述只是天威飞马公司在提出申请时描述他所能知晓的技术状况，不能表明该技术状况已经成为《中华人民共和国专利法》（以下简称《专利法》）意义上的现有技术，所以在没有足够证据充分证明证据1背景技术部分所记载的内容已经在本专利申请日之前公开的情况下，仅凭证据1尚不能证明其背景技术中记载的内容构成本专利的现有技术。

证据2、证据4可作为现有技术使用来评价本专利的新颖性、创造性。

2. 关于本专利权利要求1~2是否符合《专利法》第二十二条第二款规定的新颖性

本专利权利要求1的技术方案与证据4相比，其区别在于：本专利是一种具有通用结构的处理盒，而证据4中仅是将1200型号的粉仓放入1300碳粉盒的前半部进行工作，并没有公开一个将不同型号的粉仓和碳粉盒结合在一起之后形成本专利权利要求 1 所述处理盒的技术方案。因此，本专利权利要求 1 相对于证据 4 具备新颖性，符合《专利法》第二十二条第二款的规定，从属权利要求 1 的权利要求 2 也相应地具备新颖性，符合《专利法》第二十二条第二款的规定。

3. 关于本专利权利要求 1~2 是否符合专利法第二十二条第三款的规定

（1）本专利权利要求 1~2 相对于证据 1 或者相对于证据 1 和公知常识的结合是否具备创造性。

鉴于证据 1 不能作为本专利的现有技术评价本专利权利要求的创造性，因此对该无效宣告请求理由不予支持。

（2）本专利权利要求 1~2 相对于证据 4 是否具备创造性。

证据 4 仅提出了技术问题，而没有给出将 1200 粉仓和 1300 的碳粉盒完全结合形成一个完整的处理盒的技术启示，本专利权利要求 1 相对于证据 4 具备创造性，符合《专利法》第二十二条第三款的规定，从属于权利要求 1 的从属权利要求 2 也相应地具备创造性，符合《专利法》第二十二条第三款的规定。

基于上述理由，专利复审委员会作出第 9820 号决定，维持本专利权有效。

纳思达公司不服第 9820 号决定，依法向本院提起行政诉讼称：（1）被告认为由粉仓和废粉仓结合并可以工作的处理盒不是一个完整的处理盒没有事实依据，违背常识。（2）被告无视证据 4 已明确提示的组合 hp1300 碳粉盒废粉仓与 hp1200 碳粉盒的粉仓的基本事实，且未如实记录口头审理过程。（3）将 hp1300 碳粉盒废粉仓与 hp1200 碳粉盒的粉仓结合，必然产生本专利权利要求 1 所述的技术方案。（4）现有技术已经完整地给出了将 hp1300 碳粉盒的废粉仓与 hp1200 碳粉盒的粉仓组合为一个整体碳粉盒的启示，并且说明了其可以工作。综上，第 9820 号决定的结论错误，请求法院依法撤销第 9820 号决定。

被告专利复审委员会辩称：（1）被告已经充分将证据 4 和本专利权利要求进行了详细对比，在详细对比的基础上结合证据所反映的真实情况作出了结论；天威飞马公司在口审中明确表示过证据 4 没有给出结合 1200 打印机和 1300 碳粉盒的启示；证据 4 明确公开的内容是“经过初步检查表明修改 1200 打印机使其接受 1300 碳粉盒将非常困难”，被告正是依据事实作出了结论合法有效的审查决定。（2）口审笔录是双方当事人真实意思的体现。口审中，双方当事人详细核对了口审笔录，并对不满意的地方进行了修改和签字，口审过程和口审笔录的确定过程程序合法，无不当之处。（3）证据 4 仅公开了“经过初步检查表明修改 1200 打印机使其接受 1300 碳粉盒将非常困难”，仅是列举出了一个技术问题，其既没有给出一个解决了上述技术问题的完整技术方案，也没有给出解决该技术问题的技术启示。原告认为证据 4 给出了解决技术问题的技术启示是没有道理的。综上，第 9820 号决定认定事实清楚，适用法律正确，请求法院在查明事实的基础上依法驳回原告的诉讼请求，维持第 9820 号决定。

第三人天威飞马公司陈述意见称：（1）本专利权利要求 1 给出的技术方案相对于证据 4 具有新颖性、创造性。（2）第三人在无效审查程序中已明确表示证据 7 不能作为无效证据使用。（3）第三人在无效审查程序中始终强调证据 4 未揭示“感光鼓保护罩左端转臂的上表面仅有一条加强筋”这一技术特征。综上，第 9820 号决定认定事实清楚、程序合法，请求法院依法维持第 9820 号决定。

本院经审理查明：

本专利为 2004 年 11 月 24 日授权公告的、名称为“具有通用结构的处理盒”的实用新型专利，其专利号为 200320118356.2，申请日为 2003 年 11 月 19 日，专利权人是天威飞马公司。本专利授权公告的权利要求书如下：

“1. 具有通用结构的处理盒，包括

一个内含碳粉的粉仓和一个废粉仓，粉仓和废粉仓左右两侧铰接；

其特征在于：

粉仓左右端板平直；

废粉仓顶面的左侧有一下凹区；

废粉仓左端板上沿低于顶面所在的主平面；

感光鼓保护罩左端转臂的上表面仅设一道加强筋。

2. 根据权利要求1所述的具有通用结构的处理盒，其特征在于：

所述下凹区为电子芯片安装穴。”

2006年11月1日，纳思达公司以本专利不具备创造性为由，向专利复审委员会提出无效宣告请求，并提交证据1至证据3作为证据。

纳思达公司于2006年11月30日提交了意见陈述书，同时提交证据4至证据8作为补充证据。其中：

证据4为2003年6月的《Recharger》杂志彩页封面、黑白页封面、18~48页复印件共33页。其中第18页刊载有“hp1300激光打印机碳粉盒”图（hp1300激光打印机碳粉盒正面图）及图A；第20页刊载有图B（hp1300碳粉盒的右侧面图），图C（hp1200碳粉盒的右侧面图），图D（hp1300碳粉盒的左侧面图），图E（hp1200碳粉盒的左侧面图）。从图C、E中可以看出hp1200碳粉盒粉仓的两端板是平直的；结合证据4第18页“hp1300激光打印机碳粉盒”图及图A可以看出hp1300碳粉盒的废粉仓顶面左侧有一下凹区，该下凹区中安装有电子芯片，且hp1300碳粉盒废粉仓左端板上沿低于顶面所在的主平面；从证据4第18页“hp1300激光打印机碳粉盒”图中可以看出hp1300碳粉盒感光鼓保护罩左端转臂的上表面仅设一道加强筋。

证据5为证据4相关部分的中文译文共6页。该译文第2段第1至第4行的内容为：“将hp1200的粉仓放入1300碳粉盒的前半部分可以工作，然而，不能尝试将一个1200的整体碳粉盒装入1300打印机，因为1300碳粉盒位于芯片附近的地方有凹口，不能尝试将1300碳粉盒装入1200打印机，因为在1300碳粉盒的侧面有新的突起。通过初步检查，通过修理1200打印机使其接受1300碳粉盒似乎非常困难。”

2007年3月15日，专利复审委员会举行了口头审理，纳思达公司明确表示放弃将证据3作为证据使用，并当庭提交了证据4的原件。纳思达公司明确其无效宣告理由为：本专利权利要求1~2相对于证据4不具备新颖性和创造性，不符合《专利法》第二十二条第二款、第三款的规定；本专利权利要求1~2相对于证据1与公知常识的结合不具备创造性，不符合《专利法》第二十二条第三款的规定。天威飞马公司对证据4的中文译文（即证据5）的准确性表示异议，认为证据4第18页第2栏第1~2行对应的翻译“通过初步检查……似乎非常困难”不当，应当翻译成“经过初步检查表明修改1200打印机使其接受1300碳粉盒将非常困难”，纳思达公司对上述修改表示认可。纳思达公司的代理人张润、臧小钢、周毅，天威飞马公司的代理人张中参加了专利复审委员会举行的口头审理，并分别在口头审理记录上签字。

2007年5月22日，专利复审委员会作出第9820号决定。

在本案审理过程中，原告、被告及第三人均确认本专利所称的“处理盒”包括“粉仓”和“废粉仓”两部分，且在本案中“碳粉盒”与“处理盒”含义相同。原告、被告及第三人均认为从证据4中的附图B、C、D、E可以看出hp1200粉仓左右端板平直；hp1300废粉仓顶面左侧有一下凹区；hp1300废粉仓左端板上沿低于顶面所在的主平面。原告、被告认为从证据4的“hp1300激光打印机碳粉盒”图中可以看出该碳粉盒感光鼓保护罩左端转臂的上表面仅设一道加强筋，第三人认为从该图上看不清楚这一特征。

对于“将hp1200的粉仓放入1300碳粉盒的前半部分可以工作”，原告认为应理解为将hp1200的粉仓与 hp1300 的废粉仓相结合，形成一个完整的处理盒。被告则认为不能据此理解成将 hp1200 粉仓和 hp1300 废粉仓结合，因为没有提到“铰接”，故没有形成一个完整的处理盒，只能推出将 hp1200 粉仓和 hp1300 废粉仓摞在一起塞进打印机中；“可以工作”是指实现了打印功能，但还有部分功能不能实现，如显示碳粉的余量等。第三人认为本专利的处理盒可以放在至少两种型号的打印机中工作，而证据 4 没有公开这一技术方案。

上述事实有本专利授权公告文本、第 9820 号决定、证据 4、证据 5、口头审理记录及当事人陈述等证据在案佐证。

本院认为：

1. 口头审理记录是否如实记录了口头审理过程。

根据查明的事实，2007 年 3 月 15 日纳思达公司的代理人张润、臧小钢、周毅，天威飞马公司的代理人张中参加了专利复审委员会举行的口头审理，并分别在口头审理记录上签字。上述事实表明纳思达公司及天威飞马公司均已对口头审理记录表示确认，故纳思达公司关于口头审理记录未如实记录口头审理过程的主张没有证据支持，本院不予采信。

2. 关于本专利权利要求 1、2 是否具备新颖性。

《专利法》第二十二条第二款规定的新颖性是指，在申请日以前没有同样的发明或者实用新型在国内外出版物上公开发表过、在国内公开使用过或者以其他方式为公众所知，也没有同样的发明或者实用新型由他人向国务院专利行政部门提出过申请并且记载在申请日以后公布的专利申请文件中。

根据纳思达公司和天威飞马公司达成的一致意见，证据 4 译文第 2 段第 1~4 行公开了以下内容：“将 hp1200 的粉仓放入 1300 碳粉盒的前半部分可以工作，然而，不能尝试将一个 1200 的整体碳粉盒装入 1300 打印机，因为 1300 碳粉盒位于芯片附近的地方有凹口，不能尝试将 1300 碳粉盒装入 1200 打印机，因为在 1300 碳粉盒的侧面有新的突起。经过初步检查表明修改 1200 打印机使其接受 1300 碳粉盒将非常困难。”本院认为，本案争议的焦点在于，由证据 4 中记载的“将 hp1200 的粉仓放入 1300 碳粉盒的前半部分可以工作”，本领域技术人员能否直接地、毫无疑义地推导出“将 hp1200 的粉仓和 hp1300 的废粉仓结合形成一个完整处理盒”这一技术方案。处理盒（碳粉盒）的功能主要在于配合打印机完成打印工作，其包括两部分，即粉仓和废粉仓。1300 碳粉盒的前半部分即 1300 的粉仓，其后半部分即 1300 的废粉仓。“将 hp1200 的粉仓放入 1300 碳粉盒的前半部分可以工作”，该内容虽未明确将 hp1200 碳粉盒的粉仓与 hp1300 碳粉盒的废粉仓通过铰接组合在一起，但已明确说明“可以工作”，故本领域技术人员由该内容能够直接地、毫无疑义地推导出“将 hp1200 的粉仓与 hp1300 的废粉仓组合成一个完整处理盒”这一技术方案。被告关于由“将 hp1200 的粉仓放入 1300 碳粉盒的前半部分可以工作”仅能推导出将 hp1200 粉仓和 hp1300 废粉仓摞在一起塞进打印机中，没有形成一个完整的处理盒，且此技术方案仅能完成部分功能的主张缺乏事实依据。

根据证据 4 公开的技术方案，即 hp1200 碳粉盒的粉仓与 hp1300 碳粉盒的废粉仓组合成一处理盒，则该处理盒的粉仓具有 hp1200 粉仓的所有技术特征，该处理盒的废粉仓具有 hp1300 废粉仓的所有技术特征。根据查明事实可知，该处理盒粉仓的两端板是平直的；该处理盒废粉仓顶面左侧有一下凹区，该下凹区内安装有电子芯片；该处理盒废粉仓左端板上沿低于顶面所在的主平面；该处理盒感光鼓保护罩左端转臂的上表面仅设一道加强筋。由于证据 4 公开了本专利权利要求 1、2 的全部技术特征，因此，权利要求 1、2 不具备新颖性。被告关于证据 4 没有公开一个将不同型号的粉仓和碳粉盒结合在一起之后形成本专利权利要求 1 所述处理盒的技术方案，故权利要求 1 具备新颖性，其从属权利要求 2 也相应地具备新颖性的主张缺乏事实和法律依据，本院不予支持。

3. 关于本专利的创造性问题。

由于本专利权利要求1、2已丧失新颖性，因此本院对本专利是否具有创造性无须进行评判。

综上所述，由于第9820号决定对新颖性的认定错误，故导致第9820号决定错误，应当依法撤销。

依照《中华人民共和国行政诉讼法》第五十四条第（二）项之规定，本院判决如下：

1. 撤销被告国家知识产权局专利复审委员会作出的第9820号无效宣告请求审查决定；

2. 被告国家知识产权局专利复审委员会针对原告珠海纳思达数码科技有限公司就名称为“具有通用结构的处理盒”的第200320118356.2号实用新型专利提出的无效宣告请求重新作出审查决定。

案件受理费100元，由被告国家知识产权局专利复审委员会负担（于本判决生效之日起7日内交纳）。

如不服本判决，各方当事人可在本判决送达之日起15日内，向本院递交上诉状及副本，并交纳上诉案件受理费100元，上诉于北京市高级人民法院。上诉期满后7日内未交纳上诉案件受理费的，按自动撤回上诉处理。

审　判　长　彭文毅
代理审判员　张晰昕
代理审判员　江建中
二○○七年十二月十四日
书　记　员　吴　江

# 北京市高级人民法院
# 行政判决书

（2008）高行终字第268号

上诉人（原审被告）国家知识产权局专利复审委员会，住所地北京市海淀区北四环西路9号银谷大厦10~12层。

法定代表人廖涛，副主任。

委托代理人王琦琳，国家知识产权局专利复审委员会审查员。

委托代理人齐宏涛，国家知识产权局专利复审委员会审查员。

上诉人（原审第三人）珠海天威飞马打印耗材有限公司，住所地广东省珠海市南屏科技工业园屏北一路32号。

法定代表人冯宝珍，董事长。

委托代理人张中，男，汉族，1957年6月14日出生，珠海智专专利商标代理有限公司专利代理人，住广东省珠海市香洲区南屏珠海大道1号1栋504房。

委托代理人阎文军，男，汉族，1967年9月20日出生，该公司法律顾问，住山东省济南市历下区历山路147号。

被上诉人（原审原告）珠海纳思达数码科技有限公司，住所地广东省珠海市前山明珠北路63号3栋6楼。

法定代表人汪东颖，总经理。

委托代理人张润，男，汉族，1958年12月27日出生，珠海市威派特专利事务所专利代理人，住广东省珠海市香洲区香洲凤凰北路1088号5栋207房。

委托代理人周毅，男，汉族，1976 年 12 月 8 日出生，该公司职员，住广东省珠海市香洲区南山格力磁电有限公司集体宿舍。

上诉人国家知识产权局专利复审委员会（以下简称专利复审委员会）、珠海天威飞马打印耗材有限公司（以下简称天威飞马公司）因实用新型专利权无效行政纠纷一案，不服北京市第一中级人民法院（2007）一中行初字第 1179 号行政判决，向本院提起上诉。本院 2008 年 4 月 21 日受理后，依法组成合议庭，于 2008 年 5 月 26 日公开开庭进行了审理。上诉人专利复审委员会的委托代理人王琦琳、齐宏涛，上诉人天威飞马公司的委托代理人张中、阎文军，被上诉人珠海纳思达数码科技有限公司（以下简称纳思达公司）的委托代理人张润、周毅到庭参加了诉讼。本案现已审理终结。

涉案为天威飞马公司拥有的名称为“具有通用结构的处理盒”的第 200320118356.2 号实用新型专利（以下简称本专利）。2006 年 11 月 1 日，纳思达公司以本专利不具备创造性为由，向专利复审委员会提出无效宣告请求。2007 年 5 月 22 日，专利复审委员会做出第 9820 号无效宣告请求审查决定（以下简称第 9820 号决定），维持本专利权有效。纳思达公司不服该决定，向原审法院提起诉讼。

北京市第一中级人民法院认为，本案争议的焦点在于，由证据 4 中记载的“将 hp1200 的粉仓放入 1300 碳粉盒的前半部分可以工作”，本领域技术人员能否直接地、毫无疑义地推导出“将 hp1200 的粉仓和 hp1300 的废粉仓结合形成一个完整处理盒”这一技术方案。“将 hp1200 的粉仓放入 1300 碳粉盒的前半部分可以工作”，该内容虽未明确将 hp1200 碳粉盒的粉仓与 hp1300 碳粉盒的废粉仓通过铰接组合在一起，但已明确说明“可以工作”，故本领域技术人员由该内容能够直接地、毫无疑义地推导出“将 hp1200 的粉仓与 hp1300 的废粉仓组合成一个完整处理盒”这一技术方案。根据证据 4 公开的技术方案，即 hp1200 碳粉盒的粉仓与 hp1300 碳粉盒的废粉仓组合成一处理盒，则该处理盒的粉仓具有 hp1200 粉仓的所有技术特征，该处理盒的废粉仓具有 hp1300 废粉仓的所有技术特征。根据查明事实可知，该处理盒粉仓的两端板是平直的；该处理盒废粉仓顶面左侧有一下凹区，该下凹区内安装有电子芯片；该处理盒废粉仓左端板上沿低于顶面所在的主平面；该处理盒感光鼓保护罩左端转臂的上表面仅设一道加强筋。由于证据 4 公开了本专利权利要求 1、2 的全部技术特征，因此，本专利权利要求 1、2 不具备新颖性。由于第 9820 号决定对新颖性的认定错误，故导致第 9820 号决定错误，应当依法撤销。

依照《中华人民共和国行政诉讼法》第五十四条第（二）项之规定，判决：（1）撤销专利复审委员会作出的第 9820 号决定；（2）专利复审委员会针对珠海纳思达数码科技有限公司就本专利提出的无效宣告请求重新作出审查决定。

专利复审委员会、天威飞马公司不服原审判决，向本院提起上诉，请求撤销原审判决，维持第 9820 号决定。专利复审委员会的上诉理由主要为：原审法院认定事实不当。第一，碳粉盒中的粉仓和废粉仓是相互联系非常紧密的两个部件，功能相互对应，在打印机的碳粉盒更换过程中，均是对碳粉盒这个整体进行替换，而不是单独替换粉仓或者废粉仓；第二，证据 4 中“将 hp1200 的粉仓放入 1300 碳粉盒的前半部分可以工作”的表述所能表明的信息极其有限，对本领域技术人员而言，不能认定上述内容可以直接地、毫无疑义地推导出本专利所述那样的技术方案。第三，原审判决对证据 4 的上述表述的理解，脱离了证据 4 本身所公开的整体内容。

天威飞马公司的上诉理由主要为：第一，原审判决认定事实不清，错误地认定证据 4 已揭示“感光鼓保护罩左端转臂的上表面仅有一条加强筋”这一技术特征。第二，原审判决错误地使用了新颖性的判断标准，得出了本专利不具有新颖性的错误结论。原审法院在认定本专利的新颖性时，只考虑了技术方案一个方面，而没有考虑所解决的技术问题和预期效果。第三，证据 4 并未公开本专利权利要求 1 中“一个内含碳粉的粉仓和一个废粉仓，粉仓和废粉仓左右两侧铰接”这一技术特征。

纳思达公司服从原审判决。

本院经审理查明：本专利为2004年11月24日授权公告的、名称为“具有通用结构的处理盒”的实用新型专利，其专利号为200320118356.2，申请日为2003年11月19日，专利权人是天威飞马公司。本专利授权公告的权利要求书如下：

“1. 具有通用结构的处理盒，包括

一个内含碳粉的粉仓和一个废粉仓，粉仓和废粉仓左右两侧铰接；

其特征在于：

粉仓左右端板平直；

废粉仓顶面的左侧有一下凹区；

废粉仓左端板上沿低于顶面所在的主平面；

感光鼓保护罩左端转臂的上表面仅设一道加强筋。

2. 根据权利要求1所述的具有通用结构的处理盒，其特征在于：

所述下凹区为电子芯片安装穴。”

2006年11月1日，纳思达公司以本专利不具备创造性为由，向专利复审委员会提出无效宣告请求，并提交证据1~3作为证据。

纳思达公司于2006年11月30日提交了意见陈述书，同时提交证据4至证据8作为补充证据。其中：

证据4为2003年6月的《Recharger》杂志彩页封面、黑白页封面、18~48页复印件共33页。其中第18页刊载有“hp1300激光打印机碳粉盒”图（hp1300激光打印机碳粉盒正面图）及图A；第20页刊载有图B（hp1300碳粉盒的右侧面图），图C（hp1200碳粉盒的右侧面图），图D（hp1300碳粉盒的左侧面图），图E（hp1200碳粉盒的左侧面图）。从图C、E中可以看出hp1200碳粉盒粉仓的两端板是平直的；结合证据4第18页“hp1300激光打印机碳粉盒”图及图A可以看出hp1300碳粉盒的废粉仓顶面左侧有一下凹区，该下凹区中安装有电子芯片，且hp1300碳粉盒废粉仓左端板上沿低于顶面所在的主平面；从证据4第18页“hp1300激光打印机碳粉盒”图中可以看出hp1300碳粉盒感光鼓保护罩左端转臂的上表面仅设一道加强筋。

证据5为证据4相关部分的中文译文，共6页。该译文第2段第1~4行的内容为：“将hp1200的粉仓放入1300碳粉盒的前半部分可以工作，然而，不能尝试将一个1200的整体碳粉盒装入1300打印机，因为1300碳粉盒位于芯片附近的地方有凹口，不能尝试将1300碳粉盒装入1200打印机，因为在1300碳粉盒的侧面有新的突起。通过初步检查，通过修理1200打印机使其接受1300碳粉盒似乎非常困难。”

2007年3月15日，专利复审委员会举行了口头审理，纳思达公司明确表示放弃将证据3作为证据使用，并当庭提交了证据4的原件。纳思达公司明确其无效宣告理由为：本专利权利要求1~2相对于证据4不具备新颖性和创造性，不符合《专利法》第二十二条第二款、第三款的规定；本专利权利要求1~2相对于证据1与公知常识的结合不具备创造性，不符合《专利法》第二十二条第三款的规定。天威飞马公司对证据4的中文译文（即证据5）的准确性表示异议，认为证据4第18页第2栏第1~2行对应的翻译“通过初步检查……似乎非常困难”不当，应当翻译成“经过初步检查表明修改1200打印机使其接受1300碳粉盒将非常困难”，纳思达公司对上述修改表示认可。纳思达公司的代理人张润、臧小钢、周毅，天威飞马公司的代理人张中参加了专利复审委员会举行的口头审理，并分别在口头审理记录上签字。

2007年5月22日，专利复审委员会做出第9820号决定。专利复审委员会在该决定中认定：

1. 关于证据和现有技术

（1）关于证据。

本案中可以采用的证据为证据 1、证据 2、证据 4 和证据 7。

（2）关于现有技术。

证据 1 中背景技术部分的描述只是天威飞马公司在提出申请时描述他所能知晓的技术状况，不能表明该技术状况已经成为专利法意义上的现有技术，所以在没有足够证据充分证明证据 1 背景技术部分所记载的内容已经在本专利申请日之前公开的情况下，仅凭证据 1 尚不能证明其背景技术中记载的内容构成本专利的现有技术。

证据 2、证据 4 可作为现有技术使用来评价本专利的新颖性、创造性。

2. 关于本专利权利要求 1~2 是否符合《专利法》第二十二条第二款规定的新颖性

本专利权利要求 1 的技术方案与证据 4 相比，其区别在于：本专利是一种具有通用结构的处理盒，而证据 4 中仅是将 1200 型号的粉仓放入 1300 碳粉盒的前半部进行工作，并没有公开一个将不同型号的粉仓和碳粉盒结合在一起之后形成本专利权利要求 1 所述处理盒的技术方案。因此，本专利权利要求 1 相对于证据 4 具备新颖性，符合《专利法》第二十二条第二款的规定，从属权利要求 1 的权利要求 2 也相应地具备新颖性，符合《专利法》第二十二条第二款的规定。

3. 关于本专利权利要求 1~2 是否符合专利法第二十二条第三款的规定

（1）本专利权利要求 1~2 相对于证据 1 或者相对于证据 1 和公知常识的结合是否具备创造性。

鉴于证据 1 不能作为本专利的现有技术评价本专利权利要求的创造性，因此对该无效宣告请求理由不予支持。

（2）本专利权利要求 1~2 相对于证据 4 是否具备创造性。

证据 4 仅提出了技术问题，而没有给出将 1200 粉仓和 1300 的碳粉盒完全结合形成一个完整的处理盒的技术启示，本专利权利要求 1 相对于证据 4 具备创造性，符合《专利法》第二十二条第三款的规定，从属于权利要求 1 的从属权利要求 2 也相应地具备创造性，符合《专利法》第二十二条第三款的规定。

基于上述理由，专利复审委员会作出第 9820 号决定，维持本专利权有效。

在本案原审审理过程中，三方当事人均确认本专利所称的“处理盒”包括“粉仓”和“废粉仓”两部分，且在本案中“碳粉盒”与“处理盒”含义相同，从证据 4 中的附图 B、C、D、E 可以看出 hp1200 粉仓左右端板平直；hp1300 废粉仓顶面左侧有一下凹区；hp1300 废粉仓左端板上沿低于顶面所在的主平面。纳思达公司、专利复审委员会认为从证据 4 的“hp1300 激光打印机碳粉盒”图中可以看出该碳粉盒感光鼓保护罩左端转臂的上表面仅设一道加强筋，天威飞马公司认为从该图上看不清楚这一特征。

上述事实有本专利授权公告文本、第 9820 号决定、证据 4、证据 5、口头审理记录及当事人陈述等证据在案佐证。

本院认为，本案的核心问题在于本专利权利要求 1 是否具有新颖性。《专利法》第二十二条第二款规定的新颖性是指，在申请日以前没有同样的发明或者实用新型在国内外出版物上公开发表过、在国内公开使用过或者以其他方式为公众所知，也没有同样的发明或者实用新型由他人向国务院专利行政部门提出过申请并且记载在申请日以后公布的专利申请文件中。在判断本专利披露的技术方案是否与对比文件属于同样的实用新型时应当首先判断本专利披露的技术方案与对比文件是否实质上相同。

本专利权利要求 1 要求保护一种具有通用结构的处理盒，包括一个内含碳粉的粉仓和一个废粉仓，粉仓和废粉仓左右两侧铰接，粉仓左右端板平直，废粉仓顶面的左侧有一下凹区，废粉仓左端板上沿低于顶面所在的主平面；感光鼓保护罩左端转臂的上表面仅设一道加强筋。证据 4 公开了将 1200 型号的粉仓放入 1300 碳粉盒的前半部可以工作的技术方案，即“将 hp1200 的粉仓和 hp1300 的废粉仓结合形成一个完整处理盒”这一技术方案。其中证据 4 第 20 页附图 C、E 中可以看出 hp1200 碳粉盒的两端是平直的，证据 4 第 18 页附图 A 左侧可以看出 hp1300 碳粉盒顶面左侧有一凹区，证据 4 第 18 页附图 A 及 hp1300 激光打印机碳粉盒的图中可以看出 hp1300 碳粉盒左端板上沿低于顶面所在的主平面，从证据 4 第 18 页 hp1300 激光打印机碳粉盒的图中可以看出，其左端转臂的上表面仅有一个加强筋；而证据 4 译文第 2 段第 1~4 行指出将 hp1200 的粉仓放入 1300 碳粉盒的前半部分可以工作，然而却无法将 1200 的整体碳粉盒装入 1300 打印机，因为在 1300 碳粉盒位于芯片附近的地方有凹口，反过来也不能将 1300 碳粉盒装入 1200 打印机，因为在 1300 碳粉盒的侧面有新的突起，而且经过初步检查，标明修改 1200 打印机使其接受 1300 碳粉盒将十分困难。由此可见，1300 碳粉盒的前半部分即 1300 的粉仓，其后半部分即 1300 的废粉仓。“将 hp1200 的粉仓放入 1300 碳粉盒的前半部分可以工作”，该内容虽未明确将 hp1200 碳粉盒的粉仓与 hp1300 碳粉盒的废粉仓通过铰接组合在一起，但已明确说明“可以工作”，故本领域技术人员由该内容能够直接地、毫无疑义地推导出“将 hp1200 的粉仓与 hp1300 的废粉仓组合成一个完整处理盒”这一技术方案。而证据 4 的第 24 页~46 页的图 1~37 展示了“将 hp1200 的粉仓与 hp1300 的废粉仓组合成一个完整处理盒”的过程，鉴于 hp1200、hp1300 碳粉盒的粉仓与废粉仓的连接方式均为铰接，本领域技术人员结合上述图示可以毫无疑义地得出将 hp1200 的粉仓与 hp1300 的废粉仓的连接方式为铰接组合的技术特征。天威飞马公司关于证据 4 并未公开本专利权利要求 1 中“粉仓和废粉仓左右两侧铰接”以及原审判决错误地认定证据 4 已揭示“感光鼓保护罩左端转臂的上表面仅有一条加强筋”这一技术特征的上诉主张没有事实与法律依据，本院不予支持。

根据证据 4 公开的技术方案，即 hp1200 碳粉盒的粉仓与 hp1300 碳粉盒的废粉仓组合成一处理盒，则该处理盒的粉仓具有 hp1200 粉仓的所有技术特征，该处理盒的废粉仓具有 hp1300 废粉仓的所有技术特征。根据查明事实可知，该处理盒粉仓和废粉仓左右两侧铰接，该处理盒粉仓的两端板是平直的，该处理盒废粉仓顶面左侧有一下凹区，该下凹区内安装有电子芯片；该处理盒废粉仓左端板上沿低于顶面所在的主平面；该处理盒感光鼓保护罩左端转臂的上表面仅设一道加强筋。由于证据 4 公开了本专利权利要求 1 的全部技术特征，因此，权利要求 1 不具备新颖性。专利复审委员会关于证据 4 没有公开一个将不同型号的粉仓和碳粉盒结合在一起之后形成本专利权利要求 1 所述处理盒的技术方案主张缺乏事实依据，本院不予支持。

综上，原审判决认定事实清楚，适用法律正确，应予维持。专利复审委员会、天威飞马公司的上诉理由不能成立，其上诉请求本院不予支持。依照《中华人民共和国行政诉讼法》第六十一条第一款第（一）项之规定，判决如下：

驳回上诉，维持原判。

一审案件受理费 100 元，由国家知识产权局专利复审委员会负担（于本判决生效之日起 7 日内交纳）；二审案件受理费 100 元，由国家知识产权局专利复审委员会负担 50 元（已交纳），珠海天威飞马打印耗材有限公司负担 50 元（已交纳）。

本判决为终审判决。

审　判　长　刘　辉
代理审判员　岑宏宇
代理审判员　焦　彦
二〇〇八年六月十九日
书　记　员　耿巍巍
书　记　员　孙　娜

095

# 爪链的机械化制造设备

## 无效宣告请求审查决定（第9850号）

**决　　定　　号**　第9850号
**决　　定　　日**　2007年6月5日
**发明创造名称**　爪链的机械化制造设备
**国 际 分 类 号**　A44C 27/00
**无效宣告请求人**　义乌市锦潮五金饰品厂
**专　利　权　人**　潘国基
**专　　利　　号**　00125045.0
**申　　请　　日**　2000年9月6日
**授 权 公 告 日**　2004年2月11日
**合 议 组 组 长**　马文霞
**主　　审　　员**　任晓兰
**参　　审　　员**　吴红权

**法　律　依　据**　专利法第22条第2款、第22条第3款
**决　定　要　点**

专利法意义上的使用公开是指通过制造、销售等行为使得与权利要求所要求保护的技术方案相同的发明创造在申请日前处于公众想要得知就能够得知的状态。产品的公开销售并不一定会导致制造该产品的设备处于公众想要得知就能够得知的状态。尽管有证据证明负有保密义务的人违反规定泄露技术秘密，但是如果没有证据证明这种对技术秘密的泄露行为导致所述技术方案处于公众想要得知就能够得知的状态，则尚不足以证明所述技术方案构成了使用公开。

判断一项权利要求是否具有创造性，重点在于判断对于本领域技术人员来说，要求保护的技术方案相对于现有技术是否显而易见，并且是否具有有益的技术效果。如果本领域技术人员从请求人提交的、其中仅给出了某些相关技术内容的一般性描述的证据中无法显而易见地得到所要求保护的技术方案，而且所述技术方案又解决了现有技术中存在的问题，则所述证据不足以破坏所述技术方案的创造性。

### 一、案由

本无效宣告请求案涉及国家知识产权局于2004年2月11日公告授予的、名称为“爪链的机械化制造设备”的发明专利权（下称本专利），其申请日为2000年9月6日，专利权人为潘国基。该专利授权公告的权利要求如下：

“1. 一种爪链的机械化制造设备，包括机器基座、传动机构、冲压机构，其特征在于：

包含：在铜带上冲下带有宝石爪趾、连接片锁扣的链节平片的剪口工位、将链节平片四周翻边的压形工位、从铜带上冲下连接片并安放在相邻两个链节胚上的连接件工位、从输送槽两侧对压链节胚使链节胚上的锁扣合拢的挤压工位、平压链节使之整形的成形工位；

模床上开有纵向的链节平片输送槽、链节胚输送槽，所述的链节平片输送槽位于链节胚输送槽的上方，链节平片输送槽和链节胚输送槽内分别安装有受往复机构带动的推杆；

链节平片输送槽和链节胚输送槽上依次安装有剪口阴模、压形冲模、连接片阴模、挤压机构、成形阴模；

冲头上依次排列着剪口阳模、压形冲模、连接片阳模、成形阳模；

所述的链节平片输送槽和链节胚输送槽在压形工位竖向贯通，所述的贯通槽构成压形阴模，所述的贯通槽的前后两壁面与链节等宽，所述贯通槽的左右两壁呈自上至下逐渐收缩形，压形阳模的形状与阴模对应；

所述的链节平片冲模的阴模内有横向的、供链节原材料铜带穿越的槽，所述的连接片冲模的阴模的阴模内有横向的、供连接片原材料铜带穿越的槽，所述的铜带由步进机构牵引；

所述的冲压机构、铜带的步进机构、链节平片输送槽和链节胚输送槽内的推杆的往复机构的周期长度相同，其中，所述的铜带的步进机构与所述的推杆的往复机构的相位相同，冲压机构与铜带的步进机构、推杆的往复机构的相位相反。

2. 如权利要求 1 所述的爪链的机械化制造设备，其特征在于：所述的压形工位上阴模的底部设有一枕垫，枕垫的左右两壁呈自上至下逐渐收缩形，枕垫的上端面呈上弓的弧形，枕垫的下部有支撑弹簧，压形阳模的形状与阴模对应。

3. 如权利要求 1 所述的爪链的机械化制造设备，其特征在于所述的挤压机构是装在链节胚输送槽两侧的滚动轴承对。

4. 如权利要求 2 所述的爪链的机械化制造设备，其特征在于所述的挤压机构是装在链节胚输送槽两侧的滚动轴承对。

5. 如权利要求 1~4 之一所述的爪链的机械化制造设备，其特征在于在连接件工位前部的爪链胚输送槽上安装着一个链节整理阀，所述的链节整理阀可滑动地安装在模具上，其光顺面迎向链节胚前进方向。”

针对上述专利权，义乌市锦潮五金饰品厂（下称请求人）于 2006 年 2 月 20 日向专利复审委员会提出无效宣告请求，认为本专利权利要求 1~5 不符合专利法第 22 条第 2 款的规定，并提交了下述附件：

附件 1：广东省深圳市中级人民法院刑事判决书（2004）深中法刑二终字第 74 号，复印件共 58 页（下称证据 1）；

附件 2：潘国基诉义乌市锦潮五金饰品厂侵权的民事起诉状，复印件共 2 页；

附件 3：证书号为第 143499 号（即本专利）的发明专利证书，复印件共 1 页；

附件 4：深圳市宝安区人民法院刑事判决书（2003）深宝法刑初字第 1545 号，复印件共 41 页（下称证据 2）。

请求人认为：证据 1 和 2 可以证实，本专利已经由于他人对技术秘密的泄露而于 1998 年 4 月起在国内公开使用，导致本专利不符合专利法第 22 条第 2 款有关新颖性的规定。

经形式审查合格后，专利复审委员会受理了上述请求，于 2006 年 2 月 20 日向双方当事人发出《无效宣告请求受理通知书》，并将《专利权无效宣告请求书》及其他有关文件的副本转送给专利权人，要求其在指定的期限内答复，同时成立合议组对本无效宣告请求案进行审理。

2006年3月9日，请求人补充提交了意见陈述书，同时补充提交如下附件（编号续前）：

附件5：《冲压工艺与冲模设计》，翁其金主编，机械工业出版社出版，2004年5月第1版第9次印刷，封面、出版信息页、相关目录、以及第334~351页，复印件共22页（下称证据3）；

附件6：申请号为80107667的台湾发明专利说明书，公告日为1993年7月21日，复印件共12页（下称证据4）；

附件7：申请号为82104876的台湾发明专利说明书，公告日为1995年7月21日，复印件共16页（下称证据5）；

附件8：盖有义乌市稠城鹏利饰品配件店印章的证明人奉美艳的证人证言，原件共1页（下称证据6）；

附件9：盖有义乌市锦潮五金饰品厂印章的证明人吴功良的证人证言复印件共1页，以及负责人为吴功良的营业执照复印件共5页（下称证据7）；

附件10：证明人邱金存的证人证言，共1页（下称证据8）。

请求人认为：本专利实质上是在现有冲床上配置了“自动化级进模”而构成的爪链机械化制造设备，而所述“自动化级进模”的设计、制造和使用均为公知技术，证据3第九章第五节和第六节的描述几乎完全覆盖了本专利权利要求1~5所列的相关技术特征。同时，证据4和5都公开了本专利权利要求1~5的相关技术特征，本领域技术人员从这两份证据中公开的技术启示，无须创造性劳动就能够实现本专利权利要求1~5的技术方案。而且，证据6~8表明，早在本专利的申请日之前，就有人利用在现有冲床上配置“自动化级进模”的公知技术而自行开发机械化制造爪链的设备。因此，本专利权利要求1~5既不具备新颖性，也不具备创造性。

2006年7月17日，专利复审委员会将请求人补充提交的意见陈述书及其所附文件的副本转送给专利权人。

2006年9月20日，本案合议组向双方当事人发出《无效宣告请求口头审理通知书》，拟定于2006年11月21日对本案进行口头审理。

口头审理如期进行，双方当事人均出席了口头审理。合议组就本无效宣告请求案的无效理由和证据逐一进行了调查，双方当事人充分陈述了各自的意见，在此基础上，合议组记录了以下事项：

（1）请求人当庭确定其无效宣告的理由为权利要求1~5相对于证据1和2不符合专利法第22条第2款有关新颖性的规定，权利要求1~5相对于证据3、4和5的结合不符合专利法第22条第3款有关创造性的规定，其中证据3是最接近的对比文件。请求人明确表示放弃证据6和8。

（2）合议组注意到证据3出版信息页出现两个不同的日期，即“1999.10重印”与“2004年5月第1版第9次印刷”的字样，请求人解释称其所提供的证据3为2004年5月印刷的版本，但是该版本采用的是1999年出版的版次，并当庭出示了1999年出版印刷的版本，专利权人核对后认为其内容与证据3的内容完全一致。

（3）请求人当庭提出使用证据3的其他部分作为证据3的补充（下文称之为证据3′），拟证明权利要求1~5中的某些部件或工位是公知常识，所述证据3′为：

证据3′：《冲压工艺与冲模设计》，翁其金主编，机械工业出版社出版，1999年版，第三章目录、第26~41页、第四章目录、第146~159页、第252~258页、第344~351页、第311~315页、第312页、第321~329页、第315页、第344页、第141~143页、第150~156页、第78~94页。

（4）专利权人对证据1~3、3′的真实性没有异议，认为证据4和5需要补充证明其真实性的认证资料，证据7中的证人系本案无效宣告请求人的法定代表人，与本案有利害关系，不能作为证人，并且对请求人当庭补充的证据 3′，不认可其为公知常识性证据。

口审结束后，请求人提交了经国家知识产权局专利检索咨询中心确认核实的证据 4~5 的复印件、和请求人当庭补充的证据 3′的复印件及相关意见陈述，合议组将请求人补充提交的上述文件的副本于 2006 年 11 月 22 日转送专利权人，要求其在七日内答复，并明确告知专利权人如果期满未答复，视为已得知转送文件中所涉及的事实、理由和证据并未提出反对意见。

在指定的期限内，合议组未收到专利权人就上述转送文件的意见答复。

至此，合议组认为本案的事实清楚，可以作出审查决定。

**二、决定的理由**

1. 关于证据和无效宣告理由及范围的认定

专利权人对证据 1 和 2 的真实性没有异议，因此，合议组对证据 1 和 2 的真实性予以认可。

专利权人对证据 3 及请求人当庭补充提交的证据 3′的真实性没有异议，但是认为证据 3′不能作为公知常识性证据补充提交。对此，合议组认为，证据 3 及证据 3′所涉及的书目是一本由机械工业出版社出版的普通中等专业教育机电类规划教材，是一本教科书，属于审查指南第四部分第三章规定的公知常识性证据的范畴，由于请求人在口头审理辩论终结前已经提交并且结合该证据具体说明了无效宣告理由，因此，合议组对该证据 3′予以接受，而且，在专利权人对其真实性没有异议的情况下，合议组对证据 3 及请求人当庭补充提交的证据 3′的真实性予以认可。

关于证据 4 和 5，请求人在口头审理结束后提交的由国家知识产权局专利检索咨询中心确认核实的证据 4~5 的复印件已经证实了这两个证据的真实性，因此，合议组对这两个证据的真实性予以认可。

关于证据 7，其中的证人为本案无效宣告请求人的法定代表人，与本案有利害关系，故证据 7 不能作为证人证言而只能作为请求人的意见陈述考虑。

因此，合议组审理的关于本专利权的无效宣告的理由和范围是：权利要求 1~5 相对于证据 1 和 2 不符合专利法第 22 条第 2 款有关新颖性的规定，权利要求 1~5 相对于证据 3、3′、证据 4 和 5 的结合不符合专利法第 22 条第 3 款有关创造性的规定。

2. 关于新颖性

专利法第 22 条第 2 款规定：新颖性，是指在申请日以前没有同样的发明或者实用新型在国内外出版物上公开发表过、在国内公开使用过或者以其他方式为公众所知，也没有同样的发明或者实用新型由他人向国务院专利行政部门提出过申请并且记载在申请日以后公布的专利申请文件中。

专利法意义上的使用公开是指通过制造、销售等行为使得与权利要求所要求保护的技术方案相同的发明创造在申请日前处于公众中想要得知就能够得知的状态。产品的公开销售并不一定会导致制造该产品的设备处于公众想要得知就能够得知的状态。尽管有证据证明负有保密义务的人违反规定泄露技术秘密，但是如果没有证据证明这种对技术秘密的泄露行为导致所述技术方案处于公众想要得知就能够得知的状态，则尚不足以证明所述技术方案已经构成使用公开。

就本案而言，请求人认为本专利权利要求 1~5 不具备新颖性主要基于以下两个理由：（1）证据 1 和 2 表明，在本专利的申请日之前专利权人已经生产并销售平底和圆底爪链，本领域技术人员通过运用反向工程可以从市场上销售的爪链中得到其形状和参数，从而获知有关爪链生产方法的具体技术内容；（2）证据 1 和 2 证实，生产平底和圆底爪链的专利技术已经由于他人对技术秘密的泄露而于申请日前在国内公开使用，导致本专利不符合专利法第 22 条第 2 款有关新颖性的规定。

对于第一条理由，合议组认为，（1）本专利权利要求 1~5 要求保护的是机械化制造爪链的设备；（2）证据 1 第 26 页倒数第 1 段、第 31~33 页的内容表明，在本专利的申请日前，专利权人已经生产和销售了平底和圆底爪链并且在市场上已经出现了与专利权人所生产的爪链一样的产品，也就是说，专利权人生产的平底和圆底爪链本身在本专利的申请日前是已知的；（3）如同证据1第52页所述，对于机械类产品，在产品售出后，本领域可以运用反向工程获取其形状和参数。但是，通过反向工程只能获得该产品本身的形状与参数，至于能否从该产品本身的形状与参数获知有关制造该产品的设备的详细信息将取决于很多因素，这必须依赖于证据给予证明。对于本案中所涉及的爪链产品而言，或许如请求人所述，由于其具体结构相对简单、连接关系清楚，本领域技术人员从市场上销售的爪链出发，能够通过反向工程获取该爪链本身的形状和参数，仿制出与其完全相同或极为类似的爪链产品，但是，生产爪链的技术与设备并非一一对应，比如，对于完全相同的爪链来说，既可以用手工生产、又可以用各种不同的机械化生产设备来制造，因此，本领域技术人员能仿制出爪链并不意味着他一定能仿制出本专利所要求保护的特定的机械化制造爪链的设备。请求人目前提供的证据1仅能证明爪链本身在本专利的申请日前是公开销售的，尚不足以证明本领域技术人员能够从市场上公开销售的爪链本身获知关于本专利权利要求1~5要求保护的特定的机械化制造爪链的设备。

对于第二条理由，合议组认为：（1）从证据1第49页第二段可知，专利权人将其平底和圆底爪链生产设备分别于2000年9月6日和11月7日向国家知识产权局申请专利并于2004年4月6日和12月12日被授予发明专利证书，证书号分别为ZL 00131833.0和ZL 00125045.0（本专利）。（2）从证据1第28、56页的内容可以证实，原树燊厂的模具工向小祥等四人于1998年4月先后离开树燊厂到上海流行饰品有限公司，将专利权人有关平底和圆底爪链的生产技术秘密泄露给该公司，后又于2000年底先后离开流行公司自己办厂，继续使用上述技术生产爪链谋利。（3）判断向小祥等人对于技术秘密的泄露是否导致本专利权利要求1~5所要求保护的机械化制造爪链的设备不具有新颖性的焦点在于，判断上述泄露技术秘密的行为是否使得本专利权利要求1~5所要求保护的机械化制造爪链的设备处于公众想要得知就能够得知的状态。

首先，在证据1中仅仅证实了向小祥等人泄露专利权人生产平底和圆底爪链的技术秘密的事实，而根据证据1的上述内容，所述技术秘密对应于两项专利权，即，ZL 00131833.0和ZL 00125045.0，本专利仅为其中之一。证据1中并没有明确提到向小祥等人泄露的是哪一项具体的技术秘密。其次，尽管证据1证实了向小祥等人泄露了专利权人的技术秘密的事实，但是并没有明确提到这一泄秘行为使得该技术秘密处于公众想要得知就能够得知的状态。由于使用他人的技术秘密本身就是为了谋取利益，因此，一般情况下，为了利益最大化，不管是泄秘者还是非法使用他人的技术秘密者，都不会将能够为其带来利益的所述秘密泄露给不相关的人。实际上，向小祥等人从1998年4月至2000年底一直在为流行饰品公司工作，在没有相反证据的情况下，都只能表明所述技术仅处于被特定的人知晓的状态，也就是说，单纯用证据1尚不足以证明本专利权利要求1~5所要求保护的机械化制造爪链的设备在其申请日前处于公众想要得知就能够得知的状态。

请求人引用的证据2是深圳市宝安区人民法院的刑事判决书，其效力已经被证据1（即，广东省深圳市中级人民法院（2004）深中法刑二终字第74号刑事判决书）所推翻，因此，合议组对证据2的内容不予考虑。

综上所述，由于请求人提供的证据既无法证明本领域技术人员能够从市场上销售的爪链出发，通过运用反向工程获知关于本专利权利要求1~5要求保护的特定的机械化制造爪链的设备，也无法证明由于他人对技术秘密的泄露而使得本专利权利要求1~5所要求保护的机械化制造爪链的设备处于公众想要得知就能够得知的状态，因此，请求人提供的证据并不足以证明本专利的权利要求1~5的技术方案构成了使用公开，亦即，本专利的权利要求1~5具有新颖性，符合专利法第22条第2款的规定。

3. 关于创造性

专利法第22条第3款规定：创造性，是指同申请日以前已有的技术相比，该发明有突出的实质性特点和显著的进步，该实用新型有实质性特点和进步。

判断一项权利要求是否具有创造性，重点在于判断对于本领域技术人员来说，要求保护的技术方案相对于现有技术是否显而易见，并且是否具有有益的技术效果。如果本领域技术人员从请求人提交的、其中仅给出了某些相关技术内容的一般性描述的证据中无法显而易见地得到所要求保护的技术方案，而且所述技术方案又解决了现有技术中存在的问题，则所述证据不足以破坏所述技术方案的创造性。

就本案而言，权利要求1要求保护一种爪链的机械化制造设备，其包括机器基座、传动机构、冲压机构，和具有一些具体特征的模床。

请求人认为：权利要求1是在现有的包括机器基座、传动机构、冲压机构的冲床上配置“自动化级进模”而形成的，而所述自动化级进模的设计、制造和使用在本领域是公知的。权利要求1特征部分中除了“连接件工位”的特征既在证据3′中公开，又在证据5的摘要、说明书第4页倒数第4段以及第6页倒数第2段的内容中公开、“所述的链节平片输送槽和链节胚输送槽在压形工位竖向贯通，所述的贯通槽构成压形阴模，所述的贯通槽的前后两壁面与链节等宽，所述贯通槽的左右两壁呈自上至下逐渐收缩形，压形阳模的形状与阴模对应”的特征在证据5的图1、图1c中公开之外，其余的技术特征都在证据3以及补充证据3′中公开了，其中：

（1）证据3′第26页中提到的冲裁落料相当于权利要求1中的剪口工位（即，公开了“在铜带上冲下带有宝石爪趾、连接片锁扣的链节平片的剪口工位”）；

（2）证据3′第133页的弯曲相当于相当于权利要求1中的压形工位（即，公开了“将链节平片四周翻边的压形工位”）；

（3）证据5图1中公开了权利要求1的连接件工位（即，公开了“从铜带上冲下连接片并安装在相邻两个链节胚上的连接件工位”）；

（4）证据3′第252~258页中的旋压、校形分别相当于权利要求1中的挤压工位和成型工位（即，公开了“从输送槽两侧对压链节胚使链节胚上的锁扣合拢的挤压工位、平压链节使之整形的成形工位”）；

（5）证据3′第344页的图9-40和证据5的图1公开了权利要求1中模具上的输送槽（即，公开了“模床上开有纵向的链节平片输送槽、链节胚输送槽，所述的链节平片输送槽位于链节胚输送槽的上方”）；

（6）证据3′第311页公开了权利要求1中模具上的推杆（即，公开了“链节平片输送槽和链节胚输送槽内分别安装有受往复机构带动的推杆”）；

（7）证据3公开了权利要求1中模具上各工位的顺序和整体结构（即，公开了“链节平片输送槽和链节胚输送槽上依次安装有剪口阴模、压形冲模、连接片阴模、挤压机构、成形阴模；冲头上依次排列着剪口阳模、压形冲模、连接片阳模、成形阳模”）；

（8）证据3′第312和345页公开了权利要求1中原材料铜带穿越的槽（即，公开了“所述的链节平片冲模的阴模内有横向的、供链节原材料铜带穿越的槽，所述的连接片冲模的阴模的阴模内有横向的、供连接片原材料铜带穿越的槽，所述的铜带由步进机构牵引”）；

（9）证据3′第315页图9-3公开了权利要求1中冲压机构、步进机构和推杆的往复机构（即，公开了“所述的冲压机构、铜带的步进机构、链节平片输送槽和链节胚输送槽内的推杆的往复机构的周期长度相同，其中，所述的铜带的步进机构与所述的推杆的往复机构的相位相同，冲压机构与铜带的步进机构、推杆的往复机构的相位相反”)；

因此，基于权利要求1所有的技术特征均已被本领域技术人员公知，因而权利要求1不具备创造性。从属权利要求2中的“枕垫、枕垫下部的支撑弹簧、枕垫及压形阳模的形状”在证据3′第344页公开了，从属权利要求3~4中的“滚轴或滚轮”在证据3′第252~258页中公开了，从属权利要求5中的“回带式挡料装置”在证据3′第78~94页中公开了，因此，这些权利要求也不具备创造性。

对此，合议组认为：

本专利权利要求1要求保护的是一种具有特定结构的用于机械化制造爪链的设备，如请求人与专利权人所共同认为的那样，这种设备是为了解决生产爪链过程中用手工逐个打造链节、再用手工逐个连接所造成的诸如生产速度慢、链节尺寸不一、质量不稳定、外观粗糙等缺陷而设计制造的，因此，本专利实际要解决的技术问题是，提供一种能克服手工制造爪链时的缺陷的机械化制造爪链的设备。

证据3和证据3′所涉及的是一本普通中等专业教育机电类规划教材，其中对冲压工艺和冲模设计的原理、冲压的各个基本工序、自动模与多工位级进模的设计思路和方法进行了一般性的介绍，没有明确提到将这些工序有机整合并具体应用到制造爪链的设备当中。对于知晓本领域的普通技术知识、具有常规的实验能力、但不具有创造能力及创造性设计能力的本领域技术人员来说，他或许能够从该教科书中获知一般的冲压工序与冲模设计原理，但是，当该教科书未明确教导如何将这些工序或工位在一种特定的设备中进行合理的排列组合从而形成一种特定的装置时，本领域技术人员并不具备将该教科书中各个部分的内容进行组合排列形成一种能解决特定技术问题的特定装置的能力。

请求人提供的证据4公开了一次冲压成型制备铜爪链的方法及装置，其中，先将带料裁剪成镶石件和连接件，之后经由料机送入连续冲模，通过冲床的运动使带料由两端逐渐向中心移动，经由导孔工位、预成型工位和成型工位之后到达交会处，通过冲压形成爪链饰品，在证据4中没有公开权利要求1各工位的具体结构特征，也没有提到要解决手工制造爪链时碰到的问题。

证据5也公开了一种制造爪链的方法，其中，将料带打定位孔和异形孔，使爪链连接片（相当于本专利中的连接片）和爪链承座片（相当于本专利的链节平片）同时在料带的同一方框中，之后通过升降定位、冲压使爪链承座片与连接片相互结合，在证据5中只公开了制造方法，未公开相应的设备，而且，所述方法与本专利也不完全相同，例如，在证据5中需要在料带上打孔进行定位，而在本专利中是靠推杆的推距来定位的。此外，在证据5中也未提及要解决手工制造爪链时碰到的诸如质量不稳定等的问题。

由于证据3、证据3′中并没有提及如何在制造爪链的设备中将诸如剪口工位、压形工位等的工位进行适当的组合而得到一种机械化制造爪链的设备，并由此克服现有技术中存在的例如生产速度慢、链节尺寸不一、质量不稳定、外观粗糙等的缺陷，因此，当本领域技术人员需要克服上述缺陷、解决上述实际要解决的技术问题时，并不会从证据3和证据3′中获得要将各工位有机排列组合形成一个整体的启示；同时，由于证据4和5中均未提及要解决手工制造爪链中碰到的问题，因此，本领域技术人员也不会从中获得启示要将证据3、证据3′与证据4、5中公开的内容相结合而得到权利要求1所要求保护的技术方案。而且，权利要求1中，通过将各个工位进行适当的排列组合、在各工位上采用特定的结构、以及通过各工位之间在时间周期上的相互配合而形成了一种特定的机械化制造爪链的设备，利用该设备能够获得外观精致的爪链，因此，权利要求1所要求保护的机械化制造爪链的设备产生了有益的效果。

综上所述，一方面，本领域技术人员无法从证据3、证据3′、证据4和5的结合显而易见地得到权利要求1所要求保护的技术方案，另一方面，权利要求1所要求保护的技术方案又具有有益的技术效果，因此，合议组认为，请求人提供的所述证据尚不足以破坏权利要求1的创造性，即，合议组对请求人依据证据3、证据3′、证据4和5的结合认为本专利权利要求1不符合专利法第22条第3款规定的主张不予支持。

在权利要求1的技术方案具有创造性的基础上，分别对权利要求1中涉及的具体部件进行进一步限定的从属权利要求2~5自然也具有创造性，符合专利法第22条第3款的规定。

基于以上事实和理由，本案合议组作出如下审查决定。

**三、决定**

维持第00125045.0号发明专利权有效。

当事人对本决定不服的，可以根据专利法第46条第2款的规定，自收到本决定之日起三个月内向北京市第一中级人民法院起诉。根据该款的规定，一方当事人起诉后，另一方当事人应当作为第三人参加诉讼。

096

# 双重防臭滑粪便管

## 无效宣告请求审查决定（第9851号）

**决　　定　　号**　第9851号
**决　　定　　日**　2007年6月7日
**发明创造名称**　双重防臭滑粪便管
**国 际 分 类 号**　A47K 11/00
**无效宣告请求人**　许福增
**专　利　权　人**　任春涛
**申　　请　　号**　200520108665.0
**申　　请　　日**　2005年6月7日
**授 权 公 告 日**　2006年9月27日
**合 议 组 组 长**　侯秋霞
**主　　审　　员**　吴红权
**参　　审　　员**　娄　宁

**法 律 依 据**　专利法第22条第3款
**决 定 要 点**

在判断一项实用新型权利要求是否具有创造性时，首先，应当确定与该权利要求所述技术方案最接近的现有技术；其次，将该权利要求的技术方案与最接近的现有技术进行比较，确定二者之间的区别技术特征，根据区别技术特征所能达到的技术效果确定实用新型实际解决的技术问题；然后，针对其实际解决的技术问题，考查这些区别技术特征的引入对于本领域技术人员来说是否显而易见，如果现有技术中给出了将上述区别特征应用到该最接近的现有技术以解决其存在的技术问题的技术启示，则该权利要求所保护的技术方案对本领域技术人员来说是显而易见的，不具有创造性。

### 一、案由

本无效宣告请求案涉及国家知识产权局于2006年9月27日授权公告、申请日为2005年6月7日、名称为“双重防臭滑粪便管”的第200520108665.0号实用新型专利（下称本专利），专利权人为任春涛。

本专利授权公告的权利要求书如下：

“1. 一种双重防臭滑粪便管，包括：过便管，其特征在于：所述的过便管的上、下两端分别与便器（3）的出粪口（301）、化粪池（1）连通，所述的过便管的入口上方处铰接第一防臭单向挡板（8）与过便管封合；在过便管低于冻土层处的出口（202）端口上方铰接第二防臭单向挡板（7）与过便管出口（202）封合，第一、第二防臭单向挡板（8）、（7）均向出口方向开；所述的过便管的中心线与地平面呈夹角 α。

2. 如权利要求 1 所述的双重防臭滑粪便管，其特征在于：所述的过便管由第一、第二变径接头（4）、（9）和直管（2）构成；所述的第一变径接头（4）的小径入口（401）套在便器（3）的出粪口（301）外并与之插接配合；所述的第二变径接头（9）的入口（901）螺接在第一变径接头（4）的出口（402）外；所述的第二变径接头（9）的出口（902）插入直管（2）的入口端（201）内与之插接配合，直管（2）的出口（202）连通化粪池（1）；所述的第一防臭单向挡板（8）设置在第一变径接头（4）内的小径与大径之间处；所述的第二防臭单向挡板（7）设置在直管（2）出口（202）端口。

3. 如权利要求 2 所述的双重防臭滑粪便管，其特征在于：所述的第一变径接头（4）为三角形接头，其入口（401）直径小于出口（402）直径；所述的第二变径接头（9）的入口（901）直径大于出口（902）直径，第二变径接头（9）的入口（901）与其出口（902）为以底管母线为切点左右相连的两个中心线平行的内切管。

4. 如权利要求 1 所述的双重防臭滑粪便管，其特征在于：所述的第一防臭单向挡板（8）通过铰轴（801）铰接于第一变径接头（4）内的小径与大径之间处；所述的第二防臭单向挡板（7）通过铰轴（701）铰接于直管（2）出口（202）端口并与之出口（202）封合。

5. 如权利要求 1 所述的双重防臭滑粪便，其特征在于：所述的第一、第二防臭单向挡板（8）、（7）与地平面呈夹角 B，B≤90°。

6. 如权利要求 1 所述的双重防臭滑粪便管，其特征在于：所述的 α≥15°。”

针对上述专利权，许福增（下称请求人）于 2006 年 12 月 21 日向专利复审委员会提出无效宣告请求，并提交了如下证据：

证据 1：中国专利文献 CN2495704Y，公开日为 2002 年 6 月 19 日；

证据 2：中国专利文献 CN2495702Y，公开日为 2002 年 6 月 19 日；

证据 3：中国专利文献 CN2693840Y，公开日为 2005 年 4 月 20 日；

证据 4：中国专利文献 CN2529928Y，公开日为 2003 年 1 月 8 日；

证据 5：中国专利文献 CN2661786Y，公开日为 2004 年 12 月 8 日。

请求人认为：

（1）权利要求 1、4 和 5 不具有新颖性和创造性，权利要求 6 不具有创造性。

（2）权利要求 2 相对于证据 1 不具有创造性；权利要求 2 与证据 1 的区别有两点：a. 权利要求 2 的第一与第二变径接头之间采用螺接，第二变径接头与直管之间采用插接，而证据 1 的各部件之间都采用粘接；b. 权利要求 2 中的变径接头采用了两个。上述连接方式的不同都是属于本领域普通技术人员的常用技术手段，从本专利说明书中看不出这些不同的技术手段之间有哪些实质上的不同技术效果，仅仅是等同技术手段之间的简单替换；同时，在本专利说明书中也没有记载任何有关采用两个变径接头以及由此带来的结构上的变化带来了哪些技术上的进步，因此权利要求 2 相对于证据 1 不具有创造性。

（3）权利要求 2 相对于证据 2 不具有创造性；权利要求 2 与证据 2 的区别在于：证据 2 的各部件之间具体的变径接头的结构、部件之间的连接关系以及排便接管（4）的形状不同。对于变径接头的结构的区别，权利要求 2 是利用管径大小变化来实现的，而证据 2 是利用增加侧向短筒（5）来实现的；上述结构部件间连接方式的不同属于本领域普通技术人员的常用技术手段；而关于排便接管（4）的形状区别，证据 2 中的排便接管（4）的下半部分的倾斜直管实际上起到了权利要求 2 中的直管的作用，从滑粪管整体上来看，其功能和效果实际上是相同的，从本专利的说明书中看不出这些不同的技术手段之间有哪些实质上的技术效果的区别，仅仅是等同技术手段之间的简单替换；同样在说明书中也没有记载任何有关采用管径大小变化实现变径带来了哪些技术进步，因此权利要求 2 的技术方案可由证据 2 结合公知常识显而易见地得出，因此权利要求 2 不具有创造性。

（4）权利要求 2 相对于证据 4 和证据 1 的结合不具有创造性；权利要求 2 中的技术特征“第二防臭单向挡板（7）设置在直管（2）出口（202）端口”在证据 1 中被公开，证据 4 各部件的连接方式与权利要求 2 的区别在于：第一变径接头与第二变径接头之间采用螺接方式，然而螺接方式是管道间连接的公知常识，在需要关键与关键之间可拆卸固联时，常常采用这种方式，因此权利要求 2 的技术方案相对于证据 4 与证据 1 和公知常识的结合不具有创造性。

（5）证据 2 和 3 的封盖（15）及自动活门二（5）的结构与权利要求 1 中的第二防臭挡板（7）的安装结构及功能是相同的，因此同上理由，权利要求 2 的技术方案相对于证据 4 与证据 2 或证据 3 的结合不具有创造性。

（6）权利要求 2 中的技术特征“第二防臭单向挡板（7）设置在直管（2）出口（202）端口”已经在证据 5 中公开，因此权利要求 2 的技术方案相对于证据 4 与证据 5 和公知常识的结合不具有创造性。

（7）权利要求 3 分别相对于证据 4 和证据 1、2、3 或 5 的结合不具有创造性；权利要求 3 的附加技术特征已经在证据 4 中完全覆盖，因此在其引用的权利要求不具有创造性的情况下，权利要求 3 也不具有创造性。

经形式审查合格后，专利复审委员会受理了上述请求，于 2006 年 12 月 29 日向双方当事人发出了《无效宣告请求受理通知书》，并将《专利权无效宣告请求书》及其附件清单中所列附件的副本转送给专利权人，要求其在指定的期限内答复，同时成立合议组对本无效请求案进行审理。

2007 年 2 月 5 日，专利权人针对该无效宣告请求陈述了意见，专利权人放弃权利要求 1、4、5 和 6，保留权利要求 2 和 3，并认为：

（1）本专利权利要求 2 的第一变径接头和第二变径接头均是一段整体管子，而证据 1 中相当于第一变径接头的防臭器导管不是一段整体管子，是由内、外两层管子套起来构成的，因此增加了加工成本；本专利权利要求 2 的方案中各段管子均是插接，而且是上游管段插进下游管段的孔内，优点是安装简便和防泄漏性好，而证据 1 方案中各段管子是粘接的，接口处上游管段插在下游管段的外面，防泄漏性差。

（2）权利要求 2 的方案与证据 2 的方案有明显差别，主要在于：证据 2 方案中没有变径接头，其中的侧向短筒是配重活动用的空间，并非变径，即排便管的直径未变，而权利要求 2 方案的主要技术特征就是有第一变径接头和第二变径接头及其连接方式，因此证据 2 不能否定权利要求 2 的创造性。

（3）证据 4 的方案采用滑粪管前端设防臭挡板和末端设水封装置的方法来防臭，这种装置的主要缺点是影响滑道粪便流通而需要多用水，用水量大；并且为了防止末端水封装置中的存水冻结，需要将其设置于地下较深处，因而化粪池也要低于地面较深处，这会增加额外的建设成本。

（4）证据 2、3 和 5 的作用与证据 1 的作用相同，都是用于说明其公开了权利要求 2 中的技术特征“第二防臭单向挡板（7）设置在直管（2）出口（202）端口”，因此，在证据 4 与证据 1 结合不能否定权利要求 2 的情况下，证据 4 与证据 2 的结合或证据 4 与证据 3 的结合或证据 4 与证据 5 的结合也不能否定权利要求 2 的创造性。

（5）权利要求 3 从属于权利要求 2，在权利要求 2 具有创造性的情况下，权利要求 3 自然也具有创造性。

2007 年 3 月 5 日，合议组向双方当事人发出《无效宣告请求口头审理通知书》，拟定于 2007 年 4

月 18 日举行口头审理，并将专利权人于 2007 年 2 月 5 日提交的意见陈述书及其附件的副本转交给请求人，要求其在口头审理时答复。后因工作需要，合议组将口审日期改为 2007 年 4 月 19 日。

2007 年 4 月 19 日，口头审理如期举行。双方当事人的代理人均参加了口头审理。在口头审理过程中，双方当事人对对方出庭人员的身份和资格无异议；对合议组成员没有回避请求。在口头审理过程中，合议组就本案的无效理由及证据逐一进行了调查，双方当事人充分陈述了各自的意见。在口头审理过程中，认定并记录了以下事项：(1) 专利权人当庭声明放弃权利要求 1、4、5 和 6，保留权利要求 2 和 3。(2) 请求人确认无效理由为权利要求 2、3 不符合专利法第 22 条第 3 款的规定，具体为：权利要求 2 相对于证据 1 结合公知常识不符合专利法第 22 条第 3 款的规定，权利要求 2 相对于证据 4 结合证据 1 并结合公知常识不符合专利法第 22 条第 3 款的规定；权利要求 2 相对于证据 4 和证据 2、证据 3 或证据 5 并结合公知常识不符合专利法第 22 条第 3 款的规定；放弃权利要求 2 相对于证据 2 结合公知常识不符合专利法第 22 条第 3 款规定的无效理由；权利要求 3 相对于证据 4 分别结合证据 1、2、3 或 5 不具有创造性。(3) 专利权人承认权利要求 1 的所有技术特征已经在证据 1 中公开，权利要求 3 的附加技术特征已经在证据 4 中公开。(4) 请求人在口头审理期间当庭提交了意见陈述书共 5 页以及用来证明公知常识的证据 6（证据 6：《管道工》，中国劳动社会保障出版社出版，封面、出版信息页以及第 126~130 页，复印件共 6 页），合议组当庭将请求人提交的该意见陈述书及证据 6 转交给专利权人，专利权人在口头审理过程中针对该意见陈述书和证据 6 发表了意见，并表示在庭后不再针对该意见陈述和证据 6 提交意见陈述。(5) 专利权人对证据 1~6 的合法性、真实性、关联性和公开性没有异议。

至此，合议组认为本案的事实已经调查清楚，可以依法作出审查决定。

**二、决定的理由**

1. 关于无效证据和理由的认定

证据 6 是请求人在无效宣告请求之日起 1 个月后提交的证据，但由于它是教科书类证据，属于公知常识性证据，合议组对其予以接受。

由于专利权人对请求人提交的证据 1~6 的合法性、真实性、关联性和公开性都没有异议，合议组对证据 1~6 予以接受，并且它们的公开时间均早于本专利的申请日，因此证据 1~6 可以作为本专利的现有技术。

2. 关于无效审理的文本

在 2007 年 4 月 19 日举行的口头审理中，专利权人明确放弃权利要求 1、4~6，因此本决定以授权公告的权利要求 2 和 3 和说明书作为审理基础。

3. 关于专利法第 22 条第 3 款

专利法第 22 条第 3 款规定，创造性，是指同申请日以前已有的技术相比，该发明有突出的实质性特点和显著的进步，该实用新型有实质性特点和进步。

在判断一项实用新型权利要求是否具有创造性时，首先，应当确定与该权利要求所述技术方案最接近的现有技术；其次，将该权利要求的技术方案与最接近的现有技术进行比较，确定二者之间的区别技术特征，根据区别技术特征所能达到的技术效果确定实用新型实际解决的技术问题；然后，针对其实际解决的技术问题，考查这些区别技术特征的引入对于本领域技术人员来说是否显而易见，如果现有技术中给出了将上述区别特征应用到该最接近的现有技术以解决其存在的技术问题的技术启示，则该权利要求所保护的技术方案对本领域技术人员来说是显而易见的，不具有创造性。

(1) 关于权利要求 2 的创造性。

请求人在口头审理时认为，证据 4 的特征加上证据 1 的特征，已经将权利要求 2 的所有特征都已经公开，权利要求 2 相对于证据 4 的区别特征为①水封；②管子的螺接方式不同，但是这两个区别特征都是公知常识。

在当庭提交的意见陈述书中，请求人认为，权利要求 2 的技术方案相对于证据 4 结合证据 1 及公知常识（参见证据 6 第 126 页第 31 行至第 127 页第 24 行）所公开的现有技术所得到的技术方案，不具有创造性。

专利权人在口头审理时认为，第二变径接头和直管的连接关系与证据 4 有区别；螺接、插接在证据 4 中也没有公开。

经查明，合议组认为，证据 4 涉及一种双重防臭粪便滑道，与本专利属于相同的技术领域，从证据 4 各部件的连接方式来看，同样具有两个变径接头的结构，即活动挡板组件（4）（即第一变径接头）及与其连接的中间管件的接头（即第二变径接头）以及下端直管（即直管），所述的第一变径接头的小径入口与坐便器出粪口弯头（6）相接；从证据 4 的附图 1 中可以看出，第二变径接头的入口连接在第一变径接头的出口外；所述的第二变径接头的出口插入直管的入口端内；其中直管的出口连通化粪池，所述的防臭活动挡板（7）（即第一防臭单向挡板）设置在活动挡板组件（4）的入口（即为在变径接头的小径与大径之间）（参见证据 4 第 4 页具体实施方式部分及图 1）。

将权利要求 2 的技术方案与证据 4 相比，存在如下区别：①本专利为第二防臭单向挡板，证据 4 相应为水封装置；②本专利明确表示第一变径接头和第二变径接头之间采用螺接，而第二变径接头和直管之间采用插接，而证据 4 没有明确说明第一变径接头与第二变径接头之间采用的连接方式。

证据 1 涉及一种节水直排式坐便器，与本专利属于相同的技术领域，证据 1 公开了如下的技术特征"舌板（9）"（即第二防臭单向挡板），即区别①在证据 1 中已经被公开。对于区别①，双方当事人都认为水封与第二防臭单向挡板都是用于防臭功能，只是在防臭效果上不同，水封的防臭效果要优于第二防臭单向挡板，但是在农村缺水的地方水封存在用水量大的缺点以及在北方冬天采用水封容易造成结冰的缺点，因此水封与第二防臭单向挡板各有利弊。权利要求 1 的第二防臭单向挡板（7）与证据 1 中的管道舌板（9）相对应，而证据 4 中的水封装置与证据 1 中的舌板（9）都是安装在滑粪管的下端出口处，其工作过程对于设置在进口端的挡板的工作过程没有直接的关系或相互影响。也就是说，在证据 4 公开的技术方案中，除水封装置以外部分的功能与证据 1 中的舌板（9）所具有的功能是相互独立的。因此将两者替换不存在技术上的障碍和困难，而在证据 1 的提示下，将证据 1 中的舌板（9）结合到证据 4 的滑粪道出口端而得出权利要求 1 的技术方案对于所属技术领域的技术人员来说是显而易见的。

对于区别②，合议组认为，不管是采用插接方式还是采用螺接方式，都是管道间常见的连接方式（参见证据 6 第 129 页第 23 行至第 25 页及第 130 页图 11-7），当需要在管件与管件之间可拆卸固联时，本领域技术人员可以通过常见管件连接方式连接管件（见证据 6 第 126 页第 31 行至第 127 页第 24 行），并获得预期效果，此外，本领域技术人员只要通过简单试验就能确定合适的连接方式，例如螺接或插接，并不需要创造性劳动。

综上所述，证据 4 结合证据 1 及公知常识得到权利要求 2 的技术手段是显而易见的，权利要求 2 的技术方案相对于现有技术来说也没有取得意想不到的技术效果，因此权利要求 2 不具有实质性特点和进步，不符合专利法第 22 条第 3 款关于创造性的规定。

（2）关于权利要求 3 的创造性。

请求人在口头审理时认为，鉴于权利要求 3 的附加技术特征已经在证据 4 中公开，因此，权利要求 3 不具有创造性。对此，合议组认为，权利要求 3 的附加技术特征已经在证据 4 中公开（参见证据 4 图 1），并且专利权人在口头审理中也认可权利要求 3 的附加技术特征已经在证据 4 中公开，而权利要求3引用权利要求2，在权利要求2相对于证据4结合证据1及公知常识不具有创造性的情况下，权利要求3也不具有创造性，不符合专利法第22条第3款的规定。

鉴于根据上述理由和证据已经得出本专利权利要求2和3不符合专利法第22条第3款关于创造性的规定，应宣告整个专利权无效，因此，对于请求人提出的其他理由和证据，合议组在此不予评述。

根据上述事实和理由，合议组作出如下审查决定。

**三、决定**

宣告第200520108665.0号实用新型专利权全部无效。

当事人对本决定不服的，可以根据专利法第46条第2款的规定，自收到本决定之日起三个月内向北京市第一中级人民法院起诉。根据该款规定，一方当事人起诉后，另一方当事人应当作为第三人参加诉讼。

097

# 腹部牵开器

## 无效宣告请求审查决定（第9860号）

**决　　定　　号**　第9860号
**决　　定　　日**　2007年6月8日
**发明创造名称**　腹部牵开器
**国 际 分 类 号**　A61B 17/02
**无效宣告请求人**　许婷
**专　利　权　人**　钱建民，钱建华
**专　　利　　号**　03277937.2
**申　　请　　日**　2003年8月8日
**授 权 公 告 日**　2004年9月1日
**合 议 组 组 长**　杨军艳
**主　　审　　员**　王琦琳
**参　　审　　员**　张　曦

**法　律　依　据**　专利法第22条第3款
**决　定　要　点**

在无效宣告程序中，专利权人针对请求人提出的无效宣告请求主动缩小专利权保护范围且相应的修改已被专利复审委员会接受的，视为专利权人承认大于该保护范围的权利要求自始不符合专利法及其实施细则的有关规定，并且承认请求人对该权利要求的无效宣告请求。

### 一、案由

本无效宣告请求涉及国家知识产权局于2004年9月1日授权公告的、名称为“腹部牵开器”的03277937.2号实用新型专利权（下称本专利），其申请日是2003年8月8日，专利权人是钱建民、钱建华。授权公告时的权利要求书如下：

“1. 一种腹部牵开器，其特征是包括十字块、撑杆、齿条、钩板，十字块与手术床架相连，撑杆穿过十字块，并通过紧定螺杆与十字块相连，撑杆上设有安装变幅杆的连接孔，变幅杆的一端插入连接孔中，变幅杆的另一端与齿条盒相连，齿条盒中安装有调距齿轮，调距齿轮与穿过齿条盒的齿条相啮，调距齿轮连接有摇手，齿条的一端与钩板相连。

2. 根据权利要求1所述的腹部牵开器，其特征是十字块为连动机构。

3. 根据权利要求1或2所述的腹部牵开器，其特征是十字块包括一个与手术床架相连接的槽钢、连接轴、活动套，槽钢与连接轴固接，活动套套接在连接轴上，活动套上设有紧固销，紧固销穿过槽钢与手术床架相抵，连接轴上开有能使撑杆通过的长形通孔，活动套上开有插接撑杆的通孔；在连接轴的一端安装有紧定螺杆，紧定螺杆与撑杆相抵。

4. 根据权利要求 1 所述的腹部牵开器，其特征是齿条的一端安装有转轴、转轴上安装有连接轮，连接轮轴与钩板上的连接孔相连，从而使齿条与钩板相连。

5. 根据权利要求 1 所述的腹部牵开器，其特征是钩板的一端为与人体相接触的弯钩形弧形板，另一端上设有连接孔，连接孔与齿条上的连接轮轴相连。

6. 根据权利要求 1 所述的腹部牵开器，其特征是变幅杆的一端与齿条盒轴接，另一端插入撑杆上的连接孔中，并开有定位槽，定位销或定位螺钉穿过连接孔后位于定位槽中，从而使变幅杆与撑杆相连，变幅杆在撑杆中可自由旋转。"

针对上述实用新型专利权，许婷（下称请求人）于 2006 年 11 月 22 日向专利复审委员会提出了无效宣告请求，认为本专利权利要求 1、2、5、6 不具备创造性，不符合专利法第 22 条第 3 款的规定，并提交了如下证据：

证据 1：公告号为 CN2081287U 的实用新型专利申请说明书，其公告日为 1991 年 7 月 24 日；

证据 2：授权公告号为 CN2486142Y 的实用新型专利说明书，其授权公告日为 2002 年 4 月 17 日；

证据 3：由中华人民共和国国家知识产权局针对本专利作出的、请求号为 06-0412 的实用新型专利检索报告复印件共 5 页。

结合上述证据，请求人认为：根据证据 3（即国家知识产权局出具的针对本专利的实用新型专利检索报告）可知，本专利权利要求 1、2、5、6 相对于证据 1 和证据 2 不具备创造性。

经形式审查合格，专利复审委员会依法受理了上述无效宣告请求，并于 2006 年 12 月 8 日向双方当事人发出了无效宣告请求受理通知书，随同无效宣告请求受理通知书将专利权无效宣告请求书及其附件清单中所列附件副本转送给专利权人，要求其在指定的期限内答复。

针对上述无效宣告请求，专利权人于 2006 年 12 月 26 日向专利复审委员会提交了意见陈述书，并提交了本专利权利要求书的修改替换页，修改后的权利要求书共包括 4 项权利要求，其具体内容如下：

"1. 一种腹部牵开器，其特征是包括十字块、撑杆、齿条、钩板，十字块与手术床架相连，撑杆穿过十字块，并通过紧定螺杆与十字块相连，撑杆上设有安装变幅杆的连接孔，变幅杆的一端插入连接孔中，变幅杆的另一端与齿条盒相连，齿条盒中安装有调距齿轮，调距齿轮与穿过齿条盒的齿条相啮，调距齿轮连接有摇手，齿条的一端与钩板相连；所述的十字块为连动机构，该连动机构包括一个与手术床架相连接的槽钢、连接轴、活动套，槽钢与连接轴固接，活动套套接在连接轴上，活动套上设有紧固销，紧固销穿过槽钢与手术床架相抵，连接轴上开有能使撑杆通过的长形通孔，活动套上开有插装撑杆的通孔；在连接轴的一端安装有紧定螺杆，紧定螺杆与撑杆相抵。

2. 根据权利要求 1 所述的腹部牵开器，其特征是齿条的一端安装有转轴、转轴上安装有连接轮，连接轮轴与钩板上的连接孔相连，从而使齿条与钩板相连。

3. 根据权利要求 1 所述的腹部牵开器，其特征是钩板的一端为与人体相接触的弯钩形弧形板，另一端上设有连接孔，连接孔与齿条上的连接轮轴相连。

4. 根据权利要求 1 所述的腹部牵开器，其特征是变幅杆的一端与齿条盒轴接，另一端插入撑杆上的连接孔中，并开有定位槽，定位销或定位螺钉穿过连接孔后位于定位槽中，从而使变幅杆与撑杆相连，变幅杆在撑杆中可自由旋转。"

专利权人认为：经过上述修改，本专利已经克服了请求人指出的问题。

针对上述无效宣告请求，专利复审委员会依法成立合议组，于 2007 年 3 月 1 日向请求人发出转送文件通知书，随转送文件通知书将专利权人于 2006 年 12 月 26 日提交的意见陈述书及其所附权利要求书修改替换页转送给请求人，并告知请求人可以针对该修改的权利要求发表意见，期满未答复的，不影响本案合议组审理。

请求人逾期未答复。

由于变更了合议组成员，合议组于 2007 年 4 月 6 日向双方当事人发出合议组成员告知通知书，并于同一日发出无效宣告请求口头审理通知书，指出本案定于 2007 年 5 月 17 日举行口头审理。

口头审理如期举行，请求人虽然在指定期限内提交了无效宣告请求口头审理通知书回执表示要参加口审，但并未参加口头审理；专利权人参加了口头审理。在口头审理中，专利权人对证据 1~3 的真实性无异议，同意请求人提出的关于本专利权利要求 1、2、5、6 不具备创造性的无效理由。针对请求人的无效宣告理由，专利权人认为其于 2006 年 12 月 26 日提交的权利要求书中，删除了权利要求 1~2 以及原权利要求 3 引用权利要求 1 的部分，将原权利要求 3 引用权利要求 2 的部分作为新的独立权利要求 1，将原权利要求 4~6 分别与原权利要求 3 引用权利要求 2 的部分合并来作为新的权利要求 2~4，修改后的权利要求具备创造性。

至此，合议组认为事实已经清楚，在此基础上，合议组经合议依法作出审查决定。

**二、决定的理由**

1. 关于权利要求的修改

关于无效宣告程序中专利文件的修改，在审查指南第四部分第三章第 4.6.1 节中规定：发明或者实用新型专利文件的修改仅限于权利要求书，其原则是：（1）不得改变原权利要求的主题名称。（2）与授权的权利要求相比，不得扩大原专利的保护范围。（3）不得超出原说明书和权利要求书记载的范围。（4）一般不得增加未包含在授权的权利要求书中的技术特征。

在审查指南第四部分第三章第 4.6.2 节中规定：在满足上述修改原则的前提下，修改权利要求书的具体方式一般限于权利要求的删除、合并和技术方案的删除。权利要求的删除是指从权利要求书中去掉某项或者某些项权利要求。权利要求的合并是指两项或者两项以上相互无从属关系但在授权公告文本中从属于同一独立权利要求的权利要求的合并。

在审查指南第四部分第三章第 4.6.3 节中规定：在针对无效宣告请求书的答复期限内，专利权人可以以合并的方式修改权利要求书。

专利权人于 2006 年 12 月 26 日提交的权利要求书修改替换页是针对请求人的无效宣告请求书进行的，其修改的方式是：删除了本专利权利要求 1~2 以及原权利要求 3 引用权利要求 1 的部分，将原权利要求 3 引用权利要求 2 的部分作为新的独立权利要求 1，将原权利要求 4~6 分别与原权利要求 3 引用权利要求 2 的部分合并来作为新的权利要求 2~4。合议组经审查认为，上述修改符合审查指南的上述规定，予以接受。

2. 关于本专利是否符合专利法第 22 条第 3 款的规定

专利法第 22 条第 3 款规定：创造性，是指同申请日以前已有的技术相比，该发明有突出的实质性特点和显著的进步，该实用新型有实质性特点和进步。

请求人以本专利公开的权利要求书中的权利要求 1、2、5、6 相对于证据 1 和证据 2 的结合不具备创造性为由提出了无效宣告请求，针对该无效宣告请求书，专利权人修改了权利要求书，主动缩小了专利权保护范围，且经审查相应的修改符合相关规定，可以予以接受。因此，合议组认为专利权人的上述行为视为其承认大于该修改后保护范围的权利要求自始不符合专利法及其实施细则的有关规定，并且承认请求人对该权利要求的无效宣告请求。

由于请求人针对修改后的权利要求书并未提出新的无效宣告理由和证据，因此针对修改后的文本，合议组不再进行审理。

**三、决定**

请求人的无效宣告请求成立，在专利权人于2006年12月26日提交的修改后的权利要求1~4的基础上，维持03277937.2号实用新型专利权有效。

当事人对本决定不服的，可以根据专利法第46条第2款的规定，自收到本决定之日起三个月内向北京市第一中级人民法院起诉。根据该款的规定，一方当事人起诉后，另一方当事人应当作为第三人参加诉讼。

098

# 背部移动锤打式按摩器

## 无效宣告请求审查决定（第 9861 号）

**决　　定　　号**　第 9861 号
**决　　定　　日**　2007 年 5 月 12 日
**发明创造名称**　背部移动锤打式按摩器
**国 际 分 类 号**　A61H 23/00
**无效宣告请求人**　叶灵猛
**专　利　权　人**　东莞东城威仪塑胶电子制品厂
**专　　利　　号**　200420047226. 9
**申　　请　　日**　2004 年 6 月 22 日
**授 权 公 告 日**　2005 年 8 月 24 日
**合 议 组 组 长**　王桂莲
**主　　审　　员**　高桂莲
**参　　审　　员**　周　航

**法　律　依　据**　专利法第 22 条第 2 款、第 3 款
**决　定　要　点**

如果一项权利要求请求保护的技术方案与一份对比文件所公开的技术方案相比，存在某些区别技术特征，而这些区别特征在另一份对比文件中得到了相应的技术启示，则该权利要求不具备创造性。

### 一、案由

本无效宣告请求涉及中华人民共和国国家知识产权局于 2005 年 8 月 24 日授权公告的、名称为“背部移动锤打式按摩器”的实用新型专利权（下称本专利），其申请号是 200420047226. 9，申请日是 2004 年 6 月 22 日，专利权人是东莞东城威仪塑胶电子制品厂。该专利授权公告时的权利要求书如下：

“1. 背部移动锤打式按摩器，包括振动机构（1）、按摩头（2）、小车（3），振动机构（1）、按摩头（2）安装在小车（3）上；其特征在于：在按摩器内部固定有长齿条（4），长齿条（4）与小车（3）内的传动齿轮相啮合。

2. 根据权利要求 1 所述的背部移动锤打式按摩器，其特征在于：按摩器内设有数条导轨（6），导轨（6）与小车上的导槽配合工作。”

针对上述专利权，叶灵猛（下称请求人）于 2006 年 1 月 5 日向专利复审委员会提出无效宣告请求，同时提交了如下附件：

附件1：本专利；

附件2（下称证据1）：国家知识产权局专利信息中心对本专利出具的检索报告复印件，内附六篇对比文件，分别为：

对比文件1-1：授权公告号为CN2461535Y的实用新型专利说明书，其申请日为2001年1月18日，授权公告日为2001年11月28日；

对比文件1-2：公开号为CN1400889A的发明专利申请公开说明书，其申请日为2001年2月14日，公开日为2003年3月5日；

对比文件1-3：公开号为CN1389188A的发明专利申请公开说明书，其申请日为2001年6月4日，公开日为2003年1月8日；

对比文件1-4：授权公告号为CN2587403Y的实用新型专利说明书，其申请日为2002年12月13日，授权公告日为2003年11月26日；

对比文件1-5：专利号为US6454731B1的美国专利说明书，其公开日为2002年9月24日；

对比文件1-6：专利号为US5330416A的美国专利说明书，其公开日为1994年7月19日。

附件3（下称证据2）：授权公告号CN2590563Y的实用新型专利说明书，其申请日为2002年12月30日，授权公告日为2003年12月10日；

附件4（下称证据3）：授权公告号CN2696607Y的实用新型专利说明书，其申请日为2004年3月3日，授权公告日为2005年5月4日，专利权人为邹剑寒。

请求人认为：本专利的权利要求1相对于证据1的对比文件1-1和对比文件1-2的结合不具备创造性，权利要求2保护的方法相对于现有技术比较落后，也不具备创造性；权利要求1和2相对于证据2或证据3不具备新颖性和创造性。

经形式审查合格，专利复审委员会依法受理了上述无效宣告请求，并于2006年4月12日向请求人和专利权人发出无效宣告请求受理通知书，同时将无效宣告请求书及其附件清单中所列附件的副本转送给专利权人，要求专利权人在指定期限内答复。

专利权人逾期没有答复。

专利复审委员会于2006年8月2日向双方当事人发出无效宣告请求口头审理通知书，指出本案合议组定于2006年9月12日举行口头审理。

口头审理如期举行，双方当事人均参加了口头审理。

在口头审理中，请求人放弃证据1中的对比文件1-5和1-6作为证据使用，专利权人对证据1中的对比文件1-1至对比文件1-4的真实性无异议，对证据2和证据3的真实性、合法性无异议。请求人明确其无效的理由、范围、证据为：权利要求1和2相对于证据3或者对比文件1-3不具备新颖性；权利要求1相对于对比文件1-1和对比文件1-3的结合或相对于对比文件1-1和对比文件1-4的结合不具备创造性；权利要求2的附加技术特征被对比文件1-3或证据2分别公开，因此该权利要求2也不具备创造性。

请求人认为：（1）权利要求1的技术特征全部被证据3所公开，权利要求1的按摩头相当于证据3中的揉捏装置和敲击装置，权利要求1的振动机构相当于证据3的偏角轮、偏心轴、摆杆组件组成的振动机构，只不过本专利中的按摩头、振动机构是上位概念；（2）对比文件1-3公开了本专利权利要求1的按摩头、小车和振动机构，其中同样应用了齿条，齿轮传动机构与齿条相啮合；（3）权利要求1的前序部分（即按摩头、振动机构和小车）为公知技术并被对比文件1-1公开，特征部分（即齿轮和齿条）在对比文件1-3和对比文件1-4中都已经公开；（4）权利要求2中有关导轨的附加技术特征在对比文件1-3中公开，对比文件1-3中的滑道相当于权利要求2中的导轨；（5）此外，请求人还认为证据 2 和证据 3 也分别公开了权利要求 2 附加技术特征中的导轨。

针对上述观点，专利权人认为：本专利的按摩头与证据 3 不同，本专利的按摩头不仅是按摩的作用还有振动的作用，而证据 3 只是揉捏，没有振动作用；本专利是利用齿轮齿条传动，而证据 3 是用丝杆、行走螺母进行传动的，是行走电机带动行走丝杆旋转，再带动螺母运动，二者结构不同、传动原理也不同。此外，本专利权利要求 2 的导轨也与证据 2 中的导轨不同，本专利的导轨是和小车的凹槽形成一个啮合，使小车的按摩头振动保持稳定的作用。

至此，合议组认为本案事实清楚，现依法作出审查决定。

**二、决定的理由**

1. 关于证据和现有技术

证据 1 中的对比文件 1-1 至 1-4 以及证据 2 是公开日在本专利的申请日之前的专利文献，专利权人对上述文献的真实性没有异议。经合议组核实，上述对比文件 1-1 至 1-4 和证据 2 可以作为本案证据使用，其上记载的内容构成本专利的现有技术；证据 3 为他人在本专利的申请日之前提出、在本专利的申请日之后公开的实用新型专利，专利权人对其真实性没有异议，根据专利法第 22 条的规定，其上记载的内容可以评述本专利的新颖性，但不能用于评述本专利的创造性。

2. 关于权利要求 1 的创造性

创造性，是指同申请日以前已有的技术相比，该发明有突出的实质性特点和显著的进步，该实用新型具有实质性特点和进步。

本案中，请求人在口审当庭认为：权利要求 1 相对于对比文件 1-1 和对比文件 1-3 的结合不具备创造性。

专利权人认为请求人的上述无效理由与提出无效申请时的理由不一致，表示当庭不予答辩。

合议组经审查后认为，本无效宣告请求的时间在 2006 年 7 月 1 日之前，根据 2006 年 7 月 1 日施行修订后审查指南的过渡办法中的相关规定，关于无效宣告请求之日起一个月后提出的新理由、新证据的审查适用 2001 年 10 月 18 日公布的审查指南的相关规定。因此，根据 2001 年版审查指南第四部分第三章的规定，本案中，请求人在提出无效宣告请求时提交了对比文件 1-1 和对比文件 1-3，并且在无效理由中也提到了专利法第 22 条第 3 款的创造性，因此请求人在口审当庭提出“权利要求 1 相对于对比文件 1-1 和对比文件 1—3 的结合不具备创造性”的理由不属于审查指南规定的“一个月后提出的需要新的证据支持的新的无效宣告理由”之列，因此上述理由可以被接受。而且，专利权人在口头审理最后表示已充分发表意见，没有意见需要补充。因此，合议组已充分听取双方当事人意见，可以作出审查决定。

权利要求 1 请求保护一种背部移动锤打式按摩器，对比文件 1-1（参见对比文件 1-1 的权利要求书以及图 1）公开了一种按摩机构，其包括基座、振动机构、按摩头，其中振动机构和按摩头与基座相连。权利要求 1 要求保护的技术方案与对比文件 1-1 的区别在于：权利要求 1 中振动机构和按摩头安装在小车上，对比文件 1-1 中的振动机构和按摩头安装在基座上；权利要求 1 在按摩器内部固定有长齿条，长齿条与小车内的传动齿轮相啮合。对比文件 1-3 公开了按摩头设置在按摩装置本体上，按摩装置本体通过齿轮与支持该按摩装置本体的滑道支架上的齿条相啮合，因此上述区别技术特征已在对比文件 1-3 中公开（参见对比文件 1-3 的说明书第 2 页以及图 1 至图 3），其在对比文件 1-3 中的作用也是驱动按摩装置本体（相当于权利要求 1 中的小车）在滑杆上滑动，与其在本专利中的作用相同，并且该对比文件 1-1 和对比文件 1-3 涉及的都是一种按摩机构，其技术领域相同，因此，本领域技术人员将对比文件 1-3 中的齿轮和齿条机构应用到对比文件 1-1 中以驱动小车运动对本领域技术人员来说是显而易见的，因此，该权利要求 1 相对于对比文件 1-1 和对比文件 1-3 的结合不具有实质性特点和进步，不符合专利法第 22 条第 3 款规定的创造性。

3. 关于从属权利要求 2 的创造性

权利要求 2 从属于权利要求 1，其附加技术特征进一步限定了按摩器内设有数条导轨，导轨与小车上的导槽配合工作。

请求人认为：从属权利要求 2 中有关导轨的附加技术特征在对比文件 1-3 中公开，对比文件 1-3 中的滑道相当于权利要求 2 中的导轨。

合议组经审查后认为，对比文件 1-3 公开的往复式按摩器包含滑道支架 4 和滑杆 3，其中按摩装置本体 2 通过传动轴以及齿轮和齿条的啮合，进而驱动按摩装置本体 2 在滑杆 3 上滑动，结合图 1 可知该对比文件 1-3 中的滑杆与权利要求 2 中导轨的结构和作用相同，另外，从图 1 中可明显看出该按摩装置本体 2 底部有与滑杆 3 配合的穿孔（相当于权利要求 2 中导轨与小车上的导槽配合工作）。并且根据本专利的说明书第 2 页的倒数 1~3 行的记载，权利要求 2 附加技术特征中限定的导轨为数条的作用主要增强了小车移动过程的稳定性，在现有技术已经公开使用导轨和导槽的情况下，本领域技术人员根据实际需要容易想到使用数条导轨，因此在对比文件 1-1 和 1-3 的基础上结合本领域的公知技术手段得到权利要求 2 要求保护的技术方案对本领域技术人员是显而易见的，因此在权利要求 2 引用的权利要求 1 不具备创造性的基础上，该权利要求 2 也不具有实质性特点和进步，不符合专利法第 22 条第 3 款有关创造性的规定。

鉴于本专利的权利要求 1 和 2 相对于对比文件 1-1 和对比文件 1-3 的结合都不符合专利法第 22 条第 3 款的规定，合议组对请求人提出的其他无效理由和证据不再进行评述。

**三、决定**

宣告 200420047226. 9 号实用新型专利权全部无效。

当事人对本决定不服的，可以根据专利法第 46 条第 2 款的规定，自收到本决定之日起三个月内向北京市第一中级人民法院起诉。根据该款的规定，一方当事人起诉后，另一方当事人应当作为第三人参加诉讼。

099

# 仿真眉毛及其制作方法

## 无效宣告请求审查决定（第9869号）

**决　　定　　号**　第9869号
**决　　定　　日**　2007年6月8日
**发明创造名称**　仿真眉毛及其制作方法
**国　际　分　类　号**　A41G 5/02
**无效宣告请求人**　广州市越秀区艺成美发用品经营部
**专　利　权　人**　杨　树
**专　　利　　号**　03110815.6
**申　　请　　日**　2003年1月6日
**授　权　公　告　日**　2005年5月25日
**合　议　组　组　长**　马文霞
**主　　审　　员**　刘　静
**参　　审　　员**　吴红权

**法　律　依　据**　专利法第26条第3款，第22条第3款
**决　定　要　点**

在判断要求保护的技术方案是否能够实现时，需要本领域技术人员根据其自身所具有的知识和能力进行评价。

在创造性的判断中，判断要求保护的发明对本领域技术人员来说是否显而易见关键是看现有技术是否给出了将区别技术特征应用到最接近的现有技术以解决其技术问题的技术启示，如果现有技术存在上述技术启示，则要求保护的发明不具备创造性。

### 一、案由

本无效宣告请求案涉及国家知识产权局于2005年5月25日公告授予的、名称为“仿真眉毛及其制作方法”的第03110815.6号发明专利（下称本专利），其申请日为2003年1月6日，专利权人为杨树。该专利授权公告的权利要求如下：

“1. 仿真眉毛由眉毛（1）、眉片（2）组成，其特征在于：眉毛（1）按生理走向种植在透明或肉色的眉片（2）上，然后用无毒防水的美容用胶固定住；该眉毛为棕色、栗棕、浅棕色；该眉片厚为0.08~0.15毫米厚。

2. 仿真眉毛的制作方法，其特征在于：首先选择眉型，将选择好的眉型制成眉型板，在大块的眉片上整体压出不断裂的眉型，然后将0.04~0.08毫米粗细、8~15毫米长短的眉毛按眉头眉尾稀，

中间密的生理走向将逐个眉型上的眉毛种眉 110~150 根，同时用胶粘牢固，使其眉片的背面光滑并涂一层胶，眉型长度为 45~55 毫米。”

针对上述专利权，广州市越秀区艺成美发用品经营部（下称请求人）于 2006 年 8 月 9 日向专利复审委员会提出无效宣告请求，其理由是本专利不符合专利法第 26 条第 3 款、权利要求 1 和 2 不符合专利法第 22 条第 3 款的规定。请求人同时提交了如下证据：

证据 1：《壹周刊》，1990 年 12 月 7 日版第 39 期，复印件，2 页；

证据 2：第 99237206.2 号实用新型专利说明书，申请日为 1999 年 2 月 13 日，授权公告日为 2000 年 3 月 8 日，复印件，5 页；

证据 3：《美容解剖学》，吴继聪主编，封面、出版信息页及第 206 页，科学出版社，2002 年 8 月第 1 版，复印件，3 页；

证据 4：《皮肤储存基础与应用》，朱兆明、柴家科、贾晓明编著，封面、出版信息页及第 35 页，人民军医出版社，2002 年 10 月第 1 版，复印件，3 页；

证据 5：《美容医疗技术》，吴继聪、张海霞、孙玉萍主编，封面、出版信息页及第 38、39、51、52 页，科学出版社，2002 年 2 月第 1 版，复印件，6 页。

请求人认为：①说明书第 2 页倒数第 4 行没有清楚说明如何将每根眉毛种植在眉片上，也没有具体说明“专业再植眉毛针”是何种工具，此外说明书没有清楚说明“如何将选择好的眉型制成眉型板”、“如何在大块的眉片上整体压出不断裂的眉型”，以及“以何种设备压出眉型”，因此说明书不符合专利法第 26 条第 3 款的规定。②证据 1 公开了权利要求 1 中的“眉毛、眉片”、“用无毒防水的美容用胶固定住”以及“眉毛按生理走向种植的”等技术特征，证据 2 公开了权利要求 1 中的“眉毛种植在眉片上”的特征，证据 3、4 表明“眉片厚度为 0.08~0.15 毫米”属于公知常识，证据 5 表明“眉毛为棕色、栗棕、浅棕色”为公知常识，因此权利要求 1 相对于证据 1、2 的结合不具备创造性。③证据 1 公开了权利要求 2 的“按眉头眉尾稀，中间密的生理走向在眉片上种眉”、“用胶粘牢固，使其眉片的背面光滑并涂一层胶”等特征，证据 2 公开了“在眉毛上种眉”的特征，而“0.04~0.08毫米粗细”、“8~15 毫米长短的眉毛”、“眉毛 110~150 根”、“眉型长度为 45~55 毫米”都是人的眉毛的生理参数，是毫无创造性的，证据 3 表明了“选择眉型”属于公知常识，而“制成眉型板，在大块的眉片上整体压出不断裂的眉型”属于本领域中制作人造毛发的惯用手段，因此权利要求 2 相对于证据 1、2 的结合不具备创造性。

经形式审查合格后，专利复审委员会受理了上述无效宣告请求，于 2006 年 9 月 6 日向双方当事人发出《无效宣告请求受理通知书》，并将《专利权无效宣告请求书》及其附件清单中所列附件的副本转送给专利权人，要求其在指定的期限内答复，同时成立合议组对本无效宣告请求案进行审理。

针对上述无效宣告请求，专利权人于 2006 年 10 月 13 日向专利复审委员会提交了意见陈述书，专利权人认为：①证据 1 在无效宣告请求案 W401246、W401303 中已被引用，第 8363 号无效宣告请求审查决定给出了权利要求 1、2 相对于证据 1 具备创造性的结论；②证据 2 提出了一种毛发种植器，该产品与本发明眉毛及制作方法所表述的内容没有可比性；③证据 3~5 介绍的是真人的状态，与本发明没有可比性；④证据 2 介绍的毛发种植器有很多种类型，可见毛发种植技术已是公知常识，至于眉型的制作也属于本领域常规的模压技术，因此本发明关于种植眉毛的内容是公开充分的。

2006 年 12 月 8 日，请求人提交了意见陈述书，要求加快无效宣告请求审查程序。

2006 年 12 月 28 日，专利复审委员会向双方当事人发出《无效宣告请求口头审理通知书》，拟定于 2007 年 3 月 13 日对本案进行口头审理，并随口头审理通知书向请求人转送专利权人于 2006 年 10 月 13 日提交的意见陈述书，向专利权人转送请求人于 2006 年 12 月 8 日提交的意见陈述书，要求双方在口头审理时一并答复。

2007 年 3 月 13 日，口头审理如期进行。专利权人对请求人提交的证据 1~5 的真实性、公开性没有异议。在口头审理中，请求人明确其无效理由、证据为：（1）说明书不符合专利法第 26 条第 3 款的规定；（2）权利要求 1、2 分别相对于证据 1、2 的结合不具备创造性，同时证据 3 第 206 页、证据 4 第 35 页、证据 5 第 39 页的内容作为公知常识使用。在此基础上，双方当事人充分陈述了各自的意见。

至此，合议组认为本案的事实已经调查清楚，可以作出审查决定。

**二、决定的理由**

1. 关于审查文本

本决定是在国家知识产权局于 2005 年 5 月 25 日授权公告的第 03110815.6 号发明专利说明书的基础上作出的。

2. 关于一事不再理

专利权人认为：请求人在之前的 W401303 无效请求中已经使用证据 1 评价本专利的创造性，并且第 8363 号决定已经作出了本专利权利要求 1、2 相对于证据 1 具备创造性的结论，因此本案中请求人再次使用证据 1 评价创造性属于一事不再理的情况。

合议组认为：对已作出无效宣告请求审查决定的专利权，以同样的理由和证据再次提出无效宣告请求的，按照一事不再理的原则，专利复审委员会不予受理和审理。但第 8363 号决定中，仅仅使用证据 1 评价本专利的创造性，而本案中请求人是使用证据 1 结合证据 2 评价权利要求 1、2 的创造性，使用的证据与在先的 W401303 案不同，因此本案不属于按照一事不再理原则不予受理和审理的情形。

3. 关于证据

请求人提交了证据 1~5，专利权人明确表示对请求人提交的证据 1~5 的真实性、公开性没有异议，因此合议组对证据 1~5 的真实性予以确认。证据 1~5 是在本专利申请日之前公开的现有技术，根据专利法第 22 条的规定，证据 1~5 可以作为评价本专利创造性的对比文件。

4. 关于专利法第 26 条第 3 款

专利法第 26 条第 3 款规定，说明书应当对发明或者实用新型作出清楚、完整的说明，以所属技术领域的技术人员能够实现为准。

所属技术领域的技术人员能够实现，是指所属技术领域的技术人员按照说明书记载的内容，就能够实现该发明或者实用新型的技术方案，解决其技术问题，并且产生预期的技术效果。

请求人认为：说明书第 2 页倒数第 4 行没有清楚说明如何将每根眉毛种植在眉片上，也没有具体说明“专业再植眉毛针”是何种工具，此外说明书应当对“如何将选择好的眉型制成眉型板”、“如何在大块的眉片上整体压出不断裂的眉型”，以及“以何种设备压出眉型”作出清楚的说明，因此说明书不符合专利法第 26 条第 3 款的规定。

对此，合议组认为：在判断要求保护的技术方案是否能够实现时，需要本领域技术人员根据其自身所具有的知识和能力进行评价。本专利是在类似于人皮肤的眉片上种植眉毛，将加工好的近似真眉毛的眉片贴在缺眉处，从而达到仿真的效果。种眉技术属于本领域技术人员公知的现有技术，例如证据 2 就公开了一种毛发种植器，在说明书最后一段介绍了种眉的过程。由于种眉的方法、专业再植眉毛针是本领域技术人员已知的方法和工具，将选择好的眉型制成眉型板、通过设备压出眉型也是常规的模压技术，属于本领域的常用手段，因此本领域技术人员根据其本身所具有的知识，在本专利说明书公开内容的基础上完全可以制作出仿真眉毛，达到所述的技术效果，因此请求人所述的本专利不符合专利法第 26 条第 3 款的理由不能成立。

5. 关于创造性

专利法第22条第3款规定，创造性是指同申请日以前已有的技术相比，该发明有突出的实质性特点和显著的进步。

在创造性的判断中，判断要求保护的发明对本领域技术人员来说是否显而易见关键是看现有技术是否给出了将区别技术特征应用到最接近的现有技术以解决其技术问题的技术启示，如果现有技术存在上述技术启示，则要求保护的发明不具备创造性。

（1）权利要求1的创造性。

本专利权利要求1要求保护一种仿真眉毛，由眉毛、眉片组成，其特征在于：眉毛按生理走向种植在透明或肉色的眉片上，然后用无毒防水的美容用胶固定住；该眉毛为棕色、粟棕、浅棕色；该眉片厚为0.08~0.15毫米厚。

证据1是一种假体及体毛产品的广告，其广告词公开了“产品采用100%真人毛发”，结合该广告下部的附图EB-01、EB-02、EB-03，可以看出该人体毛产品包括眉毛；证据1还公开了“在超薄透气的人造头皮上编植”，结合该广告下部的附图EB-01、EB-02、EB-03，可以得知证据1记载的“人造头皮”包括用于在其上编植眉毛的人造皮肤，而本专利说明书（参见第2页第23~25行）对“眉片”的解释是“这种眉片具有皮肤特性，能透气、透水、韧性强、抗腐蚀、佩戴舒适，一般由天然橡胶复合而成”，可见本专利权利要求1中的眉片也是人造皮肤的一种，即证据1批露的“人造头皮”相当于公开了本专利权利要求1中的“眉片”；从证据1的附图EB-01、EB-02、EB-03可以看出，证据1的眉毛是按照生理走向编植的；证据1还公开了“再配合特殊的粘胶工序将毛发固定成型”，相当于公开了本专利权利要求1中的“然后用无毒防水的美容用胶固定住”。

由此可见，本专利权利要求1与证据1的区别在于：（1）本专利权利要求1的眉毛是“种植”在眉片上的，而证据1的眉毛是“编植”在人造头皮上的；（2）本专利权利要求1还公开了“该眉毛为棕色、粟棕、浅棕色；该眉片厚为0.08~0.15毫米厚”。本专利实际所解决的技术问题是如何使用简单的方法制作出尽可能仿真的眉毛。

关于区别技术特征1，证据2公开了一种用于美容行业的毛发种植器，本专利涉及仿真眉毛，属于利用毛发种植技术获得的美容产品，两者都涉及毛发种植技术，因此两者属于相近似的技术领域。证据2说明书第2页最后一段介绍了种植眉毛的简单方法：“将毛发、眼睫毛、眉毛等放入植入针的针管裂口中，手持毛发种植器，将针管刺入欲种植毛发的皮肤之中，用食指推动推毛杆，顺势拔出针管，毛发即可种在皮肤里”。可见，证据2已经公开了“种植”眉毛这一技术特征，并且该特征在本专利和证据2中都是起到美容的作用，因此可以认为证据2给出了用“种植”替代证据1中的“编植”使得美容方法更为简单的启示。

关于区别技术特征2，由于本专利选择的眉毛颜色与真人毛发颜色相同（参见公知常识证据5第39页），眉片的厚度与真人表皮厚度相当（参见公知常识证据3第206页），对本领域技术人员来说，要想达到仿真的效果，很容易想到使用真人毛发颜色和表皮的厚度来制造人造眉毛。

综上所述，本领域技术人员为了使用简单的方法制作出尽可能仿真的眉毛，完全有动机利用证据2和上述公知常识对证据1进行改进，从而得到本专利权利要求1的技术方案。因此本专利权利要求1的技术方案是显而易见的，不具备突出的实质性特点，此外，本专利的技术方案相对于现有技术也没有取得任何意料不到的技术效果，因此权利要求1不符合专利法第22条第3款的规定。

（2）权利要求2的创造性。

本专利权利要求2要求保护一种仿真眉毛的制作方法，其特征在于：首先选择眉型，将选择好的眉型制成眉型板，在大块的眉片上整体压出不断裂的眉型，然后将0.04~0.08毫米粗细、8~15毫米长短的眉毛按眉头眉尾稀，中间密的生理走向将逐个眉型上的眉毛种眉 110~150 根，同时用胶粘牢固，使其眉片的背面光滑并涂一层胶，眉型长度为 45~55 毫米。

根据前面的分析，证据 1 公开了一种假体及体毛产品的广告，其中真人毛发包括眉毛；证据 1 批露的“人造头皮”相当于公开了本专利权利要求 1 中的“眉片”；从证据 1 的附图 EB-01、EB-02、EB-03 可以看出，证据 1 的眉毛是按照生理走向编植的；证据 1 还公开了“再配合特殊的粘胶工序将毛发固定成型”，相当于公开了本专利权利要求 1 中的“然后用无毒防水的美容用胶固定住”。

由此可见，本专利权利要求 2 与证据 1 的区别在于：（1）权利要求 2 的眉毛是“种植”在眉片上的，而证据 1 的眉毛是“编植”在人造头皮上的；（2）权利要求 2 公开了眉毛的粗细、长短、根数、眉型长度的参数；（3）权利要求 2 还公开了“选择眉型”、“制成眉型板”、“压出眉型”的步骤。本专利实际所解决的技术问题是如何使用简单的方法制作出尽可能仿真的眉毛。

关于区别技术特征 1，证据 2 公开了一种用于美容行业的毛发种植器，其说明书第 2 页最后一段介绍了种植眉毛的简单方法：“将毛发、眼睫毛、眉毛等放入植入针的针管裂口中，手持毛发种植器，将针管刺入欲种植毛发的皮肤之中，用食指推动推毛杆，顺势拔出针管，毛发即可种在皮肤里”。可见，证据 2 已经公开了“种植”眉毛这一技术特征，并且该特征在本专利和证据 2 中都是起到美容的作用，因此可以认为证据 2 给出了用“种植”替代证据 1 中的“编植”使得美容方法更为简单的启示。

关于区别技术特征 2，权利要求 2 公开的眉毛粗细、长短、根数、眉型长度的参数都与真人的参数相当，专利权人也表示这些参数限定的唯一目的就是使人造眉毛尽可能仿真，因此对本领域技术人员来说，要想达到仿真的效果，很容易想到使用真人眉毛的参数来制造人造眉毛。

关于区别技术特征 3，“选择眉型”、“制成眉型板”、“压出眉型”是常规的模压技术，属于本领域的常用手段，本领域技术人员在制造眉毛的过程中使用上述步骤是显而易见的。

综上所述，本领域技术人员为了使用简单的方法制作出尽可能仿真的眉毛，完全有动机利用证据 2 和上述公知常识对证据 1 进行改进，从而得到本专利权利要求 2 的技术方案。因此本专利权利要求 2 的技术方案是显而易见的，不具备突出的实质性特点和显著的进步，不符合专利法第 22 条第 3 款的规定。

基于以上事实和理由，本案合议组作出如下审查决定。

**三、决定**

宣告第 03110815.6 号发明专利权全部无效。

当事人对本决定不服的，可以根据专利法第 46 条第 2 款的规定，自收到本决定之日起三个月内向北京市第一中级人民法院起诉。根据该款的规定，一方当事人起诉后，另一方当事人应当作为第三人参加诉讼。

# 北京市第一中级人民法院
# 行政判决书

（2007）一中行初字第929号

原告杨树，女，1957年1月29日出生，汉族，沈阳杨树仿真眉技术开发有限公司董事长，住吉林省沈阳市滑翔小区三区1号楼3-3-1号。

委托代理人张志刚，男，沈阳技联专利代理有限公司专利代理人。

被告国家知识产权局专利复审委员会，住所地北京市海淀区北四环西路9号银谷大厦。

法定代表人廖涛，副主任。

委托代理人刘静，女，国家知识产权局专利复审委员会审查员。

委托代理人郭鹏鹏，男，国家知识产权局专利复审委员会审查员。

第三人广州市越秀区艺成美发用品经营部，住所地广东省广州市华乐路57号13E房。

经营者姚起昇。

委托代理人张少君，广东华盈律师事务所律师。

原告杨树不服被告国家知识产权局专利复审委员会作出的第9869号无效宣告请求审查决定（以下简称第9869号决定），向本院提起行政诉讼。本院受理后，依法组成合议庭，在法定期限内向被告送达了起诉书副本及应诉通知书。依照《中华人民共和国行政诉讼法》第二十七条的规定，本院通知广州市越秀区艺成美发用品经营部作为第三人参加诉讼，并于2007年8月27日公开开庭审理了本案。原告及其委托代理人张志刚，被告的委托代理人刘静、郭鹏鹏，第三人的委托代理人张少君到庭参加了诉讼，本案现已审理终结。2007年6月8日，被告作出第9869号决定。该决定认为名称为“仿真眉毛及其制作方法”的第03110815.6号发明专利（以下简称本专利）不符合《中华人民共和国专利法》（以下简称《专利法》）第二十二条第三款的规定，故宣告本专利权无效。在法定举证期限内，为证明被诉决定的合法性，被告向本院提交了下列证据：（1）1990年12月7日版第39期的《壹周刊》复印件（以下简称证据1）；（2）申请日为1999年2月13日的第99237206.2号实用新型专利说明书复印件（以下简称证据2）；（3）吴继聪主编、科学出版社出版的《美容解剖学》（2002年8月第1版）的封面、出版信息页及第206页复印件（以下简称证据3）；（4）朱兆明、柴家科、贾晓明编著、人民军医出版社出版的《皮肤储存基础与应用》（2002年10月第1版）的封面、出版信息页及第35页复印件（以下简称证据4）；（5）吴继聪、张海霞、孙玉萍主编、科学出版社出版的《美容医疗技术》（2002年2月第1版）的封面、出版信息页及第38、39、51、52页复印件（以下简称证据5）；（6）4W01246号无效请求案件的无效宣告请求审查结案通知书；（7）第8363号无效宣告请求审查决定书（以下简称第8363号决定）；（8）本专利说明书。原告诉称，证据1中介绍的产品是假发产品，与眉毛无关，不能作为本专利眉毛产品的对比技术使用。对比技术是将毛发编织在带有网格的片材上，而本发明是将眉毛种植在仿真的人造皮肤上，这种仿真技术的提出，不是普通专业人员不经过创造性思维即可实现的，不是被告所说的显而易见。证据2是一种用于真人的植毛手术器械，直接在人的皮肤上操作来种植毛发，无需再用胶固定而是令其长在人身表皮上的。手术器械与加工产品的

工具不属于同一类的技术领域，不应具有可比性。因此，第9869号决定对于本专利创造性的判断是空洞的推论和说教，缺乏法律依据和说理性。第三人在对本专利几次无效请求中采用了私刻公章

伪造证据的做法。被告对于第三人上述违法行为没给予充分注意和追究。被告在第8363号决定中将证据1与本专利进行了对比，并对本专利的创造性给予了详细的分析比较，认定本专利权利要求1、2符合《专利法》第二十二条第三款的规定。依据《中华人民共和国专利法实施细则》（以下简称《专利法实施细则》）第六十五条的规定，被告对本无效案的审理不符合程序规定。且在第9869号决定中引用的证据与第8363号决定相同，仅仅依据另类领域、不具有可比性的手术器械的证据2的比对，作出本专利不具有创造性的结论是缺乏理由，也是相互矛盾的。综上所述，请求法院判决撤销该决定。在法定举证期限内，原告为支持其诉讼主张，除向本院提交了与被告证据1、证据2、证据6、证据7、证据8相同的证据外，还提交了下列证据：（1）在4W01303号无效请求案件中，第三人伪造的假证；（2）在4W01303号无效请求案件中，第三人提交的“附件6张氏投资公司宣传册第14页以及封面”。被告辩称，证据1是一种假体及毛发产品的广告，其广告词公开了“产品采用100%真人毛发”，结合该广告下部的附图EB-01、EB-02、EB-03，可以看出该人体毛产品包括眉毛。因此，原告认为证据1与眉毛产品无关没有依据。证据2公开了一种用于美容行业的毛发种植器，本专利涉及仿真眉毛，属于利用毛发种植技术获得的美容产品，两者都涉及毛发种植技术，属于相近似的技术领域，因此，证据2可以用于评价本专利的创造性。原告提出的第三人在4W01246号无效请求案件中伪造证据，与本案无关。第8363号决定中使用证据1评价本专利的创造性，而本案中第三人是使用证据1结合证据2评价权利要求1、2的创造性，使用的证据与在先的4W01303号案不同，因此，本案不属于按照一事不再理原则不予受理和审理的情形。综上，第9869号决定认定事实清楚，适用法律正确，审理程序合法，请求法院判决维持该决定。第三人述称，本次无效请求与4W01303号无效请求案件分别依据不同的证据，本案不属于按照一事不再理原则不予受理和审理的情形，被告的受理及审理符合法律法规的规定。证据1、证据2、证据3、证据4、证据5公开日早于本专利的申请日，可以作为评价本专利创造性的对比文件。对于本专利权利要求1来说，证据2给出了用“种植”替代了证据1中的“编织”使得美容方法更为简单的启示。证据3、证据5证明了真人毛发颜色和真人表皮厚度已为公知常识，对本领域技术人员来说，要想达到仿真的效果，很容易想到使用真人毛发颜色和表皮的厚度来制造人造眉毛。权利要求1不具有创造性。对于权利要求2来说，证据1公开了“眉毛”、“按照生理走向编植的眉毛”、“用无毒防水的美容用胶固定住”等技术特征，而证据2给出了用“种植”替代证据1中的“编织”使得美容方法更为简单的启示。对于权利要求2中的眉毛的粗细、长短、根数、眉型长度的参数，专利权人明确表示这些参数的唯一目的就是使人造眉毛尽可能仿真，因此，对本领域技术人员来说，要想达到仿真的效果，很容易想到使用真人眉毛的参数来制造眉毛。而权利要求2中的“选择眉型”、“制成眉型板”、“压出眉型”是常规的模压技术，属于本领域的常用手段，本领域技术人员在制造眉毛的过程中使用上述步骤是显而易见的。由此可见，本领域技术人员为了使用简单的方法制作出尽可能仿真的眉毛，完全有动机利用证据2和上述公知常识对证据1进行改进，从而得到权利要求2的技术方案，权利要求2不具有创造性。综上所述，第9869号决定认定事实清楚，适用法律正确，审理程序合法，请求法院维持该决定。在法定举证期限内，第三人未向本院提交证据。

经庭审质证，原告对被告提交证据的关联性、合法性、真实性均没有异议，但是不同意被告证据的证明作用。第三人对被告提交证据的关联性、合法性、真实性以及证据的证明作用均没有异议。被告、第三人对原告提交的与被告相同证据的关联性、合法性、真实性没有异议，但不同意原告的证明作用。对于原告提交的证据1、证据2，被告及第三人认为与本案没有关联性。

经审查本院认为，被告提交的证据均与本案审查的第9869号决定有关，且符合合法性、真实性的要求，本院予以采纳。对于原告提交的与被告相同的证据，本院不再重复评述。原告提交的证据

1、证据2不是第三人在本次无效程序中提交的证据，与本案审查的第9869号决定合法性不具有关联性，本院对上述2份证据不予采纳。

根据上述确认的有效证据以及当事人当庭无争议的陈述，本院认定事实如下：

2003年1月6日，原告向国家知识产权局提出名称为“仿真眉毛及其制作方法”的发明专利申请。2005年5月25日国家知识产权局授予其专利权，即本专利。本专利公告的权利要求如下：

（1）仿真眉毛由眉毛（1）、眉片（2）组成，其特征在于：眉毛（1）按生理走向种植在透明或肉色的眉片（2）上，然后用无毒防水的美容用胶固定住；该眉毛为棕色、粟棕、浅棕色；该眉片厚为0.08~0.15毫米厚。

（2）仿真眉毛的制作方法，其特征在于：首先选择眉型，将选择好的眉型制成眉型板，在大块的眉片上整体压出不断裂的眉型，然后将0.04~0.08毫米粗细、8~15毫米长短的眉毛按眉头眉尾稀，中间密的生理走向将逐个眉型上的眉毛种眉110~150根，同时用胶粘牢固，使其眉片的背面光滑并涂一层胶，眉型长度为45~55毫米。

2006年8月9日，第三人以本专利不符合《专利法》第二十六条第三款、权利要求1、2不符合《专利法》第二十二条第三款的规定为由，向被告提出无效宣告请求，同时提交了证据1、证据2、证据3、证据4、证据5作为支持其无效理由的证据。

被告受理上述无效宣告请求后，将有关文件转送给原告。原告在答辩中认为，第三人在之前的4W01303号无效请求案件中已经使用证据1评价了本专利的创造性，且被告在第8363号决定中亦已经作出了本专利权利要求1、2相对于证据1具备创造性的结论，因此本案中第三人再次使用该证据提出的无效宣告请求属于一事不再理的情形。同时认为第三人提交的证据2、证据3、证据4、证据5与本发明没有可比性。

2007年3月13日，被告举行了口头审理。在口头审理中，第三人明确其无效理由为说明书不符合《专利法》第二十六条第三款的规定；权利要求1、2分别相对于证据1、证据2的结合不具备创造性，同时明确证据3中第206页、证据4中第35页、证据5中第39页的内容作为公知常识使用。

被告经审查认为，第8363号决定仅仅使用证据1评价本专利的创造性，而本案中第三人是使用证据1结合证据2评价权利要求1、2的创造性，使用的证据与在先的4W01303号无效请求案不同，因此本案不属于按照一事不再理原则不予受理和审理的情形。第三人提交的证据1、证据2、证据3、证据4、证据5是在本专利申请日之前公开的现有技术，可以作为评价本专利的对比文件。

根据《专利法》第二十六条第三款的规定，说明书应当对发明或者实用新型作出清楚、完整的说明，以所属技术领域的技术人员能够实现为准。在判断要求保护的技术方案是否能够实现时，需要本领域技术人员根据其自身所具有的知识和能力进行评价。本专利是在类似于人皮肤的眉片上种植眉毛，将加工好的近似真眉毛的眉片贴在缺眉处，从而达到仿真的效果。种眉技术属于本领域技术人员公知的现有技术，例如证据2就公开了一种毛发种植器，在说明书最后一段介绍了种眉的过程。由于种眉的方法、专业再植眉毛针是本领域技术人员已知的方法和工具，将选择好的眉型制成眉型板、通过设备压出眉型也是常规的模压技术，属于本领域的常用手段，因此本领域技术人员根据其本身所具有的知识，在本专利说明书公开内容的基础上完全可以制作出仿真眉毛，达到所述的技术效果，因此第三人所述的本专利不符合《专利法》第二十六条第三款的理由不能成立。

关于本专利是否具备创造性的问题，被告认为，在创造性的判断中，判断要求保护的发明对本领域技术人员来说是否显而易见关键是看现有技术是否给出了将区别技术特征应用到最接近的现有技术以解决其技术问题的技术启示，如果现有技术存在上述技术启示，则要求保护的发明不具备创造性。本专利权利要求1要求保护一种仿真眉毛，由眉毛、眉片组成，其特征在于：眉毛按生理走向种植在透明或肉色的眉片上，然后用无毒防水的美容用胶固定住；该眉毛为棕色、粟棕、浅棕色；该眉片厚为0.08~0.15毫米厚。证据1是一种假体及体毛产品的广告，其广告词公开了“产品采用100%真人毛发”，结合该广告下部的附图EB-01、EB-02、EB-03，可以看出该人体毛产品包括眉毛；证据1还公开了“在超薄透气的人造头皮上编植”，结合该广告下部的附图EB-01、EB-02、EB-03，可以得知证据1记载的“人造头皮”包括用于在其上编植眉毛的人造皮肤。而本专利说明书对“眉片”的解释是“这种眉片具有皮肤特性，能透气、透水、韧性强、抗腐蚀、佩戴舒适，一般由天然橡胶复合而成”，可见本专利权利要求1中的眉片也是人造皮肤的一种，即证据1披露的“人造头皮”相当于公开了本专利权利要求1中的“眉片”；从证据1的附图EB-01、EB-02、EB-03可以看出，证据1的眉毛是按照生理走向编植的；证据1还公开了“再配合特殊的粘胶工序将毛发固定成型”，相当于公开了本专利权利要求1中的“然后用无毒防水的美容用胶固定住”。由此可见，本专利权利要求1与证据1的区别在于：（1）本专利权利要求1的眉毛是“种植”在眉片上的，而证据1的眉毛是“编植”在人造头皮上的；（2）本专利权利要求1还公开了“该眉毛为棕色、粟棕、浅棕色；该眉片厚为0.08~0.15毫米厚”。本专利实际所解决的技术问题是如何使用简单的方法制作出尽可能仿真的眉毛。

关于区别技术特征1，证据2公开了一种用于美容行业的毛发种植器，本专利涉及仿真眉毛，属于利用毛发种植技术获得的美容产品，两者都涉及毛发种植技术，因此两者属于相近似的技术领域。证据2说明书第2页最后一段介绍了种植眉毛的简单方法：“将毛发、眼睫毛、眉毛等放入植入针的针管裂口中，手持毛发种植器，将针管刺入欲种植毛发的皮肤之中，用食指推动推毛杆，顺势拔出针管，毛发即可种在皮肤里。”可见，证据2已经公开了“种植”眉毛这一技术特征，并且该特征在本专利和证据2中都是起到美容的作用，因此可以认为证据2给出了用“种植”替代证据1中的“编植”使得美容方法更为简单的启示。关于区别技术特征2，由于本专利选择的眉毛颜色与真人毛发颜色相同，眉片的厚度与真人表皮厚度相当，对本领域技术人员来说，要想达到仿真的效果，很容易想到使用真人毛发颜色和表皮的厚度来制造人造眉毛。综上所述，本领域技术人员为了使用简单的方法制作出尽可能仿真的眉毛，完全有动机利用证据2和上述公知常识对证据1进行改进，从而得到本专利权利要求1的技术方案。因此本专利权利要求1的技术方案是显而易见的，不具备突出的实质性特点，此外，本专利的技术方案相对于现有技术也没有取得任何意料不到的技术效果，因此权利要求1不符合《专利法》第二十二条第三款的规定。

本专利权利要求2要求保护一种仿真眉毛的制作方法，其特征在于：首先选择眉型，将选择好的眉型制成眉型板，在大块的眉片上整体压出不断裂的眉型，然后将0.04~0.08毫米粗细、8~15毫米长短的眉毛按眉头眉尾稀，中间密的生理走向将逐个眉型上的眉毛种眉110~150根，同时用胶粘牢固，使其眉片的背面光滑并涂一层胶，眉型长度为45~55毫米。根据前面的分析，证据1公开了真人毛发包括眉毛；批露的“人造头皮”相当于公开了本专利权利要求1中的“眉片”；从证据1的附图EB-01、EB-02、EB-03可以看出，证据1的眉毛是按照生理走向编植的；证据1还公开了“再配合特殊的粘胶工序将毛发固定成型”。由此可见，本专利权利要求2与证据1的区别在于：（1）权利要求2的眉毛是“种植”在眉片上的，而证据1的眉毛是“编植”在人造头皮上的；（2）权利要求2公开了眉毛的粗细、长短、根数、眉型长度的参数；（3）权利要求2还公开了“选择眉型”、“制成眉型板”、“压出眉型”的步骤。本专利实际所解决的技术问题是如何使用简单的方法制作出尽可能仿真的眉毛。

关于区别技术特征1，证据2公开了一种用于美容行业的毛发种植器，其说明书第2页最后一段介绍了种植眉毛的简单方法。可见，证据2已经公开了“种植”眉毛这一技术特征，并且该特征在本专利和证据2中都是起到美容的作用，因此可以认为证据2给出了用“种植”替代证据1中的“编植”使得美容方法更为简单的启示。关于区别技术特征2，权利要求2公开的眉毛粗细、长短、根数、眉型长度的参数都与真人的参数相当，原告也表示这些参数限定的唯一目的就是使人造眉毛尽可能仿真，因此对本领域技术人员来说，要想达到仿真的效果，很容易想到使用真人眉毛的参数来制造人造眉毛。关于区别技术特征3，“选择眉型”、“制成眉型板”、“压出眉型”是常规的模压技术，属于本领域的常用手段，本领域技术人员在制造眉毛的过程中使用上述步骤是显而易见的。综上所述，本领域技术人员为了使用简单的方法制作出尽可能仿真的眉毛，完全有动机利用证据2和上述公知常识对证据1进行改进，从而得到本专利权利要求2的技术方案。因此本专利权利要求2的技术方案是显而易见的，不具备突出的实质性特点和显著的进步，不符合专利法第二十二条第三款的规定。

被告根据上述分析，作出第9869号决定，宣告本专利全部无效。原告不服该决定，向本院提起行政诉讼，请求撤销该决定。

另查明，2006年1月17日，第三人针对本专利提出无效宣告请求，以证据1作为评价本专利权利要求1、2创造性的对比文件，该案件编号为4W01303。同年5月13日，被告作出第8363号决定。在该决定中，被告认为，本专利权利要求1、2相对于证据1具备创造性，故维持本专利权有效。

在本院庭审中，原告、第三人对于第9869号决定关于本专利符合《专利法》第二十六条第三款规定的认定结论没有异议。

本院认为，原告、第三人对于第9869号决定作出的关于本专利符合《专利法》第二十六条第三款的规定的认定结论不持异议，本院经审查，认同被告的上述认定结论。

被告在第8363号决定中是以证据1作为评价本专利创造性的对比文件进行审查、判断。而第三人在本次无效宣告程序中，是以证据1、证据2结合公知常识证据3、证据4、证据5评价权利要求1、2的创造性。因此，第三人提起的本次无效宣告请求不属于《专利法实施细则》第六十五条第二款规定的以同样的理由和证据再次提出的无效请求，被告受理该请求并作出决定与上述法律规定并不相悖。原告关于第三人提起的本次无效宣告请求属于一事不再理情形的诉讼主张，缺乏事实依据，本院不予采纳。

本专利涉及一种美容用品，请求保护的是仿真眉毛及其制作方法，是在类似人皮肤的眉片上种植眉毛，将加工好的眉片贴在缺眉处，以达到仿真的效果。证据2公开的是一种用于美容行业的毛发种植器，被告根据两者均涉及美容领域有关毛发种植的技术内容，作出的二者属于相近似的技术领域，及证据2可以作为现有技术评价本专利创造性的认定结论，具有事实根据和法律依据。原告主张本专利与证据2属于不同的技术领域，事实依据不足，本院不予采纳。

对本专利的现有技术的认定，应当以对比文件中记载或能够直接唯一推出的内容为基础。从证据1有关文字与附图公开的内容看，证据1中的人体毛产品是包括眉毛在内。眉毛产品是按照生理走向编植，再配合特殊的粘胶工序固定成型。虽然在证据1的文字中披露的这种人体毛产品是编织在“超薄透气的人造头皮”上，但是本领域技术人员根据证据1的有关眉毛产品的附图公开的内容，可以确定“人造头皮”应当包括用于在其上编植眉毛的人造皮肤。证据2是毛发种植器的实用新型专利，在其说明书中公开了眉毛种植的方法。对于本领域技术人员而言，自然很容易想到将证据2公开的“种植”眉毛技术应用到证据1中，从而使得美容的方法更为简单。同时，为达到仿真效果，本领域技术人员亦很容易想到使用真人的毛发颜色和表皮厚度等公知常识来制造人造眉毛。因此，被告关于权利要求1没有突出的实质性特点和显著的进步，不具有创造性的认定合法。原告关于证据1没有公开权利要求1中眉毛、眉片技术特征的主张事实依据不足，本院不予采纳。

本专利权利要求2所保护的技术方案是一种仿真眉毛制作的方法。本领域技术人员在证据1公开内容的基础上，结合证据 2 给出毛发种植的技术教导，真人眉毛参数等公知常识以及本领域的常规技术手段，得到本专利权利要求 2 所保护的技术方案，不需要花费创造性劳动。因此，被告认定本专利权利要求 2 不具有创造性是正确的。原告关于权利要求 1、2 具备创造性的主张缺乏事实和法律依据，本院亦不予采纳。

综上，第 9869 号决定认定事实清楚，适用法律正确，审查程序合法，本院予以维持。原告的诉讼理由均缺乏事实及法律依据，其诉讼请求本院不予支持。据此，依照《中华人民共和国行政诉讼法》第五十四条第（一）项的规定，判决如下：

维持国家知识产权局专利复审委员会于二〇〇七年六月八日作出的第 9869 号无效宣告请求审查决定。

案件受理费 100 元，由原告杨树负担（已交纳）。

如不服本判决，可在本判决书送达之日起 15 日内，向本院递交上诉状，并按对方当事人人数提出副本，预交上诉案件受理费，上诉于北京市高级人民法院。上诉人在上诉期限内未预交上诉案件受理费，又不提出缓交申请的，按自动撤回上诉处理。

审 判 长　梁　菲
代理审判员　何君慧
代理审判员　付勇军
二〇〇六年十二月十五日
书 记 员　王　丽

100

# 数码图像直接成像于相纸的彩扩机

## 无效宣告请求审查决定（第9889号）

**决　　定　　号**　第9889号
**决　　定　　日**　2007年6月12日
**发明创造名称**　数码图像直接成像于相纸的彩扩机
**国 际 分 类 号**　G03B 27/10，G03B 27/46
**无效宣告请求人**　黄融融
**专　利　权　人**　上海索菲亚电子机械有限公司
**专　　利　　号**　03232119.8
**申　　请　　日**　2003年6月13日
**授 权 公 告 日**　2004年8月4日
**合 议 组 组 长**　张惠军
**主　　审　　员**　张　曦
**参　　审　　员**　周　航

**法　律　依　据**　专利法第22条第2款、第3款
**决　定　要　点**

如果用于证明使用公开的证据未能证明专利技术方案在申请日前已处于公众可以得知的状态，则该证据不能使该专利丧失新颖性和创造性。

### 一、案由

本无效宣告请求涉及国家知识产权局于2004年8月4日授权公告的、名称为“数码图像直接成像于相纸的彩扩机”的03232119.8号实用新型专利权（下称本专利），其申请日是2003年6月13日，专利权人是上海索菲亚电子机械有限公司。本专利授权公告的权利要求书如下：

“1. 一种数码图像直接成像于相纸的彩扩机，包括机架（1）、计算机显示屏（2）、计算机（3）、光源（4）及控制器（5）以及设于机架（1）内的装纸暗箱（9）、送纸机构（10）及冲洗槽架（11），其特征在于所述彩扩机还包括设置于机架（1）内的液晶显示器（6），所述液晶显示器（6）包括液晶显示屏（60），该液晶显示屏（60）上的数码图像经光源（4）的照射成像于相纸上。

2. 根据权利要求1所述的彩扩机，其特征在于所述液晶显示器（6）设置于送纸机构（10）的上方，一端用铰链固定于送纸机构（10），其一面通过拉簧（8）与机架（1）连接，其相对设有液晶显示屏（60）的另一面朝向送纸机构（10）。

3. 根据权利要求1或2所述的彩扩机，其特征在于所述液晶显示器（6）还包括微动调节器

（63）。

4. 根据权利要求1或2所述的彩扩机，其特征在于所述液晶显示器（6）还包括双层框架（62），该双层框架（62）包括上层框架（621）和下层框架（622），液晶显示屏（60）设置于下层框架（622）上。

5. 根据权利要求4所述的彩扩机，其特征在于所述双层框架（62）的相邻两侧分别设有一微动调节器（63），所述微动调节器（63）分别与上、下层框架（621）、（622）相连。

6. 根据权利要求5所述的彩扩机，其特征在于所述微动调节器（63）包括拉簧（631）、第一步进电机（632）、同步带（633）、同步轮（634）、螺杆（635）及丝套（636），所述第一步进电机（632）的电机轴通过同步带（633）与同步轮（634）连接，螺杆（635）设于丝套（636）内，其一端与同步轮（634）连接，另一端紧靠液晶显示器（6）的双层框架（62）。

7. 根据权利要求5所述的彩扩机，其特征在于下层框架（622）所设第二固定滑轮（626）由立轴支撑，经上层框架（621）所设通孔与上层框架（621）所设的固定滑块（627）通过拉簧（628）紧靠，上层框架（621）受一侧所设微动调节器（63）的作用可带动下层框架（622）作X或Y方向来回微量移动，下层框架（622）受另一侧所设微动调节器（63）的作用还可作相对的Y或X方向来回微量移动。

8. 根据权利要求5所述的彩扩机，其特征在于所述液晶显示器（6）还包括上、下两面设有开口的外壳（61）及安装于外壳（61）上、下两开口处的玻璃（64），双层框架（62）及微动调节器（63）设置于外壳（61）内。

9. 根据权利要求1或2所述的彩扩机，其特征在于其还包括微动升降机构（7）。

10. 根据权利要求9所述的彩扩机，其特征在于所述微动升降机构（7）包括设置于机架（1）内的第二步进电机（71）、偏心轮（72）以及连杆（73），偏心轮（72）的一端与第二步进电机（71）连接，另一端通过连杆（73）与液晶显示器（6）相连。”

针对上述专利权，黄融融（下称请求人）于2006年4月18日向专利复审委员会提出无效宣告请求，请求人的具体理由是：专利权人剽窃了Lab Net Plus Limited Liability Company的技术，提出申请并获得了本专利的专利权，并且Lab Net Plus Limited Liability Company在本专利申请日之前在波兰已就本专利的技术提出了专利申请，因此本专利不符合专利法第22条的规定。请求人提交了如下附件：

附件1：本专利说明书首页复印件；

附件2：声称为Lab Net Plus Limited Liability Company营业执照复印件及其中文译文（共16页）；

附件3：声称为Lab Net Plus Limited Liability Company在波兰的专利申请第339466号复印件（包括首页和四页附图）及其中文译文（共10页），其公开日为2001年10月8日；

附件4：上海索菲亚电子机械有限公司与Lab Net Plus公司签订的《合作要素》复印件（共6页）；

附件5：Lab Net Plus公司开具给上海索菲亚电子机械有限公司的No. US/000002/2003和No. US/000003/2003发票复印件及其中文译文（共4页）；

附件6：“请求调查申请书（一）”和“请求调查申请书（二）”。

经形式审查合格后，专利复审委员会受理了上述无效宣告请求，于2006年10月8日向双方当事人发出无效宣告请求受理通知书，并将无效宣告请求书及附件清单中所列附件副本转送给专利权人，要求其在指定期限内答复。

针对上述无效宣告请求，专利权人于2006年11月8日向专利复审委员会寄交了意见陈述书，专利权人在其意见陈述书中表示对附件2、3的真实性有异议，对附件4、5的真实性无异议，但认为附件4、5不能支持无效宣告请求的理由，同时认为本专利符合专利法第22条的规定。

针对上述无效宣告请求，专利复审委员会依法成立合议组对本案进行审理。

2007年1月5日，专利复审委员会本案合议组向双方当事人发出无效宣告请求口头审理通知书，指出本案定于2007年3月12日举行口头审理，并随口头审理通知书向请求人转送了专利权人于2006年11月8日提交的上述意见陈述书副本。

请求人和专利权人分别于2007年1月15日和2007年1月25日向专利复审委员会寄交了口审回执，双方在口审回执中明确表示参加口头审理。

2007年2月28日，请求人向专利复审委员会寄交了意见陈述书，请求人声称由于Lab Net Plus Limited Liability Company将参加美国拉斯维加斯举办的有关彩扩设备的国际会议，因此无法准时达到，请求人无法提供证据原件，故请求延期举行口头审理。

鉴于本案中的请求人为黄融融，并非Lab Net Plus Limited Liability Company，故此Lab Net Plus Limited Liability Company参加国际会议并不能成为请求人黄融融请求口头审理延期的适当理由，因此合议组决定按口头审理通知书中指定的日期对本案进行口头审理。

口头审理如期举行，专利权人出席了口头审理，请求人缺席此次口头审理，专利权人对合议组成员无回避请求。在口头审理过程中，专利权人对于请求人提交的附件2的真实性有异议，认为该证据是域外形成的证据，但未经过公证认证；对附件3的首页无异议，但对其附图的真实性有异议，并认为该证据也是域外证据，应当履行公证认证手续，但该证据既无馆藏章也无域外证据的公证认证文件，因此对该证据整体上的真实性不予认可；对附件2和3的中文译文的准确性没有异议。对附件4~6的真实性没有异议，但认为证明的事实与本案无关；附件4是专利权人与LNP公司的购买合同，第3页2.1~2.9说明了CPDM1216模块的组成，模块相当于一个芯片，而本专利是一个彩扩机，本专利的机械方面的结构在证据中的模块是没有提到的；附件5的发票与附件4能够证明的事实是相同的；附件3摘要涉及的是一种方法，与本专利在机械方面的特征相比较是不能破坏本专利的新颖性和创造性的，附件3的附图不是专利申请文件中附图的常规格式；附件6所证明的内容与本案无关。

在上述事实的基础上，合议组经合议依法作出审查决定。

**二、决定的理由**

1. 关于证据

请求人共提供了四份证据，即附件2~5，请求人声称附件2是Lab Net Plus Limited Liability Company营业执照复印件及其中文译文，由于该证据为域外证据，请求人未提交原件，也未提交能够证明其真实性的公证认证文件，且专利权人对其真实性不予认可，因此附件2的真实性难以确定，不能作为本案证据使用。

请求人声称附件3是Lab Net Plus Limited Liability Company在波兰的专利申请及其中文译文，专利权人对其首页的真实性和中文译文准确性无异议，但对其附图真实性有异议，经合议组审查，附件3首页中发明人、申请人/持有人栏记载的姓名与附图中所有权栏记载的名称或姓名不相符，首页中记载的公布日期为2001年10月8日，而附图中“最终修改文件”栏所记载的日期分别为2003年4月30日、2003年5月6日、2003年1月6日和2003年4月30日，即各附图的形成日期在该专利公布日期之后，而且附图的形式与通常专利申请文件的附图形式也不相同，从附图形式和内容来看，其应为Lab Net Plus公司的设计图纸复印件，并非该份专利的公开文本，因此合议组对附件3中波兰专利申请文件首页的真实性予以认可，可以作为本案证据使用，该专利申请的公开日为2001年10月8日，在本专利申请日之前，附件3中该专利申请首页上记载的内容可以作为本专利的现有技术，评价本专利的新颖性和创造性，其内容以其中文译文内容为准，合议组对附件3中附图的真实性均不予认可，不能作为本案证据使用。

附件4和5分别是上海索菲亚电子机械有限公司与Lab Net Plus公司（下文中简称为LNP）签订的《合作要素》复印件和LNP公司开具给上海索菲亚电子机械有限公司的两张发票，专利权人对其真实性无异议。合议组经审查，认可附件4和5的真实性。《合作要素》的签订时间为2003年1月6~8日，发票的开具时间分别为2003年3月19日和2003年4月10日，均在本专利申请日之前，因此附件4和5可以作为本案证据使用，其上披露的内容可以作为现有技术来评价本专利的新颖性和创造性。

2. 关于本专利是否符合专利法第22条第2款、第3款的规定

请求人认为本专利相对于其提交的证据不符合专利法第22条的规定。

专利法第22条第2款规定，新颖性，是指在申请日以前没有同样的发明或者实用新型在国内外出版物上公开发表过、在国内公开使用过或者以其他方式为公众所知，也没有同样的发明或者实用新型由他人向专利局提出过申请并记载在申请日以后（含申请日）公布的专利申请文件中。

专利法第22条第3款规定，创造性，是指同申请日以前已有的技术相比，该发明有突出的实质性特点和显著的进步，该实用新型具有实质性特点和进步。

（1）附件4和5是否影响本专利的新颖性和创造性。

请求人提交的附件4是上海索菲亚电子机械有限公司与LNP公司签订的《合作要素》，包括“不公开协议”、“CPDM1216的独家条件”、“CPDM1216模块的基本配置”、“基于A4尺寸的CPDM812模块”和“关于和KREONITE和EUROFOTO的合作”，共五个部分的内容，其中涉及了CPDM1216模块和CPDM812模块，根据该《合作要素》的记载，上述两模块应为彩扩机的部件，模块中均包括含捕光器的光源、模块（LCD屏幕、带步进电机的机械配件、模块外壳）、具有2个步进电机的模块提升装置、电路板、用户键盘、微码器、用户及技术软件、可以翻译为中文版本的软件、技术资料；附件5是LNP公司开具给上海索菲亚电子机械有限公司的发票，其中涉及了CPDM1216模块。因此根据上述两个附件，可以证明LNP公司与本专利专利权人上海索菲亚电子机械有限公司之间存在合作关系，并且在本专利申请日之前，专利权人向LNP公司付款、购买了CPDM1216模块，发生了销售行为。合议组认为，涉及CPDM1216模块相关技术内容的附件4中并未记载有关本专利权利要求1的数码图像直接成像于相纸的彩扩机的具体技术方案；另外，虽然附件4中记载了组成该CPDM1216模块的部件，但是其中并未写明各部件的连接关系、功能等，因此仅凭附件4的内容不能将该CPDM1216模块与本专利的数码图像直接成像于相纸的彩扩机的技术方案对应起来，附件4和5不足以证明本专利的技术方案在申请日前已被出版物公开或使用公开，不能影响本专利的新颖性和创造性。

（2）附件3是否影响本专利的新颖性和创造性。

本专利权利要求1要求保护一种数码图像直接成像于相纸的彩扩机，其中具体限定了该彩扩机所包括的部件。

附件3是波兰专利申请第339466号的首页，其涉及一种对LCD产生的光照图像通过感光材料进行曝光的方法，该方法的特征如下：派生出的图像是由源图的每个像素点的基色RGB成分所建立的，在LCD上至少产生并曝光3个派生图像，（通过子像素的值）使感光材料与面板产生联系，直到将所有的三色成分设定在像素点建立的每个区域上。

可见，虽然附件3中记载了可由LCD（液晶显示器）对感光材料进行暴光，但其中并未公开彩扩机，也未公开彩扩机的具体构成，因此权利要求1限定的技术方案与附件3公开的技术方案不同，两者不属于同样的发明创造，因此权利要求1具备新颖性。

如上所述，附件3未公开彩扩机的技术方案，虽然其中涉及了使用LCD对感光材料进行曝光的

内容，但是其未公开彩扩机的具体构成，也未给出将这种技术手段应用于彩扩机中的技术启示，而本专利通过将液晶显示器应用到现有的彩扩机中，实现了数码图像直接成像于相纸，降低了成本，保证了成像质量，因此本专利权利要求 1 相对于附件 3 具有实质性特点和进步，具备创造性。

由于权利要求 1 相对于附件 3 具备新颖性和创造性，其从属权利要求 2～10 也相应具备新颖性和创造性，因此本专利符合专利法第 22 条第 2、3 款的规定。

3. 关于请求人提交的请求调查申请书（一）和（二）

附件 6 包括“请求调查申请书（一）”和“请求调查申请书（二）”，在这两份请求调查申请书中，请求人请求复审委员会向上海索菲亚电子机械有限公司代表周风华和技术人员张鹤鸿调查取证，以证实专利权人剽窃他人技术获得了本专利权。

审查指南第四部分第八章第 3 节对“专利复审委员会对证据的调查收集”进行了规定，其中指出专利复审委员会一般不得主动调查收集审查案件所需的证据。对当事人及其代理人确因客观原因不能自行收集的证据，应当事人在举证期限内提出的申请，专利复审委员会认为确有必要时，可以调查收集。通过以上对本案的分析可以看出，请求人未能提供相应证据证明本专利的技术方案在申请日之前已处于公众可以得知的状态，也就是说请求人主张的剽窃行为还需要其他记载了技术内容的证据予以支持，请求人并未完成初步的举证责任，应当承担对因举证不利所带来的后果，因此合议组认为没有必要对上述两证人进行调查，对请求人提出的请求不予支持。

综上所述，本专利符合专利法第 22 条第 2～3 款的规定。故此，本合议组作出如下决定。

**三、决定**

维持 03232119. 8 号实用新型专利权有效。

当事人对本决定不服的，可以根据专利法第 46 条第 2 款的规定，自收到本决定之日起三个月内向北京市第一中级人民法院起诉。根据该款的规定，一方当事人起诉后，另一方当事人应当作为第三人参加诉讼。

101

# 双开尼龙拉链的插销构造

## 无效宣告请求审查决定（第9897号）

**决　　定　　号**　第9897号
**决　　定　　日**　2007年6月11日
**发明创造名称**　双开尼龙拉链的插销构造
**国 际 分 类 号**　A44B 19/24
**无效宣告请求人**　YKK株式会社
**专　利　权　人**　郑荣元
**专　　利　　号**　02240937.8
**申　　请　　日**　2002年7月3日
**授 权 公 告 日**　2003年6月25日
**合 议 组 组 长**　刘颖杰
**主　　审　　员**　沈乐平
**参　　审　　员**　王琦琳

**法　律　依　据**　专利法第22条第3款
**决　定　要　点**

如果一项权利要求与最接近的现有技术相比存在区别特征，所述区别特征为相同技术领域的另一份对比文件中披露的相关技术手段，该技术手段在该对比文件中所起的作用与该区别特征在要求保护的发明创造中为解决该发明创造要解决的技术问题所起的作用相同，则认为现有技术中存在技术启示。

### 一、案由

本无效宣告请求涉及国家知识产权局于2003年6月25日授权公告的、名称为“双开尼龙拉链的插销构造”的02240937.8号实用新型专利权（下称本专利），其申请日是2002年7月3日，专利权人是郑荣元。授权公告时的权利要求书如下：

“1. 一种双开尼龙拉链的插销构造，主要包括：二拉链布条之一端最终拉链齿设上止，且该二拉链布条的另一端最终拉链齿设第一插销及第二插销，该拉链布条上具有可分别对该拉链齿作开闭控制的二拉头；其特征在于：该第一插销由第一侧边被射制在其一拉链布条上，该第一插销的第二侧边与拉链齿接近端设嵌合部及顶撑部，该第一插销另一端设燕尾部，该燕尾部由第二侧边向第一侧边偏斜，且越过缝合拉链齿的缝合线；该第二插销由第一侧边被射制在其一拉链布条上，该第二插销的第二侧边一端与最终拉链齿具有适当间隙，且该第二侧边设嵌合部，该嵌合部可与第一插销的嵌合部相嵌合，且第一插销的顶撑部可伸入在该间隙内，该第二插销另一端凸设一凸出部，该凸出部具有止挡部，该止挡部可被拉头抵接。

2. 根据权利要求 1 所述双开尼龙拉链的插销构造，其特征在于：所述第一插销的嵌合部形成一凹槽，第二插销的嵌合部形成一凸出的板片，该板片与凹槽可相互嵌合。

3. 根据权利要求 1 所述双开尼龙拉链的插销构造，其特征在于：所述凸出部位于第二插销的第一侧边，且与该第一侧边的夹角边形成止挡部，该止挡部可被拉头的侧墙抵接。

4. 根据权利要求 1 所述双开尼龙拉链的插销构造，其特征在于：所述第二插销的凸出部在止挡部的对边形成斜肩部。

5. 根据权利要求 1 所述双开尼龙拉链的插销构造，其特征在于：所述第二插销设有朝上、下凸出的凸出部，该凸出部与第二插销本身形成止挡部，该止挡部可被拉头的上、下板边缘抵接。”

针对本专利，YKK 株式会社（下称请求人）于 2006 年 10 月 13 日向专利复审委员会提出了无效宣告请求，并提交了如下证据：

证据 1：专利号为 99216907. 0 的实用新型专利说明书，其授权公告日为 2000 年 6 月 14 日；

证据 2：申请号为 99120573. 1 的发明专利申请公开说明书，其公开日为 2000 年 4 月 5 日；

证据 3：本专利（02240937. 8）的授权公告文本。

结合上述证据，请求人认为：本专利权利要求 1 相对于证据 1 的区别在于具有：该第一插销另一端设燕尾部，该燕尾部由第二侧边向第一侧边偏斜，且越过缝合拉链齿的缝合线。而上述区别技术特征在证据 2 中被公开了，因此本专利权利要求 1 相对于证据 1 和证据 2 的结合不具备专利法第 22 条第 3 款规定的创造性。本专利权利要求 2 的附加技术特征与证据 1 虽然存在区别，但该区别是本领域技术人员很容易想到的，本专利权利要求 3~4 的附加技术特征被证据 2 公开了，本专利权利要求 5 的附加技术特征被证据 1 公开了，由于权利要求 2~5 都从属于权利要求 1，因此，当权利要求 1 不具备创造性时，权利要求 2~5 也不具备创造性。

请求人还认为：本专利权利要求 1 记载了技术特征“该二拉链布条的另一端最终拉链齿设第一插销及第二插销”，但是本专利的说明书各实施例中第一插销及第二插销均未设在二拉链布条的另一端最终拉链齿上，因此本专利权利要求 1 得不到说明书的支持，不符合专利法第 26 条第 4 款的规定。由于本专利权利要求 1 不符合专利法第 26 条第 4 款的规定，因此从属权利要求 2~5 也不符合专利法第 26 条第 4 款的规定。

经形式审查合格，专利复审委员会依法受理了上述无效宣告请求，并于 2006 年 12 月 6 日向双方当事人发出了无效宣告请求受理通知书，随同无效宣告请求受理通知书将专利权无效宣告请求书及其附件清单中所列附件副本转送给专利权人，要求其在指定的期限内答复，并告知其期满未答复的，不影响专利复审委员会审理。

专利权人未在指定的期限内答复。

针对上述无效宣告请求，专利复审委员会依法成立合议组，并于 2007 年 3 月 1 日向双方当事人发出无效宣告请求口头审理通知书，定于 2007 年 4 月 18 日举行口头审理。

口头审理如期举行，请求人参加了口头审理，专利权人未参加口头审理。请求人对合议组成员无回避请求，合议组在此情况下对请求人提出的无效理由和事实进行了调查，并充分听取了请求人的陈述，请求人表示其在口头审理中陈述的无效理由和事实与其在无效宣告请求书中的内容相同。

至此，合议组认为事实已经清楚，在此基础上，合议组经合议依法作出审查决定。

**二、决定的理由**

1. 关于证据和现有技术

请求人提交的证据 1 和证据 2 均为专利文献，专利权人未对其真实性发表意见，合议组经审查认为证据 1 和证据 2 的真实性可以认定，可以作为本案的证据使用。由于证据 1 的公告日是 2000 年 6 月 14 日，证据 2 的公开日是 2000 年 4 月 5 日，证据 1 和证据 2 的公开日均在本专利的申请日之前，因此证据 1（下称对比文件 1）和证据 2（下称对比文件 2）上记载的内容构成了本专利的现有技术，可以用来评价本专利的创造性。

2. 关于本专利权利要求 1~5 是否符合专利法第 22 条第 3 款的规定

专利法第 22 条第 3 款规定：创造性，是指同申请日以前已有的技术相比，该发明有突出的实质性特点和显著的进步，该实用新型有实质性特点和进步。

本专利权利要求 1 涉及一种双开尼龙拉链的插销构造。对比文件 1 公开了一种双开尾型的隐形拉链，其中说明书第 2 页第 4~19 行和附图 1~6 披露了如下内容：该隐形拉链包括两条边缘设有隐形链齿 11 的编织带 1，两编织带 1 的前端设有上止粒 12（相当于本专利权利要求 1 的上止）；后端分别设有插入销 4 和固定销 5（相当于本专利权利要求 1 的第一插销和第二插销）；拉链头被预先置于隐形链齿 11 之间，包括公拉链头 2 和母拉链头 3（相当于本专利权利要求 1 中的二拉头）；该插入销 4 常用射出、压铸或冲压方式成型，其夹槽 41 供编织带 1 的前端边缘嵌固，再施予整烫定型，形成牢固的结合（相当于本专利权利要求 1 中的该第一插销由第一侧边被射制在其一拉链布条上）；该插入销 4 上设有咬合片 42（相当于本专利权利要求 1 中的第一插销的嵌合部），在其内侧前缘设有外凸的扣齿 43（相当于本专利权利要求 1 中的第一插销的顶撑部）；该固定销 5 常用射出、压铸或冲压方式成型，其夹槽 51 供编织带 1 的前端边缘嵌固，再施予整烫定型，形成牢固的结合（相当于本专利权利要求 1 中的该第二插销由第一侧边被射制在其一拉链布条上）；该插入销 4 的咬合片 42 与该固定销 5 的咬合槽 51（相当于本专利权利要求 1 中的第二插入销 5 的嵌合部）呈相向对应，该固定销 5 与最终拉链齿之间有适于扣齿 43 卡合的间隙，在拉链被闭合的状态下，插入销 4 的扣齿 43 伸入在该间隙内（参见证据 1 的附图 2，相当于本专利权利要求 1 中的“该第二插销的第二侧边一端与最终拉链齿具有适当的间隙，且第一插销的顶撑部可伸入在该间隙内”）；该固定销 5 的尾端设有止挡块 53（相当于本专利权利要求 1 中的第二插销的凸出部），当拉链扣合时，插入销 4 前缘的扣齿 43 与对侧编织带 1 的隐形链齿 11 形成扣紧结合。

权利要求 1 相对于对比文件 1 的区别在于：该第一插销另一端设燕尾部，该燕尾部由第二侧边向第一侧边偏斜，且越过缝合拉链齿的缝合线。该燕尾部在本专利的拉链中用于跟拉链头配合起加强闭合的作用。

对比文件 2 公开了一种拉链的可反向打开的底端止码，其中说明书附图 2 的附图标记 4 公开了拉链的一插销上设有燕尾部，其向一侧偏斜且越过缝合拉链齿的缝合线。

由此可见，对比文件 2 公开了上述区别技术特征。对比文件 1、对比文件 2 和本专利都涉及拉链，并且燕尾部在对比文件 2 的拉链中也同样起到了加强闭合的作用，因此对比文件 2 给出了将燕尾部用于对比文件 1 的插销构造中的技术启示，因而权利要求 1 保护的技术方案相对于对比文件 1 和对比文件 2 的结合不具有实质性特点和进步，不具备专利法第 22 条第 3 款规定的创造性。

权利要求 2 对权利要求 1 作了进一步限定如下：所述第一插销的嵌合部形成一凹槽，第二插销的嵌合部形成一凸出的板片，该板片与凹槽可相互嵌合。对比文件 1 的说明书第 2 页第 12~14 行和附图 4 披露了如下内容，该插入销 4 的咬合片 42 呈由内向外渐大的三角片状，该固定销 5 的咬合槽 52 为由内向外渐大的对应三角凹槽状，使扣合时可顺势推移呈极佳的扣紧结合。该咬合片 42 与咬合槽 52

在对比文件1中的作用是使两插销相互对位、定位。这与本专利权利要求2附加技术特征中的凹槽和凸出的板片所起的作用相同，只是对比文件1中三角片与三角凹槽的设置位置与本专利权利要求2附加技术特征限定的设置刚好对调，但是这种设置位置的对调并没有产生新的技术效果，本领域的普通技术人员可根据实际的需要任意选择来设置凹槽的插销。因而当权利要求1不具备创造性时，从属于权利要求1的权利要求2也不具有实质性特点和进步，不具备专利法第22条第3款规定的创造性。

权利要求3对权利要求1作了进一步限定如下：所述凸出部位于第二插销的第一侧边，且与该第一侧边的夹角边形成止挡部，该止挡部可被拉头的侧墙抵接。对比文件2的说明书第5页第14~15行披露了“一个V形止动件7从盒销3的顶端和增强条6的顶端凸出”，对比文件2的说明书第7页第13行披露了“反向打开拉头16滑动到法兰17贴靠并停在止动件7上时为止”，从对比文件2的附图5和附图7中可以看出，在拉头16被拉到拉链的下端时，拉头16的法兰17（相当于本专利权利要求3中的侧墙）抵接到止动件7（相当于本专利权利要求3中的止挡部），该止动件7是从盒销3的第一侧边凸出形成的。由此可见，对比文件2公开了权利要求3的附加技术特征。因而当权利要求1不具备创造性时，从属于权利要求1的权利要求3也不具有实质性特点和进步，不具备专利法第22条第3款规定的创造性。

权利要求4对权利要求1作了进一步限定如下：所述第二插销的凸出部在止挡部的对边形成斜肩部。从对比文件2的附图5和附图7中可以看出，止动件7的对边形成斜肩部。由此可见，对比文件2公开了权利要求4的附加技术特征，因而当权利要求1不具备创造性时，从属于权利要求1的权利要求4也不具有实质性特点和进步，不具备专利法第22条第3款规定的创造性。

权利要求5对权利要求1作了进一步限定如下：所述第二插销设有朝上、下凸出的凸出部，该凸出部与第二插销本身形成止挡部，该止挡部可被拉头的上、下板边缘抵接。对比文件1的说明书第2页第15~17行披露了如下内容：母拉链头3位于拉链尽头时即卡止于固定销5的尾端的挡止块53，可防止其脱落；从附图2和附图5可以看出，该止挡块53是从固定销5朝上、下凸出的凸出部。由此可以看出，对比文件1公开了权利要求5的附加技术特征，因而当权利要求1不具备创造性时，从属于权利要求1的权利要求5也不具有实质性特点和进步，不具备专利法第22条第3款规定的创造性。

综上所述，本专利权利要求1~5相对于对比文件1和对比文件2的结合不具备专利法第22条第3款规定的创造性。

3. 关于本专利权利要求1是否符合专利法第26条第4款的规定

由于本专利全部权利要求1~5均不具备专利法第22条第3款规定的创造性，应当被宣告无效，故不再对权利要求1~5是否符合专利法第26条第4款的规定加以评述。

**三、决定**

宣告第02240937.8号实用新型专利权全部无效。

当事人对本决定不服的，可以根据专利法第46条第2款的规定，自收到本决定之日起三个月内向北京市第一中级人民法院起诉。根据该款的规定，一方当事人起诉后，另一方当事人应当作为第三人参加诉讼。

102

# 通信用自立三角塔

## 无效宣告请求审查决定（第9908号）

**决　　定　　号** 第9908号
**决　　定　　日** 2007年5月29日
**发明创造名称** 通信用自立三角塔
**国 际 分 类 号** E04H 12/10
**无效宣告请求人** 方有祖
**专　利　权　人** 浙江和勤通信工程有限公司
**专　　利　　号** 200420110139.3
**申　　请　　日** 2004年11月19日
**授 权 公 告 日** 2006年3月15日
**合 议 组 组 长** 崔　震
**主　　审　　员** 欧　岚
**参　　审　　员** 王　冬

**法　律　依　据** 专利法第22条第2款、第3款，专利法第26条第4款，专利法实施细则第20条第1款

**决　定　要　点**

评价一项权利要求的创造性时，是将被评述的权利要求与最接近的现有技术进行比较，确定区别技术特征以及根据该区别技术特征所能达到的技术效果确定该权利要求实际解决的技术问题，最后判断现有技术中是否给出了将上述区别技术特征应用到该最接近现有技术以解决其实际要解决的技术问题的启示，若给出了启示则该权利要求相对于现有技术是显而易见的，无实质性特点；反之则是非显而易见的，具有实质性特点。在评价一项权利要求的技术方案是否具有进步时，主要应当考虑其是否具有有益的技术效果。

### 一、案由

本无效宣告请求涉及中华人民共和国国家知识产权局于2006年3月15日授权公告的、名称为“通信用自立三角塔”的实用新型专利权（以下简称本专利），其专利号是200420110139.3，申请日是2004年11月19日，专利权人是浙江安成通信工程有限公司，后变更为浙江和勤通信工程有限公司。本专利授权公告时的权利要求书如下：

“1. 一种通信用自立三角塔，包括塔基（1）、塔体、天线支架（2）、避雷针（3），其特征在于：塔体由多根塔柱连接而成，塔柱采用60°角钢（4）由水平连杆（5）连接成三角塔形，塔体截面呈等

边三角形状。

2. 根据权利要求1所述的通信用自立三角塔，其特征在于：60°角钢弯曲成三段，三段间构成二个120°角，中间弯曲的一段较短，另二段延长后成60°。

3. 根据权利要求1或2所述的通信用自立三角塔，其特征在于：在塔体的侧平面上有斜铁（6）连接。”

针对本专利权，方有祖（以下简称请求人）于2006年8月31日向专利复审委员会提出无效宣告请求，同时提交了如下附件：

附件1：专利权人为陈国龙、申请日为2004年9月18日、授权公告日为2005年10月12日、授权公告号为CN2732912Y（专利号为200420090310.9）的中国实用新型专利说明书，共6页；

附件2：授权公告日为2004年6月9日、授权公告号为CN2620018Y（专利号为02260737.4）的中国实用新型专利说明书，共10页；

请求人认为：本专利权利要求1~3相对于附件1不具备新颖性；权利要求1、3相对于附件2不具备新颖性；本专利权利要求中“60°角钢”不是标准的角钢产品，其受力比90°角钢差，属于变劣选择，因此不具备创造性；权利要求中的60°角钢没有描述清楚，也得不到说明书的支持，因此不符合专利法第26条和专利法实施细则第20条第1款的规定。

经形式审查合格，专利复审委员会依法受理了上述无效宣告请求，并于2006年9月21日向请求人和专利权人发出无效宣告请求受理通知书，同时将专利权无效宣告请求书及其附件清单中所列附件的副本转送给专利权人，并要求专利权人在指定的期限内陈述意见。

请求人于2006年9月30日向专利复审委员会提交了意见陈述书，并补充了无效宣告的理由和证据，其中补充的证据为：（编号续前）

附件3：公开号为2384084的法国专利文献说明书，共8页；

请求人认为：本专利权利要求1与附件3的区别仅在于所采用的角钢不同，权利要求1采用的是60°角钢，这是惯用手段的直接替换，因此权利要求1不具备新颖性；权利要求3相对于附件3不具备新颖性；60°角钢是变劣的选择，因此权利要求1~3相对于附件3不具备创造性。

针对专利复审委员会发出的上述无效宣告请求受理通知书，专利权人于2006年10月30日提交了意见陈述书。

专利权人认为：附件1和2中均没有提及本专利的塔柱采用60°异型钢，其构成三角形结构更紧凑、美观、稳定、牢固，符合专利法的规定。

专利复审委员会依法成立合议组，对本案进行审理。

本案合议组于2007年2月13日向双方发出无效宣告请求口头审理通知书，定于2007年4月11日在专利复审委员会举行口头审理。随同口头审理通知书，将请求人于2006年9月30日提交的意见陈述书及其附件清单中所列附件的副本转送给专利权人，将专利权人于2006年10月30日提交的意见陈述书及其附件清单中所列附件的副本转送给请求人。

口头审理如期举行，双方当事人均参加了口头审理。

在口头审理中，（1）请求人当庭放弃了附件3，当庭放弃权利要求2不符合新颖性的理由。请求人明确其无效宣告的理由、证据和范围为：本专利的权利要求1不符合专利法第26条第4款的规定；权利要求1、2不符合专利法实施细则第20第1款的规定；权利要求1、3相对于附件1或2不具备新颖性；权利要求1~3相对于附件2不具备创造性。专利权人对附件1、2的真实性没有异议。（2）请求人认为权利要求1中的60°角钢是角钢为60°角还是将角钢弯曲后延长为60°角，没有清楚的描述，因此，权利要求1不符合专利法第26第4款、权利要求1、2不符合专利法实施细则第20条第1款的规定。专利权人则认为60°角钢在说明书及附图中有详细的描述，因此，得到了说明书的支持，并且是清楚的。（3）请求人认为附件1和2分别公开了权利要求1的全部技术特征，其中附件1的附图2、3公开了采用60°角钢和塔体截面呈等边三角形，附件1的斜梁相当于本专利权利要求3中的斜铁，附件2中的斜撑相当于本专利权利要求3中的斜铁，因此权利要求1、3相对于附件1或2不具备新颖性。专利权人则认为附件1和2均至少没有公开权利要求1中的塔柱采用60°角钢由水平连杆连接成三角塔形，承认权利要求3的附加技术特征被附件1和2公开。D、请求人认为60°角钢不是标准的角钢产品，比90°角钢受力差，属于变劣的选择，因此，权利要求1~3不具备创造性，60°角钢只能说明型号不能说明结构。专利权人则认为60°角钢用于构成三角形结构更紧凑、稳定、牢固，60°就是结构并非材质。

至此，合议组认为本案事实已经清楚，可以作出审查决定。

**二、决定的理由**

1. 关于证据和现有技术

请求人提交的证据包括附件1~3。在口审当庭，请求人表示主动放弃使用附件3，专利权人对附件1、2的真实性没有异议，经合议组核实，对附件1、2的真实性予以确认，因此附件1、2可以作为本案证据使用。其中附件1是他人于本专利申请日前向专利局提出的、在本专利申请日后公开的专利文献，因此其仅能用来评述本专利的新颖性；附件2为公开日期在本专利的申请日前的专利文献，因此可以作为本专利的现有技术使用。

2. 关于专利法第26条第4款和专利法实施细则第20条第1款

专利法第26条第4款规定：权利要求书应当以说明书为依据，说明要求专利保护的范围。《审查指南》中具体解释为：权利要求书中的每一项权利要求所要求保护的技术方案应当是所属领域的技术人员能够从说明书充分公开的内容中得到或者概括得出的技术方案，并且不得超出说明书公开的范围。

专利法实施细则第20条第1款规定：权利要求书应当说明发明或者实用新型的技术特征，清楚、简要地表述请求保护的范围。

权利要求1中的60°角钢在说明书文字部分及附图3中对其结构、功能和效果有清楚、详细的描述，而且现有技术中常规使用的标准件角钢也是以角度命名，例如90°角钢，它们的命名方式是相同的；权利要求2对60°角钢作了进一步的限定，描述了60°角钢的具体结构。因此，所属领域的技术人员能够从说明书公开的内容中得出权利要求1包含60°角钢的技术方案，权利要求1的描述未超出说明书公开的范围，故符合专利法第26条第4款的规定。权利要求1、2清楚地描述了请求保护的范围，因此也符合专利法实施细则第20条第1款的规定。

3. 关于新颖性

新颖性，是指在申请日以前没有同样的发明或者实用新型在国内外出版物上公开发表过、在国内公开使用过或者以其他方式为公众所知，也没有同样的发明或者实用新型由他人向国务院专利行政部门提出过申请并记载在申请日以后公布的专利申请文件中。

如果专利申请与对比文件公开的内容相比，其权利要求所限定的技术方案与对比文件公开的技术方案存在区别，则该权利要求相对于对比文件具备新颖性。

本专利权利要求1请求保护一种通信用自立三角塔，包括塔基（1）、塔体、天线支架（2）、避雷针（3），其特征在于：塔体由多根塔柱连接而成，塔柱采用60°角钢（4）由水平连杆（5）连接成三角塔形，塔体截面呈等边三角形状。附件1公开的是一种三角形钢构塔（说明书第2页的具体实施方式及附图1~4），包括塔脚、塔体及避雷针，由多根角钢连接构成的主柱、横梁、斜梁、连接节点板固定连接成截面为等腰三角形的塔体，将本专利权利要求1与附件1相比可以看出，附件1塔体截面上的角钢不是采用60°角钢，而且说明书文字部分也没有公开塔体截面采用了60°角钢。附件2公开的是一种组合柱自立式铁塔（说明书第2、3页及附图1、2），包括塔基、塔体、天线及平台、避雷针，其中用组合柱作塔柱，先用传统普通尺寸的钢部件作子柱，与子横撑和/或子斜撑搭接制作成格构式组合柱，然后组合柱与主横撑或主斜撑连接形成塔节段。虽然由附图2可以看出塔体截面呈等边三角形，但明显可看出截面上的子柱不是采用60°角钢，而且说明书文字部分也没有公开塔体截面采用了60°角钢。因此权利要求1所限定的技术方案与附件1或2公开的技术方案的区别在于：附件1和2没有公开权利要求1中的塔柱采用60°角钢由水平连杆连接成三角塔形这一技术特征，故权利要求1相对于附件1或2具备新颖性，符合专利法第22条第2款的规定。权利要求3为从属权利要求，由于其引用的权利要求1相对于附件1或2具备新颖性，因此权利要求3相对于附件1或2也具备新颖性，符合专利法第22条第2款的规定。

4. 关于创造性

创造性，是指同申请日以前已有的技术相比，该发明有突出的实质性特点和显著的进步，该实用新型具有实质性特点和进步。

评价一项权利要求的创造性时，是将被评述的权利要求与最接近的现有技术进行比较，确定区别技术特征以及根据该区别技术特征所能达到的技术效果确定该权利要求实际解决的技术问题，最后判断现有技术中是否给出了将上述区别技术特征应用到该最接近现有技术以解决其实际要解决的技术问题的启示，若给出了启示则该权利要求相对于现有技术是显而易见的，无实质性特点；反之则是非显而易见的，具有实质性特点。在评价一项权利要求的技术方案是否具有进步时，主要应当考虑其是否具有有益的技术效果。

如前所述，权利要求1所限定的技术方案与附件2公开的技术方案的区别在于：附件2没有公开权利要求1中的塔柱采用60°角钢由水平连杆连接成三角塔形这一技术特征。由于请求人没有提供证据表明将上述区别技术特征应用于附件2中而得到本专利权利要求1的技术方案是显而易见的，因此权利要求1相对于附件2是非显而易见的，具有实质性特点；此外，权利要求1所采用的60°角钢用于构成三角形结构相对于附件2的技术方案，结构更紧凑、稳定、牢固，节省钢材料，带来了有益的技术效果。所以，权利要求1所限定的技术方案相对于附件2公开的技术方案有实质性特点和进步，符合专利法第22条第3款关于创造性的规定。

权利要求2是权利要求1的从属权利要求，其附加技术特征是对60°角钢结构的进一步限定，由于其引用的权利要求1相对于附件2具备创造性，因此权利要求2相对于附件2也具备创造性，符合专利法第22条第3款的规定。

权利要求3是权利要求1或2的从属权利要求，由于其引用的权利要求1或2相对于附件2具备创造性，因此权利要求3相对于附件2也具备创造性，符合专利法第22条第3款的规定。

根据上述的事实和理由，本案合议组依法作出以下决定。

**三、决定**

维持200420110139.3号实用新型专利权有效。

当事人对本决定不服的，可以根据专利法第46条第2款的规定，自收到本决定之日起3个月内向北京市第一中级人民法院起诉。根据该款的规定，一方当事人起诉后，另一方当事人应当作为第三人参加诉讼。

103

# 高保险叶片门锁及其制造方法与应用

## 无效宣告请求审查决定（第9917号）

**决　　定　　号**　第9917号
**决　　定　　日**　2007年6月1日
**发明创造名称**　高保险叶片门锁及其制造方法与应用
**国 际 分 类 号**　E05B 29/00
**无效宣告请求人**　上海大众汽车有限公司
**专　利　权　人**　任文林
**专　　利　　号**　96119717.X
**申　　请　　日**　1996年12月31日
**授 权 公 告 日**　1999年12月29日
**合 议 组 组 长**　于　萍
**主　　审　　员**　刘瑞斌
**参　　审　　员**　刘　犟

**法　律　依　据**　专利法第22条第2款、第3款、第4款、第26条第3款、第4款
**决　定　要　点**

一项技术方案是否具备专利法意义上的实用性，要看该技术方案是否能在产业上被制造或使用，并且能够产生本领域技术人员预料到的效果，仅仅以技术方案实施不可靠或者不顺畅为理由是不能够否定该技术方案的实用性的。

如果专利某权利要求与对比文件1中记载的技术方案相比存在区别技术特征，而该区别技术特征在对比文件2中有公开，而本领域技术人员根据对比文件2中记载的该区别特征的用途，以及对比文件1所涉及的产品应具备的功能会将上述区别技术特征用于对比文件1的技术方案中而形成与该专利权利要求相同的技术方案，那么该专利的权利要求相对于对比文件1与2的结合不具备创造性。

### 一、案由

本无效宣告请求涉及国家知识产权局于1999年12月29日授权公告的、名称为“高保险叶片门锁及其制造方法与应用”的发明专利权（以下简称本专利），其专利号是96119717.X，申请日是1996年12月31日，专利权人是任文林。本专利授权公告时的权利要求书如下：

“1. 一种高保险叶片锁，它包括锁芯、叶片、弹簧和钥匙，同向运动的叶片接受钥匙调控的受力面在四排以下，其特征在于锁芯的至少一个叶片孔或格里，轴向装有至少两片叶片或至少有两片相对运动的叶片或其中至少有一片带防掏缺口。

2. 一种高保险叶片锁，它包括锁芯和叶片，锁芯由板状材料制成，其特征在于锁芯的至少一个叶片孔或格里，装有至少两片叶片或双头叶片或至少有两片相对运动的叶片或至少有一片带防掏缺口。

3. 一种高保险叶片锁，它包括锁芯和叶片，其特征是锁芯的至少一个叶片孔或格里，装有至少三片叶片；或锁芯的至少一个叶片孔或格里，装有至少两片叶片，两叶片可共一弹簧，或至少有两个相对运动的叶片或至少有一片叶片带防掏缺口。

4. 如权利要求 1~3 所述的叶片锁，其特征在于锁芯（21、22、221、231、24、29、211、215、222）可呈无外围边框的开口状、通槽状、夹板状；相邻两叶片或多个叶片可共一弹簧；锁芯可呈径向或轴向弯曲对折结构，可呈方、圆管形；可有起分隔叶片作用的凸筋或/和缺口，可有加强筋或/和加强附件；可只有一个叶片孔或格，叶片之间可以有隔片。

5. 如权利要求 1~3 所述的叶片锁，其特征在于叶片（11、100、111、112、113、114、115、116、117、118、119、120、121）可呈如下结构：叶片端部有缺口；或叶片端部有宽于中间的凸起；或叶片端部一段比中间窄；或叶片一头的宽度大于锁定孔的宽度；或叶片上的钥匙孔呈开口型；或叶片的端部呈尖头状；锁头体上锁定孔处有便于叶片缺口卡入的薄边或沟筋或台阶或衬管。

6. 如权利要求 1 所述的叶片锁，其特征是在钥匙上有至少两处定位结构，相应锁芯上有至少两处定位结构；锁芯定位结构可以是定位板或定位叶片；钥匙进入锁芯的一段可呈无沟筋、凹点的平板状；可在钥匙上制出统一的基本齿形，可有多套基本齿形。

7. 一种如权利要求 1~3 所述的叶片锁的制造方法，其特征是先统一装配基本齿形叶片，再换装特殊齿形叶片。”

针对本专利，上海大众汽车有限公司（以下简称请求人）于 2003 年 12 月 25 日向专利复审委员会提出第一次无效宣告请求（案卷编号为 W400781），认为本专利不符合专利法第 22 条第 1 款、第 3 款、第 4 款及专利法实施细则第 2 条、第 30 条的规定，请求人同时提交了如下附件：

附件 1.1：本专利说明书；

附件 1.2：公开日为 1944 年 9 月 12 日、公开号为 US2358164 的美国专利文献和该文献权利要求书的中文译文，共 9 页；

附件 1.3：公开日为 1972 年 10 月 13 日、公开号为 FR2127047 的法国专利文献及其中文译文，共 19 页；

附件 1.4：公开日为 1978 年 8 月 3 日、公开号为 DE2703537A1 的德国专利文献及其中文译文，共 25 页；

附件 1.5：公开日为 1979 年 1 月 4 日、公开号为 DE7203658U1 的德国专利文献及其中文译文，共 21 页；

附件 1.6：声称上海大众汽车有限公司的产品用锁芯总成图纸（整套）目录清单 1 页，及 6 张图纸的复印件；

杂物箱锁芯总成图纸——443 857 113A；

燃油箱锁芯总成图纸——443 201 594；

行李箱锁芯总成图纸——TAB004 872H；

转向器锁锁芯总成图纸——535 905 855；

转向器锁锁芯总成图纸——330 905 855；

车门外执手总成图纸——330 837 205/206；

附件 1.7：盖有上海市锁具产品质量监督检验站检验报告专用章、报告编号分别为 WT0312200 及

WT0312201 的检验报告复印件，各 3 页，共 6 页；

附件 1.8：大众汽车公司上海大众汽车有限公司整车售后服务协议的中文及英文的复印件，共 9 页；

附件 1.9：大众汽车公司上海大众汽车有限公司散装车供应协议的中文及英文的复印件，共 42 页；

附件 1.10：中国远洋运输（集团）总公司的运单复印件，提单号为 HAM/SHA/100，收件人为上海大众汽车有限公司，共 5 页；

附件 1.11：开票日期为 1995 年 11 月 23 日、购货单位为上海汽车工业销售总公司、销货单位为上海大众汽车有限公司的销货方记账凭证的复印件 1 页，及编号为 NO0135310 的销货方记账凭证复印件 1 页；

附件 1.12.1：车门外把手总成图纸复印件，共 1 页；

附件 1.12.2：采购批准书的颁发及更改表复印件，共 4 页；

附件 1.13.1：编号为 96-044 的配套认可书复印件，共 1 页；

附件 1.13.2：投产批准书复印件，共 1 页；

附件 1.13.3：编号为分别为 00054042、00054041、00054040 的贵州增值税专用发票复印件共 1 页。

请求人认为：（1）本专利权利要求 1~3 中所要求保护的全部技术特征在附件 1.3 和附件 1.4 中已披露。（2）由附件 1.6 的图纸并结合附件 1.7、附件 1.8-1.13 可知：①上海大众汽车有限公司在 1995 年前已从德国进口整车并由上海大众汽车有限公司于 1995 年售车给上海汽车工业销售总公司（见附件 1.11）；②本专利的技术方案在其申请日前已由上海大众汽车有限公司进行国产化作业，并且由上海大众汽车有限公司的配套厂销售（见附件 1.13）；③附件 1.7 表明上海大众汽车有限公司的产品与附件 1.6 中转向器锁锁芯总成图纸——535 905 855 相符；④附件 1.8、1.9 表明大众汽车公司与上海大众汽车有限公司早在本专利申请日之前就整车售后服务和散装车供应签署了协议。以上证据表明与本专利相同的产品在其申请日前已经在国内公开销售。

经形式审查合格，专利复审委员会依法受理了上述无效宣告请求，并于 2003 年 12 月 26 日向请求人和专利权人发出无效宣告请求受理通知书，同时将专利权无效宣告请求书及其附件清单中所列附件的副本转送给专利权人，并要求专利权人在指定的期限内陈述意见。

请求人于 2004 年 1 月 29 日向专利复审委员会提交了意见陈述书，并补充提交了附件 1.10 的中文译文，共 5 页，以及如下附件（编号续前）：

附件 1.12.3：杂物箱锁芯图纸复印件，共 1 页；

附件 1.12.4：叶片图纸复印件，共 1 页；

附件 1.13.4：油箱盖锁芯图纸复印件，共 1 页；

附件 1.13.5：叶片图纸复印件，共 1 页；

附件 1.14.1：上海市计划委员会文件，沪计投引（1993）第 112 号复印件，共 2 页；

附件 1.14.2：上海市经济委员会（批复），沪经技（1992）280 号复印件，共 2 页；

附件 1.14.3：证件号为 A008889，中华人民共和国对外经济贸易部技术引进合同批准证书复印件，共 1 页；

附件 1.14.4：上有中文标注的“引进的目录”，右上角印有“kiekert”的复印件，共 1 页；

附件 1.14.5：车门外把手图纸复印件，编号为 40510062/1，共 1 页；

附件 1.14.6：车门外把手锁芯图纸复印件，编号为 41860062/3，共 1 页；

附件 1.14.7：叶片图纸复印件，编号为 42000019/4、42100019/4、42200019/4、42300019/4 的 1 页，编号为 42100027、42200027、42300027、42400027、42500027 的 1 页，编号为 42800062/3 的 1 页；

附件 1.14.8：点火锁芯总成图纸复印件，编号为 40800062/2，共 1 页；

附件 1.14.9：其上标有 41100058/4 的图纸复印件，共 1 页；

附件 1.15.1：双边带工作的门把手图纸复印件，右下角标有“15 122 200 0”和“15 122 400 0”，共 1 页；

附件 1.15.2：锁芯组件图纸复印件，右下角标有“15 122 250 3”，共 1 页；

附件 1.15.3：锁柱（叶片）图纸复印件，右下角标有“11 084 653”、11 084 654”、11 084 655”、11 084 656”，共 4 页；

附件 1.15.4：锁芯图纸复印件，右下角标有“15 122 251 1”和“15 122 451 1”，共 1 页；

附件 1.15.5：声称为帕萨特 B4 的上牌记录的复印件，共 1 页。

请求人认为：（1）附件 1.12 中的叶片具有防掏缺口的结构；附件 1.13 说明其叶片是具有多个防掏缺口的结构；附件 1.6 可以看出锁芯具有双叶片的结构；附件 1.10、1.11、1.12 说明零件在 1995 年已经从德国汉堡进口到我国，并已在 1995 年随整车一同售出。附件 1.14、1.15 可以看出锁芯的双叶片结构和叶片的防掏口结构，带有上述结构车锁的车辆已经在 1995 年 8 月在北京上牌。（2）本专利权利要求 1 中的全部技术特征已经在公开销售的产品中公开，所以不具备新颖性。通过公开销售的产品，本领域的普通技术人员可以结合想到专利权人的技术方案。

针对专利复审委员会于 2003 年 12 月 26 日发出的无效宣告请求受理通知书，专利权人于 2004 年 2 月 8 日提交了意见陈述，专利权人认为请求人提交的证据均为复印件，有的模糊不清，无法确认其真实性，专利权人要求质证和辩论，并要求实物演示和讲解。

专利复审委员会于 2006 年 7 月 28 日将请求人于 2004 年 1 月 29 日提交的上述意见陈述书及所附的附件副本转给专利权人。将专利权人于 2004 年 2 月 8 日提交的意见陈述书转给请求人。

针对本专利权，请求人于 2005 年 3 月 1 日向专利复审委员会提出第二次无效宣告请求（编号为 W401112），认为本专利不符合第 22 条第 2 款、第 3 款、第 4 款和专利法第 26 条第 3 款、第 4 款及专利法实施细则第 2 条的规定，请求人同时提交了如下附件作为证据：

附件 2.1.1：德国大众帕萨特（B4）在上海注册情况说明的复印件，1 页；

附件 2.1.2：车辆行驶证复印件，共 3 页；

附件 2.2：（2004）沪证经字第 15734 号公证书复印件，共 9 页；

附件 2.3：盖有上海市锁具产品质量监督检验站检验报告专用章，编号为 WT0411216 的《检验报告》复印件，共 4 页；

附件 2.4：（2004）沪证经字第 15735 号公证书复印件，共 9 页；

附件 2.5：盖有上海市锁具产品质量监督检验站检验报告专用章，编号为 WT0411215 的《检验报告》复印件，共 4 页；

附件 2.6：国家机动车产品质量监督检验中心（上海）出具的报告编号为鉴（委）04-255-Z 的《鉴定报告》复印件，共 8 页；

附件 2.7：声称为芯锁鉴定情况说明的复印件，共 4 页；

附件 2.8：盖有上海上外翻译总公司翻译专用章的，提单号为 HAM/SHA/1001 的，中国远洋运输（集团）总公司联运提单的译文复印件，共 4 页；（附件 1.10 的正式译文）

附件 2.9：盖有上海上外翻译总公司翻译专用章的，订购零件总清单译文的复印件，共 2 页；

(附件 1. 10 的正式译文)

附件 2. 10：开发零件表复印件及其盖有上海上外翻译总公司翻译专用章的部分译文的复印件，共 6 页；

附件 2. 11：本专利说明书。

请求人认为：附件 2. 1 至 2. 7 证明具有本专利技术特征的产品已在本专利申请日前由上海大众汽车有限公司生产并公开出售使用，因此本专利不具备新颖性。附件 2. 8 至 2. 10 可以说明具有本专利技术特征的产品已在本专利申请日前在中国销售，公开销售的产品与本专利的区别仅在于公开销售的产品使用的所芯总成轴向同向运动的叶片的受力面为 5 排以上，本专利的技术方案受力面为 4 排以下，因此本专利不具备创造性。本专利权利要求 3 不清楚，说明书也没对此做出清楚的说明，该技术方案不能实施，不符合专利法实施细则第 26 条第 3 款、第 4 款的规定。

经形式审查合格，专利复审委员会依法受理了上述无效宣告请求，并于 2006 年 4 月 6 日向请求人和专利权人发出无效宣告请求受理通知书，同时将专利权无效宣告请求书及其附件清单中所列附件的副本转送给专利权人，并要求专利权人在指定的期限内陈述意见。

针对专利复审委员会发出的上述无效宣告请求受理通知书，专利权人于 2006 年 5 月 19 日提交了意见陈述书及如下证据：

证据 1：专利权人的《抢救汽车专利刻不容缓》文章的复印件，共 1 页；

证据 2：标题为“车到山前谁先行”的文章复印件，共 1 页；

证据 3：2005 年第 2 期的《发明与创新》第 40、41 页的复印件，共 2 页；

证据 4：专利权人的文章《人类的第三代轮子——液体轮胎》的复印件，共 4 页；

证据 5：1999 年 12 月 6 日发行，刊登“任文林‘口出狂言’——我要做中国的爱迪生”文章的某报纸复印件，共 1 页；

证据 6：刊登“我的发明我维权”的长江日报复印件，共 1 页。

专利权人认为：(1) 附件 2. 10 有部分内容没有翻译，应提交译文。(2) 专利权人要求对证据原件质证。

专利复审委员会依法成立合议组，对上述两个无效宣告请求进行合并审理。

合议组于 2006 年 5 月 24 日向请求人发出转送文件通知书，将专利权人于 2006 年 5 月 19 日提交的意见陈述书及其附件清单中所列附件的副本转给请求人，并要求请求人在收到上述文件之日起一个月内答复。

请求人于 2006 年 7 月 6 日提交了意见陈述书，指出请求人提交的附件已经做了翻译，如专利权人认为确有未翻译之处，请具体指出。

本案合议组于 2006 年 7 月 28 日将请求人于 2006 年 7 月 6 日提交的意见陈述书及其所附附件的副本转给专利权人。

针对上述请求人提交的意见陈述书及其所附的附件，专利权人于 2006 年 9 月 1 日提交了意见陈述书，指出请求人提交的新证据超出举证期，不应接受；新证据均为复印件，无法确认真实性。

请求人于 2006 年 9 月 12 日提交了意见陈述书，指出无效宣告请求中，请求人使用已翻译的对比文件。

本案合议组于 2006 年 9 月 12 日向双方发出无效宣告请求口头审理通知书，定于 2006 年 10 月 26 日在专利复审委员会举行第一次口头审理，并告知双方当事人合议组将编号为 4W00781 和 4W01112 的上述两个无效宣告请求进行合并审理。随同口头审理通知书，将专利权人于 2006 年 9 月 1 日提交的意见陈述书转送给请求人。

专利权人于2006年9月28日提交了意见陈述书并提交了权利要求书的修改替换页，相对于本专利授权的权利要求书，本次提交的权利要求书替换页仅是对权利要求1进行了修改，将权利要求1中的特征“同向运动的叶片接受钥匙调控的受力面在四排以下”改为“同向运动的叶片接受钥匙调控的受力面在二排以下”。

口头审理如期举行，双方当事人均参加了口头审理。

在口头审理中，（1）合议组当庭将请求人于2006年9月12日提交的意见陈述书转给专利权人，将专利权人于2006年9月28日提交的意见陈述书及修改后的权利要求书转给请求人。（2）专利权人于2006年9月28日提交了权利要求书的修改替换页，其修改仅是在本专利授权文本的基础上将权利要求1中的“同向运动的叶片接受钥匙调控的受力面在四排以下”改为“同向运动的叶片接受钥匙调控的受力面在二排以下”，专利权人当庭请求在上述修改的基础上将权利要求1中的“同向运动的叶片接受钥匙调控的受力面在二排以下”改为“同向运动的叶片接受钥匙调控的受力面为一排”。请求人不同意专利权人的上述修改，认为其不符合审查指南规定的修改方式。合议组当庭宣布专利权人对权利要求的修改不符合审查指南第四部分第3章第4.6节中有关无效宣告程序中对专利文件的修改的规定，因此不予接受，本次口头审理以授权公告的权利要求书为基础。（3）双方当事人当庭确认本专利权利要求1、3具体包括如下技术方案：方案1.1：一种高保险叶片锁，它包括锁芯、叶片、弹簧和钥匙，同向运动的叶片接受钥匙调控的受力面在四排以下，其特征在于锁芯的至少一个叶片孔或格里，轴向装有至少两片叶片。方案1.2：一种高保险叶片锁，它包括锁芯、叶片、弹簧和钥匙，同向运动的叶片接受钥匙调控的受力面在四排以下，其特征在于锁芯的至少一个叶片孔或格里，轴向装有至少有两片相对运动的叶片。方案1.3：一种高保险叶片锁，它包括锁芯、叶片、弹簧和钥匙，同向运动的叶片接受钥匙调控的受力面在四排以下，其特征在于锁芯的至少一个叶片孔或格里，至少有一片带防掏缺口。方案3.1：一种高保险叶片锁，它包括锁芯和叶片，其特征是锁芯的至少一个叶片孔或格里，装有至少三片叶片。方案3.2：一种高保险叶片锁，它包括锁芯和叶片，其特征是锁芯的至少一个叶片孔或格里，或锁芯的至少一个叶片孔或格里，装有至少两片叶片，两叶片可共一弹簧。方案3.3：一种高保险叶片锁，它包括锁芯和叶片，其特征是锁芯的至少一个叶片孔或格里，装有至少两片叶片，至少有两个相对运动的叶片。方案3.4：一种高保险叶片锁，它包括锁芯和叶片，其特征是锁芯的至少一个叶片孔或格里，装有至少两片叶片，至少有一片叶片带有防掏缺口。（4）双方当事人确认本专利权利要求5中包括如下七个并列的附加技术特征：特征1. 叶片端部有缺口。特征2. 叶片端部有宽于中间的凸起。特征3. 叶片端部一段比中间窄。特征4. 叶片一头的宽度大于锁定孔的宽度。特征5. 叶片上的钥匙孔呈开口型。特征6. 叶片的端部呈尖头状。特征7. 锁头体上锁定孔处有便于叶片缺口卡入的薄边或沟筋或台阶或衬管。（5）请求人明确其无效的理由、证据和范围为：本专利权利要求1、3及权利要求5引用权利要求1、3的部分不符合专利法第22条第3款的规定；请求人当庭放弃本专利不符合专利法第22条第2、4款、专利法第26条第3、4款及专利法实施细则第2条的无效理由。请求人明确表示放弃附件1.2、附件1.5及附件1.15.5。（6）请求人当庭出示了附件1.6全部6张图纸、附件1.7的原件、附件1.9的原件、附件1.10、附件1.11、附件1.12.2至1.12.4、附件1.13.2、1.13.3（扫描件）、1.13.4、1.13.5、附件1.14.4至1.14.9、附件2.1.1、附件2.2至附件2.7、附件2.10的原件。附件2.8及2.9作为附件1.10的译文使用。（7）专利权人对所有附件的中文译文的准确性均没有异议，对附件1.3、1.4、1.7、2.2、2.3、2.4、2.5、2.6、2.10的真实性无异议，对没有原件的证据的真实性有异议。专利权人认为附件1.14.7、1.14.8的原件与复印件不一致，其理由是复印件上有盖章的日期，而原件上没有；附件1.6.5、1.6.6原件上有刮动痕迹，对附件1.6.1至1.6.4、1.9至1.11、附件1.12.2至1.12.4、附件1.13.2、1.13.4、

1.13.5、附件1.14.4至1.14.9、附件2.1.1、附件2.7的原件与复印件的一致性表示认可，但对上述附件的原件的真实性提出异议，附件1.13.3的原件为扫描件，对其真实性也提出异议。(8) 请求人对专利权人提交的证据的真实性没有异议。(9) 请求人认为权利要求1中的方案1.1和1.2相对于附件1.3不具备创造性；方案1.3相对于附件1.3和1.4的结合不具备创造性，附件1.4公开了防掏缺口；权利要求3中的方案3.3相对于附件1.3不具备创造性；方案3.4相对于附件1.3和1.4的结合不具备创造性；方案3.1和3.2中的“一个叶片孔或格里装有三个叶片”、“两叶片可共一弹簧”在附件1.3和1.4中没有被公开；权利要求5中附加特征1和7被附件1.4公开，附加特征2~6在附件1.3和1.4中没有公开。(10) 专利权人认为权利要求5中附加技术特征1~3的作用是在叶片端部形成防掏缺口，附加技术特征4、6起到迷惑非法开启锁头人员的作用。(11) 请求人使用其在两个请求中提交的其他证据形成两个销售事实和一个进口事实用于证明权利要求1、3、5不具备创造性，但请求人承认上述的三个事实所涉及的产品均没有公开上述的附件1.3和1.4所没有公开的技术特征，即没有公开方案3.1、3.2中的“一个叶片孔或格里装有三个叶片”、“两叶片可共一弹簧”以及权利要求5中的并列附加技术特征2~6。

请求人于2006年9月25日针对本专利向专利复审委员会提出第三次无效宣告请求（编号为W401541)，并提交了如下附件：

附件3.1：专利号为US3969915，公开日为1976年7月20日的美国专利文献及中文译文，共17页；

附件3.2：专利号为US4715201，公开日为1987年12月29日的美国专利文献及中文译文，共23页；

附件3.3：公开号为CN2145835Y，授权公告日为1993年11月10日的中国实用新型专利说明书，共9页；

附件3.4：公开号为GB2067645A，公开日为1981年7月30日的英国专利文献及中文译文，共7页；

附件3.5：公开号为GB2041061A，公开日为1980年9月3日的英国专利文献及中文译文，共12页。

请求人认为，权利要求1中的技术方案相对于附件3.1与3.2的结合或者附件3.1、3.2和3.3的结合不具备创造性。附件3.3、3.4、3.5和3.6用于证明权利要求5的附加技术特征被公开；附件3.2被用于证明权利要求6的全部技术特征被公开。

请求人于2006年10月24日向专利复审委员会补充提交了如下附件：

附件3.6：公开日为1978年8月3日、公开号为DE2703537A1的德国专利文献及其中文译文共25页；(与附件1.4相同)

附件3.7：盖有上海市锁具产品质量监督检验站检验报告专用章、报告编号分别为WT0312200及WT0312201的检验报告复印件，共6页；(与附件1.7相同)

附件3.8：大众汽车公司上海大众汽车有限公司整车售后服务协议的中文及其英文的复印件，共9页；(与附件1.8相同)

附件3.9：大众汽车公司上海大众汽车有限公司散装车供应协议的中文及其英文的复印件，共42页；(与附件1.9相同)

附件3.10：盖有上海上外翻译总公司翻译专用章的，提单号为HAM/SHA/1001的中国远洋运输（集团）总公司联运提单的译文复印件，共4页；(与附件1.10的中文译文相同)

附件3.11：上海大众汽车有限公司销售给上海汽车工业销售总公司的销售凭证；(与附件1.11

相同）

附件 3. 12：车门外把手总成图纸；（与附件 1. 12. 1 相同）

附件 3. 13：国产化凭证；（与附件 1. 13 相同）

附件 3. 14：公开号为 FR2127047A，公开日为 1972 年的法国专利文献及中文译文；（与附件 1. 3 相同）

附件 3. 15：公开号为 7203658U，公开日为 1972 年的德国专利文献及中文译文；

附件 3. 16：上海大众产品使用锁芯总成图纸；（与附件 1. 6 相同）

附件 3. 17：德国“kiekert”公司为德国大众/上海大众汽车有限公司配套的杂物箱锁芯图纸；（与附件 1. 12. 3、1. 12. 4 相同）

附件 3. 18：德国“kiekert”公司为德国大众/上海大众汽车有限公司配套的油箱盖锁芯图纸；（与附件 1. 13. 3、1. 13. 4 相同）

附件 3. 19：沪计投引（1993）第 112 号、沪经技（1992）280 号、证件号为 A008889 的中华人民共和国对外经济贸易部技术引进合同批准证书及相关文件；（与附件 1. 14 相同）

附件 3. 20：开发零件表及其译文；（与附件 2. 10 相同）

附件 3. 21：德国大众帕萨特（B4）在上海注册情况说明；（与附件 2. 1 相同）

附件 3. 22：（2004）沪证经字第 15734 号公证书复印件，共 9 页；（与附件 2. 2 相同）

附件 3. 23：盖有上海市锁具产品质量监督检验站检验报告专用章的报告编号为 WT0411216 的《检验报告》复印件，共 4 页；（与附件 2. 3 相同）

附件 3. 24：（2004）沪证经字第 15735 号公证书复印件，共 9 页；（与附件 2. 4 相同）

附件 3. 25：盖有上海市锁具产品质量监督检验站检验报告专用章的报告编号为 WT0411215 的《检验报告》复印件，共 4 页；（与附件 2. 5 相同）

附件 3. 26：国家机动车产品质量监督检验中心（上海）的报告编号为鉴（委）04-255-Z 的《鉴定报告》复印件，共 8 页；（与附件 2. 6 相同）

附件 3. 27：声称为芯锁鉴定情况说明的复印件，共 4 页；（与附件 2. 7 相同）

附件 3. 28：国家轿车质量监督检验中检验报告 WT-05-0791-02A0201；

附件 3. 29：国家轿车质量监督检验中检验报告 WT-05-0791-02A0202；

附件 3. 30：B4 的车门锁芯及叶片图纸；（与附件 1. 15 相同）

附件 3. 31：本专利授权公告文本。

请求人认为：权利要求 1、3 相对于附件 3. 14、3. 15 与附件 3. 6 的结合不具备创造性。附件3. 7~3. 13、附件 3. 16 和附件 3. 21~3. 27、附件 3. 20 证明与本专利相近似的产品在先销售，在先销售的产品的区别在于受力面的排数是 5 排，因此本专利不符合专利法第 22 条第 3 款和专利法实施细则第 2 条第 2 款的规定。权利要求 3 的附加技术特征不清楚，导致权利要求不符合专利法第 26 条第 3 款、第 4 款，专利法实施细则第 20 条第 1 款，专利法第 22 条第 4 款的规定。

请求人于 2006 年 10 月 24 日向专利复审委员会提交了（2003）一中民初字第 12438 号民事判决书。

经审查合格，专利复审委员会依法受理了上述无效宣告请求，并于 2006 年 11 月 13 日向双方发出无效宣告请求受理通知书，随同该受理通知书将请求人提交的上述附件 3. 1~3. 31 及上述（2003）一中民初字第 12438 号民事判决书转送给专利权人，并要求专利权人在指定的期限内陈述意见。

专利权人逾期没有答复。

专利复审委员会依法组成合议组对本案进行审查，并将本请求与前两个无效宣告请求进行合并审理。合议组于2007年2月13日向双方发出无效宣告请求口头审理通知书，定于2007年3月26日针对第三个无效宣告请求及前两个无效宣告请求的未尽事宜进行第二次口头审理。

口头审理如期进行，仅请求人单方出席了口头审理，专利权人未出席口头审理。在口头审理过程中：（1）请求人明确其无效宣告请求的理由证据和范围是：根据上一个口头审理所确定的技术方案中，权利要求1第1、2个方案相对于附件3.1或附件3.14不具备新颖性。权利要求1的第3技术方案相对于附件3.14和附件3.6的结合或3.3和附件3.1的结合不具备创造性。权利要求3第3个技术方案相对于附件3.14不具备新颖性。权利要求3的第4个技术方案相对于附件3.14和3.6的结合或者附件3.1和3.3的结合不具备创造性。权利要求5第1个附加技术特征被附件3.3的图6、图8公开，也被附件3.4的图4、说明书第1页最后一段公开。权利要求5第2个附加技术特征被附件3.5的图2和说明书第3页公开。权利要求5第3个附加技术特征被附件3.4中图4公开，权利要求5第5个附加技术特征被附件3.3的图9和图7公开，附件3.6图1两侧有锯齿形成对应本专利权利要求5第7个附加技术特征锁定孔处有便于叶片缺口卡住的沟筋，台阶或衬管或薄边与沟筋是等同的。权利要求5的第4、6个附加技术特征没有被公开。对于权利要求5的无效理由只涉及其中引用权利要求1或3的技术方案。附件3.1图1中公开的标记43用于钥匙的定位，权利要求6中其他的附加技术特征是公知常识。权利要求3第1、2个技术方案不符合专利法第22条第4款。权利要求3第1个技术方案不符合专利法第26条第3款、第4款。请求人当庭放弃了对专利法实施细则第20条第1款的无效理由，放弃附件3.2、3.15、3.30。请求人明确表示没有其他的无效理由、证据、范围和证据组合形式。（2）请求人认为一个叶片格里可以装三个叶片，至少需要两个弹簧，但是无论两个弹簧或三个弹簧在工业上使用时，其可靠性不能保证。第2个方案中两个叶片共用一个弹簧，弹簧可能会扭转，叶片的运动会不顺畅，因此权利要求3第1、2个技术方案不符合专利法第22条第4款，权利要求3第1个技术方案不符合专利法第26条第3款、第4款。（3）关于权利要求6，请求人认为：附件3.1图1中标识（43）可以说是钥匙的受力面也可以说是锁芯的接触面。权利要求6中其他的技术特征在附件1中都没有描述，都是公知常识。（4）请求人明确其提交的使用公开的证据只是用于评价权利要求1和3。附件3.21、3.22、3.23、3.26证明帕萨特B4在本专利申请日前已经进口并被用户使用，其中的点火锁芯可以证明在一个叶片孔中安装有两个叶片，受力面为5排是指有5个叶片孔。附件3.24、3.25证明桑塔纳轿车在本专利申请日前已经被用户使用，其中公证的锁芯可以证明在一个叶片孔中安装有两个叶片，受力面为5排是指有5个叶片孔。附件3.28、3.29分别证明两种型号的桑塔纳轿车，该轿车本专利申请日前已经被用户使用，其中公证的锁芯可以证明在一个叶片孔中安装有两个叶片，受力面为5排是指有5个叶片孔。附件3.7~3.13、3.16~3.20用于佐证上述进口和使用公开的锁芯的技术来源。请求人承认权利要求3中“一个叶片孔里至少装有三个叶片”、“两个叶片可共用一个弹簧”的技术特征没有被上述附件3.7~3.29公开。

合议组于2007年3月27日向专利权人发出合议组告知通知书，告知其上述三个无效宣告请求案变更后的合议组组成成员，在指定的期限内专利权人未针对该告知通知书进行答复，因此视为专利权人对变更后的合议组成员无回避请求。

至此，合议组认为本案事实清楚，现依法作出审查决定。

**二、决定的理由**

1. 关于审查基础

专利权人于2006年9月28日提交了意见陈述书并提交了权利要求书的修改替换页，其中仅是将权利要求1中的特征“同向运动的叶片接受钥匙调控的受力面在四排以下”改为“同向运动的叶片接受钥匙调控的受力面在二排以下”。专利权人在第一次口头审理当庭请求在上述修改的基础上将权利要求 1 中的“同向运动的叶片接受钥匙调控的受力面在二排以下”改为“同向运动的叶片接受钥匙调控的受力面为一排”。

审查指南第四部分第三章第 4.6 节对无效宣告程序中专利文件的修改进行了如下规定：“发明或者实用新型专利文件的修改仅限于权利要求书，其原则是……一般不得增加未包含在授权的权利要求书中的技术特征……在满足上述修改原则的前提下，修改权利要求书的具体方式一般限于权利要求的删除、合并和技术方案的删除……技术方案的删除是指同一权利要求中并列的两种以上技术方案中删除一种或者一种以上技术方案”。专利权人对权利要求书进行了修改，将授权公告的权利要求 1 中的特征“同向运动的叶片接受钥匙调控的受力面在四排以下”先后改为“同向运动的叶片接受钥匙调控的受力面在二排以下”、“同向运动的叶片接受钥匙调控的受力面为一排”，而上述两次对权利要求 1 的修改，属于技术特征的替换，并不属于对权利要求的删除、合并或技术方案的删除，因此这样的修改方式不符合审查指南的规定。所以本次无效宣告请求所针对的文本仍以授权公告的权利要求书为基础。

2. 关于证据和现有技术

附件 1.3、1.4 为专利文件，专利权人对其真实性无异议，并且上述附件的公开日期均在本专利的申请日之前，合议组经审查认为，附件 1.3、1.4 上记载的内容可以构成本专利的现有技术。专利权人对上述附件的中文译文的准确性没有异议，因此附件 1.3、1.4 公开的内容以其中文译文为准。

附件 3.1、3.3~3.6（同附件 1.4）、3.14（同附件 1.3）均为专利文件，专利复审委员会将上述附件及附件 3.1、3.3~3.6、3.14 的中文译文转送给专利权人，并要求其在指定期限内对上述附件的真实性和译文的准确性发表意见，专利权人逾期没有陈述意见，因此视为专利权人对上述专利文件译文的准确性没有异议。另经合议组审查，认可上述附件的真实性。由于上述附件的公开日期早于本专利申请日，因此上述附件可以作为本专利的现有技术使用，其公开的内容以请求人提交的中文译文为准。

3. 关于专利法第 22 条第 4 款

根据专利法第 22 条第 4 款的规定，实用性，是指该发明或者实用新型能够制造或者使用，并且能够产生积极效果。

请求人认为，本专利方案 3.1 中包含技术特征“一个叶片格里可以装三个叶片”，而三个叶片中则至少需要两个弹簧来控制，但是无论两个弹簧或三个弹簧在工业上使用时，其可靠性不能保证。方案 3.2 中包含技术特征“两个叶片共用一个弹簧”，在这种情况下弹簧可能会扭转，叶片的运动会不顺畅，因此上述两个技术方案没有实用性。

合议组认为，一项技术方案是否具备专利法意义上的实用性，要看该技术方案是否能在产业上被制造或使用，并且能够产生本领域技术人员可以预料的效果。虽然“一个叶片孔中安装三个叶片”和“一个叶片孔中装两个叶片，两个叶片共用一个弹簧”在其技术方案中将导致锁芯的可靠性不能保证或者叶片运动不顺畅，但是分别含有上述两个技术特征的技术方案是能够被制造和使用的，并且其实施后所产生的效果也是本领域技术人员可以预见到的，因此本专利权利要求 3 中的技术方案 3.1 和 3.2 具备专利法意义上的实用性，符合专利法第 22 条第 4 款的规定。

4. 关于专利法第 26 条第 3 款、第 4 款

专利法第 26 条第 3 款规定：说明书应当对发明或者实用新型作出清楚、完整的说明，以所属技术领域的技术人员能够实现为准。

专利法第 26 条第 4 款规定：权利要求书应当以说明书为依据，说明要求专利保护的范围。

请求人认为，本专利说明书中没有说明一个孔里如何安装三个叶片，没有限定是装两个弹簧还是

装三个弹簧，按照本领域技术人员的理解无论安装两个或三个弹簧都不能保证其具有可靠的操作性，因此本专利方案 3.1 不符合专利法第 26 条第 3 款和第 4 款的规定。

合议组认为，按照本专利记载的“在一个叶片孔中至少安装三个叶片”的技术方案，同时根据叶片锁领域的公知技术，本领域技术人员可以得知其中的每个叶片由一个弹簧控制或者两个叶片共用一根弹簧控制，而本领域技术人员可以根据锁芯的实际情况对叶片数量、弹簧的配置方式和叶片的运动方向进行适当的选择，而且还可以预见到该技术方案实施后的效果，因此本专利符合专利法第 26 条第 3 款的规定，同时权利要求 3 中所限定的方案 3.1 符合专利法第 26 条第 4 款的规定。

5. 关于专利法第 22 条第 2 款

根据专利法第 22 条第 2 款的规定，新颖性，是指在申请日以前没有同样的发明或者实用新型在国内外出版物上公开发表过、在国内公开使用过或者以其他方式为公众所知，也没有同样的发明或者实用新型由他人向专利局提出过申请并记载在申请日以后公布的专利申请文件中。

请求人认为，本专利的方案 1.1、1.2 相对于附件 3.1 或附件 3.14 不具备新颖性，方案 3.3 相对于附件 3.14 不具备新颖性。

附件 3.14 公开了一种筒形弹簧锁，锁芯中具有插槽，每个插槽中装有两个形状相同，呈 1800 安装，运动方向相反的金属薄片，每个金属薄片的钥匙缺口中具有一个内凸轮，内凸轮位于金属薄片带有凸肩的一侧的钥匙缺口中，对应这些内凸轮的位于钥匙两侧的凹槽是相互对称分布的。

专利权人在第一次口头审理中认为，与附件 3.14 相同的附件 1.3 中公开了同向运动的叶片接受钥匙调控的受力面为二排。

合议组认为，本专利方案 1.1 要求保护一种高保险叶片锁，它包括锁芯、叶片、弹簧和钥匙，同向运动的叶片接受钥匙调控的受力面在四排以下，其特征在于锁芯的至少一个叶片孔或格里，轴向装有至少两片叶片。方案 1.2 要求保护一种高保险叶片锁、它包括锁芯、叶片、弹簧和钥匙，同向运动的叶片接受钥匙调控的受力面在四排以下，其特征在于锁芯的至少一个叶片孔或格里，轴向装有至少两片相对运动的叶片。在附件 3.14 公开的筒形弹簧锁中，包含相当于本专利叶片的金属薄片，锁芯、弹簧和钥匙，在一个相当于本专利叶片格的插槽里装有两片金属薄片，这两片金属薄片相同但互呈 1800 安装，两个薄片在钥匙的作用下做复合向心运动，由于金属薄片的形状相同，两片互呈 1800 安装后，其上的内凸轮会在钥匙孔中形成相对设置，接受钥匙两侧凹槽的分别调控，而这两片的金属薄片的运动方向却是相反的，即附件 3.14 公开了本专利方案 1.2 中“锁芯的至少一个叶片孔或格里，轴向装有两片相对运动的叶片”以及方案 1.1 中“锁芯的至少一个叶片孔或格里，轴向装有至少两片叶片”这一特征所包含的具体下位情况。另外，由于附件 3.14 中每两个互呈 1800 安装的金属薄片为一组安装在一个叶片孔中，因此附件 3.14 公开了同向运动的叶片接受钥匙调控的受力面为一排的技术特征，因此本专利方案 1.1 和 1.2 均被附件 3.14 公开，附件 3.14 与本专利属于相同的技术领域，产生了相同的技术效果，因此本专利方案 1.1 和方案 1.2 相对于附件 3.14 不符合专利法第 22 条第 2 款规定的新颖性。

本专利方案 3.3 要求保护一种高保险叶片锁，它包括锁芯和叶片，其特征是锁芯的至少一个叶片孔或格里，装有至少两片叶片，至少有两个相对运动的叶片。在附件 3.14 公开的筒形弹簧锁中，包含相当于本专利叶片的金属薄片、锁芯，在一个相当于本专利叶片格的插槽里装有两片金属薄片，这两片金属薄片相同但互呈 1800 安装，两个薄片在钥匙的作用下做复合向心运动，因此方案 3.3 被附件 3.14 公开，附件 3.14 与本专利属于相同的技术领域，产生了相同的技术效果，因此方案 3.3 相对于附件 3.14 不具备专利法第 22 条第 2 款规定的新颖性。

6. 关于专利法第 22 条第 3 款

根据专利法第 22 条第 3 款的规定，创造性，是指同申请日以前已有的技术相比，该发明有突出的实质性特点和显著的进步。

（1）权利要求 1 的创造性。

请求人认为，本专利方案 1.3 相对于附件 3.1 和附件 3.3 的结合不具备创造性。

附件 3.1 公开了一种柱状锁，该锁中包括旋转锁芯，两个制动栓为一组，它们形状相同、位置相邻，互呈 1800 安装，每组中两个制动栓以相反方向运动。而每个制动栓与钥匙纵缘相接触的接触边缘位于其钥匙孔的上下两侧，每侧只有两个因此同向运动的制动栓接受钥匙调控的受力面只能是一排或者两排。

附件 3.3 公开了一种叶片锁，该锁包括有叶片、锁芯，每个叶片两端的两侧设有若干细齿，可以防撬。

本专利方案 1.3 保护一种高保险叶片锁，它包括锁芯、叶片、弹簧和钥匙，同向运动的叶片接受钥匙调控的受力面在四排以下，其特征在于锁芯的至少一个叶片孔或格里，至少有一片带防掏缺口。附件 3.1 公开的柱状锁中包括锁芯，相当于叶片的制动栓，弹簧和钥匙，同向运动的制动栓接受钥匙调控的受力面为一排，在锁芯至少一个叶片孔里装有两个制动栓，与附件 3.1 相比本专利方案 1.3 的区别在于限定了在至少一个叶片孔中至少有一个叶片带防掏缺口。附件 3.3 公开了一种叶片锁，该锁中每个叶片两端的两侧设有若干细齿，可以防撬，因此可以认为上述的若干细齿就相当于本专利所说的防掏缺口。由于锁具的防掏功能是其应当具备的基本功能，也是对锁具最基本的要求，本领域普通技术人员在附件 3.3 中带细齿的叶片可以防掏的技术启示下，根据对锁具防掏的这一基本要求而将附件 3.3 中公开的防撬结构用于附件 3.1 中，即在附件 3.1 所公开的锁的制动栓端部开防掏缺口即可显而易见地获得本专利方案 1.3，同时本专利方案 1.3 也未产生预料不到的技术效果，因此本专利方案 1.3 相对于附件 3.1 和附件 3.3 的结合不具备专利法第 22 条第 3 款规定的创造性。

（2）权利要求 3 的创造性。

请求人认为，本专利方案 3.4 相对于附件 3.1 和附件 3.3 的结合不具备创造性。

本专利方案 3.4 保护一种高保险叶片锁，它包括锁芯和叶片，其特征是锁芯的至少一个叶片孔或格里，装有至少两片叶片，至少有一片叶片带有防掏缺口。附件 3.1 公开的柱状锁中包括锁芯和相当于叶片的制动栓，在锁芯至少一个叶片孔里装有两个制动栓，由此可见，本专利方案 3.4 与附件 3.1 公开的上述内容相比较，其区别仅在于本专利方案 3.4 进一步限定了“至少有一片叶片带有防掏缺口”，而特征被附件 3.3 公开，如上面对方案 1.3 创造性的论述，本专利方案 3.4 相对于附件 3.1 和附件 3.3 的结合也不具备专利法第 22 条第 3 款规定的创造性。

由于请求人在口头审理中明确表示，本专利方案 3.1 中的技术特征“锁芯的至少一个叶片孔或格里，装有至少三片叶片”和方案 3.2 中的技术特征“两叶片可共一弹簧”在附件 1.3 和 1.4 中均未公开，在其提交的使用公开的证据中也没有公开。而在使用出版物公开的无效理由时也没有涉及上述两个方案。经合议组审查后认为，上述两个技术特征并非公知的结构，并且具有上述两个技术特征的锁具有一定的技术效果，因此本专利方案 3.1 和 3.2 具备专利法第 22 条第 3 款规定的创造性。

（3）权利要求 5 的创造性。

请求人在两次口头审理中明确对权利要求 5 不具备创造性的理由仅涉及其引用权利要求 1 或 3 的技术方案。

在第一次口头审理中，双方均认定权利要求 5 中包含了七个并列的附加技术特征。请求人认为权利要求 5 中引用权利要求 1 和权利要求 3 的部分没有创造性，具体为权利要求 5 中第一个并列的附加技术特征 5.1“叶片端部有缺口”被附件 3.3 或 3.4 公开，第二个并列附加技术特征 5.2“叶片端部有宽于中间的凸起”被附件 3.5 公开，第三个并列附加技术特征 5.3“叶片端部一段比中间窄”被附件 3.4 公开，第五个并列附加技术特征 5.5“叶片上的钥匙孔呈开口型”被附件 3.3 公开，第七个并列附加技术特征 5.7 被附件 3.6 公开，并且认为薄边、台阶、衬管是沟筋的等同技术手段。

专利权人在第一次口头审理中陈述权利要求 5 中第 1、2、3 个附加技术特征的作用是形成防掏缺口。

合议组经审查后认为，根据上面对权利要求 3 的论述，其中的技术方案 3.1 和 3.2 均具备创造性，而且使得上述两个技术方案具备创造性的技术特征“锁芯的至少一个叶片孔或格里，装有至少三片叶片”和“两叶片可共一弹簧”在请求人用于评价权利要求 5 的创造性的附件 3.3、3.4、3.5 和 3.6 中均未被公开，因此使用权利要求 5 中的七个并列附加技术特征中的任何一个对上述技术方案 3.1 和 3.2 进行限定所得到的技术方案均具备创造性。

附件 3.4 中公开了一种锁定装置中的制动栓，该制动栓端部开有槽口，因此可以得知该制动栓槽口处的宽度小于中间的宽度。附件 3.5 中公开了一种带有叶片制动栓的锁具，其中有的制动栓的端部具有两侧的凸起，因此可以得知这种制动栓的度不具有宽于中间的凸起，因此权利要求 5 中第二、三个并列的附加技术特征已经被附件 3.5 和附件 3.4 公开。第一个并列附加技术特征如上所述已经被附件 3.3 公开。由于上述并列附加技术特征均是对叶片端部的形状进行的限定，而且其作用均是防掏，因此本领域技术人员在附件 3.3 中公开的叶片具有防掏细齿、附件 3.5 中公开的叶片端部有宽于中间的凸起、附件 3.4 中公开的叶片端部一段比中间窄的技术特征的启示下并结合上述三个技术特征分别在其技术方案中起到形成防掏缺口的作用，同时根据对锁具防掏的这一基本要求而将附件 3.3、附件 3.5、附件 3.4 中公开的上述防掏结构用于具体的锁具中，即在锁具叶片的端部开防掏缺口是显而易见的，因此即使使用上述技术特征对本专利权利要求 1 或方案 3.3、3.4 进行进一步限定形成新的技术方案，也不具备创造性，所以在权利要求 5 中使用并列附加技术特征 1~3 对权利要求 1 或方案 3.3、3.4 进行限定后形成的技术方案不具备专利法第 22 条第 3 款规定的创造性。

权利要求 5 中第五个并列的附加技术特征“叶片上的钥匙孔呈开口型”被附件 3.3 公开，该形状叶片的使用不仅能使锁具具有更好的防掏功能，也为本领域技术人员在组织叶片时提供了更多的选择，在这一技术启示下，并结合锁具对于防掏功能的基本要求，本领域技术人员将上述附加技术特征结合到具体的锁具中是显而易见的，由于本专利权利要求 1 和方案 3.3、3.4 已经不具备新颖性或创造性，那么在权利要求 5 中使用上述第五个并列附加技术特征对权利要求 1 或方案 3.3、3.4 进行进一步限定后形成的技术方案不具备专利法第 22 条第 3 款规定的创造性。

权利要求 5 中第七个并列附加技术特征是“锁头体上锁定孔处有便于叶片缺口卡入的薄边或沟筋或台阶或衬管”，附件 3.3 中公开了与叶片端部细齿相配合的凸纹，相当于本专利中的沟筋，其用于与叶片上相应形状的部位啮合，达到使锁具防掏的目的。同样道理，根据防止叶片从锁定孔被掏拨出来以达到防盗目的的原理，本领域技术人员可以将上述附件 3.3 中公开的凸纹等同替换为薄边、沟筋、台阶、衬管而装入锁具中用于与叶片防掏缺口进行配合，由于本专利权利要求 1 和方案 3.3、3.4 已经不具备新颖性或创造性，那么在权利要求 5 中使用上述第七个并列附加技术特征对权利要求 1 或方案 3.3、3.4 进行进一步限定后形成的技术方案不具备专利法第 22 条第 3 款规定的创造性。

请求人在第一次口头审理中明确表示本专利权利要求 5 中第四个并列附加技术特征和第六个并列附加技术特征在其第一次和第二次无效宣告请求中所提交的使用公开证据中没有被公开。在第二次口头审理中请求人明确表示其第三次无效宣告请求中所提交的使用公开的证据只用于评价权利要求 1 和权利要求 3，而不涉及权利要求 5。经合议组审查后认为本专利权利要求 5 中使用上述两个附加技术特征限定的技术方案相对于请求人在其第一次和第二次无效宣告请求中所提交的使用公开的证据具备专利法第 22 条第 3 款规定的创造性。

（4）权利要求 6 的创造性。

权利要求 6 从属于权利要求 1，其附加技术特征为钥匙上有至少两处定位结构，相应锁芯上有至少两处定位结构；锁芯定位结构可以是定位板或定位叶片；钥匙进入锁芯的一段可呈无沟筋、凹点的平板状；可在钥匙上制出统一的基本齿形，可有多套基本齿形。请求人认为附件 3. 1 中公开了其中一个用于钥匙定位的部件，而权利要求 6 中其他的附加技术特征是公知常识，因此权利要求 6 不具备创造性。

合议组经审查后认为，由于请求人认为权利要求 6 的多个附加技术特征都是公知常识的主张没有举证予以证明，因此不能认为上述技术特征是公知常识，同时用于评价权利要求 1 的附件 3. 1 和附件 3. 3 中也没有公开上述附加技术特征，因此权利要求 6 所保护的技术方案相对于附件 3. 1 和/或附件 3. 3 是非显而易见的，因此权利要求 6 具备专利法第 22 条第 3 款规定的创造性。

根据上面的论述，本专利技术方案 1. 1、1. 2、3. 3 不具备新颖性，技术方案 1. 3、3. 4 以及权利要求 5 中使用第 1~3、5、7 个并列附加技术特征对权利要求 1 和权利要求 3 中的技术方案 3. 3 和 3. 4 进行限定所得到的技术方案不具备创造性，因此对于请求人针对上述权利要求和技术方案的其他无效理由在此不予评述。

根据上述事实和理由，合议组作出如下审查决定。

**三、决定**

宣告 96119717. X 号实用新型专利权权利要求 1，权利要求 3 中的技术方案 3. 3 和 3. 4，权利要求 5 中使用第 1、2、3、5、7 个并列附加技术特征限定权利要求 1 和权利要求 3 中的技术方案 3. 3 和 3. 4 形成的技术方案无效，在其余的权利要求和技术方案的基础上维持专利权继续有效。

当事人对本决定不服的，可以根据专利法第 46 条第 2 款的规定，自收到本决定之日起 3 个月内向北京市第一中级人民法院起诉。根据该款的规定，一方当事人起诉后，另一方当事人应当作为第三人参加诉讼。

104

# 钞币数码组合防伪标识物

## 无效宣告请求审查决定（第9919号）

**决　　定　　号**　第9919号
**决　　定　　日**　2007年6月15日
**发明创造名称**　钞币数码组合防伪标识物
**国 际 分 类 号**　G07D 7/00，G06F 17/30
**无效宣告请求人**　中文票务（北京）有限公司
**专　利　权　人**　金振海
**专　　利　　号**　02102650.5
**申　　请　　日**　2002年2月22日
**授 权 公 告 日**　2004年8月18日
**合 议 组 组 长**　崔　峥
**主　　审　　员**　关山松
**参　　审　　员**　武树辰

**法　律　依　据**　专利法第5条
**决　定　要　点**

专利法第5条所称的国家法律是指由全国人民代表大会及其常务委员会依照立法程序制定和颁布的法律，它不包括其他机构颁布的行政法规和规章，即具体规范产品的生产、经营和使用的行业、部门或地方行政法规和规章不能作为判断发明创造是否违反国家法律的依据。

### 一、案由

本无效宣告请求涉及国家知识产权局于2004年8月18日授权公告的专利号为02102650.5、名称为“钞币数码组合防伪标识物”的发明专利，其申请日为2002年2月22日，专利权人为金振海。

本发明授权公告的权利要求书如下：

“1. 一种钞币数码组合防伪标识物，其特征是该防伪标识物是由钞币及和与钞币上面编码一一对应的一组防伪数码。

2. 根据权利要求1所述的钞币数码组合防伪标识物，其特征是该标识物中的编码可以是数字，也可以是其他符号。

3. 根据权利要求1所述的钞币数码组合防伪标识物，其特征是该标识物中的一组数码与校验码之间的一一对应可以是一个数字关系式也可以是其他行列式对应关系，只要对应就行。

4. 根据权利要求1所述的钞币数码组合防伪标识物，其特征是该标识物中的一组数码也可以和钞币上的编码不完全一样，只要对应即可。”

针对上述专利权（下称本专利），中文票务（北京）有限公司（下称请求人）于 2006 年 4 月 11 日向专利复审委员会提出了无效宣告请求，无效请求的理由是本专利的权利要求 1~4 的实施必然需要使用人民币，人民币的这种使用违反了国家相关法律规定，因此本专利属于专利法第 5 条规定的不授予专利权的客体。请求人提供了如下附件作为证据：

附件 1：本专利的发明专利申请公开说明书和发明专利证书的复印件（下称证据 1）；

附件 2：《中华人民共和国人民币管理条例》全文复印件共 3 页（下称证据 2）；

附件 3：在互联网上关于人民币作为防伪标识的相关报道的下载内容复印件共 6 页（下称证据 3）。

经形式审查合格，复审委员会于 2006 年 4 月 13 日受理了上述无效宣告请求，并将该无效宣告请求书及其附件清单中所列附件副本转送给专利权人，要求其在指定期限内陈述意见，同时成立合议组对本案进行审理。

针对上述无效宣告请求，专利权人于 2006 年 4 月 29 日作出意见陈述，认为本专利满足国家相关法律规定，并提交了如下反证：反证 1：中国人民银行令（2005）第 4 号《人民币图样使用管理办法》和《经营、装帧流通人民币管理办法》复印件共 3 页，反证 2：本专利的发明专利说明书全文复印件，以及反证 3：本专利的发明专利申请公开说明书全文复印件。其中反证 1 意图证明现行的相关法规规定了人民币可以经营、装帧、流通，反证 2 和反证 3 用于说明请求人提供的本专利的公开文本与本专利的授权文本不同，授权文本的说明书中增加了对本专利技术方案的进一步限定：“本发明中提到的钞币，限于未涉及相关法律规定，可附在商品上的钞币币种或纪念币等”。

合议组于 2007 年 1 月 25 日向双方当事人发出口头审理通知书，定于 2007 年 3 月 22 日举行口头审理，并同时将上述专利权人的意见陈述及其附件转送给请求人。

专利权人于 2007 年 2 月 15 日提交了口头审理通知书回执，表示不能参加口头审理，并随口审回执提交了如下反证：反证 4：中国人民银行令（2005）第 4 号复印件共 3 页，反证 5：北京市高级人民法院（2006）高民终字第 370 号民事判决书，反证 6：北京市第二中级人民法院（2005）二中民初字第 12862 号民事判决书。

口头审理如期举行，仅请求人一方参加了口头审理。请求人当庭提交了附件 4：北京市高级人民法院（2006）高民终字第 370 号民事判决书复印件（下称证据 4），附件 5：北京市第二中级人民法院（2005）二中民初字第 12862 号民事判决书复印件（下称证据 5），这两份证据意图证明本专利的实施使用了人民币。合议组当庭将专利权人于 2007 年 2 月 15 日随同口审回执提交的反证 4~6 转交给请求人。

请求人对本专利是否属于专利法第 5 条所规定的情形充分地阐述了意见。

在上述工作的基础上，合议组认为本案事实已经清楚，可以作出审查决定。

**二、决定的理由**

1. 证据的认定

证据 2 为国务院第 24 次常务委员会通过并实施的有关人民币管理的规章。

证据 3 为在互联网上关于人民币作为防伪标识的相关报道的下载内容复印件，请求人主张该证据用于证明将人民币用于防伪标识已经在社会上发生过，而且相关银行人员认为这种行为不符合《中华人民共和国人民币管理条例》的规定，然而该证据是从网页上下载内容的复印件，请求人没有提供可证明网络相关报道真实性的相关证明文件，因此合议组对该证据不予考虑。

证据 4 为北京市高级人民法院的民事判决书复印件，证据 5 是北京市第二中级人民法院的民事判决书复印件，请求人主张用证据 4 和证据 5 来证明本专利的实施使用了人民币。

2. 关于专利法第 5 条

专利法第 5 条规定：对违反国家法律、社会公德或者妨害公共利益的发明创造，不授予专利权。

审查指南第二部分第一章规定：根据专利法第五条的规定，发明创造的公开、使用、制造违反了国家法律、社会公德或者妨害了公共利益的，不能被授予专利权。国家法律，是指由全国人民代表大会或者全国人民代表大会常务委员会依照立法程序制定和颁布的法律。它不包括行政法规和规章。

合议组认为，专利法第 5 条所称的国家法律是指由全国人民代表大会及其常务委员会依照立法程序制定和颁布的规范性法律文件，它不包括其他机构颁布的行政法规和规章，即具体规范产品的生产、经营和使用的行业、部门或地方行政法规和规章不能作为判断发明创造是否违反国家法律的依据。判断一件专利申请是否属于专利法第 5 条所规定的不授予专利权的情形，应当从该专利申请的整体出发，主要是考察其发明本身是否违反国家法律。另外，根据专利法实施细则第 9 条的规定，专利法第 5 条所称违反国家法律的发明创造，不包括仅其实施为国家法律所禁止的发明创造。即，如果发明创造本身并没有违反国家法律，只是发明创造的产品的生产、销售或者使用受到国家法律的限制或约束则不在此列。

请求人认为根据证据 2，即《中华人民共和国人民币管理条例》第一章第 6 条、第四章第 25 条、第 27 条的规定，可以证明本专利权利要求 1~4 违反国家法律，因此不符合专利法第 5 条的规定，并认为这份证据就是本专利所违反的国家法律。合议组认为：证据 2 即《中华人民共和国人民币管理条例》，是国务院第 24 次常务委员会通过并实施的有关人民币管理的规章，根据审查指南的规定，该条例不属于专利法第 5 条所称的国家法律。

另外，本专利的技术方案是利用钞币的防伪特性及其带有的唯一编码，从而与原标识物上的编码一一对应，形成防伪标识。本专利是提供一种更安全可靠的防伪标识，这种防伪标识本身并没有违反国家法律，不能以本专利在实施过程中可能使用人民币而认为本专利违反了国家法律。

综上所述，请求人认为本专利属于中国专利法第 5 条不授予专利权的发明创造的主张不能成立。

**三、决定**

维持 02102650. 5 号发明专利权有效。

当事人对本决定不服的，可以根据专利法第 46 条第 2 款的规定，自收到本决定通知书之日起 3 个月内向北京市第一中级人民法院起诉。根据该款的规定，一方当事人起诉后，另一方当事人应当作为第三人参加诉讼。

105

# 全程处理器

## 无效宣告请求审查决定（第9926号）

**决定号** 第9926号
**决定日** 2007年6月13日
**发明创造名称** 全程处理器
**国际分类号** C02F 1/48，B01D 35/06
**无效宣告请求人** 北京邦尼环宇科技发展有限公司
**专利权人** 葛敬
**专利号** 00243220.X
**申请日** 2000年7月6日
**授权公告日** 2001年10月24日
**合议组组长** 朱文广
**主审员** 王冬
**参审员** 刘瑞斌

**法律依据** 专利法第22条第2款
**决定要点**

要想证明国内使用公开构成现有技术则必须证明以下三方面的内容：第一，申请日前国内公开使用的事实；第二，该事实能够导致某一技术方案处于公众想得知就能得知的状态；第三，该技术方案的内容。

### 一、案由

本无效宣告请求涉及中华人民共和国国家知识产权局于2001年10月24日授权公告的、名称为“全程处理器”的实用新型专利权（以下简称本专利），其专利号是00243220.X，申请日是2000年7月6日，专利权人是葛敬。本专利授权公告时的权利要求书如下：

“1. 一种全程处理器，其特征在于：在一个壳体（20）内安装有复合过滤器和中性水水处理器，其中壳体（20）为密封圆筒形腔体，其顶部设有出水口（1），下部设有进水口（15），底部设有排污口（14）；复合过滤器为圆筒形，过滤组件（3）上端由隔板（2）固定在壳体（20）上，下端由下盖板（6）封闭，其中央的内置套筒（4）内有转换铁芯（5），该转换铁芯（5）与壳体（20）外的大保护罩（19）内的转换模块电连接；中性水水处理器由筒体（7）内的换能器（11）及集成模块（8）所组成，其中筒体（7）一端固定在壳体（20）上，另一端与进水口（15）相连通，且筒体（7）上设有条形出口（13），换能器（11）沿筒体（7）轴线设置，其一端固定在振子座（12）上，该换能器（11）与壳体（20）外的小保护罩（9）内的集成模块（8）电连接。

2. 根据权利要求1所述的全程处理器，其特征在于：中性水水处理器设置1~8组为宜，各组间为单层平面布置，或分层布置。

3. 根据权利要求1所述的全程处理器，其特征在于：转换模块（18）为由（YC1、C、D1、L1）组成的磁场电路。

4. 根据权利要求1所述的全程处理器，其特征在于：集成模块（8）为由整流稳压电路（T、YC2）、晶体振荡电路（JAB、V1）、中频电路（L2、L3）、功放电路（V2、L4、L5）所组成的电路。”

针对上述专利权，北京邦尼环宇科技发展有限公司（以下简称请求人）于2006年8月8日向专利复审委员会提出无效宣告请求，其提交的附件如下：

附件1：开票日期为1999年6月30日、发票号为03255564、购货单位为北京二七车辆厂、销货单位为科净源机电有限责任公司的货物名称为全程处理器的北京增值税专用发票复印件一张；

附件2：北京科净源环宇科技发展有限公司关于SYS·水医生系列水处理设备的资质材料的复印件，共10页；

附件3：北京科净源环宇科技发展有限公司关于SYS·水医生的用户使用报告汇编的复印件，共4页；

附件4：照片复印件3张，其中一张所示的设备上有“SYS·水医生”的铭牌；

附件6：SYS·水医生全程处理器的说明书复印件，共12页；

附件7：本专利说明书。

请求人认为：本专利要求保护的全程处理器已经在申请日前在国内公开使用过，因此，本专利不符合专利法第22条第2款的规定。

经形式审查合格，专利复审委员会依法受理了上述无效宣告请求，并于2006年8月10日向双方发出无效宣告请求受理通知书，同时将专利权无效宣告请求书及其附件清单中所列附件的副本转送给专利权人，并要求专利权人在指定的期限内陈述意见。

请求人于2006年9月6日向专利复审委员会提交意见陈述书，并补充提交了如下的附件：

附件5：北京市国信公证处于2006年8月9日做出的（2006）京国证民字第11106号公证书复印件，共9页；

附件8：北京市国信公证处于2006年8月9日做出的（2006）京国证民字第11109号公证书复印件，共7页；

附件9：中国工程建设标准化协会于1998年5月11日颁给北京科净源机电技术有限责任公司的推荐产品证书复印件，共1页；

附件10：北京市国信公证处于2006年8月9日做出的（2006）京国证民字第11110号公证书复印件，共3页。

针对专利复审委员会于2006年8月10日作出的上述无效宣告请求受理通知书，专利权人于2006年9月22日提交了意见陈述书，同时专利权人还提交了如下证据：

证据1：北京科净源环宇科技发展有限公司和北京科净源机电技术有限责任公司的“企业法人营业执照”的复印件，各一页；

证据2：北京科净源环宇科技发展有限公司企业标准Q/HDKQB001-2000复印件，共14页。

专利权人认为：请求人提供的附件1~4和6不能形成一个完整的证据链证明在本专利申请日前本专利产品已经被公开制造、出售和/或使用过，本专利符合专利法第22条第2款的规定。

专利复审委员会依法成立合议组，对本案进行审查。

专利复审委员会本案合议组于2007年1月9日向双方发出无效宣告请求口头审理通知书，定于2007年3月6日举行口头审理。随同口头审理通知书，将请求人于2006年9月6日提交的意见陈述书及其附件清单中所列附件的副本转送给专利权人，将专利权人于2006年9月22日提交的意见陈述书及其附件清单中所列附件的副本转送给请求人。

口头审理如期举行，双方当事人均参加了口头审理。

在口头审理中，请求人放弃附件4作为证据使用，明确其无效宣告请求的理由、证据和范围是：权利要求1~4相对于附件1~3、5~10不具备新颖性，不符合专利法第22条第2款的规定。请求人当庭提交了加盖有中国南车集团北京二七车辆厂财务专用章的附件1，用附件1证明北京科净源机电技术有限公司在申请日前已经销售过本专利的全程处理器；专利权人认为尽管其上盖有两个红章，但其不是原件，对该附件的真实性有异议。请求人当庭提交了附件2的原件，以证明在申请日前和申请日之后本专利产品一直在销售；专利权人认可附件2的真实性，认为附件2的原件和复印件一致。请求人当庭提交了附件3的原件，以证明用户对该产品的使用情况，同时也用以证明北京科净源环宇科技发展有限公司与北京科净源机电技术有限公司是一家公司。专利权人当庭核实了附件3的原件，认可附件3的真实性，但认为附件3下面署名是北京科净源环宇科技发展有限公司，是在申请日之后出版的，不能证明所述山东临沂荣华大酒店安装的全程处理器是本专利的产品。请求人当庭提交了附件5公证书的原件，以证明在2000年5月22日、申请日之前销售的产品和本专利是完全相同的，本专利产品在申请日之前已经公开销售了。专利权人当庭核实了附件5公证书的原件，认可附件5的真实性，但认为附件5的全程处理器的名称不能完全把结构反映出来，从现场拍摄的照片来看，不能把本专利权利要求中的技术特征全部表现出来，由于附件8的订货合同中有图纸资料和保密义务，供需双方是有保密义务的，不解剖该产品是不能得到其结构特征的，附件8中的产品型号和附件5照片中产品铭牌的型号和日期一致，友谊医院的全程处理器就是附件8订货合同中所出售的全程处理器。请求人当庭提交了附件6的原件，以证明后成立的北京科净源环宇科技发展有限公司的产品编号和在先销售的产品编号是相同的，所以这两个公司是有关联的；专利权人认为附件6的原件和复印件一致，认为由于没有看到北京科净源机电技术有限责任公司的产品编号的规则，不能证明两个公司的产品编号是一致的，北京科净源机电技术有限责任公司和北京科净源环宇科技发展有限公司是两个公司，其法定代表人不同，成立的时间也不一样。请求人当庭提交了附件8公证书的原件，以证明北京科净源机电技术有限责任公司销售给友谊医院的全程处理器是在申请日之前，虽然北京市大兰宝公司对北京科净源机电技术有限责任公司是有保密义务的，但是与友谊医院之间并没有保密义务；专利权人认可附件8复印件与原件的一致性，对附件8合同本身的真实性没有异议，认为北京大兰宝公司和北京友谊医院都是需方，所以需方都应该承担保密义务。请求人用附件9（推荐产品证书）证明在1998年SYS·水医生系列水处理设备产品已经公开销售了，该证书与本专利的产品型号相同，即北京科净源环宇科技发展有限公司把北京科净源机电技术有限责任公司的资质证明写在附件2中的资质材料中，可以证明两个公司是有关系的，建立第二家公司的时候第一家公司已经不存在了，两家公司是一套班子换了一个牌子；专利权人认为由于请求人没有提交附件9的原件，因此对附件9的真实性有异议。请求人当庭提交了附件10的原件，以证明友谊医院的设备是在申请日之前就已经公开使用了；专利权人当庭核实了附件10的原件，认可附件10的真实性，但认为公证书中没有证明该合格证就是友谊医院的全程处理器的合格证。专利权人当庭提交了证据2的原件，用证据1来证明北京科净源机电技术有限责任公司和北京科净源环宇科技发展有限公司是两家公司，后者成立于本专利申请日之后，用证据2来证明SYS·水医生系列全程水处理设备的公司企业标准是在专利申请日之后才制定的；请求人认可专利权人提供的证据 2 的真实性，对证据 1 中机电公司的营业执照的真实性有异议，要求质证。合议组当庭宣布请求人于口头审理后 10 日内对专利权人提供的证据 1 中北京科净源机电技术有限责任公司的营业执照的真实性进行调查，逾期不提交证据则视为对其真实性没有异议，请求人对此表示同意。针对权利要求 1~4，请求人仅用附件 5 进行了特征对比。请求人表示，除附件 5 之外，没有其他与本专利权利要求相对比的证据。

在指定期限内，请求人没有提供证据否定专利权人提供的证据 1 中北京科净源机电技术有限责任公司的营业执照的真实性。

请求人于 2007 年 3 月 7 日提交了现场勘验请求书，请求本案合议组对北京友谊医院的全程处理器进行现场勘验。

至此，合议组认为本案事实已经清楚，可以作出审查决定。

**二、决定的理由**

1. 关于现场勘验请求

《审查指南》第四部分第八章第 3 节指出：专利复审委员会一般不得主动调查收集审查案件需要的证据。对当事人及其代理人确因客观原因不能自行收集的证据，应当事人在举证期限内提出的申请，专利复审委员会认为确有必要时，可以调查收集。

请求人提交的附件 5 中表明，请求人于 2006 年 8 月 3 日向北京市国信公证处提出申请，对北京友谊医院机房内 SYS。水医生全程处理器现状进行保全证据公证，公证书中附有 19 张现场拍摄的照片。请求人请求本案合议组对北京友谊医院的全程处理器进行现场勘验，对此，合议组认为，首先，请求人并没有在举证期限内（即提出无效宣告请求一个月内）提出申请，该现场勘验申请已经超出了举证期限；其次，请求人已经对请求合议组现场勘验的全程处理器进行了证据保全，并进行了公证，通过公证书所附照片已经可以得到在现场能够看到的所有信息，由于该全程处理器是北京友谊医院的固有资产，虽已废弃，但属于国有资产，因此无法确定合议组到现场勘验就能够对其进行拆解；另外，举证证明所主张的事实是请求人应尽的义务，请求人提供的证据和理由并不足以使合议组必须进行现场勘验，因此，根据审查指南的相关规定，合议组认为不应再进行现场勘验。

2. 关于新颖性

专利法第 22 条第 2 款规定：新颖性，是指在申请日以前没有同样的发明或者实用新型在国内外出版物上公开发表过、在国内公开使用过或者以其他方式为公众所知，也没有同样的发明或者实用新型由他人向国务院专利行政部门提出过申请并记载在申请日以后（公布的专利申请文件中。

所谓同样的发明或者实用新型，是指技术领域、所要解决的技术问题和技术方案实质上相同，预期效果相同的发明或者实用新型。

要想证明国内使用公开构成现有技术则必须证明以下三方面的内容：第一，申请日前国内公开使用的事实；第二，该事实能够导致某一技术方案处于公众想得知就能得知的状态；第三，该技术方案的内容。

本案中，请求人提交的证据是附件 1~10，请求人当庭放弃附件 4 作为证据使用，因此，合议组对附件 4 不予考虑。

附件 1 为北京增值税专用发票复印件，请求人当庭提交了盖有购货单位财务专用红章的发票复印件，请求人没有提供发票原件，同时专利权人对其真实性提出异议，合议组经审查后认为，附件 1 上仅有一红章，却没有出具该红章的意图以及经办人签章，因此，仅根据请求人提交的资料不能证明附件 1 的真实性，附件 1 不能作为本案证据使用。

附件 2 是北京科净源环宇科技发展有限公司（公司成立日在申请日后）关于 SYS・水医生系列水

处理设备的资质材料，附件 3 是北京科净源环宇科技发展有限公司关于 SYS・水医生系列水处理设备的用户使用报告汇编，请求人试图使用上述两个附件来说明 1999 年 9 月山东临沂荣华大酒店安装了一台由北京科净源机电技术有限责任公司生产的本专利产品全程处理器。合议组认为，由于请求人没有提供该全程处理器技术方案的进一步证据，缺少证明国内使用公开的必要条件，尚不能就此认定该全程处理器就是本专利产品全程处理器。

附件 6 是北京科净源环宇科技发展有限公司关于 SYS・水医生系列水处理设备的说明书，请求人用以证明后成立的北京科净源环宇科技发展有限公司的产品编号和在先销售的产品编号是相同的，所以这两个公司是有关联的。

附件 8 是北京大兰宝制冷设备有限责任公司与北京科净源机电技术有限责任公司的订货合同，其中合同的签订日期为 2000 年 5 月 24 日、发货到站地点是北京友谊医院、产品型号是 SYS－200B1. OJZ/B－B。

附件 9 是中国工程建设标准化协会于 1998 年 5 月 11 日颁给北京科净源机电技术有限责任公司的推荐产品证书，请求人没有提供原件，认为其内容出现在附件 2 的第 9 页中，其真实性可以得到附件 2 的佐证。

附件 10 是名称为全程处理器、型号为 SYS－200B1. OJZ/B－B、日期为 2000 年 5 月 30 日的合格证，请求人称该合格证即为友谊医院那台全程处理器的合格证，用以证明友谊医院的全程处理器是在申请日之前就已经公开使用了。

附件 5 公证书所附北京友谊医院地温中央空调控制中心机房内放置的全程处理器实物照片，从照片中可以看出，该全程处理器具有圆筒形壳体，上部、下部和底部各有一个口，在壳体顶端有一个大保护罩，壳体侧面有 3 个小保护罩等部分技术特征，但附件 5 并不能显示该全程处理器的内部结构特征，该附件所附照片中的全程处理器不能披露本专利权利要求的全部技术特征，因此，不能就此认定照片中的全程处理器就是本专利产品。

综上所述，由于附件 5 没有公开本专利权利要求的全部技术特征，因此，请求人提供的附件 2、3、5~8 单独或结合形成一个证据链，都不足以证明本专利要求保护的产品已经在申请日前在国内公开销售和使用，即不足以证明本专利权利要求不具备新颖性，因此，请求人有关本专利权利要求不具备新颖性、不符合专利法第 22 条第 2 款的规定的无效宣告理由不能成立。

根据上述的事实和理由，本案合议组依法作出以下决定。

**三、决定**

维持 00243220. X 号实用新型专利权有效。

当事人对本决定不服的，可以根据专利法第 46 条第 2 款的规定，自收到本决定之日起 3 个月内向北京市第一中级人民法院起诉。根据该款的规定，一方当事人起诉后，另一方当事人应当作为第三人参加诉讼。

106

# 具有锁墙壁建筑单元的挡土墙

## 无效宣告请求审查决定（第9931号）

**决　　定　　号** 第9931号
**决　　定　　日** 2007年6月18日
**发明创造名称** 具有锁墙壁建筑单元的挡土墙
**国 际 分 类 号** E02D 29/02
**无效宣告请求人** 安长胜
**专　利　权　人** 张宇顺、金宪洙
**申　　请　　号** 200420066760.4
**申　　请　　日** 2004年6月10日
**授 权 公 告 日** 2005年8月24日
**合 议 组 组 长** 于　萍
**主　　审　　员** 郭建强
**参　　审　　员** 王　博

**法　律　依　据** 专利法第26条第4款、第22条第2款、第3款
**决　定　要　点**

如果涉案专利仅仅是将一篇已有技术对比文件中各技术方案中的技术特征组合在一起，且该组合对本领域技术人员来说仅仅是显而易见的简单的叠加，也没有带来预料不到的技术效果，则该涉案专利相对于该对比文件不具有实质性特点和进步，即不具备创造性。

**一、案由**

本无效宣告请求涉及中华人民共和国国家知识产权局于2005年8月24日授权公告的、名称为“具有锁墙壁建筑单元的挡土墙”的实用新型专利权（以下简称本专利），其专利号是200420066760.4，申请日是2004年6月10日，专利权人是张宇顺、金宪洙。本专利授权公告时的权利要求书如下：

“1. 一种具有锁墙壁建筑单元的挡土墙，其特征在于：其包括有：（a）互相邻接放置形成第一水平延伸层的第一多数建墙单元；（b）互相邻接放置于上述第一层之上形成第二水平延伸层的第二多数建墙单元；（c）于上述第一与第二层之间将该第二层其建墙单元与该第一层其建墙单元附着的联锁构件，每一联锁构件包含有：（i）一具有上侧与下侧的板子；（ii）于该板子的下侧上有第一组突出物；且（iii）于该板子之上侧上有第二组突出物；该突出物能够突入建墙单元；且（d）于上述第一与第二层之间放置该建墙单元以便使该第一组突出物突入上述下层中的建墙单元且该第二组突出物

突入上述上层中的建墙单元。

2. 根据权利要求1所述的具有锁墙壁建筑单元的挡土墙，其特征在于：其更包括一从上述第一层与第二层的间延伸入该挡土墙结构的后填料的地格片，该地格片其中具有数个孔，且放置该地格片以便使前述第一或第二组突出物穿过上述地格片的孔；其中该建墙单元系一沙/泥土袋，该沙/泥土袋具有透明的盖子与色彩装饰的填料，该沙/泥土袋含有覆盖地面的种子；用于附着一建墙单元的第一水平延伸层与一垂直邻接至该第一层的建墙单元的第二水平延伸层的联锁构件包含有一具有能够突入在该第一层或第二层中的该建墙单元的突出物的主体部分，该主体部分系为一具有一上层与一下层的板子，每一该层上均具有复数个该突出物，该板子能够藉由放置在该上层或该下层的突出物以突入二水平邻接建墙单元，而可延伸跨越在该第一层或第二层中至少部分的二水平邻接建墙单元；其中在上层与下层上的突出物系调整以穿过地格片的孔；其中该板子系为一般C形状。

3. 根据权利要求1或2所述的具有锁墙壁建筑单元的挡土墙，其特征在于：其中该建墙单元系一可硬化建造单元；其中该板子系为长方形；其中该板子系为一般C形状；其中该板子系半圆柱形；其中该板子系中间带有裁剪处的梯形；其中该板子系为一般L形状；其更包括了安装到该挡土墙面上的盖板组件，该组件具有一盖板以及用来装上该盖板到上述墙结构并对其面形成一整体连续盖板的构件；其中该板子系半圆柱形；其中该板子系中间带有裁剪处的梯形；其中该板子系为一般L形状；其中该板子能够藉由放置在该上层或该下层的突出物以突入两个水平邻接建墙单元，而可延伸跨越在该第一层或第二层中至少部分的二水平邻接建墙单元。”

针对本专利权，安长胜（以下简称请求人）于2006年11月3日向专利复审委员会提出无效宣告请求，认为本专利的权利要求1不符合专利法第22条第2款的规定；权利要求2和3不符合专利法第26条第4款、第22条第2款、第3款的规定。请求人同时提交了如下附件作为证据：

附件1：编号为TW480301号的中国台湾发明专利说明书公告本，共28页；

请求人认为：附件1和本专利的说明书几乎完全一致，其权利要求1与本专利的权利要求1完全相同，因此本专利权利要求1没有新颖性；本专利权利要求2中的“该沙/泥土袋具有透明的盖子与色彩装饰的填料”这一特征在说明书中没有相应描述，故得不到说明书的支持，本专利说明书中只是提到沙土袋是透明材质，没有公开透明的盖子；权利要求2和3的所有附加技术特征在附件1中都已公开，因此本专利权利要求2和3不具备新颖性或者创造性。

经形式审查合格，专利复审委员会依法受理了上述无效宣告请求，并于2006年11月27日向请求人和专利权人发出无效宣告请求受理通知书，同时将专利权无效宣告请求书及其附件清单中所列附件的副本转送给专利权人，并要求专利权人在指定的期限内陈述意见。

针对专利复审委员会发出的上述无效宣告请求受理通知书，专利权人逾期没有答复。

专利复审委员会依法成立合议组对本案进行审理。

本案合议组于2007年3月1日向双方发出无效宣告请求口头审理通知书，定于2007年4月12日在专利复审委员会举行口头审理。

专利权人之一的张宇顺于2007年4月6日向专利复审委员会提交了意见陈述书，认为请求人提交的附件1作为台湾专利文献，没有履行公证认证手续，因此不能作为本案证据使用。

口头审理如期举行，请求人参加了口头审理，专利权人没有出席。

在口头审理中，（1）合议组当庭将专利权人之一的张宇顺于2007年4月6日提交的意见陈述书的副本转给请求人。（2）请求人当庭提交了附件1的复印件，其上盖有国家知识产权局专利检索咨询中心副本认证专用章红章，还提交了同样盖有国家知识产权局专利检索咨询中心副本认证专用章红章的台湾专利公报，公告编号为480301，以证明附件1的公告日期是2002年3月21日。（3）请求人认为本专利的权利要求1不符合专利法第22条第2款的规定；权利要求2、3不符合专利法第22条第3款以及专利法第26条第4款的规定。具体为：请求人认为附件1和本专利的说明书基本一致，其权利要求1与本专利的权利要求1完全相同，因此本专利权利要求1没有新颖性；本专利权利要求2中的“该沙/泥土袋具有透明的盖子与色彩装饰的填料”这一特征得不到说明书的支持，本专利说明书中只是提到沙土袋是透明材质，没有公开透明的盖子；权利要求2和3的所有附加技术特征在附件1中都已公开，本领域技术人员无须创造性的劳动就可以把附件1中公开的技术特征进行组合而获得本专利权利要求2和3的技术方案，因此本专利权利要求2或3不具备创造性。

口头审理结束后，本案合议组于2007年4月13日向专利权人发出了无效宣告请求审查通知书，将（1）口头审理记录表4页；（2）盖有国家知识产权局专利检索咨询中心副本认证专用章的附件1的复印件28页，以及盖有上述认证专用章的附件1的公告编号为480301的台湾专利公报复印件10页转送给专利权人，要求其在收到该通知之日起一个月内提交书面意见。专利权人逾期没有答复。

至此，合议组认为本案事实已经清楚，可以作出审查决定。

**二、决定的理由**

1. 关于证据和现有技术

请求人提交的附件1为编号为480301的中国台湾发明专利说明书公告本。

专利权人之一的张宇顺在2007年4月6日提交的意见陈述书中认为请求人提交的附件1为中国台湾专利文献，而请求人没有履行相应的公证认证手续，因此该附件1不能作为本案证据使用。

合议组认为：

虽然审查指南第四部分第八章2.2.2节规定：“当事人向专利复审委员会提供的证据是在香港、澳门、台湾地区形成的，应当履行相关的证明手续”，但该规定的意义仅在于：如果证明案件事实的某些证据发生或产生于港、澳、台地区，由于目前我国司法权无法达到，且对这些证据的调查又存在着现实的诸多障碍，在这种情况下，依据这些证据来判断案件事实多了一层误断的风险，因此有必要对港、澳、台地区提供的证据本身施加若干程序或手续上的限制，以增强其真实性和合法性，尽力消除司法权的地域局限带来的不利影响。但是如果上述港、澳、台证据的真实性和合法性能够得到证实的情况下，上述证明手续并不是必需的。因此审查指南中同样还规定了：“但是在以下三种情况下，对上述两类证据，当事人可以在无效宣告程序中不办理相关的证明手续：（1）该证据是能够从除香港、澳门、台湾地区外的国内公共渠道获得的，如从专利局获得的国外专利文件，或者从公共图书馆获得的国外文献资料。（2）有其他证据足以证明该证据真实性的。（3）对方当事人认可该证据的真实性的”。由于本案附件1是请求人从国家知识产权局专利检索咨询中心获得的台湾专利文件，且盖有国家知识产权局专利检索咨询中心的副本认证专用章红章，属于审查指南上述规定中的第（1）种可以不办理相关证明手续的情况。因此合议组认为该附件的真实性可以予以确认，请求人可以不再办理相关的证明手续，附件1可以作为本案证据使用。

另外，请求人在口头审理中提交的同样盖有上述认证章的公告编号为480301的台湾专利公报复印件第951~960页，其上记载有公告日期是2002年3月21日，由于该专利公报的公告编号与附件1的编号相同，由此可以证明附件1的公告日期同为2002年3月21日。由于附件1为公开出版物，且其公开日期在本专利的申请日2004年6月10日之前，因此可以作为本专利的现有技术使用。

2. 关于本专利是否具备新颖性和创造性

专利法第22条第1款、第2款、第3款规定，授予专利权的发明和实用新型应当具备新颖性和创造性。新颖性，是指在申请日以前没有同样的发明或者实用新型在国内外出版物上公开发表过、在国内公开使用过或者以其他方式为公众所知，也没有同样的发明或者实用新型由他人向国务院专利行政部门提出过申请并记载在申请日以后公布的专利申请文件中。创造性，是指同申请日以前已有的技术相比，该发明有突出的实质性特点和显著的进步，该实用新型有实质性特点和进步。

根据上述规定，如果涉案专利与对比文件公开的内容相比，技术方案、技术领域、所解决的技术问题、预期效果实质上相同，则认为两者为同样的发明或者实用新型，即该涉案专利不具备新颖性。如果涉案专利仅仅是将一篇已有技术对比文件中各技术方案中的技术特征组合在一起，且该组合对本领域技术人员来说仅仅是显而易见的简单的叠加，也没有带来预料不到的技术效果，则该涉案专利相对于该对比文件不具有实质性特点和进步，即不具备创造性。

本案中，请求人认为：附件 1 和本专利的说明书基本一致，其权利要求 1 与本专利的权利要求 1 完全相同，因此本专利权利要求 1 没有新颖性；本专利权利要求 2 和 3 的所有附加技术特征在附件 1 中都已公开，本领域技术人员无须创造性的劳动就可以把附件 1 中所公开的上述各技术特征进行组合，从而实现本专利权利要求 2 和 3 的技术方案，因此本专利权利要求 2 和 3 不具备创造性。

合议组经审查后认为，(1) 附件 1 是中国台湾“智慧财产局”于 2002 年 3 月 21 日公告的名称为“具联锁墙壁建筑单元之挡土墙系统”的发明专利说明书公告本，其公告日早于本专利的申请日，并且通过对比可以发现，附件 1 与本专利的说明书几乎完全一致，主要区别仅在于：附件 1 比本专利说明书增加了一段关于建造挡土墙方法的描述。(2) 关于权利要求书部分，附件 1 的权利要求 1 公开了如下内容：“一种挡土墙结构其包括有：(a) 互相邻接放置形成第一水平延伸层之第一多数建墙单元；(b) 互相邻接放置于上述第一层之上形成第二水平延伸层之第二多数建墙单元；(c) 于上述第一与第二层之间将该第二层其建墙单元与该第一层其建墙单元附着的联锁构件，每一联锁构件包含有：(i) 一具有上侧与下侧之板子；(ii) 于该板子的下侧上有第一组突出物；且 (iii) 于该板子之上侧上有第二组突出物；该突出物能够突入建墙单元；且 (d) 于上述第一与第二层之间放置该建墙单元以便使该第一组突出物突入上述下层中的建墙单元且该第二组突出物突入上述上层中之建墙单元”。附件 1 的权利要求 1 与本专利的权利要求 1 除了繁体字与简体字的区别以及主题名称形式上略有差异外（但实际上附件 1 的挡土墙结构也具有锁墙壁建筑单元），内容完全相同，加上技术领域、所解决的技术问题、预期效果也相同，即两者属于同样的发明创造，因此本专利权利要求 1 相对于附件 1 中权利要求 1 的技术方案不具备专利法第 22 条第 2 款所规定的新颖性。(3) 附件 1 中的权利要求 10、11、24、25 分别公开了本专利权利要求 2 的各附加技术特征，虽然附件 1 中不是以一个整体的技术方案的形式公开本专利权利要求 2，但是显然，将附件 1 的权利要求 10、11、24、25 组合就可以组成本专利权利要求 2 的完整的技术方案，而且上述组合仅仅是一种简单的叠加，对本领域技术人员来说是显而易见的，该组合也没有带来预料不到的技术效果，因此本专利权利要求 2 相对于附件 1 不具有实质性特点和进步，即不具备专利法第 22 条第 3 款规定的创造性。(4) 同理，附件 1 的权利要求 4~9、12、21 分别公开了本专利权利要求 3 的各附加技术特征，进一步分析，将附件 1 的权利要求 4~9、12、21 组合或者将权利要求 4~9、12、21 与 10、11、24、25 组合也可以组成本专利权利要求 3 的技术方案，该组合对本领域技术人员来说也是显而易见的，并且也没有带来预料不到的技术效果，因此本专利权利要求 3 相对于附件 1 也不具备专利法第 22 条第 3 款规定的创造性。

鉴于本专利权利要求不具备新颖性或者创造性，应予全部无效，因此本决定对请求人提出的其他无效理由不再予以评述。

根据上述的事实和理由，本案合议组依法作出以下决定。

**三、决定**

宣告200420066760.4号实用新型专利权全部无效。

当事人对本决定不服的，可以根据专利法第46条第2款的规定，自收到本决定之日起3个月内向北京市第一中级人民法院起诉。根据该款的规定，一方当事人起诉后，另一方当事人应当作为第三人参加诉讼。

107

# 一种桩尖

## 无效宣告请求审查决定（第9968号）

**决　　定　　号**　第9968号
**决　　定　　日**　2007年6月15日
**发明创造名称**　一种桩尖
**国 际 分 类 号**　E02D 5/72
**无效宣告请求人**　连南瑶族自治县永基铸锻厂
**专　利　权　人**　潘计全
**专　　利　　号**　200420103142.2
**申　　请　　日**　2004年12月29日
**授 权 公 告 日**　2006年8月16日
**合 议 组 组 长**　崔　震
**主　　审　　员**　郭建强
**参　　审　　员**　欧　岚

**法　律　依　据**　专利法第22条第2款、第3款，专利法实施细则第2条第3款
**决　定　要　点**

如果对比文件没有公开涉案实用新型专利权利要求的完整的技术方案，披露其所有的技术特征，则该权利要求具备新颖性。但是，如果该对比文件与权利要求之间的区别技术特征是公知常识，对本领域技术人员来说是显而易见的，而且也没有带来预料不到的技术效果，则该实用新型的权利要求不具备实质性特点，故不具备创造性。

如果实用新型的权利要求中既包含形状、构造特征，又包含对方法本身或者材料本身提出的技术方案，则不属于实用新型专利保护的客体。但是，以现有技术中已知方法的名称限定产品的形状、构造的，例如，以焊接、铆接等已知方法名称限定各部件连接关系的，不属于对方法本身提出的技术方案；将现有技术中已知的材料应用于具有形状、构造的产品上，例如复合木地板、塑料杯、记忆合金制成的心脏导管支架等，不属于对材料本身提出的技术方案。

### 一、案由

本无效宣告请求涉及中华人民共和国国家知识产权局于2006年8月16日授权公告的、名称为“一种桩尖”的实用新型专利权（以下简称本专利），其专利号是200420103142.2，申请日是2004年12月29日，专利权人是潘计全。该专利授权公告时的权利要求书如下：

“1. 一种桩尖，由桩端板（1）、‘十’字交叉型刀片（2）组成，其特征在于：‘十’字交叉型

刀片（2）的外端下侧有一导角（3），‘十’字交叉型刀片（2）与桩端板（1）垂直，桩尖为整体铸钢结构。

2. 根据权利要求1所述的桩尖，其特征在于：所述桩尖的钢板厚度为3mm至30mm。

3. 根据权利要求1所述的桩尖，其特征在于：所述桩尖的桩端板（1）的直径大小为180mm至1 000mm，‘十’字交叉型刀片（2）的高度为30mm至200mm。

4. 根据权利要求1所述的桩尖，其特征在于：所述桩尖的‘十’字交叉型刀片（2）的导角（3）斜长为5mm至80mm，导角的角度为45°。”

针对上述专利权，连南瑶族自治县永基铸锻厂（以下简称请求人）于2006年11月15日向专利复审委员会提出无效宣告请求，认为：本专利权利要求1~4相对于附件1或者2不具备新颖性或者创造性，不符合专利法第22条第2款、第3款的规定；权利要求1中“桩尖为整体铸钢结构”的技术特征不是实用新型的保护内容，不符合专利法实施细则第2条第2款的规定。其提交的附件如下：

附件1：广东省建设委员会于1998年6月16日发布、1998年10月1日实施的广东省标准DBJ/T15-22-98，《预应力混凝土管桩基础技术规程》封面、扉页、通知页、第38页的复印件，共4页；

附件2：中国建筑标准设计研究所出版的、2003年9月1日起实行的《预应力混凝土管桩》国家建筑标准设计图集03SG409，封面、通知页、第1页、第24页的复印件，共4页。

经形式审查合格，专利复审委员会依法受理了上述无效宣告请求，并于2006年11月16日向双方发出无效宣告请求受理通知书，同时将专利权无效宣告请求书及其附件清单中所列附件的副本转送给专利权人，并要求专利权人在指定的期限内陈述意见。

针对专利复审委员会作出的上述无效宣告请求受理通知书，专利权人于2006年12月18日提交了意见陈述书。专利权人认为：现有技术以及附件2中的桩尖都是采用焊接工艺，而本专利权利要求1中的桩尖采用浇铸工艺铸造成一个整体，即“桩尖为整体铸钢结构”，使得本专利的桩尖相对于现有技术的桩尖具有强度高、受力均匀、不易断裂的优点，因此本专利权利要求1~4相对于附件1或2具备新颖性或者创造性；采用浇铸工艺铸造是已知的方法，根据审查指南第一部分第二章6.1中的规定，“以现有技术中已知方法的名称限定产品的形状、构造的，不属于对方法本身提出的技术方案”，因此本专利权利要求1中“桩尖为整体铸钢结构”的描述符合专利法实施细则第2条第2款的规定。

专利复审委员会依法成立合议组对本案进行审查。

本案合议组于2007年2月15日向双方发出无效宣告请求口头审理通知书，定于2007年3月27日在广东省深圳市上步路1001号深圳科技大厦717室举行口头审理。随同口头审理通知书，将专利权人于2006年12月18日提交的意见陈述书的副本转送给请求人。

口头审理如期举行，双方当事人均参加了口头审理。

在口头审理中，（1）请求人明确其无效宣告请求的事实、理由和证据为：权利要求1不符合专利法实施细则第2条第2款的规定，权利要求1~4相对于附件1或2不具备新颖性和创造性；（2）请求人当庭出示了附件1和2的原件，并补充了附件1的第8~9页，专利权人对上述补充予以接受，并且对附件1和2的真实性无异议，但是对其公开性有异议。（3）请求人认为“桩尖为整体铸钢结构”是方法、材料特征，不符合专利法实施细则第2条第2款的规定。专利权人认为该特征为结构特征，而且铸造方法为已知方法，符合指南的相关规定。（4）请求人认为权利要求1中除了“桩尖为整体铸钢结构”的特征外，其余特征均已被附件1或2公开，但该特征是本领域的公知常识，因此权利要求1不具备新颖性和创造性。专利权人认可其余特征均已被附件1或2公开，但认为该特征给本专利的桩尖带来了优于已知桩尖的优点和效果，是非显而易见的。（5）请求人认为附件1或2公开了权利要求2~4的附加技术特征，专利权人认为附件1未公开权利要求2的附加技术特征，但认可附件 1 或 2 公开了权利要求 3~4 的附加技术特征，认可附件 2 公开了权利要求 2 的附加技术特征。

至此，合议组认为本案事实已经清楚，可以作出审查决定。

**二、决定的理由**

1. 关于证据和现有技术

请求人提交的证据包括附件 1 和 2，专利权人对其真实性没有异议，因此附件 1 和 2 可以作为本案证据使用。同时由于附件 1 和 2 是国家或者省标准，由相关的政府部门向公众公开发布，且其公开日期在本专利的申请日前，因此可以作为本专利的现有技术使用。

2. 关于专利法实施细则第 2 条第 2 款

专利法实施细则第 2 条第 2 款规定：专利法所称的实用新型，是指对产品的形状、构造或者其结合所提出的适于实用的新的技术方案。

根据该规定，如果实用新型的权利要求中既包含形状、构造特征，又包含对方法本身或者材料本身提出的技术方案，则不属于实用新型专利保护的客体。但是，以现有技术中已知方法的名称限定产品的形状、构造的，例如，以焊接、铆接等已知方法名称限定各部件连接关系的，不属于对方法本身提出的技术方案；将现有技术中已知的材料应用于具有形状、构造的产品上，例如复合木地板、塑料杯、记忆合金制成的心脏导管支架等，不属于对材料本身提出的技术方案。

本案中，请求人认为本专利权利要求 1 中“桩尖为整体铸钢结构”的技术特征不是实用新型的保护内容，不符合专利法实施细则第 2 条第 2 款的规定。

合议组经审查认为，由于整体铸造的方法或者铸钢材料是现有技术中已知的方法或者已知的材料，因此权利要求 1 中的“桩尖为整体铸钢结构”的表述属于以现有技术中已知方法的名称限定产品的形状、构造以及将现有技术中已知的材料应用于具有形状、构造的产品上，故本专利权利要求 1 的技术方案不属于对方法或者材料本身提出的技术方案，属于实用新型专利保护的客体，符合专利法实施细则第 2 条第 2 款的规定。

3. 关于本专利的新颖性和创造性

专利法第 22 条第 2 款、第 3 款规定，新颖性，是指在申请日以前没有同样的发明或者实用新型在国内外出版物上公开发表过、在国内公开使用过或者以其他方式为公众所知，也没有同样的发明或者实用新型由他人向国务院专利行政部门提出过申请并记载在申请日以后公布的专利申请文件中。创造性，是指同申请日以前已有的技术相比，该发明有突出的实质性特点和显著的进步，该实用新型具有实质性特点和进步。

根据该规定，如果对比文件没有公开涉案实用新型专利权利要求的完整的技术方案，披露其所有的技术特征，则该权利要求具备新颖性。但是，如果该对比文件与权利要求之间的区别技术特征是公知常识，对本领域技术人员来说是显而易见的，而且也没有带来预料不到的技术效果，则该实用新型的权利要求不具备实质性特点，故不具备创造性。

本案中，请求人认为，权利要求 1 中除了“桩尖为整体铸钢结构”的特征外，其余特征均已被附件 1 或 2 公开，但该特征是本领域的公知常识，因此权利要求 1 不具备新颖性和创造性。权利要求 2~4 的所有附加技术特征也被附件 1 或 2 公开了，因此也不具备新颖性和创造性。专利权人虽然认可除“桩尖为整体铸钢结构”外其余特征均已被附件 1 或 2 公开，但认为该特征给本专利的桩尖带来了优于已知桩尖的优点和效果，是非显而易见的。专利权人还认为附件 1 未公开权利要求 2 的附加技术特征，但认可附件 1 或 2 公开了权利要求 3~4 的附加技术特征，认可附件 2 公开了权利要求 2 的附加技术特征。

合议组经审查后认为：附件 1 或者附件 2 都公开了一种焊接制成的桩尖，即都由桩端板和十字交叉型刀片焊接组成，刀片的外端下侧都有导角，刀片与桩端板垂直。由此可见，附件1或附件2与本专利权利要求1的区别技术特征在于：本专利中“桩尖为整体铸钢结构”，而附件1或2中为焊接结构。因此本专利权利要求1相对于附件1或者2具备新颖性。关于创造性，尽管如专利权人所称，该区别特征给本专利的桩尖带来了优于已知焊接桩尖的优点和效果，但是合议组认为，整体铸钢的结构或方法在制造工业中早已是公知的技术，为了解决焊接结构桩尖的焊缝处容易断裂，工件强度差的技术问题，本领域技术人员采用制造工业中早已公知的整体铸钢的技术来制造整体的桩尖，是显而易见的，而且整体铸钢结构的桩尖相对于焊接结构的桩尖，其带来的效果也是可以预料的，因此权利要求1相对于附件1或2不具有实质性特点，不符合专利法第22条第3款有关创造性的规定。

关于从属权利要求2~4，其对桩尖的钢板厚度、端板直径、刀片高度、导角斜长和角度进行了尺寸上的进一步限定。口头审理中，请求人认为附件2公开了上述权利要求2~4的所有附加技术特征，专利权人对此也表示认可。合议组经审查，认定上述所有尺寸限定确实被附件2“十字型钢桩尖参数表”中桩尖的尺寸参数所公开，因此在其所引用的独立权利要求1不具备创造性的基础上，从属权利要求2~4相对于附件2也不符合专利法第22条第3款有关创造性的规定。

根据上述的事实和理由，本案合议组依法作出以下决定。

**三、决定**

宣告200420103142.2号实用新型专利权全部无效。

当事人对本决定不服的，可以根据专利法第46条第2款的规定，自收到本决定之日起3个月内向北京市第一中级人民法院起诉。根据该款的规定，一方当事人起诉后，另一方当事人应当作为第三人参加诉讼。

# 北京市第一中级人民法院
# 行政裁定书

（2007）一中行初字第1248号

原告遵义双源化工（集团）有限责任公司，住所地贵州省遵义市新舟路29号。

委托代理人刁玉生，北京国林贸知识产权代理有限公司专利代理人。

被告中华人民共和国国家知识产权局专利复审委员会，住所地北京市海淀区北四环西路9号银谷大厦。

法定代表人廖涛，副主任。

委托代理人巩克栋，男，中华人民共和国国家知识产权局专利复审委员会审查员。

委托代理人齐宏涛，男，中华人民共和国国家知识产权局专利复审委员会审查员。

第三人重庆嘉陵化学制品有限公司（原重庆嘉陵化工厂），住所地重庆市荣昌县昌元镇王家坪村。

法定代表人李守昌，董事长。

委托代理人陈朝军，男，重庆嘉陵化学制品有限公司副总经理。

委托代理人余长江，重庆永和律师事务所律师。

原告遵义双源化工（集团）有限责任公司不服被告中华人民共和国国家知识产权局专利复审委

员会于2007年5月30日作出的第9903号无效宣告请求审查决定，向本院提起行政诉讼。本院受理后，依法组成合议庭进行了审理。在案件审理期间，原告主动向本院申请撤诉。

本院经审查认为，原告有权在诉讼期间依法处分其诉讼权利。原告以其已与第三人重庆嘉陵化学制品有限公司达成和解为由，自愿申请撤回对被告的起诉，是原告依法处分其诉权的真实意思表示。该行为未侵犯国家、集体和他人的合法权益，本院应予准许。因此，依照《中华人民共和国行政诉讼法》第五十一条的规定，裁定如下：

准许原告遵义双源化工（集团）有限责任公司撤回起诉。

案件受理费100元，减半收取50元，由原告遵义双源化工（集团）有限责任公司负担（已交纳）。

审　判　长　强刚华
代理审判员　何君慧
代理审判员　司品华
二〇〇八年十二月十四日
书　记　员　董　伟

# 北京市高级人民法院
# 行政判决书

（2009）高行终字第131号

上诉人（原审原告）潘计全，男，汉族，1968年10月21日出生，住广东省佛山市南海区桂城街道桂华村5幢204号。

委托代理人王亚轩，男，汉族，1939年5月20日出生，北京金言诚信知识产权代理有限公司专利代理人，住北京市朝阳区安慧里三区18号楼1门502号。

委托代理人李文颖，女，汉族，1982年9月16日出生，北京金言诚信知识产权代理有限公司职员，住北京市海淀区中关村南一条3号中科院研究生院。

被上诉人（原审被告）国家知识产权局专利复审委员会，住所地北京市海淀区北四环西路9号银谷大厦10~12层。

法定代表人廖涛，副主任。

委托代理人郭建强，该委员会审查员。

委托代理人朱明雅，该委员会审查员。

原审第三人黎志中，男，汉族，1956年11月18日出生，连南瑶族自治县永基铸锻厂合伙人，住广东省佛山市顺德区大良街道金桂花园衡山路809号。

委托代理人刘孟斌，广东三环汇华律师事务所律师。

原审第三人李国华，男，汉族，1962年6月16日出生，连南瑶族自治县永基铸锻厂合伙人，住广东省佛山市顺德区大良街道东乐路绿茵花园三街10号之一。

委托代理人刘孟斌，广东三环汇华律师事务所律师。

上诉人潘计全因实用新型专利权无效行政纠纷一案，不服北京市第一中级人民法院（2007）一中行初字第1248号行政判决，向本院提出上诉。本院2009年2月10日受理本案后，依法组成合议庭，于2009年3月25日公开开庭进行了审理。上诉人潘计全的委托代理人王亚轩、李文颖，被上诉人国家知识产权局专利复审委员会（简称专利复审委员会）的委托代理人郭建强、朱明雅，原审第三人黎志中、李国华共同的委托代理人刘孟斌到庭参加了诉讼。本案现已审理终结。

北京市第一中级人民法院认定，本案涉及名称为"一种桩尖"的实用新型专利（简称本专利），专利权人为潘计全。针对本专利权，黎志中、李国华以其经营的连南瑶族自治县永基铸锻厂（简称永基铸锻厂）名义于2006年11月15日向专利复审委员会提出无效宣告请求。专利复审委员会于2007年6月15日做出第9968号无效宣告请求审查决定（简称第9968号决定），宣告本专利权全部无效。

北京市第一中级人民法院认为，永基铸锻厂提交的附件1和附件2是广东省或国家的建筑行业标准，由相关的政府部门向公众公开发布。上述行业标准的发行范围并不限于发布者所管辖的部门和行业，公众中的任何人想要得到该标准都可以通过公开的途径查阅和得到。虽然上述技术标准中所附通知本身系内部文件，但通知本身的属性并不影响上述行业标准内容的公开，因此附件1和附件2属于公开出版物。附件1和附件2与本专利权利要求1的区别技术特征在于，本专利的桩尖为整体铸钢结构，而附件1和附件2桩尖为焊接结构。整体铸钢的结构和制造方法在制造工业中均已是公知的技术，整体铸钢结构的桩尖相对于焊接结构的桩尖，其带来的效果也是可以预料的。因此，本专利权利要求1相对于附件1或附件2不具有实质性特点，不符合《专利法》第二十二条第三款有关创造性的规定。在本专利权利要求1不具备创造性的基础上，其从属权利要求2至4也不具备创造性。

据此，北京市第一中级人民法院依照《中华人民共和国行政诉讼法》第五十四条第（一）项的规定判决：维持专利复审委员会做出的第9968号决定。

潘计全不服原审判决，向本院提出上诉，请求撤销原审判决和第9968号决定，一、二审诉讼费由专利复审委员会负担。其上诉理由是：原审判决认定事实有误、适用法律错误。本专利发明点在于：桩尖为整体铸钢结构，原审判决及第9968号决定没有考虑能否带来更好的或者意想不到的效果这一因素，本专利技术使用工厂的边角料作为原料加工整体铸钢结构的桩尖，这一发明是对社会的一个贡献，该实用新型具备实质性的特点和进步，克服了申请日之前使用焊接结构的桩尖的技术偏见，并取得了商业上的成功，符合专利法关于创造性的规定。专利复审委员会、黎志中、李国华服从原审判决。

经审理查明，本专利是名称为"一种桩尖"的实用新型专利，由潘计全于2004年12月29日向国家知识产权局提出申请，申请号为200420103142.2，并于2006年8月16日被公告授予专利权，专利权人为潘计全。本专利的授权权利要求为：

"1. 一种桩尖，由桩端板（1）、'十'字交叉型刀片（2）组成，其特征在于：'十'字交叉型刀片（2）的外端下侧有一导角（3），'十'字交叉型刀片（2）与桩端板（1）垂直，桩尖为整体铸钢结构。

2. 根据权利要求1所述的桩尖，其特征在于：所述桩尖的钢板厚度为3mm至30mm。

3. 根据权利要求1所述的桩尖，其特征在于：所述桩尖的桩端板（1）的直径大小为180mm至1 000mm，'十'字交叉型刀片（2）的高度为30mm至200mm。

4. 根据权利要求1所述的桩尖，其特征在于：所述桩尖的'十'字交叉型刀片（2）的导角（3）斜长为5mm至80mm，导角的角度为45°。"

永基铸锻厂针对本专利权于2006年11月15日向专利复审委员会提出了无效宣告请求。专利复审委员会于2007年3月27日进行了口头审理。永基铸锻厂在口头审理时，明确其提出的无效理由是本专利权利要求 1~4 相对于附件 1 或附件 2 不具备新颖性和创造性，不符合《专利法》第二十二条第二款、第三款的规定；本专利权利要求 1 中“桩尖为整体铸钢结构”的技术特征不是实用新型专利的保护内容，不符合《专利法实施细则》第二条第二款的规定。其提交的附件如下：

附件 1 为《预应力混凝土管桩基础技术规程》封面、扉页、通知页、第 38 页的复印件。封面标有“许耀海存用”字样，该附件系广东省建设委员会于 1998 年 6 月 16 日发布，并于 1998 年 10 月 1 日实施，该附件中《粤建科字（1998）070 号通知》表明，该技术标准为推荐性广东省标准。

附件 2 为《预应力混凝土管桩》封面、通知页、第 1 页、第 24 页的复印件，由中国建筑标准设计研究所出版。该附件中《建认附件 2 公开了从属权利要求 2 至 4 的所有附加技术特征。专利复审委员会经审查，认定上述所有尺寸限定确实被附件 2“十字型钢桩尖参数表”中桩尖的尺寸参数所公开，因此在其所引用的独立权利要求 1 不具备创造性的基础上，从属权利要求 2 至 4 相对于附件 2 也不符合《专利法》第二十二条第三款有关创造性的规定。

据此，专利复审委员会作出第 9968 号决定。

潘计全在一审诉讼过程中提交了以下补充证据，用以证明本专利克服了技术偏见，取得了商业上的成功：

（1）广东省佛山市中级人民法院（2006）佛中法民三初字第 233 号民事判决书；广东省广州市中级人民法院（2006）穗中法民三初字第 382、383 号民事判决书。

（2）佛山市三水区大塘建筑工程公司、肇庆市建筑工程基础分公司、佛山市三水区芦苞建筑工程有限公司、佛山市三水区第一建筑集团工程有限公司、佛山市南海第二建筑工程公司地基与基础分公司、广州市磐誉建筑基础技术咨询有限公司等 6 家单位为清新县正兆昌桩尖建筑材料有限公司出具的产品使用意见书。

另查，永基铸锻厂为个体工商户，组成形式为个人合伙，业主为黎志中、李国华。黎志中、李国华均确认此前以永基铸锻厂名义参加的无效宣告请求审查程序及本案诉讼活动，为两人的共同行为。

以上事实有本专利权利要求书、说明书及附图、附件 1、附件 2、第 9968 号决定及《口头审理记录表》、个体工商户营业执照、黎志中和李国华的确认书、补充证据 1 和 2 以及当事人陈述等证据在案佐证。

本院认为，《专利法》第二十二条第三款规定，创造性是指同申请日以前已有的技术相比，该实用新型具有实质性特点和进步。所谓技术偏见，是指在某段时间内、某个技术领域中，技术人员对某个技术问题普遍存在的、偏离客观事实的认识，它引导人们不去考虑其他方面的可能性，阻碍人们对该技术领域的研究和开发。

附件 1 或附件 2 与本专利权利要求 1 的区别技术特征在于：本专利的桩尖为整体铸钢结构，而附件 1 和附件 2 桩尖为焊接结构。虽然该区别特征给本专利的桩尖带来了优于已知焊接桩尖的优点和效果，但是整体铸钢的结构具有比焊接结构强度高、不易断裂的技术效果是本领域技术人员所熟知的。潘计全认可之所以以前都采用焊接结构的桩尖，是因为其成本低于整体铸钢的结构。潘计全虽主张本专利使用工厂的边角料作为原料加工整体铸钢结构的桩尖可以废料利用、降低成本，但其所称的上述优点并没有记载在本专利权利要求书或说明书中，也不是结构特征本身所带来的技术效果，因此，本专利权利要求 1 的技术方案不存在克服技术偏见的情形。

潘计全在诉讼过程中提交补充证据用于证明本专利取得了商业上的成功，对此，本院认为，补充证据 1 是三份民事判决书，只能证明在本专利权有效的前提下有侵犯本专利权的事实发生，而不能作为本专利是否具有实质性特点以及取得商业上成功的证据；补充证据 2 是 6 家企业出具的产品意见书，并未涉及本专利或现有技术的具体技术内容，也无法证明本专利产品取得了商业上的成功。

综上，潘计全的上诉理由均不能成立，其上诉请求本院不予支持。原审判决认定事实清楚，适用法律正确。依照《中华人民共和国行政诉讼法》第六十一条第（一）项之规定，判决如下：

驳回上诉，维持原判。

一审案件受理费100元，由潘计全负担（已交纳）。二审案件受理费100元，由潘计全负担（已交纳）。

本判决为终审判决。

审 判 长 刘 辉
代理审判员 岑宏宇
代理审判员 焦 彦
二〇〇九年四月三日
书 记 员 陈 明

108

# 一种新型滴眼剂瓶

## 无效宣告请求审查决定（第9978号）

**决　　定　　号**　第9978号
**决　　定　　日**　2007年6月13日
**发明创造名称**　一种新型滴眼剂瓶
**国　际　分　类　号**　A61J 1/06
**无效宣告请求人**　田边制药株式会社
**专　利　权　人**　凌沛学
**专　　利　　号**　03215078.4
**申　　请　　日**　2003年2月18日
**授　权　公　告　日**　2004年4月7日
**合　议　组　组　长**　张梅珍
**主　　审　　员**　熊　茜
**参　　审　　员**　宋　瑞

**法　律　依　据**　专利法第22条第2款、第3款、第4款
**决　定　要　点**

专利文件中术语的含义如果未在该文件中专门定义，应该以所属领域技术人员理解的一般含义为准。

如果一项权利要求所述技术方案与现有技术公开的技术方案之间存在区别技术特征，现有技术也没有给出得出所述权利要求技术方案的任何技术启示，本领域技术人员需要付出创造性劳动才能得出该权利要求所述的技术方案，且该技术方案具有有益效果，则该权利要求具有创造性。

### 一、案由

本无效宣告请求涉及中华人民共和国国家知识产权局于2004年4月7日授权公告的、名称为"一种新型滴眼剂瓶"的实用新型专利权（下称本专利），其申请号是03215078.4，申请日是2003年2月18日，专利权人是凌沛学。该专利授权公告时的权利要求书如下：

"1.一种新型滴眼剂瓶，包括瓶盖（6）、瓶体（1）以及与瓶体（1）上端部连接成一体的内塞（3），其特征在于：所说内塞（3）的一侧设有上斜面的出液口（4），所说瓶盖（6）内的顶部设有一圆锥体腔的内塞帽（5），旋紧瓶盖时，内塞的上斜面出液口（4）正好顶在内塞帽（5）下斜面的侧壁上，达到密封不漏液；同时在瓶体（1）前表面上设有一个便于大拇指把捏的凹面（2）。

2.根据权利要求1所说的一种新型滴眼剂瓶，其特征在于内塞上的出液口（4）与瓶体（1）上

的凹面（2），两者的方向一致。”

针对上述专利权，田边制药株式会社（下称请求人）于2006年9月5日向专利复审委员会提出无效宣告请求，其提交的证据如下：

附件1：本专利授权公告文本的复印件；

附件2：日本外观设计1095905号专利公报扉页和部分附图复印件（共2页）及其中文译文，公开日为2001年1月9日；

附件3：日本专利特开2000—225172号说明书复印件及该说明书扉页的上半部分、说明书第（0018）段的中文译文，公开日为2000年8月15日。

基于上述证据，请求人认为：

（1）附件2公开了权利要求1、2所记载的全部技术特征，权利要求1、2不具备专利法第22条第2款规定的新颖性。

（2）权利要求1中使用了特殊概念“上斜面”、“下斜面”，因此权利要求1、2所限定的技术方案不清楚，不能取得其说明书所记载的积极效果，不符合专利法第22条第4款的实用性。

（3）假设权利要求1中的“上斜面”、“下斜面”是上位概念，则附件2、3公开的是下位概念，权利要求1、2相对于附件2或附件3也不具备专利法第22条第3款规定的创造性。

请求人于2006年9月12日向专利复审委员会提交了补正书，补正了加盖国家知识产权局检索咨询中心副本认证专用章的附件2和附件3的副本，其上标明“经确认此副本与原件相同”，其中附件2副本包括著录项目页及附图页共7页。

经形式审查合格，专利复审委员会依法受理了上述无效宣告请求，并于2006年11月20日向双方当事人发出无效宣告请求受理通知书，随该无效宣告请求受理通知书将专利权无效宣告请求书及其附件清单中所列附件的副本转送给专利权人，要求其于指定的期限内答复，并告知其期满未答复的，不影响专利复审委员会审理。

专利权人期满未答复。

专利复审委员会依法成立合议组对本案进行审理，本案合议组于2007年2月28日向双方当事人发出无效宣告请求口头审理通知书，指出本案定于2007年4月25日举行口头审理。随同口头审理通知书，将请求人于2006年9月12日提交的补正书及其附件副本一份共14页转送给专利权人，同时要求专利权人应在最迟于口头审理当庭对请求人所提的上述证据的真实性、合法性和关联性以及外文证据的中文译文的准确性发表意见，否则视为没有异议。

口头审理如期举行，在口头审理中，请求人出席口头审理，专利权人缺席口头审理。请求人明确其无效宣告请求的理由、证据、范围为：（1）本专利权利要求1不符合专利法第22条第4款的规定；（2）本专利权利要求1、2相对于附件2不符合专利法第22条第2款的规定，在此基础上，也不符合专利法第22条第3款的规定；（3）本专利权利要求1、2相对于附件3与公知常识的结合不符合专利法第22条第3款的规定。请求人对上述问题充分发表了意见。

至此，合议组认为本案事实清楚，经合议依法作出审查决定。

**二、决定的理由**

1. 关于证据和现有技术

请求人在提出无效宣告请求时提交了附件2、3作为证据使用，其后于1个月内对上述证据进行了补正，合议组对上述补正予以接受，附件2、3以其补正后的文本为准（以下分别称其为对比文件1、对比文件2）。请求人提交的对比文件1、2是日本专利文献，专利权人对其真实性未提出异议，合议组经审查认为对比文件1、2可以作为本案证据使用。同时对比文件1、2的公开日期均在本专利的申请日之前，因此其上记载的内容构成本专利的现有技术，可以用于评价本专利的新颖性和创造性。专利权人对对比文件1、2中文译文的准确性未提出异议，因此对比文件1、2文字部分所公开的内容以请求人提交的中文译文为准。

2. 关于专利法第22条第4款

专利法第22条第4款规定：实用性，是指发明或者实用新型能够制造或者使用，并且能够产生积极效果。

审查指南第二部分第五章第2节进一步指出：能够产生积极效果，是指发明或者实用新型专利申请在提出申请之日，其产生的经济、技术和社会的效果是所属技术领域的技术人员可以预料到的。这些效果应当是积极的和有益的。

请求人认为本专利的权利要求1不具有实用性，理由是：本专利说明书第1页倒数第1段第2行记载本专利与现有技术相比的优点在于"旋紧瓶盖时，内塞的出液口正好与内塞帽下斜面之间达到密封，从而保证了在存放、运输时不会因为倒置、挤压而造成漏液或污染"，由于本专利权利要求1使用了特殊的概念"上斜面"和"下斜面"，而其说明书中没有对"上斜面"和"下斜面"中的"上"、"下"如何定义以及"斜面"是曲面还是平面做清楚、完整的定义，由此产生的问题在于：（1）本专利图1中"上斜面"被表示为一条线，根据机械制图原理和国家标准，"上斜面"应该是一个平面，而根据说明书记载"下斜面"应该是一个圆锥面，平面与圆锥形相交时是有缝隙的，在运输和挤压的时候会有漏液的现象，不能取得说明书所记载的防止漏液的效果；（2）即使"上斜面"是一个曲面，而不是由圆柱体和圆锥体相交产生的曲面，依然会存在瓶体内药液向外渗漏的可能，依然不能实现其说明书中所指出的积极效果。

合议组经审查后认为：首先，本专利权利要求1技术方案限定了"所说瓶盖内的顶部设有一圆锥体腔的内塞帽，旋紧瓶盖时，内塞的上斜面出液口正好顶在内塞帽下斜面的侧壁上，达到密封不漏液"，其中描述了"上斜面"正好顶住"下斜面"并且"达到密封不漏液"的效果，本领域技术人员由此可知"上斜面"与"下斜面"的配合是必然"达到密封不漏液"的效果的。其次，虽然本专利的说明书中未给出"上斜面"与"下斜面"的具体定义，但本领域技术人员应该知道"上斜面"与"下斜面"中的"斜"表达的是普通意义上的"倾斜"，"上"与"下"表达的是相对位置的上下对应，"面"作为一个几何学上表达"线移动所生成的形迹"的上位概念既涵盖了"平面"也包括了"曲面"，因此该专利的"上斜面"与"下斜面"的含义是清楚的。最后，由于本专利的"内塞帽"具有"圆锥体腔"，因此该"内塞帽"的"下斜面"必然是圆锥面形状的，而根据前面合议组分析的"上斜面"与"下斜面"的配合是必然"达到密封不漏液"的效果的，因此"上斜面"必然是与"下斜面"相互正好互补配合的圆锥面形状的，这样形状的"上斜面"与"下斜面"也与前面合议组分析的本领域技术人员所认可的"上斜面"与"下斜面"的含义一致。至于请求人所陈述的本专利图1反映出"上斜面"应为平面的观点，合议组认为：说明书附图的作用在于用图形补充说明书文字部分的描述，使人能够直观形象地理解说明书中的技术方案，因此附图可以是示意性的，并不要求其按照工程制图的标准绘制，因此请求人的上述主张不成立。综上所述，权利要求1的方案能够具有本专利说明书第1页倒数第1段第2行记载的本专利与现有技术相比的优点和效果"旋紧瓶盖时，内塞的出液口正好与内塞帽下斜面之间达到密封，从而保证了在存放、运输时不会因为倒置、挤压而造成漏液或污染"，其产生的经济、技术和社会的效果是所属技术领域的技术人员可以预料到的，这些效果应当是积极的和有益的，所述的技术方案也能够在产业上实现，因此具有实用性，符合专利法第22条第4款的规定。

3. 关于专利法第22条第2款

专利法第22条第2款规定：新颖性，是指在申请日以前没有同样的发明或者实用新型在国内外出版物上公开发表过、在国内公开使用过或者以其他方式为公众所知，也没有同样的发明或者实用新型由他人向专利局提出过申请并记载在申请日以后公布的专利申请文件中。

请求人认为：权利要求1~2的全部技术特征已经被对比文件1公开了，因此不具备专利法第22条第2款规定的新颖性。

合议组认为：本专利权利要求1要求保护一种新型滴眼剂瓶，对比文件1公开了一种眼药用容器（透明部分的A-A剖面图，开盖状态的放大右视图，开盖状态的放大俯视图），包括盖部（相当于本专利权利要求1中的瓶盖）、瓶体以及与瓶体上端部连接成一体的内塞，所说内塞的一侧设有上斜面的出液口，所说盖部内的顶部设有一圆锥体腔的内塞帽，旋紧瓶盖时，内塞帽罩住内塞出液口；同时在瓶体前表面上设有一个便于大拇指把捏的凹面。由此可见，本专利的权利要求1相对于对比文件1的区别在于：本专利中内塞的上斜面出液口正好顶在内塞帽上斜面的侧壁上达到密封不漏液，而对比文件1未公开上斜面和下斜面形状正好互相配合以便内塞的上斜面出液口正好顶在内塞帽上斜面的侧壁上达到密封不漏液的效果。由于存在所述区别特征，对比文件1公开的技术方案与权利要求1要求保护的技术方案实质上不同，因此，权利要求1相对于对比文件1具有新颖性，符合专利法第22条第2款的规定。由于权利要求2是权利要求1的从属权利要求，因此权利要求2相对于对比文件1也符合专利法第22条第2款关于新颖性的规定。

请求人认为对比文件1（透明部分的A-A剖面图，开盖状态的放大右视图，开盖状态的放大俯视图）公开了上斜面和下斜面形状均为圆锥面形状且相互正好凹凸互补配合的内容，因此客观上也能达到密封不漏液的效果。对此，合议组认为：对比文件1（透明部分的A-A剖面图，开盖状态的放大右视图，开盖状态的放大俯视图）公开的内容仅仅是上斜面和下斜面形状相接近且均是斜曲面，不能看出这种配合的程度达到了形状相互正好互补配合的程度，由于对比文件1对此也没有文字说明，因此不能唯一且毫无疑义地得到上斜面和下斜面形状配合达到密封不漏液的效果的结论，因此对比文件1（透明部分的A-A剖面图，开盖状态的放大右视图，开盖状态的放大俯视图）未公开上斜面和下斜面形状均为圆锥面形状且相互正好凹凸互补配合从而达到密封不漏液效果的内容。

综上所述，本专利权利要求1、2相对于对比文件1符合专利法第22条第2款的关于新颖性的规定。

4. 关于专利法第22条第3款

专利法第22条第3款规定：创造性，是指同申请日以前已有的技术相比，该发明有突出的实质性特点和显著的进步，该实用新型具有实质性特点和进步。

请求人认为：（1）本专利权利要求1、2相对于对比文件1不符合专利法第22条第3款的规定；（2）本专利权利要求1、2相对于对比文件2与公知常识的结合不符合专利法第22条第3款的规定。

（1）关于权利要求1、2相对于对比文件1是否具备创造性。

如前所述，本专利权利要求1与对比文件1的区别在于：本专利的上斜面和下斜面的形状相互正好互补配合内塞的上斜面出液口正好顶在内塞帽上斜面的侧壁上达到密封不漏液，该区别技术特征带来的技术效果是，保证该滴眼剂瓶在存放、运输时不会因为倒置、挤压而造成漏液或污染。

综上所述，对比文件1没有公开上述区别特征，并且对比文件1的技术方案也没有给出上斜面和下斜面的形状相互正好互补配合达到密封不漏液的技术启示，并且权利要求1所述的方案具有有益效果，因此本专利权利要求1相对于对比文件1具有实质性特点和进步，具备专利法第22条第3款规定的创造性。

权利要求2是权利要求1的从属权利要求，当权利要求2引用的独立权利要求1相对于对比文件1具有创造性时，其从属权利要求2也具有创造性，符合专利法第22条第3款的规定。

（2）关于权利要求1、2相对于对比文件2是否具备创造性。

对比文件2公开了一种眼药容器和眼药容器用的出液喷嘴（说明书摘要，附图1~12），包括盖部6（相当于本专利权利要求1中的瓶盖）、容器主体1（相当于本专利权利要求1中的瓶体）以及与容器主体的前表面侧设置了具有注液口12（相当于本专利权利要求1中的出液口）的喷嘴部13（相当于本专利权利要求1中的内塞），所说注液口的一侧设有上斜面（图9）。由此可见，本专利的权利要求1相对于对比文件2的区别在于：①本专利的所说盖部内的顶部设有一圆锥体腔的内塞帽，旋紧瓶盖时，内塞的上斜面出液口（4）正好顶在内塞帽（5）上斜面的侧壁上，达到密封不漏液；②同时在瓶体前表面上设有一个便于大拇指把捏的凹面，而对比文件2未公开这些特征。请求人认为上述区别特征①是本领域的公知常识。对此，合议组认为，请求人未能提供证明为了防止液体泄漏而使出液口的上斜面与帽的下斜面相互配合为本领域公知常识的证据，因此对请求人的上述主张不予支持。可见，对比文件2没有公开上述区别特征，并且对比文件2的技术方案也没有给出上斜面和下斜面的形状相互正好互补配合达到密封不漏液和在瓶体前表面上设有一个便于大拇指把捏的凹面便于定位和单手握持的技术启示。而这些区别技术特征带来的技术效果是，①旋紧瓶盖时，内塞的出液口正好与内塞帽下斜面之间达到密封，从而保证了在存放、运输时不会因为倒置、挤压而造成漏夜或污染；和②使用时便于使用者单手操作、定位准确。因此本专利权利要求1相对于对比文件2具有实质性特点和进步，具备专利法第22条第3款规定的创造性。

权利要求2是权利要求1的从属权利要求，当权利要求2引用的独立权利要求1相对于对比文件3具有创造性时，其从属权利要求2也具有创造性，符合专利法第22条第3款的规定。

综上所述，本专利具备实用性，权利要求1、2相对于对比文件1具备新颖性、创造性，相对于对比文件2具备创造性，即本专利相对于上述证据符合专利法第22条第2~4款的规定，故本案合议组依法作出如下决定。

**三、决定**

维持03215078.4号实用新型专利权有效。

当事人对本决定不服的，可以根据专利法第46条第2款的规定，自收到本决定之日起三个月内向北京市第一中级人民法院起诉。根据该款的规定，一方当事人起诉后，另一方当事人应当作为第三人参加诉讼。

109

# 一种新型推拉窗滑轮

## 无效宣告请求审查决定（第9983号）

**决　　定　　号**　第9983号
**决　　定　　日**　2007年6月1日
**发明创造名称**　一种新型推拉窗滑轮
**国 际 分 类 号**　E04D 13/00
**无效宣告请求人**　高娇阳
**专　利　权　人**　伍建明
**专　　利　　号**　02271558.4
**申　　请　　日**　2002年7月8日
**授 权 公 告 日**　2003年10月22日
**合 议 组 组 长**　朱文广
**主　　审　　员**　王　博
**参　　审　　员**　刘瑞斌

**法　律　依　据**　专利法第22条第4款、第26条第3款，专利法实施细则第21条第2款
**决　定　要　点**

所属技术领域的技术人员能够实现，是指所属技术领域的技术人员按照说明书记载的内容，就能够实现该发明或者实用新型的技术方案，解决其技术问题，并且产生预期的技术效果。

如果申请的是一种产品，那么该产品必须在产业中能够制造，并且能够解决技术问题。

必要技术特征是指，发明或者实用新型为解决其技术问题所不可缺少的技术特征，其总和足以构成发明或者实用新型的技术方案，使之区别于背景技术中所述的其他技术方案。判断某一技术特征是否为必要技术特征，应当从所要解决的技术问题出发并考虑说明书描述的整体内容，不应简单地将实施例中的技术特征直接认定为必要技术特征。

### 一、案由

本无效宣告请求涉及国家知识产权局于2003年10月22日授权公告、名称为“一种新型推拉窗滑轮”的02271558.4号实用新型专利权（以下简称本专利），其申请日为2002年7月8日，专利权人为伍建明。

本专利授权公告的权利要求书如下：

“1. 一种新型推拉窗滑轮，包括外支架、内支架、轮子、调节螺丝组成，其特征是内支架两侧边设有斜向导槽，内支架内腔设有两端有通孔的轮子支架，支撑轴穿过轮子支架一端通孔与外支架固

定，轮轴穿过轮子和轮子支架另一端通孔置于内支架斜向导槽内。

2. 根据权利要求1所述的新型推拉窗滑轮，其特征是内支架两侧边的斜向导槽为一端开口。

3. 根据权利要求1所述的新型推拉窗滑轮，其特征是外支架内侧对应内支架下端面有一限位块。

4. 根据权利要求1所述的新型推拉窗滑轮，其特征是所述的外支架背侧有一导向夹口。

5. 根据权利要求1或4所述的新型推拉窗滑轮，其特征是所述的导向夹口内侧位置具有刀口。"

针对上述专利权，高娇阳（以下简称请求人）于2006年9月30日向专利复审委员会提出无效宣告请求，其理由是本专利不符合专利法第26条第3款、第22条第4款、专利法实施细则第21条第2款的规定，请求宣告本专利权全部无效。请求人的无效理由简述如下：

说明书中公开了利用"调节螺丝"以调节内支架位置以及轮子高低的技术手段，但若使用普通螺丝，当旋转该调节螺丝使之相对于内支架发生螺旋渐进或渐退运动时，滑轮内外支架的相互位置并不会发生变化，轮子的高低位置也不会得到任何调整，因此无法实现调节内支架位置以及轮子高低位置的效果，因此说明书公开不充分；相应的权利要求1的技术方案无法实现本专利的发明目的，因此不具备实用性。权利要求1中所述的推拉窗滑轮，由于缺少限制内支架纵向位移的限位装置，从而使该滑轮在实际使用中，内支架容易因水平位置无法固定而发生纵向移动，内支架上与装有调节螺丝孔一端相对的另一端易从外支架中滑出、与边框接触，从而给轮子的调节和推拉带来大的阻力，完全不可能实现本专利的发明目的，因此，权利要求1缺乏必要技术特征。

经形式审查合格，专利复审委员会受理了该无效宣告请求，并于2006年12月29日向请求人和专利权人发出无效宣告请求受理通知书，随同该通知书将请求人的无效宣告请求书转送给专利权人，要求其在指定的期限内答复。

专利权人在规定的期限内没有答复。

本案合议组于2007年3月13日向双方当事人发出了口头审理通知书，定于2007年4月20日对本案进行口头审理。

口头审理如期举行，双方当事人均参加了口头审理。

在口头审理中，专利权人当庭提交了其认为可以证明公知常识的证据及答辩书：

证据A：授权公告号CN2443124Y、授权公告日2001年8月15日的中国实用新型专利说明书，共5页；

证据B：授权公告号CN2345662Y、授权公告日1999年10月27日的中国实用新型专利说明书，共7页；

证据C：授权公告号CN2356130Y、授权公告日1999年12月29日的中国实用新型专利说明书，共5页。

请求人明确其无效的理由和范围是：权利要求1~5不符合专利法第22条第4款、第26条第3款以及专利法实施细则第21条第2款的规定。请求人明确表示没有其他的无效理由、证据、范围和证据组合形式。专利权人认为：请求人在提出无效请求时所提交的无效范围仅针对本专利权利要求1，现在变动为针对权利要求1~5，因此相当于提交另外的请求。请求人认为：本案在无效宣告请求书中有请求全部无效的记载。关于专利法第26条第3款，请求人认为：本专利中的调节螺丝只能实现调节滑轮降低伸出支架，而不能通过该调节螺丝调节滑轮缩入支架；单向调节滑轮运动是现有技术，但如何实现双向调节本专利则没有给出实施方式。专利权人认为：滑轮门窗正常使用的时候，通过门窗的重力滑轮可以自动向上缩入支架，因此即能实现双向调节滑轮高度。关于专利法第22条第4款，请求人的理由与有关专利法第26条第3款的理由相同。专利权人认为本专利权利要求1是完整的技术方案，能够制造和使用并产生积极的效果，因此具备实用性。关于专利法实施细则第21条第2款，请求人认为：根据说明书附图2，内支架2相对于外支架1是可以自由移动的，斜向导槽一端有开口，因此轮轴7是可以脱落的，所以必须对内支架2运动方向进行限定，根据说明书发明内容部分第8~9行记载的“外支架内侧对应内支架下端面设置一限位块，能将内支架限制纵向位移仅作水平移动”，技术方案中必须设置限位块，而在本专利权利要求1中并没有记载有关限位块的特征，并且普通的调节螺丝不能进行双向调节。因此权利要求1~5不符合专利法实施细则第21条第2款的规定。专利权人认为本专利目的是解决滑轮轴穿过滑轮的外支架和内支架，抵达滑轮外支架外侧面，从而造成磨损的问题，证据A~C证明调节螺丝可以调节内外支架相对移动是公知技术，因此权利要求1~5不缺乏必要技术特征。针对专利权人当庭提交的用于证明公知常识的证据A~C，合议组同意请求人在口头审理结束后7日内对其真实性进行核实并给出书面意见。

请求人于2007年4月27日向专利复审委员会提交了意见陈述，认为专利权人所提供的证据A~C不能证明本专利所说的调节螺丝的作用方式是公知的技术，不能支持专利权人的主张。

至此合议组认为本案事实已经清楚，可以作出审查决定。

**二、决定的理由**

1. 关于无效请求的范围

合议组认为，虽然请求人在无效宣告请求书表格中记载的关于专利法第22条第4款、第26条第3款以及专利法实施细则第21条第2款无效请求的范围仅为权利要求1，但其请求书附页第1页第1段结尾记载“宣告该专利权全部无效”，因此不属于新的无效理由及范围。因此本案无效宣告请求的范围为权利要求1~5，所涉及的理由为专利法第22条第4款、第26条第3款以及专利法实施细则第21条第2款。

2. 关于专利法第26条第3款

专利法第26条第3款规定：说明书应当对发明或者实用新型作出清楚、完整的说明，以所属技术领域的技术人员能够实现为准。

所属技术领域的技术人员能够实现，是指所属技术领域的技术人员按照说明书记载的内容，就能够实现该发明或者实用新型的技术方案，解决其技术问题，并且产生预期的技术效果。

请求人认为本专利的权利要求1~5以及说明书不符合专利法第26条第3款的规定，具体为：本专利中的调节螺丝只能实现调节滑轮降低伸出支架，而不能通过该调节螺丝调节滑轮缩入支架；单向调节滑轮运动是现有技术，但如何实现双向调节本专利则没有给出实施方式。专利权人认为：滑轮门窗正常使用的时候，通过门窗的重力滑轮可以自动向上缩入支架，因此即能实现双向调节滑轮高度。

合议组经合议后认为：根据本专利在背景技术部分中所记载的内容，目前的推拉式窗滑轮由外支架、内支架、轮子、调节螺丝组成，滑轮轴穿过滑轮的外支架和内支架，抵达滑轮外支架外侧面，安装及使用时容易与框边接触，影响轮子和内支架的调节，调节精度差，不利于安装使用，造成轮子调节不畅，推拉不平衡，加速轮子和窗框的磨损，影响推拉窗的质量。因此，本专利发明目的在于提供一种调节方便灵活、调节效果明显，减少安装误差的推拉窗滑轮。也就是说，本专利所针对的现有技术中的问题是滑轮轴穿过滑轮的外支架和内支架，抵达滑轮外支架外侧面，从而造成使用上的不便，而为了解决该问题，本专利所给出的解决方案是使轮子及轮轴轮子支架等调节轮子位置的结构均设置于外支架之内，有效地防止轮轴两端与框边的接触，由此克服了现有技术中的问题。而调节螺丝的具体形式则与本实用新型所要解决的技术问题没有直接关系，只要其具有一定的调节功能即能够满足本专利技术方案的需要。而请求人在口头审理程序中，认可能够单向调节滑轮运动的调节螺丝是现有技术。因此，针对本发明所要解决的技术问题，所属技术领域的技术人员根据说明书所公开的内容能够实现本专利的技术方案，解决其技术问题，并且产生预期的技术效果。请求人关于本专利不符合专利法第 26 条第 3 款规定的无效请求不能成立。

3. 关于专利法第 22 条第 4 款

实用性，是指发明或者实用新型申请的主题必须能够在产业上制造或者使用，并且能够产生积极效果。

如果申请的是一种产品，那么该产品必须在产业中能够制造，并且能够解决技术问题。

请求人认为本专利不符合专利法第 22 条第 4 款的理由与有关专利法第 26 条第 3 款的理由相同。专利权人认为本专利权利要求 1 是完整的技术方案，能够制造和使用并产生积极的效果。

合议组经合议后观点与关于专利法第 26 条第 3 款的观点相同，即权利要求 1 中的技术方案能够解决其所要克服的技术问题，并且能够在产业中制造，因此，请求人关于权利要求 1 的方案不符合专利法第 22 条第 4 款规定的无效理由不能成立。

同理，请求人关于从属权利要求 2~5 不符合专利法第 22 条第 4 款规定的无效理由也不能成立。

4. 关于专利法实施细则第 21 条第 2 款

独立权利要求应当从整体上反映发明或者实用新型的技术方案，记载解决技术问题的必要技术特征。

必要技术特征是指，发明或者实用新型为解决其技术问题所不可缺少的技术特征，其总和足以构成发明或者实用新型的技术方案，使之区别于背景技术中所述的其他技术方案。判断某一技术特征是否为必要技术特征，应当从所要解决的技术问题出发并考虑说明书描述的整体内容，不应简单地将实施例中的技术特征直接认定为必要技术特征。

请求人认为：根据说明书附图 2，内支架 2 相对于外支架 1 是可以自由移动的，斜向导槽一端有开口，因此轮轴 7 是可以脱落的，所以必须对内支架 2 运动方向进行限定，根据说明书发明内容部分第 8~9 行记载的“外支架内侧对应内支架下端面设置一限位块，能将内支架限制纵向位移仅作水平移动”，所以技术方案中必须设置限位块，而在本专利权利要求 1 中并没有记载有关限位块的特征，并且普通的调节螺丝不能进行双向调节，因此权利要求 1~5 不符合专利法实施细则第 21 条第 2 款的规定。专利权人认为本专利目的是解决滑轮轴穿过滑轮的外支架和内支架，抵达滑轮外支架外侧面，从而造成磨损的问题，证据 A~C 证明调节螺丝可以调节内外支架相对移动是公知技术，因此权利要求 1~5 不缺乏必要技术特征。

合议组经合议后认为：本专利中限位块的作用是给内支架在纵向上提供约束，从而增加内支架在水平移动时的稳定性，而仅靠调节螺丝本身也能实现纵向上的位移约束，同样也能实现发明目的，因此限位块并不是实现本实用新型发明目的的必要技术特征。而关于调节螺丝的具体形式，如前文所述，无论其为何种形式，只要能起到一般的调节作用，都能实现本专利的发明目的，故也不是实现本实用新型发明目的的必要技术特征。因此，本专利权利要求 1 不缺少必要技术特征，符合专利法实施细则第 21 条第 2 款的规定。

在权利要求 1 符合专利法实施细则第 21 条第 2 款规定的前提下，其从属权利要求 2~5 也符合专利法实施细则第 21 条第 2 款的规定。

根据上述的事实和理由，本案合议组依法作出以下决定。

**三、决定**

维持 02271558.4 号实用新型专利权有效。

当事人对本决定不服的，可以根据专利法第 46 条第 2 款的规定，自收到本决定之日起 3 个月内向北京市第一中级人民法院起诉。根据该款的规定，一方当事人起诉后，另一方当事人应当作为第三人参加诉讼。

110

# 污水积渣排渣器

## 无效宣告请求审查决定（第9989号）

**决　　定　　号**　第9989号
**决　　定　　日**　2007年6月18日
**发明创造名称**　污水积渣排渣器
**国 际 分 类 号**　E04D 13/076
**无效宣告请求人**　李全明
**专　利　权　人**　赵丽萍
**专　　利　　号**　97230797.4
**申　　请　　日**　1997年12月31日
**授 权 公 告 日**　1999年4月28日
**合 议 组 组 长**　朱文广
**主　　审　　员**　王　冬
**参　　审　　员**　刘敏飞

**法 律 依 据**　专利法第22条第2款、第3款、第26条第3款
**决 定 要 点**

所谓同样的实用新型，是指技术领域、所要解决的技术问题和技术方案实质上相同，预期效果相同的实用新型。

在判断创造性时，如果一项实用新型权利要求保护的技术方案与现有技术相比是显而易见的，并且没有产生预料不到的技术效果，那么该权利要求技术方案与现有技术相比没有实质性特点和进步，从而不具备创造性。

### 一、案由

本无效宣告请求涉及中华人民共和国国家知识产权局于1999年4月28日授权公告的、名称为“污水积渣排渣器”的实用新型专利权（以下简称本专利），其申请号是97230797.4，申请日是1997年12月31日，专利权人是赵丽萍。该专利授权公告时的权利要求书如下：

“1. 一种排污水用的污水积渣排渣器，其特征在于管体顶端有污水进水口，管体底端有排渣装置，管体底部为积渣容腔，管体中部有出水管。

2. 根据权利要求1所述的污水积渣排渣器，其特征在于污水进水口大于管体内径。

3. 根据权利要求1所述的污水积渣排渣器，其特征在于出水管向下倾斜。

4. 根据权利要求1所述的污水积渣排渣器，其特征在于排渣装置为法兰盘。

5. 根据权利要求1所述的污水积渣排渣器，其特征在于排渣装置为能排积渣的阀门。”

针对上述专利权，李全明（以下简称请求人）于2006年3月14日向专利复审委员会提出无效宣告请求，其提交的附件如下：

附件1：本专利的专利说明书，共4页；

附件2：中华人民共和国新疆维吾尔自治区公证处于2006年3月6日作出的（2006）新证民字第1481号公证书，公证书中附有新疆维吾尔自治区建筑勘察设计院1983年编制的《住宅构配件图集》住83JT中的封面、目录及雨水管详图复印件，共3页；

附件3：中华人民共和国新疆维吾尔自治区公证处于2006年3月6日作出的（2006）新证民字第1476号公证书，公证书中附有2006年2月25日新疆维吾尔自治区建筑设计研究院孙国城出具的“证明材料”复印件，共2页；

附件4：加盖有红章的新疆维吾尔自治区建筑设计研究院出具的对“住83JT”图集的说明的复印件，1页；

附件5：中华人民共和国新疆维吾尔自治区公证处于2006年3月6日作出的（2006）新证民字第1544号公证书，公证书中附有2006年3月1日新疆军区联勤部建筑勘察设计院徐希英出具的“证明”复印件，1页；

附件6：中华人民共和国新疆维吾尔自治区公证处于2006年3月6日作出的（2006）新证民字第1480号公证书，公证书中附有2006年3月5号新疆兵团勘测规划设计研究院建筑分院出具的“证明”复印件，共1页；

附件7：中华人民共和国新疆维吾尔自治区公证处于2006年3月6日作出的（2006）新证民字第1483号公证书，公证书中附有新疆维吾尔自治区第三建筑工程公司提供的设计图纸复印件，1页；

附件8：中华人民共和国新疆维吾尔自治区公证处于2006年3月6日作出的（2006）新证民字第1477号公证书，公证书中附有新疆第三建筑公司物资供应公司提供的于1997年10月8日开具的三建物资公司器材收料单复印件，1页；

附件9：中华人民共和国新疆维吾尔自治区公证处于2006年3月6日作出的（2006）新证民字第1479号公证书，公证书中附有盖有乌鲁木齐成人教育学院基建房产科签章的于2006年3月3日乌鲁木齐成人教育学院基建房产科张宪华出具的“证明”的复印件，1页；

附件10：中华人民共和国新疆维吾尔自治区公证处于2006年3月6日作出的（2006）新证民字第1482号公证书，公证书中附有乌鲁木齐成人教育学院提供的施工图设计图纸的复印件，共4页；

附件11：中华人民共和国新疆维吾尔自治区公证处于2006年3月6日作出的（2006）新证民字第1475号公证书，公证书中附有盖有乌鲁木齐成人教育学院基建房产科签章的于2006年3月3日乌鲁木齐成人教育学院房产科张宪华出具的“证明”的复印件，1页；

附件12：中华人民共和国新疆维吾尔自治区公证处于2006年3月6日作出的（2006）新证民字第1478号公证书，公证书中附有新疆大学建筑设计研究院于2006年3月3日出具的关于使用住83JT标准图集的情况的说明的复印件，1页；

附件13：中华人民共和国新疆维吾尔自治区公证处于2006年3月6日作出的（2006）新证民字第1474号公证书，公证书中附有乌鲁木齐成人教育学院提供的乌鲁木齐成人教育学院住宅楼设计施工图纸的复印件，共3页；

附件14：中华人民共和国新疆维吾尔自治区公证处于2006年3月6日作出的（2006）新证民字第1473号公证书，公证书中附有工作记录复印件1页和2006年3月2日在乌鲁木齐成人教育学院现场拍摄的照片，共11张。

请求人认为：（1）本专利权利要求 1~4 已被出版物公开，同时已在本专利申请日前公开使用，因此不具备新颖性，不符合专利法第 22 条第 2 款的规定；（2）权利要求 5 不具备创造性，不符合专利法第 22 条第 3 款的规定；（3）权利要求 5 不符合专利法第 26 条第 3 款、第 4 款的规定。

经形式审查合格，专利复审委员会依法受理了上述无效宣告请求，并于 2006 年 3 月 14 日向双方发出无效宣告请求受理通知书，同时将专利权无效宣告请求书及其附件清单中所列附件的副本转送给专利权人，并要求专利权人在指定的期限内陈述意见。

请求人于 2006 年 3 月 30 日向专利复审委员会提交意见陈述书，同时补充了以下附件：

附件 15：中华人民共和国新疆维吾尔自治区公证处于 2006 年 3 月 20 日作出的（2006）新证民字第 1970 号公证书，公证书中附有新疆生产建设兵团勘测设计院绘制的“屋顶平面图”封面页、平面设计图页复印件，共 2 页；

附件 16：中华人民共和国新疆维吾尔自治区公证处于 2006 年 3 月 20 日作出的（2006）新证民字第 1969 号公证书，公证书中附有工作记录复印件 1 页和现场拍摄照片共 5 张；

附件 17：中华人民共和国新疆维吾尔自治区公证处于 2006 年 3 月 20 日作出的（2006）新证民字第 2020 号公证书，公证书中附有新疆维吾尔自治区煤田地质局一五六队生活服务公司出具的“证明”复印件，1 页；

附件 18：乌鲁木齐市建设工程质量监督站于 1997 年 11 月 5 日出具的核定编号为 97-347 的建设工程质量等级核定证书存根复印件 1 页，以及于 1997 年 10 月 22 日出具的核定编号为 97-347 的建设工程质量等级核定证书存根复印件 1 页。

针对专利复审委员会于 2006 年 3 月 14 日作出的上述无效宣告请求受理通知书，专利权人于 2006 年 6 月 5 日提交了意见陈述书，专利权人认为：请求人提交的附件 2~14 均不能作为评价本专利新颖性和创造性的现有技术，上述附件不足以表明本专利不具备新颖性和创造性。

专利复审委员会本案合议组于 2006 年 10 月 12 日向双方发出无效宣告请求口头审理通知书，定于 2006 年 11 月 22 日举行口头审理。随同口头审理通知书，将请求人于 2006 年 3 月 30 日提交的意见陈述书及其附件清单中所列附件的副本转送给专利权人，将专利权人于 2006 年 6 月 5 日提交的意见陈述书副本转送给请求人。

口头审理如期举行，双方当事人均参加了口头审理。

（1）在口头审理中，专利权人认为，请求人在请求书与补充请求书的签字字迹不同，且对杨中现出庭有异议。请求人辩称，请求书中的签字是刘永生代李全明签的，孙德生的授权委托书是李全明本人签的，刘永生、杨中现的委托书是杨中现代李全明签的。合议组当庭与请求人取得联系并经合议决定上述代理人可以参加口头审理，但请求人应当在庭后 1 个月内到公证处追认委托，并写明请求书中的签字是刘永生代李全明签。

（2）请求人当庭提交了两份公证书证据：

附件 19：中华人民共和国新疆维吾尔自治区公证处于 2006 年 11 月 13 日作出的（2006）新证民字第 12149 号公证书，公证书中附有新疆维吾尔自治区煤田地质局一五六队出具的“证明”复印件 1 页；

附件 20：中华人民共和国新疆维吾尔自治区公证处于 2006 年 11 月 13 日作出的（2006）新证民字第 12150 号公证书，公证书中附有乌鲁木齐市城乡建设档案馆提供的新疆煤田地质局一五六队 7 号住宅楼竣工图纸复印件，共 2 页。

合议组当庭将上述附件的副本转交给专利权人。

（3）请求人明确其无效的理由、证据和范围为：权利要求 1~4 相对于附件 2~14 或相对于附件

15～20 不符合专利法第 22 条第 2 款的规定；权利要求 5 相对于附件 2～6 和公知技术的结合不符合专利法第 22 条第 3 款的规定；权利要求 5 不符合专利法第 26 条第 3 款的规定；请求人当庭放弃权利要求 5 不符合专利法第 26 条第 4 款的无效理由。

（4）专利权人对附件 2、3、5～14 是公证处出具的没有异议，对公证的内容和证明材料的真实性有异议，对附件 4 的真实性有异议，认为附件 2 不是公开出版物，附件 14 照片没有公证处的印章，照片可以更换。专利权人对附件 15～17、19 和 20 是公证处出的没有异议，但对公证书的内容及证明材料的真实性有异议。请求人当庭出示附件 18 的原件。

应请求人请求，证人孙国城出庭就其所出具的证言接受质证。孙国城当庭出示身份证、工作证，简述个人情况以及出具证言的情况。

（5）关于专利法第 26 条第 3 款。

请求人认为，本专利权利要求 5 中所述阀门在说明书中没有记载阀门的具体结构，说明书没有充分公开。专利权人认为，阀门作为机械领域的通用部件不需要在说明书中具体说明。

（6）关于专利法第 22 条第 2 款。

请求人认为，附件 2 公开了本专利权利要求 1～4 要求保护的技术方案，附件 3～14 用来证明附件 2 在本专利申请日前已经公开，因此，权利要求 1～4 不具备新颖性；附件 15～20 能够形成一个完整的证据链来证明权利要求 1～4 要求保护的技术方案已经在申请日前公开使用，权利要求 1～4 不具备新颖性。

专利权人认为，附件 2 不是公开出版物，不能证明公开发行。附件 2 与本专利权利要求 1 区别在于，本专利的排渣器是一体的，权利要求 1～4 与附件 2 没有其他区别。

（7）关于专利法第 22 条第 3 款。

请求人认为权利要求 5 所述阀门是打开用于清除污物的，其功能与法兰相同，是容易想到的。专利权人认为阀门本身是常用的部件，但是用在排污水用的污水积渣排渣器可以使得操作更方便。

请求人于 2006 年 11 月 30 日提交了中华人民共和国新疆维吾尔自治区公证处于 2006 年 11 月 27 日作出的（2006）新证民字第 12760 号公证书，公证书中附有请求人的委托书。

专利权人于 2006 年 12 月 22 日提交了意见陈述书，同时提交了如下证据：

证据 1：新疆维吾尔自治区高级人民法院二审案件开庭审判笔录，共 6 页；

证据 2：中华人民共和国新疆维吾尔自治区公证处于 2006 年 12 月 8 日作出的（2006）新证民字第 13197 号公证书，公证书中附有乌鲁木齐成人教育学院 2006 年 11 月 15 日出具的证明复印件，1 页；

证据 3：中华人民共和国新疆维吾尔自治区公证处于 2006 年 12 月 11 日作出的（2006）新证民字第 13305 号公证书，公证书中附有建筑工程质量等级认证申请书复印件 1 页，和建设工程质量等级核定证书复印件 1 页；

证据 4：中华人民共和国新疆维吾尔自治区公证处于 2006 年 12 月 22 日作出的（2006）新证民字第 13714 号公证书，公证书中附有《住宅构配件图集》住 83JT 中的封面、目录及雨水管详图复印件，共 3 页。

专利权人认为，请求人提交的附件 2 不是专利法意义上的公开出版物，不能作为评价本专利新颖性和创造性的现有技术；附件 2～20 不足以表明本专利权利要求 1～4 不符合专利法第 22 条第 2 款以及权利要求 5 不符合专利法第 22 条第 3 款的规定，权利要求 5 也符合专利法第 26 条第 3 款的规定。

合议组于 2007 年 2 月 1 日将请求人于 2006 年 11 月 30 日提交的无效宣告请求人的委托书及委托书公证书转寄给专利权人。

针对合议组于2007年2月1日转交的无效宣告请求人的委托书及委托书公证书，专利权人于2007年3月5日提交了意见陈述书，专利权人认为，公证书中代理人孙德生的出生日期与身份证号不符，（2006）新证民字第12760号公证书所公正的内容与事实不符；此外，请求人所提供的公证书是由请求人的委托代理人杨中现而非请求人本人提供的，因此，请求人提供的公证书不能作为证据使用。

2007年4月4日合议组将专利权人于2006年12月22日及2007年3月5日提交的意见陈述书及附件清单中所列附件的副本转寄给请求人。

针对合议组转送的上述文件，请求人于2007年5月12日提交了陈述意见。

至此，合议组认为本案事实已经清楚，可以作出审查决定。

**二、决定的理由**

1. 关于请求人的委托代理人资格

在口头审理中，专利权人认为，请求人在请求书与补充请求书的签字字迹不同，且对杨中现出庭有异议。合议组当庭与请求人取得联系并经合议决定上述代理人可以参加口头审理，但请求人应当在庭后1个月内到公证处追认委托。在指定期限内，请求人提交了由请求人李全明签署的委托书，委托书中写明委托人李全明委托刘永生、孙德生、杨中现为本案代理人，并且上述委托书经公证处进行了公证。

合议组认为，由于请求人在指定期限内提供了委托书，且委托书经过了公证处的公证，因此，对其真实性予以确认，上述代理人的代理资格也应予以确认，由请求人的委托代理人提供的公证书证据应当视为是请求人提供的，因此予以接受；虽然专利权人认为公证书中代理人孙德生的出生日期与身份证号不符，但专利权人提出的上述理由不足以推翻上述委托书的真实性，因此，专利权人针对请求人代理人资格有异议的主张合议组不予支持。

2. 关于证据和现有技术

请求人提交的附件2是《住宅构配件图集》住83JT（以下简称为住83JT）复印件，经公证处公证复印件与新疆维吾尔自治区建筑勘察设计院于1983年编制的《住宅构配件图集》原件相符。由于住83JT是于申请日前公开发表的图集，也不属于在特定范围内发行并要求保密的出版物，因此，属于专利法意义上的公开出版物并可以作为本专利的现有技术。

附件3是证人孙国城出具的证言，证言经公证处公证确系证人出具，该证言证明上述住83JT是在1983年出版的；同时，在口头审理中，证人孙国城出庭对其出具的证言进行了质证。

附件4为单位出具的证明，其上虽有单位公章，但缺少单位负责人或经办人的签名或盖单，缺少证明的构成要件，同时专利权人又对其真实性提出异议，因此附件4不能作为本案证据使用。

附件5、6、9、11、12、17和19为单位出具的证明，其上均有单位印章，经公证处公证复印件与原件相符，原件上的印章属实，可以作为本案证据使用。但由于上述附件均是单位出具的证明，属于证人证言类证据，而上述证明的经办人均未出庭进行质证，无法确认上述证明内容的真实性，因此，上述附件不能作为单独定案的依据。

附件7是新疆第三建筑公司提供的新疆第三建筑公司设计室绘制的工号为96-04、图号为建施-8、日期为1996年4月的《楼梯间出屋面平面图》，其中门窗表选用图集一栏中列有住83JT。专利权人认为，该图纸没有档案编号，无法证明是存档的，对其真实性有异议。合议组认为，该图纸经公证是新疆维吾尔自治区第三建筑工程公司提供的，原件上“新疆维吾尔自治区第三建筑工程公司质量管理部”的印章属实，图纸上有工号、图号，如果专利权人对其真实性有异议，可以到图纸的提供单位进行核实，由于专利权人没有提供证据否定其真实性，因此附件7可以作为本案证据使用。由附件 7 可以得出，在本专利申请日前，新疆维吾尔自治区第三建筑工程公司已经选用住 83JT 中的相关内容进行制图，即该图集在申请日前已经公开发表。

附件 8 是新疆维吾尔自治第三建筑公司出具的 1997 年 10 月 8 日三建物资公司器材收料单，其中品名一栏写有“存沙袋”，请求人认为，该收料单中所述“存沙袋”即为本专利产品，且在本专利申请日前已经公开销售。对此，合议组认为，附件 8 收料单所述“存沙袋”没有记载任何技术特征，其未能表明该收料单中所述“存沙袋”与本专利产品之间的关系，仅根据附件 8 在没有其他证据相佐证的情况下尚不能证明本专利产品在申请日前已经公开销售，也无法证明住 83JT 在本专利申请日前已经公开发表。

附件 10 是乌鲁木齐成人教育学院提供的新疆建设勘察设计院绘制的工号为 94-Z-015、日期为 1994 年 5 月的乌鲁木齐成人教育学院《施工图设计》中的采暖给水排水统一说明、给水排水系统图、建筑总说明、门窗统计表、屋顶平面图，其中门窗统计表出处一栏中以及在屋顶平面图中均列有住 83JT，在建筑总说明普通作法部分载有“均详见住 83JT-12 页”。专利权人认为，该图纸没有档案编号，无法证明是存档的，对其真实性有异议。合议组认为，该图纸经公证是乌鲁木齐成人教育学院提供的，原件上“乌鲁木齐成人教育学院基建房产科”的印章属实，图纸上有工号、图号，如果专利权人对其真实性有异议，可以到图纸的提供单位进行核实，由于专利权人没有提供证据否定其真实性，因此附件 10 可以作为本案证据使用。由附件 10 可以得出，在本专利申请日前，新疆建设勘察设计院已经选用住 83JT 中的相关内容进行制图，即该图集在申请日前已经公开。

附件 13 是乌鲁木齐成人教育学院提供的新疆工学院设计研究所绘制的乌鲁木齐成人教育学院住宅楼施工图，该图工程编号为 9523-1，完成日期为 1995 年 12 月 5 日，其中在厨卫构配件统计表采用图集一栏列有“详住 83JT”。专利权人认为，该图纸没有档案编号，无法证明是存档的，对其真实性有异议。合议组认为，该图纸经公证是乌鲁木齐成人教育学院提供的，图纸上有工号、图号、设计人员的签字，如果专利权人对其真实性有异议，可以到图纸的提供单位进行核实，由于专利权人没有提供证据否定其真实性，因此附件 13 可以作为本案证据使用。由附件 13 可以得出，在本专利申请日前，新疆工学院设计研究所已经选用住 83JT 中的相关内容进行制图，即该图集在申请日前已经公开。

综上所述，请求人提交的附件 2 住 83JT 经公证处公证可以认定其是在本专利申请日前公开的，同时，附件 3 中出具证言的证人孙国城出庭对其出具的证言进行了质证，证明该住 83JT 确系由其本人主编并于 1983 年出版的，附件 7、10 和 13 均表明在本专利申请日前，住 83JT 已被多家设计单位选用，因此，可以进一步佐证该图集在申请日前已经处于能够为公众获得的状态，属于专利法意义上的公开出版物，可以作为本案的现有技术使用。

专利权人于 2006 年 12 月 22 日提交了四份证据作为反证，其中证据 1 是新疆维吾尔自治区高级人民法院二审案件开庭审判笔录，其中记录了上诉人（即专利权人）对被上诉人提供的证据 1.1 的质证意见，认为被上诉人提交的住 83JT 原件与复印件不一致，原件上有“作废”和“发个人自用新疆建筑勘察设计院”的两个红章，证明住 83JT 不是公开发行资料。证据 2 为单位出具的证明，其上有单位公盖，经公证处公证印章和签名属实，但由于证据 2 是单位出具的证明，属于证人证言类证据，而上述证明的经办人均未出庭进行质证，无法确认上述证明内容的真实性，因此，上述附件不能作为单独定案的依据，此外，证据 2 也无法证明附件 2 不真实或未在申请日前公开。证据 3 是新疆煤田地质局 156 队 7#住宅楼建筑工程质量等级认证申请书和乌鲁木齐市建设工程质量监督站于 1998 年 12 月 1 日出具的核定编号为 98-604 的建设工程质量等级核定证书，该证据证明新疆煤田地质局 156 队 7#住宅楼是在 1998 年 11 月 25 日竣工并于 1998 年 12 月 1 日被认定合格的。证据 4 是《住宅构配件图集》住 83JT 复印件，其上有作废字样，经公证处公证复印件与《住宅构配件图集（节选本）》

原件相符，但没有载明该原件的出处。对上述专利权人提供的反证，合议组认为，证据1是专利权人在侵权诉讼过程对被上诉人提供的证据1.1的质证意见，证据3能够证明新疆煤田地质局156队7#住宅楼是在1998年11月25日竣工并于1998年12月1日被认定合格的，证据4公证书能证明附件2的真实性，无法证明附件2住83JT在本专利申请日前没有公开，综上，合议组认为专利权人提供的证据1~4均不能推翻附件2住83JT的真实性以及于本专利申请日前已经公开的事实。

3. 关于专利法第26条第3款

专利法第26条第3款规定：说明书应当对发明或者实用新型作出清楚、完整的说明，以所属技术领域的技术人员能够实现为准。由此可见，所属技术领域的技术人员依据说明书所公开的内容能否实现发明或者实用新型是本专利是否符合专利法第26条第3款的判定依据。

请求人认为本专利的权利要求5要求保护的技术方案在说明书没有具体公开，不符合专利法第26条第3款的规定，具体为：说明书中仅提及将排渣装置设计为能排积渣的阀门，如何连接，如何工作，其结构如何没有具体进行描述，因此，本领域技术人员无法实施。

合议组经合议后认为：权利要求5的技术方案相对于权利要求4是将排渣装置由法兰盘换为阀门，因此，两者的作用相同，均是将积渣容腔内的渣物随自身重力落出，同时，所述阀门是本领域的一种常用部件，其结构和连接方式均是公知的，对本领域技术人员来说，根据说明书的记载和所掌握的公知技术能实现本实用新型权利要求5要求保护的技术方案，因此，权利要求5符合专利法第26条第3款的规定。

4. 关于专利法第22条第2款、第3款

新颖性，是指在申请日以前没有同样的发明或者实用新型在国内外出版物上公开发表过、在国内公开使用过或者以其他方式为公众所知，也没有同样的发明或者实用新型由他人向国务院专利行政部门提出过申请并记载在申请日以后公布的专利申请文件中。

所谓同样的发明或者实用新型，是指技术领域、所要解决的技术问题和技术方案实质上相同，预期效果相同的发明或者实用新型。

创造性，是指同申请日以前已有的技术相比，该发明有突出的实质性特点和显著的进步，该实用新型具有实质性特点和进步。

在判断创造性时，如果一项发明权利要求保护的技术方案与现有技术相比是显而易见的，并且没有产生预料不到的技术效果，那么该权利要求技术方案与现有技术相比没有突出的实质性特点和显著的进步，从而不具备创造性。

本案中，请求人认为，附件2公开了权利要求1~4的全部技术特征，而专利权人认为附件2与本专利权利要求1的区别在于本专利的排渣器是一体的，权利要求1~4与附件2没有其他区别技术特征。对此，合议组认为，附件2住83JT第16页公开了一种雨水管，其公开了权利要求1~4的全部技术特征，专利权人认为的附件2与本专利权利要求1的区别在于本专利的排渣器是一体的技术特征在权利要求1中并未体现，因此，权利要求1~4相对于附件2不具备新颖性，不符合专利法第22条第2款的规定。

权利要求5与附件2的区别技术特征在于：附件2没有公开排渣装置为能排积渣的阀门。对于该区别技术特征，专利权人认为，阀门本身是常用的部件，但是用在排污水用的污水积渣排渣器可以使得操作更方便。对此，合议组认为，阀门本身是本领域常用的部件，其结构和作用也是本领域技术人员所熟知的，将阀门用在排污水用的污水积渣排渣器中的作用是将积渣容腔内的渣物随自身重力落出，其与法兰盘在附件2中所起的作用相同，对本领域技术人员来说，根据附件2和公知技术的教导将附件2中的法兰盘替换为阀门以得到权利要求5的技术方案是显而易见的，权利要求5相对于附件

2 和公知常识不具备创造性，不符合专利法第 22 条第 3 款的规定。

通过以上论述，本专利权利要求 1~4 相对于附件 2 不具备新颖性，权利要求 5 相对于附件 2 与公知常识的结合不具备创造性，因此，对请求人提出的其他无效理由和证据不再予以评述。

根据上述的事实和理由，本案合议组依法作出以下决定。

**三、决定**

宣告 97230797.4 号实用新型专利权全部无效。

当事人对本决定不服的，可以根据专利法第 46 条第 2 款的规定，自收到本决定之日起 3 个月内向北京市第一中级人民法院起诉。根据该款的规定，一方当事人起诉后，另一方当事人应当作为第三人参加诉讼。

111

# 电炉温度微机工业控制技术教学实验仪

## 无效宣告请求审查决定（第10001号）

**决　定　号**　第10001号
**决　定　日**　2007年6月19日
**发明创造名称**　电炉温度微机工业控制技术教学实验仪
**国 际 分 类 号**　G09B 25/00
**无效宣告请求人**　北京工业大学
**专 利 权 人**　徐　晶
**专　利　号**　200420004726.4
**申　请　日**　2004年2月26日
**授 权 公 告 日**　2005年2月23日
**合 议 组 组 长**　钱　芸
**主　审　员**　涂洪文
**参　审　员**　唐向阳

**法 律 依 据**　专利法第22条第3款
**决 定 要 点**
如果一项权利要求与最接近的现有技术相比其区别特征为本领域公知常识，则该项权利要求对本领域普通技术人员来说是显而易见的，因此其不具备创造性。

### 一、案由

本无效宣告请求案涉及国家知识产权局2005年2月23日授权公告、名称为“电炉温度微机工业控制技术教学实验仪”的第200420004726.4号实用新型专利（以下简称本专利），本专利的申请日为2004年2月26日，专利权人是徐晶。

本专利授权公告的权利要求书为：

“1. 一种电炉温度微机工业控制技术教学实验仪，其特征在于：它的电路包括：由单片机控制器组成的数字部分，由被控对象的电炉加热部件、热电偶传感器和放大器组成的模拟部分；所述两部分按热电偶传感器、电压放大器、模/数转换电路、单片机、光驱动电路、可控硅电路和电炉加热部件的连接顺序，通过其中的模/数转换和双向可控硅组合成一个数字、模拟闭环混合系统；所述电炉加热部件通过所述双向可控硅与交流电源连接，所述单片机的具有位控功能输出口连接并控制双向可控硅的触发端；所述单片机包括接LED显示器的温度数据输出端和一个键入设定值端。

2. 如权利要求1所述的电炉温度微机工业控制技术教学实验仪，其特征在于：其中双积分模/数转换器及放大器设置于仪器箱内，由单排插针引出连接信号，输入、输出信号由控制箱前面板上引出。

3. 如权利要求 1 所述的电炉温度微机工业控制技术教学实验仪，其特征在于：其中可控硅控制电路包括可控硅控制及交流电过零检测电路。

4. 如权利要求 1 所述的电炉温度微机工业控制技术教学实验仪，其特征在于：其中的单片机、LED 显示器和键入设定值键盘共同安装在一个综合实验板上。”

2006 年 4 月 6 日，北京工业大学（以下简称请求人）向专利复审委员会提出无效宣告请求，认为本专利权利要求 1~4 不符合专利法第 22 条第 2 款、第 3 款的规定，并且提交了如下作为证据的附件：

附件 1：《微机硬件系统<课程设计>实验指导书》的封面 1 页、目录 2 页、第 39~42 页及封底 1 页，复印件共 8 页，印刷时间为 2001 年 12 月；

附件 2：电炉温度控制实验仪的数码照片彩色复印件共 2 页；

附件 3：北京工业大学计算机学院和上海复旦大学科教仪器厂 2000 年 12 月签订的工矿产品购销合同复印件 1 页。

请求人指出：权利要求 1、3 相对于附件 1 不具备新颖性和创造性；权利要求 2、4 相对于附件 1 和附件 2 不具备新颖性和创造性；附件 2、3 表明该实用新型请求保护的产品在申请日之前已经公开使用过，因此不具备新颖性。

经形式审查合格后，2006 年 6 月 29 日，专利复审委员会受理了该无效宣告请求，并且将该无效宣告请求书及附件清单中所列附件的副本转送给专利权人。

2007 年 3 月 21 日，无效宣告请求人提交了补充意见陈述书及作为证据使用的如下附件：

附件 4：上海复旦天欣科教仪器有限公司的企业法人营业执照复印件 1 页；

附件 5：上海复旦天欣科教仪器有限公司对其开具的发票号为沪杨 00-0139052 的发票所对应仪器的技术说明复印件 1 页；

附件 6：上海复旦天欣科教仪器有限公司对出厂日期 2002 年 6 月 15 日的确认以及和口审中提供的辅证的发票名称不一致的说明复印件各 1 页；

附件 7：上海复旦天欣科教仪器有限公司对附件 2 的封装以及附件 2 拆分后的数码照片的封装复印件共 6 页；

附件 8：上海复旦天欣科教仪器有限公司封装的数码照片复印件共 15 页。

2007 年 3 月 26 日，本案合议组向双方当事人发出无效宣告请求口头审理通知书，定于 2007 年 5 月 24 日进行口头审理，并向专利权人转送了无效宣告请求人于 2007 年 3 月 21 日提交的意见陈述书及其附件的副本。

口头审理如期举行，双方当事人均参加了口头审理。在口头审理中，双方当事人对合议组成员没有回避请求，对对方出席人员的身份和资格没有异议。请求人当庭明确表示放弃使用附件 2（电炉温度控制实验仪数码照片），请求人没有提交附件 3（北京工业大学计算机学院和上海复旦大学科教仪器厂 2000 年 12 月签订的工矿产品购销合同）的原件。请求人当庭明确其无效宣告的理由及证据使用情况为：本专利权利要求 1~4 与附件 1 相比不具备专利法第 22 条第 2 款、第 3 款所规定的新颖性、创造性。请求人当庭提交附件 1“微机硬件系统《课程设计》实验指导书第二版（学生用书基础篇）”的原件，专利权人明确表示附件 1 的复印件与原件一致，对附件 1 的真实性没有异议。双方当事人当庭已经充分陈述各自意见。

基于上述工作，合议组认为本案事实已经清楚，依法作出本决定。

## 二、决定的理由

1. 关于证据

由于无效宣告请求人提出的附件 1 为国内公开出版物，并且专利权人对附件 1 的真实性没有异议，其复印件与原件也完全一致，因此合议组对附件 1 的真实性及有效性予以确认；请求人明确放弃使用附件 2；附件 3 没有原件，无法核实其真实性，因此，该证据不能被采信；2007 年 3 月 21 日无效宣告请求人补充的证据由于超出举证期限全部不予采用。

2. 关于不符合专利法第 22 条第 3 款

专利法第 22 条第 3 款规定：创造性，是指同申请日以前已有的技术相比，该发明有突出的实质性特点和显著的进步，该实用新型有实质性特点和进步。

如果一项权利要求与最接近的现有技术相比其区别特征为本领域公知常识，则该项权利要求对本领域普通技术人员来说是显而易见的，因此其不具备创造性。

附件 1 中公开了一种电炉温度微机工业控制技术教学实验仪（参见附件 1 第 39～42 页及附图），与本专利属于相同技术领域，其中已经公开了该实验仪由模块 1、模块 2 和模块 3 组成，模块 1 中包括电压放大器和模/数转换器，热电偶与电炉相连，模块 2 包括可控硅控制电路和交流电过零检测电路、光隔驱动，模块 3 包括单片机实验综合板和 LED 显示器以及设定值键入部分；由附件 1 中的附图能够明确推导得知模/数转换和双向可控硅组合成一个数字、模拟闭环混合系统。

将本专利权利要求 1 与附件 1 中揭示的教学实验仪相比，两者的区别在于：前者所述的单片机具有位控功能输出口。虽然附件 1 中没有具体公开该内容，但是单片机必定具有位控功能输出口，该区别属于本领域普通技术人员熟知的公知常识，由此可见，本领域普通技术人员在附件 1 的基础上不需要付出创造性劳动即可实现本专利权利要求 1 所请求保护的技术方案，因此，权利要求 1 相对于附件 1 不具备创造性。

权利要求 2 在权利要求 1 的基础上进一步限定了“其中双积分模/数转换器及放大器设置于仪器箱内，由单排插针引出连接信号，输入、输出信号由控制箱前面板上引出”。附件 1 中的第 39 页已经指出了模块 1（包括放大器及 A/D 转换器）被装入机箱内，由单排插针引出连接信号，第 40 页又提及了其中的输入、输出信号从温控箱的前面板上引出，由此可见，权利要求 2 的附加技术特征都已经被附件 1 所公开，因此在其引用的权利要求 1 不具备创造性的前提下，权利要求 2 也不具备创造性。

权利要求 3 在权利要求 1 的基础上进一步限定了“其中可控硅控制电路包括可控硅控制及交流电过零检测电路”。附件 1 中已经公开了其中包括可控硅控制和交流电过零检测电路，仅仅没提及可控硅控制电路，而可控硅控制电路是对可控硅控制和交流电过零检测电路的统称，因此权利要求 3 的附加技术特征实质上已经被附件 1 所公开，在其引用的权利要求 1 不具备创造性的前提下，权利要求 3 也不具备创造性。

权利要求 4 在权利要求 1 的基础上进一步限定了“其中的单片机、LED 显示器和键入设定值键盘共同安装在一个综合实验板上”。附件 1 中的模块 3 为一实验板，上面附有 LED 显示器及设定值键入部分，由此可见，权利要求 4 的附加技术特征也已经被附件 1 所公开，因此在其引用的权利要求 1 不具备创造性的前提下，权利要求 4 也不具备创造性。

## 三、决定

宣告第 200420004726.4 号实用新型专利权全部无效。

当事人对本决定不服的，可以根据专利法第 46 条第 2 款的规定，自收到本决定之日起三个月内向北京市第一中级人民法院起诉。根据该条款的规定，一方当事人起诉后，另一方当事人应当作为第三人参加诉讼。

# 北京市第一中级人民法院
# 行政判决书

（2008）一中行初字第 48 号

原告徐晶，女，1955 年 9 月 26 日出生，汉族，原北京工业大学教师，住北京市海淀区新街口外大街 19 号励耘 2 楼 3 门 102 号，现在北京市女子监狱服刑。

委托代理人徐高，男，1954 年 1 月 11 日出生，汉族，中国行为法学会房地产委员会副秘书长，住址同上。

被告国家知识产权局专利复审委员会，住所地北京市海淀区北四环西路 9 号银谷大厦 10~12 层。

法定代表人廖涛，副主任。

委托代理人涂洪文，男，国家知识产权局专利复审委员会审查员。

委托代理人杨存吉，男，国家知识产权局专利复审委员会审查员。

第三人北京工业大学，住所地北京市朝阳区平乐园 100 号。

法定代表人范伯元，校长。

委托代理人楼艮基，北京思海天达知识产权代理有限公司专利代理人。

原告徐晶不服被告国家知识产权局专利复审委员会专利无效宣告请求审查决定，于 2007 年 12 月 14 日向本院提起行政诉讼。本院受理后，依法组成合议庭并通知被诉具体行政行为的利害关系人北京工业大学作为第三人参加诉讼。本院于 2008 年 3 月 7 日公开开庭审理了本案。原告的委托代理人徐高，被告的委托代理人涂洪文、杨存吉，第三人的委托代理人楼艮基到庭参加了诉讼。本案现已审理终结。

2007 年 6 月 19 日，被告作出第 10001 号无效宣告请求审查决定（以下简称第 10001 号决定），宣告第 200420004726.4 号实用新型专利权（以下简称本专利）全部无效。决定认为：

（1）关于证据。

由于北京工业大学提出的附件 1 为国内公开出版物，并且徐晶对附件 1 的真实性没有异议，其复印件与原件也完全一致，因此被告对附件 1 的真实性及有效性予以确认；北京工业大学明确放弃使用附件 2；附件 3 没有原件，无法核实其真实性，因此，该证据不能被采信；2007 年 3 月 21 日北京工业大学补充的证据由于超出举证期限全部不予采用。

（2）关于不符合《中华人民共和国专利法》（以下简称《专利法》）第二十二条第三款。

附件 1 中公开了一种电炉温度微机工业控制技术教学实验仪，与本专利属于相同技术领域，其中已经公开了该实验仪由模块 1、模块 2 和模块 3 组成，模块 1 中包括电压放大器和模/数转换器，热电偶与电炉相连，模块 2 包括可控硅控制电路和交流电过零检测电路、光隔驱动，模块 3 包括单片机实验综合板和 LED 显示器以及设定值键入部分；由附件 1 中的附图能够明确推导得知模/数转换和双向可控硅组合成一个数字、模拟闭环混合系统。

将本专利权利要求 1 与附件 1 中揭示的教学实验仪相比，两者的区别在于：前者所述的单片机具有位控功能输出口。虽然附件 1 中没有具体公开该内容，但是单片机必定具有位控功能输出口，该区别属于本领域普通技术人员熟知的公知常识，由此可见，本领域普通技术人员在附件 1 的基础上不需要付出创造性劳动即可实现本专利权利要求 1 所请求保护的技术方案，因此，权利要求 1 相对于附件 1 不具备创造性。

权利要求 2 在权利要求 1 的基础上进一步限定了“其中双积分模/数转换器及放大器设置于仪器箱内，由单排插针引出连接信号，输入、输出信号由控制箱前面板上引出”。附件 1 中的第 39 页已经指出了模块 1（包括放大器及 A/D 转换器）被装入机箱内，由单排插针引出连接信号，第 40 页又提及了其中的输入、输出信号从温控箱的前面板上引出，由此可见，权利要求 2 的附加技术特征都已经被附件 1 所公开，因此在其引用的权利要求 1 不具备创造性的前提下，权利要求 2 也不具备创造性。

权利要求 3 在权利要求 1 的基础上进一步限定了“其中可控硅控制电路包括可控硅控制及交流电过零检测电路”。附件 1 中已经公开了其中包括可控硅控制和交流电过零检测电路，仅仅没提及可控硅控制电路，而可控硅控制电路是对可控硅控制和交流电过零检测电路的统称，因此权利要求 3 的附加技术特征实质上已经被附件 1 所公开，在其引用的权利要求 1 不具备创造性的前提下，权利要求 3 也不具备创造性。

权利要求 4 在权利要求 1 的基础上进一步限定了“其中的单片机、LED 显示器和键入设定值键盘共同安装在一个综合实验板上”。附件 1 中的模块 3 为一实验板，上面附有 LED 显示器及设定值键入部分，由此可见，权利要求 4 的附加技术特征也已经被附件 1 所公开，因此在其引用的权利要求 1 不具备创造性的前提下，权利要求 4 也不具备创造性。

被告在法定的举证期限内向本院提交了如下证据：（1）原告的代理人参加第 200420004726.4 号无效宣告案口头审理的授权委托书复印件，共 1 页；（2）原告 2006 年 7 月 31 日提交至被告的意见陈述及其附件（北京市人民检察院第二分院拘留通知书）复印件，共 2 页；（3）被告发给原告的口头审理通知书复印件，共 1 页；（4）口头审理记录表共 1 页；（5）本专利公告文本；（6）《微机硬件系统<课程设计>实验指导书》的封面 1 页、目录 2 页、第 39~42 页及封底 1 页（即附件 1）。上述证据用于证明第 10001 号决定认定事实清楚、适用法律法规正确、审理程序合法。被告当庭补充提交了证据 7，即代理人为北京万科园知识产权代理有限责任公司（以下简称万科园公司）的专利代理委托书，用于证明被告将第 10001 号决定送达万科园公司符合相关规定，原告的起诉超过了起诉期限。

原告诉称，附件 1 为内部印刷品，没有合法的出版单位及印刷单位，没有国家统一的书刊号，没有内部资料性出版物准印证，不符合公开出版物的相关规定，本专利具有新颖性，原告请求法院撤销第 10001 号决定。

原告未向法院提交证据。

被告辩称，原告主张的本专利具有新颖性的诉讼主张与被诉决定涉及的创造性的认定无关，被告坚持被诉决定中的认定理由，认为第 10001 号决定认定事实清楚、适用法律正确、审理程序合法，原告的诉讼理由不成立，请求法院依法驳回原告的诉讼请求，维持第 10001 号决定。

第三人同意被告的答辩意见，请求法院维持第 10001 号决定。

第三人未向法院提交证据。

经庭审质证，原告对被告提交的证据 1~5 的关联性、合法性、真实性均无异议，但不同意被告主张的证明作用，认为被告提交的证据 6 不能证明其为合法的公开出版物。原告认为被告当庭提交的证据 7 超出了法定的举证期限，且与本案无关联性。第三人对被告提交的证据没有异议。本院认为，被告提交的证据 1~6 与被诉第 10001 号决定具有关联性，且合法、真实，能够证明本案的事实，本院予以采纳。被告提交的证据 7 能够证明被告向万科园公司送达被诉决定符合相关规定，本院予以采纳。

根据上述有效证据及各方当事人在庭审中无争议的陈述，本院确认如下事实：

本案涉及申请日为 2004 年 2 月 26 日，授权公告日为 2005 年 2 月 23 日，专利号为

200420004726.4，名称为“电炉温度微机工业控制技术教学实验仪”的实用新型专利权（即本专利）。专利权人是徐晶（即本案原告）。

本专利授权公告的权利要求书为：

“1. 一种电炉温度微机工业控制技术教学实验仪，其特征在于：它的电路包括：由单片机控制器组成的数字部分，由被控对象的电炉加热部件、热电偶传感器和放大器组成的模拟部分；所述两部分按热电偶传感器、电压放大器、模/数转换电路、单片机、光驱动电路、可控硅电路和电炉加热部件的连接顺序，通过其中的模/数转换和双向可控硅组合成一个数字、模拟闭环混合系统；所述电炉加热部件通过所述双向可控硅与交流电源连接，所述单片机的具有位控功能输出口连接并控制双向可控硅的触发端；所述单片机包括接LED显示器的温度数据输出端和一个键入设定值端。

2. 如权利要求1所述的电炉温度微机工业控制技术教学实验仪，其特征在于：其中双积分模/数转换器及放大器设置于仪器箱内，由单排插针引出连接信号，输入、输出信号由控制箱前面板上引出。

3. 如权利要求1所述的电炉温度微机工业控制技术教学实验仪，其特征在于：其中可控硅控制电路包括可控硅控制及交流电过零检测电路。

4. 如权利要求1所述的电炉温度微机工业控制技术教学实验仪，其特征在于：其中的单片机、LED显示器和键入设定值键盘共同安装在一个综合实验板上。”

2006年4月6日，北京工业大学向被告提出无效宣告请求，认为本专利权利要求1~4不符合《专利法》第二十二条第二款、第三款的规定，并且提交了如下作为证据的附件：

附件1：《微机硬件系统<课程设计>实验指导书》的封面1页、目录2页、第39~42页及封底1页，复印件共8页，印刷时间为2001年12月；

附件2：电炉温度控制实验仪的数码照片彩色复印件共2页；

附件3：北京工业大学计算机学院和上海复旦大学科教仪器厂2000年12月签订的工矿产品购销合同复印件1页。

北京工业大学指出：权利要求1、3相对于附件1不具备新颖性和创造性；权利要求2、4相对于附件1和附件2不具备新颖性和创造性；附件2、3表明该实用新型请求保护的产品在申请日之前已经公开使用过，因此不具备新颖性。

2006年6月29日，被告受理了该无效宣告请求，并且将该无效宣告请求书及附件清单中所列附件的副本转送给徐晶。

2007年3月21日，北京工业大学提交了补充意见陈述书及作为证据使用附件4~8。

2007年3月26日，被告向双方当事人发出无效宣告请求口头审理通知书，定于2007年5月24日进行口头审理，并向徐晶转送了北京工业大学于2007年3月21日提交的意见陈述书及其附件的副本。

口头审理如期举行，双方当事人均参加了口头审理。在口头审理中，双方当事人对合议组成员没有回避请求，对对方出席人员的身份和资格没有异议。北京工业大学当庭明确表示放弃使用附件2，北京工业大学没有提交附件3的原件。北京工业大学当庭明确其无效宣告理由及证据使用情况为：本专利权利要求1~4与附件1相比不具备《专利法》第二十二条第二、三款所规定的新颖性、创造性。北京工业大学当庭提交附件1的原件，徐晶明确表示附件1的复印件与原件一致，对附件1的真实性没有异议。双方当事人当庭已经充分陈述各自意见。

基于上述工作，被告认为本案事实已经清楚，依法作出第10001号决定，宣告本专利全部无效。原告徐晶不服该决定诉至我院。

另查明，北京市女子监狱狱政管理科出具情况说明，证明原告本人系于2007年9月25日收到被诉决定。

本院认为，鉴于原告及第三人对被诉决定的作出程序、案由部分的记载均无异议，本院经审查予以确认。

参照《审查指南》第二部分第三章第2.1.3.1节的规定，专利法意义上的出版物是指记载有技术或设计内容的独立存在的传播媒体，并且应当表明或者有其他证据证明其公开发表或出版的时间。出版物的印刷日视为公开日，有其他证据证明其公开日的除外。本案中，附件1为《微机硬件系统〈课程设计〉实验指导书》相关页面复印件，其中公开了一种电炉温度微机工业控制技术教学实验仪，该书系由北京工业大学印刷服务中心印刷，印刷时间为2001年12月。原告在口头审理中对附件1的真实性没有异议，据此被告对附件1的真实性及有效性予以确认符合相关规定。附件1能够作为本专利申请日以前已有的技术用于评价本专利的创造性。

根据《专利法》第二十二条第三款的规定，创造性是指同申请日以前已有的技术相比，该发明有突出的实质性特点和显著的进步，该实用新型有实质性特点和进步。

本专利权利要求1与附件1中公开的教学实验仪相比，区别在于：前者所述的单片机具有位控功能输出口。虽然附件1中没有具体公开该内容，但是单片机必定具有位控功能输出口，该区别属于本领域的公知常识，本领域普通技术人员在附件1的基础上不需要付出创造性劳动即可实现本专利权利要求1所请求保护的技术方案，因此，权利要求1相对于附件1不具备创造性。

权利要求2在权利要求1的基础上进一步限定了“其中双积分模/数转换器及放大器设置于仪器箱内，由单排插针引出连接信号，输入、输出信号由控制箱前面板上引出”。附件1已经指出了模块1（包括放大器及A/D转换器）被装入机箱内，由单排插针引出连接信号，其中的输入、输出信号从温控箱的前面板上引出。由此可见，权利要求2的附加技术特征均已被附件1所公开，因此在其引用的权利要求1不具备创造性的前提下，权利要求2也不具备创造性。

权利要求3在权利要求1的基础上进一步限定了“其中可控硅控制电路包括可控硅控制及交流电过零检测电路”。附件1公开了其中包括可控硅控制和交流电过零检测电路，只是没有提及可控硅控制电路，而可控硅控制电路是对可控硅控制和交流电过零检测电路的统称，因此权利要求3的附加技术特征实质上已经被附件1所公开，在其引用的权利要求1不具备创造性的前提下，权利要求3也不具备创造性。

权利要求4在权利要求1的基础上进一步限定了“其中的单片机、LED显示器和键入设定值键盘共同安装在一个综合实验板上”。附件1中的模块3为一实验板，上面附有LED显示器及设定值键入部分。权利要求4的附加技术特征已经被附件1所公开，因此在其引用的权利要求1不具备创造性的前提下，权利要求4也不具备创造性。

综上，被告认定本专利权利要求1~4不具备创造性，宣告本专利全部无效，认定事实清楚、适用法律正确、审查程序合法，本院应予支持。原告的诉讼理由缺乏事实及法律依据，其诉讼请求本院不予支持。由于原告系在监狱服刑的犯人，其人身自由受到限制，自其收到被诉决定之日起没有超过三个月的起诉期限，故被告关于原告起诉超过起诉期限的诉讼主张本院不予支持。据此，依照《中华人民共和国行政诉讼法》第五十四条第（一）项之规定，判决如下：

维持被告国家知识产权局专利复审委员会于二○○七年六月十九日作出的第10001号无效宣告请求审查决定。

案件受理费100元，由原告徐晶负担（已交纳）。

如不服本判决，可在判决书送达之日起15日内，向本院递交上诉状，并按对方当事人的人数提出副本，预交上诉案件受理费100元，上诉于北京市高级人民法院。

审 判 长 齐 莹
代理审判员 乔 军
人民陪审员 欧万雄
二○○八年一月三日
书 记 员 李轶萌

# 北京市高级人民法院
# 行政判决书

（2009）高行终字第296号

上诉人（一审原告）徐晶，女，1955年9月26日出生，汉族，原北京工业大学教师，住北京市海淀区新街口外大街19号励耘2号楼3门，现在北京市女子监狱服刑。

委托代理人周恩泽，男，1974年7月11日出生，汉族，北京庆赐经济咨询公司职员，住北京市海淀区中关村820楼102号。

被上诉人（一审被告）国家知识产权局专利复审委员会，住所地北京市海淀区北四环西路9号银谷大厦10~12层。

法定代表人廖涛，副主任。

委托代理人涂洪文，男，国家知识产权局专利复审委员会审查员。

委托代理人杨存吉，男，国家知识产权局专利复审委员会审查员。

被上诉人（一审第三人）北京工业大学，住所地北京市朝阳区平乐园100号。

法定代表人范伯元，校长。

委托代理人楼艮基，北京思海天达知识产权代理有限公司专利代理人。

委托代理人杨东升，男，北京工业大学科技处工作人员。

上诉人徐晶因专利无效宣告请求审查决定一案，不服北京市第一中级人民法院（2008）一中行初字第48号行政判决，向本院提起上诉。本院受理后依法组成合议庭，对本案进行了公开审理。上诉人徐晶的委托代理人周恩泽，被上诉人国家知识产权局专利复审委员会（以下简称复审委）的委托代理人涂洪文、杨存吉，被上诉人北京工业大学（以下简称北工大）的委托代理人楼艮基、杨东升到庭参加了诉讼。本案现已审理终结。

2007年6月19日，复审委作出第10001号无效宣告请求审查决定（以下简称第10001号决定），宣告第200420004726.4号实用新型专利权（以下简称本专利）全部无效。徐晶不服该决定，于2007年12月14日向北京市第一中级人民法院（以下简称一审法院）提起行政诉讼。

一审法院经审理认为，复审委认定本专利权利要求1~4不具备创造性的事实清楚、适用法律正确、审查程序合法，应予支持。徐晶的诉讼理由缺乏事实及法律依据。据此，依照《中华人民共和国行政诉讼法》第五十四条第（一）项之规定，判决维持了第10001号决定。

徐晶不服一审判决，提起上诉。徐晶认为，复审委在一审期间提交的《微机硬件系统〈课程设计〉实验指导书》无出版单位、印刷单位、国际统一书号和出版年份，不属于公开出版物，著作权人写作年份也不是2001年，该书不是“公开出版物”，故该证据不具有合法性，不能作为专利无效宣告决定的依据和本案一审定案的证据。一审法院改变了复审委确认的“公开出版物”为“印刷品”，引用了复审委没有提交的《审查指南》作为依据，属于审理程序违法。综上，请求二审法院判决撤销一审判决和第 10001 号决定。

复审委答辩坚持该委在第 10001 号决定中关于本专利不具有创造性的审查意见。同时提出，在口审中徐晶明确表示对《微机硬件系统<课程设计>实验指导书》的复印件与原件一致，对其真实性没有异议。该证据封面印有“北京工业大学计算机学院实验中心微机接口实验室 2001 年 12 月”的字样，该字样结合封底的印刷时间“2001 年 12 月”即可印证其出版时间、著作权人的写作时间/完成时间，印刷单位为北京工业大学印刷服务中心。虽然该书没有国际统一书号和出版年份，但是该书有定价，而且徐晶认可了该书的真实性，对其记载内容的真实性也未提出异议；由于该书的使用者对该书也并不负有保密义务，则普通公众“想得知该书的内容即可得知”的状态是成立的，因此，该书记载的内容是可以作为本案定案的依据的。

综上，复审委认为第 10001 号决定和一审判决事实清楚，适用法律正确，程序合法，请求予以维持。

北工大未提交书面答辩意见。

一审法院审理期间，复审委在法定期限内提交了：（1）徐晶的代理人参加第 200420004726.4 号无效宣告案口头审理的授权委托书复印件；（2）徐晶 2006 年 7 月 31 日提交至复审委的意见陈述及其附件（北京市人民检察院第二分院拘留通知书）复印件；（3）复审委给徐晶送达的口头审理通知书复印件；（4）口头审理记录表；（5）本专利公告文本；（6）《微机硬件系统<课程设计>实验指导书》封面，目录、第 39~42 页及封底（以下简称附件 1）。

复审委当庭补充提交了证据 7，即北京万科园知识产权代理有限责任公司（以下简称万科园公司）作为徐晶的专利代理人的委托书，用于证明复审委将第 10001 号决定送达万科园公司符合相关规定，徐晶的起诉超过了起诉期限。

徐晶提交了北京市女子监狱关于徐晶实际收到第 10001 号决定时间的情况说明，用于证明徐晶于 2007 年 9 月 25 日收到第 10001 号决定。

北工大未提交证据。

上述证据已随案移送本院。经审查，复审委提交的证据 1~6 来源合法，内容真实，记载了本案争议的相关内容，能够作为确认本专利是否有效的事实依据，复审委对上述证据予以采纳客观、公正，本院予以确认。因第 10001 号决定作出时，徐晶处于被限制人身自由的状态，故徐晶收到第 10001 号决定的时间应以其本人实际收到的时间为准。徐晶提交的北京市女子监狱的“情况说明”来源合法，内容真实，能够证明徐晶实际收到第 10001 号决定的时间，故该“情况说明”应予采纳，并应作为确认徐晶提起本诉是否超过法定期限的证据使用；据此，复审委提交的证明该委向徐晶的委托代理人送达第 10001 号决定的时间的证据 7，不能作为证明徐晶提起本诉超过法定期限的证据使用。

经审理查明，本专利为徐晶于 2004 年 2 月 26 日提出申请，2005 年 2 月 23 日被公告授权的“电炉温度微机工业控制技术教学实验仪”的实用新型专利权，专利号为 200420004726.4。

本专利授权公告的权利要求书为：

“1. 一种电炉温度微机工业控制技术教学实验仪，其特征在于：它的电路包括由单片机控制器组成的数字部分，由被控对象的电炉加热部件、热电偶传感器和放大器组成的模拟部分；所述两部分按热电偶传感器、电压放大器、模/数转换电路、单片机、光驱动电路，可控硅电路和电炉加热部件的连接顺序，通过其中的模/数转换和双向可控硅组合成一个数字、模拟闭环混合系统；所述电炉加热部件通过所述双向可控硅与交流电源连接，所述单片机的具有位控功能输出口连接并控制双向可控硅的触发端；所述单片机包括接 LED 显示器的温度数据输出端和一个键入设定值端。

2. 如权利要求 1 所述的电炉温度微机工业控制技术教学实验仪，其特征在于：其中双积分模/数转换器及放大器设置于仪器箱内，由单排插针引出连接信号，输入、输出信号由控制箱前面板上引出。

3. 如权利要求 1 所述的电炉温度微机工业控制技术教学实验仪，其特征在于：其中可控硅控制电路包括可控硅控制及交流电过零检测电路。

4. 如权利要求 1 所述的电炉温度微机工业控制技术教学实验仪，其特征在于：其中的单片机、LED 显示器和键入设定值键盘共同安装在一个综合实验板上。”

2006 年 4 月 6 日，北工大以本专利权利要求 1~4 不符合《中华人民共和国专利法》（以下简称《专利法》）第二十二条第二款、第三款的规定为由，向复审委提出宣告本专利无效的请求，同时提交了：附件 1、《微机硬件系统<课程设计>实验指导书》的封面 1 页、目录 2 页，第 39~42 页及封底 1 页，复印件共 8 页，印刷时间为 2001 年 12 月；附件 2、电炉温度控制实验仪的数码照片彩色复印件；附件 3、北工大计算机学院和上海复旦大学科教仪器厂 2000 年 12 月签订的工矿产品购销合同复印件。

北工大提出，本专利权利要求 1、3 相对于附件 1 不具备新颖性和创造性；权利要求 2、4 相对于附件 1 和附件 2 不具备新颖性和创造性；附件 2、3 表明本专利请求保护的产品在申请日之前已经公开使用过，因此本专利不具有新颖性。

复审委受理该无效宣告请求后，将该无效宣告请求书及附件清单中所列附件的副本转送给徐晶。

2007 年 3 月 21 日，北工大提交了补充意见陈述书及作为证据使用的附件 4~8。

2007 年 5 月 24 日，复审委对本案进行口头审理，并当庭向徐晶转送了北工大于 2007 年 3 月 21 日提交的意见陈述书及其附件的副本。双方当事人对合议组成员及对对方出席人员的身份和资格均未提出异议。北工大当庭提交了附件 1 的原件，表示放弃使用附件 2；明确其无效宣告的理由及证据使用情况为，本专利权利要求 1~4 与附件 1 相比不具备《专利法》第二十二条第二款、第三款所规定的新颖性、创造性。徐晶认可附件 1 的复印件与原件一致，对其真实性没有异议。

复审委经审查认为，北工大提出的附件 1 为国内公开出版物，并且徐晶对附件 1 的真实性没有异议，其复印件与原件也完全一致，因此复审委对附件 1 的真实性及有效性予以确认；北工大明确放弃使用附件 2；其提交的附件 3 因没有原件，无法核实其真实性，因此，该证据不能被采信；北工大于 2007 年 3 月 21 日补充提交的证据由于超出举证期限而不予采用。

该委认为，附件 1 公开了一种电炉温度微机工业控制技术教学实验仪，与本专利属于相同技术领域，其中已经公开了该实验仪由模块 1、模块 2 和模块 3 组成，模块 1 中包括电压放大器和模/数转换器，热电偶与电炉相连，模块 2 包括可控硅控制电路和交流电过零检测电路、光隔驱动，模块 3 包括单片机实验综合板和 LED 显示器以及设定值键入部分；由附件 1 中的附图能够明确推导得知模/数转换和双向可控硅组合成一个数字、模拟闭环混合系统。

将本专利权利要求 1 与附件 1 中揭示的教学实验仪相比，两者的区别在于：前者所述的单片机具有位控功能输出口。虽然附件 1 中没有具体公开该内容，但是单片机必定具有位控功能输出口，该区别属于本领域普通技术人员熟知的公知常识，由此可见，本领域普通技术人员在附件 1 的基础上不需要付出创造性劳动即可实现本专利权利要求 1 所请求保护的技术方案，因此，权利要求 1 相对于附件 1 不具备创造性。

权利要求 2 在权利要求 1 的基础上进一步限定了“其中双积分模/数转换器及放大器设置于仪器箱内，由单排插针引出连接信号，输入、输出信号由控制箱前面板上引出”。附件 1 中的第 39 页已经指出了模块 1（包括放大器及 A/D 转换器）被装入机箱内，由单排插针引出连接信号，第 40 页又提及了其中的输入、输出信号从温控箱的前面板上引出，由此可见，权利要求 2 的附加技术特征都已经被附件 1 所公开，因此在其引用的权利要求 1 不具备创造性的前提下，权利要求 2 也不具备创造性。

权利要求 3 在权利要求 1 的基础上进一步限定了“其中可控硅控制电路包括可控硅控制及交流电过零检测电路”。附件 1 中已经公开了其中包括可控硅控制和交流电过零检测电路，仅仅没提及可控硅控制电路，而可控硅控制电路是对可控硅控制和交流电过零检测电路的统称，因此权利要求 3 的附加技术特征实质上已经被附件 1 所公开，在其引用的权利要求 1 不具备创造性的前提下，权利要求 3 也不具备创造性。

权利要求 4 在权利要求 1 的基础上进一步限定了“其中的单片机、LED 显示器和键入设定值键盘共同安装在一个综合实验板上”。附件 1 中的模块 3 为一实验板，上面附有 LED 显示器及设定值键入部分，由此可见，权利要求 4 的附加技术特征也已经被附件 1 所公开，因此在其引用的权利要求 1 不具备创造性的前提下，权利要求 4 也不具备创造性。

综上，复审委作出了第 10001 号决定。

本院在审理期间对徐晶进行了询问，徐晶对《微机硬件系统<课程设计>实验指导书》一书封底记载的印刷时间、该书为其所在班级专业指导用书的事实予以认可；确认本专利与该书相比较，仅软件部分有所改进，但称该软件部分设计的炉温的升温、恒温以及降温完整的工业温度控制具有创新的效果；对复审委关于附件 1 所公开的本专利权利要求 1 的技术特征及二者区别的确认未提出异议。

本院认为，关于第 10001 号决定作出的程序、适用法律，附件 1 与本专利权利要求 1 技术特征的比较及对权利要求 2、3、4 创造性的确认，经审查，本院对一审法院就该部分事实的审查结论予以认可。

关于附件 1，鉴于徐晶本人对附件 1 封底记载的“2001 年 12 月”的印刷时间已经予以认可，且认可该附件为教学辅助教材，使用者并未被要求承担保密义务，故该附件应当视为在 2001 年 12 月已经公开。在此基础上，复审委关于附件 1 公开时间的确认本院不持异议。

关于本专利与附件 1 相比较在软件设计上有所提高的问题。由于本专利权利要求中对涉及软件的技术特征没有记载，故徐晶所称的软件部分不属于本专利权利要求 1 保护的范围。故徐晶关于因软件部分的改进使得本专利具有创造性的主张不具有事实基础。

综上，第 10001 号决定认定事实清楚，适用法律正确，程序合法，一审法院判决维持符合《中华人民共和国行政诉讼法》第五十四条第（一）项的规定；徐晶的上诉主张不能成立，本院不予支持。据此，依据《中华人民共和国行政诉讼法》第六十一条第（一）项的规定，判决如下：

驳回上诉，维持一审判决。

二审案件受理费人民币 100 元，由上诉人徐晶负担（已交纳）。

本判决为终审判决。

审 判 长 郭 宜<br>
审 判 员 张学磊<br>
代理审判员 朱海宏<br>
二〇〇九年六月一日<br>
书 记 员 程钰玮

112

# 可自己发电的臭氧水生成器

## 无效宣告请求审查决定（第10012号）

**决　定　号** 第10012号
**决　定　日** 2007年6月20日
**发明创造名称** 可自己发电的臭氧水生成器
**国 际 分 类 号** C02F 1/78，C01B 13/11
**无效宣告请求人** 广州兴杭塑胶制品有限公司
**专 利 权 人** 张丁文
**专　利　号** 200420012385.5
**申　请　日** 2004年8月24日
**授权公告日** 2005年10月12日
**合议组组长** 赵　明
**主　审　员** 王　琳
**参　审　员** 崔　震

**法 律 依 据** 专利法第22条第2款、第3款
**决 定 要 点**

未履行相关手续进行公证、认证，且真实性无法确认的域外证据不能用来评价专利申请的新颖性和创造性。

### 一、案由

本无效宣告请求涉及中华人民共和国国家知识产权局于2005年10月12日授权公告的、名称为“可自己发电的臭氧水生成器”的实用新型专利权（以下简称本专利），其专利号是200420012385.5，申请日是2004年8月24日，专利权人是张丁文。本专利授权公告时的权利要求书如下：

“1. 一种可自己发电的臭氧水生成器，其设有一气水混合部，该气水混合部一端设有一供安装于水龙头的安装部，另端则设有一出水口，该气水混合部中设有一混合搅拌器，该气水混合部的侧边设有一通管，该通管一端连接于臭氧产生器上，另端则连接于气水混合部上，臭氧产生器制造的臭氧经由通管输入气水混合部中，其特征在于：气水混合部设有一旁通水道，该旁通水道中设有一涡轮装置，涡轮装置的旁侧设有发电机，涡轮装置驱动发电机的电枢而发电，该发电机的电力输出线连接于臭氧产生器。

2. 根据权利要求1所述一种可自己发电的臭氧水生成器，其特征在于：所述的气水混合部的安装部上具有一水龙头固定管套及一水龙头套环，气水混合部藉由该水龙头固定管套、水龙头套环安装

于水龙头上，气水混合部的出水口上设有一出水口固定环。

3. 根据权利要求2所述的一种可自己发电的臭氧水生成器，其特征在于：所述的气水混合部与出水口固定环之间设有一垫圈，出水口固定环与出水口之间设有一橡皮垫圈。

4. 根据权利要求1所述的一种可自己发电的臭氧水生成器，其特征在于：所述的气水混合部旁设有一外筒，该气水混合部上并设有一分流开关。"

针对本专利权，广州兴杭塑胶制品有限公司（以下简称请求人）于2006年8月15日向专利复审委员会提出无效宣告请求，认为本专利不符合专利法第22条第2款、第3款的规定，请求人同时提交了如下附件：

附件1：包括附件1-1和附件1-2，其中，

附件1-1：公开日为2005年6月30日、公开号为JP2005169297A的日本公开特许公报，共4页；

附件1-2：附件1-1的中文译文，共5页；

附件2：包括附件2-1、2-2、2-3和2-4，其中，

附件2-1：産業報道出版社于2004年6月5日出版的《L月刊Pガス》第6期的封面页复印件；

附件2-2：産業報道出版社于2004年6月5日出版的《L月刊Pガス》第6期的第9页复印件；

附件2-3：産業報道出版社于2004年6月5日出版的《L月刊Pガス》第6期的封底页复印件；

附件2-4：附件2-2的中文译文，共2页；

附件3：包括附件3-1和附件3-2，其中，

附件3-1：産業報道出版社于2004年6月5日出版的《L月刊Pガス》第6期的内页广告页复印件，共1页；

附件3-2：附件3-1的中文译文，共1页。

请求人认为：本专利的权利要求1~4的技术方案被附件1、2和3分别公开了，因此不具备专利法第22条第2款、第3款规定的新颖性和创造性。

经形式审查合格，专利复审委员会依法受理了上述无效宣告请求，并于2006年12月29日向请求人和专利权人发出无效宣告请求受理通知书，同时将专利权无效宣告请求书及其附件清单中所列附件的副本转送给专利权人，并要求专利权人在指定的期限内陈述意见。

针对专利复审委员会发出的上述无效宣告请求受理通知书，专利权人于2007年1月31日提交了意见陈述书。专利权人认为：附件1~3属于域外证据，而请求人未对此提交公证、认证文件，因此对附件1~3的真实性和合法性有异议。对于本专利的新颖性和创造性，请求人认为附件1的公开日为2005年6月30日，晚于本专利的申请日2004年8月24日，因此不能用于评价本专利的新颖性和创造性。附件2和3中不包含完整的技术方案，也没有揭露本专利的技术特征，没有任何技术手段，本领域技术人员阅读后不能获知任何技术信息，无法与本专利进行比较，因此本专利具备新颖性和创造性。

专利复审委员会依法成立合议组。

本案合议组于2007年3月7日向双方发出无效宣告请求口头审理通知书，定于2007年5月17日在专利复审委员会举行口头审理。随同口头审理通知书，将专利权人于2007年1月31日提交的意见陈述书副本转送给了请求人。

口头审理如期举行，双方当事人均委托代理人参加了口头审理。在口头审理中，请求人针对专利权人的答辩意见当庭提交了意见陈述书，合议组当庭转给了专利权人。请求人当庭提交了附件2的原件。请求人明确其无效的理由、证据、范围以及证据的使用情况为：由于附件1~3公开了本专利权利要求的技术方案，因此请求使用附件1~3作为出版物公开来证明本专利的权利要求1~4不具备新

颖性和创造性。专利权人对附件1的真实性以及附件1-2、2-4和3-2中文译文的准确性没有异议，并且核实附件2的原件与复印件内容一致，但是认为附件1的公开日2005年6月30日晚于本专利的申请日2004年8月24日，因此不能作为现有技术来评价本专利的新颖性和创造性。而附件2、3是在域外形成的证据，应该履行公证认证手续，而且附件2、3中没有公开本专利的技术方案。

至此，合议组认为本案事实已经清楚，可以作出审查决定。

**二、决定的理由**

1. 关于证据

请求人提交的证据包括附件1~3，其中附件1是公开号为JP2005169297A的日本公开特许公报，其公开日为2005年6月30日，晚于本专利的申请日2004年8月24日，而且其也不是由他人在本专利申请日前向中国国家专利局提出的专利申请，因此不能作为评价本专利新颖性和创造性的证据。

附件2和3是请求人从日本国带来的出版物，是在中华人民共和国领域外形成的证据，应该经日本国公证机关予以证明，并经中华人民共和国驻日本国使领馆予以认证，或者履行中华人民共和国在该所在国订立的有关条约中规定的证明手续。由于请求人未履行上述公证、认证手续，也没有提交其他证据证明附件2和3的真实性，同时专利权人对附件2和3的真实性有异议，因此附件2和3的真实性无法确认。请求人在口审中表示附件2可以通过国内的大型图书馆获得，但没有提交任何证据支持其主张，因此，合议组对附件2、3不予采信，附件2、3不能作为评价本专利新颖性和创造性的现有技术。

2. 关于新颖性和创造性

由于附件1~3都不能作为评价本专利新颖性和创造性的证据使用，因此请求人关于本专利不具备新颖性和创造性的无效请求不能成立。

基于上述事实和理由，本案合议组作出如下审查决定。

**三、决定**

维持200420012385.5号实用新型专利权有效。

当事人对本决定不服的，可以根据专利法第46条第2款的规定，自收到本决定之日起3个月内向北京市第一中级人民法院起诉。根据该款的规定，一方当事人起诉后，另一方当事人应当作为第三人参加诉讼。

113

# 折叠式钥匙

## 无效宣告请求审查决定（第 10013 号）

**决　　定　　号**　第 10013 号
**决　　定　　日**　2007 年 6 月 18 日
**发明创造名称**　折叠式钥匙
**国 际 分 类 号**　E05B 19/00
**无效宣告请求人**　昆山儒亿汽车配件有限公司
**专　利　权　人**　烟台霍富汽车锁有限公司
**专　　利　　号**　98206508.6
**申　　请　　日**　1998 年 6 月 29 日
**授 权 公 告 日**　2000 年 8 月 9 日
**合 议 组 组 长**　石　竞
**主　　审　　员**　张　凌
**参　　审　　员**　张汉国

**法　律　依　据**　专利法第 22 条第 3 款
**决　定　要　点**

在创造性判断中，合议组仅以权利要求限定的技术方案为基础与对比文件进行对比，对于当事人声称公开但没有在权利要求书中限定也未在说明书中说明的技术特征和其所带来的技术效果不予考虑。

### 一、案由

本无效宣告请求涉及国家知识产权局于 2000 年 8 月 9 日授权公告的、名称为“折叠式钥匙”的 98206508.6 号实用新型专利权，其申请日是 1998 年 6 月 29 日，专利权人是烟台霍富汽车锁有限公司。该专利授权公告的权利要求书如下：

“1. 一种折叠式钥匙，由匙体（1）和匙把构成，其特征在于：在匙把壳体内固定安装一个轴承（5）和按钮（3），匙体（1）通过固定销钉（2）固定在轴承（5）上；增加一个已赋予初扭矩力的压簧（4），其一端卡在匙把下壳体的槽内，藉以固定，另一端被按钮（3）卡住；按钮（3）是一个元柱体，其外缘部分有一个凸块；按钮（3）和压簧（4）共同穿过轴承（5）。”

针对上述实用新型专利（以下简称本专利），昆山儒亿汽车配件有限公司（以下简称请求人）于 2006 年 4 月 28 日向专利复审委员会提出了无效宣告请求，理由是本专利不符合专利法第 22 条第 3 款的规定，请求宣告其全部无效，并提交了如下两份附件作为证据：

附件1：DE3902537C2专利说明书及使用部分的中文译文，授权日为1990年11月22日；

附件2：US4524594专利说明书及使用部分的中文译文，授权日为1985年6月25日。

请求人认为：附件1和附件2已公开了本专利权利要求的全部技术特征，本专利不具备创造性，应予无效。

经形式审查合格后，专利复审委员会于2006年5月24日受理了该无效请求，发出无效宣告请求受理通知书，并将无效请求书及其附件副本转给了专利权人，要求其在指定期限内陈述意见。

2006年7月4日专利复审委员会收到专利权人针对上述无效宣告请求所提交的答复意见。专利权人认为附件1中的凸轮（5）上带有一套用于消除与上下盖（15、29）啮合开口处间隙的滑块机构（11、12），该机构是为了外形流畅、美观所设的，本专利则通过改进上、下盖的设计，改进凸轮设计并使其外形流畅而去掉了滑块装置，本专利相对于附件1具备创造性；附件2的匙体不是固定在凸轮上，没有按钮，使用的是扭簧而非本专利的压扭簧，本专利相对于附件2具备创造性；因此本专利符合专利法第22条第3款的规定。专利权人同时提交了98206508.6号实用新型专利证书复印件及其提出专利申请时的原始说明书和权利要求书。

2006年10月17日合议组将专利权人的上述答复意见转给请求人，并向双方当事人发出口头审理通知书，定于2006年12月1日上午9：00在专利复审委员会举行口头审理。

口头审理如期举行，请求人委托代理人出席，专利权人未参加口头审理。口头审理中，请求人明确其无效宣告理由为专利法第22条第3款，当庭放弃附件2。

至此，合议组认为本案事实已经清楚，现依法作出审查决定。

**二、决定的理由**

1. 关于审查文本

专利权人在答复无效宣告请求时提交的98206508.6权利要求书和说明书为其提出专利申请时所提交的原始文本，该文本在申请过程中已被进行了修改。合议组以授权公告的文本作为审查的基础。

2. 证据的认定

请求人提交的附件1为一篇德国专利文献及使用部分译文，公开日在本专利的申请日前，专利权人未对该文献的真实性及其译文的准确性提出异议，并针对其进行了书面答辩。合议组经审查对该证据予以采信。由于请求人已经放弃附件2，对其不再予以评述。

3. 关于创造性

根据专利法第22条第3款的规定，实用新型的创造性是指同申请日以前已有的技术相比，该实用新型有实质性特点和进步。

本专利权利要求1要求保护一种折叠式钥匙，其由匙体和匙把构成，其特征在于在匙把壳体内固定安装一个轴承和按钮，匙体通过固定销钉固定在轴承上；一个按钮和一个已赋予初扭矩力的压簧共同穿过轴承，其中压簧的一端卡在匙把下壳体的槽内藉以固定，另一端被按钮卡住，按钮是一个元柱体，其外缘部分有一个凸块。

附件1也公开了一种折叠式钥匙（参见附件1译文第2、3页，附图1-4），其包括钥匙3（相当于匙体）、由上盖14、下盖15构成的匙把，其中匙把壳体内固定安装凸轮5（相当于轴承），钥匙3通过销钉10固定在凸轮上；凸轮上安装有按钮17，按钮17为盆状的空心圆柱，其两个支撑轴末端13一个位于上盖14上，另一个位于下盖15上，按钮17的外圆周有两个突起的按钮端子17a；按钮17的内孔中安装有一个按钮纵向回位弹簧20（相当于已赋予初扭矩力的压簧），其下部支脚20a成径向弯曲，与下轴末端13的外盖按钮径向端子卡槽啮合，形成对按钮纵向回位弹簧20的旋转支撑，上部支脚20b，在按钮纵向回位弹簧20旋转初应时，与按钮17的底部在外侧中心留空的孔处以合理的形状啮合，对按钮 17 在顶出方向上施加负载；按钮 17 和按钮纵向回位弹簧 20 共同穿过凸轮 5。

本专利与附件 1 的区别在于权利要求 1 的按钮外缘部分有一个凸块，其作用为当压簧在其初扭矩力的作用下带动按钮旋转时，将该作用力传递给轴承，使得按钮、轴承和固定在轴承上的匙体一起旋转。附件 1 则在按钮的外圆周设置了两个突起的按钮端子，其作用为当按钮纵向回位弹簧带动按钮旋转时，将该作用力传递给凸轮，带动凸轮以及固定于其上的钥匙旋转，同时该按钮端子还保证当按钮带动钥匙一起旋转时，其在支撑孔中的压紧不受影响。可见，附件 1 的按钮端子同样具有本专利中按钮凸块的传动作用，附件 1 给出了在按钮上设置起传动作用的突起结构，将按钮的旋转与轴承或凸轮及固定其上的钥匙或匙体的旋转运动相连接的启示。本领域技术人员在附件 1 的基础上很容易想到本专利权利要求 1 的技术方案而无须再花费创造性劳动。

专利权人主张附件 1 中的凸轮上带有一套用于消除与上下盖啮合开口处间隙的滑块机构，其作用是为了使外形流畅、美观，本专利则通过改进上下盖和凸轮的设计并使其外形流畅而去掉了滑块装置，本专利相对于附件 1 具备创造性。

合议组认为在本专利的权利要求书中并未对上、下盖与轴承（凸轮）之间相互配合的技术特征加以限定，在其说明书中也没有说明上、下盖与轴承（凸轮）之间如何相互配合从而在省略滑块装置的情况下同样可以消除上下盖啮合开口处间隙并达到外形流畅、美观的效果，因此对专利权人的上述主张不予支持。

综上，附件 1 给出了在按钮上设置突起的结构，连接按钮和钥匙的旋转运动的技术启示，对本领域技术人员来说，在附件 1 的基础上得到本专利权利要求 1 的技术方案是容易想到的，并且权利要求 1 所限定的技术方案相对于附件 1 并未达到更好的技术效果。因此权利要求 1 相对于附件 1 不具有实质性特点和进步，不具备创造性，不符合专利法第 22 条第 3 款的规定。

**三、决定**

宣告 98206508. 6 号实用新型专利无效。

当事人对本决定不服的，可以根据专利法第 46 条第 2 款的规定，自收到本决定之日起 3 个月内向北京市第一中级人民法院起诉。根据该款的规定，一方当事人起诉后，另一方当事人应当作为第三人参加诉讼。

114

# 一种电子香烟

## 无效宣告请求审查决定（第10038号）

**决　　定　　号**　第10038号
**决　　定　　日**　2007年6月12日
**发明创造名称**　一种电子香烟
**国 际 分 类 号**　A24D 1/18
**无效宣告请求人**　北京赛波特如烟科技发展有限公司
**专　利　权　人**　杨　林
**申　　请　　号**　200520087190.1
**申　　请　　日**　2005年9月15日
**授 权 公 告 日**　2006年9月27日
**合 议 组 组 长**　马　昊
**主　　审　　员**　丛　森
**参　　审　　员**　穆丽娟

**法　律　依　据**　专利法第22条第3款
**决　定　要　点**

如果一项权利要求请求保护的技术方案与对比文件的一在先实施例相比，其区别仅在某一区别技术特征，而该对比文件的一在后实施例中公开了该技术特征，且该技术特征的用途与在本专利中的用途相同，则在对比文件的在先实施例公开的技术方案的基础上结合在后实施例给出的技术启示，得到本专利该项权利要求请求保护的技术方案，对于本领域的技术人员来说是容易的，则本专利的该项权利要求不具备专利法第22条第3款规定的创造性。

### 一、案由

本无效宣告请求涉及中华人民共和国国家知识产权局于2006年9月27日授权公告的200520087190.1号实用新型专利，其名称为“一种电子香烟”，申请日为2005年9月15日，专利权人是杨林。其授权时的权利要求如下：

“1. 一种电子香烟，是由外壳（1）、电池（2）和开关（3）组成，其特征是在外壳（1）的一端设有与外壳（1）内腔相通的烟嘴（4），外壳（1）内靠近烟嘴（4）设有过滤层（5），过滤层（5）前设有加热器（6），过滤层（5）与加热器（6）间设有隔离腔（7），隔离腔（7）上设有气孔（8）与外界空气相通，紧贴加热器（6）前设有储液层（9），储液层（9）通过自吸管（10）与其前方的烟碱室（11）相通，烟碱室（11）设有加液口（12），外壳（1）内的电池（2）通过开关（3）

给加热器（6）供电。”

针对上述专利权（以下简称本专利），北京赛波特如烟科技发展有限公司（以下简称请求人）于2006年11月14日向专利复审委员会提出无效宣告请求，认为本专利权利要求1不符合专利法第22条第3款的规定，其中，证据1破坏权利要求1的创造性；证据2、3、4相结合破坏权利要求1的创造性。为此，请求人提交了如下证据：

证据1：公开号为CN1196660A的中国发明专利申请公开说明书全文，申请日为1997年6月9日，公开日为1998年10月21日，申请人是日本烟业产业株式会社，共27页；

证据2：公开号为CN1530041A的中国发明专利申请公开说明书全文，申请日为2003年3月14日，公开日为2004年9月22日，申请人是韩力，共6页；

证据3：公开号为CN1541577A的中国发明专利申请公开说明书全文，申请日为2003年4月29日，公开日为2004年11月3日，申请人是韩力，共15页；

证据4：公开号为CN2047485U的中国实用新型专利申请说明书全文，申请日为1989年5月24日，公告日为1989年11月15日，申请人是赵玉忠，共6页。

经形式审查合格后，专利复审委员会依法受理了上述请求，于2006年12月20日向双方当事人发出了无效宣告请求受理通知书，并将无效宣告请求书及其附件清单中所列附件的副本转送给专利权人，要求其在指定的期限内答复。

专利权人逾期未答复。

专利复审委员会依法成立合议组对本案进行审查。

2007年3月21日，合议组向双方当事人发出了口头审理通知书，定于2007年5月31日对本案进行口头审理。

口头审理如期举行，专利权人未出席口头审理，请求人对合议组成员没有回避请求。请求人当庭表示所有意见以提出无效宣告请求时的书面意见为准。

至此，合议组认为本案事实已经调查清楚，现依法作出审查决定。

**二、决定的理由**

1. 关于证据

证据1~4的公开日均早于本专利的申请日，因此都构成本专利的现有技术，都可以作为评价本专利创造性的对比文件。

2. 关于创造性

专利法第22条第3款规定：创造性，是指同申请日以前已有的技术相比，该发明有突出的实质性特点和显著的进步，该实用新型有实质性特点和进步。

如果一项权利要求请求保护的技术方案与对比文件的一在先实施例相比，其区别仅在某一区别技术特征。而该对比文件的一在后实施例中公开了该技术特征，且该技术特征的用途与在本专利中的用途相同，则在对比文件的在先实施例公开的技术方案的基础上结合在后实施例给出的技术启示，得到本专利该项权利要求请求保护的技术方案，对于本领域的技术人员来说是容易的，则本专利的该项权利要求不具备专利法第22条第3款规定的创造性。

请求人认为证据1破坏了本专利权利要求1的创造性。

证据1公开了一种不通过燃烧、而是用电加热器加热液体状原料来生成作为抽吸对象物即香味的香味生成物品。该香味生成物品与本专利权利要求1请求保护的电子香烟同属于电子香烟领域。证据1第二实施例（参见说明书第11页第24~30行、说明书第4页第23行至第11页第23行，图8）中的香味生成物品包括：

（1）圆筒形壳体 12，电源 62，开关 74，相当于本专利权利要求 1 中的外壳（1）、电池（2）、开关（3）；

（2）位于壳体 12 一端的抽吸口 22，供使用者抽吸香味所用，相当于本专利权利要求 1 中的烟嘴（4）；

（3）外壳内，在抽吸口 22 前设有过滤器 58，过滤器 58 前设置有加热器 42，加热器 42 与过滤器 58 之间设有冷却室 52，冷却室 52 上设有与外界相通的外气导入孔 54，紧贴着加热器 42 在前面设有带液体滞留部 146 的排出头 34，排出头 34 通过带有流路 142 的排出驱动部 38 与前面的原料容器 32 相通，其中，过滤器 58 相当于本专利权利要求 1 中的过滤层（5），加热器 42 相当于本专利权利要求 1 中的加热器（6），冷却室 52 以及其上的外气导入孔 54 分别相当于本专利权利要求 1 中的隔离腔（7）和气孔（8），带有液体滞留部的排出头 34 相当于本专利权利要求 1 中的储液层（9），带有流路 142 的排出驱动部 38 相当于本专利权利要求 1 中的自吸管（10），原料容器 32 相当于本专利权利要求 1 中的烟碱室（11）；

（4）壳体 12 中的电源 62 通过开关 74 为加热器 42 供电。

本专利权利要求 1 请求保护的电子香烟与证据 1 第二实施例所公开的技术方案相比，其区别仅在于，本专利权利要求 1 中还包括“烟碱室（11）设有加液口（12）”。证据 1 第四实施例公开了“在原料容器 32 上连接着用于补给液体状原料 36 的注入口 82”（参见说明书第 12 页倒数第 2 段，图 10）的技术特征。增加注入口 82 就是为了不必更换原料容器 32 就可以方便地添加液体状原料，以便更持久地使用香味生成物品。该技术特征在证据 1 第四实施例当中的用途与加液口（12）在本专利中的用途相同，即给出了将该技术特征应用到证据 1 第二实施例（图 8）的技术方案以进一步解决其技术问题的启示。由此可知，在证据 1 第二实施例（图 8）所公开的技术方案的基础上结合证据 1 第四实施例（图 10）给出的技术启示，从而得到本专利权利要求 1 请求保护的技术方案，对于本领域的技术人员来说是显而易见的，并且没有带来预料不到的技术效果。因此，本专利权利要求 1 相对于证据 1 不具备实质性特点和进步，不具备专利法第 22 条第 3 款规定的创造性。

鉴于证据 1 已经使请求人提出的本专利权利要求 1 不符合专利法第 22 条第 3 款的无效理由成立，因此，本案合议组对请求人提交的证据 2~4 不再评述。

**三、决定**

宣告 200520087190. 1 号实用新型专利的专利权全部无效。

当事人对本决定不服的，可以根据专利法第 46 条第 2 款的规定，自收到本决定之日起三个月内向北京市第一中级人民法院起诉。根据该款的规定，一方当事人起诉后，另一方当事人应当作为第三人参加诉讼。

115

# 一种发光装置

## 无效宣告请求审查决定（第10042号）

**决　定　号**　第10042号
**决　定　日**　2007年6月21日
**发明创造名称**　一种发光装置
**国际分类号**　F21L 4/00
**无效宣告请求人**　卡尔·R. 范德舒伊特
**专利权人**　刘承丰
**专　利　号**　03208695.4
**申　请　日**　2003年9月2日
**授权公告日**　2004年9月15日
**合议组组长**　杨军艳
**主　审　员**　陈　力
**参　审　员**　沈乐平

**法律依据**　专利法第22条第2款、第3款
**决定要点**

在判断创造性的过程中，要确定现有技术整体上是否存在某种技术启示。如果所述区别特征为另一篇对比文件中披露的相关技术手段，该技术手段在该对比文件中所起的作用与该区别特征在请求保护的专利中所起的作用相同，则应当认为现有技术中存在技术启示。

### 一、案由

本无效宣告请求案涉及国家知识产权局于2004年9月15日授权公告的、名称为“一种发光装置”的03208695.4号实用新型专利（下称本专利），其申请日为2003年9月2日，专利权人为刘承丰。

该专利授权公告的权利要求书如下：

“1. 一种发光装置，其包括：壳体、电路板、发光体、电池，其特征在于：壳体内设有空穴，空穴内设有使空穴不漏水的导体，导体以导线与电路板相连。

2. 如权利要求1所述的一种发光装置，其特征在于：所述电路为二极放大电路。

3. 如权利要求1所述的一种发光装置，其特征在于：所述发光体为发光二极管。

4. 如权利要求1、2、3所述的一种发光装置，其特征在于：所述壳体成形为杯子状，其分为上下两腔体，中间设以隔板，电路板、发光体、电池依次设于下腔体中，空穴设于隔板上。

5. 如权利要求4所述的一种发光装置，其特征在于：电池以金属架架设于电路板上，发光二极管设于电路板中心。

6. 如权利要求1、2、3所述的一种发光装置，其特征在于：所述壳体成形为不规则的冰块状，其设有一腔体，发光二极管、电路板电池依次设于腔体中，空穴及导体设于壳体的盖子上。

7. 如权利要求6所述的一种发光装置，其特征在于：壳体上还装设有盖子，盖子上另设有可折卸的电池盖。"

针对上述专利权，卡尔·R. 范德舒伊特（下称请求人）于2006年10月11日向专利复审委员会提出无效宣告请求，其提交的附件如下：

附件1：US5，903，212A号美国专利文献，其公开日为1999年5月11日，共12页；

附件2：附件1说明书文字部分的中文译文，共6页；

附件3：请求人声称为《模拟电子技术基础简明教程》第126~129页的复印件，共2页；

附件4：授权公告号为CN2192232Y的实用新型专利说明书，其授权公告日为1995年3月22日，共8页；

附件5：公开号为CN1430713A的发明专利申请公开说明书，其公开日为2003年7月16日，共15页。

请求人请求宣告本专利无效的理由是：

（1）权利要求1没有对电路板、发光体、电池和壳体之间的位置关系进行限定，因此没有清楚地表述请求保护的范围，不符合专利法实施细则第20条第1款的规定。

（2）权利要求1所保护的技术方案相对于附件1不具备专利法第22条第2款规定的新颖性，因此也不具备专利法第22条第3款规定的创造性；权利要求2的附加技术特征为公知常识且被附件3公开；权利要求3的附加技术特征是显而易见的且由附件1公开；权利要求4的附加技术特征由附件4公开；权利要求5的附加技术特征是本领域技术人员可根据需要做出的常规选择；权利要求6的附加技术特征由附件5公开了；权利要求7的附加技术特征由附件5公开了，因此权利要求2~7不具备创造性。

（3）权利要求6中的"壳体成形为不规则的冰块状"和"其设有一腔体"不清楚，不符合专利法实施细则第20条第1款的规定；权利要求6中的"壳体成形为不规则的冰块状"与说明书附图中体现的规则的形状——六面体不符，因此该权利要求6请求保护的技术方案没有得到说明书的支持，不符合专利法第26条第4款的规定。

（4）本专利说明书中没有清楚地定义和描述"壳体成形为不规则的冰块状"，使得本领域技术人员无法实现，因此本专利说明书不符合专利法第26条第3款的规定。

经形式审查合格，专利复审委员会依法受理了上述无效宣告请求，并于2006年11月23日向双方当事人发出无效宣告请求受理通知书，随同该受理通知书将无效宣告请求书及其附件清单中所列附件的副本转送给专利权人，要求其在收到该通知之日起一个月内陈述意见，并告知其期满未答复不影响专利复审委员会审理。

专利权人逾期未答复。

针对上述无效宣告请求，专利复审委员会依法成立合议组，本案合议组于2007年2月2日向双方当事人发出无效宣告请求口头审理通知书，告知双方当事人本案定于2007年3月22日举行口头审理。

口头审理如期举行，请求人派代表参加了口头审理，专利权人没有参加。

在口头审理中，请求人明确其无效宣告请求的理由和范围为：本专利权利要求1相对于附件1不符合专利法第 22 条第 2 款、第 3 款关于新颖性、创造性的规定；本专利权利要求 2 的附加技术特征是公知常识，不具备创造性；权利要求 3 的附加技术特征被附件 1 公开，不具备创造性；本专利权利要求 4 的附加技术特征被附件 4 公开了，不具备创造性；权利要求 5 的附加技术特征是公知常识，不具备创造性；权利要求 6 的附加技术特征被附件 5 公开了，不具备创造性；权利要求 7 的附加技术特征是公知常识，且已在附件 5 中公开，不具备创造性；由于本专利说明书没有清楚地描述权利要求 6 的附加技术特征，致使本领域技术人员无法实施该技术方案，因此权利要求 6 不符合专利法第 26 条第 3 款的规定，同时本专利权利要求 6 也不符合专利法第 26 条第 4 款以及专利法实施细则第 20 条第 1 款的规定。请求人当庭补充权利要求 3 相对于附件 1 不符合专利法第 22 条第 2 款关于新颖性的规定的无效理由，并明确表示放弃本专利权利要求 1 不符合专利法实施细则第 20 条第 1 款的无效理由；请求人还明确表示附件 3 作为公知常识性证据使用。

2007 年 3 月 23 日合议组向专利权人发出无效宣告请求审查通知书，告知其请求人当庭补充的关于权利要求 3 相对于附件 1 不符合专利法第 22 条第 2 款关于新颖性的规定的无效理由，放弃本专利权利要求 1 不符合专利法实施细则第 20 条第 1 款的无效理由，重新认定权利要求 7 的附加技术特征是公知常识且在附件 5 中公开；并同时将本案口头审理记录表副本（共 4 页）转给专利权人，要求其自收到该无效宣告请求审查通知书之日起一个月内，针对请求人所提交的附件 1 和附件 3-5 的真实性、附件 1 中文译文（即附件 2）的准确性以及当庭新增加的无效宣告请求理由和意见进行意见陈述，逾期不答复不影响专利复审委员会的审理，视为专利权人对附件 1 和附件 3-5 的真实性及附件 1 中文译文（即附件 2）的准确性没有异议。

专利权人逾期未答复。

至此，合议组认为本案事实清楚，现依法作出审查决定。

**二、决定的理由**

1. 关于证据的认定

附件 1、4、5 是专利文献，专利权人对其真实性没有提出异议，合议组经审查对它们的真实性予以认可，附件 1、4、5 可以作为本案证据使用。

由于附件 1、4、5 的公开日均在本专利申请日之前，因此其上记载的内容构成了本专利的现有技术。

附件 2 为附件 1 的中文译文，专利权人对其译文准确性未提出异议，因此附件 1 说明书文字部分公开的内容以请求人提交的中文译文（即附件 2）为准。

2. 关于权利要求 1、3 是否具备专利法第 22 条第 2 款规定的新颖性

专利法第 22 条第 2 款规定：新颖性，是指在申请日以前没有同样的发明或者实用新型在国内外出版物上公开发表过、在国内公开使用过或者以其他方式为公众所知，也没有同样的发明或者实用新型由他人向专利局提出过申请并记载在申请日以后公布的专利申请文件中。

请求人认为：本专利权利要求 1、3 的全部技术特征均已被附件 1 公开，因此该权利要求 1、3 相对于附件 1 不具备新颖性。

经审查，附件 1 公开了一种“冰块”的发明，并具体公开了以下技术特征（参见说明书第 1 页 4~13行，第 2 页第 17~23 行，图 1A、1B、2、8）：一种设计用来浮在酒精饮料或水或上述两种混合物上的、外型为冰块状的发光装置，其包含一个主体（相当于本专利权利要求 1 的壳体）；该主体上面或内部安装有一个在其外部可视的电池供电的灯（其中灯相当于该权利要求 1 中的发光体）；以及计时电路、发光电路和水感应探针 11 和 13。

计时电路 IC 通过晶体管 T1 与包含有灯的发光电路连接，相当于该权利要求 1 中的电路板的作

用；水感应探针作为电池开关线裸露在“冰块”外面与酒精或水等饮料接触，并通过与这些液体接触来使电路导通，因此该水感应探针相当于该权利要求1中的导体；由于该探针的一部分设置在“冰块”的主体内，一部分伸出主体外与上述液体接触，因此“冰块”的主体内必然有便于其伸出的空穴，又因为其一半与“冰块”外面的饮料接触，因此其与主体的连接必然是密封的，以使空穴处不会漏水；由于两水感应探针导体与上述液体接触导电后整个电路导通，发光装置发光，因此该探针导体与上述电路板之间必然以导线连接。由此可见，本专利权利要求1的全部技术特征均被附件1所公开，本专利权利要求1相对于附件1不具有新颖性，不符合专利法第22条第2款的规定。

权利要求3引用权利要求1，其附加技术特征是所述发光体为发光二极管。该附加技术特征已被附件1第1页第8行“该灯最好是发光二极管”公开，因此当其所引用的权利要求1不具备新颖性时，该权利要求3相对于附件1也不具备专利法第22条第2款规定的新颖性。

3. 关于权利要求2、4~7是否符合专利法第22条第3款规定的创造性

专利法第22条第3款规定：创造性，是指同申请日以前已有的技术相比，该发明有突出的实质性特点和显著的进步，该实用新型有实质性特点和进步。

请求人认为：本专利权利要求2、5和7的附加技术特征对本领域技术人员来说是公知常识；本专利权利要求4的附加技术特征在附件4中公开；本专利权利要求6的附加技术特征在附件5中公开；因此权利要求2、4~7不具备创造性。

经审查，合议组认为：权利要求2的附加技术特征是：所述电路为二极放大电路。对本领域技术人员来说在电子发光领域为了有效地放大电路中的电压倍数，通常采用二极放大电路，因此在附件1的基础上采用具体的二极放大电路由此得到权利要求2保护的技术方案对于本领域技术人来说是显而易见的，因此当其引用的权利要求1不具备新颖性时，该权利要求2不具备专利法第22条第3款规定的创造性。

权利要求4的附加技术特征是：所述壳体成形为杯子状，其分为上下两腔体，中间设以隔板，电路板、发光体、电池依次设于下腔体中，空穴设于隔板上。附件4公开了一种闪烁发光杯，其与本专利以及附件1都属于电子发光技术领域，并具体公开了以下技术特征（参见附图2）：该发光装置壳体为杯子状，其分为上下两腔体，中间设以隔板，控制IC、导线、导电片、导电环组成了一套电路来控制LED发光，上述电路、LED发光二极管80（相当于该权利要求4中的发光体）、电池50依次设于下腔体中。当本领域技术人员想以附件1中的发光装置直接作为盛液体的容器时，容易想到将附件4的内容结合到附件1中，此时由伸入液体的探针来控制发光，隔板上必然有空穴，以供探针伸出，从而得到权利要求4的技术方案。因此当其所引用的权利要求不具备新颖性或创造性时，该权利要求4不具备专利法第22条第3款规定的创造性。

权利要求5的附加技术特征是：电池以金属架架设于电路板上，发光二极管设于电路板中心。但是其所限定的设置电池和发光二极管的方式并没有为本专利的创造性带来任何实质上的影响，其仅仅是本领域技术人员设置电池及发光二极管光源的一种常规性的选择。因此在附件1的基础上，本领域的技术人员根据本领域的常规性选择可以容易地想到将电池以金属架架设于电路板上，将发光体，如发光二极管设于电路板中心，从而得到权利要求5保护的技术方案，因此当其所引用的权利要求4不具备创造性时，该权利要求5不具备专利法第22条第3款规定的创造性。

权利要求6的附加技术特征是：所述壳体成形为不规则的冰块状，其设有一腔体，发光二极管、电路板电池依次设于腔体中，空穴及导体设于壳体的盖子上。上述附加技术特征已被附件5所公开。附件5公开了一种可被照明的饮料辅助装置，其也属于电子发光技术领域，并具体公开了如下内容（具体参见说明书第7页具体实施例下面第2段和第12页第18~19行和附图1、2）：该装置可优选地

以模仿部分融化的小冰块和大冰块的方式构建，其内设有一内壳空腔 11，光源 35、金属导线 33、34 和电源 41、电池依次设于该腔体中，其中光源 35、金属导线 33、34 和电源 41 组成了一套电路，来自光源 35 的金属线导线 34 是负极导线，并且放置在灯座 21 下方的导线槽 24 内，该金属导线和导线槽都位于盖子 14 中，导线 33、34 连接来使光源 35 发光。因此当其所引用的权利要求不具备新颖性或不具备创造性时，该权利要求 6 也不具备专利法第 22 条第 3 款规定的创造性。

权利要求 7 的附加技术特征是：壳体上还装设有盖子，盖子上另设有可拆卸的电池盖。该特征的作用是为了便于更换电池。而对于电子发光领域的技术人员来说在装置的装有电池的部位设置盖子及在上面设置可拆卸的、便于更换电池的盖子是很容易想到的公知技术。因此，当其所引用的权利要求 6 不具备创造性时，该权利要求 7 也不具备专利法第 22 条第 3 款规定的创造性。

综上所述，本专利权利要求 1、3 不具备专利法第 22 条第 2 款规定的新颖性，权利要求 2、4~7 不具备专利法第 22 条第 3 款规定的创造性。

鉴于本专利的权利要求 1、3 不具备新颖性，权利要求 2、4~7 不具备创造性，将导致该专利权全部无效，因此合议组对请求人提出的其他无效理由不再进行审理。

根据以上事实和理由，本案合议组作出如下审查决定。

**三、决定**

宣告 03208695.4 号实用新型专利权全部无效。

当事人对本决定不服的，可以根据专利法第 46 条第 2 款的规定，自收到本决定之日起三个月内向北京市第一中级人民法院起诉。根据该款的规定，一方当事人起诉后，另一方当事人应当作为第三人参加诉讼。

116

# 注射器

## 无效宣告请求审查决定（第10052号）

**决　　定　　号**　第10052号
**决　　定　　日**　2007年6月19日
**发明创造名称**　注射器
**国 际 分 类 号**　A61M 5/50，B29C 45/26
**无效宣告请求人**　付俊芳
**专　利　权　人**　星赛瑞有限公司
**专　　利　　号**　97193570.X
**申　　请　　日**　1997年7月11日
**优　先　权　日**　1996年7月15日，1997年5月9日
**授 权 公 告 日**　2004年8月25日
**合 议 组 组 长**　刘颖杰
**主　　审　　员**　李　礼
**参　　审　　员**　张田勇

**法　律　依　据**　专利法第26条第3款、第4款、第33条、第22条第2款、第3款；专利法实施细则第20条第1款

**决　定　要　点**

若一项权利要求中的某一技术特征并未在现有技术中公开，而该技术特征也不属于本领域的公知常识，同时其具有相应的技术效果，则该权利要求相对于现有技术具备创造性。

### 一、案由

本无效宣告请求涉及中华人民共和国国家知识产权局于2004年8月25日授权公告的、名称为“注射器”的97193570.X号发明专利权（下称本专利），其申请日是1997年7月11日，优先权日为1996年7月15日、1997年5月9日，专利权人是星赛瑞有限公司。本专利授权公告的权利要求书如下：

“1. 一种注射器，它包括管件（1）和可在其中滑动与密封啮合的柱塞（7），管件（1）具有至少一种阻塞其内壁柱面的阻塞装置（10，11；29），而柱塞（7）具有带有密封件的头部（14）和锁定装置（17，20），它们布置成使得锁定装置（17，20）在柱塞（7）撤出时能有效地与阻塞装置（10，11；29）啮合，用以阻止作进一步的回撤运动，其特征在于所述的锁定装置（17，20）与所述的密封件分开并与所述的头部（14）连接，所述的具有锁定装置（17，20）的柱塞（7）时整体模制

出的。

2. 如权利要求 1 所述的注射器，其特征在于，在与管件（1）远端（4）相邻处设有阻塞装置（10；29）。

3. 如权利要求 1 所述的注射器，其特征在于，在管件（1）的近端设有阻塞装置（11；29）。

4. 如权利要求 1 所述的注射器，其特征在于，至少有一个阻塞装置（10，11；29）是与管件（1）的纵轴线成倾斜高达 30°的角。

5. 如权利要求 1 所述的注射器，其特征在于，至少有一个阻塞装置（10，11；29）是绕管件（1）的整个周边延伸。

6. 如权利要求 1 所述的注射器，其特征在于，至少有一个阻塞装置（10，11；29）的横剖面基本上是三角形。

7. 如权利要求 1 所述的注射器，其特征在于，至少有一个阻塞装置包括突起（29）。

8. 如权利要求 1~6 中任一项所述的注射器，其特征在于，至少有一个阻塞装置包括槽（10，11）。

9. 如权利要求 1~6 中任一项所述的注射器，其特征在于，至少有一个阻塞装置包括随后有突起（29）的槽（10，11）。

10. 如权利要求 1~5 中任一项所述的注射器，其特征在于，柱塞（7）的密封件包括弹性密封罩（15）和柱塞的头部（14）具有与弹性密封罩（15）啮合的装置，而锁定装置（17，20）则设在头部（14）上与罩（15）相邻处。

11. 如权利要求 10 所述的注射器，其特征在于，所述的锁定装置包括两个连接到头部（14）并可与头部一起运动但在回撤运动时则与阻塞装置（10，11；29）啮合的面向后的倒钩（17）。

12. 如权利要求 11 所述的注射器，其特征在于，在倒钩（17）与阻塞装置（10，11；29）啮合时，柱塞（7）的头部（14）于管件中偏转成垂直于阻塞装置（10，11，29）。

13. 如权利要求 10 所述的注射器，其特征在于，锁定装置包括连接到头部（14）上的盘件（20），所述的盘件（20）具有可与头部一起运动但在回撤运动中则与阻塞装置（10，11；29）啮合的挠性周边（22）。

14. 如权利要求 13 所述的注射器，其特征在于，盘件（20）由头部（14）保持于锁定位置。

15. 如权利要求 13 或 14 所述的注射器，其特征在于，盘件（20）时十字形的。”

针对上述专利权，付俊芳（下称请求人）于 2006 年 8 月 15 日向专利复审委员会提出无效宣告请求，其无效宣告请求的理由是：本专利说明书不符合专利法第 26 条第 3 款的规定；本专利权利要求 1 的“整体模制出的”为记载在原申请文件中因而不符合专利法第 33 条的规定；本专利权利要求 1 中“所述的具有锁定装置的柱塞是整体制出的”为用方法特征限定产品，本专利权利要求 4 中的“至少有一个阻塞装置是与管件的纵轴线成倾斜高达 30°的角”，以及权利要求 12 中的“柱塞的头部于管件中偏转成垂直于阻塞装置”限定不清楚，因而不符合专利法实施细则第 20 条第 1 款的规定；也是由于本专利权利要求 4、12 中上述技术特征得不到说明书的支持而不符合专利法第 26 条第 4 款的规定；本专利权利要求 1 分别相对于附件 1 和附件 2 不具备新颖性，相对于附件 3 不具备创造性；本专利权利要求 2、3、5~7、10、11 相对于附件 1 不具备新颖性；本专利权利要求 4 的附加技术特征为本领域公知常识且在附件 4 中公开，权利要求 8 的附加技术特征在附加 5 中公开，权利要求 8 相对于附件 1 和附件 5 的结合不具备创造性，本专利权利要求 9 相对于附件 1、附件 3 和附件 5 的结合不具备创造性，本专利权利要求 12 的附加技术特征为本领域公知常识，本专利权利要求 13、14 分别相对于附件 1 和附件 2 的结合不具备创造性，本专利权利要求 15 相对于附件 1、附件 2 和附件 6 的结合不具备创造性。所提交的证据如下：

附件1：授权公告号为CN1024894C号中国发明专利说明书，授权公告日为1994年6月8日；

附件2：公开号为CN1093184A号中国发明专利申请公开说明书，公开日为1990年1月31日；

附件3：EP049134A1号欧洲专利申请说明书，公开日为1991年1月23日；

附件4：US4986813A号美国专利说明书，公开日为1991年1月22日；

附件5：授权公告号为CN2210669Y中国实用新型专利说明书，其授权公告日为1995年10月25日；

附件6：US5370620A美国专利说明书，公开日为1994年12月6日；

附件7：附件3、4、6部分内容的中文译文，共1页。

经形式审查合格，专利复审委员会依法受理了上述无效宣告请求，于2006年9月11日向双方当事人发出了无效宣告请求受理通知书，同时将无效宣告请求书及其附件清单中所列附件的副本转送给专利权人，要求其在指定期限内答复。

专利权人于2006年10月26日提交了意见陈述书。在意见陈述书中认为：本专利权利要求1中请求人认为不清楚的“所述的具有锁定装置的柱塞是整体模制的”属于该产品技术特征的说明，上述限定是清楚的，符合专利法实施细则第20条第1款的规定。根据原始公开的说明书第9页第14~15行所记载的“各个都是单一的模制件”，可得出单一的模制件是整体的模制件，因而权利要求1符合专利法第33条的规定。本专利说明书中现有技术中存在引用在先专利的公开号有误的问题，但这并不影响本领域的技术人员知晓这些现有技术，也不影响技术人员根据说明书和附图实施本发明的能力，而本专利说明书和附图是清楚和完整的，因而符合专利法第26条第3款的规定。根据说明书涉及槽和突起的第6~8页描述了阻塞装置的详细情况，权利要求4限定该整体装置，而非槽和突起的具体情况，由此，本专利权利要求4能够得到说明书的支持且限定的保护范围清楚。专利权人认为权利要求12中已给出了足够的技术特征，符合专利法实施细则第20条第1款的规定，而对于请求人认为阻塞装置将不会于管件中偏转头部，由于其未提出证据支持其观点，专利权人认为权利要求12符合专利法第26条第4款的规定。权利要求1请求保护的技术方案与附件1公开内容相比，本专利中的作为锁定装置的叶片构成头部的一部分，而附件1中的锁定装置并不是头部的一部分，由于本专利与附件1具有上述区别，从而使得本专利权利要求1请求保护的方案更加坚固，更易制造和使用，并且附件1中也未公开“具有锁定装置的柱塞是整体模制的”，因而本专利权利要求1相对于附件1具备新颖性、创造性；附件2中未公开柱塞制成整体模制件，因此本专利权利要求1相对于附件2具备新颖性、创造性；附件3中由于杆和密封件之间的重入部分，其柱塞不可能是整体模制件，因此本专利权利要求1相对于附件3具备新颖性、创造性；独立权利要求1相对于附件1~3均具备新颖性、创造性，因而权利要求2~15也具备新颖性、创造性。

专利复审委员会依法成立合议组，对上述无效宣告请求进行审查。本案合议组于2007年1月22日向双方当事人发出无效宣告请求口头审理通知书，指出本案定于2007年3月21日举行口头审理，并将专利权于2006年10月26日提交的意见陈述书转送给请求人。

口头审理如期举行，双方当事人均出席口头审理。

在口头审理中，请求人当庭明确其无效宣告请求的理由和范围为：（1）本专利说明书不符合专利法第26条第3款的规定；（2）权利要求1不符合专利法第33条、专利法第26条第4款的规定；（3）权利要求1、4、12不符合专利法实施细则第20条第1款的规定；（4）权利要求4、12不符合专利法第26条第4款的规定；（5）权利要求1~3、5~7、10、11不符合专利法第22条第2款的规定；（6）权利要求8、9、13~15不符合专利法第22条第3款的规定。请求人明确放弃使用附件3，评述各权利要求新颖性、创造性对各个证据的使用方式除包含有附件 3 之外其余均与无效宣告请求书一致。专利权人对请求人提交的附件 1、2、4~6 的真实性没有异议，对附件 4、6 的使用部分中文译文的准确性没有异议。

请求人认为本专利说明书第 3 页第 8 行“但最好使各个阻塞装置上设有槽。这些槽不会对柱塞形成阻力”是很难实施的，突起的顶端有槽的效果与本专利说明书上述情况应该是正相反的，本专利说明书中也未对如何适用当前的制造技术与装配程序进行说明，本专利中所指的倾斜的止退环是不能完全达到自毁目的的，如果做成倾斜的锁定装置不能同时卡在槽中，如果是 30°的倾斜角就会在临床中产生使用不便。专利权人指出请求人所提到的说明书中的上述内容应结合上下文看，本专利是既可带有槽形式的注射器又可是带有突起形式的注射器，同一部位也有可能既有突起又有槽，在突起上面可以设置槽，本专利说明书中已公开了槽可以是斜的，也可以做成直的，并且倾斜的可以实现本专利的发明目的，如果一侧卡住就可以实现无法再抽出来，即可实现锁定，本专利中有阻塞装置比传统的注射器的阻力大一些，但由于槽是倾斜的就不会使两个锁定装置同时接触阻塞装置，从而使阻力相对减小，请求人并没有足够证据证明本专利存在漏液的问题。

请求人认为本专利权利要求 1 中增加的“柱塞是整体模制出的”再原申请文件中没有描述。专利权人指出本专利原说明书第 9 页中就有“单一的模制件”，仅仅表述的措辞不同。

请求人认为本专利权利要求 1 中“整体模制出的”属于方法限定产品，权利要求 4 中“高达 30°的角”的保护范围不清楚，与纵轴面成 30°角可能是阻塞装置上的某个要素与纵轴线的交角或是阻塞装置所在的面与纵轴线的交角，上述两种在本专利说明书相应部分均有记载，因而本专利权利要求 4 中的上述限定不清楚，权利要求 12 使用功能性语言进行限定，因而本专利权利要求 1、4、12 不符合专利法实施细则第 20 条第 1 款的规定。专利权人认为，用方法限定产品符合审查指南的相关规定，模制出来的部件是一个整体，本专利附图 7 可以看出本专利权利要求 4 中所限定的角度是槽与注射管的纵轴线的交角，本专利权利要求 12 请求保护的就是本专利附图 14 所示的状态，因而本专利权利要求 1、4、12 符合专利法实施细则第 20 条第 1 款的规定。

请求人以附件 1 作为最接近的现有技术，认为附件 1 公开了本专利权利要求 1 的全部技术特征，其中也公开了柱塞是整体塑压而成的，附件 1 中图 25 中附图标记 43 所示的相当于本专利中的密封件。专利权人认为附件 1 中的叶片是头部必不可少的部分，而本专利中的锁定装置与头部是两部分，除了帽以外都是整体模制的，附件 1 中附图标记 38 所示的是密封件，而不是如请求人所推测的那样。

请求人认为附件 2 的图 1 与本专利的图完全一样，并公开了本专利权利要求 1 的全部技术特征，附件 2 中附图标记 2016 与橡胶柱塞 16 相同，均起到密封作用。专利权人认为附件 2 未公开密封件，不能推出附件 2 中的附图标记 2016 与橡胶柱塞 16 相同，且附件 2 第 16 页公开的在一个压铸模件压铸出来的与本专利的不同。

请求人认为附件 1 公开的“成对称环形凸起 45”、“近端”分别相当于本专利权利要求 2 中的“远端”和权利要求 3 中的“近端”。专利权人认为附件 1 中的凸起 45 并不等于本专利中的阻塞装置。

请求人认为本专利权利要求 4 的技术特征被附件 4 所公开，且也属于公知常识。专利权人认为附件 4 中附图标记 76 所示的是否是阻塞装置无法确定，因而无法看出是倾斜的。

请求人认为附件 1 公开本专利权利要求 5、6、7、10、11 的附加技术特征，附件 5 公开本专利权利要求 8 的附加技术特征，本专利权利要求 9、12 的技术方案对于本领域技术人员无须创造性劳动即可实现，本专利权利要求 13、14 的附加技术特征被附件 2 所公开，本专利权利要求 15 的附加技术特征被附件 6 公开。专利权人认为附件 1 图 32 与图 28 所示的不是一个实施例，且横截面看不出是三角形的，并没有任何一份附件公开本专利权利要求9中包括有突起以及槽的“阻塞装置”，附件1并未公开锁定装置设在头部并与头部相连的情况，且附件1中附图25中的与本专利中的倒钩不同，附件1中的结果在与附图标记45所示的卡合时可能会打滑影响阻止回撤的效果，附件2中公开的盘件的连接到柱塞杆上而没有连接倒头部，达不到牢固锁定效果，与本专利中的有区别，即请求人认为的破坏本专利权利要求新颖性、创造性的理由不成立。

双方当事人就本专利是否符合专利法第26条第3款、专利法第26条第4款、专利法第22条第2款、专利法第22条第3款、专利法第33条、专利法实施细则第20条第1款的规定充分发表了各自的意见。

至此，合议组认为本案事实清楚，现依法作出审查决定。

**二、决定的理由**

1. 关于证据和现有技术

请求人所提交的附件1、2、5是中国专利申请公开文本，附件4、6是美国专利申请说明书公开文本，请求人同时提交了附件4、6使用部分的相应中文译文作为附件7，附件1、2、4~6的公开日期均早于本专利的申请日，并且专利权人对上述附件的真实性无异议，对其中附件4、6中文译文的准确性也无异议，因此附件1、2、4~6可以作为本案证据使用，其上记载的内容构成本专利的现有技术，其中附件4、6所使用文字部分的内容以其中文译文即附件7为准。

鉴于请求人明确表示放弃附件3作为证据使用，因此本决定不再对该份证据进行评述。

2. 关于专利法第26条第3款的问题

专利法第26条第3款规定：说明书应当对发明或者实用新型作出清楚、完整的说明，以所属技术领域的技术人员能够实现为准；必要的时候，应当有附图。

请求人认为：本专利说明书第3页第8行记载的“最好使各个阻塞装置上设有槽。这些槽不会对柱塞形成阻力，因此达到正常注射的感觉且能更可靠地确保锁定装置的操作”，上述情况是很难实施的，两者相互矛盾；说明书中未对“适用当前的制造技术与装配程序”进行说明，且本专利中所指的倾斜的止退环是不能完全达到自毁目的的，如果做成倾斜的锁定装置就不能同时卡在槽中。

专利权人认为：请求人指出的说明书说明书第3页第8行所记载内容应结合上下文理解，本专利是既可带有槽形式的注射器又可是带有突起形式的注射器，同一部位也有可能既有突起又有槽，在突起上面可以设置槽，本专利说明书中已公开了槽可以是斜的，也可以做成直的，并且倾斜的可以实现本专利的发明目的，如果一侧卡住就可以实现无法再抽出来，即可实现锁定，本专利中有阻塞装置比传统的注射器的阻力大一些，但由于槽是倾斜的就不会使两个锁定装置同时接触阻塞装置，从而使阻力相对减小，请求人并没有足够证据证明本专利存在漏液的问题。

对此合议组认为：本专利说明书中记载的“最好使各个阻塞装置上设有槽。这些槽不会对柱塞形成阻力，因此达到正常注射的感觉且能更可靠地确保锁定装置的操作”，应结合本专利说明书上下文对其进行理解，在前文中说明书说明了“各个阻塞装置可以是一种突起。相当小的突起就能使锁定装置起作用，而要是把这种突起按不干扰柱塞向前运动的角度设置，则它是不会让使用者‘感觉’出的”。根据上述内容，使阻塞装置上的槽对柱塞形成相对小的阻力，从而使得在利用该注射器进行药物注射时不会由于槽的存在而在整个注射过程中出现停顿。说明书第9页已对如何在传统柱塞模具基础上进行适当改进而生产制造出本专利产品，即已对“适用当前的制造技术与装配程序”进行了相应说明。对于请求人认为倾斜的止退环是不能完全达到自毁目的的，如果做成倾斜的锁定装置就不能同时卡在槽中的观点，合议组认为，根据本专利说明书所公开的内容，槽可以为倾斜的也可为垂直于管件中心线，若为倾斜状态，锁定装置中一侧可卡在该槽内，同样实现阻止柱塞移动的效果，可以实现本发明使注射器无法再次使用的目的。由此可见，请求人关于本专利不符合专利法第 26 条第 3 款规定的无效宣告请求理由不成立。

3. 关于专利法第 33 条的问题

专利法第 33 条规定：申请人可以对其专利申请文件进行修改，但是，对发明和实用新型专利申请文件的修改不得超出原说明书和权利要求书记载的范围，对外观设计专利申请文件的修改不得超出原图片或者照片表示的范围。

请求人认为本专利权利要求 1 中“所述的具有锁定装置的柱塞是整体模制出的”在原申请文件中没有记载，并且也不能从原申请文件中唯一导出。

专利权人指出本专利原说明书第 9 页中就有“单一的模制件”，仅仅表述的措辞不同。

对此合议组认为：本专利原说明书第 9 页第 14~16 行中记载有“管件 1 和柱塞 7 是由塑料用注射成型法制造的。应知它们的各个都是单一的模制件，这样可以降低制造费用。”根据上述记载，对于本领域技术人员来说，可以理解“管件”和“柱塞”是通过单一模制件注射成型制造出的，即可以得出“所述的具有锁定装置的柱塞是整体模制出的”这一技术特征，因而，本专利权利要求 1 中的上述特征并未超出原申请文件公开的范围，符合专利法第 33 条的有关规定。

4. 关于专利法第 26 条第 4 款的问题

专利法第 26 条第 4 款规定：权利要求应当以说明书为依据，说明要求专利保护的范围。

请求人认为本专利权利要求 1 中所记载的“所述的具有锁定装置的柱塞是整体模制出的”内容，在原说明书中没有描写，因而得不到说明书的支持。

对于请求人上述理由，合议组认为：如前所述，原说明书中记载有“管件 1 和柱塞 7 是由塑料用注射成型法制造的”，根据上述内容，可以得出“所述的具有锁定装置的柱塞是整体模制出的”这一技术特征，即权利要求 1 中的上述技术特征可以得到说明书的支持。

请求人认为本专利权利要求 4 中所记载的“至少有一个阻塞装置是与管件的纵轴线成倾斜高达 30°的角”内容，涉及数值范围的问题，但说明书中没有公开 30°~90°之间的两端值附近和一个中间值的实施例，仅有的一个 30°的实施例也是形式上的，因而权利要求 4 中的上述限定得不到说明书的支持。

对于请求人上述理由，合议组认为：本专利权利要求 4 中“至少有一个阻塞装置是与管件的纵轴线成倾斜高达 30°的角”限定的并不是如请求人所称的为一个数值范围，而是一个数值点，即阻塞装置于管件的纵轴线倾斜呈 30°的角的情况，而该数值点的实施例在本专利说明书实施例部分已进行了说明，因而，本专利权利要求 4 的上述内容也可得到说明书的支持。

请求人认为本专利权利要求 12 的附加技术特征在说明书第 8 页第 4~12 行进行了说明，但本领域的技术人员不能根据说明书公开的内容实施其“发明”。

对于请求人上述理由，合议组认为：本专利权利要求 12 的附加技术特征为“在倒钩（17）与阻塞装置（10，11~29）啮合时，柱塞（7）的头部（14）于管件中偏转成垂直于阻塞装置（10，11，29）”，根据本专利说明书相应说明部分以及附图部分，由于倒钩与阻塞装置啮合使得倒钩与呈槽状的阻塞装置的方向一致，倒钩与注射器的头部相连，由此使头部发生偏转成垂直于阻塞装置的状态，即本专利说明书部分已对本专利权利要求 12 请求保护的技术方案进行的说明，本领域技术人员能够根据上述说明实施该技术方案，由此，本专利权利要求 12 也可得到说明书的支持。由此可见，请求人关于本专利不符合专利法第 26 条第 4 款有关规定的无效宣告请求理由并不成立。

5. 关于专利法实施细则第 20 条第 1 款的问题

专利法实施细则第 20 条第 1 款规定：权利要求书应当说明发明或者实用新型的技术特征，清楚、简要地表述请求保护的范围。

请求人认为：本专利权利要求1中“所述的具有锁定装置的柱塞是整体模制出的”属于用方法特征限定产品，没有清楚地表述请求保护的范围。

专利权人认为，用方法限定产品符合审查指南的相关规定，模制出来的部件是一个整体，因而本专利权利要求1符合专利法实施细则第20条第1款的规定。

对此合议组认为：根据审查指南第二部分第二章第3.2.2一节中规定，当无法用结构特征并且也不能用参数特征予以清楚地表征时，允许借助于方法特征表征。本专利权利要求1中将柱塞限定为是整体模制出的，是使用制造方法特征限定出柱塞各部分为整体模制出的，这种限定方式符合审查指南相应部分的规定，因而，本专利权利要求1符合专利法实施细则第20条第1款的有关规定。

请求人认为：本专利权利要求4中“至少有一个阻塞装置是与管件的纵轴线成倾斜高达30°的角”，至少有两种含义，即一种是阻塞装置的某结构要素与管件的纵轴线倾斜，另一种是阻塞装置所在的平面与管件的纵轴线倾斜，两种含义均在本专利说明书中有所体现，所以上述限定不清楚。

专利权人认为：本专利附图7可以看出本专利权利要求4中所限定的角度是槽与注射管的纵轴线的交角，因而，本专利权利要求4符合专利法实施细则第20条第1款的有关规定。

对此合议组认为：根据权利要求4中的限定，可得出阻塞装置整体与管件的纵轴线成30°的夹角，即该阻塞装置整体倾斜于管件的纵轴线，在权利要求4所限定的方案中并未限定出该阻塞装置具体某一结构，因而也就不会得出如请求人所称的阻塞装置的某结构要素与管件的纵轴线倾斜这一含义；另外，根据本专利说明书相应部分的记载（说明书第6页、第8页，附图8、15），其中明确记载了“槽10还布置成与管件1的纵轴线构成不是直角的角度。此角度成高达30°”，“突起29形成为相对于管件1的轴线倾斜的环状，具有三角形的横剖面”，根据说明书的上述记载也可得出作为阻塞装置的槽或突起可与管件的轴线倾斜设置，而不是垂直于轴线设置。而请求人认为的阻塞装置的某结构要素与管件的纵轴线倾斜设置在说明书中是以如下方式说明的，即关于槽10或突起29与内壁成夹角的具体叙述是：“槽10具有第一边即远边10′，它相对于内壁略微倾斜20°~30°，以允许柱塞向前运动”，“突起29形成相对于管件1的轴线倾斜的环状，具有三角形的横剖面。它的第一近边29′，略向内壁倾斜20°~30°，以使柱塞能向前运动”，可见说明书中关于上述两种含义的描述方式并不相同，而权利要求4中的限定方式与说明书中关于阻塞装置整体倾斜于管件轴线设置的描述方式相同，根据说明书相应部分记载也不会使本专利权利要求4中限定出的含义出现歧义，因而，本专利权利要求4符合专利法实施细则第20条第1款有关权利要求清楚的规定。

请求人认为：本专利权利要求12用功能性语言限定产品，没有具体的结构特征，不能清楚地表达要求保护的技术方案，因此，本专利权利要求12不符合专利法实施细则第20条第1款的有关规定。

专利权人认为：本专利权利要求12请求保护的就是本专利附图14所示的状态，因而本专利权利要求12符合专利法实施细则第20条第1款的规定。

对此合议组认为：本专利权利要求12中记载的“柱塞的头部于管件中偏转成垂直于阻塞装置”，已限定出柱塞头部与阻塞在相互啮合时之间的位置关系，上述限定方式并不属于功能性的限定，因而，请求人认为本专利权利要求12不符合专利法实施细则第20条第1款的无效宣告请求理由不成立。

6. 关于专利法第22条第2款的问题

专利法第22条第2款规定：新颖性，是指在申请日以前没有同样的发明或者实用新型在国内外出版物上公开发表过、在国内公开使用过或者以其他方式为公众所知，也没有同样的发明或者实用新型由他人向国务院专利行政部门提出过申请并且记载在申请日以后公布的专利申请文件中。

请求人认为本专利权利要求1相对于附件1或附件2不具备新颖性，权利要求2、3、5-7、10、11相对于附件1不具备新颖性，不符合专利法第22条第2款的规定。

（1）权利要求1是否符合专利法第22条第2款的规定。

本专利权利要求1请求保护一种注射器。附件1公开了一种一次性使用的注射器，具体公开了以下内容（参见附件1说明书第6页，附图11~29）：注射器31具有由塑料模压的针管32，有一滑动地安装在针管32内的柱塞36，其柱塞杆37有一远端柱塞定程器38，它与针管32的内壁成滑动和密封啮合，定程器38装有一标准端销42，其上靠摩擦力安装着一标准的弹性体帽43，除了帽43外柱塞36由塑料整体模压而成，针管32具有整体的远端凸台装置，配置在离端部挡肩44某一预定距离，由三个在圆周上成等距离分布的末端凸台构成，其在横界面上呈对称环形凸起45的形式从内壁39上延伸出来，而类似的整体近端凸台装置配置在离针管近端某一预定的距离，由三个在圆周上成等距分布的近端凸台构成，其在横界面上呈对称环形凸起46的形式，定程器38通过弹性可折断装置48跟柱塞杆整体连接在一起，包括向外延伸的叶片47，每个叶片47具有一个弧形外圆周，柔性地跟定程器38的圆盘43a和柱塞杆37相连接，柱塞36从叶片47配置在接近凸起45的某一位置上抽回，使弹性可折断装置48伸出，柱塞36从针管内完全抽回时由于叶片47与近端凸台46的接触而被阻止，当柱塞36抽回到使能重新注入药物的位置时，叶片不断增加的外径向外的力量向后面的凸起45的结合，铰链位置50处折断，使定位器38和柱塞杆37在针管32内永久分离，而不能再次使用，其中突出装置以许多环的形式在针管内壁上延伸。

由此可见，附件1中的针管32、与针管32内壁呈滑动和密封啮合的柱塞杆37分别相当于本专利中的管件、柱塞，附件1中位于针管32近端和远端的凸起45、46相当于本专利中的阻塞装置，附件1中的弹性体帽43相当于本专利中的密封件，附件1中的定程器38相当于本专利中的带有密封件的头部，附件1中的叶片47相当于本专利中的锁定装置，如附件1中所述当柱塞杆37回撤时其上的叶片47与位于针管32上的凸起45或凸起46啮合，从而阻止柱塞杆37的进一步回撤，这与本专利中锁定装置与阻塞装置的相互配合关系相同，并且附件1中的相当于本专利中锁定装置的叶片47与相当于本专利中头部的定程器38分离的连接，叶片47与柱塞杆37是塑料整体模压而成的，即附件1也公开了本专利中“具有锁定装置的柱塞是整体模制出的”这一技术特征。

专利权人认为：①附件1中的叶片47是被弹性可折断装置48包括的，是连接装置，是可折断的；②附件1中是除了帽以外都是整体模制的，这些均与本专利不同。

针对专利权人上述意见，合议组经合议认为：对于a，附件1中的叶片47与本专利权利要求1中限定出的锁定装置的设置位置与作用均相同，即与柱塞杆37一体、在柱塞杆37回撤时与位于针管32内壁的凸起45、46相啮合，从而实现阻止柱塞杆37进一步回撤；对于b，附件1文字部分明确记载了“除了帽43外，柱塞36由塑料整体模压而成”，其中帽43为一弹性体，其靠摩擦力安装在定程器38上，而定程器38通过弹性可折断装置48跟柱塞杆37整体连接，弹性可折断装置48包括向外延伸的叶片47，根据附件1的文字以及相应附图所示，定程器38与柱塞杆37为一体构成了柱塞36，因此可以得知叶片47、柱塞杆37、定程器38是塑料整体模压而成的。

由此得出，附件1公开了本专利权利要求1的全部技术特征，并且附件1与本专利所属的技术领域相同，且所要解决的技术问题、所采用的技术手段均相同，所得到的技术效果也是相同的，均是提供一种不可再次使用的一次性注射器，因此，本专利权利要求1请求保护的技术方案相对于附件1所公开内容不具备新颖性，不符合专利法第22条第2款的有关规定。

鉴于本专利权利要求1相对于附件1不具备新颖性，本决定就不再对本专利权利要求1相对于附件2是否具备新颖性进行评述。

（2）权利要求2、3、7是否符合专利法第22条第2款的规定。

本专利权利要求2、3、7均是权利要求1的从属权利要求，其附加技术特征分别为：在与管件远端相邻处设有阻塞装置；在管件的近端设有阻塞装置；至少有一个阻塞装置包括突起。

上述附加技术特征均已被附件1所公开，其中附件1中的凸起45相当于本专利权利要求2中与管件远端相邻处设置的阻塞装置，附件1中的凸起46相当于本专利权利要求3中位于管件近端设置的阻塞装置，附件1中的凸起45、46相当于本专利权利要求7中的突起，因此，在其引用的权利要求1不具备新颖性的情况下，从属于本专利权利要求1的权利要求2、3、7也不具备新颖性，不符合专利法第22条第2款的规定。

（3）权利要求5是否符合专利法第22条第2款的规定。

本专利权利要求5是权利要求1的从属权利要求，其附加技术特征为：至少有一个阻塞装置是绕管件的整个周边延伸的。

附件1中的权利要求12的附加技术特征公开了凸台装置呈沿针管内圆周延伸的环形的技术方案，并且说明书中也记载可由多个在针管内壁上延伸的环构成突出装置，即已公开本专利权利要求5的附加技术特征。因此，在其引用的权利要求1不具备新颖性的情况下，从属于本专利权利要求1的权利要求5也不具备新颖性，不符合专利法第22条第2款的规定。

（4）权利要求6是否符合专利法第22条第2款的规定。

本专利权利要求6是权利要求1的从属权利要求，其附加技术特征为：至少一个阻塞装置的横剖面基本上是三角形。

附件1中文字部分虽未明确记载其凸台的横剖面是三角形的，但其附图1、28a以及29中明显看出凸台10、凸起45的横剖面均为三角形，即附件1公开了本专利权利要求6的附加技术特征，因此，在其引用的权利要求1不具备新颖性的情况下，从属于本专利权利要求1的权利要求6也不具备新颖性，不符合专利法第22条第2款的规定。

（5）权利要求10是否符合专利法第22条第2款的规定。

本专利权利要求10是权利要求1~5中任一项的从属权利要求，其附加技术特征为：柱塞的密封件包括弹性密封罩和柱塞的头部具有与弹性密封罩啮合的装置，而锁定装置则设在头部上与罩相邻处。

附件1中的安装在定程器38中标准端销42上的弹性体帽43相当于本专利中的包括有弹性密封罩的密封件，附件1中的标准端销42相当于本专利中的柱塞头部所具有的与弹性密封罩啮合的装置，附件1中的叶片47位于与弹性体帽43相邻的位置处，均与本专利权利要求10的附加技术特征相同，即附件1公开了本专利权利要求10的附加技术特征，因此，在其引用的权利要求1~3、5不具备新颖性的情况下，从属于权利要求1~3、5的权利要求10也不具备新颖性，不符合专利法第22条第2款的规定。

（6）权利要求11是否符合专利法第22条第2款的规定。

本专利权利要求11是权利要求10的从属权利要求，其附加技术特征是：所述的锁定装置包括两个连接到头部并可与头部一起运动但在回撤运动时则与阻塞装置啮合的面向后的倒钩。

附件1中公开的叶片47虽然也是连接到定程器38上、并与定程器38一起运动、且在回撤运动时与凸起45或凸起46相啮合，但附件1中的叶片47并非本专利中“面向后的倒钩”状，而是“向外延伸的”，即附件1中未公开呈面向后倒钩状的锁定装置，因此，附件1无法破坏本专利权利要求11的新颖性，本专利权利要求1相对于附件1符合专利法第22条第2款的规定。

对于专利权人认为不能使用附件1中不同实施例来评述本专利各项权利要求新颖性的观点，合议组认为，在附件1中公开了多个实施例，在这些实施例均是基于一个总的发明构思，各个实施例均是从一个总的技术方案出发，只是在具体结构处有不同的变化，这些实施例总和在一起构成一个完整的技术方案，利用其来评述本专利权利要求新颖性的方式，并不属于使用不同的技术方案评述一项权利要求新颖性的情况，因而专利权人的上述观点不成立。

如上所述，本专利权利要求1~3、5~7、以及权利要求10引用权利要求1~3或5所构成的技术方案相对于附件1不具备新颖性，本专利权利要求10在其引用权利要求4时相对于附件1具备新颖性，本专利权利要求11相对于附件1具备新颖性。

7. 关于专利法第22条第3款的问题

专利法第22条第3款规定：创造性，是指同申请日以前已有的技术相比，该发明有突出的实质性特点和显著的进步，该实用新型有实质性特点和进步。

请求人认为本专利权利要求4、8、9、12~15不具备创造性，不符合专利法第22条第3款的有关规定。

（1）权利要求4是否符合专利法第22条第3款的规定。

本专利权利要求4是权利要求1的从属权利要求，其附加技术特征为：至少有一个阻塞装置是与管件的纵轴线成倾斜高达30°的角。

请求人认为：a. 附件4中附图标记76的部件已公开了本专利权利要求4的附加技术特征；b. 同时权利要求4的附加技术特征属于本领域的公知常识，因而权利要求4不具备创造性。

对于请求人上述观点，合议组经合议认为：对于a，专利权人当庭明确该权利要求限定的是阻塞装置与管件的纵轴线成倾斜设置，如本专利附图7中所示，即本专利权利要求4所限定的方案中，有一个阻塞装置整体倾斜于与管件的纵轴线，所成的夹角高达30°，而附件4中附图标记76所示部件为设置在附图标记50所示部件圆周方向上的、向斜下方的凸起物，其凸起方向与附图标记50所示部件的纵轴线成一定角度，如附件4的附图及其中文译文文字所示，其并未公开将附图标记76所示部件整体倾斜设置从而与附图标记50所示部件成一定角度的技术方案，即附件4并未公开本专利权利要求4的附加技术特征；对于b，请求人未提供证据证明本专利权利要求4的附加技术特征属于本领域的公知常识，并且根据本专利说明书关于对附图14的描述可知，如此设置，使得当作为锁定装置的倒钩与倾斜设置的槽状的阻塞装置啮合时，注射器的头部与槽的角度一致，从而改变了正常的对准关系，也就进一步防止了向后运动，连接杆18与近端倒钩的后不相触，使倒钩更向外位移且更稳靠地进入槽内，起到了自紧固锁定的效果，使用者越用力拉出柱塞，倒钩本身也就会锁定得更紧，即上述设置具有与垂直设置相比更好的技术效果，能够更为可靠的实现无法再次使用注射器。因此，由于附件4并未公开本专利权利要求4的附加技术特征，且请求人未提出能证明该附加技术特征属于本领域公知常识的证据的情况下，本专利权利要求4请求保护的技术方案相对于现有技术具有突出的实质性特点和显著的进步，具备创造性，符合专利法第22条第3款的规定。

（2）权利要求8是否符合专利法第22条第3款的规定。

本专利权利要求8是权利要求1~6的从属权利要求，其附加技术特征为：至少一个阻塞装置包括槽。

请求人认为附件5中公开了槽形式的阻塞装置，将附件5与附件1相结合可破坏本专利权利要求8的创造性。

专利权人认为权利要求8在引用权利要求6时其中包括有权利要求6技术特征，此时槽应是三角形的，这种技术方案在附件中未公开。

附件5公开了一种自锁式一次性塑料注射器（参见附件5说明书第2页，附图1），其中在注射器空筒1靠近上口的设置一环形斜槽2，在活塞轴靠近活塞柄的外壁上设置一环形榫4，活塞轴与空筒1相匹配，环形榫4的外径大于空筒1的外径，在活塞头被退到空筒底时环形斜榫4正好嵌入空筒1的斜槽2，从而使其锁定防止再次使用注射器。

如前所述，附件1公开了可为三角形的凸起形式的装置，在其与柱塞杆中叶片啮合时阻止柱塞杆的进一步位移，从而实现不可再次使用注射器的技术效果，附件5公开了凹槽形式的装置，同样实现阻挡活塞轴进一步位移从而实现不可再次使用注射器的技术效果，将附件5中所公开的凹槽替换附件1中所公开的凸起，同样可以实现防止注射器再次使用的技术效果，上述替换对于本领域普通技术人员来说也是容易想到且显而易见的，而使用各种形状的凹槽属于本领域的常规选择，即在附件1的基础上结合附件5就可得到本专利权利要求8请求保护的技术方案，而且所实现的技术效果也是相同的，因此，当其引用的权利要求1~3、5、6不具备新颖性时，从属于上述权利要求的本专利权利要求8不具备突出的实质性特点和显著的进步，不具备创造性，因而不符合专利法第22条第3款的规定。而由于附件5中并未公开本专利权利要求4的附加技术特征，也未给出相应的技术启示，因此，本专利权利要求8引用权利要求4所构成的技术方案具备创造性，符合专利法第22条第3款的规定。

（3）权利要求9是否符合专利法第22条第3款的规定。

本专利权利要求9是权利要求1~6的从属权利要求，其附加技术特征为：至少一个阻塞装置包括随后有突起的槽。

附件1公开了呈凸起状、用于阻挡柱塞运动的装置，附件5公开一种槽形式的用于阻挡柱塞运动的装置，对于本领域技术人员来说，设置凸起或设置槽以实现阻塞移动物体移动均是本领域的常用技术手段，而为了更好的进行阻挡，很容易想到在槽的后面再设一突起以加强阻塞效果，即本专利权利要求9的附加技术特征对于本领域技术人员是显而易见的，采用各种形状槽或突起也是本领域的常规选择，因此，当其引用的权利要求1~3、5、6不具备新颖性时，从属于上述权利要求的本专利权利要求9不具备突出的实质性特点和显著的进步，不具备创造性，因而不符合专利法第22条第3款的规定。而由于附件1、5中并未公开本专利权利要求4的附加技术特征，也未给出相应的技术启示，因此，本专利权利要求9引用权利要求4所构成的技术方案具备创造性，符合专利法第22条第3款的规定。

（4）权利要求12是否符合专利法第22条第3款的规定。

本专利权利要求12是权利要求11的从属权利要求，其附加特征为：在倒钩于阻塞装置啮合时，柱塞的头部于管件中偏成垂直于阻塞装置。

请求人认为本专利权利要求12不具备有益的效果，指出该权利要求没有创造性，但没有使用对比文件支持其主张。

对此，合议组经审查认为：首先，如前所述，本专利权利要求11相对于附件1具备新颖性，它们之间的区别在于：附件1中的叶片47并非本专利中“面向后的倒钩”状，而是“向外延伸的”，即附件1中未公开呈面向后倒钩状的锁定装置，作为权利要求11的从属权利要求12，其技术方案中不仅包括其附加技术特征部分，还包括有其所引用权利要求中的全部技术特征，请求人认可其所提供的所有证据中均未公开权利要求12的附加技术特征，并且请求人并没有提交证据表明该权利要求的技术方案属于公知常识，即相对于请求人所提交的证据本专利权利要求12具备突出的实质性特点和显著的进步；其次，请求人认为该技术方案不具有有益效果，但根据本专利说明书对该方案的记载（参见本专利说明书第8页第2段），如此设置可使倒钩起到自紧固锁定的效果，使用者越用力拉出柱塞倒钩本身也就会锁定得更近，若施加足够的力柱塞便将在连接杆18处断裂，由此可见本专利权利要求 12 的技术方案更有效地防止了注射器的再次使用，具有有益的技术效果。因此，请求人的上述无效宣告请求理由不成立，本专利权利要求 12 具备创造性。

（5）权利要求 13 是否符合专利法第 22 条第 3 款的规定。

本专利权利要求 13 是权利要求 10 的从属权利要求，其附加特征为：锁定装置包括连接到头部上的盘件，所述的盘件具有可与头部一起运动但在回撤运动中则与阻塞装置啮合的挠性周边。

请求人认为附件 2 第 16、17 页中柔软的圆盘就是本专利权利要求 13 中的盘件，切口就是本专利中的挠性周边。专利权人认为附件 2 中的盘件是连接到柱塞杆上，从附件 2 附图 35 中看出盘件与头部是远离的，并未连接到头部，而本专利权利要求 13 中的盘件是连接到头部的，且附件 2 中头部在回撤时与盘件分离，而本专利中盘件在柱塞回撤时与头部是同时被卡住的。

专利权人认为，附件 2 中的盘件没有连接到头部，与头部是远离的，在回撤时头部与盘件时分离的，不能达到牢固锁定的效果。

附件 2 中公开了一种非可重复使用的针管，其中推杆 2018、加强部分 2019、支架主体 2030、圆盘 2040、以及圆盘 2044 可在一个压铸模件中被制造出来，当柱塞/推杆移动时，圆盘 2044 能够移过锁紧止子 2024，不受阻碍，但柔软的圆盘 2040 在通过锁紧止子时却要变形，并且在通过止子后复原成未经变形时的形状，较厚的圆盘 2044 基本上是刚性的，使其足够紧的固定到圆盘 2040 上以防止圆盘 2040 弯曲而穿过锁紧止子。

由上可知，附件 2 中的圆盘 2040 相当于本专利权利要求 13 中锁定装置的盘件，锁紧止子相当于本专利权利要求 13 中的阻塞装置，圆盘 2040 是柔软的，在其通过锁紧止子时发生变形，即其周边具有挠性并与相当于本专利权利要求 13 中阻塞装置的锁紧止子相啮合，并且圆盘 2040 和圆盘 2044 与推杆 2018、加强部分 2019、支架主体 2030 在一个压铸模件中被制造出来，圆盘 2040、2044 位于推杆 2018 的前部，而推杆 2018 相当于本专利权利要求 13 中的头部，且推杆 2018 与圆盘 2040 相连接，也就是附件 2 公开了本专利权利要求 13 的附加技术特征。权利要求 13 是本专利权利要求 10 的从属权利要求，如前所述，在本专利权利要求 10 引用权利要求 1~3、5 时相对于附件 1 不具备新颖性时，在附件 1 的基础上结合附件 2 所公开的上述内容即可得到本专利权利要求 13 请求保护的技术方案，而且上述结合并没有产生任何意想不到的技术效果，因此，本专利权利要求 13 在权利要求 10 引用权利要求 1~3、5 时所构成的技术方案不具备创造性，不符合专利法第 22 条第 3 款的规定。而由于附件 2 中并未公开本专利权利要求 4 的附加技术特征，也未给出相应的技术启示，因此，本专利权利要求 13 间接引用权利要求 4 所构成的技术方案具备创造性，符合专利法第 22 条第 3 款的规定。

（6）权利要求 14 是否符合专利法第 22 条第 3 款的规定。

本专利权利要求 14 是权利要求 13 的从属权利要求，其附加技术特征是：盘件由头部保持于锁定位置。

如对本专利权利要求 13 进行评述中所述，附件 2 中的圆盘 2040 相当于本专利权利要求 14 中的盘件，并且圆盘 2040 与推杆 2018 一起运动并与锁紧止子相啮合，即附件 2 公开了本专利权利要求 14 的附加技术特征，在本专利权利要求 14 所引用的权利要求 13 未引用权利要求 4 所构成的技术方案不具备创造性的情况下，本专利未引用有权利要求 4 的权利要求 14 请求保护的技术方案也不具备突出的实质性特点和显著的进步，不具备创造性，在其所引用的权利要求 13 的引用有权利要求 4 的技术方案具备创造的情况下，由于附件 2 中未公开本专利权利要求 4 的附加技术特征，也未给出相应的技术启示，所以本专利引用有权利要求 4 的权利要求 14 请求保护的技术方案具备创造性，符合专利法第 22 条第 3 款的规定。

（7）权利要求 15 是否符合专利法第 22 条第 3 款的规定。

本专利权利要求 15 是权利要求 13、14 的从属权利要求，其附加技术特征是：盘件是十字形的。

请求人认为附件 6 的第 3 栏第 36 到 37 行公开了十字形结构。

对此合议组认为：附件 6 为美国专利文献，如前所述，其公开的文字内容以其中文译文即附件 7 为准，附件 7 中仅对附件 6 的说明书第 3 栏第 32～34 行相关部分进行了翻译，其中文译文为“盘 32 示出的是由十字形结构 33 制成，但该盘可以是环形或不规则的形状”，根据上述译文无法确定附件 6 所公开的与本专利所属技术领域相同，即使结合附件 6 的附图部分也不能确定附件 6 公开的是注射器，虽然其译文中包括“盘 32 由十字形结构 33 制成”，但由于无法确定附件 6 所公开的主题，也无法明确得知其中的盘 32 这一部件所起作用与本专利权利要求 15 中的盘件相同，因而，上述内容无法于其他附件结合破坏本专利权利要求 15 的创造性，即本专利权利要求 15 符合专利法第 22 条第 3 条的规定。

综上所述，本专利符合专利法第 26 条第 3 款的规定。本专利权利要求 1 符合专利法第 33 条、第 26 条第 4 款以及专利法实施细则第 20 条第 1 款的规定。本专利权利要求 4、12 符合专利法第 26 条第 4 款以及专利法实施细则第 20 条第 1 款的规定。本专利权利要求 11 符合专利法第 22 条第 2 款的规定，权利要求 1～3、5～7 不符合专利法第 22 条第 2 款的规定，权利要求 4、12、15 符合专利法第 22 条第 3 款的规定，权利要求 8～10、13、14 中引用权利要求 4 的技术方案符合专利法第 22 条第 3 款的规定，未引用权利要求 4 的技术方案不符合专利法第 22 条第 3 款的规定。

至此，基于上述理由和证据，现作出以下决定。

**三、决定**

宣告 97193570. X 号发明专利权利要求 1～3、5～7，以及 8～10、13、14 中未直接或间接引用权利要求 4 的技术方案无效，维持本专利权利要求 4、11、12、15，以及权利要求 8～10、13、14 中直接或间接引用权利要求 4 的技术方案有效。

当事人对本决定不服的，可以根据专利法第 46 条第 2 款的规定，自收到本决定之日起三个月内向北京市第一中级人民法院起诉。根据该款的规定，一方当事人起诉后，另一方当事人应当作为第三人参加诉讼。

## 北京市第一中级人民法院
## 行政判决书

（2007）一中行初字第 1347 号

原告付俊芳，男，1967 年 2 月 20 日出生，汉族，北京福门子科贸有限责任公司总经理，住中华人民共和国河南省安阳市北关区解放路 9 号。

委托代理人王景林，男，1964 年 4 月 28 日出生，汉族，北京实战实效知识产权顾问有限公司职员，住中华人民共和国北京市海淀区林北路 6 号 2 楼 2 门 501 号。

委托代理人陈惟，女，1967 年 6 月 15 日出生，北京福门子科贸有限责任公司总经理，住北京市海淀区双榆树青云北区 10 栋 30 号。

原告星赛瑞有限公司，住所地大不列颠及北爱尔兰联合王国 TN22 3HW 东苏塞克斯皮弗星赛瑞大楼。

法定代表人罗宾·布洛克，授权代表。

委托代理人李尊霞，女，北京康信知识产权代理有限责任公司专利代理人。

委托代理人李德斌，男，北京康信知识产权代理有限责任公司专利代理人。

被告中华人民共和国国家知识产权局专利复审委员会，住所地中华人民共和国北京市海淀区北四环西路9号银谷大厦10~12层。

法定代表人廖涛，副主任。

委托代理人李礼，女，中华人民共和国国家知识产权局专利复审委员会审查员。

委托代理人朱明雅，女，中华人民共和国国家知识产权局专利复审委员会审查员。

原告付俊芳、星赛瑞有限公司（以下简称星赛瑞公司）不服被告中华人民共和国国家知识产权局专利复审委员会于2007年6月19日作出的第10052号无效宣告请求审查决定（以下简称被诉决定），向本院提起行政诉讼。本院受理后，依法组成合议庭，并于2007年12月18日公开进行了审理。原告付俊芳及其委托代理人王景林，原告星赛瑞公司的委托代理人李尊霞、李德斌，被告的委托代理人李礼、朱明雅到庭参加了诉讼。本案现已审理终结。

2007年6月19日，被告作出被诉决定，宣告专利权人为星赛瑞公司的名称为“注射器”的97193570.X号发明专利权（以下简称本专利）权利要求1~3、5~7，以及8~10、13、14中未直接或间接引用权利要求4的技术方案无效；维持本专利权利要求4、11、12、15，以及权利要求8~10、13、14中直接或间接引用权利要求4的技术方案有效。

在法定期限内，被告向本院提交了下列证据：

1. 被诉决定中的附件1：授权公告号为CN1024894C的中国发明专利说明书，授权公告日为1994年6月8日；2. 被诉决定中的附件2：公开号为CN1093184A的中国发明专利申请公开说明书，公开日为1990年1月31日；3. 被诉决定中的附件3：EP049134A1号欧洲专利申请说明书，公开日为1991年1月23日；4. 被诉决定中的附件4：US4986813A号美国专利说明书，公开日为1991年1月22日；5. 被诉决定中的附件5：授权公告号为CN2210669Y中国实用新型专利说明书，其授权公告日为1995年10月25日；6. 被诉决定中的附件6：US5370620A美国专利说明书，公开日为1994年12月6日；7. 被诉决定中的附件7：附件3、4、6部分内容的中文译文，共1页；8. 本专利授权公告文本；9. 口头审理记录表。

原告付俊芳诉称：被诉决定认定事实不清，适用法律错误。首先，根据说明书的记载，本专利权利要求4可以有两种理解，其中一种理解为“阻塞装置（10，11，29）的远边10′/近边29′与管件（1）的纵轴线倾斜”。而且，本专利权利要求4中“倾斜高达30°的角”在说明书中缺乏实施例的有效支持，不符合《中华人民共和国专利法》（以下简称《专利法》）第二十六条第四款的规定。其次，理论分析和生产实践都证明，本专利权利要求4中的倾斜“阻塞装置”不能够实现其发明目的，不具有创造性。原告在口审过程中具体解释了如上所述的“生产实践反复证明，这种所谓的倾斜‘阻塞装置’经常不能阻止注射杆的继续回拉，即经常失去预期的阻挡作用”，而被告没有理解也没有采纳。实际上，所谓的倾斜“阻塞装置”有时能够阻止注射杆的继续回拉，而有时不能够阻止注射杆的继续回拉，到底如何确保所谓的倾斜“阻塞装置”能够更加有效地阻止注射杆的继续回拉，本专利权利要求4没有任何技术特征的限定。最后，本专利权利要求12是用功能性语言限定产品，没有具体的结构特征，不能清楚地表达要求保护的技术方案，不符合《中华人民共和国专利法实施细则》（以下简称《专利法实施细则》）第二十条第一款的规定。而且，对于权利要求12的附加技术特征，专利权人从没有进行过这样的试验，也没有公开试验条件和试验结果，致使本领域技术人员不能够根据说明书公开的内容实施其“发明”，不符合《专利法》第二十六条第四款的规定。

此外，本专利权利要求12不具有创造性，因为以倾斜的元件作为止挡是机械工程领域的惯用手段；即使不考虑是否“显而易见”，也不可能存在“意想不到的效果”，相反，采用所谓的倾斜“阻塞装置”根本就没有有益效果。第四，本专利不符合《专利法》第二十六条第三款的规定。综上，请求人民法院撤销被诉决定中维持本专利有效的部分的内容。

在法定期限内，付俊芳向本院提交了下列证据：

（1）专利权无效宣告请求书及其附页，证明付俊芳已经指出本专利应当被宣告全部无效；

（2）证据相关部分的中文译文，证明付俊芳对于证据进行了所有必要的翻译；

（3）附件6，证明权利要求4不具有创造性；

（4）本专利授权公告文本，证明本专利应当被宣告全部无效。

星赛瑞公司诉称：被诉决定认定事实不清，适用法律错误。首先，附件1中所揭示的叶片47，无论其设置位置还是其所起的作用及作用方式均与本专利权利要求1中的锁定装置不同，叶片47并不是一种锁定装置。在附件1中，如果去掉叶片47，则其注射器将不能作为一种普通注射器使用，而本专利去掉锁定装置后，仍然可以作为一种普通注射器使用。附件1中的叶片47实际上构成头部的一部分，且布置成与所述柱塞杆37形成无效运动，因此，在柱塞推进或者回撤时均需经过一段时间的无效运动，然后才能实现与突起啮合并最终实现折断的目的，而本专利权利要求1所限定的技术方案在柱塞推进或者回撤时则不需要进行相应的无效运动即实现锁固功能。因此，本专利权利要求1符合《专利法》第二十二条第二款的规定。在此基础上，权利要求1的从属权利要求2、3、5、7也具备新颖性。其次，附件1中没有任何关于其凸台的横剖面是三角形的文字记载；而且，相对于整个注射器而言，作为阻塞装置的凸台是非常微小的，从附件1中的附图1、28a以及29中，仅可看出其标记为10的凸台为一模糊不清的小黑点以及带有一尖头的凸起45，而对于其横剖面是否为三角形，从附图中并不能直接地、毫无疑义地予以明确。因此，在权利要求1具有新颖性的基础上，其从属权利要求6也具备新颖性。在本专利权利要求1~3、5、6均具备新颖性进而具备创造性的基础上，从属权利要求8、9也具备创造性。最后，附件1中没有公开本专利权利要求10中的附加技术特征“……和柱塞的头部（14）具有与弹性密封罩（15）啮合的装置”，也没有公开“……和柱塞的头部（14）具有与弹性密封罩（15）啮合的装置，而锁定装置（17，20）则设在头部（14）上与罩（15）相邻处”这一技术特征。本专利权利要求10具有新颖性。此外，权利要求13的附加技术特征并未被附件2所揭示，在权利要求10引用权利要求1~3、5相对于附件1具备新颖性的基础上，权利要求13在权利要求10引用权利要求1~3、5时所限定的技术方案具备创造性。第四，由于附件2中所述的圆盘2040并没有与其头部相连接，其保持锁定位置是依赖于较厚且刚性的圆盘2044的支撑，而本专利权利要求14中的盘件是通过一个短的中央连接件与其头部的底座16相连，并且通过挠性连接件18与柱塞杆8相连接。因此，本专利权利要求14中的附加技术特征“盘件（20）由头部（14）保持于锁定位置”并没有被附件2所公开。同时，如前所述，未直接或者间接引用权利要求4的本专利权利要求13具有创造性，在此基础上，引用权利要求13的权利要求14同样具备创造性。综上，请求人民法院撤销被诉决定中宣告本专利权无效的部分的内容，责令被告重新作出决定。

在法定期限内，星赛瑞公司向本院提交了下列证据：

（1）本专利说明书，证明付俊芳提起无效宣告请求的客体；

（2）附件1、附件2、附件5，证明本专利符合《专利法》有关新颖性和创造性的规定，应当维持有效。

被告辩称：被诉决定认定事实清楚，适用法律正确，程序合法。首先，附件1中的叶片47设定位置、作用均与本专利权利要求1对锁定装置的限定相同，而确定一项权利要求保护范围应以其权利要求所限定出的内容为准，不应将该项权利要求中未限定的内容引入，本专利权利要求1中仅限定了锁定装置与头部连接，并未限定具体采用哪种连接方式。其次，本专利权利要求4限定的是阻塞装置整体与管件的纵轴线之间的倾斜关系，而不会得出是阻塞装置的某结构要素与管件纵轴线倾斜这一含义，因此该权利要求的限定是清楚的。本专利权利要求4请求保护的并不是一个数值范围，而是一个数值点，即至少有一个阻塞装置是与管件的纵轴线倾斜成30°角的情况，说明书中已对这个技术方案进行了说明。由于本专利权利要求4限定的是阻塞装置整体与纵轴线倾斜，而附件4所公开的附图标记76的结构为设置在附图标记50所示部件圆周方向上的、向斜下方的凸起物，并未公开附图标记76所示部件整体倾斜设置从而与附图标记50所示部件成一定角度的技术方案，因而，本专利权利要求4具有创造性。再次，关于权利要求6、12的问题与本专利说明书是否公开充分的问题，坚持被诉决定中的认定。又次，本专利权利要求10中限定的啮合表示的是柱塞头部与弹性密封罩之间处于紧密配合关系，从而将弹性密封罩牢固地固定在柱塞头部上，附件1中的标准端销42是仅次于柱塞头部，且其上套装弹性体帽43，两者之间同样处于紧密配合关系，因而附件1中的标准端销相当于本专利权利要求10中的啮合装置，同时附件1中的叶片相当于本专利中的锁定装置，因而附件1已经公开了本专利权利要求10的技术特征。最后，被诉决定中已经详细说明附件2中公开的盘件相当于本专利权利要求13及14中的盘件，即附件2已公开了本专利权利要求13、14的附加技术特征。综上，请求人民法院维持被诉决定，驳回两原告的诉讼请求。

经庭审质证，付俊芳对于被告的证据无异议；星赛瑞公司认为付俊芳在行政阶段已经放弃了附件3，因此其不应作为诉讼证据。星赛瑞公司与被告对于付俊芳证据的真实性无异议，但不同意其证明作用。付俊芳及被告对于星赛瑞公司的证据无异议。

本院经审查认为，各方当事人提交的证据均与本案有关联，且合法、真实，本院均予确认。

根据上述有效证据及各方当事人无争议的陈述，本院认定事实如下：

本专利的申请日是1997年7月11日，优先权日为1996年7月15日、1997年5月9日，授权公告日为2004年8月25日。本专利授权公告的权利要求书如下：

“1. 一种注射器，它包括管件（1）和可在其中滑动与密封啮合的柱塞（7），管件（1）具有至少一种阻塞其内壁柱面的阻塞装置（10，11，29），而柱塞（7）具有带有密封件的头部（14）和锁定装置（17，20），它们布置成使得锁定装置（17，20）在柱塞（7）撤出时能有效地与阻塞装置（10，11，29）啮合，用以阻止作进一步的回撤运动，其特征在于所述的锁定装置（17，20）与所述的密封件分开并与所述的头部（14）连接，所述的具有锁定装置（17，20）的柱塞（7）时整体模制出的。

2. 如权利要求1所述的注射器，其特征在于，在与管件（1）远端（4）相邻处设有阻塞装置（10；29）。

3. 如权利要求1所述的注射器，其特征在于，在管件（1）的近端设有阻塞装置（11；29）。

4. 如权利要求1所述的注射器，其特征在于，至少有一个阻塞装置（10，11；29）是与管件（1）的纵轴线成倾斜高达30°的角。

5. 如权利要求1所述的注射器，其特征在于，至少有一个阻塞装置（10，11；29）是绕管件（1）的整个周边延伸。

6. 如权利要求1所述的注射器，其特征在于，至少有一个阻塞装置（10，11；29）的横剖面基本上是三角形。

7. 如权利要求1所述的注射器，其特征在于，至少有一个阻塞装置包括突起（29）。

8. 如权利要求1～6中任一项所述的注射器，其特征在于，至少有一个阻塞装置包括槽（10，

11）。

9. 如权利要求1~6中任一项所述的注射器，其特征在于，至少有一个阻塞装置包括随后有突起（29）的槽（10，11）。

10. 如权利要求1~5中任一项所述的注射器，其特征在于，柱塞（7）的密封件包括弹性密封罩（15）和柱塞的头部（14）具有与弹性密封罩（15）啮合的装置，而锁定装置（17，20）则设在头部（14）上与罩（15）相邻处。

11. 如权利要求10所述的注射器，其特征在于，所述的锁定装置包括两个连接到头部（14）并可与头部一起运动但在回撤运动时则与阻塞装置（10，11；29）啮合的面向后的倒钩（17）。

12. 如权利要求11所述的注射器，其特征在于，在倒钩（17）与阻塞装置（10，11；29）啮合时，柱塞（7）的头部（14）于管件中偏转成垂直于阻塞装置（10，11，29）。

13. 如权利要求10所述的注射器，其特征在于，锁定装置包括连接到头部（14）上的盘件（20），所述的盘件（20）具有可与头部一起运动但在回撤运动中则与阻塞装置（10，11；29）啮合的挠性周边（22）。

14. 如权利要求13所述的注射器，其特征在于，盘件（20）由头部（14）保持于锁定位置。

15. 如权利要求13或14所述的注射器，其特征在于，盘件（20）时十字形的。”

针对本专利权，付俊芳于2006年8月15日向被告提出无效宣告请求，其理由是：本专利说明书不符合《专利法》第二十六条第三款的规定；本专利权利要求1的“整体模制出的”未记载在原申请文件中因而不符合《专利法》第三十三条的规定；本专利权利要求1中“所述的具有锁定装置的柱塞是整体制出的”为用方法特征限定产品，本专利权利要求4中的“至少有一个阻塞装置是与管件的纵轴线成倾斜高达30°的角”、以及权利要求12中的“柱塞的头部于管件中偏转成垂直于阻塞装置”限定不清楚，因而不符合《专利法实施细则》第二十条第一款的规定；也是由于本专利权利要求4、12中上述技术特征得不到说明书的支持而不符合《专利法》第二十六条第四款的规定；本专利权利要求1分别相对于附件1和附件2不具备新颖性，相对于附件3不具备创造性；本专利权利要求2、3、5~7、10、11相对于附件1不具备新颖性；本专利权利要求4的附加技术特征为本领域公知常识且在附件4中公开，权利要求8的附加技术特征在附件5中公开，权利要求8相对于附件1和附件5的结合不具备创造性，本专利权利要求9相对于附件1、附件3和附件5的结合不具备创造性，本专利权利要求12的附加技术特征为本领域公知常识，本专利权利要求13、14分别相对于附件1和附件2的结合不具备创造性，本专利权利要求15相对于附件1、附件2和附件6的结合不具备创造性。付俊芳同时提交了附件1~7。

经形式审查合格，被告受理了上述无效宣告请求，并依法将相关材料进行了转文。

星赛瑞公司于2006年10月26日提交了意见陈述书，认为：本专利权利要求1中请求人认为不清楚的“所述的具有锁定装置的柱塞是整体模制的”属于该产品技术特征的说明，上述限定是清楚的，符合《专利法实施细则》第二十条第一款的规定。根据原始公开的说明书第9页第14~15行所记载的“各个都是单一的模制件”，可得出单一的模制件是整体的模制件，因而权利要求1符合《专利法》第三十三条的规定。本专利说明书中现有技术中存在引用在先专利的公开号有误的问题，并不影响本领域的技术人员知晓这些现有技术，也不影响技术人员根据说明书和附图实施本发明的能力，而本专利说明书和附图是清楚和完整的，因而符合《专利法》第二十六条第三款的规定。根据说明书涉及槽和突起的第6和8页描述了阻塞装置的详细情况，权利要求4限定该整体装置，而非槽和突起的具体情况，由此，本专利权利要求4能够得到说明书的支持且限定的保护范围清楚。星赛瑞公司认为权利要求12中已给出了足够的技术特征，符合《专利法实施细则》第二十条第一款的规定，而对于付俊芳认为阻塞装置将不会于管件中偏转头部，由于其未提出证据支持其观点，星赛瑞公司认为权利要求12符合《专利法》第二十六条第四款的规定。权利要求1请求保护的技术方案与附件1公开内容相比，本专利中的作为锁定装置的叶片构成头部的一部分，而附件1中的锁定装置并不是头部的一部分，由于本专利与附件1具有上述区别，从而使得本专利权利要求1请求保护的方案更加坚固，更易制造和使用，并且附件1中也未公开“具有锁定装置的柱塞是整体模制的”，因而本专利权利要求1相对于附件1具备新颖性、创造性；附件2中未公开柱塞制成整体模制件，因此本专利权利要求1相对于附件2具备新颖性、创造性；附件3中由于杆和密封件之间的重入部分，其柱塞不可能是整体模制件，因此本专利权利要求1相对于附件3具备新颖性、创造性；独立权利要求1相对于附件1~3均具备新颖性、创造性，因而权利要求2~15也具备新颖性、创造性。被告也依法将上述材料进行了转文。

2007年3月21日，付俊芳及星赛瑞公司均参加了被告举行的口头审理。口审中，付俊芳当庭明确其无效理由和范围为：（1）本专利说明书不符合《专利法》第二十六条第三款的规定；（2）权利要求1不符合《专利法》第三十三条、第二十六条第四款的规定；（3）权利要求1、4、12不符合《专利法实施细则》第二十条第一款的规定；（4）权利要求4、12不符合《专利法》第二十六条第四款的规定；（5）权利要求1~3、5~7，10、11不符合《专利法》第二十二条第二款的规定；（6）权利要求8、9、13~15不符合《专利法》第二十二条第三款的规定。付俊芳明确放弃使用附件3，评述各权利要求新颖性、创造性对各个证据的使用方式除包含有附件3之外其余均与无效宣告请求书一致。星赛瑞公司对附件1、2、4~6的真实性无异议，对附件4、6的使用部分译文的准确性无异议。

口审中，付俊芳与星赛瑞公司就本专利是否符合《专利法》第二十六条第三款、第二十六条第四款、第二十二条第二款、第二十二条第三款、第三十三条、《专利法实施细则》第二十条第一款的规定充分发表了各自的意见。

被告经审查认为：

1. 关于证据和现有技术

附件1、2、4~6的公开日期均早于本专利的申请日，并且星赛瑞公司对上述附件及附件4、6中文译文准确性的真实性无异议，因此附件1、2、4~6可以作为本案证据使用，其上记载的内容构成本专利的现有技术，其中附件4、6所使用文字部分的内容以其中文译文即附件7为准。鉴于付俊芳明确表示放弃附件3，因此不再对该份证据进行评述。

2. 关于《专利法》第二十六条第三款的问题

付俊芳认为：本专利说明书第3页第8行记载的“最好使各个阻塞装置上设有槽。这些槽不会对柱塞形成阻力，因此达到正常注射的感觉且能更可靠地确保锁定装置的操作”，上述情况是很难实施的，两者相互矛盾；说明书中未对“适用当前的制造技术与装配程序”进行说明，且本专利中所指的倾斜的止退环是不能完全达到自毁目的的，如果做成倾斜的锁定装置就不能同时卡在槽中。星赛瑞公司认为：上述问题应结合上下文理解，本专利是既可带有槽形式的注射器又可是带有突起形式的注射器，同一部位也有可能既有突起又有槽，在突起上面可以设置槽，本专利说明书中已公开了槽可以是斜的，也可以做成直的，并且倾斜的可以实现本专利的发明目的，如果一侧卡住就可以实现无法再抽出来，即可实现锁定，本专利中有阻塞装置比传统的注射器的阻力大一些，但由于槽是倾斜的就不会使两个锁定装置同时接触阻塞装置，从而使阻力相对减小，付俊芳并没有足够证据证明本专利存在漏液的问题。

对此被告认为：本专利说明书中记载的“最好使各个阻塞装置上设有槽。这些槽不会对柱塞形成阻力，因此达到正常注射的感觉且能更可靠地确保锁定装置的操作”，应结合本专利说明书上下文对其进行理解，在前文中说明书说明了“各个阻塞装置可以是一种突起。相当小的突起就能使锁定装置起作用，而要是把这种突起按不干扰柱塞向前运动的角度设置，则它是不会让使用者‘感觉’出的”。根据上述内容，使阻塞装置上的槽对柱塞形成相对小的阻力，从而使得在利用该注射器进行药物注射时不会由于槽的存在而在整个注射过程中出现停顿。说明书第9页已对如何在传统柱塞模具基础上进行适当改进而生产制造出本专利产品，即已对“适用当前的制造技术与装配程序”进行了相应说明。对于付俊芳关于倾斜的止退环是不能完全达到自毁目的的，如果做成倾斜的锁定装置就不能同时卡在槽中的观点，被告认为，根据本专利说明书所公开的内容，槽可以为倾斜的也可为垂直于管件中心线，若为倾斜状态，锁定装置中一侧可卡在该槽内，同样实现阻止柱塞移动的效果，可以实现本发明使注射器无法再次使用的目的。因此，付俊芳关于本专利不符合《专利法》第二十六条第三款规定的无效理由不成立。

3. 关于《专利法》第三十三条的问题

付俊芳认为本专利权利要求1中“所述的具有锁定装置的柱塞是整体模制出的”在原申请文件中没有记载，并且也不能从原申请文件中唯一导出。星赛瑞公司指出本专利原说明书第9页中就有“单一的模制件”，仅仅表述的措辞不同。

对此被告认为：本专利原说明书第9页第14~16行中记载有“管件1和柱塞7是由塑料用注射成型法制造的。应知它们的各个都是单一的模制件，这样可以降低制造费用。”根据上述记载，对于本领域技术人员来说，可以理解“管件”和“柱塞”是通过单一模制件注射成型制造出的，即可以得出“所述的具有锁定装置的柱塞是整体模制出的”这一技术特征，因而，本专利权利要求1中的上述特征并未超出原申请文件公开的范围，符合《专利法》第三十三条的有关规定。

4. 关于《专利法》第二十六条第四款的问题

付俊芳认为本专利权利要求1中所记载的“所述的具有锁定装置的柱塞是整体模制出的”内容，在原说明书中没有描写，因而得不到说明书的支持。

被告认为：如前述，原说明书中记载有“管件1和柱塞7是由塑料用注射成型法制造的”，根据上述内容，可以得出“所述的具有锁定装置的柱塞是整体模制出的”这一技术特征，即权利要求1中的上述技术特征可以得到说明书的支持。

付俊芳认为本专利权利要求4中所记载的“至少有一个阻塞装置是与管件的纵轴线成倾斜高达30°的角”内容，涉及数值范围的问题，但说明书中没有公开30°~90°之间的两端值附近和一个中间值的实施例，仅有的一个30°的实施例也是形式上的，因而权利要求4中的上述限定得不到说明书的支持。

被告认为：本专利权利要求4中“至少有一个阻塞装置是与管件的纵轴线成倾斜高达30°的角”限定的并不是如付俊芳所称的为一个数值范围，而是一个数值点，即阻塞装置于管件的纵轴线倾斜呈30°的角的情况，而该数值点的实施例在本专利说明书实施例部分已进行了说明，因而，本专利权利要求4的上述内容也可得到说明书的支持。

付俊芳认为本专利权利要求12的附加技术特征在说明书第8页第4~12行进行了说明，但本领域的技术人员不能根据说明书公开的内容实施其“发明”。

被告认为：本专利权利要求12的附加技术特征为“在倒钩（17）与阻塞装置（10，11；29）啮合时，柱塞（7）的头部（14）于管件中偏转成垂直于阻塞装置（10，11，29）”，根据本专利说明书相应说明部分以及附图部分，由于倒钩与阻塞装置啮合使得倒钩与呈槽状的阻塞装置的方向一致，倒钩与注射器的头部相连，由此使头部发生偏转成垂直于阻塞装置的状态，即本专利说明书部分已对本专利权利要求 12 请求保护的技术方案进行的说明，本领域技术人员能够根据上述说明实施该技术方案，由此，本专利权利要求 12 也可得到说明书的支持。因此，付俊芳关于本专利不符合《专利法》第二十六条第四款有关规定的无效理由并不成立。

5. 关于《专利法实施细则》第二十条第一款的问题

付俊芳认为：本专利权利要求 1 中“所述的具有锁定装置的柱塞是整体模制出的”属于用方法特征限定产品，没有清楚地表述请求保护的范围。星赛瑞公司认为，用方法限定产品符合《审查指南》的相关规定，模制出来的部件是一个整体，因而本专利权利要求 1 符合《专利法实施细则》第二十条第一款的规定。

被告认为：根据《审查指南》第二部分第二章第 3.2.2 清楚一节中规定，当无法用结构特征并且也不能用参数特征予以清楚地表征时，允许借助于方法特征表征。本专利权利要求 1 中将柱塞限定为是整体模制出的，是使用制造方法特征限定出柱塞各部分为整体模制出的，这种限定方式符合《审查指南》相应部分的规定，因而，本专利权利要求 1 符合《专利法实施细则》第二十条第一款的有关规定。

付俊芳认为：本专利权利要求 4 中“至少有一个阻塞装置是与管件的纵轴线成倾斜高达 30°的角”，至少有两种含义，即一种是阻塞装置的某结构要素与管件的纵轴线倾斜，另一种是阻塞装置所在的平面与管件的纵轴线倾斜，两种含义均在本专利说明书中有所体现，所以上述限定不清楚。星赛瑞公司认为：本专利附图 7 可以看出本专利权利要求 4 中所限定的角度是槽与注射管的纵轴线的交角，因而，本专利权利要求 4 符合《专利法实施细则》第二十条第一款的有关规定。

被告认为：首先根据权利要求 4 中的限定，可得出阻塞装置整体与管件的纵轴线成 30°的夹角，即该阻塞装置整体倾斜于管件的纵轴线，在权利要求 4 所限定的方案中并未限定出该阻塞装置具体某一结构，因而也就不会得出如付俊芳所称的阻塞装置的某结构要素与管件的纵轴线倾斜这一含义；其次，根据本专利说明书相应部分的记载（说明书第 6 页、第 8 页，附图 8、15），其中明确记载了“槽 10 还布置成与管件 1 的纵轴线构成不是直角的角度。此角度成高达 30°”，“突起 29 形成为相对于管件 1 的轴线倾斜的环状，具有三角形的横剖面”，根据说明书的上述记载也可得出作为阻塞装置的槽或突起可与管件的轴线倾斜设置，而不是垂直于轴线设置。而付俊芳认为的阻塞装置的某结构要素与管件的纵轴线倾斜设置在说明书中是以如下方式说明的，即关于槽 10 或突起 29 与内壁成夹角的具体叙述是：“槽 10 具有第一边即远边 10′，它相对于内壁略微倾斜 20°~30°，以允许柱塞向前运动”，“突起 29 形成相对于管件 1 的轴线倾斜的环状，具有三角形的横剖面。它的第一近边 29′，略向内壁倾斜 20°~30°，以使柱塞能向前运动”，可见说明书中关于上述两种含义的描述方式并不相同，而权利要求 4 中的限定方式与说明书中关于阻塞装置整体倾斜于管件轴线设置的描述方式相同，根据说明书相应部分记载也不会使本专利权利要求 4 中限定出的含义出现歧义，因而，本专利权利要求 4 符合《专利法实施细则》第二十条第一款的规定。

付俊芳认为：本专利权利要求 12 用功能性语言限定产品，没有具体的结构特征，不能清楚地表达要求保护的技术方案，本专利权利要求 12 不符合《专利法实施细则》第二十条第一款的规定。星赛瑞公司认为：本专利权利要求 12 请求保护的就是本专利附图 14 所示的状态，因而本专利权利要求 12 符合《专利法实施细则》第二十条第一款的规定。

被告认为：本专利权利要求 12 中记载的“柱塞的头部于管件中偏转成垂直于阻塞装置”，已限定出柱塞头部与阻塞在相互啮合时之间的位置关系，上述限定方式并不属于功能性的限定。因此，付俊芳认为本专利权利要求 12 不符合《专利法实施细则》第二十条第一款的无效理由不成立。

6. 关于《专利法》第二十二条第二款的问题

（1）权利要求 1 的问题。

权利要求 1 请求保护一种注射器。附件 1 公开了一种一次性使用的注射器，具体公开了以下内容（参见附件 1 说明书第 6 页，附图 11～29）：注射器 31 具有由塑料模压的针管 32，有一滑动地安装在针管 32 内的柱塞 36，其柱塞杆 37 有一远端柱塞定程器 38，它与针管 32 的内壁成滑动和密封啮合，定程器 38 装有一标准端销 42，其上靠摩擦力安装着一标准的弹性体帽 43，除了帽 43 外柱塞 36 由塑料整体模压而成，针管 32 具有整体的远端凸台装置，配置在离端部挡肩 44 某一预定距离，由三个在圆周上成等距离分布的末端凸台构成，其在横界面上呈对称环形凸起 45 的形式从内壁 39 上延伸出来，而类似的整体近端凸台装置配置在离针管近端某一预定的距离，由三个在圆周上成等距分布的近端凸台构成，其在横界面上呈对称环形凸起 46 的形式，定程器 38 通过弹性可折断装置 48 跟柱塞杆整体连接在一起，包括向外延伸的叶片 42、每个叶片 47 具有一个弧形外圆周，柔性地跟定程器 38 的圆盘 43a 和柱塞杆 37 相连接，柱塞 36 从叶片 47 配置在接近凸起 45 的某一位置上抽回，使弹性可折断装置 48 伸出，柱塞 36 从针管内完全抽回时由于叶片 47 与近端凸台 46 的接触而被阻止，当柱塞 36 抽回到使能重新注入药物的位置时，叶片不断增加的外径向外的力量向后面的凸起 45 的结合，铰连位置 50 处折断，使定位器 38 和柱塞杆 37 在针管 32 内永久分离，而不能再次使用，其中突出装置以许多环的形式在针管内壁上延伸。

由此可见，附件 1 中的针管 32、与针管 32 内壁呈滑动和密封啮合的柱塞杆 37 分别相当于本专利中的管件、柱塞，附件 1 中位于针管 32 近端和远端的凸起 45、46 相当于本专利中的阻塞装置，附件 1 中的弹性体帽 43 相当于本专利中的密封件，附件 1 中的定程器 38 相当于本专利中的带有密封件的头部，附件 1 中的叶片 47 相当于本专利中的锁定装置，如附件 1 中所述当柱塞杆 37 回撤时其上的叶片 47 与位于针管 32 上的凸起 45 或凸起 46 啮合，从而阻止柱塞杆 37 的进一步回撤，这与本专利中锁定装置与阻塞装置的相互配合关系相同，并且附件 1 中的相当于本专利中锁定装置的叶片 47 与相当于本专利中头部的定程器 38 分离的连接，叶片 47 与柱塞杆 37 是塑料整体模压而成的，即附件 1 也公开了本专利中“具有锁定装置的柱塞是整体模制出的”这一技术特征。

星赛瑞公司认为：①附件 1 中的叶片 47 是被弹性可折断装置 48 包括的，是连接装置，是可折断的；②附件 1 中是除了帽以外都是整体模制的，这些均与本专利不同。

对此被告认为：对于①，附件 1 中的叶片 47 与本专利权利要求 1 中限定出的锁定装置的设置位置与作用均相同，即与柱塞杆 37 一体、在柱塞杆 37 回撤时与位于针管 32 内壁的凸起 45、46 相啮合，从而实现阻止柱塞杆 37 进一步回撤；对于②，附件 1 文字部分明确记载了“除了帽 43 外，柱塞 36 由塑料整体模压而成”，其中帽 43 为一弹性体，其靠摩擦力安装在定程器 38 上，而定程器 38 通过弹性可折断装置 48 跟柱塞杆 37 整体连接，弹性可折断装置 48 包括向外延伸的叶片 47，根据附件 1 的文字以及相应附图所示，定程器 38 与柱塞杆 37 为一体构成了柱塞 36，因此可以得知叶片 47、柱塞杆 37、定程器 38 是塑料整体模压而成的。

由此得出，附件 1 公开了本专利权利要求 1 的全部技术特征，并且附件 1 与本专利所属的技术领域相同，且所要解决的技术问题、所采用的技术手段均相同，所得到的技术效果也是相同的，均是提供一种不可再次使用的一次性注射器，因此，本专利权利要求 1 相对于附件 1 不具备新颖性。

鉴于上述理由，不再对权利要求 1 相对于附件 2 是否具备新颖性进行评述。

（2）权利要求 2、3、7 的问题。

权利要求 2、3、7 均是权利要求 1 的从属权利要求，其附加技术特征分别为：在与管件远端相邻处设有阻塞装置；在管件的近端设有阻塞装置；至少有一个阻塞装置包括突起。

上述附加技术特征均已被附件 1 所公开，其中附件 1 中的凸起 45 相当于本专利权利要求 2 中与管件远端相邻处设置的阻塞装置，附件 1 中的凸起 46 相当于本专利权利要求 3 中位于管件近端设置的阻塞装置，附件 1 中的凸起 45、46 相当于本专利权利要求 7 中的突起，因此，在其引用的权利要求 1 不具备新颖性的情况下，从属于本专利权利要求 1 的权利要求 2、3、7 也不具备新颖性。

（3）权利要求 5 的问题。

权利要求 5 是权利要求 1 的从属权利要求，其附加技术特征为：至少有一个阻塞装置是绕管件的整个周边延伸的。

附件 1 中的权利要求 12 的附加技术特征公开了凸台装置呈沿针管内圆周延伸的环形的技术方案，并且说明书中也记载可由多个在针管内壁上延伸的环构成突出装置，即已公开本专利权利要求 5 的附加技术特征。因此，在其引用的权利要求 1 不具备新颖性的情况下，从属于本专利权利要求 1 的权利要求 5 也不具备新颖性。

（4）权利要求 6 的问题。

本专利权利要求 6 是权利要求 1 的从属权利要求，其附加技术特征为：至少一个阻塞装置的横剖面基本上是三角形。

附件 1 中文字部分虽未明确记载凸台的横剖面是三角形的，但其附图 1、28a 以及 29 中明显看出凸台 10、凸起 45 的横剖面均为三角形，即附件 1 公开了本专利权利要求 6 的附加技术特征，因此，在其引用的权利要求 1 不具备新颖性的情况下，从属于本专利权利要求 1 的权利要求 6 也不具备新颖性。

（5）权利要求 10 的问题。

本专利权利要求 10 是权利要求 1~5 中任一项的从属权利要求，其附加技术特征为：柱塞的密封件包括弹性密封罩，和柱塞的头部具有与弹性密封罩啮合的装置，而锁定装置则设在头部上与罩相邻处。

附件 1 中的安装在定程器 38 中标准端销 42 上的弹性体帽 43 相当于本专利中的包括有弹性密封罩的密封件，附件 1 中的标准端销 42 相当于本专利中的柱塞头部所具有的与弹性密封罩啮合的装置，附件 1 中的叶片 47 位于与弹性体帽 43 相邻的位置处，均与本专利权利要求 10 的附加技术特征相同，即附件 1 公开了本专利权利要求 10 的附加技术特征，因此，在其引用的权利要求 1~3、5 不具备新颖性的情况下，从属于权利要求 1~3、5 的权利要求 10 也不具备新颖性。

（6）权利要求 11 的问题。

权利要求 11 是权利要求 10 的从属权利要求，其附加技术特征是：所述的锁定装置包括两个连接到头部并可与头部一起运动但在回撤运动时则与阻塞装置啮合的面向后的倒钩。

附件 1 中公开的叶片 47 虽然也是连接到定程器 38 上、并与定程器 38 一起运动、且在回撤运动时与凸起 45 或凸起 46 相啮合，但附件 1 中的叶片 47 并非本专利中“面向后的倒钩”状，而是“向外延伸的”，因此，附件 1 无法破坏本专利权利要求 11 的新颖性。

对于星赛瑞公司认为不能使用附件 1 中不同实施例来评述本专利各项权利要求新颖性的观点，被告认为，在附件 1 中公开了多个实施例，在这些实施例均是基于一个总的发明构思，各个实施例均是从一个总的技术方案出发，只是在具体结构处有不同的变化，这些实施例总和在一起构成一个完整的技术方案，利用其来评述本专利权利要求新颖性的方式，并不属于使用不同的技术方案评述一项权利要求新颖性的情况，因而星赛瑞公司的上述观点不成立。

故，本专利权利要求 1~3、5~7、以及权利要求 10 号用权利要求 1~3 或 5 所构成的技术方案相对于附件 1 不具备新颖性，本专利权利要求 10 在其引用权利要求 4 时相对于附件 1 具备新颖性，本专利权利要求 11 相对于附件 1 具备新颖性。

7. 关于《专利法》第二十二条第三款的问题

（1）权利要求 4 的问题。

权利要求 4 是权利要求 1 的从属权利要求，附加技术特征为：至少有一个阻塞装置是与管件的纵轴线成倾斜高达 30°的角。

付俊芳认为：①附件 4 中附图标记 76 的部件已公开了本专利权利要求 4 的附加技术特征；②权利要求 4 的附加技术特征属于本领域的公知常识，因而权利要求 4 不具备创造性。

被告认为：对于 a，星赛瑞公司当庭明确该权利要求限定的是阻塞装置与管件的纵轴线成倾斜设置，如本专利附图 7 中所示，即本专利权利要求 4 所限定的方案中，有一个阻塞装置整体倾斜于与管件的纵轴线，所成的夹角高达 30°，而附件 4 中附图标记 76 所示部件为设置在附图标记 50 所示部件圆周方向上的、向斜下方的凸起物，其凸起方向与附图标记 50 所示部件的纵轴线成一定角度，如附件 4 的附图及其中文译文文字所示，其并未公开将附图标记 76 所示部件整体倾斜设置从而与附图标记 50 所示部件成一定角度的技术方案，即附件 4 并未公开本专利权利要求 4 的附加技术特征；对于 b，付俊芳未提供证据证明本专利权利要求 4 的附加技术特征属于本领域的公知常识，并且根据本专利说明书关于对附图 14 的描述可知，如此设置，使得当作为锁定装置的倒钩与倾斜设置的槽状的阻塞装置啮合时，注射器的头部与槽的角度一致，从而改变了正常的对准关系，也就进一步防止了向后运动，连接杆 18 与近端倒钩的后不相触，使倒钩更向外位移且更稳靠地进入槽内，起到了自紧固锁定的效果，使用者越用力拉出柱塞，倒钩本身也就会锁定得更紧，即上述设置具有与垂直设置相比更好的技术效果，能够更为可靠的实现无法再次使用注射器。因此，本专利权利要求 4 具备创造性。

（2）权利要求 8 的问题。

本专利权利要求 8 是权利要求 1~6 的从属权利要求，其附加技术特征为：至少一个阻塞装置包括槽。

付俊芳认为附件 5 中公开了槽形式的阻塞装置，将附件 5 与附件 1 相结合可破坏本专利权利要求 8 的创造性。星赛瑞公司认为权利要求 8 在引用权利要求 6 时其中包括有权利要求 6 技术特征，此时槽应是三角形的，该技术方案未被附件公开。

附件 5 公开了一种自锁式一次性塑料注射器（参见附件 5 说明书第 2 页，附图 1），其中在注射器空筒 1 靠近上口的设置一环形斜槽 2，在活塞轴靠近活塞柄的外壁上设置一环形榫 4，活塞轴与空筒 1 相匹配，环形榫 4 的外径大于空筒 1 的外径，在活塞头被退到空筒底时环形斜榫 4 正好嵌入空筒 1 的斜槽 2，从而使其锁定防止再次使用注射器。

如前所述，附件 1 公开了可为三角形的凸起形式的装置，在其与柱塞杆中叶片啮合时阻止柱塞杆的进一步位移，从而实现不可再次使用注射器的技术效果，附件 5 公开了凹槽形式的装置，同样实现阻挡活塞轴进一步位移从而实现不可再次使用注射器的技术效果，将附件 5 中所公开的凹槽替换附件 1 中所公开的凸起，同样可以实现防止注射器再次使用的技术效果，上述替换对于本领域普通技术人员来说也是容易想到且显而易见的，而使用各种形状的凹槽属于本领域的常规选择，即在附件 1 的基础上结合附件 5 就可得到本专利权利要求 8 请求保护的技术方案，而且所实现的技术效果也是相同的，因此，当其引用的权利要求 1~3、5、6 不具备新颖性时，从属于上述权利要求的本专利权利要求 8 不具备创造性。而由于附件 5 中并未公开本专利权利要求 4 的附加技术特征，也未给出相应的技术启示，因此，本专利权利要求 8 引用权利要求 4 所构成的技术方案具备创造性。

（3）权利要求 9 的问题。

本专利权利要求 9 是权利要求 1~6 的从属权利要求，其附加技术特征为：至少一个阻塞装置包括随后有突起的槽。

附件 1 公开了呈凸起状、用于阻挡柱塞运动的装置，附件 5 公开一种槽形式的用于阻挡柱塞运动的装置，对于本领域技术人员来说，设置凸起或设置槽以实现阻塞移动物体移动均是本领域的常用技术手段，而为了更好地进行阻挡，很容易想到在槽的后面再设一突起以加强阻塞效果，即本专利权利要求 9 的附加技术特征对于本领域技术人员是显而易见的，采用各种形状槽或突起也是本领域的常规选择，因此，当其引用的权利要求 1~3、5、6 不具备新颖性时，从属于上述权利要求的本专利权利要求 9 不具备创造性。而由于附件 1、5 中并未公开本专利权利要求 4 的附加技术特征，也未给出相应的技术启示，因此，本专利权利要求 9 引用权利要求 4 所构成的技术方案具备创造性。

（4）权利要求 12 的问题。

本专利权利要求 12 是权利要求 11 的从属权利要求，其附加特征为：在倒钩于阻塞装置啮合时，柱塞的头部于管件中偏成垂直于阻塞装置。

付俊芳认为本专利权利要求 12 不具备有益的效果，指出该权利要求没有创造性，但没有使用对比文件支持其主张。

被告认为：首先，如前所述本专利权利要求 11 相对于附件 1 具备新颖性及二者之间的区别，作为权利要求 11 的从属权利要求 12，其技术方案中不仅包括其附加技术特征部分，还包括有其所引用权利要求中的全部技术特征，付俊芳认可其所提供的所有证据中均未公开权利要求 12 的附加技术特征，并且其并没有提交证据表明该权利要求的技术方案属于公知常识，因此相对于付俊芳所提交的证据本专利权利要求 12 具备创造性；其次，付俊芳认为该技术方案不具有有益效果，但根据本专利说明书对该方案的记载（参见本专利说明书第 8 页第 2 段），如此设置可使倒钩起到自紧固锁定的效果，使用者越用力拉出柱塞倒钩本身也就会锁定得更紧，若施加足够的力柱塞便将在连接杆 18 处断裂，由此可见本专利权利要求 12 的技术方案更有效地防止了注射器的再次使用，具有有益的技术效果。因此，本专利权利要求 12 具备创造性。

（5）权利要求 13 的问题。

本专利权利要求 13 是权利要求 10 的从属权利要求，其附加特征为：锁定装置包括连接到头部上的盘件，所述的盘件具有可与头部一起运动但在回撤运动中则与阻塞装置啮合的挠性周边。

付俊芳认为附件 2 第 16、17 页中柔软的圆盘就是本专利权利要求 13 中的盘件，切口就是本专利中的挠性周边。星赛瑞公司认为附件 2 中的盘件是连接到柱塞杆上，从附件 2 附图 35 中看出盘件与头部是远离的，并未连接到头部，而本专利权利要求 13 中的盘件是连接到头部的，且附件 2 中头部在回撤时与盘件分离，而本专利中盘件在柱塞回撤时与头部是同时被卡住的。附件 2 中的盘件没有连接到头部，与头部是远离的，在回撤时头部与盘件时分离的，不能达到牢固锁定的效果。

附件 2 中公开了一种非可重复使用的针管，其中推杆 2018、加强部分 2019、支架主体 2030、圆盘 2040，以及圆盘 2044 可在一个压铸模件中被制造出来，当柱塞/推杆移动时，圆盘 2044 能够移过锁紧止子 2024，不受阻碍，但柔软的圆盘 2040 在通过锁紧止子时却要变形，并且在通过止子后复原成未经变形时的形状，较厚的圆盘 2044 基本上是刚性的，使其足够紧的固定到圆盘 2040 上以防止圆盘 2040 弯曲而穿过锁紧止子。

由上可知，附件 2 中的圆盘 2040 相当于本专利权利要求 13 中锁定装置的盘件，锁紧止子相当于本专利权利要求 13 中的阻塞装置，圆盘 2040 是柔软的，在其通过锁紧止子时发生变形，即其周边具有挠性并与相当于本专利权利要求13中阻塞装置的锁紧止子相啮合，并且圆盘2040和圆盘2044与推杆2018、加强部分2019、支架主体2030在一个压铸模件中被制造出来，圆盘2040、2044位于推杆2018的前部，而推杆2018相当于本专利权利要求13中的头部，且推杆2018与圆盘2040相连接，也就是附件2公开了本专利权利要求13的附加技术特征。权利要求13是本专利权利要求10的从属权利要求，如前所述，在本专利权利要求10引用权利要求1~3、5时相对于附件1不具备新颖性时，在附件1的基础上结合附件2所公开的上述内容即可得到本专利权利要求13请求保护的技术方案，而且上述结合并没有产生任何意想不到的技术效果，因此，本专利权利要求13在权利要求10引用权利要求1~3、5时所构成的技术方案不具备创造性。而由于附件2中并未公开本专利权利要求4的附加技术特征，也未给出相应的技术启示，因此，本专利权利要求13间接引用权利要求4所构成的技术方案具备创造性。

（6）权利要求14的问题。

本专利权利要求14是权利要求13的从属权利要求，其附加技术特征是：盘件由头部保持于锁定位置。

如对本专利权利要求13进行评述中所述，附件2中的圆盘2040相当于本专利权利要求14中的盘件，并且圆盘2040与推杆2018一起运动并与锁紧止子相啮合，即附件2公开了本专利权利要求14的附加技术特征，在本专利权利要求14所引用的权利要求13未引用权利要求4所构成的技术方案不具备创造性的情况下，本专利未引用有权利要求4的权利要求14请求保护的技术方案也不具备创造性，在其所引用的权利要求13的引用有权利要求4的技术方案具备创造的情况下，由于附件2中未公开本专利权利要求4的附加技术特征，也未给出相应的技术启示，所以本专利引用有权利要求4的权利要求14请求保护的技术方案具备创造性。

（7）权利要求15的问题。

本专利权利要求15是权利要求13、14的从属权利要求，其附加技术特征是：盘件是十字形的。

付俊芳认为附件6第3栏第36~37行公开了十字形结构。

被告认为：附件6为美国专利文献，如前所述，其公开的文字内容以其中文译文即附件7为准，附件7中仅对附件6的说明书第3栏第32~34行相关部分进行了翻译，其中文译文为“盘32示出的是由十字形结构33制成，但该盘可以是环形或不规则的形状”，根据上述译文无法确定附件6所公开的与本专利所属技术领域相同，即使结合附件6的附图部分也不能确定附件6公开的是注射器，虽然其译文中包括“盘32由十字形结构33制成”，但由于无法确定附件6所公开的主题，也无法明确得知其中的盘32这一部件所起作用与本专利权利要求15中的盘件相同，因而，上述内容无法与其他附件结合破坏本专利权利要要求中的创造性。

基于上述理由，被告提出了被诉决定。两原告不服，分别于法定期限内向法院提起政诉讼。

庭审中，两原告明确表示对于被诉决定的下列内容不持异议：被诉决定经过的行政程序；被诉决定“案由”部分记载的内容；被诉决定对于证据和现有技术的认定；被诉决定关于附件1公开内容的描述；被诉决定关于附件5公开内容的描述；被诉法定对于附件2公开内容的描述。

本院认为；对于被诉决定中两原告不持异议的部分，本院经审查，对其合理性予以确认。鉴于星赛瑞公司有以下明确表示：假如本专利权利要求1不具有新颖性，则认可本专利权利要求2、3、5三不具有新颖性；假如本专利权利要求1~3、5、6不具备新颖性，则认可从属于上述权利要求的权利要求8不具有创造性。付俊芳明确表示：假设权利要求4具有创造性二认可权利要求8、9、13、14引用权利要求4所构成的技术方案具有创造性。在上述基础上，本案的争议焦点为：本专利是否符合《专利法》第二十六条第三款、第三十三条、第二十六条第四款、《专利法实施细则》第二十条第一款的相关规定；权利要求1、6、10、11是否具有新颖性；权利要求4、12、1为、14、15是否具有创造性。

本专利说明书中记载的“最好使各个阻塞装置上设有槽。这些槽不会对柱塞形成阻力，因此达到正常注射的感觉且能更可靠地确保锁定装置的操作”，应结合本专利说明书上下文对其进行理解。根据说明书公开的“各个阻塞装置可以是一种突起。相当小的突起就能使锁定装置起作用，而要是把这种突起按不干扰柱塞向前运动的角度设置，则它是不会让使用者‘感觉’出”的有关内容，使阻塞装置上的槽对柱塞形成相对小的阻力，从而使得在利用该注射器进行药物注射时不会由于槽的存在而在整个注射过程中出现停顿。且说明书已对如何在传统柱塞模具基础上进行适当改进而生产制造出本专利产品进行了相应说明。此外，根据本专利说明书所公开的内容，槽可以为倾斜的也可为垂直于管件中心线，若为倾斜状态，锁定装置中一侧可卡在该槽内，同样实现阻止柱塞移动的效果，可以实现本发明使注射器无法再次使用的目的。因此，被告认定付俊芳关于本专利不符合《专利法》第二十六条第三款规定的无效理由不成立正确。

本领域技术人员根据本专利原始说明书记载的有关“管件1和柱塞7是由塑料用注射成型法制造的。应知它们的各个都是单一的模制件，这样可以降低制造费用。”的内容，可以理解“管件”和“柱塞”是通过单一模制件注射成型制造出的，能够得出“所述的具有锁定装置的柱塞是整体模制出的”这一技术特征。因而，被告认定本专利权利要求1中的上述特征并未超出原申请文件公开的范围，符合《专利法》第三十三条的有关规定正确。

根据本专利原始说明书中记载的“管件1和柱塞7是由塑料用注射成型法制造”的内容，可以得出“所述的具有锁定装置的柱塞是整体模制出的”这一技术特征。因此，被告认为本专利权利要求1中的上述技术特征可以得到说明书的支持是正确的。

本专利权利要求4限定的“至少有一个阻塞装置是与管件的纵轴线成倾斜高达30°的角”是一个数值点，且本专利说明书已在实施例中对该数值点进行了说明。因而，被告认定本专利权利要求4的上述内容也可得到说明书的支持正确。

本领域技术人员根据本专利说明书对权利要求12请求保护的技术方案进行的说明能够实施该技术方案。因此，被告认定本专利权利要求12也可得到说明书的支持正确。

参照《审查指南》第二部分第二章第3.2.2节规定，当无法用结构特征并且也不能用参数特征予以清楚地表征时，允许借助于方法特征表征。本专利权利要求1使用制造方法特征限定柱塞各部分为整体模制出的，这种限定方式符合《审查指南》上述规定。因此，被告认定本专利权利要求1符合《专利法实施细则》第二十条第一款的规定正确。

权利要求4中限定的是阻塞装置整体与管件的纵轴线成30°的夹角，并未限定出该阻塞装置具体某一结构，亦不会得出阻塞装置的某结构要素与管件的纵轴线倾斜的内容；而且，根据本专利说明书相应部分的记载（说明书第6页、第8页，附图8、15），其中明确记载了“槽10还布置成与管件1的纵轴线构成不是直角的角度。此角度成高达30°”，“突起29形成为相对于管件1的轴线倾斜的环状，具有三角形的横剖面”，由此也可得出作为阻塞装置的槽或突起可与管件的轴线倾斜设置，而不是垂直于轴线设置。付俊芳认为的阻塞装置的某结构要素与管件的纵轴线倾斜设置在说明书中是以如下方式说明的，即关于槽10或突起29与内壁成夹角的具体叙述是：“槽10具有第一边即远边10′，它相对于内壁略微倾斜20°~30°，以允许柱塞向前运动”，“突起29形成相对于管件1的轴线倾斜的环状，具有三角形的横剖面。它的第一近边29′，略向内壁倾斜20°~30°，以使柱塞能向前运动”，可见说明书中关于上述两种含义的描述方式并不相同，而权利要求4中的限定方式与说明书中关于阻塞装置整体倾斜于管件轴线设置的描述方式相同，根据说明书相应部分记载也不会使本专利权利要求4

中限定出的含义出现歧义。因此，被告认定本专利权利要求 4 符合《专利法实施细则》第二十条第一款的规定正确。

本专利权利要求 12 中记载的“柱塞的头部于管件中偏转成垂直于阻塞装置”，已限定出柱塞头部与阻塞在相互啮合时之间的位置关系，此并不属于功能性的限定。因此，被告认为付俊芳关于本专利权利要求 12 不符合《专利法实施细则》第二十条第一款的无效理由不成立也是正确的。

将本专利权利要求 1 与附件 1 公开的内容比较可知，附件 1 中的针管 32、与针管 32 内壁呈滑动和密封啮合的柱塞杆 37 分别相当于本专利中的管件、柱塞，附件 1 中位于针管 32 近端和远端的凸起 45、46 相当于本专利中的阻塞装置，附件 1 中的弹性体帽 43 相当于本专利中的密封件，附件 1 中的定程器 38 相当于本专利中的带有密封件的头部，附件 1 中的叶片 47 与柱塞杆 37 一体，当柱塞杆 37 回撤时叶片 47 与位于针管 32 上的凸起 45 或凸起 46 啮合，从而阻止柱塞杆 37 的进一步回撤，这与本专利中锁定装置设置位置、作用及其与阻塞装置的相互配合关系相同，且附件 1 亦公开了本专利中“具有锁定装置的柱塞是整体模制出的”这一技术特征。

因此，附件 1 公开了本专利权利要求 1 的全部技术特征，并且附件 1 与本专利所属的技术领域相同，且所要解决的技术问题、所采用的技术手段均相同，所得到的技术效果也是相同的，均是提供一种不可再次使用的一次性注射器，被告据此认定本专利权利要求 1 相对于附件 1 不具备新颖性正确。

附件 1 的附图 1、28a 及 29 中可明显看出凸台 10、凸起 45 的横剖面均为三角形。因此，在其引用的权利要求 1 不具备新颖性的情况下，被告认定权利要求 6 也不具备新颖性正确。

附件 1 已经公开了本专利权利要求 10 的附加技术特征。因此，被告认定在权利要求 1~3、5 不具备新颖性的情况下，从属于权利要求 1~3、5 的权利要求 10 不具备新颖性，权利要求 10 在其引用权利要求 4 时相对于附件 1 具备新颖性正确。

附件 1 中公开的叶片 47 是“向外延伸的”，与本专利中“面向后的倒钩”状不同，因此，被告认定本专利权利要求 11 相对于附件 1 具备新颖性正确。

附件 4 并未公开本专利权利要求 4 的附加技术特征亦没有证据证明该附加技术特征属于本领域的公知常识，且具有与垂直设置相比更好的技术效果，能够更为可靠地实现无法再次使用注射器。因此，被告认定本专利权利要求 4 具备创造性正确。

付俊芳认可其所提供的所有证据均未公开权利要求 12 的附加技术特征，且其亦没有提交证据表明该附加技术特征属于公知常识。因此，被告认为相对于付俊芳所提交的证据本专利权利要求 12 具备创造性正确。

附件 2 已经公开了权利要求 13、14 的附加技术特征。权利要求 13 是权利要求 10 的从属权利要求，权利要求 14 是权利要求 13 的从属权利要求。在权利要求 10 引用权利要求 1~3、5 相对于附件 1 不具备新颖性时，本领域技术人员在附件 1 的基础上结合附件 2 所公开的内容即可得到本专利权利要求 13 请求保护的技术方案，而且上述结合并没有产生任何意想不到的技术效果，因此，被告认定本专利权利要求 13 在权利要求 10 引用权利要求 1~3、5 时所构成的技术方案不具备创造性正确。由于附件 2 中并未公开本专利权利要求 4 的附加技术特征，也未给出相应的技术启示，因此，被告认定本专利权利要求 13 间接引用权利要求 4 所构成的技术方案具备创造性亦正确。在此前提下，被告认定本专利未引用权利要求 4 的权利要求 14 请求保护的技术方案不具备创造性以及引用权利要求 4 的权利要求 14 请求保护的技术方案具备创造性也是正确的。

附件 6 系外文证据，其公开的文字内容应以当事人无异议的中文译文即附件 7 为准。而根据该译文以及结合附图均无法确定附件 6 所公开的与本专利所属技术领域相同，也无法明确得知附件 6 中的盘 32 这一部件所起作用与本专利权利要求 15 中的盘件相同。因此，被告认定上述内容无法与其他附件结合破坏本专利权利要求 15 的创造性是正确的。

综上，被诉决定认定事实清楚，适用法律正确，程序合法。两原告的诉讼理由缺乏事实及法律依据，其诉讼请求本院均不予支持。依照《中华人民共和国行政诉讼法》第五十四条第（一）项之规定，判决如下：

维持被告中华人民共和国国家知识产权局专利复审委员会于二〇〇七年六月十九日作出的第 10052 号无效宣告请求审查决定。

案件受理费人民币 100 元，由原告付俊芳与星赛瑞有限公司共同负担（已交纳）。

如不服本判决，原告付俊芳、被告中华人民共和国国家知识产权局专利复审委员会可于判决书送达之日起 15 日内，原告星赛瑞有限公司可于判决书送达之日起 30 日内，向本院递交上诉状，并按对方当事人人数提出副本，上诉于中华人民共和国北京市高级人民法院。上诉人在上诉期满后 7 日内未预交上诉费，又不提出缓交申请的，按自动撤回上诉处理。

审　判　长　梁　菲
代理审判员　何君慧
代理审判员　司品华
二〇〇八年三月十八日
书　记　员　李轶萌

专利复审和无效审查决定汇编丛书

# 专利复审和无效审查决定汇编

## （2007）

## 材　料（第三卷）

国家知识产权局专利复审委员会　编

知识产权出版社
全国百佳图书出版单位

**图书在版编目（CIP）数据**

专利复审和无效审查决定汇编．2007．材料/国家知识产权局专利复审委员会编．—北京：知识产权出版社，2015.12

ISBN 978-7-5130-1613-1

Ⅰ．①专…　Ⅱ．①国…　Ⅲ．①专利权法—案例—中国　Ⅳ．①D923.425

中国版本图书馆 CIP 数据核字（2012）第 246953 号

**内容提要**

本书汇集了专利复审委员会2007年作出的材料专利复审和无效审查决定及相关审查决定和司法判决（根据法律规定需要保密的除外），比较全面地反映了专利复审委员会的审查工作和人民法院专利行政案件审理工作取得的进展，对专利工作者具有一定的借鉴和指导作用，也有利于当事人及广大公众对专利复审委员会的审查工作进行监督。

**责任编辑**：崔开丽　　**责任校对**：董志英

**责任出版**：孙婷婷　　**封面设计**：品　序

专利复审和无效审查决定汇编丛书

**专利复审和无效审查决定汇编（2007）**

材　料（第三卷）

国家知识产权局专利复审委员会　编

**出版发行**：知识产权出版社有限责任公司　　**网　址**：http：//www.ipph.cn

**社　址**：北京市海淀区马甸南村1号（邮编：100088）　　**天猫旗舰店**：http：//zscqcbs.tmall.com

**责编电话**：82000860 转 8377　　**责编邮箱**：cui_kaili@sina.com

**发行电话**：010-82000860 转 8101/8102　　**发行传真**：010-82000893/82005070/82000270

**印　刷**：北京中献拓方科技发展有限公司　　**经　销**：各大网上书店、新华书店及相关专业书店

**开　本**：880mm×1230mm　1/16　　**印　张**：159.25

**版　次**：2015年12月第1版　　**印　次**：2015年12月第1次印刷

**字　数**：4530千字　　**定　价**：780.00元（全3卷）

ISBN 978-7-5130-1613-1

# 本书编委会

主　任：廖　涛

副主任：杨　光　胡文辉　祁德山

编　委：金泽俭　徐晓敏　廖志峰　张予革
白剑峰　马　昊　蒋　彤　李人久
李　越　陈迎春　于　萍　吴赤兵
李　隽

# 前　言

随着经济全球化和我国国民经济的飞速发展，专利制度在经济活动中的作用和地位越来越突出，国民的专利意识也在不断增强。目前，我国专利申请总量超过 1170 万件，每年专利复审与无效宣告请求案件已超过 2 万件，2012 年达到 20261 件。作为专利复审和无效宣告请求案件审查的专属机构，专利复审委员会每年都要作出数以千计的审查决定。与之相应，人民法院每年要作出数百篇司法判决。每一篇审查决定和判决书都凝聚着审查员和审判人员的心血和智慧。通过审查员和审判人员结合具体案情的创作型劳动，生硬的法律条文变得鲜活和丰满，形成一笔宝贵的精神财富和公共资源，并不断有专利代理机构、专利代理人以及审查员希望专利复审委员会能够出版专利复审和无效审查决定，作为学习和工作时的重要参考资料。

除根据法律规定需要保密的外，《专利复审和无效审查决定汇编（2007）》汇集了专利复审委员会 2007 年作出的审查决定，包括针对相应审查决定的司法判决，以便读者了解审查决定的法律状态并对照阅读和分析。本汇编按照技术专业领域将分为 8 大册，共 25 分卷：机械（3 卷）、电学（4 卷）、通信（2 卷）、医药（2 卷）、化学（2 卷）、材料（3 卷）、光电（3 卷）、外观设计（6 卷）。因此，本汇编比较全面地反映了专利复审委员会的审查工作和人民法院专利行政案件审理工作取得的进展。

我们相信，本汇编对专利工作者具有一定的借鉴和指导作用，也有利于当事人及广大公众对专利复审委员会的审查工作进行监督。本汇编也将为推动专利复审委员会的发展，促进专利代理业务水平的提高，为《国家知识产权战略纲要》进一步实施尽微薄之力。

本书编委会

2013 年 8 月

# 目 录

117

# 一种用于现浇墙外保温体系的插接栓

## 无效宣告请求审查决定（第10053号）

**决　　定　　号**　第10053号
**决　　定　　日**　2007年6月1日
**发明创造名称**　一种用于现浇墙外保温体系的插接栓
**国 际 分 类 号**　E04B 1/76
**无效宣告请求人**　张　伟
**专 利 权 人**　王继强
**专　　利　　号**　02246640.1
**申　　请　　日**　2002年8月21日
**授 权 公 告 日**　2003年2月19日
**合 议 组 组 长**　朱文广
**主　　审　　员**　郭建强
**参　　审　　员**　董晓静

**法 律 依 据**　专利法第22条第2款，专利法实施细则第64条第1款
**决 定 要 点**

使用公开的方式包括能够使公众得知其技术内容的公开销售等方式，如果与涉案专利相同的产品在该专利申请日之前就在国内公开销售过，并且使该专利的技术方案处于公众想得知就能够得知的状态，就构成使用公开，该专利不具备新颖性。

### 一、案由

本无效宣告请求涉及中华人民共和国国家知识产权局于2003年2月19日授权公告的、名称为“一种用于现浇墙外保温体系的插接栓”的实用新型专利权（以下简称本专利），其专利号是02246640.1，申请日是2002年8月21日，专利权人是王继强。本专利授权公告时的权利要求书如下：

“1. 一种现浇墙外保温体系的插接栓，其特征在于它包括塑料插接体（1）、底盘（4）和金属杆件（6）三部分，所述插接体（1）由至少两片插板（9）呈一定角度相交而成，插板（9）的一端与底盘（4）连为一体，另一端呈尖角状（11），所述金属杆件（6）沿插板（9）的相交轴线埋置于插板的相交体之内，且在底盘（4）中心处露出带螺纹的端头（5），并配以相应的螺母。

2. 根据权利要求1所述的现浇墙外保温体系的插接栓，其特征在于：所述底盘（4）的中心部设有凹孔（3），金属杆件（6）的螺纹端头（5）显露于该凹孔之内且不超出凹孔（3），与螺纹端头

(5) 相配的螺母为带端头（14）的长螺母（13）。

3. 根据权利要求2所述的现浇墙外保温体系的插接栓，其特征在于：所述长螺母（13）的端头（14）上设有内十字（15）或内六角并配以‘U’形垫片（17）和开口平垫片（16）。

4. 根据权利要求1或2或3所述的现浇墙外保温体系的插接栓，其特征在于：所述插板（9）的外沿设有钢筋卡槽（8）和定位卡口（10）。

5. 根据权利要求4所述的现浇墙外保温体系的插接栓，其特征在于：所述插板（9）的外沿设为刀刃状（7）。

6. 根据权利要求5所述的现浇墙外保温体系的插接栓，其特征在于：所述插板（9）和底盘（4）上均设有镂空部分（12）、（2）。

7. 根据权利要求6所述的现浇墙外保温体系的插接栓，其特征在于：所述金属杆件（6）的未露出端也设为螺纹状。”

针对本专利权，张伟（以下简称请求人）于2006年7月28日向专利复审委员会提出无效宣告请求，认为本专利的权利要求1~7不符合专利法第22条第2款、第3款、第26条第3款的规定，请求人同时提交了如下附件：

附件1：中华人民共和国北京市公证处出具的编号为（2006）京证内字第07426号的公证书复印件，附有郭宏明出具的证明及其附件，共30页；

附件2：中华人民共和国北京市公证处出具的编号为（2006）京证内字第08012号的公证书复印件，附有材料供应合同及收据，共6页；

附件3：从网络下载的关于“江苏省华建建设股份有限公司”的资料打印件，共7页；

附件4：北京特瑞克墙材科技有限公司关于特瑞克系列外墙保温及装饰系统的产品介绍复印件，共3页；

附件5：北京特瑞克墙材科技有限公司起诉李建宗、张伟的民事起诉状复印件，共2页；

附件6：北京特瑞克墙材科技有限公司向法院提交的证据目录复印件，共9页；

附件7：公开日为1999年9月16日的德国专利文献DE-29909236U1及其部分中文译文，共11页；

附件8：公开日为1985年4月4日的德国专利文献DE-3045986，共6页；

附件9：公开日为1981年8月26日的欧洲专利文献EP-0034346A1及其部分中文译文，共19页；

附件10：公开日为1954年3月23日的美国专利文献US-2672659及其部分中文译文，共7页；

附件11：公开日为1993年11月2日的美国专利文献US-5257490A及其部分中文译文，共8页；

附件12：公开日为1984年6月20日的德国专利文献DE-8406916U1及其部分中文译文，共11页；

附件13：由华北地区建筑设计标准化办公室、西北地区建筑标准设计协作办公室2001年审定的编号为88J2-4墙身-外墙保温的建筑构造通用图集第2版和2002年审定的88JZ2挤塑聚苯板保温构造的建筑构造专项图集，共6页复印件。

请求人认为：附件1~6证明本专利要求保护的现浇墙外保温体系的插接栓在申请日前就已经公开生产、使用和销售，因此没有新颖性；附件7~13证明本专利是已有的公知技术，没有创造性。

经形式审查合格，专利复审委员会依法受理了上述无效宣告请求，并于2006年7月31日向请求人和专利权人发出无效宣告请求受理通知书，同时将专利权无效宣告请求书及其附件清单中所列附件的副本转送给专利权人，并要求专利权人在指定的期限内陈述意见。

请求人于2006年8月2日向专利复审委员会补充提交了证据，其中补充的证据为（编号续前）：

附件14：李建宗出具的证人证言复印件1页及李建宗的身份证复印件1页。

针对专利复审委员会发出的上述无效宣告请求受理通知书，专利权人于2006年9月13日提交了意见陈述书及证据，其中专利权人提交的证据为：

证据1：当代家园B区所用插接栓的照片复印件，共1页；

证据2：北京雪迎世纪印刷技术发展有限公司于2004年6月1日出具给北京特瑞克墙材科技有限公司的关于印制宣传画册的发票复印件，共1页。

专利权人认为：（1）附件1只是证明郭宏明的身份及其制作的与附件1公证书粘连的证言和其他文件是原件，郭宏明的签名属实，而无法证明内容的真实性，且证言与事实不符；对附件2公证书所附合同的真实性有异议，且该合同没有供货日期和明确记载产品结构的附件，不足以证明申请日之前的公开销售行为；附件3是互联网下载的文件，客观性无从认可，没有具体时间；证据2能证明附件4是在申请日之后印制的宣传画册；附件5和6证明专利权人向北京第二中级人民法院对请求人提起的侵权诉讼。（2）请求人没有结合提交的附件7~13具体说明理由，如最接近的对比文件、具体的结合方式等，因此不符合审查指南的相关规定。

专利复审委员会依法成立合议组。

本案合议组于2007年1月11日向双方发出无效宣告请求口头审理通知书，定于2007年3月9日举行口头审理。随同口头审理通知书，将请求人于2006年8月2日提交的意见陈述书及其附件清单中所列附件的副本转送给专利权人，将专利权人于2006年9月13日提交的意见陈述书及其附件清单中所列附件的副本转送给请求人。

口头审理如期举行，双方当事人均参加了口头审理。

在口头审理中，（1）合议组明确审查文本为授权公告时的权利要求书。（2）请求人明确请求无效的理由、证据和范围为：本专利不符合专利法第22条第2款的规定，所使用的证据是附件1~6和附件14；本专利不符合专利法第22条第3款的规定，所使用的证据是附件7~13；放弃本专利不符合专利法第26条第3款的规定。专利权人指出请求人提出的有关新颖性的理由不符合审查指南的规定。请求人认为其已经在请求书中具体说明了本专利申请日前公开销售的理由。合议组告知双方，关于新颖性理由的提出是否符合审查指南规定将在审查决定中作出认定，口头审理继续进行新颖性的调查。（3）双方就请求人提交的附件1~6和14进行了质证，并就本专利相对于附件1~6和14是否具备新颖性充分发表了意见。附件1中的证人郭宏明出庭作证，接受了双方和合议组的询问。关于附件2，请求人当庭提交了附件2的原件。专利权人经核实认为复印件与原件一致，但对公证书中的材料供应合同的真实性有异议，认为附件2不能作为证据加以采信。合议组指出，如果专利权人坚持对该份材料供应合同的真实性有异议，可以在指定的期限内去核实。专利权人放弃了核实的权利。关于附件4，请求人当庭提交了附件4的原件，用附件4结合附件2来证明本专利在先公开销售。专利权人认可附件4复印件与原件的一致性以及真实性，但认为附件4原件上没有印刷日期，证据2证明附件4原件的印刷日期在本专利申请日之后，并且认为附件4中的插接栓有很多，不能证明销售给当代城市家园使用的就是本专利的插接栓。请求人认为附件4证明附件2的合同中销售的大模内置现浇外保温体系（插接拴式）就是与本专利相同的产品。（4）双方就专利权人提交的证据进行了质证。请求人对证据1的真实性有异议，认为证据1作为照片复印件没有原件，也没有拍摄日期，证据1和附件2合同中的产品不相同；对证据2的复印件和原件的一致性以及真实性没有异议，但认为证据2并不能证明在2004年6月1日前就没有印制过宣传画册，而且该发票中的宣传画册指什么也不清楚。专利权人当庭提交了证据2的原件以及证据3（编号续前）：两个关于插接栓的实物样品。其中黑色实物样品为证据 1 照片中的实物。专利权人称证据 2 中的宣传画册就是附件 4，证据 3 中的两个实物样品才是本专利申请日前销售的产品。（5）合议组询问双方，当代城市家园二期和当代城市家园 B 区是否同一个工程，请求人认为是同一个工程。专利权人代理人称需要和专利权人核实一下。（6）专利权人承认北京特瑞克公司曾经和江苏省建筑安装工程公司签订过插接栓供货合同，但该供货合同由于各种原因没能找到，所以不能提供给合议组。（7）请求人口审中请求本案合议组到当代城市家园进行现场勘验。

口头审理结束后，专利权人于 2007 年 3 月 23 日向专利复审委员会提交了代理词，称请求人在口审中提到的现场勘验一事，由于其不属于请求人因客观原因不能自行收集的证据，且没有在举证期限内提出申请，不符合审查指南第四部分第八章第 3 节的规定，因此不同意进行现场勘验，要求合议组根据现有证据尽快作出审查决定。

合议组于 2007 年 4 月 26 日向双方发出审查通知书，告知双方：由于在本案口头审理中，专利权人认为当代城市家园二期工程中所使用的插接栓不是附件 4 第 2 页“插接式大模内置现浇外保温体系”中的插接栓，因此关于该主张，专利复审委员会本案合议组要求专利权人在收到通知书之日起一个月内进一步举证证明。专利权人于 2007 年 5 月 11 日对该审查通知书进行了答复，指出关于上述主张在口头审理中已经陈述，没有进一步举证的义务。请求人于 2007 年 5 月 24 日答复了该审查通知书，不同意再次给专利权人举证的机会。

至此，合议组认为本案事实已经清楚，可以作出审查决定。

**二、决定的理由**

1. 关于本案证据、理由和范围的认定

请求人提交的证据包括附件 2 和 4，请求人当庭提交了附件 2 和 4 的原件，专利权人对附件 4 复印件与原件的一致性以及原件的真实性均没有异议，因此合议组认为附件 4 可以作为本案证据使用。专利权人对附件 2 复印件与原件的一致性没有异议，但对附件 2 中公证书所附的《材料供应合同》的真实性有异议，合议组认为专利权人王继强作为该份合同的材料供应方（乙方）的法定代表人及签字人，关于该份合同的真伪性其具有举证优势，因此告知专利权人可以在指定期限内对其真实性进行核实，但专利权人当庭放弃了核实的权利。此外专利权人也承认北京特瑞克公司和江苏省建筑安装工程公司签订过供货合同，但合议组要求专利权人提交其所宣称的那份真实的供货合同，其不能提交给合议组。因此合议组认为专利权人主张附件 2 不真实的理由不能成立，附件 2 的真实性可以确认，可以作为本案的证据使用。

关于请求人所提交的附件 1~6 否定新颖性的理由，专利权人提出请求人未具体说明，合议组不应考虑。合议组经审查后认为，本案中请求人用附件 1~6 形成证据链来证明本专利的产品在申请日前公开销售或者使用，有关这个理由请求人已经在无效宣告请求书中说明了，结合附件 1~6 专利权人完全可以理解并作出相应的抗辩，且专利权人在其 2006 年 9 月 13 日提交给专利复审委员会的意见陈述书中已经针对上述有关新颖性的理由作出了积极有效的抗辩，并提交了反证。因此请求人提交的附件1~6否定新颖性的理由符合专利法实施细则第 64 条第 1 款以及审查指南第四部分第三章 3. 3 节和 4. 1 节的相关规定，合议组予以考虑。

2. 关于本专利的新颖性

专利法第 22 条第 1 款、第 2 款规定，授予专利权的发明和实用新型应当具备新颖性，新颖性是指在申请日以前没有同样的发明或者实用新型在国内外出版物上公开发表过、在国内公开使用过或者以其他方式为公众所知，也没有同样的发明或者实用新型由他人向国务院专利行政部门提出过申请并记载在申请日以后（含申请日）公布的专利申请文件中。

根据该规定，使用公开的方式包括能够使公众得知其技术内容的公开销售等方式，如果与涉案专利相同的产品在该专利申请日之前就在国内公开销售过，并且使该专利的技术方案处于公众想得知就能够得知的状态，就构成使用公开，该专利不具备新颖性。

本案中，请求人认为附件1~6和14所构成的证据链证明本专利的产品在申请日之前就已经公开销售过，因此本专利不具备新颖性。专利权人认为大模内置现浇外保温体系（插接栓式）有多种型号，当代城市家园二期工程跨越本专利的申请日，材料供应方向采购方提供了包括专利产品在内的至少二种以上的插接栓，申请日前销售的插接栓包括专利权人在口头审理中提交给合议组的证据3，而本专利的插接栓在申请日之前没有销售过。

合议组经审查后认为：（1）申请日前公开销售的事实存在：如前面对证据的认定中所述，附件2的真实性得到确认，因此请求人提交的附件2中经过证据保全公证的《材料供应合同》可以证明，乙方北京特瑞克墙材科技有限公司（法定代表人王继强为本案专利权人）于2002年8月17日即本专利申请日之前向甲方江苏省建筑安装工程股份有限公司北京分公司第一工程处销售了其生产的“大模内置现浇外保温体系（插接栓式）”以及配套的插接套件（含插接栓1个，U形垫1个，开口平垫1个，长螺母1个），将该产品用于北京当代城市家园B区住宅楼工程中。上述销售行为专利权人没有相反的证据否定其公开性，因此合议组认定为是一种公开销售行为。

（2）销售的产品与本专利相一致：虽然附件2的合同中没有粘连供货的样品图或说明插接栓的具体结构，但附件4作为供货方北京特瑞克墙材科技有限公司的产品宣传册，其第2页中明确记载了“插接式大模内置现浇外保温体系”中的插接栓的样品图和剖面图，证明了“插接式大模内置现浇外保温体系”中的插接栓与本专利权利要求1~7的技术方案相同，即：用于现浇墙外保温体系的插接栓，包括塑料插接体、底盘和金属杆件三部分，插接体由至少两片插板呈一定角度相交而成，插板的一端与底盘连为一体，另一端呈尖角状，金属杆件沿插板的相交轴线埋置于插板的相交体之内，且在底盘中心处露出带螺纹的端头，并配以相应的螺母。底盘的中心部设有凹孔，金属杆件的螺纹端头显露于该凹孔之内且不超出凹孔，与螺纹端头相配的螺母为带端头的长螺母。长螺母的端头上为内凹，是否为内十字或内六角看不清楚，但内十字或内六角均为本领域的惯用手段。长螺母的端头配以“U”形垫片和开口平垫片。插板的外沿设有钢筋卡槽和定位卡口。插板的外沿设为刀刃状。插板和底盘上均设有镂空部分。金属杆件的未露出端也设为螺纹状。同时，该产品宣传册中也将北京当代城市家园二期列为其典型工程实例。

关于专利权人提交证据2证明附件4是在本专利申请日之后印制的。合议组认为，首先专利权人并未能证明证据2中记载的宣传画册就是附件4；其次，附件4证明的事实主要在于证明销售的产品与本专利相一致，其证据的形成日对本案并不重要，即事后形成的证据也能证明事前的事实。附件4的印制日并不是决定本专利是否在先公开的时间要素，附件2中的合同签订日（即产品的公开销售日）才是决定本专利是否在先公开的时间要素。附件4可以多次分批地印制，申请日前印制的附件4固然比申请日后印制的附件4对本案在先销售的事实证明力更大一点，但是印制日在申请日之后的附件4同样也能证明申请日前销售的产品与本专利相一致的事实。因此专利权人主张的理由对附件4的关于销售的产品与本专利是否一致的证明力并没有实质上的影响。

（3）在先销售导致公开的证据链能够形成：①附件2中的“大模内置现浇外保温体系（插接栓式）”和附件4中的“插接栓式大模内置现浇外保温体系”名称实质相同，双方均未表示异议，因此合议组认定为指向同一产品。②附件2合同中材料供应方与附件4中生产方同为北京特瑞克墙材科技有限公司。③附件2合同中记载甲方将该产品用于北京当代城市家园B区工程中，附件4中记载北京当代城市家园二期为北京特瑞克墙材科技有限公司（即附件2合同中的乙方）的典型工程实例。

关于使用地点当代城市家园B区和当代城市家园二期是否同一工程项目的问题，请求人表示是同一工程项目，专利权人的代理人在口头审理中表示需要和专利权人核实，但庭后提交的意见陈述书中未对该问题提出答复，因此合议组认为当代城市家园B区和当代城市家园二期是同一工程项目。因此合议组认为上述附件2和附件4之间在销售产品的名称、材料供应方和使用地点三个关键的要素上都相互印证，即足以形成一个完整的证据链来证明本专利的插接栓已于申请日前在国内公开销售过。由于本专利的插接栓是一种从外部可以观察到其形状和构造的实用新型产品，因此公开销售必然导致该产品处于一种公众想得知就能够得知其技术方案的状态，因此本专利不具备新颖性。

虽然专利权人当庭提交了证据3，用以否认其在本专利的申请日之前销售本专利的插接栓给乙方且在当代城市家园工程中使用，但是，首先，证据3的两个实物样品显然并不是附件2的《材料供应合同》中记载的“大模内置现浇外保温体系（插接栓式）”中的插接栓，其中紫色样品是附件4原件第5页中的“积木式砌块预埋外保温体系”的“预埋栓”；黑色的样品在附件4中没有记载，但显然其钝头的结构不能使其顺利地插入到大模内置现浇外保温体系的保温层中，不符合附件4第2页中记载的“插接式大模内置现浇外保温体系”的体系构造工艺，所以其不可能是“插接栓”。其次，专利权人也没有证据证明附件2所涉及的插接栓是其提供的证据1或3中的栓。最后，合议组在口头审理结束后，于2007年4月26日再次给专利权人就销售给当代城市家园二期工程中所使用的插接栓不是附件4第2页中记载的“插接式大模内置现浇外保温体系”中的插接栓进行举证的机会，但专利权人没有进行举证。因此，合议组认为专利权人提供的反证不足以证明其主张。

综上所述，附件2和附件4已能构成一个完整的证据链，证明本专利的产品在申请日之前就已经在国内公开销售过，因此本专利权利要求1~7不具备专利法第22条第2款所规定的新颖性。

因为本专利权利要求1~7相对于附件2和4构成的证据链不具备新颖性，应予全部无效，因此请求人提出的其他证据和理由（包括现场勘验的请求），合议组在本决定中不再予以评述。

根据上述的事实和理由，本案合议组依法作出以下决定。

**三、决定**

宣告02246640.1号实用新型专利权全部无效。

当事人对本决定不服的，可以根据专利法第46条第2款的规定，自收到本决定之日起3个月内向北京市第一中级人民法院起诉。根据该款的规定，一方当事人起诉后，另一方当事人应当作为第三人参加诉讼。

# 北京市第一中级人民法院
# 行政判决书

（2007）一中行初字第1365号

原告王继强，男，1972年2月19日出生，汉族，北京特瑞克墙材科技有限公司总经理，住北京市海淀区逸成东苑小区16楼805号。

委托代理人刘道臣，北京市汉鼎联合律师事务所律师。

委托代理人尹振启，北京中创阳光知识产权代理有限责任公司专利代理人。

被告国家知识产权局专利复审委员会，住所地北京市海淀区北四环西路9号银谷大厦。

法定代表人廖涛，副主任。

委托代理人郭建强，男，国家知识产权局专利复审委员会审查员。

委托代理人杜微科，男，国家知识产权局专利复审委员会审查员。

第三人张伟，男，1977 年 10 月 8 日出生，汉族，无业，住北京市朝阳区和平里 12 区 9-301 号。

委托代理人闫爽，男，北京汇泽知识产权代理有限公司职员。

委托代理人张璐璐，女，北京汇泽知识产权代理有限公司职员。

原告王继强不服被告国家知识产权局专利复审委员会（以下简称专利复审委）作出的无效宣告请求审查决定，向本院提起行政诉讼。本院受理后，依法组成合议庭，并依法通知与被诉具体行政行为有利害关系的张伟参加诉讼。本院于 2007 年 11 月 13 日公开开庭审理了本案。原告王继强的委托代理人刘道臣、尹振启，被告专利复审委的委托代理人郭建强、杜微科，第三人张伟的委托代理人闫爽、张璐璐到庭参加了诉讼。本案现已审理终结。

2007 年 6 月 1 日，被告依据《中华人民共和国专利法》（以下简称《专利法》）第二十二条第二款、《中华人民共和国专利法实施细则》第六十四条第一款的规定，作出第 10053 号无效宣告请求审查决定（以下简称第 10053 号决定），宣告 02246640.1 号实用新型专利权全部无效。

被告于答辩期内向本院提交了作出被诉具体行政行为的证据材料：（1）本专利说明书复印件；（2）中华人民共和国北京市公证处出具的编号为（2006）京证内字第 08012 号公证书，附有材料供应合同及收据复印件（即第 10053 号决定中的附件 2）；（3）北京特瑞克墙材科技有限公司关于特瑞克系列外墙保温及装饰系统的产品介绍复印件（即第 10053 号决定中的附件 4）；（4）被告 2007 年 4 月 26 日发给原告的无效宣告请求审查通知书正文复印件；（5）本案无效宣告请求阶段口头审理记录表复印件。上述证据用以证明被诉决定认定事实清楚，适用法律正确，审理程序合法。

原告王继强诉称：（1）被诉决定证据不足，从而导致事实认定错误。①附件 2 无法证明本专利产品公开销售的事实。首先，附件 2 所附的《材料供应合同》的真实性无法确认。其次，附件 2 即便是真实的，该证据也无法证明北京特瑞克墙材科技有限公司（以下简称特瑞克公司）当时销售的产品就是本专利产品。②以附件 4 来证明《材料供应合同》项下的产品就是本专利产品更是牵强附会。第一，附件 4 的内容介绍的是一种名为“插接栓式大模内置现浇外保温体系”的外保温工程施工工艺和方法，并不是一种插接栓产品。被告将“插接栓式大模内置现浇外保温体系”与本专利产品视为同一产品没有事实和逻辑依据；第二，被诉决定以所谓“大模内置现浇外保温体系（插接式）”和“插接栓式大模内置现浇外保温体系”名称实质相同，来认定两种体系中指向的是同一产品，纯属望文生义，主观臆断。被诉决定以《材料供应合同》的供货单位和附件 4 的印制单位均为特瑞克公司，就认定产品必然同一，没有客观依据；第三，原告提交的黑色实物是产品技术革新过程中插接栓样式的一种，同样适用于大模内置现浇外保温体系中，也完全可以插入到大模内置现浇外保温体系的保温层中，只是因其结构不够尖锐插入不够顺利而已。且插接栓的名称目前并没有任何统一的标准。被告简单地以“其钝头的结构不能使其顺利地插入”就认定其“不可能是插接栓”，显然没有道理。（2）被告分配举证责任错误。应依据谁主张谁举证的原则，法律有明确规定的情况下才适用举证责任倒置的诉讼原则。依据《审查指南》第四部分第八章 2.1 举证责任的分配之规定，第三人应对其主张的特瑞克公司依据《材料供应合同》在本专利申请日前供应的插接栓系本专利产品承担举证责任。而被告在审理过程中，却违法要求原告对特瑞克公司供应的不是本专利产品承担举证责任，否则就要原告承担举证不能的法律后果。综上所述，第 10053 号决定认定事实和审理程序存在严重错误，请求法院判决撤销该决定。

原告向法院提交了如下证据：（2006）京证经字第 20471 号公证书及其附件复印件，用以证明当代城市家园二期工程中使用的插接拴不仅有本专利产品，还包含有其他种类的插接栓。

被告专利复审委辩称，（1）关于使用公开问题，坚持被诉决定中的意见；（2）原告在起诉时提交的公证书属于在无效程序中未涉及的新证据，并且该公证书形成于 2006 年 9 月 8 日，在口头审理程序开始之前原告已经获得该证据。被告在口头审理结束后，于 2007 年 4 月 26 日发出的审查通知书中要求原告就销售给当代城市家园二期工程中所使用的插接栓不是附件 4 第 2 页中记载的“插接式大模内置现浇外保温体系”中的插接栓进行再次举证，这实际上给予原告再次听证的机会。原告依法应当在行政程序中向被告提交证据以证明其主张，但原告在行政程序中怠于行使其权利，而在诉讼中向法院提交该份公证书，该证据不应被合议庭采纳及作为判断被诉决定合法性的依据；（3）第三人已经就本专利不具备新颖性的主张提出了充分的理由和证据，附件 2 和 4 之间在销售产品的名称、材料供应方和使用地点三个关键要素上都相互印证，形成了一个完整的证据链来证明本专利的插接栓已于申请日前在国内公开销售过而不具备新颖性。原告如果认为上述证据证明的事项不能成立，有义务提供相应的反证予以证明。综上，第 10053 号决定认定事实清楚、适用法律法规正确、审理程序合法，请求法院维持该决定。

第三人同意被告的认定，请求法院维持第 10053 号决定。

第三人未向法院提交证据。

经庭审质证，原告对被告证据 1、3、4、5 的关联性、真实性、合法性没有异议，对证明作用有异议，对于证据 2 公证书没有异议，但对于公证书中合同的真实性有异议。第三人对被告证据无异议。

被告及第三人认为原告在诉讼中提交的证据系无效程序中未提交的证据，且被告已经给了原告举证的机会，故该证据不应予以采纳。

经审查，被告提交的证据 1、3、4、5 与本案具有关联性，且合法、真实，本院予以确认；虽然原告对被告证据 2 中的《材料供应合同》的真实性持有异议，但该份合同中的材料供应方的法定代表人及签字人均为本案原告，在原告未提交证据证明上述合同虚假的前提下，本院对该份证据的真实性予以认可。

北京市高级人民法院《关于审理专利复审和无效行政纠纷案件若干问题的解答（试行）》第十条规定：“在专利复审委的无效审理程序之后的行政诉讼程序中，无效请求人提出的新证据，原则上不应接受并认定，无效请求人可以依据新证据重新向专利复审委提出无效宣告请求。但是专利权被宣告或判定无效后，专利权人在后续程序中提出的并有可能导致案件改判的新证据，应予接受并认定，此时应撤销专利复审委的决定并责令其重新审理”。原告在诉讼中提交的证据确属在无效程序中未提交的证据，被告认为该证据系其要求原告提交而原告无正当理由未予提交的证据，故不应予以采纳。对此本院认为，被告并未明确要求原告提交该证据，且原告提交该份证据的证明事项系当代城市家园二期工程中使用的插接拴中不仅有本专利产品，还包含有其他种类的产品，该证明事项与被告在无效程序中要求原告补充证据所要证明的事项并不相同，故不属于被告要求原告提交的证据，鉴于该份证据对本案事实的认定具有影响，故本院对上述证据予以采信。上述证据能够证明在当代城市家园二期中使用的插接拴不仅有本专利产品，还包含有其他种类的插接栓的事实。

经审理查明，本无效宣告请求涉及中华人民共和国国家知识产权局于 2003 年 2 月 19 日授权公告的、名称为“一种用于现浇墙外保温体系的插接栓”的实用新型专利权（即本专利），其专利号是 02246640.1，申请日是 2002 年 8 月 21 日，专利权人是本案原告。本专利授权公告时的权利要求书如下：

“1. 一种现浇墙外保温体系的插接栓，其特征在于它包括塑料插接体（1）、底盘（4）和金属杆件（6）三部分，所述插接体（1）由至少两片插板（9）呈一定角度相交而成，插板（9）的一端与底盘（4）连为一体，另一端呈尖角状（11），所述金属杆件（6）沿插板（9）的相交轴线埋置于插板的相交体之内，且在底盘（4）中心处露出带螺纹的端头（5），并配以相应的螺母。

2. 根据权利要求1所述的现浇墙外保温体系的插接栓，其特征在于：所述底盘（4）的中心部设有凹孔（3），金属杆件（6）的螺纹端头（5）显露于该凹孔之内且不超出凹孔（3），与螺纹端头（5）相配的螺母为带端头（14）的长螺母（13）。

3. 根据权利要求2所述的现浇墙外保温体系的插接栓，其特征在于：所述长螺母（13）的端头（14）上设有内十字（15）或内六角并配以‘U’形垫片（17）和开口平垫片（16）。

4. 根据权利要求1或2或3所述的现浇墙外保温体系的插接栓，其特征在于：所述插板（9）的外沿设有钢筋卡槽（8）和定位卡口（10）。

5. 根据权利要求4所述的现浇墙外保温体系的插接栓，其特征在于：所述插板（9）的外沿设为刀刃状（7）。

6. 根据权利要求5所述的现浇墙外保温体系的插接栓，其特征在于：所述插板（9）和底盘（4）上均设有镂空部分（12）、（2）。

7. 根据权利要求6所述的现浇墙外保温体系的插接栓，其特征在于：所述金属杆件（6）的未露出端也设为螺纹状”。

针对本专利权，本案第三人于2006年7月28日向被告提出无效宣告请求，认为本专利的权利要求1~7不符合《专利法》第二十二条第二款、第三款、第二十六条第三款的规定，第三人同时提交了如下附件：

附件1：中华人民共和国北京市公证处出具的编号为（2006）京证内字第07426号的公证书复印件，附有郭宏明出具的证明及其附件，共30页；

附件2：中华人民共和国北京市公证处出具的编号为（2006）京证内字第08012号的公证书复印件，附有材料供应合同及收据，共6页；

附件3：从网络下载的关于“江苏省华建建设股份有限公司”的资料打印件，共7页；

附件4：北京特瑞克墙材科技有限公司关于特瑞克系列外墙保温及装饰系统的产品介绍复印件，共3页；

附件5：北京特瑞克墙材科技有限公司起诉李建宗、张伟的民事起诉状复印件，共2页；

附件6：北京特瑞克墙材科技有限公司向法院提交的证据目录复印件，共9页；

附件7：公开日为1999年9月16日的德国专利文献DE-29909236U1及其部分中文译文，共11页；

附件8：公开日为1985年4月4日的德国专利文献DE-3045986，共6页；

附件9：公开日为1981年8月26日的欧洲专利文献EP-0034346A1及其部分中文译文，共19页；

附件10：公开日为1954年3月23日的美国专利文献US-2672659及其部分中文译文，共7页；

附件11：公开日为1993年11月2日的美国专利文献US-5257490A及其部分中文译文，共8页；

附件12：公开日为1984年6月20日的德国专利文献DE-8406916U1及其部分中文译文，共11页；

附件13：由华北地区建筑设计标准化办公室、西北地区建筑标准设计协作办公室2001年审定的编号为88J2-4墙身-外墙保温的建筑构造通用图集第2版和2002年审定的88JZ2挤塑聚苯板保温构造的建筑构造专项图集，共6页复印件。

第三人认为：附件1~6证明本专利要求保护的现浇墙外保温体系的插接栓在申请日前就已经公开生产、使用和销售，因此没有新颖性；附件7~13证明本专利是已有的公知技术，没有创造性。

经形式审查合格，被告依法受理了上述无效宣告请求，并于 2006 年 7 月 31 日向原告和第三人发出无效宣告请求受理通知书，同时将专利权无效宣告请求书及其附件清单中所列附件的副本转送给原告，并要求原告在指定的期限内陈述意见。

第三人于 2006 年 8 月 2 日向被告补充提交了证据，其中补充的证据为（编号续前）：

附件 14：李建宗出具的证人证言复印件 1 页及李建宗的身份证复印件 1 页。

针对被告发出的上述无效宣告请求受理通知书，原告于 2006 年 9 月 13 日提交了意见陈述书及证据，其中原告提交的证据为：

证据 1：当代家园 B 区所用插接栓的照片复印件，共 1 页；

证据 2：北京雪迎世纪印刷技术发展有限公司于 2004 年 6 月 1 日出具给北京特瑞克墙材科技有限公司的关于印制宣传画册的发票复印件，共 1 页。

原告认为：（1）附件 1 只是证明郭宏明的身份及其制作的与附件 1 公证书粘连的证言和其他文件是原件，郭宏明的签名属实，而无法证明内容的真实性，且证言与事实不符；对附件 2 公证书所附合同的真实性有异议，且该合同没有供货日期和明确记载产品结构的附件，不足以证明申请日之前的公开销售行为；附件 3 是互联网下载的文件，客观性无从认可，没有具体时间；证据 2 能证明附件 4 是在申请日之后印制的宣传画册；附件 5 和 6 证明原告向北京第二中级人民法院对请求人提起的侵权诉讼。（2）第三人没有结合提交的附件 7~13 具体说明理由，如最接近的对比文件、具体的结合方式等，因此不符合《审查指南》的相关规定。

被告于 2007 年 1 月 11 日向双方发出无效宣告请求口头审理通知书，定于 2007 年 3 月 9 日举行口头审理。随同口头审理通知书，将第三人于 2006 年 8 月 2 日提交的意见陈述书及其附件清单中所列附件的副本转送给原告，将原告于 2006 年 9 月 13 日提交的意见陈述书及其附件清单中所列附件的副本转送给第三人。

口头审理如期举行，双方当事人均参加了口头审理。

在口头审理中，（1）被告明确审查文本为授权公告时的权利要求书。（2）第三人明确请求无效的理由、证据和范围为：本专利不符合《专利法》第二十二条第二款的规定，所使用的证据是附件 1~6和附件 14；本专利不符合《专利法》第二十二条第三款的规定，所使用的证据是附件 7~13；放弃本专利不符合《专利法》第二十六条第三款的规定。原告指出第三人提出的有关新颖性的理由不符合《审查指南》的规定。第三人认为其已经在请求书中具体说明了本专利申请日前公开销售的理由。被告告知双方，关于新颖性理由的提出是否符合审查指南规定将在审查决定中作出认定，口头审理继续进行新颖性的调查。（3）双方就第三人提交的附件 1~6 和 14 进行了质证，并就本专利相对于附件 1~6 和 14 是否具备新颖性充分发表了意见。附件 1 中的证人郭宏明出庭作证，接受了双方和合议组的询问。关于附件 2，第三人当庭提交了附件 2 的原件。原告经核实认为复印件与原件一致，但对公证书中的材料供应合同的真实性有异议，认为附件 2 不能作为证据加以采信。被告指出，如果原告坚持对该份材料供应合同的真实性有异议，可以在指定的期限内去核实。原告放弃了核实的权利。关于附件 4，第三人当庭提交了附件 4 的原件，用附件 4 结合附件 2 来证明本专利在先公开销售。原告认可附件 4 复印件与原件的一致性以及真实性，但认为附件 4 原件上没有印刷日期，证据 2 证明附件 4 原件的印刷日期在本专利申请日之后，并且认为附件 4 中的插接栓有很多，不能证明销售给当代城市家园使用的就是本专利的插接栓。第三人认为附件 4 证明附件 2 的合同中销售的大模内置现浇外保温体系（插接拴式）就是与本专利相同的产品。（4）双方就原告提交的证据进行了质证。第三人对证据 1 的真实性有异议，认为证据 1 作为照片复印件没有原件，也没有拍摄日期，证据 1 和附件 2 合同中的产品不相同；对证据 2 的复印件和原件的一致性以及真实性没有异议，但认为证据 2 并不能证明在2004年6月1日前就没有印制过宣传画册，而且该发票中的宣传画册指什么也不清楚。原告当庭提交了证据2的原件以及证据3（编号续前）：两个关于插接栓的实物样品。其中黑色实物样品为证据1照片中的实物。原告称证据2中的宣传画册就是附件4，证据3中的两个实物样品才是本专利申请日前销售的产品。（5）被告询问双方，当代城市家园二期和当代城市家园B区是否同一个工程，第三人认为是同一个工程。原告代理人称需要和原告核实一下。（6）原告承认北京特瑞克公司曾经和江苏省建筑安装工程公司签订过插接栓供货合同，但该供货合同由于各种原因没能找到，所以不能提供给合议组。(7）第三人口审中请求被告到当代城市家园进行现场勘验。

口头审理结束后，原告于2007年3月23日向被告提交了代理词，称第三人在口审中提到的现场勘验一事，由于其不属于第三人因客观原因不能自行收集的证据，且没有在举证期限内提出申请，不符合《审查指南》第四部分第八章第3节的规定，因此不同意进行现场勘验，要求被告根据现有证据尽快作出审查决定。

合议组于2007年4月26日向双方发出审查通知书，告知双方：由于在本案口头审理中，原告认为当代城市家园二期工程中所使用的插接栓不是附件4第2页“插接式大模内置现浇外保温体系”中的插接栓，因此关于该主张，被告要求原告在收到通知书之日起一个月内进一步举证证明。原告于2007年5月11日对该审查通知书进行了答复，指出关于上述主张在口头审理中已经陈述，没有进一步举证的义务。第三人于2007年5月24日答复了该审查通知书，不同意再次给原告举证的机会。

经审查，被告认为：

1. 关于本案证据、理由和范围的认定

第三人提交的证据包括附件2和4，第三人当庭提交了附件2和4的原件，原告对附件4复印件与原件的一致性以及原件的真实性均没有异议，因此被告认为附件4可以作为本案证据使用。原告对附件2复印件与原件的一致性没有异议，但对附件2中公证书所附的《材料供应合同》的真实性有异议，被告认为原告作为该份合同的材料供应方（乙方）的法定代表人及签字人，关于该份合同的真伪性其具有举证优势，因此告知原告可以在指定期限内对其真实性进行核实，但原告当庭放弃了核实的权利。此外原告也承认北京特瑞克公司和江苏省建筑安装工程公司签订过供货合同，但被告要求原告提交其所宣称的那份真实的供货合同，其不能提交给合议组。因此被告认为原告主张附件2不真实的理由不能成立，附件2的真实性可以确认，可以作为本案的证据使用。

关于第三人所提交的附件1~6否定新颖性的理由，原告提出第三人未具体说明，被告不应考虑。被告经审查后认为，本案中第三人用附件1~6形成证据链来证明本专利的产品在申请日前公开销售或者使用，有关这个理由第三人已经在无效宣告请求书中说明了，结合附件1~6原告完全可以理解并作出相应的抗辩，且原告在其2006年9月13日提交给被告的意见陈述书中已经针对上述有关新颖性的理由作出了积极有效的抗辩，并提交了反证。因此第三人提交的附件1~6否定新颖性的理由符合《中华人民共和国专利法实施细则》第六十四条第一款以及《审查指南》第四部分第三章第3.3节和4.1节的相关规定，被告予以考虑。

2. 关于本专利的新颖性

《专利法》第二十二条第一款、第二款规定，授予专利权的发明和实用新型应当具备新颖性，新颖性是指在申请日以前没有同样的发明或者实用新型在国内外出版物上公开发表过、在国内公开使用过或者以其他方式为公众所知，也没有同样的发明或者实用新型由他人向国务院专利行政部门提出过申请并记载在申请日以后（含申请日）公布的专利申请文件中。

根据该规定，使用公开的方式包括能够使公众得知其技术内容的公开销售等方式，如果与涉案专利相同的产品在该专利申请日之前就在国内公开销售过，并且使该专利的技术方案处于公众想得知就能够得知的状态，就构成使用公开，该专利不具备新颖性。

被告认为：(1) 申请日前公开销售的事实存在：如前面对证据的认定中所述，附件 2 的真实性得到确认，因此第三人提交的附件 2 中经过证据保全公证的《材料供应合同》可以证明，乙方北京特瑞克墙材科技有限公司（法定代表人王继强为本案专利权人）于 2002 年 8 月 17 日即本专利申请日之前向甲方江苏省建筑安装工程股份有限公司北京分公司第一工程处销售了其生产的“大模内置现浇外保温体系（插接栓式）”以及配套的插接套件（含插接栓 1 个，U 形垫 1 个，开口平垫 1 个，长螺母 1 个)，将该产品用于北京当代城市家园 B 区住宅楼工程中。上述销售行为原告没有相反的证据否定其公开性，因此被告认定为是一种公开销售行为。

(2) 销售的产品与本专利相一致：虽然附件 2 的合同中没有粘连供货的样品图或说明插接栓的具体结构，但附件 4 作为供货方北京特瑞克墙材科技有限公司的产品宣传册，其第 2 页中明确记载了“插接式大模内置现浇外保温体系”中的插接栓的样品图和剖面图，证明了“插接式大模内置现浇外保温体系”中的插接栓与本专利权利要求 1~7 的技术方案相同，即：用于现浇墙外保温体系的插接栓，包括塑料插接体、底盘和金属杆件三部分，插接体由至少两片插板呈一定角度相交而成，插板的一端与底盘连为一体，另一端呈尖角状，金属杆件沿插板的相交轴线埋置于插板的相交体之内，且在底盘中心处露出带螺纹的端头，并配以相应的螺母。底盘的中心部设有凹孔，金属杆件的螺纹端头显露于该凹孔之内且不超出凹孔，与螺纹端头相配的螺母为带端头的长螺母。长螺母的端头上为内凹，是否为内十字或内六角看不清楚，但内十字或内六角均为本领域的惯用手段。长螺母的端头配以“U”形垫片和开口平垫片。插板的外沿设有钢筋卡槽和定位卡口。插板的外沿设为刀刃状。插板和底盘上均设有镂空部分。金属杆件的未露出端也设为螺纹状。同时，该产品宣传册中也将北京当代城市家园二期列为其典型工程实例。

关于原告提交证据 2 证明附件 4 是在本专利申请日之后印制的。被告认为，首先原告并未能证明证据 2 中记载的宣传画册就是附件 4；其次，附件 4 证明的事实主要在于证明销售的产品与本专利相一致，其证据的形成日对本案并不重要，即事后形成的证据也能证明事前的事实。附件 4 的印制日并不是决定本专利是否在先公开的时间要素，附件 2 中的合同签订日（即产品的公开销售日）才是决定本专利是否在先公开的时间要素。附件 4 可以多次分批地印制，申请日前印制的附件 4 固然比申请日后印制的附件 4 对本案在先销售的事实证明力更大一点，但是印制日在申请日之后的附件 4 同样也能证明申请日前销售的产品与本专利相一致的事实。因此原告主张的理由对附件 4 的关于销售的产品与本专利是否一致的证明力并没有实质上的影响。

(3) 在先销售导致公开的证据链能够形成：①附件 2 中的“大模内置现浇外保温体系（插接栓式）”和附件 4 中的“插接栓式大模内置现浇外保温体系”名称实质相同，双方均未表示异议，因此被告认定为指向同一产品。②附件 2 合同中材料供应方与附件 4 中生产方同为北京特瑞克墙材科技有限公司。③附件 2 合同中记载甲方将该产品用于北京当代城市家园 B 区工程中，附件 4 中记载北京当代城市家园二期为北京特瑞克墙材科技有限公司（即附件 2 合同中的乙方）的典型工程实例。关于使用地点当代城市家园 B 区和当代城市家园二期是否同一工程项目的问题，第三人表示是同一工程项目，原告的代理人在口头审理中表示需要和原告核实，但庭后提交的意见陈述书中未对该问题提出答复，因此被告认为当代城市家园 B 区和当代城市家园二期是同一工程项目。因此被告认为上述附件 2 和附件 4 之间在销售产品的名称、材料供应方和使用地点三个关键的要素上都相互印证，即足以形成一个完整的证据链来证明本专利的插接栓已于申请日前在国内公开销售过。由于本专利的插接栓是一种从外部可以观察到其形状和构造的实用新型产品，因此公开销售必然导致该产品处于一种公众想得知就能够得知其技术方案的状态，因此本专利不具备新颖性。

虽然原告当庭提交了证据3，用以否认其在本专利的申请日之前销售本专利的插接栓给乙方且在当代城市家园工程中使用，但是，首先，证据3的两个实物样品显然并不是附件2的《材料供应合同》中记载的“大模内置现浇外保温体系（插接栓式）”中的插接栓，其中紫色样品是附件4原件第5页中的“积木式砌块预埋外保温体系”的“预埋栓”；黑色的样品在附件4中没有记载，但显然其钝头的结构不能使其顺利地插入到大模内置现浇外保温体系的保温层中，不符合附件4第2页中记载的“插接式大模内置现浇外保温体系”的体系构造工艺，所以其不可能是“插接栓”。其次，原告也没有证据证明附件2所涉及的插接栓是其提供的证据1或3中的栓。第三，被告在口头审理结束后，于2007年4月26日再次给原告就销售给当代城市家园二期工程中所使用的插接栓不是附件4第2页中记载的“插接式大模内置现浇外保温体系”中的插接栓进行举证的机会，但原告没有进行举证。因此，被告认为原告提供的反证不足以证明其主张。

综上所述，附件2和附件4已能构成一个完整的证据链，证明本专利的产品在申请日之前就已经在国内公开销售过，因此本专利权利要求1~7不具备《专利法》第二十二条第二款所规定的新颖性。

因为本专利权利要求1~7相对于附件2和4构成的证据链不具备新颖性，应予全部无效，因此第三人提出的其他证据和理由（包括现场勘验的请求），被告在本决定中不再予以评述。

综上，被告作出第10053号决定，原告不服，诉至本院。

本院认为，《专利法》第二十二条第二款规定，新颖性是指在申请日以前没有同样的发明或者实用新型在国内外出版物上公开发表过、在国内公开使用过或者以其他方式为公众所知，也没有同样的发明或者实用新型由他人向国务院专利行政部门提出过申请并记载在申请日以后公布的专利申请文件中。本案的焦点问题是第三人在无效程序中提交的附件2和附件4能否证明本专利在申请日前公开销售事实的存在。

本案中，被告结合附件2和附件4，认为附件2中特瑞克公司销售给江苏省建筑安装工程股份有限公司北京分公司第一工程处的大模内置现浇外保温体系（插接栓式）中使用的即是附件4中显示的应用于当代城市家园二期中的本专利产品，故本专利申请日之前公开销售的事实存在。但是，从原告在诉讼中提交的证据可以看出，在当代城市家园二期外墙体保温体系中使用的插接件不仅仅只有本专利产品一种，也包含有其他种类的插接件。从该证据可以推论出，特瑞克公司在本专利申请日之前公开销售的产品并不一定必然是本专利产品，也有可能是其他种类的插接栓。同时，现有证据亦无法证明当代城市家园二期住宅楼工程在本专利申请日之前业已完成。故被告认为附件2中销售的插接栓必然是本专利产品，从而本专利不具备新颖性缺乏事实依据，主要证据不足，本院应予撤销。据此，依据《中华人民共和国行政诉讼法》第五十四条第（二）项第1目之规定，判决如下：

撤销被告国家知识产权局专利复审委员会于二〇〇七年六月一日作出的第10053号无效宣告请求审查决定。

案件受理费100元，由被告国家知识产权局专利复审委员会负担（于本判决生效后7日内交纳）。

如不服本判决，可在本判决书送达之日起15日内，向本院提交上诉状，并按对方当事人人数提出副本，上诉于北京市高级人民法院。上诉人在上诉期限内未提交上诉案件受理费又不提交缓交申请的，按自动撤回上诉处理。

审　判　长　强刚华
代理审判员　贾志刚
人民陪审员　欧万雄
二〇〇七年十二月十一日
书　记　员　张　莹

# 北京市高级人民法院
# 行政判决书

（2008）高行终字第186号

上诉人（一审被告）国家知识产权局专利复审委员会，住所地北京市海淀区北四环西路9号银谷大厦。

法定代表人廖涛，副主任。

委托代理人郭建强，男，国家知识产权局专利复审委员会审查员。

委托代理人杜微科，男，国家知识产权局专利复审委员会审查员。

上诉人（一审第三人）张伟，男，1977年10月8日出生，汉族，无业，住北京市朝阳区和平里12区9-301号。

委托代理人闫爽，男，北京汇泽知识产权代理有限公司职员。

委托代理人闫立德，男，北京汇泽知识产权代理有限公司职员。

被上诉人（一审原告）王继强，男，1972年2月19日出生，汉族，北京特瑞克墙材科技有限公司总经理，住北京市海淀区逸成东苑小区16楼805号。

委托代理人刘道臣，北京市汉鼎联合律师事务所律师。

委托代理人尹振启，北京中创阳光知识产权代理有限责任公司专利代理人。

上诉人国家知识产权局专利复审委员会（以下简称复审委）、上诉人张伟因专利无效宣告请求审查决定一案，不服北京市第一中级人民法院（2007）一中行初字第1365号行政判决，向本院提起上诉。本院受理后依法组成合议庭，公开开庭审理了本案。上诉人复审委的委托代理人郭建强、杜微科，上诉人张伟及其委托代理人闫立德，被上诉人王继强的委托代理人刘道臣、尹振启，到庭参加了诉讼。本案现已审理终结。

2007年6月1日，复审委依据《中华人民共和国专利法》（以下简称《专利法》）第二十二条第二款、《中华人民共和国专利法实施细则》（以下简称《专利法实施细则》）第六十四条第一款的规定，作出第10053号无效宣告请求审查决定（以下简称第10053号决定），宣告02246640.1号“一种用于现浇墙外保温体系的插接栓”实用新型专利权（以下简称本专利）全部无效。王继强不服该决定，向北京市第一中级人民法院（以下简称一审法院）提起行政诉讼。

一审法院经审理认为，本案焦点为张伟在无效程序中提交的销售合同和产品介绍能否证明本专利在申请日前公开销售事实的存在。

该院认为，从王继强在诉讼中提交的证据可以看出，当代城市家园二期外墙体保温体系中使用的插接件不仅仅只有本专利产品一种，也包含有其他种类的插接件。从该证据可以推论出，特瑞克公司在本专利申请日之前公开销售的产品并不一定必然是本专利产品，也有可能是其他种类的插接栓。同时，现有证据亦无法证明当代城市家园二期住宅楼工程在本专利申请日之前业已完成。故复审委认为销售合同中销售的插接栓是本专利产品，从而确认本专利不具备新颖性缺乏事实依据，主要证据不足，应予撤销。据此，依据《中华人民共和国行政诉讼法》第五十四条第（二）项第1目之规定，判决撤销了第10053号决定。

复审委和张伟不服一审判决，向本院提起上诉。

复审委认为，张伟在无效程序中提交的特瑞克公司与江苏建筑公司北京分公司一处签订的销售特瑞克公司生产的“大模内置现浇外保温体系（插接栓式）”的合同（以下简称销售合同）业经公证，该销售合同销售的产品名称虽与特瑞克公司印刷的该公司系列外墙保温体系的产品介绍（以下简称产品介绍）中“插接式大模内置现浇外保温体系”产品名称表述稍有不同，但其产品实质相同，且王继强在无效程序中就在该合同销售的产品与产品介绍中的“插接式大模内置现浇外保温体系”为同一产品的事实未提出异议；产品介绍记载的“插接式大模内置现浇外保温体系”的结构图与本专利完全相同。因此，销售合同和产品介绍中的施工工艺名称、材料供应方和使用地点相互印证，足以形成一个完整的证据链证明本专利已于申请日前在国内公开销售。

复审委认为，王继强在诉讼中补充提交的证据形成于口头审理（以下简称口审）之前，且在口审中及口审后该委一再要求其就销售合同提交反证，但王继强拒不提交，怠于举证。依据《最高人民法院关于行政诉讼证据若干问题的规定》（以下简称《行政诉讼证据规定》）第五十九条的规定，人民法院不应予以接纳。故，一审法院在一审期间接纳王继强在诉讼中提交的证据违反《行政诉讼证据规定》；同时，一审法院采纳该证据，确认特瑞克公司在“本专利申请日前公开销售的产品并不一定必然是本专利产品，也有可能是其他种类的插接栓”，缺乏事实依据。该证据照片中的三个插接件中除本专利所涉的插接栓外，另外两种一种为产品介绍中记载的“积木式预埋外保温体系”中的“预埋栓”，另一种“插接件”为“钝头”结构，该结构不能如本专利“插接栓”的锋利尖角那样顺利地插入到“大模内置现浇外保温体系”的保温层中，而是需要对保温层进行预开口，不符合产品介绍中记载的“插接式大模内置现浇外保温体系”的体系构造工艺，明显不是用于“大模内置现浇外保温体系”的“插接栓”。且经检索，发现其中一个插接件系王继强的另外一个名称为“连接卡件”的专利，专利号为02235961.3，在本专利背景技术中也记载了这种“连接卡件”。王继强作为该产品的生产方，始终不能提交证明其余两种“插接件”即为销售合同插接栓的证据。因此，该证据不能否定第10053号决定认定的事实，反而佐证了当代城市二期B区中确实使用了与本专利相同的插接栓。综上，认为第10053号决定事实清楚，适用法律正确，程序合法，应予维持；一审判决认定事实错误，请求予以撤销。

张伟上诉称，首先，王继强在诉讼中提交的证据成立的条件是在当代城市二期建设中只有一个建筑商，而且特瑞克公司仅对该一个建筑商供货，同时二期工程中建筑结构均相同，上述结论才能成立。但事实并非如此。其次，该证据的取证手段不公正，由于“大模内置现浇外保温体系（插接栓式）”是销售给江苏建筑公司北京分公司一处的，由于该二期工程还包括其他建筑商建筑的其他结构的墙体，因此，该证据样本首先应当证明为特瑞克公司销售给该处的，且为该处使用在大模内置现浇外保温体系（插接栓式）的建筑结构中的；而不能采用“任意选择该小区内三处外墙墙体”的方法，既没有说明楼号，也未说明承建的建筑商是否为江苏建筑公司北京分公司一处。其三，同一建筑的外墙墙体有可能用大模内置现浇保温体系中用的插接式产品和砌块预埋栓，但插接栓式产品是在水泥浇筑墙面时同时使用的，而砌块预埋栓是在砌块砖时使用的，因两者使用的墙体不同，决定了产品结构的不同。因此，即便在同一墙体中抽取了砌块预埋栓，也不能以此否定特瑞克公司销售给江苏建筑公司北京分公司一处的大模内置现浇外保温体系中还存在其他结构的“大模内置现浇外保温体系（插接栓式）”。其四，销售合同明确记载了特瑞克公司供应给江苏建筑公司北京分公司一处的插接套件含“插接栓一个、U形垫一个、开口平垫、长螺母一个”，从该产品对应的专利可知含有U形、开口平垫、长螺母的插接栓仅有本专利一种，不存在其他结构的插接栓式，且销售合同记载的产品名称就是本专利的产品名称，不存在其他种类的可能，且产品介绍也证明了销售合同中的插接栓是唯一的，证明了销售合同中供应的产品、使用的地点、插接栓样式一一对应的关系。综上认为，一审判决认定事实不清，请求予以撤销。

王继强未提交书面意见，当庭答辩认为，一审法院采纳其在诉讼期间补充提交的证据符合相关证据规定；第10053号决定依据的销售合同和产品介绍并未形成证据链；无效程序中，复审委要求其就当代城市家园二期工程中所使用的插接栓不是产品介绍中“插接式大模内置现浇外保温体系”的插接栓的事实举证，违反了举证规则。综上认为，一审判决事实清楚，适用法律正确，程序合法，请求予以维持。

一审法院开庭审理前，复审委提交了如下证据：（1）本专利说明书复印件；（2）江苏建筑公司北京分公司一处与特瑞克公司于2002年8月17日签订的材料供应合同的复印件，其中约定由特瑞克公司向江苏建筑公司北京分公司一处供应特瑞克公司生产的“大模内置现浇外保温体系（插接栓式）”产品，该合同经张伟申请，北京市公证处公证员温学义、张静到江苏建筑公司北京分公司一处调取了该合同原本，并就复印件的真实性给予公证；（3）特瑞克公司关于特瑞克系列外墙保温及装饰系统的产品介绍复印件，其中第2页记载的“插接式大模内置现浇保温体系”产品的附图与本专利说明书附图一致；（4）复审委于2007年4月26日要求王继强就当代城市家园二期工程中所使用的插接栓是否为产品介绍第2页“插接式大模内置现浇保温体系”中的插接栓补充证据的通知的复印件，举证期限为一个月；（5）复审委就本专利进行的口审记录表复印件。

王继强于一审法院开庭审理前，提交了特瑞克公司工作人员马守江在北京市公证处公证员贝宁、徐静的监督下，在北京市海淀区安宁庄西路9号院当代城市家园二期B区任意选择在该小区内三处墙体保温层内取出的三个插接件照片的复印件及对拍照过程的公证文本。

本院开庭审理前，复审委针对王继强在一审期间提交的证据，补充提交了：（1）王继强于2003年被授权公告的“一种用于砌块式外墙的外保温层连接卡栓”的实用新型专利说明书，该专利说明书附图显示的产品特征与王继强在一审期间提交证据照片中第三种插接件特征相符；（2）张伟在无效程序中提交的特瑞克公司于2002年6月印制的“插接栓式大模内置现浇保温体系施工工艺”材料。

一审法院审理期间，当事人提交的上述证据材料已随案移送本院。经审查，复审委在一审期间提交的证据来源合法，内容真实，其中证据1~3能够印证第10053号决定确认的事实，复审委采纳上述证据符合相关证据规定，该委提交的证据4~5能够证明该委就本案的审查程序、双方当事人在口审中的意思表示，以及在法定提交证据的期限以外又给予王继强补充提交反证的期限的事实，应予采纳。复审委在二审针对王继强在一审提交证据而补充提交的反驳证据，因其在一审期间未申请提交，也未申请延期提供或申请调取，故，对该部分证据本院不予接纳。

经审理查明，本专利系王继强于2002年8月21日申请、国家知识产权局于2003年2月19日授权公告的“一种用于现浇墙外保温体系的插接栓”的实用新型专利权，专利号为02246640.1。本专利授权公告的权利要求书如下：

“1. 一种现浇墙外保温体系的插接栓，其特征在于它包括塑料插接体、底盘和金属杆件三部分，所述插接体由至少两片插板呈一定角度相交而成，插板的一端与底盘连为一体，另一端呈尖角状，所述金属杆件沿插板的相交轴线埋置于插板的相交体之内，且在底盘中心处露出带螺纹的端头，并配以相应的螺母。

2. 根据权利要求1所述的现浇墙外保温体系的插接栓，其特征在于：所述底盘的中心部设有凹孔，金属杆件的螺纹端头显露于该凹孔之内且不超出凹孔，与螺纹端头相配的螺母为带端头的长螺母。

3. 根据权利要求2所述的现浇墙外保温体系的插接栓，其特征在于：所述长螺母的端头上设有内十字或内六角并配以‘U’形垫片和开口平垫片。

4. 根据权利要求1或2或3所述的现浇墙外保温体系的插接栓，其特征在于：所述插板的外沿设有钢筋卡槽和定位卡口。

5. 根据权利要求4所述的现浇墙外保温体系的插接栓，其特征在于：所述插板的外沿设为刀刃状。

6. 根据权利要求5所述的现浇墙外保温体系的插接栓，其特征在于：所述插板和底盘上均设有镂空部分。

7. 根据权利要求6所述的现浇墙外保温体系的插接栓，其特征在于：所述金属杆件的未露出端也设为螺纹状"。

针对本专利权，张伟以本专利的权利要求1~7不符合《专利法》第二十二条第二款、第三款、第二十六条第三款的规定为由，于2006年7月28日向复审委提出无效宣告请求。同时提交了13份证据。

张伟认为，证据1~6能够证明本专利要求保护的现浇墙外保温体系的插接栓在申请日前就已经公开生产、使用和销售，因此本专利不具备新颖性；证据7~13能够证明本专利是已有的公知技术，不具备创造性。

复审委依法受理了上述无效宣告请求后，于2006年7月31日分别向王继强和张伟发出无效宣告请求受理通知书并进行了转文，告知了提交书面意见的期限及口审的日期。

张伟于2006年8月2日向复审委补充提交了证据14。

针对张伟的无效请求及相关证据，王继强于2006年9月13日提交了意见陈述书和反驳证据，反驳证据1：当代家园B区所用插接栓的照片复印件1页；反驳证据2：北京雪迎世纪印刷技术发展有限公司于2004年6月1日出具给特瑞克公司的关于印制宣传画册的发票复印件1页。

在意见陈述中，王继强对张伟提交的证据1、3提出了质疑；认为自己提交的反驳证据2能够证明产品介绍是在申请日之后印制的宣传画册；认为张伟没有结合其提交的证据7~13具体说明本专利不具备创造性的理由，不符合《审查指南》的相关规定。

2007年3月9日，复审委就本案进行了口审。口审中，复审委确定对本专利的审查文本为公告的授权文本。张伟明确请求无效的理由、证据和范围为：以证据1~6和证据14，证明本专利不符合《专利法》第二十二条第二款的规定；以证据7~13，证明本专利不符合《专利法》第二十二条第三款的规定；放弃关于本专利不符合《专利法》第二十六条第三款规定的无效理由。王继强指出张伟关于本专利不具备新颖性的理由不符合《审查指南》的规定，并提交了两个关于插接栓的实物作为反驳证据3。此间，复审委告知王继强可以在指定的期限内就销售合同的真实性进行核实。王继强放弃了核实的权利，承认特瑞克公司曾经和江苏省建筑安装工程公司签订过插接栓供货合同，但该供货合同文本由于各种原因没能找到，故不能提供。张伟请求复审委到当代城市家园进行现场勘验。

就张伟要求现场勘验一事，王继强于口审后的2007年3月23日向复审委提交了书面意见，认为该请求不属于因客观原因不能自行收集的证据的情形，且张伟未在举证期限内提出申请，不符合《审查指南》第四部分第八章第3节的规定，不同意由复审委进行现场勘验。

嗣后，复审委于2007年4月26日向双方发出审查通知书，要求王继强在收到通知书之日起一个月内就当代城市家园二期工程中所使用的插接栓不是产品介绍第2页"插接式大模内置现浇外保温体系"中的插接栓的事实举证证明。王继强于2007年5月11日答复复审委，指出相关主张已在口审中陈述，其没有进一步举证的义务。

复审委经审查认为，1. 关于本案证据、理由和范围的认定。由于张伟在口审时提交了销售合同和产品介绍的原件，王继强对产品介绍复印件与原件的一致性以及原件的真实性均没有异议，因此，产品介绍可以作为本案证据使用。王继强对销售合同复印件与原件的一致性没有异议，虽其对销售合同中公证书所附的《材料供应合同》的真实性提出了异议，但因王继强为该合同的材料供应方的法定代表人及签字人，就该合同的真伪性，其具有举证优势，在告知其在规定期限内可就该合同的真实性予以核实后，王继强明确放弃了核实的权利。此外王继强也承认北京特瑞克公司和江苏省建筑安装工程公司签订过供货合同，虽经要求，但仍不能提交该合同文本。因此认为，王继强主张销售合同不真实的理由不能成立，销售合同的真实性可以确认，可以作为本案的证据使用。

张伟用证据 1~6 形成的证据链来证明本专利的产品在申请日前公开销售或者使用，该理由张伟在无效宣告请求书中已经说明，结合证据 1~6，王继强完全可以理解并作出相应的抗辩，且其在 2006 年 9 月 13 日提交的意见陈述书中已经针对上述有关新颖性的理由作出了积极有效的抗辩，并提交了反证。因此张伟提交的证据 1~6 否定新颖性的理由符合《专利法实施细则》第六十四条第一款以及《审查指南》第四部分第三章第 3. 3 节和第 4. 1 节的相关规定，应予考虑。

2. 关于本专利的新颖性。该委认为，（1）申请日前公开销售的事实存在。由于销售合同的真实性已经得到确认，因此销售合同可以证明，特瑞克公司（法定代表人为王继强）于本专利申请日之前向江苏建筑公司北京分公司一处销售了其生产的“大模内置现浇外保温体系（插接栓式）”以及配套的插接套件（含插接栓 1 个，U 形垫 1 个，开口平垫 1 个，长螺母 1 个），将该产品用于北京当代城市家园 B 区住宅楼工程中。王继强就上述销售行为没有相反的证据否定其公开性，因此该行为是一种公开销售行为。

（2）销售的产品与本专利相一致。虽然销售合同中没有粘连供货样品图或说明插接栓的具体结构，但特瑞克公司印制的产品介绍第 2 页中明确记载了“插接式大模内置现浇外保温体系”中的插接栓的样品图和剖面图，证明了“插接式大模内置现浇外保温体系”中的插接栓与本专利权利要求 1~7 的技术方案相同。同时，该产品宣传册中也将北京当代城市家园二期列为其典型工程实例。

关于王继强认为其提交的反驳证据 2 能否证明产品介绍是在本专利申请日之后印制的问题。首先，王继强并未证明该证据中记载的宣传画册就是产品介绍；其次，产品介绍证明的事实主要在于证明销售的产品与本专利相一致，其证据的形成日对本案并不重要，即事后形成的证据也能证明事前的事实。由于销售合同中的合同签订日（即产品的公开销售日）才是决定本专利是否在先公开的时间要素，故产品介绍的印制日并不是决定本专利是否在先公开的时间要素。因此王继强主张的理由对产品介绍的关于销售的产品与本专利是否一致的证明力并没有实质上的影响。

（3）在先销售导致公开的证据链能够形成。①销售合同中在先销售产品和产品介绍中的“插接栓式大模内置现浇外保温体系”名称实质相同，对此双方均未表示异议，因此可以认定为指向同一产品；②销售合同中材料供应方与产品介绍中的产品生产方同为特瑞克公司；③销售合同记载了甲方将该产品用于当代城市家园 B 区工程，产品介绍中记载了北京当代城市家园二期为特瑞克公司（即销售合同中的乙方）的典型工程实例。关于使用地点当代城市家园 B 区和当代城市家园二期为同一工程项目的问题，王继强虽表示需要进一步核实，但在庭后提交的意见陈述书中未对该问题提出答复，因此，可以确认当代城市家园 B 区和当代城市家园二期是同一工程项目。上述销售合同和产品介绍之间在销售产品的名称、材料供应方和使用地点三个关键的要素上都相互印证，即足以形成一个完整的证据链来证明本专利的插接栓已于申请日前在国内公开销售过。由于本专利的插接栓是一种从外部可以观察到其形状和构造的实用新型产品，因此公开销售必然导致该产品处于一种公众想得知就能够得知其技术方案的状态，因此本专利不具备新颖性。

关于王继强在口审中提交的反驳证据 3，虽然王继强提交该证据的目的是用以否认其在本专利的申请日之前销售本专利的插接栓给甲方且在当代城市家园工程中使用，但是，反驳证据 3 的两个实物样品显然并不是销售合同的《材料供应合同》中记载的“大模内置现浇外保温体系（插接栓式）”

中的插接栓，其中紫色样品是产品介绍第5页中的“积木式砌块预埋外保温体系”的“预埋栓”；黑色的样品在产品介绍中没有记载，但显然其钝头的结构不能使其顺利地插入到大模内置现浇外保温体系的保温层中，不符合产品介绍第2页中记载的“插接式大模内置现浇外保温体系”的体系构造工艺，所以反驳证据3的两个实物不可能是本专利的“插接栓”。其次，王继强也没有证据证明销售合同所涉及的插接栓是其提供的反驳证据1或3中的“栓”。第三，口审结束后，复审委曾再次要求王继强就销售给当代城市家园二期工程中所使用的插接栓不是产品介绍第2页中记载的“插接式大模内置现浇外保温体系”中的插接栓进行举证的机会，但王继强没有进行举证。因此，其提供的反驳证据不能支持其主张。

综上所述，销售合同和产品介绍已能构成一个完整的证据链，证明本专利的产品在申请日之前就已经在国内公开销售过，因此本专利权利要求1~7不具备《专利法》第二十二条第二款所规定的新颖性。

因为本专利权利要求1~7相对于销售合同和产品介绍构成的证据链不具备新颖性，应予全部无效，因此张伟提出的其他证据和理由（包括现场勘验的请求），在该决定中未予评述。综上，复审委作出第10053号决定。

本院认为，由于本案张伟和特瑞克公司对复审委作出第10053号决定的程序及法律适用均未提出异议，本院经审查，复审委就本案的审查程序合法，适用法律正确，本院予以确认，不再赘述。本判决将主要针对各方当事人争议的本案现有证据能否证明本专利在申请日前已经公开的事实进行确认。

关于各方当事人在无效审查期间提交的证据。经审查，复审委在一审期间业将各方当事人提交的证据全部提交一审法院。其中证据1、4、5的来源合法，内容真实，能够反映本专利的基本内容、无效审查的程序以及当事人的意思表示；销售合同（证据2）的来源合法，合同签订的时间及内容真实，能够反映该合同销售的产品为“大模内置现浇保温体系（插接栓式）；产品介绍（证据3）系特瑞克公司产品的宣传材料，虽无印制时间，但其中第2页关于“插接式大模内置现浇保温体系”的产品结构图与本专利说明书附图一致，特瑞克公司对该宣传材料系该公司自行印制的印刷品及其中记载的“插接式大模内置现浇保温体系”系该公司生产的事实未提出异议。依据产品介绍的图示，“插接式大模内置现浇保温体系”的产品结构图与本专利说明书附图一致，可以确认产品介绍第2页介绍的产品“插接式大模内置现浇保温体系”即为本专利产品。销售合同销售产品的名称与产品介绍及本专利名称的表述方式虽有差异，但该表述方式的差异不应导致其是同一产品的歧义理解，且由于产品介绍中记载的该公司生产的其他产品的名称中均不包含“插接式”或“插接栓式”字样，且特瑞克公司就该公司另外生产有其他插接件的主张未能提交证据，故，复审委认为销售合同与产品介绍第2页的“插接式大模内置现浇外保温体系”为同一产品、产品介绍中的“插接式大模内置现浇外保温体系”即为本专利产品的事实清楚；销售合同与产品介绍形成了证明特瑞克公司在申请日前已经销售了本专利产品的证据链。复审委对上述证据的认证客观、公正，本院予以确认。

关于王继强在一审庭审前提交的证据。经查，王继强在一审期间提交的补充证据在口审前即已获得，但经复审委口头和书面要求其在规定期限内就当代城市家园二期工程使用的插接栓不是产品介绍第2页的“插接式大模内置现浇外保温体系”给予举证说明后，王继强未向该委提交上述证据，故依据最高人民法院《关于行政诉讼证据若干问题的规定》第五十九条的规定，该补充证据不应予以接纳；且该证据内容用以证明的“当代城市家园二期工程中使用的插接栓不仅有本专利产品，还包含有其他种类的插接栓”的事实不能支持其销售合同销售的产品不是本专利产品的主张，故，一审法院接纳并采信该证据不符合《关于行政诉讼证据若干问题的规定》的相关规定。

综上，第10053号决定认定事实清楚，证据充分，适用法律正确，审查程序合法，一审法院判决撤销该决定属认定事实错误，应予纠正。据此，依据《中华人民共和国行政诉讼法》第六十一条第（三）项的规定，判决如下：

（1）撤销北京市第一中级人民法院（2007）一中行初字第1365号行政判决书；

（2）维持国家知识产权局专利复审委员会于2007年6月1日作出的第10053号无效宣告请求审查决定。

一审案件受理费100元、二审案件受理费100元均由被上诉人王继强负担（于本判决确定之日起7日内交纳）。

本判决为终审判决。

审　判　长　郭　宜
审　判　员　张学磊
代理审判员　朱海宏
二〇〇八年十月二十九日
书　记　员　程钰玮

118

# 燃气发生炉

## 无效宣告请求审查决定（第10059号）

**决　定　号**　第10059号
**决　定　日**　2007年6月15日
**发明创造名称**　燃气发生炉
**国际分类号**　C10J 3/20
**无效宣告请求人**　沁阳市文华环保设备厂
**专 利 权 人**　赵香军
**专　利　号**　200420047991.0
**申　请　日**　2004年4月9日
**授权公告日**　2005年10月19日
**合议组组长**　朱文广
**主　审　员**　王　博
**参　审　员**　刘　犟

**法律依据**　专利法第22条第2款、第3款
**决定要点**

在判断一项实用新型专利权利要求是否具备创造性时，首先要将权利要求所述的技术方案和最接近的现有技术进行特征对比分析，确定两者之间的区别技术特征，进而考察对于所属技术领域的普通技术人员而言在最接近的现有技术的基础上引入上述区别技术特征从而获得权利要求所要保护的技术方案是否显而易见，如果不是，则该权利要求具备创造性。

### 一、案由

本无效宣告请求涉及国家知识产权局于2005年10月19日授权公告、名称为“燃气发生炉”的200420047991.0号实用新型专利权（以下简称本专利），其申请日为2004年4月9日，专利权人为赵香军。

该专利授权公告的权利要求书如下：

“1. 一种燃气发生炉，由自动进煤装置（1）、炉体、气包（6）、换热器（7）、洗气筒（8）组成，而炉体由炉盖（2）、上体（3）、下体（4）、出渣斗（5）组成，其特征是：

A. 炉盖（2）是一夹层水套的空心结构，其内存放着水，炉盖（2）的上面有2~8个透煤口（16）和1个原料入口（17）及水路口（18）；

B. 在上体（3）上端的侧面有粗燃气排出口（15）；

C. 在下体（4）内有自动排渣炉盘（13）和布风器（14）；

D. 在出渣斗（5）内存有水，采用水封以消除粉尘；

E. 在换热器（7）内有列管和耐火砖；

F. 在洗气筒（8）内，位于燃气入口管的端部焊接着圆形板（32）。

2. 根据权利要求1所述的燃气发生炉，其特征是：上体（3）的结构是由最外层到内的钢制壳体（9）、保温层（10）、气套（11）、耐火砖（12）组成，粗燃气排出口（15）位于上体（3）的上端侧面。

3. 根据权利要求1所述的燃气发生炉，其特征是：下体（4）内的自动排渣炉盘（13）的下部的轴上装有齿轮（19），其借助电机变速传动，使自动排渣炉盘（13）变速转动。

4. 根据权利要求1所述的燃气发生炉，其特征是：自动排渣炉盘（13）上面的中心部位焊接有三层阶梯状的布风器（14），在每个层面上有3~9个小孔。

5. 根据权利要求1所述的燃气发生炉，其特征是：在出渣斗（5）的出渣口的一端向上倾斜，两外侧面形成120°~150°的夹角，出渣斗内存有水，采用水封防止落渣时粉尘飞扬。

6. 根据权利要求1所述的燃气发生炉，其特征是：在换热器（7）内部有上下两个花板（26），两个花板（26）之间有30~60个进行气密性连接的列管（25），列管是燃气的通道，在列管的外围被水包围，在花板（26）与上板（22）之间，靠着外围板（24）的内壁放有耐火砖（23）。”

针对上述专利权，沁阳市文华环保设备厂（以下简称请求人）于2006年8月16日向专利复审委员会提出无效宣告请求，其理由是本专利权利要求1~6不符合专利法第22条第2款的规定。请求人同时提交下列附件作为证据：

附件1：设备订购合同复印件共3页，合同签订日为2003年7月29日，签订地点为山西绛县宾馆；

附件2：编号豫国字（02）（2003）0063538的购物发票复印件共1页，开具日期为2003年12月6日；

附件3：绛县政府宾馆开具的证明复印件共2页；

附件4：沁阳市工商局企业科出具的证明复印件共1页。

经形式审查合格，专利复审委员会受理了上述无效宣告请求，并于2006年8月16日向双方当事人发出无效宣告请求受理通知书，并将专利权无效宣告请求书及附件清单中所列副本转送给了专利权人，要求其在指定的期限内答复。

请求人于2006年9月15日提交补充意见陈述书，并在意见陈述书中提出如下补充理由：本专利权利要求1~6相对于附件4'、5、6不符合专利法第22条第2款的规定，相对于附件4'、5、6和附件9的结合不符合专利法第22条第3款的规定，相对于附件7~9的结合不符合专利法第22条第3款的规定。请求人同时提交下列附件作为证据（其中，新提交的附件4与2006年8月16日提交的附件4编号冲突，为区别起见，将新提交的附件4编号为附件4'）：

附件4'：（2006）沁证民字第131号公证书；

附件5：与（2006）沁证民字第131号公证书中所封照片相同的照片；

附件6：与（2006）沁证民字第131号公证书中所封光盘相同的光盘；

附件7：ZL02290588.X号中国实用新型专利说明书，授权公告日为2003年12月3日，共9页；

附件8：ZL02270139.7号中国实用新型专利说明书，授权公告日为2003年10月1日，共7页；

附件9：ZL01244000.0号中国实用新型专利说明书，授权公告日为2002年4月3日，共7页。

本案合议组于2007年1月11日向专利权人发出转送文件通知书，随该通知书转送请求人于2006

年 9 月 15 日提交的意见陈述书及其所列附件，要求其在指定的期限内答复。

针对上述无效宣告请求，专利权人分别于 2006 年 9 月 12 日和 2007 年 2 月 9 日提交了意见陈述书。在意见陈述书中，专利权人认为本专利权利要求 1~6 具备新颖性和创造性。

本案合议组于 2007 年 3 月 7 日向双方当事人发出无效宣告口头审理通知书，定于 2007 年 4 月 17 日对本案举行口头审理，随同口头审理通知书向请求人转送了复审委员会于 2006 年 9 月 12 日和 2007 年 2 月 9 日分别收到的专利权人的意见陈述。

应双方当事人要求，口头审理于 2007 年 4 月 10 日举行，双方当事人均出席了口头审理。在口头审理过程中，双方当事人对对方出庭人员的身份和资格无异议。

请求人明确其无效的理由、证据、范围以及证据的使用情况为：权利要求 1~3、5、6 相对于附件 1~6 表明申请日前本专利所涉及的产品已经公开销售不具备新颖性和创造性；权利要求 4 相对于附件 1~6 与附件 9 的结合不具备创造性；权利要求 1 相对于附件 8 与附件 7 的结合不具备创造性，权利要求 2 的附加技术特征被附件 7 公开；权利要求 3 的附加技术特征被附件 8 公开；权利要求 4 的附加技术特征被附件 9 公开；权利要求 5 的附加技术特征被附件 8 公开；权利要求 6 的附加技术特征被附件 7 公开，从而权利要求 2~6 也不具备创造性。请求人明确表示没有其他的无效理由、证据、范围和证据组合形式。本案合议组对请求人提出的无效理由和事实进行了调查，充分听取了双方当事人的陈述。

经过上述审理程序，合议组认为本案事实已经清楚，可以作出审查决定。

**二、决定的理由**

关于本专利的新颖性、创造性。

专利法第 22 条第 2 款规定，新颖性，是指在申请日以前没有同样的发明或者实用新型在国内外出版物上公开发表过、在国内公开使用过或者以其他方式为公众所知，也没有同样的发明或者实用新型由他人向专利局提出过申请并且记载在申请日以后（含申请日）公布的专利申请文件中。

专利法第 22 条第 3 款规定，创造性，是指同申请日以前已有的技术相比，该发明有突出的实质性特点和显著的进步，该实用新型有实质性特点和进步。

在判断一项实用新型专利权利要求是否具备创造性时，首先要将权利要求所述的技术方案和最接近的现有技术进行特征对比分析，确定两者之间的区别技术特征，进而考察对于所属技术领域的普通技术人员而言在最接近的现有技术的基础上引入上述区别技术特征从而获得权利要求所要保护的技术方案是否显而易见，如果不是，则该权利要求具备创造性。

（1）关于以使用公开的方式评价本专利的新颖性、创造性。

请求人认为附件 1~6 表明本专利所涉及的产品已经公开销售，因此本专利权利要求 1~3、5、6 不具备新颖性和创造性，请求人认为权利要求 4 相对于附件 1~6 与附件 9 的结合不具备创造性。

对此，合议组经合议后认为，请求人用附件 4’、5、6 中的照片及光盘拍摄内容来证明其所声称的在先销售燃气发生炉的结构，然而从照片及光盘视频上仅能看到燃气发生炉的外形，其上标注的各部件名称均为请求人所加，但是该燃气发生炉某些部件的具体结构及工作方式无法从外观上客观得知，也无法根据经验常识推测得知，从而无法与本专利的技术方案进行对比，例如其中的换热器、洗气筒，根据请求人的指认，从外观上只能看出筒体结构，其具体结构、工作方式及所起作用无法明确，也就是说根据请求人所提交的证据无法确定该销售事实所涉及产品的具体技术内容，故此无论该销售事实是否成立，请求人所主张的以该销售事实所涉及产品的结构为基础来证明本专利权利要求 1~3、5、6 的新颖性或创造性的理由均不能成立。请求人用附件 1~6 结合附件 9 来证明本专利权利要求 4 不具备创造性。显然，请求人的这一主张同样依赖于上述销售事实所涉及产品的具体技术内容，基于同样的理由，请求人的这一主张同样不能成立。

（2）关于以专利文献的方式评价本专利的创造性。

请求人主张本专利权利要求1相对于附件8与7的结合不具备创造性，从属权利要求2~6的附加技术特征分别在附件7~9中公开，从而权利要求2~6也不具备创造性。

合议组经合议后认为，附件8公开了一种改进的3米容器型煤气发生炉，其中包括上炉体3、下炉体4，上炉体顶部加有炉盖2，炉盖上设置探火孔28，炉盖连接双钟罩自动加煤装置与上炉体相通，下炉体内设置炉箅8，炉箅连接转动传动装置，下炉体底部连接灰斗5，灰斗5下部连接水封槽6。上炉体为压力容器型夹水套32，夹水套在上炉体顶部连通一蒸汽环管9，在炉体外设置一蒸汽包7，蒸汽包连接蒸汽环管，顶部的蒸汽通过蒸汽管线10与下炉体上的空气入口相通（下炉体底部设有空气鼓风口），蒸汽包底部的水通过水管11与夹水套连接（参见附件8说明书附图1、2及相关文字部分）。本专利权利要求1与附件8相比，区别在于本专利权利要求1中还包括以下区别特征：①特征A中炉盖是一夹层水套及其上的水路口，②特征E中在换热器（7）内有列管和耐火砖，③特征F中在洗气筒（8）内，位于燃气入口管的端部焊接着圆形板（32）。附件7公开了一种高效多物质环保型煤气发生炉，包括加燃料装置、炉腔、水夹套、炉体、炉篦、排渣室和鼓风机构，该炉上端安装有压料搅拌机构，水夹套上部设有管道与蒸汽室连通，蒸汽室设有出蒸汽管道与鼓风机构的空气输气管道连通后再进入夹套风道中，在夹套风道四周设有管道同炉腔连通，在炉腔上部贯穿水夹套设有煤气输出管道。其中，该附件至少没有公开上述区别特征②。因此，权利要求1相对于附件8和7的结合是非显而易见的，因此，本专利权利要求1具备创造性，符合专利法第22条第3款的规定。此外，合议组认为，圆形板的作用在于增加燃气与水的接触时间，从而提高洗气筒去除燃气中杂质的效果，也就是说该特征给权利要求1的技术方案带来了有益效果。

请求人提供的附件9也未公开上述区别特征②，因此在权利要求1具备创造性的前提下，其从属权利要求2~6也具备创造性，符合专利法第22条第3款的规定。

根据上述的事实和理由，本案合议组依法作出以下决定。

**三、决定**

维持200420047991.0号实用新型专利权有效。

当事人对本决定不服的，可以根据专利法第46条第2款的规定，自收到本决定之日起3个月内向北京市第一中级人民法院起诉。根据该款的规定，一方当事人起诉后，另一方当事人应当作为第三人参加诉讼。

119

# 防逆流动静脉留置针

## 无效宣告请求审查决定（第 10060 号）

**决　　定　　号**　第 10060 号
**决　　定　　日**　2007 年 6 月 21 日
**发明创造名称**　防逆流动静脉留置针
**国 际 分 类 号**　A61M 5/158
**无效宣告请求人**　榎本股份有限公司
**专　利　权　人**　张商钱
**专　　利　　号**　200420078043.3
**优　先　权　日**　无
**申　　请　　日**　2004 年 7 月 21 日
**授 权 公 告 日**　2005 年 7 月 13 日
**合 议 组 组 长**　刘颖杰
**主　　审　　员**　刘　畅
**参　　审　　员**　高桂莲

**法　律　依　据**　专利法第 22 条第 3 款
**决　定　要　点**

如果一项权利要求与对比文件的区别技术特征对本领域技术人员来说是一种常规的选择，则该权利要求不具备创造性。

### 一、案由

本无效宣告请求涉及中华人民共和国国家知识产权局于 2005 年 7 月 13 日授权公告的 ZL200420078043.3 号、名称为“防逆流动静脉留置针”的实用新型专利权（下称本专利），其申请日是 2004 年 7 月 21 日，专利权人是张商钱。该专利授权公告时的权利要求书如下：

“1. 一种防逆流动静脉留置针，包括肝素帽（7）、针管（1）、针管座（2）、套管座（4）及固设在套管座（4）前端的套管（3），套管座（4）中心轴向设有与针管座（2）前端相配的型腔，型腔与套管（3）间设有连通通道，其特征在于：所述连通通道内壁上设有一对向套管（3）方向延伸并在连通通道中心对合的、成楔形的片状防逆瓣膜（5），所述的防逆瓣膜（5）的对合线处留有线状开缝。

2. 根据权利要求 1 所述的防逆流动静脉留置针，其特征在于：所述套管座（4）外壁对应所述开缝的两端处设有一对用于挤压的凸起（6）构成防逆流开关。

3. 根据权利要求 2 所述的防逆流动静脉留置针，其特征在于：所述凸起（6）为倒锥形。”

针对本专利权，榎本股份有限公司（下称请求人）于 2006 年 4 月 7 日向专利复审委员会提出无效宣告请求，其无效宣告的理由是：本专利不符合专利法第 22 条的有关规定，并提交了如下附件作为证据使用：

附件 1：公开号为 CN1443580A 的发明专利申请公开说明书，其公开日为 2003 年 9 月 24 日；

附件 2：授权公告号为 CN3372642D 的外观设计公报复印件，其授权公告日为 2004 年 6 月 9 日。

其具体的无效请求的理由为：权利要求 1 相对于附件 1 不具备专利法第 22 条第 2 款所规定的新颖性，权利要求 1~3 相对于附件 1 或附件 1 与附件 2 的结合不具备专利法第 22 条第 3 款所规定的创造性。

经形式审查合格，专利复审委员会依法受理了上述无效宣告请求，并于 2006 年 8 月 4 日将无效宣告请求书及其附件清单中所列附件的副本转送给专利权人，要求其在指定期限内进行意见陈述。

专利权人逾期未答复。

专利复审委员会依法成立合议组，并于 2006 年 10 月 13 日向双方当事人发出了口头审理通知书，定于 2006 年 11 月 23 日对本案进行口头审理。

口头审理如期进行，请求人出席了此次口头审理，专利权人未出席此次口头审理。在口头审理中，请求人明确其无效宣告请求的理由为本专利的权利要求 1 相对于附件 1 不具备专利法第 22 条第 2、3 款所规定的新颖性和创造性，权利要求 2 和 3 的附加技术特征分别被附件 1 或附件 2 公开，其不具备创造性。

请求人指出：附件 1 的附图 3 以及说明书第 18、19 页公开了“肝素帽”这一技术特征，本专利中的肝素帽是起到密封管子的开口和防止凝血的作用，而附件 1 的第 7 页中的“盖 59a”也是起到凝血的作用。本专利中的“针管 1”和“针管座”分别对应于附件 1 中的附图标记为 42 和 43 的部件，本专利中的“套管座”相当于附件 1 中的附图标记为 33 和 11 的部件，附件 1 中图 3 的单向阀 3 在说明书第 18 页倒数第 2 段中说明其前部可以是两部分的，可以是瓣膜，相当于本专利中的“防逆瓣膜 5”。附件 1 中标号为“3”和“3′”的两个部件是完全相同的单向阀，它们分别单独使用起到两次防止血液倒流的作用，可参见附件 1 第 19 页最后 3 段，并且从图 3 中可以看出附件 1 中的两个单向阀可以只使用一个，虽然本专利中只有一个单向阀，两个单向阀配合使用比本专利中一个单向阀的效果要好，而且本领域技术人员很容易想到将附件 1 中的附图标记为“3”的部件做成瓣膜，本专利的第 4 页倒数第 3 行可看出肝素液是可加可不加的，肝素帽的组成部分本身与肝素并没有关系，肝素是用来防止凝血的，附件 1 的说明书第 22 页第 13 行中公开了阀体包括直线笔状部分，直线笔也是楔形的，与本专利是相同的。此外，附件 1 的图 1 示出了只有一个单向阀的结构，且肝素帽是本领域的常用结构。

关于权利要求 2，请求人认为附件 1 的图 11、13、15、17、18 中可以看出附件 1 的产品中有一个凸起，而本领域技术人员很容易想到将该产品制成两个凸起，附件 2 中的产品也是留置针，与本专利的发明目的是一样的，且附件 2 中的凸起与本专利的凸起是一样的。

关于权利要求 3，请求人认为附件 1 的图 11 公开了倒锥形的结构，附件 2 也公开了倒锥形的结构。

至此，合议组认为本案事实清楚，现依法作出审查决定。

**二、决定的理由**

1. 关于证据

附件 1、2 均为中国专利文献的公开、公报文件，且附件 1、2 的公开日期都在本专利的申请日之前，经合议组核实附件 1、2 均可作为本案证据使用，其上记载的内容均构成本专利的现有技术。

2. 关于专利法第22条第3款

专利法第22条第3款规定：创造性，是指同申请日以前已有的技术相比，该发明有突出的实质性特点和显著的进步，该实用新型有实质性特点和进步。

（1）关于本专利权利要求1是否具备创造性。

本专利的权利要求1涉及一种防逆流动静脉留置针，附件1也涉及一种留置针，其中从图4（a）可以看出，附件1中的留置针包括导液管内的注射针部分42、透明毂43，从图5（a）可以看出，附件1中的留置针还包括导液管外部注射针的致密杯33和毂11，在毂11中心轴向设有与毂43的前端相配合的型腔，固设在毂11前端的注射针部分12，型腔与注射针部分12之间设有连通通道（参见附件1说明书第13页第2行至第14页倒数第2行，附图3-5）。其中，结合附件1的上述附图及说明书中相关内容可以看出，附件1中的注射针部分42相当于本专利中的针管，透明毂43相当于本专利中的针管座，附件1中的致密杯33和毂11构成的腔体相当于本专利中的套管座，注射针部分12相当于本专利中的套管。附件1公开的上述部件的功能及其相互之间的连接关系均与本专利相同，此外附件1还公开了单向阀3的阀体32包括一根空的直管322和一根与322连着的“直线笔”状部分321，设有其长边靠近“直线笔”状部分321的尖端彼此接触的两个平片324和325并且尖端的结构与“直线笔”尖端的结构相似，当作用在阀体32外表面上的力（液压）等于或大于作用在其内表面上的力（液压力）时，两平片324，325严密地彼此接触在一起，液体不能流过，另一方面，当作用在阀体32内表面上的力（液压力）大于作用在外表面的力（液压力），达到预定值或更多时，两平片324，325分开以便其间留出间隙并打开，液体能从空隙流过（参见附件1说明书第17页第5段及图8）。从附件1公开的上述内容可以看出，附件1中留置针的注射针部分设有单向阀以防止液体逆向流动，而该单向阀也是向注射针部分方向延伸并在连通通道对合，从图8（a）的剖视图可以看出，两个平片324，325的截面成楔形，从图8（b）中还可以看出，在两平片324，325的对合处留有线状开缝。将本专利权利要求1所限定的技术方案与附件1的技术方案相比较可以看出，二者的区别在于，权利要求1中还限定了肝素帽而该肝素帽的用途为“在肝素帽内加入一定比例的肝素，防止凝血，以实现封管留置”。对于这一区别技术特征，请求人认为附件1图3中附图标记为4的部件的上方的盖体相当于本专利中的肝素帽。对此合议组认为，附件1图3中的该部件的位置关系与本专利中肝素帽的位置关系是一样的，虽然其未明确该部件是用来放置肝素的，但为了实现防止凝血的目的而在留置针的导管盖体内放置肝素，这对于本领域技术人员来说只是一种常规选择，不需要付出创造性劳动即可实现。综上所述，本领域技术人员在附件1公开的基础上结合本领域的公知常识能够得出本专利权利要求1所限定的技术方案，本专利的权利要求1不具备专利法第22条第3款所规定的创造性。

（2）关于本专利权利要求2是否具备创造性。

权利要求2对权利要求1作了进一步的限定，并加入了如下附加技术特征：“所述套管座（4）外壁对应所述开缝的两端处设有一对用于挤压的凸起（6）构成防逆流开关”。从附件1的图11以及说明书第20页第3段可以看出，按钮67实际上就相当于本专利中的防逆流开关，在附件1公开的上述内容的基础上，本领域技术人员可以很容易想到在开缝的另一端也设有同样的按钮来达到控制液体流出，这不需要付出任何创造性的劳动即可得到，因而在其引用的权利要求不具备创造性的情况下，该从属权利要求2也不具备创造性。

（3）关于权利要求3是否具备创造性。

权利要求3对权利要求2作了进一步的限定，并加入了如下附加技术特征：“所述凸起（6）为倒锥形”。从附件1的图11可以看出，按钮67的形状也是倒锥形的，因而在其引用的权利要求不具备创造性的情况下，该从属权利要求 3 也不具备创造性。

综上所述，权利要求 1~3 不具备专利法第 22 条第 3 款所规定的创造性，应当被宣告无效，对于请求人提出的其他无效理由及证据组合方式不再予以评述。

**三、决定**

宣告 200420078043.3 号实用新型专利权全部无效。

当事人对本决定不服的，可以根据专利法第 46 条第 2 款的规定，自收到本决定之日起三个月内向北京市第一中级人民法院起诉。根据该款的规定，一方当事人起诉后，另一方当事人应当作为第三人参加诉讼。

120

# 偏心轴铰链

## 无效宣告请求审查决定（第10061号）

**决　　定　　号** 第10061号
**决　　定　　日** 2007年6月19日
**发明创造名称** 偏心轴铰链
**国 际 分 类 号** E05D 7/08，E05F 1/02
**无效宣告请求人** 上海佰达超市用品有限公司
**专　利　权　人** 上海尤宜福罗国际贸易有限公司
**专　　利　　号** 02283622.5
**申　　请　　日** 2002年12月25日
**授 权 公 告 日** 2003年12月10日
**合 议 组 组 长** 石　竞
**主　　审　　员** 张　凌
**参　　审　　员** 张汉国

**法　律　依　据** 专利法第22条第2款、第3款
**决　定　要　点**

如果发明与对比文件的区别仅在与其参数特征，该参数限定是所属技术领域的技术人员在现有技术的基础上通过常规运算和有限次的实验即可得到的，并且没有带来预料不到的技术效果，则该发明不具备创造性。

### 一、案由

本无效宣告请求涉及国家知识产权局于2003年12月10日授权公告的、名称为“偏心轴铰链”的02283622.5号实用新型专利权，其申请日是2002年12月25日，专利权人是上海尤宜福罗国际贸易有限公司。该专利授权公告的权利要求书如下：

“1. 一种由短轴和上、下铰链托架构成的偏心轴铰链，其特征在于上铰链托架（1）固定有大致与之垂直的上铰链短轴（3），该短轴远离上铰链托架的一端设有滚轮轴（6），滚轮轴的两端分别装有滚轮（7），托板（5）固定在门的上端部，托板的中部与滚轮（7）相接触，下铰链托架（2）固定有大致与之垂直的下铰链短轴（4），下铰链短轴插入门下端的相应轴孔内，下铰链短轴（4）轴心线与上铰链短轴（3）轴心线的距离为20毫米至120毫米。

2. 根据权利要求1所述的偏心轴铰链，其特征在于下铰链短轴（4）轴心线与上铰链短轴（3）轴心线的距离为35毫米至55毫米。

3. 根据要求 1 或者 2 所述的偏心轴铰链，其特征在于托板（5）中部与滚轮相接触处向上凸起。”

针对上述实用新型专利（以下简称本专利），上海佰达超市用品有限公司（以下简称请求人）于 2006 年 5 月 3 日向专利复审委员会提出了无效宣告请求，理由是本专利不符合专利法第 22 条第 1~3 款的规定，请求宣告其全部无效，并提交了如下两份附件作为证据：

附件 1：US3289244 专利说明书及使用部分的中文译文，授权日为 1966 年 12 月 6 日；

附件 2：96240654.6 实用新型专利说明书，授权公告日为 1998 年 5 月 6 日。

请求人认为：附件 1 的附图 1、7、9、10、12 中已经清楚地公开了上、下铰链结构，以及该铰链装置与门配合安装的情况，本专利的偏心轴铰链构造与之完全相同；附件 2 也公开了一种由上、下偏心铰链构成的铰链结构，本专利与之的结构相似，因此，本专利不具备新颖性。本专利相对于附件 1、2 没有实质性特点和进步，不具备创造性，应予无效。

经形式审查合格后，专利复审委员会于 2006 年 5 月 31 日受理了该无效请求，发出无效宣告请求受理通知书，并将无效请求书及其附件副本转给了专利权人，要求其在指定期限内陈述意见。

针对上述无效宣告请求，专利权人于 2006 年 6 月 21 日提交了答复意见，认为附件 1、2 均未涉及本专利中上、下铰链短轴轴心线之间的距离的技术特征，本专利相对于附件 1、2 具备新颖性。本专利与附件 1、2 的发明目的、所采取的技术方案和达到的技术效果均不相同，本专利相对于附件 1 或者附件 1、2 的结合具备创造性。

2006 年 10 月 17 日合议组将专利权人的答复意见转给请求人，并向双方当事人发出口头审理通知书，定于 2006 年 12 月 4 日上午 9：00 在专利复审委员会举行口头审理。

口头审理如期举行，双方当事人均参加了口头审理。口头审理中，请求人明确其无效宣告理由为专利法第 22 条第 2 款、第 3 款，当庭放弃使用附件 2，专利权人对附件 1 的真实性无异议，对其中文译文的名称有异议，对其他部分的译文无异议。关于本专利的新颖性，请求人认为附件 1 中公开了上、下销轴与门边之间形成的角度，该角度涵盖了本专利对轴心线间距的限定；专利权人认为附件 1 并未公开轴心线间距，承认权利要求 3 的附加技术特征在附件 1 中已被公开。关于本专利的创造性，请求人明确以附件 1 中附图 12-18 所示的实施例作为最接近的技术方案与本专利进行对比，认为下铰链起限位作用，可以采用多种结构实现；专利权人认为附件 1 的下铰链结构比本专利复杂，本专利更便于安装。

至此，合议组认为本案事实已经清楚，现依法作出审查决定。

**二、决定的理由**

1. 证据的认定

请求人提交的附件 1 为一篇美国专利文献及使用部分的中文译文，公开日在本专利的申请日前，专利权人对该专利文献的真实性予以认可，对除发明名称之外的中文译文的准确性无异议，并针对其进行了答辩。合议组经审查对附件 1 予以采信，在除发明名称之外的中文译文的基础上判断本专利的新颖性和创造性。由于请求人已经放弃附件 2，对其不再予以评述。

2. 关于新颖性

专利法第 22 条第 2 款规定的新颖性是指在申请日以前没有同样的发明或者实用新型在国内外出版物上公开发表过、在国内公开使用过或者以其他方式为公众所知，也没有同样的发明或者实用新型由他人向国务院专利行政部门提出过申请并且记载在申请日以后公布的专利申请文件中。

本专利要求保护一种能使门自动闭合的偏心轴铰链，该铰链由短轴和上、下铰链托架构成，其特征在于上铰链托架固定有大致与之垂直的上铰链短轴，该短轴远离上铰链托架的一端设有滚轮轴，滚轮轴的两端分别装有滚轮，该滚轮与固定在门的上端部的托板的中部相接触，下铰链托架固定有大致与之垂直的下铰链短轴，下铰链短轴插入门下端的相应轴孔内，下铰链短轴轴心线与上铰链短轴轴心线的距离为20毫米至120毫米。

尽管专利权人对附件1发明名称的翻译存在异议，但从译文中发明目的部分的描述可以看出该发明也涉及一种用于双开式转门，利用门的自重使其可以自动闭合的偏心铰链结构，其与本专利属于同样的技术领域，谋求解决的技术问题也相同。附件1中一共包含三个实施例，其中实施例1（参见译文第2~5页，附图1-8）公开的铰链结构由上、下铰链组成。上铰链包含一个枢轴件（相当于上铰链托架），其与一个向上延伸的枢销轴（相当于上铰链短轴）牢固地结合，一两端分别装有滚柱（相当于滚轮）的滚轴横穿过该枢销轴，其滚柱与支撑板（相当于托板）上的横向、向上开口的凹槽相啮合。支撑板安装在支撑托架上，并与后者一起被固定在顶柱上。下铰链包含一个枢轴件（相当于下铰链托架），其上有一竖立的枢轴销（相当于下铰链短轴），该枢销轴穿过固定在门下端的导向件插入门下端相应的凹孔内。上、下铰链销轴的共同轴线最好跟毗连的门边形成一个大约3°的角。

本专利权利要求1与实施例1的区别在于：（1）托板固定在门的上端部，（2）上、下铰链销轴的轴心线间距为20到120毫米。关于区别特征（2），请求人认为附件1中公开的上、下铰链销轴的共同轴线最好跟毗连的门边形成一个大约3°的角的特征实际上已经涵盖了本专利关于上、下铰链轴心线间距数值范围的限定。对此，合议组认为实施例1虽然公开了上、下铰链销共同轴线相对门边的倾斜角度，但并未对其适用的门的尺寸、重量进行任何说明，无法根据倾角的度数直接得到上、下铰链销的轴心线间距。权利要求1相对于实施例1公开的技术方案具备新颖性。

实施例2（参见译文第5、6页，附图9-10）与实施例1的区别是支撑板和支撑托架构成的支撑件固定在门的上端部，支撑板与滚柱接触处向上凸起，上、下销板连为一体，上铰链销与侧柱间的距离较下铰链销与侧柱间的距离稍远，使得门的枢轴线偏离相邻的门边。

本专利权利要求1与实施例2的区别在于上、下铰链销的轴心线间距为20至120毫米。实施例2仅提及上、下铰链销相对侧柱的距离不同，以便形成偏心轴，未公开二者之间间距的数值范围，因此权利要求1相对于实施例2公开的技术方案具备新颖性。

实施例3（参见译文第6、7页，附图11-18）公开的铰链结构由上、下铰链组成。相当于上铰链托架的上枢轴件固定有大致与之垂直的枢销轴（相当于上铰链短轴），一两端分别装有滚柱（相当于滚轮）的滚轴横穿过该枢销轴，其滚柱与支撑板（相当于托板）上的横向、向上开口的凹槽相啮合，支撑板被固定在门的上端部。下枢轴件（相当于下铰链托架）上固定有一竖立的枢轴销（相当于下铰链短轴），该枢销轴穿过固定在门下端的导向件插入门下端相应的凹孔内。上、下铰链销的轴线分别排列着，以便转门的枢轴线向门板的交合边倾斜。

本专利权利要求1与实施例3的区别在于上、下铰链销的轴心线间距为20至120毫米，实施例3也未公开上、下铰链销轴心线间距的数值范围，因此权利要求1相对于实施例3公开的技术方案具备新颖性。

综上，附件1虽然公开了上铰链销与下铰链销的共同的轴线最好与相邻门边形成大约3°的倾角或者二者之间应存在间距以形成偏心轴线的特征，但都未公开上、下铰链销轴心线间距的具体数值范围，因此本专利权利要求1相对于附件1具备新颖性。权利要求2、3作为权利要求1的从属权利要求，相对于附件1所公开的技术内容同样具备新颖性。本专利符合专利法第22条第2款的规定。

3. 关于创造性

根据专利法第22条第3款的规定，实用新型的创造性是指同申请日以前已有的技术相比，该实用新型有实质性特点和进步。

合议组以附件1附图12-18所表示的实施例3作为最接近的现有技术与本专利权利要求1进行对比。如上所述，本专利权利要求1与实施例3的区别是上、下铰链短轴轴心线间距为20至120毫米。本专利和附件1中三个实施例的原理都是一致的，即通过使上、下铰链短轴轴心线间相互错位，形成偏心的枢轴线，这样门在开启之后即围绕该偏心的枢轴线旋转，依靠门的自重，使托板、滚轮之间作相对转动，从而使门自动闭合。根据这一原理，该轴心线的间距大小要受到所适用的门的尺寸和重量的影响。附件1第1个实施例中指出上、下铰链销的共同轴线最好跟毗连的门边形成一个大约3°的角，以便门在重力的作用下平缓地关闭。本领域技术人员根据这一教导，结合适用的门的具体尺寸和重量，经过常规的运算即可得到具体的轴心线间距。此外，在本专利的说明书中并未说明将上、下铰链短轴轴心线间距限定为20至120毫米的原因和其相对于现有技术可以达到何种意料不到的技术效果，专利权人也没有提供任何相关证据加以证明。由于该参数限定是本领域技术人员通过常规计算和有限的实验就可以得到的，因此在实施例3公开内容的基础上结合实施例1中关于上、下铰链销与门边形成的角度的教导从而得到本专利权利要求1的技术方案对本领域技术人员来说是容易想到的，权利要求1的技术方案相对于附件1没有实质性特点和进步，不具备创造性，不符合专利法第22条第3款的规定。

专利权人主张本专利与附件1的发明目的不同，本专利的下铰链结构相对于附件1更简单、易安装，因此本专利相对于附件1具备创造性。合议组认为，附件1的发明目的中包含了提供一种用于固定双开式转门的铰链结构，其允许转门在离开静止位置后可在门自身重力的推动下回到原静止位置，这与本专利相同。关于下铰链的结构和安装，附件1实施例3中下铰链销与下铰链托架也是大致垂直的，不存在相对于本专利更难安装的问题，因此对专利权人的主张不予支持。

本专利权利要求2在权利要求1的基础上将上、下铰链短轴轴心线的间距进一步限定为35至55毫米。本专利的说明书并未描述选择这一缩小的数值范围的原因和其相对于权利要求1中的限定特别是相对于现有技术可以达到什么预料不到的技术效果，专利权人也没有提供任何相关证据加以证明。由于本领域技术人员根据该偏心铰链结构适用领域的门通常的尺寸和重量，通过常规运算和有限次数的试验即可获得该参数特征，在权利要求1不具备创造性的基础上，权利要求2相对于附件1也不具备创造性。

本专利权利要求3的附加技术特征是托板中部与滚轮相接触处向上凸起，该特征已在实施例3中被公开。在权利要求1、2不具备创造性的基础上，权利要求3相对于附件1也不具备创造性。

综上，本专利权利要求1~3相对于附件1都不具备创造性，本专利不符合专利法第22条第3款的规定。

**三、决定**

宣告02283622.5号实用新型专利权全部无效。

当事人对本决定不服的，可以根据专利法第46条第2款的规定，自收到本决定之日起3个月内向北京市第一中级人民法院起诉。根据该款的规定，一方当事人起诉后，另一方当事人应当作为第三人参加诉讼。

# 北京市第一中级人民法院
# 行政判决书

（2007）一中行初字第 997 号

原告上海尤宜福罗国际贸易有限公司，住所地上海市外高桥保税区马吉路 28 号 1503 室。

法定代表人玉井知正，董事长。

委托代理人李东辉，上海市一平律师事务所律师。

被告国家知识产权局专利复审委员会，住所地北京市海淀区北四环西路 9 号银谷大厦 10～12 层。

法定代表人廖涛，副主任。

委托代理人张凌，国家知识产权局专利复审委员会审查员。

委托代理人高雪，国家知识产权局专利复审委员会审查员。

第三人上海佰达超市用品有限公司，住所地上海市青浦区大生路 10 号 231 室。

法定代表人张向东，负责人。

原告上海尤宜福罗国际贸易有限公司（简称尤宜福罗公司）不服被告国家知识产权局专利复审委员会（简称专利复审委员会）于 2007 年 6 月 20 日作出的第 10061 号无效宣告请求审查决定（简称第 10061 号决定），在法定期限内向本院提起行政诉讼。本院于 2007 年 7 月 25 日受理本案后，依法组成合议庭，并通知上海佰达超市用品有限公司（简称佰达超市公司）作为本案第三人参加诉讼，于 2007 年 10 月 25 日公开开庭进行了审理。原告尤宜福罗公司的委托代理人李东辉，被告专利复审委员会的委托代理人张凌、高雪到庭参加了诉讼。第三人佰达超市公司经本院传票传唤明确表示不出庭应诉，本院缺席进行了审理。本案现已审理终结。

第 10061 号决定系专利复审委员会就佰达超市公司针对尤宜福罗公司拥有的名称为“偏心轴铰链”的实用新型专利（简称本专利）所提出的无效宣告请求作出的。专利复审委员会在该决定中认定：

1. 关于新颖性

本专利要求保护一种能使门自动闭合的偏心轴铰链，该铰链由短轴和上、下铰链托架构成，其特征在于上铰链托架固定有大致与之垂直的上铰链短轴，该短轴远离上铰链托架的一端设有滚轮轴，滚轮轴的两端分别装有滚轮，该滚轮与固定在门的上端部的托板的中部相接触，下铰链托架固定有大致与之垂直的下铰链短轴，下铰链短轴插入门下端的相应轴孔内，下铰链短轴轴心线与上铰链短轴轴心线的距离为 20 毫米至 120 毫米。

尽管尤宜福罗公司对 US3289244 专利说明书及使用部分的中文译本（简称附件 1）发明名称的翻译存在异议，但从译文中发明目的部分的描述可以看出该发明也涉及一种用于双开式转门，利用门的自重使其可以自动闭合的偏心铰链结构，其与本专利属于同样的技术领域，需要解决的技术问题也相同。

本专利权利要求 1 与附件 1 的实施例 1 的区别在于：（1）托板固定在门的上端部，（2）上、下铰链销轴的轴心线间距为 20 到 120 毫米。关于区别特征（2），佰达超市公司认为附件 1 中公开的上、下铰链销轴的共同轴线最好跟毗连的门边形成一个大约 3°的角的特征实际上已经涵盖了本专利关于上、下铰链轴心线间距数值范围的限定。对此，专利复审委员会认为实施例 1 虽然公开了上、下铰链销共同轴线相对门边的倾斜角度，但并未对其适用的门的尺寸、重量进行任何说明，无法根据倾角的度数直接得到上、下铰链销的轴心线间距。权利要求 1 相对于实施例 1 公开的技术方案具备新颖性。

本专利权利要求 1 与附件 1 的实施例 2 的区别在于上、下铰链销的轴心线间距为 20 至 120 毫米。实施例 2 仅提及上、下铰链销相对侧柱的距离不同，以便形成偏心轴，未公开二者之间间距的数值范围，因此权利要求 1 相对于实施例 2 公开的技术方案具备新颖性。

本专利权利要求 1 与实施例 3 的区别在于上、下铰链销的轴心线间距为 20 至 120 毫米，实施例 3 也未公开上、下铰链销轴心线间距的数值范围，因此权利要求 1 相对于实施例 3 公开的技术方案具备新颖性。

综上，附件 1 虽然公开了上铰链销与下铰链销的共同的轴线最好与相邻门边形成大约 3°的倾角或者二者之间应存在间距以形成偏心轴线的特征，但都未公开上、下铰链销轴心线间距的具体数值范围，因此本专利权利要求 1 相对于附件 1 具备新颖性。权利要求 2、3 作为权利要求 1 的从属权利要求，相对于附件 1 所公开的技术内容同样具备新颖性。本专利符合《中华人民共和国专利法）》（简称《专利法》）第二十二条第二款的规定。

2. 关于创造性

实用新型的创造性是指同申请日以前已有的技术相比，该实用新型有实质性特点和进步。

将附件 1 附图 12-18 所表示的实施例 3 作为最接近的现有技术与本专利权利要求 1 进行对比。如上所述，本专利权利要求 1 与实施例 3 的区别是上、下铰链短轴轴心线间距为 20 至 120 毫米。本专利和附件 1 中三个实施例的原理都是一致的，即通过使上、下铰链短轴轴心线间相互错位，形成偏心的枢轴线，这样门在开启之后即围绕该偏心的枢轴线旋转，依靠门的自重，使托板、滚轮之间作相对转动，从而使门自动闭合。根据这一原理，该轴心线的间距大小要受到所适用的门的尺寸和重量的影响。附件 1 实施例 1 中指出上、下铰链销的共同轴线最好跟毗连的门边形成一个大约 3°的角，以便门在重力的作用下平缓地关闭。本领域技术人员根据这一教导，结合适用的门的具体尺寸和重量，经过常规的运算即可得到具体的轴心线间距。此外，在本专利的说明书中并未说明将上、下铰链短轴轴心线间距限定为 20 至 120 毫米的原因和其相对于现有技术可以达到何种意料不到的技术效果，专利权人也没有提供任何相关证据加以证明。由于该参数限定是本领域技术人员通过常规计算和有限的实验就可以得到的，因此在实施例 3 公开内容的基础上结合实施例 1 中关于上、下铰链销与门边形成的角度的教导从而得到本专利权利要求 1 的技术方案对本领域技术人员来说是容易想到的，权利要求 1 的技术方案相对于附件 1 没有实质性特点和进步，不具备创造性，不符合《专利法》第二十二条第三款的规定。

尤宜福罗公司主张本专利与附件 1 的发明目的不同，本专利的下铰链结构相对于附件 1 更简单、易安装，因此相对于附件 1 具备创造性。但附件 1 的发明目的中包含了提供一种用于固定双开式转门的铰链结构，其允许转门在离开静止位置后可在门自身重力的推动下回到原静止位置，这与本专利相同。关于下铰链的结构和安装，附件 1 实施例 3 中下铰链销与下铰链托架也是大致垂直的，不存在相对于本专利更难安装的问题，因此对该项主张不予支持。

本专利权利要求 2 在权利要求 1 的基础上将上、下铰链短轴轴心线的间距进一步限定为 35 至 55 毫米。本专利的说明书并未描述选择这一缩小的数值范围的原因和其相对于权利要求 1 中的限定特别是相对于现有技术可以达到什么预料不到的技术效果，尤宜福罗公司也没有提供任何相关证据加以证明。由于本领域技术人员根据该偏心铰链结构适用领域的门通常的尺寸和重量，通过常规运算和有限次数的试验即可获得该参数特征，在权利要求 1 不具备创造性的基础上，权利要求 2 相对于附件 1 也不具备创造性。

本专利权利要求 3 的附加技术特征是托板中部与滚轮相接触处向上凸起，该特征已在实施例 3 中被公开。在权利要求 1、2 不具备创造性的基础上，权利要求 3 相对于附件 1 也不具备创造性。

综上，本专利权利要求 1 至 3 相对于附件 1 都不具备创造性，本专利不符合《专利法》第二十二条第三款的规定。据此决定，宣告本专利权全部无效。

原告尤宜福罗公司不服第 10061 号决定，在法定期限内向本院提起行政诉讼，其诉称：（1）本专利涉及的技术方案是偏心铰链，即上铰链短轴的轴心线与下铰链短轴的轴心线不相重合，从而产生偏心距。附件 1 公开的铰链中的枢轴销的轴心线并未相互错位，也未形成偏心。（2）本专利权利要求 1 的必要技术特征“下铰链短轴轴心线与上铰链短轴轴心线的距离为 20～120 毫米”，即上、下铰链的短轴的偏心距为 20～120 毫米。附件 1 中的上、下铰链枢轴销的共同轴线与毗连的门边形成一个由下向上倾斜的大约 3°的角，仅从门边与枢轴销的枢轴线间的夹角是无法通过常规的运算得出上、下铰链枢轴销的轴心线间距的。原因是在门高没有确定时，仅根据 3°的夹角是不能确定上、下铰链枢轴销距毗连的门边的距离的；从附件 1 图中可知，下铰链的枢轴销离毗连的门边具有一定距离，该距离无法根据 3°的夹角通过计算得出；由于上、下铰链的枢轴销距毗连门边的距离均不能根据 3°的夹角计算确定，故上、下铰链的枢轴销之间的距离也无法通过计算的方式得出；附件 1 的上、下铰链枢轴销轴线是相连的，已形成共同轴线，不存在“具体的轴心线间距”。（3）本专利的上、下铰链短轴与托架一侧的距离是确定的，因此两短轴相互间的偏心距也是固定的，安装时只需将铰链托板固定在门柱上就可使门自动闭合，安装非常简便省时省力。而附件 1 公开的铰链由于上、下铰链枢轴销需要倾斜一定角度，使两个枢纽销的轴心线相对形成共同轴线，因而在安装时需要使支撑板与枢轴销一起相对门柱倾斜一定角度，安装困难费时费力。可见，本专利相对于附件 1 产生了有益的技术效果。（4）根据《审查指南》第二部分第四章第 5.1 节的规定，不管发明在创立发明的过程中是历尽艰险还是唾手可得，都不应当影响对该发明创造性的评价。而被告却认为本专利的必要技术特征技术参数可通过有限的试验获得，因而不具备创造性，并将本专利与附件 1 的工作原理是否相同作为评判创造性的考虑因素显然缺乏法律依据。（5）本专利权利要求 2 将下铰链短轴轴心线与上铰链短轴轴心线的距离进一步限定在 35～55 毫米，可使门的开、闭更加自如，附件 1 不能得出该技术启示，权利要求 2 具备创造性。综上，请求法院撤销第 10061 号决定。

被告专利复审委员会辩称：（1）本专利说明书中对发明的原理的描述为，“本实用新型由于上、下铰链短轴的轴心线相互错位，形成偏心轴，依靠门的自重，使托板相对滚轮作转动，从而使门自动闭合”。因此，原告关于本专利不存在由上、下铰链短轴共同形成的“偏心枢轴线”、不存在“门在开启后即围绕该偏心的枢轴线旋转”的情形的主张不能成立。（2）本专利权利要求中明确将上、下铰链短轴轴心线间距的限定为可选择的数值范围，原告关于“两短轴相互间的偏心距便是唯一确定的，与门的高度无关”的主张不能成立。本专利和附件 1 中三个实施例的原理都是一致的，即通过使上、下铰链短轴轴心线间相互错位，形成偏心轴，这样门在开启之后即围绕该偏心轴旋转，依靠门的自重，使托板、滚轮之间作相对转动，从而使门自动闭合。本专利权利要求虽然对于轴心线间距进行了限定，但该参数限定是本领域技术人员在现有技术教导的基础上通过常规计算和有限的实验就可以得到的，并且在本专利的说明书中并未说明对上、下铰链短轴轴心线间距所作限定的原因和其相对于现有技术可以达到何种意料不到的技术效果，因此本专利相对于附件 1 不具备创造性。（3）本专利不符合《专利法》第二十二条第三款的规定，具体理由同审查决定。综上，第 10061 号决定认定事实清楚、适用法律法规正确、审理程序合法，审查结论正确，原告的诉讼理由不能成立，请求法院驳回原告的诉讼请求，维持第 10061 号决定。

本院经审理查明：本案涉及的是第 02283622.5 号，名称为“偏心轴铰链”的实用新型专利（即本专利），其申请日是 2002 年 12 月 25 日，授权公告日是 2003 年 12 月 10 日，专利权人是尤宜福罗公司。

本专利授权公告文本所记载的权利要求书内容为：

“1. 一种由短轴和上、下铰链托架构成的偏心轴铰链，其特征在于上铰链托架（1）固定有大致与之垂直的上铰链短轴（3），该短轴远离上铰链托架的一端设有滚轮轴（6），滚轮轴的两端分别装有滚轮（7），托板（5）固定在门的上端部，托板的中部与滚轮（7）相接触，下铰链托架（2）固定有大致与之垂直的下铰链短轴（4），下铰链短轴插入门下端的相应轴孔内，下铰链短轴（4）轴心线与上铰链短轴（3）轴心线的距离为20毫米至120毫米。

2. 根据权利要求1所述的偏心轴铰链，其特征在于下铰链短轴（4）轴心线与上铰链短轴（3）轴心线的距离为35毫米至55毫米。

3. 根据要求1或者2所述的偏心轴铰链，其特征在于托板（5）中部与滚轮相接触处向上凸起。”

针对本专利，佰达超市公司于2006年5月3日向专利复审委员会提出无效宣告请求，理由是本专利不符合《专利法》第二十二条第一款至第三款的规定，应当宣告全部无效，并提交了包括附件1在内的相关证据。

附件1是US3289244专利说明书及其使用部分的中文译文，该专利授权日为1966年12月6日。附件1包含三个实施例，实施例1公开的铰链结构由上、下铰链组成。上铰链包含一个枢轴件（相当于上铰链托架），其与一个向上延伸的枢销轴（相当于上铰链短轴）牢固地结合，一两端分别装有滚柱（相当于滚轮）的滚轴横穿过该枢销轴，其滚柱与支撑板（相当于托板）上的横向、向上开口的凹槽相啮合。支撑板安装在支撑托架上，并与后者一起被固定在顶柱上。下铰链包含一个枢轴件（相当于下铰链托架），其上有一竖立的枢轴销（相当于下铰链短轴），该枢销轴穿过固定在门下端的导向件插入门下端相应的凹孔内。上、下铰链销轴的共同轴线最好跟毗连的门边形成一个大约3°的角。

实施例2与实施例1的区别是支撑板和支撑托架构成的支撑件固定在门的上端部，支撑板与滚柱接触处向上凸起，上、下销板连为一体，上铰链销与侧柱间的距离较下铰链销与侧柱间的距离稍远，使得门的枢轴线偏离相邻的门边。实施例2的相关译文载有“上铰链包含一完全垂直的铰链销，其固定在上销板的上端部”，实施例2的附图9可清楚地看出下铰链包含一垂直的铰链销，其固定在下销板上。

实施例3公开的铰链结构由上、下铰链组成。相当于上铰链托架的上枢轴件固定有大致与之垂直的枢销轴（相当于上铰链短轴），一两端分别装有滚柱（相当于滚轮）的滚轴横穿过该枢销轴，其滚柱与支撑板（相当于托板）上的横向、向上开口的凹槽相啮合，支撑板被固定在门的上端部。下枢轴件（相当于下铰链托架）上固定有一竖立的枢轴销（相当于下铰链短轴），该枢销轴穿过固定在门下端的导向件插入门下端相应的凹孔内。上、下铰链销的轴线分别排列着，以便转门的枢轴线向门板的交合边倾斜。

2007年6月20日，专利复审委员会作出第10061号决定，以本专利不具备创造性为理由宣布本专利权全部无效。

在本院审理过程中，原告对第10061号决定对本专利、附件1中的实施例的技术描述不持异议，并承认本专利权利要求3的技术特征在实施例中已公开。

上述事实有第10061号决定、本专利授权公告文本、US3289244专利说明书及使用部分的中文译文以及当事人庭审陈述在案佐证。

本院认为：附件1中三个实施例的图示内容及其译文已经清楚地公开了与本专利权利要求1原理相同的技术方案，即通过使上、下铰链销相对门边的距离不同，形成偏心的枢轴线，门在开启之后即围绕该偏心的枢轴线旋转，依靠门的自重，使托板、滚轮之间作相对转动，从而使门自动闭合。从具体的技术方案上进行比较，本专利权利要求 1 分别与实施例 2、3 的区别均在于上、下铰链短轴轴心线间距为 20 至 120 毫米。

原告主张附件 1 公开的上、下铰链中的枢轴销的轴心线并未相互错位，也未形成偏心，因此并未公开本专利上铰链短轴的轴心线与下铰链短轴的轴心线不相重合，从而产生偏心距的技术特征。对此，根据附件 1 中的实施例 2 译文可知，附件 1 公开的内容包括“上铰链包含一完全垂直的铰链销，其固定在上销板的上端部”，实施例 2 附图 9 可清楚地看出下铰链包含一垂直的铰链销，其固定在下销板上。据此可以确认，附件 1 已经公开了上、下铰链的枢轴销的垂直轴心线的错位偏心特征，因此，本专利上铰链短轴的轴心线与下铰链短轴的轴心线不相重合，从而产生偏心距的技术特征已经被附件 1 所公开，原告对此提出的主张，缺乏事实依据，不能成立。

原告主张附件 1 中的上、下铰链枢轴销的共同轴线与毗连的门边形成一个由下向上倾斜的大约 3°的角，仅从门边与枢轴销的枢轴线间的夹角无法通过常规运算得出上、下铰链枢轴销轴心线的间距。但由于在实际适用涉案技术过程中，门的尺寸大小和厚重程度是可以确定的，根据附件 1 中实施例 1 的教导，上、下铰链枢轴销的共同轴线与毗连的门边最好形成一个由下向上倾斜大约 3°的角，因此，在附件 1 的实施例 2、3 所公开的技术方案中使“上、下铰链销轴的共同轴线最好跟毗连的门边形成一个大约 3°的角”，在已知门高的情况下，可以通过常规运算（即距离为 tg3°乘以门高）得出实施例 2、3 中的上、下铰链枢轴销轴心线的间距。因此，被告认定本专利的参数限定本领域技术人员在现有技术教导的基础上通过常规计算和有限的实验可以得到的理由成立。原告的该项主张缺乏事实依据，不能成立。

此外，在本专利的说明书中并未说明将上、下铰链短轴轴心线间距限定为 20 至 120 毫米的原因和其相对于现有技术可以达到何种意料不到的技术效果，专利权人也没有提供任何相关证据加以证明。由于该参数限定是本领域技术人员通过常规计算和有限的实验就可以得到的，因此在实施例 3 公开内容的基础上结合实施例 1 中关于上、下铰链销与门边形成的角度的教导从而得到本专利权利要求 1 的技术方案对本领域技术人员来说是容易想到的，权利要求 1 的技术方案相对于附件 1 没有实质性特点和进步，不具备创造性，不符合《专利法》第二十二条第三款的规定。

原告主张本专利与附件 1 相比具有更简单、易安装的效果，因此相对于附件 1 具备创造性。但附件 1 的发明目的包含了转门在离开静止位置后可在门自身重力推动下回到原静止位置的相同技术效果，附件 1 实施例 3 中下铰链销与下铰链托架也是大致垂直的，不存在相对于本专利更难安装的问题，故原告的该项主张不能成立。

本专利权利要求 2 在权利要求 1 的基础上将上、下铰链短轴轴心线的间距进一步限定为 35 至 55 毫米。本专利的说明书并未描述选择这一数值范围的原因和可以达到的预料不到的技术效果，原告也未对此予以证明。基于前述理由，在权利要求 1 不具备创造性的基础上，权利要求 2 相对于附件 1 也不具备创造性。由于原告承认本专利权利求 3 的技术特征在实施例中已公开，同时，在权利要求 1、2 不具备创造性的基础上，权利要求 3 也不具备创造性。

综上，专利复审委员会作出的第 10061 号决定认定事实清楚，适用法律正确，审理程序合法，应予维持。原告尤宜福罗公司的诉讼理由不能成立，其诉讼请求本院不予支持。依照《中华人民共和国行政诉讼法》第五十四条第（一）项之规定，本院判决如下：

维持被告国家知识产权局专利复审委员会作出的第 10061 号无效宣告请求审查决定。

案件受理费 100 元，由原告上海尤宜福罗国际贸易有限公司负担（已交纳）。

如不服本判决，各方当事人可在本判决书送达之日起 15 日内，分别向本院提交上诉状及其副本，并交纳上诉案件受理费 100 元，上诉于北京市高级人民法院。

审　判　长　姜　颖
审　判　员　苏　杭
人民陪审员　高　伟
二〇〇七年十二月二十日
书　记　员　牛　捷

# 北京市高级人民法院
# 行政判决书

（2008）高行终字第 87 号

上诉人（原审原告）上海尤宜福罗国际贸易有限公司，住所地上海市外高桥保税区马吉路 28 号 1503 室。

法定代表人玉井知正，董事长。

委托代理人李东辉，上海市一平律师事务所律师。

被上诉人（原审被告）国家知识产权局专利复审委员会，住所地北京市海淀区北四环西路 9 号银谷大厦 10~12 层。

法定代表人廖涛，副主任。

委托代理人张凌，该委员会审查员。

委托代理人高雪，该委员会审查员。

被上诉人（原审第三人）上海佰达超市用品有限公司，住所地上海市青浦区大生路 10 号~231 室。

法定代表人张向东，总经理。

上诉人尤宜福罗国际贸易有限公司（简称尤宜福罗公司）因专利无效行政纠纷一案，不服北京市第一中级人民法院（2007）一中行初字第 997 号行政判决，向本院提出上诉。本院于 2008 年 2 月 28 日受理后，依法组成合议庭，于 2008 年 4 月 3 日公开开庭进行了审理。上诉人尤宜福罗公司的委托代理人李东辉，被上诉人国家知识产权局专利复审委员会（简称专利复审委员会）的委托代理人张凌、高雪到庭参加了诉讼。被上诉人上海佰达超市用品有限公司（简称佰达超市公司）经本院合法传唤，向本院以书面形式明确表示不参加本案开庭审理，故未到庭。本案现已审理终结。

尤宜福罗公司拥有名称为“偏心轴铰链”的实用新型专利（即本专利），其申请日是 2002 年 12 月 25 日，授权公告日是 2003 年 12 月 10 日，专利号是 02283622. 5。2006 年 5 月 3 日，佰达超市公司以本专利不符合《中华人民共和国专利法》（简称《专利法》）第二十二条第一款至第三款的规定为由，向专利复审委员会提出无效请求。专利复审委员会经审查于 2007 年 6 月 20 日作出的第 10061 号无效宣告请求审查决定（简称第 10061 号决定），以本专利不具备创造性为由，宣布本专利全部无效。尤宜福罗公司不服，向北京市第一中级人民法院提起诉讼。

北京市第一中级人民法院判决认定：附件 1 中三个实施例的图示内容及其译文已经清楚地公开了与本专利权利要求 1 原理相同的技术方案，即通过使上、下铰链销相对门边的距离不同，形成偏心的枢轴线，门在开启之后即围绕该偏心的枢轴线旋转，依靠门的自重，使托板、滚轮之间作相对转动，从而使门自动闭合。从具体的技术方案上进行比较，本专利权利要求1分别与实施例2、3的区别均在于上、下铰链短轴轴心线间距为20至120毫米。

尤宜福罗公司主张附件1公开的上、下铰链中的枢轴销的轴心线并未相互错位，也未形成偏心，因此并未公开本专利上铰链短轴的轴心线与下铰链短轴的轴心线不相重合，从而产生偏心距的技术特征。对此，根据附件1中的实施例2译文可知，附件1公开的内容包括“上铰链包含一完全垂直的铰链销，其固定在上销板的上端部”，实施例2附图9可清楚地看出下铰链包含一垂直的铰链销，其固定在下销板上。据此可以确认，附件1已经公开了上、下铰链的枢轴销的垂直轴心线的错位偏心特征，因此，本专利上铰链短轴的轴心线与下铰链短轴的轴心线不相重合，从而产生偏心距的技术特征已经被附件1所公开。

尤宜福罗公司主张附件1中的上、下铰链枢轴销的共同轴线与毗连的门边形成一个由下向上倾斜的大约3°的角，仅从门边与枢轴销的枢轴线间的夹角无法通过常规运算得出上、下铰链枢轴销轴心线的间距。但由于在实际适用涉案技术过程中，门的尺寸大小和厚重程度是可以确定的，根据附件1中实施例1的教导，上、下铰链枢轴销的共同轴线与毗连的门边最好形成一个由下向上倾斜大约3°的角，因此，在附件1的实施例2、3所公开的技术方案中使“上、下铰链销轴的共同轴线最好跟毗连的门边形成一个大约3°的角”，在已知门高的情况下，可以通过常规运算得出实施例2、3中的上、下铰链枢轴销轴心线的间距。因此，专利复审委员会认定本专利的参数限定本领域技术人员在现有技术教导的基础上通过常规计算和有限的实验可以得到的理由成立。

此外，在本专利的说明书中并未说明将上、下铰链短轴轴心线间距限定为20至120毫米的原因和其相对于现有技术可以达到何种意料不到的技术效果，专利权人也没有提供任何相关证据加以证明。由于该参数限定是本领域技术人员通过常规计算和有限的实验就可以得到的，因此在实施例3公开内容的基础上结合实施例1中关于上、下铰链销与门边形成的角度的教导从而得到本专利权利要求1的技术方案对本领域技术人员来说是容易想到的，权利要求1的技术方案相对于附件1没有实质性特点和进步，不具备创造性，不符合《专利法》第二十二条第三款的规定。

尤宜福罗公司主张本专利与附件1相比具有更简单、易安装的效果，因此相对于附件1具备创造性。但附件1的发明目的包含了转门在离开静止位置后可在门自身重力推动下回到原静止位置的相同技术效果，附件1实施例3中下铰链销与下铰链托架也是大致垂直的，不存在相对于本专利更难安装的问题，故其该项主张不能成立。

本专利权利要求2在权利要求1的基础上将上、下铰链短轴轴心线的间距进一步限定为35至55毫米。本专利的说明书并未描述选择这一数值范围的原因和可以达到的预料不到的技术效果，尤宜福罗公司也未对此予以证明。基于前述理由，在权利要求1不具备创造性的基础上，权利要求2相对于附件1也不具备创造性。由于尤宜福罗公司承认本专利权利要求3的技术特征在实施例中已公开，同时，在权利要求1、2不具备创造性的基础上，权利要求3也不具备创造性。专利复审委员会作出的第10061号决定认定事实清楚，适用法律正确，审理程序合法，应予维持。依照《中华人民共和国行政诉讼法》第五十四条第（一）项之规定，判决维持专利复审委员会作出的第10061号决定。

尤宜福罗公司不服原审判决，向本院提起上诉，请求撤销原审判决及第10061号决定。主要理由为：（1）附件1中的上、下铰链销轴的轴心线是重合的，因而两轴心线不会、也不可能产生偏心距。而本专利的上、下铰链销轴的轴心线垂直设置、相互平行，使两销轴的轴心线形成一定距离，从而产生偏心距，当门开启时，在门的自重下便形成一力矩可使门自动关闭。因此，本专利的技术方案与附件1所公开的技术方案完全不同。（2）原审判决在没有文字记载的情况下，主观推断实施例附图9的“下铰链包含一垂直的铰链销”，认定本专利上铰链短轴的轴心线与下铰链短轴的轴心线不相重合，从而产生偏心距的技术特征已经被附件1所公开是错误的。(3) 由于附件1的技术方案中上、下铰链形成枢轴线、轴心线重合，上、下铰链销轴轴心线的距离为零，因而不可能出现“可通过常规运算得出实施例2、3中的上、下铰链枢轴销轴心线的间距”的情况。另外，即使知道门的高度，也不可能通过常规计算方式计算出上、下铰链销轴的偏心距。(4) 本专利两短轴相互间的偏心距是固定的，故安装方便。而附件1的上、下铰链轴为了形成一枢轴线，必然导致门的安装难度加大。因此，本专利相对于附件1而言，具有实质性的特点和进步，符合专利法关于创造性的要求。

专利复审委员会、佰达超市公司服从原审判决。

本院经审理查明：本案涉及的是第02283622.5号、名称为“偏心轴铰链”的实用新型专利，其申请日是2002年12月25日，授权公告日是2003年12月10日，专利权人是尤宜福罗公司。

本专利授权公告文本所记载的权利要求书内容为：

“1. 一种由短轴和上、下铰链托架构成的偏心轴铰链，其特征在于上铰链托架(1)固定有大致与之垂直的上铰链短轴(3)，该短轴远离上铰链托架的一端设有滚轮轴(6)，滚轮轴的两端分别装有滚轮(7)，托板(5)固定在门的上端部，托板的中部与滚轮(7)相接触，下铰链托架(2)固定有大致与之垂直的下铰链短轴(4)，下铰链短轴插入门下端的相应轴孔内，下铰链短轴(4)轴心线与上铰链短轴(3)轴心线的距离为20毫米至120毫米。

2. 根据权利要求1所述的偏心轴铰链，其特征在于下铰链短轴(4)轴心线与上铰链短轴(3)轴心线的距离为35毫米至55毫米。

3. 根据要求1或者2所述的偏心轴铰链，其特征在于托板(5)中部与滚轮相接触处向上凸起。”

针对本专利，佰达超市公司于2006年5月3日向专利复审委员会提出无效宣告请求，理由是本专利不符合《专利法》第二十二条第一款至第三款的规定，应当宣告全部无效，并提交了包括附件1在内的相关证据。

附件1是US3289244专利说明书及其使用部分的中文译文，该专利授权日为1966年12月6日。附件1包含三个实施例，实施例1公开的铰链结构由上、下铰链组成。上铰链包含一个枢轴件(相当于上铰链托架)，其与一个向上延伸的枢销轴(相当于上铰链短轴)牢固地结合，一两端分别装有滚柱(相当于滚轮)的滚轴横穿过该枢销轴，其滚柱与支撑板(相当于托板)上的横向、向上开口的凹槽相啮合。支撑板安装在支撑托架上，并与后者一起被固定在顶柱上。下铰链包含一个枢轴件(相当于下铰链托架)，其上有一竖立的枢轴销(相当于下铰链短轴)，该枢销轴穿过固定在门下端的导向件插入门下端相应的凹孔内。上、下铰链销轴的共同轴线最好跟毗连的门边形成一个大约3°的角。

实施例2与实施例1的区别是支撑板和支撑托架构成的支撑件固定在门的上端部，支撑板与滚柱接触处向上凸起，上、下销板连为一体，上铰链销与侧柱间的距离较下铰链销与侧柱间的距离稍远，使得门的枢轴线偏离相邻的门边。实施例2的相关译文载有“上铰链包含一完全垂直的铰链销，其固定在上销板的上端部”，实施例2的附图9可清楚地看出下铰链包含一垂直的铰链销，其固定在下销板上。

实施例3公开的铰链结构由上、下铰链组成。相当于上铰链托架的上枢轴件固定有大致与之垂直的枢销轴(相当于上铰链短轴)，一两端分别装有滚柱(相当于滚轮)的滚轴横穿过该枢销轴，其滚柱与支撑板(相当于托板)上的横向、向上开口的凹槽相啮合，支撑板被固定在门的上端部。下枢轴件(相当于下铰链托架)上固定有一竖立的枢轴销(相当于下铰链短轴)，该枢销轴穿过固定在门下端的导向件插入门下端相应的凹孔内。上、下铰链销的轴线分别排列着，以便转门的枢轴线向门板的交合边倾斜。

2007 年 6 月 20 日，专利复审委员会作出第 10061 号决定，以本专利不具备创造性为理由宣布本专利权全部无效。

在原审法院审理本案过程中，尤宜福罗公司对第 10061 号决定对本专利、附件 1 中的实施例的技术描述不持异议，并承认本专利权利要求 3 的技术特征在实施例中已公开。

上述事实有第 10061 号决定、本专利授权公告文本、US3289244 专利说明书及使用部分的中文译文以及当事人庭审陈述在案佐证。

本院认为：关于本专利与附件 1 的技术方案是否相同并被附件 1 公开的问题。本专利的技术方案为：通过使上、下铰链销相对门边的距离不同，形成偏心的枢轴线，门在开启之后即围绕该偏心的枢轴线旋转，依靠门的自重，使托板、滚轮之间作相对转动，从而使门自动闭合。根据本院查明的事实，附件 1 公开的内容包括“上铰链包含一完全垂直的铰链销，其固定在上销板的上端部”，实施例 2 附图 9 可清楚地看出下铰链包含一垂直的铰链销，其固定在下销板上。由此可以确认，附件 1 已经公开了上、下铰链的枢轴销的垂直轴心线的错位偏心特征。因此，本专利的技术方案与附件 1 相同并被附件 1 公开。上诉人尤宜福罗公司认为本专利与附件 1 的技术方案不同是由于其对附件 1 的技术方案理解不全面所致。根据本专利的技术原理，轴心线的间距大小要受到所适用的门的尺寸和重量的影响。附件 1 的实施例 1 中指出，上、下铰链销的共同轴线最好跟毗连的门边形成一个大约 3°的角，以便门在重力的作用下平缓地关闭。本领域技术人员根据这一教导，结合适用的门的具体尺寸和重量，经过常规的运算即可得到具体的轴心线间距。故上诉人尤宜福罗公司认为原审判决对此认定错误没有事实依据。

关于本专利相对于附件 1 是否具有安装简单方便从而具备创造性的问题。附件 1 的发明目的中包含了提供一种用于固定双开式转门的铰链结构，其允许转门在离开静止位置后可在门自身重力推动下回到原静止位置，与本专利相同。关于铰链的结构和安装，附件 1 中实施例 3 中下铰链销与下铰链托架也是大致垂直的，不存在相对于本专利更难安装的问题。因此，上诉人尤宜福罗公司关于本专利相对于附件 1 而言安装简单方便，具有实质性的特点和进步，符合专利法关于创造性的要求的主张不能成立。

综上所述，北京市第一中级人民法院（2007）一中行初字第 997 号行政判决认定事实清楚，适用法律正确，程序合法，应予维持。上诉人尤宜福罗公司的上诉请求和理由没有事实和法律依据，本院不予支持。依照《中华人民共和国行政诉讼法》第六十一条第（一）项之规定，本院判决如下：

驳回上诉，维持原判。

一审案件受理费 100 元，由上海尤宜福罗国际贸易有限公司负担（已交纳）；二审案件受理费 100 元，由上海尤宜福罗国际贸易有限公司负担（已交纳）。

本判决为终审判决。

审　判　长　张　冰
审　判　员　莎日娜
代理审判员　钟　鸣
二〇〇八年四月二十八日
书　记　员　陈　明

121

# 奥贝体锻钢辙叉心

## 无效宣告请求审查决定（第10063号）

**决　定　号**　第10063号
**决　定　日**　2007年6月19日
**发明创造名称**　奥贝体锻钢辙叉心
**国际分类号**　E01B 7/12
**无效宣告请求人**　何侠安，曾铁傍
**专　利　权　人**　浙江贝尔通信集团有限责任公司
**专　利　号**　98205016.X
**申　请　日**　1998年5月29日
**授权公告日**　1999年8月11日
**合议组组长**　石　竞
**主　审　员**　张　凌
**参　审　员**　张汉国

**法　律　依　据**　专利法第22条第3款、第26条第3款、第4款，专利法实施细则第2条第2款、第20条第1款、第21条第2款

**决　定　要　点**

如果所属领域技术人员根据本专利的说明书及其附图可以理解权利要求所限定的技术方案，所述技术方案清楚地限定了要求保护的范围，则本专利符合专利法实施细则第20条第1款的规定。

### 一、案由

本无效宣告请求涉及国家知识产权局于1999年8月11日授权公告的、名称为“奥贝体锻钢辙叉心”的98205016.X号实用新型专利权，其申请日是1998年5月29日，授权时专利权人为关铁，授权后经专利权转让，专利权人变更为浙江贝尔通信集团有限责任公司（以下简称专利权人）。该专利授权公告的权利要求书如下：

“1. 一种奥贝体锻钢辙叉心，包括有尖端和跟端两个部分，其特征是：该辙叉心的尖端部（1）主体呈一楔形，其楔形体的两侧上部（2）分别加工成与铁路车辆车轮踏缘形状相吻合的凹曲线形，在楔形体的侧向设置有两端分别带沉槽的螺栓孔（3）；该辙叉心的跟端部（4）主体呈在一中部两侧内凹的不等厚板上两侧设置带由圆角的梯形凸台（5）结构，其凸台形状与钢轨轨腰部形状相吻合，其高度于尖端部与跟端部相接点处由零开始过渡到钢轨轨腭的宽度后形成等高段，在跟端部（4）的侧向设置有装配用的螺栓孔（6）。

2. 根据权利要求 1 所述的奥贝体锻钢辙叉心，其特征是：尖端部（1）与跟端部（4）相接处（7）侧向呈圆角过渡。”

针对上述实用新型专利（以下简称本专利），何侠安（以下简称第一请求人）于 2006 年 5 月 17 日向专利复审委员会提出了无效宣告请求，理由是本专利权利要求 1~2 不符合专利法第 22 条第 3 款的规定，请求宣告本专利全部无效，并提交了如下附件作为证据：

附件 1-1：申请号为 88104270.6 的发明专利申请公开说明书，公开日为 1989 年 1 月 18 日；

附件 1-2：专利号为 91104903.7 的发明专利说明书，授权公告日为 1995 年 11 月 22 日；

附件 1-3：专利号为 97217980.1 的实用新型专利说明书，授权公告日为 1998 年 12 月 30 日。

第一请求人认为附件 1-1 至 1-3 已经公开了锻钢辙叉心技术，权利要求 1 无创造性，权利要求 2 中“圆角过渡”的特征是本领域的技术常识，也没有创造性。

经形式审查合格后，专利复审委员会于 2006 年 5 月 17 日受理了该无效宣告请求，发出无效宣告请求受理通知书，并将无效宣告请求书及其附件副本转给了专利权人，要求其在指定期限内陈述意见。

2006 年 5 月 31 日，第一请求人再次提交意见陈述，认为本专利不符合专利法实施细则第 2 条第 2 款和专利法第 22 条第 3 款的规定，并提交如下附件（编号续前）支持其主张：

附件 1-4：本专利授权公告文本；

附件 1-5：申请号为 95103080.9 的发明专利申请公开说明书，公开日为 1995 年 11 月 22 日；

附件 1-6：《道岔设计手册》，人民铁道出版社 1975 年 11 月第 1 版，封面、出版信息页、第412~413 页、第 428~429 页、第 464~465 页、第 470~471 页、第 526~527 页复印件（共 7 页）；

附件 1-7：专利号为 96250112.3 的实用新型专利说明书，授权公告日为 1997 年 8 月 6 日。

第一请求人认为本专利的技术方案能够达到其发明目的是由于采用了独特的奥贝体锻钢材料而不是对产品的形状、构造或者其结合做出改进，因此本专利不符合专利法实施细则第 2 条第 2 款的规定；本专利权利要求 1 相对于附件 1-5 与附件 1-6 或 1-7 的结合不具备创造性，权利要求 2 “圆角过渡”的附加技术特征为公知常识，其也不具备创造性。

针对上述无效宣告请求，专利权人于 2006 年 7 月 4 日提交了答复意见，认为附件 1-3 的公开日晚于本专利的申请日，不能作为有效的对比文献；本专利具备创造性。

2006 年 10 月 17 日合议组将专利权人的上述答复意见转给第一请求人，将第一请求人于 2006 年 5 月 31 日提交的意见陈述及其附件转给专利权人，并向双方当事人发出口头审理通知书，定于 2006 年 12 月 5 日上午 9：00 在专利复审委员会举行第一次口头审理。

第一次口头审理如期举行，双方当事人均委托代理人出席口头审理。请求人当庭放弃附件 1-1 至 1-3，专利权人对附件 1-5、1-7 的真实性无异议，请求人当庭提交附件 1-6 的原件，专利权人核实附件 1-6 原件与复印件一致，对其真实性无异议。请求人明确其无效理由为专利法实施细则第 2 条第 2 款、专利法第 22 条第 3 款。关于专利法实施细则第 2 条第 2 款，双方当事人均认可奥贝体锻钢材料在本专利申请日前是已知的材料。关于本专利的创造性，请求人以附件 1-5 作为最接近的现有技术结合附件 1-7 与本专利进行对比，附件 1-6 作为公知常识性证据。双方当事人均认可：在本专利申请日前采用锻造工艺加工辙叉心以及奥贝体锻钢材料在辙叉上的应用已是现有技术，叉心与辙叉其他部分采用螺栓连接是本领域的常用技术手段，本专利权利要求 2 中“圆角过渡”的技术特征为本领域的常用技术手段。专利权人承认本专利说明书中所述的技术效果是由于在使用的材料中加入了其他成分，该成分配比是技术秘密，未在说明书中公开。

针对上述同一专利权，曾铁傍（以下简称第二请求人）于 2007 年 1 月 10 日向专利复审委员会提出了无效宣告请求，理由是本专利权利要求 1~2 不符合专利法第 22 条第 3 款、第 26 条第 3 款、第 4 款和专利法实施细则第 20 条第 1 款、第 21 条第 2 款的规定，请求宣告本专利全部无效，并提交了如下证据：

附件 2-1：申请号为 95103080.9 的发明专利申请公开说明书，公开日为 1995 年 11 月 22 日；

附件 2-2：申请号为 96109310.2 的发明专利申请公开说明书，公开日为 1997 年 4 月 16 日；

附件 2-3：专利号为 96250112.3 的实用新型专利说明书，授权公告日为 1997 年 8 月 6 日；

附件 2-4：本专利授权公告文本。

第二请求人认为：（1）本专利权利要求书和说明书均中未记载实现其无初期磨损、内部质量稳定的发明目的的技术特征，如贝氏体如何获得、奥氏体与贝氏体的比例、如何锻造及锻造中如何控制奥氏体，本专利权利要求书得不到说明书实质上的支持，因此不符合专利法实施细则第 21 条第 2 款、专利法第 26 条第 3 款、第 4 款的规定。（2）权利要求 1 中"中部两侧内凹"的描述与附图相矛盾，附图 1 中看不出跟端部两侧内凹，附图 2 中仅能看出跟端部 4 的上端面两侧内凹。附图中没有"梯形凸台"，凸台 5 不是梯形的。"其高度于尖端部与跟端部相接点处由零开始过渡到钢轨轨腭的宽度后形成等高段"中"其高度"不知是指"跟端部"还是"凸台"的高度，说明书和附图中也没有进一步、清楚的说明，因此不符合专利法实施细则第 20 条第 1 款的规定。（3）本专利相对于附件 2-1、2-2 的组合或者附件 2-1、2-3 的组合无创造性，不符合专利法第 22 条第 3 款的规定。

经形式审查合格后，专利复审委员会于 2007 年 1 月 29 日受理了该无效宣告请求，发出无效宣告请求受理通知书，并将无效宣告请求书及其附件副本转给了专利权人，要求其在指定期限内陈述意见。

2007 年 2 月 25 日合议组向第二请求人和专利权人发出口头审理通知书，定于 2007 年 4 月 12 日上午 9：00 在专利复审委员会举行第二次口头审理。专利权人寄交了口头审理回执，表示不参加口头审理。

第二次口头审理如期举行，第二请求人委托其代理人参加了口头审理，专利权人未参加口头审理。第二请求人明确其无效理由为专利法第 22 条第 3 款、第 26 条第 3 款、第 4 款、专利法实施细则第 20 条第 1 款、第 21 条第 2 款，当庭放弃使用附件 2-1、2-3 的组合评价本专利的创造性。

**二、决定的理由**

1. 关于适用的审查指南版本

根据 2006 年 5 月 24 日颁布的国家知识产权局令第三十八号，"根据中国人民共和国专利法实施细则，制定专利审查指南。现将该审查指南予以公布，自 2006 年 7 月 1 日起施行。2001 年 10 月 18 日公布的审查指南及其后公布的审查指南公报同时废止。"以及《施行修订后审查指南的过渡办法》的规定，针对本专利进行的无效宣告请求的审查应当适用 2006 年 7 月 1 日起施行的审查指南。

2. 无效理由的认定

第一请求人和第二请求人针对本专利所提出的全部无效理由和范围是权利要求 1、2 不符合专利法第 22 条第 3 款、第 26 条第 4 款、专利法实施细则第 2 条第 2 款、第 20 条第 1 款、第 21 条第 2 款的规定，说明书不符合专利法第 26 条第 3 款的规定。

3. 证据的认定

第一请求人提交的附件 1-5、1-7 为两篇中国专利文献，附件 1-6 为公开出版物，专利权人对其真实性均无异议，合议组经审查，对其予以采信。附件 1-5 至 1-7 均为在本专利申请日前公开的出版物，其记载的内容构成现有技术，可用于评价本专利的创造性。鉴于第一请求人已经放弃使用附件 1-1 至 1-3，对其不再予以评述。

第二请求人提交附件 2-1 与第一请求人提交的附件 1-5 为同一篇专利文献，专利权人在第一次口头审理中已对其真实性予以认可，合议组经审查对其予以采信。附件 2-2 为一篇中国专利文献，专利权人未针对其发表意见，合议组经审查，对其予以采信。附件 2-1、2-2 均为在本专利申请日前公开的出版物，其记载的内容构成现有技术，可用于评价本专利的创造性。第二请求人在无效宣告请求书中还请求使用附件 2-1、2-3 的组合评价本专利的创造性，但是在口头审理中已经表示放弃上述组合，鉴于第二请求人提交的包括附件 2-3 在内的证据均用于证明本专利不具备创造性，合议组对附件 2-3 不再予以评述。

4. 关于专利法实施细则第 2 条第 2 款

根据专利法实施细则第 2 条第 2 款的规定，专利法所保护的实用新型是指对产品的形状、构造或者其结合所提出的新的技术方案。

第一请求人认为本专利能达到所述的技术效果是由于采用了独特的奥贝体锻钢材料而不是对产品的形状、构造或者其结合做出改进，因此本专利不符合专利法实施细则第 2 条第 2 款的规定。

合议组认为，专利法实施细则第 2 条第 2 款是针对某一技术方案整体上是否属于实用新型的保护对象而给出的定义，并非指该技术方案中某一技术特征是否属于实用新型的保护客体。本专利权利要求 1 保护的是一种辙叉心，是一种包含结构、形状的产品，其中不仅包含请求人所称的奥贝体锻钢的材料限定，还主要包含了这种辙叉心的形状和结构特征。请求人并未提供证据证明本专利所使用的奥贝体锻钢材料在其申请日前为一种全新的材料，并且在第一次口头审理中第一请求人和专利权人均认可该材料在辙叉上的应用在本专利的申请日前为已知的，因此对第一请求人的主张不予支持，本专利符合专利法实施细则第 2 条第 2 款的规定。

5. 关于专利法实施细则第 21 条第 2 款、专利法第 26 条第 3 款、第 4 款

根据专利法实施细则第 21 条第 2 款的规定，独立权利要求应当从整体上反映发明或者实用新型的技术方案，记载解决技术问题的必要技术特征。

根据专利法第 26 条第 3 款、第 4 款的规定，说明书应当对发明或者实用新型作出清楚、完整的说明，以所属技术领域人员能够实现为准；权利要求书应当以说明书为依据，说明要求专利保护的范围。

第二请求人认为本专利的权利要求书和说明书中均未记载或说明贝氏体如何获得、奥氏体与贝氏体的比例、如何锻造及锻造中如何控制奥氏体、如何实现无初期磨损和产品内部质量稳定的技术特征，因此不符合专利法实施细则第 21 条第 2 款、专利法第 26 条第 3 款、第 4 款的规定。

合议组认为，现有技术中辙叉心多采用高锰钢铸造工艺与翼轨整体成型构成铁路辙叉，整体铸造的高锰钢辙叉内部系奥氏体组织，存在产品质量离散度大、使用寿命不稳定、难于与线路钢轨焊接以及叉心的初期磨损严重的问题。本专利针对上述问题设计了一种结构易于锻造加工的叉心，其可以方便的与翼轨、跟轨组成拼装式辙叉，其内部组织成份以贝氏体为主加上少量的奥氏体，抗拉强度、硬度和冲击韧性都得到提高。其中奥贝体锻钢材料对于所属技术领域人员来说已经是公知技术，本专利并未在权利要求书和说明书中对使用的奥贝体锻钢材料加以特别的限定，对叉心件的锻造工艺也不是本专利要求保护的范围，而对于叉心件的结构、形状权利要求书和说明书都有清楚、完整的描述并且相互一致。本领域技术人员结合现有技术和本专利的技术方案就可以得到所述辙叉心，从而解决产品内部质量不稳定、初期磨损严重的问题。本专利的权利要求记载了奥贝体锻钢辙叉心及其具体的结构、形状，说明书对该辙叉心使用的材料及其结构、形状等进行了充分的说明，权利要求书要求保护的奥贝体锻钢辙叉心可以依据说明书公开的内容得出，因此，本专利符合专利法实施细则第 21 条第 2 款、专利法第 26 条第 3 款、第 4 款的规定。

6. 关于专利法实施细则第 20 条第 1 款

根据专利法实施细则第 20 条第 1 款的规定，权利要求书应当说明发明或者实用新型的技术特征，清楚、简要地表述请求保护的范围。

第二请求人认为权利要求 1 中“中部两侧内凹”的描述与附图相矛盾，附图 1 中看不出跟端部两侧内凹，附图 2 中仅能看出跟端部 4 的上端面两侧内凹；附图中没有“梯形凸台”，凸台 5 不是梯形的；“其高度于尖端部与跟端部相接点处由零开始过渡到钢轨轨腭的宽度后形成等高段”中“其高度”不知是指“跟端部”还是“凸台”的高度，说明书和附图中也没有进一步、清楚的说明，因此不符合专利法实施细则第 20 条第 1 款的规定。

合议组认为结合附图 2、3、4 可以看出本专利辙叉心的跟端的中部两侧向内凹入，说明书的描述与附图并不矛盾；从附图 3、4 可以看出，本专利叉心跟端部分的剖面呈两侧带有圆角的梯形凸台结构；结合说明书和附图 2、3、4 可知，叉心系与翼轨、跟轨组合构成拼装式辙叉，其中叉心跟端与两根叉跟轨相嵌合，其在于尖端部相接点之前向两侧凸出的、带有圆角的凸台即为叉心跟端嵌入两根叉跟轨轨腰内的部分，该凸台的形状应与相配的钢轨轨腰相吻合、高度自尖端部与跟端部相接点处由零开始过渡到钢轨轨腭的宽度后形成等高段，权利要求中的“其高度”是指凸台的高度。因此，本领域技术人员结合说明书特别是其附图公开的内容可以理解权利要求 1 所限定的技术方案，该技术方案清楚的确定其请求保护的范围为一种奥贝体锻钢辙叉心，该叉心包括有尖端、跟端两个部分，其中辙叉心的尖端部主体呈一楔形，该楔形体的两侧上部分别加工成与铁路车辆车轮踏轨缘形状相吻合的凹曲线形，在楔形体的侧向设置有两端分别带沉槽的螺栓孔；该辙叉心的跟端部主体在一中部两侧内凹的不等厚板上，呈两侧带有圆角的梯形凸台结构，叉心跟端向两侧凸出的凸台形状与钢轨轨腰的形状相吻合，该凸台的高度自尖端部与跟端部相接点处由零开始过渡到钢轨轨腭的宽度后形成等高段，在跟端部的侧向设置有装配用的螺栓孔。因此本专利符合专利法实施细则第 20 条第 1 款的规定。

7. 关于创造性

根据专利法第 22 条第 3 款的规定，实用新型的创造性是指同申请日以前已有的技术相比，该实用新型具有实质性特点和进步。

具体在本案中，95103080.9 号发明专利申请公开说明书（即附件 1-5 和附件 2-1，以下简称对比文件 1）公开了一种直接支撑式辙叉（参见说明书第 8~11 页，附图 1-2、4-11），其中的叉心铸件采用锰钢制作，包括底部支撑面、与辙叉跟成为整体的辙叉尖端、夹持于一对辙叉跟轨之间的辙叉跟延伸段、由左手心轨和右手心轨构成的趾端。叉心尖端与跟端为一整体，主体呈楔形，该楔形体的两侧上部分别加工成与铁路车辆车轮踏轨缘形状相吻合的凹曲线形，在楔形体的侧向设置有与翼轨装配用的螺栓孔及定位垫块，叉跟延伸段从叉心跟端伸出并与一对跟轨通过闪光对接焊接或者螺栓式装配相连。

附件 1-6 公开了两种辙叉的整体结构（参见第 413、428 页，图 15-1、16-1），其中的辙叉心由长、短心轨构成，叉心整体呈一楔形，楔形体两侧带有装配用的螺栓孔。

附件 1-7 公开了一种用于交叉辙岔的可移动转辙器（参见说明书第 5~7 页，附图 3-6），该转辙器为一件铸件，优选的制作材料是奥氏体高锰钢，其包括一个一体三角形的前部、一个中心部分和一个尾部，该尾部由两个部件构成，两个轨道焊接在该两个部件上，该两个部件与对应的轨道的外形相匹配。

附件 2-2 公开了一种新型辙叉心（参见说明书第 1~2 页，附图 1-6），它为一大端引出两个标准轨接头、底部两侧带有凸缘的楔形体，该楔形体的下面设置楔形凹槽形成楔形空腔，楔形体的两侧面可设置呈凹曲线型。

本专利权利要求 1 与对比文件 1 相比，其区别在于本专利叉心跟端部主体在一中部两侧内凹的不等厚板上，呈两侧带有圆角的梯形凸台结构，叉心跟端向两侧凸出的凸台形状与钢轨轨腰的形状相吻合，该凸台的高度自尖端部与跟端部相接点处由零开始过渡到钢轨轨腭的宽度后形成等高段，即叉心跟端中部两侧略向内凹、后部形成燕尾形的结构。该区别技术特征的目的在于形成一种易于同叉跟轨相嵌合的叉心跟端结构。

第一请求人认为对比文件 1 中所公开的辙叉侧壁与钢轨中间的定位垫块与本专利中梯形凸台的结构都起到更好的连接辙叉与钢轨的作用，该定位垫块也具有与钢轨轨腰形状相吻合的带圆角的梯形凸台形状，因此对比文件 1 已经公开了本专利的梯形凸台结构，本专利对梯形凸台高度的限定对本领域技术人员来说也是显而易见的。

第二请求人认为叉心跟端均用于翼轨相连接，其形状必须与两翼轨的形状相吻合，对比文件 1 中叉心跟部与翼轨通过定位垫块固定连接的内容实际上已经公开了本专利的梯形凸台结构及其高度限定。

合议组认为，对比文件 1 中叉心跟端是一种向两侧伸出的分叉形结构，所述定位垫块从跟端两侧侧壁的某个部位伸出，当将翼轨与叉心铸件连接形成组合辙叉时，这些定位垫块相对于翼轨将叉心铸件定位。尽管这些定位垫块也形成向两侧凸出、与相应钢轨轨腰形状相吻合的凸台结构，但由于这些垫块并非布满整个叉心跟端的两侧侧壁，各垫块为彼此相互独立的部件，整个叉心跟端仍呈向两侧伸出的分叉形结构，叉心跟端延伸段与叉跟轨通过焊接或者螺栓式装配连接在一起，不同于本专利的通过叉心跟端后部的燕尾形结构将其嵌入两跟叉跟轨之间的拼装方式，因此不存在对定位垫块凸台高度自叉心尖端与跟端相接点处由零开始过渡到钢轨轨腭的宽度后形成等高段的限定。从实现的技术效果的角度来看，对比文件 1 中定位垫块相对于两根翼轨将叉心铸件定位，与本专利所实现的将叉心跟端嵌入两根叉跟轨之间，拼装为一体的技术效果也是不同的。因此，对比文件 1 中叉心跟端部形状、结构和定位垫块的设置并未给出将叉心跟端设计为中部两侧内凹、后部呈燕尾形、与相应钢轨嵌和的结构的技术启示。

附件 1-6、1-7 以及附件 2-2 中公开的跟端或尾部结构均为向两侧伸出的分叉形结构，其中附件 2-2 的尾部与对应钢轨通过焊接方式相连接，上述对比文件也均未给出将叉心跟端设计为中部内凹、后部形成燕尾形与叉跟轨相嵌合的结构的启示。

综上，对比文件 1、附件 1-6、1-7、2-2 与本专利权利要求 1 相比，整体技术方案差别较大，都未给出本专利叉心跟端形状、结构设计的技术启示，并且无论对比文件 1 与附件 2-2 组合还是对比文件 1 与附件 1-6、1-7 如何组合均不能得到本专利权利要求 1 所述的技术方案，因此本专利权利要求 1 请求保护的技术方案相对于上述现有技术具有实质性特点和进步，符合专利法第 22 条第 3 款的规定。本专利权利要求 2 作为权利要求 1 的从属权利要求，在其具备创造性的前提下，相对于上述对比文件同样具备创造性。

**三、决定**

维持 98205016. X 号实用新型专利有效。

当事人对本决定不服的，可以根据专利法第 46 条第 2 款的规定，自收到本决定之日起 3 个月内向北京市第一中级人民法院起诉。根据该款的规定，一方当事人起诉后，另一方当事人应当作为第三人参加诉讼。

122

# 展示笔盒

## 无效宣告请求审查决定（第10089号）

**决　定　号**　第10089号
**决　定　日**　2007年5月28日
**发明创造名称**　展示笔盒
**国际分类号**　G09F 5/02，A45C 11/34
**无效宣告请求人**　J. S. 施德楼有限责任及有限合伙两合公司
**专利权人**　黄联鑫
**专　利　号**　200420023003.9
**申　请　日**　2004年5月19日
**授权公告日**　2005年5月18日
**合议组组长**　高海燕
**主　审　员**　王艳妮
**参　审　员**　瑜　佳

**法律依据**　专利法第22条第2款、第3款
**决定要点**

如果一项实用新型专利的权利要求与现有技术之间的区别技术特征仅仅是类似结构的简单替换，且这种替换没有使该权利要求的技术方案具有实质性特点和进步，则该权利要求所要求保护的技术方案不具备创造性；如果一项权利要求与现有技术之间存在区别技术特征，并且现有技术没有给出结合该区别技术特征从而得到该权利要求所要求保护的技术方案的任何启示，并且该区别技术特征使该权利要求的技术方案产生了有益的技术效果，则该权利要求具备创造性。

**一、案由**

本无效宣告请求涉及国家知识产权局于2005年5月18日授权公告、专利号为200420023003.9、名称为“展示笔盒”的实用新型专利（下称本专利），其申请日为2004年5月19日，专利权人为黄联鑫。

本专利授权公告的权利要求书的内容如下：

“1. 一种展示笔盒，主要包括盒体（1），盒体（1）包括盖板（4），其特征是：盒体（1）还包括底板（2）和面板（3），盖板（4）和底板（2）之间的连接处设置有折叠带（5），底板（2）由上底板（6）和下底板（7）构成，上底板（6）和下底板（7）之间的连接处设置有折叠带（8），上底板（6）与面板（3）分离设置，底板（2）和面板（3）之间形成储放笔的腔体；所述底板（2）与

盖板（4）之间设置有搭扣连接机构。

2. 根据权利要求1所述的展示笔盒，其特征是：所述下底板（7）与面板（3）可分离，下底板（7）底端与面板（3）底端相互连接，两者的连接处设置有折叠带（9），底板（2）与面板（3）之间设置有搭扣连接机构。

3. 根据权利要求1所述的展示笔盒，其特征是：所述下底板（7）与面板（3）相互合拢固定在一起。

4. 根据权利要求2所述的展示笔盒，其特征是：下底板（7）和面板（3）的两边缘分别设置有插接槽（10）和插接块（11），插接槽（10）和插接块（11）构成搭扣连接机构。

5. 根据权利要求1或2或3或4所述的展示笔盒，其特征是：上底板（6）和盖板（4）两边缘分别设置有插接槽（12）和插接块（13），插接槽（12）和插接块（13）构成搭扣连接装置。

6. 根据权利要求1或2或3或4所述的展示笔盒，其特征是：盖板（4）上开设有透视窗（14）。

7. 根据权利要求5所述的展示笔盒，其特征是：盖板（4）上开设有透视窗（14）。

8. 根据权利要求1或2或3或4所述的展示笔盒，其特征是：面板（3）和盖板（4）之间有重叠带（15）。

9. 根据权利要求5所述的展示笔盒，其特征是：面板（3）和盖板（4）之间有重叠带（15）。

10. 根据权利要求7所述的展示笔盒，其特征是：面板（3）和盖板（4）之间有重叠带（15）。"

针对上述专利权，J. S. 施德楼有限责任及有限合伙两合公司（下称请求人）于2006年11月28日向国家知识产权局专利复审委员会提出无效宣告请求，其无效理由为：本专利权利要求第1~10项不符合专利法第22条第2款和第3款的规定。请求人提交了如下附件：

附件1：德国实用新型专利文献DE29912818U1及其全文的中文译文，其公开日为2000年10月5日（下称证据1）；

附件2：德国专利文献DE19934428C1及其全文的中文译文，其公开日为2001年1月4日（下称证据2）；

附件3：美国专利文献US1939824及其使用部分的中文译文，其授权公告日为1933年12月19日（下称证据3）；

附件4：本专利授权公告文本；

附件5：授权委托书。

请求人提出的具体理由如下：

证据1涉及一种盒子，特别是用于放置笔等书写工具，即证据1公开的也是一种笔盒，其公开了权利要求1的所有技术特征，二者的结构完全相同，属于同样的发明创造，因此权利要求1不具有新颖性。和证据1相比，权利要求1更不具有创造性；同时，证据2也涉及一种笔盒，该笔盒与权利要求1中笔盒具有相同的结构，因此权利要求1相对于证据2也不具有新颖性和创造性；证据1和证据2均公开了权利要求2的附加技术特征，因此权利要求2不具有新颖性，更不具有创造性；证据1及证据2中的笔盒的底壳（11）和上壳（12）均是可以相互合拢固定在一起，因此证据1和证据2均公开了权利要求3的附加技术特征，因此权利要求3不具有新颖性，更不具有创造性；证据1和证据2均公开了权利要求4的附加技术特征，而且这也是本领域技术人员的公知常识，因此权利要求4不具有新颖性，更不具有创造性；证据1和证据2均公开了权利要求5的附加技术特征，而且这也属于本领域技术人员惯常采用的手段，属于公知常识，因此权利求5不具有新颖性，更不具有创造性；证据1及证据2中均公开了封盖构件（2）可以由透明的塑料制成，从而形成透视窗，在盖板上开设有透视窗也是本领域技术人员的一种惯用手段，因此权利要求6、7没有新颖性；此外，证据3公开了在展示笔盒的前盖上开设一显示窗，在盖板上开设有透视窗也是本领域技术人员的公知常识，因此权利要求 6、7 更不具有创造性；证据 1 和证据 2 均公开了权利要求 8~10 的附加技术特征，因此权利要求 8~10 不具有新颖性，更不具有创造性。

专利复审委员会于 2006 年 12 月 13 日向双方当事人发出无效宣告请求受理通知书，随受理通知书将请求人于 2006 年 11 月 28 日提交的无效宣告请求书及其附件副本转寄给专利权人。

专利权人于 2007 年 1 月 29 日提交了意见陈述书，其中指出本专利权利要求 3、6、8、9、10 中存在未被证据 1~3 公开的技术特征，并且这些特征也不是本领域公知常识，因此权利要求 3、6、8、9、10 具有新颖性和创造性，具体理由如下：

（1）权利要求 3 中的“下底板（7）与面板（3）相互合拢固定在一起”是权利要求 2 的“下底板（7）与面板（3）可分离”的结构的相反的技术方案，即下底板（7）与面板（3）不可分离，而请求人提供的证据 1 和 2 仅公开下底板和面板可分离的一种方式，因此权利要求 3 的技术特征并未被证据 1 和 2 公开，而且也没有任何证据显示该结构属于公知常识，而且底板和面板不可分离的结构可以增强盒体的牢固度，使盒体构造简单化，因此权利要求 3 具备实质性特点，体现了结构上的进步，具有创造性，同样也具有新颖性。

（2）权利要求 6 的透视窗设置在盖板上，而证据 3 中的显示窗设置在盒体上，两者位置不同，权利要求 6 的透视窗主要是为了显示对外观影响较大的笔头部分，而证据 3 提供的显示窗只能用于展示笔的下部，因此展示功能较差，不能充分体现笔的款式特点。证据 3 提供的盒体展示窗严格上说就是由透明材料显示的视觉窗口，并非真正意义上的镂空的窗口，而本实用新型的透视窗可以将笔头部分的笔夹置入其中，使盒体的空间得到充分利用，因此权利要求 6 具备实质性特点和进步，具备创造性，同样也具有新颖性。

（3）权利要求 8、9、10 所述的面板与盖板之间设置的“重叠带（15）”与证据 1 和 2 中所公开的定位装置（31）和卡固元件（41）比较，由于重叠带 15 的形状与盖板 4 以及整个盒体 1 的储放笔的内腔的形状匹配，不仅连接方式和连接结构不同，而且结构简单，使用更加方便。

专利复审委员会依法成立合议组对上述无效宣告请求进行审理，本案合议组于 2007 年 3 月 2 日向双方当事人发出口头审理通知书，定于 2007 年 4 月 24 日对本无效宣告请求案进行口头审理，并将专利权人于 2007 年 1 月 29 日提交的意见陈述书转交给请求人。

2007 年 4 月 24 日口头审理如期举行，双方当事人均参加了口头审理。在口头审理中，双方当事人对对方出庭人员的身份和资格无异议；对合议组成员的变更无异议，并且对合议组成员无回避请求。专利权人对证据 1、2、3 的真实性没有异议。专利权人对证据 1、2 的中文译文的准确性没有异议；专利权人对证据 3 的中文译文的“前盖 10”的翻译有异议，认为应翻译成为“盒体前面 10”，请求人对此表示同意。专利权人对证据 3 其他部分译文的准确性没有异议。请求人认为证据 1、2 是相同内容的专利文献。

在口头审理中，请求人明确无效理由为：本专利权利要求 1~10 不符合专利法第 22 条第 2 款、第 3 款的规定。具体评述方式为：权利要求 1、2、4 以及权利要求 5 引用权利要求 1、2、4 的技术方案相对于证据 1 不具备新颖性和创造性；权利要求 3、权利要求 5 引用权利要求 3 的技术方案相对于证据 1 不具备新颖性和创造性；权利要求 6、7 相对于证据 1 不具备新颖性、相对于证据 1 和证据 3 的结合不具备创造性；权利要求 8~10 相对于证据 1 不具备新颖性和创造性，无效理由以本次口审的上述理由为准。专利权人明确表示：权利要求 1、2、4 以及权利要求 5 引用权利要求 1、2、4 的技术方案相对于证据 1 具备新颖性，不具备创造性；权利要求 3、权利要求 5 引用权利要求 3 的技术方案相对于证据 1 具备新颖性和创造性；权利要求 6、7 相对于证据 1 具备新颖性，相对于证据 1 和证据 3

的结合具备创造性；权利要求8~10相对于证据1具备新颖性和创造性。专利权人认为权利要求3中下底板与面板相互合拢固定在一起，是一种一体成型的绝对固定，是合拢状态下的固定。

至此，合议组认为本案事实已经清楚，现依法作出审查决定。

**二、决定的理由**

1. 法律依据

基于请求人于口头审理时明确确定的无效理由：权利要求1、2、4以及权利要求5引用权利要求1、2、4的技术方案相对于证据1不具备新颖性和创造性；权利要求3、权利要求5引用权利要求3的技术方案相对于证据1不具备新颖性和创造性；权利要求6、7相对于证据1不具备新颖性、相对于证据1和证据3的结合不具备创造性；权利要求8~10相对于证据1不具备新颖性和创造性，合议组依据专利法第22条第2款和第22条第3款的规定对本无效宣告请求案进行审理。

专利法第22条第2款规定："新颖性，是指在申请日以前没有同样的发明或者实用新型在国内外出版物上公开发表过，也没有同样的发明或者实用新型由他人向国务院专利行政部门提出过申请并且记载在申请日以后公布的专利申请文件中。"

专利法第22条第3款规定："创造性，是指同申请日以前已有的技术相比，该发明有突出的实质性特点和显著的进步，该实用新型有实质性特点和进步。"

2. 关于证据1和证据3

证据1包括德国实用新型专利文献DE29912818U1及其全文的中文译文，专利权人对证据1专利文献的真实性无异议，且该专利文献的公开日早于本专利的申请日，因此该专利文献可作为现有技术的证据使用；专利权人对证据1的中文译文的准确性无异议，因此该中文译文可以作为证据1专利文献的中文译文使用。

证据3包括美国专利文献US1939824及其使用部分的中文译文，专利权人对证据3专利文献的真实性无异议，且该专利文献的公开日早于本专利的申请日，因此该专利文献可作为现有技术的证据使用；专利权人对证据3中文译文的"前盖10"的翻译有异议，认为应当翻译为"盒体前面10"，请求人对此表示同意，专利权人对证据3其他部分译文的准确性无异议，因此"盒体前面10"以及该中文译文除"前盖10"以外的其他部分内容可以作为证据3专利文献的部分中文译文使用。

3. 关于新颖性和创造性

（1）关于权利要求1、2、4以及权利要求5引用权利要求1、2、4的技术方案相对于证据1是否具备创造性。

本专利权利要求1的技术方案为：一种展示笔盒，主要包括盒体（1），盒体（1）包括盖板（4），其特征是：盒体（1）还包括底板（2）和面板（3），盖板（4）和底板（2）之间的连接处设置有折叠带（5），底板（2）由上底板（6）和下底板（7）构成，上底板（6）和下底板（7）之间的连接处设置有折叠带（8），上底板（6）与面板（3）分离设置，底板（2）和面板（3）之间形成储放笔的腔体；所述底板（2）与盖板（4）之间设置有搭扣连接机构。

证据1（参见证据1的中文译文第3页第5行至第5页第19行以及附图1~7）公开了一种杆状物体的套盒，尤其是笔或者仪器的套盒，证据1中的套盒具有盒体，盒体具有接受腔（1），接受腔由底壳（11）和上壳（12）组成，用于储放笔等杆状物，上盖板（22）对应于本专利权利要求1中的盖板（4），下盖板（21）（对应于本专利权利要求1中的上底板）和底壳（11）（对应于本专利权利要求1中的下底板）合起来相当于权利要求1中的底板2，上壳（12）相当于本专利权利要求1中的面板（3），下盖板（21）和上盖板（22）通过可折叠的膜状折页（23）（对应于权利要求1中的折叠带5）连接在一起，盖板部分的下盖板（21）与底壳（11）通过可折叠的膜状折页（14）连接在一起。底壳（11）和上壳（12）之间以及下盖板（21）和上盖板（22）之间，可以采用插槽、企口或者其他钩挂式的连接结构闭锁并可分离地连接在一起。

权利要求1与证据1的区别特征在于：权利要求1中的盖板（4）和底板（2）之间的连接处设置有折叠带（5），上底板（6）和下底板（7）之间的连接处设置有折叠带（8），而证据1中相应的下盖板（21）和上盖板（22）之间通过可折叠的膜状折页（23）连接在一起，下盖板（21）与底壳（11）之间通过可折叠的膜状折页（14）连接在一起。合议组认为，虽然本专利采用的是折叠带，而证据1中采用的是膜状折页，但是这两种连接结构都是本领域常用的连接结构，而采用这两种连接结构实现折叠式连接也是本领域技术人员的常规设计手段，并且从本专利说明书也无法看出折叠带与膜状折页相比能够产生任何优于现有技术的技术效果。因此，在证据1的基础上结合本领域常规设计手段得出权利要求1所要求保护的技术方案对本领域技术人员来说是显而易见的，故本专利权利要求1所要求保护的技术方案不具有实质性特点和进步，不具备专利法第22条第3款规定的创造性。

权利要求2引用了权利要求1，其限定部分的附加技术特征为：所述下底板（7）与面板（3）可分离，下底板（7）底端与面板（3）底端相互连接，两者的连接处设置有折叠带（9），底板（2）与面板（3）之间设置有搭扣连接机构。除上述证据1中公开的内容外，证据1中还公开了：底壳（11）和上壳（12）可分离，底壳（11）和上壳（12）之间设置一个折页式连接，这样就使所有单个构件沿同一方向纵向排列。底壳（11）和上壳（12）之间可采用插槽、企口或者其他钩挂式的连接结构闭锁并可分离地连接在一起（参见证据1中文译文第3页第10~13行，第5页第8~12行）。故证据1公开了该权利要求的附加技术特征，因此，在其引用的权利要求1不具备创造性的情况下，该从属权利要求2也不具备专利法第22条第3款规定的创造性。

权利要求4引用了权利要求2，其限定部分的附加技术特征为：下底板（7）和面板（3）的两边缘分别设置有插接槽（10）和插接块（11），插接槽（10）和插接块（11）构成搭扣连接机构。如上所述，证据1中公开了：底壳（11）和上壳（12）之间可采用插槽、企口或者其他钩挂式的连接结构闭锁并可分离地连接在一起，即底壳（11）和上壳（12）分别设置有插接槽和插接块，从而使二者以搭扣的方式固定并可分离地连接在一起。故证据1公开了该权利要求的附加技术特征，因此，在其引用的权利要求2不具备创造性的情况下，该从属权利要求4也不具备专利法第22条第3款规定的创造性。

当权利要求5引用权利要求1或2或4时，其附加技术特征为：上底板（6）和盖板（4）两边缘分别设置有插接槽（12）和插接块（13），插接槽（12）和插接块（13）构成搭扣连接装置。如上所述，证据1中公开了：下盖板（21）和上盖板（22）之间可采用插槽、企口或者其他钩挂式的连接结构闭锁并可分离地连接在一起，即下盖板（21）和上盖板（22）分别设有插接槽和插接块，从而使二者以搭扣的方式固定地、闭锁地并可分离地连接在一起。故证据1公开了该权利要求的附加技术特征，因此，在其引用的权利要求1或2或4不具备创造性的情况下，该从属权利要求5也不具备专利法第22条第3款规定的创造性。

（2）关于权利要求3、权利要求5引用权利要求3的技术方案相对于证据1是否具备新颖性和创造性。

权利要求3引用了权利要求1，其限定部分的附加技术特征为：所述下底板（7）和面板（3）相互合拢固定在一起。请求人认为证据1中的笔盒的底壳（11）和上壳（12）均是可以相互合拢固定在一起。专利权人认为证据1中的的底壳（11）和上壳（12）之间是分离式的固定，而本专利中是一种一体成型的绝对固定，是合拢状态下的固定。合议组认为，本专利的相互合拢固定的结构使得下底板（7）与面板（3）不可分离，这种固定方式没有借助任何连接结构而实现，而证据 1 中相对应的部件底壳（11）和上壳（12）之间仅采用插槽、企口或者其他钩挂式的连接结构闭锁并可分离地连接在一起，这种结构是一种采用连接结构实现的可分离的固定方式，因此证据 1 没有公开该附加技术特征，权利要求 3 相对于证据 1 具备专利法第 22 条第 2 款规定的新颖性；此外，下底板（7）与面板（3）之间的合拢固定的方式也不属于本领域技术人员在设计笔盒时所容易想到的，并且证据 1 中也没有给出技术启示将底壳和上壳合拢固定在一起，同时下底板（7）和面板（3）相互合拢固定的结构客观上使得该笔盒达到了增强盒体牢固度的技术效果，因此本专利权利要求 3 的技术方案相对于证据 1 具有实质性特点和进步，具备专利法第 22 条第 3 款规定的创造性。

当权利要求 5 引用权利要求 3 时，由于权利要求 3 具备新颖性和创造性，因此权利要求 5 引用权利要求 3 的技术方案也具备专利法第 22 条第 2 款规定的新颖性和专利法第 22 条第 3 款规定的创造性。

（3）关于权利要求 6、7 相对于证据 1 和证据 3 的结合是否具备创造性。

权利要求 6 引用了权利要求 1 或 2 或 3 或 4，当权利要求 6 引用权利要求 3 时，由于权利要求 3 具备新颖性和创造性，因此权利要求 6 引用权利要求 3 的技术方案也具备专利法第 22 条第 2 款规定的新颖性和专利法第 22 条第 3 款规定的创造性。

权利要求 7 引用了权利要求 5，当权利要求 7 引用引用权利要求 3 的权利要求 5 时，由于引用权利要求 3 的权利要求 5 具备新颖性和创造性，因此权利要求 7 引用引用权利要求 3 的权利要求 5 的技术方案也具备专利法第 22 条第 2 款规定的新颖性和专利法第 22 条第 3 款规定的创造性。

权利要求 6 和 7 限定部分的附加技术特征均为：盖板（4）上开设有透视窗（14）。证据 3（参见证据 3 中文译文的第 2 段）中公开了一种特别用于盛放铅笔或类似的长形物品的展示盒，其中在盒体（8）的前面部分 10 的对角线位置开设有显示窗，虽然本专利权利要求 6 和 7 的透视窗设置在盖板上，与证据 3 的显示窗的开设位置不同，从而所显示的具体部位不同，但是合议组认为，根据实际需要可以在不同的位置开设透视窗，这对于所属技术领域的技术人员来说是容易想到的，因此将证据 1 和证据 3 相结合对于本领域技术人员而言是显而易见的。当权利要求 6 所引用的权利要求 1 或 2 或 4 不具备创造性的情况下，该从属权利要求 6 引用上述权利要求的技术方案也不具备专利法第 22 条第 3 款规定的创造性；当权利要求 7 所引用的引用权利要求 1 或 2 或 4 的权利要求 5 的技术方案不具备创造性的情况下，该从属权利要求 7 引用上述权利要求的技术方案也不具备专利法第 22 条第 3 款规定的创造性。

（4）关于权利要求 8~10 相对于证据 1 是否具备新颖性和创造性。

权利要求 8 引用了权利要求 1 或 2 或 3 或 4，当权利要求 8 所引用的权利要求 3 具备新颖性和创造性的情况下，该从属权利要求 8 引用权利要求 3 的技术方案也具备专利法第 22 条第 2 款规定的新颖性和第 22 条第 3 款规定的创造性。

权利要求 9 引用了权利要求 5，当权利要求 9 所引用的引用权利要求 3 的权利要求 5 的技术方案具备新颖性和创造性的情况下，该从属权利要求 9 引用引用权利要求 3 的权利要求 5 的技术方案也具备专利法第 22 条第 2 款规定的新颖性和第 22 条第 3 款规定的创造性。

权利要求 10 引用了权利要求 7，当权利要求 10 所引用的引用引用权利要求 3 的权利要求 5 的权利要求 7 具备新颖性和创造性的情况下，该从属权利要求 10 也具备专利法第 22 条第 2 款规定的新颖性和第 22 条第 3 款规定的创造性。

权利要求 8~10 限定部分的附加技术特征均为：面板（3）和盖板（4）之间有重叠带（15）。该特征已经被证据 1 公开，其中证据 1（参见证据 1 的中文译文第 3 页第 14 行至第 29 行以及附图 3-4）

中公开了上盖板（22）和上壳（12）之间有重叠带，并且上壳（12）上具有定位装置（31），上盖板（22）的顶端的卡固元件（41）可以卡入上壳（12）的定位装置（31）中，从而可靠地锁住关闭的笔盒。从附图3和4可以看出，扣合以后盖板要部分重叠地压在面板上，其中本专利的重叠带对应于证据1中定位装置（31）前面与上盖板22重合的部分。因此，证据1公开了权利要求8~10的附加技术特征。当权利要求8所引用的权利要求1或2或4不具备创造性的情况下，该从属权利要求8引用上述权利要求的技术方案也不具备专利法第22条第3款规定的创造性；当权利要求9所引用的引用权利要求1或2或4的权利要求5的技术方案不具备创造性的情况下，该从属权利要求9引用上述权利要求的技术方案也不具备专利法第22条第3款规定的创造性；当权利要求10所引用的引用引用权利要求1或2或4的权利要求5的权利要求7的技术方案不具备创造性的情况下，该从属权利要求10引用上述权利要求的技术方案也不具备专利法第22条第3款规定的创造性。

（5）鉴于权利要求1、2、4、权利要求5引用权利要求1、2、4的技术方案相对于证据1不具备创造性，鉴于权利要求6引用权利要求1、2、4的技术方案、权利要求7引用引用权利要求1、2、4的权利要求5的技术方案相对于证据1和3的结合不具备创造性，合议组对权利要求1、2、4以及权利要求5引用权利要求1、2、4的技术方案、权利要求6引用权利要求1、2、4的技术方案、权利要求7引用引用权利要求1、2、4的权利要求5的技术方案相对于证据1不具备新颖性的无效理由不再予以评述。

**三、决定**

（1）宣告200420023003.9号实用新型专利权利要求1、2、4、权利要求5引用权利要求1、2、4的技术方案、权利要求6引用权利要求1、2、4的技术方案、权利要求7引用引用权利要求1或2或4的权利要求5的技术方案、权利要求8引用权利要求1、2、4的技术方案、权利要求9引用引用权利要求1或2或4的权利要求5的技术方案以及权利要求10引用引用引用权利要求1或2或4的权利要求5的权利要求7的技术方案无效。

（2）在权利要求3、权利要求5引用权利要求3的技术方案、权利要求6引用权利要求3的技术方案、权利要求7引用引用权利要求3的权利要求5的技术方案、权利要求8引用权利要求3的技术方案、权利要求9引用引用权利要求3的权利要求5的技术方案以及权利要求10引用引用引用权利要求3的权利要求5的权利要求7的技术方案的基础上维持专利权有效。

当事人对本决定不服的，可以根据专利法第46条第2款的规定，自收到本决定之日起3个月内向北京市第一中级人民法院起诉。根据该款的规定，一方当事人起诉后，另一方当事人应当作为第三人参加诉讼。

# 北京市第一中级人民法院
# 行政判决书

（2007）一中行初字第1288号

原告黄联鑫，男，1955年1月3日出生，住中华人民共和国浙江省温州市鹿城区莲池街道屯前街194号。

委托代理人郑书利，男，1977年10月21日出生，温州高翔专利事务所职员，住中华人民共和国浙江省温州市鹿城区蒲鞋市街道学院中路人才大厦5号。

委托代理人陈乾康，男，1945年6月6日出生，温州高翔专利事务所职员，住中华人民共和国浙江省温州市鹿城区蒲鞋市街道蒲鞋市新村57栋。

被告中华人民共和国国家知识产权局专利复审委员会，住所地中华人民共和国北京市海淀区北四环西路9号银谷大厦10~12层。

法定代表人廖涛，副主任。

委托代理人刘路尧，中华人民共和国国家知识产权局专利复审委员会审查员。

委托代理人朱明雅，中华人民共和国国家知识产权局专利复审委员会审查员。

第三人J. S. 施德楼有限责任及有限合伙两合公司，住所地德国纽伦堡市。

法定代表人托马斯·沙兹，顾问。

委托代理人贾庆忠，永新专利商标代理有限公司专利代理人。

委托代理人董慧芳，永新专利商标代理有限公司专利代理人。

原告黄联鑫不服被告中华人民共和国国家知识产权局专利复审委员会（简称专利复审委员会）于2007年5月28日作出的第10089号无效宣告请求审查决定（简称第10089号决定），于法定期限内向本院提起行政诉讼。本院于2007年9月21日受理本案后，依法组成合议庭，并通知第10089号决定的请求人J. S. 施德楼有限责任及有限合伙两合公司（简称施德楼公司）作为第三人参加本案诉讼。本院于2008年2月27日公开开庭进行了审理。原告黄联鑫的委托代理人郑书利、陈乾康，被告专利复审委员会的委托代理人刘路尧、朱明雅，第三人施德楼公司的委托代理人董慧芳到庭参加了诉讼。本案现已审理终结。

被告专利复审委员会针对第三人施德楼公司就原告黄联鑫的名称为“展示笔盒”的实用新型专利（专利号为200420023003.9，简称本专利）所提出的无效宣告请求作出第10089号决定，该决定认定：

关于新颖性和创造性。

（1）关于权利要求1、2、4以及权利要求5引用权利要求1、2、4的技术方案相对于证据1是否具备创造性。

本专利权利要求1的技术方案为：一种展示笔盒，主要包括盒体（1），盒体（1）包括盖板（4），其特征是：盒体（1）还包括底板（2）和面板（3），盖板（4）和底板（2）之间的连接处设置有折叠带（5），底板（2）由上底板（6）和下底板（7）构成，上底板（6）和下底板（7）之间的连接处设置有折叠带（8），上底板（6）与面板（3）分离设置，底板（2）和面板（3）之间形成储放笔的腔体；所述底板（2）与盖板（4）之间设置有搭扣连接机构。

权利要求1与证据1的区别特征在于：权利要求1中的盖板（4）和底板（2）之间的连接处设

置有折叠带（5），上底板（6）和下底板（7）之间的连接处设置有折叠带（8），而证据1中相应的下盖板（21）和上盖板（22）之间通过可折叠的膜状折页（23）连接在一起，下盖板（21）与底壳（11）之间通过可折叠的膜状折页（14）连接在一起。合议组认为，虽然本专利采用的是折叠带，而证据1中采用的是膜状折页，但是这两种连接结构都是本领域常用的连接结构，而采用这两种连接结构实现折叠式连接也是本领域技术人员的常规设计手段，并且从本专利说明书也无法看出折叠带与膜状折页相比能够产生任何优于现有技术的技术效果。因此，在证据1的基础上结合本领域常规设计手段得出权利要求1所要求保护的技术方案对本领域技术人员来说是显而易见的，故本专利权利要求1所要求保护的技术方案不具有实质性特点和进步，不具备《中华人民共和国专利法》（以下简称专利法）第22条第3款规定的创造性。

权利要求2引用了权利要求1，其限定部分的附加技术特征为：所述下底板（7）与面板（3）可分离，下底板（7）底端与面板（3）底端相互连接，两者的连接处设置有折叠带（9），底板（2）与面板（3）之间设置有搭扣连接机构。除上述证据1中公开的内容外，证据1中还公开了：底壳（11）和上壳（12）可分离，底壳（11）和上壳（12）之间设置一个折页式连接，这样就使所有单个构件沿同一方向纵向排列。底壳（11）和上壳（12）之间可采用插槽、企口或者其他钩挂式的连接结构闭锁并可分离地连接在一起（参见证据1中文译文第3页第10~13行，第5页第8~12行）。故证据1公开了该权利要求的附加技术特征，因此，在其引用的权利要求1不具备创造性的情况下，该从属权利要求2也不具备专利法第22条第3款规定的创造性。

权利要求4引用了权利要求2，其限定部分的附加技术特征为：下底板（7）和面板（3）的两边缘分别设置有插接槽（10）和插接块（11），插接槽（10）和插接块（11）构成搭扣连接机构。如上所述，证据1中公开了：底壳（11）和上壳（12）之间可采用插槽、企口或者其他钩挂式的连接结构闭锁并可分离地连接在一起，即底壳（11）和上壳（12）分别设置有插接槽和插接块，从而使二者以搭扣的方式固定并可分离地连接在一起。故证据1公开了该权利要求的附加技术特征，因此，在其引用的权利要求2不具备创造性的情况下，该从属权利要求4也不具备专利法第22条第3款规定的创造性。

当权利要求5引用权利要求1或2或4时，其附加技术特征为：上底板（6）和盖板（4）两边缘分别设置有插接槽（12）和插接块（13），插接槽（12）和插接块（13）构成搭扣连接装置。如上所述，证据1中公开了：下盖板（21）和上盖板（22）之间可采用插槽、企口或者其他钩挂式的连接结构闭锁并可分离地连接在一起，即下盖板（21）和上盖板（22）分别设有插接槽和插接块，从而使二者以搭扣的方式固定地、闭锁地并可分离地连接在一起。故证据1公开了该权利要求的附加技术特征，因此，在其引用的权利要求1或2或4不具备创造性的情况下，该从属权利要求5也不具备专利法第22条第3款规定的创造性。

（2）关于权利要求3、权利要求5引用权利要求3的技术方案相对于证据1是否具备新颖性和创造性。

权利要求3引用了权利要求1，其限定部分的附加技术特征为：所述下底板（7）和面板（3）相互合拢固定在一起。请求人认为证据1中的笔盒的底壳（11）和上壳（12）均是可以相互合拢固定在一起。专利权人认为证据1中的底壳（11）和上壳（12）之间是分离式的固定，而本专利中是一种一体成型的绝对固定，是合拢状态下的固定。合议组认为，本专利的相互合拢固定的结构使得下底板（7）与面板（3）不可分离，这种固定方式没有借助任何连接结构而实现，而证据1中相对应的部件底壳（11）和上壳（12）之间仅采用插槽、企口或者其他钩挂式的连接结构闭锁并可分离地连接在一起，这种结构是一种采用连接结构实现的可分离的固定方式，因此证据1没有公开该附加技术特征，权利要求3相对于证据1具备专利法第22条第2款规定的新颖性；此外，下底板（7）与面板（3）之间的合拢固定的方式也不属于本领域技术人员在设计笔盒时所容易想到的，并且证据1中也没有给出技术启示将底壳和上壳合拢固定在一起，同时下底板（7）和面板（3）相互合拢固定的结构客观上使得该笔盒达到了增强盒体牢固度的技术效果，因此本专利权利要求3的技术方案相对于证据1具有实质性特点和进步，具备专利法第22条第3款规定的创造性。

当权利要求5引用权利要求3时，由于权利要求3具备新颖性和创造性，因此权利要求5引用权利要求3的技术方案也具备专利法第22条第2款规定的新颖性和专利法第22条第3款规定的创造性。

（3）关于权利要求6、7相对于证据1和证据3的结合是否具备创造性。

权利要求6引用了权利要求1或2或3或4，当权利要求6引用权利要求3时，由于权利要求3具备新颖性和创造性，因此权利要求6引用权利要求3的技术方案也具备专利法第22条第2款规定的新颖性和专利法第22条第3款规定的创造性。

权利要求7引用了权利要求5，当权利要求7引用引用权利要求3的权利要求5时，由于引用权利要求3的权利要求5具备新颖性和创造性，因此权利要求7引用引用权利要求3的权利要求5的技术方案也具备专利法第22条第2款规定的新颖性和专利法第22条第3款规定的创造性。

权利要求6和7限定部分的附加技术特征均为：盖板（4）上开设有透视窗（14）。证据3（参见证据3中文译文的第2段）中公开了一种特别用于盛放铅笔或类似的长形物品的展示盒，其中在盒体（8）的前面部分10的对角线位置开设有显示窗，虽然本专利权利要求6和7的透视窗设置在盖板上，与证据3的显示窗的开设位置不同，从而所显示的具体部位不同，但是合议组认为，根据实际需要可以在不同的位置开设透视窗，这对于所属技术领域的技术人员来说是容易想到的，因此将证据1和证据3相结合对于本领域技术人员而言是显而易见的，当权利要求6所引用的权利要求1或2或4不具备创造性的情况下，该从属权利要求6引用上述权利要求的技术方案也不具备专利法第22条第3款规定的创造性；当权利要求7所引用的引用权利要求1或2或4的权利要求5的技术方案不具备创造性的情况下，该从属权利要求7引用上述权利要求的技术方案也不具备专利法第22条第3款规定的创造性。

（4）关于权利要求8~10相对于证据1是否具备新颖性和创造性。

权利要求8引用了权利要求1或2或3或4，当权利要求8所引用的权利要求3具备新颖性和创造性的情况下，该从属权利要求8引用权利要求3的技术方案也具备专利法第22条第2款规定的新颖性和第22条第3款规定的创造性。

权利要求9引用了权利要求5，当权利要求9所引用的引用权利要求3的权利要求5的技术方案具备新颖性和创造性的情况下，该从属权利要求9引用引用权利要求3的权利要求5的技术方案也具备专利法第22条第2款规定的新颖性和第22条第3款规定的创造性。

权利要求10引用了权利要求7，当权利要求10所引用的引用引用权利要求3的权利要求5的权利要求7具备新颖性和创造性的情况下，该从属权利要求10也具备专利法第22条第2款规定的新颖性和第22条第3款规定的创造性。

权利要求8~10限定部分的附加技术特征均为：面板（3）和盖板（4）之间有重叠带（15）。该特征已经被证据1公开，其中证据1（参见证据1的中文译文第3页第14行至第29行以及附图3-4）中公开了上盖板（22）和上壳（12）之间有重叠带，并且上壳（12）上具有定位装置（31），上盖板（22）的顶端的卡固元件（41）可以卡入上壳（12）的定位装置（31）中，从而可靠地锁住关闭的笔盒。从附图3和4可以看出，扣合以后盖板要部分重叠地压在面板上，其中本专利的重叠带对应于证据1中定位装置（31）前面与上盖板22重合的部分。

因此，证据1公开了权利要求8~10的附加技术特征。当权利要求8所引用的权利要求1或2或4不具备创造性的情况下，该从属权利要求8引用上述权利要求的技术方案也不具备专利法第22条第3款规定的创造性；当权利要求9所引用的引用权利要求1或2或4的权利要求5的技术方案不具备创造性的情况下，该从属权利要求9引用上述权利要求的技术方案也不具备专利法第22条第3款规定的创造性；当权利要求10所引用的引用引用权利要求1或2或4的权利要求5的权利要求7的技术方案不具备创造性的情况下，该从属权利要求10引用上述权利要求的技术方案也不具备专利法第22条第3款规定的创造性。

（5）鉴于权利要求1、2、4、权利要求5引用权利要求1、2、4的技术方案相对于证据1不具备创造性，鉴于权利要求6引用权利要求1、2、4的技术方案、权利要求7引用引用权利要求1、2、4的权利要求5的技术方案相对于证据1和3的结合不具备创造性，合议组对权利要求1、2、4以及权利要求5引用权利要求1、2、4的技术方案、权利要求6引用权利要求1、2、4的技术方案、权利要求7引用引用权利要求1、2、4的权利要求5的技术方案相对于证据1不具备新颖性的无效理由不再予以评述。

被告专利复审委员会作出第10089号决定：（1）宣告200420023003.9号实用新型专利权利要求1、2、4、权利要求5引用权利要求1、2、4的技术方案、权利要求6引用权利要求1、2、4的技术方案、权利要求7引用引用权利要求1或2或4的权利要求5的技术方案、权利要求8引用权利要求1、2、4的技术方案、权利要求9引用引用权利要求1或2或4的权利要求5的技术方案以及权利要求10引用引用引用权利要求1或2或4的权利要求5的权利要求7的技术方案无效。（2）在权利要求3、权利要求5引用权利要求3的技术方案、权利要求6引用权利要求3的技术方案、权利要求7引用引用权利要求3的权利要求5的技术方案、权利要求8引用权利要求3的技术方案、权利要求9引用引用权利要求3的权利要求5的技术方案以及权利要求10引用引用引用权利要求3的权利要求5的权利要求7的技术方案的基础上维持专利权有效。

原告黄联鑫不服该决定，于法定期限内向本院提起诉讼，诉称：（1）第10089号决定关于“权利要求6、7不具备创造性”的结论事实不清、证据不足、理由不充分。本专利权利要求6、7限定部分的附加技术特征均为“盖板（4）上开设有透视窗（14）”。原告认为本专利“透视窗（14）”与第三人提供的证据3中的显示窗除了在设置位置上存在不同外，还在形状、结构、作用和效果上存在较大区别。权利要求6、7应当具备创造性。（2）第10089号决定关于“权利要求8~10不具备创造性”的结论事实不清、证据不足、理由不充分。本专利权利要求8~10的限定部分的技术特征为“面板（3）和盖板（4）之间存在重叠带（15）”。原告在证据1的所有文字描述中均未发现关于“重叠带”的描述，而且证据1的附图3~4也没有显示“重叠带”的启示，关于笔盒扣合后是否存在“重叠带”仅仅是一种猜测，缺乏直接证据支持。在本专利说明书文字部分最后一段中对该重叠带进行了详细描述，突出说明了“重叠带”的形状和效果，并且该“重叠带”具有使面板3和盖板4搭接后的结构更加紧凑、稳固的作用，故可以认为“重叠带”的结构特征具有创造性。即权利要求8~10具备创造性。综上，本专利权利要求6~10具有创造性，请求法院撤销第10089号决定。

被告专利复审委员会辩称：第10089号决定对权利要求6、7和权利要求8~10的结论事实清楚、证据充足、理由充分。（1）权利要求6、7的附加技术特征仅仅对透视窗的位置进行了限定，并未对形状、结构进行限定。因此，在第10089号决定中，专利复审委员会认为，在证据3公开了在盒体的前面部分的对角线位置开设有显示窗的情况下，根据实际需要，可在不同的位置开设显示窗或透视窗，对于所属领域的技术人员来说是容易想到的。原告在本专利说明书中，对透视窗的说明仅为

"通过透视窗可以观察到盒体内的笔"，并未对透视窗的形状、结构进行任何限定，因此无法确定其带来不同的技术效果。（2）权利要求8~10的附加技术特征是"面板和盖板之间有重叠带"，通过证据1中文译文第3页第14~29行中的描述和附图3、4可以看出，扣合以后，盖板要部分重叠地压在面板上，压合的部分就是附图3中定位装置31往留空121方向延伸的部分，对应于本专利中所述的重叠带。综上所述，专利复审委员会第10089号决定认定事实清楚、适用法律法规正确、审理程序合法，审查结论正确，请求法院维持第10089号决定。

第三人施德楼公司述称：同意被告专利复审委员会的意见。（1）证据3公开了显示窗的特征，对应于本专利的透视窗。而且，透视不代表镂空，用颜色的深浅、材料的替换都会造成透视的效果。对于原告所称透视窗具有的功能效果，也没有在其说明书中体现。（2）在证据1附图3、4中，特征41是卡扣、特征31是定位装置，二者肯定要重叠扣合。请求法院驳回原告黄联鑫的诉讼请求。

本院经审理查明，黄联鑫于2004年5月19日向国家知识产权局专利局申请了名称为"展示笔盒"的实用新型专利（即本专利）。本专利于2005年5月18日被授权公告，专利号为200420023003.9号。本专利授权公告的权利要求书的内容为：

"1. 一种展示笔盒，主要包括盒体（1），盒体（1）包括盖板（4），其特征是：盒体（1）还包括底板（2）和面板（3），盖板（4）和底板（2）之间的连接处设置有折叠带（5），底板（2）由上底板（6）和下底板（7）构成，上底板（6）和下底板（7）之间的连接处设置有折叠带（8），上底板（6）与面板（3）分离设置，底板（2）和面板（3）之间形成储放笔的腔体；所述底板（2）与盖板（4）之间设置有搭扣连接机构。

2. 根据权利要求1所述的展示笔盒，其特征是：所述下底板（7）与面板（3）可分离，下底板（7）底端与面板（3）底端相互连接，两者的连接处设置有折叠带（9），底板（2）与面板（3）之间设置有搭扣连接机构。

3. 根据权利要求1所述的展示笔盒，其特征是：所述下底板（7）与面板（3）相互合拢固定在一起。

4. 根据权利要求2所述的展示笔盒，其特征是：下底板（7）和面板（3）的两边缘分别设置有插接槽（10）和插接块（11），插接槽（10）和插接块（11）构成搭扣连接机构。

5. 根据权利要求1或2或3或4所述的展示笔盒，其特征是：上底板（6）和盖板（4）两边缘分别设置有插接槽（12）和插接块（13），插接槽（12）和插接块（13）构成搭扣连接装置。

6. 根据权利要求1或2或3或4所述的展示笔盒，其特征是：盖板（4）上开设有透视窗（14）。

7. 根据权利要求5所述的展示笔盒，其特征是：盖板（4）上开设有透视窗（14）。

8. 根据权利要求1或2或3或4所述的展示笔盒，其特征是：面板（3）和盖板（4）之间有重叠带（15）。

9. 根据权利要求5所述的展示笔盒，其特征是：面板（3）和盖板（4）之间有重叠带（15）。

10. 根据权利要求7所述的展示笔盒，其特征是：面板（3）和盖板（4）之间有重叠带（15）。"

针对上述专利权，施德楼公司于2006年11月28日向国家知识产权局专利复审委员会提出无效宣告请求，其无效理由为：本专利权利要求第1~10项不符合专利法第22条第2款和第3款的规定。施德楼公司提交了如下附件：

附件1（证据1）：德国实用新型专利文献DE29912818U1及其全文的中文译文，其公开日为2000年10月5日。证据1（参见证据1的中文译文第3页第5行至第5页第19行以及附图1-7）公开了一种杆状物体的套盒，尤其是笔或者仪器的套盒，证据1中的套盒具有盒体，盒体具有接受腔（1），接受腔由底壳（11）和上壳（12）组成，用于储放笔等杆状物，上盖板（22）对应于本专利权利要求 1 中的盖板（4），下盖板（21）（对应于本专利权利要求 1 中的上底板）和底壳（11）（对应于本专利权利要求 1 中的下底板）合起来相当于权利要求 1 中的底板 2，上壳（12）相当于本专利权利要求 1 中的面板（3），下盖板（21）和上盖板（22）通过可折叠的膜状折页（23）（对应于权利要求 1 中的折叠带 5）连接在一起，盖板部分的下盖板（21）与底壳（11）通过可折叠的膜状折页（14）连接在一起。底壳（11）和上壳（12）之间以及下盖板（21）和上盖板（22）之间，可以采用插槽、企口或者其他钩挂式的连接结构闭锁并可分离地连接在一起；

附件 2（证据 2）：德国专利文献 DE19934428C1 及其全文的中文译文，其公开日为 2001 年 1 月 4 日；

附件 3（证据 3）：美国专利文献 US1939824 及其使用部分的中文译文，其授权公告日为 1933 年 12 月 19 日；

附件 4：本专利授权公告文本；

附件 5：授权委托书。

2007 年 4 月 24 日口头审理如期举行，双方当事人均参加了口头审理。

2007 年 5 月 28 日，专利复审委员会作出的第 10089 号无效宣告请求审查决定。

上述事实，有第 10089 号决定、本专利说明书、德国实用新型专利文献 DE29912818U1 及其中文译文、德国专利文献 DE19934428C1 及其全文的中文译文、美国专利文献 US1939824 及其使用部分的中文译文以及当事人陈述等证据在案佐证。

本院认为，根据各方当事人的诉辩主张，本案争议的焦点是：（1）本专利权利要求 6、7 的附加技术特征“透视窗，，是否被证据 3 所公开；（2）本专利权利要求 8～10 限定的技术特征“重叠带”是否被证据 1 所公开。

（1）关于本专利权利要求 6、7 的附加技术特征“透视窗”是否被证据 3 所公开。分析本专利及证据 3，本专利权利要求 6 和 7 限定部分的附加技术特征均为：盖板（4）上开设有透视窗（14）；在本专利说明书中对透视窗的说明仅为“通过透视窗可以观察到盒体内的笔”。证据 3 中公开了一种特别用于盛放铅笔或类似的长形物品的展示盒，其中在盒体（8）的前面部分 10 的对角线位置开设有显示窗。本院认为，虽然本专利的透视窗与证据 3 的显示窗的开设位置不同，但是在证据 3 已经给出显示窗的技术启示的情况下，对于本领域技术人员来说，在不同的位置开设透视窗是显而易见的。原告黄联鑫认为本专利的透视窗与证据 3 的显示窗除了在设置位置上存在不同外，还在形状、结构、作用和效果上存在区别，但是原告在本专利权利要求并未对透视窗的形状、结构进行任何限定，说明书中亦未对其作用和效果加以说明，故不应予以考虑。在权利要求 6、7 所引用的权利要求 1 或 2 或 4 不具备创造性的情况下，该从属权利要求 6、7 引用上述权利要求的技术方案也不具备创造性。

（2）关于本专利权利要求 8～10 限定的技术特征为“重叠带，，是否被证据 1 所公开。权利要求 8～10 限定部分的附加技术特征均为：面板（3）和盖板（4）之间有重叠带（15）。证据 1 中公开了上盖板（22）和上壳（12）之间有重叠带。根据证据 1 中文译文第 3 页第 14～29 行中的描述：“……可以看到留空……还可以看到定位装置 31，卡固原件 41 能够卡接于它们的外侧凹陷之中，从而可靠地锁定封闭的套盒。”从附图 3 和 4 也可以看出，扣合以后盖板要部分重叠地压在面板上，压合的部分就是附图 3 中定位装置 31 往留空 121 方向延伸的部分，对应于本专利中所述的重叠带。因此，证据 1 公开了权利要求 8～10 的附加技术特征。原告黄联鑫称在证据 1 的所有文字描述中均未发现关于“重叠带”的描述，而且证据 1 的附图 3-4 也没有显示“重叠带”的启示，与事实不符，本院不予采信。在权利要求 8 所引用的权利要求 1 或 2 或 4 不具备创造性的情况下，该从属权利要求 8 引用上述权利要求的技术方案也不具备专利法第 22 条第 3 款规定的创造性；在权利要求 9 所引用的引用权利要求1或2或4的权利要求5的技术方案不具备创造性的情况下，该从属权利要求9引用上述权利要求的技术方案也不具备专利法第22条第3款规定的创造性；在权利要求10所引用的引用引用权利要求1或2或4的权利要求5的权利要求7的技术方案不具备创造性的情况下，该从属权利要求10引用上述权利要求的技术方案也不具备专利法第22条第3款规定的创造性。

综上，原告黄联鑫的诉讼请求缺乏事实和法律依据，本院不予支持。被告专利复审委员会作出的第10089号决定认定事实清楚，程序合法，应予维持。依照中华人民共和国行政诉讼法第54条第（1）项之规定，本院判决如下：

维持被告中华人民共和国国家知识产权局专利复审委员会作出的第10089号无效宣告请求审查决定。

案件受理费人民币100元，由原告黄联鑫负担（已交纳）。

如不服本判决，原告黄联鑫、被告中华人民共和国国家知识产权局专利复审委员会可在本判决书送达之日起15日内，第三人J. S. 施德楼有限责任及有限合伙两合公司可在本判决书送达之日起30日内向本院递交上诉状，并按对方当事人人数提交副本，交纳上诉案件受理费人民币100元，上诉于中华人民共和国北京市高级人民法院。

审 判 长 任 进
代理审判员 邢 军
人民陪审员 郝建欣
二〇〇八年四月八日
书 记 员 袁 伟

# 北京市高级人民法院
# 行政判决书

（2008）高行终字第435号

上诉人（原审原告）J. S. 施德楼有限责任及有限合伙两合公司，住所地德意志联邦共和国纽伦堡市。

法定代表人托马斯·沙兹，顾问。

委托代理人贾庆忠，男，汉族，1970年10月20日出生，永新专利商标代理有限公司专利代理人，住中华人民共和国北京市昌平区回龙观镇龙腾苑小区三区28号楼5单元501号。

委托代理人董慧芳，女，汉族，1970年6月5日出生，永新专利商标代理有限公司专利代理人，住中华人民共和国北京市海淀区首体南路2号院丁楼5门401号。

被上诉人（原审被告）中华人民共和国国家知识产权局专利复审委员会，住所地中华人民共和国北京市海淀区北四环西路9号银谷大厦10~12层。

法定代表人廖涛，副主任。

委托代理人刘路尧，该委员会审查员。

委托代理人齐宏涛，该委员会审查员。

原审第三人黄联鑫，男，汉族，1955年1月3日出生，住中华人民共和国浙江省温州市鹿城区莲池街道屯前街194号。

委托代理人郑书利，男，汉族，1977 年 10 月 21 日出生，温州高翔专利事务所职员，住中华人民共和国浙江省温州市鹿城区蒲鞋市街道学院中路人才大厦 5 号。

委托代理人陈乾康，男，汉族，1945 年 6 月 6 日出生，温州高翔专利事务所职员，住中华人民共和国浙江省温州市鹿城区蒲鞋市街道蒲鞋市新村 57 幢 102~104 室。

上诉人 J. S. 施德楼有限责任及有限合伙两合公司（简称施德楼公司）因实用新型专利权无效行政纠纷一案，不服中华人民共和国北京市第一中级人民法院（下称北京市第一中级人民法院）（2007）一中行初字第 1664 号行政判决，向本院提出上诉。本院 2008 年 6 月 16 日受理本案后，依法组成合议庭，于 2008 年 7 月 22 日公开开庭进行了审理。上诉人施德楼公司的委托代理人贾庆忠、董慧芳，被上诉人中华人民共和国国家知识产权局专利复审委员会（简称专利复审委员会）的委托代理人刘路尧、齐宏涛，原审第三人黄联鑫的委托代理人郑书利、陈乾康到庭参加了诉讼。本案现已审理终结。

北京市第一中级人民法院认定，黄联鑫是名称为“展示笔盒”的 200420023003.9 号实用新型专利（简称本专利）的专利权人。针对本专利权，施德楼公司于 2006 年 11 月 28 日向专利复审委员会提出无效宣告请求。2007 年 5 月 28 日，专利复审委员会做出第 10089 号无效宣告请求审查决定（简称第 10089 号决定），宣告本专利权部分无效。

北京市第一中级人民法院认为，本案争议的焦点是：本专利权利要求 3“下底板与面板合拢固定”的技术特征是否被证据 1 所公开。本专利权利要求 3 记载的“下底板与面板合拢固定”的技术特征，其意思表示明确，不会产生歧义。不管以何种方式连接，证据 1 中底壳和上壳以及两个盖板之间必然存在连接机构，将原本彼此分离的底壳和上壳以及两个盖板连接在一起。而本专利下底板与面板合拢固定在一起，其为不可分离地固定，在下底板与面板之间并不存在连接机构。因此，证据 1 并未给出将底壳和上壳不可分离地固定连接的技术启示。同时，本专利下底板与面板合拢固定的结构增强了本专利笔盒的盒体牢固度，具有一定的技术效果，因此本专利权利要求 3 相对于证据 1 具有创造性。在权利要求 3 具有创造性的基础上，引用权利要求 3 的其他从属权利要求也具有创造性。专利复审委员会做出的第 10089 号决定认定事实清楚，程序合法，应予维持。

北京市第一中级人民法院依照《中华人民共和国行政诉讼法》第 54 条第（1）项之规定判决：维持专利复审委员会做出的第 10089 号决定。

施德楼公司不服原审判决，向本院提出上诉，请求撤销原审判决及第 10089 号决定，宣告本专利权全部无效。理由是：专利权人将本专利权利要求 3 中“下底板与面板合拢固定”解释为下底板与面板一体成形没有依据，证据 1 已公开了底壳与上壳可根据需要以材料结合的方式相对闭锁，与本专利权利要求 3“合拢固定”实质上完全相同。向一审法院提交的证据是为了解释“材料结合的方式”是公知常识，原审判决未进行评述程序不当。专利复审委员会、黄联鑫服从原审判决。

经审理查明，黄联鑫于 2004 年 5 月 19 日向中华人民共和国国家知识产权局申请了名称为“展示笔盒”的实用新型专利（即本专利），申请号为 200420023003.9 号，2005 年 5 月 18 日被公告授予专利权，专利权人为黄联鑫。本专利授权公告的权利要求书的内容为：

“1. 一种展示笔盒，主要包括盒体（1），盒体（1）包括盖板（4），其特征是：盒体（1）还包括底板（2）和面板（3），盖板（4）和底板（2）之间的连接处设置有折叠带（5），底板（2）由上底板（6）和下底板（7）构成，上底板（6）和下底板（7）之间的连接处设置有折叠带（8），上底板（6）与面板（3）分离设置，底板（2）和面板（3）之间形成储放笔的腔体；所述底板（2）与盖板（4）之间设置有搭扣连接机构。

2. 根据权利要求 1 所述的展示笔盒，其特征是：所述下底板（7）与面板（3）可分离，下底板

（7）底端与面板（3）底端相互连接，两者的连接处设置有折叠带（9），底板（2）与面板（3）之间设置有搭扣连接机构。

3. 根据权利要求 1 所述的展示笔盒，其特征是：所述下底板（7）与面板（3）相互合拢固定在一起。

4. 根据权利要求 2 所述的展示笔盒，其特征是：下底板（7）和面板（3）的两边缘分别设置有插接槽（10）和插接块（11），插接槽（10）和插接块（11）构成搭扣连接机构。

5. 根据权利要求 1 或 2 或 3 或 4 所述的展示笔盒，其特征是：上底板（6）和盖板（4）两边缘分别设置有插接槽（12）和插接块（13），插接槽（12）和插接块（13）构成搭扣连接装置。

6. 根据权利要求 1 或 2 或 3 或 4 所述的展示笔盒，其特征是：盖板（4）上开设有透视窗（14）。

7. 根据权利要求 5 所述的展示笔盒，其特征是：盖板（4）上开设有透视窗（14）。

8. 根据权利要求 1 或 2 或 3 或 4 所述的展示笔盒，其特征是：面板（3）和盖板（4）之间有重叠带（15）。

9. 根据权利要求 5 所述的展示笔盒，其特征是：面板（3）和盖板（4）之间有重叠带（15）。

10. 根据权利要求 7 所述的展示笔盒，其特征是：面板（3）和盖板（4）之间有重叠带（15）。"

针对本专利，施德楼公司于 2006 年 11 月 28 日向专利复审委员会提出无效宣告请求，其无效理由为：本专利权利要求第 1~10 项不符合专利法第 22 条第 2 款和第 3 款的规定。施德楼公司提交了包括证据 1 在内的相关附件，其中：

证据 1：德国实用新型专利文献 DE29912818U1 及其全文的中文译文，其公开日为 2000 年 10 月 5 日。证据 1（参见证据 1 的中文译文第 3 页第 5 行至第 5 页第 19 行以及附图 1-7）公开了一种杆状物体的套盒，尤其是笔或者仪器的套盒，证据 1 中的套盒具有盒体，盒体具有接受腔（1），接受腔由底壳（11）和上壳（12）组成，用于储放笔等杆状物，上盖板（22）对应于本专利权利要求 1 中的盖板（4），下盖板（21）（对应于本专利权利要求 1 中的上底板）和底壳（11）（对应于本专利权利要求 1 中的下底板）合起来相当于权利要求 1 中的底板 2，上壳（12）相当于本专利权利要求 1 中的面板（3），下盖板（21）和上盖板（22）通过可折叠的膜状折页（23）（对应于权利要求 1 中的折叠带 5）连接在一起，盖板部分的下盖板（21）与底壳（11）通过可折叠的膜状折页（14）连接在一起。底壳（11）和上壳（12）之间以及下盖板（21）和上盖板（22）之间，可以闭锁并可分离的连接在一起。证据 1 说明书中记载："底壳和上壳以及两个盖板最好都构造出以形状配合、摩擦作用或者用材料结合方式连接，从而可以固定并可分离及闭锁地连接。为此可以设计成插槽、企扣或者其他钩挂式的连接机构。"

专利复审委员会于 2007 年 4 月 24 日进行了口头审理，并于 2007 年 5 月 28 日做出第 10089 号决定。该决定认定：

关于新颖性和创造性：

1. 关于权利要求 1、2、4 以及权利要求 5 引用权利要求 1、2、4 的技术方案相对于证据 1 是否具备创造性

本专利权利要求 1 的技术方案为：一种展示笔盒，主要包括盒体（1），盒体（1）包括盖板（4），其特征是：盒体（1）还包括底板（2）和面板（3），盖板（4）和底板（2）之间的连接处设置有折叠带（5），底板（2）由上底板（6）和下底板（7）构成，上底板（6）和下底板（7）之间的连接处设置有折叠带（8），上底板（6）与面板（3）分离设置，底板（2）和面板（3）之间形成储放笔的腔体；所述底板（2）与盖板（4）之间设置有搭扣连接机构。

权利要求 1 与证据 1 的区别特征在于：权利要求 1 中的盖板（4）和底板（2）之间的连接处设

置有折叠带（5），上底板（6）和下底板（7）之间的连接处设置有折叠带（8），而证据1中相应的下盖板（21）和上盖板（22）之间通过可折叠的膜状折页（23）连接在一起，下盖板（21）与底壳（11）之间通过可折叠的膜状折页（14）连接在一起。合议组认为，虽然本专利采用的是折叠带，而证据1中采用的是膜状折页，但是这两种连接结构都是本领域常用的连接结构，而采用这两种连接结构实现折叠式连接也是本领域技术人员的常规设计手段，并且从本专利说明书也无法看出折叠带与膜状折页相比能够产生任何优于现有技术的技术效果。因此，在证据1的基础上结合本领域常规设计手段得出权利要求1所要求保护的技术方案对本领域技术人员来说是显而易见的，故本专利权利要求1所要求保护的技术方案不具有实质性特点和进步，不具备《中华人民共和国专利法》（以下简称专利法）第22条第3款规定的创造性。

权利要求2引用了权利要求1，其限定部分的附加技术特征为：所述下底板（7）与面板（3）可分离，下底板（7）底端与面板（3）底端相互连接，两者的连接处设置有折叠带（9），底板（2）与面板（3）之间设置有搭扣连接机构。除上述证据1中公开的内容外，证据1中还公开了：底壳（11）和上壳（12）可分离，底壳（11）和上壳（12）之间设置一个折页式连接，这样就使所有单个构件沿同一方向纵向排列。底壳（11）和上壳（12）之间可采用插槽、企口或者其他钩挂式的连接结构闭锁并可分离地连接在一起（参见证据1中文译文第3页第10~13行，第5页第8~12行）。故证据1公开了该权利要求的附加技术特征，因此，在其引用的权利要求1不具备创造性的情况下，该从属权利要求2也不具备专利法第22条第3款规定的创造性。

权利要求4引用了权利要求2，其限定部分的附加技术特征为：下底板（7）和面板（3）的两边缘分别设置有插接槽（10）和插接块（11），插接槽（10）和插接块（11）构成搭扣连接机构。如上所述，证据1中公开了：底壳（11）和上壳（12）之间可采用插槽、企口或者其他钩挂式的连接结构闭锁并可分离地连接在一起，即底壳（11）和上壳（12）分别设置有插接槽和插接块，从而使二者以搭扣的方式固定并可分离地连接在一起。故证据1公开了该权利要求的附加技术特征，因此，在其引用的权利要求2不具备创造性的情况下，该从属权利要求4也不具备专利法第22条第3款规定的创造性。

当权利要求5引用权利要求1或2或4时，其附加技术特征为：上底板（6）和盖板（4）两边缘分别设置有插接槽（12）和插接块（13），插接槽（12）和插接块（13）构成搭扣连接装置。如上所述，证据1中公开了：下盖板（21）和上盖板（22）之间可采用插槽、企口或者其他钩挂式的连接结构闭锁并可分离地连接在一起，即下盖板（21）和上盖板（22）分别设有插接槽和插接块，从而使二者以搭扣的方式固定地、闭锁地并可分离地连接在一起。故证据1公开了该权利要求的附加技术特征，因此，在其引用的权利要求1或2或4不具备创造性的情况下，该从属权利要求5也不具备专利法第22条第3款规定的创造性。

2. 关于权利要求3、权利要求5引用权利要求3的技术方案相对于证据1是否具备新颖性和创造性

权利要求3引用了权利要求1，其限定部分的附加技术特征为：所述下底板（7）和面板（3）相互合拢固定在一起。请求人认为证据1中的笔盒的底壳（11）和上壳（12）均是可以相互合拢固定在一起。专利权人认为证据1中的底壳（11）和上壳（12）之间是分离式的固定，而本专利中是一种一体成型的绝对固定，是合拢状态下的固定。合议组认为，本专利的相互合拢固定的结构使得下底板（7）与面板（3）不可分离，这种固定方式没有借助任何连接结构而实现，而证据1中相对应的部件底壳（11）和上壳（12）之间仅采用插槽、企口或者其他钩挂式的连接结构闭锁并可分离地连接在一起，这种结构是一种采用连接结构实现的可分离的固定方式，因此证据1没有表明该附加技术

特征，权利要求 3 相对于证据 1 具备专利法第 22 第 2 款规定的新颖性；此外，下底板（7）与面板（3）之间的合拢固定的方式也不属于本领域技术人员在设计笔盒时所容易想到的，并且证据 1 中也没有给出技术启示将底壳和上壳合拢固定在一起，同时下底板（7）和面板（3）相互合拢固定的结构客观上使得该笔盒达到了增强盒体牢固度的技术效果，因此本专利权利要求 3 的技术方案相对于证据 1 具有实质性特点和进步，具备专利法第 22 条第 3 款规定的创造性。

当权利要求 5 引用权利要求 3 时，由于权利要求 3 具备新颖性和创造性，因此权利要求 5 引用权利要求 3 的技术方案也具备专利法第 22 条第 2 款规定的新颖性和专利法第 22 条第 3 款规定的创造性。

3. 关于权利要求 6、7 相对于证据 1 和证据 3 的结合是否具备创造性

权利要求 6 引用了权利要求 1 或 2 或 3 或 4，当权利要求 6 引用权利要求 3 时，由于权利要求 3 具备新颖性和创造性，因此权利要求 6 引用权利要求 3 的技术方案也具备专利法第 22 条第 2 款规定的新颖性和专利法第 22 条第 3 款规定的创造性。

权利要求 7 引用了权利要求 5，当权利要求 7 引用引用权利要求 3 的权利要求 5 时，由于引用权利要求 3 的权利要求 5 具备新颖性和创造性，因此权利要求 7 引用引用权利要求 3 的权利要求 5 的技术方案也具备专利法第 22 条第 2 款规定的新颖性和专利法第 22 条第 3 款规定的创造性。

权利要求 6 和 7 限定部分的附加技术特征均为：盖板（4）上开设有透视窗（14）。证据 3（参见证据 3 中文译文的第 2 段）中公开了一种特别用于盛放铅笔或类似的长形物品的展示盒，其中在盒体（8）的前面部分 10 的对角线位置开设有显示窗，虽然本专利权利要求 6 和 7 的透视窗设置在盖板上，与证据 3 的显示窗的开设位置不同，从而所显示的具体部位不同，但是合议组认为，根据实际需要可以在不同的位置开设透视窗，这对于所属技术领域的技术人员来说是容易想到的，因此将证据 1 和证据 3 相结合对于本领域技术人员而言是显而易见的，当权利要求 6 所引用的权利要求 1 或 2 或 4 不具备创造性的情况下，该从属权利要求 6 引用上述权利要求的技术方案也不具备专利法第 22 条第 3 款规定的创造性；当权利要求 7 所引用的引用权利要求 1 或 2 或 4 的权利要求 5 的技术方案不具备创造性的情况下，该从属权利要求 7 引用上述权利要求的技术方案也不具备专利法第 22 条第 3 款规定的创造性。

4. 关于权利要求 8~10 相对于证据 1 是否具备新颖性和创造性

权利要求 8 引用了权利要求 1 或 2 或 3 或 4，当权利要求 8 所引用的权利要求 3 具备新颖性和创造性的情况下，该从属权利要求 8 引用权利要求 3 的技术方案也具备专利法第 22 条第 2 款规定的新颖性和第 22 条第 3 款规定的创造性。

权利要求 9 引用了权利要求 5，当权利要求 9 所引用的引用权利要求 3 的权利要求 5 的技术方案具备新颖性和创造性的情况下，该从属权利要求 9 引用引用权利要求 3 的权利要求 5 的技术方案也具备专利法第 22 条第 2 款规定的新颖性和第 22 条第 3 款规定的创造性。

权利要求 10 引用了权利要求 7，当权利要求 10 所引用的引用引用权利要求 3 的权利要求 5 的权利要求 7 具备新颖性和创造性的情况下，该从属权利要求 10 也具备专利法第 22 条第 2 款规定的新颖性和第 22 条第 3 款规定的创造性。

权利要求 8~10 限定部分的附加技术特征均为：面板（3）和盖板（4）之间有重叠带（15）。该特征已经被证据 1 公开，其中证据 1（参见证据 1 的中文译文第 3 页第 14~29 行以及附图 3-4）中公开了上盖板（22）和上壳（12）之间有重叠带，并且上壳（12）上具有定位装置（31），上盖板（22）的顶端的卡固元件（41）可以卡入上壳（12）的定位装置（31）中，从而可靠地锁住关闭的笔盒。从附图 3 和 4 可以看出，扣合以后盖板要部分重叠地压在面板上，其中本专利的重叠带对应于

证据 1 中定位装置（31）前面与上盖板 22 重合的部分。因此，证据 1 公开了权利要求 8~10 的附加技术特征。当权利要求 8 所引用的权利要求 1 或 2 或 4 不具备创造性的情况下，该从属权利要求 8 引用上述权利要求的技术方案也不具备专利法第 22 条第 3 款规定的创造性；当权利要求 9 所引用的引用权利要求 1 或 2 或 4 的权利要求 5 的技术方案不具备创造性的情况下，该从属权利要求 9 引用上述权利要求的技术方案也不具备专利法第 22 条第 3 款规定的创造性；当权利要求 10 所引用的引用引用权利要求 1 或 2 或 4 的权利要求 5 的权利要求 7 的技术方案不具备创造性的情况下，该从属权利要求 10 引用上述权利要求的技术方案也不具备专利法第 22 条第 3 款规定的创造性。

5. 合议组的决定

鉴于权利要求 1、2、4、权利要求 5 引用权利要求 1、2、4 的技术方案相对于证据 1 不具备创造性，鉴于权利要求 6 引用权利要求 1、2、4 的技术方案、权利要求 7 引用权利要求 1、2、4 的权利要求 5 的技术方案相对于证据 1 和 3 的结合不具备创造性，合议组对权利要求 1、2、4 以及权利要求 5 引用权利要求 1、2、4 的技术方案、权利要求 6 引用权利要求 1、2、4 的技术方案、权利要求 7 引用权利要求 1、2、4 的权利要求 5 的技术方案相对于证据 1 不具备新颖性的无效理由不再予以评述。

基于以上理由，专利复审委员会决定：

（1）宣告 200420023003.9 号实用新型专利权利要求 1、2、4、权利要求 5 引用权利要求 1、2、4 的技术方案、权利要求 6 引用权利要求 1、2、4 的技术方案、权利要求 7 引用权利要求 1 或 2 或 4 的权利要求 5 的技术方案、权利要求 8 引用权利要求 1、2、4 的技术方案、权利要求 9 引用权利要求 1 或 2 或 4 的权利要求 5 的技术方案以及权利要求 10 引用权利要求 1 或 2 或 4 的权利要求 5 的权利要求 7 的技术方案无效。

（2）在权利要求 3、权利要求 5 引用权利要求 3 的技术方案、权利要求 6 引用权利要求 3 的技术方案、权利要求 7 引用权利要求 3 的权利要求 5 的技术方案、权利要求 8 引用权利要求 3 的技术方案、权利要求 9 引用权利要求 3 的权利要求 5 的技术方案以及权利要求 10 引用权利要求 3 的权利要求 5 的权利要求 7 的技术方案的基础上维持专利权有效。

施德楼公司在一审法院审理本案期间，提交了以下证据：

（1）“BROCK HAUS”《自然科学和技术》摘选及其部分中文译文；

（2）关于《维基百科全书）》摘选内容的北京市公证处（2007）京证经字第 18353 号公证书及其部分中文译文；

以上证据施德楼公司用以证明证据 1 中的“材料结合方式的连接”是公知常识。

另外施德楼公司还提交了德国专利文献 DE19823215A1 及其部分中文译文作为公知常识的参考。

上述事实，有第 10089 号决定、本专利文件、证据 1 以及当事人陈述等证据在案佐证。

本院认为，本案争议的焦点是：本专利权利要求 3“下底板与面板合拢固定”的技术特征是否被证据 1 所公开。

专利法所称实用新型，是指对产品的形状、构造或者其结合提出的适于实用的新的技术方案。本专利权利要求 3 记载的“下底板与面板合拢固定在一起”的技术特征，是对笔盒盒体构造的描述，即呈合拢的状态而不是分离的状态，所以并非对下底板与面板连接方式的描述。本专利权利要求 2 的附加技术特征是下底板与面板可分离，本专利权利要求 3 附加技术特征与权利要求 2 都是权利要求 1 的从属权利要求，是并列关系，其附加技术特征“下底板与面板合拢固定在一起”的表述与权利要求 2 相对应，意思表示明确。

从证据 1 所披露的技术信息可以看出，无论采用哪种连接方式，底壳和上壳以及两个盖板之间都存在连接机构，将原本彼此分离的底壳和上壳以及两个盖板连接在一起。与本专利权利要求 3 结构不同，证据 1 没有给出将底壳和上壳不可分离地固定连接的技术启示。本专利下底板与面板合拢固定的结构具有增强了本专利笔盒盒体牢固度的技术效果，因此，本专利权利要求 3 相对于证据 1 具有创造性。在本专利权利要求 3 具有创造性的基础上，引用权利要求 3 的其他从属权利要求也具有创造性。

施德楼公司在一审审理期间提交的证据材料不是专利复审委员会做出第 10089 号决定的依据，故一审法院不予接纳并无不当。

综上，施德楼公司的上诉理由缺乏事实和法律依据，其上诉请求本院不予支持。原审判决认定事实清楚，程序合法，适用法律正确。依照《中华人民共和国行政诉讼法》第 61 条第 1 款第（1）项之规定，判决如下：

驳回上诉，维持原判。

一审案件受理费人民币 100 元，由 J. S. 施德楼有限责任及有限合伙两合公司负担（已交纳）；二审案件受理费人民币 100 元，由 J. S. 施德楼有限责任及有限合伙两合公司负担（已交纳）。

本判决为终审判决。

审　判　长　刘　辉
代理审判员　岑宏宇
代理审判员　焦　彦
二〇〇八年八月二十八日
书　记　员　陈　明

123

# 牙　刷

## 无效宣告请求审查决定（第10100号）

**决　　定　　号**　第10100号
**决　　定　　日**　2007年6月7日
**发明创造名称**　牙　刷
**国 际 分 类 号**　A46D 1/00，A46B 9/04
**无效宣告请求人**　杭州皎洁口腔保健用品有限公司
**专　利　权　人**　狮王株式会社
**申　　请　　号**　00817371.0
**申　　请　　日**　2000年10月25日
**授 权 公 告 日**　2004年12月8日
**合 议 组 组 长**　崔哲勇
**主　　审　　员**　汤　锷
**参　　审　　员**　李　熙

**法　律　依　据**　专利法第22条第3款
**决　定　要　点**

如果一项权利要求的技术特征并未被对比文件完全公开，对比文件中也没有给出相关的技术启示，且该技术特征可以使该权利要求的技术方案相对于现有技术具有突出的实质性特点和显著的进步，则该权利要求所限定的技术方案具有创造性。

### 一、案由

本无效宣告请求涉及中华人民共和国国家知识产权局于2004年12月8日授权公告的、名称为“牙刷”的发明专利权（以下简称本专利），其申请号是00817371.0，申请日是2000年10月25日，优先权日是1999年10月29日，专利权人是狮王株式会社。该专利授权公告时的权利要求书如下：

“1. 一种牙刷，该牙刷是将毛尖端呈锥形形状的合成单丝束成毛束，将该毛束在牙刷头部植毛而成，

其特征在于，其使用具有锥形形状的合成单丝，上述合成单丝的锥形形状是这样构成的，即设定将该合成单丝的尖端作为原点（0，0，0）的三维坐标（x、y、z），使上述合成单丝的中心轴沿着该坐标的+x轴时，上述合成单丝的离尖端0.1mm~8.0mm的任意部位的锥形部的YZ平面方向之截面积

s，与上述合成单丝的最大直径部的 YZ 平面方向的截面积 $S_0$ 之比率 p 是按照下式特定的：

$$p = s/S_0 = a \cdot x^{(0.85-a)} \qquad (0.05 \leqslant a \leqslant 0.65)。$$

2. 根据权利要求 1 所述的牙刷，其特征在于，上述合成单丝的锥形部的离尖端 0.1mm～8.0mm 的部分具有按照下面（a）～（g）步骤求出的弯曲恢复率 $B_R$（%），该弯曲恢复率 $B_R$ 是按照 $B_R \geqslant 60$ 特定的：

（a）将没有弯曲的合成单丝卷绕固定在直径为 10mm 的金属制的圆柱棒上，刷毛卷绕方向与圆柱长轴相垂直；

（b）在（a）状态下浸渍在 23±4℃水中 24 小时；

（c）然后，在（a）状态下浸渍在 37±2℃水中 90 秒钟；

（d）接着，在（a）状态下浸渍在 23±4℃水中 1 分钟；

（e）从金属制的圆柱棒上卸下合成单丝，移到装有 23±4℃水的玻璃器皿中静置 1 小时；

（f）轻轻地将水擦掉，测定合成单丝的离尖端 0.1mm～8mm 部分的曲率半径；

（g）假设在（f）步骤所得到的各部位曲率半径的测定结果为 r，用下式计算出各部位的弯曲恢复率 $B_R$（%）：

$$B_R = \left\{1 - \frac{360 \times (8.0 - 0.1)/(2 \times r \times \pi)}{360 \times (8.0 - 0.1)/(2 \times 5 \times \pi)}\right\} \times 100(\%)$$

3. 根据权利要求 1 或权利要求 2 所述的牙刷，上述合成单丝的两端具有锥形部，将该合成单丝在其中央部进行弯曲，植入上述牙刷头部。

4. 根据权利要求 3 所述的牙刷，上述合成单丝两端的锥形部具有不同的形状。”

针对本专利权，杭州皎洁口腔保健用品有限公司（以下简称请求人）于 2006 年 5 月 29 日向专利复审委员会提出无效宣告请求，认为本专利不符合专利法第 22 条第 3 款的规定，同时提交了如下附件：

附件 1：公开日为 1988 年 3 月 8 日的美国专利文献 US4729142A 的摘要和附图（共 2 页）及其译文；

附件 2：公开日为 1982 年 4 月 19 日、公开号为 JP 昭 57-65632U 的日本实用新型公报的著录项目页（共 2 页）及其中文译文；

附件 3：公开日为 1982 年 1 月 22 日、公开号为 JP 昭 57-12934U 的日本实用新型公报的著录项目页（共 2 页）及其中文译文；

附件 4：1985 年 11 月 15 日发布、名称为“牙刷”、编号为 SG405-85 的中华人民共和国轻工业部部标准复印件（共 10 页）；

附件 5：授权公告日为 1999 年 3 月 3 日、专利号为 93109040.7 的中国发明专利说明书；

附件 6：中华人民共和国国家知识产权局专利复审委员会第 7998 号无效宣告请求审查决定书；

附件 7：本专利的公开说明书。

请求人认为：（1）权利要求 1 所述的技术方案相对于附件 1、2、4 的结合不具备创造性，权利要求 1 有关合成单丝锥形形状在三维空间平面截面积之比率系特定的说法，相对于上述证据所提供的数值，只是从几何运算角度进行了一番说明，其意图无非想说明该专利所选择的各项数值的合理性，但却改变不了该牙刷系毛尖端呈锥形形状的合成单丝束成毛束，并将该毛束植入牙刷头部的技术方案，且该有关数值可以从附件 1 和附件 4 公开的有关数值范围中推出或已被附件 1 和附件 4 所公开。（2）权利要求 2 是对权利要求 1 有关计算结论的进一步说明，求证出离尖端 0.1mm～8.0mm 部分的弯曲恢复率是 100%，基于上述相同的理由，权利要求 2 也不具备创造性。（3）权利要求 3、4 的技术特征已经被附件 3 公开，因此，权利要求 3、4 也不具备创造性。（4）依据附件 5、6 表明，已被宣告无效的专利号为93109040.7的发明专利属于专利权人的同一类型的专利，与本专利相比，两者并无显著的技术进步和实质性的创造性，因此，本专利也应该宣告无效。

经形式审查合格，专利复审委员会依法受理了上述无效宣告请求，并于2006年7月5日向请求人和专利权人发出无效宣告请求受理通知书，同时将专利权无效宣告请求书及其附件清单中所列附件的副本转送给专利权人，并要求专利权人在指定的期限内陈述意见。

专利权人在指定的期限内未提交意见陈述。

专利复审委员会依法成立合议组对本案进行审查。

本案合议组于2006年11月29日向双方当事人发出无效宣告请求口头审理通知书，定于2007年1月24日举行口头审理。

因故，上述口头审理取消。

专利复审委员于2006年12月5日向专利权人补发无效宣告请求受理通知书，同时将专利权无效宣告请求书及其附件清单中所列附件的副本转送给专利权人，并要求专利权人在指定的期限内陈述意见。

针对专利复审委员会于2006年12月5日发出的上述无效宣告请求受理通知书，专利权人于2007年1月22日提交了意见陈述书。

专利权人认为：权利要求1~4相对于附件1~5及其结合具备创造性；附件6并非生效文书，并且附件6是针对专利号为93109040.7的发明专利所作的无效宣告请求审查决定书，该专利被无效与本专利是否具备创造性无关联性，因此，附件6对于本案没有证据意义。

本案合议组于2007年3月15日向双方当事人发出无效宣告请求口头审理通知书，定于2007年4月24日举行口头审理。随同口头审理通知书，将专利权人于2007年1月22日提交的意见陈述书的副本转送给请求人。

口头审理如期举行，双方当事人均参加了口头审理。

在口头审理中：

（1）双方当事人对合议组成员变更没有异议，对合议组成员没有回避请求。

（2）双方当事人对对方出庭人员的身份没有异议。

（3）请求人当庭明确附件2为最接近的对比文件，权利要求1~4相对附件1~4的结合不具有创造性，权利要求1~4相对于附件5不具有创造性。

（4）专利权人当庭明确表示对附件1~5的真实性没有异议，对附件1~3中文译文的准确性没有异议，对附件6的真实性和关联性有异议。

（5）请求人明确附件1~4均未公开权利要求1中有关单丝锥形形状截面积比率p的公式的特征。附件1~5均未公开权利要求2、4的附加技术特征。

（6）专利权人认为附件5中公开的有关截面积比率p的若干比值，不足以破坏权利要求1的创造性。

专利权人于2007年4月28日提交了意见陈述书，以删除方式对权利要求书进行修改，修改后的权利要求书为：

“1. 一种牙刷，该牙刷是将毛尖端呈锥形形状的合成单丝束成毛束，将该毛束在牙刷头部植毛而成，

其特征在于，其使用具有锥形形状的合成单丝，上述合成单丝的锥形形状是这样构成的，即设定将该合成单丝的尖端作为原点（0，0，0）的三维坐标（x、y、z），使上述合成单丝的中心轴沿着该坐标的+x轴时，上述合成单丝的离尖端0.1mm~8.0mm的任意部位的锥形部的YZ平面方向之截面积

s，与上述合成单丝的最大直径部的 YZ 平面方向的截面积 $S_0$ 之比率 p 是按照下式特定的：

$$p = s/S_0 = a \cdot x^{(0.85-a)} \qquad (0.05 \leqslant a \leqslant 0.65);$$

上述合成单丝的锥形部的离尖端 0.1mm～8.0mm 的部分具有按照下面（a）～（g）步骤求出的弯曲恢复率 $B_R$（%），该弯曲恢复率 $B_R$ 是按照 $B_R \geqslant 60$ 特定的：

（a）将没有弯曲的合成单丝卷绕固定在直径为 10mm 的金属制的圆柱棒上，刷毛卷绕方向与圆柱长轴相垂直；

（b）在（a）状态下浸渍在 23±4℃水中 24 小时；

（c）然后，在（a）状态下浸渍在 37±2℃水中 90 秒钟；

（d）接着，在（a）状态下浸渍在 23±4℃水中 1 分钟；

（e）从金属制的圆柱棒上卸下合成单丝，移到装有 23±4℃水的玻璃器皿中静置 1 小时；

（f）轻轻地将水擦掉，测定合成单丝的离尖端 0.1mm～8mm 部分的曲率半径；

（g）假设在（f）步骤所得到的各部位曲率半径的测定结果为 r，用下式计算出各部位的弯曲恢复率 $B_R$（%）：

$$B_R = \left\{1 - \frac{360 \times (8.0 - 0.1)/(2 \times r \times \pi)}{360 \times (8.0 - 0.1)/(2 \times 5 \times \pi)}\right\} \times 100(\%)$$

2. 根据权利要求 1 所述的牙刷，上述合成单丝的两端具有锥形部，将该合成单丝在其中央部进行弯曲，植入上述牙刷头部。

3. 根据权利要求 2 所述的牙刷，上述合成单丝两端的锥形部具有不同的形状。”

至此，合议组认为本案事实已经清楚，可以作出审查决定。

**二、决定的理由**

1. 关于专利权人提交的修改文本

审查指南第四部分第三章第 4.6 节在“无效宣告程序中专利文件的修改”中对修改原则、修改方式和修改方式的限制进行了规定。其中在修改方式的限制中规定在专利复审委员会作出审查决定之前，专利权人可以删除权利要求或者权利要求中包括的技术方案。

合议组经审查后认为，专利权人于 2007 年 4 月 28 日提交的权利要求书的修改文本符合审查指南的上述规定，本决定所依据的文本为：专利权人于 2007 年 4 月 28 日提交的权利要求第 1～3 项；2004 年 12 月 8 日授权公告的文本的说明书第 1～14 页、附图第 1～3 页、说明书摘要和摘要附图。

2. 关于证据

请求人提交的证据是附件 1～6，专利权人对其中附件 1～5 的真实性没有异议，因此附件 1～5 可以作为本案证据使用。同时由于附件 1～5 的公开日期在本专利的优先权日前，因此可以作为本专利的现有技术使用。

专利权人对附件 1～3 的中文译文没有异议，因此附件 1～3 的公开内容以其中文译文为准。

附件 6 是专利复审委员会针对专利号为 93109040.7 的发明专利所作的无效审查决定书，该专利被无效与本专利是否具备创造性没有必然的联系，因此，对于附件 6，合议组不予考虑。

3. 关于创造性

创造性，是指同申请日以前已有的技术相比，该发明有突出的实质性特点和显著的进步，该实用新型具有实质性特点和进步。

附件 1 公开了一种牙刷，由一根牙刷柄和相对于柄的主轴成负角的方向安装的刷毛组成，成一簇簇形式的刷毛，以大体上是矩形排列的方式斜插于牙刷柄的一端，簇状刷毛构成四纵列、八横排。

附件 2 公开了一种毛刷用尖头纤维体，该尖头纤维体的中央段的最小直径在 20 丝以上，并且两端点的直径不到最大直径的3/4。

附件3公开了一种把单纤维的两端带尖头的合成纤维植毛成V型的毛刷类。

附件4公开的是有关牙刷的轻工业部部标准，公开了一些有关牙刷的规格要求。

合议组经审查后认为，将权利要求1与附件2比较可知，附件2仅公开了尖锥刷毛的两端点的直径为刷毛最大直径的3/4以下，没有公开权利要求1中有关 $p = s/S_0 = a \cdot x^{(0.85-a)}$ 和 $B_R \geqslant 60$ 以及计算 $B_R$ 的公式和 $B_R$ 的测定方法的技术特征。上述区别技术特征对刷毛的锥形部及其弯曲恢复率进行了限定，其所要解决的技术问题是：当锥形部过长或过细时，刷毛的硬挺性低，刷牙时产生很大的弯曲，使毛尖端的进入性、清刷效果、对牙床的按摩效果降低，而当锥形部过短或过粗时，难以进入牙间部位和牙周凹处、牙间三角部位。附件1、3、4中均没有公开上述区别技术特征，并且也没有公开上述有关所要解决的技术问题，因此，合议组认为没有附件1~4均给出相关的技术启示。对本领域技术人员来说，权利要求1所限定的技术方案相对于附件1~4是非显而易见的，权利要求1相对于附件1~4具有突出的实质性特点，并且能够实现本专利所述的使牙刷的毛尖端能容易地进入牙间部位和牙周凹处、牙间三角部位，对积存在牙与牙之间、牙与牙龈的交界处等的难去除的牙垢的清刷效果高，与牙龈柔和接触，使用效果良好的技术效果。因此，权利要求1相对于附件1~4具备专利法第22条第3款规定的创造性。

在独立权利要求1相对于附件1~4具备创造性的情况下，其从属权利要求2~3相对于附件1~4也具备创造性。

附件5公开了一种牙刷，包括由一种合成长丝材料制成的填充物，每一根填充物在其两端形成一种尖锥形并扎成许多束，填充物的尖锥形端部的长度是4mm~8mm，每一根填充物的非锥形段的最大直径是0.16mm~0.20mm。

将权利要求1与附件5比较可知，附件5没有公开权利要求1中有关 $p = s/S_0 = a \cdot x^{(0.85-a)}$ 和 $B_R \geqslant 60$ 以及计算 $B_R$ 的公式和 $B_R$ 的测定方法的技术特征。上述区别技术特征对刷毛的锥形部及其弯曲恢复率进行了限定，其所要解决的技术问题是：当锥形部过长或过细时，刷毛的硬挺性低，刷牙时产生很大的弯曲，使毛尖端的进入性、清刷效果、对牙床的按摩效果降低，而当锥形部过短或过粗时，难以进入牙间部位和牙周凹处、牙间三角部位。附件5中也没有公开上述有关所要解决的技术问题，因此，合议组认为该附件5没有给出相关的技术启示，对本领域技术人员来说，权利要求1所限定的技术方案相对于附件5是非显而易见的，权利要求1相对于附件5具有突出的实质性特点，并且能够实现本专利所述的使牙刷的毛尖端能容易地进入牙间部位和牙周凹处、牙间三角部位，对存在于牙与牙之间、牙与牙龈的交界处等的难去除的牙垢的清刷效果高，与牙龈柔和接触，使用效果良好的技术效果。因此，权利要求1相对于附件5具备专利法第22条第3款规定的创造性。

在独立权利要求1相对于附件5具备创造性的情况下，其从属权利要求2~3相对于附件5也具备创造性。

根据上述的事实和理由，本案合议组依法作出以下决定。

**三、决定**

宣告00817371.0号发明专利权部分无效，在专利权人于2007年4月28日修改后的权利要求1~3的基础上维持该专利权继续有效。

当事人对本决定不服的，可以根据专利法第46条第2款的规定，自收到本决定之日起三个月内向北京市第一中级人民法院起诉。根据该款的规定，一方当事人起诉后，另一方当事人应当作为第三人参加诉讼。

# 北京市第一中级人民法院
# 行政判决书

（2007）一中行初字第1287号

原告杭州皎洁口腔保健用品有限公司，住所地中华人民共和国浙江省杭州市下城区石桥镇华丰村科技经济园内。

法定代表人吴兴合，总经理。

委托代理人张杰，北京三聚阳光知识产权代理有限公司专利代理人。

委托代理人刘守宪，北京三聚阳光知识产权代理有限公司专利代理人。

被告中华人民共和国国家知识产权局专利复审委员会，住所地中华人民共和国北京市海淀区北四环西路9号银谷大厦10~12层。

法定代表人廖涛，副主任。

委托代理人汤锷，中华人民共和国国家知识产权局专利复审委员会审查员。

委托代理人杜微科，中华人民共和国国家知识产权局专利复审委员会审查员。

第三人狮王株式会社，住所地日本国东京都墨田区本所1-3-7。

法定代表人大部一夫，董事长。

委托代理人黄剑国，上海华诚律师事务所律师。

委托代理人帅科，上海华诚律师事务所律师。

原告杭州皎洁口腔保健用品有限公司（以下简称皎洁公司）不服被告国家知识产权局专利复审委员会（以下简称专利复审委员会）作出的第10100号无效宣告请求审查决定（以下简称第10100号决定），于法定期限内向本院提起诉讼。本院于2007年9月21日受理本案后，依法组成合议庭，并依法通知狮王株式会社作为第三人参加诉讼，于2008年3月18日公开开庭进行了审理。原告皎洁公司的委托代理人张杰、刘守宪，被告专利复审委员会的委托代理人汤锷、杜微科，第三人狮王株式会社的委托代理人黄剑国、帅科到庭参加诉讼。本案现已审理终结。

专利复审委员会2007年6月7日作出的第10100号决定是针对皎洁公司对狮王株式会社享有的00817371.0号名称为“牙刷”的发明专利（以下简称本专利）所提出的无效宣告请求作出的。

专利复审委员会认定：关于决定所依据的专利版本问题。因狮王株式会社修改本专利权利要求书的行为符合《审查指南》第四部分第三章第4.6节关于“在专利复审委员会作出决定之前，专利权人可以删除权利要求或者权利要求中包括的技术方案”的规定，故，本决定所依据的文本为：专利权人于2007年4月28日提交的权利要求第1~3项；2004年12月8日授权公告文本的说明书第1~14页、附图第1~3页、说明书摘要和摘要附图。关于本专利的创造性。将本专利权利要求1与附件2，JP昭57-65632U的日本实用新型专利公报著录项目页及其译文比较可知，附件2仅公开了尖锥刷毛的两端点的直径为刷毛最大直径的3/4以下，没有公开权利要求1中有关“$p=s/S_0=a\cdot x^{(0.85-a)}$和$B_R\geqslant 60$以及计算$B_R$的公式和$B_R$的测定方法”的技术特征。上述区别技术特征对刷毛的锥形部及其弯曲恢复率进行了限定，其所要解决的技术问题是：当锥形部过长或过细时，刷毛的硬挺性低，刷牙时产生很大的弯曲，使毛尖端的进入性、清刷效果、对牙床的按摩效果降低，而当锥形部过短或过粗时，难以进入牙间部位和牙周凹处、牙间三角部位。附件1，美国专利文献US4729142A的摘要和附图及其译文、附件3，JP昭57-12934U的日本实用新型专利公报著录项目页及其译文、附件4国家轻工业部牙刷标准复印件中均没有公开上述区别技术特征和上述所要解决的技术问题。故，对本领域技术人员而言，权利要求1所限定的技术方案相对于附件1~4是非显而易见的，具有突出的实质性特点，并能够实现本专利所述的使牙刷的毛尖端能容易地进入牙间部位和牙周凹处、牙间三角部位，对积存在牙与牙之间、牙与牙龈之间的交界处等地难以去除对牙垢的清刷效果高，与牙龈柔和接触、使用效果良好的技术效果。因此权利要求1相对于附件1~4具备创造性。其从属权利要求2、3相对于附件1~4也具备创造性。权利要求1与附件5比较可知，附件5即93109040.7号中国发明专利说明书没有公开本专利权利要求1中有关“$p=s/S_0=a\cdot x^{(0.85-a)}$和$B_R\geqslant 60$以及计算$B_R$的公式和$B_R$的测定方法”的技术特征。同上理，权利要求1相对于附件5具备创造性。其从属权利要求2、3相对于附件5也具备创造性。

本专利符合《中华人民共和国专利法》（以下简称专利法）第二十二条第三款所规定的创造性。决定：宣告00817371.0号发明专利权部分无效，在专利权人于2007年4月28日修改后的权利要求1~3的基础上维持该专利权继续有效。

原告皎洁公司不服该决定，向本院起诉称：（1）审查程序存在不公正现象。狮王株式会社意见陈述的提出已超过专利复审委员会指定期限，而其口审之后又提出权利要求的修改方案，专利复审委员会更改口审时间未向我公司说明原因。这样操作程序的合法性不能不令我公司怀疑。（2）关于创造性，我公司不同意被告的决定。理由：附件5即93109040.7号中国发明专利说明书所载专利同属于狮王株式会社，二者属于同一类型专利，只是本专利在权利要求书和说明书中略有改动而已。其技术特征不具有实质性特点和显著进步。①从附件5中的权利要求5与修改后的本专利权利要求1对比可见，本专利所谓单丝锥形形状截面积之比率P公式的特征已经落入附件5已公开的技术方案中。另外，未修改权利要求5与附件5中的权利要求5表述几乎完全一样。因此，本专利权利要求1限定的技术方案相对于附件5已公开的技术方案是显而易见的，专利复审委员会决定中采用的对比文件有误，导致事实认定不清。②从附件5中权利要求4与修改后的本专利权利要求2对比可见，两技术方案一模一样。但专利复审委员会却无视为公司提供的附件5所公开的技术方案，违背事实，无说服力。据此请求撤销被告作出的第10100号决定。

被告专利复审委员会的答辩称：（1）关于审查程序，我委是在征得当事人双方同意大情况下对口审时间作出的调整，并及时通知了双方当事人，不存在损害当事人合法权益情况。（2）狮王株式会社的修改方式是删除原权利要求1，将原权利要求2调整为权利要求1，并对权利要求3、4作出相应的修改，符合审查规则要求。（3）关于创造性，我委坚持第10100号决定中的评述意见。该决定认定事实清楚、适用法律准确、程序合法，请求驳回原告的诉讼请求，维持第10100号决定。

第三人狮王株式会社同意第10100号决定，认为专利复审委员会的决定正确。

本院经审理查明：

1. 关于程序。

2006年7月5日，被告向第三人发出无效宣告请求受理通知书，第三人未在指定期限内提交意见陈述。2006年11月29日，被告向第三人发出口审通知书。2006年12月5日，被告向第三人重新发出无效宣告请求受理通知书。2007年1月5日，原告向被告发函表示：“贵专利复审委员会通知，案件编号：W401429，定于2007年1月24日下午14：00时进行口头审理。我单位已回执准备参加口审。但前不久，委托代理人收到一个延期口审的电话通知，不知是否确定。特来传真询问，请予答复。”2007年1月22日，第三人提交了意见陈述。2007年3月15日，被告向第三人发出口审通知书，并于2007年4月24日进行了口审。第三人于2007年4月28日提交意见陈述，以删除方式对本专利权利要求书进行了修改。原告表示第三人未在被告指定期限内进行答辩，被告不应再次向其送达受理通知书，给予其答辩机会，对原告而言有悖公平，且更改口审日期未向原告说明原因，第三人于口审程序结束后才提出意见陈述，修改了本专利权利要求书，对于这一不利情况，被告却未给原告陈述机会，听取原告意见。被告辩称，第三人未能收到我委初次送达的受理通知书，在第一次向第三人通知口审时间后，我委才知晓第三人未收到受理通知书，故我委再次送达受理通知书等材料。我委认为第三人修改本专利权利要求书，仅仅是删除了原权利要求 1，在口审中原告已经针对原权利要求 2 等权项发表了意见陈述，不存在未给原告听证机会问题。原告询问更改口审时间的原因，我委通过电话告知了原告。第三人表示，原告从未在无效宣告请求审查期间提出被告程序违法，不同意更改口审时间的要求，且已参加了口审，现又提出此主张，不应予以考虑。

上述事实有被告提交的两次发出的受理通知书、两次发出的口审通知书及其回执、原告给被告的信函，以及当事人陈述等证据在案佐证。

2. 关于实体。

2000 年 10 月 25 日，第三人申请了名称为“牙刷”发明专利（即本专利），2004 年 12 月 8 日获得授权，专利号为 00817371.0，优先权日为 1999 年 10 月 29 日。

本专利权利要求 1，一种牙刷，该牙刷是将毛尖端呈锥形形状的合成单丝束成毛束，将该毛束在牙刷头部植毛而成。其特征在于，其使用具有锥形形状的合成单丝，上述合成单丝的锥形形状是这样构成的，即设定将该合成单丝的尖端作为原点（0，0，0）的三维坐标（x、y、z），使上述合成单丝的中心轴沿着该坐标的+x 轴时，上述合成单丝的离尖端 0.1mm~8.0mm 的任意部位的锥形部的 YZ 平面方向之截面积 s，与上述合成单丝的最大直径部的 YZ 平面方向的截面积 $S_0$ 之比率 p 是按照下式特定的：

$p=s/S_0=a\cdot x^{(0.85-a)}$（$0.05\leqslant a\leqslant 0.65$）

根据权利要求 1 所述的牙刷，其特征在于，上述合成单丝的锥形部的离尖端 0.1mm~8.0mm 的部分具有按照下面（a）~（g）步骤求出的弯曲恢复率 $B_R$（%）该弯曲恢复率 $B_R$ 是按照 $B_R\geqslant 60$ 特定的：（a）将没有弯曲的合成单丝卷绕固定在直径为 10mm 的金属制的圆柱棒上，刷毛卷绕方向与圆柱长轴相垂直；（b）在（a）状态下浸渍在 23±4℃水中 24 小时；（c）然后，在（a）状态下浸渍在 37±2℃水中 90 秒钟；（d）接着，在（a）状态下浸渍在 23±4℃水中 1 分钟；（e）从金属制的圆柱棒上斜下合成单丝，移到装有 23±4℃水的玻璃器皿中静置 1 小时；（f）轻轻地将水擦掉，测定合成单丝的离尖端 0.1mm~8.0mm 部分的曲率半径；（g）假设在（f）步骤所得到的各部位曲率半径的测定结果为 r，用下式计算出各部位的弯曲恢复率 $B_R$（%）

$$B_R=\left[1-\frac{360\times(8.0-0.1)/(2\times r\times\pi)}{360\times(8.0-0.1)/(2\times 5\times\pi)}\right]\times 100\ (\%)$$

根据权利要求 1 或权利要求 2 所述的牙刷，上述合成单丝的两端具有锥形部，将该合成单丝在其中央部进行弯曲，植入上述牙刷头部。

根据权利要求 3 所述的牙刷，上述合成单丝两端的锥形部具有不同的形状。

2007 年 4 月 24 日，在专利复审委员会主持的口审中，皎洁公司明确了其具体主张：以附件 2 作为本专利最接近的对比文件，权利要求 1~4 相对于附件 1~4 的结合不具有创造性，权利要求 1~4 相对于附件 5 不具有创造性。

2007 年 4 月 28 日，狮王株式会社提交了修改后的权利要求书：“1. 一种牙刷，该牙刷是将毛尖端呈锥形形状的合成单丝束成毛束，将该毛束在牙刷头部植毛而成。其特征在于，其使用具有锥形形状的合成单丝，上述合成单丝的锥形形状是这样构成的，即设定将该合成单丝的尖端作为原点（0，0，0）的三维坐标（x、y、z），使上述合成单丝的中心轴沿着该坐标的+x 轴时，上述合成单丝的离尖端 0.1mm~8.0mm 的任意部位的锥形部的 YZ 平面方向之截面积 s，与上述合成单丝的最大直径部的 YZ 平面方向的截面积 $S_0$ 之比率 p 是按照下式特定的：

$p=s/S_0=a\cdot x^{(0.85-a)}$（$0.05\leqslant a\leqslant 0.65$）

上述合成单丝的锥形部的离尖端 0.1mm～8.0mm 的部分具有按照下面（a）～（g）步骤求出的弯曲恢复率 $B_R$（%），该弯曲恢复率 $B_R$ 是按照 $B_R\geqslant 60$ 特定的：（a）将没有弯曲的合成单丝卷绕固定在直径为 10mm 的金属制的圆柱棒上，刷毛卷绕方向与圆柱长轴相垂直；（b）在（a）状态下浸渍在 23±4℃水中 24 小时；（c）然后，在（a）状态下浸渍在 37±2℃水中 90 秒钟；（d）接着，在（a）状态下浸渍在 23±4℃水中 1 分钟；（e）从金属制的圆柱棒上斜下合成单丝，移到装有 23±4℃水的玻璃器皿中静置 1 小时；（f）轻轻地将水擦掉，测定合成单丝的离尖端 0.1mm～8.0mm 部分的曲率半径；（g）假设在（f）步骤所得到的各部位曲率半径的测定结果为 r，用下式计算出各部位的弯曲恢复率 $B_R$（%）

$$B_R=\left[1-\frac{360\times(8.0-0.1)/(2\times r\times\pi)}{360\times(8.0-0.1)/(2\times 5\times\pi)}\right]\times 100\ (\%)$$

2. 根据权利要求 1 所述的牙刷，上述合成单丝的两端具有锥形部，将该合成单丝在其中央部进行弯曲，植入上述牙刷头部。

3. 根据权利要求 3 所述的牙刷，上述合成单丝两端的锥形不具有不同的形状。”

本专利说明书载明：“该牙刷的毛尖端能容易地进入牙间部位和牙周凹处、牙间三角部位，对积存在牙与牙之间、牙与牙龈之间的交界处等的难以去除的牙垢的清刷效果高，与牙龈柔和接触，使用效果良好。”

附件 5 即 93109040.7 中国发明专利说明书，申请日为 1993 年 6 月 22 日，授权公告日为 1999 年 3 月 3 日，专利权人为第三人狮王株式会社，该发明名称为“牙刷”，其中权利要求 5 为，一种牙刷，包括：填充物，它是由一种合成长丝材料制成，该填充物的每一根在其一端形成一种尖锥形，该填充物扎成多束……其特征在于，该每一根填充物的该锥形端部形成这样一种形状：在与该填充物的一尖端相距 1mm、3mm、5mm 和 8mm 处，该填充物的该锥形端部的直径分别设置为该填充物的基部段的直径的 25%～35%、55%～70%、80%～90% 和 90%～100%。

原告表示经将附件 5 与 1997 年国家轻工业发布的载有牙刷“单丝曲率恢复率≥40%”的行业标准（以下简称行业标准）结合与本专利比较后可见，（1）由于本专利经修改删除了原权利要求 1，其修改后的独立权利要求 1 的技术特征与上述证据相比区别只是多出一个“曲率恢复率 $B_R\geqslant 60\%$”，而该特征已被上述行业标准所公开。（2）其合成单丝截面积比率 p 作为上位概念事实上也已被附件 5 中几组作为下位概念的对应数值范围所公开。故，本专利不具备创造性。

被告反驳称（1）行业标准一证属于原告于诉讼中才提交的证据，我委审查期间没有此证据，法院不应予以采纳。（2）附件 5 中公开的比值范围不能证明本专利合成单丝截面积比率 P 的特定关系特征已被公开，二者并不发生显见的关联性。（3）附件 5 没有公开本专利权利要求 1 中的“曲率恢复率公式”、“曲率恢复率 $B_R\geqslant 60\%$”测定方法特征，因此本专利具备创造性。

原告承认未将行业标准作为证据在被告审查期间予以提交的事实，但认为行业标准属于公知性常识。

第三人意见与被告相同。

上述事实有第 10100 号决定书、93109040.7 号中国发明专利说明书、本专利权利要求书，以及当事人陈述等证据在案佐证。

本院认为，根据本案事实审查，没有证据显示第三人存在有意懈怠行使答辩权的事实，据此，原告有关第三人超出被告指定期限，不提交意见陈述而失权的主张，本院不予支持。本案没有证据显示被告针对口审时间更改原因作出答复，被告以电话方式作出答复的陈述，本院不予采信，但鉴于原告参加了改期后的口审，故可以认定其权利已得到正常行使。关于第三人于口审之后提交权利要求书修改本是否需要听证问题，原告作为无效请求方未能说明第三人以删除权利要求方式进行修改，对原告而言产生了哪些不利方面，并使其未能针对不利情况及时行使申辩权利。故此，原告所诉被告存在程序错误，并由此导致不公正裁决发生的主张不能成立。

关于比对前提的确定。第三人修改本专利符合审查期间相关的修改规范，应予准予，被告以此确定以修改后的文本作为比对前提并无不当。行业标准一证不属于众所周知的事实而可以不受举证时限制约地直接引入诉讼程序，原告在被告审查期间已经将比对方案确定为附件 5 与本专利进行单一比对，现原告要求将附件 5 与行业标准一证结合用于评价本专利的创造性，变动了比对前提，本院不予准予。

关于附件 5 能否破坏本专利创造性的问题。经将附件 5 与本专利权利要求 1 比对结果，附件 5 中虽记载了每一根合成长丝锥形端部形成的形状是："在与该填充物（合成长丝）的一尖端相距 1mm、3mm、5mm 和 8mm 处，该填充物的该锥形端部的直径分别设置为该填充物的基部段的直径的 25%～35%、55%～70%、80%～90%和 90%～100%"，但附件 5 没有公开本专利权利要求 1 中有关 $B_R \geqslant 60\%$ 以及计算 $B_R$ 的公式和 $B_R \geqslant 60\%$ 的测定方法，故，附件 5 不能破坏本专利权利要求 1 的创造性。

因本专利权利要求 1 具备创造性，因此权利要求 2～3 也具备创造性，原告有关否定之主张不成立。

综上所述，专利复审委员会作出的第 10100 号决定认定事实基本清楚，适用法律正确，程序合法，依据《中华人民共和国行政诉讼法》第五十四条第（一）项之规定，本院判决如下：

维持被告中华人民共和国国家知识产权局专利复审委员会作出的第 10100 号无效宣告请求审查决定。

案件受理费人民币 100 元，由原告杭州皎洁口腔保健用品有限公司负担（已交纳）。

如不服本判决，原告杭州皎洁口腔保健用品有限公司、被告国家知识产权局专利复审委员会可于本判决书送达之日起 15 日内，第三人狮王株式会社可于本判决书送达之日起 30 日内，向本院递交上诉状，并按对方当事人人数提交副本，同时交纳上诉案件受理费人民币 100 元，上诉于中华人民共和国北京市高级人民法院。

审 判 长　任　进
代理审判员　邢　军
人民陪审员　郝建欣
二〇〇八年四月八日
书 记 员　袁　伟

# 北京市高级人民法院
# 行政判决书

（2008）高行终字第 442 号

上诉人（原审原告）杭州皎洁口腔保健用品有限公司，住所地中华人民共和国浙江省杭州市下城区石桥镇华丰村科技经济园内。

法定代表人吴兴合，总经理。

委托代理人张杰，男，汉族，1964 年 1 月 7 日出生，北京三聚阳光知识产权代理有限公司专利代理人，住中华人民共和国北京市东城区辛安里胡同 72 号。

委托代理人刘守宪，男，汉族，1967 年 12 月 10 日出生，北京三聚阳光知识产权代理有限公司专利代理人，住中华人民共和国山东省沂南县人民路 22 号电子元件厂。

被上诉人（原审被告）中华人民共和国国家知识产权局专利复审委员会，住所地中华人民共和国北京市海淀区北四环西路 9 号银谷大厦 10~12 层。

法定代表人廖涛，副主任。

委托代理人汤锷，该委员会审查员。

委托代理人余心蕾，该委员会审查员。

原审第三人狮王株式会社，住所地日本国东京都墨田区本所 1-3-7。

法定代表人大部一夫，董事长。

委托代理人黄剑国，上海市华诚律师事务所律师。

委托代理人帅科，上海市华诚律师事务所律师。

上诉人杭州皎洁口腔保健用品有限公司（以下简称皎洁公司）因发明专利权无效行政纠纷一案，不服中华人民共和国北京市第一中级人民法院（以下简称北京市第一中级人民法院）（2007）一中行初字第 1287 号行政判决，向本院提起上诉。本院 2008 年 6 月 16 日受理本案后，依法组成合议庭，于 2008 年 7 月 24 日公开开庭进行了审理。上诉人皎洁公司的委托代理人刘守宪，被上诉人中华人民共和国国家知识产权局专利复审委员会（以下简称专利复审委员会）的委托代理人汤锷、余心蕾，原审第三人狮王株式会社的委托代理人黄剑国、帅科到庭参加诉讼。本案现已审理终结。

北京市第一中级人民法院认定，涉案专利系狮王株式会社所拥有的名称为“牙刷”发明专利（以下简称本专利）。针对本专利，皎洁公司于 2006 年 5 月 29 日向专利复审委员会提出无效宣告请求，认为本专利不符合《专利法》第二十二条第三款的规定。2007 年 6 月 20 日，专利复审委员会作出第 10100 号无效宣告请求审查决定（以下简称第 10100 号决定），宣告本专利权部分无效。

北京市第一中级人民法院认为，没有证据显示狮王株式会社存在有意懈怠行使答辩权的事实，鉴于皎洁公司参加了改期后的口审，故可以认定其权利已得到正常行使。皎洁公司未能说明狮王株式会社以删除权利要求方式进行修改，对皎洁公司而言产生了哪些不利方面，并使其未能针对不利情况及时行使申辩权利。故皎洁公司所诉专利复审委员会存在程序错误，并由此导致不公正裁决发生的主张不能成立。狮王株式会社修改本专利符合审查期间相关的修改规范，应予准予，专利复审委员会以此确定以修改后的文本作为比对前提并无不当。行业标准不属于众所周知的事实而可以不受举证时限制约地直接引入诉讼程序，皎洁公司在专利复审委员会审查期间已经将比对方案确定为附件 5 与本专利进行单一比对，现皎洁公司要求将附件 5 与行业标准一证结合用于评价本专利的创造性，变动了比对前提，不予准予。经将附件5与本专利权利要求1进行比对，附件5没有公开本专利权利要求1中有关 $B_R \geq 60\%$ 以及计算 $B_R$ 的公式和 $B_R$ 的测定方法，故附件5不能破坏本专利权利要求1的创造性。

北京市第一中级人民法院依据《中华人民共和国行政诉讼法》第五十四条第（一）项之规定，判决：维持第10100号决定。

皎洁公司不服原审判决，向本院提起上诉，请求撤销原审判决，撤销第10100号决定，由专利复审委员会承担本案诉讼费。其理由主要为：（1）专利复审委员会存在不公正现象。狮王株式会社意见陈述的提出已超过专利复审委员会指定期限，而其口审之后又提出权利要求的修改方案，专利复审委员会更改口审时间未向皎洁公司说明原因，原审判决对该决定予以维持是错误的。（2）皎洁公司在一审审理期间提交的行业标准的新证据属于众所周知的事实而可以不受举证时限制约地直接引入诉讼程序，而原审法院对此不予认可是错误的。专利复审委员会、狮王株式会社服从原审判决。

本院经审理查明，2000年10月25日，狮王株式会社向国家知识产权局申请了名称为"牙刷"发明专利（即本专利），2004年12月8日获得授权，专利号为00817371.0，优先权日为1999年10月29日。本专利授权公告的权利要求共四项，其中权利要求1为独立权利要求，权利要求2从属于权利要求1。

针对本专利，皎洁公司于2006年5月29日向专利复审委员会提出无效宣告请求，认为本专利不符合《专利法》第二十二条第三款的规定，并提交了证据1~7。

2006年7月5日，专利复审委员会向狮王株式会社发出无效宣告请求受理通知书，狮王株式会社未在指定期限内提交意见陈述。2006年11月29日，专利复审委员会向狮王株式会社发出口审通知书。据专利复审委员会陈述，由于狮王株式会社未收到无效宣告请求受理通知书，故2006年12月5日，专利复审委员会向狮王株式会社重新发出无效宣告请求受理通知书。2007年1月5日，皎洁公司向专利复审委员会发函表示："贵专利复审委员会通知，案件编号：W401429，定于2007年1月24日下午14：00时进行口头审理。我单位已回执准备参加口审。但前不久，委托代理人收到一个延期口审的电话通知，不知是否确定。特来传真询问，请予答复。"2007年1月22日，狮王株式会社提交了意见陈述。2007年3月15日，专利复审委员会向狮王株式会社发出口审通知书。

2007年4月24日，在专利复审委员会主持的口审中，皎洁公司明确了其具体主张：以附件2作为本专利最接近的对比文件，权利要求1~4相对于附件1~4的结合不具有创造性，权利要求1~4相对于附件5不具有创造性。

2007年4月28日，狮王株式会社提交了修改后的权利要求书，删除了原权利要求1。

2007年6月20日，专利复审委员会在狮王株式会社修改后的本专利权利要求书的基础上作出第10100号决定。专利复审委员会在该决定中认定：

关于决定所依据的专利版本问题：因狮王株式会社修改本专利权利要求书的行为符合《审查指南》第四部分第三章第4.6节关于"在专利复审委员会作出决定之前，专利权人可以删除权利要求或者权利要求中包括的技术方案"的规定，故，本决定所依据的文本为：专利权人于2007年4月28日提交的权利要求第1~3项；2004年12月8日授权公告文本的说明书第1~14页、附图第1~3页、说明书摘要和摘要附图。

关于本专利的创造性。将本专利权利要求1与附件2，JP昭57-65632U的日本实用新型专利公报著录项目页及其译文比较可知，附件2仅公开了尖锥刷毛的两端点的直径为刷毛最大直径的3/4以下，没有公开权利要求1中有关"$p = s/S_0 = a \cdot x^{(0.85-a)}$ 和 $B_R \geq 60$ 以及计算 $B_R$ 的公式和 $B_R$ 的测定方法"的技术特征。上述区别技术特征对刷毛的锥形部及其弯曲恢复率进行了限定，其所要解决的技术问题是：当锥形部过长或过细时，刷毛的硬挺性低，刷牙时产生很大的弯曲，使毛尖端的进入性、清刷效果、对牙床的按摩效果降低，而当锥形部过短或过粗时，难以进入牙间部位和牙周凹处、牙间三角部位。附件 1，美国专利文献 US4729142A 的摘要和附图及其译文、附件 3，JP 昭 57-12934U 的日本实用新型专利公报著录项目页及其译文、附件 4 国家轻工业部牙刷标准复印件中均没有公开上述区别技术特征和上述所要解决的技术问题。故，对本领域技术人员而言，权利要求 1 所限定的技术方案相对于附件 1~4 是非显而易见的，具有突出的实质性特点，并能够实现本专利所述的使牙刷的毛尖端能容易地进入牙间部位和牙周凹处、牙间三角部位，对积存在牙与牙之间、牙与牙龈之间的交界处等的难以去除对牙垢的清刷效果高，与牙龈柔和接触、使用效果良好的技术效果。因此权利要求 1 相对于附件 1~4 具备创造性。其从属权利要求 2、3 相对于附件 1~4 也具备创造性。权利要求 1 与附件 5 比较可知，附件 5 即 93109040.7 中国发明专利说明书没有公开本专利权利要求 1 中有关"$p=s/S_0=a\cdot x^{(0.85-a)}$ 和 $B_R\geqslant60$ 以及计算 $B_R$ 的公式和 $B_R$ 的测定方法"的技术特征。同上理，权利要求 1 相对于附件 5 具备创造性。其从属权利要求 2、3 相对于附件 5 也具备创造性。

据此，专利复审委员会宣告本专利权部分无效，在专利权人于 2007 年 4 月 28 日修改后的权利要求 1~3 的基础上维持该专利权继续有效。

在本案一审审理期间，皎洁公司向原审法院提交编号为 QB1659-97 的《中华人民共和国轻工行业标准牙刷》（以下简称行业标准）复印件，该证据首页有如下记载："1997-09-01 发布，1998-05-01 实施，中国轻工总会发布"。

另查，专利复审委员会 2007 年 4 月 24 日的口审记录中明确记载"请求人当庭明确附件 2 为最接近的对比文件，权利要求 1~4 相对于附件 1~4 的结合不具有创造性，权利要求 1~4 相对于附件 5 不具有创造性。"该口审记录中没有记载皎洁公司对专利复审委员会的程序提出任何异议的内容。

上述事实有专利复审委员会提交的两次发出的受理通知书、两次发出的口审通知书及其回执、皎洁公司给专利复审委员会的信函，第 10100 号决定书、93109040.7 号中国发明专利说明书、本专利权利要求书、口审记录以及当事人陈述等证据在案佐证。

本院认为，专利复审委员会作为裁决机构，应当平等对待作为申请人的无效请求人和作为被申请人的专利权人，给予双方当事人公平的陈述意见的时间、机会，严格遵守听证原则。本案没有证据显示狮王株式会社存在有意懈怠行使答辩权的事实，而且在查明狮王株式会社未收到无效宣告请求受理通知书后，专利复审委员会重新发出通知书的做法并未违反法律规定，也未损害无效请求人的合法权益，不存在不公平之处。因此，皎洁公司有关专利复审委员会两次发出无效宣告请求受理通知书的做法违反程序规定的上诉主张于法无据，本院不予支持。

关于专利复审委员会更改口审时间违反相关规定一节，本院认为，更改口审时间确属影响双方当事人权利的法律事实，专利复审委员会应当执行应有的程序。本案专利复审委员会以电话通知的方式征求双方当事人意见虽无不妥，但没有进行相应的记录确属不当。但鉴于作为无效请求人的皎洁公司在无效程序及一审审理程序中均未提出异议，而且其也已经参加了改期后的口审，专利复审委员会变更口审时间的做法也未损害皎洁公司的合法权益，故皎洁公司关于专利复审委员会更改口审时间违反法定程序的上诉主张应予驳回。

关于狮王株式会社于口审之后提交权利要求书修改文本，而专利复审委员会未给予皎洁公司陈述意见的机会一节，本院认为，根据有关规定，在专利复审委员会作出审查决定之前，专利权人可以删除权利要求或者权利要求中包括的技术方案。由此可见，专利权人以删除权利要求的方式进行修改是其行使正当权利的行为。作为无效请求人的皎洁公司在口审中已经对本专利全部四项原权利要求的创造性提出了异议，并充分陈述了意见，并且皎洁公司也未能说明狮王株式会社以删除权利要求方式进行修改损害了皎洁公司合法权益。因此，皎洁公司关于专利复审委员会违反听证原则的上诉主张不能成立，本院不予支持。

专利复审委员会作为专利无效宣告请求审查案件的审查机构，其审查基础为无效请求人及专利权人在无效阶段所提交的证据及主张的理由。因此，无效请求人在诉讼程序中提交的用以宣告本专利无效的新的证据，人民法院不应予以审查。无效请求人可以就新的证据再次向专利复审委员会提起专利无效宣告请求。本案中，皎洁公司在一审审理期间提交了行业标准作为新证据，主张与证据 5 相组合用于评价本专利的创造性。由于皎洁公司未在本案无效宣告请求审查程序中提交该证据，其以行业标准与证据 5 组合评价本专利创造性的主张没有事实依据。皎洁公司关于行业标准属于众所周知的事实而可以不受举证时限制约地直接引入诉讼程序的上诉主张于法无据，本院不予支持。

综上所述，原审判决认定事实清楚，适用法律正确，应予维持。皎洁公司的上诉主张没有事实和法律依据，本院不予支持。依照《中华人民共和国行政诉讼法》第六十一条第一款第（一）项之规定，判决如下：

驳回上诉，维持原判。

一审案件受理费 100 元，由杭州皎洁口腔保健用品有限公司负担（已交纳）；二审案件受理费 100 元，由杭州皎洁口腔保健用品有限公司负担（已交纳）。

本判决为终审判决。

审 判 长 刘 辉
代理审判员 岑宏宇
代理审判员 焦 彦
二〇〇八年八月一日
书 记 员 陈 明

124

# 水力自动化游泳池高效循环滤机

## 无效宣告请求审查决定（第10104号）

**决　定　号**　第10104号
**决　定　日**　2007年6月19日
**发明创造名称**　水力自动化游泳池高效循环滤机
**国际分类号**　E04H 4/14，B01D 24/22
**无效宣告请求人**　北京市沃奇新德水处理设备开发有限责任公司
**专利权人**　北京市碧波水处理设备厂
**专　利　号**　01266304.2
**申　请　日**　2001年10月29日
**授权公告日**　2002年6月26日
**合议组组长**　崔　震
**主　审　员**　刘小静
**参　审　员**　巩克栋

**法律依据**　专利法第22条第3款
**决定要点**
如果实用新型的技术方案是所属技术领域的技术人员在现有技术的基础上仅仅通过合乎逻辑的分析、推理或者有限的试验可以得到的，则该实用新型就不具备实质性特点。

### 一、案由

本无效宣告请求涉及中华人民共和国国家知识产权局于2002年6月26日授权公告的、名称为“水力自动化游泳池高效循环滤机”的实用新型专利权（以下简称本专利），其专利号是01266304.2，申请日是2001年10月29日，专利权人是北京市碧波水处理设备厂。本专利授权公告时的权利要求书如下：

“1. 一种水力自动化游泳池高效循环滤机，包括有通过水泵与水池直接连通的储水室、过滤器、污水储水器，以及连通过滤器和污水储水器的虹吸管，其特征在于：所述储水室通过两根连通管分别与两个并列设置的过滤器相连通，并且所述储水室高于该两个过滤器；所述连通过滤器和污水储水器的虹吸管与过滤器相连的上升管呈倾斜状。

2. 根据权利要求1中所述的循环滤机，其特征在于：所述污水储水器通过连通管连接有一沉淀池，该沉淀池在其上部通过连通管、水泵直接与水池相连通，在其底部设有与外界相连的排污管。

3. 根据权利要求1或2中所述的循环滤机，其特征在于：所述过滤器的纵截面呈T型，同时，连通过滤器上部密封腔室和下部净水腔室的连通管为半圆形管，该半圆形连通管直接焊接在过滤器的管外壁上，并且该半圆形连通管的上端口直接伸入到所述过滤器上部的密封腔室内。

4. 根据权利要求 1 或 2 中所述的循环滤机，其特征在于：所述虹吸管的上升管与水平面呈 60 度倾斜角。”

针对本专利权，北京市沃奇新德水处理设备开发有限责任公司（以下简称请求人）于 2007 年 1 月 24 日向国家知识产权局专利复审委员会提出无效宣告请求，认为本专利不符合专利法第 22 条第 3 款的规定，请求人同时提交了如下附件：

附件 1：授权公告日为 1996 年 3 月 13 日、授权公告号为 CN2222162Y（专利号为 ZL95207190.8）的中国实用新型专利说明书，共 6 页；

附件 2：授权公告日为 1994 年 7 月 20 日、授权公告号为 CN2172285Y（专利号为 ZL93217916.9）的中国实用新型专利说明书，共 6 页；

附件 3：北京市沃奇新德水处理设备开发有限责任公司与北京碧波水处理设备厂于 1996 年 3 月 6 日签订的协议书，复印件共 3 页。

经形式审查合格，专利复审委员会依法受理了上述无效宣告请求，并于 2007 年 1 月 24 日向请求人和专利权人发出无效宣告请求受理通知书，同时将专利权无效宣告请求书及其附件清单中所列附件的副本转送给专利权人，并要求专利权人在指定的期限内答复。同时成立合议组对本无效宣告请求案进行审理。

针对专利复审委员会发出的上述无效宣告请求受理通知书，专利权人于 2007 年 3 月 14 日提交了意见陈述书。专利权人认为：权利要求 1~4 相对于附件 1 和 2 具备创造性。

本案合议组于 2007 年 3 月 26 日向双方当事人发出无效宣告请求口头审理通知书，定于 2007 年 5 月 14 日在专利复审委员会举行口头审理。随同口头审理通知书，将专利权人于 2007 年 3 月 14 日提交的意见陈述书的副本转送给请求人。

口头审理如期举行，双方当事人均到庭参加了口头审理。

在口头审理中，请求人明确其无效的理由为：权利要求 1 和 2 相对于附件 1 不具备创造性，权利要求 3 相对于附件 1，或者附件 1 和附件 2 的结合不具备创造性，权利要求 4 相对于附件 1 不具备创造性。附件 3（协议书）仅用来说明双方有过协议，不用做评述本专利权利要求创造性的证据。请求人明确表示没有其他的无效理由、证据、范围和证据组合方式。

专利权人对附件 1 和 2 的真实性、公开性没有异议。请求人提交的附件 3 为复印件，专利权人对附件 3 的真实性有异议，请求人没有当庭提交该附件的原件。

在此基础上，合议组对请求人提出的无效理由和事实进行了调查，并充分听取了双方当事人的意见。至此，合议组认为本案事实已经清楚，可以作出审查决定。

**二、决定的理由**

1. 关于证据和现有技术

请求人提交的证据包括附件 1 和 2，均为专利文件，专利权人对这两份证据的真实性没有异议，本案合议组经审查对上述附件予以确认，附件 1 和 2 可以作为本案的证据使用，同时由于附件 1 和 2 的公开日期都在本专利的申请日之前，因此附件 1 和 2 可以作为本专利的现有技术使用。

请求人未能当庭出示附件 3 的原件，且专利权人对附件 3 的真实性有异议，因此附件 3 的真实性不能确定，附件 3 不能作为本案的证据使用。

2. 关于权利要求 1 的创造性

创造性，是指同申请日以前已有的技术相比，该实用新型具有实质性特点和进步。

如果实用新型的技术方案是所属技术领域的技术人员在现有技术的基础上仅仅通过合乎逻辑的分

析、推理或者有限的试验可以得到的，则该实用新型就不具备实质性特点。

附件1公开了一种水处理机，与本专利的水力自动化游泳池高效循环滤机属于相同的技术领域。附件1中的水处理机包括（见附件1的权利要求书、说明书第1页倒数第6行至第2页第2行、第2页最后一段和说明书附图1-4）：进水管（15）、配水箱（14）、多层过滤室（相当于本专利中的过滤器）、水封箱（附图标记24，相当于本专利中的污水储水器），和虹吸管（包括虹吸上升管9、虹吸斜管8和虹吸下降管7），该虹吸管一端连接与多层过滤器连通的斜板沉淀室，另一端连接水封箱，其作用是利用虹吸作用将反冲洗过滤器的水引导至水封箱中。从附图3中可以看出所述配水箱通过连通管分别和4个并列设置的多层过滤室连通，并且配水箱的位置高于多层过滤室。上述虹吸管包括上升的虹吸斜管（8）。由上可知，权利要求1的技术方案和附件1的区别在于：（1）在权利要求1中，储水室通过水泵和水池直接连通，而附件1中只记载了配水箱有进水管；（2）权利要求1虹吸管一端连接的是过滤器，而附件1中虹吸管的一端连接的是斜板沉淀室；（3）权利要求1的方案包括2个过滤器，而附件1包括4个过滤器。关于区别特征（1），合议组认为虽然附件1中没有明确说明利用水泵将水池中的水泵送到配水箱中，但是由于配水箱设置在比较高的位置处，所以附件1中的水处理机必然需要利用水泵提供动力将水池中的水泵送到配水箱中，因此可直接地、毫无疑义地推出附件1中的配水箱通过水泵与水池连通；关于区别特征（2），从附图3中可以明显看到虹吸管位于多层过滤室的上游，并且其作用和本专利的相同，都是利用虹吸作用使冲洗过滤器的水流到污水存储装置中。因此，在附件1公开上述信息的基础上，本领域的技术人员很容易想到使虹吸管的一端和多层过滤器相连。关于区别特征（3），由于附件1中过滤器的工作原理、连接方式和本专利的都相同，因此本领域的技术人员在附件1的基础上很容易想到设置2个过滤器的技术方案，这无须付出创造性的劳动，并且其也没有产生预料不到的技术效果。此外，在口头审理时专利权人也明确表示本专利2个并列的过滤器与附件1中的4个过滤器相比只是数量的区别，没有实质性的区别。因此，本领域的技术人员在附件1的基础上结合本领域的常识很容易想到权利要求1的技术方案，故而权利要求1不具备实质性特点，不符合专利法第22条第3款有关创造性的规定。

在口审时，专利权人认为附件1中的水封箱不能等同于本专利中的污水储水器。合议组经审查后认为：在附件1中水封箱是和虹吸管相连的，并且从附图3中可以明显看到水封箱的容积大于虹吸管的管径，因此水封箱必然可以起到存储污水的作用。而在本专利中，要保持虹吸管中的负压，实现虹吸作用，一般情况下污水储水器中也是需要形成水封的。由此可见，附件1中水封箱作用与本专利污水储水器的作用是相同的，因此，附件1中的水封箱相当于本专利的污水储水器。

3. 关于权利要求2的创造性

虽然附件1没有公开权利要求2的附加技术特征，但是合议组认为通过设置沉淀池、水泵来回收利用污水中的部分净水这对本领域的技术人员来说是容易想到的，尤其是在水资源越来越匮乏、人们的节水意识越来越强的当今社会。并且这样设计也没有产生任何意想不到的技术效果，只是起到本领域技术人员预料之中的循环利用水的作用。因此，在权利要求1不具备创造性的情况下，权利要求2也不具备创造性，不符合专利法第22条第3款的规定。

4. 关于权利要求3的创造性

从附件1图3的左侧和右侧可以清楚地看到，多层过滤室包括位于水处理机下部的容纳净水的腔室和位于净水腔室上方的腔室，从附图3的左侧还可以清楚地看到大致呈矩形的冲洗管（相当于本专利中的连通管）将这些腔室连通在一起，冲洗管的上端口直接深入到多层过滤室的上部腔室内。并且，冲洗管直接连接在过滤器的外壁上。由上可知，附件1没有公开权利要求3的下述特征：（1）过滤器的纵截面呈T型；（2）过滤器上方的腔室为“密封”状态；（3）连通过滤器上部密封腔室和下部净水腔室的连通管为“半圆形”管，并且该半圆形连通管“直接焊接”在过滤器的管外壁上。合议组认为：将过滤器的纵截面设计成T形是一种常规选择，对本领域的技术人员来说这是容易想到的；此外，为了防止过滤后形成的净水受到污染，本领域的技术人员很容易想到将过滤器上部容纳输送净水的腔室设计成密封的；另外，权利要求3采用半圆形管替代附件1中大致呈矩形的冲洗管只是一种简单的等效替换，二者所起的实际作用相同。而“直接焊接”也是一种常见的连接方式。因此，在附件1公开的信息的基础上，本领域的技术人员很容易想到权利要求3的技术方案。因此，权利要求3不具备创造性，不符合专利法第22条第3款有关创造性的规定。

在口头审理时，专利权人确认T形是指在附图3示出的过滤器中，上部（出水口69处）直径大，而下方直径小。专利权人主张这样设计的T形截面的过滤器可以减少过滤器的占地面积。但是从附图3中可以明显看到，过滤器下部左侧的维修孔67和右侧的半圆形连通管8（按照本专利说明书第2页第16~18行的说明，该半圆形的管是紧贴在过滤器的管外壁上的）都比过滤器上部还要宽，因此专利权人的上述主张不能成立。此外，实际上过滤器是否节省占地面积只有在过滤器水处理量相同的情况下比较才有意义。而从本专利的附图3中可以看到，污水只是从本专利的专利权人所声称的过滤器T形下部较窄的区域流过，因此在水处理量相同的情况下，过滤器下部的截面积根本不会减小。在口头审理时，专利权人声称过滤器上部的密封腔室是本专利的创新之处，但是专利权人未能陈述具体的理由，并且本专利的权利要求书和说明书也没有说明密封腔室有什么“创新之处”，因此合议组对专利权人的上述主张不予认可。

5. 关于权利要求4的创造性

附件1中的虹吸管具有倾斜部分，但附件1中没有具体公开其和水平面的夹角。合议组认为，由流体力学的基本知识可以知晓影响虹吸作用的因素有流体的速度头、位头、压头和沿程阻力损失。根据该基础知识，本领域的技术人员在附件1的基础上通过有限的试验很容易就可以得到权利要求4的技术方案，而无须付出创造性的劳动。因此，在权利要求1和2不具备创造性的情况下，权利要求4也不具备创造性，不符合专利法第22条第3款的规定。

专利权人主张60度的虹吸管占地面积小，并可以最大有效地把污水排出去。并且本专利说明书第4页第6~9行也说明了采用60度的虹吸管所能产生的有益效果。对此，合议组认为：本领域的技术人员根据流体力学的常识可以预见到采用60度虹吸管所能产生的有益技术效果，专利权人所述的上述技术效果对本领域的技术人员来说都是可以预见的。因此，和水平面成60度夹角的虹吸管只是一种常规的技术选择。

根据上述的事实和理由，本案合议组依法作出以下决定。

**三、决定**

宣告01266304.2号实用新型专利权全部无效。

当事人对本决定不服的，可以根据专利法第46条第2款的规定，自收到本决定之日起3个月内向北京市第一中级人民法院起诉。根据该款的规定，一方当事人起诉后，另一方当事人应当作为第三人参加诉讼。

# 北京市第一中级人民法院
# 行政判决书

（2007）一中行初字第1282号

原告北京市碧波水处理设备厂，住所地北京市通州区南大街122号。

法定代表人刘会本，董事长。

委托代理人陈桢，北京市汉信律师事务所律师。

被告国家知识产权局专利复审委员会，住所地北京市海淀区北四环西路9号。

法定代表人廖涛，副主任。

委托代理人欧岚，女，国家知识产权局专利复审委员会审查员。

委托代理人齐宏涛，男，国家知识产权局专利复审委员会审查员。

第三人北京市沃奇新德水处理设备开发有限责任公司，住所地北京市海淀区莲花池西路16号6000房间。

法定代表人王烨，总经理。

委托代理人张利民，男，北京市沃奇新德水处理设备开发有限责任公司副总经理。

委托代理人花春秀，男，北京市沃奇新德水处理设备开发有限责任公司职员。

原告北京市碧波水处理设备厂不服被告国家知识产权局专利复审委员会专利无效宣告请求审查决定，于2007年9月19日向本院提起行政诉讼。本院受理后，依法组成合议庭并通知被诉具体行政行为的利害关系人北京市沃奇新德水处理设备开发有限责任公司作为第三人参加诉讼。本院于2007年11月8日公开开庭审理了本案。原告的法定代表人刘会本及其委托代理人陈桢，被告的委托代理人欧岚、齐宏涛，第三人的委托代理人张利民、花春秀到庭参加了诉讼。本案现已审理终结。

2007年6月19日，被告作出第10104号无效宣告请求审查决定（以下简称第10104号决定），宣告第01266304.2号实用新型专利权（以下简称本专利）全部无效。决定认为：

1. 关于证据和现有技术

第三人提交的证据包括附件1和2，均为专利文件，原告对这两份证据的真实性没有异议，被告经审查对上述附件予以确认，附件1和2可以作为本案的证据使用，同时由于附件1和2的公开日期都在本专利的申请日之前，因此附件1和2可以作为本专利的现有技术使用。

第三人未能当庭出示附件3的原件，且原告对附件3的真实性有异议，因此附件3的真实性不能确定，附件3不能作为本案的证据使用。

2. 关于权利要求1的创造性

附件1公开了一种水处理机，与本专利的水力自动化游泳池高效循环滤机属于相同的技术领域。附件1中的水处理机包括（见附件1的权利要求书、说明书第1页倒数第6行至第2页第2行、第2页最后一段和说明书附图1-4）：进水管（15）、配水箱（14）、多层过滤室（相当于本专利中的过滤器）、水封箱（附图标记24，相当于本专利中的污水储水器），和虹吸管（包括虹吸上升管9、虹吸斜管8和虹吸下降管7），该虹吸管一端连接与多层过滤器连通的斜板沉淀室，另一端连接水封箱，其作用是利用虹吸作用将反冲洗过滤器的水引导至水封箱中。从附图3中可以看出所述配水箱通过连通管分别和4个并列设置的多层过滤室连通，并且配水箱的位置高于多层过滤室。上述虹吸管包括上升的虹吸斜管（8）。由上可知，权利要求1的技术方案和附件1的区别在于：①在权利要求1中，储水室通过水泵和水池直接连通，而附件1中只记载了配水箱有进水管；②权利要求1虹吸管一端连接的是过滤器，而附件1中虹吸管的一端连接的是斜板沉淀室；③权利要求1的方案包括2个过滤器，而附件1包括4个过滤器。关于区别特征①，被告认为虽然附件1中没有明确说明利用水泵将水池中的水泵送到配水箱中，但是由于配水箱设置在比较高的位置处，所以附件1中的水处理机必然需要利用水泵提供动力将水池中的水泵送到配水箱中，因此可直接地、毫无疑义地推出附件1中的配水箱通过水泵与水池连通；关于区别特征②，从附图3中可以明显看到虹吸管位于多层过滤室的上游，并且其作用和本专利的相同，都是利用虹吸作用使冲洗过滤器的水流到污水存储装置中。因此，在附件1公开上述信息的基础上，本领域的技术人员很容易想到使虹吸管的一端和多层过滤器相连。关于区别特征③，由于附件1中过滤器的工作原理、连接方式和本专利的都相同，因此本领域的技术人员在附件1的基础上很容易想到设置2个过滤器的技术方案，这无须付出创造性的劳动，并且其也没有产生预料不到的技术效果。此外，在口头审理时原告也明确表示本专利2个并列的过滤器与附件1中的4个过滤器相比只是数量的区别，没有实质性的区别。因此，本领域的技术人员在附件1的基础上结合本领域的常识很容易想到权利要求1的技术方案，故而权利要求1不具备实质性特点，不符合《专利法》第二十二条第三款有关创造性的规定。

在口审时，原告认为附件1中的水封箱不能等同于本专利中的污水储水器。被告经审查后认为：在附件1中水封箱是和虹吸管相连的，并且从附图3中可以明显看到水封箱的容积大于虹吸管的管径，因此水封箱必然可以起到存储污水的作用。而在本专利中，要保持虹吸管中的负压，实现虹吸作用，一般情况下污水储水器中也是需要形成水封的。由此可见，附件1中水封箱作用与本专利污水储水器的作用是相同的，因此，附件1中的水封箱相当于本专利的污水储水器。

3. 关于权利要求2的创造性

虽然附件1没有公开权利要求2的附加技术特征，但是被告认为通过设置沉淀池、水泵来回收利用污水中的部分净水这对本领域的技术人员来说是容易想到的，尤其是在水资源越来越匮乏、人们的节水意识越来越强的当今社会。并且这样设计也没有产生任何意想不到的技术效果，只是起到本领域技术人员预料之中的循环利用水的作用。因此，在权利要求1不具备创造性的情况下，权利要求2也不具备创造性，不符合《专利法》第二十二条第三款的规定。

4. 关于权利要求3的创造性

从附件1图3的左侧和右侧可以清楚地看到，多层过滤室包括位于水处理机下部的容纳净水的腔室和位于净水腔室上方的腔室，从附图3的左侧还可以清楚地看到大致呈矩形的冲洗管（相当于本专利中的连通管）将这些腔室连通在一起，冲洗管的上端口直接深入到多层过滤室的上部腔室内。并且，冲洗管直接连接在过滤器的外壁上。由上可知，附件1没有公开权利要求3的下述特征：（1）过滤器的纵截面呈T型；（2）过滤器上方的腔室为“密封”状态；（3）连通过滤器上部密封腔室和下部净水腔室的连通管为“半圆形”管，并且该半圆形连通管“直接焊接”在过滤器的管外壁上。合议组认为：将过滤器的纵截面设计成T形是一种常规选择，对本领域的技术人员来说这是容易想到的；此外，为了防止过滤后形成的净水受到污染，本领域的技术人员很容易想到将过滤器上部容纳输送净水的腔室设计成密封的；另外，权利要求3采用半圆形管替代附件1中大致呈矩形的冲洗管只是一种简单的等效替换，二者所起的实际作用相同。而“直接焊接”也是一种常见的连接方式。因此，在附件1公开的信息的基础上，本领域的技术人员很容易想到权利要求3的技术方案。因此，权利要求3不具备创造性，不符合《专利法》第二十二条第三款有关创造性的规定。

在口头审理时，原告确认T形是指在附图3示出的过滤器中，上部（出水口69处）直径大，而下方直径小。原告主张这样设计的T形截面的过滤器可以减少过滤器的占地面积。但是从附图3中可以明显看到，过滤器下部左侧的维修孔 67 和右侧的半圆形连通管 8（按照本专利说明书第 2 页第 16—18 行的说明，该半圆形的管是紧贴在过滤器的管外壁上的）都比过滤器上部还要宽，因此原告的上述主张不能成立。此外，实际上过滤器是否节省占地面积只有在过滤器水处理量相同的情况下比较才有意义。而从本专利的附图 3 中可以看到，污水只是从本专利的原告所声称的过滤器 T 形下部较窄的区域流过，因此在水处理量相同的情况下，过滤器下部的截面积根本不会减小。在口头审理时，原告声称过滤器上部的密封腔室是本专利的创新之处，但是原告未能陈述具体的理由，并且本专利的权利要求书和说明书也没有说明密封腔室有什么"创新之处"，因此被告对原告的上述主张不予认可。

5. 关于权利要求 4 的创造性

附件 1 中的虹吸管具有倾斜部分，但附件 1 中没有具体公开其和水平面的夹角。被告认为，由流体力学的基本知识可以知晓影响虹吸作用的因素有流体的速度头、位头、压头和沿程阻力损失。根据该基础知识，本领域的技术人员在附件 1 的基础上通过有限的试验很容易就可以得到权利要求 4 的技术方案，而无须付出创造性的劳动。因此，在权利要求 1 和 2 不具备创造性的情况下，权利要求 4 也不具备创造性，不符合《专利法》第二十二条第三款的规定。

原告主张 60 度的虹吸管占地面积小，并可以最大有效地把污水排出去。并且本专利说明书第 4 页第 6~9 行也说明了采用 60 度的虹吸管所能产生的有益效果。对此，被告认为：本领域的技术人员根据流体力学的常识可以预见到采用 60 度虹吸管所能产生的有益技术效果，原告所述的上述技术效果对本领域的技术人员来说都是可以预见的。因此，和水平面成 60 度夹角的虹吸管只是一种常规的技术选择。

被告在法定的举证期限内向本院提交并经庭审质证的证据有：（1）本专利授权公告文本；（2）授权公告日为 1996 年 3 月 13 日、授权公告号为 CN2222162Y（专利号为 ZL95207190.8）的中国实用新型专利说明书（即附件 1）；（3）授权公告日为 1994 年 7 月 20 日、授权公告号为 CN2172285Y（专利号为 ZL93217916.9）的中国实用新型专利说明书（即附件 2），上述证据证明第 10104 号决定认定事实清楚，审理程序合法，适用法律正确。

原告诉称：（1）附件 1、附件 2 公开的技术必须使用四个过滤器对一个储水室的水进行过滤处理，才能达到所需的过滤速度，本专利解决了这一技术难点，仅采用两台过滤器即可对一个储水室的水进行过滤，并能达到所需的过滤速度，占地面积小、成本低；（2）本专利技术方案中通过设置沉淀池，对反冲洗排放的污水进行一次沉淀处理，通过回收沉淀池上部的清液对水资源进行充分利用；（3）本专利过滤器的纵截面呈 T 型，连通过滤器上部密封腔室和下部净水腔室的连通管为半圆形管，该半圆形连通管直接焊接在过滤器的管外壁上，并且该半圆形连通管的上端口直接伸入到所述过滤器上部的密封腔室内，从而大大增加了半圆形连通管的强度，避免其在外力冲击下受到损害；（4）本专利过滤器上部的清水箱为密封腔室，外界污染物无法进入过滤器；（5）本专利采用的虹吸管呈倾斜的 V 型，并且虹吸管的上升管与水平面呈 60 度角倾斜，因为降低了虹吸管在弯曲时的球冠高度，从而加快了虹吸管在弯曲时的球冠高度，从而加快了虹吸管的虹吸速度，进而保证了在只有两个过滤器时仍能完成四个过滤器所完成的水处理量。综上，本专利与附件 1、附件 2 相比具有实质性特点和进步，符合授予专利权的条件，原告请求法院撤销第 10104 号决定，责令被告重新作出无效宣告请求审查决定。

原告向法院提交了三份证据，与被告向法院提交的证据相同，用以证明第 10104 号决定错误。

被告辩称：（1）采用四个或两个过滤器是本领域技术人员根据公知常识很容易想到的；（2）污水回收再利用和沉淀处理均属于本领域的公知常识，因此本领域的技术人员很容易想到将上述区别应用于附件 1。综上，被告坚持无效决定中认定的理由，认为第 10104 号决定认定事实清楚、适用法律正确、审理程序合法，原告的诉讼理由不成立，请求法院依法驳回原告的诉讼请求，维持第 10104 号决定。

第三人同意被告的答辩意见，认为第 10104 号决定认定事实清楚、适用法律正确、审理程序合法，原告的诉讼请求不成立，请求法院驳回原告的诉讼请求，维持第 10104 号决定。

第三人未向法院提交证据。

经庭审质证，原告对被告提交的证据的关联性、合法性、真实性没有异议，但不同意被告主张的证明作用。第三人对被告提交的证据没有异议。被告及第三人对原告提交的证据的关联性、合法性、真实性没有异议，但不同意原告主张的证明作用。本院认为，被告及原告提交证据与被诉第 10104 号决定有关，且合法，各方当事人对其真实性均无异议，能够证明本案的事实，本院予以采纳。

根据上述有效证据及各方当事人在庭审中无争议的陈述，本院确认如下事实：

本案涉及申请日为 2001 年 10 月 29 日，授权公告日为 2002 年 6 月 26 日，专利号为 01266304.2，名称为“水力自动化游泳池高效循环滤机”的实用新型专利权（即本专利）。专利权人是北京市碧波水处理设备厂（即本案原告）。

本专利授权公告时的权利要求书如下：

“1. 一种水力自动化游泳池高效循环滤机，包括有通过水泵与水池直接连通的储水室、过滤器、污水储水器、以及连通过滤器和污水储水器的虹吸管，其特征在于：所述储水室通过两根连通管分别与两个并列设置的过滤器相连通，并且所述储水室高于该两个过滤器；所述连通过滤器和污水储水器的虹吸管与过滤器相连的上升管呈倾斜状。

2. 根据权利要求 1 中所述的循环滤机，其特征在于：所述污水储水器通过连通管连接有一沉淀池，该沉淀池在其上部通过连通管、水泵直接与水池相连通，在其底部设有与外界相连的排污管。

3. 根据权利要求 1 或 2 中所述的循环滤机，其特征在于：所述过滤器的纵截面呈 T 型，同时，连通过滤器上部密封腔室和下部净水腔室的连通管为半圆形管，该半圆形连通管直接焊接在过滤器的管外壁上，并且该半圆形连通管的上端口直接伸入到所述过滤器上部的密封腔室内。

4. 根据权利要求 1 或 2 中所述的循环滤机，其特征在于：所述虹吸管的上升管与水平面呈 60 度倾斜角。”

针对本专利权，第三人于 2007 年 1 月 24 日向被告提出无效宣告请求，认为本专利不符合《专利法》第二十二条第三款的规定，第三人同时提交了如下附件：

附件 1：授权公告日为 1996 年 3 月 13 日、授权公告号为 CN2222162Y（专利号为 ZL95207190.8）的中国实用新型专利说明书，共 6 页；

附件 2：授权公告日为 1994 年 7 月 20 日、授权公告号为 CN2172285Y（专利号为 ZL93217916.9）的中国实用新型专利说明书，共 6 页；

附件 3：第三人与原告于 1996 年 3 月 6 日签订的协议书，复印件共 3 页。

经形式审查合格，被告依法受理了上述无效宣告请求，并于 2007 年 1 月 24 日向第三人和原告发出无效宣告请求受理通知书，同时将专利权无效宣告请求书及其附件清单中所列附件的副本转送给原告，并要求原告在指定的期限内答复。同时成立合议组对本无效宣告请求案进行审理。

针对被告发出的上述无效宣告请求受理通知书，原告于 2007 年 3 月 14 日提交了意见陈述书。原告认为：权利要求 1~4 相对于附件 1 和 2 具备创造性。

被告于 2007 年 3 月 26 日向双方当事人发出无效宣告请求口头审理通知书，定于 2007 年 5 月 14 日在被告处举行口头审理。随同口头审理通知书，将原告于 2007 年 3 月 14 日提交的意见陈述书的副本转送给第三人。

口头审理如期举行，双方当事人均到庭参加了口头审理。

在口头审理中，第三人明确其无效的理由为：权利要求1和2相对于附件1不具备创造性，权利要求3相对于附件1，或者附件1和附件2的结合不具备创造性，权利要求4相对于附件1不具备创造性。附件3（协议书）仅用来说明双方有过协议，不用作评述本专利权利要求创造性的证据。第三人明确表示没有其他的无效理由、证据、范围和证据组合方式。

原告对附件1和2的真实性、公开性没有异议。第三人提交的附件3为复印件，原告对附件3的真实性有异议，第三人没有当庭提交该附件的原件。

至此，被告认为本案事实已经清楚，作出第10104号决定宣告本专利全部无效。原告不服该决定诉至本院。

本院认为，由于原告及第三人在庭审中明确表示对无效决定作出的程序、案由部分的记载、证据和现有技术的认定均无异议，经审查，本院予以确认。本案争议的焦点问题为本专利与附件1、附件2相比较是否具备创造性。根据《专利法》第二十二条第三款的规定，创造性是指同申请日以前已有的技术相比，该发明有突出的实质性特点和显著的进步，该实用新型具有实质性特点和进步。

1. 关于权利要求1的创造性。

权利要求1的技术方案和附件1的区别在于：（a）在权利要求1中，储水室通过水泵和水池直接连通，而附件1中只记载了配水箱有进水管；（b）权利要求1虹吸管一端连接的是过滤器，而附件1中虹吸管的一端连接的是斜板沉淀室；（c）权利要求1的方案包括2个过滤器，而附件1包括4个过滤器。关于区别特征（a），虽然附件1中没有明确说明利用水泵将水池中的水泵送到配水箱中，但是由于配水箱设置在比较高的位置处，所以附件1中的水处理机必然需要利用水泵提供动力将水池中的水泵送到配水箱中，因此可直接地、毫无疑义地推出附件1中的配水箱通过水泵与水池连通；关于区别特征（b），从附图3中可以明显看到虹吸管位于多层过滤室的上游，并且其作用和本专利的相同，都是利用虹吸作用使冲洗过滤器的水流到污水存储装置中。因此，在附件1公开上述信息的基础上，本领域的技术人员很容易想到使虹吸管的一端和多层过滤器相连。关于区别特征（c），由于附件1中过滤器的工作原理、连接方式和本专利的都相同，因此本领域的技术人员在附件1的基础上很容易想到设置2个过滤器的技术方案，这无须付出创造性的劳动，并且其也没有产生预料不到的技术效果。此外，在口头审理时原告也明确表示本专利2个并列的过滤器与附件1中的4个过滤器相比只是数量的区别，没有实质性的区别。因此，本领域的技术人员在附件1的基础上结合本领域的常识很容易想到权利要求1的技术方案，故而权利要求1不具备实质性特点，不符合《专利法》第二十二条第三款有关创造性的规定。

原告认为附件1中的水封箱不能等同于本专利中的污水储水器。由于在附件1中水封箱是和虹吸管相连的，并且从附图3中可以明显看到水封箱的容积大于虹吸管的管径，因此水封箱必然可以起到存储污水的作用。而在本专利中，要保持虹吸管中的负压，实现虹吸作用，一般情况下污水储水器中也是需要形成水封的。由此可见，附件1中水封箱作用与本专利污水储水器的作用是相同的，因此，附件1中的水封箱相当于本专利的污水储水器。

2. 关于权利要求2的创造性

虽然附件1没有公开权利要求2的附加技术特征，但是通过设置沉淀池、水泵来回收利用污水中的部分净水这对本领域的技术人员来说是容易想到的。并且这样设计也没有产生任何意想不到的技术效果，只是起到本领域技术人员预料之中的循环利用水的作用。因此，在权利要求1不具备创造性的情况下，权利要求2也不具备创造性，不符合《专利法》第二十二条第三款的规定。

3. 关于权利要求 3 的创造性

附件 1 没有公开权利要求 3 的下述特征：（1）过滤器的纵截面呈 T 型；（2）过滤器上方的腔室为“密封”状态；（3）连通过滤器上部密封腔室和下部净水腔室的连通管为“半圆形”管，并且该半圆形连通管“直接焊接”在过滤器的管外壁上。将过滤器的纵截面设计成 T 形是一种常规选择，对本领域的技术人员来说这是容易想到的；此外，为了防止过滤后形成的净水受到污染，本领域的技术人员很容易想到将过滤器上部容纳输送净水的腔室设计成密封的；另外，权利要求 3 采用半圆形管替代附件 1 中大致呈矩形的冲洗管只是一种简单的等效替换，二者所起的实际作用相同。而“直接焊接”也是一种常见的连接方式。因此，在附件 1 公开的信息的基础上，本领域的技术人员很容易想到权利要求 3 的技术方案。因此，权利要求 3 不具备创造性，不符合《专利法》第二十二条第三款有关创造性的规定。

4. 关于权利要求 4 的创造性

附件 1 中的虹吸管具有倾斜部分，但附件 1 中没有具体公开其和水平面的夹角。由流体力学的基本知识可以知晓影响虹吸作用的因素有流体的速度头、位头、压头和沿程阻力损失。根据该基础知识，本领域的技术人员在附件 1 的基础上通过有限的试验很容易就可以得到权利要求 4 的技术方案，而无需付出创造性的劳动。因此，在权利要求 1 和 2 不具备创造性的情况下，权利要求 4 也不具备创造性，不符合《专利法》第二十二条第三款的规定。由于本领域的技术人员根据流体力学的常识可以预见到采用 60 度虹吸管所能产生的有益技术效果，故和水平面成 60 度夹角的虹吸管只是一种常规的技术选择。

综上所述，第 10104 号决定认定事实清楚、适用法律正确、审理程序合法，本院应以维持。原告的诉讼请求缺乏事实及法律依据，本院不予支持。据此，本院依照《中华人民共和国行政诉讼法》第五十四条第（一）项之规定，判决如下：

维持被告国家知识产权局专利复审委员会于二〇〇七年六月十九日作出的第 10104 号无效宣告请求审查决定。

案件受理费 100 元，由原告北京市碧波水处理设备厂负担（已交纳）。

如不服本判决，可在判决书送达之日起 15 日内，向本院递交上诉状，并按对方当事人的人数提出副本，预交上诉案件受理费 100 元，上诉于北京市高级人民法院。

审　判　长　齐　莹
代理审判员　乔　军
代理审判员　张靛卿
二〇〇八年一月二十四日
书　记　员　赵　峰

# 北京市高级人民法院
# 行政判决书

（2008）高行终字第236号

上诉人（一审原告）北京市碧波水处理设备厂，住所地北京市通州区南大街122号。

法定代表人刘会本，董事长。

委托代理人陈桢，北京市汉信律师事务所律师。

被上诉人（一审被告）国家知识产权局专利复审委员会，住所地北京市海淀区北四环西路9号。

法定代表人廖涛，副主任。

委托代理人欧岚，女，国家知识产权局专利复审委员会审查员。

委托代理人齐宏涛，男，国家知识产权局专利复审委员会审查员。

被上诉人（一审第三人）北京市沃奇新德水处理设备开发有限责任公司，住所地北京市海淀区莲花池西路16号6000房间。

法定代表人王烨，总经理。

委托代理人王清熙，男，汉族，1938年8月13日出生，北京市沃奇新德水处理设备开发有限责任公司董事长。

委托代理人张利民，男，汉族，1975年1月13日出生，北京市沃奇新德水处理设备开发有限责任公司副总经理。

上诉人北京市碧波水处理设备厂（以下简称碧波厂）因专利无效宣告请求审查决定，不服北京市第一中级人民法院（以下简称一审法院）（2007）一中行初字第1282号行政判决，向本院提起上诉。本院依法组成合议庭，于2008年5月6日公开开庭审理了本案。上诉人碧波厂的委托代理人陈桢，被上诉人国家知识产权局专利复审委员会（以下简称专利复审委）的委托代理人欧岚、齐宏涛，被上诉人北京市沃奇新德水处理设备开发有限责任公司（以下简称沃奇公司）的委托代理人王清熙、张利民到庭参加了诉讼。本案现已审理终结。

2007年6月19日，专利复审委依据《中华人民共和国专利法》（以下简称《专利法》）第二十二条第三款的规定，针对专利权人为碧波厂，名称为“水力自动化游泳池高效循环滤机”的实用新型专利权（以下简称本专利）作出第10104号无效宣告请求审查决定（以下简称被诉决定），宣告本专利全部无效。碧波厂不服被诉决定，在法定期限内向一审法院提起行政诉讼。

一审法院经审理认为，被诉决定认定事实清楚、适用法律正确、审理程序合法。被诉决定认定本专利不具备创造性的结论正确。碧波厂的诉讼请求缺乏事实及法律依据。依照《中华人民共和国行政诉讼法》第五十四条第（一）项之规定，判决维持被诉决定。

碧波厂不服上述一审判决向本院上诉称：上诉人对一审判决涉及权利要求2和权利要求3的认定不服，提出上诉。（1）本专利的权利要求2引用权利要求1，并附加了一些技术特征，形成了一个完整的技术方案。权利要求2和附件1的差别在于：“所述污水储水器通过连通管连接有一沉淀池，该沉淀池在其上部通过连通管、水泵直接与水池相连通，在其底部设有与外界相连的排污管。”由于在上述区别特征中的“污水储水器10”和附件1的“水封箱24”的作用、功能不同，而附件1作为一个完整的技术方案又排斥具有储水功能的部件，换句话说，即使强行在附件1上安装一个“污水储水器10”，也是一个摆设，不能像在本专利中发挥储水和水封的双重作用。因而权利要求2具备创造性。(2) 权利要求 3 中的"过滤器上部密封腔室"的作用并不仅在于密封，还在于提供了更强的压力，具有更好的过滤能力。密封腔室的作用在不论是附件 1 还是其他附件中并没有被提及，因此该技术特征没有被公开，即权利要求 3 具备创造性。请求撤销一审判决，撤销被诉决定。

专利复审委辩称：(1) 通过设置沉淀池和水泵来回收利用污水中的部分净水的这一技术特征本身对本领域技术人员来说是容易想到的，属于本领域常用的技术手段，故本领域的技术人员很容易想到，当处理的污水量大时为利用污水中的净水而改进附件 1 的技术方案，因此现有技术中给出了将上述特征应用到附件 1 中以解决其存在的技术问题的启示。(2) 由于权利要求 3 保护的是一种循环滤机，是一种产品，而该产品中的结构对于本领域的技术人员来说是很容易想到的，那么即使该结构还有其他的作用和效果，也不能够因此使得包括该结构的产品具备创造性。被诉决定认定事实清楚、适用法律正确、审理程序合法，一审法院予以维持正确。请求二审法院驳回上诉，维持一审判决，维持被诉决定。

沃奇公司同意专利复审委的答辩意见，认为第 10104 号决定认定事实清楚、适用法律正确、审理程序合法，碧波厂的上诉请求不成立，请求二审法院驳回上诉，维持一审判决，维持被诉决定。

经审理查明，本专利是申请日为 2001 年 10 月 29 日，授权公告日为 2002 年 6 月 26 日，专利号为 01266304.2，名称为"水力自动化游泳池高效循环滤机"，专利权人是碧波厂的实用新型专利。本专利授权公告时的权利要求书如下：

1. 一种水力自动化游泳池高效循环滤机，包括有通过水泵与水池直接连通的储水室、过滤器、污水储水器、以及连通过滤器和污水储水器的虹吸管，其特征在于：所述储水室通过两根连通管分别与两个并列设置的过滤器相连通，并且所述储水室高于该两个过滤器；所述连通过滤器和污水储水器的虹吸管与过滤器相连的上升管呈倾斜状。

2. 根据权利要求 1 中所述的循环滤机，其特征在于：所述污水储水器通过连通管连接有一沉淀池，该沉淀池在其上部通过连通管、水泵直接与水池相连通，在其底部设有与外界相连的排污管。

3. 根据权利要求 1 或 2 中所述的循环滤机，其特征在于：所述过滤器的纵截面呈 T 型，同时，连通过滤器上部密封腔室和下部净水腔室的连通管为半圆形管，该半圆形连通管直接焊接在过滤器的管外壁上，并且该半圆形连通管的上端口直接伸入到所述过滤器上部的密封腔室内。

4. 根据权利要求 1 或 2 中所述的循环滤机，其特征在于：所述虹吸管的上升管与水平面呈 60 度倾斜角。

针对本专利，沃奇公司于 2007 年 1 月 24 日向专利复审委提出无效宣告请求，认为本专利不符合《专利法》第二十二条第三款的规定，沃奇公司同时提交了如下附件：

附件 1：授权公告日为 1996 年 3 月 13 日、授权公告号为 CN2222162Y (专利号为 ZL95207190.8) 的中国实用新型专利说明书，共 6 页；

附件 2：授权公告日为 1994 年 7 月 20 日、授权公告号为 CN2172285Y (专利号为 ZL93217916.9) 的中国实用新型专利说明书，共 6 页；

附件 3：沃奇公司与碧波厂于 1996 年 3 月 6 日签订的协议书，复印件共 3 页。

经形式审查合格，专利复审委依法受理了上述无效宣告请求，并于 2007 年 1 月 24 日向沃奇公司和碧波厂发出无效宣告请求受理通知书，同时将专利权无效宣告请求书及其附件清单中所列附件的副本转送给碧波厂，并要求碧波厂在指定的期限内答复。同时成立合议组对本无效宣告请求案进行审理。

针对专利复审委发出的上述无效宣告请求受理通知书，碧波厂于 2007 年 3 月 14 日提交了意见陈述书。碧波厂认为：权利要求 1~4 相对于附件 1 和 2 具备创造性。

专利复审委于 2007 年 3 月 26 日向双方当事人发出无效宣告请求口头审理通知书，定于 2007 年 5

月14日在专利复审委处举行口头审理。随同口头审理通知书，将碧波厂于2007年3月14日提交的意见陈述书的副本转送给沃奇公司。

口头审理如期举行，双方当事人均到庭参加了口头审理。在口头审理中，沃奇公司明确其无效的理由为：权利要求1和2相对于附件1不具备创造性，权利要求3相对于附件1，或者附件1和附件2的结合不具备创造性，权利要求4相对于附件1不具备创造性。附件3（协议书）仅用来说明双方有过协议，不用作评述本专利权利要求创造性的证据。沃奇公司明确表示没有其他的无效理由、证据、范围和证据组合方式。

碧波厂对附件1和2的真实性、公开性没有异议。沃奇公司提交的附件3为复印件，碧波厂对附件3的真实性有异议，沃奇公司没有当庭提交该附件的原件。

专利复审委经审查认为，（1）关于证据和现有技术。沃奇公司提交的证据包括附件1和2，均为专利文件，碧波厂对这两份证据的真实性没有异议，专利复审委经审查对上述附件予以确认，附件1和2可以作为本案的证据使用，同时由于附件1和2的公开日期都在本专利的申请日之前，因此附件1和2可以作为本专利的现有技术使用。

沃奇公司未能当庭出示附件3的原件，且碧波厂对附件3的真实性有异议，因此附件3的真实性不能确定，附件3不能作为本案的证据使用。

（2）关于权利要求1的创造性。附件1公开了一种水处理机，与本专利的水力自动化游泳池高效循环滤机属于相同的技术领域。附件1中的水处理机包括（见附件1的权利要求书、说明书第1页倒数第6行至第2页第2行、第2页最后一段和说明书附图1-4）进水管（15）、配水箱（14）、多层过滤室（相当于本专利中的过滤器）、水封箱（附图标记24，相当于本专利中的污水储水器）和虹吸管（包括虹吸上升管9、虹吸斜管8和虹吸下降管7），该虹吸管一端连接与多层过滤器连通的斜板沉淀室，另一端连接水封箱，其作用是利用虹吸作用将反冲洗过滤器的水引导至水封箱中。从附图3中可以看出所述配水箱通过连通管分别和4个并列设置的多层过滤室连通，并且配水箱的位置高于多层过滤室。上述虹吸管包括上升的虹吸斜管（8）。由上可知，权利要求1的技术方案和附件1的区别在于：①在权利要求1中，储水室通过水泵和水池直接连通，而附件1中只记载了配水箱有进水管；②权利要求1虹吸管一端连接的是过滤器，而附件1中虹吸管的一端连接的是斜板沉淀室；③权利要求1的方案包括2个过滤器，而附件1包括4个过滤器。关于区别特征①，专利复审委认为虽然附件1中没有明确说明利用水泵将水池中的水泵送到配水箱中，但是由于配水箱设置在比较高的位置处，所以附件1中的水处理机必然需要利用水泵提供动力将水池中的水泵送到配水箱中，因此可直接地、毫无疑义地推出附件1中的配水箱通过水泵与水池连通；关于区别特征②，从附图3中可以明显看到虹吸管位于多层过滤室的上游，并且其作用和本专利的相同，都是利用虹吸作用使冲洗过滤器的水流到污水存储装置中。因此，在附件1公开上述信息的基础上，本领域的技术人员很容易想到使虹吸管的一端和多层过滤器相连。关于区别特征③，由于附件1中过滤器的工作原理、连接方式和本专利的都相同，因此本领域的技术人员在附件1的基础上很容易想到设置2个过滤器的技术方案，这无须付出创造性的劳动，并且其也没有产生预料不到的技术效果。此外，在口头审理时碧波厂也明确表示本专利2个并列的过滤器与附件1中的4个过滤器相比只是数量的区别，没有实质性的区别。因此，本领域的技术人员在附件1的基础上结合本领域的常识很容易想到权利要求1的技术方案，故而权利要求1不具备实质性特点，不符合《专利法》第二十二条第三款有关创造性的规定。

在口审时，碧波厂认为附件1中的水封箱不能等同于本专利中的污水储水器。专利复审委经审查后认为：在附件1中水封箱是和虹吸管相连的，并且从附图3中可以明显看到水封箱的容积大于虹吸管的管径，因此水封箱必然可以起到存储污水的作用。而在本专利中，要保持虹吸管中的负压，实现虹吸作用，一般情况下污水储水器中也是需要形成水封的。由此可见，附件 1 中水封箱作用与本专利污水储水器的作用是相同的，因此，附件 1 中的水封箱相当于本专利的污水储水器。

（3）关于权利要求 2 的创造性。虽然附件 1 没有公开权利要求 2 的附加技术特征，但是专利复审委认为通过设置沉淀池、水泵来回收利用污水中的部分净水这对本领域的技术人员来说是容易想到的，尤其是在水资源越来越匮乏、人们的节水意识越来越强的当今社会。并且这样设计也没有产生任何意想不到的技术效果，只是起到本领域技术人员预料之中的循环利用水的作用。因此，在权利要求 1 不具备创造性的情况下，权利要求 2 也不具备创造性，不符合《专利法》第二十二条第三款的规定。

（4）关于权利要求 3 的创造性。从附件 1 图 3 的左侧和右侧可以清楚地看到，多层过滤室包括位于水处理机下部的容纳净水的腔室和位于净水腔室上方的腔室，从附图 3 的左侧还可以清楚地看到大致呈矩形的冲洗管（相当于本专利中的连通管）将这些腔室连通在一起，冲洗管的上端口直接深入到多层过滤室的上部腔室内。并且，冲洗管直接连接在过滤器的外壁上。由上可知，附件 1 没有公开权利要求 3 的下述特征：①过滤器的纵截面呈 T 型；②过滤器上方的腔室为“密封”状态；③连通过滤器上部密封腔室和下部净水腔室的连通管为“半圆形”管，并且该半圆形连通管“直接焊接”在过滤器的管外壁上。合议组认为：将过滤器的纵截面设计成 T 形是一种常规选择，对本领域的技术人员来说这是容易想到的；此外，为了防止过滤后形成的净水受到污染，本领域的技术人员很容易想到将过滤器上部容纳输送净水的腔室设计成密封的；另外，权利要求 3 采用半圆形管替代附件 1 中大致呈矩形的冲洗管只是一种简单的等效替换，二者所起的实际作用相同。而“直接焊接”也是一种常见的连接方式。因此，在附件 1 公开的信息的基础上，本领域的技术人员很容易想到权利要求 3 的技术方案。因此，权利要求 3 不具备创造性，不符合《专利法》第二十二条第三款有关创造性的规定。

在口头审理时，碧波厂确认 T 形是指在附图 3 示出的过滤器中，上部（出水口 69 处）直径大，而下方直径小。碧波厂主张这样设计的 T 形截面的过滤器可以减少过滤器的占地面积。但是从附图 3 中可以明显看到，过滤器下部左侧的维修孔 67 和右侧的半圆形连通管 8（按照本专利说明书第 2 页第 16~18 行的说明，该半圆形的管是紧贴在过滤器的管外壁上的）都比过滤器上部还要宽，因此碧波厂的上述主张不能成立。此外，实际上过滤器是否节省占地面积只有在过滤器水处理量相同的情况下比较才有意义。而从本专利的附图 3 中可以看到，污水只是从本专利的碧波厂所声称的过滤器 T 形下部较窄的区域流过，因此在水处理量相同的情况下，过滤器下部的截面积根本不会减小。在口头审理时，碧波厂声称过滤器上部的密封腔室是本专利的创新之处，但是碧波厂未能陈述具体的理由，并且本专利的权利要求书和说明书也没有说明密封腔室有什么“创新之处”，因此专利复审委对碧波厂的上述主张不予认可。

（5）关于权利要求 4 的创造性。附件 1 中的虹吸管具有倾斜部分，但附件 1 中没有具体公开其和水平面的夹角。专利复审委认为，由流体力学的基本知识可以知晓影响虹吸作用的因素有流体的速度头、位头、压头和沿程阻力损失。根据该基础知识，本领域的技术人员在附件 1 的基础上通过有限的试验很容易就可以得到权利要求 4 的技术方案，而无须付出创造性的劳动。因此，在权利要求 1 和 2 不具备创造性的情况下，权利要求 4 也不具备创造性，不符合《专利法》第二十二条第三款的规定。

碧波厂主张 60 度的虹吸管占地面积小，并可以最大有效地把污水排出去。并且本专利说明书第 4 页第 6~9 行也说明了采用 60 度的虹吸管所能产生的有益效果。对此，专利复审委认为：本领域的技术人员根据流体力学的常识可以预见到采用 60 度虹吸管所能产生的有益技术效果，碧波厂所述的上述技术效果对本领域的技术人员来说都是可以预见的。因此，和水平面成 60 度夹角的虹吸管只是一种常规的技术选择。

专利复审委遂于 2007 年 6 月 19 日作出被诉决定，宣告本专利全部无效。

专利复审委在法定的举证期限内向一审法院提交了下列证据：（1）本专利授权公告文本；（2）

附件1；（3）附件2。

碧波厂向一审法院提交的证据与专利复审委向一审法院提交的证据相同。

沃奇公司未向一审法院提交证据。

上述证据均已随案移送本院，经审查上述证据能够证明案件的相关事实，且真实、合法，一审法院予以认定正确，本院予以确认。

本院认为：碧波厂、沃奇公司对被诉决定作出的程序、案由部分的记载、证据和现有技术的认定均无异议；碧波厂对被诉决定中关于本专利权利要求1、4无创造性无异议；经审查，被诉决定对上述问题的认定正确，本院予以确认。在此基础上本案争议的焦点问题是本专利权利要求2、3与附件1、附件2相比较是否具备创造性。

《专利法》第二十二条第三款的规定，创造性是指同申请日以前已有的技术相比，该发明有突出的实质性特点和显著的进步，该实用新型具有实质性特点和进步。

1. 关于本专利权利要求2是否具备创造性的问题。

本专利权利要求2是权利要求1的从属权利要求，其附加的技术特征是：污水储水器通过连通管连接有一沉淀池，该沉淀池在其上部通过连通管、水泵直接与水池相连通，在其底部设有与外界相连的排污管。虽然附件1没有公开权利要求2的附加技术特征，但通过设置污水储水器、沉淀池、水泵来回收利用污水中的部分净水这对本领域的技术人员来说是容易想到的。因此，专利复审委认定在权利要求1不具备创造性的情况下，权利要求2也不具备创造性正确。

2. 关于本专利权利要求3是否具备创造性的问题。

碧波厂对专利复审委认定本专利权利要求3相对于附件1存在下述三项区别技术特征无异议，“（1）过滤器的纵截面呈T型、（2）过滤器上方的腔室为‘密封’状态、（3）连通过滤器上部密封腔室和下部净水腔室的连通管为‘半圆形’管，并且该半圆形连通管‘直接焊接’在过滤器的管外壁上”。碧波厂同时对专利复审委认定区别技术特征（a）、（c）未给权利要求3带来创造性不持异议。

上诉人虽然在二审庭审中强调过滤器上方的腔室为真空的“密封”状态，其提供给水流以更强的压力，使得本专利具有更好的过滤能力，因此，权利要求3具备创造性。但是，过滤器上方的腔室为真空的“密封”状态未在权利要求中写明，也未在说明书中说明，上诉人所称的该技术特征不属于本专利保护的范围，不应予以考虑；如果过滤器上方的腔室为真空状态的密封，则本领域技术人员根据虹吸原理必然会想到过滤器上方的腔室为“密封”状态仅为常压状态的密封，不可能是真空状态。综上，上诉人关于本专利权利要求3具备创造性的理由没有事实依据。专利复审委认定本专利权利要求3不具备创造性的认定正确。

碧波厂认为本专利具备创造性，没有事实依据，本院不予支持。专利复审委作出的被诉决定认定事实清楚，程序合法，适用法律正确，一审法院予以维持正确。依据《中华人民共和国行政诉讼法》第六十一条第（一）项的规定，判决如下：

驳回上诉，维持一审判决。

二审案件受理费人民币100元，由上诉人北京市碧波水处理设备厂负担（已交纳）。

本判决为终审判决。

审 判 长　郭　宜
审 判 员　张学磊
代理审判员　朱海宏
二〇〇八年五月三十日
书 记 员　程钰玮

125

# 镍钛形状记忆合金肠道吻合器

## 无效宣告请求审查决定（第10110号）

**决　定　号**　第10110号
**决　定　日**　2007年6月12日
**发明创造名称**　镍钛形状记忆合金肠道吻合器
**国际分类号**　A61B 17/115
**无效宣告请求人**　尼蒂医学技术有限公司
**专利权人**　杨西群
**专　利　号**　200420041826.4
**申　请　日**　2004年4月26日
**授权公告日**　2005年9月28日
**合议组组长**　张梅珍
**主　审　员**　刘颖杰
**参　审　员**　刘　畅

**法律依据**　专利法第22条第2款、第3款
**决定要点**

涉案专利权利要求的技术方案与对比文件的技术方案存在区别技术特征，而这一区别技术特征是为了解决该专利不同于该对比文件的特定技术问题，并且该区别技术特征的存在使得该专利技术方案相对于该对比文件具有有益的技术效果，据此，该对比文件不能证明该专利不具备新颖性、创造性。

### 一、案由

本无效宣告请求涉及国家知识产权局2005年9月28日授权公告的200420041826.4号、名称为“镍钛形状记忆合金肠道吻合器”的实用新型专利（下称本专利），其专利权人是杨西群，申请日是2004年4月26日。

本专利授权公告的权利要求如下：

“1. 一种镍钛形状记忆合金肠道吻合器，包括吻合器A环（1）和吻合器B环（2），以及设置在吻合器A环（1）与吻合器B（2）环之间的连接，其特征在于：所述吻合器A环（1）、吻合器B环（2）和连接共同形成‘日’字形。

2. 根据权利要求1所述的镍钛形状记忆合金肠道吻合器，其特征在于：所述连接为吻合器A环（1）的右边（4）与吻合器B环（2）的左边（5）的连接（3）。

3. 根据权利要求 1 所述的镍钛形状记忆合金肠道吻合器，其特征在于：所述连接为吻合器 A 环（1）的左边和吻合器 B 环（2）的右边的连接。

4. 根据权利要求 1 或 2 或 3 所述的镍钛形状记忆合金肠道吻合器，其特征在于：所述吻合器 A 环（1）和吻合器 B 环（2）为临床上需要的任何几何形状。

5. 根据权利要求 4 所述的镍钛形状记忆合金肠道吻合器，其特征在于：所述镍钛形状记忆合金肠道吻合器的记忆状态为吻合器 A 环（1）和吻合器 B 环（2）平行闭合状态。

6. 根据权利要求 5 所述的镍钛形状记忆合金肠道吻合器，其特征在于：所述镍钛形状记忆合金肠道吻合器的平行闭合记忆温度为 28~36 摄氏度。

7. 根据权利要求 5 所述的镍钛形状记忆合金肠道吻合器，其特征在于：所述镍钛形状记忆合金肠道吻合器的平行闭合记忆温度为 28~33 摄氏度。

8. 根据权利要求 5 所述的镍钛形状记忆合金肠道吻合器，其特征在于：所述镍钛形状记忆合金肠道吻合器的平行闭合记忆温度为人体体温。”

针对本专利，尼蒂医学技术有限公司（下称请求人）于 2006 年 3 月 9 日向专利复审委员会提出无效宣告请求，认为本专利权利要求 1~5、8 不具备专利法第 22 条第 2 款规定的新颖性，权利要求 1~8不具备专利法第 22 条第 3 款规定的创造性，请求宣告本专利全部无效。

请求人所依据的证据是：美国专利 US6171320B1（下称对比文件 1），其公开日是 2001 年 1 月 9 日，请求人同时提交了该证据的中文译文。

经形式审查合格，专利复审委员会受理了上述无效宣告请求，于 2006 年 5 月 16 日向请求人和专利权人发出无效宣告请求受理通知书，并将请求人提交的《专利权无效宣告请求书》及其所附证据转送给专利权人，告知专利权人应当在收到受理通知书之日起一个月内对该无效宣告请求陈述意见，期满未答复的，不影响专利复审委员会审理。

专利权人在答复期内未提交意见陈述。

专利复审委员会依法成立合议组，合议组于 2007 年 1 月 5 日向请求人和专利权人发出无效宣告请求口头审理通知书，定于 2007 年 3 月 7 日对本案进行口头审理。

口头审理如期举行，请求人委托北京三幸商标专利事务所的专利代理人夏满强、北京龙诚嘉知识产权代理有限公司的郭艳芳出席口头审理，专利权人杨西群参加了口头审理。

在口头审理中，请求人明确无效宣告请求的理由是本专利权利要求 1~5、8 不符合专利法第 22 条第 2 款的规定，权利要求 1~8 不符合专利法第 22 条 3 款的规定；依据的证据是美国第 6171320B1 号专利（下称对比文件 1）。专利权人对于该证据的真实性和其中文译文的准确性均没有异议。

对于本专利不具备新颖性的理由，请求人认为权利要求 1 中所描述的结构特征与对比文件 1 的结构特征是完全相同的。对比文件 1 中的“一对环 12 和 22”对应本专利的 A 环和 B 环，其图中的“1A、1B、1C”可以看出其是一个“日”字形，与本专利“形成日字形”也是相同的。对此，专利权人认为，对比文件 1 中的图 1 是“S”形的，而本专利形成的是“日”字形，“S”形是从长轴连接过来的，而“日”字形是从短轴连接过来的。

请求人认为，对比文件 1 是美国专利，所以不存在“日”字形，只能用“S”形来表示，但对比文件 1 的 1A、2 已经公开了这个“日”字形。而本专利是一个椭圆形，在本专利中并没有提到长轴、短轴连接的问题。

专利权人则坚持认为短轴连接才能构成“日”字，并同时指出，对比文件 1 是手术夹，是用于侧侧吻合的，而本专利是肠道吻合器，是用于端端吻合的，所以两者用处不同。并且对比文件 1 和本专利的材料不同，对比文件 1 只是记忆合金，本专利是镍钛记忆合金，本专利是低温条件下可以打开，高温条件下自动闭合。从原理上讲本专利必须是短轴上的连接，而从性能上讲，长轴连接对肠壁的阻碍很大，本专利的短轴连接对肠壁的阻碍小。专利权人同时承认对比文件1的手术夹从概念上说也算是肠道吻合器。

请求人认为，镍钛材料的记忆合金在本领域是公知的。关于侧侧吻合还是端端吻合的区别，请求人认为其属于使用方法的差别，但使用方法不是实用新型的保护范围，而且应用于端端吻合在本专利的权利要求1中也没有说明。另外，对比文件1中的手术夹也可以用于端端吻合的手术中，其图6就是吻合之后的状态，图4也可以看出其能用于端端吻合。而且，对比文件1包括了长轴、短轴连接的技术方案，这一点从图2A可以看出。而本专利也没有提到长轴或是短轴的连接，而对比文件1中在两个环中有个横断的连接的形状包括了“S”形和“日”字形。

专利权人认为，通过对比文件1的图2就更能看出其是用于侧侧吻合的。长轴连接如果用于端端吻合就很容易造成偏离。以前常规的手术都是侧侧吻合，端端吻合是逐渐发展过来的。对比文件1中的图4也是不可以用于端端吻合的，因为端端吻合如果短轴的半径不同那么就会有两端压的不均衡的情况，会有一端压不住。

对于从属权利要求的新颖性，请求人认为，权利要求2和权利要求3是一个对称的结构，而对比文件1第5页结合附图可以看出其也是一种左右对称的连接，所以权利要求2和权利要求3的所有的技术特征都被对比文件1公开了。权利要求4的技术特征在对比文件1中文译文第7页中已经被完全公开了，权利要求5中“吻合器A环（1）和B环（2）是平行闭合状态”的技术特征也在对比文件1中公开了，且吻合器平行闭合状态是公知常识。另外，对比文件1说明书第6页“转变温度为体温”公开了权利要求8的技术特征，并且“相转变温度”虽不是“平行闭合记忆温度”但是“相转变温度”的上限也是体温。

专利权人认为，对比文件1和本专利的区别就在于连接，权利要求2和权利要求3也是在连接上有特殊的效果。专利权人认为对比文件1中文译文第7页只是说明了手术夹尺寸的大小，但没有公开本专利权利要求4的技术特征。但认可对比文件1公开了平行闭合状态。

同时，专利权人认为对比文件1没有公开权利要求8的技术特征，本专利是“闭合记忆温度为人体体温”，并且对比文件1的“相转变温度”不能是体温。

对于本专利的创造性，请求人认为，权利要求1~5和8由于不具有新颖性，且所公开的内容是在附件1的内容下不需创造性劳动就可以获得的，所以权利要求1~5和8就不具有创造性。权利要求6和7中提到的记忆温度是镍钛材料特有的特性，所以权利要求6和7也不具有创造性。并且镍钛记忆合金可以设定温度也是其自有的特性。

专利权人认为，记忆合金材料的设定温度是人为的，如果设定不当就有可能在温度达不到的情况下会闭合不住，而且从结构上看本专利是短轴连接，其闭合温度的设定也是本专利所特有的。

至此，合议组认为本案事实已经清楚，现作出如下审查决定。

**二、决定的理由**

1. 关于证据

请求人提供的证据对比文件1是美国专利，其公开日期在本专利的申请日之前，专利权人对其真实性没有异议，经核实，对比文件1中公开的内容可以作为本专利的现有技术。另外，请求人提供了对比文件1的中文译文，且专利权人对译文的准确性没有异议，因此对于对比文件1文字公开的内容，以其中文译文为准。

2. 关于新颖性

新颖性，是指申请日以前没有同样的发明或者实用新型在国内外出版物上公开发表过、在国内公开使用过或者以其他方式为公众所知，也没有同样的发明或者实用新型由他人相国务院专利行政部门提出过申请并且记载在申请日以后公布的专利申请文件中。

本专利的技术方案是利用镍钛记忆合金材料的形状记忆功能特性，制作一个闭合并可以随温度改变而开合的双环式吻合器，将肠道的端——端进行吻合。根据权利要求书的内容，其权利要求1所要保护的肠道吻合器包括A环、B环和A、B环之间的连接，并且A环、B环与连接共同形成“日”字形。

对比文件1同样公开了一种形状记忆合金的手术夹，该手术夹也是为了连接空腔器官的两个部分，在其具体实施例中所述的空腔器官即是胃肠道，因此该手术夹和本专利的肠道吻合器属于同一技术领域，并且都用于肠道连接。通过说明书和附图中公开的内容，可以看出对比文件1的手术夹也具有两个环，两环之间有连接线，并且该手术夹的两环与其连接部分共同形成“S”形和“C”形。

对于本专利与对比文件1中两个产品都具有两环及之间的连接线，是不存在疑义的，请求人和专利权人的争议在于本专利的“日”字形与对比文件1中的“S”形和“C”形是否相同。这就涉及“日”字形的含义，由于“‘日’字形”这一词语并非本领域中的一个规范的技术术语，因此无法根据一个技术术语所具有的特定含义对其进行解释；应当理解，专利权人在撰写权利要求时，选择用该词语对本专利的技术特征进行限定，显然是想表达本专利技术方案中的特定含义，因此，应当将该词语放入本专利的具体技术方案中来对其进行理解。根据专利法第56条的规定，说明书及附图可以用于解释权利要求，也就是说，对于这一词语的理解，应当根据本专利说明书及附图来进行，并且既不能扩大，也不能缩小。

按照上述原则，根据本专利说明书及附图公开的内容，“‘日’字形”的含义应当如下：该肠道吻合器为椭圆形且该连接线位于短轴位置。而相比之下，对比文件1公开的手术夹虽然也是椭圆形，但从图1C可以看出，“S”形手术夹的连接部分位于椭圆短轴与长轴之间的位置；而从图2C可以看出，“C”形手术夹的连接部分位于偏离椭圆中心的位置，因此对比文件1公开的手术夹两环的连接线均不是位于短轴位置，其手术夹的结构与本专利权利要求1的技术方案存在区别。

由于本专利权利要求1的技术方案与对比文件1存在区别，因此具备新颖性；又本专利从属权利要求2~5、8均从属或间接从属于权利要求1，因此相对于对比文件1，从属权利要求2~5、8也具备新颖性。

3. 关于创造性

创造性，是指同申请日以前以有的技术相比，该发明有突出的实质性特点和显著的进步，该实用新型有实质性特点和进步。

如前所述，本专利的技术方案与对比文件1存在区别，而本专利是否具备创造性，就在于该区别是否具备实质性特点，是否给本专利带来了与对比文件1不同的技术效果。

根据专利权人所述和本专利说明书中公开的内容，可以看出本专利的肠道吻合器是用于将肠道通过“端—端”的连接方式进行吻合连接的，并且根据专利权人的叙述，本专利采用将连接线设在椭圆的短轴位置正是为了配合“端—端”的连接方式，这种结构可以提供最大限度的加压力度，同时最小限度的减小连接线对肠壁组织的阻碍作用。

而根据对比文件1中所公开的内容，可以看出其中对肠道连接是采取了“侧—侧”连接的方式，同时根据其文字及附图的内容可知，采用这种连接方式需要在肠道壁上开洞，在连接时要将手术夹的连接线穿过两肠道上的洞，以实现连接。在这种连接方式下，并不要求连接线位于椭圆的中间位置，并且为了达到好的连接效果，手术夹的连接线要达到较大的长度，以提供较大的加压力度，而对比文件1的手术夹采取的是“S”形与“C”形的结构，正是为了达到上述效果，显然，发明者认为这种结构在“侧—侧”连接中是适合的结构。根据上述分析可知，本专利和对比文件 1 中涉及的技术方案对肠道吻合采取的是不同的连接方式，在这一前提下，两者采用的吻合器（手术夹）的结构也存在区别。虽然从两者的结构上看，这种区别似乎并不是很大，但这种区别的产生是为了适应不同的应用，因而不能简单的认定这种区别是没有实质性特点的。并且，根据对比文件 1 所述，采用“侧—侧”连接方式，要在肠道壁上开洞，并且还需要通过手术封闭肠道部分的开口端；而本专利中所述的“端—端”连接则不需开洞和缝合，相比较之下“端—端”连接的方式存在有益的技术效果。

请求人主张对比文件 1 的图 4 也公开了“端—端”连接的方式，但这是没有依据的。对比文件 1 中图 4 可以明显看出其是采用了“侧—侧”连接的方式，并且对比文件 1 的其他部分也没有涉及采用“端—端”连接的叙述。请求人还主张本专利权利要求 1 中并没有限定“端—端”连接的方式，并且实用新型也是不保护方法的。对于这一点，合议组认为，虽然本专利权利要求 1 中没有提及“端—端”连接的方式，其对肠道吻合器的具体结构的限定，就是为了适应“端—端”连接方式的这种应用，这一点在本专利说明书中也有明确的叙述，本专利并未要求保护一种方法，而是要求保护一种适用这种方法的产品，并且这种产品也与现有技术的产品在结构上存在区别，而正是由于这种结构上的区别使其可以适用于具有更好技术效果的方法。

由上述的理由，请求人认为本专利权利要求 1 的技术方案与对比文件 1 的技术方案不存在区别的主张不能成立，本专利权利要求的技术方案与对比文件 1 的技术方案存在区别，而这一区别是为了解决本专利不同于对比文件 1 的特定技术问题，并且由于该区别特征的存在使得本专利技术方案相对于对比文件 1 具有有益的技术效果，据此，对比文件 1 尚不能证明本专利不具备新颖性、创造性。因此，对于请求人认为本专利权利要求 1 不具备创造性而应当宣告无效的请求，合议组不予支持。

由于本专利权利要求 1 具备创造性，而其从属权利要求 2~8 均从属或间接从属于权利要求 1，因此相对于对比文件 1，从属权利要求 2~8 也具备创造性。

**三、决定**

维持 200420041826.4 号实用新型专利权有效。

当事人对本决定不服的，可以根据专利法第 46 条第 2 款的规定，自收到本决定之日起三个月内向北京市第一中级人民法院起诉。根据该款规定，一方当事人起诉后，另一方当事人应当作为第三人参加诉讼。

126

# 强化木地板及其制造方法

## 无效宣告请求审查决定（第10112号）

**决　定　号**　第10112号
**决　定　日**　2007年6月21日
**发明创造名称**　强化木地板及其制造方法
**国际分类号**　B32B 21/02，B27M 3/04，E04F 15/02
**无效宣告请求人**　王秀锋
**专利权人**　葛跃进
**专　利　号**　03112761.4
**申　请　日**　2003年1月22日
**授权公告日**　2004年12月8日
**合议组组长**　朱文广
**主　审　员**　赵　明
**参　审　员**　刘　犟

**法律依据**　专利法第22条第3款
**决定要点**

判断一项技术方案相对于现有技术是否显而易见的关键在于现有技术中是否存在着将该技术方案中的技术特征组合在一起的技术启示。

### 一、案由

本无效宣告请求涉及中华人民共和国国家知识产权局于2004年12月8日授权公告的、名称为“强化木地板及其制造方法”的发明专利权（以下简称本专利），其专利号是03112761.4，申请日是2003年1月22日，专利权人是葛跃进。本专利授权公告时的权利要求书如下：

“1. 一种强化木地板，具有地板主体（1）和分处于地板主体（1）四侧的榫和槽（2、3），地板主体（1）具有纤维板（11）和设置在纤维板（11）底面上的平衡纸层（12）；其特征在于：纤维板（11）的上表面由与底面相平行的行走面（1-1）和行走面（1-1）两侧边缘的向下倾斜的斜面（1-2）组成，纤维板（11）上表面上粘接有木纹纸层（13），木纹纸层（13）上粘接有耐磨纸层（14），且木纹纸层（13）和耐磨纸层（14）在纤维板（11）的整个上表面上整体连续分布。

2. 根据权利要求1所述的强化木地板，其特征在于：地板的斜面的倾斜角 $\alpha$ 为16.5°~20.5°，深度h为0.55mm~0.65mm。

3. 根据权利要求2所述的强化木地板，其特征在于：地板的长度a为800~1285mm，宽度b为80mm~140mm、厚度c为8mm~13mm；平衡纸层（12）和耐磨纸层（14）中的起粘接作用的成分为三聚氰胺胶；纤维板（11）为中密度纤维板或高密度纤维板。

4. 一种制造权利要求1所述的强化木地板的方法，其特征在于：它具有如下步骤：

①在热压机的下模钢板上按由下而上的次序设置平衡纸（12）、纤维板（11）、木纹纸（13）以及耐磨纸（14）；热压机的上模钢板是其工作面上具有间隔距离宽窄相间的‘V’形凸筋的钢板，热压机通过具有‘V’形凸筋的上模钢板对平衡纸（12）、纤维板（11）、木纹纸（13）和耐磨纸（14）施压，在温度为190~200℃、压力20~25MPa的条件下保压25~45秒，而使平衡纸（12）、纤维板（11）、木纹纸（13）和耐磨纸（14）依次粘接，同时在纤维板（11）、木纹纸（13）和耐磨纸（14）上一次性模压出‘V’形凹槽（1-22），形成具有间隔距离宽窄相间的‘V’形凹槽的大板，大板宽度中心线两侧的‘V’形凹槽间的距离为窄距f；②用锯板设备将具有‘V’形凹槽的大板锯成所需尺寸的小片，并沿其各‘V’形凹槽窄距之间的中心线锯开，每一小片两侧各具有‘V’形凹槽；③进行码堆时效养生，养生时间为至少八天；④在小片四侧加工形成纵向和横向的榫和槽，而得到成品；此时小片两侧的‘V’形凹槽只保留一半，左右两侧每侧的半个‘V’形凹槽即为地板主体左右两侧边缘的斜面（1-2）。

5. 根据权利要求4所述的制造强化木地板的方法，其特征在于：平衡纸（12）由原纸经过主要成分为三聚氰胺的胶液浸渍后制得；耐磨纸（14）为在原纸上喷涂三氧化二铝微粒后再经过主要成分为三聚氰胺的胶液浸渍后制得；纤维板（11）为中密度纤维板或高密度纤维板；步骤②小片的边缘直线度控制在0.1mm/m以内。

6. 一种强化木地板，具有地板主体（1）和处于地板主体（1）四侧的榫（2）和槽（3），地板主体（1）具有纤维板（11）和设置在纤维板（11）底面上的平衡纸层（12）；其特征在于：纤维板（11）的上表面由与底面相平行的行走面（1-1）和行走面（1-1）两侧边缘的向下倾斜的斜面（1-2）组成，纤维板（11）上表面的行走面（1-1）上依次设有木纹纸层（13-1）和耐磨纸层（14-1），并依次粘接，两侧边缘的向下倾斜的斜面（1-2）上粘接固定有木纹纸层（13-2），木纹纸层（13-2）上固化有树脂清漆层（14-2）。

7. 根据权利要求6所述的强化木地板，其特征在于：地板的斜面的倾斜角 $\alpha$ 为16.5°~20.5°，深度h为0.55mm~0.65mm。

8. 根据权利要求6所述的强化木地板，其特征在于：平衡纸层（12）和耐磨纸（14-1）中的起粘接作用的成分为三聚氰胺胶；纤维板（11）为中密度纤维板或高密度纤维板；树脂清漆层所用的树脂清漆为单组分UV树脂清漆；地板的长度a为800mm~1285mm，宽度b为80mm~140mm、厚度c在8mm~13mm。

9. 一种制造权利要求6所述的强化地板的方法，其特征在于：它具有如下步骤：

①在热压机的下模钢板上按由下而上的次序设置平衡纸（12）、纤维板（11）、木纹纸（13-1）以及耐磨纸（14-1）；热压机通过光面或浮雕的模压钢板对平衡纸（12）、纤维板（11）、木纹纸（13-1）和耐磨纸（14-1）施压，在温度为180~200℃、压力为20~25MPa的条件下保压25~45秒，而使平衡纸（12）、密度纤维板（11）、木纹纸（13-1）和耐磨纸（14-1）依次粘接，形成平面大板；②用锯板设备将大板锯成所需尺寸的小片；③进行码堆时效养生，养生时间为至少八天；④在小片四侧加工形成纵向和横向的榫和槽；⑤在设有榫和槽的小片工作面左右两侧加工形成斜面，斜面上粘贴木纹纸（13-2），表面喷涂树脂清漆；树脂清漆干燥后，则制得成品。

10. 根据权利要求9所述的制造强化木地板的方法，其特征在于：平衡纸（12）由原纸经过主要成分为三聚氰胺的胶液浸渍后制得；耐磨纸（14-1）为在原纸上喷涂三氧化二铝微粒后再经过主要成分为三聚氰胺的胶液浸渍后制得；纤维板（11）为中密度纤维板或高密度纤维板；树脂清漆采用单组分 UV 树脂清漆；步骤②小片的边缘直线度控制在 0.1mm/m 以内。”

针对本专利权，王秀锋（以下简称请求人）于 2006 年 4 月 11 日向专利复审委员会提出无效宣告请求，认为本专利的权利要求 1 不符合专利法第 22 条第 2 款、专利法第 33 条的规定、权利要求 1~10 不符合专利法第 22 条第 3 款的规定，请求人同时提交了如下附件：

附件 1：授权公告日为 2003 年 2 月 26 日、授权公告号为 CN2537533Y（专利号为 02227083.3）的中国实用新型专利说明书，共 10 页；

附件 2：授权公告日为 2002 年 1 月 16 日、授权公告号为 CN2471504Y（专利号为 01234913.5）的中国实用新型专利说明书，共 7 页；

附件 3：授权公告日为 2003 年 8 月 13 日、授权公告号为 CN2565893Y（专利号为 02277124.7）的中国实用新型专利说明书，共 6 页；

附件 4：特开 2001-193267 号日本公开特许公报，公开日为 2001 年 7 月 17 日，共 9 页；

附件 5：特开 2000-265652 号日本公开特许公报，公开日为 2000 年 9 月 26 日，共 6 页；

附件 6：特开 2002-349049 号日本公开特许公报，公开日为 2002 年 12 月 4 日，共 7 页；

附件 7：特开平 7-266305 号日本公开特许公报，公开日为 1995 年 10 月 17 日，共 4 页；

附件 8：特开平 8-11104 号日本公开特许公报，公开日为 1996 年 1 月 16 日，共 3 页；

附件 9：特开 2001-152652 号日本公开特许公报，公开日为 2001 年 6 月 5 日，共 5 页；

附件 10：特开 2002-339556 号日本公开特许公报，公开日为 2002 年 11 月 27 日，共 7 页；

附件 11：特开 2000-210909 号日本公开特许公报，公开日为 2000 年 8 月 2 日，共 3 页；

附件 12：申请日为 2001 年 1 月 12 日、申请人为地板材料工业有限公司、公开日为 2003 年 8 月 13 日、公开号为 CN1436268A（专利申请号为 01811117.3）的中国发明专利申请公开说明书，共 19 页；

附件 13：申请日为 2001 年 6 月 12 日、申请人为地板材料工业有限公司、公开日为 2003 年 8 月 13 日、公开号为 CN1436267A（专利申请号为 01811116.5）的中国发明专利申请公开说明书，共 16 页；

附件 14：授权公告日为 2002 年 2 月 20 日、授权公告号为 CN2477733Y（专利号为 00262828.7）的中国实用新型专利说明书，共 5 页；

附件 15：公开日为 1991 年 4 月 3 日、公开号为 CN1050422A（专利申请号为 90105951.X）的中国发明专利申请公开说明书，共 7 页；

附件 16：授权公告日为 2000 年 3 月 15 日、授权公告号为 CN2368905Y（专利号为 99204810.9）的中国实用新型专利说明书，共 7 页；

附件 17：授权公告日为 2000 年 3 月 29 日、授权公告号为 CN2371259Y（专利号为 99234350.X）的中国实用新型专利说明书，共 5 页；

附件 18：公开日为 1970 年 8 月 12 日、公开号为 1202324 的英国专利文献，共 3 页；

附件 19：平 3-33362 号日本公开特许公报，公开日为 1991 年 2 月 13 日，共 4 页；

附件 20：特开平 7-88992 号日本公开特许公报，公开日为 1995 年 4 月 4 日，共 5 页；

附件 21：特开 2001-96512 号日本公开特许公报，公开日为 2001 年 4 月 10 日，共 10 页；

附件 22：特开 2001-260107 号日本公开特许公报，公开日为 2001 年 9 月 25 日，共 3 页；

附件 23：特开 2002-355910 号日本公开特许公报，公开日为 2002 年 12 月 10 日，共 5 页；

附件 24：EP1262607B1 号欧洲专利文献，公开日为 2002 年 12 月 4 日，公告日为 2004 年 9 月 22 日，共 7 页；

附件 25：特开平 7-305486 号日本公开特许公报，公开日为 1995 年 11 月 21 日，共 6 页；

附件 26：《浸渍纸层压木质地板》国家标准 GB/T 18102-2000，2000 年 5 月 19 日发布、2000 年 8 月 1 日实施，封页复印件，共 3 页；

附件 27："发展强化复合地板"，《木材工业》2000 年 1 月第 14 卷第 1 期，第 21~23 页复印件，共 3 页；

附件 28："强化复合地板及其发展趋势"，《林业科技开发》2001 年第 15 卷 5 期，第 11~13 页复印件，共 3 页；

附件 29："三层实木复合地板性能特点及工艺关键"，《林业科技》2001 年 5 月第 26 卷第 3 期，第 40~42 页复印件，共 3 页；

附件 30：中华工商联合出版社出版、发行的《圣象品牌整合策划纪实》，2000 年 3 月第 1 版第 1 次印刷，封页、版权页、第 36~37 页复印件，共 2 页；

附件 31：中国林业出版社出版、张勤丽编著的 1986 年 8 月第 1 版第 1 次印刷的《人造板表面装饰》封页、版权页、目录、第 91~94 页、第 99~106 页、第 121~128 页、第 188 页、第 150~151 页、第 190~192 页、第 195~196 页复印件，共 33 页；

附件 32：特开 2001-329680 号日本公开特许公报，公开日为 2001 年 11 月 30 日，共 9 页；

附件 33：特开平 5-39664 号日本公开特许公报，公开日为 1993 年 2 月 19 日，共 4 页；

附件 34：特开 2001-357963 号日本公开特许公报，公开日为 2001 年 12 月 26 日，共 6 页；

附件 35：本专利的申请公开说明书；

附件 36：本专利的授权说明书。

请求人认为：（1）权利要求 1 相对于附件 1、附件 5 不具备新颖性。（2）附件 27 与权利要求 1 的区别仅在于耐磨层、装饰层以及芯层上没有斜面，而附件 2、8、10、22、23 都给出了在地板组坯之后通过热压模具在地板上热压出斜面的技术启示，因此权利要求 1 相对于附件 27 和附件 2 的结合、附件 27 和附件 8 的结合、附件 27 和附件 10 的结合、附件 27 和附件 22 的结合、附件 27 和附件 23 的结合不具备创造性。附件 5 与权利要求 1 的区别仅在于纤维板上的装饰层和耐磨层不是连续分布到纤维板及其斜面上，而附件 8 公开了一种用凹凸模板使装饰板形成表面与凹槽连续设置的方法，附件 10 给出了在斜面上设置连续的木纹纸层和耐磨纸层的技术启示，因此权利要求 1 相对于附件 5 和附件 8 的结合、附件 5 和附件 10 的结合不具备创造性。当附件 4 作为最接近的现有技术，权利要求 1 相对于附件 4 和附件 27 的结合、附件 4 和附件 28 的结合以及附件 4 和附件 30 的结合不具备创造性。当附件 2 作为最接近的现有技术，权利要求 1 相对于附件 2 和附件 26 的结合不具备创造性。（3）权利要求 2 的附加技术特征是对具体尺寸的限定，但上述限定对本领域的技术人员来说是很容易想到的，因此在权利要求 1 不具备创造性的情况下，从属权利要求 2 也不具备创造性。（4）权利要求 3 所限定的地板的长、宽、高等尺寸范围是本领域技术人员的常用选择范围，因此权利要求 3 也不具备创造性。（5）附件 27 公开了强化复合地板的基本工艺，权利要求 4 的制造方法是生产强化木地板的最基本方法，因此权利要求 4 相对于附件 27 不具备创造性。（6）权利要求 5 的附加技术特征是公知常识或本领域技术人员通过实验可以确定，因此在权利要求 4 不具备创造性的情况下，权利要求 5 也不具备创造性。（7）权利要求 6 与附件 2、4 或 5 的区别特征均为公知常识或是本领域的技术人员容易想到的，因此权利要求 6 相对于附件 2、附件 4 或附件 5 不具备创造性。（8）权利要求 7、8 的附加技术特征是本领域的常规选择，因此在权利要求 6 不具备创造性的情况下，权利要求 7、8 也不具备创造性。（9）附件 5 公开的地板的制造方法与权利要求 9 的制造方法实质相同，因此权利要求 9 相对于附件 5 不具备创造性。（10）权利要求 10 的附加技术特征是公知常识或本领域技术人员通过实验可以确定，因此在权利要求 9 不具备创造性的情况下，权利要求 10 也不具备创造性。（11）由本专利公开文本的权利要求 1 得不到本专利权利要求 1 的技术方案，因此本专利的权利要求 1 不符合专利法第 33 条的规定。

请求人于 2006 年 5 月 11 日向专利复审委员会提交了意见陈述书，并补充了无效宣告的理由和证据，其中补充的证据为（顺序编号）：

附件 37：附件 4 的中文译文，共 9 页；

附件 38：附件 5 的中文译文，共 9 页；

附件 39：附件 6 的中文译文，共 4 页；

附件 40：附件 7 的中文译文，共 4 页；

附件 41：附件 8 的中文译文，共 3 页；

附件 42：附件 9 的中文译文，共 5 页；

附件 43：附件 10 的中文译文，共 9 页；

附件 44：附件 11 的中文译文，共 3 页；

附件 45：附件 18 的中文译文，共 2 页；

附件 46：附件 19 的中文译文，共 4 页；

附件 47：附件 20 的中文译文，共 5 页；

附件 48：附件 21 的中文译文，共 15 页；

附件 49：附件 22 的中文译文，共 4 页；

附件 50：附件 23 的中文译文，共 5 页；

附件 51：附件 24 的中文译文，共 5 页；

附件 52：附件 25 的中文译文，共 6 页；

附件 53：附件 32 的中文译文，共 10 页；

附件 54：附件 33 的中文译文，共 5 页；

附件 55：附件 34 的中文译文，共 7 页。

请求人认为：附件 28 作为最接近的对比文件，权利要求 1 与附件 28 的区别技术特征被附件 3、4、6、7、9、10、11、16、18、19 或 21 公开，因此权利要求 1 相对于附件 28 和附件 10 的结合、附件 28 和附件 4 的结合、附件 28 和附件 3 的结合、附件 28 和附件 6 的结合、附件 28 和附件 7 的结合、附件 28 和附件 9 的结合、附件 28 和附件 11 的结合、附件 28 和附件 16 的结合、附件 28 和附件 18 的结合、附件 28 和附件 19 的结合、附件 28 和附件 21 的结合不具备创造性；附件 14 与权利要求 1 的区别仅在于没有斜面，而附件 3、6、7、9、11、16、18、19、21 都给出了在地板上设有斜面的启示，因此权利要求 1 相对于附件 14 与上述证据的结合不具备创造性；附件 24 作为最接近的现有技术时，权利要求 1 相对于附件 24 和附件 25、附件 24 和附件 32、附件 24 和附件 33、附件 24 和附件 34 的结合不具备创造性；权利要求 2、3 的附加技术特征是公知常识，并且附件 5、17 中公开了权利要求 2 的部分技术特征，附件 5、28 中公开了权利要求 3 的部分技术特征，因此在权利要求 1 不具备创造性的情况下，从属权利要求 2、3 也不具备创造性；权利要求 6 与附件 28 的区别技术特征已被附件 12、13、15、20 及公知常识所公开，因此权利要求 6 相对于附件 28 和附件 12 的结合、附件 28 和附件 13 的结合、附件 28、附件 20 以及附件 15 的结合不具备创造性；权利要求 7 的具体理由同权利要求 2，在权利要求 6 不具备创造性的情况下，权利要求 7 也不具备创造性；权利要求 8 的具体理由同权利要求 3，在权利要求 6 不具备创造性的情况下，权利要求 8 也不具备创造性。

经形式审查合格，专利复审委员会依法受理了上述无效宣告请求，并于 2006 年 7 月 31 日向请求人和专利权人发出无效宣告请求受理通知书，同时将专利权无效宣告请求书及其附件清单中所列附件的副本，以及请求人于 2006 年 5 月 11 日提交的补充意见及其附件清单中所列附件的副本转送给专利权人，并要求专利权人在指定的期限内陈述意见。

针对专利复审委员会发出的上述无效宣告请求受理通知书，专利权人于 2006 年 9 月 13 日提交了意见陈述书。

专利权人认为：附件 1 没有记载本专利权利要求 1 的强化木地板在由行走面以及位于行走面两侧边缘的斜面构成的整个表面上设有连续分布的耐磨纸层，整个耐磨纸层下面对应设有木纹纸层这一技术特征，附件 5 没有记载木纹纸层（13）和耐磨纸层（14）连续地覆盖着地板行走面（1-1）和两侧边缘的斜面（1-2）这一技术特征，因此权利要求 1 相对于附件 1、附件 5 具备新颖性；权利要求 1 相对于附件 27 与其他证据的结合具备创造性；权利要求 1 相对于附件 5 与其他证据的结合具备创造性；权利要求 1 相对于附件 4 与其他证据的结合具备创造性；权利要求 1 相对于附件 2 和附件 26 与其他证据的结合具备创造性；在本专利权利要求 1 具备创造性的情况下，其从属权利要求 2 和 3 具备创造性；附件 27 不能否定本专利权利要求 4 的创造性；在本专利权利要求 4 具备创造性的情况下，其从属权利要求 5 也具备创造性；权利要求 6 相对于附件 2、附件 4 或附件 5 具备创造性；在本专利的权利要求 6 具备创造性的情况下，其从属权利要求 7、8 也具备创造性；权利要求 9 的技术方案相对于附件 5 具备创造性；在本专利权利要求 9 具备创造性的情况下，其从属权利要求 10 也具备创造性；修改后的权利要求 1 没有超出原权利要求书及说明书的范围，符合专利法第 33 条的规定。

专利复审委员会依法成立合议组。

本案合议组于 2006 年 9 月 25 日向双方发出无效宣告请求口头审理通知书，定于 2006 年 11 月 6 日在专利复审委员会举行口头审理。随同口头审理通知书，将专利权人于 2006 年 9 月 13 日提交的意见陈述书转送给请求人。

口头审理如期举行，双方当事人均参加了口头审理。

在口头审理中，专利权人当庭提交了一份意见陈述书和反证 1：《木地板技术标准汇编》封面页、封底页、目录、第 4~5 页、23~24 页、37~38 页复印件，2004 年 5 月第一次印刷。合议组当庭将其转交给请求人，请求人对其真实性没有异议。

请求人明确其无效宣告的理由为本专利不符合专利法第 22 条第 3 款的规定，所涉及的权利要求及证据的使用方式如下，其中所使用的外文证据的内容以 2006 年 5 月 11 日补交的中文译文为准：

① 权利要求 1 相对于下述附件的组合不具备创造性：附件 27 和附件 2 的组合、附件 27 与附件 8 的组合、附件 27 和附件 10 的组合、附件 27 和附件 22 的组合、附件 27 和附件 23 的组合，上述组合方式中附件 27 为最接近的对比文件；

附件 5 和附件 8 的组合、附件 5 和附件 10 的组合，上述组合方式中附件 5 为最接近的对比文件；

附件 4 和附件 27 的组合、附件 4 和附件 28 的组合，上述组合方式中附件 4 为最接近的对比文件；

附件 28 和附件 10 组合，附件 28 和附件 4 组合，附件 28 和附件 7 组合，附件 28 和附件 9 组合，上述组合方式中附件 28 为最接近的对比文件；

附件 14 和附件 7 组合，附件 14 和附件 9 组合，上述组合方式中附件 14 为最接近的对比文件。

② 权利要求 2 的创造性：在权利要求 1 不具备创造性的基础上，其附加技术特征被公知常识或者附件 5 公开。

③ 权利要求 3 的创造性：在权利要求 2 不具备创造性的基础上，其附加技术特征被附件 5、附件 28 或者附件 26~29 之一及公知常识的组合公开。

④ 权利要求 4 的创造性：用附件 27 来评价权利要求 4 的创造性。

⑤ 权利要求 5 的创造性：在权利要求 4 不具备创造性的基础上，其附加技术特征被附件 26~29 之一公开。

⑥ 权利要求 6 的创造性：附件 4 或附件 5 单独使用、附件 28 和附件 12 的组合、附件 28 和附件 13 的组合、附件 28 和附件 20 及附件 15 的组合来评价权利要求 6 的创造性。

⑦ 权利要求 7 的创造性：在权利要求 6 不具备创造性的基础上，其附加技术特征是公知常识。

⑧ 权利要求 8 的创造性：在权利要求 6 不具备创造性的基础上，其附加技术特征被附件 26~29 之一公开。

⑨ 权利要求 9 的创造性：用附件 5 评价权利要求 9 的创造性。

⑩ 权利要求 10 的创造性：在权利要求 9 不具备创造性的基础上，其附加技术特征被附件 26~29 之一公开。

请求人放弃本专利不符合专利法第 22 条第 2 款和专利法第 33 条的无效理由。

请求人使用附件 31 的第 150~151 页说明权利要求 6 中的树脂清漆是公知常识，并确认放弃未使用的其他附件。

专利权人对上述所使用证据的真实性以及中文译文的准确性没有异议。

至此，合议组认为本案事实已经清楚，可以作出审查决定。

**二、决定的理由**

1. 关于证据和现有技术：

请求人在口审中明确所使用的证据包括附件 2、4、5、7~10、12~15、20、22、23、26~29、31，专利权人对上述附件的真实性没有异议，同时由于上述附件为公开出版物，且其中除附件 12、13 外，其他附件的公开日期在本专利的申请日前，因此可以作为本专利的现有技术使用。

附件 12、13 是他人于本专利的申请日之前向专利局提出申请并在本专利申请日之后公布的专利文件，只能用来评述本专利的新颖性。因此，对于请求人依据附件 12、13 提出的创造性的无效理由合议组不予支持。

请求人确认所使用的外文证据的内容以 2006 年 5 月 11 日补交的中文译文为准，专利权人对上述证据的中文译文也没有异议，因此附件 4、5、7~10、20、22、23 的公开内容以其中文译文为准。

2. 关于创造性：

创造性，是指同申请日以前已有的技术相比，该发明有突出的实质性特点和显著的进步。

判断一项技术方案相对于现有技术是否显而易见的关键在于现有技术中是否存在着将该技术方案中的技术特征组合在一起的技术启示。

本专利涉及一种强化木地板及其制作方法，该地板在铺设时相邻地板间不会产生角棱且具有仿实木地板的效果，权利要求 1 采用的技术方案为：一种强化木地板，具有地板主体和分处于地板主体四侧的榫和槽，地板主体具有纤维板和设置在纤维板底面上的平衡纸层，纤维板的上表面由与底面相平行的行走面和行走面两侧边缘的向下倾斜的斜面组成，纤维板上表面上粘接有木纹纸层，木纹纸层上粘接有耐磨纸层，且木纹纸层和耐磨纸层在纤维板的整个上表面上整体连续分布。

（1）权利要求 1 的创造性。

①附件 27 为最接近的对比文件：

附件 27 公开了强化复合地板的结构及制造工艺，其中公开的标准型（通用型）强化复合地板由耐磨层、装饰层、芯层及平衡层组成，其中芯层为中、高密度纤维板，平衡纸（平衡层）胶粘在芯层底面，芯层的上表面胶贴表层纸（耐磨层）和装饰纸（装饰层）（参见附件 27 第 21 页左栏）。其与权利要求1相比，没有公开以下技术特征：地板主体四侧的榫和槽；纤维板的上表面由行走面及行走面两侧边缘向下倾斜的斜面组成；木纹纸层和耐磨纸层在纤维板的整个上表面上整体连续分布。

附件2公开了一种浸渍纸层压木质地板，包括表层、基材（相当于本专利中的纤维板）和底层，在其周边开有凹槽和榫舌，在表层周边形成宽0.1~5mm并比表层其余部分低0.05~4mm的台阶，该台阶与表层其余部分之间用弧面或斜面过渡（参见附件2权利要求1，图2、4）。由此可见，附件2的木质地板所产生的斜面位于表层上，其在基材的表面没有产生任何变形，即附件2没有给出“纤维板的上表面由行走面及行走面两侧边缘向下倾斜的斜面组成”和“木纹纸层和耐磨纸层在纤维板的整个上表面上整体连续分布”的技术启示，由于地板主体上表面两侧边缘具有斜面，给地板铺设带来方便，视觉上更加平整、美观，同时斜面上具有的纹理图案在外观上可以达到实木地板的效果，而且具有强化木地板耐磨损、阻燃、价格低、使用寿命长等优点，即这些区别技术特征的引入使得权利要求1要求保护的技术方案产生了有益的效果。因此权利要求1相对于相对于附件27和附件2的组合具备突出的实质性特点和显著的进步，符合专利法第22条第3款的规定。

附件8公开了一种化妆板，目的在于不但保持木质纤维板的柔软性，而且不容易破断。它是在木质纤维板的表面通过热硬化性树脂粘合剂放上化妆薄板后，用凹凸的整形模板将其热压成型，在木质纤维板的表面形成凹凸的同时，在凹下去的部位填上热硬化树脂粘合剂（参见附件8权利要求书及附图）。可见，附件8公开的不是强化复合地板，至少没有记载“纤维板的上表面由行走面及行走面两侧边缘向下倾斜的斜面组成”和“木纹纸层和耐磨纸层在纤维板的整个上表面上整体连续分布”等技术特征。

附件10公开了一种地板材料及所制成的地板，由此构成的地板在其沟部具有耐水性、装饰板不易剥落、具有进深感等特点。其是把具有木纹图案的装饰板3，粘贴在矩形木质类基体材料2的一面上，并在粘贴了装饰板3侧的四周边缘部分形成用装饰面板覆盖的斜面4；在各地板材料1之间的接合部，形成用装饰板覆盖的沟部，在地板材料1的侧部，通过对木质类基体材料2进行实加工，形成可以相互嵌合的母实5和公实6；为了提高表层的耐擦伤性、耐磨性和耐污染性，在装饰板3的表面设置表面保护层（参见附件10第0007-0017段，图1、2）。由此可见，附件10公开的不是强化复合地板，其也没有公开“木纹纸层和耐磨纸层在纤维板的整个上表面上整体连续分布”等技术特征。

附件22公开了一种软木层地板，能够防止地板表面不平整产生的异常感觉，同时提高步行的舒适感及方便铺设施工。该地板由软木层1a作为上层材料，橡胶或木质材料制成的芯板1b作为下层，叠加构成整体地板1，在其断面具有倒角4a（参见附件22第0004-0007段，图3）。可见，附件22公开的不是强化复合地板，其也没有公开“木纹纸层和耐磨纸层在纤维板的整个上表面上整体连续分布”等技术特征。

附件23公开了一种阻燃装饰板，以无机发泡体及粘合剂为主体阻燃性基材，铺设浸渍热固化性树脂的纸层，经热压成型，在成型时在装饰板的边缘形成倒角。可见，附件22公开的不是强化复合地板，其至少没有公开“木纹纸层和耐磨纸层在纤维板的整个上表面上整体连续分布”等技术特征。

综上所述，附件8、10、22、23所涉及的均不属于强化复合地板，而且都没有公开“木纹纸层和耐磨纸层在纤维板的整个上表面上整体连续分布”这一技术特征，即上述附件均没有给出“木纹纸层和耐磨纸层在纤维板的整个上表面上整体连续分布”的技术启示，由于上述区别技术特征的存在，使本专利权利要求1请求保护的强化复合地板在外观上可以达到实木地板的效果，而且具有强化木地板耐磨损、阻燃、价格低、使用寿命长等优点，即这些区别技术特征的引入使得权利要求1要求保护的技术方案产生了有益的效果。因此权利要求1相对于相对于附件27和附件8的组合、附件27和附件10的组合、附件27和附件22的组合、附件27与附件23的组合具备突出的实质性特点和显著的进步，符合专利法第 22 条第 3 款的规定。

②附件 5 为最接近的对比文件：

附件 5 公开了一种耐磨性好不易擦伤且施工性能优良的木质地板，木质纤维板作为基体材料，基体材料的表面用浸渍三聚氢胺树脂的纸叠加，构成型纸板和平衡纸一体化的地板，地板主体在其表面侧的四边棱角部位施行轻倒角加工，地板主体的残余厚度上刻画多个平行于短边的凹沟，地板主体的四周端面上形成可以嵌合的雄实部和雌实部。为了进一步提高表面的耐磨耗性、耐药性，型纸板的表面可以叠加覆盖纸（参见附件 5 第 0004-0016 段，图 1）。可见，附件 5 公开的不是强化复合地板，同时也没有公开“木纹纸层和耐磨纸层在纤维板的整个上表面上整体连续分布”等技术特征。

由上面的评述可知，附件 8 和附件 10 所公开的也不是强化复合地板，并且也没有公开“木纹纸层和耐磨纸层在纤维板的整个上表面上整体连续分布”这一技术特征，即上述附件均没有给出“木纹纸层和耐磨纸层在纤维板的整个上表面上整体连续分布”的技术启示，由于上述区别技术特征的存在，使本专利权利要求 1 请求保护的强化复合地板在外观上可以达到实木地板的效果，而且具有强化木地板耐磨损、阻燃、价格低、使用寿命长等优点，即这些区别技术特征的引入使得权利要求 1 要求保护的技术方案产生了有益的效果。因此权利要求 1 相对于相对于附件 5 和附件 8 的组合、附件 5 和附件 10 的组合具备突出的实质性特点和显著的进步，符合专利法第 22 条第 3 款的规定。

③附件 4 为最接近的对比文件：

附件 4 公开了一种地板材用装饰材料，包括由电离射线固化型树脂形成的表面保护层 21、合成树脂制成的透明片材 22、木质基体材料 3 和合成树脂制成的防潮片材 4。在表面具有 V 型槽 10，表面侧角部位加工出斜面 11，木质基体材料 3 的侧面设有相互配合的凹口实体 12 和凸出实体 13。该地板通过在基材上加工出 V 型槽和边缘斜面，粘结表面保护层 21、合成树脂制成的透明片材 22 和合成树脂制成的防潮片材 4 形成，这样保护层 21 和合成树脂片材 22 在地板的行走面、上表面上的 V 型槽和行走面边缘的斜面上连续分布（参见附件 4 第 0011-0034 段，图 1-4）。可见，附件 4 公开的不是强化复合地板，它的结构也不同于本专利的四层结构，因此并没有公开“木纹纸层和耐磨纸层在纤维板的整个上表面上整体连续分布”等技术特征。

附件 27 公开了强化复合地板的结构及制造工艺，由前面的论述可知，它也没有公开“木纹纸层和耐磨纸层在纤维板的整个上表面上整体连续分布”这一技术特征。

附件 28 介绍了强化复合地板及其发展趋势，其中公开的标准型（通用型）强化复合地板由耐磨层（表层纸或透明纸）、装饰层（印刷纸）、芯层（HDF）及平衡层组成。该地板通过树脂浸渍、组坯、热压、裁板等工序后，将裁好的板子进行榫槽加工（参见附件 28 第 2、3 节）。可见，附件 28 也没有公开“木纹纸层和耐磨纸层在纤维板的整个上表面上整体连续分布”这一技术特征。

综上，附件 27 和附件 28 均没有公开“木纹纸层和耐磨纸层在纤维板的整个上表面上整体连续分布”这一技术特征，即上述附件均没有给出“木纹纸层和耐磨纸层在纤维板的整个上表面上整体连续分布”的技术启示，由于上述区别技术特征的存在，使本专利权利要求 1 请求保护的强化复合地板在外观上可以达到实木地板的效果，而且具有强化木地板耐磨损、阻燃、价格低、使用寿命长等优点，即这些区别技术特征的引入使得权利要求 1 要求保护的技术方案产生了有益的效果。因此权利要求 1 相对于相对于附件 4 和附件 27 的组合、附件 4 和附件 28 的组合具备突出的实质性特点和显著的进步，符合专利法第 22 条第 3 款的规定。

④附件 28 为最接近的对比文件：

附件 28 介绍了强化复合地板及其发展趋势，其中公开的标准型（通用型）强化复合地板由耐磨层（表层纸或透明纸）、装饰层（印刷纸）、芯层（HDF）及平衡层组成。该地板通过树脂浸渍、组坯、热压、裁板等工序后，将裁好的板子进行榫槽加工（参见附件28第2、3节）。其与权利要求1相比，没有公开以下技术特征：纤维板的上表面由行走面及行走面两侧边缘向下倾斜的斜面组成；木纹纸层和耐磨纸层在纤维板的整个上表面上整体连续分布。

附件7公开了一种建筑板，该建筑板在基材的上面做出凹沟2及倒角3，基材上黏合的木纹板积层4热加压后完全覆盖基材的表面，形成的建筑板凹沟及倒角处的复合板基材不会露出，又可以在使用油漆时颜色均匀，不产生色差（参见附件7第0005-0012段，图1-3）。可见，附件7所公开的不是强化复合地板，它的结构也不同于本专利的四层结构，因此并没有公开“木纹纸层和耐磨纸层在纤维板的整个上表面上整体连续分布”等技术特征。

附件9公开了一种地板，该地板通过在基板1形成条沟5或端部边缘6上形成R面后，通过粘接剂把突起板2重叠在基板1上，再把具有与R面相吻合形状面的缓冲材料设置在凸起板2上进行热压，这样形成的地板可以避免基板从条沟或端部周围边缘露出，从而防止水分渗入产生的翘曲、裂缝、凸起等（参见附件9第0005-0023段，图1-3）。可见，附件9所公开的不是强化复合地板，它的结构也不同于本专利的四层结构，因此并没有公开“木纹纸层和耐磨纸层在纤维板的整个上表面上整体连续分布”等技术特征。

由前面的评述可知，附件4和附件10公开的均不是强化复合地板，它们的结构也不同于本专利的四层结构，因此也没有公开“木纹纸层和耐磨纸层在纤维板的整个上表面上整体连续分布”等技术特征。

综上，附件4、附件7、附件9和附件10均没有公开“木纹纸层和耐磨纸层在纤维板的整个上表面上整体连续分布”这一技术特征，即上述附件均没有给出“木纹纸层和耐磨纸层在纤维板的整个上表面上整体连续分布”的技术启示，由于上述区别技术特征的存在，使本专利权利要求1请求保护的强化复合地板在外观上可以达到实木地板的效果，而且具有强化木地板耐磨损、阻燃、价格低、使用寿命长等优点，即这些区别技术特征的引入使得权利要求1要求保护的技术方案产生了有益的效果。因此权利要求1相对于相对于附件28和附件4的组合、附件28和附件7的组合、附件28和附件9的组合、附件28和附件10的组合具备突出的实质性特点和显著的进步，符合专利法第22条第3款的规定。

⑤附件14为最接近的对比文件：

附件14公开了一种耐水耐磨强化复合地板，由耐磨表层1、装饰层2、单木板层积塑合板基材3、平衡层4、弹性橡胶层5组成，耐磨表层1、装饰层2、单木板层积塑合板基材3、平衡层4先热压黏合在一起，再裁成一定规格并在其四边铣出互相咬合的榫槽（参见附件14说明书及附图）。其与权利要求1相比，没有公开以下技术特征：纤维板的上表面由行走面及行走面两侧边缘向下倾斜的斜面组成；木纹纸层和耐磨纸层在纤维板的整个上表面上整体连续分布。

由前面的评述可知，附件7和附件9公开的均不是强化复合地板，它们的结构也不同于本专利的四层结构，因此也没有公开“木纹纸层和耐磨纸层在纤维板的整个上表面上整体连续分布”等技术特征。

综上，附件7和附件9均没有公开“木纹纸层和耐磨纸层在纤维板的整个上表面上整体连续分布”这一技术特征，即上述附件均没有给出“木纹纸层和耐磨纸层在纤维板的整个上表面上整体连续分布”的技术启示，由于上述区别技术特征的存在，使本专利权利要求1请求保护的强化复合地板在外观上可以达到实木地板的效果，而且具有强化木地板耐磨损、阻燃、价格低、使用寿命长等优点，即这些区别技术特征的引入使得权利要求1要求保护的技术方案产生了有益的效果。因此权利要求1相对于相对于附件14和附件7的组合、附件14和附件9的组合具有突出的实质性特点和显著的进步，符合专利法第22条第3款的规定。

（2）权利要求2、3的创造性。

请求人认为在权利要求1不具备创造性的基础上，权利要求2的附加技术特征为公知常识或者被附件5公开；在权利要求2不具备创造性的基础上，权利要求3的附加技术特征被附件5、附件28或者附件26~29之一及公知常识的组合公开，因此权利要求2、3不具备创造性。

显然，基于同权利要求1的评述，请求人关于权利要求2、3不具备创造性的无效请求也不能成立。

（3）权利要求4、5的创造性。

附件27中公开了强化复合地板的制造工艺，其基本流程为组坯、热压、冷却、进料、金属探测、规格下料、纵裁、横裁、开榫、检验、成品、包装入库；在热压步骤通常采用低压周期工艺，热压温度为160~180℃、热压压力为2.5~4.0MPa、热压时间为30~40s（参见附件27第2节）。

与权利要求4相比，附件27没有公开：热压机的上模钢板是其工作面上具有间隔距离宽窄相间的“V”形凸筋的钢板；热压机通过具有“V”形凸筋的上模钢板同时在纤维板（11）、木纹纸（13）和耐磨纸（14）上一次性模压出“V”形凹槽（1-22），形成具有间隔距离宽窄相间的“V”形凹槽的大板；将具有V形凹槽的大板沿其各“V”形凹槽窄距之间的中心线锯开，每一小片两侧各具有“V”形凹槽，左右两侧每侧的半个“V”形凹槽即为地板主体左右两侧边缘的斜面（1-2）；进行码堆时效养生，养生时间为至少八天。同时附件27与权利要求4中的热压温度、热压压力也不相同：附件27中热压温度为160~180℃、热压压力为2.5~4.0MPa，权利要求4中热压温度为190~200℃、热压压力为20~25MPa。

由于上述区别特征的存在，使得按照权利要求4要求保护的工艺方法制造的强化复合地板具有“纤维板的上表面由行走面及行走面两侧边缘向下倾斜的斜面组成”和“木纹纸层和耐磨纸层在纤维板的整个上表面上整体连续分布”的技术特征，由于地板主体上表面两侧边缘具有斜面，给地板铺设带来方便，视觉上更加平整、美观，同时斜面上具有的纹理图案在外观上可以达到实木地板的效果，而且具有强化木地板耐磨损、阻燃、价格低、使用寿命长等优点，即权利要求4要求保护的技术方案产生了有益的效果。因此权利要求4相对于相对于附件27具备突出的实质性特点和显著的进步，符合专利法第22条第3款的规定。

请求人认为在权利要求4不具备创造性的基础上，其附加技术特征被附件26~29之一公开，因此权利要求5不具备创造性。

显然，基于同权利要求4的评述，请求人关于权利要求5不具备创造性的无效请求不能成立。

（4）权利要求6~8的创造性。

①附件4公开了一种地板材用装饰材料，其耐擦伤性、耐磨耗性及耐水性优异，该地板材包括由电离射线固化型树脂形成的表面保护层21、合成树脂制成的透明片材22、木质基体材料3和合成树脂制成的防潮片材4。在表面具有V型槽10，表面侧角部位加工出斜面11，木质基体材料3的侧面设有相互配合的凹口实体12和凸出实体13。该地板通过在基材上加工出V型槽和边缘斜面，粘结表面保护层21、合成树脂制成的透明片材22和合成树脂制成的防潮片材4形成，这样保护层21和合成树脂片材22在地板的行走面、上表面上的V型槽和行走面边缘的斜面上连续分布（参见附件4第0011~0034段，图1-4）。

与权利要求6相比，存在以下区别技术特征：权利要求6中表层为耐磨纸层、耐磨纸层下面为木纹纸层，两侧边缘的斜面粘接有木纹纸层，木纹纸层上固化树脂清漆层；附件4中基体材料的上面为电离射线固化型树脂形成的表面保护层21和合成树脂制成的透明片材22，保护层21和合成树脂片材

22 在地板的行走面、上表面上的 V 型槽和行走面边缘的斜面上连续分布。

由于附件 4 所公开的并不是本专利权利要求 6 要求保护的强化木地板，其结构实际上与本专利的四层结构不同，并没有给出应用上述区别技术特征的技术启示，而且请求人使用附件 31 也仅证明了使用树脂清漆是本领域的公知常识，因此，权利要求 6 的技术方案对本领域的技术人员来说是非显而易见的。由于本专利地板主体上表面两侧边缘具有斜面，在斜面上通过粘贴木纹纸层，不仅给地板铺设带来方便，视觉上更加平整、美观，同时斜面上具有的纹理图案在外观上可以达到实木地板的效果，而且具有强化木地板耐磨损、阻燃、价格低、使用寿命长等优点，即权利要求 6 要求保护的技术方案产生了有益的效果。因此权利要求 6 相对于相对于附件 4 具备突出的实质性特点和显著的进步，符合专利法第 22 条第 3 款的规定。

②附件 5 公开了一种耐磨性好不易擦伤且施工性能优良的木质地板，木质纤维板作为基体材料，基体材料的表面用浸渍三聚氢胺树脂的纸叠加，构成型纸板和平衡纸一体化的地板，地板主体在其表面侧的四边棱角部位施行轻倒角加工，地板主体的残余厚度上刻画多个平行于短边的凹沟，地板主体的四周端面上形成可以嵌合的雄实部和雌实部。为了进一步提高表面的耐磨耗性、耐药性，型纸板的表面可以叠加覆盖纸（参见附件 5 第 0004-0016 段，图 1）。

由此可见，附件 5 没有公开两侧边缘的斜面粘接有木纹纸层，木纹纸层上固化树脂清漆层等技术特征。同时附件 31 也仅能够证明使用树脂清漆是本领域的公知常识，因此，附件 5 没有给出地板边缘的斜面粘接有木纹纸层的技术启示，权利要求 6 的技术方案对本领域的技术人员来说是非显而易见的。由于本专利地板主体上表面两侧边缘具有斜面，在斜面上通过粘贴木纹纸层，不仅给地板铺设带来方便，视觉上更加平整、美观，同时斜面上具有的纹理图案在外观上可以达到实木地板的效果，而且具有强化木地板耐磨损、阻燃、价格低、使用寿命长等优点，即权利要求 6 要求保护的技术方案产生了有益的效果。因此权利要求 6 相对于相对于附件 5 具备突出的实质性特点和显著的进步，符合专利法第 22 条第 3 款的规定。

③附件 28 介绍了强化复合地板及其发展趋势，其中公开的标准型（通用型）强化复合地板由耐磨层（表层纸或透明纸）、装饰层（印刷纸）、芯层（HDF）及平衡层组成。该地板通过树脂浸渍、组坯、热压、裁板等工序后，将裁好的板子进行榫槽加工（参见附件 28 第 2、3 节）。与权利要求 6 相比，存在以下区别技术特征：地板主体的上表面由行走面和行走面两侧边缘的向下倾斜的斜面组成；两侧边缘的向下倾斜的斜面上粘接固定有木纹纸层，木纹纸层上固化有树脂清漆层。

请求人认为权利要求 6 相对附件 28 和附件 12 的组合、附件 28 和附件 13 的组合不具备创造性，由于附件 12、13 仅能用来评价本专利的新颖性，因此合议组对上述组合方式中的附件 12、13 不予支持。由于本专利地板主体上表面两侧边缘具有斜面，在斜面上通过粘贴木纹纸层，不仅给地板铺设带来方便，视觉上更加平整、美观，同时斜面上具有的纹理图案在外观上可以达到实木地板的效果，而且具有强化木地板耐磨损、阻燃、价格低、使用寿命长等优点，即权利要求 6 要求保护的技术方案产生了有益的效果。因此权利要求 6 相对于附件 28 具备突出的实质性特点和显著的进步，符合专利法第 22 条第 3 款的规定。

附件 20 公开了一种地板，由基材 2 和装饰地板 3 构成，装饰地板 3 由层合木质基板粘贴装饰片构成，在装饰片的切除面采用刷或辊等涂覆和切除面相同的颜色，或者采用转移印刷、贴装饰片等表面处理（参见附件 20 第 0018-0022 段，图 1、2）。

附件 15 公开了一种模压菱镁粉木质墙地板，由菱镁粉、木屑、卤液、细砂、滑石粉、防水剂、颜料、玻璃纤维、表层及罩面涂料等原辅材料经模压、喷涂而成（参见附件 15 权利要求书）。

由此可见，附件 20、15 所涉及的均不是强化木地板，也没有公开"地板主体的上表面由行走面和行走面两侧边缘的向下倾斜的斜面组成”和“两侧边缘的向下倾斜的斜面上粘接固定有木纹纸层，木纹纸层上固化有树脂清漆层”等技术特征，虽然附件31能够证明使用树脂清漆是本领域的公知常识，但上述附件没有给出地板边缘的斜面粘接有木纹纸层的技术启示，权利要求6的技术方案对本领域的技术人员来说是非显而易见的。由于本专利地板主体上表面两侧边缘具有斜面，在斜面上通过粘贴木纹纸层，不仅给地板铺设带来方便，视觉上更加平整、美观，同时斜面上具有的纹理图案在外观上可以达到实木地板的效果，而且具有强化木地板耐磨损、阻燃、价格低、使用寿命长等优点，即权利要求6要求保护的技术方案产生了有益的效果。因此权利要求6相对于附件28和附件20及附件15的组合具备突出的实质性特点和显著的进步，符合专利法第22条第3款的规定。

请求人认为在权利要求6不具备创造性的基础上，权利要求7的附加技术特征是公知常识，权利要求8的附加技术特征被附件26~29之一公开。

显然，基于同权利要求6的评述，请求人关于权利要求7、8不具备创造性的无效请求不能成立。

（5）权利要求9的创造性。

附件5公开了木质地板的制造方法，在木质纤维板的表里面叠合浸渍了三聚氰氨树脂的型版纸和平衡纸，通过热压法使其与木质纤维板形成一体化的大版面的三聚氰氨装饰板，再用切割法将其切割为多块地板主体，在地板主体四个端面加工出实部，在表面侧的四个棱角部位施行轻倒角加工，通常情况下，热压的温度为160~190℃，压力为15~30kg/cm$^2$，时间为30~90秒。

与权利要求9相比，没有公开以下技术特征：进行码堆时效养生，养生时间为至少八天；斜面上粘贴木纹纸（13-2），表面喷涂树脂清漆。同时附件5与权利要求9中的热压压力也明显不相同：附件5中热压压力为15~30kg/cm$^2$，权利要求9中热压压力为20~25MPa。

虽然附件31能够证明使用树脂清漆是本领域的公知常识，但上述附件没有给出地板边缘的斜面粘接有木纹纸层的技术启示，同时热压压力的明显不同也没有证据表明是本领域的常规技术手段，因此权利要求9的技术方案对本领域的技术人员来说是非显而易见的。通过在地板主体上表面两侧边缘的斜面上通过粘贴木纹纸层，不仅给地板铺设带来方便，视觉上更加平整、美观，同时斜面上具有的纹理图案在外观上可以达到实木地板的效果，而且具有强化木地板耐磨损、阻燃、价格低、使用寿命长等优点，即权利要求9要求保护的技术方案产生了有益的效果。因此权利要求9相对于相对于附件5具备突出的实质性特点和显著的进步，符合专利法第22条第3款的规定。

请求人认为在权利要求9不具备创造性的基础上，权利要求10的附加技术特征被附件26~29之一公开。

显然，基于同权利要求9的评述，请求人关于权利要求10不具备创造性的无效请求不能成立。

根据以上事实和理由，本案合议组作出如下审查决定。

**三、决定**

维持03112761.4号发明专利权有效。

当事人对本决定不服的，可以根据专利法第46条第2款的规定，自收到本决定之日起3个月内向北京市第一中级人民法院起诉。根据该款的规定，一方当事人起诉后，另一方当事人应当作为第三人参加诉讼。

127

# 铆接土工格室

## 无效宣告请求审查决定（第 10124 号）

**决　　定　　号**　第 10124 号
**决　　定　　日**　2007 年 6 月 19 日
**发明创造名称**　铆接土工格室
**国 际 分 类 号**　E02D 17/20
**无效宣告请求人**　常州市鹏腾土工复合材料工程有限公司
**专　利　权　人**　高　红
**专　　利　　号**　200420041737. X
**申　　请　　日**　2004 年 3 月 16 日
**授 权 公 告 日**　2005 年 3 月 9 日
**合 议 组 组 长**　王桂莲
**主　　审　　员**　彭　燕
**参　　审　　员**　张　曦

**法　律　依　据**　专利法第 22 条第 2 款、第 3 款
**决　定　要　点**

由他人在该申请的申请日以前向专利局提出并且在申请日以后（含申请日）公布的同样的发明或者实用新型专利申请，仅能用于评述该申请日提出的专利申请的新颖性，不能与其他文献结合评述该申请的创造性。

### 一、案由

本无效宣告请求涉及中华人民共和国国家知识产权局于 2005 年 3 月 9 日授权公告的、名称为“铆接土工格室”的 200420041737. X 号实用新型专利（下称本专利），申请日是 2004 年 3 月 16 日，专利权人是高红。该专利授权公告时的权利要求书如下：

“1. 一种铆接土工格室，由相邻条带等距交错结合形成网状的格室，条带的宽度即为格室的高度；其特征在于：条带经过拉伸成为拉伸条带（1），拉伸强度为原条带的 7～8 倍，条带的宽度为 5～20公分，相邻条带（1）之间的结合处由连接件（3）铆接固定。

2. 根据权利要求 1 所述的铆接土工格室，其特征在于：所述连接件（3）内设有金属夹层（4），在连接件（3）上并列开有通孔，通孔由相贯通的小孔（6）和大孔（7）组成；相邻拉伸条带（1）的结合处分别由对称的连接件（3）前后将条带夹住，抽芯金属铆钉（5）穿过连接件（3）上的通孔将相邻拉伸条带（1）铆接固定。”

针对本专利权，常州市鹏腾土工复合材料工程有限公司（下称请求人）于2006年6月12日向专利复审委员会提出无效宣告请求，其提出无效宣告请求的理由和范围是：权利要求1~2相对于如下证据不具备新颖性和创造性，不符合专利法第22条第2~3款的规定：

证据1：ZL03200271.8实用新型专利说明书，其授权公告日为2005年4月20日；

证据2：ZL03232909.1实用新型专利说明书，其申请日为2003年1月17日，授权公告日为2004年6月2日，专利权人为周吉遂、熊庆宜和秦光华；

证据3：ZL01216990.0实用新型专利说明书，其授权公告日为2002年4月3日。

结合上述附件，请求人认为：（1）证据1的塑料土工格室、证据2的加强筋土工格室均完全公开了本专利权利要求1相同的结构，因此本专利权利要求1不具备新颖性；（2）结合证据1~3以及本领域普通技术人员的普通知识可知，将连接件设置成本专利权利要求2的结构是一种惯常设计，因此本专利权利要求2不具备创造性。

经形式审查合格，专利复审委员会依法受理了上述无效宣告请求，并于2006年6月14日向双方当事人发出无效宣告请求受理通知书，随同无效宣告请求受理通知书将专利权无效宣告请求书及其附件清单中所列附件的副本转送给专利权人。

请求人于2006年7月18日向专利复审委员会提交意见陈述及补充证据：

证据4：公开号为CN1441126A的发明专利申请公开说明书，其公开日为2003年9月10日；

证据5：ZL98202728.1号实用新型专利说明书，其授权公告日为1999年6月23日；

证据6：ZL00259064.6号实用新型专利说明书，其授权公告日为2001年9月12日；

证据7：ZL97221293.0号实用新型专利说明书，其授权公告日为1999年1月27日。

请求人指出：将证据4~6与原先提供的证据1~3以及本领域普通技术人员的普通知识结合可知，以上证据均公开了本专利的全部结构，本专利不具备新颖性和创造性。

专利权人于2006年7月28日向专利复审委员会提交意见陈述及如下附件：

附件1：国家知识产权局于2006年2月27日针对本专利作出的实用新型专利检索报告复印件共4页；

附件3：2003年8月25日由中华人民共和国国家质量监督检验检疫总局发布的、于2004年2月1日实施的《中华人民共和国国家标准——土工合成材料　塑料土工格室》（GB/T19274—2003）复印件共10页；

附件4：2004年4月16日由中华人民共和国交通部发布的于2004年7月15日实施的《中华人民共和国交通行业标准——公路工程土工合成材料　土工格室》（JT/T516—2004）复印件共10页；

附件5：声称为浙江省交通规划设计研究院的衢州至南平高速公路（浙江段）“填方路基防护工程设计图”复印件1页，其上载明日期为“2003.11”；

附件6：ZL03200271.8号实用新型专利说明书，其授权公告日为2005年4月20日（同请求人提交的证据1）；

附件7：贵州省贵阳市中级人民法院（2006）筑民三初字第24号民事判决书复印件5页；

附件8：声称为“京珠国道主干线安阳至新乡高速公路改扩建工程第一合同段”的“新老路基衔接处理设计图（三）”复印件，其上载明日期为“2005.03”、并载有“中交第一公路勘察设计研究院　河南省高速公路发展有限责任公司”字样；

附件9：本专利说明书；

附件10：声称为本专利产品的部分用户意见的复印件6页；

附件11：注册号为6201001800272（1/1）“兰州耐特工程科技有限公司（高新技术企业）”营

业执照副本复印件 1 页。

专利权人并未提交意见陈述书附件清单中列出的附件 2 “我公司技术手册复印件”。

专利权人以证据 1 作为本专利的对比专利进行了详细的对比，认为：（1）本专利权利要求 1 的“拉伸条带”与证据 1 的“单向拉伸后的条形塑料格室片”比较，本专利权利要求 1 中非常明确地对拉伸条带进一步限定了“拉伸强度为原条带的 7~8 倍”，该限定是一个与以前的现有技术相比的质变控制点，对拉伸强度没有明确的数值要求就不能够确认最终产品的技术指标；另外，本专利权利要求 1 在“相邻拉伸条带（1）之间的结合处由连接件（3）铆接固定”，而证据 1 “用连接夹夹住格室片材的连接部位，将定位栓插入连接孔内固定格室片材后焊接连接部位”，这对产品的应用环境和连接点的力量都要有更高的要求，故认为本专利权利要求 1 具备新颖性和创造性。（2）本专利权利要求 2 的附加技术特征是对连接件的刚性支撑的要求，其连接件内裹金属条；而证据 1 是在点超声波焊接技术的基础上发展格室的高度，节省材料，故认为本专利权利要求 2 具备新颖性和创造性。专利权人在意见陈述书中还对证据 1 的真实性提出了质疑，认为虽然证据 1 的申请日早于本专利的，但未经实审。另外，专利权人在意见陈述书中还结合附件 2、3、4、5 说明了有关土工格室的现有技术及本专利的产品使用情况。

针对上述无效宣告请求，专利复审委员会依法成立合议组。本案合议组于 2006 年 10 月 10 日向双方当事人发出无效宣告请求口头审理通知书，指出本案定于 2006 年 11 月 24 日举行口头审理。随同口头审理通知书，将请求人于 2006 年 7 月 18 日提交的意见陈述书和补充证据的副本转送给专利权人，并将专利权人 2006 年 7 月 28 日的答复意见及其所提交附件的副本转送给请求人。

口头审理如期举行，双方当事人均参加了口头审理。在口头审理中，请求人明确其无效理由和范围为：本专利权利要求 1 和 2 相对于证据 1 至证据 7 不符合专利法第 22 条第 2 款、第 3 款关于新颖性、创造性的规定。请求人当庭提交了如下证据作为公知常识的证据使用：

证据 8：2001 年 3 月第 1 次印刷的《土工合成材料制造技术及性能》的复印件共 10 页，包括封面页、版权信息页等，

合议组当庭将证据 8 的复印件副本转送给专利权人。请求人当庭提交了证据 8 的原件。专利权人对证据 1~8 的真实性表示无异议。合议组当庭告知请求人：证据 4~7 为自提出无效宣告请求之日起一个月之后提交的证据，已经超出了专利法实施细则第 66 条规定的一个月的举证期限，不予接受。请求人明确表示放弃证据 1 作为证据使用、而证据 4~7 仅作为参考。

合议组当庭告知专利权人未收到附件 2，请求人表示对附件 1、附件 3~11 的真实性无异议。专利权人当庭表示仅使用附件 3、附件 4 作为证据；明确表示放弃附件 1、附件 2、附件 5~11，不作为证据使用。

在口头审理中，请求人认为：（1）证据 2 已经公开了本专利权利要求 1 的全部技术特征，其中证据 2 的栅带对应于本专利权利要求 1 的拉伸条带，本专利权利要求 1 相对证据 2 不具备新颖性，认可证据 2 没有公开本专利权利要求 1 “拉伸强度为原条带的 7~8 倍”的技术特征，但认为其不是实用新型的保护范围，而且证据 2 的发明目的是工程受力强度高，因此其条带拉伸强度势必能够达到为原条带的 7~8 倍。（2）本专利权利要求 2 的附加技术特征均为公知常识，相对证据 3 不具备创造性：证据 3 公开了复合土工格室铆接专用铆钉以及利用该铆钉将条带连接成土工格室；本专利权利要求 2 连接件内设置金属夹层是为了适合腐蚀环境使用的公知常识；本专利权利要求 2 的大、小孔是根据铆接技术所用的铆钉决定的，大、小孔在产品改进方面没有新的技术效果；证据 3 的塑料板或复合板对应本专利权利要求 2 的条带；故而认为在本专利权利要求 1 的技术特征已经被现有技术公开的基础上，结合证据 3 能够破坏权利要求 2 的创造性。（3）请求人还用专利权人提交的附件 3 证明拉伸强度已被

公开、本专利为公知技术，并证明本专利权利要求1除了铆接固定特征以外，其他特征均为公知常识；用专利权人提交附件5证明在本专利申请日之前已经设计了与本专利同样的产品并进行使用；而且用证据8证明拉伸条带为公知常识且证据8公开了拉伸强度为原条带的7~8倍。

针对请求人的上述意见（1）~（2），专利权人认为：（1）本专利权利要求1与证据2的不同点在于：a.“拉伸条带拉伸强度为原条带的7~8倍”，该区别是实现本专利发明目的重要技术特征，证据2未记载拉伸强度的具体要求；b. 本专利权利要求1的铆接固定与证据2的铆接固定不同，证据2没有具体的描述，因此本专利权利要求1具备新颖性。（2）证据2、3没有公开金属夹层和大孔、小孔，即本专利权利要求2的附加技术特征没有被证据2、3公开；认为证据3公开铆钉与本专利权利要求2的铆钉是不同种类的铆钉，而且铆钉的作用不同，因此本专利权利要求2具备创造性。（3）认为附件3没有具体描述与本专利权利要求书相对应，国标中涉及的是高分子片材，权利要求1涉及的是拉伸条带，并且拉伸强度比国标规定高得多；认为附件5是设计过程中的图纸，而设计过程是保密的，且该工程目前尚未开标；而且认为证据8的拉伸强度与本专利有很大差距且证据8的提交超过举证期限。

请求人于2006年12月6日寄交了意见陈述及相关附件。

至此，合议组认为本案事实清楚，可以作出无效宣告请求审查决定。

**二、决定的理由**

1. 关于证据和现有技术

在请求人提交的证据1~8中，合议组已经当庭告知证据4~7为自提出无效宣告请求之日起一个月之后提交的证据，已经超出了专利法实施细则第66条规定的一个月的举证期限，不予接受。请求人已明确表示放弃证据1、4~7作为证据使用，因此，本决定中不再涉及证据1、4~7。

请求人提交的证据2、3均为实用新型专利文献。证据2的申请日为2003年1月17日，早于本专利的申请日，其授权公告日晚于本专利的申请日，其申请人不同于本专利的申请人，合议组经审查认为，证据2可以用来评价本专利权利要求1~2的新颖性。证据3的授权公告日早于本专利的申请日，可以作为本案的证据使用，其上记载的内容构成本专利现有技术。请求人当庭提交的证据8是《土工合成材料制造技术及性能》作为公知常识证据，其版权页上明确记载了“2001年3月第1次印刷”，属于专业技术手册类工具书，且请求人当庭提交了原件，合议组经审查认为，证据8可以作为本案的公知常识性证据使用。

请求人对专利权人的附件1、3~11的真实性无异议。专利权人当庭明确表示放弃附件1、5~11，不作为证据使用。经核查，附件3是2003年8月25日由中华人民共和国国家质量监督检验检疫总局发布的于2004年2月1日实施的《中华人民共和国国家标准——土工合成材料　塑料土工格室》（GB/T19274—2003），实际发布日期早于本专利的申请日，可以作为本案的证据使用；附件4是2004年4月16日由中华人民共和国交通部发布的于2004年7月15日实施的《中华人民共和国交通行业标准——公路工程土工合成材料　土工格室》（JT/T516—2004），发布日期晚于本专利的申请日，不能作为本案的证据使用。请求人当庭提出将专利权人提交的附件5作为证据使用，虽然双方当事人对附件5的真实性均无异议，但由于附件5仅是一份设计图纸，并非专利法意义上的公开出版物，请求人也无其他证据佐证该份图纸上标明的产品已经在其上载明的日期前被投入使用，故不能作为本案的证据使用。

2. 关于专利法第22条第2款

专利法第22条第2款规定：新颖性，是指在申请日以前没有同样的发明或者实用新型在国内外出版物上公开发表过、在国内公开使用过或者以其他方式为公众所知，也没有同样的发明或者实用新型型由他人向国务院专利行政部门提出过申请并且记载在申请日以后公布的专利申请文件中。

请求人认为：证据2公开的加筋土工格室已公开了本专利权利要求1的全部技术特征，其中证据2的栅带对应于本专利权利要求1的拉伸条带，本专利权利要求1相对证据2不具备新颖性。认可证据2没有公开本专利权利要求1“拉伸强度为原条带的7~8倍”的技术特征，但认为其不是实用新型的保护范围，而且证据2的发明目的是工程受力强度高，因此其条带拉伸强度势必能够达到为原条带的7~8倍。

合议组经审查认为：证据2公开了一种加筋土工格室，由高分子材料制成的栅带或裹复有筋材的栅带，宽5~30cm，栅带之间间距错位连接成结点，在结点处用扣、锁、铆、卡、粘、焊等工艺，将栅带结成立体三维网状结构的土工格室（参见证据2的说明书全文，特别是图1~7及说明书中的相关说明、说明书摘要）。

将证据2与本专利权利要求1所要保护的方案相比的相同之处在于：（1）前者的由高分子材料制成的栅带相当于后者的条带；（2）前者的栅带之间间距错位连接相当于后者的由相邻条带交错结合形成网状的格室；（3）前者的栅带宽5~30cm，包含了后者的条带的宽度5~20公分；（4）前者的在结点处用铆等工艺将栅带结成土工格室对应于后者的相邻条带（1）之间的结合处由连接件（3）铆接固定。而两者的区别技术特征为：前者未对拉伸条带的拉伸强度进行具体限定，而本专利权利要求1中将拉伸条带的拉伸强度限定为原条带的7~8倍。

尽管证据2是由他人向国务院专利行政部门提出的申请并且记载在申请日以后公布的中国实用新型专利文献，但由于本专利权利要求1要求保护的技术方案与证据2公开的内容存在上述区别技术特征，明显不属于专利法第22条第2款规定的“同样的发明或者实用新型”的范畴，因此，本专利权利要求1相对于证据2符合专利法第22条第2款的规定。

请求人在口审时当庭指出“拉伸强度为原条带的7~8倍”不是实用新型的保护范围，对此，合议组认为，本专利权利要求1要求保护的“铆接土工格室”是产品，“拉伸强度为原条带的7~8倍”是结合在本专利权利要求1中的对所要求保护“铆接土工格室”的构造进行的改进，即本专利权利要求1中的拉伸条带是通过施加一定的拉伸力将条带进行拉伸后得到的，使得条带本身结构在一定的拉伸强度下发生了变化，而且本专利权利要求1正是通过对拉伸强度取值的限定来反映这种结构的变化的，因此，本专利权利要求1用“拉伸强度为原条带的7~8倍”所限定的技术方案应属于实用新型保护的范围；至于请求人指出的“证据2的发明目的是工程受力强度高，因此其条带拉伸强度势必能够达到为原条带的7~8倍”的观点，合议组认为，这只是请求人的一种主观推测，证据2客观上并未如本专利权利要求1地对拉伸强度进行具体记载，因此，请求人关于本专利权利要求1相对于证据2不具备新颖性的主张不成立。

权利要求2引用了权利要求1，由于权利要求1具备新颖性，因此权利要求2相对于证据2也具备新颖性，符合专利法第22条第2款的规定。

3. 关于专利法第22条第3款

专利法第22条第3款规定：创造性，是指同申请日以前已有的技术相比，该发明有突出的实质性特点和显著的进步，该实用新型有实质性特点和进步。

请求人认为：本专利权利要求2的附加技术特征均为公知常识，相对证据3不具备创造性；认为证据3公开了复合土工格室铆接专用铆钉，以及利用铆钉将条带连接成土工格室；本专利权利要求2连接件内设置金属夹层是为了适合腐蚀环境使用的公知常识；本专利权利要求2的大、小孔是根据铆接技术所用的铆钉决定的，大、小孔在产品改进方面没有新的技术效果；证据3的塑料板或复合板对应本专利权利要求2的条带；而由于本专利权利要求1的技术特征已经被现有技术公开，因此结合证据 3 能够破坏权利要求 2 的创造性。同时，请求人表示用证据 8 证明拉伸条带为公知常识并证明拉伸条带抗拉强度为原条带的 7~8 倍的技术特征。

由于证据 2 是一份由他人在本专利的申请日以前向专利局提出并且在本专利的申请日以后公布的实用新型专利，其不能用来否定本专利的创造性。

证据 3 公开了一种复合土工格室专用铆钉，其用于同种或不同种复合材料铆固成复合土工格室，其一端为铆帽 1，另一端为倒角卡扣 2（参见证据 3 的说明书全文，特别是图 1 及说明书中的相关说明、权利要求 1 和说明书摘要）。即证据 3 仅公开了制作复合土工格室的材料之间采用的是铆接及所用铆钉的具体结构。

将证据 3 与本专利权利要求 1 所要保护的方案相比，其相同点仅为：将制作复合土工格室的复合材料之间采用铆接。不同之处为：本专利权利要求 1 具体限定了制作土工格室的材料为拉伸条带、拉伸强度为原条带的 7~8 倍、由相邻条带等距交错结合形成网状的格室，证据 3 则未具体限定制作复合土工格室的复合材料是否为拉伸条带和具体拉伸强度、复合材料的宽度及复合材料是否由相邻条带等距交错结合形成网状的格室等。

权利要求 2 引用了权利要求 1，其限定部分对连接件的结构进行了具体限定，证据 3 未公开本专利权利要求 2 的连接件的具体结构，即权利要求 2 与证据 3 之间除权利要求 1 与证据 3 之间区别之外，证据 3 还未公开权利要求 2 的附加技术特征，而且现有技术对权利要求 2 与证据 3 之间的区别技术特征也没有技术启示，因此，本专利权利要求 2 相对于证据 3 具有实质性特点；而且本专利权利要求 2 要求保护的技术方案对不良地质的处理具有更高的有效性与安全性，能更好地对各种不良地基起到加筋、稳定土体作用，故而其相对于证据 3 有进步，因此，权利要求 2 相对于证据 3 具备创造性，符合专利法第 22 条第 3 款的规定。

因此，请求人关于本专利权利要求 2 相对于证据 3 不符合专利法第 22 条第 3 款规定的主张不能成立。

对于请求人提出的用证据 8 证明制作土工格室的材料需预先进行拉伸即为拉伸条带属于公知常识和其中已经公开了拉伸条带抗拉强度为原条带的 7~8 倍的技术特征的观点，合议组经审查认为，证据 8 中只是公开了制作土工格室的材料的挤出工艺及所用材料自身的物理力学特性，其中包括对应不同材料的拉伸强度的数值范围，但证据 8 中并未明确记载制作土工格室的材料就是条带拉伸后形成的拉伸条带以及拉伸条带抗拉强度为原条带的 7~8 倍，也就是，证据 8 不能证明拉伸条带属于公知常识和其公开了拉伸条带抗拉强度为原条带的 7~8 倍的技术特征。而且，正如前面所评述的，证据 3 与本专利权利要求 1 的不同之处为：本专利权利要求 1 具体限定了制作土工格室的材料为拉伸条带、拉伸强度为原条带的 7~8 倍、由相邻条带等距交错结合形成网状的格室，证据 3 则未具体限定制作复合土工格室的复合材料是否为拉伸条带和具体拉伸强度、复合材料的宽度及复合材料是否由相邻条带等距交错结合形成网状的格室等，因此，将证据 8 与证据 3 结合也不能损害本专利权利要求 1、2 的创造性。

请求人还提出将专利权人提交的附件 3、5 作为证明本专利权利要求 1、2 不具备创造性的证据，但由于附件 3 第 6 页表 3 第 2 点中尽管公开了拉伸强度，但并没有公开本专利权利要求 1 中记载的拉伸条带抗拉强度为原条带的 7~8 倍的技术特征；附件 3 第 3 页引言第 2 段也仅公开了塑料土工格室是一种由热塑性塑料片材经超声焊接等方法连接，第 5 页第 2 段第 1 行及附图中也未公开本专利权利要求 1 中记载的条带的宽度为 5~20 公分、相邻条带（1）之间的结合处由连接件（3）铆接固定、拉伸条带抗拉强度为原条带的 7~8 倍的技术特征等，因此，专利权人提交的附件 3 也不能损害权利要求 1、2 的创造性。正如前面所评述的，附件 5 不能作为本案的证据使用，因而也不能损害权利要求 1、

2 的创造性。因此，请求人口审时当庭提出的使用附件 3、5 证明本专利权利要求 1、2 不具备创造性的主张不成立。

综上所述，本专利权利要求 1~2 符合专利法第 22 条第 2~3 款的规定。

根据以上事实和理由，本案合议组依法作出如下审查决定。

**三、决定**

维持 200420041737. X 号实用新型专利权有效。

当事人对本决定不服的，可以根据专利法第 46 条第 2 款的规定，自收到本决定之日起三个月内向北京市第一中级人民法院起诉。根据该款的规定，一方当事人起诉后，另一方当事人应当作为第三人参加诉讼。

128

# 胆石种类鉴别方案及应用

## 无效宣告请求审查决定（第10125号）

**决　　定　　号**　第10125号
**决　　定　　日**　2007年6月12日
**发明创造名称**　胆石种类鉴别方案及应用
**国 际 分 类 号**　G01N 33/00，A61K 35/78
**无效宣告请求人**　北京安万特制药有限公司
**专　利　权　人**　许秋菊，张毅
**专　　利　　号**　01125188.3
**申　　请　　日**　1998年3月18日
**授 权 公 告 日**　2005年1月12日
**合 议 组 组 长**　张梅珍
**主　　审　　员**　高桂莲
**参　　审　　员**　马　燕

**法　律　依　据**　专利法第33条
**决　定　要　点**
如果分案申请的权利要求书超出原申请说明书和权利要求书记载的范围，则不符合专利法第33条的规定。

### 一、案由

本无效宣告请求涉及国家知识产权局于2005年1月12日授权公告的ZL01125188.3号、名称为“胆石种类鉴别方案及应用”的发明专利权（下称本专利），其专利权人是许秋菊，共同专利权人是张毅，申请日是1998年3月18日。本专利授权公告的权利要求书如下：

“1. 一种胆石种类鉴别方案，其特征在于：采用了包括药物和/或溶剂在内的胆石溶剂，说明溶防石疗效，鉴别胆石种类，其中所述药物含有不饱和脂肪酸1～10份，抗氧化剂0.004～0.15份，根据不同种类胆石选择包括磷脂0～3份、动植物胶0～50份、内金0～25份、陈皮0～30份、青皮0～35份、黄芩0～50份、黄连0～30份中适当原料精制而成。

2. 根据权利要求1所述的胆石种类鉴别方案，其特征在于可以按以下主要步骤进行：取胆石溶剂适量，将胆石放入溶剂内，静置，或每天振摇溶剂或煮沸10小时以内，温度控制在-5℃～150℃之间，大气压力波动在16KPa以内，根据胆石的颜色和是否溶解或裂解，以及溶解或裂解所发生的时间，鉴别胆石种类，说明溶防石疗效。

3. 根据权利要求1或2所述的胆石种类鉴别方案，其特征在于可以通过改变胆石溶剂和/或环境条件如温度、压力，静置，或延长每次振摇溶剂的时间，来延长或缩短溶石现象所发生的时间，依此同样能够鉴别胆石种类，说明溶防石疗效。”

针对上述专利权，北京安万特制药有限公司（下称请求人）于2006年8月16日向专利复审委员会提出无效宣告请求，理由是本专利的权利要求1~3以及说明书的修改超出了原说明书和权利要求书记载的范围，不符合专利法第33条的规定；权利要求1的技术方案得不到说明书的支持，不符合专利法第26条第4款的规定；本专利的说明书未充分公开要求保护的技术方案，不符合专利法第26条第3款的规定；权利要求1不清楚，不符合专利法实施细则第20条第1款的规定；权利要求1缺少解决技术问题的必要技术特征，不符合专利法实施细则第21条第2款的规定。随同其专利权无效宣告请求书，请求人提交了如下附件：

附件1：申请号为98104574.X的中国发明专利申请公开说明书，其公开日为1999年9月22日（即，本专利的母案申请公开文本）。

关于专利法第33条，请求人的具体无效理由是：（1）权利要求1中的技术特征“采用了包括药物和/或溶剂在内的胆石溶剂”、药物组合物中的“磷脂、动植物胶、内金、陈皮、青皮、黄芩、黄连”的含量范围超出了附件1（即本专利的母案公开文本）中原说明书和权利要求书记载的范围；权利要求1中删除了鉴别胆石种类的具体步骤和环境条件，此删除超出了附件1原权利要求书和说明书记载的范围。（2）权利要求2附加技术特征“大气压力波动在16KPa以内”在附件1的原权利要求书和说明书无记载，超出了其保护范围。（3）说明书中修改的关于上述（2）的内容超出了附件1原权利要求书和说明书记载的范围，说明书第2/3、3/3页中的“但也可在含有不饱和脂肪酸及其衍生物、抗氧化剂等基础上，根据不同种类的胆石选择适当的药物及配比”、“正如大家所共知的那样，磷脂既属于不饱和脂肪酸，又属于油性抗氧化剂”同样超出了附件1权利要求书和说明书记载的范围。

经形式审查合格，专利复审委员会依法受理了上述无效宣告请求，并于2006年9月4日向请求人和专利权人发出无效宣告请求受理通知书，同时将专利权无效宣告请求书及其附件清单中所列附件副本转给专利权人，要求其在指定期限内对该无效宣告请求陈述意见。

专利权人于2006年10月19日提交了意见陈述书以及如下五份反证：

反证1：申请号为98104574.X的中国发明专利申请公开说明书，其公开日为1999年9月22日（同请求人提交的附件1）；

反证2：本专利申请公开文本；

反证3：崔福德　主编、1980年5月第1版、由人民卫生出版社出版的《药剂学》（第5版），第272页、版权页复印件，共2页；

反证4：汤逢　编著、1985年7月第1版、由江西科学技术出版社出版的《油脂化学》，第132页、版权页复印件，共2页；

反证5：吕圭源　等主编、1997年7月第1版、由人民卫生出版社出版的《中药新产品开发学》，第343页、版权页复印件，共2页。

专利权人在上述意见陈述书中认为：（1）从反证1（即本专利的母案）的说明书第2页第2~4行中可以得出亚油酸及其他不饱和脂肪酸就是胆石溶剂，不饱和脂肪酸与抗氧化剂的药物组合物就是增溶胆石的药物之一，并且药物和溶剂的组合方式在母案说明书的实施例中有明确记载。而在胆石溶剂不饱和脂肪酸1~10份与抗氧化剂0.004~0.15份的基础上，根据不同种类胆石选择包括磷脂0~3份、动植物胶0~50份、内金0~25份、陈皮0~30份、青皮0~35份、黄芩0~50份、黄连0~30份中适当原料精制而成，是对胆石溶剂不饱和脂肪酸药物化合物的限定性修改，因此专利权人有充分的理由和权利在说明书公开的范围内去选择和概括要求保护最优选的含不饱和脂肪酸 1~10 份与抗氧化剂 0.004~0.15 份的药物和/或溶剂在内的胆石溶剂，说明溶、防石疗效、鉴别胆石种类。因此，权利要求 1 的修改符合专利法第 33 条的规定；权利要求 2 中的技术特征“大气压力波动在 16KPa 以内”是根据母案中的特征“根据压力 -1KPa~15KPa”进行修改的，二者表述的是同一概念和数值，此处修改没有超出母案说明书和权利要求书的保护范围；此外，通过反证 3 和反证 4 可以得出“磷脂既属于不饱和脂肪酸又属于油性抗氧化剂”是公知常识。(2) 本专利符合专利法第 26 条第 4 款、专利法实施细则第 20 条第 1 款及第 21 条第 2 款的规定。本专利的说明书是公开充分的，本领域技术人员依据现有技术知识和常规实验手段的结合可以实现发明所需的全部必要技术手段（参考反证 5），因此本专利也符合专利法第 26 条第 3 款的规定。

请求人于 2006 年 10 月 20 日再次提交意见陈述书，补充了无效宣告请求的理由：本专利的权利要求 1~3 所述的方法属于专利法第 25 条第 1 款第 3 项所述的疾病诊断和治疗方法，不应当被授予专利权。

专利复审委员会依法成立合议组，对本案进行审理，合议组于 2007 年 1 月 10 日向请求人和专利权人发出口头审理通知书，告知双方当事人合议组定于 2007 年 3 月 13 日对本案进行口头审理，同时将专利权人于 2006 年 10 月 19 日提交的意见陈述书及其附件清单中所列的附件副本转给请求人，将请求人于 2006 年 10 月 20 日提交的意见陈述书副本转给专利权人。

口头审理如期举行，请求人出席了口头审理，专利权人缺席口头审理。在口头审理中，合议组告知请求人，由于其于 2006 年 10 月 20 日补充的无效理由超过了举证期限，不能被接受。请求人明确无效理由、范围和证据以及具体意见同无效宣告请求书中所述。针对专利权人 2006 年 10 月 19 日提交的意见陈述，请求人认为：附件 1（即本专利的母案）第 2 页第 2~4 行不能够解释胆石溶剂是什么，附件 1 并未说明胆石溶剂就是不饱和脂肪酸；认为大气压力波动在 16KPa 以内的修改扩大了保护范围；反证 5 没有涉及本专利所定义的胆石溶剂，也没有提到如何利用胆石溶剂进行胆石种类鉴别的技术方案，因此不能据此认为本专利说明书公开充分。

专利权人于 2007 年 3 月 28 日提交了意见陈述书、权利要求书的修改替换页以及声称为“未公开的母案权利要求书”的复印件 1 页，在新修改的权利要求书中，删除了权利要求 1 中的技术特征“鉴别胆石种类”，同时删除了从属权利要求 2 和 3。专利权人在意见陈述书中陈述：权利要求 1 包括“说明溶防石疗效”和“鉴别胆石种类”两个技术方案，而目前通过删除“鉴别胆石种类”，从而删除其中一个技术方案，此次修改属于技术方案的删除。另外，本专利不是以获得疾病诊断结果为直接目的，也不是疾病治疗效果预测方法，这在本次所提交的“未公开的母案权利要求书”中得以体现。

针对专利权人的上述意见陈述书，合议组于 2007 年 4 月 17 日向请求人和专利权人发出无效宣告请求审查通知书，同时向请求人发出转送文件通知书，将专利权人的上述意见陈述书及其附件清单中所附附件副本转送给请求人，要求其在指定期限内陈述意见。在无效宣告请求审查通知书中，合议组指出，目前权利要求 1 的修改只是删除了部分技术特征，不符合无效宣告程序中关于专利文件修改的规定。要求专利权人在收到本通知书之日起 10 日内提交答复意见，逾期不答复，合议组将以本专利授权公告的权利要求书为基础，作出审查决定。

请求人和专利权人逾期没有答复意见。

至此，合议组认为本案事实已经清楚，现依法作出如下审查决定。

## 二、决定的理由

1. 审查基础

审查指南第四部分第三章第 4.6.2 节对无效宣告程序中专利文件的修改作了详细规定，其中修改权利要求书的具体方式一般限于权利要求的删除、合并和技术方案的删除，权利要求的删除是指从权利要求书中去掉某项或者某些项权利要求。技术方案的删除是指从同一权利要求中并列的两种以上技术方案中删除一种或者一种以上技术方案。

本案中，专利权人在无效宣告程序中于 2007 年 3 月 28 日提交了权利要求书的修改替换页，在新修改的权利要求书中，删除了权利要求 1 中的技术特征“鉴别胆石种类”，同时删除了从属权利要求 2 和 3。合议组经审查认为，目前的权利要求 1 在原权利要求 1 的基础上删掉了技术特征“鉴别胆石种类”，这种修改既不是权利要求的删除、合并，也不是技术方案的删除，不符合审查指南的上述规定。合议组于 2007 年 4 月 17 日向专利权人发出无效宣告请求审查通知书，告知专利权人其对权利要求书进行的上述修改不符合无效宣告程序中关于专利文件修改的规定，并要求专利权人在收到本通知书之日起 10 日内提交答复意见，逾期不答复，合议组将以本专利授权公告的权利要求书为基础作出审查决定。专利权人逾期未答复，故此合议组以本专利授权公告文本作为审查基础。

2. 关于无效宣告请求的补充理由是否接受

请求人于 2006 年 10 月 20 日补充提交了无效宣告请求的理由，认为本专利的权利要求 1~3 所述的方法属于专利法第 25 条第 1 款第 3 项所述的疾病诊断和治疗方法，不应当被授予专利权。合议组审查后认为，提交的上述补充的无效理由超过了 1 个月的举证期限，不予接受，因此对专利权人于 2007 年 3 月 28 日提交的意见陈述书中针对上述无效理由的答复意见，即专利权人依据其提交的“未公开的母案权利要求书倒数 1~2 行”记载的内容能否说明本专利不属于疾病的诊断和治疗方法不作审查。

3. 关于专利法第 33 条

专利法第 33 条规定：申请人可以对其专利申请文件进行修改，但是，对发明和实用新型专利申请文件的修改不得超出原说明书和权利要求书记载的范围，对外观设计专利申请文件的修改不得超出原图片或者照片表示的范围。

这里所述的对申请文件修改不得超出原说明书和权利要求书记载的范围，包括了分案申请不得超出原说明书和权利要求书记载的范围。

请求人所提交的唯一一份证据（即附件 1）为本专利的母案申请公开文本，经合议组核实，该母案原始申请文本的说明书和权利要求书中有关胆石种类鉴别方案中的各个组分的数值范围与其公开文本中的范围一致，因此如果该部分的修改超出了母案申请公开文本的范围，则必然也超出了原始申请文本的说明书和权利要求书记载的范围。

本案中，本专利的权利要求 1 保护一种胆石种类鉴别方案，其中所述的药物包含有“磷脂 0~3 份、动植物胶 0~50 份、内金 0~25 份、陈皮 0~30 份、青皮 0~35 份、黄芩 0~50 份、黄连 0~30 份”，而在母案公开文本的说明书中所述的各个组分的含量分别为“磷脂 0.05~3 份、动植物胶 1~50 份、内金 1~25 份、陈皮 1~30 份、青皮 1~35 份、黄芩 1~50 份、黄连 1~30 份”，最好为“磷脂 0.1~2.5 份、动植物胶 2~40 份、内金 4~20 份、陈皮 2~25 份、青皮 2~30 份、黄芩 3~40 份、黄连 2~25 份”，在母案公开文本权利要求书中记载了磷脂 0.15~3 份。可见，上述各个组分的含量没有记载在本专利母案的原说明书和权利要求书中，也不能由母案原始公开的信息中直接地、毫无疑义地导出，因此，本专利权利要求 1 中记载的各个组分的数值范围明显超出了母案申请公开文本的范围，也即超出了母案原申请说明书和权利要求书记载的范围，不符合专利法第 33 条的规定。

专利权人在2006年10月19日提交的意见陈述书中强调：本专利授权的权利要求1是在公开文本的基础上对胆石溶剂不饱和脂肪酸药物化合物的限定性修改，专利权人有充分的理由和权利在说明书公开的范围内去选择和概括要求保护最优选的技术方案。对此，合议组认为：专利权人在提交分案申请时有权对权利要求进行限定性修改，选择最优选的方案进行保护，但修改后的方案应当在原始申请中有记载或能毫无疑义地唯一地导出。而如上所述，母案中公开的各个组分的含量为“磷脂0.05~3份、动植物胶1~50份、内金1~25份、陈皮1~30份、青皮1~35份、黄芩1~50份、黄连1~30份”，最好为“磷脂0.1~2.5份、动植物胶2~40份、内金4~20份、陈皮2~25份、青皮2~30份、黄芩3~40份、黄连2~25份”，本专利对上述各组分数值进行了修改，分别修改为“磷脂0~3份、动植物胶0~50份、内金0~25份、陈皮0~30份、青皮0~35份、黄芩0~50份、黄连0~30份”，以磷脂为例，其中要求保护的数值范围0~0.05份（不包括端点0.05）在母案的说明书和权利要求书中没有记载过，也不能从原始申请文件中毫无疑义地导出，因此专利权人对权利要求书的上述修改并不是对胆石溶剂不饱和脂肪酸药物化合物的限定性修改，而恰恰相反，这些数值范围明显比母案中公开的数值范围大，因此其修改属于超范围修改，不符合专利法第33条的规定，对其意见陈述合议组不予支持。

由于从属权利要求2和3分别引用了权利要求1，因此该从属权利要求2和3也不符合专利法第33条的规定。

综上所述，权利要求1~3不符合专利法第33条的规定，从而导致本专利权利要求全部无效，本案合议组不再对请求人提出的其他无效理由是否成立进行审查。

**三、决定**

宣告01125188.3号发明专利权无效。

当事人对本决定不服的，可以根据专利法第46条第2款的规定，在收到本决定之日起三个月内向北京市第一中级人民法院起诉。根据该款规定，一方当事人起诉后，另一方当事人应当作为第三人参加诉讼。

129

# 氟碳广告字牌

## 无效宣告请求审查决定（第10128号）

**决　　定　　号**　第10128号
**决　　定　　日**　2007年6月20日
**发明创造名称**　氟碳广告字牌
**国 际 分 类 号**　G09F 7/00
**无效宣告请求人**　丹阳市丰源装饰材料有限公司
**专　利　权　人**　朱建兴
**专　　利　　号**　200320124692.8
**申　　请　　日**　2003年12月1日
**授 权 公 告 日**　2004年12月1日
**合 议 组 组 长**　张　度
**主　　审　　员**　王金珠
**参　　审　　员**　孙克良

**法　律　依　据**　专利法第22条第3款
**决　定　要　点**
进行实用新型的创造性判断时，“所属技术领域”不应当仅仅包括产品本身所属的技术领域，还应当包括其制作过程中相关的技术领域。

**一、案由**

本无效宣告请求涉及国家知识产权局于2004年12月1日授权公告的、申请日为2003年12月1日、名称为“氟碳广告字牌”的第200320124692.8号实用新型专利（以下简称本专利），本专利的专利权人是朱建兴。

本专利授权公告的权利要求如下：

“1. 一种氟碳广告字牌，具有金属广告字体（1），金属广告字体（1）为中空结构或实心结构，其特征在于：金属广告字体（1）表面设置有氟碳涂层（2）。”

针对上述专利权，丹阳市丰源装饰材料有限公司（以下简称请求人）于2006年7月12日向国家知识产权局专利复审委员会提出无效宣告请求（案件编号为5W07976），其理由是本专利的权利要求1不符合专利法第22条第2款、第3款以及专利法实施细则第64条第2款的规定，以及说明书不符合专利法第22条第2款、第3款以及专利法实施细则第64条第2款的规定，并提交了如下证据：

证据1：中华人民共和国有色金属行业标准《铝幕墙板氟碳喷漆铝单板》YS/T 429.2-2000，

2000 年 10 月 25 日由国家有色金属工业局发布（原件）共 6 页；

证据 2：中华人民共和国建筑工业行业标准《建筑用铝型材、铝板氟碳涂层》JG/T 133-2000，2000 年 12 月 13 日由中华人民共和国建设部发布（原件）共 8 页；

证据 3：中华人民共和国国家标准《化学转化膜铝及铝合金上漂洗和不漂洗铬酸盐转化膜》GB/T 17460-1998，1998 年 8 月 12 日由国家质量技术监督局发布（复印件，有江苏省技术监督情报研究所的馆藏章）共 6 页。

请求人提出的具体理由是：

（1）权利要求 1 相对于证据 1 不具备新颖性和创造性。

根据证据 1 正文第 1~3 行以及该文倒数第 4 行至倒数第 2 行公开的技术内容，认为权利要求 1 请求保护的技术方案也与证据 1 所公开的技术内容完全相同，属于相同的技术领域，达到基本相同的技术效果，因而权利要求 1 相对于证据 1 不具有专利法第 22 条第 2 款规定的新颖性。

即使认为金属字体不一定非包含铝及铝合金板材，但本领域的普通技术人员能够得知金属材料中包含铝及铝合金板材，由此可见，本专利所包含的技术方案与证据 1 的内容对本领域技术人员来说是显而易见的，不具备专利法第 22 条第 3 款规定的创造性。

（2）权利要求 1 相对于证据 2 不具备新颖性和创造性。

根据证据 2 正文第 1~4 行以及该文倒数第 4 行至倒数第 1 行公开的内容，认为权利要求 1 请求保护的技术方案也与证据 2 所公开的技术内容完全相同，属于相同的技术领域，达到基本相同的技术效果，因而权利要求 1 相对于证据 2 不具有专利法第 22 条第 2 款第 3 款规定的新颖性和创造性。

（3）说明书相对于证据 3 的氟碳涂层工艺不具有新颖性和创造性。

证据 3 的正文第 6 页第 3 行附录 B 公开了处理工序的选择方案，该选择方案包含了本专利说明书中公开的前处理工艺流程和氟碳涂料涂层工艺，尽管工艺过程不是本实用新型的保护对象，但它仍然不具备专利法第 22 条第 2 款第 3 款规定的新颖性和创造性。

经形式审查合格后，专利复审委员会受理了上述请求，于 2006 年 8 月 3 日向双方当事人发出《无效宣告请求受理通知书》，并将无效宣告请求书及其他有关文件的副本转送给专利权人，要求其在指定的期限内答复。

专利权人在指定期限内没有提交答复意见。

专利复审委员会依法成立合议组对本无效宣告请求案进行审理。2007 年 4 月 9 日，合议组向双方当事人发出无效宣告请求口头审理通知书，定于 2007 年 5 月 22 日对本案进行口头审理。

口头审理如期举行，双方当事人及其代理人均出席了口头审理。专利权人对三份证据（证据 1：YS/T429.2-2000、证据 2：JG/T133-2000、证据 3：GB/T17460-1998）的真实性没有异议；请求人的无效理由为：用证据 1、2、3 单独评价权利要求 1 的新颖性和创造性；专利权人认为权利要求 1 与证据 1、2、3 的技术领域、技术问题、技术方案、技术效果均不同。

至此，合议组认为本案事实已经清楚，现依法作出审查决定。

**二、决定理由**

1. 关于证据

请求人提交的三份证据中，其中证据 1、2 是原件，证据 3 上加盖有江苏省技术监督情报研究所的馆藏章，在口审中，专利权人对三份证据的真实性表示认可，由于三份证据都是在申请日之前公开的，因此，合议组认为上述三份证据可作为评价本专利权利要求新颖性和创造性的证据。

2. 关于专利法第 22 条第 2 款规定的新颖性

专利法第 22 条第 2 款规定，新颖性，是指在申请日以前没有同样的发明或者实用新型在国内外出版物上公开发表过、在国内公开使用过或者以其他方式为公众所知，也没有同样的发明或者实用新型由他人向国务院专利行政部门提出过申请并且记载自申请日以后公布的专利申请文件中。

请求人提交的证据1正文第1~3行：范围规定了喷涂氟碳（聚偏二氟乙烯）漆的幕墙用铝及铝合金单层成形板的要求，试验方法、检验规则及标志，本标准适合于表面经氟碳漆喷涂处理的铝幕墙用铝单板。

证据2正文第1~4行：范围规定了喷涂氟碳（聚偏二氟乙烯）漆的幕墙用铝及铝合金单层成形板的要求，试验方法、检验规则、标志、包装、运输及贮存，本标准适合于氟碳漆喷涂工艺的建筑用铝型材、铝板氟碳涂层。

证据3（GB/T17460-1998）正文第6页第3行附录B公开了处理工序的选择方案。

而权利要求1请求保护一种氟碳广告字牌，具有金属广告字体（1），金属广告字体（1）为中空结构或实心结构，其特征在于：金属广告字体（1）表面设置有氟碳涂层（2）。

参见上述内容，证据1~3都没有公开权利要求1的如下技术特征：（a）权利要求1涉及一种氟碳广告字牌；（b）具有金属广告字体；（c）金属广告字体为中空结构或实心结构。因此，请求人所认为的“权利要求1已经完全被公开”是不能成立的，证据1~3分别都没有公开权利要求1的全部技术特征，都不能影响权利要求1的新颖性。权利要求1符合专利法第22条第2款关于新颖性的规定。

3. 关于专利法第22条第3款规定的创造性

专利法第22条第3款规定，创造性，是指同申请日以前已有的技术相比，该发明有突出的实质性特点和显著的进步，该实用新型有实质性特点和进步。

（A）由前面针对新颖性进行的分析可知，证据1公开了在铝（金属）板上喷涂氟碳漆（即氟碳涂层）的技术内容，权利要求1的技术方案相对于证据1的区别特征是：（a）权利要求1涉及一种氟碳广告字牌；（b）具有金属广告字体；（c）金属广告字体为中空结构或实心结构。

合议组认为，用金属材料制作广告字牌是现有技术，且将广告字牌做成字体形状是现在普遍采用的一种广告字牌方式，将金属材料直接压制成实心的字体，或者是出于节省材料的考虑，将其做成空心的广告字，这些都是公知常识。

而关于在广告字牌的金属外面设置氟碳涂层，合议组认为：

证据1正文第3页中对于氟碳涂层的色差、光泽、厚度、硬度、耐腐蚀性、耐湿热性等性能进行了规定，因此，对于本领域的普通技术人员来说，从证据1可以获知带有氟碳涂层的铝板能够具有不易生锈、使用寿命长、能做成不同颜色这些性能。证据1中还给出如下启示“本标准适用于表明经氟碳漆喷涂处理的铝幕墙用铝单板，表面经氟碳喷涂的天棚板、天花板及其他工业用喷涂板，也可参照采用本标准”（参见证据1正文第1页）。要获得耐腐蚀、抗污染的广告字牌，本领域的普通技术人员根据上述内容，能够很容易想到将带有氟碳涂层的金属板具体应用到使用该材料的各种产品上，例如想到应用于制造多立于建筑物外部顶端的金属广告字牌，这是不需要付出创造性劳动的。通过将带有氟碳涂层的金属板用作制作金属广告字牌的材料，必然带来广告字牌不易生锈、使用寿命长、能做成不同颜色这些性能特点。因此，合议组认为，权利要求1相对于证据1不具有实质性特点和进步，不符合专利法第22条第3款的规定，不具有创造性。

（B）专利权人在口审中陈述意见，认为：

对于证据1，（a）首先，证据1和本专利不具有可比性，证据1公开的是有色金属的行业标准，而本专利公开的是具体的技术方案，有其要解决的技术问题，采用了一定的技术手段，且能够达到一定的技术效果，而证据1没有公开上述内容，并且证据1也没有给出一个具体的广告字牌的技术方案，因此不经过创造性劳动是不能够得到权利要求1的技术方案的；

（b）证据1和本专利存在其他区别，比如证据1和本专利属于不同的技术领域，证据1没有公开本专利中空或者实心结构的金属广告字体的特征，也没有公开制造广告字体。

对于意见（a），合议组认为证据1虽然是行业标准，但是其中公开了技术方案，通过证据1公开的技术方案，可以获知在铝板上涂氟碳漆这种工艺，以及处理之后的氟碳涂层在颜色、耐腐蚀等性能上能够达到的指标等，因此，证据1虽然是行业标准，但可以用作对比文件和权利要求1进行比对；虽然证据1没有具体提到广告字牌，但是其中指出其可以用于其他工业用喷涂板，因此对于使用同一材料的广告字牌，自然会想到采用具有氟碳涂层的材料进行制造，这是容易实现的。

对于意见（b），参见前面对于创造性的具体意见评述，合议组认为虽然上述具体特征并没有被证据1公开，但是这些关于广告字体以及字体具体结构的技术特征都是公知常识，因此在已知证据1中在铝板上设置氟碳涂层这一技术信息时，得到如权利要求1所述的技术方案是容易实现的。对于专利权人一直强调的领域不同的意见，合议组认为，进行创造性判断时，对比文件所涉及的技术领域的确是要考虑的因素之一，但是就本专利而言，“所属技术领域”不应当仅仅包括产品本身所属的技术领域，还应当包括其制作过程中相关的技术领域，虽然金属广告字牌本身属于广告行业，但是对于广告字牌的制造者来说，会涉及到金属板材领域，因为金属广告字牌用的材料就包括证据1中的所述的铝板，因此证据1是可以使用的，并且是可以用来评价权利要求1的创造性的。

因此，对于专利权人的理由，合议组不予接受。

**三、决定**

宣告200320124692.8号实用新型专利权全部无效。

当事人对本决定不服的，可以根据专利法第46条第2款的规定，自收到本决定之日起三个月内向北京市第一中级人民法院起诉。根据该款规定，一方当事人起诉后，另一方当事人应当作为第三人参加诉讼。

## 北京市第一中级人民法院
## 行政判决书

（2007）一中行初字第1078号

原告朱建兴，男，1968年11月26日出生，汉族，江苏省常州市正恒铝业有限公司董事长，住江苏省常州市新北区薛冶路38号。

委托代理人王雅汝，江苏常州欣正律师事务所律师。

被告国家知识产权局专利复审委员会，住所地北京市海淀区北四环西路9号银谷大厦。

法定代表人廖涛，副主任。

委托代理人王金珠，国家知识产权局专利复审委员会审查员。

委托代理人余心蕾，国家知识产权局专利复审委员会审查员。

第三人江苏鑫丰源装饰材料有限公司（原丹阳市丰源装饰材料有限公司），住所地江苏省丹阳市云阳镇开发区。

法定代表人胡建平，董事长。

委托代理人袁波，男，江苏鑫丰源装饰材料有限公司职员。

委托代理人蒋学忠，男，江苏鑫丰源装饰材料有限公司职员。

原告朱建兴不服被告国家知识产权局专利复审委员会作出的专利行政裁决，于 2007 年 8 月 8 号向本院提起行政诉讼。本院受理后，依法组成合议庭，并依据《中华人民共和国行政诉讼法》第二十七条的规定通知江苏鑫丰源装饰材料有限公司作为本案第三人参加诉讼，于 2007 年 10 月 18 日公开开庭审理了本案。原告的委托代理人王雅汝，被告的委托代理人王金珠、余心蕾，第三人的委托代理人袁波、蒋学忠到庭参加了诉讼。本案现已审理终结。

2007 年 6 月 20 日，被告作出第 10128 号无效宣告请求审查决定（以下简称被诉无效决定），依据《中华人民共和国专利法》（以下简称《专利法》）第二十二条第三款的规定，宣告 200320124692.8 号实用新型专利权（以下简称本专利）全部无效。在法定期限内，被告向本院提交了以下证据的复印件：（1）本专利说明书；（2）无效宣告请求书；（3）中华人民共和国有色金属行业标准《铝幕墙板氟碳喷漆铝单板》YS/T429.2-2000，2000 年 10 月 25 日由国家有色金属工业局发布，共 6 页（即被诉无效决定中的证据 1，下称附件 1）；（4）口审记录表。以上证据用以证明被诉无效决定合法。

原告诉称：（1）在无效请求的过程中，第三人仅仅提出了用附件 1、2、3 单独评价本案涉及的实用新型专利权利要求 1 的新颖性和创造性，没有提出将证据与公知常识结合的无效理由，将附件 1 和公知常识结合的方式超出了第三人提出的无效理由的范围。同时，第三人与原告均未就附件 1 和公知常识结合的问题陈述过意见，被告剥夺了原告对于不利于自己的理由陈述意见的权利。被诉无效决定不符合听证和申请原则，违反法定程序。（2）本专利公开的是一种氟碳广告字牌，而附件 1 是有色金属行业标准，是铝幕墙板、铝单板。二者属于不同的技术领域，解决的技术问题不同，技术方案不同，达到的技术效果不同。本专利相对附件 1 具有实质性特点和进步，具备创造性。（3）被告在判断本专利权利要求 1 的创造性时，采用了现在普遍采用的广告字牌方式与本专利权利要求 1 进行对比，这与《专利法》中规定的“申请日以前已有技术”的判断标准不相同。此外，空心结构的字体在广告字牌上能够给人视觉上带来优雅、别致的感觉，是镂空的美感，绝不是被告认定的“出于节省材料的考虑”。因此，被诉无效决定对本专利创造性的判定是错误的。（4）被告在程序上的违法和事实认定上的违法，必然导致其最终作出的决定在适用法律上的错误。综上，请求法院撤销被诉无效决定，并判决被告承担本案的诉讼费。

原告在法定期限内向本院提交了以下证据的复印件：（1）本专利说明书，用以证明本专利的权利保护范围；（2）无效宣告请求书，用以证明被告违反请求原则和听证原则，程序迹法；（3）附件 1，用以证明被告在程序上存在错误；（4）口审时的代理词，用以证明原告在口审中提交的意见。

被告辩称：（1）被诉无效决定中认定本专利权利要求 1 不具创造性的依据是第三人提出的权利要求 1 不具备创造性的理由和附件 1，符合请求原则；（2）关于本专利权利要求 1 相对于附件 1 是否具有创造性的问题，在口头审理中已经过双方当事人充分的陈述和辩论，符合听证原则；（3）关于现有技术的认定，被告引用“现在”一词的本意是指当代，不是指作出审查决定的 2007 年，而且“将广告字体做成字体形状”本身就是一种生活常识，故将这种生活常识作为公知常识使用是正确的；（4）关于附件 1 与本专利权利要求 1 的联系，附件 1 正文第 3 页中对于氟碳涂层的色差、光泽、厚度、硬度、耐腐蚀性、耐湿热性等进行了规定，对于本领域的普通技术人员来说，从附件 1 可以获知带有氟碳涂层的铝板能够具有不易生锈、使用寿命长、能做成不同颜色等性能。广告字牌所用材料的范围包括附件 1 公开的材料，且想要达到的目的也和附件 1 中规定的各种性能相契合，因此被告用附件 1 评述本专利权利要求 1 的创造性是正确的；（5）“所属技术领域”不应当仅仅包括产品本身所属的技术领域，还应当包括其制作过程中相关的技术领域，虽然金属广告字牌本身属于广告行业，但是对于广告字牌的制造者来说，会涉及到金属板材领域，因为金属广告字牌用的材料就包括附件 1 中的所述的铝板。本案中涉及的氟碳字牌属于对有色金属的具体应用，金属广告字牌的制造是对金属材料的一个加工。因此附件 1 是可以使用的，并且是可以用来评价本专利权利要求 1 的创造性的。（6）关于本专利权利要求是否具备创造性的问题，被告坚持被诉无效决定中的理由，本专利的权利要求相对于附件 1 不具备创造性，不符合《专利法》第二十二条第三款的规定。综上，被诉无效决定认定事实清楚、适用法律、法规正确、审理程序合法，审查结论正确，原告的诉讼理由不能成立，请法院驳回原告请求，维持被诉无效决定。

第三人述称，同意被告意见，请法院驳回原告诉讼请求，维持无效决定。

第三人未向本院提交证据。

经庭审质证及合议庭评议，本院认为被告、原告提交的证据均与本案具有关联性，且在证据形式上符合合法性、真实性的要求，本院予以确认。上述证据以及各方当事人无争议的相关陈述可以作为认定本案事实的根据。

经审理查明，本案涉及国家知识产权局于 2004 年 12 月 1 日授权公告的、申请日为 2003 年 12 月 1 日、名称为“氟碳广告字牌”的第 200320124692.8 号实用新型专利（即本专利），本专利的专利权人是本案原告。

本专利授权公告的权利要求如下：

“1. 一种氟碳广告字牌，具有金属广告字体（1），金属广告字体（1）为中空结构或实心结构，其特征在于：金属广告字体（1）表面设置有氟碳涂层（2）。”

针对上述专利权，原丹阳市丰源装饰材料有限公司（即第三人）于 2006 年 7 月 12 日向被告提出无效宣告请求（案件编号为 5W07976），理由是本专利的权利要求 1 不符合《专利法》第二十二条第二款、第三款以及《中华人民共和国专利法实施细则》（以下简称《专利法实施细则》）第六十四条第二款的规定，以及说明书不符合《专利法》第二十二条第二款、第三款以及《专利法实施细则》第六十四条第二款的规定，并提交了如下证据：

附件 1（即被诉无效决定中的证据 1）：中华人民共和国有色金属行业标准《铝幕墙板氟碳喷漆铝单板》YS/T429.2-2000，2000 年 10 月 25 日由国家有色金属工业局发布（原件）共 6 页；

附件 2（即被诉无效决定中的证据 2）：中华人民共和国建筑工业行业标准《建筑用铝型材、铝板氟碳涂层》JG/T133-2000，2000 年 12 月 13 日由中华人民共和国建设部发布（原件）共 8 页；

附件 3（即被诉无效决定中的证据 3）：中华人民共和国国家标准《化学转化膜铝及铝合金上漂洗和不漂洗铬酸盐转化膜》GB/T17460-1998，1998 年 8 月 12 日由国家质量技术监督局发布（复印件，有江苏省技术监督情报研究所的馆藏章）共 6 页。

第三人提出的具体理由是：

（1）权利要求 1 相对于附件 1 不具备新颖性和创造性。

根据附件 1 正文第 1~3 行以及该文倒数第 4 行至倒数第 2 行公开的技术内容，认为权利要求 1 请求保护的技术方案也与附件 1 所公开的技术内容完全相同，属于相同的技术领域，达到基本相同的技术效果，因而权利要求 1 相对于附件 1 不具有《专利法》第二十二条第二款规定的新颖性。

即使认为金属字体不一定非包含铝及铝合金板材，但本领域的普通技术人员能够得知金属材料中包含铝及铝合金板材，而且本专利说明书中也未说明金属材料包含了其他特定的材料，因而它们属于本领域技术人员的公知常识。由此可见，本专利所包含的技术方案与附件 1 的内容对本领域技术人员来说是显而易见的，不具备《专利法》第二十二条第三款规定的创造性。

（2）权利要求 1 相对于附件 2 不具备新颖性和创造性。

根据附件 2 正文第 1~4 行以及该文倒数第 4 行至倒数第 1 行公开的内容，认为权利要求 1 请求保护的技术方案也与附件2所公开的技术内容完全相同，属于相同的技术领域，达到基本相同的技术效果，因而权利要求1相对于附件2不具有《专利法》第二十二条第二款第三款规定的新颖性和创造性。

（3）说明书相对于附件3的氟碳涂层工艺不具有新颖性和创造性。

附件3的正文第6页第3行附录B公开了处理工序的选择方案，该选择方案包含了本专利说明书中公开的前处理工艺流程和氟碳涂料涂层工艺，尽管工艺过程不是本实用新型的保护对象，但它仍然不具备《专利法》第二十二条第二款第三款规定的新颖性和创造性。

经形式审查合格后，被告受理了上述请求，于2006年8月3日向双方当事人发出《无效宣告请求受理通知书》，并将无效宣告请求书及其他有关文件的副本转送给原告，要求其在指定的期限内答复。

原告在指定期限内没有提交答复意见。

被告依法成立合议组对本无效宣告请求案进行审理。

2007年4月9日，被告向双方当事人发出无效宣告请求口头审理通知书，定于2007年5月22日对本案进行口头审理。

口头审理如期举行，双方当事人及其代理人均出席了口头审理。原告对3份证据（附件1：YS/T429.2-2000、附件2：JG/T133-2000、附件3：GB/T17460-1998）的真实性没有异议；第三人的无效理由为：用附件1、2、3单独评价权利要求1的新颖性和创造性；原告认为权利要求1与附件1、2、3的技术领域、技术问题、技术方案、技术效果均不同。至此，被告认为本案事实已经清楚，作出如下认定：

（1）关于证据。

第三人提交的3份证据中，其中附件1、2是原件，附件3上加盖有江苏省技术监督情报研究所的馆藏章，在口审中，原告对3份证据的真实性表示认可，由于3份证据都是在申请日之前公开的，因此，被告认为上述3份证据可作为评价本专利权利要求新颖性和创造性的证据。

（2）关于《专利法》第二十二条第二款规定的新颖性。

《专利法》第二十二条第二款规定，新颖性，是指在申请日以前没有同样的发明或者实用新型在国内外出版物上公开发表过、在国内公开使用过或者以其他方式为公众所知，也没有同样的发明或者实用新型由他人向国务院专利行政部门提出过申请并且记载自申请日以后公布的专利申请文件中。

第三人提交的附件1正文第1~3行：范围规定了喷涂氟碳（聚偏二氟乙烯）漆的幕墙用铝及铝合金单层成形板的要求，试验方法、检验规则及标志，本标准适合于表面经氟碳漆喷涂处理的铝幕墙用铝单板。

附件2正文第1~4行：范围规定了喷涂氟碳（聚偏二氟乙烯）漆的幕墙用铝及铝合金单层成形板的要求，试验方法、检验规则、标志、包装、运输及贮存，本标准适合于氟碳漆喷涂工艺的建筑用铝型材、铝板氟碳涂层。

附件3（GB/T17460-1998）正文第6页第3行附录B公开了处理工序的选择方案。

而权利要求1请求保护一种氟碳广告字牌，具有金属广告字体（1），金属广告字体（1）为中空结构或实心结构，其特征在于：金属广告字体（1）表面设置有氟碳涂层（2）。

参见上述内容，附件1~3都没有公开权利要求1的如下技术特征：（a）权利要求1涉及一种氟碳广告字牌；（b）具有金属广告字体；（c）金属广告字体为中空结构或实心结构。因此，第三人所认为的“权利要求1已经完全被公开”是不能成立的，附件1~3分别都没有公开权利要求1的全部技术特征，都不能影响权利要求1的新颖性。权利要求1符合《专利法》第二十二条第二款关于新颖性的规定。

（3）关于《专利法》第二十二条第三款规定的创造性。

《专利法》第二十二条第三款规定，创造性，是指同申请日以前已有的技术相比，该发明有突出的实质性特点和显著的进步，该实用新型有实质性特点和进步。

（A）由前面针对新颖性进行的分析可知，附件1公开了在铝（金属）板上喷涂氟碳漆（即氟碳涂层）的技术内容，权利要求1的技术方案相对于附件1的区别特征是：（a）权利要求1涉及一种氟碳广告字牌；（b）具有金属广告字体；（c）金属广告字体为中空结构或实心结构。

被告认为，用金属材料制作广告字牌是现有技术，且将广告字牌做成字体形状是现在普遍采用的一种广告字牌方式，将金属材料直接压制成实心的字体，或者是出于节省材料的考虑，将其做成空心的广告字，这些都是公知常识。

而关于在广告字牌的金属外面设置氟碳涂层，被告认为：

附件1正文第3页中对于氟碳涂层的色差、光泽、厚度、硬度、耐腐蚀性、耐湿热性等性能进行了规定，因此，对于本领域的普通技术人员来说，从附件1可以获知带有氟碳涂层的铝板能够具有不易生锈、使用寿命长、能做成不同颜色这些性能。附件1中还给出如下启示："本标准适用于表明经氟碳漆喷涂处理的铝幕墙用铝单板，表面经氟碳喷涂的天棚板、天花板及其他工业用喷涂板，也可参照采用本标准"（参见附件1正文第1页）。要获得耐腐蚀、抗污染的广告字牌，本领域的普通技术人员根据上述内容，能够很容易想到将带有氟碳涂层的金属板具体应用到使用该材料的各种产品上，例如想到应用于制造多立于建筑物外部顶端的金属广告字牌，这是不需要付出创造性劳动的。通过将带有氟碳涂层的金属板用作制作金属广告字牌的材料，必然带来广告字牌不易生锈、使用寿命长、能做成不同颜色这些性能特点。因此，被告认为，本专利权利要求1相对于附件1不具有实质性特点和进步，不符合《专利法》第二十二条第三款的规定，不具有创造性。

（B）原告在口审中陈述意见，认为：

对于附件1，（a）首先，附件1和本专利不具有可比性，附件1公开的是有色金属的行业标准，而本专利公开的是具体的技术方案，有其要解决的技术问题，采用了一定的技术手段，且能够达到一定的技术效果，而附件1没有公开上述内容，并且附件1也没有给出一个具体的广告字牌的技术方案，因此不经过创造性劳动是不能够得到权利要求1的技术方案的；

（b）附件1和本专利存在其他区别，比如附件1和本专利属于不同的技术领域，附件1没有公开本专利中空或者实心结构的金属广告字体的特征，也没有公开制造广告字体。

对于意见（a），被告认为附件1虽然是行业标准，但是其中公开了技术方案，通过附件1公开的技术方案，可以获知在铝板上涂氟碳漆这种工艺，以及处理之后的氟碳涂层在颜色、耐腐蚀等性能上能够达到的指标等，因此，附件1虽然是行业标准，但可以用作对比文件和权利要求1进行比对；虽然附件1没有具体提到广告字牌，但是其中指出其可以用于其他工业用喷涂板，因此对于使用同一材料的广告字牌，自然会想到采用具有氟碳涂层的材料进行制造，这是容易实现的。

对于意见（b），参见前面对于创造性的具体意见评述，被告认为虽然上述具体特征并没有被附件1公开，但是这些关于广告字体以及字体具体结构的技术特征都是公知常识，因此在已知附件1中在铝板上设置氟碳涂层这一技术信息时，得到如权利要求1所述的技术方案是容易实现的。对于原告一直强调的领域不同的意见，被告认为，进行创造性判断时，对比文件所涉及的技术领域的确是要考虑的因素之一，但是就本专利而言，"所属技术领域"不应当仅仅包括产品本身所属的技术领域，还应当包括其制作过程中相关的技术领域，虽然金属广告字牌本身属于广告行业，但是对于广告字牌的制造者来说，会涉及到金属板材领域，因为金属广告字牌用的材料就包括附件1中的所述的铝板，因此附件 1 是可以使用的，并且是可以用来评价权利要求 1 的创造性的。

因此，对于原告的理由，被告不予接受。

据此，被告作出被诉无效决定。原告不服，诉至本院。

本院认为，包含第三人无效宣告请求理由的无效宣告请求书已于 2006 年 8 月 3 日转送原告，被告在转送的同时也已要求原告在指定的期限内进行答复，而原告在指定的期限内未提交答复意见。同时，原告也参加了被告主持的口头审理，进行了陈述和辩论。被告的上述行为并未侵犯原告的合法权益，亦不存在违法之处。在被诉无效决定中，被告认定本专利权利要求 1 不具创造性的依据是第三人提出的无效理由和相应证据——附件 1。在无效宣告请求书中，第三人已提出了制造金属字体的材料中包含铝及铝合金板材属于本领域技术人员公知常识的主张，并认为本专利所包含的技术方案与附件 1 的内容对本领域技术人员来说是显而易见的。同时，《审查指南》第四部分第三章 4.1 节第（3）部分规定："专利复审委员会可以依职权认定技术手段是否为公知常识，并可以引入技术词典、技术手册、教科书等所属技术领域中的公知常识性证据。" 因此，针对第三人向被告提出的本专利权利要求 1 不具备创造性的无效理由，被告将第三人提出的相应证据与公知常识结合来评述本专利权利要求 1 的创造性，并不存在违法之处。原告的相关诉讼主张缺乏事实和法律依据，本院不予支持。

《专利法》第二十二条第三款规定，创造性，是指同申请日以前已有的技术相比，该发明有突出的实质性特点和显著的进步，该实用新型有实质性特点和进步。

对于上述法律规定，被告在作出相应创造性评价前，已经在被诉无效决定中予以书面明确。同时，被告在诉讼中亦明确否认其引入的"现在"一词是意指作出被诉无效决定的 2007 年，并说明了其认定相应公知常识为本专利申请日前已有公知常识的依据。原告关于被告引入的公知常识系 2007 年的公知常识，导致被告的判断标准与《专利法》中规定的"申请日以前已有技术"的判断标准不同的诉讼主张缺乏事实依据，本院不予支持。

可使用金属材料制造广告字牌以及将广告字牌做成字体形状，该字体可为实心或中空的结构均应属于本专利申请日前即为公众熟知的生活常识范畴，故被告将前述生活常识认定为本专利申请日前本领域普通技术人员应当知晓的公知常识并无违法之处，本院应予支持。

对于广告字牌的制造者来说，其制作金属广告字牌必然会涉及到金属板材领域，金属广告字体使用的材料包括附件 1 中的所述的铝板。因此，被告在对本专利进行审查时，考虑到本专利产品制作过程中所必然涉及到的密切相关技术领域并无违法之处。

附件 1 正文第 3 页中对于氟碳涂层的色差、光泽、厚度、硬度、耐腐蚀性、耐湿热性等性能进行了规定。因此，对于本领域的普通技术人员来说，从附件 1 可以获知带有氟碳涂层的铝板能够具有不易生锈、使用寿命长、能做成不同颜色这些性能。附件 1 中还给出如下启示："本标准适用于表明经氟碳漆喷涂处理的铝幕墙用铝单板，表面经氟碳喷涂的天棚板、天花板及其他工业用喷涂板，也可参照采用本标准"（参见附件 1 正文第 1 页）。要获得耐腐蚀、抗污染的广告字牌，本领域的普通技术人员根据上述内容，无需付出创造性劳动就能够想到将带有氟碳涂层的金属板具体应用到制造金属广告字牌方面。通过使用带有氟碳涂层的金属板制作金属广告字牌，必然带来广告字牌不易生锈、使用寿命长、能做成不同颜色这些性能特点。因此，被告关于本专利权利要求 1 不具有创造性的认定是正确的，本院应予支持。

综上，被诉无效决定未侵犯原告的合法权益。原告要求撤销被诉无效决定的诉讼请求缺乏事实及法律依据，本院不予支持。据此，依照《最高人民法院关于执行〈中华人民共和国行政诉讼法〉若干问题的解释》第五十六条第（四）项的规定，判决如下：

驳回原告朱建兴的诉讼请求。

案件受理费100元，由原告朱建兴负担（已交纳）。

如不服本判决，各方当事人可在本判决书送达之日起15日内，向本院递交上诉状，并按对方当事人的人数提出副本，上诉于北京市高级人民法院。上诉人在上诉期满后7日内未交纳上诉案件受理费又不提出缓交申请的，按自动撤回上诉处理。

审 判 长　强刚华
代理审判员　张靛卿
代理审判员　何君慧
二〇〇八年一月十三日
书 记 员　董　伟

# 北京市高级人民法院
# 行政判决书

（2008）高行终字第349号

上诉人（一审原告）朱建兴，男，1968年11月26日出生，汉族，江苏省常州市正恒铝业有限公司董事长，住江苏省常州市新北区薛冶路38号。

委托代理人王雅汝，江苏常州欣正律师事务所律师。

委托代理人吴昳，江苏常州欣正律师事务所律师。

被上诉人（一审被告）国家知识产权局专利复审委员会，住所地北京市海淀区北四环西路9号银谷大厦。

法定代表人廖涛，副主任。

委托代理人王金珠，女，国家知识产权局专利复审委员会审查员。

委托代理人余心蕾，女，国家知识产权局专利复审委员会审查员。

被上诉人（一审第三人）江苏鑫丰源装饰材料有限公司（原丹阳市丰源装饰材料有限公司），住所地江苏省丹阳市云阳镇开发区。

法定代表人胡建平，董事长。

委托代理人袁波，男，江苏鑫丰源装饰材料有限公司人力资源部经理。

上诉人朱建兴因专利无效宣告请求审查决定一案，不服北京市第一中级人民法院（以下简称一审法院）（2007）一中行初字第1078号行政判决，向本院提起上诉。本院依法组成合议庭，于2008年7月9日公开开庭审理了本案。上诉人朱建兴的委托代理人王雅汝、吴昳，被上诉人国家知识产权局专利复审委员会（以下简称专利复审委）的委托代理人余心蕾、王金珠到庭参加了诉讼，被上诉人江苏鑫丰源装饰材料有限公司（以下简称鑫丰源公司）经本院合法传唤未到庭参加诉讼。本案现已审理终结。

2007年6月20日，专利复审委依据《中华人民共和国专利法》（以下简称《专利法》）第二十二条第二、三款的规定，针对专利权人为朱建兴，名称为“氟碳广告字牌”的实用新型专利权（以下简称本专利）作出第10128号无效宣告请求审查决定（以下简称被诉决定），宣告本专利权全部无效。朱建兴不服该被诉决定，在法定期限内向一审法院提起行政诉讼。

一审法院经审理认为，专利复审委将鑫丰源公司提出的相应证据与公知常识结合来评述本专利权

利要求 1 的创造性，并不存在违法之处。朱建兴关于被诉决定违法的诉讼主张缺乏事实和法律依据。专利复审委关于本专利权利要求 1 不具有创造性的认定是正确的。

被诉无效决定未侵犯朱建兴的合法权益。朱建兴要求撤销被诉无效决定的诉讼请求缺乏事实及法律依据。据此，依照《最高人民法院关于执行〈中华人民共和国行政诉讼法〉若干问题的解释》第五十六条第（四）项的规定，判决驳回朱建兴的诉讼请求。

朱建兴不服上述一审判决向本院上诉称：（1）被诉决定程序违法，不符合请求原则和听证原则，违反公平、公正原则。在无效请求的过程中，鑫丰源公司仅仅提出了用证据 1、2、3 单独评价本案涉及的实用新型专利权利要求 1 的新颖性和创造性，没有提出将证据与公知常识结合的无效理由，将证据 1 和公知常识结合的方式超出了鑫丰源公司提出的无效理由的范围。同时，鑫丰源公司与朱建兴均未就证据 1 和公知常识结合的问题陈述过意见，专利复审委剥夺了朱建兴对于不利于自己的理由陈述意见的权利。（2）被诉决定对“现有技术”的认定错误。专利复审委在判断本专利权利要求 1 的创造性时，采用了“现在”普遍采用的广告字牌方式与本专利权利要求 1 进行对比，这与《专利法》中规定的现有技术的判断标准不相同。本专利空心结构的字体在广告字牌上能够给人视觉上带来优雅、别致的感觉，是镂空的美感，绝不是专利复审委认定的“出于节省材料的考虑”。（3）本专利具备创造性。本专利公开的是一种氟碳广告字牌，而证据 1 是有色金属行业标准，是铝幕墙板、铝单板。二者属于不同的技术领域，解决的技术问题不同，技术方案不同，达到的技术效果不同。本专利相对证据 1 具有实质性特点和进步，具备创造性。请求二审法院撤销一审判决，撤销被诉决定。

专利复审委辩称：（1）被诉无效决定中认定本专利权利要求 1 不具创造性的依据是鑫丰源公司提出的权利要求 1 不具备创造性的理由和证据 1，符合请求原则。关于本专利权利要求 1 相对于证据 1 是否具有创造性的问题，在口头审理中已经过双方当事人充分的陈述和辩论，符合听证原则。（2）关于现有技术的认定，专利复审委引用“现在”一词的本意是指当代，不是指作出审查决定的 2007 年，而且“将广告字体做成字体形状”本身就是一种生活常识，故将这种生活常识作为公知常识使用是正确的。专利复审委对于现有技术的理解没有违反法律法规的规定。关于证据 1 与本专利权利要求 1 的联系，证据 1 正文第 3 页中对于氟碳涂层的色差、光泽、厚度、硬度、耐腐蚀性、耐湿热性等进行了规定，对于本领域的普通技术人员来说，从证据 1 可以获知带有氟碳涂层的铝板能够具有不易生锈、使用寿命长、能做成不同颜色等性能。广告字牌所用材料的范围包括证据 1 公开的材料，且想要达到的目的也和证据 1 中规定的各种性能相契合，因此专利复审委用证据 1 评述本专利权利要求 1 的创造性是正确的。（3）需要说明的是“技术领域、所解决的技术问题、所采用的技术方案以及达到的效果”都相同是新颖性的审查标准，而不是用于评价创造性的规则。虽然金属广告字牌属于广告行业，但对于广告字牌的制造者来说，会涉及金属板材领域，金属广告字牌用的材料就包括证据 1 中的所述的铝板，因此证据 1 可以用来评价权利要求 1 的创造性。坚持被诉无效决定中的理由，本专利的权利要求相对于证据 1 不具备创造性。请求二审法院驳回上诉，维持一审判决，维持被诉决定。

鑫丰源公司未提交书面意见，其表示同意专利复审委意见，请求二审法院驳回上诉，维持一审判决，维持被诉决定。

在法定期限内，专利复审委向一审法院提交了以下证据：（1）本专利说明书；（2）无效宣告请求书；（3）中华人民共和国有色金属行业标准《铝幕墙板氟碳喷漆铝单板》YS/T429. 2-2000，2000 年 10 月 25 日由国家有色金属工业局发布，共 6 页（即证据 1）；（4）口审记录表。

朱建兴在法定期限内向一审法院提交了以下证据：（1）本专利说明书；（2）无效宣告请求书；

（3）证据1；（4）口审时的代理词。

鑫丰源公司未向一审法院提交证据。

上述证据均已随案移送本院，经本院审查认为，专利复审委、朱建兴提交的证据均与本案具有关联性，且真实、合法，一审法院予以认定正确，本院予以确认。

根据对上述证据的审查认定及各方当事人的陈述，本院确认如下事实：本专利是申请日为2003年12月1日，授权公告日为2004年12月1日，名称为“氟碳广告字牌”，专利权人为朱建兴的实用新型专利。本专利授权公告的权利要求如下：

“1. 一种氟碳广告字牌，具有金属广告字体（1），金属广告字体（1）为中空结构或实心结构，其特征在于：金属广告字体（1）表面设置有氟碳涂层（2）。”

针对上述专利权，丹阳市丰源装饰材料有限公司（以下简称丰源公司）于2006年7月12日向专利复审委提出无效宣告请求，其理由是本专利的权利要求1不符合《专利法》第二十二条第二款、第三款以及《中华人民共和国专利法实施细则》（以下简称《专利法实施细则》）第六十四条第二款的规定，以及说明书不符合《专利法》第二十二条第二款、第三款以及《专利法实施细则》第六十四条第二款的规定，并提交了如下证据：

证据1：中华人民共和国有色金属行业标准《铝幕墙板氟碳喷漆铝单板》YS/T429.2-2000，2000年10月25日由国家有色金属工业局发布（原件）共6页；

证据2：中华人民共和国建筑工业行业标准《建筑用铝型材、铝板氟碳涂层》JG/T133-2000，2000年12月13日由中华人民共和国建设部发布（原件）共8页；

证据3：中华人民共和国国家标准《化学转化膜铝及铝合金上漂洗和不漂洗铬酸盐转化膜》GB/T17460-1998，1998年8月12日由国家质量技术监督局发布（复印件，有江苏省技术监督情报研究所的馆藏章）共6页。经形式审查合格后，专利复审委受理了上述请求，于2006年8月3日向双方当事人发出《无效宣告请求受理通知书》，并将无效宣告请求书及其他有关文件的副本转送给朱建兴，要求其在指定的期限内答复。朱建兴在指定期限内没有提交答复意见。

专利复审委成立合议组对本无效宣告请求案进行审理。2007年4月9日，专利复审委向双方当事人发出无效宣告请求口头审理通知书，定于2007年5月22日对本案进行口头审理。

口头审理如期举行，双方当事人及其代理人均出席了口头审理。朱建兴对证据1~3的真实性没有异议；丰源公司的无效理由为：用证据1、2、3单独评价权利要求1的新颖性和创造性；朱建兴认为权利要求1与证据1、2、3的技术领域、技术问题、技术方案、技术效果均不同。专利复审委经审查认为：

（1）关于证据。

丰源公司提交的3份证据中，其中证据1、2是原件，证据3上加盖有江苏省技术监督情报研究所的馆藏章，在口审中，朱建兴对3份证据的真实性表示认可，由于3份证据都是在申请日之前公开的，因此，专利复审委认为上述3份证据可作为评价本专利权利要求新颖性和创造性的证据。

（2）关于《专利法》第二十二条第二款规定的新颖性。

《专利法》第二十二条第二款规定，新颖性，是指在申请日以前没有同样的发明或者实用新型在国内外出版物上公开发表过、在国内公开使用过或者以其他方式为公众所知，也没有同样的发明或者实用新型由他人向国务院专利行政部门提出过申请并且记载在申请日以后公布的专利申请文件中。

丰源公司提交的证据1正文第1~3行：范围规定了喷涂氟碳（聚偏二氟乙烯）漆的幕墙用铝及铝合金单层成形板的要求，试验方法、检验规则及标志，本标准适合于表面经氟碳漆喷涂处理的铝幕墙用铝单板。

证据 2 正文第 1~4 行：范围规定了喷涂氟碳（聚偏二氟乙烯）漆的幕墙用铝及铝合金单层成形板的要求，试验方法、检验规则、标志、包装、运输及贮存，本标准适合于氟碳漆喷涂工艺的建筑用铝型材、铝板氟碳涂层。

证据 3（GB/T17460-1998）正文第 6 页第 3 行附录 B 公开了处理工序的选择方案。

而权利要求 1 请求保护一种氟碳广告字牌，具有金属广告字体（1），金属广告字体（1）为中空结构或实心结构，其特征在于：金属广告字体（1）表面设置有氟碳涂层（2）。

参见上述内容，证据 1~3 都没有公开权利要求 1 的如下技术特征：（a）权利要求 1 涉及一种氟碳广告字牌；（b）具有金属广告字体；（c）金属广告字体为中空结构或实心结构。因此，丰源公司所认为的“权利要求 1 已经完全被公开”是不能成立的，证据 1~3 分别都没有公开权利要求 1 的全部技术特征，都不能影响权利要求 1 的新颖性。权利要求 1 符合《专利法》第二十二条第二款关于新颖性的规定。

（3）关于《专利法》第二十二条第三款规定的创造性。

《专利法》第二十二条第三款规定，创造性，是指同申请日以前已有的技术相比，该发明有突出的实质性特点和显著的进步，该实用新型有实质性特点和进步。

（A）由前面针对新颖性进行的分析可知，证据 1 公开了在铝（金属）板上喷涂氟碳漆（即氟碳涂层）的技术内容，权利要求 1 的技术方案相对于证据 1 的区别特征是：（a）权利要求 1 涉及一种氟碳广告字牌；（b）具有金属广告字体；（c）金属广告字体为中空结构或实心结构。专利复审委认为，用金属材料制作广告字牌是现有技术，且将广告字牌做成字体形状是现在普遍采用的一种广告字牌方式，将金属材料直接压制成实心的字体，或者是出于节省材料的考虑，将其做成空心的广告字，这些都是公知常识。

而关于在广告字牌的金属外面设置氟碳涂层，专利复审委认为：

证据 1 正文第 3 页中对于氟碳涂层的色差、光泽、厚度、硬度、耐腐蚀性、耐湿热性等性能进行了规定，因此，对于本领域的普通技术人员来说，从证据 1 可以获知带有氟碳涂层的铝板能够具有不易生锈、使用寿命长、能做成不同颜色这些性能。证据 1 中还给出如下启示：“本标准适用于表明经氟碳漆喷涂处理的铝幕墙用铝单板，表面经氟碳喷涂的天棚板、天花板及其他工业用喷涂板，也可参照采用本标准”（参见证据 1 正文第 1 页）。要获得耐腐蚀、抗污染的广告字牌，本领域的普通技术人员根据上述内容，能够很容易想到将带有氟碳涂层的金属板具体应用到使用该材料的各种产品上，例如想到应用于制造多立于建筑物外部顶端的金属广告字牌，这是不需要付出创造性劳动的。通过将带有氟碳涂层的金属板用作制作金属广告字牌的材料，必然带来广告字牌不易生锈、使用寿命长、能做成不同颜色这些性能特点。因此，专利复审委认为，本专利权利要求 1 相对于证据 1 不具有实质性特点和进步，不符合《专利法》第二十二条第三款的规定，不具有创造性。

（B）朱建兴在口审中陈述意见，认为：

对于证据 1，（a）首先，证据 1 和本专利不具有可比性，证据 1 公开的是有色金属的行业标准，而本专利公开的是具体的技术方案，有其要解决的技术问题，采用了一定的技术手段，且能够达到一定的技术效果，而证据 1 没有公开上述内容，并且证据 1 也没有给出一个具体的广告字牌的技术方案，因此不经过创造性劳动是不能够得到权利要求 1 的技术方案的；

（b）证据 1 和本专利存在其他区别，比如证据 1 和本专利属于不同的技术领域，证据 1 没有公开本专利中空或者实心结构的金属广告字体的特征，也没有公开制造广告字体。

对于意见（a），专利复审委认为证据 1 虽然是行业标准，但是其中公开了技术方案，通过证据 1 公开的技术方案，可以获知在铝板上涂氟碳漆这种工艺，以及处理之后的氟碳涂层在颜色、耐腐蚀等性能上能够达到的指标等，因此，证据 1 虽然是行业标准，但可以用作对比文件和权利要求 1 进行比对；虽然证据 1 没有具体提到广告字牌，但是其中指出其可以用于其他工业用喷涂板，因此对于使用同一材料的广告字牌，自然会想到采用具有氟碳涂层的材料进行制造，这是容易实现的。

对于意见（b），参见前面对于创造性的具体意见评述，专利复审委认为虽然上述具体特征并没有被证据 1 公开，但是这些关于广告字体以及字体具体结构的技术特征都是公知常识，因此在已知证据 1 中在铝板上设置氟碳涂层这一技术信息时，得到如权利要求 1 所述的技术方案是容易实现的。对于朱建兴一直强调的领域不同的意见，专利复审委认为，进行创造性判断时，对比文件所涉及的技术领域的确是要考虑的因素之一，但是就本专利而言，“所属技术领域”不应当仅仅包括产品本身所属的技术领域，还应当包括其制作过程中相关的技术领域，虽然金属广告字牌本身属于广告行业，但是对于广告字牌的制造者来说，会涉及到金属板材领域，因为金属广告字牌用的材料就包括证据 1 中的所述的铝板，因此证据 1 是可以使用的，并且是可以用来评价权利要求 1 的创造性的。因此，对于朱建兴的理由，专利复审委不予接受。

据此，2007 年 6 月 20 日，专利复审委依据《专利法》第二十二条第三款的规定作出第 10128 号被诉无效决定，宣告本专利权全部无效。

另查明，丹阳市丰源装饰材料有限公司于 2007 年 8 月变更名称为江苏鑫丰源装饰材料有限公司。

本院认为：朱建兴、鑫丰源公司对被诉决定法律适用以及关于本专利符合《专利法》第二十二条第二款的认定均无异议，经审查，对其合法性本院予以确认。在此基础上，本案的争议焦点在于：（1）被诉决定作出的程序是否合法，（2）专利复审委认定本专利不符合《专利法》第二十二条第三款的认定是否正确。

（1）关于被诉决定作出的程序是否合法。

《审查指南》第四部分第三章 4.1 节第（3）部分规定，专利复审委可以依职权认定技术手段是否为公知常识，并可以引入技术词典、技术手册、教科书等所属技术领域中的公知常识性证据。因此，专利复审委在本案的审查中引入公知常识并未违反请求原则。且，上诉人朱建兴在行政程序中参加了本案的口审并陈述了其意见，因此，被诉决定并未违反请求原则和听证原则，朱建兴关于被诉决定作出的程序违法的上诉理由没有事实和法律依据，本院不予支持。

（2）关于专利复审委认定本专利不符合《专利法》第二十二条第三款的认定是否正确。

朱建兴、鑫丰源公司对本专利相对于证据 1 具有如下区别技术特征无异议，（a）权利要求 1 涉及一种氟碳广告字牌；（b）具有金属广告字体；（c）金属广告字体为中空结构或实心结构。

本案虽然涉及的是一种氟碳广告字牌，但对于广告字牌的制造者来说，其制作金属广告字牌必然会涉及到金属板材领域，金属广告字体使用的材料包括证据 1 中的所述的铝板。因此，专利复审委在对本专利进行审查时，考虑到本专利产品制作过程中所必然涉及到的密切相关技术领域并无违法之处。

证据 1 正文第 3 页中对于氟碳涂层的色差、光泽、厚度、硬度、耐腐蚀性、耐湿热性等性能进行了规定。因此，对于本领域的普通技术人员来说，从证据 1 可以获知带有氟碳涂层的铝板能够具有不易生锈、使用寿命长、能做成不同颜色这些性能。证据 1 中还给出如下启示：“本标准适用于表面经氟碳漆喷涂处理的铝幕墙用铝单板，表面经氟碳喷涂的天棚板、天花板及其他工业用喷涂板，也可参照采用本标准”（参见证据 1 正文第 1 页）。要获得耐腐蚀、抗污染的广告字牌，本领域的普通技术人员根据上述内容，无需付出创造性劳动就能够想到将带有氟碳涂层的金属板具体应用到制造金属广告字牌方面。通过使用带有氟碳涂层的金属板制作金属广告字牌，必然带来广告字牌不易生锈、使用寿命长、能做成不同颜色这些性能特点。用金属材料来制作广告字牌和将广告字牌做成字体形状，该字体可为实心或空心的结构均属于本专利申请日前公众熟知的生活常识。故，专利复审委将上述生活常识认定为本领域普通技术人员在本专利申请日前应当知晓的公知常识并无违法之处。综上所述，专利复审委关于本专利相对于证据1和公知常识的结合不具有创造性的认定是正确的。上诉人关于本专利相对于证据1具有创造性的理由没有事实依据。

综上所述，被诉决定认定事实清楚，审理程序合法，适用法律正确，一审法院判决驳回朱建兴的诉讼请求并无不当。朱建兴的上诉理由缺乏事实和法律依据，本院不予支持。依据《中华人民共和国行政诉讼法》第六十一条第（一）项的规定，判决如下：

驳回上诉，维持一审判决。

二审案件受理费人民币100元，由上诉人朱建兴负担（已交纳）。

本判决为终审判决。

审 判 长 郭 宜
审 判 员 张学磊
代理审判员 朱海宏
二〇〇八年八月一日
书 记 员 程钰玮

130

# 匀布线风筝绕线盘

## 无效宣告请求审查决定（第 10135 号）

**决　　定　　号**　第 10135 号
**决　　定　　日**　2007 年 6 月 21 日
**发明创造名称**　匀布线风筝绕线盘
**国 际 分 类 号**　A63H 27/08
**无效宣告请求人**　成都市奇勋塑料模具厂
**专　利　权　人**　丁兴德
**专　　利　　号**　01206994.9
**申　　请　　日**　2001 年 7 月 27 日
**授 权 公 告 日**　2002 年 5 月 15 日
**合 议 组 组 长**　张美菊
**主　　审　　员**　周雷鸣
**参　　审　　员**　汤　锷

**法　律　依　据**　专利法第 22 条第 2 款
**决　定　要　点**

若没有证据证明权利要求所述的技术方案在申请日以前被公开的情况下，则该权利要求符合专利法第 22 条第 2 款的规定。

### 一、案由

本无效宣告请求涉及国家知识产权局于 2002 年 5 月 15 日授权公告的名称为“匀布线风筝绕线盘”的第 01206994.9 号实用新型专利（以下简称本专利），其申请日为 2001 年 7 月 27 日，专利权人为丁兴德。

该专利的权利要求书如下：

“1. 匀布线风筝绕线盘，包括一手把、用一安装轴安装在手把上的线盘本体和设在线盘本体上的绕线手柄，其特征是在手把上还设有一活动式排线机构，所述的活动式排线机构由一端安装在手把上、另一端伸在线盘储线凹槽中的导线支架和设置在导线支架的伸在线盘储线凹槽中那一端的导线孔圈所构成。

2. 如权利要求 1 所述的匀布线风筝绕线盘，其特征在于所述的活动式排线机构的导线支架为铰接在手把上的摆动式导线支架。

3. 如权利要求 1 所述的匀布线风筝绕线盘，其特征在于所述的活动式排线机构的导线支架的伸在线盘储线凹槽中那一端开有一弧状凹槽，导线孔圈由安装在该弧状凹槽中且可在凹槽中来回滑动的孔珠所构成。

4. 如权利要求1所述的匀布线风筝绕线盘，其特征在于所述的线盘本体用一轴承安装在安装轴上。”

针对上述专利权，成都市奇勋塑料模具厂（以下简称请求人）于2006年4月27日向国家知识产权局专利复审委员会提出无效宣告请求。请求人同时提交了以下附件：

附件1：成都市武侯区高攀塑料模具加工厂企业法人营业执照复印件，共1页；

附件2：成都市武侯区高攀塑料模具加工厂企业法人营业执照（副本）复印件，共1页；

附件3：风筝绕线轮的图片复印件，共1页；

附件4：销售风筝把的收据No. 0014601的复印件，共1页。

其无效宣告请求理由是：请求人的证据包括成都市高攀塑料模具厂的有关资料、成都市高攀塑料模具厂在本专利申请日之前已存在产品样图、在申请日前出具的销售与本专利一样的产品的销售收据等，上述证据链可以看出，在本专利申请日以前已经有同样的产品出现，本专利不符合专利法第22条第2款有关新颖性的规定。

经形式审查合格，专利复审委员会受理了该无效宣告请求。并于2006年6月21日分别向请求人和专利权人发出了无效宣告请求受理通知书，并将《专利权无效宣告请求书》及其附件清单中所列附件副本转送专利权人，要求专利权人在指定期限内陈述意见。

专利权人于2006年11月21日提交了意见陈述书，意见陈述的主要内容是：附件3、4不仅在作为证据的形式要件上有缺陷，其真实性、合法性和关联性都不能确认，各个证据之间没有唯一的关联性，属于孤证，无法唯一得出确定的已经在先有与本专利相同的产品公开销售或者使用，请求人的无效理由不成立。

国家知识产权局专利复审委员会于2007年4月3日分别向请求人和专利权人发出了无效宣告请求口头审理通知书，定于2007年5月15日对本申请进行口头审理，并随口头审理通知书转送专利权人的意见陈述书及其附件给请求人。

因故，请求人未收到口头审理通知书。合议组以电话方式通知请求人口头审理的具体时间、地点、内容等。口头审理按期举行。双方当事人均出席口头审理，在口头审理中，合议组将专利权人于2006年11月21日提交的意见陈述书转给请求人，告知其可以在口审之日起15天内提交针对上述陈述书的书面答辩意见；请求人出示了附件3的原件，专利权人认为附件1、2、4无原件，其真实性不能认可，附件3的原件和复印件一致，但附件3无公开日期，不是公开出版物，不能证明销售的事实；请求人放弃权利要求3和4不具有新颖性的理由，并明确其无效理由是权利要求1和2相对于附件3中的QX6001和QX6003不具有新颖性；专利权人认为附件3没有公开权利要求1中的“活动式排线机构”“导线孔圈”以及权利要求2的“铰接”的连接方式，请求人认为这些特征都是本领域等同手段的置换。

至此，合议组经过合议，认为双方当事人均已有机会充分陈述意见，本案事实已经清楚，依法作出如下审查决定。

**二、决定的理由**

1. 关于证据

附件1和2为成都市武侯区高攀塑料模具加工厂企业法人营业执照及其副本的复印件，附件4为销售风筝把的收据No. 0014601的复印件。专利权人对附件1、2、4的真实性有异议；请求人未出示附件1、2、4的原件，也没有给出证明附件1、2、4真实性的其他有效证明；因此合议组对附件1、

2、4 的真实性不予认可。由于附件 1、2、4 的真实性不能确认，因此附件 1、2、4 不能与附件 3 形成证据链，证明附件 3 在本专利申请日之前已通过销售的方式被使用公开。

虽然请求人出示了附件 3 的原件，但是附件 3 中仅仅记载了成都高攀塑料模具厂、联系方式和附图，附件 3 本身不能证明其产品已公开销售，也没有记载其公开发表或出版日期，更不能说明其公开日期；因此附件 3 本身不能证明其中记载的产品在本专利申请日之前已经公开。

2. 专利法第 22 条第 2 款

附件 1、2、4 的真实性不能确认，附件 3 的公开日期不能确认，因此附件 1~4 不能证明在本专利申请日之前有同样的发明或者实用新型为公众所知，也不能证明有同样的发明或者实用新型由他人向国务院专利行政部门提出过申请并记载在申请日后公布的专利申请文件中，因此请求人关于本专利不符合专利法第 22 条第 2 款规定的无效理由不成立。

**三、决定**

维持 01206994.9 号实用新型专利权有效。

当事人对本决定不服的，可以根据专利法第 46 条第 2 款的规定，自收到本决定之日起三个月内向北京市第一中级人民法院起诉。根据该款的规定，一方当事人起诉后，另一方当事人应当作为第三人参加诉讼。

131

# 一种带有蝴蝶翼的动静脉留置针

## 无效宣告请求审查决定（第10143号）

**决　　定　　号**　第10143号
**决　　定　　日**　2007年6月24日
**发明创造名称**　一种带有蝴蝶翼的动静脉留置针
**国 际 分 类 号**　A61M 5/158，A61M 5/32
**无效宣告请求人**　上海埃斯埃医械塑料制品有限公司
**专 利 权 人**　张商钱
**专　　利　　号**　97220038.X
**申　　请　　日**　1997年7月10日
**授 权 公 告 日**　1999年2月3日
**合 议 组 组 长**　王桂莲
**主　　审　　员**　彭　燕
**参　　审　　员**　李　礼

**法 律 依 据**　专利法第22条第2款、第3款，专利法实施细则第2条第2款
**决 定 要 点**

根据一事不再理原则，在专利复审委员会已经就无效宣告请求作出决定后，在后的无效宣告请求又涉及同样的理由和证据的，专利复审委员会对已经审查过的理由和证据不再审理。

### 一、案由

本无效宣告请求涉及中华人民共和国国家知识产权局于1999年2月3日授权公告的、名称为“一种带有蝴蝶翼的动静脉留置针”的实用新型专利权（下称本专利），其专利号97220038.X，申请日是1997年7月10日，专利权人是张商钱。该专利授权公告时的权利要求书如下：

“1. 一种带有蝴蝶翼的动静脉留置针，包括钢针管（1），钢针管座（2），留置针套管（3），留置针套管座（4），回流器（5），座塞（6）构成，其特征在于所述的留置针套管座（4）上装有蝴蝶翼（7）。

2. 按权利要求1所述的一种带有蝴蝶翼的动静脉留置针，其特征在于所述的蝴蝶翼（7）与留置针套管座（4）为卡式活动连接，蝴蝶翼（7）的每边翼片上开有数个对称的小孔，蝴蝶翼（7）可用无毒塑料制成。

3. 按权利要求1所述的一种带有蝴蝶翼的动静脉留置针，其特征在于所述的钢针管座（2）上有手把（8）。

4. 按权利要求 1 所述的一种带有蝴蝶翼的动静脉留置针，其特征在于所述的留置针套管座（4）的尾端有一对称的突出部分，座塞（6）为具有螺旋口套盖的塞子。”

针对专利复审委员会受理的、案件编号为 5W05227 的在先的无效宣告请求，专利权人于 2003 年 9 月 28 日提交权利要求书的全文替换页，修改后的权利要求书如下：

“1. 一种带有蝴蝶翼的动静脉留置针，包括钢针管（1），钢针管座（2），留置针套管（3），留置针套管座（4），回流器（5），座塞（6）构成，所述的留置针套管座（4）上装有蝴蝶翼（7），蝴蝶翼（7）的每边翼片上开有数个对称的小孔，蝴蝶翼（7）可用无毒塑料制成，其特征在于所述的蝴蝶翼（7）与留置针套管座（4）为卡式活动连接。

2. 如权利要求 1 所述的一种带有蝴蝶翼的动静脉留置针，其特征在于所述的钢针管座（2）上有手把（8）。

3. 如权利要求 1 或 2 所述的一种带有蝴蝶翼的动静脉留置针，其特征在于所述的留置针套管座（4）的尾端有一对称的突出部分，座塞（6）为具有螺旋口套盖的塞子。”

针对上述专利权，上海埃斯埃医械塑料制品有限公司（下称请求人）于 2005 年 4 月 30 日向专利复审委员会提出无效宣告请求，其理由是本专利不符合专利法第 22 条第 1、2、3 款以及专利法实施细则第 2 条第 2 款的规定，并提交了如下证据：

证据 1：US4775367 美国专利授权公告文本及其中文译文，专利公告日为 1988 年 10 月 4 日；

证据 2：德国贝朗公司产品样本及其产品在国内公开销售的相关证明，包括如下证据：

证据 2.1：由上海市医疗器械批发部出具的“关于销售德国贝朗医疗有限公司产品的证明”和“附件清单”复印件共 2 页，其上均盖有“上海市医疗器械批发部”印章，以及证明人贾维敏、孙依霆的签名，证明的出具日期为 2005 年 4 月 18 日；

证据 2.2：由上海市医疗器械批发部出具的“证明”复印件 1 页，其上盖有“上海市医疗器械批发部”、“上海市医疗器械批发部劳动工资专用章”以及劳动工资负责人陈国荣的印章，出具日期为 2005 年 4 月 18 日；

证据 2.3：宣称是德国贝朗医疗有限公司早年的产品实物的复印件 1 页；

证据 2.4：德国贝朗医疗有限公司的产品样本复印件 2 页；

证据 2.5：由上海市浦东新区公证处出具的（2004）沪浦证经字第 4883 号公证书复印件共 12 页；

证据 2.6：上海市医疗器械批发部的营业执照复印件 1 页；

证据 2.7：上海市医疗器械批发部的医疗器械经营企业许可证复印件 1 页；

证据 2.8：《大公报》11 版复印件 1 页；

证据 3：中华人民共和国国家标准 GB 15811—1995 复印件共 12 页。

请求人认为：（1）证据 1 公开了本专利授权公告时的权利要求 1~3 的全部技术特征，因而本专利授权公告时的权利要求 1~3 相对于证据 1 不具备新颖性；（2）证据 2 证明在本专利申请日前与本专利产品结构相同的产品已公开销售，因而本专利授权公告时的权利要求 1~3 相对于证据 2 不具备新颖性；（3）本专利授权公告时的权利要求 4 的附加技术特征被证据 2、3 所公开，因而不具备创造性；（4）本专利授权公告时的权利要求 2 中的材料特征不符合专利法实施细则第 2 条第 2 款的规定。

经形式审查合格，专利复审委员会依法受理了上述无效宣告请求，于 2005 年 6 月 23 日向双方当事人发出无效宣告请求受理通知书，并将无效宣告请求书及其附件清单中所列附件的副本转送给专利权人，要求其在指定的期限内答复。

专利权人在指定期限内未进行答复。

专利复审委员会依法成立合议组，对上述无效宣告请求进行审理。本案合议组于 2006 年 10 月 9 日向双方当事人发出无效宣告请求口头审理通知书，指出本案定于 2006 年 11 月 29 日举行口头审理。

口头审理如期举行，双方当事人均出席了口头审理。

在口头审理中，合议组告知双方当事人合议组成员变更，双方当事人对合议组变更无异议。合议组当庭告知双方当事人，鉴于专利复审委员会已生效的第 6122 号无效宣告请求审查决定书在专利权人于 2003 年 9 月 28 所提交的修改后的权利要求书基础上维持本专利权有效，因此，本案以该修改后的权利要求书作为审查文本进行审理。

请求人当庭明确其无效理由、证据及范围：（1）本专利权利要求 1、2 分别相对于证据 1、2 不符合专利法第 22 条第 2 款的规定；（2）本专利权利要求 3 相对于证据 1 与证据 3 的结合不符合专利法第 22 条第 3 款的规定；（3）本专利权利要求 1 不符合专利法实施细则第 2 条第 2 款的规定。

请求人当庭明确表示证据 2.8 是证据 2.4 公开时间的一个佐证。请求人当庭提交证据 2.1、2.2、2.4、2.5 以及证据 3 的原件；当庭提交证据 2.3 的实物原件；当庭出具证据 2.5 中所涉及的所有发票原件；提交有关证据 2.6、2.7 的上海市医疗器械批发部的营业执照复印件、上海市医疗器械批发部的医疗器械经营企业许可证复印件，其上加盖有“上海市医疗器械批发部质量管理科”及“仅供备案专用”的印章，分别以此作为证据 2.6、2.7 的原件；提交《大公报》第 11 版复印件，其上盖有“上海图书馆上海科学技术情报研究所文献服务部”公章，以此作为证据 2.8 原件。

专利权人对证据 1 的真实性和中文译文的准确性无异议；对证据 2.1 的真实性表示异议；认为证据 2.2 与本案无关联性；证据 2.3 不具有证明力，且没有中文译文不能作为证据使用；证据 2.4 属于域外形成的证据，不具有真实性；认可证据 2.5 复印件与原件一致，但对其真实性不予认可；认为证据 2.6~2.8 与本案无关，并对证据 2.8 的真实性表示异议；对证据 3 的真实性表示无异议；对证据 2.5 中所涉及的 3 张销售发票的真实性无异议，但对进货单和进仓单的真实性有异议。

请求人认为证据 2 能够构成完整的证据链，证明德国贝朗的产品在本专利申请日前公开销售的事实。专利权人指出证据 2.4 已被北京高级人民法院（2006）高行终字第 89 号判决书判定为不予采信，认为证据 2 不能构成证据链。请求人认可北京高级人民法院（2006）高行终字第 89 号判决书中的附件 1.4 就是本案中证据 2.4，是一个证据，但指出高级人民法院仅单独考虑了证据 2.4，而在本案中有其他证据佐证，有实物和证人，因此证据 2 构成了完整的证据链。

出具证据 2.1 的其中一个证人贾维敏出庭作证，证明其所属单位于 1996 年以前公开对外销售德国贝朗医疗有限公司的静脉留置针。

口头审理中，双方当事人就证据 2 能否构成完整证据链、证据 2.4 产品样本上所示图片与本专利产品结构是否一致、本专利权利要求 1、2 相对于证据 1 是否具备新颖性、本专利权利要求 3 的附加技术特征是否被证据 3 所公开、以及本专利是否符合专利法实施细则第 2 条第 2 款进行了充分说明。

至此，合议组认为本案事实清楚，可以作出审查决定。

**二、决定的理由**

1. 关于权利要求书

以专利权人于 2003 年 9 月 28 日提交的权利要求书的全文修改替换页作为本案针对的权利要求书。

2. 关于证据

证据 1 为美国专利文献及其中文译文全文，专利权人对其真实性以及中文译文的准确性均无异议，因此证据 1 可以作为本案证据使用，同时证据 1 的公开日在本专利申请日之前，因此其公开的内容可以作为本专利的现有技术使用，其所公开的内容以其附图和其中文译文为准。

证据3是中华人民共和国国家标准GB 15811—1995复印件，请求人于口审当庭提交了其原件，专利权人对其真实性无异议，因此证据3可以作为本案证据使用，同时其公开日在本专利申请日之前，因此其公开的内容可以作为本专利的现有技术使用。

证据2.1是由上海医疗器械批发部出具的证明，其上具有单位公章以及自然人的签字，请求人当庭提交了该证明的原件，并且出具该证明的证人之一贾维敏出庭作证并接受质证，因此该证据可以作为本案证据使用。

证据2.2是由上海市医疗器械批发部出具的证明，其上有单位公章以及负责人印章，由于相关的出证单位没有派知情人出席口头审理对该证据的真实性加以质证，且在该证明上盖有个人印章的自然人在无正当理由的情况未出庭，未经质证的证人证言所述内容的真实性不能确定。因此，证据2.2不能作为本案证据使用。

证据2.3产品实物复印件，请求人当庭提交了该产品实物原件，并宣称其是德国贝朗产品试样，专利权人认为该实物并不能作为本案证据使用。对此，合议组认为：该份证据属于域外证据，请求人对其并未履行相关的证明手续，仅由证人贾维敏证明该实物是真实的，在此情况下，首先请求人并未举证证明该证据能够通过国内公共途径获得；其次，请求人用证人证言证明证据2.3的真实性，对此由于证人证言此类证据的真实性与出证人的记忆力、理解力、表述能力，以及对所证事物的介入程度等诸多主观因素有关，本案中在没有原始客观证据进行佐证的情况下，证人证言不能单独作为定案依据，因此仅使用证人证言来证明证据2.3的真实性，其证明力尚不足以支持其主张；再有专利权人也对该证据作为本案证据持有异议。综上所述，由于请求人对该域外形成的证据2.3未履行相关的证明手续，其也不属于审查指南中规定的无需履行证明手续的情况，且专利权人也对该证据持有异议，因而证据2.3不能作为本案证据使用。

证据2.4是在香港地区形成的，请求人并未履行相关的证明手续，专利权人对其真实性不予认可。根据审查指南第四部分第八章第2.2.2节规定，当事人向专利复审委员会提供的证据是在中华人民共和国香港特别行政区内形成的证据，应当履行相关的证明手续，除非（1）该证据是能够从除香港、澳门、台湾地区外的国内公共渠道获得的；（2）有其他证据足以证明该证据真实性的；（3）对方当事人认可该证据的真实性。

对于证据2.4合议组认为：首先，请求人并未举证证明该证据能够通过国内公共途径获得，请求人所主张的在上海市医疗器械批发部销售行为中向国内二级销售商或用户散发并不属于国内公共渠道；其次，请求人用证人证言证明证据2.4的真实性，对此由于证人证言此类证据的真实性与出证人的记忆力、理解力、表述能力，以及对所证事物的介入程度等诸多主观因素有关，本案中在没有原始客观证据进行佐证的情况下，证人证言不能单独作为定案依据，因此仅使用证人证言来证明证据2.4的真实性，其证明力尚不足以支持其主张；再则，请求人提交的其他证据中也不能证明证据2.4真实性；同时专利权人对该证据的真实性也持有异议。综上所述，由于请求人对在香港地区形成的证据2.4未履行相关的证明手续，且其也不属于审查指南中规定的无需履行证明手续的情况，因而证据2.4不能作为本案证据使用。

证据2.5为国家公证机关出具的公证书的复印件，请求人当庭提交了原件，专利权人当庭核对其复印件与原件一致，因此证据2.5可以作为本案证据使用。

证据2.6、2.7分别为“上海市医疗器械批发部”的营业执照以及医疗器械经营企业许可证的复印件，请求人用其证明出具证据2.1的证明单位的资质，专利权人认为上述两份证据与本案无关。合议组认为上述两份证据是由国家工商管理机关以及药品监督管理部分批准的，可以证明出具证据2.1的“上海市医疗器械批发部”的经营范围并可证明其可经营医疗器械产品，与本案有关，在专利权人未对其真实性提出异议的前提下，证据2.6、2.7可以作为本案证据使用。

证据2.8为《大公报》第11版的复印件，请求人当庭提交了《大公报》第11版的复印件，其上加盖有“上海图书馆上海科学技术情报研究所文献服务部”印章，以此作为证据2.8的原件，请求人当庭明确表示使用证据2.8来推定证据2.4的公开日期，专利权人对其真实性有异议，并认为其与本案无关。对此合议组认为该份证据是在香港地区形成的，但由于其上盖有“上海图书馆上海科学技术情报研究所文献服务部”，证明是可以在除香港、澳门、台湾地区外的国内的公共渠道获得的，专利权人对其真实性不予认可，但并未提供相应证据证明其主张，且请求人主张用此推定证据2.4的公开时间，即证据2.8与本案有关，因此，证据2.8可以作为本案证据使用。但鉴于如前所述证据2.4不能作为本案证据使用，而请求人主张证据2.8仅是用于推定证据2.4的公开时间，因此，在对本专利是否具备新颖性的评述中不再对证据2.8进行评述。

综上所述，证据1、证据2.1、证据2.5~2.8、证据3可以作为本案证据使用。

3. 关于专利法实施细则第2条第2款

专利法实施细则第2条第2款规定：专利法所称的实用新型，是指对产品的形状、构造或者其结合所提出的适于实用的新的技术方案。

审查指南第一部分第二章第6.3节中规定：如果权利要求中既包含形状、构造特征，又包含对材料本身提出的技术方案，则不属于实用新型专利保护的客体。且进一步规定：但是将现有技术中已知的材料应用于具有形状、构造的产品上，例如复合木地板、塑料杯、记忆合金制成的心脏导管支架等，不属于对材料本身提出的技术方案。

请求人认为本专利中的无毒塑料不是实用新型保护范围，因此不符合实施细则第2条第2款的规定。

专利权人认为，本专利既有结构特征也有材料特征，根据修改后的审查指南的规定，本专利符合实施细则第2条第2款的规定。

对此合议组认为：从本专利权利要求1所记载的内容可以看出，本专利权利要求1请求保护了一种带有蝴蝶翼的动静脉留置针，其请求保护的是一种产品，其中包括对该产品构造进行的限定，并包括“蝴蝶翼可用无毒塑料制成”这一技术特征，而无毒塑料属于现有技术的公知材料，在本专利权利要求1请求保护的技术方案中，仅是将这一公知材料应用到具有形状、构造的该产品上，并不是对材料本身提出的技术方案，因此本专利是利用了自然规律的技术手段的集合，解决了其所要解决的技术问题，因而本专利权利要求1请求保护的技术方案符合实施细则第2条第2款的规定。

4. 关于专利法第22条第2款

专利法第22条第2款规定：新颖性，是指在申请日以前没有同样的发明或者实用新型在国内外出版物上公开发表过、在国内公开使用过或者以其他方式为公众所知，也没有同样的发明或者实用新型由他人向国务院专利行政部门提出过申请并且记载在申请日以后公布的专利申请文件中。

请求人认为：(1) 证据1破坏本专利权利要求1、2的新颖性；(2) 证据2构成一个完整的证据链，证明德国贝朗的产品在本专利申请日公开销售的事实，虽然证据2.4未记载“无毒塑料制成”，但认为所有的留置针都是用无毒塑料制成的，本专利中的卡式活动连接在证据2.4的小图及大图结合可以看出是卡式活动结合，并且本专利权利要求1与证据2.3的实物元件一致，因此本专利权利要求1、2相对于证据2不具备新颖性。

专利权人认为：(1) 证据1中未公开本专利权利要求1中“回流器”、“无毒塑料”、“卡式活动连接”；(2) 证据2不能构成证据链证明德国贝朗的产品已于本专利申请日前公开销售的事实，且证据2.4没有公开本专利中的回流器及卡式活动连接，因而，本专利相对于证据1、2具备专利法第22

条第 2 款规定的新颖性。

（1）关于本专利权利要求 1、2 相对于证据 1 是否具备新颖性。

本案中的证据 1 与专利复审委员会已生效的第 6122 号无效宣告请求审查决定书中所涉及的附件 6 相同，对于使用这份证据评述本专利权利要求 1、2 不具备新颖性和创造性的无效宣告理由，在第 6122 号无效宣告请求决定书中也已进行了审理，根据一事不再理原则，在专利复审委员会已经就某一无效宣告请求作出决定后，在后的无效宣告请求又涉及同样的理由和证据的，专利复审委员会对已经审查过的理由和证据不再审理，因此，在本次无效宣告请求审查程序中，不再对本专利权利要求 1、2 相对于证据 1 是否具备专利法第 22 条第 2 款所规定的新颖性进行审理。但根据该已生效决定可知，本专利权利要求 1、2 相对于证据 1 具备新颖性。

（2）证据 2 是否构成一个完整的证据链足以破坏本专利权利要求 1、2 的新颖性。

证据 2.1 是一份由“上海市医疗器械批发部”以及证明人“贾维敏”和“孙依霆”于 2005 年 4 月 18 日出具的证明以及附件清单，该证明的内容包括：从 1995 年开始该批发部向上海申洲实业有限公司购进德国贝朗医疗有限公司的静脉置留针产品并公开对外销售，所附进仓单、增值税发票、产品样本均由其收藏，进仓单、增值税发票中静脉置留针为德国贝朗产品，其型号和结构与所附德国贝朗产品样本一致，产品详见德国贝朗产品样本和实物样品，该德国贝朗样本是由其销售时散发给国内二级销售商或用户的。

证据 2.5 是由上海市浦东新区公证处出具的（2004）沪浦证经字第 4883 号公证书，公证内容为证明该公证书中前面的复印件内容与原件相符，该公证书包括以下票据的复印件：No. 0031790 的上海市医疗器械批发部记账联，开票日期为 1996 年 5 月 6 日，其上盖有上海市医疗器械批发部财务专用章，货物或应税劳务名称栏中记载有静脉留置针的型号、数量、价格等相关信息；No. 00708547 上海市增值税专用发票第四联，开票日期为 1996 年 2 月 6 日，其上盖有上海市医疗器械批发部财务专用章，货物或应税劳务名称栏中记载有静脉留置针的型号、数量、价格等相关信息；No. 07396281 的上海市增值税专用发票第二联，开票日期为 1996 年 2 月 5 日，其上盖有上海市医疗器械批发部财务专用章，货物或应税劳务名称栏记载有“留置针 14G”、“留置针 16G”、“留置针 22G”及其数量、价格的相关信息；No. 0024929 上海市医疗器械批发部自购进货第三联，No. 0024930 上海市医疗器械批发部自购进货第一联、第三联，No. 0024931 上海市医疗器械批发部自购进货的第一联、第三联，No. 0394640 上海市医疗器械批发部进仓单（自购进货）的第一联，上述自购进货或进仓单票据上均记载有静脉留置针的型号、数量、价格等信息，但均没有加盖单位公章。

证据 2.6、2.7 分别为“上海市医疗器械批发部”的营业执照以及医疗器械经营企业许可证，上述两份证据分别由国家工商管理机关以及药品监督管理部分批准的，可以证明出具证据 2.1 的“上海市医疗器械批发部”的经营范围并可证明其可经营医疗器械产品。

证据 2.8《大公报》第 11 版的复印件，请求人当庭提交了该份证据原件，原件是《大公报》第 11 版的复印件，其上加盖有“上海图书馆上海科学技术情报研究所文献服务部”的印章，该证据上记载有“电话号码明年升八位”的文章，具体内容包括香港地区于 1995 年 1 月 1 日起，现时所有七位的住宅及商业电话号码，将在原有号码前加上 2 字，改为八位号码。

任上海市医疗器械批发部业务科科长的证人贾维敏出庭证明的事实包括：该批发部于 1996 年以前公开对外销售德国贝朗医疗有限公司的静脉留置针，所提供的发票、进货单、德国贝朗产品样本和实物样本均是真实的，表示票据中各货品前面的“803226”、“803166”、“803146”为商品代码，“22GOD，0. 8mm×25mm”等均为国家通用标准，自购进货单是采购员打印。

请求人认为样本上的下半部分型号和规格于发票所列型号和规格相同，公证书中编号为 0031790

号增值税发票最后一行有静脉留置针的型号和规格，跟样本上所列的型号和规格相同，公证书中编号为00708547增值税发票静脉留置针的型号和规格与样本上的相同，公证书中自购进货货单的静脉留置针的信息与增值税发票所记载的信息相同，静脉留置针前面的数字是医疗器械批发部在销售时自行编号，其都具有相同的商品编号，证据2.3反映的是实物背面的信息，该信息与样本上的相对应，并有明确的生产日期，使用证据2.8佐证样本的印制时间在1995年1月1日以前。

对于请求人用证据2证明德国贝朗的产品在本专利申请日前公开销售的事实，合议组经审查认为：

首先，证据2.5公证书的公证内容仅能证明其中的各票据的复印件与其原件一致，但并不能证明这些票据本身的真实性。对于该公证书中的各票据的真实性，（1）请求人当庭出示了No. 0031790的上海市医疗器械批发部记账联、No. 00708547上海市增值税专用发票第四联、No. 07396281的上海市增值税专用发票第二联的原件，专利权人核对其复印件与原件一致并认可上述票据的真实性，因此上述票据可以作为本案的证据使用。（2）请求人当庭还出具了证据2.5公证书中除上面三张票据之外的自购进货或进仓单票据的原件，专利权人核对其复印件与原件一致但并不认可上述票据的真实性。合议组认为，由于上述自购进货或进仓单票据属于单位内部票据，缺少单位的签章，且无其他相关证据印证其真实性。而对于请求人方的证人贾维敏出庭时证明上述这些票据是真实的这一主张，由于证人证言此类证据的真实性与出证人的记忆力、理解力、表述能力，以及对所证事物的介入程度等诸多主观因素有关，在没有原始客观证据进行佐证的情况下，证人证言不能单独作为定案依据，仅使用证人证言来证明“上述自购进货或进仓单是真实的”这一观点，其证明力尚不足以支持其主张。由此鉴于上述这些自购进货或进仓单票据上均缺少单位的签章，且又无其他相关证据印证其真实性，同时专利权人对其真实性也存有异议的情况下，证据2.5中No. 0024929上海市医疗器械批发部自购进货第一联、第三联，No. 0024930上海市医疗器械批发部自购进货第三联，No. 0024931上海市医疗器械批发部自购进货的第一联、第三联，No. 0394640上海市医疗器械批发部进仓单（自购进货）的第一联的真实性难以确定，不能作为本案证据使用。

其次，根据证据2.5中可以作为本案证据使用的3张发票，可以证明“上海市医疗器械批发部”分别于1996年5月6日、1996年2月6日销售过静脉留置针这一销售事实，“上海市医疗器械批发部”于1996年2月6日向“上海申洲实业有限公司”购买过留置针这一购买事实，但在上述3张票据中均未记载所涉及“静脉留置针”或“留置针”的产地或生产厂家，也不能获知其具体结构。

最后，对于证据2.1以及请求人方的证人部分，证人证言此类证据的真实性与出证人的记忆力、理解力、表述能力，以及对所证事物的介入程度等诸多主观因素有关，在没有原始客观证据进行佐证的情况下，证人证言不能单独作为定案依据，因此仅使用证人证言来证明“上海市医疗器械批发部于1995年开始对德国贝朗产品进行公开销售”、“证据2.5各票据中的静脉留置针为德国贝朗产品”、“其型号和产品结构与所附德国贝朗产品样本是一致的”这些观点，其证明力尚不足以支持其主张。

对于证据2.6和证据2.7，它们仅能证明“上海市医疗器械批发部”的经营范围并可证明其可经营医疗器械产品，它们也均无法证明证据2.5各票据中的静脉留置针或留置针为德国贝朗产品。

综上所述，证据2.1~2.7中的证据2.5可以证明于本专利申请日前“上海市医疗器械批发部”购买或销售过静脉留置针或留置针，但由于上述证据均不能证明证据2.5中购销行为所涉及的静脉留置针或留置针就是德国贝朗产品样本中的产品，因此证据2无法构成完整的证据链证明于本专利申请日前已公开销售德国贝朗产品的事实，即证据2.1~2.7未构成完整的证据链证明与本专利相同的产品在申请日前被在先使用过；同时，请求人也未举证证明证据2.5中所涉及的、于本专利申请日之前购买或销售过静脉留置针或留置针的具体结构，也不能证明于本专利申请日前公开使用过与本专利相同产品这一事实，因此，不能以此破坏本专利权利要求 1、2 的新颖性。

5. 关于专利法第 22 条第 3 款

专利法第 22 条第 3 款规定：创造性，是指同申请日以前已有的技术相比，该发明有突出的实质性特点和显著的进步，该实用新型有实质性特点和进步。

请求人认为：证据 1 与证据 3 的结合破坏本专利权利要求 3 的创造性。

本专利权利要求 3 是权利要求 1 或 2 的从属权利要求，其请求保护的技术方案包括其所引用权利要求 1 或 2 的全部技术特征，即在本专利权利要求 3 请求保护的技术方案中，均包括“蝴蝶翼与留置针套管座为卡式活动连接”这一技术特征。而专利复审委员已生效的第 6122 号无效宣告请求审查决定中已经认定：证据 1 未公开本专利权利要求 1 中的“卡式活动连接”。证据 3 是中华人民共和国国家标准 GB 15811—1995 复印件，其中公开了关于一次性使用无菌注射针的国家标准，但是在证据 3 中也未公开“蝴蝶翼与留置针套管座为卡式活动连接”这一技术特征，即证据 1 和证据 3 上均为公开该区别技术特征，也未给出关于该区别技术特征的技术启示，同时请求人也没有提供其他证据证明该区别技术特征已是现有技术，因此，本领域的技术人员无论将证据 1 和证据 3 如何组合，也不可能显而易见的得到本专利权利要求 3 请求保护的技术方案，同时该技术特征效果在于可便于医生选择固定位置或者不使用蝴蝶翼，因此权利要求 3 具有实质性特点和进步，相对于证据 1 和证据 3 的结合具备创造性。

综上所述，本专利权利要求 1 符合专利法实施细则第 2 条第 2 款的规定，本专利权利要求 1、2 符合专利法第 22 条第 2 款的规定，本专利权利要求 3 符合专利法第 22 条第 3 款的规定。

**三、决定**

维持 97220038. X 号实用新型专利权有效。

当事人对本决定不服的，可以根据专利法第 46 条第 2 款的规定，自收到本决定之日起三个月内向北京市第一中级人民法院起诉。根据该款的规定，一方当事人起诉后，另一方当事人应当作为第三人参加诉讼。

## 北京市第一中级人民法院
## 行政判决书

（2007）一中行初字第 1388 号

原告上海埃斯埃医械塑料制品有限公司，住所地上海市篾竹路 132 号内。

法定代表人陈雨琴，董事长。

委托代理人李平，上海市华诚律师事务所律师。

被告国家知识产权局专利复审委员会，住所地北京市海淀区北四环西路 9 号银谷大厦 10~12 层。

法定代表人廖涛，副主任。

委托代理人李礼，国家知识产权局专利复审委员会审查员。

委托代理人刘妍，国家知识产权局专利复审委员会审查员。

第三人张商钱，男，1953 年 1 月 4 日出生，汉族，温州华利医疗器械有限公司董事长，住浙江省乐清市乐成镇进士路 26 号。

委托代理人刘晓春，浙江杭州金通专利事务所有限公司专利代理人。

原告上海埃斯埃医械塑料制品有限公司（以下简称埃斯埃公司）不服被告国家知识产权局专利复审委员会（以下简称专利复审委员会）于2007年6月24日作出的第10143号无效宣告请求审查决定（以下简称第10143号决定），于法定期限内向本院提起行政诉讼。本院于2007年10月10日受理本案后，依法组成合议庭，并通知第10143号决定的专利权人张商钱作为第三人参加本案诉讼。本院于2007年12月7日公开开庭进行了审理。原告埃斯埃公司的委托代理人李平，被告专利复审委员会的委托代理人李礼、刘妍，第三人张商钱的委托代理人刘晓春到庭参加了诉讼。本案现已审理终结。

被告专利复审委员会针对原告埃斯埃公司就专利权人为第三人张商钱的名称为“一种带有蝴蝶翼的动静脉留置针”的实用新型专利权（以下简称本专利）所提出的无效宣告请求作出第10143号决定，该决定认定：

关于证据。

证据2.1是由上海医疗器械批发部出具的证明，可以作为本案证据使用。

证据2.2是由上海市医疗器械批发部出具的证明，其上有单位公章以及负责人印章，由于相关的出证单位没有派知情人出席口头审理对该证据的真实性加以质证，且在该证明上盖有个人印章的自然人在无正当理由的情况未出庭，未经质证的证人证言所述内容的真实性不能确定。因此，证据2.2不能作为本案证据使用。

证据2.3产品实物复印件，埃斯埃公司当庭提交了该产品实物原件，并宣称其是德国贝朗产品试样，张商钱认为该实物并不能作为本案证据使用。对此，专利复审委员会认为：该份证据属于域外证据，埃斯埃公司对其并未履行相关的证明手续，仅由证人贾维敏证明该实物是真实的，在此情况下，首先埃斯埃公司并未举证证明该证据能够通过国内公共途径获得；其次，埃斯埃公司用证人证言证明证据2.3的真实性，对此由于证人证言此类证据的真实性与出证人的记忆力、理解力、表述能力，以及对所证事物的介入程度等诸多主观因素有关，本案中在没有原始客观证据进行佐证的情况下，证人证言不能单独作为定案依据，因此仅使用证人证言来证明证据2.3的真实性，其证明力尚不足以支持其主张；再有张商钱也对该证据作为本案证据持有异议。综上所述，由于埃斯埃公司对该域外形成的证据2.3未履行相关的证明手续，其也不属于《审查指南》中规定的无需履行证明手续的情况，且张商钱也对该证据持有异议，因而证据2.3不能作为本案证据使用。

证据2.4是在香港地区形成的，埃斯埃公司并未履行相关的证明手续，张商钱对其真实性不予认可。

对于证据2.4，专利复审委员会认为：首先，埃斯埃公司并未举证证明该证据能够通过国内公共途径获得，埃斯埃公司所主张的在上海市医疗器械批发部销售行为中向国内二级销售商或用户散发并不属于国内公共渠道；其次，埃斯埃公司用证人证言证明证据2.4的真实性，对此由于证人证言此类证据的真实性与出证人的记忆力、理解力、表述能力，以及对所证事物的介入程度等诸多主观因素有关，本案中在没有原始客观证据进行佐证的情况下，证人证言不能单独作为定案依据，因此仅使用证人证言来证明证据2.4的真实性，其证明力尚不足以支持其主张；再则，埃斯埃公司提交的其他证据中也不能证明证据2.4的真实性；同时张商钱对该证据的真实性也持有异议。综上所述，由于埃斯埃公司对在香港地区形成的证据2.4未履行相关的证明手续，且其也不属于《审查指南》中规定的无需履行证明手续的情况，因而证据2.4不能作为本案证据使用。

证据2.5为国家公证机关出具的公证书的复印件，埃斯埃公司当庭提交了原件，张商钱当庭核对其复印件与原件一致，因此证据2.5可以作为本案证据使用。

证据2.6、2.7分别为“上海市医疗器械批发部”的营业执照以及医疗器械经营企业许可证的复印件，可以作为本案证据使用。

证据 2.8 为《大公报》第 11 版的复印件，埃斯埃公司主张用此推定证据 2.4 的公开时间。但鉴于证据 2.4 不能作为本案证据使用，因此，在对本专利是否具备新颖性的评述中不再对证据 2.8 进行评述。

综上所述，证据 1、证据 2.1、证据 2.5~2.8、证据 3 可以作为本案证据使用。

关于《中华人民共和国专利法》（以下简称《专利法》）第二十二条第二款。

（1）关于本专利权利要求 1、2 相对于证据 1 是否具备新颖性。

根据第 6122 号无效宣告请求审查决定可知，本专利权利要求 1、2 相对于证据 1 具备新颖性。

（2）证据 2 是否构成一个完整的证据链，足以破坏本专利权利要求 1、2 的新颖性。

证据 2.1 是一份由“上海市医疗器械批发部”以及证明人“贾维敏”和“孙依霆”于 2005 年 4 月 18 日出具的证明以及附件清单，该证明的内容包括：从 1995 年开始该批发部向上海申洲实业有限公司购进德国贝朗医疗有限公司的静脉留置针产品并公开对外销售，所附进仓单、增值税发票、产品样本均由其收藏，进仓单、增值税发票中静脉留置针为德国贝朗产品，其型号和结构与所附德国贝朗产品样本一致，产品详见德国贝朗的产品样本和实物样品，该德国贝朗样本是由其销售时散发给国内二级销售商或用户的。

证据 2.5 是由上海市浦东新区公证处出具的（2004）沪浦证经字第 4883 号公证书，公证内容为证明该公证书中前面的复印件内容与原件相符，该公证书包括以下票据的复印件：No. 0031790 的上海市医疗器械批发部记账联，开票日期为 1996 年 5 月 6 日，其上盖有上海市医疗器械批发部财务专用章，货物或应税劳务名称栏中记载有静脉留置针的型号、数量、价格等相关信息；No. 00708547 上海市增值税专用发票第四联，开票日期为 1996 年 2 月 6 日，其上盖有上海市医疗器械批发部财务专用章，货物或应税劳务名称栏中记载有静脉留置针的型号、数量、价格等相关信息；No. 07396281 的上海市增值税专用发票第二联，开票日期为 1996 年 2 月 5 日，其上盖有上海市医疗器械批发部财务专用章，货物或应税劳务名称栏记载有“留置针 14G”、“留置针 16G”、“留置针 22G”及其数量、价格的相关信息；No. 0024929 上海市医疗器械批发部自购进货第一联、第三联，No. 0024930 上海市医疗器械批发部自购进货第一联、第三联，No. 0024931 上海市医疗器械批发部自购进货的第一联、第三联，No. 0394640 上海市医疗器械批发部进仓单（自购进货）的第一联，上述自购进货或进仓单票据上均记载有静脉留置针的型号、数量、价格等信息，但均没有加盖单位公章。

证据 2.6、2.7 分别为“上海市医疗器械批发部”的营业执照以及医疗器械经营企业许可证，上述两份证据分别由国家工商行政管理机关以及药品监督管理部门批准，可以证明出具证据 2.1 的“上海市医疗器械批发部”的经营范围并可证明其可经营医疗器械产品。

证据 2.8《大公报》第 11 版的复印件，埃斯埃公司当庭提交了该份证据原件，原件是《大公报》第 11 版的复印件，其上加盖有“上海图书馆上海科学技术情报研究所文献服务部”的印章，该证据上记载有“电话号码明年升八位”的文章，具体内容包括香港地区于 1995 年 1 月 1 日起，现时所有七位的住宅及商业电话号码，将在原有号码前加上 2 字，改为八位号码。

任上海市医疗器械批发部业务科科长的证人贾维敏出庭证明的事实包括：该批发部于 1996 年以前公开对外销售德国贝朗医疗有限公司的静脉留置针，所提供的发票、进货单、德国贝朗产品样本和实物样本均是真实的，表示票据中各货品前面的“803226”、“803166”、“803146”为商品代码，“22GOD，0.8mm×25mm”等均为国家通用标准，自购进货单是采购员打印的。

对于埃斯埃公司用证据 2 证明德国贝朗的产品在本专利申请日前公开销售的事实，专利复审委员会认为：

首先，证据 2.5 公证书的公证内容仅能证明其中的各票据的复印件与其原件一致，但并不能证明这些票据本身的真实性。对于该公证书中的各票据的真实性，（1）埃斯埃公司当庭出示了 No. 0031790 的上海市医疗器械批发部记账联、No. 00708547 上海市增值税专用发票第四联、No. 07396281 的上海市增值税专用发票第二联的原件，张商钱核对其复印件与原件一致并认可上述票据的真实性，因此上述票据可以作为本案的证据使用。（2）埃斯埃公司当庭还出具了证据 2.5 公证书中除上面三张票据之外的自购进货或进仓单票据的原件，张商钱核对其复印件与原件一致但并不认可上述票据的真实性。专利复审委员会认为，由于上述自购进货或进仓单票据属于单位内部票据，缺少单位的签章，且无其他相关证据印证其真实性。而对于埃斯埃公司方的证人贾维敏出庭时证明上述这些票据是真实的这一主张，由于证人证言此类证据的真实性与出证人的记忆力、理解力、表述能力，以及对所证事物的介入程度等诸多主观因素有关，在没有原始客观证据进行佐证的情况下，证人证言不能单独作为定案依据，仅使用证人证言来证明“上述自购进货或进仓单是真实的”这一观点，其证明力尚不足以支持其主张。由此鉴于上述这些自购进货或进仓单票据上均缺少单位的签章，且又无其他相关证据印证其真实性，同时张商钱对其真实性也存有异议的情况下，证据 2.5 中 No. 0024929 上海市医疗器械批发部自购进货第一联、第三联，No. 0024930 上海市医疗器械批发部自购进货第一联、第三联，No. 0024931 上海市医疗器械批发部自购进货的第一联、第三联，No. 0394640 上海市医疗器械批发部进仓单（自购进货）的第一联的真实性难以确定，不能作为本案证据使用。

其次，根据证据 2.5 中可以作为本案证据使用的 3 张发票，可以证明“上海市医疗器械批发部”分别于 1996 年 5 月 6 日、1996 年 2 月 6 日销售过静脉留置针这一销售事实，“上海市医疗器械批发部”于 1996 年 2 月 6 日向“上海申洲实业有限公司”购买过留置针这一购买事实，但在上述 3 张票据中均未记载所涉及“静脉留置针”或“留置针”的产地或生产厂家，也不能获知其具体结构。

最后，对于证据 2.1 以及埃斯埃公司的证人部分，证人证言此类证据的真实性与出证人的记忆力、理解力、表述能力，以及对所证事物的介入程度等诸多主观因素有关，在没有原始客观证据进行佐证的情况下，证人证言不能单独作为定案依据，因此仅使用证人证言来证明“上海市医疗器械批发部于 1995 年开始对德国贝朗产品进行公开销售”、“证据 2.5 各票据中的静脉留置针为德国贝朗产品”、“其型号和产品结构与所附德国贝朗产品样本是一致的”这些观点，其证明力尚不足以支持其主张。

对于证据 2.6 和证据 2.7，它们仅能证明“上海市医疗器械批发部”的经营范围并可证明其可经营医疗器械产品，它们也均无法证明证据 2.5 各票据中的静脉留置针或留置针为德国贝朗产品。

综上所述，证据 2.1~2.7 中的证据 2.5 可以证明于本专利申请日前“上海市医疗器械批发部”购买或销售过静脉留置针或留置针，但由于上述证据均不能证明证据 2.5 中购销行为所涉及的静脉留置针或留置针就是德国贝朗产品样本中的产品，因此证据 2 无法构成完整的证据链证明于本专利申请日前已公开销售德国贝朗产品的事实，即证据 2.1~2.7 未构成完整的证据链证明与本专利相同的产品在申请日前被在先使用过；同时，埃斯埃公司也未举证证明证据 2.5 中所涉及的、于本专利申请日之前购买或销售过静脉留置针或留置针的具体结构，也不能证明于本专利申请日前公开使用过与本专利相同产品这一事实，因此，不能以此破坏本专利权利要求 1、2 的新颖性。

关于《专利法》第二十二条第三款。已生效的第 6122 号无效宣告请求审查决定中已经认定：证据 1 未公开本专利权利要求 1 中的“卡式活动连接”。证据 3 中也未公开“蝴蝶翼与留置针套管座为卡式活动连接”这一技术特征，即证据 1 和证据 3 上均未公开该区别技术特征，也未给出关于该区别技术特征的技术启示，同时埃斯埃公司也没有提供其他证据证明该区别技术特征已是现有技术，因此，本领域的技术人员无论将证据 1 和证据 3 如何组合，也不可能显而易见地得到本专利权利要求 3 请求保护的技术方案，同时该技术特征效果在于可便于医生选择固定位置或者不使用蝴蝶翼，因此权利要求3具有实质性特点和进步，相对于证据1和证据3的结合具备创造性。

被告专利复审委员会作出第10143号决定，维持97220038.X号实用新型专利权有效。

原告埃斯埃公司不服该决定，于法定期限内向本院提起诉讼，诉称：（1）第10143号决定对原告提供的关于使用公开的一组关联证据刻意割裂，造成认定事实不清。证据2.3和2.4并非孤证，其与证据2其余证据均来自同一证人，其中很多是客观证据，故证据2.3和2.4应当可以作为证据使用。第10143号决定认定“证人证言不能单独作为定案依据”错误。（2）第10143号决定认定“证据2.5属于单位内部票据，缺少单位签章，不能作为本案证据使用”是错误的。在证据2.1的清单中写明了证据2.5的单据号码，加之证人证言的当庭确认，证据2.5应当确认其真实性。（3）证据2.4与其他证据相关联，如物证、增值税发票、进货单以及上海图书馆提供的报纸等，可以互相印证，构成完整的证据链证明本专利的使用公开的事实。其次被告认定在“销售行为中向国内二级销售商或用户散发并不属于国内公共渠道”错误。综上，本专利在申请日前已经在国内公开使用，没有新颖性。请求法院依法撤销第10143号决定，判定本专利权无效。

被告专利复审委员会辩称：（1）证据2.3和2.4属于域外证据，但未履行相关的证明手续，在没有原始客观证据的情况下，证人证言不足以证明其真实性。（2）证据2.5属于单位内部票据，缺少单位签章，除证人证言外没有其他相关证据证明其真实性，而证人证言不能作为单独定案的依据。（3）证据2中可以作为证据使用的证据不能证明本专利在申请日前已经公开销售的事实。综上，请求法院维持第10143号决定。

第三人张商钱述称：同意被告专利复审委员会的意见，请求法院维持第10143号决定。

经审理查明：

张商钱于1997年7月10日向国家知识产权局申请了名称为“一种带有蝴蝶翼的动静脉留置针”的实用新型专利权（即本专利）。本专利于1999年2月3日被授权公告，专利号为97220038.X。本专利授权公告的权利要求书如下：

“1. 一种带有蝴蝶翼的动静脉留置针，包括钢针管（1），钢针管座（2），留置针套管（3），留置针套管座（4），回流器（5），座塞（6）构成，其特征在于所述的留置针套管座（4）上装有蝴蝶翼（7）。

2. 按权利要求1所述的一种带有蝴蝶翼的动静脉留置针，其特征在于所述的蝴蝶翼（7）与留置针套管座（4）为卡式活动连接，蝴蝶翼（7）的每边翼片上开有数个对称的小孔，蝴蝶翼（7）可用无毒塑料制成。

3. 按权利要求1所述的一种带有蝴蝶翼的动静脉留置针，其特征在于所述的钢针管座（2）上有手把（8）。

4. 按权利要求1所述的一种带有蝴蝶翼的动静脉留置针，其特征在于所述的留置针套管座（4）的尾端有一对称的突出部分，座塞（6）为具有螺旋口套盖的塞子。”

针对专利复审委员会受理的、案件编号为5W05227的在先的无效宣告请求，张商钱于2003年9月28日提交权利要求书的全文替换页，修改后的权利要求书如下：

“1. 一种带有蝴蝶翼的动静脉留置针，包括钢针管（1），钢针管座（2），留置针套管（3），留置针套管座（4），回流器（5），座塞（6）构成，所述的留置针套管座（4）上装有蝴蝶翼（7），蝴蝶翼（7）的每边翼片上开有数个对称的小孔，蝴蝶翼（7）可用无毒塑料制成，其特征在于所述的蝴蝶翼（7）与留置针套管座（4）为卡式活动连接。

2. 如权利要求1所述的一种带有蝴蝶翼的动静脉留置针，其特征在于所述的钢针管座（2）上有手把（8）。

3. 如权利要求 1 或 2 所述的一种带有蝴蝶翼的动静脉留置针，其特征在于所述的留置针套管座（4）的尾端有一对称的突出部分，座塞（6）为具有螺旋口套盖的塞子。”

针对上述专利权，埃斯埃公司于 2005 年 4 月 30 日向专利复审委员会提出无效宣告请求，其理由是本专利不符合《专利法》第二十二条第一、二、三款以及《中华人民共和国专利法实施细则》第二条第二款的规定，并提交了如下证据：

证据 1：US4775367 美国专利授权公告文本及其中文译文，专利公告日为 1988 年 10 月 4 日；

证据 2：德国贝朗公司产品样本及其产品在国内公开销售的相关证明，包括如下证据：

证据 2.1：由上海市医疗器械批发部出具的“关于销售德国贝朗医疗有限公司产品的证明”和“附件清单”复印件共 2 页，其上均盖有“上海市医疗器械批发部”印章，以及证明人贾维敏、孙依霆的签名，证明的出具日期为 2005 年 4 月 18 日；

证据 2.2：由上海市医疗器械批发部出具的“证明”复印件 1 页，其上盖有“上海市医疗器械批发部”、“上海市医疗器械批发部劳动工资专用章”以及劳动工资负责人陈国荣的印章，出具日期为 2005 年 4 月 18 日；

证据 2.3：宣称是德国贝朗医疗有限公司早年的产品实物的复印件 1 页；

证据 2.4：德国贝朗医疗有限公司的产品样本复印件 2 页；

证据 2.5：由上海市浦东新区公证处出具的（2004）沪浦证经字第 4883 号公证书复印件共 12 页；

证据 2.6：上海市医疗器械批发部的营业执照复印件 1 页；

证据 2.7：上海市医疗器械批发部的医疗器械经营企业许可证复印件 1 页；

证据 2.8：《大公报》11 版复印件 1 页；

证据 3：中华人民共和国国家标准 GB 15811—1995 复印件共 12 页。

在口头审理中，张商钱指出证据 2.4 已被北京市高级人民法院（2006）高行终字第 89 号行政判决书判定为不予采信，认为证据 2 不能构成证据链。埃斯埃公司认可北京市高级人民法院（2006）高行终字第 89 号行政判决书中的附件 1.4 就是本案中证据 2.4，是一个证据。出具证据 2.1 的其中一个证人贾维敏出庭作证，证明其所属单位于 1996 年以前公开对外销售德国贝朗医疗有限公司的静脉留置针。

2007 年 6 月 24 日，专利复审委员会作出第 10143 号决定。

在本案庭审过程中，证人贾维敏出庭作证，对其所属的上海医疗器械批发部于 1995 年、1996 年购进，并于 1996 年 2 月开始公开对外销售德国贝朗医疗有限公司的静脉留置针，以及证据 2.1~2.7 的来源、载明的具体事项等事实进行了陈述。

另查，根据北京市高级人民法院作出的已经生效的（2006）高行终字第 89 号行政判决书记载，“在附件 1.4 系在香港地区形成的情况下，上海金环公司应当履行相关的证明手续，否则不满足证据认定的条件，在张商钱对其真实性持有异议的情况下，该证据不能作为本案证据。”

上述事实，有第 10143 号决定、本专利文献、证据卜证据 3、（2006）高行终字第 89 号行政判决、庭审笔录及当事人陈述等证据为证。

本院认为：

根据各方当事人的诉辩主张，本案争议的焦点是：证据 2.1~2.8 是否构成了完整的证据链，可以证明本专利产品在申请日之前已经在国内公开销售。

证据 2.3 是原告宣称的由德国贝朗医疗有限公司生产的静脉留置针产品实物；证据 2.4 是德国贝朗医疗有限公司的产品样本复印件。该二证据分别形成于国外和我国香港特别行政区，对此原告并无异议。本院认为，根据最高人民法院《关于行政诉讼证据若干问题的规定》第十六条，当事人向人民法院提供的在中华人民共和国领域外形成的证据，应当说明来源，经所在国公证机关证明，并经中华人民共和国驻该国使领馆认证等证明手续；当事人提供的在中华人民共和国香港特别行政区形成的证据，应当具有按照有关规定办理的证明手续。即原告需要履行对证据 2. 3 及证据 2. 4 的公证认证手续，但本案中原告并未履行该证明义务，且原告亦未证明证据 2. 3 及证据 2. 4 在国内通过公开渠道可以合法取得，如进入中国海关时的相关手续。加之张商钱也对上述证据持有异议，故证据 2. 3 及证据 2. 4 不能作为本案证据使用。原告称证人贾维敏的证言可以证明证据 2. 3 及证据 2. 4 的来源真实，本院认为，就本案而言，仅凭证人证言不能证明德国贝朗医疗有限公司生产的静脉留置针已在中国市场公开销售。原告的该主张，没有法律依据，本院不予采信。

由于证据 2. 3 及证据 2. 4 不能作为本案证据使用，仅凭证据 2. 5 中上海市医疗器械批发部记账联及增值税发票所记载的静脉留置针的规格等，不足以证明上海市医疗器械批发部购进和销售的静脉留置针就是德国贝朗医疗有限公司生产的静脉留置针产品。而且作为医疗器械的静脉留置针，其规格均为国家标准所规定，故证据 2. 5 中出现的静脉留置针的规格，仅能证明上海市医疗器械批发部购进和销售过静脉留置针产品，而不能证明德国贝朗医疗有限公司的产品在申请日之前已经公开销售的事实。因此，就本案而言，仅有证人贾维敏关于德国贝朗医疗有限公司产品在申请日之前已经在国内公开销售的证言，而无其他证据予以佐证，尚不足以得出德国贝朗医疗有限公司的产品在先销售的结论，加之证据 2. 4 原告所称的德国贝朗医疗有限公司的产品并不能作为本案证据使用，无从与本专利进行比较，故无法证明本专利于申请日前已销售公开的事实。

综上，原告提交的证据 2. 1~2. 8 并未构成完整的证据链，从而证明本专利在申请日之前已经公开销售。

鉴于原告对本专利是否具有创造性并未提出异议，本院对本专利的创造性问题不再进行评述。

综上，被告专利复审委员会作出的第 10143 号决定认定事实清楚，适用法律正确，程序合法，应予维持。依照《中华人民共和国行政诉讼法》第五十四条第（一）项之规定，本院判决如下：

维持被告国家知识产权局专利复审委员会作出的第 10143 号无效宣告请求审查决定。案件受理费 100 元，由原告上海埃斯埃医械塑料制品有限公司负担（已交纳）。如不服本判决，各方当事人可在本判决书送达之日起 15 日内，向本院递交上诉状，并按对方当事人人数提交副本，交纳上诉案件受理费 100 元，上诉于北京市高级人民法院。

审 判 长 任 进
代理审判员 邢 军
人民陪审员 唐晓君
二〇〇九年九月一日
书 记 员 朱 平

# 北京市高级人民法院
# 行政判决书

（2009）高行终字第1288号

上诉人（原审原告）上海埃斯埃医械塑料制品有限公司，住所地上海市篾竹路132号内。

法定代表人朱翔，董事长。

委托代理人李平，上海市华诚律师事务所律师。

被上诉人（原审被告）国家知识产权局专利复审委员会，住所地北京市海淀区北四环西路9号银谷大厦10~12层。

法定代表人张茂于，副主任。

委托代理人李礼，该委员会审查员。

委托代理人刘新蕾，该委员会审查员。

原审第三人张商钱，男，汉族，1953年1月4日出生，温州华利医疗器械有限公司董事长，住浙江省乐清市乐成镇进士路26号。

委托代理人刘晓春，男，汉族，1968年1月16日出生，浙江杭州金通专利事务所有限公司专利代理人，住浙江省杭州市下城区羊千弄56号106室。

上诉人上海埃斯埃医械塑料制品有限公司（以下简称埃斯埃公司）不服北京市第一中级人民法院（2007）一中行初字第1388号行政判决，向本院提出上诉。本院于2009年10月29日受理本案后，依法组成合议庭进行了审理。本案现已审理终结。

北京市第一中级人民法院认定，张商钱是名称为“一种带有蝴蝶翼的动静脉留置针”实用新型专利权（以下简称本专利）的专利权人。针对本专利权，埃斯埃公司于2005年4月30日向专利复审委员会提出无效宣告请求。2007年6月24日，专利复审委员会作出第10143号无效宣告请求审查决定（以下简称第10143号决定），维持本专利权有效。在本案一审庭审过程中，证人贾维敏出庭作证，对其所属的上海医疗器械批发部于1995年、1996年购进，并于1996年2月开始公开对外销售德国贝朗医疗有限公司的静脉留置针，以及证据2.1~2.7的来源、载明的具体事项等事实进行了陈述。

北京市第一中级人民法院认为，证据2.3、证据2.4分别形成于国外和我国香港特别行政区，根据最高人民法院司法解释的规定，埃斯埃公司需要履行对证据2.3及证据2.4的公证认证手续，但其并未履行该证明义务，且亦未证明证据2.3及证据2.4在国内通过公开渠道可以合法取得。张商钱对上述证据持有异议，故证据2.3及证据2.4不能作为本案证据使用。仅凭证人证言不能证明德国贝朗医疗有限公司生产的静脉留置针已在中国市场公开销售。证据2.5不足以证明上海市医疗器械批发部购进和销售的静脉留置针就是德国贝朗医疗有限公司生产的静脉留置针产品，无法证明本专利于申请日前已销售公开的事实。

北京市第一中级人民法院依照《中华人民共和国行政诉讼法》第五十四条第（一）项的规定判决：维持专利复审委员会作出的第10143号决定。

埃斯埃公司不服原审判决，向本院提出上诉，请求撤销原审判决及第10143号决定，本案一、二审诉讼费由专利复审委员会承担。其上诉理由是：一审判决认定事实不清，适用法律错误。埃斯埃公司提交的证据2.1~2.8形成完整的证据链，能够证明本专利产品已经在申请日之前公开销售。专利复审委员会、张商钱服从原审判决。

经审理查明，本专利名称为“一种带有蝴蝶翼的动静脉留置针”的实用新型专利，申请日是1997年7月10日，申请号为97220038.X，于1999年2月3日被公告授予专利权，专利权人是张商钱。本专利授权公告的权利要求如下：

“1. 一种带有蝴蝶翼的动静脉留置针，包括钢针管（1），钢针管座（2），留置针套管（3），留置针套管座（4），回流器（5），座塞（6）构成，其特征在于所述的留置针套管座（4）上装有蝴蝶翼（7）。

2. 按权利要求1所述的一种带有蝴蝶翼的动静脉留置针，其特征在于所述的蝴蝶翼（7）与留置针套管座（4）为卡式活动连接，蝴蝶翼（7）的每边翼片上开有数个对称的小孔，蝴蝶翼（7）可用无毒塑料制成。

3. 按权利要求1所述的一种带有蝴蝶翼的动静脉留置针，其特征在于所述的钢针管座（2）上有手把（8）。

4. 按权利要求1所述的一种带有蝴蝶翼的动静脉留置针，其特征在于所述的留置针套管座（4）的尾端有一对称的突出部分，座塞（6）为具有螺旋口套盖的塞子。”

针对专利复审委员会受理的、案件编号为5W05227的在先的无效宣告请求，张商钱于2003年9月28日提交权利要求的全文替换页，修改后的权利要求如下：

“1. 一种带有蝴蝶翼的动静脉留置针，包括钢针管（1），钢针管座（2），留置针套管（3），留置针套管座（4），回流器（5），座塞（6）构成，所述的留置针套管座（4）上装有蝴蝶翼（7），蝴蝶翼（7）的每边翼片上开有数个对称的小孔，蝴蝶翼（7）可用无毒塑料制成，其特征在于所述的蝴蝶翼（7）与留置针套管座（4）为卡式活动连接。

2. 如权利要求1所述的一种带有蝴蝶翼的动静脉留置针，其特征在于所述的钢针管座（2）上有手把（8）。

3. 如权利要求1或2所述的一种带有蝴蝶翼的动静脉留置针，其特征在于所述的留置针套管座（4）的尾端有一对称的突出部分，座塞（6）为具有螺旋口套盖的塞子。”

针对上述专利权，埃斯埃公司于2005年4月30日向专利复审委员会提出无效宣告请求，其理由是本专利不符合《专利法》第二十二条第一、二、三款以及《专利法实施细则》第二条第二款的规定，并提交了如下证据：

证据1：US4775367美国专利授权公告文本及其中文译文，专利公告日为1988年10月4日；

证据2：德国贝朗公司产品样本及其产品在国内公开销售的相关证明，包括如下证据：

证据2.1：由上海市医疗器械批发部出具的“关于销售德国贝朗医疗有限公司产品的证明”和“附件清单”复印件共2页，其上均盖有“上海市医疗器械批发部”印章，以及证明人贾维敏、孙依霆的签名，证明的出具日期为2005年4月18日；

证据2.2：由上海市医疗器械批发部出具的“证明”复印件1页，其上盖有“上海市医疗器械批发部”、“上海市医疗器械批发部劳动工资专用章”以及劳动工资负责人陈国荣的印章，出具日期为2005年4月18日；

证据2.3：宣称是德国贝朗医疗有限公司早年的产品实物的复印件1页；

证据2.4：德国贝朗医疗有限公司的产品样本复印件2页；

证据2.5：由上海市浦东新区公证处出具的（2004）沪浦证经字第4883号公证书复印件共12页；

证据2.6：上海市医疗器械批发部的营业执照复印件1页；

证据2.7：上海市医疗器械批发部的医疗器械经营企业许可证复印件1页；

证据2.8：《大公报》11版复印件1页；

证据3：中华人民共和国国家标准GB 15811—1995复印件共12页。

专利复审委员会于2006年11月29日就埃斯埃公司针对本专利权提出的无效宣告请求进行了口头审理。在口头审理中，张商钱指出证据2.4已被本院（2006）高行终字第89号行政判决（以下简称89号判决）判定为不予采信，认为证据2不能构成证据链。埃斯埃公司认可89号判决中的附件1.4与本案中证据2.4是同一份证据。出具证据2.1的其中一个证人贾维敏出庭作证，证明其所属单位于1996年以前公开对外销售德国贝朗医疗有限公司的静脉留置针。

2007年6月24日，专利复审委员会作出第10143号决定，维持本专利权有效。该决定认为：

证据2.1是由上海医疗器械批发部出具的证明，可以作为本案证据使用。

证据2.2是由上海市医疗器械批发部出具的证明，其上有单位公章以及负责人印章，由于相关的出证单位没有派知情人出席口头审理对该证据的真实性加以质证，且在该证明上盖有个人印章的自然人在无正当理由的情况未出庭，未经质证的证人证言所述内容的真实性不能确定。因此，证据2.2不能作为本案证据使用。

证据2.3产品实物复印件，埃斯埃公司当庭提交了该产品实物原件，并宣称其是德国贝朗产品试样，张商钱认为该实物并不能作为本案证据使用。该份证据属于域外证据，埃斯埃公司对其并未履行相关的证明手续，仅由证人贾维敏证明该实物是真实的，在此情况下，首先埃斯埃公司并未举证证明该证据能够通过国内公共途径获得；其次，埃斯埃公司用证人证言证明证据2.3的真实性，对此由于证人证言此类证据的真实性与出证人的记忆力、理解力、表述能力，以及对所证事物的介入程度等诸多主观因素有关，本案中在没有原始客观证据进行佐证的情况下，证人证言不能单独作为定案依据，因此仅使用证人证言来证明证据2.3的真实性，其证明力尚不足以支持其主张；再有张商钱也对该证据作为本案证据持有异议。综上所述，由于埃斯埃公司对该域外形成的证据2.3未履行相关的证明手续，其也不属于《审查指南》中规定的无需履行证明手续的情况，且张商钱也对该证据持有异议，因而证据2.3不能作为本案证据使用。

证据2.4是在香港地区形成的，埃斯埃公司并未履行相关的证明手续，张商钱对其真实性不予认可。首先，埃斯埃公司并未举证证明该证据能够通过国内公共途径获得，埃斯埃公司所主张的在上海市医疗器械批发部销售行为中向国内二级销售商或用户散发并不属于国内公共渠道；其次，埃斯埃公司用证人证言证明证据2.4的真实性，对此由于证人证言此类证据的真实性与出证人的记忆力、理解力、表述能力，以及对所证事物的介入程度等诸多主观因素有关，本案中在没有原始客观证据进行佐证的情况下，证人证言不能单独作为定案依据，因此仅使用证人证言来证明证据2.4的真实性，其证明力尚不足以支持其主张；再则，埃斯埃公司提交的其他证据中也不能证明证据2.4的真实性；同时张商钱对该证据的真实性也持有异议。综上所述，由于埃斯埃公司对在香港地区形成的证据2.4未履行相关的证明手续，且其也不属于《审查指南》中规定的无需履行证明手续的情况，因而证据2.4不能作为本案证据使用。

证据2.5为国家公证机关出具的公证书的复印件，埃斯埃公司当庭提交了原件，张商钱当庭核对其复印件与原件一致，因此证据2.5可以作为本案证据使用。

证据2.6、2.7分别为“上海市医疗器械批发部”的营业执照以及医疗器械经营企业许可证的复印件，可以作为本案证据使用。

证据2.8为《大公报》第11版的复印件，埃斯埃公司主张用此推定证据2.4的公开时间。但鉴于证据2.4不能作为本案证据使用，因此，在对本专利是否具备新颖性的评述中不再对证据2.8进行评述。

综上所述，证据1、证据2.1、证据2.5~2.8、证据3可以作为本案证据使用。

证据2.5公证书的公证内容仅能证明其中的各票据的复印件与其原件一致，但并不能证明这些票据本身的真实性。对于该公证书中的各票据的真实性，（1）埃斯埃公司当庭出示了 No. 0031790 的上海市医疗器械批发部记账联、No. 00708547 上海市增值税专用发票第四联、No. 07396281 的上海市增值税专用发票第二联的原件，张商钱核对其复印件与原件一致并认可上述票据的真实性，因此上述票据可以作为本案的证据使用。（2）埃斯埃公司当庭还出具了证据 2.5 公证书中除上面三张票据之外的自购进货或进仓单票据的原件，张商钱核对其复印件与原件一致但并不认可上述票据的真实性。专利复审委员会认为，由于上述自购进货或进仓单票据属于单位内部票据，缺少单位的签章，且无其他相关证据印证其真实性。而对于埃斯埃公司方的证人贾维敏出庭时证明上述这些票据是真实的这一主张，由于证人证言此类证据的真实性与出证人的记忆力、理解力、表述能力，以及对所证事物的介入程度等诸多主观因素有关，在没有原始客观证据进行佐证的情况下，证人证言不能单独作为定案依据，仅使用证人证言来证明“上述自购进货或进仓单是真实的”这一观点，其证明力尚不足以支持其主张。由此鉴于上述这些自购进货或进仓单票据上均缺少单位的签章，且又无其他相关证据印证其真实性，同时张商钱对其真实性也存有异议的情况下，证据 2.5 中 No. 0024929 上海市医疗器械批发部自购进货第一联、第三联，No. 0024930 上海市医疗器械批发部自购进货第一联、第三联，No. 0024931 上海市医疗器械批发部自购进货的第一联、第三联，No. 0394640 上海市医疗器械批发部进仓单（自购进货）的第一联的真实性难以确定，不能作为本案证据使用。

其次，根据证据 2.5 中可以作为本案证据使用的 3 张发票，可以证明“上海市医疗器械批发部”分别于 1996 年 5 月 6 日、1996 年 2 月 6 日销售过静脉留置针这一销售事实，“上海市医疗器械批发部”于 1996 年 2 月 6 日向“上海申洲实业有限公司”购买过留置针这一购买事实，但在上述 3 张票据中均未记载所涉及“静脉留置针”或“留置针”的产地或生产厂家，也不能获知其具体结构。

此外，对于证据 2.1 以及埃斯埃公司的证人部分，证人证言此类证据的真实性与出证人的记忆力、理解力、表述能力，以及对所证事物的介入程度等诸多主观因素有关，在没有原始客观证据进行佐证的情况下，证人证言不能单独作为定案依据，因此仅使用证人证言来证明“上海市医疗器械批发部于 1995 年开始对德国贝朗产品进行公开销售”、“证据 2.5 各票据中的静脉留置针为德国贝朗产品”、“其型号和产品结构与所附德国贝朗产品样本是一致的”这些观点，其证明力尚不足以支持其主张。

对于证据 2.6 和证据 2.7，它们仅能证明“上海市医疗器械批发部”的经营范围并可证明其可经营医疗器械产品，它们也均无法证明证据 2.5 各票据中的静脉留置针或留置针为德国贝朗产品。

综上所述，证据 2.1~2.7 中的证据 2.5 可以证明于本专利申请日前“上海市医疗器械批发部”购买或销售过静脉留置针或留置针，但由于上述证据均不能证明证据 2.5 中购销行为所涉及的静脉留置针或留置针就是德国贝朗产品样本中的产品，因此证据 2 无法构成完整的证据链证明于本专利申请日前已公开销售德国贝朗产品的事实，即证据 2.1~2.7 未构成完整的证据链证明与本专利相同的产品在申请日前被在先使用过；同时，埃斯埃公司也未举证证明证据 2.5 中所涉及的、于本专利申请日之前购买或销售过静脉留置针或留置针的具体结构，也不能证明于本专利申请日前公开使用过与本专利相同产品这一事实，因此，不能以此破坏本专利权利要求 1、2 的新颖性。

本专利权利要求 3 具有实质性特点和进步，相对于证据 1 和证据 3 的结合具备创造性。

据此，专利复审委员会作出第 10143 号决定。

在一审法院庭审过程中，证人贾维敏出庭作证，对其所属的上海医疗器械批发部于 1995 年、1996 年购进，并于 1996 年 2 月开始公开对外销售德国贝朗医疗有限公司的静脉留置针，以及证据 2.1~2.7 的来源、载明的具体事项等事实进行了陈述。

另查，根据 89 号判决记载：“在附件 1.4 系在香港地区形成的情况下，上海金环公司应当履行相关的证明手续，否则不满足证据认定的条件，在张商钱对其真实性持有异议的情况下，该证据不能作为本案证据。”

以上事实有本专利文献、第10143号决定、证据1~3、89号判决书、庭审笔录及当事人陈述等证据为证。

本院认为，根据《专利法》第二十二条第二款的规定，实用新型的新颖性是指在申请日以前没有同样的实用新型在国内外出版物上公开发表过、在国内公开使用过或者以其他方式为公众所知，也没有同样的实用新型由他人向国务院专利行政部门提出过申请并且记载在申请日以后公布的专利申请文件中。

本案争议焦点是：证据2.1~2.8是否构成了完整的证据链，可以证明本专利产品在申请日之前已经在国内公开销售。在上述证据中，能够体现产品结构的证据是证据2.3、2.4，即静脉留置针产品实物和产品宣传单。产品实物包装上虽然有生产日期，但是该产品生产地为德国，该生产日期不能证明在本专利申请日以前已经在国内公开销售；产品宣传单是在香港地区印制，其上没有记载印制发行时间。其他证据的作用是证明证据2.3、2.4中的产品在国内公开销售的时间。

根据最高人民法院《关于行政诉讼证据若干问题的规定》第十六条，当事人向人民法院提供的在中华人民共和国领域外形成的证据，应当说明来源，经所在国公证机关证明，并经中华人民共和国驻该国使领馆认证等证明手续；当事人提供的在中华人民共和国香港特别行政区形成的证据，应当具有按照有关规定办理的证明手续。证据的取得与证据的形成含义是不同的，证据形成在域外，即使能够在国内取得，除非能证明在国内公开渠道获得如国内图书馆馆藏等，仍需要履行相关的公证认证手续。故埃斯埃公司首先需要履行对证据2.3及证据2.4的公证认证手续，确定两份证据的真实性之后，才有可能与其他证据建立联系，判断是否在申请日以前在国内公开销售。本案中埃斯埃公司并未履行该证明义务。在张商钱对上述证据持有异议的情况下，证据2.3及证据2.4尚不能作为本案证据使用。由于证据2.3及证据2.4不能作为本案证据使用，仅凭证据2.5中上海市医疗器械批发部记账联及增值税发票所记载的静脉留置针的规格等，不足以证明上海市医疗器械批发部购进和销售的静脉留置针就是德国贝朗医疗有限公司生产的静脉留置针产品。而且作为医疗器械的静脉留置针，其规格均为国家标准所规定，故证据2.5中出现的静脉留置针的规格，仅能证明上海市医疗器械批发部购进和销售过静脉留置针产品，而不能证明德国贝朗医疗有限公司的产品在申请日之前已经公开销售的事实。证据2.1是证人证言，用以证明证据2.5中销售的产品就是证据2.3、2.4中的产品，由于证人证言具有主观性，以此作为其他证据的连接点证明力不充分。证据2.6、2.7仅能证明“上海市医疗器械批发部”的经营范围和经营资质，也无法证明证据2.5各票据中的产品就是德国贝朗产品。因此，埃斯埃公司提交的证据2.1~2.8并未构成完整的证据链证明本专利在申请日之前已经公开销售。

综上，埃斯埃公司的上诉理由缺乏事实和法律依据，其上诉请求本院不予支持。原审判决认定事实清楚，适用法律正确。依照《中华人民共和国行政诉讼法》第六十一条第（一）项之规定，判决如下：

驳回上诉，维持原判。

一审案件受理费100元，由上海埃斯埃医械塑料制品有限公司负担（已交纳）。二审案件受理费100元，由上海埃斯埃医械塑料制品有限公司负担（已交纳）。

本判决为终审判决。

审　判　长　刘　辉
代理审判员　岑宏宇
代理审判员　焦　彦
二〇〇九年十一月三十日
书　记　员　耿巍巍

132

# 一种健身板

## 无效宣告请求审查决定（第10153号）

**决　定　号**　第10153号
**决　定　日**　2007年6月25日
**发明创造名称**　一种健身板
**国际分类号**　A63C 5/00，B63B 35/79，B63B 35/81，B32B 27/00
**无效宣告请求人**　张华根
**专利权人**　太平洋网络集团公司
**专　利　号**　200420066863.0
**优先权日**　2003年6月25日
**申　请　日**　2004年6月16日
**授权公告日**　2005年5月18日
**合议组组长**　高　栋
**主　审　员**　刘路尧
**参　审　员**　刘　鹏

**法律依据**　专利法第22条第3款
**决定要点**

如果实用新型专利是由现有技术通过“简单的叠加”而成的，则相对于多项现有技术不具有创造性。

### 一、案由

本无效宣告请求涉及国家知识产权局于2005年5月18日授权公告的第200420066863.0号实用新型专利（下称本专利），其名称为“一种健身板”，申请日是2004年6月16日，优先权日是2003年6月25日，专利权人是太平洋网络集团公司。专利复审委员会曾于2006年7月14日针对本专利做出第8570号无效宣告请求审查决定，决定维持专利权有效的权利要求书的内容如下：

“1. 一种健身板，包括：具有顶表面和底表面的泡沫板芯部分；层叠在所述顶表面外侧上的第一粘合层；层叠在所述第一粘合层外侧上的第一图形层；层叠在所述第一图形层外侧上的第一透明保护层；层叠在所述底表面外侧上的第二粘合层；层叠在所述第二粘合层外侧上的第二图形层；层叠在所述第二图形层外侧上的第二透明保护层；还包括：应用在所述泡沫板芯的所述底表面和所述第二粘合层之间的聚乙烯层。

2. 一种健身板，包括：具有顶表面和底表面的泡沫板芯部分；层叠在所述顶表面外侧上的第一粘合层；层叠在所述第一粘合层外侧上的第一图形层；层叠在所述第一图形层外侧上的第一透明保护层；层叠在所述底表面外侧上的第二粘合层；层叠在所述第二粘合层外侧上的第二图形层；层叠在所述第二图形层外侧上的第二透明保护层；其中所述第二透明保护层是高密度聚乙烯层并具有光滑表面质地；所述第一透明保护层具有粗糙表面质地；所述泡沫板芯部分还包括：中心低密度聚乙烯泡沫板芯；在所述中心低密度聚乙烯泡沫板芯的顶表面上的板面泡沫；在所述中心低密度聚乙烯泡沫板芯的底表面上的底面泡沫，其中所述板面泡沫和底面泡沫具有比所述低密度聚乙烯泡沫板芯更大的密度。

3. 一种健身板，包括：具有顶表面和底表面的泡沫板芯部分；层叠在所述泡沫板芯的所述顶表面上的粘合层；层叠在所述粘合层顶部上的第一图形层；层叠在所述第一图形层顶部上的透明保护层；其中所述泡沫板芯是聚乙烯层；所述透明保护层具有粗糙的表面质地；所述泡沫板芯部分还包括：低密度聚乙烯泡沫板芯；在所述中心低密度聚乙烯泡沫板芯的顶部上的板面泡沫。

4. 如权利要求3所述的健身板，其中所述低密度聚乙烯泡沫板芯具有形成在一起的两层低密度聚乙烯，所述两层之一具有第一密度而另一层具有第二密度。

5. 一种健身板，包括：具有顶表面和底表面的泡沫板芯部分；层叠在所述泡沫板芯的所述顶表面上的粘合层；层叠在所述粘合层顶部上的第一图形层；层叠在所述第一图形层顶部上的透明保护层；还包括：粘合到所述底表面的板面泡沫；层叠到所述板面泡沫顶部上的光滑聚氯乙烯表层。”

针对上述实用新型专利权，张华根（下称请求人）于2006年12月13日向专利复审委员会提出无效宣告请求，其无效理由是本专利权利要求1~5不符合专利法第22条第3款的规定，并提交了如下证据：

证据1：美国专利US5211593A全文复印件及其中文译文，公开日：1993年5月18日（下称对比文件1）；

证据2：美国专利US4850913A全文复印件及其中文译文，公开日：1989年7月25日（下称对比文件2）；

证据3：美国专利US5882776A全文复印件及其部分中文译文，公开日：1999年3月16日（下称对比文件3）；

证据4：美国专利US6358599B1全文复印件及其部分中文译文，公开日：2002年3月19日（下称对比文件4）；

证据5：美国专利US5658179A全文复印件及其部分中文译文，公开日：1997年8月19日（下称对比文件5）；

证据6：美国专利US2002/0167136A1全文复印件及其中文译文，公开日：2002年11月14日（下称对比文件6）；

证据7：第8570号无效宣告请求审查决定书复印件；

证据8：日本专利JP2000-117868A全文复印件及其部分中文译文，公开日：2000年4月25日（下称对比文件7）；

证据9：声称在中国国家知识产权局网站专利检索得到的包括公开号为CN1175504A的中国专利申请的著录项目、摘要、主权项内容的网页复印件，其上标明了该申请的公开日为1998年3月11日（下称对比文件8）；

证据10：美国专利US6106345A全文复印件及其部分中文译文，公开日：2000年8月22日（下称对比文件9）；

证据11：美国专利US5275860A全文复印件及其部分中文译文，公开日：1994年1月4日（下称对比文件10）。

请求人认为：权利要求1、3、5中泡沫板芯的结构可以概括为两层芯板结构，权利要求2、4中泡沫板芯的结构可以概括为三层芯板结构，对比文件1或6公开了权利要求1、3、5中的两层芯板结构，对比文件2、3或5公开了权利要求2、4中的三层芯板结构；对比文件1、4、7、8或10公开了权利要求1~5中用粘合层将图形层和透明保护层粘接在芯板上的技术特征；对比文件1、6或10公开了权利要求2、5中具有光滑表面质地的技术特征；对比文件7、9或10公开了权利要求2、3、4中具有粗糙表面质地的技术特征。因此，本专利权利要求1~5相对于对比文件1~10的结合不具备实质性特点和进步，不具有创造性。

专利复审委员会于2007年2月8日向双方当事人发出无效宣告请求受理通知书，并将请求人于2006年12月13日提交的无效宣告请求书及该请求书所列的附件副本转寄给专利权人。

专利权人在规定期限内未针对上述无效宣告请求受理通知书陈述意见。

专利复审委员会依法成立合议组对本案进行审理，本案合议组于2007年5月8日向双方当事人发出无效宣告请求口头审理通知书，定于2007年6月19日对本案进行口头审理。

口头审理如期举行，请求人参加了口头审理，专利权人未出席口头审理。在口头审理中，请求人对合议组成员无回避请求。合议组当庭告知请求人证据7为审查决定复印件，不能作为评价本专利创造性的现有技术使用。请求人明确无效理由为：权利要求1~5不符合专利法第22条第3款的规定，并明确具体评价方式为：评价权利要求1，以对比文件6为最接近的对比文件，组合方式为对比文件6、对比文件1、对比文件4（或对比文件7或对比文件8）；评价权利要求2，分别以对比文件3、对比文件2、对比文件5为最接近的对比文件，组合方式为对比文件3、对比文件1、对比文件4、对比文件9（或对比文件2、对比文件1、对比文件7、对比文件6或对比文件5、对比文件1、对比文件8、对比文件2、对比文件10）；评价权利要求3，以对比文件6为最接近的对比文件，组合方式为对比文件6、对比文件1、对比文件4（或对比文件7或对比文件8）、对比文件9（或对比文件7或对比文件10）；评价权利要求4，对比文件2或对比文件3或对比文件5分别公开了附加技术特征；评价权利要求5，以对比文件6为最接近的对比文件，组合方式为对比文件6、对比文件1、对比文件4（或对比文件7或对比文件8）。合议组当庭告知请求人对于请求人在提出无效宣告请求时在书面意见中没有提出过的评价创造性的组合方式将不予评价，并当庭告知请求人在口审之后不再接受书面意见陈述。请求人在此基础上充分陈述了意见。

至此，合议组认为本案事实已经清楚，可以依法作出无效请求审查决定。

**二、决定的理由**

1. 关于现有技术

对比文件1~7、9~10为美国或日本专利文献，由于专利权人未对对比文件1~7、9~10的真实性和中文译文的准确性提交答复意见，视为其对上述对比文件的真实性和中文译文的准确性无异议，因此合议组对对比文件1~7、9~10的真实性和中文译文的准确性核实并予以认可；对比文件8为包括公开号为CN1175504A的中国专利申请的著录项目、摘要、主权项内容的网页复印件，由于专利权人也未对对比文件8的真实性提交答复意见，视为其对上述对比文件的真实性无异议，因此合议组对对比文件8的真实性核实并予以认可。对比文件1~10的公开日期均早于本专利的优先权日2003年6月25日，可以作为评价本专利创造性的现有技术使用。

2. 关于创造性

专利法第22条第3款规定：创造性，是指同申请日以前已有的技术相比，该发明有突出的实质性特点和显著的进步，该实用新型有实质性特点和进步。

对比文件1公开了一种具有印制图案外壳的发泡夹芯结构，披露了一种冲浪板，滑板夹芯是一块闭孔泡沫聚烯烃制成的发泡板，所述冲浪板包括一层发泡板 30、位于发泡板 30 上方驾乘面的发泡薄片 32 和印有图案的滑板底覆盖层 40；覆盖层 40 包括粘合在一起的两层薄层 42、44；最外层 42 是用透明的聚乙烯材料制成的薄塑料膜片，厚度一般为 2~5 密耳；内层 44 也尽可能采用聚乙烯薄膜，薄片 44 的厚度一般在 2~5 密耳之间并尽可能是不透明的，可以更好衬托外层上的图案；图案印刷在外层薄片 42 的内表面或第一层表面 46 上，将薄片 42、44 粘合在一起，薄片 42 印有图案的一面 46 朝向第二层薄片 44，形成覆盖层 40（参见对比文件 1 中文译文的第 3 页第 3~6 自然段，对比文件 1 说明书附图 1~4）；通过轧辊 54、68 将覆盖层 40 压合到加热过的发泡基材 56 上使覆盖层与发泡基材粘合在一起；覆盖层 40 在接触到发泡基材表面之前最好是未被加热，或是利用加热器 64 周围的热量略微加热（参见对比文件 1 中文译文的第 4 页第 1 自然段，对比文件 1 说明书附图 5）；底板覆盖层一般很平滑干洁，能形成理想的滑水表面；印有图案的覆盖层也可用在滑板顶驾乘层上；亦可引用本发明将印有图案的覆盖层黏结到其他发泡器材上（参见对比文件 1 中文译文的第 4 页第 2~3 自然段）。

对比文件 2 公开了一种用于水上或雪上滑行的运动滑板 2，具有发泡芯板 4，由聚乙烯膜 6 热贴合在聚乙烯发泡层 8 组成的膜/发泡层叠片通过热和压力粘接在芯板 4 上，该膜/发泡层叠片完全覆盖住芯板，包括顶面 10、底面 12 和侧边 14；用于芯板的合适材料包括聚乙烯发泡，外膜片最好是贴合在聚乙烯发泡沫上的聚乙烯膜，并且由此构成的膜/发泡层叠片贴合在滑板的芯板上，使滑板具有一个光滑和平滑的表面；滑板的性能特征可以通过变化发泡芯板、发泡片和/或膜的密度来改变，所述聚乙烯发泡层片的密度大于所述发泡芯板的密度（参见对比文件 2 中文译文第 1 页权利要求 1、第 7 页第 8~19 行，对比文件 2 的附图 3）。

对比文件 3 公开了一种带有加强物理性能的发泡板结构，该发泡板结构可以用于包装、体育运动、水上运动以及建筑领域，其结构是层叠的聚合物发泡板 3 的芯板 4 两面层叠有第一表层 6 和第二表层 8，第一表层 6 和第二表层 8 都是发泡层，芯板是层叠的多层结构，例如由四层构成，其每一层的平均密度不同，而各发泡层的密度相对于第一表层 6 和第二表层 8 是低密度发泡（参见对比文件 3 中文译文的第 2 页倒数第 1 行至第 3 页第 16 行，对比文件 3 的附图 3）；上述发泡由聚烯烃发泡组成，而聚烯烃可以是聚乙烯或聚丙烯（参见对比文件 3 权利要求书中文译文中的权利要求 1、2、7、8）。

对比文件 6 公开了一种带有双密度发泡芯板的运动板 10，具有板体 12，该板体包括第一发泡芯部 26、第二发泡芯部 28、实心片状底部表层 30 和发泡片顶部表层 32，其中第一发泡芯部 26 的密度小于第二发泡芯部 28，实心片状底部表层 30 的材料可以为聚乙烯（参见对比文件 6 中文译文第 4 页第 10~16 行、倒数第 4 行，对比文件 6 的附图 3、7、10）；此外还公开了典型的运动板使用了聚乙烯芯板作为发泡芯板（参见对比文件 6 中文译文第 1 页倒数第 3 行）。

对比文件 7 公开了一种结构板 1，包括基材层 2、结构层 3、图形层 4 和透明塑料膜 5，透明塑料膜上设置有凹凸纹 7，其中结构层 3 和带有印刷图形层的塑料膜 5 依次层叠在基材层 2 上，结构板 1 的印刷塑料膜 6 由塑料膜 5 和印刷图形层 4 组成，并用粘合剂层叠在结构层 3 上（参见对比文件 7 中文译文全文，对比文件 7 的附图 1）。

对比文件 9 公开了一种滑板，其包括一由聚乙烯制造的板芯和一围绕该板芯热层叠的保护层，该保护层的厚度至少为 0.01 毫米，该滑板具有锯齿状表面，防止滑行者滑倒，其中可以从附图 9 中可以看出该板芯为双层板芯结构（参见对比文件 9 的中文译文全文，对比文件 9 的附图 9-11）。

将权利要求 1 与对比文件 6 公开的内容相比可以发现，对比文件 6 中的运动板板体的两发泡芯部相当于权利要求 1 中的健身板的具有顶表面和底表面的泡沫板芯部分，对比文件 6 中的材料为聚乙烯的实心片状底部表层相当于权利要求 1 中的底表面外侧上的聚乙烯层。权利要求 1 与对比文件 6 相比还存在如下区别技术特征：层叠在所述顶表面外侧上的第一粘合层；层叠在所述第一粘合层外侧上的

第一图形层；层叠在所述第一图形层外侧上的第一透明保护层；层叠在所述底表面外侧上的第二粘合层；层叠在所述第二粘合层外侧上的第二图形层；层叠在所述第二图形层外侧上的第二透明保护层。

权利要求1相对于对比文件6的上述区别技术特征已经被对比文件1、7公开，其中对比文件1公开了该权利要求中的第一图形层、第一透明保护层以及第二图形层、第二透明保护层；对比文件7公开了该权利要求的第一粘合层、第二粘合层。由对比文件1公开的内容可知，对比文件1中的发泡板30相当于权利要求1中的泡沫板芯部分；对比文件1中的外层透明薄片42相当于权利要求1中的第二透明保护层。虽然对比文件1中的图案是印刷在外层薄片42的内表面上，外层薄片42作为印刷图案的载体，而权利要求1中的第二图形层是单独的一层结构，其本身即作为图案的载体，但是，对比文件1中外层透明薄片与内层薄片中间夹着图案油彩构成的层结构与权利要求1中的由第二透明保护层和第二图形层构成的层结构是一致的，对比文件1中也明确描述到：内层22尽可能是不透明的，可以更好衬托外层上的图案，并且本专利说明书中也明确描述到印刷图形层可以是由色辊印刷的印刷膜材料，具有约0.2mm的厚度。因此，对比文件1也公开了权利要求1中关于第二透明保护层和第二图形层的双层结构技术特征。此外，对比文件1中明确描述了印有图案的覆盖层也可用在滑板顶驾乘层上，因此对比文件1同样公开了权利要求1中关于第一透明保护层和第一图形层的双层结构技术特征。从对比文件7所公开的内容可知，对比文件7中的结构层相当于权利要求1中的泡沫板芯部分，对比文件7中的印刷图形层相当于权利要求1中的图形层，对比文件7中披露了结构板1的印刷塑料膜6由塑料膜5和印刷图形层4组成，并用粘合剂层叠在结构层3上的技术特征，而用粘合剂粘合必然在印刷图形层与结构层表面之间形成一层粘合层，即对比文件7披露了权利要求1中位于泡沫板芯外表面的粘合层的技术特征，并且对比文件7中的粘合层与权利要求1中粘合层的作用相同，均是将覆盖层或表皮层粘合到泡沫板表面。由上述对比可以得到，对比文件1、6、7都公开了权利要求1请求保护的健身板层叠在一起的各个层，权利要求1的技术方案仅仅是构成所述板的各个层的简单叠加，所属领域的技术人员在对比文件6的基础上，为形成多层层叠结构的泡沫板，很容易从对比文件1、7中获得启示，将对比文件1、7与对比文件6相结合，得到权利要求1的技术方案。因此，权利要求1不具备实质性特点和进步，不符合专利法第22条第3款有关创造性的规定。

将权利要求2与对比文件2公开的内容相比可以发现，对比文件2中的聚乙烯发泡芯板相当于权利要求2中的中心低密度聚乙烯泡沫板芯，对比文件2中的完全覆盖住芯板并包括顶面10、底面12和侧边14的膜/发泡层叠片相当于权利要求2中的板面泡沫和底面泡沫；而对比文件2中公开了膜/发泡层叠片的密度大于所述发泡芯板的密度的内容，也就相当于权利要求2中所述板面泡沫和底面泡沫具有比所述低密度聚乙烯泡沫板芯更大的密度的技术特征。权利要求2与对比文件2相比还存在如下区别技术特征：层叠在所述顶表面外侧上的第一粘合层；层叠在所述第一粘合层外侧上的第一图形层；层叠在所述第一图形层外侧上的第一透明保护层；层叠在所述底表面外侧上的第二粘合层；层叠在所述第二粘合层外侧上的第二图形层；层叠在所述第二图形层外侧上的第二透明保护层；其中所述第二透明保护层是高密度聚乙烯层并具有光滑表面质地；所述第一透明保护层具有粗糙表面质地。

权利要求2相对于对比文件2的上述区别技术特征已经被对比文件1、6、7公开，其中对比文件1公开了权利要求2中的第一图形层、第一透明保护层以及第二图形层、具有光滑表面质地的第二透明保护层；对比文件6公开了权利要求2中的具有顶表面和底表面的泡沫板芯部分；对比文件7公开了权利要求2中的第一粘合层、第二粘合层以及具有粗糙表面质地的第一透明保护层。由对比文件6公开的内容可知，对比文件6中的运动板板体的两发泡芯部相当于该权利要求中的健身板的具有顶表面和底表面的泡沫板芯部分。由对比文件1公开的内容可知，对比文件1中的发泡板30相当于权利要求2中的泡沫板芯部分；对比文件1中的外层透明薄片42相当于权利要求2中的第二透明保护层。

虽然对比文件 1 中的图案是印刷在外层薄片 42 的内表面上，外层薄片 42 作为印刷图案的载体，而权利要求 2 中的第二图形层是单独的一层结构，其本身即作为图案的载体，但是，对比文件 1 中外层透明薄片与内层薄片中间夹着图案油彩构成的层结构与权利要求 2 中的由第二透明保护层和第二图形层构成的层结构是一致的，对比文件 1 中也明确描述到：内层 22 尽可能是不透明的，可以更好衬托外层上的图案，并且本专利说明书中也明确描述到印刷图形层可以是由色辊印刷的印刷膜材料，具有约 0.2mm 的厚度。因此，对比文件 1 也公开了权利要求 2 中关于第二透明保护层和第二图形层的双层结构技术特征。对比文件 1 中明确描述了印有图案的覆盖层也可用在滑板顶驾乘层上，因此对比文件 1 同样公开了权利要求 2 中关于第一透明保护层和第一图形层的双层结构技术特征。此外，对比文件 1 中公开了透明外层平滑干净的技术特征，因此对比文件 1 同样公开了权利要求 2 中的具有光滑表面质地的第二透明保护层的技术特征。从对比文件 7 所公开的内容可知，对比文件 7 中的结构层相当于权利要求 2 中的泡沫板芯部分，对比文件 7 中的印刷图形层相当于权利要求 2 中的图形层，对比文件 7 中的透明塑料膜相当于权利要求 2 中的第一透明保护层，对比文件 7 中披露了结构板 1 的印刷塑料膜 6 由塑料膜 5 和印刷图形层 4 组成，并用粘合剂层叠在层叠在结构层 3 上的技术特征，而用粘合剂粘合必然在印刷图形层与结构层表面之间形成一层粘合层，即对比文件 7 披露了权利要求 2 中位于泡沫板芯外表面的粘合层的技术特征，并且对比文件 7 中的粘合层与权利要求 2 中粘合层的作用相同，均是将覆盖层或表皮层粘合到泡沫板表面。此外，对比文件 7 中公开了透明塑料膜上设置有凹凸纹 7，因此对比文件 7 同样公开了权利要求 2 中具有粗糙表面质地的第一透明保护层，两者都是起到了增加滑板摩擦的作用。由上述对比可以得到，对比文件 1、2、6、7 都公开了权利要求 2 请求保护的健身板层叠在一起的各个层，权利要求 2 的技术方案仅仅是构成所述板的各个层的简单叠加，所属领域的技术人员在对比文件 2 的基础上，为形成多层层叠结构的泡沫板，很容易从对比文件 1、6、7 中获得启示，将对比文件 1、6、7 与对比文件 2 相结合，得到权利要求 2 的技术方案。因此，权利要求 2 不具备实质性特点和进步，不符合专利法第 22 条第 3 款有关创造性的规定。

将权利要求 3 与对比文件 6 公开的内容相比可以发现，对比文件 6 中的运动板的聚乙烯板体的两发泡芯部相当于权利要求 3 中的健身板的具有顶表面和底表面的泡沫板芯部分并隐含公开了泡沫板芯是聚乙烯层，对比文件 6 中的发泡片顶部表层相当于权利要求 3 中的泡沫板芯的顶部上的板面泡沫。权利要求 3 与对比文件 6 相比还存在如下区别技术特征：层叠在所述顶表面外侧上的粘合层；层叠在所述粘合层外侧上的第一图形层；层叠在所述第一图形层外侧上的透明保护层；所述透明保护层具有粗糙的表面质地。

权利要求 3 相对于对比文件 6 的上述区别技术特征已经被对比文件 1、7、9 公开，其中对比文件 1 公开了权利要求 3 中的第一图形层、透明保护层，对比文件 7 公开了权利要求 3 中的粘合层和具有粗糙的表面质地的透明保护层，对比文件 9 公开了权利要求 3 的具有粗糙的表面质地的保护层。如评述权利要求 1 那样，对比文件 1 中明确描述了印有图案的覆盖层也可用在滑板顶驾乘层上，因此对比文件 1 同样公开了权利要求 3 中关于透明保护层和第一图形层的双层结构技术特征；对比文件 7 披露了权利要求 3 位于泡沫板芯外表面的粘合层的技术特征，并且对比文件 7 中的粘合层与权利要求 3 粘合层的作用相同，均是将覆盖层或表皮层粘合到泡沫板表面。此外，对比文件 7 中公开了透明塑料膜上设置有凹凸纹 7，对比文件 9 公开了滑板具有锯齿状表面用于防止滑行者滑倒，因此对比文件 7 和 9 同样公开了权利要求 2 中具有粗糙表面质地的第一透明保护层，都是采用粗糙表面起到增加滑板摩擦的作用。权利要求 3 中限定聚乙烯泡沫板芯为“低密度”不是对技术特征的实质性描述，“低密度”的限定内容在创造性评价中不予考虑。由上述对比可以得到，对比文件 1、6、7、9 都公开了权利要求 3 请求保护的健身板层叠在一起的各个层，权利要求 3 的技术方案仅仅是构成所述板的各个层的简单叠加，本领域技术人员在对比文件6的基础上，为形成多层层叠结构的泡沫板，很容易从对比文件1、3、6、7、9中获得启示，将对比文件1、7、9以及公知常识与对比文件6相结合，得到权利要求3的技术方案。因此，权利要求3不具备实质性特点和进步，不符合专利法第22条第3款有关创造性的规定。

权利要求4对权利要求3中的聚乙烯泡沫板芯做进一步限定，将权利要求4的附加技术特征与对比文件3公开的内容相比可以发现，对比文件3中的芯板4相当于权利要求4中的聚乙烯泡沫板芯。由于对比文件3中披露了芯板是层叠的多层结构，例如由四层构成，其每一层的平均密度不同，由此得到权利要求3中泡沫板芯具有不同密度的两层是显而易见的。因此，权利要求4的技术方案相对于对比文件1、3、6、7的结合不具有实质性特点和进步，该权利要求不符合专利法第22条第3款有关创造性的规定。

将权利要求5与对比文件6公开的内容相比可以发现，对比文件6中的运动板的聚乙烯板体的两发泡芯部相当于权利要求5中的健身板的具有顶表面和底表面的泡沫板芯部分，对比文件6中的实心片状底部表层相当于权利要求5中的泡沫板芯的底表面的板面泡沫。权利要求5与对比文件6相比还存在如下区别技术特征：层叠在所述泡沫板芯的所述顶表面上的粘合层；层叠在所述粘合层顶部上的第一图形层；层叠在所述第一图形层顶部上的透明保护层；层叠到所述板面泡沫顶部上的光滑聚氯乙烯表层。

权利要求5相对于对比文件6的上述区别技术特征已经被对比文件1、7公开，其中对比文件1公开了该权利要求中的第一图形层、透明保护层、光滑聚氯乙烯表层；对比文件7公开了该权利要求的粘合层。如评述权利要求1那样，对比文件1中明确描述了印有图案的覆盖层也可用在滑板顶驾乘层上，因此对比文件1同样公开了权利要求5中关于透明保护层和第一图形层的双层结构技术特征；对比文件7披露了权利要求5中位于泡沫板芯外表面的粘合层的技术特征，并且对比文件7中的粘合层与权利要求5中粘合层的作用相同，均是将覆盖层或表皮层粘合到泡沫板表面。此外，对比文件1中公开了聚乙烯材料制成的透明外层平滑干净的技术特征，而对于本领域的普通技术人员来说，聚乙烯材料和聚氯乙烯材料都是常用材料，用于泡沫板的材料时两者的替换属于简单替换，因此对比文件1同样公开了权利要求5中的光滑聚氯乙烯表层。由上述对比可以得到，对比文件1、6、7都公开了权利要求5请求保护的健身板层叠在一起的各个层，权利要求5的技术方案仅仅是构成所述板的各个层的简单叠加，本领域技术人员在对比文件6的基础上，为形成多层层叠结构的泡沫板，很容易从对比文件1、7中获得启示，将对比文件1、7以及公知常识与对比文件6相结合，得到权利要求5的技术方案。因此，权利要求5不具备实质性特点和进步，不符合专利法第22条第3款有关创造性的规定。

综上所述，本专利权利要求1~5全部不具有创造性，不符合专利法第22条第3款的规定。鉴于本专利权利要求1~5不具有创造性，因此合议组对请求人提出的其他无效理由和证据不再予以评述。

**三、决定**

宣告200420066863.0号实用新型专利权全部无效。

当事人对本决定不服的，可以根据专利法第46条第2款的规定，自收到本决定之日起3个月内向北京市第一中级人民法院起诉。根据该款的规定，一方当事人起诉后，另一方当事人应当作为第三人参加诉讼。

133

# 可塑性医用术后绑带

## 无效宣告请求审查决定（第10158号）

**决　　定　　号**　第10158号
**决　　定　　日**　2007年6月26日
**发明创造名称**　可塑性医用术后绑带
**国 际 分 类 号**　A61F 13/00
**无效宣告请求人**　珠海丽珠医用生物材料有限公司
**专　利　权　人**　浙江黄岩健圣医药保健品有限公司
**专　　利　　号**　97212385.7
**申　　请　　日**　1997年3月14日
**授 权 公 告 日**　1998年10月21日
**合 议 组 组 长**　张梅珍
**主　　审　　员**　刘　畅
**参　　审　　员**　李　礼

**法　律　依　据**　专利法第22条第3款
**决　定　要　点**

如果一项权利要求与对比文件的区别是本领域的公知常识，那么本领域技术人员在该对比文件的基础上结合本领域的公知常识可以得到该项权利要求所限定的技术方案，该项权利要求不具备创造性。

**一、案由**

本无效宣告请求涉及中华人民共和国国家知识产权局于1998年10月21日授权公告的、名称为“可塑性医用术后绑带”的实用新型专利权（下称本专利），其专利号为97212385.7，申请日为1997年3月14日，专利权人为浙江黄岩健圣医药保健品有限公司。该专利授权公告时的权利要求书如下：

“1. 可塑性医用术后绑带，一种纯棉织带，其特征在于所谓的棉织带（1）有网孔（3），网孔的大小是（L）或（S）在1~15mm，在有网孔（3）的棉织带（1）外浸涂改性塑料膜层（2）。

2. 如权利要求1所述的可塑性医用术后绑带，其特征在于棉织带（1）的网孔（3）是方形或圆形或椭圆形或多边形。

3. 如权利要求1所述的可塑性医用术后绑带，其特征在于棉织带（1）外浸涂的改性塑料膜层（2）的软化点是50℃~90℃。

4. 如权利要求1或3所述的可塑性医用术后绑带，其特征在于棉织带（1）外浸涂的改性塑料膜层（2）的软化点是70℃～90℃。

5. 如权利要求1所述的可塑性医用术后绑带，其特征在于网孔（3）（L）或（S）的长度是3～12毫米。”

针对上述专利权，珠海丽珠医用生物材料有限公司（下称请求人）于2004年12月14日向专利复审委员会提出无效宣告请求，同时提交了如下附件作为证据：

证据1：专利号为ZL 96214165.8的实用新型专利说明书全文以及著录项目信息页，其授权公告日为1997年6月11日；

证据2：申请号为95111644.4的发明专利申请公开说明书全文以及著录项目信息页，其公开日为1996年1月17日；

证据3：申请号为89103828的发明专利申请审定说明书全文以及著录项目信息页，其审定公告日为1991年3月27日；

证据4：申请号为89103603.2的发明专利申请公开说明书全文以及著录项目信息页，其公开日为1990年5月16日；

证据5：申请号为96116854.4的发明专利申请公开说明书全文以及著录项目信息页，其公开日为1997年9月10日；

证据6：宣称为网址为www.rptcompany.com/cn/index.htm的网页打印件共2页；

请求人认为，本专利的权利要求1～5相对于证据1不具备新颖性，相对于证据1～5不具备创造性，同时根据证据6公开的内容，本专利中的“改性塑料”为不确定组分的高分子材料的统称，而本专利未对其进行具体说明，因而本专利不具备专利法第22条第4款所规定的实用性。请求人在无效宣告请求书中还提出本专利不符合专利法第26条第3款以及专利法实施细则第21条第2款的规定，但没有具体陈述理由。

经形式审查合格，专利复审委员会依法受理了上述无效宣告请求，于2004年12月15日向双方当事人发出无效宣告请求受理通知书，并将无效宣告请求书及其附件所列附件副本转送给专利权人，要求专利权人在指定期限内就请求人提出的无效宣告请求陈述意见。

请求人于2005年1月10日向专利复审委员会提交了意见陈述书，补充提交了作为证据使用的如下补充附件（下称证据7）：

证据7：国家登记号为7633024的法兰西共和国发明专利说明书全文及其中文译文，其公开日期为1977年6月17日。

请求人认为，本专利权利要求1～5相对于证据7不具备专利法第22条第2、3款所规定的新颖性和创造性。

针对上述无效宣告请求，专利权人于2005年1月26日向专利复审委员会提交了意见陈述书，认为（1）本专利采用了纯棉织线织成的网状带作基材，较之证据1用天然纤维纺织成的网眼布及证据3、4、5中的合成纤维作基材的支撑力要强，定型能力好；（2）本专利实际网孔为9mm×9mm，这一网孔定义是从实际需要出发，包括考虑到大部位骨折（如股骨、大腿）需要用4～5层包扎，网孔尺寸小，相互重叠几率高，会使透气性能下降，采用9mm×9mm网孔正是克服证据1中4mm×6mm、5mm×7mm在大部位骨折包扎时的透气性不足的问题；（3）本专利是在有网孔的棉织带上浸涂改性塑料膜层，意为先浸渍再涂布，有效地克服了证据1中的涂敷方法所加工的绷带产品存在的涂层薄而不均匀，甚至有漏涂的弊病；（4）本专利将软化温度定为50℃～90℃之间是为了确保本专利绷带能处于最佳的贴合状态，从而保证医生在操作包扎骨伤部位边缠绕边塑形时，绷带与绷带之间自行贴合，做到一次性包扎好，塑形好固定好，无需其他加固附件，做到不松动、不脱落，而证据1中的64℃

的软化温度达不到贴合效果，易松动、脱落；（5）本专利说明书中表达的70℃～90℃软化、4～7分钟后固化是说明所用的是热塑性塑料的原料，在本专利的说明书及权利要求书中已重点阐述公开了技术方案和定义，从而证实了本专利的实用性。

国家知识产权局于2005年10月28日发出保全程序开始通知书，指出本专利于2005年9月15日进入保全程序，本无效宣告程序中止，中止期至2006年3月15日止。后该保全程序又延长至2006年10月3日。

针对上述无效宣告请求，专利复审委员会依法成立合议组，本案合议组于2006年12月18日向双方当事人发出无效宣告请求口头审理通知书，指出定于2007年1月17日进行口头审理。随同口头审理通知书，将专利权人于2005年1月26日提交的意见陈述书转送给请求人，并将请求人于2005年1月10日提交的意见陈述书及其附件清单中所列附件副本转送给专利权人，并指出专利权人应于收到此通知书7日内或口审当庭对请求人所提交的外文证据的中文译文的准确性发表意见，否则视为无异议。

专利权人于2007年1月7日向专利复审委员会提交了答辩词，并指出本专利相对于证据7具备新颖性和创造性。

口头审理如期举行，请求人参加了口头审理，专利权人未出席本次口头审理。

在口头审理过程中请求人明确其无效的理由、证据和范围为：请求人表示口审当庭的意见与无效宣告请求的书面意见一致；本专利权利要求1～5不符合专利法第22条第2、3、4款的规定，使用证据1～7。请求人表示使用证据1、证据7评价本专利权利要求1～5的新颖性，不使用证据2～5评价本专利权利要求1～5的新颖性；使用证据1～5、7评价本专利权利要求1～5的创造性。

合议组当庭告知请求人：证据1、证据5的公开日在本专利申请日之后，只能用于评价本专利的新颖性，不能评价创造性。

请求人表示不放弃使用证据1、证据5评价本专利的创造性。请求人表示证据6为常识性证据，不能证明其公开时间。

关于本专利权利要求1～5的新颖性，请求人认为：本专利权利要求1～5相对于证据1不具有新颖性；本专利权利要求1“绑带是一种纯棉织带”被证据1中“绷带状为片状”公开了，此外证据1中的“网眼的大小为4×6mm”公开本专利权利要求1中“网孔大小是（L）或（S）在1～15毫米”的技术特征，本专利权利要求1“在有网孔3的棉织带（1）外浸涂改性塑料膜层”被证据1中“热塑性塑料”公开，同时请求人还指出：本专利的改性塑料不准确，用热塑性塑料才能作这种绷带；本专利权利要求2“棉织带的网孔是方形、圆形…”的技术特征被证据1中的“网眼是长方形”所公开；本专利权利要求3的软化点温度在证据1说明书第1页最后一行“50℃～64℃”公开；请求人认为本专利权利要求4的软化点温度高于证据1的64度，但认为本专利权利要求4的附加技术特征是公知常识；请求人认为本专利权利要求5中的长度特征被证据1的网眼尺寸5×7mm、4×6mm公开。

关于本专利权利要求1～5的创造性，请求人表示：证据1～5结合使用来评价本专利权利要求1～5的创造性；认为本专利的网眼只是起加强的作用，属于公知常识，编织带在国内完全是通行的，并不是专利权人所创造出来的。

关于专利权人于2005年1月26提交的意见陈述中的内容，请求人认为：所有专利产品均用这种网状带，认为相互锁定为常识，网状带与网眼布实质上是相同的，只是叫法不同，证据4第1页公开了“其基材为网眼涤编织物”；本专利权利要求2的附加技术特征已被证据1公开；本专利权利要求3的附加技术特征为公知常识，证据3第1页摘要第4行公开“将聚氨酯……浸涂于合成纤维编织带上”；本专利权利要求4的附加技术特征为公知常识，64度也能够达到贴合效果。

请求人使用证据7评价本专利权利要求1～5的新颖性、创造性，并指出本专利权利要求1的网眼开口在证据7中文译文最后一页第10条倒数第1~2行公开，证据7原文附图1~4公开正方形及在中文译文第4页第7行公开，认为聚合物相当于本专利的改性塑料膜层，并认为本专利的软化点在证据7中文译文第6页第1行公开及在第4段第4行公开“温度达到80℃”。

至此，合议组认为本案事实已经清楚，现依法作出审查决定。

**二、决定的理由**

1. 关于证据

证据1、5均为申请日早于本专利的申请日、其公开日晚于本专利的申请日的中国专利文献，专利权人未对其真实性提出异议，因而证据1、5仅能作为评价本专利是否具有新颖性的证据使用，不能作为评价本专利是否具备创造性的证据使用。

证据2、3、4均为中国专利文献，其公开日均早于本专利的申请日，专利权人未对其真实性提出异议，因而证据2、3、4可以作为本案证据使用，其上记载的内容构成本专利的现有技术。

请求人宣称证据6是网址为www. rptcompany. com/cn/index. htm的网页打印件，由于无法核实其具体公开日期，也无法确定其真实性，因而证据6不能作为本案证据使用。

证据7是法兰西共和国的专利文献，其公开日早于本专利的申请日，请求人在指定期限内提交了证据7的中文译文，专利权人也未对证据7的真实性以及其译文的准确性提出异议，因此证据7可以作为本案证据使用，其上记载的内容构成本专利的现有技术，其中其文字部分以证据7的中文译文为准。

2. 关于专利法第22条第2、3款

专利法第22条第2款规定：新颖性，是指在申请日以前没有同样的发明或者实用新型在国内外出版物上公开发表过、在国内公开使用过或者以其他方式为公众所知，也没有同样的发明或者实用新型由他人向国务院专利行政部门提出过申请并且记载在申请日以后公布的专利申请文件中。

专利法第22条第3款规定：创造性，是指同申请日以前已有的技术相比，该发明有突出的实质性特点和显著的进步，该实用新型有实质性特点和进步。

（1）关于权利要求1。

具体就本案而言，本专利的权利要求1请求保护一种可塑性医用术后绑带。证据7也公开了用于矫形外科固定的一种绷带，并具体公开了以下技术特征：其使用大网眼的柔软的织物形成支撑，例如大网眼的棉织物，该棉织物通过浸涂聚已内脂多元醇类的聚合物，从而在其以高于所浸涂的聚合物的柔韧点之上的温度加热时，会变得很柔软，形成一条柔软的绷带，可以随意造型，而在绷带的温度低于所浸涂的聚合物的柔韧点的温度时，其可以快速冷却、成型，变硬并结实坚固（参见证据7译文第3页最后一段、第6页第2段，说明书附图5）。可见，证据7已经公开了权利要求1中大部分技术特征，对于本专利权利要求1中所限定的“网孔的大小（L）或（S）在1~15mm”这一特征，根据说明书中记载的内容及说明书附图所示，L或S可以是网孔边长，证据7中公开了被浸涂过的绷带的开孔的面积在6.5~160$mm^2$的范围内，还指出所述开孔可以是长方形、正方形或者平行四边形（参见证据7译文第6页最后一段，第11页权利要求10，证据7的图1-4）。如果开孔是正方形的，根据公知的数学常识，其开孔的边长应该在2.55~12.65mm的范围内，这一范围落在本专利了权利要求1所限定的边长范围内，由此可见，证据7公开了权利要求1的全部技术特征，并且二者领域相同，所解决的技术问题和预期效果相同，故权利要求1相对于证据1不具备新颖性。

（2）关于权利要求2。

权利要求2对权利要求1作了进一步的限定，并加入了如下附加技术特征：“棉织带（1）的网孔（3）是方形或圆形或椭圆形或多边形”。如上所述，证据7中已经公开了开孔的形状可以为正方形、长方形、平行四边形，本领域技术人员在证据7的基础上可以想到将网孔设定为其他形状，例如圆形、椭圆形，这对于本领域技术人员来说只不过是一种常规选择，因而，在其引用的权利要求1不具备新颖性的情况下，权利要求2也不具备创造性。

（3）关于权利要求3、4。

权利要求3对权利要求1作了进一步的限定，权利要求4又对权利要求1、3作了进一步的限定，这两个权利要求所限定的附加技术特征均为改性塑料膜层的软化点的温度范围。证据7中公开了聚合物的软化温度为52℃~82℃之间，最好为63℃~74℃之间（参见证据7译文第6页第1段）。在本专利的说明书中仅指出软化温度在50℃~90℃的范围，最佳为70℃~90℃，由于证据7公开的数值范围落在本专利权利要求3、4所限定的数值范围内，因而在其引用的权利要求不具备新颖性的情况下，权利要求3、4也不具备新颖性。

（4）关于权利要求5。

权利要求5对权利要求1作了进一步的限定，其中进一步限定了网孔的边长为3~12毫米。如上所述，证据7中开孔的边长范围在2.55~12.65mm之间，也就是说证据7中已公开的开孔的边长范围已经包括了权利要求5中所限定的边长范围，那么本领域技术人员在证据7公开的内容的基础上，可以进一步将开孔的边长范围限定为3~12毫米，这对于本领域技术人员来说是显而易见的，并且本专利的说明书中未对如何选择选取该数值范围进行具体说明，也未对由于选取该范围所获得的技术效果进行特别说明，即选择边长为3~12毫米的网孔并未给本专利带来意想不到的技术效果，因而，在其引用的权利要求不具备新颖性的情况下，权利要求5也不具备创造性。

（5）关于专利权人的意见陈述。

专利权人在2007年1月7日向专利复审委员会提交的意见陈述书中指出：①证据7是请求人出钱买来的，并没有在国内外出版物上公开发表过，因此不可能被公众可知；②证据7中的绷带支撑物在形态、结构上是不连续纤维，大股线织成大网眼的纤维状松散的柔软织物，而本专利的绷带支撑物是用连续纤维织成的纯棉线织带；③本专利的股线间没有气隙，可以全部浸涂聚合物，而证据7中的股线有气隙，不可能全部浸涂聚合物；④由于本专利的股线之间没有气隙，所以软化温度范围可以为50~70℃，而证据7的软化温度是降不下来的；⑤根据证据7网孔在32~160mm$^2$，可知其网孔大小为4cm×4cm，而其绷带的宽度为7.5cm，因而将4cm×4cm的网孔置于7.5cm宽的绷带上不能应用于临床。

对于专利权人的上述意见，合议组认为，关于专利权人的上述意见①：证据7是法国的专利文献，属于专利法意义上的公开出版物，如上所述，证据7可以作为本案中评价权利要求1~5的新颖性、创造性的证据使用；对于专利权人的上述意见②、③、④：合议组认为，本专利的权利要求书和说明书中都没有记载专利权人主张的上述特征，因此其不能证明本专利权利要求1~5相对于证据7具备新颖性和创造性；对于专利权人的上述意见⑤：由网孔面积32~160 mm$^2$不能得到网孔大小为4cm×4cm，因此请求人据此认为不能应用于临床的主张不成立。综上所述，专利权人的上述主张不能证明本专利的权利要求1~5相对于证据7具备新颖性和创造性，专利权人的上述主张不能成立。

（6）关于请求人所提出的其他无效理由。

鉴于本专利的权利要求1、3、4不具备新颖性，权利要求2、5不具备创造性，从而导致本专利全部无效，本决定不再对于请求人提出的其他无效宣告的理由进行评述。

据此，本案合议组作出如下决定。

**三、决定**

宣告 97212385.7 号实用新型专利全部无效。

当事人对本决定不服的，可以根据专利法第 46 条第 2 款的规定，自收到本决定之日起三个月内向北京市第一中级人民法院起诉。根据该款的规定，一方当事人起诉后，另一方当事人应当作为第三人参加诉讼。

134

# 防火式共用排烟气道

## 无效宣告请求审查决定（第 10163 号）

**决　　定　　号**　第 10163 号
**决　　定　　日**　2007 年 6 月 26 日
**发明创造名称**　防火式共用排烟气道
**国 际 分 类 号**　E04F 17/02，F23J 11/00
**无效宣告请求人**　盐都县兴源化工厂
**专 利 权 人**　陆正新
**专　　利　　号**　200320123855.0
**申　　请　　日**　2003 年 11 月 13 日
**授 权 公 告 日**　2004 年 10 月 27 日
**合 议 组 组 长**　朱文广
**主　　审　　员**　郭建强
**参　　审　　员**　王　冬

**法　律　依　据**　专利法第 22 条第 3 款
**决　定　要　点**

如果现有技术中存在技术启示，使得本领域技术人员能够想到将两篇对比文件相结合，并得到涉案实用新型专利权利要求的技术方案，则该权利要求是显而易见的，不具有实质性特点，因而不具备创造性；反之，如果几篇对比文件相结合也不能完全公开涉案实用新型专利权利要求的所有技术特征，而且现有技术中也没有任何技术启示使本领域技术人员从这几篇对比文件的基础上能够得到该权利要求的技术方案，则该权利要求相对于这几篇对比文件的结合是非显而易见的，具有实质性特点，同时如果该权利要求的技术方案也具有有益的技术效果即进步性，则该权利要求具备创造性。

### 一、案由

本无效宣告请求涉及中华人民共和国国家知识产权局于 2004 年 10 月 27 日授权公告的、名称为“防火式共用排烟气道”的实用新型专利权（以下简称本专利），其专利号是 200320123855.0，申请日是 2003 年 11 月 13 日，专利权人是陆正新。国家知识产权局专利复审委员会于 2005 年 12 月 12 日针对本专利作出的生效的第 8003 号无效宣告请求审查决定所维持有效的权利要求书如下：

“1. 一种防火式共用排烟气道，包括排烟气道主体烟气道，其特征是：在排烟气道主体烟气道进气口处装有防火隔离门，所述防火隔离门包括活动防火隔离门翻盖、防火隔离门框，防火隔离门翻盖一端装于销轴上，防火隔离门是常开式，防火隔离门翻盖另一端由控制开关装置固定。

2. 根据权利要求1所述的防火式共用排烟气道，其特征是：排烟气道主体烟气道为变压式共用排烟气道；防火隔离门装于变压式共用排烟气道的主烟道进气口与辅助烟道排气口之间；或装于烟道进气口处或导向管上。

3. 根据权利要求1、或2所述的防火式共用排烟气道，其特征是：防火隔离门装于排烟气止回阀出气口上，并与排气止回阀构成一体。

4. 根据权利要求1、或2所述的防火式共用排烟气道，其特征是：控制开关装置采用熔断装置或感应装置。

5. 一种防火式共用排烟气道，包括排烟气道主体烟气道，其特征是：在主体烟气道进气口处装有防火隔离门，所述防火隔离门做成滑动式，包括防火隔离门框，能滑动的防火隔离门盖在门框上下或左右滑动，左右滑动装有回弹弹簧，防火隔离门是常开式，防火隔离门盖一端由控制开关装置固定。

6. 根据权利要求5所述的防火式共用排烟气道，其特征是：排烟气道主体烟气道为变压式共用排烟气道；防火隔离门装于变压式共用排烟气道的主烟道进气口与辅助烟道排气口之间；或装于烟道进气口处或导向管上。

7. 一种防火式共用排烟气道，包括排烟气道主体烟气道，其特征是：在主体烟气道进气口处装有防火隔离门，所述防火隔离门做成多页式，包括活动的防火隔离门盖、防火隔离门框，防火隔离门盖一端装于销轴上，并装有回弹弹簧，防火隔离门是常开式，防火隔离门盖另一端由控制开关装置固定。

8. 根据权利要求7所述的防火式共用排烟气道，其特征是：排烟气道主体烟气道为变压式共用排烟气道；防火隔离门装于变压式共用排烟气道的主烟道进气口与辅助烟道排气口之间；或装于烟道进气口处或导向管上。”

针对上述专利权，盐都县兴源化工厂（以下简称请求人）于2006年4月25日向专利复审委员会提出无效宣告请求，认为本专利的权利要求1~8不符合专利法第22条第3款的规定，请求人同时提交了如下附件：

附件1：授权公告日为2001年10月24日、授权公告号为CN2455833Y（专利号为00240242.4）的中国实用新型专利说明书，共5页；

附件2：授权公告日为1998年3月18日、授权公告号为CN2276354Y（专利号为96230913.3）的中国实用新型专利说明书，共6页；

附件3：中国建筑标准设计研究所于1993年出版的《暖通空调标准图集》封面、版权页、目录页、第241~243、250~252、262~264页、封底页复印件，共14页；

附件4：本专利说明书，共7页；

附件5：国家知识产权局专利复审委员会作出的第8003号无效宣告请求审查决定书复印件，共9页。

请求人的具体理由概括如下：权利要求1相对于附件1和2的结合不具备创造性，权利要求5和7相对于附件1、2和3或附件1、2和公知技术的结合也不具备创造性，从属权利要求2、3、4、6、8的附加技术特征或在附件2中公开或为现有技术，因此也不具备创造性。

经形式审查合格，专利复审委员会依法受理了上述无效宣告请求，并于2006年7月24日向请求人和专利权人发出无效宣告请求受理通知书，同时将专利权无效宣告请求书及其附件清单中所列附件的副本转送给专利权人，并要求专利权人在指定的期限内陈述意见。

针对专利复审委员会发出的上述无效宣告请求受理通知书，专利权人没有在指定的期限内提交意见陈述书。

专利复审委员会依法成立合议组对本无效宣告请求案进行审理。

本案合议组于2006年10月27日向请求人和专利权人分别发出无效宣告请求口头审理通知书，定于2006年12月11日举行口头审理。

口头审理如期举行，双方当事人均参加了口头审理。

在口头审理中，（1）合议组告知双方此次口头审理是在专利复审委员会作出的第8003号无效宣告请求决定书所维持有效的权利要求第1~8项的基础上进行的，双方对此无异议。（2）请求人明确其无效宣告请求的理由、证据和范围为：本专利不符合专利法第22条第3款的规定，用附件1、2、3的组合来评价本专利权利要求1~4、6~8的创造性，用附件1、2、3以及公知常识的组合来评价本专利权利要求5的创造性，请求人表示附件4和5仅仅用来表明本专利的状态，与创造性的无效理由无关。（3）请求人当庭出示了附件3的原件，专利权人对附件1、2的真实性没有异议，对附件3复印件与原件的一致性没有异议，但是认为附件3作为出版物应该有书号和出版的相关信息，因此对附件3原件的真实性有异议。请求人认为附件3是行业标准，在全国各标准图供应站都可以购买到，因此是真实的。合议组当庭告知专利权人，如坚持对附件3的真实性有异议，应在口头审理结束后15日内对附件3的真实性进行调查并举证，如果逾期没有提交相反的证据或陈述意见，就视为对附件3的真实性没有异议，专利权人表示同意。（4）请求人当庭补充提交了附件3第244页的复印件两份，合议组当庭将其中一份转给专利权人，专利权人认可复印件与原件一致，但认为该补充页不符合审查指南对证据提交期限的规定。（5）专利权人当庭提交了意见陈述书一式两份，合议组当庭将其中一份转交给请求人。（6）双方就本专利是否具备创造性的具体理由充分发表了意见，其中专利权人承认权利要求4中的“感应装置”是公知常识。

口头审理结束后，专利权人于2006年12月13日提交了意见陈述书，表示放弃对附件3进行核实的权利。

至此，合议组认为本案事实已经清楚，可以作出审查决定。

**二、决定的理由**

1. 关于证据和现有技术

请求人提交的证据包括附件1~3，并当庭出示了附件3的原件，专利权人对附件1~2的真实性没有异议，对附件3复印件与原件的一致性没有异议，但对附件3原件的真实性有异议。合议组口头审理中告知专利权人，如坚持对附件3的真实性有异议，应在口头审理结束后15日内对附件3的真实性进行调查并举证，如果逾期没有提交相反的证据或陈述意见，就视为对附件3的真实性没有异议，专利权人表示同意。口头审理结束后，专利权人表示放弃对附件3进行核实的权利，因此视为专利权人对附件3的真实性无异议。合议组经审查认为附件1~3的真实性可以得到确认，因此可以作为本案证据使用。

关于请求人当庭补充提交的附件3第244页是否举证超期，由于附件3本身属于公知常识性证据，因此合议组予以接受并作为本案证据使用。

同时，由于附件1~3均为公开出版物，且其公开日期均在本专利的申请日前，因此可以作为本专利的现有技术使用。

2. 关于本专利的创造性

专利法第22条第3款规定，创造性，是指同申请日以前已有的技术相比，该发明有突出的实质性特点和显著的进步，该实用新型具有实质性特点和进步。

根据上述规定，如果现有技术中存在技术启示，使得本领域技术人员能够想到将两篇对比文件相结合，并得到涉案实用新型专利权利要求的技术方案，则该权利要求是显而易见的，不具有实质性特点，因而不具备创造性；反之，如果几篇对比文件相结合也不能完全公开涉案实用新型专利权利要求的所有技术特征，而且现有技术中也没有任何技术启示使本领域技术人员从这几篇对比文件的基础上能够得到该权利要求的技术方案，则该权利要求相对于这几篇对比文件的结合是非显而易见的，具有实质性特点，同时如果该权利要求的技术方案也具有有益的技术效果即进步性，则该权利要求具备创造性。

（1）关于权利要求 1~4 的创造性。

本专利提供一种可有效阻断共用排烟气道与各户排烟气口之间的联系，使火种不会经共用排烟气道蔓延至各户的防火式共用排烟气道，其权利要求 1 的技术方案为：一种防火式共用排烟气道，包括排烟气道主体烟气道，在排烟气道主体烟气道进气口处装有防火隔离门，所述防火隔离门包括活动防火隔离门翻盖、防火隔离门框，防火隔离门翻盖一端装于销轴上，防火隔离门是常开式，防火隔离门翻盖另一端由控制开关装置固定。

附件 1 公开了一种安全防火排气道，包括住户独立排气管道和共用排气道（即排烟气道主体烟气道），在连接排气设备的住户独立排气管道上固定有防火阀（即防火隔离门），防火阀是电磁防火阀或者机械防火阀，本专利权利要求 1 与附件 1 的区别特征仅在于，附件 1 没有公开本专利权利要求 1 中的防火隔离门的具体结构特征。附件 3 是暖通空调标准图集，其中第 250~252 页公开了“JZF 型矩形重力式防火阀”，从图中可以看出，该防火阀包括阀板（即翻盖）、门框，防火阀是常开式，翻盖一端由易熔片（即控制开关装置）固定，虽然其是在翻盖另一端偏中间的位置装于销轴上，但是将销轴位置移到翻盖另一端的端头位置也是容易想到的。本专利中防火隔离门的作用是阻断共用排烟气道与各户排烟气口之间的联系，使火种不会蔓延，附件 3 中防火阀（即防火隔离门）的作用也是阻止火种在风管管道中的蔓延，其作用显然是相同的，因此合议组认为现有技术中存在技术启示，使本领域技术人员为了解决上述同样的防火问题，有动机地将附件 3 的防火阀应用到附件 1 的安全防火排气道中，从而获得本专利权利要求 1 的技术方案。综上所述，本专利权利要求 1 相对于附件 1、3 的结合是显而易见的，不具有实质性特点，因而不具备专利法第 22 条第 3 款规定的创造性。

关于权利要求 2，其附加技术特征“变压式共用排烟气道”是现有的技术；“防火隔离门装于变压式共用排烟气道的主烟道进气口与辅助烟道排气口之间；或装于烟道进气口处或导向管上”在附件 1 中也已经被公开（参见附件 1 的权利要求 4）；关于权利要求 3，根据附件 1 的图 1 显示，机械防火阀 2 装于与止回阀 5 相连接的气流导向装置 4 中，因此其附加技术特征“防火隔离门装于排烟气止回阀出气口上，并与排气止回阀构成一体”也是容易想到的；关于权利要求 4，附件 3 中公开了易熔片控制阀板，而“感应装置”是现有技术，专利权人在口头审理中也承认感应装置是公知常识，因此其附加技术特征“控制开关装置采用熔断装置或感应装置”也被公开或是容易想到。综上所述，从属权利要求 2~4 的附加技术特征或被附件 1、3 明确公开，或是本领域技术人员很容易想到，因此在它们所引用的独立权利要求 1 不具备创造性的基础上，也不具备专利法第 22 条第 3 款的创造性。

（2）关于权利要求 5~8 的创造性。

本专利权利要求 5 和 7 是与权利要求 1 并列的技术方案，它们分别限定了滑动式和多页式两种结构的防火隔离门。请求人认为：附件 3 第 241~244 页的“塑料方形插板阀”公开了滑动式防火隔离门，其中用弹簧进行回弹在机械领域是公知技术，门盖左右滑动也是公知常识，因此权利要求 5 相对于附件 1、2、3 与公知常识的结合不具备创造性；附件 3 第 262~264 页的“JTFT 型矩形弹簧式防火调节阀”公开了多页式防火隔离门，因此权利要求 7 相对于附件 1、2、3 的结合不具备创造性。

合议组经审查认为，附件 1 中没有公开防火阀的具体结构；附件 2 虽然公开了一种高气密防火阀门以及其结构，但其是一种由连轴片和连杆组成的连杆式阀门，与本专利权利要求 5、7 中的滑动式和多页式隔离门在构造、工作原理均不同；附件 3 的“塑料方形插板阀”是塑料材料，不具备防火功能，显然与权利要求 5 中的滑动式防火隔离门在应用场合和结构原理上均不相同，而且也没有公开权利要求 5 中“在主体烟气道进气口处装有防火隔离门，能滑动的防火隔离门盖在门框左右滑动，左右滑动装有回弹弹簧，防火隔离门是常开式，防火隔离门盖一端由控制开关装置固定”等结构特征，并且请求人所称的“防火隔离门盖左右滑动装有回弹弹簧”是公知常识的主张也没有证据来证明，合议组不予支持；附件 3 还公开了一种“JTFT 型矩形弹簧式防火调节阀”，但从其附图及文字说明尚不能准确地确定出其技术方案，不能推定出其公开了权利要求 7 中的“在主体烟气道进气口处装有防火隔离门，所述防火隔离门做成多页式，包括活动的防火隔离门盖、防火隔离门框，防火隔离门盖一端装于销轴上，并装有回弹弹簧，防火隔离门是常开式”等结构特征。因此，附件 1、2、3 相结合不能完全公开本专利权利要求 5 或 7 的所有技术特征，现有技术中也没有技术启示使本领域技术人员在附件 1、2、3 的基础上结合公知常识能够得到本专利权利要求 5 或 7 的技术方案，因此请求人认为权利要求 5 或 7 相对于附件 1、2、3 的结合、或者附件 1、2、3 与公知常识的结合不具备创造性的理由不能成立。

因为权利要求 6、8 分别为权利要求 5、7 的从属权利要求，因此请求人认为权利要求 6、8 不具备创造性的理由也不能成立。

根据上述的事实和理由，本案合议组依法作出以下决定。

**三、决定**

宣告 200320123855.0 号实用新型专利权的权利要求 1~4 无效，在权利要求 5~8 的基础上维持该专利权继续有效。

当事人对本决定不服的，可以根据专利法第 46 条第 2 款的规定，自收到本决定之日起 3 个月内向北京市第一中级人民法院起诉。根据该款的规定，一方当事人起诉后，另一方当事人应当作为第三人参加诉讼。

## 北京市第一中级人民法院
## 行政判决书

（2007）一中行初字第 1392 号

原告陆正新，男，1960 年 5 月 4 日出生，汉族，住江苏省启东市汇龙镇长江新村 52 号楼 106 室。

委托代理人柏尚春，南京苏高专利事务所专利代理人。

原告盐城市盐都区兴源化工厂，住所地江苏省盐城市盐都区尚庄镇尚南村。

负责人胥传顺，厂长。

委托代理人刘桥民，江苏致邦律师事务所律师。

被告国家知识产权局专利复审委员会，住所地北京市海淀区北四环西路 9 号。

法定代表人廖涛，副主任。

委托代理人郭建强，男，国家知识产权局专利复审委员会审查员。

委托代理人朱明雅，女，国家知识产权局专利复审委员会审查员。

原告陆正新、盐城市盐都区兴源化工厂不服被告国家知识产权局专利复审委员会专利无效宣告请求审查决定，向本院提起行政诉讼。本院受理后，依法组成合议庭，于 2007 年 12 月 10 日公开开庭审理了本案。原告陆正新及其委托代理人柏尚春，原告盐城市盐都区兴源化工厂的委托代理人刘桥民，被告的委托代理人郭建强、朱明雅到庭参加了诉讼。本案现已审理终结。

2007 年 6 月 26 日，被告作出第 10163 号无效宣告请求审查决定（以下简称第 10163 号决定），宣告 200320123855.0 号实用新型专利权（以下简称本专利）的权利要求 1~4 无效，在权利要求 5~8 的基础上维持该专利权继续有效。决定认为：

1. 关于证据和现有技术

被告经审查认为附件 1~3 的真实性可以得到确认，因此可以作为本案证据使用。

关于盐都县兴源化工厂（以下简称兴源化工厂）当庭补充提交的附件 3 第 244 页，由于其本身属于公知常识性证据，因此被告予以接受并作为本案证据使用。

同时，由于附件 1~3 均为公开出版物，且其公开日期均在本专利的申请日前，因此可以作为本专利的现有技术使用。

2. 关于本专利的创造性

（1）关于权利要求 1~4 的创造性。

本专利提供一种可有效阻断共用排烟气道与各户排烟气口之间的联系，使火种不会经共用排烟气道蔓延至各户的防火式共用排烟气道。

附件 1 公开了一种安全防火排气道，包括住户独立排气管道和共用排气道（即排烟气道主体烟气道），在连接排气设备的住户独立排气管道上固定有防火阀（即防火隔离门），防火阀是电磁防火阀或者机械防火阀，本专利权利要求 1 与附件 1 的区别特征仅在于，附件 1 没有公开本专利权利要求 1 中的防火隔离门的具体结构特征。附件 3 是暖通空调标准图集，其中第 250~252 页公开了“JZF 型矩形重力式防火阀”，从图中可以看出，该防火阀包括阀板（即翻盖）、门框，防火阀是常开式，翻盖一端由易熔片（即控制开关装置）固定，虽然其是在翻盖另一端偏中间的位置装于销轴上，但是将销轴位置移到翻盖另一端的端头位置也是容易想到的。本专利中防火隔离门的作用是阻断共用排烟气道与各户排烟气口之间的联系，使火种不会蔓延，附件 3 中防火阀（即防火隔离门）的作用也是阻止火种在风管管道中的蔓延，其作用显然是相同的，因此被告认为现有技术中存在技术启示，使本领域技术人员为了解决上述同样的防火问题，有动机地将附件 3 的防火阀应用到附件 1 的安全防火排气道中，从而获得本专利权利要求 1 的技术方案。综上，本专利权利要求 1 相对于附件 1、3 的结合是显而易见的，不具有实质性特点，因而不具备《中华人民共和国专利法》（以下简称《专利法》）第二十二条第三款规定的创造性。

关于权利要求 2，其附加技术特征“变压式共用排烟气道”是现有的技术；“防火隔离门装于变压式共用排烟气道的主烟道进气口与辅助烟道排气口之间；或装于烟道进气口处或导向管上”在附件 1 中也已经被公开（参见附件 1 的权利要求 4）；关于权利要求 3，根据附件 1 的图 1 显示，机械防火阀 2 装于与止回阀 5 相连接的气流导向装置 4 中，因此其附加技术特征“防火隔离门装于排烟气止回阀出气口上，并与排气止回阀构成一体”也是容易想到的；关于权利要求 4，附件 3 中公开了易熔片控制阀板，而“感应装置”是现有技术，陆正新在口头审理中也承认感应装置是公知常识，因此其附加技术特征“控制开关装置采用熔断装置或感应装置”也被公开或是容易想到。综上，从属权利要求 2~4 的附加技术特征或被附件 1、3 明确公开，或是本领域技术人员很容易想到，因此在它们所引用的独立权利要求 1 不具备创造性的基础上，也不具备《专利法》第二十二条第三款的创造性。

（2）关于权利要求 5~8 的创造性。

本专利权利要求 5 和 7 是与权利要求 1 并列的技术方案，它们分别限定了滑动式和多页式两种结构的防火隔离门。兴源化工厂认为：附件3第241～244页的“塑料方形插板阀”公开了滑动式防火隔离门，其中用弹簧进行回弹在机械领域是公知技术，门盖左右滑动也是公知常识，因此权利要求5相对于附件1、2、3与公知常识的结合不具备创造性；附件3第262～264页的“JTFT型矩形弹簧式防火调节阀”公开了多页式防火隔离门，因此权利要求7相对于附件1、2、3的结合不具备创造性。

被告认为，附件1中没有公开防火阀的具体结构；附件2虽然公开了一种高气密防火阀门以及其结构，但其是一种由连轴片和连杆组成的连杆式阀门，与本专利权利要求5、7中的滑动式和多页式隔离门在构造、工作原理均不同；附件3的“塑料方形插板阀”是塑料材料，不具备防火功能，显然与权利要求5中的滑动式防火隔离门在应用场合和结构原理上均不相同，而且也没有公开权利要求5中“在主体烟气道进气口处装有防火隔离门，能滑动的防火隔离门盖在门框左右滑动，左右滑动装有回弹弹簧，防火隔离门是常开式，防火隔离门盖一端由控制开关装置固定”等结构特征，并且兴源化工厂所称的“防火隔离门盖左右滑动装有回弹弹簧”是公知常识的主张也没有证据来证明，被告不予支持；附件3还公开了一种“JTFT型矩形弹簧式防火调节阀”，但从其附图及文字说明尚不能准确地确定出其技术方案，不能推定出其公开了权利要求7中的“在主体烟气道进气口处装有防火隔离门，所述防火隔离门做成多页式，包括活动的防火隔离门盖、防火隔离门框，防火隔离门盖一端装于销轴上，并装有回弹弹簧，防火隔离门是常开式”等结构特征。因此，附件1、2、3相结合不能完全公开本专利权利要求5或7的所有技术特征，现有技术中也没有技术启示使本领域技术人员在附件1、2、3的基础上结合公知常识能够得到本专利权利要求5或7的技术方案，因此兴源化工厂认为权利要求5或7相对于附件1、2、3的结合、或者附件1、2、3与公知常识的结合不具备创造性的理由不能成立。

因为权利要求6、8分别为权利要求5、7的从属权利要求，因此兴源化工厂认为权利要求6、8不具备创造性的理由也不能成立。

被告针对陆正新的起诉，在法定的举证期限内向本院提交了如下证据：（1）本专利说明书共7页；（2）授权公告日为2001年10月24日、授权公告号为CN2455833Y（专利号为00240242.4）的中国实用新型专利说明书，共5页（即附件1）；（3）中国建筑标准设计研究所于1993年出版的《暖通空调标准图集》封面、版权页、目录页、241～243、250～252、262～264页、封底页复印件，共14页（即附件3）；（4）第8003号无效宣告请求审查决定书复印件共9页（即附件5）；（5）口头审理记录表共4页。上述证据用于证明第10163号决定认定事实清楚、适用法律法规正确、审理程序合法。

被告针对盐城市盐都区兴源化工厂的起诉，在法定的举证期限内向本院提交了上述5份证据以及证据6、授权公告日为1998年3月18日、授权公告号为CN2276354Y（专利号为96230913.3）的中国实用新型专利说明书，共6页（即附件2）。上述证据用于证明第10163号决定认定事实清楚、适用法律法规正确、审理程序合法。

原告陆正新诉称：（1）附件1没有公开固定防火阀的具体结构特征，附件3中的防火阀是“适用于水平或垂直气流的风管”，与本专利的使用场所不同，且从图中可以看出附件3中的防火阀结构与本专利的不同：①附件3的壳体就是风管本身，其结构庞大，而本专利是防火隔离门框，安装时，通过门框将本专利的防火阀安装在排烟道中；②附件3的阀板通过安装在风管中间的支撑体置于风管中间，而本专利的翻盖一端装于销轴上，运行自如，常开时，对烟气的流通毫无阻挡。因此无论是附件1，还是附件3，或者是附件1与附件3的结合均不能影响本专利权利要求1的创造性。（2）在权利要求1具备创造性的基础上，权利要求2～4也具备创造性。由于能够安装防火阀和止回阀的排烟道内的空间有限，将上述两个部件结合在一起，可以大大减少安装的空间，减轻清洗的强度，减少用材，节约成本，便于安装和维修，附件1中的上述两个部件是相互独立的，与本专利不同。综上，第10163号决定认定本专利权利要求1~4无效缺乏事实及法律依据，请求法院撤销第10163号决定中宣告本专利权利要求1~4无效的决定。

原告盐城市盐都区兴源化工厂诉称：本专利权利要求5与附件2的区别技术特征仅仅在于附件2是阀片或连杆阀片式阀门，而本专利权利要求5是滑动式的。塑料材料不一定不具备防火功能，因此，不能认定附件3的“塑料方形插板阀”不具备防火功能；附件3的塑料方形插板阀已经广泛应用于暖通领域，而滑动式防火隔离门也是应用在暖通领域，两者的应用场合相同；附件3的塑料方形插板阀已经公开了权利要求5的门框（轨道）、能在门框（轨道）内上下或左右滑动隔离门盖（阀板）等结构特征，均是滑动式结构。附件1与本专利权利要求5的区别特征在于附件1没有公开本专利权利要求5中的滑动式隔离门的具体特征，而附件2与附件3结合，已经公开了滑动式隔离门的全部技术特征。因此附件1、2、3结合已经完全公开了本专利权利要求5的全部技术特征。由于本专利权利要求6是权利要求5的从属权利，因此权利要求6也不具备创造性。综上，第10163号决定对本专利权利要求5、6的创造性认定是错误的，请求法院撤销第10163号决定中在权利要求5~6的基础上维持本专利专利权有效的决定，判令被告就兴源化工厂针对本专利权利要求5~6提出的无效宣告请求重新作出无效决定。

二原告均未向本院提交证据。

被告针对陆正新的诉讼意见答辩称：现有技术中存在技术启示，使本领域技术人员为了解决同样的防火问题，有动机地将附件3的防火阀应用到附件1的安全防火排气道中从而获得本专利权利要求1的技术方案。从属权利要求2~4的附加技术特征或被附件1、3明确公开，或是本领域技术人员很容易想到，因此在它们所引用的独立权利要求1不具备创造性的基础上，权利要求2~4也不具备创造性。综上，第10163号决定认定事实清楚、适用法律正确、审理程序合法，陆正新的诉讼理由不成立，被告请求法院依法驳回陆正新的诉讼请求，维持第10163号决定。

被告针对盐城市盐都区兴源化工厂的诉讼意见答辩称：（1）附件1、2、3相结合不能完全公开本专利权利要求5的所有技术特征，现有技术中也没有技术启示使本领域技术人员在附件1、2、3的基础上结合公知常识能够得到本专利权利要求5的技术方案，因此兴源化工厂认为权利要求5相对于附件1、2、3的结合、或者附件1、2、3与公知常识的结合不具备创造性的理由不能成立。（2）附件3没有记载“塑料方形插板阀”具有防火功能，而根据本领域技术人员的知识，“塑料方形插板阀”是塑料材料，显然不是防火用的，而只是空调风管中的一般的阀门，显然与权利要求5中的滑动式防火隔离门在应用场合和结构原理上均不相同。综上，第10163号决定认定事实清楚、适用法律正确、审理程序合法，被告请求法院依法驳回盐城市盐都区兴源化工厂的诉讼请求，维持第10163号决定。

经庭审质证，二原告对被告提交的证据的关联性、合法性、真实性均无异议，但不同意被告主张的证明作用。本院认为，被告提交的证据与被诉第10163号决定有关，且合法，各方当事人对其真实性均无异议，能够证明本案的事实，本院予以采纳。

根据上述有效证据及各方当事人在庭审中无争议的陈述，本院确认如下事实：

本案涉及申请日为2003年11月13日，授权公告日为2004年10月27日，专利号为200320123855.0，名称为“防火式共用排烟气道”的实用新型专利（即本专利），专利权人是陆正新（即本案原告）。

被告于2005年12月12日针对本专利作出的生效的第8003号无效宣告请求审查决定所维持有效的权利要求书如下：

“1. 一种防火式共用排烟气道，包括排烟气道主体烟气道，其特征是：在排烟气道主体烟气道进气口处装有防火隔离门，所述防火隔离门包括活动防火隔离门翻盖、防火隔离门框，防火隔离门翻盖一端装于销轴上，防火隔离门是常开式，防火隔离门翻盖另一端由控制开关装置固定。

2. 根据权利要求1所述的防火式共用排烟气道，其特征是：排烟气道主体烟气道为变压式共用排烟气道；防火隔离门装于变压式共用排烟气道的主烟道进气口与辅助烟道排气口之间；或装于烟道进气口处或导向管上。

3. 根据权利要求1、或2所述的防火式共用排烟气道，其特征是：防火隔离门装于排烟气止回阀出气口上，并与排气止回阀构成一体。

4. 根据权利要求1、或2所述的防火式共用排烟气道，其特征是：控制开关装置采用熔断装置或感应装置。

5. 一种防火式共用排烟气道，包括排烟气道主体烟气道，其特征是：在主体烟气道进气口处装有防火隔离门，所述防火隔离门做成滑动式，包括防火隔离门框，能滑动的防火隔离门盖在门框上下或左右滑动，左右滑动装有回弹弹簧，防火隔离门是常开式，防火隔离门盖一端由控制开关装置固定。

6. 根据权利要求5所述的防火式共用排烟气道，其特征是：排烟气道主体烟气道为变压式共用排烟气道；防火隔离门装于变压式共用排烟气道的主烟道进气口与辅助烟道排气口之间；或装于烟道进气口处或导向管上。

7. 一种防火式共用排烟气道，包括排烟气道主体烟气道，其特征是：在主体烟气道进气口处装有防火隔离门，所述防火隔离门做成多页式，包括活动的防火隔离门盖、防火隔离门框，防火隔离门盖一端装于销轴上，并装有回弹弹簧，防火隔离门是常开式，防火隔离门盖另一端由控制开关装置固定。

8. 根据权利要求7所述的防火式共用排烟气道，其特征是：排烟气道主体烟气道为变压式共用排烟气道；防火隔离门装于变压式共用排烟气道的主烟道进气口与辅助烟道排气口之间；或装于烟道进气口处或导向管上。”

针对本专利，兴源化工厂于2006年4月25日向被告提出无效宣告请求，认为本专利的权利要求1~8不符合《专利法》第二十二条第三款的规定，兴源化工厂同时提交了如下附件：

附件1：授权公告日为2001年10月24日、授权公告号为CN2455833Y（专利号为00240242.4）的中国实用新型专利说明书，共5页；

附件2：授权公告日为1998年3月18日、授权公告号为CN2276354Y（专利号为96230913.3）的中国实用新型专利说明书，共6页；

附件3：中国建筑标准设计研究所于1993年出版的《暖通空调标准图集》封面、版权页、目录页、第241~243、250~252、262~264页、封底页复印件，共14页；

附件4：本专利说明书，共7页；

附件5：被告作出的第8003号无效宣告请求审查决定书复印件，共9页。

兴源化工厂认为：权利要求1相对于附件1和2的结合不具备创造性，权利要求5和7相对于附件1、2和3或附件1、2和公知技术的结合也不具备创造性，从属权利要求2、3、4、6、8的附加技术特征或在附件2中公开或为现有技术，因此也不具备创造性。

被告于2006年7月24日向兴源化工厂和陆正新发出无效宣告请求受理通知书，同时将专利权无效宣告请求书及其附件清单中所列附件的副本转送给陆正新，并要求陆正新在指定的期限内陈述意见。陆正新没有在指定的期限内提交意见陈述书。

被告于2006年10月27日向兴源化工厂和陆正新分别发出无效宣告请求口头审理通知书，定于

2006 年 12 月 11 日举行口头审理。口头审理如期举行，双方当事人均参加了口头审理。

在口头审理中，被告告知双方此次口头审理是在被告作出的第 8003 号无效宣告请求决定书所维持有效的权利要求第 1~8 项的基础上进行的，双方对此无异议。兴源化工厂明确其无效宣告请求的理由、证据和范围为：本专利不符合《专利法》第二十二条第三款的规定，用附件 1、2、3 的组合来评价本专利权利要求 1~4、6~8 的创造性，用附件 1、2、3 以及公知常识的组合来评价本专利权利要求 5 的创造性，兴源化工厂表示附件 4 和 5 仅仅用来表明本专利的状态，与创造性的无效理由无关。兴源化工厂当庭出示了附件 3 的原件，陆正新对附件 1、2 的真实性没有异议，对附件 3 复印件与原件的一致性没有异议，但是认为附件 3 作为出版物应该有书号和出版的相关信息，因此对附件 3 原件的真实性有异议。兴源化工厂认为附件 3 是行业标准，在全国各标准图供应站都可以购买到，因此是真实的。被告当庭告知陆正新，如坚持对附件 3 的真实性有异议，应在口头审理结束后 15 日内对附件 3 的真实性进行调查并举证，如果逾期没有提交相反的证据或陈述意见，就视为对附件 3 的真实性没有异议，陆正新表示同意。兴源化工厂当庭补充提交了附件 3 第 244 页的复印件两份，被告当庭将其中一份转给陆正新，陆正新认可复印件与原件一致，但认为该补充页不符合《审查指南》对证据提交期限的规定。陆正新当庭提交了意见陈述书一式两份，被告当庭将其中一份转交给兴源化工厂。双方就本专利是否具备创造性的具体理由充分发表了意见，其中陆正新承认权利要求 4 中的“感应装置”是公知常识。

陆正新于 2006 年 12 月 13 日提交了意见陈述书，表示放弃对附件 3 进行核实的权利。

至此，被告认为本案事实已经清楚，作出第 10163 号决定，宣告本专利的权利要求 1~4 无效，在权利要求 5~8 的基础上维持本专利权继续有效。陆正新及盐城市盐都区兴源化工厂均不服该决定，分别向本院提起行政诉讼。

另查明，2005 年 5 月 17 日盐都县兴源化工厂企业名称变更为盐城市盐都区兴源化工厂，盐都县兴源化工厂未将企业名称变更情况告知被告。

本院认为，由于二原告在庭审中明确表示对无效决定作出的程序、案由部分的记载、证据和现有技术的认定以及本专利权利要求 7、8 创造性的认定均无异议，经审查，本院予以确认。

根据《专利法》第二十二条第三款规定，创造性，是指同申请日以前已有的技术相比，该发明有突出的实质性特点和显著的进步，该实用新型具有实质性特点和进步。本案争议的焦点问题在于本专利权利要求 1~6 是否具备创造性。

1. 关于权利要求 1~4 的创造性

本专利提供一种可有效阻断共用排烟气道与各户排烟气口之间的联系，使火种不会经共用排烟气道蔓延至各户的防火式共用排烟气道。附件 1 公开了一种安全防火排气道，包括住户独立排气管道和共用排气道，在连接排气设备的住户独立排气管道上固定有防火阀，防火阀是电磁防火阀或者机械防火阀。本专利权利要求 1 与附件 1 的区别特征仅在于，附件 1 没有公开本专利权利要求 1 中的防火隔离门的具体结构特征。附件 3 第 250~252 页公开了“JZF 型矩形重力式防火阀”，该防火阀包括阀板、门框，防火阀是常开式，翻盖一端由易熔片固定，虽然其是在翻盖另一端偏中间的位置装于销轴上，但是将销轴位置移到翻盖另一端的端头位置也是容易想到的。由于附件 3 中防火阀与本专利中防火隔离门的作用均为防止火种的蔓延，因此，被告关于现有技术中存在技术启示，使本领域技术人员为了解决上述同样的防火问题，有动机地将附件 3 的防火阀应用到附件 1 的安全防火排气道中，从而获得本专利权利要求 1 的技术方案，本专利权利要求 1 相对于附件 1、3 的结合是显而易见的，不具有实质性特点，不具备《专利法》第二十二条第三款规定的创造性的认定是正确的，本院应予支持。

关于权利要求 2，其附加技术特征“变压式共用排烟气道”是现有的技术；“防火隔离门装于变压式共用排烟气道的主烟道进气口与辅助烟道排气口之间；或装于烟道进气口处或导向管上”在附件1中也已经被公开；关于权利要求3，根据附件1的图1显示，机械防火阀2装于与止回阀5相连接的气流导向装置4中，因此其附加技术特征“防火隔离门装于排烟气止回阀出气口上，并与排气止回阀构成一体”也是容易想到的；关于权利要求4，由于附件3中公开了易熔片控制阀板，而“感应装置”是现有技术，陆正新在口头审理中也承认感应装置是公知常识，因此其附加技术特征“控制开关装置采用熔断装置或感应装置”也被公开或是容易想到。综上，从属权利要求2~4的附加技术特征或被附件1、3明确公开，或是本领域技术人员很容易想到，因此在独立权利要求1不具备创造性的基础上，被告关于本专利从属权利要求2~4也不具备《专利法》第二十二条第三款规定的创造性的认定正确，本院应予支持。

2. 关于权利要求5、6的创造性

本专利权利要求5是与权利要求1并列的技术方案，其限定了滑动式结构的防火隔离门。附件1中没有公开防火阀的具体结构；附件2虽然公开了一种高气密防火阀门以及其结构，但其是一种由连轴片和连杆组成的连杆式阀门，与本专利权利要求5中的滑动式隔离门在构造、工作原理均不同；附件3的“塑料方形插板阀”是塑料材料，不具备防火功能，与权利要求5中的滑动式防火隔离门在应用场合和结构原理上均不相同，而且也没有公开权利要求5中“在主体烟气道进气口处装有防火隔离门，能滑动的防火隔离门盖在门框左右滑动，左右滑动装有回弹弹簧，防火隔离门是常开式，防火隔离门盖一端由控制开关装置固定”等结构特征，并且兴源化工厂所称的“防火隔离门盖左右滑动装有回弹弹簧”是公知常识的主张也缺乏证据支持，因此，附件1、2、3相结合不能完全公开本专利权利要求5的所有技术特征，现有技术中也没有技术启示使本领域技术人员在附件1、2、3的基础上结合公知常识能够得到本专利权利要求5的技术方案。由于权利要求6为权利要求5的从属权利要求，因此被告认定兴源化工厂认为本专利权利要求5、6不具备创造性的理由不成立正确，本院应予支持。

综上，第10163号决定认定事实清楚、适用法律正确、审理程序合法，本院应予维持。二原告的诉讼请求缺乏事实及法律依据，本院不予支持。据此，本院依照《中华人民共和国行政诉讼法》第五十四条第（一）项之规定，判决如下：

维持被告国家知识产权局专利复审委员会于二〇〇七年六月二十六日作出的第10163号无效宣告请求审查决定。

案件受理费100元，由陆正新、盐城市盐都区兴源化工厂各负担50元（已交纳）。

如不服本判决，可在判决书送达之日起15日内，向本院递交上诉状，并按对方当事人的人数提出副本，预交上诉案件受理费100元，上诉于北京市高级人民法院。

审　判　长　齐　莹
代理审判员　张靛卿
人民陪审员　杨一平
二〇〇八年一月二十八日
书　记　员　赵　峰

135

# 自接式轻钢龙骨

## 无效宣告请求审查决定（第10173号）

**决　　定　　号**　第10173号
**决　　定　　日**　2007年6月26日
**发明创造名称**　自接式轻钢龙骨
**国 际 分 类 号**　E04F 13/08，E04F 13/00
**无效宣告请求人**　张高源
**专　利　权　人**　广州金鹏实业有限公司
**专　　利　　号**　97116088.0
**申　　请　　日**　1997年12月19日
**授 权 公 告 日**　2002年10月30日
**合 议 组 组 长**　黄玉平
**主　　审　　员**　张田勇
**参　　审　　员**　周　航

**法　律　依　据**　专利法第22条第3款、第33条，专利法实施细则第20条第1款、第21条第2款

**决　定　要　点**

如果一项权利要求的技术方案与现有技术相比存在区别特征，现有技术也未对使用该区别特征给出相应的技术启示，而该区别特征的应用使该权利要求的技术方案具有了预料不到的技术效果，则该权利要求的技术方案具备创造性。

### 一、案由

本无效宣告请求涉及国家知识产权局于2002年10月30日授权公告的名称为“自接式轻钢龙骨”的97116088.0号发明专利权（下称本专利），其申请日为1997年12月19日，专利权人为广州金鹏实业有限公司。本专利授权公告的权利要求书如下：

“1. 一种自接式轻钢龙骨，包括主龙骨、副龙骨、吊杆等，其特征在于：主龙骨（Ⅰ）的接头横截面呈导向夹角状，同时位于该接头的两侧端面分别设有向外凸出，并单向倾斜受力的卡钩（4），主龙骨的另一端两侧面分别设有与卡钩（4）贴切配合的卡孔（5）。

2. 根据权利要求1所述的一种自接式轻钢龙骨，其特征在于：主龙骨与主龙骨的纵向连接是靠一个主龙骨头部两侧面上设置的卡钩（4）和另一个主龙骨尾端两侧面上设置的卡孔（5）的配合完成的，副龙骨以垂直于主龙骨的方向连接于主龙骨的底部。”

针对本专利权，张高源（下称请求人）于2006年3月3日向专利复审委员会提出无效宣告请求，其提供的证据如下：

证据1：授权公告号为CN2150645Y的中国实用新型专利说明书，授权公告日为1993年12月22日；

请求人认为：本专利权利要求1、2相对于证据1不具备专利法第22条第2款、第3款规定的新颖性和创造性，本专利权利要求2在原始公开文件的权利要求书及说明书中未出现，从说明书附图中也不能推出是垂直的解释，因此这种修改超出了原始公开的范围，不符合专利法第33条的规定。

经形式审查合格，专利复审委员会受理了上述无效宣告请求，于2006年3月3日向双方当事人发出无效宣告请求受理通知书，同时将专利权无效宣告请求书及其附件清单中所列附件的副本转送给专利权人，要求其在指定的期限内答复。

请求人于2006年3月30日向专利复审委员会提交了意见陈述书，并补充提交了如下证据：

证据2：GB2266736A号英国专利申请说明书英文原文，公开日为1993年11月10日；

证据3：证据2的中文译文共8页以及按照中文格式表达证据2后面部分的中文译文共2页；

证据4：授权公告号为CN2245639Y的中国实用新型专利说明书，授权公告日为1997年1月22日；

证据5：授权公告号为CN1093586C的中国发明专利说明书（本专利授权文本）。

请求人认为：本专利权利要求1中出现的不定助词“等”导致权利要求1不符合专利法实施细则第22条第3款的规定；本专利权利要求1中仅描述了主龙骨Ⅰ元件的表面形状、结构，没有写明主龙骨元件之间、和其他元件之间的连接结构以及连接关系、配合关系，权利要求1不符合专利法实施细则第21条第2款的规定；本专利权利要求1中出现的“导向夹角状”、“同时位于该接头的两侧端面分别设有向外凸出，并单向倾斜受力的卡钩（4）”的描述不清楚，权利要求1不符合专利法实施细则第20条第1款的规定；本专利从属权利要求2引用权利要求1，其中要求保护主龙骨之间以及主龙骨与副龙骨之间的连接关系，而本专利权利要求1中仅是对主龙骨这一元件要求保护，因此本专利权利要求2不是对权利要求1的进一步限定，不符合专利法实施细则第21条第3款的规定；本专利从属权利要求2的保护范围超出了权利要求1的记载内容，因而权利要求2不符合专利法实施细则第21条第2款的规定；本专利权利要求1、2相对于证据2和证据4不具备专利法第22条第3款规定的创造性；请求人还认为本专利不符合专利法实施细则第2条第1款的规定，但未具体陈述理由。

针对专利复审委员会于2006年3月3日发出的无效宣告请求受理通知书，专利权人于2006年4月4日向专利复审委员会提交了意见陈述书，认为证据1无法破坏本专利权利要求1、2的新颖性和创造性，并且本专利申请文件在实质审查程序中的修改符合专利法第33条的规定。

请求人于2006年12月25日向专利复审委员会提交了意见陈述书，要求尽快对本案进行审理。

专利复审委员会依法组成合议组，对上述无效宣告请求进行审查。

本案合议组于2007年2月2日向双方当事人发出无效宣告请求口头审理通知书，指出本案定于2007年3月6日举行口头审理。随同口头审理通知书，将请求人于2006年3月30日提交的意见陈述书及其附件清单中所列附件的副本转送给专利权人，将专利权人于2006年4月4日提交的意见陈述书转送给请求人。

口头审理如期举行，双方当事人均出席了口头审理。在口头审理中，请求人明确其无效宣告请求的理由、范围为：本专利权利要求1、2相对于证据2与证据4的结合不符合专利法第22条第3款，权利要求2不符合专利法第33条的规定，权利要求1不符合专利法实施细则第20条第1款、第21条第2款的规定；请求人明确表示放弃本专利不符合专利法实施细则第2条第1款、第22条第3款、

第21条第3款以及专利法第22条第1款的无效宣告请求理由，并且明确表示放弃证据1作为证据使用；专利权人对证据2和4的真实性表示认可，对证据2的中文译文的准确性表示认可。请求人当庭提交了国家质量监督检验检疫总局于2001年4月29日发布的国家标准GB/T 11981—2001《建筑用轻钢龙骨》（下称证据6）作为公知常识性参考材料。专利权人当庭提交了意见陈述书，合议组将其转交给请求人，并告知请求人于本次口头审理结束后的7日内进行答复。在口头审理中，双方当事人均充分发表了意见。

专利复审委员会于2007年3月12日收到了请求人提交的口头审理时的口述书。

经审理，合议组认为本案的事实清楚，现依法作出如下决定。

**二、决定的理由**

1. 无效宣告请求的理由以及口头审理中请求人放弃的理由

在口头审理中，请求人明确其无效宣告请求的理由、范围为：本专利权利要求1、2相对于证据2与证据4的结合不符合专利法第22条第3款，权利要求2不符合专利法第33条的规定，权利要求1不符合专利法实施细则第20条第1款、第21条第2款的规定；请求人明确表示放弃本专利不符合专利法实施细则第2条第1款、第22条第3款、第21条第3款以及专利法第22第1款的无效宣告请求理由。

由于在口头审理过程中，请求人明确表示放弃本专利不符合专利法实施细则第2条第1款、第22条第3款、第21条第3款以及专利法第22第1款的无效宣告请求理由，因此本决定中不再对这些条款进行评述。

2. 关于证据和现有技术

请求人在无效宣告程序中共提交了6份证据，即证据1~6，其中证据3是证据2的中文译文，证据5是本专利授权文本。

口头审理中，请求人明确放弃证据1，因此本决定中合议组不再对证据1进行评述。

证据2是公开日期在本专利申请日之前的英国专利文献，证据4是公开日期在本专利申请日之前的中国专利文献，专利权人对证据2、证据4的真实性均无异议，对证据2的中文译文（即，证据3）的准确性也无异议，经合议组审查，证据2、证据4可以作为本案的定案依据，并且其上记载的内容构成本专利的现有技术，其中证据2的文字部分所公开的内容以其中文译文（证据3）的内容为准。

证据6是国家质量监督检验检疫总局于2001年4月29日发布的GB/T 11981—2001国家标准，合议组认为，证据6是国家质量监督检验检疫总局发布的国家标准，但其发布日期在本专利申请日之后，其上记载的内容不能构成本专利的现有技术。

3. 关于专利法第33条

专利法第33条规定：申请人可以对其专利申请文件进行修改，但是，对发明和实用新型专利申请文件的修改不得超出原说明书和权利要求书记载的范围，对外观设计专利申请文件的修改不得超出原图片或者照片表示的范围。

审查指南第二部分第八章第5.2.1节规定：原说明书和权利要求书记载的范围包括原说明书和权利要求书文字记载的内容和根据原说明书和权利要求书文字记载的内容以及说明书附图能直接地、毫无疑义地确定的内容。

请求人认为：本专利从属权利要求2中的特征“副龙骨以垂直于主龙骨的方向连接于主龙骨的底部”在原始的说明书及附图中没有记载，附图虽然可以解释权利要求，但本专利没有任何的文字描述。

专利权人认为：从本专利说明书附图2、3中可以很清楚的看出上述技术特征。

对此，合议组依职权调取了专利权人在本专利申请日提交的权利要求第1、2项、说明书第1、2页和说明书附图1~3。经审查，本专利权利要求2中的特征“副龙骨以垂直于主龙骨的方向连接于主龙骨的底部”是专利权人在本专利实质审查阶段对申请文件修改时加入到权利要求书中的；本专利从属权利要求2中的特征“副龙骨以垂直于主龙骨的方向连接于主龙骨的底部”确实未以文字形式记载在专利权人于申请日提交的专利申请文件中。但是，合议组认为，由本专利原始申请的说明书附图1~3可以直接地、毫无疑义地确定副龙骨2通过其U型槽两侧壁顶端的突筋与在主龙骨两侧壁底部上间隔设置的倒钩卡合连接，即，副龙骨卡合于主龙骨的底部；同时，由图1可知，主龙骨底部的倒钩是在两侧壁上是对称设置的，当所述倒钩如说明书附图2、3所示与副龙骨的突筋卡合时，副龙骨必然与主龙骨垂直；此外，由于说明书附图属于工程语言，只要从说明书附图中能够唯一确定的内容就应当视为是记载的内容，即说明书附图中的上述内容能够作为对本专利申请文件修改的依据。因此，专利权人在本专利实质审查阶段对申请文件的修改没有超出原说明书和权利要求书记载的范围，符合专利法第33条的规定。

4. 关于专利法实施细则第20条第1款和专利法实施细则第21条第2款

专利法实施细则第20条第1款规定：权利要求书应当说明发明或者实用新型的技术特征，清楚、简要地表述请求保护的范围。

专利法实施细则第21条第2款规定：独立权利要求应当从整体上反映发明或者实用新型的技术方案，记载解决技术问题的必要技术特征。

请求人认为：在本专利独立权利要求1中写有“……包括主龙骨、副龙骨、吊杆等”，其“等”属于不定助词，使得权利要求保护范围不清楚；“两侧端面”在应用技术领域中是不规范的；“向外凸出”的主语是什么也不清楚；“卡钩”是如何完成贴切配合两侧面，陈述不规范；因此本专利权利要求1不符合专利法实施细则第20条第1款的规定。本专利权利要求1的技术方案只包括一个主龙骨，卡钩与卡孔的贴切配合应当是两个主龙骨头尾之间的配合，其中也没有描述如何“贴切配合”，因此本专利权利要求1不符合专利法实施细则第21条第2款的规定。

合议组经审查认为，权利要求1中的特征“包括主龙骨、副龙骨、吊杆等”中出现了“包括……等”的表述方式，表明权利要求1属于开放式权利要求，其解释为还可以包括权利要求1中没有述及的结构组成部分，如专利权人在口头审理时强调的螺杆、螺母，本专利权利要求1保护的主题是自接式轻钢龙骨，其中具体限定的技术特征是“主龙骨”的结构，“等”的表述方式显然还包括未述及的如螺杆、螺母等结构组成部分，而其他未述及的结构并非本专利相对于现有技术的改进之处，进而本专利权利要求1的保护范围对本领域技术人员来说也是清楚的，即，本专利权利要求1中所述的自接式轻钢龙骨既包括其中明确记载的主龙骨、副龙骨、吊杆，也可选择的包括其他龙骨构件，如螺杆、螺母。因此，权利要求1中“包括……等”的表述方式不会使本专利权利要求1的保护范围不清楚，符合专利法实施细则第20条第1款的规定。

本专利权利要求1中的“两侧端面”是对“主龙骨接头”的限定，即，主龙骨接头的两侧端面。由于主龙骨为长条槽状部件，包括底面以及与底面连接的两个侧面，由于主龙骨的这种结构，本领域技术人员很容易理解，主龙骨接头的“两侧端面”是指主龙骨接头的两侧面的顶端，因此，权利要求1中“两侧端面”的描述不会使本专利权利要求1的保护范围不清楚，符合专利法实施细则第20条第1款的规定。

本专利权利要求1中关于“向外凸出”的描述如下，即，“同时位于该接头的两侧端面分别设有向外凸出，并单向倾斜受力的卡钩（4）”，虽然其中使用了逗号“，”进行分隔，但根据上下文可以理解“设有向外凸出”、“单向倾斜受力”均是对“卡钩（4）”的限定，因此，权利要求1中这样的描述不会使本专利权利要求 1 的保护范围不清楚，符合专利法实施细则第 20 条第 1 款的规定。

对于本专利权利要求 1 中卡钩与卡孔“贴切配合”的特征，合议组经审查认为，由权利要求 1 的限定可知卡钩与卡孔是“贴切配合”的，即，限定了卡钩与卡孔之间的一种紧密配合关系，即分别设置在不同平面上的突出部与凹槽位置相配合，以减少突出部与凹槽之间的相对移动。此外，权利要求 1 中虽然仅是限定了一根主龙骨的结构特征，但是由于主龙骨是自接式的，因此主龙骨两端分别具有能够相互配合连接的卡钩和卡槽是指相应规格的卡钩和卡槽可以相互配合，从而实现多根相同规格的主龙骨之间的相互连接；而如何实现本专利权利要求 1 中所述的卡钩与卡孔间的“贴切配合”属于机加工领域的公知常识，机加工领域的技术人员完全可以根据使用要求实现卡钩与卡孔间的“贴切配合”。因此，本专利权利要求 1 中的“贴切配合”的描述是清楚的，符合专利法实施细则第 20 条第 1 款的规定，并且本专利权利要求 1 中也不缺少必要技术特征，符合专利法实施细则第 21 条第 2 款的规定。

5. 关于专利法第 22 条第 3 款

专利法第 22 条第 3 款规定：创造性，是指同申请日以前已有的技术相比，该发明有突出的实质性特点和显著的进步，该实用新型有实质性特点和进步。

请求人认为本专利权利要求 1、2 相对于证据 2 与证据 4 的结合不具备创造性。

证据 2 公开了一种用于天花遮盖物的支撑栅板（参见说明书实施例部分以及说明书附图 1~4），对接接头 3 具有 U 型截面，对接接头 3 的侧壁上有向外的凸起部 12，向外的凸起部 12 单向倾斜受力，当将对接接头 3 插入到支撑导轨 1（对应于本专利权利要求 1 中的主龙骨）中时，突出部 12 与支撑导轨 1 中的凹槽 13 啮合，拐角元件 4 具有的凹槽 13 与对接接头 3 的突出部 12 啮合，防止拐角元件 4 在组装后相对于支撑导轨 1 移动。

证据 4 公开了一种石膏天花板轻钢架的暗架（参见说明书第 4 页第 9~23 行以及说明书附图 1~3），包括连结型架 1（对应于本专利权利要求 1 中的主龙骨）、槽形架 E（对应于本专利权利要求 1 中的副龙骨）、调节螺拴 I （对应于本专利权利要求 1 中的吊杆）、螺母、钉击片 A、石膏板材等，连结型架 1 是一体成型的门字形体。钉击片 A 吊置于楼板下，而槽形架 E 则与石膏板材 F 固设，连结型架 1 上设有诸多等间距的孔洞 11 及长形孔 12 供钉击片 A 向下延伸的调整螺栓 I 螺合，而两边也设有诸多等间距且相对应的倒钩 13、小孔 14 及长条孔 15，该倒钩 13 是两两相对应，且间隔及形状大小是配合槽形架 E 而设置，以供槽形架 E 的嵌合卡入，成为一种精简确实的石膏天花板轻钢架的暗架。

本专利权利要求 1 保护一种自接式轻钢龙骨，与证据 2、证据 4 属于相同的技术领域，其与证据 4 公开的内容相比区别在于：（1）主龙骨（Ⅰ）的接头横截面呈导向夹角状；（2）同时位于该接头的两侧端面分别设有向外凸出，并单向倾斜受力的卡钩（4），主龙骨的另一端两侧面分别设有与卡钩（4）贴切配合的卡孔（5）。

对于区别特征（2），证据 2 中公开一种用于天花遮盖物的支撑栅板，其中包括一种设置在支撑导轨 1 的一端的对接接头 3，其一端侧壁上单向倾斜受力的突出部 12 与支撑导轨 1 上的凹槽 13 啮合，对接接头 3 的另一端侧壁上的突出部 12 与拐角元件 4 具有的凹槽 13 镶合固定。合议组经审查认为，虽然证据 2 中仅公开了支撑导轨 1 与拐角元件 4 通过对接接头 3 连接，没有公开支撑导轨 1 还能够通过对接接头 3 与其他支撑导轨 1 连接，但这对于本领域技术人员来说是显而易见的；证据 2 中之所以要使用具有突出部 12 的对接接头 3 连接两个分别在端部具有凹槽的部件，是由于考虑到连接的便利性和节省原材料，只有在需要连接时才使用突出部与凹槽的连接方式进行连接；对于区别特征（2）中的卡孔与卡钩“贴切配合”，合议组认为，考虑到证据 2 中对接接头 3 的连接作用，本领域技术人员会在对接接头3与支撑导轨1和拐角元件4之间采取紧密连接的方式，即，各自设置在不同平面上的突出部与凹槽位置相配合，减少突出部与凹槽之间的相对移动。因此，在证据2的启示下，本领域技术人员容易想到可在主龙骨一个端部上设置具有证据2中的突起部的接头，另一端两侧面上设置与所述接头上的突起部紧密配合的凹槽，从而能够将上述区别特征（2）应用于证据4以解决其技术问题。

对于区别特征（1），请求人认为本专利接头和横截面是配合的，必定要有导向角，通过逻辑性推导就可以达到的，属于公知常识；证据4中的连接型架是一体成型的八字形形体是显而易见；证据6的表3中的V型龙骨属于公知公用构件，以及证据6的3.1.3的吊顶龙骨中的图5示出了V型直卡式吊顶龙骨示意图。对此，合议组经审查认为，首先，证据4中仅公开了“连接型架式是一体成型的门字形体”（参见说明书第3页倒数第2~1行）和“该连结型架（1）具有适当厚度，是一体成型的，断面成门字形”（参见说明书第4页倒数第13~14行），其并不是请求人声称的连接型架式是一体成型“八”字形，即，证据4中没有公开区别特征（1）；其次，在本专利权利要求1的技术方案中，虽然主龙骨接头之间的配合是通过设有卡钩的接头与设有卡孔的另一端配合连接完成的，但由证据2公开的内容及其说明书附图可知，对接接头3具有U型截面，而不是本专利权利要求1所述的“导向夹角状”，因此，本领域技术人员根据本专利权利要求1中的卡钩与卡孔间的配合关系不能直接的、毫无疑义的得出“主龙骨（Ⅰ）的接头横截面呈导向夹角状”这一区别特征；此外，如在“关于证据和现有技术”部分所述，证据6虽然是国家质量监督检验检疫总局发布的国家标准，但其发布日期在本专利申请日之后，不能证明其上记载的内容在本专利申请日之前已属于本领域公知常识；最后，本专利权利要求1的技术方案中区别特征（1）“主龙骨（Ⅰ）的接头横截面呈导向夹角状”是适应于主龙骨两端用于连接的卡钩和卡孔而设置的，通过将主龙骨的接头横截面设置为导向夹角状，能够使卡接的主龙骨之间具有良好的配合关系，主龙骨之间的卡接方便、紧密和牢固，其带来了有益的技术效果，而请求人未提交证据证明主龙骨的接头横截面应当适应于主龙骨两端用于连接的卡钩和卡孔而设置为“导向夹角状”，也未提交证据给出相应的技术启示，并且这一区别特征也不属于本领域的公知常识。

综上所述，本专利权利要求1的技术方案相对于证据4与证据2的结合具备创造性，符合专利法第22条第3款的规定。

本专利权利要求2是权利要求1的从属权利要求，在权利要求1相对于证据4与证据2的结合具备创造性的情况下，权利要求2相对于证据4与证据2的结合也具备创造性，符合专利法第22条第3款的规定。

综上所述，本专利符合专利法第33条的规定，本专利权利要求1符合专利法实施细则第20条第1款和第21条第2款的规定，本专利权利要求1、2相对于证据4与证据2的结合符合专利法第22条第3款的规定。

**三、决定**

维持97116088.0号发明专利权有效。

当事人对本决定不服的，可以根据专利法第46条第2款的规定，自收到本决定之日起三个月内向北京市第一中级人民法院起诉。根据该款的规定，一方当事人起诉后，另一方当事人应当作为第三人参加诉讼。

136

# 电暖袋

## 无效宣告请求审查决定（第 10186 号）

**决　　定　　号**　第 10186 号
**决　　定　　日**　2007 年 6 月 25 日
**发明创造名称**　电暖袋
**国 际 分 类 号**　A61F 7/00
**无效宣告请求人**　慈溪市易普电器有限公司
**专　利　权　人**　刘延风
**专　　利　　号**　00202330. X
**申　　请　　日**　2000 年 1 月 12 日
**授 权 公 告 日**　2000 年 11 月 1 日
**合 议 组 组 长**　杨军艳
**主　　审　　员**　刘　畅
**参　　审　　员**　杨加黎

**法　律　依　据**　专利法第 22 条第 2 款、第 3 款、第 26 条第 3 款、第 4 款，专利法实施细则第 20 条第 1 款、第 21 条第 2 款

**决　定　要　点**

在评述一项权利要求的创造性时，如果多篇对比文件中没有给出相互结合的启示，那么本领域技术人员不能从这几篇对比文件所公开的内容得到该项权利要求所限定的技术方案。

### 一、案由

本无效宣告请求涉及的是国家知识产权局于 2000 年 11 月 1 日授权公告的名称为“电暖袋”的实用新型专利（下称本专利），其专利号是 ZL00202330. X，申请日是 2000 年 1 月 12 日，专利权人是刘延风。

本专利授权时的权利要求书为：

“1. 一种电暖袋，包括袋身、插座盖、电导入棒及致热物，其特征在于：还设置有电导入棒固定座（6），它设置在袋身（1）内，且在该电导入棒固定座（6）上连有电导入棒（7）。

2. 如权利要求 1 所述的电暖袋，其特征在于：还可设置电导入棒吊钩（10），该电导入棒吊钩（10）的一端可与袋身（1）固定，另一端与电导入棒（7）相连。”

针对上述专利权，慈溪市易普电器有限公司（下称请求人）于 2006 年 5 月 10 日向专利复审委员会提出无效宣告请求，其理由是：本专利的权利要求 1 相对于附件 1 不具备新颖性，权利要求 1 相对

于附件 2 与附件 3 或 4 的结合不具备创造性，权利要求 2 增设的结构是惯用手段的简单适用；权利要求 1、2 不符合专利法实施细则第 20 条第 1 款和第 21 条第 2 款的有关规定；并且说明书未对本实用新型作出清楚、完整的说明，不符合专利法第 26 条第 3、4 款的有关规定。与此同时，请求人提交的附件如下：

附件 1：专利号为 ZL99250331.0 的实用新型专利说明书，其授权公告日为 2000 年 10 月 4 日；

附件 2：专利号为 ZL95202326.1 的实用新型专利说明书，其授权公告日为 1996 年 7 月 10 日；

附件 3：CN87215415U 号实用新型专利申请说明书，其公告日为 1988 年 9 月 21 日；

附件 4：专利号为 ZL94207117.4 的实用新型专利说明书，其授权公告日为 1994 年 12 月 21 日；

附件 5：本专利的授权公告文本。

经形式审查合格，专利复审委员会受理了该无效宣告请求，并于 2006 年 5 月 16 日向双方当事人发出受理通知书，同时将专利权无效宣告请求书及附件清单中所列附件副本转送给专利权人，并告知专利权人在收到无效宣告请求受理通知书之日起一个月内对该无效宣告请求陈述意见。

专利权人于 2006 年 6 月 12 日提交了意见陈述书，认为：附件 1 与本专利原理不同，技术特征差异大，不能影响本专利的新颖性；本专利对附件 2 进行了实质性的改进；附件 3、4 与本专利和附件 2 原理不同，与本专利形状、结构的区别很大；本专利权利要求书已清楚地表达了保护范围，不缺少必要技术特征，有完整的技术方案。专利权人在此次意见陈述书中使用了以下证据作为反证：

证据 1：专利复审委员会作出的第 3480 号无效宣告请求审查决定；

证据 2：北京市第一中级人民法院作出的（2001）一中知初字第 358 号行政判决书；

证据 3：上海市第一中级人民法院作出的（2004）沪一中民五（知）初字第 13 号民事判决书；

证据 4：专利权人声称为《电气工程师手册》1987 年 12 月第 1 版第 21~12 页复印件 1 页。

专利权人于 2006 年 12 月 11 日再次向专利复审委员会提交了如下补充证据作为反证：

证据 5：科学出版社出版的《电磁学》封面页、第 73、81 页复印件共 3 页。

针对上述无效宣告请求，专利复审委员会依法成立合议组，并于 2007 年 2 月 28 日向双方当事人发出无效宣告请求口头审理通知书，定于 2007 年 4 月 18 日进行口头审理，并且随该通知书将专利权人于 2006 年 6 月 12 日及 2006 年 12 月 11 日提交的意见陈述书及其提交的反证寄送给请求人。

口头审理如期进行，双方当事人均参加了此次口头审理。在口头审理中，请求人明确其无效的理由、证据和范围为：本专利的权利要求 1 相对于附件 1 不具备新颖性，权利要求 1 相对于附件 2 和附件 3 的组合、附件 2 和附件 4 的组合不具备创造性，权利要求 2 的附加技术特征是本领域常规手段因而不具备创造性，权利要求 1 不符合专利法实施细则第 20 条第 1 款、第 21 条第 2 款和专利法第 26 条第 4 款的有关规定，并且说明书不符合专利法第 26 条第 3 款的有关规定。使用附件 1~4 作为证据。

关于证据的质证，专利权人当庭出示了证据 4、5 的原件，请求人当庭表示收到了专利权人提交的五份反证，并认可其真实性。专利权人也当庭表示认可请求人所提交的附件 1~4 的真实性。

关于专利法第 26 条第 3、4 款以及专利法实施细则第 20 条第 1 款、第 21 条第 2 款，请求人认为：本专利权利要求书及说明书中都没有对密封塞以及密封塞的安装位置作出说明，且没有说明零部件之间的连接关系，从而导致本专利无法实施，因而说明书公开不充分、权利要求 1 得不到说明书的支持，权利要求 1 中没有“密封塞”，因而缺少必要技术特征，权利要求 1、2 中没有部件之间的连接关系，特别是密封座、插座盖及插座之间的连接关系，因此权利要求 1、2 不清楚。对此专利权人认为，本专利中的密封塞就是在先技术中的密封塞，且密封塞不是权利要求 1 的必要技术特征，本专利的发明点是电导入棒的连接位置和连接位置的安排，密封座也可以没有，且说明书第 1 页中说明了密封座的位置关系，在本专利说明书第 1 页第 4 段中说明了部件之间的连接关系。请求人认为密封座是本专利所必须要有的，没有密封座就构不成电气元件进入袋身的密封，附件 2 中的技术特征本专利也必须要有，而且要有其连接关系。

关于权利要求 1 的新颖性，请求人认为附件 1 公开了本专利权利要求 1 的全部技术特征。专利权人用证据 1 证明本领域存在两种不同的电极，用证据 2 第 5 页倒数第 6 行至第 6 页第 4 行说明了发热电极与本专利是不同的，水不能对应于致热物。请求人认为本专利没有发热电极的概念，附件 1 的电极是不发热的只有水灌进去形成回路才发热。专利权人认为电解与加热是不同概念。请求人认为本专利的电极只是引入电流的导体。

关于权利要求 1、2 的创造性，请求人认为附件 2 结合附件 3 或 4 可破坏本专利权利要求 1 的创造性，附件 2 是最接近的现有技术，附件 2 中公开了本专利的前序部分的全部技术特征，致热物与致热液是相同的，附件 3 公开了电导入棒固定座，其中的电热丝就是本专利的电导入棒。专利权人认可附件 2 公开了本专利的前序部分，但认为附件 3、4 的电热丝与电导入棒是不同的，所以不能与附件 2 结合。请求人认为附件 4 的电热丝可以发热也是导入体，与电导入棒是完全相同的。专利权人认为附件 2 的温控器是在袋口边缘，若袋内有空气就无法准确测量温度，本专利将电导入棒置于致热物内就可以避免上述问题。请求人认为权利要求 2 中的吊钩是本领域的公知常识，说明书中提到温控器安装于密封座内，故与“固定座”无关。专利权人认为本专利说明书第 2 页最后一行可以看出吊钩相当于一种压力保护器，并表示当庭放弃证据 3，用证据 4、5 说明致热物与水是不同的，致热物是主动发热，水是被加热的。请求人认为证据 5 中的水是指纯水，与附件 1 中的自来水是不同的，且日常生活中的水是导体。

至此，合议组认为本案事实清楚，依法作出审查决定。

**二、决定的理由**

1. 关于证据

附件 1~4 均为中国实用新型专利说明书，专利权人对其真实性表示认可，合议组经审查认为附件 1~4 可以作为本案证据使用。附件 1 的申请日早于本专利的申请日但公开日晚于本专利的申请日，因而附件 1 只能作为评价本专利新颖性的证据使用。附件 2~4 的公开日均早于本专利的申请日，因而附件 2~4 可作为评价本专利创造性的证据使用，其上记载的内容构成本专利的现有技术。

专利权人当庭表示放弃证据 3 的使用，因而本案合议组不再对证据 3 进行评述。

证据 1、2 分别为专利复审委员会的审查决定及北京市第一中级人民法院作出的行政判决，请求人对其真实性表示认可，合议组认为，由于证据 1、2 中使用的证据与本案不同，因此证据 1、2 只能作为本案参考，不能成为本案的定案依据。

专利权人当庭出示了证据 4、5 的原件，请求人当庭表示认可证据 4、5 的真实性，因而合议组认为证据 4、5 可以作为本案证据使用。

2. 关于专利法第 26 条第 3 款

专利法第 26 条第 3 款规定：说明书应当对发明或者实用新型作出清楚、完整的说明，以所属技术领域的技术人员能够实现为准。

请求人认为：本专利说明书中没有对密封塞以及密封塞的安装位置作出说明，且没有说明零部件之间的连接关系，从而导致本专利无法实施，因而说明书公开不充分。

合议组认为，在本专利的说明书第 1 页最后一段至第 2 页第 1 段中记载着“本实用新型主要由袋身 1、密封座 2、插座盖 3、电导入棒固定座 6、电导入棒 7 和致热物 9 组成，密封座 2 与插座盖 3 均与袋身 1 固定，但密封座 2 也可与插座盖 3 制成一体；电导入棒 7 固定在电导入棒固定座 6 上，它也可以与电导入棒固定6连成一体；致热物9可以是盐类化合物或其他，它安放在袋身1内；为控制最佳温度，还可设置温控器8，该温控器8可以设置在电导入棒固定座6内，也可以安装在密封座2内；为显示加热过程，还可设置发光元件4，它可固定在插座盖3上；5为导线”。由此可见本专利的说明书中已对本专利的各个部件之间的连接关系作出了清楚、完整的说明。

在本专利说明书第2页第2段记载了本专利产品的使用方法：“使用时，只要按规定操作，将水注入袋身1内……”，合议组认为虽然说明书中未对密封塞进行说明，但是根据说明书的上述记载，由于本专利需要将水注入袋身才能使用，那么本专利的袋身必然具有供水注入的开口，为了在使用过程中不会发生液体外泻，在所述开口设置密封塞是本领域所公知的技术，是本领域技术人员能够从现有技术中直接、唯一得出的内容，也就是说，虽然本专利说明书没有写入密封塞，但是本领域技术人员根据所公开的内容可以实现该技术方案，得到电导入棒在袋身内的电暖袋。综上所述，本专利说明书已经作出了清楚、完整的说明，本领域技术人员可根据说明书公开的内容实现其技术方案，因而其公开是充分的，符合专利法第26条第3款的有关规定。

3. 关于专利法实施细则第21条第2款

专利法实施细则第21条第2款规定：独立权利要求应当从整体上反映发明或者实用新型的技术方案，记载解决技术问题的必要技术特征。

审查指南第二部分第二章第3.1.2节中指出：必要技术特征是指，发明或者实用新型为解决其技术问题所不可缺少的技术特征，其总和足以构成发明或者实用新型的技术方案，使之区别于背景技术中所述的其他技术方案。

请求人认为，密封塞是实现本专利的必要技术特征，而权利要求1中并没有记载该特征，因而不符合专利法实施细则第21条第2款的规定。

本专利的权利要求1中记载了本专利的电暖袋由袋身、插座盖、电导入棒、致热物以及电导入棒固定座、电导入棒吊钩组成，其中电导入棒固定座是为解决背景技术中的缺陷而设置的区别于背景技术的技术特征，具体来说，电导入棒固定座的引用足以克服背景技术中结构设计不够合理，以及电导入棒直接嵌按在密封塞上，从而加热不均匀，温控动作不准确的缺陷，因此合议组认为，本专利的权利要求已记载了实现本专利的全部必要技术特征。至于请求人认为的密封塞是实现本专利的必要技术特征，合议组认为，密封塞虽然没有记载于权利要求1中，但是如上所述，本专利并未对背景技术中的密封座作出改进，也就是说，密封塞不是使本专利区别于背景技术的技术特征，即本专利的权利要求1不缺少必要技术特征，符合专利法实施细则第21条第2款的有关规定。

4. 关于专利法实施细则第20条第1款

专利法实施细则第20条第1款规定：权利要求书应当说明发明或者实用新型的技术特征，清楚、简要地表述请求保护的范围。

请求人认为，权利要求1、2中没有部件之间的连接关系，特别是密封座、插座盖及插座之间的连接关系，因此权利要求1、2不清楚。

合议组认为，虽然权利要求1、2中没有对部件之间的连接关系作出限定，但其连接关系是本领域技术人员知晓的，且从本专利的说明书及附图中可以清楚地看出权利要求1、2中各个部件（包括密封座及插座盖）之间的连接关系。对于请求人认为的权利要求1、2中没有对密封座、插座盖及插座之间的连接关系作出说明，合议组认为，在电暖袋这一技术领域中密封座、插座盖及插座间的关系是本领域技术人员所知晓的，即使权利要求1、2中未提及，也不影响它们的保护范围。因而权利要求1、2的技术方案是清楚的，请求人关于本专利权利要求1、2不符合专利法实施细则第20条第1款的理由不能成立。

5. 关于专利法第 26 条第 4 款

专利法第 26 条第 4 款规定：权利要求书应当以说明书为依据，说明要求专利保护的范围。

请求人认为本专利的权利要求 1 中没有对密封塞以及密封塞的安装位置作出说明，且没有说明零部件之间的连接关系，得不到说明书的支持。

合议组认为，如上所述，权利要求 1 是清楚的，符合专利法实施细则第 20 条第 1 款的规定，说明书的公开也是充分的，符合专利法第 26 条第 3 款的规定，而且权利要求 1 中的所有技术特征在说明书第 1 页最后一段至第 2 页第 1 段中均有说明，因而权利要求 1 是得到说明书的支持的，符合专利法第 26 条第 4 款的规定。

6. 关于专利法第 22 条第 2 款

专利法第 22 条第 2 款规定：新颖性，是指在申请日以前没有同样的发明或者实用新型在国内外出版物上公开发表过、在国内公开使用过或者以其他方式为公众所知，也没有同样的发明或者实用新型由他人向国务院专利行政部门提出过申请并且记载在申请日以后公布的专利申请文件中。

本专利的权利要求 1 涉及一种电暖袋产品，包括袋身、电导入棒及致热物，在袋身内设有电导入棒固定座，在该电导入棒固定座上连有电导入棒。附件 1 公开了一种电热水袋，包括袋子、电极固定件上的一对电极，其中电极固定座位于所述袋子的腔内（参见附件 1 说明书第 1 页第 4 段及图 1）。附件 1 中的袋子、电极固定座、电极分别相当于权利要求 1 中的袋身、电导入棒固定座、电导入棒，权利要求 1 与附件 1 的区别在于，权利要求 1 中的电暖袋还包括致热物，而附件 1 中没有记载这一特征。

请求人认为，附件 1 中的电极本身并不发热，只有在加入水形成回路后才发热，并认为本专利中的电导入棒只是将电流引入的导体，因而认为附件 1 中的电极相当于本专利中的电导入棒。对此合议组认为，根据本专利说明书的记载，本专利中的致热物为盐类化合物或其他，可见本专利中的电暖袋是一种通过致热物水溶液的电离作用从而释放出热量的电暖袋产品，而附件 1 中的电热水袋不包括致热物，它是通过发热芯片总成中的电极对所加入的水进行加热。由此可见，本专利与附件 1 属于不同类别的电暖袋产品，它们的工作原理和技术方案也是不同的，因而本专利权利要求 1 相对于附件 1 具备专利法第 22 条第 2 款所规定的新颖性。

由于权利要求 1 具备新颖性，因此从属于权利要求 1 的权利要求 2 也具备新颖性。

7. 关于专利法第 22 条第 3 款

专利法第 22 条第 3 款规定：创造性，是指同申请日以前已有的技术相比，该发明有突出的实质性特点和显著的进步，该实用新型有实质性特点和进步。

附件 2 公开了一种电取暖袋，其由袋身和致热液组成，其中致热液装在袋身中，袋身内还设置有插座盖，密封盖、导线及电导入棒，插座盖和密封塞粘接在袋身上，电导入棒嵌接于密封塞上。使用时接通电源，电热水袋开始加热，使致热液电离并具有一定导电电阻，从而达到储能的目的，当加热到额定温度时拔下电源线即可使用，并可以反复加热取暖。

附件 3 公开了一种电热蜡袋，包括电热蜡袋外皮、填充整个口袋的蜡、电热丝及电热丝固定板，使用电热丝直接加热蜡的方法达到储热的效果。

附件 4 公开了一种蓄热式保健暖袋，包括密封容器、电热丝槽、电热丝，使用聚胺脂泡沫作为蓄热材料。

请求人认为附件 2 与附件 3、4 分别结合可破坏本专利权利要求 1、2 的创造性。合议组认为，如上所述，本专利中的电暖袋是一种通过致热物水溶液的电离作用从而释放出热量的电暖袋产品，与附件 2 属于同一类电暖袋，本专利权利要求 1 与附件 2 相比，其区别在于：本专利的电导入棒固定于袋身中央的电导入棒固定座，从本专利的附图 1~3 可以看出，该电导入棒固定座游离于袋身的内壁而设置，而附件 2 中的电导入棒是嵌接于密封塞上的，如本专利背景技术部分所记载的那样，附件 2 的电暖袋由于受到开口位置的限制而会使得加热不均匀，而本专利的电暖袋由于采用了在袋身内部设置电导入棒固定座，电导入棒就可以插在袋身的中央部位，因而克服了加热不均匀的缺陷。请求人认为附件 4 的电热丝可以发热也是电导入体，与电导入棒是完全相同的。对此合议组认为，附件 3、4 都是采用电热丝对不同种蓄热物质进行加热而产生热量，与本专利中通过致热物水溶液的电离作用从而释放出热量的致热机理是不同的。此外从附件 3、4 的附图可以看出，电热丝都是遍布于整个袋体表面的。因而为了解决附件 2 中的电暖袋由于受到开口位置的限制而会使得加热不均匀的问题，本领域技术人员无法从附件 3、4 所公开的电热丝的排布方式得到启示而将其应用于附件 2 中，从而得到本专利权利要求 1 所限定的技术方案。因此权利要求 1 具备专利法第 22 条第 3 款所规定的创造性。

由于权利要求 1 具备创造性，因此从属于权利要求 1 的权利要求 2 也具备创造性。

综上所述，本专利符合专利法第 26 条第 3、4 款以及专利法实施细则第 20 条第 1 款、第 21 条第 2 款的规定，本专利的权利要求 1、2 具备新颖性及创造性，符合专利法第 22 条第 2、3 款的规定。

**三、决定**

维持 00202330. X 号实用新型专利权有效。

当事人对本决定不服的，可以根据专利法第 46 条第 2 款的规定，在收到本决定之日起三个月内向北京市第一中级人民法院起诉，根据该款的规定，一方当事人起诉后，另一方当事人应当作为第三人参加诉讼。

137

# 眼部按摩器

## 无效宣告请求审查决定（第 10188 号）

**决　　定　　号**　第 10188 号
**决　　定　　日**　2007 年 6 月 26 日
**发明创造名称**　眼部按摩器
**国 际 分 类 号**　A61H 23/02，A61F 9/00
**无效宣告请求人**　深圳市智聪科技发展有限公司
**专　利　权　人**　马学军
**专　　利　　号**　03268055.4
**申　　请　　日**　2003 年 7 月 23 日
**授 权 公 告 日**　2004 年 10 月 27 日
**合 议 组 组 长**　张　曦
**主　　审　　员**　马　燕
**参　　审　　员**　佟仲明

**法　律　依　据**　专利法第 22 条第 2 款、第 3 款
**决　定　要　点**

如果请求人对已作出审查决定的无效宣告案件涉及的专利权，以同样的理由和证据再次提出无效宣告请求的，不予审理。

如果一项权利要求与现有技术之间存在区别，现有技术中也未给出该区别的启示，并且该区别具有有益的技术效果，则该项权利要求具备创造性，符合专利法第 22 条第 3 款的规定。

**一、案由**

本无效宣告请求涉及中华人民共和国国家知识产权局于 2004 年 10 月 27 日授权公告的、名称为“眼部按摩器”的实用新型专利权（下称本专利），其专利号为 03268055.4，申请日是 2003 年 7 月 23 日，专利权人是马学军。本专利授权公告时的权利要求书如下：

“1. 一种眼部按摩器，包括控制装置、眼罩及振动装置，控制装置包括具有控制电路的电路板，振动装置设置于眼罩内，其包括马达及与该马达联动的振动器，该马达与电路板电连接，其特征在于：该眼部按摩器还包括气动装置，该气动装置包括气袋、气泵及电气阀，气袋设置于眼罩内，气泵通过气管向气袋送气，气泵、电气阀及上述电路板相互连接。

2. 如权利要求 1 所述的眼部按摩器，其特征在于：所述的气动装置还包括气袋连接柱，该气袋连接柱设置于眼罩内，其具有出气口及进气口，该进气口通过进气管与气泵连接，该出气口通过出气

管与电气阀连接，且该气袋连接柱与气袋连接。

3. 如权利要求 2 所述的眼部按摩器，其特征在于：所述的气袋连接柱包括于其一侧突伸设置的气袋柱，该气袋柱与气袋连接。

4. 如权利要求 1 所述的眼部按摩器，其特征在于：所述的振动器是偏心锤，该偏心锤套设于马达的主轴上。

5. 如权利要求 1 所述的眼部按摩器，其特征在于：所述的眼部按摩器还包括加热装置，该加热装置包括安装于眼罩内的加热体，该加热体的电极与电路板电连接。

6. 如权利要求 1 所述的眼部按摩器，其特征在于：所述的眼部按摩器还包括设置于眼罩内的电磁体，该电磁体的电极与电路板电连接。

7. 如权利要求 1~6 任意项所述的眼部按摩器，其特征在于：所述的眼罩包括基座及盖设在该基座上的盖体，振动装置安装在基座上，基座一侧对应使用者鼻梁位置设有缺口。

8. 如权利要求 7 所述的眼部按摩器，其特征在于：所述的眼罩还包括固定在基座上的护眼囊，该护眼囊分为上、下护眼囊，上护眼囊周缘与基座周缘固定配合，下护眼囊部分周缘与基座固定配合。

9. 如权利要求 8 所述的眼部按摩器，其特征在于：所述的气袋设置于下护眼囊内。”

针对上述专利权，深圳市智聪科技发展有限公司（下称请求人）于 2006 年 11 月 2 日向专利复审委员会提出无效宣告请求。请求人提交的附件如下：

附件 1：授权公告号为 CN2650754Y 的实用新型专利说明书（即本专利）；

附件 2：授权公告号为 CN2381298Y 的实用新型专利说明书，授权公告日为 2000 年 6 月 7 日；

附件 3：声称为官方网站下载的专利号为 ZL92232629.0 的实用新型专利相关信息页，授权公告日为 1993 年 6 月 9 日；

附件 4：声称为官方网站下载的专利号为 ZL94210107.3 的实用新型专利相关信息页，授权公告日为 1995 年 2 月 22 日；

附件 5：声称为官方网站下载的专利号为 ZL92236050.2 的实用新型专利相关信息页，授权公告日为 1993 年 7 月 14 日；

附件 6：声称为官方网站下载的专利号为 ZL91210495.3 的实用新型专利相关信息页，授权公告日为 1992 年 4 月 15 日；

附件 7：声称为官方网站下载的专利号为 ZL90202054.4 的实用新型专利相关信息页，授权公告日为 1990 年 8 月 29 日；

附件 8：声称为官方网站下载的专利号为 ZL01242765.9 的实用新型专利相关信息页，授权公告日为 2002 年 5 月 29 日；

附件 9：授权公告号为 CN2638693Y 的实用新型专利说明书，申请日为 2003 年 7 月 11 日，授权公告日为 2004 年 9 月 8 日，专利权人为马学军。

结合上述附件，请求人认为，权利要求 1~3 相对于附件 2 不具备新颖性，不符合专利法第 22 条第 2 款的规定；权利要求 1~9 是“振动按摩装置”、“气压按摩装置”、“热敷装置”和“磁疗装置”进行了简单的两种、三种和四种装置的组合，属于审查指南规定的“简单的叠加拼凑”，上述各装置的技术特征或者在附件 2~8 中公开，或者为公知常识，或者为本领域的技术人员在面对具体技术问题时通过现有技术和公知常识获得的启示，因此，权利要求 1~9 不具备创造性，不符合专利法第 22 条第 3 款的规定；本专利权利要求 4~8 与附件 9 的权利要求 4~8 的技术领域、所要解决的技术问题和技术方案实质上相同、预期效果相同，属于同样的发明创造，因此，权利要求 4~8 不符合专利法实施细则第 13 条第 1 款的规定。

经形式审查合格，专利复审委员会依法受理了上述无效宣告请求，于 2007 年 2 月 13 日向双方当事人发出无效宣告请求受理通知书，并将无效宣告请求书及其附件清单中所列附件副本转送给专利权人，要求其在指定的期限内答复。

针对上述无效宣告请求，专利权人于 2007 年 3 月 19 日向专利复审委员会提交了意见陈述书，专利权人认为：附件 2 不能破坏本专利权利要求 1~3 的新颖性，附件 2~8 不能破坏本专利权利要求 1~7的创造性；附件 2~8 未公开本专利权利要求 8 中的上、下护眼囊的结构，因此权利要求 8、9 具有创造性；本专利权利要求 1 中的特征“气袋设于眼罩内”未出现在附件 9 的任何一个权利要求中，因此本专利权利要求 1 与附件 9 中的任何一个权利要求的保护范围均不相同，由于本专利的权利要求 2~9 均为直接或间接引用权利要求 1 的从属权利要求，所以本专利的权利要求 2~9 的保护范围与附件 9 中的任何一个权利要求的保护范围均不相同，因此，本专利权利要求 1~9 符合专利法实施细则第 13 条第 1 款的规定。

专利复审委员会依法组成合议组，对上述无效宣告请求进行审查。

本案合议组于 2007 年 4 月 27 日向双方当事人发出无效宣告请求口头审理通知书，指出本案合议组定于 2007 年 6 月 12 日举行口头审理。随同口头审理通知书，将专利权人于 2007 年 3 月 19 日提交的意见陈述书转送给请求人。

口头审理如期举行，双方当事人均出席了口头审理。

在口头审理中，（1）合议组当庭告知双方当事人，由于本专利权利要求 1、4~6 以及引用 1、4~6的权利要求 7 已经被已生效的专利复审委员会于 2006 年 12 月 25 日作出的第 9290 号无效宣告请求审查决定（下称第 9290 号无效决定）无效，因此本次口头审理仅针对本专利权利要求 2、3、7~9 进行；

（2）请求人表示附件 9 为在先申请；请求人明确表示放弃附件 7 作为证据使用；附件 2 为最接近的现有技术；

（3）请求人明确其无效宣告请求的理由及范围为：本专利权利要求 2、3 相对于附件 2 不具备新颖性；本专利权利要求 2、3、7~9 相对于附件 2 与附件 3~6、8 之一的结合不具备创造性；权利要求 7、8 相对于附件 9 不符合专利法实施细则第 13 条第 1 款的规定；

（4）专利权人对附件 3~9 的内容的真实性无异议，但对附件 3~8 的形式表示有异议，认为无法得知是否在本专利申请日之前公开；请求人表示附件 3~8 是从深圳知识产权局的网站上下载的，此网站是与专利局网站相连接的；

（5）合议组当庭告知请求人，在第 9290 号无效决定中已经对本专利权利要求 1~8 相对于附件 9 是否符合专利法实施细则第 13 条第 1 款的无效理由作出了认定；请求人坚持权利要求 7、8 不符合专利法实施细则第 13 条第 1 款的无效宣告请求理由，认可本专利权利要求 7 的气袋设置在眼罩内未在附件 9 中公开，但认为是气袋必然设置在眼罩内；专利权人认为本专利权利要求 2 中没有附件 9 的加热装置，权利要求 7 从属于本专利权利要求 2，请求人认可本专利权利要求中没有加热装置；

（6）关于专利法第 22 条第 2 款，请求人认为，附件 2 的“震动马达”公开了本专利权利要求 2 的“振动装置”，震动马达必然包括振动器，本专利权利要求 2 的“气袋连接柱”被附件 2 的三通状公开，本专利权利要求 3 的“气袋柱”在附件 2 的三通状结构中公开，只是未命名为气袋柱；专利权人认为，本专利权利要求 2 的振动器在附件 2 中未公开，“气袋连接柱”是在眼罩内设立的独立元件，与附件 2 中所述的“三通状”不同；在附件 2 中未公开权利要求 3 的附加技术特征；

（7）关于专利法第 22 条第 3 款，①请求人认为，本专利权利要求 2、3 与附件 2 相比仅有一个区别，即附件2公开了震动马达，未公开振动器，但附件3~6中公开了偏心锤或偏心片；专利权人认为本专利权利要求2与附件2具有两个区别，一个是振动器、另一个是气袋连接柱，附件3~6的技术领域与附件2不同，不能与附件2结合，并且附件3~6均未公开“气袋连接柱”，附件3~6的振动装置也没有明确的启示可用于附件2的保健眼罩内；②请求人认为，本专利权利要求7的附加技术特征在附件2中公开；专利权人认为，在本专利权利要求2、3具有创造性的基础上，权利要求7也具有创造性；③请求人认为，本专利权利要求8的附加技术特征是必然的，并且眼囊与基座周缘的连接包括全周缘连接、半周缘连接、点状连接等，可以任选采用其中一种连接方式，属于公知常识，一般的技术人员为了解决安装打螺丝装配问题自然会想到，认可眼囊与基座周缘的部分周缘连接未在附件中公开，认可附件2的图3看不出护眼囊与基座是固定的，附件2没有上、下护眼囊的结构；专利权人认为，部分固定可相对上、下护眼囊进行翻转；④请求人认为，本专利权利要求9的附加技术特征在附件2中公开；专利权人认为，附件2未公开可开合的护眼囊的技术特征，因而本专利权利要求9具有创造性；⑤请求人认为，权利要求2、3、7~9相对于附件2、8的结合不具备创造性；专利权人认为，附件8未公开振动器、气袋连接柱、上下护眼囊结构，本专利权利要求2、3、7~9相对于附件2、8的结合具有创造性。

双方当事人均充分发表了意见。

至此，合议组认为本案事实清楚，现依法作出无效宣告请求审查决定。

**二、决定的理由**

1. 关于审查基础

针对上述专利权，专利复审委员会于2006年12月25日作出第9290号无效决定，宣告03268055.4号实用新型专利权利要求1、4、5、6以及引用权利要求1、4~6的权利要求7无效，在权利要求2、3、7~9的基础上维持该专利权有效。双方当事人均未在第9290号无效决定规定期限内向北京市第一中级人民法院起诉，因此该第9290号无效决定现已生效，本无效宣告请求审查决定以授权公告的权利要求书中的权利要求2、3、7~9作为审查基础。

2. 关于专利法实施细则第13条第1款的无效宣告理由

根据审查指南第四部分第三章第2.1节“一事不再理”原则的规定，对已作出审查决定的无效宣告案件涉及的专利权，以同样的理由和证据再次提出无效宣告请求的，不予受理和审理。

专利复审委员会的第9290号无效决定中认定本专利权利要求1~8的保护范围与授权公告号为CN2638693Y的实用新型专利（即本无效宣告请求中的附件9）的任何一个权利要求的保护范围均不相同，即，本专利权利要求1~8相对于授权公告号为CN2638693Y的实用新型专利符合专利法实施细则第13条第1款的规定。在本案中，请求人提出了本专利权利要求7、8不符合专利法实施细则第13条第1款规定的无效宣告请求理由，其所依据的证据也是授权公告号为CN2638693Y的中国实用新型专利（即本无效宣告请求中的附件9），属于对已作出审查决定的无效宣告案件涉及的专利权，以同样的理由和证据再次提出无效宣告请求的情形，因此根据审查指南的上述规定，本案合议组对该理由及所使用的附件9不予审理。

3. 关于证据

请求人在本次无效宣告程序中共提交9份附件，即附件1~9，其中附件1是本专利，本案合议组对附件9及其相应的无效宣告理由不予审理，因此本决定中不再涉及附件9。

在口头审理中，请求人明确表示放弃附件7作为证据使用，因此本决定中不再对其进行评述。

附件2是中国实用新型专利说明书，专利权人未对其真实性提出异议，经合议组审查，附件2可以作为本案证据使用，且其公开日期在本专利申请日之前，因此其上记载的内容构成本专利的现有技术。

附件3~6、8均是请求人声称从官方网站检索下载的实用新型专利相关信息页，专利权人对附件3~6、8的内容的真实性无异议，但对其形式有异议。附件3~6、8中记载的内容均是实用新型专利的著录项目、摘要和主权项等信息，请求人已经表明了附件3~6、8的来源，专利权人对其内容的真实性没有异议，经合议组审查，附件3~6、8内容的真实性可以确认，内容的表达形式不会影响内容本身的客观性和真实性，因此附件3~6、8可以作为本案证据使用，并且由于附件3~6、8中涉及的实用新型专利的授权公告日期均在本专利申请日之前，因此其上记载的内容构成本专利的现有技术，其内容以相关信息页上记载的内容为准。

4. 关于专利法第22条第2款的规定

专利法第22条第2款规定：新颖性，是指在申请日以前没有同样的发明或者实用新型在国内外出版物上公开发表过、在国内公开使用过或者以其他方式为公众所知，也没有同样的发明或者实用新型由他人向国务院专利行政部门提出过申请并且记载在申请日以后公布的专利申请文件中。

具体于本案，请求人认为本专利权利要求2、3与附件2相比不具备新颖性，不符合专利法第22条第2款的规定。

附件2公开了一种多功能保眼眼罩（参见附件2说明书第2页第1行至第5页倒数第2行，图1~8），与本专利属于相同的技术领域，并具体公开了以下技术特征：该多功能保眼眼罩包括控制器30、主机本体10、衬片134、气压热敷装置20（主机本体10、衬片134和气压热敷装置20组成的结构相当于本专利权利要求2中的“眼罩”）、震动马达17；控制器30内部设有电路装置；震动马达17位于主机本体10内；震动马达的接线与接线板14结合后再外接于导线141中，导线141与控制器30衔接（相当于本专利权利要求2中的“该马达与电路板电连接”）；主机本体10内装设有充气泵15、泄气阀16（相当于本专利权利要求2中的“电气阀”）、气压热敷装置20中设有气囊23（相当于本专利权利要求2中的“气袋”）；导气管151（相当于本专利权利要求2中的“气管”）与气囊23的进气口231结合，充气泵15经由导气管151向气囊23送气；充气泵15、泄气阀的接线与接线板14结合后再外接于导线141中，导线141与控制器30衔接；充气泵15与导气管151、泄气阀16形成三通状，该三通状与泄气阀16相接的一端为出气口，与充气泵15相接的一端为进气口（参见图2），充气泵15和泄气阀16之间经由管线相连，三通状的第三个端口与导气管151相接，导气管151与气囊23连接。

本专利权利要求2请求保护的技术方案不仅包括其附加技术特征，而且包括其所引用的权利要求1的全部技术特征，本专利权利要求2请求保护的眼部按摩器与附件2公开的多功能保眼眼罩相比，其区别在于：（1）本专利权利要求2中包括气袋连接柱，而附件2中充气泵15与导气管151、泄气阀16形成三通状；（2）本专利权利要求2中的振动装置包括马达及与该马达联动的振动器，而附件2中仅包括震动马达。

请求人认为，（1）附件2的三通状与本专利权利要求2的气袋连接柱相同；（2）震动马达必然包括振动器。

针对请求人的观点（1），合议组认为，本专利权利要求2中的气袋连接柱是一个独立的部件，用以分别连接气泵、电气阀和气袋，附件2中仅记载充气泵15与导气管151、泄气阀16形成三通状，并未明确记载该三通状由一个独立的部件构成，也不能由附件2直接地、毫无疑义地确定。

针对请求人的观点（2），合议组认为，附件2的文字部分没有记载震动马达包括马达和振动器两个部件，附件2的附图中也没有显示出震动马达包括振动器。根据一般的理解，震动马达是马达的一种，其所起到的作用是驱动相应的部件运转工作，而振动器是产生振动的部件，两者之间没有必然的包含关系，根据附件 2 不能直接地、毫无疑义地确定震动马达包括振动器。

基于上述理由，本专利权利要求 2 与附件 2 公开的技术方案不同，权利要求 2 符合专利法第 22 条第 2 款有关新颖性的规定。在权利要求 2 具有新颖性的基础上，权利要求 3 也具有新颖性，符合专利法第 22 条第 2 款的规定。

5. 关于专利法第 22 条第 3 款的规定

专利法第 22 条第 3 款规定：创造性，是指同申请日以前已有的技术相比，该发明有突出的实质性特点和显著的进步，该实用新型有实质性特点和进步。

具体于本案，请求人认为本专利权利要求 2、3、7~9 不具备创造性，不符合专利法第 22 条第 3 款的规定。

（1）关于本专利权利要求 2 是否具备创造性。

基于上述关于新颖性的评述可知，本专利权利要求 2 请求保护的眼部按摩器与附件 2 公开的多功能保眼眼罩相比，其区别在于：①本专利权利要求 2 中包括气袋连接柱，而附件 2 中公开了充气泵 15 与导气管 151、泄气阀 16 形成三通状；②本专利权利要求 2 中的振动装置包括马达及与该马达联动的振动器，而附件 2 中仅包括震动马达。

关于区别技术特征①，合议组认为，虽然附件 2 没有公开充气泵 15 与导气管 151、泄气阀 16 所形成的三通状是一个独立的部件，但该三通状分别与充气泵 15、导气管 151 和泄气阀 16 相连，其所起的作用是通过该三通状结构将充气泵 15 中的气体经导气管 151 供给气囊 23 使气囊充气膨胀，并将气囊 23 的气体经导气管 151 从泄气阀 16 排出使气囊收缩，与本专利权利要求 2 中的气袋连接柱所起的作用相同，而且，三通状能够以多种方式来实现，在附件 2 的技术启示下，本领域的普通技术人员可以在各种现有的能实现三通作用的部件中进行选择，将其具体化为一个独立的部件是本领域的普通技术人员容易想到的，不会为本专利带来实质性特点和进步。

关于区别技术特征②，附件 3 公开了一种微型按摩器，并具体公开了以下技术特征：该微型按摩器包括外壳、电池、按摩头、微型电机、偏心锤等，利用微型电机 3 的旋转带动偏心锤的偏心转动，使按摩头产生轻微振荡。可见，附件 3 公开了上述区别技术特征①，并且该微型电机与偏心锤在附件 3 中所起的作用是产生轻微振荡，进行按摩，与本专利权利要求 2 中的振动装置所起的作用相同。

专利权人认为，附件 3 是一种按摩器，与附件 2 的技术领域不同，不能将两者结合。

对此合议组认为，附件 3 涉及一种微型按摩器，是利用振动对人体表面皮肤进行按摩，属于保健按摩领域，而本专利权利要求 2 涉及一种眼部按摩器，也属于保健按摩领域，两者是相同的技术领域，具备结合的基础。并且，附件 3 中的微型电机与偏心锤所起的作用与本专利权利要求 2 中的振动装置所起的作用相同，均为振动按摩，在面对需要以振动的方式进行按摩的技术问题时，本领域的普通技术人员很容易在同属于保健按摩领域的附件 3 中寻求解决上述问题的技术手段，因此，将附件 2、3 相结合得到本专利权利要求 2 请求保护的技术方案对于本领域的普通技术人员来说是显而易见的，本专利权利要求 2 相对于附件 2、3 的结合不具有实质性特点和进步，不具备创造性，不符合专利法第 22 条第 3 款的规定。

由于本专利权利要求 2 相对于附件 2、3 的结合不具备创造性，因此本决定中不再对本专利权利要求 2 相对于附件 2 与附件 4~6、8 中之一的结合相比是否具备创造性进行评述。

（2）关于本专利权利要求 3 是否具备创造性。

权利要求 3 的附加技术特征为：所述的气袋连接柱包括于其一侧突伸设置的气袋柱，该气袋柱与气袋连接。

附件 2 公开的多功能保眼眼罩中披露了以下技术特征：充气泵 15 与导气管 151、泄气阀 16 形成三通状。

专利权人认为，本专利权利要求3中的气袋柱是一个部件。对此合议组认为，附件2中的充气泵15与导气管151、泄气阀16形成三通状，该三通状的一端与导气管151相连，与导气管相接的部分必然有一突伸的端口，使导气管151套接在该端口上，从而在保证不漏气的情况下经由该突伸的端口和导气管151将气体输送到气囊23或者经由导气管151和该突伸的端口将气囊23中的气体输送到其他管路中，即该突伸的端口所起的作用是作为三通状的一个部分，使三通状与气囊相通，与本专利权利要求3中的气袋柱所起到的作用相同，本领域的普通技术人员根据附件2所公开的三通状的该突伸的端口很容易想到将其具体化为一个部件，气袋柱的设置不会为本专利带来实质性特点和进步。因此，在本专利权利要求2不具备创造性的基础上，权利要求3相对于附件2、3的结合也不具备创造性，不符合专利法第22条第3款的规定。

由于本专利权利要求3相对于附件2、3的结合不具备创造性，因此本决定中不再对本专利权利要求2相对于附件2与附件4~6、8中之一的结合相比是否具备创造性进行评述。

（3）关于本专利权利要求7是否具备创造性。

本专利权利要求7的附加技术特征为：所述的眼罩包括基座及盖设在该基座上的盖体，振动装置安装在基座上，基座一侧对应使用者鼻梁位置设有缺口。

附件2公开的多功能保眼眼罩中披露了以下技术特征：主机本体10由前盖11（相当于本专利权利要求7的“盖体”）、后盖12组合而成，在后盖12与前盖11结合之凸缘部分121套固有一固定片13，在主机本体10的后方设有一衬片134（后盖12、固定片13与衬片134结合构成的结构相当于本专利权利要求7的“基座”），前盖11盖设在固定片13上，震动马达17固定于后盖12上，衬片134一侧对应于使用者鼻梁位置设有缺口，用于贴合面部轮廓。

可见，附件2公开了本专利权利要求7的附加技术特征，因此，在其引用的权利要求2、3不具备创造性时，权利要求7相对于附件2、3的结合也不具备创造性，不符合专利法第22条第3款的规定。

由于本专利权利要求7相对于附件2、3的结合不具备创造性，因此本决定中不再对本专利权利要求2相对于附件2与附件4~6、8中之一的结合相比是否具备创造性进行评述。

（4）关于本专利权利要求8是否具备创造性。

本专利权利要求8的附加技术特征为：所述的眼罩还包括固定在基座上的护眼囊，该护眼囊分为上、下护眼囊，上护眼囊周缘与基座周缘固定配合，下护眼囊部分周缘与基座固定配合。

附件2公开的多功能保眼眼罩中披露了以下技术特征：气压热敷装置20（相当于本专利权利要求8的“下护眼囊”），衬片134，其位于气压热敷装置20和主机本体10之间，主机本体10与气压热敷装置20结合成一体。可见，附件2没有公开本专利权利要求8的护眼囊分为上、下护眼囊，也没有公开上、下护眼囊分别与基座的连接关系。

请求人认为，①衬片134公开了本专利权利要求8的上护眼囊，本专利的上护眼囊是基座的一部分；②眼囊与基座周缘的连接包括全周缘连接、半周缘连接、点状连接等，可以任选采用其中一种连接方式，属于公知常识，一般的技术人员为了解决安装打螺丝装配问题自然会想到部分周缘连接。

对此合议组认为，①本专利的上护眼囊与基座是两个彼此独立的部件，上护眼囊并非作为基座的一部分，且本专利中的上、下护眼囊分别固定在基座上，在附件2中，没有公开气压热敷装置包括上、下护眼囊，也没有记载衬片134起到护眼囊的作用，根据附件2的描述，衬片134装在后盖12上、气压热敷装置20装在衬片134上，因此衬片134仅起到主机本体10与气压热敷装置20之间的夹持件或连接件的作用，其相当于本专利基座的一部分，因而附件2并未公开上护眼囊的技术特征；

②本专利权利要求8采用上护眼囊周缘与基座周缘固定配合，下护眼囊部分周缘与基座固定从而配合形成上、下护眼囊可相对开合的结构，从而下护眼囊在充气过程中有更大的弹性变形空间，并且能够使下护眼囊更大程度地向人眼的方向膨胀，对眼眶较深的人群起到较好的按摩效果。同时将上、下护眼囊与基座的上述连接方式应用到本专利的眼部按摩器的这一特定技术方案中能够产生不同于现有技术的技术效果。通过上述分析可知，附件2没有给出护眼囊包括上、下护眼囊的启示，从而附件2没有给出两个护眼囊采取不同的方式与基座相连从而形成可相对开合的技术启示。此外，附件3也未公开护眼囊包括上、下护眼囊，且上护眼囊周缘与基座周缘固定配合，下护眼囊部分周缘与基座固定，并且未给出该技术启示。因此，权利要求8相对于附件2、3的结合具有实质性特点和进步，具备创造性，符合专利法第22条第3款的规定。

此外，附件4~6均未公开护眼囊以及其所包括上、下护眼囊且上护眼囊周缘与基座周缘固定配合，下护眼囊部分周缘与基座固定的技术特征，并且未给出上护眼囊周缘与基座周缘固定配合，下护眼囊部分周缘与基座固定的技术启示。因此，权利要求8相对于附件2与附件4~6之一的结合具备创造性，符合专利法第22条第3款的规定。

附件8公开了一种健眼按摩器，并具体公开了以下技术特征：外壳的底座上连接有外罩，并与控制盒围成一空间，控制部件的电路板、振动电机、气动部件置于此空间内；气动部件的气泵通过气管与气阀连接，按摩部件的眼罩袋包括按摩片、活力棉及气囊，并与外壳的底座相连接，按摩片与活力棉相粘连；气动部件的气管穿过外壳的底座及按摩部件的眼罩袋后与气囊相通。

可见，附件8也未公开护眼囊包括上、下护眼囊且上护眼囊周缘与基座周缘固定配合，下护眼囊部分周缘与基座固定的技术特征，并且未给出该技术启示，因此，权利要求8相对于附件2、8的结合不具备创造性，不符合专利法第22条第3款的规定。

(5) 关于本专利权利要求9是否具备创造性。

在权利要求8具备创造性的基础上，引用权利要求8的权利要求9也具备创造性，符合专利法第22条第3款的规定。

**三、决定**

针对03268055.4号实用新型专利权的权利要求2、3、7~9，宣告权利要求2、3、7无效，在权利要求8、9的基础上维持该专利权有效。

当事人对本决定不服的，可以根据专利法第46条第2款的规定，自收到本决定之日起三个月内向北京市第一中级人民法院起诉。根据该款的规定，一方当事人起诉后，另一方当事人应当作为第三人参加诉讼。

138

# 一种改进的台下盆安装夹具

## 无效宣告请求审查决定（第10195号）

**决　定　号**　第10195号
**决　定　日**　2007年6月22日
**发明创造名称**　一种改进的台下盆安装夹具
**国际分类号**　E03C 1/32
**无效宣告请求人**　蔡伟平
**专利权人**　周成彪
**申　请　号**　03228860.3
**申　请　日**　2003年2月14日
**授权公告日**　2004年1月21日
**合议组组长**　柴爱军
**主　审　员**　侯秋霞
**参　审　员**　张家祥

**法律依据**　专利法第22条第3款
**决定要点**
若一项实用新型与现有技术相比不具有实质性特点和进步，则该实用新型不具有创造性。

**一、案由**

本无效宣告请求案涉及国家知识产权局于2004年1月21日公告授予的、名称为“一种改进的台下盆安装夹具”的第03228860.3号实用新型专利（下称本专利），其申请日为2003年2月14日，专利权人为周成彪。该专利授权公告的权利要求如下：

“1. 一种改进的台下盆安装夹具，有一块弯折成直角的长方形金属板（7），直角金属板的长边一面开有一穿孔，穿孔呈拉长圆形，一只放置于台板（4）的钻孔（3）中的圆柱形嵌件（1），一只穿过嵌件和直角金属板的螺钉（9）及与之相配合的二只螺帽（6、8），其特征在于：所说的螺钉（9）的头部是圆锥形头部（2）；上述圆柱形嵌件的中间是通孔，嵌件与螺钉的圆锥形头部（2）接触段开有若干条缝隙。

2. 根据权利要求1所述的一种改进的台下盆安装夹具，其特征在于：在所说的二只螺帽（6、8）与被固定件之间衬有垫圈（5、10）。

3. 根据权利要求1所述的一种改进的台下盆安装夹具，其特征在于：在所说直角金属板（7）与台下盆（12）之间衬有垫片（11）。

4. 根据权利要求1~3项中任何一项所述的一种改进的台下盆安装夹具，其特征在于：所说的嵌件与螺钉的圆锥形头部（2）接触段开的缝隙为4条。”

针对上述专利权，蔡伟平（下称请求人）于2006年06月22日向专利复审委员会提出无效宣告请求，认为本专利权利要求1~4不符合专利法第22条3款规定，并提交了下述附件：

附件1：CN1149438A中国专利文献，公开日为1997年5月14日，全文共9页；

附件2：《实用紧固件手册》，上海科学技术出版社出版，1998年12月第1版，第14.2~14.3页及版权页，复印件共2页。

请求人认为：（1）本专利权利要求1的技术方案与附件1所公开的紧固件组合相比，仅存在以下区别：①本专利权利要求1用于固定的折铁板是直角折边，附件1是Y形折边；②本专利权利要求1中与折铁板组合的膨胀螺钉是一个，而附件1是多个；本领域技术人员根据需要可以改变折铁板的长度和折边，以及减少用于单个固定的膨胀螺钉个数，上述改动并不需花费创造性劳动，因此权利要求1的技术方案不具有实质性特点和进步，缺乏创造性。（2）本专利权利要求2、3、4的附件技术特征都是本领域公知常识，因此在附件1不具有创造性的前提下，权利要求2~4不具有创造性。（3）依据附件2，本专利权利要求1中的特征“一只放置于台板的钻孔中的圆柱形嵌件……开有若干条缝隙”就是手册所示的I型钢膨胀螺栓结构，其中本专利所述的“圆柱形嵌件”就是I型钢膨胀螺栓结构中的“胀套”，本专利所述的“圆锥形头部螺钉”并附带螺帽结构就是I型钢膨胀螺栓结构中的“沉头螺栓”；同理，本专利权利要求2、4所述区别技术特征也是手册所示的I型钢膨胀螺栓结构惯用配套结构，是本领域的公知常识。综述，本专利缺乏创造性，应当被宣告无效。

请求人于2006年07月07日向专利复审委员会提交意见陈述书，并提交了下述附件：

附件3：JP58-185670U专利文献，公开日为1983年12月9日，全文共10页；

附件4：《装饰材料选用指南》，中国建筑工业出版社出版，1998年8月第一版，第196至197页及版权页，复印件共2页；

附件5：发货清单，复印件共2页。

请求人认为：（1）附件3说明将直角板与螺栓结合使用以固定台下盆是现有技术，本专利权利要求1和附件3相比，区别仅在于：本专利用来紧固的螺栓是膨胀螺栓，附件3使用的是普通螺栓，对于本领域技术人员来说，用膨胀螺栓代替附件3技术方案中需预埋的普通螺栓是显而易见的，因此，权利要求1不具备创造性；在权利要求1不具备创造性的前提下，权利要求2~4也不具备创造性。（2）附件4披露了金属胀锚螺栓（即钢膨胀螺栓）的结构、用途及使用方法，说明“装修工程中常用的螺栓”包括金属胀锚螺栓，“用于代替顶埋螺栓使用”来锚固建筑配件和物体；结合附件3和附件4证明本专利权利要求1~4与现有技术的区别技术特征，均为使用螺栓进行物体固定时的常规方法，因此权利要求1~4不具有创造性。（3）附件5证明本专利所要求保护的技术方案已在其申请日前公开销售，不具备新颖性。

请求人于2006年07月21日向专利复审委员会提交意见陈述书，并提交了下述附件：

附件3的中文译文，共4页（下文中将其和JP58-185670U1专利文献一起称为附件3）；

附件5（请求人重新补充提交的附件5）：编号分别为No. 0040173、No. 0010774、No. 0040594、No. 0040726、No. 0040716、No. 0040751的实物出库凭单和两张发货清单，复印件共8页；

附件6：CN2267276Y中国专利文献，授权公告日为1997年11月12日，全文共11页；

附件7：请求人申请浙江临海市大青金刚石工具厂负责人项大清出庭提供证言的文件，1页；

附件8：浙江省临海市公证处（2006）浙临证内字第1714号公证书，复印件共6页；

附件9：浙江省临海市公证处（2006）浙临证内字第1715号公证书，复印件共8页；

附件 10：板材清单，复印件共 13 页；

附件 11：申请现场调查证据的申请文件，1 页。

请求人认为：（1）附件 6 公开了一种台下盆固定结构，包括托板和固定螺栓，本专利与附件 6 的区别在于：本专利为直角托板，附件 6 为直板；本专利为膨胀螺栓，附件 6 为普通螺栓。本领域技术人员无需创造性劳动即可将附件 6 和附件 4 结合获得本专利的技术方案，本专利不具备创造性。（2）申请由浙江临海市大青金刚石工具厂负责人项大清提供证言，其证言与附件 5、6 形成证据链，证明本专利不具备新颖性。（3）附件 8 和 9 分别证明与本专利相同的台下盆紧固件组合，在本专利申请日前被公开使用，本专利不具备新颖性；附件 10 补充证明附件 8 和 9 中所述台下盆紧固件相关的公开使用时间。

经形式审查合格后，专利复审委员会受理了上述请求，于 2006 年 08 月 10 日向双方当事人发出《无效宣告请求受理通知书》，并将《专利权无效宣告请求书》及其他有关文件的副本转送给专利权人，要求其在指定的期限内答复，同时成立合议组对本无效宣告请求案进行审理。

专利权人于 2006 年 08 月 25 日作出答复，认为：（1）请求人提交的证据可分为两类，一是文献类（附件 1~4 和 6），但这些证据不能影响本专利的创造性；二是文献以外的证据（附件 5、8~10），但这些证据并没有形成完整的证明体系，并且附件 8 和 9 中所述的安装使用时间没有任何旁证材料。（2）没有收到附件 7 和 11。同时，专利权人提交了如下反证：

反证 1：浙江省机械产品质量监督检验总站出具的编号为 No. WJ02016 的《检测报告》，复印件共 3 页；

反证 2：国家知识产权局出具的关于本专利的《实用新型检索报告》，复印件共 4 页。

2007 年 01 月 25 日，本案合议组向双方当事人发出《无效宣告请求口头审理通知书》，定于 2007 年 03 月 13 日对该专利权的无效宣告请求进行口头审理。并将专利权人的上述答复和提交的反证转送给请求人，要求其在口头审理时一并答复。

2007 年 03 月 13 日，口头审理如期进行，双方当事人的代理人均出席了口头审理。合议组当庭将附件 7 和 11 转交给专利权人。庭审过程中，合议组就本案的无效理由及证据逐一进行了调查，双方当事人充分陈述了各自的意见：（1）请求人放弃了附件 1 和第一次提交的附件 5，请求人当庭提交了附件 5、8~10 的原件。（2）专利权人对附件 1~4、6 的真实性没有异议，对附件 3 的中文译文的准确性没有异议，对附件 5、10 的真实性有异议，并认为公证书附件 8 和 9 的公证内容超出公证范围；请求人对专利权人提交的反证 1 和 2 的真实性没有异议，但认为其和本案没有关联性。（3）请求人明确了无效理由和范围，①确定附件 3 是最接近的对比文件，附件 3 分别结合附件 2、附件 4 或附件 4 和 6 破坏权利要求 1 的创造性，权利要求 2~4 的附加技术特征是本领域的惯用技术手段，在权利要求 1 不具有创造性的基础上，权利要求 2~4 也不具有创造性。②附件 5~10 证明在本专利申请日前已有相同的产品公开销售，本专利不具有新颖性；专利权人针对请求人的意见进行了答辩，认为本专利权利要求 1~4 具有新颖性、创造性。

至此，合议组认为本案的事实已经清楚，可以作出审查决定。

**二、决定的理由**

1. 关于文本

本无效宣告请求审查决定针对的文本是本专利的授权文本。

2. 关于证据

专利权人对请求人提交的附件 1~4、附件 6 的真实性无异议，对附件 3 的中文译文的准确性没有异议，故合议组对上述证据的真实性以及附件 3 的中文译文的准确性予以认可。附件 1~4、附件 6 的公开日均在本专利的申请日之前，因此这些证据可以作为本专利的现有技术使用。

3. 关于专利法第 22 条第 3 款

专利法第 22 条第 3 款规定：创造性，是指同申请日以前已有的技术相比，该实用新型有实质性特点和进步。

若一项实用新型与现有技术相比不具有实质性特点和进步，则该实用新型不具有创造性。

在口头审理中，请求人提出以附件 3 为最接近对比文件，并结合附件 4 和附件 6 评述本专利权利要求 1~4 的创造性。虽然在此之前请求人提出过附件 3 和附件 4 的证据组合方式，并未提出过附件 3、附件 4 和附件 6 结合的证据组合方式，但鉴于请求人引用附件 6 仅是用于证明权利要求 1 中所述的直角金属板上开设有拉长圆形的穿孔这一技术特征属于本领域的惯用技术手段，其是作为公知常识性证据使用的，故合议组对请求人提出的这种证据组合方式予以考虑。

本专利权利要求 1 要求保护“一种改进的台下盆安装夹具，有一块弯折成直角的长方形金属板（7），直角金属板的长边一面开有一穿孔，穿孔呈拉长圆形，一只放置于台板（4）的钻孔（3）中的圆柱形嵌件（1），一只穿过嵌件和直角金属板的螺钉（9）及与之相配合的二只螺帽（6、8），其特征在于：所说的螺钉（9）的头部是圆锥形头部（2）；上述圆柱形嵌件的中间是通孔，嵌件与螺钉的圆锥形头部（2）接触段开有若干条缝隙”。

附件 3（JP58-185670U，公开日为 1983 年 12 月 9 日），公开了一种洗脸池的安装设备，其中包括由托片（1a）和支撑片（1b）构成直角或近似直角的支架（6）（相当于本专利的板（7）），支架（6）的长边一面开有一穿孔，穿孔呈圆形，一个柱头螺栓和两个螺帽配合该支架将洗脸池安装在台面下（参见附件 3 中文译文第 2 页第 2~14 行，附图 1~4）。

将本专利权利要求 1 同附件 3 所公开的技术方案相比，其区别技术特征在于：（1）本专利权利要求 1 中限定了板（7）为金属材质，附件 3 中对支架（6）的材质没有限定；（2）本专利权利要求 1 中和板（7）配合使用的圆柱形嵌件（1）和螺钉（9）一起构成膨胀螺栓（螺钉（9）的头部是圆锥形头部，圆柱形嵌件的中间是通孔，嵌件与螺钉的圆锥形头部接触段开有若干条缝隙的特征都是金属膨胀螺栓的特征），而附件 3 中使用的是柱头螺栓；（3）本专利权利要求 1 板（7）上的孔为拉长圆形，附件 3 支架（6）上的孔为圆形。

区别特征（1）的作用（即要解决的技术问题）在于保证板（7）的强度，从而保证板（7）和螺栓能一起支撑住台下盆。而在附件 3 中，支架（6）和螺栓也起到支撑台下盆的作用，在这种情况下，本领域技术人员能够从已知材料中选择合适强度的材料来做支架（6），并达到预期的技术效果，因此选择金属材质的材料来做板（7）没有给本专利权利要求 1 的技术方案带来实质性特点和进步。

区别特征（2）的作用（即要解决的技术问题）是螺栓固定在台面后，通过板（7）将台下盆固定在台面下方。首先，附件 4 是一本关于装饰材料选用的技术手册，在其第 196 和 197 页公开了本专利权利要求 1 中所述结构的膨胀螺栓。其次，该膨胀螺栓和柱头螺栓都是本领域常用的螺栓，它们都能起到固定作用。因此，本领域技术人员能够从现有技术中得到用膨胀螺栓代替附件 3 柱头螺栓的启示，并达到预期技术效果，因此，合议组认为用膨胀螺栓来固定并没有给本专利权利要求 1 的技术方案带来实质性特点和进步。

区别特征（3）的作用（即要解决的技术问题）是使支撑板能够在长度方向移动，推移调整拉长圆孔相对固定螺栓的位置，方便安装。合议组认为，该区别技术特征属于本领域技术人员熟知且惯用的技术手段，本领域技术人员不需要花费创造性的劳动就能够将附件 3 中支架上的圆孔改为拉长圆孔以满足安装上的方便性。对此，附件 6 也能够更进一步地证实，在附件 6 的附图 4 中明确示出了支撑板上的孔呈拉长圆形，所起的作用也完全一致。因此，该区别技术特征没有给本专利权利要求 1 的技术方案带来实质性特点和进步。

综上，本专利权利要求 1 不具备实质性特点和进步，不具备创造性，不符合专利法第 22 条第 3 款的规定。

权利要求 2 和 3 的附加技术特征都是本领域的公知常识，权利要求 4 的附加技术特征在附件 4 中已公开，在权利要求 1 不具备创造性的前提下，权利要求 2~4 的技术方案也不具有实质性特点和进步，不符合专利法第 22 条第 3 款有关创造性的规定。

鉴于本案已经得出本专利权利要求 1~4 不符合专利法第 22 条第 3 款规定应予被宣告无效的结论，本决定对请求人评述创造性的其他证据组合方式以及其他无效理由不再予以评述。

基于以上事实和理由，本案合议组作出如下审查决定。

**三、决定**

宣告第 03228860.3 号实用新型专利权全部无效。

当事人对本决定不服的，可以根据专利法第 46 条第 2 款的规定，自收到本决定之日起三个月内向北京市第一中级人民法院起诉。根据该款的规定，一方当事人起诉后，另一方当事人应当作为第三人参加诉讼。

# 北京市第一中级人民法院
# 行政判决书

（2008）一中行初字第 794 号

原告周成彪，男，1967 年 9 月 14 日出生，汉族，住浙江省象山县丹西街道韩家村 3 组 32 号。

委托代理人陆传国，男，1940 年 12 月 22 日出生，杭州求是专利事务所有限公司专利代理人，住浙江省象山县丹城镇建设东路科学委员会宿舍 104 号。

被告国家知识产权局专利复审委员会，住所地北京市海淀区北四环西路 9 号银谷大厦 10~12 层。

法定代表人廖涛，副主任。

委托代理人侯秋霞，国家知识产权局专利复审委员会审查员。

委托代理人郭鹏鹏，国家知识产权局专利复审委员会审查员。

第三人蔡伟平，男，1975 年 8 月 12 日出生，汉族，住广东省揭东县炮台镇埔仔村寨外新厝五横 12 号。

委托代理人陈静，南京知识律师事务所律师。

原告周成彪不服被告国家知识产权局专利复审委员会（以下简称专利复审委员会）于 2007 年 6 月 22 日作出的第 10195 号无效宣告请求审查决定（以下简称第 10195 号决定），于法定期限内向本院提起行政诉讼。本院于 2008 年 6 月 5 日受理本案后，依法组成合议庭，并通知蔡伟平作为本案第三人参加诉讼，于 2008 年 9 月 17 日公开开庭进行了审理。原告周成彪，被告专利复审委员会的委托代理人侯秋霞、郭鹏鹏，第三人蔡伟平的委托代理人陈静到庭参加了诉讼。本案现已审理终结。

第 10195 号决定系专利复审委员会针对蔡伟平就周成彪拥有的名称为“一种改进的台下盆安装夹具”的实用新型专利（以下简称本专利）提出的无效宣告请求作出的。专利复审委员会在该决定中认为：第一，关于证据的结合方式。蔡伟平提出将附件 3 作为最接近的对比文件，并结合附件 4 和附件 6 评述本专利权利要求 1~4 的创造性。虽然蔡伟平曾提出过附件 3 和附件 4 的证据组合方式而没有提出附件3、附件4和附件6的证据组合方式，但鉴于其引用附件6仅是用于证明权利要求1中所述的直角金属板上开设有拉长圆形的穿孔这一技术特征属于本领域的惯用技术手段，是作为公知常识类的证据使用，故对这种证据结合方式予以采纳。第二，关于本专利的创造性问题。将本专利权利要求1同附件3所公开的技术方案相比，其区别技术特征在于：①本专利权利要求1中限定了板（7）为金属材质，附件3中对支架（6）的材质没有限定；②本专利权利要求1中和板（7）配合使用的圆柱形嵌件（1）和螺钉（9）一起构成膨胀螺栓（螺钉（9）的头部是圆锥形头部，圆柱形嵌件的中间是通孔，嵌件与螺钉的圆锥形头部接触段开有若干条缝隙的特征都是金属膨胀螺栓的特征），而附件3中使用的是柱头螺栓；③本专利权利要求1板（7）上的孔为拉长圆形，附件3支架（6）上的孔为圆形。区别特征①的作用在于保证板（7）的强度，从而保证板（7）和螺栓能一起支撑住台下盆。而在附件3中，支架（6）和螺栓也起到支撑台下盆的作用，在这种情况下，本领域技术人员能够从已知材料中选择合适强度的材料来做支架（6），并达到预期的技术效果，因此选择金属材质的材料来做板（7）没有给本专利权利要求1的技术方案带来实质性特点和进步。区别特征②的作用是螺栓固定在台面后，通过板（7）将台下盆固定在台面下方。首先，附件4在第196和197页中已经公开了本专利权利要求1中所述结构的膨胀螺栓。其次，该膨胀螺栓和柱头螺栓都是本领域常用的螺栓，它们都能起到固定作用。因此，本领域技术人员能够从现有技术中得到用膨胀螺栓代替附件3柱头螺栓的启示，并达到预期技术效果，因此，用膨胀螺栓来固定并没有给本专利权利要求1的技术方案带来实质性特点和进步。区别特征③的作用是使支撑板能够在长度方向移动，推移调整拉长圆孔相对固定螺栓的位置，方便安装。该区别技术特征属于本领域技术人员熟知且惯用的技术手段，本领域技术人员不需要花费创造性的劳动就能够将附件3中支架上的圆孔改为拉长圆孔以满足安装上的方便性。对此，附件6也能够更进一步地证实，在附件6的附图4中明确示出了支撑板上的孔呈拉长圆形，所起的作用也完全一致。因此，该区别技术特征没有给本专利权利要求1的技术方案带来实质性特点和进步。综上，本专利权利要求1不具备实质性特点和进步，不具备创造性，不符合《中华人民共和国专利法》（以下简称《专利法》）第二十二条第三款的规定。权利要求2和3的附加技术特征都是本领域的公知常识，权利要求4的附加技术特征在附件4中已公开，在权利要求1不具备创造性的前提下，权利要求2~4的技术方案也不具有实质性特点和进步，不符合《专利法》第二十二条第三款有关创造性的规定。鉴于根据现有证据已经得出本专利权利要求1~4不符合《专利法》第二十二条第三款规定应予无效的结论，对其他证据组合方式以及其他无效理由不再予以评述。综上，专利复审委员会作出第10195号决定，宣告本专利全部无效。

周成彪不服第10195号决定，在法定期限内向本院提起行政诉讼称：①附件3的发明目的与本专利无关，不能应用于本案。②附件4所公开的是普通膨胀螺栓规格，根本没有可在2cm厚的洗脸台板上选用膨胀螺栓的启示。③附件6的技术方案是依靠胶粘剂结合的，与本发明的技术方案不同。综上所述，第10195号决定认定事实和适用法律有误，请求人民法院依法予以撤销。

被告专利复审委员会辩称：对于本专利的创造性评述，坚持第10195号决定中的意见。对于原告所提本专利是用普通金属圆柱形嵌件替换易变形金属嵌件，并且套管开缝小于标准开缝尺寸，但上述特征均未写入权利要求书与说明书，并不能证明本专利权利要求1具备创造性。综上所述，第10195号决定认定事实清楚，适用法律正确，审查程序合法，请求人民法院驳回原告的诉讼请求，维持第10195号决定。

第三人蔡伟平陈述意见称：首先，请求人民法院核实原告是否在法定期限内提起本案诉讼。其次，关于本专利的创造性。对于本领域的技术人员而言，在附件3所公开的技术方案的基础上，依照附件2或附件4的技术启示，选择膨胀螺栓代替普通螺栓以获得本专利的技术方案是显而易见的。综上所述，请求人民法院驳回原告的诉讼请求，维持第 10195 号决定。

本院经审理查明：

名称为“一种改进的台下盆安装夹具”的实用新型专利（即本专利）由周成彪于 2003 年 2 月 14 日向国家知识产权局提出申请，2004 年 1 月 21 日被授权公告，专利号为 03228860.3，专利权人为周成彪。本专利的授权权利要求为：

“1. 一种改进的台下盆安装夹具，有一块弯折成直角的长方形金属板（7），直角金属板的长边一面开有一穿孔，穿孔呈拉长圆形，一只放置于台板（4）的钻孔（3）中的圆柱形嵌件（1），一只穿过嵌件和直角金属板的螺钉（9）及与之相配合的二只螺帽（6、8），其特征在于：所说的螺钉（9）的头部是圆锥形头部（2）；上述圆柱形嵌件的中间是通孔，嵌件与螺钉的圆锥形头部（2）接触段开有若干条缝隙。

2. 根据权利要求 1 所述的一种改进的台下盆安装夹具，其特征在于：在所说的二只螺帽（6、8）与被固定件之间衬有垫圈（5、10）。

3. 根据权利要求 1 所述的一种改进的台下盆安装夹具，其特征在于：在所说直角金属板（7）与台下盆（12）之间衬有垫片（11）。

4. 根据权利要求 1~3 项中任何一项所述的一种改进的台下盆安装夹具，其特征在于：所说的嵌件与螺钉的圆锥形头部（2）接触段开的缝隙为 4 条。”

2006 年 6 月 22 日，蔡伟平以本专利不具备《专利法》第二十二条第三款所规定的创造性为由向专利复审委员会提出无效宣告请求。为支持其无效宣告请求，蔡伟平提供的与本案有关的证据包括：

附件 3：日本特许厅 JP58-185670U 号公开实用新型设计产品公报及其中文译文，涉及专利名称为“洗脸池的安装设备”，公开日为 1983 年 12 月 9 日。附件 3 公开了一种洗脸池的安装设备，其中包括由托片（1a）和支撑片（1b）构成直角或近似直角的支架（6）（相当于本专利的板（7）），支架（6）的长边一面开有一穿孔，穿孔呈圆形，一个柱头螺栓和两个螺帽配合该支架将洗脸池安装在台面下。

附件 4：《装饰材料选用指南》，中国建筑工业出版社出版，1998 年 8 月第一版，第 196 至 197 页及版权页。附件 4 第 196 页和第 197 页中公开了如下内容：装修工程中常用的螺栓，分为塑料和金属两种，用于代替顶埋螺栓使用。其后，对塑料胀锚螺栓和金属胀锚螺栓的具体内涵及规格进行了详细描述。

附件 6：名称为“石材制洗脸台的盥洗盆固定结构”的实用新型专利文献，授权公告号为 CN2267276Y，授权公告日为 1997 年 11 月 12 日，全文共 11 页，在附件 6 的附图 4 中明确示出了支撑板上的孔呈拉长圆形。

2007 年 3 月 13 日，专利复审委员会进行了口头审理，在口审过程中，蔡伟平将无效理由和证据明确为：附件 3 为最接近的对比文件，附件 3 分别结合附件 2、附件 4 或附件 4 和附件 6 破坏权利要求 1 的创造性，权利要求 2~4 的附加技术特征是本领域的惯用技术手段，在权利要求 1 不具备创造性的基础上，权利要求 2~4 也不具有创造性；附件 5~10 证明在本专利申请日前已有相同产品公开销售，本专利不具备新颖性。2007 年 6 月 22 日，专利复审委员会作出第 10195 号决定。

本院另查明，周成彪在本案庭审过程中明确表示：对于第 10195 号决定所认定的本专利同附件 3 相比存在的三点区别技术特征没有异议；对于被告认定的附件 4 和附件 6 中所公开的具体内容没有异议；对于被告评价本专利创造性时所使用的证据结合方式没有异议。

上述事实，有本专利授权公告文本、附件 3、附件 4、附件 6、第 10195 号决定、口头审理记录表及当事人陈述等证据在案佐证。

本院认为：

（1）关于原告起诉是否超过法定期限的问题。

根据本院已经查明的事实，第10195号决定的作出日为2007年6月22日，原告向本院提起行政诉讼的时间为2007年8月18日。根据《专利法》第四十六条的规定，原告的起诉符合法律相关规定，第三人所提异议缺乏事实与法律依据，本院对此不予支持。

（2）关于本专利的创造性问题。

根据我国《专利法》第二十二条第三款的规定，实用新型的创造性，是指同申请日以前已有的技术相比，该实用新型有实质性特点和进步。

具体到本案而言，由于各方当事人对于第10195号决定中评价本专利创造性的证据结合方式及本专利权利1同附件1相比所存在的三点区别技术特征均无异议，故本案的争议焦点问题之一系上述三点区别技术特征与现有技术相比是否具有实质性特点和进步。对于区别特征①即本专利限定了板（7）的具体材质为金属板，而附件3对于支架（6）的材质没有作出限定的问题，本院认为，本专利中的板（7）和附件3中的支架（6）均是为了实现支撑台下盆的作用，本领域的普通技术人员为实现更好的支持效果，必然会选择强度适当的材料来制作起支撑作用的支架，选择金属材质来制作本专利中的板（7）并不需要本领域普通技术人员付出创造性劳动才能够实现，亦不会为本专利权利要求1的技术方案带来意想不到的技术效果。对于区别特征②即本专利权利要求1中和板（7）配合使用的圆柱形嵌件（1）和螺钉（9）一起构成膨胀螺栓，而附件3中使用的是柱头螺栓的问题，本院认为，现有技术（即附件4）中已经公开了本专利权利要求1中所使用的膨胀螺栓的具体结构。柱头螺栓和膨胀螺栓作为两种常用的固定零件，二者之间的相互替换并不会为本专利带来任何意料不到的技术效果，本领域的普通技术人员也完全可以从现有技术中得到从柱头螺栓转换为膨胀螺栓的技术启示。对于区别特征③即本专利权利要求1中的板（7）上所开孔为拉长圆形，而附件3中支架（6）上所开孔为圆形的问题，本院认为，将开孔设为拉长圆形的目的是方便支撑板在长度方向移动，方便安装。为实现该目的，本领域的普通技术人员不需要付出创造性劳动即可以想到将附件3中的圆形孔改变为拉长圆孔。此外，附件6的图4中也已经公开了拉长圆形孔的技术方案。因此，区别特征3亦未为本专利带来意料不到的技术效果。综上，本专利权利要求1与现有技术相比不具有实质性特点和进步，被告认定其不具有《专利法》第二十二条第三款所规定的创造性正确，本院予以支持。

权利要求2和权利要求3为权利要求1的从属权利要求，其进一步限定了螺帽与被固定件之间的垫圈和金属板与台下盆之间的垫片的技术特征，上述附加技术特征均属于本领域的常用技术手段。权利要求4进一步限定嵌件与螺钉的圆锥形头部接触段开的缝隙为4条，该附加技术特征亦已经为附件4所公开。综上，在权利要求1不具备创造性的基础上，权利要求2~4亦不具有创造性。

对于原告其他的诉讼理由，本院认为，由于原告对于被告所使用的对比文件及其结合方式均无异议，其所提技术效果不同或技术手段不同的理由并不能否认对比文件与本专利所属技术领域的相关性，亦不足以影响本院使用本案所涉及的对比文件对本专利创造性所进行的评判。此外，对于原告所提对比文件并未给出可在2cm厚的洗脸台板上选用膨胀螺栓的技术启示的问题，由于该技术特征并未记载在本专利的权利要求书及说明书之中，故原告的上述异议缺乏事实与法律依据，本院对此亦不再予以评述。

综上，被告作出的第10195号决定认定事实清楚，适用法律正确，本院依法予以维持。依照《中华人民共和国行政诉讼法》第五十四条第（一）项之规定，本院判决如下：

维持被告国家知识产权局专利复审委员会作出的第10195号无效宣告请求审查决定。

案件受理费 100 元，由原告周成彪负担（已交纳）。

如不服本判决，各方当事人可在本判决书送达之日起 15 日内，向本院提交上诉状，并按对方当事人人数提交副本，交纳上诉案件受理费 100 元，上诉于北京市高级人民法院。

审　判　长　刘海旗
代理审判员　佟　姝
人民陪审员　高　伟
二〇〇八年十一月四日
书　记　员　高　颖

139

# 保温板连接件

## 无效宣告请求审查决定（第10200号）

**决　　定　　号**　第10200号
**决　　定　　日**　2007年6月28日
**发明创造名称**　保温板连接件
**国 际 分 类 号**　E04B 1/41、E04F 13/08
**无效宣告请求人**　北京特瑞克墙材科技有限公司
**专　利　权　人**　张　伟
**专　　利　　号**　200520121924.3
**申　　请　　日**　2005年9月22日
**授 权 公 告 日**　2006年5月10日
**合 议 组 组 长**　朱文广
**主　　审　　员**　郭建强
**参　　审　　员**　崔　震

**法　律　依　据**　专利法第22条第2款、第3款
**决　定　要　点**

如果涉案实用新型专利的权利要求与对比文件公开的内容相比，技术方案、技术领域、所解决的技术问题、预期效果实质上相同，则认为两者为同样的发明创造，因此涉案实用新型专利的权利要求不具备新颖性。

如果现有技术中存在技术启示，使得本领域技术人员在面对要解决的技术问题时，有动机将两篇对比文件相结合，并得到涉案实用新型专利权利要求的技术方案，则该权利要求是显而易见的，不具有实质性特点，因而不具备创造性。

### 一、案由

本无效宣告请求涉及中华人民共和国国家知识产权局于2006年5月10日授权公告的、名称为“保温板连接件”的实用新型专利权（以下简称本专利），其专利号是200520121924.3，申请日是2005年9月22日，专利权人是张伟。本专利授权公告时的权利要求书如下：

“1. 一种保温板连接件，其特征在于，包括有压盘、主直杆、肋板和芯棒，其中所述压盘、所述主直杆和所述肋板相互连接，所述芯棒插入到所述的主直杆中。

2. 如权利要求1所述的保温板连接件，其特征在于，所述压盘为一个圆形的板，在其中心的圆心处垂直向一侧设置有所述的主直杆，在该主直杆上设置有至少两个所述的肋板，所述肋板都与所述

压盘的同一侧面连接。

3. 如权利要求1所述的保温板连接件，其特征在于，所述的主直杆为一个圆柱体，其中与所述压盘连接的一端粗于该主直杆的主干部分，另一端呈锥状，在紧靠锥尖的位置设置有螺纹。

4. 如权利要求2所述的保温板连接件，其特征在于，在所述的压盘上设置有至少两个贯通孔，所述贯通孔均匀分布在所述的压盘上并贯穿该压盘。

5. 如权利要求2所述的保温板连接件，其特征在于，所述压盘在中心圆点处以相同的轴心为轴线，从所述压盘的一个表面上向与所述主直杆连接的另一侧形成一个凹陷的圆柱体状的凹槽，该凹槽伸入到所述的主直杆内。

6. 如权利要求3所述的保温板连接件，其特征在于，在所述凹槽的底部设置有一个空腔，该空腔与所述凹槽导通，其轴线重合，且长度短于所述主直杆的长度。

7. 如权利要求1所述的保温板连接件，其特征在于，所述芯棒由金属材料制成，为一个直棒，至少在其一端设置有螺纹。

8. 如权利要求1所述的保温板连接件，其特征在于，所述压盘、所述主直杆和所述肋板为塑料材料制造。”

针对本专利权，北京特瑞克墙材科技有限公司（以下简称请求人）于2006年6月19日向专利复审委员会提出无效宣告请求，认为本专利不符合专利法第22条第2款、第3款、第26条第4款以及专利法实施细则第20条第1款、第21条第2款的规定，请求人同时提交了如下附件作为证据：

附件1：本专利的专利说明书，共11页；

附件2：公开日为1999年9月16日的德国专利文献DE29909236U1及其相关内容译文，共11页（对比文件1）；

附件3：公开日为1989年10月11日、公开号为CN1036250A（专利申请号为88102262.4）的中国发明专利申请公开说明书，共11页（对比文件2）；

附件4：授权公告日为2003年2月19日、授权公告号为CN2536673Y（专利号为02246640.1）的中国实用新型专利说明书，共7页（对比文件3）；

附件5：公开日为1981年8月26日的欧洲专利文献EP0034346A1及其相关内容译文，共19页（对比文件4）。

请求人认为：本专利权利要求1缺少必要技术特征，不符合专利法实施细则第21条第2款的规定；权利要求1、7不符合专利法第26条第4款的规定；权利要求1、2、4相对于对比文件1不符合专利法第22条第2款、第3款有关新颖性和创造性的规定；权利要求3相对于对比文件1和对比文件2以及公知常识的结合，或者相对于对比文件1和对比文件4的结合不符合专利法第22条第3款有关创造性的规定；权利要求5、6、7相对于对比文件1和对比文件3的结合不符合专利法第22条第3款有关创造性的规定；权利要求6、7保护范围不清楚，不符合专利法实施细则第20条第1款的规定；权利要求8的附加技术特征涉及材料的选用，不属于实用新型保护内容，同时对比文件1或3中的结构也是塑料制成，因此权利要求8也不符合专利法第22条第3款有关创造性的规定。

经形式审查合格，专利复审委员会依法受理了上述无效宣告请求，并于2006年7月12日向请求人和专利权人发出了无效宣告请求受理通知书，同时将专利权无效宣告请求书及其附件清单中所列附件的副本转送给专利权人，并要求专利权人在指定的期限内陈述意见。

上述指定期限届满，专利权人未对无效宣告请求受理通知书进行答复。

专利复审委员会依法成立合议组对本案进行审理。

本案合议组于2006年10月11日向双方发出无效宣告请求口头审理通知书，定于2006年11月

21 日在专利复审委员会举行口头审理。

专利权人于 2006 年 10 月 18 日提交了权利要求书修改替换页，其中删除了权利要求 1，将权利要求 2、3 合并为新的权利要求 1，其他的权利要求引用新的权利要求 1。

口头审理如期举行，双方当事人均参加了口头审理。

在口头审理中，（1）合议组当庭将专利权人提交的权利要求书修改替换页转给请求人，双方就该文本是否符合规定发表了意见。合议组经审查后，当庭告知双方该文本不符合审查指南的相关规定，本次口头审理以授权公告的权利要求书为基础进行。（2）请求人明确其无效的理由、证据和范围为：本专利权利要求 6、7 不符合专利法实施细则第 20 条第 1 款的规定；权利要求 1 不符合专利法实施细则第 21 条第 2 款的规定；权利要求 1~8 不符合专利法第 26 条第 4 款的规定；权利要求 1、2、4 相对于附件 2 不符合专利法第 22 条第 2 款、第 3 款有关新颖性和创造性的规定；权利要求 3 相对于附件 2 和附件 3 以及公知常识的结合，或者相对于附件 2 和附件 5 的结合不符合专利法第 22 条第 3 款有关创造性的规定；权利要求 5 相对于附件 2 和 4 的结合不符合专利法第 22 条第 3 款有关创造性的规定；权利要求 7、8 相对于附件 2 和 4 的结合不符合专利法第 22 条第 3 款有关创造性的规定；请求人认为权利要求 6 不清楚，专利权人当庭放弃了权利要求 6。（3）专利权人承认附件 2~5 的真实性和合法性，并且对译文的准确性没有异议。（4）双方就本专利是否符合专利法第 22 条第 2 款、第 3 款，第 26 条第 4 款以及专利法实施细则第 20 条第 1 款，第 21 条第 2 款的规定的具体理由充分发表了意见。

至此，合议组认为本案事实已经清楚，可以作出审查决定。

**二、决定的理由**

1. 关于证据和现有技术

请求人提交的证据包括附件 2 至 5，专利权人对附件 2 至 5 的真实性没有异议，合议组经审查认为，其可以作为本案证据使用。其中附件 2 和 5 为外国专利文献及其部分内容的中文译文，专利权人对附件 2 和 5 的中文译文的准确性没有异议，因此附件 2 和 5 的公开内容以其中文译文为准。同时由于附件 2 至 5 为公开出版物，且其公开日期在本专利的申请日之前，因此可以作为本专利的现有技术使用。

2. 关于专利权人提交的权利要求书修改文本

审查指南第四部分第三章第 4.6 节在“无效宣告程序中专利文件的修改”中对修改原则、修改方式和修改方式的限制进行了规定。其中在修改方式的限制中规定，在专利复审委员会作出审查决定之前，专利权人可以删除权利要求或者权利要求中包括的技术方案。仅在下列三种情形的答复期限内，专利权人可以以合并的方式修改权利要求书：（1）针对无效宣告请求书。（2）针对请求人增加的无效宣告理由或者补充的证据。（3）针对专利复审委员会引入的请求人未提及的无效宣告理由或者证据。

本案中，专利权人于 2006 年 10 月 18 日提交了权利要求书修改替换页，删除了权利要求 1，合并了权利要求 2、3，并调整了其余从属权利要求的引用关系，形成新的权利要求 1~6。合议组经审查后认为：上述修改属于对权利要求的删除和合并式修改，但是该合并式修改超出了专利复审委员会于 2006 年 7 月 12 日向专利权人发出的无效宣告请求受理通知书所指定的一个月的期限，因此专利权人提交的权利要求书的修改文本不符合审查指南的上述规定，本决定以授权公告的权利要求书为基础。

3. 关于权利要求 6

由于专利权人在口头审理时放弃了权利要求 6，因此视为该权利要求自始不符合专利法及其实施细则的有关规定。

4. 关于本专利的新颖性和创造性

专利法第 22 条第 1 款、第 2 款、第 3 款规定，授予专利权的实用新型应当具备新颖性和创造性。新颖性，是指在申请日以前没有同样的发明或者实用新型在国内外出版物上公开发表过、在国内公开使用过或者以其他方式为公众所知，也没有同样的发明或者实用新型由他人向国务院专利行政部门提出过申请并记载在申请日以后公布的专利申请文件中。创造性，是指同申请日以前已有的技术相比，该实用新型具有实质性特点和进步。

根据上述规定，如果涉案实用新型专利的权利要求与对比文件公开的内容相比，技术方案、技术领域、所解决的技术问题、预期效果实质上相同，则认为两者为同样的发明创造，因此涉案实用新型专利的权利要求不具备新颖性。如果现有技术中存在技术启示，使得本领域技术人员在面对要解决的技术问题时，有动机将两篇对比文件相结合，并得到涉案实用新型专利权利要求的技术方案，则该权利要求是显而易见的，不具有实质性特点，因而不具备创造性。

（1）关于权利要求 1、2、4 的新颖性。

本案中，权利要求 1 要求保护一种保温板连接件，包括有压盘、主直杆、肋板和芯棒，其中所述压盘、所述主直杆和所述肋板相互连接，所述芯棒插入到所述的主直杆中。附件 2 公开了一种用于固定在建筑物外面绝热材料层的石膏板暗销，包括：固定盘（即压盘）；套筒形的暗销杆（即主直杆），用于容纳一个支撑钉（即芯棒）；肋片（即肋板）；固定盘、暗销杆和肋片相互连接；支撑钉插入暗销杆中（参见附件 2 译文和图 1-3）。由此可见，附件 2 与本专利权利要求 1 相比，仅仅是部件的称谓不同，技术方案实质上相同，而且两者都是建筑工程外墙外保温中使用的连接件，都是用于将外保温层固定连接到建筑物的外墙上，即两者在技术领域、所解决的技术问题和预期效果上都实质相同，因此本专利权利要求 1 相对于附件 2 不具备专利法第 22 条第 2 款所规定的新颖性。

附件 2 还公开了固定盘为圆形板，暗销杆在其圆心处垂直向一侧设置，暗销杆上设置有四个肋片，肋片都与固定盘同侧面连接，以及固定盘上开设有四个均匀分布的通孔等特征（参见附件 2 译文和图 1-3），由此可见，权利要求 2 和 4 的附加技术特征也全部被附件 2 所公开。因此在其所引用的独立权利要求 1 相对于附件 2 不具备新颖性的基础上，从属权利要求 2 和 4 相对于附件 2 也不具备专利法第 22 条第 2 款所规定的新颖性。

（2）关于权利要求 3、5、7、8 的创造性。

权利要求 3 是权利要求 1 的从属权利要求，其附加技术特征为“所述的主直杆为一个圆柱体，其中与所述压盘连接的一端粗于该主直杆的主干部分，另一端呈锥状，在紧靠锥尖的位置设置有螺纹”，其中“所述的主直杆为一个圆柱体，其中与所述压盘连接的一端粗于该主直杆的主干部分”从附件 2 的图 1-3 中可以看出被公开了，权利要求 3 与附件 2 的区别特征仅在于“主直杆另一端呈锥状，在紧靠锥尖的位置设置有螺纹”。附件 5 中公开了一种用于固定墙壁的外衬、绝热板、木条或类似物的夹头暗销，其一端构成锥形尖端，靠近锥端有螺纹状的支撑区（参见附件 5 的译文和图 1、2）。显然该“锥形尖端”和“螺纹”在附件 5 和本专利权利要求 3 中的作用是相同的，都是为了插入保温板和墙体时更加方便以及提高与墙体的连接强度。因此合议组认为现有技术中存在技术启示，使本领域技术人员在面对上述要解决的技术问题时，有动机将附件 5 中的上述区别特征应用到附件 2 的暗销上，从而得到本专利权利要求 3 的技术方案。因此权利要求 3 相对于附件 2 和 5 的结合是显而易见的，不具有实质性特点，因而不具备专利法第 22 条第 3 款所规定的创造性。

权利要求 5 的附加技术特征是“所述压盘在中心圆点处以相同的轴心为轴线，从所述压盘的一个表面上向与所述主直杆连接的另一侧形成一个凹陷的圆柱体状的凹槽，该凹槽伸入到所述的主直杆内”。附件 4 中公开了一种用于现浇墙外保温体系的插接栓，在插接栓底盘的中心处设有圆柱形的凹孔（参见附件4说明书第4页，图1、4），因此附件4即公开了上述的附加技术特征。显然该“凹槽”在附件4和本专利权利要求5中的作用是相同的，都是为了裸露金属杆件（或芯棒）的螺纹端头，方便与螺母配合来悬挂金属网或加固织物。因此合议组认为现有技术中存在技术启示，使本领域技术人员在面对上述要解决的技术问题时，有动机将附件4中的上述技术特征应用到附件2的暗销上，从而得到本专利权利要求5的技术方案。因此权利要求5相对于附件2和4的结合是显而易见的，不具有实质性特点，因而不具备专利法第22条第3款所规定的创造性。

权利要求7的附加技术特征为“所述芯棒由金属材料制成，为一个直棒，至少在其一端设置有螺纹”，附件2中的“芯棒”是一个支撑钉，与权利要求7不同，但是附件4中的金属杆件是一个直棒，在至少一端设置有螺纹，因此附件4即公开了上述的附加技术特征。显然该“带螺纹的芯棒”在附件4和本专利权利要求7中的作用是相同的，都是为了一端加强与塑料插接体（即主直杆）的连接，或者另一端用来与螺母配合来悬挂金属网或加固织物。因此合议组认为现有技术中存在技术启示，使本领域技术人员在面对上述要解决的技术问题时，有动机将附件4中的上述区别特征应用到附件2的暗销上，从而得到本专利权利要求7的技术方案。因此权利要求7相对于附件2和4的结合是显而易见的，不具有实质性特点，因而不具备专利法第22条第3款所规定的创造性。

权利要求8的附加技术特征是“所述压盘、所述主直杆和所述肋板为塑料材料制造”，该特征虽然没有在附件2中公开，但是附件4说明书第2页第27行公开了插接栓采用塑料插接体，为了节约成本，减轻插接栓的重量，上述公知材料的选择对本领域技术人员来说也是有技术启示的，因此权利要求8相对于附件2和4的结合也是显而易见的，不具有实质性特点，因而不具备专利法第22条第3款所规定的创造性。

鉴于本专利所有权利要求不具备新颖性或创造性，应予全部无效，因此请求人提出的其他无效理由，本决定中不再予以评述。

根据上述的事实和理由，本案合议组依法作出以下决定。

**三、决定**

宣告200520121924.3号实用新型专利权全部无效。

当事人对本决定不服的，可以根据专利法第46条第2款的规定，自收到本决定之日起3个月内向北京市第一中级人民法院起诉。根据该款的规定，一方当事人起诉后，另一方当事人应当作为第三人参加诉讼。

# 北京市第一中级人民法院
# 行政判决书

（2007）一中行初字第1391号

原告张伟，男，1977年10月8日出生，汉族，个体工商户，住内蒙古自治区锡林郭勒盟太仆寺旗宝昌镇馒头沟村馒头沟大营子1组40号。

委托代理人闫立德，北京汇泽知识产权代理有限公司专利代理人。

委托代理人闫爽，北京汇泽知识产权代理有限公司专利代理人。

被告国家知识产权局专利复审委员会，住所地北京市海淀区北四环西路9号银谷大厦。

法定代表人廖涛，副主任。

委托代理人郭建强，男，国家知识产权局专利复审委员会审查员。

委托代理人齐宏涛，男，国家知识产权局专利复审委员会审查员。

第三人北京特瑞克墙材科技有限公司，住所地北京市海淀区西三旗建材城西路 16 号孵化器楼一层。

法定代表人王继强，董事长。

委托代理人尹振启，北京中创阳光知识产权代理有限责任公司专利代理人。

原告张伟不服被告国家知识产权局专利复审委员会作出的第 10200 号无效宣告请求审查决定（以下简称第 10200 号决定），向本院提起行政诉讼。本院受理后，依法组成合议庭，在法定期限内向被告送达了起诉书副本及应诉通知书。依照《中华人民共和国行政诉讼法》第二十七条的规定，本院通知北京特瑞克墙材科技有限公司作为第三人参加诉讼，并于 2007 年 11 月 15 日公开开庭审理了本案。原告的委托代理人闫立德，被告的委托代理人郭建强、齐宏涛，第三人的委托代理人尹振启到庭参加了诉讼。本案现已审理终结。2007 年 6 月 28 日，被告作出第 10200 号决定。该决定认为名称为“保温板连接板”的第 200520121924.3 号实用新型专利权（以下简称本专利）的权利要求 1、2、4 不具备《中华人民共和国专利法》（以下简称《专利法》）第二十二条第二款规定的新颖性，权利要求 3、5、7、8 不具备《专利法》第二十二条第三款规定的创造性，因原告放弃权利要求 6，故该项权利要求视为自始不符合《专利法》和《中华人民共和国专利法实施细则》（以下简称《专利法实施细则》）的有关规定。综上，决定宣告本专利权全部无效。在法定举证期限内；为证明被诉决定的合法性；被告向本院提交了下列证据：（1）本专利说明书复印件；（2）公开日为 1999 年 9 月 16 日的德国专利文献 DE29909236U1 及其相关内容译文（即第 10200 号决定中的对比文件 1，以下简称对比文件 1）；（3）公开日为 1989 年 10 月 11 日、公开号为 CN1036250A（专利申请号为 88102262.4）的中国发明专利申请公开说明书（即第 10200 号决定中的对比文件 2，以下简称对比文件 2）；（4）授权公告日为 2003 年 2 月 19 日、授权公告号为 CN2536673Y（专利号为 02246640.1）的中国实用新型专利说明书（即第 10200 号决定中的对比文件 3，以下简称对比文件 3）；（5）公开日为 1981 年 8 月 26 日的欧洲专利文献 EP0034346A1 及其相关内容译文（即第 10200 号决定中的对比文件 4，以下简称对比文件 4）；（6）口头审理记录表。原告诉称，第 10200 号决定主要证据不足。被告在第 10200 号决定中用于评价本专利新颖性的对比文件 2 与本专利不属于同样的发明，本专利与对比文件 2 相比没有“暗销钉和支撑钉”等技术特征，两者达到目的的方法、结构、功能和效果均不同，因而本专利具备新颖性。且新颖性的判断只要求是否属于“同样的发明”，被告认定二者“实质上相同”属于适用法律错误。本专利与对比文件 1、对比文件 3、对比文件 4 相比，具有实质性特点和进步。本领域技术人员将对比文件任意组合都必须经过大量的创造性劳动才可获得本专利所保护的技术方案。第 10200 号决定主要证据不足，适用法律错误，请求法院判决撤销该决定并判令被告重新作出无效宣告请求审查决定。在法定举证期限内，原告未向本院提交证据。被告辩称，关于本专利新颖性和创造性的判断问题，我委坚持第 10200 号决定中的认定意见。我委在对本专利权利要求新颖性进行判断时，是根据《审查指南》第二部分第三章第 3.1 节关于同样的发明或实用新型的规定，认定本专利与附件 2 的技术方案实质上相同，两者能够适用于相同的技术领域，解决相同的技术问题，并具有相同的预期效果，两者为同样的发明，进而本专利权利要求 1、2、4 相对于对比文件 2 丧失新颖性。综上所述，第 10200 号决定认定事实清楚，适用法律正确，程序合法，请求法院判决予以维持。第三人述称，同意被告的答辩意见，请求法院判决维持第 10200 号决定。在法定举证期限内，第三人亦未向本院提交证据。

经庭审质证，原告对被告提交证据的关联性、合法性、真实性没有异议，但是不同意被告主张的证据的证明作用。第三人对被告提交的证据均没有异议。

本院经审查认为，被告提交的证据均与本案审查的第 10200 号决定有关，且符合合法性、真实性的要求，本院予以采纳。

根据上述确认的有效证据以及当事人当庭无争议的陈述，本院认定事实如下：

2005 年 9 月 22 日，原告向国家知识产权局提出名称为“保温板连接板”的实用新型专利申请。国家知识产权局经审查授予其专利权，即本专利。本专利授权公告的权利要求书如下：

“1. 一种保温板连接件，其特征在于，包括有压盘、主直杆、肋板和芯棒，其中所述压盘、所述主直杆和所述肋板相互连接，所述芯棒插入到所述的主直杆中。

2. 如权利要求 1 所述的保温板连接件，其特征在于，所述压盘为一个圆形的板，在其中心的圆心处垂直向一侧设置有所述的主直杆，在该主直杆上设置有至少两个所述的肋板，所述肋板都与所述压盘的同一侧面连接。

3. 如权利要求 1 所述的保温板连接件，其特征在于，所述的主直杆为一个圆柱体，其中与所述压盘连接的一端粗于该主直杆的主干部分，另一端呈锥状，在紧靠锥尖的位置设置有螺纹。

4. 如权利要求 2 所述的保温板连接件，其特征在于，在所述的压盘上设置有至少两个贯通孔，所述贯通孔均匀分布在所述的压盘上并贯穿该压盘。

5. 如权利要求 2 所述的保温板连接件，其特征在于，所述压盘在中心圆点处以相同的轴心为轴线，从所述压盘的一个表面上向与所述主直杆连接的另一侧形成一个凹陷的圆柱体状的凹槽，该凹槽伸入到所述的主直杆内。

6. 如权利要求 3 所述的保温板连接件，其特征在于，在所述凹槽的底部设置有一个空腔，该空腔与所述凹槽导通，其轴线重合，且长度短于所述主直杆的长度。

7. 如权利要求 1 所述的保温板连接件，其特征在于，所述芯棒由金属材料制成，为一个直棒，至少在其一端设置有螺纹。

8. 如权利要求 1 所述的保温板连接件，其特征在于，所述压盘、所述主直杆和所述肋板为塑料材料制造。”

2006 年 6 月 19 日，第三人以本专利不符合《专利法》第二十二条第二款、第三款、第二十六条第四款以及《专利法实施细则》第二十条第一款、第二十一条第二款的规定为由，向被告提出无效宣告请求，并提交了本专利的专利说明书以及对比文件 1、对比文件 2、对比文件 3、对比文件 4 作为证据。

被告经审查受理了该请求，于 2006 年 7 月 12 日向第三人和原告发出了无效宣告请求受理通知书，同时将有关文件转送给原告，并要求原告在指定的期限内陈述意见。上述指定期限届满，原告未对无效宣告请求受理通知书进行答复。

2006 年 10 月 18 日，原告提交了权利要求书的修改替换页，删除了权利要求 1，将权利要求 2、3 合并为新的权利要求 1，其他的权利要求引用新的权利要求 1。

2006 年 11 月 21 日举行了口头审理。根据口头审理记录表的记载，被告当庭告知原告及第三人，原告提交的权利要求书的修改文本不符合《审查指南》的相关规定，故本次口头审理以授权公告的权利要求书为基础进行审查。在口头审理中，第三人明确其无效理由为本专利权利要求 6、7 不符合《专利法实施细则》第二十条第一款的规定；权利要求 1 不符合《专利法实施细则》第二十一条第二款的规定；权利要求 1~8 不符合《专利法》第二十六条第四款的规定；权利要求 1、2、4 相对于对比文件 1 不符合《专利法》第二十二条第二款、第三款有关新颖性和创造性的规定；权利要求 3 相对于对比文件 1 和对比文件 2 以及公知常识的结合，或者相对于对比文件 1 和对比文件 4 的结合不符合

《专利法》第二十二条第三款有关创造性的规定；权利要求5、7、8相对于对比文件1和对比文件3的结合不符合《专利法》第二十二条第三款有关创造性的规定。第三人认为权利要求6不清楚，原告当庭放弃了权利要求6。

原告对于第三人提交的对比文件1、对比文件2、对比文件3、对比文件4的真实性、合法性以及译文的准确性均没有异议。被告经审查认为，对比文件1、对比文件2、对比文件3、对比文件4为公开出版物，且其公开日期在本专利的申请日之前，因此可以作为本专利的现有技术使用。其中对比文件1和对比文件4的公开内容以其中文译文为准。

关于本次无效宣告请求案审查的文本，被告认为，《审查指南》第四部分第三章第4.6节在“无效宣告程序中专利文件的修改”中对修改原则、修改方式和修改方式的限制进行了规定。作为专利权人仅在下列三种情形的答复期限内，可以以合并的方式修改权利要求书：（1）针对无效宣告请求书。（2）针对第三人增加的无效宣告理由或者补充的证据。（3）针对被告引入的第三人未提及的无效宣告理由或者证据。本案中，原告于2006年10月18日提交了权利要求书修改替换页，属于对权利要求的删除和合并式修改，但是该合并式修改超出了被告于2006年7月12日向原告发出的无效宣告请求受理通知书所指定的一个月的期限，因此原告提交的权利要求书的修改文本不符合《审查指南》的上述规定，本决定以授权公告的权利要求书为审查基础。

由于原告在口头审理时放弃了权利要求6，因此被告认定该权利要求视为自始不符合《专利法》及《专利法实施细则》的有关规定。

关于本专利的新颖性和创造性问题，被告经审查认为，《专利法》第二十二条第一款、第二款、第三款规定，授予专利权的实用新型应当具备新颖性和创造性。新颖性，是指在申请日以前没有同样的发明或者实用新型在国内外出版物上公开发表过、在国内公开使用过或者以其他方式为公众所知，也没有同样的发明或者实用新型由他人向国务院专利行政部门提出过申请并记载在申请日以后公布的专利申请文件中。创造性，是指同申请日以前已有的技术相比，该实用新型具有实质性特点和进步。

根据上述规定，如果涉案实用新型专利的权利要求与对比文件公开的内容相比，技术方案、技术领域、所解决的技术问题、预期效果实质上相同，则认为两者为同样的发明创造，因此涉案实用新型专利的权利要求不具备新颖性。如果现有技术中存在技术启示，使得本领域技术人员在面对要解决的技术问题时，有动机将两篇对比文件相结合，并得到涉案实用新型专利权利要求的技术方案，则该权利要求是显而易见的，不具有实质性特点，因而不具备创造性。

本案中，权利要求1要求保护一种保温板连接件，包括有压盘、主直杆、肋板和芯棒，其中所述压盘、所述主直杆和所述肋板相互连接，所述芯棒插入到所述的主直杆中。对比文件1公开了一种用于固定在建筑物外面绝热材料层的石膏板暗销，包括：固定盘（即压盘）；套筒形的暗销杆（即主直杆），用于容纳一个支撑钉（即芯棒）；肋片（即肋板）；固定盘、暗销杆和肋片相互连接；支撑钉插入暗销杆中（参见对比文件1译文和图1-3）。由此可见，对比文件1与本专利权利要求1相比，仅仅是部件的称谓不同，技术方案实质上相同，而且两者都是建筑工程外墙外保温中使用的连接件，都是用于将外保温层固定连接到建筑物的外墙上，即两者在技术领域、所解决的技术问题和预期效果上都实质相同，因此本专利权利要求1相对于对比文件1不具备《专利法》第二十二条第二款所规定的新颖性。

对比文件1还公开了固定盘为圆形板，暗销杆在其圆心处垂直向一侧设置，暗销杆上设置有四个肋片，肋片都与固定盘同侧面连接，以及固定盘上开设有四个均匀分布的通孔等特征（参见对比文件1译文和图1-3），由此可见，权利要求2和4的附加技术特征也全部被对比文件1所公开。因此在其所引用的独立权利要求1相对于对比文件1不具备新颖性的基础上，从属权利要求2和4相对于对比文件 1 也不具备《专利法》第二十二条第二款所规定的新颖性。

权利要求 3 是权利要求 1 的从属权利要求，其附加技术特征为“所述的主直杆为一个圆柱体，其中与所述压盘连接的一端粗于该主直杆的主干部分，另一端呈锥状，在紧靠锥尖的位置设置有螺纹”，其中“所述的主直杆为一个圆柱体，其中与所述压盘连接的一端粗于该主直杆的主干部分”从对比文件 1 的图 1–3 中可以看出被公开了，权利要求 3 与对比文件 1 的区别特征仅在于“主直杆另一端呈锥状，在紧靠锥尖的位置设置有螺纹”。对比文件 4 中公开了一种用于固定墙壁的外衬、绝热板、木条或类似物的夹头暗销，其一端构成锥形尖端，靠近锥端有螺纹状的支撑区（参见对比文件 4 的译文和图 1、2）。显然该“锥形尖端”和“螺纹”在对比文件 4 和本专利权利要求 3 中的作用是相同的，都是为了插入保温板和墙体时更加方便以及提高与墙体的连接强度。因此现有技术中存在技术启示，使本领域技术人员在面对上述要解决的技术问题时，有动机将对比文件 4 中的上述区别特征应用到对比文件 1 的暗销上，从而得到本专利权利要求 3 的技术方案。权利要求 3 相对于对比文件 1 和对比文件 5 的结合是显而易见的，不具有实质性特点，因而不具备《专利法》第二十二条第三款所规定的创造性。

权利要求 5 的附加技术特征是“所述压盘在中心圆点处以相同的轴心为轴线，从所述压盘的一个表面上向与所述主直杆连接的另一侧形成一个凹陷的圆柱体状的凹槽，该凹槽伸入到所述的主直杆内”。对比文件 3 中公开了一种用于现浇墙外保温体系的插接栓，在插接栓底盘的中心处设有圆柱形的凹孔（参见对比文件 3 说明书第 4 页，图 1、4），因此对比文件 3 即公开了上述的附加技术特征。显然该“凹槽”在对比文件 3 和本专利权利要求 5 中的作用是相同的，都是为了裸露金属杆件（或芯棒）的螺纹端头，方便与螺母配合来悬挂金属网或加固织物。因此现有技术中存在技术启示，使本领域技术人员在面对上述要解决的技术问题时，有动机将对比文件 3 中的上述技术特征应用到对比文件 1 的暗销上，从而得到本专利权利要求 5 的技术方案。权利要求 5 相对于对比文件 1 和对比文件 3 的结合是显而易见的，不具有实质性特点，因而不具备《专利法》第二十二条第三款所规定的创造性。

权利要求 7 的附加技术特征为“所述芯棒由金属材料制成，为一个直棒，至少在其一端设置有螺纹”，对比文件 1 中的“芯棒”是一个支撑钉，与权利要求 7 不同，但是对比文件 3 中的金属杆件是一个直棒，在至少一端设置有螺纹，因此对比文件 3 即公开了上述的附加技术特征。显然该“带螺纹的芯棒”在对比文件 3 和本专利权利要求 7 中的作用是相同的，都是为了一端加强与塑料插接体（即主直杆）的连接，或者另一端用来与螺母配合来悬挂金属网或加固织物。因此现有技术中存在技术启示，使本领域技术人员在面对上述要解决的技术问题时，有动机将对比文件 3 中的上述区别特征应用到对比文件 1 的暗销上，从而得到本专利权利要求 7 的技术方案。权利要求 7 相对于对比文件 1 和对比文件 3 的结合是显而易见的，不具有实质性特点，因而不具备《专利法》第二十二条第三款所规定的创造性。

权利要求 8 的附加技术特征是“所述压盘、所述主直杆和所述肋板为塑料材料制造”，该特征虽然没有在对比文件 1 中公开，但是对比文件 3 说明书第 2 页第 27 行公开了插接栓采用塑料插接体，为了节约成本，减轻插接栓的重量，上述公知材料的选择对本领域技术人员来说也是有技术启示的，因此权利要求 8 相对于对比文件 1 和对比文件 3 的结合也是显而易见的，不具有实质性特点，因而不具备《专利法》第二十二条第三款所规定的创造性。

鉴于本专利所有权利要求不具备新颖性或创造性，应予全部无效，因此被告对第三人提出的其他无效理由未再予以评述。根据上述的事实和理由，被告作出第 10200 号决定，宣告本专利权全部无效。

在本院庭审中，原告、第三人对于被告作出第10200号决定的程序，以及权利要求6视为自始不符合《专利法》和《专利法实施细则》的有关规定的认定结论均没有异议。

本院认为，原告、第三人对于被告作出第10200号决定的程序，以及权利要求6视为自始不符合《专利法》和《专利法实施细则》的有关规定的认定结论均没有异议。本院经审查，认同被告的上述认定结论，并对被告作出被诉决定程序的合法性予以确认。

根据《专利法实施细则》第六十八条的规定，在无效宣告请求的审查过程中，专利权人可以修改其权利要求书。《审查指南》对无效宣告程序中专利文件的修改原则、修改方式以及修改方式的限制作出了具体的规定。参照《审查指南》第四部分第三章第4.6节的规定，专利权人仅在下列3种情形的答复期限内，可以以合并的方式修改权利要求书：（1）针对无效宣告请求书；（2）针对第三人增加的无效宣告理由或者补充的证据；（3）针对被告引入的第三人未提及的无效宣告理由或者证据。本案中，被告于2007年7月12日将第三人的无效宣告请求书以及证据材料转送给原告，并指定原告在一个月的期限内予以答复。原告于同年10月12日方提交以删除和合并方式修改的权利要求书替换页，显已超出针对无效宣告请求书的答复期限，被告认为原告的修改不符合《审查指南》的相关规定，并以授权公告的权利要求书作为本次无效宣告请求案件的审查基础并无不当。原告关于被告在无效程序中对其修改文本不予接纳违反了《专利法实施细则》相关规定的主张，缺乏法律依据，本院不予采纳。

参照《审查指南》第二部分第三章第3.1节的规定，如果被审查的实用新型与现有技术在技术领域、所解决的技术问题、技术方案和预期的效果实质上相同，则认为二者为同样的实用新型。被告根据本专利权利要求1所保护的技术方案、对比文件1附图1-3以及说明书公开的内容，作出对比文件中暗销的固定盘、套筒形的暗销杆、支撑钉、肋片相当于权利要求1的压盘、主直杆、芯棒、肋板；暗销的固定盘、暗销杆和肋片相互连接，支撑钉插入暗销杆中，亦相当于权利要求1中的压盘、主直杆和肋板相互连接，芯棒插入到主直杆中的认定是正确的，即权利要求1的技术特征均被对比文件1所公开。本专利的发明目的在于提供一种建筑工程外保温墙的连接件，对比文件1的暗销也是用于固定在建筑物外面绝热材料层的连接件，二者所要解决的技术问题和技术方案实质上是相同的，预期的效果也相同。被告认定权利要求1相对于对比文件1不具备新颖性正确。权利要求2和4的附加技术特征均已被对比文件1所公开，在其所引用的独立权利要求1相对于对比文件1不具备新颖性的基础上，被告认定从属权利要求2和4相对于对比文件1也不具备新颖性亦是正确的。原告关于在评价权利要求的新颖性时应将本专利作为一个整体技术方案与对比文件比较，而被告采用割裂比较的方式是错误的诉讼主张，缺乏法律依据，本院不予采纳。原告关于权利要求1、2、4在使用方法、解决技术问题方面与对比文件1均不相同，二者不属于同样的技术方案的诉讼主张，缺乏事实和法律依据，本院不予采纳。原告关于被告在新颖性判断中适用法律错误的诉讼主张，缺乏法律依据，本院亦不予采纳。

权利要求3与对比文件1的区别特征是“主直杆另一端呈锥状，在紧靠锥尖的位置设置有螺纹”。上述区别特征已经被对比文件4公开，且该特征在本专利以及对比文件4中都是起到了连接件插入保温板和墙体时更加方便以及提高与墙体的连接强度的作用。本领域技术人员为了解决连接件方便插入保温板和墙体以及增强与墙体的连接强度问题，将对比文件4公开的内容应用到对比文件1公开的暗销中，从而得到本专利权利要求3的技术方案无须付出创造性的劳动。被告据此认定权利要求3相对于对比文件1和对比文件4的结合不具备创造性是正确的。权利要求5、7、8的附加技术特征已经被对比文件3所公开，本领域技术人员在对比文件1公开的暗销的基础上，结合对比文件3公开的内容得到权利要求5、7、8所保护的技术方案均不需要付出创造性的劳动。被告认定权利要求5、7、8相对于对比文件 1 和对比文件 3 的结合是显而易见的，不具有实质性特点，因而不具备创造性亦是正确的。原告关于本专利相对于对比文件具备创造性的诉讼意见，缺乏事实和法律依据，本院不予采纳。

综上，第 10200 号决定认定事实清楚，适用法律正确，审查程序合法，本院予以维持。原告的诉讼理由均缺乏事实及法律依据，其诉讼请求本院不予支持。据此，依照《中华人民共和国行政诉讼法》第五十四条第（一）项的规定，判决如下：

维持被告国家知识产权局专利复审委员会于二〇〇七年六月二十八日作出的第 10200 号无效宣告请求审查决定。

案件受理费 100 元，由原告张伟负担（已交纳）。

如不服本判决，可在本判决书送达之日起 15 日内，向本院递交上诉状，并按对方当事人人数提出副本，预交上诉案件受理费 100 元，上诉于北京市高级人民法院。上诉人在上诉期限内未预交上诉案件受理费，又不提出缓交申请的，按自动撤回上诉处理。

审　判　长　强刚华
代理审判员　何君慧
代理审判员　贾志刚
二〇〇七年十二月十日
书　记　员　李　智

# 北京市高级人民法院
# 行政判决书

（2008）高行终字第 61 号

上诉人（一审原告）张伟，男，1977 年 10 月 8 日出生，汉族，个体工商户，住内蒙古自治区锡林郭勒盟太仆寺旗宝昌镇馒头沟村馒头沟大营子 1 组 40 号。

委托代理人闫爽，北京汇泽知识产权代理有限公司专利代理人。

委托代理人张璐璐，北京汇泽知识产权代理有限公司专利代理人。

被上诉人（一审被告）国家知识产权局专利复审委员会，住所地北京市海淀区北四环西路 9 号银谷大厦。

法定代表人廖涛，副主任。

委托代理人郭建强，男，国家知识产权局专利复审委员会审查员。

委托代理人齐宏涛，男，国家知识产权局专利复审委员会审查员。

被上诉人（一审第三人）北京特瑞克墙材料科技有限公司，住所地北京市海淀区西三旗建材城西路 16 号孵化器楼一层。

法定代表人王继强，总经理。

委托代理人尹振启，北京中创阳光知识产权代理有限责任公司专利代理人。

上诉人张伟因专利无效宣告请求审查决定一案，不服北京市第一中级人民法院（2007）一中行初字第 1391 号行政判决，向本院提起上诉。本院审理后，依法组成合议庭，于 2008 年 3 月 12 日公开开庭对本案进行了审理。上诉人张伟的委托代理人闫爽、张璐璐，被上诉人国家知识产权局专利复审委员会（以下简称专利复审委）的委托代理人郭建强、齐宏涛，被上诉人北京特瑞克墙材料科技有限公司（以下简称特瑞克公司）的委托代理人尹振启到庭参加了诉讼。本案现已审理终结。

2007年6月28日，专利复审委依据《中华人民共和国专利法》（以下简称《专利法》）第二十二条第二款、第三款之规定，作出第10200号无效宣告请求审查决定，认为名称为“保温板连接板”的第200520121924.3号实用新型专利权（以下简称本专利）的权利要求1、2、4不具备《专利法》第二十二条第二款规定的新颖性，权利要求3、5、7、8不具备《专利法》第二十二条第三款规定的创造性，因张伟放弃权利要求6，故该项权利要求视为自始不符合《专利法》和《中华人民共和国专利法实施细则》（以下简称《专利法实施细则》）的有关规定，决定宣告本专利权全部无效。张伟不服，诉至一审法院。

北京市第一中级人民法院（2007）一中行初字第1391号行政判决认为，根据《专利法实施细则》第六十八条的规定，在无效宣告请求的审查过程中，专利权人可以修改其权利要求书。《审查指南》对无效宣告程序中专利文件的修改原则、修改方式以及修改方式的限制作出了具体的规定。参照《审查指南》第四部分第三章第4.6节的规定，专利权人仅在下列3种情形的答复期限内，可以以合并的方式修改权利要求书：（1）针对无效宣告请求书；（2）针对第三人增加的无效宣告理由或者补充的证据；（3）针对被告引入的第三人未提及的无效宣告理由或者证据。本案中，被告于2007年7月12日将第三人的无效宣告请求书以及证据材料转送给原告，并指定原告在一个月的期限内予以答复。原告于同年10月12日方提交以删除和合并方式修改的权利要求书替换页，显已超出针对无效宣告请求书的答复期限，被告认为原告的修改不符合《审查指南》的相关规定，并以授权公告的权利要求书作为本次无效宣告请求案件的审查基础并无不当。原告关于被告在无效程序中对其修改文本不予接纳违反了《专利法实施细则》相关规定的主张，缺乏法律依据，本院不予采纳。

参照《审查指南》第二部分第三章第3.1节的规定，如果被审查的实用新型与现有技术在技术领域、所解决的技术问题、技术方案和预期的效果实质上相同，则认为二者为同样的实用新型。被告根据本专利权利要求1所保护的技术方案、对比文件1附图1-3以及说明书公开的内容，作出对比文件中暗销的固定盘、套筒形的暗销杆、支撑钉、肋片相当于权利要求1的压盘、主直杆、芯棒、肋板；暗销的固定盘、暗销杆和肋片相互连接，支撑钉插入暗销杆中，亦相当于权利要求1中的压盘、主直杆和肋板相互连接，芯棒插入到主直杆中的认定是正确的，即权利要求1的技术特征均被对比文件1所公开。本专利的发明目的在于提供一种建筑工程外保温墙的连接件，对比文件1的暗销也是用于固定在建筑物外面绝热材料层的连接件，二者所要解决的技术问题和技术方案实质上是相同的，预期的效果也相同。被告认定权利要求1相对于对比文件1不具备新颖性正确。权利要求2和4的附加技术特征均已被对比文件1所公开，在其所引用的独立权利要求1相对于对比文件1不具备新颖性的基础上，被告认定从属权利要求2和4相对于对比文件1也不具备新颖性亦是正确的。原告关于在评价权利要求的新颖性时应将本专利作为一个整体技术方案与对比文件比较，而被告采用割裂比较的方式是错误的诉讼主张，缺乏法律依据，本院不予采纳。原告关于权利要求1、2、4在使用方法、解决技术问题方面与对比文件1均不相同，二者不属于同样的技术方案的诉讼主张，缺乏事实和法律依据，本院不予采纳。原告关于被告在新颖性判断中适用法律错误的诉讼主张，缺乏法律依据，本院亦不予采纳。

权利要求3与对比文件1的区别特征是“主直杆另一端呈锥状，在紧靠锥尖的位置设置有螺纹”。上述区别特征已经被对比文件4公开，且该特征在本专利以及对比文件4中都是起到了连接件插入保温板和墙体时更加方便以及提高与墙体的连接强度的作用。本领域技术人员为了解决连接件方便插入保温板和墙体以及增强与墙体的连接强度问题，将对比文件4公开的内容应用到对比文件1公开的暗销中，从而得到本专利权利要求3的技术方案无须付出创造性的劳动。被告据此认定权利要求3相对于对比文件1和4的结合不具备创造性是正确的。权利要求5、7、8的附加技术特征已经被对比文件3所公开，本领域技术人员在对比文件1公开的暗销的基础上，结合对比文件3公开的内容得到权利要求5、7、8所保护的技术方案均不需要付出创造性的劳动。被告认定权利要求5、7、8相对于对比文件1和3的结合是显而易见的，不具有实质性特点，因而不具备创造性亦是正确的。原告关于本专利相对于对比文件具备创造性的诉讼意见，缺乏事实和法律依据不予采纳。综上，第10200号决定认定事实清楚，适用法律正确，审查程序合法，本院予以维持。原告的诉讼理由均缺乏事实及法律依据，其诉讼请求本院不予支持。据此，依照《中华人民共和国行政诉讼法》第五十四条第（一）项的规定，判决维持被告专利复审委作出的第10200号无效宣告请求审查决定。

张伟对上述判决不服，于2008年1月3日，向本院提起上诉。

张伟上诉称，专利复审委在被诉决定中没有明示还有其内部颁布的《审查指南》对《专利法实施细则》第六十八条的规定加以限制，因此，上诉人在无效宣告请求审查程序中对权利要求书的修改符合法律规定，一审判决缺乏法律依据，

本专利与对比文件2相比不属于同样的发明，本专利与对比文件2相比没有“暗销钉和支撑钉”等技术特征，两者达到目的的方法、结构、功能和效果均不同，因而本专利具备新颖性。

本专利与对比文件1、3、4相比，其达到的目的和结构、功能和达到的效果均不同，因此，本专利具有实质性特点和进步。本领域技术人员将对比文件任意组合都必须经过大量的创造性劳动才可获得本专利所保护的技术方案。专利复审委作出的第10200号决定没有证据支持，适用法律错误，请求二审法院撤销第10200号决定。

专利复审委答辩称，上诉人于2006年10月18日提交了权利要求书修改替换页，删除了权利要求1，合并了权利要求2、3，并调整了其余从属权利要求的引用关系，形成新的权利要求1~6，因此上述修改属于对权利要求的删除和合并式修改，但是该合并式修改明显超出了我委向其发出的无效宣告请求受理通知书所指定的一个月的答复期限，因此，其提交的权利要求书的修改文本不符合《审查指南》的相关规定。我委以授权公告的权利要求书为基础作出审查决定，符合法律规定。关于对本专利权利要求1~8的新颖性和创造性的具体判定问题，我委重申，对比文件2与本专利权利要求1、2、4相比，仅仅是部件的称谓不同，技术方案实质上相同，且两者都是建筑工程外墙保温中使用的连接件，都是用于将外保温层固定连接到外墙上，即两者在技术领域、所解决的技术问题和预期效果上都实质相同，因此本专利权利要求1、2、4相对于对比文件2不具备新颖性。权利要求3相对于对比文件2和5的结合是显而易见的，不具有实质性特点，权利要求5、7、8相对于对比文件2和4的结合是显而易见的，不具有实质性特点，因此都不具备创造性。由于张伟在口审时主动放弃了权利要求6，因此视为该权利要求6自始不符合《专利法》及《专利法实施细则》的相关规定。综上，一审判决认定事实清楚，适用法律正确，程序合法，请求二审法院予以维持。

特瑞克公司当庭同意专利复审委的答辩意见。

经审理查明，2005年9月22日，张伟向国家知识产权局提出名称为“保温板连接板”的第200520121924.3号实用新型专利申请。国家知识产权局经审查授予其专利权。本专利授权公告的权利要求书如下：

“1. 一种保温板连接件，其特征在于，包括有压盘、主直杆、肋板和芯棒，其中所述压盘、所述主直杆和所述肋板相互连接，所述芯棒插入到所述的主直杆中。

2. 如权利要求1所述的保温板连接件，其特征在于，所述压盘为一个圆形的板，在其中心的圆心处垂直向一侧设置有所述的主直杆，在该主直杆上设置有至少两个所述的肋板，所述肋板都与所述压盘的同一侧面连接。

3. 如权利要求 1 所述的保温板连接件，其特征在于，所述的主直杆为一个圆柱体，其中与所述压盘连接的一端粗于该主直杆的主干部分，另一端呈锥状，在紧靠锥尖的位置设置有螺纹。

4. 如权利要求 2 所述的保温板连接件，其特征在于，在所述的压盘上设置有至少两个贯通孔，所述贯通孔均匀分布在所述的压盘上并贯穿该压盘。

5. 如权利要求 2 所述的保温板连接件，其特征在于，所述压盘在中心圆点处以相同的轴心为轴线，从所述压盘的一个表面上向与所述主直杆连接的另一侧形成一个凹陷的圆柱体状的凹槽，该凹槽伸入到所述的主直杆内。

6. 如权利要求 3 所述的保温板连接件，其特征在于，在所述凹槽的底部设置有一个空腔，该空腔与所述凹槽导通，其轴线重合，且长度短于所述主直杆的长度。

7. 如权利要求 1 所述的保温板连接件，其特征在于，所述芯棒由金属材料制成，为一个直棒，至少在其一端设置有螺纹。

8. 如权利要求 1 所述的保温板连接件，其特征在于，所述压盘、所述主直杆和所述肋板为塑料材料制造。”

针对上述专利权，特瑞克公司于 2006 年 6 月 19 日向专利复审委提出宣告本专利权无效的请求，认为本专利不具备《专利法》第二十二条第二款、第三款，第二十六条第四款以及《专利法实施细则》第二十条第一款，第二十一条第二款规定的新颖性和创造性。同时提交了以下证据：（1）本专利的专利说明书；（2）对比文件 1，公开日为 1999 年 9 月 16 日的德国专利文献 DE29909236U1 及其相关内容译文；（3）对比文件 2，公开日为 1989 年 10 月 11 日、公开号为 CN1036250A（专利申请号为 88102262.4）的中国发明专利申请公开说明书；（4）对比文件 3，授权公告日为 2003 年 2 月 19 日、授权公告号为 CN2536673Y（专利号为 02246640.1）的中国实用新型专利说明书；（5）对比文件 4，公开日为 1981 年 8 月 26 日的欧洲专利文献 EP0034346A1 及其相关内容译文。

特瑞克公司认为，本专利权利要求 1 缺少必要技术特征，不符合《专利法实施细则》第二十一条第二款的规定；权利要求 1、7 不符合《专利法》第二十六条第四款的规定；权利要求 1、2、4 相对于对比文件 1 不符合《专利法》第二十二条第二款、第三款的规定；权利要求 3 相对于对比文件 1 和对比文件 2 以及对比文件 2 以及公知常识的结合。或者相对于对比文件 1 和对比文件的结合不符合《专利法》第二十二条第三款的规定；权利要求 6、7 保护范围不清楚，不符合《专利法实施细则》第二十条第一款的规定；权利要求 8 的附加技术特征涉及材料的选用，不属于实用新型保护的内容，同时对比文件 1 或 3 中的结构也是塑料制成，因此，权利要求 8 也不符合《专利法》第二十二条第三款的规定。

专利复审委受理后，于 2006 年 7 月 12 日向特瑞克公司和张伟发出了无效宣告请求受理通知书，同时将有关文件转送给张伟，并要求其在指定的期限内陈述意见。上述指定期限届满，张伟未对无效宣告请求受理通知书进行答复。

2006 年 10 月 18 日，张伟提交了权利要求书的修改替换页，删除了权利要求 1，将权利要求 2、3 合并为新的权利要求 1，其他的权利要求引用新的权利要求 1。

2006 年 11 月 21 日举行了口头审理。根据口头审理记录表的记载，专利复审委当庭告知张伟及特瑞克公司，张伟提交的权利要求书的修改文本不符合《审查指南》的相关规定，故本次口头审理以授权公告的权利要求书为基础进行审查。在口头审理中，特瑞克公司明确其无效理由为本专利权利要求 6、7 不符合《专利法实施细则》第二十条第一款的规定；权利要求 1 不符合《专利法实施细则》第二十一条第二款的规定；权利要求 1~8 不符合《专利法》第二十六条第四款的规定；权利要求 1、2、4 相对于对比文件 1 不符合《专利法》第二十二条第二款、第三款的规定；权利要求 3 相对于对比文件 1 和对比文件 2 以及公知常识的结合，或者相对于对比文件 1 和对比文件 4 的结合不符合《专利法》第二十二条第三款的规定；权利要求 5、7、8 相对于对比文件 1 和 3 的结合不符合《专利法》第二十二条第三款的规定并认为权利要求 6 不清楚。张伟当庭放弃了权利要求 6。

张伟对于特瑞克公司提交的对比文件 1~4 的真实性、合法性以及译文的准确性均没有异议。专利复审委经审查认为，对比文件 1 至 4 为公开出版物，且其公开日期在本专利的申请日之前，因此可以作为本专利的现有技术使用。其中对比文件 1 和 4 的公开内容以其中文译文为准。

关于本次无效宣告请求案审查的文本，专利复审委认为，张伟于 2006 年 10 月 18 日提交了权利要求书修改替换页，属于对权利要求的删除和合并式修改，但是该合并式修改超出了专利复审委于 2006 年 7 月 12 日向其发出的无效宣告请求受理通知书所指定的一个月的期限，因此张伟提交的权利要求书的修改文本不符合《审查指南》的上述规定，本决定以授权公告的权利要求书为审查基础。

由于张伟在口头审理时放弃了权利要求 6，因此专利复审委认定该权利要求视为自始不符合《专利法》及其《专利法实施细则》的有关规定。

关于本专利的新颖性和创造性问题，专利复审委根据《专利法》第二十二条第一款、第二款、第三款规定，经审查认为，如果涉案实用新型专利的权利要求与对比文件公开的内容相比，技术方案、技术领域、所解决的技术问题、预期效果实质上相同，则认为两者为同样的发明创造，因此涉案实用新型专利的权利要求不具备新颖性。如果现有技术中存在技术启示，使得本领域技术人员在面对要解决的技术问题时，有动机将两篇对比文件相结合，并得到涉案实用新型专利权利要求的技术方案，则该权利要求是显而易见的，不具有实质性特点，因而不具备创造性。

本案中，权利要求 1 要求保护一种保温板连接件，包括有压盘、主直杆、肋板和芯棒，其中所述压盘、所述主直杆和所述肋板相互连接，所述芯棒插入到所述的主直杆中。对比文件 1 公开了一种用于固定在建筑物外面绝热材料层的石膏板暗销，包括：固定盘（即压盘）；套筒形的暗销杆（即主直杆），用于容纳一个支撑钉（即芯棒）；肋片（即肋板）；固定盘、暗销杆和肋片相互连接；支撑钉插入暗销杆中（参见对比文件 1 译文和图 1-3）。由此可见，对比文件 1 与本专利权利要求 1 相比，仅仅是部件的称谓不同，技术方案实质上相同，而且两者都是建筑工程外墙外保温中使用的连接件，都是用于将外保温层固定连接到建筑物的外墙上，即两者在技术领域、所解决的技术问题和预期效果上都实质相同，因此本专利权利要求 1 相对于对比文件 1 不具备《专利法》第二十二条第二款所规定的新颖性。

对比文件 1 还公开了固定盘为圆形板，暗销杆在其圆心处垂直向一侧设置，暗销杆上设置有四个肋片，肋片都与固定盘同侧面连接，以及固定盘上开设有四个均匀分布的通孔等特征（参见对比文件 1 译文和图 1-3），由此可见，权利要求 2 和 4 的附加技术特征也全部被对比文件 1 所公开。因此在其所引用的独立权利要求 1 相对于对比文件 1 不具备新颖性的基础上，从属权利要求 2 和 4 相对于对比文件 1 也不具备《专利法》第二十二条第二款所规定的新颖性。

权利要求 3 是权利要求 1 的从属权利要求，其附加技术特征为“所述的主直杆为一个圆柱体，其中与所述压盘连接的一端粗于该主直杆的主干部分，另一端呈锥状，在紧靠锥尖的位置设置有螺纹”，其中“所述的主直杆为一个圆柱体，其中与所述压盘连接的一端粗于该主直杆的主干部分”从对比文件 1 的图 1-3 中可以看出被公开了，权利要求 3 与对比文件 1 的区别特征仅在于“主直杆另一端呈锥状，在紧靠锥尖的位置设置有螺纹”。对比文件 4 中公开了一种用于固定墙壁的外衬、绝热板、木条或类似物的夹头暗销，其一端构成锥形尖端，靠近锥端有螺纹状的支撑区（参见对比文件 4 的译文和图 1、2）。显然该“锥形尖端”和“螺纹”在对比文件 4 和本专利权利要求 3 中的作用是相同的，都是为了插入保温板和墙体时更加方便以及提高与墙体的连接强度。因此现有技术中存在技术启示，使本领域技术人员在面对上述要解决的技术问题时，有动机将对比文件4中的上述区别特征应用到对比文件1的暗销上，从而得到本专利权利要求3的技术方案。权利要求3相对于对比文件1和5的结合是显而易见的，不具有实质性特点，因而不具备《专利法》第二十二条第三款所规定的创造性。

权利要求5的附加技术特征是“所述压盘在中心圆点处以相同的轴心为轴线，从所述压盘的一个表面上向与所述主直杆连接的另一侧形成一个凹陷的圆柱体状的凹槽，该凹槽伸入到所述的主直杆内”。对比文件3中公开了一种用于现浇墙外保温体系的插接栓，在插接栓底盘的中心处设有圆柱形的凹孔（参见对比文件3说明书第4页，图1、4），因此对比文件3即公开了上述的附加技术特征。显然该“凹槽”在对比文件3和本专利权利要求5中的作用是相同的，都是为了裸露金属杆件（或芯棒）的螺纹端头，方便与螺母配合来悬挂金属网或加固织物。因此现有技术中存在技术启示，使本领域技术人员在面对上述要解决的技术问题时，有动机将对比文件3中的上述技术特征应用到对比文件1的暗销上，从而得到本专利权利要求5的技术方案。权利要求5相对于对比文件1和3的结合是显而易见的，不具有实质性特点，因而不具备《专利法》第二十二条第三款所规定的创造性。

权利要求7的附加技术特征为“所述芯棒由金属材料制成，为一个直棒，至少在其一端设置有螺纹”，对比文件1中的“芯棒”是一个支撑钉，与权利要求7不同，但是对比文件3中的金属杆件是一个直棒，在至少一端设置有螺纹，因此对比文件3即公开了上述的附加技术特征。显然该“带螺纹的芯棒”在对比文件3和本专利权利要求7中的作用是相同的，都是为了一端加强与塑料插接体（即主直杆）的连接，或者另一端用来与螺母配合来悬挂金属网或加固织物。因此现有技术中存在技术启示，使本领域技术人员在面对上述要解决的技术问题时，有动机将对比文件3中的上述区别特征应用到对比文件1的暗销上，从而得到本专利权利要求7的技术方案。权利要求7相对于对比文件1和3的结合是显而易见的，不具有实质性特点，因而不具备《专利法》第二十二条第三款所规定的创造性。

权利要求8的附加技术特征是“所述压盘、所述主直杆和所述肋板为塑料材料制造”，该特征虽然没有在对比文件1中公开，但是对比文件3说明书第2页第27行公开了插接栓采用塑料插接体，为了节约成本，减轻插接栓的重量，上述公知材料的选择对本领域技术人员来说也是有技术启示的，因此权利要求8相对于对比文件1和3的结合也是显而易见的，不具有实质性特点，因而不具备《专利法》第二十二条第三款所规定的创造性。

鉴于本专利所有权利要求不具备新颖性或创造性，应予全部无效，因此专利复审委对特瑞克公司提出的其他无效理由未再予以评述。根据上述的事实和理由，专利复审委作出第10200号决定，宣告本专利权全部无效。

在一审法院审理中，张伟及特瑞克公司对专利复审委作出第10200号决定的程序，以及权利要求6视为自始不符合《专利法》和《专利法实施细则》的有关规定的认定结论均没有异议。

一审期间，专利复审委向法院提交了以下证据：（1）本专利说明书复印件；（2）对比文件1~4；（3）口审记录表。

上述证据均随案移送本院。经庭审质证，本院审查认为，上述证据内容真实，来源合法，与本案具有关联性，能够证明本院查明的事实，本院予以确认。

本院认为，《审查指南》是国家知识产权局依照《专利法实施细则》第一百二十一条的规定制定的，是《专利法》及《专利法实施细则》的具体化，是向社会公布的部门规章，也是国家知识产权局和专利复审委及有关当事人在专利申请、复审各个阶段应当共同遵守的。张伟关于《审查指南》系内部规章的主张，本院不予支持。

由于张伟在口审中放弃了权利要求6，专利复审委认为权利要求6视为自始不符合《专利法》及《专利法实施细则》的有关规定的表述是不严谨的。因张伟对权利要求书的修改未在专利复审委指定的一个月的期限内予以答复，不符合《审查指南》第四部分第三章第4.6节的规定，专利复审委以授权文本进行审查符合法律规定，张伟关于专利复审委对其修改文本不予接纳违法的主张，本院不予支持。

将本专利权利要求1、2、4，与对比文件2相比可以看出，本专利权利要求1中的压盘、主直杆、肋板和芯棒与对比文件2中的固定盘、套筒型的暗销杆、肋板，仅仅是部件的称谓不同，技术方案实质上相同，两者都是建筑工程外墙保温中使用的连接件，都是用于将外保温层固定连接到外墙上，即两者在技术领域、所解决的技术问题和预期效果上实质相同。因此专利复审委得出的本专利权利要求1、2、4相对于对比文件2不具备新颖性的结论是正确的。

专利复审委将本专利权利要求3、5、7、8的附加技术特征与对比文件2、4、5进行比对后认定，权利要求3的附加技术特征已被对比文件2公开，权利要求5的附加技术特征已被对比文件5公开，权利要求7的附加技术特征已被对比文件4公开，权利要求8的附加技术特征相对于对比文件2和4的结合是显而易见的认定，符合客观事实，其得出的“现有技术中存在技术启示，使本领域技术人员在面对上述所要解决的技术问题时有动机将对比文件与本专利权利要求的区别技术特征应用到对比文件上，本专利不具备创造性”的结论是正确的。其作出的第10200号决定，本院予以支持。一审判决认定事实清楚，证据确实充分，适用法律正确，审判程序合法，本院予以维持。张伟的上诉请求本院不予支持。综上，依照《行政诉讼法》第六十一条第（一）项之规定，判决如下：

驳回上诉，维持一审判决。

二审案件受理费100元，由上诉人张伟负担（已交纳）。

本判决为终审判决。

审　判　长　郭　宜
审　判　员　张学磊
代理审判员　朱海宏
二〇〇八年三月二十日
书　记　员　程钰玮

140

# 正向流动阀

## 无效宣告请求审查决定（第 10219 号）

**决　定　号**　第 10219 号
**决　定　日**　2007 年 6 月 29 日
**发明创造名称**　正向流动阀
**国际分类号**　A61M 39/26
**无效宣告请求人**　北京乐普医疗器械有限公司
**专　利　权　人**　ICU 医学有限公司
**专　利　号**　97181779.0
**申　请　日**　1997 年 12 月 15 日
**优　先　权　日**　1996 年 12 月 16 日
**授权公告日**　2004 年 10 月 27 日
**合议组组长**　刘颖杰
**主　审　员**　李　礼
**参　审　员**　刘　畅

**法　律　依　据**　专利法第 26 条第 4 款、第 22 条第 2 款、第 22 条第 3 款，专利法实施细则第 20 条第 1 款

**决　定　要　点**

若一项权利要求请求保护的技术方案相对于证据所公开内容具有区别技术特征，且从证据所公开内容并不能明确无误地推出该区别特征，同时该区别特征也未被其他证据所公开，则该权利要求相对于现有技术具备创造性。

### 一、案由

本无效宣告请求涉及中华人民共和国国家知识产权局于 2004 年 10 月 27 日授权公告的、名称为“正向流动阀”的发明专利权（下称本专利），其申请号是 97181779.0，申请日是 1997 年 12 月 15 日，优先权日为 1996 年 12 月 16 日，专利权人是 ICU 医学有限公司。该专利授权公告时的权利要求如下：

“1. 一种医用阀，用以控制液体在一个医疗设备和一个导管的导管头部之间的流动与所述阀液体连通，所说的阀包括一个主体，该主体具有一个带有一个适于和所说的导管头部液体连通的出口的腔和一个适于接受所说的医疗设备的开口，以及一个位于所说的主体内的密封，该密封在其一个第一位置和一个第二位置之间移动，在第一位置时允许液体通过所说的主体流动，在第二位置所说的密封阻

塞了液体通过主体的流动，其特征在于，所说的腔包括一个在所说的密封在所说的第一位置时对所说的出口开放的第一液体腔，和一个在所说的密封在所说的第二位置时对所说的出口开放的较小的第二液体腔，从而在所述主体内的腔的变化所述出口的方向产生一个正向液体流动，其中所述主体还包括至少一个在外侧表面上的螺纹部分。

2. 根据权利要求 1 中所说的医用阀，其特征在于，所说的密封具有一个第一端和一个第二端以及穿过其中的通道，所说的通道在所说的密封位于所说的第二位置时被阻断。

3. 根据权利要求 1 中所说的医用阀，其特征在于，所说的主体具有一个近端和一个远端，其中在所说的医疗设备通过所说的开口插入时，所说的密封在所说的主体内向着远端移动到所说的第一位置。

4. 根据权利要求 1 中所说的医用阀，其特征在于，还包括偏压装置用以将所说的密封偏压到所说的第二位置。

5. 根据权利要求 4 中所说的医用阀，其特征在于，所说的偏压装置包括一个弹簧。

6. 根据权利要求 4 中所说的医用阀，其特征在于，所说的偏压装置包括一个弹性元件。

7. 根据权利要求 4 中所说的医用阀，其特征在于，所说的密封具有一个第一段和一个第二段，所说的第一段具有一个从中穿过的通道，该通道在所说的密封位于所说的第一位置时是打开的，在所说的密封位于所说的第二位置时被关闭，且其中所说的密封包括一个限定了一个可容纳液体区域的第二部分。

8. 根据权利要求 7 中所说的医用阀，其特征在于，当所说的密封位于所说的第一位置时所说的可容纳液体区域的容积大于所说的密封在所说的第二位置时的容积。

9. 根据权利要求 8 中所说的医用阀，其特征在于，所述密封的所说第二段包括一个第一局部和一个第二局部，在密封受压时第一局部膨胀而第二局部缩小，所说的第一局部膨胀的大小使可容纳液体区域增大的量大于所说第二局部的所说缩小使所说可容纳液体区域减少的量。

10. 根据权利要求 1 中所说的医用阀，其特征在于，所述主体包括一个限定所说的内腔的壁结构，所述密封包括一个弹性密封，在一个医疗设备的输出端插入所说的开口时所述弹性密封相应地移动进入受压状态并在所说的输出端移走时恢复到减压状态，所说的密封在减压状态时具有适于阻塞液流通过所说腔邻近所说开口部分的一段，且所说密封段紧靠在所说开口附近的所说壁机构上以密封所说的开口，在受压状态下所说的密封段被医疗设备的输出端由所说的开口推出并进入所说的腔，密封具有一个空心的内部并在所说的密封段内包括一个小孔，该小孔在支撑状态下是打开的而在所说的减压状态下被所说开口保持关闭；

还包括一个液体腔，它包括所说的空心内部的至少一部分并至少部分地设置在所说的腔内；和

一个流动控制部件，该部件可逆地在所说的减压状态使所说的液体腔缩小并在所说的受压状态使所说的液体腔膨胀。

11. 根据权利要求 10 中所说的医用阀，其特征在于，所说的流动控制部件包括所说的密封的一部分。

12. 根据权利要求 10 中所说的医用阀，其特征在于，还包括用以将所说的密封偏压到所说的减压状态的装置。

13. 根据权利要求 12 中所说的医用阀，其特征在于，所说的装置包括一个弹簧。

14. 根据权利要求 4 中所说的医用阀，其特征在于，所说的偏压装置包括一对交叉部件。

15. 根据权利要求 10 中所说的医用阀，其特征在于，所说的壁结构是可移动的且所说的液体腔部分地包括由所说壁结构所限定的所说腔。

16. 根据权利要求1中所说的医用阀，其特征在于，所述主体还包括一个适于接纳另一个医疗设备的入口，所述入口在所述密封在其第一和第二位置时都能通过所述腔与所述出口液体连通。

17. 根据权利要求3中所说的医用阀，其特征在于，所述螺纹部分的位置靠近所述近端。

18. 根据权利要求1中所说的医用阀，其特征在于，还包括一带有可移动壁的下室和一用于排出空气的小孔。"

针对上述专利权，北京乐普医疗器械有限公司（下称请求人）于2006年3月29日向专利复审委员会提出无效宣告请求，其提交的证据如下：

证据1：US5439451A美国专利授权说明书原文及中文译文，公开日为1995年8月8日；

证据2：US5555908A美国专利授权说明书原文及中文译文，公开日为1996年9月17日；

证据3：国家知识产权局专利局实审部门对本专利的《第一次审查意见通知书》、《第一次审查意见通知书正文》、在《第一次审查意见通知书》作为对比文件所引用的CA2175021A中的英文原文首页及其上包括有FIG4-FIG6的附图页共2页，以及专利权人针对《第一次审查意见通知书》所提交的意见陈述书的复印件。

请求人在无效宣告请求书中认为：本专利权利要求1~6不具备新颖性、创造性；权利要求1不符合专利法第26条第4款、专利法实施细则第20条第1款和第21条第2款的规定。

经形式审查合格，专利复审委员会依法受理了上述无效宣告请求，并于2006年3月30日向双方当事人发出无效宣告请求受理通知书，并将无效宣告请求书及其附件清单中所列附件的副本转送给专利权人。

请求人于2006年4月26日提交了补充意见，在补充意见中请求人增加了无效理由，认为本专利权利要求7~18不符合专利法第22条第3款的规定。

专利权人于2006年5月15日提交了意见陈述书，并提交了反证1：国家知识产权局专利局实审部门对本专利的《第二次审查意见通知书》、《第二次审查意见通知书正文》、专利权人针对《第二次审查意见通知书》所提交的意见陈述书、权利要求书替换页的复印件。专利权人在意见陈述书中认为：本专利权利要求1~18相对于证据1、2、3具有专利性，并且本专利权利要求1符合专利法第26条第4款、专利法实施细则第20条第1款以及第21条第2款的有关规定。

针对上述无效宣告请求，专利复审委员会依法成立合议组，本案合议组于2006年10月12日向双方当事人发出无效宣告请求口头审理通知书，指出本案合议组定于2006年11月20日举行口头审理。同时将请求人于2006年4月26提交的意见陈述书转送给专利权人，将专利权人于2006年5月15日提交的意见陈述书及其附件副本转送给请求人。

口头审理如期举行，双方当事人均出席了口头审理。

请求人当庭明确其无效宣告请求的理由和范围为：（1）本专利权利要求1不符合专利法第26条第4款的规定；（2）本专利权利要求1不符合专利法实施细则第20条第1款的规定；（3）本专利权利要求1~18不符合专利法第22条第2款、第3款的规定，证据的具体使用方式为：使用证据1评述本专利权利要求1的新颖性、创造性，证据2结合证据3评述本专利权利要求1的创造性，使用证据3评述本专利权利要求2的创造性，分别使用证据1、2、3评述本专利权利要求3、6、8的创造性，分别使用证据1、3评述本专利权利要求4的创造性，分别使用证据2、3评述本专利权利要求5的创造性，使用证据3评述本专利权利要求7的创造性，使用公知常识评述本专利权利要求9的创造性，使用证据3评述本专利权利要求10~15的创造性，使用证据1评述本专利权利要求16、17的创造性，使用证据1和证据3评述本专利权利要求18的创造性；（4）请求人当庭明确放弃权利要求1不符合专利法实施细则第21条第2款的无效理由。

口头审理中，专利权人对请求人所提交证据1~3的真实性没有异议，但对于证据1、证据2的中文译文的准确性有异议，并指出请求人未提交证据3中所涉及外文证据的中文译文，不认可《第一次审查意见通知书》中的文字就是证据3中外文证据的中文译文。经协商双方当事人对于证据1中文译文第2页、第3页中的“一头逐渐变得尖细的”应译为“锥形”达成一致，在此基础上专利权人对于证据1的中文译文的准确性没有异议；双方当事人未对证据2中文译文部分达成一致，要求委托指定的翻译公司进行翻译，据此合议组告知双方当事人本次口头审理不涉及证据2，有关涉及证据2的无效宣告请求理由将再次安排口头审理进行审查；对于专利权人所指出关于证据3中外文证据的中文译文部分的异议，合议组当庭告知仅使用《第一次审查意见通知书》、《意见陈述书》中涉及有关CA2175021A、本专利的内容，双方当事人对此无异议。

请求人认为本专利说明书部分仅公开了“绝对腔体变化”和“软密封”，而本专利权利要求1中的“主体”和“密封”均为上位概念，因而该权利要求得不到说明书的支持，不符合专利法第26条第4款以及专利法实施细则第20条第1款的有关规定；专利权人指出本专利未提过软或者硬密封，只是说到腔体体积变化从而产生正向液体流动，因而请求人认为本专利权利要求1得不到说明书支持这一无效宣告理由不成立。请求人指出本专利权利要求1中的“第一位置”、“第二位置”在说明书中没有涉及，因而不符合专利法实施细则第20条第1款。

请求人认为证据1附图2、3及中文译文第3页公开的阀相当于本专利的主体，橡胶活塞30相当于本专利中的密封，证据1附图2、3中分别公开了阀关闭和开启的状态，变化过程中其腔体变小，虽然证据1未公开外层表面上有螺纹部分，但这个螺纹在很多产品中都有，由此证据1破坏本专利权利要求1的新颖性，进而破坏其创造性；专利权人认为证据1中的阀与本专利完全不同，发明目的、技术方案均不同，证据1中没有描述腔的变化。请求人认为证据3所公开的技术方案与本专利权利要求1的区别在于腔体变化过程是相反的，但该区别是本领域技术人员可以轻易想到的；专利权人认为证据3与本专利权利要求1的区别在于腔体变化是相反的，且证据3未公开螺纹。请求人认为证据3中的《第一次审查意见通知书》中已经对本专利权利要求2的附加进行特征进行了评述，且该通知书中所指的权利要求5、7即为本专利授权时的权利要求2、4，因而本专利权利要求2、4不具备创造性；专利权人认为本专利权利要求2、4从属于权利要求1，在权利要求1具备创造性时这些权利要求也具有创造性。请求人认为证据1、2、3分别都可评述权利要求3的创造性，证据1图3中附图标记68为一个密封，当注射器尖端S压下去的时候只是对附图标记68位置的描述不同，但实质上是相同的，本专利大部分权利要求均已在证据3中公开，证据1公开了本专利权利要求4、8、16、18的技术方案，证据2公开了本专利权利要求5的技术方案，证据1、2、3分别公开了本专利权利要求6附加技术特征，请求人认为本专利权利要求9的附加技术特征是公知常识，使用证据3评述本专利权利要求10~15的创造性。

专利权人认为证据1中未公开“第一位置”，两个密封的关闭与本专利的是相反的，没有任何一份证据公开了本专利权利要求8、16的附加技术特征。

口头审理结束后，合议组告知双方当事人，鉴于双方当事人对于证据2中文译文有异议，需委托双方当事人认可的翻译单位进行全文翻译，待提交双方均认可的证据2中文译文之后，对有关涉及证据2的无效宣告请求理由进行再一次口头审理。

双方当事人于该口头审理之后，提交了由双方委托的双方均认可的翻译单位对证据2所作出的全文中文译文。

本案合议组于2007年2月12日向双方当事人发出无效宣告请求口头审理通知书，指出本案定于2007年4月4日再次举行口头审理。

口头审理如期举行，双方当事人均出席了口头审理。

合议组当庭告知双方当事人，本次口头审理以双方当事人认可的翻译单位对证据 2 所作出的全文中文译文作为证据 2 的中文译文。请求人认为，证据 2 的发明目的是可防止血液回流，其中文译文发明内容部分的第 2 行中的近端和远端就是本专利中的开口和出口，证据 2 公开了本专利权利要求 1 的前序部分，结合证据 2 附图 4 中标号 34 软体弹性体，而证据 3 中审查意见通知书中引用的 CA2175021A 文献，其中记载该对比文件公开了阀的主体（31），以及位于该主体内的密封（22，44），密封在第一位置和第二位置之间移动，在所说的移至所说的第一位置时液体腔自动地和可逆地增大而在所说的密封至所说的第二位置时将减少。根据 CA2175021A 附图看出该冲液的部分是内腔，但证据 2 中用于充满液体的是软体外腔，其图 4 是软体的压缩体，结合证据 3 中公开的上述内容，进而得知证据 2 软体在拉开时软体内部体积增加，从而软体外部体积必然减少。本专利权利要求 1 中概括了正压和零压，证据 2 图 4 相当于本专利中的第一位置（开启），证据 2 图 2 相当于本专利中的第二位置（关闭），证据 2 第 7 页第 2 段第 6 行所述的不产生回流的技术特征与本专利第 14 页中不产生回流的技术特征是完全相同的。专利权人认为证据 2 中没有提出正向流动的概念也没有体积增大缩小的概念，证据 2 中文译文第 7 页第 2 段描述的是医疗设备再抽出的时候采取的是关闭阀的形式，是零流动，而本专利是正向流动而不是零流动，证据 2 阻止回流的方式是把出口堵住，而本专利不但堵住而且还起到正向推动的作用。请求人认为本专利权利要求 6 中的弹性元件也被证据 2 中的细长弹性构件 34 所公开，证据中 34 和 42 都是弹性元件，弹性元件就是阻止其关闭。专利权人认为本专利中的弹性元件如图 30 中所示的附图标记 1418，其是弹簧。至此，双方当事人就涉及证据 2 的无效宣告请求理由发表了各自的意见。

至此，合议组认为本案事实清楚，现依法作出审查决定。

**二、决定的理由**

1. 关于证据

证据 1 和证据 2 均是美国专利申请说明书公开文本，其公开日期均早于本专利的申请日，并且专利权人对其真实性均无异议，其上记载的内容可以作为本专利的现有技术，双方当事人对证据 1 的中文译文的准确性达成一致，并且委托双方均认可的翻译公司对证据 2 进行了翻译，因此证据 1 的文字部分以双方达成一致后的中文译文为准，证据 2 的文字内容以由双方认可的翻译公司所翻译的中文译文为准。

2. 关于专利法第 26 条第 4 款的问题

专利法第 26 条第 4 款规定：权利要求书应当以说明书为依据，说明要求专利保护的范围。

请求人认为本专利权利要求 1 中的“主体”和“密封”为上位概念，但本专利说明书部分仅涉及“腔体绝对变化”和“软密封”的内容，因此，本专利权利要求 1 的上述限定不适当地扩大了其包括范围，未能得到本专利说明书的支持，因而本专利权利要求 1 不符合专利法第 26 条第 4 款的规定。

对于请求人认为本专利权利要求 1 中“密封”得不到说明书支持这一观点，合议组经审查认为：本专利权利要求 1 中所限定的“密封”是位于所说主体内，其在一个第一位置和一个第二之间移动，在第一位置是允许液体通过所说的主体流动，在第二位置所说的密封阻塞了液体通过主体的流动。首先，对于所述技术领域人员来说，不会将“密封”分为如请求人所述的“硬密封”和“软密封”，这种分类是请求人自己所使用的定义；其次，在本专利说明书中对于该“密封”记载部分中并未如请求人所述的是“软密封”；再有，在说明书实施例部分对其的记载（本专利说明书第 6~11 页，附图 4、5）是：由支持部件 214 起到对密封 216 的支持和连接设备的作用，内管道 242 和密封 216 的内腔

218 在使用期间形成一个液体的连续通道，密封 216 由弹性材料构成，在密封 216 因插入医疗设备如注射器 238 而受压时，如图 5 所示预切狭缝 259 回到其支撑状态并打开，液体因而得以流过狭缝 259。在图 4 所示的减压状态，在密封 216 上作用一个压力以保持密封 216 关闭。根据说明书上述部分的记载，在密封 216 处于受压状态时允许液体流过主体，即为本专利权利要求 1 中的第一位置，在密封 216 处于减压状态时阻塞液体流过主体，即为本专利权利要求 1 中的第二位置。由此可知，本专利权利要求 1 中关于“密封”的限定可以得到说明书相应部分的支持。

对于请求人认为本专利权利要求 1 中“主体”得不到说明书支持这一观点，合议组经审查认为：首先，在本专利说明书中对于该“主体”记载部分中并未如请求人所述的其是“绝对腔体的变化”；其次，在本专利说明书实施例部分也有相应的记载（本专利说明书第 6~11 页，附图 4、5）：阀 210 包括阀体 212，支持部件 214，限定了一个内腔 218 的密封 216，主体 212 在近端 228 附近具有上部管道 226，管道带有圆形开口 230 以接受医疗设备，为使阀 210 成为正向流动阀，需要在受压使，夹板能使狭窄部分 267 具有的膨胀（即，在密封 216 的区域内液体容积有所增加），比因密封 216 内腔 218 膨胀而产生的体积缩小的变化大的膨胀，而在减压时狭窄部分 267 的缩小（即，在密封区域内液体容积的减少），比密封 216 的一般的膨胀（即，在密封区域内液体容积的增加）为大，根据说明书上述部分的记载，能够得到本专利权利要求 1 中所限定出“主体”的各个结构特征，即本专利权利要求 1 中“主体”能够得到说明书的支持。

由此可见，请求人认为本专利权利要求 1 不符合专利法第 26 条第 4 款的无效宣告请求理由不成立。

3. 关于专利法实施细则第 20 条第 1 款的问题

专利法实施细则第 20 条第 1 款规定：权利要求书应当说明发明或者实用新型的技术特征，清楚、简要地表述请求保护的范围。

请求人认为本专利权利要求 1 中的“主体”以及“密封”不符合专利法实施细则第 20 条第 1 款。

根据上面关于专利法第 26 条第 4 款的评述，请求人的上述主张并不成立。并且本专利权利要求 1 属于产品权利要求，其中用具体的结构特征已对“密封”和“主体”进行了限定，对于本领域技术人员来说，根据权利要求 1 所限定的内容，已清楚其限定出所要保护的范围。

请求人认为本专利权利要求 1 中“第一位置”和“第二位置”由于在说明书中没有涉及，因而不清楚，不符合专利法实施细则第 20 条第 1 款的规定。

对此合议组经审查认为：在本专利权利要求 1 中将“第一位置”限定为“在第一位置时允许液体通过所说的主体流动”，将“第二位置”限定为“在第二位置所说的密封阻塞了液体通过主体的流动”，通过上述限定已经清楚的限定出第一位置和第二位置，该权利要求请求保护的范围也是清楚的，因而，本专利权利要求 1 符合专利法实施细则第 20 条第 1 款的规定。同时，虽然本专利说明书中没有明确提及这两个词，但是有相应位置的描述，并且能够与本专利权利要求 1 中的描述相对应，因此，请求人的上述主张不成立。

4. 关于专利法第 22 条第 2 款的问题

专利法第 22 条第 2 款规定：新颖性，是指在申请日以前没有同样的发明或者实用新型的国内外出版物上公开发表过、在国内公开使用过或者以其他方式为公众所知，也没有同样的发明或者实用新型由他人向国务院专利行政部门提出过申请并且记载在申请日以后公布的专利申请文件中。

请求人认为证据 1 可破坏本专利权利要求 1 的新颖性。

本专利权利要求 1 请求保护一种医用阀。证据 1 公开了一种医用无盖防回流动阀，该证据与本专利所属技术领域相同，均是医用阀，证据1中具体了公开了以下内容：该医用防回阀包括注射器模型外套10，该外套包括一个较小直径的管状上端部分12和一个较大直径的下端部分14，外套上端部分里面有一个锥形的入口孔20，下端部分里面有一个主孔22，弹性橡胶活塞30加强弹性塑料塞子32的严密性，从底端装进外套里，被一个通过焊接或粘结固定在交叉孔中的塑料螺帽附件34挡在里面，接口附件包含一个被内部螺纹挡板38环绕的向下逐渐变细的液体孔，边缘上部是降低直径的基础部分42，从基部升起的是具有销直径尖端56的中心杆54，杆的功能是把不锈的压缩弹簧58放在中央，当阀门打开时尖端放在活塞塞子的中央，通过插入注射器尖端“S”，或者是其他合适的导管插入外套顶端一头锥形孔，能开启阀门（如图3），阀在弹簧力的作用下通常是保持关闭的（图2）。

在证据1所公开的技术方案中，证据1中的外套相当于本专利中的主体，证据1中的入口孔相当于本专利中的是与接收所说的医疗设备的开口，证据1中的接口附件相当于本专利中的和所说的导管头部液体连通的出口，证据1中的弹性橡胶活塞和塑料塞子相当于本专利中的密封，证据1中当注射器插入外套顶端一头锥形孔时弹性橡胶活塞和塑料塞子所处的位置相当于本专利中的第一位置，证据1中当阀在弹簧力的作用下通常是保持关闭时弹性橡胶活塞和塑料塞子所处的位置相当于本专利中的第二位置，证据1中当注射器插入外套顶端锥形孔时阀内充满液体的部分相当于本专利中的第一液体腔。本专利权利要求1请求保护的技术方案与证据1所公开内容相比，其区别在于：（1）证据1中不具有本专利中“一个在所说的密封在所说的第二位置时对所说的出口开放的较小的第二液体腔”；（2）证据1中也未公开“在所述主体内的腔的变化在所述出口的方向产生一个正向液体流动”这一技术特征；（3）证据1中位于接口附件上的是内螺纹，而不是本专利中的“在外侧表面上的螺纹部分”。

请求人认为虽然证据1文字部分没有描述体积变化，但其附图2和附图3可以明显看出其中充满液体的腔体是变化的，这与本专利产生正压或腔体变化是相同的。对于本专利中采用设置在外侧表面的螺纹部分，请求人认为这种螺纹在很多产品中都有。

合议组经审查认为：对于区别技术特征（1）和（2），证据1中文字部分没有记载，其附图2、3仅显示了该注射器处于插入和拔出两种情况时的状态，但仅根据该两幅附图并不能确定腔体体积的变化程度，不能以此推出证据1公开了本专利中的“在所述主体内的腔的变化在所述出口的方向产生一个正向液体流动”这一技术特征，由于证据1与本专利权利要求1请求保护的技术方案存在上述区别技术特征，因此本专利权利要求1相对于证据1具有新颖性，符合专利法第22条第2款的规定。

5. 关于专利法第22条第3款的问题

专利法第22条第3款规定：创造性，是指同申请日以前已有的技术相比，该发明有突出的实质性特点和显著的进步，该实用新型有实质性特点和进步。

请求人认为证据1破坏本专利权利要求1的创造性，证据2结合证据3破坏本专利权利要求1的创造性，证据3破坏本专利权利要求2的创造性，分别使用证据1、2、3评述本专利权利要求3、6、8的创造性，分别使用证据1、3评述本专利权利要求4的创造性，分别使用证据2、3评述本专利权利要求5的创造性，证据3破坏本专利权利要求7的创造性，使用公知常识评述本专利权利要求9的创造性，使用证据3评述本专利权利要求10~15的创造性，使用证据1评述本专利权利要求16、17的创造性，使用证据1和证据3评述本专利权利要求18的创造性。

本专利权利要求1是否符合专利法第22条第3款的规定。

（1）使用证据1评述本专利权利要求1的创造性。

如前所述，本专利权利要求1请求保护的技术方案与证据1所公开内容相比，其区别在于：①证据1中不具有本专利中“一个在所说的密封在所说的第二位置时对所说的出口开放的较小的第二液体腔”；②证据 1 中也未公开“在所述主体内的腔的变化在所述出口的方向产生一个正向液体流动”这一技术特征；③证据 1 中位于接口附件上的是内螺纹，而不是本专利中的“在外侧表面上的螺纹部分”。

合议组经审查认为：对于区别技术特征③，证据 1 中公开了内螺纹的结构，对于本领域技术人员来说，设置内螺纹或外螺纹实现两构件间的机械连接属于常规选择，对于本领域技术人员来说是显而易见的；对于区别技术特征①、②，证据 1 中文字部分没有记载在注射器插入阀内时和未插入时该阀内的液体腔是否发生变化，从其附图 2、3 中也不能确定在注射器插入锥形孔时充满液体的腔体是否比未插入注射器时腔体大，在证据 1 所公开的医用防回流阀中，其一个作用是在阀不起作用时防止输注线泄漏，通过提供密封垫来提高防漏特性，但对于如何防止血液回流这一方面证据 1 并未给出具体说明，由此，在证据 1 所公开内容基础上并不能推出其中公开了本专利中的“在所述主体内的腔的变化在所述出口的方向产生一个正向液体流动”这一技术特征，即证据 1 未给出通过体积变化而在出口方向产生正向液体流动的技术启示，而由于该技术特征，权利要求 1 的技术方案可在注射器拔出时，产生正向液体流动，具备有效地防止血液回流的技术效果，因此，本专利权利要求 1 请求保护的技术方案相对于证据 1 具备突出的实质性特点和显著的进步，符合专利法第 22 条第 3 款的规定。

（2）使用证据 2 结合证据 3 评述本专利权利要求 1 的创造性。

证据 2 公开了一种用于医用注射装置的阀式 PRN 接头，具体公开了以下内容：用于将流体控制装置 12 连接到医用装置上的阀式接头 10 包括主体 16，包括近端 20、远端 24 和穿过其间通路 28，通路 28 包括位于近端 20 和远端 24 中间的腔室 30，接头 10 包括容纳在腔室 30 内的阀 32，用于选择地阻碍和允许流体流过通路 28，阀 32 包括近端 36 和纵轴 A’的细长弹性构件 34，阀 32 通常处于图 2、3 中所示的常闭位置，或如图 4 所示的打开位置，阀 32 还包括位于细长弹性构件的近端 36 处的推动器 38，推动器包括位于细长弹性构件的近端处 36 的伸缩部分 40，通过盘簧 42 将伸缩部分 40 偏压到伸出位置，图 4 中箭头所示的用于流体流动的大致连续通路，在阀 32 打开时便于流体从流体处理装置 12 流过接头，伸缩部分 40 允许阳路厄氏配件 12 在阀 32 完全关闭时实质上封闭通路 28，所述接头的阀 32 在装置完全移除之后完全关闭，几乎没有通过接头发生回流泄漏的可能，当取出注射器时，只需要细长弹性构件的少量近端移动来封闭阀 32，通过在流体处理装置从流路中完全取出之前关闭阀 32 来阻碍邻近阀封闭的注射器尖端中的液柱体积的平衡，消除血液回流到导管中。

在证据 2 所公开的技术方案中，证据 2 中的主体 16 相当于本专利中的主体，远端 24 相当于本专利中的和所说的导管头部液体连通的出口，腔室 30 相当于本专利中的腔，近端 20 相当于本专利中的适于接受所说的医疗设备的开口，阀 32 相当于本专利中的密封，在将阳路厄氏配件使推动器推动弹性构件进而打开阀 32 时，阀 32 所处位置相当于本专利中的第一位置，该主体内冲有液体的腔体相当于本专利中的第一液体腔，当取出注射器利用弹性构件而关闭阀 32 时，阀 32 所处位置相当于本专利中的第二位置。

本专利权利要求 1 请求保护的技术方案与证据 2 所公开内容相比，其区别在于：①证据 2 中不具有本专利中“一个在所说的密封在所说的第二位置时对所说的出口开放的较小的第二液体腔”；②证据 2 中也未公开“在所述主体内的腔的变化在所述出口的方向产生一个正向液体流动”这一技术特征；③证据 2 中位于接口附件上的是内螺纹，而不是本专利中的“在外侧表面上的螺纹部分”。

证据 3 是国家知识产权局专利局实审部门对本专利的《第一次审查意见通知书》、《第一次审查意见通知书正文》、在《第一次审查意见通知书》作为对比文件所引用的 CA2175021A，以及专利权人针对《第一次审查意见通知书》所提交的意见陈述书。在《第一次审查意见通知书正文》中关于对其所引用的对比文件 CA2175021A，叙述了以下内容：“其公开一种医用阀，用以控制液体在一个医疗设备和一个导管的导管头部之间的流动，所说的阀包括主体，主体具有一个和所说的导管头部相通的腔和一个接受所说的医疗设备的开口（34），以及一个位于所述的主体内的密封（24、44），密封在其一个第一位置和一个第二位置之间移动，在第一位置所说的密封阻塞了液体通过主体的流动，在第二位置时允许液体通过所说的主体的流动，所说的腔包括一个液体腔，在所说的移至所说的第一位置时液体腔自动地和可逆地增大而在所说的密封移至所说的第二位置时将减少”。根据上述记载可知在 CA2175021A 中并没有公开上述区别技术特征①~③。并且在该《第一次审查意见通知书正文》中的其他部分中也未记载有 CA2175021A 中公开了上述区别技术特征。如前所述，区别技术特征①、②具备有益的技术效果，而不论在证据 2 或证据 3 中均未公开区别技术特征①、②，也没有得出上述特征的技术启示，因此，本专利权利要求 1 请求保护的技术方案相对于证据 2 与证据 3 的结合具备突出的实质性特点和显著的进步，符合专利法第 22 条第 3 款的规定。

对于请求人认为 CA2175021A 中的医用阀由于液体腔是弹性体的内腔，当关闭阀时液体腔变大，而证据 2 中液体腔是弹性构件 34 之外的部分，由于 CA2175021A 中在其关闭阀时作为液体腔的弹性体内腔容积变大，进而推出证据 2 中的医用注射装置阀当拔出注射器时其液体腔的容积会变小这一主张，合议组认为上述推测不能成立，虽然证据 2 中弹性构件在注射器拔出时会从压缩状态回复到正常状态，即弹性构件 34 内部的容积会从小变大，但不能由此推定位于其外测的液体腔一定变小，因为阀 32 会随之上升从而使得液体腔的高度变大，因而，请求人的上述推测不能成立，即证据 2 与证据 3 相结合并不能得到本专利权利要求 1 请求保护的技术方案，请求人的该无效宣告请求理由不成立。

如前所述，本专利权利要求 1 具备创造性，因而直接或间接从属于本专利权利要求 1 的本专利权利要求 2~18 也具备创造性。

综上所述，本专利权利要求 1 符合专利法第 26 条第 4 款、专利法实施细则第 20 条第 1 款的规定，权利要求 1~18 符合专利法第 22 条第 2、3 款的规定，请求人的无效宣告理由均不成立，故合议组作出如下决定。

**三、决定**

维持 97181779.0 号发明专利权有效。

当事人对本决定不服的，可以根据专利法第 46 条第 2 款的规定，自收到本决定之日起三个月内向北京市第一中级人民法院起诉。根据该款的规定，一方当事人起诉后，另一方当事人应当作为第三人参加诉讼。

141

# 通过经皮导管导向的血管内阻塞装置

## 无效宣告请求审查决定（第 10220 号）

**决　　定　　号**　第 10220 号
**决　　定　　日**　2007 年 6 月 28 日
**发明创造名称**　通过经皮导管导向的血管内阻塞装置
**国 际 分 类 号**　A61B 17/08，A61F 2/01
**无效宣告请求人**　北京华医圣杰科技有限公司，上海形状记忆合金材料有限公司，深圳市先健科技股份有限公司
**专　利　权　人**　AGA 医药有限公司
**专　　利　　号**　97194488.1
**申　　请　　日**　1997 年 4 月 14 日
**优　先　权　日**　1996 年 5 月 14 日
**授 权 公 告 日**　2003 年 4 月 30 日
**合 议 组 组 长**　张田勇
**主　　审　　员**　李　礼
**参　　审　　员**　刘　畅

**法　律　依　据**　专利法第 22 条第 3 款
**决　定　要　点**

若一项权利要求中的某一技术特征并未在现有技术中公开，而该技术特征也不属于本领域的公知常识，并且能够产生有益的技术效果，则该权利要求相对于现有技术具备创造性。

### 一、案由

本无效宣告请求涉及中华人民共和国国家知识产权局于 2003 年 4 月 30 日授权公告的、名称为“通过经皮导管导向的血管内阻塞装置”的 97194488.1 号发明专利权（下称本专利），其申请日是 1997 年 4 月 14 日，优先权日为 1996 年 5 月 14 日，专利权人是 AGA 医药有限公司。该专利授权公告时的权利要求书如下：

“1. 一种通过经皮导管导向的血管内阻塞装置，其包括：由多条金属丝编织成的、具有近端和远端的金属纤维制品，每个端部都具有一附着到所述金属纤维制品上的固定装置，以聚集金属丝并阻止各金属丝松散；

所述金属纤维制品具有预先确定的扩展形状，以便形成在人体器官中的管腔或异常开口的阻塞物；所述预先确定的形状为碟形，并可变形为较小截面的尺寸，用以输送通过病人体内的管道，该金

属纤维制品具有形状记忆特性，当不受约束时使该医疗装置返回到所述预先确定的扩展形状，以阻塞所述管腔或异常开口；

所述金属纤维制品处于扩展形状时，具有两个扩展直径部分和一位于该两个扩展直径部分之间的细小直径部分；

所述金属纤维制品内包含有阻塞用聚酯纤维。

2. 如权利要求1所述的阻塞装置，其中所述固定装置具有螺纹孔，用于旋转连接到一输送装置上。

3. 如权利要求1所述的阻塞装置，其中所述金属纤维制品是由不锈钢、镍钛合金以及钴铬镍合金构成的组合中选择的一种合金。"

针对上述专利权，北京华医圣杰科技有限公司（下称第一请求人）于2004年6月10日向专利复审委员会提出无效宣告请求，其无效宣告请求的理由是：本专利权利要求1~3不符合专利法第22条第3款的有关规定。所提交的证据如下：

证据1：WO96/01599A1号PCT国际专利申请原文共47页及其使用部分的中文译文共4页，国际公布日为1996年1月25日；

证据2-1：盖有"国家图书馆外借组馆际互借章"印章的编号为E01458~2、E01458~1的馆藏互借英文委托通知复印件共2页，以及编号为E01458~1的馆藏互借英文委托通知的中文译文1页；

证据2-2：第一请求人宣称为《血管和介入放射医学杂质》第353、354页复印件2页，以及使用部分的中文译文2页，其上盖有"国家图书馆外借组馆际互借章"印章；

证据2-3：发票号为201203020139776997号的北京市服务业、娱乐业、文化体育业专用发票发票联复印件1页，开票日期为2004年4月23日，其上盖有国家图书馆发票专用章；

证据3-1：第一请求人宣称为《循环》，95卷，8号，P2162~P2168英文原文复印件共7页，及其中文译文共13页；

证据3-2：盖有"国家图书馆外借组馆际互借章"印章的英文电子邮件打印页共2页，及其中文译文共2页；

证据3-3：发票号为201203020139775762号的北京市服务业、娱乐业、文化体育业专用发票发票联复印件1页，开票日期为2004年4月30日，其上盖有国家图书馆发票专用章；

证据4：本专利实质审查过程的查询文本复印件共27页。

第一请求人认为：证据1和证据2已公开本专利权利要求1的全部技术特征，因此，本专利权利要求1不具备创造性；证据1公开了本专利权利要求2所限定的技术特征，因而本专利权利要求2也不具备创造性；证据1或证据2均公开了金属纤维丝为镍钛合金丝，同时本专利说明书部分也明确给出金属纤维可以是不锈钢、镍钛合金等材料，因此本专利权利要求3也不具备创造性。

经形式审查合格，专利复审委员会依法受理了上述无效宣告请求，于2004年6月10日向双方当事人发出了无效宣告请求受理通知书，同时将无效宣告请求书及其附件清单中所列附件的副本转送给专利权人，要求其在指定期限内答复。

针对第一请求人提出的上述无效宣告请求，专利权人于2004年7月15日提交了意见陈述书。其认为：在无效宣告第一请求人未提供相应原件前，对证据2的真实性有异议，并指出没有证据表明证据2的发表日早于本专利的优先权日，且证据2的内容没有任何文字体现该证据发表在"Journal of vascular and interventional radiology"中，在首页上出现的文章名称与内容中的文章名称不一致，因此无法使用证据2作为有效的证据；证据1的真实性和合法性可以确认，但证据1不能影响本专利权利要求1~3的新颖性、创造性。

针对上述同一专利权，上海形状记忆合金材料有限公司、深圳市先健科技股份有限公司（下称第二请求人）于2004年7月2日向专利复审委员会提出无效宣告请求，除未提交证据2-3外，其无效宣告请求的理由、证据和范围与第一请求人的无效宣告请求完全相同。

经形式审查合格，专利复审委员会依法受理了上述无效宣告请求，于2004年7月2日向双方当事人发出了无效宣告请求受理通知书，同时将无效宣告请求书及其附件清单中所列附件的副本转送给专利权人，要求其在指定期限内答复。

针对第二请求人提出的上述无效宣告请求，专利权人于2004年7月29日提交了意见陈述书，与其针对第一请求人所提出的无效宣告请求于2004年7月15日提交的意见陈述书相同。

专利复审委员会依法成立合议组，对上述两个无效宣告请求进行合案审查。本案合议组于2006年10月19日向双方当事人发出无效宣告请求口头审理通知书，指出本案定于2006年12月14日举行口头审理，并将专利权人于2004年7月15日提交的意见陈述书转送给第一请求人，将专利权人于2004年7月29日提交的意见陈述书转送给第二请求人。

针对上述两个无效宣告请求案，专利权人于2006年11月23日再次提交了意见陈述书以及如下证据作为反证：

反证1：（2006）京海民证字第4274号公证书复印件共26页，由中华人民共和国北京市海淀第二公证处于2006年11月15日出具。

专利权人用反证1证明证据2的真实性可疑。

专利复审委员会于2006年12月1日向第一请求人和第二请求人发出了转送文件通知书，将专利权人于2006年11月23日提交的意见陈述书及其所附附件副本转送给第一请求人和第二请求人，专利复审委员会于2006年12月7日收到第一请求人和第二请求人所委托的北京振安创业专利代理有限责任公司表示于2006年12月1日收到上述转送文件的声明。

第一请求人和第二请求人于2006年12月7日分别提交了内容相同的意见陈述书以及相同的证据：

证据5：（2006）长证内经字第8819号公证书复印件共9页，由中华人民共和国长安公证处于2006年11月20日出具。

第一和第二请求人在意见陈述书中均认为：第一和第二请求人所提供的证据2是通过国家图书馆馆际互借取得的，应视为境内获得的证据；利用证据5作为证据2真实性的关联佐证；证据5公证书中所附附件3的第一页为证据2-2在“血管和介入放射学杂志”登载的相关期卷的杂志首页，该首页明确给出了证据2-2公开发表的杂志名称、期卷号和相应的出版日期，同时该首页上还登载随本期还有一次会议（第21届SCVIR科学年会，1996年3月2~7日在华盛顿会议中心）的文摘增刊，证据2-2首页和内容中名称不符只是资料提供方计算机打印问题；专利权人提交的反证1的第12页所记载内容证明证据5公证书首页上记载的会议告知和附刊出版文献增刊，因而证据2真实可靠，并公开发表于本专利的申请日之前，可以作为有效证据使用。

专利复审委员会于2006年12月12日向专利权人发出了转送文件通知书，将第一请求人和第二请求人于2006年12月7日提交的意见陈述书及其所附附件的副本转送给专利权人，专利权人的代理人刘淼于2006年12月13日从专利复审委员会取走上述文件。

口头审理如期举行，第一请求人、第二请求人以及专利权人均出席口头审理。

在口头审理中，第一和第二请求人当庭明确其无效宣告请求的理由和范围为：本专利权利要求1-3相对于证据1、证据2或证据1与证据2的结合不具备创造性。第一和第二请求人明确证据3-1、3-2、3-3和证据4不作证据使用。第一和第二请求人当庭增加本专利权利要求1~3相对于证据1或证据2不具备新颖性的无效宣告请求理由，合议组当庭告知根据专利法实施细则第66条的规定对该新提出的无效宣告请求理由不予考虑。第一和第二请求人当庭新提交了证据1使用部分的补充中文译文、证据6的复印件，并当庭出示了证据2、证据5、证据6的原件，其当庭所提交的证据6是：由中华人民共和国长安公证处于2006年12月8日出具的（2006）长证内经字第9676号公证书复印件共25页，以证据5为主、证据6作为辅证明证据2的真实性。专利权人认为第一和第二请求人提交的证据2属于域外证据，但缺乏公证认证手续，没有出版日期，缺乏版权页，因而对其真实性不能确定，其核实证据5、6的复印件与原件一致，对上述两公证书的真实性没有异议，但认为公证书中的内容不是原件，仅公证了从国家图书馆复印的过程，对公证书中杂志的真实性不予认可，指出证据5比证据6多了一个首页，认为证据5和证据6不相对应，认可证据1的真实性以及中文译文的准确性。专利权人当庭出示了反证1的原件，第一和第二请求人对反证1的真实性表示无异议，认为反证1证明了证据2的真实性，证据5和证据6只是较小的误差，并且页码完全一样。双方当事人就本专利权利要求1~3相对于证据1是否符合专利法专利法第22条第3款的规定充分发表了各自的意见。由于双方当事人对证据2的中文译文争议较大，第一和第二请求人所提交的证据5、6以及专利权人所提交的反证1均没有提交相应的中文译文，经双方当事人同意由合议组指定的中专翻译有限公司对上述文件进行翻译，待双方提交达成一致的中文译文后再对本案进行口头审理，下次口头审理以中专翻译有限公司翻译后的中文译文为准。专利复审委员会于口头审理当日向双方当事人发出外文证据委托翻译通知书。

专利权人于2007年1月12日向专利复审委员会提交了意见陈述书以及反证1的中文译文共10页。

第一和第二请求人于2007年2月8日向专利复审委员会提交了意见陈述书以及证据5、6使用部分的中文译文共11页，其中包括了证据2-2的中文译文。

本案合议组于2007年3月15日再次向双方当事人发出无效宣告请求口头审理通知书，指出本案定于2007年5月8日再次举行口头审理，并将专利权人于2007年1月12日提交的意见陈述书以及附件清单中所列附件副本转送给第一请求人和第二请求人，将第一和第二请求人于2007年2月8日提交的意见陈述书以及附件清单中所列附件副本转送给专利权人。同日向双方当事人发出合议组成员告知通知书，告知双方当事人本案合议组成员变更情况。

口头审理如期举行，第一请求人、第二请求人以及专利权人均出席口头审理。

在口头审理中，专利权人对证据5、6的真实性没有异议，对证据5、6译文的准确性也无异议，对证据2的真实性有异议。专利权人并于当庭提交了反证2：德国医药中心图书馆于2007年4月25日出具的证言复印件、德国官方认证文件复印件及其翻译件共6页。合议组当庭将反证2的复印件转交给第一和第二请求人，第一和第二请求人认为该份证据已超过了举证期限应不予采纳，并且对于反证2的真实性以及其中文译文的准确性无法核实，认为该反证2与本案无关。合议组告知第一和第二请求人于7日内提交对反证2的意见陈述，否则视为无异议。第一和第二请求人当庭提交了证据7：由杨洋出具的中文证言原件，以及第一和第二请求人宣称的由美国马萨诸塞州州政府以及中华人民共和国驻纽约总领事副领事对此所作的公证认证文件原件，并附有该证人证言中所涉及的“January-February 1996，Volume 7，Number 1，Part2-中的353和354页及它的封面和目录”的复印件。合议组当庭将证据7的复印件转给专利权人，专利权人认可证据7的复印件与原件一致，对其真实性无异议，但认为该份证据已超过了举证期限应不予采纳，并指出证据7是从美国取得的，不能作为通过国家图书馆从德国得到的证据2的补强证据，证据7中也没有版权页和目录页，证据2中也没有找到目录页和版权页，第一和第二请求人无法证明证据2的出版日期和版权日期。第一和第二请求人指出，证据7中开会的会议列表可证明证据2的出版时间及其真实性，证据2中会议时间是1996年3月7日，记载摘要的增刊一定在会议之前发表，根据出版界惯例主刊与副刊应同时发表，所以证据2发表日期应是1996年2月28日，第9676号公证书（证据6）证明证据2是真实的，反证1也可证明证据2是真实的，第8819号公证书（证据5）证明国家图书馆通过馆际互借的形式可以获得证据2的杂志。专利权人指出，反证1证明确实有证据2中所涉及的会议存在，但该会议开会的日期与本案无关，通过馆际互借获得的证据属于域外证据，不能从证据2中封面内容得到其出版日期，反证2体现出德国中心医药图书馆在1996年7月31日收藏证据2中所涉及的增刊，所以证据2是在1996年7月31日后公开的。双方当事人就本专利权利要求1~3分别相对于证据2、证据1与证据2的结合是否符合专利法专利法第22条第3款的规定充分发表了各自的意见。

专利复审委员会于2007年5月18日收到第一请求人和第二请求人分别向专利复审委员会提交的意见陈述书，第一请求人和第二请求人强调证据2是真实的，且其公开日期在本专利优先权日以前。

专利复审委员会于2007年5月18日收到专利权人于2007年4月25日提交了意见陈述书，以及德国医药中心图书馆于2007年4月19日出具的证言及其翻译复印件共2页作为反证3，用以证明证据2在1996年7月31日后才为公众所知。

至此，合议组认为本案事实清楚，现依法作出审查决定。

**二、决定的理由**

1. 关于证据和现有技术

第一和第二请求人所提交的证据1是PCT国际专利申请公开文本原文及其使用部分的中文译文，其公开日早于本专利的优先权日，并且专利权人对于该份证据的真实性以及中文译文的准确性均无异议，因此证据1可以作为本案证据使用，其上记载的内容构成本专利的现有技术，其文字部分所公开的内容以其中文译文为准。

证据5、6均是由国家公证机关出具的公证书，用于证明证据2的真实性，第一和第二请求人出示了证据5、6的原件，专利权人对上述两份证据的真实性没有异议，对其所附英文部分的中文译文的准确性也无异议，因此，证据5、6可以作为本案证据使用，证据5、6中英文部分所公开的内容以第一和第二请求人于2007年2月8日提交的中文译文为准。

证据7是第一和第二请求人于第二次口头审理当庭提交的、在美国形成的、由证人杨洋出具的证言，以及在美国履行的相关公证认证手续的证明文件，第一和第二请求人用证据7证明证据2中涉及“Journal of vascular and interventional radiology”内容的真实性，专利权人对证据7的真实性无异议，但认为该份证据未在举证期限内提交，应不予采纳。合议组经审查认为：首先，第一和第二请求人提交证据7是为了证明证据2的真实性，属于用于完善证据法定形式的公证书、原件等证据的范围，根据审查指南第四部分第三章第4.3.1节中规定，此类证据可在口头审理辩论终结前提交，第一和第二请求人提交证据7并未超出审查指南对该类证据所规定的举证期限；其次，证据7属于域外证据，请求人在该证据形成的所在国履行了相应的公证认证手续，但第一和第二请求人并未提交证据7中公证书以及证人证言页下方文字的中文译文，因此合议组对证据7中公证书以及证人证言页下方文字部分不予考虑，而仅凭认证书无法证明杨洋所出具证言的真实性，因此，证据7不能作为本案证据使用。

反证1是由国家公证机关出具的公证书，专利权人用以证明第一和第二请求人所提交的证据2的真实性可疑，专利权人当庭出示了该证据的原件，并提交了使用部分的中文译文，第一和第二请求人对反证1的真实性没有异议，对其中文译文的准确性也无异议，因此，反证1可以作为本案证据使用，其英文部分所公开的内容以专利权人于2007年1月12日提交的中文译文为准。

反证2是德国医药中心图书馆出具的证言复印件、德国官方公证复印件及其中文译文，专利权人并未当庭出示反证2的原件，第一和第二请求人提出对反证2的真实性和准确性无法当庭核实，合议组告知第一和第二请求人于第二次口头审理之日起7日内提交对反证2的意见陈述，第一和第二请求人未在指定期限内提交意见陈述。对此合议组经审查认为：反证2中的证人证言属于域外证据，专利权人仅提交了德国官方公证书的复印件，未提交其原件，也未履行相应的认证手续，因此反证2的真实性无法确认，不能作为本案证据使用。

对于专利权人于2007年4月25日补充提交的反证3，其也是由德国医药中心图书馆出具的证言复印件及其翻译复印件，属于域外证据，由于专利权人对其并未履行公证认证手续，也未提交或出示该证言的原件，因此反证3也不能作为本案证据使用。

证据2-2是“Journal of vascular and interventional radiology”（《血管与介入放射医学》）杂志中的第353、354页，证据2-1以及证据2-3分别为馆藏互借英文委托通知及中文译文以及国家图书馆出具的发票，第一和第二请求人于口审当庭出示了证据2-1、2-2、2-3的原件。

对此，合议组认为，证据2-1是盖有“国家图书馆外借组馆际互借章”印章的编号为E01458~2、E01458~1的馆藏互借英文委托通知复印件共2页，以及编号为E01458~1的馆藏互借英文委托通知的中文译文1页，其来源是合法的，其中编号为E01458~1的馆藏互借英文委托通知上所示信息表示，作为委托人的“中国国家图书馆”，于2004年4月19日向“德国医学中心图书馆”索取发表时间为1996年的卷号为7的著作名称为《血管与介入放射医学杂志》中的《使用新型自经导管心房第二中隔缺损闭合术》文章，通过电子邮件的方式由“德国医学中心图书馆”送达给“中国国家图书馆”，根据上述信息可知，证据2-1可证明证据2-2是由国家图书馆利用馆际互借方式从德国医学中心图书馆通过电子邮件取得的，可以确认证据2-2是在中华人民共和国领域外形成的证据，属于域外证据。

专利权人认为由于第一和第二请求人未对该域外证据进行公证认证，因而对其真实性有异议。合议组认为：根据审查指南第四部分第八章第2.2.2节中规定，在有其他证据足以证明该证据真实性的情况下，当事人可以在无效宣告程序中不办理相关的证明手续。为了证明证据2-2的真实性，第一和第二请求人之后又提交了证据5-7，如前所述，证据5、6可以作为本案证据使用。

证据5公证书其公证事项是现场监督公证并证据保全，公证内容包括证明在公证员和公证员助理的现场监督下于2006年11月10到中国国家图书馆馆际互借组递交查询“Transcatheter closure of secundam atrial defect using a new aself-expanding Ninitol prothesis”文献的查询函，以及于2006年11月15日、2006年11月17日到国家图书馆馆际互借组领取查询结果的过程，随该公证书附有查询函（原件）、申请号为IL2006/222《国际互借工作单》复印件、查询文献结果复印件共三张、第49010290号《北京市服务业、娱乐业、文化体育业专用（发票）》复印件。证据5可以证明其所附查询文献结果复印件上的内容是在国家图书馆馆际互借组查询到的，合议组经核查，该公证书所附查询文献结果包括“Journal of Vascular and Interventional Radiology”杂志“JANUARY-FEBRUARY 1996 VOLUME 7 · NUMBER 1 · PART 2”的“SUPPLEMENT”封面页，以及第353、354页，其中第353、354页与第一和第二请求人提交的证据2-2相同，即证据5中所附“Journal of Vascular and Interventional Radiology”杂志“JANUARY-FEBRUARY 1996 VOLUME 7 · NUMBER 1 · PART 2”的“SUPPLEMENT”中第353、354页可与证据2-2一一对应。同时在该杂志封面页上还标有“SCVIR 21st ANNUAL SCIENTIFIC MEETING MARCH 2-7, 1996 WASHINGTON STATE CONVENTION CENTER”，根据证据5中文译文相应部分，上述内容为“第21届SCVIR年会 学术会议1996年3月2号-7号华盛顿大会中心”。

证据6公证书的公证事项是证据保全公证，公证内容包括在公证员和公证员助理在场的情况下，进入网址为“www. google. com”网站检索“Sharafuddin mj ASD1996”，点击检索结果中“COLLEGE OF MEDICINE CURRICULUM VITAE Melhem J. Sharafuddin，M. D. …”进入相应页面的过程，该公证书附有上述检索过程所下载的文件共22页，证明所附的下载文件均经现场拷屏或实时打印。证据6所附的下载文件中包括“Melhem J. Sharafuddin. M. D.”的个人简介，第一和第二请求人指出公证书所附的第21页序号为38中文章名称和期刊杂志名称均与证据2-2一致。合议组经核查：证据2-2第353页右侧一栏文章名称为“Transcatheter Closure of Secundum Atrial Septal Defect with Use of a New Self-expanding Nitinol Prosthesis”，证据6中为“Transcatheter Closure of Secundum Atrial Septal Defect with Using a New Self-expanding Nitinol Prosthesis”，虽然证据6中的文章名称与证据2-2中的文章名称稍有不同，证据6中所示出作者人少于证据2-2中所示的作者，但根据英文语法，上述内容的差别不能导致该文章名称不相对应，而对于作者人数上的差异，鉴于证据6是使用其中一个作者作为检索入口所检索出的结果，其中主要是涉及该人的个人简介，因此对于虽然同为一篇文章的作者，而在检索结果中缺少个别其他作者的情况，也是合理的，不能据此就认为证据6中的信息无法与证据2-2相对应，且证据6中所示该文章所属期刊名称与证据2-2相符，又同为1996年，因此证据6可以证明以“Sharafuddin mj ASD1996”作为检索入口，可以检索到Sharafuddin mj所著的题为“Transcatheter Closure of Secundum Atrial Septal Defect with Using a New Self-expanding Nitinol Prosthesis”发表在1996年的“Journal of Vascular and Interventional Radiology（JVIR）”，这些信息基本上与证据2-2所示的相应信息能够对应。

根据证据5和证据6以及证据2-2所示内容，合议组认为：首先，由于证据2-2右下角标有“353”、“354”的内容与证据5中的内容均一致，而证据5可证明第353、354页来自于“Journal of Vascular and Interventional Radiology”杂志“JANUARY-FEBRUARY 1996 VOLUME 7 · NUMBER 1 · PART 2”的“SUPPLEMENT”，因此，证据5可以证明证据2-2也来自于该份杂志1996年1-2月的增刊；其次，证据5表明在中国国家图书馆通过馆际互借方式可以在查到“Journal of Vascular and Interventional Radiology”杂志“JANUARY-FEBRUARY 1996 VOLUME 7 · NUMBER 1 · PART 2”的“SUPPLEMENT”，即可以查到这份增刊；再次，证据6表明Sharafuddin mj所著的题为“Transcatheter Closure of Secundum Atrial Septal Defect with Using a New Self-expanding Nitinol Prosthesis”于1996年发表在“Journal of Vascular and Interventional Radiology”杂志上；最后，证据5中也可证明于1996年3月召开了SCVIR第21届科学年会。而专利权人所提供的反证1的公证书，是对http://www. google. com网站上所载部分内容进行保全证据公证，是以“Journal of Vascular and Interventional Radiology”为检索入口所得到的相关信息，所记载的1996年该杂志的出版内容中并不包括证据2-2所在的1996年1-2月的增刊，但其中记载有SCVIR第21届科学年会（反证1中文译文第4页）的相关信息，这些与证据5中封面页所记载的信息一致，合议组认为虽然反证1中未收录该增刊，但仅以此不足以否定证据2-2的真实性，并且反证1关于“年会”的具体信息均与证据5中相关信息一致，因而可证明召开SCVIR第21届科学年会的信息是真实的。在此基础上，考虑到证据5、6所能证明的事实，合议组对证据2-2的真实性予以认可。

对于证据2-2的公开时间，第一和第二请求人未提交其他证据证明该增刊的出版日期，仅认为按照惯例增刊应与主刊同时出版，即出版日期应为2月29日；专利权人认为增刊上没有出版日期，只是1996年杂志的增刊，无法推定其出版日期。对此，合议组认为：由于证据2-2记载于“Journal of Vascular and Interventional Radiology”杂志1996年1~2月增刊中，该增刊是于1996年3月2~7日召开的SCVIR第21届科学年会的专刊，虽然其上未记载有确切的出版日期，但是作为该杂志的1996年1~2月增刊，可推定该杂志为月刊或双月刊，该增刊应于该杂志3月正刊或3~4月正刊出版之前已出版，而本专利优先权日是 1996 年 5 月 14 日，因此证据 2-2 的公开日期早于本专利申请日，其上所记载的内容构成本案的现有技术，其文字部分所公开的内容以第一和第二请求人于 2007 年 2 月 8 日提交的相关中文译文为准。

鉴于第一和第二请求人明确表示放弃证据 3-1、3-2、3-3 以及证据 4 作为本案证据使用，因此本决定不再对上述这两份证据进行评述。

2. 关于专利法第 22 条第 3 款的问题

专利法第 22 条第 3 款规定：创造性，是指同申请日以前已有的技术相比，该发明有突出的实质性特点和显著的进步，该实用新型有实质性特点和进步。

第一和第二请求人认为本专利权利要求 1~3 相对于证据 1、或证据 2、或证据 1 与证据 2 的结合不具备创造性，不符合专利法第 22 条第 3 款的有关规定。

（1）使用证据 1 评述本专利权利要求 1~3 的创造性。

第一和第二请求人认为证据 1 公开了本专利权利要求 1 中的大部分技术特征，证据 1 中的哑铃形，在压制过程中会出现哑铃形或盘形，盘形跟本专利中的碟形没有区别，且本专利权利要求 1 并未对“碟形”进行具体描述，因而证据 1 公开了本专利中的碟形，第一和第二请求人认可证据 1 并未公开“聚酯纤维”，但认为本专利未对聚酯纤维进行具体描述，说明选取哪种聚酯纤维应用于医疗器械中是公知常识，因而本专利权利要求 1 相对于证据 1 不具备创造性。

专利权人认为证据 1 中的哑铃形不同于本专利权利要求 1 中的碟形，碟形是本专利附图 13-18 中所示的形状，指出本专利权利要求 1 与证据 1 的区别特征在于预先确定的形状为碟形和包含有阻塞用聚酯纤维，因而本专利权利要求 1 相对于证据 1 具备创造性。

本专利权利要求 1 请求保护一种通过经皮导管导向的血管内阻塞装置。证据 1 公开了一种用弹性金属织物制作的血管封堵装置，其与本专利属于相同的技术领域，具体公开了以下内容：由多股弹性单丝制作的金属织物，其钢丝由弹性材料制成，从图 5A 中可看出该金属织物两端由固定装置固定，金属纤维制品有扩展和折叠两种形式，经过加热处理后，金属织物具有某种医疗装置的扩展状态，在图 2-4 中所示，金属纤维制品将会在某种程度上呈现哑铃形，在一对球之间具有相对窄的中心段部分，或许甚至成为盘形端部，经折叠后放入导管的管腔，通过导管放置，从放置在患者体内的导管远端出来之后，其充分地恢复至其扩展形状，通常是一种细长的医疗装置常有一个呈管状的中间部分和一对直径扩大的部分，中间部分的任一端都有一个直径扩大的部分，金属丝应当有既要有弹性又能通过热处理所需的形状的材料构成，优先适用于本发明的形状记忆合金是镍钛互化物。

证据 1 中公开的由弹性金属织物制成的医疗器械相当于本专利中的由多条具有形状记忆合金特性的金属丝编制成的、具有近端和远端的金属纤维制品，证据 1 中公开的用于固定金属丝两端的固定装置相当于本专利中的固定装置，证据 1 中的金属纤维制品与本专利中的血管内阻塞装置相同，经过加热处理后具有扩展形状，使用时对其进行折叠输送到人体内，当进入到人体后回复到预先确定的扩展形状，并且证据 1 也公开处于扩展形状时具有两个扩展直径部分和一个位于两个扩展直径部分之间的细小直径部分。本专利权利要求 1 请求保护的技术方案与证据 1 所公开内容相比，其区别在于：①本专利中预先确定的形状为碟形，而证据 1 中仅公开了成为盘形端部，②证据 1 中未公开金属纤维制品内包含由阻塞用聚酯纤维。

对于区别特征①，合议组经审查认为：一方面，专利权人于口审当庭指出，本专利权利要求 1 中的碟形所指的是本专利附图 13~18 所示的形状，即如说明书第 28 页第 3 段中所述，“盘呈杯形”，具体形状是形如“碟子”般的向一侧凹进的盘，该形状具有如说明书中“如图 13、图 14、图 16 和图 17 所示的盘呈杯形能保证阻塞装置 300 和心房瓣膜之间的完全接触。因此内皮上的新近形成的血栓层在阻塞装置300上，以此降低了细菌性心内膜炎发生的概率”所述的效果；同时在本专利的实质审查阶段，专利权人针对国家知识产权局实质审查部门发出的第二次审查意见通知书，于2002年6月18日提交了意见陈述书及权利要求书全文替换页，并在意见陈述书中指出：独立权利要求1中新加入的特征“金属纤维制品的预先确定的形状为碟形”（如图13~18所示）并没有被对比文件1（WO9601591A1）所公开，对比文件1公开的是哑铃形的金属纤维制品，而本发明的碟形金属纤维制品克服了上述缺点，能实现很好的阻塞效果。实质审查部门认可了专利权人对独立权利要求1的这种修改，并也认可了上述新加入的技术特征可以使该权利要求相对于对比文件1具备新颖性、创造性，并由此对本专利授予专利权。根据专利权人当庭明确表示以及其在本专利实质审查阶段明确说明，可以确定本专利权利要求1中的“碟形”就是指的本专利说明书附图13~18中所示的形状。而证据1中所公开的形状均是扁平盘形，未公开具有一侧凹进的碟形形状，同时也未公开具有能降低细菌性心内膜炎发生的概率的技术效果。另一方面，本专利的附图1~10与证据1的附图1~10均相同，说明书相应部分的描述内容也几乎相同，而本专利附图11~18表示出本专利还具有其他形式的实施例，且后面这些附图中的实施例具有优于前面实施例的效果，即可以说本专利是对证据1所公开的结构进行了改进，从而得到了证据1所不具备的技术效果。基于上述两点，证据1中公开的盘形不同于本专利中的碟形，并且本专利由于具有碟形而获得了证据1中未公开的技术效果。

对于区别特征②，合议组经审查认为：证据1中未公开其金属织物包括由聚酯纤维，也未给出在金属丝上包括有用于阻塞的材料的技术启示。第一和第二请求人虽然认为在医疗器械中使用聚酯纤维属于公知常识，但其未提供证据证明其主张。

由此可见，本专利权利要求1请求保护的技术方案与证据1所公开内容存在区别技术特征，没有证据表明这些区别特征属于本领域的公知常识，且这些区别技术特征能够产生的技术效果，因而，本专利权利要求1相对于证据1具有突出的实质性特点和显著的进步，具备专利法第22条第3款规定的创造性。

鉴于本专利权利要求1相对于证据1具备专利法第22条第3款规定的创造性，其从属权利要求2、3请求保护的技术方案相对于证据1也具备专利法第22条第3款规定的创造性。

（2）使用证据2评述本专利权利要求1~3的创造性。

第一和第二请求人认为证据2中的两个扁平扣状物相当于本专利中的碟形，证据2中的金属制品对应于本专利中的金属制品，分近端和远端是公知的，证据2也公开了聚酯纤维，虽然证据2中没有公开本专利中的固定装置但金属丝用固定装置固定起来是必备的技术特征，预制和变形是治疗心脏缺损的常规手段，变形为较小截面尺寸是要变形为与血管粗细一样以便推到心房也属于公知常识，证据2公开了本专利权利要求1中的大部分技术特征，未公开的特征均为本领域的公知常识，因而本专利权利要求1相对于证据2不具备创造性。

专利权人认为证据2未公开一个完整血管内阻塞装置的结构，未公开扣状物的具体形状，也未公开可变形为较小截面的尺寸，且证据2也未公开其具有如本专利中所述的效果，因而本专利权利要求1相对于证据2具备创造性。

证据2公开了一种用于房间隔第二孔未闭缺损的经皮闭合术（ASDs）的新的自膨胀、双扣状物修补物，该双扣状物修补物由镍钛诺金属线构成，且将其紧紧地编织到具有相对于ASD大小的短连接腰的两个扁平扣状物中，用聚酯纤维填充，利用插管器将该设备推进并在左心房释放远端扣状物，利用该镍钛诺双扣状物修补物实现中等到较大房间隔第二孔未闭缺损的永久封堵是可行且有效的。

证据2中公开双扣状物修补物的功能与本专利权利要求1中的通过经皮导管导向的血管内阻塞装

置相同，均是用于堵塞人体管腔或异常开口，并且其也是如本专利中一样是由金属丝编织成的，其中也包含由聚酯纤维。本专利权利要求 1 请求保护的技术方案与证据 2 所公开内容相比，其区别在于：①证据 2 未公开利用固定装置聚集金属丝而防止各金属丝松散，②证据 2 未公开该设备预先确定的形状为碟形，且可变形为较小截面的尺寸，用以输送通过病人体内的管道，该金属纤维制品具有形状记忆特性，当不受约束时使该医疗装置返回到所述预先确定的扩展形状，以阻塞所述管腔或异常开口，③证据 2 未公开金属纤维制品处于扩展形状时具有两个扩展直径部分和一个位于这两个扩展直径部分之间的细小直径部分。

对于区别技术特征①，合议组认为：虽然证据 2 中未公开固定装置，但作为由金属丝编织而成的设备，为了保证其形状固定使用固定装置对金属丝进行固定从而防止其松散属于本领域的常用技术手段，对于本领域技术人员来说是显而易见的。

对于区别技术特征②和区别技术特征③，合议组认为：首先，虽然证据 2 中公开双扣状物修补物同样具有阻塞管腔或异常开口的作用，但证据 2 并未公开该修补物具有何种形状的预先确定的扩展形状，仅仅提到了“双扣状物”、“扁平扣状物”，对上述形状证据 2 并未作进一步的描述，证据 2 中也未提供相应附图可作参考，仅从证据 2 所记载的内容中无法得出第一和第二请求人所认为的证据 2 所公开的形状可与本专利中的预先确定形状相对应这一观点，同时也不能得出证据 2 中金属纤维制品处于扩展形状时具有两个扩展直径部分和一个位于这两个扩展直径部分之间的细小直径部分；其次，证据 2 也未公开由于预先确定的形状为碟形所带来的技术效果，即如本专利说明书中“如图 13、图 14、图 16 和图 17 所示的盘呈杯形能保证阻塞装置 300 和心房瓣膜之间的完全接触。因此内皮上的新近形成的血栓层在阻塞装置 300 上，以此降低了细菌性心内膜炎发生的概率”所述的技术效果；最后，第一和第二请求人并没有提交证据表明“预制和变形是治疗心脏缺损的常规手段，变形为较小截面尺寸是要变形为与血管粗细一样以便推到心房”属于公知常识，即不能证明区别技术特征②、③属于本领域的公知常识。

由此可见，证据 2 并未给出关于区别技术特征②、③的技术启示，而上述区别技术特征能够产生有益的技术效果，因此本专利权利要求 1 相对于证据 2 具有突出的实质性特点和显著的进步，具备创造性。

鉴于本专利权利要求 1 相对于证据 2 具备专利法第 22 条第 3 款规定的创造性，其从属权利要求 2、3 请求保护的技术方案相对于证据 2 也具备专利法第 22 条第 3 款规定的创造性。

（3）使用证据 1 与证据 2 的结合评述本专利权利要求 1~3 的创造性。

第一和第二请求人以证据 1 作为最接近的现有技术，认为证据 2 公开了聚酯纤维，且碟形被证据 1、2 所公开，因而证据 1 与证据 2 相结合可破坏本专利权利要求 1 的创造性。

专利权人认为：本专利是对于证据 1 的部分继续申请，证据 1 中哑铃形和钟形与本专利图 13、17 中所示的碟形不同，并且本专利说明书中记载了碟形的技术效果，因而证据 2 与证据 1 相结合也不能破坏本专利权利要求 1 的创造性。

如前面所述，本专利权利要求 1 请求保护的技术方案与证据 1 所公开内容相比，其区别在于：①本专利中预先确定的形状为碟形，而证据 1 中仅公开了成为盘形端部，②证据 1 中未公开金属纤维制品内包含由阻塞用聚酯纤维。

对于区别技术特征①，如前面所述证据 1 中公开的盘形不同于本专利中的碟形，并且本专利由于具有碟形而获得了证据 1 中未公开的技术效果。证据 2 中公开的扁平双扣状物与本专利中的碟形也无法相对应，同时证据 2 也未公开由于预先确定的形状为碟形所带来的技术效果。因此，证据 1、2 均未公开区别技术特征①，也未给出关于该技术特征的技术启示。

对于区别技术特征②，证据2中公开了聚酯纤维，并且也是将该材料用于具有阻塞人体管腔功能的医疗设备中，即证据2公开了区别技术特征②。

由此可见，由于证据1与证据2均未公开区别技术特征①，同时它们也未给出关于该技术特征的技术启示，而这一区别技术特征能够产生有益的技术效果，因此，本专利权利要求1相对于证据1与证据2的结合具有突出的实质性特点和显著的进步，具备专利法第22条第3款规定的创造性。

鉴于本专利权利要求1相对于证据1与证据2的结合具备创造性，其从属权利要求2、3请求保护的技术方案相对于证据1与证据2的结合也具备专利法第22条第3款规定的创造性。

综上所述，本专利权利要求1~3相对于证据1、或证据2、或证据1与证据2的结合均具备创造性，符合专利法第22条第3款的规定。

至此，基于上述理由和证据，现作出以下决定。

**三、决定**

维持97194488.1号发明专利权有效。

当事人对本决定不服的，可以根据专利法第46条第2款的规定，自收到本决定之日起三个月内向北京市第一中级人民法院起诉。根据该款的规定，一方当事人起诉后，另一方当事人应当作为第三人参加诉讼。

## 北京市第一中级人民法院
## 行政判决书

（2007）一中行初字第1362号

原告北京华医圣杰科技有限公司，住所地中华人民共和国北京市海淀区厂洼2号汇景阁1007号。

法定代表人刘刚，总经理。

委托代理人陈建民，北京市天驰律师事务所律师。

委托代理人明星楠，北京市天驰律师事务所律师。

原告上海形状记忆合金材料有限公司，住所地中华人民共和国上海市宝山区同济支路199号。

法定代表人许嘉龙，执行董事。

委托代理人陈建民，北京市天驰律师事务所律师。

委托代理人明星楠，北京市天驰律师事务所律师。

原告先健科技（深圳）有限公司，住所地中华人民共和国广东省深圳市福田区天安数码城1栋6楼D座。

法定代表人谢粤辉，总经理。

委托代理人陈建民，北京市天驰律师事务所律师。

委托代理人明星楠，北京市天驰律师事务所律师。

被告中华人民共和国国家知识产权局专利复审委员会，住所地中华人民共和国北京市海淀区北四环西路9号银谷大厦10~12层。

法定代表人廖涛，副主任。

委托代理人李礼，中华人民共和国国家知识产权局专利复审委员会审查员。

委托代理人刘妍，中华人民共和国国家知识产权局专利复审委员会审查员。

第三人AGA医药有限公司（AGA Medical Corporation），住所地美利坚合众国明尼苏达州55427，普利茅斯，南森北路5050号（5050 Nathan Lane North，Plymouth，MN55427，U.S.A）。

法定代表人彼得·文森特·罗得（Peter Vincent Rother），法律总顾问兼秘书。

委托代理人马高平，北京市柳沈律师事务所律师。

委托代理人陶凤波，北京市柳沈律师事务所律师。

原告北京华医圣杰科技有限公司（以下简称华医圣杰公司）、上海形状记忆合金材料有限公司（以下简称形状记忆合金公司）、先健科技（深圳）有限公司（以下简称先健公司）不服被告中华人民共和国国家知识产权局专利复审委员会（以下简称专利复审委员会）于2007年6月28日作出的第10220号无效宣告请求审查决定（以下简称第10220号决定），于法定期限内向本院提起诉讼。本院于2007年9月28日受理本案后，依法组成合议庭，并按照法律有关规定通知AGA医药有限公司（以下简称AGA公司）作为第三人参加诉讼，于2007年11月6日公开开庭进行了审理。原告华医圣杰公司，形状记忆合金公司、先健公司的委托代理人陈建民、明星楠，被告专利复审委员会的委托代理人李礼、刘妍，第三人AGA公司的委托代理人马高平、陶凤波到庭参加了诉讼。

本案现已审理终结。

就华医圣杰公司、形状记忆合金公司、先健公司针对AGA公司拥有的名称为“通过经皮导管导向的血管内阻塞装置”的97194488.1号发明专利权（以下简称本专利）提出的无效宣告请求，专利复审委员会作出第10220号决定，认为：

1. 本专利权利要求1~3相对于证据1是否具有创造性

本专利权利要求1请求保护的技术方案与证据1所公开内容相比，其区别在于：（1）本专利中预先确定的形状为碟形，而证据1中仅公开了成为盘形端部；（2）证据1中未公开金属纤维制品内包含由阻塞用聚酯纤维。

对于区别特征（1），专利复审委员会认为：首先，AGA公司于口头审理时主张本专利权利要求1中的碟形所指的是本专利说明书附图13~18所示的形状，即如说明书第28页第3段中所述，“盘呈杯形”，具体形状是形如“碟子”般的向一侧凹进的盘，该形状具有如说明书中“如图13、图14、图16和图17所示的盘呈杯形能保证阻塞装置300和心房瓣膜之间的完全接触。因此内皮上的新近形成的血栓层在阻塞装置300上，以此降低了细菌性心内膜炎发生的概率”所述的效果。同时，在本专利的实质审查阶段，AGA公司针对审查部门发出的第二次审查意见通知书，于2002年6月18日提交了意见陈述书及权利要求书全文替换页，并在意见陈述书中指出：独立权利要求1中新加入的特征“金属纤维制品的预先确定的形状为碟形”（如图13~18所示）并没有被对比文件1（W09601591A1）所公开，对比文件1公开的是哑铃形的金属纤维制品，而本发明的碟形金属纤维制品克服了上述缺点，能实现很好的阻塞效果。审查部门准许了AGA公司对独立权利要求1的这种修改，并也认可了上述新加入的技术特征可以使该权利要求相对于对比文件1具备新颖性、创造性。据此，可以确定本专利权利要求1中的“碟形”就是指的本专利说明书附图13~18中所示的形状。而证据1中所公开的形状均是扁平盘形，未公开具有一侧凹进的碟形形状，同时也未公开具有能降低细菌性心内膜炎发生的概率的技术效果。其次，本专利说明书附图1~10与证据1的附图1~10均相同，说明书相应部分的描述内容也几乎相同，而本专利说明书附图11~18表示出本专利还具有其他形式的实施例，且后面这些附图中的实施例具有优于前面实施例的效果，即可以说明本专利对证据1所公开的结构进行了改进，得到了证据1所不具备的技术效果。据此，证据1中公开的盘形不同于本专利中的碟形，本专利由于具有碟形而获得了证据1中未公开的技术效果

对于区别特征（2），专利复审委员会认为：证据1中未公开其金属织物包括由聚酯纤维，也未

给出在金属丝上包括有用于阻塞的材料的技术启示。华医圣杰公司和形状记忆合金公司，先健公司虽然认为在医疗器械中使用聚酯纤维属于公知常识，但其未提供证据证明其主张。

综上，本专利权利要求 1 请求保护的技术方案与证据 1 所公开内容存在区别技术特征，没有证据表明这些区别特征属于本领域的公知常识，且这些区别技术特征能够产生技术效果，因而，本专利权利要求 1 具有创造性，相应的，其从属权利要求 2、3 请求保护的技术方案相对于证据 1 也具有创造性。

2. 本专利权利要求 1~3 相对于证据 2 是否具有创造性

证据 2 中公开双扣状物修补物的功能与本专利权利要求 1 中的通过经皮导管导向的血管内阻塞装置相同，均是用于堵塞人体管腔或异常开口，并且其也是如本专利中一样是由金属丝编织成的，其中也包含由聚酯纤维。本专利权利要求 1 请求保护的技术方案与证据 2 所公开内容相比，其区别在于：(1) 证据 2 未公开利用固定装置聚集金属丝而防止各金属丝松散，(2) 证据 2 未公开该设备预先确定的形状为碟形，且可变形为较小截面的尺寸，用以输送通过病人体内的管道，该金属纤维制品具有形状记忆特性，当不受约束时使该医疗装置返回到所述预先确定的扩展形状，以阻塞所述管腔或异常开口，(3) 证据 2 未公开金属纤维制品处于扩展形状时具有两个扩展直径部分和一个位于这两个扩展直径部分之间的细小直径部分。

对于区别技术特征 (1)，专利复审委员会认为，虽然证据 2 中未公开固定装置，但作为由金属丝编织而成的设备，为了保证其形状固定使用固定装置对金属丝进行固定从而防止其松散属于本领域的常用技术手段，对于本领域技术人员来说是显而易见的。对于区别技术特征 (2) 和区别技术特征 (3)，专利复审委员会认为，第一，虽然证据 2 中公开双扣状物修补物同样具有阻塞管腔或异常开口的作用，但证据 2 并未公开该修补物具有何种形状的预先确定的扩展形状，仅仅提到了“双扣状物”、“扁平扣状物”，对上述形状证据 2 并未作进一步的描述，证据 2 中也未提供相应附图可作参考，仅从证据 2 所记载的内容中无法得出华医圣杰公司和形状记忆合金公司、先健公司所认为的证据 2 所公开的形状可与本专利中的预先确定形状相对应这一观点，同时也不能得出证据 2 中金属纤维制品处于扩展形状时具有两个扩展直径部分和一个位于这两个扩展直径部分之间的细小直径部分；第二，证据 2 也未公开由于预先确定的形状为碟形所带来的技术效果，即如本专利说明书中“如图 13、图 14、图 16 和图 17 所示的盘呈杯形能保证阻塞装置 300 和心房瓣膜之间的完全接触。因此内皮上的新近形成的血栓层在阻塞装置 300 上，以此降低了细菌性心内膜炎发生的概率”所述的技术效果；第三，华医圣杰公司和形状记忆合金公司、先健公司并没有提交证据表明“预制和变形是治疗心脏缺损的常规手段，变形为较小截面尺寸是要变形为与血管粗细一样以便推到心房”属于公知常识，即不能证明区别技术特征 (2)、(3) 属于本领域的公知常识。

由此可见，证据 2 并未给出关于区别技术特征 (2)、(3) 的技术启示，而上述区别技术特征能够产生有益的技术效果，因此本专利权利要求 1 相对于证据 2 具有突出的实质性特点和显著的进步，具有创造性，相应的，从属权利要求 2、3 请求保护的技术方案也具有造性

3. 证据 1 与证据 2 相结合是否可以破坏本专利权利要求 1~3 的创造性

如前所述，对于本专利权利要求 1 的技术方案与证据 1 的区别技术特征 (1)，证据 1 中公开的盘形不同于本专利中的碟形，并且本专利由于具有碟形而获得了证据 1 中未公开的技术效果。证据 2 中公开的扁平双扣状物与本专利中的碟形也无法相对应，同时证据 2 也未公开由于预先确定的形状为碟形所带来的技术效果。因此，证据 1、2 均未公开区别技术特征 (1)，也未给出关于该技术特征的技术启示对于区别技术特征 (2)，证据 2 中公开了聚酯纤维，并且也是将该材料用于具有阻塞人体管腔功能的医疗设备中，即证据 2 公开了区别技术特征 (2)。据此，由于证据 1 与证据 2 均未公开区别

技术特征（1），同时它们也未给出关于该技术特征的技术启示，而这一区别技术特征能够产生有益的技术效果，因此，本专利权利要求1相对于证据1与证据2的结合具有突出的实质性特点和显著的进步，具有创造性，其从属权利要求2、3也具有创造性。

综上，专利复审委员会作出第10220号决定，维持本专利权有效。

华医圣杰公司，形状记忆合金公司、先健公司不服第10220号决定，向本院提起诉讼称：

1. 专利复审委员会认定事实不清

（1）对专利复审委员会认定“对比文件1仅公开了成为盘形的端部，……而本专利的蝶形的具体形状为盘成杯形，形如碟子般的向内一侧凹进的盘”表示质疑。

首先，在本专利的说明书中，从未见有“碟”字出现，更未有对碟形的描述，而只有对盘形的描述，尽管说明书描述的盘形有时盘呈杯形，但是那仍然是“盘”形而不是“碟”形。而对比文件1揭示的阻塞装置与本专利属于相同的技术领域，对比文件1中的阻塞装置已经给出了这类具有预设外形的阻塞装置的一端可以做成“盘”形的技术启示，因此，将另一端也做成“盘”形无须付出创造性的劳动。所以，专利复审委员会在认定对比文件1中已经有预设端部“盘形”扩展部的情况下，认为本专利的“盘”形是“盘如杯形的碟”，对比文件1的“盘”形与本专利的“盘”形有区别缺乏事实依据。对比文件1揭示的盘形也是凹陷的，可以描述为“盘呈杯形”。

其次，从本专利里的权利要求书和附图中可以清楚地看到，具有所谓碟形的部分并不是堵塞装置的整体形状，而只是其预设扩展部的形状，对比文件1附图揭示的封堵装置的预设扩展部的形状有哑铃双盘状，也有预设一端单盘状的，并且其揭示的盘形有的也是“盘呈杯形”，是由要封堵的缺口部位的不同决定的，如对比文件1中的图6A，但专利复审委员会并未对此进行认定。

（2）专利复审委员会对证据2披露的技术方案认定有误。

①一般封堵装置的预先设定的形状基本都是指其扩展部的形状，因此，对比文件1中所指的“双扣状物”的形状实际上就是指该封堵装置扩展部的预设形状呈两个纽扣样，而扩展部的作用就是封堵缺口，其作用对于所属技术人员是不言而喻的无须进一步描述。②本领域的技术人员根据“扣状物”在缺口上封堵的情况，非常容易地就可以想到两个纽扣扣在缺口的两边，自然就是使其和“心房和心脏瓣膜之间的完全接触”，而无须进一步描述其功能。证据2所使用的术语和例子已经可以使本领域的技术人员清楚地了解这种封堵装置的功能和作用。③证据2、证据3的作者和本专利发明人是同一人，在其论文和申请文件的文字描述中，对于盘形、碟形、纽扣形的描述并未认真考虑，碟形、盘形或者纽扣形并非是本专利的发明目的，在其说明书中亦未对其作描述。④专利复审委员会对于公知常识的认定不是以本领域技术人员为标准，不能要求原告提交证据。封堵器形状必须预设，这是本领域技术人员应当具有的常识。

2. 专利复审委员会对专利的创造性评价不当

（1）证据1和证据2的结合，已经完全揭示了涉案专利的权利要求1的全部技术特征，证据1唯一没有揭示的填充物使用的材料，在证据2中已经揭示；而证据2没有描述的属于公知常识的技术特征已经在证据1中揭示。（2）本专利的发明目的早就被已有技术所覆盖，预设扩展部的形状并不是达到发明目的必要手段，本专利的说明书没有对填充物的描述，本专利权利要求的审查通过，是审查员在审查中告知AGA公司不予授权而使其不得不找出来的与现有技术的所谓不同之点。AGA公司对“盘形”和“碟形”的区分并不清楚，而“盘”和“碟”在辞典中也是基本上作同义词使用的。正因为如此，当AGA公司在申请文件中对权利要求的修改使用了从未在说明书中出现的“碟”字而没有被认为“超出了说明书的范围”，否则应认定为超过了原说明书的范围而不应得到授权。（3）专利复审委员会对本专利创造性的评价结论将会降低发明专利的创造性标准。

综上所述，专利复审委员会在认定事实和适用法律上存在错误，请求人民法院撤销第10220号决定，并判令专利复审委员会重新作出审查决定。

被告专利复审委员会辩称：（1）关于“碟形”是否被证据1或证据2所公开。①本专利权利要求1中的“碟形”所限定出的形状是形如“碟子”般，即向一侧凹进的盘，或是如本专利说明书第28页第3段中所述，“盘呈杯形”，其并不是两面均为扁平状的盘，该形状具有能够保证阻塞装置和心房瓣膜之间完全接触，使内皮上新近形成的血栓层在阻塞装置上从而降低细菌性心内膜炎发生的概率的效果。②证据1所公开的均是扁平盘形，并未公开具有“碟形”形状的阻塞装置，且证据1也未给出由于具有某种特定形状而可降低细菌性心内膜炎发生概率的技术启示。③证据2中也并未公开将封堵装置预先设定为“碟形”形状，仅通过证据2中文字部分所公开的“双扣状物”或是“扁平扣状物”并不能得出证据2所公开的形状可与本专利中的预先确定形状相对应这一观点，同时证据2同样也未给出由于具有某种特定形状而可降低细菌性心内膜炎发生概率的技术启示。（2）关于证据1和证据2结合是否能够破坏本专利权利要求1的创造性。由于证据1和证据2均未公开预先确定的形状为碟形这一区别技术特征，同时证据1和证据2也均未给出关于该技术特征的技术启示，而这一区别技术特征产生了有益的技术效果，因此本专利权利要求1相对于证据1和证据2的结合具备突出的实质性特点和显著的进步，具备创造性。

综上所述，专利复审委员会认定事实合理、适用法律正确、审理程序合法，请求人民法院维持第10220号决定。

第三人AGA公司述称：（1）证据1没有公开或者教导区别特征“所述预先确定的形状为碟形”。①本专利为证据1的优先权文件的部分继续申请，在证据1的基础上增加了附图11～18的实施例以及相应的说明，实际上是对于证据1的改进。而本专利增加的实施例中改进了堵塞装置的形状，为如图13和图17所示的“碟形”，这些装置的扩展直径的部分形状为盘呈杯形，即“碟形”，以保证堵塞装置与堵塞部位的完好接触，促进内膜层的形成，降低细菌性内膜炎发生的概率。②“盘”有多个含义。在本案中，证据1指出原说明书第12页第5～9行提到“当模制元件20完全组装成时，金属纤维制品将会在某种程序上呈现哑铃形，在一对球之间具有相对窄的中心段部分，或许甚至成为盘形端部，如由图4可清楚看到的”。而图4清楚显示该盘形为扁平的圆形物。因此，本专利权利要求1时碟形完全不同于证据1的盘形。（2）证据2没有公开或者教导区别特征“所述预先确定的形状为碟形”。①证据2没有附图或者照片来帮助读者了解其装置的形状，没有描述扩展直径部分呈杯形从而构造成本专利所述的碟形。证据2使用双纽扣形，并将双钮扣形描述为“平的”，从而与本专利的碟形不同。②证据2也没有提及其阻塞装置的形状能保证堵塞装置与堵塞部位的完好接触，促进内膜层的形成，降低细菌性内膜炎发生的概率。因此，证据2没有公开或者教导本专利所述的“碟形”。综上所述，证据1和证据2没有公开或者教导区别特征“所述预先确定的形状为碟形”。本专利相对于证据1、证据2或其结合具有创造性，请求人民法院维持第10220号决定。

本院经审理查明：

名称为“通过经皮导管导向的血管内阻塞装置”的97194488.1号发明专利权（即本专利），其申请日是1997年4月14日，优先权日为1996年5月14日，授权公告日是2003年4月30日，专利权人是AGA公司。该专利授权公告的权利要求书如下：

“1. 一种通过经皮导管导向的血管内阻塞装置，其包括：由多条金属丝编织成的、具有近端和远端的金属纤维制品，每个端部都具有一附着到所述金属纤维制品上的固定装置，以聚集金属丝并阻止各金属丝松散；

所述金属纤维制品具有预先确定的扩展形状，以便形成在人体器官中的管腔或异常开口的阻塞物；所述预先确定的形状为碟形，并可变形为较小截面的尺寸，用以输送通过病人体内的管道，该金属纤维制品具有形状记忆特性，当不受约束时使该医疗装置返回到所述预先确定的扩展形状，以阻塞所述管腔或异常开口；

所述金属纤维制品处于扩展形状时，具有两个扩展直径部分和一位于该两个扩展直径部分之间的细小直径部分；

所述金属纤维制品内包含有阻塞用聚酯纤维。

2. 如权利要求 1 所述的阻塞装置，其中所述固定装置具有螺纹孔，用于旋转连接到一输送装置上。

3. 如权利要求 1 所述的阻塞装置，其中所述金属纤维制品是由不锈钢、镍钛合金以及钴铬镍合金构成的组合中选择的一种合金。”

本专利说明书关于附图 11、附图 13~15 的描述中记载……处于松弛的非张紧状态的装置 300 具有两个由一短的圆筒部 306 连在一起的相互隔开但对准的圆盘 302 和 304。

如图 13 所示……在松弛取向的状态下，金属纤维制品的形状是这样的，即两种圆盘 302 和 304 轴向对准并且由一短的圆筒部 306 连接在一起……近侧盘 302 具有相对平的形状，而远侧盘 304 朝向该近端呈杯状，与近侧盘 302 轻微重叠。

如图 13、图 14、图 16 和图 17 所示的盘呈杯形能保证阻塞装置 300 和心房瓣膜之间的完全接触。因此内皮上的新近形成的血栓层在阻塞装置 300 上，以此降低了细菌性心内膜炎发生的概率。

在本专利说明书中，没有明确权利要求书中“预先确定的形状为碟形”即为“盘呈杯形”。

针对本专利，华医圣杰公司于 2004 年 6 月 10 日向专利复审委员会提出无效宣告请求，其无效宣告请求的理由是：本专利权利要求 1~3 不符合《中华人民共和国专利法》（以下简称《专利法》）第二十二条第三款的有关规定。并提交了相关证据，其中：

证据 1 为 W096/01599A1 号 PCT 国际专利申请原文共 47 页及其使用部分的中文译文共 4 页，国际公布日为 1996 年 1 月 25 日。证据 1 公开了一种用弹性金属织物制作的血管封堵装置，其与本专利属于相同的技术领域，具体公开了以下内容：由多股弹性单丝制作的金属织物，其钢丝由弹性材料制成，从图 5A 中可看出该金属织物两端由固定装置固定，金属纤维制品有扩展和折叠两种形式，经过加热处理后，金属织物具有某种医疗装置的扩展状态，在图 2-4 中所示，金属纤维制品将会在某种程度上呈现哑铃形，在一对球之间具有相对窄的中心段部分，或许甚至成为盘形端部，经折叠后放入导管的管腔，通过导管放置，从放置在患者体内的导管远端出来之后，其充分地恢复至其扩展形状，通常是一种细长的医疗装置常有一个呈管状的中间部分和一对直径扩大的部分，中间部分的任一端都有一个直径扩大的部分，金属丝应当有既要有弹性又能通过热处理所需的形状的材料构成，优先适用于本发明的形状记忆合金是镍钛互化物。

证据 2-1 为盖有“国家图书馆外借组馆际互借章”印章的编号为 E01458-2、E01458-1 的馆藏互借英文委托通知复印件共 2 页，以及编号为 E01458~1 的馆藏互借英文委托通知的中文译文 1 页；证据 2-2 为华医圣杰公司宣称为《血管和介入放射医学》杂志第 353、354 页复印件 2 页，以及使用部分的中文译文 2 页，其上盖有“国家图书馆外借组馆际互借章”印章；证据 2-3 为发票号为 201203020139776997 号的北京市服务业、娱乐业、文化体育业专用发票发票联复印件 1 页，开票日期为 2004 年 4 月 23 日，其上盖有国家图书馆发票专用章。

根据证据 2-2 的译文，其公开了一种用于房间隔第二孔未闭缺损的经皮闭合术（ASDs）的新的自膨胀、双扣状物修补物，该双扣状物修补物由镍钛诺金属线构成，且将其紧紧地编织到具有相对于

ASD 大小的短连接腰的两个扁平扣状物中，用聚酯纤维填充，利用插管器将该设备推进并在左心房释放远端扣状物，利用该镍钛诺双扣状物修补物实现中等到较大房间隔第二孔未闭缺损的永久封堵是可行且有效的。

针对本专利，形状记忆合金公司、先健公司于 2004 年 7 月 2 日向专利复审委员会提出无效宣告请求，其无效宣告请求的理由和范围与华医圣杰公司提出的无效宣告请求完全相同，除未提交证据 2-3以外，其他证据与华医圣杰公司提交的证据一致。

2006 年 12 月 14 日和 2007 年 5 月 8 日，专利复审委员会两次进行了口头审理。在第一次口头审理中，华医圣杰公司和形状记忆合金公司、先健公司当庭明确其无效宣告请求的理由和范围为：本专利权利要求 1~3 相对于证据 1、证据 2 或证据 1 与证据 2 的结合不具备创造性。2007 年 6 月 28 日，专利复审委员会作出第 10220 号决定。

在本案庭审过程中专利复审委员会认为，盘是圆平面，碟是一种容器，比碗、杯扁，应有凹陷。

以上事实，有本专利说明书，华医圣杰公司、形状记忆合金公司和先健公司提交的证据 1、证据 2-1 至 2-3，第 10220 号决定，当事人陈述等证据在案佐证。

本院认为：

根据《专利法》第二十二条第三款的规定，发明的创造性，是指同申请日以前已有的技术相比，该发明有突出的实质性特点和显著的进步。根据《专利法》第五十六条第一款的规定，发明专利权的保护范围以其权利要求的内容为准，说明书及附图可以用于解释权利要求。

结合本案而言，关于如何理解血管内阻塞装置预先确定的形状为碟形是各方当事人争议的焦点，也是将本专利与证据 1 和证据 2 进行对比的关键。对此本院认为，首先，根据本领域技术人员所掌握的知识和一般生活常识，本专利权利要求 1 所限定的“碟形”的字面含义是清楚、明确的，就是在没有相关解释的情况下，本领域技术人员对于“碟形”的一般形状也是了解的，而且“盘”和“碟”在形状上没有明显的区别。其次，本专利说明书中没有关于“碟形”的文字描述，也未在说明书中明确限定“碟形”即为“盘呈杯形”。最后，本专利附图 13 是阻塞装置在松弛状态下的情形，展现了阻塞装置预先确定的形状，其对应的说明书文字部分描述“近侧盘 302 具有相对平的形状”，而不是“盘呈杯形”。因此，即使 AGA 公司主张“本专利权利要求 1 中的碟形所指的是本专利说明书附图 13~18 所示的形状，即如说明书第 28 页第 3 段中所述的‘盘呈杯形’，具体形状是形如‘碟子’般的向一侧凹进的盘”，也是与说明书的内容不一致的，故其主张不能成立。根据以上分析，专利复审委员会在对本专利权利要求 1 中血管内阻塞装置预先确定的形状为碟形的认识上存在错误，在此基础上，专利复审委员会将该技术特征与证据 1 和证据 2 进行对比的结论亦是错误的。

综上，专利复审委员会作出第 10220 号决定认定事实和适用法律均有错误，应予撤销。依照《中华人民共和国行政诉讼法》第五十四条第（二）项第一目、第二目之规定，本院判决如下

1. 撤销被告中华人民共和国国家知识产权局专利复审委员会作出的第 10220 号无效宣告请求审查决定。

2. 被告中华人民共和国国家知识产权局专利复审委员会重新就第 97194488.1 号“通过经皮导管导向的血管内阻塞装置”的发明专利权作出无效宣告请求审查决定。

案件受理费人民币 100 元，由被告中华人民共和国国家知识产权局专利复审委员会负担（于本判决生效之日起 7 日内交纳）。

如不服本判决，原告北京华医圣杰科技有限公司、上海形状记忆合金材料有限公司、先健科技（深圳）有限公司，被告中华人民共和国国家知识产权局专利复审委员会可于本判决送达之日起 15

日内，第三人 AGA 医药有限公司可于本判决送达之日起 30 日内，向本院提交上诉状及其副本，并交纳上诉案件受理费 100 元，上诉于中华人民共和国北京市高级人民法院。

审 判 长 仪 军
代理审判员 侯占恒
人民陪审员 郝建欣
二〇〇七年十二月二十日
书 记 员 周丽婷

# 北京市高级人民法院
# 行政判决书

（2008）高行终字第 132 号

上诉人（原审第三人）AGA 医药有限公司（AGA Medical Corporation），住所地美利坚合众国明尼苏达州 55442，普利茅斯，南森北路 5050 号（5050 Nathan Lane North，Plymouth，MN55427，U. S. A）。

法定代表人彼得·文森特·罗得（Peter Vincent Rother），法律总顾问兼秘书。

委托代理人马高平，北京市柳沈律师事务所律师。

委托代理人陶凤波，北京市柳沈律师事务所律师。

被上诉人（原审被告）中华人民共和国国家知识产权局专利复审委员会，住所地中华人民共和国北京市海淀区北四环西路 9 号银谷大厦 10~12 层。

法定代表人廖涛，副主任。

委托代理人刘畅，中华人民共和国国家知识产权局专利复审委员会审查员。

委托代理人齐宏涛，中华人民共和国国家知识产权局专利复审委员会审查员。

原审原告北京华医圣杰科技有限公司，住所地中华人民共和国北京市海淀区厂洼 2 号汇景阁 1007 号。

法定代表人刘刚，总经理。

委托代理人陈建民，北京市天驰律师事务所律师。

委托代理人明星楠，北京市天驰律师事务所律师。

原审原告上海形状记忆合金材料有限公司，住所地中华人民共和国上海市宝山区同济支路 199 号。

法定代表人许嘉龙，执行董事。

委托代理人陈建民，北京市天驰律师事务所律师。

委托代理人明星楠，北京市天驰律师事务所律师。

原审原告先健科技（深圳）有限公司，住所地中华人民共和国广东省深圳市南山区高新技术产业园北区朗山二路赛霸科研楼 1~3 层。

法定代表人谢粤辉，董事长。

委托代理人陈建民，北京市天驰律师事务所律师。

委托代理人明星楠，北京市天驰律师事务所律师。

上诉人AGA医药有限公司（以下简称AGA公司）因发明专利权无效行政纠纷一案，不服中华人民共和国北京市第一中级人民法院（以下简称北京市第一中级人民法院）(2007）一中行初字第1362号行政判决，向本院提起上诉。本院2008年3月4日受理本案后，依法组成合议庭，于2008年4月17日公开开庭进行了审理。上诉人AGA公司的委托代理人马高平、陶凤波，被上诉人中华人民共和国国家知识产权局专利复审委员会（以下简称专利复审委员会）的委托代理人刘畅、齐宏涛，原审原告北京华医圣杰科技有限公司（以下简称华医圣杰公司）的法定代表人刘刚及其委托代理人陈建民、明星楠，原审原告上海形状记忆合金材料有限公司（以下简称形状记忆合金公司）的法定代表人许嘉龙及其委托代理人陈建民、明星楠，原审原告先健科技（深圳）有限公司（以下简称先健公司）的委托代理人陈建民、明星楠到庭参加了诉讼。本案现已审理终结。

涉案专利为AGA公司拥有的名称为“通过经皮导管导向的血管内阻塞装置”的97194488.1号发明专利权（以下简称本专利)。针对本专利，华医圣杰公司于2004年6月10日向专利复审委员会提出无效宣告请求，理由是本专利权利要求1~3不符合《中华人民共和国专利法》（以下简称《专利法》）第二十二条第三款。形状记忆合金公司、先健公司以相同的理由于2004年7月2日向专利复审委员会提出无效宣告请求。2007年6月28日，专利复审委员会做出第10220号无效宣告请求审查决定（以下简称第10220号决定)，维持本专利权有效。华医圣杰公司、形状记忆合金公司、先健公司不服该决定，向原审法院提起诉讼。

北京市第一中级人民法院认为，根据本领域技术人员所掌握的知识和一般生活常识，本专利权利要求1所限定的“碟形”的字面含义是清楚、明确的，“盘”和“碟”在形状上没有明显的区别。本专利说明书中没有关于“碟形”的文字描述，也未明确限定“碟形”即为“盘呈杯形”。本专利说明书附图13是阻塞装置在松弛状态下的情形，展现了阻塞装置预先确定的形状，其对应的说明书文字部分描述“近侧盘302具有相对平的形状”，而不是“盘呈杯形”。因此，专利复审委员会在对本专利权利要求1中血管内阻塞装置预先确定的形状为碟形的认识上存在错误，在此基础上，专利复审委员会将该技术特征与证据1和证据2进行对比的结论亦是错误的。

北京市第一中级人民法院依照《中华人民共和国行政诉讼法》第五十四条第（二）项第一目、第二目之规定，判决：（1）撤销专利复审委员会作出的第10220号决定；（2）专利复审委员会重新就本专利权做出无效宣告请求审查决定。

AGA公司不服原审判决，向本院提起上诉，请求撤销原审判决，维持第10220号决定。其理由主要为：（1）原审判决对于本专利权利要求1的特征“所述预先确定的形状为碟形”的认定错误。本专利为证据1的优先权文件的部分继续申请，在证据1的基础上增加了附图11~18的实施例以及相应的说明，实际上是对于证据1的改进。而本专利增加的实施例中改进了堵塞装置的形状，为如图13和17所示的“碟形”，这些装置的扩展直径的部分形状为盘呈杯形，即“碟形”，以保证堵塞装置与堵塞部位的完好接触，促进内膜层的形成，降低细菌性内膜炎发生的概率。（2）关于盘和碟的含义。“盘”有多个含义，具体应用中，术语“盘”具体取哪种含义要根据其具体的上下文来理解，因此，不能笼统地断言“碟形”和“盘”在形状上没有明显的区别。在本案中，证据1指出原说明书第12页第5~9行提到“当模制元件20完全组装成时，金属纤维制品将会在某种程序上呈现哑铃形，在一对球之间具有相对窄的中心段部分，或许甚至成为盘形端部，如由图4可清楚看到的”。而图4清楚显示该盘形为扁平的圆形物。根据本专利的上下文，本专利的碟形为盘呈杯形，即金属纤维制品的一端相对平、而另一端向内弯曲的形状或者两端均为向内弯曲的形状。因此，本专利权利要求1的碟形完全不同于证据1的盘形。综上所述，证据1和证据2没有公开或者教导区别特征“所述预先确定的形状为碟形”。本专利权利要求1相对于证据1、证据2或其结合具有创造性。华医圣杰公司、形状记忆合金公司、先健公司、专利复审委员会服从原审判决。

本院经审理查明：本案涉及名称为“通过经皮导管导向的血管内阻塞装置”的97194488.1号发明专利权（即本专利），其申请日是1997年4月14日，优先权日为1996年5月14日，授权公告日是2003年4月30日，专利权人是AGA公司。该专利授权公告的权利要求如下：

“1. 一种通过经皮导管导向的血管内阻塞装置，其包括：由多条金属丝编织成的、具有近端和远端的金属纤维制品，每个端部都具有一附着到所述金属纤维制品上的固定装置，以聚集金属丝并阻止各金属丝松散；

所述金属纤维制品具有预先确定的扩展形状，以便形成在人体器官中的管腔或异常开口的阻塞物；所述预先确定的形状为碟形，并可变形为较小截面的尺寸，用以输送通过病人体内的管道，该金属纤维制品具有形状记忆特性，当不受约束时使该医疗装置返回到所述预先确定的扩展形状，以阻塞所述管腔或异常开口；

所述金属纤维制品处于扩展形状时，具有两个扩展直径部分和一位于该两个扩展直径部分之间的细小直径部分；

所述金属纤维制品内包含有阻塞用聚酯纤维。

2. 如权利要求1所述的阻塞装置，其中所述固定装置具有螺纹孔，用于旋转连接到一输送装置上。

3. 如权利要求1所述的阻塞装置，其中所述金属纤维制品是由不锈钢、镍钛合金以及钴铬镍合金构成的组合中选择的一种合金。”

本专利说明书关于附图11、附图13~15的描述中记载……处于松弛的非张紧状态的装置300具有两个由一短的圆筒部306连在一起的相互隔开但对准的圆盘302和304。

如图13所示……在松弛取向的状态下，金属纤维制品的形状是这样的，即两种圆盘302和304轴向对准并且由一短的圆筒部306连接在一起……近侧盘302具有相对平的形状，而远侧盘304朝向该近端呈杯状，与近侧盘302轻微重叠。

如图13、图14、图16和图17所示的盘呈杯形能保证阻塞装置300和心房瓣膜之间的完全接触。因此内皮上的新近形成的血栓层在阻塞装置300上，以此降低了细菌性心内膜炎发生的概率。

在本专利说明书中，没有明确权利要求书中“预先确定的形状为碟形”即为“盘呈杯形”。

针对本专利，华医圣杰公司于2004年6月10日向专利复审委员会提出无效宣告请求，其无效宣告请求的理由是：本专利权利要求1~3不符合《专利法》第二十二条第三款的有关规定。并提交了相关证据，其中：

证据1为WO96/01599A1号PCT国际专利申请原文共47页及其使用部分的中文译文共4页，国际公布日为1996年1月25日。证据1公开了一种用弹性金属织物制作的血管封堵装置，其与本专利属于相同的技术领域，具体公开了以下内容：由多股弹性单丝制作的金属织物，其钢丝由弹性材料制成，从图5A中可看出该金属织物两端由固定装置固定，金属纤维制品有扩展和折叠两种形式，经过加热处理后，金属织物具有某种医疗装置的扩展状态，在图2-4中所示，金属纤维制品将会在某种程度上呈现哑铃形，在一对球之间具有相对窄的中心段部分，或许甚至成为盘形端部，经折叠后放入导管的管腔，通过导管放置，从放置在患者体内的导管远端出来之后，其充分地恢复至其扩展形状，通常是一种细长的医疗装置常有一个呈管状的中间部分和一对直径扩大的部分，中间部分的任一端都有一个直径扩大的部分，金属丝应当有既要有弹性又能通过热处理所需的形状的材料构成，优先适用于本发明的形状记忆合金是镍钛互化物。

证据2-1为盖有“国家图书馆外借组馆际互借章”印章的编号为E01458~2、E01458~1的馆藏互借英文委托通知复印件共 2 页，以及编号为 E01458~1 的馆藏互借英文委托通知的中文译文 1 页；证据 2-2 为华医圣杰公司宣称为《血管和介入放射医学》杂志第 353、354 页复印件 2 页，以及使用部分的中文译文 2 页，其上盖有“国家图书馆外借组馆际互借章”印章；证据 2-3 为发票号为 201203020139776997 号的北京市服务业、娱乐业、文化体育业专用发票发票联复印件 1 页，开票日期为 2004 年 4 月 23 日，其上盖有国家图书馆发票专用章。

根据证据 2-2 的译文，其公开了一种用于房间隔第二孔未闭缺损的经皮闭合术（ASDs）的新的自膨胀、双扣状物修补物，该双扣状物修补物由镍钛诺金属线构成，且将其紧紧地编织到具有相对于 ASD 大小的短连接腰的两个扁平扣状物中，用聚酯纤维填充，利用插管器将该设备推进并在左心房释放远端扣状物，利用该镍钛诺双扣状物修补物实现中等到较大房间隔第二孔未闭缺损的永久封堵是可行且有效的。

针对本专利，形状记忆合金公司、先健公司于 2004 年 7 月 2 日向专利复审委员会提出无效宣告请求，其无效宣告请求的理由和范围与华医圣杰公司提出的无效宣告请求完全相同，除未提交证据 2-3以外，其他证据与华医圣杰公司提交的证据一致。

2006 年 12 月 14 日和 2007 年 5 月 8 日，专利复审委员会两次进行了口头审理。在第一次口头审理中，华医圣杰公司和形状记忆合金公司、先健公司当庭明确其无效宣告请求的理由和范围为：本专利权利要求 1~3 相对于证据 1、证据 2 或证据 1 与证据 2 的结合不具备创造性。

2007 年 6 月 28 日，专利复审委员会作出第 10220 号决定，维持本专利权有效。该决定认为：

1. 本专利权利要求 1~3 相对于证据 1 是否具有创造性

本专利权利要求 1 请求保护的技术方案与证据 1 所公开内容相比，其区别在于：（1）本专利中预先确定的形状为碟形，而证据 1 中仅公开了成为盘形端部；（2）证据 1 中未公开金属纤维制品内包含由阻塞用聚酯纤维。

对于区别特征（1），专利复审委员会认为：第一，AGA 公司于口头审理时主张本专利权利要求 1 中的碟形所指的是本专利说明书附图 13~18 所示的形状，即如说明书第 28 页第 3 段中所述“盘呈杯形”，具体形状是形如“碟子”般的向一侧凹进的盘，该形状具有如说明书中“如图 13、图 14、图 16 和图 17 所示的盘呈杯形能保证阻塞装置 300 和心房瓣膜之间的完全接触。因此内皮上的新近形成的血栓层在阻塞装置 300 上，以此降低了细菌性心内膜炎发生的概率”所述的效果。同时，在本专利的实质审查阶段，AGA 公司针对审查部门发出的第二次审查意见通知书，于 2002 年 6 月 18 日提交了意见陈述书及权利要求书全文替换页，并在意见陈述书中指出：独立权利要求 1 中新加入的特征“金属纤维制品的预先确定的形状为碟形”（如图 13~18 所示）并没有被对比文件 1（WO9601591A1）所公开，对比文件 1 公开的是哑铃形的金属纤维制品，而本发明的碟形金属纤维制品克服了上述缺点，能实现很好的阻塞效果。审查部门准许了 AGA 公司对独立权利要求 1 的这种修改，并也认可了上述新加入的技术特征可以使该权利要求相对于对比文件 1 具备新颖性、创造性。据此，可以确定本专利权利要求 1 中的“碟形”就是指的本专利说明书附图 13~18 中所示的形状。而证据 1 中所公开的形状均是扁平盘形，未公开具有一侧凹进的碟形形状，同时也未公开具有能降低细菌性心内膜炎发生的概率的技术效果。第二，本专利说明书附图 1~10 与证据 1 的附图 1~10 均相同，说明书相应部分的描述内容也几乎相同，而本专利说明书附图 11~18 表示出本专利还具有其他形式的实施例，且后面这些附图中的实施例具有优于前面实施例的效果，即可以说明本专利对证据 1 所公开的结构进行了改进，得到了证据 1 所不具备的技术效果。据此，证据 1 中公开的盘形不同于本专利中的碟形，本专利由于具有碟形而获得了证据 1 中未公开的技术效果。

对于区别特征（2），专利复审委员会认为：证据 1 中未公开其金属织物包括由聚酯纤维，也未给出在金属丝上包括有用于阻塞的材料的技术启示。华医圣杰公司和形状记忆合金公司、先健公司虽然认为在医疗器械中使用聚酯纤维属于公知常识，但其未提供证据证明其主张。

综上，本专利权利要求1请求保护的技术方案与证据1所公开内容存在区别技术特征，没有证据表明这些区别特征属于本领域的公知常识，且这些区别技术特征能够产生技术效果，因而，本专利权利要求1具有创造性，相应的，其从属权利要求2、3请求保护的技术方案相对于证据1也具有创造性。

2. 本专利权利要求1~3相对于证据2是否具有创造性

本专利权利要求1相对于证据2具有突出的实质性特点和显著的进步，具有创造性，相应的，从属权利要求2、3请求保护的技术方案也具有造性。

3. 证据1与证据2相结合是否可以破坏本专利权利要求1~3的创造性

本专利权利要求1相对于证据1与证据2的结合具有突出的实质性特点和显著的进步，具有创造性，其从属权利要求2、3也具有创造性。

以上事实，有本专利说明书，华医圣杰公司、形状记忆合金公司和先健公司提交的证据1、证据2-1至2-3，第10220号决定，当事人陈述等证据在案佐证。

本院认为：根据《专利法》第二十二条第三款的规定，发明的创造性，是指同申请日以前已有的技术相比，该发明有突出的实质性特点和显著的进步。根据《专利法》第五十六条第一款的规定，发明专利权的保护范围以其权利要求的内容为准，说明书及附图可以用于解释权利要求。

结合本案而言，关键问题在于如何理解血管内阻塞装置预先确定的形状为碟形。本院认为，对权利要求中技术术语的理解应当根据说明书及附图，并结合本领域技术人员所掌握的知识和一般生活常识。就本案而言，首先，本专利权利要求1所限定的“碟形,，的字面含义是清楚、明确的，即便在没有相关解释的情况下，本领域技术人员对于“碟形”的一般形状也是了解的，而且“盘”和“碟”在形状上没有明显的区别。其次，本专利说明书中没有关于“碟形”的文字描述，也未在说明书中明确限定“碟形”即为“盘呈杯形”。最后，本专利附图13是阻塞装置在松弛状态下的情形，展现了阻塞装置预先确定的形状，其对应的说明书文字部分描述“近侧盘302具有相对平的形状”，而不是“盘呈杯形”。因此，即使AGA公司主张“本专利权利要求1中的碟形所指的是本专利说明书附图13~18所示的形状，即如说明书第28页第3段中所述的‘盘呈杯形’，具体形状是形如‘碟子’般的向一侧凹进的盘”，也是与说明书的内容不一致的，故其关于“碟形”即为“盘呈杯形，以及本专利权利要求1的碟形完全不同于证据1的盘形的上诉主张不能成立。原审判决对“碟形”的理解有事实依据，应予维持。

综上所述，原审判决认定事实清楚，适用法律正确，应予维持。上诉人AGA公司的上诉主张于法无据，本院不予支持。依照《中华人民共和国行政诉讼法》第六十一条第一款第（一）项之规定，判决如下：

驳回上诉，维持原判。

一审案件受理费100元，由中华人民共和国国家知识产权局专利复审委员会负担（于本判决生效之日起7日内交纳）；二审案件受理费100元，由AGA医药有限公司负担（已交纳）。

本判决为终审判决。

审　判　长　刘　辉
代理审判员　岑宏宇
代理审判员　焦　彦
二〇〇八年九月三十日
书　记　员　陈　明

142

# 一种免水自动处便方法与系统装置及免水应用厕所

## 无效宣告请求审查决定（第10226号）

**决　　定　　号**　第10226号
**决　　定　　日**　2007年6月29日
**发明创造名称**　一种免水自动处便方法与系统装置及免水应用厕所
**国际分类号**　E03D 9/10
**无效宣告请求人**　王永立
**专　利　权　人**　曾德邻
**专　　利　　号**　00113262.8
**申　　请　　日**　2000年2月2日
**授权公告日**　2005年7月6日
**合议组组长**　马文霞
**主　　审　　员**　张家祥
**参　　审　　员**　刘　亚

**法　律　依　据**　专利法第22条第2款、第3款、第4款，第26条第3款、第4款；专利法实施细则第2条第3款、第20条第1款、第21条第2款

**决　定　要　点**

请求人在提出无效宣告请求时没有具体说明的无效宣告理由以及没有用于具体说明相关无效宣告理由的证据，且在提出无效宣告请求之日起一个月内也未补充具体说明的，专利复审委员会不予考虑。

如果权利要求的技术方案与现有技术的区别特征在本领域是公知的技术，而本领域技术人员在现有技术的基础上结合上述公知技术得到该权利要求所要求保护的技术方案是显而易见的，则该权利要求不具有创造性。

### 一、案由

本无效宣告请求案涉及国家知识产权局于2005年7月6日授权公告的、名称为“一种免水自动处便方法与系统装置及免水应用厕所”的第00113262.8号发明专利（下称本专利），其申请日为2000年2月2日，专利权人为曾德邻。该专利授权公告的权利要求书如下：

“1. 一种免水自动处便方法，其特征在于：厕所以尿代水冲实现对厕所排便的清除，是在对厕所用作冲洗介质的贮尿在提取、贮存或转送环节被施以下述三类处理措施中的一种或两种还可以是全部，三类处理措施分别是：

a）一种或多种物理改性措施；

b）一种或多种化学改性措施；

c）一种或多种生物改性措施。

2. 根据权利要求 1 所述一种免水自动处便方法，其特征在于：厕所以尿代水冲实现对厕所排便的清除，是在实施尿、粪分贮基础上通过对厕所自身贮尿采取以下措施：

1）用作冲洗介质的贮尿，取自原尿的贮尿、独立于原尿的贮尿被贮存；

2）对用作冲洗介质的贮尿包括对原尿的贮尿实施密贮。

3. 根据权利要求 1 或 2 所述一种免水自动处便方法，其特征在于：对厕所采用的便器装置被施以下述措施：

1）在便器中设置尿的收集装置，对排便者无论取蹲姿、坐姿或站姿的排尿都实施收集；

2）在便器中设置机械除便装置和冲洗装置，以机械担负除便任务；

3）除便时，使冲洗装置跟随机械除便装置动作实施对便槽和除便机械的清洁；

4）使单一便器具有完全独立可控的负压消臭功能。

4. 一种为实施权利要求 1、2 或 3 所述一种免水自动处便方法的便器装置，其特征在于：便器的构成包含有便槽、除便装置、冲洗装置、负压装置、便体、罩板、纳便口、除便口、控制电路和电气接口；

便槽为一有底敞口容器；除便装置由装置在便槽中的刮片和刮片驱动装置构成，刮片与便槽底接触部分为弹性体；冲洗装置包括喷洗构件、引液管、阀门、泵送装置，喷洗构件为一种其上设有若干喷孔和引液头的杆状物，有随动与固定两种类型。随动型喷洗构件装置在刮片上，固定型喷洗构件装置在便槽上，冲洗装置或者是仅设置随动喷洗构件方式；负压装置由风道与抽、排风装置构成，风道有固定风道与活动风道两种形式，抽、排风装置设置在固定风道上，负压装置还可以是仅设固定风道方式；便体取为一设有围板的框架构件，构件上设置着可装置便槽、除便装置的驱动装置、冲洗装置的泵、阀及附件的空间和固定风道；便器自动控制电路设于便体内或仅在便体上设控制电路的电气接口，控制与操作电路外设；罩板为可将便体框口全部复盖或大部复盖的板状体；纳便口设于罩板中央；除便口包括除粪口与除尿口设于便槽底；罩板上或者还设置有可封闭纳便口的便口盖，构成一种具有尿粪分排，机械除便、消臭，微液冲洗功能的自动便器。

5. 根据权利要求 4 所述一种便器装置，其特征在于：便槽为至少有两个对应立面为平行平面的有底盒式敞口容器，其底为平面与圆弧或者还包括与斜面在内的一种多面组合结构面，并且过组合各面任一点所作法线与便槽立面任一点所作法线垂直，使便槽构成单室便槽或双室便槽；与便槽中装设的刮片长度方向垂直的便槽两端外侧还可以附设槽形构件；除便口设于便槽底部接立面或近立面的单侧或双侧，对于单室便槽除便口可以是除粪口与除尿口合设的单口形式，也可以是分设的双口形式，对于双室便槽，除便口是除粪口和除尿口分室而设的双口形式。

6. 根据权利要求 4 所述一种便器，其特征在于：刮片的除便动作方式是，当除便口设置为单侧时，刮片是作一次始向除便口的往返双程动作，当除便口设置为双侧时，刮片是作一次始向除便口的无返回的单程动作，刮板的驱动方式是电驱动或气驱动。

7. 根据权利要求 4 所述一种便器装置，其特征在于：罩板为一双层中空结构，在层间设置风道，在罩板底板上设置与风道相通的进风口与导风口，构成活动风道，将罩板置于便体上时，进风口与便槽内空间直通，导风口与便体上设置的固定风道相通；导风口与固定风道的联系方式可以是直通式或为可插、拨的套合方式。

8. 根据权利要求 4 所述一种便器装置，其特征在于：泵送装置为一种电动泵或气压泵，气压泵还可以是直接作用式气压泵或活塞作用式气压泵。

9. 根据权利要求4或8所述一种便器装置，其特征在于：直接作用式气压泵结构为：中空的泵体（1）上设置有进液口（10）、出液口（11）进排气口（8）与液位控制装置（2），进液口（10）与泵体（1）间设有止回阀（9），进、排气口（8）上装置着方向阀（7）、方向阀（7）的外设通道（6）可与高压气源联系，外设通道（5）与阀（4）联接，阀（4）的外设通道（3）与大气相通还可以与一可产生负压的气源相连系；

活塞作用气压泵结构为泵体（1）上以连体方式设置着大缸（2）与小缸（8）大缸（2）为气缸，上设有气道（3）、（5），分别位于大缸（1）的两端部，小缸（8）为液缸与大缸（2）的非连体体端设置有进液口（10）与出液口（11），进液口（10）与泵体（1）间还设有止回阀（9），大活塞（4）与小活塞（7）由柱塞（6）固连分别置于大缸（2）与小缸（8）中；

直接作用式气压泵与活塞作用式气压泵的进液口（10）与泵体（1）间或者还不设置止回阀，而是进液口（10）与出液口（11）共用一方向阀（12）。

10. 一种为实施权利要求1、2或3所述一种免水自动处便方法的便器装置，包含权利要求4所述一种便器装置的全部特征，与权利要求4所述一种便器装置的区别特征在于：冲洗装置中的泵送装置或者还包括阀门、负压装置中的轴、排风装置被设置于便体外。

11. 一种为实施权利要求1、2或3所述一种免水自动处便方法的便器装置，包含权利要求4或10所述一种便器装置的全部特征，与权利要求4或10所述一种便器装置的区别特征在于：便器还设有可封堵除便口的活门，对于除便口单侧设置情况，设单活门，除便口为双侧设置情况设双活门；双活门又可设分置式双活门驱动源各自独立方式，或迭置式双活门驱动源合一方式；驱动源可以是电磁，气动或电动方式；单活门或分置式双活门对除便口的封堵可以是侧入式或底入式；迭置式双活门对除便口的封堵为底入式；

单活门或分置式双活门的任一活门动作方式是，在非除便状态，活门受弹性作用，对除便口实施封堵，除便状态，活门受驱动源作用克服弹性作用。牵引活门平移，对除便口实施开启，除便结束，驱动源停止作用，活门受弹性作用复位至封堵位置；迭置式双活门的动作方式是，非除便状态，双活门各对一除便口的侧壁保持弹性接触对该除便口实施封堵；除便状态，使双活门平移收缩进入两除便口间便槽外底并进行保持，使两除便口打开，除便结束，双活门复出或各沿原收缩方向继续平移至与活门原相对的除便口封堵；

除便口包括尿、粪合一的除便口或除粪口；单活门或分置式双活门的机构包括活门、导向槽、弹性体、驱动源；活门置于导向槽中，受到弹性体与驱动源和相反作用，可沿导向槽导向方向滑动平移，导向槽导向方向与便槽中刮片运动方向平行，被置于便槽除便口的外侧或便槽外底；

迭置式双活门机构由导向槽，上、下活门、活门双向滑移可逆驱动装置，与活门双向弹压机构，活门中位保持装置与固定基构成，导向槽置于便槽外底沿导向方向与便槽两除便口相衔接，导向槽可以是中隔板的双腔结构体或者是无隔板的单腔结构体，在导向槽两侧壁中部对应位置处设轴座安装孔；上、下活门等宽同长，其长等于或小于便槽两除便口间底长，相迭同置于单腔结构的导向槽中或分别置于双腔结构导向槽的上、下腔中，可自由滑动，在上，下活门相向面中部各设对应凹道，于各自凹道的对应位置处沿板可滑行方向设置齿条，与上、下活门所设齿条啮合的齿轮固定在初轴上，运用轴座将初轴装置在导向槽中部的轴座安装孔上并且至少有一轴端伸出，在伸出端装设有初级从动传动件，与之相应的初级主动传动件装设在中轴上，中轴被装置在固定基上，固定基与便体为固定联系，中轴上还固定有二级从动传动件，二级从动传动件为一扇形齿轮构件，或者为其他轮形构件，当为扇形齿轮构件时，该构件中线过园心的引出线部分设一凸缘，与该凸缘绞接着一弹性体固定装置，另一对应弹性体固定装置以绞接方式被装置在与凸缘垂直位置以下的固定中轴轴座属同一固定基上，在两弹性体固定装置中设置弹性体，驱动二级从动传动件的二级主传动件与一可逆驱动源相连系，可逆泵驱动源可以是电动，电磁驱动或气动方式，由齿条、齿轮、初轴、初级从动传动件、初级主动传动件、中轴、二级从动传动件以及二级主动传动件或中轴上的凸缘，弹性体与弹性体固定装置构成活门双向弹压装置；活门中位保持机构由电磁吸引装置，活门运动中位反映构件，与导磁体构成，导磁体被装置在能反映活门运动中位的运动构件上，电磁吸引装置相对该运动构件被固定，其固定位置邻靠导磁体能保证活门处于中位的位置，导磁体与电磁装置的设置还可以是以二对一方法设置，固定基还可以是便体的本体而非另设的方式。

12. 一种为实施权利要求 1、2 或 3 所述一种免水自动处便方法的便器装置，包含权利要求 4、10 或 11 所述一种便器装置的全部特征，与权利要求 4、10 或 11 所述一种便器装置的区别特征在于：便器上还设有尿或冲液回流装置，回流装置结合活门与活门导向装置设置，使便槽中无论经何种姿式所排尿或冲液，只要能到达除便口和除便口不在除便时的开启状态，则都可经回流装置回收至贮尿或冲液贮器；

回流装置由过滤罩板，回流室、导流管、外管接头与外续流管并结合活门与活门导向装置构成，无论活门是侧置式还是底置式，无论是单活门还是双活门，各活门均设置回流室；迭置式双活门，回流室设于上活门的两端，回流室的形式可取为槽孔或盲孔或内凹室状，过滤罩板设在回流室上，并使活门位于对除便口封堵位置时，回流室至少有部分或全部低于便槽底；导流管、外管接头设于活门导向槽侧壁，导流管与外管接头互通，当活门位于对除便口封堵位置时，回流室经导流管与外管接头可连通，当活门位于对除便口开启状态时，回流室与导流管或外管接头连通关系中断；回流室与外管接头的通断关系还可以不设导流管，而与外管接头直接接触方式，外续流管一端接外管接头，另端与贮尿装置或冲液贮器连通。

13. 一种为实施权利要求 1、2 或 3 所述一种免水自动处便方法的便器装置，包含权利要求 4、10、11 或 12 所述一种便器装置的全部特征，与权利要求 4、10、11 或 12 所述一种便器装置的区别特征在于：便器上还设有防泻便回流装置，防泻便回流装置与活门装置一体，能与活门随动，单活门或分置式双活门的任一活门均装设防泻便回流装置，迭置式双活门是在上活门的两端活门处各装设防泻便回流装置，防泻便回流装置通过封断回流室的过滤罩板实现阻止泻便回流，在便槽中存在泻便或需除便作业时，防泻便回流装置的工作状态呈阻断状态；

防泻便回流装置由平盖、弹性装置与电磁驱动装置构成，平盖、弹性装置与电磁驱动装置一同被装置在活门上，并使平盖置于回流室过滤罩板上与过滤罩板为滑动接触，电磁驱动装置不作用时，弹性装置保持平盖对过滤罩板的全部封盖，电磁驱动装置作用时，可克服弹性装置作用，使平盖平行滑移将过滤罩板小部或大部分暴露，当电磁驱动装置停止作用时，平盖受弹性作用平行滑移，可回复到将过滤罩板全部封闭状态；

便器中还设有排便行为自动检判装置，自动检判装置的检测原件为一种光，包括红外线传感器件或者是一种气敏传感器件，还或者是一种超声波传感器件，安装位于刮板顶部与刮板保持随动关系，也可以安装于便器中的固定位置处，用以检测便器使用时内部中是否存在大便包括泻便，并将检测信号提供给控制电络，实施对防泻便回流装置动作即平盖动作的控制，具体操作方式可以是：

1）当排便人仅有小便行为时，使防泻便回流装置动作即平盖开启人的排尿和其后的冲液经回流室可被收集入贮尿容器，当便器中冲洗作业完成，使防泻便回流装置的开启动作终止，平盖复位至全部封盖回流室位置，整个过程，活门不作开启动作；

2）当排便人有排大便行为但为非泻便时，可以在排便进行过程中或排便终了使防泻便回流装置实施开启动作。在需除便作业之前或除便作业实施过程中，始令防泻便回流装置的开启动作终止和活门实施开启动作；

3）当排便人存在泻便行为时，使防泻便回流装置与活门保持随动关系，无开启动作，活门在需实施除便作业时始开启，并在除便作业完成后自动关闭。

14. 一种为实施权利要求 1、2 或 3 所述一种免水自动处便方法的便器装置，包含权利要求 4、10、11、12 或 13 所述一种便器装置的全部特征，与权利要求 4、10、11、12 或 13 所述一种便器装置的区别特征在于：便器的除便口下，或除便口活门下设有强制送便装置，除便口单侧设置情况，强制送便器设一个，除便口双侧设置情况可以是双侧除便口下各设一个或经一个分枝导便管使双侧除便口共用一个强制送便装置。

15. 根据权利要求 14 所述一种便器装置，其特征在于：强制送便装置由驱动源，送便器构成，驱动源可以是独立源，驱动源方式可以是气动、液压或电动；送便器由受便口，送便室和机械送便装置，出便口构成；受便口用于对接便槽除便口或用于对接分枝导便管；机械送便装置取为螺杆型或活塞型或啮合的齿轮付，置于送便室中，并有与螺杆或活塞型或齿轮副联系的轴或杆类自送便室中伸出可与驱动源连接；送便口可直接或经管道与贮粪装置连接。

16. 一种为实施权利要求 1、2 或 3 所述一种免水自动处便方法的便器装置，包含权利要求 4、10、11、12、13 或 14 所述一种便器装置的全部特征，与权利要求 4、10、11、12、13 或 14 所述一种便器装置的区别特征在于：便器上还设有冷、热风源，并在罩板上设置可与该冷热风源相通的独立风道，该风道的风道口朝向罩板外向，可由控制电路对风源实行选择与起、停操作控制，冷风源可以是未经加热空气的普通风源。

17. 一种为实施权利要求 1、2 或 3 所述一种免水自动处便方法的便器装置，包含权利要求 4、10、11、12、13、14 或 16 所述一种便器装置的全部特征，与权利要求 4、10、11、12、13、14 或 16 所述一种便器装置的区别特征在于：便器的下底部设置有支撑构件，使便器成为坐便器。

18. 一种为实施权利要求 1、2 或 3 所述一种免水自动处便方法的便器装置，包含权利要求 4、10、11、12、13、14、16 或 17 所述一种便器装置的全部特征，与权利要求 4、10、11、12、13、14、16 或 17 所述一种便器装置的区别特征在于：便器的罩板之上复盖有纳便口框，在纳便口框沿纳便口长度方向为对称线的两侧，或者直接在罩板沿纳便口长度方向为对称线的两侧以绞接方式设置两对称的纳便口围板；在便器支撑构件的前方结合在便器体或支撑构件体设置折迭式或内藏式踏级，由此构成一种蹲坐两用便器。

19. 根据权利要求 4、10、11、12、13、14、16、17 或 18 所述一种便器装置，其特征在于：便器中还设有压力传感器或风量传感器，并以其控制负压装置中的抽、排风装的电机功率或转速，使负压装置在便槽中产生的负压在一较稳定范围内保持。

20. 根据权利要求 4、10、11、12、13、14、16、17 或 18 所述一种便器装置，其特征在于：便器的负压装置风道出口上设置有气体处理装置，使便槽中的便臭经气体处理装置处理后变成不含便臭的气体。

21. 根据权利要求 4、10、11、12、13、14、16、17 或 18 所述一种便器装置，其特征在于：便器的控制电路是一种包含或不包含微电脑的微电子控制电路或者是一种继电接触控制电路，还可以是微电子与继电接触混合控制电路，电路置于便器体内，便器上仅设对外电源接口，或置于便器体外，便器仅设控制电气接口。

22. 一种为实施权利要求 1 或 2 所述一种免水自动处便方法的厕用贮器，其特征在于：厕用贮器采用分室结构，对尿、粪以及厕用冲洗液实行分室贮放，分别构成尿贮器、粪贮器以及冲液贮器，三者各自独立，为非共体结构或共体分室结构；或尿贮器、粪贮器共体分室，冲液贮器独立结构；或尿贮器与冲液贮器共体分室、粪贮器独立结构；或尿贮器、粪贮器共体合室构成尿粪合贮器，冲液贮器独立结构；

厕用贮器的结构形式

包括贮尿器、粪贮器或尿粪合贮器以及冲液贮器的厕用贮器为一种结构贮器形式或者为一种地贮器形式，结构贮器形式是地面或地上或者是半地面设施，可以搬运迁移，可以不定点与便器组合使用，以成型工艺制备；地贮器形式，属地埋设施，不可搬运迁移，以土建施工制备或工厂制造现场拼装埋设或直接埋设而成，定点与便器组合使用；厕用贮器或者还是一种由结构贮器与地贮器，经管道或经管道与阀连接而成的一种组合贮器形式；

厕用贮器的联系通道形式

冲液贮器：设有供液通道，补液通道与气体交互通道，补液通道又设为外补液通道与内补液通道，外补液通道上设置有外注液接口装置，经阀或不经阀可与外供液源连接，内补液通道经泵送装置与尿贮器相通，气体交互通道与尿贮器的上部相通，供液通道口设于冲液贮器的底部，可与便器的冲洗装置相连；补液通道入口与气体交互通道口设于冲液贮器的上部或顶部；

尿贮器：设有受尿通道、出尿通道与气体交互通道，其中受尿通道设于尿贮器上部或顶部，由一通管构成，通管下部置于尿贮器内、下端口开缺或不开缺相抵或接近尿贮器底部，上端设置成外管接口或设置成漏斗状并设密封斗盖，于斗盖上设置一个或一个以上的外管接口，可与便器的除尿口或外续流管配接；出尿通道与内补液通道口设于尿贮器底部，两者分设或以阀门实施通道路径选择共用出尿通道口方式；尿贮器与冲液贮器和与粪贮器或者还包括大气间设有气体交互通道，设于尿贮器顶部；

粪贮器包括尿粪合贮器：设有受粪通道、出粪通道与气体交互通道，受粪通道设于粪贮器或尿粪合贮器顶部，为一个或一个以上直通接口或管接口形式；出粪通道设置有下置式和上置式，或既有下置式又有上置式；下置式出粪通道设于粪贮器下底，并在其上设有阀或可封断装置；上置式出粪通道设于粪贮器顶部，为一下部开缺或不开缺的通管被固定于粪贮器上，其下端口接近或与粪贮器的下底相抵或接近，上端管口还设置管接口装置；与尿贮器或包括与大气间的气体交互通道设于粪贮器顶部；

地贮器：地贮器的上部或顶部设置受尿或受粪通道，以及取尿或取粪通道。

23. 一种为实施权利要求 1 或 2 所述一种免水自动处便方法的厕用贮器，由包含在权利要求 22 所述一种厕用贮器中的尿贮器、粪贮器以及冲液贮器构成，其特征在于：尿贮器、粪贮器为结构贮器，于其顶部设有充气通道；与大气、冲液贮器或者还包括与便器相互的通道间设有可实施通断的阀；出便通道设为上置式，构成一种可实施上出便的自动卸便作业厕用贮器；或者，仅设下置式出便通道，并在下置式出便通道口上设置手阀或动力阀或在其出便通道还设置接口装置，构成一种可实施下出便的自动卸便作业厕用贮器。

24. 一种为实施权利要求 1 或 2 所述一种免水自动处便方法的厕用贮器，由包含在权利要求 22 所述一种厕用贮器中的尿贮器、粪贮器以及冲液贮器构成，其特征在于：尿贮器与冲液贮器合并为一个尿与冲液双用贮器，为结构贮器，受尿通道取通管结构又兼为内补液通道，出便通道又兼为供液通道，外补液通道为一种外注液口结构或经阀与外供液源连通的结构。

25. 根据权利要求 22、23 或 24 所述一种厕用贮器，其特征在于：尿贮器或者尿与冲液双用贮器上设有溢流通道口。

26. 根据权利要求 22、23 或 24 所述一种厕用贮器，其特征在于：尿贮器顶部设有清洗引液通道，冲液贮器或者尿与冲液双用贮器底部设置有清洗泄流通道，在冲液贮器高于尿贮器设置时，清洗引液通道与清洗泄流通道可结合设置，并在通道上设阀实施控制。

27. 根据权利要求22、23或24所述一种厕用贮器，其特征在于：冲液贮器，或尿与冲液双用贮器，尿贮器、粪贮器上设有内气泄压装置，在冲液贮器，尿贮器、粪贮器间设有气体交互通道时，内气泄压装置可以设置一个，设置于冲液贮器或尿贮器或粪贮器上。

28. 根据权利要求22、23或24所述一种厕用贮器，其特征在于：自尿贮器的受尿通道至尿贮器至内补液通道至冲液贮器至供液通道至便器间或自尿与冲液双用贮器的受尿通道至尿与冲液双用贮器的供液通道间的一处或一处以上设置物理或化学或生物的尿处理装置。

29. 根据权利要求22、23或24所述一种厕用贮器，其特征在于：冲液贮器上设有液位自动检测装置，其检测结果被用以控制内补液上通道上的泵送装置是否对冲液贮器实施自动补液。

30. 根据权利要求22、23或24所述一种厕用贮器，其特征在于：冲液贮器的外补液通道直接与外供液源连通，通道上设受控阀，该受控阀可受贮液不足报警或指示装置通过控制电路的控制在尿贮器尿液不足情况下自动实施对冲液贮器的外补液。

31. 根据权利要求22、23或24所述一种厕用贮器，其特征在于：尿贮器、粪贮器或者还包括冲液贮器或尿与冲液双用贮器上设有贮量显示或指示装置。

32. 根据权利要求20、21或22所述一种厕用贮器，其特征在于：冲液贮器或尿与冲液双用贮器或者还有尿贮器上还设有沉淀物观察装置；对于结构贮器的冲液贮器或尿与冲液双用贮器或者还包括尿贮器，其贮量显示或指示装置与沉淀物观察装置可以为合一结构。

33. 一种为实施权利要求1或2所述一种免水自动处便方法的厕用贮器，由包含在权利要求22所述一种厕用贮器中的尿贮器、粪贮器以及冲液贮器构成，其特征在于：尿贮器与粪贮器合并为尿粪合贮器，冲液贮器为尿与冲液双用贮器均为结构贮器；其中，尿粪合贮器的受便通道口仅设置一个，可与便器的除便口或强制送便器的出便口适配，出便通道独立设置于尿粪合贮器顶部，为敞口结构，或与受便通道口合并为一个，底部不设置出便通道；尿与冲液双用贮器与尿粪合贮器间还设有溢尿通道，溢尿通道还可以兼作气体交互通道，构成一种单体厕用贮器。

34. 根据权利要求33所述一种厕用贮器，其特征在于：尿粪合贮器上还设置有方便搬移的施力装置如抠手、提把，在其下底或者还设置角轮或有轮的托架。

35. 根据权利要求33所述一种厕用贮器，其特征在于：尿粪合贮器为一种箱或桶状容器，其出便通道口或者还包括受便通道口，溢尿通道口设有可对其封闭的附盖或塞，受便通道口与便器的除便口或强制送便器的出便口以及和尿与冲液双用贮器的溢尿通道或还包括气体交互通道的接口形式为套合，插拨或螺旋接口形式。

36. 一种为实施权利要求1或2所述一种免水自动处便方法的便器与厕用贮器的结合方式，其特征在于：便器与厕用贮器为结构贮器的结合方式为伴设直连式或伴设管道接引方式；便器与厕用贮器为地贮器的结合式为外设管道接引方式。

37. 一种为实施权利要求1或2所述一种免水自动处便方法的管道装置，其特征在于：在一直通管上设置有一个总接口与按间距和并列形式设置有一个以上的分枝接口，直管两端口可封闭或被用作设置成总接口和一个分枝接口，构成多头接引管道，多头接引管道被用作多头集粪管或多头集尿管或多头冲液分配管与多头便臭排放管。

38. 一种为实施权利要求1或2所述一种免水自动处便方法的多头集便与强制送便装置，其特征在于：设有总接口与按间距和并列形式设置有一个或一个以上分枝接口的直通管，管中设置有扭矩螺旋送便装置，扭矩螺旋送便装置为一种由弹性材料制作的无心轴螺旋或者为一种由弹性材料制成的柔性或刚性轴类体上设置螺旋旋片构成的有心轴螺旋体；在有心轴或无心轴螺旋体两端固定设置着端轴；在管道两端设置轴承座，并在其中设置具有轴向负荷负载能力的轴承，将有心轴或无心轴螺旋体置于管中，使两端轴穿过轴承的轴孔，并由紧定螺母依托两端轴承对无心轴螺旋体的螺旋体或有心轴螺旋体的心轴进行牵拉和固定，使无心轴螺旋体或有心轴螺旋体的心轴被张紧于两轴座间；在管道的一端或双端设置驱动装置，使与无心轴或有心轴螺旋体端轴自轴承的伸出部分相连接，驱动装置可带动无心轴螺旋体或有心轴螺旋体在管道转动，双端设置的驱动装置为同步驱动装置。

39. 一种为实施权利要求 1 或 2 所述一种免水自动处便方法的应用厕所系统，包括便器和厕用贮器，其特征在于：厕用贮器为结构贮器，由尿贮器、粪贮器、冲液贮器构成，出粪通道为上置式或者还设有下置式，补液通道包含内、外两种补液通道，便器具有尿粪分排和微液冲洗功能，设置一个或一个以上，与厕用贮器为伴设直连或伴设管道接引的结合方式，以外供水对厕所系统实施冲洗启动后，由尿任冲洗介质实施对便器冲洗，构成水启动尿冲洗免水除便厕所系统。

40. 一种为实施权利要求 1 或 2 所述一种免水自动处便方法的应用厕所系统，包括便器和厕用贮器，其特征在于：厕用贮器为具有可实施上出便自动卸便作业功能的厕用贮器，便器具有尿粪分排和微液冲洗功能，设置一个或一个以上，与厕用贮器为伴设直连或伴设管道接引的结合方式，以外供水对厕所系统实施冲洗启动后，由尿任冲洗介质实施对便器冲洗，构成一种可实施上出便自动卸便作业的水启动尿冲洗免水除便厕所系统。

41. 一种为实施权利要求 1 或 2 所述一种免水自动处便方法的应用厕所系统，包括便器和厕用贮器，其特征在于：厕用贮器为具有可实施下出便自动卸便作业功能的厕用贮器，便器具有尿粪分排和微液冲洗功能，设置一个或一个以上，与厕用贮器为伴设直连或伴设管道接引的结合方式，以外供水对厕所系统实施冲洗启动后，由尿任冲洗介质实施对便器冲洗，构成一种可实施下出便自动卸便作业的水启动尿冲洗免水除便厕所系统。

42. 一种为实施权利要求 1 或 2 所述一种免水自动处便方法的应用厕所系统，包括便器和厕用贮器，其特征在于：具有可实施下出便自动卸便作业的水启动尿冲洗免水除便厕所系统被装置在一种可拖曳行走的有轮装置上，构成可实施下出便自动卸便作业的水启动尿冲洗免水除便可移动厕所系统。

43. 根据权利要求 39、40、41 或 42 所述一种应用厕所系统，其特征在于：厕所系统整体统一设置可供一个以上便器共用的补液、尿处理、供液、便臭排放或者还包括便臭处理和电控装置。

44. 根据权利要求 39、40、41 或 42 所述一种应用厕所系统，其特征在于：厕所系统设置有附属装置，附属装置有电源的输入、输出接口装置，包括太阳能电源、轻型发电机组、可存蓄电源在内的自备电源装置、气压发生装置、备用水箱、厕所无人化管理系统装置、空气调节装置、空气净化装置、厕所芬香装置、音响装置、电话，厕所系统设置的附属装置可以是以上附属装置的部分或全部。

45. 一种为实施权利要求 1 或 2 所述一种免水自动处便方法的应用厕所系统，包括便器和厕用贮器，其特征在于：厕用贮器为具有可实施上出便或下出便自动卸便作业功能的厕用贮器，便器仅设一个，便器具有尿粪分排和微液冲洗功能，与厕用贮器为伴设直连或伴设管道接引的结合方式，以外供水对厕所系统实施冲洗启动后，由尿任冲洗介质实施对便器冲洗，厕所系统被装置于交通运输工具上，其充气通道与交通运输工具所设气源相连系，构成具有可实施下出便或上出便自动卸便作业的单便位水启动冲洗免水除便交通工具厕所。

46. 一种为实施权利要求 1 或 2 所述一种免水自动处便方法的应用厕所系统，包括便器和厕用贮器，其特征在于：建筑物内，设有一个或一个以上分枝接口沿垂直方向布置的双管或三管构成的竖管，竖管下端口与受便贮器的受便口相接；受便贮器可以是地贮器，结构贮器或组合贮器；受便贮器设为尿贮器与粪贮器，竖管设置成尿粪分泄的双管形式或尿、粪、便臭分泄与分排的三管形式；便器具有尿粪分排和微液冲洗功能，依一对一原则与尿与冲液双用贮器或者是与一个内设尿贮器和一个冲液贮器体直连结合，尿与冲液双用贮器体或冲液贮器的外补液通道设置为外注液口形式，直接或经阀与外供液源连接，构成实施水启动，尿冲洗的单体便器与冲洗系统；一个或一个以上的单体便器与冲洗系统在垂直方向上分层布置，各层间便器的排便口经下设的强制送便装置与泄粪竖管的分枝接口连接，尿与冲液双用贮器或内设尿贮器所设溢尿通道在设有泄尿竖管情况与泄尿竖管的分枝接口连接，或在泄粪竖管上另外设置分枝接口使与溢尿通道连通；在设置有排臭竖管时各便器的排臭通道可分别与排臭竖管的分枝接口连接，未设置排臭竖管时，各便器的排臭通道各自独立通向室外，构成具有尿粪分贮，水启动、尿冲洗免水除便的单便器或多便器分层设置的建筑物内厕所系统。

47. 一种为实施权利要求 1 或 2 所述一种免水自动处便方法的应用厕所系统，包括便器和厕用贮器，其特征在于：建筑物内，设有尿粪分排和微液冲洗便器一个以上，依间距水平布置，各便器的排便口下设强制送便装置与一水平布置的多头集粪管理的分枝接口连接，多头集粪管的总接口与外设的或内设的粪贮器受粪通道连接；各便器的排尿口或排尿通道与一水平布置的多头集尿管的分枝接口连接，多头集尿管的总接口与一内设尿贮器的受尿通道相连，或与一尿与冲液双用贮器的补液或受尿通道相连；各便器冲液进口与一水平布置的多头冲液分配管的分枝接口连接，多头冲液分配管的总接口和尿与冲液双用贮器或和冲液贮器的供液通道连接；各便器的排臭通道与多头便臭排放管的分枝接口连接，多头便臭排放管的总接口与便臭气处理装置相连，或直接与建筑物外大气相通；尿与冲液双用贮器或内设尿贮器上设置溢尿通道，溢尿通道与多头集粪管的总接口连通，或直接与外设或内设粪贮器的受粪通道连通，还或者是在外设置尿贮器，溢尿通道与外设尿贮器的受尿通道连通；外设的或内设的粪贮器或者还包括外设尿贮器可以是地贮器，结构贮器或组合贮器；各便器的排便口连接还可以是经下设的强制送便装置或不设强制送便装置直接与一水平布置的多头集便与强制送便装置的分枝接口连接，多头集便与强制送便装置的总接口与外设或内设粪贮器受粪通道连接的方式；尿与冲液双用贮器或冲液贮器的外补液通道设置为独立外注口形式，直接或经阀与外供液连接；厕所经水启动，构成具有尿粪分贮，水启动，尿冲洗免水除便的多便器水平布置的建筑物内厕所系统。

48. 一种为实施权利要求 1 或 2 所述一种免水自动处便方法的应用厕所系统，包括便器和厕用贮器，包含权利要求 46 或 48 所述一种应用厕所系统的全部特征，与权利要求 46 或 47 所述一种应用厕所系统的区别特征在于：其特征在于：建筑物内，具有尿粪分贮，水启动尿冲洗免水除便的多便器分层设置的建筑物内厕所系统与具有尿粪分贮，水启动、尿冲洗免水除便的多便器水平布置的建筑物内厕所系统结合设置，构成具有尿粪分贮，水启动、尿冲洗免水除便的多便器竖、平混置建筑内厕所系统。

49. 一种为实施权利要求 1 或 2 所述一种免水自动处便方法的应用厕所系统，包括厕用贮器和便器，其特征在于：厕用贮器为单体厕用贮器；便器具有尿粪分排与微液冲洗功能，便器除便口下设置或不设置强制送便装置，置于贮器之上，与贮器以直接方式结合，构成一种水启动，尿冲洗的单体免水除便厕所系统。”

针对上述专利权，王永立（下称请求人）于 2006 年 3 月 13 日向专利复审委员会提出无效宣告请求，认为本专利不符合专利法第 22 条第 2 款、第 3、第 4 款，专利法第 26 条第 3 款、第 4 款以及专利法实施细则第 2 条第 3 款、第 20 条第 1 款、第 21 条第 2 款的规定，并提交了下述附件作为证据：

附件 1：第 96234987. 9 号中国实用新型专利说明书，授权公告日为 1998 年 7 月 29 日，复印件共 12 页；

附件 2：第 96234988. 7 号中国实用新型专利说明书，授权公告日为 1998 年 7 月 29 日，复印件共 16 页；

附件3：第98248422.4号中国实用新型专利说明书，授权公告日为1999年10月20日，复印件共16页；

附件4：第00113262.8号中国发明专利说明书（即本专利），申请日为2000年2月2日，授权公告日为2005年7月6日，复印件共30页。

请求人认为，（1）权利要求22~36和39~49不符合专利法实施细则第2条第3款的规定。其中，权利要求22中包括了地理结构特征，没有工业再现性，不符合专利法实施细则第2条第3款的规定，基于同样的理由，权利要求23~36、39~49也不符合专利法实施细则第2条第3款的规定。（2）权利要求1~36和39~49不符合专利法第26条第3款的规定。其中，权利要求5中的“组合各面任一点所作法线与便槽立面任一点所作法线垂直，使便槽构成单室便槽或双室便槽”无法实现；权利要求6中的“刮片无返回的单程动作”无法实现，未公开刮片的电驱动或气驱动方案；权利要求7中的导风口与固定风道的联系方式不清楚，如何直通及可插、拔套合均未公开；权利要求9中同一个标号表示了两种以上的不同部件，一般技术人员不能实现；权利要求11中罗列了数十个技术特征，但它们之间的连接关系没有披露，一般技术人员阅读说明书和权利要求书后无法实施，底入式、侧入式、其他轮形构件、可逆泵、二对一方法等这些特殊提法非本领域规范用语，一般技术人员很难理解；权利要求14中的“强制送便装置”没有给出具体结构；权利要求15没有公开送便器的结构；权利要求16中增加了“便器上的冷热风源”，但没有具体的技术方案；权利要求12~21没有消除其所引用的权利要求的缺陷；权利要求22未公开贮器的完整结构，共体及非共体、分室的结构无法实施；权利要求23中的“上出便方式”没有具体的技术方案；权利要求28中的“物理或化学或生物尿处理装置”没有公开具体结构；权利要求33中的“出便通道上置或与受便通道口合并为一个”没有具体的技术方案；权利要求23~35没有消除权利要求22的缺陷，权利要求34~35没有消除权利要求33的缺陷；权利要求39中的“上置式、下置式、伴设”含意不清，“尿粪分排、微液冲洗、水启动尿冲洗”均是功能性特征，没有具体手段；权利要求40中的“上出便自动卸便厕用贮器”、“伴设直接或伴设管道接引”、“水启动尿冲洗”这些不明确的内容使得权利要求不确定、不完整，一般技术人员无法实施，权利要求41也存在相同缺陷；权利要求42中的“下出便自动卸便”、“水启动尿冲洗”公开不充分；权利要求43~44未消除权利要求39~42的缺陷；权利要求46中的“微液冲洗功能”、“水启动、尿冲洗”、“尿、粪、便臭分泄与分排”无法实施，“一个单体便器分层布置”不能实现；权利要求47中的“微液冲洗功能”、“水启动、尿冲洗”、“尿、粪、便臭分泄与分排”、“便臭气处理装置”无法实施；权利要求48中的“水启动、尿冲洗”、“多便器竖、平混置”含糊不清，无法实施；权利要求49中的“微液冲洗”、“水启动尿冲洗”含糊不清，无法实施。（3）权利要求1~36和39~49不符合专利法实施细则第21条第2款的规定。其中，权利要求1中没有公开如何以尿代水冲实现对厕所排便的清除，如何对贮尿提取、贮存、转送，不能构成完整的技术方案，不符合专利法实施细则第21条第2款的规定；基于同样的理由，权利要求2~36和39~49也不符合专利法实施细则第21条第2款的规定。（4）权利要求1~36和39~49不符合专利法实施细则第20条第1款的规定。其中，权利要求1的技术方案不完整，保护范围不清楚，不符合专利法实施细则第20条第1款的规定；权利要求36中“伴设”含意不清，使得保护范围不确定；基于同样的理由，权利要求2~35、39~49也不符合专利法实施细则第20条第1款的规定。（5）权利要求1~4、8~17、19~21和36~39不符合专利法第22条第3款的规定。其中，权利要求1中并没有具体限定如何对尿液进行物理、化学、生物改性，而一般物理、化学、生物改性是本领域的公知常识；权利要求2对贮尿方法的限定也是一般的公知常识；权利要求3的技术特征全部被附件2和3公开；权利要求4与附件2和3的区别仅仅是喷洗构件及带有围板的便体框架，都是公知常识；权利要求8中的“电动泵和气压泵”、权利要求9中的“泵的结构本身以及阀、管路的连接”、权利要求10中的附加技术特征、权利要求16中便器上的“冷热风源”、权利要求17中的“便器下部的支撑构件”、权利要求19中的“风量传感器”、权利要求20中的“气体处理装置”、权利要求21中的对“控制电路”的限定、权利要求36中的连接方式、权利要求37中的“总接口及分接口构成的管道设置”、权利要求38中的“螺旋送料装置”均为公知技术；权利要求39中的“尿贮器、粪贮器、冲液贮器及内、外补液通道”在附件2、3中已公开。(6)申请文件中存在多处不符合审查指南的情形，如权利要求中出现了两个以上的句号、在技术特征的叙述中采取了“包含权利要求×、×、×全部特征”的方式、申请文件中同一个阿拉伯数字序号表示两个以上部件的情况竟有几十处之多，造成技术方案叙述不清、混乱，保护范围不确定，技术方案不完整。

经形式审查合格后，专利复审委员会受理了上述请求，于2006年6月14日向双方当事人发出《无效宣告请求受理通知书》，并将《专利权无效宣告请求书》及其附件的副本转送给专利权人，要求其在指定的期限内答复，同时成立合议组对本无效宣告请求案进行审理。

专利权人于2006年7月14日针对上述《无效宣告请求受理通知书》作出答复，认为本专利符合专利法第22条第2款、第3款，专利法第26条第3款、第4款以及实施细则第2条第3款、第20条第1款、第21条第2款的规定。具体意见概括如下：(1)请求人自始至终没有引用附件1，附件2的技术方案和装置结构原理在具体实施和应用上存在较多问题和不足。(2)权利要求1的核心技术方案是尿代水冲处便的技术手段，如何实现以尿代水冲厕的具体技术方案已经在附件2中公开，将尿液进行处理改性后用以代水冲厕是专利权人在附件2基础上的改进，权利要求1中对贮尿的提取、贮存和转送以及对尿液进行的物理、化学、生物改性在本领域属于公知常识；权利要求2中的“贮尿、用作冲洗介质、原尿、取自原尿、独立于原尿、被贮存、密贮”等限定概念均是公知常识，没必要再描述；权利要求3中的“在便器中设置尿的收集装置”与附件2中的“集尿器”不同，附件2的集尿器实质为一种尿的贮存容器，附件2也没有涉及排便者取站姿排便时的尿液收集内容，附件2中的“在牵引链带动下的铲刀”和“由抽气机、管道、排便器与驱动控制装置构成的自动排臭系统使排便器内形成负压”服务于整个厕所系统，与权利要求3所述单一便器具有完全独立可控的负压消臭不同，权利要求3的四项技术特征在附件3中找不到任何关联表述；本专利说明书及附图已对权利要求4各项内容作出清楚、明确的描述，因此权利要求4符合专利法第22条第3款、第26条第3款以及专利法实施细则第20条第1款、第21条第2款的规定。(3)权利要求5中的“组合各面任一点所作法线与便槽立面任一点所作法线垂直，使便槽构成单室便槽或双室便槽”意思是便槽底面与便槽四围立面为垂直关系，便槽底面是一种可以包含弧面、水平面与斜面在内的一种多面组合体；权利要求6中的“电驱动或气驱动”均是典型的公知常识；对于权利要求7，说明书已清楚描述导风口与固定风道的联系方式可以是直通，即直接连通，插，即插入，拔，即拔出，套合，即套入；权利要求9中同一个标号表示了两种不同部件，是请求人在文件撰写中的失误，但结合附图并不影响该权利要求对所述技术特征的完整和准确表达；权利要求11中请求人认为的数十个技术特征具体地说是在便器的除便口下设置有可开、闭的活门，本领域技术人员根据其功能目的和本领域的专业知识能够制作出实现这一特定功能的活门，并且专利权人对活门设置的形制、动作方式、开闭手段，甚至包括功能目的在内等都作了具体交代，用作表述的概念和术语都在公知常识的范畴内，权利要求12~13同样也符合专利法第26条第3款的规定；权利要求14中的“强制送便装置”在权利要求15中有具体的介绍；权利要求16中的“冷热风源”是公知常识，该权利要求中已给出明确的结构和功能性交代，权利要求17~21与权利要求16的反驳理由相同；对于权利要求22的贮器，在一个统一的贮器内分设几个不同贮存功能的贮室谓之共体的分室结构，由几个各自独立的不同贮存功能的贮室合作构成一个统一的贮器谓之非共体的分室结构；权利要求 23 中的“上出便方式”在说明书和该权利要求中有清楚、完整地描述；权利要求 28 中的物理或化学或生物处理技术具有公知特点，技术特征的原创性允许对保护范围使用上位概念；权利要求 33 中的“出便通道上置”就是把出便通道设置在贮便器的上部，“与受便通道口合并为一个”就是受便通道既作受便通道使用又作出便通道使用；权利要求 39 中的“上置式、下置式、伴设”在针对权利要求 36 的回驳中已表述，“尿粪分排、微液冲洗、水启动尿冲洗”只是限定性修饰词语，具体手段已在前述对机械便器和厕用贮器的描述之中；权利要求 40 中的“上出便自动卸便厕用贮器”、“伴设直接或伴设管道接引”、“水启动尿冲洗”在说明书和权利要求书中均有清楚描述；权利要求 42 中的“下出便自动卸便”、“水启动尿冲洗”并非是本权利要求需要表述的内容；权利要求 46~47 中的“微液冲洗功能”、“水启动、尿冲洗”、“尿、粪、便臭分泄与分排”、“便臭气处理装置”在说明书和权利要求书中已有交代，“一个单体便器分层布置”是指多层建筑中一种单便位的设厕形式；权利要求 48 中的“多便器竖、平混置”就是在垂直方向的各层有便器分布，而在每层的水平方向有一个以上的便器分布；权利要求 49 中的“微液冲洗”、“水启动尿冲洗”的回驳参见以上的陈述，构成厕所系统的三项充分要素便器、厕用贮器、便器与厕用贮器的联系方式均有明确说明，便器在说明书第 3~7 页和权利要求 4~22 中有描述，单体厕用贮器以及包含在其中的专设通道的结构特征在说明书第 9~10 页和权利要求 33 中有描述，便器和厕用贮器联系方式的技术特征在说明书第 9~10 页与权利要求 49 中有描述。

2006 年 11 月 24 日，本案合议组向请求人发出《转送文件通知书》，将专利权人提交的上述意见陈述书转送给请求人，要求其在收到所述转送文件之日起一个月内答复。期满请求人未答复。

2007 年 1 月 18 日，本案合议组向双方当事人发出《无效宣告请求口头审理通知书》，定于 2007 年 3 月 7 日对该专利权的无效宣告请求进行口头审理。

2007 年 3 月 7 日，口头审理如期进行，双方当事人或其代理人出席了口头审理。合议组就本案的无效理由及证据逐一进行了调查，双方当事人充分陈述了各自的意见。庭审过程中，合议组记录下如下事实：（1）请求人当庭放弃了本专利不符合专利法实施细则第 2 条第 3 款规定以及权利要求 4、8~17、19~21 和 36~39 不符合专利法第 22 条第 3 款规定的无效理由；（2）专利权人对请求人提交的附件 1~3 的真实性和公开性没有异议；（3）请求人当庭补充了权利要求 1~4、10、36、45 不符合专利法第 26 条第 3 款、权利要求 4~49 不符合专利法实施细则第 21 条第 2 款和权利要求 4~35、37~49 不符合专利法实施细则第 20 条第 1 款规定的具体理由，请求人还增加权利要求 1 和 2 相对于附件 2 不具备创造性的无效理由；（4）由于请求人在无效宣告请求书中以及在提出无效宣告请求之日起一个月内都没有对专利法第 22 条第 2 款和第 4 款以及专利法第 26 条第 4 款的无效理由作出具体说明，合议组当庭宣布对上述理由不予考虑；（5）专利权人认可附件 3 的刮板 68 在便器内。

2007 年 3 月 12 日，专利复审委员会收到了专利权人的意见陈述书，专利权人认为，本专利中的机械除便装置或刮板和附件 3 中的刮板在结构性、功能性、可实施性方面有实质区别，同时收回在口头审理中对附件 3 中刮板的错误应对。

至此，合议组认为本案的事实清楚，可以作出审查决定。

**二、决定的理由**

1. 关于文本

本无效宣告审查决定是以本专利授权公告文本为基础作出的。

2. 关于证据

附件 1~3 均是中国实用新型专利说明书，并且授权公告日均在本专利申请日之前，专利权人对其真实性和公开性没有异议，因此，合议组对附件 1~3 的真实性予以确认，附件 1~3 可以作为本专利的现有技术。

3. 关于无效理由

专利法实施细则第 64 条第 1 款规定，依照专利法第 45 条的规定，请求宣告专利权无效或者部分无效的，应当向专利复审委员会提交专利权无效宣告请求书和必要的证据一式两份。无效宣告请求书应当结合提交的所有证据，具体说明无效宣告请求的理由，并指明每项理由所依据的证据。

专利法实施细则第 64 条第 2 款规定，前款所称无效宣告请求的理由，是指被授予专利的发明创造不符合专利法第 22 条、第 23 条、第 26 条第 3 款、第 4 款、第 33 条或者本细则第 2 条、第 13 条第 1 款、第 20 条第 1 款、第 21 条第 2 款的规定，或者属于专利法第 5 条、第 25 条的规定，或者依照专利法第 9 条规定不能取得专利权。

首先，关于请求人提出的专利法第 22 条第 2 款和第 4 款、专利法第 26 条第 4 款以及权利要求 8 不符合专利法第 26 条第 3 款规定的无效理由，请求人仅在《专利权无效宣告请求书》第④栏中列出了上述无效理由，在第⑤栏中没有对上述理由作出具体说明，且在提出无效宣告请求之日起一个月内也未补充具体说明；其次，请求人在口头审理补充的权利要求 1~4、10、36、45 不符合专利法第 26 条第 3 款的规定、权利要求 4~49 不符合专利法实施细则第 21 条第 2 款的规定以及权利要求 4~35 和 37~49 不符合专利法实施细则第 20 条第 1 款规定的无效理由在《专利权无效宣告请求书》第⑤栏中也没有作出具体说明，且在提出无效宣告请求之日起一个月内也未补充具体说明；再次，请求人提出的本专利不符合审查指南规定的情形不属于专利法实施细则第 64 条第 2 款规定的无效理由。因此，合议组对上述无效理由不予考虑。对于请求人在口头审理中增加的权利要求 1 和 2 相对于附件 2 不具备创造性的无效理由，鉴于请求人在提出无效宣告请求时已提出权利要求 3 相对于附件 2 和 3 不具备创造性，而权利要求 3 又是权利要求 1 和 2 的从属权利要求，这意味着权利要求 1 和 2 相对于附件 2 和/或 3 必然也不具备创造性，因此，合议组接受请求人关于权利要求 1、2 相对于附件 2 不具备创造性的理由。另外，由于请求人在口头审理过程中当庭放弃了本专利不符合专利法实施细则第 2 条第 3 款规定以及权利要求 4、8~17、19~21 和 36~39 不符合专利法第 22 条第 3 款规定的无效理由。因而，合议组仅对请求人所提出的下述无效理由进行审查：权利要求 5~7、9、11~35、39~44、46~49 不符合专利法第 26 条第 3 款的规定，权利要求 1 和基于相同理由权利要求 2~36 和 39~49 不符合专利法实施细则第 21 条第 2 款的规定，权利要求 1、36 和基于相同理由权利要求 2~35、39~49 不符合专利法实施细则第 20 条第 1 款的规定以及权利要求 1~3 不符合专利法第 22 条第 3 款的规定。

4. 关于专利法第 26 条第 3 款

专利法第 26 条第 3 款规定：说明书应当对发明或者实用新型作出清楚、完整的说明，以所属技术领域的技术人员能够实现为准；必要的时候，应当有附图。

请求人认为，权利要求 5~7、9、11~35、39~44、46~49 不符合专利法第 26 条第 3 款的规定。

合议组认为，权利要求 5 要求保护根据权利要求 4 所述的便器装置，其中的“组合各面任一点所作法线与便槽立面任一点所作法线垂直，使便槽构成单室便槽或双室便槽”在说明书中的相应描述为“……便槽的基本结构为至少有两个对应立面即侧面为平行平面的有底盒式敞口容器，为方便刮片对便槽中粪便的清除，其底取为平面与圆弧面或包括与斜面在内的一种多面组合结构面，并且过组合面任一点所作法线与过便槽立面任一点所作法线垂直，使便槽可构成单室便槽或双室便槽……”（说明书第 3 页第 35~38 行），本领域技术人员在阅读说明书之后可以理解，所述便槽的底面可以是平面与圆弧面相结合的或者平面与圆弧面以及斜面相结合的组合面，但便槽立面是垂直于整个底面的，另外，该便槽结构也是本领域常见的便槽结构，因此，本领域技术人员根据本专利说明书公开的内容完全能够实现所述便槽；权利要求6要求保护根据权利要求4的便器，其中刮片无返回的单程动作是针对除便口双侧设置刮片的情况，本领域技术人员根据现有技术中公知的电驱动或气驱动方法完全可以实现刮片无返回的单程动作；权利要求7要求保护根据权利要求4的便器装置，其中导风口与固定风道的联系方式为直通式或可插、拔的套合方式，本领域技术人员可以理解，"直通"即为直接连通的意思，而"可插、拔的套合方式"则表示既可以插入，也可以从中拔出，二者实现套合，该方式对本领域技术人员来说是完全能够实现的；权利要求9要求保护权利要求4或权利要求8的便器装置，虽然其中同一个附图标记（7）表示了两种不同的部件，但是它们分别表示直接作用式气压泵结构和活塞作用气压泵结构中的部件，在说明书中对应的说明书附图分别是图10.1和图11.1，本领域技术人员在阅读权利要求9上下文并充分理解说明书的基础上不会对上述同一附图标记的部件产生误解；请求人认为权利要求11~21中罗列了数十个技术特征，这数十个技术特征之间的连接关系没有披露，但请求人没有具体陈述是哪些技术特征的连接关系没有披露，说明书第4页第21行至第7页第17行对上述内容有详细地描述，本领域技术人员根据说明书的记载并结合现有技术的内容完全可以实现上述权利要求的技术方案；权利要求14中的"强制送便装置"和权利要求15中的"送便器"的结构在说明书第7页第5~9行已有记载，本领域技术人员在阅读权利要求书和说明书后可以实施权利要求14~15的技术方案；权利要求16中的"冷热风源"是公知常识，请求人在无效宣告请求书中也认可这一点，因此，本领域技术人员完全能够实现权利要求16的技术方案，同样理由，权利要求17~21也不存在请求人所述的缺陷；对于权利要求22的贮器、共体及非共体、分室的结构，说明书第7页第38~43行有相应的记载："……厕用贮器分为受便贮器与非受便贮器。采用分室结构，对尿、粪以及厕用冲液实行分室贮放，分别构成尿贮器，粪贮器或尿粪合贮器以及冲液贮器，其中尿贮器，粪贮器或尿粪合贮器构成受便贮器，冲液贮器为非受便贮器，各贮器可以各自独立，为非共体结构或为共体分室结构；或尿贮器，粪贮器共体分室，冲液贮器独立结构；以及尿贮器与冲液贮器共体分室，粪贮器独立和尿粪合贮器与冲液贮器各自独立的结构"，由此可知，非共体结构的意思是各个贮器都是独立的，而共体结构则代表两个或三个贮器是一体的，但为了执行不同的功能将同一结构中分成两个或三个不同的室，这与专利权人的解释"在一个统一的贮器内分设几个不同贮存功能的贮室谓之共体的分室结构，由几个各自独立的不同贮存功能的贮室合作构成一个统一的贮器谓之非共体的分室结构"意思基本相同，本领域技术人员在阅读权利要求书和说明书的基础上完全可以理解上述技术特征，从而实现其技术方案，同理，权利要求23~35中的上述缺陷也不存在；权利要求23中的"上出便方式"在说明书中的相应描述为"出便通道供粪便的取出，设置有下置式和上置式，或既设有下置式又设有上置式；下置式出粪通道设于粪贮器或尿粪合贮器的下底，在其通道口上设有阀或可封断装置，使贮粪状态不致有粪便的泄出；上置式出粪通道设于粪贮器或尿粪合贮器顶部，为一下部开缺或不开缺的通管，被固定于粪贮器或尿粪贮器上，其下端相抵或接近粪贮器或尿粪贮器下底，上端管口还可设置管接口装置，可以敞置或设盖，可以方便与粪便取运装置配接实现贮便的转运和利于在贮便将通道下部缺口浸没时，可阻止贮器内的粪臭气经通道口散发出和阻断外部空气经通道口进入与内部与贮便接触，更利于粪便的密贮"（说明书第8页第32~39行），因此，上述出便方式根据说明书的记载是可以实现的；权利要求28中的物理或化学或生物处理技术在本领域是公知的，请求人和专利权人均认同该观点，因此，本领域人员根据说明书的记载结合本领域的公知常识能够选用适合的改性方法和设备；对于权利要求33中的"出便通道上置或与受便通道口合并为一个"，根据其字面意思并结合说明书的记载，"出便通道上置"就是把出便通道设置在贮便器的上部，"与受便通道口合并为一个"就是受便通道既作受便通道使用又作出便通道使用，这对于本领域技术人员来说是清楚的，也是完全可以实现的；权利要求39中的"上置式、下置式"参见对权利要求23

的评述，“伴设”在说明书中的相应描述为“对于厕用贮器为结构贮器的与便器结合方式是：便器与厕用贮器相伴设置，便器的通道口与厕用贮器的通道口直接相连，或以管道接引相连，可称为伴设直连式，或伴设管道接引方式，如将便器置于贮器上，除便口直接插入粪贮器或尿粪合贮器上设的受便通道直通接口中，便器的外续流管直接与尿贮器的受尿通道相连，伴设管道接引方式的例子如：粪贮器或尿粪合贮器上仅设一个管接口形式的受便通道，粪贮器或尿粪贮合器上设置有便器，便器的除便口通过接引管道与管接口形式的受便通道相连，构成伴设管道接引方式”，因此，“伴设”的概念在说明书中已有清楚的记载，对本领域技术人员来说是清楚的，同理，权利要求40中的“伴设直接或伴设管道接引”也是清楚的，在说明书的基础上本领域技术人员完全可以实现；权利要求39中的“尿粪分排、微液冲洗、水启动尿冲洗”，权利要求40~41中的“上出便自动卸便厕用贮器”、“水启动尿冲洗”，权利要求42中的“下出便自动卸便”、“水启动尿冲洗”，权利要求46中的“微液冲洗功能”、“水启动、尿冲洗”、“尿、粪、便臭分泄与分排”、“一个单体便器分层布置”，权利要求47中的“微液冲洗功能”、“水启动、尿冲洗”、“尿、粪、便臭分泄与分排”、“便臭气处理装置”，权利要求48中的“水启动、尿冲洗”、“多便器竖、平混置”，权利要求49中的“微液冲洗”、“水启动尿冲洗”在说明书中均有相应的描述，从其字面意思就能理解其含义，本领域技术人员在阅读说明书的基础上完全可以实现上述权利要求的技术方案，例如，“尿粪分排”即为尿和粪分别排到不同的贮器中，“微液冲洗”意思是用少量的尿液对便器进行冲洗，而“水启动尿冲洗”则是基于本专利的特点，在没有尿液积累的情况下，需要由水来启动，当尿液积累到一定程度时，再用尿液代替水进行冲洗，同样理由，权利要求43~45也不存在权利要求39~42所述的缺陷。因而，请求人提出的权利要求5~7、9、11~35、39~44、46~49不符合专利法第26条第3款规定的无效理由不成立。

5. 关于专利法实施细则第21条第2款

专利法实施细则第21条第2款规定，独立权利要求应当从整体上反映发明或者实用新型的技术方案，记载解决技术问题的必要技术特征。

请求人认为，权利要求1不符合专利法实施细则第21条第2款的规定，该权利要求没有公开如何以尿代水冲实现对厕所排便的清除，如何对贮尿提取、贮存、转送，不能构成完整的技术方案。同样理由，权利要求2~36和39~49也不符合专利法实施细则第21条第2款的规定。

专利权人认为，权利要求1的核心技术方案是尿代水冲处便的技术手段，如何实现以尿代水冲厕的具体技术方案已经在附件2中公开，将尿液进行处理改性后用以代水冲厕是专利权人在附件2基础上的改进，权利要求1中对贮尿的提取、贮存和转送以及对尿液进行的物理、化学、生物改性在本领域属于公知常识。

合议组认为，本专利要解决的技术问题之一是，在尿被用作冲洗介质前对尿的贮存或者进一步在性状上作出处理，使尿的沉淀物、结垢性、臭气浓度、粘度、色度等方面更适合其作冲洗介质使用，权利要求1在现有技术的基础上对厕所用作冲洗介质的贮尿在提取、贮存或转运环节施以一种或多种物理、化学或生物改性措施，而上述改性措施在本领域是公知的，因此，权利要求1记载了解决上述技术问题的必要技术特征，符合专利法实施细则第21条第2款的规定。同样理由，权利要求2~36和39~49也不符合专利法实施细则第21条第2款的规定。

6. 关于专利法实施细则第20条第1款

专利法实施细则第20条第1款规定，权利要求书应当说明发明或者实用新型的技术特征，清楚、简要地表述请求保护的范围。

请求人认为，权利要求1的技术方案不完整，保护范围不清楚，不符合专利法实施细则第20条第1款的规定；权利要求36中“伴设”含意不清，使得保护范围不确定；基于同样的理由，权利要求 2~35、39~49 也不符合专利法实施细则第 20 条第 1 款的规定。

合议组认为，首先，权利要求 1 的主题名称清楚地表明权利要求 1 的类型是方法权利要求，因而权利要求 1 的类型是清楚的；其次，根据权利要求 1 所用词语的含义可以理解权利要求 1 所确定的保护范围也是清楚的。另外，基于以上 5 的评述，权利要求 1 的技术方案并无不完整的缺陷，因此，权利要求 1 清楚、简要地表述了请求保护的范围，符合专利法实施细则第 20 条第 1 款的规定。权利要求 36 中的“伴设”在说明书第 10 页第 7~12 行中已有记载，由说明书的相关记载可知，“伴设”的概念是清楚的，权利要求 36 符合专利法实施细则第 20 条第 1 款的规定。同样理由，权利要求 2~35、39~49 也符合专利法实施细则第 20 条第 1 款的规定。

7. 关于专利法第 22 条第 3 款

专利法第 22 条第 3 款规定：发明的创造性，是指同申请日以前已有的技术相比，该发明有突出的实质性特点和显著的进步。

如果权利要求的技术方案与现有技术的区别特征在本领域是公知的技术，而本领域技术人员在现有技术的基础上结合上述公知技术得到该权利要求所要求保护的技术方案是显而易见的，则该权利要求不具有创造性。

请求人认为，权利要求 1 和 2 相对于附件 2 不具备创造性，权利要求 3 相对于附件 2 和 3 的结合不具备创造性。

合议组认为：

权利要求 1 要求保护一种免水自动处便方法，厕所以尿代水冲实现对厕所排便的清除，对厕所用作冲洗介质的贮尿在提取、贮存或转送环节被施以下述三类处理措施中的一种或两种还可以是全部，三类处理措施分别是：（1）一种或多种物理改性措施，（2）一种或多种化学改性措施，（3）一种或多种生物改性措施。

附件 2（参见权利要求 1，说明书第 8 页第 20~21 行，附图 2）公开了一种被动式无水自动排便装置，该装置包括以物料输送装置为手段的排便装置、驱动装置、驱动控制装置、无水自动冲洗系统和自动排臭系统，无水自动排水系统以所蓄排便人的尿液为工作介质实现对排便器或排便装置内部的自动冲洗，在附图 2 所示的技术方案中，排尿室经滤孔与泄尿管相通。由此可见，附件 2 已经公开了用作冲洗介质的贮尿在收集过程中经滤孔过滤（一种物理改性措施）从而实现自动冲洗的技术方案，也就是说，附件 2 公开了权利要求 1 的技术方案，且两者技术领域，解决的技术问题和预期效果均相同，权利要求 1 相对于附件 2 不具备新颖性，当然也不具备创造性，不符合专利法第 22 条第 3 款的规定。

权利要求 2 对权利要求 1 作了进一步限定，在实施尿、粪分贮基础上通过对厕所自身贮尿采取以下措施：（1）用作冲洗介质的贮尿，取自原尿的贮尿、独立于原尿的贮尿被贮存，（2）对用作冲洗介质的贮尿包括对原尿的贮尿实施密贮。

附件 2（参见权利要求 1，说明书第 4 页第 16 行至第 6 页第 4 行、第 8 页第 20~21 行，附图 2）公开了一种被动式无水自动排便装置，该装置包括以物料输送装置为手段的排便装置、驱动装置、驱动控制装置、无水自动冲洗系统和自动排臭系统，在排便装置中设置有物料输送装置，用以对所排便实施强制清运，物料输送装置的的驱动有手动与电动两种方式，其中电动方式受驱动控制装置控制，排便装置设置有集尿装置，由集尿装置、泵送系统、驱动控制装置并结合排便装置或排便器构成无水自动排水系统，该系统以所蓄排便人的尿液为工作介质实现对排便器或排便装置内部的自动冲洗，其中的泵送系统是由管道把集尿装置与设在排便器排粪室内部或排便装置内部适当位置取适当角度用以自动冲洗便器内部或输送装置必要部位的喷口相连通组成的系统，排便装置的排便器为一种双室结构，前部为排尿室，后部为排粪室，在附图 2 所示的技术方案中，排尿室经滤孔与泄尿管相通。

将权利要求 2 所要求保护的技术方案与附件 2 所公开的内容相比其区别仅在于：对用作冲洗介质的贮尿包括对原尿的贮尿实施密贮，由本领域的公知常识可知，密贮即是密闭贮藏，其作用是防止异味的扩散以及与外界的接触，与密贮在该权利要求中所起的作用相同，在附件 2 的基础上结合本领域的公知技术得到该权利要求所要求保护的技术方案对于本领域技术人员来说是显而易见的，并且上述区别特征的引入也没有产生任何预料不到的技术效果，因此，权利要求 2 不具备创造性，不符合专利法第 22 条第 3 款的规定。

权利要求 3 在权利要求 1 或 2 的基础上作了进一步限定，对厕所采用的便器装置施以下述措施：(1) 在便器中设置尿的收集装置，对排便者无论取蹲姿、坐姿或站姿的排尿都实施收集，(2) 在便器中设置机械除便装置和冲洗装置，以机械担负除便任务，(3) 除便时，使冲洗装置跟随机械除便装置动作实施对便槽和除便机械的清洁，(4) 使单一便器具有完全独立可控的负压消臭功能。

附件 2（参见权利要求 1，说明书第 4 页第 16 行至第 6 页第 4 行、第 8 页第 20-21 行，附图 2）公开了一种被动式无水自动排便装置，该装置包括以物料输送装置为手段的排便装置、驱动装置、驱动控制装置、无水自动冲洗系统和自动排臭系统，在排便装置中设置有物料输送装置，用以对所排便实施强制清运，物料输送装置的的驱动有手动与电动两种方式，其中电动方式受驱动控制装置控制，排便装置设置有集尿装置，由集尿装置、泵送系统、驱动控制装置并结合排便装置或排便器构成无水自动排水系统，该系统以所蓄排便人的尿液为工作介质实现对排便器或排便装置内部的自动冲洗，其中的泵送系统是由管道把集尿装置与设在排便器排粪室内部或排便装置内部适当位置取适当角度用以自动冲洗便器内部或输送装置必要部位的喷口相连通组成的系统，排便装置的排便器为一种双室结构，前部为排尿室，后部为排粪室，在附图 2 所示的技术方案中，排尿室经滤孔与泄尿管相通，由抽气机、进、排气管、驱动控制装置并结合排便器或排便装置构成自动排臭系统，自动排臭系统的进气口均设置于排便器或排便装置内部，系统通过将排便器或排便装置内部气体抽出排至室外，造成排便器或排便装置内部出现相对于临近环境的负压，实现阻止排便器或排便装置内部的便产臭气不致扩散至厕室中而获得无臭的环境。

将权利要求 3 所要求保护的技术方案与附件 2 所公开的内容相比其区别仅在于：(1) 除便时，使冲洗装置跟随机械除便装置动作实施对便槽和除便机械的清洁，(2) 对用作冲洗介质的贮尿包括对原尿的贮尿实施密贮。附件 3 公开了一种公共厕所，包括侧壁（3），门（6），顶板（5）和底座（1），在底座（1）的上表面设有大便池（42），在底座（1）的外侧设有台阶（11），其特征是：至少有一个台阶（11）与底座（1）可回转连接，台阶（11）与第一传动机构相连接，所述第一传动机构连接可往复移动的活塞推压机构，通过台阶（11）的转动，推动活塞式清扫推压机构，在所述活塞式清扫推压机构的作用下，推压从大便池（42）中落入卸料腔（80）中的粪便，使被推压的粪便经过排出装置（86）进入粪便收集器，至少有一个可回转台阶（11）通过第二传动机构与流体压力泵（92）相连接，通过台阶（11）的转动，使流体压力泵（92）工作，由流体压力泵（92）向蓄压缸（108）提供压力，使蓄压缸（108）中的液体通过连接管道，进入喷管（44），从喷管（44）中喷出的液体冲洗大便池（42）。由此可见，权利要求 3 与附件 2 的区别特征（1）在附件 3 中已经公开，该区别特征在附件 3 中所起的作用与在该权利要求中的作用相同，并且附件 2 和 3 属于相同的技术领域，也就是说，附件 3 已经给出了将该区别特征（1）应用到附件 2 中以解决除便后进行清洗的技术问题，另外，如对权利要求 2 创造性评述相同，区别特征（2）是请求人和专利权人均认可的本领域的公知常识，因此，本领域技术人员在附件 2 和 3 的基础上结合本领域的公知常识得到权利要求 3 所要求保护的技术方案是显而易见的，并且上述区别特征的引入也没有带来任何预料不到的技术效果，权利要求 3 不具有突出的实质性特点和显著的进步，不具备创造性，不符合专利法第 22 条第 3 款的规定。

专利权人在专利复审委员会于 2007 年 3 月 12 日收到的意见陈述书中认为，本专利中的机械除便装置或刮板和附件 3 中的刮板在结构性、功能性、可实施性方面有实质区别，同时收回对附件 3 中刮板的错误应对。对此，合议组认为，权利要求 1~3 中的机械除便装置是上位性概念，而附件 3 中的刮板是下位性概念，二者都具有机械除便的作用，不存在实质上的差别；附件 2 中公开了“在排便装置中设置有物料输送装置”（参见权利要求 1）和“使牵引链（50）作连续自动循环或定时自动间歇循环运动，带动铲刀（51）在排便槽（52）中作铲运运动”，因此，“在便器中设置机械除便装置”的技术特征已经在附件 2 中公开，与附件 3 附图 5 中的刮板 68 是否在便器内无关。

基于以上事实和理由，本案合议组作出如下审查决定。

**三、决定**

宣告第 00113262.8 号发明专利权的权利要求 1~3 无效，在权利要求 4~49 的基础上维持本发明专利权有效。

当事人对本决定不服的，可以根据专利法第 46 条第 2 款的规定，自收到本决定之日起三个月内向北京市第一中级人民法院起诉。根据该款的规定，一方当事人起诉后，另一方当事人应当作为第三人参加诉讼。

143

# 脚踏式防冻节水冲厕器

## 无效宣告请求审查决定（第10242号）

**决　　定　　号** 第10242号
**决　　定　　日** 2007年6月22日
**发明创造名称** 脚踏式防冻节水冲厕器
**国 际 分 类 号** E03D 5/08
**无效宣告请求人** 许福增
**专　利　权　人** 任春涛
**申　　请　　号** 200520108664.6
**申　　请　　日** 2005年6月7日
**授 权 公 告 日** 2006年8月16日
**合 议 组 组 长** 钱　芸
**主　　审　　员** 刘　微
**参　　审　　员** 涂洪文

**法　律　依　据** 专利法第22条第3款，专利法第26条第3款
**决　定　要　点**

不能仅根据一篇对比文件的原理与本专利的相同，就认定本专利不具备创造性。由于该篇对比文件中没有给出技术启示，来教导本领域的技术人员如何在该对比文件公开的结构的基础上得到本专利的技术方案，因此本专利的技术方案符合专利法第22条第3款的规定。

如果本领域普通技术人员根据本专利说明书记载的内容，在不付出创造性的前提下能够设计出符合权利要求1所述性能的单向阀的，从而实现本发明的技术方案，那么本申请的说明书符合专利法第26条第3款规定。

### 一、案由

本无效宣告请求涉及中华人民共和国国家知识产权局于2006年8月16日授权公告的名称为“脚踏式防冻节水冲厕器”的第200520108664.6号实用新型专利（以下简称本专利），其申请日为2005年6月7日，专利权人为任春涛。其授权公告的权利要求书为：

“1. 一种脚踏式防冻节水冲厕器，包括：水容器（1）设置进水接口（101）和冲水管（3），冲水管（3）连通便器（9）、操作机构，其特征在于：所述的操作机构由脚踏板（4）连接连杆（5），连杆（5）穿入到密封筒内与活塞（601）连接，密封筒内上部设有回位装置（2）下设活塞缸体（6），活塞缸体（6）与活塞（601）动配合；该密封筒下面与过滤进水框（7）连接为一体，该密封

筒与过滤进水框（7）设置在水容器（1）内，并与水容器连接；连杆（5）与密封筒上盖和活塞缸体（6）上盖动配合；活塞缸体（6）上盖（603）设置进气孔（604），活塞缸体（6）下底通过向上开启的单向阀（8），活塞缸体（6）下侧壁设有单向阀的出水孔（602），出水孔（602）连通冲水管（3），冲水管（3）通过水容器（1）侧壁未冻土位的孔与出水孔（602）连通。

2. 如权利要求1所述的脚踏式防冻节水冲厕器，其特征在于：所述的回位装置（2）内设置回位弹簧（504），回位弹簧（504）内套有支撑管（503），支撑管（503）上面固接座板（502），座板（502）设置在回位弹簧（504）顶部，所述的连杆（5）与座板（502）动配合；座板（502）上部的连杆（5）固接档板（501）。

3. 如权利要求1所述的脚踏式防冻节水冲厕器，其特征在于：所述的进水接口（101）为设置滤网的洗涤水漏，该洗涤水漏与水容器（1）上口插接或螺接。

4. 如权利要求1所述的脚踏式防冻节水冲厕器，其特征在于：所述的进水接口（101）为设置滤网的洗涤水盆，该洗涤水盆通过管路与水容器（1）上口插接或螺接。

5. 如权利要求1所述的脚踏式防冻节水冲厕器，其特征在于：所述的密封筒上盖固接长方形连接板（201），该长方形连接板（201）与固接于水容器（1）上口的连板（102）螺接。

6. 如权利要求5所述的脚踏式防冻节水冲厕器，其特征在于：所述的连板（102）与水容器（1）之间设有加强筋（103）。

7. 如权利要求1所述的脚踏式防冻节水冲厕器，其特征在于：所述的冲水管（3）通过三通接头（301）连通喷水管（302），三通接头（301）与喷水管（302）之间设置阀门（11）；三通接头（301）与便器（9）之间冲水管（3）设置阀门（10）。”

针对本专利权，许福增（以下简称请求人）于2006年12月21日向专利复审委员会提出无效宣告请求，理由是证据1结合公知常识评述权利要求1、2不具有创造性，证据1、3结合公知常识权利要求3~7不具有创造性，说明书不符合专利法第26条第3款的规定。其提供的证据如下：

证据1：授权公告号为CN2407051Y的中国实用新型专利说明书，授权公告日为2000年11月22日；

证据2：授权公告号为CN2344587Y的中国实用新型专利说明书，授权公告日为1999年10月20日；

证据3：授权公告号为CN2608566Y的中国实用新型专利说明书，授权公告日为2004年3月31日。

经形式审查合格后，专利复审委员会受理了上述无效宣告请求，于2006年12月29日向双方当事人发出无效宣告请求受理通知书，并将上述无效宣告请求书及其证据副本转送给专利权人，要求专利权人在壹个月内陈述意见。

针对请求人的无效宣告请求，专利权人于2007年2月5日提交了意见陈述书。专利权人认为，本实用新型与对比文件1相比结构是完全不同的：（1）证据1中没有公开密封筒；（2）二者的安装结构不相同；（3）权利要求1所保护的装置比证据1公开的装置防冻效果好，不需要设暖风，因此，本专利的技术方案相对于对比文件1具有创造性。从而权利要求1的从属权利要求2~7也具有创造性。

专利复审委员会依法成立合议组对本案进行审查。

2007年3月26日，本案合议组向双方当事人发出口头审理通知书，告知双方当事人定于2007年5月25日进行口头审理。同时将专利权人于2007年2月5日提交的意见陈述书副本转给请求人。

口头审理如期举行，双方当事人均到庭参加口头审理，对合议组成员没有回避请求，并对对方出庭人员的身份没有异议，合议组在此情况下就本无效宣告请求案进行了庭审调查：

（1）请求人当庭提交证据 4（《机械设计》封面、扉页、第 14、88、89 页，出版日期为 1994 年 9 月）、证据 5（《管道工》封面、扉页、第 58、126、127、129 页，出版日期为 2003 年 3 月）、证据 6（《泵及其应用》封面、扉页、第 187 页，出版日期为 1984 年 2 月）的原件作为公知常识证据使用。请求人明确表示证据 4 用于说明权利要求 5 的螺接，权利要求 6 的加强筋，这两个连接方式是公知常识；证据 5 用于说明权利要求 3、4、7 插接和螺接是公知常识；证据 6 用于说明权利要求 1 的过滤网是公知常识。

（2）合议组当庭将证据 4、5 和 6 复印件转给专利权人，专利权人当庭核实上述原件，并表示复印件与原件一致，对其真实性没有异议。

（3）请求人当庭表示放弃使用证据 2。

（4）专利权人当庭表示对证据 1、证据 3 的真实性没有异议。

（5）请求人明确其无效理由是：①本专利权利要求 1、2、5~7 相对于证据 1 和公知常识的结合不具备专利法第 22 条第 3 款规定的创造性；②利权利要求 3、4 相对于证据 1、3 结合公知常识不具备专利法第 22 条第 3 款规定的创造性。③本专利说明书第 2 页第 1~10 行“活塞缸体下侧壁设有单向阀的出水孔，出水孔连通冲水管”的描述，由于下侧壁设有单向阀，不能解决在松开踏板时，活塞内产生负压力将留在所述冲水管内的水抽到活塞缸内，因此，不符合专利法第 26 条第 3 款的规定。

对于专利法第 26 第 3 款的无效理由，专利权人认为：单向阀设置在活塞缸的外侧冲水管内，本领域普通技术人员可以在不付出创造性劳动的前提下，设置单向阀为缓慢关闭，使得冲水管内的水可以回流到冻土层以下。

请求人认为：（1）说明书中没有关于“单向阀为缓慢关闭，使得冲水管内的水可以回流到冻土层以下”的描述；（2）本领域的技术人员不能够从说明书中推导出单向阀缓慢关闭到何种程度才能使得冲水管内不再存水，从而能够实现本实用新型的目的。

至此，合议组认为，本案事实已经清楚，依法作出审查决定。

**二、决定的理由**

1. 关于证据的认定

证据 1 和证据 3 为中国专利文献，其公开日早于本专利的申请日，并且专利权人对其真实性无异议，因此，证据 1 和证据 3 可以被采用，其上记载的内容构成了本专利的现有技术；请求人当庭提交证据 4、证据 5、证据 6 的原件作为公知常识证据使用，专利权人对其真实性没有异议。合议组认为，请求人提交的上述公知常识证据的公开出版日早于本申请的申请日，可以作为公知常识的证据使用。

2. 关于专利法第 26 第 3 款

专利法第 26 条第 3 款规定，说明书应当对发明或者实用新型作出清楚、完整的说明，以所属技术领域的技术人员能够实现为准。说明书对发明或者实用新型作出的清楚、完整的说明，应当达到所属技术领域的技术人员能够实现的程度。也就是说，说明书应当满足充分公开发明或者实用新型的要求。

请求人认为本专利说明书第 2 页第 1~10 行“活塞缸体下侧壁设有单向阀的出水孔，出水孔连通冲水管”的描述，由于下侧壁设有单向阀，不能解决在松开踏板时，活塞内产生负压力将留在所述冲水管内的水抽到活塞缸内，因此，不符合专利法第 26 条第 3 款的规定。

专利权人主张：单向阀设置在活塞缸的外侧冲水管内，本领域普通技术人员可以在不付出创造性劳动的前提下，设置单向阀为缓慢关闭，使得冲水管内的水可以回流到冻土层以下。

请求人认为：（1）本专利的说明书中没有关于“单向阀为缓慢关闭，使得冲水管内的水可以回流到冻土层以下”的描述；（2）本领域的技术人员不能够从说明书中推导出单向阀缓慢关闭到何种程度才能使得冲水管内不再存水，从而能够实现本实用新型的目的。（3）争议专利是完全仿冒请求人的实体产品之一，而该产品因不能防冻而被淘汰，从而证明争议专利不能取得比对比文件更好的防冻效果。

合议组认为设置单向阀为缓慢关闭，使得冲水管内的水可以回流到冻土层以下的方案是可行的，虽然本专利没有具体记载如何设置该单向阀以满足冲水管内的水回流到冻土层以下，但是，设置单向阀为缓慢关闭是本领域公知的技术和原理，虽然，本专利的说明书中没有关于“单向阀为缓慢关闭，使得冲水管内的水可以回流到冻土层以下”的描述，但是本领域普通技术人员在现有技术基础上，通过有限次的试验可以推导出单向阀缓慢关闭到何种程度才能使得冲水管内不再存水，即在本专利说明书公开的内容的基础上，本领域的技术人员在不付出创造性劳动的情况下，能够实现本专利权利要求所述的技术方案，解决冲水管内的水回流到冻土层以下的技术问题，并能够产生预期的技术效果，因此，本专利符合专利法第26条第3款的规定。对于请求人提出的观点（3）合议组认为，请求人没有证据证明其所陈述的事实能够成立，因此请求人的该理由不能导致本专利不符合专利法第26条第3款的规定。

3. 关于创造性

专利法第22条第3款规定，创造性，是指同申请日以前已有的技术相比，该实用新型有实质性特点和进步。审查指南第二部分第四章有关发明创造性的审查基准中指出：判断发明是否具有突出的实质性特点就是要判断对本领域的技术人员来说，要求保护的发明相对于现有技术是否显而易见；在评价发明是否具有显著的进步时，主要应当考虑发明是否具有有益的技术效果。审查指南第二部分第四章第3.2.2节中指出了四种具有显著进步的情况。审查指南第四部分第六章第二节指出：实用新型专利创造性审查的有关内容，包括创造性的概念、创造性的审查原则、审查基准以及不同类型发明的创造性判断等内容参照审查指南第二部分第四章的规定。

（1）关于权利要求1的创造性。

权利要求1为：

①一种脚踏式防冻节水冲厕器，包括：水容器（1）设置进水接口（101）和冲水管（3），冲水管（3）连通便器（9）、操作机构，其特征在于：所述的操作机构由脚踏板（4）连接连杆（5），连杆（5）穿入到密封筒内与活塞（601）连接，密封筒内上部设有回位装置（2）下设活塞缸体（6），活塞缸体（6）与活塞（601）动配合；该密封筒下面与过滤进水框（7）连接为一体，该密封筒与过滤进水框（7）设置在水容器（1）内，并与水容器连接；连杆（5）与密封筒上盖和活塞缸体（6）上盖动配合；活塞缸体（6）上盖（603）设置进气孔（604），活塞缸体（6）下底通过向上开启的单向阀（8），活塞缸体（6）下侧壁设有单向阀的出水孔（602），出水孔（602）连通冲水管（3），冲水管（3）通过水容器（1）侧壁未冻土位的孔与出水孔（602）连通。

证据1公开了一种脚踏冲洗装置，其中的说明书第4页第5行至第5页第17行公开了以下内容：其中踏板1与脚踏泵活塞杆2相接，脚踏泵活塞杆2的下端穿过方管钢架3上的通孔4向下延伸，直至脚踏泵缸体5处，脚踏泵活塞杆2的下端附近与脚踏泵缸体5中的活塞6固定连接，脚踏泵缸体5下部为进出水口7，通过旋转调整螺母8可调节活塞杆2的长度，在本实施例中，采用了两个固定杆9，它们的上端固定在方管钢架3上，在本例附图所示中，固定杆9的上端穿过方管钢架3上的通孔由固定螺母将其与方管钢架3向固定，固定杆9的下端附近与脚踏泵的缸体相固连，所述两固定杆9对称地布置在缸体同一直径的两端，以保证缸体的受力均衡。通过旋转调整螺母10可调节活塞杆2的长度。方管钢架3放入方管固定槽钢11内，一个铰接装置12穿过方管钢架3及方管固定槽钢11上的对应的固定通孔13′、13″将其固定，拉簧固定孔14、拉簧固定点16之间固定拉簧15，参见图6、图中显示水池暖风通管 17，该通管 17 在特别寒冷的气候下，接通暖气、厨房烟道或其他取暖设施，确保水池内不结冰。

将本专利权利要求 1 与证据 1 相比较，可知证据 1 没有公开密封筒、过滤进水框、连杆与密封筒上盖和活塞钢体上盖动配合、活塞钢体上盖设置进气孔、向上开启的单向阀等特征，请求人提供的证据 6 仅能证明过滤进水框为本领域的公知常识。虽然证据 1 的原理也是利用了一个泵的结构，脚踏踏板 1 时，通过活塞杆 2 带动活塞 6 向下压，使水通过水管流出冲洗厕器，即原理与本专利的相同，但是权利要求 1 的技术方案与证据 1 公开的技术方案相比结构上是不同的，原理相同但是结构不同的两个技术方案是不同的技术方案，本领域的普通技术人员并不能在知道原理的情况下，不通过创造性的劳动，设计出所有可实现该原理的技术方案，不能仅根据证据 1 的原理与本专利的相同，就认定本专利不具备创造性。本专利与证据 1 的结构不同，且证据 1 中并没有给出任何技术启示，教导本领域的技术人员如何在证据 1 公开的结构的基础上得到具有本专利结构的技术方案，因此，对于本领域的技术人员来说，在证据 1 的基础上需要付出创造性的劳动才能得出权利要求 1 的技术方案。综上所述，权利要求 1 相对于证据 1 具有实质性特点和进步，符合专利法第 22 条第 3 款的规定。

（2）关于权利要求 2~7 的创造性。

在独立权利要求 1 具备创造性的情况下，由权利要求 1 的技术方案进一步限定得出的从属权利要求 2~7 的技术方案也具有创造性，因此权利要求 2~7 具有专利法第 22 条第 3 款规定的创造性。

综上所述，权利要求 1~7 具备专利法第 22 条第 3 款规定的创造性；本申请的说明书符合专利法第 26 条第 3 款的规定。请求人的无效宣告请求理由不成立。

在此基础上，本案合议组依法作出如下决定。

**三、决定**

维持 200520108664. 6 号实用新型专利权全部有效。

当事人对本决定不服的，可以根据专利法第 46 条第 2 款的规定，自收到本决定之日起三个月内向北京第一中级人民法院起诉。根据该款的规定，一方当事人起诉后，另一方当事人应当作为第三人参加讼诉。

# 北京市第一中级人民法院
# 行政判决书

（2007）一中行初字第 1328 号

原告许福增，男，1974 年 1 月 1 日出生，汉族，住河北省文安县兴隆宫镇宋家牌村。

委托代理人张建纲，北京三聚阳光知识产权代理有限公司专利代理人。

委托代理人刘守宪，北京三聚阳光知识产权代理有限公司专利代理人。

被告国家知识产权局专利复审委员会，住所地北京市海淀区北四环西路 9 号银谷大厦 10~12 层。

法定代表人廖涛，副主任。

委托代理人刘微，国家知识产权局专利复审委员会审查员。

委托代理人郭鹏鹏，国家知识产权局专利复审委员会审查员。

第三人任春涛，男，1975 年 4 月 11 日出生，汉族，住河北省廊坊市文安县兴隆宫镇兴隆宫村 4 趟 2 胡同 4 号。

委托代理人杜澄心，北京万科园知识产权代理有限责任公司专利代理人。

原告许福增不服被告国家知识产权局专利复审委员会（以下简称专利复审委员会）作出的第10242号无效宣告请求审查决定（以下简称第10242号决定），在法定期限内向本院提起行政诉讼。本院于2007年9月27日受理后，依法组成合议庭，并通知任春涛作为本案的第三人参加诉讼，于2007年11月23日公开开庭进行了审理。原告的委托代理人张建纲、刘守宪，被告专利复审委员会的委托代理人刘微、郭鹏鹏，第三人的委托代理人杜澄心到庭参加了诉讼。本案现已审理终结。

就许福增针对任春涛拥有的名称为"脚踏式防冻节水冲厕器"的实用新型专利（以下简称本专利）提出的无效宣告请求，专利复审委员会作出第10242号决定，认为：

1. 关于本专利是否符合《中华人民共和国专利法》（以下简称《专利法》）第二十六条第三款。

设置单向阀为缓慢关闭，使得冲水管内的水可以回流到冻土层以下的方案是可行的，虽然本专利没有具体记载如何设置该单向阀以满足冲水管内的水回流到冻土层以下，但是设置单向阀为缓慢关闭是本领域公知的技术和原理。虽然本专利的说明书中没有关于"单向阀为缓慢关闭，使得冲水管内的水可以回流到冻土层以下"的描述，但是本领域普通技术人员在现有技术基础上，通过有限次的试验可以推导出单向阀缓慢关闭到何种程度才能使得冲水管内不再存水，即在本专利说明书公开的内容的基础上，本领域的技术人员在不付出创造性劳动的情况下，能够实现本专利权利要求所述的技术方案，解决冲水管内的水回流到冻土层以下的技术问题，并能够产生预期的技术效果，因此，本专利符合《专利法》第二十六条第三款的规定。

2. 关于本专利权利要求1的创造性。

将本专利权利要求1与证据1相比较，可知证据1没有公开密封筒、过滤进水框、连杆与密封筒上盖和活塞钢体上盖动配合、活塞钢体上盖设置进气孔向上开启的单向阀等特征，许福增提供的证据6仅能证明过滤进水框为本领域的公知常识。虽然证据1的原理也是利用了一个泵的结构，脚踏踏板1时，通过活塞杆2带动活塞6向下压，使水通过水管流出冲洗厕器，即原理与本专利的相同，但是权利要求1的技术方案与证据1公开的技术方案相比结构上是不同的，原理相同但结构不同的两个技术方案是不同的技术方案，本领域的普通技术人员并不能在知道原理的情况下，不通过创造性的劳动，设计出所有可实现该原理的技术方案，不能仅根据证据1的原理与本专利的相同，就认定本专利不具备创造性。本专利与证据1的结构不同，且证据1中并没有给出任何技术启示，教导本领域的技术人员如何在证据1公开的结构的基础上得到具有本专利结构的技术方案，因此，对于本领域的技术人员来说，在证据1的基础上需要付出创造性的劳动才能得出权利要求1的技术方案。故权利要求1相对于证据1具有实质性特点和进步，符合《专利法》第二十二条第三款的规定。

在独立权利要求1具备创造性的情况下，由权利要求1的技术方案进一步限定得出的从属权利要求2~7的技术方案也具有创造性，符合《专利法》第二十二条第三款的规定。

据此，专利复审委员会作出第10242号决定，维持本专利权全部有效。

许福增不服第10242号决定，在法定期限内向本院提起诉讼，其诉称：

1. 专利复审委员会作出第10242号决定违反法定程序。

专利复审委员会在第10242号决定中认为，"设置单向阀为缓慢关闭是本领域公知的技术和原理"的认定时，既没有给出任何证据，也没有给许福增对认定依据的证据进行陈述意见的机会，违反了《审查指南》关于听证原则的规定，因此，专利复审委员会作出第10242号决定违反法定程序。

2. 本专利不符合《专利法》第二十六条第三款的规定。

首先，本专利说明书中对设置单向阀为缓慢关闭并没有进行任何记载，故专利复审委员会关于

“设置单向阀为缓慢关闭，使得冲水管内的水可以回流到冻土层以下”的认定超出了本专利说明书原始记载的范围。其次，专利复审委员会关于“设置单向阀为缓慢关闭是本领域公知的技术和原理”的认定没有任何证据予以证明，完全是主观臆断。实际上，如许福增提交的证据7第3~71页右栏倒数第三段中所述，设置单向阀的目的是阻止液体倒流，而需要液体倒流的输液管线不能设置单向阀，这是本领域的公知常识。根据证据7第2-61至2-63、3-71至3-75页可知，影响单向阀关闭速度的因素很多。在本领域中，降低阀的关闭速度，主要是因为“关闭速度过大，不仅会产生很大的噪声，而且是造成泵阀因撞击而脆裂、变形、损坏的主要原因”。此外，目的还在于减小液体管道中的水锤压力（见证据7第3~74页左栏），以避免阀的损坏，延长其使用寿命。另外，根据证据8的记载，在本领域中，考虑泵阀关闭快慢的影响，主要是避免气蚀现象的发生。因此，由上述公知常识可见，在本领域中设置单向阀没有任何通过缓慢关闭实现使得冲水管内的水可以回流到冻土层以下的启示和需要。因此，“设置单向阀为缓慢关闭，使得冲水管内的水可以回流到冻土层以下”不属于本领域的公知常识。

另一方面，本专利说明书中没有任何关于“设置单向阀为缓慢关闭，使得冲水管内的水可以回流到冻土层以下”的描述，本领域的技术人员也不能够从说明书中推导出单向阀缓慢关闭到何种程度才能使得冲水管内不再存水，也就是说，本专利所给出的技术方案并不能解决在输水装置与便器中水口之间的输水管内存水结冻的问题。另外，从本专利的说明书及权利要求书中，也没有看到有能够解决该问题的其他特征，所以，本专利的说明书没有对实用新型作出清楚、完整的说明，所属技术领域的技术人员不能够实现该实用新型，本专利不符合《专利法》第二十六条第三款的规定。

3. 本专利的权利要求1~7不具有创造性。

综上所述，专利复审委员会作出第10242号决定违反法定程序，认定事实错误，适用法律错误，请求人民法院依法予以撤销，并宣告涉案专利权全部无效。

被告专利复审委员会辩称：首先，阀门的弹簧软硬程度以及关闭快慢都是可以设置的，且都是公知常识，且证据7也可以证明“降低阀的关闭速度”和“压缩弹簧弱的阀”和“压缩弹簧强的阀”都是本领域公知的。在口头审理过程中，任春涛已经主张过设置单向阀缓慢关闭是公知常识，许福增参加了口头审理，有陈述意见的机会，因此，专利复审委员会的审查程序符合《专利法》及《专利法实施细则》的规定。其次，关于权利要求1~7的创造性，坚持在第10242号决定中的有关评述意见。因此，专利复审委员会在第10242号决定中认定事实清楚、适用法律正确，请求人民法院维持该决定。

第三人任春涛述称，专利复审委员会作出第10242号决定的程序合法，在第10242号决定中关于本专利符合《专利法》第二十六条第三款以及具有创造性的认定正确。任春涛同意专利复审委员会的答辩意见，请求人民法院维持第10242号决定。

本院经审理查明

名称为“脚踏式防冻节水冲厕器”的实用新型专利（即本专利）的申请日为2005年6月7日，授权公告日为2006年8月16日，专利权人为任春涛，专利号为200520108664.6，授权权利要求1为：

“1. 一种脚踏式防冻节水冲厕器，包括：水容器（1）设置进水接口（101）和冲水管（3），中水管（3）连通便器（9）操作机构，其特征在于：所述的操作机构由脚踏板（4）连接连杆（5），连杆（5）穿入到密封筒内与活塞（601）连接，密封筒内上部设有回位装置（2）下设活塞缸体（6），活塞缸体（6）与活塞（601）动配合；该密封筒下面与过滤进水框（7）连接为一体，该密封筒与过滤进水框（7）设置在水容器（1）内，并与水容器连接；连杆（5）与密封筒上盖和活塞缸体（6）上盖动配合；活塞缸体（6）上盖（603）设置进气孔（604），活塞缸体（6）下底通过向上开启的单向阀（8），活塞缸体（6）下侧壁设有单向阀的出水孔（602），出水孔（602）连通冲水管（3），冲水管（3）通过水容器（1）侧壁未冻土位的孔与出水孔（602）连通”。

本案专利说明书记载，本实用新型的目的在于提供一种脚踏式防冻节水冲厕器，解决了在输水管内存水结冻问题。由于采用了水容器设置在未冻土层，使得在冲厕结束后通过回位装置使水容器产生负压力将留在冲水管内的水拍到所述水容器内，解决了在寒冷地区的冬季便器冲水口处结冰，导致便器冲水口损坏的问题。在使用情况一节中，本专利说明书记载：1. 蓄水程序。生活中的洗涤用水经进水口进入水容器，此时，回位弹簧处于松弛状态，水容器内的水在水压下经过过滤水框顶开单向阀进入活塞缸体内，同时推动活塞上移。2. 便器冲洗程序。将脚踏板踏下时，随连杆下行单向阀向下移动至关闭进水口，内部压力大于一个大气压，活塞缸体的水压打开下侧壁设有单向阀的出水孔冲洗便器。冲洗后，将脚踏板松开。3. 活塞缸体蓄水过程脚踏板上的压力撤除后，活塞在回位弹簧回位的作用下上行至回位弹簧松弛的状态，此时活塞缸体内出现真空度，水容器内的水在水压下经过过滤进水框顶开单向阀进入活塞缸体内注水。

2006 年 12 月 21 日，许福增针对本专利向专利复审委员会提出无效宣告请求，理由是本专利说明书不符合《专利法》第二十六条第三款的规定，本专利权利要求 1~不具有创造性。证据 1 为授权公告号 CN2407051Y 的中国实用新型专利说明书，授权公告日为 2000 年 11 月 22 日。

2007 年 5 月 25 日，专利复审委员会进行了口头审理。许福增当庭提交了证据 4~6 作为公知常识证据使用，其中：

证据 4 为《机械设计》封面、扉页、第 14、88、89 页，《机械设计》的出版日期为 1994 年 9 月。证据 5 为《管道工》封面、扉页、第 58、126、127、129 页，《管道工》的出版日期为 2003 年 3 月。证据 6 为《泵及其应用》封面、扉页、第 187 页，《泵及其应用》的出版日期为 1984 年 2 月。证据 4 用于说明权利要求 5 的螺接，权利要求 6 的加强筋，这两个连接方式是公知常识；证据 5 用于说明权利要求 3、4、7 插接和螺接是公知常识；证据 6 用于说明权利要求 1 的过滤网是公知常识。许福增认为（1）本专利说明书第 2 页第 1~10 行“活塞缸体下侧壁设有单向阀的出水孔，出水孔连通冲水管”的描述，由于下侧壁设有单向阀，不能解决在松开踏板时，活塞内产生负压力将留在所述冲水管内的水抽到活塞缸内；（2）说明书中没有关于“单向阀为缓慢关闭，使得冲水管内的水可以回流到冻土层以下”的描述，（3）本领域的技术人员不能够从说明书中推导出单向阀缓慢关闭到何种程度才能使得冲水管内不再存水，从而能够实现本实用新型的目的。因此，本专利不符合《专利法》第二十六条第三款的规定。

2007 年 7 月 10 日，专利复审委员会作出第 10242 号决定。

在本案审理过程中，专利复审委员会未就“设置单向阀为缓慢关闭，使得冲水管内的水可以回流到冻土层以下”属于本领域公知常识提交证据。在本案庭审过程中，专利复审委员会陈述回流不完全是由活塞缸体的真空造成的，冲水管内的水的自身重力也起到一定作用。而且，单向阀的缓慢关闭可以通过对单向阀弹簧的软硬程度来设置。上述技术手段属于本领域技术人员的公知常识。

以上事实，有本专利说明书，第 10242 号决定，第 10242 号决定中采用的证据 1、证据 4~6，当事人陈述等证据在案佐证。

本院认为：

1. 关于专利复审委员会是否违反听证原则。

《审查指南》第四部分第一章第 25 节规定，在作出审查决定之前，应当给予审查决定对其不利的当事人针对审查决定所依据的理由、证据和认定的事实陈述意见的机会，即审查决定对其不利的当事人已经通过通知书、转送文件或者口头审理被告知过审查决定所依据的理由、证据和认定的事实，并且具有陈述意见的机会。

就本案而言，在口头审理过程中，许福增已经就活塞缸体下侧壁设有单向阀的出水孔的技术特征以及该单向阀是否能够缓慢关闭的问题陈述了其不特合《专利法》第二十六条第三款的理由，至于如何认定，则是由专利复审委员会作为评判者以本领域技术人员为标准独立地对其是否为公知常识等问题进行判断。而对于评判的实质内容，则属于审查结论，没有必要在审查决定作出前向许福增披露。因此，许福增以专利复审委员会未出示证据以及未给其机会陈述意见为由认为专利复审委员会违反听证原则缺乏事实和法律依据，本院不予支持。

2. 关于本专利是否符合《专利法》第二十六条第三款。

《专利法》第二十六条第三款规定，说明书应当对发明或者实用新型作出清楚、完整的说明，以所属技术领域的技术人员能够实现为准。

结合本案而言，根据本专利说明书的记载，本专利要解决的是在寒冷地区的冬季便器冲水口处结冰，导致便器冲水口损坏的问题。解决该问题的手段是使水容器产生负压力将留在冲水管内的水抽到所述水容器内。根据本专利说明书及其附图的内容可以看出，下侧壁出水孔处设置的单向阀与活塞缸体的蓄水程序和便器冲洗程序的完成均有密切关系，同时，根据说明书中水容器产生负压力将留在冲水管内的水抽到所述水容器内的记载，只有当冲水管内位于未冻土层以上的水在下侧壁出水孔处设置的单向阀关闭前回流到未冻土层以下才能成为实现本发明目的的一项完整的技术方案。但是，首先，在本专利说明书中并未涉及如何使冲水管内位于未冻土层以上的水在下侧壁出水孔处设置的单向阀关闭前回流到未冻土层以下的记载。其次，本专利权利要求书和说明书均未对设置于出水口处的单向阀作任何进一步限定，专利复审委员会在第 10242 号决定中关于设置在出水口的单向阀可以缓慢关闭以使得中水管内不再存水的认定也没有在说明书中给予记载。因此，就本专利权利要求书和说明书的内容，在下侧壁出水孔处设置的单向阀应当理解为本领域技术人员使用的普通单向阀。而单向阀作为一种止回阀，其特征就在于使液体或气体单向流动，而尽量防止回流。而从专利复审委员会的论述来看，恰恰是使单向阀缓慢关闭，追求冲水管内的水能够适量回流的效果，这与本领域技术人员的一般理解是相悖的。对此，本专利说明书也未给予明确记载。综合以上分析，设置在出水口处的单向阀直接涉及到本专利发明的目的的实现，而说明书未给予清楚、完整的说明，专利复审委员会在本案诉讼过程中也没有对“设置单向阀为缓慢关闭，使得冲水管内的水可以回流到冻土层以下”属于本领域公知常识给予充分合理的说明或举出实例，故本专利不符合《专利法》第二十六条第三款的规定。

鉴于本专利不符合《专利法》第二十六条第三款的规定，故本院不再对本专利是否具有创造性进行评价。

综上，专利复审委员会作出的第 10242 号决定认定事实不清，适用法律错误，应予撤销。依照《中华人民共和国行政诉讼法》第五十四条第（二）项第 1 目之规定，本院判决如下：

1. 撤销被告国家知识产权局专利复审委员会作出的第 10242 号无效宣告请求审查决定。

2. 被告国家知识产权局专利复审委员会重新就第 200520108664.6 号名称为“脚踏式防冻节水冲厕器”的实用新型专利权作出无效宣告请求审查决定。

案件受理费 100 元，由被告国家知识产权局专利复审委员会负担（于本判决生效之日起 7 日内交纳）。

如不服本判决，各方当事人可在本判决书送达之日起 15 日内，向本院提交上诉状并交纳上诉案件受理费100元，上诉于北京市高级人民法院。

审　判　长　仪　军
代理审判员　王　晫
人民陪审员　唐晓君
二〇〇七年十二月十七日
书　记　员　王东勇

# 北京市高级人民法院
# 行政判决书

（2008）高行终字第208号

上诉人（原审被告）国家知识产权局专利复审委员会，住所地北京市海淀区北四环西路9号银谷大厦10~12层。

法定代表人廖涛，副主任。

委托代理人刘微，该委员会审查员。

委托代理人郭鹏鹏，该委员会审查员。

上诉人（原审第三人）任春涛，男，汉族，1975年4月11日出生，住河北省廊坊市文安县兴隆宫镇兴隆宫村4趟2胡同4号。

委托代理人杜澄心，男，汉族，1961年9月6日出生，北京万科园知识产权代理有限责任公司专利代理人，住北京市海淀区阜成路北10楼57门4号。

被上诉人（原审原告）许福增，男，汉族，1974年1月1日出生，住河北省文安县兴隆宫镇宋家牌村。

委托代理人张建纲，男，汉族，1978年6月26日出生，北京三聚阳光知识产权代理有限公司专利代理人，住北京市海淀区北京科技大学学院路30号材料教工。

委托代理人张杰，男，汉族，1964年1月7日出生，北京三聚阳光知识产权代理有限公司专利代理人，住北京市东城区辛安里胡同72号。

上诉人国家知识产权局专利复审委员会（以下简称专利复审委员会）、任春涛因实用新型专利权无效行政纠纷一案，不服北京市第一中级人民法院（2007）一中行初字第1328号行政判决，向本院提出上诉。本院2008年3月24日受理本案后，依法组成合议庭，于2008年5月5日公开开庭进行了审理。上诉人专利复审委员会的委托代理人刘微、郭鹏鹏，上诉人任春涛的委托代理人杜澄心，被上诉人许福增的委托代理人张建纲、张杰到庭参加了诉讼。本案现已审理终结。

北京市第一中级人民法院认定，任春涛是名称为“脚踏式防冻节水冲厕器”实用新型专利（以下简称本专利）的专利权人。2006年12月21日，许福增针对本专利向专利复审委员会提出无效宣告请求。2007年7月10日，专利复审委员会作出第10242号无效宣告请求审查决定（以下简称第10242号决定），维持本专利权有效。

北京市第一中级人民法院认为，许福增以专利复审委员会未出示证据以及未给其机会陈述意见为由认为专利复审委员会违反听证原则缺乏事实和法律依据，不予支持。在本专利说明书中并未涉及如何使冲水管内位于未冻土层以上的水在下侧壁出水孔处设置的单向阀关闭前回流到未冻土层以下的记载。本专利权利要求书和说明书均未对设置于出水口处的单向阀做任何进一步限定，专利复审委员会在第10242号决定中关于设置在出水口的单向阀可以缓慢关闭以使得冲水管内不再存水的认定也没有在说明书中给予记载。因此，就本专利权利要求书和说明书的内容，在下侧壁出水孔处设置的单向阀应当理解为本领域技术人员使用的普通单向阀。而单向阀作为一种止回阀，其特征就在于使液体或气体单向流动，而尽量防止回流。而从专利复审委员会的论述来看，恰恰是使单向阀缓慢关闭，追求冲水管内的水能够适量回流的效果，这与本领域技术人员的一般理解是相悖的。对此，本专利说明书也未给予明确记载。综合以上分析，设置在出水口处的单向阀直接涉及到本专利发明的目的的实现，而说明书未给予清楚、完整的说明，专利复审委员会在本案诉讼过程中也没有对“设置单向阀为缓慢关闭，使得冲水管内的水可以回流到冻土层以下”属于本领域公知常识给予充分、合理的说明或举出实例，故本专利不符合《专利法》第二十六条第三款的规定。专利复审委员会作出的第10242号决定认定事实不清，适用法律错误，应予撤销。

北京节第一中级人民法院依照《中华人民共和国行政诉讼法》第五十四条第（二）项第1目之规定，判决：1. 撤销专利复审委员会作出的第10242号决定。2. 专利复审委员会重新就本专利权作出无效宣告请求审查决定。

专利复审委员会、任春涛均不服原审判决，向本院提出上诉。

专利复审委员会上诉请求撤销原审判决，维持第10242号决定。理由是：原审判决根据本专利说明书中没有记载单向阀可以缓慢关闭而认定下侧壁的单向阀是尽量防止回流的普通阀是错误的。本专利说明书中已经教导了使冲水管内的水回流，而且，水容器产生负压必然会加速水的回流，因此，下侧壁的单向阀不是尽量防止回流的普通阀，而是在关闭前能够让在所述冲水管内的水回流到冻土层以下的单向阀。本领域的技术人员在本专利说明书公开的基础上，通过有限次的实验可以推导出单向阀缓慢关闭到何种程度能使得冲水管内不再存水，能够实现本专利权利要求的技术方案。另外，本专利与现有技术相比，还具有节水、结构简单、使用方便的特点，本领域技术人员完全可以制造出本专利的防冻节水冲厕器。因此，本专利符合《专利法》第二十六条第三款的规定。

任春涛上诉请求撤销原审判决，理由是：原审判决认定事实不清，适用法律错误。单向阀作为一种止回阀，其缓闭过程既是客观存在的，又是现实中在某些场合人们所追求的，在本专利说明书公开的技术方案基础上，本领域技术人员完全能够根据本技术领域的公知常识，选择能够满足缓慢关闭的单向阀，使得冲水管内的水可以回流或部分回流到冻土层以下，实现本专利的上述发明目的和效果。因此，本专利的授权符合《专利法》第二十六条第三款的规定。

许福增服从原审判决。

经审理查明，本专利是名称为“脚踏式防冻节水冲厕器”的实用新型专利，申请日为2005年6月7日，授权公告日为2006年8月16日，专利权人为任春涛，专利号为200520108664.6。本专利授权的权利要求1为：

“1. 一种脚踏式防冻节水冲厕器，包括：水容器（1）设置进水接口（101）和冲水管（3），冲水管（3）连通便器（9）、操作机构，其特征在于：所述的操作机构由脚踏板（4）连接连杆（5），连杆（5）穿入到密封筒内与活塞（601）连接，密封筒内上部设有回位装置（2）下设活塞缸体（6），活塞缸体（6）与活塞（601）动配合；该密封筒下面与过滤进水框（7）连接为一体，该密封筒与过滤进水框（7）设置在水容器（1）内，并与水容器连接；连杆（5）与密封筒上盖和活塞缸体（6）上盖动配合；活塞缸体（6）上盖（603）设置进气孔（604），活塞缸体（6）下底通过向上开启的单向阀（8），活塞缸体（6）下侧壁设有单向阀的出水孔（602），出水孔（602）连通冲水管（3），冲水管（3）通过水容器（1）侧壁未冻土位的孔与出水孔（602）连通。”

本案专利说明书记载，本实用新型的目的在于提供一种脚踏式防冻节水冲厕器，解决了在输水管内存水结冻问题。由于采用了水容器设置在未冻土层，使得在冲厕结束后通过回位装置使水容器产生负压力将留在冲水管内的水抽到所述水容器内，解决了在寒冷地区的冬季便器冲水口处结冰，导致便器冲水口损坏的问题。本专利说明书还就“使用情况”作出如下记载：1. 蓄水程序。生活中的洗涤用水经进水口进入水容器，此时，回位弹簧处于松弛状态，水容器内的水在水压下经过过滤水框顶开单向阀进入活塞缸体内，同时推动活塞上移。2. 便器冲洗程序。将脚踏板踏下时，随连杆下行单向阀向下移动至关闭进水口，内部压力大于一个大气压，活塞缸体的水压打开下侧壁设有单向阀的出水孔冲洗便器。冲洗后，将脚踏板松开。3. 活塞缸体蓄水过程。脚踏板上的压力撤除后，活塞在回位弹簧回位的作用下上行至回位弹簧松弛的状态，此时活塞缸体内出现真空度，水容器内的水在水压下经过过滤进水框顶开单向阀进入活塞缸体内注水。

2006 年 12 月 21 日，许福增针对本专利权向专利复审委员会提出无效宣告请求，理由是本专利说明书不符合《专利法》第二十六条第三款的规定，本专利权利要求 1~7 不具有创造性。许福增向专利复审委员会提交了证据 1~3，其中证据 1 为授权公告号 CN2407051Y 的中国实用新型专利说明书，授权公告日为 2000 年 11 月 22 日。

2007 年 5 月 25 日，专利复审委员会进行了口头审理。许福增当庭提交了证据 4~6 作为公知常识证据使用，其中：

证据 4 为《机械设计》封面、扉页、第 14、88、89 页，《机械设计》的出版日期为 1994 年 9 月。证据 5 为《管道工》封面、扉页、第 58、126、127、129 页，《管道工》的出版日期为 2003 年 3 月。证据 6 为《泵及其应用》封面、扉页、第 187 页，《泵及其应用》的出版日期为 1984 年 2 月。证据 4 用于说明权利要求 5 的螺接，权利要求 6 的加强筋，这两个连接方式是公知常识；证据 5 用于说明权利要求 3、4、7 插接和螺接是公知常识；证据 6 用于说明权利要求 1 的过滤网是公知常识。许福增认为：（1）本专利说明书第 2 页第 1~10 行“活塞缸体下侧壁设有单向阀的出水孔，出水孔连通冲水管”的描述，由于下侧壁设有单向阀，不能解决在松开踏板时，活塞内产生负压力将留在所述冲水管内的水抽到活塞缸内；（2）说明书中没有关于“单向阀为缓慢关闭，使得冲水管内的水可以回流到冻土层以下”的描述；（3）本领域的技术人员不能够从说明书中推导出单向阀缓慢关闭到何种程度才能使得冲水管内不再存水，从而能够实现本实用新型的目的。因此，本专利不符合《专利法》第二十六条第三款的规定。

2007 年 7 月 10 日，专利复审委员会作出第 10242 号决定，维持本专利权全部有效。该决定认为，设置单向阀为缓慢关闭，使得冲水管内的水可以回流到冻土层以下的方案是可行的，虽然本专利没有具体记载如何设置该单向阀以满足冲水管内的水回流到冻土层以下，但是设置单向阀为缓慢关闭是本领域公知的技术和原理。虽然本专利的说明书中没有关于“单向阀为缓慢关闭，使得冲水管内的水可以回流到冻土层以下”的描述，但是本领域普通技术人员在现有技术基础上，通过有限次的试验可以推导出单向阀缓慢关闭到何种程度才能使得冲水管内不再存水，即在本专利说明书公开的内容的基础上，本领域的技术人员在不付出创造性劳动的情况下，能够实现本专利权利要求所述的技术方案，解决冲水管内的水回流到冻土层以下的技术问题，并能够产生预期的技术效果，因此，本专利符合《专利法》第二十六条第三款的规定。将本专利权利要求 1 与证据 1 相比较，可知证据 1 没有公开密封筒、过滤进水框、连杆与密封筒上盖和活塞钢体上盖动配合、活塞钢体上盖设置进气孔、向上开启的单向阀等特征，许福增提供的证据 6 仅能证明过滤进水框为本领域的公知常识。虽然证据 1 的原理也是利用了一个泵的结构，脚踏踏板 1 时，通过活塞杆 2 带动活塞 6 向下压，使水通过水管流出冲洗厕器，即原理与本专利的相同，但是本专利权利要求 1 的技术方案与证据 1 公开的技术方案相比结构上是不同的，原理相同但结构不同的两个技术方案是不同的技术方案，本领域的普通技术人员并不能在知道原理的情况下，不通过创造性的劳动，设计出所有可实现该原理的技术方案，不能仅根据证据 1 的原理与本专利的相同，就认定本专利不具备创造性。本专利与证据 1 的结构不同，且证据 1 中并没有给出任何技术启示，教导本领域的技术人员如何在证据 1 公开的结构的基础上得到具有本专利结构的技术方案，因此，对于本领域的技术人员来说，在证据 1 的基础上需要付出创造性的劳动才能得出本专利权利要求 1 的技术方案。故本专利权利要求 1 相对于证据 1 具有实质性特点和进步，符合《专利法》第二十二条第三款的规定。

在本专利权利要求 1 具备创造性的情况下，由本专利权利要求 1 的技术方案进一步限定得出的从属权利要求 2~7 的技术方案也具有创造性，符合《专利法》第二十二条第三款的规定。

据此，专利复审委员会作出第 10242 号决定。

在一审法院审理本案过程中，专利复审委员会未就“设置单向阀为缓慢关闭，使得冲水管内的水可以回流到冻土层以下”属于本领域公知常识提交证据。在一审法院公开开庭审理本案过程中，专利复审委员会陈述回流不完全是由活塞缸体的真空造成的，冲水管内的水的自身重力也起到一定作用。而且，单向阀的缓慢关闭可以通过对单向阀弹簧的软硬程度来设置，上述技术手段属于本领域技术人员的公知常识。

在本院审理过程中，任春涛陈述：在本专利技术方案中，有两个单向阀，出口处的单向阀需要缓慢关闭，而进口处的单向阀不需要缓慢关闭。任春涛还向本院提交了《机械工程手册》作为本技术领域公知常识的证据。

以上事实有本专利权利要求书和说明书，第 10242 号决定，第 10242 号决定中采用的证据 1、证据 4~6 以及当事人陈述等证据在案佐证。

本院认为，本案争议焦点在于本专利是否符合《专利法》第二十六条第三款的规定。

《专利法》第二十六条第三款规定，说明书应当对发明或者实用新型作出清楚、完整的说明，以所属技术领域的技术人员能够实现为准。

根据本专利说明书的记载，本专利技术方案中分别在进水口、出水口处各设置有一个单向阀，任春涛称这两个单向阀作用不同，因此，一个需为缓慢关闭，一个不需缓慢关闭，而以上内容并没有在说明书中进一步记载。本专利的发明目的是要解决在寒冷地区的冬季便器冲水口处结冰，导致便器冲水口损坏的问题。而解决该问题的手段是使水容器产生负压力将留在冲水管内的水抽到所述水容器内。根据本领域技术人员的一般常识，单向阀即止回阀，作用在于防止液体回流。所以，如何使冲水管中的水通过单向阀流回到水容器内，应在本专利权利要求书、说明书中予以记载。通过阅读本专利说明书，其中没有记载解决前述问题的具体技术手段，本专利权利要求书及说明书中没有限定设置于出水口处的单向阀为缓慢关闭、适量回流的单向阀。专利复审委员会、任春涛主张单向阀缓慢关闭是客观存在的事实，也是某些场合人们所追求的效果。而根据任春涛提交的《机械工程手册》，虽然其中记载了缓闭止回阀的原理，但同时指出缓闭的目的是防止引起水锤，解决的办法是缓闭止回阀在其关闭的初始阶段亦要求快速关闭，只有当关闭到一定程度时，介质的倒流速度不再增大后，才可缓慢关闭。可见，缓闭止回阀的作用在于避免水锤，同时要尽量减少回流，而不是专门针对使介质回流而设计的。所以，专利复审委员会、任春涛所称通过缓闭单向阀的设置使冲水管中的水尽量回流，从而达到防冻的技术效果是公知常识依据不足。原审判决认定设置在出水口处的单向阀直接涉及到本专利发明的目的的实现，本专利说明书未给予清楚、完整的说明是正确的，本专利不符合《专利法》第二十六条第三款的规定。

综上，专利复审委员会、任春涛的上诉理由不能成立，其上诉请求本院不予支持。原审判决认定事实清楚，适用法律正确。依照《中华人民共和国行政诉讼法》第六十一条第一款第（一）项之规定，判决如下：

驳回上诉，维持原判。

一审案件受理费100元，由国家知识产权局专利复审委员会负担（于本判决生效之日起7日内交纳）。二审案件受理费100元，由国家知识产权局专利复审委员会、任春涛各负担50元（已交纳）。

本判决为终审判决。

审 判 长 刘 辉
代理审判员 岑宏宇
代理审判员 焦 彦
二〇〇八年五月十四日
书 记 员 孙 娜
书 记 员 耿巍巍

144

# 徽章的制作方法

## 无效宣告请求审查决定（第10248号）

**决　　定　　号**　第10248号
**决　　定　　日**　2007年7月5日
**发明创造名称**　徽章的制作方法
**国际分类号**　A44C 3/00，B44C 1/00
**无效宣告请求人**　薛培荣
**专　利　权　人**　李国华
**专　　利　　号**　01130808.7
**申　　请　　日**　2001年8月22日
**授权公告日**　2003年12月17日
**合议组组长**　张田勇
**主　　审　　员**　李　礼
**参　　审　　员**　佟仲明

**法　律　依　据**　专利法第22条第2款、第3款
**决　定　要　点**
若权利要求请求保护的技术方案与证据所公开内容相比存在区别技术特征，使两者的技术方案实质上并不相同，则该权利要求保护的技术方案相对于所述证据具备新颖性。

### 一、案由

本无效宣告请求涉及中华人民共和国国家知识产权局于2003年12月17日授权公告的、名称为“徽章的制作方法”的01130808.7号发明专利权（下称本专利），其申请日是2001年8月22日，专利权人是李国华。该专利授权公告时的权利要求书如下：

“1. 一种徽章的制作方法，其特征在于：

首先，利用雕刻的方式在非导磁金属模具上刻出所需图案的凹凸花纹以及如产品所需的外框刻制出切边模具；

接着利用切边模具将底材和聚氯乙稀切成预定边框的裁片后，再利用丝网印刷的方式在聚氯乙稀的一面印制所需的图案；

最后，将印刷好的聚氯乙稀覆盖在已经裁切好的底材上，并对准外边框，利用刻制有凹凸花纹的金属模具，采用高频热合机将聚氯乙稀压合在底材上，形成完整的产品。

2. 如权利要求1中所述的徽章的制作方法，其特征在于：所述底材为绒布。

3. 如权利要求 1 中所述的徽章的制作方法，其特征在于：所述非导磁金属模具由黄铜制成。

4. 如权利要求 1 中所述的徽章的制作方法，其特征在于：在采用高频热合机热合时，时间小于 10 秒。”

针对上述专利权，薛培荣（下称请求人）于 2006 年 10 月 17 日向专利复审委员会提出无效宣告请求，其无效理由是：本专利权利要求第 1~4 项不符合专利法第 22 条第 2 款、第 3 款的规定，其所提交的证据如下：

证据 1：ZL00112281.9 号中国发明专利说明书，申请日为 2000 年 5 月 12 日，授权公告日为 2003 年 11 月 19 日，专利权人为薛培荣。

请求人认为：（1）本专利权利要求 1、2、4 的全部技术特征均已被证据 1 所公开，因而不符合专利法第 22 条第 2 款有关新颖性的规定；（2）本专利权利要求 1、3 的技术方案中的特征或为公知技术、或是对本技术领域的公知技术方案进行常规选择的结果，因而本专利权利要求 1、3 不符合专利法第 22 条第 3 款有关创造性的规定。

经形式审查合格，专利复审委员会依法受理了上述无效宣告请求，于 2006 年 11 月 27 日向双方当事人发出了无效宣告请求受理通知书，并将无效宣告请求书及其附件清单中所列附件的副本转送给专利权人，要求其在指定期限内答复。

针对上述无效宣告请求，专利权人于 2006 年 12 月 26 日向专利复审委员会提交意见陈述书，认为：（1）证据 1 中未采用非导磁金属模具，也没有在模具上刻出凹凸花纹，更不是在聚氯乙稀上印刷图案，使用的是普通模具，模具上没有凹凸花纹，其花纹是通过金属箔上覆盖有图案的保护膜形成的，因此证据 1 没有揭露本专利权利要求 1 的全部技术特征，本专利权利要求 1 具备新颖性；（2）在本专利权利要求 1 具备新颖性的基础上，从属于权利要求 1 的权利要求 2、4 也具备新颖性；（3）证据 1 的公开日在本专利申请日之后，不构成本专利的现有技术，不能用来评述本专利的创造性，因而本专利权利要求 3 相对于证据 1 具备创造性。

专利复审委员会依法成立合议组，对上述无效宣告请求进行审查。本案合议组于 2007 年 3 月 15 日向双方当事人发出无效宣告请求口头审理通知书，指出本案定于 2007 年 5 月 15 日举行口头审理。随同口头审理通知书，将专利权人于 2006 年 12 月 26 日提交的意见陈述书转送给请求人。

口头审理如期举行，双方当事人均出席了口头审理。

在口头审理中，请求人明确其无效的理由、范围和证据为：（1）本专利权利要求 1、2、4 相对于证据 1 不具备新颖性，不符合专利法第 22 条第 2 款的有关规定；（2）本专利权利要求 1、3 不具备创造性，不符合专利法第 22 条第 3 款的有关规定。请求人认为证据 1 是一件由他人在本专利申请日之前申请、在本专利申请日之后公布的专利申请文件，证据 1 与本专利是同样的发明专利，二者的技术领域和发明目的相同，技术解决手段实质上相同，预期效果相同，证据 1 实质上包含了本专利权利要求 1、2、4 的全部技术特征，构成了否定本专利权利要求 1、2、4 所述技术方案新颖性的抵触申请，因而本专利权利要求 1、2、4 不符合专利法第 22 条第 2 款有关新颖性的规定。专利权人对证据 1 的真实性没有异议，认可证据 1 可以作为评价本专利是否具备新颖性的证据使用。专利权人认为证据 1 中未公开本专利权利要求 1 中的非导磁金属模具上刻出所需图案的凹凸花纹、切边模具、丝网印刷、将聚氯乙稀压合在底材上的技术特征，因而本专利相对于证据 1 具备新颖性。请求人认为从证据 1 所公开内容可推出其中所使用的模具具有凹凸花纹，用雕刻的方法刻制出具有凹凸花纹的模具、切边模具切割边缘、丝网印刷均是公知常识，非导磁金属模具与导磁金属模具都是可以达到成型的效果，证据 1 中的保护膜对应于本专利权利要求中印制图案的聚氯乙稀。专利权人指出新颖性是不能使用公知常识进行评述的，本专利中的丝网印刷和非导磁金属模具为印刷和模具的下位概念，而证据 1

只公开了上位概念，由于证据1中没有明确文字记载，对于请求人认为证据1公开了具有凹凸花纹的模具和切边模具不予认可，认可证据1中公开了本专利权利要求1中的采用高频热合机压合的技术特征。请求人认为证据1公开了布料层，未公开绒布，但可以想到采用绒布，且公开了热压成型时间为2~5秒，因而本专利权利要求2、4也不具备新颖性。专利权人认为证据1中未公开绒布，认可证据1中公开了热压成型时间为2~5秒，在本专利权利要求1具备新颖性的基础上，本专利权利要求2、4具备新颖性。请求人认为本专利权利要求1、3请求保护技术方案均属于公知技术，因而不具备创造性。专利权人指出请求人没有提交相应证据证明本专利权利要求1、3请求保护的技术方案属于公知技术，因而其关于创造性的无效宣告理由不成立。双方就本专利权利要求1~4是否具备新颖性、创造性充分发表了各自的意见。

至此，合议组认为本案事实清楚，现依法作出审查决定。

**二、决定的理由**

1. 关于证据

证据1为中国发明专利授权文本，专利权人对该份证据的真实性没有异议，并认可证据1可以作为评价本专利权利要求是否具备新颖性的证据使用。合议组经审查认为证据1可以作为本案的证据使用，证据1是由他人在本专利申请日之前向国家知识产权局提出的、公开日以及授权公告日均在本专利申请日之后的中国专利文献，因此证据1可以用来评价本专利的新颖性。

2. 关于新颖性

专利法第22条第2款规定：新颖性，是指在申请日以前没有同样的发明或者实用新型在国内外出版物上公开发表过、在国内公开使用过或者以其他方式为公众所知，也没有同样的发明或者实用新型由他人向国务院专利行政部门提出过申请并且记载在申请人以后公布的专利申请文件中。

请求人认为证据1公开本专利权利要求1、2、4的全部技术特征，因此本专利权利要求1、2、4不具备新颖性。

本专利权利要求1请求保护一种徽章的制作方法，证据1公开了一种服装或帽子上的饰品制作工艺，与本专利所属技术领域相同，其中具体公开了以下内容（参见证据1的说明书、权利要求书）：以2层以上聚氯乙稀薄膜迭压形成基材，基材的上面铺有一层金属箔，金属箔的上面覆盖有印有图案的、由聚氯乙稀薄膜形成的保护膜，用高频熔接机或超声波熔接机通过模具使由基材、金属箔、保护膜所构成的复合膜热压成型，热压成型时间为2~5秒，所述的基材的底部还铺有布料层，所属的布料层与所述的复合膜一起进行热压成型，热压成型后的基层渗入所述的布料层内使得所述的基材与所述的布料层连为一体，所述的复合膜被热压成型后，金属箔为凹凸表面并与所述的保护膜紧密接触使得金属箔与保护膜相连接不易分离。

由证据1公开的内容可知，其是利用模具对复合膜进行热压成型，使金属箔具有凹凸表面，而为了在金属箔上形成凹凸表面，可以直接的、毫无疑义地确定证据1中所使用的模具上必然具有相应的凹凸花纹。因此本专利权利要求1请求保护的技术方案与证据1所公开内容相比，其区别在于：证据1中未公开本专利权利要求1中的非导磁金属模具和切边模具、用雕刻的方式刻制出模具，同时也未公开本专利权利要求1中的利用切边模具进行裁片、利用丝网印刷的方式印制所需的图案；并且本专利权利要求1的技术方案是将印有图案的聚氯乙稀与底材利用具有凹凸花纹的金属模具热压成为完整的产品，而证据1中所公开的是由基材、金属箔、保护膜通过热压成型的复合膜，或将复合膜与布料层一起进行热压成型为产品，其中基材和保护膜由聚氯乙稀制成，即证据1中所公开产品的各组成层与本专利权利要求1中产品的各组成层不同。

请求人认为：用雕刻方式刻制出具有凹凸花纹的模具、切边模具切割边缘、利用丝网印刷印刷图案均是公知常识，无论是否使用非导磁金属模具都可达到成型的效果，因而本专利权利要求1相对于证据1不具备新颖性。

合议组经合议认为：(1) 本专利权利要求1请求保护的技术方案与证据1所公开的内容存在上述区别技术特征，在评述一项发明或实用新型专利各项权利要求是否具备新颖性时应与一份对比文件进行单独比较，不得将一份对比文件再结合公知常识来评述一项权利要求的技术方案是否具备新颖性；(2) 证据1仅公开“模具”、“印刷”等上位概念，本专利权利要求1中则是使用了具体的下位概念“非导磁金属模具”、“丝网印刷”进行限定，而一般（上位）概念的公开并不影响采用具体（下位）概念限定的本专利权利要求1的技术方案的新颖性。由此可见，本专利权利要求1保护的技术方案与证据1所公开内容存在着上述区别技术特征，并且上述区别技术特征也不能从证据1中直接的、毫无疑义地确定，因此，证据1所公开的内容与本专利权利要求1保护的技术方案实质上并不相同，证据1不能破坏本专利权利要求1保护的技术方案的新颖性，因此，本专利权利要求1相对于证据1符合专利法第22条第2款有关新颖性的规定。

本专利权利要求2、4是权利要求1的从属权利要求，由于如前所述权利要求1相对于证据1具备新颖性，因此，权利要求2、4相对于证据1也具备专利法第22条第2款所规定的新颖性。

3. 关于创造性

专利法第22条第3款规定：创造性，是指同申请日以前已有的技术相比，该发明有突出的实质性特点和显著的进步，该实用新型有实质性特点和进步。

请求人认为：一般的技术人员不需付出创造性劳动就可得到本专利权利要求1请求保护的技术方案，本专利权利要求1中的各个技术特征或属于本领域的公知常识，或属于公知技术方案常规选择的结果，因而本专利权利要求1不具备创造性；同理，本专利权利要求3的附加技术特征也是公知技术方案常规选择的结果，因而本专利权利要求3也不具备创造性。

对于请求人提出的有关本专利权利要求1、3不具备创造性的无效宣告理由，合议组认为：请求人没有提供证据证明本专利权利要求1、3的技术方案中的所有技术特征均属于本领域公知常识或不需要创造性劳动就可以做到的，请求人也没有提供证据证明本专利权利要求1、3的技术方案对于本领域技术人员来说是不需要创造性劳动的，因此无法证明本专利权利要求1、3的技术方案不符合专利法第22条第3款有关创造性的规定。

综上所述，本专利权利要求1、2、4相对于证据1具备新颖性，符合专利法第22条第2款的规定；本专利权利要求1、3具备创造性，符合专利法第22条第3款的规定。

基于上述理由和证据，现作出以下审查决定。

**三、决定**

维持01130808.7号发明专利权有效。

当事人对本决定不服的，可以根据专利法第46条第2款的规定，自收到本决定之日起三个月内向北京市第一中级人民法院起诉。根据该款的规定，一方当事人起诉后，另一方当事人应当作为第三人参加诉讼。

145

# 包含灯插座、镇流器和固定机构的灯座以及包含所述灯座的照明组件

## 无效宣告请求审查决定（第10251号）

**决　定　号**　第10251号
**决　定　日**　2007年6月13日
**发明创造名称**　包含灯插座、镇流器和固定机构的灯座以及包含所述灯座的照明组件
**国 际 分 类 号**　F21V 23/02，F21V 21/00，F21V 19/00，//F21W 131：00
**无效宣告请求人**　张豫晧
**专　利　权　人**　上海比华生态电子技术有限公司
**专　利　号**　01144143.7
**申　请　日**　2001年12月12日
**授 权 公 告 日**　2005年3月9日
**合 议 组 组 长**　张梅珍
**主　审　员**　关　刚
**参　审　员**　李　礼

**法　律　依　据**　专利法实施细则第68条
**决　定　要　点**

在无效宣告程序中，如果专利权人对权利要求书所作的修改已克服了请求人所提出的所有无效理由，并且修改符合专利法及其实施细则和审查指南的有关规定，请求人对专利权人修改之后的权利要求书也没有提出任何反对意见，那么合议组可以在该修改之后的权利要求书的基础之上作出维持专利权有效的决定。

### 一、案由

本无效宣告请求案涉及国家知识产权局于2005年3月9日授权公告的、名称为“包含灯插座、镇流器和固定机构的灯座以及包含所述灯座的照明组件”的01144143.7号发明专利（下称本专利），其申请日为2001年12月12日，专利权人为上海比华生态电子技术有限公司。该专利授权公告的权利要求书如下：

“1. 一种灯座包含一中空主体；位于所述主体一端的插座，该插座供紧凑型荧光灯可脱卸安装用；以及一固定机构不连电地固定所述中空主体到灯具、墙壁或天花板上，其特征在于，一镇流器被配置在所述中空主体内，所述镇流器电路在所述紧凑型荧光灯安装到所述插座时与所述紧凑型荧光灯的电极呈电连接。

2. 如权利要求1所述的灯座，其特征在于，所述主体为一圆柱结构；其中所述插座为一中空柱体被配置到所述圆柱结构的一端，环状凹进台阶的台阶是插座本身所设置的，位于邻近中空主体和插座结合处的位置；其中所述中空柱体在其外表面上设有许多螺纹；因而所述灯具的罩或屏被安装到所述环状凹进台阶或所述许多螺纹上。

3. 如权利要求2所述的灯座，其特征在于，所述固定机构包含所述环状凹进台阶和所述许多螺纹。

4. 如权利要求1所述的灯座，其特征在于，所述中空体为第一个圆柱结构，而所述插座则为第二个圆柱结构并被配置在所述第一圆柱结构的一端；其中所述第二圆柱的结构具有一直径小于所述第一圆柱结构的直径，这样在所述第一结构和第二圆柱结构之间一界面处形成一环状凹进台阶；其中所述固定机构包含许多耳片沿径向伸出所述第一圆柱结构另一端的周缘，并在每一个所述许多耳片处设置一通孔以容置一待拧进墙壁或天花板内的螺钉。

5. 如权利要求1所述的灯座，其特征在于，所述插座被配置在所述主题的一端内，而所述固定机构则包含一环状突起伸出于所述主体的另一端，以及一轴向孔被设置在所述环状突起的中心处；其中所述环状突起适合于容置在所述灯具的一接杆内，或所述轴向孔适合于容置所述灯具的所述接杆。

6. 如权利要求1所述的灯座，其特征在于，所述中空体为一圆柱结构，而所述插座则被配置在所述主体的所述圆柱结构的一端，其中所述固定机构包含许多螺纹被设置在所述主体的所述圆柱结构的一外表面上，这些螺纹适合于对所述灯具的螺纹连接。

7. 如权利要求1所述灯座，其特征在于，所述中空体设有一平坦面便于固定所述主体到墙面或天花板上，其中所述固定机构包含固定件，所述固定件伸出于所述主体所述背面的边沿，这样使所述固定件平行于所述背面，其中固定件设有安装开口。

8. 如权利要求1所述的灯座，其特征在于，所述中空主体在安装面上的投影为正方形；其中所述插座是配置在所述正方形主体的一侧；其中所述固定机构包含一定位体被配置在所述正方形主体的一顶部，并设有一定位孔垂直于所述正方形主体的顶部，所述固定机构还包含一固定螺钉，该螺钉与所述定位体是活动地固定的，这样所述固定螺钉是平行于所述正方形主体顶部的，而且拧动所述固定螺钉可以进入和退出所述定位孔。

9. 如权利要求1所述的灯座，其特征在于，所述中空体是一扁平长方形体；其中所述插座是配置在所述扁平正方形主体的一下侧；其中所述固定机构包含一定位孔，该孔被配置在所述扁平正方形主体的一顶部。

10. 如权利要求1所述的灯座，其特征在于，所述镇流器电路还包含一电源开关以导通或断开所述镇流器电路与电源。

11. 如权利要求1所述的灯座，其特征在于，所述插座包含一开口以容置一突起体在所述紧凑型荧光灯的灯头上，还包含一锁止装置与所述紧凑型荧光灯的一相容锁止装置接合。

12. 如权利要求1所述的灯座，其特征在于，该锁止装置包含一些套管式电极被连接到所述镇流器电路上并被安装在邻接所述插座的所述开口所设的一些孔内，其中所述套管式电极适合于由针式电极来插入，该电极设在该紧凑型荧光灯的灯头上。

13. 如权利要求1所述的灯座，其特征在于，所述主体为一圆柱结构，而所述插座则包含：一对凹槽被设置在所述圆柱结构的一端上，以容置所述紧凑型荧光灯的一对针式电极，其中所述凹槽对呈一个圆周的两段分离周缘形状，该圆周同轴于所述主体的所述圆柱结构；

两容置导槽被设置在所述圆柱结构的所述一端周缘上，以容置所述紧凑型荧光灯的一对突起；和

两阻隔件邻接于所述两容置导槽，这样所述两容置导槽由所述两阻隔件所局部覆盖，沿纵向在所

述圆柱结构的一端形成两出入口，其中所述两出入口是相互对置的，而且每个容置导槽其中有一部分顺时针方向超出对应的出入口，这样所述紧凑型荧光灯的所述针式电极对就可容置在所述凹槽对内，而所述紧凑型荧光灯的所述突块对则在同时经由所述两出入口可容置在所述两容置导槽内，那时所述紧凑型荧光灯可转动至一位置上，此时由所述两阻隔件沿轴向锁住所述突块对。

14. 如权利要求1所述的灯座，其特征在于，所述主体为一圆柱结构，而所述插座包含：两容置导槽被设置在所述圆柱结构一端的周缘上；

两阻隔件邻接于所述两容置导槽，这样所述两容置导槽被所述两阻隔件局部阻隔，沿纵向形成两出入口，其中所述两出入口是相互对置的，而每个容置导槽其中有一部分顺时针方向超出对应的出入口，并在一壁上终止；和

一切口被设置在该对应容器导槽的壁上以容置紧凑型荧光灯的一对应电极。

15. 如权利要求2、6、13或14所述的灯座，其特征在于，所述固定机构包含一环状突起同轴地伸出于所述主体的所述圆柱结构另一端，而一轴向孔则被设置在所述环状突起的一中心处；其中所述环状突起适合于容置在所述灯具一接杆内或所述轴向孔适合于容置所述灯具的所述接杆。

16. 如权利要求13或14所述的灯座，其特征在于，所述固定装置包含许多螺纹被设置在所述主体的所述圆柱结构一外表面上，这些螺纹适合于可用螺纹连接在所述灯具上。

17. 如权利要求16所述的灯座，其特征在于，所述固定机构还包含一个环状突起同轴地伸出于所述主体的所述圆柱结构另一端，而一轴向孔则被设置在所述环状突起的一中心处；其中所述环状突起适合于被容置在所述灯具的一接杆内或所述轴向孔适合于容置所述灯具的所述接杆。

18. 如权利要求15所述的灯座，其特征在于，所述轴向孔是一螺孔。

19. 一种照明组件，包含一灯座和一紧凑型荧光灯，其特征在于，该灯座包含一中空柱体；位于现有技术紧凑型荧光灯中的一镇流器电路改为配置在所述中空主体内；位于所述主体一段的插座，该插座供紧凑型荧光灯可脱卸安装用；以及一固定机构不连电地固定所述中空主体到灯具，墙壁或天花板上，其中所述镇流器电路在所述紧凑型荧光灯安装到所述插座时与所述紧凑型荧光灯的电极呈电连接。

20. 如权利要求19所述的照明元件，其特征在于，所述插座包含一开口以容置一突起体在所述紧凑型荧光灯的灯头上，还包含一锁止装置与所述紧凑型荧光灯的一相容锁止装置接合。

21. 如权利要求20所述的照明组件，其特征在于，该灯座的所述锁止装置包含一些套管式电极被连接到所述镇流器电路上并被装到邻接所述插座的所述开口所设置一些孔内，而所述紧凑型荧光灯的所述相容锁止装置则包含一些灯式电极被设置在所述紧凑型荧光灯的灯头上，其中所述套管式电极适合于由所述针式电极来插入。

22. 一种照明组件，包含如权利要求13所述的灯座和一紧凑型荧光灯，其特征在于，所述紧凑型荧光灯包含一环绕所述紧凑型荧光灯的所述灯头的环状竖壁，而所述环状竖壁则具有一内径略大于所述主体的所述圆柱结构的所述一端内径，其中所述突块对被设定在所述紧凑型荧光灯的所述环状竖壁上，且相互对置，还有所述突块对并不接触所述灯头，这样所述突块对和所述紧凑型荧光灯之间就有两个间隙以使所述两阻隔件能通过。

23. 一种照明组件，包含如权利要求14所述的灯座和一紧凑型荧光灯，其特征在于，所述紧凑型荧光灯包含一灯头、一环绕所述灯头的环状竖壁和一对在所述环状竖壁上的电极，其中

所述环状竖壁具有一内径略大于所述主体的所述圆柱结构的所述一端内径；

每个所述电极对包含一弧形件在所述灯头下面，且逆时针方向延伸，其中该弧形件和该灯头之间有一段间距，该弧形件和紧凑型荧光灯的环状竖壁之间还有一间隙，其中所述电极对的所述弧形件适

合于通过所述插座的所述两出入口被容置在所述两容置导槽内，这样所述紧凑型荧光灯就可顺时针方向移动到一位置上，此时所述电极对的这些弧形件被容置在所述两容置导槽的所述切口内，由此使所述紧凑型荧光灯被锁止在所述插座上。

24. 如权利要求 22 或 23 所述的照明组件，其特征在于，所述固定机构包含一环状突起同轴地伸出于所述主体的所述圆柱结构另一端，而一轴向孔则被设置在所述环状突起的中心处，其中所述环状突起适合于被容置在所述灯具的一接杆内，或是所述轴向孔适合于容置所述灯具的所述接杆。

25. 如权利要求 22 或 23 所述的照明组件，其特征在于，所述固定机构包含许多螺纹被设置在所述主体的所述圆柱结构一外表面上，这些螺纹适合于可用螺纹连接到所述灯具上。

26. 如权利要求 24 所述的照明组件，其特征在于，所述固定机构还包含许多螺纹被设置在所述主体的所述圆柱结构一外表面上，这些螺纹适合于可用螺纹连接到所述灯具上。

27. 如权利要求 24 所述的照明组件，其特征在于，所述轴向孔是一螺孔。”

针对上述专利权，张豫日韦（下称请求人）于 2006 年 4 月 17 日向专利复审委员会提出无效宣告请求，无效理由是本专利部分权利要求不具备新颖性、创造性，并提交了下述附件作为证据：

附件 1：授权公告号为 CN2462234 Y 的中国实用新型专利说明书，授权公告日为 2001 年 11 月 28 日；

附件 2：公告编号为 314304 的中国台湾地区专利公报及其新型专利说明书公告本，授权公告日为 1997 年 8 月 21 日；

附件 3：公告编号为 465790 的中国台湾地区专利公报及其新型专利说明书公告本，授权公告日为 2001 年 11 月 21 日。

请求人认为本专利权利要求 1、2、3、5、8、9、10、11 相对于附件 1 不符合专利法第 22 条第 2 款、第 3 款有关新颖性、创造性的规定；本专利权利要求 4 相对于附件 1 和附件 2 的结合不符合专利法第 22 条第 3 款有关创造性的规定；本专利权利要求 7 相对于附件 1 不符合专利法第 22 条第 3 款有关创造性的规定。

经形式审查合格，专利复审委员会依法受理了上述无效宣告请求，于 2006 年 11 月 15 日向双方当事人发出无效宣告请求受理通知书，并将无效宣告请求书及其附件清单中所列附件的副本转送给专利权人，要求其在指定的期限内答复。

专利复审委员会于 2007 年 1 月 8 日收到了专利权人针对上述无效宣告请求的意见陈述书及权利要求书的替换页。专利权人将原权利要求 6 的附加技术特征补入到原权利要求 1 中，删除了原权利要求 2、3、4、5、7、8、9 的附加技术特征，将原权利要求 20 的内容补充到原权利要求 19 中，形成新的权利要求 9，修改后的权利要求书如下：

“1. 一种灯座包含一中空主体；位于所述主体一端的插座，该插座供紧凑型荧光灯可脱卸安装用；以及一固定机构不连电地固定所述中空主体到灯具、墙壁或天花板上，一镇流器被配置在所述中空主体内，所述镇流器电路在所述紧凑型荧光灯安装到所述插座时与所述紧凑型荧光灯的电极呈电连接；其特征在于，所述中空主体为一圆柱结构，而所述插座则被配置在所述主体的所述圆柱结构的一端，其中所述固定机构包含许多螺纹被设置在所述主体的所述圆柱结构的一外表面上，这些螺纹适合于对所述灯具的螺纹连接。

2. 如权利要求 1 所述的灯座，其特征在于，所述镇流器电路还包含一电源开关以导通或断开所述镇流器电路与电源。

3. 如权利要求 1 所述的灯座，其特征在于，所述插座包含一开口以容置一突起体在所述紧凑型荧光灯的灯头上，还包含一锁止装置与所述紧凑型荧光灯的一相容锁止装置接合。

4. 如权利要求3所述的灯座，其特征在于，该锁止装置包含一些套管式电极被连接到所述镇流器电路上并被安装在邻接所述插座的所述开口所设的一些孔内，其中所述套管式电极适合于由针式电极来插入，该电极设在该紧凑型荧光灯的灯头上。

5. 如权利要求1所述的灯座，其特征在于，所述插座则包含：一对凹槽被设置在所述圆柱结构的一端上，以容置所述紧凑型荧光灯的一对针式电极，其中所述凹槽对呈一个圆周的两段分离周缘形状，该圆周同轴于所述主体的所述圆柱结构；

两容置导槽被设置在所述圆柱结构的所述一端周缘上，以容置所述紧凑型荧光灯的一对突起；和

两阻隔件邻接于所述两容置导槽，这样所述两容置导槽由所述两阻隔件所局部覆盖，沿纵向在所述圆柱结构的一端形成两出入口，其中所述两出入口是相互对置的，而且每个容置导槽其中有一部分顺时针方向超出对应的出入口，这样所述紧凑型荧光灯的所述针式电极对就可容置在所述凹槽对内，而所述紧凑型荧光灯的所述突块对则在同时经由所述两出入口可容置在所述两容置导槽内，那时所述紧凑型荧光灯可转动至一位置上，此时由所述两阻隔件沿轴向锁住所述突块对。

6. 如权利要求1所述的灯座，其特征在于，所述插座包含：两容置导槽被设置在所述圆柱结构一端的周缘上；

两阻隔件邻接于所述两容置导槽，这样所述两容置导槽被所述两阻隔件局部阻隔，沿纵向形成两出入口，其中所述两出入口是相互对置的，而每个容置导槽其中有部分顺时针方向超出对应的出入口，并在一壁上终止；和

一切口被设置在该对应容器导槽的壁上以容置紧凑型荧光灯的一对应电极。

7. 如权利要求1或5或6所述的灯座，其特征在于，所述固定机构包含一环状突起同轴地伸出于所述主体的所述圆柱结构另一端，而一轴向孔则被设置在所述环状突起的一中心处；其中所述环状突起适合于容置在所述灯具一接杆内或所述轴向孔适合于容置所述灯具的所述接杆。

8. 如权利要求7所述的灯座，其特征在于，所述轴向孔是一螺孔。

9. 一种照明组件，包含一灯座和一紧凑型荧光灯，该灯座包含一中空主体；位于现有技术紧凑型荧光灯中的一镇流器电路改为配置在所述中空主体内；位于所述主体一段的插座，该插座供紧凑型荧光灯可脱卸安装用；以及一固定机构不连电地固定所述中空主体到灯具、墙壁或天花板上，其中所述镇流器电路在所述紧凑型荧光灯安装到所述插座时与所述紧凑型荧光灯的电极呈电连接；其特征在于，所述插座包含一开口以容置一突起体在所述紧凑型荧光灯的灯头上，还包含一锁止装置与所述紧凑型荧光灯的一相容锁止装置接合。

10. 如权利要求9所述的照明组件，其特征在于，该灯座的所述锁止装置包含一些套管式电极被连接到所述镇流器电路上并被安装在邻接所述插座的所述开口所设置一些孔内，而所述紧凑型荧光灯的所述相容锁止装置则包含一些灯式电极被设置在所述紧凑型荧光灯的灯头上，其中所述套管式电极适合于由针式电极来插入。

11. 一种照明组件，包含如权利要求5所述的灯座和一紧凑型荧光灯，其特征在于，所述紧凑型荧光灯包含一环绕所述紧凑型荧光灯的所述灯头的环状竖壁，而所述环状竖壁则具有一内径略大于所述主体的所述圆柱结构的所述一端内径，其中所述突块对被设定在所述紧凑型荧光灯的所述环状竖壁上，且相互对置，还有所述突块并不接触所述灯头，这样所述突块对和所述紧凑型荧光灯之间就有两个间隙以使所述两组阻隔件能通过。

12. 一种照明组件，包含如权利要求6所述的灯座和一紧凑型荧光灯，其特征在于，所述紧凑型荧光灯包含一灯头，一环绕所述灯头的环状竖壁和一对在所述环状竖壁上的电极，其中

所述环状竖壁具有一内径略大于所述主体的所述圆柱结构的所述一端内径；

每个所述电极对包含一弧形件在所述灯头下面，且逆时针方向延伸，其中该弧形件和该灯头之间有一段间距，该弧形件和该紧凑型荧光灯的环状竖壁之间还有一间隙，其中所述电极对的所述弧形件适合于通过所述插座的所述两出入口被容置在所述两容置导槽内，这样所述紧凑型荧光灯就可顺时针方向移动到一位置上，此时所述电极对的这些弧形件被容置在所述两容置导槽的所述切口内，由此使所述紧凑型荧光灯被锁止在所述插座上。

13. 如权利要求 11 或 12 所述的照明组件，其特征在于，所述固定机构包含一环状突起同轴地伸出于所述主体的所述圆柱结构另一端，而一轴向孔则被设置在所述环状突起的一中心处；其中所述环状突起适合于容置在所述灯具一接杆内，或是所述轴向孔适合于容置所述灯具的所述接杆。

14. 如权利要求 11 或 12 所述的照明组件，其特征在于，所述固定机构包含许多螺纹被设置在所述主体的所述圆柱结构一外表面上，这些螺纹适合于可用螺纹连接到所述灯具上。

15. 如权利要求 13 所述的照明组件，其特征在于，所述固定机构包含许多螺纹被设置在所述主体的所述圆柱结构一外表面上，这些螺纹适合于可用螺纹连接到所述灯具上。

16. 如权利要求 13 所述的照明组件，其特征在于，所述轴向孔是一螺孔。”

针对上述无效宣告请求，专利复审委员会依法成立合议组。

本案合议组于 2007 年 2 月 13 日向请求人发出转送文件通知书，随通知书将复审委员会于 2007 年 1 月 8 日收到的专利权人所提交的意见陈述书和权利要求修改替换页转送给请求人。要求请求人在指定期限内答复，如期满未答复，视为请求人已得知转送文件中所涉及的事实、理由和证据，并且未提出反对意见。请求人期满未答复。

至此，合议组认为本案的事实清楚，可以作出审查决定。

**二、决定的理由**

专利法实施细则第 68 条规定，在无效宣告请求的审查过程中，发明或者实用新型专利的专利权人可以修改其权利要求书，但是不得扩大原专利的保护范围。

审查指南第四部分第三章 4.6 节规定，发明或者实用新型专利文件的修改仅限于权利要求书，其原则是：

（1）不得改变原权利要求的主题名称。

（2）与授权的权利要求相比，不得扩大原专利的保护范围。

（3）不得超出原说明书和权利要求书记载的范围。

（4）一般不得增加未包含在授权的权利要求书中的技术特征。

在满足上述修改原则的前提下，修改权利要求书的具体方式一般限于权利要求的删除、合并和技术方案的删除。

请求人在无效宣告程序中仅针对本专利的权利要求 1~5、7~11 提出无效宣告请求，专利权人针对上述无效宣告请求在指定的期限内提交了权利要求书的修改替换页。合议组经过审查，认为该新的权利要求书以删除的修改方式删除了原权利要求 1~5、7~9、16、17，保留了请求人所提出的无效理由中未涉及的原权利要求 6 作为新的独立权利要求 1；以合并的修改方式修改了原权利要求 10~15、18，即以与原权利要求 6 相互无从属关系但在授权公告文本中从属于同一独立权利要求的权利要求 10~15、18 的附加技术特征分别与权利要求 6 的合并，形成新的权利要求 2~8；删除了原独立权利要求 19，以原权利要求 20 形成新的独立权利要求 9。因此，上述修改符合专利法实施细则第 68 条和审查指南第四部分第三章 4.6 节关于修改原则和方式的规定，本决定是以该修改文本为基础作出的。经过上述修改，请求人所提出的无效宣告理由所针对的权利要求已不复存在，且请求人没有在专利复审委员会指定的期限内对专利权人以合并方式修改的权利要求增加任何无效宣告理由。因此依据请求原则，合议组不再对修改后的权利要求的专利性进行审查。

基于以上事实和理由，本案合议组作出如下审查决定。

**三、决定**

在专利复审委员会于2007年1月8日收到的专利权人所提交的权利要求书的基础上，维持01144143.7号发明专利权有效。

当事人对本决定不服的，可以根据专利法第46条第2款的规定，自收到本决定之日起三个月内向北京市第一中级人民法院起诉。根据该款的规定，一方当事人起诉后，另一方当事人应当作为第三人参加诉讼。

# 东西朝向建筑的新型户型

## 无效宣告请求审查决定（第10252号）

**决　定　号** 第10252号
**决　定　日** 2007年6月26日
**发明创造名称** 东西朝向建筑的新型户型
**国际分类号** E04H 1/02
**无效宣告请求人** 大连高新园区建设开发有限公司
**专　利　权　人** 大连东特房地产有限公司
**专　利　号** 200320104916.9
**申　请　日** 2003年10月14日
**授权公告日** 2005年5月18日
**合议组组长** 赵　明
**主　审　员** 姜　岩
**参　审　员** 崔　震

**法　律　依　据** 专利法第22条第3款
**决　定　要　点**

如果一个专利所要保护的技术方案与最接近对比文件的区别特征是本领域的公知常识或常规选择，则认为现有技术中存在将区别特征应用到该最接近对比文件从而得到该专利技术方案的技术启示。

### 一、案由

本无效宣告请求涉及中华人民共和国国家知识产权局于2005年5月18日授权公告的、名称为“东西朝向建筑的新型户型”的实用新型专利权（以下简称本专利），其专利号是200320104916.9，申请日是2003年10月14日，专利权人是大连东特房地产有限公司。本专利授权公告时的权利要求书如下：

“1. 一种东西朝向的建筑的新型户型，其特征在于：楼呈东西朝向坐落，楼内中间呈连通走廊，走廊东、西向两侧分别布置小户型房间，东西两侧房间的朝向分别向南旋转25°~45°，房间呈相错排列，各户入户门与房间朝向同方向旋转相同角度，与房间朝向保持垂直，户与户之间的采光面呈锯齿状排列，每户阳台的南侧为一段实墙面。”

针对本专利权，大连高新园区建设开发有限公司（以下简称请求人）于2006年5月19日向专利复审委员会提出无效宣告请求，认为本专利不符合专利法第22条第2款、第3款的规定，请求人同时提交了如下附件：

附件1：三亚市亚龙湾天域度假酒店竣工图及单位工程竣工验收质量核验证书，复印件，共2页；

附件2：1999年6月中国建筑工业出版社出版发行的《中国建筑设计精品集锦1》封面、出版信息页、第218、219页，复印件，共4页；

附件3：请求人声称为亚龙湾天域度假酒店的照片，复印件，共5页；

附件4：2002年5月由辽宁科学技术出版社出版的《度假酒店》封面、出版信息页、第44、46页，复印件，共4页；

附件5：2004年6月由机械工业出版社出版的《建筑设计50》封面、出版信息页、第46~49页，复印件，共6页；

附件6：1999年7月由中国建筑工业出版社出版发行的《中国建筑设计精品集锦4》封面、出版信息页、第43~45页，复印件，共5页；

附件7：证人郭玉娟出具的书面证言复印件，共1页；

附件8：2005年8月8日发出的辽宁法大律师事务所发出的律师函和2003年9月18日及2003年9月23日《大连日报》发布的东特新天地广告，复印件，共4页；

附件9：1999年12月第二版，第十二次印刷的中国建筑工业出版社出版的《住宅建筑设计原理》封面页、出版信息页、第181页，复印件，共3页。

请求人认为：(1) 附件1~5都是对同一建筑物的描述，公开了一种与本专利权利要求1技术方案完全相同的建筑，因此构成了出版公开和使用公开，从而导致权利要求1不具备新颖性；附件6和9分别公开了权利要求1的全部技术特征，因此权利要求1相对于附件6和9不具备新颖性；附件8证明了专利权人在申请日之前已经将本专利的技术公开，因此权利要求1不具备新颖性，权利要求1由于不具备新颖性而不具备创造性。(2) 另外附件7的证人证言也进一步证明了附件1~5中描述的建筑物的结构与权利要求1相同，因此权利要求1不具备创造性。附件9中给出了技术启示，本领域的技术人员可以生产出与本专利完全相同结构的产品，因此不具备创造性。

经形式审查合格，专利复审委员会依法受理了上述无效宣告请求，并于2006年6月14日向请求人和专利权人发出无效宣告请求受理通知书，同时将专利权无效宣告请求书及其附件清单中所列附件的副本转送给专利权人，并要求专利权人在指定的期限内陈述意见。

针对专利复审委员会发出的上述无效宣告请求受理通知书，专利权人于2006年7月28日提交了意见陈述书以及权利要求书的修改替换页和证据1（2003年11月6日的新商报第47版关于“东特·新天地遭遇抢购”的文章复印件），认为修改后的权利要求1具备新颖性和创造性，同时对请求人的证据的真实性提出质疑。

请求人提交的修改后的权利要求为：

“1. 一种东西朝向的建筑的新型户型，其特征在于：楼呈东西朝向坐落，楼内中间呈连通走廊，走廊东、西向两侧分别布置小户型房间，东西两侧房间的朝向分别向南旋转25°~30°，房间呈相错排列，各户入户门与房间朝向同方向旋转相同角度，与房间朝向保持垂直，户与户之间的采光面呈锯齿状排列，每户阳台的南侧为一段实墙面。”

专利复审委员会依法成立合议组对本案进行审理，本案合议组于2006年12月10日向双方发出无效宣告请求口头审理通知书，定于2007年1月24日在专利复审委员会举行口头审理。随同口头审理通知书，将专利权人于2006年7月28日提交的意见陈述书及其附件清单中所列附件的副本转送给请求人。并告知双方当事人，专利权人对权利要求书的修改超出了原说明书和权利要求书记载的范围，因此对该修改文本不予接受。

口头审理如期进行，双方当事人均参加了口头审理。

请求人明确其无效宣告的理由、证据和范围为：权利要求1相对于附件1~5、7不符合专利法第22条第2款的规定；权利要求1相对于附件6不符合专利法第22条第2款的规定；权利要求1相对于附件8不符合专利法第22条第2款的规定；权利要求1相对于附件9不符合专利法第22条第2款的规定；创造性——权利要求1相对于附件1，2，5，7不符合专利法第22条第3款的规定；权利要求1相对于附件8不具备创造性；权利要求1相对于附件6及公知常识或附件9及公知常识不符合专利法第22条第3款的规定。

请求人当庭提供附件1~9的原件。

专利权人对附件1本身的真实性没有异议，但认为附件1是内部文件，不是公开出版物，对其公开性有异议；附件3的照片不能证明照片中的建筑物与本案有关，对照片的真实性有异议。附件4的出版日期是2002年5月，与无效请求书中声称的出版日期矛盾；附件5的出版日期是在本专利申请之后，不能用于评价本专利的新颖性和创造性；对附件7的证人证言真实性有异议；对附件8中律师函及刊登广告的报纸的真实性没有异议，但认为律师函及报纸与本案没有任何关系；对其他附件的真实性没有异议。专利权人当庭出示证据1的原件。请求人对证据1的真实性没有异议。

至此，合议组认为本案事实已经清楚，可以作出审查决定。

**二、决定的理由**

1. 关于修改文本

审查指南第四部分第三章第4.6节在“无效宣告程序中专利文件的修改”中规定“发明或者实用新型专利文件的修改仅限于权利要求书，其原则是：（1）不得改变原权利要求的主题名称；（2）与授权的权利要求书相比，不得扩大原专利的保护范围；（3）不得超出原说明书和权利要求书记载的范围；（4）一般不得增加未包含在授权的权利要求书中的技术特征。”

合议组经审查后认为：专利权人于2006年7月28日提交的权利要求书中将技术特征“25°~45°”修改为“25°~30°”不符合上述第（3）条的规定，是不允许的，因此本决定以本专利授权公告时的权利要求书为基础进行。

2. 关于证据和现有技术

请求人提交的证据包括附件2，附件2是一份公开出版物，专利权人对附件2的真实性未提出异议，而且其出版日早于本专利申请日，因此可以作为本专利的现有技术评价权利要求1的新颖性和创造性。

3. 关于本专利权利要求1的创造性。

创造性，是指同申请日以前已有的技术相比，该实用新型具有实质性特点和进步。

如果一个专利所要保护的技术方案与最接近对比文件的区别特征是本领域的公知常识或常规选择，则认为现有技术中存在将区别特征应用到该最接近对比文件从而得到该专利技术方案的技术启示。

本专利为了解决现有东西朝向住宅户型日照时间达不到要求标准的缺陷，提供一种东西朝向住宅的新型户型，以实现东西朝向住宅得到半天日照并避免西向曝晒，同时能充分利用所有有效空间的目的。权利要求1采用如下技术方案，一种东西朝向的建筑的新型户型，其特征在于：楼呈东西朝向座落，楼内中间呈连通走廊，走廊东、西向两侧分别布置小户型房间，东西两侧房间的朝向分别向南旋转25°~45°，房间呈相错排列，各户入户门与房间朝向同方向旋转相同角度，与房间朝向保持垂直，户与户之间的采光面呈锯齿状排列，每户阳台的南侧为一段实墙面。

附件2（《中国建筑设计精品集锦1》）在第218~219页介绍了亚龙湾天域度假酒店的一些基本情况，尤其在第219页的标准层平面图的左上角的建筑结构中可以看出：天域度假酒店具有东西朝向的户型，楼内中间有连通的走廊，走廊东、西两侧布置房间，两侧房间的朝向向南旋转一定角度，房间呈相错排列，户与户之间的采光面呈锯齿型，房间的入户门与房间朝向同方向旋转相同角度，与房间朝向保持垂直。

虽然由附件2中无法清楚地显示出“每户阳台的南侧为一段实墙面”，以及“房间向南旋转的角度在25°~45°之间”这两个技术特征，但第一个区别特征为本领域常用技术手段，本领域的技术人员为了使附件2中的房间阳台不受其他房间视线干扰，实现既开放又私密的目的，很容易想到在阳台南侧设置实体墙，从而在每个三角形阳台的一个侧边墙上形成采光面实现南向采光，而在另一个侧边上形成实体墙挡在该房间与该房间以南房间的阳台之间；而第二个区别特征为本领域的常规选择，为了使每个房间获得充足的采光，很容易想到将房间向南旋转的角度设在25°~45°之间，而且这种角度的选择没有取得预想不到的技术效果。综上，本领域的技术人员在附件2的基础上很容易得到权利要求1中请求保护的技术方案，因此，本专利权利要求1相对于附件2不具备创造性。

另外，附件2中建筑物的结构也与请求人提供的附件7中证人证言所述的“天域度假酒店的房间结构”相互印证，在口头审理时证人出庭接受了质证，从而可以进一步证明天域度假酒店的房间结构具有与本专利权利要求1所要保护的相同的户型结构。

根据上述的事实和理由，本案合议组依法作出以下决定。

**三、决定**

宣告200320104916.9号实用新型专利权无效。

当事人对本决定不服的，可以根据专利法第46条第2款的规定，自收到本决定之日起3个月内向北京市第一中级人民法院起诉。根据该款的规定，一方当事人起诉后，另一方当事人应当作为第三人参加诉讼。

147

# 挂钩式胃组织取样钳

## 无效宣告请求审查决定（第10278号）

**决　　定　　号**　第10278号
**决　　定　　日**　2007年7月23日
**发明创造名称**　挂钩式胃组织取样钳
**国 际 分 类 号**　A61B 10/00
**无效宣告请求人**　江苏康进医疗器材有限公司
**专　利　权　人**　南京迈创医疗器械有限公司
**专　　利　　号**　200520070013.2
**申　　请　　日**　2005年3月23日
**授 权 公 告 日**　2006年5月10日
**合 议 组 组 长**　杨军艳
**主　　审　　员**　王琦琳
**参　　审　　员**　张　曦

**法　律　依　据**　专利法第22条第3款
**决　定　要　点**

如果一项实用新型专利同现有技术相比虽然存在区别特征，但是现有技术针对该区别特征已经给出了技术启示，本领域普通技术人员根据该技术启示无需付出创造性劳动就可以在现有技术的基础上得到该项专利的技术方案，则该项专利不具备实质性特点和进步，不符合专利法第22条第3款的规定。

### 一、案由

本无效宣告请求涉及国家知识产权局于2006年5月10日授权公告的名称为“挂钩式胃组织取样钳”的200520070013.2号实用新型专利（下称本专利），其申请日是2005年3月23日，专利权人是南京迈创医疗器械有限公司。本专利授权公告时的权利要求书如下：

“1. 一种挂钩式胃组织取样钳，包括钳头组件（1）、拉索（2）、弹性外管（3）、手柄组件（4），拉索（2）套装在弹性外管（3）中，拉索（2）和弹性外管（3）的一端分别与手柄组件（4）中的活动手柄（5）和芯杆（6）相连，另一端与钳头组件（1）相连，其特征是钳头组件（1）中的左钳头（7）、右钳头（8）通过固定铆钉（9）安装在钳头座（10）上，并能绕固定铆钉（9）转动，左钳头（7）、右钳头（8）的一端作为钳口伸出钳头座（10）外，它们的另一端作为动作端位于钳头座（10）上的导向槽口（11）中，该动作端均设有穿接连接钢丝（13）一端的连接孔（12），连接钢丝（13）的另一端穿过钳头座（10）固定在连接套管（14）的一端中，拉索（2）的一端也固定在连接套管（14）的另一端中，连接套管（14）安装在弹性外管（13）靠近钳头组件（1）的一端中。

2. 根据权利要求1所述的挂钩式胃组织取样钳，其特征是弹性外管（3）套装在钳头座（10）的一端上并与之焊接相连。

3. 根据权利要求1所述的挂钩式胃组织取样钳，其特征是弹性外管（3）压装固定在钳头座（10）一端的内孔中。”

针对上述实用新型专利权，江苏康进医疗器材有限公司（下称请求人）于2007年1月12日向专利复审委员会提出了无效宣告请求，认为本专利权利要求1~3不符合专利法第22条第3款的规定，权利要求2、3中的焊接方法和压装方法均不属于专利法实施细则第2条第2款规定的保护内容，并提交了如下证据：

证据1：US2001/0051812A1号美国专利文献，其公开日为2001年12月13日；

证据2：JP2004-97624A号日本专利文献，其公开日为2004年4月2日；

证据3：JP2001-95807A号日本专利文献，其公开日为2001年4月10日；

证据4：声称为富江医疗于2003年10月编印的《内镜诊断治疗产品手册》封面页、公司简介页、目录页、“活检及取异物相关产品”目录页、第44~49页、第56页、封底页的复印件共12页；

证据5：JP2002-191605A号日本专利文献，其公开日为2002年7月9日；

证据6：专利号为200420025718.8的中国实用新型专利说明书，其授权公告日为2005年3月2日；

证据7：由国家食品药品监督管理局于2004年11月8日发布、2005年11月1日实施的中华人民共和国医药行业标准YY/T 1076-2004《内镜用软管式活组织取样钳通用技术条件》的封面页、前言页、第1~3页、封底页复印件共6页；

证据8：JP2003-10190A号日本专利文献，其公开日为2003年1月14日。

结合上述证据，请求人认为：

证据1中公开了本专利权利要求中除了“连接套管（14）”之外的全部技术特征，证据2中公开了“安装在弹性外管内用于固定连接钢丝和拉索的连接套管”的技术特征，故证据1结合证据2或者证据1结合公知常识均可得到本专利权利要求1的技术方案，本专利权利要求1不具备创造性；证据3公开了本专利权利要求1中除了“手柄组件”之外的全部技术特征，证据2还公开了“安装在弹性外管内用于固定连接钢丝和拉索的连接套管”，因此本领域普通技术人员在证据3的基础上结合公知常识或者结合证据1、2、5、6的技术启示，可以得到本专利权利要求1的技术方案，本专利权利要求1不具备创造性；证据4说明两片钳头的中部用固定铆钉铆接后，其后部带连接孔并由连接钢丝穿过，且连接钢丝的另一端穿入钳头座和弹性软管，以便受后部的手柄部件控制的活检钳，是本领域的公知常识；证据5、6除了钳头的后部连接孔是通过连杆铆接至连接套管前端之外，其余结构与本专利完全相同，证据1、3、4公开了连接孔可由连接钢丝连接至连接套管的技术启示，故由证据5或者6分别与证据1或者3或者4结合，均能得到本专利权利要求1的技术方案，本专利权利要求1不具备创造性；证据7公开了取样钳的产品标准以及取样钳钳头有两片需要铆接和具有软管盘绕的技术内容，属于本领域的公知常识；权利要求2限定部分的附加技术特征属于公知常识，而且也被证据8公开，所以权利要求2相对于证据1或者3与证据8或者证据8和公知常识的结合不具备创造性，权利要求3限定部分的附加技术特征是本领域的公知常识，而且也被证据1或者证据3所公开，因此权利要求3相对于证据1或者证据3分别与公知常识的结合，不具备创造性；权利要求2中限定的“焊接”和权利要求3中限定的“压装”均属于工艺方法，不应受实用新型的保护。

经形式审查合格，专利复审委员会依法受理了上述无效宣告请求，并于2007年1月12日向双方当事人发出了无效宣告请求受理通知书，随同无效宣告请求受理通知书将专利权无效宣告请求书及其附件清单中所列附件副本转送给专利权人，要求其在指定的期限内答复，同时告知专利权人，若期满未答复，不影响专利复审委员会进行审理。

专利权人逾期未答复。

请求人于2007年2月12日向专利复审委员会提交了意见陈述书，增加了无效宣告请求的理由，认为本专利权利要求1、3不具备新颖性不符合专利法第22条第2款的规定，并提交了如下补充证据（编号续前）：

证据9：US6273860B1号美国专利文献，其公开日为2001年8月14日；

证据10：JP2004-337422A号日本专利文献，其公开日为2004年12月2日；

证据11：US5908437号美国专利文献，其公开日为1999年6月1日；

证据12：由中华人民共和国北京市第二公证处出具的（2007）京二证字第03212号公证书复印件3页及与其粘连的《证明》复印件1页，共4页；

证据13：由中华人民共和国北京市第二公证处出具的（2007）京二证字第03213号公证书复印件3页及与其粘连的《进口代理协议书》复印件1页、交货通知单和发票的复印件4页、照片3页，共11页；

证据14：由中华人民共和国北京市第二公证处出具的（2007）京二证字第03214号公证书复印件3页及与其粘连的所调取材料复印件1页，共4页；

证据15：由中华人民共和国北京市第二公证处出具的（2007）京二证字第03215号公证书复印件3页及与其粘连的海关编号为010720041074177433的《中华人民共和国海关进口货物报关单》复印件1页，共4页；

证据16：常州市翻译服务公司于2007年2月8日出具的《证明》复印件1页；

证据17：常州市翻译服务公司于2007年2月12日出具的《证明》复印件1页；

证据1-1：证据1的中文译文；

证据2-1：证据2的中文译文；

证据3-1：证据3的中文译文；

证据5-1：证据5的中文译文；

证据8-1：证据8的中文译文；

证据9-1：证据9的中文译文；

证据10-1：证据10的中文译文；

证据11-1：证据11的中文译文；

证据13-1：证据13中交货通知单和发票部分的中文译文共4页；

证据14-1：证据14中调取材料复印件的中文译文。

结合上述证据，请求人认为：

证据11中的第二实施例以及说明书附图4~6披露了本专利权利要求1、3的全部技术特征，因此本专利权利要求1、3不具备新颖性；证据12~15公证书的内容和照片可证明在先销售的实物证据完全覆盖了本专利权利要求1、3的全部技术特征，因此本专利权利要求1、3不具备新颖性；证据9与证据8的情况基本相同，其公开了本专利权利要求2的特征部分的技术特征，即，证据1或者证据3与证据9或者证据9以及公知常识结合的结合使得本专利权利要求2不具备创造性；证据10与证据2

的情况基本相同，证据1与证据10或者证据1与证据10和公知常识的结合使得本专利权利要求1、3不具备创造性；“固定铆钉”、“套装”和“连接套管”均属于公知常识；证据11同样使得权利要求1、3不具备创造性，而且证据11结合公知常识，或者证据11与证据9或证据8的结合使得权利要求1~3不具备创造性；证据12~15所证明的在先销售的实物证据同样使得权利要求1、3不具备创造性，而且证据12的实物证据结合公知常识，或者证据12的实物证据与证据9或证据8的结合使得权利要求1~3不具备创造性。

针对上述无效宣告请求，专利复审委员会依法成立合议组对本案进行审理。本案合议组于2007年4月6日向双方当事人发出无效宣告请求口头审理通知书，指出本案定于2007年5月16日举行口头审理，随同无效宣告请求口头审理通知书，将请求人于2007年2月12日提交的意见陈述书及其附件清单中所列附件副本转送给专利权人。

口头审理如期举行，双方当事人均参加了口头审理。在口头审理中，请求人当庭提交了证据4和证据7的原件以及证据12~15公证书的原件，并表示证据7仅用于参考；专利权人对证据1~11的真实性无异议，对证据的中文译文准确性无异议，对证据12、14、15形式上的真实性无异议，对证据13的真实性有异议。请求人明确其无效宣告的理由、范围以及证据为：本专利权利要求2和3不符合专利法实施细则第2条第2款的规定；用证据11评价本专利权利要求1、3的新颖性，用证据11结合公知常识评价本专利权利要求1、3的创造性，用证据11结合证据8或者证据9评价本专利权利要求2的创造性；用证据3结合公知常识评价本专利权利要求1~3的创造性，用证据3结合证据1或者证据2或者证据4或者证据5或者证据6或者证据9评价本专利权利要求1和3的创造性，本专利权利要求2的附加技术特征是公知常识，并且也已经被证据8和证据9公开；用证据1结合证据2或者证据10评价本专利权利要求1和3的创造性，再结合公知常识评价本专利权利要求2的创造性。

请求人认为：本专利权利要求2、3中使用了“焊接”、“压装”等方法技术特征对其进行限定，因而不符合专利法实施细则第2条第2款的规定；用证据12~15作为一组证据证明与本专利相同的产品在申请日以前已经使用公开，并当庭演示了实物样品；证据11已经公开了本专利权利要求1和3技术方案的全部技术特征，其中“压装”的技术特征是可以从附图中毫无疑义的推导出来的，因此权利要求1和3相对于证据11不具备新颖性和创造性；从证据11的图5、6中可以看出本专利权利要求1的技术方案，证据11公开的连接套管也有连接作用；证据8和证据9的中文译文以及附图公开了本专利权利要求2的附加技术特征；焊接方式是惯用的连接手段，是本领域公知常识；证据3仅未公开手柄组件的技术特征，但该技术特征是惯用技术手段；证据5和6公开了拉索和连接套的连接关系；证据1结合证据2或10公开了本专利权利要求1的全部技术特征，证据1公开了权利要求3的附加技术特征，本专利权利要求1和3相对于证据1和证据2或10的结合不具备创造性。

专利权人认为：证据12~15中，发票没有原件，且作为域外证据没有进行公证认证，其他证据相互之间也存在对不上的地方，实物证据与本专利不同，很多技术特征没有反映出来；证据11未公开“连接钢丝的另一端……也固定在连接套管（14）的另一端中”和“连接套管（14）安装在……靠近钳头组件（1）的一端中”未被证据11公开，认可其他技术特征被证据11公开，而且本专利的套管还有连接作用；认可证据8和证据9公开了权利要求2和3的附加技术特征；证据3未公开拉索和“连接钢丝的另一端……也固定在连接套管（14）的另一端中”的技术特征；证据2中没有公开钳头，其发明目的和连接套的作用也与本专利不同；证据10中钢丝和拉索是直接连接的，与本专利不同。

至此，合议组认为事实已经清楚，在此基础上，合议组经合议依法作出审查决定。

**二、决定的理由**

1. 关于证据

请求人认为本专利权利要求 1、3 相对于证据 11 不具备创造性；本专利权利要求 2 的附加技术特征被证据 9 公开。

请求人提交的证据 9 和证据 11 是专利文献，专利权人对其真实性无异议，合议组经审查认为，证据 9 和证据 11 的真实性可以确认，可以作为本案证据使用，证据 9 和证据 11 的公开日期在本专利的申请日之前，其上记载的内容构成本专利的现有技术。

请求人提交了证据 9 和证据 11 的中文译文，专利权人对上述中文译文准确性无异议，因此证据 9 和证据 11 所公开的内容以请求人提交的中文译文的内容为准。

2. 关于本专利权利要求 1~3 的创造性

（1）关于本专利权利要求 1 的创造性。

请求人认为：本专利权利要求 1 相对于证据 11 和公知常识不具备创造性。

本专利权利要求 1 要求保护一种挂钩式胃组织取样钳，证据 11 公开了一种在外科和医疗手术中使用的夹钳等手术器械，更具体地说是一种远距操作手术器械的结构，其同样是一种取样器械，其中（证据 11 中文译文说明书第 2~3 页，说明书附图 4a、4b、5a、5b）包括：一对环状切割爪 7、8（相当于本专利的钳头组件），拉索 11，盘管 4（相当于本专利的弹性外管），操纵器 1（相当于本专利的手柄组件），拉索 11 套装在盘管 4 中，拉索 11 和盘管 4 的一端分别与操纵器 1 相连，图 4（a）中可以看出操纵器 1 具有手持部和杆部，拉索 11 和盘管 4 的另一端与环状切割爪相连，环状切割爪 7、8 由固定支架轴 9 采用旋转方式支托在壳板 5、6 上（相当于本专利的钳头座），切割爪由联动机构 10 张开和闭合以切除组织，联动机构 10 包括第一传动杆 12 以及第二传动杆 13，在第一传动杆 12 和第二传动杆 13 的自由端上形成有连接孔 14、15，连接钢丝 16、17 的末端焊接在拉索 11 上，连接钢丝 16、17 穿过盘管 4 远端形成的狭窄孔口 19 与传动杆 12、13 在位于壳板 5、6 之内的连接孔 14、15 处联接。

由此可见，本专利权利要求 1 相对于证据 11 的区别特征在于，其还包括：①“连接钢丝（13）的另一端穿过钳头座（10）固定在连接套管（14）的一端中，拉索（2）的一端也固定在连接套管（14）的另一端中”；②“连接套管（14）安装在弹性外管（13）靠近钳头组件（1）的一端中”。

对此，合议组认为：对于区别特征①，证据 11 中（说明书第 3 页第 9~10 行）公开了，连接钢丝 16、17 的端面与操作拉索 11 的端面相接触，连接钢丝 16、17 的末端 16a、17a 焊接在操作拉索 11 上，该焊接部分由一根连接套管 18 套住，证据 11 中的连接套管 18 同样是用于实现将连接钢丝的一端和拉索的一端套接固定功能的部件，其实现了与本专利权利要求 1 中的连接套管（14）相同的效果，至于连接钢丝与操作拉索焊接与否仅是本领域普通技术人员的常规选择；对于区别特征②，根据证据 11 中关于另一实施例的说明书附图 1a、2a、2b 来看，连接钢丝 16、17 相对于拉索 11、盘管 4 是相当短的一段钢丝，那么将连接钢丝 16、17 和拉索 11 连接起来的连接套管也应当处于盘管 4 中靠近切割爪 7、8 的一侧，而且从构成钢丝和拉索的材料的挠性考虑，由于这种取样钳在使用时经常需要弯曲，所以应将挠性较差的钢丝设置得较短，即将连接套管设置在靠近切割爪的一侧也是容易想到的。

换句话说，证据 11 中实现相同效果的结构已经针对上述区别特征给出了技术启示，本领域普通技术人员，根据上述技术启示得到本专利权利要求 1 的技术方案，无需付出任何创造性劳动。

针对专利权人认为本专利的套管还有连接作用的意见，合议组认为：证据 11 中公开的连接套管

18，从其名称来看必然也是用来起连接作用的，而且，从证据11的附图5a、5b和附图6来看，连接钢丝、拉索以及连接套管的结构均与本专利权利要求所限定的情况相同。换句话说，在结构和功能相同的情况下，证据11中的套管18必定能够取得与本专利权利要求1中套管相同的作用。

综上所述，本专利权利要求1相对于证据11和公知常识不具备实质性特点和进步，不具备创造性，不符合专利法第22条第3款的规定。

（2）关于本专利权利要求2、3的创造性。

权利要求2在独立权利要求1的基础上进一步限定："弹性外管（3）套装在钳头座（10）的一端上并与之焊接相连"，证据9公开了一种内窥活检钳，其同样用于人体内组织取样，与本专利属于相同技术领域，其中（证据9中文译文第9页倒数第11～13行）公开了：钳头座28的底座74与柔性套管22的另一端相连接，其连接方式可以是钎焊、粘接、压卷、螺纹、焊接或其他已知的连接方法。即，与证据11属于同一技术领域的证据9已经公开了钳头座和弹性外管焊接相连，本领域普通技术人员在证据11和公知常识的基础上结合证据9，无需付出任何创造性劳动，即可获得本专利权利要求2的技术方案，并且焊接的方式也是本领域的常用技术手段，将这种方式运用在本专利技术方案中也并未获得任何预料不到的技术效果，仅是本领域普通技术人员的常规选择而已。综上所述，在本专利权利要求1不具备创造性的基础上，从属于权利要求1的权利要求2也不具备创造性，不符合专利法第22条第3款的规定。

权利要求3在独立权利要求1的基础上进一步限定："弹性外管（3）压装固定在钳头座（10）一端的内孔中"。证据11说明书附图2a、2b公开了上述特征，在独立权利要求1相对于证据11和公知常识不具备创造性的情况下，引用权利要求1的权利要求3也不具备创造性，不符合专利法第22条第3款的规定。

鉴于本专利的全部权利要求1～3相对于证据11、证据9和公知常识的结合不具备创造性，不符合专利法第22条第3款的规定，应予无效，因此本决定中对于其他的证据以及本专利相对于其他证据是否符合专利法第22条第2款、第3款的规定以及请求人提出的其他无效宣告请求的理由是否成立，合议组不再一一评述。

**三、决定**

宣告200520070013.2号实用新型专利权全部无效。

当事人对本决定不服的，可以根据专利法第46条第2款的规定，自收到本决定之日起三个月内向北京市第一中级人民法院起诉。根据该款的规定，一方当事人起诉后，另一方当事人应当作为第三人参加诉讼。

# 北京市第一中级人民法院
# 行政判决书

（2007）一中行初字第1545号

原告南京迈创医疗器械有限公司，住所地江苏省南京市浦口区经济开发区天浦路1号3FA109座。

法定代表人潘雅娟，总经理。

委托代理人夏平，南京天华专利代理有限责任公司专利代理人。

委托代理人瞿网兰，南京天华专利代理有限责任公司专利代理人。

被告国家知识产权局专利复审委员会，住所地北京市海淀区北四环西路9号银谷大厦10~12层。

法定代表人廖涛，副主任。

委托代理人王琦琳，国家知识产权局专利复审委员会审查员。

委托代理人余心蕾，国家知识产权局专利复审委员会审查员。

第三人江苏康进医疗器材有限公司，住所地江苏省常州市武进区郑陆镇。

法定代表人叶晓程，董事长。

委托代理人殷建琴，女，1965年3月19日出生，江苏康进医疗器材有限公司办公室主任，住江苏省常州市武进区郑陆镇西街村委西闸头4号。

委托代理人张伟军，男，1982年10月3日出生，江苏康进医疗器材有限公司技术员，住江苏省常州市武进区郑陆镇三皇庙村委西寺湾15号。

原告南京迈创医疗器械有限公司（以下简称迈创公司）不服被告国家知识产权局专利复审委员会（以下简称专利复审委员会）于2007年7月23日作出的第10278号无效宣告请求审查决定（以下简称第10278号决定），于法定期限内向本院提起诉讼。本院于2007年11月12日受理本案后，依法组成合议庭，并按照法律有关规定通知江苏康进医疗器材有限公司（以下简称康进公司）作为第三人参加诉讼，于2007年12月18日公开开庭进行了审理。原告迈创公司的委托代理人夏平、瞿网兰，被告专利复审委员会的委托代理人余心蕾、王琦琳，第三人康进公司的委托代理人殷建琴、张伟军到庭参加了诉讼。本案现已审理终结。

2007年1月12日，第三人康进公司针对原告迈创公司拥有的名称为“挂钩式胃组织取样钳”的第200520070013.2号实用新型专利（以下简称本案专利）向被告专利复审委员会提出无效宣告请求。2007年7月23日，被告专利复审委员会作出第10278号决定，认为：

1. 关于证据

证据9和证据11的真实性可以确认，可以作为本案证据使用，其公开日期在本案专利申请日之前，其上记载的内容构成本案专利的现有技术。康进公司提交的证据9和证据11的中文译文，迈创公司对上述中文译文准确性无异议，因此证据9和证据11所公开的内容以康进公司提交的中文译文的内容为准。

2. 关于本案专利权利要求1~3的创造性

（1）关于本案专利权利要求1的创造性。

本案专利权利要求1相对于证据11的区别特征在于，其还包括：①“连接钢丝（13）的另一端穿过钳头座（10）固定在连接套管（14）的一端中，拉索（2）的一端也固定在连接套管（14）的另一端中”；②“连接套管（14）安装在弹性外管（13）靠近钳头组件（1）的一端中”。

对于区别特征①，证据 11 中公开了连接钢丝 16、17 的端面与操作拉索 11 的端面相接触，连接钢丝 16、17 的末端 16a、17a 焊接在操作拉索 11 上，该焊接部分由一根连接套管 18 套住，证据 11 中的连接套管 18 同样是用于实现将连接钢丝的一端和拉索的一端套接固定功能的部件，其实现了与本案专利权利要求 1 中的连接套管（14）相同的效果，至于连接钢丝与操作拉索焊接与否仅是本领域普通技术人员的常规选择；对于区别特征②，根据证据 11 中关于另一实施例的说明书附图 1a、2a、2b 来看，连接钢丝 16、17 相对于拉索 11、盘管 4 是相当短的一段钢丝，那么将连接钢丝 16、17 和拉索 11 连接起来的连接套管也应当处于盘管 4 中靠近切割爪 7、8 的一侧，而且从构成钢丝和拉索的材料的挠性考虑，由于这种取样钳在使用时经常需要弯曲，所以应将挠性较差的钢丝设置得较短，即将连接套管设置在靠近切割爪的一侧也是容易想到的。换句话说，证据 11 中实现相同效果的结构已经针对上述区别特征给出了技术启示，本领域普通技术人员，根据上述技术启示得到本案专利权利要求 1 的技术方案，无需付出创造性劳动。

针对迈创公司认为本案专利的套管还有连接作用的意见，专利复审委员会认为，证据 11 中公开的连接套管 18，从其名称来看也是用来起连接作用的，而且，从证据 11 的附图 5a、5b 和附图 6 来看，连接钢丝、拉索以及连接套管的结构均与本案专利权利要求所限定的情况相同。换句话说，在结构和功能相同的情况下，证据 11 中的套管 18 必定能够取得与本案专利权利要求 1 中套管相同的作用。

综上所述，本案专利权利要求 1 相对于证据 11 和公知常识不具备实质性特点和进步，不具备创造性。

（2）关于本案专利权利要求 2、3 的创造性。

证据 9 与本案专利属于相同技术领域，其已经公开了钳头座和弹性外管焊接相连，本领域普通技术人员在证据 11 和公知常识的基础上结合证据 9，无需付出任何创造性劳动，即可获得本案专利权利要求 2 的技术方案，并且焊接的方式也是本领域的常用技术手段，将这种方式运用在本案专利技术方案中也并未获得任何预料不到的技术效果，仅是本领域普通技术人员的常规选择而已。综上所述，在本案专利权利要求 1 不具备创造性的基础上，从属权利要求 2 也不具备创造性。

在本案专利权利要求 1 相对于证据 11 和公知常识不具备创造性的情况下，引用权利要求 1 的权利要求 3 所述技术特征已被证据 11 说明书附图 2a、2b 所公开，也不具备创造性。

鉴于本案专利的全部权利要求 1~3 相对于证据 11、证据 9 和公知常识的结合不具备创造性，应予无效，因此本决定中对于其他证据以及其他无效宣告请求的理由是否成立，不再一一评述。

基于上述理由，专利复审委员会作出第 10278 号决定，宣告本案专利权全部无效。

原告迈创公司不服该决定，在法定期限内向本院提起诉讼，称：（1）证据 11 的连接钢丝与拉索的连接方式与本案专利的连接方式完全不同，证据 11 明确说明是焊接相连，从其附图 2、3、5 中可看出，其连接钢丝共有四个头与拉索相连，因此，焊接点明显偏大，如果不采取相应的措施，则该焊点必然会对连接钢丝的正常移动造成影响，因此，证据儿采取了在焊接位置处加装连接套管 18 的方法来消除焊点的影响。连接套管 18 仅起到一个护套的作用，这点在其原文中有明确含义。因此，从事实出发，证据 11 中的连接套管 18 不起任何连接作用，与本案专利的连接套管 14 所起的作用和效果完全不同。（2）关于本案专利通过“连接套管 14”实现“连接钢丝”与“拉索”相连的创造性问题。连接钢丝与拉索的连接结构最常用的是焊接和二者合成一个整体，这在证据 11 和证据 1 中均有明确的表示，而在焊接点上加装护套是一种常识，在所有证据中均没有通过连接套实现二者相连的结构，而本案专利中所采用的通过连接套管 14 实现连接钢丝与拉索的连接正是对传统技术的突破，具有明显的创造性，而且通过连接套管实现二者相连接具有加工方便、工艺性好的优点。综上所述，本案专利权利要求 1 与证据 11 和公知技术相比具有实质性特点和进步，具备创造性。同理，在本案专利权利要求 1 具有创造性的前提下，从属权利要求 2、3 同样具有创造性。专利复审委员会作出的第 10278 号决定与事实有误，请求人民法院依法撤销，宣告本案专利权全部有效。

被告专利复审委员会辩称：第 10278 号决定认定事实清楚，适用法律正确、审查程序合法，请求人民法院予以维持。

第三人康进公司认为：第 10278 号决定认定事实清楚，适用法律正确，请求人民法院驳回原告迈创公司的诉讼请求，维持第 10278 号决定。

本院经审理查明：

本案专利系名称为“挂钩式胃组织取样钳”的第 200520070013.2 号实用新型专利（即本案专利），申请日为 2005 年 3 月 23 日，授权公告日为 2006 年 5 月 10 日，专利权人为迈创公司。本案专利授权公告时的权利要求书如下：

“1. 一种挂钩式胃组织取样钳，包括钳头组件（1）、拉索（2）、弹性外管（3）、手柄组件（4），拉索（2）套装在弹性外管（3）中，拉索（2）和弹性外管（3）的一端分别与手柄组件（4）中的活动手柄（5）和芯杆（6）相连，另一端与钳头组件（1）相连，其特征是钳头组件（1）中的左钳头（7）、右钳头（8）通过固定铆钉（9）安装在钳头座（10）上，并能绕固定铆钉（9）转动，左钳头（7）、右钳头（8）的一端作为钳口伸出钳头座（10）外，它们的另一端作为动作端位于钳头座（10）上的导向槽口（11）中，该动作端均设有穿接连接钢丝（13）一端的连接孔（12），连接钢丝（13）的另一端穿过钳头座（10）固定在连接套管（14）的一端中，拉索（2）的一端也固定在连接套管（14）的另一端中，连接套管（14）安装在弹性外管（13）靠近钳头组件（1）的一端中。

2. 根据权利要求 1 所述的挂钩式胃组织取样钳，其特征是弹性外管（3）套装在钳头座（10）的一端上并与之焊接相连。

3. 根据权利要求 1 所述的挂钩式胃组织取样钳，其特征是弹性外管（3）压装固定在钳头座（10）一端的内孔中。”

2007 年 1 月 12 日，康进公司针对本案专利向专利复审委员会提出无效宣告请求，认为本案专利权利要求 1~3 不符合《中华人民共和国专利法》（以下简称《专利法》）第二十二条第三款的规定，权利要求 2、3 中的焊接方法和压装方法均不属于《中华人民共和国专利法实施细则》（以下简称《专利法实施细则》）第二条第二款规定的保护内容。同年 2 月 12 日，康进公司向专利复审委员会提交了意见陈述书，增加了无效宣告请求的理由，认为本案专利权利要求 1、3 不具备新颖性，不符合专利法第二十二条第二款的规定。康进公司向专利复审委员会提交了 17 份证据，其中：

证据 9 系 US6273860B1 号美国专利文献，其公开日为 2001 年 8 月 14 日；该证据公开了一种内窥活检钳，其中文译文第 9 页倒数第 11~13 行公开了：钳头座 28 的底座 74 与柔性套管 22 的另一端相连接，其连接方式可以是钎焊、粘接、压卷、螺纹、焊接或其他已知的连接方法。

证据 11 系 US59084 37 号美国专利文献，其公开日为 1999 年 6 月 1 日；该证据公开了一种在外科和医疗手术中使用的远距操作的夹钳等手术器械，其中文译文说明书第 2、3 页及附图 4a、4b、5a、5b 包括：一种环状切割爪 7、8，拉索 11、盘管 4、操纵器 1、拉索 11 套装在盘管 4 中，拉索 11 和盘管 4 的一端分别与操纵器 1 相连，图 4（a）中可以看出操纵器 1 具有手持部和杆部，拉索 11 和盘管 4 的另一端与环状切割爪相连，环状切割爪 7、8 由固定支架轴 9 采用旋转方式托在壳板 5、6 上（相当于本专利的钳头座），切割爪由联动机构 10 张开和闭合以切除组织，联动机构 10 包括第一传动杆

12 以及第二传动杆 13，在第一传动杆 12 和第二传动杆 13 的自由端上形成有连接孔 14、15，连接钢丝 16、17 的末端 16a、17b 焊接在拉索 11 上，该焊接部分由一根连接套管 18 套住，连接钢丝 16、17 穿过盘管 4 远端形成的狭窄孔口 19 与传动杆 12、13 在位于壳板 5、6 之内的连接孔 14、15 处连接。对应中文译文“该焊接部分由一根连接套管 18 套住”的英文为“The welded part is covered by a tube18”。

2007 年 5 月 16 日，专利复审委员会进行了口头审理。

在口头审理中，康进公司当庭提交了证据 4、7 的原件以及证据 12～15 公证书的原件，表示证据 7 仅用于参考；迈创公司对证据 1～11 的真实性无异议，对证据的中文译文准确性无异议，对证据 12、14、15 形式上的真实性无异议，对证据 13 的真实性有异议。康进公司明确其无效宣告的理由、范围以及证据为：本案专利权利要求 2 和 3 不符合《专利法实施细则》第二条第二款的规定；用证据 11 评价本案专利权利要求 1、3 的新颖性，用证据 11 结合公知常识评价本案专利权利要求 1、3 的创造性，用证据 11 结合证据 8 或证据 9 评价本案专利权利要求 2 的创造性；用证据 3 结合公知常识评价本案专利权利要求 1～3 的创造性，用证据 3 结合证据 1 或证据 2 或证据 4 或证据 5 或证据 6 或证据 9 评价本案专利权利要求 1、3 的创造性，本案专利权利要求 2 的附加技术特征是公知常识，并且已经被证据 8 和证据 9 公开；用证据 1 结合证据 2 或证据 10 评价本案专利权利要求 1、3 的创造性，再结合公知常识评价本案专利权利要求 2 的创造性。

在口头审理中，迈创公司认为，证据 12～15 中，发票没有原件，且作为域外证据没有进行公证认证，其他证据相互之间也存在对不上的地方，实物证据与本案专利不同，很多技术特征没有反映出来；证据 11 未公开“连接钢丝的另一端……也固定在连接套管（14）的另一端中”和“连接套管（14）安装在……靠近钳头组件（1）的一端中”，认可其他技术特征被证据 11 公开，而且本案专利的套管还有连接作用；认可证据 8 和证据 9 公开了本案专利权利要求 2 和 3 的附加技术特征；证据 3 未公开拉索和“连接钢丝的另一端……也固定在连接套管（14）的另一端中”的技术特征；证据 2 中没有公开钳头，其发明目的和连接套的作用也与本案专利不同；证据 10 中钢丝和拉索是直接连接的，与本案专利不同。

2007 年 7 月 23 日，专利复审委员会作出第 10278 号决定。

上述事实，有第 10278 号决定、口头审理记录表、证据 9、证据 11、当事人的陈述等证据在案佐证。

本院认为：

首先，在口头审理过程中，虽然迈创公司明确表示对证据 11 的中文译文没有异议，且证据 11 的中文译文将部件 18 翻译为“连接套管”，但是，由于迈创公司始终强调该套管 18 没有连接作用，因此，本院认为，迈创公司对证据 11 中文译文无异议，并不能表明迈创公司认可证据 11 所公开的套管 18 与钢丝、拉索之间存在连接关系。其次，针对证据 11 的部件 18，证据 11 的相关原文表述为“The welded partis covered by a tube 18”，该原文应直译为“该焊接部分由一根套管 18 套住”。再次，综观证据 11 的全文内容（中文译文），本院无法认定套管 18 与钢丝 16、17 存在固定连接，亦无法认定套管 18 与拉索 11 存在固定连接。综上，专利复审委员会认定证据 11 中公开的套管 18 是用于实现将连接钢丝的一端和拉索的一端套接固定功能的部件，起连接作用，缺乏事实和法律依据，属于认定事实错误，本院予以纠正。

鉴于专利复审委员会对证据 11 所公开的套管 18 结构及功能的认定错误，故其据此得出证据 11 的“连接钢丝、拉索以及连接套管的结构均与本案专利权利要求所限定的情况相同”，从而认定本案专利权利要求 1 相对于证据 11 和公知常识不具备创造性的结论，显属错误，本院予以纠正。专利复审委员会应当在进一步认定事实的基础上重新予以判定。

因专利复审委员会针对本案专利权利要求2、3不具备创造性的前提条件，是本案专利权利要求1不具备创造性，现本案专利权利要求1是否具备创造性需重新判定，故本院对此不再予以评述。

综上所述，被告专利复审委员会的第10278号决定认定事实不清，适用法律法规错误，应予撤销。依照《中华人民共和国行政诉讼法》第五十四条第（二）项之规定，判决如下：

1. 撤销被告中华人民共和国国家知识产权局专利复审委员会作出的第10278号无效宣告请求审查决定。

2. 被告国家知识产权局专利复审委员会针对第三人江苏康进医疗器材有限公司就第200520070013.2号实用新型专利提出的无效宣告请求重新作出决定。

案件受理费100元，由国家知识产权局专利复审委员会负担（于本判决生效之日起7日内交纳）。

如不服本判决，各方当事人可于本判决送达之日起15日内，向本院提交上诉状及其副本，并交纳上诉案件受理费100元，上诉于北京市高级人民法院。

审　判　长　彭文毅
代理审判员　江建中
人民陪审员　高　伟
二〇〇八年三月四日
书　记　员　瞿文伟

# 北京市高级人民法院
# 行政判决书

（2008）高行终字第455号

上诉人（原审被告）国家知识产权局专利复审委员会，住所地北京市海淀区北四环西路9号银谷大厦10~12层。

法定代表人廖涛，副主任。

委托代理人王琦琳，该委员会审查员。

委托代理人余心蕾，该委员会审查员。

上诉人（原审第三人）江苏康进医疗器材有限公司，住所地江苏省常州市武进区郑陆镇董墅村常郑路56号。

法定代表人叶晓程，董事长。

委托代理人李兴华，江苏高枫律师事务所律师。

委托代理人何朝旭，男，汉族，1957年6月30日出生，南京苏科专利代理有限责任公司专利代理人，住江苏省南京市秦淮区双桥新村18幢205室。

被上诉人（原审原告）南京迈创医疗器械有限公司，住所地江苏省南京高新区高科三路10号。

法定代表人潘雅娟，总经理。

委托代理人夏平，男，汉族，1956年1月13日出生，南京天华专利代理有限责任公司专利代理人，住江苏省南京市中山东路305号57幢303室。

委托代理人瞿网兰，男，汉族，1962年10月4日出生，南京天华专利代理有限责任公司专利代理人，住江苏省南京市秦淮区龙苑新寓二村28号9幢302室。

上诉人国家知识产权局专利复审委员会（以下简称专利复审委员会）、江苏康进医疗器材有限公司（以下简称康进公司）因实用新型专利权无效行政纠纷一案，不服北京市第一中级人民法院（2007）一中行初字第1545号行政判决，向本院提起上诉。

本院2008年7月7日受理本案后，依法组成合议庭，于2008年8月6日公开开庭进行了审理。上诉人专利复审委员会的委托代理人余心蕾、王琦琳，上诉人康进公司的委托代理人李兴华、何朝旭，被上诉人南京迈创医疗器械有限公司（简称迈创公司）的委托代理人夏平、瞿网兰到庭参加了诉讼。本案现已审理终结。

北京市第一中级人民法院认定，本案涉及名称为“挂钩式胃组织取样钳”的第200520070013.2号实用新型专利（以下简称本专利），专利权人为迈创公司。针对本专利权，康进公司于2007年1月12日向专利复审委员会提出无效宣告请求。2007年7月23日，专利复审委员会作出第10278号无效宣告请求审查决定（以下简称第10278号决定），宣告本专利权无效。

北京市第一中级人民法院认为，迈创公司对证据11中文译文无异议，并不能表明迈创公司认可证据11所公开的套管18与钢丝、拉索之间存在连接关系。针对证据11的部件18，证据11的相关原文应直译为“该焊接部分由一根套管18套住”。综观证据11的全文内容，无法认定套管18与钢丝16、17存在固定连接，亦无法认定套管18与拉索11存在固定连接。综上，专利复审委员会认定证据11中公开的套管18是用于实现将连接钢丝的一端和拉索的一端套接固定功能的部件，起连接作用，缺乏事实和法律依据，属于认定事实错误。

北京市第一中级人民法院依照《中华人民共和国行政诉讼法》第五十四条第（二）项之规定，判决：（1）撤销专利复审委员会第10278号决定；（2）专利复审委员会针对本专利提出的无效宣告请求重新作出决定。

专利复审委员会、康进公司均不服原审判决，向本院提起上诉，请求撤销原审判决，维持专利复审委员会第10278号决定。专利复审委员会的主要理由为：（1）根据证据11中文译文及其附图可以推知，连接套管11与连接钢丝16、17以及操作拉索11存在固定连接关系；（2）迈创公司对中文译文无异议，也未提出反证，原审法院认定证据11所公开的内容无法认定连接套管18与钢丝、拉索之间存在连接关系的结论不当。康进公司的主要理由为：（1）原审认定“迈创公司对证据11中文译文无异议，并不能表明迈创公司认可证据11所公开的套管18与钢丝、拉索之间存在连接关系”与事实不符，是缺少证据和不科学的；（2）原审法院绕过正规翻译公司的翻译文本直接对英文进行翻译违背证据认定的相关法规。迈创公司服从原审判决。

本院经审理查明：本专利系名称为“挂钩式胃组织取样钳”的第200520070013.2号实用新型专利，申请日为2005年3月23日，授权公告日为2006年5月10日，专利权人为迈创公司。本专利授权公告时的权利要求如下：

“1. 一种挂钩式胃组织取样钳，包括钳头组件（1）、拉索（2）、弹性外管（3）、手柄组件（4），拉索（2）套装在弹性外管（3）中，拉索（2）和弹性外管（3）的一端分别与手柄组件（4）中的活动手柄（5）和芯杆（6）相连，另一端与钳头组件（1）相连，其特征是钳头组件（1）中的左钳头（7）、右钳头（8）通过固定铆钉（9）安装在钳头座（10）上，并能绕固定铆钉（9）转动，左钳头（7）、右钳头（8）的一端作为钳口伸出钳头座（10）外，它们的另一端作为动作端位于钳头座（10）上的导向槽口（11）中，该动作端均设有穿接连接钢丝（13）一端的连接孔（12），连接钢丝（13）的另一端穿过钳头座（10）固定在连接套管（14）的一端中，拉索（2）的一端也固定在连接套管（14）的另一端中，连接套管（14）安装在弹性外管（13）靠近钳头组件（1）的一端中。

2. 根据权利要求1所述的挂钩式胃组织取样钳，其特征是弹性外管（3）套装在钳头座（10）的一端上并与之焊接相连。

3. 根据权利要求1所述的挂钩式胃组织取样钳，其特征是弹性外管（3）压装固定在钳头座（10）一端的内孔中。”

2007年1月12日，康进公司针对本专利权向专利复审委员会提出无效宣告请求，认为本专利权利要求1~3不符合《专利法》第二十二条第三款的规定，权利要求2、3中的焊接方法和压装方法均不属于《专利法实施细则》第二条第二款规定的保护内容。同年2月12日，康进公司向专利复审委员会提交了意见陈述书，增加了无效宣告请求的理由，认为本专利权利要求1、3不具备新颖性，不符合《专利法》第二十二条第二款的规定。康进公司向专利复审委员会提交了17份证据，其中：

证据9系US6273860B1号美国专利文献，其公开日为2001年8月14日；该证据公开了一种内窥活检钳，其中文译文第9页倒数第11~13行公开了：钳头座28的底座74与柔性套管22的另一端相连接，其连接方式可以是钎焊、粘接、压卷、螺纹、焊接或其他已知的连接方法。

证据11系US5908437号美国专利文献，其公开日为1999年6月1日。该证据公开了一种在外科和医疗手术中使用的远距操作的夹钳等手术器械。该专利说明书披露两个实施例，其中第一个实施例包括：一种杯状切割爪7、8，拉索11、盘管4、操纵器1、拉索11套装在盘管4中，拉索11和盘管4的一端分别与操纵器1相连，操纵器1具有手持部和杆部，拉索11和盘管4的另一端与环状切割爪相连，环状切割爪7、8由固定支架轴9采用旋转方式托在壳板5、6上（相当于本专利的钳头座），切割爪由联动机构10张开和闭合以切除组织，联动机构10包括第一传动杆12以及第二传动杆13。连接钢丝16、17穿过并钩挂在连接孔14、15内。连接钢丝16、17的近端可采用点焊等方式固定在操作拉索11的圆周上。该专利另一实施例披露以下内容“连接钢丝16、17的末端16a、17b焊接在拉索11上……该焊接部分由一根连接套管18套住，这样就同第一实施例一样，实现了连接钢丝16、17与操作拉索11的连接。”对应中文译文“该焊接部分由一根连接套管18套住”的英文为“The welded part is covered by a tube18”。

2007年5月16日，专利复审委员会进行了口头审理。在口头审理中，康进公司当庭提交了证据4、7的原件以及证据12~15公证书的原件，表示证据7仅用于参考；迈创公司对证据1~11的真实性无异议，对证据的中文译文准确性无异议，对证据12、14、15形式上的真实性无异议，对证据13的真实性有异议。康进公司明确其无效宣告的理由、范围以及证据为：本专利权利要求2和3不符合《专利法实施细则》第二条第二款的规定；用证据11评价本专利权利要求1、3的新颖性，用证据11结合公知常识评价本专利权利要求1、3的创造性，用证据11结合证据8或证据9评价本专利权利要求2的创造性；用证据3结合公知常识评价本专利权利要求1~3的创造性，用证据3结合证据1或证据2或证据4或证据5或证据6或证据9评价本专利权利要求1、3的创造性，本专利权利要求2的附加技术特征是公知常识，并且已经被证据8和证据9公开；用证据1结合证据2或证据10评价本专利权利要求1、3的创造性，再结合公知常识评价本专利权利要求2的创造性。

在口头审理中，迈创公司认为，证据12~15中，发票没有原件，且作为域外证据没有进行公证认证，其他证据相互之间也存在对不上的地方，实物证据与本专利不同，很多技术特征没有反映出来；证据11未公开“连接钢丝的另一端……也固定在连接套管（14）的另一端中”和“连接套管（14）安装在……靠近钳头组件（1）的一端中”，认可其他技术特征被证据11公开，而且本专利的套管还有连接作用；认可证据8和证据9公开了本专利权利要求2和3的附加技术特征；证据3未公开拉索和“连接钢丝的另一端……也固定在连接套管（14）的另一端中”的技术特征；证据2中没有公开钳头，其发明目的和连接套的作用也与本专利不同；证据10中钢丝和拉索是直接连接的，与本专利不同。

2007年7月23日，专利复审委员会作出第10278号决定，认为：

1. 关于证据

证据9和证据11的真实性可以确认，可以作为本案证据使用，其公开日期在本专利申请日之前，其上记载的内容构成本专利的现有技术。康进公司提交的证据9和证据11的中文译文，迈创公司对上述中文译文准确性无异议，因此证据9和证据11所公开的内容以康进公司提交的中文译文的内容为准。

2. 关于本专利权利要求1~3的创造性

（1）关于本专利权利要求1的创造性。

本专利权利要求1相对于证据11的区别特征在于，其还包括：①"连接钢丝（13）的另一端穿过钳头座（10）固定在连接套管（14）的一端中，拉索（2）的一端也固定在连接套管（14）的另一端中"；②"连接套管（14）安装在弹性外管（13）靠近钳头组件（1）的一端中"。

对于区别特征①，证据11中公开了连接钢丝16、17的端面与操作拉索11的端面相接触，连接钢丝16、17的末端16a、17a焊接在操作拉索11上，该焊接部分由一根连接套管18套住，证据11中的连接套管18同样是用于实现将连接钢丝的一端和拉索的一端套接固定功能的部件，其实现了与本专利权利要求1中的连接套管（14）相同的效果，至于连接钢丝与操作拉索焊接与否仅是本领域普通技术人员的常规选择；对于区别特征②，根据证据11中关于另一实施例的说明书附图1a、2a、2b来看，连接钢丝16、17相对于拉索11、盘管4是相当短的一段钢丝，那么将连接钢丝16、17和拉索11连接起来的连接套管也应当处于盘管4中靠近切割爪7、8的一侧，而且从构成钢丝和拉索的材料的挠性考虑，由于这种取样钳在使用时经常需要弯曲，所以应将挠性较差的钢丝设置得较短，即将连接套管设置在靠近切割爪的一侧也是容易想到的。换句话说，证据11中实现相同效果的结构已经针对上述区别特征给出了技术启示，本领域普通技术人员，根据上述技术启示得到本专利权利要求1的技术方案，无需付出创造性劳动。

针对迈创公司认为本专利的套管还有连接作用的意见，专利复审委员会认为，证据11中公开的连接套管18，从其名称来看也是用来起连接作用的，而且，从证据11的附图5a、5b和附图6来看，连接钢丝、拉索以及连接套管的结构均与本专利权利要求所限定的情况相同。换句话说，在结构和功能相同的情况下，证据11中的套管18必定能够取得与本专利权利要求1中套管相同的作用。

综上所述，本专利权利要求1相对于证据11和公知常识不具备实质性特点和进步，不具备创造性。

（2）关于本专利权利要求2、3的创造性。

证据9与本专利属于相同技术领域，其已经公开了钳头座和弹性外管焊接相连，本领域普通技术人员在证据11和公知常识的基础上结合证据9，无需付出任何创造性劳动，即可获得本专利权利要求2的技术方案，并且焊接的方式也是本领域的常用技术手段，将这种方式运用在本专利技术方案中也并未获得任何预料不到的技术效果，仅是本领域普通技术人员的常规选择而已。综上所述，在本专利权利要求1不具备创造性的基础上，从属权利要求2也不具备创造性。

在本专利权利要求1相对于证据11和公知常识不具备创造性的情况下，引用权利要求1的权利要求3所述技术特征已被证据11说明书附图2a、2b所公开，也不具备创造性。

鉴于本专利的全部权利要求1~3相对于证据11、证据9和公知常识的结合不具备创造性，应予无效，因此对于其他证据以及其他无效宣告请求的理由是否成立，不再一一评述。

基于上述理由，专利复审委员会作出第10278号决定，宣告本专利权全部无效。

上述事实，有本专利文件、第10278号决定、口头审理记录表、证据9、证据11以及当事人陈述等证据在案佐证。

本院认为，本案的核心问题在于如何理解证据11中部件18在该对比文件中的作用。证据11为一份专利文献，对其中某个技术特征的功能、作用的理解应当从本领域技术人员的角度，在现有技术的基础上，根据该技术特征在技术方案中的实际作用或者可以明确推知的效果判断。

本案中，首先，在无效程序及诉讼程序中，各方当事人均对证据11的中文译文没有异议，对此本院予以确认。其次，尽管证据11的中文译文将部件18翻译为“连接套管”，但是本领域技术人员并不是当然地、毫无疑义地得出该“连接套管”是起连接作用的。再次，证据11第二个实施例披露以下内容“连接钢丝16、17的末端16a、17a焊接在操作拉索11上……该焊接部分由一根连接套管18套住，这样就同第一实施例一样，实现了连接钢丝16、17与操作拉索11的连接”，而证据11中第一个实施例中并没有连接套管18，该实施例中实现连接钢丝的一端和拉索的一端的方法依然是点焊。综观证据11的全文内容，对连接套管18的作用并没有明确，本领域技术人员不能毫无疑义地认定连接套管18是与钢丝、拉索之间存在连接关系。最后，作为无效请求人的康进公司对此事实承担举证责任，在其未举证证明连接套管18与钢丝、拉索之间存在连接关系是公知常识或该证据11所明确披露的内容的情况下，本院仅从证据11的中文译文中不能唯一地得出套管18与钢丝、拉索之间存在连接关系。专利复审委员会及康进公司关于原审判决认定证据11所公开的内容无法认定连接套管18与钢丝、拉索之间存在连接关系的结论不当的上诉主张不能成立，本院不予支持。

综上所述，原审判决认定事实清楚，适用法律正确。专利复审委员会、康进公司的上诉主张没有事实和法律依据，本院不予支持。依照《中华人民共和国行政诉讼法》第六十一条第一款第（一）项之规定，判决如下：

驳回上诉，维持原判。

一审案件受理费100元，由国家知识产权局专利复审委员会负担（于本判决生效之日起7日内交纳）；二审案件受理费100元，由国家知识产权局专利复审委员会负担50元（已交纳），由江苏康进医疗器材有限公司负担50元（已交纳）。

本判决为终审判决。

审 判 长 刘 辉
代理审判员 岑宏宇
代理审判员 焦 彦
二〇〇八年十一月十二日
书 记 员 陈 明

# 自排液输液瓶

## 无效宣告请求审查决定（第 10281 号）

**决　　定　　号**　第 10281 号
**决　　定　　日**　2007 年 7 月 23 日
**发明创造名称**　自排液输液瓶
**国 际 分 类 号**　A61J 1/05，A61M 5/14
**无效宣告请求人**　李仙玉
**专　利　权　人**　叶祥林
**专　　利　　号**　200420031825.1
**申　　请　　日**　2004 年 6 月 1 日
**授 权 公 告 日**　2005 年 5 月 18 日
**合 议 组 组 长**　张美菊
**主　　审　　员**　穆丽娟
**参　　审　　员**　李韵美

**法　律　依　据**　专利法第 22 条第 2 款、第 3 款
**决　定　要　点**

一项权利要求所限定的技术方案与现有技术相比具有区别技术特征，并且现有技术中没有给出采用这一区别技术特征的技术启示，同时该区别技术特征能带来有益的技术效果，则该权利要求具备新颖性和创造性。

### 一、案由

本无效宣告请求案涉及国家知识产权局于 2005 年 5 月 18 日授权公告、名称为“自排液输液瓶”的 200420031825.1 号实用新型专利（以下简称本专利），其申请日为 2004 年 6 月 1 日，专利权人为叶祥林。

本专利授权公告的权利要求书如下：

“1. 一种自排液输液瓶，包括塑料瓶体，其特征在于瓶体横剖面为椭圆形，瓶体沿长径方向的纵剖面近似于纺锤形，瓶体各部位的壁厚不相同。

2. 根据权利要求 1 所述的自排液输液瓶，其特征在于瓶体各部位的横截面积不相等，从瓶体中间向上、下两端递减。

3. 根据权利要求 1 所述的自排液输液瓶，其特征在于瓶体中段壁厚小于上段和下段壁厚，从中段向上、下段递增，中段部位的短径壁厚度小于长径壁厚度。

4. 根据权利要求 3 所述的自排液输液瓶，其特征在于瓶体中段短径壁厚度为 0.1~0.2 毫米，长径壁厚度为 0.2~0.3 毫米，其他部位的壁厚为 0.2~0.5 毫米。”

针对上述专利权，李仙玉（以下简称请求人）于 2006 年 6 月 28 日向国家知识产权局专利复审委员会提出无效宣告请求，其理由是本专利不符合专利法第 22 条的规定，请求宣告专利权权利要求 1 无效。具体理由为：本专利的权利要求 1 “一种自排液输液瓶，包括塑料瓶体，其特征在于瓶体横剖面为椭圆形，瓶体沿长径方向的纵剖面近似于纺锤形，瓶体各部位的壁厚不相同” 中的技术特征均已被证据 1 公开和覆盖，任何人均可不经过创造性劳动而得出本专利的技术方案，因此权利要求 1 不符合专利法第 22 条的规定，请求宣告本专利权利要求 1 无效。

请求人提交了下述证据：

证据 1：中国专利 02266022.4 号实用新型专利公告文本，授权公告日为 2003 年 6 月 18 日。

经形式审查合格后，专利复审委员会依法受理了上述无效宣告请求，于 2006 年 9 月 29 日向请求人和专利权人发出无效宣告请求受理通知书，并将请求人提交的无效宣告请求书及其附件清单中所列附件的副本转送给专利权人，要求其在指定的期限内答复，同时成立合议组对本无效宣告请求案进行审理。

针对上述无效宣告请求，专利权人于 2006 年 11 月 3 日提交了意见陈述书，专利权人认为，与证据 1 相比较：本专利独立权利要求 1 具备新颖性和创造性。证据 1 只公开了本专利独立权利要求 1 的四个技术特征中的一个特征——塑料瓶体，其余三个技术特征均未公开。故权利要求 1 具备新颖性。权利要求 1 所记载的输液瓶的技术方案与证据 1 公开的输液瓶相比较，除了都是由塑料制成这一特征相同以外，其余技术特征均不相同，这些不同特征涉及的是瓶体的形状和瓶体各部位的壁厚的不同，正是这些不同的特征使得权利要求 1 记载的输液瓶，随着瓶中药液的流出而更易吸瘪、吸瘪容积更大、药液排出得更净，在十分简单的输液瓶上想出如此巧妙的办法实现了更利于吸瘪和排净药液的效果，对于本领域的技术人员是需要创造性劳动才能实现的，具有实质性的特点和进步，因此具有创造性。同时专利权人还对请求书中的论述进行了一一反驳。

2007 年 5 月 11 日，合议组向双方当事人发出无效宣告请求口头审理通知书，并将专利权人于 2006 年 11 月 3 日提交的意见陈述书转寄给请求人。

口头审理于 2007 年 6 月 18 日如期举行，双方当事人均参加了口头审理，本案合议组对请求人提出的无效理由和事实进行了调查，并充分听取了双方当事人的陈述。合议组在此情况下就本无效宣告请求案进行了庭审调查，确认了如下事实：

（1）双方当事人对对方出庭人员的身份没有异议。

（2）双方当事人对合议组成员没有回避请求。

（3）请求人当庭欲使用证据 1 评述本专利权利要求 1~4 的新颖性和创造性，合议组当庭告知请求人用证据 1 评述权利要求 2~4 不具有新颖性和创造性的无效理由超过了补充新理由的时间期限，合议组不予接受。

（4）请求人当庭明确其无效理由为：本专利权利要求 1 相对于证据 1 不符合专利法第 22 条关于新颖性和创造性的规定，请求人认为权利要求 1 的 “瓶体沿长径方向的纵剖面近似于纺锤形，瓶体各部位的壁厚不相同” 与对比文件 1 公开的内容有差异，但技术效果是相同的，因而不具有新颖性和创造性。

（5）专利权人当庭表示对证据 1 的真实性没有异议，其答辩理由与书面意见陈述一致。

（6）双方当事人当庭已经充分陈述各自的意见，口审之后，合议组不再接受双方当事人的任何意见和证据。

经过上述审理程序，合议组认为本案事实已经清楚，可以作出审查决定。

## 二、决定的理由

1. 关于现有技术

证据1的公开日期2003年6月18日早于本专利的申请日2004年6月1日，专利权人对证据1真实性无异议，因此证据1记载的内容构成本专利的现有技术。

2. 关于新颖性

专利法第22条第2款规定：新颖性，是指在申请日以前没有同样的发明或者实用新型在国内外出版物上公开发表过、在国内公开使用过或者以其他方式为公众所知，也没有同样的发明或者实用新型由他人向国务院专利行政部门提出过申请并且记载在申请日以后公布的专利申请文件中。

审查指南第二部分第三章第3.1节规定：被审查的发明或者实用新型专利申请与现有技术或者申请日前由他人向专利局提出申请并在申请日后（含申请日）公布的（以下简称申请在先公布在后的）发明或者实用新型的相关内容相比，如果其技术领域、所解决的技术问题、技术方案和预期效果实质上相同，则认为两者为同样的发明或者实用新型。

请求人主张证据1影响本专利权利要求1的新颖性。

权利要求1请求保护一种自排液输液瓶，包括塑料瓶体，其特征在于瓶体横剖面为椭圆形，瓶体沿长径方向的纵剖面近似于纺锤形，瓶体各部位的壁厚不相同。

证据1（参见说明书第2页以及附图1-5）中公开了一种自吸塑料输液瓶，由瓶体、瓶底、瓶肩和瓶口所组成，在瓶底制有吊环连接凸嘴，其瓶体是椭圆柱形瓶体，瓶肩是椭圆锥形瓶肩。

合议组认为，证据1也公开了一种自排液输液瓶，并公开了权利要求1方案中的塑料瓶体和瓶体横截面为椭圆形。证据1中瓶体为柱形，瓶肩为椭圆锥形，而权利要求1中瓶体沿长径方向的纵剖面近似于纺锤形，二者所表示的瓶体形状并不相同，证据1公开的内容也不涵盖权利要求1的瓶体形状，并且从证据1中更不能推导得出权利要求1中的“瓶体各部分的壁厚不相同”的特征，因此证据1所公开的技术方案与本专利权利要求1的技术方案相比较，没有揭露本专利权利要求1中“瓶体沿长径方向的纵剖面近似于纺锤形，瓶体各部位的壁厚不相同”这两个技术特征，证据1和权利要求1的技术方案不相同；另外，包含上述两个特征的权利要求1的技术方案所解决的技术问题和预期效果为：克服现有输液瓶自吸效果不好，排液不彻底的缺陷，本专利权利要求1的瓶体能更好地产生吸瘪，从而自吸效果较好，排液比较彻底；证据1的技术方案所解决的技术问题和预期效果为：已有输液瓶需要在瓶口塞中插入气针，空气进入瓶体容易带入病菌和污染物，证据1的瓶体可以下瘪从而实现自吸，不再需要插入气针，并且操作简单；由此可见，证据1的技术方案和权利要求1的技术方案所解决的技术问题和预期效果实质上也均不相同，根据证据1的方案及其效果也不能得到权利要求1的方案及其效果。因此，根据审查指南和专利法的相关规定，本专利权利要求1与证据1不属于同样的实用新型，权利要求1相对于证据1是具备新颖性的。

3. 关于创造性

专利法第22条第3款规定：创造性，是指同申请日以前已有的技术相比，该发明有突出的实质性特点和显著的进步，该实用新型有实质性特点和进步。

由前述关于第2点新颖性的评述可知，本专利的权利要求1的技术方案与证据1公开内容的区别技术特征为：（1）瓶体沿长径方向的纵剖面近似于纺锤形；（2）瓶体各部位的壁厚不相同。对此，请求人认为权利要求1的“瓶体沿长径方向的纵剖面近似于纺锤形，瓶体各部位的壁厚不相同”与证据1公开的内容有差异，但技术效果是相同的，因而权利要求1相对于证据1不具有创造性。合议组认为，上述区别技术特征使得本专利权利要求1的输液瓶的底面积比柱形瓶体的输液瓶的底面积更小，从而在使用过程中，即倒挂时，瓶体靠近底部的部分由于所述“纺锤形”而具有相比证据1的瓶体更小的容积，当瓶内空气体积相等时，本专利权利要求1的输液瓶的液面相比证据1要低一些，即输液瓶内剩余存液更少，因而达到相对较好的排液效果；此外，瓶体各部位的壁厚不相同，而各部分承受造成承担大气压的程度不同，可以使瓶体壁厚较薄的部分更容易内瘪，达到相对较好的自吸和排液效果。综上可以得到，本专利权利要求1与证据1相比，技术方案存在区别技术特征，并且该区别技术特征使权利要求1的技术方案相对于证据1有实质性特点和进步，因此，权利要求1相对于证据1具备专利法第22条第3款规定的创造性。

**三、决定**

维持200420031825.1号实用新型专利全部有效。

当事人对本决定不服的，可以根据专利法第46条第2款的规定，自收到本决定之日起三个月内向北京市第一中级人民法院起诉。根据该款的规定，一方当事人起诉后，另一方当事人应当作为第三人参加诉讼。

149

# 鞋类光源驱动装置

## 无效宣告请求审查决定（第10288号）

**决　　定　　号**　第10288号
**决　　定　　日**　2007年7月3日
**发明创造名称**　鞋类光源驱动装置
**国 际 分 类 号**　A43B 3/00，A43B 23/24
**无效宣告请求人**　曾丽涉
**专　利　权　人**　魏梦笔
**专　　利　　号**　01229432.2
**申　　请　　日**　2001年7月6日
**授 权 公 告 日**　2002年8月7日
**合 议 组 组 长**　张　度
**主　　审　　员**　李　熙
**参　　审　　员**　傅　玉

**法　律　依　据**　专利法第22条第2款、第3款，专利法实施细则第21条第2款
**决　定　要　点**

根据“一事不再理原则”，对已作出审查决定的无效宣告案件涉及的专利权，以同样的理由和证据再次提出无效宣告请求的，不予审理。

在判断创造性的过程中，如果本专利与最接近的现有技术相比存在区别技术特征，如果所述区别技术特征为另一篇对比文件中披露的相关技术手段，那么要确定现有技术整体上是否存在某种技术启示，如果现有技术中已给出将上述区别技术特征应用到该最接近的现有技术以解决其存在的技术问题的启示，则本专利保护的技术方案是显而易见的，不具有实质性特点。

### 一、案由

本无效宣告请求涉及中华人民共和国国家知识产权局于2002年8月7日授权公告的01229432.2号实用新型专利（以下简称本专利），其名称为“鞋类光源驱动装置”，申请日为2001年7月6日，专利权人是魏梦笔，本专利授权公告时的权利要求如下：

“1. 一种鞋类光源驱动装置，包括供电单元、开关组件、控制单元及复数个发光二极管；其特征是：该供电单元由可提供3V及4.5V两种不同电压准位的一3V的第一电池及一1.5V的第二电池串接组成，第一电池与第二电池相串接两端的电压为4.5V，该供电单元连接至发光二极管及控制单元，该开关组件及发光二极管与控制单元连接；借此，当开关组件受按压即送出一触发信号至控制单元，

控制单元收到此触发信号后，该复数个发光二极管可呈现出不同闪烁方式。

2. 如权利要求 1 所述的鞋类光源驱动装置，其特征是：其中该第一电池的型号为 CR-2032。

3. 如权利要求 1 所述的鞋类光源驱动装置，其特征是：其中该发光二极管的发光颜色可为红、黄、绿、蓝、白、紫或粉红。

4. 如权利要求 1 所述的鞋类光源驱动装置，其特征是：其中该控制单元由振荡电路、计时电路、控制电路、显示电路及驱动电路连接组成。

5. 如权利要求 4 所述的鞋类光源驱动装置，其特征是：其中可产生振荡时脉的该振荡电路连接有一振荡电阻。

6. 如权利要求 4 所述的鞋类光源驱动装置，其特征是：其中可送出一计时信号的该计时电路与显示电路连接。

7. 如权利要求 4 所述的鞋类光源驱动装置，其特征是：其中该控制电路连接有一当开关组件被按压时即可配合振荡电路的振荡时脉、送出一激活信号至显示电路的开关组件。

8. 如权利要求 4 所述的鞋类光源驱动装置，其特征是：其中该显示电路连接有一可配合来自控制电路的激活信号及计时电路的计时信号、借以送出一工作周期的闪烁信号至驱动电路的闪烁模式开关。

9. 如权利要求 4 所述的鞋类光源驱动装置，其特征是：其中该驱动电路连接有复数个当收到闪烁信号后、可依闪烁模式开关的选择作出不同的闪烁方式、且闪烁的速度与振荡时脉同步的发光二极管。

10. 如权利要求 8 所述的鞋类光源驱动装置，其特征是：其中该工作周期包括：

显示电路依闪烁模式开关的选择送出所对应的闪烁方式的动作时期，以及

显示电路不送出信号以节省电源消耗的不动作时期。

11. 如权利要求 8 所述的鞋类光源驱动装置，其特征是：其中该工作周期未结束前，开关组件按压的触发信号皆视为无效。

12. 如权利要求 1 或 8 所述的鞋类光源驱动装置，其特征是：其中该开关组件按压不放则会持续送出触发信号，重复输出直到放开且完成该次工作周期为止。”

针对上述专利权，曾丽莎（以下简称请求人）于 2006 年 3 月 20 日向国家知识产权局专利复审委员会提出无效宣告请求，请求人认为本专利权利要求 1 相对于对比文件 2 不符合专利法第 22 条第 2 款的规定，权利要求 1~12 相对于对比文件 1~5 不符合专利法第 22 条第 3 款的规定，权利要求 1~12 不符合专利法实施细则第 21 条第 2 款的规定。请求人提交了以下对比文件作为证据：

对比文件 1：US5812063A（其授权公告日为 1998 年 9 月 22 日）复印件共 9 页，及其中文译文共 3 页；

对比文件 2：US5969479A（其授权公告日为 1999 年 10 月 19 日）复印件共 16 页，及其中文译文共 8 页；

对比文件 3：CN1206484A（其公开日为 1999 年 1 月 27 日）复印件共 42 页；

对比文件 4：中华人民共和国广东省广州市公证处出具的公证书复印件共 8 页，其公证的内容为《电子技能基础》（成都科技大学出版社，1999 年 4 月出版发行）复印件（节本）与原件相符；

对比文件 5：附有广东省科技图书馆开具证明的《电世界》杂志（1991 年第 3 期）复印件共 5 页，其中包括名称为《能区分中性线、保护线的插座检查器》、作者为王常余的文章一篇。

经形式审查合格，专利复审委员会依法受理了上述无效宣告请求，于 2006 年 6 月 14 日向请求人和专利权人发出无效宣告请求受理通知书，并将请求人提交的无效宣告请求书及其附件清单中所列附件的

副本转送给专利权人，要求其在指定的期限内答复，同时成立合议组对本无效宣告请求案进行审理。

专利复审委员会于2006年8月7日收到专利权人针对上述《无效宣告请求受理通知书》提交的意见陈述书，专利权人认为：（1）本专利权利要求1的技术方案符合专利法实施细则第21条第2款的规定，并且专利复审委员会已在第7863号无效宣告请求审查决定中认定本专利权利要求1～12符合专利法实施细则第21条第2款的规定，请求人不应再以相同的理由宣告本专利无效。（2）本专利权利要求1的技术方案与对比文件2（US5969479A）公开的技术内容相比具有新颖性，并且专利复审委员会已在第7863号无效宣告请求审查决定中明确认定本专利权利要求1与对比文件2（US5969479A）公开的内容相比具有新颖性，请求人不应再利用相同的证据并以此为由宣告涉案专利无效。（3）权利要求1的技术方案与对比文件2～5的技术内容相比，技术领域不同、发明目的和技术特点也不同，本专利要解决的技术缺陷对比文件不能解决，因此权利要求1具有实质性特点和进步，具有创造性。（4）在权利要求1具有新颖性和创造性的情况下，从属权利要求2～12同样具有新颖性和创造性；请求维持本专利权有效。

专利复审委员会于2007年3月22日向双方当事人发出《无效宣告请求口头审理通知书》，定于2007年5月30日举行口头审理，同时将专利复审委员会于2006年8月7日收到的专利权人提交的意见陈述书转给请求人。

口头审理如期举行，双方当事人均参加了口头审理，在口头审理过程中：（1）双方当事人对合议组成员均无回避请求，对对方出庭人员的身份和资格没有异议。（2）合议组当庭告知双方当事人：根据审查指南规定的一事不再理原则，对请求人提出的本专利不符合专利法第22条第2款的规定以及专利法实施细则第21条第2款的规定的无效宣告请求理由，在本案的审理中不再进行审理。（3）请求人当庭明确其无效的理由以及证据的使用情况为：权利要求1相对于对比文件2和对比文件3的结合或对比文件2和对比文件4的结合或对比文件2和对比文件5的结合不符合专利法第22条第3款的规定；权利要求2、3的附加技术特征均属于惯用技术手段，不符合专利法第22条第3款的规定；权利要求4～12附加技术特征已在对比文件1中公开，不符合专利法第22条第3款的规定。（4）请求人当庭出示了对比文件4的公证书原件以及对比文件5广东省科技图书馆出具的证明的原件；专利权人明确表示对对比文件1～5的真实性没有异议，对对比文件1、2译文的准确性没有异议；（5）专利权人承认：在5W06308案审理中对同样的事实和理由作出的认可在本案审理中仍然适用；（6）双方当事人均认可权利要求1与对比文件2的区别特征是：该供电电源由可提供3V及4.5V两种不同电压准位的一3V的第一电池及一1.5V的第二电池串接组成，第一电池与第二电池相连接两端的电压为4.5V。

在此基础上，合议组认为双方当事人已经充分发表了意见，本案事实已经调查清楚，现依法作出本决定。

**二、决定的理由**

1. 关于“一事不再理”

请求人认为：本专利权利要求1相对于对比文件2（US5969479A）不符合专利法第22条第2款的规定，权利要求1～12不符合专利法实施细则第21条第2款的规定。

经查，专利复审委员会于2005年12月12日曾就本专利作出过第7863号无效宣告请求审查决定（案件编号5W06308），而且该决定属生效决定。在该决定中，专利复审委员会已经认定：本专利权利要求1相对于对比文件2（US5969479A）具有新颖性，权利要求1～12符合专利法实施细则第21条第2款的规定。根据审查指南第四部分第三章第3.3节规定的“一事不再理原则”，合议组对本专利权利要求1相对于对比文件2是否符合专利法第22条第2款的规定、权利要求1～12是否符合专利法实施细则第 21 条第 2 款规定的无效宣告请求理由不再进行审查。以上事项合议组已在口头审理过程中明确告知过双方当事人。

2. 关于证据

请求人提交了对比文件 1~5 作为本案的证据使用，并在口头审理时出示了对比文件 4 的公证书原件以及对比文件 5 广东省科技图书馆出具的证明的原件。专利权人对该对比文件 1~5 的真实性没有异议，对对比文件 1、2 译文的准确性也没有异议。

对比文件 1~3 均是专利文献；对比文件 4 是中华人民共和国广东省广州市公证处出具的公证书，证明了其中的《电子技能基础》（节本）的复印件与原件相符；对比文件 5 是《电世界》（节本）的复印件，并有广东省科技图书馆出具的证明，证明该复印件复印自该馆收藏的《电世界》杂志。经合议组核实，以上对比文件 1~5 均属于公开出版物，并且它们的公开日期均早于本专利的申请日，因此，上述对比文件构成本专利的现有技术，可以作为评价本专利创造性的证据使用。合议组将引用对比文件 1~5 的内容对本专利的创造性进行评价，其中对比文件 1、2 的内容以其中文译文为准。

3. 关于专利法第 22 条第 3 款

创造性，是指同申请日以前已有的技术相比，该实用新型有实质性特点和进步。

请求人认为：本专利权利要求 1 相对于对比文件 2 和对比文件 3 的结合或对比文件 2 和对比文件 4 的结合或对比文件 2 和对比文件 5 的结合不符合专利法第 22 条第 3 款的规定；权利要求 2、3 的附加技术特征均属于惯用技术手段，不符合专利法第 22 条第 3 款的规定；权利要求 4~12 附加技术特征已在对比文件 1 中公开，不符合专利法第 22 条第 3 款的规定。

专利权人认为对比文件 2 和 3、4、5 的技术内容与本专利的技术方案相比，由于技术领域根本不同，发明目的和技术特点也不同，本专利所要解决的技术缺陷对比文件并不能解决，故本专利具有实质性特点和进步，本专利技术方案与请求人提供的对比文件的技术内容相比，具有创造性。专利权人在口头审理过程中承认在 5W06308 案审理中对同样的事实和理由的认可在本案审理中仍然适用。在 5W06308 一案中，专利权人认可权利要求 4~7、9~12 的附加技术特征在对比文件 1（US5812063）中被公开或与之等同。

对于本专利权利要求 1~12 的创造性，合议组的意见如下：

（1）权利要求 1 请求保护一种鞋类光源驱动装置。对比文件 2 公开了一种装在鞋类的可选择发光系统的改进装置（参见对比文件 2 说明书译文第 1 页第 3 行），其中具体公开以下技术特征：该系统包括一个电源（相当于本专利权利要求 1 中的“电单元”）、多数个发光单元、复数个门电路、一个开关（相当于本专利权利要求 1 中的“开关组件”）、一个电容，和一个闪烁模式产生电路来产生鞋上安装点灯的闪烁程序，本系统能够通过一个闪烁模式产生电路产生不同的闪烁模式来控制复数个点灯（其作用相当于本专利权利要求 1 中的“控制单元”）（参见对比文件 2 说明书译文第 1 页第 17~19 行），在对比文件 2 的一个实施例中，电池 27 作为电源用来点亮发光二极管 28、29、30，并且给脉冲产生器 26 供电，电池 27 首选为 3V 电池，当开关 42 闭合，脉冲信号发生器 26 控制发光二极管 28、29、30 不断闪亮，显示出闪烁的效果（参见对比文件 2 说明书译文第 2 页第 4~12 行以及附图 3）。并且，从对比文件 2 的附图 3 中还可以明显看出电池 27 为两节电池串联组成；在对比文件 2 中还给出了如下技术教导：本装置中使用了三个发光二极管 28、29、30，也可以使用更多数量的发光二极管，并且可以使用其他不同颜色的发光二极管（参见对比文件 2 说明书译文第 2 页第 24~25 行）。

通过对比文件 2 以上所公开的技术内容可知，对比文件 2 与本专利均涉及到应用在鞋类中的发光系统这一相同的技术领域，并且对比文件 2 公开了该权利要求 1 的大部分技术特征。对比文件 2 是与本专利最接近的现有技术。本专利权利要求 1 所要求保护的技术方案与该最接近的现有技术相比区别仅在于：该供电单元由可提供3V及4.5V两种不同电压准位的一3V的第一电池及一1.5V的第二电池串接组成，第一电池与第二电池相串接两端的电压为4.5V。该区别技术特征在本专利中所要解决的技术问题是："提供一高电压准位及一低电压准位，以将两种不同电压准位分别供电给不同工作电压的发光二极管"。

对比文件4是一本电子技术最基本的普及读物，从其第51页"图2.16变色发光二极管的符号及测试方法"的（d）中可以直接地、毫无疑义地看到该电路由E1和E2两个电源串接供电，并通过滑动变阻器调节两个发光二极管的工作电压。由此可见，对比文件4中虽然没有具体公开电源E1和E2的电压值，但是其同样能够获得向两个不同的发光二极管提供不同工作电压的技术效果。因此，合议组认为现有技术整体上存在技术启示，使得本领域普通技术人员在面对需要向不同的发光二极管提供不同工作电压时，有动机在对比文件2的基础上结合对比文件4所教导的内容获得本专利权利要求1的技术方案，无需付出创造性劳动。而且，本专利权利要求1的技术方案中对于电压值的选择未获得任何意想不到的技术效果。因此，权利要求1不具备实质性特点和进步，不符合专利法第22条第3款有关创造性的规定。

另外，针对本专利权利要求1的创造性以及对比文件2和对比文件4的结合方式，专利权人陈述的意见是：本专利属于鞋类光源驱动装置这一技术领域，对比文件4的技术内容属于其他技术领域，无法给技术人员以应用到发光二极管技术方面任何启示，即，本领域普通技术人员并不能简单地将对比文件4中的技术移植到对比文件2的技术中来以得到本专利权利要求1的技术方案，是要付出创造性劳动的。对于专利权人的以上意见，合议组不予认同，合议组的意见是：对比文件4是一本电子技术最基本的普及读物，其介绍了常用的电子元件、器件及有关电路的结构、性能、检测方法与应用常识；在该书第51页对"变色发光二极管"进行了介绍并给出了相关的电路图，通过电路图2.16（d）可以直接地、毫无疑义地看到包括变色发光二极管的电路由E1和E2两个电源串接供电，并通过滑动变阻器调节两个发光二极管的工作电压。合议组认为，当本领域的技术人员在面临"将两种不同电压准位分别供电给不同工作电压的发光二极管"这一技术问题时，上述电子技术领域最基本的普及读物（即对比文件4）已给出了足够的技术启示，使得本领域普通技术人员有动机在对比文件2的基础上结合对比文件4所教导的内容获得本专利权利要求1的技术方案，无需付出创造性劳动。

（2）从属权利要求2的附加技术特征是"该第一电池的型号为CR-2032"。选用合适的电池型号对于本领域普通技术人员来说是惯用技术手段。在其引用的权利要求1不具备创造性的前提下，该权利要求2也不符合专利法第22条第3款有关创造性的规定。

（3）从属权利要求3的附加技术特征是"该发光二极管的发光颜色可为红、黄、绿、蓝、白、紫或粉红"。选用多种颜色的发光二极管对于本领域普通技术人员来说是惯用技术手段。在其引用的权利要求1不具备创造性的前提下，该权利要求3也不符合专利法第22条第3款有关创造性的规定。

（4）从属权利要求4的附加技术特征是"该控制单元由振荡电路、计时电路、控制电路、显示电路及驱动电路连接组成"。对比文件1公开了一种鞋类发光装置，其中控制单元3包括时序电路32（相当于本专利权利要求4中的"振荡电路"）、定时器电路33（相当于本专利权利要求4中的"计时电路"）、控制电路34、显示电路36和驱动电路37（参见对比文件1说明书译文第1页第31~32行以及附图3）。由此可见，对比文件1已公开了权利要求4的全部附加技术特征；而且，对比文件1与本专利同样涉及鞋类发光系统这一相同的技术领域，本领域的技术人员按照对比文件1的启示，有动机将对比文件1、2和4相结合，从而得到本申请权利要求4的技术方案。因此，在其引用的权利要求1不具备创造性的前提下，该权利要求4也不符合专利法第22条第3款有关创造性的规定。

（5）从属权利要求5的附加技术特征是"可产生振荡时脉的该振荡电路连接有一振荡电阻"。对比文件 1 中公开了：计时器电路的输出口与显示电路的输入口连接振荡电阻器与时序电路 32 连接（参见对比文件 1 第 34 行及附图 3）。由此可见，对比文件 1 已公开了权利要求 5 的全部附加技术特征；而且，对比文件 1 与本专利同样涉及鞋类发光系统这一相同的技术领域，本领域的技术人员按照对比文件 1 的启示，有动机将对比文件 1、2 和 4 相结合，从而得到本申请权利要求 5 的技术方案。因此，在其引用的权利要求 4 不具备创造性的前提下，该权利要求 5 也不符合专利法第 22 条第 3 款有关创造性的规定。

（6）从属权利要求 6 的附加技术特征是“可送出一计时信号的该计时电路与显示电路连接”。对比文件 1 中公开了：计时器电路的输出口与显示电路的输入口连接（参见对比文件 1 说明书译文第 2 页第 28~29 行以及附图 3）。由此可见，对比文件 1 已公开了权利要求 6 的全部附加技术特征；而且，对比文件 1 与本专利同样涉及鞋类发光系统这一相同的技术领域，本领域的技术人员按照对比文件 1 的启示，有动机将对比文件 1、2 和 4 相结合，从而得到本申请权利要求 6 的技术方案。因此，在其引用的权利要求 4 不具备创造性的前提下，该权利要求 6 也不符合专利法第 22 条第 3 款有关创造性的规定。

（7）从属权利要求 7 的附加技术特征是“该控制电路连接有一当开关组件被按压时即可配合振荡电路的振荡时脉、送出一激活信号至显示电路的开关组件”；

从属权利要求 8 的附加技术特征是“该显示电路连接有一可配合来自控制电路的激活信号及计时电路的计时信号、借以送出一工作周期的闪烁信号至驱动电路的闪烁模式开关”；

从属权利要求 10 的附加技术特征是“该工作周期包括：显示电路依闪烁模式开关的选择送出所对应的闪烁方式的动作时期，以及显示电路不送出信号以节省电源消耗的不动作时期”；

从属权利要求 11 的附加技术特征是“该工作周期未结束前，开关组件按压的触发信号皆视为无效”；

对比文件 1 中公开了：控制电路 34 有等待和输入两种工作状态，图 4 中是控制电路 34 的时许图，开始的时候控制电路 34 处于等待状态，当接收到开关 2 的一个脉冲信号，控制电路 34 马上处于工作状态与定时器电路 33 的执行模式/停止模式竞争。在执行模式下，计数器电路 35 接收到控制电路 34 和时序电路 32 的输出信号，通过信号的上升和下降沿的技术，并输入技术结果给显示电路 36，显示电路 36 通过驱动电路 37 产生一组闪烁信号给发光二极管 5，这组闪烁信号一般重复 2~5 次，接着计数器电路 33 处于停止模式。当计数器电路 33 处于停止模式时，它输出一个信号给驱动电路 37，从而使显示电路 36 停止工作，然后控制电路 34 将处于等待模式 1 到 5 秒，当处于工作模式，控制电路 34 不接收任何来自开关 2 的脉冲信号（参见对比文件 1 说明书译文第 2 页第 7~14 行以及附图 3）。由此可见，对比文件 1 已公开了权利要求 7、8、10、11 的全部附加技术特征；而且，对比文件 1 与本专利同样涉及鞋类发光系统这一相同的技术领域，本领域的技术人员按照对比文件 1 的启示，有动机将对比文件 1、2 和 4 相结合，从而分别得到本申请权利要求 7、8、10、11 的技术方案。因此，在其分别引用的权利要求不具备创造性的前提下，该权利要求 7、8、10、11 也分别不符合专利法第 22 条第 3 款有关创造性的规定。

（8）从属权利要求 9 的附加技术特征是“该驱动电路连接有复数个当收到闪烁信号后、可依闪烁模式开关的选择作出不同的闪烁方式、且闪烁的速度与振荡时脉同步的发光二极管”。对比文件 1 中公开了：闪烁模式选择器 1 输入一个模式信号给选择电路 31 产生四种之中的其中一种闪烁模式，同时选择电路 31 也将从时序电路 32 得到的脉冲信号输出给控制电路 34，这 4 种闪烁模式可以为……（参见对比文件 1 说明书译文第 2 页第 28~29 行以及附图 3）。由此可见，对比文件 1 已公开了权利要求 9 的全部附加技术特征；而且，对比文件 1 与本专利同样涉及鞋类发光系统这一相同的技术领域，本领域的技术人员按照对比文件1的启示，有动机将对比文件1、2和4相结合，从而得到本申请权利要求9的技术方案。因此，在其引用的权利要求4不具备创造性的前提下，该权利要求9也不符合专利法第22条第3款有关创造性的规定。

（9）从属权利要求12的附加技术特征是“该开关组件按压不放则会持续送出触发信号，重复输出直到放开且完成该次工作周期为止”。从对比文件1附图3所表示的电路结构中可以明确、无疑义地得出：当开关2被压下不放时，会持续送出触发信号，重复输出直到放开且完成该次工作周期为止。由此可见，对比文件1已公开了权利要求12的附加技术特征；而且，对比文件1与本专利同样涉及鞋类发光系统这一相同的技术领域，本领域的技术人员按照对比文件1的启示，有动机将对比文件1、2和4相结合，从而分别得到本申请权利要求12的技术方案。因此，在其引用的权利要求不具备创造性的前提下，该权利要求12也不符合专利法第22条第3款有关创造性的规定。

综上所述，本专利权利要求1~3相对于对比文件2和4的结合、权利要求4~12相对于对比文件1、2、4的结合均不具备创造性。由于对比文件的以上结合方式足以否定本专利的创造性，因此，对于请求人所提出的其他对比文件结合方式否定本专利创造性的无效宣告请求理由，合议组不再进行分析评述。

**三、决定**

宣告01229432.2号实用新型专利权全部无效。

当事人对本决定不服的，可以根据专利法第46条第2款的规定，自收到本决定之日起叁个月内向北京市第一中级人民法院起诉。根据该款的规定，一方当事人起诉后，另一方当事人应当作为第三人参加诉讼。

# 北京市第一中级人民法院
# 行政判决书

（2007）一中行初字第1544号

原告魏梦笔，男，50岁，住中华人民共和国台湾省台北县永和市民有街75巷10弄22号六楼。

委托代理人陈坚，北京三友知识产权代理有限公司专利代理人。

委托代理人宁光，北京三友知识产权代理有限公司专利代理人。

被告中华人民共和国国家知识产权局专利复审委员会，住所地中华人民共和国北京市海淀区北四环西路9号银谷大厦10~12层。

法定代表人廖涛，副主任。

委托代理人李熙，女，中华人民共和国国家知识产权局专利复审委员会审查员。

委托代理人瞿晓峰，男，中华人民共和国国家知识产权局专利复审委员会审查员。

第三人曾丽莎，女，28岁，汉族，住所地中华人民共和国广东省广州市海珠区西华里四巷10号。

委托代理人伍嘉陵，广州市致信伟盛知识产权代理有限公司专利代理人。

原告魏梦笔不服中华人民共和国国家知识产权局专利复审委员会（以下简称复审委）作出的第10288号无效宣告请求审查决定（以下简称被诉决定），于2007年10月24日向本院提起行政诉讼。本院于同年11月12日受理后，于同年11月21日向复审委送达了起诉状副本及应诉通知书。本院依法组成合议庭，并依法通知曾丽莎作为第三人参加诉讼。本院于2008年1月24日公开开庭审理了本案。原告魏梦笔的委托代理人宁光，被告复审委的委托代理人李熙、瞿晓峰，第三人曾丽莎的委托代理人伍嘉陵到庭参加诉讼。本案现已审理终结。

2007年7月25日，经对曾丽莎提出的无效宣告请求进行审查，复审委作出被诉决定，宣告01229432.2号实用新型专利权（以下简称本专利）全部无效。理由如下：

1. 关于“一事不再理”。

复审委于2005年12月12日曾就本专利作出过第7863号无效宣告请求审查决定（案件编号5W06308），而且该决定属生效决定。在该决定中，复审委已经认定：本专利权利要求1相对于对比文件2（US5969479A）具有新颖性，权利要求1~12符合《中华人民共和国专利法实施细则》（以下简称《专利法实施细则》）第二十一条第二款的规定。根据《审查指南》第四部分第三章第3.3节规定的“一事不再理原则”，合议组对本专利权利要求1相对于对比文件2是否符合《中华人民共和国专利法》（以下简称《专利法》）第二十二条第二款的规定、权利要求1~12是否符合《专利法实施细则》第二十一条第二款规定的无效宣告请求理由不再进行审查。以上事项合议组已在口头审理过程中明确告知过双方当事人。

2. 关于证据。

请求人提交了对比文件1~5作为本案的证据使用，并在口头审理时出示了对比文件4的公证书原件以及对比文件5广东省科技图书馆出具的证明的原件。专利权人对该对比文件1~5的真实性没有异议，对对比文件1、2译文的准确性也没有异议。

对比文件1~3均是专利文献；对比文件4是中华人民共和国广东省广州市公证处出具的公证书，证明了其中的《电子技能基础》（节本）的复印件与原件相符；对比文件5是《电世界》（节本）的复印件，并有广东省科技图书馆出具的证明，证明该复印件复印自该馆收藏的《电世界》杂志。经合议组核实，以上对比文件1~5均属于公开出版物，并且它们的公开日期均早于本专利的申请日，因此，上述对比文件构成本专利的现有技术，可以作为评价本专利创造性的证据使用。合议组将引用对比文件1~5的内容对本专利的创造性进行评价，其中对比文件1、2的内容以其中文译文为准。

3. 关于《专利法》第二十二条第三款。

请求人认为：本专利权利要求1相对于对比文件2和对比文件3的结合或对比文件2和对比文件4的结合或对比文件2和对比文件5的结合不符合《专利法》第二十二条第三款的规定；权利要求2、3的附加技术特征均属于惯用技术手段，不符合《专利法》第二十二条第三款的规定；权利要求4~12附加技术特征已在对比文件1中公开，不符合《专利法》第二十二条第三款的规定。

（1）权利要求1请求保护一种鞋类光源驱动装置。对比文件2公开了一种装在鞋类的可选择发光系统的改进装置（参见对比文件2说明书译文第1页第3行），其中具体公开以下技术特征：该系统包括一个电源（相当于本专利权利要求1中的“电单元”）、多数个发光单元、复数个门电路、一个开关（相当于本专利权利要求1中的“开关组件”）、一个电容，和一个闪烁模式产生电路来产生鞋上安装点灯的闪烁程序，本系统能够通过一个闪烁模式产生电路产生不同的闪烁模式来控制复数个点灯（其作用相当于本专利权利要求1中的“控制单元”）（参见对比文件2说明书译文第1页第17~19行），在对比文件2的一个实施例中，电池27作为电源用来点亮发光二极管28、29、30，并且给脉冲产生器26供电，电池27首选为3V电池，当开关42闭合，脉冲信号发生器26控制发光二极管28、29、30不断闪亮，显示出闪烁的效果（参见对比文件2说明书译文第2页第4~12行以及附图3）。并且，从对比文件2的附图3中还可以明显看出电池27为两节电池串联组成；在对比文件2中还给出了如下技术教导：本装置中使用了三个发光二极管28、29、30，也可以使用更多数量的发光二极管，并且可以使用其他不同颜色的发光二极管（参见对比文件 2 说明书译文第 2 页第 24～25 行）。

通过对比文件 2 以上所公开的技术内容可知，对比文件 2 与本专利均涉及到应用在鞋类中的发光系统这一相同的技术领域，并且对比文件 2 公开了该权利要求 1 的大部分技术特征。对比文件 2 是与本专利最接近的现有技术。本专利权利要求 1 所要求保护的技术方案与该最接近的现有技术相比区别仅在于：该供电单元由可提供 3V 及 4.5V 两种不同电压准位的一 3V 的第一电池及一 1.5V 的第二电池串接组成，第一电池与第二电池相串接两端的电压为 4.5V。该区别技术特征在本专利中所要解决的技术问题是："提供一高电压准位及一低电压准位，以将两种不同电压准位分别供电给不同工作电压的发光二极管"。

对比文件 4 是一本电子技术最基本的普及读物，从其第 51 页"图 2.16 变色发光二极管的符号及测试方法"的（d）中可以直接地、毫无疑义地看到该电路由 E1 和 E2 两个电源串接供电，并通过滑动变阻器调节两个发光二极管的工作电压。由此可见，对比文件 4 中虽然没有具体公开电源 E1 和 E2 的电压值，但是其同样能够获得向两个不同的发光二极管提供不同工作电压的技术效果。因此，合议组认为现有技术整体上存在技术启示，使得本领域普通技术人员在面对需要向不同的发光二极管提供不同工作电压时，有动机在对比文件 2 的基础上结合对比文件 4 所教导的内容获得本专利权利要求 1 的技术方案，无需付出创造性劳动。而且，本专利权利要求 1 的技术方案中对于电压值的选择未获得任何意想不到的技术效果。因此，权利要求 1 不具备实质性特点和进步，不符合《专利法》第二十二条第三款有关创造性的规定。

另外，针对本专利权利要求 1 的创造性以及对比文件 2 和对比文件 4 的结合方式，专利权人陈述的意见是：本专利属于鞋类光源驱动装置这一技术领域，对比文件 4 的技术内容属于其他技术领域，无法给技术人员以应用到发光二极管技术方面任何启示，即，本领域普通技术人员并不能简单地将对比文件 4 中的技术移植到对比文件 2 的技术中来以得到本专利权利要求 1 的技术方案，是要付出创造性劳动的。对于专利权人的以上意见，合议组不予认同，合议组的意见是：对比文件 4 是一本电子技术最基本的普及读物，其介绍了常用的电子元件、器件及有关电路的结构、性能、检测方法与应用常识；在该书第 51 页对"变色发光二极管"进行了介绍并给出了相关的电路图，通过电路图 2.16（d）可以直接地、毫无疑义地看到包括变色发光二极管的电路由 E1 和 E2 两个电源串接供电，并通过滑动变阻器调节两个发光二极管的工作电压。合议组认为，当本领域的技术人员在面临"将两种不同电压准位分别供电给不同工作电压的发光二极管"这一技术问题时，上述电子技术领域最基本的普及读物（即对比文件 4）已给出了足够的技术启示，使得本领域普通技术人员有动机在对比文件 2 的基础上结合对比文件 4 所教导的内容获得本专利权利要求 1 的技术方案，无需付出创造性劳动。

（2）从属权利要求 2 的附加技术特征是"该第一电池的型号为 CR-2032"。选用合适的电池型号对于本领域普通技术人员来说是惯用技术手段。在其引用的权利要求 1 不具备创造性的前提下，该权利要求 2 也不符合《专利法》第二十二条第三款有关创造性的规定。

（3）从属权利要求 3 的附加技术特征是"该发光二极管的发光颜色可为红、黄、绿、蓝、白、紫或粉红"。选用多种颜色的发光二极管对于本领域普通技术人员来说是惯用技术手段。在其引用的权利要求 1 不具备创造性的前提下，该权利要求 3 也不符合《专利法》第二十二条第三款有关创造性的规定。

（4）从属权利要求 4 的附加技术特征是"该控制单元由振荡电路、计时电路、控制电路、显示电路及驱动电路连接组成"。对比文件 1 公开了一种鞋类发光装置，其中控制单元 3 包括时序电路 32（相当于本专利权利要求 4 中的"振荡电路"）、定时器电路 33（相当于本专利权利要求 4 中的"计时电路”）、控制电路 34、显示电路 36 和驱动电路 37（参见对比文件 1 说明书译文第 1 页第 31~32 行以及附图 3）。由此可见，对比文件 1 已公开了权利要求 4 的全部附加技术特征；而且，对比文件 1 与本专利同样涉及鞋类发光系统这一相同的技术领域，本领域的技术人员按照对比文件 1 的启示，有动机将对比文件 1、2 和 4 相结合，从而得到本申请权利要求 4 的技术方案。因此，在其引用的权利要求 1 不具备创造性的前提下，该权利要求 4 也不符合《专利法》第二十二条第三款有关创造性的规定。

（5）从属权利要求 5 的附加技术特征是“可产生振荡时脉的该振荡电路连接有一振荡电阻”。对比文件 1 中公开了：计时器电路的输出口与显示电路的输入口连接振荡电阻器与时序电路 32 连接（参见对比文件 1 说明书译文）。由此可见，对比文件 1 已公开了权利要求 5 的全部附加技术特征；而且，对比文件 1 与本专利同样涉及鞋类发光系统这一相同的技术领域，本领域的技术人员按照对比文件 1 的启示，有动机将对比文件 1、2 和 4 相结合，从而得到本申请权利要求 5 的技术方案。因此，在其引用的权利要求 4 不具备创造性的前提下，该权利要求 5 也不符合《专利法》第二十二条第三款有关创造性的规定。

（6）从属权利要求 6 的附加技术特征是“可送出一计时信号的该计时电路与显示电路连接”。对比文件 1 中公开了：计时器电路的输出口与显示电路的输入口连接（参见对比文件 1 说明书译文第 2 页第 28~29 行以及附图 3）。由此可见，对比文件 1 已公开了权利要求 6 的全部附加技术特征；而且，对比文件 1 与本专利同样涉及鞋类发光系统这一相同的技术领域，本领域的技术人员按照对比文件 1 的启示，有动机将对比文件 1、2 和 4 相结合，从而得到本申请权利要求 6 的技术方案。因此，在其引用的权利要求 4 不具备创造性的前提下，该权利要求 6 也不符合《专利法》第二十二条第三款有关创造性的规定。

（7）从属权利要求 7 的附加技术特征是“该控制电路连接有一当开关组件被按压时即可配合振荡电路的振荡时脉、送出一激活信号至显示电路的开关组件”；

从属权利要求 8 的附加技术特征是“该显示电路连接有一可配合来自控制电路的激活信号及计时电路的计时信号、借以送出一工作周期的闪烁信号至驱动电路的闪烁模式开关”；

从属权利要求 10 的附加技术特征是“该工作周期包括：显示电路依闪烁模式开关的选择送出所对应的闪烁方式的动作时期，以及显示电路不送出信号以节省电源消耗的不动作时期”；

从属权利要求 11 的附加技术特征是“该工作周期未结束前，开关组件按压的触发信号皆视为无效”。

对比文件 1 中公开了：控制电路 34 有等待和输入两种工作状态，图 4 中是控制电路 34 的时序图，开始的时候控制电路 34 处于等待状态，当接收到开关 2 的一个脉冲信号，控制电路 34 马上处于工作状态与定时器电路 33 的执行模式/停止模式竞争。在执行模式下，计数器电路 35 接收到控制电路 34 和时序电路 32 的输出信号，通过信号的上升和下降沿的技术，并输入技术结果给显示电路 36，显示电路 36 通过驱动电路 37 产生一组闪烁信号给发光二极管 5，这组闪烁信号一般重复 2 到 5 次，接着计数器电路 33 处于停止模式。当计数器电路 33 处于停止模式时，它输出一个信号给驱动电路 37，从而使显示电路 36 停止工作，然后控制电路 34 将处于等待模式 1 到 5 秒，当处于工作模式，控制电路 34 不接收任何来自开关 2 的脉冲信号（参见对比文件 1 说明书译文第 2 页第 7~14 行以及附图 3）。由此可见，对比文件 1 已公开了权利要求 7、8、10、11 的全部附加技术特征；而且，对比文件 1 与本专利同样涉及鞋类发光系统这一相同的技术领域，本领域的技术人员按照对比文件 1 的启示，有动机将对比文件 1、2 和 4 相结合，从而分别得到本申请权利要求 7、8、10、11 的技术方案。因此，在其分别引用的权利要求不具备创造性的前提下，该权利要求 7、8、10、11 也分别不符合《专利法》第二十二条第三款有关创造性的规定。

（8）从属权利要求9的附加技术特征是“该驱动电路连接有复数个当收到闪烁信号后、可依闪烁模式开关的选择作出不同的闪烁方式、且闪烁的速度与振荡时脉同步的发光二极管”。对比文件1中公开了：闪烁模式选择器1输入一个模式信号给选择电路31产生四种之中的其中一种闪烁模式，同时选择电路31也将从时序电路32得到的脉冲信号输出给控制电路34，这4种闪烁模式可以为……（参见对比文件1说明书译文第2页第28~29行以及附图3）。由此可见，对比文件1已公开了权利要求9的全部附加技术特征；而且，对比文件1与本专利同样涉及鞋类发光系统这一相同的技术领域，本领域的技术人员按照对比文件1的启示，有动机将对比文件1、2和4相结合，从而得到本申请权利要求9的技术方案。因此，在其引用的权利要求4不具备创造性的前提下，该权利要求9也不符合《专利法》第二十二条第三款有关创造性的规定。

（9）从属权利要求12的附加技术特征是“该开关组件按压不放则会持续送出触发信号，重复输出直到放开且完成该次工作周期为止”。从对比文件1附图3所表示的电路结构中可以明确、无疑义地得出：当开关2被压下不放时，会持续送出触发信号，重复输出直到放开且完成该次工作周期为止。由此可见，对比文件1已公开了权利要求12的附加技术特征；而且，对比文件1与本专利同样涉及鞋类发光系统这一相同的技术领域，本领域的技术人员按照对比文件1的启示，有动机将对比文件1、2和4相结合，从而分别得到本申请权利要求12的技术方案。因此，在其引用的权利要求不具备创造性的前提下，该权利要求12也不符合《专利法》第二十二条第三款有关创造性的规定。

综上所述，本专利权利要求1~3相对于对比文件2和4的结合、权利要求4~12相对于对比文件1、2、4的结合均不具备创造性。由于对比文件的以上结合方式足以否定本专利的创造性，因此，对于请求人所提出的其他对比文件结合方式否定本专利创造性的无效宣告请求理由，合议组不再进行分析评述。

依据上述理由，被诉决定宣告本专利全部无效。

复审委在答辩期内向法院提交了以下证据材料用以证明被诉决定的合法性：（1）US5812063A号美国专利说明书复印件和中文译本（即对比文件1）；（2）US5969479A号美国专利说明书复印件和中文译本（即对比文件2）；（3）中华人民共和国广东省广州市公证处出具的公证书复印件共8页，其公证的内容为《电子技能基础》复印件（节本）与原件相符合（即对比文件4）；（4）本专利说明书；（5）口头审理记录表附表。

原告魏梦笔诉称，首先，复审委在评价本专利权利要求4~12时结合使用了对比文件1、2、4，这种评价方式不符合《审查指南》关于评价实用新型创造性时所采用的一项或者两项现有技术的数量的规定。其次，对比文件4虽然是一份科普读物，但其不仅在技术具体应用领域上与本专利技术不同，而且也没有给出将两种不同电压准位同时分别提供给不同正常工作电压的发光二极管的技术启示。第三，对比文件2、4或者1、2、4的结合并不能否定本专利权利要求1~12技术方案的创造性。综上，请求人民法院撤销被诉决定并判令复审委重新作出具体行政行为。

原告于庭审前向法院提交了以下证据材料：（1）第7863号无效宣告请求审查决定书，于2005年12月15日作出的该决定宣告维持本专利有效；（2）1994年第9期《电子世界》复印件；（3）1995年第6期《无线电》复印件；（4）2000年第9期《无线电》复印件。证明内容为：（1）本案中的对比文件4公开的技术领域在性质上与上述证据2、3、4一样，不同于本专利技术领域，没有给出区别技术特征用于鞋类光源供电电压的技术启示。（2）本案中的对比文件4公开的技术工作原理与上述证据2、3、4不同，也不同于本专利区别技术特征技术工作原理，没有给出该区别技术特征的技术启示。原告还向法院提出调取证据（2）、（3）、（4）原件的申请。

被告复审委辩称，首先，《审查指南》并未规定只能采用一项或者两项现有技术评价实用新型的创造性。本案中，将对比文件1、2、4所公开技术内容简单叠加，可以获得本专利权利要求4~12的技术方案。其次，对比文件4是一份科普读物。当所属领域技术人员在具体的技术方案中需要使用到发光二极管时，其完全有动机到“电子技术基础”这样的本领域基础教科书中去获取有关发光二极管的基本特性知识。第三，对比文件4已经给出了足够的技术启示，本领域普通技术人员在对比文件2的基础上结合对比文件4所教导的内容获得本专利的技术方案，无需创造性劳动。综上，被诉决定认定事实清楚，适用法律正确，审理程序合法，请求法院驳回原告诉讼请求，维持被诉决定。

第三人曾丽莎述称，本专利与最接近技术（对比文件2）区别的唯一技术特征已由作为电子技术最基本的普及读物的对比文件4公开。被诉决定认定事实清楚，适用法律正确。请求人民法院驳回原告的所有诉讼请求。

经庭审质证，本院认为被告所有证据及原告证据一可以证明案件事实，本院予以认证。原告证据（2）、（3）、（4）与本案无关，基于同样原因，本院对原告的调取证据原件申请不予准许并已告知原告。

根据上述经认证的证据及当事人之间无争议的陈述，本院对以下事实予以确认。

本专利为名称为“鞋类光源驱动装置”的实用新型专利，申请日为2001年7月6日，授权公告日为2002年8月7日，专利号为01229432.2，专利权人是魏梦笔。本专利授权公告时的权利要求如下：

“1. 一种鞋类光源驱动装置，包括供电单元、开关组件、控制单元及复数个发光二极管；其特征是：该供电单元由可提供3V及4.5V两种不同电压准位的一3V的第一电池及一1.5V的第二电池串接组成，第一电池与第二电池相串接两端的电压为4.5V，该供电单元连接至发光二极管及控制单元，该开关组件及发光二极管与控制单元连接；借此，当开关组件受按压即送出一触发信号至控制单元，控制单元收到此触发信号后，该复数个发光二极管可呈现出不同闪烁方式。

2. 如权利要求1所述的鞋类光源驱动装置，其特征是：其中该第一电池的型号为CR-2032。

3. 如权利要求1所述的鞋类光源驱动装置，其特征是：其中该发光二极管的发光颜色可为红、黄、绿、蓝、白、紫或粉红。

4. 如权利要求1所述的鞋类光源驱动装置，其特征是：其中该控制单元由振荡电路、计时电路、控制电路、显示电路及驱动电路连接组成。

5. 如权利要求4所述的鞋类光源驱动装置，其特征是：其中可产生振荡时脉的该振荡电路连接有一振荡电阻。

6. 如权利要求4所述的鞋类光源驱动装置，其特征是：其中可送出一计时信号的该计时电路与显示电路连接。

7. 如权利要求4所述的鞋类光源驱动装置，其特征是：其中该控制电路连接有一当开关组件被按压时即可配合振荡电路的振荡时脉、送出一激活信号至显示电路的开关组件。

8. 如权利要求4所述的鞋类光源驱动装置，其特征是：其中该显示电路连接有一可配合来自控制电路的激活信号及计时电路的计时信号、借以送出一工作周期的闪烁信号至驱动电路的闪烁模式开关。

9. 如权利要求4所述的鞋类光源驱动装置，其特征是：其中该驱动电路连接有复数个当收到闪烁信号后、可依闪烁模式开关的选择作出不同的闪烁方式、且闪烁的速度与振荡时脉同步的发光二极管。

10. 如权利要求8所述的鞋类光源驱动装置，其特征是：其中该工作周期包括：

显示电路依闪烁模式开关的选择送出所对应的闪烁方式的动作时期，以及显示电路不送出信号以节省电源消耗的不动作时期。

11. 如权利要求8所述的鞋类光源驱动装置，其特征是：其中该工作周期未结束前，开关组件按压的触发信号皆视为无效。

12. 如权利要求1或8所述的鞋类光源驱动装置，其特征是：其中该开关组件按压不放则会持续送出触发信号，重复输出直到放开且完成该次工作周期为止。”

针对本专利，他人曾经于2004年10月27日向复审委提出无效宣告请求，没有创造性为理由之一。其中证据1为US5812063A（其授权公告日为1998年9月22日）及其中文译文；证据2为US5969479A其授权公告日为1999年10月19日及其中文译文。在口头审理中，魏梦笔认为权利要求4~7，9~12的附加技术特征在证据1中被直接公开或与之等同。复审委于2005年12月15日作出第7863号无效宣告请求审查决定，宣告维持本专利有效。该案编号为5W06308。

针对本专利，本案第三人曾丽莎于2006年3月20日向复审委提出无效宣告请求，请求人认为本专利权利要求1相对于对比文件2不符合《专利法》第二十二条第二款的规定，权利要求1~12相对于对比文件1~5不符合《专利法》第二十二条第三款的规定，权利要求1~12不符合《专利法实施细则》第二十一条第二款的规定。请求人提交了以下对比文件作为证据：

对比文件1：US5812063A（其授权公告日为1998年9月22日）复印件共9页，及其中文译文共3页；

对比文件2：US5969479A（其授权公告日为1999年10月19日）复印件共16页，及其中文译文共8页；

对比文件3：CN1206484A（其公开日为1999年1月27日）复印件共42页；

对比文件4：中华人民共和国广东省广州市公证处出具的公证书复印件共8页，其公证的内容为《电子技能基础》（成都科技大学出版社，1999年4月出版发行）复印件（节本）与原件相符。该书在其《内容提要》中载明，本书是电子技术最基本的普及读物；

对比文件5：附有广东省科技图书馆开具证明的《电世界》杂志（1991年第3期）复印件共5页，其中包括名称为《能区分中性线、保护线的插座检查器》、作者为王常余的文章一篇。

在口头审理中，请求人当庭明确其无效的理由以及证据的使用情况为：权利要求1相对于对比文件2和对比文件3的结合或对比文件2和对比文件4的结合或对比文件2和对比文件5的结合不符合《专利法》第二十二条第三款的规定；权利要求2、3的附加技术特征均属于惯用技术手段，不符合《专利法》第二十二条第三款的规定；权利要求4~12附加技术特征已在对比文件1中公开，不符合《专利法》第二十二条第三款的规定。魏梦笔承认：在5W06308案审理中对同样的事实和理由作出的认可在本案审理中仍然适用。双方当事人均认可权利要求1与对比文件2的区别特征是：该供电电源由可提供3V及4.5V两种不同电压准位的一3V的第一电池及一1.5V的第二电池串接组成，第一电池与第二电池相连接两端的电压为4.5V。

经审理，复审委于2007年7月25日作出被诉决定。

本院经审理，对被诉决定中关于对比文件公开的内容予以确认。

本院认为，实用新型的创造性，是指同申请日以前已有的技术相比，该实用新型有实质性特点和进步。

本院对被诉决定确定及当事人认可的权利要求1与对比文件2之间的区别特征予以确认，即供电电源由可提供3V及4.5V两种不同电压准位的一3V的第一电池及一1.5V的第二电池串接组成，第一电池与第二电池相连接两端的电压为4.5V。对比文件4记载了电子技术领域的公知常识，即电路可由两个电源串接供电，通过活动变阻器调节两个发光二极管的工作电压。本领域技术人员在对比文件2公开内容的基础上，结合其所掌握的电子常识，得出权利要求1所要求保护的包括具体电压值在内的技术方案，不需要创造性劳动。因此权利要求1不具备创造性。

权利要求2、3的附加技术特征均为惯用技术手段，在其所引用的权利要求1不具创造性的前提下，权利要求2、3不具备创造性。

权利要求4~7，9~12的附加技术特征在对比文件1中被直接公开或与之等同，在其所引用的权利要求不具创造性的前提下，上述权利要求不具备创造性。

权利要求8的附加技术特征已被对比文件1所公开，在其所引用的权利要求4不具创造性的前提下，该权利要求不具备创造性。

综上，被诉决定以没有创造性为由宣告本专利无效，本院应予支持。被诉决定证据确凿，适用法律法规正确，符合法定程序，本院应予维持。原告的诉讼请求没有事实及法律依据，本院不予支持。综上，依照《中华人民共和国行政诉讼法》第五十四条第（一）项之规定，判决如下：

维持被告中华人民共和国国家知识产权局专利复审委员会第10288号无效宣告请求审查决定。

案件受理费人民币100元，由原告魏梦笔负担（已交纳）。

如不服本判决，原告魏梦笔可在本判决书送达之日起30日内，被告中华人民共和国国家知识产权局专利复审委员会、第三人曾丽莎可在本判决书送达之日起15日内，向本院递交上诉状，并按对方当事人人数提出副本，预交上诉案件受理费人民币100元，上诉于中华人民共和国北京市高级人民法院。在上诉期满后7日内未预交上诉案件受理费又不提交缓交申请的，按自动撤回上诉处理。

审　判　长　娄宇红
代理审判员　张靛卿
人民陪审员　张燕宾
二〇〇八年九月七日
书　记　员　殷　悦

150

# 高尔夫球棒、棒球球棒、网球球拍手柄的弹性握柄

## 无效宣告请求审查决定（第10297号）

**决　　定　　号**　第10297号
**决　　定　　日**　2007年7月25日
**发明创造名称**　高尔夫球棒、棒球球棒、网球球拍手柄的弹性握柄
**国 际 分 类 号**　A63B 53/14
**无效宣告请求人**　明兴皮革股份有限公司
**专　利　权　人**　黄大本
**专　　利　　号**　98105518.4
**申　　请　　日**　1998年3月11日
**优　先　权　日**　1997年3月21日
**授 权 公 告 日**　2002年7月31日
**合 议 组 组 长**　黄玉平
**主　　审　　员**　张春伟
**参　　审　　员**　王琦琳

**法　律　依　据**　专利法第22条第3款，专利法实施细则第20条第1款
**决　定　要　点**

若一项发明专利与证据相比存在区别技术特征，该区别技术特征并非“公知常识”，且现有技术没有给出任何技术启示，则该发明专利所要保护的技术方案相对于证据具有突出的实质性特点和显著的进步，符合专利法第22条第3款规定的创造性。

### 一、案由

本无效宣告请求涉及国家知识产权局于2002年7月31日授权公告的名称为“高尔夫球棒、棒球球棒、网球球拍手柄的弹性握柄”的98105518.4号发明专利（下称本专利），其申请日是1998年3月11日，优先权日是1997年3月21日，专利权人是黄大本。该专利授权公告的权利要求书如下：

“1. 一种高尔夫球棒、棒球球棒及球拍手柄的弹性握柄，其特征在于，该弹性握柄包括：

一个带形件，它由一个开口孔的毡层和一个平的闭孔的聚氨酯层组成，该毡层具有一种一般是平的内表面和两个径向延伸的侧缘，而聚氨酯层具有粘结到毡层的外表面上的内表面，并且该带形件用毡层为聚氨酯层提供强度，而用聚氨酯减震和提供厚度，以便防止使用者的手相对于手柄滑动；

热压缩的径向向内延伸的增强侧缘，它沿着带形件的长度在该带形件的聚氨酯层中形成；

向外和向下倾斜的侧缘，它们沿着毡层的长度形成；和

一种胶粘剂，它施加到毡层的下侧上。

2. 如权利要求1所述的弹性握柄，其特征在于，沿着毡层的一侧形成的倾斜的侧缘比沿着该毡层的对面侧形成的倾斜的侧缘宽。

3. 如权利要求2所述的弹性握柄，其特征在于，两个倾斜的侧缘其中一个的宽度约为5~6mm，而对面的倾斜侧缘的宽度约为3mm。”

针对本专利，明兴皮革股份有限公司（下称请求人）于2006年9月22日向国家知识产权局专利复审委员会提出了无效宣告请求，理由是本专利权利要求1不符合专利法第26条第4款的规定；权利要求1、2和3不符合专利法实施细则第20条第1款的规定；权利要求1、2和3不符合专利法第22条第3款的规定，并提供了如下证据：

证据1：公告编号为246845的中国台湾专利公报以及说明书复印件，公开日期为1995年5月1日；

证据2：专利号为5374059的美国专利文献复印件及其部分内容的中文译文，授权公告日为1994年12月20日；

证据3：专利号为5584482的美国专利文献复印件及其部分内容的中文译文，公开日期为1996年12月17日；

证据4：专利号为979242的英国专利文献的复印件及其部分内容的中文译文，授权公告日为1965年1月1日；

证据5：公告编号为306293的中国台湾专利公报复印件，公开日期为1997年5月21日；

此外，请求人还提交了本专利授权公告文本。

请求人认为：（1）权利要求1中的“棒球球棒”在说明书的实施例和附图中没有提及，本领域技术人员无法知晓权利要求1技术方案如何在棒球球棒上实施，因此，权利要求1不符合专利法第26条第4款的规定；（2）权利要求1中的“一般”使人联想到“特殊”的情况，而说明书实施例中也没有给出属于“特殊”情况的技术方案，所以“一般”一词属于含糊性词语，造成权利要求1不清楚；权利要求1中的“并且该带形件用毡层为聚氨酯层提供强度，而用聚氨酯减震和提供厚度，以便防止使用者的手相对于手柄滑动”不能构成技术特征，是对相关特征的作用和效果的叙述，造成权利要求不简要，因此，权利要求1不符合专利法实施细则第20条第1款的规定。权利要求2和3是权利要求1的从属权利要求，在权利要求1不清楚、简要的情况下，权利要求2和3也不清楚、简要；（3）权利要求1~3相对于证据1不具备创造性，权利要求1~3相对于证据5不具备创造性，证据2与证据1基本相同，证据3和4公开了本专利相关技术特征，也能证明本专利不具备创造性。

经形式审查合格，专利复审委员会受理了上述无效宣告请求，并于2006年12月4日向双方当事人发出了无效宣告请求受理通知书，随同无效宣告请求受理通知书将专利权无效宣告请求书及其附件清单中所列附件副本转送给专利权人，要求其在指定的期限内答复。

专利权人于2007年1月16日向专利复审委员会提交了意见陈述书，专利权人认为：（1）说明书中示例性地对高尔夫球棒和网球球拍手柄进行了描述，对于本领域技术人员来说，将本发明的带形件缠绕在棒球球棒上是完全可以理解和实施的技术方案，因此，权利要求1符合专利法第26条第4款的规定；（2）权利要求1用“一般”来限定毡层的内表面是常用的和可以理解的，不会导致权利要求保护范围不清楚；“并且该带形件用毡层为聚氨酯层提供强度，而用聚氨酯减震和提供厚度，以便防止使用者的手相对于手柄滑动”的描述是对“毡层”和“聚氨酯”以及二者之间关系的进一步限定，其使权利要求1的技术方案更加清楚，并且易于理解和实施，不会导致权利要求不简要，因此，权利要求1~3符合专利法实施细则第20条第1款的规定；（3）证据5公开日在本专利优先权日之后，不构成现有技术；证据1的发明目的与本专利不同，本专利权利要求1与证据1存在区别，并且这些区别使得权利要求1的技术方案具有突出的实质性特点和显著的进步，权利要求1~3相对于证据1具备创造性。并且，权利要求1~3相对于证据2~4也具备创造性。

专利复审委员会依法成立合议组，并于2007年3月13日向双方当事人发出无效宣告请求口头审理通知书，定于2007年4月26日举行口头审理，同时将专利权人于2007年1月16日提交的意见陈述书副本转送给请求人。

口头审理如期举行，双方当事人均参加了口头审理。请求人明确其无效宣告请求的理由和范围是：本专利权利要求1~3不符合专利法实施细则第20条第1款的规定；本专利权利要求1~3相对于证据1~3不符合专利法第22条第3款关于创造性的规定。请求人明确表示放弃本专利权利要求1不符合专利法第26条第4款规定的无效理由。专利权人对证据1~5的真实性表示无异议；认为请求人未对证据3~4进行具体说明，不应考虑，并认为证据5公开日在本专利申请日之后，不能构成本专利的现有技术；对证据2~4中文译文的准确性表示无异议。

合议组当庭告知双方当事人：证据5的公开日在本专利申请日之后，不能作为评述本专利创造性的现有技术证据。鉴于请求人在请求书中未对证据3、4具体说明，根据专利法实施细则第64条第1款以及审查指南第四部分第三章第4.1节的规定，对证据3、4不予考虑。

请求人认为：（1）权利要求1第4行“毡层具有一种一般是平的内表面”中的“一般”不清楚，包括平的和特殊的情况，保护范围不清楚；（2）权利要求1中的“该带形件用毡层为聚氨酯层提供强度，而用聚氨酯减震和提供厚度，以便防止使用者的手相对于手柄滑动”是对理由、原因的说明，因此不简要；（3）证据1附图1中标号36是一种凹坑，图4是剖面视图，图8是使用状态图，该凹坑的作用同样在于增加与手之间的摩擦力，给出了技术启示；（4）证据1第9页第2段第2行公开了粘贴的技术手段，在毡层上施加胶粘剂是容易想到的，因此给出了权利要求1的胶粘剂的技术启示。

专利权人认为：（1）毡层是平的，但不必然是平的，说明书中给出了毡层上具有沟槽的实施例，同样可以实现发明目的，“一般是平的”的说法包括了平的和不平的两种情况，本领域技术人员不会认为此技术方案不清楚；（2）权利要求1中的“该带形件用毡层为聚氨酯层提供强度，而用聚氨酯减震和提供厚度，以便防止使用者的手相对于手柄滑动”限定使得本专利权利要求保护的范围更清楚；（3）证据1中的凹坑与本专利的增强侧缘结构明显不同，并且凹坑的作用是使空气流通并蒸发汗水，而不是增加摩擦；（4）证据1未公开本专利的胶粘剂以及胶粘的位置。

在上述工作的基础上，合议组认为本案事实已经清楚，且双方当事人已充分表达了意见，可以依法作出审查决定。

**二、决定的理由**

1. 关于无效宣告的理由及证据认定

鉴于请求人在口头审理当庭明确表示放弃本专利权利要求1不符合专利法第26条第4款规定的无效宣告理由，故合议组不再对该无效宣告理由进行评述。因此，请求人针对本专利提出的无效宣告理由为本专利权利要求1~3不符合专利法实施细则第20条第1款的规定；本专利权利要求1~3相对于证据1~3不符合专利法第22条第3款关于创造性的规定。

请求人共提交了五份证据，即证据1~5，该证据1~5均为专利文献，且专利权人对证据1~5的真实性均无异议。其中，证据1和2的公告日期均早于本专利的优先权日，因此，证据1和2上记载的内容构成本专利的现有技术，其中证据2为外文文献，请求人提交了相应的中文译文，专利权人对上述中文译文的准确性无异议，故证据2公开的内容以其中文译文的内容为准。由于证据2与证据1为同一现有技术，在评价本专利权利要求1~3的创造性时，仅针对证据1进行评述，对证据2的内容不再进行具体评述。由于请求人在请求书中未对证据3和4进行具体说明，根据专利法实施细则第64条第1款以及审查指南第四部分第三章第4.1节的规定，合议组对证据3和4不予考虑；证据5的公告日期在本专利优先权日之后，不能作为评价本专利创造性的现有技术证据。

2. 关于本专利权利要求1~3是否符合专利法实施细则第20条第1款的规定

专利法实施细则第20条第1款规定：权利要求书应当说明发明或者实用新型的技术特征，清楚、简要地表述请求保护的范围。

审查指南第二部分第二章第3.2.2节指出：在一般情况下，权利要求中不得使用“约”、“接近”、“等”、“或类似物”等类似的用语，因为这类用语通常会使权利要求的范围不清楚。当权利要求中出现了这类用语时，审查员应当针对具体情况判断使用该用语是否会导致权利要求不清楚，如果不会，则允许。

请求人认为：（1）权利要求1第4行“毡层具有一种一般是平的内表面”中的“一般”不清楚，包括平的和特殊的情况，保护范围不清楚；（2）权利要求1中的“该带形件用毡层为聚氨酯层提供强度，而用聚氨酯减震和提供厚度，以便防止使用者的手相对于手柄滑动”是对理由、原因的说明，因此不简要。

对此，合议组认为：（1）本专利权利要求1中限定了“毡层具有一种一般是平的内表面”，根据说明书的描述，已经给出了毡层具有平的内表面以及毡层上具有沟槽的实施例（其中具有沟槽的实施例参见本专利说明书第9页第3段，附图29、30），显然，其中沟槽的实施例表明毡层是不平的。所以，权利要求1中的“毡层具有一种一般是平的内表面”应当理解为包含“平的”和“不平的”两种结构，本领域技术人员在说明书的基础上能够明了权利要求1中“一般”所表述的含义，即权利要求1的保护范围是清楚的；（2）权利要求1中在限定了带形件的结构后又对其作用进行了描述，即“该带形件用毡层为聚氨酯层提供强度，而用聚氨酯减震和提供厚度，以便防止使用者的手相对于手柄滑动”，结构加作用的限定方式使得本专利权利要求1的保护范围更为清楚，应当认为该作用也是基于结构描述之上的一种限定，并不能简单地理解为是对理由、原因的说明，而不简明。因此，权利要求1的表述符合专利法实施细则第20条第1款关于简要的规定。

综上所述，权利要求1符合专利法实施细则第20条第1款的规定，其从属权利要求2、3也符合专利法实施细则第20条第1款的规定，合议组对请求人的上述主张不予支持。

3. 关于专利法第22条第3款的创造性

专利法第22条第3款规定：创造性，是指同申请日以前已有的技术相比，该发明有突出的实质性特点和显著的进步，该实用新型有实质性特点和进步。

在本案中，请求人认为本专利权利要求1相对于证据1不具备创造性。

本专利权利要求1要求保护一种高尔夫球棒、棒球球棒及球拍手柄的弹性握柄，证据1涉及一种球拍减震握柄套，具体披露了如下特征（参见证据1说明书最佳实施例的详细说明部分，图1~3）：握柄套G（相当于权利要求1的带形件）包括一个开放孔洞织物层12（相当于权利要求1的毡层）和一个平滑的封闭孔洞聚氨基甲酸酯层16，聚氨基甲酸酯层16粘接在织物层12的上表面，织物层12为聚氨基甲酸酯层提供强度，聚氨基甲酸酯层16提供厚度和粘性，织物层12具有平的内表面并且从中央区域向外部向上和向外倾斜（相当于权利要求1的向外和向下倾斜的侧缘），在织物层下侧有撕开条带32。

将本专利权利要求1的技术方案与证据1进行比较，具有如下区别特征：（1）本专利权利要求1的弹性握柄具有热压缩的径向向内延伸的增强侧缘，该增强侧缘沿着带形件的长度在带形件的聚氨酯层中形成，而证据1中没有此设置；（2）毡层下侧有胶粘剂，证据1中没有此设置。

由于证据 1 并未披露本专利权利要求 1 中有关增强侧缘的技术特征，并且也未给出在聚氨基甲酸酯层上设置增强侧缘以与毡层中的侧缘叠加的技术启示，同时，请求人也未提供任何证据证明上述增强侧缘的设置属于本领域的公知常识。此外，本专利设置增强侧缘具有限制手柄中带形件散开和阻止水进入由带形件叠加的侧缘所限定的接合之间的技术效果。因此，本专利权利要求 1 所限定的技术方案对本领域技术人员而言并非是显而易见的，需要付出创造性的劳动，因此，权利要求 1 相对于证据 1 具备专利法第 22 条第 3 款规定的创造性。

请求人认为（1）尽管证据 1 中未直接公开该特征，但证据 1 中披露的凹坑的作用同样是增加与手之间的摩擦力，给出了技术启示；（2）本专利中的“增强侧缘”是使聚氨酯层的密度增大和强度增强的侧缘部分，增加了与手之间的摩擦力，是本领域的常用技术手段。

对此，合议组认为：（1）通过阅读证据 1 说明书可知，凹坑 36 的作用是当使用者抓握和放松握柄时，空气能够在聚氨基甲酸酯层的凹坑与织物层中的孔洞之间流动，由于织物层的多孔性容许空气相对于握柄套向内和向外流动，从而蒸发聚积在聚氨基甲酸酯层上的汗水，提高抓握特性（参见证据 1 说明书创作总结部分第 2 段）。而本专利中增强侧缘的设定是与倾斜侧缘叠加增加了手对球拍的摩擦，并防止带形件散开，同时能阻止水进入叠加侧缘所限定的接合处，因此，二者的结构和作用是完全不同的，证据 1 并未给出设置增强侧缘与倾斜侧缘叠加以阻止水的技术启示。（2）这种通过增强侧缘与倾斜侧缘叠加的技术手段，能够实现手对球拍摩擦的增加，防止带形件的散开，同时能阻止水进入叠加侧缘所限定的接合处，具有有益的技术效果，对本领域技术人员而言并非是显而易见的，需要付出创造性的劳动，且请求人也未提供任何证据表明采用这种方式增加摩擦属于本领域的公知常识。

综上所述，本专利权利要求 1 相对于证据 1 具备专利法第 22 条第 3 款规定的创造性。

由于权利要求 2 和 3 均为权利要求 1 的从属权利要求，因此，在权利要求 1 具备创造性的情况下，权利要求 2 和 3 也具备专利法第 22 条第 3 款规定的创造性。

基于上述理由，合议组依法作出如下决定。

**三、决定**

维持 98105518. 4 号发明专利权有效。

当事人对本决定不服的，可以根据专利法第 46 条第 2 款的规定，自收到本决定之日起三个月内向北京市第一中级人民法院起诉。根据该款的规定，一方当事人起诉后，另一方当事人应当作为第三人参加诉讼。

151

# 一种新型浴缸

## 无效宣告请求审查决定（第 10320 号）

**决　　定　　号**　第 10320 号
**决　　定　　日**　2007 年 7 月 4 日
**发明创造名称**　一种新型浴缸
**国 际 分 类 号**　A47K 3/02
**无效宣告请求人**　广州市番禺家乐思休闲设备有限公司
**专　利　权　人**　佛山市南海狮王卫浴有限公司
**专　　利　　号**　200420071292. X
**申　　请　　日**　2004 年 7 月 2 日
**授 权 公 告 日**　2005 年 10 月 5 日
**合 议 组 组 长**　黄毅斐
**主　　审　　员**　熊　洁
**参　　审　　员**　龙　安

**法　律　依　据**　专利法第 22 条第 2 款
**决　定　要　点**

对比文件公开了权利要求 1~4 的全部技术特征。并且，对比文件与本专利同属于浴缸领域，同样能够解决现有技术中对于残疾人入浴时容易滑倒、不方便等问题，并达到方便残疾人入浴的技术效果。因此，权利要求 1~4 不具备专利法第 22 条第 2 款规定的新颖性。

### 一、案由

本无效宣告请求涉及中华人民共和国国家知识产权局于 2005 年 10 月 5 日授权公告的、名称为“一种新型浴缸”的实用新型专利（以下简称本专利），其专利号是 200420071292. X，申请日是 2004 年 7 月 2 日，专利权人是佛山市南海狮王卫浴有限公司。本专利授权公告时的权利要求书如下：

“1. 一种新型浴缸，包括缸体（1），其特征在于：所述的缸体（1）的侧壁上开有入浴口（2），入浴口（2）处安装有活动门（3），活动门（3）关闭时与入浴口（2）密封连接。

2. 根据权利要求 1 所述的一种新型浴缸，其特征在于：所述的活动门通过铰接件（4）安装在入浴口（2）处。

3. 根据权利要求 1 所述的一种新型浴缸，其特征在于：所述的活动门（3）和入浴口之间装有锁紧装置（5）。

4. 根据权利要求 1 所述的一种新型浴缸，其特征在于：所述的活动门（3）的边缘包有密封条（31）。”

针对本专利，广州市番禺家乐思休闲设备有限公司（以下简称请求人）于2006年9月8日向专利复审委员会提出无效宣告请求，认为本专利不符合专利法第22条第2、3款的规定，同时请求人提交了如下附件：

附件1（以下简称对比文件）：日本特开2002-336325号公开特许公报，公开日为2002年11月26日，共4页；

附件2：附件1的中文译文，共3页；

附件3：专利号为200420071292.X的实用新型专利说明书（本专利），共7页；

请求人认为：本专利不符合专利法第22条第2、3款的规定，不具有新颖性和创造性，具体理由如下：

对比文件（译文第2页、第2自然段的前五行）已揭示了本专利的全部技术特征："浴缸1的缸壁开一个让人通过的宽度和高度的豁口"；"用折页7将活动门安装于浴缸1上"；"为不使热水从活动门2的间隙中流出，在浴缸2的边缘上将橡胶或塑料制成的密封片5嵌入U字型的密封槽19中"。对比文件（译文第2页第2自然段的第12~14行）揭示了"为了完全防止热水泄漏——锁钩就会锁入在浴缸1的侧面上张开的锁扣中"。即揭示了活动门和入浴口之间装有锁紧装置。本专利要解决的问题是，方便残疾人进出浴缸，对比文件要解决的是相同的问题。本专利的解决方案是在浴缸侧壁开一个豁口，并装可密封且装有锁紧装置的活动门。对比文件给出了相同的技术方案。比较本专利与对比文件可以确认，本专利独立权利要求的全部技术特征已经由对比文件公开。本专利的从属权利要求也由对比文件公开。对比文件与本专利技术领域相同、要解决的技术问题相同、预期效果相同，因而本专利独立权利要求不具备专利法第22条第2款规定的新颖性，本专利的从属权利要求也不具有专利法第22条第2款规定的新颖性。本专利的技术方案相对现有技术没有特点，也没有进步，因此也不具备专利法第22条第3款规定的创造性。

经形式审查合格，专利复审委员会依法受理了上述无效宣告请求，并于2006年9月21日向请求人和专利权人发出无效宣告请求受理通知书，同时将专利权无效宣告请求书及其附件清单中所列附件的副本转送给专利权人，并要求专利权人在指定的期限内陈述意见。

针对专利复审委员会于2006年9月21日发出的上述无效宣告请求受理通知书，专利权人于2006年11月3日提交了意见陈述书，其意见为：（1）提出宣告无效的依据和证据不足，应不予采纳；（2）我们公司的产品与国外产品在内部技术结构上完全不同，是我们公司经1年半以上的时间研制开发成功，不存在与别的产品雷同，是在力学结构上有创新的产品。

专利复审委员会于2007年4月9日向双方当事人发出无效宣告请求口头审理通知书，定于2007年6月11日举行口头审理。同时告知专利权人如果对请求人提交的对比文件的译文有异议，应当在口审时或之前提出，如果未提出，视为专利权人对请求人提交的译文无异议。

口头审理如期举行，仅请求人参加了此次口头审理。请求人对合议组成员变更没有异议。请求人对合议组成员没有回避请求。请求人当庭明确其无效理由为：权利要求1~4相对于对比文件不符合专利法第22条第2款和第3款的规定。

专利复审委员会于2007年6月11日向专利权人发出了合议组成员告知通知书，告知专利权人，如对上述合议组成员有回避请求的，请于收到本通知书之日起7日内提交书面请求，并说明理由，必要时附具有关证据。专利权人逾期未答复。

至此，合议组认为本案事实已经清楚，可以作出审查决定。

## 二、决定的理由

1. 关于证据

请求人提交的对比文件为日本专利文献，经合议组核实可以确认其真实性，由于其公开日在本专利的申请日之前，因此可以用作评价本专利的现有技术。由于专利权人未对请求人提交的该对比文件的中文译文提出异议，因此视为专利权人对请求人提交的译文无异议，合议组在下面评述中将引用对比文件的中文译文。

2. 关于新颖性

本专利的目的在于提供一种入浴方便的新型浴缸，本专利权利要求 1 所限定的浴缸包括以下技术特征：

（1）包括缸体，缸体的侧壁上开有入浴口；

（2）入浴口处安装有活动门；

（3）活动门关闭时与入浴口密封连接。

对比文件涉及一种浴缸，参见对比文件的附图 1~18 及译文第 2 页第 6~21 行，其中明确记载了以下技术内容：浴缸的缸壁开一个可以让人通过的宽度和高度的豁口；为了不使热水从活动门 2 的间隙中流出，在浴缸的边缘上将橡胶或塑料制成的密封片 5、5′嵌入 U 字型的密封槽 19、19′；为了完全防止热水泄漏，将杠杆把手 3 安装在装有轴承 13、13′的把手门杆 12 上，通过让其旋转约 90 度左右，被固定在把手门杆 12 上的锁钩就会锁入在浴缸 1 的侧面上张开的锁扣中。

对比文件中的“豁口”相当于权利要求 1 中的“入浴口”，“活动门”相当于权利要求 1 中的“活动门”，“在浴缸 2 的边缘上将橡胶或塑料制成的密封片 5、5′嵌入‘U’字型的密封槽 19、19′”相当于权利要求 1 中的“活动门（3）关闭时与入浴口（2）密封连接”。

因此，权利要求 1 的技术特征（1）~（3）均已被对比文件公开。同时，对比文件与权利要求 1 同属于浴缸领域，同样能够解决现有技术中对于残疾人入浴时容易滑倒、不方便等问题，并达到方便残疾人入浴的技术效果。因此，权利要求 1 与对比文件相比不具有新颖性，不符合专利法第 22 条第 2 款的规定。

权利要求 2~4 是权利要求 1 的从属权利要求，权利要求 2 的附加技术特征为：“活动门通过铰接件（4）安装在入浴口（2）处”。而对比文件（参见对比文件的附图 1~18 及译文第 2 页第 6~21 行）中公开的“用折页 7、7′将活动门安装于浴缸 1 上”相当于权利要求 2 中的“活动门通过铰接件（4）安装在入浴口（2）处”；权利要求 3 的附加技术特征为：“活动门（3）和入浴口之间装有锁紧装置（5）”，而对比文件（参见对比文件的附图 1~18 及译文第 2 页第 6~21 行）中公开的“锁钩”和“锁扣”相当于权利要求 3 中的“活动门（3）与入浴口之间装有锁紧装置（5）”；权利要求 4 的附加技术特征为：“活动门（3）的边缘包有密封条（31）”，而对比文件（参见对比文件的附图 1~18 及译文第 2 页第 6~21 行）中公开的“密封片 5、5′”就相当于权利要求 4 中的“活动门（3）的边缘包有密封条（31）”。由此可见，从属权利要求 2~4 的全部附加技术特征都已经被对比文件公开了，在从属权利要求 2~4 引用的独立权利要求 1 不具备新颖性的基础上，权利要求 2~4 也不符合专利法第 22 条第 2 款规定的新颖性。

由于权利要求 1~4 不符合专利法第 22 条第 2 款有关新颖性的规定，因此合议组对权利要求 1~4 的创造性不再进行评述。

**三、决定**

宣告 200420071292. X 号实用新型专利权全部无效。

当事人对本决定不服的，可以根据专利法第 46 条第 2 款的规定，自收到本决定之日起三个月内向北京市第一中级人民法院起诉。根据该款的规定，一方当事人起诉后，另一方当事人应当作为第三人参加诉讼。

152

# 一次成型的胸罩（二）

## 无效宣告请求审查决定（第10321号）

**决　定　号**　第10321号
**决　定　日**　2007年7月30日
**发明创造名称**　一次成型的胸罩（二）
**国际分类号**　A41C 5/00
**无效宣告请求人**　纪智有限公司
**专　利　权　人**　上海腾飞时装肩垫制品有限公司
**专　利　号**　200420082492.5
**申　请　日**　2004年9月2日
**授权公告日**　2005年12月21日
**合议组组长**　黄玉平
**主　审　员**　沈乐平
**参　审　员**　马　燕

**法律依据**　专利法第22条第3款
**决定要点**

虽然一项实用新型专利的权利要求相对于现有技术存在区别特征，但是如果该区别特征在现有技术中已给出技术启示，且未带来预料不到的技术效果，则应当认为该项专利的权利要求不具有实质性特点和进步，不具备专利法第22条第3款规定的创造性。

### 一、案由

本无效宣告请求涉及国家知识产权局于2005年12月21日授权公告的、名称为“一次成型的胸罩（二）”的200420082492.5号实用新型专利（下称本专利），其申请日是2004年9月2日，专利权人是上海腾飞时装肩垫制品有限公司。本专利授权公告时的权利要求书如下：

“1. 一种一次成型的胸罩，其特征是：该胸罩由外层罩杯、罩杯、内层棉、定型管、肩带、肩扣、背带和背部搭扣构成；外层罩杯与内层棉粘连；两个罩杯的两侧与背带、背部搭扣粘连；两个罩杯的两个上端与肩带、肩扣粘连；肩带与背带粘连；外层罩杯和内层棉之间的罩杯内侧下端置入定型管。

2. 根据权利要求1所述的一次成型的胸罩，其特征是：该外层罩杯和内层棉之间放置胸衬。

3. 根据权利要求1所述的一次成型的胸罩，其特征是：定型管和内层棉间未粘合处由钢丝插入后，再封口。

4. 根据权利要求 1 所述的一次成型的胸罩，其特征是：肩带的一端与罩杯的上端紧密粘合；另一端与肩扣粘连。

5. 根据权利要求 1 所述的一次成型的胸罩，其特征是：背带的一端与罩杯的侧面紧密粘合；另一端与背部搭扣粘连。”

针对本专利权，纪智有限公司（下称请求人）于 2006 年 7 月 7 日向专利复审委员会提出了无效宣告请求，其理由是本专利不符合专利法第 22 条第 2、3 款、第 26 条第 4 款及专利法实施细则第 20 条第 1 款的规定，并提交了如下证据：

证据 1：专利号为 ZL02200580. 3 的中国实用新型专利说明书，其授权公告日 2002 年 10 月 16 日；

证据 2：第 3087144 号日本实用新型专利公报及其对应的中文译文，其公开日为 2002 年 4 月 24 日，其中以证据 1 作为其中文译文。

结合上述证据，请求人认为：（1）本专利权利要求 1、3~5 不符合专利法实施细则第 20 条第 1 款有关清楚的规定；（2）本专利权利要求 1 得不到说明书的支持，不符合专利法第 26 条第 4 款的规定；（3）本专利权利要求 1~5 相对于证据 1 不具备专利法第 22 条第 2、3 款规定的新颖性和创造性；（4）证据 2 是证据 1 的日本同族专利，并且是证据 1 的直接对应日文翻译，因此将证据 1 的副本作为证据 2 的中文翻译件，本专利权利要求 1~5 相对于证据 2 不具备专利法第 22 条第 2、3 款规定的新颖性和创造性。此外，请求人还提交了本专利授权公告文本。

2006 年 8 月 7 日，请求人提交了补正书，补正书中补正内容栏内写明提交证据 2 的中文译文，但是并未提交该文件。

2006 年 9 月 11 日请求人提交了复审、无效程序中意见陈述书，用于说明请求人已于 2006 年 8 月 7 日主动补交了参考文献的中文译文。

2006 年 9 月 29 日请求人又补充提交了证据 2 的中文译文。

经形式审查合格，专利复审委员会依法受理了上述无效宣告请求，并于 2006 年 10 月 25 日向双方当事人发出了无效宣告请求受理通知书，随同无效宣告请求受理通知书将专利权无效宣告请求书及其附件清单中所列附件副本转送给专利权人，要求其在指定的期限内答复，并告知其期满未答复，不影响专利复审委员会审理。

专利权人没有在指定期限内答复。

专利复审委员会依法成立合议组对本案进行审理，并于 2007 年 3 月 6 日向双方当事人发出无效宣告请求口头审理通知书，告知双方当事人本案定于 2007 年 6 月 6 日举行口头审理，并将请求人于 2006 年 7 月 7 日提交的附件 2 的中文译文 CN2515975Y（即证据 1）共 13 页和 2006 年 9 月 29 日提交的附件 2 的中文译文共 6 页随口审通知书转送给专利权人。

口头审理如期举行，请求人参加了口头审理，专利权人未参加口头审理。在口头审理中，

（1）请求人明确表示无效的理由及范围为：本专利权利要求 1、3~5 不符合专利法实施细则第 20 条第 1 款的规定；本专利权利要求 1、3~5 不符合专利法第 26 条第 4 款的规定；本专利权利要求 1~5 分别相对于证据 1 或证据 2 不符合专利法第 22 条第 2 款、第 3 款的规定。

（2）关于证据。

请求人表示证据 2 的译文先后提交了 3 次，第一次是提出无效宣告请求时，第二次是 2006 年 8 月 7 日，第三次是 2006 年 9 月 29 日。

合议组告知请求人，案卷中没有其声称的于 2006 年 8 月 7 日提交的译文，仅有其于 2006 年 9 月 29 日提交的译文，但是该译文提交逾期，不予接受。

请求人明确表示，使用提出无效宣告请求时的证据 2 的中文译文（即证据 1）。因为证据 2 与证

据 1 为同族专利，公开的内容是相同的，所以证据 1 可以作为证据 2 的译文，并表示二者是对应的。

（3）请求人认为，证据 1 公开了本专利权利要求 1~5 的全部技术特征，因此不具备新颖性。即使存在区别，其区别也是容易想到的，权利要求 1~5 也不具备创造性。

（4）请求人明确表示，证据 2 与证据 1 的内容是一样的，与本专利的内容基本一致，关于证据 2 评述本专利权利要求 1~5 新颖性、创造性的理由与证据 1 的具体理由相同。

（5）请求人明确表示，本专利不符合专利法实施细则第 20 条第 1 款及专利法第 26 条第 4 款的理由与无效宣告请求书中的理由相同。

至此，合议组认为事实已经清楚，在此基础上，合议组经合议依法作出审查决定。

**二、决定的理由**

1. 关于证据和现有技术

请求人提交的证据 1 为中国实用新型专利说明书，其授权公告日为 2002 年 10 月 16 日，专利权人没有对证据 1 的真实性表示异议，合议组经审查对证据 1 的真实性予以认可，证据 1 可以作为本案证据使用。证据 1 为专利文献，且其公开日在本专利申请日之前，其上公开的内容构成本专利的现有技术。

2. 关于本专利权利要求 1~5 是否符合专利法第 22 条第 3 款关于创造性的规定

专利法第 22 条第 3 款规定：创造性，是指同申请日以前已有的技术相比，该发明有突出的实质性特点和显著的进步，该实用新型有实质性特点和进步。

证据 1 公开了一种改进的一体成型胸罩，其中证据 1 的说明书的具体实施方式的第三段和附图 1~2公开了如下内容：胸罩 10 由外罩层 11、内棉层 12、托形管 13、肩带 14 及背带扣 15 组合而成；其中，该外罩层 11 为一体成型，包含罩杯部 111 及后背带 112；该内棉层 12 因应外罩层 11 的外形而设，亦为一体成型，包含罩杯部 121 及后背带 122；经由高温热压处理可将外罩层 11 及内棉层 12 紧密贴合。背带扣 15 亦经由高温热压贴合方式压贴于胸罩 10 的后背带 112（122）末端处。该肩带 14 亦经由高温热压贴合方式压贴于胸罩 10 的罩杯部 111（121）及后背带 112（122）一端上。该托形管 13 为一胶质空心管，组设于外罩层 11 与内棉层 12 间的罩杯部 111、121 内侧两下缘处。从证据 1 的说明书附图 1~6 中均可以确定肩带上有用于调节长度的扣。

本专利权利要求 1 相对于证据 1 的区别在于：本专利中两个罩杯的两侧与背带、背部搭扣粘连，而证据 1 中外罩层及内棉层的罩杯部和后背带均是一体成型的。

合议组认为，将罩杯与背带设计成一体或将罩杯与背带设计成分离的部分再成型如粘连在一起对本领域的技术人员来说仅是一种常规的选择。在证据 1 给出的通过高温热压处理可以将胸罩的各部分紧密贴合的教导下，当需要将罩杯与背带设计成分离的两个部分再成型一体时，本领域的技术人员很容易想到将罩杯与背带等紧密贴合，无需付出创造性的劳动。因此本专利权利要求 1 相对于证据 1 不具有实质性特点和进步，不具备专利法第 22 条第 3 款规定的创造性。

权利要求 2 从属于权利要求 1，其附加技术特征为：该外层罩杯和内层棉之间放置胸衬。证据 1 的说明书第 4 页倒数第 5 行至倒数第 3 行公开了如下内容：外罩层 11 与内棉层 12 间的罩杯部 111、121 内侧亦可装设泡棉体 16 以增加罩杯部 111、121 的坚挺感。由此可见，证据 1 公开了本专利权利要求 2 的附加技术特征，当权利要求 2 引用的权利要求 1 不具备创造性时，权利要求 2 也不具有实质性特点和进步，不具备专利法第 22 条第 3 款规定的创造性。

权利要求 3 从属于权利要求 1，其附加技术特征为：定型管和内层棉间未粘合处由钢丝插入后，再封口。证据 1 的说明书第 5 页第 3~6 行和附图 5 公开了如下内容：经高温热压贴合的外罩层 11 及内棉层 12，其中，于托形管 13 处的外罩层 11 及内棉层 12 间，可呈一未贴合的缺口 131，以供钢圈

132 装设，装设后的缺口 131 再经高温热压贴合，可使托形管 13 与钢圈 132 不致外露。由此可见，证据 1 公开了本专利权利要求 3 的附加技术特征，当权利要求 3 引用的权利要求 1 不具备创造性时，权利要求 3 也不具有实质性特点和进步，不具备专利法第 22 条第 3 款规定的创造性。

权利要求 4 从属于权利要求 1，其附加技术特征为：肩带的一端与罩杯的上端紧密粘合；另一端与肩扣粘连。证据 1 的说明书第 4 页倒数第 2 行至倒数第 1 行公开了如下内容：该肩带 14 亦经由高温热压贴合方式压贴于胸罩 10 的罩杯部 111（121）及后背带 112（122）一端上。而从证据 1 的说明书附图 1~6 中可明显看出：肩带的一端与罩杯的上端紧密贴合，另一端与带有调节肩带长度的扣相连并且该端部最后与肩带贴合。由此可见，证据 1 公开了权利要求 4 的附加技术特征，因此当权利要求 4 引用的权利要求 1 不具备创造性时，权利要求 4 也不具有实质性特点和进步，不具备专利法第 22 条第 3 款规定的创造性。

权利要求 5 从属于权利要求 1，其附加技术特征为：背带的一端与罩杯的侧面紧密粘合；另一端与背部搭扣粘连。证据 1 的说明书第 4 页最后一行至第 5 页第 2 行公开了如下内容：背带扣 15 亦相同经由高温热压贴合方式压贴于胸罩 10 的后背带 112（122）末端处。虽然证据 1 中背带与罩杯侧面是一体的，没有公开权利要求 5 附加技术特征中的“背带的一端与罩杯的侧面紧密粘合”，但是对本领域的技术人员来说，该区别是显而易见的（具体参见对权利要求 1 的评述）。因此当权利要求 5 引用的权利要求 1 不具备创造性时，权利要求 5 也不具有实质性特点和进步，不具备专利法第 22 条第 3 款规定的创造性。

综上所述，本专利权利要求 1~5 相对于证据 1 不具备专利法第 22 条第 3 款规定的创造性。

由于本专利权利要求 1~5 相对于证据 1 不具备创造性，应当被宣告无效，故合议组不再对其他证据以及无效理由进行评述。

**三、决定**

宣告 200420082492.5 号实用新型专利全部无效。

当事人对本决定不服的，可以根据专利法第 46 条第 2 款的规定，自收到本决定之日起三个月内向北京市第一中级人民法院起诉。根据该款的规定，一方当事人起诉后，另一方当事人应当作为第三人参加诉讼。

153

# 内合页式防盗井盖

## 无效宣告请求审查决定（第10331号）

**决　　定　　号**　第10331号
**决　　定　　日**　2007年7月16日
**发明创造名称**　内合页式防盗井盖
**国 际 分 类 号**　E02D 29/14
**无效宣告请求人**　阿城市小岭镇顺祥铸造厂
**专　利　权　人**　哈尔滨市异型管件厂
**专　　利　　号**　02209774.0
**申　　请　　日**　2002年1月14日
**授 权 公 告 日**　2003年3月26日
**合 议 组 组 长**　张惠军
**主　　审　　员**　刘　铭
**参　　审　　员**　李　礼

**法　律　依　据**　专利法第22条第3款
**决　定　要　点**
如果一项权利要求所请求保护的技术方案与现有技术的区别技术特征属于本领域的常用技术手段，则该权利要求不符合专利法第22条第3款有关创造性的规定。

### 一、案由

本无效宣告请求涉及中华人民共和国国家知识产权局于2003年3月26日授权公告的、名称为“内合页式防盗井盖”的实用新型专利权（下称本专利），其专利号是02209774.0，申请日是2002年1月14日，专利权人是哈尔滨市异型管件厂。本专利授权公告时的权利要求书如下：

“1. 一种内合页式防盗井盖，它包括井圈、盖板，其特征是：井圈与盖板的边上有穿轴孔，连接轴穿在穿轴孔中，井圈上的穿轴孔的一端为封闭的沉孔，连接轴的另一端与井圈之间焊接。

2. 根据权利要求1所述的内合页式防盗井盖，其特征是：在盖板的与穿轴孔相对应位置设置提孔。”

针对上述专利权，阿城市小岭镇顺祥铸造厂（下称请求人）于2006年11月2日向专利复审委员会提出无效宣告请求，其提交的证据如下：

证据1：ZL99203273.3号实用新型专利说明书，授权公告日为2000年2月2日；

证据2：ZL95211736.3号实用新型专利说明书，授权公告日为1996年2月14日。

请求人的具体无效宣告请求的理由是：本专利的权利要求1~2不符合专利法第22条第3款有关创造性的规定，其中权利要求1相对于证据1与本领域的普通技术手段的结合不具备创造性，权利要求2相对于证据1与证据2以及本领域的普通技术手段的结合不具备创造性。

经形式审查合格，专利复审委员会依法受理了上述无效宣告请求，并于2006年12月4日向双方当事人发出无效宣告请求受理通知书，随同该受理通知书将无效宣告请求书及其附件清单中所列附件的副本转送给专利权人。

针对上述无效宣告请求，专利权人于2006年12月18日向专利复审委员会提交了意见陈述书，专利权人认为：本专利的井盖是内合页结构，井盖与井圈的合页连接于井圈的内侧，而证据1与证据2中公开的井盖的合页连接于井圈的外侧；另外，证据1与证据2都没有公开本专利中的井盖的“双合页结构”和“轴销孔的一端为封闭的沉孔”，而这两个技术特征具有相应的技术效果，因而本专利相对于证据1和证据2具备创造性。

专利复审委员会依法成立合议组，对上述无效宣告请求进行审查。本案合议组于2007年2月2日向双方当事人发出无效宣告请求口头审理通知书，指出本案定于2007年3月27日举行口头审理。随同口头审理通知书，将专利权人于2006年12月18日提交的意见陈述书转送给请求人。

口头审理如期举行，双方当事人均出席口头审理。

在口头审理中，合议组当庭告知双方当事人本案合议组成员变更情况。双方当事人表示对合议组成员变更无异议，对合议组成员无回避请求。请求人当庭明确其无效宣告请求的理由、范围、证据为：本专利权利要求1相对于证据1不具备专利法第22条第3款规定的创造性，本专利权利要求2相对于证据1和证据2的结合不具备专利法第22条第3款规定的创造性。专利权人对证据1和证据2的真实性表示认可。

关于权利要求1的创造性，请求人认为：本专利权利要求1相对于证据1与本领域常用技术手段的结合不具有创造性，具体理由为：证据1中所公开的井盖与本专利的井盖都属于内合页结构的防盗井盖，证据1中的底座5和固定轴座2相当于本专利权利要求1的井圈2；证据1中的井盖面1和活动轴套3相当于本专利权利要求1中的盖板1；证据1中的短轴9相当于本专利权利要求1中的连接轴3；本专利权利要求1中的“井圈2与盖板1的边上有穿轴孔……”相当于描述了井圈2与盖板1铰链连接的关系，在证据1中短轴9设置在固定轴座2上，活动套3套在短轴9上，也描述出一种井座和井盖铰链连接的关系。本专利权利要求1与证据1的区别在于：本专利权利要求1中“井圈上的穿轴孔的一端是封闭的沉孔，另一端与井圈之间焊接”，而证据1描述的是短轴的两端都固定在固定轴座上，但请求人认为这两种结构没有实质的区别；证据1的两端也不会露在外面，与本专利作用相同，在本领域技术中焊接和通过沉孔连接都是常规的技术手段。

对此，专利权人认为：（1）本专利在附图上与证据1和证据2有明显的差别，本专利是内合页，证据1是外合页；内合页是指井圈和井盖的结合部分是在井口内，而证据1的连接部分是在井口外；认可证据1公开了本专利的井圈；（2）本专利是双合页的，证据1和证据2是单合页的；（3）本专利的穿轴孔与证据1和证据2不同，认可证据1和证据2公开了本专利的连接轴，但认为证据1和证据2没有公开本专利的沉孔和焊接；

关于权利要求2的创造性，请求人认为：证据2附图2有一个长槽形的开启孔8与本专利提孔相同，设置位置、形状均相同，作用均是把盖板提起来，证据2与证据1相结合破坏了本专利权利要求2的创造性。

专利权人认可证据2公开了本专利权利要求2中的提孔。

至此，合议组认为本案事实清楚，现依法作出审查决定。

## 二、决定的理由

1. 关于证据和现有技术

证据 1 和 2 均是专利文献，且专利权人对其真实性没有异议，合议组经审查认为证据 1 和证据 2 可以作为本案证据使用。同时由于上述两份证据的授权公告日期均在本专利的申请日前，因此其上记载的内容构成了本专利的现有技术。

2. 关于创造性

创造性，是指同申请日以前已有的技术相比，该发明有突出的实质性特点和显著的进步，该实用新型有实质性特点和进步。

如果一项权利要求所请求保护的技术方案与现有技术的区别技术特征属于本领域的常用技术手段，则该权利要求不符合专利法第 22 条第 3 款有关创造性的规定。

（1）关于本专利权利要求 1 的创造性。

请求人认为：证据 1 公开了本专利权利要求 1 中的盖板、连接轴、井圈与盖板之间的穿轴孔及其连接方式；本专利权利要求 1 与证据 1 的区别在于“井圈上的穿轴孔的一端是封闭的沉孔，另一端与井圈之间焊接”，而该区别技术特征是本领域的常用技术手段，因而权利要求 1 相对于证据 1 与本领域的常用技术手段的结合不具备创造性。

专利权人认为：证据 1 中公开的是外合页式井盖，且证据 1 中的连接方式是单合页连接，而本专利权利要求 1 中所保护的是内合页式井盖，并且是双合页连接；本专利的穿轴孔与证据 1 中不同，证据 1 中没有公开本专利权利要求 1 中的沉孔和焊接。

经合议组审查，本专利权利要求 1 请求保护一种内合页式井盖，它包括井圈、盖板，其特征是：井圈与盖板的边上有穿轴孔，连接轴穿在穿轴孔中，井圈上的穿轴孔的一端为封闭的沉孔，连接轴的另一端与井圈之间焊接。证据 1 是本专利最接近的现有技术，其公开了一种铰链式防盗井盖座，并具体公开了以下技术特征：该井盖座包括井盖和井座，其中井座具有底座 5 和固定轴座 2（相当于本专利权利要求 1 中的井圈）；井盖包括井盖面 1 和活动轴套 3（相当于本专利权利要求 1 中的盖板）；短轴 9（相当于本专利权利要求 1 中的连接轴）设置在固定轴座 2 上，活动轴套 3 套在短轴 9 上（相当于本专利权利要求 1 中的“井圈与盖板的边上有穿轴孔，连接轴穿在穿轴孔中”）。

本专利权利要求 1 请求保护的技术方案与证据 1 的区别在于：本专利权利要求 1 中井圈上的穿轴孔的一端是封闭的沉孔，另一端与井圈之间焊接，而证据 1 中短轴 9 的两端均设在固定轴座 2 上。

对于上述区别特征，合议组认为：在证据 1 中公开了短轴的两端都设在固定轴座上，并且活动轴套与固定轴座之间的空隙很小，防止插入东西撬盗或掉入杂物（参见证据 1 的说明书第 1 页第 4 段），这种结构能够起到防盗作用。而本专利的权利要求 1 中，通过使连接轴的一端位于井圈上封闭的沉孔中，另一端与井圈之间焊接，这种结构使连接轴没有外露部分，同样是出于防盗的目的。即证据 1 中的将短轴两端均设在固定轴座上的结构与本专利权利要求 1 中穿轴孔的一端为封闭的沉孔、连接轴的另一端与井圈之间焊接所起的作用相同，都是为了解决防盗的问题，而这两种手段都是本领域解决防盗问题所常用的技术手段。在证据 1 的基础上，结合本领域常用技术手段，本领域技术人员无须付出创造性劳动就可得出本专利权利要求 1 的技术方案，解决井盖的防盗问题并取得预期的技术效果。因此，本专利权利要求 1 的技术方案相对于证据 1 与本领域常用技术手段的结合不具备实质性特点和进步，不符合专利法第 22 条第 3 款有关创造性的规定。

对于专利权人的意见，合议组认为：虽然在口头审理中专利权人称内合页是指井圈和井盖的结合部分在井口内，但在本专利权利要求 1 中并没有对“内合页”的具体结构进行限定，在说明书中也没有对“内合页”作此解释和限定。根据本领域技术人员对“内合页”的常规理解，其含义为合页不暴露在井盖与井圈的连接处的外面，从而使连接轴不外露，这一点在本专利说明书（参见说明书第 1 页第 22 到 23 行）中的描述得到了印证：“……构成了内合页式结构，保证了连接轴没有外露部分……”。根据这一理解，证据 1 中的井盖与井圈的连接方式同样为内合页式井盖。至于专利权人提到的本专利是双合页的，与单合页结构不同，并没有体现在本专利权利要求 1 的技术方案中，因而不能解释为对权利要求 1 的限定，不能证明本专利权利要求 1 具备创造性，专利权人的主张不能成立。

（2）关于本专利权利要求 2 的创造性。

本专利权利要求 2 是权利要求 1 的从属权利要求，其附加技术特征是：在盖板的与穿轴孔相对应位置设置提孔。证据 2 公开了一种防盗井盖，包括井盖与井盖座，井盖 2 的一侧有一个装销轴 1 的凸耳 6，凸耳 6 中设有销轴孔（相当于本专利的穿轴孔），并公开了在井盖上与销轴孔相对应的位置上有一长形开启孔 8（见证据 2 的附图 2 中的附图标记 8），该开启孔在证据 2 中所起的作用是方便井盖的开启，这与本专利中的提孔所起的作用完全相同。证据 1 与证据 2 和本专利都属于井盖领域，在证据 1 的基础上，本领域技术人员根据证据 2 中给出的有关开启孔的启示，无须付出创造性劳动就可得出本专利权利要求 2 的技术方案。当权利要求 2 引用的权利要求 1 不具备创造性时，权利要求 2 也不符合专利法第 22 条第 3 款有关创造性的规定。

综上所述，本专利权利要求 1 和权利要求 2 都不具备专利法第 22 条第 3 款规定的创造性。

**三、决定**

宣告 02209774.0 号实用新型专利权全部无效。

当事人对本决定不服的，可以根据专利法第 46 条第 2 款的规定，自收到本决定之日起三个月内向北京市第一中级人民法院起诉。根据该款的规定，一方当事人起诉后，另一方当事人应当作为第三人参加诉讼。

154

# 一次成型的胸罩

## 无效宣告请求审查决定（第10336号）

**决　　定　　号** 第10336号
**决　　定　　日** 2007年8月6日
**发明创造名称** 一次成型的胸罩
**国 际 分 类 号** A41C 5/00
**无效宣告请求人** 纪智有限公司
**专　利　权　人** 上海腾飞时装肩垫制品有限公司
**专　　利　　号** 200420082493.X
**申　　请　　日** 2004年9月2日
**授 权 公 告 日** 2006年4月19日
**合 议 组 组 长** 黄玉平
**主　　审　　员** 沈乐平
**参　　审　　员** 马　燕

**法　律　依　据** 专利法第22条第2款、第3款
**决　定　要　点**

如果一项实用新型专利与现有技术公开的内容相比，该实用新型专利所要求保护的技术方案与现有技术所公开的技术方案实质上相同，且两者属于相同的技术领域，解决相同的技术问题，并具有相同的预期效果，则应当认为该项实用新型专利要求保护的技术方案不具备专利法第22条第2款规定的新颖性。

### 一、案由

本无效宣告请求涉及国家知识产权局于2006年4月19日授权公告的、名称为“一次成型的胸罩”的200420082493.X号实用新型专利（下称本专利），其申请日是2004年9月2日，专利权人是上海腾飞时装肩垫制品有限公司。本专利授权公告时的权利要求书如下：

“1. 一种一次成型的胸罩，其特征是，该胸罩的两个侧面，用人造纤维材料裁断，从而在胸罩的前部形成罩杯；两个侧面后部加长，和外侧保护层相对应，外侧保护层和同等材料制造出内侧的反面；外侧保护层和同等材料的脱卸部分，沿着前部罩杯下侧有2个，面对前面的两个罩杯之间的中间延长部分，形成了一个W型的辅助胸衬。正因为有了这样的设计，以及在后部准备了搭扣，从而形成了一次成型的胸罩。通过高压作用，辅助胸衬被压制于胸罩前部的外侧保护层和内侧之间；由于事先留有搭扣位置，两处后部的背带前端，经过压力作用，一次成型。

2. 根据权利要求 1 所述的一次成型的胸罩，其特征是，该胸罩的外侧保护层和内侧处，所用的材料是用具有涤纶伸缩性的线，编制而成的布。

3. 根据权利要求 1 所述的一次成型的胸罩，其特征是，两处肩带与后部背带以及前部的罩杯连在一起，并在压力下，粘合各个部位。

4. 根据权利要求 1 所述的一次成型的胸罩，其特征是，在内侧的反面上侧，有一个供自由选择的开口。

5. 根据权利要求 1 所述的一次成型的胸罩，其特征是，辅助胸衬为了保持良好的通气性，具备了大量的通气孔。

6. 根据权利要求 1 所述的一次成型的胸罩，其特征是，外侧保护层上方前部的罩杯处，与相对应内侧里面，经过裁剪从而形成开放性的胸罩线条。

7. 根据权利要求 1 所述的一次成型的胸罩，其特征是，前部的罩杯下侧，设计了两个平面曲线的金属钢丝，使辅助胸衬可以自由替换，为了使两处的金属钢丝在高压下更好的粘合，外侧保护层以及内侧处，用了同等材料，能将外侧和内侧都包裹起来。

8. 根据权利要求 1 所述的一次成型的胸罩，其特征是，外侧保护层和内侧之间能够追加胸衬。此胸衬可以是液体或半液体构成的袋状物；外侧保护层以及内侧处，使用了能经受高压的材料。”

针对本专利，纪智有限公司（下称请求人）于 2006 年 7 月 7 日向专利复审委员会提出了无效宣告请求，其理由是本专利不符合专利法第 22 条第 2~3 款及专利法实施细则第 20 条第 1 款的规定，并提交了如下证据：

证据 1：申请号为 0090201144 的台湾实用新型专利公报及专利说明书，其公告日为 2003 年 4 月 1 日，共 18 页；

证据 2：US6425800B1 号美国专利文献及其对应译文（即证据 1），其授权日为 2002 年 7 月 30 日，共 26 页。

结合上述证据，请求人认为：（1）本专利权利要求 1、3、4、6、7 不符合专利法实施细则第 20 条第 1 款有关权利要求应当清楚的规定；（2）权利要求 1~8 相对于证据 1 不具备专利法第 22 条第2~3 款规定的新颖性和创造性；（3）证据 2 实际上是证据 1 的美国同族专利，并且是证据 1 的直接对应的英文翻译，因此将证据 1 的副本作为证据 2 的中文翻译件，权利要求 1~8 相对于证据 2 不具备专利法第 22 条第 2~3 款规定的新颖性和创造性。此外，请求人还提交了本专利授权公告文本。

请求人于 2006 年 8 月 7 日向专利复审委员会提交了证据 1 的中文简体版 1 份共 7 页和证据 2 的中文译文 1 份共 5 页。请求人于 2006 年 9 月 29 日又向专利复审委员会提交证据 1 的中文简体版 1 份共 7 页和证据 2 的中文译文 1 份共 5 页。经合议组核实，两次提交的证据 1 的中文简体版、证据 2 的译文的内容均相同。

经形式审查合格，专利复审委员会依法受理了上述无效宣告请求，并于 2006 年 11 月 1 日向双方当事人发出了无效宣告请求受理通知书，随同无效宣告请求受理通知书将专利权无效宣告请求书及其附件清单中所列附件副本转送给专利权人，要求其在指定的期限内答复。

专利权人分别于 2006 年 12 月 5 日、2007 年 1 月 6 日向复审委员会提交了意见陈述，专利权人认为：本专利不存在请求人所说的权利要求请求保护的范围不清楚的问题，请求人所提出的无效宣告请求，没有事实根据和法律根据，专利权人的上述专利申请，完全符合我国专利法对实用新型专利申请所规定的必要条件，专利权人的上述专利申请合法有效。

专利复审委员会依法成立合议组对本案进行审理，并于 2007 年 3 月 6 日向双方当事人发出无效宣告请求口头审理通知书，告知双方当事人本案定于 2007 年 6 月 6 日举行口头审理，同时将专利权人分别于2006年12月5日、2007年1月6日提交的意见陈述书转送给请求人，另外鉴于请求人针对证据1、证据2于2006年8月7日提交的证据1的中文简体版和证据2的中文译文与其于2006年9月29日提交的相同，合议组将其中一份转送给专利权人。

口头审理如期举行，请求人参加了口头审理，专利权人缺席口头审理。在口头审理中，

（1）请求人明确表示无效的理由及范围为：本专利权利要求1、3、4、6、7不符合专利法实施细则第20条第1款的规定；本专利权利要求1~8分别相对于证据1或证据2不符合专利法第22条第2~3款的规定。

（2）请求人明确表示证据2的译文使用2006年8月7日提交的译文。

（3）请求人认为，权利要求1、3、4、6、7不清楚，由于权利要求1不清楚，故从属于权利要求1的权利要求2~8也不清楚。

合议组当庭告知请求人，由于请求人在提出无效宣告请求时只是说明权利要求1各个部分不清楚，而没有具体说明其理由，因此是否对该无效理由进行审查由合议组决定。

请求人坚持当庭陈述权利要求1、3、4、6、7不清楚的理由。

（4）请求人认为，证据1公开了本专利权利要求1~8的全部技术特征，因此不具备新颖性。即使存在区别，其区别也是容易想到的，权利要求1~8也不具备创造性。

（5）请求人明确表示，证据2与证据1的内容是一样的，与本专利的内容基本一致，关于证据2评述本专利权利要求1~8新颖性、创造性的理由与证据1的具体理由相同。

至此，合议组认为事实已经清楚，在此基础上，合议组经合议依法作出审查决定。

**二、决定的理由**

1. 关于证据和现有技术

请求人提交的证据1为台湾实用新型专利公报及专利说明书，其公告日为2003年4月1日。专利权人对证据1的真实性未提出异议，合议组经核实认为，证据1为公开出版的专利文献，其真实性可以确认，因此证据1可以作为本案证据使用，且其公开日在本专利申请日之前，其上公开的内容构成本专利的现有技术。

2. 关于本专利权利要求1~8是否符合专利法第22条第2~3款关于新颖性和创造性的规定

专利法第22条第2款规定：新颖性，是指在申请日以前没有同样的发明或者实用新型在国内外出版物上公开发表过、在国内公开使用过或者以其他方式为公众所知，也没有同样的发明或者实用新型由他人向国务院专利行政部门提出过申请并且记载在申请日以后公布的专利申请文件中。

专利法第22条第3款规定：创造性，是指同申请日以前已有的技术相比，该发明有突出的实质性特点和显著的进步，该实用新型有实质性特点和进步。

具体于本案，本专利权利要求1请求保护一种一次成型的胸罩。证据1涉及一种无车缝胸罩，其中说明书第5页正文第14行至第6页最后公开了如下内容：胸罩系由外罩1、内里2、衬片3、一组背部连接装置4及/或两肩带5组合而成。该外罩1，其具有形成罩杯之前胸11及向两内侧及背部一体延伸之背带2，为保持无接缝或车缝，故外罩1系以织布一体裁切而成，该裁切，得籍由模具实施。内里2系连结于前述外罩1的背面，其形状与尺寸对应于外罩1，其材料则相同于前述外罩1。衬片3为片状物，其形状沿着罩杯下缘向两侧及中央上方延伸，形成一曲线之W型，且为使其可与外罩1与内里2为连结，故以相同材质为佳。背部连结装置4系为习知者，可由黏扣带方式或塑胶扣钩方式为之，其系各连结于各背带12之端处。于成型时，系将衬片3夹合于外罩1与内里2之前胸11部位，使其可位于罩杯下缘、两侧及中央向上，而后，经由模具予以贴合成型，该成型方式可为热压、高周波或其他等效方式为之，使其完全密贴，再将背带4及/或肩带5以加热方式，连结于内

里 2，而为成品。证据 1 的说明书第 9 页的权利要求 1 的最后公开了如下内容：背部连结装置分别压合连结于背带之端处。由此可见，证据 1 公开了本专利权利要求 1 的所有技术特征，本专利与证据 1 都涉及一次成型的胸罩，二者技术方案相同，并能取得相同的技术效果，因而权利要求 1 不具备专利法第 22 条第 2 款规定的新颖性。

权利要求 2 是权利要求 1 的从属权利要求，其附加技术特征为：该胸罩的外侧保护层和内侧处，所用的材料是用具有涤纶伸缩性的线，编制而成的布。证据 1 的说明书第 5 页倒数第 7~4 行公开了如下内容：外罩 1 系为一片体，为使其可为与后叙之内里 2 为密接连结，故以人造纤维如聚酯材料织成为佳，且为使其具适度之弹性，故又以由伸缩纱制成为佳。证据 1 的说明书第 6 页正文第 2~8 行公开了如下内容：内里 2 系连结于前述外罩 1 的背面，其形状与尺寸对应于外罩 1，其材料则相同于前述外罩 1，俾为密接。由此可见，证据 1 公开了权利要求 2 的附加技术特征，因而当权利要求 2 引用的权利要求 1 不具备新颖性时，权利要求 2 也不具备专利法第 22 条第 2 款规定的新颖性。

权利要求 3 是权利要求 1 的从属权利要求，其附加技术特征为：两处肩带与后部背带以及前部的罩杯连在一起，并在压力下，粘合各个部位。证据 1 的说明书第 9 页的权利要求 4 和附图 3 公开了如下内容：其得加置两肩带，并各以压合方式连结于背带及前胸上方者。由此可见，证据 1 公开了权利要求 3 的附加技术特征，因而当权利要求 3 引用的权利要求 1 不具备新颖性时，权利要求 3 也不具备专利法第 22 条第 2 款规定的新颖性。

权利要求 4 是权利要求 1 的从属权利要求，其附加技术特征为：在内侧的反面上侧，有一个供自由选择的开口。证据 1 的说明书第 6 页正文第 2~5 行及第 9 页的权利要求 5 公开了如下内容：内里 2 系连结于前述外罩 1 的背面，其形状与尺寸对应于外罩 1，为使可达透气，故于一些部位，如对应外罩 1 之前胸 11 亦即罩杯上方处，以及两侧对应背带 12 处，可开具镂空之孔洞。由此可见，证据 1 公开了权利要求 4 的附加技术特征，因而当权利要求 4 引用的权利要求 1 不具备新颖性时，权利要求 4 也不具备专利法第 22 条第 2 款规定的新颖性。

权利要求 5 是权利要求 1 的从属权利要求，其附加技术特征为：辅助胸衬为了保持良好的通气性，具备了大量的通气孔。证据 1 的说明书第 6 页正文第 9~12 行公开了如下内容：衬片 3 系为片状物，为使其可达透气效果，故其上可开具若干透气之透孔 31。由此可见，证据 1 公开了权利要求 5 的附加技术特征，当权利要求 5 引用的权利要求 1 不具备新颖性时，权利要求 5 也不具备专利法第 22 条第 2 款规定的新颖性。

权利要求 6 是权利要求 1 的从属权利要求，其附加技术特征为：外侧保护层上方前部的罩杯处，与相对应内侧里面，经过裁剪从而形成开放性的胸罩线条。证据 1 的说明书第 6 页正文第 2~8 行及附图 1~3 公开了如下内容：内里 2 形状与尺寸对应于外罩 1，为使其形成具弧形之罩杯形状，故得以习知之裁剪方式，予以剪开，俾成型后，形成胸摺 21。证据 1 的说明书第 9 页的权利要求 7 公开了如下内容：内里对应于外罩前胸部分，得为切开形成胸线者。由此可见，证据 1 公开了权利要求 6 的附加技术特征，当权利要求 6 引用的权利要求 1 不具备新颖性时，权利要求 6 也不具备专利法第 22 条第 2 款规定的新颖性。

权利要求 7 是权利要求 1 的从属权利要求，其附加技术特征为：前部的罩杯下侧，设计了两个平面曲线的金属钢丝，使辅助胸衬可以自由替换，为了使两处的金属钢丝在高压下更好的粘合，外侧保护层以及内侧处，用了同等材料，能将外侧和内侧都包裹起来。证据 1 的说明书第 7 页正文第 1~4 行及附图 4 公开了如下内容：图 4 所示者，系为使用扁形钢丝 6 之场合，如图所示，该弧弯形之钢丝系以织布外覆，而后将之以如同前述衬片 3 之方式，于成型时将之固定于外罩 1 与内里 2 间，亦可达到无车缝之功效。证据 1 的说明书第 5 页正文第 14 行至第 6 页最后、第 9~10 页的权利要求 8 公开了如下内容：衬片得为两设于前胸罩杯下方之弧弯形钢丝取代，而该钢丝系以可与外罩与内里之材质包覆，俾压合连结；外罩与内里的材质相同。由此可见，证据 1 公开了权利要求 7 的附加技术特征，当权利要求 7 引用的权利要求 1 不具备新颖性时，权利要求 7 也不具备专利法第 22 条第 2 款规定的新颖性。

权利要求 8 是权利要求 1 的从属权利要求，其附加技术特征为：外侧保护层和内侧之间能够追加胸衬。此胸衬可以是液体或半液体构成的袋状物；外侧保护层以及内侧处，使用了能经受高压的材料。证据 1 的说明书第 7 页正文第 5~9 行及附图 5 公开了如下内容：图 5 所示者，系为本案可加置之胸垫 7，该胸垫 7 可为内具流体或半流体封闭囊袋，并以如发泡材或丝绵之两垫片 71 夹合，而于成型时为夹合于外罩 1 与内里 2 间。证据 1 的说明书第 10 页的权利要求 9 也公开了上述内容。在评述本专利权利要求 1 时已经叙述过，证据 1 的胸罩可通过热压成型，故证据 1 的外罩 1 和内里 2 使用能够经受高压的材料对本领域的普通技术人员来说是显而易见的。因而当权利要求 8 从属的权利要求 1 不具备新颖性时，权利要求 8 不具有实质性特点和进步，不具备专利法第 22 条第 3 款规定的创造性。

综上所述，本专利权利要求 1~7 相对于证据 1 不具备专利法第 22 条第 2 款规定的新颖性，权利要求 8 相对于证据 1 不具备专利法第 22 条第 3 款规定的创造性。

由于本专利权利要求 1~8 相对于证据 1 不具备新颖性或创造性，应该被全部宣告无效，故合议组不再对其他证据以及无效理由进行评述。

**三、决定**

宣告 200420082493. X 号实用新型专利权全部无效。

当事人对本决定不服的，可以根据专利法第 46 条第 2 款的规定，自收到本决定之日起三个月内向北京市第一中级人民法院起诉。根据该款的规定，一方当事人起诉后，另一方当事人应当作为第三人参加诉讼。

155

# 一种模块化冷水机组

## 无效宣告请求审查决定（第10339号）

**决　定　号**　第10339号
**决　定　日**　2007年8月7日
**发明创造名称**　一种模块化冷水机组
**国 际 分 类 号**　F25B 1/00
**无效宣告请求人**　潍坊科灵空调设备有限公司
**专 利 权 人**　山东宏力艾尼维尔环境科技集团有限公司
**专　利　号**　00256107.7
**申　请　日**　2000年10月25日
**授 权 公 告 日**　2001年9月19日
**合 议 组 组 长**　朱文广
**主　审　员**　欧　岚
**参　审　员**　任颖丽

**法 律 依 据**　专利法第22条第2款
**决 定 要 点**

要想证明国内使用公开破坏权利要求的新颖性则必须证明以下三方面的内容：第一，申请日前国内公开使用的事实；第二，该事实能够导致某一技术方案处于本领域技术人员想得知就能得知的状态；第三，该技术方案与权利要求的技术方案相同。

### 一、案由

本无效宣告请求涉及中华人民共和国国家知识产权局于2001年9月19日授权公告的、名称为"一种模块化冷水机组"的实用新型专利权（以下简称本专利），其专利号是00256107.7，申请日是2000年10月25日，专利权人是山东宏力艾尼维尔环境科技集团有限公司。本专利授权公告时的权利要求书如下：

"1. 一种模块化冷水机组，包括机架（3）、安装在机架（3）中的压缩机（6）、与压缩机（6）连接的冷凝器（2）和蒸发器（5）、连接在冷凝器（2）和蒸发器（5）之间的膨胀阀（7），其特征在于：所述的冷凝器（2）和蒸发器（5）都是套管式换热器。

2. 根据权利要求1所述的一种模块化冷水机组，其特征在于：机架（3）分上下两层，冷凝器（2）和蒸发器（5）其中之一安装在机架（3）的上层，另一个安装在机架（3）的下层。"

针对本专利权，潍坊科灵空调设备有限公司（以下简称请求人）于2006年7月25日向专利复审委员会提出无效宣告请求，认为本专利的权利要求1~2不符合专利法第22条和专利法实施细则第2条的规定，请求人同时提交了如下附件：

附件1：授权公告日为1999年9月29日、授权公告号为CN2341105Y（专利号为98239201. X）的中国实用新型专利说明书，共5页；

附件2：中国建筑工业出版社出版、彦启森主编、1987年12月第四次印刷的《空气调节用制冷技术（第二版）》封面页、版权页、第54~57页、第79~82页、第135~137页复印件，共13页。

请求人认为：附件1、2说明请求无效的专利的技术方案是显而易见的，而且二者结合没有产生意料不到的效果，因此本专利不具备专利性。

经形式审查合格，专利复审委员会依法受理了上述无效宣告请求，并于2006年7月25日向请求人和专利权人发出无效宣告请求受理通知书，同时将专利权无效宣告请求书及其附件清单中所列附件的副本转送给专利权人，并要求专利权人在指定的期限内陈述意见。

请求人于2006年8月23日向专利复审委员会提交了意见陈述书，并补充了无效宣告的理由和证据，其中补充的证据为：（编号续前）

附件3：山东省潍坊市公证处出具的（2006）潍证经字第343号公证书复印件一份，共8页；

附件4：山东省淄博市公证处出具的（2006）淄证民字第1431号公证书复印件一份，共4页；

附件5：山东省淄博市公证处出具的（2006）淄证民字第1393号公证书复印件一份，并附光盘一张，共7页。

请求人认为：附件3、4、5说明请求无效的专利在申请日之前已经公开，其技术方案是显而易见的，因此本专利不具备专利性。

针对专利复审委员会发出的前述无效宣告请求受理通知书，专利权人于2006年8月30日提交了意见陈述书。专利权人认为：请求人所依据的附件1、2不能破坏本实用新型的新颖性和创造性。

专利复审委员会依法成立合议组。

本案合议组于2007年6月7日向双方发出无效宣告请求口头审理通知书，定于2007年7月24日在专利复审委员会举行口头审理。随同口头审理通知书，将请求人于2006年8月23日提交的意见陈述书及其附件清单中所列附件的副本转送给专利权人，将专利权人于2006年8月30日提交的意见陈述书转送给请求人。

口头审理如期举行，双方当事人均参加了口头审理。

在口头审理中，①请求人陈述使用附件3~5结合否定本专利权利要求1、2的创造性，附件3和附件2结合否定本专利权利要求1、2的创造性，附件3和附件1结合否定本专利权利要求1、2的创造性，附件1和附件2结合否定本专利权利要求1、2的创造性；附件3或者附件2否定本专利权利要求1、2的新颖性；放弃本专利不符合专利法实施细则第2条规定的理由。专利权人认为请求人所提出的无效理由没有在无效宣告请求书中具体的指明是哪一条款，不符合审查指南的相关规定。6种评价方式都没有看到。合议组经过合议当庭宣布新颖性的两个无效理由予以考虑，附件3~5结合否定本专利权利要求1、2创造性的无效理由以及附件3和附件1结合否定本专利权利要求1、2创造性的无效理由不予考虑。②专利权人认可附件1~5的真实性，对附件3证明的内容有异议，附件3的公证机关没有对发票、购销合同进行公证，没有公证处的章。③关于权利要求1、2相对于附件3的新颖性。请求人认为从附件3中工矿产品的购销合同以及铭牌上可以看出是在专利申请日之前公开销售的产品，参照照片可以看出公开了权利要求1和权利要求2的全部技术特征。专利权人认为作为在先公开销售的产品，单凭铭牌是很难证明销售日期的，而且铭牌也是可以更换的。请求人认为从照片上来看，是冷水机组，四个换热器，从管线连接上看是上下连接，不存在左右连接，从左边的图片可以看出冷凝器和蒸发器是套管换热器，第2页的照片公开了膨胀阀。专利权人认为从图片中可以明显看出来，图片中有四台套管式换热器，而本专利是由两台套管式换热器组成的，照片只公开了有四台套管式换热器，没有表明哪一个是蒸发器、哪一个是换热器，图片中的四台换热器中的连接关系也没有在图中明确的说明，在第2页的图片中只是表明了有一个连接关系，但并没有明确表明是四台中的哪两台进行连接，因此附件3并没有公开权利要求1、2的技术特征。

专利权人于2007年7月30日再次提交意见陈述书，具体意见同口头审理时的陈述意见。

至此，合议组认为本案事实已经清楚，可以作出审查决定。

**二、决定的理由**

1. 关于证据和现有技术

请求人提交的证据包括附件1~5，专利权人对附件1~5的真实性没有异议，合议组经审查认为附件1~5可以作为本案证据使用。同时由于附件1为中国专利文献、附件2为公开出版物，且它们的公开日期均在本专利的申请日前，因此可以作为本专利的现有技术使用。

2. 关于请求人无效理由的具体说明

请求人在提出无效宣告请求的一个月之内即2006年8月23日再次提交的意见陈述书的表格第4栏和正文倒数第二段中具体陈述了附件3如何使用、证明的事实以及公开的技术内容，并认为附件3说明请求无效的专利在申请日之前已经公开。虽然请求人在无效宣告请求书和意见陈述书中均没有出现新颖性一词，但合议组认为从请求人的陈述可以认定其对关于无效理由新颖性的条款已作了具体说明，关于使用附件3评价本专利权利要求1、2新颖性的无效理由予以接受。

3. 关于新颖性

专利法第22条第2款规定，新颖性，是指在申请日以前没有同样的发明或者实用新型在国内外出版物上公开发表过、在国内公开使用过或者以其他方式为公众所知，也没有同样的发明或者实用新型由他人向国务院专利行政部门提出过申请并且记载在申请日以后公布的专利申请文件中。

要想证明国内使用公开破坏权利要求的新颖性则必须证明以下三方面的内容：第一，申请日前国内公开使用的事实；第二，该事实能够导致某一技术方案处于本领域技术人员想得知就能得知的状态；第三，该技术方案与权利要求的技术方案相同。

（1）关于第一、二方面国内公开使用事实的证明。

合议组经审查后认为，附件3的公证书中各页盖有潍坊市公证处的钢印，且公证书完好无损、没有任何修改的痕迹，同时公证书公证了其中的《工矿产品购销合同》、《收款收据》和《农村信用社现金付出传票》三份文件的来源和复印件与原件内容相符的事实以及所附12张照片为拍摄人马曙莹在邹平县农村信用合作社长山分社大门口内西侧空调设备机房内现场拍摄而得，故合议组认可公证书中《工矿产品购销合同》、《收款收据》、《农村信用社现金付出传票》和照片的真实性，对专利权人针对附件3的内容提出异议的主张不予支持。其次，《工矿产品购销合同》中显示供方潍坊宏力冷暖设备有限公司与需方邹平县农村信用合作社长山分社于2000年7月8日签订了关于销售产品为“地温模块式空调机组SM-20”等合计93000元的购销合同，其中第九条提到结算方式及期限为“现金结算、货到付70%……”，《收款收据》中显示交款单位为邹平县农村信用合作社长山分社、交款时间为2000年8月3日、交款事由为地温热泵机组、交款金额为陆万元（相当于总金额的70%左右）、收款单位为潍坊宏力冷暖设备有限公司，《农村信用社现金付出传票》中显示付出传票的时间、摘要和金额分别为2000年8月29日、空调和93000元，照片中的铭牌显示了产品为水冷模块式冷水机组SMR-20、出厂日期为2000年7月、生产厂家为潍坊宏力冷暖设备有限公司，综上所述，三份文件与照片铭牌所显示的事项虽然在产品称谓和型号上略有区别，但基本信息相同并相互吻合，此外在时间、金额等信息上也相互印证，因此合议组认为上述三份证据和照片可以证明在本专利申请日（2000年10月25日）之前潍坊宏力冷暖设备有限公司公开销售给邹平县农村信用合作社长山分社一套模块式冷水机组，该套设备的具体结构如照片所示。专利权人虽然认为照片中的铭牌可以更换因此不能证明设备的生产日期，但没有提供证据加以支持，因此合议组不予支持。

（2）关于第三方面技术方案的证明。

合议组经审查认为，从照片中可看出，模块化冷水机组包括有机架，机架分上下两层，有四台套管式换热器安装在机架中，在换热器后部可见压缩机，其中上层和下层的设备分别为左右两两相同，机架靠左侧和靠右侧的上下两台套管式换热器分别通过管线连接，在上层设备的右上方清晰可见膨胀阀将上下两台套管式换热器连接起来，虽然从照片中看不出哪一台是冷凝器或是蒸发器，但从照片分析可知该机组应为两套设备左右布置，因此必然是机架上层和下层其中之一为冷凝器，另一为蒸发器。由此可见，照片中的冷水机组为两套相同的如本专利权利要求1、2所描述的冷水机组。

综上所述，附件3公证书中的《工矿产品购销合同》、《收款收据》、《农村信用社现金付出传票》和照片构成一个完整的证据链证明了在本专利申请日之前与本专利权利要求1、2所保护的产品相同的产品已公开销售的事实。因此权利要求1、2相对于附件3不具备专利法第22条第2款规定的新颖性。

根据上述的事实和理由，本案合议组依法作出以下决定。

**三、决定**

宣告00256107.7号实用新型专利权全部无效。

当事人对本决定不服的，可以根据专利法第46条第2款的规定，自收到本决定之日起3个月内向北京市第一中级人民法院起诉。根据该款的规定，一方当事人起诉后，另一方当事人应当作为第三人参加诉讼。

# 北京市第一中级人民法院
# 行政判决书

（2007）一中行初字第1532号

原告山东宏力艾尼维尔环境科技集团有限公司，住所地山东省潍坊市高新技术开发区惠贤路中段。

法定代表人于奎明，董事长。

委托代理人刘俊仕，北京市新元律师事务所律师。

委托代理人田玉胜，男，山东宏力空调设备有限公司职工。

被告国家知识产权局专利复审委员会，住所地北京市海淀区北四环西路9号银谷大厦10~12层。

法定代表人廖涛，副主任。

委托代理人欧岚，女，国家知识产权局专利复审委员会审查员。

委托代理人隋璐，女，国家知识产权局专利复审委员会审查员。

第三人山东科灵空调设备有限公司，住所地山东省潍坊市安丘经济开发区。

法定代表人葛建民，经理。

委托代理人刘本领，男，潍坊科灵空调设备有限公司法律顾问。

委托代理人张曰俊，男，潍坊正信专利事务所专利代理人。

原告山东宏力艾尼维尔环境科技集团有限公司不服被告国家知识产权局专利复审委员会于2007年8月14日作出的第10339号专利无效宣告请求审查决定（以下简称被诉决定），向本院起诉。本院受理后，依法组成合议庭，并依法通知被诉决定的利害关系人山东科灵空调设备有限公司作为本案第三人参加诉讼。2007年12月17日，本院依法公开开庭进行了审理。原告的委托代理人刘俊仕，被告的委托代理人欧岚、隋璐，第三人的委托代理人刘本领、张曰俊到庭参加了诉讼。现本案已审理终结。

2007年8月14日，被告根据第三人的无效宣告请求，对原告的“一种模块化冷水机组”的实用新型专利权（以下简称本专利）进行审查，以本专利权利要求1、2相对于附件3（即：山东省潍坊市公证处出具的（2006）潍证经字第343号公证书）不具备新颖性为由，依据《中华人民共和国专利法》（以下简称《专利法》）第二十二条第二款的规定，决定宣告本专权全部无效。

在法定期限内，被告为证明被诉决定合法，向本院提供了以下证据：（1）本专利说明书复印件；（2）被诉决定中的附件3、公证书；（3）第三人的意见陈述书；（4）口审记录表。

原告诉称：附件3在取证方式上存在手段不正当和以合法形式掩盖非法目的的问题。附件3的取证时间是在2006年8月18日，当时正值高温季节需要设备正常运行的时间，没有相当特别的理由，作为设备所有人的邹平县农村信用合作社长山分社是不可能允许他人随便对一般人不允许进入位置存放的该风冷机组施加不利的可能妨碍正常运行的影响。第三人的取证方式完全有违作为设备所有人的客户的利益。而且，第三人在无效请求之初提交的证据中根本没有附件3。假设附件3可以接受，在本专利申请日之前本专利技术实际上没有公开、也没有处于公开的状态。附件3只能证明在2006年8月18日本专利技术的公开情况，不能证明在本专利申请日2000年10月25日之前本专利技术的公开情况。我公司处于对客户可能产生的对花费巨额资金购买的需要长期运行的新技术应用将面临各种环境条件考验的担忧，授权生产商在出售附件3的产品时没有介绍本专利技术。而且，附件3的生产商在生产和出厂前对该设备采取了封闭式组装方式，一般人用肉眼看不到对该专利技术的使用情况。而且，附件3的机器没有维修记录，该设备处于连续不断的完好使用与运转状态。作为购买者的邹平县农村信用合作社长山分社在本专利申请日之前以其合同中关于维修的约定内容，应当对设备技术保密，符合《审查指南》第二部分第三章第2.1节关于“处于保密状态的技术内容不属于现有技术的”的规定。综上，被诉决定证据不足，请求法院予以撤销。在法定期限内，原告没有向本院提交证据。

被告辩称：原告在口审阶段未对附件3的取证方式提出异议，现在也没有提出证据证明附件3取证方式违法。而且，附件3是普通的产品购销合同，对于此类合同如果没有明示的保密义务，不能推定签订合同的双方负有保密义务。因此该销售行为属于《专利法》意义上的使用公开。由于使用公开是公众想得知就能够得知的状态，而不取决于是否有公众得知，即使产品需要经过破坏才能得知其机构和功能，也属于使用公开。因此，原告所称的合同中关于维修的约定、申请日前没有设备维修记录、设备为封闭式组装以及设备的使用处于监护状态等理由都不能支持其主张。综上，被诉决定认定事实清楚，适用法律正确，审理程序合法，审查结论正确，原告的诉讼理由不能成立，请求法院驳回原告的诉讼请求，维持被诉决定。

第三人未向本院提交证据和书面意见，其在开庭审理中口头表示同意被诉决定及被告的答辩意见。

经庭审质证，原告对被告证据真实性没有异议，但对被告证据2的合法性有争议。第三人对被告的证据没有争议。

经审查，本院认为被告的证据来源合法，且真实，也是行政程序中的有效证据，能够作为本案的证据，本院予以确认。

根据上述有效证据和当事人无争议的陈述，本院确认事实如下：

本专利的申请日为2000年10月25日，专利号为00256107.7，授权公告日为2001年9月19日，其授权公告的权利要求书（内容略）。

针对本专利权，第三人于2006年7月25日向被告提出无效宣告请求，认为本专利的权利要求1和2不符合《专利法》第二十二条和《专利法实施细则》第二条的规定，同时其提交了附件1、2（内容略）。其理由是附件1、2说明请求无效的专利的技术方案是显而易见的，而且二者结合没有产生意料不到的效果，不具备专利性。

经形式审查合格，被告依法受理，并将上述材料向原告转送。

2006年8月23日，第三人向被告提交了意见陈述书，并补充了无效宣告的理由和证据，其中补充附件，理由是本专利在申请日之前已经公开，其技术方案是显而易见的，因此本专利不具备专利性。2006年8月30日，原告向被告提交了意见陈述书，认为附件1、2不能破坏本实用新型的新颖性和创造性。后，被告依法成立合议组，于2007年6月7日将第三人补充的理由和证据向原告转送。2007年7月24日，被告进行口头审理，原告和第三人均参加了口头审理。

在口头审理中，解决了以下问题：

（1）第三人明确使用附件3、4、5结合否定本专利权利要求1、2的创造性，附件3和2结合否定权利要求1、2的创造性，附件3和1结合否定权利要求1、2的创造性，附件1和2结合否定权利要求1、2的创造性；附件3或者附件2否定权利要求1、2的新颖性；放弃本专利不符合《专利法实施细则》第二条规定的理由。附件3中工矿产品的购销合同以及铭牌上可以看出是在专利申请日之前公开销售的产品，参照照片可以看出公开了权利要求1和权利要求2的全部技术特征。从照片上来看是冷水机组，四个换热器，从管线连接上看是上下连接，不存在左右连接，从左边的图片可以看出冷凝器和蒸发器是套管换热器，第2页的照片公开了膨胀阀。

（2）专利权人的意见如下：

①认为请求人所提出的无效理由没有在无效宣告请求书中具体的指明是哪一条款，不符合审查指南的相关规定。6种评价方式都没有看到。

②认可附件1~5的真实性，对附件3证明的内容有异议，附件3的公证机关没有对发票、购销合同进行公证，没有公证处的章。

③关于新颖性的问题，其认为作为在先公开销售的产品，单凭铭牌是很难证明销售日期的，而且铭牌也是可以更换的。从图片中可以明显看出来，图片中有四台套管式换热器，而本专利是由两台套管式换热器组成的，照片只公开了有四台套管式换热器，没有表明哪一个是蒸发器、哪一个是换热器，图片中的四台换热器中的连接关系也没有在图中明确的说明，在第2页的图片中只是表明了有一个连接关系，但并没有明确表明是四台中的哪两台进行连接，因此附件3并没有公开权利要求1、2的技术特征。

（3）被告合议组当庭明确对第三人提出两个新颖性的无效理由予以考虑，对其提出的有关创造性理由不予考虑。

经过审查，被告认定以下内容：

（1）附件1~5可以作为本案证据使用。附件1为中国专利文献，附件2为公开出版物，且其公开日期均在本专利的申请日前，因此可以作为本专利的现有技术使用。

（2）关于第三人无效理由的具体说明

虽然第三人在无效宣告请求书和意见陈述书中均没有出现新颖性一词，但其2006年8月23日的意见陈述中具体陈述了附件3的使用、证明事实以及公开的技术内容，并指出了附件3在本专利的申请日之前已经公开。

（3）附件3的公证书中各页盖有潍坊市公证处的钢印，且公证书完好无损、没有任何修改的痕迹，同时公证书公证了其中的《工矿产品购销合同》、《收款收据》和《农村信用社现金付出传票》三份文件的来源和复印件与原件内容相符的事实以及所附12张照片为拍摄人马曙莹在邹平县农村信用合作社长山分社大门口内西侧空调设备机房内现场拍摄而得，故合议组认可公证书中《工矿产品购销合同》、《收款收据》、《农村信用社现金付出传票》和照片的真实性，对专利权人针对附件3的内容提出异议的主张不予支持。其次，《工矿产品购销合同》中显示供方潍坊宏力冷暖设备有限公司与需方邹平县农村信用合作社长山分社于2000年7月8日签订了关于销售产品为“地温模块式空调机组SM-20”等合计93 000元的购销合同，其中第九条提到结算方式及期限为“现金结算、货到付70%……”，《收款收据》中显示交款单位为邹平县农村信用合作社长山分社、交款时间为2000年8月3日、交款事由为地温热泵机组、交款金额为陆万元（相当于总金额的70%左右）、收款单位为潍坊宏力冷暖设备有限公司，《农村信用社现金付出传票》中显示付出传票的时间、摘要和金额分别为2000年8月29日、空调和93000元，照片中的铭牌显示了产品为水冷模块式冷水机组SMR-20、出厂日期为2000年7月、生产厂家为潍坊宏力冷暖设备有限公司，综上所述，三份文件与照片铭牌所显示的事项虽然在产品称谓和型号上略有区别，但基本信息相同并相互吻合，此外在时间、金额等信息上也相互印证，因此合议组认为上述三份证据和照片可以证明在本专利申请日（2000年10月25日）之前潍坊宏力冷暖设备有限公司公开销售给邹平县农村信用合作社长山分社一套模块式冷水机组，该套设备的具体结构如照片所示。专利权人虽然认为照片中的铭牌可以更换因此不能证明设备的生产日期，但没有提供证据加以支持，因此合议组不予支持。

（4）照片中的冷水机组为两套相同的如本专利权利要求1、2所描述的冷水机组。因此，附件3公证书中的《工矿产品购销合同》、《收款收据》、《农村信用社现金付出传票》和照片构成一个完整的证据链证明了在本专利申请日之前与本专利权利要求1、2所保护的产品相同的产品已公开销售的事实。因此权利要求1、2相对于附件3不具备新颖性。

据此，被告于2007年7月14日作出被诉决定，并向原告和第三人邮寄送达。原告不服，在2007年11月5日向本院起诉。

在开庭审理中，原告和第三人对被告的审查职责、行政程序以及被诉决定中“案由”部分记载的内容没有争议。

本院认为：根据当事人无争议的陈述，本院经书面审查，对上述无争议的内容予以确认。在此基础上，本院将围绕原告争议的内容对被诉决定宣告本专利无效是否合法进行审查。

根据《专利法实施细则》第三十条，参照《审查指南》第二部分第三章第2.1节的规定，专利法意义上的现有技术是指专利申请日前在国内外出版物上公开发表、在国内公开使用或以其他方式为公众所知的技术。对于处于保密状态的技术内容不属于现有技术。

基于原告对附件3的真实性没有争议，本院认为附件3能够证明购销合同签订于2000年7月8日，交款时间为2000年8月3日，交款事由为地温热泵机组，收款时间为2000年8月29日；在照片上的铭牌显示了产品为水冷模块式冷水机组SMR-20，出厂日期为2000年7月，生产厂家为潍坊宏力冷暖设备有限公司。被告认定附件3的“基本信息相同并相互吻合，在时间、金额等信息上也相互印证，可以证明在本专利申请日之前公开销售”的事实清楚。

虽然在《审查指南》第二部分第三章第2.1节中明确规定了“所谓保密状态，不仅包括受保密规定或协议约束的情形，还包括社会观念或者商业习惯上被认为应当承担保密义务的情形，即默契保密的情形”的内容，但是在附件3中除了一般购销合同应当具备的事项外，在合同第十三项“其他约定事项”栏目记载的内容是“未尽事宜双方协商”，说明该合同没有明确购买人负有对其所购设备进行保密的义务。因此，从该合同内容，原告主张该设备的技术内容处于保密状态缺乏事实和法律依据，本院不予支持。

由于原告对被告认定的相对于附件 3 本专利不具备新颖性的具体对比内容没有提出争议，本院经书面审查，对该项内容予以确认。

综上，被诉决定认定事实清楚，适用法律正确，程序合法。故，依照《中华人民共和国行政诉讼法》第五十四条第（一）项的规定，判决如下：

维持国家知识产权局专利复审委员会于二〇〇七年七月十四日作出的第 10339 号专利无效宣告请求审查决定。

案件受理费 100 元，由原告山东宏力艾尼维尔环境科技集团有限公司负担（已交纳）。

如不服本判决，当事人可在判决书送达之日起 15 日内，向本院递交上诉状，并按对方当事人的人数提出副本并预交上诉费 100 元，上诉于北京市高级人民法院。

审　判　长　饶亚东
审　判　员　刘景文
人民陪审员　董葆霖
二〇〇七年十二月二十日
书　记　员　蒋利玮

# 北京市高级人民法院
# 行政判决书

（2008）高行终字第 420 号

上诉人（一审原告）山东宏力艾尼维尔环境科技集团有限公司，住所地山东省潍坊市高新技术开发区惠贤路中段。

法定代表人于奎明，总经理。

委托代理人刘俊仕，北京市新元律师事务所律师。

委托代理人田玉胜，男，山东宏力艾尼维尔环境科技集团有限公司职工。

被上诉人（一审被告）国家知识产权局专利复审委员会，住所地北京市海淀区北四环西路 9 号银谷大厦 10~12 层。

法定代表人廖涛，副主任。

委托代理人欧岚，女，国家知识产权局专利复审委员会审查员。

委托代理人齐宏涛，男，国家知识产权局专利复审委员会审查员。

被上诉人（一审第三人）山东科灵空调设备有限公司，住所地山东省潍坊市安丘经济开发区青龙湖西路。

法定代表人葛建民，董事长。

委托代理人刘本领，男，山东科灵空调设备有限公司职员。

委托代理人张曰俊，男，潍坊正信专利事务所专利代理人。

上诉人山东宏力艾尼维尔环境科技集团有限公司（以下简称宏力公司）因专利无效宣告请求审

查决定一案，不服北京市第一中级人民法院（2007）一中行初字第1532号行政判决，向本院提起上诉。本院受理后，依法组成合议庭对本案进行了公开审理。上诉人宏力公司的委托代理人刘俊仕，被上诉人国家知识产权局专利复审委员会（以下简称复审委）的委托代理人欧岚、齐宏涛，被上诉人山东科灵空调设备有限公司（以下简称科灵公司）的委托代理人刘本领、张曰俊到庭参加了诉讼。本案现已审理终结。2006年12月27日，复审委作出第10339号无效宣告请求审查决定（以下简称第10339号决定），宣告宏力公司的“一种模块化冷水机组”的实用新型专利权（以下简称本专利）全部无效。宏力公司不服该决定，向北京市第一中级人民法院（以下简称一审法院）提起行政诉讼。

一审法院认为，附件3能够证明购销合同签订于2000年7月8日，交款时间为2000年8月29日，交款事由为地温热泵机组，收款时间为2000年8月29日；在照片上的铭牌显示了产品为水冷模块式冷水机组SMR-20，出厂日期为2000年7月，生产厂家为潍坊宏力冷暖设备有限公司。复审委认定附件3的“基本信息相同并相互吻合，在时间、金额等信息上也相互印证，可以证明在本专利申请日之前公开销售”的事实清楚。

该院认为，虽然在《审查指南》第二部分第三章第2.1节中明确规定了“所谓保密状态，不仅包括保密规定或协议约束的情形，还包括社会观念或者商业习惯上被认为应当承担保密义务的情形，即默契保密的情形”的内容，但是在附件3中除了一般购销合同应当具备的事项外，在合同第十三项“其他约定事项”栏目记载的内容是“未尽事宜双方协商”，说明该合同没有明确购买人负有对其所购设备进行保密的义务。因此，从该合同内容，宏力公司主张该设备的技术处于保密状态缺乏事实和法律依据。由于宏力公司对复审委认定的相对于附件3本专利不具备新颖性的具体对比内容没有提出争议，经审查，对该项内容予以确认。综上认为复审委作出的第10339号决定认定事实清楚，适用法律正确，程序合法。故，依据《中华人民共和国行政诉讼法》第五十四条第（一）项的规定，判决维持了第10339号决定。

宏力公司不服一审判决，提起上诉。该公司认为科灵公司在提出无效请求时并未提交附件3，且认为因附件3的取证时间正值高温季节需要设备正常运行的时间，没有相当的理由，设备所有人是不可能允许一般人随便进入该冷风机组的存放地点的，因此认为附件3的取证方式存在疑点。

该公司同时认为，附件3的公证文件只能证明公证当时即2006年8月18日本专利技术的公开事实，不能证明在2000年10月25日即本专利申请日前已经公开的事实；附件3的产品出售时，并未介绍该产品使用了本专利技术；该产品出厂时采取了封闭组装的方式，使该产品的技术处于一般人用肉眼看不到对该专利技术的使用情况；购销合同约定制造者对该设备终身维修，两年内免费维修，从该设备销售至本专利申请日时，该设备仍在免费维修期间，与设备制造者承担的免费维修义务相对应的是购买者不应当也不可能寻求其他人维修，且本专利申请日前，该设备没有维修记录，同时为保证该设备连续不断的完好运行和使用，该设备始终处于该公司的监护之下，这种保护职责对于设备包含的技术就实际地起到了保密作用。根据社会观念与习惯，购买者在本专利申请日前以维修和日常监护管理行为保护了设备中承载的技术秘密包括封存在其中的、后来申请专利的技术内容，属于《审查指南》第二部分第三章第2.1节关于默契保密的情形。综上，该公司认为本专利技术在申请日前处于保密运行状态，没有公开。认为一审法院和复审委关于本专利在申请日前已经公开的事实认定错误，请求本院撤销一审判决和第10339号决定。

复审委答辩坚持认为，附件3属于普通的产品销售合同，合同没有明确约定购买人对其所购产品具有保密义务。根据合同法和一般的商业习惯，如合同没有明示的保密约定，不能推定签订合同的双方负有默契保密义务。故附件3所示的销售行为属于《专利法》意义上的使用公开。使用公开是公众想得知就能够得知的状态，并不取决于是否有公众得知，即使产品需要经过破坏才能够得知其结构和功能，也仍属于使用公开。因此，宏力公司所称的合同中关于维修的约定、申请日前没有设备维修的记录、设备为封闭式组装以及设备的使用处于监护状态等理由不能支持其本专利没有公开的主张。综上，认为第10339号决定和一审判决认定事实清楚，适用法律正确，审理程序合法，请求一并予以维持。

科灵公司未提交书面答辩意见。当庭表示同意一审判决及第10339号决定。

一审法院审理期间，复审委提交了：（1）本专利说明书复印件；（2）附件3；（3）科灵公司的意见陈述书；（4）口头审理记录表。宏力公司和科灵公司均未提交证据。

上述证据已随案移送本院。经审查，复审委提交的上述证据来源及提交符合法律规定，内容真实，复审委在作出第10339号决定时将上述证据作为了决定的事实依据，系本案行政证据，属于本案证据审查的范围，本院予以确认。

经审理查明，本专利系宏力公司于2000年10月25日申请、国家知识产权局于2001年9月19日授权的“一种模块化冷水机组”的实用新型专利，专利号为00256107.7。本专利授权公告的权利要求书如下：

“1. 一种模块化冷水机组，包括机架中的压缩机、与压缩机连接的冷凝器和蒸发器、连接在冷凝器和蒸发器之间的膨胀阀，其特征在于：所述的冷凝器和蒸发器都是套管式换热器。

2. 根据权利要求1所述的一种模块化冷水机组，其特征在于：机架分上、下两层，冷凝器和蒸发器其中之一安装在机架的上层，另一个安装在机架的下层。”

2006年7月25日，科灵公司以本专利的权利要求1~2不符合《专利法》第二十二条和《中华人民共和国专利法实施细则》第二条的规定为由，向复审委提出宣告本专利无效的请求，同时其提交了附件1：第98239201.X号实用新型专利文件、附件2：《空气调节用制冷技术》中的相关内容作为证据。

经形式审查合格，复审委依法受理，并向宏力公司送达副本。科灵公司于2006年8月23日向复审委提交了意见陈述书，补充了无效宣告的理由和附件3~5。其中附件3为宏力公司与邹平县农村信用合作社长山分社（以下简称长山分社）于2000年7月8日签订的《工矿产品购销合同》，销售产品包括为“地温模块式空调机组SM-20”，该附件附有购方和销售方的交款、收款凭据及购方使用所购上述产品的照片，照片显示该产品为水冷模块式冷水机组，出厂日期为2000年7月；该附件业经潍坊市公证处以（2006）潍证字第343号公证书予以公证。科灵公司认为，附件3、4、5证明本专利在申请日以前已经公开，其技术方案是显而易见的，因此本专利不具备专利性。

复审委依法再次向宏力公司转文，并成立合议组，于2006年12月21日进行了口头审理，宏力公司和科灵公司参加了口头审理。

在口头审理中，科灵公司请求使用附件3~5否定本专利权利要求1、2的创造性，附件3和附件2结合否定权利要求1、2的创造性，附件3和附件1结合否定本专利权利要求1、2的创造性，附件1和附件2结合否定本专利权利要求1、2的创造性，附件3或者附件2否定本专利权利要求1、2的新颖性；放弃本专利不符合《专利法实施细则》第二条规定的理由。宏力公司认为科灵公司提出的无效理由没有在无效请求书中具体的指明是哪一条款，不符合《审查指南》的相关规定。六种评价方式都没有看到。复审委经审查，在口审中告知双方当事人对新颖性的两个理由予以考虑，对其他否定本专利权利要求1、2创造性的无效理由不予考虑。

复审委经审查认为，由于宏力公司对科灵公司提交的附件1~5的真实性未提出异议，故附件1-5可以作为本案证据。附件1为中国专利文献，附件2为公开出版物，且其公开日期均在本专利申请日前，因此，可以作为本专利的现有技术使用。

虽然科灵公司在无效请求书中未提出本专利新颖性的问题，但该公司在提出无效请求的一个月之内再次提交的意见陈述中具体陈述了关于附件3的使用以及该附件证明的事实、公开的技术内容，认为附件3能够证明本专利在申请日前已经公开。故，科灵公司的该项陈述可以认定其无效理由中对本专利的新颖性问题已作出具体说明。该委对科灵公司使用附件3评价本专利权利要求1、2新颖性的无效理由予以接受。

附件3中的《工矿产品购销合同》、收款收据、农村作用社现金付出传票的复印件与原件相符，且经过公证，故对附件3上述文件的真实性应予认可，对宏力公司针对附件3的内容提出异议的主张不予支持。附件3中三份文件与照片铭牌所示事项虽然在产品称谓和型号略有区别，但基本信息相同并相互吻合，在时间、金额等信息上也相互印证，因此，附件3的上述文件及照片可以证明在本专利申请日前，宏力公司公开销售给长山分社一套模块式冷水机组；该套设备的具体结构如照片所示。宏力公司虽然认为照片中的铭牌可以更换因此不能证明设备的生产日期，但没有提供证据加以支持，故对宏力公司该项主张不予支持。

从附件3的照片可以看出，模块化冷水机组包括有机架，机架分上下两层，有四台套管式换热器安装在机架中，在换热器后部可见压缩机，其中上层和下层的设备分别为左右两两相同机架靠左侧和靠右侧的上下两台套管式换热器连接起来，虽然从照片中看不出哪一台是冷凝器或是蒸发器，但从照片分析可知该机组应为两套设备左右布置，因此，必然是机器上层和下层其中之一为冷凝器另一为蒸发器。由此可见，照片中的冷水机组为两套相同的如本专利权利要求1、2所描述的冷水机组。综上，附件3中的三份文件和照片构成了一个完整的证据链，证明了在本专利申请日前与本专利权利要求1、2所保护的产品相同的产品已公开销售的事实。因此，权利要求1、2相对于附件3不具备《专利法》第二十二条第二款规定的新颖性。遂作出第10339号决定，宣告本专利全部无效。

本案庭审中，宏力公司不再坚持对第10339号决定关于附件3中《工矿产品购销合同》所售产品包括本专利产品的确认的异议。

本院认为，关于附件3的取证方式，宏力公司虽提出异议，但其未提交证据证明附件3的取证方式违反法律规定，故对宏力公司的该项主张，本院不予采信。

附件3中照片显示的长山分社使用的“水冷模块式制冷机组”与本专利产品名称“一种模块化冷水机组”虽表述方式不同，但二者名称所反映的技术要素相同，且该照片铭牌显示的出厂日期为2000年7月，故，本院认为复审委关于该照片反映的产品即为本专利产品的意见的事实依据充分。

根据《审查指南》第二部分第三章2.1节第三款的规定，所谓保密状态，不仅包括受保密规定或协议约束的情形，还包括社会观念或者商业习惯上被认为应当承担保密义务的情形，即默契保密的情形。宏力公司提出其在出售产品时未介绍该产品使用了本专利技术、该产品因封闭组装至该产品技术一般人看不到该专利技术、该产品因终身由该公司维修故该产品事实上处于该公司的监护即技术保密的状态以及因此购、销双方形成默契保密关系的理由，由于其在签订销售协议时未做保密约定，且将上述理由作为“社会观念或者商业习惯上被认为应当承担保密义务的情形”的事实依据不充分，故，本院对宏力公司关于“默契保密”的理由不能给予支持。据此，复审委在第10339号决定中关于本专利技术在申请日前已因销售而公开的确认符合法律、法规及相关规章的规定。

由于宏力公司对于第10339号决定所涉其他事实、法律适用、审查程序均未提出异议，经审查，本院同意一审法院关于上述内容的审查结论，不再赘述。

综上，复审委作出的第10339号决定认定事实清楚，适用法律正确，程序合法；一审法院判决维持符合《中华人民共和国行政诉讼法》第五十四条第（一）项的规定；宏力公司的上诉理由不能成立，本院不予支持。据此，依据《中华人民共和国行政诉讼法》第六十一条第（一）项的规定，判决如下：

驳回上诉，维持一审判决。

二审案件受理费人民币 100 元由上诉人山东宏力艾尼维尔环境科技集团有限公司负担（已交纳）。

本判决为终审判决。

审　判　长　郭　宜
审　判　员　张学磊
代理审判员　朱海宏
二〇〇八年九月一日
书　记　员　程钰玮

156

# 安全风雨帽

## 无效宣告请求审查决定（第10341号）

**决　　定　　号**　第10341号
**决　　定　　日**　2007年7月26日
**发明创造名称**　安全风雨帽
**国 际 分 类 号**　A42B 1/00，A42B 1/18，A42B 1/24
**无效宣告请求人**　黄石中外运国际贸易有限公司
**专　利　权　人**　范亚平
**专　　利　　号**　00207166.5
**申　　请　　日**　2000年3月26日
**授 权 公 告 日**　2002年9月25日
**合 议 组 组 长**　高海燕
**主　　审　　员**　李婷婷
**参　　审　　员**　武　磊

**法　律　依　据**　专利法第22条第2款
**决　定　要　点**

如果一项权利要求的技术特征已被对比文件全部公开，且二者所属技术领域、所要解决的技术问题相同，并能产生相同的技术效果，那么该权利要求相对于该对比文件不具备专利法第22条第2款规定的新颖性。

### 一、案由

本无效宣告请求涉及国家知识产权局于2002年9月25日授权公告的00207166.5号实用新型专利（下称本专利），其名称为“安全风雨帽”，申请日为2000年3月26日，专利权人为范亚平。

本专利授权公告的权利要求书内容如下：

“1. 一种安全风雨帽，其特征是：在帽子的两侧眼部开有便于眼睛左右观察的窗口，在帽子的两侧耳部装有放声器。

2. 根据权利要求1所述的安全风雨帽，其特征是：在帽子的两侧眼部所开的窗口上装有透明片。

3. 根据权利要求1所述的安全风雨帽，其特征是：在帽子的两侧眼部所开的窗口延伸为沿帽檐口向内的一带形窗口，窗口上装有透明带。

4. 根据权利要求1所述的安全风雨帽，其特征是：装在帽子两侧耳部的放声器具有与帽子扣装的放声面盘，放声面盘底部压有固定底圈；放声面盘是一个球冠状振荡集射腔，在其边缘开有切口状放声孔。

5. 根据权利要求1所述的安全风雨帽，其特征是：装在帽子两侧耳部的放声器具有与帽子扣装的放声面盘，放声面盘底部压有固定底圈；放声面盘是一个球冠状振荡集射腔，在其边缘设有放声孔群。

6. 根据权利要求1所述的安全风雨帽，其特征是：装在帽子两侧耳部的放声器具有与帽子扣装的放声面盘，放声面盘底部压有固定底圈；放声面盘是一个球冠状振荡集射腔，在其边缘开孔向内引入了一个导声道。

7. 根据权利要求1所述的安全风雨帽，其特征是：装在帽子两侧耳部的放声器具有与帽子扣装的放声面盘，放声面盘底部压有固定底圈；放声面盘具有球冠腔，腔内装有依次连接的拾音器、音频放大器和扬声器，拾音器伸入腔外与外界相通。"

针对上述专利权，黄石中外运国际贸易有限公司（以下称请求人）于2006年10月23日向国家知识产权局专利复审委员会提出无效宣告请求，其理由是本专利权利要求1、2和3不符合专利法第22条第2款和专利法第22条第3款的规定。请求人提交了以下附件作为证据：

附件1：CN2328207Y号实用新型专利说明书，其申请日为1998年6月1日、授权公告日为1999年7月14日；

附件2：CN2162802Y号实用新型专利说明书，其申请日为1993年8月4日、授权公告日为1994年4月27日；

附件3：CN2086527U号实用新型专利申请说明书，其申请日为1990年9月28日、授权公告日为1991年10月16日；

附件4：CN2320056Y号实用新型专利说明书，其申请日为1998年2月8日、授权公告日为1999年5月26日；

附件5：CN2174867Y号实用新型专利说明书，其申请日为1993年2月27日、授权公告日为1994年8月24日；

附件6：CN2351982Y号实用新型专利说明书，其申请日为1998年6月15日、授权公告日为1999年12月8日；

附件7：国家知识产权局作出的关于本专利的检索报告复印件共5页。

请求人请求宣告本专利权无效的理由是：本专利权利要求1相对于附件1、3、4、5不具备新颖性，相对于附件3、4、5中的任意一篇与附件2或6的结合不具备创造性；权利要求2的附加技术特征已分别被附件1、3、4、5公开，因此当其引用的权利要求1不具备新颖性或创造性时，权利要求2也不具备新颖性或创造性；权利要求3的附加技术特征已被附件1公开，且附件3、4、5均给出了相应的技术启示，因此当其引用的权利要求1不具备新颖性或创造性时，权利要求3也不具备新颖性或创造性。

经形式审查合格，专利复审委员会受理了上述请求，于2006年11月28日向双方当事人发出无效宣告请求受理通知书，并将《专利权无效宣告请求书》及其附件清单中所列附件副本转送给了专利权人，要求其在指定的期限内答复，并告知期满未答复的不影响专利复审委员会审理。

专利权人于2006年11月29日提交了意见陈述书及附件。所述附件具体如下：

附件A. 关于黄石市鑫焱安全雨服厂雨衣的印刷彩页；

附件B. CN2512271Y号实用新型专利申请说明书，即本专利的授权公告文本；

附件C. 专利复审委员会于2006年11月28日转送给专利权人的《专利权无效宣告请求书》及其附件清单中所列的附件7复印件共8页。

专利权人陈述意见如下：本专利权利要求1中所开的窗口上装的透明片为权利要求2、3所描述的透明片，本专利权利要求1、2、3所使用的放声器为本专利权利要求4~7所描述的放声器，由于权利要求4~7已被检索报告确认为具有新颖性、创造性，因此本专利权利要求1、2、3具有新颖性，创造性。专利权人未对附件A的用处作任何说明。

专利权人于2006年12月15日再次提交了意见陈述书，其陈述的意见与专利权人于2006年11月29日提交的意见陈述书中的陈述意见基本相同，并指出将权利要求1~3具体修改为：

"1. 一种安全风雨帽，其特征是：在帽子的两侧眼部开有便于眼睛左右观察的窗口，在帽子的两侧耳部装有本案放声器。

2. 根据权利要求1所述的安全风雨帽，其特征是：在帽子的两侧眼部所开的窗口上装有透明片，在帽子的两侧耳部装有本案放声器。

3. 根据权利要求1所述的安全风雨帽，其特征是：在帽子的两侧眼部所开的窗口延伸为沿帽檐口向内的一带形窗口，窗口上装有透明带，在帽子的两侧耳部装有本案放声器。"

专利复审委员会依法成立本案合议组，于2007年2月27日向双方当事人发出无效宣告请求口头审理通知书，定于2007年4月23日进行口头审理，并同时向请求人发出转送文件通知书，将专利权人于2006年11月29日提交的意见陈述书及其所附附件A的复印件，以及专利权人于2006年12月15日提交的意见陈述书转送给请求人。

专利权人于2007年3月18日第三次提交了意见陈述书，对权利要求1~3再次进行修改，并明确表示将专利权人于2006年12月15日提交的意见陈述书中对权利要求1~3的修改方案作废，该次修改后的权利要求书内容具体如下：

"1. 一种安全风雨帽，其特征是：在帽子的两侧眼部开有便于眼睛左右观察和向后头张望的窗口，在帽子两侧耳部装有便于听声音的本案放声器。

2. 根据权利要求1所述的安全风雨帽，其特征是：在帽子的两侧眼部所开的窗口上装有透明片，在帽子的两测耳部装有本案放声器。

3. 根据权利要求1所述的安全风雨帽，其特征是：在帽子的两侧眼部所开的窗口延伸为沿帽檐口向内的一带形窗口，窗口中装有透明带，在帽子的两测耳部装有本案放声器。

4. 根据权利要求1所述的安全风雨帽，其特征是：装在帽子两侧耳部的放声器具有与帽子扣装的放声面盘，放声面盘底部压有固定底圈；放声面盘是一个球冠状振荡集射腔，在其边缘开有切口状放声孔。

5. 根据权利要求1所述的安全风雨帽，其特征是：装在帽子两侧耳部的放声器具有与帽子扣装的放声面盘，放声面盘底部压有固定底圈；放声面盘是一个球冠状振荡集射腔，在其边缘设有放声孔群。

6. 根据权利要求1所述的安全风雨帽，其特征是：装在帽子两侧耳部的放声器具有与帽子扣装的放声面盘，放声面盘底部压有固定底圈；放声面盘是一个球冠状振荡集射腔，在其边缘开孔向内引入了一个导声道。

7. 根据权利要求1所述的安全风雨帽，其特征是：装在帽子两侧耳部的放声器具有与帽子扣装的放声面盘，放声面盘底部压有固定底圈；放声面盘具有球冠腔，腔内装有依次连接的拾音器、音频放大器和扬声器，拾音器伸入腔外与外界相通。"

专利复审委员会于2007年3月30日收到请求人提交的意见陈述书，请求人表示将参加2007年4月23日举行的口头审理，并针对专利权人于2006年12月15日提交的意见陈述书中修改的权利要求1~3补充了下述无效宣告请求理由：本专利权利要求1相对于附件1或6不具备新颖性，相对于附件

1、2、3、4、5和6的简单叠加不具备创造性；权利要求2、3的附加技术特征均为权利要求1本身已经包含的技术特征，因此当其引用的权利要求1不具备新颖性和创造性时，权利要求2、3均不具备新颖性和创造性。

专利权人于2007年3月31日提交了无效宣告请求口头审理通知书回执，表示参加2007年4月23日的口头审理。

口头审理如期进行，双方当事人均参加了口头审理。在口头审理中：

（1）双方当事人对合议组成员无回避请求，并对对方当事人出庭人员身份无异议；

（2）合议组当庭将于2007年3月30日收到的请求人的意见陈述书转交给专利权人，将专利权人于2007年3月18日提交的意见陈述书转交给请求人；

（3）专利权人当庭提交了意见陈述讲稿作为口头审理过程中发言的内容，并提交了关于黄石市鑫焱安全雨服厂雨衣的印刷彩页，即附件A，供合议组参考；

（4）专利权人当庭明确放弃2006年11月29日和2006年12月15日提交的意见陈述以及对权利要求书的修改；

（5）专利权人坚持其于2007年3月18日提交的意见陈述书中的权利要求1~3的修改，合议组当庭告知专利权人，根据《审查指南》第四部分第三章第4.6节中无效宣告程序中专利文件的修改的规定，上述权利要求1~3的修改合议组不予接受，本次口头审理以本专利授权公告的文本为基础；

（6）专利权人对附件1~7的真实性无异议；

（7）请求人明确表示无效宣告请求理由为：本专利权利要求1~3不符合专利法第22条第2、3款的规定，具体评述方式为：权利要求1分别相对于附件1~6不符合专利法第22条第2款的规定，权利要求1分别相对于附件3、2和6，附件4、2和6，附件5、2和6的结合不符合专利法第22条第3款的规定，权利要求2分别相对于附件1、3、4、5不符合专利法第22条第2款的规定，权利要求2分别相对于附件1、3、4、5中的任意一篇或两两结合不符合专利法第22条第3款的规定，权利要求3分别相对于附件1、3、4、5不符合专利法第22条第2款的规定，权利要求3分别相对于附件1、3、4、5中任意一篇或两两结合不符合专利法第22条第3款的规定，此外请求人明确附件7仅供合议组参考；

（8）专利权人认为本专利权利要求1、2、3与附件1~6的区别在于：本专利权利要求1中窗口开在耳朵后面，因此开口较深可以向后观望，附件1~6开口比较浅，都在耳朵前面。

至此，合议组认为本案事实已经清楚，现依法作出审查决定。

**二、决定的理由**

1. 关于审理的文本

审查指南第四部分第三章第4.6节“无效宣告程序中专利文件的修改”中第4.6.1小节规定了对权利要求的修改原则，其中修改原则第（3）条为：不得超出原说明书和权利要求书记载的范围；第（4）条为：一般不得增加未包含在授权的权利要求书中的技术特征。

专利权人于2007年3月18日提交的意见陈述书中对权利要求1~3进行了修改，其中在权利要求1中增加了技术特征“向后头张望的窗口”，而本专利原说明书和权利要求书并无任何所述窗口可向后头张望的记载，因此该处修改超范围，不符合修改原则第（3）条的规定；此外，在权利要求1中增加了技术特征“在帽子的两侧耳部装有便于听声音的本案放声器”，在权利要求2、3中均增加了技术特征“在帽子的两测耳部装有本案放声器”，而在本专利授权的权利要求书中均无有关“本案放声器”的记载，因此上述修改不符合修改原则第（4）条的规定。综上所述，合议组对专利权人于2007年3月18日提交的意见陈述书中对权利要求1~3进行的修改不予接受，本审查决定以本专利授权公告的文本为审查基础。

2. 关于证据

请求人提交的附件1~6均是在本专利申请日之前已经公开的专利文献，专利权人对附件1~6的真实性没有异议，合议组经核实认可其真实性，因此，附件1~6可作为本案现有技术的证据使用。请求人和专利权人分别明确附件7、附件A供合议组参考，即不作为证据使用。

3. 关于新颖性

专利法第22条第2款规定的新颖性是指：在申请日以前没有同样的发明或者实用新型在国内外出版物上公开发表过、在国内公开使用过或者以其他方式为公众所知，也没有同样的发明或者实用新型由他人向国务院专利行政部门提出过申请并且记载在申请日以后公布的专利申请文件中。

本专利提供了一种安全风雨帽，用以解决现有挡风帽、雨衣帽使用者听觉受限，并且如果帽沿深则遮挡视线，如果帽沿浅则挡风雨效果不好的问题。本专利权利要求1采取了如下技术方案：一种安全风雨帽，其特征是：

A. 在帽子的两侧眼部开有便于眼睛左右观察的窗口；

B. 在帽子的两侧耳部装有放声器。

附件1（参见其说明书第1页第8行至第2页第16行，附图1）公开了一种安全雨衣（披）的帽子，在帽上人眼两侧边设置有可用透明塑料软薄片制成的观望装置，用透明塑料软薄片替代原来帽子不透明的材料以便使使用者能够有开阔的视野，此外在帽上人耳附近两边还设置有听音装置，以保证使用者在戴上帽子之后的听觉不受影响。

将本专利权利要求1的技术方案与附件1公开的上述内容相比可知，附件1所述雨衣（披）的帽子相当于本专利权利要求1所述的“安全风雨帽”，附件1所述在帽子的人眼两侧边设置的可用透明塑料软薄片制成的观望装置相当于本专利权利要求1的特征A“在帽子的两侧眼部开有便于眼睛左右观察的窗口”，附件1中在帽上人耳附件两边设置的听音装置相当于本专利权利要求1的特征B“在帽子的两侧耳部装有放声器”，由此可见，附件1已经公开了本专利权利要求1的全部技术特征，且二者都涉及到防雨的帽子这一技术领域，都是为了解决使用者在戴上防雨的帽子后使视觉及听觉受到影响的问题，都采用了在帽子的人眼两侧设置观察窗以防止视野受到影响并在人耳两侧设置听音装置以防止听觉受到影响的技术方案，亦都能够获得开阔视野以及增强听觉的技术效果，因此本专利权利要求1相对于附件1不具备专利法第22条第2款规定的新颖性。

权利要求2是对权利要求1的进一步限定，其附加技术特征是：“在帽子的两侧眼部所开的窗口上装有透明片。”

附件1中在帽子的人眼两侧边设置的观望装置可用透明塑料软薄片制成，因此权利要求2的附加技术特征已被附件1公开，当其引用的权利要求1不具备新颖性时，权利要求2亦不具备专利法第22条第2款规定的新颖性。

权利要求3是对权利要求1的进一步限定，其附加技术特征是：“在帽子的两侧眼部所开的窗口延伸为沿帽沿口向内的一带形窗口，窗口上装有透明带。”

附件1中在帽子的人眼两侧边设置的观望装置可用透明塑料软薄片制成，并且由附件1的附图1可见，所述观望装置即为一透明的长带形透明窗口，因此权利要求3的附加技术特征已被附件1公开，当其引用的权利要求1不具备新颖性时，权利要求3亦不具备专利法第22条第2款规定的新颖性。

专利权人认为，本专利权利要求1~3所述安全风雨帽的窗口开在耳朵后面，因此开口较深可以向后观望，而附件1-6开口比较浅，都在耳朵前面，因此本专利权利要求1~3相对于附件1~6具有新颖性和创造性。

合议组认为，本专利仅仅公开了所述安全风雨帽具有观察窗口，在原始说明书和权利要求书中并没有对其具体的尺寸或深度作任何限定，所属领域技术人员根据权利要求 1~3 所述技术方案无法得出本专利所述安全风雨帽的窗口“开在耳朵后面，因此开口较深可以向后观望”的结论，因此无法就本专利所述安全风雨帽的窗口深度是否比附件 1~6 的深度深作出判断。

鉴于本专利权利要求 1~3 均不符合专利法第 22 条第 2 款有关新颖性的规定，请求人提出的无效宣告请求理由仅涉及权利要求 1~3，因此对请求人提出的其他无效宣告请求理由和证据不再进行评述。

**三、决定**

宣告 00207166.5 号实用新型专利的权利要求 1~3 无效，在权利要求 4~7 的基础上维持该专利权有效。

当事人对本决定不服的，可以根据专利法第 46 条第 2 款的规定，自收到本决定之日起 3 个月内向北京市第一中级人民法院起诉。根据该款的规定，一方当事人起诉后，另一方当事人应当作为第三人参加诉讼。

# 北京市第一中级人民法院
# 行政判决书

（2007）一中行初字第 1337 号

原告范亚平，男，1948 年 11 月 15 日出生，汉族，农民，住湖北省鄂州市鄂城区汀祖镇张祖村范家 19 号。

委托代理人陈健，男，1970 年 4 月 6 日出生，汉族，住北京市海淀区西土城路 25 号。

被告国家知识产权局专利复审委员会，住所地北京市海淀区北四环西路 9 号。

法定代表人廖涛，副主任。

委托代理人武磊，男，国家知识产权局专利复审委员会审查员。

委托代理人余心蕾，女，国家知识产权局专利复审委员会审查员。

第三人黄石中外运国际贸易有限公司，住所地湖北省黄石市交通路特 1 号。

法定代表人傅云强，总经理。

委托代理人秦雪，湖北中和信律师事务所律师。

原告范亚平不服被告国家知识产权局专利复审委员会专利无效宣告请求审查决定，于 2007 年 9 月 27 日向本院提起行政诉讼。本院受理后，依法组成合议庭并通知被诉具体行政行为的利害关系人黄石中外运国际贸易有限公司作为第三人参加诉讼。本院于 2007 年 11 月 21 日公开开庭审理了本案。原告及其委托代理人陈健，被告的委托代理人武磊、余心蕾，第三人的委托代理人秦雪到庭参加了诉讼。本案现已审理终结。

2007 年 7 月 26 日，被告作出第 10341 号无效宣告请求审查决定（以下简称第 10341 号决定），宣告 00207166.5 号实用新型专利（以下简称本专利）的权利要求 1~3 无效，在权利要求 4~7 的基础上维持本专利权有效。决定认为：

1. 关于审理的文本

原告于 2007 年 3 月 18 日提交的意见陈述书中对权利要求 1~3 进行了修改，其中在权利要求 1 中增加了技术特征“向后头张望的窗口”，而本专利原说明书和权利要求书并无任何所述窗口可向后头张望的记载，因此该处修改超范围，不符合修改原则第（3）条的规定；此外，在权利要求1中增加了技术特征“在帽子的两侧耳部装有便于听声音的本案放声器”，在权利要求2、3中均增加了技术特征“在帽子的两测耳部装有本案放声器”，而在本专利授权的权利要求书中均无有关“本案放声器”的记载，因此上述修改不符合修改原则第（4）条的规定。综上所述，被告对原告于2007年3月18日提交的意见陈述书中对权利要求1~3进行的修改不予接受，本审查决定以本专利授权公告的文本为审查基础。

2. 关于证据

第三人提交的附件1~6均是在本专利申请日之前已经公开的专利文献，原告对附件1~6的真实性没有异议，被告经核实认可其真实性，因此，附件1~6可作为本案现有技术的证据使用。第三人和原告分别明确附件7、附件A供被告参考，即不作为证据使用。

3. 关于新颖性

本专利提供了一种安全风雨帽，用以解决现有挡风帽、雨衣帽使使用者听觉受限，并且如果帽沿深则遮挡视线，如果帽檐浅则挡风雨效果不好的问题。本专利权利要求1采取了如下技术方案：一种安全风雨帽，其特征是：

A. 在帽子的两侧眼部开有便于眼睛左右观察的窗口；

B. 在帽子的两侧耳部装有放声器。

附件1（参见其说明书第1页第8行至第2页第16行，附图1）公开了一种安全雨衣（披）的帽子，在帽上人眼两侧边设置有可用透明塑料软薄片制成的观望装置，用透明塑料软薄片替代原来帽子不透明的材料以便使使用者能够有开阔的视野，此外在帽上人耳附近两边还设置有听音装置，以保证使用者在戴上帽子之后的听觉不受影响。

将本专利权利要求1的技术方案与附件1公开的上述内容相比可知，附件1所述雨衣（披）的帽子相当于本专利权利要求1所述的“安全风雨帽”，附件1所述在帽子的人眼两侧边设置的可用透明塑料软薄片制成的观望装置相当于本专利权利要求1的特征A“在帽子的两侧眼部开有便于眼睛左右观察的窗口”，附件1中在帽上人耳附近两边设置的听音装置相当于本专利权利要求1的特征B“在帽子的两侧耳部装有放声器”，由此可见，附件1已经公开了本专利权利要求1的全部技术特征，且二者都涉及防雨的帽子这一技术领域，都是为了解决使用者在戴上防雨的帽子后使视觉及听觉受到影响的问题，都采用了在帽子的人眼两侧设置观察窗以防止视野受到影响并在人耳两侧设置听音装置以防止听觉受到影响的技术方案，亦都能够获得开阔视野以及增强听觉的技术效果，因此本专利权利要求1相对于附件1不具备《中华人民共和国专利法》（以下简称专利法）第22条第2款规定的新颖性。

权利要求2是对权利要求1的进一步限定，其附加技术特征是：“在帽子的两侧眼部所开的窗口上装有透明片。”

附件1中在帽子的人眼两侧边设置的观望装置可用透明塑料软薄片制成，因此权利要求2的附加技术特征已被附件1公开，当其引用的权利要求1不具备新颖性时，权利要求2亦不具备专利法第22条第2款规定的新颖性。

权利要求3是对权利要求1的进一步限定，其附加技术特征是：“在帽子的两侧眼部所开的窗口延伸为沿帽沿口向内的一带形窗口，窗口上装有透明带。”

附件1中在帽子的人眼两侧边设置的观望装置可用透明塑料软薄片制成，并且由附件1的附图1可见，所述观望装置即为一透明的长带形透明窗口，因此权利要求3的附加技术特征已被附件1公开，当其引用的权利要求 1 不具备新颖性时，权利要求 3 亦不具备专利法第 22 条第 2 款规定的新颖性。

原告认为，本专利权利要求 1~3 所述安全风雨帽的窗口开在耳朵后面，因此开口较深可以向后观望，而附件 1~6 开口比较浅，都在耳朵前面，因此本专利权利要求 1~3 相对于附件 1~6 具有新颖性和创造性。

被告认为，本专利仅仅公开了所述安全风雨帽具有观察窗口，在原始说明书和权利要求书中并没有对其具体的尺寸或深度作任何限定，所属领域技术人员根据权利要求 1~3 所述技术方案无法得出本专利所述安全风雨帽的窗口“开在耳朵后面，因此开口较深可以向后观望”的结论，因此无法就本专利所述安全风雨帽的窗口深度是否比附件 1~6 的深度深作出判断。

鉴于本专利权利要求 1~3 均不符合专利法第 22 条第 2 款有关新颖性的规定，第三人提出的无效宣告请求理由仅涉及权利要求 1~3，因此对第三人提出的其他无效宣告请求理由和证据不再进行评述。

被告在法定的举证期限内向本院提交的证据有：（1）本专利授权公告文本；（2）原告于 2007 年 3 月 18 日提交的意见陈述书及权利要求书的修改文本；（3）CN2328207Y 号实用新型专利说明书（即附件 1）。上述证据用于证明第 10341 号决定认定事实清楚、适用法律法规正确、审理程序合法。

原告诉称，原告对权利要求 1~3 的修改没有超范围，第 10341 号决定认定事实不清、适用法律错误，原告请求法院撤销第 10341 号决定。

原告向法院提交了如下证据：（1）本专利的专利证书，证明原告为专利权人；（2）本专利的授权文本，证明本专利的基本情况；（3）检索报告，证明本专利具有新颖性；（4）无效宣告请求书，证明第三人无效宣告的理由；（5）四份意见陈述书，证明本专利权利要求 1~3 具有新颖性；（6）本专利产品广告，证明本专利的具体实施方案；（7）本专利的产品实物，证明本专利具有新颖性。

被告辩称：原告于 2007 年 3 月 18 日提交的意见陈述书中对权利要求 1~3 进行的修改不符合审查指南的相关规定，被告坚持无效决定中的理由，认为上述修改超出原说明书和权利要求书记载的范围；被告坚持无效决定中关于新颖性的认定理由，认为第 10341 号决定认定事实清楚、适用法律正确、审理程序合法，原告的诉讼理由不成立，被告请求法院依法驳回原告的诉讼请求，维持第 10341 号决定。

第三人认为：（1）被告的审查程序合法，被告关于原告修改超范围的认定正确；（2）本专利权利要求 1~3 不具有新颖性。综上，第 10341 号决定正确，请求法院驳回原告的诉讼请求，维持该决定。

第三人未向法院提交证据。

经庭审质证，原告及第三人对被告提交证据的关联性、合法性、真实性均无异议，但原告不同意被告主张的证明作用。被告对原告提交的证据 1~6 没有异议，认为原告提交的证据 7 不是被告审查的对象，与本案不具有关联性。第三人对原告提交的证据 1~4 没有异议，认为原告提交的证据 5 不符合证据形式，不能作为证据使用，证据 6、7 与本案无关联性。本院认为，被告提交的证据以及原告提交的证据 1~5 与被诉第 10341 号决定有关，且合法，各方当事人对其真实性均无异议，能够证明本案的事实，本院予以采纳；原告提交的证据 6、7 与本案无关联性，本院不予采纳。

根据上述有效证据及各方当事人在庭审中无争议的陈述，本院确认如下事实：

本案涉及申请日为 2000 年 3 月 26 日，授权公告日为 2002 年 9 月 25 日，专利号为 00207166.5，名称为“安全风雨帽”的实用新型专利（即本专利）。专利权人是范亚平（即本案原告）。

本专利授权公告的权利要求书内容如下：

“1. 一种安全风雨帽，其特征是：在帽子的两侧眼部开有便于眼睛左右观察的窗口，在帽子的两侧耳部装有放声器。

2. 根据权利要求1所述的安全风雨帽，其特征是：在帽子的两侧眼部所开的窗口上装有透明片。

3. 根据权利要求1所述的安全风雨帽，其特征是：在帽子的两侧眼部所开的窗口延伸为沿帽檐口向内的一带形窗口，窗口上装有透明带。

4. 根据权利要求1所述的安全风雨帽，其特征是：装在帽子两侧耳部的放声器具有与帽子扣装的放声面盘，放声面盘底部压有固定底圈；放声面盘是一个球冠状振荡集射腔，在其边缘开有切口状放声孔。

5. 根据权利要求1所述的安全风雨帽，其特征是：装在帽子两侧耳部的放声器具有与帽子扣装的放声面盘，放声面盘底部压有固定底圈；放声面盘是一个球冠状振荡集射腔，在其边缘设有放声孔群。

6. 根据权利要求1所述的安全风雨帽，其特征是：装在帽子两侧耳部的放声器具有与帽子扣装的放声面盘，放声面盘底部压有固定底圈；放声面盘是一个球冠状振荡集射腔，在其边缘开孔向内引入了一个导声道。

7. 根据权利要求1所述的安全风雨帽，其特征是：装在帽子两侧耳部的放声器具有与帽子扣装的放声面盘，放声面盘底部压有固定底圈；放声面盘具有球冠腔，腔内装有依次连接的拾音器、音频放大器和扬声器，拾音器伸入腔外与外界相通。”

针对上述专利权，第三人于2006年10月23日向被告提出无效宣告请求，其理由是本专利权利要求1、2和3不符合专利法第22条第2款和专利法第22条第3款的规定。第三人提交了以下附件作为证据：

附件1：CN2328207Y号实用新型专利说明书，其申请日为1998年6月1日、授权公告日为1999年7月14日；

附件2：CN2162802Y号实用新型专利说明书，其申请日为1993年8月4日、授权公告日为1994年4月27日；

附件3：CN2086527U号实用新型专利申请说明书，其申请日为1990年9月28日、授权公告日为1991年10月16日；

附件4：CN2320056Y号实用新型专利说明书，其申请日为1998年2月8日、授权公告日为1999年5月26日；

附件5：CN2174867Y号实用新型专利说明书，其申请日为1993年2月27日、授权公告日为1994年8月24日；

附件6：CN2351982Y号实用新型专利说明书，其申请日为1998年6月15日、授权公告日为1999年12月8日；

附件7：国家知识产权局作出的关于本专利的检索报告复印件共5页。

第三人请求宣告本专利权无效的理由是：本专利权利要求1相对于附件1、3、4、5不具备新颖性，相对于附件3、4、5中的任意一篇与附件2或6的结合不具备创造性；权利要求2的附加技术特征已分别被附件1、3、4、5公开，因此当其引用的权利要求1不具备新颖性或创造性时，权利要求2也不具备新颖性或创造性；权利要求3的附加技术特征已被附件1公开，且附件3、4、5均给出了相应的技术启示，因此当其引用的权利要求1不具备新颖性或创造性时，权利要求3也不具备新颖性或创造性。

经形式审查合格，被告受理了上述请求，于2006年11月28日向双方当事人发出无效宣告请求受理通知书，并将《专利权无效宣告请求书》及其附件清单中所列附件副本转送给了原告，要求其在指定的期限内答复，并告知期满未答复的不影响被告审理。

原告于2006年11月29日提交了意见陈述书及附件。所述附件具体如下：

附件A. 关于黄石市鑫焱安全雨服厂雨衣的印刷彩页；

附件B. CN2512271Y号实用新型专利申请说明书，即本专利的授权公告文本；

附件C. 被告于2006年11月28日转送给原告的《专利权无效宣告请求书》及其附件清单中所列的附件7复印件共8页。

原告陈述意见如下：本专利权利要求1中所开的窗口上装的透明片为权利要求2、3所描述的透明片，本专利权利要求1、2、3所使用的放声器为本专利权利要求4~7所描述的放声器，由于权利要求4~7已被检索报告确认为具有新颖性、创造性，因此本专利权利要求1、2、3具有新颖性、创造性。原告未对附件A的用处作任何说明。

原告于2006年12月15日再次提交了意见陈述书，其陈述的意见与原告于2006年11月29日提交的意见陈述书中的陈述意见基本相同，并指出将权利要求1~3具体修改为：

“1. 一种安全风雨帽，其特征是：在帽子的两侧眼部开有便于眼睛左右观察的窗口，在帽子的两侧耳部装有本案放声器。

2. 根据权利要求1所述的安全风雨帽，其特征是：在帽子的两侧眼部所开的窗口上装有透明片，在帽子的两侧耳部装有本案放声器。

3. 根据权利要求1所述的安全风雨帽，其特征是：在帽子的两侧眼部所开的窗口延伸为沿帽檐口向内的一带形窗口，窗口上装有透明带，在帽子的两侧耳部装有本案放声器。”

被告依法成立本案合议组，于2007年2月27日向双方当事人发出无效宣告请求口头审理通知书，定于2007年4月23日进行口头审理，并同时向第三人发出转送文件通知书，将原告于2006年11月29日提交的意见陈述书及其所附附件A的复印件，以及原告于2006年12月15日提交的意见陈述书转送给第三人。

原告于2007年3月18日第三次提交了意见陈述书，对权利要求1~3再次进行修改，并明确表示将原告于2006年12月15日提交的意见陈述书中对权利要求1~3的修改方案作废，该次修改后的权利要求书内容具体如下：

“1. 一种安全风雨帽，其特征是：在帽子的两侧眼部开有便于眼睛左右观察和向后头张望的窗口，在帽子两侧耳部装有便于听声音的本案放声器。

2. 根据权利要求1所述的安全风雨帽，其特征是：在帽子的两侧眼部所开的窗口上装有透明片，在帽子的两测耳部装有本案放声器。

3. 根据权利要求1所述的安全风雨帽，其特征是：在帽子的两侧眼部所开的窗口延伸为沿帽檐口向内的一带形窗口，窗口中装有透明带，在帽子的两测耳部装有本案放声器。

4. 根据权利要求1所述的安全风雨帽，其特征是：装在帽子两侧耳部的放声器具有与帽子扣装的放声面盘，放声面盘底部压有固定底圈；放声面盘是一个球冠状振荡集射腔，在其边缘开有切口状放声孔。

5. 根据权利要求1所述的安全风雨帽，其特征是：装在帽子两侧耳部的放声器具有与帽子扣装的放声面盘，放声面盘底部压有固定底圈；放声面盘是一个球冠状振荡集射腔，在其边缘设有放声孔群。

6. 根据权利要求1所述的安全风雨帽，其特征是：装在帽子两侧耳部的放声器具有与帽子扣装的放声面盘，放声面盘底部压有固定底圈；放声面盘是一个球冠状振荡集射腔，在其边缘开孔向内引入了一个导声道。

7. 根据权利要求1所述的安全风雨帽，其特征是：装在帽子两侧耳部的放声器具有与帽子扣装的放声面盘，放声面盘底部压有固定底圈；放声面盘具有球冠腔，腔内装有依次连接的拾音器、音频放大器和扬声器，拾音器伸入腔外与外界相通。”

被告于2007年3月30日收到第三人提交的意见陈述书，第三人表示将参加2007年4月23日举行的口头审理，并针对原告于2006年12月15日提交的意见陈述书中修改的权利要求1~3补充了下述无效宣告请求理由：本专利权利要求1相对于附件1或6不具备新颖性，相对于附件1、2、3、4、5和6的简单叠加不具备创造性；权利要求2、3的附加技术特征均为权利要求1本身已经包含的技术特征，因此当其引用的权利要求1不具备新颖性和创造性时，权利要求2、3均不具备新颖性和创造性。

原告于2007年3月31日提交了无效宣告请求口头审理通知书回执，表示参加2007年4月23日的口头审理。

口头审理如期进行，双方当事人均参加了口头审理。在口头审理中：

（1）双方当事人对合议组成员无回避请求，并对对方当事人出庭人员身份无异议；

（2）被告当庭将于2007年3月30日收到的第三人的意见陈述书转交给原告，将原告于2007年3月18日提交的意见陈述书转交给第三人；

（3）原告当庭提交了意见陈述讲稿作为口头审理过程中发言的内容，并提交了关于黄石市鑫焱安全雨服厂雨衣的印刷彩页，即附件A，供被告参考；

（4）原告当庭明确放弃2006年11月29日和2006年12月15日提交的意见陈述以及对权利要求书的修改；

（5）原告坚持其于2007年3月18日提交的意见陈述书中的权利要求1~3的修改，被告当庭告知原告，根据审查指南第四部分第三章第4.6节中无效宣告程序中专利文件的修改的规定，上述权利要求1~3的修改被告不予接受，本次口头审理以本专利授权公告的文本为基础；

（6）原告对附件1~7的真实性无异议；

（7）第三人明确表示无效宣告请求理由为：本专利权利要求1~3不符合专利法第22条第2款、第3款的规定，具体评述方式为：权利要求1分别相对于附件1~6不符合专利法第22条第2款的规定，权利要求1分别相对于附件3、2和6，附件4、2和6，附件5、2和6的结合不符合专利法第22条第3款的规定，权利要求2分别相对于附件1、3、4、5不符合专利法第22条第2款的规定，权利要求2分别相对于附件1、3、4、5中的任意一篇或两两结合不符合专利法第22条第3款的规定，权利要求3分别相对于附件1、3、4、5不符合专利法第22条第2款的规定，权利要求3分别相对于附件1、3、4、5中任意一篇或两两结合不符合专利法第22条第3款的规定，此外第三人明确附件7仅供被告参考；

（8）原告认为本专利权利要求1、2、3与附件1-6的区别在于：本专利权利要求1中窗口开在耳朵后面，因此开口较深可以向后观望，附件1-6开口比较浅，都在耳朵前面。

上述工作的基础上，被告作出第10341号决定，宣告本专利权利要求1~3无效，在权利要求4~7的基础上维持本专利权有效。原告不服该决定诉至本院。

本院认为，鉴于原告及第三人对第10341号决定的作出程序、案由的记载以及关于证据的认定均无异议，经审查，本院对被告的审理程序及上述认定予以支持。

关于审理文本，本院认为，根据审查指南第四部分第三章第4.6.1节的规定，无效宣告程序中发明或者实用新型专利文件的修改仅限于权利要求书，其修改原则（3）不得超出原说明书和权利要求书记载的范围；（4）一般不得增加未包含在授权的权利要求书中的技术特征。本案中，原告于2007

年3月18日提交的意见陈述书中对权利要求1~3进行了修改，其中在权利要求1中增加了技术特征“向后头张望的窗口”，而本专利原说明书和权利要求书并无任何所述窗口可向后头张望的记载，因此该处修改超范围，不符合修改原则（3）的规定；此外，在权利要求1中增加了技术特征“在帽子的两侧耳部装有便于听声音的本案放声器”，在权利要求2、3中均增加了技术特征“在帽子的两侧耳部装有本案放声器”，而在本专利授权的权利要求书中均无有关“本案放声器”的记载，因此上述修改不符合修改原则（4）的规定。综上所述，被告对原告于2007年3月18日提交的意见陈述书中对权利要求1~3进行的修改不予接受，本审查决定以本专利授权公告的文本为审查基础的认定正确，本院予以支持。

关于新颖性，本院认为，根据专利法第22条第2款规定：新颖性，是指在申请日以前没有同样的发明或者实用新型在国内外出版物上公开发表过、在国内公开使用过或者以其他方式为公众所知，也没有同样的发明或者实用新型由他人向国务院专利行政部门提出过申请并记载在申请日以后公布的专利申请文件中。

本专利提供了一种安全风雨帽，用以解决现有挡风帽、雨衣帽使使用者听觉受限，并且如果帽檐深则遮挡视线，如果帽沿浅则挡风雨效果不好的问题。本专利权利要求1采取了如下技术方案：一种安全风雨帽，其特征是：A：在帽子的两侧眼部开有便于眼睛左右观察的窗口，B：在帽子的两侧耳部装有放声器。附件1公开了一种安全雨衣（披）的帽子，在帽上人眼两侧边设置有可用透明塑料软薄片制成的观望装置，用透明塑料软薄片替代原来帽子不透明的材料以便使使用者能够有开阔的视野，此外在帽上人耳附近两边还设置有听音装置，以保证使用者在戴上帽子之后的听觉不受影响。

将本专利权利要求1的技术方案与附件1公开的上述内容相比较，附件1所述雨衣（披）的帽子相当于本专利权利要求1所述的“安全风雨帽”，附件1所述在帽子的人眼两侧边设置的可用透明塑料软薄片制成的观望装置相当于本专利权利要求1的特征A，附件1中在帽上人耳附近两边设置的听音装置相当于本专利权利要求1的特征B，由此可见，附件1已经公开了本专利权利要求1的全部技术特征，且二者都涉及到防雨的帽子这一技术领域，都是为了解决使用者在戴上防雨的帽子后使视觉及听觉受到影响的问题，都采用了在帽子的人眼两侧设置观察窗以防止视野受到影响并在人耳两侧设置听音装置以防止听觉受到影响的技术方案，亦都能够获得开阔视野以及增强听觉的技术效果，因此本专利权利要求1相对于附件1不具备专利法第22条第2款规定的新颖性。

权利要求2是对权利要求1的进一步限定，其附加技术特征是，“在帽子的两侧眼部所开的窗口上装有透明片”。附件1中在帽子的人眼两侧边设置的观望装置可用透明塑料软薄片制成，因此权利要求2的附加技术特征已被附件1公开，因其引用的权利要求1不具备新颖性，权利要求2亦不具备新颖性。

权利要求3是对权利要求1的进一步限定，其附加技术特征是：“在帽子的两侧眼部所开的窗口延伸为沿帽檐口向内的一带形窗口，窗口上装有透明带。”附件1中在帽子的人眼两侧边设置的观望装置可用透明塑料软薄片制成，并且由附件1的附图1可见，所述观望装置即为一透明的长带形透明窗口，因此权利要求3的附加技术特征已被附件1公开，因其引用的权利要求1不具备新颖性，权利要求3亦不具备新颖性。

原告认为，本专利权利要求1~3所述安全风雨帽的窗口开在耳朵后面，因此开口较深可以向后观望，而附件1~6开口比较浅，都在耳朵前面，因此本专利权利要求1~3相对于附件1~6具有新颖性和创造性。由于本专利仅仅公开了所述安全风雨帽具有观察窗口，在原始说明书和权利要求书中并没有对其具体的尺寸或深度作任何限定，所属领域技术人员根据权利要求1~3所述技术方案无法得出本专利所述安全风雨帽的窗口“开在耳朵后面，因此开口较深可以向后观望”的结论，因此无法就本专利所述安全风雨帽的窗口深度是否比附件1~6的深度深作出判断。

综上所述，第10341号决定认定事实清楚、适用法律正确、审理程序合法，本院应予支持。原告的诉讼请求缺乏事实及法律依据，本院不予支持。据此，本院依照最高人民法院《关于执行〈中华人民共和国行政诉讼法〉若干问题的解释》第56条第（4）项之规定，判决如下：

驳回原告范亚平的诉讼请求。

案件受理费100元，由原告范亚平负担（已交纳）。

如不服本判决，可在判决书送达之日起15日内，向本院递交上诉状，并按对方当事人的人数提出副本，预交上诉案件受理费100元，上诉于北京市高级人民法院。

审 判 长　齐　莹
代理审判员　贾志刚
代理审判员　张靛卿
二〇〇七年十二月四日
书 记 员　赵　锋

# 北京市高级人民法院
# 行政判决书

（2008）高行终字第240号

上诉人（一审原告）范亚平，男，1948年11月15日出生，汉族，农民，住湖北省鄂州市鄂城区汀祖镇张祖村范家19号。

委托代理人范丹华，男，1983年2月3日出生，汉族，住北京市海淀区清河小营东路12号。

被上诉人（一审被告）国家知识产权局专利复审委员会，住所地北京市海淀区北四环西路9号。

法定代表人廖涛，副主任。

委托代理人武磊，男，国家知识产权局专利复审委员会审查员。

委托代理人田华，女，国家知识产权局专利复审委员会审查员。

被上诉人（一审第三人）黄石中外运国际贸易有限公司，住所地湖北省黄石市交通路特1号。

法定代表人傅云强，总经理。

委托代理人秦雪，湖北金翅律师事务所律师。

委托代理人蔡璐，女，黄石中外运国际贸易有限公司职员。

上诉人范亚平因专利无效宣告请求审查决定，不服北京市第一中级人民法院（2007）一中行初字第1337号行政判决，向本院提起上诉。本院受理后依法组成合议庭，公开开庭审理了本案。上诉人范亚平及其委托代理人范丹华，被上诉人国家知识产权局专利复审委员会（以下简称专利复审委）的委托代理人武磊、田华，被上诉人黄石中外运国际贸易有限公司（以下简称黄石中外运公司）的委托代理人秦雪、蔡璐到庭参加了诉讼。本案现已审理终结。

2007年7月26日，专利复审委作出第10341号无效宣告请求审查决定（以下简称第10341号决定），宣告范亚平所有的00207166.5号实用新型专利（以下简称本专利）的权利要求1~3无效，在权利要求4~7的基础上维持本专利权有效。范亚平不服该决定，向北京市第一中级人民法院（以下简称一审法院）提起行政诉讼。

一审法院经审理认为，鉴于范亚平及黄石中外运公司对第10341号决定的作出程序、案由的记载以及关于证据的认定均无异议，经审查，对专利复审委的审理程序及上述认定予以支持。

范亚平在无效审查期间，在权利要求1中增加了“向后头张望的窗口”，“在帽子的两侧耳部装有便于听声音的本案放声器”的技术特征，但本专利授权的权利要求书中无上述内容的记载，因此上述修改不符合审查指南关于修改原则的规定。专利复审委对范亚平于2007年3月18日提交的意见陈述书中对权利要求1~3进行的修改不予接受，仍以本专利授权公告的文本为审查基础的认定是正确的。

将本专利权利要求1的技术方案与附件1公开的内容相比较，附件1所述雨衣（披）的帽子相当于本专利权利要求1所述的“安全风雨帽”，附件1所述在帽子的人眼两侧边设置的可用透明塑料软薄片制成的观望装置相当于本专利权利要求1的特征A，附件1中在帽上人耳附近两边设置的听音装置相当于本专利权利要求1的特征B。由此可见，附件1已经公开了本专利权利要求1的全部技术特征，且二者都涉及防雨的帽子这一技术领域，都是为了解决使用者在戴上防雨的帽子后使视觉及听觉受到影响的问题，都采用了在帽子的人眼两侧设置观察窗以防止视野受到影响并在人耳两侧设置听音装置以防止听觉受到影响的技术方案，亦都能够获得开阔视野以及增强听觉的技术效果，因此本专利权利要求1相对于附件1不具备《中华人民共和国专利法》（以下简称专利法）第22条第2款规定的新颖性。

权利要求2、3均系对权利要求1的限定，权利要求2的附加技术特征“在帽子的两侧眼部所开的窗口上装有透明片”、权利要求3的附加技术特征“在帽子的两侧眼部所开的窗口延伸为沿帽沿口向内的一带形窗口，窗口上装有透明带”。均已被附件1公开，在权利要求1不具备新颖性的情况下，权利要求2、3亦不具备新颖性。

综上所述，一审法院认为第10341号决定认定事实清楚、适用法律正确、审理程序合法，应予支持。范亚平的诉讼请求缺乏事实及法律依据，不予支持。据此，依照最高人民法院《关于执行〈中华人民共和国行政诉讼法〉若干问题的解释》第56条第（4）项之规定，判决驳回了范亚平的诉讼请求。

范亚平不服一审判决，提起上诉。范亚平认为其原授权文本说明书均有“向后头张望的窗口”和“本案放声器”的记载，且实施例的附图2、3记载了它的窗口开得深一直延伸到人耳后面，权利要求4~7也有关于“放声器”的记载，因此其在权利要求1中增加的上述技术特征，没有超出原授权文本，符合审查指南第四部分第三章第4.6.1的修改原则。本专利相对于附件1增加了实用功能有实质性进步，改变了产品的形状和结构，具有新颖性和创造性。故，专利复审委认为其超出范围且本专利不具有新颖性是认定事实错误。故请求撤销第10341号决定和一审判决。

专利复审委答辩认为，范亚平在对权利要求1~3的修改中，在权利要求1中增加了“向后头张望的窗口”和“在帽子的两侧耳部装有便于听声音的本案放声器”的技术特征，但在本专利授权文本上对上述内容均无记载，故对其修改文本不予接受符合审查指南的规定。综上，请求维持一审判决和第10341号决定。

黄石中外运公司未提交书面答辩意见，其当庭答辩认为，本专利授权文本的权利要求书及说明书中均无“向后头张望的窗口”及“本案放声器”的记载，但范亚平于2007年3月18日提交的本专利权利要求修改文本中增加了上述内容，违反了审查指南关于“不得增加未包含在授权的权利要求书中的技术特征”的修改原则。因此，专利复审委以其授权文本为本专利无效审查的基础是符合法律规定的。

本专利权利要求1~3限定的技术方案与在先公开的对比文件1的技术方案相比较，可以适用于相同的技术领域，解决相同的技术问题，并可以产生相同的预期效果，故本专利权利要求1~3的技术方案已被附件1公开，本专利不具有新颖性。综上认为，第10341号决定和一审判决认定事实清楚，适用法律正确，程序合法，请求二审法院予以维持。

一审法院审理期间，专利复审委提交了：（1）本专利授权公告文本；（2）范亚平于2007年3月18日提交的意见陈述书及权利要求书的修改文本；（3）黄石中外运公司在无效程序中提交的附件1：CN2328207Y号实用新型专利说明书。

范亚平提交了：（1）本专利的专利证书；（2）本专利的授权文本；（3）检索报告；（4）黄石中外运公司的无效宣告请求书；（5）其本人的意见陈述书；（6）本专利产品广告；（7）本专利的产品实物。

上述证据材料已随案移送本院。经审查，专利复审委提交的证据及范亚平提交的证据1-5来源合法，内容真实，能够反映第10341号决定关于本专利修改、本专利与对比文件的新颖性比对结论的依据，一审法院确认专利复审委采信上述证据正确，本院予以支持；范亚平提交的证据6在无效审查的口审当中，曾明确表示该证据仅作为参考，不作为证据使用，证据7因不属专利审查的内容，且其在无效程序中未予提交，应不予接纳；故一审法院对证据6、7未予采信，本院予以支持。

经审理查明，本专利系范亚平于2000年3月26日申请、国家知识产权局于2002年9月25日授权公告的“安全风雨帽”的实用新型专利，专利号为00207166.5。

本专利授权公告的权利要求书内容如下：

“1. 一种安全风雨帽，其特征是：在帽子的两侧眼部开有便于眼睛左右观察的窗口，在帽子的两侧耳部装有放声器。

2. 根据权利要求1所述的安全风雨帽，其特征是：在帽子的两侧眼部所开的窗口上装有透明片。

3. 根据权利要求1所述的安全风雨帽，其特征是：在帽子的两侧眼部所开的窗口延伸为沿帽檐口向内的一带形窗口，窗口上装有透明带。

4. 根据权利要求1所述的安全风雨帽，其特征是：装在帽子两侧耳部的放声器具有与帽子扣装的放声面盘，放声面盘底部压有固定底圈；放声面盘是一个球冠状振荡集射腔，在其边缘开有切口状放声孔。

5. 根据权利要求1所述的安全风雨帽，其特征是：装在帽子两侧耳部的放声器具有与帽子扣装的放声面盘，放声面盘底部压有固定底圈；放声面盘是一个球冠状振荡集射腔，在其边缘设有放声孔群。

6. 根据权利要求1所述的安全风雨帽，其特征是：装在帽子两侧耳部的放声器具有与帽子扣装的放声面盘，放声面盘底部压有固定底圈；放声面盘是一个球冠状振荡集射腔，在其边缘开孔向内引入了一个导声道。

7. 根据权利要求1所述的安全风雨帽，其特征是：装在帽子两侧耳部的放声器具有与帽子扣装的放声面盘，放声面盘底部压有固定底圈；放声面盘具有球冠腔，腔内装有依次连接的拾音器、音频放大器和扬声器，拾音器伸入腔外与外界相通。”

针对上述专利权，黄石中外运公司于2006年10月23日向专利复审委提出无效宣告请求。该公司同时提交了以下附件：

附件1：CN2328207Y号实用新型专利说明书，其申请日为1998年6月1日、授权公告日为1999年7月14日；附件2：CN2162802Y号实用新型专利说明书，其申请日为1993年8月4日、授权公告日为1994年4月27日；附件3：CN2086527U号实用新型专利申请说明书，其申请日为1990年9月28日、授权公告日为1991年10月16日；附件4：CN2320056Y号实用新型专利说明书，其申请日为

1998 年 2 月 8 日、授权公告日为 1999 年 5 月 26 日；附件 5：CN2174867Y 号实用新型专利说明书，其申请日为 1993 年 2 月 27 日、授权公告日为 1994 年 8 月 24 日；附件 6：CN2351982Y 号实用新型专利说明书，其申请日为 1998 年 6 月 15 日、授权公告日为 1999 年 12 月 8 日；附件 7：国家知识产权局作出的关于本专利的检索报告复印件共 5 页。

专利复审委经审查受理了上述无效请求后，向双方当事人发出无效宣告请求受理通知书，并将黄石中外运公司提交的无效宣告请求书及附件副本转送给了范亚平，要求其在指定的期限内答复。

范亚平于 2006 年 11 月 29 日提交了意见陈述书并提交了：

附件 A. 关于黄石市鑫焱安全雨服厂雨衣的印刷彩页（即前述证据 6，以下均称为证据 6）；附件 B. CN2512271Y 号实用新型专利申请说明书，即本专利的授权公告文本；附件 C. 专利复审委于 2006 年 11 月 28 日转送给范亚平的《专利权无效宣告请求书》及其附件清单中所列的附件 7 复印件共 8 页。

范亚平认为，本专利权利要求 1 中所开的窗口上装的透明片为权利要求 2、3 所描述的透明片，本专利权利要求 1、2、3 所使用的放声器为本专利权利要求 4~7 所描述的放声器，由于权利要求 4~7 已被检索报告确认为具有新颖性、创造性，因此本专利权利要求 1、2、3 具有新颖性、创造性；但未对附件 A 的用处作任何说明。

范亚平于 2006 年 12 月 15 日再次提交了意见陈述书，并对权利要求 1~3 进行了修改。

专利复审委于 2007 年 2 月 27 日向双方当事人发出无效宣告请求口头审理通知书，并同时向黄石中外运公司发出转送文件通知书，将范亚平于 2006 年 11 月 29 日提交的意见陈述书及证据 6 的复印件，以及范亚平于 2006 年 12 月 15 日提交的意见陈述书转送给黄石中外运公司。

范亚平于 2007 年 3 月 18 日第三次提交了意见陈述书，对权利要求 1~3 再次进行修改，并明确表示将其于 2006 年 12 月 15 日提交的意见陈述书中对权利要求 1~3 的修改方案作废，并重新提交了修改文本，修改后的权利要求 1~3 内容具体如下：

（1）一种安全风雨帽，其特征是：在帽子的两侧眼部开有便于眼睛左右观察和向后头张望的窗口，在帽子两侧耳部装有便于听声音的本案放声器。

（2）根据权利要求 1 所述的安全风雨帽，其特征是：在帽子的两侧眼部所开的窗口上装有透明片，在帽子的两侧耳部装有本案放声器。

（3）根据权利要求 1 所述的安全风雨帽，其特征是：在帽子的两侧眼部所开的窗口延伸为沿帽沿口向内的一带形窗口，窗口中装有透明带，在帽子的两测耳部装有本案放声器。

权利要求 4~7 未进行修改。

2007 年 4 月 23 日，专利复审委就本专利进行了口头审理。口头审理中，专利复审委将双方当事人再次提交的意见陈述转交给对方当事人；告知范亚平，根据审查指南第四部分第三章第 4.6 节的规定，对其权利要求 1~3 的修改文本不予接受，对本专利的无效审查以授权公告的文本为基础。

范亚平对黄石中外运公司提交的附件 1–7 的真实性没有异议，认为本专利权利要求 1、2、3 与附件 1–6 的区别在于：本专利权利要求 1 中的窗口开在耳朵后面，因此开口较深可以向后观望，附件 1–6开口都在耳朵前面。范亚平同时提交了口头意见陈述，坚持其于 2007 年 3 月 18 日提交的意见陈述书中的权利要求 1~3 的修改。

黄石中外运公司明确表示无效宣告请求理由为：本专利权利要求 1~3 不符合专利法第 22 条第 2 款、第 3 款的规定，具体评述方式为：权利要求 1 分别相对于附件 1–6 不符合专利法第 22 条第 2 款的规定，权利要求 1 分别相对于附件 3、2 和 6，附件 4、2 和 6，附件 5、2 和 6 的结合不符合专利法第 22 条第 3 款的规定，权利要求 2 分别相对于附件 1、3、4、5 不符合专利法第 22 条第 2 款的规定，权利要求 2 分别相对于附件 1、3、4、5 中的任意一篇或两两结合不符合专利法第 22 条第 3 款的规定，权利要求 3 分别相对于附件 1、3、4、5 不符合专利法第 22 条第 2 款的规定，权利要求 3 分别相对于附件 1、3、4、5 中任意一篇或两两结合不符合专利法第 22 条第 3 款的规定，此外该公司明确附件 7 仅供参考。

专利复审委经审查认为：范亚平于 2007 年 3 月 18 日提交的意见陈述书中对权利要求 1~3 进行了修改，其中在权利要求 1 中增加了技术特征“向后头张望的窗口”，而本专利原说明书和权利要求书并无任何所述窗口可向后头张望的记载，因此该处修改超范围，不符合修改原则第（3）条的规定；此外，在权利要求 1 中增加了技术特征“在帽子的两侧耳部装有便于听声音的本案放声器”，在权利要求 2、3 中均增加了技术特征“在帽子的两侧耳部装有本案放声器”，而在本专利授权的权利要求书中均无有关“本案放声器”的记载，因此上述修改不符合修改原则第（4）条的规定。综上所述，对范亚平于 2007 年 3 月 18 日对权利要求 1~3 进行的修改不予接受，本审查决定以本专利授权公告的文本为审查基础。

黄石中外运公司提交的附件 1~6 均为本专利申请日之前已经公开的专利文献，范亚平对附件1~6 的真实性没有异议，经核实对其真实性予以认可，因此，附件 1~6 可作为本案现有技术的证据使用。黄石中外运公司和范亚平分别明确附件 7、证据 6 仅供专利复审委参考，不作为证据使用。

本专利提供了一种安全风雨帽，用以解决现有挡风帽、雨衣帽使使用者听觉受限，并且如果帽檐深则遮挡视线，如果帽沿浅则挡风雨效果不好的问题。本专利权利要求 1 采取了如下技术方案：一种安全风雨帽，其特征是：

A. 在帽子的两侧眼部开有便于眼睛左右观察的窗口；

B. 在帽子的两侧耳部装有放声器。

附件 1 公开了一种安全雨衣（披）的帽子，在帽上人眼两侧边设置有可用透明塑料软薄片制成的观望装置，用透明塑料软薄片替代原来帽子不透明的材料以便使使用者能够有开阔的视野，此外在帽上人耳附近两边还设置有听音装置，以保证使用者在戴上帽子之后的听觉不受影响。

将本专利权利要求 1 的技术方案与附件 1 公开的上述内容相比可知，附件 1 所述雨衣（披）的帽子相当于本专利权利要求 1 所述的“安全风雨帽”，附件 1 所述在帽子的人眼两侧边设置的可用透明塑料软薄片制成的观望装置相当于本专利权利要求 1 的特征 A“在帽子的两侧眼部开有便于眼睛左右观察的窗口”，附件 1 中在帽上人耳附近两边设置的听音装置相当于本专利权利要求 1 的特征 B“在帽子的两侧耳部装有放声器”，由此可见，附件 1 已经公开了本专利权利要求 1 的全部技术特征，且二者都涉及到防雨的帽子这一技术领域，都是为了解决使用者在戴上防雨的帽子后使视觉及听觉受到影响的问题，都采用了在帽子的人眼两侧设置观察窗以防止视野受到影响并在人耳两侧设置听音装置以防止听觉受到影响的技术方案，亦都能够获得开阔视野以及增强听觉的技术效果，因此本专利权利要求 1 相对于附件 1 不具备专利法第 22 条第 2 款规定的新颖性。

权利要求 2 是对权利要求 1 的进一步限定，其附加技术特征是：“在帽子的两侧眼部所开的窗口上装有透明片”。

附件 1 中在帽子的人眼两侧边设置的观望装置可用透明塑料软薄片制成，因此权利要求 2 的附加技术特征已被附件 1 公开，当其引用的权利要求 1 不具备新颖性时，权利要求 2 亦不具备专利法第 22 条第 2 款规定的新颖性。

权利要求 3 是对权利要求 1 的进一步限定，其附加技术特征是：“在帽子的两侧眼部所开的窗口延伸为沿帽沿口向内的一带形窗口，窗口上装有透明带。”

附件 1 中在帽子的人眼两侧边设置的观望装置可用透明塑料软薄片制成，并且由附件 1 的附图 1

可见，所述观望装置即为一透明的长带形透明窗口，因此权利要求3的附加技术特征已被附件1公开，当其引用的权利要求1不具备新颖性时，权利要求3亦不具备专利法第22条第2款规定的新颖性。

由于本专利仅仅公开了所述安全风雨帽具有观察窗口，在原始说明书和权利要求书中并没有对其具体的尺寸或深度作任何限定，所属领域技术人员根据权利要求1~3所述技术方案无法得出本专利所述安全风雨帽的窗口“开在耳朵后面，因此开口较深可以向后观望”的结论，因此无法就本专利所述安全风雨帽的窗口深度是否比附件1-6的深度深作出判断。因此，范亚平关于“本专利权利要求1~3所述安全风雨帽的窗口开在耳朵后面，因开口较深可以向后观望，而附件1-6开口比较浅，都在耳朵前面，因此本专利权利要求1~3相对于附件1~6具有新颖性和创造性”的主张不能成立。

鉴于本专利权利要求1~3均不符合专利法第22条第2款有关新颖性的规定，黄石中外运公司提出的无效宣告请求仅涉及本专利的权利要求1~3，因此该委对黄石中外运公司提出的其他无效宣告请求理由和证据未进行评述。综上，该委作出第10341号决定。

本院认为，由于范亚平和黄石中外运公司对第10341号决定适用的法律和审理程序均不持异议，且经审查，该决定适用法律正确，作出该决定的程序合法，本院予以确认。

针对本专利的无效审查是否应以授权文本为审查基础的问题。经查阅本专利的授权文本，权利要求1对该窗口的记载为“在帽子的两侧眼部开有便于眼睛左右观察的窗口”，虽说明书在发明内容部分有“它能使人容易地向两侧及后头张望并且好听到声音”的表述，但该说明书关于向“后头张望”的表述与权利要求1要求保护的范围明显不符。故，说明书的上述记载不能视为该专利要求保护的技术特征。范亚平关于说明书已有记载，修改文本中添加的“向后头张望”文字不能视为增加的技术特征的主张，不符合审查指南第四部分第三章中修改原则的第（4）项“不得增加未包含在授权的权利要求书中的技术特征”的规定；关于范亚平在修改文本权利要求1中增加的“本案放声器”中的“本案”两字，由于授权文本的说明书和权利要求书均无此记载，且“本案放声器”与授权文本中的“放声器”是否属同一器件未予明确，故，该修改不符合上述修改原则第（3）项“不得超出原说明书和权利要求书的记载”的规定。综上，本院同意专利复审委关于范亚平提交的修改文本不符合修改原则，对本专利的无效审查应以授权文本为审查基础的确认。

关于本专利的新颖性问题。经核对本专利授权文本的权利要求1和附件1，本院认为专利复审委就本专利权利要求1的技术特征A、B和附件1公开的技术内容的确认依据充分、客观；将二者比对，正如第10341号决定所述，附件1在帽子的人眼两侧边设置的可用透明塑料软薄片制成的观望装置相当于本专利权利要求1的特征A，附件1中在帽上人耳附近两边设置的听音装置相当于本专利权利要求1的特征B，附件1已经公开了本专利权利要求1的全部技术特征，且二者都是为了解决防雨帽的视觉及听觉的问题，都采用了设置观察窗并设置听音装置的技术方案。综上，本院同意专利复审委关于本专利权利要求1相对于附件1不具备专利法第22条第2款规定的新颖性、权利要求2、3也不具有新颖性的确认。

范亚平关于本专利产品的窗口开在耳后，可以向后观望的问题。经审阅本专利权利要求书和说明书及附图，本专利窗口虽开在耳后，观察范围大于附件1，但该窗口的设置不具有实质性特点和进步。范亚平的上述主张没有事实依据。据此，专利复审委对范亚平关于本专利和附件1相比较具有新颖性和创造性的主张未给予支持是正确的。

综上，第10341号决定事实依据充分，适用法律正确，程序合法；一审判决维持符合《中华人民共和国行政诉讼法》第54条第（1）项的规定；范亚平的上诉理由不能成立，本院不予支持。依照《中华人民共和国行政诉讼法》第61条的规定，本院判决如下：

驳回上诉，维持一审判决。

二审案件受理费人民币 100 元由上诉人范亚平自行负担（已交纳）。

本判决为终审判决。

审　判　长　郭　宜
审　判　员　张学磊
代理审判员　朱海宏
二〇〇八年五月三十日
书　记　员　程钰玮

157

# 采血管穿刺器

## 无效宣告请求审查决定（第 10345 号）

**决　　定　　号**　第 10345 号
**决　　定　　日**　2007 年 8 月 6 日
**发明创造名称**　采血管穿刺器
**国 际 分 类 号**　A61B 5/15，A61B 17/34
**无效宣告请求人**　贝克顿迪肯森公司
**专　利　权　人**　广州阳普医疗用品有限公司
**专　　利　　号**　200520053921.0
**申　　请　　日**　2005 年 1 月 25 日
**授 权 公 告 日**　2006 年 3 月 1 日
**合 议 组 组 长**　刘颖杰
**主　　审　　员**　谢有成
**参　　审　　员**　杨加黎

**法　律　依　据**　专利法第 22 条第 2 款
**决　定　要　点**
如果一份对比文件从技术领域、技术方案、技术问题和技术效果四个方面都与要求保护的专利相同，那么要求保护的专利相对于该对比文件不具备新颖性。

### 一、案由

本无效宣告请求涉及国家知识产权局于 2006 年 3 月 1 日授权公告的 200520053921.0 号、名称为“采血管穿刺器”的实用新型专利（下称本专利），其专利权人是广州阳普医疗用品有限公司，申请日是 2005 年 1 月 25 日。本专利授权公告的权利要求书如下：

“1. 一种采血管穿刺器，是由套筒（1）、管塞穿刺针（2）和止血护套（3）组成，其特征在于：所述的管塞穿刺针（2）的一头是与采血软管插接的管塞（21），另一头为穿刺针头（22）；套筒（1）为与真空采血试管相适应、一端封闭的管状体；管塞穿刺针（2）设置在套筒（1）的封闭端中部，其一头的管塞（21）位于套筒（1）外，另一头的穿刺针头（22）位于套筒（1）内；止血护套（3）套在穿刺针头（22）上。

2. 根据权利要求 1 所述的穿刺器，其特征在于：所述的穿刺针头（22）的长度小于套筒（1）的长度。

3. 根据权利要求 1 所述的穿刺器，其特征在于：所述的管塞（21）与套筒（1）之间螺纹连接。”

针对上述专利权，贝克顿迪肯森公司（下称请求人）于 2007 年 2 月 7 日向专利复审委员会提出无效宣告请求，理由是本专利权利要求 1~3 不符合专利法第 22 条第 2~3 款的规定，同时提交了以下附件：

附件 1：本专利授权公告文本；

附件 2：公开号为 US2004/0143226A1 的美国专利申请公开文本，其公开日为 2004 年 7 月 22 日；

附件 3：授权公告号为 CN2352128Y 的中国实用新型专利说明书，其授权公告日为 1999 年 12 月 8 日；

附件 4：授权公告号为 CN2579343Y 的中国实用新型专利说明书，其授权公告日为 2003 年 10 月 15 日。

无效宣告请求的具体理由是：附件 2 公开了本专利权利要求 1 的全部技术特征，因此权利要求 1 不具备专利法第 22 条第 2 款规定的新颖性；从属权利要求 2 的附加技术特征可从附件 2 的附图中清楚得出，从属权利要求 3 的附加技术特征也被附件 2 所公开，因此权利要求 2 和 3 也都不具备专利法第 22 条第 2 款规定的新颖性。在此前提下，本专利权利要求 1~3 相对于附件 2 也不具备专利法第 22 条第 3 款规定的创造性。另外，本专利权利要求 1~3 相对于附件 3 和 4 的结合也不具备创造性。

专利复审委员会于 2007 年 3 月 2 日收到请求人提交的意见陈述书，其补充提交了附件 2 的中文译文。

经形式审查合格，专利复审委员会依法受理了上述无效宣告请求，于 2007 年 3 月 27 日向请求人和专利权人发出无效宣告请求受理通知书，同时将专利权无效宣告请求书及其附件清单中所列的附件副本转给专利权人，要求其在一个月内对该无效宣告请求陈述意见。

专利权人没有就上述无效宣告请求提交意见陈述书。

专利复审委员会依法成立合议组，对本案进行审理。本案合议组于 2007 年 6 月 6 日向请求人和专利权人发出无效宣告请求口头审理通知书，告知双方当事人本案定于 2007 年 7 月 19 日进行口头审理。

口头审理如期举行，请求人参加了口头审理，专利权人缺席本次口头审理。

在口头审理中，请求人明确其无效宣告的理由和范围为：权利要求 1~3 相对于附件 2 不符合专利法第 22 条第 2 款的规定，权利要求 1~3 相对于附件 3 和 4 的结合不符合专利法第 22 条第 3 款的规定。请求人并就无效宣告请求的理由发表了如下意见：（1）附件 2 公开了一种带有排气装置的采血器，其中的套筒 12 对应于本专利权利要求 1 中的套筒 1，非病患接触针组 54 对应于本专利权利要求 1 中的管塞穿刺针 2，多次采样滑套 76 对应于本专利权利要求 1 中的止血护套 3，非病患接触针组 54 包括非病患接触导管头 56 和非病患接触导管 68，非病患接触导管头 56 对应于本专利权利要求 1 中的管塞 21，非病患接触导管 68 对应于本专利权利要求 1 中的穿刺针头 22，附件 2 公开了本专利权利要求 1 的全部技术特征，因此权利要求 1 不具备新颖性；（2）从附件 2 的附图 2 中可清楚知道，上述导管 68 的长度小于套筒 12 的长度，非病患接触导管头 56 与套筒 12 之间是通过外螺纹 64 和插孔 22 螺纹连接的，因此从属权利要求 2 和 3 的附件技术特征也被附件 2 所公开，它们也不具备新颖性；（3）附件 3 公开了本专利权利要求 1 的大部分技术特征以及从属权利要求 2 和 3 的附加技术特征，而权利要求 1 与附件 3 的区别技术特征"管塞（21）与采血软管插接"被附件 4 所公开，因此本专利权利要求 1~3 相对于附件 3 和 4 的结合也不具备创造性。

至此，合议组认为本案事实已经清楚，现依法作出如下审查决定。

**二、决定的理由**

1. 关于证据

请求人提交的附件 2~4 均为专利文献，专利权人在规定的期限内没有对它们的真实性提出异议，合议组经审查认为附件 2~4 能够作为本案证据使用。由于附件 2~4 的公开日均在本专利的申请日之前，因此其上记载的内容构成本专利的现有技术。其中请求人提交了附件2的中文译文，专利权人未对该译文提出异议，附件2的文字内容以其中文译文为准。

2. 关于新颖性

专利法第22条第2款规定：新颖性，是指在申请日以前没有同样的发明或者实用新型在国内外出版物上公开发表过、在国内公开使用过或者以其他方式为公众所知，也没有同样的发明或者实用新型由他人向国务院专利行政部门提出过申请并且记载在申请日以后公布的专利申请文件中。

如果一份对比文件从技术领域、技术方案、技术问题和技术效果四个方面都与要求保护的专利相同，那么要求保护的专利相对于该对比文件不具备新颖性。

权利要求1要求保护一种采血管穿刺器，附件2公开了一种带有排气装置的采血器（参见说明书第3页左栏［0026］段，右栏第［0030］段，附图1~2，4），该采血器10包括采血器套筒12和非病患接触针组54，采血器套筒12的始端14为开口，采血时与真空采血试管配合，末端16是封闭的，具有顶壁20，顶壁20上开有一个具有内螺纹的插孔22，非病患接触针组54包括非病患接触导管头56和非病患接触套管68，非病患接触导管头56的一端的外表面上具有一组外螺纹64，通过外螺纹64与采血器套筒12中插孔22内的内螺纹啮合可将非病患接触针组54与采血器套筒12连接，非病患接触针组54还带有一个多次采样滑套76，其安装在非病患接触套管68上，防止血液从非病患接触套管68中流出，另外，非病患接触针组54还与用于输血的塑料导管46相连。

将本专利权利要求1与附件2进行对比可知，附件2与本专利的技术领域相同；附件2中的采血器套筒12相当于权利要求1中的套筒1，非病患接触针组54相当于权利要求1中的管塞穿刺针2，多次采样滑套76相当于权利要求1中的止血护套3，非病患接触导管头56相当于权利要求中的管塞21，非病患接触套管68相当于权利要求1中的穿刺针头22，塑料导管相当于权利要求1中的采血软管，并且附件2中上述各部件的连接关系也与本专利权利要求1中各对应部件的连接关系相同，因此附件2公开了权利要求1的全部技术特征，它们的技术方案相同；并且，附件2所公开的采血器也能保护操作人员的安全，穿刺方便，防止污染，因此其也能解决本专利所要解决的技术问题，产生与本专利相同的技术效果。因此，本专利权利要求1相对于对比文件1不具备新颖性，不符合专利法第22条第2款的规定。

从属权利要求2引用权利要求1，进一步限定穿刺针头22的长度小于套筒1的长度。从附件2的附图2和4中可以清楚地确定，非病患接触导管头68的长度小于采血器套筒12的长度，因此在其引用的权利要求1不具备新颖性时，权利要求2也不具备新颖性，不符合专利法第22条第2款的规定。

从属权利要求3引用权利要求1，进一步限定管塞21与套筒1之间螺纹连接。如上所述，附件2公开了非病患接触针组54与采血器套筒12是通过螺纹连接的，因此，在其引用的权利要求1不具备新颖性时，权利要求3也不具备新颖性，不符合专利法第22条第2款的规定。

综上所述，本专利权利要求1~3相对于附件2均不具备新颖性，不符合专利法第22条第2款的规定。

3. 关于创造性

鉴于本专利全部权利要求相对于附件2不具备新颖性，应予宣告无效，因此合议组不再对本专利权利要求的创造性进行审查。

**三、决定**

宣告200520053921.0号实用新型专利权全部无效。

当事人对本决定不服的，可以根据专利法第46条第2款的规定，在收到本决定之日起三个月内向北京市第一中级人民法院起诉。根据该款规定，一方当事人起诉后，另一方当事人应当作为第三人参加诉讼。

158

# 推拉窗滚轮行走机构

## 无效宣告请求审查决定（第10352号）

**决　定　号**　第10352号
**决　定　日**　2007年7月28日
**发明创造名称**　推拉窗滚轮行走机构
**国际分类号**　E05D 13/00
**无效宣告请求人**　郑剑真
**专 利 权 人**　黄长怒
**专　利　号**　200420150305.2
**申　请　日**　2004年7月21日
**授权公告日**　2005年12月21日
**合议组组长**　于　萍
**主　审　员**　刘小静
**参　审　员**　刘瑞斌

**法律依据**　专利法第22条第2款、第3款
**决定要点**

根据权利要求中的文字限定所体现的两个部件之间的位置关系并结合当事人的自认，如果权利要求的技术方案能够与现有技术构成明显的区别，那么可以认定该权利要求所要求保护的技术方案与现有技术是不同的技术方案。

### 一、案由

本无效宣告请求涉及中华人民共和国国家知识产权局于2005年12月21日授权公告的、名称为"推拉窗滚轮行走机构"的实用新型专利权（以下简称本专利），其专利号是200420150305.2，申请日是2004年7月21日，专利权人是黄长怒。本专利授权公告时的权利要求书如下：

"1. 一种推拉窗滚轮行走机构，包括推拉窗，固定设于推拉窗底侧的滚轮导轨和联接于推拉窗底部且位于导轨前后侧的前后侧板，其特征在于：所述前后侧板内置设有轴承及套置于轴承外圈的滚轮。

2. 根据权利要求1所述的推拉窗滚轮行走机构，其特征在于：所述轴承经穿过其中部螺纹孔道和推拉窗底侧侧板的联接螺栓联接定位。"

针对本专利，郑剑真（以下简称请求人）于2007年1月10日向专利复审委员会提出无效宣告请求，认为本专利不符合专利法第22条第2款和第3款的规定，请求人同时提交了如下附件：

附件 1：授权公告日为 2003 年 7 月 9 日、授权公告号为 CN2559745Y（专利号为 ZL02238251.8）的中国实用新型专利说明书，共 6 页；

附件 2：授权公告日为 1999 年 7 月 14 日、授权公告号为 CN2328768Y（专利号为 ZL96237084.3）的中国实用新型专利说明书，共 4 页；

请求人认为：本专利权利要求 1 的所有技术特征在附件 1 和附件 2 中均已公开，权利要求 2 的附加技术特征是本领域众所周知的常规技术。因此，权利要求 1、2 相对于附件 1 和 2 不具备新颖性和创造性。

经形式审查合格，专利复审委员会依法受理了上述无效宣告请求，并于 2007 年 1 月 18 日向请求人和专利权人发出无效宣告请求受理通知书，同时将专利权无效宣告请求书及其附件清单中所列附件的副本转送给专利权人，并要求专利权人在指定的期限内陈述意见。

针对专利复审委员会发出的上述无效宣告请求受理通知书，专利权人分别于 2007 年 2 月 6 日和 2007 年 3 月 3 日提交了意见陈述书。专利权人认为：附件 1 和 2 都不涉及滚轮与推拉窗下部导轨直接安装的结构，并且也没有证据表明在滚动轴承内圈开设螺纹孔，并借助螺钉直接安装在推拉窗导轨前、后侧板内是已有的公知技术。因此，权利要求 1、2 相对于对比文件 1 和 2 具备新颖性和创造性。

专利复审委员会依法成立合议组对本案进行审查。

本案合议组于 2007 年 3 月 26 日向双方发出无效宣告请求口头审理通知书，定于 2007 年 5 月 22 日在专利复审委员会举行口头审理。随同口头审理通知书，将专利权人于 2007 年 2 月 6 日和 2007 年 3 月 3 日提交的意见陈述书的副本转送给请求人。

口头审理如期举行，双方当事人均参加了口头审理。

在口头审理中，请求人明确其无效的理由为：权利要求 1 相对于附件 1 或 2 不具备新颖性，权利要求 2 相对于附件 1 或 2 和公知常识的结合不具备创造性。请求人明确表示没有其他的无效理由、证据和证据的组合形式。专利权人对附件 1、2 的真实性无异议。

双方当事人在口头审理中就权利要求 1 和 2 的新颖性和创造性问题充分发表了意见。

请求人认为附件 1 的说明书中公开的滑轮是用在推拉窗的导轨上的，并且由附件 1 的附图 2 可以看到滑轮包括支架 1，该支架相当于本专利中的前后侧板，位于支架之间的轴承和套接在轴承上的滚动体。由于支架是通过其底部的安装孔连接在窗框上的，所以支架的前后边必然连接在窗框上。此外，请求人还强调本专利权利要求 1 中的“内置”应当理解为前后侧板之间。

请求人认为附件 2 也公开了权利要求 1 的全部技术特征，其中内支架、外支架相当于本专利中的前后侧板。

专利权人认为，附件 1 与本专利权利要求 1 的区别在于：（1）权利要求 1 的特征“所述前后侧板内置设有轴承及套设于轴承外圈的滚轮”中“内置设有”表明轴承和滚轮包含在前后侧板内，即轴承和滚轮藏在前后侧板内。从本专利的附图也可以明显看到前后侧板和滚轮的这种“包容”位置关系。而在附件 1 和 2 中滚轮是突出于附件 1 中的支架或者附件 2 中的内外支架之外的；（2）相应地，权利要求 1 中的特征“位于导轨前后侧的前后侧板”限定出导轨也包容在前后侧板内，即前后侧板可以起到引导导轨的作用，可防止推拉窗在运行过程中脱离轨道。

关于权利要求 2，请求人认为附件 1 和 2 中都采用光轴来连接轴承，把光轴换成权利要求 2 中限定的螺纹连接是常规的技术手段，并且权利要求 2 是变劣的发明，因为螺纹的径向间隙必然导致轴承旋转的时候来回跳动。

专利权人认为：螺纹连接安装方便，光轴和轴承内圈需要紧密配合导致不便于现场安装，而改用螺纹连接很容易将螺钉旋进去。轴承内圈和外圈本身有间隙，采用螺纹连接不会对轴承的旋转带来不利影响。同时，螺纹连接对对中调节可以起到较好的作用。

至此，合议组认为本案事实已经清楚，可以作出审查决定。

**二、决定的理由**

1. 关于证据和现有技术

请求人提交的证据包括附件 1 和 2，专利权人对附件 1 和 2 的真实性没有异议，合议组经审查后认为由于附件 1 和 2 均为公开的专利文献，且其公开日期在本专利的申请日前，因此可以作为本专利的现有技术证据。

2. 关于权利要求 1 的新颖性

专利法第 22 条第 2 款规定，新颖性是指在申请日以前没有同样的发明或者实用新型在国内外出版物上公开发表过、在国内公开使用过或者以其他方式为公众所知，也没有同样的发明或者实用新型由他人向国务院专利行政部门提出过申请并记载在申请日以后公布的专利申请文件中。

如果一项专利与对比文件公开的内容相比，其权利要求所限定的技术方案与对比文件公开的技术方案实质上相同，所属技术领域的技术人员根据两者的技术方案可以确定两者能够适用于相同的技术领域，解决相同的技术问题，并具有相同的预期效果，则认为两者为同样的发明或者实用新型。

请求人提出本专利权利要求 1 相对于附件 1 或 2 不具备新颖性。

权利要求 1 要求保护一种推拉窗滚轮行走机构，该行走机构包括固定设于推拉窗底侧的滚轮导轨和联接于推拉窗底部且位于导轨前后侧的前后侧板，前后侧板内置设有轴承和套置于轴承外圈的滚轮。在本专利的说明书及其附图中也明确给出了“内置设有”所表示的前后侧板与轴承和滚轮的位置关系，即轴承和滚轮都被包藏在前后侧板内。

附件 1 公开了一种门窗用滑轮，该滑轮用在推拉窗的导轨上。该滑轮包括四周带有翻边的支架（1），该支架相当于权利要求 1 中的前后侧板，由附图 1 和 2 及本领域的公知常识可以推知该滑轮的上方必然连接导轨。所述滑轮包括位于支架（1）翻边之间的轴承（3）和套设在轴承外圈上的滚动体（4），而从附件 1 的图 1 和 2 中可以明显看到滚动体突出于支架之外，从而和滚动体接触的导轨必然也位于支架（1）外侧（见附件 1 说明书和附图 1-3）。由此可见，本专利权利要求 1 和附件 1 的区别在于：在权利要求 1 的方案中轴承和滚轮“内置”设在前后侧板中，即包藏在前后侧板内，并且所述前后侧板位于“导轨前后侧”，即导轨也被包藏在前后侧板内，这使得窗框滑动时不易脱轨，方向性好。另外专利权人在口审时也明确表示本专利权利要求 1 中的“内置”所限定的位置关系是前后侧板包容着滚轮，前后侧板位于导轨前后侧。因此权利要求 1 与附件 1 的技术方案不同，故而权利要求 1 相对于附件 1 具备新颖性。

请求人认为附件 1 公开了权利要求 1 的全部技术特征。并认为本专利权利要求 1 中的“前后侧板内置设有轴承和套置于轴承外圈的滚轮”应当理解为轴承及滚轮位于前后侧板之间，而附件 1 中的滚轮就前后位置来说也是位于支架的前后翻边之间，因而该特征被附件 1 公开。

对此合议组认为，对权利要求中术语的理解不应脱离其技术方案及说明书和附图的解释。如上所述，本专利权利要求 1 中的“内置”应理解为轴承和滚轮都被包藏在前后侧板内。请求人关于“前后侧板内置设有轴承和套置于轴承外圈的滚轮”应理解为滑轮仅位于前后侧板之间的主张不能予以支持。

附件 2 公开了一种推拉窗走轮组件（见说明书和附图），该走轮组件可以减少走轮机构在门窗导轨中的走动阻力，其包括外支架（7）、内支架 6（二者相当于该发明中的前后侧板），和位于两侧内支架、外支架之间的轴承（4）和套置于轴承外圈的滚动轮（5），并且所述支架必然联接在推拉窗的底部。而从附图中可以明显看到滚动轮突出于支架之外，从而和滚动轮接触的导轨必然也位于支架之外。由此可见，权利要求 1 和附件 2 的区别在于：在权利要求 1 的方案中轴承和滚轮“内置”设在前后侧板中，即包藏在前后侧板内，并且所述前后侧板位于“导轨前后侧”，即导轨也包藏在前后侧板内。根据对附件 1 的上述评述可知，权利要求 1 相对于附件 2 也同样具备新颖性。

3. 关于权利要求 2 的创造性

根据专利法第 22 条第 3 款的规定，创造性是指同申请日以前已有的技术相比，该发明有突出的实质性特点和显著的进步，该实用新型具有实质性特点和进步。

请求人认为权利要求 2 相对于附件 1 或 2 与公知常识的结合不具备创造性。

从属权利要求 2 的附加技术特征为：所述轴承穿过其中部螺纹孔道和推拉窗底侧侧板的连接螺栓连接定位。合议组认为：权利要求 2 从属于权利要求 1，因此其包含技术特征“所述前后侧板内置设有轴承及套置于轴承外圈的滚轮”，该特征在附件 1 或 2 中均未公开，请求人也未能举证证明其是公知技术。因此，附件 1 或 2 与公知技术结合也未公开上述技术特征，同时该特征为本专利带来了有益的技术效果。因此，权利要求 2 相对于附件 1 或 2 与公知常识的结合具备创造性。

根据上述事实和理由，本案合议组依法作出以下决定。

**三、决定**

维持 200420150305. 2 号实用新型专利权有效。

当事人对本决定不服的，可以根据专利法第 46 条第 2 款的规定，自收到本决定之日起 3 个月内向北京市第一中级人民法院起诉。根据该款的规定，一方当事人起诉后，另一方当事人应当作为第三人参加诉讼。

159

# 带锲形孔的条状陈列板

## 无效宣告请求审查决定（第10409号）

**决　　定　　号**　第10409号
**决　　定　　日**　2007年8月28日
**发明创造名称**　带锲形孔的条状陈列板
**国 际 分 类 号**　G09F 5/00，A47F 7/00
**无效宣告请求人**　东莞展宏织带有限公司
**专 利 权 人**　李世勋
**专　　利　　号**　200420094288.5
**申　　请　　日**　2004年10月26日
**授 权 公 告 日**　2005年11月30日
**合 议 组 组 长**　叶　娟
**主　　审　　员**　葛永奇
**参　　审　　员**　吴通义

**法 律 依 据**　专利法第22条第2款、第3款，专利法实施细则第66条
**决 定 要 点**

请求人在提出无效宣告请求时没有具体说明的无效宣告理由以及没有用于具体说明相关无效宣告理由的证据，且在提出无效宣告请求之日起一个月内也未补充具体说明的，专利复审委员会可以不予考虑。

当事人提交外文证据的，应当提交中文译文，未在举证期限内提交中文译文的，该外文证据视为未提交。

### 一、案由

本无效宣告请求案涉及国家知识产权局于2005年11月30日公告授予的、申请日为2004年10月26日、名称为“带锲形孔的条状陈列板”、专利号为200420094288.5的实用新型专利权（下称本专利），专利权人为李世勋。本专利授权公告的权利要求书如下：

“1. 带锲形孔的条状陈列板，其特征在于条状陈列板（1）在靠近端口的位置设置有一个锲形孔（2），锲形孔（2）的尖端朝向条状陈列板（1）最近的端口。

2. 根据权利要求1所述的带锲形孔的条状陈列板，其特征在于条状陈列板（1）在靠近两端端口的位置各设置有锲形孔（2），锲形孔（2）的尖端朝向条状陈列板（1）最近的端口。

3. 根据权利要求1所述的带锲形孔的条状陈列板，其特征在于条状陈列板（1）的另一端设置有

物品的固定装置（3）。

4. 根据权利要求3所述的带锲形孔的条状陈列板，其特征在于物品的固定装置（3）是1~3个；所述的物品的固定装置（3）选自圈、钩、夹等中间的任意一种。

5. 根据权利要求1所述的带锲形孔的条状陈列板，其特征在于条状陈列板（1）由铝、铝合金、塑料、木、纸制品等各种金属、非金属的薄片、薄层、薄板类材料制成。

6. 根据权利要求1、2、3或5所述的带锲形孔的条状陈列板，其特征在于锲形孔（2）由弧线、直线、或弧线和直线构成。

7. 根据权利要求4所述的带锲形孔的条状陈列板，其特征在于锲形孔（2）由弧线、直线、或弧线和直线构成。"

针对上述专利权，东莞展宏织带有限公司（下称请求人）于2006年9月21日向专利复审委员会提出无效宣告请求，认为本专利权利要求1~7均不符合专利法第22条第1款、第2款、第3款的规定，请求宣告本专利权无效。请求人同时提交了下述附件：

附件1：国家知识产权局专利检索咨询中心出具的针对本专利的《检索报告》，复印件共8页；

附件2：专利号为ZL03275769.7的中国实用新型专利授权公告文本，授权公告号为CN2643762Y，授权公告日为2004年9月29日，复印件共7页；

附件3：专利文献FR2355484（法语），公开日为1978年1月20日，复印件共10页；

附件4：专利文献JP 11-332706（日语），公开日为1999年12月7日，复印件共4页；

附件5："中国制造"，2004年第1卷，复印件共3页；

附件6："大陆制品采购指南"，2003年上半年版，复印件共2页；

附件7："华通大陆工厂产品讯息"，2004年4月，复印件共2页；

附件8："大陆制品采购指南"，2006上半年版，复印件共2页；

附件9：广东省东莞市服务业发票第01314503号，开票日为2006年9月8日，复印件1页；

附件10：东莞市工商行政管理局于2006年9月11日出具的企业登记查询结果，复印件共1页；

附件11：文笔集团介绍、参展资料等宣传资料，复印件共8页。

请求人请求宣告本专利权无效的具体理由是：本专利技术已于2003年、2004年初在附件5~7上公开发表，属于现有技术，本专利所反映的技术内容还于2004年9月29日完全公开于附件2中，同时其他现有技术也已公开了本专利的技术内容，基于上述类似的甚至完全一致的技术方案已经公开，相同技术领域的一般技术人员无须创造性劳动即可得到本专利的技术方案，因此，本专利不具备新颖性和创造性，应予宣告无效。

经形式审查合格后，专利复审委员会受理了上述请求，于2006年9月25日向双方当事人发出《无效宣告请求受理通知书》，并将《专利权无效宣告请求书》及其附件副本转送给专利权人，要求其在指定的期限内答复，同时成立合议组对本无效宣告请求案进行审理。

2007年3月16日，本案合议组向双方当事人发出《无效宣告请求口头审理通知书》，拟定于2007年6月5日进行口头审理。

口头审理如期进行，双方当事人均委托代理人参加了口头审理。口头审理中确认了以下事实：

（1）专利权人确认已收到专利复审委员会转送的所有文件；

（2）请求人放弃权利要求1~7不符合专利法第22条第1款之规定的无效宣告请求理由，明确其主张的无效宣告请求理由是：权利要求1、6~7分别相对于附件5~7不具备新颖性；权利要求1~7相对于附件3与附件2的结合或附件3与附件4的结合不具备创造性，权利要求1、6~7分别相对于附件5~7不具备创造性。请求人认为：附件5中图片SW009所示陈列板的特征和权利要求1、6~7

一致，附件6第A-714页右上角图片中最上方所示陈列板的锲形孔与权利要求1、6~7一致，附件7第5~13页右下角自右向左第2个图片所示陈列板设置有一个以上的椭圆形孔，其特征与权利要求1、6~7一致；

（3）请求人表示附件1作为其意见陈述而不作为证据使用，并当庭提交了附件1、5~7的原件、再次提交了附件3和4的复印件，但表示无法提供附件8~11的原件；

（4）专利权人对附件1~2的真实性、合法性及其与本案的关联性均无异议；

（5）专利权人指出请求人此次提供的附件3和4仍然是复印件，因而不确认其真实性，而且由于附件3和4没有中文译文，因而无法对其内容发表意见；

（6）专利权人明确表示对附件5~7的真实性没有异议，但不认可其为公开出版物，也不认可附件5~7与本案相关；

（7）请求人主张附件8~11用于证明附件6在中国大陆公开销售，但专利权人认为附件8~11没有原件，因而对其真实性有异议，并且认为附件8~11无法与附件6相关联从而无法证明附件6在中国大陆公开销售；

（8）口头审理中，请求人还表示可以在口头审理后提交证明附件3和4的真实性的合法证据，合议组允许请求人在口头审理后一周内提交，专利权人对此无异议。

2007年6月7日，请求人提交了盖有“国家知识产权局专利检索咨询中心副本认证专用章”红章的附件3和4的副本。

至此，合议组认为本案的事实清楚，可以作出审查决定。

**二、决定的理由**

1. 无效宣告请求的理由和范围

在口头审理中请求人确认其请求宣告本专利无效的理由为：（1）权利要求1、6~7分别相对于附件5~7不具备新颖性；（2）权利要求1~7相对于附件3与附件2的结合或附件3与附件4的结合不具备创造性；（3）权利要求1、6~7分别相对于附件5~7不具备创造性。

请求人在口头审理时主张：附件5中图片SW009所示陈列板的特征和权利要求1、6~7一致，附件6第A~714页右上角图片中最上方所示陈列板的锲形孔与权利要求1、6~7一致，附件7第5~13页右下角自右向左第2个图片所示陈列板设置有一个以上的椭圆形孔，其特征与权利要求1、6~7一致。

合议组认为：根据审查指南第四部分第三章第4.1节的规定，请求人在提出无效宣告请求时没有具体说明的无效宣告理由以及没有用于具体说明相关无效宣告理由的证据，且在提出无效宣告请求之日起一个月内也未补充具体说明的，专利复审委员会可以不予考虑。本案中，请求人提供的附件5~7中均包含许多样式不一的陈列板样物品，请求人在2006年9月21日提出无效宣告请求时并未具体说明权利要求1、6~7相对于附件5~7中的哪个（些）物品不具备新颖性和创造性，也未将附件5~7用于具体说明任何无效宣告理由，并且在提出无效宣告请求之日起一个月内也没有对此补充具体说明。因此，对于证据5~7以及请求人所提出的权利要求1、6~7分别相对于附件5~7不具备新颖性和创造性的无效宣告请求理由合议组不予考虑。

因此，本无效宣告请求案的审理范围为：权利要求1~7相对于附件3与附件2的结合或附件3与附件4的结合不具备创造性。

2. 关于证据

鉴于专利权人对附件1和2的真实性、合法性、关联性均无异议，因此合议组对附件1和2的真实性、合法性、关联性予以确认。

请求人于2007年6月7日提交了证明附件3和4的真实性的文件（其上盖有“国家知识产权局专利检索咨询中心副本认证专用章”红章），合议组对附件3和4的真实性予以确认。但是附件3和4分别为法语和日语文献，请求人没有提交其中文译文。专利法实施细则第4条第2款规定，依照专利法和本细则规定提交的各种证件和证明文件是外文的，国务院专利行政部门认为必要时，可以要求当事人在指定期限内附送中文译文；期满未附送的，视为未提交该证件和证明文件。审查指南第四部分第八章第2.2.1节规定，当事人提交外文证据的，应当提交中文译文，未在举证期限内提交中文译文的，该外文证据视为未提交。因而依据专利法及其实施细则和审查指南的上述规定，附件3和4被视为未提交，合议组对其不予考虑。

请求人主张，附件8~11仅用于证明附件6在大陆公开销售，鉴于前述已经得出附件6应不予考虑的结论，合议组对于附件8~11不作评述。

3. 关于专利法第22条第3款

审查指南第四部分第八章第2.1节规定，当事人对自己提出的无效宣告请求所依据的事实或者反驳对方无效宣告请求所依据的事实有责任提供证据加以证明。没有证据或者证据不足以证明当事人的事实主张的，由负有举证责任的当事人承担不利后果。

本案中，由于附件3和4被视为未提交，请求人未能提交适格的证据作为现有技术来支持其所提出的本专利权利要求1~7相对于附件3与附件2的结合或相对于附件3与附件4的结合不具备创造性的主张，因此，合议组对其主张不予支持。

基于以上事实和理由，本案合议组作出如下审查决定。

**三、决定**

维持专利号为200420094288.5的实用新型专利权有效。

当事人对本决定不服的，可以根据专利法第46条第2款的规定，自收到本决定之日起三个月内向北京市第一中级人民法院起诉。根据该款的规定，一方当事人起诉后，另一方当事人应当作为第三人参加诉讼。

160

# 无扣带胸罩

## 无效宣告请求审查决定（第10412号）

**决　　定　　号**　第10412号
**决　　定　　日**　2007年8月22日
**发明创造名称**　无扣带胸罩
**国 际 分 类 号**　A41C 3/02，A41C 3/06
**无效宣告请求人**　张果庄
**专　利　权　人**　孔志雄
**专　　利　　号**　200420046782.4
**申　　请　　日**　2004年6月4日
**授 权 公 告 日**　2005年6月8日
**合 议 组 组 长**　李人久
**主　　审　　员**　魏春宝
**参　　审　　员**　卢　阳

**法　律　依　据**　专利法第26条第3款，专利法第22条第2款、第3款，专利法实施细则第20条第1款

**决　定　要　点**

如果权利要求与最接近现有技术之间的区别技术特征是本领域普通技术人员根据现有技术的教导容易想到的，其效果也是可以预见的，则该权利要求所保护的技术方案不具备创造性。

**一、案由**

本专利权无效宣告请求案涉及国家知识产权局于2005年6月8日公告授予的、名称为“无扣带胸罩”的200420046782.4号实用新型专利权（下称本专利），其申请日为2004年6月4日，专利权人为孔志雄。本专利授权公告的权利要求书如下：

“1. 一种无扣带胸罩，其特征是由罩杯和压敏胶层组成，在胸罩的罩杯内覆上一层压敏胶。

2. 根据权利要求1所述的无扣带胸罩，其特征是由发泡PU罩杯、布层和压敏胶层组成，在发泡PU罩杯上有布层，在发泡PU罩杯内涂上一层压敏胶。

3. 根据权利要求1所述的无扣带胸罩，其特征是在发泡PU罩杯外有布层，在发泡PU罩杯内有布层，在发泡PU罩杯内布层涂上一层压敏胶。

4. 根据权利要求1所述的无扣带胸罩，其特征是在发泡PU罩杯外有布层，在发泡PU罩杯内涂上一层压敏胶。

5. 根据权利要求 1 所述的无扣带胸罩，其特征是胸罩的罩杯是由有机硅凝胶和弹性 PU 膜组成，有机硅凝胶以弹性 PU 膜包裹，在罩杯内覆上一层压敏胶层。

6. 根据权利要求 1 所述的无扣带胸罩，其特征是在两个胸罩之间设置有连接件。

7. 根据权利要求 1 所述的无扣带胸罩，其特征是在胸罩的罩杯内壁上设置有一个凹窝。”

针对上述专利权，张果庄（下称请求人）于 2006 年 12 月 1 日向专利复审委员会提出专利无效宣告请求，认为本专利不符合专利法第 26 条第 3 款、专利法第 22 条第 2 款、第 3 款以及专利法实施细则第 20 条第 1 款的规定。请求人同时提交了以下附件：

附件 1：CN2599941Y，授权公告日为 2004 年 1 月 21 日，共 24 页；

附件 2：CN1215821C，申请日为 2002 年 8 月 27 日，授权公告日为 2005 年 8 月 24 日，共 22 页；

附件 3：CN2240870Y，授权公告日为 1996 年 11 月 27 日，共 7 页。

依据上述附件，请求人认为：（1）说明书及权利要求 2~3 和 5 中的“PU”真实意义不明确，导致说明书公开不充分和权利要求不清楚，本专利不符合专利法第 26 条第 3 款和专利法实施细则第 20 条第 1 款的规定。（2）权利要求 1~7 相对于附件 1~2 和 3 不具有新颖性和创造性，所附具体的无效对比方式仅为例举，并不限于这些例举方式和组合方式，如附件 2 同样也导致所有权利要求不具有新颖性和创造性，附件 2 和附件 3 的结合导致权利要求 7 不具有创造性。（3）本专利权利要求 1 相对于附件 1 的权利要求 1 不具有新颖性，附件 1 的权利要求 1 的技术方案是“一种无背无带式胸罩，包含有：一对乳罩罩杯，二者各有一朝向使用者皮肤的内表面，其特征是：其中该内表面具有一置于其上的压敏胶黏剂层；一连接件，衔接该二乳罩罩杯，其中该连接件定位于该等乳罩罩杯内侧部位之间”。由此可见，附件 1 先于本专利揭示了关于乳罩罩杯内表面置有压敏胶粘剂层的概念。（4）权利要求 2~4 相对于附件 1 图 3b 不具有新颖性，本专利权利要求 2~4 所揭示的发泡 PU 罩杯、布层和压敏胶层都已揭露于附件 1 中。（5）本专利权利要求 5 相对于附件 2 不具有新颖性，附件 2 的权利要求 1 内容为：“一种黏贴式乳形提升系统，供取代传统的乳罩，其特征是：一对乳形体，其中各乳形体包含：一定量的硅胶，被封装于热塑性薄膜材料间；一内表面，其内表面朝向使用者胸部，其中内表面之上大部分面积包含一对压力敏感的黏着层，永久结合于热塑性薄膜材料上，以供固定乳形体于使用者胸部上；一外侧，其朝向使用者腋下；及一内侧，其朝向外侧的相反方向，其中各乳形体单独对压力敏感的粘胶层固定于使用者胸部；以及一连接件，适于连接该乳形体，其中该连接件位于各乳形体的内侧”。（6）本专利权利要求 6 相对于附件 1 的权利要求 1 不具有新颖性。（7）权利要求 7 相对于附件 1 和 3 的组合不具有创造性，本专利权利要求 7 的附加技术特征是“在胸罩罩杯内壁上设置有一个凹窝”，而附件 3 记载了“在左右两个乳房罩的中央，分别具有一个圆形的乳头窝，该乳头窝的大小与人体乳头大小相适应”，从本专利说明书第 5 页第 9~11 行结合图 3 可知，权利要求 7 中的凹窝设计用于置放乳头。

经形式审查合格后，专利复审委员会受理了上述请求，于 2006 年 12 月 4 日向双方当事人发出《无效宣告请求受理通知书》，并将《专利权无效宣告请求书》及其附件副本转送给专利权人，要求其在指定的期限内答复，同时成立合议组对本无效宣告请求案进行审理。

专利权人于 2007 年 1 月 5 日提交了意见陈述，专利权人认为：（1）本专利的无扣带胸罩的层结构特点是由发泡 PU 罩杯、布层和有机硅压敏层构成，不需任何的“塑胶薄膜”层，而附件 1 所述产品特征是“层内包含至少一部分塑胶薄膜材料”（附件 1 第 11 页第 7 行），该塑胶薄膜层的作用是用于阻隔压敏胶液往内层渗透（附件 1 第 11 页倒数第 2 行：“盖因其可以大致不渗透 PSA”）。附件 1 图 3b 中附图标记为 34 是必须包含有的一塑胶薄膜材料。本专利与附件 1 不同之处是不需像附件 1 那样设置一层有塑胶薄膜或不渗透压敏胶液的特殊材料作隔离层。本专利由于不需使用塑胶薄膜防渗层，使得在罩杯中央设置留出一个凹窝而方便乳头容纳与透气成为可能。附件1没有且无法实现带乳头凹窝的结构。(2) 在本专利的申请日时附件2还未获得授权，即尚未确认其方案的可行性，文中少见能说明布质自粘贴胸罩的制造说明，也表明不清相关的层结构关系，而且至少必须有一塑胶薄膜隔离层的结构。附件2和附件1几乎相同，其说明的产品结构、功能、用途均无差别。(3) 本专利权利要求7与附件3的有肩、背扣带文胸在固定方式（附件3通过肩、背扣带将罩杯固定在人体上，本专利通过压敏胶层的粘力）、罩杯层结构（附件3为布层-海绵层-布层，本专利为布层-海绵层-布层-有机硅压敏层）、产品细分类别以及应用的技术和工艺上不同。(4) 本专利中的"PU"是聚氨酯类塑料的英文缩写，准确是指聚氨基甲酸酯。因此，本专利具备新颖性和创造性。同时，被请求人在意见陈述中表示放弃权利要求5和6，但没有提交修改后的权利要求书替换页。

2007年3月15日，本案合议组向双方当事人发出口头审理通知书，定于2007年5月23日对本案进行口头审理。同时，专利复审委员会本案合议组将专利权人于2007年1月5日提交的意见陈述书转送给请求人。

2007年5月23日口头审理如期进行。仅请求人一方委托代理人参加了口头审理，专利权人未参加口头审理，口头审理过程中认定的事实如下：请求人放弃用附件1评价权利要求5的新颖性，放弃用附件2评述权利要求的创造性以及放弃用附件2和附件3结合评述权利要求7的创造性。庭审中，合议组对请求人提出的无效理由和事实进行了充分调查，并听取了请求人的陈述。

至此，合议组认为本案事实已经清楚，可以依法作出审查决定。

**二、决定的理由**

1. 关于审查文本

本决定以授权公告的文本为审查基础。

2. 无效宣告请求的理由和范围

根据请求人在无效宣告请求书和口头审理时的陈述的确认，本案审理的无效理由及其范围是：说明书不符合专利法第26条第3款的规定；权利要求2~3和5不符合专利法实施细则第20条第1款的规定；权利要求1~4、6相对于附件1或2不具有新颖性，权利要求5相对于附件2不具备新颖性，权利要求1~6相对于附件1不具备创造性，权利要求7相对于附件1和3的组合不具备创造性。

3. 关于证据

请求人提交的附件1~3为专利公开文本或专利公报文本，专利权人在意见陈述中对其真实性、公开性、关联性和合法性没有提出异议，经核实，其真实性无误，合议组对其真实性予以确认。附件2是一篇由他人在本专利申请日以前向国家知识产权局提出并且在申请日以后公布的专利授权公告文本，根据专利法第22条的规定，该附件2可以用来评价本专利的新颖性，但不能用来评价本专利的创造性。附件1和3的授权公告日早于本专利的申请日，可以作为评价本专利新颖性、创造性的证据。

4. 关于专利法第26条第3款和专利法实施细则第20条第1款

请求人认为，本专利权利要求2~3和5中出现的"PU"含义不清楚、不明确，说明书和权利要求书中都没有对其解释，导致该权利要求保护范围不清楚和本领域技术人员无法实现本专利。因此，本专利说明书不符合专利法26条第3款的规定，权利要求2~3和5不符合专利法实施细则第20条第1款的规定。

本案合议组审理后认为，PU在本领域有清楚明确的含义，是聚氨基甲酸酯（简称聚氨酯）的英文缩写（例如，可参见《英汉化学化工词汇》，科学出版社，第4版，第2157页和第1490页；《高分子词典》，冯新德主编，中国石化出版社，第295页）。因此，请求人关于本专利说明书不符合专利法第 26 条第 3 款和权利要求 2~3 和 5 不符合专利法实施细则第 20 条第 1 款规定的理由不成立。

5. 关于专利法第 22 条第 2 款

专利法第 22 条第 2 款规定：新颖性是指在申请日之前没有同样的发明或者实用新型在国内外出版物上公开发表过、在国内公开使用过或者以其他方式为公众所知。

在新颖性判断时，如果一项权利要求所限定的技术方案与对比文件公开的技术方案不同，那么该权利要求具有新颖性；如果一项权利要求所限定的技术方案与对比文件公开的技术内容完全相同，或者仅仅是文字变换，那么该权利要求不具有新颖性。

附件 1 公开了一种无背无带式乳罩，该乳罩包含有：一对乳罩罩杯，二者各有一朝向使用者皮肤的内表面，其特征是：其中该内表面具有一置于其上的压敏胶黏剂层；一连接件，衔接该二乳罩罩杯，其中该连接件定位于该等乳罩罩杯内侧部位之间（参见附件 1 的权利要求 1），并且教导其中所述罩杯可采取下述层结构：内、外织物层包裹泡沫材料，热塑性薄膜材料置于内布层上并由此界定出最贴近使用者的内表面，罩杯内表面充当压敏胶黏剂的支承层（参见附件 1 说明书第 7 页第 4 段至第 8 页第 3 段和说明书附图 3b）。附件 2 公开了一种黏贴式乳形提升系统，供取代传统的乳罩，其特征是：一对乳形体，其中各乳形体包含：一定量的硅胶，被封装于热塑性薄膜材料间；一内表面，其内表面朝向使用者胸部，其中内表面之上大部分面积包含一对压力敏感的黏着层，永久结合于热塑性薄膜材料上，以供固定乳形体于使用者胸部上；一外侧，其朝向使用者腋下；及一内侧，其朝向外侧的相反方向，其中各乳形体单独对压力敏感的粘胶层固定于使用者胸部；以及一连接件，适于连接该乳形体，其中该连接件位于各乳形体的内侧（参见附件 2 的权利要求 1）。

将本专利权利要求 1 请求保护的技术方案与附件 1 公开的技术方案相比，权利要求 1 中的“无扣带胸罩”和“罩杯”分别相当于附件 1 中的“无背无带式乳罩”和“乳罩罩杯”；权利要求 1 中的“压敏胶层”相当于附件 1 中的“压敏胶黏剂层”，且都是“覆于”或“置于”罩杯的内表面上。两者的区别在于：本专利权利要求 1 的技术方案中不存在附件 1 中的连接件。将本专利权利要求 1 请求保护的技术方案与附件 2 公开的技术方案相比，权利要求 1 中的“无扣带胸罩”相当于附件 2 中的“黏贴式乳形提升系统”；权利要求 1 中的“罩杯”相当于附件 2 中的“乳形体”；权利要求 1 中的“压敏胶层”相当于附件 2 中的“对压力敏感的粘胶层”，且都是“覆于”或“结合于”罩杯的内表面上。两者的区别在于：本专利权利要求 1 的技术方案中不存在附件 2 中的连接件。由此可见，本专利权利要求 1 的技术方案与附件 1 和附件 2 所记载的技术方案均不相同。因此，附件 1 和附件 2 均不足以破坏本专利权利要求 1 的新颖性。

本专利权利要求 2~5 要求保护的无扣带胸罩均不包括连接件。因此，本专利权利要求 2~4 与附件 1 和附件 2 的技术方案也均不相同，权利要求 5 与附件 2 的技术方案也不相同。因此，附件 1 和附件 2 均不足以破坏本专利权利要求 2~4 的新颖性，附件 2 不足以破坏本专利权利要求 5 的新颖性。

本专利权利要求 6 在权利要求 1 的技术方案中加入了“在两个罩杯之间设置连接件”的技术特征，该技术特征正是本专利权利要求 1 与附件 1 的唯一区别技术特征。因此，附件 1 公开了本专利权利要求 6 的全部技术特征，二者的不同之处，“乳罩”和“胸罩”，“压敏胶黏剂层”和“压敏胶层”，仅仅是简单的文字变换，因此，本专利权利要求 6 相对于附件 1 不具有新颖性。

由于以上已经得出权利要求 6 相对于附件 1 不具有新颖性的结论，因此对于权利要求 6 的其他证据和无效理由不再予以评述。

6. 关于专利法第 22 条第 3 款

专利法第 22 条第 3 款规定：创造性是指同申请日以前已有的技术相比，发明有突出的实质性特点和显著的进步，实用新型有实质性特点和进步。

根据该款规定，如果权利要求与最接近现有技术之间的区别技术特征是本领域普通技术人员根据现有技术的教导容易想到的，其效果也是可以预见的，则该权利要求所保护的技术方案不具备创造性。

本专利权利要求1与附件1相比，其区别仅在于：本专利的罩杯之间没有连接件。附件1中连接件的作用在于将两罩杯衔接起来，以控制乳沟形状及乳房挺起程度。本专利中的胸罩没有设置连接件，该胸罩也不具有相应的连接件的功能。也就是说，相对于附件1，本专利权利要求1的技术方案中省去了一项要素后，该要素的功能也相应消失。因此，本专利权利要求1相对于附件1不具有创造性。

本专利权利要求2引用权利要求1，将罩杯限定为“发泡PU罩杯”，并且增加了布层。附件1中的图3b的技术方案明确教导：使用泡沫材料作为罩杯主体，和在罩杯上添加织物层。本领域技术人员都知道，PU是制备泡沫材料的常用原料，发泡处理后的发泡PU就是一种泡沫材料（见《化工辞典》第三版，王箴主编，化学工业出版社，第896页的词条“聚氨酯泡沫塑料”；《高分子词典》，冯新德主编，中国石化出版社，第297页的词条“聚氨酯泡沫”，第500~501页的词条“泡沫弹性体”和“泡沫塑料”），布是最常见的织物。具体实施时，本领域技术人员很容易想到，织物层选用布层，泡沫材料选用发泡PU。因此，对于本领域技术人员而言，在附件1的权利要求1基础上结合附件1中图3b的教导得到本专利权利要求2的技术方案是不需要花费创造性劳动的。因此，权利要求2相对于附件1也不具有创造性。

本专利的权利要求3中，发泡PU罩杯内、外都有布层，压敏胶涂于内布层。其中的内、外布层分别对应于附件1的图3b的技术方案中的内、外织物层，因此，附件1中给出了在罩杯内、外均设布层的技术启示。既然附件1的权利要求1中将压敏胶层直接置于罩杯内表面，那么在添加了内布层后则自然涂于内布层上。因此，本专利权利要求3相对于附件1仍不具有创造性。

本专利的权利要求4中，发泡PU罩杯外有布层，压敏胶涂于发泡PU罩杯内。附件1中的压敏胶黏剂层就置于乳罩罩杯的内表面，而且附件1的图3b的技术方案中设有外织物层，由此可见，附件1中给出了在罩杯外设置布层的技术启示。因此，本专利权利要求4相对于附件1仍不具有创造性。

本专利权利要求5与附件1的权利要求1相比，除附件1中的连接件在本专利中没有记载外，不同之处还在于：本专利中将罩杯限定为由有机硅凝胶和用以包裹其的弹性PU膜组成。尽管附件1的图3b的技术方案教导了用泡沫材料作为罩杯主体，但是由于有机硅凝胶并非泡沫材料，因此，仅据此启示，本领域技术人员不会想到使用以弹性PU膜包裹有机硅凝胶代替泡沫材料，而且从泡沫材料也无法预见以弹性PU膜包裹有机硅凝胶组成的罩杯的技术效果。因此，在附件1权利要求1基础上结合附件1图3b公开的技术内容得到本专利权利要求5对于本领域技术人员来说并不是显而易见的。所以，本专利权利要求5相对于附件1具有创造性。

本专利权利要求7引用权利要求1，进一步限定“在胸罩的罩杯内壁上设置有一个凹窝”，从本专利说明书第2页第12~14行可知，该凹窝的目的是在佩戴时容纳乳头。附件3中公开了在胸罩罩杯中央设置与乳头大小相适应的圆形乳头窝的技术手段（参见附件3权利要求1），由此可见，权利要求7的附加技术特征已经在附件3中公开，并且与本专利中所起作用相同。因此，对于本领域技术人员而言，在上述附件1和公知常识组合的基础上结合附件3得到权利要求7的技术方案不需要花费创造性劳动。所以，权利要求7相对于附件1和附件3的组合不具有创造性。

专利权人在意见陈述中认为：附件1中的塑胶薄膜层是必不可少的，用作阻隔压敏胶液往内层渗透的阻隔层。本专利权人通过向胶液中加入阻渗剂提高胶液黏度及多层刮涂，阻止压敏胶液向内渗透，从而省去阻隔层。首先，不能确定，附件1权利要求1中的罩杯一定含有塑胶薄膜层，而本专利权利要求1中的罩杯一定不含塑胶薄膜层。其次，专利权人提到的加入阻渗剂及多层刮涂等技术手段在本专利中并没有记载。因此，专利权人的意见不成立，不能用于证明本专利权利要求6相对于附件1具有新颖性，也不能用于证明本专利权利要求1~4相对于附件1具有创造性以及权利要求7相对于附件1与附件3的组合具有创造性。

基于以上事实和理由，本案合议组作出如下审查决定。

**三、决定**

宣告200420046782.4号实用新型专利的权利要求1~4和6~7无效，以其权利要求5为基础维持该专利有效。

当事人对本决定不服的，可以根据专利法第46条第2款的规定，自收到本决定之日起三个月内向北京市第一中级人民法院起诉。根据该款的规定，一方当事人起诉后，另一方当事人应当作为第三人参加诉讼。

161

# 一种灭蚊广告灯箱

## 无效宣告请求审查决定（第10424号）

**决　　定　　号**　第10424号
**决　　定　　日**　2007年7月30日
**发明创造名称**　一种灭蚊广告灯箱
**国 际 分 类 号**　G09F 13/10，A01M 1/04，A01M 1/22
**无效宣告请求人**　范中旺
**专　利　权　人**　狄　健
**专　　利　　号**　200320118403.3
**申　　请　　日**　2003年11月24日
**授 权 公 告 日**　2004年12月1日
**合 议 组 组 长**　张宗任
**主　　审　　员**　李婷婷
**参　　审　　员**　李玲玲

**法　律　依　据**　专利法第22条第2款，专利法第22条第3款
**决　定　要　点**

如果一项权利要求的大部分技术特征已被对比文件公开，其余技术特征亦被隐含公开，且都能解决同样的技术问题并获得相同的技术效果，那么该权利要求相对于该对比文件不具有新颖性。

若一项权利要求所限定的技术方案与对比文件的区别特征是所属领域技术人员的常用技术手段，所属领域技术人员在对比文件的基础上结合该常用技术手段得到该权利要求所述的技术方案是容易的，则该权利要求不具有创造性。

### 一、案由

本无效宣告请求涉及中华人民共和国国家知识产权局于2004年12月1日授权公告的200320118403.3号实用新型专利（下称本专利），其名称为“一种灭蚊广告灯箱”、申请日为2003年11月24日、专利权人为狄健。

本专利授权公告的权利要求书内容如下：

“1. 一种灭蚊广告灯箱，它包括一根或一根以上的立柱（1、2）、灯箱体（3）、一盏或一盏以上的照明灯（4）、透明面板（5、6）、电源（16），所述灯箱体（3）固定设置在所述立柱（1、2）上，所述透明面板（5、6）分别固定设置在所述灯箱体（3）上部的前后面上，所述照明灯（4）固定设置在所述灯箱体（3）与所述透明面板（5、6）形成的腔体内，所述电源（16）与所述照明灯（4）

相连接，其特征在于：它还包括灭蚊器，所述灭蚊器设置在所述灯箱体（3）的下部空间。

2. 根据权利要求1所述的一种灭蚊广告灯箱，其特征在于：所述灭蚊器由黑光灯（8）、紫光灯（9）、频振式升压电路（10）、击杀电网（11）、安全隔离网（12、13）组成，所述安全隔离网（12、13）固定设置在所述灯箱体（3）下部的前后面上，所述的黑光灯（8）、紫光灯（9）、频振式升压电路（10）、击杀电网（11）设置在所述灯箱体（3）与所述安全隔离网（12、13）形成的腔体内，所述频振式升压电路（10）与所述击杀电网（11）相连接，黑光灯（8）、紫光灯（9）、频振式升压电路（10）分别与所述电源（16）相连接。

3. 根据权利要求1或2所述的一种灭蚊广告灯箱，其特征在于：所述灯箱体（3）由日字形龙骨（14）和面框（15）组成，所述面框（15）包裹于所述龙骨（14）的外围。

4. 根据权利要求3所述的一种灭蚊广告灯箱，其特征在于：所述立柱（1、2）有两根，所述立柱（1、2）设置在所述灯箱体（3）的两侧。

5. 根据权利要求1或2所述的一种灭蚊广告灯箱，其特征在于：所述立柱（1、2）有两根，所述立柱（1、2）设置在所述灯箱体（3）的两侧。"

2006年11月4日范中旺（下称请求人）针对本专利权向国家知识产权局专利复审委员会提出无效宣告请求，认为本专利权利要求1~5不符合专利法第22条第2款、第3款的规定，请求宣告本专利权无效。请求人提交了下述附件作为证据：

附件1：CN2435935Y号中国实用新型专利说明书，其授权公告日为2001年6月27日；

附件2：CN2578923Y号中国实用新型专利说明书，其授权公告日为2003年10月8日。

请求人请求宣告本专利无效的具体理由是：

（1）附件1涉及一种户外广告灯箱与灭蚊框相结合的灭蚊广告灯箱，其公开了本专利权利要求1的大部分技术特征，不同之处在于，①本专利所述技术方案与附件1所述技术方案中相应的部件所使用的名称不同，即文字上的表达不同，但实际所指相同，如附件1中"支脚"即本专利权利要求1中的"立柱"；②权利要求1特征部分表述"它还包括灭蚊器，所述灭蚊器设置在所述灯箱体的下部空间"，附件1的权利要求1则说明"其特征在于所述箱体上包含有一个灭蚊框"，由此可见附件1有关灭蚊器在灯箱中的位置的描述公开了本专利权利要求1的相关技术特征，因此本专利权利要求1相比于附件1没有新颖性。

（2）附件1所述灭蚊广告灯箱的灭蚊装置包括黑光灯、紫光灯、高压电击网等，因此其公开了本专利权利要求2的大部分附加技术特征，不同之处在于，本专利权利要求2所述技术方案与附件1所述技术方案中相应的部件所使用的名称不同，即文字上的表达不同，但实际所指相同，如附件1中"高压电击网"即本专利权利要求2中的"击杀电网"，因此本专利权利要求2相比于附件1没有新颖性。

（3）附件2涉及一种户外高效杀蚊广告牌，其公开了本专利权利要求1的大部分技术特征，不同之处在于，附件2为广告牌，而本专利权利要求1为广告灯箱，但这种变换是该行业一般技术人员很容易作出的一种替换，因此本专利权利要求1相比于附件2不具备创造性。

（4）附件2公开了本专利权利要求2的附加技术特征，因此本专利权利要求2相比于附件2不具备创造性。

（5）本专利权利要求3、4、5只是对广告灯箱的具体结构或各组成部分的位置关系作了说明，这也是一种常用的技术方案，在现有技术中都已体现，因此权利要求3、4、5均无新颖性和创造性。

经形式审查合格，专利复审委员会受理了上述请求，于2006年11月27日向双方当事人发出无效宣告请求受理通知书，并将专利权无效宣告请求书及其附件清单中所列附件副本转送给了专利权人，要求其在指定的期限内答复，并告知期满未答复的不影响专利复审委员会审理。专利权人未作任何答复。

专利复审委员会依法成立本案合议组，并于2007年2月27日向双方当事人发出无效宣告请求口头审理通知书，定于2007年4月9日进行口头审理。

请求人于2007年3月7日提交了无效宣告请求口头审理通知书回执，表示不能参加2007年4月9日的口头审理。专利权人未作任何答复。

至此，合议组认为本案事实已经清楚，可依法作出审查决定。

**二、决定的理由**

1. 关于证据

请求人提交的附件1、2均是在本专利申请日之前已经公开的专利文献，合议组经核实认可其真实性，因此，附件1、2可作为本案现有技术的证据使用。

2. 关于新颖性

专利法第22条第2款规定的新颖性是指：在申请日以前没有同样的发明或者实用新型在国内外出版物上公开发表过、在国内公开使用过或者以其他方式为公众所知，也没有同样的发明或者实用新型由他人向国务院专利行政部门提出过申请并且记载在申请日以后公布的专利申请文件中。

（1）关于权利要求1。

本专利提供了一种灭蚊广告灯箱，用以解决现有广告灯箱不具备灭蚊虫功能的问题。本专利权利要求1采取了如下技术方案：一种灭蚊广告灯箱，它包括

A. 一根或一根以上的立柱（1、2），

B. 灯箱体（3），

C. 一盏或一盏以上的照明灯（4），

D. 透明面板（5、6），

E. 电源（16），

F. 所述灯箱体（3）固定设置在所述立柱（1、2）上，

G. 所述透明面板（5、6）分别固定设置在所述灯箱体（3）上部的前后面上，

H. 所述照明灯（4）固定设置在所述灯箱体（3）与所述透明面板（5、6）形成的腔体内，

I. 所述电源（16）与所述照明灯（4）相连接，

J. 还包括灭蚊器，所述灭蚊器设置在所述灯箱体（3）的下部空间。

附件1（参见说明书第1页第22行至最后一行，附图1、2）公开了一种户外高效灭蚊蝇灯箱，且由附图1、2可以看出，所述灯箱具有框体结构（相当于本专利权利要求1所述灯箱体），所述灯箱通过两个支脚（相当于本专利权利要求1所述立柱）固定安装在地面上，所述灯箱具有设置在灯箱的上部和侧部的广告灯箱，所述灯箱还具有灭蚊框（相当于本专利权利要求1所述灭蚊器），所述灭蚊框设置在位于上部的广告灯箱之下，即位于灯箱的下部空间，由此可见，本专利所述灯箱的技术特征A、B、F、J已被附件1公开，此外本专利权利要求1的技术特征C、D、E、G、H、I表述了所述广告灯箱具有一盏或一盏以上的照明灯，设置在灯箱体上部前后面上的透明面板及电源，所述照明灯位于灯箱体与透明面板形成的腔体内并与电源连接，尽管附件1未明确记载所述灭蚊蝇灯箱的其他具体组成，但由附件的1说明书附图1、2所示可知设置在所述灭蚊蝇灯箱上部的广告灯箱为双面灯箱，而广告灯箱即用于在其能够透光的透明面板内部或外部粘贴或放置广告招贴画，使用电源对灯箱内部的照明装置供电，照亮所述广告招贴画，以此达到在夜晚或者光线不佳的时候，通过所述被照亮的广告招贴画进行广告宣传的目的，上述技术特征实质上均已被附件1隐含公开。因此附件1公开了本专

利权利要求 1 所述的技术方案，且二者的发明目的都是使广告灯箱同时具有灭蚊蝇的功能，所获得的技术效果均为在进行广告宣传的同时能够对蚊蝇进行扑杀，因此本专利权利要求 1 相对于附件 1 不具有新颖性，不符合专利法第 22 条第 2 款的规定。

（2）权利要求 2 是对权利要求 1 的进一步限定，其附加技术特征是：

K. 所述灭蚊器由黑光灯（8），

L. 紫光灯（9），

M. 频振式升压电路（10），

N. 击杀电网（11），

O. 安全隔离网（12、13）组成，

P. 所述安全隔离网（12、13）固定设置在所述灯箱体（3）下部的前后面上，

Q. 所述的黑光灯（8）、紫光灯（9）、频振式升压电路（10）、击杀电网（11）设置在所述灯箱体（3）与所述安全隔离网（12、13）形成的腔体内，

R. 所述频振式升压电路（10）与所述击杀电网（11）相连接，

S. 黑光灯（8）、紫光灯（9）、频振式升压电路（10）分别与所述电源（16）相连接。

附件 1 所述灭蚊蝇灯箱的灭蚊框内可安装有黑光管（相当于本专利权利要求 2 所述黑光灯）和紫光管（相当于本专利权利要求 2 所述紫光灯），灯管的两侧设有高压电击网（相当于本专利权利要求 2 所述击杀电网），高压电击网外安装有防护网（相当于本专利权利要求 2 所述安全隔离网），并且由附件 1 的附图 1、2 可知，所述灭蚊蝇灯箱用于放置灭蚊框的框体结构和所述防护网形成一个相对封闭的空间，所述黑光管、紫光管、高压电击网位于该空间内，并且所述防护网位于所述广告灯箱下部的前后面，由此可见，附件 1 公开了本专利权利要求 2 的技术特征 K、L、N、O、P，此外本专利权利要求 2 的技术特征 M、Q、R、S 记载了所述广告灯箱的黑光灯、紫光灯以及频振式升压电路、击杀电网设置在所述灯箱体与所述安全隔离网形成的腔体内、所述升压电路与击杀电网相连，以及黑光灯、紫光灯以及所述升压电路分别与电源相连，由附件 1 说明书附图 1、2 可知，附件 1 所述灭蚊蝇灯箱用于放置灭蚊框的框体结构和所述防护网形成的一个相对封闭的空间内，具有所述黑光管、紫光管、高压电击网，并且附件 1 已经记载了所述灭蚊框具有高压电击网，而要使高压电击网实现高压电击的功能必然具有与其相连的频振式升压电路使之升压，且为了安全起见该频振式升压电路亦必然放置在上述相对封闭的空间内，此外为了能够正常工作，所述黑光灯和紫光灯、以及所述升压电路必然与电源相连以获得必要的电力，上述技术特征实质上均已被附件 1 隐含公开，因此权利要求 2 的附加技术特征已被附件 1 公开，当其引用的权利要求 1 不具备新颖性时，本专利权利要求 2 同样不具备专利法第 22 条第 2 款规定的新颖性。

3. 关于创造性

专利法第 22 条第 3 款规定的创造性是指：同申请日以前已有的技术相比，该发明有突出的实质性特点和显著的进步，该实用新型有实质性特点和进步。

（1）关于权利要求 3。

权利要求 3 分别引用权利要求 1、2，其附加技术特征是：

T. 所述灯箱体（3）由日字形龙骨（14）和面框（15）组成，

U. 所述面框（15）包裹于所述龙骨（14）的外围。

对于所属领域技术人员来说，将广告灯箱的框体结构内设置为具有日字形龙骨，并使用广告灯箱的外围框体将其包裹以便更好的对广告灯箱进行定位支撑为本领域常用的技术手段，所属领域技术人员在附件 1 的基础上结合上述常用技术手段以得到权利要求 3 所述的技术方案是显而易见的，因此权

利要求 3 不具备突出的实质性特点和显著的进步，不具备专利法第 22 条第 3 款规定的创造性。

（2）关于权利要求 4、5。

权利要求 4 引用权利要求 3，权利要求 5 分别引用权利要求 1、2，二者附加技术特征均为：

V. 所述立柱（1、2）有两根，

W. 所述立柱（1、2）设置在所述灯箱体（3）的两侧。

对于所属领域技术人员来说，无论将广告灯箱的两根立柱设置在所述灯箱的两侧还是下部，其均为本领域常用的技术手段，在实际应用中可根据承重、美观等各方面需要进行具体的选择，因此当权利要求 4 引用的权利要求 3 不具备创造性时，权利要求 4 同样不具备专利法第 22 条第 3 款规定的创造性；当权利要求 5 引用的权利要求 1 或 2 不具备新颖性时，权利要求 5 不具备专利法第 22 条第 3 款规定的创造性。

鉴于本专利权利要求 1~2 不符合专利法第 22 条第 2 款有关新颖性的规定，权利要求 3~5 不符合专利法第 22 条第 3 款有关创造性的规定，对请求人提出的其他无效宣告请求理由和证据不再进行评述。

**三、决定**

宣告 200320118403.3 号实用新型专利权全部无效。

当事人对本决定不服的，可以根据专利法第 46 条第 2 款的规定，自收到本决定之日起 3 个月内向北京市第一中级人民法院起诉。根据该款的规定，一方当事人起诉后，另一方当事人应当作为第三人参加诉讼。

162

# 哑铃套组手提箱

## 无效宣告请求审查决定（第10426号）

**决　定　号**　第10426号
**决　定　日**　2007年8月14日
**发明创造名称**　哑铃套组手提箱
**国际分类号**　A45C 11/00，B65D 85/62
**无效宣告请求人**　上海斯博汀贸易有限公司
**专利权人**　华纪平
**专　利　号**　99205057.X
**申　请　日**　1999年3月8日
**授权公告日**　2000年1月5日
**合议组组长**　翁晓君
**主　审　员**　张　巍
**参　审　员**　程　华

**法律依据**　专利法第22条第3款
**决定要点**

如果一项权利要求中的某个技术特征未被对比文件所披露，也没有证据表明该技术特征为所属技术领域的公知常识，那么不能以对比文件披露了与该区别技术特征作用相同的技术手段为由，认为现有技术中已经存在了相关的技术启示。

### 一、案由

本无效宣告请求涉及国家知识产权局于2000年1月5日授权公告的、名称为“哑铃套组手提箱”的实用新型专利（下称本专利），其专利号是99205057.X，申请日是1999年3月8日，专利权人是华纪平。本专利授权公告时的权利要求书的内容如下：

“1. 一种哑铃套组手提箱，包括箱底、箱盖，箱底与箱盖通过连接韧带相连，其特征在于：箱底上设有放置大哑铃片的大哑铃片槽和放置小哑铃片的小哑铃片槽；箱盖上设有两个放置哑铃杆的哑铃杆槽，哑铃杆槽相对于哑铃杆挡环的部位设有两个哑铃杆挡环槽；哑铃杆槽的两侧上沿设有用于固定哑铃杆的锁紧凸起；箱盖上还设有四个放置哑铃杆两端螺帽的螺帽槽；螺帽槽中心部位设有圆形凸柱；圆形凸柱沿周向具有与螺帽内螺纹配合的局部外螺纹；箱底和箱盖上设有相应的提手. 箱底和箱盖上还设有两个扣襻。

2. 按权利要求1所述的哑铃套组手提箱，其特征在于：箱底上的大哑铃片槽和小哑铃片槽沿圆周上沿也可设有锁紧凸起。”

针对本专利，上海斯博汀贸易有限公司（下称请求人）于 2007 年 4 月 2 日向专利复审委员会提出无效宣告请求，理由是本专利的权利要求 1、2 不具备创造性，不符合专利法第 22 条第 3 款的规定。同时，请求人提交了以下证据：

证据 1：1999 年 1 月台湾地区出版的《Sports Goods》杂志，首页、第 29 页、第 234 页，以及第 240~243 页中广告页的一部分的复印件，共 4 页；

证据 2：授权公告号为 CN2188463Y 的实用新型专利说明书，该实用新型专利的申请日为 1994 年 1 月 13 日，授权公告日为 1995 年 2 月 1 日。

请求人认为，从证据 1 的图 HS-102、图 HS-104 和图 4775DP 可以看出，哑铃套组手提箱是由箱底和箱盖组成，箱底与箱盖是通过连接韧带相连接。在箱底上设有放置大哑铃片的大哑铃片槽和放置小哑铃片的小哑铃片槽，并且在箱底还设有两个放置哑铃杆的哑铃杆槽，哑铃杆槽相对于哑铃杆挡环的部位设有对应的哑铃杆挡环槽（见图 HS-104），哑铃杆槽的两侧上沿设有用于固定哑铃杆挡环杆的锁紧凸起（见图 4775DP）。箱底和箱盖上设有相应的提手，且箱底和箱盖上设有相应扣襻（见图 HS-102、103）。证据 2 公开了一种工具箱，其在工具箱中设置放工具的插置凹槽 21，方便于工具的插置定位。由于面板 20 是可以倾斜或者直立放置，因此面板 20 中的凹槽 21 可以卡紧工具使其不能因地球重力而下落。因此，其所起的作用与本专利权利要求 1 中的哑铃杆槽、螺帽槽及其凸柱相同，主要是为卡紧放置部件，解决箱体打开或者面板旋转至某一角度因地球重力而导致的内置物件掉落问题而设计的。而例如外螺纹等其他特征，都是为了卡紧放置部件而设，是本领域技术人员的公知常识，无需创造性的劳动即可想到。因此，在证据 1 的基础上结合证据 2 以及本领域的公知常识，得出权利要求 1 的技术方案，对本领域的技术人员来说是显而易见的，权利要求 1 不具备创造性。

本领域技术人员也可由权利要求 1 中的技术特征“哑铃杆槽的两侧上沿设有用于固定哑铃杆的锁紧凸起”得到技术启示，在大哑铃片槽和小哑铃片槽沿圆周上沿也设有锁紧凸起。因此，在权利要求 1 不具备创造性的情况下，权利要求 2 也不具备创造性。

专利复审委员会于 2007 年 4 月 10 日受理了上述无效宣告请求，向双方当事人发出受理通知书，并将无效宣告请求书及其附件的副本转送给专利权人，要求在其指定期限内陈述意见。

专利权人于 2007 年 5 月 24 日向专利复审委员会提交了意见陈述书，专利权人认为：第一，请求人提交的证据 1 是在台湾地区内形成的外文证据复印件，应当办理相应的公证认证手续，并且应该提交相关页的中文译文，而请求人没有履行上述手续，因此专利权人不认可其有效性；第二，权利要求 1 具备创造性：（1）证据 1 的图 HS-102、图 HS-103、图 HS-104 和图 4775DP 都分别公开了一个技术方案，请求人把 4 个技术方案结合起来评价权利要求 1 的创造性是不合适的；（2）在假设证据 1 中的图 4775DP 为本专利的最接近的现有技术的情况下，权利要求 1 的技术方案与图 4775DP 所示的技术方案的区别包括本专利的手提箱①是哑铃套组手提箱、②是箱底和箱盖都放置部件的双侧方案、③箱底和箱盖通过连接韧带相连（证据 1 的图 4775DP 未示出该特征）、④哑铃杆槽的两侧上沿设有用于固定哑铃杆的锁紧凸起、⑤螺帽槽中心部位设有圆形凸柱，圆形凸柱沿周向有与螺帽内螺纹配合的局部外螺纹，通过把哑铃两端螺帽拧在该外螺纹上而使螺帽固定就位、⑥箱底和箱盖上均设有相应的提手；（3）即使将证据 1 的图 HS-102、图 HS-103、图 HS-104 和图 4775DP 结合形成一个组合的技术方案，本专利的权利要求 1 的技术方案与该组合技术方案相比仍然存在上述 6 点区别；（4）证据 2 和本专利属于不同的技术领域；（5）证据 2 中公开的凸柱 22 和导槽 12 的连接配合与本专利中的圆形凸柱 6 和螺帽 10 的连接配合是明显不同的，证据 2 中也没有提及凹槽 21 是用于卡紧放置部件的，因此证据 2 中没有披露本专利权利要求 1 中的哑铃杆槽 3 与锁紧凸起 4 以及带有局部外螺纹 5 的圆形凸柱 6 与螺帽槽、及螺帽 10 通过螺纹连接固定在圆形凸柱 6 上的技术特征；（6）证据 1 和 2 也没有披露从属权利要求 2 的附加技术特征。

本案合议组于 2007 年 6 月 1 日发出转送文件通知书，将专利权人的上述意见转送给了请求人，并同时向双方当事人发出口头审理通知书，定于 2007 年 7 月 17 日在专利复审委员会举行口头审理。

口头审理如期举行，双方当事人均参加了口头审理，并对对方出席口头审理人员的身份和资格无异议，对变更后的合议组成员没有回避请求。请求人明确无效宣告请求理由为权利要求 1、2 不符合专利法第 22 条第 3 款的规定，证据的组合方式为：证据 1、证据 2 结合公知常识分别破坏权利要求 1、2 的创造性，请求人明确表示证据 1 中仅使用图 HS-102、图 HS-103、图 HS-104 和图 4775DP，其中图 4775DP 作为最接近的现有技术。在口头审理中，请求人当庭提交了证据 1 的原件，并且经请求人请求由合议组当庭出示了存放于第 8676 号无效审查决定案卷中的关于证据 1 的公证书原件，专利权人进行核实后表示证据 1 的内容与上述原件相同，对公证书原件的真实性无异议，但是认为在程序上针对本案应再提交一份上述公证书，并且还认为请求人没有提交证据 1 的中文译文，不应对该证据予以考虑。专利权人对证据 2 的真实性没有异议。专利权人表示，证据 1、2 都没有公开的技术内容为：箱盖上设置的部件；连接韧带；锁紧凸起；具有外螺纹的圆形凸柱，并且认为请求人主张的公知常识应当举证。双方当事人在口头审理过程中结合证据就各自所持的观点进行了充分的意见陈述。

在以上工作的基础上，合议组认为本案事实清楚，可以依法作出审查决定。

**二、决定的理由**

1. 关于证据

证据 1 是 1999 年 1 月台湾地区出版的《Sports Goods》杂志。请求人于口头审理时提交了证据 1 的原件，并且经请求人请求，由合议组当庭出示了存放于第 8676 号无效审查决定案卷中的关于证据 1 的公证书原件，该公证书原件是上海市公证员协会公证的海基会公证书副本，其中该海基会公证书副本为经台湾台中地方法院所属民间公证人吴宜动事务所认证的声明书，并且该声明书附有证据 1 的复印件。口头审理中专利权人经核实认可该公证书原件的真实性，但是其认为在程序上针对本案应再提交一份上述公证书。针对上述理由，合议组认为由于涉及本专利的两次无效请求人均为上海斯博汀贸易有限公司，且两次无效请求中使用的证据 1 完全相同，因此存放于第 8676 号无效审查决定案卷中的关于证据 1 的公证书原件可以用于作为本案中证据 1 的证明手续，请求人无需再提交一份上述公证书。并且，由上述公证书可知，证据 1 经过了台湾台中地方法院所属民间公证人的认证后由海基会转交上海市公证员协会出具相关的公证文件，所以对证据 1 的公正认证手续符合相关规定，而且证据 1 的图 HS-102、图 HS-103、图 HS-104 和图 4775DP 本身不含有外文，能够从证据 1 的图 HS-102、图 HS-103、图 HS-104 和图 4775D 中直接地、毫无疑义地确定技术内容，所以合议组对证据 1 予以采信。并且，由证据 1 第 29 页左下角可知，证据 1 的公开出版时间为 1999 年 1 月，早于本专利的申请日，故证据 1 公开的内容构成本专利的现有技术，可以用于评价本专利权利要求的创造性。

证据 2 是专利文献，属于公开出版物。专利权人对该证据的真实性无异议，且证据 2 的授权公告日是 1995 年 2 月 1 日，早于本专利的申请日，故证据 2 公开的内容构成本专利的现有技术，可以用于评价本专利权利要求的创造性。

2. 关于专利法第 22 条第 3 款

专利法第 22 条第 3 款规定：“创造性，是指同申请日以前已有的技术相比，该发明有突出的实质性特点和显著的进步，该实用新型有实质性特点和进步。”

（1）本专利权利要求 1 请求保护一种哑铃套组手提箱，其技术方案中包括如下各项技术特征：

A. 包括箱底、箱盖，箱底与箱盖通过连接韧带相连；

B. 箱底上设有放置大哑铃片的大哑铃片槽和放置小哑铃片的小哑铃片槽；

C. 箱盖上设有两个放置哑铃杆的哑铃杆槽，哑铃杆槽相对于哑铃杆挡环的部位设有两个哑铃杆挡环槽；

D. 哑铃杆槽的两侧上沿设有用于固定哑铃杆的锁紧凸起；

E. 箱盖上还设有四个放置哑铃杆两端螺帽的螺帽槽；

F. 螺帽槽中心部位设有圆形凸柱；圆形凸柱沿周向具有与螺帽内螺纹配合的局部外螺纹；

G. 箱底和箱盖上设有相应的提手，箱底和箱盖上还设有两个扣襻。

①证据 1 中的图 4775DP 与证据 2 结合。

证据 1 中的图 4775DP 作为最接近的现有技术，其公开了以下内容：一种哑铃套组手提箱，包括箱底和箱盖，箱底和箱盖通过连接韧带相连，该连接韧带可以清楚地从该图中看出；箱底上设有放置大哑铃片的大哑铃片槽；箱底上设有放置哑铃杆的哑铃杆槽，哑铃杆槽相对于哑铃杆挡环的部位设有哑铃杆挡环槽；哑铃杆槽的一侧上沿设有用于固定哑铃杆的锁紧凸起；箱底上还设有放置哑铃杆两端螺帽的螺帽槽；箱底和箱盖上设有相应的提手；箱底和箱盖上还设有两个扣襻。

权利要求 1 与图 4775DP 的区别在于：（1）箱底上还设有放置小哑铃片的小哑铃片槽；（2）两个哑铃杆槽，并且各哑铃杆槽是设置在箱盖而非箱底上；（3）四个放置哑铃杆两端螺帽的螺帽槽，并且是设置在箱盖上而非箱底上；（4）螺帽槽中心部分设有圆形凸柱，圆形凸柱沿轴向具有与螺帽内螺纹配合的局部外螺纹。

证据 2 公开了以下技术内容（参见图 1）：一种工具箱，其在工具箱中设置放工具的插置凹槽 21，凹槽 21 具有卡紧工具而使其不能因重力而下落的凸起。

通过上述描述可知，证据 2 公开了以下技术内容，即在箱盖上也设有放置部件的凹槽和防止放置部件下落的锁紧凸起。所以证据 2 仍没有公开上述区别特征中的（1）即设有放置小哑铃片的小哑铃片槽、区别特征（2）中的多个哑铃杆槽、3 中的多个螺帽槽以及上述区别特征（4），即螺帽槽中心部分设有圆形凸柱，圆形凸柱沿轴向具有与螺帽内螺纹配合的局部外螺纹。对于区别特征 1 以及区别特征（2）中的多个哑铃杆槽、3 中的多个螺帽槽，其属于所属技术领域的公知常识，因为对于所属技术领域的普通技术人员来说，可以根据需要设置不同大小的哑铃片槽以及不同数目的哑铃杆槽和螺帽槽。但是，对于区别特征（4），合议组认为，证据 2 虽然给出了可以在箱盖上放置部件以及设置防止部件掉落的凸起的技术启示，但是未给出利用哑铃杆螺帽的内螺纹与圆形凸柱的外螺纹连接以防止螺帽掉落的技术启示，锁紧凸起和外螺纹虽然都是为了卡紧部件而设，但是它们的结构完全不同，所属领域技术人员在证据 1、2 的技术基础上，并不能容易地想到利用外螺纹来防止部件掉落，因此该区别技术特征并非所属领域技术人员不需创造性劳动即可想到的。换句话说，证据 1、2 均没有给出利用部件本身的内螺纹结构而将其固定的技术启示。

综上所述，即使将证据 1 的图 4775DP 与证据 2 以及所属领域的公知常识相结合，不经过创造性劳动也无法得出本专利权利要求 1 要求保护的技术方案。

②证据 1 中的图 HS-102 与证据 2 结合。

证据 1 中的图 HS-102 公开了以下技术内容：一种哑铃套组手提箱，包括箱底、箱盖，箱底和箱盖通过韧带连接；箱底上设有放置大哑铃片的大哑铃片槽和放置小哑铃片的小哑铃片槽；箱底上设有两个放置哑铃杆的哑铃杆槽，哑铃杆槽的两侧上沿设有用于固定哑铃杆的锁紧凸起；箱底上设有相应的提手；箱底和箱盖上还设有两个扣襻。

权利要求 1 与图 HS-102 的区别在于：（1）哑铃杆槽是设置在箱盖而非箱底上，并且哑铃杆槽相对于哑铃杆挡环的部位设有两个哑铃杆挡环槽；（2）箱盖上还设有四个放置哑铃杆两端螺帽的螺帽槽；(3) 螺帽槽中心部位设有圆形凸柱；圆形凸柱沿圆周向具有与螺帽内螺纹配合的局部外螺纹；(4) 箱盖上也设有把手。

证据 2 公开了以下技术内容（参见图 1）：一种工具箱，其在工具箱中设置放工具的插置凹槽 21，凹槽 21 具有卡紧工具而使其不能因重力而下落的凸起。

通过上述描述可知，证据 2 公开了以下技术内容，即在箱盖上也设有放置部件的凹槽和防止放置部件下落的锁紧凸起。所以，证据 2 仍没有公开上述区别特征中的 2、3、4，也未给出得到上述区别特征的技术启示，特别是对于区别特征 3，即螺帽槽中心部分设有圆形凸柱，圆形凸柱沿轴向具有与螺帽内螺纹配合的局部外螺纹，证据 2 中没有给出利用螺帽内已有的螺纹与圆形凸柱的外螺纹配合固定螺帽的技术启示。

因此，即使将证据 1 的图 HS-102 与证据 2 以及所属领域的公知常识相结合，不经过创造性劳动也无法得出本专利权利要求 1 要求保护的技术方案。

③证据 1 中的图 HS-103 与证据 2 结合。

证据 1 中的图 HS-103 公开的手提箱包括箱体和箱盖，但是无法看出箱体的内部结构。

证据 2 公开了以下技术内容（参见图 1）：一种工具箱，其在工具箱中设置放工具的插置凹槽 21，凹槽 21 具有卡紧工具而使其不能因重力而下落的凸起。

通过上述描述可知，证据 2 公开了以下技术内容，即在箱盖上也设有放置部件的凹槽和防止放置部件下落的锁紧凸起。所以，证据 2 仍没有公开权利要求 1 中除箱体与箱盖以及在箱盖上也设有放置部件的凹槽和防止部件下落的锁紧凸起的技术特征外的所有技术特征，也未给出得到上述区别特征的技术启示，特别是没有公开的技术特征“螺帽槽中心部位设有圆形凸柱；圆形凸柱沿圆周向具有与螺帽内螺纹配合的局部外螺纹”，证据 2 中没有给出利用螺帽内已有的螺纹与圆形凸柱的外螺纹配合固定螺帽的技术启示。

因此基于和上述相同的理由，即使将证据 1 的图 HS-103 与证据 2 以及所属领域的公知常识相结合，不经过创造性劳动也无法得出本专利权利要求 1 要求保护的技术方案。

④证据 1 中的图 HS-104 与证据 2 结合。

证据 1 中的图 HS-104 公开了以下技术内容：一种哑铃套组手提箱，包括箱底和箱盖，箱底和箱盖通过韧带连接；箱底上设有放置哑铃片的哑铃片槽；箱底上还设有两个放置哑铃杆的哑铃杆槽，哑铃杆槽相对于哑铃杆挡环的部位设有两个哑铃杆挡环槽；箱底上设有相应的提手；箱底和箱盖上设有两个扣襻。

权利要求 1 与图 HS-104 的区别在于：(1) 箱底上设置的哑铃片槽分大哑铃片槽和小哑铃片槽；(2) 哑铃杆槽设置在箱盖上而非箱底上；(3) 哑铃杆槽的两侧上沿设有用于固定哑铃杆的锁紧凸起；(4) 箱盖上还设有四个放置哑铃杆两端螺帽的螺帽槽；(5) 螺帽槽中心部分设有圆形凸柱，圆形凸柱沿轴向具有与螺帽内螺纹配合的局部外螺纹；(6) 箱盖上也设有把手。

证据 2 公开了以下技术内容（参见图 1）：一种工具箱，其在工具箱中设置放工具的插置凹槽 21，凹槽 21 具有卡紧工具而使其不能因重力而下落的凸起。

通过上述描述可知，证据 2 公开了以下技术内容，即在箱盖上也设有放置部件的凹槽和防止放置部件下落的锁紧凸起。所以，证据 2 仍没有公开上述区别特征中的 (1)、(4)、(5)、(6)，也未给出得到上述区别技术特征的技术启示，特别是对于区别特征 (5)，即螺帽槽中心部分设有圆形凸柱，圆形凸柱沿轴向具有与螺帽内螺纹配合的局部外螺纹，证据 2 中没有给出利用螺帽内已有的螺纹与圆形凸柱的外螺纹配合固定螺帽的技术启示。

因此，即使将证据 1 的图 HS-104 与证据 2 以及所属领域的公知常识相结合，不经过创造性劳动也无法得出本专利权利要求 1 要求保护的技术方案。

（2）权利要求 2 作为权利要求 1 的从属权利要求，在权利要求 1 具有创造性的前提下，权利要求 2 同样具有创造性。

综合上述内容，本专利权利要求 1、2 相对于证据 1 与证据 2 以及公知常识的结合具备创造性，符合专利法第 22 条第 3 款的规定。

**三、决定**

维持第 99205057. X 号实用新型专利权有效。

当事人对本决定不服的，可以根据专利法第 46 条第 2 款的规定，自收到本决定之日起 3 个月内向北京市第一中级人民法院起诉。根据该款规定，一方当事人起诉后，另一方当事人应当作为第三人参加诉讼。

163

# 烧结冷却余热高效回收利用方法及装置

## 无效宣告请求审查决定（第 10429 号）

**决　　定　　号** 第 10429 号
**决　　定　　日** 2007 年 8 月 27 日
**发明创造名称** 烧结冷却余热高效回收利用方法及装置
**国 际 分 类 号** F27B 21/00
**无效宣告请求人** 攀枝花新钢钒股份有限公司
**专　利　权　人** 姚怀荣
**专　　利　　号** 95118804. 6
**申　　请　　日** 1995 年 12 月 6 日
**授 权 公 告 日** 2006 年 7 月 5 日
**合 议 组 组 长** 于　萍
**主　　审　　员** 刘小静
**参　　审　　员** 徐伟锋

**法　律　依　据** 专利法第 26 条第 3 款，专利法实施细则第 21 条第 2 款
**决　定　要　点**

如果本领域的技术人员根据说明书的记载无法实现专利所要求保护的发明并以此来解决发明所要解决的技术问题，则说明书没有对该发明做出清楚、完整的说明，不符合专利法第 26 条第 3 款的规定。

### 一、案由

本无效宣告请求涉及中华人民共和国国家知识产权局于 2006 年 7 月 5 日授权公告的、名称为“烧结冷却余热高效回收利用方法及装置”的发明专利权（以下简称本专利），其专利号是 95118804. 6，申请日是 1995 年 12 月 6 日，专利权人是姚怀荣。本专利授权公告时的权利要求书如下：

“1. 一种用风机回收烧结冷却过程热废气用于烧结过程的余热利用装置，其特征在于引风机是冷却机的冷却风机。

2. 据权利要求 1 所述的装置，其特征是敞开烧结机台车上方风罩的后端，使冷空气可以从风罩后端进入风罩，引风管从风罩后端上方进入风罩一定长度。

3. 据权利要求 2 所述的装置，其特征在于引风管出口前下方设置有导流板。

4. 据权利要求 1 所述的装置，其特征在于引风管通过烧结机尾，回收从烧结机尾卸矿到冷却机

装料过程产生的热废气。

5. 一种使用权利要求1所述装置的余热回收利用方法，其特征是以冷却风机将废气通过引风管直接引入烧结机台车上方的风罩中。

6. 据权利要求5所述的方法，其特征是另用风机从烧结机台车上方的风罩中引风，用于混合料预热和点火助燃。”

针对本专利权，攀枝花新钢钒股份有限公司（以下简称请求人）于2006年12月25日向专利复审委员会提出无效宣告请求，请求人认为本专利权利要求1~6相对于附件1~4不符合专利法第22条第2款、第3款的规定，请求人同时提交了如下附件：

附件1：由冶金工业出版社出版的1988年7月第23卷第7期《钢铁》封面、目录、第7~9、24页和版权页的复印件；

附件2：冶金工业出版社于1978年10月出版的《铁矿粉造块》的封面、版权页、第164、165、262~270页的复印件；

附件3：公开日为1995年7月19日、公开号为CN1105391A（专利申请号为94110020.0）的中国发明专利申请公开说明书，共6页；

附件4：1982年第5期《烧结球团》第42~52页由张兰泉写的文章《日本烧结厂的余热利用》的复印件；

另外，请求人还提交了第（2006）成民初字第890号四川省成都市中级人民法院应诉通知书的复印件4页。

经形式审查合格，国家知识产权局专利复审委员会依法受理了上述无效宣告请求，并于2006年12月26日向请求人和专利权人发出无效宣告请求受理通知书，同时将专利权无效宣告请求书及其附件清单中所列附件的副本转送给专利权人，并要求专利权人在指定的期限内陈述意见。

请求人于2007年1月25日向专利复审委员会提交了意见陈述书，并补充了无效宣告的理由和证据，其中补充的证据为：

附件5：1982年4月17日公开的日本昭57-63644A号专利特许公报4页，及其中文译文5页。

请求人补充的理由包括：（1）权利要求1、4、5相对于附件5不具备新颖性或者创造性；（2）权利要求1~6不符合专利法实施细则第20条第1款的规定，因为权利要求1~6中没有限定出烧结机、冷却机、引风机、风罩等部件的连接关系和位置关系，没有引风管和风罩的设计尺寸要求，同时权利要求2中没有限定风罩的后端敞开多大，引风管如何从风罩后端进入风罩，进入多长；（3）独立权利要求1和5不符合专利法实施细则第21条第2款的规定，没有限定从冷却机到热风罩的距离，以及风管、风罩的结构和位置等必要技术特征；（4）权利要求2和3不符合专利法第22条第4款的规定，因为在烧结机台车上方风罩后端敞开的情况下，无法实现将冷却机的热废气充分回收；（5）说明书不符合专利法第26条第3款的规定，说明书没有说明从冷却机到热风罩的距离，风管、风罩的结构和位置关系。没有描述风罩敞开多大，供风量小于风罩中台车下的抽风量多少，引风管如何从风罩后端上方进入风罩、进入多少。此外，请求人认为在烧结机台车上方风罩后端敞开的情况下，无法实现将冷却机的热废气充分回收；（6）授权公告的说明书第4页第6~18行，第3页第4段有多处修改超范围之处，因此说明书不符合专利法第33条的规定。

针对专利复审委员会发出的无效宣告请求受理通知书，专利权人于2007年2月1日提交了第一次意见陈述书。专利权人认为：（1）附件1中的冷却抽风机为专门的余热风机，不能等同于本专利中兼用的冷却机风机；（2）附件2和本专利技术领域不同，前者属于焙烧球团工艺，本专利属于烧结造块工艺，因此附件2不能作为评述权利要求1创造性的对比文件；（3）附件1中的风罩结构只是为了在“风机出故障时”按照通常的方式烧结；（4）附件3是在“热风罩4内”设置了气体分流板，不是在引风管出口前下方设置的分流板；（5）现有技术没有披露在用冷却风机回收冷却机产生废气的同时，回收机尾的废气；（6）附件1中网管长度比烧结机和冷却机的有效尺寸大很多，因此网管不是像本专利那样“直接”引入风罩中的；⑦附件1的技术方案是从带冷机引风供给点火炉，并且权利要求6的技术方案引风路径最短、风温最高，节能效果更显著，而且从烧结机台车上方的风罩中引风产生的负压有利于主引风管顺利引风。

专利复审委员会依法成立合议组对该无效请求案进行审查。

合议组于2007年3月7日发出转送文件通知书，将请求人于2007年1月25日提交的意见陈述书及其附件5转给专利权人。

针对上述转送的文件，专利权人于2007年3月29日提交了第二次意见陈述书。

本案合议组于2007年5月17日向双方发出无效宣告请求口头审理通知书，定于2007年6月26日在专利复审委员会举行口头审理。随同口头审理通知书，将专利权人于2007年2月1日和2007年3月29日提交的两次意见陈述书转送给请求人。

口头审理如期举行，双方当事人均参加了口头审理。

在口头审理中，请求人明确其无效的理由为：本专利不符合专利法第33条的规定；权利要求1~6不符合专利法第26条第3款和专利法实施细则第20条第1款的规定；权利要求2和3不具备实用性，不符合专利法第22条第4款的规定；独立权利要求1和5缺少必要技术特征，不符合专利法实施细则21条第2款的规定；权利要求1和5相对于附件1或5不具备新颖性；权利要求1和5相对于附件2和3的结合不具备创造性；权利要求2相对于附件1或5及公知常识不具备创造性；权利要求3相对于附件1或5与附件3和公知常识的结合不具备创造性；权利要求4相对于附件5不具备新颖性；权利要求4相对于附件1或5与公知常识的结合、或者附件2和5的结合、或者附件1与2的结合、或者附件1与4、或者附件4与5的结合均不具备创造性；权利要求6相对于附件1不具备创造性。此外，请求人明确表示没有其他的无效理由、证据、范围和证据组合方式。

请求人当庭出示了附件1、2、4的原件，专利权人对附件1~5的真实性、公开性没有异议。并且专利权人对附件5译文的准确性也没有异议。

在此基础上，合议组对请求人提出的无效理由和事实进行了调查，并充分听取了双方当事人的意见。至此，合议组认为本案事实已经清楚，可以作出审查决定。

**二、决定的理由**

1. 关于证据和现有技术

请求人提交的证据包括附件1~5，专利权人对附件1~5的真实性没有异议，并且附件1~5均为公开出版物，且其公开日期在本专利的申请日前，因此可以作为本专利的现有技术使用。同时，由于专利权人对附件5中文译文的准确性也没有异议，因此附件5的公开内容以请求人提交的中文译文为准。

2. 关于专利法实施细则第21条第2款

请求人认为本专利独立权利要求1、5缺少必要技术特征，不符合专利法实施细则第21条第2款的规定。

专利法实施细则第21条第2款规定，独立权利要求应当从整体上反映发明或者实用新型的技术方案，记载解决技术问题的必要技术特征。

必要技术特征是指，发明或者实用新型为解决其技术问题所不可缺少的技术特征，其总和足以构成发明或者实用新型的技术方案，使之区别于背景技术中所述的其他技术方案。

本专利是要解决现有回收利用余热废气的耐热风机由于需附加其他装置防止废气温度过高和

除尘，从而导致结构复杂、并且热回收效率低的技术问题。其目的是提供一种能以很高的热利用率、热回收率回收利用烧结冷却过程中产生的废热，并且投资低廉、适用范围广的烧结冷却余热回收利用方法及装置。本专利主要是通过下述方式来解决上述问题的，即利用冷却机的冷却风机兼做机尾废气的引风机，也就是说利用一台风机同时向机尾输送废气和为冷却机提供动力。然而，一台风机这样两用，对风机、风管、风罩等部件的连接关系、位置关系、密封状况等有特殊的要求，否则因风道阻力过大而无法正确工作。本专利说明书第 1 页倒数第 2 段也提到“由于从冷却机经机尾到热风罩的距离较短，这是有可能的，但如应用通常的风管、风罩就可能因阻力损失大，热废气供求的不均衡，导致密封困难，运行不稳定”，上述描述也证实了这一点。但是本专利的独立权利要求 1 和 5 中却没有记载本专利在通常的风管、风罩基础上做了何种改进。虽然本专利说明书记载有：本专利主要是通过下述方式来实现的：即使引风管从风罩后端上方进入风罩，敞开风罩的后端，并使供风量小于风罩中台车下的抽风量，使热废气按照从前向后的顺序进入风罩，冷空气从风罩后端进入，从而在风罩后端附近形成一冷、热空气的交界面。但是独立权利要求 1、5 中并没有限定上述内容。另外，对后端敞开的风罩应如何设计其后端以及风管进入风罩多长对于利用冷却机的冷却风机回引热废气并保证烧结机的正常工作是关键的技术特征之一。而这些特征均没有记载在本专利的说明书及权利要求书中。缺少上述技术特征就无法实现冷却机的冷却风机一机两用，也就无法解决该发明要解决的技术问题。因此，权利要求 1、5 的技术方案缺少必要技术特征，不符合专利法实施细则第 21 条第 2 款的规定。

3. 关于专利法第 26 条第 3 款

请求人认为本专利的说明书没有对本发明做出清楚完整的说明，不符合专利法第 26 条第 3 款的规定，这导致权利要求 1~6 无效。

专利法第专利法第 26 条第 3 款规定，“说明书应当发明或者实用新型作出清楚、完整的说明，以所属技术领域技术人员能够实现为准。”

能够实现，是指所属技术领域的技术人员按照说明书记载的内容，就能够实现该发明或者实用新型的技术方案，解决其技术问题，并产生预期的技术效果。

权利要求 1~4 要求保护一种利用风机回收烧结冷却过程热废气用于烧结过程的余热利用装置，权利要求 5~6 要求保护与上述装置对应的余热回收利用方法。

根据本专利说明书的描述可知，本专利是要解决现有的余热废气回收利用的耐热风机由于需附加其他装置防止废气温度过高和除尘，从而导致结构复杂、并且热回收效率低的问题，其目的是提供一种能以很高的热利用率、热回收率回收利用烧结冷却过程产生的废热，并且投资低廉，简单可靠，适应范围广的烧结冷却余热回收利用方法及装置。本发明的基本构思在于利用冷却机的冷却风机兼做余热利用系统的引风机。如果要利用冷却机的冷却风机兼做余热利用系统的引风机，则对烧结机、冷却机、引风机、风管、风罩的连接关系、位置关系，以及风管、风罩的结构都有特殊的要求，这些信息是理解和实现本发明必不可少的技术内容。而本专利说明书却没有清楚完整地记载这些技术内容，本领域的技术人员根据本专利说明书的描述也无法确定这些信息，实现权利要求 1~6 的技术方案，解决其技术问题，并且产生预期的技术效果。因此，本专利的说明书没有清楚、完整地公开权利要求 1~6 要求保护的技术方案，不符合专利法第 26 条第 3 款的规定。

专利权人认为本专利说明书首页第 4 段的文字说明“本发明以冷却机风机兼做废气引风机（及风机兼起冷却作用和废气回引作用），废气通过风管直接引入烧结机台车上方的风罩中。由于从冷却机经机尾到热风罩的距离较短，这是有可能的，但如应用通常的风管、风罩，就可能因阻力损失大，热废气供求的不均衡，导致密封困难，运行不稳定”只是描述了应用本发明的过程中可能遇到的问题。关于风罩后端敞开多大，引风管从风罩后端上方进入风罩多长，这和使用的烧结机的具体容量有关，因此无法具体说明。

合议组认为，根据本专利的说明书所述，与设置专门回引热废气的耐热风机的现有技术相比，本专利利用一台风机同时为冷却机和热废气提供动力，这对回引废气的管道、风罩的结构和连接关系，风机、冷却机、烧结机的位置关系、连接关系都有特殊的要求，按照常规方式设置的风道、风罩、风机、冷却机、烧结机是无法解决本专利要解决的技术问题、实现本其发明目的的。因此，合议组认为本专利法说明书首页第 4 段说明的问题并非如专利权人意见陈述中所述是在应用本发明中“可能”遇到的技术问题，而是一个必然面对并加以解决的问题。另外，虽然风罩后端具体敞开多大的尺寸，引风管从风罩后端上方进入风罩多长和采用的烧结机的具体容量有关，但是本专利的说明书没有说明如何设计风罩后端以及风管进入风罩的长度，这是实现利用冷却机的冷却风机回引废气并保证烧结机正常工作的关键技术特征之一，并且该内容并不是本领域普通技术人员根据常规技术手段能够实现的。本领域的技术人员根据本专利说明书的描述无法实现本专利所要求保护的烧结机冷却余热回收利用方法及装置，从而来实现本发明，达到其技术目的。

由于本专利的权利要求 1、5 不符合专利法实施细则第 21 条第 2 款的规定，说明书没有清楚、完整地公开权利要求 1~6 要求保护的技术方案，不符合专利法第 26 条第 3 款的规定。权利要求 1~6 均存在导致其无效的缺陷，因此合议组对请求人提出的其他无效理由及证据不再进行审理。

根据上述的事实和理由，本案合议组依法作出以下决定。

**三、决定**

宣告 95118804.6 号实用新型专利权的权利要求 1~6 无效。

当事人对本决定不服的，可以根据专利法第 46 条第 2 款的规定，自收到本决定之日起 3 个月内向北京市第一中级人民法院起诉。根据该款的规定，一方当事人起诉后，另一方当事人应当作为第三人参加诉讼。

## 北京市第一中级人民法院
## 行政判决书

（2008）一中行初字第 389 号

原告姚怀荣，男，1973 年 1 月 17 日出生，汉族，四川省攀枝花市新钢钒检修中心冶炼一车间钳工，住四川省攀枝花市大渡口三村 3-6 号。

被告国家知识产权局专利复审委员会，住所地北京市海淀区北四环西路 9 号银谷大厦。

法定代表人廖涛，副主任。

委托代理人徐伟锋，男，国家知识产权局专利复审委员会审查员。

委托代理人郭鹏鹏，男，国家知识产权局专利复审委员会审查员。

第三人攀枝花新钢钒股份有限公司，住所地攀枝花市东区弄弄坪。

法定代表人樊政炜，董事长。

委托代理人周建秋，北京润平知识产权代理有限公司专利代理人。

委托代理人王劲松，男，攀枝花钢铁（集团）公司法律事务部职员。

原告姚怀荣不服被告国家知识产权局专利复审委员会（以下简称专利复审委）作出的无效宣告

请求审查决定，向本院提起行政诉讼。本院受理后，依法组成合议庭，并依法通知与被诉具体行政行为有利害关系的攀枝花新钢钒股份有限公司（以下简称新钢钒公司）参加诉讼。本院于2008年4月28日公开开庭审理了本案。原告姚怀荣，被告专利复审委的委托代理人徐伟锋、郭鹏鹏，第三人新钢钒公司的委托代理人周建秋、王劲松到庭参加了诉讼。本案现已审理终结。

2007年8月27日，被告作出第10429号无效宣告请求审查决定（以下简称第10429号决定），依据《中华人民共和国专利法》（以下简称《专利法》）第二十六条第三款、《中华人民共和国专利法实施细则》（以下简称《专利法实施细则》）第二十一条第二款的规定，宣告第95118804.6号发明专利权（以下简称本专利）的权利要求1~6无效。

被告于答辩期内向本院提交了作出被诉具体行政行为的证据材料：（1）本专利说明书复印件；（2）无效程序中第三人提交的无效宣告请求书以及2007年1月25日提交的补充意见陈述书复印件；（3）原告在无效程序中提交针对无效宣告请求意见以及无效请求补充意见的意见陈述书复印件；（4）第二次实质审查意见书以及原告的意见陈述书复印件；（5）口头审理记录表复印件。上述证据用以证明被诉决定认定事实清楚，适用法律正确，审理程序合法。

原告姚怀荣诉称：（1）第三人于2006年12月25日向被告提出无效宣告请求，被告于次日向原告发出无效宣告受理通知书，同时将无效宣告请求书及附件1~4转送给原告。被告于2007年3月7日发出转送文件通知书，将第三人的无效宣告请求的补充意见及附件5转送给原告，声称是第三人于2007年1月25日提交。原告对此表示异议，因为根据《专利法》第二十一条第一款的规定，被告应当像头一次转送文件那样迅速转交补充意见及附件5。第三人的代理人在北京，没有理由在1月25日提交的文件到3月7日才转交，并且被告作出决定的理由和依据都来自无效宣告请求的补充意见，被告的行为显失公正。（2）被诉决定中的意见和理由已经在该发明专利复审的第二次审查意见中出现，原告已经针对该意见作出了说明和解释。该发明专利被授权，说明国家知识产权局专利局（以下简称专利局）已认可和承认了上述意见和理由不成立。被告没有权力不提供证据就直接改变专利局作出的已产生法律效力的决定，更没有权力在没有明显相反或相抵触的证据的情况下否定专利局已认定和承认的事实而重新审查和判定。被告越权裁判，违法裁判。（3）被告在决定书中认为本专利“对回引废气的管道、风罩的结构和连接关系，风机、冷却机、烧结机的位置关系、连接关系都有特殊的要求”，但是被告并未说明“特殊的要求”指什么，是什么内容。而原告在说明书中的“可能”，被告确认为是一种必然，却没有说明这些意见和观点是根据什么理论依据或事实证据得出的。（4）被告作出的无效宣告请求审查决定的内容是：宣告95118804.6号实用新型专利权的权利要求1~6无效，从专利号可以看出，该专利是发明专利，被告将专利的种类搞错了，该决定应当被撤销。（5）原告在意见陈述和口审中指出第三人提出的证据附件1中技术名称前后不一致，表述与事实不符、违背了客观事实，不具备证明能力，被告应当对此进行判定，但被告却没有进行判定。（6）被告对本专利的技术认定前后矛盾，对技术的理解严重错误。本专利打破了本领域技术人员的惯性思维，不用专门的余热风机引风，而“以冷却机的冷却机兼作废气引风机（即风机兼起冷却作用和废气回引作用）”。由于如何降低风系统的阻力，减少能耗是本领域技术人员的常识和基础，而且本专利并未涉及被告所指的“有特殊要求”的“连接关系”和“位置关系”，自然没有义务对其进行说明，更没有权力对其进行限定。被告如果认为该技术方案会“因风道阻力过大而无法正确工作”或是所谓的“按照常规方式设置的风道、风罩、风机、冷却机、烧结机是无法解决本专利要解决的技术问题，实现其发明目的”，那么就应当给予充分必要的证明。（7）被诉决定显示出被告有明显的主观趋向，丧失了公正、中立的立场。被告的行为严重损害了原告的合法权益，也损害了法律的严肃性。综上，请求法院撤销第10429号决定，维持本专利有效。

原告向法院提交了如下证据：（1）第二次审查意见通知书复印件，用以证明被告没有明显相反或相抵触的证据就否定了专利局认定和承认的事实；（2）第三人提交的无效请求补充陈述，用以证明第三人根据原告的说明书作出了具体的实施，原告的说明书作出了完整清楚的说明；（3）四张照片，用以证明独立权利要求1、5能够反映必要的技术特征。

被告专利复审委辩称，（1）按照被告的收文记录，第三人在2007年1月25日提交了补充意见陈述书和附件5，该提交期限符合《审查指南》第四部分第三章第4.2节的规定。由于本案口审时间是在2007年6月26日，也就是被告于2007年转文后超过3个半月，即便算上合理的邮路时间，原告也有足够的时间对第三人增加的无效宣告理由和证据进行充分考虑、陈述意见和提出反证，然而，在无效程序中原告对补充意见时间从未提出异议。（2）原告声称的第二次审查意见陈述书中，专利局所使用的法条为《专利法实施细则》第二十条第一款，而无效决定使用的条款是《专利法》第二十六条第三款和《专利法实施细则》第二十一条第二款，二者不具有可比性。而且二者法条适用的事实也不一样，因此，“否定专利局认定和承认的事实”的情况不存在。（3）就本专利而言，其冷却风机还需要同时兼作余热风机，而冷却风机在经过风阻较大的冷却区域后，其压差损失已经很大，如何设计“回引废气的管道、风罩的结构和连接关系，风机、冷却机、烧结机的位置关系、连接关系”将是一个非常关键的技术特征，否则将难以保证足够的压差将余热引入烧结过程。本专利说明书没有提及具体的技术手段，使得本领域技术人员难以实施。从原告发明专利的实质内容看，原告仅仅提出了一个冷却风机兼作余热风机的设想，而没有给出切实可行的技术手段。（4）即便在不使用附件1的情况下，本专利的权利要求1~6仍然存在应当被无效的实质性缺陷。（5）风罩后端具体敞开多大的尺寸，引风管．从风罩后端上方进入风罩多长的确和采用的烧结机的具体容量有关，这是在具体的工艺条件下应当进行的具体参数的选择，但是视具体情况而定。如果原告没有说明如何设计风罩后端以及风管进入风罩的长度，也就是没有说明这些部件的大概尺寸，相邻关系等相对确定的技术条件，那么对于本领域技术人员而言，无法实现原告的发明专利。（6）被告对于本专利技术理解正确，被诉决定表述正是一台风机（冷风机）兼作两用，也就是冷却风机同时为输送空气冷却和回引废气到烧结提供动力。综上，第10429号决定认定事实清楚，适用法律法规正确，审理程序合法，审查结论正确，请求法院维持该决定。

第三人新钢钒公司同意被告意见，请求法院维持第10429号决定。

第三人未向法院提交证据。

经庭审质证，原告对被告证据的关联性、合法性、真实性无异议，但不同意其证明作用；第三人对被告证据无异议。被告及第三人对原告证据1、2的关联性、合法性、真实性无异议，但对其证明作用有异议；同时认为证据3过了举证期限，与本案无关联。

经审查，被告及原告提交的证据1、2与本案具有关联性，且合法、真实，能够证明本案事实，本院予以确认。原告证据3与被诉决定合法性审查无关联，本院不予采纳。

经审理查明，本无效宣告请求涉及国家知识产权局于2006年7月5日授权公告的、名称为“烧结冷却余热高效回收利用方法及装置”的发明专利权（即本专利），其专利号是95118804.6，申请日是1995年12月6日，专利权人是本案原告。本专利授权公告时的权利要求书如下：

“1. 一种用风机回收烧结冷却过程热废气用于烧结过程的余热利用装置，其特征在于引风机是冷却机的冷却风机。

2. 据权利要求1所述的装置，其特征是敞开烧结机台车上方风罩的后端，使冷空气可以从风罩后端进入风罩，引风管从风罩后端上方进入风罩一定长度。

3. 据权利要求2所述的装置，其特征在于引风管出口前下方设置有导流板。

4. 据权利要求 1 所述的装置，其特征在于引风管通过烧结机尾，回收从烧结机尾卸矿到冷却机装料过程产生的热废气。

5. 一种使用权利要求 1 所述装置的余热回收利用方法，其特征是以冷却风机将废气通过引风管直接引入烧结机台车上方的风罩中。

6. 据权利要求 5 所述的方法，其特征是另用风机从烧结机台车上方的风罩中引风，用于混合料预热和点火助燃。"

针对本专利权，第三人于 2006 年 12 月 25 日向被告提出无效宣告请求，第三人认为本专利权利要求 1~6 相对于附件 1~4 不符合《专利法》第二十二条第二款、第三款的规定，第三人同时提交了如下附件：

附件 1：由冶金工业出版社出版的 1988 年 7 月第 2 3 卷第 7 期《钢铁》封面、目录、第 7~9、24 页和版权页的复印件；

附件 2：冶金工业出版社于 1978 年 10 月出版的《铁矿粉造块 3》的封面、版权页、第 164、165、262~270 页的复印件；

附件 3：公开日为 1995 年 7 月 19 日、公开号为 CN1105391A（专利申请号为 94110020. 0）的中国发明专利申请公开说明书，共 6 页；

附件 4：1982 年第 5 期《烧结球团》第 42~52 页由张兰泉写的文章《日本烧结厂的余热利用》的复印件；

另外，第三人还提交了第（2006）成民初字第 890 号四川省成都市中级人民法院应诉通知书的复印件 4 页。

经形式审查合格，被告依法受理了上述无效宣告请求，并于 2006 年 12 月 26 日向第三人和原告发出无效宣告请求受理通知书，同时将专利权无效宣告请求书及其附件清单中所列附件的副本转送给原告，并要求原告在指定的期限内陈述意见。

第三人于 2007 年 1 月 25 日向被告提交了意见陈述书，并补充了无效宣告的理由和证据，其中补充的证据为：

附件 5：1982 年 4 月 17 日公开的日本昭 57-63644A 号专利特许公报 4 页，及其中文译文 5 页。

第三人补充的理由包括：（1）权利要求 1、4、5 相对于附件 5 不具备新颖性或者创造性；（2）权利要求 1~6 不符合《专利法实施细则》第二十条第一款的规定，因为权利要求 1~6 中没有限定出烧结机、冷却机、引风机、风罩等部件的连接关系和位置关系，没有引风管和风罩的设计尺寸要求，同时权利要求 2 中没有限定风罩的后端敞开多大，引风管如何从风罩后端进入风罩，进入多长；（3）独立权利要求 1 和 5 不符合《专利法实施细则》第二十一条第二款的规定，没有限定从冷却机到热风罩的距离，以及风管、风罩的结构和位置等必要技术特征；（4）权利要求 2 和 3 不符合《专利法》第二十二条第四款的规定，因为在烧结机台车上方风罩后端敞开的情况下，无法实现将冷却机的热废气充分回收；（5）说明书不符合《专利法》第二十六条第三款的规定，说明书没有说明从冷却机到热风罩的距离，风管、风罩的结构和位置关系。没有描述风罩敞开多大，供风量小于风罩中台车下的抽风量多少，引风管如何从风罩后端上方进入风罩、进入多少。此外，第三人认为在烧结机台车上方风罩后端敞开的情况下，无法实现将冷却机的热废气充分回收；（6）授权公告的说明书第 4 页第 6~18 行，第 3 页第 4 段有多处修改超范围之处，因此说明书不符合《专利法》第三十三条的规定。

针对被告发出的无效宣告请求受理通知书，原告于 2007 年 2 月 1 日提交了第一次意见陈述书。认为：①附件 1 中的冷却抽风机为专门的余热风机，不能等同于本专利中兼用的冷却机风机；②附件 2 和本专利技术领域不同，前者属于焙烧球团工艺，本专利属于烧结造块工艺，因此附件 2 不能作为评述权利要求1创造性的对比文件；③附件1中的风罩结构只是为了在“风机出故障时”按照通常的方式烧结；④附件3是在“热风罩4内”设置了气体分流板，不是在引风管出口前下方设置的分流板；⑤现有技术没有披露在用冷却风机回收冷却机产生废气的同时，回收机尾的废气；⑥附件1中网管长度比烧结机和冷却机的有效尺寸大很多，因此网管不是像本专利那样“直接”引入风罩中的；⑦附件1的技术方案是从带冷机引风供给点火炉，并且权利要求6的技术方案引风路径最短、风温最高，节能效果更显著，而且从烧结机台车上方的风罩中引风产生的负压有利于主引风管顺利引风。

被告合议组于2007年3月7日发出转送文件通知书，将第三人于2007年1月25日提交的意见陈述书及其附件5转给原告。

针对上述转送的文件，原告于2007年3月29日提交了第二次意见陈述书。

被告于2007年5月17日向双方发出无效宣告请求口头审理通知书，定于2007年6月26日在被告处举行口头审理。随同口头审理通知书，将原告于2007年2月1日和2007年3月29日提交的两次意见陈述书转送给第三人。

口头审理如期举行，双方当事人均参加了口头审理。

在口头审理中，第三人明确其无效的理由为：本专利不符合《专利法》第三十三条的规定；权利要求1~6不符合《专利法》第二十六条第三款和《专利法实施细则》第二十条第一款的规定；权利要求2和3不具备实用性，不符合《专利法》第二十二条第四款的规定；独立权利要求1和5缺少必要技术特征，不符合《专利法实施细则》第二十一条第二款的规定；权利要求1和5相对于附件1或5不具备新颖性；权利要求1和5相对于附件2和3的结合不具备创造性；权利要求2相对于附件1或5及公知常识不具备创造性；权利要求3相对于附件1或5与附件3和公知常识的结合不具备创造性；权利要求4相对于附件5不具备新颖性；权利要求4相对于附件1或5与公知常识的结合、或者附件2和5的结合、或者附件1与2的结合、或者附件1与4、或者附件4与5的结合均不具备创造性；权利要求6相对于附件1不具备创造性。此外，第三人明确表示没有其他的无效理由、证据、范围和证据组合方式。

第三人当庭出示了附件1、2、4的原件，原告对附件1~5的真实性、公开性没有异议。并且原告对附件5译文的准确性也没有异议。

被告经审查认为：

1. 关于证据和现有技术

第三人提交的证据包括附件1~5，原告对附件1~5的真实性没有异议，并且附件1~5均为公开出版物，且其公开日期在本专利的申请日前，因此可以作为本专利的现有技术使用。同时，由于原告对附件5中文译文的准确性也没有异议，因此附件5的公开内容以第三人提交的中文译文为准。

2. 关于《专利法实施细则》第二十一条第二款

必要技术特征是指，发明或者实用新型为解决其技术问题所不可缺少的技术特征，其总和足以构成发明或者实用新型的技术方案，使之区别于背景技术中所述的其他技术方案。

本专利是要解决现有回收利用余热废气的耐热风机由于需附加其他装置防止废气温度过高和除尘，从而导致结构复杂、并且热回收效率低的技术问题。其目的是提供一种能以很高的热利用率、热回收率回收利用烧结冷却过程中产生的废热，并且投资低廉、适用范围广的烧结冷却余热回收利用方法及装置。本专利主要是通过下述方式来解决上述问题的，即利用冷却机的冷却风机兼作机尾废气的引风机，也就是说利用一台风机同时向机尾输送废气和为冷却机提供动力。然而，一台风机这样两用，对风机、风管、风罩等部件的连接关系、位置关系、密封状况等有特殊的要求，否则因风道阻力过大而无法正确工作。本专利说明书第1页倒数第2段也提到“由于从冷却机经机尾到热风罩的距离较短，这是有可能的，但如应用通常的风管、风罩就可能因阻力损失大，热废气供求的不均衡，导致密封困难，运行不稳定"，上述描述也证实了这一点。但是本专利的独立权利要求1和5中却没有记载本专利在通常的风管、风罩基础上做了何种改进。虽然本专利说明书记载有：本专利主要是通过下述方式来实现的：即使引风管从风罩后端上方进入风罩，敞开风罩的后端，并使供风量小于风罩中台车下的抽风量，使热废气按照从前向后的顺序进入风罩，冷空气从风罩后端进入，从而在风罩后端附近形成一冷、热空气的交界面。但是独立权利要求1、5中并没有限定上述内容。另外，对后端敞开的风罩应如何设计其后端以及风管进入风罩多长对于利用冷却机的冷却风机回引热废气并保证烧结机的正常工作是关键的技术特征之一。而这些特征均没有记载在本专利的说明书及权利要求书中。缺少上述技术特征就无法实现冷却机的冷却风机一机两用，也就无法解决该发明要解决的技术问题。因此，权利要求1、5的技术方案缺少必要技术特征，不符合《专利法实施细则》第二十一条第二款的规定。

3. 关于《专利法》第二十六条第三款

能够实现，是指所属技术领域的技术人员按照说明书记载的内容，就能够实现该发明或者实用新型的技术方案，解决其技术问题，并产生预期的技术效果。

权利要求1~4要求保护一种利用风机回收烧结冷却过程热废气用于烧结过程的余热利用装置，权利要求5~6要求保护与上述装置对应的余热回收利用方法。

根据本专利说明书的描述可知，本专利是要解决现有的余热废气回收利用的耐热风机由于需附加其他装置防止废气温度过高和除尘，从而导致结构复杂、并且热回收效率低的问题，其目的是提供一种能以很高的热利用率、热回收率回收利用烧结冷却过程产生的废热，并且投资低廉，简单可靠，适应范围广的烧结冷却余热回收利用方法及装置。本发明的基本构思在于利用冷却机的冷却风机兼作余热利用系统的引风机。如果要利用冷却机的冷却风机兼作余热利用系统的引风机，则对烧结机、冷却机、引风机、风管、风罩的连接关系、位置关系，以及风管、风罩的结构都有特殊的要求，这些信息是理解和实现本发明必不可少的技术内容。而本专利说明书却没有清楚、完整地记载这些技术内容，本领域的技术人员根据本专利说明书的描述也无法确定这些信息，实现权利要求1~6的技术方案，解决其技术问题，并且产生预期的技术效果。因此，本专利的说明书没有清楚、完整地公开权利要求1~6要求保护的技术方案，不符合《专利法》第二十六条第三款的规定。

根据本专利的说明书所述，与设置专门回引热废气的耐热风机的现有技术相比，本专利利用一台风机同时为冷却机和热废气提供动力，这对回引废气的管道、风罩的结构和连接关系，风机、冷却机、烧结机的位置关系、连接关系都有特殊的要求，按照常规方式设置的风道、风罩、风机、冷却机、烧结机是无法解决本专利要解决的技术问题、实现其本发明目的的。因此，被告认为本专利法说明书首页第4段说明的问题并非如原告意见陈述中所述是在应用本发明中"可能"遇到的技术问题，而是一个必然面对并加以解决的问题。另外，虽然风罩后端具体敞开多大的尺寸，引风管从风罩后端上方进入风罩多长和采用的烧结机的具体容量有关，但是本专利的说明书没有说明如何设计风罩后端以及风管进入风罩的长度，这是实现利用冷却机的冷却风机回引废气并保证烧结机正常工作的关键技术特征之一，并且该内容并不是本领域普通技术人员根据常规技术手段能够实现的。本领域的技术人员根据本专利说明书的描述无法实现本专利所要求保护的烧结机冷却余热回收利用方法及装置，从而来实现本发明，达到其技术目的。

由于本专利的权利要求1、5不符合《专利法实施细则》第二十一条第二款的规定，说明书没有清楚、完整地公开权利要求1~6要求保护的技术方案，不符合《专利法》第二十六条第三款的规定。权利要求1~6均存在导致其无效的缺陷，因此被告对第三人提出的其他无效理由及证据不再进行审理。据此，被告作出第 10429 号决定。原告不服，诉至本院。

本院认为，《专利法实施细则》第六十六条规定："在专利复审委员会受理无效宣告请求后，请求人可以在提出无效宣告请求之日起 1 个月内增加理由或者补充证据"。本案中，第三人针对本专利于 2006 年 12 月 25 日向被告提出无效宣告请求，被告于次日受理该无效宣告请求。第三人于 2007 年 1 月 25 日向被告补充无效宣告理由及证据符合上述法律规定。同时，现有法律、法规及规章中均未对被告转送文件的期限作出明确规定，且本案中，在口头审理进行前，被告已经给予原告充分的答辩时间。被告于 2007 年 3 月 7 日将第三人的补充意见及证据转交给原告并未违反法律规定，对原告的实体权利亦未造成损害。因此，原告认为被告未及时向其转送第三人补充意见及证据属于程序违法的诉讼主张，缺乏事实及法律依据，本院不予支持。

第 10429 号决定的理由涉及本专利不符合《专利法实施细则》第二十一条第一款及《专利法》第二十六条第三款的规定。而专利局在第二次审查意见通知书中认定的主要是本专利权利要求 1 不符合《专利法实施细则》第二十条第一款的规定。由此可见，被告和专利局针对本专利所阐述的事实及法律依据并不相同，故原告认为被告否定专利局已认定和承认的事实而重新审查和判定属于越权裁判的诉讼主张，缺乏事实及法律依据，本院不予支持。

《专利法实施细则》第二十一条第二款规定，独立权利要求应当从整体上反映发明或者实用新型的技术方案，记载解决技术问题的必要技术特征。

本专利采用"以冷却机风机兼作废气引风机"的方式，以解决现有的余热废气回收利用的耐热风机由于需附加其他装置防止废气温度过高和除尘，从而导致结构复杂、并且热回收效率低的问题。相对于现有技术，本专利的风机动力系统不同，如果不对现有的风管、风机、风罩及其位置关系和连接关系进行必要的改进，本专利难以解决其技术问题。本专利说明书中记载："由于从冷却机经机尾到热风罩的距离较短，这是有可能的，但如应用通常的风管、风罩就可能因阻力损失大，热废气供求的不均衡，导致密封困难，运行不稳定"。根据上述描述，本专利如果不对现有的风机、风管、风罩等部件的位置关系、连接关系作出改进，将无法解决其技术问题并实现其发明目的。而本专利除了"以冷却机风机兼作废气引风机"这一技术特征外，采用何种风管、风机、风罩及其位置关系和连接关系等解决其技术问题的必要技术特征，本专利独立权利要求 1 和 5 均未记载。故被告认定本专利权利要求 1、5 不符合《专利法实施细则》第二十一条第二款的规定正确。

《专利法》第二十六条第三款规定，"说明书应当对发明或者实用新型作出清楚、完整的说明，以所属技术领域技术人员能够实现为准。"

本专利的发明目的是提供一种能以很高的热利用率、热回收率回收利用烧结冷却过程产生的废热，并且投资低廉、简单可靠、适应范围广的烧结冷却余热回收利用方法及装置。其发明点在于利用冷却机的冷却风机兼作余热利用系统的引风机。可是，按照现有技术中常规方式设置的风道、风罩、风机、冷却机、烧结机无法解决本专利要解决的技术问题并实现发明目的。本专利发明目的的实现对烧结机、冷却机、引风机、风管、风罩的连接关系、位置关系，以及风管、风罩的结构都有特殊的要求。而本专利说明书对于上述技术内容并没有作出清楚、完整的说明，本领域普通技术人员从本专利说明书的描述中无法实现权利要求 1~6 限定的技术方案，并解决其技术问题，实现其发明目的。故被告认定本专利不符合《专利法》第二十六条第三款正确。

此外，第 10429 号决定主文"宣告 95118804. 6 号实用新型专利权的权利要求 1~6 无效"中，虽然将本发明专利权错写成实用新型专利权。结合第 10429 号决定上下文的描述，被告决定主文中的此处错误明显属于笔误，该瑕疵不影响本无效宣告请求案件结论的正确。故原告认为被告将专利的种类搞错，被诉决定应当被撤销的诉讼主张，本院不予支持。

综上，第10429号决定认定事实清楚，适用法律正确，行政程序合法。原告的诉讼主张缺乏事实和法律依据，本院不予支持。据此，依照《最高人民法院关于执行〈中华人民共和国行政诉讼法〉若干问题的解释》第五十六条第（四）项之规定，判决如下：

驳回原告姚怀荣的诉讼请求。

案件受理费100元，由原告姚怀荣负担（已交纳）。

如不服本判决，可在本判决书送达之日起15日内，向本院提交上诉状，并按对方当事人人数提出副本，上诉于北京市高级人民法院。上诉人在上诉期满后7日内未提交上诉案件受理费又不提出缓交申请的，按自动撤回上诉处理。

审　判　长　强刚华
代理审判员　贾志刚
人民陪审员　付勇军
二〇〇八年一月十一日
书　记　员　张　莹

# 北京市高级人民法院
# 行政判决书

（2008）高行终字第609号

上诉人（一审原告）姚怀荣，男，1973年1月17日出生，汉族，四川省攀枝花市新钢钒检修中心冶炼一车间钳工，住四川省攀枝花市东区大渡口北街47号3栋3单元6号。

被上诉人（一审被告）国家知识产权局专利复审委员会，住所地北京市海淀区北四环西路9号银谷大厦。

法定代表人廖涛，副主任。

委托代理人徐伟锋，男，国家知识产权局专利复审委员会审查员。

委托代理人瞿晓峰，男，国家知识产权局专利复审委员会审查员。

被上诉人（一审第三人）攀枝花新钢钒股份有限公司，住所地攀枝花市东区弄弄坪。

法定代表人樊政炜，董事长。

委托代理人周建秋，男，北京润平知识产权代理有限公司专利代理人。

委托代理人王劲松，男，攀枝花钢铁（集团）公司法律事务部职员。

上诉人姚怀荣因专利无效审查决定一案，不服北京市第一中级人民法院（2008）一中行初字第389号行政判决，向本院提起上诉，本院依法组成合议庭进行了公开开庭审理。上诉人姚怀荣，被上诉人国家知识产权局专利复审委员会（以下简称专利复审委）的委托代理人徐伟锋、瞿晓峰，被上诉人攀枝花新钢钒股份有限公司（以下简称新钢钒公司）的委托代理人周建秋、王劲松到庭参加了诉讼。本案现已审理终结。

2007年8月27日，专利复审委作出第10429号无效宣告请求审查决定（以下简称第10429号决定），依据《中华人民共和国专利法》（以下简称《专利法》）第二十六条第三款、《中华人民共和国专利法实施细则》（以下简称《专利法实施细则》）第二十一条第二款的规定，宣告第95118804.6号发明专利权（以下简称本专利）的权利要求1~6无效。姚怀荣不服专利复审委作出的第10429号决定，向北京市第一中级人民法院提起行政诉讼。

一审法院判决认定，专利复审委于2007年3月7日将新钢钒公司的补充意见及证据转交给姚怀荣并未违反法律规定，对姚怀荣的实体权利亦未造成损害。因此，姚怀荣认为专利复审委未及时向其转送新钢钒公司补充意见及证据属于程序违法的诉讼主张，缺乏事实及法律依据，不予支持。

专利复审委及专利局针对本专利所阐述的事实及法律依据并不相同，因此，姚怀荣认为专利复审委否定专利局已认定和承认的事实而重新审查和决定属于越权的诉讼主张，缺乏事实及法律依据，不予支持。

本专利采用“以冷却机风机兼作废气引风机”的方式，以解决现有的余热废气回收利用的耐热风机由于需附加其他装置防止废气温度过高和除尘，从而导致结构复杂、并且热回收效率低的问题。相对于现有技术，本专利的风机动力系统不同，如果不对现有的风管、风机、风罩及其位置关系和连接关系进行必要的改进，本专利难以解决其技术问题。而本专利除了“以冷却机风机兼作废气引风机”这一技术特征外，采用何种风管、风机、风罩及其位置关系和连接关系等解决其技术问题的必要技术特征，本专利独立权利要求1和5均未记载。因此，专利复审委认定本专利权利要求1、5不符合《专利法实施细则》第二十一条第二款的规定正确。

本专利的发明目的是提供一种能以很高的热利用率、热回收率回收利用烧结冷却过程产生的废热，并且投资低廉、简单可靠、适应范围广的烧结冷却余热回收利用方法及装置。本专利发明目的的实现对烧结机、冷却机、引风机、风管、风罩的连接关系、位置关系，以及风管、风罩的结构都有特殊的要求。而本专利说明书对于上述技术内容并没有作出清楚完整的说明，本领域普通技术人员从本专利说明书的描述中无法实现权利要求1~6限定的技术方案，并解决其技术问题，实现其发明目的。因此，专利复审委认定本专利不符合《专利法》第二十六条第三款的规定正确。

第10429号决定虽然将本发明专利权错写成实用新型专利权，但结合第10429号决定上下文的描述，该错误明显属于笔误，且不影响第10429号决定结论的正确。因此，姚怀荣认为专利复审委将专利的种类搞错，从而应当撤销的诉讼主张，不予支持。

综上，第10429号决定认定事实清楚，适用法律正确，行政程序合法。依照最《高人民法院关于执行〈中华人民共和国行政诉讼法〉若干问题的解释》第五十六条第（四）项的规定，判决驳回姚怀荣的诉讼请求。

姚怀荣不服一审判决，于2008年7月26日提出上诉。诉称，（1）新钢钒公司于2006年12月25日向专利复审委提出无效宣告请求，专利复审委于次日向姚怀荣发出无效宣告受理通知书，同时将无效宣告请求书及附件1~4转送给姚怀荣。专利复审委于2007年3月7日发出转送文件通知书，将新钢钒公司的无效宣告请求的补充意见及附件5转送给姚怀荣，声称是新钢钒公司于2007年1月25日提交。姚怀荣对此表示异议，因为根据《专利法》第二十一条第一款的规定，专利复审委应当像头一次转送文件那样迅速转交补充意见及附件5。新钢钒公司的代理人在北京，没有理由在1月25日提交的文件到3月7日才转交，并且专利复审委作出决定的理由和依据都来自无效宣告请求的补充意见，专利复审委的行为显失公正。（2）第10429号决定中的意见和理由已经在该发明专利复审的第二次审查意见中出现，姚怀荣已经针对该意见作出了说明和解释。该发明专利被授权，说明国家知识产权局专利局（以下简称专利局）已认可和承认了上述意见和理由不成立。专利复审委没有权力不提供证据就直接改变专利局作出的已产生法律效力的决定，更没有权力在没有明显相反或相抵触的证据的情况下否定专利局已认定和承认的事实而重新审查和判定。专利复审委越权裁判，违法裁判。（3）专利复审委在决定书中认为本专利“对回引废气的管道、风罩的结构和连接关系，风机、冷却机、烧结机的位置关系、连接关系都有特殊的要求”，但是专利复审委并未说明“特殊的要求”指什么，是什么内容。而姚怀荣在说明书中的“可能”，专利复审委确认为是一种必然，却没有说明这些意见和观点是根据什么理论依据或事实证据得出的。（4）专利复审委作出的无效宣告请求审查决定的内容是：宣告95118804.6号实用新型专利权的权利要求1~6无效，从专利号可以看出，该专利是发明专利，专利复审委将专利的种类搞错了，该决定应当被撤销。（5）姚怀荣在意见陈述和口审中指出新钢钒公司提出的证据附件1中技术名称前后不一致，表述与事实不符、违背了客观事实，不具备证明能力，专利复审委应当对此进行判定，但专利复审委却没有进行判定。（6）专利复审委对本专利的技术认定前后矛盾，对技术的理解严重错误。本专利打破了本领域技术人员的惯性思维，不用专门的余热风机引风，而“以冷却机的冷却机兼作废气引风机（即风机兼起冷却作用和废气回引作用）”。由于如何降低风系统的阻力，减少能耗是本领域技术人员的常识和基础，而且本专利并未涉及专利复审委所指的“有特殊要求”的“连接关系”和“位置关系”，自然没有义务对其进行说明，更没有权力对其进行限定。专利复审委如果认为该技术方案会“因风道阻力过大而无法正确工作”或是所谓的“按照常规方式设置的风道、风罩、风机、冷却机、烧结机是无法解决本专利要解决的技术问题，实现其发明目的”，那么就应当给予充分必要的证明。（7）被诉决定显示出专利复审委有明显的主观趋向，丧失了公正、中立的立场。专利复审委的行为严重损害了姚怀荣的合法权益，也损害了法律的严肃性。

综上，一审法院判决认定事实不清，违背证据规则，请求二审法院撤销一审判次，司时撤销专利复审委作出的第10429号决定。

被上诉人专利复审委辨称，（1）按照专利复审委的收文记录，新钢钒公司在2007年1月25日提交了补充意见陈述书和附件5，该提交期限符合《审查指南》第四部分第三章第4.2节的规定。由于本案口审时间是在2007年6月26日，也就是专利复审委于2007年转文后超过3个半月，即便算上合理的邮路时间，姚怀荣也有足够的时间对新钢钒公司增加的无效宣告理由和证据进行充分考虑、陈述意见和提出反证，然而，在无效程序中姚怀荣对补充意见时间从未提出异议。（2）姚怀荣声称的第二次审查意见陈述书中，专利局所使用的法条为《专利法实施细则》第二十条第一款，而无效决定使用的条款是《专利法》第二十六条第三款和《专利法实施细则》第二十一条第二款，二者不具有可比性。而且二者法条适用的事实也不一样，因此，“否定专利局认定和承认的事实”的情况不存在。（3）就本专利而言，其冷却风机还需要同时兼作余热风机，而冷却风机在经过风阻较大的冷却区域后，其压差损失已经很大，如何设计“回引废气的管道、风罩的结构和连接关系，风机、冷却机、烧结机的位置关系、连接关系”将是一个非常关键的技术特征，否则将难以保证足够的压差将余热引入烧结过程。本专利说明书没有提及具体的技术手段，使得本领域技术人员难以实施。从姚怀荣发明专利的实质内容看，姚怀荣仅仅提出了一个冷却风机兼作余热风机的设想，而没有给出切实可行的技术手段。（4）即便在不使用附件1的情况下，本专利的权利要求1~6仍然存在应当被无效的实质性缺陷。（5）风罩后端具体敞开多大的尺寸，引风管从风罩后端上方进入风罩多长的确和采用的烧结机的具体容量有关，这是在具体的工艺条件下应当进行的具体参数的选择，但是视具体情况而定。如果姚怀荣没有说明如何设计风罩后端以及风管进入风罩的长度，也就是没有说明这些部件的大概尺寸、相邻关系等相对确定的技术条件，那么对于本领域技术人员而言，无法实现姚怀荣的发明专利。（6）专利复审委对于本专利技术理解正确，被诉决定表述正是一台风机（冷风机）兼作两用，也就是冷却风机同时为输送空气冷却和回引废气到烧结提供动力。

综上，一审法院判决认定事实清楚，适用法律正确，审判程序合法，请求二审法院驳回上诉，维持一审判决。

被上诉人新钢钒公司同意专利复审委的意见。

本案一审审理期间，专利复审委在法定期限内向一审法院提交了以下主要证据：（1）本专利说明书复印件；（2）无效程序中新钢钒公司提交的无效宣告请求书以及2007年1月25日提交的补充意见陈述书复印件；（3）姚怀荣在无效程序中提交针对无效宣告请求意见以及无效请求补充意见的意见陈述书复印件；（4）第二次实质审查意见书以及姚怀荣的意见陈述书复印件；（5）口头审理记录表复印件。

姚怀荣向一审法院提交了以下主要证据：（1）第二次审查意见通知书复印件；（2）新钢钒公司提交的无效请求补充陈述；（3）四张照片。

新钢钒公司未向一审法院提交证据。

一审法院经审查认为，专利复审委提交的证据，以及姚怀荣提交的证据1、2与本案具有关联性，且合法、真实，能够证明本案事实，予以确认。姚怀荣提交的证据3与被诉决定合法性审查无关联，不予采纳。

上述证据均已随案移送本院。二审期间，姚怀荣提交了由网络下载的"口头审理公告"，经审查，本院认为该证据属于当事人在一审程序中无正当事由未提供的证据，依据《最高人民法院关于行政诉讼证据若干问题的规定》第七条第二款的规定，不予接纳。以上其他证据经庭审质证及审查核实，本院确认一审法院认证意见正确，并据此认定本案如下事实：

1995年12月6日，姚怀荣向国家知识产权局提出了名称为"烧结冷却余热高效回收利用方法及装置"的发明专利权（即本专利）申请，2006年7月5日，本专利被授权公告，专利号为95118804.6，专利权人为姚怀荣。本专利授权公告时的权利要求书记载的权利要求如下：

"1. 一种用风机回收烧结冷却过程热废气用于烧结过程的余热利用装置，其特征在于引风机是冷却机的冷却风机。

2. 据权利要求1所述的装置，其特征是敞开烧结机台车上方风罩的后端，使冷空气可以从风罩后端进入风罩，引风管从风罩后端上方进入风罩一定长度。

3. 据权利要求2所述的装置，其特征在于引风管出口前下方设置有导流板。

4. 据权利要求1所述的装置，其特征在于引风管通过烧结机尾，回收从烧结机尾卸矿到冷却机装料过程产生的热废气。

5. 一种使用权利要求1所述装置的余热回收利用方法，其特征是以冷却风机将废气通过引风管直接引入烧结机台车上方的风罩中。

6. 据权利要求5所述的方法，其特征是另用风机从烧结机台车上方的风罩中引风，用于混合料预热和点火助燃。"

2006年12月25日，新钢钒公司针对本专利向专利复审委提出无效宣告请求，认为本专利权利要求1~6相对于附件1~4不符合《专利法》第二十二条第二款、第三款的规定，新钢钒公司同时提交了如下附件：

附件1：由冶金工业出版社出版的1988年7月第2 3卷第7期《钢铁》封面、目录、第7~9、24页和版权页的复印件；

附件2：冶金工业出版社于1978年10月出版的《铁矿粉造块》的封面、版权页、第164、165、262~270页的复印件；

附件3：公开日为1995年7月19日、公开号为CN1105391A（专利申请号为94110020.0）的中国发明专利申请公开说明书，共6页；

附件4：1982年第5期《烧结球团》第42~52页由张兰泉写的文章《日本烧结厂的余热利用》

的复印件；

另外，新钢钒公司还提交了第（2006）成民初字第890号四川省成都市中级人民法院应诉通知书的复印件4页。

经形式审查合格，专利复审委依法受理了上述无效宣告请求，并于2006年12月26日向新钢钒公司和姚怀荣发出无效宣告请求受理通知书，同时将专利权无效宣告请求书及其附件清单中所列附件的副本转送给姚怀荣，并要求姚怀荣在指定的期限内陈述意见。

2007年1月25日，新钢钒公司向专利复审委提交了意见陈述书，并补充了无效宣告的理由和证据，其中补充的证据为：

附件5：1982年4月17日公开的日本昭57-63644A号专利特许公报4页，及其中文译文5页。

新钢钒公司补充的理由包括：（1）权利要求1、4、5相对于附件5不具备新颖性或者创造性；（2）权利要求1~6不符合《专利法实施细则》第二十条第一款的规定，因为权利要求1~6中没有限定出烧结机、冷却机、引风机、风罩等部件的连接关系和位置关系，没有引风管和风罩的设计尺寸要求，同时权利要求2中没有限定风罩的后端敞开多大，引风管如何从风罩后端进入风罩，进入多长；（3）独立权利要求1和5不符合《专利法实施细则》第二十一条第二款的规定，没有限定从冷却机到热风罩的距离，以及风管、风罩的结构和位置等必要技术特征；（4）权利要求2和3不符合《专利法》第二十二条第四款的规定，因为在烧结机台车上方风罩后端敞开的情况下，无法实现将冷却机的热废气充分回收；（5）说明书不符合《专利法》第二十六条第三款的规定，说明书没有说明从冷却机到热风罩的距离，风管、风罩的结构和位置关系。没有描述风罩敞开多大，供风量小于风罩中台车下的抽风量多少，，引风管如何从风罩后端上方进入风罩、进入多少。此外，新钢钒公司认为在烧结机台车上方风罩后端敞开的情况下，无法实现将冷却机的热废气充分回收；（6）授权公告的说明书第4页第6~18行，第3页第4段有多处修改超范围之处，因此说明书不符合《专利法》第三十三条的规定。

针对专利复审委发出的无效宣告请求受理通知书，姚怀荣于2007年2月1日提交了第次意见陈述书。认为：①附件1中的冷却抽风机为专门的余热风机，不能等同于本专利中兼用的冷却机风机；②附件2和本专利技术领域不同，前者属于焙烧球团工艺，本专利属于烧结造块工艺，因此附件2不能作为评述权利要求1创造性的对比文件；③附件1中的风罩结构只是为了在“风机出故障时”按照通常的方式烧结；④附件3是在“热风罩4内”设置了气体分流板，不是在引风管出口前下方设置的分流板；⑤现有技术没有披露在用冷却风机回收冷却机产生废气的同时，回收机尾的废气；⑥附件1中网管长度比烧结机和冷却机的有效尺寸大很多，因此网管不是像本专利那样“直接”引入风罩中的；⑦附件1的技术方案是从带冷机引风供给点火炉，并且权利要求6的技术方案引风路径最短、风温最高，节能效果更显著，而且从烧结机台车上方的风罩中引风产生的负压有利于主引风管顺利引风。

2007年3月7日，专利复审委合议组发出转送文件通知书，将新钢钒公司于2007年1月25日提交的意见陈述书及其附件5转给姚怀荣。

针对上述转送的文件，姚怀荣于2007年3月29日提交了第二次意见陈述书。

2007年5月17日，专利复审委向双方发出无效宣告请求口头审理通知书，定于2007年6月26日举行口头审理，同时将姚怀荣于2007年2月1日和2007年3月29日提交的两次意见陈述书转送给新钢钒公司。

2007年6月26日，口头审理如期举行，双方当事人均参加了口头审理。

在口头审理中，新钢钒公司明确其无效的理由为：本专利不符合《专利法》第三十三条的规定；

权利要求1~6不符合《专利法》第二十六条第三款和《专利法实施细则》第二十条第一款的规定；权利要求2和3不具备实用性，不符合《专利法》第二十二条第四款的规定；独立权利要求1和5缺少必要技术特征，不符合《专利法实施细则》第二十一条第二款的规定；权利要求1和5相对于附件1或5不具备新颖性；权利要求1和5相对于附件2和3的结合不具备创造性；权利要求2相对于附件1或5及公知常识不具备创造性；权利要求3相对于附件1或5与附件3和公知常识的结合不具备创造性；权利要求4相对于附件5不具备新颖性；权利要求4相对于附件1或5与公知常识的结合、或者附件2和5的结合、或者附件1与2的结合、或者附件1与4、或者附件4与5的结合均不具备创造性；权利要求6相对于附件1不具备创造性。此外，新钢钒公司明确表示没有其他的无效理由、证据、范围和证据组合方式。

新钢钒公司当庭出示了附件1、2、4的原件，姚怀荣对附件1~5的真实性、公开性没有异议。并且姚怀荣对附件5译文的准确性也没有异议。

2007年8月27日，专利复审委作出第10429号决定，宣告本专利的权利要求1~6无效。主要理由是：

1. 关于证据和现有技术

新钢钒公司提交的证据包括附件1~5，姚怀荣对附件1~5的真实性没有异议，并且附件1~5均为公开出版物，且其公开日期在本专利的申请日前，因此可以作为本专利的现有技术使用。同时，由于姚怀荣对附件5中文译文的准确性也没有异议，因此附件5的公开内容以新钢钒公司提交的中文译文为准。

2. 关于《专利法实施细则》第二十一条第二款

必要技术特征是指，发明或者实用新型为解决其技术问题所不可缺少的技术特征，其总和足以构成发明或者实用新型的技术方案，使之区别于背景技术中所述的其他技术方案。

本专利是要解决现有回收利用余热废气的耐热风机由于需附加其他装置防止废气温度过高和除尘，从而导致结构复杂、并且热回收效率低的技术问题。其目的是提供一种能以很高的热利用率、热回收率回收利用烧结冷却过程中产生的废热，并且投资低廉、适用范围广的烧结冷却余热回收利用方法及装置。本专利主要是通过下述方式来解决上述问题的，即利用冷却机的冷却风机兼作机尾废气的引风机，也就是说利用一台风机同时向机尾输送废气和为冷却机提供动力。然而，一台风机这样两用，对风机、风管、风罩等部件的连接关系、位置关系、密封状况等有特殊的要求，否则因风道阻力过大而无法正确工作。本专利说明书第1页倒数第2段也提到“由于从冷却机经机尾到热风罩的距离较短，这是有可能的，但如应用通常的风管、风罩就可能因阻力损失大，热废气供求的不均衡，导致密封困难，运行不稳定”，上述描述也证实了这一点。但是本专利的独立权利要求1和5中却没有记载本专利在通常的风管、风罩基础上做了何种改进。虽然本专利说明书记载有：本专利主要是通过下述方式来实现的：即使引风管从风罩后端上方进入风罩，敞开风罩的后端，并使供风量小于风罩中台车下的抽风量，使热废气按照从前向后的顺序进入风罩，冷空气从风罩后端进入，从而在风罩后端附近形成一冷、热空气的交界面。但是独立权利要求1、5中并没有限定上述内容。另外，对后端敞开的风罩应如何设计其后端以及风管进入风罩多长对于利用冷却机的冷却风机回引热废气并保证烧结机的正常工作是关键的技术特征之一。而这些特征均没有记载在本专利的说明书及权利要求书中。缺少上述技术特征就无法实现冷却机的冷却风机一机两用，也就无法解决该发明要解决的技术问题。因此，权利要求1、5的技术方案缺少必要技术特征，不符合《专利法实施细则》第二十一条第二款的规定。

3. 关于《专利法》第二十六条第三款能够实现，是指所属技术领域的技术人员按照说明书记载

的内容，就能够实现该发明或者实用新型的技术方案，解决其技术问题，并产生预期的技术效果

本专利权利要求1~4要求保护一种利用风机回收烧结冷却过程热废气用于烧结过程的余热利用装置，权利要求5~6要求保护与上述装置对应的余热回收利用方法。

根据本专利说明书的描述可知，本专利是要解决现有的余热废气回收利用的耐热风机由于需附加其他装置防止废气温度过高和除尘，从而导致结构复杂、并且热回收效率低的问题，其目的是提供一种能以很高的热利用率、热回收率回收利用烧结冷却过程产生的废热，并且投资低廉，简单可靠，适应范围广的烧结冷却余热回收利用方法及装置。本发明的基本构思在于利用冷却机的冷却风机兼作余热利用系统的引风机。如果要利用冷却机的冷却风机兼作余热利用系统的引风机，则对烧结机、冷却机、引风机、风管、风罩的连接关系、位置关系，以及风管、风罩的结构都有特殊的要求，这些信息是理解和实现本发明必不可少的技术内容。而本专利说明书却没有清楚、完整地记载这些技术内容，本领域的技术人员根据本专利说明书的描述也无法确定这些信息，实现权利要求1~6的技术方案，解决其技术问题，并且产生预期的技术效果。因此，本专利的说明书没有清楚、完整地公开权利要求1~6要求保护的技术方案，不符合《专利法》第二十六条第三款的规定。

根据本专利的说明书所述，与设置专门回引热废气的耐热风机的现有技术相比，本专利利用一台风机同时为冷却机和热废气提供动力，这对回引废气的管道、风罩的结构和连接关系，风机、冷却机、烧结机的位置关系、连接关系都有特殊的要求，按照常规方式设置的风道、风罩、风机、冷却机、烧结机是无法解决本专利要解决的技术问题、实现其本发明目的的。因此，专利复审委认为本专利法说明书首页第4段说明的问题并非如姚怀荣意见陈述中所述是在应用本发明中“可能”遇到的技术问题，而是一个必然面对并加以解决的问题。另外，虽然风罩后端具体敞开多大的尺寸，引风管从风罩后端上方进入风罩多长和采用的烧结机的具体容量有关，但是本专利的说明书没有说明如何设计风罩后端以及风管进入风罩的长度，这是实现利用冷却机的冷却风机回引废气并保证烧结机正常工作的关键技术特征之一，并且该内容并不是本领域普通技术人员根据常规技术手段能够实现的。本领域的技术人员根据本专利说明书的描述无法实现本专利所要求保护的烧结机冷却余热回收利用方法及装置，从而来实现本发明，达到其技术目的。

由于本专利的权利要求1、5不符合《专利法实施细则》第二十一条第二款的规定，说明书没有清楚、完整地公开权利要求1~6要求保护的技术方案，不符合《专利法》第二十六条第三款的规定。权利要求1~6均存在导致其无效的缺陷，因此专利复审委对新钢钒公司提出的其他无效理由及证据不再进行审理。

姚怀荣不服上述决定，向北京市第一中级人民法院提起行政诉讼。

本院认为，新钢钒公司针对本专利于2006年12月25日向专利复审委提出无效宣告请求，专利复审委于次日予以受理。新钢钒公司于2007年1月25日向专利复审委补充无效宣告理由及证据，符合《专利法实施细则》第六十六条关于“在专利复审委员会受理无效宣告请求后，请求人可以在提出无效宣告请求之日起1个月内增加理由或者补充证据”的规定。对于姚怀荣提出专利复审委未及时向其转送新钢钒公司补充意见及证据属于程序违法的问题，现有法律、法规及规章中均未对专利复审委转送文件的期限作出明确规定，且本案在口头审理进行前，专利复审委已经给予姚怀荣充分的答辩时间。因此，专利复审委于2007年3月7日将新钢钒公司的补充意见及证据转交给姚怀荣并不存在违反法律规定的情形，且对姚怀荣的实体权利亦未造成损害。为此，姚怀荣认为专利复审委未及时向其转送新钢钒公司补充意见及证据属于程序违法的诉讼主张，缺乏事实根据及法律依据，本院不予支持。

专利复审委作出的第10429号决定的理由，涉及本专利是否符合《专利法实施细则》第二十一条

第一款以及《专利法》第二十六条第三款的规定。而专利局在第二次审查意见通知书中认定的主要是本专利权利要求 1 是否符合《专利法实施细则》第二十条第一款的规定。由此可见，专利复审委和专利局针对本专利所阐述的事实及法律依据并不相同。因此，姚怀荣认为专利复审委否定专利局已认定和承认的事实而重新审查和决定属于越权的诉讼主张，缺乏事实根据及法律依据，本院不予支持。

本专利采用“以冷却机风机兼作废气引风机”的方式，以解决现有的余热废气回收利用的耐热风机由于需附加其他装置防止废气温度过高和除尘，从而导致结构复杂、并且热回收效率低的问题。相对于现有技术，本专利的风机动力系统不同，如果不对现有的风管、风机、风罩及其位置关系和连接关系进行必要的改进，本专利难以解决其技术问题。本专利说明书中记载：“由于从冷却机经机尾到热风罩的距离较短，这是有可能的，但如应用通常的风管、风罩就可能因阻力损失大，热废气供求的不均衡，导致密封困难，运行不稳定”。根据上述描述，本专利如果不对现有的风机、风管、风罩等部件的位置关系、连接关系作出改进，将无法解决其技术问题并实现其发明目的。而本专利除了“以冷却机风机兼作废气引风机”这一技术特征外，采用何种风管、风机、风罩及其位置关系和连接关系等解决其技术问题的必要技术特征，本专利独立权利要求 1 和 5 均未记载。因此，专利复审委作出本专利权利要求 1、5 不符合《专利法实施细则》第二十一条第二款规定的认定正确。

本专利的发明目的是提供一种能以很高的热利用率、热回收率回收利用烧结冷却过程产生的废热，并且投资低廉、简单可靠、适应范围广的烧结冷却余热回收利用方法及装置。其发明点在于利用冷却机的冷却风机兼作余热利用系统的引风机。可是，按照现有技术中常规方式设置的风道、风罩、风机、冷却机、烧结机无法解决本专利要解决的技术问题并实现发明目的。本专利发明目的的实现对烧结机、冷却机、引风机、风管、风罩的连接关系、位置关系，以及风管、风罩的结构都有特殊的要求。而本专利说明书对于上述技术内容并没有作出清楚完整的说明，本领域普通技术人员从本专利说明书的描述中无法实现权利要求 1~6 限定的技术方案，并解决其技术问题，实现其发明目的。因此，专利复审委作出本专利不符合《专利法》第二十六条第三款规定的认定正确。

对于专利复审委所作的第 10429 号决定将本发明专利权错写成实用新型专利权的问题。结合第 10429 号决定行文的描述，专利复审委所作决定中的该项错误显属笔误，并不影响决定结论的正确。因此，姚怀荣认为专利复审委所作的第 10429 号决定弄错专利的种类，由此应当被撤销的诉讼主张，本院亦不予支持。

综上，专利复审委作出的第 10429 号决定宣告 95118804. 6 号发明专利权无效合法，一审法院判决驳回姚怀荣的诉讼请求正确。依据《中华人民共和国行政诉讼法》第六十一条第（一）项的规定，判决如下：

驳回上诉，维持一审判决。

二审案件受理费人民币 100 元，由上诉人姚怀荣负担（已交纳）。

本判决为终审判决。

审　判　长　朱世宽
审　判　员　张学磊
代理审判员　赵宇晖
二〇〇八年十一月二十五日
书　记　员　张　怡

164

# 粘贴式花边文胸

## 无效宣告请求审查决定（第10435号）

**决　　定　　号**　第10435号
**决　　定　　日**　2007年8月13日
**发明创造名称**　粘贴式花边文胸
**国际分类号**　A41C 3/00
**无效宣告请求人**　张果庄
**专　利　权　人**　高宝玮
**专　　利　　号**　200420089147.4
**申　　请　　日**　2004年8月30日
**授权公告日**　2005年9月14日
**合议组组长**　高　雪
**主　　审　　员**　刘　妍
**参　　审　　员**　杜微科

**法　律　依　据**　专利法第22条第3款
**决　定　要　点**

如果在对比文件的启示下，本领域的普通技术人员结合本领域公知常识很容易想到本实用新型的技术方案，则该技术方案不具有实质性特点和进步，不具备专利法第22条第3款规定的创造性。

### 一、案由

本无效宣告请求案涉及的是国家知识产权局于2005年9月14日公告授予的、名称为“粘贴式花边文胸”的200420089147.4号实用新型专利权（下称本专利），其申请日为2004年8月30日，专利权人为高宝玮，本专利授权公告的权利要求如下：

“1. 一种粘贴式花边文胸，其特征在于：所述花边文胸的左、右两个罩杯由连接扣（6）连接而成，在罩杯（7）的海绵杯（8）两面各包裹涤纶布（4），并在内表面的涤纶布（4）面上，紧贴一层医用硅胶层（1），在外表面的涤纶布4面上贴一层花边布（9），罩杯（7）周边用缝合线（2）扎上一圈包边（3）。

2. 根据权利要求1所述粘贴式花边文胸，其特征在于：所述连接扣为按扣，尼龙搭扣、挂钩或插扣式连接扣。

3. 根据权利要求1所述粘贴式花边文胸，其特征在于：所述涤纶布为带花色或不带花色的布。

4. 根据权利要求1所述粘贴式花边文胸，其特征在于：所述花边布为带花色的布。”

针对本专利权，张果庄（下称请求人）于2006年6月9日向专利复审委员会提出无效宣告请求，认为本专利相对于证据1和证据2以及公知常识的结合不具备专利法第22条规定的创造性，其中证据3作为公知常识的证明，同时本专利不符合专利法实施细则第2条第2款的规定，请求宣告本专利权无效。请求人提交了以下证据：

证据1，名称为“无背无带式乳罩”的02285717.6号实用新型专利说明书，授权公告日为2004年1月21日；

证据2，名称为“定型胸罩”的03202155.0号实用新型专利说明书，授权公告日为2004年1月14日；

证据3，名称为“可换式两用胸罩”的01218398.9号实用新型专利说明书，授权公告日为2002年6月26日。

经形式审查合格后，专利复审委员会受理了上述请求，并于2006年6月9日向双方当事人发出无效宣告请求受理通知书，并将宣告专利权无效请求书及其附件的副本转送给高宝玮（下称专利权人），要求其在指定的期限内答复。

专利权人于2006年7月31日向专利复审委员会提交书面意见，认为请求人所提出的无效理由不能成立，请求在3个月以内补充材料。

2007年3月21日，合议组向双方当事人发出无效宣告请求口头审理通知书，定于2007年5月15日对本专利的无效宣告请求进行口头审理，并随口审通知书将专利权人于2006年7月31日提交的意见陈述书转给请求人。

口头审理如期进行，请求人的代理人参加了口头审理，专利权人未能出席口头审理。在口审中，请求人明确其无效理由为本专利权利要求1~4相对于证据1和证据2的结合或证据1和证据3的结合不具备创造性，其中证据1为最接近的对比文件，放弃其他的无效理由。

至此，合议组认为本案的事实清楚，可以作出审查决定。

**二、决定的理由**

1. 证据的认定

证据1~3均为实用新型专利授权公告文本，其授权公告日均在本专利授权公告日之前，可以作为评价本专利创造性的对比文件。

2. 法律依据

专利法第22条第3款规定：创造性，是指同申请日以前已有的技术相比，该发明有突出的实质特点和显著的进步，该实用新型有实质特点和进步。

3. 关于本专利权利要求1~4是否符合专利法第22条第3款规定的创造性

（1）本专利权利要求1为“一种粘贴式花边文胸，其特征在于：所述花边文胸的左、右两个罩杯由连接扣（6）连接而成，在罩杯（7）的海绵杯（8）两面各包裹涤纶布（4），并在内表面的涤纶布（4）面上，紧贴一层医用硅胶层（1），在外表面的涤纶布4面上贴一层花边布（9），罩杯（7）周边用缝合线（2）扎上一圈包边（3）”。

证据1涉及一种“无背无带式乳罩”，并公开了以下技术内容：“一种无背无带式乳罩，包含有：一对乳罩罩杯，二者各有一朝向使用者皮肤的内表面，其特征是：其中该内表面具有一置于其上的压敏胶黏剂层；一连接件，衔接该二乳罩罩杯，其中该连接件定位于该等乳罩罩杯内侧部位之间”，“图3B所示的乳罩罩杯10增加有一置于两层织物间的泡沫材料40”（参见证据1权利要求1，说明书第7页第17行）。证据1中的泡沫材料40相当于本专利权利要求1中的海绵8，证据1中的压敏胶黏剂层与本专利权利要求1中的医用硅胶的作用都在于通过黏性材料使乳罩定位于使用者胸部，且可以反复使用而不失黏性（参见证据 1 说明书第 6 页第 21~22 行），二者实质上相同。由此可见，本专利权利要求 1 与证据 1 的区别在于：①权利要求 1 中乳罩罩杯两面包裹涤纶布；②权利要求 1 中在外表面的涤纶布面上贴一层花边布，罩杯周边用缝合线扎上一圈包边。

关于区别特征①，合议组认为，证据 1 公开了所述无背无带式乳罩罩杯“有一置于两层织物间的泡沫材料 40，使得由织物层界定出乳罩罩杯的外表面”，（参见证据 1 说明书第 7 页第 17-18 行），即证据 1 中的乳罩罩杯两面也包裹织物层，由于涤纶布是一种常用的纺织品，本领域技术人员在证据 1 的教导下很容易想到用涤纶布作为罩杯的内外面，无须付出创造性劳动。关于区别特征②，合议组认为，证据 3 中公开了一种可换式两用胸罩，其中包括前胸片、后背片等，“前胸片通过缝制线与后背片缝制成一体，后背片和前胸片的上部边沿缝制有花边带，后背片和前胸片的下部缝制有松紧带”，“前胸片 2 上设有装饰花 10”（参见证据 3 说明书第 2 页第 6~13 行），可见，证据 3 公开了乳罩上的缝合线以及在前胸片缝制花边带和装饰花，而且，为增强美感在胸罩罩杯外表面设有花边布为本领域通常使用的技术手段，因此，本领域技术人员根据证据 3 给出的技术启示，很容易想到在证据 1 的织物表面贴一层花边布，并在罩杯周边用缝合线扎上一圈包边，获得权利要求 1 请求保护的技术方案不需要付出创造性劳动。所以，本专利权利要求 1 相对于证据 1 和证据 3 的结合不具备实质性特点和进步，不符合专利法第 22 条第 3 款规定的创造性。

（2）权利要求 2 是权利要求 1 的从属权利要求，其附加技术特征为“连接扣为按扣，尼龙搭扣、挂钩或插扣式连接扣”。

证据 1 公开了衔接二乳罩罩杯的“连接件包含有一第一部件以及一第二部件”，“该第一部件与该第二部件适于相互扣合”，“第一部件包括一扣钮，而该第二部件包括有多个适于收纳该扣钮的扣襻”，“该第一部件及该以第二部件以可拆卸的方式联接于乳罩罩杯”，“该第一部件及该第二部件为魔鬼毡中互配的两部分”，“连接件为一单一体，且适于连接两乳罩罩杯的内侧部位”（参见证据 1 的权利要求 22 至 26，说明书附图 4~10），可见，证据 1 已经给出了衔接乳罩罩杯多种方式的技术教导，如采用搭扣、挂钩、插扣和粘毡连接等，本领域技术人员在证据 1 的教导下很容易将上述连接方式用于证据 1 的无背无带式乳罩上，不需要付出创造性劳动。所以，在其引用的权利要求 1 不具备创造性时，权利要求 2 也不具备实质性特点和进步，不符合专利法第 22 条第 3 款规定的创造性。

（3）权利要求 3、4 是权利要求 1 的从属权利要求，其中权利要求 3 的附加技术特征为“所述涤纶布为带花色或不带花色的布”，权利要求 4 的附加技术特征为“所述花边布为带花色的布”。

如前所述，证据 3 公开了乳罩的前胸片上缝制花边带和装饰花，而且为增强美感在胸罩罩杯外表面设有花边布为本领域通常使用的技术手段，本领域技术人员根据证据 3 给出的技术启示，很容易想到在证据 1 的织物表面贴一层花边布，而且采用带花色或不带花色的布作为胸罩罩杯外表面对本领域技术人员而言不需要付出创造性劳动。所以，本专利权利要求 3、4 相对于证据 1 和证据 3 的结合不具备实质性特点和进步，不符合专利法第 22 条第 3 款规定的创造性。

综上所述，本专利权利要求 1~4 相对于对比文件 1、3 不具备专利法第 22 条第 3 款规定地创造性，因此，请求人提出的无效宣告请求的理由能够成立。鉴于本专利全部权利要求已被无效，对于请求人提出的其他证据和理由不再予以评述。

**三、决定**

宣告 200420089147.4 号实用新型专利权利要求 1~4 全部无效。

当事人对本决定不服的，可以根据专利法第 46 条第 2 款的规定，自收到本决定之日起三个月内向北京市第一中级人民法院起诉。根据该款的规定，一方当事人起诉后，另一方当事人应当作为第三人参加诉讼。

165

# 一种温热按摩装置

## 无效宣告请求审查决定（第 10436 号）

**决　定　号**　第 10436 号
**决　定　日**　2007 年 8 月 23 日
**发明创造名称**　一种温热按摩装置
**国 际 分 类 号**　A61H 15/00，A61H 15/02
**无效宣告请求人**　胡建义
**专　利　权　人**　珠海奥加美容器械厂
**专　利　号**　200520112029.5
**申　请　日**　2005 年 6 月 28 日
**授 权 公 告 日**　2006 年 9 月 27 日
**合 议 组 组 长**　张　曦
**主　审　员**　关　刚
**参　审　员**　高桂莲

**法 律 依 据**　专利法第 26 条第 3 款、第 4 款、第 22 条第 3 款
**决 定 要 点**

如果所属领域技术人员结合本领域公知技术，能够根据说明书所公开的内容实现该发明或实用新型的技术方案，解决其技术问题，并产生预期的技术效果，则说明书的描述是清楚、完整的，符合专利法第 26 条第 3 款的规定。

### 一、案由

本无效宣告请求涉及国家知识产权局于 2006 年 9 月 27 日授权公告的、名称为“一种温热按摩装置”，专利号为 ZL200520112029.5 的实用新型专利（下称本专利），其申请日为 2005 年 6 月 28 日，专利权人为珠海奥加美容器械厂。该专利授权公告的权利要求书如下：

“1. 一种温热按摩装置，包括带有通风槽或孔的按摩滚筒和固定于握杆顶端的滚动基座，其特征是：按摩滚筒与滚动基座的连接是可分离的接插式连接。

2. 根据权利要求 1 所述的按摩装置，其特征是：所述的滚动基座与按摩滚筒接触的表面有滚珠。

3. 根据权利要求 1 或 2 所述的按摩装置，其特征是：所述的滚动基座含有轴承。”

针对上述专利权，无效宣告请求人胡建义（下称请求人）于 2007 年 1 月 16 日向专利复审委员会提出无效宣告请求，其无效宣告请求的理由是本专利不符合专利法第 26 条第 3 款、第 26 条第 4 款、第 22 条第 3 款的规定，并提交了下述附件：

附件 1：本专利说明书；

附件 2：授权公告号为 CN 2562748Y 的实用新型专利说明书，授权公告日为 2003 年 7 月 30 日；

附件 3：辽宁科学技术出版社，1983 年 8 月第 1 版，范德梁编著的《公差与技术测量》封面页、版权信息页、第 19~22 页的复印件共 6 页。

无效宣告请求的具体理由和事实为：（1）①说明书中没有用文字或附图描述所述滚动基座中所含伸缩滚珠的安装结构和使伸缩滚珠具有伸缩功能的具体结构，②说明书没有公开防止按摩滚筒与滚动基座之间接插式连接或经滚珠的接插式连接出现分离的技术措施，因此不符合专利法第 26 条第 3 款的规定；（2）权利要求 1 没有记载“螺纹卡口”这一必要技术特征，而使其技术方案不完整，没有以说明书为依据，因此不符合专利法第 26 条第 4 款的规定；权利要求 2 中的技术特征“所述滚动基座与按摩滚筒接触的表面有滚珠”不能从说明书中公开的内容直接得到或概括得出，因此权利要求 2 没有以说明书为依据，不符合专利法第 26 条第 4 款的规定；（3）权利要求 1~3 相对于附件 2 和 3 的结合不符合专利法第 22 条第 3 款有关创造性的规定。

经形式审查合格，专利复审委员会依法受理了上述无效宣告请求，于 2007 年 2 月 12 日向双方当事人发出无效宣告请求受理通知书，并将无效宣告请求书及其附件清单中所列附件的副本转送给专利权人，要求其在指定的期限内答复。

专利复审委员会于 2007 年 3 月 26 日收到了专利权人针对上述无效宣告请求的意见陈述书，以及下述反证：

反证 1：公告号为 152424 的中国台湾专利公报及其新型专利说明书公告本，公开日期为 1991 年 2 月 21 日。

专利权人在意见陈述书中提出，根据专利法实施细则第 68 条的规定，将权利要求 2 的附加技术特征“所述的滚动基座与按摩滚筒接触的表面有滚珠”修改为“所述的滚动基座与按摩滚筒接触的表面有弹簧滚珠”，但专利权人没有提交权利要求的修改替换页。专利权人认为：（1）伸缩滚珠实际上就是一种弹簧滚珠，弹簧滚珠属普通技术方案的专业名词，说明书不需要过多的文字和附图，避免干扰主题；弹簧滚珠有足够的摩擦力让滚筒随基座转动，作为灸具施灸时，滚筒随时要与基座分离，不需要一种防止其分离的技术措施，因此本专利说明书符合专利法第 26 条第 3 款的规定；（2）没有“螺纹卡口”，抓管仍然可以夹紧艾条，螺纹卡口不是一个必不可少的零件，因此权利要求 1 符合专利法第 26 条第 4 款的规定；（3）本专利与附件 2 存在本质区别在于提出了基座概念，把轴承放到基座里，使用基座，就能分离和清洗滚筒，因此本专利符合专利法第 22 条第 3 款有关创造性的规定。

专利复审委员会依法成立合议组对本案进行审理，本案合议组于 2007 年 5 月 8 日向双方当事人发出口头审理通知书，定于 2007 年 6 月 19 日进行口头审理。同时将专利复审委员会于 2007 年 3 月 26 日收到的专利权人针对无效宣告请求的意见陈述书以及反证 1 的副本转送给请求人。

口头审理如期举行，双方当事人均到庭参加了口头审理，并对对方当事人的出庭资格无异议。双方当事人对合议组成员无回避请求，合议组在此情况下就本无效宣告请求进行了庭审调查。

在口头审理过程中，（1）专利权人放弃了对权利要求 2 的修改要求；（2）专利权人对附件 2 和 3 的真实性无异议，请求人对反证 1 的真实性无异议；（3）请求人明确了无效宣告请求的理由是：本专利说明书公开不充分，不符合专利法第 26 条第 3 款的规定；权利要求 1、2 不符合专利法第 26 条第 4 款的规定；权利要求 1~3 相对于附件 2 和 3 不符合专利法第 22 条第 3 款的规定。（4）关于专利法第 26 条第 3 款，请求人指出：本专利说明书没有充分公开伸缩滚珠的安装结构和使伸缩滚珠具有伸缩功能的具体结构，以及防止按摩滚筒和滚动基座分离的技术措施；专利权人认为：伸缩结构只是本专利的一种实施方式，滚珠可以伸缩也可以不伸缩，本专利说明书附图 6 已经公开了伸缩滚珠的安装结构，按摩滚筒和滚动基座在施灸时需要随时分开，不需要防止分离的技术措施。（5）关于专利法第26条第4款，请求人指出：权利要求1中缺少螺纹卡口的技术特征，权利要求2的附加技术特征为所述的滚动基座与按摩滚筒接触的表面有“滚珠”，而说明书中描述的是“伸缩滚珠”，权利要求的方案与说明书不一致，因此得不到说明书的支持，不符合专利法第26条第4款的规定；专利权人认为：螺纹卡口不是必要技术特征，没有螺纹卡口握杆也能夹住艾条；伸缩滚珠只是本专利的一个实施方式，滚珠可以伸缩也可以不伸缩。（6）关于专利法第22条第3款，请求人认为本专利权利要求1~3相对于附件2和3不具备创造性；专利权人认为附件2的连接方式与本专利不同，其最大差异是轴承的位置不同，连接是一个共性，而怎样连接是存在差异的，而附件3没有公开任何连接方式，因此本专利相对于附件2和3具备创造性。（7）专利权人当庭提交了授权公告号为CN2231958 Y，授权公告日为1996年7月31日的实用新型专利说明书作为参考资料。

至此，合议组认为本案的事实清楚，可以作出审查决定。

**二、决定的理由**

1. 关于审查文本

由于专利权人于2007年3月26日提出要对权利要求书进行修改，但未提交修改替换页，在口头审理当天专利权人明确放弃修改权利要求的主张，因此，本决定以授权公告文本作为审查基础。

2. 关于证据

请求人提交的附件1为本专利，附件2为专利文献，附件3为公开出版物；专利权人提交的反证1为台湾专利文献；专利权人对附件2和3的真实性无异议，请求人对反证1的真实性无异议，因此合议组经审查认为附件2和3以及反证1均可以作为本案证据使用。其中附件2和3的公开日期均早于本专利的申请日，因此可以将附件2、附件3作为本专利现有技术。

3. 关于专利法第26条第3款

专利法第26条第3款规定：说明书应当对发明或者实用新型作出清楚、完整的说明，以所属技术领域的技术人员能够实现为准。所属技术领域的技术人员能够实现，是指所属技术领域的技术人员按照说明书记载的内容，就能够实现该发明或者实用新型的技术方案，解决其技术问题，并且产生预期的技术效果。

请求人认为，（1）滚动基座是本实用新型的关键零件，而说明书中没有用文字或附图描述所述滚动基座中所含伸缩滚珠的安装结构和使伸缩滚珠具有伸缩功能的具体结构；（2）说明书没有公开防止按摩滚筒与滚动基座之间接插式连接或经滚珠的接插式连接出现分离的技术措施，因此本专利说明书不符合专利法第26条第3款的规定。

合议组认为，就本专利而言，其所要解决的技术问题是不能对温灸棒的按摩滚筒进行拆卸从而对按摩滚筒进行清洗消毒的技术问题，为了解决该技术问题，本专利采用了按摩滚筒（9）与滚动基座（11）的连接是可分离的插接式连接的技术方案。其中，对于按摩滚筒（9）与滚动基座（11）的接插式连接，本专利说明书给出了这样的实施例，该基座接插表面有圆孔，圆孔内嵌有伸缩滚珠（13），该滚珠可使按摩滚筒（9）能随滚动基座（11）在人体穴位上来回滚动（参见本专利说明书第3页第1~3行）。可见，本专利的说明书已经清楚地描述了所述伸缩滚珠的安装结构，即所述伸缩滚珠是嵌入所述滚动基座的接插表面上的圆孔内的，所述伸缩滚珠和所述滚动基座的结构位置关系是清楚的。关于伸缩滚珠，本专利中对其具体结构以及如何安装并无特殊的要求，本领域技术人员可以根据上述功能的要求，从能够实现这种功能的各种伸缩滚珠中进行选择，以实现按摩滚筒与滚动基座之间的接插式连接，从而解决按摩滚筒在使用过程中拆卸、清洗不便的技术问题，并达到了预期的技术效果。另外，关于本专利说明书没有公开用于防止按摩滚筒与滚动基座之间接插式连接出现分离的技术措施的问题，由于本专利已经公开了按摩滚筒与滚动基座之间利用“伸缩滚珠”实现接插式连接，因此在接插式连接中“伸缩滚珠”就能起到防止按摩滚筒与滚动基座分离的作用，而且本专利说明书也记载了“滚动基座含有两个滚动轴承（2），使得该基座与传统的温灸棒只有单个轴承（2）比较，滚动起来更加平稳，更加顺畅。另外，按摩滚筒（9）与滚动基座（11）的接触面积比较大，故有足够的地方设置多个滚珠（13）或其他触动点”（参见本专利说明书第3页第7至10行），可见，本专利中由于按摩滚筒与滚动基座的接触面积比较大，并且伸缩滚珠可实现滚筒与滚动基座的可靠插接，可保证按摩滚筒与滚动基座在施灸过程中的稳定连接。综上所述，本专利的说明书是清楚、完整的，能为本领域技术人员所实现，因此符合专利法第26条第3款的规定。

4. 专利法第26条第4款

专利法第26条第4款规定：权利要求书应当以说明书为依据，说明要求专利保护的范围。权利要求书应当以说明书为依据，是指权利要求应当得到说明书的支持。权利要求书中的每一项权利要求所要求保护的技术方案应当是所属技术领域的技术人员能够从说明书充分公开的内容中得到或概括得出的技术方案，并且不得超出说明书公开的范围。

请求人认为：（1）权利要求1中缺少“螺纹卡口”这一必要技术特征，而使其技术方案不完整，即该权利要求1没有以说明书为依据；（2）权利要求2的附加技术特征为所述的滚动基座与按摩滚筒接触的表面有“滚珠”，而说明书中描述的是“伸缩滚珠”，权利要求的方案与说明书不一致，扩大了本专利的保护范围，因此得不到说明书的支持，不符合专利法第26条第4款的规定。

合议组认为，（1）本专利是要解决按摩滚筒不能被拆卸的技术问题，而“螺纹卡口”是用于紧固滚动基座与握管之间连接的部件，这种部件在所属技术领域是公知的，如本专利背景技术部分记载的“一字卡口（4）”，请求人所提交的附件2中所记载的以两个连接套筒411和412以螺纹配合连接而成的“连接套筒”41（参见附件2说明书第3页第11至12行），都是用于使轴承等部件与握杆紧固连接的部件。可见，“螺纹卡口”属于本专利所涉及的按摩装置中所共有的技术特征，而不是解决本专利所要解决的技术问题所必不可少的技术特征，在此基础上，无须将该特征也记载在权利要求1中，但本领域技术人员可以推断出权利要求1的方案必然包含用于连接轴承与握杆的部件，也就是说，权利要求1的概括未超出说明书所公开的范围。（2）本专利说明书中记载的“滚动基座接插表面有圆孔，圆孔内嵌有伸缩滚珠”是本专利的一个具体实施例，而本专利说明书中还记载了“按摩滚筒与滚动基座的接触面积比较大，故有足够的地方设置多个滚珠或其他触动点”，可见，根据本专利说明书所述，按摩滚筒与滚动基座之间，除了可具有“伸缩滚珠”外，还公开了可以是“滚珠”或“其他触动点”的实施例，即本专利说明书中按摩滚筒与滚动基座之间可以是“滚珠”或其他本领域公知的“触动点”，而不限于“伸缩滚珠”一种实施例，只要能实现按摩滚筒能够与滚动基座分离、拆卸即可，可见，本专利权利要求2的附加技术特征“所述的滚动基座与按摩滚筒接触的表面有滚珠”能得到本专利说明书的支持。综上所述，本专利权利要求1、2符合专利法第26条第4款的规定。

5. 专利法第22条第3款

专利法第22条第3款规定：创造性，是指同申请日以前已有的技术相比，该发明有突出的实质性特点和显著的进步，该实用新型有实质性特点和进步。

就本专利而言，其是为了解决温灸棒中不能够拆卸按摩滚筒以便对按摩滚筒进行清洗消毒的技术问题，本专利权利要求1所限定的技术方案为，一种温热按摩装置，包括（1）带有通风槽或孔的按摩滚筒和（2）固定于握杆顶端的滚动基座，其特征是：按摩滚筒与滚动基座的连接是可分离的接插式连接。

附件2（CN2562748 Y）公开了一种温灸保健器，附件2是为了解决用夹具夹持艾草进行温灸时，距离难以掌握，太近容易灼伤皮肤，太远疗效不好的技术问题，提供一种温灸保健器，其中具体公开了如下技术特征（参见附件2说明书第3页第2~14行，图1~8）：包括一个手持柄1、一个艾草夹2和一个滚头3，其中滚头3的根部与手持柄1的头部通过一个连接装置4可旋转地相连接，连接装置4包括一个连接套筒41和一个轴承42，所述轴承42的内套紧配合于连接套筒41的一端的外周，所述轴承42的外套紧配合于滚头3的开口端的内周，连接套筒41的另一端与手持柄1的头部以螺纹配合连接。

将附件2与本专利权利要求1进行比较，附件2中轴承42的外套紧配合于滚头3（相当于本专利中的按摩滚筒）的开口端的内周，即滚头3与轴承为紧配合的面接触，轴承42的内套紧配合于连接装置4的连接套筒41的一端的外周，即轴承42与连接装置4也是紧配合的面接触，这样通过连接装置4将滚头3与手持柄1（相当于本专利中的握杆）连接后，在施灸时，附件2中的滚头3是不能从手持柄1上拆卸，即，附件中不存在使按摩滚筒与其连接装置为可分离的接插式连接的滚珠。而本专利是为了解决滚头与握杆的上的连接装置为紧配合时，滚头不易拆卸和清洗的技术问题而提出的。可见，本专利权利要求1的技术方案与附件2相比，区别技术特征在于：（1）滚动基座；（2）按摩滚筒与滚动基座的连接是可分离的接插式连接。

请求人提交的附件3中介绍了有关孔和轴的“配合”的三种配合情况，间隙配合、过盈配合和过渡配合的基本概念。而对于附件3而言，其仅仅从孔和轴的公差带的数值范围，给出了关于孔和轴的间隙配合、过盈配合和过度配合的基本概念，这种基本概念只是从理论上分析了出现各种配合情况的孔和轴的公差带数值范围，但并没有给出具体到按摩装置的部件之间的具体连接方式，而实践中部件之间的连接方式是多种多样的，本领域技术人员不可能根据附件3所给出的理论分析必然得到某种具体的连接方式，即附件3不存在对于本专利按摩装置这一特定技术方案的具体连接方式的技术启示。而对于本专利权利要求1所请求保护的技术方案，其利用了滚动基座，通过按摩滚筒与滚动基座之间可分离的接插式连接，解决了不能将按摩滚筒从握杆上拆卸的技术问题，达到了按摩滚筒易于从握杆上拆卸以方便进行清洗消毒的技术效果。综上所述，附件2和3都没有公开上述区别技术特征，也没有给出利用滚动基座以及按摩滚筒与滚动基座之间可分离的接插式连接解决本专利所要解决的按摩滚筒不能被拆卸的技术问题的技术启示，因此，本专利权利要求1相对于附件2和3具有实质性特点和进步，具备专利法第22条第3款规定的创造性。

由于本专利权利要求2、3是对权利要求1的进一步限定，因此当权利要求1具备创造性时，权利要求2、3也具备专利法第22条第3款规定的创造性。

鉴于请求人提出的无效宣告请求理由均不成立，本决定中对专利权人提交的反证不再进行评述。

基于以上事实和理由，本案合议组作出如下审查决定。

**三、决定**

维持200520112029.5号实用新型专利权有效。

当事人对本决定不服的，可以根据专利法第46条第2款的规定，自收到本决定之日起三个月内向北京市第一中级人民法院起诉。根据该款的规定，一方当事人起诉后，另一方当事人应当作为第三人参加诉讼。

# 玩具直升机

## 无效宣告请求审查决定（第 10443 号）

**决　定　号**　第 10443 号
**决　定　日**　2007 年 8 月 22 日
**发明创造名称**　玩具直升机
**国 际 分 类 号**　A63H 27/133，A63H 27/18，A63H 27/24
**无效宣告请求人**　普罗克斯弗拉尔 AS 公司
**专　利　权　人**　邢　英
**专　利　号**　200420102455.6
**申　请　日**　2004 年 12 月 2 日
**授 权 公 告 日**　2006 年 3 月 1 日
**合 议 组 组 长**　何　炜
**主　审　员**　刘玉玲
**参　审　员**　郭　婷

**法　律　依　据**　专利法第 22 条第 3 款
**决　定　要　点**

如果权利要求和最接近的现有技术的区别技术特征为本领域解决根据该最接近的现有技术重新确定的技术问题的惯用手段，则现有技术存在解决该技术问题的启示，该权利要求要求保护的实用新型对本领域的技术人员来说是显而易见的，不具备创造性。

### 一、案由

本专利权无效宣告请求案涉及国家知识产权局于 2006 年 3 月 1 日公告授予的、名称为“玩具直升机”的 200420102455.6 号实用新型专利权（下称本专利），其申请日为 2004 年 12 月 2 日，专利权人为邢英。本专利授权公告的权利要求书如下：

“1. 一种玩具直升机，包括机身部分、动力源、齿轮传动系统、电子遥控接收系统、双旋翼部分和尾旋翼部分，其特征是：所述双旋翼部分是在同一轴线上用心轴和空心轴套分别安装两个大小相同、并且相向旋转的上旋翼和下旋翼，上旋翼与心轴相连，下旋翼与空心轴套相连，并设有通过齿轮传动系统分别带动上旋翼和下旋翼的两个电机。

2. 根据权利要求 1 所述的玩具直升机，其特征是：所述心轴上设有 D 型孔，上旋翼通过 D 型孔与心轴相连。

3. 根据权利要求 1 所述的玩具直升机，其特征是：所述空心轴套上设有齿型啮合装置，下旋翼通过齿型啮合装置与空心轴套相连。

4. 根据权利要求 1 所述的玩具直升机，其特征是：所述上、下旋翼都是通过十字铰链连接的方式与两组翼片相连。

5. 根据权利要求 4 所述的玩具直升机，其特征是：所述翼片组每组设有两个翼片，四个翼片均布在一个环上。

6. 根据权利要求 5 所述的玩具直升机，其特征是：所述环上均匀固接有四个能使旋翼在旋转时达到自平衡效果的铜套。

7. 根据权利要求 5 所述的玩具直升机，其特征是：所述翼片尾端均固接在旋翼外圈上。

8. 根据权利要求 7 所述的玩具直升机，其特征是：所述旋翼外圈上固接有四个起到连接、平衡和加大旋转惯性作用的铜套。

9. 根据权利要求 1 所述的玩具直升机，其特征是：所述机身部分和尾旋翼之间用空心管穿导线连接。”

针对上述专利权，普罗克斯弗拉尔 AS 公司（下称请求人）于 2006 年 9 月 29 日向专利复审委员会提出专利权无效宣告请求，认为本专利不符合专利法第 22 条第 2 款、第 3 款，专利法第 26 条第 4 款以及专利法实施细则第 20 条第 1 款的规定。请求人提交了以下附件：

附件 1：中国发明专利申请公开说明书，申请号为 200480000187. X，申请日为 2004 年 4 月 16 日，公开日为 2005 年 11 月 16 日，公开号为 CN1697755A，申请人为普罗克斯弗拉尔 AS 公司，复印件共 25 页。

请求人认为：

（1）权利要求 1~9 相对于附件 1 均没有新颖性，不符合专利法第 22 条第 2 款的规定：

①权利要求 1 不具备新颖性：附件 1 公开了一种直升机式的飞行器（相当于本专利的玩具直升机），包括杆 62（相当于本专利的机身部分）、电动马达 58~59（相当于本专利的动力源）、大直径轮 66 和小直径轮 67（相当于本专利的齿轮传动机构）、接收机 56（相当于本专利的电子遥控接收系统）、上旋翼 52 和下旋翼 54（相当于本专利的双旋翼部分）、驱动推力推动器 61（相当于本专利的尾旋翼部分）、所述双旋翼部分是在同一轴线上用内轴（相当于本专利的的心轴）和外轴（相当于本专利的的空心轴套）分别安装两个大小相同、并且相向旋转的上旋翼 52 和下旋翼 54，上旋翼 52 和内轴 51 相连，下旋翼 54 与外轴 53 相连，并设有通过齿轮传动机构分别带动上旋翼和下旋翼的两个电动马达 58~59（参见附件 1 第 16 页第 14 行到 18 页第 2 行和附图 6），可见附件 1 公开了权利要求 1 的所有技术特征，因此，权利要求 1 不具备新颖性；

②引用了权利要求 1 的从属权利要求 2~3、9 的附加技术特征都属于本领域的惯用手段的简单替换，因此，权利要求 2~3、9 不具备新颖性；

③从属权利要求 4~8 不具备新颖性：附件 1 公开了上、下旋翼都是通过十字铰链连接的方式与两组翼片相连；上、下旋翼都包括两个翼片组，每组设有两个翼片，四个翼片均布在一个环上，每个旋翼的四个叶片和环固接（参见附件 1 的图 6），可见附件 1 公开了权利要求 4~5、7 的附加技术特征，而权利要求 6、8 的附加技术特征是本领域的惯用手段的简单替换，因此，权利要求 4~8 不具备新颖性；

（2）权利要求 1~9 由于缺乏新颖性，则必然缺乏创造性，不符合专利法第 22 条第 3 款的规定；

（3）权利要求 5~8 不符合专利法实施细则第 20 条第 1 款：权利要求 5 涉及“环”，但“环”并不清楚在何处，因此，权利要求 5 不符合专利法实施细则第 20 条第 1 款；权利要求 6~8 由于引用权利要求 5，也不符合专利法实施细则第 20 条第 1 款；另外，权利要求 8 的“铜套”也不清楚在何处，导致权利要求 8 不清楚，不符合专利法实施细则第 20 条第 1 款；

（4）权利要求 8 不符合专利法第 26 条第 4 款的规定：权利要求 8 指出的“所述的旋翼外圈上设有的铜套”，该技术特征在说明书中并没有记载，本领域技术人员通过阅读说明书和附图也无法了解得出这样的技术方案，因此，权利要求 8 得不到说明书支持。

请求人又在 2006 年 10 月 26 日提交了意见陈述书，并补充了附件 2 及其中文译文：

附件 2：申请号为 20032282 的挪威发明专利申请公开说明书，申请日为 2003 年 5 月 20 日，公开日为 2004 年 11 月 22 日，公开号为 NO317612B1，第 1 页盖有“国家知识产权局专利检索咨询中心副本认证专用章”，其描述内容为“经确认此副本与原件相同”，盖章日期为 2006 年 10 月 13 日，并在正文和附图的侧面盖有上述骑缝章，共 28 页；其中文译文，打印件共 16 页。

请求人认为：

（1）权利要求 1~9 相对于附件 2 没有新颖性和创造性，其中新颖性的理由和前述权利要求 1~9 相对于附件 1 不具备新颖性的理由基本相同；对于创造性增加了下述理由：即便是权利要求 1~9 和附件 2 存在区别技术特征，这些差别对于本领域技术人员来说也是显而易见的，因此权利要求 1~9 不具备创造性。

（2）权利要求 6 不符合专利法实施细则第 20 条第 1 款的规定：权利要求 6 涉及“在旋转时达到自平衡效果的铜套”，但铜套如何设置、如何固定、如何设置能达到自平衡效果，本领域普通技术人员通过阅读说明书、附图和权利要求书根本无法了解也无法实现权利要求 6 的技术方案，因而权利要求 6 不清楚，不符合专利法实施细则第 20 条第 1 款的规定。

（3）权利要求 8 不符合专利法实施细则第 20 条第 1 款和专利法第 26 条第 4 款的规定：权利要求 8 限定了在旋翼外圈上固接有四个起到连接、平衡和加大旋转惯性作用的铜套，但在说明书第 3 页第 4 段描述了“环上均匀固定有四个铜套 22，能够使旋翼在旋转时达到自平衡的效果”，也就是说铜套的作用在于使旋翼达到自平衡的效果，而并无“连接”的作用，而且，单从权利要求 8 中的描述“起连接作用的铜套”而言，也是不清楚的，即铜套究竟是用于将哪几个部件连接在一起这个问题不仅在权利要求 8 中没有描述，在说明书中也没有明确说明，因此权利要求 8 不清楚，且得不到说明书的支持，不符合专利法实施细则第 20 条第 1 款和专利法第 26 条第 4 款的规定。

经形式审查合格后，专利复审委员会受理了上述请求，于 2006 年 11 月 29 日向双方当事人发出《无效宣告请求受理通知书》，并将《专利权无效宣告请求书》及其附件副本以及请求人于 2006 年 10 月 26 日提交的补充意见及其附件副本转送给专利权人，要求其在指定的期限内答复，同时成立合议组对本无效宣告请求案进行审理。

专利权人在指定期限内未进行答复。

2007 年 3 月 23 日，本案合议组向双方当事人发出口头审理通知书，定于 2007 年 6 月 28 日对本案进行口头审理。

2007 年 6 月 28 日口头审理如期进行。仅请求人一方委托代理人参加了口头审理，专利权人未参加口头审理。口头审理过程中认定的事实如下：（1）请求人放弃权利要求 5、7 不清楚，不符合专利法实施细则第 20 条第 1 款的无效宣告理由；（2）请求人放弃使用附件 1 作为证据评价权利要求 1~9 的创造性；（3）确认无效宣告理由和范围为：①权利要求 1~9 相对于附件 1 或者 2 不具备新颖性，不符合专利法第 22 条第 2 款的规定；②权利要求 1~9 相对于附件 2 不具备创造性，不符合专利法第 22 条第 3 款的规定；③权利要求 6、8 不清楚，不符合专利法实施细则第 20 条第 1 款的规定；④权利要求 8 得不到说明书的支持，不符合专利法第 26 条第 4 款的规定。庭审中，合议组对请求人提出的无效理由和事实进行了充分调查，并听取了请求人的陈述。

至此，合议组认为本案事实已经清楚，可以依法作出审查决定。

**二、决定的理由**

1. 关于证据

附件 2 及其中文译文是请求人在提出专利权无效宣告请求之日起一个月内提交的，符合专利法实施细则第 66 条的规定。

附件 2 盖有“国家知识产权局专利检索咨询中心副本认证专用章”，其描述内容为“经确认此副本与原件相同”，专利权人未对附件 2 的真实性提出异议，因此，合议组对附件 2 的真实性予以确认。

附件 2 是公开出版物，其公开日在本专利的申请日之前，根据专利法实施细则第 30 条的规定，属于本专利的现有技术，可以用于评价本专利的新颖性和创造性。

专利权人在指定的期限内未对附件 2 的中文译文的准确性提出异议，因此，合议组对附件 2 的中文译文的准确性予以确认。

2. 关于专利法第 22 条第 3 款

专利法第 22 条第 3 款规定：创造性是指同申请日以前已有的技术相比，该发明有突出的实质性特点和显著的进步，该实用新型有实质性特点和进步。

如果权利要求和最接近的现有技术的区别技术特征为本领域解决根据该最接近的现有技术重新确定的技术问题的惯用手段，则现有技术存在解决该技术问题的启示，该权利要求要求保护的实用新型对本领域的技术人员来说是显而易见的，不具备创造性。

本案中，权利要求 1 要求保护“一种玩具直升机，包括机身部分、动力源、齿轮传动系统、电子遥控接收系统、双旋翼部分和尾旋翼部分，其特征是：所述双旋翼部分是在同一轴线上用心轴和空心轴套分别安装两个大小相同、并且相向旋转的上旋翼和下旋翼，上旋翼与心轴相连，下旋翼与空心轴套相连，并设有通过齿轮传动系统分别带动上旋翼和下旋翼的两个电机”。附件 2 公开了一种遥控操作的直升机式的飞行器 50（相当于本专利的玩具直升机），包括由主体 63 水平向后伸出的杆 62（相当于本专利的机身部分）、并排放置在飞行器前面的两个主电动马达 58~59（相当于本专利的动力源）、马达经过减速装置连接到旋翼轴，包括在旋翼轴上的大直径轮 66 和在马达轴上的小直径轮 67、接收机 56（相当于本专利的电子遥控接收系统）、驱动推力推动器 61（相当于本专利的尾旋翼）、上旋翼 52 和下旋翼 54（相当于本专利的双旋翼部分），其中所述上、下旋翼部分共轴，上旋翼 52 的内轴 51 和下旋翼 54 的外轴 53 将两个旋翼一个位于另一个的上面，两个旋翼以相反方向旋转，上、下旋翼大小相同（参见附件 2 中文译文第 10 页第 22 行到 12 页第 1 行和附图 6）。

将权利要求 1 和附件 2 比较可知，它们的区别技术特征在于权利要求 1 具体限定了传动系统为齿轮传动系统。虽然附件 2 没有具体公开马达与旋翼轴连接的减速装置是齿轮传动系统，但对于本领域技术人员来说，选择齿轮传动系统作为减速装置是本领域技术人员的惯用技术手段，而且该限定也没有给本专利带来预料不到的技术效果，因此，权利要求 1 相对于附件 2 不具备实质性特点，不具备专利法第 22 条第 3 款规定的创造性。

权利要求 2 是权利要求 1 的从属权利要求，其附加技术特征是“所述心轴上设有 D 型孔，上旋翼通过 D 型孔与心轴相连”。附件 2 公开了上旋翼 52 和内轴 51 相连，旋翼有 2 组旋翼叶片 11~12，叶片固定到上中心片 13 上，而上中心片经过销 17 垂直连接到旋翼轴上（参见附件 2 中文译文第 9 页第 1~11 行和附图 3c）。从附件 2 的上述结构描述可知，在连接上旋翼的内轴上必然存在一个固定结构“销 17”的孔，而将该孔设置为 D 形或者半圆形是本领域技术人员在使用“销”这一连接方式时采用的一种惯用手段，而且限定该技术特征后也没有给本专利带来预料不到的技术效果，因此，当其引用的权利要求不具备创造性时，权利要求 2 也不具备创造性，不符合专利法第 22 条第 3 款的规定。

权利要求 3 是权利要求 1 的从属权利要求，其附加技术特征是“所述空心轴套上设有齿型啮合装置，下旋翼通过齿型啮合装置与空心轴套相连”。附件 2 虽然没有公开该技术特征，但对于本领域技术人员来说，齿型啮合装置是机械连接的一种惯用手段，而且限定该技术特征后也没有给本专利带来预料不到的技术效果，因此，当其引用的权利要求不具备创造性时，权利要求 3 也不具备创造性，不符合专利法第 22 条第 3 款的规定。

权利要求 4 是权利要求 1 的从属权利要求，其附加技术特征是“所述上、下旋翼都是通过十字铰链连接的方式与两组翼片相连”。附件 2 公开了上、下旋翼的叶片是通过十字铰链连接的方式相连（参见附件 2 中文译文第 9 页第 1~22 行和附图 5b 和 6）。可见附件 2 公开了权利要求 4 的附加技术特征，因此，当其引用的权利要求不具备创造性时，权利要求 4 也不具备创造性，不符合专利法第 22 条第 3 款的规定。

权利要求 5 是权利要求 4 的从属权利要求，其附加技术特征是“所述翼片组每组设有两个翼片，四个翼片均布在一个环上”。附件 2 公开了上、下旋翼包括两组排列的 4 个旋翼叶片，十字相交，即均匀分布在旋翼的环上（参见附件 2 中文译文第 9 页第 1~22 行和附图 1 和 6）。可见附件 2 公开了权利要求 5 的附加技术特征，因此，当其引用的权利要求不具备创造性时，权利要求 5 也不具备创造性，不符合专利法第 22 条第 3 款的规定。

权利要求 6 是权利要求 5 的从属权利要求，其附加技术特征是“所述环上均匀固接有四个能使旋翼在旋转时达到自平衡效果的铜套”。在本领域公知，在旋转或环状飞行器的环上负载一定重量的物体或使环的重量增大，可以在一定程度上加强飞行器的稳定性，使其有自平衡效果，权利要求 6 用此方式也没有给本专利带来预料不到的技术效果，因此，当其引用的权利要求不具备创造性时，权利要求 6 也不具备创造性，不符合专利法第 22 条第 3 款的规定。

权利要求 7 是权利要求 5 的从属权利要求，其附加技术特征是“所述翼片尾端均固接在旋翼外圈上”。附件 2 公开了旋翼的叶片的尾端固接在旋翼外圈上（参见附件 2 中文译文第 9 页第 1~22 行和附图 1 和 6）。可见附件 2 公开了权利要求 7 的附加技术特征，因此，当其引用的权利要求不具备创造性时，权利要求 7 也不具备创造性，不符合专利法第 22 条第 3 款的规定。

权利要求 8 是权利要求 7 的从属权利要求，其附加技术特征是“所述旋翼外圈上固接有四个起到连接、平衡和加大旋转惯性作用的铜套”。虽然附件 2 没有公开该铜套结构，但同权利要求 6 的评述，使用铜套用于连接、平衡和加大旋转惯性作用是本领域技术人员容易想到的，而且使用该方式后也没有给本专利带来预料不到的技术效果，因此，当其引用的权利要求不具备创造性时，权利要求 8 也不具备创造性，不符合专利法第 22 条第 3 款的规定。

权利要求 9 是权利要求 1 的从属权利要求，其附加技术特征是“所述机身部分和尾旋翼之间用空心管穿导线连接”。附件 2 公开了在主体和尾部推进器之间有杆 62 相连（参见附件 2 中文译文第 10 页第 22 行到 12 页第 1 行和附图 6）。虽然附件 2 没有公开该杆是空心杆，但将杆设置为空心是本领域为了减少部件重量，或者便于容纳其他部件的惯用手段，将导线从空心管穿过也是本领域常用手段，而且该限定也没有给本专利带来预料不到的技术效果，因此，当其引用的权利要求不具备创造性时，权利要求 9 也不具备创造性，不符合专利法第 22 条第 3 款的规定。

3. 关于其他无效理由

由于权利要求 1~9 相对于附件 2 已不具备专利法第 22 条第 3 款规定的创造性，因此，合议组对其他无效理由不再予以评述。

基于以上事实和理由，本案合议组作出如下审查决定。

## 三、决定

宣告200420102455.6号实用新型专利权全部无效。

当事人对本决定不服的，可以根据专利法第46条第2款的规定，自收到本决定之日起三个月内向北京市第一中级人民法院起诉。根据该款的规定，一方当事人起诉后，另一方当事人应当作为第三人参加诉讼。

167

# 急性心肌梗塞早期快速检测试纸

## 无效宣告请求审查决定（第10444号）

**决　定　号**　第10444号
**决　定　日**　2007年8月31日
**发明创造名称**　急性心肌梗塞早期快速检测试纸
**国 际 分 类 号**　G01N 33/358
**无效宣告请求人**　任能博
**专　利　权　人**　华中科技大学同济医学院附属同济医院
**专　利　号**　200320125452. X
**申　请　日**　2003年12月18日
**授 权 公 告 日**　2005年2月2日
**合 议 组 组 长**　杨军艳
**主　审　员**　李晓娜
**参　审　员**　高桂莲

**法 律 依 据**　专利法第22条第3款
**决 定 要 点**

如果权利要求与最接近现有技术的区别技术特征是本领域的公知常识，如教科书中所披露的内容，则认为现有技术中存在相应的技术启示，权利要求不具备专利法第22条第3款规定的创造性。

### 一、案由

本无效宣告请求涉及国家知识产权局于2005年2月2日授权公告的ZL200320125452. X号、名称为“急性心肌梗塞早期快速检测试纸”的实用新型专利（下称本专利），其专利权人是华中科技大学同济医学院附属同济医院，申请日是2003年12月18日。本专利授权公告的权利要求书如下：

“1. 一种急性心肌梗塞早期快速检测试纸，包括作为固相支架的基片（7），其特征在于：基片（7）的一面上依次首尾衔接地设置有加样垫（1）、反应带（2）、检测段（3）和吸水垫（6），其中：位于基片两端的加样垫（1）和吸水垫（6）由吸水纸构成；紧邻加样垫（1）的反应带（2）由吸附有含显色剂胶体金和心肌脂肪酸结合蛋白单克隆抗体桥联物的玻璃纤维纸构成，该桥联物可与被测样品中的心肌脂肪酸结合蛋白抗原特异性结合；在反应带（2）和吸水垫（6）之间的检测段（3）由包被有一条检测线（4）和一条对照线（5）的硝酸纤维素膜构成，检测线（4）由可结合反应带（2）中桥联物的物质线状点样在硝酸纤维素膜上形成，对照线（5）由兔抗鼠多克隆抗体线状点样在硝酸纤维素膜上形成。

2. 根据权利要求1所述的急性心肌梗塞早期快速检测试纸，其特征在于：所说的反应带（2）是依次吸附有胶体金标记的心肌脂肪酸结合蛋白单克隆抗体1、生物素标记的心肌脂肪酸结合蛋白单克隆抗体2的玻璃纤维纸，所说的检测段（3）上的检测线（4）是由链霉亲合素线状点样在硝酸纤维素膜上形成的。

3. 根据权利要求1所述的急性心肌梗塞早期快速检测试纸，其特征在于：所说的反应带（2）是吸附有胶体金标记的心肌脂肪酸结合蛋白单克隆抗体1的玻璃纤维纸，所说的检测段（3）上的检测线（4）是由心肌脂肪酸结合蛋白单克隆抗体2线状点样在硝酸纤维素膜上形成的。

4. 根据权利要求1或2或3所述的急性心肌梗塞早期快速检测试纸，其特征在于：所说的检测段（3）上的检测线（4）的阳性阈值设定为被测样品中的心肌脂肪酸结合蛋白抗原浓度大于或者等于16.8ng/ml。”

针对上述专利权，任能博（下称请求人）于2006年11月8日向专利复审委员会提出无效宣告请求，理由是本专利权利要求1~4不属于实用新型保护的客体，且不具备创造性，不符合专利法实施细则第2条第2款及专利法第22条第3款的规定。随同其专利权无效宣告请求书，请求人提交了以下附件：

附件1：本专利的授权公告文本，共9页；

附件2：每页上加盖有“国家图书馆参考咨询部科技参考组”印章的期刊Clinical Biochemistry 34（2001）的目录、第257~263页的复印件，共8页，该期刊的公开日期是2001年；

附件3：每页上加盖有“国家图书馆参考咨询部科技参考组”印章的期刊European Journal of Clinical Chemistry and Clinical Biochemistry 1996；34的封面、目录、第591~598页的复印件，共10页，该期刊的公开日期是1996年；

附件4：由人民卫生出版社出版的《免疫学检验——理论与临床》一书的封面、封一、第6~7页目录、第182~195页的复印件，共18页，该书的版次是2003年8月第1版第1次印刷；

附件5：附件2的中文译文，共10页；

附件6：附件3部分内容的中文译文，共3页；

附件7：证明编号为2006-kjzx-lwcz-086的《中国国家图书馆文献复制证明》的复印件1页及其附件一：复印文献清单复印件1页（欲证明附件2、3的来源）。

请求人在无效宣告请求书中认为：（1）权利要求1是在已知形状构造的物体上改变材料本身，这完全是仅对材料本身提出的技术方案，从属权利要求2~4也是对材料本身提出的技术方案，因此权利要求1~4不属于实用新型要求保护的客体；（2）权利要求1与附件2的唯一区别在于试纸所用基底材料不同，权利要求1中四个区域的基底材料分别为：吸水纸、玻璃纤维纸、硝酸纤维素膜、吸水纸，而附件2中相应区域的材料分别为：固相血浆分离介质、固相血浆分离介质、尼龙膜、纤维素膜，然而这些不同的材料在本专利和附件2中所起的作用相同，而且权利要求1中所用的基底材料是本领域的公知常识，如附件4这一免疫学检验的基本教材已经公开了与权利要求1试纸所采用的完全相同的基底材料，因此本专利权利要求1相对于附件2和本领域公知常识的结合不具备实质性特点和进步，不具备创造性；（3）权利要求2的附加技术特征是对反应带、检测段的物质分子结构提出的技术方案，在考虑实用新型创造性时应不予考虑；即使考虑到这些材料分子结构的不同，权利要求2的附加技术特征也是本领域的公知常识；此外附件3中也公开了通过抗体—抗原反应，采用生物素—链霉亲合素体系的试纸条对急性心肌梗塞进行检测，在附件2和附件3的基础上，本领域普通技术人员不需经过创造性的劳动，就能得到权利要求2的试纸，因此权利要求2不具备创造性；（4）权利要求3的附加技术特征在附件2中公开，因此权利要求3相对于附件2和公知常识的结合不具备创造性；（5）权利要求 4 进一步限定的检测段上检测线的阳性阈值参数是本领域技术人员根据临床实验数据可以显而易见地得出的，不具备实质性特点也没有进步，而且，在考虑实用新型创造性时，对这种性能参数特征不予以考虑，因此权利要求 4 不具备创造性。

经形式审查合格，专利复审委员会受理了上述无效宣告请求，并于 2006 年 12 月 29 日向请求人与专利权人发出无效宣告请求受理通知书，同时将专利权无效宣告请求书及其附件清单中所列附件副本转给专利权人，要求其在一个月内对该无效宣告请求陈述意见，并告知其期满未答复，不影响专利复审委员会审理。

专利权人逾期未提交意见陈述。

专利复审委员会依法组成合议组，对本案进行审理，合议组于 2007 年 4 月 19 日向请求人和专利权人发出口头审理通知书，告知双方当事人合议组定于 2007 年 6 月 13 日对本案进行口头审理。

口头审理如期举行，请求人参加了口头审理，专利权人缺席本次口头审理。

在口头审理中，

（1）合议组告知本案合议组成员有所变更，请求人对合议组成员没有回避请求。请求人明确其无效的理由、证据和范围为：本专利权利要求 1~4 不符合专利法实施细则第 2 条第 2 款的规定，权利要求 1~4 不符合专利法第 22 条第 3 款有关创造性的规定，所使用的证据是附件 2~6。其中附件 4 作为公知常识类证据。

请求人当庭提交了附件 4、附件 7 的原件，以及附件 2、附件 3 的盖有“国家图书馆参考咨询部科技参考组”红章的复印件，表示附件 7 为国家图书馆出具的关于附件 2、3 的来源证明。

（2）关于专利法实施细则第 2 条第 2 款，请求人认为，权利要求 1 的形状和结构是公知的，只是对材料进行了替换，不是实用新型保护的客体。

（3）关于专利法第 22 条第 3 款规定的创造性，请求人认为，①权利要求 1 与附件 2 的技术领域相同，附件 2 译文（即附件 5）第 1 页公开了该技术领域，权利要求 1 与附件 2 的区别在于基底材料的不同，但是这些基底材料是公知的，且被附件 4 公开；请求人所陈述的意见与无效宣告请求书中的一致；②权利要求 2 的附加技术特征是公知常识，此外，附件 3 的译文（即附件 6）公开了这些附加技术特征，附件 2 结合附件 3 公开了权利要求 2 的技术方案；③权利要求 3 的附加技术特征在附件 2 中公开；④权利要求 4 中的数值是经过临床检测实验很容易得到的，附件 2 译文第 7 页也公开了检测数值，但可能人种不同，具体数值会有所不同。

口头审理结束后，鉴于专利权人未出席本次口头审理，本案合议组于 2007 年 6 月 13 日发出合议组成员告知通知书，告知其本案合议组成员发生变更，专利权人应陈述是否有回避请求，逾期未答复，视为无回避请求；随后，合议组于 2007 年 6 月 15 日发出了无效宣告请求审查通知书，其中指出经合议组核实，请求人口审当庭提交的原件及盖有红章的复印件与其随请求书提交的相应复印件一致，专利权人应在指定期限内对附件 2~4、附件 7 的真实性以及附件 2、3 中文译文的准确性发表意见，逾期未答复的，视为对上述附件的真实性及中文译文的准确性无异议。

专利权人逾期未提交意见陈述。

至此，合议组认为本案事实已经清楚，现依法作出如下审查决定。

**二、决定的理由**

1. 关于证据

附件 7 是证明编号为 2006-kjzx-lwcz-086 的《中国国家图书馆文献复制证明》的复印件及其附件一：复印文献清单的复印件，请求人用其来证明附件 2、3 的来源，并提交了盖有“国家图书馆参考咨询部科技参考组”红章的附件 7 的原件，专利权人对其真实性未提出异议。合议组经核实，该原件与请求人随请求书提交的复印件一致，因此对附件 7 的真实性予以认可，其可以证明期刊 Clinical Biochemistry 34（2001）的目录、第 257~263 页的复印件与期刊 Eur J Clin Chem Clin Biochem 1996；34 的封面、目录、第 591~598 页的复印件是从国家图书馆获得的。

附件 2 是期刊 Clinical Biochemistry 34（2001）的目录、第 257~263 页的复印件，附件 3 是期刊 Eur J Clin Chem Clin Biochem 1996；34 的封面、目录、第 591~598 页的复印件，其中每页上均加盖有"国家图书馆参考咨询部科技参考组"印章，请求人当庭提交了它们盖有"国家图书馆参考咨询部科技参考组"红章的复印件，专利权人对它们的真实性未提出异议。合议组经核实，附件 2、附件 3 的盖有红章的复印件与请求人随请求书提交的复印件一致，因此附件 7 与附件 2、3 相互印证，能够证明附件 2、附件 3 是从国家图书馆获得的，合议组对它们的真实性予以认可，附件 2、附件 3 可以作为本案的证据使用。

附件 4 是《免疫学检验——理论与临床》一书的封面、封一、第 6~7 页目录、第 182~195 页的复印件，请求人提交了该书的原件，专利权人对其真实性未提出异议，合议组经核实，附件 4 的原件与请求人随请求书提交的复印件一致，因此认可其真实性，附件 4 可以作为本案的证据使用。

附件 2 的封面页表明其公开日为 2001 年，附件 3 的封面页表明其公开日为 1996 年，附件 4 的出版日期为 2003 年 8 月，均在本专利申请日之前，因此附件 2~4 所记载的内容构成本专利的现有技术。

附件 5 为附件 2 的中文译文，附件 6 为附件 3 部分内容的中文译文，专利权人对上述译文的准确性未提出异议，因此附件 2、附件 3 公开的内容以其相应的中文译文即附件 5、附件 6 的内容为准。

2. 关于本专利的创造性

专利法第 22 条第 3 款规定的创造性，是指同申请日以前已有的技术相比，该发明有突出的实质性特点和显著的进步，该实用新型有实质性特点和进步。

如果权利要求与最接近现有技术的区别技术特征是本领域的公知常识，如教科书中所披露的内容，则认为现有技术中存在相应的技术启示，权利要求不具备专利法第 22 条第 3 款规定的创造性。

（1）本专利权利要求 1 是否具备创造性。

请求人认为本专利权利要求 1 与附件 2 的唯一区别在于试纸所用基底材料不同，本专利中四个区域的基底材料分别为：吸水纸、玻璃纤维纸、硝酸纤维素膜、吸水纸，而附件 2 中相应区域的材料分别为：固相血浆分离介质、固相血浆分离介质、尼龙膜、纤维素膜，然而这些不同的材料在本专利和附件 2 中所起的作用相同，而且权利要求 1 中所用的基底材料是本领域的公知常识，如附件 4 这一免疫学检验的基本教材已经公开了与权利要求 1 试纸所采用的完全相同的基底材料。因此本专利权利要求 1 相对于附件 2 和本领域公知常识的结合不具备实质性特点和进步，不具备创造性。

合议组经审理查明，附件 2 公开了一种诊断急性心肌梗塞用的快速简单的全血试纸条（参见附件 2 的中文译文即附件 5 的摘要和导论部分、第 3 页的第 2.2 部分、第 4 页的第 2.4 部分、图 1 及第 5 页的第 2.6、2.7 部分），其包括依次排列的应用区域、反应区域、检测区域和作为吸附区域的纤维素膜，以上各区域固定在同一基片上，试纸一端的应用区域由固相血浆分离介质构成，另一端的吸附区域由纤维素膜构成；将胶体金桥联的抗心肌脂肪酸结合蛋白（即 H-FABP）抗体（MAb）8B9 固定到固相血浆分离介质上，形成反应区域，其中所述桥联物可与被测样品中的 H-FABP 抗原特异性结合；检测区域包括检测线和对照线，检测线由抗人 H-FABP 的鼠 MAb 8E3 物质线状点样在尼龙膜上形成，所述 MAb 8E3 可与 H-FABP/胶体金桥联的 Mab 8B9 复合物发生结合反应，对照线由抗鼠 IgG 兔多克隆抗体线状点样在尼龙膜上形成。

将本专利权利要求 1 与附件 2 进行比较可知：附件 2 与本专利的技术领域相同，附件 2 中的应用区域、反应区域、检测区域和吸附区域分别相当于本专利中的加样垫、反应带、检测带和吸水垫，附件 2 中的 MAb 8B9、MAb 8E3 分别相当于本专利中的心肌脂肪酸结合蛋白单克隆抗体、可结合反应带中桥联物的物质。

本专利权利要求 1 与附件 2 的区别在于：权利要求 1 中加样垫、反应带、检测段和吸水垫的基底材料分别为：吸水纸、玻璃纤维纸、硝酸纤维素膜、吸水纸，而附件 2 中相应区域的基底材料分别为：固相血浆分离介质、固相血浆分离介质、尼龙膜、纤维素膜。

合议组认为：虽然本专利权利要求 1 与附件 2 中的上述相应区域的基底材料不同，但根据试纸检测的试验流程可知，这些区域中基底材料的作用和/或功能都分别对应相同；此外附件 4（参见第 193 页的【原理】和【试剂】部分、第 194 页的图 15-1 和 195 页的【临床应用】部分）公开了一种试剂条，其可用于检测急性心肌梗塞的标记蛋白如肌钙蛋白等，该试纸条中样品垫 A 区的材料为吸水性滤纸，结合物垫 G 区中，胶体金标记的抗体固定在玻璃纤维膜上，分别对应于检测区、对照区的 T 区、C 区的基底材料均为硝酸纤维素膜，吸水垫 B 区的材料优选吸水性强的滤纸，即附件 4 这一教科书中已经公开了权利要求 1 所述的基底材料，可见上述区别技术特征已是本领域的公知常识，将附件 2 与上述公知常识结合得到本专利权利要求 1 的技术方案对本领域技术人员是显而易见的，因此本专利权利要求 1 相对于附件 2 和本领域公知常识的结合不具备实质性特点和进步，不符合专利法第 22 条第 3 款规定的创造性。

（2）本专利权利要求 2 是否具备创造性。

请求人首先认为权利要求 2 的附加技术特征是对试纸反应带、检测段的物质分子结构提出的技术方案，在考虑实用新型创造性时应不予考虑，而且即使考虑到这些材料分子结构的不同，权利要求 2 的附加技术特征也是本领域的公知常识；此外附件 3 中也公开了通过抗体—抗原反应，采用生物素—链霉亲合素体系的试纸条对急性心肌梗塞进行检测，因此权利要求 2 不具备创造性。

合议组认为，根据审查指南第四部分第六章第 4 节的规定："在实用新型专利创造性中，应当考虑其技术方案中的所有技术特征，包括材料特征和方法特征"，因此请求人的对所述特征不予考虑的主张合议组不予支持。

合议组经审理查明，附件 3 公开了一种检测全血样品中肌钙蛋白 T 的 TROPT® 免疫快速检验（参见附件 3 的中文译文即附件 6 第 1 页的倒数第 4~5 行、第 2 页的第 8~15 行及图 1），所述肌钙蛋白可用于检测急性心肌梗塞，该 TROPT® 检验是基于两种肌钙蛋白 T 特异性抗体的免疫快速检验，进行所述检验时，反应区域中依次吸附有胶体金标记的一种肌钙蛋白 T 抗体和生物素标记的另一种肌钙蛋白 T 抗体，检测区域检测线是由链霉亲合素线状点样的膜上形成。

合议组认为，附件 2 与附件 3 同属于检测急性心肌梗塞的技术领域，附件 3 中公开了反应区域依次吸附有胶体金与生物素标记的两种抗体，检测线上具有链霉亲合素，由于附件 2 中的心肌脂肪酸结合蛋白与附件 3 中的肌钙蛋白 T 都是急性心肌梗塞的标志物，因而利用胶体金与生物素分别标记的两种心肌脂肪酸结合蛋白抗体检测心肌梗塞对本领域技术人员是显而易见的，因此当其引用的权利要求 1 不具备创造性时，权利要求 2 相对于附件 2、附件 3 和公知常识的结合也不具备实质性特点和进步，不符合专利法第 22 条第 3 款规定的创造性。

（3）本专利权利要求 3 是否具备创造性。

请求人认为权利要求 3 的附加技术特征在附件 2 中公开，因此权利要求 3 相对于附件 2 和公知常识的结合不具备创造性。

合议组认为，权利要求 3 是权利要求 1 的从属权利要求，其技术方案中包括权利要求 1 的所有技术特征，如上所述附件 2 中已经公开了试纸的反应区、检测线上分别具有胶体金标记的心肌脂肪酸结合蛋白单克隆抗体 MAb 8B9、MAb 8E3，因此权利要求 3 与附件 2 的区别仍在于两者试纸的相对应四个区域中基底材料的不同，又由权利要求 1 的审查理由可知，所述不同为本领域的公知常识，因此当其引用的权利要求 1 不具备创造性时，本专利权利要求 3 相对于附件 2 和本领域公知常识的结合也不具备实质性特点和进步，不符合专利法第 22 条第 3 款规定的创造性。

（4）本专利权利要求 4 是否具备创造性。

请求人认为权利要求 4 进一步限定的检测线的阳性阈值参数是本领域技术人员根据临床实验数据可以显而易见地得出的，不具备实质性特点也没有进步，而且，在考虑实用新型创造性时，对这种性能参数特征不予以考虑，因此权利要求 4 不具备创造性。

合议组认为：根据审查指南第四部分第六章第 4 节的规定，在实用新型专利创造性中，应当考虑其技术方案中的所有技术特征，因此请求人所述的对性能参数特征不予以考虑的主张，合议组不予支持；但是，试纸检测线上阳性阈值的设定与临床实验所得数据密切相关，进行临床实验并根据所得数据来设定所述阳性阈值无须本领域技术人员花费任何创造性的劳动，因此当其引用的权利要求 1 不具备创造性时，本专利权利要求 4 相对于附件 2 和本领域公知常识的结合不具备实质性特点和进步，不符合专利法第 22 条第 3 款规定的创造性。

鉴于已得出本专利的所有权利要求都不具备创造性的结论，因此本决定对请求人提出的其他无效宣告理由不再进行评述。

**三、决定**

宣告 200320125452. X 号实用新型专利权全部无效。

当事人对本决定不服的，可以根据专利法第 46 条第 2 款的规定，自收到本决定之日起三个月内向北京市第一中级人民法院起诉。根据该款规定，一方当事人起诉后，另一方当事人应当作为第三人参加诉讼。

168

# 紫外光杀菌水质处理器

## 无效宣告请求审查决定（第 10472 号）

**决　　定　　号**　第 10472 号
**决　　定　　日**　2007 年 9 月 5 日
**发明创造名称**　紫外光杀菌水质处理器
**国 际 分 类 号**　C02F 1/32，A01K 63/04
**无效宣告请求人**　黄志坚
**专　利　权　人**　深圳市兴日生实业有限公司
**专　　利　　号**　200520054136.7
**申　　请　　日**　2005 年 1 月 20 日
**授 权 公 告 日**　2006 年 6 月 21 日
**合 议 组 组 长**　赵　明
**主　　审　　员**　任颖丽
**参　　审　　员**　董晓静

**法　律　依　据**　专利法第 22 条第 3 款
**决　定　要　点**

权利要求要求保护的技术方案与现有技术公开的技术方案之间存在区别技术特征，现有技术也没有给出将上述区别特征应用到该现有技术以解决其存在的技术问题的启示，则要求保护的技术方案是非显而易见的。

### 一、案由

本无效宣告请求涉及中华人民共和国国家知识产权局于 2006 年 6 月 21 日授权公告的、名称为“紫外光杀菌水质处理器”的实用新型专利权（以下简称本专利），其专利号是 200520054136.7，申请日是 2005 年 1 月 20 日，专利权人是深圳市兴日生实业有限公司。本专利授权公告时的权利要求书如下：

“1. 一种紫外光杀菌水质处理器，包括桶状壳体（1）、置于壳体（1）内的紫外光灯管（2）和石英管灯罩（3），所述桶状壳体（1）上设置有进水管（11）和出水管（12），其特征在于：在所述桶状壳体（1）的圆柱面壁上、对应于所述紫外光灯管（2）的长度范围内，设置有透光观察窗（4）。

2. 如权利要求 1 所述的紫外光杀菌水质处理器，其特征在于：所述进水管（11）处的桶状壳体（1）内壁上，设置有与所述石英管灯罩（3）外表面平行的圆柱面挡板（5）。

3. 如权利要求 2 所述的紫外光杀菌水质处理器，其特征在于：所述挡板（5）轴向和弧线尺寸均大于进水管（11）的内直径。

4. 如权利要求 1 至 3 之任一项所述的紫外光杀菌水质处理器，其特征在于：所述观察窗（4）由可将紫外光转化为可见光的工程塑料做成。”

针对本专利权，黄志坚（以下简称请求人）于 2006 年 12 月 30 日向专利复审委员会提出无效宣告请求，认为本专利权利要求 1~4 不符合专利法第 22 条第 3 款的规定、权利要求 4 不符合专利法实施细则第 2 条第 2 款的规定，请求人同时提交了如下证据：

证据 1：授权公告日为 2003 年 7 月 16 日、授权公告号为 CN2560627Y（专利号为 02240713.8）的中国实用新型专利说明书，共 24 页；

证据 2：授权公告日为 2004 年 1 月 14 日、授权公告号为 CN2598984Y（专利号为 03211781.7）的中国实用新型专利说明书，共 6 页；

证据 3：2002 年 9 月哈尔滨工业大学出版社出版的《简明塑料大全》第 3、4、338、342 页的复印件，共 4 页；

证据 4：1990 年 12 月复旦大学出版社出版的《灯用荧光粉的工艺和理论》第 38~39、190~191 页的复印件，共 2 页；

证据 5：2003 年 12 月出版的《中国观赏鱼》2003 年第 6 期的封底第 2 页的复印件，共 1 页。

请求人认为：本专利权利要求 1 与证据 1 的区别特征在于设置有透光观察窗，但该特征已经被证据 5 所公开，并且是本领域的公知常识，因此权利要求 1 不具备创造性。权利要求 2 的附加技术特征已经被证据 2 所公开，权利要求 3 的附加技术特征是公知常识，由证据 3 和 4 可知权利要求 4 的附加技术特征是公知常识，因此权利要求 2~4 也不具备创造性。并且，权利要求 4 是对观察窗的材质进行的限定，不属于实用新型专利的保护客体。

经形式审查合格，专利复审委员会依法受理了上述无效宣告请求，并于 2007 年 5 月 14 日向请求人和专利权人发出无效宣告请求受理通知书，同时将专利权无效宣告请求书及其附件清单中所列附件的副本转送给专利权人，并要求专利权人在指定的期限内陈述意见。

针对专利复审委员会发出的上述无效宣告请求受理通知书，专利权人于 2007 年 6 月 20 日提交了意见陈述书。专利权人认为，请求人提交的证据 1 和 5 没有公开本专利中的如下技术特征：“在所述桶状壳体的圆柱面壁上、对应于所述紫外光灯管的长度范围内，设置有透光观察窗”，请求人认为该特征是公知常识但没有提供任何证据予以支持，本领域的技术人员需要付出创造性劳动才能得出权利要求 1 的技术方案，因此本专利权利要求 1~4 具备创造性。并且将已知材料用于具有形状、构造的产品上，属于实用新型的保护范围。

专利复审委员会依法成立合议组。

本案合议组于 2007 年 7 月 11 日向双方发出无效宣告请求口头审理通知书，定于 2007 年 8 月 28 日在专利复审委员会举行口头审理。随同口头审理通知书，将专利权人于 2007 年 6 月 20 日提交的意见陈述书副本转送给请求人。

2007 年 8 月 28 日，口头审理如期举行，双方当事人均参加了口头审理。

在口头审理中，请求人明确其无效宣告的理由、证据和范围是：权利要求 1 相对于证据 1 和 5 的结合不具备创造性；权利要求 2 的附加技术特征被证据 2 公开；权利要求 3 的附加技术特征是普通技术知识；权利要求 4 的附加技术特征被证据 3 或 4 公开。请求人当庭放弃实施细则第 2 款第 2 条的无效理由。请求人当庭出示了证据 3~5 的原件，并提交了证据 3~5 的封面页、出版信息页的复印件，合议组当庭转给专利权人。专利权人经核实，对证据 1~5 的真实性、公开性没有异议。

口头审理中，双方当事人充分发表了意见。

请求人认为：权利要求1有以下6个技术特征：（1）桶状壳体，（2）紫外光灯管，（3）石英管灯罩，（4）进水管，（5）出水管、（6）透光观察窗。证据1公开了权利要求1的前5个技术特征，证据5公开了透光观察窗；证据5与权利要求1的区别在于透光观察窗的位置不同，本专利是设置在桶状壳体圆柱面壁上，证据5是设置在壳体下端部，但在端部和在壳体上作用和效果是相同的，所以权利要求1不具备创造性。权利要求2的附加技术特征被证据2公开，权利要求3的附加技术特征是普通技术知识，本领域技术人员在证据3、4的教导下不需要创造性劳动就可以得到权利要求4的技术方案，因此权利要求2~4不具备创造性。

专利权人认为：证据5没有文字说明，从证据5的图中看不出端部有一个观察窗，本专利的观察窗的位置是很重要的，设置在端部不方便观察，且观察区域有限，所以权利要求1具备创造性。权利要求2的挡板与证据2挡板的位置、形状和作用不同，请求人无法证明权利要求3的附加技术特征是公知常识，证据3和4只是公开了一些从紫外光转化为可见光的塑料的技术知识，没有公开权利要求4的附加技术特征，因此权利要求2~4具备创造性。

至此，合议组认为本案事实已经清楚，可以作出审查决定。

**二、决定的理由**

1. 关于证据和现有技术

请求人请求使用证据1~5作为证据，专利权人对证据1~5真实性没有异议，合议组经审查认为证据1~5可以作为本案证据使用。同时由于它们的公开日期早于本专利的申请日，因此可以作为本专利的现有技术使用。

2. 关于专利法第22条第3款

专利法第22条第3款规定，创造性，是指同申请日以前已有的技术相比，该实用新型具有实质性特点和进步。

权利要求要求保护的技术方案与现有技术公开的技术方案之间存在区别技术特征，现有技术也没有给出将上述区别特征应用到该现有技术以解决其存在的技术问题的启示，则要求保护的技术方案是非显而易见的。

本专利权利要求1请求保护一种紫外光杀菌水质处理器，证据1也公开了一种紫外线杀菌灭藻液体处理器（参见证据1的说明书和图1），包括：管体1（相当于本专利的桶状壳体）、紫外线杀菌灯21（相当于本专利的紫外光灯管）、中空石英管2（相当于本专利的石英管灯罩）、进液管11（相当于本专利的进水管）和出液管12（相当于本专利的出水管）。权利要求1与证据1相比，其区别在于：权利要求1在桶状壳体的圆柱面壁上、对应于紫外光灯管的长度范围内，设置有透光观察窗。

证据5也公开了一种杀菌灯，请求人认为证据5的图片所示的杀菌灯的壳体下端部设有透明观察窗，其与权利要求1的区别仅在于透明观察窗的位置不同，但设在端部和设在壳体上的作用和效果是相同的。

对此，合议组认为，即使证据5中所示杀菌灯壳体下端部的部件可以视为透明观察窗，但该部件的位置也与权利要求1的透明观察窗的位置不同。本专利通过在桶状壳体的圆柱面壁上、对应于紫外光灯管的长度范围内设置透光观察窗可以方便地对紫外光灯管的工作状态做实时监控，有效地确保处理器正常工作，解决了现有技术中将透光观察窗设置在壳体端部所造成的观察不方便、观察结果局限、无法确认水质处理器是否在正常工作等问题（参见本专利说明书第1页第4~12、19~20行），产生了有益的效果。而相对于本专利所解决的技术问题，现有技术中没有给出任何启示，并且也没有给予引入上述区别技术特征解决所要解决的技术问题的教导，即使将证据1和5相结合，本领域技术人员也无法得到权利要求1所要保护的技术方案，因此，对本领域技术人员来说，权利要求1的技术方案是不容易想到的，权利要求1相对于证据1和5的结合具备专利法第22条第3款规定的创造性。

由于独立权利要求1相对于证据1和5的结合具备创造性，因此直接或间接引用权利要求1的权利要求2~4也具备专利法第22条第3款规定的创造性。

**三、决定**

维持200520054136.7号实用新型专利权有效。

当事人对本决定不服的，可以根据专利法第46条第2款的规定，自收到本决定之日起3个月内向北京市第一中级人民法院起诉。根据该款的规定，一方当事人起诉后，另一方当事人应当作为第三人参加诉讼。

169

# 紫外光水质处理器

## 无效宣告请求审查决定（第 10473 号）

**决　　定　　号**　第 10473 号
**决　　定　　日**　2007 年 9 月 5 日
**发明创造名称**　紫外光水质处理器
**国 际 分 类 号**　C02F 1/32，A01K 63/04
**无效宣告请求人**　黄志坚
**专　利　权　人**　深圳市兴日生实业有限公司
**专　　利　　号**　200520054137.1
**申　　请　　日**　2005 年 1 月 20 日
**授 权 公 告 日**　2006 年 3 月 8 日
**合 议 组 组 长**　赵　明
**主　　审　　员**　任颖丽
**参　　审　　员**　董晓静

**法　律　依　据**　专利法第 22 条第 3 款
**决　定　要　点**

权利要求要求保护的技术方案与现有技术公开的技术方案之间存在区别技术特征，现有技术也没有给出将上述区别特征应用到该现有技术以解决其存在的技术问题的启示，则对本领域技术人员来说该权利要求的技术方案是非显而易见的。

### 一、案由

本无效宣告请求涉及中华人民共和国国家知识产权局于 2006 年 3 月 8 日授权公告的、名称为“紫外光水质处理器”的实用新型专利权（以下简称本专利），其专利号是 200520054137.1，申请日是 2005 年 1 月 20 日，专利权人是深圳市兴日生实业有限公司。本专利授权公告时的权利要求书如下：

“1. 一种紫外光水质处理器，包括桶状壳体（1）、置于壳体（1）内的紫外光灯管（2）和石英管灯罩（3），所述桶状壳体（1）上设置有进水管（11）和出水管（12），其特征在于：所述进水管（11）处的桶状壳体（1）内壁上，设置有与所述石英管灯罩（3）外表面平行的圆柱面挡板（5）。

2. 如权利要求 1 所述的紫外光水质处理器，其特征在于：所述挡板（5）轴向和弧线尺寸均大于进水管（11）的内直径。

3. 如权利要求 1 或 2 所述的紫外光水质处理器，其特征在于：在所述桶状壳体（1）的圆柱面壁上、对应于所述紫外光灯管（2）的长度范围内，设置有透光观察窗（4）。

4. 如权利要求3所述的紫外光水质处理器，其特征在于：所述观察窗（4）由可将紫外光转化为可见光的透光工程塑料做成。”

针对本专利权，黄志坚（以下简称请求人）于2006年12月30日向专利复审委员会提出无效宣告请求，认为本专利权利要求1~4不符合专利法第22条第3款的规定，权利要求4不符合专利法实施细则第2条第2款的规定，请求人同时提交了如下证据：

证据1：授权公告日为2003年7月16日、授权公告号为CN2560627Y（专利号为02240713.8）的中国实用新型专利说明书，共24页；

证据2：授权公告日为2004年1月14日、授权公告号为CN2598984Y（专利号为03211781.7）的中国实用新型专利说明书，共6页；

证据3：2002年9月哈尔滨工业大学出版社出版的《简明塑料大全》第3、4、338、342页的复印件，共4页；

证据4：1990年12月复旦大学出版社出版的《灯用荧光粉的工艺和理论》第38~39、190~191页的复印件，共2页；

证据5：2003年12月出版的《中国观赏鱼》2003年第6期的封底第2页的复印件，共1页。

请求人认为：本专利权利要求1与证据1的区别特征在于进水管处的桶状壳体内设置有挡板，该特征已经被证据2所公开，因此权利要求1不具备创造性。权利要求2的附加技术特征是公知常识，权利要求3的附加技术特征已经被证据5公开，并且是本领域的公知常识，由证据3和4可知权利要求4的附加技术特征是公知常识，因此权利要求2~4也不具备创造性。并且，权利要求4是对观察窗的材质进行的限定，不属于实用新型专利的保护客体。

经形式审查合格，专利复审委员会依法受理了上述无效宣告请求，并于2007年5月14日向请求人和专利权人发出无效宣告请求受理通知书，同时将专利权无效宣告请求书及其附件清单中所列附件的副本转送给专利权人，并要求专利权人在指定的期限内陈述意见。

针对专利复审委员会发出的上述无效宣告请求受理通知书，专利权人于2007年6月20日提交了意见陈述书。专利权人认为，本专利权利要求1与证据1的区别特征在于进水管处的桶状壳体内设置有所述的挡板，而且本专利的挡板设置位置、形状和所起的作用均与证据2不同，本领域的技术人员需要付出创造性劳动才能得出权利要求1的技术方案，因此本专利权利要求1~4具备创造性。并且将已知材料用于具有形状、构造的产品上，属于实用新型的保护范围。

专利复审委员会依法成立合议组。本案合议组于2007年7月11日向双方发出无效宣告请求口头审理通知书，定于2007年8月28日在专利复审委员会举行口头审理。随同口头审理通知书，将专利权人于2007年6月20日提交的意见陈述书副本转送给请求人。

2007年8月28日，口头审理如期举行，双方当事人均参加了口头审理。

在口头审理中，请求人明确其无效宣告的理由、证据和范围是：权利要求1相对于证据1和2的结合不具备创造性；权利要求2的附加技术特征是本领域普通技术知识；权利要求3的附加技术特征被证据1或5公开；权利要求4的附加技术特征被证据3或4公开。请求人当庭放弃实施细则第2款第2条的无效理由。请求人当庭出示了证据3~5的原件，并提交了证据3~5的封面页、出版信息页的复印件，合议组当庭转给专利权人。专利权人经核实，对证据1~5的真实性、公开性没有异议。

口头审理中，双方当事人充分发表了意见。

请求人认为：权利要求1有以下6个技术特征：（1）桶状壳体，（2）紫外光灯管，（3）石英管灯罩，（4）进水管，（5）出水管，（6）挡板。证据1公开了权利要求1的前5个技术特征，证据2

公开了挡板，且其作用与权利要求 1 中的挡板作用相同，因此权利要求 1 相对于证据 1 和 2 的结合不具备创造性。权利要求 2 的附加技术特征是本领域普通技术知识；权利要求 3 的附加技术特征被证据 5 公开；本领域技术人员在证据 3、4 的教导下不需要创造性劳动就可以得到权利要求 4 的技术方案，因此权利要求 2~4 也不具备创造性。

专利权人认为：本专利权利要求 1 的挡板与证据 2 挡板的位置、形状和作用不同，本专利的挡板是设置在内壁上，证据 2 没有公开挡板的大小、形状等技术特征，本专利挡板的作用是阻止沙粒、改变水流的方向，证据 2 的挡板只起到水流缓冲的作用，证据 2 与本专利的技术领域也不同，因此权利要求 1 具备创造性。请求人无法证明权利要求 2 的附加技术特征是公知常识；证据 5 没有文字说明，从证据 5 的图中看不出端部有一个观察窗，因此权利要求 3 的附加技术特征没有被证据 5 公开；证据 3 和 4 只是公开了一些从紫外光转化为可见光的塑料的技术知识，没有公开权利要求 4 的附加技术特征，因此权利要求 2~4 具备创造性。

至此，合议组认为本案事实已经清楚，可以作出审查决定。

**二、决定的理由**

1. 关于证据和现有技术

请求人请求使用证据 1~5 作为证据，专利权人对证据 1~5 真实性没有异议，合议组经审查认为证据 1~5 可以作为本案证据使用。同时由于它们的公开日期早于本专利的申请日，因此可以作为本专利的现有技术使用。

2. 关于专利法第 22 条第 3 款

专利法第 22 条第 3 款规定，创造性，是指同申请日以前已有的技术相比，该实用新型具有实质性特点和进步。

权利要求要求保护的技术方案与现有技术公开的技术方案之间存在区别技术特征，现有技术也没有给出将上述区别特征应用到该现有技术以解决其存在的技术问题的启示，则对本领域技术人员来说该权利要求的技术方案是非显而易见的。

本专利权利要求 1 请求保护一种紫外光水质处理器，证据 1 也公开了一种紫外线杀菌灭藻液体处理器（参见证据 1 的说明书和图 1），包括：管体（相当于本专利的桶状壳体）、紫外线杀菌灯（相当于本专利的紫外光灯管）、中空石英管（相当于本专利的石英管灯罩）、进液管（相当于本专利的进水管）和出液管（相当于本专利的出水管）。权利要求 1 与证据 1 相比，其区别在于：权利要求 1 的水质处理器在进水管处的桶状壳体内壁上，设置有与石英管灯罩外表面平行的圆柱面挡板。该区别特征在本专利中所起的作用是：一方面阻止水中沙粒等杂质对石英管灯罩的冲击，另一方面使水流方向改变为绕灯罩外环面及沿灯罩轴向流动、减少水流对石英管灯罩的直接冲击（参见本专利说明书第 2 页第 9~12 行）。

证据 2 公开了一种注水井耐高压紫外线杀菌装置，其中在进水口的内侧设有水流缓冲挡板（参见说明书第 2 页第 16~17 行、附图），但证据 2 的说明书中没有明确记载该挡板的形状，并且由证据 2 的附图也不能直接地、毫无疑义地确定该挡板是与石英管灯罩外表面平行的圆柱面挡板。所以，证据 2 没有公开权利要求 1 中的圆柱面挡板。由于证据 1 和 2 中均没有公开“所述进水管处的桶状壳体内壁上，设置有与所述石英管灯罩外表面平行的圆柱面挡板”这一技术特征，即使将证据 1 和 2 相结合，本领域技术人员也无法得到技术启示将本专利的圆柱面挡板应用到证据 1 和 2 中从而得到权利要求 1 的技术方案，因此，权利要求 1 的技术方案对本领域技术人员来说是不容易想到的，具有实质性特点。并且，由于上述区别技术特征的存在，权利要求 1 要求保护的水质处理器不仅能有效地阻止水中沙粒等杂质对石英管灯罩的冲击，而且可以改变水流的流动方向，减少水流直接冲击灯罩，提高了产品的使用可靠性（参见本专利说明书第 1 页第 4~10 行、17~18 行、第 2 页第 9~12 行），取得了有益的效果。所以，权利要求 1 相对于证据 1 和 2 的结合具备专利法第 22 条第 3 款规定的创造性。

由于独立权利要求 1 相对于证据 1 和 2 的结合具备创造性，因此直接或间接引用权利要求 1 的权利要求 2~4 也具备专利法第 22 条第 3 款规定的创造性。

**三、决定**

维持 200520054137. 1 号实用新型专利权有效。

当事人对本决定不服的，可以根据专利法第 46 条第 2 款的规定，自收到本决定之日起 3 个月内向北京市第一中级人民法院起诉。根据该款的规定，一方当事人起诉后，另一方当事人应当作为第三人参加诉讼。

170

# 医用膨胀式椎弓根螺钉

## 无效宣告请求审查决定（第10499号）

**决　定　号**　第10499号
**决　定　日**　2007年9月19日
**发明创造名称**　医用膨胀式椎弓根螺钉
**国 际 分 类 号**　A61B 17/70，A61B 17/86
**无效宣告请求人**　王祥善
**专　利　权　人**　雷伟，孙明林，吴子祥
**专　利　号**　03262479.4
**申　请　日**　2003年7月17日
**授 权 公 告 日**　2004年10月13日
**合 议 组 组 长**　刘颖杰
**主　审　员**　李晓娜
**参　审　员**　陈　力

**法 律 依 据**　专利法第22条第2款
**决 定 要 点**

在进行新颖性判断时，首先应当判断权利要求的技术方案与对比文件的技术方案是否实质上相同；如果两者的技术方案不同，由此所取得的技术效果不同，则两者不属于同样的实用新型，权利要求的技术方案具备新颖性。

### 一、案由

本无效宣告请求涉及国家知识产权局于2004年10月13日授权公告的ZL03262479.4号、名称为“医用膨胀式椎弓根螺钉”的实用新型专利（下称本专利），其专利权人是雷伟、孙明林、吴子祥，申请日是2003年7月17日。本专利授权公告的权利要求书如下：

“1. 一种医用膨胀式椎弓根螺钉，由外空心螺钉（1）和内螺栓（6）两部分组成，其特征在于：外空心螺钉（1）带有尖端部，尖端部位之后有外螺纹，外空心螺钉（1）的中央有一盲孔道，盲孔道有锥形的尖端（8），盲孔道上设有和内螺栓（6）相匹配的内螺纹（3），在外空心螺钉（1）的尖端部，从尖端沿轴向方向上均匀切 割出四瓣的膨胀部（7）；膨胀部（7）的裂瓣至盲孔道内的锥形尖端（8）之后；一与外空心螺钉（1）的盲孔道相匹配的内螺栓（6），内螺栓（6）的尖端部位亦为锥形，尾部设有螺纹（4）和供握持用的四方体。

2. 如权利要求1所述的医用膨胀式椎弓根螺钉，其特征在于，所述外空心螺钉（1）的外表面上

设有供握持用的六方体（2）。”

针对上述专利权，王祥善（下称请求人）于2007年3月8日向专利复审委员会提出无效宣告请求，理由是本专利权利要求1~2不具备专利法第22条第2款规定的新颖性。随同其专利权无效宣告请求书，请求人提交了以下附件：

附件1：本专利的授权公告文本，共6页；

附件2：专利号为ZL03235808.3的实用新型专利说明书，共5页，其申请日是2003年3月11日，授权公告日为2004年2月4日，专利权人是王祥善。

请求人在无效宣告请求书中认为：（1）本专利的权利要求1与附件2权利要求1的区别在于：附件2的权利要求1中未将胀紧螺芯2（相当于本专利的内螺栓6）尾部设有供握持用的四方体写入，但这一常识性技术已在附件2的附图中得以揭示；（2）本专利的权利要求2对权利要求1作了进一步限定，其附加技术特征为“外空心螺钉1的外表面上设有供握持用的六方体”，该特征同样为常识性技术，也已在附件2的附图中得以揭示；因此本专利的权利要求1~2不具备专利法第22条第2款规定的新颖性，其全部必要技术特征已完全被附件2所公开的技术方案的技术内容所覆盖。

经形式审查合格，专利复审委员会受理了上述无效宣告请求，并于2007年4月3日向请求人与专利权人发出无效宣告请求受理通知书，同时将专利权无效宣告请求书及其附件清单中所列附件副本转给专利权人，要求其在1个月内对该无效宣告请求陈述意见。

针对上述无效宣告请求，专利权人于2007年5月1日寄交了意见陈述书，其认为：（1）本专利的“医用膨胀式椎弓根螺钉”与附件2的“胀紧式椎弓根螺钉”虽然属于同一技术领域，但并不属于同一技术方案，附件2不足以破坏本专利的新颖性；（2）附件2与本专利的区别特征在于：①附件2的胀裂缝（4）在锥结构的腔体的腔壁上，即没有超过该锥结构的腔体，而本专利的膨胀部（7）的裂缝至盲孔道内的锥形尖端（8）之后，这样带来的效果是在内螺栓（6）拧紧的过程中外空心螺钉（1）的膨胀部（7）容易胀开，而附件2的方案会由于胀裂缝（4）的受力过大，导致胀紧螺芯（2）被拧断，这是本专利和附件2最显著的区别；②附件2的胀紧螺芯（2）的尾部只有倒角，由其中附图可以看出，胀紧螺芯（2）与空心式椎弓根螺钉（1）只是螺纹的匹配，其形状与空心式椎弓根螺钉（1）空心腔体并不相同，而本专利内螺栓（6）的尖端部位也为锥形，其形状与外空心螺钉（1）的盲孔道完全匹配，同时内螺栓（6）的尾部设有螺纹和供握持用的四方体；③附件2的胀紧螺芯（2）的尾部没有设置供握持用的四方体，本领域技术人员不能从其附图中毫无疑义地导出打叉部位就是四方体，本专利中如果没有四方体设计，在拧入过程中，内螺栓（6）常会由于受到过大阻力而被拧断，无法达到膨胀目的，因此内螺栓（6）并非为常识性技术，而是专利权人经过多次实验总结出的专利性结构设计；④附件2中没有设置本专利权利要求2中描述的六方体部（2），从其附图中本领域技术人员也不能毫无疑义地导出；该六方体的设计便于手术医师术中操作，还能够与手术中必须使用的“钉—棒连接件”进行装配使用，完成固定脊柱的目的，因而从临床使用角度上来看，该设计并非常识性技术；⑤附件2中在胀裂缝（4）的根部有易于胀裂的通孔（4），该通孔的存在，会导致手术失败，而本专利不存在通孔，其作用机理也不同；（3）对于新颖性的判断，不能以区别性特征是常识性的技术为理由，破坏本专利的新颖性，而且这些区别技术特征构成了和附件2不完全相同的技术方案，由此导致了两者在使用过程中的机理、以及使用过程中材料变形、手术的方便等诸多因素的变化，因此本专利和附件2应当属于不同的技术方案，本专利具备新颖性。

经形式审查合格，专利复审委员会依法组成合议组，对本案进行审理，合议组于2007年7月10日向请求人和专利权人发出口头审理通知书，告知双方当事人合议组定于2007年8月29日对本案进行口头审理。

口头审理如期举行，请求人和专利权人出席了口头审理。

在口头审理中：

（1）请求人明确其无效的理由、证据和范围为：本专利权利要求1~2不具备专利法第22条第2款规定的新颖性，所使用的证据是附件2。

专利权人对于请求人提交的证据的真实性没有异议。

（2）关于权利要求1。

请求人认为：本专利与附件2的背景技术和发明目的以及所要解决的技术问题都是一样的，都是使螺钉在植入骨骼后前端膨胀，附件2内锥形的腔体与本专利的盲道的锥形尖端相同，附件2的“至少三条胀裂缝”与本专利的“四个瓣的膨胀部”相同，所以本专利的独立权利要求1被附件2的独立权利要求所覆盖；而且，本专利的一个盲道与附件2中的空心腔只是语言描述上不同，没有实质上的差别，两者的内腔体都是由前方的锥形腔体和后方的圆柱形腔体共同组成，只是前端锥形腔体倾斜度的大小问题，这并不能否定两者相同的本质；附件2中胀紧螺芯尾部的四方体是常识性技术，“X”是平面制图表示四方体的国家标准标识；膨胀裂缝必须延长到锥腔的尖点之后，在尖点之前不可能裂开；本专利的前段是实体，附件2的前段是空心的，在结构上没有实质上的差异，所要达到的效果是一样的。

专利权人认为：本专利权利要求1与附件2的区别在于：①附件2的权利要求1“空心腔的下段为内锥结构的腔体”其“腔体”是由两段形成的，本专利只是“空心螺钉中央有盲道，盲道上有尖端”，本专利是一个腔体，这两个结构完全不同，本专利的膨胀部是实体，而附件2的膨胀部是空心的，附件2在用力拧紧的情况下内螺栓有可能拧断，且附件2也没有指出两个腔体可以由一个腔体代替；附件2的两段盲道与本专利的一个盲道是完全不同的两个结构，加工方法都不相同；附件2的盲道上还有尖端部，空心体到最尖端在加工技术上是达不到的；②本专利的内螺栓与盲道完全匹配，而附件2不是匹配的；③本专利的膨胀的裂缝末端位于锥形尖端后面，膨胀的原理是杠杆原理，附件2的膨胀点是位于内锥形的腔体上；④附件2的膨胀螺钉的尾部没有四方体，附图中的“X”可以表示四方也可以表示两方，且说明书中没有说明尾部是四方体，附件2的四方体与本专利的四方体是完全不同的；此外，附件2的说明书中说明的是解决抗拉力不足的问题，而本专利解决的是膨胀的问题；胀开部分如果再薄的话就实现不了膨胀的目的了；本专利只有一半是空心的，这样有利于张开。附件2整体都是空心的，那么在拧入之后是张不开的。

（3）关于权利要求2。

请求人认为：本专利的外部有六方体是公知常识，在附件2的附图中也有把持部位，而形状都是常识性的。

专利权人认为：附件2的把持部位无法认定是六方体，而六方体不是公知常识。可以用六方的也可以用别的形状的。

至此，合议组认为本案事实已经清楚，现依法作出如下审查决定。

**二、决定的理由**

1. 关于证据

附件2为专利文献，专利权人对附件2的真实性无异议，合议组经审查对附件2的真实性予以认可。附件2为本专利申请日之前向国家知识产权局专利局提出申请，并于本专利申请日之后公开的专利文献，且其专利权人不同于本专利的专利权人，因而附件2上记载的技术方案可用于评价本专利是否具备新颖性。

2. 关于本专利的新颖性

专利法第22条第2款规定的新颖性，是指在申请日以前没有同样的发明或者实用新型在国内外出版物上公开发表过、在国内公开使用过或者以其他方式为公众所知，也没有同样的发明或者实用新型由他人向国务院专利行政部门提出过申请并且记载在申请日以后（含申请日）公布的专利申请文件中。

审查指南第二部分第三章第3.1节进一步指出：被审查的发明或者实用新型专利申请与现有技术或者申请日前由他人向专利局提出申请并在申请日后（含申请日）公布的（以下简称申请在先公布在后的）发明或者实用新型的相关内容相比，如果其技术领域、所解决的技术问题、技术方案和预期效果实质上相同，则认为两者为同样的发明或者实用新型。

（1）本专利权利要求1相对于附件2是否具备新颖性。

请求人一再强调，本专利与附件2的背景技术和发明目的以及所要解决的技术问题都是一样的，都是使螺钉在植入骨骼后前端膨胀，附件2内锥形的腔体与本专利的盲道的锥形尖端相同，所以本专利的独立权利要求1被附件2的独立权利要求所覆盖；而且，本专利的一个盲道与附件2中的空心腔只是语言描述上不同，没有实质上的差别，两者的内腔体都是由前方的锥形腔体和后方的圆柱形腔体共同组成，只是前端锥形腔体倾斜度的大小问题，这并不能否定两者相同的本质；附件2中胀紧螺芯尾部的四方体是常识性技术，“X”是平面制图表示四方体的国家标准标识；膨胀裂缝必须延长到锥腔的尖点之后，在尖点之前不可能裂开；本专利的前段是实体，附件2的前段是空心的，在结构上没有实质上的差异，所要达到的效果是一样的。

合议组经审理认为，附件2（参见其全文，特别是说明书第2页的“具体实施方式”部分，及附图）公开了一种胀紧式锥弓根螺钉，包括其内、外壁上均加工有连接螺纹的空心式锥弓根螺钉（1）和旋装在空心式椎弓根螺钉（1）空心腔内的胀紧螺芯（2）两部分，空心式锥弓根螺钉（1）空心腔的下段为内锥结构的腔体，在该段腔体的腔壁上加工有至少三条竖直向下延伸的胀裂缝（4），在胀裂缝4的近根部处（上起始端）加工有易于胀裂的通孔3，由说明书附图可以清楚看出，该空心式锥弓根螺钉（1）具有尖端部，位于该螺钉（1）空心腔下段的内锥结构的空腔延伸到该螺钉（1）的最尖端，胀紧螺芯（2）的锥形尖端与内锥结构腔体不匹配。由于胀紧螺芯（2）旋装在空心式椎弓根螺钉（1）的空心腔内、而空心式锥弓根螺钉（1）的内壁上加工有连接螺纹，因此胀紧螺芯（2）上必然存在与空心式锥弓根螺钉（1）内壁上连接螺纹相匹配的螺纹。

将本专利权利要求1与附件2进行比较可知：附件2与本专利的技术领域相同，附件2中的空心式锥弓根螺钉（1）和胀紧螺芯（2）分别相当于本专利中的外空心螺钉（1）和内螺栓（6），附件2中的空心式锥弓根螺钉（1）的空心腔相当于本专利中有锥形尖端的盲孔道；权利要求1中明确记载了内螺栓（6）的尾部设有供握持用的四方体，而附件2文字部分未记载四方体，仅在其说明书附图所示的胀紧螺芯（2）的尾部存在“X”所示部位。

在进行新颖性判断时，首先应当判断权利要求的技术方案与对比文件的技术方案是否实质上相同；如果两者的技术方案不同，由此所取得的技术效果不同，则两者不属于同样的实用新型，权利要求的技术方案具备新颖性。

合议组认为：如专利权人所述，附件2附图中的“X”可以表示四方也可表示两方，而中间为圆柱体的胀紧螺芯（2）的尾部不可能为两方，因此其尾部的“X”必然表示四方体，因此由附件2的附图中可以直接地、毫无疑义地确定胀紧螺芯（2）的尾部设有四方体。

因此，本专利权利要求1与附件2的区别在于：①权利要求1中外空心螺钉（1）的中央有一盲孔道，盲孔道有锥形的尖端（8），内螺栓（6）的尖端部位亦为锥形，其与外空心螺钉（1）的盲孔道相匹配，而附件 2 中空心式锥弓根螺钉（1）空心腔下段的内锥结构的空腔延伸到该螺钉（1）的最尖端，胀紧螺芯（2）的锥形尖端与所述螺钉（1）的内锥结构腔体不匹配；②权利要求 1 中膨胀部（7）的裂瓣至盲孔道内的锥形尖端（8）之后，而附件 2 中向下延伸的胀裂缝（4）加工在内锥结构腔体的腔壁上。

对于上述第①点区别，虽然请求人认为本专利和附件 2 的锥弓根螺钉中的内腔体都是由前方的锥形腔体和后方的圆柱形腔体共同组成，所不同的仅为锥形腔体的倾斜度不同，但实质上所述倾斜度的不同导致了本专利与附件 2 的多处差别，如本专利中的锥形腔体与其中内螺栓（6）的尖端部位相匹配，锥形腔体前端必然存在实心的膨胀部，而附件 2 中的内锥结构的空心腔体延伸到锥弓根螺钉的最尖端，与其中胀紧螺芯的尖端不匹配，且其膨胀部为空心的；而且这些差别进而导致了锥弓根螺钉的加工难易程度不同，锥弓根螺钉的抗拔出强度不同，膨胀部裂瓣的机械强度、胀开程度、以及其与锥体的接触方式不同等。

对于上述第②点区别，虽然请求人认为“裂缝必须延长到锥腔的尖点之后，在尖点之前不可能裂开”，但本专利中的锥腔为与内螺栓（6）尖端匹配的盲孔道的锥形尖端，因而至盲孔道内锥形尖端（8）之后的裂瓣的上起始端（实质上也为裂瓣的上起始端）必然位于盲孔道锥形尖端之后的圆柱形腔体腔壁上，而附件 2 中内锥结构的腔体位于圆柱形腔体的下段，其胀裂缝（4）加工在内锥结构腔体的腔壁上，因而其裂瓣的上起始端并非位于圆柱形腔体的腔壁上，而是位于圆柱形腔体下段的内锥结构腔体的腔壁上，因此，由于本专利与附件 2 中锥腔位置的不同直接导致了裂瓣上起始端的不同，由此造成了锥弓根螺钉的膨胀原理及其膨胀效果不同。

综上所述，本专利权利要求 1 与附件 2 的技术方案不同，所取得的技术效果不同，两者不属于同样的实用新型，因此权利要求 1 相对于附件 2 具备新颖性，符合专利法第 22 条第 2 款的规定。

（2）本专利权利要求 2 相对于附件 2 是否具备新颖性。

权利要求 2 为权利要求 1 的从属权利要求，当权利要求 1 相对于附件 2 具备新颖性时，权利要求 2 相对于附件 2 也具备新颖性，符合专利法第 22 条第 2 款的规定。

**三、决定**

维持 03262479.4 号实用新型专利权有效。

一方当事人对本决定不服的，可以根据专利法第 46 条第 2 款的规定，在收到本决定之日起三个月内向北京市第一中级人民法院起诉。根据该款规定，一方当事人起诉后，另一方当事人应当作为第三人参加诉讼。

171

# 边坡坝坎装置

## 无效宣告请求审查决定（第10509号）

**决　　定　　号**　第10509号
**决　　定　　日**　2007年9月3日
**发明创造名称**　边坡坝坎装置
**国 际 分 类 号**　E02D 17/20
**无效宣告请求人**　安长胜
**专　利　权　人**　王欣南
**专　　利　　号**　200420026173.2
**申　　请　　日**　2004年4月8日
**授 权 公 告 日**　2005年5月25日
**合 议 组 组 长**　刘瑞斌
**主　　审　　员**　姜　岩
**参　　审　　员**　欧　岚

**法　律　依　据**　专利法第22条第2款、第3款、第26条第3款、第4款
**决　定　要　点**

虽然说明书中未对技术手段进行详细的描述，但所属技术领域的技术人员可以从说明书中的内容并结合本领域的公知技术直接、唯一地得出本专利的技术方案，应当认为说明书是清楚和完整的。

如果一个技术方案与对比文件1的区别特征为对比文件2中披露的相关技术手段，该技术手段在对比文件2中所起的作用与该区别特征在该技术方案中所起的作用相同，则认为两份对比文件存在结合的技术启示，并且该技术方案相对对比文件1与2的结合不具备创造性。

### 一、案由

本无效宣告请求涉及中华人民共和国国家知识产权局于2005年5月25日授权公告的、名称为“边坡坝坎装置”的实用新型专利权（以下简称本专利），其专利号是200420026173.2，申请日是2004年4月8日，专利权人是王欣南。本专利授权公告时的权利要求书如下：

“1. 一种边坡坝坎装置，由灌装砂土的砂土袋（1）垒成，其特征在于：所述上、下两层砂土袋（1）之间设有联结扣（2），联结扣（2）包括联结板（3），联结板（3）的上下两个平面上分别设有若干个凸刺（4），凸刺（4）扎入砂土袋（1）中，并且至少有一个面上的凸刺（4）分别扎入两个相邻的砂土袋（1）中。

2. 根据权利要求1所述的边坡坝坎装置，其特征在于：所述联结板（3）上设有横向挂钩（5），

横向挂钩（5）上连接有横向拉绳（6）。

3. 根据权利要求 2 所述的边坡坝坎装置，其特征在于：所述横向拉绳（6）埋入砂土袋（1）之间。

4. 根据权利要求 2 所述的边坡坝坎装置，其特征在于：所述横向拉绳（6）的另一端与另一侧联结板（3）上的横向挂钩（5）连接固定。

5. 根据权利要求 1 所述的边坡坝坎装置，其特征在于：所述由砂土袋（1）垒成的边坡坝坎与地基之间设有地质网（7）。

6. 根据权利要求 1 所述的边坡坝坎装置，其特征在于：所述联结板（3）上设有透水孔（8）。

7. 根据权利要求 1 所述的边坡坝坎装置，其特征在于：所述联结板（3）上平面的凸刺（4）为一排三个，扎入同一个砂土袋（1）中，下平面的凸刺（4）为两排，每排各四个分别扎入两个砂土袋（1）中。

8. 根据权利要求 2 所述的边坡坝坎装置，其特征在于：所述横向挂钩（5）为一排三个。”

针对本专利，安长胜（以下简称请求人）于 2006 年 11 月 3 日向专利复审委员会提出无效宣告请求，同时提交了如下附件：

附件 1：公开日为 2000 年 10 月 19 日、公开号为 WO00/61880 的专利文献，共 53 页；

附件 2：公开日为 2003 年 7 月 30 日、公开号为 CA2369310A1 的专利文献，共 38 页；

附件 3：附件 1 相关部分的中文译文，共 2 页；

附件 4：附件 2 相关部分的中文译文，共 1 页。

请求人认为：本专利的权利要求 3、5 不符合专利法第 26 第 3 款、第 4 款的规定，权利要求 1、6 相对于附件 1 不具备新颖性，权利要求 2、4 相对于附件 1 和 2 的结合不具备创造性，权利要求 6 相对于附件 1 不具备创造性，权利要求 7 相对于附件 1 不具备创造性，权利要求 8 相对于附件 1 和 2 的结合不具备创造性。其中，由附件 1 的图 4 中可以看到，板体的下表面的突起 24 分别突入到相邻的两个砂土袋 14 中，权利要求 7 与附件 1 所公开的技术内容的区别仅在于凸刺数目的不同，但这种不同是本领域技术人员无须创造性劳动所能联想到的，因此权利要求 7 不具备创造性。权利要求 8 仅对横向挂钩的数量进行了限定，但这种限定是本领域技术人员不需要创造性劳动所能联想到的，在其引用的权利要求相对于附件 1 和 2 不具备创造性的条件下，该权利要求 8 也不具备创造性。本专利说明书中仅在说明书第二页倒数第 3 行至倒数第 2 行公开了：横向拉绳 6 可以埋入砂土袋 1 中，但在说明书以及附图中并没有描述横向拉绳 6 如何埋入砂土袋 1 之间、埋入到哪个或哪层砂土袋之间以及这种结构的技术效果，以使本领域技术人员在阅读说明书后仍然无法实施本专利权利要求 3；本专利在图 9 中显示了地质网的结构，但仅在说明书第 3 页第 1 行描述了“如图 9 所示，由砂土袋构成的边坡坝坎与地基之间设有地质网”，而并没有对地质网与边坡坝坎以及地基之间的连接关系进行详细的描述，也没有对该地质网所达到的技术效果进行描述，本领域技术人员在阅读说明书后仍无法实施本专利的权利要求 5。

经形式审查合格，专利复审委员会依法受理了上述无效宣告请求，并于 2006 年 11 月 27 日向请求人和专利权人发出无效宣告请求受理通知书，同时将专利权无效宣告请求书及其附件清单中所列附件的副本转送给专利权人，并要求专利权人在指定的期限内陈述意见。

针对专利复审委员会发出的上述无效宣告请求受理通知书，专利权人没有在指定的期限内提交意见陈述书。

专利复审委员会依法成立合议组对本案进行审理，本案合议组于 2007 年 2 月 25 日向双方发出无效宣告请求口头审理通知书，定于 2007 年 4 月 12 日在专利复审委员会举行口头审理。

口头审理如期举行，请求人单方出席了口头审理，在口头审理中，请求人提出的无效理由为：权利要求3、5不符合专利法第26条第3、4款的规定；权利要求1、6相对于附件1不具备新颖性；权利要求2、7、8相对于附件1和2的结合不具备创造性；权利要求3、4相对于附件1和2以及公知常识不具备创造性；权利要求5相对于对比文件1和公知常识不具备创造性，同时放弃权利要求6不具备创造性的无效理由。具体为：权利要求3、5不符合专利法第26条第3、4款的理由同请求书中意见；附件1公开了权利要求1、6的全部技术特征，权利要求1、6不具备新颖性；附件1公开了横向的挂钩94，附件2公开了横向的拉绳，本领域的技术人员很容易想到将附件1和2结合从而得到权利要求2的技术方案，因此权利要求2不具备创造性；关于权利要求4的创造性，请求人认为从附件2中的图6A和图6B可以得知，条形构件也是延伸到回填土中，虽然没有公开另一端的结构，但是本领域技术人员通过技术启示完全可以得出权利要求4的技术方案，可以想象到另一面的结构。因此权利要求4不具备创造性；权利要求7中的附加技术特征全部都是公知常识，只是对凸刺的数量进行了限定，在说明书中没有说明数量限定能够产生什么意想不到的效果，而且数量的限定也不可能产生意想不到的效果，因此权利要求7不具备创造性；附件2的图6B中公开了权利要求8的附加技术特征，因此权利要求8不具备创造性。

至此，合议组认为本案事实已经清楚，可以作出审查决定。

**二、决定的理由**

1. 关于证据和现有技术

请求人提交的证据包括附件1、2，由于专利权人未在指定期限内对其真实性提出异议，而且经合议组核实，附件1、2为公开日在本专利申请日前的专利文献，因此可以作为本专利的现有技术使用。

其中请求人提交的附件1、2为外文，请求人用附件3、4分别作为附件1、2相关部分的中文译文，由于专利权人在规定的期限内未对中文译文的准确性提出异议，因此附件1、2的公开内容以附件3、4中内容为准。

2. 关于审查基础及关于请求人新增的无效宣告请求的理由

由于在无效程序中专利权人未对专利文本进行修改，本决定以本专利授权公告的权利要求书为基础进行。

请求人在口头审理时新增了关于权利要求3、5不具备创造性的无效理由，根据审查指南第四部分第三章4.2的规定：请求人在提出无效宣告请求之日起一个月后增加无效宣告理由的，专利复审委员会一般不予考虑。但下列情况除外：（1）针对专利权人以合并方式修改的权利要求，在专利复审委员会指定期限内增加无效宣告理由，并在期限内对所增加的无效宣告理由具体说明的；（2）对明显与提交的证据不相对应的无效宣告理由进行变更的。由于该无效宣告请求理由是在请求人提出宣告之日起一个月后增加的，且不属于上述两种情形，因此在本决定中不予考虑。

请求人在口头审理时提出权利要求7相对于附件1和2的结合不具备创造性（提出无效宣告请求时请求人认为权利要求7相对于附件1不具备创造性），由于在提出无效宣告请求时请求人没有针对附件1和2的结合不具备创造性进行具体说明，且在提出无效宣告请求之日起一个月内也未补充具体说明，因此使用上述结合方式评价权利要求7的创造性在本决定中不予考虑。

请求人在提出无效宣告请求时认为权利要求8的附加技术特征是本领域技术人员不需要创造性劳动所能联想到的，而在口头审理时提出权利要求8的附加技术特征被附件2的图6B公开，由于在提出无效宣告请求时请求人没有具体说明附件2公开了权利要求8的附加技术特征，且在提出无效宣告之日起一个月内也未补充具体说明，因此使用附件2评价权利要求8的附加技术特征在本决定中不予考虑。

3. 关于专利法第 26 条第 3 款、第 4 款

专利法第 26 条第 3 款规定：说明书应当对发明或者实用新型作出清楚、完整的说明，以所属技术领域的技术人员能够实现为准。由此可见，所属技术领域的技术人员依据说明书所公开的内容能否实现本发明或者实用新型是本专利是否符合专利法第 26 条第 3 款的判定依据。

虽然说明书中未对技术手段进行详细的描述，但所属技术领域的技术人员可以从说明书中的内容结合本领域的公知技术直接、唯一地得出，应当认为说明书是清楚和完整的。

专利法第 26 条第 4 款规定：权利要求书应当以说明书为依据，说明要求专利保护的范围。权利要求书中的每一项权利要求所要求保护的技术方案应当是所属领域的技术人员能够从说明书充分公开的内容中得到或者概括得出的技术方案，并且不得超出说明书公开的范围。

请求人认为，本专利的说明书不符合专利法第 26 条第 3 款的规定，具体为：第一，权利要求 3 中所述"横向拉绳埋入砂土袋之间"，本专利仅在说明书第二页倒数第 3 行中公开了"横向拉绳 6 可以埋入砂土袋 1 之间"，但在说明书其他位置及附图中并没有描述横向拉绳 6 如何埋入砂土袋 1 之间、埋入到哪个或哪层砂土袋之间以及这种结构的技术效果。第二，本专利仅在说明书第 3 页第 1 行描述了"如图 9 所示，由砂土袋 1 垒成的边坡坝坎与地基之间设有地质网"，而没有对地质网和边坡坝坎以及地基之间的连接关系进行详细描述，也没有对效果进行详细的描述。基于以上原因，涉及以上内容的权利要求 3、5 都得不到说明书的支持，不符合专利法第 26 条第 4 款的规定。

合议组经审查后认为：关于第一点，根据本专利说明书的内容可知，本专利中的边坡坝坎装置应为两侧对称结构，即坝体的两侧都带有边坡坝坎装置，根据本领域技术人员的理解，横向拉绳的作用有二：一是固定由砂土袋垒成的边坡坝坎，二是稳定边坡坝坎后坝体中的回填土。那么横向拉绳的设置可以有以下两种理解：其一是将拉绳埋入到对面的边坡坝坎的砂土袋中间（即权利要求 3 中的技术方案），其二是拉绳与另一侧边坡坝坎砂土袋的联结板上挂钩相连（即权利要求 4 中的技术方案）。因此，本领域技术人员可以直接、唯一地推得出权利要求 3 中技术方案保护的内容，故在此处说明书符合专利法第 26 条第 3 款的规定。关于第二点，合议组认为根据本专利说明书中的内容，本领域的技术人员可以清楚地知道地质网的铺设位置及其作用，因此关于此部分的说明书也符合专利法第 26 条第 3 款的规定。基于上述理由，涉及以上内容的权利要求 3、5 也因此符合专利法第 26 条第 4 款的规定。

4. 关于专利法第 22 条第 2 款

专利法第 22 条第 2 款规定，新颖性，是指在申请日以前没有同样的发明或者实用新型在国内外出版物上公开发表过、在国内公开使用过或者以其他方式为公众所知，也没有同样的发明或者实用新型由他人向国务院专利行政部门提出过申请并记载在申请日以后公布的专利申请文件中。

如果专利申请与附件公开的内容相比，其权利要求所限定的技术方案与附件公开的技术方案实质上相同，所属技术领域的技术人员根据两者的技术方案可以确定两者能够适用于相同的技术领域，解决相同的技术问题，并具有相同的预期效果，则认为两者为同样的实用新型。

本案中，请求人认为：附件 1 中公开了权利要求 1、6 的全部技术特征，因此权利要求 1、6 不具备新颖性。

合议组经审查后认为，附件 1 公开了一种挡土墙结构，与本专利属于相同的技术领域，并具体公开了如下技术内容：由灌装砂土的砂土袋 14 垒成相当于本专利中的边坡坝坎的挡土墙；上下两层砂土袋之间设有相当于本专利中的联结扣的互联构件 26；互联构件 26 包括相当于本专利中的联结板和凸刺的板体 22 以及板体两侧布置的多个突起 24；突起 24 扎入砂土袋 14 中，由附件 1 的附图 4 可知，

一个面上的突起 24 分别扎入到两个相邻的砂土袋 14 中。由此可见，附件 1 公开了权利要求 1 的全部技术特征，与本专利解决相同的技术问题，并具有相同的预期效果，因此权利要求 1 相对于附件 1 不具备新颖性（参见附件 1 的附图 1-4 及附件 3 中的译文），不符合专利法第 22 条第 2 款的规定。

权利要求 6 是独立权利要求 1 的从属权利要求，其限定部分的技术特征为：所述联结板上设有透水孔。由附件 1 译文（即附件 3）第一页倒数第 1 行到第二页第 2 行以及第二页最后 3 行中可知，互联构件的板上带排水孔。因此，附件 1 公开了权利要求 6 的全部技术特征，与本专利解决相同的技术问题，并具有相同的预期效果，权利要求 6 不具备新颖性，不符合专利法第 22 条第 2 款的规定。

5. 关于专利法第 22 条第 3 款

专利法第 22 条第 3 款规定，创造性，是指同申请日以前已有的技术相比，该实用新型具有实质性特点和进步。

如果一个技术方案与对比文件 1 的区别特征为对比文件 2 中披露的相关技术手段，该技术手段在对比文件 2 中所起的作用与该区别特征在该技术方案中所起的作用相同，则认为两份对比文件存在结合的技术启示，并且该技术方案相对对比文件 1 与 2 的结合不具备创造性。

权利要求 2 是权利要求 1 的从属权利要求，其限定部分的技术特征是：所述联结板上设有横向挂钩，横向挂钩上连接有横向拉绳。

请求人认为：附件 1 中公开了横向的挂钩，附件 2 中公开了横向拉绳，本领域技术人员可以想到将二者结合得到权利要求 2 的技术方案。

合议组经审查后认为，附件 1 的附图 19～24 以及相应的译文部分公开了三种互联结构（95、100、102），它们均包括板体 62 和板体两侧布置的多个突起 64，板 62 上带有相当于本专利中的挂钩的横向的土工栅格保持构件 94，用于连接土工栅格 18，土工栅格 18 用从砂土袋 14 的层之间水平延伸到回填土当中，结合附件 1 的图 4 很容易想到将图 19～24 中的三种互联构件一个面上的突起分别扎入到两个相邻的砂土袋中。附件 2 公开了一种土壤稳定系统，其与附件 1 及本专利属于相同的技术领域，在其图 6A 和 6B 以及相应的说明中具体公开了如下技术内容：互联板构件 35 上具有突起和挂钩 30，这些突起用于扎入砂土袋中，挂钩 30 用于连接条状构件 10，各条状构件 10 连接在一起形成保护土壤颗粒的栅格。因此本领域的技术人员在附件 1 的基础上为解决稳定土壤的技术问题时，很容易想到将原来与挂钩连接的土工格栅换成附件 2 中的条状构件 10，也就是附件 1 中给出了将二者结合的技术启示，因此，本专利权利要求 2 中的技术方案相对于附件 1 和 2 的结合不具备实质性特点，权利要求 2 不具备专利法第 22 条第 3 款规定的创造性。

权利要求 4 是权利要求 2 的从属权利要求，其限定部分的技术特征是：横向拉绳的另一端与另一侧联结板上的横向挂钩连接固定。

请求人认为，附件 2 的附图 6A 和 6B 中，条形构件延伸到回填土中，虽然没有公开另一端的结构，但本领域的技术人员通过技术启示完全可以得出权利要求 4 的技术方案，可以想象到另一面的结构。

合议组经审查后认为：由附件 2 的附图 6A 和 6B 并结合本领域的公知技术，当边坡坝坎装置应用于高速公路建设中，本领域技术人员很容易想到将其两侧设计成具有相同的构造，即均包括互联板构件连接成的边坡坝坎结构，以及从互联板构件延伸出去的条状结构（相当于本专利中的拉绳），条状结构延伸到回填土中。同时，为了实现固定边坡坝坎和稳定回填土的技术目的，本领域的技术人员很容易想到将边坡坝坎装置一侧的条状构件埋入回填土中的部分延伸直至压入到另一侧边坡坝坎结构的砂土袋中或是联结板构件的挂钩上。因此，在其引用的权利要求 2 不具备创造性的条件下，权利要专利法第 22 条第 3 款规定的创造性。

权利要求7是权利要求1的从属权利要求，其限定部分的技术特征是：联结板上的凸刺为一排三个，扎入同一个砂土袋中，下平面的凸刺为两排，每排各四个分别扎入两个砂土袋中。

合议组经审查后认为，虽然本专利权利要求7的附件技术特征没有在附件1中具体公开，但权利要求7与附件1的区别仅在于凸刺的数量的不同，而本领域的技术人员在设计联结板时会根据挡土墙的尺寸、重量的不同来考虑设计不同数量的凸刺，因此在其引用的权利要求1不具备新颖性的条件下，该权利要求7的技术方案不具有实质性特点，不具备专利法第22条第3款规定的创造性。

权利要求8是权利要求2的从属权利要求，其限定部分的技术特征是：所述横向挂钩为一排三个。

合议组经审查后认为，权利要求8的附加技术特征仅对横向挂钩的数量作了进一步限定，而本领域的技术人员在设计联结板时会根据边坡坝坎的具体情况来考虑设计不同数量的横向挂钩。因此在其引用的权利要求2不具备创造性的条件下，该权利要求8的技术方案不具有实质性特点，不具备专利法第22条第3款规定的创造性。

综上所述，权利要求3、5符合专利法第26条第3款、第4款的规定，权利要求1、6相对于附件1不具备新颖性，权利要求2相对于附件1和2的结合不具备创造性，权利要求4相对于附件1和2的结合不具备创造性，权利要求7相对于附件1不具备创造性，权利要求8相对于附件1和2的结合不具备创造性。

根据上述的事实和理由，本案合议组依法作出以下决定。

**三、决定**

宣告200420026173.2号实用新型专利权的权利要求1、2、4、6~8无效，在权利要求3、5的基础上维持本专利继续有效。

当事人对本决定不服的，可以根据专利法第46条第2款的规定，自收到本决定之日起3个月内向北京市第一中级人民法院起诉。根据该款的规定，一方当事人起诉后，另一方当事人应当作为第三人参加诉讼。

172

# 架空网络活动地板

## 无效宣告请求审查决定（第10511号）

**决　　定　　号**　第10511号
**决　　定　　日**　2007年9月14日
**发明创造名称**　架空网络活动地板
**国 际 分 类 号**　E04F 15/00，E04F 15/06
**无效宣告请求人**　常州市红日防静电地板制造有限公司
**专　利　权　人**　常州市佳辰机房设备有限公司
**专　　利　　号**　200520069183.9
**申　　请　　日**　2005年2月18日
**授 权 公 告 日**　2006年5月24日
**合 议 组 组 长**　刘　犟
**主　　审　　员**　姜　岩
**参　　审　　员**　王　琳

**法　律　依　据**　专利法第22条第3款
**决　定　要　点**

如果一项实用新型的技术方案中具有现有技术未给出技术启示的技术特征，同时该技术方案还具有有益的技术效果，则该技术方案具有实质性特点和进步，具备创造性。

**一、案由**

本无效宣告请求涉及中华人民共和国国家知识产权局于2006年5月24日授权公告的、名称为"架空网络活动地板"的实用新型专利权（以下简称本专利），其专利号是200520069183.9，申请日是2005年2月18日，专利权人是常州市佳辰机房设备有限公司。本专利授权公告时的权利要求书如下：

"1. 一种架空网络活动地板，具有地板组件（1）、支撑调节组件（2）和底座板组件（3）；地板组件（1）包括钢面板（1-1）、钢底板（1-2）和设在钢面板（1-1）与钢底板（1-2）之间的填充层（1-3），钢面板（1-1）与钢底板（1-2）两者由钢面板（1-1）周边所设的板库（1-1-1）与钢底板（1-2）周边所设的翅板（1-2-1）相嵌合连接，在地板组件（1）的4个边角部位各设有1个用来安装支撑调节组件（2）的通孔（1-4）；支撑调节组件（2）包括调节支撑螺杆（2-1）、高低调节螺母（2-2）和用来搁持地板组件（1）所包括的钢面板（1-1）和钢底板（1-2）的套管（2-3），套管（2-3）固定在地板组件（1）所设的通孔（1-4）内；在支撑调节螺杆（2-1）的上端端部，设有用来与拧动工具相嵌接而拧动调节支撑螺杆（2-1）的盲孔（2-1-2），其特征在于：

a. 在地板组件（1）的4个边角部位所设的通孔（1-4）部位的面板（1-1）上，设有与所说通孔（1-4）同一轴线且相互贯通的沉孔（1-1-2）；

b. 支撑调节组件（2）所包括的调节支撑螺杆（2-1）的上端设在套管（2-3）孔内且呈转动配合；套管（2-3）的下端面与调节支撑螺杆（2-1）的台阶（2-1-1）相抵接；调节支撑螺杆（2-1）的下端与固定在底座板组件（3）4个边角部位孔内的高低调节螺母（2-2）相拧接；在调节支撑螺杆（2-1）的台阶（2-1-1）与高低调节螺母（2-2）之间的螺杆段，拧接有紧定螺母（2-4）；用来令地板组件（1）与调节支撑螺杆（2-1）固定连接的螺钉（2-5），通过地板组件（1）与调节支撑螺杆（2-1）固定连接的螺钉（2-5），通过地板组件（1）所包括的钢面板（1-1）所设的沉孔（1-1-2）与调节支撑螺杆（2-1）上端面所设的螺孔相拧接；

c. 底座板组件（3）的底座板（3-1）的4个边角部位分别设有凸台（3-1-1），高低调节螺母（2-2）固定在凸台（3-1-1）的孔内，高低调节螺母（2-2）与调节支撑组件（2）所包括的调节支撑螺杆（2-1）相拧接。

2. 根据权利要求1所述的架空网络活动地板，其特征在于：设在底座板（3-1）边角部位的凸台（3-1-1）孔内的4个高低调节螺母（2-2）的中心线相互之间的距离，等于地板组件（1）4个边角部位所设的用来安装支撑调节组件（2）的通孔（1-4）的中心线与地板组件（1）的2个侧边间的距离。

3. 根据权利要求1所述的架空网络活动地板，其特征在于：设在底座板（3-1）边角部位的凸台（3-1-1）孔内的4个高低调节螺母（2-2）的中心线相互之间的距离，大于地板组件（1）4个边角部位所设的用来安装支撑调节组件（2）的通孔（1-4）的中心线与地板组件（1）的2个侧边间的距离。

4. 根据权利要求3所述的架空网络活动地板，其特征在于：它还具有用来覆盖在相邻地板组件（1）之间的槽状间隙上的槽盖板（4），在槽盖板（4）的周边设有折弯条（4-1）；在地板组件（1）所包括的钢面板（1-1）的周边部位设有凹槽（1-1-3）；槽盖板（4）的周边所设的折弯条（4-1）嵌装在钢面板（1-1）的周边部位所设的凹槽（1-1-3）内。

5. 根据权利要求4所述的架空网络活动地板，其特征在于：在钢面板（1-1）所设的凹槽（1-1-3）内设有截面呈“U”形的弹性件（5），盖板（4）的折弯条（4-1）嵌装在弹性件（5）的敞口槽内。

6. 根据权利要求4或5所述的架空网络活动地板，其特征在于：在底座板组件（3）的底座板（3-1）所设的凸台（3-1-1）的两个外侧壁上，分别设有用来嵌装网络槽板（6）的嵌槽（3-1-1-1）；在纵向和横向相邻2个底座板组件（3）之间的嵌槽（3-1-1-1）内，嵌装有用来构成纵横向网络线槽的网络槽侧板（6）。

7. 根据权利要求4所述的架空网络活动地板，其特征在于：在槽盖板（4）的表面设有防滑加强筋。

8. 根据权利要求1所述的架空网络活动地板，其特征在于：在地板组件（1）所包括的钢面板（1-1）和钢底板（1-2）以及底座板（3-1）的着地面，均设有防滑加强筋。

9. 根据权利要求1所述的架空网络活动地板，其特征在于：在地板组件（1）所包括的钢面板（1-1）的板库（1-1-1）与钢底板（1-2）的翅板（1-2-1）相嵌合连接的部位，设有点焊连接点。

10. 根据权利要求1所述的架空网络活动地板，其特征在于：设在调节支撑螺杆（2-1）上端端部的盲孔（2-1-2），是内六角盲孔，或是内三角盲孔，或者是内四角盲孔，或者是内截边圆盲孔。”

针对本专利权，常州市红日防静电地板制造有限公司（以下简称请求人）于2007年3月7日向专利复审委员会提出无效宣告请求，认为本专利不符合专利法第22条第2款、第3款的规定，请求人同时提交了如下附件：

附件1：专利号为200520069183.9的中国实用新型专利说明书，授权公告日为2006年5月24日（本专利）；

附件2：US5628157A号美国专利文献，公开日为1997年5月13日（以下简称对比文件1）；

附件3：附件2的中文译文；

附件4：专利号为98227209.X的中国实用新型专利说明书，授权公告日为2000年2月2日（以下简称对比文件2）；

附件5：专利号为02267108.0的中国实用新型专利说明书，授权公告日为2003年5月14日（以下简称对比文件3）；

附件6：专利号为200420079340.X的中国实用新型专利说明书，授权公告日为2005年9月14日（以下简称对比文件4）。

请求人认为：本专利不具备新颖性、创造性。具体为：权利要求1中的各技术特征均已被对比文件1、3公开；权利要求2、3的附加技术特征被对比文件1、3公开，并认为由于调节螺母是与支撑调节组件、地板组件相互连接并配合使用的，因此调节螺母中心线的距离与置于其中的通孔中心线与地板组件（1）的两个侧边的距离相等是一个技术常识；权利要求4的附加技术特征被对比文件1和4公开了；权利要求6的附加技术特征在对比文件3和对比文件1中公开；权利要求7、8中附加技术特征被对比文件3和对比文件1公开；关于权利要求9的附加技术特征，请求人认为，在工程制造中组件中部件在连接上大多采用焊接、扦接、紧密连接，在钢底板中采用焊接法是工程技术人员不需作出创造性的劳动就可以作出的，且焊接法在此特定的部位因其操作难、易导致部件变形，其与扦接法相比是技术上的倒退；权利要求10的附加技术特征是目前已经被广泛采用的技术；因此本专利不具备新颖性和创造性。

经形式审查合格，专利复审委员会依法受理了上述无效宣告请求，并于2007年4月27日向请求人和专利权人发出无效宣告请求受理通知书，同时将专利权无效宣告请求书及其附件清单中所列附件的副本转送给专利权人，并要求专利权人在指定的期限内陈述意见。

针对专利复审委员会发出的上述无效宣告请求受理通知书，专利权人于2007年6月10日提交了意见陈述书，同时提交了以下证据：

证据1：专利权人所称的对比文件4的支架结构示意图，图1~图7；

证据2：专利权人所称的本专利的支撑调节组件结构示意图，图1~图9。

专利权人认为：（1）请求人提交的对比文件4由于申请日早于本专利申请日，但公开日晚于本专利申请日，因此只能用来评价本专利的新颖性，不能用于评价创造性。对比文件4并未公开权利要求1的全部技术特征，更没有覆盖从属权利要求4或5的全部技术特征。（2）新颖性问题。对比文件1~4均未公开权利要求1的全部技术特征，因此均不能影响本专利权利要求1~10的新颖性。（3）创造性问题。对比文件1~3中的任何两件相结合，均不能覆盖权利要求1的全部技术特征，也不能得到实现本专利技术方案的技术启示，因此，对比文件1~3不能影响本专利权利要求1的创造性。因此，其从属权利要求2~10也具备创造性。（4）请求人提交的对比文件3的支架结构与本专利的支撑调节组件不同。对比文件3的上部由塑套及铁套与调节螺杆锁紧来调节高低，下部设计采用调节螺杆下端直接放置在底板的四周孔内，没有任何紧定连接方式。而本专利上部设计仅采用塑套和调节螺杆配合，下部设计采用高强度塑料，且四周四个铁嵌件的调节螺母注入塑料中，再采用调节螺杆与铁嵌件调节螺母及紧定螺母联结，既起到调节作用又起到锁紧作用，比对比文件3的下部有改进。

专利复审委员会依法成立合议组对本案进行审查，本案合议组于2007年7月5日向双方发出无效宣告请求口头审理通知书，定于2007年8月13日在专利复审委员会举行口头审理。随同口头审理通知书，将专利权人于2007年6月10日提交的意见陈述书及其附件清单中所列附件的副本转送给请求人。

口头审理如期举行，双方当事人均参加了口头审理。在口头审理中，双方对对方出席人员的身份和资格没有异议，对合议组成员没有回避请求。专利权人认为对比文件1的翻译件上没有正规的翻译公司盖章，但未具体指出翻译错误之处，因此合议组宣布在本次口头审理中使用请求人提交的译文。

请求人明确其无效的理由、证据、范围为：权利要求1~10不具备创造性，具体理由为：权利要求1相对于对比文件3和1的结合不具备创造性，对比文件3为最接近的对比文件；对比文件3公开了权利要求1的大部分技术特征，其区别仅在于对比文件3不存在支撑螺杆的台阶，并且未公开四个边角的凸台，而且高低调节螺母的位置也不同，而专利权人认为权利要求1中的盲孔及特征a、b、c在对比文件3中均未公开。请求人还认为权利要求2的附加技术特征属于公知常识；权利要求3的附加技术特征被对比文件1或3公开；权利要求4和5的附加特征虽然未完全在对比文件1或3公开，但是属于变劣的发明；权利要求6的附加技术特征被对比文件1或3公开，虽然结构稍有不同；权利要求7、8的附加技术特征被公知常识和对比文件3公开；权利要求9是地板制造领域的公知技术；权利要求10的附加技术特征被对比文件3公开。请求人放弃其他的无效理由、证据、范围和证据组合形式，并明确表示没有其他的无效理由、证据、范围。

至此，合议组认为本案事实已经清楚，可以作出审查决定。

**二、决定的理由**

1. 关于证据和现有技术

请求人明确无效理由中所使用的证据仅为对比文件1、3，而放弃了其他的无效证据，因此合议组也仅考虑上述对比文件，对比文件1、3为专利文献，经合议组审查后，认为上述对比文件可以作为本案证据使用，且对比文件1、3的公开日期在本专利的申请日前，因此可以作为本专利的现有技术使用。

请求人同时提交了对比文件1的中文译文，专利权人对该对比文件的中文译文虽有异议但未具体指出有争议之处，因此对比文件1所公开的内容以请求人提交的中文译文为准。

2. 关于本专利的权利要求1~10的创造性。

创造性，是指同申请日以前已有的技术相比，该实用新型具有实质性特点和进步。

如果一项实用新型的技术方案中具有现有技术未给出技术启示的技术特征，同时该技术方案还具有有益的技术效果，则该技术方案具有实质性特点和进步，具备创造性。

请求人认为对比文件3和1的结合可以破坏本专利权利要求1的创造性，并且对比文件3为本专利最接近的对比文件。

合议组经审查后认为，对比文件3公开了一种多功能网络架空活动地板，其由活动钢地板1、连接件组成，两块地板1由八只支架2支撑，每块地板1的四周边设有肩3，地板1四角各设有一孔19；在两块地板1间置有边盖板4，边盖板二端及二块地板1的角间分别设置有四角均设有内凹角的方形角盖板5；每一支架2下端分别置于角底板6的沉孔7中，支架2上部支撑于地板1角部，地板1角部与支架2上端以连接件相连；角盖板5、边盖板4、地板1上表面保持同一水平面，地板1侧面设有两发泡水泥充灌孔12，边盖板4、角盖板5的下表面均设有若干加强筋16，其上表面均设有若干凹槽8，地板1的上表面设有若干凹槽17，支架2的结构为带有外螺纹的螺杆9下端接支柱10，支柱

10 插置于角底板 6 的沉孔 7 内，螺杆 9 上套置有相匹配的调节螺母 11，调节螺母 11 上且于螺杆 9 外套有相匹配的固定螺母 18，固定螺母 18 外套置有套管 20，套管 20 置于地板 1 的角的孔 19 中，孔 19 上置有装饰盖 21；角盖板 5 下表面上设有若干与地板 1 上设有的若干凹槽 13 相匹配使用的凸柱 14，角盖板 5 的四个侧面均设有槽 15；地板 1 的肩上设有若干凹槽 13；角底板 6 上设有若干放置支柱 10 的沉孔 7；角底板 6 的上表面设有若干凹槽 17。对比文件 3 与本专利权利要求 1 相比存在如下区别技术特征：1. 本专利权利要求 1 “套管（2-3）下端面与调节支撑螺杆（2-1）的台阶（2-1-1）相抵接”，对比文件 3 中的螺杆不带有该台阶结构，从而也没有套管相抵于该台阶。2. 本专利权利要求 1 的底座板各边角部位孔内中固定有一个高低调节螺母，由于对比文件 3 中起调节高低作用的螺母即上述固定螺母 18 并未放置在角底板 6 的沉孔之中，而是将不起高低调节作用的支柱 10 插置于角底板的沉孔内。3. 本专利权利要求 1 中的“调节支撑螺杆（2-1）的下端与固定在底座板组件（3）4 个边角部位孔内的高低调节螺母（2-2）相拧接”，而对比文件 3 的支柱 10 与角底板（6）上的沉孔之间并非通过螺纹相拧接，而是通过插置连接。4. 本专利权利要求 1 中的套管（2-3）固定在钢面板的通孔（1-4）内，支撑螺杆（2-1）上端设在套管（2-3）孔内，对比文件 3 中的套管置于地板边角的孔内，固定螺母外套置有套管。

对比文件 3 与本专利权利要求 1 虽然都能通过螺杆绕螺纹的旋动实现调节架空网络地板的高低位置这样的作用，但二者的支撑调节组件和地板组件的具体结构以及调节高低的方式如上所述是各不相同的。

对比文件 1 公开了一种带走线管的架空金属地板，其包括一个抬高的方形金属板 1，一个连接座 2，一个连接帽 3，走线槽 4，多线槽盖 5 和支撑腿 15，金属板和它上表面外沿的凹陷部分组合，凹陷部分包含四个角和四个角落的孔，一根螺纹杆 14 插入每个角的孔中，支撑角向上用螺母拧在每个螺纹杆管子上，连接座 2 是方形，在边上带有四个固定锁孔榫眼 21，在四个角落有四个压轴 22 用来插入支撑系统 15，连接帽用螺母安置在凹陷部分的角落向下伸入孔中。对比文件 1 中公开了上述区别特征 4，即螺纹杆 14 固定在方形金属板的通孔 13 内，支撑 15 上端固定在螺纹杆 14 内，但对比文件 1 中也没有公开上述本专利权利要求 1 和对比文件 3 与之间的前三个区别特征。

由此可知，对比文件 1、3 与本专利权利要求 1 相比均至少未公开 3 点区别技术特征，且请求人并未提供证据表明上述区别技术特征为公知常识，因此本专利权利要求 1 相对于对比文件 1 和 3 的结合具有实质性特点，并且本专利权利要求 1 的技术方案具有可以使架空网络活动地板稳固性好，高低调节省力等有益效果，因此本专利权利要求 1 具备创造性。虽然请求人认为以上区别技术特征是公知常识，但却没有足够的证据来证明，因此请求人关于本专利权利要求 1 相对于对比文件 3 和 1 的结合不具备创造性的无效理由不能成立。

因为独立权利要求 1 相对于对比文件 3 和 1 的结合具备创造性，其从属权利要求 2～10 相对于对比文件 3 和 1 的结合也具备创造性。

根据上述的事实和理由，本案合议组依法作出以下决定。

**三、决定**

维持 200520069183.9 号实用新型专利权全部有效。

当事人对本决定不服的，可以根据专利法第 46 条第 2 款的规定，自收到本决定之日起 3 个月内向北京市第一中级人民法院起诉。根据该款的规定，一方当事人起诉后，另一方当事人应当作为第三人参加诉讼。

173

# 用于数字示波器的视频触发装置

## 无效宣告请求审查决定（第10517号）

**决　定　号**　第10517号
**决　定　日**　2007年9月26日
**发明创造名称**　用于数字示波器的视频触发装置
**国际分类号**　G01R 13/00，H04N 17/00
**无效宣告请求人**　深圳市安泰信电子有限公司
**专　利　权　人**　北京普源精电科技有限公司
**专　利　号**　ZL03250492.6
**优　先　权　日**　无
**申　请　日**　2003年4月24日
**授权公告日**　2004年4月28日
**合议组组长**　张梅珍
**主　审　员**　刘亚斌
**参　审　员**　关　刚

**法律依据**　专利法第22条第3款
**决定要点**

如果要求保护的实用新型技术方案与现有技术相比，其区别特征已经被另一份对比文件所披露，并且在该对比文件中所起的作用与该区别特征在要求保护的实用新型技术方案中所起的作用相同，那么该实用新型技术方案不具备创造性。

### 一、案由

本无效宣告请求涉及国家知识产权局于2004年4月28日授权公告的03250492.6号、名称为“用于数字示波器的视频触发装置”的实用新型专利（下称本专利），其申请日是2003年4月24日，专利权人是李维森、王铁军、王悦，后于2005年6月24日变更为北京普源精电科技有限公司。本专利授权公告的权利要求书如下：

“1. 一种用于数字示波器的视频触发装置，包括顺序串连连接的视频极性选择器、增益放大器和行场信号分离器，其特征在于：还包括峰值检波器，基准电平发生器和电平比较器，其中：峰值检波器，从所获取的视频信号中检测出视频峰值信号，它的输入端连接增益放大器的输出端，以获取增益放大器输出的视频信号，其输出端连接电平比较器的第一输入端，将所述峰值信号送给电平比较器；基准电平发生器，提供与所述峰值信号进行比较的标准电平信号，其输出端连接所述电平发生器的第二输入端；电平比较器，其输出端连接所述增益放大器的反馈输入端，用于比较所述峰值信号和标准电平信号，将比较得到的信号差值输出到所述增益放大器。

2. 根据权利要求1所述的用于数字示波器的视频触发装置，其特征在于，所述装置还包括误差信号放大器，连接在电平比较器的输出端和增益放大器的输入端之间，用于放大电平比较器输出的差值信号。

3. 根据权利要求2所述的用于数字示波器的视频触发装置，其特征在于：所述装置还包括滤波器，该滤波器连接在所述误差信号放大器和所述增益放大器之间，用于滤出所述误差信号放大器输出信号中的噪声信号。

4. 根据权利要求3所述的用于数字示波器的视频触发装置，其特征在于：所述装置还包括时间调整器，连接在所述误差信号放大器和所述滤波器之间，或者连接在所述所述滤波器和所述增益放大器之间，用于调整送给所述增益放大器的视频误差信号的相位，以与视频信号的相位相适应。

5. 根据权利要求2所述的用于数字示波器的视频触发装置，其特征在于：所述装置还包括滤波和时间调整器，连接在所述误差信号放大器和所述增益放大器之间，用于滤出所述误差信号放大器输出信号中的噪声信号以及与视频信号的相位相适应。

6. 根据权利要求4或5所述的用于数字示波器的视频触发装置，其特征在于：所述装置还包括缓冲驱动器，连接在所述增益放大器和行场信号分离器之间，以缓冲并驱动所述增益放大器输出的视频信号，保证输入到行场信号分离器的视频信号满足行场信号分离器输入信号的需求。

7. 根据权利要求6所述的用于数字示波器的视频触发装置，其特征在于：所述峰值检波器为二极管峰值检波器。

8. 根据权利要求7所述的用于数字示波器的视频触发装置，其特征在于：所述基准电平发生器为稳压管。”

针对上述专利权，深圳市安泰信电子有限公司（下称请求人）于2007年2月27日向专利复审委员会提出无效宣告请求，理由是本专利不符合专利法第22条第1、2、3款的规定，不具备新颖性、创造性、实用性。随同其专利权无效宣告请求书，请求人提交了以下附件：

附件1：《一种视频自动增益控制（AGC）电路的应用》的复印件，声称原文登载于《电子技术应用》2001年第10期；

附件2：《视频信号幅值提取电路的设计及其在自动调光系统的应用》的复印件，声称原文登载于《电光与控制》2000年5月第2期；

附件3：《自动增益控制（AGC）电路在煤矿生产电视监控系统中的应用》的复印件，声称原文登载于《煤矿安全》2002年1月第33卷第1期。

请求人的具体无效理由是：（1）本专利相对于附件1、2、3中的任一个不具有新颖性；（2）本专利与附件1、2、3单独对比均不具有创造性；（3）本专利所涉及的控制环路技术可有可无，删除该环路，视频触发功能照样能够正常进行，因而不能产生任何积极效果，缺乏实用性。

经形式审查合格，专利复审委员会依法受理了上述无效宣告请求，并于2007年2月28日向请求人和专利权人发出无效宣告请求受理通知书，同时将专利权无效宣告请求书及其附件清单中所列附件的副本转给专利权人，要求其在1个月内对该无效宣告请求陈述意见。

请求人于2007年3月26日提交了意见陈述书，认为本专利不符合专利法第22条第3款和第26条第3款、第4款以及专利法实施细则第20条第1款的规定，并补充了以下附件：

附件4：申请号为98801091.7的中国发明专利申请公开说明书复印件，其公开日为1999年11月24日；

附件5：《电视技术》1986年第5期第48~50页的复印件；

附件6：声称是《GDS-800系列数字存储示波器操作手册》第68页的复印件。

请求人补充的无效理由是：（1）本专利权利要求1~8相对于附件4和附件5的结合、或者公知技术和附件5的结合、或者附件2和附件4的结合、或者附件1和附件5的结合、或者附件2和附件5的结合、或者附件4和附件6的结合不具备创造性；（2）本专利权利要求4、5中所述的“时间调整器”含糊不清，不能准确地说明发明的技术内容，因此权利要求4、5不符合专利法第26条第3款、第4款以及专利法实施细则第20条第1款的规定。

2007年4月28日，专利复审委员会收到了专利权人针对上述无效宣告请求受理通知书提交的意见陈述书，专利权人认为本专利符合专利法第22条第1、2、3款的规定，具体理由是：（1）结合本专利的权利要求书和说明书可知，本专利在工业中可以制造、能够解决技术问题并且能够产生技术效果，因此具备实用性；（2）附件1和附件3至少没有揭示本专利权利要求1的视频极性选择器、行场信号分离器、基准电平发生器和电平比较器，附件2至少没有揭示本专利权利要求1的视频极性选择器、行场信号分离器、电平比较器、峰值检波器以及构成主回路的各器件之间的串联连接关系，因此本专利权利要求1与附件1、2、3单独对比具有新颖性和创造性；（3）由于权利要求1具有新颖性和创造性，所以其从属权利要求2~8与附件1、2、3单独对比也具有新颖性和创造性。

专利复审委员会依法成立合议组，对本案进行审理。合议组于2007年5月30日向请求人和专利权人发出口头审理通知书，告知双方当事人定于2007年8月7日对本案进行口头审理，同时向请求人和专利权人发出转送文件通知书，将2007年4月28日收到的专利权人提交的意见陈述书转给请求人，将请求人于2007年3月26日提交的意见陈述书及其相关文件的副本转给专利权人。

2007年5月31日，合议组再次向请求人和专利权人发出口头审理通知书，告知双方当事人取消原定于2007年8月7日举行的口头审理，改定于2007年9月10日对本案进行口头审理。

2007年7月2日，专利复审委员会收到了专利权人针对上述转送文件通知书提交的意见陈述书，专利权人认为：（1）附件4和附件5的结合、公知技术和附件4的结合、附件2和附件4的结合、附件1和附件5的结合、附件2和附件5的结合、附件4和附件6的结合均没有揭示本专利权利要求1的视频极性选择器、行场信号分离器、基准电平发生器和电平比较器，因此权利要求1及其从属权利要求2~8符合专利法第22条第3款的规定；（2）本专利的权利要求4、5符合专利法第26条第4款以及实施细则第20条第1款的规定，说明书符合专利法第26条第3款的规定。

2007年9月10日，口头审理如期举行，双方当事人均出席了口头审理。在口头审理中，（1）合议组当庭将2007年7月2日收到的专利权人提交的意见陈述书转给请求人；（2）请求人当庭提交了附件1、2经过公证的复印件和附件5的原件，放弃附件3、6，明确表示其无效理由是权利要求1~8不符合专利法第22条第3款的规定，使用附件2与附件4结合评述，其中以附件2为最接近的现有技术，或者使用附件5与附件4结合评述，放弃请求书中提及的其他无效理由，同时放弃使用其他的证据组合方式评价权利要求1~8的创造性；专利权人对附件1的真实性有异议，认为附件1的期刊名称在公证书中是《电子工程师》，而请求人所提交复印件的期刊名称为《电子技术应用》，并且公证书没有证明原件是否杂志的原件以及杂志的来源，承认公证书中所附的复印件与请求人所提交附件1的复印件一致，对附件2、4、5的真实性没有异议；请求人表示附件1的复印件是从因特网上获取的，《电子工程师》是杂志的名称，《电子技术应用》是其在因特网上的名称，公证时提交的是杂志的原件；（3）关于本专利权利要求1相对于附件2和4是否具备创造性，请求人认为，附件2与本专利是同一技术领域，其中公开了本专利权利要求1的增益放大器、行场信号分离器，视频极性选择器是本领域的公知技术，本专利所要解决的技术问题是将增益放大变为自动增益放大，而附件4公开了一种自动增益控制电路，该电路包括峰值检测器、比较器、参考电平，其中参考电平隐含公开了权利要求 1 的基准电平发生器，附件 4 中存在将这些特征与附件 2 相结合的技术启示，因此权利要求 1 相对于附件 2 和 4 的结合不具备创造性；专利权人认为，附件 2 与本专利权利要求 1 不是相同的技术领域也没有相同的技术效果，附件 2 中没有视频极性选择器、主回路、反馈回路，附件 4 中没有公开视频极性选择器、基准电平发生器，附件 2 没有给出与附件 4 结合的技术启示，并且附件 4 中的电路结构与本专利不同，其中峰值检测器是位于主回路中，而本专利中的峰值检测器是位于反馈回路中，附件 2 与附件 4 可以有多种连接方式的结合而不一定与本专利相同；（4）关于本专利权利要求 1 相对于附件 4 和 5 是否具备创造性，请求人认为，附件 5 公开了本专利权利要求 1 的增益放大器、视频极性选择器、行场信号分离器，其中附件 5 的图 1 中的同步分离电路加上帧同步脉冲分离电路就相当于行场信号分离器，附件 5 中的输入缓冲放大器加上箝位电路就是增益放大器，而权利要求 1 的其他特征被附件 4 公开，因此权利要求 1 相对于附件 5 和 4 的结合也不具备创造性；专利权人认为，附件 5 与本专利的发明目的不同，附件 5 没有公开增益放大器、行场信号分离器；（5）关于本专利权利要求 2~8的创造性，请求人认为，从属权利要求 2~5 中的误差信号放大器、滤波器、时间调整器、滤波和时间调整器均已被附件 4 中的积分器所公开，从属权利要求 6~8 中的缓冲驱动器、二极管峰值检波器、稳压管是公知技术，此外附件 1 也公开了从属权利要求 7 中的二极管峰值检波器，因此从属权利要求 2~8 相对于附件 2 和 4 的结合或者附件 5 和 4 的结合也不具备创造性；专利权人认为，附件 4 中的积分器不能相当于从属权利要求 3~5 中的滤波器、时间调整器、滤波和时间调整器，附件 4 也没有公开滤波和时间调整器的连接关系，附件 2、4、5 均没有公开从属权利要求 6~8 的附加技术特征。

至此，合议组认为本案事实已经清楚，现依法作出如下审查决定。

**二、决定的理由**

1. 关于无效理由和证据

请求人在无效宣告请求期间提交了附件 1~6，并在口头审理时放弃附件 3、6，专利权人对附件 2、4、5 的真实性无异议，因此合议组对附件 2、4、5 的真实性予以认可。

由于请求人在口头审理中放弃了本专利不符合专利法第 22 条第 1、2、4 款和专利法第 26 条第 3、4 款以及专利法实施细则第 20 条第 1 款规定的无效理由，故合议组仅针对本专利权利要求 1~8 相对于附件 2、4 结合或者附件 5、4 结合是否具备创造性进行审查。

2. 关于创造性

（1）权利要求 1~8 相对于附件 2、4 的结合是否具备创造性。

专利法第 22 条第 3 款规定：创造性，是指同申请日以前已有的技术相比，该发明有突出的实质性特点和显著的进步，该实用新型有实质性特点和进步。

如果要求保护的实用新型与现有技术相比，其区别特征已经被另一份对比文件所披露，并且在该对比文件中所起的作用与该区别特征在要求保护的实用新型中所起的作用相同，那么该实用新型不具备创造性。

具体就本专利而言，其所要解决的技术问题是针对现有技术中的数字示波器视频触发信号不稳定的缺点，提供一种触发信号幅度稳定程度较高的视频触发装置，该装置能够自动适应输入信号幅度的变化，从而提供幅度稳定的触发信号。权利要求 1 的技术方案为：一种用于数字示波器的视频触发装置，包括顺序串连连接的视频极性选择器、增益放大器和行场信号分离器，其特征在于：还包括峰值检波器、基准电平发生器和电平比较器，其中峰值检波器从所获取的视频信号中检测出视频峰值信号，它的输入端连接增益放大器的输出端，以获取增益放大器输出的视频信号，其输出端连接电平比较器的第一输入端，将所述峰值信号送给电平比较器；基准电平发生器提供与所述峰值信号进行比较的标准电平信号，其输出端连接所述电平发生器的第二输入端；电平比较器的输出端连接所述增益放大器的反馈输入端，用于比较所述峰值信号和标准电平信号，将比较得到的信号差值输出到所述增益放大器。

附件2公开了一种用于摄像机自动调光系统的视频信号幅值提取电路，其所要解决的技术问题是针对现有技术中摄像机输出视频信号受外部光线影响而变化导致显示器图像闪烁的缺点，利用视频信号幅值提取电路组成摄像机自动调光控制系统，调整射入摄像机靶面的光强度，使摄像机输出的视频信号保持稳定。附件2中公开了该幅值提取电路主要由视频信号输入放大电路、同步分离电路、行场分离电路、行与场脉宽形成电路、复位控制、采样控制和测量窗组成，还公开了将该幅值提取电路应用于摄像机的自动调光系统中以测出摄像机输出的视频信号幅值，然后与基准电路设定的幅值相比较，经误差运算电路求出偏差值，该偏差信号作用于伺服系统带动密度盘作相应的转动，改变光学透过率，调整进入摄像机靶面的光强度，使摄像机输出的图像保持在设定的幅值上。

将权利要求1所要求保护的技术方案与附件2公开的内容相比可知，虽然附件2中的视频信号幅值提取电路是用于摄像机自动调光系统，而本专利的视频触发装置是用于数字示波器，但均属于视频显示装置中的信号处理技术领域，技术领域相同；所要解决的技术问题都是用于调整输入到显示装置（本专利中为示波器，附件2中为显示器）的视频信号以使其幅度保持稳定；在附件2公开的内容中，视频信号输入放大电路相当于权利要求1中所述的增益放大器，行场分离电路相当于权利要求1所述的行场信号分离器，基准电路相当于权利要求1所述的基准电平发生器，误差运算电路相当于权利要求1所述的电平比较器，其区别在于：①权利要求1中还包括峰值检波器，并且其中电平比较器是将峰值检波器输出的峰值信号和基准电平发生器提供的标准电平信号相比较，而附件2中是将幅值提取电路提取的视频信号幅值与基准电路设定的幅值相比较；②附件2的视频信号幅值提取电路在应用于摄像机自动调光系统中时，其对视频信号的处理是通过带动密度盘以改变光学透过率、调整进入摄像机靶面的光强度来实现的，而本专利的视频触发装置是通过调整增益放大器的增益来提供稳定的视频触发信号，二者调整视频信号幅值的方式不同；③权利要求1中还包括视频极性选择器。根据上述区别特征，合议组重新确定本专利权利要求1实际解决的技术问题为：基于视频信号峰值和标准电平的比较通过调整增益放大器的增益来提供稳定的视频信号。

附件4公开了一种例如用于硬盘驱动器的自动增益控制电路，其所要解决的技术问题是提供一个改进的自动增益控制电路，用于放大输入信号使得该放大信号对一个参考值有特定的响应。其中公开了该自动增益控制电路包括可变增益放大器、峰值检测器、比较器、积分器等装置，其中该可变增益放大器根据增益控制信号放大所述输入信号，峰值检测器用于检测所述放大信号的峰值，比较器将峰值检测器的输出信号与参考电平即所述参考值相比较以得到误差信号，积分器用于积分误差信号以得到所述增益控制信号。

可见，上述区别特征①和②已经被附件4公开，并且在附件4中所起的作用与本专利相同，都是基于信号峰值与参考电平的比较通过调整增益放大器的增益来改变输入信号的幅度；而且，附件4的自动增益控制电路作为一种通用的电路模块，可以应用于各种具体的电路系统中，包括本专利的数字示波器的视频触发装置，因此，本领域技术人员为了解决视频信号稳定的问题，有动机将附件2和附件4结合。而上述区别特征③视频极性选择器是数字示波器中的必备部件，这是本领域的公知常识。因此，合议组认为，将附件2、附件4和公知常识相结合以得到本专利权利要求1的技术方案，对于本领域技术人员来说是显而易见的，因而权利要求1不具备专利法第22条第3款规定的创造性。

专利权人认为，附件4中没有公开基准电平发生器，并且附件4中的电路结构与本专利不同，其中峰值检测器是位于主回路中，而本专利中的峰值检测器是位于反馈回路中。对此，合议组认为，附件 4 中公开了用于提供参考电平的端口 24（参见图 1 和说明书第 3 页第 11~19 行），相当于本专利的基准电平发生器；关于电路结构，附件 4 的图 1 所示的电路是以用于硬盘驱动器的伺服解调器电路为例设计的，在该特例中峰值检测器位于主回路中，但是在附件 4 所公开的电路原理的基础上，针对不同的具体应用而将某个部件设置在主回路或反馈回路中是本领域的公知常识，这是本领域技术人员很容易想到的，因此也不足以使得权利要求 1 具备创造性。

权利要求 2 是权利要求 1 的从属权利要求，其附加技术特征为“所述装置还包括误差信号放大器，连接在电平比较器的输出端和增益放大器的输入端之间，用于放大电平比较器输出的差值信号”，而附件 4 中公开了包括积分器用于对误差信号进行积分并输出到可变增益放大器，该积分器相当于权利要求 2 所述的误差信号放大器，因此上述附加技术特征也被附件 4 所公开，故权利要求 2 也不具备专利法第 22 条第 3 款规定的创造性。

权利要求 3 是引用权利要求 2 的从属权利要求，其附加技术特征是“所述装置还包括滤波器，该滤波器连接在所述误差信号放大器和所述增益放大器之间，用于滤出所述误差信号放大器输出信号中的噪声信号”，这一特征没有被附件 2 或附件 4 公开，并且没有证据表明该特征是本领域的公知常识，而该特征所带来的技术效果是可以消除误差信号中可能产生的噪声信号，故附件 2 和附件 4 尚不足以破坏权利要求 3 的创造性。请求人认为，附件 4 中的积分器相当于权利要求 3 所述的滤波器，并且采用滤波器滤波以消除噪声也是本领域的公知常识。对此，合议组认为，在附件 4 中并没有明确记载其中的积分器还同时用于对误差信号进行滤波；同时在附件 2 和附件 4 中均没有给出根据实际需要结合公知常识增加一个滤波器以滤除噪声信号的技术启示，故请求人的上述观点不能得到支持。

权利要求 5 是引用权利要求 2 的从属权利要求，其附加技术特征是“所述装置还包括滤波和时间调整器，该滤波器连接在所述误差信号放大器和所述增益放大器之间，用于滤出所述误差信号放大器输出信号中的噪声信号以及与视频信号的相位相适应”，这一特征没有被附件 2 或附件 4 公开，而该特征所带来的效果是可以调整误差信号的相位，消除误差信号中可能产生的延迟，以与视频信号的相位相适应，故附件 2 和附件 4 尚不足以破坏权利要求 5 的创造性。请求人认为，附件 4 中的积分器相当于权利要求 5 所述的滤波和时间调整器，并且采用滤波器滤波以消除噪声和采用时间调整器调整信号相位也是本领域的公知常识。对此，合议组认为，在附件 4 中没有明确记载其中的积分器还同时用于对误差信号进行滤波，也没有记载该积分器还同时用于时间调整以实现与视频信号的相位相适应；并且在附件 2 和附件 4 中均没有给出根据实际需要结合公知常识增加一个滤波器以滤除噪声信号和增加一个时间调整器以调整信号相位的技术启示，故请求人的上述观点不能得到支持。

权利要求 4 是引用权利要求 3 的从属权利要求，权利要求 6~8 分别是直接或间接引用权利要求 5 的从属权利要求，因此附件 2 和附件 4 也不能破坏权利要求 4、6~8 的创造性。

（2）权利要求 1~8 相对于附件 5、4 的结合是否具备创造性。

附件 5 公开了一种视频同步分离器，用于与同步示波器配合，使得能够稳定地观察来自电视机和录像机的视频信号的波形、周期、幅度以及某些其他电气参数。其中公开了该电路包括视频极性选择开关、缓冲放大分相电路、箝位电路、缓冲电路、同步分离电路、帧同步脉冲分离电路、延迟电路、触发器等，其工作原理是从视频信号中分离出帧同步脉冲，用该帧同步脉冲来触发示波器的外触发电路以使其同步，因为该帧同步脉冲是先经过延迟时间可调的延迟电路后再去触发示波器，所以显示的波形非常稳定。其中视频箝位电路使所有的同步脉冲的顶端被箝位在同一直流电平上，使得亮度和平均视频电压发生变化时在示波器上显示的波形保持在同一基线上，便于测量视频波形的幅度。

请求人认为，附件 5 中的视频箝位电路使所有的同步脉冲的顶端被箝位在同一直流电平上，这就表明其具有放大的功能，从而输入缓冲放大器加上箝位电路就相当于本专利权利要求 1 中的增益放大器。对此，合议组认为，视频箝位电路所起的作用是将所有同步脉冲的顶端被箝位在同一直流电平上，而增益放大器是根据设定的增益对整个信号进行成比例的放大，二者的放大原理和效果都是不同的；而输入缓冲放大器所起的作用是缓冲，与增益放大器也不是同一概念，输入缓冲放大器与箝位电路的简单叠加也无法实现与增益放大器相同的放大功能和效果，因此请求人的上述观点不能成立。

由上可知，附件 4 公开的是一种自动增益控制电路，由于附件 5 中没有公开增益放大器，并且附件 5 中也没有给出相应的技术启示，因此本领域技术人员没有动机将附件 5 与附件 4 相结合，因此附件 5 和附件 4 不能破坏本专利权利要求 1 的创造性。进而，附件 5 和附件 4 也不能破坏本专利权利要求 2~8 的创造性。

此外，由于附件 1 中仅公开了使用检波二极管，而没有公开权利要求 3 的滤波器以及权利要求 5 的滤波和时间调整器，因此，不论附件 1 真实与否，它与附件 2、4 结合或者与附件 5、4 结合都不能破坏权利要求 3 或 5 的创造性。

基于上述事实和理由，本案合议组依法作出以下审查决定。

**三、决定**

宣告 03250492.6 号实用新型专利权利要求 1~2 无效，在权利要求 3~8 的基础上维持 03250492.6 号实用新型专利有效。

当事人对本决定不服的，可以根据专利法第 46 条第 2 款的规定，在收到本决定之日起三个月内向北京市第一中级人民法院起诉。根据该款规定，一方当事人起诉后，另一方当事人应当作为第三人参加诉讼。

174

# 柔光箱接口

## 无效宣告请求审查决定（第 10538 号）

**决　　定　　号**　第 10538 号
**决　　定　　日**　2007 年 9 月 29 日
**发明创造名称**　柔光箱接口
**国 际 分 类 号**　G03B 15/02
**无效宣告请求人**　温州市光宝摄影器材有限公司
**专　利　权　人**　广东普思贸易有限公司
**申　　请　　号**　03273040. 3
**申　　请　　日**　2003 年 6 月 26 日
**优　先　权　日**　2002 年 9 月 13 日
**授 权 公 告 日**　2004 年 6 月 23 日
**合 议 组 组 长**　刘颖杰
**主　　审　　员**　周　航
**参　　审　　员**　王琦琳

**法　律　依　据**　专利法第 22 条第 2 款
**决　定　要　点**
如果一项权利要求所请求保护的技术方案在对比文件中完全公开，则该权利要求不具备新颖性。

### 一、案由

本无效宣告请求涉及中华人民共和国国家知识产权局于 2004 年 6 月 23 日授权公告的、名称为“柔光箱接口”的实用新型专利（下称本专利），其申请号是 03273040. 3，申请日是 2003 年 6 月 26 日，优先权日是 2002 年 9 月 13 日，专利权人是广东普思贸易有限公司。本专利授权公告时的权利要求书如下：

“1. 一种柔光箱接口，其特征在于接口由基座、榫管、接口环等组成，基座由两个环状的环相夹而成，基座的内侧设有一环形的槽，槽位于两环之间，接口环通过被嵌在基座环形槽内且可在基座内转动的圆盘与基座相连接，接口环与圆盘固定连接并相互垂直成一体状；接口环上设有与闪光灯具相接合的接口；基座的外侧分布着若干个槽口，这些槽口以基座的中心为圆心向外呈放射状态，榫管通过转轴在基座槽口与基座相连接。

2. 根据权利要求 1 所述的的柔光箱接口，其特征在于榫管的外层是呈空心状态的外榫套及内榫套，而榫眼、内榫轴、旋转臂、弹簧都藏在外榫套内，榫眼开口向外，榫眼的底部与内榫轴的一端相连接，内榫轴的另一端又与旋转臂的一端相连接，而旋转臂的另一端则直接连接着转轴，弹簧则正好围在内榫轴的外面。

3. 根据权利要求1或2所述的任一柔光箱接口，其特征是：在接口环上设有两个弯曲的卡口作为接口环与闪光灯具接合的接口，在基座的环上的设有制动装置。

4. 根据权利要求3所述的柔光箱接口，其特征在于所述的制动装置里面为设有刹车片，刹车片的一面顶着圆盘，另一面顶着螺钉，刹车片被夹在轴承座里并可以上下滑动。

5. 根据权利要求4所述的柔光箱接口，其特征在于外榫套表面为防滑纹状。”

针对上述专利权，温州市光宝摄影器材有限公司（下称请求人）于2007年4月11日向专利复审委员会提出无效宣告请求，其理由和范围是：本专利权利要求1~5不符合专利法第22条第2、3款的规定，同时提交了如下附件：

附件1：EP 0964291A1号欧洲专利申请公开文本，其公开日为1999年12月15日；

附件2：US 6030087A号美国专利文献，其授权公告日为2000年2月29日；

附件3：附件1和附件2共同的说明书译文及其各自的权利要求书译文；

附件4：本专利的授权公告文本。

请求人认为：本专利权利要求1~5与附件1或者附件2相比，技术领域、发明目的和技术方案完全相同，因此本专利的权利要求1~5相对于附件1或者附件2不具备新颖性，进而也不具备创造性。

经形式审查合格，专利复审委员会依法受理了上述无效宣告请求，并于2007年4月12日向双方当事人发出无效宣告请求受理通知书，同时将专利权无效宣告请求书及其附件清单中所列附件的副本转送给专利权人，要求其在收到该通知之日起1个月内陈述意见，并对外文证据中文译文的准确性发表意见，期满未答复的不影响专利复审委员会的审理。

在指定的期限内专利权人未作答复。

专利复审委员会于2007年5月11日收到请求人补充提交的意见陈述书和以下附件：

附件5：盖有“温州市鹿城区站前万圣形象设计工作室”印章并有购买人钟能伟签名的“产品购买说明书”，后附有4页产品照片的彩色复印件；

附件6：盖有“中国摄影家协会图片社”印章的关于采购《光宝》牌摄影灯具的说明，出具日期是2007年4月8日，后附有4页盖有该图片社印章的产品照片复印件，以及一张“浙江增值税专用发票”照片彩色复印件，开票时间为2002年1月30日，发票号为00757126；

附件7：声称为《摄影之友》杂志第2001年第1期的封面和广告页的彩色复印件（共2页）；

附件8：声称为《摄影之友》杂志第2002年第3期的封面和广告页的彩色复印件（共2页）；

附件9：瑞士爱玲珑闪光灯设备手册的复印件（共7页）；

附件10：广东普思贸易有限公司和北京兴普思贸易有限公司的的产品目录封面、前言彩色复印件，以及广东普思贸易有限公司的销售单和报价单复印件，上面盖有表明该公司地址、工商银行账号和法定代表人交通银行账号的蓝色印章（共4页）；

附件11：声称为广东普思贸易有限公司的营销网站页面扫描件（共1页）；

附件12：声称为 www. elinchrom. com 网站上下载的瑞士爱玲珑公司总部大楼照片的打印件（共1页）；

附件13：声称为 www. elinchrom. com 网站上下载的瑞士爱玲珑公司宣传标识的打印件（共1页）；

附件14：声称为 www. elinchrom. com 网站上下载的瑞士爱玲珑公司柔光箱商标“Elinchrom”的打印件（共1页）；

附件 15：广东普思贸易有限公司诉状副本扫描件（共 2 页）；

附件 16：广东省广州市中级人民法院（2007）穗中法民三初字第 105 号民事裁定书复印件（共 2 页）；

附件 17：品名规格为 EL-70×70 柔光箱的上海市商业统一发票复印件，发票号码为 17858828，开票日期为 2007 年 4 月 25 日。

请求人认为，附件 5、6、10 证明在本专利申请日和公告日之前已有相同的产品公开销售和使用，证据 10 还证明专利权人已在本专利申请日之前公开销售了与本专利完全相同的产品；证据 7、8 证明在本专利申请日和公告日之前已有相同的产品广告刊登在公开出版物上；证据 11~14 证明专利权人是瑞士爱玲珑公司摄影器材产品在中国市场的总代理；证据 16~17 表明本案专利权人向广州市中级人民法院对请求人提起专利侵权诉讼后又撤诉，此外证据 17 还表明瑞士爱玲珑公司公开销售的产品与本专利完全相同。因此，本专利权利要求 1~5 的技术方案在其申请日之前已经公开销售和使用，不具备新颖性。

专利复审委员会依法成立合议组对本案进行审查，合议组于 2007 年 6 月 28 日向双方当事人发出无效宣告请求口头审理通知书，定于 2007 年 9 月 4 日对本案进行口头审理，随同口头审理通知书，将专利复审委员会于 2007 年 5 月 11 日收到的请求人补充提交的意见陈述书及其附件副本转给专利权人。后由于地址变更，寄给专利权人的口头审理通知书被退回，合议组于 2007 年 7 月 18 日再次将上述口头审理通知书和请求人补充提交的意见陈述书及其附件副本寄给专利权人。

专利复审委员会于 2007 年 8 月 28 日收到请求人提交的意见陈述书，其中表示附件 5~17 的原件、公证文本正在邮寄途中，如口头审理时不能提交，希望能在口头审理后的合理期限内补交。

口头审理如期举行，请求人参加了口头审理，专利权人未参加此次口头审理。

在口头审理中，请求人明确其无效宣告请求的理由和范围是：本专利权利要求 1~5 不符合专利法第 22 条第 2、3 款有关新颖性和创造性的规定。请求人指出，附件 1 和附件 2 的说明书部分完全相同，只是权利要求书有所区别，它们分别公开了本专利权利要求的全部技术特征，附图也与本专利完全相同，请求人还就本专利权利要求的技术方案与附件 1 和附件 2 所公开的内容进行了详细的对比，认为附件 1 和附件 2 均可证明本专利不具备新颖性，进而也不具备创造性。

此外，请求人当庭出示了附件 16 和附件 17 的原件，除此之外未提交其他附件的原件，但表示将在口头审理结束后一周之内提交。请求人表示附件 5 和附件 6 中出具证明的人均不能出席本次口头审理，其后所附照片是购买的爱玲珑公司的产品，从上面可以看出其产品与本专利相同；附件 7 和 8 是具有爱玲珑产品广告的杂志，说明在本专利申请日之前相同的产品已经销售；附件 9 是从网站上下载的资料，后面附有爱玲珑闪光灯设备手册，说明爱玲珑公司与广东普思贸易公司有过合作；附件 10 与 11~14 相印证，说明广东普思贸易公司是爱玲珑公司的广东办事处，其中附件 12、13 和 14 是从国外网站上下载的网页，请求人未提交其中文译文；附件 15 和 16 证明专利权人曾就本专利的侵权纠纷起诉过请求人，后又主动撤诉。

口头审理结束后，合议组于 2007 年 9 月 10 日收到请求人提交的附件 7~9 的原件、附件 10 中报价单和销售单的原件以及由“中华人民共和国北京市宣武区公证处”针对附件 12~14 作出的公证书。

在上述工作的基础上，合议组认为本案事实已经清楚，可以作出审查决定。

**二、决定的理由**

1. 本案中涉及的证据

请求人在本次无效宣告程序中共提交了 17 份附件，即附件 1~17，其中附件 3 包括附件 1 和 2 共同的说明书译文和分别的权利要求书译文，附件 4 是本专利的授权公告文本，因此本案中作为证据使用的是附件1、附件2，以及附件5~17。

2. 关于附件1~3

附件1是欧洲专利申请，其公开日为1999年12月15日，附件2是美国专利，其授权公告日为2000年2月29日。经合议组审查，上述附件1和2的真实性可以得到确认，且其公开日均早于本专利的优先权日（2002年9月13日），因此该附件1和2所记载的内容构成本专利的现有技术，可以用来评价本专利的新颖性和创造性。请求人表示，附件1和附件2的说明书内容完全相同，只是权利要求书有所区别，并提交了附件3作为附件1和2说明书部分共同的中文译文和各自的权利要求书译文。专利权人未出席口头审理，也未在指定的期限内就附件1和2的中文译文（即附件3）准确性发表意见，根据审查指南第四部分第八章第2.2.1节关于外文证据的提交规定，应视为其对该中文译文的准确性无异议，因此上述附件1和2文字部分的公开内容以其中文译文（即附件3）的内容为依据。

3. 关于本专利权利要求的新颖性

专利法第22条第2款规定：新颖性，是指在申请日以前没有同样的发明或者实用新型在国内外出版物上公开发表过、在国内公开使用过或者以其他方式为公众所知，也没有同样的发明或者实用新型由他人向国务院专利行政部门提出过申请并且记载在申请日以后公布的专利申请文件中。

在本案中，权利要求1要求保护一种柔光箱接口，根据本专利说明书的记载（参见说明书第1页第1段），该装置是一种在摄影和录影工作中将柔光箱、闪光灯及附件连接起来的机构。权利要求1中的具体技术特征包括：（1）接口由基座、榫管、接口环等组成；（2）基座由两个环状的环相夹而成；（3）基座的内侧设有一环形的槽，槽位于两环之间；（4）接口环通过被嵌在基座环形槽内且可在基座内转动的圆盘与基座相连接，接口环与圆盘固定连接并相互垂直成一体状；（5）接口环上设有与闪光灯具相接合的接口；（6）基座的外侧分布着若干个槽口，这些槽口以基座的中心为圆心向外呈放射状态；（7）榫管通过转轴在基座槽口与基座相连接。

附件1涉及一种摄影工作中使用的反光罩（参见附件1中文译文，即附件3的第4页第2行至第5页第24行，以及附件1的附图1~6），其包括由弹性放射状支架2撑开的金属反光布1，每根支架2上都设有榫头3和榫尾4，反光布1通过中心的孔7和孔套8接在接口环9上，接口环9是环形基座10的组成部分，环形基座10由两个环11和12相夹而成（相当于本专利中的特征（2）），环12内有一个槽14（从附件1的附图5可以看出，该槽14位于环11、12之间，相当于本专利中的特征（3）），槽14中嵌入固定圆盘13，圆盘13可转动，该圆盘13承载着接口环9（从附件1的附图5可以看出接口环9与圆盘13垂直连接成一体状，同时使得接口环9与基座10相连，相当于本专利中的特征（4）），接口环9伸出环12的部分上还设有与闪光灯相接合的卡口15（相当于本专利中的特征（5）），支架2的榫头3插入安装在旋转臂30上的榫眼29中，每个榫眼29上都安装有榫管36，从附件1的图5可以看出，旋转臂30穿过环11和12（作为基座10的一部分）上形成的槽口33，该旋转臂30（外面套有榫管36）通过一转轴34与基座连接10相连（上述特征相当于本专利中的特征（7）），从附件1的图1可以看出，槽口33有若干个，并以基座为圆心向外成放射状分布（相当于本专利中的特征（6））。

由此可以看出，附件1与本专利都属于摄影反光（即柔光）器材领域，并且二者的技术方案相同，虽然附件1中没有明确记载“柔光箱接口”这一特征，但是附件1中接口环9、基座10、和榫管36等部件的组合（即附件1上述公开内容中除反光布之外的其余部件之合）相当于本专利中的柔光箱接口（即相当于本专利中的特征（1））。综上所述，本专利权利要求1中涉及的所有技术特征均在附件1中公开，二者技术领域相同，且其技术效果都是获得了一种操作简单的柔光箱部件，因此，本专利的权利要求1相对于附件1不具备新颖性，不符合专利法第22条第2款的规定。

权利要求2从属于权利要求1，其附加技术特征进一步限定了柔光箱接口的榫管等部件结构，包括：（8）榫管的外层是呈空心状态的外榫套及内榫套，而榫眼、内榫轴、旋转臂、弹簧都藏在外榫套内；（9）榫眼开口向外，榫眼的底部与内榫轴的一端相连接，内榫轴的另一端又与旋转臂的一端相连接，而旋转臂的另一端则直接连接着转轴，弹簧则正好围在内榫轴的外面。

上述附加技术特征在附件1中均已公开（参见附件1的中文译文，即附件3的第5页第4~10行以及附件1的附图5），可以得知榫管36包括安装在榫眼29上的外榫套37和其上的内榫轴31，外榫套37相对于榫眼29的另一端具有内榫套38，弹簧40安装在榫眼29的底部32和内榫套38之间的外榫套38中，外榫套37和内榫套38成空心状，榫眼29、内榫轴31、旋转臂30和弹簧40都处于外榫套37内（相当于本专利中的特征（8）），榫眼29开口向外，榫眼底部32连接着内榫轴31，内榫轴31另一端连接着旋转臂30，而旋转臂30的另一端直接连接着转轴34，弹簧正好围在内榫轴的外面（相当于本专利中的特征（9））。因此，在其引用的权利要求1不具备新颖性的情况下，该权利要求2也不具备专利法第22条第2款所规定的新颖性。

权利要求3从属于权利要求1或2，其附加技术特征进一步限定了柔光箱接口的接口环等部件结构，包括：在接口环上设有两个弯曲的卡口作为接口环与闪光灯具接合的接口，在基座的环上的设有制动装置。

上述附加技术特征在附件1中也已经公开（参见附件1的中文译文，即附件3第4页第12~14行、17~18行，附件1的附图6），其中卡口、接口环、制动装置分别对应的附图标记是15、9和20，从附件1的附图6可以看出它们之间的位置关系与权利要求3所限定的技术方案相同。因此，在其引用的权利要求1或2不具备新颖性的情况下，该权利要求3也不具备专利法第22条第2款所规定的新颖性。

权利要求4从属于权利要求3，其附加技术特征进一步限定了制动装置的刹车片等部件结构，包括：制动装置里面为设有刹车片，刹车片的一面顶着圆盘，另一面顶着螺钉，刹车片被夹在轴承座里并可以上下滑动。

上述附加技术特征在附件1中也已经公开（参见附件1的中文译文，即附件3第4页第18~22行，附件1的附图6），其中刹车片、圆盘、螺钉、轴承座分别对应的附图标记是21、13、23和22，从附图可以看出它们之间的位置关系与权利要求4所限定的技术方案相同。因此，在其引用的权利要求3不具备新颖性的情况下，该权利要求4也不具备专利法第22条第2款所规定的新颖性。

权利要求5从属于权利要求4，其附加技术特征进一步限定了柔光箱接口的外榫套表面为防滑纹状。

上述附加技术特征在附件1中也已经公开，从附件1的附图1中可以明显看出外榫套表面具有防滑纹。因此，在其引用的权利要求4不具备新颖性的情况下，该权利要求5也不具备专利法第22条第2款所规定的新颖性。

4. 关于附件5~17

鉴于本专利的全部权利要求相对于证据1均不具备新颖性，故在此对附件5~17的真实性、公开内容以及与本案的关联性不再进行具体评述，并且本案合议组也不再针对请求人提出的其他证据使用方式和无效宣告理由进行审查和评述。

基于以上事实和理由，本案合议组依法作出如下审查决定。

**三、决定**

宣告03273040.3号实用新型的专利权全部无效。

当事人对本决定不服的，可以根据专利法第46条第2款的规定，在收到本决定之日起三个月内向北京市第一中级人民法院起诉。根据该款的规定，一方当事人起诉后，另一方当事人可以作为第三人参加诉讼。

175

# 一种药物棉签

## 无效宣告请求审查决定（第10543号）

**决　　定　　号**　第10543号
**决　　定　　日**　2007年10月8日
**发明创造名称**　一种药物棉签
**国 际 分 类 号**　A61F 13/36，A61M 35/00
**无效宣告请求人**　曹荣华
**专　利　权　人**　黄维明
**专　　利　　号**　01215797.X
**申　　请　　日**　2001年3月28日
**授 权 公 告 日**　2002年1月16日
**合 议 组 组 长**　刘颖杰
**主　　审　　员**　李　礼
**参　　审　　员**　刘　铭

**法　律　依　据**　专利法第22条第2款
**决　定　要　点**

如果一份证据是由他人在一项专利申请日前向专利局提出并且在该项专利申请日后公布的同样的实用新型专利，则该证据破坏该项专利的新颖性。

### 一、案由

本无效宣告请求涉及中华人民共和国国家知识产权局于2002年1月16日授权公告的、名称为“一种药物棉签”的01215797.X号实用新型专利（下称本专利），其申请日为2001年3月28日，专利权人为黄维明，该专利权已于2004年3月28日因费用问题终止。

该专利授权公告时的权利要求书如下：

“1. 一种药物棉签，由棉签杆（1）和干棉球（4）所组成，干棉球（4）设在棉签杆（1）的端头，其特征是棉签杆（1）为一端密封、另一端开口的空心管，其内装有所需要的药水（2），在棉签杆（1）开口处设有可阻止药水（2）流出的黏滞物质（3）。”

针对上述专利权，曹荣华（下称请求人）于2007年2月7日向专利复审委员会提出无效宣告请求，认为本专利不符合专利法第22条第2、3款的规定，其提交的证据如下：

证据1：ZL00211281.7号实用新型专利说明书，申请日为2000年3月29日，授权公告日为2001年6月27日，专利权人为曹建华；

证据2：ZL97202643.6号实用新型专利说明书，授权公告日为1999年6月30日。

结合上述证据，请求人认为：证据1公开了与本专利权利要求1相同的技术方案，构成了本专利的抵触申请，因此本专利权利要求1相对于证据1不具备新颖性；证据2公开了本专利权利要求1的全部技术特征，其中的液态矽油91属于黏滞物质的下位概念，这与本专利权利要求1中的黏滞物质（3）的形状、位置关系及作用相同，因而本专利权利要求1相对于证据2不具备新颖性；本专利权利要求1相对于证据2也不具备创造性。

经形式审查合格，专利复审委员会依法受理了上述无效宣告请求，于2007年3月12日向双方当事人发出无效宣告请求受理通知书，并将无效宣告请求书及其附件清单中所列附件的副本转送给专利权人，要求其在指定的期限内答复。

专利权人未在指定期限内进行答复。

专利复审委员会依法成立合议组，对上述无效宣告请求进行审理。本案合议组于2007年6月1日向双方当事人发出无效宣告请求口头审理通知书，指出本案定于2007年8月15日举行口头审理。

口头审理如期举行，请求人出席了口头审理，专利权人未出席口头审理。

在口头审理中，合议组告知请求人本案合议组成员的变更情况，请求人对上述变更没有异议，对合议组成员没有回避请求。请求人当庭明确其无效宣告请求理由、证据和范围：（1）本专利权利要求1分别相对于证据1或证据2不具备新颖性，不符合专利法第22条第2款的规定；（2）本专利权利要求1相对于证据2不具备创造性，不符合专利法第22条第3款的规定。

请求人认为证据1公开了一种管状容器，其技术领域与本专利相同，证据1的实施例1公开的包覆体相当于本专利权利要求1中的干棉球，管体相当于本专利权利要求1中的棉签杆，液体部位相当于本专利权利要求1中的药水，液态油质封闭体相当于本专利权利要求1中的黏滞物质，其作用、位置均与本专利中的黏滞物质相同，因而，证据1破坏本专利权利要求1的新颖性。

请求人认为证据2与本专利所属技术领域也相同，证据2中的包覆体对应于本专利中的干棉球，管体相当于本专利中的棉签杆，液体相当于本专利中的药水，矽油相当于本专利中的黏滞物质，其位置、作用也与本专利中的黏滞物质相同，本专利中的黏滞物质为上位概念，证据2中公开的矽油为下位概念，因而，证据2也可破坏本专利权利要求1的新颖性。

请求人认为由于证据2可以破坏本专利权利要求1的新颖性，因而本专利权利要求1相对于证据2也不具备创造性。

专利复审委员会于2007年8月15日向专利权人发出了合议组成员告知通知书，告知其本案合议组的变更情况，并指出如对合议组成员有回避请求，应于收到上述通知书之日起7日内提交书面的请求书，逾期未答复的，视为无回避请求。

专利权人对上述变更未提出异议。

至此，合议组认为本案事实清楚，现依法作出审查决定。

**二、决定的理由**

虽然本专利的专利权自2004年3月28日起已由于未缴纳费用问题而终止，但在其终止日之前该专利权仍然存在，因此专利复审委员会根据请求人的无效宣告请求对本专利在其终止日之前的专利合法性进行审理。

1. 关于证据

证据1和证据2均为中国实用新型专利的授权公告文本，专利权人未对其真实性提出异议，经审查，证据1、2可以作为本案证据使用，其中证据1是由他人在本专利申请日之前向国务院专利行政部门提出申请的、于本专利申请日之后公开的专利申请文件，仅可用于评价本专利的新颖性，证据2

的授权公告日在本专利申请日之前，其上记载的内容构成本专利的现有技术。

2. 关于本专利权利要求 1 是否具备新颖性的问题

专利法第 22 条第 2 款规定：新颖性，是指在申请日以前没有同样的发明或者实用新型在国内外出版物上公开发表过、在国内公开使用过或者以其他方式为公众所知，也没有同样的发明或者实用新型由他人向国务院专利行政部门提出过申请并且记载在申请日以后公布的专利申请文件中。

请求人认为证据 1 公开了本专利权利要求 1 的全部技术特征，构成了本专利的抵触申请，因而，本专利权利要求 1 相对于证据 1 不具备新颖性。

本专利权利要求 1 请求保护一种药物棉签，证据 1 公开了一种管状容器，具体公开了以下内容：该管状容器属于日常生活用药品、化妆品等液体物质罐装容器领域中的一种具有新颖结构的容器，其包括是后端封闭的中空管体的管体 1，在管体 1 之前端具有一开口 11，使得液体可由该开口 11 填充于管体 1 内部的液体部位 3 中，管体后端的封闭形式可采用热熔胶、盖子或者塞子等封闭方法，从而达到后端封闭的目的，在管体 1 前端的开口 11 处，可视管体 1 内液体的性质而选用适当的包覆体 2，吸收棉、刷体等，使得其可以作为棉花棒，在管体 1 前端内部的液态油质封闭体部位，填充一小段无毒性的液态油质封闭体，该液态油质可为矽油，以阻隔液体流出管体 1 前端的开口 11，并防止液体与空气相接触，使得液体不会出现干涸或变质，该液体可以是香水、涂抹性药水、清洁液或其他液体等。

根据证据 1 所公开的上述内容，合议组认为：首先，证据 1 与本专利属于相同的技术领域，所要解决的技术问题也相同，证据 1 所公开的实施例中涉及了一种作为棉花棒的管状容器，这恰恰与本专利请求保护的药物棉签相同；其次，证据 1 所公开的内容中，一端封闭、另一端具有开口的中空管体 1 相当于本专利中的棉签杆，在管体 1 前端开口 11 处的包覆体 2 相当于本专利中的干棉球，位于中空管体 1 内的液体相当于本专利中的药水，位于管体 1 内部前端、用于阻塞液体从开口 11 流出的矽油相当于本专利中的黏滞物质，可见，证据 1 已公开了本专利权利要求 1 请求保护的全部技术特征，仅是文字表述上存在不同，其二者技术方案实质相同；并且，证据 1 中公开的可作为棉花棒的管状容器所达到的技术效果与本专利请求保护的棉签也是相同的，均可提供一种既可直接干用也可直接湿用的方便卫生的药用棉签。由此可见，证据 1 是由他人在本专利申请日之前向国务院专利行政部门提出申请的、于本专利申请日之后公开的同样的专利申请文件，因此，本专利权利要求 1 相对于证据 1 不具备新颖性，不符合专利法第 22 条第 2 款的有关规定。

由于证据 1 已破坏本专利权利要求 1 的新颖性，从而导致本专利全部无效，因此本决定不再对证据 2 是否破坏本专利权利要求 1 新颖性、创造性的无效理由进行评述。

**三、决定**

宣告 01215797. X 号实用新型专利权全部无效。

当事人对本决定不服的，可以根据专利法第 46 条第 2 款的规定，自收到本决定之日起三个月内向北京市第一中级人民法院起诉。根据该款的规定，一方当事人起诉后，另一方当事人应当作为第三人参加诉讼。

176

# 环保街道清洁车

## 无效宣告请求审查决定（第10552号）

**决　　定　　号**　第10552号
**决　　定　　日**　2007年9月28日
**发明创造名称**　环保街道清洁车
**国 际 分 类 号**　E01H 1/05
**无效宣告请求人**　欧维隆
**专　利　权　人**　陈华栋
**专　　利　　号**　200420005199.9
**申　　请　　日**　2003年12月6日
**授 权 公 告 日**　2005年1月26日
**合 议 组 组 长**　朱文广
**主　　审　　员**　王　博
**参　　审　　员**　欧　岚

**法　律　依　据**　专利法第22条第4款、第26条第3款
**决　定　要　点**

能够制造或者使用是指发明或实用新型的技术方案在产业上能够制造或者使用；能够产生积极效果是指发明或实用新型的技术方案应当能够产生积极和有益的效果。

所属技术领域的技术人员能够实现，是指所属技术领域的技术人员按照说明书记载的内容，就能够实现该发明或者实用新型的技术方案，解决其技术问题，并且产生预期的技术效果。

### 一、案由

本无效宣告请求涉及国家知识产权局于2005年1月26日授权公告、名称为“环保街道清洁车”的200420005199.9号实用新型专利权（以下简称本专利），其申请日为2003年12月6日，专利权人为陈华栋。

本专利授权公告的权利要求书如下：

“1. 本新型环保清洁车，它包括车架（1），车架（1）中装设垃圾箱（2），垃圾箱上端装设防尘罩盖（12），垃圾箱（2）两侧装设行走主动轮（3），垃圾箱上端适当位置装设推车手柄（13），其特征是：行走主动轮（3）中装设主动皮带轮（4）并装上传动皮带与装设在垃圾箱（2）上端的履带上传动轮（4）相配合，在该车架前端适当位置同样装设一个履带下传动轮（7）并装上履带（8）与装设在垃圾箱（12）上端的履带上传动轮（6）相配合，履带下端装设垃圾导板（14）与履带（8）

相配合，在履带（8）后端装设一个反转扫地轮（9）与履带（8）相配合，在反转扫地轮（9）后端装设一把可上下活动升降的弹性扫把（10）与反转扫地轮相配合，车架下端适当位置装设可灵活转向的小方向轮（11）。

2. 根据权利要求1所述的环保街道清洁车，其特征是：所述的履带（8）与反转扫地轮（9）可利用人力推动产生动力做功或人力脚踏该车产生动力做功，也可利用其他机电动力带动做功。

3. 根据权利要求1所述的环保街道清洁车，其特征是：所述的履带（8）与反转扫地轮（9）也可利用履带直接动落地摩擦产生动力带动反转扫地轮做功。"

针对上述专利权，欧维隆（以下简称请求人）于2007年4月16日向专利复审委员会提出无效宣告请求，其理由是本专利权利要求1~3不符合专利法第22条第4款、权利要求1不符合专利法第26条第3款，请求宣告本专利权全部无效。

经形式审查合格，专利复审委员会受理了该无效宣告请求，并于2007年6月4日向请求人和专利权人发出无效宣告请求受理通知书，随同该通知书将请求人的无效宣告请求书转送给专利权人，要求其在指定的期限内答复。

专利权人于2007年6月27日提交意见陈述书，并提交了以下附件：

附件1：环保街道清洁车视频光盘一张；

附件2：琼知行法字［2007］第1号专利侵权纠纷处理决定书的复印件，共3页。

专利权人认为本专利符合专利法第22条第4款、第26条第3款的规定。

本案合议组于2007年7月30日向双方当事人发出了口头审理通知书，定于2007年9月11日对本案进行口头审理，随口头审理通知书将专利权人于2007年6月27日提交的意见陈述书及附件的副本转给了请求人。

口头审理如期举行，双方当事人均参加了口头审理。（1）请求人当庭提交了意见陈述，合议组当庭转送给专利权人，专利权人当庭签收；专利权人当庭提交了意见陈述，合议组当庭转送给请求人，请求人当庭签收。（2）专利权人当庭放弃权利要求3，本次口头审理的文本以本专利授权公告时的权利要求1、2为准。（3）请求人明确其无效宣告的理由、范围为：本专利权利要求1~2不符合专利法第22条第4款的规定，权利要求1不符合专利法第26条第3款的规定。请求人明确表示没有其他的无效宣告理由、证据、范围和证据组合形式。本案合议组对请求人提出的无效理由和事实进行了调查，充分听取了双方当事人的陈述。

至此合议组认为本案事实已经清楚，可以作出审查决定。

**二、决定的理由**

1. 关于专利法第22条第4款

专利法第22条第4款规定：实用性，是指该发明或者实用新型能够制造或者使用，并且能够产生积极效果。

根据该规定：能够制造或者使用是指发明或实用新型的技术方案在产业上能够制造或者使用；能够产生积极效果是指发明或实用新型的技术方案应当能够产生积极和有益的效果。

请求人关于权利要求1、2不具备实用性的理由有以下几点：（1）履带根据《现代汉语辞典》的解释，按其字面理解应该钢制的，如果是钢制的就无法带动传动轮清扫垃圾。（2）权利要求1中的车架怎么装配没有说，权利要求1中14个部件无法构成一个有用的装置，具体为垃圾导向板，反转扫地轮是直接装在履带上的，活动升降弹性扫把直接装在反转扫地轮上的，显然无法工作。（3）行走主动轮与履带下传动轮和反转扫地轮转速不同，无法同步行走。

专利权人认为：（1）本专利没有对零部件的材料提出限定，本专利履带可以用符合本专利方案的要求的橡胶、皮带或钢制材料制成。（2）根据本领域技术人员的常识能够判断出来垃圾导板，反转扫地轮，弹性扫把的位置是设在车架上的，其相对于履带和反转地轮的位置是在下端和后端。（3）权利要求1中的履带下传动轮和反转扫地轮本领域技术人员能够判断是不着地的。本专利说明书第4页，行走主动轮和下履带轮反转履带轮相互没有抵触，不会产生摩擦力。

合议组认为：（1）在本专利的技术方案中，履带通过不间断的沿垃圾导板方向运动，与垃圾导板相配合，将垃圾引导进入垃圾箱，因此履带只要能够不间断的沿垃圾导板方向运动即能实现本发明，从而具有积极效果。请求人关于钢制履带无法带动传动轮清扫垃圾的观点缺少证据支持，因此请求人的第一点理由不能成立。（2）权利要求1中记载了“履带下端装设垃圾导板”，其中的“下端装设”并不是表明垃圾导板就直接与履带相连，而是在履带下方的适当位置安装垃圾导板的意思，垃圾导板并不与履带直接相连。这样的解释对于本领域技术人员而言，是显而易见的，可以根据本专利的说明书及常识判断出来。同理，对于权利要求1中记载的“履带后端装设一个反转扫地轮”、“反转扫地轮后端装设一把可上下活动升降的弹性扫把”，本领域技术人员也能根据经验，结合说明书中公开的内容，理解其含义，实施该方案。因此，请求人的第二点理由也不能成立。（3）根据说明书中的记载，本专利清扫垃圾的方案是通过履带下传动轮和反转扫地轮的配合将垃圾卷入履带和垃圾导板之间的空间内，在这里履带下传动轮和反转扫地轮的作用是夹起垃圾卷入车内，而不是用来导引车辆行走，二者的下表面接近于地面，但由于其并不是用来承受车身重量和带动车身向前行进的，因此也不会产生摩擦力阻碍车辆行进。另外，说明书第2页第2段最后记载了小万向轮的作用是“方便该车的灵活掉头与控制反转扫地轮的有效落地高度”，也验证了这一点。因此，请求人的第三点理由也不能成立。综上，请求人所主张的本专利不具备实用性的理由不能成立。

2. 关于专利法第26条第3款

专利法第26条第3款规定：说明书应当对发明或者实用新型作出清楚、完整的说明，以所属技术领域的技术人员能够实现为准。

所属技术领域的技术人员能够实现，是指所属技术领域的技术人员按照说明书记载的内容，就能够实现该发明或者实用新型的技术方案，解决其技术问题，并且产生预期的技术效果。

请求人认为：（1）履带材料不清楚；（2）“适当位置”没有表述清楚，履带上传动轮6、履带下传动轮7、履带8、反转扫地轮9等，概念不清楚；（3）上传动轮6、履带下传动轮7应该是滚筒或滚轴形状，所述领域技术人员无法理解实施。

专利权人认为：（1）本专利的履带是橡胶的，钢制的也可以。（2）因为是新的东西所以具体的位置不好说，所以说是适当的位置，本领域技术人员根据需要进行设置。本专利权根据位置、作用赋予部件名称，并不代表其概念。（3）轮就是滚筒式的轮。本专利是解决突出问题的技术方案，不是实际施工图，具体的技术问题是由一般地技术人员来解决，在权利要求中有图，上、下传动轮在附图中都有标识。导板是固定在架子上。

合议组认为：（1）根据前文关于实用性的论述，履带的材料与本专利是否能够实施没有关系，本专利已经充分公开了有关履带的技术特征，本领域技术人员能够根据需要选择合适的材料实施本专利。（2）本专利已经清楚描述了技术方案，其中所述的“适当位置”是本领域技术人员可以根据实践来进行选择的，至于请求人主张的部件名称不清楚的问题，合议组认为，这些部件名称都是描述性的，本领域技术人员通过部件名称，结合说明书中公开的内容，能够判断其具体含义。（3）轮的概念很广，显然根据说明书中所描述的轮的功能和使用场合，应当将其理解为滚筒式的轮，因此，请求人的该观点也不能成立。因此，请求人关于本专利不符合专利法第26条第3款规定的无效理由不能成立。

根据上述的事实和理由，本案合议组依法作出以下决定。

**三、决定**

鉴于专利权人在口头审理程序中声明放弃权利要求3，权利要求3视为自始不符合专利法及专利法实施细则的规定，应予无效。因此，宣告权利要求3无效，在权利要求1、2的基础上维持200420005199.9号实用新型专利权有效。

当事人对本决定不服的，可以根据专利法第46条第2款的规定，自收到本决定之日起3个月内向北京市第一中级人民法院起诉。根据该款的规定，一方当事人起诉后，另一方当事人应当作为第三人参加诉讼。

177

# 除霜加热器

## 无效宣告请求审查决定（第 10554 号）

**决　定　号**　第 10554 号
**决　定　日**　2007 年 10 月 8 日
**发明创造名称**　除霜加热器
**国 际 分 类 号**　F25D 21/08
**无效宣告请求人**　松下电器产业株式会社
**专　利　权　人**　苏州荣威工贸有限公司
**专　利　号**　200520073055.1
**申　请　日**　2005 年 6 月 23 日
**授 权 公 告 日**　2006 年 7 月 26 日
**合 议 组 组 长**　朱文广
**主　审　员**　王　琳
**参　审　员**　姜　岩

**法 律 依 据**　专利法第 22 条第 2 款、第 3 款
**决 定 要 点**

如果专利申请与对比文件公开的内容相比，其权利要求所限定的技术方案与对比文件公开的技术方案实质上相同，且两者能够适用于相同的技术领域，解决相同的技术问题，并具有相同的预期效果，则认为两者为同样的发明或者实用新型。

一项权利要求与最接近的现有技术相比，虽然存在区别特征，但该区别特征为公知常识或者为相同领域的另一份对比文件中的相关技术手段且该技术手段在该对比文件所起的作用与该区别特征在要求保护的发明中为解决其实际的技术问题所起的作用相同，则该权利要求不具备创造性。

### 一、案由

本无效宣告请求涉及中华人民共和国国家知识产权局于 2006 年 7 月 26 日授权公告的、名称为“除霜加热器”的实用新型专利权（以下简称本专利），其专利号是 200520073055.1，申请日是 2005 年 6 月 23 日，专利权人是苏州荣威工贸有限公司。本专利授权公告时的权利要求书如下：

“1. 一种除霜加热器，包括一对管接头（4）、设置于所述的一对管接头（4）之间的内层玻璃管（2）、分别插在所述的各管接头（4）内的两根导线（5），所述的内层玻璃管（2）内设置有电热丝（1），所述的各导线（5）分别与电热丝（1）两端部相连接，其特征在于：所述的内层玻璃管（2）的外侧套有外层玻璃管（3），所述的外层玻璃管（3）的两端部套在管接头（4）上。

2. 根据权利要求 1 所述的除霜加热器，其特征在于：所述的外层玻璃管（3）的内壁与内层玻璃管（2）的外壁之间有一段距离 a，所述的 a 为 3.5~5.5 毫米。

3. 根据权利要求 1 所述的除霜加热器，其特征在于：所述的管接头（4）的外圆周表面上具有沿径向凸起的倒齿形凸筋（6），所述的外层玻璃管（3）的内壁表面与倒齿形凸筋（6）的外圆周表面相贴合。

4. 根据权利要求 1 所述的除霜加热器，其特征在于：所述的管接头（4）上开有通气孔（7）。”

针对本专利权，松下电器产业株式会社（以下简称请求人）于 2007 年 3 月 26 日向专利复审委员会提出无效宣告请求，认为本专利权利要求 1 相对于附件 1 或 2 不符合专利法第 22 条第 2 款的规定；权利要求 2 相对于附件 1 不符合专利法第 22 条第 3 款的规定；权利要求 3 相对于附件 2 和附件 3 或 4 的组合不符合专利法第 22 条第 3 款的规定；权利要求 4 相对于附件 1 不符合专利法第 22 条第 2 款的规定；权利要求 2、3 不符合专利法第 26 条第 3 款的规定，请求人同时提交了如下附件：

附件 1：公开日为 2004 年 12 月 22 日，公开号为 CN1556908A 的中国发明专利申请公开说明书；

附件 2：公开日为 2005 年 2 月 23 日，公开号为 CN1585882A 的中国发明专利申请公开说明书；

附件 3：公开日为 1993 年 1 月 20 日，公开号为 JP5-2182Y2 的日本实用新型公报；

附件 4：公开日为 1998 年 1 月 27 日，公开号为 JP10-26231A 的日本公开特许公报。

请求人认为：附件 1 或 2 公开了权利要求 1 的全部技术特征，且附件 1 中的通道与本专利权利要求 4 的附加技术特征——通气孔的结构、形成位置、用途以及作用原理完全相同，因此权利要求 1、4 不具备新颖性；权利要求 2 与附件 1 的唯一的区别在于外层玻璃管内壁与内层玻璃管外壁之间的距离 a 略有不同，但附件 1 可以达到与本专利完全相同的目的和效果，而且本专利的说明书中也未提及将 a 值限定在该范围的有益效果，因此权利要求 2 不具备创造性；权利要求 3 的大部分附加技术特征被附件 2 公开了，区别仅在于附件 2 中环状突起的形状与本专利倒齿形凸筋略有不同，但二者可起到同样作用和效果，另外将凸筋作成倒齿形是本领域技术人员根据附件 3 或附件 4 记载的公知常识非常容易得到，因此权利要求 3 相对于附件 2 与附件 3 或附件 4 的组合不具备创造性；本专利的说明书中没有对如何确定外层玻璃管的内壁与内层玻璃管的外壁之间的距离 a 作任何解释，也未涉及外层玻璃管和内层玻璃管的大小，而且本专利防止外层玻璃管爆裂的作用和效果在倒齿形凸筋这种结构上难以实现，因此权利要求 2、3 不符合专利法第 26 条第 3 款的规定。

针对本专利权，请求人于 2007 年 4 月 26 日向专利复审委员会提交了补充的意见陈述书和附件 3、4 的中文译文共 2 页。

经形式审查合格，专利复审委员会依法受理了上述无效宣告请求，并于 2007 年 6 月 1 日向请求人和专利权人发出无效宣告请求受理通知书，同时将专利权无效宣告请求书及其附件清单中所列附件的副本以及请求人于 2007 年 4 月 26 日提交的译文转给专利权人，并要求专利权人在指定的期限内陈述意见。

专利复审委员会依法成立合议组，对本案进行审理。

本案合议组于 2007 年 8 月 15 日向双方发出无效宣告请求口头审理通知书，定于 2007 年 9 月 25 日在专利复审委员会举行口头审理。

口头审理如期举行，请求人单方出席了口头审理。

口头审理中，请求人明确其无效的理由、范围以及证据的使用情况为：权利要求 2、3 不符合专利法第 26 条第 3 款的规定；权利要求 1 相对于附件 1 或 2 不具备新颖性；权利要求 2 的附加技术特征相对于附件 1 不具备创造性；权利要求 3 相对于附件 2 和公知常识或 2 和 3 或 2 和 4 的结合不具备创造性；权利要求 4 相对于附件 1 不具备新颖性，请求人明确表示没有其他的无效理由、证据、范围和证据组合形式。

请求人当庭提交了盖有“经确认此副本与原件相同国家知识产权局专利检索咨询中心副本认证

专用章”的附件1~4复印件，并结合其请求书对无效请求理由充分发表了意见，认为：权利要求1的技术特征被附件1或2全部公开，权利要求4的附加技术特征被附件1公开，且附件1中通道与权利要求4的附加技术特征——通气孔的结构、形成位置、用途以及作用原理完全相同，因此权利要求1、4不具备新颖性；权利要求2、3和说明书未对两个玻璃管的直径和壁厚以及外层玻璃管爆裂的构成条件进行清楚、完整的说明，因此权利要求2、3不符合专利法第26条第3款的规定；权利要求2与附件1的唯一的区别在于两管间的距离a略有不同，但附件1可以达到与本专利完全相同的目的和效果，而且在本专利的说明书中也未提及将a值限定在该范围的有益效果，因此权利要求2不具备创造性；附件2中公开了圆环状凸筋，其与权利要求3的倒齿形凸筋所起的作用相同，另外，附件3和4中也公开了与倒齿形凸筋作用相同的突起，因此权利要求3相对于附件2和公知常识或附件2和3或附件2和4的结合不具备创造性。

至此，合议组认为本案事实已经清楚，可以作出审查决定。

**二、决定的理由**

1. 关于证据

请求人提交的证据包括附件1~4以及附件3、4的中文译文，并在口审时提交了其上盖有“经确认此副本与原件相同国家知识产权局专利检索咨询中心副本认证专用章”的附件1~4，专利权人在指定期限内未对证据本身的真实性以及译文的准确性提出异议，且未提交意见陈述书和参加口头审理，同时由于附件1~4为公开出版物，且其公开日期在本专利的申请日前，合议组经审查认为附件1~4可以作为本专利的现有技术使用，其中附件3和4的公开内容以其中文译文为准。

2. 关于新颖性

新颖性，是指在申请日以前没有同样的发明或者实用新型在国内外出版物上公开发表过、在国内公开使用过或者以其他方式为公众所知，也没有同样的发明或者实用新型由他人向国务院专利行政部门提出过申请并记载在申请日以后公布的专利申请文件中。

如果专利申请与对比文件公开的内容相比，其权利要求所限定的技术方案与对比文件公开的技术方案实质上相同，且两者能够适用于相同的技术领域，解决相同的技术问题，并具有相同的预期效果，则认为两者为同样的发明或者实用新型。

本案中，请求人认为：附件1或2公开了权利要求1的全部技术特征，附件1公开了权利要求4的附加技术特征，且它们属于相同的技术领域，解决了相同的技术问题，并具有相同的技术效果，因此权利要求1相对于附件1或2不具备新颖性，权利要求4相对于附件1不具备新颖性。

合议组经审查后认为，附件1公开了一种除霜加热器，其包括一对硅橡胶制的栓58（相当于本专利的管接头4），设置在一对栓之间的第一玻璃管53（相当于本专利的内层玻璃管2），在所述第一玻璃管53内部有金属电阻元件构成的加热线52（相当于本专利的电热丝1），贯通所述栓连接所述加热线52端部的导线55（相当于本专利的导线5），在所述第一玻璃管外部套有第二玻璃管54（相当于本专利的外层玻璃管3），所述第二玻璃管两端套在栓58上。由此可见，权利要求1的全部技术特征都被附件1公开了，且两者属于相同的技术领域，解决了相同的技术问题，并具有相同的技术效果，因此权利要求1相对于附件1不具备新颖性。

权利要求4的附加技术特征为：所述的管接头（4）上开有通气孔（7）。该技术特征被附件1公开了，具体为：“103是纵向贯通圆筒状突起102，脱离栓本体102的通道”，且该通道用于将温度上升的气体流出，与权利要求4中的通气孔作用相同，因此附件1公开了权利要求4的全部技术特征，权利要求4相对于附件1不具备新颖性。

此外，附件2也公开了一种除霜加热器，其包括第一玻璃管13（相当于本专利的内层玻璃管2），设置成覆盖第一玻璃管的第二玻璃管 14（相当于本专利的外层玻璃管 3），设于该第一玻璃管内部的电热线 11（相当于本专利的电热丝 1），分别覆盖第一及第二玻璃管两端开口部的弹性体栓 12（相当于本专利的管接头 4），除霜加热器还具有贯穿栓而与电热线的端部相连接的导线 15（相当于本专利的导线 5），其中所述第二玻璃管两端套在栓上。由此可见，权利要求 1 的全部技术特征都被附件 2 公开了，而且两者属于相同的技术领域，解决了相同的技术问题，并具有相同的技术效果，因此权利要求 1 相对于附件 2 也不具备新颖性。

3. 关于创造性

创造性，是指同申请日以前已有的技术相比，该发明有突出的实质性特点和显著的进步，该实用新型具有实质性特点和进步。

一项权利要求与最接近的现有技术相比，虽然存在区别特征，但该区别特征为公知常识或者为相同领域的另一份对比文件中的相关技术手段且该技术手段在该对比文件所起的作用与该区别特征在要求保护的发明中为解决其实际的技术问题所起的作用相同，则该权利要求不具备创造性。

本案中，请求人认为：权利要求 2 与附件 1 的唯一的区别在于两者的距离 a 略有不同，但附件 1 可以达到与本专利完全相同的目的和效果，而且在本专利的说明书中也未提及将 a 值限定在该范围的有益效果，因此权利要求 2 不具备创造性；附件 2 中公开了圆环状凸筋，其与权利要求 3 中的倒齿形凸筋所起的作用相同，另外，附件 3 和 4 中也公开了与倒齿形凸筋作用相同的突起，因此权利要求 3 相对于附件 2 和公知常识或附件 2 和 3 或附件 2 和 4 的结合不具备创造性。

合议组经审查后认为，从属权利要求 2 的附加技术特征在于：所述的外层玻璃管（3）的内壁与内层玻璃管（2）的外壁之间有一段距离 a，所述的 a 为 3.5~5.5 毫米。附件 1 也公开了一种除霜加热器，两者相比区别在于：权利要求 2 中外层玻璃管的内壁与内层玻璃管的外壁之间的距离 a 为 3.5~5.5 毫米，而附件 1 中的 a 值为 3.25 毫米。根据本发明说明书的记载，该距离 a 可以起到温度缓冲的作用，避免外层玻璃管由于冷热温度变化幅度过大而爆裂，附件 1 中的 a 值也可以起到相同的作用。此外，附件 1 中 a 值距离权利要求 2 中 a 值下限只有 0.25 毫米，本领域技术人员由基于同样防爆裂的考虑时不会认为附件 1 中 a 值仅限于此一点，其可扩展到一定的数值范围，由此能够得到权利要求 2 的方案。且本发明中也未提及将 a 值设定为 3.5~5.5 毫米相对于现有技术具有意料不到的效果，因此在权利要求 1 相对于附件 1 不具备新颖性的前提下，从属权利要求 2 相对于附件 1 不具备创造性。

从属权利要求 3 的附加技术特征在于：所述的管接头（4）的外圆周表面上具有沿径向凸起的倒齿形凸筋（6），所述的外层玻璃管（3）的内壁表面与倒齿形凸筋（6）的外圆周表面相贴合。附件 2 中的除霜加热器在第二玻璃管上也紧密地安装有环状突起 12d。两者虽然形状稍有差异，但依据本领域技术人员的常识可知，无论是环形突起还是倒齿形凸筋，都起到提高密封性和减少接触面积的作用，因此，本领域技术人员在附件 2 的基础上，结合所属技术领域的公知常识得到本专利权利要求 3 的技术方案无须创造性的劳动，同时也未带来任何意想不到的技术效果，故相对于附件 2 和公知常识的结合不具有实质性特点和进步，不具备创造性。

综上所述，本专利的权利要求 1~4 不符合专利法第 22 条第 2 或 3 款的规定。

基于上述理由，本案合议组作出如下决定。

**三、决定**

宣告 200520073055.1 号实用新型专利权全部无效。

当事人对本决定不服的，可以根据专利法第 46 条第 2 款的规定，自收到本决定之日起 3 个月内向北京市第一中级人民法院起诉。根据该款的规定，一方当事人起诉后，另一方当事人应当作为第三人参加诉讼。

178

# 快速“高真空击密法”软地基处理方法

## 无效宣告请求审查决定（第10564号）

**决　　定　　号**　第10564号
**决　　定　　日**　2007年10月11日
**发明创造名称**　快速“高真空击密法”软地基处理方法
**国 际 分 类 号**　E02D 3/046，E02D 3/10
**无效宣告请求人**　龚建洪
**专 利 权 人**　徐士龙
**专　　利　　号**　01127046.2
**申　　请　　日**　2001年7月28日
**授 权 公 告 日**　2003年11月12日
**合 议 组 组 长**　刘　犟
**主　　审　　员**　郭建强
**参　　审　　员**　王　森

**法 律 依 据**　专利法第22条第3款
**决 定 要 点**

突出的实质性特点是指发明的技术方案相对于现有技术具有非显而易见性；显著的进步是指发明相对于现有技术具有有益的技术效果。

**一、案由**

本无效宣告请求涉及中华人民共和国国家知识产权局于2003年11月12日授权公告的、名称为“快速‘高真空击密法’软地基处理方法”的发明专利权（以下简称本专利），其专利号是01127046.2，申请日是2001年7月28日，专利权人是徐士龙。本专利授权公告时的权利要求书如下：

“1. 一种快速‘高真空击密法’软地基处理方法，其特征在于采用高真空井点降水加振动碾压或强夯方法来降低被处理土体的含水量，以提高土体的密实度。

2. 根据权利要求1所述的一种快速‘高真空击密法’软地基处理方法，其特征在于高真空井点降水即采用：在需处理软地基上扦入数排真空管，各真空管连接井点设备总集水管，井点设备总集水管连接一自动动态平衡筒，自动动态平衡筒分别与真空泵和排水泵相连，真空抽水；振动碾压或强夯即采用：在需处理土体达一定含水量的同时，采用击振设备击实需处理的土体达一定密实度。

3. 根据权利要求2所述的一种快速‘高真空击密法’软地基处理方法，其特征在于自动动态平衡筒筒体顶端中心开设一抽气孔，与真空泵相连，筒体两侧分设一抽气孔，分别连接井点设备总集水管和排水泵，筒体内底面中心装置一导向轴，导向轴上套置一活浮筒。”

针对本专利权，龚建洪（以下简称请求人）于2007年3月15日向专利复审委员会提出无效宣告请求，认为本专利权利要求1、2不符合专利法第22条第3款的规定，请求人同时提交了如下附件：

附件1：中国建筑工业出版社，1984年9月第一版的《软土地基与地下工程》封面页、版权信息页、第364~374页、第387~397页复印件，共24页；

附件2：中国计划出版社，1999年5月第一版的《建筑工程分部分项施工手册（1）地基与基础工程》封面页、版权信息页、第60页复印件，共3页；

附件3：吉林科学技术出版社，2000年7月第一版的《建筑施工手册》封面页、版权信息页、第195~203页复印件，共11页；

附件4：中国建筑工业出版社，1992年10月第一版的《建筑施工工程师手册》封面页、版权信息页、第117~121页复印件，共7页；

附件5：1999年《上海市工程建设规范/地基基础设计规范 DGJ08-11-1999》封面页、第196~199页、第227~228页复印件，共5页；

附件6：1999年《上海市工程建设规范/地基基础设计规范 DGJ08-11-1999条文说明》封面页、第216、217、273~277页复印件，共5页。

请求人认为：附件1、5和6公开了对软土地基进行处理以增强其承载能力时，井点降水法及深层密实法是本行业内常用的成熟方法。附件2中公开了“适当降低夯击能量或采用人工降低地下水位后再强夯”的技术方法，附件3中公开了“常用的降水方法可分为明排和土中深部降水，即明沟排水法和井点降水法”和“井点降水法有：轻型井点、喷射井点、电渗井点、管井井点、深井井点等”，并且着重叙述了使用最为广泛的轻型井点降水法，而该方法即为真空井点降水法，因此本专利权利要求1与附件2和附件3所公开的技术内容相比，区别仅在于“高真空”和“真空”之分，这对于本领域的技术人员来说，根据现场土质及施工情况来确定真空泵的功率是一种通常的技术，是显而易见的，因此权利要求1不具备创造性。本专利权利要求2中所述的高真空井点降水法与附件3或者附件4中所述的轻型井点降水法相同，所述的振动碾压或强夯的方法是本领域常用的方法，因此本专利权利要求2也不具备创造性。

经形式审查合格，专利复审委员会依法受理了上述无效宣告请求，并于2007年4月25日向请求人和专利权人发出无效宣告请求受理通知书，同时将专利权无效宣告请求书及其附件清单中所列附件的副本转给专利权人，并要求专利权人在指定的期限内陈述意见。

针对专利复审委员会发出的上述无效宣告请求受理通知书，专利权人于2007年6月5日提交了意见陈述书，认为本专利具备创造性，又于2007年6月9日再次提交了意见陈述书，同时提交了如下附件作为反证：

证据1：1998年《天然气与石油》——“深层软地基加固方法”，第40~42页复印件，共3页；

证据2：《土力学》封面页、前言页、第10页复印件，共3页；

证据3：中国地质大学出版社，2000年11月第1版的《基坑工程》封面页、版权信息页、第1页复印件，共3页；

证据4：中央广播电视大学出版社，1986年6月第1版的《土力学及基础工程》封面页、版权信息页、第33页复印件，共3页；

证据5：地质出版社，1995年6月第1版的《水文地质学基础》封面页、封面内页、版权信息页、出版者的话页、目录页、第1页复印件，共6页；

证据6：专利权人所称的关于“高真空击密”软地基处理方法主要创造发明点的专家意见及郑颖人等7人签名的专家名单复印件，共3页；

证据7：高真空击密法施工反馈表等复印件，共10页。

专利权人认为：附件1、3、5、6中所述“井点降水法”处理的对象是“基坑”，降的是基坑内的地下水，目的是使地下水降低到基坑底面以下，便于基坑开挖；而本专利中所述“高真空井点降水法”处理的对象是“大面积软地基”，降的是“被处理土体的含水量”，目的是大面积软地基的加固；附件2中的施工顺序是“先强夯—（出现问题）再人工降低地下水位—强夯”，而本专利的施工顺序是“先高真空井点降水，在需处理土体达一定含水量的同时，再强夯”，施工顺序不同，施工效果也不同；附件2中没有公开“振动碾压”的技术特征，因此本专利权利要求1具备创造性。同理，权利要求2也具备创造性。

专利复审委员会依法成立合议组对本案进行审理。

本案合议组于2007年7月9日向双方发出无效宣告请求口头审理通知书，定于2007年8月16日在专利复审委员会举行口头审理。随同口头审理通知书，将专利权人于2007年6月5日和2007年6月9日提交的意见陈述书及其附件清单中所列附件的副本转送给请求人。

因故，本案合议组于2007年8月7日再次发出无效宣告请求口头审理通知书，改期于2007年8月14日在专利复审委员会针对本案进行口头审理。

口头审理于2007年8月14日如期举行，双方当事人均参加了口头审理。

在口头审理中，（1）请求人明确其无效的理由、证据、范围为：本专利权利要求1相对于附件2、1、3、5、6不符合专利法第22条第3款的规定，附件2是最接近的对比文件。权利要求2相对于附件2、3、6或2、4、6不符合专利法第22条第3款的规定。

（2）专利权人对附件1~6的真实性没有异议。专利权人当庭提交了代理词以及反证1~10，如下：

反证1：华南理工大学等四校合编《地基及基础》，中国建筑工业出版社，1991年11月第二版，封面页、版权页、第326和327页复印件，共4页；

反证2：华南理工大学等四校合编《地基及基础》，中国建筑工业出版社，1991年11月第二版，封面页、版权页、第22和23页复印件，共4页；

反证3：《建筑施工手册》，吉林科学技术出版社，封面页、封底页和194页复印件，共3页；

反证4：《建筑工程分部分项施工手册——地基与基础工程》，中国计划出版社，封面页、封底页和第54页复印件，共3页；

反证5：中华人民共和国行业标准《建筑地基处理技术规范》JGJ79—91条文说明，中国计划出版社，1992年9月第一版，封面页、版权页和第27页复印件，共3页；

反证6：《建筑工程分部分项施工手册——地基与基础工程》，中国计划出版社，封面页、封底页和第131页复印件，共3页；

反证7：沪科鉴02G00018号科学技术成果鉴定证书复印件，成果名称“低能量强夯联合降水地基处理技术”，共6页；

反证8：专利权人所称的用户证明复印件，共9页；

反证9：专利权人所称的专家意见复印件，共3页；

反证10：《上海科技报》2006年10月25号B4版复印件，共两页；

合议组当庭将该代理词及反证1~10的副本转给请求人，请求人当庭签收。专利权人当庭放弃证据1~5和反证10的使用。请求人对专利权人提交的证据6、7以及反证1~9的真实性没有异议。

（3）关于权利要求1是否符合专利法第22条第3款的规定。请求人的具体主张为：附件2第60页表2-12中描述了“人工降低地下水位后再强夯”的方法，附件1、3描述了井点排水法和强夯法，附件5、6描述了强夯法，所以权利要求1没有创造性。专利权人认为：附件1~3、5、6与权利要求1区别在于，①应用对象不同。上述附件中都是针对基坑，而本专利是针对大面积软地基。②适用的土的范围不同。附件2中适用“碎石土、沙土、低饱和土”，本专利中适用大面积软土地基（瘀泥、瘀泥质土、冲填土等）。③研究水的对象不同。附件中是人工降低地下水（自由水、重力水，潜水），而本专利中降低的是土体中的结合水。④施工手段不同。本专利是用高真空井点降水加振动碾压或强夯的组合手段，而附件中没有公开上述的组合手段。

（4）关于权利要求2是否符合专利法第22条第3款的规定。请求人的具体主张为：附件3第197页图1-3-9中描述了权利要求2中高真空井点降水的技术方案。附件4中也公开同样的高真空井点降水方案，达到的效果也相同。用击振设备来击实土体是本领域的公知技术。专利权人认为：附件与本专利权利要求2的附加技术特征的区别有：①本专利是在软地基的地基上插入数排真空管，而附件中是环绕基坑的一排。②本专利是在处理土体达一定的含水量的同时，采用击振设备击实土体，而附件中均没有公开这一方法特征。

（5）当事人双方均表示已对本案充分发表意见，没有其他意见需要补充。口头审理到此结束。

至此，合议组认为本案事实已经清楚，可以作出审查决定。

**二、决定的理由**

1. 关于证据和现有技术

请求人提交的证据是附件1~6，专利权人对其真实性均没有异议，合议组经审查，认为附件1~6的真实性可以确认，因此可以作为本案证据使用。同时由于附件1~6的公开日期均在本专利的申请日之前，因此可以作为本专利的现有技术使用。

2. 关于本专利的创造性

专利法第22条第3款规定，创造性，是指同申请日以前已有的技术相比，该发明有突出的实质性特点和显著的进步。

突出的实质性特点是指发明的技术方案相对于现有技术具有非显而易见性；显著的进步是指发明相对于现有技术具有有益的技术效果。

本案中，本专利权利要求1要求保护一种快速“高真空击密法”软地基处理方法，其采用高真空井点降水加振动碾压或强夯方法来降低被处理土体的含水量，以提高土体的密实度。

合议组经审查后认为：附件1第364~365页公开了一种针对基坑的井点降水法，在基坑四周插真空管，形成井点，井点包围基坑，使基坑中心水位降低，第387~397页公开了一般的强夯法施工方法；附件2中公开了“在饱和淤泥、淤泥质土及含水量过大的土层中强夯，宜铺0.5mm~2.0mm的砂石，才能进行强夯。适当降低夯击能量或采用人工降低地下水位后再强夯”的施工方法；附件3公开了针对基坑的明沟排水法和井点降水法；附件4公开了人工降低地下水位方法中的轻型井点降水法，针对的也是基坑；附件5公开了针对基坑的井点降水法和适用于砂土、含水量低于25%的杂填土、粘性土和粉性土的强夯法；附件6公开了一般的深层密实法和针对基坑的井点降水法。由此可见，附件1、3~6均涉及基坑井点降水法，降低的是基坑中的自由水即地下水，而非本专利的软地基土体的含水量，上述附件与本专利权利要求1涉及的施工对象、施工目的和采用的施工方法均不相同；附件2中仅涉及在饱和淤泥、淤泥质土及含水量过大的土层中，需铺砂石才能进行强夯，或者适当降低夯击能量或采用人工降低地下水位后再强夯，与本专利真空井点加强夯降低软土地基土体的含水量的施工目的和施工方法也不相同。综上，由于施工对象、施工目的和施工方法上的差异，因此本领域技术人员从附件1~6中不能够得到本专利权利要求1的技术方案，同时现有技术中也没有关于上述差异的技术启示，使本领域技术人员根据附件1~6就能够显而易见地想到本专利权利要求1的技术方案；此外，本专利解决了大面积软土地基处理的问题，具有有益的技术效果。因此本专利权利要求1相对于附件1~6的任意组合而具备专利法第22条第3款所规定的创造性，相对于请求人所提出的附件1、2、3、5、6的组合也当然具备创造性。

权利要求2是权利要求1的从属权利要求，在权利要求1相对于附件1~6的任意组合具备创造性的基础上，相对于请求人提出的附件2、3、6或附件2、4、6的组合也当然具备创造性。

根据上述的事实和理由，本案合议组依法作出以下决定。

**三、决定**

维持01127046.2号发明专利权有效。

当事人对本决定不服的，可以根据专利法第46条第2款的规定，自收到本决定之日起3个月内向北京市第一中级人民法院起诉。根据该款的规定，一方当事人起诉后，另一方当事人应当作为第三人参加诉讼。

# 北京市第一中级人民法院
# 行政判决书

（2008）一中行初字第203号

原告龚建洪，男，1964年11月11日出生，汉族，住江苏省张家港市杨舍镇湾士岸一村12幢108室。

委托代理人段亮亮，男，1983年8月17日出生，住浙江省金华市婺城区曙光路163号。

委托代理人王光亮，男，1977年3月19日出生，北京波森特岩土工程有限公司职员，住河南省郸城县虎岗乡王老家村。

被告国家知识产权局专利复审委员会，住所地北京市海淀区北四环西路9号银谷大厦10~12层。

法定代表人廖涛，国家知识产权局专利复审委员会副主任。

委托代理人郭建强，国家知识产权局专利复审委员会审查员。

委托代理人齐宏涛，国家知识产权局专利复审委员会审查员。

第三人徐士龙，男，1958年1月22日出生，汉族，上海港湾软地基处理有限公司董事长，住江苏省江阴市澄江新村4幢206室。

委托代理人张连喜，男，1975年5月8日出生，住河北省沧州市运河区解放西街工专南院9-3-102号。

原告龚建洪不服被告国家知识产权局专利复审委员会（简称专利复审委员会）于2007年10月11日作出的第10564号无效宣告请求审查决定（简称第10564号决定），于法定期限内向本院提起行政诉讼。本院于2008年1月23日受理后，依法组成合议庭，并根据相关法律规定通知徐士龙作为第三人参加诉讼，于2008年3月28日公开开庭进行了审理。原告龚建洪的委托代理人王光亮，被告专利复审委员会的委托代理人郭建强、齐宏涛，第三人徐士龙的委托代理人张连喜到庭参加诉讼。本案现已审理终结。

第10564号决定系专利复审委员会针对龚建洪就徐士龙所拥有的01127046.2号、名称为“快速‘高真空击密法’软地基处理方法”的发明专利（简称本专利）所提出的无效宣告请求而作出的。第10564号决定认定：（1）关于证据和现有技术，附件1~6可以作为本专利的现有技术使用。（2）关于本专利的创造性。本专利权利要求1要求保护一种快速“高真空击密法”软地基处理方法，其采用高真空井点降水加振动碾压或强夯方法来降低被处理土体的含水量，以提高土体的密实度。附件1第364~365页公开了一种针对基坑的井点降水法，在基坑四周插真空管，形成井点，井点包围基坑，使基坑中心水位降低，第387~397页公开了一般的强夯法施工方法。附件2中公开了“在饱和淤泥、淤泥质土及含水量过大的土层中强夯，宜铺0.5~2.0mm的砂石，才能进行强夯。适当降低夯击能量或采用人工降低地下水位后再强夯”的施工方法。附件3公开了针对基坑的明沟排水法和井点降水法。附件4公开了人工降低地下水位方法中的轻型井点降水法，针对的也是基坑。附件5公开了针对基坑的井点降水法和适用于砂土、含水量低于25%的杂填土、粘性土和粉性土的强夯法。附件6公开了一般的深层密实法和针对基坑的井点降水法。由此可见，附件1、3-6均涉及基坑井点降水法，降低的是基坑中的自由水即地下水，而非本专利的软地基土体的含水量，上述附件与本专利权利要求1涉及的施工对象、施工目的和采用的施工方法均不相同。附件2中仅涉及在饱和淤泥、淤泥质土及含水量过大的土层中，需铺砂石才能进行强夯，或者适当降低夯击能量或采用人工降低地下水位后再强夯，与本专利真空井点加强夯降低软土地基土体的含水量的施工目的和施工方法也不相同。综上，由于施工对象、施工目的和施工方法上的差异，因此本领域技术人员从附件1~6中不能够得到本专利权利要求1的技术方案，同时现有技术中也没有关于上述差异的技术启示，使本领域技术人员根据附件1~6能够显而易见地想到本专利权利要求1的技术方案。此外，本专利解决了大面积软土地基处理的问题，具有有益的技术效果。因此本专利权利要求1相对于附件1~6的任意组合具备《中华人民共和国专利法》（简称《专利法》）第二十二条第三款规定的创造性，相对于请求人所提出的附件1、2、3、5、6的组合也当然具备创造性。权利要求2是权利要求1的从属权利要求，在权利要求1相对于附件1~6的任意组合具备创造性的基础上，相对于请求人提出的附件2、3、6或附件2、4、6的组合也当然具备创造性。专利复审委员会据此作出第10564号决定，维持本专利专利权有效。

龚建洪不服该决定，向本院提起行政诉讼称：本专利权利要求1中采用高真空井点降水加振动碾压或强夯降低被处理土体的含水量，以提高土体的密实度的方法为本领域所常用，而“真空井点降水法”和“振动碾压或强夯方法”均是本领域内的成熟技术。而本专利权利要求1与附件1、附件3~6中所公开的技术内容相比，区别仅在于“高真空”和“真空”之分，这对于本领域的技术人员来说，根据现场土质及施工情况来确定真空泵的功率是一种常规技术。同时，附件2中公开了“适当降低夯击能量或采用人工降低地下水位后再强夯”的施工方法，这与本专利权利要求1所述的施工方法是相同的。因此权利要求1不具备创造性。第10564号决定认为附件1、3~6均涉及基坑井点降水法，降低的是基坑中的自由水即地下水，而非本专利的软地基土体的含水量，上述附件与本专利权利要求1所涉及的施工对象、施工目的和采用的施工方法均不相同。对此原告认为，第一，第10564号决定没有对这三个方面的“均不相同”予以具体说明；第二，第10564号决定简单的认为“基坑”不是“软地基”，事实上井点降水是一种地基处理的施工方法，可以用于基坑，也可用于软地基，还可用于其他地方，其适用范围应当包括“软地基”；第三，第10564号决定简单的认为“自由水”不是“含水量”，但二者没有本质区别。同时，既然附件2已经在本专利申请日之前公开了“采用人工降低地下水位后再强夯”的方法，那么本专利权权利要求1中再采用相同的“采用高真空井点降水加振动碾压或强夯方法”，已经违反了《专利法》第二十二条关于新颖性的规定。综上所述，第10564号决定认定事实有误，适用法律不当，请求法院撤销被告作出的第 10564 号决定。

专利复审委员会辩称：（1）第 10564 号决定中明确指出，附件 1、3~6 均仅涉及基坑井点降水法，其降低的是基坑中的自由水即地下水，而非本专利的软地基土体的含水量，因此，上述附件与本专利权利要求 1 涉及的施工对象、施工目的和采用的施工方法均不相同。此处三个不同即：①施工对象不同。上述附件中都是针对基坑，而本专利是针对大面积软地基。②施工目的不同。附件中是人工降低地下水（自由水、重力水、潜水），而本专利中降低的是土体中的结合水。③施工方法不同。本专利是用高真空井点降水加振动碾压或强夯的组合手段，而附件中没有公开上述组合手段。另外，“基坑”与“软地基”，“地下水（即自由水、重力水，潜水）”与“土体含水量（即结合水）”是本领域技术人员所公知的不同概念和范畴。（2）第 10564 号决定中明确指出，附件 2 中仅涉及在饱和淤泥、淤泥质土及含水量过大的土层中，需铺砂石才能进行强夯，或者适当降低夯击能量或采用人工降低地下水位后再强夯，与本专利真空井点加强夯降低软土地基土体的含水量的施工目的和施工方法也不相同。原告认为附件 2 影响本专利的新颖性，显然混淆了“降低地下水”与“降低软土地基土体的含水量”这一施工对象和施工目的本质上的差异。“地下水”是指表现在基坑中所存在的自由水、重力水或潜水，而“软土地基土体的含水量”是指土体中的结合水，两者是不同的概念。（3）原告在起诉状中提出的附件 2 影响本专利新颖性的主张，显然属于在专利无效行政程序中未涉及而在行政诉讼程序中提出的新理由，不应被采信。综上，请求人民法院驳回原告的诉讼请求，维持第 10564 号决定。

第三人徐士龙未提交书面陈述意见。其在庭审中请求法院维持第 10564 号决定，驳回原告的诉讼请求。

经审理查明，徐士龙于 2001 年 7 月 28 日向国家知识产权局提出了名称为“快速‘高真空击密法’软地基处理方法”的发明专利申请，2003 年 11 月 12 日被国家知识产权局授权公告，专利号为 01127046.2，专利权人为徐士龙。本专利授权公告的权利要求书为：

“1. 一种快速‘高真空击密法’软地基处理方法，其特征在于采用高真空井点降水加振动碾压或强夯方法来降低被处理土体的含水量，以提高土体的密实度。

2. 根据权利要求 1 所述的一种快速‘高真空击密法’软地基处理方法，其特征在于高真空井点降水即采用：在需处理软地基上扦入数排真空管，各真空管连接井点设备总集水管，井点设备总集水管连接一自动动态平衡筒，自动动态平衡筒分别与真空泵和排水泵相连，真空抽水；振动碾压或强夯即采用：在需处理土体达一定含水量的同时，采用击振设备击实需处理的土体达一定密实度。

3. 根据权利要求 2 所述的一种快速‘高真空击密法’软地基处理方法，其特征在于自动动态平衡筒筒体顶端中心开设一抽气孔，与真空泵相连，筒体两侧分设一抽气孔，分别连接井点设备总集水管和排水泵，筒体内底面中心装置一导向轴，导向轴上套置一活浮筒。”

针对本专利权，龚建洪于 2007 年 3 月 15 日向专利复审委员会提出无效宣告请求，认为本专利权利要求 1、2 不符合《专利法》第二十二条第三款的规定，并同时提交了如下附件：

附件 1：中国建筑工业出版社，1984 年 9 月第一版的《软土地基与地下工程》封面页、版权信息页、第 364~374 页、第 387~397 页复印件，共 24 页。其中第 364~365 页公开的是一种针对基坑的井点降水法，在基坑四周插真空管，形成井点，井点包围基坑，使基坑中心水位降低。在第 387~397 页公开了一般的强夯法施工方法。

附件 2：中国计划出版社，1999 年 5 月第一版的《建筑工程分部分项施工手册（1）地基与基础工程》封面页、版权信息页、第 60 页复印件，共 3 页。附件 2 中公开了“在饱和淤泥、淤泥质土及含水量过大的土层中强夯，宜铺 0. 5mm ~ 2. 0mm 的砂石才能进行强夯。即在适当降低夯击能量或采用人工降低地下水位后再强夯”的施工方法。

附件 3：吉林科学技术出版社，2000 年 7 月第一版的《建筑施工手册》封面页、版权信息页、第 195 ~ 203 页复印件，共 11 页。附件 3 中公开了针对基坑的明沟排水法和井点降水法。

附件 4：中国建筑工业出版社，1992 年 10 月第一版的《建筑施工工程师手册》封面页、版权信息页、第 117 ~ 121 页复印件，共 7 页。附件 4 公开了人工降低地下水位方法中的轻型井点降水法。

附件 5：1999 年《上海市工程建设规范/地基基础设计规范 DGJ08 - 11 - 1999》封面页、第 196 ~ 199 页、第 227 ~ 228 页复印件，共 5 页。附件 5 公开了针对基坑的井点降水法和适用于砂土、含水量低于 25% 的杂填土、粘性土和粉性土的强夯法。

附件 6：1999 年《上海市工程建设规范/地基基础设计规范 DGJ08 - 11 - 1999 条文说明》封面页、第 216、217、273 ~ 277 页复印件，共 5 页。附件 6 公开了一般的深层密实法和针对基坑的井点降水法。

专利复审委员会于 2007 年 8 月 14 日进行了口头审理。在口头审理中，龚建洪明确其无效的理由为：本专利权利要求 1 相对于附件 2、1、3、5、6 不符合《专利法》第二十二条第三款的规定，附件 2 是最接近的对比文件。权利要求 2 相对于附件 2、3、6 或 2、4、6 不符合《专利法》第二十二条第三款的规定。徐士龙对附件 1 ~ 6 的真实性没有异议。专利复审委员会经审理，于 2007 年 10 月 11 日作出第 10564 号决定，维持本专利专利权有效。

上述事实，有本专利权利要求书、说明书及附图，附件 1 ~ 6、口头审理记录表、第 10564 号决定及各方当事人的陈述等证据在案佐证。

本院认为，根据各方当事人的诉辩主张，本案的焦点问题仅在于本专利权利要求 1、2 相当于附件 1 ~ 6 是否具备创造性。

根据本专利权利要求可知，其系提供了一种快速“高真空击密法”软地基处理方法，采用的是高真空井点降水加振动碾压或强夯的方法，用来降低土壤的含水量，以提高地基的密实度。通过查明的事实可知，附件 1、3 ~ 6 均涉及基坑井点降水法，降低的是基坑中的自由水（或称地下水），而非本专利技术方案中软地基土体中的含水量。上述对比文件与本专利权利要求 1 涉及的施工对象、施工目的和采用的施工方法均不相同。故本院对专利复审委员会在第 10564 号决定中涉及的该部分内容予以确认，并对其在答辩状中的相关理由不持异议。附件 2 中仅涉及在饱和淤泥、淤泥质土及含水量过大的土层中，需铺砂石才能进行强夯，或者适当降低夯击能量或采用人工降低地下水位后再强夯，与本专利真空井点加强夯降低软土地基土体的含水量的施工目的和施工方法也不相同。综上，由于施工对象、施工目的和施工方法上的差异，因此本领域技术人员从附件 1 ~ 6 中不能够得到本专利权利要求 1 的技术方案，同时现有技术中也没有关于上述差异的技术启示。此外，本专利解决了大面积软土地基处理的问题，具有有益的技术效果。因此本专利权利要求 1 相对于附件 1 ~ 6 及其组合具有《专利法》第二十二条第三款规定的创造性。由于权利要求 2 是权利要求 1 的从属权利要求，在权利要求 1 相对于附件 1 ~ 6 及其组合具备创造性的基础上，权利要求 2 也具备创造性。

龚建洪关于本专利违反《专利法》第二十二条新颖性规定的主张，系在无效程序中未提出的无效理由，故本院不予涉及。

综上所述，被告作出的 10564 号决定认定事实清楚，程序合法，应予维持。根据《中华人民共和国行政诉讼法》第五十四条第（一）项之规定，判决如下：

维持被告国家知识产权局专利复审委员会作出的第 10564 号无效宣告请求审查决定。

案件受理费人民币 100 元，由原告龚建洪负担（已交纳）。

如不服本判决，可于判决书送达之日起 15 日内，向本院提交上诉状及其副本，并按对方当事人的人数提交副本，交纳上诉案件受理费 100 元，上诉于北京市高级人民法院。

审　判　长　刘海旗
代理审判员　佟　姝
人民陪审员　高　伟
二〇〇八年六月二十五日
书　记　员　周丽婷

179

# 一种热缝合机

## 无效宣告请求审查决定（第 10568 号）

**决　定　号**　第 10568 号
**决　定　日**　2007 年 10 月 15 日
**发明创造名称**　一种热缝合机
**国际分类号**　A41H 43/04
**无效宣告请求人**　江门市江海区铁金刚机械有限公司
**专　利　权　人**　劳敬满
**申　请　号**　200520005804.7
**申　请　日**　2005 年 3 月 8 日
**授权公告日**　2006 年 5 月 10 日
**合议组组长**　张　度
**主　审　员**　丛　森
**参　审　员**　骆素芳

**法律依据**　专利法第 22 条第 2 款、第 3 款，第 26 条第 4 款
**决定要点**
如果一项权利要求请求保护的技术方案已经被现有技术的一个技术方案完全公开，并且二者属于相同的技术领域、解决的是相同的技术问题，并且取得了相同的技术效果，则该项权利要求请求保护的技术方案不具备新颖性。

### 一、案由

本无效宣告请求涉及中华人民共和国国家知识产权局于 2006 年 5 月 10 日授权公告的 200520005804.7 号实用新型专利，其名称为“一种热缝合机”，申请日为 2005 年 3 月 8 日，专利权人是劳敬满。其授权的权利要求如下：

“1. 一种热缝合机，包括密封带输送装置，上、下相向转动的压轮和热风装置，其特征在于：在压轮之后、经压轮压合后的布料上设置有两个相向转动的拉轮。

2. 如权利要求 1 所述的热缝合机，其特征在于：在没有经过压合的布料上方设置有一个激光发射计时装置。

3. 如权利要求 1 或 2 所述的热缝合机，其特征在于：所述压轮上设置有可自由升降的滑动块。

4. 如权利要求 3 所述的热缝合机，其特征在于：热缝合机机头相对于机板向后倾斜 20~40 度。”

针对上述专利权（以下简称本专利），江门市江海区铁金刚机械有限公司（以下简称请求人）于

2006 年 9 月 19 日向专利复审委员会提出无效宣告请求，认为本专利权利要求 1 不符合专利法第 22 条第 2 款的规定，权利要求 3、4 不具有创造性，权利要求 2 不符合专利法第 26 条第 4 款的规定，本专利说明书不符合专利法第 26 条第 3 款的规定。为此，请求人提交了如下证据：

证据 1：授权公告号为 CN2517574Y 的中国实用新型专利说明书全文，申请日为 2002 年 2 月 7 日，授权公告日为 2002 年 10 月 23 日，申请人是洪坤源，共 22 页；

证据 2：授权公告号为 CN2659930Y 的中国实用新型专利说明书全文，申请日为 2003 年 8 月 6 日，授权公告日为 2004 年 12 月 1 日，申请人是洪坤源，共 14 页。

经形式审查合格后，专利复审委员会依法受理了上述请求，于 2006 年 9 月 20 日向双方当事人发出了无效宣告请求受理通知书，并将无效宣告请求书及其附件清单中所列附件的副本转送给专利权人，要求其在指定的期限内答复。

专利权人逾期未答复。

专利复审委员会依法成立合议组对本案进行审查。

2007 年 3 月 30 日，专利复审委员会向双方当事人发出了口头审理通知书，定于 2007 年 6 月 11 日对本案进行口头审理。

口头审理如期举行，专利权人未出席口头审理，请求人对合议组成员没有回避请求。请求人当庭请求人明确其无效理由为：

权利要求 1 相对于证据 1 不符合专利法第 22 条第 2 款的规定；

权利要求 2 不符合专利法第 26 条第 4 款的规定；

权利要求 3 相对于证据 1 和 2 不符合专利法第 22 条第 3 款的规定；

权利要求 4 相对于证据 1 和 2 结合或结合公知常识不符合专利法第 22 条第 3 款的规定，证据 1 附图 2 中已经公开了机头倾斜 20~40 度的技术特征；

说明书不符合专利法第 26 条第 3 款的规定。

至此，合议组认为本案事实已经调查清楚，现依法作出审查决定。

**二、决定的理由**

1. 关于证据

证据 1、2 是中国专利文献，其公开日均早于本专利的申请日，因此都构成本专利的现有技术，都可以作为评价本专利的新颖性、创造性的对比文件。

2. 关于专利法第 26 条第 3 款

专利法第 26 条第 3 款规定：说明书应当对发明或者实用新型作出清楚、完整的说明，以所属技术领域的技术人员能够实现为准。

请求人认为本专利说明书不符合专利法第 26 条第 3 款的规定，其理由是：本专利中提到了“通过激光控制装置控制胶带的长度和针孔的长度相等”，但本专利说明书中没有详细说明该激光控制装置与热缝合机如何连接，应该怎样实现其功能。仅按照说明书中对于该特征的描述，本领域技术人员不能完成本专利的技术方案、取得相应的技术效果。因此，本专利说明书公开不充分，不符合专利法第 26 条第 3 款的规定。

合议组认为，本实用新型专利的说明书记载了“本实用新型在没有经过压合的布料上方设置有一个激光发射控制装置（参见说明书第 1 页第 18 行）”、“通过激光控制装置控制胶带的长度和针孔的长度相等”，可见，本实用新型专利说明书中已经给出了激光发射控制装置的安放位置，以及激光发射控制装置所要实现的功能，即对胶带的长度进行控制。与此同时，对于本领域技术人员来说，在具有输送功能的装置上安放激光发射控制装置，通过光/电信号的转换，实现对所传送的对象的个数或长度等进行计算，并作出进一步的控制，是本领域的惯用技术手段。本领域技术人员完全可以在不需要付出创造性劳动的情况下，根据说明书记载的内容，理解并实现激光发射控制装置与热缝合机的连接，进而实现本实用新型专利的技术方案，解决其所要解决的技术问题并获得预期的效果。因此，本实用新型专利说明书公开是充分的，符合专利法第 26 条第 3 款的规定。

3. 关于权利要求 2 是否符合专利法第 26 条第 4 款的规定

专利法第 26 条第 4 款规定：权利要求应当以说明书为依据，说明要求专利保护的范围。

合议组认为，权利要求 2 的附加技术特征中的“激光发射计时装置”在说明书中没有记载，并且与说明书中记载的“激光发射控制装置”明显为两个完全不同的技术内容，所属领域技术人员无法从说明书公开的内容中得到或概括出权利要求 2 的技术方案，因此权利要求 2 得不到说明书的支持，不符合专利法第 26 条第 4 款的规定。

4. 关于新颖性

专利法第 22 条第 2 款规定：新颖性，是指在申请日以前没有同样的发明或者实用新型在国内外出版物上公开发表过、在国内公开使用过或者以其他方式为公众所知，也没有同样的发明或者实用新型由他人向国务院专利行政部门提出过申请并且记载在申请日以后公布的专利申请文件中。

权利要求 1 请求保护一种热缝合机，包括密封带输送装置，上、下相向转动的压轮和热风装置，其特征在于：在压轮之后、经压轮压合后的布料上设置有两个相向转动的拉轮。

证据 1 公开了一种热气缝合密封机装置（参见说明书第 5 页第 1 行至第 6 页第 22 行），其包括：（1）料盘 60 及送料轮 61，用于传送料带与塑料制品，相当于权利要求 1 中的密封带输送装置；（2）上滚轮组 10、下滚轮组 20 与热气吹风装置 30，其中上、下滚轮组同步反向转动，配合热气吹风装置对料带与塑料制品的缝合处同步施以热压，相当于权利要求 1 中的上、下相向传动的压轮和热风装置；（3）上、下滚轮邻旁设有逆转轮，逆转轮分别与上、下滚轮同方向转动，即设置在上、下滚轮旁的逆转轮为相向转动，将布料或工作件适时从上、下滚轮拨离，使得缝合后的塑料制品可以向前推进，而不会发生被上滚轮或下滚轮向上或向下卷入的情形，起到保护制品的作用。通过比较可知，本专利权利要求 1 请求保护的热缝合机已经完全被证据 1 所公开，并且二者都属于热缝合机领域，二者都是为了解决防止缝合后的制品随轮子滚动的问题，并且都能取得适时拨离缝合后的制品的技术效果。因此，本专利权利要求 1 相对于证据 1 不具备专利法第 22 条第 2 款的新颖性。

5. 关于创造性

专利法第 22 条第 3 款规定：创造性，是指同申请日以前已有的技术相比，该发明有突出的实质性特点和显著的进步，该实用新型有实质性特点和进步。

权利要求 3 的附加技术特征是“所述压轮上设置有可自由升降的滑动块”。证据 2 在说明书背景技术部分公开了传统的热气缝合密封机的结构。其中，热气缝合密封机 1 的头部 2 设有直向压缸 3 与滑座 4，该滑座 4 的外侧与底部设有热气出风装置 5 与上压合轮 6、数送料轮组 7，该滑座 4 由直向压缸 3 同步升、降带动热气出风装置 5 与上压合轮 6。设置滑座的目的就是为了能够升降压轮，从而给缝合操作带来便利。本领域技术人员能够从证据 2 中得到技术启示，在证据 1 公开的热气缝合密封机的基础上，设置可以用来升降压轮的滑座，以解决升降压轮的问题。由此可见，在证据 1 的基础上结合证据 2，得到本专利权利要求 3 请求保护的技术方案，对于本领域技术人员来说是显而易见的。因此，当其引用的权利要求 1 不具备新颖性时，本专利权利要求 3 引用权利要求 1 部分的技术方案不具备实质性特点和进步，不符合专利法第 22 条第 3 款有关创造性的规定。

权利要求 4 的附加技术特征是“热缝合机机头相对于机板向后倾斜 20~40 度”。从证据 1 附图 2 中可以明显看出，热气缝合密封机机头（即热气压合部分）相对于机板向后倾斜了一定角度。并且，对于本领域技术人员来说，机头相对于机板向后倾斜一定角度可以方便操作人员清楚地观察布料或制品的加工情况，具体倾斜多少角度，完全可以根据观察是否方便得以确定，这都属于本领域的公知常识，都是本领域技术人员不需要付出创造性劳动就可以实现的。由此可见，在证据1的基础上结合本领域的公知常识，得到本专利权利要求4请求保护的技术方案，对于本领域技术人员来说同样是显而易见的。因此，当权利要求3引用权利要求1部分的技术方案不具备创造性时，本专利权利要求4引用该方案的技术方案也不具备实质性特点和进步，不符合专利法第22条第3款有关创造性的规定。

由于请求人并未提出权利要求2相对于证据1、2或公知常识的结合不具备创造性的理由，因此，依据请求原则，合议组对权利要求3、4分别直接或间接引用权利要求2的技术方案的创造性不予评述。

综上所述，本专利权利要求1不符合专利法第22条第2款关于新颖性的规定，权利要求2不符合专利法第26条第4款的规定，权利要求3、4中直接或间接引用权利要求1部分的技术方案不符合专利法第22条第3款关于创造性的规定。

**三、决定**

宣告200520005804.7号实用新型专利的权利要求1、2以及权利要求3、4中直接或间接引用权利要求1的技术方案无效，在权利要求3、4直接或间接引用权利要求2的技术方案的基础上维持本专利权有效。

当事人对本决定不服的，可以根据专利法第46条第2款的规定，自收到本决定之日起三个月内向北京市第一中级人民法院起诉。根据该款的规定，一方当事人起诉后，另一方当事人应当作为第三人参加诉讼。

# 火管式换热器

## 无效宣告请求审查决定（第10572号）

**决 定 号** 第10572号
**决 定 日** 2007年10月18日
**发明创造名称** 火管式换热器
**国际分类号** F28D 7/16
**无效宣告请求人** 昆山市三维换热器有限公司
**专 利 权 人** 无锡龙腾冶金设备有限公司
**专 利 号** 03222630.6
**申 请 日** 2003年6月12日
**授权公告日** 2004年7月7日
**合议组组长** 朱文广
**主 审 员** 姜 岩
**参 审 员** 任颖丽

**法律依据** 专利法第22条第3款
**决定要点**

一项权利要求与最接近的现有技术相比，虽然存在区别特征，但该区别特征为另一份相同或相近技术领域的对比文件中的相关技术手段且该技术手段在该对比文件所起的作用与该区别特征在要求保护的发明中为解决其实际的技术问题所起的作用相同，则该权利要求不具备创造性。

### 一、案由

本无效宣告请求涉及中华人民共和国国家知识产权局于2004年7月7日授权公告的、名称为“火管式换热器”的实用新型专利权（以下简称本专利），其专利号是03222630.6，申请日是2003年6月12日，专利权人是无锡龙腾冶金设备有限公司。本专利授权公告时的权利要求书如下：

“1. 火管式换热器，包括外壳（6），外壳（6）两端有管板（2），管板（2）边沿与外壳（6）端部相封接；外壳（6）内有与管板（2）相平行的隔板（9），该隔板和管板上对应地加工有通孔，隔板（9）上的通孔内有换热管（7）；外壳（6）两端分别接有进烟接口（8）和出烟接口（1），该进烟接口和出烟接口均与管板（2）上的每个通孔相通；外壳（6）两端壁上分别有空气进口（4）和出口（5），该空气进口和出口分别与相应的管板（2）和隔板（9）所构成的单元腔相连通；不与空气进口（4）或出口（5）相邻的隔板（9）的一边与外壳（6）间留有间距，以便使各单元腔之间相连通；换热管（7）一端与进烟接口（8）侧的管板（2）相固连，其特征在于换热管（7）的另一端即靠近出烟接口（1）的一端上套有膨胀补偿器（3），该膨胀补偿器的外端固定在管板（2）上，其里端与相应的换热管（7）外表面相固连。

2. 根据权利要求1所述的火管式换热器，其特征在于所说的膨胀补偿器（3）是波纹管。”

针对本专利权，昆山市三维换热器有限公司（以下简称请求人）于2005年2月1日向专利复审委员会提出无效宣告请求，认为本专利不符合专利法第22条第2款、第3款的规定，请求人同时提交了如下附件：

附件1：江苏省昆山市公证处于2005年1月25日就无锡龙腾冶金设备有限公司网站页面证据保全出具的（2005）昆证字第419号公证书原件及网页复印件，共11页；

附件2：专利权人起诉无效宣告请求人的民事起诉状复印件，共2页；

附件3：授权公告日为1995年12月27日、授权公告号为CN2216198Y的中国实用新型专利说明书复印件，共5页；

附件4：授权公告日为1995年5月31日、授权公告号为CN2199519Y的中国实用新型专利说明书复印件，共7页。

请求人在无效宣告请求书中指出，附件1、2能够证明本专利在申请日之前已经公开销售的事实，因此本专利不具备专利法第22条第2款规定的新颖性；本专利相对于附件3、4不具备专利法第22条第3款规定的创造性。

经形式审查合格，专利复审委员会依法受理了上述无效宣告请求，并于2005年3月1日向请求人和专利权人发出无效宣告请求受理通知书，同时将专利权无效宣告请求书及其附件清单中所列附件的副本转送给专利权人，并要求专利权人在指定的期限内陈述意见。

针对专利复审委员会发出的上述无效宣告请求受理通知书，专利权人于2005年4月14日提交了意见陈述书陈述了本专利相对于附件1~4具备新颖性和创造性的理由，同时提交了如下证据：

证据1：上海市公证处于2005年3月29日就许国平先生的证人证言出具的（2005）沪证字第7580号公证书原件，共4页；

证据2：上海市公证处于2005年3月29日就陈晓军先生的证人证言出具的（2005）沪证字第7581号公证书原件，共4页；

证据3：上海市公证处于2005年3月30日就北京博圣通专利事务所的调查取证出具的（2005）沪证字第4453号公证书原件，共16页；

证据4：上海市公证处于2005年4月6日就范国坚先生的证人证言出具的（2005）沪证字第8345号公证书原件，共4页；

证据5：上海市公证处于2005年4月6日就陆仁先生的证人证言出具的（2005）沪证字第8344号公证书原件，共4页；

证据6：上海市公证处于2005年4月11日就许国平先生的证人证言出具的（2005）沪证字第8635号公证书原件，共4页；

证据7：上海市公证处于2005年4月11日就毕云江先生的证人证言出具的（2005）沪证字第8637号公证书原件，共4页；

证据8：无锡龙腾冶金设备有限公司保密制度复印件，共2页。

专利权人认为由证据1~3可证明，尽管在申请日之前已在宝山钢铁股份有限公司（以下简称宝钢）实施了本专利的技术方案，但该设备从出厂运输到安装运转，从其外观上无法看到其内部结构；而且由证据4~7可证明被请求人与宝钢有技术保密的承诺；由证据8证明被请求人公司有严格的技术保密制度，因此在宝钢的技术实施不属于公开使用。此外，相对于附件3、4本专利也具备创造性。

专利权人于2005年4月18日再次提交意见陈述书，并对涉案专利的权利要求书进行了修改，即将原权利要求1、2合并为一个独立权利要求。

专利复审委员会依法成立合议组对本案进行审理，2005年9月15日，合议组向双方当事人发出第一次口头审理通知书，定于2005年11月15日举行口头审理，并随口审通知书向请求人转送了专利权人于2005年4月14日提交的意见陈述书及相关证据材料和2005年4月18日再次提交的意见陈述书及权利要求书修改替换页。

2005年11月15日口头审理如期举行，双方均参加了口头审理。专利权人口审当庭再次提交了权利要求书的修改替换页，修改后的权利要求书为：

"1. 火管式换热器，它包括外壳（6），外壳（6）两端有管板（2），管板（2）边沿与外壳（6）端部相封接；外壳（6）内有与管板（2）相平行的隔板（9），该隔板（9）和管板（2）上对应地加工有通孔；隔板（9）上的通孔内有换热管（7）；外壳（6）两端分别接有进烟接口（8）和出烟接口（1）；该进烟接口（8）和出烟接口（1）均与管板（2）上的每个通孔相通；外壳（6）两端壁上分别有空气进口（4）和出口（5）；该空气进口（4）和出口（5）分别与相应的管板（2）和隔板（9）所构成的单元腔相连通；不与空气进口（4）和出口（5）相邻的隔板（9）的一边与外壳（6）间留有间距，以便使各单元腔之间相连通；换热管（7）一端与进烟接口（8）侧的管板（2）相固连，其特征在于：换热管（7）的另一端即靠近出烟接口（1）的一端上套有膨胀补偿器（3），该膨胀补偿器（3）的外端固定在管板（2）上，其里端与相应的换热管（7）外表面相固连；所述的膨胀补偿器（3）是波纹管。"

合议组认为其修改符合相关规定，予以接受，审查的文本以专利权人当庭提交的权利要求书为准。专利权人当庭提交了一份证据9（盖有专利权人公司章的宝钢与专利权人公司签订的设备订货合同复印件）。口审后，合议组于2005年12月12日作出第8021号无效宣告请求审查决定，认为依据附件1和2可以证明本专利的产品已经在申请日前被公开销售，属于使用公开，因此不符合专利法第22条第2款规定的新颖性，宣告本实用新型专利全部无效。专利权人对第8021号决定不服，向北京市第一中级人民法院提起诉讼，北京市第一中级人民法院通过调查而取得询问笔录并结合之前请求人提出的证据，作出了（2006）一中行初字第573号行政判决书，认为复审委员会作出的第8021号决定认定事实不清，判决撤销第8021号无效宣告审查决定，由复审委员会重新作出无效宣告请求审查决定。请求人对（2006）一中行初字第573号行政判决书中判决不服，又向北京市高级人民法院提起诉讼，经过审理，北京市高级人民法院作出了（2007）高行终字第4号行政判决书，驳回了请求人的上述，维持北京市第一中级人民法院作出的以上判决。

专利复审委员会重新成立合议组对本案进行审查。本案合议组于2007年7月19日向双方发出无效宣告请求第二次口头审理通知书，定于2007年8月21日在专利复审委员会举行口头审理。

口头审理如期举行，双方当事人均参加了口头审理。双方对对方出庭人员出庭资格没有异议。本次口头审理的审查范围为：2005年11月15日专利权人第一口头审理当庭提交的权利要求1。请求人明确其无效的理由，范围和证据为：附件1和2用来评价权利要求1的新颖性；附件3和4结合用来评价其创造性，并放弃其他无效理由和证据。专利权人对请求人提交的附件1~4的真实性没有异议，对请求人使用附件3和4结合评价创造性提出的合法性没有异议。请求人对专利权人提交的证据1~9的真实性评价同上次口头审理中的意见。口头审理结束后，双方都表示，针对无效宣告理由都已经充分陈述意见，没有其他意见需要补充。

至此，合议组认为本案事实已经清楚，可以作出审查决定。

**二、决定的理由**

1. 关于证据和现有技术

请求人提交的证据包括附件 3~4，专利权人对附件 3~4 的真实性没有异议，而且附件 3、4 是公开日期在本专利的申请日之前的中国专利文献，因此附件 3~4 可以作为本专利的现有技术使用。

2. 关于权利要求 1 相对于附件 3 和 4 的结合是否具备创造性

创造性，是指同申请日以前已有的技术相比，该发明有突出的实质性特点和显著的进步，该实用新型具有实质性特点和进步。

一项权利要求与最接近的现有技术相比，虽然存在区别特征，但该区别特征为另一份相同或相近技术领域的对比文件中的相关技术手段且该技术手段在该对比文件所起的作用与该区别特征在要求保护的发明中为解决其实际的技术问题所起的作用相同，则该权利要求不具备创造性。

请求人认为：附件 3 公开了本专利权利要求 1 前序部分的全部技术特征，附件 3 与本专利的区别在于：附件 3 设置了一个过渡套管，用于保证波纹管和换热管之间的连接。附件 4 给出了将波纹管和换热管直接连结的技术启示，因此，权利要求 1 相对于附件 3 和 4 的结合不具备创造性。附件 3 中的折流板与本专利中的隔板的作用相同。

专利权人认为：（1）本专利要解决的技术问题是：在火管式换热器的换热管间距离很近的情形下解决加装波纹管的问题，与附件 3 的发明目的不同。附件 3 的单管补偿器是在换热管 11 上套波纹管座 15，在波纹管座 15 上套有波纹管 16，波纹管 16 的前端和过渡套管 12 连接，并且在单管补偿器的整体外面还设有防护罩 14，过渡套管 12 和上管板 7 间焊接死。首先，本专利中没有防护罩 14、波纹管座 15、过渡套管 12 这些部件；另外，本专利换热管前端与管板焊死，后端与管板套接，焊点在两个管板的内侧，附件 3 的换热管与上管板 7 的焊点在管板 7 外侧。

（2）附件 4 与本专利不同，其不属于火管式换热器，附件 4 中高温烟气从换热管 5 外部走，如果附件 4 的伸缩节安装在两个布风板之间、也就是烟道中的话，高温和杂质将吹蚀该伸缩节，附件 4 为解决这个问题，将补偿器安装在布风板的外部。附件 4 与本专利的风道不一样，要解决的问题也不一样。附件 4 中必须要将补偿器放在管板外边。

（3）本专利权利要求中的特征部分没有被附件 3、4 公开。

合议组经审查后认为，本专利请求保护一种火管式换热器，在本专利说明书背景技术中提到了本专利要解决的技术问题是：现有技术中管板与出烟接口之间安装有膨胀补偿器，而多个换热管的两端均焊接在管板上，由于多个换热管之间的温差导致换热管膨胀伸长量不同，伸长量大的换热管会对管板外推，伸长量小的换热管会对管板后拉，因此出现有的换热管弯曲变形，有的换热管与管板之间的焊缝出现拉裂现象。附件 3 公开了一种双元热补偿管板式高温空气预热器，其要解决的技术问题是：防止换热管各部位热膨胀量不等所产生的温差应力对设备的破坏，与本专利要解决的技术问题相同，其中具体公开了如下技术内容：该空气预热器包括一个壳体 1，该壳体 1 内的两端安装有上、下管板 7 和 8，虽然说明书中未明确公开管板 7 和 8 的边沿与壳体 1 相封接，但根据附件 3 的说明书和附图中内容可以确定：管板 7 上端以及管板 8 下端为烟箱，烟气经烟箱进入各个换热管，而管板 7 和 8 之间用于空气流动以带走换热管上的热量，为了避免烟气和空气混合从而使受热后的空气不洁净，管板 7 和 8 必须要与壳体相封接；壳体 1 内有与管板平行的折流板 9，折流板 9 和管板上对应地加工有通孔，通孔内有换热管 11；壳体 1 两端分别通过出气烟箱 2 和进气烟箱 3 与进烟接口和出烟接口连通，进烟箱和出烟箱都与每个换热管相通；壳体两端壁上有空气进口 4 和空气出口 5，空气进口和出口都与管板与折流板以及折流板间构成的各个单元腔相连通，不与空气进口或出口相邻的折流板、也即附件 3 中的除最靠近空气入口 4 和出口 5 折流板以外的中间的每一个折流板的一边都与壳体留有间距，以便使各个单元腔之间连通；换热管 11 的一端与进烟接口侧的下管板 8 通过过渡套管 12 相固连，换热管 11 的另一端、即靠近出烟接口的一端套有单管补偿器 13，单管补偿器 13 由与换热管 11 连接的波纹管座 15 及两端分别与波纹管座 15、上管板 7 连接的波纹管 16 组成。补偿器的外端固定在上管板 7 上。

本专利与附件 3 相比，区别特征在于：其一，本专利中限定换热管一端与进烟接口侧的管板相固连，而附件 3 中换热管与进烟接口侧的下管板 8 通过过渡套管 12 相固连；其二，本专利限定膨胀补偿器的里端与相应的换热管外表面相固连，而附件 3 中的单管补偿器里端是通过波纹管座 15 连接到换热管上。

附件 4 公开了一种换热器的换热管补偿器，该换热管也是用于工业炉的烟气道内，其要解决的技术问题是：换热管之间由于温度不同产生了不同的热线胀量，使得换热管在热态工作条件下受较大热线胀所产生的热应力。其解决办法是在每根换热管上提供伸缩节作为换热管补偿器，单根换热管的一端以焊接方式密封固定在一个布风板的通孔内，因此附件 4 中给出了将换热管直接固接在管板上的技术启示；换热管的另一端穿过另一个布风板的通孔，伸出的管段外套装有伸缩节（参见附件 4 说明书第 2 页倒数第 4 行至第 3 页第 8 行及附图 1-3），伸缩节的一端与换热管外圆端以焊接方式密封连接，另一端焊接有一个保护管 10，保护管的内圆与换热管的外圆滑动配合，它的外圆端部插置在换热管穿过的布风板的通孔内，且以焊接方式将保护管与通孔边密封连接。因此，附件 4 中还给出了将伸缩节膨胀补偿器的一端直接固接于换热管上的技术启示。本领域技术人员在附件 3 的基础上，结合附件 4 中的膨胀补偿器与换热管之间的连接关系，很容易得到权利要求 1 请求保护的技术方案，而且没有起到预料不到的技术效果，权利要求 1 相对于附件 3 和 4 的结合不具备创造性，不符合专利法第 22 条第 3 款的规定。

另外，口头审理时专利权人认为：本专利的膨胀补偿装置中所有的焊点位于管板内侧（即外壳中两个管板之间），而附件 3 中的焊点均位于上管板的上侧和下管板的下侧（即外壳中由两个管板限定的空间两侧的部分）；本专利中换热管不带换热器的一端直接与管板焊接，而附件 3 中不带补偿器的一端通过过渡套管 12 焊接在下管板 8 上。

合议组经合议后认为：首先，根据专利法第 56 条第 1 款规定："发明或者实用新型专利权的保护范围以其权利要求的内容为准"，关于焊点的位置在权利要求 1 中并未具体限定，所以不能对权利要求 1 起到限定作用。其次，附件 3 中之所以采用将焊点设在上管板上侧及下管板下侧是基于焊接方便等因素的考虑，对于对每个换热管进行膨胀补偿的技术问题的解决并无影响，如果不必考虑以上焊接方便等因素，将焊点设置在本专利中的位置是本领域常规的做法。因此，专利权人所述的理由合议组不予支持。

根据上述的事实和理由，本案合议组依法作出以下决定。

**三、决定**

宣告 03222630.6 号实用新型专利权全部无效。

当事人对本决定不服的，可以根据专利法第 46 条第 2 款的规定，自收到本决定之日起 3 个月内向北京市第一中级人民法院起诉。根据该款的规定，一方当事人起诉后，另一方当事人应当作为第三人参加诉讼。

# 北京市第一中级人民法院
# 行政判决书

（2008）一中行初字第253号

原告无锡龙腾冶金设备有限公司，住所地江苏省无锡市雪浪镇仙河村。

法定代表人杨锡明，董事长。

委托代理人黄薇，北京博圣通专利事务所专利代理人。

委托代理人杨非，北京博圣通专利事务所专利代理人。

被告国家知识产权局专利复审委员会，住所地北京市海淀区北四环西路9号银谷大厦10~12层。

法定代表人廖涛，副主任。

委托代理人姜岩，国家知识产权局专利复审委员会审查员。

委托代理人朱明雅，国家知识产权局专利复审委员会审查员。

第三人昆山市三维换热器有限公司，住所地江苏省昆山市周市镇新浦路。

法定代表人顾安生，董事长。

委托代理人陆华，男，1978年12月1日出生，昆山市三维换热器有限公司副总经理，住江苏省无锡市惠河路170号。

委托代理人陶海锋，男，1967年11月28日出生，苏州创元专利商标事务所有限公司专利代理人，住江苏省苏州市沧浪区东小桥弄4号4幢104室。

原告无锡龙腾冶金设备有限公司（简称龙腾公司）不服被告国家知识产权局专利复审委员会（简称专利复审委员会）于2007年10月18日作出的第10572号无效宣告请求审查决定（简称第10572号决定），于法定期限内向本院提起行政诉讼。本院于2008年1月28日受理后，依法组成合议庭，并通知昆山市三维换热器有限公司（简称三维公司）作为第三人参加本案诉讼，于2008年3月11日公开开庭进行了审理。原告龙腾公司的委托代理人黄薇、杨非，被告专利复审委员会的委托代理人姜岩、朱明雅，第三人三维公司的委托代理人陆华、陶海锋到庭参加了诉讼。本案现已审理终结。

第10572号决定系专利复审委员会针对三维公司就龙腾公司所拥有的03222630.6号“火管式换热器”实用新型专利（简称本专利）所提出的无效宣告请求而作出的。专利复审委员会在第10572号决定中认定：（1）附件3即授权公告号为CN2216198Y的中国实用新型专利（简称附件3）公开了一种双元热补偿管板式高温空气预热器，具体公开了如下技术内容……补偿器的外端固定在上管板7上。本专利与附件3相比，区别特征在于：其一，本专利中限定换热管一端与进烟接口侧的管板相固连，而附件3中换热管与进烟接口侧的下管板8通过过渡套管12相固连；其二，本专利限定膨胀补偿器的里端与相应的换热管外表面相固连，而附件3中的单管补偿器里端是通过波纹管座15连接到换热管上。（2）附件4即授权公告号为CN2199519Y的中国实用新型专利（简称附件4）公开了一种换热器的换热管补偿器，该换热管也是用于工业炉的烟气道内，其要解决的技术问题是：换热管之间由于温度不同产生了不同的热线胀量，使得换热管在热态工作条件下受较大热线胀所产生的热应力。其解决办法是在每根换热管上提供伸缩节作为换热管补偿器，单根换热管的一端以焊接方式密封固定在一个布风板的通孔内，因此附件4中给出了将换热管直接固接在管板上的技术启示；换热管的另一端穿过另一个布风板的通孔，伸出的管段外套装有伸缩节，伸缩节的一端与换热管外圆端以焊接方式密封连接，另一端焊接有一个保护管10，保护管的内圆与换热管的外圆滑动配合，它的外圆端部插置在换热管穿过的布风板的通孔内，且以焊接方式将保护管与通孔边密封连接。因此，附件4中还给出了将伸缩节膨胀补偿器的一端直接固接于换热管上的技术启示。本领域技术人员在附件3的基础上，结合附件4中的膨胀补偿器与换热管之间的连接关系，很容易得到权利要求1请求保护的技术方案，而且没有起到预料不到的技术效果，权利要求1相对于附件3和4的结合不具备创造性。基于上述理由，专利复审委员会作出第10572号决定，宣告本专利权全部无效。

原告龙腾公司不服，向本院提起行政诉讼，其诉称：（1）附件4与本专利不属于最相近的技术领域。本专利是一种火管式换热器，而附件4是一种非火管式换热器，两者高温介质的路径走向不同，导致在实施技术手段、结构特征及安装、使用寿命等方面存在很大的差异，两者所解决的技术问题不同。根据《审查指南》的规定，与本专利不属于最相近技术领域的附件4不能用于评价本实用新型专利的创造性，第10572号决定将附件4作为评价本专利是否具备创造性的对比文件，适用法律错误。（2）附件3与本专利所涉及的技术领域相同，但解决技术问题的手段却不相同。第10572号决定对附件3所公开的技术特征的认定不准确，附件3中的补偿器13的外端是通过过渡套管12固定在上管板7上，而非如第10572号决定所认定的"补偿器13的外端固定在上管板7上"。同时第10572号决定对本专利与附件3的区别特征的概括也不全面准确，从而影响了对本专利创造性的正确评价。（3）本专利技术方案中的"补偿器"比附件3所公开的"补偿器"省去了"波纹管座、过渡套管、防护罩"三个零部件，克服了附件3所存在的元件多、结构复杂、耗材多、焊接工作量大等缺点，使得本专利结构简单、占用面积小、焊接工作量少，却依然能够实现相应的全部功能，属于《审查指南》所规定的要素省略的发明，因此具备创造性。（4）本专利技术方案是我国第一台自行设计并生产安装在宝山钢铁股份有限公司（简称宝钢公司）彩涂板生产线用大型火管式换热器，它解决了美国公司都不能解决的技术问题，在商业上获得了成功，而且这种成功，不是销售技术的改进或者广告宣传造成的，而是由于本专利的技术特征直接导致的，连第三人的产品都使用本专利技术方案，所以本专利具备创造性。被告在第10572号决定未对此加以评述，其程序违法，认定事实不清。综上，原告请求人民法院撤销第10572号决定，并判决维持本专利权全部有效。

被告专利复审委员会辩称：（1）关于本专利与附件3、4是否属于相同的技术领域及所要解决的技术问题是否相同。被告认为三者均属于换热器中的管壳式换热器，即均采用管中介质和壳中介质之间进行热交换的换热方式，而且，三篇专利文件所要解决的技术问题都是多个换热管由于受热伸长量的不同而产生的技术问题。因此，原告关于对比文件4与本专利要解决的技术问题不同及与本专利不属于相近的技术领域的说法不成立。（2）关于本专利是否是要素省略的发明。被告认为本专利相对于附件3省去了"波纹管座、过渡套管、防护罩"三个零件，但省略了这些部件，这些部件的功能也相应地消失，因此，该发明不属于要素省略的发明。被告认为其作出的第10572号决定认定事实清楚、适用法律正确、审查程序合法，请求人民法院予以维持。

第三人三维公司述称：（1）技术领域并不是指具体的产品种类，而是产品所属的领域。本专利是一种有固定管件的热交换器，附件4是用于热交换器中的管件，本案的争议焦点即在于热交换器中管件的结构。因而，两者技术领域相同。（2）关于原告所称附件3的补偿器元件比本专利多，由此认为本专利有创造性的主张，第三人认为本专利解决技术问题的手段是在换热管上设置补偿器，该技术特征已被附件3公开。虽然本专利权利要求中没有限定，但从其说明书和附图看，其实际上也设置了在附件3中被称为"波纹管座和过渡套管"的直管段来实现波纹管与换热管及管板的连接，并没有其所述的简化结构的效果。省略防护罩，则是以降低对波纹管连接部的保护为代价的，属于变劣技术方案，并没有产生其所述的积极效果。（3）关于商业上获得成功。第三人认为，首先原告并未给出其在商业上取得成功的证据。其次，《审查指南》要求商业上获得成功是发明的技术特征直接导致的，而非其他原因所致。原告也没有举出这方面的任何证据。因此，第三人认为，原告起诉理由不能成立，第10572号决定正确，请求人民法院予以维持。

本院经审理查明：

本案涉及国家知识产权局于2004年7月7日授权公告的名称为“火管式换热器”的实用新型专利，其申请日为2003年6月12日，专利号为03222630.6，专利权人为龙腾公司。本专利授权公告的权利要求书为：

“1. 火管式换热器，包括外壳（6），外壳（6）两端有管板（2），管板（2）边沿与外壳（6）端部相封接；外壳（6）内有与管板（2）相平行的隔板（9），该隔板和管板上对应地加工有通孔，隔板（9）上的通孔内有换热管（7）；外壳（6）两端分别接有进烟接口（8）和出烟接口（1），该进烟接口和出烟接口均与管板（2）上的每个通孔相通；外壳（6）两端壁上分别有空气进口（4）和出口（5），该空气进口和出口分别与相应的管板（2）和隔板（9）所构成的单元腔相连通；不与空气进口（4）或出口（5）相邻的隔板（9）的一边与外壳（6）间留有间距，以便使各单元腔之间相连通；换热管（7）一端与进烟接口（8）侧的管板（2）相固连，其特征在于换热管（7）的另一端即靠近出烟接口（1）的一端上套有膨胀补偿器（3），该膨胀补偿器的外端固定在管板（2）上，其里端与相应的换热管（7）外表面相固连。

2. 根据权利要求1所述的火管式换热器，其特征在于所说的膨胀补偿器（3）是波纹管。”

本专利说明书公开了如下内容：（现有技术）各个换热管间的温度差别会使它们的膨胀伸长量不同。膨胀伸长量大的换热管会对管板进行外推，而膨胀伸长量小的换热管又会对管板进行后拉。其结果必然是，温度高的换热管会出现弯曲变形，而温度低的换热管和管板间的焊缝会出现拉裂现象。因此，这种火管式换热器的使用寿命不长。本实用新型的目的在于提供一种火管式换热器。这种火管式换热器，换热管不会弯曲变形，换热管与管板间的焊缝不会拉裂，使用寿命较长。

针对本专利，三维公司于2005年2月1日以其不符合《中华人民共和国专利法》（简称《专利法》）第二十二条第二款、第三款的规定为由，向专利复审委员会提出无效宣告请求，并提交了4份证据：

附件1为（2005）昆证字第419号公证书，公证书对龙腾公司网站的相关网页进行公证，其中龙腾公司在公司产品业绩中载明2002年曾提供给宝钢公司冷轧涂层线一套火管式换热器。

附件2为2004年10月龙腾公司起诉三维公司侵犯本专利权的民事起诉状。

附件3为授权公告日为1995年12月27日、授权公告号为CN2216198Y的中国实用新型专利说明书。附件3公开了一种双元热补偿管板式高温空气预热器，其要解决的技术问题是：防止换热管各部位热膨胀量不等所产生的温差应力对设备的破坏，其中具体公开了如下技术内容：该空气预热器包括一个壳体1，该壳体1内的两端安装有上、下管板7和8，管板7和8与壳体相封接；壳体1内有与管板平行的折流板9，折流板9和管板上对应地加工有通孔，通孔内有换热管11；壳体1两端分别通过出气烟箱2和进气烟箱3与进烟接口和出烟接口连通，进烟箱和出烟箱都与每个换热管相通；壳体两端壁上有空气进口4和空气出口5，空气进口和出口都与管板与折流板以及折流板间构成的各个单元腔相连通，不与空气进口或出口相邻的折流板、也即附件3中的除最靠近空气入口4和出口5折流板以外的中间的每一个折流板的一边都与壳体留有间距，以便使各个单元腔之间连通；换热管11的一端与进烟接口侧的下管板8通过过渡套管12相固连，换热管11的另一端、即靠近出烟接口的一端套有单管补偿器13，单管补偿器13由与换热管11连接的波纹管座15及两端分别与波纹管座15、上管板7连接的波纹管16组成。补偿器的外端通过过渡套管12固定在上管板7上。在说明书中提到防护罩用于防止热空气对波纹管的冲刷，同时又能冷却波纹管。

附件 4 为授权公告日为 1995 年 5 月 31 日、授权公告号为 CN2199519Y 的中国实用新型专利说明书。附件 4 公开了一种换热器的换热管补偿器，该换热管也是用于工业炉的烟气道内，其要解决的技术问题是：换热管之间由于温度不同产生了不同的热线胀量，使得换热管在热态工作条件下受较大热线胀所产生的热应力。其解决办法是在每根换热管上提供伸缩节作为换热管补偿器，单根换热管的一端以焊接方式密封固定在一个布风板的通孔内，换热管的另一端穿过另一个布风板的通孔，伸出的管段外套装有伸缩节，伸缩节的一端与换热管外圆端以焊接方式密封连接，另一端与所说换热管穿过的通孔密封连接，该种连接既可以是直接进行，也可以是伸缩节另一端焊接有一个保护管 10，保护管的内圆与换热管的外圆滑动配合，它的外圆端部插置在换热管穿过的布风板的通孔内，且以焊接方式将保护管与通孔边密封连接。

2005 年 11 月 15 日，专利复审委员会主持进行了口头审理。在口头审理中，龙腾公司提交了修改后的权利要求书，将原权利要求 1、2 合并，专利复审委员会接受了该修改。2005 年 12 月 12 日专利复审委员会作出第 8021 号无效宣告请求审查决定（简称第 8021 号决定），认为依据附件 1 和 2 可以证明本专利的产品已经在申请日前被公开销售，属于使用公开，因此不具有《专利法》第二十二条第二款规定的新颖性，宣告本专利全部无效。龙腾公司对第 8021 号决定不服，向我院提起诉讼。我院于 2006 年 10 月 12 日作出（2006）一中行初字第 573 号行政判决书，判决撤销第 8021 号决定，并责令由专利复审委员会重新作出无效宣告请求审查决定。北京市高级人民法院终审维持了上述判决。

根据上述判决，专利复审委员会重新成立合议组对本案进行审查，并于 2007 年 8 月 21 日举行了口头审理。2007 年 10 月 18 日，专利复审委员会作出第 10572 号决定，宣告本专利权全部无效。

在本案诉讼过程中，龙腾公司提交了其与宝钢公司签订的《设备订货合同》及其附件、《询问笔录》、（2005）沪证经字第 4453 号公证书、美国法塔公司和德国 WK 公司介绍的网页打印件、龙腾公司与三维公司签订的《协议书》、宝钢公司与三维公司签订的《设备采购合同》、宝钢公司与龙腾公司签订的《设备采购合同》等证据，用于证明本专利在商业上获得成功。经查：宝钢公司与龙腾公司于 2002 年 10 月 18 日签订《设备订货合同》，约定龙腾公司就宝钢 2#彩涂机组项目向宝钢公司提供 1 台“后燃烧系统初涂 2#换热器”。2003 年 6 月 20 日，龙腾公司和三维公司签订《协议书》，约定三维公司委托龙腾公司承制宝钢 3#彩涂 2#初涂换热器一台，龙腾公司委托三维公司承制宝钢 3#彩涂 1#精涂换热器一台，三维公司对 1#精涂换热器负责技术及制造总责，龙腾公司对 2#初涂换热器负责技术及制造总责。2003 年 7 月 7 日，宝钢公司分别与龙腾公司和昆山公司签订上述 1#精涂换热器和 2#初涂换热器的《设备采购合同》。

在本案庭审中，龙腾公司主张本专利与附件 3 相比，有 4 个区别特征：（1）本专利膨胀补偿器的外端固定在管板上，而附件 3 中补偿器的外端通过过渡套管 12 固定在上管板 7 上；（2）本专利中限定换热管一端与进烟接口侧的管板相固连，而附件 3 中换热管与进烟接口侧的下管板 8 通过过渡套管 12 相固连；（3）本专利限定膨胀补偿器的里端与相应的换热管外表面相固连，而附件 3 中的单管补偿器里端是通过波纹管座 15 连接到换热管上；（4）本专利省略了附件 3 中的防护罩。专利复审委员会认可两者存在区别特征（1）、（2）。

上述事实有本专利授权公告说明书、第 10572 号决定、附件 3、附件 4、（2006）一中行初字第 573 号行政判决书、《设备订货合同》、《协议书》、《设备订货合同》及当事人陈述等证据在案佐证。

本院认为：

根据《专利法》第二十二条第三款的规定，实用新型的创造性是指同申请日以前已有的技术相比，该实用新型有实质性特点和进步。如果该实用新型相对于现有技术是显而易见的，则不具有实质性特点。根据原告起诉的理由和查明的事实，本案主要涉及以下几个问题：

1. 关于本专利与附件 3 的区别特征及本专利是否属于要素省略发明

附件 3 的公开日早于本专利的申请日，构成本专利的现有技术。在本案诉讼中，原告主张本专利与附件 3 相比存在四个区别特征。对于原告所主张的区别特征（1），本院认为，综合附件 3 的权利要求和说明书、附图，确实如原告所述，附件 3 中补偿器的外端是通过过渡套管 12 固定在上管板 7 上，但是本专利权利要求限定的是“膨胀补偿器的外端固定在管板上”，并没有限定膨胀补偿器的外端与管板固定的具体连接方式和手段，附件 3 所采用的通过过渡套管固定是实现本专利该技术特征的一种具体方式和手段，属于下位概念。因此附件 3 公开了本专利的上述特征，原告关于附件 3 未公开本专利“膨胀补偿器的外端固定在管板上”技术特征的主张没有事实和法律依据，本院不予支持。对于原告所主张的区别特征 D 即防护罩，本院认为本专利并没有限定是否采用防护罩，同时，根据附件 3 说明书的记载，防护罩的功能在于保护波纹管，如果本专利没有使用防护罩，则防护罩在附件 3 中所具有的功能也相应消失。因此原告关于存在区别特征 D 的主张不能成立。由于被告认可区别特征（2）、（3），且第 10572 号决定也认定了该两个区别特征，故本院对此予以确认，即本专利修改后的权利要求 1 与附件 3 相比，存在如下两个区别特征：（2）本专利中限定换热管一端与进烟接口侧的管板相固连，而附件 3 中换热管与进烟接口侧的下管板 8 通过过渡套管 12 相固连；（3）本专利限定膨胀补偿器的里端与相应的换热管外表面相固连，而附件 3 中的单管补偿器里端是通过波纹管座 15 连接到换热管上。

要素省略的发明是指省去已知产品或者方法中的某一项或多项要素的发明。如果发明与现有技术相比，省去一项或多项要素后，依然保持原有的全部功能，或带来预料不到的技术效果，则具备创造性。但如果省去一项或多项要素后其功能也相应地消失，则该发明不具备创造性。本案中，原告主张本专利与附件 3 相比，省去了“波纹管座、过渡套管、防护罩”三个零部件，却依然保持原有的功能，因此属于要素省略的发明，应具备创造性。对此本院认为，本专利采用了将补偿器的里端与换热管的外表面相固连的方式替代了附件 3 通过波纹管座连接的方式，两者的连接方式不同，是技术手段的替换，而非简单地省略了“波纹管座”。至于“过渡套管”和“防护罩”，正如前面所述，如果本专利省略了“防护罩”，则其在附件 3 中所具有的保护波纹管的功能也相应消失，而本专利并未排除通过“过渡套管”的方式进行连接。因此本专利不属于要素省略发明，原告的主张没有事实和法律依据，本院不予支持。

2. 关于附件 4 能否与附件 3 结合破坏本专利的创造性

根据查明的事实，附件 4 涉及一种换热器的换热管补偿器，其也是要解决换热管之间由于温度不同产生了不同的热线胀量，使得换热管在热态工作条件下受较大热线胀所产生的热应力的技术问题，因此其与本专利属于相同的技术领域，解决相同的技术问题。附件 4 中，单根换热管的一端以焊接方式密封固定在一个布风板的通孔内，伸缩节的一端与换热管外圆端以焊接方式密封连接，另一端焊接有一个保护管 10，保护管的内圆与换热管的外圆滑动配合，它的外圆端部插置在换热管穿过的布风板的通孔内，且以焊接方式将保护管与通孔边密封连接。因此，附件 4 中给出了将换热管直接固接在管板上及将伸缩节膨胀补偿器的一端直接固接于换热管上的技术启示。本领域技术人员在附件 3 的基础上，为了使得产品结构简单、占用面积小、焊接工作量小，容易想到将附件 4 给出的技术启示应用到附件 3 中，将换热管靠近进烟接口侧的一端与管板相固连，同时将膨胀补偿器的里端与相应的换热管外表面相固连，从而得到本专利修改后权利要求 1 所限定的技术方案。这种改进是显而易见的，且没有取得预料不到的技术效果，因此本专利修改后的权利要求 1 相对于附件 3 与附件 4 的结合不具备创造性。至于原告所称附件 4 换热管内介质与本专利不同，与本专利属于不同的技术领域，从而不能得到技术启示的主张，本院认为管内介质不同并不会影响膨胀补偿器与管板或换热管的固接方式，并不会阻碍本领域技术人员从中获得上述技术启示，并将其与附件3相结合得到本专利的技术方案，因此原告的主张不能成立。

3. 关于本专利是否因在商业上获得成功而具备创造性

本案中，原告主张本专利技术方案解决了宝钢公司的技术问题，在宝钢公司投入使用，且连第三人都使用本专利技术方案，可以证明本专利在商业上获得成功，应具备创造性。对此，本院认为，首先从查明的事实看，原告和第三人签订的《协议书》仅约定原告对第三人提供给宝钢公司的2#初涂换热器负责技术及制造总责，并不能证明第三人使用的就是本专利的技术方案。即使第三人使用的是本专利技术方案，原告也没有证据证明宝钢公司采用原告产品仅仅是出于本专利技术方案的考虑。其次，商业上获得成功仅是判断专利是否具备创造性时需要考虑的因素。本案中，本专利对于相对于附件3和附件4的结合是显而易见的，且没有取得预料不到的技术效果，即使考虑了原告产品在宝钢公司的使用情况，也无法得到本专利具备创造性的结论。因此原告的上述主张不能成立，本院不予采纳。

综上，被告作出的第10572号决定认定事实清楚，适用法律正确，程序合法，本院予以维持。原告请求撤销该决定的理由不能成立。依照《中华人民共和国行政诉讼法》第五十四条第（一）项之规定，本院判决如下：

维持被告国家知识产权局专利复审委员会作出的第10572号无效宣告请求审查决定。

案件受理费100元，由原告无锡龙腾冶金设备有限公司负担（已交纳）。

如不服本判决，各方当事人可于本判决送达之日起15日内，向本院提交上诉状及其副本，并交纳上诉案件受理费100元，上诉于北京市高级人民法院。

审 判 长 姜 颖
代理审判员 周云川
代理审判员 佟 姝
二〇〇八年三月二十日
书 记 员 高 颖

# 北京市高级人民法院
# 行政判决书

（2008）高行终字第337号

上诉人（原审原告）无锡龙腾冶金设备有限公司，住所地江苏省无锡市雪浪镇仙河村。

法定代表人杨锡明，董事长。

委托代理人黄薇，女，汉族，1957年8月31日出生，北京博圣通专利事务所专利代理人，住北京市西城区新街口外大街16号2楼4单元310号。

委托代理人杨非，男，汉族，1957年1月26日出生，北京博圣通专利事务所专利代理人，住北京市海淀区花园路甲一号1楼1012号。

被上诉人（原审被告）国家知识产权局专利复审委员会，住所地北京市海淀区北四环西路9号银谷大厦10~12层。

法定代表人廖涛，副主任。

委托代理人姜岩，该委员会审查员。

委托代理人朱明雅，该委员会审查员。

原审第三人昆山市三维换热器有限公司，住所地江苏省昆山市周市镇新浦路。

法定代表人顾安生，董事长。

委托代理人陆华，男，汉族，1978 年 12 月 1 日出生，昆山市三维换热器有限公司副总经理，住江苏省昆山市玉山镇丽丽新村 4 幢 502 室。

委托代理人陶海锋，男，汉族，1967 年 11 月 28 日出生，苏州创元专利商标事务所有限公司专利代理人，住江苏省苏州市沧浪区东小桥弄 4 号 4 幢 104 室。

上诉人无锡龙腾冶金设备有限公司（简称龙腾公司）因实用新型专利权无效行政纠纷一案，不服北京市第一中级人民法院（2008）一中行初字第 253 号行政判决，向本院提起上诉。本院 2008 年 5 月 15 日受理本案后，依法组成合议庭，于 2008 年 6 月 18 日公开开庭进行了审理。上诉人龙腾公司的委托代理人黄薇、杨非，被上诉人国家知识产权局专利复审委员会（简称专利复审委员会）的委托代理人姜岩、朱明雅，原审第三人昆山市三维换热器有限公司（简称三维公司）的委托代理人陆华、陶海锋到庭参加了诉讼。本案现已审理终结。

北京市第一中级人民法院认定，涉案专利系龙腾公司所拥有的 03222630.6 号“火管式换热器”实用新型专利（简称本专利）。针对本专利，三维公司于 2005 年 2 月 1 日向专利复审委员会提起无效宣告请求。2005 年 12 月 12 日，专利复审委员会做出第 8021 号无效宣告请求审查决定（简称第 8021 号决定），宣告本专利权全部无效。龙腾公司对第 8021 号决定不服，向北京市第一中级人民法院提起诉讼。北京市第一中级人民法院于 2006 年 10 月 12 日作出（2006）一中行初字第 573 号行政判决（简称第 573 号判决），判决撤销第 8021 号决定，由专利复审委员会重新作出无效宣告请求审查决定。三维公司不服该判决提起上诉，2007 年 2 月 16 日，北京市高级人民法院做出（2007）高行终字第 4 号行政判决（简称第 4 号判决），驳回三维公司的上诉请求，维持原审判决。2007 年 10 月 18 日，专利复审委员会做出第 10572 号无效宣告请求审查决定（简称第 10572 号决定），宣告本专利权全部无效。龙腾公司不服该决定，向北京市第一中级人民法院提起诉讼。

北京市第一中级人民法院认为，本专利权利要求限定的是“膨胀补偿器的外端固定在管板上”，并没有限定膨胀补偿器的外端与管板固定的具体连接方式和手段，附件 3 所采用的通过过渡套管固定是实现本专利该技术特征的一种具体方式和手段，因此附件 3 公开了本专利的上述特征。本专利修改后的权利要求 1 与附件 3 的区别技术特征为：（1）本专利中限定换热管一端与进烟接口侧的管板相固连，而附件 3 中换热管与进烟接口侧的下管板 8 通过过渡套管 12 相固连；（2）本专利限定膨胀补偿器的里端与相应的换热管外表面相固连，而附件 3 中的单管补偿器里端是通过波纹管座 15 连接到换热管上。

本专利与附件 3 的连接方式不同，是技术手段的替换，而非简单地省略了“波纹管座”。如果本专利省略了“防护罩”，则其在附件 3 中所具有的保护波纹管的功能也相应消失，因此本专利不属于要素省略发明。

附件 4 与本专利属于相同的技术领域，解决相同的技术问题，给出了将换热管直接固接在管板上及将伸缩节膨胀补偿器的一端直接固接于换热管上的技术启示。本领域技术人员在附件 3 的基础上，容易想到将附件 4 给出的技术启示应用到附件 3 中，从而得到本专利修改后权利要求 1 所限定的技术方案，因此本专利修改后的权利要求 1 相对于附件 3 与附件 4 的结合不具备创造性。

《协议书》不能证明三维公司使用的就是本专利的技术方案，也没有证据证明宝钢公司采用龙腾公司的产品仅仅是出于本专利技术方案的考虑。本专利相对于附件3和附件4的结合是显而易见的，且没有取得预料不到的技术效果，即使考虑了龙腾公司产品在宝钢公司的使用情况，也无法得到本专利具备创造性的结论。

北京市第一中级人民法院依照《中华人民共和国行政诉讼法》第五十四条第（一）项之规定，判决：维持专利复审委员会作出的第10572号决定。

龙腾公司不服原审判决，向本院提起上诉，请求撤销原审判决，予以改判；撤销第10572号决定，维持本专利全部有效；判决专利复审委员会承担本案诉讼费。其理由主要为：（1）原审判决对本专利与附件3的区别技术特征认定错误；（2）本专利技术方案中的“补偿器”比附件3所公开的“补偿器”省去了“波纹管座、过渡套管、防护罩”三个零部件，克服了附件3所存在的元件多、结构复杂、耗材多、焊接工作量大等缺点，属于要素省略的发明，具备创造性。（3）附件4不能与附件3结合破坏本专利的创造性。附件4与本专利不属于最相近的技术领域，不能用于评价本专利的创造性，而且附件4技术方案是解决不了“火管式换热器”所出现的管板开裂的技术问题。（4）本专利在商业上获得了成功，而且这种成功是由于本专利的技术特征直接导致的，所以本专利具备创造性。专利复审委员会、三维公司服从原审判决。

本院经审理查明：本专利系国家知识产权局于2004年7月7日授权公告的名称为“火管式换热器”的实用新型专利，其申请日为2003年6月12日，专利号为03222630.6，专利权人为龙腾公司。本专利授权公告的权利要求书为：

“1. 火管式换热器，包括外壳（6），外壳（6）两端有管板（2），管板（2）边沿与外壳（6）端部相封接；外壳（6）内有与管板（2）相平行的隔板（9），该隔板和管板上对应地加工有通孔，隔板（9）上的通孔内有换热管（7）；外壳（6）两端分别接有进烟接口（8）和出烟接口（1），该进烟接口和出烟接口均与管板（2）上的每个通孔相通；外壳（6）两端壁上分别有空气进口（4）和出口（5），该空气进口和出口分别与相应的管板（2）和隔板（9）所构成的单元腔相连通；不与空气进口（4）或出口（5）相邻的隔板（9）的一边与外壳（6）间留有间距，以便使各单元腔之间相连通；换热管（7）一端与进烟接口（8）侧的管板（2）相固连，其特征在于换热管（7）的另一端即靠近出烟接口（1）的一端上套有膨胀补偿器（3），该膨胀补偿器的外端固定在管板（2）上，其里端与相应的换热管（7）外表面相固连。

2. 根据权利要求1所述的火管式换热器，其特征在于所说的膨胀补偿器（3）是波纹管。”

本专利说明书公开了如下内容：（现有技术）各个换热管间的温度差别会使它们的膨胀伸长量不同。膨胀伸长量大的换热管会对管板进行外推，而膨胀伸长量小的换热管又会对管板进行后拉。其结果必然是，温度高的换热管会出现弯曲变形，而温度低的换热管和管板间的焊缝会出现拉裂现象。因此，这种火管式换热器的使用寿命不长。本实用新型的目的在于提供一种火管式换热器。这种火管式换热器，换热管不会弯曲变形，换热管与管板间的焊缝不会拉裂，使用寿命较长。

针对本专利，三维公司于2005年2月1日以本专利不符合《专利法》第二十二条第二款、第三款的规定为由，向专利复审委员会提出无效宣告请求，并提交了4份证据，其中：

附件3为授权公告日为1995年12月27日、授权公告号为CN2216198Y的中国实用新型专利说明书。附件3公开了一种双元热补偿管板式高温空气预热器，其要解决的技术问题是：防止换热管各部位热膨胀量不等所产生的温差应力对设备的破坏，其中具体公开了如下技术内容：该空气预热器包括一个壳体1，该壳体1内的两端安装有上、下管板7和8，管板7和8与壳体相封接；壳体1内有与管板平行的折流板9，折流板9和管板上对应地加工有通孔，通孔内有换热管11；壳体1两端分别通过出气烟箱2和进气烟箱3与进烟接口和出烟接口连通，进烟箱和出烟箱都与每个换热管相通；壳体两端壁上有空气进口 4 和空气出口 5，空气进口和出口都与管板与折流板以及折流板间构成的各个单元腔相连通，不与空气进口或出口相邻的折流板、也即附件 3 中的除最靠近空气入口 4 和出口 5 折流板以外的中间的每一个折流板的一边都与壳体留有间距，以便使各个单元腔之间连通；换热管 11 的一端与进烟接口侧的下管板 8 通过过渡套管 12 相固连，换热管 11 的另一端、即靠近出烟接口的一端套有单管补偿器 13，单管补偿器 13 由与换热管 11 连接的波纹管座 15 及两端分别与波纹管座 15、上管板 7 连接的波纹管 16 组成。补偿器的外端通过过渡套管 12 固定在上管板 7 上。在说明书中提到防护罩用于防止热空气对波纹管的冲刷，同时又能冷却波纹管。

附件 4 为授权公告日为 1995 年 5 月 31 日、授权公告号为 CN2199519Y 的中国实用新型专利说明书。附件 4 公开了一种换热器的换热管补偿器，该换热管也是用于工业炉的烟气道内，其要解决的技术问题是：换热管之间由于温度不同产生了不同的热线胀量，使得换热管在热态工作条件下受较大热线胀所产生的热应力。其解决办法是在每根换热管上提供伸缩节作为换热管补偿器，单根换热管的一端以焊接方式密封固定在一个布风板的通孔内，换热管的另一端穿过另一个布风板的通孔，伸出的管段外套装有伸缩节，伸缩节的一端与换热管外圆端以焊接方式密封连接，另一端与所说换热管穿过的通孔密封连接，该种连接既可以是直接进行，也可以是伸缩节另一端焊接有一个保护管 10，保护管的内圆与换热管的外圆滑动配合，它的外圆端部插置在换热管穿过的布风板的通孔内，且以焊接方式将保护管与通孔边密封连接。

2005 年 11 月 15 日，专利复审委员会就三维公司针对本专利权提出的无效宣告请求进行口头审理。在口头审理中，龙腾公司提交了修改后的权利要求书，将原权利要求 1、2 合并，专利复审委员会接受了该修改。2005 年 12 月 12 日专利复审委员会做出第 8021 号决定，认为依据附件 1 和 2 可以证明本专利的产品已经在申请日前被公开销售，属于使用公开，因此不具有《专利法》第二十二条第二款规定的新颖性，宣告本专利权全部无效。龙腾公司对第 8021 号决定不服，向北京市第一中级人民法院提起诉讼。该院于 2006 年 10 月 12 日作出第 573 号判决，判决撤销第 8021 号决定，由专利复审委员会重新作出无效宣告请求审查决定。三维公司不服该判决，于 2007 年 1 月 4 日向本院提起上诉。2007 年 2 月 16 日，本院做出第 4 号判决，驳回三维公司的上诉请求，维持原审判决。

2007 年 10 月 18 日，专利复审委员会做出第 10572 号决定，宣告本专利权全部无效。专利复审委员会在该决定中认定：（1）附件 3 公开了一种双元热补偿管板式高温空气预热器，具体公开了如下技术内容：……补偿器的外端固定在上管板 7 上。本专利与附件 3 相比，区别特征在于：其一，本专利中限定换热管一端与进烟接口侧的管板相固连，而附件 3 中换热管与进烟接口侧的下管板 8 通过过渡套管 12 相固连；其二，本专利限定膨胀补偿器的里端与相应的换热管外表面相固连，而附件 3 中的单管补偿器里端是通过波纹管座 15 连接到换热管上。（2）附件 4 公开了一种换热器的换热管补偿器，该换热管也是用于工业炉的烟气道内，其要解决的技术问题是：换热管之间由于温度不同产生了不同的热线胀量，使得换热管在热态工作条件下受较大热线胀所产生的热应力。其解决办法是在每根换热管上提供伸缩节作为换热管补偿器，单根换热管的一端以焊接方式密封固定在一个布风板的通孔内，因此附件 4 中给出了将换热管直接固接在管板上的技术启示；换热管的另一端穿过另一个布风板的通孔，伸出的管段外套装有伸缩节，伸缩节的一端与换热管外圆端以焊接方式密封连接，另一端焊接有一个保护管 10，保护管的内圆与换热管的外圆滑动配合，它的外圆端部插置在换热管穿过的布风板的通孔内，且以焊接方式将保护管与通孔边密封连接。因此，附件 4 中还给出了将伸缩节膨胀补偿器的一端直接固接于换热管上的技术启示。本领域技术人员在附件 3 的基础上，结合附件 4 中的膨胀补偿器与换热管之间的连接关系，很容易得到本专利权利要求 1 请求保护的技术方案，而且没有起到预料不到的技术效果，本专利权利要求 1 相对于附件 3 和 4 的结合不具备创造性。基于上述理由，专利复审委员会作出第 10572 号决定，宣告本专利权全部无效。

在本案一审庭审中，龙腾公司主张本专利与附件 3 相比，有 4 个区别特征：（1）本专利膨胀补偿器的外端固定在管板上，而附件 3 中补偿器的外端通过过渡套管 12 固定在上管板 7 上；（2）本专利中限定换热管一端与进烟接口侧的管板相固连，而附件 3 中换热管与进烟接口侧的下管板 8 通过过渡套管 12 相固连；（3）本专利限定膨胀补偿器的里端与相应的换热管外表面相固连，而附件 3 中的单管补偿器里端是通过波纹管座 15 连接到换热管上；（4）本专利省略了附件 3 中的防护罩。专利复审委员会认可两者存在区别特征（2）、（3）。

上述事实有本专利授权公告说明书、第 8021 号决定、第 10572 号决定、附件 3、附件 4、第 573 号判决、第 4 号判决及当事人陈述等证据在案佐证。

本院认为：根据《专利法》第二十二条第三款的规定，实用新型的创造性是指同申请日以前已有的技术相比，该实用新型有实质性特点和进步。如果该实用新型相对于现有技术是显而易见的，则不具有实质性特点。本案主要涉及以下几个问题：

1. 关于本专利权利要求与附件 3 的区别特征

本案中，龙腾公司主张本专利权利要求与附件 3 相比存在（1）、（2）、（3）、（4）四个区别特征。

对于龙腾公司所主张的区别特征（1），附件 3 中补偿器的外端是通过过渡套管 12 固定在上管板 7 上，而本专利权利要求限定的是“膨胀补偿器的外端固定在管板上”，并没有限定膨胀补偿器的外端与管板固定的具体连接方式和手段，附件 3 所采用的通过过渡套管固定是实现本专利该技术特征的一种具体方式和手段，因此附件 3 公开了本专利的上述特征。对于龙腾公司所主张的区别技术特征（3），本院审查了本案专利复审委员会无效审查口审记录表，其上记载龙腾公司明确了“对于换热管来说，离管板近的叫外端，远离管板的叫里端”。据此，原审判决关于附件 3 中的单管补偿器里端是通过波纹管座 15 连接到换热管上的认定并无不当，本院予以认可。对于龙腾公司所主张的区别特征（4）即防护罩，本专利并没有限定是否采用防护罩，同时，根据附件 3 说明书的记载，防护罩的功能在于保护波纹管，如果本专利没有使用防护罩，则防护罩在附件 3 中所具有的功能也相应消失。因此龙腾公司关于存在区别特征（4）的主张不能成立。由于专利复审委员会认可区别特征（2）、（3），且第 10572 号决定也认定了该两个区别特征，故本院对此予以确认，即本专利修改后的权利要求 1 与附件 3 相比，存在如下两个区别特征：（2）本专利中限定换热管一端与进烟接口侧的管板相固连，而附件 3 中换热管与进烟接口侧的下管板 8 通过过渡套管 12 相固连；（3）本专利限定膨胀补偿器的里端与相应的换热管外表面相固连，而附件 3 中的单管补偿器里端是通过波纹管座 15 连接到换热管上。

2. 本专利是否属于要素省略发明

要素省略的发明是指省去已知产品或者方法中的某一项或多项要素的发明。如果发明与现有技术相比，省去一项或多项要素后，依然保持原有的全部功能，或带来预料不到的技术效果，则具备创造性。但如果省去一项或多项要素后其功能也相应地消失，则该发明不具备创造性。

本案中，龙腾公司主张本专利与附件 3 相比，省去了“波纹管座、过渡套管、防护罩”三个零部件，却依然保持原有的功能，因此属于要素省略的发明，应具备创造性。本院认为，本专利采用了将补偿器的里端与换热管的外表面相固连的方式替代了附件 3 通过波纹管座连接的方式，两者的连接方式不同，是技术手段的替换，而非简单地省略了“波纹管座”。本专利省略了“防护罩”，则其在附件 3 中所具有的保护波纹管的功能也相应消失，而本专利并未排除通过“过渡套管”的方式进行连接。因此本专利不属于要素省略发明，龙腾公司关于本专利权利要求为要素省略发明的上诉主张没有事实和法律依据，本院不予支持。

3. 关于附件 4 能否与附件 3 结合破坏本专利的创造性

附件 4 涉及一种换热器的换热管补偿器，确如龙腾公司所述，附件 4 为烟气在管外流通，空气在管内流通的换热器，而本专利为烟气在管内流通，空气在管外流通的换热器，但附件 4 其也是要解决换热管之间由于温度不同产生了不同的热线胀量，使得换热管在热态工作条件下受较大热线胀所产生的热应力的技术问题，因此其与本专利属于相同的技术领域，解决相同的技术问题，可以与附件 3 相结合评价本专利权利要求的创造性。龙腾公司关于附件 4 与本专利技术领域不同不能与附件 3 相结合评价本专利创造性的上诉主张不能成立，本院不予支持。

4. 关于本专利是否因在商业上获得成功而具备创造性

商业上获得成功是判断专利是否具备创造性时需要考虑的因素，但是，如果本专利相对于对比文件不具有实质性特点和进步，即使依照本专利制造的产品确实取得了商业上的成功，本专利依然没有创造性。本案中，龙腾公司主张本专利技术方案解决了宝钢公司的技术问题，在宝钢公司投入使用，且三维公司使用本专利技术方案，可以证明本专利在商业上获得成功，应具备创造性。本院认为，第一，从查明的事实看，龙腾公司和三维公司签订的《协议书》仅约定龙腾公司对三维公司提供给宝钢公司的 2#初涂换热器负责技术及制造总责，并不能证明三维公司使用的就是本专利的技术方案。第二，即使三维公司使用的是本专利技术方案，龙腾公司也没有证据证明宝钢公司采用龙腾公司产品仅仅是出于本专利技术方案的考虑。第三，本专利相对于附件 3 和附件 4 的结合是显而易见的，且没有取得预料不到的技术效果，因此，即使考虑了龙腾公司产品在宝钢公司的使用情况，也无法得到本专利具备创造性的结论。龙腾公司关于本专利取得商业上的成功因而具备创造性的上诉主张不能成立，本院不予支持。

综上，原审判决认定事实清楚，适用法律正确。龙腾公司的上诉主张没有事实和法律依据，其上诉请求本院不予支持。依据《中华人民共和国行政诉讼法》第六十一条第（一）项的规定，判决如下：

驳回上诉，维持原判。

一审案件受理费 100 元，由无锡龙腾冶金设备有限公司负担（已交纳）；二审案件受理费 100 元，由无锡龙腾冶金设备有限公司负担（已交纳）。

本判决为终审判决。

审　判　长　刘　辉
代理审判员　岑宏宇
代理审判员　焦　彦
二〇〇八年七月十七日
书　记　员　孙　娜

181

# 焦炉炉床板的直角板点焊固定套管

## 无效宣告请求审查决定（第10576号）

**决　　定　　号**　第10576号
**决　　定　　日**　2007年10月12日
**发明创造名称**　焦炉炉床板的直角板点焊固定套管
**国 际 分 类 号**　C10B 29/08
**无效宣告请求人**　中国第五冶金建设公司
**专　利　权　人**　钟功培
**专　　利　　号**　200520033836.8
**申　　请　　日**　2005年4月11日
**授 权 公 告 日**　2006年4月26日
**合 议 组 组 长**　朱文广
**主　　审　　员**　董晓静
**参　　审　　员**　王　琳

**法　律　依　据**　专利法第22条第2款、第3款
**决　定　要　点**

当请求人以国内公开使用为由请求宣告一项实用新型专利权无效时，如果其提供的证据不能形成一个完整的证据链以证明以下三个要件同时存在，则其关于本专利不具备新颖性的主张不成立：第一，申请日前国内使用的事实；第二，该事实能够导致某一技术方案处于本领域技术人员想得知就能得知的状态；第三，该技术方案的内容与本专利相同。

### 一、案由

本无效宣告请求涉及中华人民共和国国家知识产权局于2006年4月26日授权公告的、名称为“焦炉炉床板的直角板点焊固定套管”的实用新型专利权（以下简称本专利），其专利号是200520033836.8，申请日是2005年4月11日，专利权人是钟功培。本专利授权公告的权利要求书如下：

“1. 一种由套管（1）、角钢（3）组成的焦炉炉床板的直角板点焊固定套管，其特征在于：套管（1）的下端是固定在焦炉炉床板的底部，直角板（2）是一块∟形的钢板，两内边紧靠套管（1）上部的管壁上点焊连接，一外边与角钢（3）的边平行连接。”

针对上述专利权，中国第五冶金建设公司（以下简称请求人）于2007年5月28日向专利复审委员会提出无效宣告请求，其提交的附件如下：

附件1'：署名为五冶三公司莱钢项目部QC小组、标注日期为2004年6月的“QC活动记录”，复印件，共7页；

附件2'：署名为莱钢项目部技术QC小组、标注日期为2004年12月的“焦炉套管固定新方法的研制”，复印件，共17页；

附件3'：中国五冶第三工程公司莱钢项目部技术QC小组于2005年7月荣获全国“八喜”杯QC小组成果发表赛二等奖的证书，复印件，共1页。

请求人认为上述附件1'~3'表明本专利已在申请日之前被公开使用，因此权利要求1不具备专利法第22条第2款、第3款规定的新颖性和创造性。

经形式审查合格，专利复审委员会依法受理了上述无效宣告请求，并于2007年5月28日向双方当事人发出无效宣告请求受理通知书，同时将专利权无效宣告请求书及其附件清单中所列附件的副本转送给专利权人，并要求专利权人在指定的期限内陈述意见。

针对专利复审委员会于2007年5月28日作出的上述无效宣告请求受理通知书，专利权人于2007年6月20日提交了意见陈述书，同时提交如下反证：

反证1：分别由吴小兵、甘朝彬、钱中山和钟功培出具的书面证言，原件，共4页；

反证2：吴小兵出具的没有参加莱钢QC小组活动，更没有在QC小组活动记录上签字的书面声明，原件，共1页；

反证3：钟功培从2004年6月到10月的施工日记，复印件，共27页；

反证4：钟功培在2004年3月26日至3月31日的施工日记，复印件，共2页；

反证5：莱钢十五技改工程指挥部综合业务处主办的“工程简报”第52期，2004年8月29日，复印件，共2页。

专利权人认为请求人提供的附件1'、2'为虚假材料，附件3'是利用虚假材料骗取的，因为附件1'的首页日期与内容时间矛盾，反证1、4证明附件1'的QC小组不存在和事实虚假，反证2证明附件1'的签名属于伪造，反证1、3记载的莱钢5#焦炉炉床板砼浇灌完成的时间可以证明附件2'所述研制时间虚假，而且附件2'第4、12、15页的内容为编造。

请求人于2007年6月27日向专利复审委员会提交意见陈述书，并补充了无效的理由和证据，其中补充的附件为：

附件1：莱芜钢铁股份有限公司焦化厂1#焦炉易地大修改造工程施工合同，复印件，共19页；

附件2：莱钢1#焦炉易地大修的开工报告，复印件，共1页；

附件3：1#焦炉易地大修改造工程的工程竣工验收证明书，复印件，共1页；

附件4：关于莱钢1#焦炉易地大修改造工程施工的补充方案，复印件，共2页；

附件5：由中国第五冶金建设公司莱钢工程项目管理部出具的证明，复印件，共1页，其证明内容是本专利技术在2004年7月施工的莱钢焦化厂1#焦炉工程中广泛使用，未采取任何保密措施，任何人都可参观，并且签署有“情况属实”，盖有莱钢技改工程指挥部焦化工程项目部的章；

附件6：霍小妹、常振雨，“某焦炉顶板埋管施工工艺”，《山西建筑》，1999年第4期第81页，复印件，共1页；

附件7：董虹等，“焦炉炉床板内高精度预埋管安装新工艺”，《江西冶金》，第22卷第3期，2002年6月，第40~43页，复印件，共4页；

附件8：戴仁寿，“宝钢‘M’型焦炉炉床板及予埋套管的施工”，据称来源自《施工技术与管理》，1988年第8期，复印件，共9页。

请求人认为，（1）附件1、2、3、5证明附件4在本申请的申请日之前已经公开使用，权利要求

1 相对于附件 4 不具备专利法第 22 条第 2 款、第 3 款规定的新颖性和创造性；（2）权利要求 1 相对于附件 8 与附件 6、7 的结合不具备专利法第 22 条第 3 款规定的创造性。

专利复审委员会依法成立合议组对本无效宣告请求案进行审理。

本案合议组于 2007 年 7 月 19 日向双方当事人发出无效宣告请求口头审理通知书，定于 2007 年 9 月 19 日举行口头审理。随同口头审理通知书，将请求人于 2007 年 6 月 27 日提交的意见陈述书及其附件清单中所列附件的副本转送给专利权人，将专利权人于 2007 年 6 月 20 日提交的意见陈述书及其附件清单中所列附件的副本转送给请求人，要求双方当事人在口头审理时针对收到的文件进行答复。

口头审理如期举行，双方当事人均参加了口头审理并充分地发表了意见，合议组对本案涉及的无效理由、证据进行了调查，并记录了以下事项：

（1）请求人放弃附件 1'~3'作为证据使用，当庭出示了附件 1~5 的原件。专利权人经核实，认可附件 1~5 的复印件与原件一致，但是对附件 1~5 的内容真实性提出异议，因为附件 1 的合同签订时间晚于其记载的开工时间，附件 2 的开工报告的日期与附件 1 的合同签订日期矛盾，且附件 2、3 缺少监理部门的签字和/或盖章，附件 4 缺少编制人、审核人和甲方监理的签字以及总工程师的信息，与请求人在侵权诉讼中提交的文件不一致，附件 5 是事后针对无效和侵权程序制作的文件，盖章部门与请求人存在利害关系。此外，专利权人还对附件 6、7、8 的真实性和合法性提出异议。请求人则认为先施工后签合同是建筑施工领域的常见现象，附件 2、3 有会签栏和施工单位盖章，附件 4~5 都是真实的，附件 6~8 都是从网站上下载的，时间可以确认。

（2）专利权人当庭提交了 6 份补充证据，即，

补充反证 1：甘朝彬、吴小兵出具的书面证言，复印件，共 3 页；

补充反证 2：中国五冶莱钢项目部 2004 年 7 月 10 日的莱钢焦化厂 1#焦炉易地大修改造炼焦车间煤塔工程的“排水作业施工方案”，复印件，共 7 页；

补充反证 3：中国五冶莱钢项目部 2005 年 2 月 28 日的莱钢焦化厂 1#、2#焦炉干熄焦工程“除尘地面站方案”，复印件，共 4 页；

补充反证 4：中国五冶莱钢项目部 2003 年 11 月 4 日的中国第五冶金建设公司的“资料收发记录册”，复印件，共 10 页；

补充反证 5：据称是高文建以莱钢十五技改工程指挥部名义编造下发假通知的底稿，复印件，1 页；

补充反证 6：2005 年 4 月 15 日的“五冶报”，第 4 版，复印件，1 页。

专利权人表示，补充反证 1 用来证明请求人的附件 4 不存在；补充反证 2、3 用来证明五冶公司的每个施工方案都要有会签栏，从而证明请求人的附件 4 属于伪造；补充反证 4 用来证明收发文件记录没有包括附件 4，也证明附件 4 是伪造；补充反证 5 用来证明请求人在提无效请求时的附件 2 是伪造的；补充反证 6 用来证明其中提到的 7#炉就是新 1#炉，就是易地施工的炉，但是其施工工艺跟本专利不同。

（3）专利权人当庭出示了反证 3、4、5 和补充反证 1~6 的原件。请求人进行了核实，对反证 1~4的内容真实性提出异议，认为反证 1、2 无法核实签名，证人没有出庭，反证 3、4 不能确定时间，是专利权人自己写的；对反证 5 的真实性认可，对关联性提出异议；由于证人没有出庭，对补充反证 1 的内容真实性提出异议；对补充反证 2~4 的形式真实性认可，对关联性提出异议；对补充反证 5 的真实性和关联性提出异议；对补充反证 6，认可其真实性，也认可其中记载的 7#焦炉就是新 1#炉，就是莱芜钢铁股份有限公司的 1#炉易地大修改造之后的炉的编号。专利权人则认为由于路途和时间关系证人不能出庭，补充反证 2~5 都有会签栏、编制人和监理人，足以证明附件 4 是伪造的，

补充反证5证明附件2是伪造的。

（4）请求人明确其无效请求的理由、范围和证据是，用附件1~5和补充反证6证明本专利权利要求1不具备专利法第22条第2款规定的新颖性，其中附件4和补充反证6的技术方案与本专利权利要求1相同；用附件6~8证明本专利权利要求1不具备专利法第22条第3款规定的创造性；除此之外没有其他证据、理由和事实。

（5）关于新颖性，请求人主张权利要求1的内容被附件4和补充反证6公开。其中，双方当事人在口头审理中一致认可中国第五冶金建设公司在本专利申请日之前承揽了莱芜钢铁股份有限公司的焦化厂1#焦炉易地大修改造工程，并且该1#焦炉就是补充反证6中的莱钢7号炉，也就是新1#炉，争议焦点在于补充反证6记载的“直角连接固定法”和图与本专利的技术方案是否相同，以及工程施工能否导致技术被公开。对于附件4，专利权人认可其与本专利的技术方案相同，争议焦点在于专利权人认为该附件4是伪造的材料。

（6）关于创造性，请求人用附件8作为最接近的现有技术，认为本专利与附件8的区别在于包括直角板、角钢以及点焊连接方式，附件6、7公开了点焊并对直角板和角钢给出了技术启示。专利权人则认为附件6~8没有公开本专利权利要求的全部技术特征。

至此，合议组认为本案事实已经清楚，可以作出审查决定。

**二、决定的理由**

1. 关于新颖性

专利法第22条第2款规定，新颖性，是指在申请日以前没有同样的发明或者实用新型在国内外出版物上公开发表过、在国内公开使用过或者以其他方式为公众所知，也没有同样的发明或者实用新型由他人向国务院专利行政部门提出过申请并记载在申请日以后公布的专利申请文件中。

当请求人以国内公开使用为由请求宣告一项实用新型专利权无效时，如果其提供的证据不能形成一个完整的证据链以证明以下三个要件同时存在，则其关于本专利不具备新颖性的主张不成立：第一，申请日前国内使用的事实；第二，该事实能够导致某一技术方案处于本领域技术人员想得知就能得知的状态；第三，该技术方案的内容与本专利相同。

本案中，请求人主张在本专利申请日之前中国第五冶金建设公司承接并施工了莱芜钢铁股份有限公司焦化厂的1#焦炉易地大修改造工程，且使用了附件4和补充反证6的方案，该方案与本专利权利要求1相同且已被公众所知，因此权利要求1不具备新颖性。专利权人则认为该工程采用的是补充反证6的方案，该方案与本专利不同；附件4的方案与本专利相同，但是附件4是伪造的。

合议组经审查后认为，由于在本案口头审理过程中，双方当事人均认可中国第五冶金建设公司在本专利申请日之前承揽了莱钢公司的焦化厂1#焦炉易地大修改造工程，改造后为新1#焦炉，又称补充反证6中的莱钢7号焦炉。因此，合议组通过该事实可以确认，本案争议焦点在于该新1#焦炉使用的方案是否为本专利的方案。

本案中涉及新1#焦炉方案的只有附件4和补充反证6，请求人认为这两项证据均证明新1#焦炉使用的是本专利的技术方案。合议组将这两份证据进行对比发现，附件4公开的套管焊接位置是位于角钢的内侧，而补充反证6显示的套管焊接位置却在角钢的背侧，还明确记载7号焦炉的所有套管均采用其所述方案。由此可见，附件4和补充反证6的技术方案并不相同。而本案中，双方当事人一致认可补充反证6的真实性，同时专利权人又出示了该证据的原件，因此其真实性可以确认。对于附件4，请求人虽然出示了原件，但该原件上的签章单位均与请求人有一定联系，专利权人对证据内容的真实性又提出了异议，因此在待证事实的证明力上，附件4弱于补充反证6，新1#焦炉所使用的技术方案应以补充反证6为准。

在补充反证6中，针对炉床板套管安装技术，其文字内容仅记载“在炉床板套管安装中，项目部根据两点一线原理，采用‘直角连接固定法’，在距离每排套管三、四公分远的位置焊一根角钢，利用定位角钢架，在两端绷紧一根铁丝，使铁丝高度与套管顶部标高对齐并通过套管圆心，待测定好尺寸后用角铁焊死到角钢上”，相应的附图公开的内容涉及横向和纵向的角钢，并没有明确记载本专利权利要求1所限定的直角板技术特征，而且本领域技术人员也不能直接地、毫无疑义地确定上述技术内容中的哪一个技术手段对应本专利所限定的直角板。因此，根据请求人的上述证据和补充反证6，不能认为新1#焦炉采用了本专利权利要求1的技术方案。

综上，请求人的证据不能形成一个完整的证据链以证明本专利的产品因申请日前已在国内公开使用而导致不具备新颖性，因此其关于权利要求1不具备新颖性的理由不成立。

2. 关于创造性

专利法第22条第3款规定，创造性，是指同申请日以前已有的技术相比，该实用新型有实质性特点和进步。

本案中，请求人依据附件6、7、8提出本专利权利要求1不具备专利法第22条第3款的无效理由，但是并未提供附件6~8的原件，也没有提供能够证明附件6~8的真实性的其他佐证。因此在专利权人对附件6~8的真实性提出异议的情况下，合议组对这些附件不予采信。此外，即使将附件6~8的内容与权利要求1进行对比，由于附件6~8均未公开权利要求1中的直角板以及直角板与套管的位置关系，也未给出相应的技术启示。因此，请求人关于权利要求1不具备创造性的理由不成立。

根据上述的事实和理由，本案合议组依法作出以下决定。

**三、决定**

维持200520033836.8号实用新型专利权有效。

当事人对本决定不服的，可以根据专利法第46条第2款的规定，自收到本决定之日起3个月内向北京市第一中级人民法院起诉。根据该款的规定，一方当事人起诉后，另一方当事人应当作为第三人参加诉讼。

182

# 防缩裂、抗鼓涨企口木地板

## 无效宣告请求审查决定（第10577号）

**决　　定　　号**　第10577号
**决　　定　　日**　2007年10月18日
**发明创造名称**　防缩裂、抗鼓涨企口木地板
**国 际 分 类 号**　E04F 15/04
**无效宣告请求人**　刘宗汉
**专　利　权　人**　宝艺兴木业（深圳）有限公司
**专　　利　　号**　98236463.6
**申　　请　　日**　1998年1月13日
**授 权 公 告 日**　1999年9月8日
**合 议 组 组 长**　朱文广
**主　　审　　员**　刘瑞斌
**参　　审　　员**　姜　岩

**法　律　依　据**　专利法第22条第3款
**决　定　要　点**

一项权利要求与最接近的现有技术相比，虽然存在区别特征，但该区别特征为相同技术领域的另一份对比文件中的相关技术手段且该技术手段在该对比文件中所起的作用与该区别特征在要求保护的发明中为解决其实际的技术问题所起的作用相同，则该权利要求不具备创造性。

### 一、案由

本无效宣告请求涉及中华人民共和国国家知识产权局于1999年9月8日授权公告的、名称为“防缩裂、抗鼓涨企口木地板”的实用新型专利权（以下简称本专利），其专利号是98236463.6，申请日是1998年1月13日，原专利权人是王振跃，后变更为宝艺兴木业（深圳）有限公司。本专利授权公告时的权利要求书如下：

“1. 一种防缩裂、抗鼓涨企口木地板，它由不同木材加工而成，其特征是：在企口凸形面上加工出压缩翼①和企口凸形面榫③；在企口凹形面加工出压缩翼挞接口②和凹形面槽④。

2. 按照权利要求1所述木地板，其特征是：所述压缩翼①水平横向尺寸要大于压缩翼挞接口②水平横向尺寸，板与板拼合后，每个拼合面形成3个压缩预留空隙⑤。”

针对本专利权，无锡市锦绣前程木业有限公司和无锡市前程地板厂曾于2002年3月26日向专利复审委员会提出无效宣告请求。专利复审委员会经审查作出第4474号无效宣告请求审查决定，宣告

本专利的权利要求 1 无效，在权利要求 2 的基础上维持其专利权有效。北京市第一中级人民法院（2003）一中行初字第 14 号行政判决书维持了该审查决定。双方当事人在法定期限内未提起上诉，因此该审查决定为生效决定，本专利权利要求 1 无效，维持权利要求 2 有效。

针对本专利，刘宗汉（以下简称请求人）于 2003 年 1 月 30 日次向专利复审委员会提出无效宣告请求，认为本专利不符合专利法第 22 条第 1 款、第 3 款以及专利法实施细则第 2 条第 2 款的规定，请求人同时提交了如下附件：

附件 1：本专利的专利说明书；

附件 2：授权公告日为 1996 年 8 月 21 日，授权公告号为 CN2233437Y 的中国实用新型专利说明书；

附件 3：授权公告日为 1995 年 4 月 19 日，授权公告号为 CN2194803Y 的中国实用新型专利说明书。

请求人认为：权利要求 1、2 相对于现有技术不具备创造性。

经形式审查合格，专利复审委员会依法受理了上述无效宣告请求，并于 2003 年 1 月 30 日向请求人和专利权人发出无效宣告请求受理通知书，同时将专利权无效宣告请求书及其附件清单中所列附件的副本转送给专利权人，并要求专利权人在指定的期限内陈述意见。

请求人于 2003 年 2 月 26 日提交了补充的意见陈述书，同时提交了如下附件：

附件 4：公开日为 1990 年 8 月 11 日，公告编号为 139712 的中国台湾专利文献的复印件；

附件 5：公开日为 1993 年 10 月 1 日，公告编号为 214231 的中国台湾专利文献的复印件；

附件 6：公开日为 1993 年 2 月 1 日，公告编号为 199476 的中国台湾专利文献的复印件。

请求人认为：同附件 4、6 相比本专利权利要求 1、2 不具备新颖性；同附件 4、5、6 相比，本专利权利要求 1 和 2 不具备创造性。

针对专利复审委员会发出的上述无效宣告请求受理通知书，专利权人于 2003 年 3 月 12 日提交了意见陈述书，认为：（1）本专利相对于附件 2、3 具备创造性。（2）专利权人提交下面的证据 1 用于证明单榫槽连接结构不如双榫槽结构稳固。

证据 1：授权公告日为 2001 年 9 月 26 日，授权公告号为 CN2449896Y 的中国实用新型专利说明书。

专利复审委员会依法成立合议组并于 2006 年 11 月 6 日向双方发出无效宣告请求口头审理通知书，定于 2006 年 12 月 18 日在专利复审委员会举行口头审理。随同口头审理通知书，将请求人于 2003 年 2 月 26 日提交的意见陈述书及其附件清单中所列附件的副本转送给专利权人，将专利权人于 2003 年 3 月 12 日提交的意见陈述书及其附件清单中所列附件的副本及专利复审委员会第 4474 号决定转送给请求人。

口头审理如期举行，请求人单方出席了口头审理，请求人明确其无效宣告请求的理由、证据和范围：权利要求 2 相对于附件 4、附件 6、或附件 4 和 6 的结合不具备创造性，放弃附件 2、3、5 的使用，并明确表示没有其他的无效理由。请求人当庭提交盖有国家知识产权局专利检索咨询中心副本认证专用章的附件 4 和附件 6。

口头审理结束后，合议组于 2006 年 12 月 18 日发出转送文件通知书，将口头审理时无效宣告请求人提交的盖有国家知识产权局专利检索咨询中心副本认证专用章的附件 4、6 以及口头审理记录转送给专利权人，并要求专利权人在指定期限内进行答复。

专利权人于 2007 年 1 月 18 日针对以上转送文件提交了意见陈述书，认为请求人在其口头审理当庭提交的附件 4、附件 6 不符合法定程序，不具备法定证据效力，应不予考虑。另外，认为本专利相对于附件 4、6 具备创造性。

至此，合议组认为本案事实已经清楚，可以作出审查决定。

**二、决定的理由**

1. 关于证据和现有技术

请求人最终明确用于支持其无效宣告请求的证据为附件 4、6，并于口审时当庭提交了盖有国家知识产权局专利检索咨询中心副本认证专用章的附件 4、6，用以确认该副本与原件相同。本案合议组于 2006 年 12 月 18 日将上述副本的复印件转送给专利权人，要求专利权人在指定期限内陈述意见。

专利权人于 2007 年 1 月 18 日对该转送文件作出答复，认为：首先，本案无效宣告请求日是 2003 年 1 月 30 日，而附件 4、6 的提出是在口头审理当天提交的，超出了法定程序规定的期限，因此对该两份证据不应考虑。

合议组经审查认为，附件 4 和 6 是请求人 2003 年 3 月 26 日提交的，本案合议组已经在发出口头审理通知书时将其转送给专利权人，并非口头审理当天提交，口审时提交的盖有国家知识产权局专利检索咨询中心副本认证专用章的附件 4、6 是用于证明附件 4、6 的真实性，因此该两份附件的提交没有超过法定期限。专利权人关于该两份附件的提交超过了法定期限应不予考虑的理由合议组不予支持。

专利权人还认为：附件 4、6 为中国台湾专利文献，是由中国台湾“智慧产权局”在中国台湾出版编印的公开出版物，应当由中国台湾地方法院公证处作出认证公证书，然后经北京市公证机构出具认证书得以证实，而附件 4、6 没有经过上述公证认证程序；此外，附件 4、6 为公开出版物，请求人应当提供出版物的出版社的名称、出版日期的页码，并当场提交出版物的实物，以予以质证，尽管国家知识产权局检索咨询中心出具了“经确认此副本与原件相同”的副本专用章，但国家知识产权局并没有由台湾智慧产权局直接转来的专利文献原件，因此其在台湾专利文献上盖的认证章依据不足。而且，国家知识产权局检索咨询中心是事业单位，不具有对台湾专利文献认证、公证的权力，出具以上证明是不妥当的。

合议组经审查认为，审查指南第四部分第八章 2.2.2 节规定，当事人向专利复审委员会提供的证据是在台湾地区形成的，应当履行相应的证明手续。但如果该证据是能够从台湾地区外的国内公共渠道获得的，如从专利局获得，或者从公共图书馆获得的除外。本案中，附件 4、6 是从中国国家知识产权局能够获得的专利文献，因此附件 4、6 的台湾专利文件不需要经过公证认证手续，请求人又提交了由国家知识产权局专利检索咨询中心盖章证明副本与原件相同的文件，并且经合议组核实后确认其上记载的内容与请求人提供的附件 4、6 相同。因此，合议组认可附件 4、6 的真实性，并且其公开日早于本专利的申请日，其上记载的内容已经构成本专利的现有技术。

2. 权利要求 2 相对于附件 4 和附件 6 的组合的创造性

专利法第 22 条第 3 款规定：创造性，是指同申请日以前已有的技术相比，该实用新型具有实质性特点和进步。

一项权利要求与最接近的现有技术相比，虽然存在区别特征，但该区别特征为相同技术领域的另一份对比文件中的相关技术手段且该技术手段在该对比文件所起的作用与该区别特征在要求保护的发明中为解决其实际的技术问题所起的作用相同，则该权利要求不具备创造性。

权利要求 2 请求保护一种木地板，该地板由不同木材加工而成；在企口凸型面上有压缩翼和企口凸形面榫；在企口凹型面上有压缩翼挞接口和凹型面槽；压缩翼的水平横向尺寸大于压缩翼挞接口的水平横向尺寸；板与板拼合后，在拼合面上由上至下共形成 3 个压缩预留空隙。

附件 4 公开了一种地板，其所要解决的技术问题也是防止地板热胀冷缩使地板不平整。并具体公开了如下技术内容：本体由上、中、下三层组成。

附件 4 与权利要求 2 的区别特征在于：地板块的各层结构不同，因此相互配合的地板块拼合后在拼合面处形成的空隙数量不同。

附件 6 请求保护一种防止胶溢出之地板板块，与本专利相同都属于一种由两个凸榫和两个凹槽相卡合的双企口连接结构木地板。附件 6 中的地板块是由上、中、下层的本体构成，在其周边形成凸缘 21 及凹槽 31，其中凸缘 21 嵌合于相邻板块的凹槽 31 中形成第一嵌合部位；在上述嵌合部位下方，地板块周边还形成一个第二嵌合部位，包括副凸缘 41 及副凹槽 51。附件 6 中凹槽 31 上方以及凹槽 51 下方的地板突出部分与本专利权利要求 2 中的企口凸型面上的两个压缩翼具有同样的位置、形状，附件 6 中凹槽 31 和凹槽 51 之间的地板突出部分与本专利权利要求 2 中企口凸形面上的企口凸型面榫具有相同的位置、形状；附件 6 中的凸缘 21 上方和副凸缘 41 下方的地板凹陷部分与本专利权利要求 2 中企口凹型面上的两个压缩翼挞接口、凸缘 21 和副凸缘 41 之间的凹陷部分与本专利权利要求 2 中的企口凹形面上的凹型面槽彼此都具有相同的位置、形状。由附件 6 的附图中能明确得知出在副凸缘 41 和副凹槽 51 形成的第二嵌合部分中存在一个空隙，在凸缘 21 和凹槽 31 之间第一嵌合部分中存在空隙但在以上两个嵌合部分之间的部分中是否存在空隙在图中并未明确示出，从图中看出的是在该部位有的接缝存在空隙，有的接缝没有空隙。

合议组经合议后认为：

首先，基于对地板块的上表面的外观的考虑，通常在地板块顶层间紧密接合没有空隙，形成平滑的顶面。其次，正如本专利及附件 4 的背景技术中提到的，木地板由于各种原因会产生缩裂和鼓涨是本领域普遍存在的技术问题，附件 6 中公开了一种木地板结构，其也存在地板的缩裂和鼓涨的技术问题，而且其中地板块拼合面间形成预留空隙存在的空隙必然具有防缩裂、抗鼓涨的功能，而且附件 6 中给出了可在如上所述位置设置空隙的技术启示。在上述启示下，本领域技术人员可以显而易见地将附件 6 中给出的企口型木地板的榫和槽的形状以及布置位置应用于附件 4 中，得到在地板块拼缝间设置上、中、下三个空隙，而顶面为一体平面，从而具备防缩裂、抗鼓涨功能的地板的技术方案。因此，权利要求 2 相对于附件 4 和附件 6 的结合不具备实质性特点和进步，不符合专利法第 22 条第 3 款的规定。

虽然说明书中提到在副凸缘和副凹槽之间所构成的第二嵌合部分是用于在空间 S 上方阻挡多余的黏胶的，没有明确说明空隙的具体作用，但上述两空隙的存在也给出了可在地板块的板与板之间的接合面上形成预留空隙的技术启示。尽管专利权人在意见陈述书中认为：附件 6 中的地板块结合时由于靠粘胶粘结，所以即使有空隙也是很小，只为放粘胶用，而且结合中粘胶必须挤满空隙才能使木地板块间结合充分牢固。但如前所述，附件 6 说明书中并未披露第两嵌合部分中的空隙是用于放粘胶和充满粘胶的，而是用于阻挡空间 S 中的粘胶的，因此专利权人的理由不成立。

鉴于本专利权利要求 2 不符合专利法第 22 条第 3 款的规定，因此对于上述权利要求 2 相对于其他附件或附件组合是否符合专利法第 22 条第 3 款的无效理由不再评述。

根据上述的事实和理由，本案合议组依法作出以下决定。

**三、决定**

宣告 98236463. 6 号实用新型专利权全部无效。

当事人对本决定不服的，可以根据专利法第 46 条第 2 款的规定，自收到本决定之日起 3 个月内向北京市第一中级人民法院起诉。根据该款的规定，一方当事人起诉后，另一方当事人应当作为第三人参加诉讼。

183

# 建筑屋顶用瓦

## 无效宣告请求审查决定（第 10578 号）

**决　　定　　号**　第 10578 号
**决　　定　　日**　2007 年 10 月 17 日
**发明创造名称**　建筑屋顶用瓦
**国 际 分 类 号**　E04D 1/12
**无效宣告请求人**　刘永富
**专 利 权 人**　李大俊
**专　　利　　号**　03233802.3
**申　　请　　日**　2003 年 4 月 3 日
**授 权 公 告 日**　2004 年 3 月 24 日
**合 议 组 组 长**　朱文广
**主　　审　　员**　王　博
**参　　审　　员**　姜　岩

**法 律 依 据**　专利法第 22 条第 2 款
**决 定 要 点**

如果权利要求中含有对比文件中所不具有的技术特征，则该权利要求相对于该对比文件具备新颖性。

**一、案由**

本无效宣告请求涉及国家知识产权局于 2004 年 3 月 24 日授权公告、名称为“建筑屋顶用瓦”的 03233802.3 号实用新型专利权（以下简称本专利），其申请日为 2003 年 4 月 3 日，专利权人为李大俊。

该专利授权公告的权利要求书如下：

“1. 建筑屋顶用瓦，其特征是在呈四边形的板片状单元结构（9）的一侧平面的中部设有两纵向平行排布的排水槽（3），各排水槽（3）的一侧同向端均为一挡水结构端（7），与之相对的另一端均为出水端（1），在该单元结构（9）的两纵向边缘处各有一平行延伸的横挂连接槽结构（4，8），两横挂连接槽结构（4，8）的槽开口分别朝向该单元结构（9）两相背的平面方向，在单元结构（9）上排水槽（3）背侧平面的纵向两端，分别并列各设有一对能与分别另一同样单元结构（9）的挡水结构端（7）相互作挂接配合的纵向连接挂凸结构（2），以及用于与支承横梁配合的支承挂凸结构（6）。

2. 如权利要求 1 所述的建筑屋顶用瓦，其特征是在所说单元结构（9）上靠近两排水槽（3）挡水结构端（7）的部位处分别设置有可与所说的纵向连接挂凸结构（2）相配合的定位挡卡结构（5）。

3. 如权利要求 1 所述的建筑屋顶用瓦，其特征是所说的在靠近两排水槽（3）挡水结构端（7）部位设置的该定位挡卡结构（5），为采用分别单独设置在其所在排水槽的一侧边缘部位处的形式。

4. 如权利要求 1 所述的建筑屋顶用瓦，其特征是在所说的单元结构（9）的一对角方向的两顶角处各设有一用于相互连接时的搭接缺口结构（10）。

5. 如权利要求 1 至 4 之一所述的建筑屋顶用瓦，其特征是所说的单元结构（9）为矩形形状，所说的排水槽（3）沿其长度方向设置。"

针对本专利权，刘永富（下称请求人）于 2007 年 1 月 15 日向专利复审委员会提出无效宣告请求，认为本专利权利要求 1~5 相对于附件 1 不具备新颖性，请求人同时提交了如下附件：

附件 1：国家建筑材料工业局标准化研究所于 1998 年 5 月出版的《中华人民共和国建材行业标准 JC709-1998 烧结瓦》，共 17 页。

经形式审查合格，专利复审委员会依法受理了上述无效宣告请求，并于 2007 年 1 月 15 日向请求人和专利权人分别发出无效宣告请求受理通知书，同时将专利权无效宣告请求书及其附件清单中所列附件的副本转送给专利权人，并要求专利权人在指定的期限内陈述意见。

专利复审委员会依法成立合议组，对本案进行审理。本案合议组于 2007 年 6 月 5 日向双方当事人发出无效宣告请求口头审理通知书，定于 2007 年 8 月 15 日在专利复审委员会举行口头审理。

专利权人于 2007 年 6 月 27 日提交了意见陈述书，专利权人认为：附件 1 没有完全公开本专利权利要求 1 的技术特征，权利要求 1~5 因此具备新颖性。

口头审理如期举行，双方当事人均参加了口头审理。

在口头审理中，（1）请求人明确其无效的理由、证据及范围为：权利要求 1~5 相对于附件 1 不符合专利法第 22 条第 2 款的规定。请求人明确表示没有其他的无效理由、证据、范围和证据组合形式。（2）请求人当庭出示了附件 1 的原件，专利权人对附件 1 的真实性没有异议。（3）合议组当庭向请求人转送了专利权人于 2007 年 6 月 27 日提交的意见陈述书一份，请求人当庭签收并表示已就该意见陈述书充分发表意见。本案合议组对请求人提出的无效理由和事实进行了调查，充分听取了双方当事人的陈述。

经过上述审理程序，合议组认为本案事实已经清楚，可以作出审查决定。

**二、决定的理由**

1. 关于证据和现有技术

请求人提交的证据为附件 1，专利权人对附件 1 的真实性没有异议，同时由于附件 1 为公开出版物，且其公开日期在本专利的申请日之前，因此可以作为本专利的现有技术使用。

2. 关于专利法第 22 条第 2 款

专利法第 22 条第 2 款规定，新颖性，是指在申请日以前没有同样的发明或者实用新型在国内外出版物上公开发表过、在国内公开使用过或者以其他方式为公众所知，也没有同样的发明或者实用新型由他人向专利局提出过申请并且记载在申请日以后公布的专利申请文件中。

根据该规定，如果权利要求中含有对比文件中所不具有的技术特征，则该权利要求相对于该对比文件具备新颖性。

（1）关于权利要求 1。

请求人的具体主张为：附件 1 与本专利的技术领域相同，附件 1 第 2 页图 1e 压制平瓦部分公开了本专利权利要求 1 的全部技术特征。

专利权人认为区别点有如下三点：①本专利中排水槽的一侧均为挡水结构端，附件 1 中有瓦尾没有高出来，起不到挡水的作用。②附件 1 中前爪后爪不是设置在平瓦的同一侧平面上，而是设置在不同两侧平面上。前爪与另一个单元没有关系，在附件 1 第 2 页背面图上，瓦槽的槽面与瓦头是平行的，前爪的功能作用和效果都和纵向连接挂凸结构有本质的区别。③附件 1 没有挡水结构端，后爪没有公开与横梁配合的关系。附件 1 标号 7 可能与另外一个单元结构扣接，从背面图上看不出来与横梁连接。专利权人明确其他部分的技术特征均与附件 1 相同。

合议组认为，附件 1 图 1e 公开了一种压制平瓦的正面、背面和剖面图，结合附件 1 第 5 页对附图标记的注释，该平瓦大致为四边形板片状结构，具有瓦头 1、瓦尾 2、瓦脊 3、瓦槽 4、边筋 5、前爪 6、后爪 7、外槽 8、内槽 9。平瓦一侧沿长度方向设有两条瓦槽 4，两条瓦槽 4 之间由突起的瓦脊 3 隔开，平瓦在其短边的一端上设置用于挡水的高出瓦槽 4 的瓦尾 2，在另一端上设置用于出水的瓦头 1，平瓦沿长度方向的一侧具有槽口位于平瓦背面上的内槽 9，另一侧具有槽口位于平瓦正面上的外槽 8，沿外槽 8 的外端具有与其平行的边筋 5，在平瓦的背面侧上，瓦尾 2 上设置两个突出的后爪 7，瓦头 1 上设置两个突出的前爪 6。由此，附件 1 公开了权利要求 1 的全部技术特征，又因为二者属于相同的技术领域，因此，本专利权利要求 1 相对于附件 1 不具备新颖性，不符合专利法第 22 条第 2 款的规定。

针对专利权人所主张的三个区别点，合议组认为：①从附件 1 的 I–I 剖面图中，可以看出瓦槽 4 向下凹，低于瓦体平面，从正面图中，可以看出瓦尾 2 与瓦槽 4 之间用实线勾勒出二者的界线，根据工程绘图的知识，只有当两个表面处于不同平面时，二者之间才会有实线作为分界线，由此可以推断出瓦尾 2 高于瓦槽 4，可以起到挡水作用。专利权人曾辩解如果瓦尾 2 高于瓦槽 4，那么从 I–I 剖面图中应能看到高出瓦槽 4 的瓦尾 2，对此，合议组认为，从正面图中可以看出，I–I 剖面图的剖面方向是朝瓦头方向看的，因此，I–I 剖面图中并不能看到瓦尾 2。②从背面图中可以看到一对前爪 6 和一对后爪 7，这表明二者均设置在平瓦的背面上，另外从“前爪”、“后爪”的名称上可以推断出二者是突出于瓦平面的，因此附件 1 也公开了本专利权利要求 1 中的纵向连接挂凸结构 2 和支承挂凸结构 6。另外，附件 1 的附图说明中记载了“平瓦正面图中的阴影部分为搭接部分”，结合图 1e 的正面和背面图，当两片瓦前后搭接时，瓦头 1 上的前爪 6 必然会与另一片瓦的突出于瓦槽 4 的瓦尾 2 相搭接配合，由此，公开了本专利权利要求 1 中的特征：“一对能与分别另一同样单元结构（9）的挡水结构端（7）相互作挂接配合的纵向连接挂凸结构（2）”。③本专利权利要求 1 中限定了“用于与支承横梁配合的”支承挂凸结构，根据前面的分析，附件 1 中也公开了与支承挂凸结构相同的后爪 7，但是附件 1 中没有明确公开该后爪 7 是用于与支承横梁配合的。对此，合议组认为，这样的功能性限定并没有造成本专利权利要求 1 中的支承挂凸结构区别于附件 1 中的后爪 7 的任何结构上的变化，因此，附件 1 中的后爪 7 公开了本专利权利要求 1 中的支承挂凸结构。因此，合议组认为，专利权人所主张的上述三个区别点均不能成立。

（2）关于权利要求 2。

请求人：权利要求 2 的所有技术特征被附件 1 公开，附件 1 图 1e 中前爪 6 能够与瓦尾端凹槽的挡块配合。附件 1 正面图及背面图的对应关系可以看出瓦尾和瓦槽的前部在同样的挡卡前面全部是搭接部分。本专利权利要求 2 定位挡卡的结构与附件 1 的作用是相同的。

专利权人：附件 1 中的突出部分不是挡块，只是构成瓦槽的一部分形状。

合议组认为：从附件 1 图 1e 压制平瓦的正面图中，可见在平瓦的瓦尾 2 一侧有向瓦槽 4 伸出的突起结构，该突起结构位于图示的阴影部分之外，并与该阴影部分相接，由于阴影部分表示瓦片间的搭接部分，由此可分析得知在两片平瓦搭接时，该突起可与相搭接平瓦的前爪 6 相配合，由此附件 1

也公开了本专利权利要求2的附加技术特征。至于专利权人所主张的附件1正面图中的突起是构成瓦槽的一部分形状的观点，合议组认为，如果正面图中的突起是构成瓦槽形状的一部分，则在相应的背面图中应该有相应的突起形状，但在该背面图中的相应位置上，仅有平滑的曲线，而看不到突起结构，因此，专利权人的上述观点不能成立。本专利权利要求2在其所引用的权利要求1不具备新颖性的前提下，也不具备新颖性。

（3）关于权利要求3。

请求人：从正面图可以看出突起结构也是设在排水槽的侧边上，所以权利要求3的挡卡结构与附件1相应的结构所处的位置是相同的，作用也相同。区别是本专利是在排水槽一个侧边设置挡卡结构，附件1是在槽的两边都有挡卡结构。本专利少了一个挡卡结构是变劣了。

专利权人：附件1挡卡结构是在两侧对称都有，而本专利是分别单独设置。

合议组认为：附件1图1e正面图中可见每个瓦槽都在其两侧边上各设置了一个突起结构，而本专利权利要求3中则为定位挡卡结构单独设置在排水槽的一侧，也就是说附件1中每个瓦槽设置了两个突起结构，而本专利权利要求3中每个排水槽只设置了一个定位挡卡结构，因此，附件1没有公开本专利权利要求3的附加技术特征，权利要求3相对于附件1具备新颖性。至于请求人所主张的是否为变劣发明，不是新颖性的判断标准。

（4）关于权利要求4、5。

权利要求4引用权利要求1，权利要求5择一引用了权利要求1~4，对瓦片结构进行了进一步的限定。

请求人：附件1图1e的正面和背面图上可以看出单元结构一个对角上各设有一个缺口的结构且缺口也是处于搭接部分里面，所以权利要求4被附件1公开所以没有新颖性。附件1图1正面图、背面图也可以看出单元结构是一个矩形的结构，所以权利要求5也被附件1公开，所以不具备新颖性。

专利权人对权利要求4、5没有异议，认为均被公开。

合议组认为，附件1图1e的正面图中公开了平瓦的对角方向的顶角上具有缺口结构，平瓦呈矩形，瓦槽4沿长度方向设置，即公开了权利要求4、5的附加技术特征，由于双方均认可附件1公开了本专利权利要求4、5的附加技术特征，合议组经审查对该事实予以确认，因此，权利要求4不具备新颖性，权利要求5在其引用的权利要求1、2、4不具备新颖性的前提下不具备新颖性，在其引用的权利要求3具备新颖性的前提下，具备新颖性。

根据上述的事实和理由，本案合议组依法作出以下决定。

**三、决定**

宣告03233802.3号实用新型专利权的权利要求1、2、4以及权利要求5引用权利要求1、2、4的方案无效，在权利要求3以及权利要求5引用权利要求3的方案的基础上维持该专利权继续有效。

当事人对本决定不服的，可以根据专利法第46条第2款的规定，自收到本决定之日起3个月内向北京市第一中级人民法院起诉。根据该款的规定，一方当事人起诉后，另一方当事人应当作为第三人参加诉讼。

184

# 新型散热传导结构的温差电致冷器

## 无效宣告请求审查决定（第10581号）

**决定号** 第10581号
**决定日** 2007年10月18日
**发明创造名称** 新型散热传导结构的温差电致冷器
**国际分类号** F25B 21/02
**无效宣告请求人** 杭州美时达电器有限公司，王浩铸
**专利权人** 河北节能投资有限责任公司
**专利号** 00100480.8
**申请日** 2000年2月1日
**授权公告日** 2003年3月12日
**合议组组长** 赵 明
**主审员** 王 冬
**参审员** 姜 岩

**法律依据** 专利法第22条第3款
**决定要点**

在判断创造性时，如果一项发明与现有技术相比是显而易见的，并且没有产生预料不到的技术效果，那么该发明与现有技术相比没有突出的实质性特点和显著的进步，从而不具备创造性。

### 一、案由

本无效宣告请求涉及中华人民共和国国家知识产权局于2003年3月12日授权公告的、名称为“新型散热传导结构的温差电致冷器”的发明专利权（以下简称本专利），其专利号是00100480.8，申请日是2000年2月1日，专利权人是河北节能投资有限责任公司。本专利授权公告的权利要求书如下：

“1. 一种新型散热传导结构的温差电致冷器，包括一有门的箱体，在箱体壁的通孔中装有温差电致冷器，该温差电致冷器设置于箱体内的冷端和设置于箱体外的热端各设有散热传导结构，其特征在于：

所述冷端和/或热端的散热传导结构包括一有梯形空腔蒸发室的梯形盒，该梯形盒的小端顶面连接温差电致冷器，该梯形盒有至少1~2支出口管各连接螺旋迂回弯曲的热传导管，该迂回弯曲的热传导管汇合于同一入口管，该入口管连通所述梯形盒的梯形蒸发室空腔，构成工质循环。

2. 如权利要求1所述的新型散热传导结构的温差电致冷器，其特征在于：在所述散热传导结构的呈螺旋迂回弯曲的热传导管道外壁上串接有相互平行的多束金属丝。”

针对本专利权，杭州美时达电器有限公司（以下简称第一请求人）于2006年3月13日向专利复审委员会提出无效宣告请求，认为本专利权利要求1相对于附件1、2或3不具备新颖性，权利要求2的附加技术特征为公知常识，且在附件1、2、4中均公开了，因此权利要求2不具备新颖性，不符合专利法第22条第2款的规定；权利要求1相对于附件1、2和3及公知常识的结合不具备创造性，权利要求2的附加技术特征被附件1、2和4公开了，因此不具备创造性，不符合专利法第22条第3款的规定，第一请求人同时提交了如下附件：

附件1：《半导体制冷与应用技术》，徐德胜主编，上海交通大学出版社出版，1999年3月第2版第2次印刷，封面页、出版信息页、目录页、第92、93、95、96页的复印件，共7页；

附件2：授权公告日为1998年10月21日、授权公告号为CN2295171Y的中国实用新型专利说明书，共5页；

附件3：授权公告日为1995年8月9日、授权公告号为CN2204983Y的中国实用新型专利说明书，共7页；

附件4：《小型制冷装置设计指导》，吴业正主编，机械工业出版社出版，1999年6月第1版第2次印刷，封面页、版权信息页、目录页、第100~103页的复印件，共7页。

经形式审查合格，专利复审委员会依法受理了上述无效宣告请求，并于2006年3月14日向第一请求人和专利权人发出无效宣告请求受理通知书，同时将专利权无效宣告请求书及其附件清单中所列附件的副本转送给专利权人，并要求专利权人在指定的期限内陈述意见。

第一请求人于2006年4月12日向专利复审委员会提交了意见陈述书，并补充了无效宣告的理由和证据，其中补充提交的附件为：

附件5：公开日1999年10月6日，公开号CN1230674A的中国发明专利申请公开说明书，共14页。

第一请求人认为：（1）权利要求1相对于附件5不具备新颖性，相对于附件5和公知常识及附件1~4的结合不具备创造性；（2）权利要求2的附加技术特征为公识常识，并且在附件1、2、3中均有公开，因此不具备新颖性和创造性。

针对专利复审委员会发出的上述无效宣告请求受理通知书，专利权人于2006年4月28日提交了意见陈述书，专利权人认为：第一请求人没有把本专利的权利要求记载的技术方案作为对比的依据，而是以其中的三个技术特征与对比文件相比，因此第一请求人评价错误，其无效宣告请求的理由也不能成立；此外本专利具备新颖性和创造性。

针对本专利权，王浩铸（以下简称第二请求人）于2005年11月15日向专利复审委员会提出无效宣告请求，认为本专利权利要求1相对于证据1不具备创造性，权利要求2相对于证据1或证据1和4不具备创造性，权利要求1、2相对于证据2和3的结合不具备创造性，不符合专利法第22条第3款的规定；本专利和证据5分别是本专利权人于同一天申请的发明专利和实用新型专利，本专利与证据5的内容完全相同，因此，本专利权利要求1、2不符合专利法实施细则第13条第1款的规定。第二请求人提交了如下证据：

证据1：国际公布日为1999年10月7日、国际公布号为WO99/50604的PCT专利申请说明书及其检索报告，共22页；

证据2：公开日为1999年10月6日、公开号为CN1230674A的中国发明专利申请公开说明书，共14页；

证据3：申请日为1992年3月27日、申请人为卫行、授权公告日为2000年7月12日、授权公告号为CN1054427C的中国发明专利说明书，共6页；

证据4：《家用电器原理与控制》，邹敦颐主编，中国轻工业出版社出版，1996年5月第1版，1999年9月第2次印刷，封面页、出版信息页、第20页的复印件，共3页；

证据5：申请日为2000年2月1日、申请人是河北节能投资有限公司（同本专利专利权人）、授权公告日为2000年11月22日，专利号为00201491.2的中国实用新型专利说明书，共8页。

经形式审查合格，专利复审委员会依法受理了上述无效宣告请求，并于2006年5月10日向第二请求人和专利权人发出无效宣告请求受理通知书，同时将专利权无效宣告请求书及其附件清单中所列附件的副本转送给专利权人，并要求专利权人在指定的期限内陈述意见。

针对专利复审委员会发出的上述无效宣告请求受理通知书，专利权人于2006年6月24日提交了意见陈述书和放弃00201491.2号专利权的声明一份。专利权人认为：本专利的权利要求1、2相对于证据1具备创造性，权利要求2相对于证据4也具备创造性；由于证据3不属于本专利的现有技术，因此请求人关于本专利相对于证据2和3不具备创造性的理由不能成立；专利权人声明放弃00201491.2号专利权，因此本专利符合专利法实施细则第13条第1款的规定。

专利复审委员会依法成立合议组。

本案合议组于2007年1月10日向各方当事人发出无效宣告请求口头审理通知书，定于2007年3月22日在专利复审委员会举行口头审理。随同口头审理通知书，将第一请求人于2006年4月12日提交的意见陈述书及其附件清单中所列附件的副本转送给专利权人，将专利权人于2006年4月28日提交的意见陈述书转送给第一请求人。将专利权人于2006年6月24日提交的意见陈述书及其附件清单中所列附件的副本转送给第二请求人。

口头审理如期举行，各方当事人均参加了口头审理。

在口头审理中，第一请求人明确其无效宣告请求的理由、范围以及证据的使用情况为：权利要求1、2相对于附件5不具备新颖性；权利要求1、2相对于附件5与附件1的结合不具备创造性，权利要求1、2相对于附件5与附件4或公知常识的结合不具备创造性；请求人放弃附件2、3，放弃专利法实施细则第2条第3款的无效理由。请求人当庭出示了附件1和附件4的原件。专利权人对附件1~5的真实性没有异议。专利权人承认除技术特征“梯形盒有至少1~2支出口管各连接螺旋迂回弯曲的热传导管，该迂回弯曲的热传导管汇合于同一入口管，该入口管连通所述梯形盒的梯形蒸发室空腔，构成工质循环”以外，权利要求1中的其他技术特征均被附件5公开了。请求人认为权利要求2中的金属丝是公知常识；专利权人认为附件5中公开的是金属管不是金属丝。

第二请求人明确其无效宣告请求的理由、范围以及证据的使用情况为：本专利权利要求1相对于证据1或证据2和证据1的结合不符合专利法第22条第3款的规定，权利要求2相对于证据1、证据1和证据4、证据2和证据1或证据2和证据4的结合不符合专利法第22条第3款的规定。请求人当庭放弃了专利法实施细则第13条第1款的无效理由及证据3、5。请求人当庭出示证据4的原件。专利权人对证据1~4的真实性没有异议。双方均认可：证据1说明书第8页实施例1、2及图8、图9以及相应的文字描述公开了权利要求1的前序特征。专利权人认为，证据1中附图标记（14）是蒸发主管道，不是本专利中的出口管，附图标记（19）是回流主管道，不是本专利中的入口管，多束相互联通的蒸发管与本专利不同。

至此，合议组认为本案事实已经清楚，可以作出审查决定。

**二、决定的理由**

1. 关于证据和现有技术

第二请求人提交的证据包括证据1~5，并当庭放弃证据3和5，专利权人对证据1、2、4的真实性没有异议，同时由于证据1和2均是专利文献，证据4为公开出版物，且其公开日期均在本专利的申请日前，因此可以作为本专利的现有技术使用。

2. 关于创造性

创造性，是指同申请日以前已有的技术相比，该发明有突出的实质性特点和显著的进步，该实用新型具有实质性特点和进步。

在判断创造性时，如果一项发明与现有技术相比是显而易见的，并且没有产生预料不到的技术效果，那么该发明与现有技术相比没有突出的实质性特点和显著的进步，从而不具备创造性。

本案中，权利要求1要求保护一种新型散热传导结构的温差电致冷器，包括一有门的箱体，在箱体壁的通孔中装有温差电致冷器，该温差电致冷器设置于箱体内的冷端和设置于箱体外的热端各设有散热传导结构，其中所述冷端和/或热端的散热传导结构包括一有梯形空腔蒸发室的梯形盒，该梯形盒的小端顶面连接温差电致冷器，该梯形盒有至少1~2支出口管各连接螺旋迂回弯曲的热传导管，该迂回弯曲的热传导管汇合于同一入口管，该入口管连通所述梯形盒的梯形蒸发室空腔，构成工质循环。

合议组经审查后认为，证据1公开了一种采用热管传导散热的温差电致冷器，所述温差电致冷器包括一有门的箱体，在箱体壁的通孔中装有温差电致冷器，该温差电致冷器设置于箱体内的冷端和设置于箱体外的热端各设有散热传导结构（参见证据1说明书第8页实施例1、2及图8、图9），所述冷端和热端的散热传导结构分别包括一有梯形冷凝室（12）的梯形盒和一有梯形蒸发室（13）的梯形盒，冷端和热端梯形盒的小端顶面均连接温差电致冷组件（11），梯形盒由2支蒸发主管道（14）（对应于本专利的出口管）各连接螺旋迂回弯曲的多束冷凝管（15）（对应于本专利的热传导管），上述迂回弯曲的冷凝管汇合于同一回流主管道（19）（对应于本专利的入口管），该回流主管道连通所述梯形盒的梯形冷凝室空腔和梯形蒸发室空腔，构成工质循环（参见证据1说明书第5页第2段，附图11A、11B、12A、12B）。专利权人认为，证据1说明书中的附图标记（14）是蒸发主管道，不是本专利中的出口管，附图标记（19）是回流主管道，不是本专利中的入口管。对此，合议组认为，证据1中的蒸发主管道（14）、回流主管道（19）与本专利中的出口管和入口管的结构、工作原理、作用均相同，即循环工质从梯形冷凝室或梯形蒸发室出发，经过蒸发主管道（14）或出口管进入热管，经过工质蒸发和冷凝汇集于回流主管道（19）或入口管，最后流入梯形盒中，可见，上述蒸发主管道（14）、回流主管道（19）与本专利中的出口管和入口管实质上是相同的。由此可见，对本领域技术人员来说根据证据1公开的技术内容得到本专利权利要求1的技术方案是显而易见的，同时该技术方案也没有产生意想不到的技术效果，因此，权利要求1要求保护的技术方案相对于证据1不具备创造性，不符合专利法第22条第3款的规定。

权利要求2的附加技术特征是：在所述热传导结构的呈螺旋迂回弯曲的热传导管道外壁上串接有相互平行的多束金属丝。上述技术特征被证据4图1-20所公开，并且该技术特征在证据4中的作用与本专利中一样，都是为了提高散热效率，因此，在权利要求1不具备创造性的前提下，权利要求2要求保护的技术方案相对于证据1和4的结合也不具备创造性，不符合专利法第22条第3款的规定。

由于本专利权利要求1、2不具备创造性，应予无效，因此，对第一请求人和第二请求人提出的其他无效理由和证据不再予以评述。

根据上述的事实和理由，本案合议组依法作出以下决定。

**三、决定**

宣告00100480.8号发明专利权全部无效。

当事人对本决定不服的，可以根据专利法第46条第2款的规定，自收到本决定之日起3个月内向北京市第一中级人民法院起诉。根据该款的规定，一方当事人起诉后，另一方当事人应当作为第三人参加诉讼。

# 北京市第一中级人民法院
# 行政判决书

（2008）一中行初字第 95 号

原告河北节能投资有限责任公司，住所地河北省石家庄市新石北路 399 号。

法定代表人王新桃，董事长。

委托代理人丁琛，北京市高界律师事务所律师。

委托代理人贾保华，北京市高界律师事务所律师。

被告国家知识产权局专利复审委员会，住所地北京市海淀区北四环西路 9 号银谷大厦 10~12 层。

法定代表人廖涛，副主任。

委托代理人王冬，国家知识产权局专利复审委员会审查员。

委托代理人郭鹏鹏，国家知识产权局专利复审委员会审查员。

第三人王浩铸，男，1975 年 9 月 20 日出生，汉族，住山东省青岛市李沧区三零八国道 781 号。

委托代理人崔滨生，青岛联智专利商标事务所有限公司专利代理人。

第三人杭州美时达电器有限公司，住所地浙江省杭州市西湖区三墩镇西湖科技经济园区西园五路 2 号。

法定代表人王龙岩，董事长。

委托代理人尉伟敏，杭州杭诚专利事务所有限公司专利代理人。

原告河北节能投资有限责任公司（简称河北节能公司）不服被告国家知识产权局专利复审委员会（简称专利复审委员会）于 2007 年 10 月 18 日作出的第 10581 号无效宣告请求审查决定（简称第 10581 号决定），于法定期限内向本院提起诉讼。本院于 2008 年 1 月 9 日受理本案后，依法组成合议庭，并通知第 10581 号决定的相对方王浩铸、杭州美时达电器有限公司（简称杭州美时达公司）作为本案第三人参加诉讼，于 2008 年 2 月 28 日公开开庭进行了审理。原告河北节能公司的委托代理人丁琛，被告专利复审委员会的委托代理人王冬、郭鹏鹏，第三人王浩铸的委托代理人崔滨生，第三人杭州美时达公司的委托代理人尉伟敏到庭参加了诉讼。本案现已审理终结。

第 10581 号决定系专利复审委员会针对王浩铸、杭州美时达公司就河北节能公司拥有的 00100480.8 号“新型散热传导结构的温差电致冷器”发明专利（简称本专利）提起的无效宣告请求而作出。专利复审委员会在该决定中认定：

1. 关于证据和现有技术

王浩铸提交的证据 1~5，放弃其中的证据 3 和 5。河北节能公司对证据 1、2、4 的真实性没有异议，同时由于证据 1 和 2 均是专利文献，证据 4 为公开出版物，且其公开日期均在本专利的申请日前，因此可以作为本专利的现有技术使用。

2. 关于创造性

本专利权利要求 1 要求保护一种新型散热传导结构的温差电致冷器，包括一有门的箱体，在箱体壁的通孔中装有温差电致冷器，该温差电致冷器设置于箱体内的冷端和设置于箱体外的热端各设有散热传导结构，其中所述冷端和/或热端的散热传导结构包括一有梯形空腔蒸发室的梯形盒，该梯形盒的小端顶面连接温差电致冷器，该梯形盒有至少 1~2 支出口管各连接螺旋迂回弯曲的热传导管，该迂回弯曲的热传导管汇合于同一入口管，该入口管连通所述梯形盒的梯形蒸发室空腔，构成工质循环。

证据 1 公开了一种采用热管传导散热的温差电致冷器，所述温差电致冷器包括一有门的箱体，在箱体壁的通孔中装有温差电致冷器，该温差电致冷器设置于箱体内的冷端和设置于箱体外的热端各设有散热传导结构，所述冷端和热端的散热传导结构分别包括一有梯形冷凝室（12）的梯形盒和一有梯形蒸发室（13）的梯形盒，冷端和热端梯形盒的小端顶面均连接温差电致冷组件（11），梯形盒由2支蒸发主管道（14）（对应于本专利的出口管）各连接螺旋迂回弯曲的多束冷凝管（15）（对应于本专利的热传导管），上述迂回弯曲的冷凝管汇合于同一回流主管道（19）（对应于本专利的入口管），该回流主管道连通所述梯形盒的梯形冷凝室空腔和梯形蒸发室空腔，构成工质循环。河北节能公司认为，证据1说明书中的附图标记（14）是蒸发主管道，不是本专利中的出口管，附图标记（19）是回流主管道，不是本专利中的入口管。对此，专利复审委员会认为证据1中的蒸发主管道（14）、回流主管道（19）与本专利中的出口管和入口管的结构、工作原理、作用均相同，即循环工质从梯形冷凝室或梯形蒸发室出发，经过蒸发主管道（14）或出口管进入热管，经过工质蒸发和冷凝汇集于回流主管道（19）或入口管，最后流入梯形盒中，可见，上述蒸发主管道（14）、回流主管道（19）与本专利中的出口管和入口管实质上是相同的。

由此可见，对本领域技术人员来说根据证据1公开的技术内容得到本专利权利要求1的技术方案是显而易见的，同时该技术方案也没有产生意想不到的技术效果，因此，权利要求1要求保护的技术方案相对于证据1不具备创造性，不符合《中华人民共和国专利法》（简称《专利法》）第二十二条第三款的规定。

权利要求2的附加技术特征是：在所述热传导结构的呈螺旋迂回弯曲的热传导管道外壁上串接有相互平行的多束金属丝。上述技术特征被证据4图1-20所公开，并且该技术特征在证据4中的作用与本专利中一样，都是为了提高散热效率，因此，在权利要求1不具备创造性的前提下，权利要求2要求保护的技术方案相对于证据1和4的结合也不具备创造性，不符合专利法第二十二条第三款的规定。

由于本专利权利要求1、2不具备创造性，应予无效，因此，对杭州美时达公司和王浩铸提出的其他无效理由和证据，专利复审委员会不再予以评述。

据此，专利复审委员会作出第10581号决定，宣告本专利权全部无效。

河北节能公司不服第10581号决定，在法定期限内向本院提起行政诉讼称：（1）专利复审委员会代替王浩铸寻找无效宣告请求的具体事实和理由，并且屏蔽了我方意见陈述的主要内容，违反请求原则及公正执法原则。第10581号决定认定本专利权利要求1要求保护的技术方案相对于证据1不具备创造性，完全是专利复审委员会自行考察所作认定。王浩铸在无效宣告程序中仅在专利权无效宣告请求书中提出过概括性的事实和理由，并没有具体说明。而且王浩铸与专利复审委员会二者关于本专利创造性评判基准也不同。此外，在无效宣告程序中，我方针对本专利权利要求1的技术方案与证据1公开的内容相对比，全面、详细地阐述了意见，但在第10581决定中没有全面、客观、公正的我方意见，并且错误地将我方反驳意见归纳为“专利权人认为，证据1中附图标记（14）是蒸发主管道，不是本专利中的出口管，附图标记（19）是回流主管道，不是本专利中的入口管，多数相互连通的蒸发管与本专利不同。”第10581号决定的理由部分所作的具体认定完全是以上述错误归纳为基础的。（2）专利复审委员会确定本专利权利要求1的保护范围及证据1披露技术内容错误，并且根本没有考虑本专利与证据1所针对解决的技术问题、产生的技术效果不同。专利复审委员会将证据1中的“采用特定环流形式的环流式热管”误认为“螺旋迂回弯曲的热传导管”，也没有考虑整体技术方案的实质性差异，并且在没有考虑本专利与证据1解决技术问题、产生技术效果的不同，就认定“上述蒸发主管道（14）、回流主管道（19）与本专利中的出口管和入口管实质上是相同的”，进而得出本专利权利要求1要求保护的技术方案不具备创造性的结论，属于认定事实和适用法律错误。（3）与王浩铸提供的证据 1 相比，本专利权利要求 1、2 具备创造性。证据 1 没有披露本专利权利要求 1 中的区别技术特征，且对本领域技术人员而言，从证据 1 所披露的技术方案，也无法显而易见地联想到本专利权利要求 1 所保护的技术方案。从所要解决的技术问题和产生的技术效果方面看，本专利权利要求 1 与证据 1 也不同，而且本专利的技术效果在证据 1 中没有披露，也没有给出任何启示。因此，本专利权利要求 1 的技术方案具备创造性；在权利要求 1 具备创造性的情况下，权利要求 2 也具备创造性，二者均符合专利法第二十二条第三款的规定。（4）专利复审委员会在本专利中止期间举行口头审理并作出第 10581 号决定，违反审查程序。综上，第 10581 号决定认定事实和适用法律错误，请求法院撤销第 10581 号决定，判决维持本专利有效或判令专利复审委员会重新作出无效宣告请求审查决定。

被告专利复审委员会辩称：（1）关于请求原则及公正执法原则。首先，无效决定应当正确地、概括性地反映案件的审查过程和争议的主要问题，案由部分应当用简明、扼要的语言，对当事人陈述的意见进行归纳和概括，清楚、准确地反映当事人的观点，并不是将当事人的所有意见都写在决定中。其次，王浩铸在其书面提交的无效宣告请求书中指明了与本专利最接近的对比文件以及对比文件的结合方式，进一步指出了对比文件公开本专利权利要求技术特征的具体部分，同时在口头审理中对上述无效理由作了具体陈述，因此，符合具体说明无效宣告理由的要求。（2）关于本专利的创造性，坚持第 10581 号决定中的意见。综上，第 10581 号决定认定事实清楚、适用法律正确、审理程序合法，河北节能公司的诉讼理由不能成立，请求法院维持第 10581 号决定。

第三人王浩铸、杭州美时达公司未提交书面答辩意见，在本案开庭审理过程中均表示同意专利复审委员会的答辩意见。

本院经审理查明：

本专利为 2003 年 3 月 12 日授权公告的、名称为“新型散热传导结构的温差电致冷器”的发明专利，专利号为 00100480. 8，申请日为 2000 年 2 月 1 日，专利权人是河北节能公司。本专利授权公告的权利要求为：

“1. 一种新型散热传导结构的温差电致冷器，包括一有门的箱体，在箱体壁的通孔中装有温差电致冷器，该温差电致冷器设置于箱体内的冷端和设置于箱体外的热端各设有散热传导结构，其特征在于：

所述冷端和/或热端的散热传导结构包括一有梯形空腔蒸发室的梯形盒，该梯形盒的小端顶面连接温差电致冷器，该梯形盒有至少 1~2 支出口管各连接螺旋迂回弯曲的热传导管，该迂回弯曲的热传导管汇合于同一入口管，该入口管连通所述梯形盒的梯形蒸发室空腔，构成工质循环。

2. 如权利要求 1 所述的新型散热传导结构的温差电致冷器，其特征在于：在所述散热传导结构的呈螺旋迂回弯曲的热传导管道外壁上串接有相互平行的多束金属丝。”

2005 年 11 月 15 日，王浩铸向专利复审委员会提出无效宣告请求，认为本专利权利要求 1 相对于证据 1 不具备创造性，权利要求 2 相对于证据 1 或证据 1 和 4 不具备创造性，权利要求 1、2 相对于证据 2 和 3 的结合不具备创造性，不符合专利法第二十二条第三款的规定（针对上述理由和相关证据，王浩铸在向专利复审委员会提交的专利权无效宣告请求书中进行了具体的论述说明，并写明了具体范围）；本专利和证据 5 分别是本专利权人于同一天申请的发明专利和实用新型专利，本专利与证据 5 的内容完全相同，因此，本专利权利要求 1、2 不符合《中华人民共和国专利法实施细则》（简称《专利法实施细则》）第十三条第一款的规定。王浩铸向专利复审委员会提交了如下证据：

证据 1：国际公布日为 1999 年 10 月 7 日、国际公布号为 WO99/50604 的 PCT 专利申请说明书及其检索报告，共 22 页；

证据2：公开日为1999年10月6日、公开号为CN1230674A的中国发明专利申请公开说明书，共14页；

证据3：申请日为1992年3月27日、申请人为卫行、授权公告日为2000年7月12日、授权公告号为CN1054427C的中国发明专利说明书，共6页；

证据4：《家用电器原理与控制》，邹敦颐主编，中国轻工业出版社出版，1996年5月第1版，1999年9月第2次印刷，封面页、出版信息页、第20页的复印件，共3页；

证据5：申请日为2000年2月1日、申请人是河北节能公司、授权公告日为2000年11月22日，专利号为00201491.2的中国实用新型专利说明书，共8页。

专利复审委员会受理了上述无效宣告请求，并于2006年5月10日向王浩铸和河北节能公司发出无效宣告请求受理通知书。

2006年3月13日，杭州美时达公司向专利复审委员会提出无效宣告请求，认为本专利权利要求1相对于附件1、2或3不具备新颖性，权利要求2的附加技术特征为公知常识，且在附件1、2、4中公开，因此权利要求2不具备新颖性，不符合专利法第二十二条第二款的规定；权利要求1相对于附件1、2和3及公知常识的结合不具备创造性，权利要求2的附加技术特征被附件1、2和4公开，不具备创造性，不符合专利法第二十二条第三款的规定。杭州美时达公司同时向专利复审委员会提交了如下附件：

附件1：《半导体制冷与应用技术》，徐德胜主编，上海交通大学出版社出版，1999年3月第2版第2次印刷，封面页、出版信息页、目录页、第92、93、95、96页的复印件，共7页；

附件2：授权公告日为1998年10月21日、授权公告号为CN2295171Y的中国实用新型专利说明书，共5页；

附件3：授权公告日为1995年8月9日、授权公告号为CN2204983Y的中国实用新型专利说明书，共7页；

附件4：《小型制冷装置设计指导》，吴业正主编，机械工业出版社出版，1999年6月第1版第2次印刷，封面页、版权信息页、目录页、第100~103页的复印件，共7页。

专利复审委员会受理了上述无效宣告请求，并于2006年3月14日向杭州美时达公司和河北节能公司发出无效宣告请求受理通知书。

杭州美时达公司于2006年4月12日向专利复审委员会补充提交附件5：公开日1999年10月6日，公开号CN1230674A的中国发明专利申请公开说明书，共14页。

针对王浩铸的无效宣告请求，河北节能公司于2006年6月24日提交了放弃00201491.2号专利权的声明和意见陈述书，从技术方案本身、所解决的技术问题和新的技术效果等角度对本专利与王浩铸提交的证据1~4相比具备创造性进行了具体的说明和论述，并明确指出本专利与证据1对比，“单一的螺旋迂回弯曲的热传导管”与“多束热管”不同、“迂回弯曲的热传导管”与“特定的环流方向的热管”不同，本专利的权利要求1、2相对于证据1具备创造性；权利要求2相对于证据4也具备创造性；由于证据3不属于本专利的现有技术，因此王浩铸关于本专利相对于证据2和3不具备创造性的理由不能成立；因00201491.2号专利权被声明放弃，因此本专利符合专利法实施细则第十三条第一款的规定。

2007年3月22日，专利复审委员会对本案进行了口头审理。在口头审理中，杭州美时达公司明确其无效宣告请求的理由、范围以及证据的使用情况为：权利要求1、2相对于附件5不具备新颖性；权利要求1、2相对于附件5与附件1的结合，相对于附件5与附件4或公知常识的结合均不具备创造性；放弃附件2、3，放弃专利法实施细则第二条第三款的无效理由。杭州美时达公司当庭出示了附件1、4的原件。河北节能公司对附件1~5的真实性没有异议，并承认除技术特征“梯形盒有至少1~2支出口管各连接螺旋迂回弯曲的热传导管，该迂回弯曲的热传导管汇合于同一入口管，该入口管连通所述梯形盒的梯形蒸发室空腔，构成工质循环”以外，权利要求1中的其他技术特征均被附件5公开了。杭州美时达公司认为权利要求2中的金属丝是公知常识；专利权人认为附件5中公开的是金属管不是金属丝。

王浩铸明确其无效宣告请求的理由、范围以及证据的使用情况为：本专利权利要求1相对于证据1或证据2和1的结合不符合专利法第二十二条第三款的规定，权利要求2相对于证据1、证据1和4、证据2和1或证据2和4的结合不符合专利法第二十二条第三款的规定。王浩铸当庭放弃了专利法实施细则第十三条第一款的无效理由及证据3、5。王浩铸当庭出示证据4的原件。河北节能公司对证据1~4的真实性没有异议。双方均认可：证据1说明书第8页实施例1、2及图8、图9以及相应的文字描述公开了权利要求1的前序特征。河北节能公司认为，证据1中附图标记（14）是蒸发主管道，不是本专利中的出口管，附图标记（19）是回流主管道，不是本专利中的入口管，多束相互联通的蒸发管与本专利不同。

2007年10月18日，专利复审委员会作出第10581号决定，宣告本专利全部无效。

另查明，王浩铸在无效宣告程序中向专利复审委员会提交的证据1为国际公布日为1999年10月7日、国际公布号为WO99/50604、发明名称为“采用热管传导散热的温差电致冷器”的PCT专利申请说明书及其检索报告。证据1公开了一种采用热管传导散热的温差电致冷器，其包括温差电致冷组件，其由电致冷的冷端、热端组成；致冷传导装置，其由如下部分组成：贴合在温差电致冷组件冷端的梯形冷凝室，布置于梯形冷凝室及致冷空间之间的多束热管传导器；热端散热装置，其由如下部分组成：贴合在温差电致冷组件热端的梯形蒸发室，布置于梯形蒸发室及散热空间之间的多束热管散热器；充填于上述致冷传导装置及热端散热装置之中的可相变工质。证据1权利要求9、10及说明书进一步公开了如下技术方案：多束热管分别与梯形冷凝室、梯形蒸发室形成封闭的回路，其内工质作环形流动，即在致冷传导装置［依次包括梯形冷凝室、连于冷凝室上端的蒸发主管、与蒸发主管连通的多束冷凝管（热管）、多束冷凝管（热管）向两侧回转向下在工质蒸发段（待冷却空间）形成多束蒸发管、该多束蒸发管汇集连通于一液体主管道，该液体主管道连于冷凝室下端］中，每束热管从梯形冷凝室上端向上引出，经过致冷空间，向下连接到梯形冷凝室下端；在热端散热装置［依次包括梯形蒸发室、连于蒸发室上端的蒸发主管道、与蒸发主管道连通的多束蒸发管（冷凝管）、达到顶端后，多束蒸发管（冷凝管）后向回转向下，在工质蒸发段形成多束蒸发管，多束相互连通的蒸发管回转向上汇集于蒸发室下端的回流主管道］中，每束热管从梯形蒸发室上端向上引出，经过散热空间，向下连接到梯形蒸发室下端。

在本案开庭审理中，河北节能公司明确放弃关于专利复审委员会在本专利中止期间举行口头审理并作出决定违反审查程序的起诉理由，并明确表示对于第10581号决定案由部分不持异议。

上述事实有本专利授权公告文本、在无效宣告审查程序中王浩铸向专利复审委员会提交的证据1、2、4及专利权无效宣告请求书、河北节能公司向专利复审委员会提交的意见陈述书、第10581号决定及当事人陈述等在案佐证。

本院认为：

1. 专利复审委员会对于本专利的审查是否违反请求原则和公正执法原则

专利复审委员会在专利无效宣告请求审查程序中应当普遍适用的原则中包括请求原则和公正执法原则。其中请求原则是指无效宣告程序应当基于当事人的请求启动。同时，专利复审委员会在通常情况下，应当仅针对当事人提出的无效宣告请求的范围、理由和提交的证据进行审查。其中公正执法原则是指专利复审委员会应以客观、公正、准确、及时为原则，坚持以事实为根据，以法律为准绳，独立地履行审查职责，不徇私情，全面、客观、科学地分析判断，作出公正的决定。

王浩铸在向专利复审委员会提交的专利权无效宣告请求书中具体论述说明了请求的范围、理由和所依据的证据，并在口头审理中进行了进一步的明确和取舍。专利复审委员会在第10581号决定中对王浩铸的上述陈述进行归纳和概括，并不违反上述请求原则及公正执法原则。河北节能公司在2006年6月24日提交给专利复审委员会的意见陈述书中从技术方案本身、所解决的技术问题和新的技术效果等角度对本专利与王浩铸提交的证据1~4相比具备创造性进行了具体的说明和论述，并在口头审理中进行了进一步的明确。专利复审委员会在第10581号决定案由部分对河北节能公司的上述陈述进行了归纳和概括，并且河北节能公司对于第10581号决定案由部分不持异议，因此，专利复审委员会的行政审查行为并不违反上述请求原则及公正执法原则。

2. 专利复审委员会针对本专利是否具备创造性的审查是否正确

要判断发明专利是否具备创造性，要对要求保护的发明对本领域技术人员来说是否显而易见进行判断；而进行上述判断的前提条件是分析要求保护的发明与最接近的现有技术相比有哪些区别特征，然后根据该区别特征所能达到的技术效果确定发明实际解决的技术问题。

本案中，用于与本专利进行对比的最接近的现有技术为王浩铸向专利复审委员会提交的证据1，是本专利申请日前公开的PCT专利申请说明书及其检索报告，可以作为评价本专利创造性的现有技术。从证据1权利要求9、10及说明书可见，其对热管（根据在温差电致冷器中所处位置及所起作用的不同，又被称为冷凝管或蒸发管）形态的描述为“向上引出……向下连接”、“向两侧回转向下”、“后向回转向下”和“回转向上”。

本专利权利要求1和证据1在有关热传导管和热管（冷凝管或蒸发管）形态的部分上并不相同：首先，从相关文字描述看，证据1中热管（冷凝管或蒸发管）“向上引出……向下连接”、“向两侧回转向下”、“后向回转向下”和“回转向上”与本专利热传导管“螺旋迂回弯曲”不尽相同。其次，从相关附图看，证据1的热管（冷凝管或蒸发管）在分布形态上均与本专利热传导管有所区别。再次，河北节能公司在向专利复审委员会提交的意见陈述书中明确指出本专利与证据1对比，“单一的螺旋迂回弯曲的热传导管”与“多束热管”不同、“迂回弯曲的热传导管”与“特定的环流方向的热管”不同；河北节能公司在专利复审委员会举行的口头审理中明确提出证据1中“多束相互连通的蒸发管与本专利不同”。而专利复审委员会对于上述事实及河北节能公司的相关主张未进行审查认定，就在第10581号决定的理由部分中直接将证据1中对应于本专利热传导管的多束冷凝管描述为与本专利热传导管相同的“螺旋迂回弯曲”形态，明显不妥。由此直接导致专利复审委员会在将证据1与本专利权利要求1要求保护的技术方案相比时，虽然指出了二者之间存在的“蒸发主管道-出口管”、“多束冷凝管-热传导管”和“回流主管道-入口管”三组对应关系，但仅对于“蒸发主管道-出口管”、“回流主管道-入口管”之间是否实质上相同进行了审查认定，而未对“多束冷凝管-热传导管”之间是否存在区别特征、是否实质相同、是否影响本专利权利要求1的创造性判断进行审查认定。基于此，专利复审委员会在对本专利权利要求1是否具备创造性进行判断时，仅在确认本专利出口管与证据1蒸发主管道、本专利入口管与证据1回流主管道之间实质相同的基础上，就得出本专利权利要求1不具备创造性的结论，显属不当。

鉴于专利复审委员会在对本专利权利要求1与证据1相比是否具备创造性的审查中存在失误，导致认定本专利权利要求1、2不具备创造性的主要证据不足，应在进一步认定事实的基础上对本专利是否具备创造性重新进行审查。

综上所述，专利复审委员会作出的第10581号决定认定事实不清，主要证据不足，应予撤销。依照《中华人民共和国行政诉讼法》第五十四条第（二）项之规定，本院判决如下：

（1）撤销被告国家知识产权局专利复审委员会作出的第10581号无效宣告请求审查决定；

（2）被告国家知识产权局专利复审委员会针对第三人王浩铸和第三人杭州美时达电器有限公司就00100480.8号“新型散热传导结构的温差电致冷器”发明专利提出的无效宣告请求重新作出审查决定。

案件受理费100元，由被告国家知识产权局专利复审委员会负担（于本判决生效之日起7日内交纳）。

如不服本判决，各方当事人可在本判决书送达之日起15日内，向本院递交上诉状及副本，并交纳上诉案件受理费100元，上诉于北京市高级人民法院。

审　判　长　赵　静
代理审判员　姜庶伟
人民陪审员　高　伟
二〇〇八年七月三日
书　记　员　严　哲

# 北京市高级人民法院
# 行政判决书

（2008）高行终字第608号

上诉人（原审原告）鹿泉吉威电器有限责任公司，住所地河北省鹿泉市向阳南大街1号。

法定代表人孟秀文，董事长。

委托代理人丁琛，北京市高界律师事务所律师。

委托代理人黄英龙，北京市高界律师事务所律师。

上诉人（原审被告）国家知识产权局专利复审委员会，住所地北京市海淀区北四环西路9号银谷大厦10~12层。

法定代表人廖涛，副主任。

委托代理人王冬，该委员会审查员。

委托代理人郭鹏鹏，该委员会审查员。

上诉人（原审第三人）王浩铸，男，汉族，1975年9月20日出生，住山东省青岛市李沧区三零八国道781号。

委托代理人崔滨生，男，汉族，1956年2月7日出生，青岛联智专利商标事务所有限公司专利代理人，住山东省青岛市市南区龙江路25号甲203户。

上诉人（原审第三人）杭州美时达电器有限公司，住所地浙江省杭州市西湖区三墩镇西湖科技经济园区西园五路2号。

法定代表人王龙岩，董事长。

委托代理人尉伟敏，男，汉族，1957年7月10日出生，杭州杭诚专利事务所有限公司专利代理人，住浙江省杭州市江干区景芳三区33幢403室。

上诉人鹿泉吉威电器有限责任公司（简称鹿泉吉威公司）、国家知识产权局专利复审委员会（简称专利复审委员会）、王浩铸、杭州美时达电器有限公司（简称杭州美时达公司）因发明专利权无效行政纠纷一案，不服北京市第一中级人民法院（2008）一中行初字第95号行政判决，向本院提起上诉。本院2008年10月10日受理本案后，依法组成合议庭，于2008年11月3日公开开庭对本案进行了审理。上诉人鹿泉吉威公司的委托代理人丁琛、黄英龙，上诉人专利复审委员会的委托代理人王冬、郭鹏鹏，上诉人王浩铸的委托代理人崔滨生，上诉人杭州美时达公司的委托代理人尉伟敏到庭参加了诉讼。本案现已审理终结。

北京市第一中级人民法院认定，涉案专利系00100480.8号“新型散热传导结构的温差电致冷器”发明专利（简称本专利）。王浩铸、杭州美时达公司先后针对本专利向专利复审委员会提出专利无效宣告请求。2007年10月18日，专利复审委员会做出第10581号无效宣告请求审查决定（简称第10581号决定），宣告本专利权全部无效。

北京市第一中级人民法院认为，本专利权利要求1和证据1在有关热传导管和热管（冷凝管或蒸发管）形态的部分上并不相同：首先，从相关文字描述看，证据1与本专利不尽相同。其次，从相关附图看，证据1的热管（冷凝管或蒸发管）在分布形态上均与本专利热传导管有所区别。再次，专利权人在向专利复审委员会提交的意见陈述书中明确指出本专利与证据1对比，“单一的螺旋迂回弯曲的热传导管”与“多束热管”不同、“迂回弯曲的热传导管”与“特定的环流方向的热管”不同；专利权人在专利复审委员会举行的口头审理中明确提出证据1中“多束相互连通的蒸发管与本专利不同”。而专利复审委员会对于上述事实及专利权人的相关主张未进行审查认定，就在第10581号决定的理由部分中直接将证据1中对应于本专利热传导管的多束冷凝管描述为与本专利热传导管相同的“螺旋迂回弯曲”形态，明显不妥。基于此，专利复审委员会在对本专利权利要求1是否具备创造性进行判断时，仅在确认本专利出口管与证据1蒸发主管道、本专利入口管与证据1回流主管道之间实质相同的基础上，就得出本专利权利要求1不具备创造性的结论，显属不当。鉴于专利复审委员会在对本专利权利要求1与证据1相比是否具备创造性的审查中存在失误，导致认定本专利权利要求1、2不具备创造性的主要证据不足，应在进一步认定事实的基础上对本专利是否具备创造性重新进行审查。

综上，北京市第一中级人民法院依照《中华人民共和国行政诉讼法》第五十四条第（二）项之规定，判决：（1）撤销专利复审委员会作出的第10581号决定；（2）专利复审委员会针对00100480.8号“新型散热传导结构的温差电致冷器”发明专利重新作出无效宣告审查决定。

鹿泉吉威公司、专利复审委员会、王浩铸、杭州美时达公司均不服原审判决，向本院提起上诉。

鹿泉吉威公司的上诉请求为：撤销原审判决，撤销专利复审委员会做出的第10581号决定，专利复审委员会重新做出无效宣告审查决定。其理由为：（1）原审判决脱离其主张进行评判，没有实际解决当事人的争议，且认定事实错误，依法应予撤销。本案的核心问题在于本专利是否具备创造性，原审判决以第10581号决定认定事实不清、主要证据不足的理由进行判决，是判非所请。此外，原审判决要求专利复审委员会对“多束冷凝管-热传导管”进行审查认定属认定事实错误，应当是“多束回转型冷凝管-螺旋迂回弯曲热传导管”。（2）与证据1相比，本专利具备创造性。本专利权利要求1与证据1对比，存在多个技术特征的不同，而且两个技术方案解决的技术问题也不相同。

专利复审委员会、王浩铸、杭州美时达公司的上诉请求均为：撤销原审判决，维持第10581号决定。

专利复审委员会的理由为：（1）原审判决以第10581号决定未对本专利“螺旋迂回弯曲热传导管”的事实进行审查认定为由撤销该决定，明显不当。（2）第10581号决定已经就本专利“螺旋迂回弯曲热传导管”与证据1所公开的热管是否相同进行了审查，原审判决认定明显与事实不符。

王浩铸、杭州美时达公司的理由均为：（1）原审判决对本案证据1的认定和判断存在重大错误，导致认定事实不清，适用法律有误。首先，原审判决认定冷凝管或蒸发管与热传导管“螺旋迂回弯曲不尽相同”是错误的；其次，原审判决认定附图相关形态有所区别的认定有误；最后，原审判决对专利复审委员会未对“多束冷凝管-热传导管”之间进行创造性审查的认定是错误的。（2）本专利权利要求1与证据1相比不具备创造性。

本院经审理查明，本专利为2003年3月12日授权公告的、名称为“新型散热传导结构的温差电致冷器”的发明专利，专利号为00100480.8，申请日为2000年2月1日，本专利授权时的专利权人是河北节能投资有限责任公司（简称河北节能公司）。本专利授权公告的权利要求为：

“1. 一种新型散热传导结构的温差电致冷器，包括一有门的箱体，在箱体壁的通孔中装有温差电致冷器，该温差电致冷器设置于箱体内的冷端和设置于箱体外的热端各设有散热传导结构，其特征在于：

所述冷端和/或热端的散热传导结构包括一有梯形空腔蒸发室的梯形盒，该梯形盒的小端顶面连接温差电致冷器，该梯形盒有至少1~2支出口管各连接螺旋迂回弯曲的热传导管，该迂回弯曲的热传导管汇合于同一入口管，该入口管连通所述梯形盒的梯形蒸发室空腔，构成工质循环。

2. 如权利要求1所述的新型散热传导结构的温差电致冷器，其特征在于：在所述散热传导结构的呈螺旋迂回弯曲的热传导管道外壁上串接有相互平行的多束金属丝。”

2005年11月15日，王浩铸向专利复审委员会提出无效宣告请求，认为本专利权利要求1相对于证据1不具备创造性，权利要求2相对于证据1或证据1和4不具备创造性，权利要求1、2相对于证据2和3的结合不具备创造性，不符合《中华人民共和国专利法》（简称《专利法》）第二十二条第三款的规定；本专利和证据5分别是本专利权人于同一天申请的发明专利和实用新型专利，本专利与证据5的内容完全相同，因此，本专利权利要求1、2不符合《中华人民共和国专利法实施细则》（简称《专利法实施细则》）第十三条第一款的规定。王浩铸向专利复审委员会提交了如下证据：

证据1：国际公布日为1999年10月7日、国际公布号为WO99/50604、发明名称为“采用热管传导散热的温差电致冷器”的PCT专利申请说明书及其检索报告。证据1公开了一种采用热管传导散热的温差电致冷器，其包括温差电致冷组件，其由电致冷的冷端、热端组成；致冷传导装置，其由如下部分组成：贴合在温差电致冷组件冷端的梯形冷凝室，布置于梯形冷凝室及致冷空间之间的多束热管传导器；热端散热装置，其由如下部分组成：贴合在温差电致冷组件热端的梯形蒸发室，布置于梯形蒸发室及散热空间之间的多束热管散热器；充填于上述致冷传导装置及热端散热装置之中的可相变工质。证据1权利要求9、10及说明书进一步公开了如下技术方案：多束热管分别与梯形冷凝室、梯形蒸发室形成封闭的回路，其内工质作环形流动，即在致冷传导装置［依次包括梯形冷凝室、连于冷凝室上端的蒸发主管、与蒸发主管连通的多束冷凝管（热管）、多束冷凝管（热管）向两侧回转向下在工质蒸发段（待冷却空间）形成多束蒸发管、该多束蒸发管汇集连通于一液体主管道，该液体主管道连于冷凝室下端］中，每束热管从梯形冷凝室上端向上引出，经过致冷空间，向下连接到梯形冷凝室下端；在热端散热装置［依次包括梯形蒸发室、连于蒸发室上端的蒸发主管道、与蒸发主管道连通的多束蒸发管（冷凝管）、达到顶端后，多束蒸发管（冷凝管）后向回转向下，在工质蒸发段形成多束蒸发管，多束相互连通的蒸发管回转向上汇集于蒸发室下端的回流主管道］中，每束热管从梯形蒸发室上端向上引出，经过散热空间，向下连接到梯形蒸发室下端。

证据2：公开日为1999年10月6日、公开号为CN1230674A的中国发明专利申请公开说明书，共14页；

证据3：申请日为1992年3月27日、申请人为卫行、授权公告日为2000年7月12日、授权公告号为CN1054427C的中国发明专利说明书，共6页；

证据4：《家用电器原理与控制》，邹敦颐主编，中国轻工业出版社出版，1996年5月第1版，1999年9月第2次印刷，封面页、出版信息页、第20页的复印件，共3页；

证据5：申请日为2000年2月1日、申请人是河北节能公司、授权公告日为2000年11月22日，专利号为00201491.2的中国实用新型专利说明书，共8页。

专利复审委员会受理了上述无效宣告请求，并于2006年5月10日向王浩铸和河北节能公司发出无效宣告请求受理通知书。

2006年3月13日，杭州美时达公司向专利复审委员会提出无效宣告请求，认为本专利权利要求1相对于附件1、2或3不具备新颖性，权利要求2的附加技术特征为公知常识，且在附件1、2、4中公开，因此权利要求2不具备新颖性，不符合《专利法》第二十二条第二款的规定；权利要求1相对于附件1、2和3及公知常识的结合不具备创造性，权利要求2的附加技术特征被附件1、2和4公开，不具备创造性，不符合《专利法》第二十二条第三款的规定。杭州美时达公司同时向专利复审委员会提交了如下附件：

附件1：《半导体制冷与应用技术》，徐德胜主编，上海交通大学出版社出版，1999年3月第2版第2次印刷，封面页、出版信息页、目录页、第92、93、95、96页的复印件，共7页；

附件2：授权公告日为1998年10月21日、授权公告号为CN2295171Y的中国实用新型专利说明书，共5页；

附件3：授权公告日为1995年8月9日、授权公告号为CN2204983Y的中国实用新型专利说明书，共7页；

附件4：《小型制冷装置设计指导》，吴业正主编，机械工业出版社出版，1999年6月第1版第2次印刷，封面页、版权信息页、目录页、第100~103页的复印件，共7页。

专利复审委员会受理了上述无效宣告请求，并于2006年3月14日向杭州美时达公司和河北节能公司发出无效宣告请求受理通知书。

杭州美时达公司于2006年4月12日向专利复审委员会补充提交附件5：公开日1999年10月6日，公开号CN1230674A的中国发明专利申请公开说明书，共14页。

针对王浩铸的无效宣告请求，河北节能公司于2006年6月24日提交了放弃00201491.2号专利权的声明和意见陈述书，从技术方案本身、所解决的技术问题和新的技术效果等角度对本专利与王浩铸提交的证据1~4相比具备创造性进行了具体的说明和论述，并明确指出本专利与证据1对比，“单一的螺旋迂回弯曲的热传导管”与“多束热管”不同、“迂回弯曲的热传导管”与“特定的环流方向的热管”不同，本专利的权利要求1、2相对于证据1具备创造性；权利要求2相对于证据4也具备创造性；由于证据3不属于本专利的现有技术，因此王浩铸关于本专利相对于证据2和3不具备创造性的理由不能成立；因00201491.2号专利权被声明放弃，因此本专利符合《专利法实施细则》第十三条第一款的规定。

2007年3月22日，专利复审委员会对本案进行了口头审理。在口头审理中，杭州美时达公司明确其无效宣告请求的理由、范围以及证据的使用情况为：权利要求1、2相对于附件5不具备新颖性；权利要求1、2相对于附件5与附件1的结合，相对于附件5与附件4或公知常识的结合均不具备创造性；放弃附件2、3，放弃专利法实施细则第二条第三款的无效理由。杭州美时达公司当庭出示了附件1、4的原件。河北节能公司对附件1~5的真实性没有异议，并承认除技术特征“梯形盒有至少1~2支出口管各连接螺旋迂回弯曲的热传导管，该迂回弯曲的热传导管汇合于同一入口管，该入口管连通所述梯形盒的梯形蒸发室空腔，构成工质循环”以外，权利要求1中的其他技术特征均被附件5公开了。杭州美时达公司认为权利要求2中的金属丝是公知常识；专利权人认为附件5中公开的是金属管不是金属丝。

王浩铸明确其无效宣告请求的理由、范围以及证据的使用情况为：本专利权利要求1相对于证据

1或证据2和1的结合不符合《专利法》第二十二条第三款的规定，权利要求2相对于证据1、证据1和4、证据2和1或证据2和4的结合不符合《专利法》第二十二条第三款的规定。王浩铸当庭放弃了《专利法实施细则》第十三条第一款的无效理由及证据3、5。王浩铸当庭出示证据4的原件。河北节能公司对证据1~4的真实性没有异议。双方均认可：证据1说明书第8页实施例1、2及图8、图9以及相应的文字描述公开了权利要求1的前序特征。河北节能公司认为，证据1中附图标记（14）是蒸发主管道，不是本专利中的出口管，附图标记（19）是回流主管道，不是本专利中的入口管，多束相互联通的蒸发管与本专利不同。

2007年10月18日，专利复审委员会作出第10581号决定，宣告本专利全部无效。专利复审委员会在该决定中认定：

1. 关于证据和现有技术

王浩铸提交的证据1~5，放弃其中的证据3和5。河北节能公司对证据1、2、4的真实性没有异议，同时由于证据1和2均是专利文献，证据4为公开出版物，且其公开日期均在本专利的申请日前，因此可以作为本专利的现有技术使用。

2. 关于创造性

本专利权利要求1要求保护一种新型散热传导结构的温差电致冷器，包括一有门的箱体，在箱体壁的通孔中装有温差电致冷器，该温差电致冷器设置于箱体内的冷端和设置于箱体外的热端各设有散热传导结构，其中所述冷端和/或热端的散热传导结构包括一有梯形空腔蒸发室的梯形盒，该梯形盒的小端顶面连接温差电致冷器，该梯形盒有至少1~2支出口管各连接螺旋迂回弯曲的热传导管，该迂回弯曲的热传导管汇合于同一入口管，该入口管连通所述梯形盒的梯形蒸发室空腔，构成工质循环。

证据1公开了一种采用热管传导散热的温差电致冷器，所述温差电致冷器包括一有门的箱体，在箱体壁的通孔中装有温差电致冷器，该温差电致冷器设置于箱体内的冷端和设置于箱体外的热端各设有散热传导结构，所述冷端和热端的散热传导结构分别包括一有梯形冷凝室（12）的梯形盒和一有梯形蒸发室（13）的梯形盒，冷端和热端梯形盒的小端顶面均连接温差电致冷组件（11），梯形盒由2支蒸发主管道（14）（对应于本专利的出口管）各连接螺旋迂回弯曲的多束冷凝管（15）（对应于本专利的热传导管），上述迂回弯曲的冷凝管汇合于同一回流主管道（19）（对应于本专利的入口管），该回流主管道连通所述梯形盒的梯形冷凝室空腔和梯形蒸发室空腔，构成工质循环。河北节能公司认为，证据1说明书中的附图标记（14）是蒸发主管道，不是本专利中的出口管，附图标记（19）是回流主管道，不是本专利中的入口管。对此，专利复审委员会认为证据1中的蒸发主管道（14）、回流主管道（19）与本专利中的出口管和入口管的结构、工作原理、作用均相同，即循环工质从梯形冷凝室或梯形蒸发室出发，经过蒸发主管道（14）或出口管进入热管，经过工质蒸发和冷凝汇集于回流主管道（19）或入口管，最后流入梯形盒中，可见，上述蒸发主管道（14）、回流主管道（19）与本专利中的出口管和入口管实质上是相同的。由此可见，对本领域技术人员来说根据证据1公开的技术内容得到本专利权利要求1的技术方案是显而易见的，同时该技术方案也没有产生意想不到的技术效果，因此，权利要求1要求保护的技术方案相对于证据1不具备创造性，不符合《专利法》第二十二条第三款的规定。

权利要求2的附加技术特征是：在所述热传导结构的呈螺旋迂回弯曲的热传导管道外壁上串接有相互平行的多束金属丝。上述技术特征被证据4图1-20所公开，并且该技术特征在证据4中的作用与本专利中一样，都是为了提高散热效率，因此，在权利要求1不具备创造性的前提下，权利要求2要求保护的技术方案相对于证据1和4的结合也不具备创造性，不符合《专利法》第二十二条第三款的规定。

由于本专利权利要求1、2不具备创造性，应予无效，因此，对杭州美时达公司和王浩铸提出的其他无效理由和证据，专利复审委员会不再予以评述。

据此，专利复审委员会宣告本专利权全部无效。

另查，在本案原审法院于2008年7月3日做出原审判决后，河北澳克莱电子冰箱有限公司（简称河北澳克莱公司）于2008年7月14日作为申请人向国家知识产权局提交著录项目申报书，请求将本专利的专利权人由河北节能公司变更为河北澳克莱公司。经国家知识产权局审查核准该申请，并将该变更情况在24卷45号专利公报上予以公告。同日，河北澳克莱公司作为申请人向国家知识产权局提交著录项目申报书，请求将本专利的专利权人由河北澳克莱公司变更为鹿泉吉威公司。经国家知识产权局审查核准该申请，并将该变更情况在24卷45号专利公报上予以公告。在本院受理本案后，鹿泉吉威公司于2008年10月28日以本专利权属变更为由，向本院申请由其承担原专利权人河北节能公司在本案中的诉讼权利和义务。

再查，本专利说明书附图8、9与证据1中的说明书附图7A、7B完全相同。

上述事实有本专利授权公告文本、在无效宣告审查程序中王浩铸向专利复审委员会提交的证据1、2、4及专利权无效宣告请求书、河北节能公司向专利复审委员会提交的意见陈述书、第10581号决定、手续合格通知书、专利公报及当事人陈述等证据在案佐证。

本院认为，本案的焦点在于本专利权利要求1与证据1的区别是否非显而易见，是否具备创造性。发明专利的创造性，是指同申请日以前已有的技术相比，该发明有突出的实质性特点和显著的进步。发明专利权的保护范围以其权利要求的内容为准，说明书和附图可以用于解释权利要求。

本案中，从证据1权利要求9、10及说明书可见，其对热管（根据在温差电致冷器中所处位置及所起作用的不同，又被称为冷凝管或蒸发管）形态的描述为“向上引出……向下连接”、“向两侧回转向下”、“后向回转向下”和“回转向上”。而本专利权利要求1热传导管为“螺旋迂回弯曲”。因此，仅就该技术特征而言，从部件结构及连接关系上看，两者存在如下区别：本专利为“螺旋迂回弯曲”，而证据1的热管可以描述为“迂回弯曲”。

第一，该区别技术特征的技术效果。根据证据1说明书及附图，证据1的热管为“迂回弯曲”，即热管均处于同一平面。而根据本专利说明书及附图，本专利权利要求1中热传导管为“螺旋迂回弯曲”，即热传导管为多层结构。本专利权利要求热传导管1采用“螺旋迂回弯曲”方式使得散热效果明显优于证据1中采用的“迂回弯曲”方式。本专利说明书附图8、9与证据1中的说明书附图7A、7B完全相同，但仅就上述附图尚不足以得出证据1中热管采用“螺旋迂回弯曲”方式。

第二，证据1中是否给出了技术启示。由于本案中仅使用了一篇对比文件证据1，故判断是否具有技术启示应当从证据1是否给出了将上述区别技术特征结合证据1技术方案以解决“快速冷却和散热”这一技术问题的技术启示。证据1中热管采用“迂回弯曲”方式，其说明书及附图也没有任何内容记载可以“螺旋迂回弯曲”方式设置热管。因此，证据1中没有给出技术启示。

专利复审委员会在第10581号决定中认为证据1“梯形盒由2支蒸发主管道（14）各连接螺旋迂回弯曲的多束冷凝管（15）”，即认为证据1中热管为“螺旋迂回弯曲”认定没有事实依据，本院不予支持。

证据1中的“热管”根据在温差电致冷器中所处位置及所起作用的不同，又被称为“冷凝管”或“蒸发管”，第10581号决定将“冷凝管”对应于本专利的热传导管并无不当。原审判决认为专利复审委员会未对“多束冷凝管”与本专利中“热传导管”之间的区别进行审查判断显与事实不符，应予纠正。

据此，专利复审委员会第10581号决定认定事实不清，适用法律错误，应予撤销，原审判决撤销第10581号决定正确。

综上所述，原审判决认定事实基本清楚，适用法律正确。鹿泉吉威公司、专利复审委员会、王浩铸、杭州美时达公司的上诉主张不能成立，本院予以驳回。依照《中华人民共和国行政诉讼法》第六十一条第（一）项之规定，判决如下：

驳回上诉，维持原判。

一审案件受理费100元，由国家知识产权局专利复审委员会负担（于本判决生效之日起7日内交纳）；二审案件受理费100元，由国家知识产权局专利复审委员会、王浩铸、杭州美时达电器有限公司共同负担（已交纳）。

本判决为终审判决。

审 判 长 刘 辉

代理审判员 岑宏宇

代理审判员 焦 彦

二〇〇八年十一月十二日

书 记 员 陈 明

书 记 员 迟雅娜

185

# 多功能槽型龙骨

## 无效宣告请求审查决定（第10582号）

**决　　定　　号**　第10582号
**决　　定　　日**　2007年9月6日
**发明创造名称**　多功能槽型龙骨
**国　际　分　类　号**　E04B 2/74
**无效宣告请求人**　何建辉
**专　利　权　人**　广州金鹏实业有限公司
**专　　利　　号**　97210253.1
**申　　请　　日**　1997年5月7日
**授　权　公　告　日**　1998年5月27日
**合　议　组　组　长**　李广峰
**主　　审　　员**　赵　明
**参　　审　　员**　刘　翚

**法　律　依　据**　专利法第22条第2款、第3款
**决　定　要　点**

如果一项实用新型的权利要求与现有技术中最接近的技术方案相比，存在区别技术特征，而这些区别技术特征不是本领域的技术人员根据现有技术的教导容易想到的，则该权利要求所述的技术方案具备创造性。

### 一、案由

本无效宣告请求涉及中华人民共和国国家知识产权局于1998年5月27日授权公告的、名称为“多功能槽型龙骨”的实用新型专利权（以下简称本专利），其专利号是97210253.1，申请日是1997年5月7日，专利权人是广州金鹏实业有限公司。本专利授权公告时的权利要求书如下：

“1. 多功能槽型龙骨，其特征在于所述的槽型龙骨中有含扣槽（2）的主龙骨，含与主龙骨上的扣槽配合的槽扣（4）的副龙骨，副龙骨通过其上的槽扣与主龙骨上的扣槽扣合而使主、副龙骨扣接。

2. 如权利要求1所述的多功能槽型龙骨，其特征在于所述的扣槽（2）的形状为燕尾状。

3. 如权利要求1所述的多功能槽型龙骨，其特征在于所述的主龙骨和副龙骨两底面（5、6）相顺呈‘十’字扣接。

4. 如权利要求1所述的多功能槽型龙骨，其特征在于所述的主龙骨和副龙骨两底面（5、6）在

同一平面上。”

针对本专利权，何建辉（以下简称请求人）于2005年10月21日向专利复审委员会提出无效宣告请求，认为本专利不符合第22条第2款、第3款的规定，请求人同时提交了如下附件：

附件1：授权公告日为1997年1月22日、授权公告号为CN2245639Y（专利号为95220758.3）的中国实用新型专利说明书，复印件共11页；

附件2：公告日为1987年9月16日、公告号为CN86206145U（专利申请号为86206145）的中国实用新型专利申请说明书，复印件共4页；

附件3：本专利说明书复印件。

请求人认为：附件1说明书第4页中“连接型架（1）”上有“倒钩（13）”公开了本专利的槽型龙骨中有含扣槽的主龙骨，附件1中的“槽形架（E）”相应于本专利的副龙骨，附件1中“将槽形架组设于倒钩（13）中相互嵌合定位”相应于本专利特征中的副龙骨通过其上的槽扣与主龙骨上的扣槽扣合而使主副龙骨扣接。从上面的分析对比可知，本专利权利要求1没有新颖性。

权利要求2是对权利要求1中的扣槽的形状进一步的限定，从对比文件1得倒钩的形状也可以看出，其形状也是相似燕尾形，附件2中也公开了组合地板块，地板块于地板块之间的联结也是通过凸凹燕尾形槽进行的，使用凸凹燕尾形槽进行联结是一种现有技术中使用的手段，因此在权利要求1没有新颖性的情况下，权利要求2也没有创造性。

权利要求3和4是权利要求1中的主龙骨和副龙骨之间相对位置的进一步的限定，主龙骨和副龙骨之间相对位置的设计也没有使所限定的技术方案产生意想不到的技术效果，因此，权利要求1限定的技术方案没有新颖性的情况下，权利要求3和4也没有创造性。

经形式审查合格，专利复审委员会依法受理了上述无效宣告请求，并于2006年3月31日向请求人和专利权人发出无效宣告请求受理通知书，同时将专利权无效宣告请求书及其附件清单中所列附件的副本转送给专利权人，并要求专利权人在指定的期限内陈述意见。

针对专利复审委员会发出的上述无效宣告请求受理通知书，专利权人于2006年4月19日提交了意见陈述书，专利权人认为：请求人提供的证据与本案不相关。不足以破坏本专利的新颖性及创造性。请求驳回无效请求人的请求，维持本专利有效。

专利复审委员会依法成立合议组。

本案合议组于2006年11月7日向双方发出无效宣告请求口头审理通知书，定于2006年12月12日在专利复审委员会举行口头审理。随同口头审理通知书，将专利权人于2006年4月19日提交的意见陈述书转送给请求人。

口头审理如期举行，双方当事人均参加了口头审理。

在口头审理中，请求人认为本专利权利要求1相对于附件1不具备新颖性；权利要求2的附加技术特征被附件2公开，权利要求3的附加技术特征被附件1公开，权利要求4的附加技术特征对本领域的技术人员来说是显而易见的，因此在权利要求1没有新颖性的前提下，权利要求1~4没有创造性。专利权人对附件1~3的真实性没有异议，专利权人认为第6598号审查决定已就附件1相对于本专利权利要求的新颖性作出了审查结论，附件1根据一事不再理的原则应不予审理。

至此，合议组认为本案事实已经清楚，可以作出审查决定。

**二、决定的理由**

1. 关于证据

请求人提交的附件1、2分别是专利文献，被请求人对其真实性没有异议，并且附件1、2的公开日期均早于本专利的申请日，因此附件1、2所记载的内容已构成本专利的现有技术。

2. 关于一事不再理原则

专利法实施细则第 65 条第 2 款规定：在专利复审委员会就无效宣告请求作出决定之后，又以同样的理由和证据请求无效宣告的，专利复审委员会不予受理。

审查指南第四部分第三章第 2.1 节对“一事不再理原则”作出如下规定：对已作出审查决定的无效宣告案件涉及的专利权，以同样的理由和证据再次提出无效宣告请求的，不予受理和审理。

合议组经审查认为，专利复审委员会于 2004 年 11 月 26 日就本专利作出过第 6598 号无效宣告请求审查决定，而且该决定属生效决定。在该决定中，专利复审委员会已经就本专利权利要求 1 相对于附件 1 的新颖性作出了审查结论，即与附件 1 相比，本专利的权利要求 1 具备新颖性。因此根据专利法实施细则第 65 条第 2 款的规定及审查指南第四部分第三章第 2.1 节规定的“一事不再理原则”，合议组对本专利权利要求 1 相对于附件 1 新颖性的问题不再进行评述。

3. 关于创造性

专利法第 22 条第 3 款规定，创造性是指同申请日以前已有的技术相比，该实用新型有实质性特点和进步。

如果一项实用新型的权利要求与现有技术中最接近的技术方案相比，存在区别技术特征，而这些区别技术特征不是本领域的技术人员根据现有技术的教导容易想到的，则该权利要求所述的技术方案具备创造性。

本专利的发明目的是针对现有轻钢龙骨“［”和“［］”配合存在主、副龙骨配合不合理，副件多；“Π”和“［］”配合存在龙骨面利用率不高、安装不方便等缺陷，提供一种龙骨整体性强，贴合面大，平整度高，结构简单，美观，线条清晰，龙骨面利用率高的多功能槽型龙骨。

本专利权利要求 1 限定的技术方案由以下技术特征组成：（1）主龙骨含有扣槽；（2）副龙骨含有与主龙骨上的扣槽配合的槽扣；（3）副龙骨通过其上的槽扣与主龙骨上的扣槽扣合；（4）主、副龙骨扣接。

附件 1 公开的是石膏天花板轻钢架的暗架，主要由钉击片、连结型架、槽型架及石膏板材组成，利用钢钉将钉击片吊置于楼板下，而钉击片向下连设一调整螺栓；槽型架与石膏板材固设并嵌合卡入连接型架的倒钩中，其特征在于：连接型架是一体成型的门字形体，其上设有诸多供钉击片调整螺栓穿设的等间距孔洞及长方形孔并以螺帽螺合固定；连接型架两边设有诸多等间距且相对应的倒钩、小孔及长条孔，供槽型架嵌合卡入的倒钩为两两相对应，其间隔及形状大小是配合槽型架而设置。

附件 2 为了解决现有技术的地板块强度、拉力不够、造型不美观的缺陷，公开了燕尾槽组合地板块，其由至少两块板组成，在板间的接触面各加工有凸凹燕尾型槽。

已生效的第 6598 号无效宣告请求审查决定认定：本专利权利要求中出现的“扣槽”、“槽扣”这两个术语，不是规范的、具有公认含义的术语，因此，只能依靠该专利的说明书和附图对该术语进行如下解释：

本专利的主龙骨与副龙骨相连的部位呈燕尾状，扣槽是指主龙骨燕尾状的两侧上部轮廓呈向内凹的槽状；副龙骨呈三面包容主龙骨，槽扣是指副龙骨的两个竖边的上边缘垂直向内翻转 270 度；副龙骨与主龙骨的扣合是指副龙骨向内包容通过槽扣扣紧在主龙骨的扣槽上；扣接是指主、副龙骨扣合连接，这种连接无活动余地，在受力极限范围内主、副龙骨呈扣紧趋势。

根据已生效的第 6598 号无效宣告请求审查决定中所认定的上述事实：附件 1 与本专利权利要求 1 的区别在于附件 1 的槽型架 E 的上部边缘与后者的副龙骨的上部边缘垂直向内翻转的结构不同，因此槽型架 E 与连结型架 1 的连接方式与权利要求 1 中的主、副龙骨的连接方式也不同。附件 1 的槽型架 E 的两个竖边的上部边缘向内呈圆弧形挂接在连接型架 1 的上凹状部位，这种挂接的连接方式具有很大的活动空间，槽型架 E 可沿其纵轴方向移动、并可相对连接型架 1 上下移动；而本专利副龙骨的上部边缘向内翻转 270 度并向内扣合连接在主龙骨的凹槽部位，这种扣合连接没有活动余地，副龙骨不会相对主龙骨上下移动，使得龙骨整体性强。因此，附件 1 并没有给出得出权利要求 1 保护的技术方案的任何技术启示。

附件 2 中没有公开上述区别技术特征，也没有给出任何启示，并且也没有给予引入上述区别技术特征解决所要解决的技术问题的教导，即将附件 1 和 2 进行组合也不能得出权利要求 1 所要保护的技术方案，因此对本领域技术人员来说权利要求 1 所述技术方案是不容易想到的，即权利要求 1 相对于附件 1 和 2 的组合具备创造性。

权利要求 2~4 是权利要求 1 的从属权利要求，在权利要求 1 具备创造性的基础上，权利要求 2~4 也具备创造性。

根据以上事实和理由，本案合议组作出如下审查决定。

**三、决定**

维持 97210253.1 号实用新型专利权有效。

当事人对本决定不服的，可以根据专利法第 46 条第 2 款的规定，自收到本决定之日起 3 个月内向北京市第一中级人民法院起诉。根据该款的规定，一方当事人起诉后，另一方当事人应当作为第三人参加诉讼。

186

# 多功能槽型龙骨

## 无效宣告请求审查决定（第10583号）

**决　　定　　号**　第10583号
**决　　定　　日**　2007年9月6日
**发明创造名称**　多功能槽型龙骨
**国 际 分 类 号**　E04B 2/74
**无效宣告请求人**　何建辉
**专　利　权　人**　广州金鹏实业有限公司
**专　　利　　号**　97210253.1
**申　　请　　日**　1997年5月7日
**授 权 公 告 日**　1998年5月27日
**合 议 组 组 长**　李广峰
**主　　审　　员**　赵　明
**参　　审　　员**　刘　犟

**法　律　依　据**　专利法第22条第2款、第3款
**决　定　要　点**

对已作出审查决定的无效宣告案件涉及的专利权，以同样的理由和证据再次提出无效宣告请求的，合议组对该理由和证据不予审理。

### 一、案由

本无效宣告请求涉及中华人民共和国国家知识产权局于1998年5月27日授权公告的、名称为“多功能槽型龙骨”的实用新型专利权（以下简称本专利），其专利号是97210253.1，申请日是1997年5月7日，专利权人是广州金鹏实业有限公司。本专利授权公告时的权利要求书如下：

“1. 多功能槽型龙骨，其特征在于所述的槽型龙骨中有含扣槽（2）的主龙骨，含与主龙骨上的扣槽配合的槽扣（4）的副龙骨，副龙骨通过其上的槽扣与主龙骨上的扣槽扣合而使主、副龙骨扣接。

2. 如权利要求1所述的多功能槽型龙骨，其特征在于所述的扣槽（2）的形状为燕尾状。

3. 如权利要求1所述的多功能槽型龙骨，其特征在于所述的主龙骨和副龙骨两底面（5、6）相顺呈‘十’字扣接。

4. 如权利要求1所述的多功能槽型龙骨，其特征在于所述的主龙骨和副龙骨两底面（5、6）在同一平面上。”

针对本专利权，何建辉（以下简称请求人）于2005年7月22日向专利复审委员会提出无效宣告请求，认为本专利不符合专利法第22条第2款、第3款的规定，请求人同时提交了如下附件：

附件1：GB2156399A号英国专利说明书及中文译文，共18页；

附件2：实用新型专利检索报告复印件，共4页；

附件3：授权公告日为1997年1月22日，授权公告号CN2245639Y（专利号95220758.3）中国实用新型专利说明书；

附件4：重庆市第一中级人民法院（2004）渝一中民初字第559号民事判决书复印件；

附件5：重庆市高级人民法院（2005）渝高法民终字第72号民事判决书复印件；

附件6：专利复审委员会第3527号无效宣告请求审查决定书复印件；

附件7：专利复审委员会第6598号无效宣告请求审查决定书复印件。

请求人认为：专利复审委员会虽然已针对附件1、3作出过审查决定，但根据附件4、5这两份判决来看，专利权人在法院和专利复审委员会对其专利做出了截然相反的解释，根据“禁止反悔原则”，专利权人在法院作出的解释在无效程序中不得反悔，因此本专利权利要求1~4与附件1、3相比不具备新颖性和创造性。

经形式审查合格，专利复审委员会依法受理了上述无效宣告请求，并于2005年10月21日向请求人和专利权人发出无效宣告请求受理通知书，同时将专利权无效宣告请求书及其附件清单中所列附件的副本转送给专利权人，并要求专利权人在指定的期限内陈述意见。

针对专利复审委员会发出的上述无效宣告请求受理通知书，专利权人于2005年12月5日提交了意见陈述书，专利权人认为：附件1~7之间没有关联性，附件1~3可以用来评价本专利的新颖性和创造性，而附件4~7与新颖性和创造性没有关系；附件1~3与案件编号为5W05728的证据完全相同，上述证据能否破坏新颖性和创造性在专利复审委员会第6598号无效宣告请求审查决定书中已有明确的说明；请求人对“禁止反悔原则”及该原则的适用条件混淆不清，使用毫无根据。

专利复审委员会依法成立合议组，对本无效宣告请求进行审理。

本案合议组于2006年11月7日向双方发出无效宣告请求口头审理通知书，定于2006年12月12日在专利复审委员会举行口头审理。随同口头审理通知书，将专利权人于2005年12月5日提交的意见陈述书转送给请求人。

口头审理如期举行，双方当事人均参加了口头审理。

在口头审理中，请求人认为本专利相对于附件1~7不具备新颖性；本专利相对于附件1~7不具备创造性。专利权人对附件1~7的真实性没有异议，对附件1译文的准确性没有异议。双方均认可第6598号无效宣告请求审查决定书的第5页第3段和第5段所认定的技术内容：“将证据2-1与本专利权利要求1相比较，可以看出，虽然证据2-1的构件50和构件60可以分别与权利要求1中的主、副龙骨相对应，但是证据2-1中无论构件50还是构件60上均没有与权利要求1中的副龙骨上的与主龙骨上的扣槽相配合的槽扣相类似的结构，且该槽扣是通过副龙骨的两个竖边的上部边缘垂直向内翻转270度形成的，从而构件50与构件60的连接方式与权利要求1中限定的主、副龙骨的连接方式亦不同。因此，权利要求1相对于证据2-1具备新颖性。将证据2-2与本专利权利要求1相比较，可以看出，证据2-2与本专利权利要求1的区别在于前者的槽型架E的上部边缘与后者的副龙骨的上部边缘垂直向内翻转的结构不同，因此槽型架E与连接型架1的连接方式与权利要求1中的主、副龙骨的连接方式也不同。因此，权利要求1相对于证据2-2同样具备新颖性。”专利权人认为第6598号审查决定已就本专利相对于附件1、3的新颖性、创造性作出了审查结论，附件1、3根据一事不再理的原则应不予受理。

至此，合议组认为本案事实已经清楚，可以作出审查决定。

**二、决定的理由**

1. 关于证据

请求人提交的附件 1、3 分别是专利文献，专利权人对其真实性没有异议，并且附件 1、3 的公开日期均早于本专利的申请日，因此附件 1、3 所记载的内容已构成本专利的现有技术。

附件 2 为国家知识产权局出具的检索报告，虽然专利权人对其真实性没有异议，但是合议组认为其与本案没有关系，并且请求人也表示附件 2 只是用来说明附件 1 所公开的技术内容，因此合议组对其不予考虑。

附件 4、5 分别是重庆市第一中级人民法院和重庆市高级人民法院的民事判决书，其涉及的是针对本专利的侵权案件，与本无效宣告请求案无关，故合议组对其不予考虑。

附件 6、7 分别是专利复审委员会第 3527 号、6598 号无效宣告请求审查决定，并且均已生效，其所认定的事实应当作为本案的依据。

综上所述，请求人提供的证据中只有附件 1 和 3 记载的内容构成了本专利的现有技术，可以用来评价本专利权利要求的新颖性和创造性。

2. 关于一事不再理原则

专利法实施细则第 65 条第 2 款规定：在专利复审委员会就无效宣告请求作出决定之后，又以同样的理由和证据请求无效宣告的，专利复审委员会不予受理。

审查指南第四部分第三章第 2.1 节对“一事不再理原则”作出如下规定：对已作出审查决定的无效宣告案件涉及的专利权，以同样的理由和证据再次提出无效宣告请求的，不予受理和审理。

合议组经审查认为，专利复审委员会于 2004 年 11 月 25 日就本专利作出过第 6598 号无效宣告请求审查决定，而且该决定属生效决定。在该决定中，专利复审委员会已经就本专利权利要求 1~4 相对于附件 1、3 的新颖性和创造性作出了审查结论：即，与附件 1 或 3 相比，本专利的权利要求 1~4 具备新颖性和创造性；即使将附件 3 与附件 1 结合，权利要求 1~4 也具备创造性。因此根据专利法实施细则第 65 条第 2 款的规定以及审查指南第四部分第三章第 2.1 节规定的“一事不再理原则”，合议组对请求人所提出的本专利权利要求 1~4 相对于附件 1 或 3 不具备新颖性、权利要求 1~4 相对于附件 1 和 3 不具备创造性的无效理由不再进行审理。

基于上述事实和理由，合议组依法作出如下审查决定。

**三、决定**

维持 97210253.1 号实用新型专利权有效。

当事人对本决定不服的，可以根据专利法第 46 条第 2 款的规定，自收到本决定之日起 3 个月内向北京市第一中级人民法院起诉。根据该款的规定，一方当事人起诉后，另一方当事人应当作为第三人参加诉讼。

187

# 保温隔热墙面装饰板

## 无效宣告请求审查决定（第 10587 号）

**决　定　号**　第 10587 号
**决　定　日**　2007 年 9 月 29 日
**发明创造名称**　保温隔热墙面装饰板
**国际分类号**　E04F 13/08，E32B 5/18
**无效宣告请求人**　李　霞
**专利权人**　邓　超
**专　利　号**　03250022. X
**申　请　日**　2003 年 8 月 21 日
**授权公告日**　2004 年 9 月 8 日
**合议组组长**　刘瑞斌
**主　审　员**　欧　岚
**参　审　员**　董晓静

**法律依据**　专利法第 22 条第 3 款
**决定要点**

评价一项实用新型权利要求的创造性时，将被评述的权利要求与最接近的现有技术进行比较，确定区别技术特征以及根据该区别技术特征所能达到的技术效果确定该权利要求实际解决的技术问题，最后判断现有技术中是否给出了将上述区别技术特征应用到该最接近现有技术以解决上述实际解决的技术问题的启示，若给出了启示则该权利要求相对于现有技术是显而易见的，无实质性特点；反之则是非显而易见的，具有实质性特点。

### 一、案由

本无效宣告请求涉及中华人民共和国国家知识产权局于 2004 年 9 月 8 日授权公告的、名称为“保温隔热墙面装饰板”的实用新型专利权（以下简称本专利），其专利申请号是 03250022. X，申请日是 2003 年 8 月 21 日，专利权人是邓超。本专利授权公告时的权利要求书如下：

“1. 一种保温隔热墙面装饰板，其特征在于：保温隔热装饰板为一层状结构，其基层 XPS 挤塑聚苯板 1 表面上胶合一层铝箔 3，铝箔 3 上面涂有一涂层 4。

2. 根据权利要求 1 所说的一种保温隔热墙面装饰板，其特征在于：XPS 挤塑聚苯板 1 与铝箔 3 之间胶合一层纤维增强硅酸钙板 2。

3. 根据权利要求 1 所说的一种保温隔热墙面装饰板，其特征在于：XPS 挤塑聚苯板 1 由硬质聚氨脂发泡板作替代层。

4. 根据权利要求1所说的一种保温隔热墙面装饰板，其特征在于：铝箔由薄铝板或不锈钢薄板或PVC、PP、PE塑料片材作替代层。

5. 根据权利要求1所说的一种保温隔热墙面装饰板，其特征在于：涂层4为氟碳涂料或丙烯酸涂料或聚脂涂料

6. 根据权利要求2所说的一种保温隔热墙面装饰板，其特征在于：纤维增强硅酸钙板由纤维增强水泥板或PVC塑料板作替代层。"

针对本专利权，李霞（以下简称请求人）于2006年11月28日向专利复审委员会提出无效宣告请求，认为本专利权利要求1~6相对于附件1~5不符合专利法第22条第2款、第3款的规定，请求人同时提交了如下附件：

附件1：公开日为2000年4月5日，公开号为CN1249237A的发明专利申请公开说明书，共11页；

附件2：授权公告日为1993年5月26日、授权公告号为CN2134439Y的中国实用新型专利说明书，共5页；

附件3：授权公告日为2001年12月26日、授权公告号为CN2467858Y的中国实用新型专利说明书，共5页；

附件4：授权公告日为2002年11月20日、授权公告号为CN2521291Y的实用新型专利说明书，共5页；

附件5：中国计划出版社2003年2月第一版第一次印刷的2003CPXY全国民用建筑工程设计技术措施《建筑产品选用技术》结构 建筑 装修，扉页、出版信息页、J64、J134、J142、J150、J211、J212、J213、J56、J217、J221、J223的复印件共13页。

请求人认为：（1）附件1~5公开了涉案专利权利要求1、2的层状结构的主要技术特征，其属于本领域技术人员的公知常识，不需要创造性劳动，与附件1~5相比，权利要求1、2均不具备新颖性和创造性；（2）权利要求3~6的附加技术特征属于本领域技术人员对常规材料的选择和置换，属于公知常识，也不具备新颖性和创造性。

经形式审查合格，专利复审委员会依法受理了上述无效宣告请求，并于2006年12月12日向请求人和专利权人发出无效宣告请求受理通知书，同时将专利权无效宣告请求书及其附件清单中所列附件的副本转送给专利权人，并要求专利权人在指定的期限内陈述意见。

专利权人未在指定的期限内陈述意见。

专利复审委员会依法成立合议组。本案合议组于2007年2月15日向双方发出无效宣告请求口头审理通知书，定于2007年4月19日在专利复审委员会举行口头审理。

口头审理如期举行，专利权人未出席口头审理。

在口头审理中，（1）请求人明确其无效的理由、证据、范围以及证据的使用情况为：权利要求1相对于附件1或附件2结合附件5不具备创造性。权利要求2相对于附件1结合公知常识不具备创造性。权利要求3~6相对于附件1或2结合公知常识不具备创造性。请求人放弃附件3、4的使用。请求人明确表示没有其他的无效理由、证据、范围和证据组合形式。（2）关于权利要求1是否符合专利法第22条第3款的规定，请求人的具体主张为：附件1公开了金属箔，层压板是装饰板，装饰板上面可以有涂层是公知常识，附件1公开了权利要求1的所有技术特征；附件2中没有明确说铝箔上有无涂层但因为怕氧化所以有涂层，这是公知常识。（3）关于权利要求2是否符合专利法第22条第3款的规定，请求人的具体主张为：附件1权利要求1（b）公开了复合多层，材料结合附件5的公知

常识 JC15、J212 页纤维硅酸钙板。(4) 关于权利要求 3~6 是否符合专利法第 22 条第 3 款的规定，请求人的具体主张为：权利要求 3、5、6 都被附件 5 所述的手册公开了传统材料的选择，本领域技术人员根据手册可以找到任意的材料，属于公知常识；权利要求 3 的附加技术特征在附件 5 所述的手册的 J212 公开；权利要求 4 的附加技术特征在附件 1 的权利要求 1（b）中结合公知常识公开。权利要求 5 的附加技术特征在附件 5 所述手册的 J293、343 公开；权利要求 6 的附加技术特征在附件 5 所述手册的 J15、16、221 公开；上述提到的手册中未提交的页供合议组参考。

本案合议组于 2007 年 4 月 20 日向专利权人发出了无效宣告请求审查通知书，告知口头审理的情况，包括请求人当庭陈述的主要内容和请求人当庭提交了附件 5 的原件，要求专利权人在收到该通知书之日起一个月内核实附件 5 的真实性并作出答复。专利权人在指定的期限内没有答复。

至此，合议组认为本案事实已经清楚，可以作出审查决定。

**二、决定的理由**

1. 关于证据和现有技术

请求人提交并要求使用的证据包括附件 1、2、5，专利权人在指定的期限内未对附件 1、2、5 的真实性提出异议，经合议组审查后认为附件 1、2 为中国专利文献，附件 5 为公开出版物，其复印件与原件一致，因此附件 1、2、5 可以作为本案证据使用。同时由于附件 1、2、5 的公开日期均在本专利的申请日前，因此可以作为本专利的现有技术使用。

2. 关于创造性

专利法第 22 条第 3 款规定的创造性，是指同申请日以前已有的技术相比，该发明有突出的实质性特点和显著的进步，该实用新型有实质性特点和进步。

(1) 权利要求 1。

本案中，请求人认为权利要求 1 相对于附件 1 不具备创造性。合议组经审查后认为，附件 1 公开了一种多层装饰产品，其中具体公开了以下技术特征（参见说明书第 2 页至第 7 页）：一个包含一种聚合物泡沫的基材，所述聚合物可为聚苯乙烯聚合物，并将其独立地挤出；一层或多层粘合在所述基材上的装饰层，装饰层可为装饰层压板、金属片、金属膜、金属箔、固体表面材料等，因此附件 1 中的基材和装饰层分别对应于权利要求 1 中的 XPS 挤塑聚苯板和铝板。虽然附件 1 的装饰层没有具体公开为铝箔，但铝箔是本领域常用的一种金属箔材，而且本专利的铝箔与附件 2 中金属箔均是作装饰用的，因此本领域的技术人员在附件 1 的基础上会在现有技术的各类金属箔材中选择铝箔，这是很容易想到的。此外，权利要求 1 相对于附件 1 的区别还在于：铝板上面涂有一涂层。在金属箔或片上涂装涂层用于保护金属、防腐、美观等，是本领域惯常采用的技术手段，也是很容易想到的。因此在附件 1 的基础上，本领域技术人员可以显而易见地得到权利要求 1 的技术方案，故该技术方案不具有实质性特点，权利要求 1 不符合专利法第 22 条第 3 款关于创造性的规定。

(2) 权利要求 2、6。

权利要求 2 引用了权利要求 1，其附加技术特征为：XPS 挤塑聚苯板 1 与铝箔 3 之间胶合一层纤维增强硅酸钙板 2。权利要求 6 对权利要求 2 进行了进一步的限定，限定其中的纤维增强硅酸钙板由纤维增强水泥板或 PVC 塑料板作替代层。

合议组经审查后认为，说明书第 2 页第 1 段描述了在聚苯板与铝箔之间胶合一层纤维增强硅酸钙板是为了适应隔热要求，而附件 1 中公开了一层或多层粘合在所述基材上的装饰层，装饰层可选自装饰层压板、金属箔、金属片、固体表面层压板等，显然当粘合在所述基材上的装饰层为多层时，其中间的层也可起到隔热增强的作用，即相当于本专利权利要求 2 中的聚苯板与铝箔之间起增强作用的层，而且纤维增强硅酸钙板属于本领域常用的隔热建筑板材。因此，在其引用的权利要求 1 不具备创造性的前提下，权利要求 2 相对于附件 1 也不符合专利法第 22 条第 3 款关于创造性的规定。

权利要求 6 中的纤维增强水泥板或 PVC 塑料板也属于本领域常用的隔热建筑板材。因此，在其引用的权利要求 2 不具备创造性的前提下，权利要求 6 相对于附件 1 也不符合专利法第 22 条第 3 款关于创造性的规定。

（3）权利要求 3~5。

权利要求 3~5 均引用了权利要求 1，它们分别对 XPS 挤塑聚苯板、铝箔和涂层的材质作了进一步限定或替代。

合议组经审查后认为，权利要求 3~5 的附加技术特征属于本领域技术人员对常规材料的选择和置换，例如附件 5 的第 J212 页公开了硬质聚氨脂泡沫塑料，由此可显而易见得到硬质聚氨脂发泡板材，附件 1 中已公开了金属片材，附件 5 的第 J212 页公开了 PE 材料，权利要求 5 的氟碳涂料、丙烯酸涂料、聚脂涂料均是本领域常用的无机、有机涂料。因此本领域的技术人员会容易地从现有技术中得到将上述板材或涂料应用到附件 1 中得到权利要求 3~5 的技术方案的启示，所以权利要求 3~5 均不具备实质性特点，不符合专利法第 22 条第 3 款关于创造性的规定。

根据上述的事实和理由，本案合议组依法作出以下决定。

**三、决定**

宣告 03250022. X 号实用新型专利权全部无效。

当事人对本决定不服的，可以根据专利法第 46 条第 2 款的规定，自收到本决定之日起 3 个月内向北京市第一中级人民法院起诉。根据该款的规定，一方当事人起诉后，另一方当事人应当作为第三人参加诉讼。

188

# 保温隔热墙面装饰板

## 无效宣告请求审查决定（第 10588 号）

**决　定　号** 第 10588 号
**决　定　日** 2007 年 9 月 29 日
**发明创造名称** 保温隔热墙面装饰板
**国 际 分 类 号** E04F13/00，E04C 2/292，E04B 1/80
**无效宣告请求人** 李　霞
**专 利 权 人** 邓　超
**专　利　号** 200420060948.8
**申　请　日** 2004 年 8 月 27 日
**授 权 公 告 日** 2005 年 9 月 7 日
**合 议 组 组 长** 刘瑞斌
**主　审　员** 欧　岚
**参　审　员** 董晓静

**法 律 依 据** 专利法实施细则第 20 条第 1 款，专利法第 22 条第 3 款
**决 定 要 点**

评价一项实用新型权利要求的创造性时，将被评述的权利要求与最接近的现有技术进行比较，确定区别技术特征以及根据该区别技术特征所能达到的技术效果确定该权利要求实际解决的技术问题，最后判断现有技术中是否给出了将上述区别技术特征应用到该最接近现有技术以解决上述实际解决的技术问题的启示，若给出了启示则该权利要求相对于现有技术是显而易见的，无实质性特点；反之则是非显而易见的，具有实质性特点。

### 一、案由

本无效宣告请求涉及中华人民共和国国家知识产权局于 2005 年 9 月 7 日授权公告的、名称为“保温隔热墙面装饰板”的实用新型专利权（以下简称本专利），其专利号是 200420060948.8，申请日是 2004 年 8 月 27 日，专利权人是邓超。本专利授权公告时的权利要求书如下：

“1. 一种保温隔热墙面装饰板，其特征在于：保温隔热装饰板为一层状结构，其保温层 XPS 挤塑聚苯板（1）表面上胶合有一层铝板（3），铝板（3）上面涂有一涂层（4）。

2. 根据权利要求 1 所说的保温隔热墙面装饰板，其特征在于：铝板（3）和 XPS 挤塑聚苯板（1）之间增设一隔热增强层（2）。

3. 根据权利要求 1 和权利要求 2 所说的保温隔热墙面装饰板，其特征在于：所说的隔热增强层

(2) 为经热塑性或热固性树脂浸胶的纺织布或 PVC、PP、PE 塑料板。

4. 根据权利要求 1 所说的保温隔热墙面装饰板，其特征在于：将保温层 XPS 挤塑聚苯板（1）设为二至数层，其中复合一至数层经热塑性或热固性树脂浸胶的纺织布，或在保温层底面增设有一层纤维增强硅酸钙板（5）。

5. 根据权利要求 1 所说的保温隔热墙面装饰板，其特征在于：XPS 挤塑聚苯板（1）上、下面上分别设有数道排气槽（6）。

6. 根据权利要求 1 所说的保温隔热墙面装饰板，其特征在于：所说的 XPS 挤塑聚苯板（1）由硬质聚氨脂发泡板或酚醛发泡板作替代层。

7. 根据权利要求 1 和权利要求 4 所说的保温隔热墙面装饰板，其特征在于：所说的纤维增强硅酸钙板（5）由纤维增强水泥板作替代层。

8. 根据权利要求 1 所说的保温隔热墙面装饰板，其特征在于：所说的铝板（3）由铝箔作替代层。

9. 根据权利要求 1 所说的保温隔热墙面装饰板，其特征在于：所说的涂层（4）为氟碳涂料或丙烯酸涂料或聚脂涂料。”

针对本专利权，李霞（以下简称请求人）于 2006 年 11 月 28 日向专利复审委员会提出无效宣告请求，认为本专利不符合专利法第 22 条第 2 款、第 3 款的规定，请求人同时提交了如下附件：

附件 1：申请日为 2003 年 8 月 21 日、授权公告日为 2004 年 9 月 8 日、授权公告号为 CN2639427Y、专利权人为邓超的中国实用新型专利说明书，共 7 页；

附件 2：公开日为 2000 年 4 月 5 日、公开号为 CN1249237A 的中国发明专利申请公开说明书，共 11 页；

附件 3：公开日为 1989 年 4 月 5 日、公开号为 CN1032123A 的中国发明专利申请公开说明书，共 10 页；

附件 4：授权公告日为 1993 年 5 月 26 日、授权公告号为 CN2134439Y 的中国实用新型专利说明书，共 4 页；

附件 5：授权公告日为 2002 年 8 月 14 日、授权公告号为 CN2505543Y 的中国实用新型专利说明书，共 5 页；

附件 6：授权公告日为 2002 年 1 月 30 日、授权公告号为 CN2474612Y 的中国实用新型专利说明书，共 4 页；

附件 7：授权公告日为 1996 年 9 月 18 日、授权公告号为 CN2235373Y 的中国实用新型专利说明书，共 6 页；

附件 8：授权公告日为 2004 年 11 月 24 日、授权公告号为 CN2658248Y 的中国实用新型专利说明书，共 7 页；

附件 9：中国计划出版社 2004 年 1 月出版、2004 年 1 月印刷的 2004CPXY 全国民用建筑工程设计技术措施《建筑产品选用技术》建筑·装修，扉页、出版信息页、JC15、JC22、JC23、JC28、JC39、JC57、JC58、JC59、JC98、JC99、JC100、J121、J122、J126、J128、J134、J195、J199 的复印件共 20 页。

请求人认为：(1) 附件 1~9 公开了涉案专利权利要求 1~4 所述的层状结构的主要技术特征，还公开了权利要求 2、3 在聚苯板与铝板之间增设一层增强层的技术特征，权利要求 1~4 不具备新颖性和创造性；(2) 附件 3、6 公开了权利要求 5 在聚苯板上设排气槽的技术特征；权利要求 5 不具备新颖性和创造性；(3) 权利要求 3、6~9 的附加技术特征属于本领域技术人员对常规材料的选择和置换，也不具备新颖性和创造性。

经形式审查合格，专利复审委员会依法受理了上述无效宣告请求，并于2006年12月12日向请求人和专利权人发出无效宣告请求受理通知书，同时将专利权无效宣告请求书及其附件清单中所列附件的副本转送给专利权人，并要求专利权人在指定的期限内陈述意见。专利权人未在指定的期限内答复。

专利复审委员会依法成立合议组。本案合议组于2007年2月15日向双方发出无效宣告请求口头审理通知书，定于2007年4月19日在专利复审委员会举行口头审理。

口头审理如期举行，专利权人未出席口头审理。

在口头审理中，（1）请求人明确其无效的理由、证据、范围以及证据的使用情况为：权利要求1~3、6~9相对于附件2和附件9的结合，或附件5和附件9的结合没有创造性；权利要求4的附加技术特征被公知常识和附件7或6公开；权利要求5的附加特征被附件3或6公开，都不具备创造性。权利要求8相对于附件1不符合专利法实施细则第13条第1款；权利要求3、7的附加技术特征没有出现在权利要求1中，不符合专利法实施细则第20条第1款。请求人放弃附件4、8的使用，并明确表示没有其他的无效理由、证据、范围和证据组合形式。（2）关于权利要求1是否符合专利法第22条第3款的规定。请求人认为附件2公开了聚苯乙烯材料和上面的金属膜、箔、片，对应本专利权利要求1的聚苯板和铝板，铝板上有涂层被附件9的JC22、J134、J132公开。附件5公开了保温层和铝塑板，对应本专利权利要求1的聚苯板和铝板，铝板上有涂层被附件9的JC22、J134、J132公开。（3）关于权利要求2是否符合专利法第22条第3款的规定。请求人认为附件2权利要求1（b）可以黏合1层或者多层公开了本专利的隔热增强层。附件5的权利要求5公开了本专利的增强层。（4）关于权利要求3是否符合专利法第22条第3款的规定。请求人认为附件2中可以黏合多层，其中有固体表面薄板，包括本专利的各种薄板。附件5的权利要求5公开了纺织布。（5）关于权利要求4是否符合专利法第22条第3款的规定。请求人认为附件6、7公开了织物，附件6保温板上面有玻璃丝网格布。附件7的图3、图7公开了聚苯板可以复合一层或多层的纤维布或其他材料，图7是复合很多层，起到增强的作用，是本行业技术人员很容易得到的。复合一层在图7中公开，图3中公开多层。附件6、7中没有二至数层聚苯板，但是显而易见的。（6）关于权利要求5是否符合专利法第22条第3款的规定。请求人认为附件3、6在聚苯板表面都设槽，对表面层起到粘接作用，认可本专利的排气槽是有空隙的。（7）关于权利要求6~9是否符合专利法第22条第3款的规定。请求人认为权利要求6~9都是公知常识。（8）权利要求3、7引用权利要求1，但是附加技术特征中限定隔热增强层2和权利要求7的纤维硅钙板在权利要求1中没有出现，引用权利要求1会造成技术方案不清楚，导致我们对这些权利要求的新颖性和创造性评价没有办法进行，所以权利要求3、7相对于附件1不符合专利法实施细则第20条第1款。（9）请求人表示用附件1来证明本专利权利要求8是和附件1的权利要求1一样的方案，属于重复授权，但之前引用的新颖性和创造性的法条错误，所以要求变更为专利法实施细则第13条第1款。

本案合议组于2007年4月20日向专利权人发出了无效宣告请求审查通知书，告知口头审理的情况，包括请求人当庭陈述的主要内容和请求人当庭提交了附件5的原件，要求专利权人在收到该通知书之日起一个月内核实附件5的真实性并作出答复。专利权人在指定的期限内没有答复。

至此，合议组认为本案事实已经清楚，可以作出审查决定。

**二、决定的理由**

1. 关于证据和现有技术

请求人提交并使用的证据包括附件1~3、5~7、9，专利权人在指定的期限内未对请求人提交的附件的真实性提出异议，经合议组审查后认为附件1~3、5~7为中国专利文献，附件9为公开出版物，其复印件与原件一致，因此附件1~3、5~7、9可以作为本案证据使用。同时由于附件2、3、5~7、9的公开日期均在本专利的申请日前，因此可以作为本专利的现有技术使用。请求人提交的附件1为专利权人在本专利申请日之前向专利局提出、在本专利申请日之后授权公告的实用新型专利文献，因此可以用来评述本专利是否符合专利法第13条第1款的规定。

2. 关于专利法实施细则第20条第1款

专利法实施细则第20条第1款规定：权利要求书应当说明发明或者实用新型的技术特征，清楚、简要地表述请求保护的范围。

请求人在口审当庭提出本专利的权利要求3、7的撰写不符合专利法实施细则第20条第1款的规定。

合议组经审查认为，虽然请求人在请求书中的无效宣告理由为权利要求3、7不具备创造性，但由于在权利要求不清楚而无法确定其保护范围的情况下，不存在审查创造性的基础，因此合议组依职权引入专利法实施细则第20条第1款的无效宣告理由并进行审查。由于权利要求3和权利要求7引用了权利要求1，但是权利要求3的附加技术特征中限定的隔热增强层（2）和权利要求7的附加技术特征中限定的纤维增强硅酸钙板（5）在权利要求1中没有出现，因此导致权利要求3、7引用权利要求1的技术方案不清楚，故当引用权利要求1时，权利要求3、7不符合专利法实施细则第20条第1款的规定。

3. 关于创造性

专利法第22条第3款规定的创造性，是指同申请日以前已有的技术相比，该发明有突出的实质性特点和显著的进步，该实用新型有实质性特点和进步。

评价一项实用新型权利要求的创造性时，将被评述的权利要求与最接近的现有技术进行比较，确定区别技术特征以及根据该区别技术特征所能达到的技术效果确定该权利要求实际解决的技术问题，最后判断现有技术中是否给出了将上述区别技术特征应用到该最接近现有技术以解决其实际要解决的技术问题的启示，若给出了启示则该权利要求相对于现有技术是显而易见的，无实质性特点；反之则是非显而易见的，具有实质性特点。

（1）权利要求1。

本案中，请求人认为权利要求1相对于附件2不具备创造性。合议组经审查后认为，附件2公开了一种多层装饰产品，其中具体公开了以下技术特征（参见说明书第2页至第7页）：一个包含一种聚合物泡沫的基材，所述聚合物可为聚苯乙烯聚合物，并将其独立地挤出；一层或多层黏合在所述基材上的装饰层，装饰层可为金属片、金属膜、金属箔、固体表面薄片等，因此附件2中的基材和装饰层分别对应于权利要求1中的XPS挤塑聚苯板和铝板。虽然附件2的装饰层没有具体公开为铝板，但铝板是本领域常用的一种金属片材，而且本专利的铝板与附件2中金属片层均是作装饰用的，因此本领域的技术人员在附件2的基础上会在现有技术的各类金属片材中选择铝板，这是很容易想到的，XPS板也是一种常见的聚合物泡沫板。此外，权利要求1相对于附件2的区别还在于：铝板上面涂有一涂层。在金属片或板上涂装涂层用于保护金属、防腐、美观等，是本领域惯常采用的技术手段，属于公知常识，例如在附件9 JC39中的氟碳喷涂铝单板、铝及铝合金彩色涂层板公开了在铝板上涂有涂层。因此在附件2的基础上结合公知常识，本领域技术人员很容易得到权利要求1的技术方案，故该技术方案不具有实质性特点，权利要求1不符合专利法第22条第3款关于创造性的规定。

（2）权利要求2。

权利要求2引用了权利要求1，其附加技术特征为：铝板（3）和XPS挤塑聚苯板（1）之间增设一隔热增强层（2）。

合议组经审查后认为，附件 2 中公开了一层或多层黏合在所述基材上的装饰层，装饰层可以是固体表面层压板等，当黏合在所述基材上的装饰层为多层时，其中间的一层也可起到隔热增强的作用，即相当于本专利权利要求 2 中的隔热增强层。因此，在其引用的权利要求 1 不具备创造性的前提下，权利要求 2 相对于附件 2 也不符合专利法第 22 条第 3 款关于创造性的规定。

（3）权利要求 3。

当权利要求 3 引用权利要求 2 时，其对隔热增强层作了进一步的限定。

合议组经审查认为，由本专利的说明书第 2 页第 2 段中可知隔热增强层是为了增加装饰板的强度，而权利要求 3 的附加技术特征中的各种材料均属于本领域的常规建筑材料，对本领域的技术人员来说，根据墙面装饰板的具体应用要求显而易见会考虑增加板的强度，并容易地从现有技术中选择合适的板材应用到附件 2 中得到权利要求 3 的技术方案，所以权利要求 3 不具备实质性特点，不符合专利法第 22 条第 3 款关于创造性的规定。

（4）权利要求 4。

权利要求 4 引用了权利要求 1，其附加技术特征为：将保温层 XPS 挤塑聚苯板（1）设为二至数层，其中复合一至数层经热塑性或热固性树脂浸胶的纺织布，或在保温层底面增设有一层纤维增强硅酸钙板（5）。

合议组经审查认为，由本专利的说明书第 2 页第 4 段中可知权利要求 4 附加技术特征的进一步限定是为了增加刚性、抵抗变形，而增加聚苯板的层数、复合经树脂浸胶的纺织布以及增设纤维增强硅酸钙板均属于本领域的技术人员为了增加墙体保温装饰板的强度所惯常采用的手段，是容易想到的，例如附件 7 中公开了一种酚醛泡沫塑料复合板，其说明书第 2 页第 1 段描述了为增加复合板的整体强度，在酚醛泡沫塑料基层上复合水泥、石膏、阻燃织物、普通织物等。故本领域的技术人员会容易地从现有技术中得到将上述技术特征应用到附件 2 中得到权利要求 4 的技术方案的启示，所以权利要求 4 不具备实质性特点，不符合专利法第 22 条第 3 款关于创造性的规定。

（5）权利要求 5。

权利要求 5 引用了权利要求 1，其附加技术特征为：XPS 挤塑聚苯板（1）上、下面上分别设有数道排气槽（6）。

请求人认为权利要求 5 所引用的权利要求 1 相对于附件 2、9 的结合、或者附件 5、9 的结合不具备创造性，而且附件 3、6 中在聚苯板表面都设槽，对表面层起到粘接作用，因此公开了权利要求 5 的附加技术特征，认可本专利的排气槽是有空隙的。

合议组经审查后认为，附件 3 公开了一种板状聚苯乙烯发泡体遮蔽材料及其成型模具，由说明书第 5 页及附图 4、5 可知，虽然该遮蔽材料 10 上下面分别有凹槽 11，但其是由于成型模具的模面上的凸条 4、5 而形成的，该凹槽 11 不能起到排气的作用，不是排气槽。而附件 6 公开了一种复合墙体保温板，由说明书第 1 页和附图 1 可知，聚苯板 4 的一侧表面上部有凹槽 2，在其上铺有玻璃丝网格布 3，再在其上抹有 5 毫米厚的并进入凹槽 2 内的水泥砂浆防护层 1，因此该凹槽 2 也不是排气槽。由上所述，附件 3、6 中均没有公开权利要求 5 的附加技术特征，此外附件 5 公开的是一种 APE 外墙保温装饰板，其也未公开在聚苯板表面上设有排气槽，附件 9 也未公开该附加技术特征。而且本领域技术人员从附件 3、6 以及其他现有技术中得不到将上述区别技术特征应用到附件 2 或附件 5 中而得到权利要求 5 技术方案的启示，故请求人关于权利要求 5 不符合专利法第 22 条第 3 款的主张不能成立。

（6）权利要求 6~9。

权利要求 6、8、9 均引用了权利要求 1，它们分别对 XPS 挤塑聚苯板、铝板和涂层的材质作了进一步限定或替代。权利要求 7 引用权利要求 4 时，其将纤维增强水泥板替代纤维增强硅酸钙板。

合议组经审查认为，权利要求 6~9 的附加技术特征均属于本领域技术人员对常规材料的选择和置换，例如附件 9 的第 JC58、JC59、JC39 页分别公开了硬质聚氨脂发泡板、酚醛发泡板和纤维水泥板，权利要求 8 中的铝箔使本领域常用的金属箔材，权利要求 9 中的氟碳涂料、丙烯酸涂料、聚脂涂料均是本领域常用的无机、有机涂料。因此，在其引用的权利要求均不具备创造性的基础上，由于本领域的技术人员会容易地从现有技术中得到将上述板材或涂料应用到附件 2 中得到权利要求 6~9 的技术方案的启示，所以权利要求 6~9 均不具备实质性特点，不符合专利法第 22 条第 3 款关于创造性的规定。

根据上述的事实和理由，本案合议组依法作出以下决定。

**三、决定**

宣告 200420060948.8 号实用新型专利权的权利要求 1~4、6~9 无效，在权利要求 5 的基础上维持该专利权继续有效。

当事人对本决定不服的，可以根据专利法第 46 条第 2 款的规定，自收到本决定之日起 3 个月内向北京市第一中级人民法院起诉。根据该款的规定，一方当事人起诉后，另一方当事人应当作为第三人参加诉讼。

189

# 保温节能石材墙面装饰板

## 无效宣告请求审查决定（第10589号）

**决　　定　　号**　第10589号
**决　　定　　日**　2007年9月29日
**发明创造名称**　保温节能石材墙面装饰板
**国 际 分 类 号**　E04F 13/14，E04B 1/80
**无效宣告请求人**　李　霞
**专 利 权 人**　邓　超
**专　　利　　号**　200520034141.1
**申　　请　　日**　2005年5月11日
**授 权 公 告 日**　2006年10月18日
**合 议 组 组 长**　刘瑞斌
**主　　审　　员**　欧　岚
**参　　审　　员**　董晓静

**法 律 依 据**　专利法第22条第2款、第3款
**决 定 要 点**

评价一项实用新型权利要求的创造性时，将被评述的权利要求与最接近的现有技术进行比较，确定区别技术特征以及根据该区别技术特征所能达到的技术效果确定该权利要求实际解决的技术问题，最后判断现有技术中是否给出了将上述区别技术特征应用到该最接近现有技术以解决上述实际解决的技术问题的启示，若给出了启示则该权利要求相对于现有技术是显而易见的，无实质性特点；反之则是非显而易见的，具有实质性特点。

### 一、案由

本无效宣告请求涉及中华人民共和国国家知识产权局于2006年10月18日授权公告的、名称为“保温节能石材墙面装饰板”的实用新型专利权（以下简称本专利），其专利号是200520034141.1，申请日是2005年5月11日，专利权人是邓超。本专利授权公告时的权利要求书如下：

“1. 一种保温节能石材墙面装饰板，其特征在于：保温节能石材墙面装饰板为一层状结构，其保温隔热层XPS挤塑聚苯板（1）表面上覆盖有一粘胶层（2），粘胶层（2）表面上覆盖有一石材层（3）。

2. 根据权利要求1所说的保温节能石材墙面装饰板，其特征在于：XPS挤塑聚苯板（1）的另一面覆盖一胶层（4），胶层（4）表面再覆盖一层纤维增强硅酸钙板（5）。

3. 根据权利要求1所说的保温节能石材墙面装饰板，其特征在于：所说的XPS挤塑聚苯板（1）由硬质聚氨脂发泡板或EPS板或酚醛发泡板作替代层。

4. 根据权利要求2所说的保温节能石材墙面装饰板，其特征在于：所说的纤维增强硅酸钙板（5）由纤维增强水泥板或PVC塑料板作替代层。

5. 根据权利要求1所说的保温节能石材墙面装饰板，其特征在于：所说的石材层（3）为天然花岗石或天然大理石或天然玉石或人造花岗石或人造大理石或人造玉石。”

针对本专利权，李霞（以下简称请求人）于2006年11月28日向专利复审委员会提出无效宣告请求，认为本专利权利要求1~5相对于附件1~5不符合专利法第22条第2款、第3款的规定，请求人同时提交了如下附件：

附件1：授权公告日为1999年11月17日、授权公告号为CN2349003Y的中国实用新型专利说明书，共4页；

附件2：授权公告日为2002年3月27日、授权公告号为CN2483469Y的中国实用新型专利说明书，共4页；

附件3：授权公告日为2003年8月6日、授权公告号为CN2564644Y的中国实用新型专利说明书，共5页；

附件4：授权公告日为1999年7月7日、授权公告号为CN2327525Y的中国实用新型专利说明书，共5页；

附件5：中国计划出版社2004年1月出版、2004年1月第一次印刷的2004CPXY全国民用建筑工程设计技术措施《建筑产品选用技术》建筑·装修，扉页、出版信息页、JC15、JC22、JC23、JC28、JC39、JC57、JC58、JC59、JC98、JC99、JC100、J121、J122、J126、J128、J134、J195、J199的复印件，共20页。

请求人认为：（1）附件1~5公开了涉案专利权利要求1、2层状结构的主要技术特征，附件3进一步公开了聚苯板表面胶合一层石材装饰层的技术内容。与附件1~5相比，权利要求1、2不具备新颖性和创造性；（2）权利要求3~5的附加技术特征属于本领域技术人员对常规材料的选择和置换，也不具备新颖性和创造性。

经形式审查合格，专利复审委员会依法受理了上述无效宣告请求，并于2006年12月12日向请求人和专利权人发出无效宣告请求受理通知书，同时将专利权无效宣告请求书及其附件清单中所列附件的副本转送给专利权人，并要求专利权人在指定的期限内陈述意见。

专利权人未在指定的期限内陈述意见。

专利复审委员会依法成立合议组。本案合议组于2007年2月15日向双方发出无效宣告请求口头审理通知书，定于2007年4月19日在专利复审委员会举行口头审理。

口头审理如期举行，专利权人未出席口头审理。

在口头审理中，（1）请求人明确其无效的理由、证据、范围以及证据的使用情况为：权利要求1相对于附件3或4不具备新颖性、创造性，权利要求2~5相对于附件3或4结合公知常识不具备创造性。请求人放弃对附件1、2的使用，并明确表示没有其他的无效理由、证据、范围和证据组合形式。（2）关于权利要求1相对于附件3或4是否符合专利法第22条第2款、第3款的规定，请求人的具体主张为：附件3公开了权利要求1的所有技术特征，附件4也同样公开了权利要求1的特征，所以不具备新颖性，因为没有新颖性所以没有创造性。（3）关于权利要求2~5相对于附件3或4结合公知常识是否符合专利法第22条第3款的规定，请求人的具体主张为：附件3的高硬度材料保护层对应本专利的硅酸钙板，权利要求3~5的附加特征都是产品材料的替代；权利要求3的附加特征被附件 5 的 JC58、59 公开，都是材料的替代品；权利要求 4 的附加特征被附件 5 的 JC39 公开；权利要求 5 的附加特征被附件 5 的 JC99 公开。

本案合议组于 2007 年 4 月 20 日向专利权人发出了无效宣告请求审查通知书，告知口头审理的情况，包括请求人当庭陈述的主要内容和请求人当庭提交了附件 5 的原件，要求专利权人在收到该通知书之日起一个月内核实附件 5 的真实性并作出答复。

专利权人在指定的期限内没有答复。

至此，合议组认为本案事实已经清楚，可以作出审查决定。

**二、决定的理由**

1. 关于证据和现有技术

请求人提交并使用的证据包括附件 3~5，专利权人在指定的期限内未对附件 3~5 的真实性提出异议，经合议组审查后认为附件 3、4 为中国专利文献，附件 5 为公开出版物，其复印件与原件一致，因此附件 3~5 可以作为本案证据使用。同时由于附件 3~5 的公开日期均在本专利的申请日前，因此可以作为本专利的现有技术使用。

2. 关于新颖性和创造性

专利法第 22 条第 2 款规定的新颖性，是指在申请日以前没有同样的发明或者实用新型在国内外出版物上公开发表过、在国内公开使用过或者以其他方式为公众所知，也没有同样的发明或者实用新型由他人向国务院专利行政部门提出过申请并且记载在申请日以后公布的专利申请文件中。

专利法第 22 条第 3 款规定的创造性，是指同申请日以前已有的技术相比，该发明有突出的实质性特点和显著的进步，该实用新型有实质性特点和进步。

（1）权利要求 1。

本案中，请求人认为权利要求 1 相对于附件 3 不具备新颖性和创造性，而且请求人在无效请求书中提到权利要求 1 中层状结构仅仅是采用已有材料的简单组合。合议组经审查后认为，附件 3 公开了一种石材饰面复合板，其中具体公开了以下技术特征（参见说明书第 1 页和附图 2）：石材饰面层 1 背面复合一层粘结加强层 2，该粘结加强层 2 复合一层保温隔热层 3，保温隔热层 3 背面复合一层高硬度材料的保护装饰层，其中保温隔热层可选用挤塑泡沫保温材料。因此附件 3 中的挤塑泡沫保温材料做的保温隔热层、粘结加强层和石材饰面层分别对应于权利要求 1 中的保温隔热层 XPS 挤塑聚苯板、粘胶层和石材层。由此可见，权利要求 1 与附件 3 的区别在于：①保温隔热层为 XPS 挤塑聚苯板；②保温隔热层背面没有复合保护装饰层，因此权利要求 1 相对于附件 3 具备新颖性。但是，XPS 挤塑聚苯材料是本领域中常见的一种挤塑泡沫保温材料，本领域的技术人员根据需要可以很容易地从现有技术中选择 XPS 挤塑聚苯材料作保温隔热层的材料；而且从附件 3 说明书第 1 页倒数第 2 段可知，保护装饰层是用于保护材质较软的保温隔热层并使产品美观，那么本领域的技术人员在综合考虑复合板的用途以及造价问题后会选择是否增加这一层保护装饰层，因此区别技术特征二也是很容易想到的。综上所述，本领域的技术人员会容易地从现有技术中获得将上述区别技术特征应用到附件 3 中而得到权利要求 2 技术方案的启示，因此权利要求 1 不具备实质性特点，不符合专利法第 22 条第 3 款关于创造性的规定。

（2）权利要求 2。

权利要求 2 引用了权利要求 1，其附加技术特征为：XPS 挤塑聚苯板（1）的另一面覆盖一胶层（4），胶层（4）表面再覆盖一层纤维增强硅酸钙板（5）。

合议组经审查后认为，由本专利说明书第 2 页第 1 段可知，权利要求 2 的附加技术特征是为了增强装饰板的刚度，而附件 3 已公开在保温隔热层 3 背面复合一层高硬度材料的保护装饰层，其作用同样是增强复合板的刚度，虽然未具体限定为纤维增强硅酸钙板，但该种材料属于建筑领域常用的材料，而且复合板中板与板的复合通常是采用胶层粘结，故本领域的技术人员会容易地从现有技术中选择纤维增强硅酸钙板应用到附件3中而得到权利要求2的技术方案，所以权利要求2不具备实质性特点，不符合专利法第22条第3款关于创造性的规定。

（3）权利要求3、4、5。

权利要求3、5均引用了权利要求1，权利要求4引用了权利要求2，它们分别对XPS挤塑聚苯板、纤维增强硅酸钙板和石材层作了替代或进一步限定。

合议组经审查后认为，权利要求3、4、5进一步限定的技术特征属于本领域技术人员对已知常规材料的选择和置换，例如附件5的第JC58页公开了硬质聚氨脂泡沫塑料、EPS（模塑聚苯乙烯泡沫塑料）和酚醛泡沫塑料，由此可显而易见得到硬质聚氨脂发泡板材、EPS板和酚醛发泡板，附件5的第JC39页公开了纤维水泥板等，第JC99页公开了各种装饰石材如天然和人造的大理石、花岗石等。因此本领域的技术人员会容易地从现有技术中得到将上述板材或石材应用到附件3中得到权利要求3、5的技术方案的启示，所以权利要求3、5均不具备实质性特点，不符合专利法第22条第3款关于创造性的规定。权利要求4在其引用的权利要求2不具备创造性的基础上，也不符合专利法第22条第3款的规定。

根据上述的事实和理由，本案合议组依法作出以下决定。

**三、决定**

宣告200520034141.1号实用新型专利权全部无效。

当事人对本决定不服的，可以根据专利法第46条第2款的规定，自收到本决定之日起3个月内向北京市第一中级人民法院起诉。根据该款的规定，一方当事人起诉后，另一方当事人应当作为第三人参加诉讼。

190

# 保温节能仿石材墙面装饰板

## 无效宣告请求审查决定（第10590号）

**决定号** 第10590号
**决定日** 2007年9月29日
**发明创造名称** 保温节能仿石材墙面装饰板
**国际分类号** E04F 13/14，E04B 1/80
**无效宣告请求人** 李 霞
**专利权人** 邓 超
**专利号** 200520034142.6
**申请日** 2005年5月11日
**授权公告日** 2006年10月18日
**合议组组长** 刘瑞斌
**主审员** 欧 岚
**参审员** 董晓静

**法律依据** 专利法第22条第2款、第3款
**决定要点**

评价一项实用新型权利要求的创造性时，将被评述的权利要求与最接近的现有技术进行比较，确定区别技术特征以及根据该区别技术特征所能达到的技术效果确定该权利要求实际解决的技术问题，最后判断现有技术中是否给出了将上述区别技术特征应用到该最接近现有技术以解决上述实际解决的技术问题的启示，若给出了启示则该权利要求相对于现有技术是显而易见的，无实质性特点；反之则是非显而易见的，具有实质性特点。

### 一、案由

本无效宣告请求涉及中华人民共和国国家知识产权局于2006年10月18日授权公告的、名称为“保温节能仿石材墙面装饰板”的实用新型专利权（以下简称本专利），其专利号是200520034142.6，申请日是2005年5月11日，专利权人是邓超。本专利授权公告时的权利要求书如下：

“1. 一种保温节能仿石材墙面装饰板，其特征在于：保温节能仿石材墙面装饰板为一层状结构，其保温隔热层XPS挤塑聚苯板（1）表面上覆盖有一纤维增强硅酸钙板（2），纤维增强硅酸钙板（2）上覆盖有一涂层（3）。

2. 根据权利要求1所说的一种保温节能仿石材墙面装饰板，其特征在于：在XPS挤塑聚苯板（1）的另一面覆盖一层纤维增强硅酸钙板（4）。

3. 根据权利要求2所说的一种保温节能仿石材墙面装饰板，其特征在于：XPS挤塑聚苯板（1）另一面覆盖的纤维增强硅酸钙板（4）表面上设有一涂层（5）。

4. 根据权利要求1所说的一种保温节能仿石材墙面装饰板，其特征在于：所说的XPS挤塑聚苯板（1）由硬质聚氨脂发泡板或EPS板或酚醛发泡板作替代层。

5. 根据权利要求1所说的一种保温节能仿石材墙面装饰板，其特征在于：所说的纤维增强硅酸钙板（2）由纤维增强水泥板或PVC塑料板作替代层。

6. 根据权利要求1所说的一种保温节能仿石材墙面装饰板，其特征在于：所说的涂层（3）为仿石涂料加碎石混合喷涂于纤维增强硅酸钙板（2）表面后经抛光而成。

7. 根据权利要求6所说的一种保温节能仿石材墙面装饰板，其特征在于：所说的仿石涂料为真石漆或不饱和聚脂仿石涂料或丙烯酸仿石涂料。”

针对本专利权，李霞（以下简称请求人）于2006年11月28日向专利复审委员会提出无效宣告请求，认为本专利权利要求1~7相对于附件1~3不符合专利法第22条第2款、第3款的规定，请求人同时提交了如下附件：

附件1：授权公告日为2004年11月24日、授权公告号为CN2658275Y的中国实用新型专利说明书，共4页；

附件2：授权公告日为2004年4月21日、授权公告号为CN2612749Y的中国实用新型专利说明书，共5页；

附件3：中国计划出版社2004年1月出版、2004年1月第一次印刷的2004CPXY全国民用建筑工程设计技术措施《建筑产品选用技术》建筑·装修，扉页、出版信息页、JC15、JC22、JC23、JC28、JC39、JC57、JC58、JC59、JC98、JC99、JC100、J121、J122、J126、J128、J134、J195、J199的复印件，共20页。

请求人认为：（1）附件1~3公开了涉案专利权利要求1、2的层状结构的主要技术特征，权利要求1、2与附件1~3和公知技术相比，不具备新颖性和创造性；（2）权利要求3~7的附加技术特征属于本领域技术人员对常规材料的选择和置换，也不具备新颖性和创造性。

经形式审查合格，专利复审委员会依法受理了上述无效宣告请求，并于2006年12月7日向请求人和专利权人发出无效宣告请求受理通知书，同时将专利权无效宣告请求书及其附件清单中所列附件的副本转送给专利权人，并要求专利权人在指定的期限内陈述意见。

专利权人未在指定的期限内陈述意见。

专利复审委员会依法成立合议组。本案合议组于2007年2月15日向双方发出无效宣告请求口头审理通知书，定于2007年4月19日在专利复审委员会举行口头审理。

口头审理如期举行，专利权人未出席口头审理。

在口头审理中，（1）请求人明确其无效的理由、证据、范围以及证据的使用情况为：权利要求1相对于附件1没有新颖性、创造性；权利要求2的附加技术特征被附件2结合公知常识公开，不具备创造性；权利要求3~7的附加技术特征被附件3公开，不符合专利法第22条第3款的规定。（2）关于权利要求1是否符合专利法第22条第2款、第3款的规定，请求人的具体主张为：发泡聚苯乙烯板与EPS是相同的，附件1公开了权利要求1的技术特征，所以不具备新颖性；附件1结合公知常识证明本专利没有创造性。（3）关于权利要求2是否符合专利法第22条第3款的规定，请求人的具体主张为：附件2与本专利均是建筑构件领域，附件2两面都有硅酸钙板，本专利对聚苯板没有具体限定，结合公知常识聚苯板都是保温的作用。（4）关于权利要求3~7是否符合符合专利法第22条第3款的规定，请求人的具体主张：权利要求3~7中的材料是公知的，没有什么意想不到的效果；权利要求 4 的附加特征被附件 3 的 JC58 公开，权利要求 5 的附加特征被附件 3 的 JC39 公开；请求人认为附件 3 所述的手册中的 JC108 公开了仿石涂料，供合议组参考。

本案合议组于 2007 年 4 月 20 日向专利权人发出了无效宣告请求审查通知书，告知口头审理的情况，包括请求人当庭陈述的主要内容和请求人当庭提交了附件 3 的原件，要求专利权人在收到该通知书之日起一个月内核实附件 3 的真实性并作出答复。专利权人在指定的期限内没有答复。

至此，合议组认为本案事实已经清楚，可以作出审查决定。

**二、决定的理由**

1. 关于证据和现有技术

请求人提交的证据包括附件 1~3，专利权人在指定的期限内未对附件 1~3 的真实性提出异议，经合议组审查后认为附件 1、2 为中国专利文献，附件 3 为公开出版物，其复印件与原件一致，因此附件 1~3 可以作为本案证据使用。同时由于附件 1~3 的公开日期均在本专利的申请日前，因此可以作为本专利的现有技术使用。

2. 关于新颖性和创造性

专利法第 22 条第 2 款规定的新颖性，是指在申请日以前没有同样的发明或者实用新型在国内外出版物上公开发表过、在国内公开使用过或者以其他方式为公众所知，也没有同样的发明或者实用新型由他人向国务院专利行政部门提出过申请并且记载在申请日以后公布的专利申请文件中。

专利法第 22 条第 3 款规定的创造性，是指同申请日以前已有的技术相比，该发明有突出的实质性特点和显著的进步，该实用新型有实质性特点和进步。

（1）权利要求 1。

本案中，请求人认为权利要求 1 相对于附件 1 不具备新颖性和创造性。合议组经审查后认为，附件 1 公开了一种保温装饰板，其中具体公开了以下技术特征（参见说明书第 1 页和附图 1）：由表面装饰涂层、中间基层和发泡聚苯乙烯内层复合构成，所说的中间基层可为纤维增强硅酸钙板。由此可见，权利要求 1 相对于附件 1 的区别仅在于：内层的板材为 XPS 挤塑聚苯板，因此权利要求 1 相对于附件 1 具备新颖性。虽然权利要求 1 相对于附件 1 存在上述区别技术特征，但 XPS 挤塑聚苯板和发泡聚苯乙烯均是本领域常用的建筑绝热材料，属于公知常识，例如附件 3 的 JC58 例举了多种绝热材料，包括上述两种。因此在附件 1 的基础上结合公知常识，本领域技术人员很容易得到权利要求 1 的技术方案，故该技术方案不具有实质性特点，权利要求 1 不符合专利法第 22 条第 3 款关于创造性的规定。

（2）权利要求 2、3。

权利要求 2 引用了权利要求 1，其附加技术特征为：在 XPS 挤塑聚苯板（1）的另一面覆盖一层纤维增强硅酸钙板（4）。权利要求 3 对权利要求 2 进行了进一步的限定，限定其中的另一层纤维增强硅酸钙板表面设有一涂层。

合议组经审查后认为，根据本专利说明书第 2 页第 2、3 段的描述，在挤塑聚苯板的另一面覆盖一层纤维增强硅酸钙板并在其表面设有一涂层，是为了增强装饰板的刚度和适应作为隔墙板使用，附件 2 公开了一种纤维增强硅酸钙复合夹芯轻质隔墙条板，具体公开以下技术特征（参见说明书第 1、2 页及附图 1）：两面层材料为纤维增强硅酸钙板，芯体材料为聚苯乙烯泡珠、陶粒轻质混凝土，从而充分发挥面层和芯体材料的优点和特性，使复合墙板性能优越、强度高。因此本领域的技术人员会容易地从附件 2 中得到将芯体材料的双面各覆盖一层纤维增强硅酸钙板的技术方案应用到附件 1 中得到权利要求 2 的技术方案的启示，所以权利要求 2 不具备实质性特点，不符合专利法第 22 条第 3 款关于创造性的规定。对于权利要求 3，由于附件 1 已公开了纤维增强硅酸钙板上有表面装饰涂层，本领域的技术人员会考虑当装饰板作为隔墙板时为了美观而在另一纤维增强硅酸钙板的表面上涂一涂层，因此在其引用的权利要求 2 不具备创造性时，权利要求 3 也不符合专利法第 22 条第 3 款的规定。

（3）权利要求 4~7。

权利要求 4、5、6 均引用了权利要求 1，它们分别对 XPS 挤塑聚苯板和纤维增强硅酸钙板和涂层的材质作了进一步限定或替代。权利要求 7 的附加技术特征是对权利要求 6 中的仿石材料作进一步限定。

合议组经审查后认为，权利要求 4、5、7 所进一步限定的技术特征属于本领域技术人员对常规材料的选择和置换，例如附件 3 的第 JC58 页公开了硬质聚氨脂泡沫塑料、EPS（模塑聚苯乙烯泡沫塑料）和酚醛泡沫塑料，由此可显而易见得到硬质聚氨脂发泡板材、EPS 板和酚醛发泡板，附件 3 的第 JC39 页公开了纤维水泥板等；权利要求 6 中描述的仿石涂料加碎石混合喷涂后抛光，这属于本领域常用的墙面涂料施工处理方式。因此本领域的技术人员会容易地从现有技术中得到将上述板材或涂料应用到附件 1 中得到权利要求 4~6 的技术方案的启示，所以权利要求 4~6 均不具备实质性特点，不符合专利法第 22 条第 3 款关于创造性的规定。权利要求 7 在其引用的权利要求 6 不具备创造性的基础上，也不符合专利法第 22 条第 3 款的规定。

根据上述的事实和理由，本案合议组依法作出以下决定。

**三、决定**

宣告 200520034142. 6 号实用新型专利权全部无效。

当事人对本决定不服的，可以根据专利法第 46 条第 2 款的规定，自收到本决定之日起 3 个月内向北京市第一中级人民法院起诉。根据该款的规定，一方当事人起诉后，另一方当事人应当作为第三人参加诉讼。

191

# 眼部按摩仪

## 无效宣告请求审查决定（第 10593 号）

**决　　定　　号**　第 10593 号
**决　　定　　日**　2007 年 10 月 15 日
**发明创造名称**　眼部按摩仪
**国 际 分 类 号**　A61F 9/00，A61H 9/00，A61H 23/00，A61H 39/00
**无效宣告请求人**　深圳市智聪科技发展有限公司
**专　利　权　人**　马学军
**申　　请　　号**　03267573. 9
**申　　请　　日**　2003 年 7 月 11 日
**授 权 公 告 日**　2004 年 9 月 8 日
**合 议 组 组 长**　张田勇
**主　　审　　员**　佟仲明
**参　　审　　员**　李　礼

**法　律　依　据**　专利法第 22 条第 3 款
**决　定　要　点**

如果一个技术方案已经包含在另一技术方案中，在范围较小的技术方案不具备创造性的情况下，范围较大的技术方案也不具备创造性。

### 一、案由

本无效宣告请求涉及中华人民共和国国家知识产权局于 2004 年 9 月 8 日授权公告的、名称为“眼部按摩仪”的实用新型专利权（下称本专利），其申请号为 03267573. 9，申请日是 2003 年 7 月 11 日，专利权人是马学军。本专利授权公告时的权利要求书如下：

“1. 一种眼部按摩仪，包括控制装置、眼罩及加热装置，控制装置包括具有微电脑电路的电路板，加热装置包括设置于眼罩内的加热体，该加热体的电极与电路板电性连接，其特征在于：该眼部按摩仪还包括气动装置，该气动装置包括气袋、气泵及电气阀，气泵通过气管向气袋送气，气泵、电气阀及上述电路板相互连接。

2. 如权利要求 1 所述的眼部按摩仪，其特征在于：所述气动装置还包括气袋连接柱，该气袋连接柱设置于眼罩内，其具有出气口及进气口，该进气口通过进气管与气泵连接，该出气口通过出气管与电气阀连接，且该气袋连接柱与气袋连接。

3. 如权利要求 2 所述的眼部按摩仪，其特征在于：所述气袋连接柱包括于其一侧突伸设置的气袋柱，该气袋柱与气袋连接。

4. 如权利要求 3 所述的眼部按摩仪，其特征在于：所述眼部按摩仪还包括振动装置，该振动装置包括马达及与其连接的振动器，马达驱动振动器偏心运动。

5. 如权利要求 4 所述的眼部按摩仪，其特征在于：所述的振动器是偏心锤。

6. 如权利要求 5 所述的眼部按摩仪，其特征在于：所述眼部按摩仪还可包括设置于眼罩内的电磁体，该电磁体的电极与电路板电连接。

7. 如权利要求 1 或 2 或 4 或 6 所述的眼部按摩仪，其特征在于：所述眼罩包括护眼囊，及相互固定配合的基座与盖体，眼囊固定在基座上，且基座一侧对应使用者鼻梁位置设有缺口。

8. 如权利要求 7 所述的眼部按摩仪，其特征在于：所述护眼囊包括上、下护眼囊，上护眼囊周缘与基座周缘固定配合，下护眼囊部分周缘与基座固定配合。”

针对上述专利权，深圳市智聪科技发展有限公司（下称请求人）于 2006 年 11 月 2 日向专利复审委员会提出无效宣告请求，其提交的作为证据使用的附件如下：

附件 2：授权公告号为 CN2381298Y 的中国实用新型专利说明书，授权公告日为 2000 年 6 月 7 日；

附件 3：公开号为 CN2135361 的中国专利的相关信息页，包括著录项目信息、摘要和主权项，公开日为 1993 年 6 月 9 日；

附件 4：公开号为 CN2189861 的中国专利的相关信息页，包括著录项目信息、摘要和主权项，公开日为 1995 年 2 月 22 日；

附件 5：公开号为 CN2137952 的中国专利的相关信息页，包括著录项目信息、摘要和主权项，公开日为 1993 年 7 月 14 日；

附件 6：公开号为 CN2101489 的中国专利的相关信息页，包括著录项目信息、摘要和主权项，公开日为 1992 年 4 月 15 日；

附件 7：公开号为 CN2061052 的中国专利的相关信息页，包括著录项目信息、摘要和主权项，公开日为 1990 年 8 月 29 日；

附件 8：公开号为 CN2493204 的中国专利的相关信息页，包括著录项目信息、摘要和主权项，公开日为 2002 年 5 月 29 日。

请求人认为，本专利权利要求 1~3 分别相对于附件 2 不具备专利法第 22 条第 2 款规定的新颖性。本专利的权利要求 1~8 分别相对于附件 2~8 不具备专利法第 22 条第 3 款规定的创造性。

经形式审查合格，专利复审委员会依法受理了上述无效宣告请求，于 2007 年 1 月 11 日向双方当事人发出了无效宣告请求受理通知书，并将无效宣告请求书及其附件清单中所列附件的副本转送给专利权人。

针对上述无效宣告请求，专利权人于 2007 年 2 月 9 日向专利复审委员会提交了意见陈述书，专利权人认为：附件 2 不能破坏本专利的权利要求 1~3 的新颖性，附件 2~7 不能破坏本专利的权利要求 1~8 的创造性，本专利的权利要求 1~8 符合专利法第 22 条第 2 款和第 3 款的规定。

专利复审委员会依法成立合议组对上述无效宣告请求进行审查。

本案合议组于 2007 年 4 月 10 日向双方当事人发出无效宣告请求口头审理通知书，指出本案定于 2007 年 5 月 23 日举行口头审理，并指出鉴于在已生效的专利复审委员会第 8756 号无效宣告请求审查决定中已经宣告本专利权利要求 1~6 无效，因此本次口头审理仅涉及本专利权利要求 7 和 8 的无效宣告的相关事宜。随同口头审理通知书，将专利权人于 2007 年 2 月 9 日提交的意见陈述书转送给请求人。

口头审理如期举行，双方当事人均出席了口头审理。

在口头审理中，合议组告知双方当事人由于本专利权利要求1~6已经被专利复审委员会生效的决定宣告无效，因此本次口头审理仅涉及本专利权利要求7和权利要求8的无效宣告请求的相关事宜。请求人明确表示放弃本专利权利要求1~3不具备新颖性的无效宣告请求的理由以及本专利权利要求1~6不具备创造性的无效宣告请求的理由，明确表示放弃附件8作为证据使用。请求人明确其无效理由、证据及范围为：本专利权利要求7引用权利要求1或2的技术方案相对于附件2不具备创造性，本专利权利要求7引用权利要求4的技术方案相对于附件2与附件3~7之一的结合不具备创造性，本专利权利要求7引用权利要求6的技术方案相对于附件2与附件5~7之一的结合不具备创造性，不符合专利法第22条第3款关于创造性的规定；本专利权利要求8的附加技术特征没有实质性特点，也不符合专利法第22条第3款关于创造性的规定。

专利权人对附件2的真实性表示认可；对请求人提交的附件3~7的形式有异议，对附件3~7的内容真实性表示认可。请求人表示附件3~7是从深圳知识产权局网站上下载的。

至此，合议组认为本案事实清楚，现依法作出审查决定。

**二、决定的理由**

1. 关于证据和现有技术

请求人提交的证据是附件2~7。

附件2是公开日期在本专利申请日之前的中国专利文献，专利权人对附件2的真实性没有异议，经合议组审查，附件2可以作为本案证据使用，并且其上记载的内容构成本专利的现有技术。

请求人声称附件3~7是从官方网站检索下载的专利相关信息页，专利权人对附件3~7内容的真实性没有异议，但对其形式提出异议。对此合议组认为，请求人说明了附件3~7的来源，并且附件3~7中明确记载有各专利文献的文件号，专利权人可以依此核实附件3~7内容的真实性；在专利权人对附件3~7中的内容的真实性没有异议的前提下，附件3~7的形式差别不影响其作为本案证据使用，并且附件3~7的公开日期也均在本专利的申请日之前，因此其上记载内容构成本专利的现有技术。

2. 关于专利法第22条第3款

创造性，是指同申请日以前已有的技术相比，该发明有突出的实质性特点和显著的进步，该实用新型具有实质性特点和进步。

请求人表示附件2为最接近的现有技术，本专利权利要求7引用权利要求1或2的技术方案相对于附件2不具备创造性，本专利权利要求7引用权利要求4的技术方案相对于附件2与附件3~7之一的结合不具备创造性，本专利权利要求7引用权利要求6的技术方案相对于附件2与附件5~7之一的结合不具备创造性，不符合专利法第22条第3款关于创造性的规定；本专利权利要求8的附加技术特征没有实质性特点，也不符合专利法第22条第3款关于创造性的规定。

（1）关于权利要求7引用权利要求6的技术方案是否具备创造性。

当本专利权利要求7引用权利要求6时，该技术方案包括了本专利权利要求1~7中的所有技术特征。

附件2（参见附件2说明书第2页第1行至第5页倒数第2行，图1~8）公开了一种多功能保眼眼罩，与本专利属于相同的技术领域。该眼罩包括控制器30、主机本体10以及气压热敷装置20，所述主机本体10的后方具有气压热敷装置20（即气压热敷装置相当于本专利中的护眼囊），以及相互固定配合的前盖11和后盖12，气压热敷装置20与主机本体10之间设有一衬片134，衬片134在对应于使用者鼻梁的位置具有缺口，气压热敷装置20包括一罩体，罩体内设有发热元件

24，控制器30内部设有电路装置及表面设有数控制开关及调节钮，各电气元件之接线是与一接线板14结合后再外接于一导线141中，该导线141外露于主机本体10与控制器30衔接，主机本体10内装设有充气泵15、泄气阀16以及导气管151，充气泵15通过导气管151向气囊23送气，充气泵15与导气管151、泄气阀16形成三通状，且由附件2公开的内容可以直接的毫无疑义地确定三通具有进气口和出气口，其中三通的第一端为出气口，与泄气阀16相接，三通第二端为进气口，与充气泵15相接，三通的第三端为导气管151，导气管151与气囊23连接，该主机本体还包括振动马达17。

专利权人认为，附件2中的衬片不是基座，附件2中并没有公开基座，也没有公开基座和护眼囊是固定在一起的，以及基座上设有缺口。

对此，合议组认为，本专利中基座的作用是与盖体配合和用于固定护眼囊，附件2中的后盖12、固定片13以及衬片134所组成部分的作用与之相同，后盖12、固定片13以及衬片134所组成的部分相当于本申请中的基座。同时附件2的附图3、5中可以看出附件2已经公开了在衬片134上设置有缺口。虽然附件2中没有明确公开气压热敷装置20（即本专利中的护眼囊）与衬片134（即本专利中基座的一部分）固定连接，但是为了使得该气压热敷装置能够稳定的保持在该保眼眼罩中，气压热敷装置必然要与衬片固定，即，从附件2公开的内容中可以直接地毫无疑义地确定气压热敷装置固定在衬片上。

本专利权利要求7的上述技术方案与附件2所公开的内容相比，区别在于：①电路板具有微电脑电路；②加热体的电极与电路板电性连接；③本专利权利要求7中的眼部按摩仪包括气袋柱以及气袋连接柱，而附件2中仅公开了由充气泵15与导气管151、泄气阀16形成三通状结构；④该振动装置包括与马达连接的振动器，马达驱动振动器偏心运动，所述的振动器是偏心锤；⑤所述眼部按摩仪还可包括设置于眼罩内的电磁体，该电磁体的电极与电路板电连接；

关于上述区别技术特征①，合议组认为，对于本领域普通技术人员而言，以CUP、DSP等芯片作为核心部件构成微电脑电路来作为微型电子装置的控制系统是本领域的常用技术手段；

关于上述区别技术特征②，合议组认为，利用电极进行电加热的加热元件属于本领域的公知常识，而为了实现对该发热元件的温度进行控制，将其电极连接到控制电路的电路板上也属于本领域的惯用手段；

关于上述区别技术特征③，合议组认为，虽然附件2没有明确说明充气泵15与导气管151、泄气阀16所形成的三通状结构是一个独立的部件，但该三通状结构分别与充气泵15、导气管151和泄气阀16相连，其所起的作用是通过该三通状结构将充气泵15中的气体经导气管151供给气囊23使气囊充气膨胀，并将气囊23的气体经导气管151从泄气阀16排出使气囊收缩，与本专利权利要求7中的气袋柱和气袋连接柱所起的作用相同。在附件2的技术启示下，本领域的普通技术人员可以设置独立的三通部件，对充气泵15、导气管151以及泄气阀16进行连接，从而形成本专利权利要求7中的气袋柱和气袋连接柱。

上述区别技术特征④，已经被附件7所公开。虽然专利权人认为附件7仅仅讲了磁块，不能看出是按摩眼睛的装置，与本专利完全不同。合议组认为，附件7公开了一种按摩、保健仪器，其可作面部按摩、穴位按摩及磁疗，其与本专利以及附件2属于相同的技术领域。附件7中公开了按摩头由电动机带动偏心锤转动形成振动，从而起按摩作用，这与本专利中的振动装置的结构和作用相同，因此，附件7给出了将上述区别技术特征应用于附件2中的技术启示；

关于上述区别技术特征⑤，合议组认为，附件7中公开的保健、按摩仪器中按摩头的前部凸出形成按摩指头，按摩指头内装磁粒，即附件7给出了将能够产生磁疗效果的磁性物质应用于按摩、保健仪器中的技术启示。虽然专利权人认为附件 7 未公开电磁体的技术特征，但电磁体和永磁体都属于本领域常用的磁性物质，用电磁体代替永磁体来产生磁疗效果，对于本领域普通技术人员来说是无需付出创造性劳动就能想到的，并且电磁体的电极与电路板之间的连接方式也属于本领域的公知常识。

综上所述，本领域普通技术人员在附件 2 所公开技术方案的基础上，结合附件 7 以及本领域的公知常识，就可得到本专利权利要求 7 引用权利要求 6 所形成的技术方案，并且获得相同的技术效果，因而从属权利要求 7 引用权利要求 6 所形成的技术方案相对于附件 2 与附件 7 以及本领域的公知常识的结合不具备专利法的 22 条第 3 款规定的创造性。

（2）关于权利要求 7 引用权利要求 1 或 2 或 4 的技术方案是否具备创造性。

权利要求 7 引用权利要求 1 或 2 或 4 的技术方案中的全部技术特征已经分别记载在权利要求 7 引用权利要求 6 的技术方案中，与权利要求 7 引用权利要求 1 或 2 或 4 的技术方案权利要求 6 的技术方相比，权利要求 7 引用权利要求 6 的技术方案中包括了对权利要求 7 引用权利要求 1 或 2 或 4 的技术方案进一步限定的特征。因此，在权利要求 7 引用权利要求 6 的技术方案不具备创造性的基础上，权利要求 7 引用权利要求 1 或 2 或 4 的技术方案也不具备专利法第 22 条第 3 款规定的创造性。

由此可知，本专利权利要求 7 相对于附件 2 与附件 7 以及本领域公知常识的结合不具备创造性，不符合专利法第 22 条第 3 款的规定。

（3）关于本专利从属权利要求 8 是否具备创造性。

本专利权利要求 8 是权利要求 7 的从属权利要求，其附加技术特征是：所述护眼囊包括上、下护眼囊，上护眼囊周缘与基座周缘固定配合，下护眼囊部分周缘与基座固定配合。

请求人认为附件 2~7 中虽未公开本专利权利要求 8 的附加技术特征，但本专利上护眼囊就是与基座连接的部分，连接方式属于公知常识，并认为下护眼囊与基座部分周缘连接并没有实质性特点，因此本专利权利要求 8 不具备创造性。

对此，合议组认为，附件 2~7 中均没有公开权利要求 8 的附加技术特征，请求人也未提供证据证明本专利权利要求 8 中的附加技术特征是本领域的公知常识，且将护眼囊设置为可相对开合的两个护眼囊，使得下护眼囊可相对于上护眼囊张开或闭合，即使将该按摩仪带到眼睛上时也可以使下护眼囊向上护眼囊的方向膨胀，从而下护眼囊在充气过程中有更大的弹性变形空间，由此起到更好的按摩效果。

因此权利要求 8 的技术方案相对于附件 2~7 具备专利法第 22 条第 3 款规定的创造性。

综上所述，本专利权利要求 7 相对于附件 2、7 不符合专利法第 22 条第 3 款的规定，权利要求 8 相对于附件 2~7 符合专利法第 22 条第 3 款的规定。

**三、决定**

宣告 03267573. 9 号实用新型专利权的权利要求 7 无效，在权利要求 8 的基础上维持该专利权继续有效。

当事人对本决定不服的，可以根据专利法第 46 条第 2 款的规定，自收到本决定之日起三个月内向北京市第一中级人民法院起诉。根据该款的规定，一方当事人起诉后，另一方当事人应当作为第三人参加诉讼。

# 北京市第一中级人民法院
# 行政判决书

（2008）一中行初字第 208 号

原告马学军，男，1971 年 4 月 7 日出生，汉族，住北京市丰台区蒲黄榆路 1 号 2 楼 510 号。

委托代理人徐文涛，广东国晖律师事务所律师。

被告国家知识产权局专利复审委员会，住所地北京市海淀区北四环西路 9 号银谷大厦 10~12 层。

法定代表人廖涛，副主任。

委托代理人李礼，国家知识产权局专利复审委员会审查员。

委托代理人田华，国家知识产权局专利复审委员会审查员。

第三人深圳市智聪科技发展有限公司，住所地深圳市罗湖区田贝四路水田一街 10 号四楼 B 座。

法定代表人盘玉娟，董事长。

委托代理人姚铁，广东星辰律师事务所律师。

原告马学军不服被告国家知识产权局专利复审委员会作出的第 10593 号无效宣告请求审查决定，于 2008 年 1 月 16 日向本院提起行政诉讼。本院受理后，依法组成合议庭，向被告送达了起诉状副本及应诉通知书，并依照《中华人民共和国行政诉讼法》第二十七条之规定，通知深圳市智聪科技发展有限公司作为本案第三人参加诉讼。本院于 2008 年 4 月 8 日公开开庭审理了本案。原告的委托代理人徐文涛，被告的委托代理人李礼、田华，第三人的委托代理人姚铁到庭参加了诉讼。本案现已审理终结。

2007 年 10 月 15 日，被告作出第 10593 号无效宣告请求审查决定（以下简称第 10593 号决定），依照《中华人民共和国专利法》（以下简称《专利法》）第二十二条第三款的规定，宣告原告名称为眼部按摩仪，专利号为 03267573. 9 的实用新型专利权（以下简称本专利）的权利要求 7 无效，在权利要求 8 的基础上维持该专利权继续有效。

在法定举证期限内，被告向本院提交并经当庭质证了如下证据：（1）本专利说明书；（2）第 10593 号决定中的附件 2；（3）第 10593 号决定中的附件 7；（4）无效审查中的口头审理记录表附页。

原告诉称，第三人向被告提交的附件 7 与本专利不属于同一技术领域，没有可比性。第 10593 号决定对权利要求 7 引用权利要求 6 的技术方案的描述及对本专利权利要求 7 的含义的认定均有误，被告遗漏了本专利权利要求 7 的一个重要特征就是：气泵及电气阀位于控制装置内而不是位于眼罩内。阅读本专利的权利要求书，可以知道本专利有一个非常重要的部件“气动装置”。权利要求 1 的描述是：“该眼部按摩仪还包括气动装置，该气动装置包括气袋、气泵及电气阀，气泵通过气管向气袋送气，气泵、电气阀及上述电路板相互连接。”该描述并未出现“气袋、气泵及电气阀位于……位置”的字句，而只有“气泵通过气管向气袋送气，气泵、电气阀及上述电路板相互连接”的描述。但是，《专利法》第五十六条第一款规定，发明或者实用新型专利权的保护范围以其权利要求的内容为准，说明书及附图可以用于解释权利要求。由此可见，如果认为“气泵、电气阀及上述电路板相互连接”的描述对于气泵及电气阀的具体位置的指示不甚明了，则应参考说明书及附图。本专利的说明书中指出：“……该进气管与安装在控制装置中的气泵 43 连接……”，附图也显示了同样的结构。阅读本专利的说明书及附图，可以看见本专利所揭示的技术方案只有一个可能性，就是气泵、电气阀位于控制装置内，气袋位于眼罩内，二者由气管连接。由于遗漏了这个特征，因此，第 10593 号决定总结的该权利要求与对比文件之间的区别也是错误的，遗漏了相应的区别点。对比文件公开了一种多功能保健眼罩，该文件清楚地揭示了其技术方案，其中，权利要求 1 第 4 行描述了“主机本体内设有一充气泵”。由此可见，如将本专利权利要求 7 引用权利要求 6 的部分同对比文件进行对比，除了第 10593 号决定所总结的 5 个区别外，还应增加一个重要区别：气泵及电气阀位于控制装置内，而不是像对比文件那样位于眼罩（主机主体）内。以上区别不仅不属于本领域常用手段，也不是技术人员可以联想、推理得到的。在第 10593 号决定所罗列的其他证据中也没有公开该特征。由于气泵的体积和质量都较大，运行时的噪音也比较大，将其设置在眼罩内将会使眼罩的体积和质量都明显增大，因此，如果将气泵及电气阀位于控制装置内，而不是像对比文件那样位于眼罩内，将会明显减轻眼罩质量，缩小眼罩体积，减小运行噪声对人的影响，进而明显改善使用者佩戴时的感受，产生较好的实用效果。此外，附件 7 的技术领域与本专利的技术领域不同，没有可比性。第 10593 号决定中关于本专利权利要求 8 的结论意见无误。因本专利权利要求 7 引用权利要求 1、2、4 和 6 的 4 种情况均具有新颖性和创造性，故请求撤销第 10593 号决定，宣告本专利权利要求 7 有效。

被告辩称，第 10593 号决定对本专利权利要求 7 的含义的认定无误。从本专利的图来看，电气阀是位于眼罩位置的，而非控制装置部分。《专利法》第五十六条第一款规定，发明或者实用新型专利权的保护范围以其权利要求的内容为准，说明书及附图可以用于解释权利要求。且《审查指南》第二部分第四章第 6.4 节规定：“发明是否具备创造性是针对要求保护的发明而言的，因此，对发明创造的评价应当针对权利要求限定的技术方案进行。发明对现有技术作出贡献的技术特征，例如，使发明产生预料不到的技术效果的技术特征，或者体现发明克服技术偏见的技术特征，应当写入权利要求中；否则，即使说明书中有记载，评价发明的创造性时也不予考虑……”，虽然原告本专利说明书和说明书附图中记载了气泵、电气阀安装在控制装置内，但本专利权利要求并未对气泵、电气阀的安装位置进行限定，根据《审查指南》的上述规定，这种仅记载在说明书中而没有记载在权利要求中的技术特征，在评价发明的创造性时不予以考虑。因此，原告关于被诉决定认定的本专利权利要求 7 的含义有误的观点不成立。本专利权利要求 7 相对于附件 2 与附件 7 及本领域公知常识不具备创造性。此外，第 10593 号决定中关于本专利权利要求 8 的结论意见无误。

综上，第 10593 号决定认定事实清楚，适用法律正确，审理程序合法，因此，请求予以维持并驳回原告的诉讼请求。

第三人述称，在按摩和磁疗方面，本专利与第三人向被告提交的附件 7 属于同一技术领域。第三人同意被告关于本专利权利要求 7 相对于附件 2 与附件 7 及本领域公知常识不具备创造性的意见，并认为原告即使将气泵、电气阀安装在控制装置中写入权利要求，本专利亦不具有创造性；但第三人不同意被告及第 10593 号决定中关于本专利权利要求 8 的意见，认为上护眼囊和下护眼囊不能截然分开。护眼囊与基座有部分连接和全部连接两种方式，实质上，附件 2 的部分连接与本专利的连接方式是相同的。本专利中的下护眼囊与基座部分周缘连接并没有实质性特点。本专利产品所有的按摩功能都由下护眼囊实现了，上护眼囊没有意义，下护眼囊在充气过程中弹性变形的大小对按摩的功效没有作用。因权利要求 8 不具备创造性，故请求撤销被诉决定，宣告权利要求 8 无效。

庭审中，原告和第三人对被告证据 1~4 均无异议。

本院经审查认为，被告证据 1~4 与第 10593 号决定的合法性审查有关且真实、合法，本院予以采用。根据这些证据及各方当事人在庭审中无争议的陈述，本院对本案事实作出如下认定：

中华人民共和国国家知识产权局于 2004 年 9 月 8 日授权公告了本专利。该专利的申请日为 2003 年 7 月 11 日，专利权人是本案原告马学军。本专利授权公告时的权利要求书如下：

“1. 一种眼部按摩仪，包括控制装置、眼罩及加热装置，控制装置包括具有微电脑电路的电路板，加热装置包括设置于眼罩内的加热体，该加热体的电极与电路板电性连接，其特征在于：该眼部按摩仪还包括气动装置，该气动装置包括气袋、气泵及电气阀，气泵通过气管向气袋送气，气泵、电气阀及上述电路板相互连接。

2. 如权利要求 1 所述的眼部按摩仪，其特征在于：所述气动装置还包括气袋连接柱，该气袋连接柱设置于眼罩内，其具有出气口及进气口，该进气口通过进气管与气泵连接，该出气口通过出气管与电气阀连接，且该气袋连接柱与气袋连接。

3. 如权利要求 2 所述的眼部按摩仪，其特征在于：所述气袋连接柱包括于其一侧突伸设置的气袋柱，该气袋柱与气袋连接。

4. 如权利要求 3 所述的眼部按摩仪，其特征在于：所述眼部按摩仪还包括振动装置，该振动装置包括马达及与其连接的振动器，马达驱动振动器偏心运动。

5. 如权利要求 4 所述的眼部按摩仪，其特征在于：所述的振动器是偏心锤。

6. 如权利要求 5 所述的眼部按摩仪，其特征在于：所述眼部按摩仪还可包括设置于眼罩内的电磁体，该电磁体的电极与电路板电连接。

7. 如权利要求 1 或 2 或 4 或 6 所述的眼部按摩仪，其特征在于：所述眼罩包括护眼囊，及相互固定配合的基座与盖体，眼囊固定在基座上，且基座一侧对应使用者鼻梁位置设有缺口。

8. 如权利要求 7 所述的眼部按摩仪，其特征在于：所述护眼囊包括上、下护眼囊，上护眼囊周缘与基座周缘固定配合，下护眼囊部分周缘与基座固定配合。”

2006 年 11 月 2 日，第三人针对本专利向被告提出无效宣告请求，其提交的作为证据使用的附件如下：

附件 2：授权公告日为 2000 年 6 月 7 日，授权公告号为 CN2381298Y 的中国实用新型专利说明书；

附件 3：公开日为 1993 年 6 月 9 日，公开号为 CN2135361 的中国专利的相关信息页，包括著录项目信息、摘要和主权项；

附件 4：公开日为 1995 年 2 月 22 日，公开号为 CN2189861 的中国专利的相关信息页，包括著录项目信息、摘要和主权项；

附件 5：公开日为 1993 年 7 月 14 日，公开号为 CN2137952 的中国专利的相关信息页，包括著录项目信息、摘要和主权项；

附件 6：公开日为 1992 年 4 月 15 日，公开号为 CN2101489 的中国专利的相关信息页，包括著录项目信息、摘要和主权项；

附件 7：公开日为 1990 年 8 月 29 日，公开号为 CN2061052 的中国专利的相关信息页，包括著录项目信息、摘要和主权项；

附件 8：公开日为 2002 年 5 月 29 日，公开号为 CN2493204 的中国专利的相关信息页，包括著录项目信息、摘要和主权项。

第三人认为，本专利权利要求 1~3 分别相对于附件 2 不具备《专利法》第二十二条第二款规定的新颖性。本专利的权利要求 1~8 分别相对于附件 2 至 8 不具备《专利法》第二十二条第三款规定的创造性。

被告受理后，将第三人的无效宣告请求书及其附件清单中所列附件的副本转送给原告。原告针对上述无效宣告请求，向被告提交了意见陈述书，原告认为：附件 2 不能破坏本专利的权利要求 1~3 的新颖性，附件 2~7 不能破坏本专利的权利要求 1~8 的创造性，本专利的权利要求 1~8 符合《专利法》第二十二条第二款和第三款的规定。

后被告向双方当事人发出无效宣告请求口头审理通知书，指出本案定于2007年5月23日举行口头审理，并指出鉴于在被告已生效的第8756号《无效宣告请求审查决定》中已经宣告本专利权利要求1~6无效，因此本次口头审理仅涉及本专利权利要求7和8的无效宣告的相关事宜。被告还将原告此前提交的意见陈述书随同口头审理通知书转送给第三人。

双方当事人均如期出席了口头审理。在口头审理中，被告告知双方当事人由于本专利权利要求1~6已经被被告生效的决定宣告无效，因此本次口头审理仅涉及本专利权利要求7和权利要求8的无效宣告请求的相关事宜。第三人明确表示放弃本专利权利要求1~3不具备新颖性的无效宣告请求的理由以及本专利权利要求1~6不具备创造性的无效宣告请求的理由，明确表示放弃附件8作为证据使用。第三人明确其无效理由、证据及范围为：本专利权利要求7引用权利要求1或2的技术方案相对于附件2不具备创造性，本专利权利要求7引用权利要求4的技术方案相对于附件2与附件3~7之一的结合不具备创造性，本专利权利要求7引用权利要求6的技术方案相对于附件2与附件5~7之一的结合不具备创造性，不符合《专利法》第二十二条第三款关于创造性的规定；本专利权利要求8的附加技术特征没有实质性特点，也不符合《专利法》第二十二条第三款关于创造性的规定。

原告对附件2的真实性表示认可；对第三人提交的附件3~7的形式有异议，对附件3~7的内容真实性表示认可。第三人表示附件3~7是从深圳知识产权局网站上下载的。

被告经审查认为，第三人提交的附件2是公开日期在本专利申请日之前的中国专利文献，原告对附件2的真实性没有异议，该文献可以作为本案证据使用，其上记载的内容构成本专利的现有技术。第三人说明了附件3~7的来源，并且附件3~7中明确记载了相关各专利文献的文件号，在原告对附件3~7中的内容的真实性没有异议的前提下，附件3~7的形式差别不影响其作为本案证据使用，并且附件3~7的公开日期也均在本专利的申请日之前，因此其上记载内容构成本专利的现有技术。

当本专利权利要求7引用权利要求6时，该技术方案包括了本专利权利要求1~7中的所有技术特征。

附件2公开了一种多功能保眼眼罩，与本专利属于相同的技术领域。该眼罩包括控制器、主机本体以及气压热敷装置，所述主机本体的后方具有气压热敷装置（即气压热敷装置相当于本专利中的护眼囊），以及相互固定配合的前盖和后盖，气压热敷装置与主机本体之间设有一衬片，衬片在对应于使用者鼻梁的位置具有缺口，气压热敷装置包括一罩体，罩体内设有发热元件，控制器内部设有电路装置及表面设有数控制开关及调节钮，各电气元件之接线是与一接线板结合后再外接于一导线中，该导线外露于主机本体与控制器衔接，主机本体内装设有充气泵、泄气阀以及导气管，充气泵通过导气管向气囊送气，充气泵与导气管、泄气阀形成三通状，且由附件2公开的内容可以直接的毫无疑义地确定三通具有进气口和出气口，其中三通的第一端为出气口，与泄气阀相接，三通第二端为进气口，与充气泵相接，三通的第三端为导气管，导气管与气囊连接，该主机本体还包括振动马达。

本专利中基座的作用是与盖体配合和用于固定护眼囊，附件2中的后盖、固定片以及衬片所组成部分的作用与之相同，后盖、固定片以及衬片所组成的部分相当于本专利中的基座。同时附件2的附图3、5中可以看出附件2已经公开了在衬片上设置有缺口。虽然附件2中没有明确公开气压热敷装置（即本专利中的护眼囊）与衬片（即本专利中基座的一部分）固定连接，但是为了使得该气压热敷装置能够稳定的保持在该保眼眼罩中，气压热敷装置必然要与衬片固定，即，从附件2公开的内容中可以直接地毫无疑义地确定气压热敷装置固定在衬片上。

本专利权利要求7的上述技术方案与附件2所公开的内容相比，区别在于：（1）电路板具有微电脑电路；（2）加热体的电极与电路板电性连接；（3）本专利权利要求7中的眼部按摩仪包括气袋柱以及气袋连接柱，而附件2中仅公开了由充气泵与导气管、泄气阀形成三通状结构；（4）该振动装置包括与马达连接的振动器，马达驱动振动器偏心运动，所述的振动器是偏心锤；（5）所述眼部按摩仪还可包括设置于眼罩内的电磁体，该电磁体的电极与电路板电连接。对于本领域普通技术人员而言，以 CPU、DSP 等芯片作为核心部件构成微电脑电路来作为微型电子装置的控制系统是本领域的常用技术手段；利用电极进行电加热的加热元件属于本领域的公知常识，而为了实现对该发热元件的温度进行控制，将其电极连接到控制电路的电路板上也属于本领域的惯用手段；虽然附件 2 没有明确说明充气泵与导气管、泄气阀所形成的三通状结构是一个独立的部件，但该三通状结构分别与充气泵、导气管和泄气阀相连，其所起的作用是通过该三通状结构将充气泵中的气体经导气管供给气囊使气囊充气膨胀，并将气囊的气体经导气管从泄气阀排出使气囊收缩，与本专利权利要求 7 中的气袋柱和气袋连接柱所起的作用相同。在附件 2 的技术启示下，本领域的普通技术人员可以设置独立的三通部件，对充气泵、导气管以及泄气阀进行连接，从而形成本专利权利要求 7 中的气袋柱和气袋连接柱；附件 7 公开了一种按摩、保健仪器，其可作面部按摩、穴位按摩及磁疗，其与本专利以及附件 2 属于相同的技术领域。附件 7 中公开了按摩头由电动机带动偏心锤转动形成振动，从而起按摩作用，这与本专利中的振动装置的结构和作用相同，因此，附件 7 给出了将上述区别技术特征应用于附件 2 中的技术启示；附件 7 中公开的保健、按摩仪器中按摩头的前部凸出形成按摩指头，按摩指头内装磁粒，即附件 7 给出了将能够产生磁疗效果的磁性物质应用于按摩、保健仪器中的技术启示。虽然原告认为附件 7 未公开电磁体的技术特征，但电磁体和永磁体都属于本领域常用的磁性物质，用电磁体代替永磁体来产生磁疗效果，对于本领域普通技术人员来说是无须付出创造性劳动就能想到的，并且电磁体的电极与电路板之间的连接方式也属于本领域的公知常识。

综上，本领域普通技术人员在附件 2 所公开技术方案的基础上，结合附件 7 以及本领域的公知常识，就可得到本专利权利要求 7 引用权利要求 6 所形成的技术方案，并且获得相同的技术效果，因而从属权利要求 7 引用权利要求 6 所形成的技术方案相对于附件 2 与附件 7 以及本领域的公知常识的结合不具备《专利法》第二十二条第三款规定的创造性。

权利要求 7 引用权利要求 1 或 2 或 4 的技术方案中的全部技术特征已经分别记载在权利要求 7 引用权利要求 6 的技术方案中，与权利要求 7 引用权利要求 1 或 2 或 4 的技术方案相比，权利要求 7 引用权利要求 6 的技术方案中包括了对权利要求 7 引用权利要求 1 或 2 或 4 的技术方案进一步限定的特征。因此，在权利要求 7 引用权利要求 6 的技术方案不具备创造性的基础上，权利要求 7 引用权利要求 1 或 2 或 4 的技术方案也不具备《专利法》第二十二条第三款规定的创造性。由此可知，本专利权利要求 7 相对于附件 2 与附件 7 以及本领域公知常识的结合不具备创造性，不符合《专利法》第二十二条第三款的规定。

本专利权利要求 8 是权利要求 7 的从属权利要求，其附加技术特征是：所述护眼囊包括上、下护眼囊，上护眼囊周缘与基座周缘固定配合，下护眼囊部分周缘与基座固定配合。附件 2~7 中均没有公开权利要求 8 的附加技术特征，第三人也未提供证据证明本专利权利要求 8 中的附加技术特征是本领域的公知常识，且将护眼囊设置为可相对开合的两个护眼囊，使得下护眼囊可相对于上护眼囊张开或闭合，即使将该按摩仪带到眼睛上时也可以使下护眼囊向上护眼囊的方向膨胀，从而下护眼囊在充气过程中有更大的弹性变形空间，由此起到更好的按摩效果。因此权利要求 8 的技术方案相对于附件 2~7具备《专利法》第二十二条第三款规定的创造性。

据此，被告作出了宣告本专利权利要求 7 无效，在权利要求 8 的基础上维持本专利权继续有效的第 10593 号决定。

诉讼中，原告和第三人对第 10593 号决定作出的程序，以及该决定关于本案处理经过的表述均无异议。

本院认为，根据《专利法》第二十二条第三款的规定，创造性是指同申请日以前已有的技术相比，该发明有突出的实质性特点和显著的进步，该实用新型具有实质性特点和进步。

本专利公开了一种通过气压、振动、加热、气压与加热、气压与振动、加热与振动等眼部按摩模式，促进眼部血液循环，舒缓视觉压力及减轻眼部疲劳，进而有效防治近视的眼部按摩仪；附件2公开了一种通过按摩和热敷对眼部起到保健效果的多功能保健眼罩；附件7公开了一种可以作面部按摩、穴位按摩及磁疗的按摩保健仪器。本专利与附件2、附件7属于相同的技术领域。附件2、附件7的公开日期均在本专利申请日之前，因此，该两份文献记载的内容均为本专利申请日之前的已有技术。原告关于附件7与本专利不属于同一技术领域，不具有可比性的主张根据不足。

《专利法》第五十六条第一款规定，发明或者实用新型专利权的保护范围以其权利要求的内容为准，说明书及附图可以用于解释权利要求。《审查指南》第二部分第四章第6.4节规定：“发明是否具备创造性是针对要求保护的发明而言的，因此，对发明创造的评价应当针对权利要求限定的技术方案进行。

发明对现有技术作出贡献的技术特征，例如，使发明产生预料不到的技术效果的技术特征，或者体现发明克服技术偏见的技术特征，应当写入权利要求中；否则，即使说明书中有记载，评价发明的创造性时也不予考虑……虽然在本专利说明书附图4中，控制装置的确包括气泵，并且在说明书关于本专利具体实施方式的内容中有气泵安装在控制装置中的描述。但本专利权利要求并未对气泵的安装位置进行限定，根据《审查指南》的上述规定，这种仅记载在说明书中而没有记载在权利要求中的技术特征，在评价发明的创造性时不予以考虑。原告基于未记载在本专利权利要求中的技术特征所提出的关于本专利技术产生了较好的实用效果，具有创造性的主张不能成立。

本专利权利要求8的附加技术特征是护眼囊包括上、下护眼囊，上护眼囊周缘与基座周缘固定配合，下护眼囊部分周缘与基座固定配合。本院认同第10593号决定中关于本专利权利要求8的认定意见，认为眼部按摩仪主要是通过加热、振动、气动和磁疗的方式对眼部的穴位进行刺激，从而达到保健按摩的作用。正如被告在第10593号决定中所述：本专利将护眼囊设置为可相对开合的两个护眼囊，使得下护眼囊可相对于上护眼囊张开或闭合，即使将该按摩仪戴到眼睛上时也可以使下护眼囊向上护眼囊的方向膨胀，从而下护眼囊在充气过程中有更大的弹性变形空间，在气动按摩的过程中，下护眼囊弹性变形空间的大小会直接影响按摩的效果。第三人关于眼部按摩仪的按摩效果并不取决于护眼囊弹性变形空间的大小的主张缺乏根据。

此外，本院亦认同第10593号决定中关于本专利的其他评述意见。

综上，第10593号决定认定事实清楚，适用法律无误，审查程序合法，本院应予维持。由于原告的诉讼理由不能成立，其请求本院不予支持。据此，依照《中华人民共和国行政诉讼法》第五十四条第（一）项之规定，判决如下：

维持被告国家知识产权局专利复审委员会作出的第10593号无效宣告请求审查决定。

本案案件受理费100元，由原告马学军负担（已交纳）。

如不服本判决，可在本判决书送达之日起15日内，向本院递交上诉状，并按对方当事人的人数提出副本，预交上诉案件受理费100元，上诉于北京市高级人民法院。

审　判　长　吴　月
代理审判员　胡华峰
人民陪审员　杨一平
二〇〇八年七月十八日
书　记　员　汪　明

192

# 一种石材陶瓷用锚栓

## 无效宣告请求审查决定（第10602号）

**决　定　号**　第10602号
**决　定　日**　2007年10月24日
**发明创造名称**　一种石材陶瓷用锚栓
**国际分类号**　E04B 2/88
**无效宣告请求人**　杭州百信机械制造有限公司
**专 利 权 人**　杭州斯泰铝业有限公司
**申　请　号**　00208322.1
**申　请　日**　2000年4月12日
**授权公告日**　2001年2月7日
**合议组组长**　朱文广
**主　审　员**　王　森
**参　审　员**　欧　岚

**法律依据**　专利法第22条第3款，专利法实施细则第2条第2款
**决定要点**

如果实用新型的一部分技术特征在最接近现有技术中没有公开，本领域的技术人员也不能从现有技术中得到将上述技术特征应用于最接近现有技术的技术启示，则实用新型是非显而易见的，具有实质性特点。

**一、案由**

本无效宣告请求涉及国家知识产权局于2001年2月7日授权公告的、名称为“一种石材陶瓷用锚栓”的实用新型专利权（以下简称本专利），其专利号是00208322.1，申请日是2000年4月12日，专利权人为徐跃华，后变更为杭州斯泰铝业有限公司。该专利授权公告时的权利要求书如下：

“1. 一种石材陶瓷用锚栓，包括顶端设有锚栓头的锚栓杆，锚栓头上设有止滑凸块，锚栓杆上设有螺纹，锚栓杆上还依次套有波形圈和护套，其特征在于护套与石材陶瓷的接触表面设有弹性层，波形圈与石材陶瓷的抵触部分也设有弹性层。

2. 如权利要求1所述的一种石材陶瓷用锚栓，其特征在于所述的弹性层为涂敷的有机材料层。

3. 如权利要求1或2所述的一种石材陶瓷用锚栓，其特征在于所述的波形圈与石材陶瓷的抵触部分呈片状。

4. 如权利要求1或2所述的一种石材陶瓷用锚栓，其特征在于所述的护套设有与锚栓杆的螺纹

配合的内螺纹。

5. 如权利要求 3 所述的一种石材陶瓷用锚栓，其特征在于所述的护套设有与锚栓杆的螺纹配合的内螺纹。”

针对本专利权，国家知识产权局专利复审委员会已生效的第 9444 号无效宣告请求审查决定书宣告 00208322.1 号实用新型专利权的权利要求 1 无效，在权利要求 2~5 的基础上维持该专利权继续有效。

针对本专利权，杭州百信机械制造有限公司于 2007 年 2 月 5 日向专利复审委员会提出无效宣告请求，请求人认为本专利不符合专利法第 22 条第 2 款、第 3 款的规定，同时提交了如下附件：

附件 1：请求人无效宣告请求理由的具体意见陈述，共 1 页；

附件 2：专利复审委员会第 9444 号无效宣告请求审查决定书，共 8 页；

附件 3：公开日为 1991 年 8 月 14 日，公开号为 CN1053827A 的发明专利申请公开说明书，共 11 页；

附件 4：本实用新型专利（ZL00208322.1）的授权文本。

请求人认为：附件 3 公开了波形圈与板材 1 的内孔壁的抵触部分呈片状，在权利要求 1 无效的前提下，权利要求 3 引用权利要求 1 的部分没有创造性；权利要求 2、4 和 5 的附加技术特征是公知技术，所以权利要求 2、4 和 5 没有创造性。

经形式审查合格，专利复审委员会依法受理了上述无效宣告请求，并于 2007 年 2 月 13 日向请求人和专利权人发出无效宣告请求受理通知书，同时将专利权无效宣告请求书及其附件清单中所列附件的副本转送给专利权人，并要求专利权人在通知书指定的期限内陈述意见。

请求人于 2007 年 3 月 3 日再次提交意见陈述书，并补充提交了附件 5~8：

附件 5：化学工业出版社出版，1987 年 12 月北京修订 2 版第 5 次印刷的《机械设计手册》上册（第二分册）版权信息页、第 779 页复印件，共 2 页；

附件 6：上海市黄浦区第一公证处（2006）沪黄一证经字第 7816 号公证书复印件，共 7 页；

附件 7：公开日为 1995 年 4 月 12 日、专利号为 EP0647760B2 的欧洲专利公报及部分中文译文，共 10 页；

附件 8：请求人无效宣告请求理由的补充意见陈述，共 1 页。

请求人认为：（1）本专利权利要求 1 相对于附件 6 与附件 7 或相对于附件 3、5 和 7 的结合不具备创造性；（2）附件 3 公开了权利要求 3 的附加技术特征，所以权利要求 3 引用权利要求 1 的部分没有创造性；（3）权利要求 2 的附加技术特征是公知常识，权利要求 2 没有创造性，而且该特征属于方法特征，并非实用新型保护的范围；（4）在权利要求 2 没有创造性的情况下，权利要求 3 引用权利要求 2 的部分也没有创造性。

本案合议组于 2007 年 8 月 17 日向双方发出无效宣告请求口头审理通知书，定于 2007 年 9 月 27 日举行口头审理，并随同口头审理通知书，将请求人于 2007 年 3 月 3 日提交的意见陈述书以及附件 5~8 转送给专利权人。

口头审理如期举行，双方当事人均参加了口头审理。在口头审理中，请求人明确其无效宣告请求的理由、证据和范围是：权利要求 2 含有方法特征和材料特征，因此不符合专利法实施细则第 2 条第 2 款的规定；权利要求 2 相对于附件 6 和 7，附件 3 和 7 结合公知常识（附件 5）不具备创造性；权利要求 3 相对于附件 3 和 7 及公知技术（附件 5）或附件 3、6 和 7 的结合不具备创造性；权利要求 4、5 的附加技术特征是公知常识，由于权利要求 1~3 没有创造性，权利要求 4、5 也不具备创造性，双方就上述这些理由陈述了各自的意见。

至此，合议组认为本案事实已经清楚，可以作出审查决定。

**二、决定的理由**

1. 证据和现有技术

专利权人认为请求人在一个月的法定期限内没有提出有关专利法实施细则第2条第2款的无效理由。请求人陈述其在2007年3月3日补充意见陈述书中提到过有关不符合专利法实施细则第2条第2款具体事实的陈述，因此不属于新提出的无效理由。

合议组认为，在请求人提交的附件8（补充意见陈述）中，请求人说明了权利要求2的特征属于方法特征，并非实用新型保护的范围。通过请求人的该陈述可知，请求人在规定期限内实质上已提到了有关权利要求2不符合专利法实施细则第2条第2款的无效理由，因此该理由本案予以考虑。

专利权人对附件2、3、5~7的真实性没有异议，对附件7的译文的准确性没有异议。经审查，合议组认为附件2是专利复审委员会第9444号无效宣告请求审查决定书，本案予以参考；附件3、5~7均为公开出版物，并且其公开日均早于本专利的申请日，因此附件3、5~7可以作为本专利的现有技术使用。另外由于请求人只提交了附件7的部分中文译文，专利权人认可上述部分译文的准确性，因此在本案中只使用附件7中有中文译文的部分及其说明书附图。

2. 审查文本

在已生效的专利复审委员会第9444号无效宣告请求审查决定书中，宣告00208322.1号实用新型专利权的权利要求1无效，在权利要求2~5的基础上维持该专利权继续有效。因此本案以权利要求2~5作为审查基础。

3. 关于权利要求2是否符合专利法实施细则第2条第2款

根据专利法实施细则第2条第2款的规定，专利法所称实用新型，是指对产品的形状、构造或者其结合所提出的适于实用的新的技术方案。

如果权利要求既包含形状、构造特征，又包含对方法本身提出的技术方案，则不属于实用新型专利保护的客体，但是以现有技术中已知方法的名称限定产品的形状、构造的，不属于对方法本身提出的技术方案方案；如果权利要求既包含形状、构造特征，又包含对材料本身提出的技术方案，则不属于实用新型专利保护的客体，但是将现有技术中已知的材料应用于具有形状、构造的产品上，不属于对材料本身提出的技术方案。

请求人认为：权利要求2中涂敷是工艺特征，有机材料是材料特征，所以不符合专利法实施细则第2条第2款的规定。

专利权人认为：权利要求2附加技术特征是通过方法对结构进行限定，涂敷和有机材料均是现有技术，所以权利要求2符合专利法实施细则第2条第2款的规定。

合议组认为：权利要求2使用“涂敷的有机材料层”来对石材陶瓷用锚栓的结构——弹性层来进行限定，涂敷和有机材料均是现有技术，因此权利要求2中的技术特征“涂敷”和“有机材料”属于采用现有技术中已知的方法（涂敷）来限定产品的结构、将现有技术中的已知材料应用于具有结构的产品上，不属于对方法或材料本身提出的技术方案，本质上仍是对石材陶瓷用锚栓的结构进行限定，因此权利要求2符合专利法实施细则第2条第2款的规定。

4. 关于权利要求2~5的创造性

创造性，是指同申请日以前已有的技术相比，该发明有突出的实质性特点和显著的进步，该实用新型具有实质性特点和进步。

如果实用新型的一部分技术特征在最接近现有技术中没有公开，本领域的技术人员也不能从现有技术中得到将上述技术特征应用于最接近现有技术的技术启示，则实用新型是非显而易见的，具有实质性特点。

（1）权利要求2相对于附件3和7结合公知常识（附件5）是否具备创造性。

请求人的具体主张为：附件3图7附图标记7是波形圈，6是带有螺纹的锚栓杆，22是波形圈是上面的护套，附件5第779页明确标注了锚栓头的锚栓杆，锚栓头上设有止滑块是公知技术。根据附件3的结构及附件7第1页的压缩元件（8）是由软塑材料组成，两者结合认为权利要求2没有创造性。权利要求2的附加技术特征是被附件7译文第1页第15~20行所公开的，附件2和附件5中没有公开权利要求2的附加技术特征。

专利权人认为：附件5沉头带榫螺栓与本专利的锚栓不同，与本专利的止滑凸块作用不同。即便附件3、5、7结合也不能导出锚栓头上设有止滑凸块。权利要求2涂敷导致弹性层与护套抵触部分接触的相互关系，限定的是结构，在附件3、5、7中没有披露权利要求2的附加技术特征。

合议组认为：附件3公开了一种紧固件，其包括顶端设有锚拴头的锚拴杆，锚拴杆上设有螺纹，锚拴杆上还套有拱形环7和定心台阶22；附件5公开的沉头带榫螺栓设有止滑凸块，可以证明锚栓头上设有止滑凸块属于公知技术。权利要求2与附件3之间的区别为：护套与石材陶瓷的接触表面设有弹性层，波形圈与石材陶瓷的抵触部分也设有弹性层，所述的弹性层为涂敷的有机材料层。附件7虽然给出了固定石材、陶瓷等易碎板材时，其紧固件与板材壁接触时要采用柔性接触的技术启示，但附件7中并没有公开弹性层是涂覆在其所覆盖的部件上的，也没有给出任何明确的技术启示使本领域技术人员能够想到将弹性层涂覆到部件上。附件3和公知常识性证据附件5中均没有公开权利要求2的附加技术特征，同时现有技术中也没有任何明确的技术启示使本领域技术人员能够想到将弹性层涂覆到部件上，因此本专利权利要求2相对于附件7、附件3以及附件5不具备专利法第22条第3款规定的创造性的理由不能成立。

（2）权利要求2相对于附件6和7的结合是否具备创造性。

请求人认为：权利要求2的附加技术特征被附件7译文第1页第15~20行所公开。附件6本身没有公开权利要求2的附加技术特征。

专利权人认为：权利要求7没有公开涂敷的附加技术特征。

合议组认为：附件6中没有公开权利要求2的附加技术特征，如前所述，附件7也没有公开权利要求2的附加技术特征，同时现有技术中也没有任何明确的技术启示使本领域技术人员能够想到将弹性层涂覆到部件上，因此本专利权利要求2相对于附件6和附件7的结合不具备专利法第22条第3款规定的创造性的理由不能成立。

（3）权利要求3相对于附件3和7结合公知常识（附件5）或相对于附件6、7和3的结合是否具备创造性。

请求人认为：附件3第8页第15~25行及图1、2、3可以看出波形圈7是一个片状结构，所以权利要求3没有创造性。基于同样的理由，附件6、3、7的结合也证明权利要求3没有创造性。

专利权人认为：权利要求3引用权利要求2，权利要求2中的涂敷在附件3中没有公开。附件3图6A、6B不是片状。附件3的图2所示的部件不是波形圈，该部件不是圆孔是长孔，且该部件工作原理、结构与本专利不同，所以附件3没有公开权利要求3的附加技术特征。

合议组认为：基于前面的论述，由于附件3、6、7中均没有公开权利要求2的附加技术特征，同时现有技术中也没有任何明确的技术启示使本领域技术人员能够想到将弹性层涂覆到部件上，因此权利要求3引用权利要求2的部分相对于附件3和7结合公知常识（附件5）或相对于附件6、7和3的结合不具备创造性的理由不能成立。

附件3明确记载了位于支撑圆锥体6上的是一个屋顶状拱形环7，一个螺杆9向上穿过该环的环孔 8，环 7 在未被弯曲状态下具有一个大致是椭圆的形状（见附件 3 第 16~23 行以及附图 2）。附件 3 中公开的环 7 呈片状，即附件 3 公开了权利要求 3 的附加技术特征，因此专利权人的主张不能成立。根据专利复审委员会第 9444 号无效宣告请求审查决定书认定的内容，在权利要求 1 请求保护的技术方案相对于附件 6 和 7 不具备创造性的前提下，附件 3 又与附件 6 和 7 属于同一技术领域，由于附件 3 给出了将波形圈设计成片状的技术启示，因此在权利要求 1 不具备创造性的前提下，本领域的技术人员不需要花费创造性劳动即可想到将附件 6 中的扩压环也设计成片状，因此权利要求 3 引用权利要求 1 的部分相对于附件 6、7 和 3 的结合也不具备专利法第 22 条第 3 款规定的创造性。由于权利要求 3 引权利要求 1 的部分不具备创造性应予无效，因此请求人主张这一方案不具备创造性的其他证据组合方式合议组不再评述。

（4）权利要求 4 和 5 是否具备创造性。

请求人认为：权利要求 4、5 的附加技术特征是公知常识，在其引用的权利要求没有创造性的基础上，也没有创造性。

专利权人认为：附件 3、7 中护套没有设有内螺纹，所以权利要求 4、5 有创造性。

合议组认为：本专利权利要求 4、5 的附加技术特征均未在附件 3、5、6 和 7 中公开。请求人主张上述特征为公知常识，但没有提供证据予以证明或提出充分的理由予以说明，故合议组对上述主张不予支持，因此请求人关于权利要求 4、5 不具备专利法第 22 条第 3 款规定的创造性的理由不能成立。

综上所述，合议组依法作出如下审查决定。

**三、决定**

宣告 00208322. 1 号实用新型专利权的权利要求 3 引用权利要求 1 的部分无效，在权利要求 2、4、5 以及权利要求 3 引用权利要求 2 的部分的基础上维持该专利权继续有效。

当事人对本决定不服的，可以根据专利法第 46 条第 2 款的规定，自收到本决定之日起 3 个月内向北京市第一中级人民法院起诉。根据该款的规定，一方当事人起诉后，另一方当事人应当作为第三人参加诉讼。

193

# 指甲钳

## 无效宣告请求审查决定（第10603号）

**决　定　号**　第10603号
**决　定　日**　2007年10月12日
**发明创造名称**　指甲钳
**国际分类号**　A45D29/02
**无效宣告请求人**　佛山市三水金达五金制品有限公司，周建喜
**专利权人**　梁伯强
**专　利　号**　200420073151.1
**申　请　日**　2004年7月14日
**授权公告日**　2005年2月16日
**合议组组长**　高　栋
**主　审　员**　刘　鹏
**参　审　员**　刘路尧

**法律依据**　专利法第22条第2款、第3款
**决定要点**

在判断创造性的过程中，要确定现有技术整体上是否存在某种技术启示，如果区别技术特征为另一篇对比文件中披露的相关技术手段，并且该技术手段在该对比文件中所起的作用与该区别特征在请求保护的专利中所起的作用相同，则应当认为现有技术中存在技术启示。

### 一、案由

本无效宣告请求涉及国家知识产权局于2005年2月16日授权公告的专利号为200420073151.1，名称为“指甲钳”的实用新型专利（下称本专利），其申请日是2004年7月14日，专利权人是梁伯强。

本专利授权公告的权利要求书如下：

“1. 一种指甲钳，设有钳体及枢轴，其特征在于其包括钳体、盖体和枢接体，其中：

该钳体，尾端穿设有盖体枢接体，而与盖体相枢接为一体，该钳体形成可绕盖体枢接体旋转的结构；

该盖体，其前端设有盖体枢接孔，并穿设有枢接体，而与钳体相铰接连接；

该枢接体，穿设过钳体尾端设置的盖体枢接孔及盖体尾部设置的盖体枢接孔，使钳体与盖体相互枢接连接为一体，而使指甲钳形成可打开或折叠且折叠后刀口则呈闭合状的结构；

上述结构相组合，构成本实用新型新型结构的指甲钳。

2. 根据权利要求 1 所述的指甲钳，其特征在于其中所述的钳体主要包括上半钳体和下半钳体，其中：

上述的上半钳体，为一整体式框架结构，其是由二侧面、前端的枢设部以及后端的弹簧基座相互组合共同构成上半钳体的整体结构式框架；

上述的下半钳体，插设于上半钳体的框架中间部，并在前端部与上半钳体相枢接，形成可在上半钳体的框架内绕枢轴转动的枢转结构，该上半钳体、下半钳体形成为在上半钳体的弹簧基座上一体连接设有冲压折弯的弹簧片的弹力作用下反复张开结构。

3. 根据权利要求 2 所述的指甲钳，其特征在于其中所述的上半钳体的整体式框架为直接整体冲压成形的整体式框架结构，其包括二侧面、枢设部、弹簧基座、弹簧片以及空腔收集部，其中：

该二侧面，为两个相平行的长条形的侧面，是形成上半钳体的主体连接部，侧面的前端一体形成设有枢设部，该枢设部的前端设有上半钳刀刃，侧面的前端并设有一钳体枢轴固定孔；在该侧面的尾部后端则一体形成设有弹簧基座，该弹簧基座上一体连接设有冲压折弯的弹簧片，侧面的尾端并设有盖体枢轴孔；

该枢设部，为一体形成设置在上半钳体的前端部，其是在二侧面上端向上形成∏形，而形成可以限制上半钳体、下半钳体张开角度的角度限制结构部，上半钳体、下半钳体形成在长条形的弹簧片弹力作用下可反复伸张开，同时利用上半钳体的前端枢设部的前端部可以限制上半钳体、下半钳体张开角度的结构；

该弹簧基座，设置于两个侧面的尾部后端之间，形成垂直于该两个侧面，且在该弹簧基座上延伸设有长条形的弹簧片；在上半钳体的前端枢设部与弹簧基座上的弹簧片之间形成一个框架中空部，下半钳体插设于弹簧片与前端枢设部之间的框架中空部中；

该弹簧片，连接于弹簧基座上，其伸出端呈顶掣设置于下半钳体上的结构，弹簧片的伸出端顶掣在下半钳体的背面部，上半钳体、下半钳体形成在弹簧片的弹力作用下反复张开的结构，下半钳体与上半钳体之间始终保持一合适的夹持夹角 $\alpha$，且前端枢设部设置于下半钳体的前部，形成限制下半钳体张开角度 $\alpha$ 的角度限制结构；

该空腔收集部，由上半钳体的两个平行的长条形侧面、前端枢设部、上半钳刀刃与下半钳刀刃之间共同围合而形成一收集碎指甲的空腔收集部。

4. 根据权利要求 3 所述的指甲钳，其特征在于其中所述的下半钳体包括下半钳主体、支耳以及下半钳刀刃，其中：

该下半钳主体，插设于上半钳体的弹簧片与前端枢设部之间的框架中空部中，并在前端部穿设有一枢接体与上半钳体的枢设部相枢设固定，下半钳主体形成可在框架中空部内围绕枢接体枢接转动的结构；

该支耳，是在下半钳主体的二侧分别设有一支耳，支耳上设有钳体枢轴固定孔，该钳体枢轴固定孔至下半钳主体按压端部的长度大于上半钳体钳体枢轴固定孔至盖体枢轴孔的长度，形成指甲钳在折叠后为自锁状而不会自行弹开的结构；

该下半钳刀刃，一体形成设置于下半钳主体的前端部。

5. 根据权利要求 4 所述的指甲钳，其特征在于其中所述的枢接体包括钳体枢接体以及盖体枢接体，其中：

该钳体枢接体，穿设于上半钳体两平行侧面前端的钳体枢轴固定孔，并贯穿下半钳体支耳的钳体枢轴固定孔，将上半钳体与下半钳体相铰接而连接成为一可折叠转动的钳体整体，上半钳体的上半钳刀刃与下半钳体的下半钳刀刃的刀刃呈平行对齐状；

该盖体枢接体，穿设于上半钳体二侧面尾端的盖体枢轴孔，并贯穿盖体尾部设置的盖体枢轴孔，整个钳体形成可绕盖体枢接体相对盖体旋转的结构，形成指甲钳反复折叠打开且折叠后钳口呈闭合状的结构。

6. 根据权利要求5所述的指甲钳，其特征在于其中所述上半钳体、弹簧片及前端枢设部是为整体冲压成型为一体的结构，该弹簧片是为在弹簧基座上直接延伸出冲压折弯的长条形的弹簧片，而直接连接设置在上半钳体上。

7. 根据权利要求1~6中任一权利要求所述的指甲钳，其特征在于其中所述的盖体可设计为具有多种附加功能的多功能盖体结构。

8. 根据权利要求7所述的指甲钳，其特征在于其中所述的多功能盖体结构是为盖体的前端部设有一拉环。

9. 根据权利要求8所述的指甲钳，其特征在于其中所述的拉环可设置为拉锁拉头、项链吊坠以及钥匙圈等的装饰结构。

10. 根据权利要求7所述的指甲钳，其特征在于其中所述的多功能盖体结构是为盖体设置为一呈凵形的敞开状盒形体，其侧面设有呈レ形的缺口，而形成为开瓶器。

11. 根据权利要求7所述的指甲钳，其特征在于其中所述的多功能盖体结构是为盖体上设有时钟装置。

12. 根据权利要求11所述的指甲钳，其特征在于其中所述的时钟装置包括电子表及电子表盖，其是在盖体的侧面设有表体基座，该表体基座的凹槽部的内部装设有电子表，该凹槽部的顶面装设有电子表盖。

13. 根据权利要求12所述的指甲钳，其特征在于其中所述的电子表盖的上表面亦可设置为设有装饰文字、图案的装饰表层结构。

14. 根据权利要求7所述的指甲钳，其特征在于其中所述的多功能盖体结构是为盖体上设有发光管结构，形成夜间临时照明或装饰结构。

15. 根据权利要求14所述的指甲钳，其特征在于其中所述的发光管结构包括发光电路板及盖体，其是在盖体的凹槽部内部装设有发光电路板，该凹槽部的顶面装设有盖体。

16. 根据权利要求15所述的指甲钳，其特征在于其中所述的盖体的上表面亦可设置为设有装饰文字、图案的表层的装饰结构。

17. 根据权利要求7所述的指甲钳，其特征在于其中所述的多功能盖体结构是为盖体设置为一平面板状体，在该平面板状体的前部设有呈レ形的缺口，而可形成为开瓶器。

18. 根据权利要求7所述的指甲钳，其特征在于其中所述的多功能盖体结构是为盖体设置为一平面板状体，在该平面板状体的前部设有扳手开口，而形成转动扳手。

19. 根据权利要求18所述的指甲钳，其特征在于其中所述的平面板状体的前端部或侧面部还可单独设有螺丝刀刀口，或是设置为与上述扳手开口相组合的结构，而形成为螺丝刀或扳手螺丝刀。

20. 根据权利要求19所述的指甲钳，其特征在于其中所述的扳手开口的形状可以设置为四方形、六方形或梅花形等的几何形状，而形成为搬动紧固件的扳动开口结构。”

针对上述专利权，佛山市三水金达五金制品有限公司（下称第一请求人）于2007年1月5日向专利复审委员会提出专利权无效宣告请求，其理由是：本专利不符合专利法第22条第2款、第3款的规定，并同时提交了以下附件：

附件1-1：公开号为CN1358469A的中国发明专利申请公开说明书全文复印件，公开日为2002年

7 月 17 日；

附件 1-2：公告号为 CN2561260Y 的中国实用新型专利说明书全文复印件，公告日为 2003 年 7 月 23 日；

附件 1-3：公告号为 CN2292437Y 的中国实用新型专利说明书全文复印件，公告日为 1998 年 9 月 30 日。

第一请求人的无效宣告请求的具体理由是：权利要求 1 相对于附件 1-1 不具备新颖性或相对于附件 1-1 和附件 1-2 不具备创造性；权利要求 2 相对于附件 1-1 不具备新颖性或相对于附件 1-1 和附件 1-2 不具备创造性；权利要求 3 相对于附件 1-1 不具备新颖性或相对于附件 1-1 和附件 1-2 不具备创造性；权利要求 4 相对于附件 1-1 和公知常识不具备创造性；权利要求 5 相对于附件 1-1 不具备新颖性或相对于附件 1-1 和公知常识不具备创造性；权利要求 6 相对于附件 1-1 和附件 1-2 不具备创造性；权利要求 7~9 以及 11 至 16 相对于附件 1-1 和公知常识不具备创造性；权利要求 10、权利要求 17~20 相对于附件 1-1 和附件 1-3 不具备创造性。

经形式审查合格后，专利复审委员会受理了该无效宣告请求，于 2007 年 3 月 12 日向双方当事人发出无效宣告请求受理通知书，并随受理通知书将无效宣告请求书及附件 1-1、附件 1-2、附件 1-3 的副本转送给专利权人，要求其在指定的期限内答复。

针对上述无效宣告请求，专利权人于 2007 年 4 月 20 日提交了意见陈述书，认为：（1）本专利权利要求 1 的盖体 2 与附件 1-1 公开的盖板 70 结构完全不相同，其连接关系也不同，因此本专利权利要求 1 具有新颖性和创造性；（2）本专利权利要求 1 中盖体和钳体枢接形成可打开或折叠后刀口则呈闭合状的结构，而附件 1-1 的盖板 70 不能闭合刀口，附件 2 采用底座和活动盖，其结构复杂，因此本专利权利要求 1 相对于附件 1-1 或附件 1-2 及其结合具有创造性；（3）本专利权利要求 2 与附件 1-1的区别在于本专利权利要求 2 所述的上半钳体的前端设有枢设部 112，用来限制上半钳体和下半钳体张开的角度，而附件 1-1 没有枢设部结构，其依靠突出部件 50 使杠杆 20 张开适当角度，附件 1-1没有弹簧基座 113，因此不能形成整体结构式框架，本专利权利要求 2 与附件 1-2 的区别在于：附件 1-2 没有枢设部，也没有弹簧基座，因此权利要求 2 具有新颖性和创造性；（4）本专利权利要求 3 还具有空腔收集部 117，解决了指甲剪碎后四处乱飞的问题，此外，上半钳体 11 的整体式框架为直接冲压成形的整体框架结构，附件 1-1 和附件 1-2 都没有公开，因此权利要求 3 具有新颖性和创造性；（5）本专利权利要求 4 与附件 1-1 的区别在于：下半钳体的两侧分别设有一支耳，该钳体枢轴固定孔 1221 至下半钳体主体按压端部 124 的长度大于上半钳体钳体枢轴固定孔 1221 至盖体枢轴孔 21 的长度，形成折叠后不自动弹开的结构，因此本专利权利要求 4 具有新颖性和创造性；（6）本专利权利要求 5 与附件 1-1 的区别在于：本专利权利要求 5 的盖体通过枢接体使钳体形成折叠后钳口封闭状的结构，附件 1-1 的盖板只能压住杠杆，不能封闭钳口，因此本专利权利要求 5 具有新颖性和创造性；（7）本专利权利要求 6 的上半钳体 11、弹簧片 114 及前端枢设部 112 为整体冲压结构，下半钳体 12 也是整体冲压结构，整体冲压成形为一体的结构克服了焊接结构易出现裂纹和断裂现象、结构不牢固的缺点，附件 1-1 则不具有，因此本专利权利要求 6 具有新颖性和创造性；（8）权利要求 7~20 直接或间接引用权利要求 1~6，在权利要求 1~6 具有新颖性和创造性的基础上，本专利权利要求 7~20具有新颖性和创造性，此外，本专利权利要求 12、13 中的盖体上设有时钟的详细构造以及电子表盖上设有装饰文字、图案的表层结构没有在附件 1-1 至附件 1-3 中看到。

针对上述同一专利权，周建喜（下称第二请求人）于 2006 年 11 月 22 日向专利复审委员会提出无效宣告请求，理由是：本专利不符合专利法实施细则第 13 条第 1 款，专利法第 22 条第 2 款、第 3 款、专利法实施细则第 20 条第 1 款的规定，并同时提交了如下附件：

附件 2-1：公告号为 CN2678441Y 的中国实用新型专利说明书全文复印件（即本专利），公告日为 2005 年 2 月 16 日；

附件 2-2：公告号为 CN2657461Y 的中国实用新型专利说明书全文复印件，公告日为 2004 年 11 月 24 日；

附件 2-3：公开号为 CN1358469A 的中国发明专利申请公开说明书全文复印件，公开日为 2002 年 7 月 17 日；

附件 2-4：公告号为 CN2432293Y 的中国实用新型专利说明书全文复印件，公告日为 2001 年 5 月 30 日；

附件 2-5：公开号为 CN1275356A 的中国发明专利申请公开说明书全文复印件，公开日为 2000 年 12 月 6 日；

附件 2-6：公告号为 CN2430060Y 的中国实用新型专利说明书全文复印件，公告日为 2001 年 5 月 16 日；

附件 2-7：公告号为 CN87204139U 的中国实用新型专利申请说明书全文复印件，公告日为 1988 年 1 月 27 日；

附件 2-8：公告号为 CN2114999U 的中国实用新型专利申请说明书全文复印件，公告日为 1992 年 9 月 9 日；

附件 2-9：公开号为 CN1423535A 的中国发明专利申请公开说明书全文复印件，公开日为 2003 年 6 月 11 日。

第二请求人的无效宣告请求的具体理由是：（1）本专利与附件 2-2 的相关内容、两者的技术领域、所解决的技术问题、技术方案和预期效果实质上相同，两者是同样的发明创造，依据专利法实施细则第 13 条第 1 款的规定请求宣告本专利无效；（2）本专利权利要求 1、2 所请求保护的内容全部被附件 2-3 的说明书及附图在先公开，因此本专利的权利要求 1、2 不具备新颖性，不符合专利法第 22 条第 2 款的规定；（3）在附件 2-3 的基础上结合附件 2-4 以及本领域的公知常识，得出权利要求 3 的技术方案对本技术领域的技术人员来说是显而易见的，因此权利要求 3 所要求保护的技术方案不具备创造性；（4）附件 2-3 以及附件 2-5 公开了权利要求 4 的附加技术特征，因此权利要求 4 不具备创造性，不符合专利法第 22 条第 3 款的规定；（5）附件 2-3 公开了权利要求 5 的附加技术特征，因此权利要求 5 不具备创造性，不符合专利法第 22 条第 3 款的规定；（6）根据附件 2-3、附件 2-4 以及本领域的公知常识能够得到权利要求 6 的附加技术特征，因此权利要求 6 不具备创造性，不符合专利法第 22 条第 3 款的规定；（7）权利要求 7 不符合专利法实施细则第 20 条第 1 款的规定；（8）附件 2-6 公开了权利要求 8 的附加技术特征，因此权利要求 8 不具备创造性，不符合专利法第 22 条第 3 款的规定；（9）权利要求 9 的附加技术特征属于显而易见的组合，与附件 2-6 相结合得到权利要求 9 的技术方案是显而易见的，因此权利要求 9 不具备创造性，不符合专利法第 22 条第 3 款的规定；（10）附件 2-5、附件 2-7 结合得到权利要求 10 的技术方案是显而易见的，因此权利要求 10 不具备创造性，不符合专利法第 22 条第 3 款的规定；（11）权利要求 11、12 的附加技术特征是显而易见的组合，因此权利要求 11、12 不具备创造性，不符合专利法第 22 条第 3 款的规定；（12）权利要求 13 的附加技术特征属于显而易见的组合，与附件 2-8 的技术手段相结合得到权利要求 13 的技术方案是显而易见的，因此权利要求 13 不具备创造性，不符合专利法第 22 条第 3 款的规定；（13）权利要求 14 的附加技术特征属于显而易见的组合，与附件 2-9 的技术手段相结合得到权利要求 14 的技术方案是显而易见的，因此权利要求 14 不具备创造性，不符合专利法第 22 条第 3 款的规定；（14）权利要求 15 的附加技术特征是显而易见的，因此权利要求 15 不具备创造性，不符合专利法第 22 条第 3 款的规定；（15）权利要求16的附加技术特征属于显而易见的组合，与附件2-8的技术手段相结合得到权利要求16的技术方案是显而易见的，因此权利要求16不具备创造性，不符合专利法第22条第3款的规定；（16）权利要求17的附加技术特征属于显而易见的组合，与附件2-7的技术手段相结合得到权利要求17的技术方案是显而易见的，因此权利要求17不具备创造性，不符合专利法第22条第3款的规定；（17）权利要求18、19、20的附加技术特征是显而易见的，因此权利要求18、19、20不具备创造性，不符合专利法第22条第3款的规定。

经形式审查合格后，专利复审委员会受理了上述请求，于2006年12月6日向双方当事人发出无效宣告请求受理通知书，并将无效宣告请求书及所附附件的副本转送给专利权人，要求其在指定的期限内答复。

针对上述无效宣告请求，专利权人于2006年12月22日提交了意见陈述书，具体指出：（1）本专利的权利要求1~7符合专利法实施细则第13条第1款的规定；（2）本专利权利要求1的盖体2与附件2-3公开的盖板70结构完全不相同，因此本专利权利要求1具有新颖性；（2）本专利权利要求1中盖体和钳体枢接形成可打开或折叠后刀口则呈闭合状的结构，而附件2-3的盖板70只能压住欲张开角度的杠杆20，不能闭合刀口，因此本专利权利要求1相对于附件2-3具有创造性；（3）本专利权利要求2与附件2-3的区别在于本专利权利要求2所述的上半钳体的前端设有枢设部112，其是用来限制上半钳体和下半钳体张开的角度的角度限制结构部，而附件2-3没有角度限制结构部，其依靠盖板70用于按压保持所述夹角的杠杆20，两者在结构上有本质区别，因此权利要求2具有新颖性和创造性；（4）附件2-3没有公开本专利权利要求3中的“该枢设部，为一体形成设置在上半钳体的前端部，其是在两侧面上端向上形成Π形，而形成可以限制上半钳体张开角度的角度限制结构部”，而且本专利权利要求3具有空腔收集部117，解决了指甲剪碎后四处乱飞的问题，此外，上半钳体11的整体式框架为直接整体冲压成形的整体框架结构，附件2-4解决的问题与权利要求3要解决的问题不同，且与权利要求3的技术特征也不相同，因此权利要求3相对于附件2-3或附件2-4具有新颖性并且相对于附件2-3和附件2-4具有创造性；（5）本专利权利要求4与附件2-3的区别在于：该钳体枢轴固定孔1221至下半钳体主体按压端部124的长度大于上半钳体钳体枢轴固定孔1221至盖体枢轴孔21的长度，形成折叠后不自动弹开的结构，附件2-3和附件2-5都没有限定该特征，因此本专利权利要求4具有新颖性和创造性；（6）本专利权利要求5与附件2-3的区别在于：附件2-3的盖板与权利要求5的盖体结构有本质区别，本专利权利要求5的盖体通过枢接体使钳体形成折叠后钳口封闭状的结构，附件2-3的盖板只能压住杠杆，不能封闭钳口，因此本专利权利要求5具有新颖性和创造性；（7）本专利权利要求6的上半钳体11、弹簧片114及前端枢设部112为整体冲压结构，下半钳体12也是整体冲压结构，整体冲压成形为一体的结构克服了焊接结构易出现裂纹和断裂现象、结构不牢固的缺点，因此本专利权利要求6相对于附件2-4具备新颖性、相对于附件2-3和附件2-4的结合具备创造性；（8）权利要求7~20直接或间接引用权利要求1~6，在权利要求1~6具有新颖性和创造性的基础上，本专利权利要求7~20具有新颖性和创造性，此外，附件2-5中所示的带有指甲刀的便携刀具的鞘体不是本专利权利要求10所述的指甲钳的盖体，附件2-7是在钢片上加工成弯勾形成开瓶启子，而本专利权利要求10是在盖体的两侧面设有ㄴ形的缺口，本专利权利要求12、13中的盖体上设有时钟的详细构造以及电子表盖上设有装饰文字、图案的表层结构没有在所列附件中看到，所列的附件中没有公开本专利权利要求18中的“盖体结构设置为一平面板状体，在该平面板状体的前端设有扳手开口”、本专利权利要求19中的“盖体结构设置为一平面板状体，在该平面板状体的前端部或侧面部还可单独设有螺丝刀刀口，或是设置为与上述扳手开口相组合的结构，而形成为螺丝刀或扳手螺丝刀”。

第二请求人于2006年12月17日向专利复审委员会提交了意见陈述书，并同时提交了如下附件：

附件2-10：公告号为US3903596的美国专利说明书全文复印件，公告日为1975年9月9日；

附件2-11：附件2-10的部分中文译文；

附件2-12：公告号为KR1989-0003792的韩国专利说明书全文复印件，公告日为1989年6月5日；

附件2-13：附件2-12的部分中文译文及相关网上专利检索的首页彩色复印件；

附件2-14：公告号为KR2002-0202835的韩国专利说明书全文复印件，公告日为2000年11月15日；

附件2-15：附件2-14的部分中文译文及相关网上专利检索的首页彩色复印件。

其具体理由是：（1）权利要求1相对于附件2-12或附件2-14不具备新颖性，不符合专利法第22条第2款的规定；（2）在附件2-12或附件2-14的基础上结合附件2-10得到权利要求2的技术特征是显而易见的，因此权利要求2不具备创造性，不符合专利法第22条第3款的规定；（3）在附件2-14的基础上结合附件2-10得到权利要求3的技术特征是显而易见的，因此权利要求3不具备创造性，不符合专利法第22条第3款的规定；（4）附件2-14公开了权利要求4、5的附加技术特征，因此权利要求4、5不具备创造性，不符合专利法第22条第3款的规定；（5）在附件2-14的基础上结合附件2-10得到权利要求6的技术方案是显而易见的，因此权利要求6不具备创造性，不符合专利法第22条第3款的规定。

专利复审委员会依法成立合议组，根据审查指南第四部分第三章第3.5节的规定，合议组将上述两个无效宣告请求合案进行审查。2007年5月8日，本案合议组向三方当事人发出口头审理通知书，定于2007年6月21日进行口头审理；同时将专利权人于2006年12月22日针对第二无效宣告请求提交的意见陈述书副本转送给第二请求人；将专利权人于2007年4月20日针对第一无效宣告请求提交的意见陈述书副本转送给第一请求人；将第二请求人于2006年12月17日提交的意见陈述书以及所附附件的副本转送给专利权人。

第二请求人于2007年5月17日提交了意见陈述书，指出：口审通知的章戳发文日是2007年5月8日，寄文日为2007年5月11日，法定收到日为2007年5月26日，而口审日即2007年6月21日距法定收到日不到一个月时间，对审查程序有异议，恳请通知专利权人针对第二请求人于2006年12月20日提交的补充证据和陈述理由在一个月内答复并在口审前寄交第二请求人，并将口审推迟进行。

第二请求人于2007年5月26日提交了意见陈述书，并同时提交了如下附件：

附件2-16：公告号为CN2292437Y的中国实用新型专利说明书，公告日为1998年9月30日。

其指出：（1）放弃专利法实施细则第13条第1款的无效理由；（2）权利要求1、2的全部特征被附件2-3公开，因此权利要求1、2不具备新颖性，同时不具备创造性，权利要求1、2的全部特征被附件2-5覆盖，因此权利要求1、2不具备新颖性，同时权利要求1、2不具备创造性；（3）权利要求3的全部特征被附件2-5单独公开，或者附件2-3与附件2-5结合公开，因此权利要求3不具备创造性；（4）本专利的盖体与附件2-5公开的指甲锉没有本质区别，因此权利要求4不具备创造性；（5）以附件2-3、附件2-5分别单独陈述权利要求5不符合专利法第22条第2、3款的规定，或者以附件2-3与附件2-5的结合陈述权利要求5不符合专利法第22条第3款创造性的规定；（6）权利要求6相对于附件2-3与附件2-10的结合、附件2-5与附件2-10的结合不符合专利法第22条第3款创造性的规定。

本案合议组于2007年6月4日发出转送文件通知书，将第二请求人于2007年5月26日提交的意见陈述书及其所附附件副本转送给专利权人。

口头审理于2007年6月21日如期进行，三方当事人均出席了口头审理，并分别对对方当事人的出庭资格无异议，三方当事人对合议组成员均无回避请求。在口审中：

（1）第一请求人明确其无效理由为：权利要求1~3相对于附件1-1不符合专利法第22条第2款的规定；权利要求1-3相对于附件1-1和附件1-2的结合不符合专利法第22条第3款的规定；权利要求4、5相对于附件1-1结合公知常识不符合专利法第22条第3款的规定；权利要求6相对于附件1-1结合附件1-2不符合专利法第22条第3款的规定；当权利要求7引用权利要求1~5中任何一个权利要求时，权利要求7~20相对于附件1-1结合公知常识不符合专利法第22条第3款的规定。

第一请求人明确表示放弃使用附件1-3，并放弃采用附件1-1结合附件1-3评价权利要求10、17~20不符合专利法第22条第3款的规定的无效宣告请求理由；放弃采用附件1-1评价权利要求5不符合专利法第22条第2款的规定的无效宣告请求理由。专利权人明确表示对附件1-1、附件1-2的真实性无异议。

（2）第二请求人明确无效宣告理由是权利要求7不符合专利法实施细则第20条第1款的规定；权利要求1相对于附件2-3或附件2-12或附件2-14不符合专利法第22条第2款的规定；权利要求2相对于附件2-3不符合专利法第22条第2款的规定；在附件2-12或附件2-14的基础上结合附件2-10，权利要求2不符合专利法第22条第3款的规定；权利要求3~6相对于附件2-10和附件2-14的结合不符合专利法第22条第3款的规定。

合议组将第二请求人于2007年5月17日提交的意见陈述书的副本当庭转交给专利权人，并告知双方当事人该意见陈述书中的口审延期请求合议组不予接受。合议组当庭告知第二请求人：因为没有具体陈述权利要求7不具有新颖性、创造性的理由，因此有关直接或间接引用权利要求7的权利要求8~20不具备新颖性、创造性的理由均不予审查。

第二请求人明确表示放弃以附件2-2评价权利要求1~6不符合专利法实施细则第13条第1款的无效理由；放弃以附件2-3、附件2-4结合评述权利要求3不具备创造性的无效理由；放弃以附件2-3、附件2-4或附件2-5为基础评述权利要求4、5不具备创造性的无效理由；放弃以附件2-3、附件2-4结合评述权利要求6不具备创造性的无效理由；放弃使用附件2-2、附件2-5至附件2-9。

第二请求人明确仅以附件2-12、附件2-14附图公开内容作为证据使用，专利权人认同附件2-12、附件2-14公开了与附件2-3相似结构的指甲钳。

专利权人明确表示对附件2-2至附件2-15的真实性无异议，除对附件10中文译文的准确性有异议外，对其他中文译文无异议。专利权人对附件10第1栏第55~56行中的“冲压”的翻译有异议，认为应该正确翻译为“冲切”，对此，第二请求人予以认可。第二请求人认为“冲切”的概念包括冲压和切削，专利权人认为冲压与冲切的概念不能混同，冲压比冲切更简单。

在此基础上，三方当事人充分陈述了意见。

至此，合议组认为本案事实已经清楚，可以依法作出无效宣告请求审查决定。

**二、决定的理由**

1. 关于口头审理延期的问题

因为审查指南第五部分第六章第2.3.1节明确规定：通过邮寄的通知和决定，自发文日起满15日推定为当事人收到通知和决定之日；审查指南第四部分第四章第3节规定：当事人应当在收到口头审理通知之日起7日内向专利复审委员会提交口头审理通知书回执。而本案中口审通知的发文日是2007年5月8日，推定收到日为2007年5月23日，口审日即2007年6月21日距发文日超过37天，因此不存在程序上的问题，对于第二请求人的口审延期请求合议组不予接受。

2. 关于证据

附件 1-1 和附件 1-2 为中国公开的专利文献，属于公开出版物，专利权人明确表示对其真实性无异议，其公开日在本专利申请日之前，故附件 1-1 和附件 1-2 可以作为评价本专利新颖性和创造性的证据使用。

附件 2-2 至附件 2-9 为中国公开的专利文献，附件 2-10 为美国专利说明书全文，附件 2-12 以及附件 2-14 为韩国专利说明书全文，上述附件均属于公开出版物，专利权人明确表示对附件 2-2 至附件 2-9、附件 2-10、附件 2-12、附件 2-14 的真实性无异议，但对附件 2-11（附件 2-10 的中文译文）的准确性有异议，双方当事人同意将附件 2-11 第 1 栏第 55~56 行中的“冲压”改为“冲切”，专利权人对附件 2-13（附件 2-12 的中文译文）、附件 2-15（附件 2-14 的中文译文）的准确性无异议，而且附件 2-2 至附件 2-9 以及附件 2-10、附件 2-12、附件 2-14 的公开日在本专利申请日之前，故附件 2-2 至附件 2-9 以及附件 2-10、附件 2-12、附件 2-14 可以作为评价本专利新颖性和创造性的现有技术使用。

第二请求人于 2007 年 5 月 26 日补充提交了附件 2-16，由于补充提交的时间超出了自提出无效宣告请求之日起一个月的举证期限，因此对附件 2-16 合议组不予接受。

3. 关于无效宣告请求的理由

第二请求人认为权利要求 7 不符合专利法实施细则第 20 条第 1 款的规定，却未给出具体的理由，审查指南第四部分第三章第 4.1 节明确规定：请求人在提出无效宣告请求时没有具体说明的无效宣告理由，且在一个月内也未补充具体说明的，专利复审委员会不予考虑。因此合议组对该无效宣告理由不予考虑。

第二请求人在于 2006 年 11 月 22 日提交的无效请求书中未提出关于权利要求 7 不符合专利法第 22 条第 2 款、第 3 款有关规定的理由、事实以及证据，并且在一个月的举证期限内也没有补充提交，又由于权利要求 8~20 直接或间接引用了权利要求 7，并且具体说明权利要求 8~20 的理由时也未具体说明权利要求 8~20 所包含的权利要求 7 的技术特征，因此合议组对第二请求人提出的关于权利要求 8~20 不符合专利法第 22 条第 2 款、第 3 款的理由不予审查。

4. 关于专利法第 22 条第 2 款、第 3 款

专利法第 22 条第 2 款规定的新颖性，是指在申请日以前没有同样的发明或者实用新型在国内外出版物上公开发表过、在国内公开使用过或者以其他方式为公众所知，也没有同样的发明或者实用新型由他人向国务院专利行政部门提出过申请并且记载在申请日以后公布的专利申请文件中。

专利法第 22 条第 3 款规定的创造性，是指同申请日以前已有的技术相比，该发明具有突出的实质性特点和显著的进步，该实用新型有实质性特点和进步。

（1）关于第一请求人针对权利要求 1 的新颖性。

第一请求人认为本专利权利要求 1 相对于附件 1-1 不符合专利法第 22 条第 2 款的规定，合议组认为：权利要求 1 涉及一种指甲钳，附件 1-1 公开了一种指甲刀，其杠杆 20 插在固定本体 10 内侧（杠杆 20 和固定本体 10 就相当于权利要求 1 中的钳体），“U”形的剪切部件 71 成型在盖板 70（见附件 1-1 附图 7）前部，盖板 70（相当于权利要求 1 中的盖体）压在杠杆 20 上并使其保持折叠（相当于权利要求 1 中所述的使指甲钳形成可打开或折叠且折叠后刀口则呈闭合状的结构），使得其在旋转后能用作一个微型修刀（见附件 1-1 说明书第 2 页第 5~14 行以及附图 7），固定本体 10 与盖板 70 铰接（见附件 1-1 附图 1），所属技术领域的技术人员根据附件 1-1 附图 1 可以直接地、毫无疑义地得知钳体的尾端穿设有盖体枢接体，而与盖体相枢接为一体，该钳体形成可绕盖体枢接体旋转的结构；所属技术领域的技术人员根据附件 1-1 附图 1、附图 4、附图 6 可以直接地、毫无疑义地得知盖板 70

的前端设有盖体枢接孔，并穿设有枢接体，而与钳体相铰接连接；所属技术领域的技术人员根据附件1-1附图1、附图4可以直接地、毫无疑义地得知枢接体穿设过钳体尾端设置的盖板枢接孔及盖板尾部设置的盖板枢接孔，使钳体与盖板相互枢接为一体。

附件1-1公开了本专利权利要求1的全部技术特征，并且两者的技术领域相同，都是涉及指甲刀，两者也都解决了刀刃张开太大导致被划伤的技术问题，也都具有相同的预期效果，那就是使得刀刃张开并保持一定角度并且折叠后刀口闭合防止被划伤，因此本专利权利要求1不符合专利法第22条第2款有关新颖性的规定。

专利权人认为本专利权利要求1的盖体2与附件1-1公开的盖板70结构完全不相同，本专利中盖体2起到了包裹钳体刀口使其呈闭合状结构，而附件1-1中的盖板70只是使刀口闭合，与本专利中的闭合状结构不同，因此本专利权利要求1具有新颖性。

对此，合议组认为：从权利要求1记载的特征分析，其中所述盖体与附件1-1中的盖板并不存在不同之处，它们都是铰接在钳体的尾端，并且都是起到了折叠后使刀口呈闭合状结构的作用，附件1-1图7示出了折叠后刀口闭合，也就是刀口呈闭合状结构，在本专利权利要求1中并没有表述刀口呈闭合状结构指的是盖体2包裹刀口的闭合状结构，也没有描述用以包裹刀口的盖体的具体结构，因此专利权人指出的权利要求1中的盖体与附件1-1的盖板结构完全不同的理由不成立，即附件1-1公开了本专利权利要求1中的盖体。

（2）关于第一请求人针对权利要求2的新颖性和创造性。

第一请求人认为本专利权利要求2相对于附件1-1不符合专利法第22条第2款的规定，并且相对于附件1-1和附件1-2不符合专利法第22条第3款的规定。

附件1-1进一步公开了以下技术内容：钳体主要包括上半钳体（见附件1-1附图1中10）和下半钳体（见附件1-1附图1中20），其杠杆20插在固定本体10内侧，通过一个销40接合在一起并可折叠（相当于权利要求2中下半钳体插设于上半钳体的框架中间部，并在前端部与上半钳体相枢接，形成可在上半钳体的框架内绕枢轴转动的枢转结构），固定在固定本体10的一端上的板簧30的前部置于杠杆的背后，使得在其压力下杠杆20与固定本体10之间保持一个夹角，随着板簧30的弹力连续地工作（相当于权利要求2中的该上半钳体、下半钳体形成为在弹簧片的弹力作用下反复张开结构），前端的突出部件与上半钳体二侧面构成整体式结构框架（见附件1-1说明书第2页第5~10行）。

但附件1-1没有公开权利要求2的以下特征：（1）上半钳体为一整体式框架结构，其是由二侧面、前端的枢设部以及后端的弹簧基座相互组合共同构成上半钳体的整体结构式框架；（2）上半钳体的弹簧基座上一体连接设有冲压折弯的弹簧片。因此权利要求2相对于附件1-1具备新颖性，符合专利法第22条第2款的规定。

附件1-2也没有公开上述特征，并且该特征取得了可便于批量生产、结构更为牢固以及避免钳体尾部结构不牢固的技术效果，上述特征也并非本领域内的公知常识，现有技术并没有给出上半钳体是整体结构式框架以及上半钳体的弹簧基座上一体连接设有冲压折弯的弹簧片的技术启示，因此权利要求2相对于附件1-1和附件1-2具备实质性特点和进步，符合专利法第22条第3款有关创造性的规定。

对于第一请求人提出的权利要求2中的“相互组合”与“整体结构式框架”矛盾，并且相互组合就是指的是分开的零部件的组合的意见，合议组认为：由权利要求2所述的“上半钳体为一整体式框架结构，其是由二侧面、前端的枢设部以及后端的弹簧基座相互组合共同构成上半钳体的整体结构式框架”可以推导得知整体式框架结构就是指的是一个整体的框架，也就是指的是二侧面、前端的枢设部以及后端的弹簧基座是一个整体，而“相互组合”指的是由这些部分整合在一起的一个整体，即只是限定了一个整体框架的范围，“相互组合”并不能说明是各个分散部件的组合，因此对于第一请求人的意见合议组不予接受。

（3）关于第一请求人针对权利要求 3~20 的新颖性或创造性。

由于权利要求 3~6 直接或间接引用权利要求 2，因此在权利要求 2 具备新颖性和创造性的基础上，权利要求 3~6 也具备新颖性和创造性，符合专利法第 22 条第 2、3 款的规定。对于第一请求人提出的在权利要求 7 引用权利要求 1~5 中任何一个时权利要求 7~20 相对于附件 1-1 结合公知常识不符合专利法第 22 条第 3 款的规定，合议组认为，权利要求 7 在引用权利要求 2~5 中任何一个时基于上述同样的理由也具备新颖性和创造性，符合专利法第 22 条第 2 款、第 3 款的规定。引用权利要求 1 时的权利要求 7 以及此时引用权利要求 7 的权利要求 8~20，其附加技术特征都是对盖体附加了一些已知的功能结构，将它们与盖体组合在一起，但它们仍然以其常规的方式工作，而且总的技术效果是各组合部分效果之总和，组合后的各个技术特征之间在功能上无相互作用关系，仅仅是一种简单的叠加，因此权利要求 7~20 相对于附件 1-1 不具备创造性，不符合专利法第 22 条第 3 款的规定。

（4）关于第二请求人针对权利要求 1 的新颖性。

附件 2-14（中文译文为附件 2-15）公开了一种指甲钳，并公开了以下技术特征：设有钳体（见附件 2-14 附图 1 中 10 以及 20）及枢轴（见附件 2-14 附图 1 中 40），包括钳体、盖体（见附件 2-14 附图 1 中 80）和枢接体（见附件 2-14 附图 1 中 60），由附件 2-14 附图 1 可以直接地、毫无疑义地得出该钳体，尾端穿设有盖体枢接体，而与盖体相枢接为一体，该钳体形成可绕盖体枢接体旋转的结构；该盖体，其前端设有盖体枢接孔，并穿设有枢接体（见附件 2-14 附图 1 中 60），而与钳体相铰接连接；该枢接体（见附件 2-14 附图 1 中 60），穿设过钳体尾端设置的盖体枢接孔及盖体尾部设置的盖体枢接孔，使钳体与盖体相互枢接连接为一体，而使指甲钳形成可打开或折叠且折叠后刀口则呈闭合状的结构。

因此附件 2-14 公开了权利要求 1 的全部技术特征，并且技术领域相同，都是涉及指甲钳，都解决了刀刃张开太大导致被划伤的技术问题，也都具有相同的预期效果，那就是使得刀刃张开并保持一定角度并且折叠后刀口闭合防止被划伤，因此本专利权利要求 1 不符合专利法第 22 条第 2 款有关新颖性的规定。

专利权人在口审时认同附件 2-14 公开了与附件 2-3 相似结构的指甲钳。专利权人认为本专利权利要求 1 中盖体起到了包裹钳体刀口使其呈闭合状结构，而附件 2-14 中的盖只是使刀口闭合，与本专利中的闭合状结构不同，因此本专利权利要求 1 具有新颖性。对此，合议组认为：从权利要求 1 记载的特征分析，其中所述盖体与附件 2-14 中的盖并不存在不同之处，它们都是铰接在钳体的尾端，并且都是起到了折叠后使刀口呈闭合状的结构，在本专利权利要求 1 中并没有表述刀口呈闭合状结构指的是盖体包裹刀口的闭合状结构，也没有描述用以包裹刀口的盖体的具体结构，而仅仅指出了刀口呈闭合状结构，因此专利权人指出的权利要求 1 与附件 2-14 存在不同的理由不成立，即附件 2-14 公开了本专利权利要求 1 的全部技术特征。

（5）关于第二请求人针对权利要求 2 的创造性。

第二请求人认为本专利权利要求 2 相对于附件 2-14 和附件 2-10 不符合专利法第 22 条第 3 款的规定，合议组认为：附件 2-14 进一步公开了：钳体主要包括上半钳体（见附件 2-14 附图 1 中 10）和下半钳体（见附件 2-14 附图 1 中 20），由附件 2-14 附图 1 可以推导得出下半钳体，插设于上半钳体的框架中间部，并在前端部与上半钳体相枢接，形成可在上半钳体的框架内绕枢轴转动的枢转结构，该上半钳体、下半钳体形成为在弹簧片（见附件 2-14 附图 1 中 50）的弹力作用下反复张开结构，上半钳体中枢设部（见附件2-14附图1中10的前端）、二侧面（见附件2-14附图1中12）构成整体式框架结构。

权利要求2的附加技术特征中有如下技术特征没有被附件2-14公开：①上半钳体，为一整体式框架结构，其是由二侧面、前端的枢设部以及后端的弹簧基座相互组合共同构成上半钳体的整体结构式框架；②在上半钳体的弹簧基座上一体连接设有冲压折弯的弹簧片。

附件2-10（中文译文为附件2-11）公开了如下技术内容：上刀刃后端固定包含一与刀刃整体成型一致的冲切成型的弹簧片，从而减少产品制造成本，而且免去复杂的弹簧垫（见附件2-11说明书第2栏第17~21行），图1、图5和图6各自示出整体成型弹簧片19a为与本体19（即弹簧座本体）整体成型的一部分（见附件2-11说明书第3栏第1~2行），该弹簧为一板簧，且整体成型于上刀刃（见附件2-11说明书第4栏第11行~15行），其中上刀刃相当于特征（1）中的上半钳体，由整体成型弹簧片19a为与本体19（即弹簧座本体）整体成型的一部分、上刀刃后端固定包含一与刀刃整体成型一致的冲切成型的弹簧片以及弹簧整体成型于上刀刃可以直接推导得出特征（1）即弹簧基座整体成型于上半钳体以及特征（2）即将弹簧片冲压折弯一体连接在上半钳体的弹簧基座上，冲压和冲切是金属整体成型过程中的两个步骤，都是必不可少的，因此两者所表达的是相同的内容，其前端向前延伸，其后端穿越枢转臂可嵌入空间。

由于附件2-14和附件2-10都属于指甲钳这一相同的技术领域，因此所属领域的技术人员根据附件2-10公开的内容容易想到将附件2-14中的弹簧片一体连接在与上半钳体整体成型的弹簧基座上，从而得到与本专利权利要求2结构相同的指甲钳。

可见，附件2-10公开了上述技术特征（1）和（2），并且其在附件2-10中起到的作用与其在权利要求2中起到作用相同，都是为了容易批量生产、得到结构更为牢固的指甲钳，即附件2-10给出了将上述技术特征应用到附件2-14中的技术启示，因此对本领域技术人员来说，在附件2-14的基础上结合附件2-10得到本专利权利要求2的技术方案是显而易见的，其也没有产生预料不到的技术效果，因此权利要求2相对于附件2-14和附件2-10的结合不具有实质性特点和进步，不具有创造性，不符合专利法第22条第3款的规定。

（6）关于第二请求人针对权利要求3的创造性。

附件2-14公开了以下技术内容：该二侧面，为两个相平行的长条形的侧面（见附件2-14附图1中12），是形成上半钳体的主体连接部，侧面的前端一体形成设有枢设部（见附件2-14附图1中10的前端），该枢设部的前端设有上半钳刀刃，侧面的前端并设有一钳体枢轴固定孔；侧面的尾端设有盖体枢轴孔；该枢设部，为一体形成设置在上半钳体的前端部，其是在二侧面上端向上形成⊓形（见附件2-14附图1）；由附件2-14附图1可直接推导得出10的前端形成可以限制上半钳体、下半钳体张开角度的角度限制结构部，上半钳体、下半钳体形成在长条形的弹簧片弹力作用下可反复伸张开，同时利用上半钳体的前端枢设部的前端部可以限制上半钳体、下半钳体张开角度的结构；在上半钳体的前端枢设部与弹簧基座上的弹簧片之间形成一个框架中空部，下半钳体插设于弹簧片与前端枢设部之间的框架中空部中；上半钳体、下半钳体形成在弹簧片的弹力作用下反复张开的结构，下半钳体与上半钳体之间始终保持一合适的夹持夹角α，且前端枢设部设置于下半钳体的前部，形成限制下半钳体张开角度α的角度限制结构；该弹簧片，连接于弹簧基座上，其伸出端呈顶掣设置于下半钳体上的结构，弹簧片的伸出端顶掣在下半钳体的背面部，该空腔收集部，由上半钳体的两个平行的长条形侧面、前端枢设部、上半钳刀刃与下半钳刀刃之间共同围合而形成一收集碎指甲的空腔收集部（由附件2-14附图1中的10、12、20可以得出该空腔收集部，并且该空腔收集部在一定程度上起到了防止指甲飞溅的作用），上半钳体中二侧面（见附件2-14附图1中12）、枢设部（见附件2-14附图1中

10 的前端）以及空腔收集部整体成型构成整体式框架。

权利要求 3 的附加技术特征中有如下技术特征没有被附件 2-14 公开：①上半钳体的整体式框架为直接整体冲压成形的整体式框架结构，其包括二侧面、枢设部、弹簧基座、弹簧片以及空腔收集部；②在该侧面的尾部后端则一体形成设有弹簧基座，该弹簧基座上一体连接设有冲压折弯的弹簧片；③该弹簧基座，设置于两个侧面的尾部后端之间，形成垂直于该两个侧面，且在该弹簧基座上延伸设有长条形的弹簧片。

附件 2-10（中文译文为附件 2-11）公开了如下技术内容：上刀刃后端固定包含一与刀刃整体成型一致的冲切成型的弹簧片，从而减少产品制造成本，而且免去复杂的弹簧垫（见附件 2-11 说明书第 2 栏第 17~21 行），图 1、图 5 和图 6 各自示出整体成型弹簧片 19a 为与本体 19（即弹簧座本体）整体成型的一部分（见附件 2-11 说明书第 3 栏第 1~2 行），该弹簧为一板簧，且整体成型于上刀刃（见附件 2-11 说明书第 4 栏第 11~15 行，其中上刀刃相当于特征①中的上半钳体，由所述的整体成型弹簧片 19a 为与本体 19（即弹簧座本体）整体成型的一部分、刀刃后端固定包含一与刀刃整体成型一致的冲切成型的弹簧片以及弹簧整体成型于上刀刃可以推导得出特征①即弹簧基座、弹簧片整体冲压成型于上半钳体形成整体式框架以及特征②即将弹簧片冲压折弯一体连接在上半钳体的弹簧基座上；冲压和冲切是金属整体成型过程中的两个步骤，都是必不可少的，因此两者所表达的是相同的内容），其前端向前延伸，其后端穿越枢转臂可嵌入空间。由附件 2-11 摘要附图可以直接推导得出特征③即弹簧基座设置于两个侧面的尾部后端之间，形成垂直于该两个侧面，且在该弹簧基座上延伸设有长条形的弹簧片。

由于附件 2-14 和附件 2-10 都属于指甲钳这一相同技术领域，因此所属领域的技术人员根据附件 2-10 公开的内容容易想到将附件 2-14 中的弹簧基座、弹簧片整体冲压成型在上半钳体上以及将弹簧基座垂直设置于两个侧面，从而得到与本专利权利要求 2 结构相同的指甲钳。

可见，附件 2-10 公开了上述技术特征，并且其在附件 2-10 中起到的作用与其在权利要求 2 中起到作用相同，附件 2-10 给出了将上述技术特征应用到附件 2-14 中的技术启示，因此对本领域技术人员来说，在权利要求 2 不具备创造性的基础上，在附件 2-14 的基础上结合附件 2-10 得到本专利权利要求 3 的技术方案是显而易见的，其也没有产生预料不到的技术效果，因此权利要求 3 相对于附件 2-14 和附件 2-10 的结合不具有实质性特点和进步，不具有创造性，不符合专利法第 22 条第 3 款的规定。

（7）关于第二请求人针对权利要求 4 的创造性。

附件 2-14 进一步公开了以下技术内容：下半钳体包括下半钳主体、支耳以及下半钳刀刃，该下半钳主体，插设于上半钳体的弹簧片与前端枢设部之间的框架中空部中，并在前端部穿设有一枢接体与上半钳体的枢设部相枢设固定，下半钳主体形成可在框架中空部内围绕枢接体枢接转动的结构；该支耳，是在下半钳主体的二侧分别设有一支耳，支耳上设有钳体枢轴固定孔，该下半钳刀刃，一体形成设置于下半钳主体的前端部（见附件 2-14 附图 1）。

权利要求 4 的附加技术特征中有如下技术特征没有被附件 2-14 公开：该钳体枢轴固定孔至下半钳主体按压端部的长度大于上半钳体钳体枢轴固定孔至盖体枢轴孔的长度，形成指甲钳在折叠后为自锁状而不会自行弹开的结构。

所属领域的技术人员为了使指甲钳在折叠后自锁而不自行弹开将钳体枢轴固定孔至下半钳主体按压端部的长度设置为大于上半钳体钳体枢轴固定孔至盖体枢轴孔的长度是本领域内的公知技术。

在权利要求 3 不具备创造性的基础上，在附件 2-14 的基础上结合附件 2-10 以及公知常识得到本专利权利要求 4 的技术方案是显而易见的，其也没有产生预料不到的技术效果，因此权利要求 4 相对于附件 2-14 和附件 2-10 以及公知常识的结合不具有实质性特点和进步，不具有创造性，不符合专利法第 22 条第 3 款的规定。

（8）关于第二请求人针对权利要求 5 的创造性。

附件 2-14 公开了以下技术内容：枢接体包括钳体枢接体（见附件 2-14 附图 1 中 40）以及盖体枢接体（见附件 2-14 附图 1 中 60），由附件 2-14 附图 1 可以直接推导得出该钳体枢接体，穿设于上半钳体两平行侧面前端的钳体枢轴固定孔，并贯穿下半钳体支耳的钳体枢轴固定孔，将上半钳体与下半钳体相铰接而连接成为一可折叠转动的钳体整体，上半钳体的上半钳刀刃与下半钳体的下半钳刀刃的刀刃呈平行对齐状；该盖体枢接体，穿设于上半钳体二侧面尾端的盖体枢轴孔，并贯穿盖体尾部设置的盖体枢轴孔，整个钳体形成可绕盖体枢接体相对盖体旋转的结构，形成指甲钳反复折叠打开且折叠后钳口呈闭合状的结构。

因此附件 2-14 公开了权利要求 5 的附加技术特征，在权利要求 4 不具备创造性的基础上，在附件 2-14 的基础上结合附件 2-10 以及公知常识得到本专利权利要求 5 的技术方案是显而易见的，其也没有产生预料不到的技术效果，因此权利要求 5 相对于附件 2-14 和附件 2-10 以及公知常识的结合不具有实质性特点和进步，不具有创造性，不符合专利法第 22 条第 3 款的规定。

专利权人认为本专利权利要求 5 中盖体起到了包裹钳体刀口使其呈闭合状结构，而附件 2-14 中的盖只是使刀口闭合，与本专利中的闭合状结构不同，因此本专利权利要求 5 具有创造性。对此，合议组认为：从权利要求 5 中看，其中所述盖体与附件 2-14 中的盖并不存在不同之处，它们都是铰接在钳体的尾端，并且都是起到了折叠后使刀口呈闭合状的结构，在本专利权利要求 5 中并没有表述刀口呈闭合状结构指的是盖体包裹刀口的闭合状结构，也没有描述用以包裹刀口的盖体的具体结构，而仅仅指出了钳口呈闭合状结构，因此专利权人指出的权利要求 5 与附件 2-14 存在不同的理由不成立，即附件 2-14 公开了本专利权利要求 5 的附加技术特征。

（9）关于第二请求人针对权利要求 6 的创造性。

附件 2-14 公开了以下技术内容：上半钳体（见附件 2-14 附图 1 中 10）、前端枢设部（见附件 2-14附图 1 中 10 的前端）是为整体成型为一体的结构（见附件 2-14 附图 1）。

权利要求 6 的附加技术特征中有如下技术特征没有被附件 2-14 公开：弹簧片与上半钳体、前端枢设部一起整体冲压成型为一体，该弹簧片是为在弹簧基座上直接延伸出冲压折弯的长条形的弹簧片，而直接连接设置在上半钳体上。

附件 2-10（中文译文为附件 2-11）公开了如下技术内容：上刀刃后端固定包含一与刀刃整体成型一致的冲切成型的弹簧片，从而减少产品制造成本，而且免去复杂的弹簧垫（见附件 2-11 说明书第 2 栏第 17~21 行），图 1、图 5 和图 6 各自示出整体成型弹簧片 19a 为与本体 19（即弹簧座本体）整体成型的一部分（见附件 2-11 说明书第 3 栏第 1~2 行），该弹簧为一板簧，且整体成型于上刀刃（见附件 2-11 说明书第 4 栏第 11~15 行，其中上刀刃相当于权利要求 6 中的上半钳体，由所述的整体成型弹簧片 19a 为与本体 19（即弹簧座本体）整体成型的一部分、上刀刃后端固定包含一与刀刃整体成型一致的冲切成型的弹簧片以及弹簧整体成型于上刀刃可以推导得出权利要求 6 附加技术特征中弹簧片是为在弹簧基座上直接延伸出冲压折弯的长条形的弹簧片，而直接连接设置在上半钳体上以及将弹簧片冲压折弯与上半钳体、前端枢设部一起整体成型为一体；冲压和冲切是金属整体成型过程中的两个步骤，都是必不可少的，因此两者所表达的是相同的内容），其前端向前延伸，其后端穿越枢转臂可嵌入空间。

因此权利要求 6 的附加技术特征被附件 2-14 和附件 2-10 公开了，在权利要求 5 不具备创造性的基础上，在附件 2-14 的基础上结合附件 2-10 以及公知常识得到本专利权利要求 6 的技术方案是显而易见的，其也没有产生预料不到的技术效果，因此权利要求6相对于附件2-14和附件2-10以及公知常识的结合不具有实质性特点和进步，不具有创造性，不符合专利法第22条第3款的规定。

（10）关于第二请求人针对权利要求1~6的其他无效理由。

由于根据第二请求人提交的附件2-10和附件2-14已经得出本专利权利要求1-6不具有新颖性或创造性的结论，因此，对于第二请求人针对本专利权利要求1~6提出的其他的无效理由以及相关的证据，即附件2-3、附件2-4、附件2-12、附件2-13，合议组不再进行评述。

**三、决定**

宣告200420073151.1号实用新型专利权利要求1~6以及在权利要求7引用权利要求1时权利要求7~20的专利权无效，在权利要求7引用权利要求2~6其中任何之一的基础上维持权利要求7~20的专利权有效。

当事人对本决定不服的，可以根据专利法第46条第2款的规定，自收到本决定之日起3个月内向北京市第一中级人民法院起诉。根据该款的规定，一方当事人起诉后，另一方当事人应当作为第三人参加诉讼。

194

# 一种具有通气孔的隐形文胸

## 无效宣告请求审查决定（第10610号）

**决　　定　　号**　第10610号
**决　　定　　日**　2007年10月30日
**发明创造名称**　一种具有通气孔的隐形文胸
**国 际 分 类 号**　A41C 3/12，A41C 3/00
**无效宣告请求人**　张果庄
**专　利　权　人**　董　路
**专　　利　　号**　200520028723.9
**申　　请　　日**　2005年6月1日
**授 权 公 告 日**　2006年6月21日
**合 议 组 组 长**　叶　娟
**主　　审　　员**　刘玉玲
**参　　审　　员**　李梦楠

**法　律　依　据**　专利法第22条第3款
**决　定　要　点**

如果要求保护的实用新型对于本领域技术人员来说是显而易见的，而且也未产生预料不到的技术效果，那么该实用新型不具备创造性。

### 一、案由

本无效宣告请求案涉及国家知识产权局于2006年6月21日公告授予的、名称为“一种具有通气孔的隐形文胸”的200520028723.9号实用新型专利权（下称本专利），其申请日为2005年6月1日，专利权人为董路。该专利授权公告的权利要求书如下：

“1. 一种具有通气孔的隐形文胸，它是由罩杯、封边、连接扣等构成，其特征在于：左右罩杯是由两层布料中间夹设一层海绵，并在左右罩杯的外缘周边车缝有封边；在左右罩杯的内侧面涂有黏合剂，并制有通气孔。

2. 根据权利要求1所述的一种具有通气孔的隐形文胸，其特征在于：所说的通气孔未穿过罩杯的外表面。

3. 根据权利要求1所述的一种具有通气孔的隐形文胸，其特征在于：所说的罩杯内表面的黏合剂的涂层上留有空洞。”

针对上述专利权，张果庄（下称请求人）于2006年9月11日向专利复审委员会提出无效宣告请求，并提交了下述附件：

附件 1：实用新型专利说明书，专利号为 00266652.9，授权公告号为 CN2457880Y，授权公告日为 2001 年 11 月 7 日，复印件共 5 页；

附件 2：实用新型专利说明书，专利号为 02285717.6，授权公告号为 CN2599941Y，授权公告日为 2004 年 1 月 21 日，复印件共 24 页；

附件 3：实用新型专利说明书，专利号为 95221346.X，授权公告号为 CN2240870Y，授权公告日为 1996 年 11 月 27 日，复印件共 7 页。

依据上述附件，请求人认为本专利权利要求 1~3 不符合专利法第 22 条和专利法实施细则第 20 条第 1 款的规定。其具体理由为：（1）附件 1 的权利要求 1 公开了“一种透气文胸，它是由两层布料与海绵重叠在一起，放到带有长型突起槽和圆形突起槽的乳房形状的模子里，一次压制而成，其中海绵夹在两层布料中间，海绵上布满透气小孔”，其中海绵上的透气小孔相当于本专利的通气孔。附件 2 的权利要求 1 公开了“一种无背无带式乳罩，包含有：一对乳罩罩杯，两者各有一朝向使用者皮肤的内表面，其特征是；其中该内表面具有一置于其上的压敏胶黏合剂层；一连接件，衔接二乳罩罩杯，其中该连接件定位于该等乳罩罩杯内侧部位之间”。而周边车缝有封边是胸罩罩杯制造领域惯用的技术，因此，结合附件 1 和 2，本专利权利要求 1 不具备新颖性或者创造性；（2）附件 1 的权利要求 1 公开了“其中海绵夹在两层布料中间，海绵上布满透气小孔”，从说明书和附图可知，附件 1 的透气小孔并未设于罩杯外表面，因此和本专利的权利要求 2 的附加技术特征相同，权利要求 2 不符合专利法第 22 条第 3 款的规定；（3）附件 2 的权利要求 1 公开了“一种无背无带式乳罩，包含有：一对乳罩罩杯，两者各有一朝向使用者皮肤的内表面，其特征是；其中该内表面具有一置于其上的压敏胶黏合剂层；一连接件，衔接二乳罩罩杯，其中该连接件定位于该等乳罩罩杯内侧部位之间”。附件 3 的权利要求 1 公开了“一种女用胸罩，在左右两个乳房罩的中央，分别具有一个圆型的乳头窝，该乳头窝的大小和人体乳头大小相适应”。根据本专利说明书的记载空洞的作用和附件 3 的乳头窝的作用相同，结合附件 2 和 3 本专利的权利要求 3 不符合专利法第 22 条第 3 款的规定；（4）本专利权利要求 1 的特征“由罩杯、封边连接扣等构成”其为封闭式描述，又存在“等”，自身产生矛盾，而且该特征的内容不清楚，因此不符合专利法实施细则第 20 条第 1 款的规定。

经形式审查合格后，专利复审委员会受理了上述请求，于 2006 年 9 月 12 日向双方当事人发出《无效宣告请求受理通知书》，并将《专利权无效宣告请求书》及其附件清单中所列附件副本转送给专利权人，要求其在指定的期限内答复，同时成立合议组对本无效宣告请求案进行审理。

专利权人于 2006 年 9 月 28 日作出答复，认为：（1）附件 1~3 没有一个是既有黏合剂又有通气孔的，单独相对于上述任意附件，本专利的权利要求都和他们的技术方案有区别技术特征，因此不能否认本专利的新颖性；（2）黏合剂和通气孔的组合是一种非显而易见的技术组合，本专利经过大量实验，通过调整通气孔的制作工艺、数量、孔径大小、分布位置在黏合力、透气性、美观性等方面达到整体最佳效果，因此本专利具备创造性；（3）本专利解决了人们一直渴望解决但始终未能获得成功的技术难题，而且克服了技术偏见，因此，本专利权利要求 1~3 具备新颖性和创造性。

2007 年 3 月 6 日，本案合议组向双方当事人发出《无效宣告请求口头审理通知书》，定于 2007 年 4 月 25 日对本无效宣告请求案进行口头审理，同时将专利权人于 2006 年 9 月 28 日作出的答复意见转交给请求人，要求其在口头审理时对该意见一并答复。

2007 年 4 月 25 日，口头审理如期进行，双方当事人均出席了口头审理。庭审过程中，合议组就本案的无效宣告理由及附件逐一进行了调查，双方当事人充分陈述了各自的意见。口头审理过程中认定的事实如下：（1）请求人确认其提出宣告本专利权无效的理由仅为：①专利权利要求 1~3 相对于附件 1 和 2 的结合或者附件 2 和 3 的结合不具备创造性，不符合专利法第 22 条第 3 款的规定，其中均以附件 2 作为最接近的对比文件；②权利要求 1~3 不符合专利法实施细则第 20 条第 1 款的规定；(2) 专利权人认可请求人提交的附件 1-3 的真实性。

口头审理后，请求人于 2007 年 5 月 8 日提交了口头审理时答辩意见的书面意见。

至此，合议组认为本案的事实清楚，可以作出审查决定。

**二、决定的理由**

1. 无效宣告请求的理由和范围

根据请求人在口头审理中的确认，本无效宣告请求的理由及其范围是：①利要求 1~3 相对于附件 1 和 2 的结合或者附件 2 和 3 的结合不具备创造性，不符合专利法第 22 条第 3 款的规定，其中均以附件 2 作为最接近的对比文件；②权利要求 1~3 不符合专利法实施细则第 20 条第 1 款的规定。

2. 关于证据

专利权人对请求人提交的附件 1~3 的真实性予以认可，因此，合议组对其真实性予以确认。

附件 1~3 都是公开出版物，它们的公开时间都在本专利的申请日之前，根据专利法实施细则第 30 条的规定，可以作为本专利的现有技术用于评价本专利的创造性。

3. 关于专利法第 22 条第 3 款

专利法第 22 条第 3 款规定：创造性是指同申请日以前已有的技术相比，该发明有突出的实质性特点和显著的进步，该实用新型有实质性特点和进步。

如果要求保护的实用新型对于本领域技术人员来说是显而易见的，而且也未产生预料不到的技术效果，那么该实用新型不具备创造性。

权利要求 1 要求保护“一种具有通气孔的隐形文胸，它是由罩杯、封边、连接扣等构成，其特征在于：左右罩杯是由两层布料中间夹设一层海绵，并在左右罩杯的外缘周边车缝有封边；在左右罩杯的内侧面涂有黏合剂，并制有通气孔”。附件 2 公开了一种无背无带式乳罩，该乳罩包含一对乳罩罩杯，二者各有一朝向使用者皮肤的内表面，该内表面具有一置于其上的压敏胶黏剂层；一连接件，衔接该二乳罩罩杯（参见附件 2 权利要求 1）。权利要求 1 和附件 2 的区别在于：(1) 左右罩杯由两层布料中间设一层海绵；(2) 左右罩杯的外缘周边车缝有封边；(3) 黏合剂层制有通气孔。附件 1 公开了一种透气文胸，它由二层布料与海绵重叠在一起，其中海绵夹在二层布料中间，海绵上布满了透气小孔（参见附件 1 权利要求 1），可见，附件 1 公开了权利要求 1 和附件 2 的区别技术特征 (1)，但没有公开区别技术特征 (2) 和 (3)。其中区别技术特征 (2) 是本领域的常规技术。就区别技术特征 (3) 而言，由于利用孔洞来实现透气的效果是一般的生活常识，且附件 1 中也记载，海绵上具有小孔能够达到通气的目的，因此本领域技术人员很容易想到在黏合剂层制孔以达到通气的目的，因此，权利要求 1 相对于附件 2、附件 1 以及公知常识的组合是显而易见的，而且，这种组合也未达到预料不到的技术效果，因而权利要求 1 相对于附件 1~2 的结合不具备实质性特点和进步，没有创造性，不符合专利法第 22 条第 3 款的规定。

权利要求 2~3 是对权利要求 1 的进一步限定，虽然附件 1 和 2 都没有明确记载这两个权利要求的附加技术特征，然而，对于本领域技术人员来说，从美观和罩杯完整的角度考虑，使通气孔不穿透罩杯外表面是本领域普通技术人员容易作出的常规选择；而在黏合剂层上制有孔洞其目的是为实现通气效果，如上述对权利要求 1 的评述，这种选择也是容易想到的，并且权利要求 2~3 的这两个附加技术特征所带来的技术效果也是可以预见的，因此，当其引用的权利要求 1 不具备创造性时，权利要求 2~3 亦不具备创造性，不符合专利法第 22 条第 3 款的规定。

专利权人认为：本专利经过大量实验，通过调整通气孔的制作工艺、数量、孔径大小、分布位置在黏合力、透气性、美观性等方面达到整体最佳效果，而且，由于在黏合剂层上制孔会造成黏合力下降因而本领域中对于在黏合剂上制孔存有技术偏见，而本专利克服了该偏见，因此本专利具备创造性。对此，合议组认为：首先，专利权人认为使本专利达到创造性的技术特征在于“调整通气孔的制作工艺、数量、孔径大小、分布位置”，然而这些技术特征并未体现在权利要求1~3中；其次，根据说明书的记载，并不能推知权利要求1~3的技术方案能达到所宣称的最佳技术效果，说明书中也没有提供数据或其他证据对此加以证实；第三，对于克服“技术偏见”的主张，合议组认为，本专利中并没有提供任何证据证明本专利的文胸在黏合剂层上制孔后仍能保持原有的黏合力而不下降，也即未能证明“在黏合剂层上制孔会造成黏合力下降”是一种“技术偏见”并且本专利通过采取一定的技术措施克服了它，相反，对于是采用“在黏合剂层上制孔以实现通气效果”抑或采用“不在黏合剂上制孔以追求较高的黏合力”，是本领域普通技术人员可以根据所需效果作出的常规选择，这种选择并不需要付出创造性的劳动，其效果也是可以预料的，因此合议组对专利权人认为本专利具有创造性的主张不予支持。

基于以上事实和理由，本案合议组作出如下审查决定。

**三、决定**

宣告200520028723.9号实用新型专利权全部无效。

当事人对本决定不服的，可以根据专利法第46条第2款的规定，自收到本决定之日起三个月内向北京市第一中级人民法院起诉。根据该款的规定，一方当事人起诉后，另一方当事人应当作为第三人参加诉讼。

195

# 多功能槽型龙骨

## 无效宣告请求审查决定（第10627号）

**决　定　号**　第10627号
**决　定　日**　2007年10月15日
**发明创造名称**　多功能槽型龙骨
**国 际 分 类 号**　E04B 2/74
**无效宣告请求人**　周　庆
**专　利　权　人**　广州金鹏实业有限公司
**专　利　号**　97210253.1
**申　请　日**　1997年5月7日
**授 权 公 告 日**　1998年5月27日
**合 议 组 组 长**　李广峰
**主　审　员**　赵　明
**参　审　员**　刘　犟

**法 律 依 据**　专利法实施细则第21条第2款，专利法第22条第2款、第3款
**决 定 要 点**

判断某一个技术特征是否为必要技术特征，应当从所要解决的技术问题出发并考虑说明书描述的整体内容，不应简单地将实施例中的技术特征直接认定为必要技术特征。

对已作出审查决定的无效宣告案件涉及的专利权，以同样的理由和证据再次提出无效宣告请求的，合议组对该理由和证据不予审理。

### 一、案由

本无效宣告请求涉及中华人民共和国国家知识产权局于1998年5月27日授权公告的、名称为“多功能槽型龙骨”的实用新型专利权（以下简称本专利），其专利号是97210253.1，申请日是1997年5月7日，专利权人是广州金鹏实业有限公司。本专利授权公告的权利要求书如下：

“1. 多功能槽型龙骨，其特征在于所述的槽型龙骨中有含扣槽（2）的主龙骨，含与主龙骨上的扣槽配合的槽扣（4）的副龙骨，副龙骨通过其上的槽扣与主龙骨上的扣槽扣合而使主、副龙骨扣接。

2. 如权利要求1所述的多功能槽型龙骨，其特征在于所述的扣槽（2）的形状为燕尾状。

3. 如权利要求1所述的多功能槽型龙骨，其特征在于所述的主龙骨和副龙骨两底面（5、6）相顺呈‘十’字扣接。

4. 如权利要求 1 所述的多功能槽型龙骨，其特征在于所述的主龙骨和副龙骨两底面（5、6）在同一平面上。”

针对本专利权，周庆（以下简称请求人）于 2005 年 9 月 14 日向专利复审委员会提出无效宣告请求，认为本专利权利要求 1 不符合专利法实施细则第 21 条第 2 款、专利法第 22 条第 2 款的规定，权利要求 1~4 不符合专利法第 22 条第 3 款的规定。请求人同时提交了如下附件：

附件 1：本专利的专利说明书；

附件 2：授权公告日为 1997 年 1 月 22 日、授权公告号为 CN2245639Y（专利号为 95220758.3）的中国实用新型专利说明书复印件，共 11 页；

附件 3：1994 年 5 月 27 日发布的《中华人民共和国建材行业标准 JC/T558-94 建筑用轻钢龙骨配件》的复印件，共 11 页；

附件 4：2001 年 10 月 1 日实施的《中华人民共和国国家标准 GB/T11981-2001 建筑用轻钢龙骨》的复印件，共 12 页；

附件 5：《现代汉语规范用法大词典》，周行健、余惠邦、杨兴发主编，学苑出版社 2006 年 9 月出版，封面页、第 641、885、871、封底页复印件，共 5 页；

附件 6：《建筑产品优选集》、中国建筑标准设计研究所编，1991 年 2 月出版，复印件共 36 页。

请求人认为：本专利权利要求 1 缺少“主龙骨和副龙骨两底面相顺呈“十”字扣接”以及“主龙骨和副龙骨两底面在同一平面上”两个必要技术特征，不符合专利法实施细则第 21 条第 2 款的规定；权利要求 1 相对于附件 2 和 5 不具备新颖性和创造性；权利要求 2 相对于附件 2 不具备创造性；权利要求 3 相对于附件 2、3、4 不具备创造性；权利要求 4 相对于附件 3、4、6 不具备创造性。

经形式审查合格，专利复审委员会依法受理了上述无效宣告请求，并于 2005 年 10 月 25 日向请求人和专利权人发出无效宣告请求受理通知书，同时将专利权无效宣告请求书及其附件清单中所列附件的副本转送给专利权人，并要求专利权人在指定的期限内陈述意见。

针对专利复审委员会发出的上述无效宣告请求受理通知书，专利权人于 2005 年 12 月 9 日提交了意见陈述书。

专利权人认为：（1）请求人提交的附件 4 的实施日期在本专利申请日之后，因此，不能作为本专利的现有技术；（2）权利要求 1 记载的必要技术特征的总和足以构成本专利的完整的技术方案，且区别于背景技术中所述的其他技术方案，其总和足以实现本专利的发明目的，因此，权利要求 1 不缺少必要技术特征；（3）附件 2 在专利复审委员会作出的第 3527 号和 6598 号无效宣告请求审查决定书中均被采用，因此，附件 2 不应被考虑；（4）附件 2~6 并没有覆盖权利要求 1 的所有技术特征，因此，权利要求 1 具备创造性，在权利要求 1 具备创造性的前提下，权利要求 2~4 也具备创造性。

专利复审委员会依法成立合议组，对本案进行审理。

本案合议组于 2006 年 11 月 7 日向双方发出无效宣告请求口头审理通知书，定于 2006 年 12 月 12 日在专利复审委员会举行口头审理。随同口头审理通知书，将专利权人于 2005 年 12 月 9 日提交的意见陈述书转送给请求人。

口头审理如期举行，专利权人参加了口头审理。

2006 年 12 月 19 日合议组向无效宣告请求人发出无效宣告请求审理通知书，通知书指出：由于请求人未出席于 2006 年 12 月 12 日举行的口头审理，且专利权人对附件 2~6 的真实性有异议，因此，请求人应在指定期限内提交附件 2~6 的原件，以供合议组核实。

2007年1月9日请求人提交了意见陈述书和附件6的原件，请求人认为：附件2是中国实用新型专利说明书，在国家知识产权局的网站上可以获得该证据，不必通过原件就可以核实其真实性；附件3和4均是国家标准，在提交的复印件中均提供了明确的文件信息，可以到相关网站进行核实，无须提供原件；附件5的原件不方便提供，其图书在版编目（CIP）数据为：现代汉语规范用法大词典/周行健等主编-2版 北京：学苑出版社，2006年9月。

至此，合议组认为本案事实已经清楚，可以作出审查决定。

**二、决定的理由**

1. 关于证据和现有技术

请求人提交的附件2是中国实用新型专利说明书，经合议组核实，对其真实性予以认可，且其公开日在本专利申请日前，可以作为本专利的现有技术使用。

附件3和附件4均是请求人提交的书证复印件，请求人没有在指定期限内提交原件，合议组无法核实该复印件是否与原件一致，也没有证据证明复印件与原件一致，同时，专利权人对其真实性有异议，因此，合议组对附件3和4不予采信。

请求人未提交附件5的原件，其提交的图书在版编目（CIP）数据表明该证据的出版日期在本专利申请日之后，因此，其不能作为评价本专利新颖性和创造性的现有技术。

请求人在指定期限内提交了附件6的原件，合议组经核实复印件与原件相一致，因此对附件6予以接受，附件6的公开日期在本专利申请日前，可以作为本专利的现有技术使用。

由于附件3~4不能作为本案证据使用，附件5不能作为评价本专利新颖性和创造性的现有技术，因此，请求人的无效理由、证据和范围仅剩：权利要求1不符合专利法实施细则第21条第2款的规定；权利要求1相对于附件2不具备新颖性；权利要求1~3相对于附件2不具备创造性；权利要求4相对于附件2和6不具备创造性。

2. 关于专利法实施细则第21条第2款

专利法实施细则第21条第2款规定，独立权利要求应当从整体上反映发明或者实用新型的技术方案，记载解决技术问题的必要技术特征。

判断某一项技术特征是否为必要技术特征，应当从所要解决的技术问题出发并考虑说明书描述的整体内容，不应简单地将实施例中的技术特征直接认定为必要技术特征。

请求人认为本专利独立权利要求1没有记载“主龙骨和副龙骨两底面相顺呈‘十’字扣接”和“主龙骨与副龙骨两底面在同一平面上”这两个技术特征，上述技术特征均为权利要求1要求保护的技术方案的必要技术特征，因此本专利的权利要求1不符合专利法实施细则第21条第2款的规定。

合议组认为，必要技术特征是指一项专利为解决其技术问题所不可缺少的技术特征，其总和足以构成该项专利的技术方案，使之区别于背景技术中所述的其他技术方案。

本专利的发明目的是针对现有轻钢龙骨“[”型和“[ ]”配合存在主、副龙骨配合不合理，副件多；“Π”型和“[ ]”配合存在主龙骨没有直接与装饰板贴合面贴合，龙骨面利用率不高，平整度差、安装不方便等缺陷，提供一种龙骨整体性强，贴合面大，平整度高，结构简单，美观，线条清晰，龙骨面利用率高的多功能槽型龙骨。

为了实现上述发明目的，本专利权利要求1限定的技术方案由以下技术特征组成：（1）主龙骨含有扣槽；（2）副龙骨含有与主龙骨上的扣槽配合的槽扣；（3）副龙骨通过其上的槽扣与主龙骨上的扣槽扣合；（4）主、副龙骨扣接。本专利通过副龙骨上的槽扣与主龙骨上的扣槽扣合而使主、副龙骨扣接，根据专利复审委员会第6598号无效宣告请求审查决定中的认定，本专利的这种连接无活动余地，副龙骨不会相对主龙骨上下移动，使得龙骨整体性强，在受力极限范围内，主、副龙骨呈扣紧趋势。因此，独立权利要求 1 中记载的上述技术特征的总和所构成的技术方案，足以实现本专利的发明目的，因此，权利要求 1 的撰写符合专利法实施细则第 21 条第 2 款的规定。

关于请求人认为“主龙骨和副龙骨两底面相顺呈‘十’字扣接”和“主龙骨与副龙骨两底面在同一平面上”均为独立权利要求 1 要求保护的技术方案的必要技术特征的理由，合议组认为，上述技术特征是对权利要求 1 中主、副龙骨扣接后的进一步限定，是本专利的实施例或优选的实施方式。而本专利通过副龙骨上的槽扣与主龙骨上的扣槽扣合而使主、副龙骨扣接，足以实现本专利的发明目的，因此不能简单地将该技术特征认定为必要技术特征。

因此，合议组认为本专利不符合专利法实施细则第 21 条第 2 款的无效理由不能成立。

3. 关于新颖性和创造性

专利法实施细则第 65 条第 2 款规定：在专利复审委员会就无效宣告请求作出决定之后，又以同样的理由和证据请求无效宣告的，专利复审委员会不予受理。

审查指南第四部分第三章第 2.1 节对“一事不再理原则”作出如下规定：对已作出审查决定的无效宣告案件涉及的专利权，以同样的理由和证据再次提出无效宣告请求的，不予受理和审理。

合议组经审查认为，专利复审委员会于 2004 年 11 月 26 日就本专利作出过第 6598 号无效宣告请求审查决定，而且该决定属生效决定。该决定中涉及的证据 2-2 即为本专利中的附件 2，在该决定中，专利复审委员会已经就本专利权利要求 1~4 相对于附件 2 的新颖性和创造性作出了审查结论：即，与附件 2 相比，本专利的权利要求 1~4 具备新颖性和创造性。因此根据专利法实施细则第 65 条第 2 款的规定以及审查指南第四部分第三章第 2.1 节规定的“一事不再理原则”，合议组对请求人所提出的本专利权利要求 1 相对于附件 2 不具备新颖性、权利要求 1~3 相对于附件 2 不具备创造性的无效理由不再进行审理。

请求人认为附件 6 公开了权利要求 4 的附加技术特征，因此，在权利要求 1 相对于附件 2 不具备创造性的前提下，权利要求 4 相对于附件 2 和 6 不具备创造性。对此，合议组认为，已生效的第 6598 号无效宣告请求审查决定认定：本专利的主龙骨与副龙骨相连的部位呈燕尾状，扣槽是指主龙骨燕尾状的两侧上部轮廓呈向内凹的槽状；副龙骨呈三面包容主龙骨，槽扣是指副龙骨的两个竖边的上边缘垂直向内翻转 270 度；副龙骨与主龙骨的扣合是指副龙骨向内包容通过槽扣扣紧在主龙骨的扣槽上；扣接是指主、副龙骨扣合连接，这种连接无活动余地，在受力极限范围内主、副龙骨呈扣紧趋势，因此，根据第 6598 号无效宣告请求审查决定中所认定的事实，附件 2 与本专利权利要求 1 的区别在于前者的槽型架 E 的上部边缘与后者的副龙骨的上部边缘垂直向内翻转的结构不同，因此槽型架 E 与连接型架 1 的连接方式与权利要求 1 中的主、副龙骨的连接方式也不同。附件 2 的槽型架 E 的两个竖边的上部边缘向内呈圆弧形挂接在连接型架 1 的上凹状部位，这种挂接的连接方式具有很大的活动空间，槽型架 E 可沿其纵轴方向移动、并可相对连接型架 1 上下移动；而本专利副龙骨的上部边缘向内翻转 270 度并向内扣合连接在主龙骨的凹槽部位，这种扣合连接没有活动余地，副龙骨不会相对主龙骨上下移动，使得龙骨整体性强。附件 6 公开了吊顶构造节点的安装示意图，其公开了主龙骨和次龙骨安装在同一平面上，由此可见，附件 6 未公开上述区别技术特征。由于权利要求 4 从属于权利要求 1，其包括了权利要求 1 的全部技术特征，因此，即使将附件 2 和 6 结合也没有公开权利要求 4 的全部技术特征，且附件 2 和 6 也没有给出得出权利要求 4 保护的技术方案的任何技术启示，即权利要求 4 相对于附件 2 和 6 的结合是不容易想到的，请求人关于权利要求 4 相对于附件 2 和 6 的结合不具备创造性的主张不成立。

综上所述，请求人关于本专利权利要求 1 相对于附件 2 不具备新颖性、权利要求 1~3 相对于附件 2 不具备创造性以及权利要求 4 相对于附件 2 和 6 不具备创造性的无效宣告理由不成立。

根据以上事实和理由，本案合议组作出如下审查决定。

**三、决定**

维持 97210253. 1 号实用新型专利权有效。

当事人对本决定不服的，可以根据专利法第 46 条第 2 款的规定，自收到本决定之日起 3 个月内向北京市第一中级人民法院起诉。根据该款的规定，一方当事人起诉后，另一方当事人应当作为第三人参加诉讼。

196

# 海水源热泵机组

## 无效宣告请求审查决定（第10635号）

**决　　定　　号**　第10635号
**决　　定　　日**　2007年11月1日
**发明创造名称**　海水源热泵机组
**国 际 分 类 号**　F25B 30/06，F24F 5/00，F24J 3/06
**无效宣告请求人**　徐　荣
**专　利　权　人**　烟台蓝德空调工业科技有限公司
**申　　请　　号**　200410035421.4
**申　　请　　日**　2004年7月19日
**授 权 公 告 日**　2006年10月11日
**合 议 组 组 长**　朱文广
**主　　审　　员**　姜　岩
**参　　审　　员**　王　博

**法　律　依　据**　专利法第22条第3款
**决　定　要　点**
如果一项权利要求相对于现有技术是显而易见的，那么该权利要求不具备创造性。

### 一、案由

本无效宣告请求涉及中华人民共和国国家知识产权局于2006年10月11日授权公告的、名称为“海水源热泵机组”的发明专利权（以下简称本专利），其专利号是200410035421.4，申请日是2004年7月19日，专利权人是烟台蓝德空调工业科技有限公司。本专利授权公告时的权利要求书如下：

“1. 一种海水源热泵机组，其特征是，它具有制冷压缩机（3），制冷压缩机（3）通过管路分别与满液式蒸发器（1）、水冷壳管式冷凝器（2）连通，满液式蒸发器（1）通过管路节流装置（24）与水冷壳管式冷凝器（2）连通，

所述满液式蒸发器（1）具有筒体（4），筒体（4）内设有耐腐蚀换热管（8），筒体（4）的端部设有耐腐蚀管板（7），耐腐蚀换热管（8）固定在耐腐蚀管板（7）上，在筒体（4）的一端连接有水箱（5），水箱（5）上设有进水口（12）、出水口（13），水箱（5）与耐腐蚀换热管（8）的管腔连通，在筒体（4）的另一端连接有回水水室（6），回水水室（6）与耐腐蚀换热管（8）的管腔连通，在筒体（4）的顶端设有均气板（10），

所述水冷壳管式冷凝器（2）具有筒体（14），筒体（14）内设有耐腐蚀换热管（18），筒体

（14）的端部设有耐腐蚀管板（17），耐腐蚀换热管（18）固定在耐腐蚀管板（17）上，在筒体（14）的一端连接有水箱（15），水箱（15）上设有进水口（20）、出水口（21），水箱（15）与耐腐蚀换热管（18）的管腔连通，在筒体（14）的另一端连接有回水水室（16），回水水室（16）与耐腐蚀换热管（18）的管腔连通，

所述耐腐蚀换热管（8）与耐腐蚀换热管（18）采用白铜制作，耐腐蚀管板（7）和耐腐蚀管板（17）采用铝青铜、铝黄铜中的任一种制作。

2. 根据权利要求1所述的海水源热泵机组，其特征是，在所述满液式蒸发器（1）的水箱（5）和回水水室（6）内设有化学电池的正极。

3. 根据权利要求1所述的海水源热泵机组，其特征是，在所述水冷壳管式冷凝器（2）的水箱（15）和回水水室（16）内设有化学电池的正极。

4. 根据权利要求1所述的海水源热泵机组，其特征是，在所述水冷壳管式冷凝器（2）的出水口（21）处设有温度传感器（23）。"

针对本专利权，徐荣（以下简称请求人）于2007年5月14日向专利复审委员会提出无效宣告请求，其无效的理由是本专利权利要求1~4不符合专利法第22条第3款的规定，请求人同时提交了如下附件：

附件1：公开日为2003年9月17日，公开号为CN1442658A的中国发明专利申请公开说明书，共6页；

附件2：西安交通大学出版社于1997年4月第2版、2003年7月第7次印刷的《制冷原理及设备》第2版的封面页、版权信息页、第205、233页的复印件，共4页；

附件3：机械工业出版社于2002年9月第2版第1次印刷的《制冷空调原理及应用》第二版的封面页、版权信息页、第354、355复印件，共4页；

附件4：机械工业出版社于2003年6月第2版第5次印刷的《机械设计手册》第2版第1卷的封面页、版权信息页、第3-329~3-332的复印件，共6页；

附件5：专利复审委员会第9420号无效宣告请求审查决定复印件，共6页；

附件6：国家知识产权局专利信息中心作出的编号为05-282的检索报告复印件，共5页。

请求人的意见如下。(1）权利要求1与附件1的区别在于，第一，本专利的满液式蒸发器设有均气板，且冷凝器的结构与蒸发器基本相同。但是在管壳式换热器中设置均气板是本领域通常采用的方法（参见附件2)，此外在附件1的满液式蒸发器结构的技术启示下，冷凝器显然也可采用与蒸发器相同的结构。第二，本专利的耐腐蚀换热管采用白铜制作，耐腐蚀管板采用铝青铜、铝黄铜的任一种制作。但这些都是本领域通常采用的方法（参见附件4)。因此，在附件1的基础上结合本领域通常采用的方法得到权利要求1的技术方案显而易见，权利要求1不具备创造性。(2）权利要求2和3的附加技术特征被附件1公开，在附件1的基础上本领域的普通技术人员无须创造性的劳动得出权利要求2、3的技术方案是显而易见的，权利要求2、3不符合创造性的规定。(3）权利要求4的附加技术特征是本领域的公知常识（见附件3)，所以也没有创造性。

经形式审查合格，专利复审委员会依法受理了上述无效宣告请求，并于2007年6月15日向请求人和专利权人发出无效宣告请求受理通知书，同时将专利权无效宣告请求书及其附件清单中所列附件的副本转送给专利权人，并要求专利权人在指定的期限内陈述意见。

专利复审委员会依法成立合议组对本案进行审理，本案合议组于2007年8月27日向双方发出无效宣告请求口头审理通知书，定于2007年10月25日在专利复审委员会举行口头审理。

请求人单方出席了口头审理，请求人明确其无效的理由、范围以及证据的使用情况为：权利要求

1~4 不符合专利法第 22 条第 3 款的规定。权利要求 1 相对于附件 1、2、4 的结合不具备创造性。使用附件 1 为最接近的对比文件，使用附件 2 用来说明筒体的顶端设有均气板已被公开，用附件 4 来说明耐腐蚀板的材质是常规的公知技术。权利要求 2、3 的附加技术特征被附件 1 公开。用附件 3 来说明权利要求 4 的附加技术特征是公知技术。请求人当庭出示了附件 2、3、4 的原件。请求人明确表示没有其他的无效理由、范围和证据组合形式。请求人请求人声称附件 5、6 只作为参考，不作为证据使用。

至此，合议组认为本案事实已经清楚，可以作出审查决定。

**二、决定的理由**

1. 关于证据和现有技术

请求人提交的证据包括附件 1~4，其中附件 1 是公开日期在本专利申请日之前的专利文献，附件 2~4 为公开日期在本专利的申请日前的公开出版物，请求人当庭提交了附件 2~4 的原件，专利权人始终未对附件 1~4 的真实性提出过异议，合议组经核实对附件 1~4 的真实性予以认可，因此附件 1~4 可以作为本案证据使用，由于其公开日期均在本专利申请日之前，因此其上公开的内容可以作为本专利的现有技术使用。

2. 权利要求 1~4 的创造性

创造性，是指同申请日以前已有的技术相比，该发明有突出的实质性特点和显著的进步，该实用新型具有实质性特点和进步。

如果一项权利要求相对于现有技术是显而易见的，那么该权利要求不具备创造性。

本案中，请求人的具体主张为：附件 1 是最接近的现有技术。本专利与附件 1 的区别为本专利是水冷壳管式冷凝器，附件 1 没有明确限定是哪种冷凝器，但是蒸发器和冷凝器都是用于海水与制冷剂之间换热，本领域技术人员在附件 1 中的满液式蒸发器结构的技术启示下，容易想到将冷凝器制成蒸发器相同的结构。附件 2 中第 205 页倒数第 3 行、第 233 页倒数第 8 行公开了均气板，附件 4 中第3~332 页公开了白铜，附件 4 中第 3~330 页和第 3~331 页公开了铝黄铜和铝青铜。耐腐蚀板的材质是常规的公知技术。

合议组经审查后认为，本专利权利要求 1 请求保护一种海水源热泵机组，附件 1（参见附件 1 说明书第 1 页第 18 行到第 2 页第 8 行以及附图 1、2）公开了一种可利用海水源的热泵机组，其包括压缩机 1、冷凝器 2、节流装置 6 和蒸发器 3，蒸发器采用满液式蒸发器结构，该蒸发器由带有工质进出口的筒体 8、位于筒体 8 内的铝黄铜材料换热管 9、垂直于筒体的管板 10、带有海水进出口的铸铁封头 11（即水箱）以及筒体另一端用来回水的封头（即回水室）所组成，换热管内壁、管板海水侧以及封头内壁经过海水防腐处理，蒸发器工作时海水走管程，工质走壳程。在该蒸发器中海水经过的部分都能方便可行的进行防腐处理，避开了不易进行防腐处理的壳程。权利要求 1 与附件 1 的区别为：（1）权利要求 1 中的满液式蒸发器中设有均气板，且对冷凝器进行限定，而附件 1 中没有蒸发器中的均气板，也没有对冷凝器进行具体的限定；（2）权利要求 1 中限定了耐腐蚀换热管采用白铜制作，耐腐蚀管板采用铝青铜、铝黄铜中的任一种制作，附件 1 中仅公开了换热管采用铝黄铜材料。然而附件 2《制冷原理及设备》第 233 页第 9. 7. 3 节满液式蒸发器的倒数第 8~10 行中提到了“为了使蒸汽中的液体分离出来，小型蒸发器常在壳体上部焊接一个气包，大型蒸发器则在上部留出一定的分离空间或装有分离挡板等液滴分离装置”，本专利说明书第 2 页最后一句话提到了“均气板 10 的作用使防止工作时筒体 4 内的制冷剂液体被压缩机吸入”，由此可以看出，本专利的均气板就是上述的分离挡板，因而在满液式蒸发器的顶端设有均气板是本领域通常采用的技术手段。至于冷凝器，在这种类型热泵机组中水冷式冷凝器是通常采用的，显然在水冷情况下，由于蒸发器和冷凝器的作用都是使工质与海水进行热交换，因此从换热角度来讲虽然热流的方向不同，但两者本质雷同，因此本领域技术人员很容易想到使冷凝器采用与蒸发器相同的结构。此外，附件4《机械设计手册用》第3~332页公开了白铜的耐腐蚀的特性和用于制造在腐蚀环境工作的零件及在高温、高压下工作的金属管和冷凝管的应用，在第3~330页公开了铝黄铜在海水中耐腐蚀性良好的特性以及可用于船舶等用作冷凝管的应用，在第3~331页公开了铝青铜在海水中耐腐蚀型良好的特性以及用于高强度耐腐蚀零件的应用。由此可知白铜、铝黄铜和铝青铜具有耐腐蚀的特性及将其用于耐腐蚀管件的应用是公知常识，本领域技术人员根据以上公知常识中很容易将以上材质用于制造需要耐海水腐蚀的换热管和管板上，由此就得到权利要求1请求保护的技术方案，权利要求1相对于附件1以及上述公知常识的结合不具备创造性。

权利要求2的附加技术特征是在所述满液式蒸发器（1）和水箱（5）和回水水室（6）内设有化学电池的正极。从附件1附图2中可以看到其中筒体两端分别用作水箱和回水室的封头中设置有锌块12，显然该锌块在这里即用作化学电池的正极。因此权利要求2的附加技术特征已经被附件1公开，权利要求2相对于附件1及上述公知常识也不具备创造性。

权利要求3的附加技术特则是在所述水冷壳管式冷凝器（2）的水箱（15）和回水水室（16）内设有化学电池的正极。基于权利要求1的分析可以看到冷凝器采用与蒸发器相同的结构是显而易见的，此外由于冷凝器和蒸发器都涉及防腐的问题，因此在冷凝器筒体两端分别用作水箱和回水室的封头中设置有用作化学电池的锌块也是显而易见的，因此权利要求3相对于附件1及上述公知常识也是显而易见的，因此不具备创造性。

权利要求4的附加技术特征是在所述水冷壳管式冷凝器（2）的出水口（21）处设有温度传感器（23）。显然，在用作热泵时，由于水冷壳管式冷凝器（2）的出水口所出来的是所需的热水，因此在这里设置温度传感器对所需热水的温度进行监测是显而易见到的，因此权利要求4相对于附件1及公知常识也不具备创造性。

根据上述的事实和理由，本案合议组依法作出以下决定。

**三、决定**

宣告200410035421.4号发明专利权全部无效。

当事人对本决定不服的，可以根据专利法第46条第2款的规定，自收到本决定之日起3个月内向北京市第一中级人民法院起诉。根据该款的规定，一方当事人起诉后，另一方当事人应当作为第三人参加诉讼。

197

# 一种玻璃门锁

## 无效宣告请求审查决定（第10639号）

**决　定　号** 第10639号
**决　定　日** 2007年10月8日
**发明创造名称** 一种玻璃门锁
**国际分类号** E05C 19/00
**无效宣告请求人** 高要市金利昌华五金厂，高要市金利粤中五金制品厂，高要市金利镇恒德五金厂
**专利权人** 陆肇华
**专　利　号** 03273641.X
**申　请　日** 2003年8月20日
**授权公告日** 2004年9月1日
**合议组组长** 刘瑞斌
**主　审　员** 欧　岚
**参　审　员** 王　博

**法律依据** 专利法实施细则第21条第2款，专利法第26条第3款、第4款、第22条第2款、第3款，第9条，专利法实施细则第13条第1款
**决定要点**

如果涉案专利的权利要求与对比文件公开的内容相比，存在非惯用技术手段的区别技术特征，那么该专利权利要求相对于对比文件具备新颖性。

如果涉案专利的权利要求与一篇对比文件公开的内容相比，存在区别技术特征，而另一篇对比文件不能给出将上述区别技术特征应用到前一篇对比文件中以解决其实际要解决的技术问题的启示，则该两份对比文件不足以破坏该专利权利要求的创造性。

### 一、案由

本无效宣告请求涉及中华人民共和国国家知识产权局于2004年9月1日授权公告的、名称为“一种玻璃门锁”的实用新型专利权（以下简称本专利），其专利号是03273641.X，申请日是2003年8月20日，专利权人是陆肇华。本专利授权公告时的权利要求书如下：

“1. 一种玻璃门锁，包括分别夹持于两对开玻璃门上的锁体（1）和锁扣（2），其中，上述锁体（1）和锁扣（2）包括平行设置于玻璃门两侧的内夹持件（12、22）及外夹持件（11、21），其特征在于上述锁体（1）的内、外夹持件（12、11）内分别设有弧形锁舌（121、111）和可驱动弧形锁舌

（121、111）作弧形运动的内夹持件（12）驱动机构、外夹持件（11）驱动机构，且上述内、外夹持件（12、11）的锁壳侧壁上分别设有可供弧形锁舌（121、111）穿出及扣入的扣孔（129、119），上述锁扣（2）的内、外夹持件（22、21）上对应的设有可供上述弧形锁舌（121、111）穿入和穿出的锁孔（221、211）及可容置弧形锁舌（121、111）的腔室。

2. 根据权利要求1所述的玻璃门锁，其特征在于上述内、外夹持件（12、11）内的驱动机构包括设置于锁体（1）内夹持件（12）或外夹持件（11）内的弧形导轨（122、112）、锁芯（123、113）及装置于锁芯（123、113）上的可驱动锁舌（121、111）动作的内夹持件（12）转动齿轮（124）、外夹持件（11）转动齿轮（114），所述内夹持件（12）和外夹持件（11）内的锁舌（121、111）环设于相应的导轨（122、112）中，且锁舌（121、111）内侧分别设有若干等距的卡孔（1211、1111），上述转动齿轮（124、114）外齿分别与锁舌（121、111）卡孔（1211、1111）相啮合且转动齿轮（124、114）的齿间距与锁舌（121、111）上两卡孔（1211、1111）间距相等。

3. 根据权利要求1或2所述的玻璃门锁，其特征在于上述内夹持件（12）内的锁舌（121）和外夹持件（11）内的锁舌（111）外端分别设有一径向限位板（126、116），各径向限位板（126、116）通过螺钉与内、外夹持件（12、11）固定连接。

4. 根据权利要求3所述的玻璃门锁，其特征在于上述锁体（1）的内、外夹持件（12、11）内分别设有扭簧（127、117），该扭簧（127、117）两端分别作用于内、外夹持件（12、11）内壁和锁舌（121、111）外表面，且上述限位板（126、116）装置于上述扭簧（127、117）的上方。

5. 根据权利要求1或4所述的玻璃门锁，其特征在于上述内夹持件（12）内的弧形锁舌（121）和外夹持件（11）内的弧形锁舌（111）的外侧分别设有一限位卡凸（1212、1112），上述内夹持件（12）内的弧形导轨（122）和外夹持件（11）内的弧形导轨（112）的侧壁靠近两端部位置分别设有止挡块（128、118），上述锁舌（121、111）通过止挡块（128、118）挡住限位卡凸（1212、1112）而锁定于导轨（122、112）中。

6. 根据权利要求1或2所述的玻璃门锁，其特征在于上述内夹持件（12）内的转动齿轮（124）与锁芯（123）和外夹持件（11）内的转动齿轮（114）与锁芯（113）的连接均为键槽式连接，在转动齿轮（124、114）内孔的里侧设有一对与锁芯（123、113）配合嵌置的凸粒（1241、1141），且上述锁芯（123、113）上设有一卡紧转动齿轮（124、114）的卡簧（125、115）。

7. 根据权利要求6所述的玻璃门锁，其特征在于上述内夹持件（12）上锁芯（123）的外端设有旋钮（15）。

8. 根据权利要求1或2所述的玻璃门锁，其特征在于上述锁体（1）和锁扣（2）为半圆弧形，在锁体（1）、锁扣（2）上均设有可供与玻璃门相扣合的弧形卡槽（13、23），卡槽（13、23）内设有一对橡胶片（14、24）。

9. 根据权利要求8所述的玻璃门锁，其特征在于上述锁体（1）和锁扣（2）侧面设有可通过压紧橡胶片（14、24）将锁壳固定于玻璃门上的锁紧螺钉。

10. 根据权利要求1所述的玻璃门锁，其特征在于上述呈弧形锁舌（121、111）的横截面呈矩形。”

针对本专利，高要市金利昌华五金厂（以下简称请求人1）、高要市金利粤中五金制品厂（以下简称请求人2）、高要市金利镇恒德五金厂（以下简称请求人3）分别于2007年2月5日、2007年2月5日和2007年2月7日向专利复审委员会提出无效宣告请求，请求人1和请求人2认为本专利的权利要求1~10不符合专利法第9条、专利法实施细则第13条第1款、专利法第22条第2款的规定，请求人1、2还提出了本专利不符合专利法第22条第3款的无效理由，但没有明确其所涉及的权利要求，请求人1、2同时提交了如下附件：

附件1：申请日为2003年1月23日、授权公告日为2004年1月7日、授权公告号为CN2597632Y（专利号为03223211. X）、专利权人为唐肇洪的中国实用新型专利说明书，共9页。

请求人3认为本专利不符合专利法第26条第3款、第4款的规定，权利要求1缺少必要技术特征，不符合专利法实施细则第21条第2款的规定。

经形式审查合格，专利复审委员会依法受理了上述三项无效宣告请求，并分别于2007年2月5日、2007年2月5日和2007年2月7日向请求人1、2、3和专利权人发出无效宣告请求受理通知书，同时将专利权无效宣告请求书及其附件清单中所列附件的副本转送给专利权人，并要求专利权人在指定的期限内陈述意见。

请求人1、2均于2007年3月1日向专利复审委员会提交了相同的意见陈述书，并补充了相同的无效宣告的理由和证据，请求人1、2认为本专利的权利要求5不符合专利法第22条第3款的规定，而且在本专利说明书里没有对权利要求5的结构作出清楚完整的说明，无法支持权利要求，同时也使所属领域的技术人员无法实现，因此还不符合专利法第26条第3款。其中补充的证据为（编号续前）：

附件2：授权公告日为2003年6月4日、授权公告号为CN2554291Y（专利号为02272093.6）的中国实用新型专利说明书，共9页；

附件3：公告日为1991年7月31日、公告号为CN2081861U（申请号为90226820.1）的中国实用新型专利申请说明书，共5页。

针对专利复审委员会发出的上述无效宣告请求受理通知书，专利权人于2007年3月20日针对请求人1、2的无效宣告请求书提交了意见陈述书及附件。

专利权人提交的附件如下：

附件1’：国家知识产权局针对本专利做出的实用新型专利检索报告复印件一份，共4页；

附件2’：国家知识产权局专利检索咨询中心作出的检索报告复印件一份，共4页。

专利权人认为：本实用新型虽在技术领域上与在先专利相同，但无论在所解决的技术问题，所采用的技术方案还是预期效果上，均与在先专利存在明显的差别。

专利权人还于2007年3月20日针对请求人3的无效宣告请求书提交了意见陈述书，认为本专利权利要求1清楚、完整地记载了实现本专利所需的必要技术特征；本专利符合专利法第26条第3款、第4款的规定。

专利复审委员会依法成立合议组。

本案合议组于2007年4月24日向请求人1、2、3和专利权人发出无效宣告请求口头审理通知书，定于2007年6月12日在专利复审委员会对上述三个无效宣告请求案举行合并口头审理。随同口头审理通知书，将请求人1、2于2007年3月1日提交的意见陈述书及其附件清单中所列附件的副本转送给专利权人，将专利权人于2007年3月20日针对请求人1的无效宣告请求书提交的意见陈述书及其附件清单中所列附件的副本转送给请求人1，将专利权人于2007年3月20日针对请求人3的无效宣告请求书提交的意见陈述书转送给请求人3。

口头审理如期举行，合议组当庭向请求人2转交了专利权人于2007年3月20日针对请求人2的无效宣告请求书提交的意见陈述书及其附件清单中所列附件的副本，请求人1、2、3和专利权人均出席并充分发表了意见。

（1）请求人1、2明确其无效宣告请求的理由、范围和证据是：本专利权利要求1~10不符合专利法第9条、专利法实施细则第13条第1款、专利法第22条第2款的规定，权利要求5不符合专利法第22

条第 3 款、第 26 条第 3 款的规定；附件 1 作为抵触申请，用附件 1 评价本专利的新颖性，附件 1 评价专利法第 9 条，附件 2 和附件 3 结合评价本专利权利要求 5 的创造性。专利权人对请求人 1、2 提交的附件 1~3 的真实性没有异议。请求人 3 明确其无效宣告请求的理由和范围是：权利要求 1~8、10 不符合专利法实施细则第 21 条第 2 款的规定，权利要求 9 不符合专利法第 26 条第 3 款、第 4 款的规定。

（2）关于权利要求 1~8、10 是否符合专利法实施细则第 21 条第 2 款的理由。请求人 3 认为权利要求 1 缺乏必要的技术特征，实现不了该专利所要解决的技术问题，虽然权利要求 1 描述有内外夹持件，但光有内外夹持件，锁无法在不破坏玻璃门的前提下安装，必须要借助卡槽等才能实现，权利要求 1 中没有提到锁体的外形是弧形的。权利要求 2~8、10 是权利要求 1 的从属权利要求，因此权利要求 2~8、10 也不符合专利法实施细则第 21 条第 2 款的规定。专利权人认为权利要求 1 中对夹持件作出了说明，安装需要内外夹持件，所以可以达到本专利的技术特征，弧形不是本专利的必要技术特征，可能是椭圆形也可能是半圆形，说明书中给出的图是半圆形的，形成的槽也是弧形的。

（3）关于权利要求 9 是否符合专利法第 26 条第 3 款、第 4 款的理由。请求人 3 认为说明书中没有描述锁怎样固定在玻璃门上的，不清楚如何压紧橡胶片将锁壳固定在玻璃门上，权利要求 9 在形式上得到说明书的支持，实质上没有得到说明书的支持。专利权人认为说明书第 5 页倒数第 3 行描述了权利要求 9 的内容，螺钉的旋转就可以使螺钉拧进去，什么叫螺钉、什么叫拧紧螺钉本领域的技术人员都应该清楚。

（4）关于权利要求 5 是否符合专利法第 26 条第 3 款的理由。请求人 1、2 认为图 5 中附图标记 1 指的是锁还是门不清楚，附图标记 1 和 2 指的是哪里不清楚，内外夹持件与锁体和锁扣的关系、锁芯和锁体和锁扣的关系不清楚，锁壳、腔室不清楚指的是什么。专利权人称锁体是指齿轮和弧形的锁舌所在的部分，弧形的锁舌锁上的时候插进的部分叫锁扣，内外夹持件和锁体、锁扣的关系在说明书中说的很清楚，锁体和锁扣都包括内外夹持件。

（5）关于权利要求 1~10 相对于附件 1 的新颖性以及是否符合专利法第 9 条、专利法实施细则第 13 条第 1 款的理由。请求人 1、2 认为附件 1 公开了本专利权利要求 1 的全部技术特征，因此本专利没有新颖性。以附件 1 的整个说明书和本专利进行对比，号码上所对应的词都是一致的，所要求保护的部件或者零件全部落入附件 1 中，弧形锁舌和锁壳的侧壁上有扣孔，驱动机构有锁芯和弧形导轨，锁芯上面可以放钥匙，附件 1 是单锁，本专利是对锁，权利要求 2 中应该是两个单锁，附件 1 公开了本专利权利要求 2~9 中的技术特征，其附图 4 锁舌 3 的前面恰恰表示的是锁舌的断面为矩形，附件 1 的附图 2 可以看到有固定弹簧 9 的螺钉，13 相当于本专利的止挡块，限位卡凸和止挡块都可以从附图 2 中看出。专利权人认为附件 1 是在一面设置的弧形锁舌，而本专利是在两面设置的弧形锁舌，附件 1 中没有说明锁扣的结构，本专利中的锁壳侧壁上分别设有锁舌和扣孔，本专利均是成对的，附件 1 均是单一的，本专利说明书第 7 页倒数第 5 行描述了内外驱动机构，旋钮的作用是控制驱动机构，因此权利要求 1 具备新颖性，权利要求 2~10 也具备新颖性。

（6）关于权利要求 5 相对于附件 2、3 的结合是否符合专利法第 22 条第 3 款的理由。请求人 1、2 认为最接近的对比文件是附件 2，附件 2 的附图 1 左边就是本专利所说的锁扣，右边就是本专利所说的锁体，驱动锁舌运动的驱动机构就是放锁芯的部分，附件 2 的图 1 同样有齿，弧形导轨在锁壳壁上，不需要固定槽，运动轨迹就是弧形导轨，锁芯就是 8，转动齿轮就是 6、7、9，运动轨迹是相同的，权利要求 3 的径向限位板是附件 2 中的 10，权利要求 4 中的扭簧是公知的，权利要求 5 中的附加技术特征在附件 3 的第 4 页第 1 行中公开了，附件 3 中的限位销相当于本专利的止挡块，附件 3 的凹台 9 相当于本专利的卡凸。附件 3 中说的锁也是弧形的锁和锁舌，不管是凸还是凹都可以固定锁舌的运动轨迹，转动轨迹在机械方面是通用的，在本行业中都是公知的，目的是使得锁舌能够转动。附件

2和3可以结合。专利权人认为权利要求5是引用权利要求1或者4的，附件2与本专利不相同，权利要求1中的弧形锁舌与扇形锁舌不一样，锁孔和扣孔没有被公开，腔室没有被公开，只有内夹持件的，没有外夹持件的，附件2中的6、7、9和转动齿轮完全不一样，附件2中的10起不到径向限位板的作用，权利要求5的附加技术特征与附件3的结构不同。附件2和3无法结合。

至此，合议组认为本案事实已经清楚，可以作出审查决定。

**二、决定的理由**

1. 关于证据和现有技术

请求人1、2提交的证据为附件1~3，专利权人对附件1~3的真实性没有异议，合议组经审查认为可以作为本案证据使用。由于附件2、3为中国专利文献，且其公开日期在本专利的申请日前，因此可以作为本专利的现有技术使用；附件1为于本专利申请日前由他人向专利局提出的、在本专利申请日后公开的中国专利文献，因此其仅能用来评述本专利的新颖性。

2. 关于专利法实施细则第21条第2款

专利法实施细则第21条第2款规定：独立权利要求应当从整体上反映发明或者实用新型的技术方案，记载解决技术问题的必要技术特征。

请求人3认为由于缺少了“在锁体（1）、锁扣（2）上均设有可供与玻璃门相扣合的弧形卡槽（13、23），卡槽（13、23）内设有一对橡胶片（14、24），锁体（1）和锁扣（2）侧面设有可通过压紧橡胶片（14、24）将锁壳固定于玻璃门上的锁紧螺钉”和“锁体和锁扣采用与锁舌相配合且成对配置的弧形结构”的内容，不能实现说明书中所提出的安装时候玻璃门完好无损、安装简易的目的和制造成本低、外形美观的目的，导致本专利的权利要求1和从属权利要求2~8、10缺少必要技术特征。虽然权利要求1描述有内外夹持件，但光有内外夹持件，锁无法在不破坏玻璃门的前提下安装，必须要借助卡槽等才能实现。

合议组经审查认为，本专利权利要求1和从属权利要求2~8、10记载了在玻璃门锁的锁体和锁扣的两侧内、外夹持件内分别设置独立的弧形锁舌和驱动结构，本领域的技术人员根据权利要求1中的记载能够用内、外夹持件夹持玻璃门实现当安装门锁时无须在原有玻璃门上钻孔，而请求人提到的卡槽、橡胶片和锁紧螺钉等配件只是为了进一步紧固门锁，但不是实现玻璃门不钻孔、完好无损的发明目的所必需的。其次关于外形美观的目的，并非只有锁体和锁扣做成弧形才美观，本领域技术人员根据上述权利要求的记载完全可以设计成其他形式的门锁来满足美观的要求。故请求人3关于本专利权利要求1和从属权利要求2~8、10缺少上述技术特征因而不符合专利法实施细则第21条第2款规定的主张不能成立。

3. 关于专利法第26条第3款、第4款

专利法第26条第3款规定：说明书应当对发明或者实用新型作出清楚、完整的说明，以所属技术领域的技术人员能够实现为准。由此可见，所属技术领域的技术人员依据说明书所公开的内容能否实现本发明或者实用新型是本专利是否符合专利法第26条第3款的判定依据。

专利法第26条第4款规定：权利要求书应当以说明书为依据，说明要求专利保护的范围。

请求人3认为说明书中没有清楚描述锁怎样固定在玻璃门上，仅凭说明书的描述本领域的技术人员无法了解锁紧螺钉是如何安装在锁体和锁扣上的，其如何压紧橡胶片将锁壳固定在玻璃门上，故说明书公开不充分，不符合专利法第26条第3款的规定，涉及该技术特征的权利要求9也因此仅是形式上得到说明书的支持，实质上没有得到说明书的支持，不符合专利法第26条第4款的规定。

合议组经审查后认为，说明书第5页倒数第6行至第3行的描述清楚地说明了用锁体和锁扣上的弧形卡槽与玻璃门相扣合，并用锁紧螺钉压紧卡槽内的橡胶片而将锁壳进一步紧固于玻璃门上，本领域技术人员依据说明书所公开的上述内容能够实现本专利权利要求 9 的技术方案。至于请求人认为不知道如何将锁紧螺钉安装在锁体和锁扣上以及其如何压紧橡胶片将锁壳固定在玻璃门上，合议组认为，这都属于本领域的常规技术。因此，请求人 3 关于说明书不符合专利法第 26 条第 3 款以及权利要求 9 不符合专利法第 26 条第 4 款规定的主张不能成立。

请求人 1、2 认为本专利图 5 中附图标记 1 指的是锁还是门不清楚，附图标记 1 和 2 指的是哪里不清楚，内外夹持件与锁体和锁扣的关系、锁芯和锁体和锁扣的关系不清楚，锁壳、腔室不清楚指的是什么，说明书里没有对权利要求 5 的结构作出清楚、完整的说明，无法支持权利要求，同时也使所属领域的技术人员无法实现，因此不符合专利法第 26 条第 3 款的规定。

合议组经审查后认为，本领域的技术人员从说明书文字部分和附图中可清楚知道附图标记 1 和 2 分别指的是锁体和锁扣，锁体和锁扣都包括平行设置于玻璃门两侧的内外夹持件，锁体内设有弧形锁舌和作为驱动机构的弧形导轨、锁芯和转动齿轮，锁扣内设有锁孔和容置弧形锁舌的腔室；而且说明书第 4 页倒数第 3 行至第 5 页第 2 行也清楚描述了锁体内外夹持件内的弧形锁舌和弧形导轨的相应位置分别设有限位卡凸和止挡块，锁舌通过止挡块挡住限位卡凸而锁定于弧形导轨中，因此说明书里对权利要求 5 的技术方案作出清楚、完整的说明，所属领域的技术人员根据上述描述能够实现权利要求 5 的技术方案，因此符合专利法第 26 条第 3 款的规定。

4. 关于专利法第 22 条第 2 款和专利法第 9 条、专利法实施细则第 13 条第 1 款

专利法第 22 条第 2 款规定，新颖性，是指在申请日以前没有同样的发明或者实用新型在国内外出版物上公开发表过、在国内公开使用过或者以其他方式为公众所知，也没有同样的发明或者实用新型由他人向国务院专利行政部门提出过申请并记载在申请日以后公布的专利申请文件中。

根据该规定，如果涉案专利的权利要求与对比文件公开的内容相比，存在非惯用技术手段的区别技术特征，那么该专利权利要求相对于对比文件具备新颖性。

专利法第 9 条规定，两个以上的申请人分别就同样的发明创造申请专利的，专利权授予最先申请的人。

专利法实施细则第 13 条第 1 款规定，同样的发明创造只能被授予一项专利。

请求人 1、2 认为附件 1 公开了本专利权利要求 1~10 的全部技术特征，以附件 1 的整个说明书和本专利进行对比，所要求保护的部件或者零件全部落入附件 1 中，附件 1 是单锁，本专利是对锁，因此没有新颖性，也不符合专利法第 9 条和专利法实施细则第 13 条第 1 款的规定。

合议组经审查认为，附件 1 也公开了一种玻璃门锁，其包括分别设置于两开合玻璃门上的锁体和锁扣，其中锁体内设有可使弧形锁舌移动的锁芯，锁扣设有供锁体上锁锁舌扣入的槽腔（相当于本专利中的腔室）。将本专利权利要求 1 与附件 1 比较，至少存在一个区别技术特征，即本专利权利要求 1 的锁体和锁扣包括平行设置于玻璃门两侧的内、外夹持件，锁体的内、外夹持件分别设有弧形锁舌和驱动锁舌的机构，锁扣的内、外夹持件分别设有容置锁舌的腔室，而附件 1 仅是在玻璃门外侧设有这样的锁体和锁扣。故本专利权利要求 1 相对于附件 1 具备新颖性，其从属权利要求 2~10 因此也具备新颖性。请求人 1、2 关于本专利不符合专利法第 9 条和专利法实施细则第 13 条第 1 款规定的主张也不能成立。

5. 关于专利法第 22 条第 3 款

专利法第 22 条第 3 款规定，创造性，是指同申请日以前已有的技术相比，该发明有突出的实质性特点和显著的进步，该实用新型具有实质性特点和进步。

根据该规定，如果涉案专利的权利要求与一篇对比文件公开的内容相比，存在区别技术特征，而另一篇对比文件不能给出将上述区别技术特征应用到前一篇对比文件中以解决其实际要解决的技术问题的启示，则该两份对比文件不足以破坏该专利权利要求的创造性。

本案中，请求人1、2认为权利要求5相对于附件2、3的结合不符合专利法第22条第3款的规定。

合议组经审查后认为，附件2公开了一种玻璃门锁，具体公开了以下技术特征（参见说明书第3、4页和附图1、2、5）：由夹盖、锁壳、锁闩、锁头和胶垫等组成，锁闩为扇形，附图1的左侧锁壳相当于本专利的锁扣，右侧锁壳相当于本专利的锁体，扇形锁闩4相当于本专利的弧形锁舌，锁眼24、2相当于本专利的锁孔、扣孔，锁头16相当于本专利的锁芯，扇形锁闩在锁壳内的腔中通过锁眼2、24从附图1的右侧穿到左侧，其运动轨迹为弧形，控制扇形锁闩运动的部件包括曲拐10、曲拐销7、滑槽9、销轴6。由上所述，权利要求5的技术方案与附件2相比，区别在于：1）本专利权利要求5的锁体和锁扣包括平行设置于玻璃门两侧的内、外夹持件；2）控制锁舌运动的机构包括弧形导轨、转动齿轮、锁舌上设有与转动齿轮的外齿相啮合的卡孔，以及锁舌外端设置的径向限位板、扭簧、限位卡凸和止挡块。其中关于控制锁舌运动的机构，权利要求5与附件2的机构部件和工作原理均不相同。

附件3公开的是一种全封闭式自行车锁（参见说明书第1、2页和附图1、2），由锁壳、锁芯、锁闩、拉簧构成，锁栓1（相当于本专利的锁舌）中部外侧有传动齿2与齿轮4啮合、上部有弧形凹台9，锁芯7上固定一随其转动的锁止片6，其一端为与凹台9吻合的弧形，并在端侧面有棘爪8，锁栓1上部有一限位销10、锁壳上有限位铆钉，齿轮4的齿轮轴3伸出锁壳外并装有旋钮15。其工作过程是上锁时，转动旋钮15，通过齿轮4拨动锁栓1沿锁壳运动。锁芯7上的锁止片6端的棘爪8可卡住锁栓上的传动齿2，以阻止其反弹，当锁栓1移动到位，锁止片6的弧形端头卡住锁栓1上的凹台9，抽出钥匙，所述的锁呈锁紧状态。开锁时，钥匙带动锁止片6向背离锁栓1方向转动并与锁栓分离，锁栓弹回至开锁位置。由上可知，附件3也没有公开区别技术特征1和2，虽然附件3中的锁也是弧形的锁舌，凹台用来固定锁舌呈锁紧状态，也是用齿轮驱动锁舌，但是其整体结构和各部件之间的位置以及使用方式与本专利权利要求5的技术方案都不相同，本领域的技术人员由附件3无法获得将区别技术特征应用到附件1中得到权利要求5的技术方案的启示，而且本专利在安装时不需在玻璃门上开孔，具有一定的有益效果，因此本专利权利要求5相对于附件2、3的结合具有实质性特点和进步，符合专利法第22条第3款的规定。

根据上述的事实和理由，本案合议组依法作出以下决定。

**三、决定**

维持03273641.X号实用新型专利权有效。

当事人对本决定不服的，可以根据专利法第46条第2款的规定，自收到本决定之日起3个月内向北京市第一中级人民法院起诉。根据该款的规定，一方当事人起诉后，另一方当事人应当作为第三人参加诉讼。

# 北京市第一中级人民法院
# 行政判决书

（2008）一中行初字第306号

原告何女（个体工商户），女，1944年2月12日出生，汉族，高要市金利镇恒德五金厂经营者，住广东省高要市金利镇金利村委会七甲村红卫队二巷10号。

委托代理人华辉，广州新诺专利商标事务所有限公司专利代理人。

委托代理人李国钊，广州新诺专利商标事务所有限公司专利代理人。

被告国家知识产权局专利复审委员会，住所地北京市海淀区北四环西路9号银谷大厦。

法定代表人廖涛，副主任。

委托代理人欧岚，女，国家知识产权局专利复审委员会审查员。

委托代理人杨存吉，男，国家知识产权局专利复审委员会审查员。

第三人伦允强（个体工商户），男，1981年1月30日出生，汉族，高要市金利粤中五金制品厂经营者，住广东省高要市金利镇建群村委会横石村1队村头5号。

第三人陆津汉（个体工商户），男，1949年7月11日出生，汉族，高要市金利昌华五金厂经营者，住广东省高要市金一村委会二甲村10队毓秀里6号。

上述二第三人之共同委托代理人刘晓雪，广州创颖专利事务所专利代理人。

上述二第三人之共同委托代理人吴宏，女，广州创颖专利事务所职员。

第三人陆肇华，男，1961年9月15日出生，汉族，高要市金利华劲金属制品厂经营者，住广东省高要市金利镇三村委会六甲村三队仁和里巷6号。

原告何女不服被告国家知识产权局专利复审委员会（以下简称专利复审委）作出的无效宣告请求审查决定，向本院提起行政诉讼。本院受理后，依法组成合议庭，并依法通知与被诉具体行政行为有利害关系的伦允强、陆津汉、陆肇华参加诉讼。本院于2008年4月22日公开开庭审理了本案。原告何女的委托代理人李国钊，被告专利复审委的委托代理人欧岚、杨存吉，第三人伦允强、陆津汉的委托代理人刘晓雪、吴宏到庭参加了诉讼。第三人陆肇华书面表示不参加此次开庭。本案现已审理终结。

2007年10月8日，被告作出第10639号无效宣告请求审查决定（以下简称第10639号决定），依据《中华人民共和国专利法》（以下简称《专利法》）第二十六条第三款、第四款、第二十二条第二款、第三款、第九条及《中华人民共和国专利法实施细则》（以下简称《专利法实施细则》）第二十一条第二款、第十三条第一款的规定，维持03273641.X号实用新型专利权（以下简称本专利）有效。

被告于答辩期内向本院提交了作出被诉具体行政行为的证据材料：（1）本专利说明书复印件；（2）无效宣告请求人高要市金利镇恒德五金厂于2007年2月7日向被告提出的无效宣告请求书复印件；（3）申请日为2003年1月23日、授权公告日为2004年1月7日、授权公告号为CN2597632Y（专利号为03223211.X）、专利权人为唐肇洪的中国实用新型专利说明书复印件（第10639号决定中的附件1）；（4）授权公告日为2003年6月4日、授权公告号为CN2554291Y（专利号为02272093.6）的中国实用新型专利说明书复印件（第10639号决定中的附件2）；（5）公告日为1991年7月31日、公告号为CN2081861U（申请号为90226820.1）的中国实用新型专利申请说明书复印件（第10639号决定中的附件3）。上述证据用以证明被诉决定认定事实清楚，适用法律正确，审理程序合法。

原告何女诉称：（1）本专利的权利要求1不符合《专利法实施细则》第二十一条第二款的规定。本专利的发明目的是提供一种结构牢固、可靠、锁扣方式独特、制造成本低，且安装时玻璃门完好无损、安装简易、外形美观的玻璃门锁。①按照对该目的的理解，本专利独立权利要求1中，仅仅记载了“包括分别夹持于两对开玻璃门上的锁体（1）和锁扣（2），其中，上述锁体（1）和锁扣（2）包括平行设置于玻璃门两侧的内夹持件（12、22）及外夹持件（11、21）”，而一些需要在玻璃门上开孔安装的门锁也具有这一技术特征。因而仅凭该技术特征是无法实现安装时玻璃门完好无损、安装简易的这一目的。②按照对该目的的理解，独立权利需要必要技术特征“锁体和锁扣采用与锁舌相配合且成对配制的弧形结构”来实现制造成本低、外形美观的目的。但是，在独立权利要求1中缺少该必要技术特征，从而使该独立权利要求1要求保护的技术方案无法实现发明目的。由于独立权利要求1不是一个完整的技术方案，其从属权利要求2~8、10均无法实现发明目的，从而都不是一个完整的技术方案。（2）本专利说明书公开不充分，不符合《专利法》第二十六条第三款、第四款的要求。上述实现安装时玻璃门完好无损，安装简易的目的的必要技术特征“在锁体（1）、锁扣（2）上均设有可供与玻璃门相扣合的弧形卡槽（13、23），卡槽（13、23）内设有一对橡胶片（14、24），锁体（1）和锁扣（2）侧面设有可通过压紧橡胶片（14、24）将锁壳固定于玻璃门上的锁紧螺钉”。但是，在说明书中没有对该特征进行详细描述，以使本领域普通技术人员能够清楚明白该技术方案，所以，权利要求9得不到说明书的支持。专利权人仅仅在说明书最后一段对该技术方案进行了如下描述：“如图5所示，由于上述锁体1和锁扣2为半圆弧形，且各锁体1、锁扣2上均设有可供与玻璃门相扣合的弧形卡槽13、23，卡槽13、23内各设有一对橡胶片14、24，上述锁体1和锁扣2侧面设有锁紧螺钉，上述锁体1和锁扣2通过锁紧螺钉压紧橡胶片14、24而将锁壳固定于玻璃门上”。仅仅凭这些描述，本领域普通技术人员无法了解橡胶片与锁体或锁扣是固定在一起的还是相互独立的，锁紧螺钉是如何安装在锁体1和锁扣2上的，如何压紧橡胶片从而使锁体和锁扣得以固定。所以本专利说明书公开不充分。综上，第10639号决定认定事实错误，请求法院撤销该决定。

原告向法院提交了如下证据：（1）第10639号决定书复印件；（2）本案专利说明书复印件。上述证据用以证明被诉决定认定事实错误。

被告专利复审委辩称，（1）关于本专利是否符合《专利法实施细则》第二十一条第二款以及《专利法》第二十六条第三款、第四款规定内容，坚持第10639号决定中的认定。（2）本领域的技术人员根据权利要求1中的记载“分别夹持于两对开玻璃门上的锁体（1）和锁扣（2），其中，上述锁体（1）和锁扣（2）包括平行设置于玻璃门两侧的内夹持件（12、22）及外夹持件（11、21）”，就能够用内、外夹持件夹持玻璃门实现当安装门锁时无须在原有玻璃门上钻孔，从而解决“必须在玻璃门上开孔”的技术问题。原告认为一些需要在玻璃门上开孔安装的门锁也具有上述技术特征，因而权利要求1缺少必要技术特征。首先，原告并未举证证明“在玻璃门上开孔安装的门锁也具有上述这一技术特征”；其次，即使原告有证据证明上述事实，也不能说明当仅有上述技术特征时无法实现安装门锁时玻璃门完好无损，继而也不能证明原告的主张成立。综上，第10639号决定认定事实清楚，适用法律正确，审理程序合法，原告的诉讼理由不能成立，请求法院维持该决定。

第三人伦允强和陆津汉述称：第10639号决定认定事实错误。决定书第8页第4段所认定的事实为：“将本专利权利要求1与附件1比较，至少存在一个区别技术特征，即本专利权利要求1的锁体和锁扣包括平行设置于玻璃门两侧的内、外夹持件，锁体的内、外夹持件分别设有弧形锁舌和驱动锁舌的机构，锁扣的内、外夹持件分别设有容置锁舌的腔室，而附件1仅是在玻璃门外侧设有这样的锁体和锁扣。故本专利权利要求1相对于附件1具备新颖性，其从属权利要求2~10因此也具备新颖性”。上述所说的特征并不是本专利的区别技术特征。将本专利附件 1 进行对比，本案的主权项权利要求 1 全部落入附件 1 的权利要求 1 所说的结构之中，两者组成这种玻璃门锁的结构其零部件一致，各零部件的相对位置也完全一致，其不同之处仅在于本专利主权项的零部件的名称后面的括号内，是同时说明两个号码，而这两个号码所反映的零部件，均分别单独属于其附图 2 或附图 4 所说的锁的位置，如：121、111 这两个号码所反映的锁舌，是分别属于内夹持件（俗称内锁）和外夹持件（俗称外锁），两个锁舌之间并没有必然的逻辑联动联系，不能用一把钥匙同时打开这个锁，将一把钥匙插入外夹持件 11（俗称外锁）的钥匙孔中，并无法开启和旋动内夹持件 12（俗称内锁）的锁舌 121。因此可以看到，本专利所要求保护的实际上是分别使用的两把锁，两把锁没有必然的联动关系。将本专利的外夹持件 11（俗称外锁）或者内夹持件 12（俗称内锁）单独与附件 1 所说的玻璃门锁进行对比，可以看到均分别落入附件 1 所说的全部技术特征之中。本专利是采用现有技术通过简单叠加拼凑而成的玻璃门锁，由于不能用一把钥匙同时打开这个锁，因此是两把锁，是两个结构基本一致的锁的叠加，故此本案专利没有新颖性的结论是成立的，依法应予认定。根据《审查指南》第二部分第三章 3.1 审查原则中，“在进行新颖性判断时，审查员首先应当判断被审查专利申请的技术方案与对比文件的技术方案是否实质上相同，如果专利申请与对比文件公开的技术方案实质上相同，所属技术领域的技术人员根据两者的技术方案可以确定两者能够适用于相同的技术领域，解决相同的技术问题，并具有相同的预期效果，则认为两者为同样的发明或者实用新型。”审查员仅仅从文字上认定本专利所说的锁有两把锁舌，但忽略了涉案专利与对比文件附件 1 实质上的结构就是相同这一基本结构，因为违反了《审查指南》的审查原则，第 10639 号决定认定事实错误，其结论也是错误的，故请求法院撤销该决定。

第三人伦允强和陆津汉未向法院提交证据。

第三人陆肇华未向法院提交书面意见，亦未提交证据。

经庭审质证，原告及第三人伦允强和陆津汉对被告证据的关联性、合法性、真实性无异议。被告对原告证据的关联性、合法性、真实性无异议，但不同意其证明作用。第三人伦允强和陆津汉对原告证据无异议。

经审查，被告及原告提交的证据与本案具有关联性，且合法、真实，能够证明本案事实，本院予以确认。

经审理查明，本无效宣告请求涉及中华人民共和国国家知识产权局于 2004 年 9 月 1 日授权公告的、名称为“一种玻璃门锁”的实用新型专利权（即本专利），其专利号是 03273641. X，申请日是 2003 年 8 月 20 日，专利权人是陆肇华。本专利授权公告时的权利要求书如下：

“1. 一种玻璃门锁，包括分别夹持于两对开玻璃门上的锁体（1）和锁扣（2），其中，上述锁体（1）和锁扣（2）包括平行设置于玻璃门两侧的内夹持件（12、22）及外夹持件（11、21），其特征在于上述锁体（1）的内、外夹持件（12、11）内分别设有弧形锁舌（121、111）和可驱动弧形锁舌（121、111）作弧形运动的内夹持件（12）驱动机构、外夹持件（11）驱动机构，且上述内、外夹持件（12、11）的锁壳侧壁上分别设有可供弧形锁舌（121、111）穿出及扣入的扣孔（129、119），上述锁扣（2）的内、外夹持件（22、21）上对应的设有可供上述弧形锁舌（121、111）穿入和穿出的锁孔（221、211）及可容置弧形锁舌（121、111）的腔室。

2. 根据权利要求 1 所述的玻璃门锁，其特征在于上述内、外夹持件（12、11）内的驱动机构包括设置于锁体（1）内夹持件（12）或外夹持件（11）内的弧形导轨（122、112）、锁芯（123、113）及装置于锁芯（123、113）上的可驱动锁舌（121、111）动作的内夹持件（12）转动齿轮（124）、外夹持件（11）转动齿轮（114），所述内夹持件（12）和外夹持件（11）内的锁舌（121、

111）环设于相应的导轨（122、112）中，且锁舌（121、111）内侧分别设有若干等距的卡孔（1211、1111），上述转动齿轮（124、114）外齿分别与锁舌（121、111）卡孔（1211、1111）相啮合且转动齿轮（124、114）的齿间距与锁舌（121、111）上两卡孔（1211、1111）间距相等。

3. 根据权利要求1或2所述的玻璃门锁，其特征在于上述内夹持件（12）内的锁舌（121）和外夹持件（11）内的锁舌（111）外端分别设有一径向限位板（126、116），各径向限位板（126、116）通过螺钉与内、外夹持件（12、11）固定连接。

4. 根据权利要求3所述的玻璃门锁，其特征在于上述锁体（1）的内、外夹持件（12、11）内分别设有扭簧（127、117），该扭簧（127、117）两端分别作用于内、外夹持件（12、11）内壁和锁舌（121、111）外表面，且上述限位板（126、116）装置于上述扭簧（127、117）的上方。

5. 根据权利要求1或4所述的玻璃门锁，其特征在于上述内夹持件（12）内的弧形锁舌（121）和外夹持件（11）内的弧形锁舌（111）的外侧分别设有一限位卡凸（1212、1112），上述内夹持件（12）内的弧形导轨（122）和外夹持件（11）内的弧形导轨（112）的侧壁靠近两端部位置分别设有止挡块（128、118），上述锁舌（121、111）通过止挡块（128、118）挡住限位卡凸（1212、1112）而锁定于导轨（122、112）中。

6. 根据权利要求1或2所述的玻璃门锁，其特征在于上述内夹持件（12）内的转动齿轮（124）与锁芯（123）和外夹持件（11）内的转动齿轮（114）与锁芯（113）的连接均为键槽式连接，在转动齿轮（124、114）内孔的里侧设有一对与锁芯（123、113）配合嵌置的凸粒（1241、1141），且上述锁芯（123、113）上设有一卡紧转动齿轮（124、114）的卡簧（125、115）。

7. 根据权利要求6所述的玻璃门锁，其特征在于上述内夹持件（12）上锁芯（123）的外端设有旋钮（15）。

8. 根据权利要求1或2所述的玻璃门锁，其特征在于上述锁体（1）和锁扣（2）为半圆弧形，在锁体（1）、锁扣（2）上均设有可供与玻璃门相扣合的弧形卡槽（13、23），卡槽（13、23）内设有一对橡胶片（14、24）。

9. 根据权利要求8所述的玻璃门锁，其特征在于上述锁体（1）和锁扣（2）侧面设有可通过压紧橡胶片（14、24）将锁壳固定于玻璃门上的锁紧螺钉。

10. 根据权利要求1所述的玻璃门锁，其特征在于上述呈弧形锁舌（121、111）的横截面呈矩形。”

针对本专利，陆津汉以其经营的高要市金利昌华五金厂（以下简称昌华五金厂）的名义、伦允强以其经营的高要市金利粤中五金制品厂（以下简称粤中五金厂）的名义、何女以其经营的高要市金利镇恒德五金厂（以下简称恒德五金厂）的名义分别于2007年2月5日、2007年2月5日和2007年2月7日向被告提出无效宣告请求，昌华五金厂和粤中五金厂认为本专利的权利要求1~10不符合《专利法》第九条、《专利法实施细则》第十三条第一款、《专利法》第二十二条第二款的规定，昌华五金厂、粤中五金厂还提出了本专利不符合《专利法》第二十二条第三款的无效理由，但没有明确其所涉及的权利要求，昌华五金厂、粤中五金厂同时提交了如下附件：

附件1：申请日为2003年1月23日、授权公告日为2004年1月7日、授权公告号为CN2597632Y（专利号为03211211. X）、专利权人为唐肇洪的中国实用新型专利说明书，共9页。

恒德五金厂认为本专利不符合《专利法》第二十六条第三款、第四款的规定，权利要求1缺少必要技术特征，不符合《专利法实施细则》第二十一条第二款的规定。

经形式审查合格，被告依法受理了上述三项无效宣告请求，并分别于2007年2月5日、2007年2月5日和2007年2月7日向昌华五金厂、粤中五金厂、恒德五金厂和陆肇华发出无效宣告请求受理通知书，同时将专利权无效宣告请求书及其附件清单中所列附件的副本转送给陆肇华，并要求陆肇华在指定的期限内陈述意见。

昌华五金厂、粤中五金厂均于2007年3月1日向被告提交了相同的意见陈述书，并补充了相同的无效宣告的理由和证据，昌华五金厂、粤中五金厂认为本专利的权利要求5不符合《专利法》第二十二条第三款的规定，而且在本专利说明书里没有对权利要求5的结构作出清楚、完整的说明，无法支持权利要求，同时也使所属领域的技术人员无法实现，因此还不符合《专利法》第二十六条第三款。其中补充的证据为（编号续前）：

附件2：授权公告日为2003年6月4日、授权公告号为CN2554291Y（专利号为02272093.6）的中国实用新型专利说明书，共9页；

附件3：公告日为1991年7月31日、公告号为CN2081861U（申请号为90226820.1）的中国实用新型专利申请说明书，共5页。

针对被告发出的上述无效宣告请求受理通知书，陆肇华于2007年3月20日针对昌华五金厂、粤中五金厂的无效宣告请求书提交了意见陈述书及附件。

陆肇华提交的附件如下：

附件1’：国家知识产权局针对本专利作出的实用新型专利检索报告复印件一份，共4页；

附件2’：国家知识产权局专利检索咨询中心作出的检索报告复印件一份，共4页。

陆肇华认为：本实用新型虽在技术领域上与在先专利相同，但无论在所解决的技术问题，所采用的技术方案还是预期效果上，均与在先专利存在明显的差别。

陆肇华还于2007年3月20日针对恒德五金厂的无效宣告请求书提交了意见陈述书，认为本专利权利要求1清楚完整地记载了实现本专利所需的必要技术特征；本专利符合《专利法》第二十六条第三款、第四款的规定。

被告于2007年4月24日向昌华五金厂、粤中五金厂、恒德五金厂和陆肇华发出无效宣告请求口头审理通知书，定于2007年6月12日在被告处对上述三个无效宣告请求案举行合并口头审理。随同口头审理通知书，将昌华五金厂、粤中五金厂于2007年3月1日提交的意见陈述书及其附件清单中所列附件的副本转送给陆肇华，将陆肇华于2007年3月20日针对昌华五金厂的无效宣告请求书提交的意见陈述书及其附件清单中所列附件的副本转送给昌华五金厂，将陆肇华于2007年3月20日针对恒德五金厂的无效宣告请求书提交的意见陈述书转送给恒德五金厂。

口头审理如期举行，被告当庭向粤中五金厂转交了陆肇华于2007年3月20日针对粤中五金厂的无效宣告请求书提交的意见陈述书及其附件清单中所列附件的副本，昌华五金厂、粤中五金厂、恒德五金厂和陆肇华均出席并充分发表了意见。

（1）昌华五金厂、粤中五金厂明确其无效宣告请求的理由、范围和证据是：本专利权利要求1~10不符合《专利法》第九条、《专利法实施细则》第十三条第一款、《专利法》第二十二条第二款的规定，权利要求5不符合《专利法》第二十二条第三款、第二十六条第三款的规定；附件1作为抵触申请，用附件1评价本专利的新颖性，附件1评价《专利法》第九条，附件2和附件3结合评价本专利权利要求5的创造性。陆肇华对昌华五金厂、粤中五金厂提交的附件1~3的真实性没有异议。恒德五金厂明确其无效宣告请求的理由和范围是：权利要求1~8、10不符合《专利法实施细则》第二十一条第二款的规定，权利要求9不符合《专利法》第二十六条第三款、第四款的规定。

（2）关于权利要求1~8、10是否符合《专利法实施细则》第二十一条第二款的理由。恒德五金厂认为权利要求1缺乏必要的技术特征，实现不了该专利所要解决的技术问题，虽然权利要求1描述有内外夹持件，但光有内外夹持件，锁无法在不破坏玻璃门的前提下安装，必须要借助卡槽等才能实现，权利要求1中没有提到锁体的外形是弧形的。权利要求2~8、10是权利要求1的从属权利要求，因此权利要求2~8、10也不符合《专利法实施细则》第二十一条第二款的规定。陆肇华认为权利要求1中对夹持件作出了说明，安装需要内外夹持件，所以可以达到本专利的技术特征，弧形不是本专利的必要技术特征，可能是椭圆形也可能是半圆形，说明书中给出的图是半圆形的，形成的槽也是弧形的。

（3）关于权利要求9是否符合《专利法》第二十六条第三款、第四款的理由。恒德五金厂认为说明书中没有描述锁怎样固定在玻璃门上的，不清楚如何压紧橡胶片将锁壳固定在玻璃门上，权利要求9在形式上得到说明书的支持，实质上没有得到说明书的支持。专利权人认为说明书第5页倒数第3行描述了权利要求9的内容，螺钉的旋转就可以使螺钉拧进去，什么叫螺钉、什么叫拧紧螺钉本领域的技术人员都应该清楚。

（4）关于权利要求5是否符合《专利法》第二十六条第三款的理由。昌华五金厂、粤中五金厂认为图5中附图标记1指的是锁还是门不清楚，附图标记1和2指的是哪里不清楚，内外夹持件与锁体和锁扣的关系、锁芯和锁体和锁扣的关系不清楚，锁壳、腔室不清楚指的是什么。陆肇华称锁体是指齿轮和弧形的锁舌所在的部分，弧形的锁舌锁上的时候插进的部分叫锁扣，内外夹持件和锁体、锁扣的关系在说明书中说得很清楚，锁体和锁扣都包括内外夹持件。

（5）关于权利要求1~10相对于附件1的新颖性以及是否符合《专利法》第九条、《专利法实施细则》第十三条第一款的理由。昌华五金厂、粤中五金厂认为附件1公开了本专利权利要求1的全部技术特征，因此本专利没有新颖性。以附件1的整个说明书和本专利进行对比，号码上所对应的词都是一致的，所要求保护的部件或者零件全部落入附件1中，弧形锁舌和锁壳的侧壁上有扣孔，驱动机构有锁芯和弧形导轨，锁芯上面可以放钥匙，附件1是单锁，本专利是对锁，权利要求2中应该是两个单锁，附件1公开了本专利权利要求2~9中的技术特征，其附图4锁舌3的前面恰恰表示的是锁舌的断面为矩形，附件1的附图2可以看到有固定弹簧9的螺钉，13相当于本专利的止挡块，限位卡凸和止挡块都可以从附图2中看出。陆肇华认为附件1是在一面设置的弧形锁舌，而本专利是在两面设置的弧形锁舌，附件1中没有说明锁扣的结构，本专利中的锁壳侧壁上分别设有锁舌和扣孔，本专利均是成对的，附件1均是单一的，本专利说明书第7页倒数第5行描述了内外驱动机构，旋钮的作用是控制驱动机构，因此权利要求1具备新颖性，权利要求2~10也具备新颖性。

（6）关于权利要求5相对于附件2、3的结合是否符合《专利法》第二十二条第三款的理由。昌华五金厂、粤中五金厂认为最接近的对比文件是附件2，附件2的附图1左边就是本专利所说的锁扣，右边就是本专利所说的锁体，驱动锁舌运动的驱动机构就是放锁芯的部分，附件2的图1同样有齿，弧形导轨在锁壳壁上，不需要固定槽，运动轨迹就是弧形导轨，锁芯就是8，转动齿轮就是6、7、9，运动轨迹是相同的，权利要求3的径向限位板是附件2中的10，权利要求4中的扭簧是公知的，权利要求5中的附加技术特征在附件3的第4页第1行中公开了，附件3中的限位销相当于本专利的止挡块，附件3的凹台9相当于本专利的卡凸。附件3中说的锁也是弧形的锁和锁舌，不管是凸还是凹都可以固定锁舌的运动轨迹，转动轨迹在机械方面是通用的，在本行业中都是公知的，目的是使得锁舌能够转动。附件2和3可以结合。陆肇华认为权利要求5是引用权利要求1或者4的，附件2与本专利不相同，权利要求1中的弧形锁舌与扇形锁舌不一样，锁孔和扣孔没有被公开，腔室没有被公开，只有内夹持件的，没有外夹持件的，附件2中的6、7、9和转动齿轮完全不一样，附件2中的10起不到径向限位板的作用，权利要求5的附加技术特征与附件3的结构不同。附件2和3无法结合。

被告经审查认为：

1. 关于证据和现有技术

昌华五金厂、粤中五金厂提交的证据为附件1~3，陆肇华对附件1~3的真实性没有异议，被告经审查认为可以作为本案证据使用。由于附件2、3为中国专利文献，且其公开日期在本专利的申请日前，因此可以作为本专利的现有技术使用；附件1为于本专利申请日前由他人向专利局提出的、在本专利申请日后公开的中国专利文献，因此其仅能用来评述本专利的新颖性。

2. 关于《专利法实施细则》第二十一条第二款

被告经审查认为，本专利权利要求1和从属权利要求2~8、10记载了在玻璃门锁的锁体和锁扣的两侧内、外夹持件内分别设置独立的弧形锁舌和驱动结构，本领域的技术人员根据权利要求1中的记载能够用内、外夹持件夹持玻璃门实现当安装门锁时无须在原有玻璃门上钻孔，而恒德五金厂提到的卡槽、橡胶片和锁紧螺钉等配件只是为了进一步紧固门锁，但不是实现玻璃门不钻孔、完好无损的发明目的所必需的。其次关于外形美观的目的，并非只有锁体和锁扣做成弧形才美观，本领域技术人员根据上述权利要求的记载完全可以设计成其他形式的门锁来满足美观的要求。故恒德五金厂关于本专利权利要求1和从属权利要求2~8、10缺少上述技术特征因而不符合《专利法实施细则》第二十一条第二款规定的主张不能成立。

3. 关于《专利法》第二十六条第三款、第四款

被告经审查后认为，说明书第5页倒数第6行至第3行的描述清楚地说明了用锁体和锁扣上的弧形卡槽与玻璃门相扣合，并用锁紧螺钉压紧卡槽内的橡胶片而将锁壳进一步紧固于玻璃门上，本领域技术人员依据说明书所公开的上述内容能够实现本专利权利要求9的技术方案。至于恒德五金厂认为不知道如何将锁紧螺钉安装在锁体和锁扣上以及其如何压紧橡胶片将锁壳固定在玻璃门上，被告认为，这都属于本领域的常规技术。因此，恒德五金厂关于说明书不符合《专利法》第二十六条第三款以及权利要求9不符合《专利法》第二十六条第四款规定的主张不能成立。

昌华五金厂、粤中五金厂认为本专利图5中附图标记1指的是锁还是门不清楚，附图标记1和2指的是哪里不清楚，内外夹持件与锁体和锁扣的关系、锁芯和锁体和锁扣的关系不清楚，锁壳、腔室不清楚指的是什么，说明书里没有对权利要求5的结构作出清楚、完整的说明，无法支持权利要求，同时也使所属领域的技术人员无法实现，因此不符合《专利法》第二十六条第三款的规定。

被告经审查后认为，本领域的技术人员从说明书文字部分和附图中可清楚知道附图标记1和2分别指的是锁体和锁扣，锁体和锁扣都包括平行设置于玻璃门两侧的内外夹持件，锁体内设有弧形锁舌和作为驱动机构的弧形导轨、锁芯和转动齿轮，锁扣内设有锁孔和容置弧形锁舌的腔室；而且说明书第4页倒数第3行至第5页第2行也清楚描述了锁体内外夹持件内的弧形锁舌和弧形导轨的相应位置分别设有限位卡凸和止挡块，锁舌通过止挡块挡住限位卡凸而锁定于弧形导轨中，因此说明书里对权利要求5的技术方案作出清楚完整的说明，所属领域的技术人员根据上述描述能够实现权利要求5的技术方案，因此符合《专利法》第二十六条第三款的规定。

4. 关于《专利法》第二十二条第二款和《专利法》第九条、《专利法实施细则》第十三条第一款

昌华五金厂、粤中五金厂认为附件1公开了本专利权利要求1~10的全部技术特征，以附件1的整个说明书和本专利进行对比，所要求保护的部件或者零件全部落入附件1中，附件1是单锁，本专利是对锁，因此没有新颖性，也不符合《专利法》第九条和《专利法实施细则》第十三条第一款的规定。

被告经审查认为，附件1也公开了一种玻璃门锁，其包括分别设置于两开合玻璃门上的锁体和锁扣，其中锁体内设有可使弧形锁舌移动的锁芯，锁扣设有供锁体上锁锁舌扣入的槽腔（相当于本专利中的腔室）。将本专利权利要求1与附件1比较，至少存在一个区别技术特征，即本专利权利要求1的锁体和锁扣包括平行设置于玻璃门两侧的内、外夹持件，锁体的内、外夹持件分别设有弧形锁舌

和驱动锁舌的机构，锁扣的内、外夹持件分别设有容置锁舌的腔室，而附件1仅是在玻璃门外侧设有这样的锁体和锁扣。故本专利权利要求1相对于附件1具备新颖性，其从属权利要求2~10因此也具备新颖性。昌华五金厂、粤中五金厂关于本专利不符合《专利法》第九条和《专利法实施细则》第十三条第一款规定的主张也不能成立。

5. 关于《专利法》第二十二条第三款

本案中，昌华五金厂、粤中五金厂认为权利要求5相对于附件2、3的结合不符合《专利法》第二十二条第三款的规定。

被告经审查后认为，附件2公开了一种玻璃门锁，具体公开了以下技术特征：由夹盖、锁壳、锁闩、锁头和胶垫等组成，锁闩为扇形，附图1的左侧锁壳相当于本专利的锁扣，右侧锁壳相当于本专利的锁体，扇形锁闩4相当于本专利的弧形锁舌，锁眼24、2相当于本专利的锁孔、扣孔，锁头16相当于本专利的锁芯，扇形锁闩在锁壳内的腔中通过锁眼2、24从附图1的右侧穿到左侧，其运动轨迹为弧形，控制扇形锁闩运动的部件包括曲拐10、曲拐销7、滑槽9、销轴6。由上所述，权利要求5的技术方案与附件2相比，区别在于：1）本专利权利要求5的锁体和锁扣包括平行设置于玻璃门两侧的内、外夹持件；2）控制锁舌运动的机构包括弧形导轨、转动齿轮、锁舌上设有与转动齿轮的外齿相啮合的卡孔，以及锁舌外端设置的径向限位板、扭簧、限位卡凸和止挡块。其中关于控制锁舌运动的机构，权利要求5与附件2的机构部件和工作原理均不相同。

附件3公开的是一种全封闭式自行车锁，由锁壳、锁芯、锁闩、拉簧构成，锁栓1（相当于本专利的锁舌）中部外侧有传动齿2与齿轮4啮合、上部有弧形凹台9，锁芯7上固定一随其转动的锁止片6，其一端为与凹台9吻合的弧形，并在端侧面有棘爪8，锁栓1上部有一限位销10、锁壳上有限位铆钉，齿轮4的齿轮轴3伸出锁壳外并装有旋钮15。其工作过程是上锁时，转动旋钮15，通过齿轮4拨动锁栓1沿锁壳运动。锁芯7上的锁止片6端的棘爪8可卡住锁栓上的传动齿2，以阻止其反弹，当锁栓1移动到位，锁止片6的弧形端头卡住锁栓1上的凹台9，抽出钥匙，所述的锁呈锁紧状态。开锁时，钥匙带动锁止片6向背离锁栓1方向转动并与锁栓分离，锁栓弹回至开锁位置。由上可知，附件3也没有公开区别技术特征1和2，虽然附件3中的锁也是弧形的锁舌，凹台用来固定锁舌呈锁紧状态，也是用齿轮驱动锁舌，但是其整体结构和各部件之间的位置以及使用方式与本专利权利要求5的技术方案都不相同，本领域的技术人员由附件3无法获得将区别技术特征应用到附件1中得到权利要求5的技术方案的启示，而且本专利在安装时不需在玻璃门上开孔，具有一定的有益效果，因此本专利权利要求5相对于附件2、3的结合具有实质性特点和进步，符合《专利法》第二十二条第三款的规定。

据此，被告作出第10639号决定。原告不服，诉至本院。

本院认为，各方当事人对于第10639号决定作出的程序及决定中关于证据和现有技术、本专利权利要求5相对于附件2、3的结合符合《专利法》第二十二条第三款规定的认定无异议。经审查，被告对上述内容的评判合法，本院予以确认。

本案的焦点问题在于本专利是否符合《专利法实施细则》第二十一条第二款，《专利法》第二十六条第三款、第四款，《专利法》第二十二条第二款和第九条，《专利法实施细则》第十三条第一款的规定。

（1）关于本专利是否符合《专利法实施细则》第二十一条第二款的问题。

《专利法实施细则》第二十一条第二款规定：“独立权利要求应当从整体上反映发明或者实用新型的技术方案，记载解决技术问题的必要技术特征”。

本专利的发明目的是提供一种结构牢固、可靠、锁扣方式独特、制造成本低、且安装时玻璃门完好无损、安装简易、外形美观的玻璃门锁。为实现上述发明目的，本专利权利要求 1 和从属权利要求 2~8、10 对在玻璃门锁的锁体和锁扣的两侧内、外夹持件内分别设置独立的弧形锁舌和驱动结构进行了描述，本领域普通技术人员根据权利要求 1 中的记载的内容能够用内、外夹持件夹持玻璃门而实现当安装门锁时无须在原有玻璃门上钻孔的目的。关于卡槽、橡胶片、锁紧螺钉等部件，其仅仅是为了紧固门锁的辅助部件，并非实现本专利发明目的的必要技术。此外，本领域普通技术人员根据本专利权利要求的记载，可以设计出不同形状的门锁以实现外形美观的发明目的。故原告认为本专利权利要求 1 不符合《专利法实施细则》第二十一条第二款规定的诉讼主张缺乏事实及法律依据，本院不予支持。

（2）关于本专利是否符合《专利法》第二十六条第三、四款的问题。

《专利法》第二十六条第三款规定：说明书应当对发明或者实用新型作出清楚、完整的说明，以所属技术领域的技术人员能够实现为准。

《专利法》第二十六条第四款规定：权利要求书应当以说明书为依据，说明要求专利保护的范围。

原告认为，仅凭说明书最后一段倒数第六行的描述，本领域普通技术人员无法了解橡胶片与锁体或锁扣是固定在一起的还是相互独立的，锁紧螺钉是如何安装在锁体 1 和锁扣 2 上的，如何压紧橡胶片从而使锁体和锁扣得以固定，从而导致说明书公开不充分。同时权利要求 9 没有得到说明书的支持。

对此，本院认为，相对于本领域普通技术人员来说，如何将锁紧螺钉安装在锁体和锁扣上以及其如何压紧橡胶片将锁壳固定在玻璃门上，属于本领域的常规技术。因此，原告主张本专利说明书公开不充分的诉讼主张不能成立。

本专利权利要求 9 限定的技术方案为“根据权利要求 8 所述的玻璃门锁，其特征在于上述锁体（1）和锁扣（2）侧面设有可通过压紧橡胶片（14、24）将锁壳固定于玻璃门上的锁紧螺钉”。本专利说明书第 5 页倒数第 6 行至第 3 行描述了用锁体和锁扣上的弧形卡槽与玻璃门相扣合，并用锁紧螺钉压紧卡槽内的橡胶片而将锁壳进一步紧固于玻璃门上，本领域普通技术人员依据说明书的上述内容能够实现本专利权利要求 9 的技术方案。因此，本专利权利要求 9 能够得到说明书的支持，符合《专利法》第二十六条第四款的规定。

综上，原告认为本专利不符合《专利法》第二十六条第（3）四款规定的诉讼主张缺乏事实及法律依据，本院不予支持。

在庭审过程中，第三人认为本专利权利要求 1 所说的门锁，在说明书附图中无法找到对应的部分，故说明书没有对权利要求 5 作出完整说明。对此，本院认为，从本专利说明书及附图中可以看出，附图标记 1 和 2 分别指的是锁体和锁扣，锁体和锁扣都包括平行设置于玻璃门两侧的内外夹持件，锁体内设有弧形锁舌和作为驱动机构的弧形导轨、锁芯和转动齿轮，锁扣内设有锁孔和容置弧形锁舌的腔室；而且说明书第 4 页倒数第 3 行至第 5 页第 2 行也对权利要求 5 的技术方案进行了清楚的描述，因此所属领域的技术人员根据上述描述能够实现权利要求 5 的技术方案。故第三人认为本专利说明书没有对权利要求 5 作出完整说明的诉讼主张缺乏事实及法律依据，本院不予支持。

（3）关于本专利是否符合《专利法》第二十二条第二款和第九条、《专利法实施细则》第十三条第一款的问题。

《专利法》第二十二条第二款规定：新颖性，是指在申请日以前没有同样的发明或者实用新型在国内外出版物上公开发表过、在国内公开使用过或者以其他方式为公众所知，也没有同样的发明或者实用新型由他人向国务院专利行政部门提出过申请并记载在申请日以后公布的专利申请文件中。

《专利法》第九条规定：两个以上的申请人分别就同样的发明创造申请专利的，专利权授予最先申请的人。

《专利法实施细则》第十三条第一款规定：同样的发明创造只能被授予一项专利。

昌华五金厂、粤中五金厂在无效程序中提交的附件1公开了一种玻璃门锁，将本专利权利要求1公开的技术方案与附件1公开的技术方案相比较，本专利权利要求1的锁体和锁扣包括平行设置于玻璃门两侧的内、外夹持件，锁体的内、外夹持件分别设有弧形锁舌和驱动锁舌的机构，锁扣的内、外夹持件分别设有容置锁舌的腔室，而附件1是在玻璃门外侧设有锁体和锁扣。由于本专利权利要求1相对于附件1公开的技术内容存在上述区别技术特征，故被告认定本专利权利要求1相对于附件1具备新颖性，其从属权利要求2~10也具备新颖性正确。原告认为本专利所要保护的是两把锁，其落入了附件1所述的全部技术特征之中，故本专利不具备新颖性的诉讼主张，缺乏事实及法律依据，本院不予支持。

综上，第10639号决定认定事实清楚，适用法律正确，行政程序合法，本院应予维持。原告的诉讼主张缺乏事实和法律依据，本院不予支持。据此，依照《中华人民共和国行政诉讼法》第五十四条第（一）项之规定，判决如下：

维持被告国家知识产权局专利复审委员会于二〇〇七年十月八日作出的第10639号无效宣告请求审查决定。

案件受理费100元，由原告何女负担（已交纳）。

如不服本判决，可在本判决书送达之日起15日内，向本院提交上诉状，并按对方当事人人数提出副本，上诉于北京市高级人民法院。上诉人在上诉期满后7日内未预交上诉案件受理费又不提出缓交申请的，按自动撤回上诉处理。

审　判　长　梁　菲
代理审判员　贾志刚
人民陪审员　付勇军
二〇〇八年六月二十日
书　记　员　张　莹

# 北京市高级人民法院
# 行政判决书

（2008）高行终字第594号

上诉人（一审原告）何女（个体工商户），女，1944年2月12日出生，汉族，高要市金利镇恒德五金厂经营者，住广东省高要市金利镇金利村委会七甲村红卫队二巷10号。

委托代理人曹爱红，女，广州新诺专利商标事务所有限公司专利代理人。

委托代理人华辉，男，广州新诺专利商标事务所有限公司专利代理人。

上诉人（一审第三人）伦允强（个体工商户），男，1981年1月30日出生，汉族，高要市金利粤中五金制品厂经营者，住广东省高要市金利镇建群村委会横石村1队村头5号。

上诉人（一审第三人）陆津汉（个体工商户），男，1949年7月11日出生，汉族，高要市金利昌华五金厂经营者，住广东省高要市金一村委会二甲村10队毓秀里6号。

以上两位上诉人的共同委托代理人刘晓雪，女，广州创颖专利事务所专利代理人。

以上两位上诉人的共同委托代理人吴宏，女，广州创颖专利事务所职员。

被上诉人（一审被告）国家知识产权局专利复审委员会，住所地北京市海淀区北四环西路9号银谷大厦。

法定代表人廖涛，副主任。

委托代理人王博，男，国家知识产权局专利复审委员会审查员。

委托代理人杨存吉，男，国家知识产权局专利复审委员会审查员。

被上诉人（一审第三人）陆肇华，男，1961年9月15日出生，汉族，高要市金利华劲金属制品厂经营者，住广东省高要市金利镇三村委会六甲村三队仁和里巷6号。

上诉人何女、伦允强、陆津汉因专利无效审查决定一案，不服北京市第一中级人民法院（2008）一中行初字第306号行政判决，向本院提起上诉，本院依法组成合议庭进行了公开开庭审理。上诉人何女的委托代理人曹爱红，被上诉人国家知识产权局专利复审委员会（以下简称专利复审委）的委托代理人王博、杨存吉到庭参加了诉讼。上诉人伦允强、陆津汉，被上诉人陆肇华经本院合法传唤，表示不参加本案庭审。本案现已审理终结。

2007年10月8日，专利复审委作出第10639号无效宣告请求审查决定（以下简称第10639号决定），依据《中华人民共和国专利法》（以下简称《专利法》）第二十六条第三款、第四款、第二十二条第二款、第三款、第九条及《中华人民共和国专利法实施细则》（以下简称《专利法实施细则》）第二十一条第二款、第十三条第一款的规定，维持03273641. X号实用新型专利权（以下简称本专利）有效。何女不服专利复审委作出的第10639号决定，向北京市第一中级人民法院提起行政诉讼。

一审法院判决认定，本专利的发明目的是提供一种结构牢固、可靠、锁扣方式独特、制造成本低、且安装时玻璃门完好无损、安装简易、外形美观的玻璃门锁。为实现上述发明目的，本专利权利要求1和从属权利要求2~8、10对在玻璃门锁的锁体和锁扣的两侧内、外夹持件内分别设置独立的弧形锁舌和驱动结构进行了描述，本领域普通技术人员根据权利要求1中的记载的内容能够用内、外夹持件夹持玻璃门而实现当安装门锁时无须在原有玻璃门上钻孔的目的。关于卡槽、橡胶片、锁紧螺钉等部件，其仅仅是为了紧固门锁的辅助部件，并非实现本专利发明目的的必要技术。此外，本领域普通技术人员根据本专利权利要求的记载，可以设计出不同形状的门锁以实现外形美观的发明目的。何女认为本专利权利要求1不符合《专利法实施细则》第二十一条第二款规定的诉讼主张缺乏事实及法律依据，不予支持。

对于本领域普通技术人员来说，如何将锁紧螺钉安装在锁体和锁扣上以及其如何压紧橡胶片将锁壳固定在玻璃门上，属于本领域的常规技术。因此，何女主张本专利说明书公开不充分的诉讼主张不能成立。

本专利说明书第5页倒数第6行至第3行描述了用锁体和锁扣上的弧形卡槽与玻璃门相扣合，并用锁紧螺钉压紧卡槽内的橡胶片而将锁壳进一步紧固于玻璃门上，本领域普通技术人员依据说明书的上述内容能够实现本专利权利要求9的技术方案。因此，本专利权利要求9能够得到说明书的支持，符合《专利法》第二十六条第四款的规定。

伦允强等认为本专利权利要求1所说的门锁，在说明书附图中无法找到对应的部分，故说明书没有对权利要求5作出完整说明。从本专利说明书及附图中可以看出，附图标记1和2分别指的是锁体和锁扣，锁体和锁扣都包括平行设置于玻璃门两侧的内外夹持件，锁体内设有弧形锁舌和作为驱动机构的弧形导轨、锁芯和转动齿轮，锁扣内设有锁孔和容置弧形锁舌的腔室；而且说明书第4页倒数第3行至第5页第2行也对权利要求5的技术方案进行了清楚的描述，因此所属领域的技术人员根据上述描述能够实现权利要求 5 的技术方案。伦允强等认为本专利说明书没有对权利要求 5 作出完整说明的诉讼主张缺乏事实及法律依据，不予支持。

昌华五金厂、粤中五金厂在无效程序中提交的附件 1 公开了一种玻璃门锁，将本专利权利要求 1 公开的技术方案与附件 1 公开的技术方案相比较，本专利权利要求 1 的锁体和锁扣包括平行设置于玻璃门两侧的内、外夹持件，锁体的内、外夹持件分别设有弧形锁舌和驱动锁舌的机构，锁扣的内、外夹持件分别设有容置锁舌的腔室，而附件 1 是在玻璃门外侧设有锁体和锁扣。由于本专利权利要求 1 相对于附件 1 公开的技术内容存在上述区别技术特征，专利复审委认定本专利权利要求 1 相对于附件 1 具备新颖性，其从属权利要求 2~10 也具备新颖性正确。何女认为本专利所要保护的是两把锁，其落入了附件 1 所述的全部技术特征之中，因此本专利不具备新颖性的诉讼主张，缺乏事实及法律依据，不予支持。

综上，专利复审委作出的第 10639 号决定认定事实清楚，适用法律正确，行政程序合法。依照《中华人民共和国行政诉讼法》第五十四条第（一）项的规定，判决予以维持。

何女、伦允强、陆津汉不服一审判决，于 2008 年 7 月 23 日分别提出上诉。何女诉称，（1）本专利的权利要求 1 不符合《专利法实施细则》第二十一条第二款的规定。本专利的发明目的是提供一种结构牢固、可靠、锁扣方式独特、制造成本低、且安装时玻璃门完好无损、安装简易、外形美观的玻璃门锁。①按照对该目的的理解，本专利独立权利要求 1 中，仅仅记载了“包括分别夹持于两对开玻璃门上的锁体（1）和锁扣（2），其中，上述锁体（1）和锁扣（2）包括平行设置于玻璃门两侧的内夹持件（12、22）及外夹持件（11、21）”，而一些需要在玻璃门上开孔安装的门锁也具有这一技术特征。因而仅凭该技术特征是无法实现安装时玻璃门完好无损、安装简易的这一目的。②按照对该目的的理解，独立权利需要必要技术特征“锁体和锁扣采用与锁舌相配合且成对配制的弧形结构”来实现制造成本低、外形美观的目的。但是，在本专利独立权利要求 1 中缺少该必要技术特征，从而使该独立权利要求 1 要求保护的技术方案无法实现发明目的。由于独立权利要求 1 不是一个完整的技术方案，其从属权利要求 2~8、10 均无法实现发明目的，从而都不是一个完整的技术方案。（2）本专利说明书公开不充分，不符合《专利法》第二十六条第三款、第四款的要求。上述实现安装时玻璃门完好无损，安装简易的目的的必要技术特征“在锁体（1）、锁扣（2）上均设有可供与玻璃门相扣合的弧形卡槽（13、23），卡槽（13、23）内设有一对橡胶片（14、24），锁体（1）和锁扣（2）侧面设有可通过压紧橡胶片（14、24）将锁壳固定于玻璃门上的锁紧螺钉”。但是，在说明书中没有对该特征进行详细描述，以使本领域普通技术人员能够清楚明白该技术方案，所以，权利要求 9 得不到说明书的支持。专利权人仅仅在说明书最后一段对该技术方案进行了如下描述：“如图 5 所示，由于上述锁体 1 和锁扣 2 为半圆弧形，且各锁体 1、锁扣 2 上均设有可供与玻璃门相扣合的弧形卡槽 13、23，卡槽 13、23 内各设有一对橡胶片 14、24，上述锁体 1 和锁扣 2 侧面设有锁紧螺钉，上述锁体 1 和锁扣 2 通过锁紧螺钉压紧橡胶片 14、24 而将锁壳固定于玻璃门上”。仅仅凭这些描述，本领域普通技术人员无法了解橡胶片与锁体或锁扣是固定在一起的还是相互独立的，锁紧螺钉是如何安装在锁体 1 和锁扣 2 上的，如何压紧橡胶片从而使锁体和锁扣得以固。所以本专利说明书公开不充分。综上，一审法院判决认定事实不清，适用法律错误，请求二审法院撤销一审判决，同时撤销专利复审委作出的第 10639 号决定。

伦允强、陆津汉诉称，第 10639 号决定认定事实错误。决定书第 8 页第 4 段所认定的事实为：“将本专利权利要求 1 与附件 1 比较，至少存在一个区别技术特征，即本专利权利要求 1 的锁体和锁扣包括平行设置于玻璃门两侧的内、外夹持件，锁体的内、外夹持件分别设有弧形锁舌和驱动锁舌的机构，锁扣的内、外夹持件分别设有容置锁舌的腔室，而附件 1 仅是在玻璃门外侧设有这样的锁体和锁扣。故本专利权利要求 1 相对于附件 1 具备新颖性，其从属权利要求 2~10 因此也具备新颖性”。

上述所说的特征并不是本专利的区别技术特征。将本专利附件 1 进行对比，本案的主权项权利要求 1 全部落入附件 1 的权利要求 1 所说的结构之中，两者组成这种玻璃门锁的结构其零部件一致，各零部件的相对位置也完全一致，其不同之处仅在于本专利主权项的零部件的名称后面的括号内，是同时说明两个号码，而这两个号码所反映的零部件，均分别单独属于其附图 2 或附图 4 所说的锁的位置，如：121、111 这两个号码所反映的锁舌，是分别属于内夹持件（俗称内锁）和外夹持件（俗称外锁），两个锁舌之间并没有必然的逻辑联动联系，不能用一把钥匙同时打开这个锁，将一把钥匙插入外夹持件 11（俗称外锁）的钥匙孔中，并无法开启和旋动内夹持件 12（俗称内锁）的锁舌 121。因此可以看到，本专利所要求保护的实际上是分别使用的两把锁，两把锁没有必然的联动关系。将本专利的外夹持件 11（俗称外锁）或者内夹持件 12（俗称内锁）单独与附件 1 所说的玻璃门锁进行对比，可以看到均分别落入附件 1 所说的全部技术特征之中。本专利是采用现有技术通过简单叠加拼凑而成的玻璃门锁，由于不能用一把钥匙同时打开这个锁，因此是两把锁，是两个结构基本一致的锁的叠加，因此本案专利没有新颖性的结论是成立的，依法应予认定。根据《审查指南》第二部分第三章 3.1 审查原则中，“在进行新颖性判断时，审查员首先应当判断被审查专利申请的技术方案与对比文件的技术方案是否实质上相同，如果专利申请与对比文件公开的技术方案实质上相同，所属技术领域的技术人员根据两者的技术方案可以确定两者能够适用于相同的技术领域，解决相同的技术问题，并具有相同的预期效果，则认为两者为同样的发明或者实用新型。”审查员仅仅从文字上认定本专利所说的锁有两把锁舌，但忽略了涉案专利与对比文件附件 1 实质上的结构就是相同这一基本结构，因为违反了《审查指南》的审查原则，第 10639 号决定认定事实错误，其结论也是错误的。综上，一审法院判决认定事实不清，适用法律错误，请求二审法院撤销一审判决。

被上诉人专利复审委仍持 10639 号审查决定意见，并认为一审法院判决认定事实清楚，适用法律正确，审判程序合法，请求二审法院驳回上诉，维持一审判决。

被上诉人陆肇华未向法院陈述意见。

本案一审审理期间，专利复审委在法定期限内向一审法院提交了以下主要证据：（1）本专利说明书复印件；（2）无效宣告请求人高要市金利镇恒德五金厂于 2007 年 2 月 7 日向专利复审委提出的无效宣告请求书复印件；（3）申请日为 2003 年 1 月 23 日、授权公告日为 2004 年 1 月 7 日、授权公告号为 CN2597632Y（专利号为 03223211.X）、专利权人为唐肇洪的中国实用新型专利说明书复印件（第 10639 号决定中的附件 1）；（4）授权公告日为 2003 年 6 月 4 日、授权公告号为 CN2554291Y（专利号为 02272093.6）的中国实用新型专利说明书复印件（第 10639 号决定中的附件 2）；（5）公告日为 1991 年 7 月 31 日、公告号为 CN2081861U（申请号为 90226820.1）的中国实用新型专利申请说明书复印件（第 10639 号决定中的附件 3）。

何女向一审法院提交了本专利说明书复印件。

伦允强、陆津汉、陆肇华等未向一审法院提交证据。

一审法院经审查认为，专利复审委及何女提交的证据与本案具有关联性，且合法、真实，能够证明本案事实，予以确认。

上述证据均已随案移送本院。二审期间，各方当事人没有提交新的证据。经庭审质证及审查核实，本院确认一审法院认证意见正确，并据此认定本案如下事实：

2003 年 8 月 20 日，陆肇华向国家知识产权局提出了名称为“一种玻璃门锁”的实用新型专利权（即本专利）申请，2004 年 9 月 1 日，本专利被授权公告，专利号为 03273641.X，专利权人为陆肇华。本专利授权公告时的权利要求书如下：

“1. 一种玻璃门锁，包括分别夹持于两对开玻璃门上的锁体（1）和锁扣（2），其中，上述锁体

（1）和锁扣（2）包括平行设置于玻璃门两侧的内夹持件（12、22）及外夹持件（11、21），其特征在于上述锁体（1）的内、外夹持件（12、11）内分别设有弧形锁舌（121、111）和可驱动弧形锁舌（121、111）作弧形运动的内夹持件（12）驱动机构、外夹持件（11）驱动机构，且上述内、外夹持件（12、11）的锁壳侧壁上分别设有可供弧形锁舌（121、111）穿出及扣入的扣孔（129、119），上述锁扣（2）的内、外夹持件（22、21）上对应的设有可供上述弧形锁舌（121、111）穿入和穿出的锁孔（221、211）及可容置弧形锁舌（121、111）的腔室。

2. 根据权利要求1所述的玻璃门锁，其特征在于上述内、外夹持件（12、11）内的驱动机构包括设置于锁体（1）内夹持件（12）或外夹持件（11）内的弧形导轨（122、112）、锁芯（123、113）及装置于锁芯（123、113）上的可驱动锁舌（121、111）动作的内夹持件（12）转动齿轮（124）、外夹持件（11）转动齿轮（114），所述内夹持件（12）和外夹持件（11）内的锁舌（121、111）环设于相应的导轨（122、112）中，且锁舌（121、111）内侧分别设有若干等距的卡孔（1211、1111），上述转动齿轮（124、114）外齿分别与锁舌（121、111）卡孔（1211、1111）相啮合且转动齿轮（124、114）的齿间距与锁舌（121、111）上两卡孔（1211、1111）间距相等。

3. 根据权利要求1或2所述的玻璃门锁，其特征在于上述内夹持件（12）内的锁舌（121）和外夹持件（11）内的锁舌（111）外端分别设有一径向限位板（126、116），各径向限位板（126、116）通过螺钉与内、外夹持件（12、11）固定连接。

4. 根据权利要求3所述的玻璃门锁，其特征在于上述锁体（1）的内、外夹持件（12、11）内分别设有扭簧（127、117），该扭簧（127、117）两端分别作用于内、外夹持件（12、11）内壁和锁舌（121、111）外表面，且上述限位板（126、116）装置于上述扭簧（127、117）的上方。

5. 根据权利要求1或4所述的玻璃门锁，其特征在于上述内夹持件（12）内的弧形锁舌（121）和外夹持件（11）内的弧形锁舌（111）的外侧分别设有一限位卡凸（1212、1112），上述内夹持件（12）内的弧形导轨（122）和外夹持件（11）内的弧形导轨（112）的侧壁靠近两端部位置分别设有止挡块（128、118），上述锁舌（121、111）通过止挡块（128、118）挡住限位卡凸（1212、1112）而锁定于导轨（122、112）中。

6. 根据权利要求1或2所述的玻璃门锁，其特征在于上述内夹持件（12）内的转动齿轮（124）与锁芯（123）和外夹持件（11）内的转动齿轮（114）与锁芯（113）的连接均为键槽式连接，在转动齿轮（124、114）内孔的里侧设有一对与锁芯（123、113）配合嵌置的凸粒（1241、1141），且上述锁芯（123、113）上设有一卡紧转动齿轮（124、114）的卡簧（125、115）。

7. 根据权利要求6所述的玻璃门锁，其特征在于上述内夹持件（12）上锁芯（123）的外端设有旋钮（15）。

8. 根据权利要求1或2所述的玻璃门锁，其特征在于上述锁体（1）和锁扣（2）为半圆弧形，在锁体（1）、锁扣（2）上均设有可供与玻璃门相扣合的弧形卡槽（13、23），卡槽（13、23）内设有一对橡胶片（14、24）。

9. 根据权利要求8所述的玻璃门锁，其特征在于上述锁体（1）和锁扣（2）侧面设有可通过压紧橡胶片（14、24）将锁壳固定于玻璃门上的锁紧螺钉。

10. 根据权利要求1所述的玻璃门锁，其特征在于上述呈弧形锁舌（121、111）的横截面呈矩形。”

针对本专利，陆津汉以其经营的高要市金利昌华五金厂（以下简称昌华五金厂）的名义、伦允强以其经营的高要市金利粤中五金制品厂（以下简称粤中五金厂）的名义、何女以其经营的高要市金利镇恒德五金厂（以下简称恒德五金厂）的名义，分别于2007年2月5日、2007年2月5日、

2007年2月7日向专利复审委提出无效宣告请求。昌华五金厂和粤中五金厂认为本专利的权利要求1~10不符合《专利法》第九条、《专利法实施细则》第十三条第一款、《专利法》第二十二条第二款的规定，昌华五金厂、粤中五金厂还提出了本专利不符合《专利法》第二十二条第三款的无效理由，但没有明确其所涉及的权利要求，昌华五金厂、粤中五金厂同时提交了如下附件：

附件1：申请日为2003年1月23日、授权公告日为2004年1月7日、授权公告号为CN2597632Y（专利号为03223211. X）、专利权人为唐肇洪的中国实用新型专利说明书，共9页。

恒德五金厂认为本专利不符合《专利法》第二十六条第三款、第四款的规定，权利要求1缺少必要技术特征，不符合《专利法实施细则》第二十一条第二款的规定。

经形式审查合格，专利复审委依法受理了上述三项无效宣告请求，并分别于2007年2月5日、2007年2月7日向昌华五金厂、粤中五金厂、恒德五金厂及陆肇华发出无效宣告请求受理通知书，同时将专利权无效宣告请求书及其附件清单中所列附件的副本转送给陆肇华，并要求陆肇华在指定的期限内陈述意见。

昌华五金厂、粤中五金厂均于2007年3月1日向专利复审委提交了相同的意见陈述书，并补充了相同的无效宣告的理由和证据，昌华五金厂、粤中五金厂认为本专利的权利要求5不符合《专利法》第二十二条第三款的规定，而且在本专利说明书里没有对权利要求5的结构作出清楚、完整地说明，无法支持权利要求，同时也使所属领域的技术人员无法实现，因此还不符合《专利法》第二十六条第三款。其中补充的证据为（编号续前）：

附件2：授权公告日为2003年6月4日、授权公告号为CN2554291Y（专利号为02272093. 6）的中国实用新型专利说明书，共9页；

附件3：公告日为1991年7月31日、公告号为CN2081861U（申请号为90226820. 1）的中国实用新型专利申请说明书，共5页。

针对专利复审委发出的上述无效宣告请求受理通知书，陆肇华于2007年3月20日针对昌华五金厂、粤中五金厂的无效宣告请求书提交了意见陈述书及附件。

陆肇华提交的附件如下：

附件1'：国家知识产权局针对本专利作出的实用新型专利检索报告复印件一份，共4页；

附件2'：国家知识产权局专利检索咨询中心作出的检索报告复印件一份，共4页。

陆肇华认为，本实用新型虽在技术领域上与在先专利相同，但无论在所解决的技术问题，所采用的技术方案还是预期效果上，均与在先专利存在明显的差别。

陆肇华还于2007年3月20日针对恒德五金厂的无效宣告请求书提交了意见陈述书，认为本专利权利要求1清楚、完整地记载了实现本专利所需的必要技术特征，本专利符合《专利法》第二十六条第三款、第四款的规定。

2007年4月24日，专利复审委向昌华五金厂、粤中五金厂、恒德五金厂和陆肇华发出无效宣告请求口头审理通知书，定于2007年6月12日在专利复审委处对上述三个无效宣告请求案举行合并口头审理。随同口头审理通知书，将昌华五金厂、粤中五金厂于2007年3月1日提交的意见陈述书及其附件清单中所列附件的副本转送给陆肇华，将陆肇华于2007年3月20日针对昌华五金厂的无效宣告请求书提交的意见陈述书及其附件清单中所列附件的副本转送给昌华五金厂，将陆肇华于2007年3月20日针对恒德五金厂的无效宣告请求书提交的意见陈述书转送给恒德五金厂。

2007年6月12日，本案口头审理如期举行，专利复审委当庭向粤中五金厂转交了陆肇华于2007年3月20日针对粤中五金厂的无效宣告请求书提交的意见陈述书及其附件清单中所列附件的副本，昌华五金厂、粤中五金厂、恒德五金厂和陆肇华均出席并充分发表了意见。

（1）昌华五金厂、粤中五金厂明确其无效宣告请求的理由、范围和证据是：本专利权利要求1~10不符合《专利法》第九条、《专利法实施细则》第十三条第一款、《专利法》第二十二条第二款的规定，权利要求5不符合《专利法》第二十二条第三款、第二十六条第三款的规定；附件1作为抵触申请，用附件1评价本专利的新颖性，附件1评价《专利法》第九条，附件2和附件3结合评价本专利权利要求5的创造性。陆肇华对昌华五金厂、粤中五金厂提交的附件1~3的真实性没有异议。恒德五金厂明确其无效宣告请求的理由和范围是：权利要求1~8、10不符合《专利法实施细则》第二十一条第二款的规定，权利要求9不符合《专利法》第二十六条第三款、第四款的规定。

（2）关于权利要求1~8、10是否符合《专利法实施细则》第二十一条第二款的理由。恒德五金厂认为权利要求1缺乏必要的技术特征，实现不了该专利所要解决的技术问题，虽然权利要求1描述有内外夹持件，但光有内外夹持件，锁无法在不破坏玻璃门的前提下安装，必须要借助卡槽等才能实现，权利要求1中没有提到锁体的外形是弧形的。权利要求2~8、10是权利要求1的从属权利要求，因此权利要求2~8、10也不符合《专利法实施细则》第二十一条第二款的规定。陆肇华认为权利要求1中对夹持件作出了说明，安装需要内外夹持件，所以可以达到本专利的技术特征，弧形不是本专利的必要技术特征，可能是椭圆形也可能是半圆形，说明书中给出的图是半圆形的，形成的槽也是弧形的。

（3）关于权利要求9是否符合《专利法》第二十六条第三款、第四款的理由。恒德五金厂认为说明书中没有描述锁怎样固定在玻璃门上的，不清楚如何压紧橡胶片将锁壳固定在玻璃门上，权利要求9在形式上得到说明书的支持，实质上没有得到说明书的支持。专利权人认为说明书第5页倒数第3行描述了权利要求9的内容，螺钉的旋转就可以使螺钉拧进去，什么叫螺钉、什么叫拧紧螺钉本领域的技术人员都应该清楚。

（4）关于权利要求5是否符合《专利法》第二十六条第三款的理由。昌华五金厂、粤中五金厂认为图5中附图标记1指的是锁还是门不清楚，附图标记1和2指的是哪里不清楚，内外夹持件与锁体和锁扣的关系、锁芯和锁体和锁扣的关系不清楚，锁壳、腔室不清楚指的是什么。陆肇华称锁体是指齿轮和弧形的锁舌所在的部分，弧形的锁舌锁上的时候插进的部分叫锁扣，内外夹持件和锁体、锁扣的关系在说明书中说得很清楚，锁体和锁扣都包括内外夹持件。

（5）关于权利要求1~10相对于附件1的新颖性以及是否符合《专利法》第九条、《专利法实施细则》第十三条第一款的理由。昌华五金厂、粤中五金厂认为附件1公开了本专利权利要求1的全部技术特征，因此本专利没有新颖性。以附件1的整个说明书和本专利进行对比，号码上所对应的词都是一致的，所要求保护的部件或者零件全部落入附件1中，弧形锁舌和锁壳的侧壁上有扣孔，驱动机构有锁芯和弧形导轨，锁芯上面可以放钥匙，附件1是单锁，本专利是对锁，权利要求2中应该是两个单锁，附件1公开了本专利权利要求2~9中的技术特征，其附图4锁舌3的前面恰恰表示的是锁舌的断面为矩形，附件1的附图2可以看到有固定弹簧9的螺钉，13相当于本专利的止挡块，限位卡凸和止挡块都可以从附图2中看出。陆肇华认为附件1是在一面设置的弧形锁舌，而本专利是在两面设置的弧形锁舌，附件1中没有说明锁扣的结构，本专利中的锁壳侧壁上分别设有锁舌和扣孔，本专利均是成对的，附件1均是单一的，本专利说明书第7页倒数第5行描述了内外驱动机构，旋钮的作用是控制驱动机构，因此权利要求1具备新颖性，权利要求2~10也具备新颖性。

（6）关于权利要求5相对于附件2、3的结合是否符合《专利法》第二十二条第三款的理由。昌华五金厂、粤中五金厂认为最接近的对比文件是附件2，附件2的附图1左边就是本专利所说的锁扣，右边就是本专利所说的锁体，驱动锁舌运动的驱动机构就是放锁芯的部分，附件2的图1同样有齿，弧形导轨在锁壳壁上，不需要固定槽，运动轨迹就是弧形导轨，锁芯就是8，转动齿轮就是6、7、9，运动轨迹是相同的，权利要求3的径向限位板是附件2中的10，权利要求4中的扭簧是公知的，权利要求 5 中的附加技术特征在附件 3 的第 4 页第 1 行中公开了，附件 3 中的限位销相当于本专利的止挡块，附件 3 的凹台 9 相当于本专利的卡凸。附件 3 中说的锁也是弧形的锁和锁舌，不管是凸还是凹都可以固定锁舌的运动轨迹，转动轨迹在机械方面是通用的，在本行业中都是公知的，目的是使得锁舌能够转动。附件 2 和 3 可以结合。陆肇华认为权利要求 5 是引用权利要求 1 或者 4 的，附件 2 与本专利不相同，权利要求 1 中的弧形锁舌与扇形锁舌不一样，锁孔和扣孔没有被公开，腔室没有被公开，只有内夹持件的，没有外夹持件的，附件 2 中的 6、7、9 和转动齿轮完全不一样，附件 2 中的 10 起不到径向限位板的作用，权利要求 5 的附加技术特征与附件 3 的结构不同。附件 2 和 3 无法结合。

2007 年 10 月 8 日，专利复审委作出第 10639 号决定，维持本专利有效。主要理由是：

1. 关于证据和现有技术

昌华五金厂、粤中五金厂提交的证据为附件 1~3，陆肇华对附件 1~3 的真实性没有异议，专利复审委经审查认为可以作为本案证据使用。由于附件 2、3 为中国专利文献，且其公开日期在本专利的申请日前，因此可以作为本专利的现有技术使用。附件 1 为于本专利申请日前由他人向专利局提出的、在本专利申请日后公开的中国专利文献，因此其仅能用来评述本专利的新颖性。

2. 关于《专利法实施细则》第二十一条第二款

专利复审委经审查认为，本专利权利要求 1 和从属权利要求 2~8、10 记载了在玻璃门锁的锁体和锁扣的两侧内、外夹持件内分别设置独立的弧形锁舌和驱动结构，本领域的技术人员根据权利要求 1 中的记载能够用内、外夹持件夹持玻璃门实现当安装门锁时无须在原有玻璃门上钻孔，而恒德五金厂提到的卡槽、橡胶片和锁紧螺钉等配件只是为了进一步紧固门锁，但不是实现玻璃门不钻孔、完好无损的发明目的所必需的。其次关于外形美观的目的，并非只有锁体和锁扣做成弧形才美观，本领域技术人员根据上述权利要求的记载完全可以设计成其他形式的门锁来满足美观的要求。因此，恒德五金厂关于本专利权利要求 1 和从属权利要求 2~8、10 缺少上述技术特征因而不符合《专利法实施细则》第二十一条第二款规定的主张不能成立。

3. 关于《专利法》第二十六条第三款、第四款

专利复审委经审查后认为，说明书第 5 页倒数第 6 行至第 3 行的描述清楚地说明了用锁体和锁扣上的弧形卡槽与玻璃门相扣合，并用锁紧螺钉压紧卡槽内的橡胶片而将锁壳进一步紧固于玻璃门上，本领域技术人员依据说明书所公开的上述内容能够实现本专利权利要求 9 的技术方案。至于恒德五金厂认为不知道如何将锁紧螺钉安装在锁体和锁扣上以及其如何压紧橡胶片将锁壳固定在玻璃门上，专利复审委认为，这都属于本领域的常规技术。因此，恒德五金厂关于说明书不符合《专利法》第二十六条第三款，以及权利要求 9 不符合《专利法》第二十六条第四款规定的主张不能成立。

昌华五金厂、粤中五金厂认为本专利图 5 中附图标记 1 指的是锁还是门不清楚，附图标记 1 和 2 指的是哪里不清楚，内外夹持件与锁体和锁扣的关系、锁芯和锁体和锁扣的关系不清楚，锁壳、腔室不清楚指的是什么，说明书里没有对权利要求 5 的结构作出清楚完整的说明，无法支持权利要求，同时也使所属领域的技术人员无法实现，因此不符合《专利法》第二十六条第三款的规定。

专利复审委经审查后认为，本领域的技术人员从说明书文字部分和附图中可清楚知道附图标记 1 和 2 分别指的是锁体和锁扣，锁体和锁扣都包括平行设置于玻璃门两侧的内外夹持件，锁体内设有弧形锁舌和作为驱动机构的弧形导轨、锁芯和转动齿轮，锁扣内设有锁孔和容置弧形锁舌的腔室；而且说明书第 4 页倒数第 3 行至第 5 页第 2 行也清楚描述了锁体内外夹持件内的弧形锁舌和弧形导轨的相应位置分别设有限位卡凸和止挡块，锁舌通过止挡块挡住限位卡凸而锁定于弧形导轨中，因此说明书里对权利要求 5 的技术方案作出清楚完整的说明，所属领域的技术人员根据上述描述能够实现权利要求 5 的技术方案，因此符合《专利法》第二十六条第三款的规定。

4. 关于《专利法》第二十二条第二款和《专利法》第九条、《专利法实施细则》第十三条第一款

昌华五金厂、粤中五金厂认为附件1公开了本专利权利要求1~10的全部技术特征，以附件1的整个说明书和本专利进行对比，所要求保护的部件或者零件全部落入附件1中，附件1是单锁，本专利是对锁，因此没有新颖性，也不符合《专利法》第九条和《专利法实施细则》第十三条第一款的规定。

专利复审委经审查认为，附件1也公开了一种玻璃门锁，其包括分别设置于两开合玻璃门上的锁体和锁扣，其中锁体内设有可使弧形锁舌移动的锁芯，锁扣设有供锁体上锁锁舌扣入的槽腔（相当于本专利中的腔室）。将本专利权利要求1与附件1比较，至少存在一个区别技术特征，即本专利权利要求1的锁体和锁扣包括平行设置于玻璃门两侧的内、外夹持件，锁体的内、外夹持件分别设有弧形锁舌和驱动锁舌的机构，锁扣的内、外夹持件分别设有容置锁舌的腔室，而附件1仅是在玻璃门外侧设有这样的锁体和锁扣。因此，本专利权利要求1相对于附件1具备新颖性，其从属权利要求2~10因此也具备新颖性。昌华五金厂、粤中五金厂关于本专利不符合《专利法》第九条和《专利法实施细则》第十三条第一款规定的主张也不能成立。

5. 关于《专利法》第二十二条第三款

本案中，昌华五金厂、粤中五金厂认为权利要求5相对于附件2、3的结合不符合《专利法》第二十二条第三款的规定。

专利复审委经审查后认为，附件2公开了一种玻璃门锁，具体公开了以下技术特征：由夹盖、锁壳、锁闩、锁头和胶垫等组成，锁闩为扇形，附图1的左侧锁壳相当于本专利的锁扣，右侧锁壳相当于本专利的锁体，扇形锁闩4相当于本专利的弧形锁舌，锁眼24、2相当于本专利的锁孔、扣孔，锁头16相当于本专利的锁芯，扇形锁闩在锁壳内的腔中通过锁眼2、24从附图1的右侧穿到左侧，其运动轨迹为弧形，控制扇形锁闩运动的部件包括曲拐10、曲拐销7、滑槽9、销轴6。由上所述，权利要求5的技术方案与附件2相比，区别在于：（1）本专利权利要求5的锁体和锁扣包括平行设置于玻璃门两侧的内、外夹持件；（2）控制锁舌运动的机构包括弧形导轨、转动齿轮、锁舌上设有与转动齿轮的外齿相啮合的卡孔，以及锁舌外端设置的径向限位板、扭簧、限位卡凸和止挡块。其中关于控制锁舌运动的机构，权利要求5与附件2的机构部件和工作原理均不相同。

附件3公开的是一种全封闭式自行车锁，由锁壳、锁芯、锁闩、拉簧构成，锁栓1（相当于本专利的锁舌）中部外侧有传动齿2与齿轮4啮合、上部有弧形凹台9，锁芯7上固定一随其转动的锁止片6，其一端为与凹台9吻合的弧形，并在端侧面有棘爪8，锁栓1上部有一限位销10、锁壳上有限位铆钉，齿轮4的齿轮轴3伸出锁壳外并装有旋钮15。其工作过程是上锁时，转动旋钮15，通过齿轮4拨动锁栓1沿锁壳运动。锁芯7上的锁止片6端的棘爪8可卡住锁栓上的传动齿2，以阻止其反弹，当锁栓1移动到位，锁止片6的弧形端头卡住锁栓1上的凹台9，抽出钥匙，所述的锁呈锁紧状态。开锁时，钥匙带动锁止片6向背离锁栓1方向转动并与锁栓分离，锁栓弹回至开锁位置。由上可知，附件3也没有公开区别技术特征1和2，虽然附件3中的锁也是弧形的锁舌，凹台用来固定锁舌呈锁紧状态，也是用齿轮驱动锁舌，但是其整体结构和各部件之间的位置以及使用方式与本专利权利要求5的技术方案都不相同，本领域的技术人员由附件3无法获得将区别技术特征应用到附件1中得到权利要求5的技术方案的启示，而且本专利在安装时不需在玻璃门上开孔，具有一定的有益效果。因此，本专利权利要求5相对于附件2、3的结合具有实质性特点和进步，符合《专利法》第二十二条第三款的规定。

何女不服上述决定，向北京市第一中级人民法院提起行政诉讼。

本院认为，上诉人何女、伦允强、陆津汉，被上诉人陆肇华对专利复审委所作的第10639号决定的

程序，以及决定中关于证据和现有技术、本专利权利要求5相对于附件2、3的结合符合《专利法》第二十二条第三款规定的认定没有异议。经审查，专利复审委对上述内容的认定合法，本院予以确认。

本案争议的焦点问题是：本专利是否符合《专利法实施细则》第二十一条第二款，《专利法》第二十六条第三款、第四款，《专利法》第二十二条第二款和第九条，《专利法实施细则》第十三条第一款的规定。

关于本专利是否符合《专利法实施细则》第二十一条第二款的问题。《专利法实施细则》第二十一条第二款规定："独立权利要求应当从整体上反映发明或者实用新型的技术方案，记载解决技术问题的必要技术特征"。本专利权利要求1和从属权利要求2~8、10对在玻璃门锁的锁体和锁扣的两侧内、外夹持件内分别设置独立的弧形锁舌和驱动结构进行了描述，本领域普通技术人员根据权利要求1中的记载的内容能够用内、外夹持件夹持玻璃门而实现当安装门锁时无须在原有玻璃门上钻孔的目的。关于卡槽、橡胶片、锁紧螺钉等部件，其仅仅是为了紧固门锁的辅助部件，并非是实现本专利玻璃门不钻孔、完好无损发明目的的必要技术。此外，本领域普通技术人员根据本专利权利要求的记载，可以设计出不同形状的门锁以实现外形美观的发明目的。因此，专利复审委作出上诉人何女等关于本专利权利要求1和从属权利要求2~8、10，不符合《专利法实施细则》第二十一条第二款规定的主张不能成立的认定合法。

关于本专利是否符合《专利法》第二十六条第三款、第四款的问题。就本专利而言，如何将锁紧螺钉安装在锁体和锁扣上，以及其如何压紧橡胶片将锁壳固定在玻璃门上，属于本领域的常规技术。本专利权利要求9限定的技术方案为"根据权利要求8所述的玻璃门锁，其特征在于上述锁体（1）和锁扣（2）侧面设有可通过压紧橡胶片（14、24）将锁壳固定于玻璃门上的锁紧螺钉"。本专利说明书第5页倒数第6行至第3行描述了用锁体和锁扣上的弧形卡槽与玻璃门相扣合，并用锁紧螺钉压紧卡槽内的橡胶片而将锁壳进一步紧固于玻璃门上，本领域普通技术人员依据说明书的上述内容能够实现本专利权利要求9的技术方案。因此，专利复审委作出上诉人何女等认为本专利不符合《专利法》第二十六条第三、四款规定的主张不能成立的认定合法。

关于本专利是否符合《专利法》第二十二条第二款和第九条，《专利法实施细则》第十三条第一款的问题。昌华五金厂、粤中五金厂在无效程序中提交的附件1公开了一种玻璃门锁，将本专利权利要求1公开的技术方案与附件1公开的技术方案相比较，本专利权利要求1的锁体和锁扣包括平行设置于玻璃门两侧的内、外夹持件，锁体的内、外夹持件分别设有弧形锁舌和驱动锁舌的机构，锁扣的内、外夹持件分别设有容置锁舌的腔室，而附件1是在玻璃门外侧设有锁体和锁扣。由于本专利权利要求1相对于附件1公开的技术内容存在上述区别技术特征，专利复审委认定本专利权利要求1相对于附件1具备新颖性，其从属权利要求2~10也具备新颖性正确。同时专利复审委作出昌华五金厂、粤中五金厂关于本专利不符合《专利法》第九条及《专利法实施细则》第十三条第一款规定的主张不能成立的认定正确。

伦允强等认为本专利权利要求1所说的门锁，在说明书附图中无法找到对应的部分，所以说明书没有对权利要求5作出完整说明。对此，本院认为，从本专利说明书及附图中可以看出，附图标记1和2分别指的是锁体和锁扣，锁体和锁扣都包括平行设置于玻璃门两侧的内外夹持件，锁体内设有弧形锁舌和作为驱动机构的弧形导轨、锁芯和转动齿轮，锁扣内设有锁孔和容置弧形锁舌的腔室；而且说明书第4页倒数第3行至第5页第2行也对权利要求5的技术方案进行了清楚的描述，所属领域的技术人员根据上述描述能够实现权利要求5的技术方案。因此，伦允强等认为本专利说明书没有对权利要求5作出完整说明的诉讼主张缺乏事实及法律依据，本院不予支持。

综上，专利复审委作出的第10639号决定维持03273641.X号实用新型专利权有效合法，一审法院判决维持正确。依据《中华人民共和国行政诉讼法》第六十一条第（一）项的规定，判决如下：驳回上诉，维持一审判决。

二审案件受理费人民币 100 元，由上诉人何女、伦允强、陆津汉共同负担（已交纳）。

本判决为终审判决。

审　判　长　朱世宽
代理审判员　赵宇晖
代理审判员　高京雯
二〇〇八年十一月二十五日
书　记　员　张　怡

198

# 旋转气流窗控制器

## 无效宣告请求审查决定（第10648号）

**决　定　号**　第10648号
**决　定　日**　2007年11月1日
**发明创造名称**　旋转气流窗控制器
**国 际 分 类 号**　E05F 11/14
**无效宣告请求人**　昆明市万变窗墙有限责任公司
**专 利 权 人**　高朝阳
**专　利　号**　200420116285.7
**申　请　日**　2004年12月29日
**授 权 公 告 日**　2006年9月27日
**合 议 组 组 长**　朱文广
**主　审　员**　徐伟锋
**参　审　员**　王　冬

**法 律 依 据**　专利法第22条第3款
**决 定 要 点**

虽然实用新型专利的权利要求的技术方案与最接近的现有技术相比，存在区别技术特征，但是现有技术存在启示，可以将区别技术特征引入最接近的现有技术从而获得实用新型专利权利要求的技术方案，那么该实用新型专利的权利要求不具备实质性特点，因此，不具备创造性。

**一、案由**

本无效宣告请求涉及中华人民共和国国家知识产权局于2006年9月27日授权公告的、名称为“旋转气流窗控制器”的实用新型专利权（以下简称本专利），其专利号是200420116285.7，申请日是2004年12月29日，专利权人是高朝阳。该专利授权公告时的权利要求书如下：

“1. 一种旋转气流窗控制器，包括一盒体，盒体内设有蜗杆、蜗轮和齿条，蜗杆通过盒内的蜗杆轴孔轴接在盒体内，蜗轮通过盒体内的蜗轮轴孔轴接在盒体内，并使蜗杆与蜗轮相接，蜗轮与齿条相接，齿条的端部设有孔洞，在蜗杆的端部设有手摇柄，其特征在于：所述蜗轮上的齿和齿条上的齿是斜的。”

针对上述专利权，昆明市万变窗墙有限责任公司（以下简称请求人）于2006年12月29日向专利复审委员会提出无效宣告请求，其提交的附件如下：

附件1：授权公告日为1996年11月27日、授权公告号为CN2241219Y的中国实用新型专利说明书，共7页；

附件2：云南省工程建设标准设计研究院、昆明有色冶金设计研究院主编、云南省建设厅批准、云南省建筑标准设计领导小组办公室发行、2002年的《云南省建筑标准设计多功能活动百页窗、墙图集》滇02J01（试行）封面页、文件批复、推广准许证书和资质证页、第15页、工程实例图页的复印件，共4页；

附件3：《化工设备机械基础》编写组编、化学工业出版社出版、1979年10月北京新一版，1979年10月北京第一次印刷的《化工设备机械基础》第二册封面页、版权页、第169、170、175、176页的复印件，共6页；

请求人认为：附件1、2和3公开了本专利的全部技术特征，所以本专利不具备创造性。

经形式审查合格，专利复审委员会依法受理了上述无效宣告请求，并于2007年4月19日向双方发出无效宣告请求受理通知书，同时将专利权无效宣告请求书及其附件清单中所列附件的副本转送给专利权人，并要求专利权人在指定的期限内陈述意见。

专利权人未在指定的期限内答复。

专利复审委员会依法成立合议组，对本案进行审查。

专利复审委员会本案合议组于2007年7月5日向双方发出无效宣告请求口头审理通知书，定于2007年8月23日举行口头审理。

口头审理如期举行，请求人参加了口头审理。

在口头审理中，请求人明确其无效宣告的理由、证据和范围为：权利要求1相对于附件1，或1和3的结合，或1和2和3的结合不具备创造性。请求人当庭出示了附件2、3的原件。合议组当庭对附件2和3的原件进行核实，复印件和原件一致。

请求人认为，权利要求1中前序部分的技术特征已经被附件1公开了，变速器的作用是使窗子移动，如果齿不是斜的就不能移动了，蜗轮、蜗杆机构本身就是斜齿的，是公知常识，附件1加上公知常识就可以知道齿只能是斜的，如果不是斜的就无法达到发明目的，齿条相对轴线是斜的，是机械领域的公知常识；附件3的第170页图18-2中有角度，$\alpha 0$有一个角度，不是90度，所以是斜的，说明蜗轮是斜的，图18-6中有旋转方向，是右旋的，表示齿轮是斜角，说明蜗杆是斜的；附件2的实物外形图与涉案专利一样，涉案专利相当于对比文件1所述的技术中的控制器部分。

至此，合议组认为本案事实已经清楚，可以作出审查决定。

**二、决定的理由**

1. 关于证据和现有技术

请求人提交的附件1是中国实用新型专利说明书，合议组经过核实，对其真实性予以认可。附件3是公开出版物，请求人当庭提交了附件3的原件，经合议组核对原件与复印件一致。因此附件1和3可以作为本案证据使用。同时由于附件1和附件3的公开日期在本专利的申请日前，因此可以作为本专利的现有技术使用。

2. 关于请求人无效宣告请求的理由、证据和范围

无效宣告的理由、证据和范围为：权利要求1相对于附件1，或1和3的结合，或1和2和3的结合不具备创造性。

3. 关于创造性

专利法第22条第3款规定，创造性，是指同申请日以前已有的技术相比，该发明有突出的实质性特点和显著的进步，该实用新型有实质性特点和进步。

具体而言，虽然实用新型专利的权利要求的技术方案与最接近的现有技术相比，存在区别技术特

征，但是现有技术存在启示，可以将区别技术特征引入最接近的现有技术从而获得实用新型专利的权利要求技术方案，那么该实用新型专利的权利要求不具备实质性特点，因此，不具备创造性。

本案中，权利要求 1 请求保护“一种旋转气流窗控制器，包括一盒体，盒体内设有蜗杆、蜗轮和齿条，蜗杆通过盒内的蜗轮轴孔轴接在盒体内，蜗轮通过盒体内的蜗轮轴孔轴接在盒体内，并使蜗杆与蜗轮相接，蜗轮与齿条相接，齿条的端部设有孔洞，在蜗杆的端部设有手摇柄，其特征在于：所述蜗轮上的齿和齿条上的齿是斜的”。附件 1 公开了一种百页窗变速箱 12，变速箱 12 中设有复合蜗轮结构，齿条 10 与复合蜗轮啮合，操作手柄 11 与变速箱 12 中的蜗杆尾部定位固定连接，外力通过操作手柄 11 转动变速箱 12 的蜗杆至蜗轮，使外力达到两级放大、改变力的方向并可自锁，复合蜗轮将旋转力传至齿条 10，将旋转力转化为齿条 10 上下移动的直线作用力（参见附件 1 的说明书第 3 页第 11~17 行，附图 2）。由此可见，权利要求 1 相对于附件 1 的区别在于：蜗杆通过盒内的蜗轮轴孔轴接在盒体内，蜗轮通过盒体内的蜗轮轴孔轴接在盒体内；齿条的端部设有孔洞以及蜗轮上的齿和齿条上的齿是斜的。附件 1 的附图 2 可以看出手柄 11 与齿条 10 延伸进入变速箱 12 中，显然手柄 11 进入盒体的部分是蜗杆，蜗杆本身构成一条轴，该轴在结构上需要固定，显然通过在盒体上开轴孔轴接在盒体内是一种常规的选择；而变速箱 12 内的蜗轮作为一个转动部件也应当需要一个转动轴形成旋转并固定在变速箱盒体上，显然在盒体上开轴孔从而固定蜗轮的轴和蜗轮轴接在盒体内也是一种常规选择。权利要求 1 的齿条端部设有孔洞是用于“通过一连杆与百页窗的窗扇相连”，而附件 1 的齿条 10 是与摇摆机 9 活动铰接从而推动百页窗的活动（参见说明书第 3 页第 9、10 行，附图 2）。从百叶窗的一般制造工艺而言，本申请权利要求 1 的“连杆”实质上就是附件 1 的“摇摆机 9”，因为连杆和摇摆机 9 都是由齿条上下推动而运动的，所以附件 1 的“活性铰接”实质上也需要在齿条上开孔从而实现与摇摆机 9 的活性铰接。附件 3（公开日为 1979 年 10 月）公开了蜗杆传动装置及其基本原理，其中指出蜗杆传动是齿轮传动的一种特殊形式，蜗杆相当于小斜齿轮（参见附件 3 第 169 页第 7、8 行，图 18-1），而蜗杆和蜗轮相互啮合，因此蜗轮齿也应当是斜的。也就是说蜗轮与其他有齿机构通过啮合传动，与蜗轮上齿相啮合的齿也应当是斜的。可见，在附件 1 的基础上结合附件 3 获得本专利权利要求 1 的技术方案，对本领域技术人员而言是显而易见的，因此，权利要求 1 不具有实质性特点，权利要求 1 不具备创造性。

由于本专利唯一的权利要求不具备创造性，因此合议组不再对其他无效理由和事实进行审查。

根据上述的事实和理由，本案合议组依法作出以下决定。

**三、决定**

宣告 200420116285.7 号实用新型专利权全部无效。

当事人对本决定不服的，可以根据专利法第 46 条第 2 款的规定，自收到本决定之日起 3 个月内向北京市第一中级人民法院起诉。根据该款的规定，一方当事人起诉后，另一方当事人应当作为第三人参加诉讼。

199

# 紫砂陶瓷脱模异型垫盘

## 无效宣告请求审查决定（第10650号）

**决　　定　　号**　第10650号
**决　　定　　日**　2007年11月12日
**发明创造名称**　紫砂陶瓷脱模异型垫盘
**国 际 分 类 号**　B28B7/12，13/06
**无效宣告请求人**　江西省简氏紫砂科技发展有限公司
**专　利　权　人**　熊禄生
**申　　请　　号**　200520097217.5
**申　　请　　日**　2005年7月14日
**授 权 公 告 日**　2006年8月30日
**合 议 组 组 长**　朱文广
**主　　审　　员**　郭建强
**参　　审　　员**　刘敏飞

**法　律　依　据**　专利法第22条第2款
**决　定　要　点**

专利产品的转让方和受让方是基于合作或者聘用关系而达成转让本专利产品的约定的，上述转让行为不足以推定出本专利的技术方案处于一个公众想得知就能得知的状态。

### 一、案由

本无效宣告请求涉及中华人民共和国国家知识产权局于2006年8月30日授权公告的、名称为“紫砂陶瓷脱模异型垫盘”的实用新型专利权（以下简称本专利），其专利号是200520097217.5，申请日是2005年7月14日，专利权人是熊禄生。本专利授权公告时的权利要求书如下：

“1. 一种紫砂陶瓷脱模异型垫盘包括盘体（1），盘体（1）中部开有通气孔（2），其特征在于：盘体（1）的上部为支撑平台（4），支撑平台（4）的周边设圆环形模板支撑台（3）。

2. 根据权利要求1所述的紫砂陶瓷脱模异型垫盘，其特征在于：圆环形模板支撑台（3）距支撑平台（4）的高度为4~7毫米。”

针对本专利权，江西省简氏紫砂科技发展有限公司（以下简称请求人）于2007年6月1日向专利复审委员会提出无效宣告请求，认为本专利的权利要求1、2不符合专利法第22条第2款的规定，请求人同时提交了如下附件作为证据：

附件1：江西省宜春市中级人民法院的（2006）宜中民三初字第35号民事判决书复印件，共

12页；

附件2：（2006）宜中民三初字第35号民事案件中被告申请质证的证据清单复印件1页，其中附有：

附件2-1：《紫砂陶瓷脱模异形垫盘》自动脱模新工艺技术可行性论证报告，复印件，共1页；

附件2-2：照相日期为2004年6月8日的“小简虹艳照相馆取相凭证”与照片，复印件，共3页；

附件2-3：2004年6月18日简广与熊禄生签署的“陶瓷生产设备转让合同书”及转让生产陶瓷设备清单一览表，复印件，共2页；

附件2-4：2006年8月30日国家知识产权局颁发的200520097217.5号实用新型专利证书，复印件，共1页；

附件2-5：江西省高安市公证处（2006）高证字第1724号公证书，复印件，共7页；

附件2-6：熊禄生转让原材料、配件等清点情况，复印件，共2页；

附件2-7：2007年1月6日严尖辉等29人出具的证明，复印件，共1页；

附件2-8：2007年1月16日潘著根出具的证明，复印件，共1页；

附件3：请求人称其所使用的石膏脱模托板的实物照片复印件，共1页。

请求人认为：经江西省宜春市中级人民法院（2006）宜中民三初字第35号民事案件审理的请求人与专利权人之间关于本专利的权属纠纷案件中查明，2004年6月18日，专利权人熊禄生与请求人的法定代表人简广签订了“陶瓷生产设备转让合同书”，专利权人将含有“石膏脱模托板”即“紫砂陶瓷脱模异型垫盘”在内的成型车间设备一次性卖给简广，因此本专利因专利权人在申请日前的商业销售行为导致了使用公开，本专利不具备新颖性。

经形式审查合格，专利复审委员会依法受理了上述无效宣告请求，并于2007年7月3日向请求人和专利权人发出无效宣告请求受理通知书，同时将专利权无效宣告请求书及其附件清单中所列附件的副本转送给专利权人，并要求专利权人在指定的期限内陈述意见。

针对专利复审委员会发出的上述无效宣告请求受理通知书，专利权人于2007年8月8日提交了意见陈述书和证据，其中专利权人提交的证据为：

证据1：国家知识产权局2006年12月25日完成的200520097217.5号实用新型专利检索报告复印件，共4页。

专利权人认为：专利权人于2003年10月写出了《紫砂陶瓷脱模异型垫盘》自动脱模新工艺技术可行性论证报告，于2004年6月18日前试制出产品，但是没有公开销售和使用，至于2004年6月18日与请求人签署的“陶瓷生产设备转让合同书”中列出了本专利试产的产品，但由于请求人是合同的特定人，因此本专利试产的产品没有公开销售和使用，不能据此否定本专利的新颖性。

请求人于2007年8月26日再次提交了意见陈述书，请求专利复审委员会向江西省宜春市中级人民法院核实本案有关证据，并加快本案的审理。

专利复审委员会依法成立合议组对本案进行审理。

本案合议组于2007年9月10日向双方发出无效宣告请求口头审理通知书，定于2007年10月18日在专利复审委员会举行口头审理。随同口头审理通知书，将请求人于2007年8月26日提交的意见陈述书转送给专利权人，将专利权人于2007年8月8日提交的意见陈述书及其附件清单中所列附件的副本转送给请求人。

口头审理如期举行，双方当事人均参加了口头审理。

在口头审理中，（1）请求人明确其无效宣告的理由、证据和范围为：本专利权利要求1~2不符合专利法第22条第2款的规定，所依据的证据是附件1至3。（2）专利权人对附件1、2的真实性没有异议，对附件3的真实性、关联性有异议。请求人对专利权人提交的证据1即检索报告的真实性无异议，对关联性有异议。（3）双方均认可本案的如下事实：2003年下半年专利权人研制出本专利的紫砂陶瓷脱模异型垫盘，即石膏脱模托板；2004年6月18日专利权人将本专利的产品转让给请求人，转让的产品和本专利的产品相同；请求人在转让后通过该技术及所转让的石膏脱模托板来生产紫砂陶瓷；以及宜春市中院的判决书中认定的其他的关于本专利被授权和其后发生的权属纠纷诉讼的事实。（4）双方均认可本案争议焦点在于上述转让行为以及请求人的使用行为是否导致本专利的使用公开，并充分陈述了意见。请求人认为上述转让行为构成了专利法意义上的使用公开，本专利的产品转让给了简广，就已经脱离了专利权人的控制，处于公众想得知就得知的状态。专利权人认为请求人是特定的人，不是专利法意义上的公众。同时，在转让本专利产品的时候签订有保密协议，退一步讲，即使没有保密协议，根据社会观念和商业习惯也属于默契保密的情形，因此不属于现有技术，所以请求人提出的证据不能够证明本专利丧失新颖性。

至此，合议组认为本案事实已经清楚，可以作出审查决定。

**二、决定的理由**

1. 关于证据

请求人提交的证据包括附件1至3，专利权人对附件1和2的真实性没有异议，对附件3的真实性、关联性有异议，合议组经审查对附件1、2的真实性予以确认，因此可以作为本案证据使用。

2. 关于本专利的新颖性

专利法第22条第2款规定，新颖性，是指在申请日以前没有同样的发明或者实用新型在国内外出版物上公开发表过、在国内公开使用过或者以其他方式为公众所知，也没有同样的发明或者实用新型由他人向国务院专利行政部门提出过申请并记载在申请日以后（含申请日）公布的专利申请文件中。

在口头审理中，请求人和专利权人双方均认可本案的如下事实：2003年下半年专利权人研制出本专利的紫砂陶瓷脱模异型垫盘，即石膏脱模托板；2004年6月18日专利权人将本专利的产品转让给请求人，转让的产品和本专利的产品相同；请求人在转让后通过该技术及所转让的石膏脱模托板来生产紫砂陶瓷。双方均认可本案争议焦点在于上述转让行为以及请求人的使用行为是否导致本专利的使用公开。

合议组经审查后认为，首先，专利法意义上的使用公开是指由于制造、使用、销售、进口、交换、馈赠、演示、展出等方式而导致技术方案处于“公众”想得知就能够得知的状态。本案中，虽然早在2004年6月18日即本专利申请日以前，专利权人熊禄生与请求人的法定代表人简广签订了“陶瓷生产设备转让合同书”，专利权人将含有“石膏脱模托板”（即本专利的“紫砂陶瓷脱模异型垫盘”）在内的成型车间设备一次性卖给简广，但经双方当事人认可以及江西省宜春市中级人民法院关于本专利权属纠纷的生效判决查明，双方在签署上述转让合同的同时，还签订了一份“员工聘用合同”，专利权人受聘在请求人的企业中从事生产和技术管理工作。显然上述的转让合同具有特定的前提和背景，即本专利产品的转让方（即本案专利权人）和受让方（即本案请求人的法定代表人）是基于合作或者聘用关系而达成转让本专利产品的约定的，转让之后，双方形成一个利益共同体。因此，就目前的证据来看，上述转让行为以及请求人企业内部的使用行为还不足以推定出本专利的技术方案处于一个他人通过类似的形式也能够得知的状态。另外，双方当事人都是从事紫砂陶瓷产品生产的企业或个人，所转让的“石膏脱模托板”（即本专利的“紫砂陶瓷脱模异型垫盘”）并不是生产出来用来销售的终端产品，而是在企业内部用于生产紫砂陶瓷的设备，因此从这个意义上来说，目前的证据也不能证明企业内部的使用以及紫砂陶瓷的销售使得本专利的技术方案处于一个公众想得知就能得知的状态存在。因此请求人所提出的本专利因专利权人在申请日前的销售行为而导致公众可以得知的主张，合议组不予支持。

综上所述，请求人的附件1~3并不足以证明本专利的产品由于在申请日之前使用、销售而为公众所得知，因此其据以提出的本专利不具备新颖性的主张合议组不予支持。

根据上述的事实和理由，本案合议组依法作出以下决定。

**三、决定**

维持200520097217.5号实用新型专利权有效。

当事人对本决定不服的，可以根据专利法第46条第2款的规定，自收到本决定之日起3个月内向北京市第一中级人民法院起诉。根据该款的规定，一方当事人起诉后，另一方当事人应当作为第三人参加诉讼。

# 北京市第一中级人民法院
# 行政判决书

（2008）一中行初字第293号

原告江西省简氏紫砂科技发展有限公司，住所地江西省高安市灰埠镇前进路。

法定代表人简广，总经理。

委托代理人于志红，北京市金诚同达律师事务所律师。

委托代理人谢文斌，江西瑞州律师事务所律师。

被告国家知识产权局专利复审委员会，住所地北京市海淀区北四环西路9号银谷大厦10~12层。

法定代表人廖涛，副主任。

委托代理人郭建强，国家知识产权局专利复审委员会审查员。

委托代理人瞿晓峰，国家知识产权局专利复审委员会审查员。

第三人熊禄生，男，1949年2月22日出生，汉族，无业，住江西省高安市灰埠镇灰埠村下街自然村88号。

委托代理人万建雄，江西华邦律师事务所律师。

原告江西省简氏紫砂科技发展有限公司（以下简称简氏公司）不服被告国家知识产权局专利复审委员会（以下简称专利复审委员会）于2007年11月12日作出的第10650号无效宣告请求审查决定（以下简称第10650号决定），于法定期限内向本院提起行政诉讼。本院于2008年1月31日受理本案后，依法组成合议庭，并通知第10650号决定的专利权人熊禄生作为第三人参加本案诉讼。本院于2008年4月17日公开开庭进行了审理。原告简氏公司的委托代理人于志红、谢文斌，被告专利复审委员会的委托代理人郭建强、瞿晓峰，第三人熊禄生及委托代理人万建雄到庭参加诉讼。本案现已审理终结。

被告专利复审委员会针对原告简氏公司就专利权人为第三人熊禄生的名称为“紫砂陶瓷脱模异型垫盘”的实用新型专利（专利号为200520097217.5，以下简称本专利）所提出的复审请求作出第10650号决定，该决定认定：

关于本专利的新颖性。

在口头审理中，简氏公司和熊禄生双方均认可本案的如下事实：2003年下半年熊禄生研制出本专利的紫砂陶瓷脱模异型垫盘，即石膏脱模托板；2004年6月18日熊禄生将本专利的产品转让给简氏公司，转让的产品和本专利的产品相同；简氏公司在转让后通过该技术及所转让的石膏脱模托板来生产紫砂陶瓷。双方均认可本案争议焦点在于上述转让行为以及简氏公司的使用行为是否导致本专利的使用公开。

专利复审委员会经审查后认为，首先，专利法意义上的使用公开是指由于制造、使用、销售、进口、交换、馈赠、演示、展出等方式而导致技术方案处于“公众”想得知就能够得知的状态。本案中，虽然早在2004年6月18日即本专利申请日以前，熊禄生与简氏公司的法定代表人简广签订了“陶瓷生产设备转让合同书”，熊禄生将含有“石膏脱模托板”（即本专利的“紫砂陶瓷脱模异型垫盘”）在内的成型车间设备一次性卖给简广，但经双方当事人认可以及江西省宜春市中级人民法院关于本专利权属纠纷的生效判决查明，双方在签署上述转让合同的同时，还签订了一份“员工聘用合同”，熊禄生受聘在简氏公司的企业中从事生产和技术管理工作。显然上述的转让合同具有特定的前提和背景，即本专利产品的转让方和受让方是基于合作或者聘用关系而达成转让本专利产品的约定的，转让之后，双方形成一个利益共同体。因此，就目前的证据来看，上述转让行为以及简氏公司企业内部的使用行为还不足以推定出本专利的技术方案处于一个他人通过类似的形式也能够得知的状态。另外，双方当事人都是从事紫砂陶瓷产品生产的企业或个人，所转让的“石膏脱模托板”（即本专利的“紫砂陶瓷脱模异型垫盘”）并不是生产出来用来销售的终端产品，而是在企业内部用于生产紫砂陶瓷的设备，因此从这个意义上来说，目前的证据也不能证明企业内部的使用以及紫砂陶瓷的销售使得本专利的技术方案处于一个公众想得知就能得知的状态存在。因此简氏公司所提出的本专利因熊禄生在申请日前的销售行为而导致公众可以得知的主张，专利复审委员会不予支持。

综上所述，简氏公司的附件1~3并不足以证明本专利的产品由于在申请日之前使用、销售而为公众所得知，因此其据以提出的本专利不具备新颖性的主张专利复审委员会不予支持。

被告专利复审委员会第10650号决定维持200520097217.5号实用新型专利权有效。

原告简氏公司不服该决定，于法定期限内向本院提起诉讼称：（1）2004年6月18日简广与第三人熊禄生签订了《陶瓷生产设备转让合同书》，同日原告投资人富来国际有限公司与熊禄生签订《员工聘用合同书》，两份合同同日签订，但无法得出第10650号决定中“基于合作或者聘用关系而达成转让本专利产品的约定”的事实认定，更无法得出“转让之后，双方形成一个利益共同体”的结论。（2）没有证据表明原告聘用第三人是购买设备的先决条件。在当时的条件下，并不排除其他人在相同的条件下也能购买该设备。故第10650号决定认定原告不是专利法意义上的“公众”缺乏证据支持。（3）《陶瓷生产设备转让合同书》并未约定简广有附随的保密义务，第三人主张及被告认定或推定原告有默示保密义务亦与事实不符。涉案专利产品大量堆放在厂房中，处于全体员工、来访人员都可以接触的状态，而本专利的技术特征轻而易举就可以掌握。故本专利产品的生产使用行为，使本专利的技术方案处于公众想得知就能得知的状态，构成公开使用。综上，请求法院依法撤销专利复审委员会第10650号决定。

被告专利复审委员会辩称：（1）由于双方签订了《员工聘用合同书》，显然双方构成了合作或者聘用关系。（2）因此，本专利产品的受让方显然属于特定人，而非专利法意义上的公众。原告认为“不排除其他人在相同的条件下也能购买该设备”，是一种为公众所知的可能性，而且缺乏证据支持。三，虽然没有证据显示双方存在明示的保密义务，但基于双方共同进行紫砂陶瓷的生产，根据商业习惯，应推定双方对本专利具有默示保密的义务。其次，虽然双方存在使用本专利产品进行生产的行为，但显然属于企业内部的使用行为，不应认为对公众具有公开性。综上，原告的证据不足以证明本专利产品在申请日前处于为公众所知的状态，请求法院维持第10650号决定。

第三人熊禄生述称：(1) 双方是一个利益共同体。(2) 本专利转让的对象为特定人。(3) 本专利一直处于第三人直接控制下，并非任何人想得知就能得知。故请求法院维持第10650号决定。

本院经审理查明：熊禄生于2005年7月14日向国家知识产权局专利局申请了名称为“紫砂陶瓷脱模异型垫盘”的实用新型专利（即本专利）。本专利于2006年8月30日被授权公告，专利号是200520097217.5。本专利授权公告的权利要求书如下：

“1. 一种紫砂陶瓷脱模异型垫盘包括盘体（1），盘体（1）中部开有通气孔（2），其特征在于：盘体（1）的上部为支撑平台（4），支撑平台（4）的周边设圆环形模板支撑台（3）。

2. 根据权利要求1所述的紫砂陶瓷脱模异型垫盘，其特征在于：圆环形模板支撑台（3）距支撑平台（4）的高度为4~7毫米。”

针对本专利权，简氏公司于2007年6月1日向专利复审委员会提出无效宣告请求，认为本专利的权利要求1、2不符合《中华人民共和国专利法》（以下简称《专利法》）第二十二条第二款的规定，简氏公司同时提交了如下附件作为证据：

附件1：江西省宜春市中级人民法院的（2006）宜中民三初字第35号民事判决书复印件，共12页；

附件2：（2006）宜中民三初字第35号民事案件中被告申请质证的证据清单复印件1页，其中附有：

附件2-1：《紫砂陶瓷脱模异形垫盘》自动脱模新工艺技术可行性论证报告，复印件，共1页；

附件2-2：照相日期为2004年6月8日的“小简虹艳照相馆取相凭证”与照片，复印件，共3页；

附件2-3：2004年6月18日简广与熊禄生签署的“陶瓷生产设备转让合同书”及转让生产陶瓷设备清单一览表，复印件，共2页；

附件2-4：2006年8月30日国家知识产权局颁发的200520097217.5号实用新型专利证书，复印件，共1页；

附件2-5：江西省高安市公证处（2006）高证字第1724号公证书，复印件，共7页；

附件2-6：熊禄生转让原材料、配件等清点情况，复印件，共2页；

附件2-7：2007年1月6日严尖辉等29人出具的证明，复印件，共1页；

附件2-8：2007年1月16日潘著根出具的证明，复印件，共1页；

附件3：简氏公司称其所使用的石膏脱模托板的实物照片复印件，共1页。

经形式审查合格，专利复审委员会依法受理了上述无效宣告请求。

熊禄生于2007年8月8日提交了意见陈述书和证据，其中熊禄生提交的证据为：

证据1：国家知识产权局2006年12月25日完成的200520097217.5号实用新型专利检索报告复印件，共4页。

2007年11月12日，专利复审委员会作出第10650号无效宣告请求审查决定。

简氏公司在本案诉讼中提交了富来国际有限公司与熊禄生签订的《员工聘用合同书》。

上述事实，有第10650号决定、实用新型专利证书、本专利说明书、“陶瓷生产设备转让合同书”、《员工聘用合同书》及当事人陈述等证据为证。

本院认为，根据双方当事人的诉辩主张，本案争议的焦点是：简氏公司和熊禄生之间转让专利产品的行为以及简氏公司的使用行为是否导致本专利因使用公开而丧失新颖性。

根据本案查明的事实，熊禄生与简氏公司的法定代表人简广于2004年6月18日（即本专利申请日以前）签订了《陶瓷生产设备转让合同书》，熊禄生将含有“石膏脱模托板”（即本专利的“紫砂陶瓷脱模异型垫盘”）在内的成型车间设备一次性卖给简广。同日，富来国际有限公司与熊禄生还签订了一份《员工聘用合同书》，熊禄生受聘在简氏公司的企业中从事生产和技术管理工作。（2006）高证字第1724号公证书表明，本专利的紫砂陶瓷脱模异型垫盘产品堆放于简氏公司成型车间内，该车间内有几十名工作人员在工作。

《审查指南》规定，使用公开包括由于制造、使用、销售、进口、交换、馈赠、演示、展出等方式而导致技术方案处于公众想得知就能够得知的状态，而不取决于是否有公众得知。本案中熊禄生将本专利产品转让给简氏公司，简氏公司的任何员工均可轻易接触到本专利产品。由于本专利的技术特征并不复杂，对于本领域技术人员而言轻易就能掌握，而熊禄生并未与简氏公司签订保密协议，故本专利技术方案处于公众想得知就能够得知的状态，已经构成使用公开。熊禄生虽与简氏公司签订《员工聘用合同书》，但其中并无要求简氏公司保守本专利秘密的条款，故简氏公司对其并不负有保密义务。第10650号决定认定熊禄生和简氏公司“是基于合作或者聘用关系而达成转让本专利产品的约定的，转让之后，双方形成一个利益共同体”的认定于法无据，本院不予支持。综上所述，本专利在申请日以前已经在国内公开使用过，不符合《专利法》第二十二条第二款的规定，不具备新颖性。

熊禄生称其曾与简氏公司签订关于本专利产品的保密协议，但仅限于其口头陈述，并未提交初步证据证明存在此保密协议，故本院对该主张不予采信。熊禄生还称简氏公司的《规章制度》中规定公司员工不得泄露公司商业技术秘密，但该《规章制度》系于本专利申请日之后的2008年起执行，且无证据表明简氏公司已将本专利作为该公司商业秘密要求公司员工保密，故对熊禄生上述主张，本院不予支持。专利复审委员会辩称本专利产品的受让方属于特定人，而非专利法意义上的公众，对此本院认为，本专利产品的转让使得简氏公司的任何员工均可轻易接触，而本专利的技术特征并不复杂的特性已经使本专利技术方案处于公众想得知就能够得知的状态。故对该抗辩主张，本院不予支持。

综上所述，第10650号决定对本专利的评判有误，本院予以改判。

依照《中华人民共和国行政诉讼法》第五十四条第（二）项第1目之规定，判决如下：

（1）销被告国家知识产权局专利复审委员会作出的第10650号无效宣告请求审查决定。

（2）被告国家知识产权局专利复审委员会针对第200520097217.5号实用新型专利重新作出无效宣告请求审查决定。

案件受理费100元，由被告国家知识产权局专利复审委员会负担（于本判决生效之日起7日内交纳）。

如不服本判决，可在本判决书送达之日起15日内，向本院递交上诉状，并按对方当事人人数提交副本，交纳上诉案件受理费100元，上诉于北京市高级人民法院。

审 判 长 任 进
代理审判员 邢 军
人民陪审员 郝建新
二〇〇八年六月十六日
书 记 员 朱 平

# 北京市高级人民法院
# 行政判决书

（2008）高行终字第718号

上诉人（原审被告）国家知识产权局专利复审委员会，住所地北京市海淀区北四环西路9号银谷大厦10~12层。

法定代表人廖涛，副主任。

委托代理人郭建强，该委员会审查员。

委托代理人瞿晓峰，该委员会审查员。

上诉人（原审第三人）熊禄生，男，汉族1949年2月22日出生，无业，住江西省高安市灰埠镇灰埠村下街自然村88号。

委托代理人万建雄，江西华邦律师事务所律师。

被上诉人（原审原告）江西省简氏紫砂科技发展有限公司，住所地江西省高安市灰埠镇前进路。

法定代表人简广，总经理。

委托代理人于志红，北京市金诚同达律师事务所律师。

委托代理人谢文斌，江西瑞州律师事务所律师。

上诉人国家知识产权局专利复审委员会（简称专利复审委员会）、上诉人熊禄生因实用新型专利权无效行政纠纷一案，不服北京市第一中级人民法院（2008）一中行初字第293号行政判决，向本院提出上诉。本院2008年11月17日受理本案后，依法组成合议庭，于2008年12月10日公开开庭进行了审理。上诉人专利复审委员会的委托代理人郭建强、瞿晓峰，上诉人熊禄生及其委托代理人万建雄，被上诉人江西省简氏紫砂科技发展有限公司（简称简氏公司）的委托代理人于志红、谢文斌到庭参加了诉讼。本案现已审理终结。

北京市第一中级人民法院认定，熊禄生是名称为“紫砂陶瓷脱模异型垫盘”的200520097217.5号实用新型专利（简称本专利）的专利权人。针对本专利权，简氏公司于2007年6月1日向专利复审委员会提出无效宣告请求。2007年11月12日，专利复审委员会做出第10650号无效宣告请求审查决定（简称第10650号决定）。

北京市第一中级人民法院认为，《审查指南》规定，使用公开包括由于制造、使用、销售、进口、交换、馈赠、演示、展出等方式而导致技术方案处于公众想得知就能够得知的状态，而不取决于是否有公众得知。熊禄生在本专利申请日之前将本专利产品转让给简氏公司，简氏公司的任何员工均可轻易接触到本专利产品。熊禄生并未与简氏公司签订保密协议，故本专利技术方案处于公众想得知就能够得知的状态，已经构成使用公开。简氏公司对熊禄生不负有保密义务。本专利在申请日以前已经在国内公开使用过，不符合《专利法》第二十二条第二款的规定，不具备新颖性。

北京市第一中级人民法院依照《中华人民共和国行政诉讼法》第五十四条第（二）项第1目的规定判决：（1）撤销专利复审委员会做出的第10650号决定；（2）专利复审委员会针对本专利权重新做出无效宣告请求审查决定。

专利复审委员会、熊禄生均不服原审判决，向本院提出上诉，请求撤销原审判决，维持第10650号决定。专利复审委员会的上诉理由是：《审查指南》规定，处于保密状态的技术内容不属于现有技术，所谓保密状态，不仅包括受保密规定或协议约束的情形，还包括社会观念或者商业习惯上被认为应当承担保密义务的情形。本案转让合同的双方基于合作或者聘用关系，应推定双方对所转让的设备具有默契保密的义务，对公众不具有公开性。第10650号决定认定事实清楚，适用法律正确，应予维持。熊禄生的上诉理由是：现有证据证明本专利产品在申请日之前仅在一家企业内部使用，没有在国内其他任何地方、任何企业被任何人使用，因此，一审法院认定本专利产品使用公开显属错误。简氏公司对本专利承担保密义务完全是基于其自身利益驱使使然。熊禄生提交的简氏公司的《规章制度》以及与员工签订的劳动合同、保密协议均能证明该公司有保密的要求。简氏公司服从原审判决。

经审理查明：熊禄生于2005年7月14日向国家知识产权局申请了名称为“紫砂陶瓷脱模异型垫盘”的实用新型专利（即本专利）。本专利于2006年8月30日被公告授权，专利号是200520097217.5。本专利授权公告的权利要求书如下：

“1. 一种紫砂陶瓷脱模异型垫盘包括盘体（1），盘体（1）中部开有通气孔（2），其特征在于：盘体（1）的上部为支撑平台（4），支撑平台（4）的周边设圆环形模板支撑台（3）。

2. 根据权利要求1所述的紫砂陶瓷脱模异型垫盘，其特征在于：圆环形模板支撑台（3）距支撑平台（4）的高度为4~7毫米。”

针对本专利权，简氏公司于2007年6月1日向专利复审委员会提出无效宣告请求，认为本专利权利要求1、2不符合《专利法》第二十二条第二款规定，同时提交了如下附件作为证据：

附件1：江西省宜春市中级人民法院的（2006）宜中民三初字第35号民事判决书复印件，共12页；

附件2：（2006）宜中民三初字第35号民事案件中被告申请质证的证据清单复印件1页，其中附有：

附件2-1：《紫砂陶瓷脱模异形垫盘》自动脱模新工艺技术可行性论证报告，复印件，共1页；

附件2-2：照相日期为2004年6月8日的“小简虹艳照相馆取相凭证”与照片，复印件，共3页；

附件2-3：2004年6月18日简广与熊禄生签署的“陶瓷生产设备转让合同书”及转让生产陶瓷设备清单一览表，复印件，共2页；该合同约定熊禄生将含有“石膏脱模托板”（即本专利的“紫砂陶瓷脱模异型垫盘”）在内的成型车间设备及原材料以23万元的价格一次性卖给简广。

附件2-4：2006年8月30日国家知识产权局颁发的ZL200520097217.5号实用新型专利证书，复印件，共1页；

附件2-5：江西省高安市公证处（2006）高证字第1724号公证书，复印件，共7页；该公证书显示本专利的紫砂陶瓷脱模异型垫盘产品堆放于简氏公司成型车间内，该车间内有几十名工作人员在工作；

附件2-6：熊禄生转让原材料、配件等清点情况，复印件，共2页；

附件2-7：2007年1月6日严尖辉等29人出具的证明，复印件，共1页；

附件2-8：2007年1月16日潘著根出具的证明，复印件，共1页；

附件3：简氏公司称其所使用的石膏脱模托板的实物照片复印件，共1页。

熊禄生于2007年8月8日提交了意见陈述书和证据，其中熊禄生提交的证据为：

证据1：国家知识产权局2006年12月25日完成的200520097217.5号实用新型专利检索报告复印件，共4页。

2007年11月12日，专利复审委员会作出第10650号决定，维持本专利权有效。该决定认定：关于本专利的新颖性。专利法意义上的使用公开是指由于制造、使用、销售、进口、交换、馈赠、演示、展出等方式而导致技术方案处于“公众”想得知就能够得知的状态。虽然早在2004年6月18日即本专利申请日以前，熊禄生与简氏公司的法定代表人简广签订了“陶瓷生产设备转让合同书”，熊禄生将含有“石膏脱模托板（即本专利的“紫砂陶瓷脱模异型垫盘”）在内的成型车间设备一次性卖给简广，但经双方当事人认可以及江西省宜春市中级人民法院关于本专利权属纠纷的生效判决查明，双方在签署上述转让合同的同时，还签订了一份“员工聘用合同”，熊禄生受聘在简氏公司的企业中从事生产和技术管理工作。显然上述的转让合同具有特定的前提和背景，即本专利产品的转让方和受让方是基于合作或者聘用关系而达成转让本专利产品的约定的，转让之后，双方形成一个利益共同体。因此，就目前的证据来看，上述转让行为以及简氏公司企业内部的使用行为还不足以推定出本专利的技术方案处于一个他人通过类似的形式也能够得知的状态。另外，双方当事人都是从事紫砂陶瓷产品生产的企业或个人，所转让的“石膏脱模托板”并不是生产出来用来销售的终端产品，而是在企业内部用于生产紫砂陶瓷的设备，因此，从这个意义上来说，目前的证据也不能证明企业内部的使用以及紫砂陶瓷的销售使得本专利的技术方案处于一个公众想得知就能得知的状态存在。简氏公司所提出的本专利因熊禄生在申请日前的销售行为而导致公众可以得知的主张不予支持。简氏公司的附件1-3并不足以证明本专利的产品由于在申请日之前使用、销售而为公众所得知，因此其据以提出的本专利不具备新颖性的主张专利复审委员会不予支持。

简氏公司在本案一审诉讼程序中提交了以下证据：（1）富来国际有限公司与熊禄生签订的《员工聘用合同书》，熊禄生受聘在简氏公司的企业中从事生产和技术管理工作；（2）简氏公司与熊禄生签订的《技术保密合同》，约定熊禄生保证不向第三方泄露该公司的技术资料（配方、图纸、操作工艺），不携带公司的技术数据、图纸出厂；（3）简氏公司《规章制度》；（4）2004年2月18日签订的《关于组建中外合资高安市简氏紫砂科技发展有限公司合同》及公司章程，该合同甲方为佛山市顺德区简氏家用电器厂，乙方为富来国际有限公司，丙方为熊禄生，其中约定丙方熊禄生以机械设备折价100万元作为其出资，该合同未实际履行。

以上事实有本专利文件、第10650号决定、“陶瓷生产设备转让合同书”、《员工聘用合同书》、《技术保密合同》、简氏公司《规章制度》、《关于组建中外合资高安市简氏紫砂科技发展有限公司合同》、公司章程及当事人陈述等证据在案证明。

本院认为，本案争议的焦点是：依据“陶瓷生产设备转让合同书”，简氏公司和熊禄生之间转让本专利产品的事实以及简氏公司的使用行为是否导致本专利因使用公开而丧失新颖性。

根据专利法的规定，实用新型的新颖性是指在申请日以前没有同样的实用新型在国内外出版物上公开发表过、在国内公开使用过或者以其他方式为公众所知，也没有同样的实用新型由他人向国务院专利行政部门提出过申请并且记载在申请日以后公布的专利申请文件中。《审查指南》规定，使用公开包括由于制造、使用、销售、进口、交换、馈赠、演示、展出等方式而导致技术方案处于公众想得知就能够得知的状态，而不取决于是否有公众得知。

本案中，简氏公司与熊禄生签订的是陶瓷生产设备转让合同，熊禄生交付的标的物是生产设备，其中包括本专利产品，简氏公司取得的是物的所有权，没有因此获得相关的技术秘密，熊禄生也并未明确向简氏公司提出就转让的设备所涉及的技术秘密予以保密的要求，简氏公司也就无从知晓哪些生产设备属于技术秘密，更无为熊禄生保守技术秘密的义务。熊禄生提出《关于组建中外合资高安市简氏紫砂科技发展有限公司合同》及公司章程可以证明与简氏公司存在合作关系，但是该合同及章程未实际履行，熊禄生没有成为公司的股东，熊禄生转让生产设备不是基于合作关系，因此，生产设备的买受方不是特定的主体。熊禄生虽与简氏公司签订《员工聘用合同书》及《技术保密合同》，但其中涉及技术秘密的条款是指配方、图纸、工艺流程，并无要求简氏公司保守本专利秘密的条款，故简氏公司对此并不负有明示或默示的保密义务。根据江西省高安市公证处（2006）高证字第1724号公证书载明的事实可以看出，简氏公司的任何员工均可轻易接触到本专利产品，本专利的技术特征并不复杂，对于本领域技术人员而言轻易就能掌握，故本专利技术方案已处于公众想得知就能够得知的状态，构成使用公开，不符合《专利法》第二十二条第二款的规定，不具备新颖性。

综上所述，专利复审委员会、熊禄生的上诉理由缺乏事实和法律依据，不能成立，其上诉请求本院不予支持。原审判决认定事实清楚、适用法律正确。依照《中华人民共和国行政诉讼法》第六十一条第（一）项之规定，判决如下：

驳回上诉，维持原判。

一审案件受理费100元，由国家知识产权局专利复审委员会负担（于本判决生效之日起7日内交纳）。二审案件受理费100元，由国家知识产权局专利复审委员会负担50元（已交纳），由熊禄生负担50元（已交纳）。

本判决为终审判决。

审 判 长 刘 辉
代理审判员 岑宏宇
代理审判员 焦 彦
二○○八年十二月十七日
书 记 员 陈 明
书 记 员 迟雅娜

200

# 喷雾推进通风冷却塔

## 无效宣告请求审查决定（第 10670 号）

**决　定　号** 第 10670 号
**决　定　日** 2007 年 11 月 7 日
**发明创造名称** 喷雾推进通风冷却塔
**国际分类号** F28C 1/02
**无效宣告请求人** 江苏武南玻璃钢有限公司
**专　利　权　人** 北京科亚达新材料有限公司
**专　利　号** 90106174. 3
**申　请　日** 1990 年 11 月 9 日
**授权公告日** 1997 年 5 月 21 日
**合议组组长** 魏屹
**主　审　员** 郭建强
**参　审　员** 王　博

**法　律　依　据** 专利法第 26 条第 3 款，专利法实施细则第 20 条第 1 款、第 21 条第 2 款
**决　定　要　点**

如果本专利说明书中所引证的中国专利文件的公开日不晚于本专利的公开日，则认为本专利说明书中记载了所引证文件中的内容。

### 一、案由

本无效宣告请求涉及中华人民共和国国家知识产权局于 1997 年 5 月 21 日授权公告的、名称为“喷雾推进通风冷却塔”的发明专利权（以下简称本专利），其专利号是 90106174. 3，申请日是 1990 年 11 月 9 日，专利权人经变更，现为北京科亚达新材料有限公司。本专利授权公告时的权利要求书如下：

“1. 一种喷雾推进通风冷却塔，具有进水总管 1，进水支管或进水管 1，出水管 2，集水盘 3，通风口 8，塔体 6，收水器 7，挡水圈 4、出风口 9，其特征是在塔体 6 内设置一个以上（含一个）的喷雾推进雾化装置 5。

2. 按权利要求 1 所述冷却塔，其特征是设置多个喷雾推进雾化装置 5 时，布置为多层，各层放置的喷雾推进雾化装置 5 时，各层放置的喷雾推进雾化装置 5 均为向上喷雾，最上一层采用向上或向下喷雾。

3. 按权利要求 1 所述的冷却塔，其特征是塔体 6 从下至上可为收敛-扩张风筒，其风筒外形为圆

锥形61、双曲线形、圆柱形62、多面形63。

4. 按权利要求1所述冷却塔，其特征是进水总管10，进水支管或进水管1和出水管2布置于塔体6下部；每个进水支管1上装一个喷雾推进雾化装置5；集水盘3装在底部；上部出风口8附近的喉管64处设收水器7；进风口8开在塔体下部侧面，其该处内壁设挡水圈4。”

针对本专利权，江苏武南玻璃钢有限公司（以下简称请求人）于2006年12月14日向专利复审委员会提出无效宣告请求，认为本专利不符合专利法第26条第3款、专利法实施细则第20条第1款、第21条第2款的规定，请求宣告本专利全部无效，请求人同时提交了如下附件：

附件1：本专利的专利说明书授权文本，共5页。

请求人认为：（1）针对本专利权利要求1中的“喷雾推进雾化装置5”，说明书中仅在第2栏第3自然段第5行引用了申请号为90106170.0的中国专利文件（申请日为1990年11月2日）进行说明，没有就“喷雾推进雾化装置5”的结构进行详细描述，而该专利文件的公开日为1992年5月13日，在本专利申请日1990年11月9日之后，不是现有技术，导致本领域技术人员不知道“喷雾推进雾化装置5”的技术方案，因此本专利权利要求1~4的技术方案不清楚，同时无法实现，不符合专利法实施细则第20条第1款和专利法第26条第3款的规定。（2）权利要求1中仅记载了一系列的部件，缺少它们之间相对位置和连接关系的技术特征，即缺少解决其技术问题的必要技术特征，不符合专利法实施细则第21条第2款的规定。

请求人于2007年1月15日向专利复审委员会提交了意见陈述书，并补充了无效宣告的理由和证据，其中补充的证据为：

附件2：公开日为1992年5月13日、公开号为CN1060979A（专利申请号为90106170.0）的中国发明专利申请公开说明书，共8页；

附件3：授权公告日为1994年7月20日、授权公告号为CN1025480C（专利号为90106170.0）的中国发明专利说明书，共4页；

附件4：请求人称国家知识产权局针对90106170.0号发明专利申请的第一次审查意见通知书复印件，共2页。

请求人认为：从本专利说明书中，本领域技术人员无法清楚了解装置5的结构，因此无法根据说明书实现本专利。

经形式审查合格，专利复审委员会依法受理了上述无效宣告请求，并于2007年3月20日向请求人和专利权人发出无效宣告请求受理通知书，同时将专利权无效宣告请求书及其附件清单中所列附件的副本、请求人于2007年1月15日提交的意见陈述书及其附件清单中所列附件的副本转送给专利权人，并要求专利权人在指定的期限内陈述意见。

针对专利复审委员会发出的上述无效宣告请求受理通知书，专利权人逾期未答复。

专利复审委员会依法成立合议组。

本案合议组于2007年6月1日向双方发出无效宣告请求口头审理通知书，定于2007年7月12日在专利复审委员会举行口头审理。

口头审理如期举行，请求人参加了口头审理，专利权人未出席。

在口头审理中，（1）请求人坚持其关于本专利权利要求1~4不符合专利法第26条第3款、专利法实施细则第20条第1款、第21条第2款的规定的无效理由。（2）请求人认为本专利权利要求1中的“喷雾推进雾化装置5”就是指引证文件中的“喷雾推进雾化装置”，本专利申请日前的现有技术中没有该装置，本专利要解决的技术问题即如本专利说明书中第2栏所述的现有喷射式冷却塔存在的三个问题，只有利用引证文件中的“喷雾推进雾化装置”才能解决上述问题。

至此，合议组认为本案事实已经清楚，可以作出审查决定。

**二、决定的理由**

1. 关于专利法第 26 条第 3 款和专利法实施细则第 20 条第 1 款

专利法第 26 条第 3 款规定：说明书应当对发明或者实用新型作出清楚、完整的说明，以所属技术领域的技术人员能够实现为准。

专利法实施细则第 20 条第 1 款规定：权利要求书应当说明发明或者实用新型的技术特征，清楚、简要地表述请求保护的范围。

合议组经审查后认为：（1）本专利申请日前的现有喷射式冷却塔存在如下问题：①依靠喷雾流的引射作用抽风，从原理上讲达不到冷却所需要的数量级的气水比，降温有限，其效果不如现行通风冷却塔。②缺乏性能优良的低压，大流量大流道的雾化装置，喷雾效果好与不易堵塞这一对矛盾难以克服。③迄今所见的依靠水轮机叶片推动风扇旋转的抽风机构因推力有限，结构不尽合理，难以达到理想的风量。鉴于以上情况至今未见到喷射式冷却塔占领市场和在生产中推广应用。因此，本专利的目的是提供一种新型冷却塔，在已有采用多次引射旋流雾化喷头去填料喷雾冷却已取得显著效果的基础上，进一步去掉风机而又不使风量减小，能耗增大，设备增多，并能进一步提高循环水的冷却效果。而要达到上述的发明目的并解决上述的技术问题，必须要利用到“喷雾推进雾化装置”。因此附件 2（即本专利说明书中引证的中国专利文件）中的关于“喷雾推进雾化装置”的具体内容是本领域技术人员实现本专利所必不可少的内容。（2）本专利说明书中虽然没有直接地记载关于“喷雾推进雾化装置”的具体内容，但是由于其采用了引证另一篇中国专利文件（申请号为 90106170.0，即附件 2）的撰写方式，且引证的中国专利文件满足公开日（1992 年 5 月 13 日）不晚于本专利的公开日（1992 年 5 月 20 日）的要求，根据审查指南第二部分第二章第 2.2.3 节中对引证文件的相关规定：“所引证的中国专利文件的公开日不能晚于本申请的公开日……如果引证文件满足上述要求，则认为本申请说明书中记载了所引证文件中的内容”，因此，关于“喷雾推进雾化装置”的具体内容是本领域技术人员在阅读完本专利说明书之后可以从引证文件（即附件 2）中直接、唯一地得出的内容。综上所述，本领域技术人员按照本专利说明书记载的内容，能够实现本专利的技术方案，解决其技术问题，并且产生预期的技术效果，因此本专利说明书对权利要求 1~4 的技术方案作出了清楚、完整的说明，符合专利法第 26 条第 3 款有关说明书应该充分公开发明的规定。

同理，由于本领域技术人员可以直接、唯一地得出“喷雾推进雾化装置 5”的内容，因此本专利权利要求 1~4 的技术方案清楚，符合专利法实施细则第 20 条第 1 款的规定。

2. 关于专利法实施细则第 21 条第 2 款

专利法实施细则第 21 条第 2 款规定：独立权利要求应当从整体上反映发明或者实用新型的技术方案，记载解决技术问题的必要技术特征。

必要技术特征是指，发明或者实用新型为解决其技术问题所不可缺少的技术特征，其总和足以构成发明或者实用新型的技术方案，使之区别于背景技术中所述的其他技术方案。

合议组经审查认为：本专利权利要求 1 要求保护一种喷雾推进通风冷却塔，其要解决的技术问题或发明目的是提供一种新型冷却塔，在已有采用多次引射旋流雾化喷头去填料喷雾冷却已取得显著效果的基础上，进一步去掉风机而又不使风量减小，能耗增大，设备增多，并能进一步提高循环水的冷却效果。权利要求 1 中已经记载了进水总管 1，进水支管或进水管 1，出水管 2，集水盘 3，通风口 8，塔体 6，收水器 7，挡水圈 4、出风口 9，以及塔体 6 内设置一个以上（含一个）的喷雾推进雾化装置 5 的技术特征，其总和足以构成本发明的技术方案，使之区别于背景技术中所述的其他冷却塔。至于请求人所述的前序部分中各部件之间相对位置和连接关系的技术特征，并不是解决本发明所称的技术问题的必要技术特征，因此本专利权利要求 1 符合专利法实施细则第 21 条第 2 款的规定。

根据上述的事实和理由，本案合议组依法作出以下决定。

**三、决定**

维持 90106174. 3 号发明专利权有效。

当事人对本决定不服的，可以根据专利法第 46 条第 2 款的规定，自收到本决定之日起 3 个月内向北京市第一中级人民法院起诉。根据该款的规定，一方当事人起诉后，另一方当事人应当作为第三人参加诉讼。

201

# 尖锥头牙刷刷丝

## 无效宣告请求审查决定（第 10672 号）

**决　定　号**　第 10672 号
**决　定　日**　2007 年 10 月 22 日
**发明创造名称**　尖锥头牙刷刷丝
**国际分类号**　A46D 1/00
**无效宣告请求人**　无锡市兴达尼龙有限公司
**专 利 权 人**　杨里江
**专　利　号**　200520076279.8
**申　请　日**　2005 年 10 月 10 日
**授权公告日**　2006 年 10 月 11 日
**合议组组长**　高　栋
**主　审　员**　毕艳红
**参　审　员**　李玲玲

**法律依据**　专利法第 22 条第 2 款
**决定要点**
在申请日以前有同样的发明或者实用新型在国内外出版物上公开发表过，则被审查的发明或者实用新型专利不具备新颖性。

### 一、案由

本无效宣告请求涉及国家知识产权局于 2006 年 10 月 11 日授权公告、申请号为 200520076279.8、名称为“尖锥头牙刷刷丝”的实用新型专利（下称本专利），其申请日是 2005 年 10 月 10 日，专利权人是杨里江。其授权公告的权利要求书如下：

“1. 一种尖锥头牙刷刷丝，由合成材料制成，其特征在于：所述的刷丝（1）在其端部形成一种尖锥形（2）。

2. 根据权利要求 1 所述的一种尖锥头牙刷刷丝，其特征在于：所述的刷丝（1）在其一端或两端形成一种尖锥形（2）。”

针对上述专利权，无锡市兴达尼龙有限公司（下称请求人）于 2007 年 5 月 31 日向国家知识产权局专利复审委员会提出无效宣告请求，其无效理由为本专利不符合专利法第 22 条第 2 款、第 3 款的规定。请求人提交了如下附件作为证据：

附件 1：CN2669689Y 号中国实用新型专利说明书全文复印件，授权公告日为 2005 年 1 月 12 日

（下称对比文件1）。

具体无效理由如下：对比文件1已全部披露了本专利权利要求1、2的技术特征，权利要求1、2相对于对比文件1不具备新颖性、更不具备创造性，请求专利复审委员会宣告本专利全部无效。

经形式审查合格，专利复审委员会受理了上述无效宣告请求，并于2007年7月3日向双方当事人发出无效宣告请求受理通知书，同时将请求人提交的无效宣告请求书及其附件清单中所列附件的副本转寄给专利权人，并要求其在收到本通知书之日起一个月内陈述意见。

针对上述无效宣告请求受理通知书，专利权人未在指定期限内提交意见陈述书。

在上述工作的基础上，合议组认为本案事实已经清楚，可以依法作出审查决定。

**二、决定的理由**

1. 关于证据

对比文件1是在本专利申请日之前公开的中国专利文献，合议组经核实认可其真实性，因此对比文件1可作为本案的现有技术的证据使用。

2. 关于专利法第22条第2款

专利法第22条第2款规定：新颖性，是指在申请日以前没有同样的发明或者实用新型在国内外出版物上公开发表过、在国内公开使用过或者以其他方式为公众所知，也没有同样的发明或者实用新型由他人向国务院专利行政部门提出过申请并且记载在申请日以后公布的专利申请文件中。

审查指南第二部分第三章第3.1节对同样的发明或实用新型规定如下：采用单独对比原则，如果一项发明或实用新型专利申请与现有技术或申请在先公开在后的发明或者实用新型的相关内容相比，如果其技术领域、所解决的技术问题、技术方案和预期效果实质上相同，则认为两者为同样的发明或者实用新型。

审查指南第二部分第三章第3.2.2节对具体（下位）概念与一般（上位）概念的规定如下：如果要求保护的发明或者实用新型与对比文件相比，其区别仅在于前者采用一般（上位）概念，而后者采用具体（下位）概念限定同类性质的技术特征，则具体（下位）概念的公开使采用一般（上位）概念限定的发明或者实用新型丧失新颖性。例如，对比文件公开某产品是“用铜制成的“，就使“用金属制成的”同类产品的发明或者实用新型丧失新颖性。

（1）权利要求1请求保护一种尖锥头牙刷刷丝，由合成材料制成，所述刷丝在其端部形成一种尖锥形。

对比文件1（参见其权利要求1、2，说明书第1页第21~24行，附图1、2）也公开了一种可以用于包括牙刷的尖头刷丝，利用尼龙或聚酯或共聚尼龙或共聚聚酯制作，该刷丝的头部为锥体。

将权利要求1与对比文件1对比分析，首先，二者均涉及一种头部为锥体的尖头刷丝，二者均能够应用于牙刷，能够适用于相同的技术领域。

对二者的技术方案进行分析：根据本专利说明书第2页第10、11行的记载尖锥头牙刷刷丝“由合成材料如聚酯、尼龙等制成”可知，尼龙、聚酯、共聚尼龙及共聚聚酯均属于具体的合成材料，因此权利要求1中的刷丝使用的合成材料属于上位概念，而对比文件1中刷丝所使用的尼龙等具体的合成材料相对其构成了下位概念；对比文件1中的“尖头刷丝”及其“头部为锥体”对应于权利要求1中的“尖锥头牙刷刷丝”及“刷丝端部形成一种尖锥形”。通过以上分析可见，权利要求1与对比文件1相比，其区别仅在于前者采用一般（上位）概念，而后者采用具体（下位）概念限定同类性质的技术特征，根据审查指南第二部分第三章第3.2.2节的上述规定，对比文件1具体（下位）概念的公开使采用一般（上位）概念限定的本实用新型专利丧失新颖性。

现有技术中的平头刷丝比较细、刚度比较差、头部平坦不容易清除积存在牙齿之间、牙与牙龈的交界处的牙垢，权利要求 1 与对比文件 1 使用具有耐磨、机械强度高、弯曲回弹率高的合成材料制作的尖头刷丝，可以解决上述技术问题，取得有效清洁口腔的技术效果，也就是说二者能够解决相同的技术问题，具有相同的预期效果。

综上，权利要求 1 与对比文件 1 的技术领域、所解决的技术问题、技术方案和预期效果实质上相同，根据审查指南第二部分第三章第 3.1 节的规定，二者属于同样的发明创造，即权利要求 1 相对于对比文件 1 不具备专利法第 22 条第 2 款规定的新颖性。

（2）权利要求 2 引用权利要求 1，其附加技术特征为"所述刷丝（1）在其一端或两端形成一种尖锥形（2）"，上述附加技术特征已在对比文件 1（参见其说明书第 1 页第 24 行，附图 1、2）公开如下："刷丝的两端头部或一端头部为锥体"，因此在其所引用的权利要求 1 相对于对比文件 1 不具备新颖性的情况下，权利要求 2 相对于对比文件 1 也不具备专利法第 22 条第 2 款规定的新颖性。

综上所述，本专利全部权利要求相对于对比文件 1 不符合专利法第 22 条第 2 款的规定。

鉴于本专利全部权利要求不具备新颖性，合议组在此对创造性的无效宣告请求理由不再予以评述。

**三、决定**

宣告 200520076279.8 号实用新型专利权全部无效。

当事人对本决定不服的，可以根据专利法第 46 条第 2 款的规定，自收到本决定之日起 3 个月内向北京市第一中级人民法院起诉。根据该款的规定，一方当事人起诉后，另一方当事人应当作为第三人参加诉讼。

202

# 用于门锁快速锁闭、开启的联动机构

## 无效宣告请求审查决定（第 10725 号）

**决　　定　　号**　第 10725 号
**决　　定　　日**　2007 年 12 月 5 日
**发明创造名称**　用于门锁快速锁闭、开启的联动机构
**国 际 分 类 号**　E05B 65/10
**无效宣告请求人**　浙江保德安锁业有限公司
**专 利 权 人**　应　赤
**专　　利　　号**　200420121781.1
**申　　请　　日**　2004 年 12 月 9 日
**授 权 公 告 日**　2006 年 1 月 4 日
**合 议 组 组 长**　欧　岚
**主　　审　　员**　姜　岩
**参　　审　　员**　王　森

**法 律 依 据**　专利法实施细则第 21 条第 2 款
**决 定 要 点**

必要技术特征是指，发明或者实用新型为解决其技术问题所不可缺少的技术特征，其总和足以构成发明或者实用新型的技术方案，使之区别于背景技术中所述的其他技术方案。如果本领域普通技术人员根据独立权利要求记载的技术内容，可以解决该发明所要解决的技术问题，那么就应当认为该独立权利要求记载了解决技术问题的必要技术特征。反之，则认为该独立权利要求缺乏解决技术问题的必要技术特征。

### 一、案由

本无效宣告请求涉及中华人民共和国国家知识产权局于 2006 年 1 月 4 日授权公告的、名称为“用于门锁快速锁闭、开启的联动机构”的实用新型专利权（以下简称本专利），其专利号 200420121781.1，申请日是 2004 年 12 月 9 日，专利权人是应赤。本专利授权公告时的权利要求书如下：

“1. 一种用于门锁快速锁闭、开启的联动机构，其特征在于该联动机构包括锁栓拨杆（1）、斜舌（2）、单向转块（3）、双向转块（4）、斜舌拨叉（5）、止退片扭簧（6）、止退片（7）、拖板（8）、扭簧（9）、叉拨片（10）、叉拨片簧（11）、拖板拨叉（12）及止退片拨叉（13），其中，由双向转块（4）、斜舌拨叉（5）、拖板拨叉（12）、止退片拨叉（13）、止退片（7）、锁栓拨杆（1）及拖板

（8）组成快速开启装置，由止退片（7）、拖板（8）、拖板拨叉（12）、止退片拨叉（13）、单向转块（3）、双向转快（4）、叉拨片（10）及叉拨片簧（11）组成快速锁闭装置，由叉拨片（10）、止退片（7）、拖板（8）组成防撬装置。

2. 根据权利要求1所述的用于门锁快速锁闭、开启的联动机构，其特征在于锁栓拨杆（1）安装在锁盒内，叉拨片（10）安在锁盒内，使锁盒内固定柱穿过叉拨片（10）的腰形槽；叉拨片簧（11）套在锁盒上的一固定柱上，叉拨片簧（11）一端抵在锁盒壁上，另一端抵在叉拨片（10）上的弹簧卡口上，拖板拨叉（12）插在U型止退片拨叉（13）中间，通过锁盒上的定位柱铰链在锁盒上；扭簧（9）的一端铰链在拖板拨叉（12）的顶部，另一端铰链在止退片（7）的导向柱上；拖板（8）压在拖板拨叉（12）上，其中，拖板（8）上的拖板柱分别穿过拖板拨叉（12）上的腰型孔、锁盒上的腰形槽；止退片（7）按在拖板（8）上，其中拖板柱穿过止退片（7）的齿槽，同时二止退片导向柱插入在止退片（7）上的二腰形槽内；止退片扭簧（6）的一端抵在锁盒上，另一端钩在止退片（7）上；斜舌拨叉（5）、双向转块（4）、单向转块（3）依次安装在锁盒上的凸形圆孔中。”

针对本专利权，浙江保德安锁业有限公司（以下简称请求人）于2007年7月19日向专利复审委员会提出无效宣告请求，认为本专利不符合专利法第22条第2款及专利法实施细则第21条第2款的规定，请求人同时提交了如下附件：

附件1：授权公告日为2005年8月10日，授权公告号为CN2716440Y（专利号为200420037265.0）的中国实用新型专利说明书，共10页；

附件2：授权公告日为2005年5月4日、授权公告号为CN2697241Y（专利号为200420022547.3）的中国实用新型专利说明书，共13页。

请求人认为：（1）附件1或附件2公开了权利要求1的技术特征，因此权利要求1不具备专利法第22条第2款规定的新颖性。（2）权利要求1中仅罗列了该联动机构的一些零件名称，而没有对这些构成零件的形状、安装位置及其相互连接关系和运动关系作出任何限定，缺少上述限定的权利要求1不符合专利法实施细则第21条第2款的规定。同样，权利要求2中也缺少零件之间的相互运动关系，也不能保证实现本专利门锁快速锁闭和快速开启的联动功能，因而权利要求2也不符合专利法实施细则第21条第2款的规定。

经形式审查合格，专利复审委员会依法受理了上述无效宣告请求，并于2007年7月19日向请求人和专利权人发出无效宣告请求受理通知书，同时将专利权无效宣告请求书及其附件清单中所列附件的副本转送给专利权人，并要求专利权人在指定的期限内陈述意见。

请求人于2007年8月17日向专利复审委员会提交了意见陈述书，并补充了无效宣告的理由和证据，其中补充的证据为：

附件3：2004年11月18日由甲方浙江星月门业有限公司与乙方请求人签订的供销协议复印件，共2页；

附件4：编号为02321609、02321610和02321611浙江增值税专用发票复印件，共3页；

附件5：浙江星月门业有限公司出具的证明复印件，1页；

附件6：编号06448074浙江增值税专用发票复印件，1页；

附件7：由台州市海德堡印刷有限公司和台州市路桥横街信用彩印厂出具的证明以及上述两单位的营业执照复印件，共3页。

请求人认为：与本专利相同的产品在本专利申请日之前已经公开销售，因此本专利不符合专利法第22条第2款有关新颖性的规定。

针对专利复审委员会发出的上述无效宣告请求受理通知书，专利权人于 2007 年 9 月 3 日提交了意见陈述书和本专利的实用新型专利检索报告复印件。

专利权人认为：（1）附件 1 并未公开本专利权利要求 1 中的“锁栓拨杆、止退片扭簧、叉拨片簧”等；附件 2 中未公开本专利权利要求 1 中的“扭簧、叉拨片、叉拨片簧”等，因此，附件 1、2 均未公开本专利权利要求 1 中的全部技术特征，权利要求 1 符合专利法第 22 条第 2 款规定的新颖性。（2）本专利权利要求 1 已经记载了解决技术问题的全部技术特征，说明书中的描述能够帮助本领域技术人员更好地理解权利要求 1。因此，权利要求 1 符合专利法实施细则第 21 条第 2 款的规定。本权利要求 2 是从属权利要求，不适用专利法实施细则第 21 条第 2 款。

专利复审委员会依法成立合议组对本案进行审理，本案合议组于 2007 年 9 月 27 日向双方发出无效宣告请求口头审理通知书，定于 2007 年 11 月 13 日在专利复审委员会举行口头审理。随同口头审理通知书，将请求人于 2007 年 8 月 17 日提交的意见陈述书及其附件清单中所列附件的副本转送给专利权人，将专利权人于 2007 年 9 月 3 日提交的意见陈述书及其附件清单中所列附件的副本转送给请求人。

口头审理如期举行，双方当事人均参加了口头审理。在口头审理中，双方对对方出席人员的身份和资格没有异议，对变更后的合议组组长欧岚、主审员姜岩、参审员王森没有回避请求。专利权人没有提交权利要求书的修改文本，本次口头审理的文本是本专利授权公告时的权利要求书。请求人明确其无效的理由、范围以及证据的使用情况为：权利要求 1、2 不符合专利法实施细则第 21 条第 2 款的规定。请求人当庭放弃专利法第 22 条第 2 款的无效理由及所使用的所有附件。

至此，合议组认为本案事实已经清楚，可以作出审查决定。

**二、决定的理由**

关于专利法实施细则第 21 条第 2 款。

专利法实施细则第 21 条第 2 款规定：独立权利要求应当从整体上反映发明或者实用新型的技术方案，记载解决技术问题的必要技术特征。

必要技术特征是指，发明或者实用新型为解决其技术问题所不可缺少的技术特征，其总和足以构成发明或者实用新型的技术方案，使之区别于背景技术中所述的其他技术方案。如果本领域普通技术人员根据独立权利要求记载的技术内容，可以解决该发明所要解决的技术问题，那么就应当认为该独立权利要求记载了解决技术问题的必要技术特征。反之，则认为该独立权利要求缺乏解决技术问题的必要技术特征。

本案中，根据说明书记载的要解决的技术问题是：相对于现有的防盗门锁在锁闭或开启时均需要用钥匙插入门锁锁芯的钥匙孔内进行转动才能实现门锁的锁闭或开启的弊端，提供一种用于门锁快速锁闭、开启的联动结构，该机构可使门锁快速锁闭和快速开启及防撬。

本专利权利要求 1 中仅仅罗列了构成该联动机构的各零件名称，而没有对实现门锁快速锁闭和开启功能的“锁栓拨杆，单向转块，双向转块，叉拨片，叉拨片簧，拖板拨叉，止退片拨叉”等零件所起作用及其相互连接关系或者运动关系作出必要的限定，因此仅根据上述零件名称，本领域的技术人员无法确定它们的位置，以及它们与锁内其他部件的连接关系，更无从知晓它们与其他部件之间如何配合来实现快速锁闭及开启。因此，权利要求 1 不能从整体上反映实用新型的技术方案，至少缺乏上述必要技术特征，不符合专利法实施细则第 21 条第 2 款的规定。

虽然专利权人声称“锁栓拨杆，单向转块，双向转块，叉拨片，叉拨片簧，拖板拨叉，止退片拨叉”这 7 个零件是本领域技术人员公知的，通过名称就可以得知结构和功能，因此不缺少技术特征。但缺少证据来证明上述零件是公知的，而且即使上述零件的结构和功能是公知的，那么权利要求

1 中也缺少为实现本实用新型特定的发明目的的各零部件之间的位置关系及相互作用关系。因此合议组对专利权人的主张不予支持。

如上所述，权利要求 1 缺乏必要技术特征，不符合专利法实施细则第 21 条第 2 款的规定，因此权利要求 1 应当被宣告无效。权利要求 2 从属于权利要求 1，在权利要求 1 被宣告无效的情况下，权利要求 2 将成为独立权利要求。而权利要求 2 虽然是在权利要求 1 的基础上对一些零件的安装位置作出了进一步限定，但是仍然存在前述权利要求 1 所存在的缺陷，根据权利要求 2 的限定，本领域的技术人员仍无法确定联动机构中各零件是如何相互配合实现门锁快速锁闭及开启的功能的，因此权利要求 2 仍然不能从整体上反映实用新型的技术方案，未记载解决技术问题的必要技术特征，不符合专利法实施细则第 21 条第 2 款的规定。

根据上述的事实和理由，本案合议组依法作出以下决定。

**三、决定**

宣告 200420121781. 1 号实用新型专利权全部无效。

当事人对本决定不服的，可以根据专利法第 46 条第 2 款的规定，自收到本决定之日起 3 个月内向北京市第一中级人民法院起诉。根据该款的规定，一方当事人起诉后，另一方当事人应当作为第三人参加诉讼。

## 北京市第一中级人民法院
## 行政判决书

（2008）一中行初字第 554 号

原告应赤，男，1958 年 3 月 18 日出生，汉族，浙江巨力工贸有限公司员工，住浙江省永康市东城街道胜利街 2 号华联商厦 708 室。

委托代理人朱黎光，北京金之桥知识产权代理有限公司专利代理人。

委托代理人林建军，北京金之桥知识产权代理有限公司专利代理人。

被告国家知识产权局专利复审委员会，住所地北京市海淀区北四环西路 9 号银谷大厦 10~12 层。

法定代表人廖涛，副主任。

委托代理人姜岩，国家知识产权局专利复审委员会审查员。

委托代理人瞿晓峰，国家知识产权局专利复审委员会审查员。

第三人浙江保德安锁业有限公司，住所地浙江省台州市路桥区金清镇文昌西路。

法定代表人罗保德，董事长。

委托代理人熊更新，广东鹏星律师事务所律师。

原告应赤不服被告国家知识产权局专利复审委员会（简称专利复审委员会）2007 年 12 月 5 日作出的第 10725 号无效宣告请求审查决定（简称第 10725 号决定），于法定期限内向本院提起诉讼。本院 2008 年 4 月 11 日受理本案后，依法组成合议庭，并按照法律有关规定通知浙江保德安锁业有限公司（简称保德安公司）作为第三人参加本案诉讼，于 2008 年 6 月 10 日公开开庭进行了审理。原告应赤的委托代理人朱黎光，被告专利复审委员会的委托代理人姜岩、瞿晓峰，第三人保德安公司的委托代理人熊更新到庭参加了诉讼。本案现已审理终结。

第 10725 号决定系专利复审委员会就保德安公司对应赤享有的名称为“用于门锁快速锁闭、开启的联动机构”的实用新型专利（简称本专利）所提出的无效宣告请求作出的。专利复审委员会在该决定中认定：（1）本专利权利要求1中仅仅罗列了构成该联动机构的各零件名称，而没有对实现门锁快速锁闭和开启功能的“锁栓拨杆，单向转块，双向转块，叉拨片，叉拨片簧，拖板拨叉，止退片拨叉”等零件所起作用及其相互连接关系或者运动关系作出必要的限定，因此仅根据上述零件名称，本领域的技术人员无法确定它们的位置，以及它们与锁内其他部件的连接关系，更无从知晓它们与其他部件之间如何配合来实现快速锁闭及开启。因此，权利要求1不能从整体上反映实用新型的技术方案，缺乏必要技术特征，不符合《中华人民共和国专利法实施细则》（简称《专利法实施细则》）第二十一条第二款的规定。虽然应赤声称“锁栓拨杆，单向转块，双向转块，叉拨片，叉拨片簧，拖板拨叉，止退片拨叉”这7个零件是本领域技术人员公知的，通过名称就可以得知结构和功能，因此不缺少技术特征。但缺少证据来证明上述零件是公知的，而且即使上述零件的结构和功能是公知的，那么权利要求1中也缺少为实现本实用新型特定的发明目的的各零部件之间的位置关系及相互作用关系。因此专利复审委员会对专利权人的主张不予支持。（2）权利要求2从属于权利要求1，在权利要求1被宣告无效的情况下，权利要求2将成为独立权利要求。而权利要求2虽然是在权利要求1的基础上对一些零件的安装位置作出了进一步限定，但是仍然存在前述权利要求1所存在的缺陷，根据权利要求2的限定，本领域的技术人员仍无法确定联动机构中各零件是如何相互配合实现门锁快速锁闭及开启的功能的，因此权利要求2仍然不能从整体上反映实用新型的技术方案，未记载解决技术问题的必要技术特征，不符合《专利法实施细则》第二十一条第二款的规定。基于上述理由，专利复审委员会作出第10725号决定，宣告本专利无效。

原告应赤不服，在法定期限内向本院提起行政诉讼。其诉称：（1）本专利权利要求书只要记载了解决其技术问题的所有技术特征，就符合《专利法实施细则》第二十一条第二款的规定，该条款并不涉及“本领域普通技术人员”这一主观要素。该要素应当属于《中华人民共和国专利法》（简称《专利法》）第二十六条第三款规定的内容。（2）本专利在权利要求书中记载了各部件的标号，结合说明书和附图中的对应的说明和图示可以解释权利要求书的各技术特征，并且这些技术特征能实现本发明的技术问题。本专利权利要求的技术方案表面看起来是由多个名称的零件组成，但是这些零件的名称已包含其功能、动作关系和连接关系，如锁栓拨杆、叉拨片簧、拖板拨叉、止退片拨叉等，所有这些特征均是采用形状、作用、动作和连接用词组合的名称，自然名称中就包含了形状、作用、动作和连接特征。并且这些名称的部件已足以实现涉案专利所要解决的技术问题。（3）权利要求2记载的各技术特征进一步对权利要求1的各技术特征进行限定，并给出了较优的选择或实现方式，应该说对各特征的描述是十分具体。（4）我认为《专利法实施细则》第二十一条第二款的无效理由举证责任在于保德安公司，只有保德安公司举证基于现权利要求记载的特征，在说明书和附图的解释下，仍无法实现本专利所要解决的技术问题，其请求才有可能成立。综上，专利复审委员会认定事实和适用法律均有错误，请求法院撤销第10725号决定。

被告专利复审委员会辩称：（1）关于《专利法实施细则》第二十一条第二款的判断主体。我委认为，在判断独立权利要求是否缺少技术特征时，必然涉及判断主体的问题，为了避免个人主观因素的影响，采用本领域的技术人员这一判断主体并不违反《专利法实施细则》第二十一条第二款的规定。（2）关于说明书和附图对权利要求的解释。我委认为，《专利法实施细则》第二十条第四款同时也规定了“附图标记不得解释为对权利要求保护范围的限制”。另外，应赤所谓的用说明书和附图解释权利要求实际上是在将用说明书及附图中记载或体现的技术特征重新限定到权利要求中，这种做法不符合《专利法》第五十六条的本意。（3）关于本专利权利要求中零件名称是否已经包含其功能、动作关系和连接关系。我委认为，权利要求中虽然列出了各零件名称，但本领域的技术人员根据零件名称无法确定其位置、与其他部件的连接关系以及与其他部件如何配合动作来实现其发明目的。(4)关于举证责任的分配。《审查指南》第四部分第八章2.1节中规定了“当事人对自己提出的无效宣告请求所依据的事实或者反驳对方无效宣告请求所依据的事实有责任提供证据加以证明。没有证据或者证据不足以证明当事人的事实主张的，由负有举证责任的当事人承担不利后果。”《审查指南》第四部分第三章4.3.1节中规定了“专利权人应当在专利复审委员会指定的答复期限内提交证据”，专利复审委员会在审查过程中并未禁止专利权人提交证据证明其主张，并且在无效宣告审查决定书中并未涉及这一内容。综上所述，专利复审委员会作出的第10725号决定认定事实清楚、适用法律法规正确、审理程序合法，请求法院维持第10725号决定。

第三人保德安公司述称：(1) 专利复审委员会采用“本领域普通技术人员”作为《专利法实施细则》第二十一条第二款的判断主体是正确的。(2) 本专利的权利要求中，仅仅罗列了构成该专利的部分零件名称，而没有对这些零件的形状、安装位置及其相互连接关系和运动关系等必要技术特征作出必要的限定。即本专利权利要求中缺少其必要的技术特征。(3) 应赤主张零件的名称已经包含其功能、动作关系和连接关系，没有法律依据，也不符合常理。(4) 按照本专利的权利要求书、说明书、附图去实施，根本无法实现本专利所要解决的技术问题。专利复审委员会作出的第10725号决定，认定事实清楚、适用法律正确、审理程序合法，请求法院维持第10725号决定。

本院经审理查明：

本案涉及的名称为“用于门锁快速锁闭、开启的联动机构”的实用新型专利（即本专利）由应赤于2004年12月9日向国家知识产权局提出申请，于2006年1月4日被授权公告，专利号为200420121781.1。本专利授权公告时的权利要求书如下：

“1. 一种用于门锁快速锁闭、开启的联动机构，其特征在于该联动机构包括锁栓拨杆 (1)、斜舌 (2)、单向转块 (3)、双向转块 (4)、斜舌拨叉 (5)、止退片扭簧 (6)、止退片 (7)、拖板 (8)、扭簧 (9)、叉拨片 (10)、叉拨片簧 (11)、拖板拨叉 (12) 及止退片拨叉 (13)，其中，由双向转块 (4)、斜舌拨叉 (5)、拖板拨叉 (12)、止退片拨叉 (13)、止退片 (7)、锁栓拨杆 (1) 及拖板 (8) 组成快速开启装置，由止退片 (7)、拖板 (8)、拖板拨叉 (12)、止退片拨叉 (13)、单向转块 (3)、双向转块 (4)、叉拨片 (10) 及叉拨片簧 (11) 组成快速锁闭装置，由叉拨片 (10)、止退片 (7)、拖板 (8) 组成防撬装置。

2. 根据权利要求1所述的用于门锁快速锁闭、开启的联动机构，其特征在于锁栓拨杆 (1) 安装在锁盒内，叉拨片 (10) 安在锁盒内，使锁盒内固定柱穿过叉拨片 (10) 的腰形槽；叉拨片簧 (11) 套在锁盒上的一固定柱上，叉拨片簧 (11) 一端抵在锁盒壁上，另一端抵在叉拨片 (10) 上的弹簧卡口上，拖板拨叉 (12) 插在U型止退片拨叉 (13) 中间，通过锁盒上的定位柱铰链在锁盒上；扭簧 (9) 的一端铰链在拖板拨叉 (12) 的顶部，另一端铰链在止退片 (7) 的导向柱上；拖板 (8) 压在拖板拨叉 (12) 上，其中，拖板 (8) 上的拖板柱分别穿过拖板拨叉 (12) 上的腰型孔、锁盒上的腰形槽；止退片 (7) 按在拖板 (8) 上，其中拖板柱穿过止退片 (7) 的齿槽，同时二止退片导向柱插入在止退片 (7) 上的二腰形槽内；止退片扭簧 (6) 的一端抵在锁盒上，另一端钩在止退片 (7) 上；斜舌拨叉 (5)、双向转块 (4)、单向转块 (3) 依次安装在锁盒上的凸形圆孔中。”

保德安公司针对本专利于2007年7月19日向专利复审委员会提出了无效宣告请求，在口头审理过程中确定其无效理由是本专利权利要求书不符合《专利法实施细则》第二十一条第二款的规定。

经查，本专利说明书载明，本实用新型针对现有的防盗门锁所存在的锁闭或开启时，均需用钥匙插入门锁锁芯上的钥匙孔内进行转动才能实现门锁的锁闭或开启的弊端，提出一种用于门锁快速锁闭、开启的联动机构，该机构可使门锁快速锁闭和快速开启。

快速开启装置由斜舌拨叉、双向转块、止退片拨叉、拖板拨叉、止退片、锁栓拨杆及拖板组成。当联动机构完全锁闭时，在室内转动执手（按顺时针方向）使双向转块旋转，这时双向转块带动止退片拨叉转动，把止退片向下拉，使之失去止退功能。当转块继续运动时，双向转块在带动止退片拨叉转动的同时还带动：（1）拖板拨叉转动将拖板平移，使主锁舌缩回；（2）斜舌拨叉转动，将斜舌平移，使斜舌回缩；（3）锁栓拨叉向下移动，从而带动锁栓回缩，从而完成紧急开启功能。

快速锁闭装置由止退片、拖板、止退片拨叉、拖板拨叉、双向转块、单向转块、拨叉片、拨叉片簧组成。当主锁舌处在开启状态时，在室内（或室外）转动执手使转块旋转，这时双向转块（或单向转块）的一个叉直接拨动叉拨片上的拨片，并在叉拨片簧的作用下，通过叉拨片的凸部拨动止退片的钩部，迫使止退片向下移动，使之失去止退功能；继续旋转，在一个叉继续通过叉拨止退片向下移动的同时，另一个叉拨动拖板拨叉转动从而带动拖板平移，使主锁舌伸出，从而在室内（或室外）完成快速锁闭功能。

防撬装置由叉拨片、止退片、拖板组成。当主锁舌锁闭过程中，拖板上的拖板柱拨动叉拨片上的一叉，使叉拨片产生偏转；当主锁舌完成锁闭时，叉拨片上的拨片脱离双向转块（或单向转块）的作用范围，使之失去拨动止退片的作用，从而达到防撬功能。当主锁舌开启过程中，拖板上的拖板柱拨动叉拨片上的另一叉，使叉拨片产生偏转；当主锁舌开启状态时，叉拨片又恢复它的功能。

以上事实有本专利授权公告文本、当事人陈述等证据在案佐证。

本院认为：

《专利法实施细则》第二十一条第二款规定，独立权利要求应当从整体上反映发明或者实用新型的技术方案，记载解决技术问题的必要技术特征。《审查指南》第二部分第三章 3.1.2 节规定，必要技术特征是指，发明或者实用新型为解决其技术问题所不可缺少的技术特征，其总和足以构成发明或者实用新型的技术方案，使之区别于背景技术中所述的其他技术方案。判断某一技术特征是否为必要技术特征，应当从所要解决的技术问题出发并考虑说明书描述的解决技术问题的技术方案综合进行认定，不应当简单地将实施例中的技术特征直接认定为必要技术特征。

1. 关于本专利权利要求 1 是否符合《专利法实施细则》第二十一条第二款规定

本案中，根据说明书记载的要解决的技术问题是：相对于现有的防盗门锁在锁闭或开启时均需要用钥匙插入门锁锁芯的钥匙孔内进行转动才能实现门锁的锁闭或开启的弊端，提供一种用于门锁快速锁闭、开启的联动结构，该机构可使门锁快速锁闭和快速开启及防撬。本专利权利要求 1 中仅仅罗列了构成该联动机构的各零件名称，而没有对实现门锁快速锁闭和开启功能的“锁栓拨杆，单向转块，双向转块，叉拨片，叉拨片簧，拖板拨叉，止退片拨叉”等零件所起作用及其相互连接关系或者运动关系作出必要的限定，因此仅根据上述零件名称，本领域的技术人员无法确定它们的位置，以及它们与锁内其他部件的连接关系，更无从知晓它们与其他部件之间如何配合来实现快速锁闭及开启。因此，权利要求 1 不能从整体上反映实用新型的技术方案，缺乏必要技术特征，因此不符合《专利法实施细则》第二十一条第二款的规定。虽然应赤声称“锁栓拨杆，单向转块，双向转块，叉拨片，叉拨片簧，拖板拨叉，止退片拨叉”这 7 个零件是本领域技术人员公知的，通过名称就可以得知结构和功能，因此不缺少技术特征。应赤未提交证据来证明上述零件是公知的，而且即使上述零件的结构和功能是公知的，权利要求 1 中也缺少为实现本实用新型特定的发明目的的各零部件之间的位置关系及相互作用关系。因此本院对应赤的上述主张不予支持。

2. 关于本专利权利要求 2 是否符合《专利法实施细则》第二十一条第二款规定

根据本专利说明书的记载，实现锁的快速开启时，双向转块分别与止退片拨叉、斜舌拨叉、拖板拨叉和锁栓拨杆之间存在联动关系，因此上述部件之间的相互位置和连接关系应当是实现快速开启的必要技术特征。在实现锁的快速锁闭时，叉拨片分别与双向转块和止退片存在联动关系，因此三者之间的相互位置和连接关系也应当是实现快速开启的必要技术特征。而上述内容在本专利权利要求 2 中并没有得到体现。因此本院认为，权利要求 2 也不能从整体上反映本专利的技术方案，缺少解决本专利技术问题的必要技术特征，因此不符合《专利法实施细则》第二十一条第二款的规定。

综上，应赤关于本专利符合《专利法实施细则》第二十一条第二款规定的主张，缺乏事实和法律依据，本院不予支持。专利复审委员会作出的第 10725 号决定程序合法，证据充分，适用法律正确，应予维持。依照《中华人民共和国行政诉讼法》第五十四条第（一）项之规定，本院判决如下：

维持被告国家知识产权局专利复审委员会作出的第 10725 号无效宣告请求审查决定。

案件受理费 100 元，由原告应赤负担（已交纳）。

如不服本判决，各方当事人可于本判决书送达之日起 15 日内，向本院提交上诉状及其副本，并交纳上诉案件受理费 100 元，上诉于北京市高级人民法院。

审　判　长　仪　军

代理审判员　侯占恒

二〇〇九年三月二十日

书　记　员　王　溪

203

# 设有随机分布的单元标识体的防伪标识物

## 无效宣告请求审查决定（第10742号）

**决定号** 第10742号
**决定日** 2007年11月28日
**发明创造名称** 设有随机分布的单元标识体的防伪标识物
**国际分类号** G09F 3/02
**无效宣告请求人** 刘长生
**专利权人** 四川亚元防伪科技有限公司
**专利号** 00242237.9
**申请日** 2000年7月7日
**授权公告日** 2001年6月13日
**合议组组长** 蒋彤
**主审员** 刘路尧
**参审员** 武磊

**法律依据** 专利法第22条第2款、第3款
**决定要点**

在无效宣告程序中，请求人提出权利要求不符合专利法第22条第2款、第3款规定的无效宣告请求理由，专利权人依据审查指南的规定删除了无效宣告请求理由所针对的权利要求、并且这种修改已被专利复审委员会接受的，视为专利权人承认该权利要求自始不符合专利法第22条第2款、第3款的规定，并且承认请求人对该权利要求所提出的无效宣告请求；请求人对专利权人主动修改后的权利要求书不再提出无效宣告请求的，根据请求原则，对请求人提出的上述无效宣告理由已无需进行评述，应当在修改后的权利要求书的基础上维持本专利权有效。

### 一、案由

本无效宣告请求涉及国家知识产权局于2001年6月13日授权公告的、名称为“设有随机分布的单元标识体的防伪标识物”的00242237.9号实用新型专利，其申请日为2000年7月7日，专利权人原为李占武，后变更为为四川亚元防伪科技有限公司。授权公告的权利要求书的内容如下：

“1. 一种设有随机分布的单元标识体的防伪标识物，包括坐标格子，其特征在于具有基片（1），基片（1）上固定有随机分布的单元标识体构成的标识层（2）。

2. 根据权利要求1所述的防伪标识物，其特征在于标识层（2）与基片（1）间为黏结结构。

3. 根据权利要求2所述的防伪标识物，其特征在于在标识层（2）的上面设有一层透明或半透明

的保护层（3）。

4. 根据权利要求1所述的防伪标识物，其特征在于标识层为单元标识体与粘合剂混合后的喷、涂层。

5. 根据权利要求1所述的防伪标识物，其特征在于基片（1）为金属箔、板或非金属膜、板、纸张。

6. 根据权利要求1所述的防伪标识物，其特征在于单元标识体为有规则几何形状或无规则形状的立体或板、片状物。

7. 根据权利要求6所述的防伪标识物，其特征在于有规则的几何形状的单元标识体为球体、正方体、长方体、圆柱体、棱柱体、多面体，或三角形片、多角形片、圆形片、椭圆形片、正方形片、长方形片或梯形片。

8. 根据权利要求1、2、3、4、5、6或7所述的防伪标识物，其特征在于基片、单元标识体使用不同的材质或颜色。”

针对上述实用新型专利（下称本专利），刘长生（下称请求人）于2006年9月26日向专利复审委员会提出无效宣告请求，其理由是：本专利权利要求1、2相对于对比文件1不具有新颖性，不符合专利法第22条第2款的规定；权利要求3~8相对于对比文件2不具有创造性，不符合专利法第22条第3款的规定。请求人同时提交了如下附件作为证据：

附件1：申请号为92109558.9的中国发明专利申请公开说明书复印件，公开日为1994年3月2日（下称对比文件1）；

附件2：专利号为98219607.5的中国实用新型专利说明书复印件，授权公告日为2000年2月23日（下称对比文件2）。

经形式审查合格，专利复审委员会受理了上述无效宣告请求，于2006年12月6日向请求人发出无效宣告请求受理通知书，又于2007年6月1日向专利权人发出无效宣告请求受理通知书，并随该无效宣告请求受理通知书将无效宣告请求书及其附件清单中所列附件副本转送给专利权人，要求其在指定的期限内答复。

针对上述无效宣告请求，专利权人于2007年6月20日提交了意见陈述书。在该意见陈述书中，专利权人认为：对比文件1可以用来评价本专利的新颖性，对比文件2可以用来评价本专利的创造性；同意本专利权利要求1、2相对于对比文件1不具有新颖性的无效理由，声明放弃权利要求1、2；同意权利要求3、4相对于对比文件1和2具有创造性的无效理由；声明放弃权利要求5~8。

专利复审委员会于2007年6月29日向请求人发出转送文件通知书，随该通知书将专利权人于2007年6月20日提交的意见陈述书转送给请求人，并要求其在指定的期限内答复。

专利权人于2007年10月16日提交了意见陈述书，在该意见陈述书中专利权人提出了请求合议组于2007年11月1日对本案进行口审的要求。

请求人于2007年10月18日提交了意见陈述书，在该意见陈述书中请求人提出了请求合议组于2007年11月1日对本案进行口审的要求。

专利复审委员会依法成立合议组，对上述无效宣告请求进行审理。合议组于2007年10月18日向双方当事人发出口头审理通知书，定于2007年11月1日对本案进行口头审理。

口头审理如期举行，双方当事人均出席了口头审理。在口头审理中，双方当事人均对合议组成员无回避请求；双方当事人均对对方出庭人员身份无异议；专利权人保留原权利要求3、4作为新权利要求1和2，放弃了原权利要求1、2、5~8；请求人放弃对比文件2作为证据使用，并明确其无效宣告理由为：本专利原权利要求1、2相对于对比文件1不具有新颖性，无效宣告理由并不针对新权利要求 1、2。双方当事人在此基础上充分陈述了意见。

在上述工作的基础上，合议组认为本案事实已经清楚，可以依法作出无效宣告请求审查决定。

**二、决定的理由**

1. 关于审查文本

专利权人放弃了原权利要求 1、2、5~8，保留原从属权利要求 3、4 作为新的独立权利要求 1、2。合议组认为，这种修改未超出原说明书和权利要求书记载的范围，符合专利法实施细则第 68 条第 1 款的规定，并且请求人对上述修改无异议，因此对其予以接受。

2. 关于无效宣告请求理由

请求人提出的无效宣告理由为：本专利的权利要求 1、2 不符合专利法第 22 条第 2 款的规定，权利要求 3~8 不符合专利法第 22 条第 3 款的规定。鉴于专利权人保留了原从属权利要求 3、4 作为新的独立权利要求 1、2，主动删除了上述无效宣告请求理由所针对的原权利要求 1~2、5~8，并且这种修改已被专利复审委员会接受，因此视为专利权人承认上述权利要求自始不符合专利法第 22 条第 2、3 款的规定，并且承认请求人对上述权利要求所提出的无效宣告请求。另一方面，鉴于请求人已经明确其无效宣告的理由并不针对新的独立权利要求 1、2，对专利权人主动修改后的权利要求不再提出无效宣告请求，根据请求原则，对请求人提出的上述无效宣告理由已无需进行评述，应当在修改后的权利要求的基础上维持本专利权有效。

**三、决定**

宣告 00242237.9 号实用新型专利的原权利要求 1、2、5~8 无效，在原权利要求 3、4 的基础上维持该专利权有效。

当事人对本决定不服的，可以根据专利法第 46 条第 2 款的规定，自收到本决定之日起 3 个月内向北京市第一中级人民法院起诉。根据该款的规定，一方当事人起诉后，另一方当事人应当作为第三人参加诉讼。

204

# 木合金复合窗帘杆

## 无效宣告请求审查决定（第10749号）

**决　　定　　号**　第10749号
**决　　定　　日**　2007年12月7日
**发明创造名称**　木合金复合窗帘杆
**国 际 分 类 号**　A47H 1/02
**无效宣告请求人**　上海山尔装饰材料有限公司
**专　利　权　人**　戴火根
**专　　利　　号**　200420028129.5
**申　　请　　日**　2004年6月17日
**授 权 公 告 日**　2005年6月22日
**合 议 组 组 长**　高　栋
**主　　审　　员**　邢文飞
**参　　审　　员**　武　磊

**法　律　依　据**　专利法第22条第2款、第3款，专利法第26条第3款、第4款，专利法实施细则第2条第2款

**决　定　要　点**

权利要求书中的每一项权利要求所要求保护的技术方案应当是所属技术领域的技术人员能够从说明书中公开的内容得到或概括得出的技术方案。即使权利要求所要求保护的是概括的技术方案，其效果能由本领域技术人员通过结合说明书记载的内容和现有技术知识预先确定和评价，则该权利要求得到了说明书的支持。

实用新型技术方案中必须包括产品的形状和构造及其结合的技术特征，但并不排除产品在具有形状、构造技术特征之外，还可以包括产品的其他技术特征，如材料、加工方法及工艺等技术特征。

请求人未能提供充分的证据支持其主张，故请求宣告本专利权无效的理由不成立。

### 一、案由

本无效宣告请求涉及国家知识产权局于2005年6月22日授权公告的、名称为“木合金复合窗帘杆”的实用新型专利（下称本专利），其申请日为2004年6月17日，专利号为200420028129.5，专利权人为戴火根。该专利授权公告的权利要求书如下：

“1. 一种木合金复合窗帘杆，包括木质杆体（1），其特征在于：所述的木质杆体（1）外包覆有金属层（2），金属层（2）外设有印花层（3）。

2. 一种木合金复合窗帘杆，其特征在于：所述金属层（2）上沿木质杆体（1）的母线方向设有一条凸筋（4），凸筋（4）上开有凹槽（5）。”

针对上述专利权，上海山尔装饰材料有限公司（下称请求人）于2007年2月25日向专利复审委员会提出了无效宣告请求，其理由是本专利权利要求1~2不符合专利法第22条第2款有关新颖性的规定。请求人提交如下附件作为证据使用：

附件1：请求人声称在本专利申请日前已生产的产品照片复印件（共4张）。

请求人认为：（1）请求人早于本专利申请日就已生产并公开销售该产品，因此本专利不具备新颖性；（2）在广州市天河建材市场也有企业早于本专利申请日就公开销售该产品，因此本专利不具备新颖性。

经形式审查合格，专利复审委员会受理了上述无效宣告请求，并于2007年2月25日发出无效宣告请求受理通知书，同时将该无效宣告请求书及其附件的副本转送给专利权人，同时还向江苏省苏州市中级人民法院发出无效宣告案件审查状态通知书（一）。

2007年3月23日，请求人提交了委托鉴定函和关于委托鉴定函的说明以及补充意见陈述书，请求人认为：（1）本专利权利要求1中“金属层（2）外设有印花层”在说明书中没有充分公开，得不到说明书的支持，不符合专利法第26条第3款、第4款的规定；（2）权利要求1中“金属层（2）外设有印花层”不是一种技术方案，不符合专利法实施细则第2条第2款的规定；（3）权利要求1是公知的技术常识，不具备创造性，不符合专利法第22条第3款的规定。

针对上述无效宣告请求书，专利权人于2007年6月8日寄交了意见陈述书，专利权人认为：请求人提供的四张照片完全不能说明在本专利的申请日之前已经有与本专利相同的技术方案被公开过，根本无法构成影响本专利新颖性的要素。

本案合议组于2007年9月3日向双方当事人发出无效宣告请求口头审理通知书，定于2007年10月18日举行口头审理，同时将专利权人于2007年6月8日提交的意见陈述书转送给请求人，同时将请求人于2007年3月23日提交的委托鉴定函及关于委托鉴定的说明复印件以及补充意见陈述书转送给专利权人。

口头审理如期举行，双方当事人均出席口头审理并各自陈述了意见。

在口头审理中，双方当事人对合议组成员无回避请求，对对方出庭人员身份无异议；请求人当庭向合议组提交了附件1照片的原件并当庭演示了附件1照片中的实物；请求人未提交就上海山尔装饰材料有限公司生产的木合金复合窗帘杆的已存续时间的鉴定书；专利权人对附件1的真实性有异议，并认为附件1照片中窗帘杆的公开销售日期或生产日期无法确定；请求人明确无效理由为：本专利权利要求1中“金属层（2）外设有印花层（3）”不是技术方案，权利要求1不符合专利法实施细则第2条第2款的规定；说明书中对“金属层（2）外设有印花层”公开不充分，不符合专利法第26条第3款的规定；权利要求1中“金属层（2）外设有印花层”得不到说明书的支持，不符合专利法第26条第4款的规定；使用附件1评价权利要求1、2不符合专利法第22条第2款的规定；权利要求1的全部技术特征是本领域公知常识，不符合专利法第22条第3款规定。

在上述审理的基础上，合议组认为双方当事人已经充分发表意见，本案事实清楚，可以依法作出本无效宣告请求审查决定。

**二、决定的理由**

1. 关于证据

附件1是请求人声称在本专利申请日前已生产的与本专利相同的产品照片复印件共4张，请求人当庭向合议组提交了附件1照片的原件并当庭演示了附件1照片中的实物，但是附件1上没有记载能够表明该照片产生日期的时间信息，同时请求人也没有提交其他佐证证明上述照片产生的具体时间，且专利权人对附件1的真实性有异议，因此合议组无法核实上述照片的真实性，进而无法确认照片中的窗帘杆在本专利的申请日之前已经生产或销售，因此附件1不能作为评价本专利是否具备新颖性的现有技术的证据使用。

2. 关于专利法实施细则第2条第2款

专利法实施细则第2条第2款规定，专利法所称实用新型，是指对产品的形状、构造或者其结合所提出的适于实用的新的技术方案。

审查指南第一部分第二章第6.1节规定，根据专利法实施细则第2条第2款的规定，实用新型专利只保护产品。所述产品应当是经过产业方法制造的，有确定形状、构造且占据一定空间的实体。

本专利的权利要求1请求保护一种木合金复合窗帘杆，包括木质杆体（1），其特征在于：所述的木质杆体（1）外包覆有金属层（2），金属层（2）外设有印花层（3）。从权利要求1记载的内容可以看出，该权利要求请求保护一种木合金复合窗帘杆，其保护的主题是产品，该木合金复合窗帘杆包括木质杆体（1）和包覆在木质杆体（1）外的金属层（2），其中“金属层（2）外设有印花层（3）”属于对该木质杆体（1）的外包覆层的结构和形状的限定内容，因此该权利要求是关于产品形状、构造的技术方案，符合专利法实施细则第2条第2款的规定。

3. 关于专利法第26条第3款

专利法第26条第3款规定：说明书应当对发明或者实用新型作出清楚、完整的说明，以所属技术领域的技术人员能够实现为准。

请求人认为本专利说明书中没有公开在金属层如何外设印花层。合议组认为：说明书第2页第2段中分别记载了“木质杆体（1）外包覆有金属层（2），金属层（2）外设有印花层（3）”、“印花层（3）一般都采用转移印花”，同时参照说明书附图1、2的内容可以看出，说明书已经清楚、完整地公开了木合金复合窗帘杆的结构，同时说明书记载了印花层的形成方法，即印花层（3）一般都采用转移印花，而且转移印花是印花行业通用的技术手段，本领域技术人员根据说明书公开的内容就能够理解和实施本专利的木合金复合窗帘杆的结构以及印花层的形成方法，因此说明书清楚、完整地公开了本专利的技术方案，本专利说明书符合专利法第26条第3款的规定。

4. 关于专利法第26条第4款

专利法第26条第4款规定，权利要求书应当以说明书为依据，说明要求专利保护的范围。

权利要求应当以说明书为依据，是指权利要求应当得到说明书的支持，权利要求书中的每一项权利要求所要求保护的技术方案应当是所属技术领域的技术人员能够从说明书充分公开的内容得到或者概括得出的技术方案，并且不得超出说明书公开的范围。

合议组认为：权利要求1中的“金属层（2）外设有印花层（3）”是能够根据说明书第2页第2段和附图1~2中记载的内容得到的特征，该权利要求的技术方案均在说明书中有明确的记载，结合附图也能清楚理解权利要求所要求保护的技术方案，因此该权利要求得到了说明书的支持，符合专利法第26条第4款的规定。

5. 关于专利法第22条第2款

专利法第22条第2款规定，新颖性，是指在申请日以前没有同样的发明或者实用新型在国内外出版物上公开发表过、在国内公开使用过或者以其他方式为公众所知，也没有同样的发明或者实用新型由他人向国务院专利行政部门提出过申请并且记载在申请日以后公布的专利申请文件中。

由于请求人没有提供有效的证据用以证明在本专利申请日之前已有与本专利权利要求1~2相同的产品已经在国内公开使用或者公开销售的事实，因此请求人的主张没有得到证据的支持，宣告本专利的权利要求 1~2 不符合专利法第 22 条第 2 款的规定的无效理由不能成立。

6. 关于专利法第 22 条第 3 款

专利法第 22 条第 3 款规定：创造性，是指同申请日以前已有的技术相比，该发明有突出的实质性特点和显著的进步，该实用新型有实质性特定和进步。

审查指南第四部分第八章第 2.1 节规定：当事人对自己提出的无效宣告请求所依据的事实或者反驳对方无效宣告请求所依据的事实有责任提供证据加以证明。没有证据或者证据不足以证明当事人的事实主张的，由负有举证责任的当事人承担不利后果。

在本案中，请求人认为本专利权利要求 1 中的全部技术特征是本领域的公知常识，而请求人没有提供证据进一步证明权利要求 1 中的全部技术特征是本领域公知常识的事实，且专利权人对此有异议，因此仅根据请求人认为本专利权利要求是公知常识的论断尚不能得出本专利不具备创造性的结论，根据谁主张谁举证的原则，请求人的主张因缺乏证据的支持而不能成立，应承担举证不能的后果。

综上所述，请求人提出的无效宣告请求理由不能成立。

**三、决定**

维持 200420028129.5 号实用新型专利权有效。

当事人对本决定不服的，可以根据专利法第 46 条第 2 款的规定，自收到本决定之日起 3 个月内向北京市第一中级人民法院起诉。根据该款的规定，一方当事人起诉后，另一方当事人应当作为第三人参加诉讼。

205

# 窗帘窗纱两侧滑动锁紧装置

## 无效宣告请求审查决定（第 10782 号）

**决　　定　　号**　第 10782 号
**决　　定　　日**　2007 年 11 月 23 日
**发明创造名称**　窗帘窗纱两侧滑动锁紧装置
**国 际 分 类 号**　A47H 1/04
**无效宣告请求人**　杭州赛亚遮阳技术有限公司
**专　利　权　人**　金贵全
**申　　请　　号**　01203899.7
**申　　请　　日**　2001 年 3 月 1 日
**授 权 公 告 日**　2002 年 1 月 16 日
**合 议 组 组 长**　高　栋
**主　　审　　员**　李　阳
**参　　审　　员**　武　磊

**法　律　依　据**　专利法第 22 条第 3 款
**决　定　要　点**

由于另外一篇对比文件公开了该从属权利要求的附加技术特征，并且所属技术领域的技术人员在两篇对比文件的基础上得出该权利要求所要求保护的技术方案是显而易见的，二者的结合没有产生预料不到的技术效果，则该权利要求不具备实质性特点和进步，因而不具备创造性。

### 一、案由

本无效宣告请求涉及国家知识产权局于 2002 年 1 月 16 日授权公告的、名称为“窗帘窗纱两侧滑动锁紧装置”的实用新型专利（下称本专利），其专利号为 01203899.7，申请日为 2001 年 3 月 1 日，专利权人为金贵全。

本专利授权公告的权利要求书如下：

“1. 一种窗帘窗纱两侧滑动锁紧装置，主要由导向轨道、内侧轨道、滑动锁片组成；其特征在于：在导向轨道框架内设有内侧轨道，在内侧轨道一侧边设有中空的凸部，凸部侧边的中心部位设有开口槽，滑动锁片一端设于凸部内。

2. 如权利要求 1 所述的窗帘窗纱两侧滑动锁紧装置，其特征在于：上述内侧轨道上下两边靠近导向轨道处设有缓冲胶垫。

3. 如权利要求 1 或 2 所述的窗帘窗纱两侧滑动锁紧装置，其特征在于：滑动锁片设于凸部内的端头尺寸大于开口槽开口尺寸。

4. 如权利要求 1 或 2 所述的窗帘窗纱两侧滑动锁紧装置，其特征在于：上述导向轨道的一侧边还设有固定卡槽，另一侧边则上下均设有滑动支片。

5. 如权利要求 1 或 2 所述的窗帘窗纱两侧滑动锁紧装置，其特征在于：上述滑动锁片的另一端和窗帘或窗纱的面料连接。

6. 如权利要求 3 所述的窗帘窗纱两侧滑动锁紧装置，其特征在于：上述导向轨道的一侧边还设有固定卡槽，另一侧边则上下均设有滑动支片。

7. 如权利要求 3 所述的窗帘窗纱两侧滑动锁紧装置，其特征在于：上述滑动锁片的另一端和窗帘或窗纱的面料连接。

8. 如权利要求 4 所述的窗帘窗纱两侧滑动锁紧装置，其特征在于：上述滑动锁片的另一端和窗帘或窗纱的面料连接。”

专利复审委员会于 2006 年 8 月 11 日曾就本专利作出过第 8568 号无效宣告请求审查决定，宣告权利要求 1~3、5、7 无效，在权利要求 4、6 和 8 的基础上维持专利权继续有效，而且该决定已经生效。

针对上述实用新型专利权，杭州赛亚遮阳技术有限公司（下称请求人）于 2007 年 2 月 14 日向专利复审委员会提出了无效宣告请求，理由是：权利要求 4、6、8 不符合专利法第 22 条第 3 款的规定。请求人随该无效宣告请求书提交了以下附件：

附件 1：英国专利申请公开说明书 GB2235005A 复印件，共 12 页，公开日为 1991 年 2 月 20 日；（证据 1）

附件 2：《PVC 塑料门窗的装配及安装》复印件，共 5 页，1999 年 7 月第一次印刷；（证据 2）

附件 3：日本专利实公平 7-20318 复印件，共 4 页，公告日为 1995 年 5 月 15 日；（证据 3）

附件 4：日本专利特开平 9-303068 复印件，共 5 页，公告日为 1997 年 11 月 25 日；（证据 4）

附件 5：日本专利特开 2000-160966 复印件，共 5 页，公告日为 2000 年 6 月 13 日；（证据 5）

附件 6：第 01203899.7 号中国实用新型专利说明书复印件，共 5 页，公告日为 2002 年 1 月 16 日；

附件 7：第 8568 号无效宣告请求审查决定复印件，共 8 页。

请求人于 2007 年 3 月 13 日提交了意见陈述书，并随此意见陈述书提交了如下附件（编号续前）：

附件 8：证据 1 所使用部分的中文译文，共 1 页；

附件 9：证据 3 所使用部分的中文译文，共 1 页；

附件 10：证据 4 所使用部分的中文译文，共 1 页；

附件 11：证据 5 所使用部分的中文译文，共 1 页。

经形式审查合格后，专利复审委员会受理了该无效宣告请求，于 2007 年 4 月 27 日向双方当事人发出无效宣告请求受理通知书，并将《专利权无效宣告请求书》及其附件清单中所列附件副本转给了专利权人，要求其在指定期限内答复。

在此基础上，专利复审委员会成立合议组对本案进行审理。

本案合议组于 2007 年 6 月 29 日向专利权人发出转送文件通知书，将请求人于 2007 年 3 月 13 日提交的意见陈述书及其附件清单中所列的附件的副本转送给专利权人。

合议组于 2007 年 8 月 24 日向双方当事人发出无效宣告请求口头审理通知书，定于 2007 年 10 月 9 日举行口头审理。

请求人和专利权人均提交了口审通知书回执表示参加口头审理。

口头审理于 2007 年 10 月 9 日如期举行，双方当事人均委托代理人参加了口头审理。在口头审理中，双方当事人对合议组成员无回避请求。双方当事人对对方出庭人员身份无异议。专利权人明确对证据 1~5 的真实性无异议，对证据 1、3~5 的中文译文的准确性无异议。本次口头审理是在已生效的第 8568 号无效审查决定的基础上进行的。双方当事人对在先决定中单独使用证据 1 评价原授权公告文本权利要求 1~8 时所认定的事实无异议。请求人明确无效理由为：原授权公告文本权利要求 4、6、8 不符合专利法第 22 条第 3 款的规定。请求人明确具体评价方式为：以证据 1 作为最接近的对比文件。使用证据 1 结合证据 2 评述原授权公告文本权利要求 4、6、8 的创造性；使用证据 1 结合证据 3 评述原授权公告文本权利要求 4、6、8 的创造性；使用证据 1 结合证据 4 评述原授权公告文本权利要求 4、6、8 的创造性；使用证据 1 结合证据 5 评述原授权公告文本权利要求 4、6、8 的创造性。合议组告知双方当事人口审结束后不再接受任何书面意见。双方当事人在口头审理中均充分陈述了各自的观点。

至此，本案合议组认为事实已清楚，可以在此基础上作出审查决定。

**二、决定的理由**

1. 关于无效审查依据的文本

由于在复审委员会作出的第 8568 号无效宣告请求审查决定中宣告本专利权利要求 1~3、5、7 无效，在权利要求 4、6 和 8 的基础上维持专利权继续有效。因此，本无效宣告决定以原授权公告文本权利要求 4、6 和 8 为基础进行审查的。

2. 关于证据

请求人提交证据 1~5 的公开日均在本专利申请日之前，且专利权人对证据 1~5 的真实性和证据 1、3~5 的译文准确性无异议，因此证据 1~5 及证据 1、3~5 的相关部分中文译文可作为本案的现有技术使用。

3. 关于专利法第 22 条第 3 款

专利法第 22 条第 3 款规定：“创造性，是指同申请日以前已有的技术相比，该发明有突出的实质性特点和显著的进步，该实用新型有实质性特点和进步。”

本专利权利要求 4 引用原权利要求 1、2。权利要求 1 涉及一种窗帘窗纱两侧滑动锁紧装置，主要由导向轨道、内侧轨道、滑动锁片组成；其特征在于：在导向轨道框架内设有内侧轨道，在内侧轨道一侧边设有中空的凸部，凸部侧边的中心部位设有开口槽，滑动锁片一端设于凸部内。证据 1 与本实用新型属于相同的技术领域，其也公开了一种窗帘窗纱两侧滑动锁紧装置（具体见附图 5），所述装置包括导向轨道，在内侧轨道一侧边设有中空的凹部（附图标记 11）、内侧轨道、滑动锁片（附图标记 10），凸部侧边的中心部位设有开口槽，滑动锁片一段设于凸部内，另一端和窗帘或窗纱的面料连接，滑动锁片设于凸部内的端头尺寸大于开口槽开口尺寸，内侧轨道上下两边靠近导向轨道处设有例如海绵橡胶制成的缓冲填充块（附图标记 12），导向轨道的另一侧边也上下均设有滑动支片（参见证据 1 中文译文）。将权利要求 1 与证据 1 相比，证据 1 已经公开权利要求 1 中的全部技术特征。从属权利要求 2 的附加技术特征为：“上述内侧轨道上下两边靠近导向轨道处设有缓冲胶垫。”该缓冲胶垫虽与证据 1 例如海绵橡胶制成的缓冲填充块的表述形式不同，但所属技术领域的技术人员显然能够理解到二者的目的和具体材料结构并无分别，由此，上述附加技术特征也在证据 1 的同一技术方案中披露。权利要求 4 的附加技术特征为：“上述导向轨道的一侧边还设有固定卡槽，另一侧边则上下均设有滑动支片。”证据 1 公开了一种窗帘窗帘两侧滑动锁紧装置（参见附图 5），在该剖视图中，导向轨的另一侧边上下均设有滑动支片，与本专利权利要求 4 中的滑动支片是起到相同作用的结构，其作用均为防止填充材料的滑出。权利要求 4 所要求保护的技术方案与证据 1 所公开的技术内容相比，其区别仅在于“上述导向轨道的一侧边还设有固定卡槽”。证据3公开了一种窗帘装置，附图4中的标记8位于该装置端部，呈卡槽形状，在图2中可见标记8的部分与墙壁能紧固连接，所以其也能起到固定的作用，这样标记8的部分即对应于本专利权利要求4中的固定卡槽，即给出了将固定作用的标记8运用于证据1的技术启示，证据3也就公开了上述区别特征。由此可见，证据1和证据3已经披露了权利要求4的全部附加技术特征。在权利要求4引用的权利要求1或权利要求2相对于证据1不具备新颖性的情况下，将证据1和证据3结合得出权利要求4所要求保护的技术方案，对所属技术领域的技术人员来说是显而易见的，而且两者的结合没有产生预料不到的技术效果，因此权利要求4不具备实质性特点和进步，因而不具备创造性，不符合专利法第22条第3款的规定。

从属权利要求3的附加技术特征为：“滑动锁片设于凸部内的端头尺寸大于开口槽开头尺寸”，上述附加技术特征也在证据1中同一技术方案公开（参见证据1附图5及中文译文）。因此，在其引用的权利要求1、2相对于证据1不具备新颖性时，该从属权利要求3也不具备新颖性。

本专利权利要求6引用原权利要求3，权利要求6的附加技术特征为：“上述导向轨道的一侧边还设有固定卡槽，另一侧边则上下均设有滑动支片。”权利要求6所要求保护的技术方案与证据1所公开的技术内容相比，其区别仅在于“上述导向轨道的一侧边还设有固定卡槽”。证据3公开了一种窗帘装置，附图4中的标记8位于该装置端部，呈卡槽形状，在图2中可见标记8的部分与墙壁能紧固连接，所以其也能起到固定的作用，这样标记8的部分即对应于本专利权利要求4中的固定卡槽，即给出了将固定作用的标记8运用于证据1的技术启示，证据3也就公开了上述区别特征。由此可见，证据1和证据3已经披露了权利要求6的全部附加技术特征。在权利要求6引用的权利要求3相对于证据1不具备新颖性的情况下，将证据1和证据3结合得出权利要求6所要求保护的技术方案，对所属技术领域的技术人员来说是显而易见的，而且两者的结合没有产生预料不到的技术效果，因此权利要求6不具备实质性特点和进步，因而不具备创造性，不符合专利法第22条第3款的规定

权利要求8引用权利要求4，权利要求8的附加技术特征是“上述滑动锁片的另一端和窗帘或窗纱的面料连接”，上述附加技术特征也在证据1中同一技术方案公开。（参见证据1附图5及中文译文），在其引用的权利要求4相对于证据1和证据3的结合不具备创造性的情况下，该权利要求8所要求保护的技术方案对所属技术领域的技术人员来说是显而易见的，而且两者的结合没有产生预料不到的技术效果，因此权利要求8不具备实质性特点和进步，因而不具备创造性，不符合专利法第22条第3款的规定。

综上所述，本专利权利要求4、6、8不符合专利法第22条第3款的规定。

由于请求人提出的权利要求4、6、8不具有创造性的无效宣告请求理由成立，因此对于其他证据的组合方式不再一一评述。

**三、决定**

宣告01203899.7号实用新型专利权无效。

当事人对本决定不服的，可以根据专利法第46条第2款的规定，自收到本决定之日起3个月内向北京市第一中级人民法院起诉。根据该款的规定，一方当事人起诉后，另一方当事人应当作为第三人参加诉讼。

206

# 制冰蒸发器

## 无效宣告请求审查决定（第 10784 号）

**决　　定　　号**　第 10784 号
**决　　定　　日**　2007 年 12 月 18 日
**发明创造名称**　制冰蒸发器
**国 际 分 类 号**　F25C 1/08
**无效宣告请求人**　常州市凯达热源设备有限公司
**专　利　权　人**　江苏常恒集团金属制品有限公司
**申　　请　　号**　03278051.6
**申　　请　　日**　2003 年 8 月 26 日
**授 权 公 告 日**　2004 年 10 月 27 日
**合 议 组 组 长**　刘　犟
**主　　审　　员**　姜　岩
**参　　审　　员**　郭建强

**法　律　依　据**　专利法第 22 条第 3 款
**决　定　要　点**

如果一项实用新型的权利要求与最接近的现有技术相比，二者存在区别特征，但该区别特征为公知常识，即认为现有技术给出了将上述区别特征应用于该最接近的现有技术以解决其存在的技术问题的启示，则该权利要求不具备创造性。

### 一、案由

本无效宣告请求涉及中华人民共和国国家知识产权局于 2004 年 10 月 27 日授权公告的、名称为"制冰蒸发器"的实用新型专利权（以下简称本专利），其专利号是 03278051.6，申请日是 2003 年 8 月 26 日，专利权人是江苏常恒集团金属制品有限公司。本专利授权公告时的权利要求书如下：

"1. 一种制冰蒸发器，具有蒸发管（1）和至少二根平行排列的制冰管（2），制冰管（2）垂直固定在蒸发管（1）的一侧外壁上，其特征在于：制冰管（2）内设置有一隔片（5），将制冰管（2）分隔为两个腔，隔片（5）的一端伸入并固定在对应的蒸发管（1）的内壁并将该段蒸发管（1）内腔分隔，隔片（5）的另一端与制冰管（2）远离蒸发管（1）的内腔端壁间有一空隙，由隔片（5）分隔的前段蒸发管（1）内腔、制冰管（2）由隔片（5）分隔的两个内腔与后段蒸发管（1）内腔通过该空隙联通。

2. 根据权利要求 1 所述的制冰蒸发器，其特征在于：所述蒸发管（1）一端接制冷液毛细管

(6)，另一端接制冷液出管（3）。

3. 根据权利要求2所述的制冰蒸发器，其特征在于：所述蒸发管（1）接制冷液毛细管（6）一端还可以接有制冷液炸冰管（4）。

4. 根据权利要求1所述的制冰蒸发器，其特征在于：所述蒸发管（1）内腔的截面积大于制冰管（2）由隔片（5）分隔后形成的两个内腔的截面积。”

针对本专利权，常州市凯达热源设备有限公司（以下简称请求人）于2005年7月22日向专利复审委员会提出无效宣告请求，认为本专利不符合专利法第22条第2款、第3款的规定，请求人同时提交了如下证据：

证据1：授权公告日为2002年1月16日、授权公告号为CN2472156Y的中国实用新型专利说明书；

证据2：公开日为1980年4月29日、公开号为US4199956的美国专利文献及其译文；

证据3：授权公告日为2002年10月9日、授权公告号为CN2515609Y的中国实用新型专利说明书。

经形式审查合格，专利复审委员会依法受理了上述无效宣告请求，并于2005年9月20日向请求人和专利权人发出无效宣告请求受理通知书，同时将专利权无效宣告请求书及其附件清单中所列附件的副本转送给专利权人，并要求专利权人在指定的期限内陈述意见。

针对专利复审委员会发出的上述无效宣告请求受理通知书，专利权人于2005年10月27日提交了意见陈述书、权利要求书的修改替换页，其中修改后的权利要求书为：

“1. 一种制冰蒸发器，具有蒸发管（1）和至少二根平行排列的制冰管（2），制冰管（2）垂直固定在蒸发管（1）的一侧外壁上，制冰管（2）内设置有一隔片（5），将制冰管（2）分隔为两个腔，隔片（5）的一端伸入并固定在对应的蒸发管（1）的内壁并将该段蒸发管（1）内腔分隔，隔片（5）的另一端与制冰管（2）远离蒸发管（1）的内腔端壁间有一空隙，由隔片（5）分隔的前段蒸发管（1）内腔、制冰管（2）由隔片（5）分隔的两个内腔与后段蒸发管（1）内腔通过该空隙联通，蒸发管（1）一端接制冷液毛细管（6），另一端接制冷液出管（3），蒸发管（1）接制冷液毛细管（6）一端还接有制冷液炸冰管（4），其特征在于：蒸发管（1）内腔的截面积大于制冰管（2）由隔片（5）分隔后形成的两个内腔的截面积。”

专利复审委员会于2006年3月9日举行了口头审理，双方当事人均参加了口头审理。在口头审理中，专利权人认可请求人提交的证据1~3的真实性，口头审理结束后，基于专利权人于2005年10月27日提交的权利要求书，专利复审委员会经审理于2006年5月15日做出了第8360号无效宣告请求审查决定，认为：权利要求1的技术方案与证据1公开的技术方案存在着区别，因此权利要求1相对于证据1具备新颖性，符合专利法第22条第2款的规定；证据1和公知常识的结合以及证据1、证据2和公知常识的结合均不足以证明权利要求1不具有实质性特点和进步，不符合专利法第22条第3款的规定；因此在专利权人于2005年10月27日提交的权利要求书的修改文本的基础上维持03278051.6号实用新型专利权有效。

请求人不服专利复审委员会的第8360号无效宣告请求审查决定，向北京市第一中级人民法院提起诉讼。经审理，北京市第一中级人民法院于2006年12月20日作出了（2006）一中行初字第1157号行政判决书，认为国家知识产权局专利复审委员会做出的第8360号无效宣告请求审查决定中对创造性的评价存在错误，因而撤销了上述决定。国家知识产权局专利复审委员会不服北京市第一中级人民法院上述判决，上诉至北京市高级人民法院。经审理，北京市高级人民法院于2007年6月4日作出（2007）高行终字第79号行政判决书，维持了原判。

专利复审委员会根据审查指南的规定重新组成合议组，对上述请求人的无效宣告请求案重新进行审查。

本案合议组于2007年10月8日向双方发出无效宣告请求口头审理通知书，定于2007年11月21日在专利复审委员会举行口头审理。口头审理如期举行，请求人单方参加了口头审理，在口头审理中，请求人明确其无效的理由、范围以及证据的使用情况为：本专利权利要求1相对于证据1和公知常识的结合不符合专利第22条第3款的规定。

至此，合议组认为本案事实已经清楚，可以作出审查决定。

**二、决定的理由**

1. 审查基础

专利权人于2005年10月27日提出的权利要求书修改文本符合专利法实施细则第68条、专利法第33条及《审查指南》关于无效宣告请求程序中对专利文件进行修改的相关规定，可以被接受，本决定基于该修改后的权利要求书作出。

2. 关于证据和现有技术

请求人使用的证据1为中国专利文献，专利权人对该证据的真实性表示认可，经合议组核实，该证据1可以作为本案证据使用，且其公开日期在本专利的申请日前，因此可以作为本专利的现有技术使用。

3. 关于创造性

专利法第22条第3款规定，创造性，是指同申请日以前已有的技术相比，该发明有突出的实质性特点和显著的进步，该实用新型具有实质性特点和进步。

根据该规定，如果一项实用新型的权利要求与最接近的现有技术相比，二者存在区别特征，但该区别特征为公知常识，即认为现有技术给出了将上述区别特征应用于该最接近的现有技术以解决其存在的技术问题的启示，则该权利要求不具备创造性。

本案中，请求人认为证据1公开了权利要求1的大部分技术特征，二者相比，区别特征在于："蒸发管内腔的截面积大于制冰管由隔片分隔后形成的两个内腔的截面积"没有在附件1中公开，而该区别特征是公知常识，因此权利要求1不具备创造性。

合议组经审查后认为，本专利权利要求1公开了如下的技术方案：一种制冰蒸发器，其具有蒸发管（1）和至少二根平行排列的制冰管（2），制冰管（2）垂直固定在蒸发管（1）的一侧外壁上，制冰管（2）内设置有一隔片（5），将制冰管（2）分隔为两个腔，隔片（5）的一端伸入并固定在对应的蒸发管（1）的内壁并将该段蒸发管（1）内腔分隔，隔片（5）的另一端与制冰管（2）远离蒸发管（1）的内腔端壁间有一空隙，由隔片（5）分隔的前段蒸发管（1）内腔、制冰管（2）由隔片（5）分隔的两个内腔与后段蒸发管（1）内腔通过该空隙联通，蒸发管（1）一端接制冷液毛细管（6），另一端接制冷液出管（3），蒸发管（1）接制冷液毛细管（6）一端还接有制冷液炸冰管（4），其特征在于：蒸发管（1）内腔的截面积大于制冰管（2）由隔片（5）分隔后形成的两个内腔的截面积。该技术方案通过在蒸发管上增加了制冰管，制冰管内设置隔片，使制冷液形成一个回路，因制冰管的存在增加了制冷表面积，因此提高了制冷效率。使蒸发管1内腔的截面积大于制冰管2由隔片分隔后形成的两个内腔的截面积，所以制冷液在制冰管2内流动速度大于在蒸发管1内的速度，使制冰盒内的热交换速率增大。同时，由于制冰时制冰管垂直插入溶液中，制冰后可以方便地垂直脱冰。

相同技术领域的证据1公开了一种制冰蒸发器，其由蒸发管1、制冰棒2以及隔片3组成。在蒸发管1的一端管口内分别连接有毛细管5的一端和反冲管6（相对于本专利权利要求1所述的炸冰管）的一端（证据1说明书第1页倒数第6~7行），蒸发管1的另一端与贮液管10相连（证据1说明书第 1 页倒数第 3 行，附图 2)，蒸发管 1 与贮液管 10 之间的管道即相当于本专利权利要求 1 所述的制冷液出管（3)。可见，证据 1 已经公开了本专利权利要求 1 中所述的“蒸发管（1）一端接制冷液毛细管（6)，另一端接制冷液出管（3)，蒸发管（1）接制冷液毛细管（6）一端还接有制冷液炸冰管（4）”。该方案中的制冰棒 2 有若干（证据 1 说明书第 1 页倒数第 11 行)，相隔一定距离安装在蒸发管 1 的下方。制冰棒 2 通过其顶端的开口端焊接在蒸发管 1 上，且在两者焊接处的中间、蒸发管 1 上开设有通孔，籍由该通孔将制冰棒 2 的型腔与蒸发管 1 的型腔相通。隔片 3 为片状，隔片 3 也有若干，分别设置在相应制冰棒 2 的型腔内，隔片 3 的顶部制成圆弧形，与蒸发管 1 的圆弧顶相同，使两者紧密贴合，隔片 3 的两侧与制冰棒 2 的内壁紧贴，隔片 3 的下端一直延伸至制冰棒 2 的底部，两者略留有间隙，蒸发管 1 内的制冷剂只能以证据 1 的图 1 剖视处的箭头方向流动（参见证据 1 图 1)。可见证据 1 已经明确公开了隔片的具体设置和结构，公开了本专利权利要求 1 中所述的“制冰管（2）内设置有一隔片（5)，将制冰管（2）分隔为两个腔，隔片（5）的一端伸入并固定在对应的蒸发管（1）的内壁并将该段蒸发管（1）内腔分隔，隔片（5）的另一端与制冰管（2）远离蒸发管（1）的内腔端壁间有一空隙，由隔片（5）分隔的前段蒸发管（1）内腔、制冰管（2）由隔片（5）分隔的两个内腔与后段蒸发管（1）内腔通过该空隙联通”。

证据 1 与权利要求 1 的区别在于：证据 1 没有公开“蒸发管（1）内腔的截面积大于制冰管（2）由隔片（5）分隔后形成的两个内腔的截面积”这一技术特征。

根据本专利说明书的记载，该区别技术特征用以使制冷剂在制冰管（2）内的流动速度大于在蒸发管（1）内的速度，提高制冰盒内的热交换效率。本领域技术人员熟知“提高流速可以提高换热性能”这一普遍原理，因而要解决热交换效率的问题，本领域普通技术人员很容易想到提高热交换介质在其管内的流速，而提高流速通常采用的手段是增加流体压力或者缩小管径，即现有技术已经给出了采用缩小制冰管（2）的截面积来提高制冷液在其管内的流速，从而实现提高换热性能、效率的启示，因此本领域普通技术人员在证据 1 的基础上，结合公知常识很容易想到通过使蒸发管（1）内腔的截面积大于制冰管（2）由隔片（5）分隔后形成的两个内腔的截面积这一技术手段来提高制冰盒的热交换效率，即，本领域普通技术人员在证据 1 的基础上结合上述公知常识很容易得到权利要求 1 请求保护的技术方案，因此权利要求 1 不具备专利法第 22 条第 3 款规定的创造性。

根据上述的事实和理由，本案合议组依法作出以下决定。

**三、决定**

宣告 03278051.6 号实用新型专利权全部无效。

当事人对本决定不服的，可以根据专利法第 46 条第 2 款的规定，自收到本决定之日起 3 个月内向北京市第一中级人民法院起诉。根据该款的规定，一方当事人起诉后，另一方当事人应当作为第三人参加诉讼。

207

# 多功能电动自动高压供水器

## 无效宣告请求审查决定（第 10785 号）

**决　定　号**　第 10785 号
**决　定　日**　2007 年 11 月 23 日
**发明创造名称**　多功能电动自动高压供水器
**国 际 分 类 号**　C02F 1/50，E03B 11/16
**无效宣告请求人**　温岭市耀达电器厂
**专　利　权　人**　刘新华
**专　利　号**　97211687.7
**申　请　日**　1997 年 3 月 1 日
**授 权 公 告 日**　1999 年 12 月 22 日
**合 议 组 组 长**　陈迎春
**主　审　员**　朱明雅
**参　审　员**　崔国振

**法 律 依 据**　专利法第 22 条第 2 款、第 3 款
**决 定 要 点**

如果一项权利要求所要保护的技术方案与对比文件公开的技术方案相比存在区别，则该权利要求相对于该对比文件具有专利法第 22 条第 2 款所规定的新颖性；如果该权利要求所要求保护的技术方案与对比文件相比具有实质性特点和进步，取得了有益效果，则该权利要求相对于上述对比文件具备专利法第 22 条第 3 款所规定的创造性。

### 一、案由

本无效宣告请求涉及国家知识产权局于 1999 年 12 月 22 日授权公告的，名称为“多功能电动自动高压供水器”的实用新型专利，其专利号是 97211687.7，申请日是 1997 年 3 月 1 日，专利权人是刘新华。本实用新型授权公告时的权利要求如下：

“1. 一种多功能电动自动高压供水器，包括水泵、电机，其特征在于：还包括一个贮气罐，贮气罐通过带有出水单向阀的进水连接管和水泵连接，水泵和电机连接。

2. 按权利要求 1 所述的多功能电动自动高压供水器，其特征在于：贮气罐内设有过滤和杀菌消毒装置。

3. 按权利要求 1 所述的多功能电动自动高压供水器，其特征在于：贮气罐底部有一贮气罐底盖，贮气罐底盖上设有带单向阀的连接管；贮气罐与贮气罐底盖用螺纹连接。

4. 按权利要求 1 所述的多功能电动自动高压供水器，其特征在于：贮气罐的出水口上装有水龙头或喷雾器。

5. 按权利要求 1 所述的多功能电动自动高压供水器，其特征在于：贮气罐上可设置根据贮气罐压力控制电机开、关的电动自动接触器。

6. 按权利要求 1 所述的多功能电动自动高压供水器，其特征在于：贮气罐的出水口和控制电机开、关的电动自动接触器也可装在贮气罐底部的进水连接管上。”

针对上述专利权（以下简称本专利），温岭市耀达电器厂（以下简称请求人）于 2005 年 12 月 15 日向专利复审委员会提出无效宣告请求，其理由是本专利的权利要求 1、4、5 不具备专利法第 22 条第 2 款规定的新颖性；权利要求 2、3、6 不具备专利法第 22 条第 3 款规定的创造性。请求人提交证据如下：

证据 1（以下简称对比文件 1）：授权公告号为 CN2246172Y 的中国实用新型专利说明书，授权公告日为 1997 年 1 月 29 日。

经形式审查合格，专利复审委员会受理了上述无效宣告请求，并于 2005 年 12 月 16 日发出受理通知书，同日将无效宣告请求书及其意见陈述书的副本转送给专利权人。

专利权人于 2006 年 1 月 24 日向专利复审委员会提交了意见陈述书。专利权人认为：本实用新型直接靠电机、水泵及单向阀进水，而对比文件 1 主要利用射水器结合电磁阀再将水吸入贮气罐内；本实用新型的贮气罐内设有过滤和杀菌消毒装置，而对比文件 1 中的空气过滤器的作用仅是向贮气罐内补充空气；本实用新型的贮气罐底盖上设有单向阀的连接管，出水口接有水龙头或喷雾器，这些对比文件 1 中都没有；本实用新型仅用一电动自动接触器结合单向阀即能自动控制开、关，而对比文件 1 中的结构极复杂；本实用新型的出水口和电动自动接触器可以安装在贮气罐的进水连接管上，而对比文件 1 中的上述装置只能安装在固定位置，因此，本实用新型相对于对比文件 1 结构更合理、更实用，易于操作、检修，具有显著的新颖性和创造性，应维持本专利有效。

合议组于 2006 年 3 月 20 日将专利权人的上述意见陈述书转给了请求人，并向双方当事人发出口头审理通知书，定于 2006 年 5 月 24 日在专利复审委员会举行口头审理。

口头审理如期举行，双方当事人均参加了口头审理。

在口头审理过程中，请求人明确无效宣告的理由和范围是：权利要求 1~6 不符合专利法第 22 条第 2 款、第 3 款规定的新颖性和创造性；专利权人对请求人提交的对比文件 1 的真实性无异议。

在以上工作的基础上，合议组认为本案事实清楚，可以依法作出决定。

**二、决定的理由**

1. 证据认定

请求人提交的对比文件 1 为本专利申请日之前公开的专利文献，专利权人对对比文件 1 的真实性无异议。经审查，对比文件 1 可以用于评价本专利的新颖性、创造性。

2. 关于新颖性、创造性

专利法第 22 条第 2 款规定，新颖性是指在申请日以前没有同样的发明或实用新型在国内外出版物上公开发表过，在国内公开使用过或者以其他方式为公众所知，也没有同样的发明或者实用新型由他人向专利局提出过申请并且记载在申请日以后公布的专利申请文件中。

专利法第 22 条第 3 款规定，创造性是指同申请日以前已有的技术相比，该发明具有突出的实质性特点和显著的技术进步，该实用新型具有实质性特点和进步。

本专利权利要求 1 请求保护一种多功能电动自动高压供水器，其包括：（1）水泵；（2）电机；（3）贮气罐；（4）该贮气罐通过带有出水单向阀的进水连接管和水泵连接；（5）水泵和电机连接。

对比文件 1 公开了一种全自动稳压供水器，并具体公开了以下技术内容：该供水器也包括有水泵电机、气压罐，气压罐通过水射器、带有电磁阀的吸水管后与水泵连接，之后再与进水管连接，水泵和电机是一体的（见对比文件 1 的权利要求 1）。

权利要求 1 与对比文件 1 相比，（1）两者的水泵、电机、气压罐的连接方式不同，即本专利权利要求 1 中进水管通过电机水泵连接到贮气罐，而对比文件 1 中进水管是通过水射器后再与贮气罐相连；（2）两者的工作原理和方式不同，即本专利权利要求 1 所要保护的技术方案是通过水泵给贮气罐加压向外供水，水泵的水即为进水，当水泵停止工作时是没有水进入贮气罐，而对比文件 1 中是贮气罐内有一个贮气囊，进水管与管网供水相连，当管网水压增高时候，水泵停止工作，此时进水管中仍有水进入贮气罐，只不过此时是利用贮气囊的压力自动提供压力给贮气罐，当贮气罐中的水位下降到一定程度，水泵电机工作，向贮气罐中补水，向贮气囊中补气；（3）两者解决的技术问题不同，本专利要解决的技术问题是自动高压供水，对比文件要解决的技术问题是高层建筑自动稳压供水中的问题。由此可见，本专利权利要求 1 所述的技术方案和对比文件 1 所述的供水器在结构、工作原理和方式上存在以上区别，且两者要解决的技术问题也是不同的，本专利权利要求 1 与对比文件 1 相比具有技术方案上的区别以及实质性特点和进步，因此，权利要求 1 相对于对比文件 1 具备新颖性和创造性，符合专利法第 22 条第 2 款、第 3 款的规定。

权利要求 2~6 是权利要求 1 的从属权利要求，在其引用的权利要求 1 具备新颖性和创造性的情况下，从属权利要求 2~6 也都具备专利法第 22 条第 2 款、第 3 款规定的新颖性和创造性。

综上所述，请求人的无效宣告请求的理由不能成立。

**三、决定**

维持 97211687. 7 号实用新型专利权有效。

当事人对本决定不服的，可以根据专利法第 46 条第 2 款的规定，自收到本决定之日起 3 个月内向北京第一中级人民法院起诉。根据该款的规定，一方当事人起诉后，另一方当事人应当作为第三人参加起诉。

208

# 多挡伸缩鞋撑

## 无效宣告请求审查决定（第10819号）

**决　　定　　号**　第10819号
**决　　定　　日**　2007年12月13日
**发明创造名称**　多挡伸缩鞋撑
**国 际 分 类 号**　A43B 23/22
**无效宣告请求人**　深圳真荣家具有限公司
**专　利　权　人**　深圳市大富豪实业发展有限公司
**专　　利　　号**　01214874.1
**申　　请　　日**　2001年1月10日
**授 权 公 告 日**　2003年3月5日
**合 议 组 组 长**　苏　青
**主　　审　　员**　邢文飞
**参　　审　　员**　乔东峰

**法　律　依　据**　专利法第26条第3款，专利法第22条第2款、第3款
**决　定　要　点**

如果说明书中记载了实现发明目的所需的具体技术手段，并且所属领域的技术人员按照说明书记载的具体内容能够具体实施要求保护的技术方案并解决技术问题、产生预期的技术效果，则该说明书符合专利法第26条第3款的规定。

现有技术公开了本专利独立权利要求的全部技术特征，且两者属于同一技术领域，所带来的技术效果也相同，该权利要求相对于现有技术不具有新颖性。

### 一、案由

本无效宣告请求涉及国家知识产权局于2003年3月5日授权公告的、名称为“多挡伸缩鞋撑”的实用新型专利（下称本专利），其申请日为2001年1月10日，专利号为01214874.1，专利权人为深圳市大富豪实业发展有限公司。该专利授权公告的权利要求书内容如下：

“1. 一种多挡伸缩鞋撑，包括：鞋面前撑（1）和鞋帮后撑（2），其特征在于：鞋面前撑（1）与鞋帮后撑（2）之间设有一由T形杆（4）和压块（6）构成的关节状可调节之刚性撑杆（3），压块（6）上依次排列开设多道卡槽（5），T形杆（4）的横杆（7）与压块（6）上的卡槽（5）以活动卡嵌方式连接。”

针对上述专利权，深圳真荣家具有限公司（下称请求人）于2007年8月6日向专利复审委员会

提出了无效宣告请求，其理由是本专利权利要求 1 不符合专利法第 22 条第 2 款、第 3 款和专利法第 26 条第 4 款的规定，说明书不符合专利法第 26 条第 3 款的规定。请求人提交如下附件作为证据使用：

附件 1：专利号为 ZL95211690.1 的中国实用新型专利说明书复印件共 7 页；

附件 2：专利号为 ZL92242253.2 的中国实用新型专利说明书复印件共 5 页。

请求人认为：附件 1 已经公开了本专利权利要求 1 的所有必要技术特征，因此权利要求 1 相对于附件 1 不符合专利法第 22 条第 2、3 款的规定；本领域普通技术人员通过附件 1 和附件 2 的结合、甚至仅仅从对比文件 1 的简单分析，无须花费创造性的劳动即可得出本专利权利要求 1 的技术方案，而且本专利权利要求 1 的技术方案也没有带来意想不到的效果，因此本专利权利要求 1 也不具备专利法第 22 条第 3 款规定的创造性；请求人认为说明书中没有公开：（1）压块 6 的具体结构；（2）鞋撑部件的具体连接关系；（3）T 形杆和鞋面前撑 1 的连接关系；（4）压块 6 上的多道卡槽的结构，因此公开不充分，不符合专利法第 26 条第 3 款的规定；本专利的说明书仅仅是形式上支持了权利要求书，但在实质上并不能支持权利要求书，因此不符合专利法第 26 条第 4 款的规定。

经形式审查合格，专利复审委员会受理了上述无效宣告请求，并于 2007 年 8 月 6 日发出无效宣告请求受理通知书，并将该无效宣告请求书及其附件的副本转送给专利权人，要求专利权人在指定的期限内答复。

在指定的期限内，专利权人没有答复。

专利复审委员会依法成立合议组对本案进行审查，本案合议组于 2007 年 10 月 31 日向双方当事人发出口头审理通知书，定于 2007 年 12 月 10 日举行口头审理。

口头审理如期举行，仅请求人出席了口头审理并陈述了意见，专利权人未出席口头审理。

在口头审理中，请求人对合议组成员无回避请求；请求人当庭放弃附件 2 作为证据使用，放弃权利要求 1 不符合专利法第 26 条第 4 款的无效理由；放弃权利要求 1 相对于附件 1 和附件 2 的结合不符合专利法第 22 条第 3 款的无效理由；请求人明确无效理由为：本专利不符合专利法第 26 条第 3 款的规定；本专利权利要求 1 相对于附件 1 不符合专利法第 22 条第 2 款、第 3 款的规定。

在上述审理的基础上，合议组认为本案事实已经清楚，可以依法作出本无效宣告请求审查决定。

**二、决定的理由**

1. 法律依据

根据请求人提出的无效宣告请求的范围、理由和证据，本案合议组依据专利法第 26 条第 3 款以及专利法第 22 条条第 2、3 款对本案进行审理。

2. 关于证据

请求人提交的附件 1（下称对比文件 1）是一篇中国实用新型专利说明书复印件，属于公开出版物，经合议组核实，对其真实性予以确认，其公告日是 1996 年 12 月 11 日，早于本专利的申请日，因此可以作为本实用新型专利的现有技术。

3. 关于专利法第 26 条第 3 款

专利法第 26 条第 3 款规定：说明书应当对发明或者实用新型作出清楚、完整的说明，以所属技术领域的技术人员能够实现为准。

根据本专利说明书可知，本专利所要解决的技术问题是为了避免现有弹性鞋撑的弹力随使用时间而下降，而且一旦弹性鞋撑的弹力达不到要求时，其支撑力亦大大下降，对鞋体的矫正效果不理想；本专利所采用的技术方案是包括鞋面前撑（1）和鞋帮后撑（2），鞋面前撑（1）与鞋帮后撑（2）之间设有一由 T 形杆（4）和压块（6）构成的关节状可调节之刚性撑杆（3），压块（6）上依次排列开役多道卡槽（5），T 形杆（4）的横杆（7）与压块（6）上的卡槽（5）以活动卡嵌方式连接；

以获得本专利适用范围大，支撑力恒定、调节方便的技术效果。具体而言，请求人认为说明书中没有公开：(1) 压块6的具体结构；(2) 鞋撑部件的具体连接关系；(3) T形杆和鞋面前撑1的连接关系；4) 压块6上的多道卡槽的结构，因此公开不充分。合议组认为：(1) 本专利说明书文字部分虽然没有公开压块的具体结构，但是从说明书附图中可以看出该压块的连接结构，而且在鞋撑领域中，使用压块已经是该领域常用的技术，如对比文件1中的后撑6其实就相当于本专利的压块，因此不公开压块的具体结构，本领域的技术人员也是很容易能够实现本专利的。(2) 本专利说明书第2页最后一段中详细的描述了鞋面前撑1、鞋后帮撑2和关节状可调节之刚性撑杆3之间的连接关系，即：多挡伸缩鞋撑由鞋面前撑1、鞋后帮撑2和关节状可调节之刚性撑杆3组成，关节状可调节之刚性撑杆3由T形杆4和压块6组成，T形杆4的横杆7与压块6上的卡槽5以活动卡嵌方式连接，T形杆4的直杆8端与鞋面前撑1固定连接，压块6的尾端安装鞋帮撑2。从上面说明书的记载结合本专利附图1可以清楚的看出本专利鞋撑部件的具体结构及其连接关系，因此说明书对鞋撑部件的具体连接关系是公开充分的。(3) 本专利说明书第2页最后一段中记载了"T形杆4的直杆8端与鞋面前撑1固定连接"，说明了T形杆和鞋面前撑的连接关系是固定连接，而且从附图1中可以清楚看出它们的具体连接位置。(4) 说明书第2页最后一段中记载了"压块6上依次排列开役多道卡槽5"，说明书中描述了压块6和卡槽5的连接关系，却没有描述卡槽5的具体结构，但是在鞋撑领域中，使用卡槽已经是该领域常用的技术，如对比文件1中与带销柱3配合使用的凹槽其实就相当于本专利的卡槽5，因此不公开卡槽的具体结构，本领域的技术人员也是很容易能够实现本专利的。综上所述，本专利说明书是公开充分的，符合专利法第26条第3款的规定。

4. 关于专利法第22条第2款

专利法第22条第2款规定："新颖性，是指在申请日以前没有同样的发明或者实用新型在国内外出版物上公开发表过、在国内公开使用过或者以其他方式为公众所知，也没有同样的发明或者实用新型由他人向国务院专利行政部门提出过申请并且记载在申请日以后公布的专利申请文件中。"

本专利的权利要求1的特征如下：(1) 一种多挡伸缩鞋撑，包括：鞋面前撑 (1) 和鞋帮后撑 (2)；(2) 鞋面前撑 (1) 与鞋帮后撑 (2) 之间设有一由T形杆 (4) 和压块 (6) 构成的关节状可调节之刚性撑杆 (3)；(3) 压块 (6) 上依次排列开役多道卡槽 (5)；(4) T形杆 (4) 的横杆 (7) 与压块 (6) 上的卡槽 (5) 以活动卡嵌方式连接。

对比文件1公开了一种可调鞋撑（参见对比文件1说明书第1页最后一段和附图1、附图2），该鞋撑由前撑和后撑组成，前撑由与鞋前部相配合的具有一定弹性的前脸（相当于本专利的鞋面前撑）和带销柱的中间支杆（相当于本专利的刚性撑杆）连为一体而组成，后撑由压条（相当于本专利的压块）和尾撑（相当于本专利的鞋帮后撑）组连而成，压条为槽形结构，其两侧壁上有一排凹槽（相当于本专利的卡槽），凹槽之间距离按标准鞋号大小依次排列，根据鞋号选择凹槽与中间支杆的销柱卡入配合，按下后撑，则中间支杆卡入压条的槽内。对比文件1文字部分虽然没有明确公开T形杆 (4) 以及T形杆 (4) 的横杆 (7) 与压块 (6) 上的卡槽 (5) 以活动卡嵌方式连接，但是从对比文件1的附图1中可以看出，中间支杆尾端的横向销柱与压条两侧的凹槽配合，由此可知横向销柱必然分布在与压条两侧壁对应的两侧，则横向销柱与支杆也构成了T形；同时"凹槽与中间支杆的销柱卡入配合"与本专利的"横杆 (7) 与压块 (6) 上的卡槽 (5) 以活动卡嵌方式连接"只是文字表述的不同，其连接结构实质上是相同的。因此权利要求1所要求保护的技术方案与该对比文件1所公开的技术内容相比，所不同的仅仅是文字表达方式上略有差别，其技术方案实质上是相同的，且两者属于相同的技术领域，并能产生相同的技术效果，因此权利要求1不具备新颖性，不符合专利法第22条第2款的规定。

综上所述，由于请求人提出的权利要求 1 不具有专利法第 22 条第 2 款规定的新颖性的无效宣告请求理由成立，因此对于本专利不符合专利法第 22 条第 3 款的无效宣告请求理由不再一一评述。

**三、决定**

宣告 01214874.1 号实用新型专利权全部无效。

当事人对本决定不服的，可以根据专利法第 46 条第 2 款的规定，自收到本决定之日起 3 个月内向北京市第一中级人民法院起诉。根据该款的规定，一方当事人起诉后，另一方当事人应当作为第三人参加诉讼。

209

# 具有自动速度控制的局部麻醉和输送注射单元

## 无效宣告请求审查决定（第 10822 号）

**决　　定　　号**　第 10822 号
**决　　定　　日**　2007 年 12 月 18 日
**发明创造名称**　具有自动速度控制的局部麻醉和输送注射单元
**国 际 分 类 号**　A61M 1/00，A61M 19/00
**无效宣告请求人**　吉林麦莎医学科技有限公司
**专　利　权　人**　里程碑科学公司
**专　　利　　号**　01823638.3
**申　　请　　日**　2001 年 8 月 16 日
**授 权 公 告 日**　2006 年 9 月 6 日
**合 议 组 组 长**　刘颖杰
**主　　审　　员**　刘　畅
**参　　审　　员**　佟仲明

**法　律　依　据**　专利法第 22 条第 2 款
**决　定　要　点**

如果没有证据表明一项专利的技术方案在申请日之前在国内外出版物上公开发表过、在国内公开使用过或者以其他方式为公众所知，也没有同样的发明或者实用新型由他人向国务院专利行政部门提出过申请并且记载在申请日以后公布的专利申请文件中，那么不足以证明该项专利不具备新颖性。

### 一、案由

本无效宣告请求涉及中华人民共和国国家知识产权局于 2006 年 9 月 6 日授权公告的、名称为“具有自动速度控制的局部麻醉和输送注射单元”的发明专利权（下称本专利），其申请号是 01823638.3，申请日是 2001 年 8 月 16 日，专利权人是里程碑科学公司。该专利授权公告时的权利要求书如下：

“1. 一种注射设备，包括：输送部件，其适于以第一速度和第二速度的其中一个输送治疗剂液体；微处理器，其适于向所述输送部件产生控制信号；和控制部件，其可由操作者以选择所述第一速度和第二速度中的一个，其中在操作者释放所述控制部件之后，所述微处理器与所述控制部件配合以将所述输送部件维持在所述选择的速度；其中所述控制部件具有多个位置，包括为所述输送部件确定所选择的速度的选择位置和中间位置，其中，当被操作者释放时，所述控制部件偏置到所述中间位置。

2. 权利要求 1 的设备，进一步包括可被操作者操作的超越控制部件，其中，所述微处理器适于当所述超越控制部件被操作时，终止所述输送部件的工作。

3. 权利要求 1 的设备，其中所述输送部件适于以某一速度输送所述液体，该速度在一个上限和一个下限之间可调。

4. 权利要求 1 设备，进一步包括模式选择器，其中，所述微处理器响应所述模式选择器以第一模式和第二模式工作，在第一模式中所述微处理器维持所述选择的速度，在第二模式中所述微处理器根据所述控制器的位置操作所述输送部件以设定所述速度。

5. 一种注射设备，适于在临床医师的控制下将治疗剂液体注射给患者，所述设备包括：手柄，其适于由临床医师持握以施加液体；泵，其适于向所述手柄选择性地输送液体；马达，其适于根据控制信号以选择的速度操作所述泵；控制部件，其由临床医师操作以选择所述速度，所述控制部件具有与所选择的速度相关的第一位置和一个第二位置；以及微处理器，其与所述控制部件耦合，并适于在所述控制部件被临床医师操作并被释放以产生控制信号之后，产生所述控制信号；其中所述微处理器适于以手动模式工作，以及适于以巡航控制模式工作，在该手动模式中，所述微处理器对所述控制部件的每一个位置为所述输送部件选择不同的速度，在该巡航控制模式中，在所述控制部件返回到中间位置时，所述微处理器维持先前所选择的速度。

6. 权利要求 5 的设备，其中所述控制部件向所述第二位置偏置。

7. 权利要求 6 的设备，进一步包括由临床医师操作的超越控制开关，所述微处理器与所述超越控制开关耦合，从而在所述超越控制开关被激活之后为所述输送部件产生新的控制信号。

8. 权利要求 1 的设备，其中所述控制部件是脚踏板。

9. 一种注射设备，包括：输送部件，其适于以一个预先选择的速度输送治疗剂液体；微处理器，其适于向所述输送部件产生控制信号；和控制部件，其可由操作者操作以控制所述治疗剂液体的输送，所述控制部件具有一个操作位置和一个中间位置，并且被偏置使得当被操作者释放时，所述控制部件返回到所述中间位置，其中所述微处理器与所述控制部件配合，以在所述控制部件被所述操作者释放之后将所述治疗剂液体的输送维持在所述预先选择的速度。

10. 权利要求 9 的注射设备，进一步包括适于产生超越控制信号的超越控制部件，其中，所述微处理器响应于所述超越控制信号以停止所述治疗剂液体的输送。

11. 权利要求 9 的注射设备，其中所述微处理器适于监控所述控制部件的位置，并且适于在所述治疗剂液体的输送期间操作者从所述中间位置移动所述控制部件时，停止所述治疗剂液体的输送。

12. 权利要求 9 的设备，其中所述微处理器适于在所述控制部件从所述中间位置移动到所述中间位置时，在窗口启动期间监控所述控制部件，并适于在所述控制部件在所述窗口内被释放的情况下继续所述治疗剂液体的输送。

13. 一种注射设备，适于在临床医师的控制下将治疗剂液体注射给患者，所述设备包括：手柄，其适于由临床医师持握以施加液体；泵，其适于向所述手柄选择性地输送液体；马达，其适于根据控制信号操作所述泵；控制部件，其由临床医师操作并具有一个第一位置和一个第二位置；所述控制部件适于在所述控制部件已被临床医师移动到所述第二位置以启动所述液体的施加，然后释放所述控制部件之后，自动返回所述第一位置；以及微处理器，其与所述控制部件耦合，并适于在所述控制部件被临床医师从所述第一位置移动到所述第二位置时产生所述控制信号，所述微处理器适于在所述控制部件被临床医师释放之后维持所述控制信号以保持所述马达不断工作。

14. 权利要求 13 的注射设备，进一步包括适于产生超越控制信号的超越控制部件，其中，所述微处理器响应于所述超越控制信号以停止所述治疗剂液体的输送。

15. 权利要求 13 的注射设备，其中所述微处理器适于监控所述控制部件的位置，并且适于在所述治疗剂液体的输送期间操作者从所述中间位置移动所述控制部件时，停止所述治疗剂液体的输送。”

针对上述专利权，吉林麦莎医学科技有限公司（下称请求人）于 2007 年 8 月 9 日向专利复审委员会提出无效宣告请求，其提交的证据如下：

证据 1：名称为《在 21 世纪，为了控制局部疼痛而计算机化的注射系统》的文章英文原文及中文翻译复印件共 14 页，其中文译文的页角注明有“第 18 册第 10 刊”、“刚要/1997 年 10 月”的字样；

证据 2：名称为《上牙槽前、中神经阻滞麻醉：使牙齿麻醉，而不是使面部麻醉》的文章英文原文及中文翻译复印件共 4 页，其中文译文的页角注明有“当代美学和健康训练”、“2000 年 1 月”的字样；

证据 3：名称为《The WAND 无痛口腔局麻注射仪的临床应用研究》的文章复印件共 4 页，其页眉上注明有“现代口腔医学杂志 JOURNAL OF MODERN STOMATOLOGY 2000 Vol. 14 No. 5 P336－337”的字样；

证据 4：表头为“SFDA 国家食品药品监督管理局”的、名称为“三个月内注册证即将过期的进口注册产品列表（2003. 03. 21）”的表格复印件 2 页；

证据 5：（2007）吉长国安证民字第 4402 号公证书原件 1 本共 6 页；

证据 6：照片原件 8 张；

证据 7：名称为《局部麻醉注射系统》的文章英文原文及中文译文复印件共 4 页，其中文译文的页角注明有“106 JADA，2002 年 133 卷 2002 美国牙医协会版权　版权所有”的字样；

证据 8：公开号为 CN1089167A 的发明专利申请公开说明书，其公开日为 1994 年 7 月 13 日；

证据 9：公开号为 US5180371 的美国发明专利公开说明书及其中文译文，其标注的公开日为 1993 年 1 月 19 日；

证据 10：公开号为 US5690618 的美国发明专利公开说明书及其中文译文，其标注的公开日为 1997 年 12 月 25 日。

请求人认为上述证据 1～7 公开了本专利的权利要求 1 的全部技术特征，证据 8～10 公开了本专利权利要求 2～15 的技术特征，因而，本专利的全部权利要求均不具备新颖性。

经形式审查合格，专利复审委员会依法受理了上述无效宣告请求，并于 2007 年 8 月 22 日向双方发出无效宣告请求受理通知书，并将无效宣告请求书及其附件清单中所列附件的副本转送给专利权人。

请求人于 2007 年 9 月 6 日向专利复审委员会提交意见陈述及补充证据：

补充证据 1（下称证据 11）：专利号为 US5690618A 的美国专利公开说明书的附图，其首页上标注的公开日期为 1997 年 11 月 25 日；

补充证据 2（下称证据 12）：美国里程碑科技公司即专利权人以其销售商北京康瑞德现代科技有限公司名义于 1999 年 4 月向国家食品与药品监督管理局申请进口医疗器械注册证申请材料复印件共 42 页，其中包括：《中华人民共和国进口医疗器械注册证申请表》复印件 1 页、《国家药品监督管理局医疗器械产品审批表》复印件 1 页、受理号为“（进）990192”的《医疗器械产品注册技术审查报告》复印件 4 页、《医疗器械产品审查注册中心审查工作单》复印件 1 页、受理号为“（进）990192”的《受理通知书（进）》复印件 1 页、北京康瑞德现代科技有限公司的企业法人营业执照（副本）的复印件 1 页、美国食品药品管理局（FDA）出具的允许 the Wand 计算机控制牙科局部麻醉仪出口的证明文件的英文复印件 1 页及中文译文 1 页、专利权人指定 IME 公司作为“the Wand™”计算机控制牙科局部麻醉仪在中华人民共和国的独家代理进行销售，客户服务，维修保养，培训等工作的证明文件英文复印件及中文译文各 1 页、IME 公司指定北京康瑞得现代科技有限公司进行“the Wand™”计算机控制牙科局部麻醉仪在中华人民共和国的注册，销售，客户服务，维修保养，培训等工作的证明文件的英文复印件及中文译文各 1 页、北京康瑞德现代科技有限公司出具的同意作为美国 IME 公司的“the Wand™”计算机控制牙科局部麻醉仪在中华人民共和国的注册，销售，客户服务，维修保养，培训等工作的承诺书复印件 1 页、专利权人授权 Tricor Systems，Incoporated 生产 the Wand 计算机控制牙科局部麻醉仪的《生产授权书》英文复印件 1 页及中文译文 1 页、TRICOR System，Inc 出具的《质量保证书》英文复印件 1 页及中文译文 1 页、《技术测试报告》复印件 1 页、《The Wand™麻醉仪使用手册》英文复印件 7 页及中文译文 11 页以及未提交中文译文的英文证明文件复印件 3 页。

请求人表示使用补充提交的证据 11、12 来证明专利权人的产品在申请日之前已经处于销售公开状态，其权利要求已经丧失新颖性，并且随此次意见陈述书，请求人还提交了《口头审理申请书》，并要求演示物证。

专利权人于 2007 年 10 月 8 日向专利复审委员会提交意见陈述，专利权人认为：不认可证据 1~3，且请求人提交的证据 1~3 不能表明独立权利要求 1 的技术方案在申请日前已经处于公开状态；不认可证据 4~7，且证据 4~7 没有证明请求人希望作为证据的产品确实公开了权利要求 1 的技术方案；证据 8~10 公开的内容也不能破坏权利要求 2~15 的新颖性。

针对上述无效宣告请求，专利复审委员定于 2007 年 11 月 26 日举行口头审理。并将请求人于 2007 年 9 月 6 提交的意见陈述及补充证据副本转送给专利权人，将专利权人于 2007 年 10 月 8 日提交的意见陈述副本转送给请求人。

口头审理如期举行，双方当事人均委托代理人参加了口头审理。

在口头审理中，请求人明确表示放弃证据 4、7 作为证据使用，并明确使用证据 1~3 作为出版物公开的证据，证据 5、6、12 作为使用公开的证据，用于证明权利要求 1、5、9、13 不具备新颖性，使用证据 2~3、证据 8~11 来证明权利要求 2~15 不具备新颖性，其中证据 8~11 仅用于评述本专利从属权利要求 2~4、6~8、10~12 的附加技术特征。

请求人表示证据 1~3 均为网上下载的文章，没有原件，其中证据 1~2 在网上调取的只有英文。对此，专利权人表示对证据 1~3 的真实性、合法性和关联性不予认可，对此请求人表示证据 1~3 有公开日期，可以作为证据使用，虽然是英文，但不代表是域外证据，并表示在国内找不到证据 1~3 的原件杂志。合议组当庭告知双方当事人：请求人所提交的证据 1~3 均为网上下载的，不确定因素较多，请求人不能证明其真实性，因而不予接受。

请求人表示证据 5、6、12 形成证据链以证明本专利在申请日前已处于使用公开的状态，其中证据 5 证明了 2001 年 4 月 30 日该设备已经销售，证据 6 照片中的设备是专利权人生产的产品，证据 6 证明了在医院中该设备已实际使用。对此专利权人表示认可证据 5 的真实性，但认为证据 5 与本案缺乏关联性，证据 5 仅能证明长春市儿童医院在本申请的申请日之前购买过口腔无痛局麻仪，但不能证明该口腔无痛局麻仪就是本专利产品，因此不能证明本专利产品在先销售的事实，并认为证据 6 没有拍摄的具体日期，因而不予认可其真实性。请求人出示实物，认为实物就是证据 6 照片中设备，可以确定证据 6 照片中的设备就是本专利产品，证据 12 与证据 5、证据 6 有关，请求人当庭提交证据 12 盖有红章的复印件，认为证据 12 可证明美国里程碑科技公司于 1999 年申请销售本专利的产品。专利权人认为证据 12 仅能证明专利权人的产品在中国的审批通过允许销售，但不能证明真正公开销售的事实，也不能证明通过审批的产品就是本专利产品，证据 5、6、12 不能形成完整的证据链。

请求人演示实物。请求人认为麻醉仪就是注射设备；输送部件公开在实物中，注射时可以控制低速和高速，操作时可以显示此特征；实物公开了微处理器、控制部件；但表示该实物无法实现本专利独立权利要求 1 中的“维持所述选择的速度”这一特征。请求人认为本专利权利要求 13 的第一位置和第二位置都是已知的，因为本利权利要求 1“当被操作者释放时，所述控制部件偏置到所述中间位置”不具有新颖性，所以本专利权利要求 13 不具有新颖性。请求人明确表示本专利权利要求 5、9 与本专利权利要求 13 评述理由相同。

请求人明确表示证据 8~11 仅用于评述本专利的从属权利要求 2~4、5~8、10~12 的附加技术特征。对此专利权人坚持认为本专利具备新颖性。

双方当事人表示已充分发表意见，没有新的意见需要补充。

至此，合议组认为本案事实清楚，现依法作出审查决定。

**二、决定的理由**

专利法第 22 条第 2 款规定：新颖性，是指在申请日以前没有同样的发明或者实用新型在国内外出版物上公开发表过、在国内公开使用过或者以其他方式为公众所知，也没有同样的发明或者实用新型由他人向国务院专利行政部门提出过申请并且记载在申请日以后公布的专利申请文件中。

1. 关于证据 1~3 是否破坏本专利权利要求 1、5、9、13 的新颖性

证据 1~3 均为网上下载的文章，因而无法对其真实性予以核实，在请求人无法提交证据 1~3 中的文章所在期刊的原件的情况下，合议组无法确定这三份证据的真实性，因此证据 1~3 不能作为本案证据使用，请求人认为证据 1~3 破坏本专利权利要求 1 的新颖性的这一主张不能成立。

2. 关于证据 5、6、12 是否破坏本专利权利要求 1、5、9、13 的新颖性

鉴于请求人提交的证据 12 中有 3 页英文文件没有相应的中文译文，根据审查指南第四部分第八章第 2. 2. 1 节的规定，这 3 页英文文件视为未提交。

请求人明确使用证据 5、6、12 来证明专利权人在本专利的申请日之前曾销售过本专利产品。证据 5 中的公证书证明了请求人于 2007 年 7 月 30 日随同公证员来到长春市儿童医院档案室调取的《吉林省商业零售统一发票》、《长春市商业银行转帐支票存根》、《收据粘附纸》及《固定资产入库书》四份复印件与原件相符；证据 6 是请求人到长春市儿童医院口腔牙病诊室拍摄的“the Wand™”口腔无痛局麻仪的照片，请求人声称该照片上的仪器就是本专利产品；证据 12 是北京康瑞德现代科技有限公司申请引进由专利权人生产的“the Wand™计算机控制牙科局部麻醉仪”的相关文件，证据 12 证明了由专利权人生产的“the Wand™计算机控制牙科局部麻醉仪”在中国相关部门进行申请销售的审批。

合议组认为：证据 5 中的公证书所附带的收据粘附纸及固定资产入库书证明了长春市儿童医院曾于 2001 年 5 月 9 日购买了一台口腔无痛局麻仪并于当天入库，请求人声称证据 6 照片中的产品就是长春市儿童医院当时购买的专利权人生产的 the Wand™口腔无痛局麻仪，但该照片是请求人自行拍摄的，除了其自己的陈述之外，并没有其他证据可以表明其中的仪器就是证据 5 中儿童医院购买的口腔局部麻醉仪，同样，在证据 12 中也没有表明“the Wand™计算机控制牙科局部麻醉仪”就是本专利的产品，因此在没有其他证据对其主张进行佐证的情况下，不能认定证据 5、6、12 中的产品就是本专利的产品。

此外，由于请求人认为其当庭演示的产品实物就是证据 5、6、12 中的产品，且请求人在当庭也表示其所演示的实物没有公开本专利独立权利要求 1、5、9、13 中的“维持在所述选择的速度”这一特征，上述事实也表明证据 5、6、12 中所提及的产品与本专利的产品不同。

综上所述，请求人认为证据 5、6、12 破坏本专利权利要求 1、5、9、13 的新颖性的这一主张不能成立。

3. 关于从属权利要求 2~4、6~8、10~12、14~15 是否具备新颖性

请求人明确使用证据 2~3、证据 8~11 来证明权利要求 2~15 不具备新颖性，其中证据 8~11 仅用于评述本专利从属权利要求 2~4、6~8、10~12 的附加技术特征。如上所述，证据 2、3 不能作为本案证据使用。此外，请求人当庭表示证据 8~11 仅用于评述本专利从属权利要求 2~4、6~8、10~12 的附加技术特征，而在独立权利要求 1、5、9、13 具备新颖性的情况下，其从属权利要求 2~4、6~8、10~12、14~15 也具备新颖性，因此请求人认为从属权利要求 2~4、6~8、10~12、14~15 不具备新颖性的这一主张不能成立。

综上所述，本专利权利要求 1~15 具备专利法第 22 条第 2 款所规定的新颖性。

**三、决定**

维持 01823638.3 号发明专利权有效。

当事人对本决定不服的，可以根据专利法第 46 条第 2 款的规定，自收到本决定之日起三个月内向北京市第一中级人民法院起诉。根据该款的规定，一方当事人起诉后，另一方当事人应当作为第三人参加诉讼。

210

# 循环冲洗碎粪厕具及厕所无水源冲洗系统

## 无效宣告请求审查决定（第10825号）

**决　　定　　号**　第10825号
**决　　定　　日**　2007年11月29日
**发明创造名称**　循环冲洗碎粪厕具及厕所无水源冲洗系统
**国 际 分 类 号**　E03D 9/10
**无效宣告请求人**　北京雷特新技术实业公司
**专 利 权 人**　吴　昊
**专　　利　　号**　01109097.9
**申　　请　　日**　2001年2月28日
**授 权 公 告 日**　2004年3月10日
**合 议 组 组 长**　李　越
**主　　审　　员**　危　峰
**参　　审　　员**　吴红权

**法 律 依 据**　专利法第22条第2款
**决 定 要 点**

在一件发明或实用新型的新颖性判断中，由他人在该发明或实用新型的申请日以前向国务院专利行政部门提出并且在申请日以后公布的同样的发明或实用新型专利文件，破坏该发明或实用新型的新颖性。这种申请在先、公开在后的破坏一件发明或实用新型新颖性的专利文件称为该发明或实用新型的“抵触申请”。抵触申请与其所针对的发明或实用新型相比，二者的技术领域、所要解决的技术问题相同、技术方案实质上相同，从而预期效果必然相同。

**一、案由**

本无效宣告请求案涉及国家知识产权局于2004年3月10日公告授予的、名称为“循环冲洗碎粪厕具及厕所无水源冲洗系统”的第01109097.9号发明专利权（下称本专利），其申请日为2001年2月28日，专利权人为吴昊。本专利授权公告的权利要求如下：

“1.一种循环冲洗碎粪厕具，由厕盆（3）、粉碎泵（5）、集粪电磁阀（9）、碎粪电磁阀（12）、冲洗液泵（23）、控制电脑（1）及管件组成，粉碎泵（5）的入口和厕盆（3）的下方排粪口相连，粉碎泵（5）的泵出口和集粪管（18）相连，其特征在于：粉碎泵（5）的泵出口还和碎粪管（8）连接，碎粪管（8）的另一端开口于厕盆（3）的底部，集粪管（18）上装有集粪电磁阀（9），集粪管（18）的通断受集粪电磁阀（9）的控制，碎粪碎粪管（8）上装有碎粪电磁阀（12），碎粪管

(8) 的通断受碎粪电磁阀 (12) 的控制，所有的电器受控制电脑 (1) 的控制，在控制电脑 (1) 的控制下通过泵的转停和各电磁阀的通断可在同一厕具上实现循环碎粪功能、强制排粪功能和厕盆冲洗功能。

2. 一种尿液收集装置，由冲洗液泵 (23)、集尿箱 (22)、集尿电磁阀 (11)、管件及控制电脑 (1) 组成，其特征在于：集尿管 (10) 和厕具的排放口相连，集尿管 (10) 的另一端和集尿箱 (22) 相连，集尿管 (10) 上装有集尿电磁阀 (11)，集尿管 (10) 的通断受集尿电磁阀 (11) 的控制，厕具的集粪管 (18) 上装有集粪电磁阀 (9)，集粪管 (18) 的通断受集粪电磁阀 (9) 的控制，集尿箱 (22) 的底部通过冲洗液泵 (23) 与冲洗管 (12) 连接，所有的电器受控制电脑 (1) 的控制。

3. 一种厕所无水源冲洗系统，包括控制电脑 (1)、探测装置 (2)、厕盆 (3)、粉碎泵 (5)、碎粪管 (8)、集粪电磁阀 (9)、集尿管 (10)、集尿电磁阀 (11)、碎粪电磁阀 (12)、冲洗管 (17)、集尿管 (18)、集尿箱 (22) 和冲洗液泵 (23) 其特征在于：粉碎泵 (5) 连接于厕盆 (3) 的下部粪尿出口，粉碎泵 (5) 的出口连接集粪管 (18)、集尿管 (10)、碎粪管 (8) 三条管道，三条管道上分别安装有集粪电磁阀 (9)、集尿电磁阀 (11)、碎粪电磁阀 (12)，分别用来控制这三条管道的通断，集尿管 (10) 的另一端连接集尿箱 (22)，碎粪管 (8) 的另一端开口于厕盆 (3) 的底部对着大便位置，集尿箱 (22) 通过冲洗泵 (23) 连接冲洗管 (17)，冲洗管 (17) 的另一端开口于便盆 (3) 使冲洗液能够冲到便盆该冲到的区域，所有的用电器都受控制电脑 (1) 的控制。

4. 一种非大便自动识别方法，由能够探知厕所是否正在使用的探测装置 (2) 和控制电脑 (1) 组成，探测装置 (2) 将所探测的信号送到控制电脑 (1) 上，控制电脑 (1) 根据探测装置 (2) 提供的用厕者离去的信号开始冲洗厕盆的过程，其特征在于：控制电脑 (1) 还利用探测装置 (2) 提供的用厕者进入厕所的信号开始计时，计时直到探测装置提供用厕者离去信号为止，控制电脑 (1) 将测得的计时时间同预先存储于控制电脑 (1) 的特定时间值进行比较，来进行非大便的认定。

5. 如权利要求 4 所述的非大便自动识别方法，其特征在于：所说的特定时间值为 1~1.5 分钟。

6. 如权利要求 2 所述碎粪尿液收集装置，其特征在于：它带有自动药液添加装置，该装置由药罐 (14)、加药电磁阀 (13)、加药导管 (16)、控制电脑 (1) 组成，加药导管 (16) 一端连接药罐 (14)，另一端直接连通到集尿箱 (22) 或通过集尿管 (10) 连通到集尿箱 (22)，加药导管 (16) 的通断受加药电磁阀 (13) 的控制，加药电磁阀 (13) 受控制电脑 (1) 的控制，控制电脑 (1) 在控制权利要求 2 所述碎粪尿液收集装置进行小便尿液收集功能和大便固液分离集尿功能时，能够同时控制加药电磁阀 (13) 开启并持续一定的时间后关闭，这样就会有一定量的药液会通过加药电磁阀 (13)、加药导管 (16) 流入集尿箱 (22)，实现自动药液添加。”

针对上述专利权，北京雷特新技术实业公司（下称请求人）于 2007 年 6 月 12 日向专利复审委员会提出无效宣告请求，认为本专利权利要求 1~4 不符合专利法第 22 条第 2 款和第 3 款的规定，并提交了下述证据：

证据 1：第 99256864.1 号中国实用新型专利说明书，复印件 24 页，授权公告日为 2000 年 10 月 4 日；

证据 2：第 00113262.8 号中国发明专利说明书，复印件 30 页，申请日为 2000 年 2 月 2 日，授权公告日为 2005 年 7 月 6 日，专利权人为曾德邻；

证据 3：第 92106241.9 号中国发明专利申请公开说明书，复印件 10 页，公开日为 1993 年 12 月 29 日。

请求人认为：权利要求 1 相对于证据 1 无新颖性和创造性，权利要求 2 和 3 相对于证据 2 无新颖性和创造性，权利要求 4 相对于证据 3 无创造性。

经形式审查合格后，专利复审委员会受理了上述请求，于 2007 年 7 月 3 日向双方当事人发出《无效宣告请求受理通知书》，并将《专利权无效宣告请求书》及其他有关文件的副本转送给专利权人吴昊，要求其在指定的期限内答复，同时成立合议组对本无效请求案进行审理。

2007 年 7 月 11 日，请求人提交了无效宣告请求的补充意见，并提交了下述证据（编号续上）：

证据 4：EP 1013838 A1 欧洲专利说明书，复印件 9 页，公开日为 2000 年 6 月 28 日，中文译文 12 页；

证据 5：第 96234988.7 号中国实用新型专利说明书，复印件 16 页，授权公告日为 1998 年 7 月 29 日；

证据 6：BE 1008693 A6 比利时专利说明书，复印件 15 页，公开日为 1996 年 7 月 2 日，中文译文 11 页；

证据 7：第 00245707.5 号中国实用新型专利说明书，复印件 8 页，申请日为 2000 年 8 月 7 日，授权公告日为 2001 年 6 月 6 日，专利权人为付文军；

证据 8：国家知识产权局专利信息中心检索报告，编号 07-230，复印件 6 页。

请求人认为：权利要求 1 相对于证据 1 实施例 2 的区别技术特征（证据 1 中并未公开碎粪电磁阀）为本领域技术人员容易想到的技术手段，由此权利要求 1 相对于证据 1 或者证据 1 和证据 4（其公开了循环碎粪功能）的结合不具有创造性；权利要求 2 相对于证据 5 的区别技术特征（证据 5 并未公开集尿电磁阀、集粪管、集粪电磁阀、集尿管通断受集尿电磁阀控制、集粪管的通断受集粪电磁阀控制）为本领域人员利用各种管件构成必要的通道、并控制其通断的常见组合方式，并不需要付出创造性的劳动，由此权利要求 2 不具有创造性；权利要求 3 的技术方案实质上为权利要求 1 和 2 所述技术方案的简单组合，证据 2 为权利要求 3 的最接近对比技术文件，结合前文的分析，权利要求 3 相对于证据 2 与证据 1 和证据 5 的结合不具有创造性；权利要求 4 相对于证据 6 不具有新颖性和创造性，虽然证据 6 只是将水储存到水箱，但很容易得知，将水放入水箱与放入便盆毫无区别，均为对厕盆的冲洗；权利要求 4 和 5 相对于证据 7（其构成抵触申请，两者的技术方案相同或等同，并且其公开了大于特定时间值 80 秒的行为是大便行为）不具有新颖性；权利要求 6 的附加技术特征并非具有新颖性和创造性的区别技术特征，其不具备新颖性和创造性。

2007 年 8 月 16 日，专利权人针对 2007 年 7 月 3 日发出的《无效宣告请求受理通知书》作出答复，认为本专利权利要求 1~4 符合专利法第 22 条第 2 款和第 3 款的规定：（1）权利要求 1 相对于证据 1 省去了过滤装置及其清淤和更换滤芯的烦恼，而且是循环碎粪、循环冲洗，二者结构不同，所达到的效果也不同；（2）证据 2 只可能属于权利要求 2 和 3 的抵触申请，其并不影响权利要求 2 和 3 的创造性，且请求人将本专利的冲洗液泵与证据 2 的冲液储器认为是相同结构是不对的，本专利中冲洗液泵是将集尿箱中的尿液抽出冲洗厕具，不具有储存功能，而冲液储器是储存尿储器中的尿液和通过外补液口储存外部由于尿液不足所需的冲洗液，具有储存功能，两者结构和功能均不同；（3）权利要求 4 与证据 3 之间存在明显区别，请求人仅从二者都有利用尿液循环冲厕功能即认为两个技术方案没有实质性差别是不对的。因此，本专利具备新颖性和创造性。

2007 年 9 月 26 日，本案合议组向双方当事人发出《无效宣告请求口头审理通知书》，拟定于 2007 年 11 月 15 日对该专利权的无效宣告请求进行口头审理，并将专利权人于 2007 年 8 月 16 日提交的意见陈述书转送给请求人，将请求人于 2007 年 7 月 11 日提交的补充意见及其清单所列附件副本转送给专利权人。

2007 年 11 月 15 日，口头审理如期进行，双方当事人均出席了口头审理。庭审过程中，合议组就本案的无效理由及证据逐一进行了调查，双方当事人充分陈述了各自的意见。在此基础上，经调查明确了以下事项：

（1）请求人当庭提交了盖有“国家知识产权局专利检索咨询中心副本认证专用章”红章的证据4和6。

（2）请求人放弃针对权利要求1~3和6的无效理由且明确放弃证据1~5和8的使用；明确其全部无效理由是：权利要求4相对于证据6不符合专利法第22条第2款和第3款的规定，权利要求5相对于证据6不符合专利法第22条第3款的规定；权利要求4和5相对于证据7不符合专利法第22条第2款的规定。

（3）专利权人认可证据1~8的真实性，且对证据4和6的中文译文准确性无异议。

至此，合议组认为本案的事实清楚，可以作出审查决定。

**二、决定的理由**

1. 关于审查文本

本决定是在国家知识产权局于2004年3月10日授权公告的本专利的文本的基础上作出的。

2. 关于证据

请求人提交的证据为证据1~8，其中，证据1~5和8被请求人在口头审理中放弃，故请求人使用的证据只有证据6和7。证据6和7是请求人针对本专利权利要求4和5的无效理由提交的，其中证据6为比利时专利说明书及其中文译文，证据7为中国实用新型专利说明书。专利权人对上述证据的真实性无异议，对证据6中文译文的准确性无异议；并且，请求人在口审时提交了盖有“国家知识产权局专利检索咨询中心副本认证专用章”红章的证据6，表明证据6经过了国家知识产权局专利检索咨询中心的认证。因此，合议组对证据6与7的真实性和证据6中文译文准确性予以认可。

3. 关于专利法第22条第2款

专利法第22条第2款规定：新颖性，是指在申请日以前没有同样的发明或者实用新型在国内外出版物上公开发表过、在国内外公开使用过或者以其他方式为公众所知，也没有同样的发明或者实用新型由他人向国务院专利行政部门提出过申请并且记载在申请日以后公布的专利申请文件中。

在一件发明或实用新型的新颖性判断中，由他人在该发明或实用新型的申请日以前向国务院专利行政部门提出并且在申请日以后公布的同样的发明或实用新型专利文件，破坏该发明或实用新型的新颖性。这种申请在先、公开在后的破坏一件发明或实用新型新颖性的专利文件称为该发明或实用新型的“抵触申请”。抵触申请与其所针对的发明或实用新型相比，二者的技术领域、所要解决的技术问题相同、技术方案实质上相同，从而预期效果必然相同。

本专利权利要求4要求保护一种非大便自动识别方法，由能够探知厕所是否正在使用的探测装置（2）和控制电脑（1）组成，探测装置（2）将所探测的信号送到控制电脑（1）上，控制电脑（1）根据探测装置（2）提供的用厕者离去的信号开始冲洗厕盆的过程，其特征在于：控制电脑（1）还利用探测装置（2）提供的用厕者进入厕所的信号开始计时，计时直到探测装置提供用厕者离去信号为止，控制电脑（1）将测得的计时时间同预先存储于控制电脑（1）的特定时间值进行比较，来进行非大便的认定。

请求人主张证据7为权利要求4的抵触申请，导致权利要求4不符合专利法第22条第2款的规定。

请求人所提交的证据7为第00245707.5号中国实用新型专利，其申请日为2000年8月7日，在本专利的申请日（2001年2月28日）之前，公告日为2001年6月6日，在本专利的申请日之后，专利权人为付文军，不同于本专利的专利权人（吴昊）。相对于本专利而言，证据7为他人申请在先、公开在后的专利文件，其公开了一种便池自动冲水控制器，可以用于评价本专利的新颖性。

证据7实施例1（说明书第2~3页）公开了一种座便器自动冲水控制器，其主要由红外传感器、单片机、变压器、时间设置调节键、时间显示、电磁衔铁组成，单片机与红外传感器、电磁衔铁均由导线连接，单片机包括定时器/计数器模块，可用时间设置调节键设置触发信号的预设时间t1、t2、t3和冲水时间T1、T2、T3；将预设时间分别设置为t1<15秒、t2=15~80秒、t3>80秒，冲水时间相对应地设置为T1=0、T2=3秒、T3=6秒；该自动冲水控制器的工作过程是，当人体进行大便行为时，红外传感器接收人体反射的红外信号，单片机内时间计数器开始工作，行为完毕，信号中断，计数器记录时间为90秒，单片机比较并进行识别为t3大于80秒，输出信号至冲水时间定时器T3=6秒，输出信号给电磁衔铁，电磁衔铁拉动拉杆，水箱打开进行冲水6秒即停止；当人体进行小便行为时，计数器记录时间为30秒，单片机识别为t2=15~80秒，输出信号至冲水时间定时器T2=3秒，输出信号给电磁衔铁自动冲水3秒即停止；当人体从便池前走过时，计数器记录时间为8秒，单片机识别为t1小于15秒，输出信号至冲水时间定时器T1=0秒，即不进行冲水。由此可见，该冲水控制器是利用红外传感器（即探测装置）接收人体如厕行为，在单片机（即控制电脑）中将人体如厕时间与预设时间进行对比，确定具体的人体如厕行为（大便、小便或无大小便），然后据此输出信号给电磁衔铁带动冲水装置进行不同时间的自动冲水。该冲水控制器中实质上利用了一种自动识别人体如厕行为的方法。

将权利要求4所要求保护的技术方案与证据7实施例1所公开的技术方案进行对比可知：二者均涉及应用在厕所中的自动识别人体如厕行为的方法，可知二者的技术领域相同；权利要求4要解决的技术问题是对非大便的认定，证据7要解决的技术问题是对人体如厕行为（大便、小便或无大小便）的认定，通过对人体如厕行为（大便、小便或无大小便）的认定，可以进而认定人体如厕行为是大便抑或非大便，故可知二者所要解决的技术问题实质相同；二者采用的技术方案也实质上相同，均是利用探测装置接收人体如厕行为在控制电脑中进行分类处理，以时间为参数，将人体如厕时间与预设时间进行对比，来确定具体的人体如厕行为，从而完成其自动识别方法；由于权利要求4所要保护的技术方案与证据7记载的技术方案实质上相同，并且二者的技术领域和所要解决的技术问题均相同，因此二者所能达到的技术效果必然相同，二者均实现了对具体的人体如厕行为的认定。

综上所述，证据7与权利要求4的技术领域、所要解决的技术问题及技术方案、预期效果均相同。相对于权利要求4而言，证据7是他人申请在先、公开在后的相同的实用新型，故构成了权利要求4的抵触申请，破坏了权利要求4的新颖性，即权利要求4不符合专利法第22条第2款的规定。

证据7也公开了如厕时间大于80秒时为大便行为（同上），该特定时间值（80秒）在从属权利要求5限定的特定时间值1~1.5分钟范围之内。在权利要求4不具备新颖性的前提下，从属权利要求5也不具备新颖性。

专利权人主张本专利识别非大便的目的是收集非大便，而证据7的目的是控制不同水量冲水，据此认为二者目的不同，是不同的技术方案。合议组经审查认为，从权利要求4记载的内容来看，其要求保护的主题是一种非大便自动识别方法，目的是对非大便进行识别以便决定下一步采取不同的冲洗方案（参见说明书第8页第13~14行）；权利要求4本身没有涉及与非大便的收集有关的技术特征，并不能实现对非大便的收集，专利权人的主张仅是所述非大便识别方法在特定厕具中应用时所要达到的下一步目的。由此，合议组对专利权人的主张不予支持。

鉴于请求人的无效宣告请求仅针对权利要求4和5，且权利要求4和5相对于证据7都不具备新颖性，应宣告权利要求4和5无效，故本决定对于其他无效宣告理由和证据不再进行评述。

基于以上事实和理由，本案合议组作出如下审查决定。

## 三、决定

宣告 01109097.9 号发明专利权的权利要求 4 和 5 无效，在权利要求 1~3 和 6 的基础上维持本专利权有效。

当事人对本决定不服的，可以根据专利法第 46 条第 2 款的规定，自收到本决定之日起三个月内向北京市第一中级人民法院起诉。根据该款的规定，一方当事人起诉后，另一方当事人应当作为第三人参加诉讼。

211

# 球　拍

## 无效宣告请求审查决定（第 10827 号）

**决　定　号**　第 10827 号
**决　定　日**　2007 年 12 月 3 日
**发明创造名称**　球拍
**国 际 分 类 号**　A63B 49/02
**无效宣告请求人**　厦门侨兴工业有限公司
**专 利 权 人**　张成宗
**专　利　号**　01242318.1
**申　请　日**　2001 年 6 月 25 日
**授 权 公 告 日**　2002 年 4 月 10 日
**合 议 组 组 长**　程　强
**主　审　员**　侯　曜
**参　审　员**　黄　强

**法 律 依 据**　专利法第 22 条第 3 款
**决 定 要 点**

判断一项权利要求是否具有创造性，重点在于判断对于本领域技术人员来说，要求保护的技术方案相对于现有技术是否显而易见，并且是否具有有益的技术效果。如果本领域技术人员从请求人提交的证据中无法显而易见地得到权利要求的技术方案，而且所述技术方案又具有有益的技术效果，则权利要求的技术方案具有创造性。

**一、案由**

本无效宣告请求案涉及国家知识产权局于 2002 年 4 月 10 日公告授予的、名称为“球拍”的实用新型专利权（下称本专利），其申请日为 2001 年 6 月 25 日，专利权人为张成宗。该专利授权公告的权利要求如下：

“1. 一种球拍，包括拍框（1）、握柄（2），其特征在于：中空的拍框呈弧形弯折，且具有两个自由端部（11），握柄（2）由充气管（20）及包覆其上的纤维层（30）组成，握柄（2）前端嵌入拍框（1）的两个自由端部（11）并与之固接。

2. 根据权利要求 1 所述的一种球拍，其特征在于：握柄（2）前端填塞整个中空的拍框（1）内部。

3. 根据权利要求 1 所述的一种球拍，其特征在于：拍框（1）的自由端部（11）呈斜切面。”

针对上述专利权，厦门侨兴工业有限公司（下称请求人）于2007年2月5日向专利复审委员会提出无效宣告请求，认为本专利权利要求1~3不符合专利法第22条第3款的规定，并提交了下述证据：

证据1：本专利的授权公告文本，复印件共8页；

证据2：国家知识产权局专利检索咨询中心出具的编号为G062608的检索报告，复印件共4页；

证据3：美国专利US4906226的公开文本，公开日为1990年3月6日，复印件共7页，权利要求书的译文共1页；

证据4：申请号为94113554.3的中国发明专利申请公开说明书，公开日为1996年8月28日，复印件共15页；

证据5：台湾新型专利公报205720的公告文本，公告日1993年5月11日，复印件共11页；

证据6：台湾发明专利公报244339的公告文本，公告日1995年4月1日，复印件共20页。

请求人认为：本专利权利要求1与证据3或5的区别技术特征是权利要求1中"握柄由充气管及包覆其上的纤维层组成"，证据4公开了一种玻璃纤维加强塑胶球拍框，握把也是由弹性不可渗透管21（相当于本专利的充气管20）及包覆其上的纤维管材20（相当于本专利的纤维层30）组成，证据6公开的握把也是由薄管42（相当于本专利的充气管20）及包覆其上的纤维管状物40（相当于本专利的纤维层30）组成，因此权利要求1相对于证据3和4，或者证据5和6的结合不具备创造性；权利要求2的附加技术特征被证据2和4公开，权利要求3的附加技术特征被证据3公开，因此在权利要求1不具备创造性的前提下，权利要求2和3也不具备专利法第22条第3款规定的创造性。

经形式审查合格后，专利复审委员会受理了上述请求，于2007年3月12日向双方当事人发出《无效宣告请求受理通知书》，并将《专利权无效宣告请求书》及其他有关文件的副本转送给专利权人，要求其在指定的期限内答复，同时成立合议组对本无效宣告请求案进行审理。

2006年4月25日，专利权人针对上述无效宣告请求提交了意见陈述。专利权人认为：（1）证据3公开的的拍框和握柄是斜端面结合，螺丝锁固形式，需要钻孔破坏结构，且接触位置应力集中，球拍容易断裂，而本专利是更牢固的嵌入式结合，且由于充气管可变形，使握柄前端可按照自由端的形态嵌入，充气后纤维层与拍框的金属紧密结合，强度更高；证据4的不可渗透管在除模后由产品中移出，属于FPR纤维材加强塑胶框一体成型的制造方式，而本专利的握柄是由纤维层包裹两根两端密封的充气管组成，握柄前端纤维层完全嵌入拍框的两个自由端，其长度可按照强度需求设定，且嵌入的纤维层与握柄是一体结构，强度更高，且由于充气管的扩撑作用，使握柄与两个自由端结合更紧密，强度更高，因此本专利相对于证据3和4的结合具备创造性；（2）证据5公开的球拍中，拍框与握柄的结合是插接式，即握柄顶端两侧形成的插入端插入铝合金头框的内孔，由于两部分已经固化成型，因此在结合时将由于各自具有的弧度和插入深度的限制而使结合位置的强度不好，尽管外层包覆了用于增强强度的纤维，但由于不是一体式结合，强度不佳，使球拍容易断裂；证据6公开的技术属于纤维材补强塑胶框一体成型的制作方式，与本专利的结构和作用均不同，因此，本专利相对于证据5和6的结合具备创造性。

2007年7月10日，本案合议组向双方当事人发出《无效宣告请求口头审理通知书》，同时将专利权人提交的意见陈述书转送给请求人，并拟定于2007年8月29日对本案进行口头审理。

口头审理如期进行，双方当事人均出席了口头审理。合议组就本无效宣告请求案的无效理由和证据逐一进行了调查，双方当事人充分陈述了各自的意见，在此基础上，合议组记录了以下事项：

（1）请求人当庭确定其无效宣告的理由为权利要求1~3相对于证据3和证据4的结合不符合专利法第22条第3款有关创造性的规定，其中证据3是最接近的对比文件；权利要求1~2相对于证据

5 和证据 6 的结合不符合专利法第 22 条第 3 款有关创造性的规定，权利要求 3 相对于证据 5、证据 6 和证据 3 的结合不符合专利法第 22 条第 3 款有关创造性的规定，其中证据 5 是最接近的对比文件。

（2）专利权人对证据 1~6 的真实性没有异议，对请求人提交的证据 3 的权利要求书的中文译文的准确性没有异议。请求人当庭出示了证据 2 的原件，以及加盖有“国家知识产权局专利检索咨询中心副本认证专用章”的证据 5 和 6 的复印件各一份，共 31 页。

（3）专利权人当庭提交了证据 3 全文的中文译文一式两份各 12 页，合议组将其中一份保留在案卷中，另一份当庭转送给请求人，请求人表示需要庭后再对其译文的准确性进行确认。

口头审理结束后，请求人于 2007 年 8 月 30 日提交了以下附件：

附件 1：由中国台湾地区“经济部智慧财产局”发布的（95）智专三（一）02054 字第 09520104940 号“经济部智慧财产局专利举发鉴定书”，复印件共 4 页；

附件 2：附件 1 中所述举发鉴定书涉及的台湾专利申请号 090101386 的举发理由书及证据，复印件共 54 页；

同时，请求人未对专利权人提交的证据 3 的全文译文表示异议。

至此，合议组认为本案的事实清楚，可以作出审查决定。

**二、决定的理由**

1. 关于证据和无效宣告理由及范围的认定

（1）专利权人对请求人提交的证据 1~6 的真实性没有异议，合议组对证据 1~6 的真实性予以认可。

（2）证据 2 是国家知识产权局专利检索咨询中心出具的检索报告，不是公开出版物，不能构成本专利的现有技术，也不能用于评价本专利的创造性，并且，请求人在具体的无效理由中也没有使用该证据，因此合议组对其不予考虑。

（3）专利法实施细则第 66 条规定，在专利复审委员会受理无效宣告请求后，请求人可以在提出无效宣告请求之日起 1 个月内增加无效理由或者补充证据。逾期增加理由或者补充证据的，专利复审委员会可以不予考虑。

因此，对于请求人在口审结束后提交的附件 1 和附件 2，由于已经超出上述无效宣告请求的举证期限，合议组不予考虑。

（4）合议组将请求人提交的证据 3 的权利要求书译文（下称译文 3）与专利权人提交的证据 3 全文译文（下称译文 3′）中的权利要求书部分进行了比较，发现二者的区别仅在于对一些术语的翻译不同，在技术内容上均基本忠实于原文，专利权人对译文 3 的准确性没有异议，并且截至本决定发出之日，请求人也未对译文 3′表示异议，因此合议组对上述两译文均予以认可，同时从表述清楚的角度出发，统一使用译文 3′。

因此，合议组审理的关于本专利权的无效宣告的理由和范围是：权利要求 1~3 相对于证据 3 和证据 4 不符合专利法第 22 条第 3 款有关创造性的规定；权利要求 1~2 相对于证据 5 和证据 6 的结合不符合专利法第 22 条第 3 款有关创造性的规定，权利要求 3 相对于证据 5、证据 6 和证据 3 的结合不符合专利法第 22 条第 3 款有关创造性的规定。

2. 关于创造性

专利法第 22 条第 3 款规定：创造性，是指同申请日以前已有的技术相比，该发明有突出的实质性特点和显著的进步，该实用新型有实质性特点和进步。

判断一项权利要求是否具有创造性，重点在于判断对于本领域技术人员来说，要求保护的技术方案相对于现有技术是否显而易见，并且是否具有有益的技术效果。如果本领域技术人员从请求人提交的证据中无法显而易见地得到权利要求的技术方案，而且所述技术方案又产生了有益的技术效果，则权利要求的技术方案具有创造性。

就本案而言，权利要求1要求保护一种球拍，包括拍框（1）、握柄（2），其特征在于：中空的拍框呈弧形弯折，且具有两个自由端部（11），握柄（2）由充气管（20）及包覆其上的纤维层（30）组成，握柄（2）前端嵌入拍框（1）的两个自由端部（11）并与之固接。

请求人认为：（1）证据3公开了权利要求1的拍框，握柄，拍框的两个自由端部，以及握柄的前端嵌入拍框的两个自由端部并与之固接，因此权利要求1与证据3的区别技术特征是权利要求1中"握柄由充气管及包覆其上的纤维层组成"，其实际解决的技术问题是：在加工时，通过对充气管充气，使包覆有纤维层的充气管扩撑填满整个模穴及拍框的自由端部，从而使球拍加热固化成型；证据4公开了一种玻璃纤维加强塑胶球拍框，握把也是由弹性不可渗透管21（相当于本专利的充气管20）及包覆其上的纤维管材20（相当于本专利的纤维层30）组成，其作用也是在加工时，当模具闭合后向弹性不可渗透管中供气，使之扩张，将管材20压抵模腔（33）的壁，加热冷却后固化成型，因此，证据4中公开的结构和作用与上述区别特征是一致的，因此，权利要求1相对于证据3和4的结合不具备创造性；

（2）证据5公开了一种具有头框（22）和握柄（26）的碳纤球拍，还公开了中空的拍框呈弧形弯折并具有两个接合端，以及握柄（26）的前端插入段（232）嵌套插入头框（22）的两个接合端（221）的孔内而互相结合，因此权利要求1与证据5的区别技术特征是权利要求1中"握柄由充气管及包覆其上的纤维层组成"，但该特征是球拍加工中的常见结构，如证据4中就是如此；而且证据6中公开的握把也是由薄管42（相当于充气管20）及包覆其上的纤维管状物40（相当于纤维层30）组成，因此权利要求1相对于证据5和6结合业内公知技术不具备创造性；

（3）权利要求2的附加技术特征是握柄前端填塞整个中空的拍框内部，证据4和6都公开了纤维球拍成型结构和制造方法，且整个球拍（包括拍框和握把）均可由纤维管材20（证据4）或纤维管状物（证据6）制成，相当于权利要求2的上述附加技术特征，且所起所用均为使球拍整体结构强度好，因此，在权利要求1不具备创造性的前提下，权利要求2不具备创造性；

（4）权利要求3的附加技术特征是拍框的自由端部呈斜切面，证据3的图2公开了上述特征，因此，在权利要求1不具备创造性的前提下，权利要求3不具备创造性。

对此，合议组认为：

本专利权利要求1要求保护的是一种包括拍框和握柄的球拍，中空的拍框呈弧形弯折且具有两个自由端部，握柄由充气管及包覆其上的纤维层组成，握柄的前端嵌入拍框的两个自由端部并与之固接。如请求人认为的那样，这种球拍是为了解决拍框和握柄的结合部位由于仅有纤维层缠绕，其结合强度不足，拍框常常会向击球方向的垂直方向断裂，既增加消费者负担，又造成运动安全隐患的问题而设计制造的，因此，本专利实际要解决的技术问题是，提供一种能克服拍框和握柄结合强度不足的球拍。

（1）权利要求1~3相对于证据3和证据4的结合。

请求人提供的证据3公开了一种网球拍，其中拍架22可以由金属、木头或合成的聚合物复合材料制成，其在结构上包括开放的部分26，开放的拍架部分26延伸出两个拍架叉形部件30和32，上面分别具有螺纹孔64和66，握柄24包括叉形端部38、持握端部40和握杆42，握杆42优选覆盖有一层或多层材料，至少最外层具有适于紧握的表面，例如皮革表面，叉形端部38包括两个叉形部件44和46，上面分别具有螺纹孔68和70，滑块耦合器52和54均具有一组螺纹孔56和58，并大体上将拍架的叉形部件的自由端34和36以及握柄叉形部件的自由端48和50包围，通过螺丝钉或螺丝定位销 72 和 74 以及 76 和 78 分别穿过上述螺纹孔而通过滑块耦合器 52 和 54，将拍架叉形部件 30 和 32 的自由端 34 和 36 以及握柄叉形部件 44 和 46 的自由端 48 和 50 连接到一起。所述滑块耦合器结构的作用在于加强了球拍的稳定性并使球拍的拍架和握柄是可拆卸的，从而使球拍可以以更小的体积进行保存和运输（参见证据 3 的说明书第 3 栏第 31 行至第 5 栏第 45 行）。此外，证据 3 中还公开了在每个拍架叉形部件的自由端还可以突起一个楔子，与握柄叉形部件自由端上的容纳槽口配合，使球拍的结构更为稳定（参见证据 3 的说明书第 5 栏第 46 行至第 6 栏第 20 行）。在证据 3 中没有公开权利要求 1 拍架为中空，握柄由充气管及包覆其上的纤维层组成，以及握柄前端嵌入拍框的两个自由端并与之固接的具体结构特征。

证据 4 也公开了一种玻璃纤维加强塑胶球拍框，其中框主体 1 具有由纤维加强塑胶制成的壳体，壳 11 的内部由延伸在正面平面方向上加强肋 12 分隔成一对延长腔 11a 和 11b。这种拍框的生产方法是，将弹性不可渗透管 21 同轴插入热塑性树脂和加强玻璃纤维或碳纤维的混合物制成的管材 20 中，将两个上述结构的管材 20 放置在由两个分离半模 31 和 31 构成的模中 30，模 30 的腔 33 具有所要生产的拍框形状，插入线引导条后合模，管材 20 的不可渗透管 21 的一端被封闭，将流体由不可渗透管 21 的另一端压入，不可渗透管 21 扩张使得管材 20 压抵模腔 33 的壁，整个模在压力下加热随后冷却，使拍框成型，除模后将不可渗透管 21 由产品中除去（参加证据 4 的说明书第 3 页第 16 行–第 4 页最后一行）。由此可见，证据 4 没有公开拍框具有两个自由端、握柄由充气管及包覆其上的纤维层组成，以及握柄前端嵌入拍框的两个自由端并与之固接的具体结构特征。

尽管证据 3 中公开了拍架和握柄的结合部位可以有楔槽嵌合的结构用来增强拍框的整体结构，但证据 3 中公开的拍架和握柄基本上仍然是以端对端结合，依靠滑块耦合器使其对接并采用螺丝锁固的形式组合起来，在拍架和握柄上需要有能够插入螺丝的孔。这与本专利中握柄由充气管和包覆于其上纤维层组成，握柄的前端嵌入拍框的自由端，依靠纤维层从内部使握柄与拍框固结的结合方式完全不同。因此，本专利权利要求 1 与证据 3 公开的技术方案的区别在于拍架和握柄的结合方式。而证据 4 中的拍框是一个中空的整体结构，是由热塑性树脂和加强玻璃纤维混合物制成的管材在加工过程中一次成型的，显然也不存在拍架和握柄之间的结合问题。因此，证据 4 中既没有公开上述区别技术特征，本领域技术人员也不会从中获得启示，将证据 4 与证据 3 结合，从而得到权利要求 1 所要求保护的技术方案。而且，本申请通过采用权利要求 1 的技术方案，提高了球拍质量，减轻了重量，并有效减轻了击球时的振动。因此，权利要求 1 所要求保护的球拍产生了有益的效果，具有实质性特点和进步，符合专利法第 22 条第 3 款的规定。

从属权利要求 2 和 3 分别对权利要求 1 中涉及的握柄的填塞方式和拍框自由端的形状进行进一步限定，在权利要求 1 的技术方案相对于证据 3 和 4 的结合具有创造性的基础上，从属权利要求 2~3 自然也具有创造性，符合专利法第 22 条第 3 款的规定。

（2）权利要求 1~2 相对于证据 5 和证据 6 的结合。

证据 5 公开了一种具有铝拍框的碳纤维球拍，碳纤维复合材料一体成型的握柄的三角框顶端两侧形成一插入段，至少顶端一段为弧形中空铝框的头框具有内孔，恰可以紧密地嵌套入该三角框顶端两侧之插入段，至少一层碳纤维织层包覆顶端与三角框的接合处周面，经加热成型为碳纤维球拍（参见证据 5 的权利要求 1）。

证据 6 公开了一种长纤维补强热塑性塑胶球拍的制造方法，包括将具有特定纤维材质的管状物放入模具中，向管状物内包裹的薄管中供气，使其膨胀并形成对管状物的内部压力，同时加热，随后冷却，使拍框成型（参见证据 6 的说明书第 8 页最后一段至第 9 页最后一段）。

本专利与证据 5 的区别技术特征在于握柄和拍框的结合方式：证据 5 中材质不同的握柄和拍框是

依靠在接合处外缠绕碳纤维，然后加热成型而固结的，而本专利中握柄是依靠充气管外包裹的纤维层从内部使握柄与拍框固结的。本专利的权利要求 1 中拍架和握柄的连接是通过碳纤维从内部嵌入中空拍框的两个自由端并固结成型的。本专利中，管状物的作用不仅在于充气使握柄成型，而且更重要的是支撑外面包覆的碳纤维层在加热时与拍框的两个中空自由端更好地贴合，从而在成型后使碳纤维与材质不同的拍框紧密结合。而证据 6 公开的是一种拍架和握柄材质相同，在加工过程中一次成型的球拍，并且其中薄管（相当于本专利的充气管）的作用仅在于在制造过程中，充气扩张后使由长纤维补强的热塑性塑胶薄膜缠绕形成的管状物更好地贴合模具，冷却后一次成型为球拍，由此可见，证据 6 中公开的拍架和握柄材质相同，显然不存在拍架和握柄之间的结合问题，且其中薄管的作用也不同于本专利权利要求 1 中的充气管。因此，证据 6 中既没有公开上述区别技术特征，本领域技术人员也不会从中获得启示，将证据 6 与证据 5 结合，从而得到本申请权利要求 1 所要求保护的技术方案。而且，本申请通过采用权利要求 1 的技术方案，解决了因握柄和拍架材质不同，其结合部位的结合强度不足，容易造成拍框往击球方向的垂直方向断裂的问题，提高了球拍质量，减轻了重量，并有效减轻了击球时的振动。因此，权利要求 1 所要求保护的技术方案产生了有益的效果。

从属权利要求 2 对权利要求 1 中涉及的握柄的填塞方式和拍框自由端的形状进行进一步限定，在权利要求 1 的技术方案相对于证据 5 和 6 的结合具有创造性的基础上，从属权利要求 2 自然也具有创造性，符合专利法第 22 条第 3 款的规定。

（3）权利要求 3 相对于证据 3、5 和 6 的结合。

从属权利要求 3 相对于独立权利要求 1 的附加技术特征为拍框的自由端部呈斜切面，证据 3 的图 2 公开了拍架叉形部件 30 和 32 的自由端 34 和 36 的端面是向外倾斜的，握柄叉形部件和自由端 48 和 50 的端面形状与之对应；图 6 公开了拍架叉形部件自由端 134 的端面是向外倾斜的，握柄叉形部件自由端 148 的端面形状与之对应。以上（2）中已经充分论述了独立权利要求 1 相对于证据 5 和 6 的结合具备创造性的理由，即，证据 6 中没有公开或启示权利要求 1 与证据 5 的区别技术特征，并且，由于证据 3 也没有公开或启示上述区别技术特征（详见（1）的论述），因此，尽管证据 3 公开了“拍框自由端部呈斜切面”这一附加技术特征，但本领域技术人员仍然无法从证据 6 或 3 中获得上述区别技术特征，并且采用本申请的技术方案，提高了球拍质量，减轻了重量，并有效减轻了击球时的振动，产生了有益的效果。因此，权利要求 3 的技术方案具备专利法第 22 条第 3 款规定的创造性。

基于以上事实和理由，本案合议组作出如下审查决定。

**三、决定**

维持第 01242318. 1 号实用新型专利权有效。

当事人对本决定不服的，可以根据专利法第 46 条第 2 款的规定，自收到本决定之日起三个月内向北京市第一中级人民法院起诉。根据该款的规定，一方当事人起诉后，另一方当事人应当作为第三人参加诉讼。

# 跳床主架焊接结构

## 无效宣告请求审查决定（第 10840 号）

**决　　定　　号** 第 10840 号
**决　　定　　日** 2007 年 12 月 12 日
**发明创造名称** 跳床主架焊接结构
**国 际 分 类 号** A63B 5/11
**无效宣告请求人** 杭州泛亚休闲用品有限公司
**专　利　权　人** 向丽如
**专　　利　　号** 200620053769.0
**申　　请　　日** 2006 年 1 月 13 日
**授 权 公 告 日** 2007 年 1 月 10 日
**合 议 组 组 长** 左　一
**主　　审　　员** 刘路尧
**参　　审　　员** 李　卉
**法　律　依　据** 专利法第 22 条第 2 款、第 3 款
**决　定　要　点**

如果一项实用新型的权利要求所要保护的技术方案与对比文件相比，其区别特征属于所属技术领域的公知技术，且该区别特征并没有产生预料不到的技术效果，则该区别特征不足以使该权利要求相对于对比文件具有实质性特点和进步，该权利要求相对于对比文件不具有创造性。

### 一、案由

本无效宣告请求涉及国家知识产权局于 2007 年 1 月 10 日授权公告的、名称为“跳床主架焊接结构”的 200620053769.0 号实用新型专利（下称本专利），其申请日为 2006 年 1 月 13 日，专利权人为向丽如。授权公告的权利要求书的内容如下：

“1. 一种跳床主架焊接结构，跳床主架包括数根主架管（1）和支撑套管（2），主架管（1）与支撑套管（2）通过焊接固定，其特征在于：于焊接处还设有补强片（3）。

2. 根据权利要求 1 所述的跳床主架焊接结构，其特征在于：所述补强片（3）呈方形，且中心开设一孔（30）。”

针对上述实用新型专利权，杭州泛亚休闲用品有限公司（下称请求人）于 2007 年 7 月 18 日向专利复审委员会提出无效宣告请求。在该无效宣告请求中，请求人提交如下附件作为证据：

附件 1：US2005/0107217A1 号美国专利公开说明书复印件，共 8 页，其公开日为 2005 年 5 月 19 日（下称对比文件 1）；

附件2：对比文件1中第0012~0015段的中文译文，共2页；

请求人提出的具体理由为：本专利权利要求1、2相对于对比文件1不具有新颖性和创造性，不符合专利法第22条第2款、第3款的规定。

经形式审查合格后，专利复审委员会受理了该无效宣告请求，并于2007年8月21日向双方当事人发出无效宣告请求受理通知书，并随上述无效宣告请求受理通知书将请求人提交的无效宣告请求书及其附件清单中所列附件副本转送专利权人，要求其在指定期限内对该无效宣告请求陈述意见。

专利权人在指定期限内没有答复。

在此基础上，专利复审委员会依法成立合议组，对本案进行审查。合议组于2007年11月2日向双方当事人发出口头审理通知书，定于2007年12月10日对本案进行口头审理。双方当事人均提交了口头审理通知书回执，均表示参加口头审理。

口头审理如期举行，请求人没有出席口头审理，专利权人出席了口头审理。在口头审理中，专利权人对合议组成员无回避请求；专利权人对对比文件1的真实性及其中文译文的准确性没有异议；专利权人认为：本专利的权利要求1相对于对比文件1不具有新颖性和创造性；权利要求2中的特征“中心开设一孔”已经被对比文件1公开，所述“补强片为方形”的技术特征没有被对比文件1公开，因此权利要求2相对于对比文件1具有新颖性；本专利中所述补强片3为平面，而对比文件1中所述支撑片呈弧面状，其边缘为圆弧形；本专利中所述补强片3与主架管和支撑套管的焊接处边缘的间隙很大，可以在缝隙间焊接，由本专利的说明书第2页第3行中可见，所述焊接属于面与面之间的焊接，大大增加了焊接的强度，从而增强焊接强度，这与对比文件1中的边缘支撑片80与T型结点相配合，仅仅在所述支撑片的边缘进行线形焊接两者是不同的，故上述区别特征使得权利要求2相对于对比文件1具有实质性特点和进步，具有创造性。在此基础上专利权人充分陈述了意见。

至此，合议组认为本案事实已经清楚，可以依法作出无效宣告请求审查决定。

**二、决定的理由**

1. 关于证据

对比文件1为一篇美国专利文献，专利权人对该对比文件的真实性和中文译文的准确性没有异议，合议组对对比文件1的真实性予以采信，对其中文译文的准确性予以采信。对比文件1的公开日为2005年5月19日，早于本专利的申请日2006年1月13日，因此对比文件1可以作为评价本专利新颖性、创造性的现有技术使用。

2. 关于新颖性

专利法第22条第2款规定的新颖性，是指在申请日以前没有同样的发明或者实用新型在国内外出版物上公开发表过、在国内公开使用过或者以其他方式为公众所知，也没有同样的发明或者实用新型由他人向国务院专利行政部门提出过申请并且记载在申请日以后公布的专利申请文件中。

本专利权利要求1请求保护一种跳床主架焊接结构，跳床主架包括主架管和支撑套管，其通过焊接固定，于焊接处还设有补强片。对比文件1涉及一种蹦床系统，与本专利的技术领域相同，其中（参见对比文件1的译文全文，附图4）公开了如下内容：蹦床框架由垂直部件85和水平部件30构成，水平部件30由垂直部件85支撑，水平部件30和垂直部件85在T型的节点处连接（水平部件30和垂直部件85分别相当于权利要求1中的主架管和支撑套管）；边缘支撑片80成近似的方形并设置在T型节点的侧端，所述边缘支撑片80可以是一个金属片，其外围可焊接在T型节点上（相当于权利要求1中的焊接固定并设有补强片）。由上述对比可知，权利要求1的全部技术特征均已经被对比文件1公开，且两者解决的技术问题都是为了克服管间连接结构不牢固提供稳定可靠的焊接结构，两者能够达到同样的预期效果。因此，权利要求 1 的技术方案相对于对比文件 1 不具有新颖性，不符合专利法第 22 条第 2 款的规定。

权利要求 2 进一步限定权利要求 1 中的补强片，其附加技术特征为：所述补强片（3）成方形，且中心开设一孔（30）。参考对权利要求 1 的评述，对比文件 1 中公开了边缘支撑片 80 成近似的方形，并在其中部设有一个单孔 75，可以是圆孔（相当于权利要求 2 中的孔）。由上述对比可知，权利要求 2 的技术方案与对比文件 1 公开的技术内容相比，区别在于：权利要求 2 中的补强片（3）成方形，而对比文件 1 中的边缘支撑片 80 成近似的方形，上述区别技术特征使得权利要求 2 的技术方案相对于对比文件 1 具有新颖性，因此权利要求 2 符合专利法第 22 条第 2 款的规定。

3. 关于创造性

专利法第 22 条第 3 款规定的创造性，是指同申请日以前已有的技术相比，该发明有突出的实质性特点和显著的进步，该实用新型有实质性特点和进步。

如前所述，权利要求 1 的全部技术特征均已经被对比文件 1 公开，其相对于对比文件 1 既不具有新颖性，也不具有创造性，不符合专利法第 22 条第 3 款的规定。

权利要求 2 进一步限定权利要求 1 中的补强片，其附加技术特征为：所述补强片（3）成方形，且中心开设一孔（30）。参考对权利要求 1 的评述，对比文件 1 中公开了边缘支撑片 80 成近似的方形，并在其中部设有一个单孔 75，可以是圆孔（相当于权利要求 2 中的孔）。由上述对比可知，权利要求 2 的技术方案与对比文件 1 公开的技术内容相比，其区别仅仅是对比文件 1 中的边缘支撑片 80 成近似的方形，而权利要求 2 中的补强片（3）成方形，但无论是方形还是近似方形，所述补强片均是实现焊接主架管和支撑套管的作用，并没有产生意料不到的技术效果，对于所属技术领域的技术人员来说在对比文件 1 的基础上为了实现焊接所述主架管和支撑套管，采用与近似方形的边缘支撑片 80 形状类似的方形的边缘支撑片作为补强片是显而易见的，因此权利要求 2 的技术方案相对于对比文件 1 不具有实质性特点和进步，不符合专利法第 22 条第 3 款关于创造性的规定。

在口头审理中，专利权人主张的两个区别是：（1）对比文件 1 中所述边缘支撑片 80 呈弧面状，其边缘为圆弧形；（2）本专利中所述补强片 3 与主架管和支撑套管的焊接处边缘的间隙很大，可以在缝隙间焊接，由本专利的说明书第 2 页第 3 行中可知，所述焊接属于面与面之间的焊接，大大增加了焊接的强度，从而增强焊接强度，这与对比文件 1 中的边缘支撑片 80 与 T 型结点相配合，仅仅在所述支撑片的边缘进行线形焊接两者是不同的。对于上述第（1）点区别，合议组认为：权利要求 2 中对所述补强片 3 的限定描述仅为“呈方形”，没有限定其是平面还是弧面，即专利权人称所述补强片为平面而不是弧面的相关技术特征没有记载在权利要求 2 中，在说明书中也没有相应的描述，因此上述专利权人称使得本申请具有增强焊接强度的技术效果所描述的技术特征在评价权利要求 2 的创造性时不予考虑。对于上述第（2）点区别，合议组认为：从本专利说明书第 2 页第 3~4 行中“本实用新型采用上述结构后，即相当于焊接处增加了两个固定面，这样可以加强焊接强度，保证跳床的安全性”可见其所述增加的两个固定面是指补强片，但未明确指出所述焊接处为面与面之间的焊接；此外，对于所属技术领域的技术人员来说，所述补强片的形状与其采取线焊或面与面之间焊接的焊接方式没有必然联系，无论补强片是方形还是近似方形，都可以采取上述线焊或面与面之间焊接的焊接方式。因此，在对比文件 1 的基础上采用方形的边缘支撑片作为补强片，实现具有在缝隙间焊接技术效果的权利要求 2 的技术方案是显而易见的，并且权利要求 1 的技术方案相对于对比文件 1 并没有产生更好的技术效果。

综上所述，本专利权利要求 1 相对于对比文件 1 不具有新颖性，不符合专利法第 22 条第 2 款的规定；权利要求 2 相对于对比文件 1 不具有创造性，不符合专利法第 22 条第 3 款的规定。

**三、决定**

宣告 200620053769.0 号实用新型专利权全部无效。

当事人对本决定不服的，可以根据专利法第 46 条第 2 款的规定，自收到本决定之日起 3 个月内向北京市第一中级人民法院起诉。根据该款的规定，一方当事人起诉后，另一方当事人应当作为第三人参加诉讼。

213

# 一种现浇钢筋砼楼板用空腔结构模壳

## 无效宣告请求审查决定（第 10842 号）

**决　　定　　号**　第 10842 号
**决　　定　　日**　2007 年 12 月 19 日
**发明创造名称**　一种现浇钢筋砼楼板用空腔结构模壳
**国 际 分 类 号**　E04B 5/36，E04B 5/32
**无效宣告请求人**　江西省抚州市金球实业有限公司
**专　利　权　人**　邱则有
**专　　利　　号**　01140106.0
**申　　请　　日**　2001 年 11 月 23 日
**授 权 公 告 日**　2004 年 4 月 28 日
**合 议 组 组 长**　欧　岚
**主　　审　　员**　齐宏涛
**参　　审　　员**　任颖丽

**法　律　依　据**　专利法第 22 条第 3 款
**决　定　要　点**

如果权利要求请求保护的技术方案与现有技术公开的技术方案之间存在区别技术特征，而现有技术又没有就该区别技术特征给出任何技术启示，并且所述区别技术特征能带来一定的有益效果，则该权利要求相对于现有技术具备创造性。

### 一、案由

本无效宣告请求涉及中华人民共和国国家知识产权局于 2004 年 4 月 28 日授权公告的、名称为“一种现浇钢筋砼楼板用空腔结构模壳”的发明专利权（以下简称本专利），其专利号是 01140106.0，申请日是 2001 年 11 月 23 日，专利权人是邱则有。本专利授权公告时的权利要求书如下：

“1. 一种现浇钢筋砼楼板用空腔结构模壳，它由上底（1）、下底（2）及侧壁（3）构成，四周的侧壁（3）与上底（1）、下底（2）构成全封闭空腔型多面体结构，其特征在于上底（1）和侧壁（3）为连结在一起的一次成型的整体盆状模板（4），下底（2）为结构底板（2），盆状模板（4）与结构底板（2）连结形成封闭的整体空腔（5）的多面体结构，结构底板（2）的板厚大于盆状模板（4）的壁厚。

2. 根据权利要求 1 所述的一种现浇钢筋砼楼板用空腔结构模壳，其特征在于盆状模板（4）内有芳纶玻璃纤维网布、纤维布、纤维网格布、钢丝网、纤维丝无纺布或纤维束或两种以上的组合。

3. 根据权利要求1所述的一种现浇钢筋砼楼板用空腔结构模壳，其特征在于结构底板（2）内有钢筋（6）、钢筋网（7）、钢丝网（8）或预应力钢筋（9）或两种以上组合。

4. 根据权利要求3所述的一种现浇钢筋砼楼板用空腔结构模壳，其特征在于结构底板（2）有钢筋（6）、钢筋网（7）、钢丝网（8）或预应力钢筋（9）伸出的露筋（11）或露网（12），或者露筋（11）、露网（12）的接头（13）。

5. 根据权利要求3或者4所述的一种现浇钢筋砼楼板用空腔结构模壳，其特征在于结构底板（2）从盆状模板（4）的侧壁（3）伸出构成挑板（14），伸出的挑板（14）的外边线为直线或曲线。

6. 根据权利要求3或者4所述的一种现浇钢筋砼楼板用空腔结构模壳，其特征在于结构底板（2）的周边侧面（15）为内缩凹角形、倒锥形、波浪形、锯凸形表面。

7. 根据权利要求3或者4所述的一种现浇钢筋砼楼板用空腔结构模壳，其特征在于盆状模板（4）与结构底板（2）接触的部分为内缩凹角或倒锥形。

8. 根据权利要求1所述的一种现浇钢筋砼楼板用空腔结构模壳，其特征在于盆状模板（4）上有加强筋（10），加强筋（10）为实心的、空心的或者凹槽型的。

9. 根据权利要求1、2、3、4或者8所述的一种现浇钢筋砼楼板用空腔结构模壳，其特征在于盆状模板（4）的外形为表面带有波纹状或齿状的倒锥体形、长方体形或正锥体形。

10. 根据权利要求1、2、3、4或者8所述的一种现浇钢筋砼楼板用空腔结构模壳，其特征在于盆状模板（4）为层状结构，由一层胶结料一层布或网，再一层胶结料一层布或网，再一层胶结料等多层叠合胶结组成，增强布或网至少一层以上。

11. 根据权利要求1、2、3、4或8所述的一种现浇钢筋砼楼板用空腔结构模壳，其特征在于结构底板（2）上有加强筋（16）。

12. 根据权利要求11所述的一种现浇钢筋砼楼板用空腔结构模壳，其特征在于结构底板（2）上有均布的孔（17），构成有孔的加强筋（16）的网格底板。

13. 根据权利要求1、2、3、4或8所述的一种现浇钢筋砼楼板用空腔结构模壳，其特征在于结构底板（2）有连接施工底模板的向下拉紧定位构造（18）。

14. 根据权利要求1、2、3、4或8所述的一种现浇钢筋砼楼板用空腔结构模壳，其特征在于在空腔（5）可部分或全部填充或粘贴泡沫塑料、膨胀珍珠岩、膨胀蛭石、发泡或加气轻质砼、岩棉、矿棉或者玻璃棉。

15. 根据权利要求1、2、3、4或8所述的一种现浇钢筋砼楼板用空腔结构模壳，其特征在于不同形状的结构底板（2）与盆状模板（4）组合后的外形为倒锥体形、长方体形、正锥体形。

16. 根据权利要求1、2、3、4或8所述的一种现浇钢筋砼楼板用空腔结构模壳，其特征在于空腔结构模壳的外形尺寸是由小到大逐渐变化的，结构底板（2）的板厚由大变小，逐渐过渡到另一端。

17. 根据权利要求1、2、3、4或8所述的一种现浇钢筋砼楼板用空腔结构模壳，其特征在于结构底板为钢筋砼、钢筋网砼、钢丝网砼、聚合物钢筋砼或者钢丝网砂浆底板，盆状模板的胶结材料为水泥、水泥砂浆、聚合物水泥、碱矿渣水泥、碱粉煤灰水泥、硫铝酸盐水泥、铁铝酸盐水泥、氯氧镁水泥、高铝水泥、有机树脂胶或上述组合，盆状模板、结构底板用相同材料或不同材料制成。

18. 根据权利要求1、2、3、4或8所述的一种现浇钢筋砼楼板用空腔结构模壳，其特征在于结构底板为钢筋砼时，其砼各组成材料重量为水泥15%～25%，砂20%～30%，石子40%～55%，UEA膨胀剂3%～5%，FDN高效减水剂0.1%～0.5%，PP纤维0.01%～1%，CS早强剂0.1%～

0.5%，水适量。

19. 根据权利要求1、2、3、4或8所述的一种现浇钢筋砼楼板用空腔结构模壳，其特征在于结构底板为钢丝网砂浆成型时，砂浆各组成材料重量为水泥20%~40%，砂60%~70%，UEA膨胀剂3%~5%，XN高效复合减水剂0.1%~0.6%，FC聚丙烯复合乳液0~3%，CS早强剂0.2~-0.5%，水适量。”

针对本专利权，江西省抚州市金球实业有限公司（以下简称请求人）于2007年8月16日向专利复审委员会提出无效宣告请求，认为本专利不符合专利法第22条第3款的规定，请求人同时提交了如下附件：

附件1：授权公告日为2001年2月14日、授权公告号为CN2419292Y（专利号为00203695.9）的中国实用新型专利说明书，共5页；

附件2：授权公告日为1995年11月22日、授权公告号为CN2213187Y（专利号为94203353.1）的中国实用新型专利说明书，共4页（以下简称对比文件2）；

附件3：授权公告日为1994年4月6日、授权公告号为CN2160693Y（专利号为93206310.1）的中国实用新型专利说明书，共6页（以下简称对比文件1）。

请求人认为：对比文件公开了由上、下两部分（模壳和底板）组合成构件，模壳和底板中布筋或其他加强要素，用加强肋增加强度。以上技术内容完全覆盖了本发明的特征部分，故本专利没有创造性。因此，请求宣告本专利权利要求1~13无效。

经形式审查合格，专利复审委员会依法受理了上述无效宣告请求，并于2007年8月20日向请求人和专利权人发出无效宣告请求受理通知书，同时将专利权无效宣告请求书及其附件清单中所列附件的副本转送给专利权人，并要求专利权人在指定的期限内陈述意见。专利权人逾期未答复。

专利复审委员会依法成立合议组，对本案进行审理。

本案合议组于2007年11月1日向双方发出无效宣告请求口头审理通知书，定于2007年12月10日举行口头审理。

口头审理如期举行，双方当事人均参加了口头审理。

在口头审理中，请求人明确其无效宣告的理由、证据以及范围为，本专利权利要求1~19相对于对比文件1和2不符合专利法第22条第3款的规定，权利要求3不符合专利法第31条的规定，放弃附件1作为本案的证据使用。专利权人则认为，专利法第31条不属于专利法实施细则第64条的无效理由，也超过了一个月的期限，请求复审委对此不予考虑，并且请求人应将请求书中所述的权利要求1~13作为无效范围。合议组当庭告知双方当事人，根据专利法实施细则第64条的规定，专利法第31条不属于无效宣告请求的理由，合议组对此不予考虑。同时，由于无效请求书中记载的范围是权利要求1~13，请求人将其扩大为权利要求1~19没有事实依据，因此本案审查的无效理由及范围仅为权利要求1~13是否符合专利法第22条第3款的规定。关于创造性，双方当事人充分发表了意见，并表示没有其他理由、事实或意见需要补充。

至此，合议组认为本案事实已经清楚，可以作出审查决定。

**二、决定的理由**

1. 关于证据和现有技术

请求人提交的对比文件1、2均为中国专利文献，专利权人对其真实性没有异议，合议组经审查认为对比文件1、2可以作为本案证据使用，且其公开日期均在本专利的申请日前，因此可以作为本专利的现有技术使用。

2. 关于创造性

专利法第 22 条第 3 款规定，创造性，是指同申请日以前已有的技术相比，该发明有突出的实质性特点和显著的进步。

如果权利要求请求保护的技术方案与现有技术公开的技术方案之间存在区别技术特征，而现有技术又没有就该区别技术特征给出任何技术启示，并且所述区别技术特征能带来一定的有益效果，则该权利要求相对于现有技术具备创造性。

（1）权利要求 1 的创造性。

请求人认为，权利要求 1 与对比文件 1 相比，其区别在于：第一，权利要求 1 的底板厚度大于盆状模板的厚度，但对比文件 1 包含了底板厚于上底和侧壁的可能性，且对比文件 1 的底板上具有加强成分，也必然厚于模壳其他部分；第二，权利要求 1 的多面体结构分成两部分组成，即下底板和盆状模板，上述技术特征已经被对比文件 2 所公开。因此，权利要求 1 不具备创造性。

专利权人则认为，首先，请求人所述的两个区别技术特征没有被对比文件 1 或 2 所公开，且上述对比文件也没有公开本专利“下底为结构底板”和“上底和侧壁为连结在一起的一次成型的整体盆状模板”等技术特征；其次，对比文件 2 与本专利不属于同一技术领域。

合议组经审查后认为，对比文件 1 公开了一种模壳构件，由上底，下底及侧壁构成，侧壁与上、下底构成全封闭空腹型多面体结构。权利要求 1 与对比文件 1 相比，其区别技术特征有两点：①权利要求 1 结构底板的板厚大于盆状模板的壁厚，而对比文件 1 未指出底板厚度应大于上底以及侧壁的厚度；②权利要求 1 中上底和侧壁为连结在一起的一次成型的整体盆状模板，盆状模板与结构底板连结形成封闭的整体空腔的多面体结构，而对比文件 1 未指出其上底和侧壁可以一体形成。

关于区别技术特征①，请求人主张对比文件 1 包含了底板厚于上底和侧壁的可能性，且底板中含有加强成分则必然导致其较厚。对此合议组认为，首先，对比文件 1 没有明确指出底板应当厚于上底和侧壁；其次，由对比文件 1 说明书第 2 页第 2 段的记载可知，模壳构件体内设加强肋（4），该模壳上底、侧壁和下底所采用的材料为同一材质，即快硬水泥抗碱玻璃纤维或氯化镁 GRC 复合材料或无砂陶粒水泥，由上述文字记载无法推知下底厚于上底和侧壁，且从附图 1–3 中也看不出下底中含有加强成分以及比上底和侧壁厚，故请求人的上述主张不能成立。因此，对比文件 1 既未公开该区别技术特征①，也没有给出将底板制作得更厚的技术启示。并且，这一技术特征使得本专利产品提高了下底所能承受的楼面应力，具有了吊挂一定重量的物体不开裂的优点。

关于区别技术特征②，请求人主张对比文件 2 公开了这一技术特征。对此合议组认为，对比文件 2 公开的是一种建筑用砌块，虽然也具有一个盆状的外形（参见其附图 1），但其与本专利的现浇砼用模壳构件属于不同的建筑产品，使用方式以及所要解决的技术问题均不同，因此对比文件 2 并未公开区别技术特征②，也未给出相应的技术启示。并且，这一技术特征使得本专利产品的整个模壳结构更简单，方便制造。

由此可见，对比文件 1 和 2 相结合没有公开本专利权利要求 1 的全部技术特征，也未给出相应的技术启示，权利要求 1 请求保护的技术方案相对于对比文件 1 和 2 是非显而易见的，并且具有强度高，受力传力合理，结构简单等有益效果，因此权利要求 1 具有突出的实质性特点和显著的进步，从而具备专利法第 22 条第 3 款规定的创造性。

（2）权利要求 2~13 的创造性。

由于权利要求 2~13 都是直接或间接引用权利要求 1 的从属权利要求，在权利要求 1 相对于对比文件 1 和 2 具备创造性的情况下，从属权利要求 2~13 相对于对比文件 1 和 2 也具有专利法第 22 条第 3 款规定的创造性。

根据上述的事实和理由，本案合议组依法作出以下决定。

**三、决定**

维持第 01140106.0 号发明专利权有效。

当事人对本决定不服的，可以根据专利法第 46 条第 2 款的规定，自收到本决定之日起 3 个月内向北京市第一中级人民法院起诉。根据该款的规定，一方当事人起诉后，另一方当事人应当作为第三人参加诉讼。

214

# 可搬式屏幕装置

## 无效宣告请求审查决定（第10890号）

**决　　定　　号**　第10890号
**决　　定　　日**　2007年12月24日
**发明创造名称**　可搬式屏幕装置
**国 际 分 类 号**　G03B 21/58
**无效宣告请求人**　广州美视晶莹银幕有限公司
**专　利　权　人**　泉株式会社
**专　　利　　号**　200420042456.6
**申　　请　　日**　2004年4月29日
**优　先　权　日**　2003年10月31日
**授 权 公 告 日**　2005年9月28日
**合 议 组 组 长**　张梅珍
**主　　审　　员**　谢有成
**参　　审　　员**　杨加黎

**法　律　依　据**　专利法第22条第2款、第3款，专利法实施细则第20条第1款
**决　定　要　点**

当事人提交外文证据的，应当提交中文译文，未在举证期限内提交中文译文的，该外文证据视为未提交。

### 一、案由

本无效宣告请求涉及国家知识产权局于2005年9月28日授权公告的200420042456.6号、名称为“可搬式屏幕装置”的实用新型专利（下称本专利），其专利权人是泉株式会社，申请日是2004年4月29日，优先权日是2003年10月31日。本专利授权公告的权利要求书如下：

“1. 一种可搬式屏幕装置，具有：在上面设有向长度方向延伸的开口部的壳体；转动自如地安装于该壳体的弹簧滚筒；在收纳时卷绕在所述弹簧滚筒上、在使用时从所述开口部放出的屏幕；将该屏幕的一端予以固定的顶杆；以及将放出的所述屏幕保持成展开状态的支柱，其特征在于，所述壳体由向长度方向延伸并能分离的第1壳体构件和第2壳体构件构成，所述顶杆在收纳时，兼作封住所述开口部的盖体。

2. 如权利要求1所述的可搬式屏幕装置，其特征在于，所述壳体如此构成：将第1和第2壳体构件的宽度方向的一端连接，另一方面，能形成所述开口部地将宽度方向的另一端互相离开配置。

3. 一种可搬式屏幕装置，具有：在上面设有向长度方向延伸的开口部的壳体；转动自如地安装于该壳体的弹簧滚筒；在收纳时卷绕在所述弹簧滚筒上、在使用时从所述开口部放出的屏幕；将该屏幕的一端予以固定的顶杆；以及将放出的所述屏幕保持成展开状态的支柱，其特征在于，所述壳体由向长度方向延伸并能分离的第1壳体构件和第2壳体构件构成，所述顶杆在收纳时，兼作封住所述开口部的盖体，将所述支柱的一端轴支承在所述壳体的侧面中央部并作成可起伏，所述支柱作成可伸缩，起立时将放出的屏幕保持成展开状态。

4. 如权利要求3所述的可搬式屏幕装置，其特征在于，所述壳体如此构成：将第1和第2壳体构件的宽度方向的一端连接，另一方面，能形成所述开口部地将宽度方向的另一端互相离开配置。

5. 如权利要求3或4所述的可搬式屏幕装置，其特征在于，在所述顶杆的中央部设置有手柄部，而在所述支柱的前端部设置有钩部，并将所述手柄部钩挂在钩部上。

6. 如权利要求5所述的可搬式屏幕装置，其特征在于，所述钩部可水平转动地安装在所述支柱的前端部，在所述支柱伏倒时使钩部转动并使其与所述壳体密接。

7. 一种可搬式屏幕装置，具有：在上面设有向长度方向延伸的开口部的壳体；转动自如地安装于该壳体的弹簧滚筒；在收纳时卷绕在所述弹簧滚筒上、在使用时从所述开口部放出的屏幕；将该屏幕的一端予以固定的顶杆；以及将放出的所述屏幕保持成展开状态的支柱，其特征在于，所述壳体，由向长度方向延伸并能分离的第1壳体构件和第2壳体构件构成，将所述支柱的一端轴支承在所述壳体的侧面中央部上并作成可起伏，所述支柱作成可伸缩，在起立时将放出的屏幕保持成展开状态，在收纳时，所述顶杆作为封住所述开口部的盖体，且该盖体利用锁定机构固定在所述壳体上。

8. 如权利要求7所述的可搬式屏幕装置，其特征在于，所述壳体如此构成：将第1和第2壳体构件的宽度方向的一端连接，另一方面，能形成所述开口部地将宽度方向的另一端互相离开配置。

9. 如权利要求7或8所述的可搬式屏幕装置，其特征在于，在所述顶杆的中央部设置有手柄部，而在所述支柱的前端部设置有钩部，并将所述手柄部钩挂在该钩部上。

10. 如权利要求9所述的可搬式屏幕装置，其特征在于，所述钩部可水平转动地安装在所述支柱的前端部，在所述支柱伏倒时使钩部转动并使其与所述壳体密接。

11. 如权利要求7~10中任一项所述的可搬式屏幕装置，其特征在于，所述锁定机构具有配设在所述顶杆上的卡合部、和配设在所述壳体并与该卡合部卡合的被卡合部。

12. 如权利要求11所述的可搬式屏幕装置，其特征在于，所述卡合部具有与所述顶杆的宽度方向相对配设的一对卡合构件，另一方面，所述被卡合部具有分别被配设在所述壳体的相对的开口缘部并与所述卡合构件卡合的一对被卡合构件。

13. 如权利要求12所述的可搬式屏幕装置，其特征在于，所述各卡合构件可转动地轴支承在卡合部，在一端具有与所述被卡合部卡合的卡合端部，在另一端具有对卡合端部的卡合·解卡合进行操作的操作部，使相对配置的一对操作部向接近方向转动而解除卡合端部与被卡合部的卡合，另一方面使该一对操作部向离开的方向转动而使卡合端部与被卡合部卡合。

14. 如权利要求13所述的可搬式屏幕装置，其特征在于，所述卡合部具有弹簧构件，该弹簧构件在卡合时对所述卡合端部施力以使其与所述被卡合部压接。

15. 如权利要求11~14中任一项所述的可搬式屏幕装置，其特征在于，所述卡合部具有在卡合时防止与所述操作部接近的转动锁定机构。

16. 如权利要求15所述的可搬式屏幕装置，其特征在于，所述转动锁定机构由在锁定位置和解除锁定位置转动自如地嵌装在卡合部上的锁定构件构成，在锁定位置使锁定构件头部的两端部分别与各操作部抵接而防止与操作部接近，在解除锁定位置解除两端部与各操作部的抵接而允许与操作部接近。

17. 一种可搬式屏幕装置，具有：在上面设有向长度方向延伸的开口部的壳体；转动自如地安装在该壳体的弹簧滚筒；在收纳时卷绕在所述弹簧滚筒上、在使用时从所述开口部放出的屏幕；将该屏幕的一端予以固定的顶杆；以及将放出的所述屏幕保持成展开状态的支柱，其特征在于，所述壳体由向长度方向延伸并能分离的第1壳体构件和第2壳体构件构成，将所述支柱的一端轴支承在所述壳体的侧面中央部并作成可起伏，所述支柱作成可伸缩，在起立时将放出的屏幕保持成展开状态，在收纳时，所述顶杆作为封住所述开口部的盖体，且该盖体利用锁定机构固定在所述壳体上，所述支柱由构成衬套状、相互滑动并可滑动伸缩的多个筒体构成，并设有将滑动伸缩的上段的筒体的滑动进行锁定、将支柱保持成规定高度的滑动锁定机构。

18. 如权利要求17所述的可搬式屏幕装置，其特征在于，所述壳体如此构成：将第1和第2壳体构件的宽度方向的一端进行连接，能形成所述开口部地将宽度方向的另一端互相离开配置。

19. 如权利要求17或18所述的可搬式屏幕装置，其特征在于，在所述顶杆的中央部设置有手柄部，而在所述支柱的前端部设置有钩部，并将所述手柄部钩挂在该钩部上。

20. 如权利要求19所述的可搬式屏幕装置，其特征在于，所述钩部可水平转动地安装在所述支柱的前端部，在所述支柱伏倒时使钩部转动并与所述壳体密接。

21. 如权利要求17所述的可搬式屏幕装置，其特征在于，所述锁定机构具有配设在所述顶杆上的卡合部、和配设在所述壳体并与该卡合部卡合的被卡合部。

22. 如权利要求21所述的可搬式屏幕装置，其特征在于，所述卡合部具有与所述顶杆的宽度方向相对配设的一对卡合构件，另一方面，所述被卡合部具有分别被配设在所述壳体的相对的开口缘部并与所述卡合构件卡合的一对被卡合构件。

23. 如权利要求22所述的可搬式屏幕装置，其特征在于，所述各卡合构件可转动地轴支承在卡合部，且一端具有与所述被卡合部卡合的卡合端部，另一端具有对卡合端部的卡合·解卡合进行操作的操作部，使相对配置的一对操作部向接近方向转动而解除卡合端部与被卡合部的卡合，另一方面使该一对操作部向离开的方向转动而使卡合端部与被卡合部卡合。

24. 如权利要求23所述的可搬式屏幕装置，其特征在于，所述卡合部具有弹簧构件，该弹簧构件在卡合时对所述卡合部施力以使其与所述被卡合部压接。

25. 如权利要求21所述的可搬式屏幕装置，其特征在于，所述卡合部具有在卡合时防止与所述操作部接近的转动锁定机构。

26. 如权利要求25所述的可搬式屏幕装置，其特征在于，所述转动锁定机构由在锁定位置和解除锁定位置转动自如地嵌装在卡合部的锁定构件构成，在锁定位置使锁定构件头部的两端部分别与各操作部抵接而防止与操作部接近，在解除锁定位置解除两端部与各操作部的抵接而允许与操作部接近。

27. 如权利要求26所述的可搬式屏幕装置，其特征在于，所述滑动锁定机构，具有在最下段的第1筒体卡止其上段的第2筒体的第1滑动锁定机构，该第1滑动锁定机构具有筒体卡合部和筒体被卡合部，所述筒体卡合部具有卡合构件和支承该卡合构件的基部，并被安装在第1筒体的前端部外周面；所述筒体被卡合部由设在第2筒体的长度方向的至少1个贯通孔构成，且在伸长时与所述卡合构件卡合而将第2筒体卡止，该卡合构件由一端与所述贯通孔卡合的突起部和另一端对突起部与贯通孔的卡合·解卡合进行操作的操作部构成，可向筒体的轴向转动地将卡合构件轴支承在所述基部上，当将操作部向筒体方向推压时解除突起部与贯通孔的卡合，当对操作部的推压予以解除时突起部与贯通孔卡合。

28. 如权利要求 27 所述的可搬式屏幕装置，其特征在于，具有维持所述操作部的推压状态、并维持突起部与贯通孔的卡合的解除状态的操作部锁定机构。

29. 如权利要求 28 所述的可搬式屏幕装置，其特征在于，所述操作部锁定机构由配设在基部的卡合槽和配设在卡合构件的卡合销构成，当将操作部向筒体方向推压时，卡合销与卡合槽卡合。

30. 如权利要求 27 所述的可搬式屏幕装置，其特征在于，所述滑动锁定机构，具有对第 2 筒体的前端侧的筒体滑动进行锁定的第 2 滑动锁定机构，该第 2 锁定机构由配设在上段筒体的后端部的内周面的筒体卡合部和形成在下段的筒体的长度方向的多个贯通孔构成，并由与所述筒体卡合部卡合的筒体卡合支承部构成。

31. 如权利要求 27 所述的可搬式屏幕装置，其特征在于，在所述前端侧的筒体的前端部设有突起部锁定机构，其被导向成与解除状态的突起部抵接并使突起部与贯通孔卡合、并维持突起部与贯通孔的卡合状态。

32. 如权利要求 27 所述的可搬式屏幕装置，其特征在于，其特征在于，所述筒体卡合部具有弹簧构件，其在卡合时对突起部施力以使其与贯通孔压接。”

针对上述专利权，广州美视晶莹银幕有限公司（下称请求人）于 2006 年 12 月 27 日以本专利不符合专利法第 22 条第 2 款和第 3 款以及专利法实施细则第 20 条第 1 款的规定为由向专利复审委员会提出无效宣告请求，同时提交了以下附件：

附件 1：中华人民共和国国家知识产权局针对本专利作出的实用新型专利检索报告的复印件共 7 页，以及该检索报告中列出的专利文献的复印件共 6 份，分别为：

（1）US6249377B1 号美国专利文献的复印件共 17 页，其授权公告日为 2001 年 6 月 19 日（下称对比文件 1）；

（2）US6297905B1 号美国专利文献的复印件共 14 页，其授权公告日为 2001 年 10 月 2 日（下称对比文件 2）；

（3）US5581401A 号美国专利文献的复印件共 14 页，其公开日为 1996 年 12 月 3 日（下称对比文件 3）；

（4）JP8-69057A 号日本专利文献的复印件共 8 页，其公开日为 1996 年 8 月 12 日；

（5）授权公告号为 CN2498630Y 的中国实用新型专利说明书的复印件共 23 页，其授权公告日为 2002 年 7 月 3 日；

（6）授权公告号为 CN2185905Y 的中国实用新型专利说明书的复印件共 8 页，其授权公告日为 1994 年 12 月 21 日；

附件 2：GB2076179A 号英国专利文献的扉页的复印件共 1 页，其公开日为 1981 年 11 月 25 日；

附件 3：授权公告号为 CN2610209Y 的中国实用新型专利说明书的扉页和说明书附图第 2 页的复印件共 2 页，其授权公告日为 2004 年 4 月 7 日；

附件 4：授权公告号为 CN2610208Y 的中国实用新型专利说明书的扉页和说明书附图第 1 页的复印件共 2 页，其授权公告日为 2004 年 4 月 7 日。

请求人无效宣告请求的理由为：本专利权利要求 1、3、7、11 相对于对比文件 1 不符合专利法第 22 条第 2 款的规定；权利要求 2、4~6、8~32 相对于对比文件 1~3 以及附件 2~4 不符合专利法第 22 条第 3 款的规定；权利要求 5~6、9~10、12~16、19~20、22~32 不符合专利法实施细则第 20 条第 1 款的规定。

经形式审查合格，专利复审委员会依法受理了上述无效宣告请求，于 2007 年 1 月 23 日向请求人和专利权人发出无效宣告请求受理通知书，同时将专利权无效宣告请求书及其附件清单中所列的附件副本转给专利权人，要求专利权人在指定期限内答复，并告知期满未答复的，不影响专利复审委员会对本案的审理。

专利权人期满未作答复。

针对上述无效宣告请求，专利复审委员会依法成立合议组，对本案进行审理。合议组于 2007 年 4 月 18 日向请求人和专利权人发出无效宣告请求口头审理通知书，告知双方当事人合议组定于 2007 年 5 月 30 日对本案举行口头审理。

口头审理如期举行，请求人和专利权人均参加了口头审理。

在口头审理中，双方当事人对以下内容发表了意见：

1. 关于证据

请求人明确放弃使用附件 3 和 4 作为证据；

专利权人对证据的真实性没有异议；

对于对比文件 1~3 以及附件 2 这 4 篇外文专利文献，专利权人认为，由于请求人在规定的期限内没有提交所述 4 篇外文专利文献的中文译文，因此不能作为证据使用；请求人认为使用所述 4 篇外文专利文献中的附图已经可以宣告本专利无效，不需提交中文译文。

2. 关于本专利权利要求 1、3、7、11 的新颖性

请求人认为对比文件 1 的附图 9~14 公开了本专利独立权利要求 1、3、7 的全部技术特征以及从属权利要求 11 的附加技术特征，但认可对比文件 1 的附图没有清楚表示权利要求 1 中的第一壳体构件和第二壳体构件，对比文件 1 与本专利技术领域和技术方案相同，因此本专利独立权利要求 1、3、7 相对于对比文件 1 不具备新颖性，并且从属权利要求 11 在引用权利要求 7 时相对于对比文件 1 也不具备新颖性。

专利权人认为对比文件 1 的附图至少没有公开本专利中的第一壳体构件和第二壳体构件，本专利权利要求 1、3、7、11 相对于对比文件 1 具备新颖性。

3. 关于本专利权利要求 2、4~6、8~10、12~32 的创造性

请求人认为：对比文件 1 的附图 13~14 和对比文件 3 的附图 7~9 分别公开了本专利独立权利要求 17 的技术特征，因此权利要求 17 相对于对比文件 1 和 3 的附图的结合不具备创造性；对比文件 2 的附图 8 公开了从属权利要求 2、4、8、18 的附加技术特征；附件 2 的附图 1 公开了从属权利要求 5、9、19 的附加技术特征；对比文件 3 的附图 8 公开了从属权利要求 6、10、20 的附加技术特征；对比文件 1 的附图 14 公开了从属权利要求 12、22 的附加技术特征；请求人坚持其在提出无效宣告请求时关于从属权利要求 13~16、23~26 不具备创造性的意见；对比文件 1 的附图 9~14 公开了从属权利要求 21 的附加技术特征；对比文件 3 的附图 7~9 公开了从属权利要求 27~32 的附加技术特征。因此本专利权利要求 2、4~6、8~10、12~32 均不具备创造性。

专利权人对此不予认可，认为本专利权利要求 2、4~6、8~10、12~32 具备创造性。

4. 关于专利法实施细则第 20 条第 1 款

请求人认为，本专利权利要求 13、23 的卡合端部和连接部的位置关系表述不清楚，权利要求 14、24 中的弹簧构件与卡合端部以及被卡合部的连接关系和位置关系不清楚，权利要求 15、25 是功能性限定，转动锁定机构的构成的含义不清楚，权利要求 16、26 是功能性限定，没有表述出锁定机构具体的结构，因此权利要求 13~16、23~26 不清楚，不符合专利法实施细则第 20 条第 1 款的规定。

专利权人认为这些权利要求均已表述清楚，符合专利法实施细则第 20 条第 1 款的规定。

至此，合议组认为本案事实已经清楚，现依法作出如下审查决定。

**二、决定的理由**

1. 关于证据

请求人在无效程序中提交了 6 份文件作为证据，即对比文件 1~3 以及附件 2~4，在口头审理中，其放弃了附件 3~4，仅保留了对比文件 1~3 以及附件 2。

专利权人对上述证据的真实性无异议，但认为请求人未在规定期限内提交对比文件 1~3 以及附件 2 这 4 份外文证据的中文译文，因此对这 4 份证据应当视为未提交。

对于对比文件 1~3 以及附件 2 这 4 份外文证据，合议组认为：审查指南第四部分第八章第 2.2.1 节规定，当事人提交外文证据的，应当提交中文译文，未在举证期限内提交中文译文的，该外文证据视为未提交。专利复审委员会在 2007 年 1 月 23 日发出的无效宣告请求受理通知书中也将审查指南的上述规定告知请求人，要求请求人在举证期限内提交中文译文。由于请求人在规定的举证期限内没有提交中文译文，因此对比文件 1~3 和附件 2 这 4 份外文证据视为未提交。

2. 关于新颖性和创造性

由于对比文件 1~3 和附件 2 视为未提交，因此请求人主张的有关新颖性和创造性的无效理由没有证据支持，本专利权利要求 1、3、7、11 具备新颖性，符合专利法第 22 条第 2 款的规定，权利要求 2、4~6、8~10、12~32 具备创造性，符合专利法第 22 条第 3 款的规定。

3. 关于专利法实施细则第 20 条第 1 款

专利法实施细则第 20 条第 1 款规定：权利要求书应当说明发明或者实用新型的技术特征，清楚、简要地表述请求保护的范围。

请求人在提出无效宣告请求时认为本专利权利要求 5~6、9~10、12~16、19~20、22~32 不符合专利法实施细则第 20 条第 1 款的规定，但是在正文部分并未具体说明本专利权利要求 5~6、9~10、12、19~20、22、27~32 不符合专利法实施细则第 20 条第 1 款的规定的理由，因此不符合专利法实施细则第 64 条第 1 款无效宣告请求书应当具体说明无效宣告请求的理由的规定，且在口头审理时请求人明确不符合专利法实施细则第 20 条第 1 款的规定的权利要求为 13~16 以及 23~26，因此，合议组仅就权利要求 13~16 以及 23~26 是否符合专利法实施细则第 20 条第 1 款的规定进行审查。

请求人认为，本专利权利要求 13、23 的附加技术特征中的卡合端部和连接部的位置关系表述不清楚，权利要求 14、24 的附加技术特征中的弹簧构件与卡合端部以及被卡合端部的连接关系和位置关系不清楚，权利要求 15、25 的附加技术特征为功能性限定，转动锁定机构的构成的含义不清楚，权利要求 16、26 的附加技术特征为功能性限定，没有表述出锁定机构具体的结构，因此本专利权利要求 13~16、23~26 不清楚，不符合专利法实施细则第 20 条第 1 款的规定。

经审查，合议组认为：本专利权利要求 13、23 的附加技术特征中并不存在请求人所述的“连接部”，权利要求 13、23 的附加技术特征限定的是卡合构件在一端具有卡合端部，并且在另一端具有操作部，通过以转动的方式使该操作部运动而使得卡合部与被卡合部卡合或者解除卡合，其清楚地限定了卡合端部与其他部件的关系；权利要求 14、24 的附加技术特征限定的是卡合部具有弹簧构件，对弹簧构件的进一步限定“在卡合时对所述卡合端部施力以使其与所述被卡合部压接”清楚地表明弹簧构件与卡合端部存在施力和受力的关系，对本领域技术人员来说，由该限定能够知道弹簧构件与卡合端部以及被卡合端部之间的连接关系和位置关系；权利要求 15、25 的附加技术特征不但限定了卡合部具有转动锁定机构这一结构特征，还限定了该机构“在卡合时防止与所述操作部接近”的功能，本领域技术人员由所述功能能够获知具备所述功能的转动锁定机构的构成；权利要求 16、26 的附加技术特征不但限定了转动锁定机构由锁定构件构成，该锁定构件是以转动的方式嵌装在卡合部上，具有锁定位置和解除锁定位置，而且限定了该锁定构件在锁定位置和解除锁定位置的功能，通过上述限定，本领域技术人员能够获知具备所述功能的锁定构件的结构。综上所述，本专利权利要求 13~16、23~26 清楚地表述了请求保护的范围，符合专利法实施细则第 20 条第 1 款的规定。

**三、决定**

维持 200420042456.6 号实用新型专利权全部有效。

当事人对本决定不服的，可以根据专利法第 46 条第 2 款的规定，在收到本决定之日起三个月内向北京市第一中级人民法院起诉。根据该款规定，一方当事人起诉后，另一方当事人应当作为第三人参加诉讼。

215

# 锚栓用花瓣垫

## 无效宣告请求审查决定（第10900号）

**决　　定　　号**　第10900号
**决　　定　　日**　2007年12月21日
**发明创造名称**　锚栓用花瓣垫
**国 际 分 类 号**　E04B 2/88
**无效宣告请求人**　徐跃华
**专　利　权　人**　董　晔
**专　　利　　号**　02239004.9
**申　　请　　日**　2002年6月14日
**授 权 公 告 日**　2003年11月12日
**合 议 组 组 长**　刘　犟
**主　　审　　员**　郭建强
**参　　审　　员**　王　森

**法　律　依　据**　专利法第22条第3款
**决　定　要　点**

如果涉案实用新型专利相对于一篇对比文件对本领域技术人员来说是显而易见的，同时也未产生预料不到的技术效果，则涉案实用新型专利不具备实质性特点和进步，即不具备创造性。

**一、案由**

本无效宣告请求涉及国家知识产权局于2003年11月12日授权公告的，名称为“锚栓用花瓣垫”的实用新型专利权（以下简称本专利），其申请号为02239004.9，申请日为2002年6月14日，专利权人为董晔。该专利授权公告时的权利要求书为：

“1. 一种锚栓用花瓣垫，它包括垫圈体（1），其特征是在垫圈体（1）的侧面开有缺口（2）构成瓣状结构。

2. 根据权利要求书1所述的锚栓用花瓣垫，其特征是在垫圈体（1）的侧面开有二个以上缺口（2）。

3. 根据权利要求1所述的锚栓用花瓣垫，其特征是在垫圈的外表面设有保护膜层（3）。”

针对上述专利权，徐跃华（以下简称请求人）于2005年7月7日向专利复审委员会提出无效宣告请求1，认为本专利的权利要求1~3相对于附件1均不具备专利法第22条第2款规定的新颖性，并提交了以下附件作为证据使用：

附件 1：授权公告日为 2001 年 2 月 7 日、授权公告号为 CN2418175Y 的中国实用新型专利说明书。

专利权人于 2005 年 8 月 10 日提交了意见陈述书，认为由于附件 1 中的波形圈既没有公开具有缺口的瓣状结构，也没有产生本专利的所述花瓣垫与板材孔壁间整个面的接触来保证锚合应力均匀的技术效果，所以本专利的权利要求 1~3 相对于附件 1 均具备新颖性。

专利复审委员会于 2006 年 1 月 18 日对本案举行了口头审理，双方当事人均参加了口头审理。在口头审理中，双方就本专利权利要求 1~3 相对于附件 1 是否符合专利法第 22 条第 2 款的规定充分发表了意见。

口头审理结束后，专利复审委员会于 2006 年 4 月 18 日作出了第 8230 号无效宣告请求审查决定，认定本专利权利要求 1~3 相对于附件 1 不符合专利法第 22 条第 2 款的规定，因此宣告 02239004.9 号实用新型专利权全部无效。

专利权人不服上述第 8230 号决定，在法定期限内向北京市第一中级人民法院提起行政诉讼。经审理，北京市第一中级人民法院于 2006 年 12 月 16 日作出了（2006）一中行初字第 1055 号行政判决，维持第 8230 号无效宣告请求审查决定。

专利权人不服上述一审判决，在法定期限内向北京市高级人民法院提起上诉。经审理，北京市高级人民法院于 2007 年 5 月 16 日作出了（2007）高行终字第 35 号行政判决，撤销了北京市第一中级人民法院（2006）一中行初字第 1055 号行政判决以及国家知识产权局专利复审委员会第 8230 号无效宣告请求审查决定。

根据审查指南第四部分第一章第 8 节的规定，专利复审委员会成立合议组对本案进行重新审查。

本案合议组于 2007 年 9 月 18 日向无效宣告请求人和专利权人发出无效宣告请求口头审理通知书，定于 2007 年 10 月 29 日下午在专利复审委员会举行口头审理。

口头审理如期举行，双方均参加了口头审理。在口头审理中，请求人明确其无效宣告请求的理由、范围和证据为：本专利的权利要求 1~3 相对于附件 1 不具备新颖性。请求人表示具体理由同前述无效请求中的理由，专利权人表示同意（2007）高行终字第 35 号行政判决书中的意见，双方均表示没有新的意见需要补充。口头审理到此结束。

针对上述专利权，徐跃华（以下简称请求人）于 2007 年 6 月 13 日向专利复审委员会再次提出了无效宣告请求 2，并提交了以下附件作为证据：

附件 1：本实用新型专利说明书；

附件 2：公开日为 1990 年 1 月 24 日、公开号为 CN1039082A 的中国发明专利申请公开说明书；

附件 3：公开日为 2002 年 8 月 21 日、公开号为 CN1365435A 的中国发明专利申请公开说明书；

附件 4：公开日为 1988 年 8 月 31 日、公开号为 CN88101029A 的中国发明专利申请公开说明书；

附件 5：公开日为 1989 年 4 月 5 日、公开号为 CN1032226A 的中国发明专利申请公开说明书；

附件 6：公开日为 1991 年 2 月 20 日、公开号为 CN1049401A 的中国发明专利申请公开说明书；

附件 7：授权公告日为 2001 年 2 月 7 日、授权公告号为 CN2418175Y 的中国实用新型专利说明书。

请求人认为，本专利的权利要求 1~3 相对于附件 2、3、7 不具备专利法第 22 条第 2 款规定的新颖性，相对于附件 2~7 的组合不具备专利法第 22 条第 3 款规定的创造性。

经形式审查合格，专利复审委员会依法受理了上述无效宣告请求，并于 2007 年 7 月 11 日向双方发出了无效宣告请求受理通知书，同时将专利权无效宣告请求书及其附件清单中所列附件的副本转送给专利权人，要求其在指定的期限内答复。

针对专利复审委员会发出的上述无效宣告请求受理通知书，专利权人于2007年8月26日提交了意见陈述书以及北京市高级人民法院的（2007）高行终字第35号终审判决，专利权人认为附件7在上述判决中已经作出了认定，不能作为本案证据再次使用，同时附件2~6与本专利的目的和效果均不同，不能破坏本专利的新颖性和创造性。

专利复审委员会于2007年9月18日向双方当事人发出无效宣告请求口头审理通知书，定于2007年10月29日下午在专利复审委员会举行口头审理，并随口头审理通知书将专利权人于2007年8月26日提交的意见陈述书及其附件的副本转送给请求人。

口头审理如期举行，双方当事人均参加了口头审理。

在口头审理中，请求人明确其无效宣告请求的理由、范围和证据为：本专利不符合专利法第22条第2款、第3款的规定，权利要求1相对于附件2、3、4、5、7不具备新颖性，权利要求2相对于附件2、4不具备新颖性，权利要求1分别相对于附件2、4、5或7或者附件6、7的结合不具备创造性，权利要求2分别相对于附件2、4、7或者附件5、7的结合或者附件6、7的结合不具备创造性，权利要求3分别相对于附件7、附件2、7的结合、附件4、7的结合、附件5、7的结合或附件6、7的结合不具备创造性。由于附件3的公开日在本专利申请日之后，因此请求人表示仅仅用附件3来评价本专利权利要求的新颖性。专利权人对附件1~7的真实性没有异议。双方就本专利权利要求1~3的新颖性和创造性充分发表了意见。口头审理到此结束。

至此，合议组认为本案事实已经清楚，可以作出审查决定。

**二、决定的理由**

1. 关于证据

在无效宣告请求2中，请求人提交的证据中包括附件7，专利权人对附件7的真实性没有异议，合议组经审查，附件7作为中国专利文献，真实性得到确认，因此可以作为本案证据使用。同时由于附件7的公开日在本专利申请日之前，因此其可以作为本专利的现有技术使用。

关于专利权人所称的“附件7在北京市高级人民法院的（2007）高行终字第35号终审判决中已经作出了认定，不能作为本案证据再次使用”的问题，合议组认为，附件7在无效宣告请求1以及随后的行政诉讼中，仅是用来评价本专利的新颖性，而在本次无效宣告请求2中，请求人使用附件7来评价本专利的创造性，因此合议组在本案中接受附件7作为证据使用。

2. 关于本专利的创造性

专利法第22条第3款规定，创造性，是指同申请日以前已有的技术相比，该发明有突出的实质性特点和显著的进步，该实用新型具有实质性特点和进步。

如果涉案实用新型专利相对于一篇对比文件或者几篇对比文件的结合，对本领域技术人员来说是显而易见的，同时也未产生预料不到的技术效果，则涉案实用新型专利不具备实质性特点和进步，即不具备创造性。

本案中，本专利权利要求1要求保护一种锚栓用花瓣垫，它包括垫圈体（1），其特征是在垫圈体（1）的侧面开有缺口（2）构成瓣状结构。请求人认为权利要求1相对于附件7不具备创造性。

合议组经审查后认为，附件7公开了一种石材陶瓷用锚栓，并具体公开了以下技术特征（参见其说明书第1、2页及图1~5）：该锚栓包括顶端设有锚栓头的锚栓杆，锚栓头上设有止滑凸块，锚栓杆上设有螺纹，锚栓杆上还依次套有波形圈和护套，护套与石材陶瓷的接触表面设有弹性层，波形圈与石材陶瓷的抵触部分也设有弹性层，其中说明书实施例2、3中波形圈与石材陶瓷的抵触部分处呈片状7，并说明了该抵触部分呈片状可以减小锚栓与石材陶瓷之间的应力集中。

将附件7公开的内容与本专利权利要求1进行对比，可见附件7中的波形圈与本专利中的垫圈体

(1) 相对应，附件 7 中的片状 7 与本专利中的瓣状结构相对应，附件 7 中的片状 7 之间的空缺部分对应本专利中的缺口（2）。本专利与附件 7 的区别仅在于：本专利权利要求 1 根据说明书的解释，是在垫圈体侧面的一边开有缺口，另一边平直未开缺口的花瓣状结构，而附件 7 的波形圈在相邻的两个波峰之间或者两个波谷之间都为缺口，即在波形圈两边都开有缺口。因此，本专利权利要求 1 实际要解决的技术问题是花瓣垫的受力均匀问题。然而，本领域技术人员熟知受力面积越大则受力越均匀，即本领域技术人员可以显而易见地想到将附件 7 的片状波形圈与石材陶瓷幕墙之间的接触面积加大，即采用片状波形圈另一边平直不开缺口的技术方案来解决上述受力均匀的问题。因此，从附件 7 实施例 2 和 3 中的片状波形圈想到将其顶端变平，形成只在一端有缺口的垫圈，对本领域技术人员来说是显而易见的；同时，本专利权利要求 1 具有的受力均匀的技术效果对本领域技术人员来说是可以预期的，即本专利权利要求 1 并没有产生预料不到的技术效果。因此本专利权利要求 1 相对于附件 7 没有实质性特点和进步，不具备专利法第 22 条第 3 款规定的创造性。

虽然专利权人辨称本专利的花瓣垫相对于附件 7 的片状波形圈具有克服应力集中，受力更均匀的效果，但是合议组认为，附件 7 说明书中已经说明了波形圈与石材陶瓷的抵触部分呈片状可以减小锚栓与石材陶瓷之间的应力集中，同时如上所述，本领域技术人员也熟知受力面积越大则受力越均匀的原理，因此采用片状波形圈的另一边平直不开缺口的技术方案对本领域技术人员来说是显而易见的，本专利权利要求 1 的技术效果对本领域技术人员来说是可以预期的。

从属权利要求 2 是对权利要求 1 的进一步限定，其附加技术特征为“垫圈体的侧面开有二个以上的缺口”。根据上述的附件 7 公开的内容可知，附件 7 的波形圈 4 侧面也有二个以上的缺口，该附加技术特征已被附件 7 所公开，因此在其引用的权利要求 1 相对于附件 7 不具备创造性的情况下，从属权利要求 2 也不具备专利法第 22 条第 3 款规定的创造性。

从属权利要求 3 是对权利要求 1 的进一步限定，其附加技术特征为“垫圈的外表面设有保护膜层”。附件 7 也公开了波形圈的外表面设有弹性层 8，即一种保护膜层，故权利要求 3 的附加技术特征已被附件 7 所公开，且专利权人在口头审理中对此也表示了认可，因此在其引用的权利要求 1 相对于附件 7 不具备创造性的情况下，从属权利要求 3 也不具备专利法第 22 条第 3 款规定的创造性。

综上所述，本专利权利要求 1~3 均不符合专利法第 22 条第 3 款有关创造性的规定，应予全部无效，因此对于请求人在无效宣告请求 1 和无效宣告请求 2 中提出的其他无效理由本合议组不再予以评述。

根据上述的事实和理由，本案合议组依法作出以下决定。

**三、决定**

宣告 02239004.9 号实用新型专利权全部无效。

当事人对本决定不服的，可以根据专利法第 46 条第 2 款的规定，自收到本决定之日起 3 个月内向北京市第一中级人民法院起诉。根据该款的规定，一方当事人起诉后，另一方当事人应当作为第三人参加诉讼。

# 北京市第一中级人民法院
# 行政判决书

（2008）一中行初字第 606 号

原告董晔，女，1948 年 8 月 2 日出生，汉族，无业，住浙江省杭州市上城区近江苑 7 幢 2 单元 301 室。

委托代理人唐迅，男，杭州九洲专利事务所有限公司专利代理人。

被告国家知识产权局专利复审委员会，住所地北京市海淀区北四环西路 9 号银谷大厦。

法定代表人廖涛，副主任。

委托代理人郭建强，男，国家知识产权局专利复审委员会审查员。

委托代理人田华，女，国家知识产权局专利复审委员会审查员。

第三人徐跃华，男，1962 年 2 月 6 日出生，汉族，住浙江省杭州市江干区笕桥镇水墩村 2 组 27 号。

原告董晔不服被告国家知识产权局专利复审委员会于 2007 年 12 月 21 日作出的第 10900 号无效宣告请求审查决定（以下简称被诉决定），向本院提起行政诉讼。本院受理后，依法组成合议庭，并依法通知与本案被诉决定存在法律上利害关系的徐跃华作为本案第三人参加诉讼。2008 年 5 月 27 日，本院依法开庭审理了本案，原告的委托代理人唐迅及被告的委托代理人郭建强、田华到庭参加了诉讼。经本院合法传唤，第三人徐跃华明确表示不到庭参加诉讼，依照《最高人民法院关于执行<中华人民共和国行政诉讼法>若干问题的解释》第四十九条第三款的规定，第三人经合法传唤无正当理由拒不到庭的，不影响案件的审理。本案现已审理终结。

2007 年 12 月 21 日，被告依第三人提出的无效宣告请求，宣告专利权人为本案原告、名称为“锚栓用花瓣垫”的实用新型专利权（以下简称本专利）全部无效。

在法定期限内，被告向本院提交了下列证据以证明被诉决定合法：（1）本专利说明书；（2）被诉决定中的附件 7：授权公告日为 2001 年 2 月 7 日、授权公告号为 CN241875Y 中国实用新型专利说明书；（3）口头审理记录表附页。

原告诉称，被诉决定认定事实不清，适用法律错误。附件 7 的波形圈与本专利的垫圈体有本质上的区别，垫圈体是一个圆筒形的，而波形圈只是一个线状体，其使用状态的结构也不相同，所解决受力均匀的效果更不一样；附件 7 中的片状与本专利中的瓣状结构也不相同，对孔壁产生的作用力也不相同；附件 7 中的片状之间的空缺部分与本专利的缺口（2）更不相同，垫圈体（1）的侧面一边开有缺口，另一边平直未开有缺口所构成瓣状结构与波形状结构所产生的空缺在受压撑开时对孔壁的影响也完全不同，最终达到对孔壁均匀受力的效果也完全不同。因此，相对于附件 7，本专利权利要求 1 具备创造性，在此前提下，权利要求 2、3 也均具备创造性。综上，请求人民法院撤销被诉决定。

在法定期限内，原告向本院提交了下列证据：

（1）北京市高级人民法院（2007）高行终字第 35 号行政判决书，用以证明附件 7 已经被使用，已经经过了专利诉讼过程，在本案中不得再使用；

（2）第三人向被告提交的专利无效宣告请求书和 7 份附件，用以证明本专利具备创造性。

被告辩称，被诉决定认定事实清楚，适用法律正确，程序合法，我委坚持被诉决定的认定意见，请求人民法院维持被诉决定，驳回原告的诉讼请求。

第三人未向本院提交书面意见，亦未向本院提交证据。

经庭审质证，原告对于被告证据的关联性、合法性与真实性均无异议，但不同意其证明作用。被告对于原告证据的关联性、合法性与真实性亦无异议，但认为其证据2中除附件7之外的其他附件与本案无关。

本院经审查认为，原告与被告提交的证据均与本案有关且合法、真实，本院均予确认。

根据上述有效证据及各方当事人无争议的陈述，本院认定事实如下：

本专利申请号为02239004.9，申请日为2002年6月14日。该专利授权公告时的权利要求书为：

"1. 一种锚栓用花瓣垫，它包括垫圈体（1），其特征是在垫圈体（1）的侧面开有缺口（2）构成瓣状结构。

2. 根据权利要求书1所述的锚栓用花瓣垫，其特征是在垫圈体（1）的侧面开有两个以上缺口（2）。

3. 根据权利要求1所述的锚栓用花瓣垫，其特征是在垫圈的外表面设有保护膜层（3）。"

针对本专利权，第三人曾于2005年7月7日向被告提出无效宣告请求，认为本专利的权利要求1~3相对于附件1均不具备《中华人民共和国专利法》（以下简称《专利法》）第二十二条第二款规定的新颖性，并提交了以下附件作为证据使用：即附件7的实用新型专利说明书。原告于2005年8月10日提交了意见陈述书。被告于2006年1月18日举行了口头审理，双方当事人均参加了口头审理。在口头审理中，双方就本专利权利要求1~3相对于附件1是否符合《专利法》第二十二条第二款的规定充分发表了意见。

经审查，被告于2006年4月18日作出了第8230号无效宣告请求审查决定，认定本专利权利要求1~3相对于附件1不符合《专利法》第二十二条第二款的规定，因此宣告本专利权全部无效。原告不服，在法定期限内向本院提起行政诉讼。经审理，本院于2006年12月16日作出了（2006）一中行初字第1055号行政判决，维持第8230号无效宣告请求审查决定。原告不服上述一审判决，在法定期限内向北京市高级人民法院提起上诉。经审理，北京市高级人民法院于2007年5月16日作出了（2007）高行终字第35号行政判决，撤销了本院（2006）一中行初字第1055号行政判决以及第8230号无效宣告请求审查决定。根据《审查指南》第四部分第一章第8节的规定，被告成立合议组对本案进行重新审查。

2007年10月29日，原告与第三人均参加了在被告处举行的口头审理。第三人明确其无效宣告请求的理由、范围和证据为：本专利的权利要求1~3相对于附件1不具备新颖性。第三人表示具体理由同前述无效请求中的理由，原告表示同意（2007）高行终字第35号行政判决书中的意见，双方均表示没有新的意见需要补充。

另外，针对上述专利权，第三人于2007年6月13日向被告再次提出了无效宣告请求，并提交了以下附件作为证据：附件1：本实用新型专利说明书；附件2：公开日为1990年1月24日、公开号为CN1039082A的中国发明专利申请公开说明书；附件3：公开日为2002年8月21日、公开号为CN1365435A的中国发明专利申请公开说明书；附件4：公开日为1988年8月31日、公开号为CN88101029A的中国发明专利申请公开说明书；附件5：公开日为1989年4月5日、公开号为CN1032226A的中国发明专利申请公开说明书；附件6：公开日为1991年2月20日、公开号为CN1049401A的中国发明专利申请公开说明书；附件7。

第三人认为，本专利的权利要求1~3相对于附件2、3、7不具备《专利法》第二十二条第二款规定的新颖性，相对于附件2~7的组合不具备《专利法》第二十二条第三款规定的创造性。

经形式审查合格，被告受理了上述无效宣告请求，并将上述文件进行了转文。

2007 年 8 月 26 日，原告提交了意见陈述书以及北京市高级人民法院的（2007）高行终字第 35 号终审判决，其认为附件 7 在上述判决中已经作出了认定，不能作为本案证据再次使用，同时附件 2～6与本专利的目的和效果均不同，不能破坏本专利的新颖性和创造性。

被告亦将前述文件进行了转文。

2007 年 10 月 29 日，原告与第三人均参加了被告举行的口头审理。在口头审理中，第三人明确其无效宣告请求的理由、范围和证据为：本专利不符合《专利法》第二十二条第二款、第三款的规定，权利要求 1 相对于附件 2、3、4、5、7 不具备新颖性，权利要求 2 相对于附件 2、4 不具备新颖性，权利要求 1 分别相对于附件 2、4、5 或 7 或者附件 6、7 的结合不具备创造性，权利要求 2 分别相对于附件 2、4、7 或者附件 5、7 的结合或者附件 6、7 的结合不具备创造性，权利要求 3 分别相对于附件 7、附件 2、7 的结合、附件 4、7 的结合，附件 5、7 的结合或附件 6、7 的结合不具备创造性。由于附件 3 的公开日在本专利申请日之后，因此第三人表示仅仅用附件 3 来评价本专利权利要求的新颖性。原告对附件 1～7 的真实性没有异议。双方就本专利权利要求 1～3 的新颖性和创造性充分发表了意见。

基于上述事实，被告经审查认为：

1. 关于证据

在第三人第二次提出的无效宣告请求中，第三人提交的证据包括附件 7，原告对附件 7 的真实性没有异议，被告经审查认为，附件 7 作为中国专利文献，真实性得到确认，可以作为本案证据使用。同时由于附件 7 的公开日在本专利申请日之前，因此其可以作为本专利的现有技术使用。

关于原告所称的“附件 7 在北京市高级人民法院的（2007）高行终字第 35 号终审判决中已经作出了认定，不能作为本案证据再次使用”的问题，被告认为，附件 7 在第一次无效宣告请求以及随后的行政诉讼中，仅是用来评价本专利的新颖性，而在第二次无效宣告请求中，第三人使用附件 7 来评价本专利的创造性，因此被告在本案中接受附件 7 作为证据使用。

2. 关于本专利的创造性

《专利法》第二十二条第三款规定，创造性，是指同申请日以前已有的技术相比，该发明有突出的实质性特点和显著的进步，该实用新型具有实质性特点和进步。

如果涉案实用新型专利相对于一篇对比文件或者几篇对比文件的结合，对本领域技术人员来说是显而易见的，同时也未产生预料不到的技术效果，则涉案实用新型专利不具备实质性特点和进步，即不具备创造性。

本专利权利要求 1 要求保护一种锚栓用花瓣垫，它包括垫圈体（1），其特征是在垫圈体（1）的侧面开有缺口（2）构成瓣状结构。第三人认为权利要求 1 相对附件 7 不具备创造性。

附件 7 公开了一种石材陶瓷用锚栓，并具体公开了以下技术特征（参见其说明书第 1、2 页及图 1～5）：该锚栓包括顶端设有锚栓头的锚栓杆，锚栓头上设有止滑凸块，锚栓杆上设有螺纹，锚栓杆上还依次套有波形圈和护套，护套与石材陶瓷的接触表面设有弹性层，波形圈与石材陶瓷的抵触部分也设有弹性层，其中说明书实施例 2、3 中波形圈与石材陶瓷的抵触部分处呈片状 7，并说明了该抵触部分呈片状可以减小锚栓与石材陶瓷之间的应力集中。

将附件 7 公开的内容与本专利权利要求 1 进行对比，可见附件 7 中的波形圈与本专利中的垫圈体（1）相对应，附件 7 中的片状 7 与本专利中的瓣状结构相对应，附件 7 中的片状 7 之间的空缺部分对应本专利中的缺口（2）。本专利与附件 7 的区别仅在于：本专利权利要求 1 根据说明书的解释，是在垫圈体侧面的一边开有缺口，另一边平直未开缺口的花瓣状结构，而附件 7 的波形圈在相邻的两个波峰之间或者两个波谷之间都为缺口，即在波形圈两边都开有缺口。因此，本专利权利要求 1 实际要解决的技术问题是花瓣垫的受力均匀问题。然而，本领域技术人员熟知受力面积越大则受力越均匀，即本领域技术人员可以显而易见地想到将附件7的片状波形圈与石材陶瓷幕墙之间的接触面积加大，即采用片状波形圈另一边平直不开缺口的技术方案来解决上述受力均匀的问题。因此，从附件7实施例2和3中的片状波形圈想到将其顶端变平，形成只在一端有缺口的垫圈，对本领域技术人员来说是显而易见的；同时，本专利权利要求1具有的受力均匀的技术效果对本领域技术人员来说是可以预期的，即本专利权利要求1并没有产生预料不到的技术效果。因此本专利权利要求1相对于附件7没有实质性特点和进步，不具备《专利法》第二十二条第三款规定的创造性。

虽然原告辩称本专利的花瓣垫相对于附件7的片状波形圈具有克服应力集中，受力更均匀的效果，但是，附件7说明书中已经说明了波形圈与石材陶瓷的抵触部分呈片状可以减小锚栓与石材陶瓷之间的应力集中，同时如上所述，本领域技术人员也熟知受力面积越大则受力越均匀的原理，因此采用片状波形圈的另一边平直不开缺口的技术方案对本领域技术人员来说是显而易见的，本专利权利要求1的技术效果对本领域技术人员来说是可以预期的。

从属权利要求2是对权利要求1的进一步限定，其附加技术特征为“垫圈体的侧面开有两个以上的缺口”。根据上述的附件7公开的内容可知，附件7的波形圈4侧面也有两个以上的缺口，该附加技术特征已被附件7所公开，因此在其引用的权利要求1相对于附件7不具备创造性的情况下，从属权利要求2也不具备《专利法》第二十二条第三款规定的创造性。

从属权利要求3是对权利要求1的进一步限定，其附加技术特征为“垫圈的外表面设有保护膜层”。附件7也公开了波形圈的外表面设有弹性层8，即一种保护膜层，故权利要求3的附加技术特征已被附件7所公开，且原告在口头审理中对此也表示了认可，因此在其引用的权利要求1相对于附件7不具备创造性的情况下，从属权利要求3也不具备《专利法》第二十二条第三款规定的创造性。

综上所述，本专利权利要求1~3均不符合《专利法》第二十二条第三款有关创造性的规定，应予全部无效，因此对于第三人提出的其他无效理由不再予以评述。

基于上述理由，被告作出被诉决定。原告不服，在法定期限内，向本院提起行政诉讼。

庭审中，原告明确表示对于被诉决定的下列内容无异议：被诉决定作出的行政程序；被诉决定“案由”部分记载的内容；被诉决定对于本案证据的认定；被诉决定认定的本专利权利要求1要求保护的内容；被诉决定关于附件7公开内容的总结。同时，原告表示假设本专利权利要求1不具备创造性，其认可权利要求2、3也不具备创造性。

本院认为，对于被诉决定中原告不持异议的内容，本院经审查，对其合法性予以确认。在此基础上，本案的争议焦点在于本专利权利要求1是否符合《专利法》第二十二条第三款规定的创造性。

将附件7公开的内容与本专利权利要求1进行对比可见，附件7中的波形圈与本专利中的垫圈体（1）相对应，附件7中的片状7与本专利中的瓣状结构相对应，附件7中的片状7之间的空缺部分对应本专利中的缺口（2）。本专利与附件7的区别仅在于：本专利权利要求1根据说明书的解释，是在垫圈体侧面的一边开有缺口，另一边平直未开缺口的花瓣状结构，而附件7的波形圈在相邻的两个波峰之间或者两个波谷之间都为缺口，即在波形圈两边都开有缺口。因此，本专利权利要求1实际要解决的技术问题是花瓣垫的受力均匀问题。本领域技术人员熟知受力面积越大则受力越均匀，即本领域技术人员可以显而易见地想到将附件7的片状波形圈与石材陶瓷幕墙之间的接触面积加大，即采用片状波形圈另一边平直不开缺口的技术方案来解决上述受力均匀的问题。因此，从附件7实施例2和3中的片状波形圈想到将其顶端变平，形成只在一端有缺口的垫圈，对本领域技术人员来说是显而易见的。此外，附件7说明书中已经说明了波形圈与石材陶瓷的抵触部分呈片状可以减小锚栓与石材陶瓷之间的应力集中，而采用片状波形圈的另一边平直不开缺口的技术方案对本领域技术人员来说是显而易见的，因此，本专利权利要求1具有的受力均匀的技术效果对本领域技术人员来说是可以预期的，即本专利权利要求1并没有产生预料不到的技术效果。基于上述理由，被诉决定认定本专利权利要求1不具备《专利法》第二十二条第三款规定的创造性正确。在此基础上，被诉决定关于本专利从属权利要求2、3不具备创造性的理由充分，相关认定也正确。

被告在认定本专利权利要求1~3均不具备创造性的情况下，对于第三人提出的其他无效理由不再予以评述未侵犯当事人的合法权益，亦不存在违法之处。

综上，被诉决定认定事实清楚，适用法律正确，程序合法，本院应予维持。原告的诉讼请求缺乏事实及法律依据，本院不予支持。依照《中华人民共和国行政诉讼法》第五十四条第（一）项之规定，判决如下：

维持被告国家知识产权局专利复审委员会于二〇〇七年十二月二十一日作出的第10900号无效宣告请求审查决定。

案件受理费100元，由原告董晔负担（已交纳）。

如不服本判决，各方当事人可于判决书送达之日起15日内，向本院递交上诉状，并按对方当事人人数提出副本，上诉于北京市高级人民法院。上诉人在上诉期满后7日内未预交上诉费，又不提出缓交申请的，按自动撤回上诉处理。

审 判 长 梁 菲
代理审判员 司品华
人民陪审员 欧万雄
二〇〇八年七月七日
书 记 员 董 伟

# 北京市高级人民法院
# 行政判决书

（2008）高行终字第648号

上诉人（一审原告）董晔，女，1948年8月2日出生，汉族，无业，住浙江省杭州市上城区近江苑7幢2单元301室。

委托代理人唐迅，杭州九洲专利事务所有限公司专利代理人。

委托代理人于志红，北京市金诚同达律师事务所律师。

被上诉人（一审被告）国家知识产权局专利复审委员会，住所地北京市海淀区北四环西路9号银谷大厦。

法定代表人廖涛，副主任。

委托代理人郭建强，国家知识产权局专利复审委员会审查员。

委托代理人田华，国家知识产权局专利复审委员会审查员。

被上诉人（一审第三人）徐跃华，男，1962年2月6日出生，汉族，住浙江省杭州市江干区笕桥镇水墩村2组27号。

上诉人董晔因专利无效宣告请求审查决定一案，不服北京市第一中级人民法院（以下简称一审法院）（2008）一中行初字第606号行政判决，向本院提起上诉。本院依法组成合议庭，于2008年11月10日公开开庭审理了本案。上诉人董晔的委托代理人唐迅、于志红，被上诉人国家知识产权局专利复审委员会（以下简称专利复审委）的委托代理人郭建强、田华到庭参加了诉讼。被上诉人徐跃华经本院合法传唤未到庭参加诉讼。本案现已审理终结。

2007 年 12 月 21 日，专利复审委依据《中华人民共和国专利法》（以下简称《专利法》）第二十二条第三款的规定，作出第 10900 号无效宣告请求审查决定（以下简称第 10900 号决定），宣告专利权人为董晔，名称为“锚栓用花瓣垫”的实用新型专利权（以下简称本专利）无效。董晔不服该决定，在法定期限内向一审法院提起行政诉讼。

一审法院判决认为，第 10900 号决定认定事实清楚，适用法律正确，程序合法。董晔的诉讼请求缺乏事实及法律依据。依照《中华人民共和国行政诉讼法》第五十四条第（一）项之规定，判决维持专利复审委作出的第 10900 号决定。

董晔不服一审判决向本院上诉称，第 10900 号决定认定事实不清，适用法律错误。附件 7 的波形圈与本专利的垫圈体有本质上的区别，垫圈体是一个圆筒形的，而波形圈只是一个线状体，其使用状态的结构也不相同，所解决受力均匀的效果更不一样；附件 7 中的片状与本专利中的瓣状结构也不相同，对孔壁产生的作用力也不相同；附件 7 中的片状之间的空缺部分与本专利的缺口更不相同，垫圈体的侧面一边开有缺口，另一边平直未开有缺口，其所构成的瓣状结构与波形状结构所产生的空缺在受压撑开时对孔壁的影响也完全不同，最终达到对孔壁均匀受力的效果也完全不同。因此，本专利权利要求 1 相对于附件 7 具备创造性，当权利要求 1 具备创造性时，权利要求 2、3 也均具备创造性。请求二审法院撤销一审判决和第 10900 号决定。

专利复审委辩称，第 10900 号决定认定事实清楚，适用法律正确，程序合法，坚持第 10900 号决定中关于本专利不 2 具备创造性的认定。请求二审法院驳回上诉，维持第 10900 号决定。

徐跃华未向本院提交书面意见。

在法定期限内，专利复审委向一审法院提交了下列证据：（1）本专利说明书；（2）附件 7（授权公告日为 2001 年 2 月 7 日、授权公告号为 CN241875Y 的中国实用新型专利说明书）；（3）口头审理记录表附页。

在法定期限内，董晔向一审法院提交了下列证据：（1）北京市高级人民法院（2007）高行终字第 35 号行政判决书；（2）徐跃华向专利复审委提交的专利无效宣告请求书和 7 份附件。

徐跃华未向一审法院提交证据。

上述证据均已随案移送本院，经本院审查，专利复审委、董晔提交的证据与本案具有关联性，且合法真实，能够作为认定本案事实的依据，专利复审委、一审法院予以认定正确，本院予以确认。

根据对上述证据的审查认定及各方当事人的陈述可以认定如下事实：本专利是董晔于 2002 年 6 月 14 日向国家知识产权局申请，名称为“锚栓用花瓣垫”的实用新型专利权，国家知识产权局于 2003 年 11 月 12 日予以授权。本专利授权公告时的权利要求书为：“1. 一种锚栓用花瓣垫，它包括垫圈体（1），其特征是在垫圈体（1）的侧面开有缺口（2）构成瓣状结构。2. 根据权利要求书 1 所述的锚栓用花瓣垫，其特征是在垫圈体（1）的侧面开有二个以上缺口（2）。3. 根据权利要求 1 所述的锚栓用花瓣垫，其特征是在垫圈的外表面设有保护膜层（3）。”

针对本专利权，徐跃华于 2005 年 7 月 7 日向专利复审委提出无效宣告请求，认为本专利的权利要求 1~3 相对于授权公告日为 2001 年 2 月 7 日、授权公告号为 CN241875Y 中国实用新型专利说明书即本案附件 7 均不具备《专利法》第二十二条第二款规定的新颖性，并提交了该证据。经审查，专利复审委于 2006 年 4 月 18 日作出了第 8230 号无效宣告请求审查决定，认定本专利权利要求 1~3 相对于附件 7 不符合《专利法》第二十二条第二款的规定，因此宣告本专利权全部无效。董晔不服，在法定期限内向一审法院提起行政诉讼。经审理，一审法院于 2006 年 12 月 16 日作出了（2006）一中行初字第 1055 号行政判决，维持第 8230 号无效宣告请求审查决定。董晔不服上述一审判决，在法定期限内向本院提起上诉。经审理，本院于 2007 年 5 月 16 日作出了（2007）高行终字第 35 号行政判决，撤销了（2006）一中行初字第 1055 号行政判决以及第 8230 号无效宣告请求审查决定。根据《审查指南》第四部分第一章第八节的规定，专利复审委成立合议组对本案进行重新审查。

针对本专利权，徐跃华于 2007 年 6 月 13 日向专利复审委再次提出了无效宣告请求，并提交了以下附件作为证据：附件 1：本实用新型专利说明书；附件 2：公开日为 1990 年 1 月 24 日、公开号为 CN1039082A 的中国发明专利申请公开说明书；附件 3：公开日为 2002 年 8 月 21 日、公开号为 CN1365435A 的中国发明专利申请公开说明书；附件 4：公开日为 1988 年 8 月 31 日、公开号为 CN88101029A 的中国发明专利申请公开说明书；附件 5：公开日为 1989 年 4 月 5 日、公开号为 CN1032226A 的中国发明专利申请公开说明书；附件 6：公开日为 1991 年 2 月 20 日、公开号为 CN1049401A 的中国发明专利申请公开说明书；附件 7。

徐跃华认为，本专利的权利要求 1~3 相对于附件 2、3、7 不具备《专利法》第二十二条第二款规定的新颖性，相对于附件 2~7 的组合不具备《专利法》第二十二条第三款规定的创造性。

经形式审查合格，专利复审委受理了上述无效宣告请求，并将上述文件进行了转文。

2007 年 8 月 26 日，董晔提交了意见陈述书以及北京市高级人民法院的（2007）高行终字第 35 号行政判决书，其认为附件 7 在上述判决中已经作出了认定，不能作为本案证据再次使用，同时附件 2~6 与本专利的目的和效果均不同，不能破坏本专利的新颖性和创造性。

专利复审委亦将前述文件进行了转文。

2007 年 10 月 29 日，董晔与徐跃华均参加了专利复审委举行的口头审理。在口头审理中，徐跃华明确其无效宣告请求的理由、范围和证据为：本专利不符合《专利法》第二十二条第二款、第三款的规定，权利要求 1 相对于附件 2、3、4、5、7 不具备新颖性，权利要求 2 相对于附件 2、4 不具备新颖性，权利要求 1 分别相对于附件 2、4、5 或 7 或者附件 6、7 的结合不具备创造性，权利要求 2 分别相对于附件 2、4、7 或者附件 5、7 的结合或者附件 6、7 的结合不具备创造性，权利要求 3 分别相对于附件 7、附件 2、7 的结合、附件 4、7 的结合、附件 5、7 的结合或附件 6、7 的结合不具备创造性。由于附件 3 的公开日在本专利申请日之后，因此徐跃华表示仅仅用附件 3 来评价本专利权利要求的新颖性。董晔对附件 1~7 的真实性没有异议。双方就本专利权利要求 1~3 的新颖性和创造性充分发表了意见。

专利复审委经审查认为，

1. 关于证据

在徐跃华第二次提出的无效宣告请求中，徐跃华提交的证据包括附件 7，董晔对附件 7 的真实性没有异议，专利复审委经审查认为，附件 7 作为中国专利文献，真实性得到确认，可以作为本案证据使用。同时由于附件 7 的公开日在本专利申请日之前，因此其可以作为本专利的现有技术使用。

关于董晔所称的“附件 7 在北京市高级人民法院的（2007）高行终字第 35 号终审判决中已经作出了认定，不能作为本案证据再次使用”的问题，专利复审委认为，附件 7 在第一次无效宣告请求以及随后的行政诉讼中，仅是用来评价本专利的新颖性，而在第二次无效宣告请求中，徐跃华使用附件 7 来评价本专利的创造性，因此专利复审委在本案中接受附件 7 作为证据使用。

2. 关于本专利的创造性

如果涉案实用新型专利相对于一篇对比文件或者几篇对比文件的结合，对本领域技术人员来说是显而易见的，同时也未产生预料不到的技术效果，则涉案实用新型专利不具备实质性特点和进步，即不具备创造性。

本专利权利要求1要求保护一种锚栓用花瓣垫，它包括垫圈体（1），其特征是在垫圈体（1）的侧面开有缺口（2）构成瓣状结构。徐跃华认为权利要求1相对附件7不具备创造性。

附件7公开了一种石材陶瓷用锚栓，并具体公开了以下技术特征（参见其说明书第1、2页及图1-5）：该锚栓包括顶端设有锚栓头的锚栓杆，锚栓头上设有止滑凸块，锚栓杆上设有螺纹，锚栓杆上还依次套有波形圈和护套，护套与石材陶瓷的接触表面设有弹性层，波形圈与石材陶瓷的抵触部分也设有弹性层，其中说明书实施例2、3中波形圈与石材陶瓷的抵触部分处呈片状7，并说明了该抵触部分呈片状可以减小锚栓与石材陶瓷之间的应力集中。

将附件7公开的内容与本专利权利要求1进行对比，可见附件7中的波形圈与本专利中的垫圈体（1）相对应，附件7中的片状7与本专利中的瓣状结构相对应，附件7中的片状7之间的空缺部分对应本专利中的缺口（2）。本专利与附件7的区别仅在于：本专利权利要求1根据说明书的解释，是在垫圈体侧面的一边开有缺口，另一边平直未开缺口的花瓣状结构，而附件7的波形圈在相邻的两个波峰之间或者两个波谷之间都为缺口，即在波形圈两边都开有缺口。因此，本专利权利要求1实际要解决的技术问题是花瓣垫的受力均匀问题。然而，本领域技术人员熟知受力面积越大则受力越均匀，即本领域技术人员可以显而易见地想到将附件7的片状波形圈与石材陶瓷幕墙之间的接触面积加大，即采用片状波形圈另一边平直不开缺口的技术方案来解决上述受力均匀的问题。因此，从附件7实施例2和3中的片状波形圈想到将其顶端变平，形成只在一端有缺口的垫圈，对本领域技术人员来说是显而易见的；同时，本专利权利要求1具有的受力均匀的技术效果对本领域技术人员来说是可以预期的，即本专利权利要求1并没有产生预料不到的技术效果。因此本专利权利要求1相对于附件7没有实质性特点和进步，不具备《专利法》第二十二条第三款规定的创造性。

虽然董晔辩称本专利的花瓣垫相对于附件7的片状波形圈具有克服应力集中，受力更均匀的效果，但是，附件7说明书中已经说明了波形圈与石材陶瓷的抵触部分呈片状可以减小锚栓与石材陶瓷之间的应力集中，同时如上所述，本领域技术人员也熟知受力面积越大则受力越均匀的原理，因此采用片状波形圈的另一边平直不开缺口的技术方案对本领域技术人员来说是显而易见的，本专利权利要求1的技术效果对本领域技术人员来说是可以预期的。

从属权利要求2是对权利要求1的进一步限定，其附加技术特征为“垫圈体的侧面开有二个以上的缺口”。根据上述的附件7公开的内容可知，附件7的波形圈4侧面也有二个以上的缺口，该附加技术特征已被附件7所公开，因此在其引用的权利要求1相对于附件7不具备创造性的情况下，从属权利要求2也不具备《专利法》第二十二条第三款规定的创造性。

从属权利要求3是对权利要求1的进一步限定，其附加技术特征为“垫圈的外表面设有保护膜层”。附件7也公开了波形圈的外表面设有弹性层8，即一种保护膜层，故权利要求3的附加技术特征已被附件7所公开，且董晔在口头审理中对此也表示了认可，因此在其引用的权利要求1相对于附件7不具备创造性的情况下，从属权利要求3也不具备《专利法》第二十二条第三款规定的创造性。

综上所述，本专利权利要求1~3均不符合《专利法》第二十二条第三款有关创造性的规定，应予全部无效，因此对于徐跃华提出的其他无效理由不再予以评述。

基于上述理由，专利复审委作出第10900号决定，宣告本专利全部无效。

本院认为：根据《专利法》第二十二条第三款规定，实用新型的创造性，是指同申请日以前已有的技术相比，该实用新型具有实质性特点和进步。

本专利权利要求1要求保护一种锚栓用花瓣垫，它包括垫圈体，其特征是在垫圈体的侧面开有缺口构成瓣状结构。

附件7公开了一种石材陶瓷用锚栓，其中的波形圈与本专利中的垫圈体相对应，附件7中的片状与本专利中的瓣状结构相对应，附件 7 中的片状之间的空缺部分对应本专利中的缺口。(2007) 高行终字第 35 号行政判决认定，本专利具有瓣状结构的花瓣垫是在垫圈体的花瓣结构之间有缺口，缺口均在垫圈体的一侧；附件 7 的波形圈由波形曲线形成，相邻的两个波峰之间或者两个波谷之间都为缺口；二者技术方案不同，产品形状、结构不同。本专利的花瓣垫与附件 7 中的波形圈所要解决的技术问题均是锚栓受力不均匀的问题，二者的发明目的相同。本领域技术人员虽然熟知受力面积越大则受力越均匀，但将附件 7 "相邻的两个波峰之间或者两个波谷之间都为缺口的片状波形圈" 改进为 "一边开有缺口，而另一边平直未开有缺口的瓣状结构" 不是本领域技术人员显而易见的，且附件 7 也没有给出相应的技术启示。同时，由于本专利一边开有缺口，而另一边平直未开有缺口，使得未开有缺口周边的受力相对于附件 7 波形圈波峰或波谷受力更为均匀，专利复审委亦认为本专利相对于附件 7 取得了进步的技术效果。本专利相对于附件 7 而言，达到了相同的发明目的，采用了不同的技术方案，取得了优于附件 7 的技术效果。因此，专利复审委认定本专利权利要求 1 相对于附件 7 没有实质性特点和进步缺乏证据支持。

第 10900 号决定在对本专利权利要求 1 的评述缺乏证据支持的情况下，对本专利权利要求 2、3 的评述亦缺乏证据支持。

综上所述，第 10900 号决定认定事实不清，缺乏证据支持，一审法院予以维持错误，本院予以纠正。依据《中华人民共和国行政诉讼法》第六十一条第（三）项之规定，判决如下：

（1）撤销北京市第一中级人民法院（2008）一中行初字第 606 号行政判决书。

（2）撤销国家知识产权局专利复审委员会于二〇〇七年十二月二十一日作出的第 10900 号无效宣告请求审查决定书。

一、二审案件受理费各人民币 100 元，由被上诉人国家知识产权局专利复审委员会负担（自收到本判决书之日起 7 日内交纳）。

本判决为终审判决。

审　判　长　郭　宜
审　判　员　张学磊
代理审判员　朱海宏
二〇〇九年二月十二日
书　记　员　程钰玮

216

# 一种煤气发生炉

## 无效宣告请求审查决定（第10923号）

**决　定　号**　第10923号
**决　定　日**　2007年11月22日
**发明创造名称**　一种煤气发生炉
**国际分类号**　C10J 3/20
**无效宣告请求人**　淄博昊科机械有限公司
**专　利　权　人**　慕乃道
**申　请　号**　200420075103.6
**申　请　日**　2004年11月12日
**授权公告日**　2005年11月9日
**合议组组长**　刘　犟
**主　审　员**　王　冬
**参　审　员**　任颖丽

**法律依据**　专利法第22条第3款
**决定要点**

如果实用新型的一项权利要求所保护的技术方案与最接近的现有技术相比存在区别技术特征，请求人提供的证据没有给出应用该区别技术特征的技术启示，因此，该权利要求具有实质性特点；且该区别技术特征的引入使得该权利要求的技术方案产生了有益的技术效果，则该权利要求相对于请求人提供的现有技术具备创造性。

### 一、案由

本无效宣告请求涉及中华人民共和国国家知识产权局于2005年11月9日授权公告的、名称为“一种煤气发生炉”的实用新型专利权（以下简称本专利），其专利申请号是200420075103.6，申请日是2004年11月12日，专利权人是慕乃道。本专利授权公告时的权利要求书如下：

“1. 一种煤气发生炉，由聚集器（1）、炉顶（2）、炉体（3）、炉篦（4）、水夹套（5）、灰仓外壳（9）、风箱（10）、炉底外壳（11）、灰渣箱（12）、支撑架（13）、涡轮减速器（15）等构成，其特征是采用螺栓将炉篦（4）固定在灰盘（6）上，在灰盘（6）下部固定连接有托盘（7），将托盘固定在立轴（16）的上端，立轴（16）的中下部伸出炉外并在底端固定有大齿轮（14），立轴的中部分别设置上、下调心轴承（17），上、下调心轴承的中间装有承受炉内全部重量的压力轴承（18），压力轴承固定在轴承箱（8）内，轴承箱（8）固定在炉底外壳（11）上，炉底外壳上还固定安装了一个涡轮减速器（15），涡轮减速器的转动齿轮与立轴（16）下端的大齿轮（14）咬合传动。”

针对本专利权，淄博昊科机械有限公司（以下简称请求人）于2007年7月26日向专利复审委员会提出无效宣告请求，认为本专利的权利要求1不符合专利法第22条第3款的规定，请求人同时提交了如下附件：

附件1：授权公告日为1999年6月23日，授权公告号为CN2325394Y的中国实用新型专利说明书，共8页。

请求人认为：本专利权利要求1相对于附件1的改进仅仅在于立轴及轴承的调整，使立轴的下端不接触地面，方便炉渣的排放，而想要使立轴的下端不接触地面，肯定需要将立轴缩短，使大齿轮、涡轮减速器上移，并将涡轮减速器固定在炉底外壳上，但这些调整都是常规技术、常规思路的正常使用，因此，在附件1的启示和指引下得到本专利权利要求1要求保护的技术方案是显而易见的，本专利权利要求1不符合专利法第22条第3款的规定。

经形式审查合格，专利复审委员会依法受理了上述无效宣告请求，并于2007年7月27日向请求人和专利权人发出无效宣告请求受理通知书，同时将专利权无效宣告请求书及其附件清单中所列附件的副本转送给专利权人，并要求专利权人在指定的期限内陈述意见。

针对专利复审委员会发出的上述无效宣告请求受理通知书，专利权人于2007年8月29日提交了意见陈述书。专利权人认为：请求人提供的附件1没有给出任何将传动部件设置在炉底外壳上的技术启示，而上述区别使得本专利解决了附件1存在的技术问题，带来了很好的技术效果，因此，本专利相对于附件1具备创造性。

专利复审委员会依法成立合议组，对本复审请求案进行审理。

本案合议组于2007年9月25日向双方发出无效宣告请求口头审理通知书，定于2007年11月5日在专利复审委员会举行口头审理。随同口头审理通知书，将专利权人于2007年8月29日提交的意见陈述书转送给请求人。

口头审理如期举行，双方当事人均参加了口头审理。

在口头审理中，请求人明确其无效宣告的理由、证据和范围为：本专利权利要求1相对于附件1不符合专利法第22条第3款的规定。专利权人对附件1的真实性没有异议。

请求人认为，本专利权利要求1与附件1的区别在于：本专利灰盘与立轴之间是通过托盘连接的，而附件1中没有托盘，但两者都实现了固定连接；附件1中公开了在立轴伸出炉外的部分套有轴承20，轴承20用托座19固定在地面上，没有公开上、下调心轴承和压力轴承；附件1中还公开了涡轮减速器的齿轮与立轴下端的大齿轮咬合转动这一技术特征，但附件1涡轮减速器的安装位置和本专利不同。在附件1的启示下，很容易得到本专利的技术特征，因此本专利不符合专利法第22条第3款的规定。

专利权人认可本专利的前序部分已经在附件1中公开了，但认为本专利权利要求1中的“在灰盘（6）下部固定连接有托盘（7），将托盘固定在立轴（16）的上端”、“立轴（16）的中下部伸出炉外并在底端固定有大齿轮（14）”、“立轴的中部分别设置上、下调心轴承（17），上、下调心轴承的中间装有承受炉内全部重量的压力轴承（18），压力轴承固定在轴承箱（8）内，轴承箱（8）固定在炉底外壳（11）上”这些特征均未被附件1公开，本专利方便了现场安装，具有清灰方便，灰尘不会落到转动部件上，方便安装的优点，本专利的构成和连接关系的变化在附件1中均没有被公开，这种构成和连接关系的变化带来了意想不到的技术效果，因此本专利具备创造性。

至此，合议组认为本案事实已经清楚，可以作出审查决定。

## 二、决定的理由

1. 关于证据和现有技术

请求人提交的附件 1 是中国实用新型专利说明书，专利权人对附件 1 的真实性没有异议，经合议组核查后认为，附件 1 可以作为本案证据使用，且其公开日期在本专利的申请日前，因此可以作为本专利的现有技术使用。

2. 关于创造性

专利法第 22 条第 3 款规定：创造性，是指同申请日以前已有的技术相比，该发明有突出的实质性特点和显著的进步，该实用新型具有实质性特点和进步。

如果实用新型的一项权利要求所保护的技术方案与最接近的现有技术相比存在区别技术特征，请求人提供的证据没有给出应用该区别技术特征的技术启示，因此，该权利要求具有实质性特点；且该区别技术特征的引入使得该权利要求的技术方案产生了有益的技术效果，则该权利要求相对于请求人提供的现有技术具备创造性。

本案中，权利要求 1 要求保护一种煤气发生炉，由聚集器（1）、炉顶（2）、炉体（3）、炉篦（4）、水夹套（5）、灰仓外壳（9）、风箱（10）、炉底外壳（11）、灰渣箱（12）、支撑架（13）、涡轮减速器（15）等构成，其特征是采用螺栓将炉篦（4）固定在灰盘（6）上，在灰盘（6）下部固定连接有托盘（7），将托盘固定在立轴（16）的上端，立轴（16）的中下部伸出炉外并在底端固定有大齿轮（14），立轴的中部分别设置上、下调心轴承（17），上、下调心轴承的中间装有承受炉内全部重量的压力轴承（18），压力轴承固定在轴承箱（8）内，轴承箱（8）固定在炉底外壳（11）上，炉底外壳上还固定安装了一个涡轮减速器（15），涡轮减速器的转动齿轮与立轴（16）下端的大齿轮（14）咬合传动。

附件 1 公开了一种煤气发生炉，其公开了权利要求 1 前序部分的特征，将权利要求 1 与附件 1 进行比较，附件 1 至少没有公开如下技术特征：（A）“在灰盘（6）下部固定连接有托盘（7），将托盘固定在立轴（16）的上端”以及（B）“立轴的中部分别设置上、下调心轴承（17），上、下调心轴承的中间装有承受炉内全部重量的压力轴承（18），压力轴承固定在轴承箱（8）内，轴承箱（8）固定在炉底外壳（11）上，炉底外壳上还固定安装了一个涡轮减速器（15）”。

对于区别技术特征（A），合议组认为，附件 1 中没有给出在灰盘下部固定连接有托盘、并将托盘固定在立轴上端的技术启示，请求人也没有提供证据证明上述区别技术特征是公知常识，因此，上述区别技术特征的引入对本领域技术人员来说是非显而易见的。

对于区别技术特征（B），合议组认为，附件 1 中所述立轴的下端伸到炉壳体外并套上轴承，轴承用托座包住固定在地面上，在立轴的下部固定有大齿轮，涡轮减速器也固定在地面上与大齿轮咬合传动，即附件 1 中的传动部件处于地面上，而本专利权利要求 1 中区别技术特征（B）的引入解决了附件 1 由于传动部件处在地面上，影响炉渣排放、落尘容易进入转动轴承及齿轮致使经常发生故障的技术问题，而附件 1 中没有给出应用上述区别技术特征（B）解决上述技术问题的技术启示，请求人也没有提供证据证明上述区别技术特征是公知常识，因此，上述区别技术特征对本领域技术人员来说是非显而易见的，且上述区别技术特征的引入克服了附件 1 由于传动部件处在地面上，影响炉渣排放、落尘容易进入转动轴承及齿轮致使经常发生故障的缺陷，具有有益的技术效果。

请求人认为，本专利权利要求 1 是在附件 1 的基础上经过常规技术的应用就能够得到的，想要使立轴的下端不接触地面，肯定需要将立轴缩短，使大齿轮轴上移，但这些调整都是常规技术的正常使用，因此，在附件 1 的启示和指引下得到本专利权利要求 1 要求保护的技术方案是显而易见的。对此，合议组认为，首先，附件 1 中没有给出立轴下端不接触地面的技术启示，因而也就无从谈起将立轴缩短，使大齿轮上移；其次，附件 1 也未给出立轴缩短后一定需要将承受炉内全部重量的压力轴承固定在炉底外壳的启示，附件 1 也未给出将涡轮减速器固定安装在炉底外壳上的启示，而附件 1 中均采用了将其固定在地面的方式；同时请求人也没有提供其他证据证明现有技术中存在这样的技术启示，因此，请求人的上述主张合议组不予支持。

综上所述，本专利权利要求 1 相对于附件 1 具有实质性特点和进步，具备创造性，符合专利法第 22 条第 3 款的规定。

根据上述的事实和理由，本案合议组依法作出以下决定。

**三、决定**

维持 200420075103. 6 号实用新型专利权有效。

当事人对本决定不服的，可以根据专利法第 46 条第 2 款的规定，自收到本决定之日起 3 个月内向北京市第一中级人民法院起诉。根据该款的规定，一方当事人起诉后，另一方当事人应当作为第三人参加诉讼。

217

# 合成氨、尿素废液低压处理装置

## 无效宣告请求审查决定（第 10929 号）

**决　　定　　号**　第 10929 号
**决　　定　　日**　2007 年 12 月 24 日
**发明创造名称**　合成氨、尿素废液低压处理装置
**国 际 分 类 号**　C02F 1/58
**无效宣告请求人**　德州百斯特化工科技有限公司
**专　利　权　人**　宁波远东化工科技有限公司
**专　　利　　号**　200520013319.4
**申　　请　　日**　2005 年 7 月 15 日
**授 权 公 告 日**　2006 年 11 月 8 日
**合 议 组 组 长**　欧　岚
**主　　审　　员**　姜　岩
**参　　审　　员**　徐伟锋

**法　律　依　据**　专利法第 22 条第 3 款
**决　定　要　点**

一项权利要求与最接近的现有技术相比，虽然存在区别特征，但该区别特征为公知常识或者为相同技术领域的另一份对比文件中的相关技术手段且该技术手段在该对比文件所起的作用与该区别特征在要求保护的发明中为解决其实际的技术问题所起的作用相同，则该权利要求不具备创造性。

### 一、案由

本无效宣告请求涉及中华人民共和国国家知识产权局于 2006 年 11 月 8 日授权公告的、名称为"合成氨、尿素废液低压处理装置"的实用新型专利权（以下简称本专利），其专利号是 200520013319.4，申请日是 2005 年 7 月 15 日，专利权人是宁波远东化工科技有限公司。本专利授权公告时的权利要求书如下：

"1. 一种合成氨、尿素废液低压处理装置，包括有给料泵（25），回流泵（34）、回流冷凝器（4）、换热器（2）、液位槽（3）、水解装置和解吸装置，所述给料泵（25），回流泵（34）、回流冷凝器（4）、液位槽（3）和换热器（2）分别与管道相连，其特征在于所述水解装置和解吸装置设置于汽提水解塔（1）中，在汽提水解塔（1）的中上部设有第一进口（12），该第一进口（12）由管道（c）与换热器（2）的第一出口（21）相连，且换热器（2）的第一出口（21）与换热器（2）的第一进口（24）相通并由管道（b）与给料泵（25）相连，而给料泵（25）与废液进料管（a）相

连；在所述汽提水解塔（1）的底部设有第二出口（14），该第二出口（14）由管道（m）与换热器（2）上的第二进口（22）相连，该换热器（2）上的第二进口（22）与换热器（2）的第二出口（23）相通，且换热器（2）的第二出口（23）与流出管（n）相连；所述汽提水解塔（1）其下部设有第二进口（13），该第二进口（13）与蒸汽管（L）相连，在位于汽提水解塔（1）的顶部设有第一出口（15），该第一出口（15）由管道（d）与回流冷凝器（4）下部的进口（41）相连，该进口（41）与回流冷凝器（4）上部的出口（44）相连通并由管道（e）与液位槽（3）的进口（31）相连，所述液位槽（3）设有上下出口，所述下出口（33）由管道（f）与回流泵（34）相连，回流泵（34）一路由管道（g）与汽提水解塔（1）上部的第三进口（11）相连，另一路由管道（p）与尿素装置的一吸外冷器相连；所述液位槽（3）的上出口（32）由管道（h）与尿素装置的二循一冷器相连。

2. 根据权利要求1所述的合成氨、尿素废液低压处理装置，其特征在于所述回流冷凝器（4）其内部的冷却结构为：在回流冷凝器（4）中设有循环管（45），该循环管（45）的进口（42）由管道（k）与循环泵（53）相连，而循环泵（53）由管道（j）与冷却器（5）的出口（51）相连；而循环管（45）的出口（43）由管道（i）与冷却器（5）的进口（52）相连。

3. 根据权利要求2所述的合成氨、尿素废液低压处理装置，其特征在于所述汽提水解塔（1）为立式结构。

4. 根据权利要求1或2或3所述的合成氨、尿素废液低压处理装置，其特征在于所述换热器（2）采用板式换热器。

5. 根据权利要求1或2或3所述的合成氨、尿素废液低压处理装置，其特征在于所述汽提水解塔（1）采用复合板结构。

6. 根据权利要求4所述的合成氨、尿素废液低压处理装置，其特征在于所述汽提水解塔（1）采用复合板结构。”

针对本专利权，德州百斯特化工科技有限公司（以下简称请求人）于2007年6月27日向专利复审委员会提出无效宣告请求，认为本专利不符合专利法第26条第3款、第4款，第22条第2款、第3款以及专利法实施细则第20条第1款、第21条第2款的规定，请求人同时提交了如下附件：

附件1：授权公告日2001年12月5月，授权公告号CN1075793C（专利号为90107727.5）的中国发明专利说明书，共13页；

附件2：授权公告日为2004年5月19日、授权公告号为CN1150163C（专利号为00134684.9）的中国发明专利说明书，共7页。

请求人认为：（1）附件1公开了本专利权利要求1的大部分技术特征，未公开的技术特征为本领域的公知常识，因此，权利要求1不具备创造性。（2）权利要求2~6的附加技术特征均为公知常识，因此，权利要求2~6不具备创造性。

经形式审查合格，专利复审委员会依法受理了上述无效宣告请求，并于2007年6月27日向请求人和专利权人发出无效宣告请求受理通知书，同时将专利权无效宣告请求书及其附件清单中所列附件的副本转送给专利权人，并要求专利权人在指定的期限内陈述意见。

专利权人未在指定期限内陈述意见。

请求人于2007年7月27日向专利复审委员会提交了意见陈述书，并补充了无效宣告的理由和证据，其中补充的证据为：

附件3：授权公告日为1974年7月30日、专利号为US3826815的美国专利说明书及其相关部分的中文译文，共9页；

附件4：化学工业出版社于1997年4月第1版第1次印刷的《尿素》的封面、扉页、版权页、第298~303页复印件，共9页。

请求人认为：（1）附件3与公知常识的结合、附件4公开的两种技术方案结合公知常识、附件3和4以及公知常识的结合、附件1和3以及公知常识的结合、附件1、3、4与公知常识的结合、附件2、3和公知常识的结合、附件2、3、4和公知常识的结合、附件3、2、1和公知常识的结合、附件3、4、1、2和公知常识的结合均可以得到本专利的权利要求1，因此权利要求1不具备创造性。（2）权利要求2的附加技术特征为公知常识，权利要求3的附加技术特征被附件3和4公开；权利要求4~6的附加技术特征为公知常识，因此权利要求2~6不具备创造性。（3）权利要求5、6中有关复合板结构描述不清楚，说明书中也没有示意或者描述，导致权利要求5、6不符合专利法实施细则第20条第1款以及专利法第26条第3款的规定。

专利复审委员会依法成立合议组对本案进行审理。本案合议组于2007年9月26日向双方发出无效宣告请求口头审理通知书，定于2007年11月12日在专利复审委员会举行口头审理。随同口头审理通知书，将请求人于2007年7月27日提交的意见陈述书及其附件清单中所列附件的副本转送给专利权人。

口头审理如期举行，双方当事人均参加了口头审理。在口头审理中，请求人明确其无效的理由、证据、范围以及证据的使用情况为：权利要求5、6不符合专利法第26条第3款的规定，权利要求1~6相对于附件3、4的结合不符合专利法第22条第3款的规定，请求人明确表示放弃其他的无效理由、证据、范围和证据组合形式。请求人放弃附件1、2的使用，请求人当庭提交盖有“国家图书馆文献检索专用章”的附件4的复印件，专利权人对附件3、4的真实性没有异议，对附件4的译文准确性没有异议。专利权人当庭签收请求人于2007年7月27日提交的附件4的附图译文页。

至此，合议组认为本案事实已经清楚，可以作出审查决定。

**二、决定的理由**

1. 关于证据和现有技术

请求人提交的证据包括附件3、4，专利权人对附件3、4的真实性没有异议，合议组经审查认为附件3、4可以作为本案证据使用，同时由于附件3为公开日期在本专利申请日之前的专利文献，附件4为公开出版物，且其公开日期在本专利的申请日前，因此附件3、4可以作为本专利的现有技术使用。

专利权人对附件3的中文译文没有异议，因此附件3的公开内容以其中文译文为准。

2. 关于专利法第22条第3款规定的创造性

创造性，是指同申请日以前已有的技术相比，该发明有突出的实质性特点和显著的进步，该实用新型具有实质性特点和进步。

一项权利要求与最接近的现有技术相比，虽然存在区别特征，但该区别特征为公知常识或者为相同技术领域的另一份对比文件中的相关技术手段且该技术手段在该对比文件所起的作用与该区别特征在要求保护的发明中为解决其实际的技术问题所起的作用相同，则该权利要求不具备创造性。

（1）本专利权利要求1的创造性。

附件3涉及对含有$NH_3$的稀溶液中的残余氨的回收，与本专利技术领域相同；其说明书结合附图对采用的方法和装置进行了说明，所要解决的技术问题为：在低压下回收尿素等工业废水中的残余氨，其所要解决的技术问题与本专利一致。其中具体公开了如下技术内容：一种合成氨、尿素废液低压处理装置，包括泵11（对应于本专利中的给料泵25）；节热器15（对应于本专利中的换热器2）；回收汽提塔18（对应于本专利中的水解装置和解吸装置）；泵11和节热器15分别与管道相连；回收汽提塔18同时进行水解和汽提；结合附图可知，液流13经节热器15加热后通过管路21被引入设有泡罩或者筛板的回收汽提塔18的大约中部区域，汽提塔18上带有进口，该进口通过管道与节热器15的出口相连（对应于本专利中“在汽提水解塔（1）的中上部设有第一进口（12），该第一进口（12）由管道（c）与换热器（2）的第一出口（21）相连”）；液流13通过节热器15中的管14与液流16间接换热，管14的进出口相通，并通过管道13与泵11相连，泵11与进液管道10相连（对应本专利中“且换热器（2）的第一出口（21）与换热器（2）的第一进口（24）相通并由管道（b）与给料泵（25）相连，而给料泵（25）与废液进料管（a）相连”）；液流是从回收汽提塔18的底部区域17取出的，其由回收汽提塔的出口通过管道16流入节热器15，节热器的进出口相通，液流从节热器15的出口流入管路19中，管路19的两端也带有进口和出口，并与下水管道相连（对应本专利中“在所述汽提水解塔（1）的底部设有第二出口（14），该第二出口（14）由管道（m）与换热器（2）上的第二进口（22）相连，该换热器（2）上的第二进口（22）与换热器（2）的第二出口（23）相通，且换热器（2）的第二出口（23）与流出管（n）相连”）；用来将氨基甲酸盐分解为$NH_3$和$CO_2$以及将这些气体从气相中汽提出来所需的等量的热量被提供给回收汽提塔18，以优选地将蒸汽通过管路26并将其通过浸没在底部区域17中收集的液相中的喷雾器来分配的方式提供热量（对应于本专利中“所述汽提水解塔1其下部设有第二进口13，该第二进口13与蒸汽管L相连”），回收汽提塔18的顶部设有出口（对应于本专利中汽提塔顶部的第一出口15）。

权利要求1与附件3的区别在于：附件3没有公开“回流泵（34）、回流冷凝器（4）、液位槽（3）”组成的冷凝及回流装置以及其与汽提水解塔的连接关系，具体到权利要求1的技术特征即没有公开：“该第一出口（15）由管道（d）与回流冷凝器（4）下部的进口（4）相连，该进口（4）与回流冷凝器（4）上部的出口（44）相连通并由管道（e）与液位槽（3）的进口（3）相连，所述液位槽（3）设有上下出口，所述下出口（33）由管道（f）与回流泵（34）相连，回流泵（34）一路由管道（g）与汽提水解塔（1）上部的第三进口（11）相连，另一路由管道（p）与尿素装置的一吸外冷器相连；所述液位槽（3）的上出口（32）由管道（h）与尿素装置的二循一冷器相连。”而附件3公开的是经过汽提的气体从回收汽提塔18的塔顶排放出来，通过管路25直接进入回收区域，进液管路10中溶液的一部分液流12加入回收气提塔18的顶部（参见附件3译文第2页第3段，第3页最后一段和附图）。

通过附件4第298~299页尿素工艺废液处理中水解和解吸的原理可知，“解吸气不能自动进入吸收系统，则可先送入解吸冷凝器冷凝成液相，另用泵把此冷凝液送入吸收系统”（附件4第299页第2~3行），也就是说在尿素工业废液处理过程中将解吸气经冷凝后再进入吸收系统为本领域的公知技术。且在附件4第301页附图9-4中具体公开了解吸塔排出的混合气体被导入回流冷凝器4，冷凝的液体经液位槽5和泵10，一部分冷凝液回流至解吸塔顶部，另一部分去循环系统，液位槽5中的未冷凝气体进入常压吸收器。

同时，附件4第301页第15~16行及第302页附图9-6中，公开了一种与附件3相同的回收汽提塔进液方式的处理设备，即工艺冷凝液经过给料泵1后一部分进入到节省器3中进行换热，一部分进入到水解/汽提塔的顶部，其目的是通过冷流的加入控制顶部出气温度。由此可见，为了控制顶部出气温度，附件3中一部分进液液流进入回收汽提塔顶部的方式属于本领域的公知技术。因此本领域技术人员在处理废液的过程中面临需要在汽提塔顶部引入冷流从而控制塔顶部出气温度的技术问题时，会根据具体情况选择公知技术中的“将进液的一部分液流引入塔顶部”或“将汽提后的气体经冷凝后一部分流入塔顶部”的任一技术方案，因此很容易想到用附件4图9-4中由冷凝器和液位槽、回流泵组成的冷凝及回流装置和与塔顶的连接替代附件3中的进液管路10的一部分液流12流入汽提塔顶部，从而显而易见地得到本专利权利要求1的技术方案，实现其发明目的，并得到“仅包含约4~5ppm的总残留氨”的比本专利更好的有益效果。因此，与附件3、4的结合相比，本专利权利要求1不具备专利法第22条第3款规定的创造性。

专利权人在口头审理中陈述本专利具备创造性时，认为“附件3与本专利的区别除上述区别外，还有权利要求1汽提水解塔（1）的中上部设置有第一进口（12），而附件3是中部设有第一进口。”合议组认为，结合附件3的附图，可知液流13经节热器15加热后通过管路21被引入回收汽提塔18的中上部；另外由于汽提塔的作用就是使液体在汽提塔内部由上而下流动，与由下而上流动的蒸汽充分接触而解吸出气体，必然要求其接触的时间尽可能长一些，因此其液体引入的位置通常是在汽提塔中的引入蒸汽位置的上部且两者间隔一定距离，才能达到较好的解吸效果。故专利权人认为的该区别点不存在，因此由于该区别而使权利要求1具备创造性的主张也不能成立。

（2）本专利权利要求2的创造性。

本专利的权利要求2为：“根据权利要求1所述的合成氨、尿素废液低压处理装置，其特征在于所述回流冷凝器（4）其内部的冷却结构为：在回流冷凝器（4）中设有循环管（45），该循环管（45）的进口（42）由管道（k）与循环泵（53）相连，而循环泵（53）由管道（j）与冷却器（5）的出口（51）相连；而循环管（45）的出口（43）由管道（i）与冷却器（5）的进口（52）相连。”权利要求2的附加技术特征所述的回流冷凝器冷却结构为常规设计，属于本领域的公知常识，因此，在权利要求1不具备创造性的前提下，权利要求2不具备创造性。

（3）本专利权利要求3的创造性。

本专利的权利要求3为：“根据权利要求2所述的合成氨、尿素废液低压处理装置，其特征在于所述汽提水解塔（1）为立式结构。”该附加技术特征是现有的公知技术，而且已经在附件3附图以及附件4图9-4、9-6中公开，因此，在权利要求2不具备创造性的前提下，权利要求3不具备创造性。

（4）本专利权利要求4的创造性。

本专利的权利要求4为：“根据权利要求1或2或3所述的合成氨、尿素废液低压处理装置，其特征在于所述换热器（2）采用板式换热器。”该附加技术特征为本领域的公知常识，因此，在其引用的权利要求不具备创造性的前提下，权利要求4不具备创造性。

（5）本专利权利要求5、6的创造性。

本专利的权利要求5为：根据权利要求1或2或3所述的合成氨、尿素废液低压处理装置，其特征在于所述汽提水解塔（1）采用复合板结构。

本专利的权利要求6为：根据权利要求4所述的合成氨、尿素废液低压处理装置，其特征在于所述汽提水解塔（1）采用复合板结构。

合议组认为：专利权人认可复合板结构是指材质的复合，且公知技术中复合板材已经广泛应用在汽提水解塔中，因此权利要求5、6的附加技术特征为本领域的公知常识，因此，在其引用的权利要求不具备创造性的前提下，权利要求5、6也不具备创造性。

专利权人认为以上权利要求的附加技术特征是现有技术中已有的，但是用在本专利中具有进步。合议组认为，本领域技术人员在得知以上现有技术的基础上，由于这些现有技术其所解决的技术问题和达到的技术效果都是公知的，因此容易想到将其应用到与本专利相同技术领域的附件3的装置中，专利权人的以上观点合议组不予支持。

综上所述，本专利的权利要求1~6不符合专利法第22条第3款的规定，基于权利要求1~6不具备创造性，对于请求人提出的其他无效理由不再予以评述，根据上述的事实和理由，本案合议组依法作出以下决定。

**三、决定**

宣告 200520013319.4 号实用新型专利权全部无效。

当事人对本决定不服的，可以根据专利法第 46 条第 2 款的规定，自收到本决定之日起 3 个月内向北京市第一中级人民法院起诉。根据该款的规定，一方当事人起诉后，另一方当事人应当作为第三人参加诉讼。

# 北京市第一中级人民法院
# 行政判决书

（2008）一中行初字第 507 号

原告宁波远东化工集团有限公司，住所地浙江省宁波市百丈路 168 号会展中心 12D。

法定代表人项文裕，董事长。

委托代理人徐国文，北京安博达知识产权代理有限公司专利代理人。

委托代理人王珅，浙江甬望律师事务所律师。

被告国家知识产权局专利复审委员会，住所地北京市海淀区北四环西路 9 号银谷大厦。

法定代表人廖涛，副主任。

委托代理人徐伟锋，男，国家知识产权局专利复审委员会审查员。

委托代理人隋璐，女，国家知识产权局专利复审委员会审查员。

第三人德州百斯特化工科技有限公司，住所地山东省德州市宁津县银河经济开发区。

法定代表人刘国胜，经理。

委托代理人王明霞，北京元中知识产权代理有限责任公司专利代理人。

原告宁波远东化工集团有限公司不服被告国家知识产权局专利复审委员会作出的行政决定，于 2008 年 3 月 28 日向本院提起行政诉讼。本院受理后，依法组成合议庭，依据《中华人民共和国行政诉讼法》第二十七条的规定通知德州百斯特化工科技有限公司作为本案第三人参加诉讼，于 2008 年 5 月 12 日、2008 年 9 月 19 日公开开庭审理了本案。原告的委托代理人徐国文、王珅，被告的委托代理人徐伟锋、隋璐，第三人的委托代理人王明霞到庭参加了诉讼。本案现已审理终结。

2007 年 12 月 24 日，被告针对原告提出的无效宣告请求作出第 10929 号无效宣告请求审查决定（以下简称被诉决定），依据《中华人民共和国专利法》（以下简称《专利法》）第二十二条第三款的规定，决定宣告 200520013319.4 号实用新型专利权（以下简称本专利）全部无效。被告在法定举证期限内向本院提交了下列证据的复印件：

（1）专利号为 US3826815 的美国专利说明书及相关部分的中文译文（即被诉决定中的附件 3），授权公告日为 1974 年 7 月 30 日，共 9 页；（2）化学工业出版社于 1997 年 4 月第 1 版第 1 次印刷的《尿素》的封面、扉页、版权页、第 298~303 页（即被诉决定中的附件 4），共 9 页；（3）口头审理记录表附表；（4）被诉决定书。以上证据用以证明被诉决定认定事实清楚、适用法律法规正确、审查程序合法。

原告诉称，根据《审查指南》第四部分第三章 4.1 节的规定，请求人在提出无效宣告请求时没有具体说明的无效宣告理由以及没有用于具体说明相关无效宣告理由的证据，且在提出无效宣告请求之日起一个月内也未补充具体说明的，被告应不予考虑。第三人在无效请求书中仅简单提及了“将证据3与证据4结合再加上公知常识”，根本未如被诉决定所引的证据来结合证据3（即被诉决定中的附件3）得出本专利权利要求1无创造性的结论。同样，被诉决定关于本专利从属权利要求2~6创造性的认定是第三人提出无效宣告请求时未提出的。“利用副产蒸汽或其他低压蒸汽作为解吸汽提剂，而其压力等于或小于吸收系统压力时”是将“解吸气先送入解吸冷凝器冷凝，另用泵把此冷凝液送至吸收系统”的前提。但被诉决定以此作为认定附件3、4结合的依据时，将此前提省去了。被诉决定将一个完整工艺中的前提条件省去的做法本身就是与客观事实相悖。本专利中的一吸外冷器不是吸收系统。被诉决定认定事实有误，必然导致对本专利权利要求1的创造性认定有误，适用法律不当。此外，被诉决定对本专利从属权利要求2、4、5、6中附加技术特征无创造性的认定纯属主观推断，无任何证据支持。综上，原告请求法院撤销被诉决定。原告向本院提交了下列证据的复印件：

（1）本专利说明书，用以证明本专利有创造性，被诉决定认定事实错误；（2）被诉决定书，用以证明被诉决定本身的错误所在；（3）第三人在无效宣告行政程序中提交的意见陈述书，用以证明被告程序违法；（4）被诉决定中的附件4，用以证明该书不是公知常识。

被告辩称：（1）根据《中华人民共和国专利法实施细则》（以下简称《专利法实施细则》）第六十六条的规定，第三人在无效宣告请求被受理之日起1个月内还有补充证据和理由的机会。本案中，针对第三人于2007年6月27日提出的无效宣告请求，被告向双方当事人发出了无效宣告请求受理通知书，第三人于2007年7月27日提交了补充的意见陈述书以及补充的附件3、4，同时在补充的意见陈述书第4页第3段中提出了将附件3与附件4结合再加上公知常识破坏了本专利权利要求1的创造性。而且在补充的意见陈述书第4页中也记载了附件4公开的内容，第6~7页则记载了第三人对于权利要求2~6的附加技术特征的评述。因此，第三人在2007年7月27日补充的证据及理由在时间上没有超出法律规定的期限。此外，在口头审理记录表附表中明确记载了“在口头审理中请求人明确的无效宣告理由、证据、范围以及证据的使用情况为权利要求1~6相对于附件3和4的结合不符合《专利法》第二十二条第三款的规定”，原告当时并未提出异议。另外，在口头审理记录表附表中对权利要求1的创造性的调查部分也记录了使用附件4中的298~301页及两个附图中的内容。因此，无论是附件3和4的结合的组合方式评价权利要求1~6的创造性还是附件4中公开的内容均已经充分听证，而且口头审理记录表中记录了权利要求2~6的附加技术特征的质证过程；（2）附件4是公知常识性证据，其中提及了解吸气进入吸收塔的两种常规的情形，一种是解吸气可以直接进入吸收塔，另一种则是必须先在解吸冷凝器冷凝成液相后再送入吸收系统。因而认为在废液处理装置中采用这两种处理方式均是本领域的公知常识；（3）一吸外冷器是吸收系统中的一部分。本专利中说明书4/4第2~3行中提到冷凝液一部分送往一吸塔回收；而附件4中经过解吸冷凝器冷凝成液相的冷凝液最后送至吸收系统，二者实质上相同。因此，仍然坚持被诉决定中的审查意见，其他理由参见被诉决定正文。综上，被诉决定认定事实清楚、适用法律、法规正确，审理程序合法，审查结论正确，故请求法院驳回原告请求，维持被诉决定。

第三人述称：（1）第三人在提出无效宣告请求之日起的1个月内补充了无效请求的证据——附件3、4。被诉决定依据第三人的请求进行审理，并将附件3、4作为决定的依据合法；（2）第三人在补充意见陈述中，结合证据说明了请求宣告无效的事实和理由，口头审理程序中也提交了详细的意见陈述，说明附件3、4的结合，能够显而易见地得到本专利权利要求1~6的技术方案，被告在双方充分陈述意见的基础上作出被诉决定，符合《审查指南》的规定；（3）正如在本专利背景技术中描述的，孟山都环境化学公司的水解气提技术，采用蒸汽压力低（1.3）、水解塔和解析塔合二为一、流程简单。该技术基本就是早在1973年公开的附件3的技术，而附件3采用的装置，与涉案专利的水解气提装置部分基本一致，因此本专利权利要求1与附件3的区别在于“附件3没有公开回流泵（34）、回流冷凝器（4）、换热器（2）、液位槽（3）组成的冷凝及回流装置以及其与气提水解塔的连接关系”。但附件3公开了进液管（管路10）分成两股液流，“冷流加入顶部，控制顶部出气温度”。属于公知常识的附件4第298~299页，尿素工艺废液处理中水解和解析的原理可知，“解析气不能自动进入吸收系统，则可先送入解析冷凝器冷凝成液相，另用泵把此冷凝液送入吸收系统”。在附件4第301页附图9-4中，公开了解析塔排出的混合气体被导入回流冷凝器4，冷凝的液体经液位槽5和泵10进入解析塔顶部或去循环系统，液位槽5内的气体去常压吸收器。附件4说明在合成氨工业废液处理中，将解析气经冷凝器冷凝成液相，另用泵把此冷凝液送入吸收系统为本领域的公知常识，附件4还公开了与本专利相同的冷凝及回流装置，本领域技术人员将附件3、4相结合，可以显而易见地得到本专利权利要求1的技术方案；（4）同样由于本专利的从属权利要求2~6均已经被附件3公开或者为本领域的公知常识，本专利权利要求2~6不具备创造性，口头审理中原告也同意第三人的上述观点。因此，其诉讼理由不能成立。综上所述，被诉决定审查程序合法、对事实认定清楚、适用法律正确，请求法院驳回原告的诉讼请求，维持被诉决定有效。

第三人向本院提交了下列证据的复印件：

（1）第三人在无效宣告行政程序中提交的补充意见，用以证明被诉决定的作出程序合法；（2）第三人提交的口审意见陈述；（3）附件3；（4）附件4；（5）《现代塔器技术》（中国石化出版社出版，2005年1月第2版）共7页，证据2~5用以证明被诉决定正确。

鉴于被告主张附件4为公知常识性证据，在本案审理过程中，本院依职权向被告调取了佐证附件4为公知常识性证据的来自国家图书馆科技查新中心的证明材料。

对于被告提交的证据，原告对证据1的真实性有异议，理由是该证据没有载明来源，也没有经过公证认证，其翻译也不符合形式要件，而且翻译也不完整；对其他证据的关联性、合法性、真实性无异议，但对证明作用有异议。第三人对被告提交证据的关联性、合法性、真实性及证明作用均无异议。

对原告提交的证据，被告认为证据2是被诉决定，不能作为证据；对其他证据的关联性、合法性、真实性无异议，但对证明作用有异议。第三人表示，对原告提交证据的质证意见与被告相同。

对第三人提交的证据，原告对其关联性、合法性、真实性无异议，但对证明作用有异议。被告对第三人提交的证据无任何异议。

对本院依职权向被告调取的证据，原告及第三人对其能够证明附件4为公知常识性证据均无异议。

经庭审质证，本院对当事人提交的证据认证如下：被告和原告提交的全部证据、第三人提交的证据1~4和本院依职权向被告调取的证据均与本案具有关联性且符合诉讼证据形式上的真实、合法性要求，被告提交的证据能够作为其认定相关事实的依据，原告、第三人提交的证据1~4能够作为认定本案相关事实的依据，其中原告提交的证据2是被诉行政行为的书面载体，符合诉讼证据的形式要求，本院依职权向被告调取的证据能够证明附件4为公知常识性证据，故本院对被告和原告提交的全部证据、第三人提交的证据1~4和本院依职权向被告调取的证据均予采纳。第三人在诉讼中向本院提交的证据5虽属公知常识性证据，但被告并未将该证据作为作出被诉决定的依据。《最高人民法院关于行政诉讼证据若干问题的规定》第六十条第（三）项规定：“原告或者第三人在诉讼程序中提供的、被告在行政程序中未作为具体行政行为依据的证据”不能作为认定被诉具体行政行为合法的依据，故本院对该证据不予采纳。

上述经本院采纳的证据以及各方当事人无争议的相关陈述可以作为认定本案事实的依据。

经审理查明，本案涉及2006年11月8日授权公告的、名称为“合成氨、尿素废液低压处理装置”的实用新型专利权（即本专利），其专利号是200520013319.4，申请日是2005年7月15日，专利权人是本案原告。本专利授权公告时的权利要求书如下：

“1. 一种合成氨、尿素废液低压处理装置，包括有给料泵（25），回流泵（34）、回流冷凝器（4）、换热器（2）、液位槽（3）、水解装置和解吸装置，所述给料泵（25），回流泵（34）、回流冷凝器（4）、液位槽（3）和换热器（2）分别与管道相连，其特征在于所述水解装置和解吸装置设置于汽提水解塔（1）中，在汽提水解塔（1）的中上部设有第一进口（12），该第一进口（12）由管道（c）与换热器（2）的第一出口（21）相连，且换热器（2）的第一出口（21）与换热器（2）的第一进口（24）相通并由管道（b）与给料泵（25）相连，而给料泵（25）与废液进料管（a）相连；在所述汽提水解塔（1）的底部设有第二出口（14），该第二出口（14）由管道（m）与换热器（2）上的第二进口（22）相连，该换热器（2）上的第二进口（22）与换热器（2）的第二出口（23）相通，且换热器（2）的第二出口（23）与流出管（n）相连；所述汽提水解塔（1）其下部设有第二进口（13），该第二进口（13）与蒸汽管（L）相连，在位于汽提水解塔（1）的顶部设有第一出口（15），该第一出口（15）由管道（d）与回流冷凝器（4）下部的进口（41）相连，该进口（41）与回流冷凝器（4）上部的出口（44）相连通并由管道（e）与液位槽（3）的进口（31）相连，所述液位槽（3）设有上下出口，所述下出口（33）由管道（f）与回流泵（34）相连，回流泵（34）一路由管道（g）与汽提水解塔（1）上部的第三进口（11）相连，另一路由管道（p）与尿素装置的一吸外冷器相连；所述液位槽（3）的上出口（32）由管道（h）与尿素装置的二循一冷器相连。

2. 根据权利要求1所述的合成氨、尿素废液低压处理装置，其特征在于所述回流冷凝器（4）其内部的冷却结构为：在回流冷凝器（4）中设有循环管（45），该循环管（45）的进口（42）由管道（k）与循环泵（53）相连，而循环泵（53）由管道（j）与冷却器（5）的出口（51）相连；而循环管（45）的出口（43）由管道（i）与冷却器（5）的进口（52）相连。

3. 根据权利要求2所述的合成氨、尿素废液低压处理装置，其特征在于所述汽提水解塔（1）为立式结构。

4. 根据权利要求1或2或3所述的合成氨、尿素废液低压处理装置，其特征在于所述换热器（2）采用板式换热器。

5. 根据权利要求1或2或3所述的合成氨、尿素废液低压处理装置，其特征在于所述汽提水解塔（1）采用复合板结构。

6. 根据权利要求4所述的合成氨、尿素废液低压处理装置，其特征在于所述汽提水解塔（1）采用复合板结构。”

针对本专利权，第三人于2007年6月27日向被告提出无效宣告请求，认为本专利不符合《专利法》第二十六条第三款、第四款，第二十二条第二款、第三款以及《专利法实施细则》第二十条第一款、第二十一条第二款的规定，第三人同时提交了如下附件：

附件1：授权公告日为2001年12月5月，授权公告号CN1075793C（专利号为90107727.5）的中国发明专利说明书，共13页；

附件2：授权公告日为2004年5月19日、授权公告号为CN1150163C（专利号为00134684.9）的中国发明专利说明书，共7页。

第三人认为：（1）附件1公开了本专利权利要求1的大部分技术特征，未公开的技术特征为本领域的公知常识，因此，权利要求1不具备创造性。（2）权利要求2~6的附加技术特征均为公知常识，因此，权利要求 2~6 不具备创造性。

经形式审查合格，被告依法受理了上述无效宣告请求，并于 2007 年 6 月 27 日向第三人和原告发出无效宣告请求受理通知书，同时将专利权无效宣告请求书及其附件清单中所列附件的副本转送给原告，并要求原告在指定的期限内陈述意见。

原告未在指定期限内陈述意见。

第三人于 2007 年 7 月 27 日向被告提交了意见陈述书，并补充了无效宣告的理由和证据，其中补充的证据为：

附件 3：授权公告日为 1974 年 7 月 30 日、专利号为 US3826815 的美国专利说明书及其相关部分的中文译文，共 9 页；

附件 4：化学工业出版社于 1997 年 4 月第 1 版第 1 次印刷的《尿素》的封面、扉页、版权页、第 298~303 页复印件，共 9 页。

第三人认为：（1）附件 3 与公知常识的结合、附件 4 公开的两种技术方案结合公知常识、附件 3 和 4 以及公知常识的结合、附件 1 和 3 以及公知常识的结合、附件 1、3、4 与公知常识的结合、附件 2、3 和公知常识的结合、附件 2、3、4 和公知常识的结合、附件 3、2、1 和公知常识的结合、附件 3、4、1、2 和公知常识的结合均可以得到本专利的权利要求 1，因此权利要求 1 不具备创造性。（2）权利要求 2 的附加技术特征为公知常识，权利要求 3 的附加技术特征被附件 3 和 4 公开；权利要求4~6 的附加技术特征为公知常识，因此权利要求 2~6 不具备创造性。（3）权利要求 5、6 中有关复合板结构描述不清楚，说明书中也没有示意或者描述，导致权利要求 5、6 不符合《专利法实施细则》第二十条第一款以及《专利法》第二十六条第三款的规定。

被告依法成立合议组对本案进行审理。被告于 2007 年 9 月 26 日向双方发出无效宣告请求口头审理通知书，定于 2007 年 11 月 12 日在被告处举行口头审理。随同口头审理通知书，将第三人于 2007 年 7 月 27 日提交的意见陈述书及其附件清单中所列附件的副本转送给原告。

口头审理如期举行，各方当事人均参加了口头审理。在口头审理中，第三人明确其无效的理由、证据、范围以及证据的使用情况为：权利要求 5、6 不符合《专利法》第二十六条第三款的规定，权利要求 1~6 相对于附件 3、4 的结合不符合《专利法》第二十二条第三款的规定，第三人明确表示放弃其他的无效理由、证据、范围和证据组合形式。第三人放弃附件 1、2 的使用，第三人当庭提交盖有“国家图书馆文献检索专用章”的附件 4 的复印件，原告对附件 3、4 的真实性没有异议，对附件 4 的译文准确性没有异议。原告当庭签收第三人于 2007 年 7 月 27 日提交的附件 4 的附图译文页。

至此，被告认为本案事实已经清楚，作出如下决定：

1. 关于证据和现有技术

第三人提交的证据包括附件 3、4，原告对附件 3、4 的真实性没有异议，被告经审查认为附件 3、4 可以作为本案证据使用，同时由于附件 3 为公开日期在本专利申请日之前的专利文献，附件 4 为公开出版物，且其公开日期在本专利的申请日前，因此附件 3、4 可以作为本专利的现有技术使用。

原告对附件 3 的中文译文没有异议，因此附件 3 的公开内容以其中文译文为准。

2. 关于《专利法》第二十二条第三款规定的创造性

创造性，是指同申请日以前已有的技术相比，该发明有突出的实质性特点和显著的进步，该实用新型具有实质性特点和进步。

一项权利要求与最接近的现有技术相比，虽然存在区别特征，但该区别特征为公知常识或者为相同技术领域的另一份对比文件中的相关技术手段且该技术手段在该对比文件所起的作用与该区别特征在要求保护的发明中为解决其实际的技术问题所起的作用相同，则该权利要求不具备创造性。

（1）本专利权利要求 1 的创造性。

附件 3 涉及对含有 $NH_3$ 的稀溶液中的残余氨的回收，与本专利技术领域相同；其说明书结合附图对采用的方法和装置进行了说明，所要解决的技术问题为：在低压下回收尿素等工业废水中的残余氨，其所要解决的技术问题与本专利一致。其中具体公开了如下技术内容：一种合成氨、尿素废液低压处理装置，包括泵 11（对应于本专利中的给料泵 25）；节热器 15（对应于本专利中的换热器 2）；回收汽提塔 18（对应于本专利中的水解装置和解吸装置）；泵 11 和节热器 15 分别与管道相连；回收汽提塔 18 同时进行水解和汽提；结合附图可知，液流 13 经节热器 15 加热后通过管路 21 被引入设有泡罩或者筛板的回收汽提塔 18 的大约中部区域，汽提塔 18 上带有进口，该进口通过管道与节热器 15 的出口相连（对应于本专利中“在汽提水解塔（1）的中上部设有第一进口（12），该第一进口（12）由管道（c）与换热器（2）的第一出口（21）相连”）；液流 13 通过节热器 15 中的管 14 与液流 16 间接换热，管 14 的进出口相通，并通过管道 13 与泵 11 相连，泵 11 与进液管道 10 相连（对应本专利中“且换热器（2）的第一出口（21）与换热器（2）的第一进口（24）相通并由管道（b）与给料泵（25）相连，而给料泵（25）与废液进料管（a）相连”）；液流是从回收汽提塔 18 的底部区域 17 取出的，其由回收汽提塔的出口通过管道 16 流入节热器 15，节热器的进出口相通，液流从节热器 15 的出口流入管路 19 中，管路 19 的两端也带有进口和出口，并与下水管道相连（对应本专利中“在所述汽提水解塔（1）的底部设有第二出口（14），该第二出口（14）由管道（m）与换热器（2）上的第二进口（22）相连，该换热器（2）上的第二进口（22）与换热器（2）的第二出口（23）相通，且换热器（2）的第二出口（23）与流出管（n）相连”）；用来将氨基甲酸盐分解为 $NH_3$ 和 $CO_2$ 以及将这些气体从气相中汽提出来所需的等量的热量被提供给回收汽提塔 18，以优选地将蒸汽通过管路 26 并将其通过浸没在底部区域 17 中收集的液相中的喷雾器来分配的方式提供热量（对应于本专利中“所述汽提水解塔 1 其下部设有第二进口 13，该第二进口 13 与蒸汽管 L 相连”），回收汽提塔 18 的顶部设有出口（对应于本专利中汽提塔顶部的第一出口 15）。

权利要求 1 与附件 3 的区别在于：附件 3 没有公开“回流泵（34）、回流冷凝器（4）、液位槽（3）”组成的冷凝及回流装置以及其与汽提水解塔的连接关系，具体到权利要求 1 的技术特征即没有公开：“该第一出口（15）由管道（d）与回流冷凝器（4）下部的进口（4）相连，该进口（4）与回流冷凝器（4）上部的出口（44）相连通并由管道（e）与液位槽（3）的进口（3）相连，所述液位槽（3）设有上下出口，所述下出口（33）由管道（f）与回流泵（34）相连，回流泵（34）一路由管道（g）与汽提水解塔（1）上部的第三进口（11）相连，另一路由管道（p）与尿素装置的一吸外冷器相连；所述液位槽（3）的上出口（32）由管道（h）与尿素装置的二循一冷器相连。”而附件 3 公开的是经过汽提的气体从回收汽提塔 18 的塔顶排放出来，通过管路 25 直接进入回收区域，进液管路 10 中溶液的一部分液流 12 加入回收汽提塔 18 的顶部（参见附件 3 译文第 2 页第 3 段，第 3 页最后一段和附图）。

通过附件 4 第 298~299 页尿素工艺废液处理中水解和解吸的原理可知，“解吸气不能自动进入吸收系统，则可先送入解吸冷凝器冷凝成液相，另用泵把此冷凝液送入吸收系统”（附件 4 第 299 页第 2~3 行），也就是说在尿素工业废液处理过程中将解吸气经冷凝后再进入吸收系统为本领域的公知技术。且在附件 4 第 301 页附图 9-4 中具体公开了解吸塔排出的混合气体被导入回流冷凝器 4，冷凝的液体经液位槽 5 和泵 10，一部分冷凝液回流至解吸塔顶部，另一部分去循环系统，液位槽 5 中的未冷凝气体进入常压吸收器。

同时，附件 4 第 301 页第 15~16 行及第 302 页附图 9-6 中，公开了一种与附件 3 相同的回收汽提塔进液方式的处理设备，即工艺冷凝液经过给料泵 1 后一部分进入到节省器 3 中进行换热，一部分进入到水解/汽提塔的顶部，其目的是通过冷流的加入控制顶部出气温度。由此可见，为了控制顶部出气温度，附件3中一部分进液液流进入回收汽提塔顶部的方式属于本领域的公知技术。因此本领域技术人员在处理废液的过程中面临需要在汽提塔顶部引入冷流从而控制塔顶部出气温度的技术问题时，会根据具体情况选择公知技术中的“将进液的一部分液流引入塔顶部”或“将汽提后的气体经冷凝后一部分流入塔顶部”的任一技术方案，因此很容易想到用附件4图9-4中由冷凝器和液位槽、回流泵组成的冷凝及回流装置和与塔顶的连接替代附件3中的进液管路10的一部分液流12流入汽提塔顶部，从而显而易见地得到本专利权利要求1的技术方案，实现其发明目的，并得到“仅包含约4~5ppm的总残留氨”的比本专利更好的有益效果。因此，与附件3、4的结合相比，本专利权利要求1不具备《专利法》第二十二条第三款规定的创造性。

原告在口头审理中陈述本专利具备创造性时，认为“附件3与本专利的区别除上述区别外，还有权利要求1汽提水解塔（1）的中上部设置有第一进口（12），而附件3是中部设有第一进口。”被告认为，结合附件3的附图，可知液流13经节热器15加热后通过管路21被引入回收汽提塔18的中上部；另外由于汽提塔的作用就是使液体在汽提塔内部由上而下流动，与由下而上流动的蒸汽充分接触而解吸出气体，必然要求其接触的时间尽可能长一些，因此其液体引入的位置通常是在汽提塔中的引入蒸汽位置的上部且两者间隔一定距离，才能达到较好的解吸效果。故原告认为的该区别点不存在，因此由于该区别而使权利要求1具备创造性的主张也不能成立。

（2）本专利权利要求2的创造性。

本专利的权利要求2为：“根据权利要求1所述的合成氨、尿素废液低压处理装置，其特征在于所述回流冷凝器（4）其内部的冷却结构为：在回流冷凝器（4）中设有循环管（45），该循环管（45）的进口（42）由管道（k）与循环泵（53）相连，而循环泵（53）由管道（j）与冷却器（5）的出口（51）相连；而循环管（45）的出口（43）由管道（i）与冷却器（5）的进口（52）相连。”权利要求2的附加技术特征所述的回流冷凝器冷却结构为常规设计，属于本领域的公知常识，因此，在权利要求1不具备创造性的前提下，权利要求2不具备创造性。

（3）本专利权利要求3的创造性。

本专利的权利要求3为：“根据权利要求2所述的合成氨、尿素废液低压处理装置，其特征在于所述汽提水解塔（1）为立式结构。”该附加技术特征是现有的公知技术，而且已经在附件3附图以及附件4图9-4、9-6中公开，因此，在权利要求2不具备创造性的前提下，权利要求3不具备创造性。

（4）本专利权利要求4的创造性。

本专利的权利要求4为：“根据权利要求1或2或3所述的合成氨、尿素废液低压处理装置，其特征在于所述换热器（2）采用板式换热器。”该附加技术特征为本领域的公知常识，因此，在其引用的权利要求不具备创造性的前提下，权利要求4不具备创造性。

（5）本专利权利要求5、6的创造性。

本专利的权利要求5为：根据权利要求1或2或3所述的合成氨、尿素废液低压处理装置，其特征在于所述汽提水解塔（1）采用复合板结构。

本专利的权利要求6为：根据权利要求4所述的合成氨、尿素废液低压处理装置，其特征在于所述汽提水解塔（1）采用复合板结构。

被告认为：原告认可复合板结构是指材质的复合，且公知技术中复合板材已经广泛应用在汽提水解塔中，因此权利要求5、6的附加技术特征为本领域的公知常识，因此，在其引用的权利要求不具备创造性的前提下，权利要求5、6也不具备创造性。

原告认为以上权利要求的附加技术特征是现有技术中已有的，但是用在本专利中具有进步。被告认为，本领域技术人员在得知以上现有技术的基础上，由于这些现有技术其所解决的技术问题和达到的技术效果都是公知的，因此容易想到将其应用到与本专利相同技术领域的附件3的装置中，原告的以上观点被告不予支持。

综上所述，本专利的权利要求1~6不符合《专利法》第二十二条第三款的规定，基于权利要求1~6不具备创造性，对于第三人提出的其他无效理由不再予以评述。

据此，被告作出被诉决定。原告不服，诉至本院。

在本院开庭审理过程中，原告及第三人表示，对被诉决定的作出程序没有异议。

本院认为，经审理，本案的审查重点在于：（1）被诉决定是否超出了法定审查范围；（2）本专利权利要求1是否具备创造性。

（1）关于被诉决定是否超出了法定审查范围的问题。

《专利法实施细则》第六十六条规定："在专利复审委员会受理无效宣告请求后，请求人可以在提出无效宣告请求之日起1个月内增加理由或者补充证据。逾期增加理由或者补充证据的，专利复审委员会可以不予考虑"。本案中，第三人提出无效宣告请求的日期是2007年6月27日，提交补充意见陈述书以及附件3、4的日期是2007年7月27日，故第三人提交补充意见陈述书以及附件3、4的日期并未超出《专利法实施细则》第六十六条规定的期限。

在补充的意见陈述书第4页第3段中，第三人提出了将附件3与附件4结合再加上公知常识破坏本专利权利要求1创造性的意见。在补充的意见陈述书第6~7页记载了第三人对于权利要求2~6的附加技术特征的评述。此外，根据口头审理记录表附表的记载，"请求人明确其无效的理由、证据、范围以及证据的使用情况"包括了："权利要求1~6相对于附件3、4的结合不符合专利法第二十二条第三款的规定"，原告在口审时并未对此提出异议。此外，鉴于附件4是公知常识性证据，故其中的内容均可作为被告作出被诉决定的依据。

综上，被告对于第三人在法定期限内提交的补充意见陈述及相应证据予以考虑并据此作出被诉决定未超出法定审查范围，并无违法之处，本院应予支持。

（2）本专利权利要求1的创造性问题。

《专利法》第二十二条第三款规定："创造性，是指同申请日以前已有的技术相比，该发明有突出的实质性特点和显著的进步，该实用新型有实质性特点和进步"。

本专利权利要求1与附件3的区别在于：附件3没有公开"回流泵（34）、回流冷凝器（4）、液位槽（3）"组成的冷凝及回流装置以及其与汽提水解塔的连接关系。

通过附件4第298~299页尿素工艺废液处理中水解和解吸的原理可知，"解吸气不能自动进入吸收系统，则可先送入解吸冷凝器冷凝成液相，另用泵把此冷凝液送入吸收系统"。在附件4第301页附图9-4中，具体公开了解吸塔排出的混合气体被导入回流冷凝器4，冷凝的液体经液位槽5和泵10，一部分冷凝液回流至解吸塔顶部，另一部分去循环系统，液位槽5中的未冷凝气体进入常压吸收器。因此，在尿素工业废液处理过程中，将解吸气经冷凝后再进入吸收系统为本领域的公知常识。

同时，附件4第301页第15~16行及第302页附图9-6中，公开了一种与附件3相同的回收汽提塔进液方式的处理设备，证明了为控制顶部出气温度，附件3中一部分进液液流进入回收汽提塔顶部的方式属于本领域的公知技术。因此在处理废液的过程中，本领域技术人员面临需要在汽提塔顶部引入冷流从而控制塔顶部出气温度的技术问题时，会根据具体情况选择公知技术中的"将进液的一部分液流引入塔顶部"或"将汽提后的气体经冷凝后一部分流入塔顶部"的任一技术方案，因此很容易想到用附件4图9-4中由冷凝器和液位槽、回流泵组成的冷凝及回流装置和与塔顶的连接替代附件

3 中的进液管路 10 的一部分液流 12 流入汽提塔顶部，从而显而易见地得到本专利权利要求 1 的技术方案，实现其发明目的，并得到“仅包含约 4~5ppm 的总残留氨”的比本专利更好的有益效果。因此，与附件 3、4 的结合相比，被诉决定认定本专利权利要求 1 不具备《专利法》第二十二条第三款规定的创造性正确，本院应予支持。

此外，原告亦认可一吸外冷器的作用在于冷却以后回收，被告关于一吸外冷器是吸收系统中的一部分的认定正确，本院应予支持。

另经审查，在本专利权利要求 1 不具备创造性的基础上，被诉决定关于本专利权利要求 2~6 不具备创造性的认定正确，原告对此亦未说明具体的异议理由，故本院对被诉决定的前述认定予以支持。

综上，被诉决定认定事实清楚、适用法律正确、审查程序合法，本院应予维持。原告要求撤销被诉决定的诉讼请求缺乏事实和法律依据，本院不予支持。据此，依照《中华人民共和国行政诉讼法》第五十四条第（一）项之规定，判决如下：

维持被告国家知识产权局专利复审委员会于二〇〇七年十二月二十四日作出的第 10929 号无效宣告请求审查决定。

案件受理费 100 元，由原告宁波远东化工集团有限公司负担（已交纳）。

如不服本判决，可在本判决书送达之日起 15 日内，向本院递交上诉状，并按对方当事人人数提出副本，上诉于北京市高级人民法院。上诉人在上诉期满后 7 日内未预交上诉案件受理费又不提出缓交申请的，按自动撤回上诉处理。

审　判　长　强刚华
代理审判员　贾志刚
人民陪审员　张燕宾
二〇〇八年九月十三日
书　记　员　赵　锋

# 北京市高级人民法院
# 行政判决书

（2009）高行终字第 104 号

上诉人（一审原告）宁波远东化工集团有限公司，住所地浙江省宁波市百丈路 168 号会展中心 12D。

法定代表人项文裕，董事长。

委托代理人徐国文，男，北京安博达知识产权代理有限公司专利代理人。

委托代理人王玴，浙江甬望律师事务所律师。

被上诉人（一审被告）国家知识产权局专利复审委员会，住所地北京市海淀区北四环西路 9 号银谷大厦。

法定代表人廖涛，副主任。

委托代理人姜岩，女，国家知识产权局专利复审委员会审查员。

委托代理人隋璐，女，国家知识产权局专利复审委员会审查员。

被上诉人（一审第三人）德州百斯特化工科技有限公司，住所地山东省德州市宁津县银河经济开发区。

法定代表人刘国胜，董事长。

委托代理人王明霞，女，北京元中知识产权代理有限责任公司专利代理人。

上诉人宁波远东化工集团有限公司因专利无效宣告请求审查决定一案，不服北京市第一中级人民法院（2008）一中行初字第507号行政判决，向本院提起上诉。本院受理后依法组成合议庭公开开庭审理了本案。上诉人宁波远东化工集团有限公司的委托代理人徐国文、王珅；被上诉人国家知识产权局专利复审委员会的委托代理人姜岩、隋璐；被上诉人德州百斯特化工科技有限公司的委托代理人王明霞出庭参加了诉讼。本案现已审理终结。

2007年12月24日，国家知识产权局专利复审委员会（以下简称专利复审委）作出第10929号无效宣告请求审查决定（以下简称第10929号决定），宣告宁波远东化工集团有限公司（以下简称远东公司）的第200520013319.4号“合成氨、尿素废液低压处理装置”实用新型专利权（以下简称本专利）全部无效。远东公司不服，向北京市第一中级人民法院（以下简称一审法院）提起行政诉讼。

一审法院判决认定，（1）关于第10929号决定是否超出了法定审查范围的问题。《中华人民共和国专利法实施细则》（以下简称《专利法实施细则》）第六十六条规定：“在专利复审委员会受理无效宣告请求后，请求人可以在提出无效宣告请求之日起1个月内增加理由或者补充证据。逾期增加理由或者补充证据的，专利复审委员会可以不予考虑”。德州百斯特化工科技有限公司（以下简称百斯特公司）提出无效宣告请求的日期是2007年6月27日，提交补充意见陈述书以及附件3、4的日期是2007年7月27日，故其提交补充意见陈述书以及附件3、4的日期并未超出《专利法实施细则》第六十六条规定的期限。在补充的意见陈述书第4页第3段中，百斯特公司提出了将附件3与附件4结合再加上公知常识破坏本专利权利要求1创造性的意见。在补充的意见陈述书第6~7页记载了百斯特公司对于权利要求2~6的附加技术特征的评述。此外，根据口头审理记录表附表的记载，“请求人明确其无效的理由、证据、范围以及证据的使用情况”包括了：“权利要求1~6相对于附件3、4的结合不符合专利法第22条第3款的规定”，远东公司在口审时并未对此提出异议。此外，鉴于附件4是公知常识性证据，故其中的内容均可作为专利复审委作出第10929号决定的依据。综上，专利复审委对于百斯特公司在法定期限内提交的补充意见陈述及相应证据予以考虑并据此所作决定未超出法定审查范围，并无违法之处，应予支持。

（2）本专利权利要求1的创造性问题。本专利权利要求1与附件3的区别在于：附件3没有公开“回流泵（34）、回流冷凝器（4）、液位槽（3）”组成的冷凝及回流装置以及其与汽提水解塔的连接关系。通过附件4第298~299页尿素工艺废液处理中水解和解吸的原理可知，“解吸气不能自动进入吸收系统，则可先送入解吸冷凝器冷凝成液相，另用泵把此冷凝液送入吸收系统”。在附件4第301页附图9-4中，具体公开了解吸塔排出的混合气体被导入回流冷凝器4，冷凝的液体经液位槽5和泵10，一部分冷凝液回流至解吸塔顶部，另一部分去循环系统，液位槽5中的未冷凝气体进入常压吸收器。因此，在尿素工业废液处理过程中，将解吸气经冷凝后再进入吸收系统为本领域的公知常识。同时，附件4第301页第15~16行及第302页附图9-6中，公开了一种与附件3相同的回收汽提塔进液方式的处理设备，证明了为控制顶部出气温度，附件3中一部分进液液流进入回收汽提塔顶部的方式属于本领域的公知技术。因此，在处理废液的过程中，本领域技术人员面临需要在汽提塔顶部引入冷流从而控制塔顶部出气温度的技术问题时，会根据具体情况选择公知技术中的“将进液的一部分液流引入塔顶部”或“将汽提后的气体经冷凝后一部分流入塔顶部”的任一技术方案，因此，很容易想到用附件4图9-4中由冷凝器和液位槽、回流泵组成的冷凝及回流装置和与塔顶的连接替代附件3中的进液管路10的一部分液流12流入汽提塔顶部，从而显而易见地得到本专利权利要求1的技术方案，实现其发明目的，并得到“仅包含约 4~5ppm 的总残留氨”的比本专利更好的有益效果。因此，与附件 3、4 的结合相比，第 10929 号决定认定本专利权利要求 1 不具备《中华人民共和国专利法》（以下简称《专利法》）第二十二条第三款规定的创造性正确。

此外，远东公司亦认可一吸外冷器的作用在于冷却以后回收，专利复审委关于一吸外冷器是吸收系统中的一部分的认定正确，应予支持。

另经审查，在本专利权利要求 1 不具备创造性的基础上，第 10929 号决定关于本专利权利要求 2~6不具备创造性的认定正确，远东公司对此亦未说明具体的异议理由，故对第 10929 号决定的前述认定予以支持。

综上，第 10929 号决定认定事实清楚、适用法律正确、审查程序合法，应予维持。远东公司要求撤销第 10929 号决定的诉讼请求缺乏事实和法律依据，不予支持。据此，依照《中华人民共和国行政诉讼法》第五十四条第（一）项之规定，判决维持专利复审委所作第 10929 号决定。

远东公司不服一审判决，向本院提起上诉。其主要理由是：一审判决认定事实有误，适用法律不当，应予撤销。根据《审查指南》第四部分第三章 4.1 节的规定，百斯特公司在提出无效宣告请求时未具体说明的无效宣告理由以及未用于具体说明相关无效宣告理由的证据，且在提出无效宣告请求之日起一个月内也未补充具体说明的，专利复审委应不予考虑。百斯特公司在无效请求书中仅提及“将证据 3 与证据 4 结合再加上公知常识”，并非第 10929 号决定中所表述的结合附件 3 得出本专利权利要求 1 无创造性的结论。第 10929 号决定关于本专利从属权利要求 2~6 创造性的认定也是百斯特公司在无效宣告请求时未提出的。“利用副产蒸汽或其他低压蒸汽作为解吸汽提剂，而其压力等于或小于吸收系统压力时”是将“解吸气先送入解吸冷凝器冷凝，另用泵把此冷凝液送至吸收系统”的前提。但第 10929 号决定以此作为认定附件 3、4 结合的依据时，将此前提省去了。第 10929 号决定将一个完整工艺中的前提条件省去的做法本身就是与客观事实相悖。本专利中的一吸外冷器不是吸收系统。专利复审委认定事实有误，必然导致对本专利权利要求 1 的创造性认定有误，适用法律不当。此外，第 10929 号决定对本专利从属权利要求 2、4、5、6 中附加技术特征无创造性的认定纯属主观推断，无任何证据支持。一审法院判决维持第 10929 号决定属于认定事实有误。综上，请求二审法院撤销一审判决，撤销专利复审委所作第 10929 号决定，并判令由被上诉人承担本案诉讼费用。

专利复审委答辩认为，2007 年 6 月 27 日百斯特公司提出无效宣告请求，该公司于 2007 年 7 月 27 日补充提交了意见陈述书以及补充的附件 3、4，同时在补充的意见陈述书第 4 页第 3 段中提出了将附件 3 与附件 4 结合再加上公知常识破坏了本专利权利要求 1 的创造性。在补充的意见陈述书第 4 页中也记载了附件 4 公开的内容，第 6~7 页则记载了百斯特公司对于权利要求 2~6 的附加技术特征的评述。因此，百斯特公司在 2007 年 7 月 27 日补充的证据及理由在时间上没有超出法律规定的期限。此外，在口头审理记录表附表中明确记载了“在口头审理中请求人明确的无效宣告理由、证据、范围以及证据的使用情况为权利要求 1~6 相对于附件 3 和 4 的结合不符合专利法第二十二条第三款的规定”，远东公司当时并未提出异议。另外，在口头审理记录表附表中对权利要求 1 的创造性的调查部分也记录了使用附件 4 中的 298~301 页及两个附图中的内容。因此，无论是附件 3 和 4 的结合的组合方式评价权利要求 1~6 的创造性还是附件 4 中公开的内容均已经充分听证，而且口头审理记录表中记录了权利要求 2~6 的附加技术特征的质证过程。附件 4 是公知常识性证据，其中提及解吸气进入吸收塔的两种常规的情形，一种是解吸气可以直接进入吸收塔，另一种则是必须先在解吸冷凝器冷凝成液相后再送入吸收系统。因而认为在废液处理装置中采用这两种处理方式均是本领域的公知常识。其他理由仍坚持第 10929 号决定中的审查意见。综上，一审判决认定事实正确，适用法律妥当，审理程序合法，请求二审法院驳回上诉，维持一审判决。

百斯特公司答辩认为，第10929号决定没有超出法定审查范围；对本专利权利要求1~6不具备创造性的认定正确。一审判决认定事实清楚，程序合法，适用法律正确，请求二审法院驳回上诉，维持一审判决。

一审法院审理期间，专利复审委在法定期限内向法院提交了以下证据的复印件：（1）第10929号决定中的附件3，即授权公告日为1974年7月30日，专利号为US3826815的美国专利说明书及相关部分的中文译文；（2）第10929号决定中的附件4，化学工业出版社于1997年4月第1版第1次印刷的《尿素》的封面、扉页、版权页、第298~303页；（3）口头审理记录表附表。

远东公司向一审法院提交了以下证据的复印件：（1）本专利说明书；（2）在无效宣告行政程序中提交的意见陈述书；（3）第10929号决定中的附件4。

百斯特公司向一审法院提交了下列证据的复印件：（1）百斯特公司在无效宣告行政程序中提交的补充意见；（2）百斯特公司口审意见陈述；（3）第10929号决定中的附件3；（4）第10929号决定中的附件4；（5）《现代塔器技术》（中国石化出版社出版，2005年1月第2版）。

一审法院依职权向专利复审委调取了佐证第10929号决定中的附件4为公知常识性证据，来自国家图书馆科技查新中心的证明材料。

一审法院经审查认为，在诉讼中百斯特公司提交的证据5虽属公知常识性证据，但并非专利复审委作出第10929号决定的依据。《最高人民法院关于行政诉讼证据若干问题的规定》第六十条第（三）项规定："原告或者第三人在诉讼程序中提供的、被告在行政程序中未作为具体行政行为依据的证据"不能作为认定被诉具体行政行为合法的依据，故对该证据不予采纳。各方当事人提交的其他证据以及一审法院依职权调取的证据，与本案具有关联性，且真实、合法，能够作为认定具体行政行为合法性的事实依据。

上述证据均已随案移送本院。经庭审质证并审查，本院认为，一审期间各方当事人提交的合法有效的证据，能够证明本案相关事实，一审法院的认证意见正确，本院予以确认。

根据以上有效证据，本院确认如下事实：

2005年7月15日，远东公司向国家知识产权局申请本专利。2006年11月8日，本专利获得授权公告。

本专利的权利要求书载明：

"1. 一种合成氨、尿素废液低压处理装置，包括有给料泵（25），回流泵（34）、回流冷凝器（4）、换热器（2）、液位槽（3）、水解装置和解吸装置，所述给料泵（25），回流泵（34）、回流冷凝器（4）、液位槽（3）和换热器（2）分别与管道相连，其特征在于所述水解装置和解吸装置设置于汽提水解塔（1）中，在汽提水解塔（1）的中上部设有第一进口（12），该第一进口（12）由管道（c）与换热器（2）的第一出口（21）相连，且换热器（2）的第一出口（21）与换热器（2）的第一进口（24）相通并由管道（b）与给料泵（25）相连，而给料泵（25）与废液进料管（a）相连；在所述汽提水解塔（1）的底部设有第二出口（14），该第二出口（14）由管道（m）与换热器（2）上的第二进口（22）相连，该换热器（2）上的第二进口（22）与换热器（2）的第二出口（23）相通，且换热器（2）的第二出口（23）与流出管（n）相连；所述汽提水解塔（1）其下部设有第二进口（13），该第二进口（13）与蒸汽管（L）相连，在位于汽提水解塔（1）的顶部设有第一出口（15），该第一出口（15）由管道（d）与回流冷凝器（4）下部的进口（41）相连，该进口（41）与回流冷凝器（4）上部的出口（44）相连通并由管道（e）与液位槽（3）的进口（31）相连，所述液位槽（3）设有上下出口，所述下出口（33）由管道（f）与回流泵（34）相连，回流泵（34）一路由管道（g）与汽提水解塔（1）上部的第三进口（11）相连，另一路由管道（p）与尿素装置的一吸外冷器相连；所述液位槽（3）的上出口（32）由管道（h）与尿素装置的二循一冷器相连。

2. 根据权利要求1所述的合成氨、尿素废液低压处理装置，其特征在于所述回流冷凝器（4）其内部的冷却结构为：在回流冷凝器（4）中设有循环管（45），该循环管（45）的进口（42）由管道（k）与循环泵（53）相连，而循环泵（53）由管道（j）与冷却器（5）的出口（51）相连；而循环管（45）的出口（43）由管道（i）与冷却器（5）的进口（52）相连。

3. 根据权利要求2所述的合成氨、尿素废液低压处理装置，其特征在于所述汽提水解塔（1）为立式结构。

4. 根据权利要求1或2或3所述的合成氨、尿素废液低压处理装置，其特征在于所述换热器（2）采用板式换热器。

5. 根据权利要求1或2或3所述的合成氨、尿素废液低压处理装置，其特征在于所述汽提水解塔（1）采用复合板结构。

6. 根据权利要求4所述的合成氨、尿素废液低压处理装置，其特征在于所述汽提水解塔（1）采用复合板结构。"

2007年6月27日，百斯特公司针对本专利，向专利复审委提出宣告本专利无效的请求，认为本专利不符合《专利法》第二十六条第三款、第四款；第二十二条第二款、第三款以及《专利法实施细则》第二十条第一款、第二十一条第二款的规定。百斯特公司同时提交了两份附件作为对比文件。即：

附件1：授权公告日为2001年12月5月，授权公告号CN1075793C（专利号为90107727.5）的中国发明专利说明书；

附件2：授权公告日为2004年5月19日、授权公告号为CN1150163C（专利号为00134684.9）的中国发明专利说明书。

百斯特公司提出本专利无效的主要理由是：（1）附件1公开了本专利权利要求1的大部分技术特征，未公开的技术特征为本领域的公知常识，因此，权利要求1不具备创造性。（2）权利要求2~6的附加技术特征均为公知常识，因此，权利要求2~6不具备创造性。

2007年7月27日，百斯特公司向专利复审委提交了意见陈述书，并补充了无效宣告的理由和证据，其中补充的证据为：

附件3：授权公告日1974年7月30日、专利号为US3826815的美国专利说明书及其相关部分的中文译文；

附件4：化学工业出版社于1997年4月第1版第1次印刷的《尿素》的封面、扉页、版权页、第298~303页复印件。

百斯特公司对于补充证据的理由是：（1）附件3与公知常识的结合、附件4公开的两种技术方案结合公知常识、附件3和4以及公知常识的结合、附件1和3以及公知常识的结合、附件1、3、4与公知常识的结合、附件2、3和公知常识的结合、附件2、3、4和公知常识的结合、附件3、2、1和公知常识的结合、附件3、4、1、2和公知常识的结合均可以得到本专利的权利要求1，因此权利要求1不具备创造性。（2）权利要求2的附加技术特征为公知常识，权利要求3的附加技术特征被附件3和4公开；权利要求4~6的附加技术特征为公知常识，因此权利要求2~6不具备创造性。（3）权利要求5、6中有关复合板结构描述不清楚，说明书中也没有示意或者描述，导致权利要求5、6不符合《专利法实施细则》第二十条第一款以及《专利法》第二十六条第三款的规定。

2007年11月12日，专利复审委举行口头审理。各方当事人均予参加。口审中，百斯特公司明确其无效理由、证据、范围以及证据的使用情况为：权利要求5、6不符合《专利法》第二十六条第三款的规定，权利要求1~6相对于附件3、4的结合不符合《专利法》第二十二条第三款的规定。同时，该公司明确表示放弃其他的无效理由、证据、范围和证据组合形式。百斯特公司当庭提交盖有"国家图书馆文献检索专用章"的附件4的复印件。远东公司对附件3、4的真实性没有异议，对附件4的译文准确性没有异议，并当庭签收百斯特公司于2007年7月27日提交附件4的附图译文页。

2007年12月24日，专利复审委作出第10929号决定：

1. 关于证据和现有技术

百斯特公司提交的证据包括附件3、4，远东公司对附件3、4的真实性没有异议，专利复审委经审查认为附件3、4可以作为本案证据使用，同时由于附件3为公开日期在本专利申请日之前的专利文献，附件4为公开出版物，且其公开日期在本专利的申请日前，因此附件3、4可以作为本专利的现有技术使用。远东公司对附件3的中文译文没有异议，因此附件3的公开内容以其中文译文为准。

2. 关于《专利法》第二十二条第三款规定的创造性

一项权利要求与最接近的现有技术相比，虽然存在区别特征，但该区别特征为公知常识或者为相同技术领域的另一份对比文件中的相关技术手段且该技术手段在该对比文件所起的作用与该区别特征在要求保护的发明中为解决其实际的技术问题所起的作用相同，则该权利要求不具备创造性。

（1）本专利权利要求1的创造性。

附件3涉及对含有$NH_3$的稀溶液中的残余氨的回收，与本专利技术领域相同；其说明书结合附图对采用的方法和装置进行了说明，所要解决的技术问题为：在低压下回收尿素等工业废水中的残余氨，其所要解决的技术问题与本专利一致。其中具体公开了如下技术内容：一种合成氨、尿素废液低压处理装置，包括泵11（对应于本专利中的给料泵25）；节热器15（对应于本专利中的换热器2）；回收汽提塔18（对应于本专利中的水解装置和解吸装置）；泵11和节热器15分别与管道相连；回收汽提塔18同时进行水解和汽提；结合附图可知，液流13经节热器15加热后通过管路21被引入设有泡罩或者筛板的回收汽提塔18的大约中部区域，汽提塔18上带有进口，该进口通过管道与节热器15的出口相连（对应于本专利中"在汽提水解塔（1）的中上部设有第一进口（12），该第一进口（12）由管道（c）与换热器（2）的第一出口（21）相连"）；液流13通过节热器15中的管14与液流16间接换热，管14的进出口相通，并通过管道13与泵11相连，泵11与进液管道10相连（对应本专利中"且换热器（2）的第一出口（21）与换热器（2）的第一进口（24）相通并由管道（b）与给料泵（25）相连，而给料泵（25）与废液进料管（a）相连"）；液流是从回收汽提塔18的底部区域17取出的，其由回收汽提塔的出口通过管道16流入节热器15，节热器的进出口相通，液流从节热器15的出口流入管路19中，管路19的两端也带有进口和出口，并与下水管道相连（对应本专利中"在所述汽提水解塔（1）的底部设有第二出口（14），该第二出口（14）由管道（m）与换热器（2）上的第二进口（22）相连，该换热器（2）上的第二进口（22）与换热器（2）的第二出口（23）相通，且换热器（2）的第二出口（23）与流出管（n）相连"）；用来将氨基甲酸盐分解为$NH_3$和$CO_2$以及将这些气体从气相中汽提出来所需的等量的热量被提供给回收汽提塔18，以优选地将蒸汽通过管路26并将其通过浸没在底部区域17中收集的液相中的喷雾器来分配的方式提供热量（对应于本专利中"所述汽提水解塔1其下部设有第二进口13，该第二进口13与蒸汽管L相连"），回收汽提塔18的顶部设有出口（对应于本专利中汽提塔顶部的第一出口15）。

权利要求1与附件3的区别在于：附件3没有公开"回流泵（34）、回流冷凝器（4）、液位槽（3）"组成的冷凝及回流装置以及其与汽提水解塔的连接关系，具体到权利要求1的技术特征即没有公开："该第一出口（15）由管道（d）与回流冷凝器（4）下部的进口（4）相连，该进口（4）

与回流冷凝器（4）上部的出口（44）相连通并由管道（e）与液位槽（3）的进口（3）相连，所述液位槽（3）设有上下出口，所述下出口（33）由管道（f）与回流泵（34）相连，回流泵（34）一路由管道（g）与汽提水解塔（1）上部的第三进口（11）相连，另一路由管道（p）与尿素装置的一吸外冷器相连；所述液位槽（3）的上出口（32）由管道（h）与尿素装置的二循一冷器相连。”而附件3公开的是经过汽提的气体从回收汽提塔18的塔顶排放出来，通过管路25直接进入回收区域，进液管路10中溶液的一部分液流12加入回收汽提塔18的顶部（参见附件3译文第2页第3段，第3页最后一段和附图）。

通过附件4第298~299页尿素工艺废液处理中水解和解吸的原理可知，“解吸气不能自动进入吸收系统，则可先送入解吸冷凝器冷凝成液相，另用泵把此冷凝液送入吸收系统”（附件4第299页第2~3行），也就是说在尿素工业废液处理过程中将解吸气经冷凝后再进入吸收系统为本领域的公知技术。且在附件4第301页附图9-4中具体公开了解吸塔排出的混合气体被导入回流冷凝器4，冷凝的液体经液位槽5和泵10，一部分冷凝液回流至解吸塔顶部，另一部分去循环系统，液位槽5中的未冷凝气体进入常压吸收器。

同时，附件4第301页第15~16行及第302页附图9-6中，公开了一种与附件3相同的回收汽提塔进液方式的处理设备，即工艺冷凝液经过给料泵1后一部分进入到节省器3中进行换热，一部分进入到水解/汽提塔的顶部，其目的是通过冷流的加入控制顶部出气温度。由此可见，为了控制顶部出气温度，附件3中一部分进液液流进入回收汽提塔顶部的方式属于本领域的公知技术。因此本领域技术人员在处理废液的过程中面临需要在汽提塔顶部引入冷流从而控制塔顶部出气温度的技术问题时，会根据具体情况选择公知技术中的“将进液的一部分液流引入塔顶部”或“将汽提后的气体经冷凝后一部分流入塔顶部”的任一技术方案，因此很容易想到用附件4图9-4中由冷凝器和液位槽、回流泵组成的冷凝及回流装置和与塔顶的连接替代附件3中的进液管路10的一部分液流12流入汽提塔顶部，从而显而易见地得到本专利权利要求1的技术方案，实现其发明目的，并得到“仅包含约4~5ppm的总残留氨”的比本专利更好的有益效果。因此，与附件3、4的结合相比，本专利权利要求1不具备《专利法》第二十二条第三款规定的创造性。

远东公司在口头审理中陈述本专利具备创造性时认为，“附件3与本专利的区别除上述区别外，还有权利要求1汽提水解塔（1）的中上部设置有第一进口（12），而附件3是中部设有第一进口。”专利复审委认为，结合附件3的附图，可知液流13经节热器15加热后通过管路21被引入回收汽提塔18的中上部；另外，由于汽提塔的作用就是使液体在汽提塔内部由上而下流动，与由下而上流动的蒸汽充分接触而解吸出气体，必然要求其接触的时间尽可能长一些，因此其液体引入的位置通常是在汽提塔中的引入蒸汽位置的上部且两者间隔一定距离，才能达到较好的解吸效果。故远东公司认为的该区别点不存在，因此由于该区别而使权利要求1具备创造性的主张也不能成立。

（2）本专利权利要求2的创造性。

本专利的权利要求2为：“根据权利要求1所述的合成氨、尿素废液低压处理装置，其特征在于所述回流冷凝器（4）其内部的冷却结构为：在回流冷凝器（4）中设有循环管（45），该循环管（45）的进口（42）由管道（k）与循环泵（53）相连，而循环泵（53）由管道（j）与冷却器（5）的出口（51）相连；而循环管（45）的出口（43）由管道（i）与冷却器（5）的进口（52）相连。”权利要求2的附加技术特征所述的回流冷凝器冷却结构为常规设计，属于本领域的公知常识，因此，在权利要求1不具备创造性的前提下，权利要求2不具备创造性。

（3）本专利权利要求3的创造性。

本专利的权利要求3为：“根据权利要求2所述的合成氨、尿素废液低压处理装置，其特征在于所述汽提水解塔（1）为立式结构。”该附加技术特征是现有的公知技术，而且已经在附件3附图以及附件4图9-4、9-6中公开，因此，在权利要求2不具备创造性的前提下，权利要求3不具备创造性。

（4）本专利权利要求4的创造性。

本专利的权利要求4为：“根据权利要求1或2或3所述的合成氨、尿素废液低压处理装置，其特征在于所述换热器（2）采用板式换热器。”该附加技术特征为本领域的公知常识，因此，在其引用的权利要求不具备创造性的前提下，权利要求4不具备创造性。

（5）本专利权利要求5、6的创造性。

本专利的权利要求5为：根据权利要求1或2或3所述的合成氨、尿素废液低压处理装置，其特征在于所述汽提水解塔（1）采用复合板结构。

本专利的权利要求6为：根据权利要求4所述的合成氨、尿素废液低压处理装置，其特征在于所述汽提水解塔（1）采用复合板结构。

专利复审委认为，远东公司认可复合板结构是指材质的复合，且公知技术中复合板材已经广泛应用在汽提水解塔中，因此权利要求5、6的附加技术特征为本领域的公知常识，因此，在其引用的权利要求不具备创造性的前提下，权利要求5、6也不具备创造性。

远东公司认为以上权利要求的附加技术特征是现有技术中已有的，但是用在本专利中具有进步。专利复审委认为，本领域技术人员在得知以上现有技术的基础上，由于这些现有技术其所解决的技术问题和达到的技术效果都是公知的，因此容易想到将其应用到与本专利相同技术领域的附件3的装置中，故对上述观点不予支持。

综上所述，本专利的权利要求1~6不符合《专利法》第二十二条第三款的规定，基于权利要求1~6不具备创造性，故对于百斯特公司提出的其他无效理由不再予以评述。

专利复审委作出第10929号决定，宣告本专利全部无效。远东公司不服，遂诉至一审法院。

本院认为，鉴于远东公司和百斯特公司，对于专利复审委所作第10929号决定中关于证据的认定及行政程序均无异议，本院经审查，确认其合法性。

本案争议的焦点问题有两个：第一，专利复审委所作第10929号决定是否超出了法定审查范围。第二，专利复审委所作第10929号决定认定本专利权利要求1不具备创造性是否正确。

关于专利复审委所作第10929号决定是否超出法定审查范围的问题。2007年6月27日，百斯特公司针对本专利向专利复审委提出无效宣告申请。其中所提出的无效理由即是请求宣告本专利权利要求1不具备创造性。虽然该公司于同年7月27日提交了补充意见以及附件3、4，即将附件3与附件4结合再加上公知常识破坏本专利权利要求1创造性等意见，用以作为支持其无效申请的理由，但该行为并未违反《专利法实施细则》第六十六条的规定：“在专利复审委员会受理无效宣告请求后，请求人可以在提出无效宣告请求之日起1个月内增加理由或者补充证据。逾期增加理由或者补充证据的，专利复审委员会可以不予考虑。”也就是说，只要在一个月之内，申请人增加理由及补充证据都是符合法律规定的。另外，在同年11月12日专利复审委举行口头审理前，有三个多月的时间，远东公司可针对百斯特公司的补充意见及附件3、4进行意见陈述，但远东公司并未就此提出意见。在口头审理中，远东公司对百斯特公司明确其无效的理由、证据、范围以及证据的使用情况，包括权利要求1~6相对于附件3、4的结合不符合《专利法》第二十二条第三款规定并不持异议，且在口头审理记录表上予以签字确认。再者，专利复审委将公知常识性证据作为决定的依据符合法律规定。综上，专利复审委所作第10929号决定并未超出法定审查范围。

关于本专利权利要求1是否具备创造性的问题。本专利权利要求1与附件3的区别在于：附件3

没有公开“回流泵（34）、回流冷凝器（4）、液位槽（3）”组成的冷凝及回流装置以及其与汽提水解塔的连接关系。作为公知常识的附件4，即化肥工学丛书《尿素》第298~299页中，工艺废液处理的有关原理揭示：“解吸气不能自动进入吸收系统，则可先送入解吸冷凝器冷凝成液相，另用泵把此冷凝液送入吸收系统”。在附件4第301页附图9-4中，具体公开了解吸塔排21出的混合气体被导入回流冷凝器4，冷凝的液体经液位槽5和泵10，一部分冷凝液回流至解吸塔顶部，另一部分去循环系统，液位槽5中的未冷凝气体进入常压吸收器。由此可知，将解吸气经冷凝后再进入吸收系统为尿素工业废液处理领域的公知常识。同时，附件4第301页第15~16行及第302页附图9-6中，公开了一种与附件3相同的回收汽提塔进液方式的处理设备，证明了为控制顶部出气温度，附件3中一部分进液液流进入回收汽提塔顶部的方式亦属本领域的公知技术。因此，在处理废液的过程中，本领域技术人员面临需要在汽提塔顶部引入冷流从而控制塔顶部出气温度的技术问题时，会根据具体情况选择公知技术中的“将进液的一部分液流引入塔顶部”或者“将汽提后的气体经冷凝后一部分流入塔顶部”的任一技术方案，因此，很容易想到用附件4图9-4中由冷凝器和液位槽、回流泵组成的冷凝及回流装置和与塔顶的连接替代附件3中的进液管路10的一部分液流12流入汽提塔顶部，从而显而易见地得到本专利权利要求1的技术方案，实现其发明目的，并得到“仅包含约4~5ppm的总残留氨”的比本专利更好的有益效果。综上，专利复审委认定本专利权利要求1不具备《专利法》第二十二条第三款规定的创造性正确。

在本专利权利要求1不具备创造性的基础上，第10929号决定关于本专利权利要求2~6不具备创造性的认定正确，本院确认其合法性。

综上，专利复审委作出的第10929号决定，认定事实清楚，适用法律正确，审查程序合法。一审判决维持第10929号决定正确。远东公司的上诉请求缺乏事实和法律依据，本院不予支持。依据《中华人民共和国行政诉讼法》第六十一条第（一）项的规定，判决如下：

驳回上诉，维持一审判决。

二审案件受理费人民币100元，由上诉人宁波远东化工集团有限公司负担（已交纳）。

本判决为终审判决。

审　判　长　赵宇晖
代理审判员　胡华峰
代理审判员　朱海宏
二〇〇九年三月十八日
书　记　员　张　怡

218

# 用于连续制造带管座的复合管的方法和装置

## 无效宣告请求审查决定（第10951号）

**决　定　号**　第10951号
**决　定　日**　2007年12月24日
**发明创造名称**　用于连续制造带管座的复合管的方法和装置
**国际分类号**　B29D23/00；B29D23/22
**无效宣告请求人**　上海金纬管道设备制造有限公司
**专　利　权　人**　拉尔夫·P·海格勒
**专　利　号**　93103594.5
**优　先　权　日**　1992年3月31日
**申　请　日**　1993年3月25日
**授权公告日**　1998年7月1日
**合议组组长**　于　萍
**主　审　员**　王　博
**参　审　员**　欧　岚

**法　律　依　据**　专利法第22条第2款、第3款
**决　定　要　点**
在判断一项专利权利要求是否具备创造性时，首先要将权利要求所述的技术方案和最接近的现有技术进行对比分析，确定两者之间的区别技术特征，根据该区别技术特征确定专利所要解决的技术问题，进而考察对于所属技术领域的普通技术人员而言在最接近的现有技术的基础上引入上述区别技术特征来解决专利所要解决的技术问题从而获得权利要求所要保护的技术方案是否显而易见，如果不是，则该权利要求具备创造性。

### 一、案由

本无效宣告请求涉及中华人民共和国国家知识产权局于1998年7月1日授权公告的、名称为“用于连续制造带管座的复合管的方法和装置”的发明专利权（下称本专利），其专利号为93103594.5，其申请日为1993年3月25日，授权公告时的专利权人为威海尔姆·海格勒，经变更后现专利权人为拉尔夫·P·海格勒。本专利授权公告时的权利要求书如下（为便于审查决定的描述，在此对独立权利要求1、3的特征进行了编号：权利要求1中的标号为a、b……h；权利要求3中的标号a、b……j）：

“1. 用于连续制造带管座（108）的复合管（23）的方法，复合管（23）由光滑的内管（107）

和外管（105）组成，外管上设有横槽（24）且与内管（107）焊在一起，包括以下步骤：

a. 挤压一条外管（104）；

b. 利用从外面供应的局部真空使外管（104）具有带横槽（24）的折皱；

c. 将内管（106）挤入外管（104）；

d. 将压力（P2）高于大气压的气体吹入外管（104）和内管（106）之间的空间中；

e. 将内管（106）压在外管（104）的折皱槽（24a）上，并于此将其与外管（104）焊在一起；

f. 以预定的间隔，用从外面供应的局部真空使外管（104）膨胀，以形成基本上为光滑壁的，约为圆柱形的筒座（108）；

g. 排出外管（104）和内管（106）之间的空间中的气体；

h. 以大气压（P3）以上的压力（P4），用气体从内部对内管（106）施加作用，在膨胀的同时将内管的整个表面压在外管（104）上。

2. 根据权利要求2的方法，其特征在于，在使外管（104）和内管（106）膨胀以便形成管座（108）的同时，挤压外管（104）和内管（106），使其壁厚大于制造带横槽（24）的复合管（23）时的壁厚。

3. 用于实施权利要求1或2所述方法的装置，

a. 其中将半壳（2，2′）设置于床身（1）之上，在圆周上和生产方向（4）上对其进行导向，半壳上设有环形铸模槽（102），两个半壳同时在模铸路线（9）上组成一对，从而形成具有纵向中心轴线（29）的铸模；

b. 铸模槽（102）与在半壳（2，2′）中所形成的局部真空通道（103）相连；

c. 挤压机的喷射头（25）设置于模铸路线（9）的上游；

d. 喷射头（25）具有用于挤压成形外管（104）的外喷嘴（93），在生产方向（4）的下游设有用于挤压成形内管（106）的内喷嘴（63），沿生产方向（4）看其后端，具有一个温度调节罩（62）；

e. 至少在外喷嘴（93）和内喷嘴（63）之间一条气道（56）穿出喷射头（25）；

f. 至少在内喷嘴（63）和温度调节罩（62）之间设有一条穿出喷射头（25）的气道（100）；

其特征在于：

g. 至少一对半壳（2，2′）具有座槽（109）；

h. 至少一条气道（56）与一个阀（125a）相连，该阀可换至高于大气压（P3）的压力（P2）的气体，并可排出气体；

i. 气道（100）与阀（125）相连，该阀可换至高于大气压的压力（P4）的气体；

j. 设置开关（123，124），开关根据座槽（109）相对气道（100）和/或至少一条气道（56）的位置来控制阀（125，125a）动作。

4. 根据权利要求3所述的装置，其特征在于，开关（123，124）布置于模铸路线（9）之上，且至少可根据一个与半壳（2）相连的控制元件（120）动作。

5. 根据权利要求3或4所述的装置，其特征在于，用于控制阀（125a，125）的开关（123，124）与用于转换驱动半壳（2，2′）的驱动马达的开关（126，127）相联系。

6. 根据权利要求3所述的装置，其特征在于，至少一对半壳（2，2′）具有一条插口槽，它用于制造复合管（23）上的插口（132）。

7. 根据权利要求3所述的装置，其特征在于，外喷嘴（93）和内喷嘴（63）设有宽度调节装置。

8. 根据权利要求7所述的装置，其特征在于，外喷嘴（93）和/或内喷嘴（63）具有一个喷嘴环

（91，66），该环在喷射头（25）上可沿生产方向（4）位移，且可通过喷嘴环螺母（92，81）沿生产方向（4）对其进行调整，该螺母与喷嘴头（25）上的外螺纹（83）相啮合。

9. 根据权利要求 8 所述的装置，其特征在于，喷嘴环螺母（81）和喷嘴环（66）由旋转连接装置（85）相互连接。

10. 根据权利要求 9 所述的装置，其特征在于，旋转连接装置（85）由内槽（86）和与之啮合的偏心环形筋（87）组成。”

针对本专利权，上海金纬管道设备制造有限公司（下称请求人）于 2006 年 11 月 23 日向专利复审委员会提出无效宣告请求，认为本专利不符合专利法第 22 条第 2 款、第 3 款的规定，请求人提交了如下附件：

附件 1：US4865797 号美国专利文献（共 6 页）及其中文译文（共 6 页），其公开日为 1989 年 9 月 12 日；

附件 2：CA1329871 号加拿大专利文献（共 32 页）及其中文译文（共 31 页），其授权公告日为 1994 年 5 月 31 日；

附件 3：公开号为 CN1047247A 的中国发明专利说明书（共 22 页），其公开日为 1990 年 11 月 28 日，及其授权公告号为 CN1023691C 的发明专利说明书（共 14 页），授权公告日为 1994 年 2 月 9 日；

请求人另于 2006 年 12 月 6 日补充提交意见陈述书及如下附件：

附件 4：《全国阀门实用技术手册》封面页、前言页、目录第 7~9 页、正文第 739、740、743~751、756~758、762~766、768~772、774~780、785~787、792~793、798~800 页复印件。

请求人认为：权利要求 1、2 相对于附件 1 不具有新颖性和创造性，权利要求 3 相对于附件 1 和 2 不具有新颖性和创造性，权利要求 4~7 的附加技术特征是公知常识，权利要求 8~10 的附加技术特征是对喷嘴宽度调节装置作细化性限定，没有新的有益效果，均不具有创造性。

经形式审查合格，专利复审委员会依法受理了上述无效宣告请求，并于 2007 年 1 月 22 日向请求人和专利权人发出无效宣告请求受理通知书，同时将专利权无效宣告请求书、补充意见陈述书以及附件的副本转送给专利权人，并要求专利权人在指定的期限内陈述意见。

针对专利复审委员会发出的上述无效宣告请求受理通知书，专利权人于 2007 年 3 月 6 日提交了意见陈述书，专利权人认为：（1）附件 1 没有公开或暗示权利要求 1 步骤 d 和 g，附件 2 没有公开或暗示权利要求 1 的步骤 b、d、f 和 g；（2）权利要求 3 中的 e、h 和 j 特征没有被附件 1、2 公开，附件 3 与权利要求 3 无关，无结合的可能；（3）附件 1 译文第 5 栏的部分翻译有异议。

专利复审委员会依法成立合议组。

本案合议组于 2007 年 3 月 30 日向双方发出无效宣告请求口头审理通知书，定于 2007 年 5 月 30 日在专利复审委员会举行口头审理。随同口头审理通知书，将专利权人于 2007 年 3 月 6 日提交的意见陈述书的副本转送给请求人。

口头审理于 2007 年 5 月 30 日如期举行，专利权人的代理人当庭提交了其于 2007 年 5 月 25 日向国家知识产权局专利局提交著录项目变更申报书及相应证明文件的复印件、著录项目变更申报书，申请将该专利权由原专利权人威海尔姆·海格勒以继承的方式变更为艾美斯蒂娜·海格勒，再由艾美斯蒂娜·海格勒以转让的方式变更为拉尔夫·P·海格勒。专利权人的代理人当庭提交了由拉尔夫·P·海格勒于 2007 年 5 月 18 日签署的授权委托书。请求人对专利权人的代理人的委托手续提出异议，认为其没有资格参加口头审理。对此，合议组认为，虽然拉尔夫·P·海格勒在签署授权委托书时，相关的当事人已经签署了专利权人变更合同，但拉尔夫·P·海格勒的代理人在参加口头审理时，该变更尚未经国家知识产权局登记生效，因此，合议组经合议后支持了请求人的主张，此次口头审理由请求人单方出席。

此次口头审理中，请求人明确其无效的理由、证据、范围及证据的使用情况为：权利要求1、2相对于附件1不具有新颖性；权利要求1~10相对于附件1、2的结合不具有创造性。请求人当庭提交附件4的原件，请求人明确表示没有其他的无效理由、证据、范围和证据组合形式。

国家知识产权局专利局2007年6月19日登记了专利权人的变更信息，专利权人由威海尔姆·海格勒变更为艾美斯蒂娜·海格勒，再由艾美斯蒂娜·海格勒变更为拉尔夫·P·海格勒。

本案合议组于2007年9月5日再次向双方发出无效宣告请求口头审理通知书，定于2007年10月18日在专利复审委员会举行口头审理。随同口头审理通知书，向专利权人转送了2007年5月30日举行的口头审理的记录表。

2007年10月18日，第二次口头审理如期举行，双方当事人均出席了口头审理。口头审理中，(1) 请求人认为第二次口审是在第一次口审专利权人缺席审理完毕后又举行的，不符合法律规定，程序违法。(2) 请求人当庭提交意见陈述书一份，合议组当庭将其副本转送给专利权人，专利权人当庭签收。(3) 请求人明确其无效的理由、证据、范围以及证据的使用情况为：权利要求1、2相对于附件1不具有新颖性。权利要求1~10相对于附件1和附件2或附件1和附件3的结合不具备创造性。请求人明确表示没有其他的无效理由、证据、范围和证据组合形式。(4) 专利权人对附件1的真实性没有异议，但对附件1译文第5栏的一处译文有异议，并且提交了其认为是正确的译文。请求人认为两种译法只是表述上的差异，其实质上并无差别。(5) 专利权人认为附件2公开日晚于本专利的优先权日，不能用于评价本专利的新颖性、创造性。专利权人还认为由于请求人在意见陈述书中没有具体说明附件3、4所使用的内容，没有充分举证，且附件3在第一次口头审理中没有具体使用，所以附件3不能作为本案证据使用。(6) 请求人当庭出示了附件4的原件，专利权人认可附件4的复印件与原文一致，但认为由于附件4没有确切的出版日期，所以其不是公开出版物，并认为虽然附件4中有导言的日期，但是导言的日期不能证明确切的出版日期。(7) 合议组确认附件2的公开日晚于本专利的优先权日，因此不能使用附件2来评价本专利的新颖性、创造性。由于附件2、3是同族专利，其中附件3公开文本的公开日早于本专利的优先权日，且请求人在意见陈述中已经结合附件2陈述过，因此合议组同意请求人使用附件3的公开文本进行评价。在此基础上，本案合议组对请求人提出的无效理由和事实进行了调查，充分听取了双方当事人的陈述。

至此，合议组认为本案事实已经清楚，可以作出审查决定。

**二、决定的理由**

1. 关于口头审理的程序

审查指南第四部分第四章第2节规定："在无效宣告程序或者复审程序中，合议组可以根据案情需要自行决定进行口头审理。针对同一案件已经进行过口头审理的，必要时可以再次进行口头审理。"

请求人在第二次口头审理时认为第二次口审是在第一次口头审理专利权人缺席审理完毕后又举行的，不符合法律规定，程序违法。

合议组认为，根据审查指南的上述规定，根据案情需要，合议组有权再次进行口头审理，因此，请求人关于口头审理程序违法的理由不能成立。

2. 关于证据和现有技术

请求人提交的证据包括附件1~4，专利权人对附件1~4的真实性没有异议。

其中附件1为外文，请求人提交了其中文译文，专利权人仅对附件1的中文译文中的一处翻译持有异议，并提交了其认为是正确的译文，由于请求人认为两种译法只是表述上的差异，其实质上并无差别，因此附件1的公开内容主要以请求人提交的附件1的中文译文为准，其中专利权人对译文提出异议的地方以专利权人提交的译文为准。同时由于附件 1 为公开出版物，且其公开日期在本专利的申请日前，因此可以作为本专利的现有技术使用。

其中附件 2 的公开日晚于本专利的优先权日，因此，附件 2 不能作为本专利的现有技术使用。

其中附件 3 的公开文本的公开日早于本专利的优先权日，同时由于其为公开出版物，因此附件 3 可以作为本专利的现有技术使用。

其中附件 4 虽然没有出版信息页，但合议组根据其封面上记载的出版单位名称为“浙江科学技术出版社”及该书的性质为“实用技术工具书”，可以推断出其应为公开出版物，根据其前言部分落款的时间为 1989 年 11 月早于本专利的优先权日两年多，可以推断出其公开日应早于本专利优先权日，因此该附件可以作为本专利的现有技术使用。

3. 关于请求人无效宣告请求的理由、证据和范围

由于附件 2 不能作为本案的现有技术使用，因此请求人据此提出的无效理由不能成立。除此之外的请求人的无效理由、证据和范围为：权利要求 1、2 相对于附件 1 不具有新颖性，权利要求 1~10 相对于附件 1 和附件 3 的结合不具备创造性，附件 4 作为公知常识的证据。

4. 关于权利要求 1~2 的新颖性

专利法第 22 条第 2 款规定，新颖性，是指在申请日以前没有同样的发明或者实用新型在国内外出版物上公开发表过、在国内公开使用过或者以其他方式为公众所知，也没有同样的发明或者实用新型由他人向专利局提出过申请并且记载在申请日以后公布的专利申请文件中。

根据该规定，如果权利要求中含有对比文件中所不具有的技术特征，且该技术特征不属于惯用手段的直接置换，则该权利要求相对于该对比文件具有新颖性。

附件 1 公开了一种塑料管挤压方法和设备，其主要介绍了单壁波纹管的制造方法，并在此基础上以如下方式非常简要地介绍了双壁波纹管的制造方法“该方法可以同时适用于用来生产……空心双层壁、外层是波纹的管子设备。这种设备的具体情况展示在图 4 中。设备的使用与图 2 展示的设备相对应，不同的是，只有当凹槽 16 位于槽沟时，才使用槽沟的压力空气”。结合附件 1 中关于单壁波纹管制造方法所公开的内容，可以得知附件 1 公开了一种形成带套管 22 的连续双层管的方法，该双层管由平滑的内管和带波纹的外管组成，该方法从挤压套管 4 和冷却模 1 或冷却模 2 之间挤出成型外管，并从外管的外部通过通道 15 施加吸力从而形成外管上的波纹，从挤压套管 4 和模芯 9 之间挤出成型内管，内外管通过模具作用在波纹处被焊接在一起，每隔一定间隔，在模具的凹槽 16 处通过阀门 19 施加压力将内外壁贴合到凹槽 16 上，从而形成套管 22。

将权利要求 1 与附件 1 相比，附件 1 中没有公开权利要求 1 中的 d、g 两个特征，即“将压力（P2）高于大气压的气体吹入外管（104）和内管（106）之间的空间中”，“排出外管（104）和内管（106）之间的空间中的气体”。因此，权利要求 1 相对于附件 1 具有新颖性。

关于特征 d，请求人认为，附件 1 说明书第 2 栏最后一段、第 4 栏倒数第 2 段公开了特征 d，虽然从附件 1 的附图 4 中没有画出向内外管壁之间喷气的喷口，但是结合说明书中关于单管壁的形成方法一定会想到在内外管壁之间也施加压力。专利权人认为，附件 1 中没有明确公开内外管壁之间有喷气的喷口，外壁的成形是通过外部的真空吸力形成的。

对此，合议组认为，附件 1 中关于单壁管肋片 14 的制造，一共介绍了三种成型方式：（1）从单壁管内部通过阀门 19 向外施加压力，将熔料压入凹槽，即如附件 1 译文第 2 栏倒数第 2 段所述，（2）从单壁管外部通过通道 15 施加吸力，将熔料吸入凹槽，即如附件 1 译文第 2 栏倒数第 1 段所述，（3）同时在单壁管内部通过阀门 19 施加压力和在外部通过通道 15 施加吸力，共同作用使熔料进入凹槽，即如附件 1 译文第 4 栏倒数第 2 段所述。由于在附件 1 描述双壁管成型的附图 4 中，仅在内壁和模芯

之间设置有阀门 19，并且“只有当凹槽 16 位于槽沟时，才使用槽沟的压力空气”（用于形成管座）。因此，可以判断外管的成型只能是通过上述第（2）种方法，即从外管的外部通过通道 15 施加吸力的方式成型的，而不可能如请求人所述通过上述第（3）种方法成型的。因此，附件 1 没有公开该特征。

关于特征 g，请求人认为，虽然附件 1 没有直接描述排除内外管壁之间的气体，但从其附图中 4 可以看到贴合在一起的内外管壁，由此可以推知其间的气体一定会被排出。专利权人认为，本专利的特征 g 为有目的的进行排气，而非让气体任意运动。

对此，合议组认为，附件 1 中没有明确的公开在形成管座时排除内外管壁之间的气体，虽然其附图 4 的管座部分也是内外管壁贴合在一起的，但并没有证据表明附件 1 的方案在形成管座时是主动进行排气的，因此，该特征也没有被附件 1 公开。

综上所述，本专利权利要求 1 的特征 d 和 g 没有被附件 1 公开，两者的技术方案不同，因此权利要求 1 相对于附件 1 具有新颖性。

在权利要求 1 具有新颖性的前提下，其从属权利要求 2 相对于附件 1 也具有新颖性。

5. 关于权利要求 1~10 的创造性

专利法第 22 条第 3 款规定，创造性，是指同申请日以前已有的技术相比，该发明有突出的实质性特点和显著的进步，该实用新型有实质性特点和进步。

根据该规定，在判断一项专利权利要求是否具备创造性时，首先要将权利要求所述的技术方案和最接近的现有技术进行对比分析，确定两者之间的区别技术特征，根据该区别技术特征确定专利所要解决的技术问题，进而考察对于所属技术领域的普通技术人员而言在最接近的现有技术的基础上引入上述区别技术特征来解决专利所要解决的技术问题从而获得权利要求所要保护的技术方案是否显而易见，如果不是，则该权利要求具备创造性。

（1）关于权利要求 1、2 的创造性。

关于权利要求 1，请求人认为，附件 3 说明书第 11 页倒数第 2 段明确了导管 61、62、61′、62′可以在气压和真空之间切换，由此证明同一通道可以吹气也可以排气，虽然位置不同但是公开了换向，公开了本专利权利要求 1 中的 g 为特征，其他的与新颖性相同。

对此，专利权人认为，附件 1 没有公开本专利权利要求 1 特征 d、g 中的任何一个，附件 3 中的导管 61、62、61′、62′的管口是在模芯与内管之间。

根据前文关于新颖性的评述，权利要求 1 中的特征 d 是该权利要求与附件 1 的区别技术特征之一。关于该特征，合议组认为，首先，附件 1 制造单壁管的方案没有给出关于该特征的启示。本专利在内外管壁之间充入高于大气压的压力，其目的是使管 104、106 冷却后，内外管之间形成褶皱处的空气仍能保持常压状态（见本专利说明书第 15 页第 3 段），而如果不充压力，则会导致内外管壁之间褶皱处的空气在冷却后压力低于常压。而附件 1 中单壁管虽然可以通过外部抽低压内部加高压的成型方式形成肋片 14，但其内部加高压的目的仅仅只是为了肋片的成型，而不可能有本专利中所述的在将内外管焊在一起之前将高于大气压的气体吹入内外管之间的空间中，从而达到保持内外管壁之间的空气在冷却后处于常压的效果，因而也不可能给出实施特征 d 的启示，事实上，如前所述，附件 1 中双层管的外壁管波纹仅仅只是通过外部抽低压的方式实现的，而没有内外管壁之间施加压力的步骤。其次，在附件 3 所公开的一种无缝热塑管子的成形方法及设备中，其中附图 6~10 中可见导管 61、62、61′、62′的管口是位于内壁与模芯之间的，其目的是用于内壁的成型的，显然其也没有给出在内外管焊在一起之前将高于大气压的气体吹入内外管之间的空间的启示，因此，附件 3 也没有给出特征 d 的启示。

由此，至少权利要求 1 的特征 d 没有被附件 1、3 公开或给出相应的技术启示，而该特征的引入使本专利权利要求 1 的方案能够使生产出的复合管在常温时内外管间气压处于常压，从而防止内管或外管受到内外不同的气压，有利于复合管的形状保持和强度。因此，权利要求 1 相对于附件 1、3 具有突出的实质性特点和显著的进步，具有创造性。在此前提下，其从属权利要求 2 相对于附件 1、3 也具有创造性。

（2）关于权利要求 3~10 的创造性。

关于权利要求 3 的创造性问题，请求人的意见同权利要求 1，认为附件 1 的附图 4 气道上具有阀门，附件 4 证明开关控制阀门动作是公知常识，因此不具有创造性。附件 3 中公开了冷却衬套即公开了温度调节罩。

对此，专利权人认为，特征 e、h、j 没有被公开，特征 d 中的温度调节罩也没有被公开，理由同权利要求 1。本专利温度调节罩是用来加热然后冷却的，与附件 3 的作用是不同的。

合议组认为，附件 1 在公开单壁管和双壁管成型方法的同时，还公开了其相应的生产设备，该设备具有冷却模具 1 和 2，其围绕两条环形轨迹移动，在导轨 3 区内会合，形成了一个圆柱形模具，冷却模具 1 和 2 带有肋片 12 和沟槽 13，沟槽 13 上设置与真空源相连的贯穿通道 15。与挤压器 5 上挤压头 6 相连的挤压套管延伸到模具，挤压套管 4 和冷却模 1、2 之间形成外管喷口，挤压套管 4 和模芯 9 之间形成内管喷口，至少一对冷却模替代肋片 12 和槽沟 13，具有较大的槽沟 16，该槽沟 16 同样设置了与真空源相连的贯穿通道 15。模芯 9 上设置有相连通的槽沟 17、通道 18 及阀门 19，以此向内管施加压力气体（参见附件 1 附图 4 及说明书全文）。

将权利要求 3 与附件 1 对比，其中特征 d 中的温度调节罩在生产方向的上游是用来对管壁进行加热的，在其下游方向才设置有冷却用的冷却管（参见本专利说明书第 12 页第 3 段），而附件 3 中的冷却衬套仅仅只是用来对管壁进行冷却的，没有加热的功能，附件 1 中也仅仅只公开了“模芯的终端配有冷却剂腔”（附件 1 译文第 3 栏第 3 段），因此，该特征没有被附件 1、3 公开。另外，附件 1 没有公开内外管壁之间存在一个气道及其阀门，更没有公开该阀门可以施加高于大气压的气体，并可以排出气体，以及设置开关对该阀门进行控制，即附件 1 没有公开权利要求 3 的特征 e、h、j。而在附件 3 公开的用冷却衬套表面的吸力和气压成型管子的方法中，也仅公开了在内管与模芯之间施加压力或吸力，同样也没有公开上述特征 e、h、j 或给出相应的启示。而请求人所提交的附件 4 也仅是用来证明有关阀门的特征是属于公知常识的，也不能给出上述特征 e、h、j 的启示。正如前文关于权利要求 1 创造性已经评述的，上述特征可以保证内外管壁之间的空气在冷却后处于常压状态，具有一定的技术效果。因此，权利要求 3 相对于附件 1、3 及公知常识，具有突出的实质性特点和显著的进步，具有创造性。

权利要求 4~10 直接或间接引用权利要求 3，因此在其引用的权利要求具有创造性的情况下，权利要求 4~10 相对于附件 1、3 也具有创造性。

根据上述的事实和理由，本案合议组依法作出以下决定。

**三、决定**

维持 93103594.5 号发明专利权有效。

当事人对本决定不服的，可以根据专利法第 46 条第 2 款的规定，自收到本决定之日起三个月内向北京市第一中级人民法院起诉。根据该款的规定，一方当事人起诉后，另一方当事人应当作为第三人参加诉讼。